Duden Die deutsche Sprache

Duden

Die deutsche Sprache

Wörterbuch in drei Bänden
Herausgegeben von der Dudenredaktion

Band 3: Q–ZZGL

Dudenverlag
Berlin · Mannheim · Zürich

Redaktionelle Bearbeitung Dr. Werner Scholze-Stubenrecht
Grammatik Prof. Dr. Rudolf Hoberg und Dr. Ursula Hoberg
Sprachgeschichte Jürgen Folz, Bearbeitung: Prof. Dr. Jörg Riecke

Die **Duden-Sprachberatung** beantwortet Ihre Fragen
zu Rechtschreibung, Zeichensetzung, Grammatik u. Ä.
montags bis freitags zwischen 09:00 und 17:00 Uhr.

Aus Deutschland: **0900 1870098** (1,86 € pro Minute aus dem Festnetz)
Aus Österreich: **0900 844144** (1,80 € pro Minute aus dem Festnetz)
Aus der Schweiz: **0900 383360** (3,13 CHF pro Minute aus dem Festnetz)

Die Tarife für Anrufe aus den Mobilfunknetzen können davon abweichen.
Den kostenlosen Newsletter der Duden-Sprachberatung können Sie unter
www.duden.de/newsletter abonnieren.

Bibliografische Information der Deutschen Nationalbibliothek
Die Deutsche Nationalbibliothek verzeichnet diese Publikation
in der Deutschen Nationalbibliografie; detaillierte bibliografische
Daten sind im Internet über http://dnb.d-nb.de abrufbar.

Das Wort Duden ist für den Verlag Bibliographisches Institut GmbH
als Marke geschützt.

Alle Rechte vorbehalten.
Nachdruck, auch auszugsweise, verboten.
© Duden 2014
Bibliographisches Institut GmbH
Mecklenburgische Straße 53, 14197 Berlin

Typografisches Konzept Iris Farnschläder, Hamburg
Herstellung Monique Markus
Umschlaggestaltung Büroecco, Augsburg
Satz Dörr + Schiller GmbH, Stuttgart
Sigrid Hecker, Mannheim
Druck und Bindung C.H. Beck, Nördlingen

Printed in Germany
ISBN 978-3-411-70666-2
www.duden.de

q, Q [ku:, österr. außer Math.: kve:], das; - (ugs.: -s), - (ugs.: -s) [mhd. qu, kw, ahd. qu, chw < lat. qu]: *siebzehnter Buchstabe des Alphabets; ein Konsonantenbuchstabe:* ein kleines q, ein großes Q schreiben.

q = Quintal; (österr. u. schweiz.) Zentner (2).

Q (DDR): Zeichen für höchste Qualität (für Erzeugnisse der DDR): einem Erzeugnis das Q verleihen.

Q. b. A., QbA [ku:be:'la:] = Qualitätswein bestimmter Anbaugebiete (ein Prädikat 1 im deutschen Weinbau).

qcm. ↑ cm^2.

qdm: ↑ dm^2.

Q-Fie|ber ['ku:...], das ⟨o. Pl.⟩ [Abk. für engl. query = Frage, Zweifel, wegen des lange ungeklärten Charakters der Krankheit] (Med.): *Infektionskrankheit mit grippeartigen Symptomen.*

Qi, ²**Chi** [tʃi:], das; -[s] [chin. (Pinyin) qi = Luft, Dunst]: *(in der chinesischen Philosophie) Lebensenergie.*

Qi|gong [tʃi'guŋ], das; -[s] [chin. (Pinyin) qi gong, aus: qi (↑Qi) u. gong = Gesetz]: *der chinesischen Tradition entstammende Heil- u. Selbstheilmethode, bei der Atem, Bewegung u. Vorstellungskraft methodisch eingesetzt werden, um Herz-, Kreislauf- u. Nervenerkrankungen zu behandeln.*

qm: ↑ m^2.

¹qua ⟨Präp., meist mit allein stehendem unflekt. Subst.⟩ [lat. qua] (bildungsspr.): **a)** ⟨auch mit Gen. od. Dat. bei Substantiven mit adj. Attr.⟩ *durch, mittels, auf dem Wege über:* etw. qua Entscheidungsbefugnis, qua Amt festsetzen; **b)** *gemäß, entsprechend:* den Schaden qua Verdienstausfall bemessen.

²qua ⟨modale Konj.⟩ [↑¹qua] (bildungsspr.): *[in der Eigenschaft] als:* qua Beamter.

qua|ckeln ⟨sw. V.; hat⟩ [zu ↑quaken] (landsch., bes. nordd. ugs.): *quatschen* (1 a).

Quack|sal|ber, der; -s, - [niederl. kwakzalver, eigtl. = prahlerischer Salbenverkäufer, zu: kwacken = schwatzen, prahlen u. zalven = salben] (abwertend): *Arzt o. Ä., der mit obskuren Mitteln u. Methoden Krankheiten zu heilen versucht.*

Quack|sal|be|rei, die; -, -en (abwertend): *Behandlung von Krankheiten nach Art eines Quacksalbers.*

Quack|sal|be|rin, die; -, -nen: w. Form zu ↑Quacksalber.

quack|sal|be|risch ⟨Adj.⟩ (abwertend): *in der Art eines Quacksalbers.*

quack|sal|bern ⟨sw. V.; hat⟩ (abwertend): *in der Art eines Quacksalbers Krankheiten behandeln.*

Quad [kvɔt], das; -[s], -s [engl. quad (bike), gek. aus: quadruplet = Vierling, zu lat. quadr- (in Zus.) = vier; quattuor = vier]: *motorradähnliches Fahrzeug mit vier Rädern.*

Quad|del, die; -, -n [aus dem Niederd., mit ahd. quedilla zu einer ursprl. Bed. »Anschwellung, Wulst«]: *juckende Anschwellung der Haut.*

Qua|der, der; -s, -, seltener: die; -, -n, österr.: der; -s, -n [mhd. quäder(stein) < mlat. quadrus (lapis), zu lat. quadrus, ↑ quadrieren]: **a)** *behauener Steinblock von der Form eines Quaders* (b): ein aus -n erbauter Tempel; **b)** (Geom.) *von sechs Rechtecken begrenzter Körper:* der Rauminhalt des -s.

Qua|der|bau, der ⟨Pl. -ten⟩: *aus Quadern* (a) *errichtetes Gebäude.*

qua|der|för|mig ⟨Adj.⟩: *die Form eines Quaders aufweisend:* ein -er Klotz.

Qua|der|stein, der: *Quader* (a).

Qua|d|ra|ge|se, Qua|d|ra|ge|si|ma, die; - [mlat. quadragesima, eigtl. = der vierzigste (Tag vor Ostern)] (kath. Kirche): *Fastenzeit* (b).

Qua|d|rant, der; -en, -en [lat. quadrans (Gen.: quadrantis) = der vierte Teil, subst. 1. Part. von: quadrare, ↑ quadrieren]: **1. a)** (Geom., Geogr., Astron.) *Viertel eines Kreises, bes. eines Meridians od. des Äquators;* **b)** (Math.) *Viertel einer Kreisfläche;* **c)** (Math.) *eines der vier Viertel, in die die Ebene eines ebenen rechtwinkligen Koordinatensystems durch das Achsenkreuz aufgeteilt ist:* der Punkt P (5, 3) liegt im ersten -en. **2.** (Astron., Seew.) *(heute nicht mehr gebräuchliches) Instrument zur Bestimmung der Höhe* (4 b) *von Gestirnen.*

Qua|d|rat [österr. auch: ...'drat], das; -[e]s, -e u. -en [lat. quadratum, subst. 2. Part. von: quadrare, ↑ quadrieren]: **1.** ⟨Pl. -e⟩ *Rechteck mit vier gleich langen Seiten:* die Grundfläche des Turms ist ein Q.; das Zimmer ist 6 m im Q. *(ist quadratisch u. hat 6 m lange Seiten);* * **magisches Q.** (1. Math.) *in gleich vielen u. gleich langen Zeilen u. Spalten stehende Zahlen, die so angeordnet sind, dass die Summen aller Zeilen u. Spalten sowie der Diagonalen bilden, gleich sind; Hexeneinmaleins.* 2. *in gleich vielen u. gleich langen Zeilen u. Spalten stehende einzelne Buchstaben, die, z. B. als Lösung einer Denksportaufgabe, so angeordnet sind, dass sich in den Zeilen Wörter ergeben, die gleichzeitig auch, u. zwar in derselben Aufeinanderfolge, in den Spalten entstehen).* **2.** ⟨Pl. -e⟩ (Math.) *zweite Potenz einer Zahl* (Zeichen: ²): drei im/zum Q. *(drei hoch zwei);* eine Zahl ins Q. erheben *(mit sich selbst multiplizieren);* * **im/zum Q.** (ugs.): *in besonders gesteigerter, ausgeprägter Form:* das war Pech im Q.). **3.** ⟨Pl. -e⟩ (Astrol.) *90° Winkelabstand zwischen Planeten.* **4.** ⟨Pl. -en⟩ (Druckw.) *rechteckiges, nicht druckendes Stück Blei, das zum Auffüllen von Zeilen beim Schriftsatz verwendet wird; Geviert* (2).

Qua|d|rat|de|zi|me|ter [österr. auch: ...'drat...], der, früher fachspr. auch: das; -s, -: *der Fläche eines Quadrats mit der Seitenlänge 1 dm entsprechende Maßeinheit der Fläche* (Zeichen: dm^2, früher auch qdm).

Qua|d|rat|fuß, der ⟨Pl.⟩: *der Fläche eines Quadrats mit der Seitenlänge 1 Fuß* (4) *entsprechende Maßeinheit der Fläche.*

qua|d|ra|tisch [österr. auch: ...'drat...] ⟨Adj.⟩: **a)** *die Form eines Quadrats* (1) *aufweisend:* eine -e Fläche; das Zimmer ist [ungefähr, genau, fast] q.; **b)** (Math.) *ins Quadrat* (2) *erhoben:* x^2 ist das -e Glied der Gleichung; eine -e Gleichung (*Gleichung, die die Variable in zweiter – und keiner höheren – Potenz enthält; Gleichung zweiten Grades*).

Qua|d|rat|ki|lo|me|ter [österr. auch: ...'drat...], der: *der Fläche eines Quadrats mit der Seitenlänge 1 km entsprechende Maßeinheit der Fläche* (Zeichen: km^2, früher auch: qkm).

Qua|d|rat|lat|schen [österr. auch: ...'drat...] ⟨Pl.⟩ (ugs. scherzh.): **1.** *[auffallend große] Schuhe.* **2.** *[große, breite] in Schuhen steckende Füße.*

Qua|d|rat|mei|le, die; -, -n: *der Fläche eines Quadrats mit der Seitenlänge 1 Meile entsprechende Maßeinheit der Fläche.*

Qua|d|rat|me|ter [österr. auch: ...'drat...], der, früher fachspr. auch: das; -s, -: *der Fläche eines Quadrats mit der Seitenlänge 1 m entsprechende Maßeinheit der Fläche* (Zeichen: m^2, früher auch: qm): das Haus hat 180 Q. Wohnfläche.

Qua|d|rat|me|ter|preis [österr. auch: ...'drat...], der (Kaufmannsspr.): *Preis pro Quadratmeter:* die -e für Bauland; bei einem Q. von 15 Euro wären das monatlich 1500 Euro Miete; wir reinigen Ihre Teppiche zu einem Q. von 20 Euro.

Qua|d|rat|mil|li|me|ter [österr. auch: ...'drat...], der, früher fachspr. auch: das; -s, -: *der Fläche eines Quadrats mit der Seitenlänge 1 mm entsprechende Maßeinheit der Fläche* (Zeichen: mm^2, früher auch: qmm).

Qua|d|rat|schä|del [österr. auch: ...'drat...], der (ugs.): **a)** *breiter, eckiger Kopf;* **b)** (abwertend) *starrsinniger, dickköpfiger Mensch.*

Qua|d|ra|tur, die; -, -en [spätlat. quadratura]: **1.** (Math.) **a)** *Umwandlung einer geometrischen Figur in ein Quadrat des gleichen Flächeninhalts durch geometrische Konstruktion:* das ist ausgeschlossen, Sie verlangen von uns die Q. des Kreises; Er wird dann gewiß den Fehler entdecken, welcher der Menschheit unterlief, als sie versuchte die Q. des Zirkels zu lösen oder ein Perpetuum mobile zu bauen (Strauß, Niemand 48); * **die Q. des Kreises/Zirkels** (bildungsspr.; *etw. Unmögliches, eine unlösbare Aufgabe;* nach der nicht lösbaren Aufgabe, mit Zirkel u. Lineal ein zu einem gegebenen Kreis flächengleiches Quadrat zu konstruieren); **b)** *Bestimmung des Flächeninhalts einer ebenen geometrischen Figur:* arithmetische Q. (*rechnerische Bestimmung eines Flächeninhalts*). **2.** *Stellung eines Planeten od. des Mondes, bei der der Winkel zwischen ihm u. der Sonne von der Erde aus gesehen 90° beträgt:* der Mond steht in [östlicher, westlicher] Q. [zur Sonne].

Qua|d|rat|wur|zel, die; - (Math.): *zweite Wurzel aus einer Zahl* (Zeichen: √): die Q. aus neun ist drei.

Qua|d|rat|zahl, die (Math.): *natürliche Zahl, die gleich dem Quadrat* (1 c) *einer anderen natürlichen Zahl ist:* 1, 4, 9, 16 sind -en.

Qua|d|rat|zen|ti|me|ter, der, früher fachspr. auch: das; -s, -: *der Fläche eines Quadrats mit der Seitenlänge 1 cm entsprechende Maßeinheit der Fläche* (Zeichen: cm^2).

qua|d|rie|ren ⟨sw. V.; hat⟩ [lat. quadrare = viereckig machen, zu: quadrus = viereckig, zu: quattuor = vier]: **1.** (Math.) *mit sich selbst multiplizieren, ins Quadrat* (1 c) *erheben:* eine Zahl q. **2.** (bes. Kunstwiss.) *(eine Fläche) mit einem Gitter von Linien in Quadrate aufteilen [um so die Vorlage für ein Bild o. Ä. möglichst genau u. maßstabgetreu auf eine zu bemalende Fläche übertragen zu können]:* eine Wand für ein Fresko q.

Qua|d|ri|ga, die; -, ...gen [lat. quadriga, zu: quattuor (in Zus. häufig: quadri-) = vier u. iugum = Joch]: *(im Antike) offener, zweirädriger Wagen mit vier nebeneinandergespannten Pferden u. einem stehenden Lenker.*

Qua|d|ril|le [kva'drılja, österr.: ka'drıl], die; -, -n [frz. quadrille < span. cuadrilla, eigtl. = Gruppe von vier Reitern, zu: cuadro = Viereck, zu lat. quadrus = viereckig]: **a)** *von je vier Paaren im Karree getanzter Contretanz (im* ³/₈- *od.* ²/₄-*Takt);* **b)** *Musikstück, das sich als Tanzmusik für die Quadrille* (a) *eignet.*

Qua|d|ril|li|ar|de, die; -, -n [zu lat. quattuor (in Zus. häufig: quadri-) = vier u. ↑ Milliarde]: *tausend Quadrillionen* (geschrieben: 10^{27}, eine Eins mit 27 Nullen).

Qua|d|ril|li|on, die; -, -en [frz. quadrillion, zu lat. quattuor (in Zus. häufig: quadri-) = vier u. frz. million = Million (1 Quadrillion ist die 4. Potenz einer Million): *tausend Trilliarden* (geschrieben: 10^{24}, eine Eins mit 24 Nullen).

Quadrireme – Qualität

Qua|d|ri|re|me, die; -, -n [lat. quadriremis, zu: remus = Ruder]: *(in der Antike) Kriegsschiff mit vier übereinanderliegenden Ruderbänken.*

Qua|d|ri|vi|um, das; -s [spätlat. quadrivium, eigtl. = Ort, wo vier Wege zusammenstoßen, Kreuzweg, zu: via = Weg]: *Teilbereich der Artes liberales mit den Disziplinen Arithmetik, Geometrie, Astronomie, Musik.*

Qua|d|ri|zeps, der; -es, -e [zu lat. quadriceps = vierköpfig (nach dem vierfachen Ansatz am großen Rollhügel), zu: quadri- (in Zus.) = vier u. caput = Kopf] (Anat.): *vierköpfiger Muskel, der an der Vorderseite des Oberschenkels liegt u. im Kniegelenk die Streckung des Unterschenkels bewirkt.*

qua|d|ro|fon, quadrophon ⟨Adj.⟩ [zu lat. quattuor (in Zus. häufig: quadri-) = vier u. ↑-fon; wohl geb. nach mono-, stereofon] (Akustik, Rundfunkt.): *(in Bezug auf die Übertragung von Musik, Sprache o. Ä.) über vier Kanäle erfolgend, wodurch bei der Wiedergabe ein Raumklang erzielt wird:* eine -e Aufnahme; etw. q. wiedergeben.

Qua|d|ro|fo|nie, Quadrophonie, die; - (Akustik, Rundfunkt.): *quadrofone Schallübertragung.*

qua|d|ro|phon usw.: ↑ quadrofon usw.

Qua|d|ro|sound, der [engl.-amerik. quadrosound, zu Sound]: *durch Quadrofonie erzielter Raumklang.*

Qua|d|ru|pel, das; -s, - [frz. quadruple < lat. quadruplum = Vierfaches] (Math.): *Gesamtheit von vier zusammengehörenden Zahlen.*

Quag|ga, das; -s, -s [afrik. Wort]: *(heute ausgerottetes) südafrikanisches Zebra mit rötlich braunem Rumpf, weißem Schwanz u. weißen Beinen.*

Quai [ke:, auch: kɛ(:)], der od. das; -s, -s [frz. quai, ↑ Kai] (schweiz.): **a)** *Kai;* **b)** *Uferstraße.*

quak ⟨Interj.⟩: lautm. für den Laut, den ein Frosch od. eine Ente von sich gibt.

Quä|ke, die; -, -n [zu ↑ quäken] (Jagdw.): *Instrument, das den Angstschrei eines Hasen nachahmt.*

qua|keln ⟨sw. V.; hat⟩ [zu ↑ quaken] (landsch., bes. nordd.): *kakeln* (2).

qua|ken ⟨sw. V.; hat⟩ [lautm.]: **a)** *(bes. von Frosch od. Ente) den Laut quak von sich geben:* im Teich quakten die Frösche; **b)** (salopp abwertend) *in unangenehmer, als lästig empfundener Weise reden:* der kann q., so viel er will, ich lasse mich auf nichts ein.

quä|ken ⟨sw. V.; hat⟩ [lautm.] (meist abwertend): **a)** *schrill u. zugleich heiser, gepresst, quengelnd tönen:* aus dem Automaten quäkte eine elektronisch erzeugte Stimme; **b)** *[als Ausdruck der Unzufriedenheit] quäkende* (a) *Laute von sich geben:* das kranke Kind quäkt den ganzen Tag.

Quak|en|te, die (Kinderspr.): *Ente.*

Quä|ker, der; -s, - [engl. Quaker, zu: to quake = zittern (vor dem Wort Gottes)]: *Angehöriger einer Kirche u. Dogma ablehnenden, mystisch-spiritualistisch orientierten christlichen Gemeinschaft (bei der bes. das soziale Engagement eine große Rolle spielt).*

Quä|ke|rin, die; -, -nen: w. Form zu ↑ Quäker.

Quä|ker|tum, das; -s: *das Quäkersein.*

Quak|frosch, der (Kinderspr.): *Frosch.*

quä|kig ⟨Adj.⟩ (abwertend): *quäkend.*

Qual, die; -, -en [mhd. quāl(e), ahd. quāla, zu: quelan, ↑ quälen]: **a)** ⟨o. Pl.⟩ *Quälerei:* die letzten Wochen waren für alle eine einzige Q.; er machte uns den Aufenthalt zur Q. *(verleidete ihn uns in hohem Maße);* * **die Q. der Wahl** (oft scherzh.; *die Schwierigkeit, sich für eines von mehreren zur Wahl stehenden, gleich begehrenswerten Dingen o. Ä. zu entscheiden);* **b)** ⟨meist Pl.⟩ *länger andauernde, [nahezu] unerträgliche Empfindung des Leidens* (1 a): große, seelische -en; die -en der Angst; tausend -en [er]leiden, ausstehen; jmdn. von seinen -en, seiner Q. erlösen; Das war die Angst der Liebenden ... Sahen sie jetzt einander an, so konnte sich das Auge in süßer Q. nicht von dem Anblick zurückziehen, den es sah (Musil, Mann 1363).

quä|len ⟨sw. V.; hat⟩ [mhd. quelen, ahd. quellan, zu: quelan = Schmerz empfinden, urspr. = stechen; in mhd. Zeit als Abl. von ↑ Qual empfunden u. daher mit ä geschrieben]: **1. a)** *einem Lebewesen bewusst körperliche Schmerzen zufügen, es misshandeln [um es leiden zu sehen]:* jmdn., ein Tier [grausam] q., zu Tode q.; **b)** *(durch etw.) seelische Schmerzen zufügen:* quäl mich doch nicht immer mit dieser alten Geschichte! **2. a)** *jmdm. lästig werden, indem man ihm [mit einem Begehren] keine Ruhe lässt:* das Kind quälte die Eltern so lange, bis es schließlich fernsehen durfte; Okba, mein Henker, hat wenig zu tun in meinem Lande. Er quält mich seit langem um ein Todesurteil (Eich, Hörspiele 34); **b)** *bei jmdm. körperliche Schmerzen, sehr unangenehme körperliche Empfindungen hervorrufen:* mich quält seit Tagen ein hartnäckiger Husten; -de Kopfschmerzen; **c)** *jmdn. innerlich anhaltend beunruhigen:* ihn quälte der Gedanke an seine Schuld; eine -de Ungewissheit. **3.** ⟨q. + sich⟩ **a)** *(von etw.) gequält* (1 b, 2 b) *werden:* sie quält sich mit Zweifeln; Beide genasen eines gesunden Knaben. Pauls schöne Frau nach drei Stunden, Paula musste sich sechsunddreißig Stunden q. (Plenzdorf, Legende 15); **b)** *sich (mit etw., jmdm.) sehr abmühen:* sich mit der Hausarbeit q.; Ü ein gequältes *(gezwungenes, unnatürliches)* Lächeln; ein gequälter *(schwerfälliger, ungeschickter)* Stil. **4.** ⟨q. + sich⟩ *sich unter Mühen, mit großer Anstrengung irgendwohin bewegen:* mühsam quälten wir uns durch den hohen Schnee.

Quä|ler, der; -s, -: *jmd., der [häufig, gern] quält* (1).

Quä|le|rei, die; -, -en: **1.** *[dauerndes] Quälen* (1 a): lass das Tier in Ruhe, hör auf mit der Q.! **2.** *das Quälen* (2 a): die dauernde Q. der Kinder ging uns auf die Nerven. **3.** ⟨o. Pl.⟩ **a)** *das Sichquälen* (3 a): das Leben ist für das kranke Tier nur noch eine Q.; **b)** (ugs. emotional) *etw. (bes. eine körperliche Anstrengung), was sehr mühevoll ist, dem man kaum gewachsen ist:* das Treppensteigen ist [für die Patientin] eine Q.

Quä|le|rin, die; -, -nen: w. Form zu ↑ Quäler.

quä|le|risch ⟨Adj.⟩ (geh.): *Qualen* (b) *verursachend;* gequält (2 c): -e Selbstzweifel.

Quäl|geist, der ⟨Pl. -er⟩ (ugs.): *jmd., der jmdm. [mit etw.] bedrängt u. ihm dadurch lästig wird:* lass die kleinen -er endlich an ihre Computerspiele!

¹Qua|li, die; -, -s (ugs.): Kurzf. von ↑ Qualifikation (3 a): die Q. schaffen, verpassen.

²Qua|li, der; -s, -s (ugs.): Kurzf. von qualifizierter ↑ Hauptschulabschluss, qualifizierter ↑ Sekundarabschluss: den Q. bestehen, schaffen.

Qua|li|fi|kant, der; -en, -en [zu ↑ qualifizieren u. ↑-ant] (Sport): *Sportler, der über eine Qualifikation* (3 b) *in einen Wettbewerb gelangt [ist].*

Qua|li|fi|kan|tin, die; -, -nen: w. Form zu ↑ Qualifikant.

Qua|li|fi|ka|ti|on, die; -, -en [über frz. qualification < mlat. qualificatio, zu: qualificare, ↑ qualifizieren]: **1.** *Qualifizierung.* **2. a)** ⟨Pl. selten⟩ *durch Ausbildung, Erfahrung o. Ä. erworbene Befähigung für eine bestimmte [berufliche] Tätigkeit:* seine Q. [als Abteilungsleiter] steht außer Frage; dafür fehlt ihm die [nötige] Q.; **b)** *Voraussetzung für eine bestimmte [berufliche] Tätigkeit (in Form von Zeugnissen, Nachweisen o. Ä.):* einzige erforderliche Q. ist das Abitur. **3.** [engl. qualification] (Sport) **a)** ⟨Pl. selten⟩ *durch eine bestimmte sportliche Leistung erworbene Berechtigung, an einem Wettbewerb teilzunehmen;* **b)** *Wettbewerb, Spiel, in dem sich die erfolgreichen Teilnehmer für die Teilnahme an der nächsten Runde eines größeren Wettbewerbs qualifizieren* (1 b): die Q. gewinnen.

Qua|li|fi|ka|ti|ons|pro|fil, das: *Gesamtheit von Kenntnissen u. Fertigkeiten, die für einen Beruf, eine Position als notwendig erachtet werden.*

Qua|li|fi|ka|ti|ons|run|de, die (Sport): *Runde eines sportlichen Wettbewerbs, in der sich Teilnehmer für eine weitere Runde qualifizieren* (1 b).

Qua|li|fi|ka|ti|ons|spiel, das (Sport): *im Rahmen einer Qualifikationsrunde ausgetragenes Spiel.*

Qua|li|fi|ka|ti|ons|tur|nier, das (Sport): *Turnier* (2), *bei dem man sich für einen höherrangigen Wettbewerb qualifizieren* (1 b) *kann.*

qua|li|fi|ka|to|risch ⟨Adj.⟩: *die [berufliche] Qualifikation betreffend.*

qua|li|fi|zie|ren ⟨sw. V.; hat⟩ [mlat. qualificare = näher bestimmen, mit einer bestimmten Eigenschaft versehen, zu lat. qualis (↑Qualität) u. facere = machen]: **1.** ⟨q. + sich⟩ **a)** *eine Qualifikation erwerben, erlangen:* sich als Wissenschaftlerin, sich wissenschaftlich q.; sich zum Facharbeiter qualifizieren; **b)** [engl. to qualify] (Sport) *eine Qualifikation* (3 a) *erwerben:* die Mannschaft hat sich für die Weltmeisterschaft qualifiziert. **2. a)** (bes. DDR) *ausbilden, weiterbilden u. so zu einer [bestimmten, höheren] Qualifikation* (2 a) *bringen;* **b)** *für jmdn. eine Qualifikation* (2 a) *darstellen:* was qualifiziert Sie für diesen Posten? **3.** (bildungsspr.) *als etw. Bestimmtes bezeichnen, klassifizieren:* die Polizei qualifiziert die Tat als einfachen Diebstahl.

qua|li|fi|ziert ⟨Adj.⟩: **a)** *besondere Fähigkeiten, Qualifikationen erfordernd:* eine -e Arbeit; **b)** (bildungsspr.) *Sachkenntnis, Qualifikation* (2 a) *besitzend, aufweisend, davon zeugend:* ein -er Diskussionsbeitrag; **c)** (meist Fachspr.) *besondere, ausschlaggebende Merkmale aufweisend:* -e Mitbestimmung *(Mitbestimmung, bei der alle beteiligten Gruppen nicht nur nominell, sondern faktisch mitbestimmen können;* echte Mitbestimmung*).*

Qua|li|fi|zie|rung, die; -, -en ⟨Pl. selten⟩: **1.** *das Sichqualifizieren* (1). **2.** (bes. DDR) *das Qualifizieren* (2 a). **3.** (bildungsspr.) *das Qualifizieren* (3).

Qua|li|fi|zie|rungs|maß|nah|me, die: *Maßnahme, die dazu dient, Arbeitskräften höhere Qualifikationen zu vermitteln.*

Qua|li|fy|ing [ˈkwɔlɪfaɪɪŋ], das; -s, -s [engl. qualifying = das (Sich)qualifizieren] (Rennsport): *Qualifikation* (3 b) *u. Festlegung der Startreihenfolge für ein [Auto]rennen.*

Qua|li|tät, die; -, -en [lat. qualitas = Beschaffenheit, Eigenschaft, zu: qualis = wie beschaffen]: **1. a)** (bildungsspr.) *Gesamtheit der charakteristischen Eigenschaften (einer Sache, Person); Beschaffenheit:* der Skandal erreichte eine neue Q.; **b)** (Sprachwiss.) *Klangfarbe eines Lauts (im Unterschied zur Quantität* 2 a*): offenes und geschlossenes o sind Laute verschiedener -en;* **c)** (Textilind.) *Material einer bestimmten Art, Beschaffenheit:* eine strapazierfähige Q. **2. a)** (bildungsspr.) *[charakteristische] Eigenschaft (einer Sache, Person):* die auffallendste Q. des Bleis ist sein hohes Gewicht; **b)** ⟨meist Pl.⟩ *gute Eigenschaft (einer Sache, Person):* er hat menschliche -en. **3. a)** *Güte* (2): die Qs des Materials; Waren guter, schlechter, erster Q.; **b)** *etw. von einer bestimmten Qualität* (3 a): er kauft nur Q. *(Hochwertiges).* **4.** (Schach) *derjenige Wert, um den der Wert eines Turmes höher ist als der eines Läufers od. eines Springers:* die Q. gewinnen *(einen gegnerischen Turm gegen das Opfer eines Läufers od. Springers schlagen).*

qua|li|ta|tiv ⟨Adj.⟩ [mlat. qualitativus]: **a)** (bildungsspr.) *die Qualität* (1 a) *betreffend;* **b)** *die [gute] Qualität* (3 a) *betreffend:* Fortschritte in -er Hinsicht machen; -e Mängel beseitigen; eine q. hochstehende Konstruktion des Fahrwerks.

Qua|li|täts|an|for|de|rung, die ⟨meist Pl.⟩: *Anforderung* (2), *die im Hinblick auf die Qualität* (3 a) *gestellt wird.*

Qua|li|täts|an|spruch, der: *in Bezug auf die Qualität* (3 a) *erhobener Anspruch.*

Qua|li|täts|ar|beit, die: *Wertarbeit.*

qua|li|täts|be|wusst ⟨Adj.⟩: *(bes. beim Kaufen) auf Qualität achtend:* Dazu: **Qua|li|täts|be|wusst|sein,** das.

Qua|li|täts|be|zeich|nung, die: *Bezeichnung der Güteklasse einer Ware.*

Qua|li|täts|ein|bu|ße, die: *Einbuße, Verlust an Qualität* (3 a).

Qua|li|täts|er|zeug|nis, das: *Erzeugnis von hoher Qualität* (3 a).

Qua|li|täts|ga|ran|tie, die: *Garantie darüber, dass eine Ware eine bestimmte Qualität* (3 a) *hat.*

Qua|li|täts|klas|se, die: *Güteklasse.*

Qua|li|täts|kon|trol|le, die: *Kontrolle der Qualität* (3 a) *einer Ware.*

Qua|li|täts|kri|te|ri|um, das: **a)** *Kriterium* (1) *für die Beurteilung von Qualität* (3 a): bei Lebensmitteln ist Frische ein Q.; **b)** *Bedingung für die Bestätigung von Qualität* (3 a): die Verarbeitung des Materials erfüllt nicht unsere Qualitätskriterien.

Qua|li|täts|ma|nage|ment, das: *Gesamtheit der sozialen u. technischen Maßnahmen, die zum Zweck der Absicherung einer Mindestqualität von Ergebnissen betrieblicher Leistungsprozesse angewendet werden (z. B. Qualitätskontrolle, Endkontrolle).*

Qua|li|täts|man|gel, der: *Mangel an Qualität* (3 a), *Güte.*

Qua|li|täts|merk|mal, das: *Eigenschaft einer Ware, die [zusammen mit anderen] die Qualität* (3 a) *der Ware ausmacht.*

Qua|li|täts|ni|veau, das: *Niveau der Qualität* (3 a): ein hohes Q.

Qua|li|täts|norm, die: *Norm in Bezug auf die Qualität* (3 a) *einer Ware.*

Qua|li|täts|of|fen|si|ve, die (Werbespr., Wirtsch.): *Gesamtheit der Maßnahmen, mit denen die Qualität* (3 a) *eines Produkts od. einer Dienstleistung verbessert und dies der Kundschaft glaubhaft vermittelt werden soll.*

Qua|li|täts|prü|fung, die: *Qualitätskontrolle.*

Qua|li|täts|si|che|rung, die (Wirtsch.): *Sicherung der Qualität eines Produkts od. einer Dienstleistung durch dazu geeignete Maßnahmen.*

Qua|li|täts|sie|gel, die: *auf einer Ware angebrachtes Zeichen, durch das die Überprüfung der Qualität bestätigt wird.*

Qua|li|täts|stan|dard, der: **1.** *Qualitätsniveau:* ein hoher Q. **2.** *Qualitätsnorm:* dem Q. entsprechen.

Qua|li|täts|stei|ge|rung, die: *Verbesserung der Qualität* (3 a).

Qua|li|täts|stu|fe, die: *Grad der Qualität* (3 a).

Qua|li|täts|un|ter|schied, der: *Unterschied in der Qualität* (3 a).

Qua|li|täts|ver|bes|se|rung, die: *Qualitätssteigerung.*

Qua|li|täts|ver|lust, der: *[starkes] Sinken der Qualität* (3 a): wir streben eine Wiedergabe der Filme ohne Q. an.

qua|li|täts|voll: ↑ *qualitätvoll.*

Qua|li|täts|wa|re, die: *Ware von hoher Qualität.*

Qua|li|täts|wein, der: **1.** *Wein hoher Qualität.* **2.** *(nach dem deutschen Weingesetz) Wein einer bestimmten Güteklasse, der bestimmten Anforderungen genügen, aus nur einem bestimmten von elf deutschen Anbaugebieten stammen u. für dieses Gebiet typisch sein muss.*

qua|li|tät|voll, qualitätsvoll ⟨Adj.⟩: *eine hohe Qualität* (3 a) *aufweisend.*

Qual|le, die; -, -n [aus dem Niederd., eigtl. wohl = aufgequollenes Tier, zu ↑¹quellen]: *im Meer lebendes aus einer gallertartigen Substanz bestehendes, glocken- bis schirmförmiges, frei schwimmendes Nesseltier mit langen Tentakeln; Meduse.*

qual|lig ⟨Adj.⟩: *von der Konsistenz, Beschaffenheit einer Qualle; gallertartig:* eine -e Masse.

Qualm, der; -[e]s [aus dem Niederd. < mniederd. qual(le)m, eigtl. wohl = Hervorquellendes, zu ↑¹quellen]: **1.** *[als unangenehm empfundener] dichter, oft übel riechender Rauch:* beißender, schwarzer Q. **2.** (landsch.) *[dichter] Dunst, Dampf:* aus der Waschküche kam heißer Q.; Wenn ihm der Wind um die Nase ging und der feuchte Q. einer Wolke von einem Nebels sich weiß in Schwaden den Bergabhang hinunterwälzte... (Jahnn, Geschichten 228).

qual|men ⟨sw. V.; hat⟩: **1.** *Qualm* (1) *abgeben, verbreiten:* der Ofen qualmt; qualmende Schornsteine; ⟨auch unpers.:⟩ in der Küche qualmt es. **2.** (salopp, oft abwertend) *viel, stark rauchen* (2 a): sie qualmt pausenlos.

qual|mig ⟨Adj.⟩ (oft abwertend): *voller Qualm* (1): eine -e Kneipe.

qual|voll ⟨Adj.⟩: **a)** *mit großen Qualen verbunden:* ein langsamer, -er Tod; elend und q. zugrunde gehen; Der Arzt ... erklärt es mir, warum es ohne Spritzen q. wäre; ein Erstickungstod (Frisch, Montauk 112); **b)** *mit großer Angst, Ungewissheit, Unruhe o. Ä. einhergehend:* -es Warten; Wenn ich dich nicht erreichen konnte, ergriff mich tiefe Verzweiflung, eine -e Ruhelosigkeit (Mayröcker, Herzzerreißende 94).

Qual|zucht, die (Fachspr.): *Zucht* (1 a) *von Tieren, bei der deren Schmerzen, Fehlbildungen u. a. gesundheitliche Schäden aus wirtschaftlichen Gründen in Kauf genommen werden.*

Quant, das; -s, -en [zu lat. quantum, ↑ Quantum] (Physik): *kleinstmöglicher Wert einer physikalischen Größe (von dem gewöhnlich nur ganzzahlige Vielfache auftreten), bes. in der Wellenstrahlung als Einheit auftretende kleinste Energiemenge (die sich unter bestimmten Bedingungen wie ein Teilchen verhält).*

Quänt|chen, das; -s, - ⟨Pl. selten⟩ [(heute meist als Abl. von ↑Quantum empfundene u. in der Schreibung an diese angepasste) Vkl. zu ↑Quent] (veraltend): *sehr kleine Menge:* ein Q. Butter hinzufügen; Ü ein [bescheidenes, kleines, winziges] Q. Glück; er nahm ihnen auch dieses/ das letzte Q. Hoffnung.

quan|teln ⟨sw. V.; hat⟩ (Physik): *in Quanten aufteilen:* Dazu: **Quan|te|lung,** die; -, -en.

¹Quan|ten: Pl. von ↑Quant, Quantum.

²Quan|ten ⟨Pl.⟩ [H. u., viell. aus der Gaunerspr.; vgl. gaunerspr. quant = groß] (salopp) *[plumpe, große] Füße od. Schuhe:* zieh mal deine Q. ein!

Quan|ten|com|pu|ter, der (EDV): *[theoretisch möglicher] Computer, der nach quantenmechanischen Prinzipien arbeitet.*

Quan|ten|elekt|ro|nik, die ⟨o. Pl.⟩: *Teilgebiet der angewandten Physik u. der Elektronik, das sich mit den quantentheoretischen Grundlagen u. technischen Anwendungen der Erscheinungen bei der Wechselwirkung elektromagnetischer Strahlung mit atomaren Systemen u. Festkörpern befasst.*

Quan|ten|me|cha|nik, die (Physik): *erweiterte elementare Mechanik, die es ermöglicht, das mikrophysikalische Geschehen zu erfassen:* Dazu: **quan|ten|me|cha|nisch** ⟨Adj.⟩.

Quan|ten|phy|sik, die (Physik): *Teilbereich der Physik, dessen Gegenstand die mit den Quanten zusammenhängenden Erscheinungen sind:* Dazu: **quan|ten|phy|si|ka|lisch** ⟨Adj.⟩; **Quan|ten|phy|si|ker,** der; **Quan|ten|phy|si|ke|rin,** die.

Quan|ten|sprung, der: **1.** (Physik) *(unter Emission od. Absorption von Energie erfolgender) plötzlicher Übergang eines mikrophysikalischen Systems aus einem Quantenzustand in einen anderen.* **2.** *[durch eine neue Idee, Entdeckung, Erfindung, Erkenntnis o. Ä. ermöglichter] Fortschritt, der eine Entwicklung innerhalb kürzester Zeit ein sehr großes Stück voranbringt:* dies ist ein Q. in der Umwelttechnik.

Quan|ten|the|o|re|tisch ⟨Adj.⟩: *die Quantentheorie betreffend, auf ihr beruhend.*

Quan|ten|the|o|rie, die (Physik): *Theorie über die mikrophysikalischen Erscheinungen, die das Auftreten von Quanten in diesem Bereich berücksichtigt (u. aus der die Quantenmechanik entwickelt wurde).*

Quan|ten|zahl, die (Physik): *Zahl, die den Quantenzustand mikrophysikalischer Systeme charakterisiert.*

Quan|ten|zu|stand, der (Physik): *(bes. durch die vorhandene Energie gekennzeichneter) physikalischer Zustand eines mikrophysikalischen Systems.*

quan|ti|fi|zier|bar ⟨Adj.⟩ (bildungsspr.): *sich quantifizieren lassend:* der Nutzen einer solchen Maßnahme ist nur schwer q.

quan|ti|fi|zie|ren ⟨sw. V.; hat⟩ [mlat. quantificare = betragen (1), zu lat. quantus (↑ Quantum) u. facere = machen] (bildungsspr.): *in Mengenbegriffen, Zahlen o. Ä. beschreiben; die Menge, Anzahl, Häufigkeit, das Ausmaß von etw. angeben, bestimmen:* die Schäden, Risiken lassen sich nicht [genau] q. Dazu: **Quan|ti|fi|zie|rung,** die; -, -en.

Quan|til, das; -s, -e [zu lat. quantillus = wie wenig?] (Statistik): *Maß für die Streuung von Datenerhebungen.*

Quan|ti|tät, die; -, -en [lat. quantitas] (bildungsspr.): **1. a)** ⟨o. Pl.⟩ *Menge, Anzahl o. Ä., in der etw. vorhanden ist; Ausmaß, das etw. hat:* es kommt weniger auf die Q. als vielmehr auf die Qualität an; **b)** *bestimmte Menge von etw.; Portion, Dosis:* eine kleine, größere Q. Nikotin. **2. a)** (Sprachwiss.) *Länge, Dauer eines Lauts (im Unterschied zur Qualität 1 b):* das a in Fass hat eine andere Q. als das in Fraß; **b)** (Verslehre) *Länge, Dauer (einer Silbe).*

quan|ti|ta|tiv ⟨Adj.⟩ (bildungsspr.): *die Quantität betreffend.*

Quan|ti|té né|gli|gea|ble [kãtitenegliˈʒaːbl], die; - - [frz. quantité négligeable = nicht zu berücksichtigende Menge] (bildungsspr.): *wegen ihrer Geringfügigkeit u. Unbedeutendheit vernachlässigbare Menge, Anzahl.*

quan|ti|tie|ren ⟨sw. V.; hat⟩ (Verslehre): *Silben im Vers nach ihrer Quantität* (2 b) *u. nicht nach der Betonung messen.*

Quan|tum, das; -s, Quanten [lat. quantum, subst. Neutr. von: quantus = wie groß, wie viel; so groß wie]: *bestimmte [jmdm., einer Sache zukommende] Menge:* ein gehöriges, ordentliches Q.; das tägliche Q. Kaffee; Ü ein Q. Humor gehört dazu.

Quap|pe, die; -, -n [aus dem Niederd. < mniederd. quappe, quabbe, asächs. quappa, wohl eigtl. = schleimiger Klumpen, wabbeliges Tier]: **1.** *Aalquappe* (1). **2.** *Larve eines Lurchs, bes. Kaulquappe.*

Qua|ran|tä|ne [ka...], die; -, -n [frz. quarantaine, eigtl. = Anzahl von 40 (Tagen), zu: quarante < vlat. quarranta < lat. quadraginta = vierzig; nach der früher üblichen vierzigtägigen Hafensperre für Schiffe mit seuchenverdächtigen Personen]: *vorübergehende Isolierung von Personen, Tieren, die von einer ansteckenden Krankheit befallen sind od. bei denen Verdacht darauf besteht (als Schutzmaßnahme gegen eine Verbreitung der Krankheit): über jmdn., einen Ort, ein Schiff Q. verhängen; das Schiff liegt in Q.; jmdn., etw. unter [eine vierwöchige] Q. stellen.

Qua|ran|tä|ne|flag|ge, die (Seew.): Signalflagge, die anzeigt, dass ein Schiff in Quarantäne liegt.

Qua|ran|tä|ne|sta|ti|on, die: Einrichtung zur Unterbringung von Personen, Tieren, die unter Quarantäne stehen.

Quar|gel, der, auch: das; -s, - [zu spätmhd. quarg = Quark] (österr.): stark riechender Käse aus Sauermilch.

¹Quark, der; -[e]s [spätmhd. quarc, quarg, twarc, aus dem Slaw.; vgl. poln. twaróg]: **1.** aus saurer Milch hergestelltes, weißes, breiiges Nahrungsmittel: fettarmer, 40 %iger Q.; Spr getretener Q. wird breit, nicht stark (etw. ohne inhaltliche Tiefe wird auch durch noch so großen Aufwand nicht auf ein höheres Niveau gebracht; Goethe, Westöstlicher Diwan). **2.** (salopp abwertend) Unsinn, Unfug, dummes Zeug: red nicht solchen Q.!; sich über jeden Q. (über jede noch so belanglose Kleinigkeit) aufregen.

²Quark [kwɔ:k], das; -s, -s [engl. quark; 1964 von dem amerik. Physiker M. Gell-Mann gepr. Fantasiebez. nach dem Namen schemenhafter Wesen aus dem Roman »Finnegan's Wake« des ir. Schriftstellers James Joyce (1882–1941)] (Physik): fundamentales Elementarteilchen.

quar|kig ⟨Adj.⟩: in Aussehen u. Konsistenz ähnlich wie Quark: eine -e Masse.

Quark|spei|se, die: aus Quark u. a. bereiteter Nachtisch.

¹Quart, die; -, -en (Musik): Quarte.

²Quart, das; -s, -e ⟨aber: 3 Quart⟩: **1.** [spätmhd. quart(e) < lat. quarta (pars) = vierte(r Teil), Viertel] altes deutsches Hohlmaß (unterschiedlicher Größe). **2.** ⟨o. Pl.⟩ [subst. aus lat. in quarto = in Vierteln] (Verlagsw.) Buchformat in der Größe eines viertel Bogens, das sich durch zweimaliges Falzen eines Bogens ergibt u. das je nach Größe des Bogens verschiedene Maße (von Klein- bis Großquart) haben kann (Zeichen: 4°): ein Buch in Q.

³Quart [kwɔ:t], das; -s, -s ⟨aber: 3 Quart⟩ [(m)engl. quart < mfrz. quarte < lat. quarta (pars), ↑ ²Quart]: **a)** englisches Hohlmaß (1,136 l; Zeichen: qt); **b)** amerikanisches Hohlmaß für Flüssigkeiten (0,946 l; Zeichen: liq qt); **c)** amerikanisches Hohlmaß für trockene Substanzen (1,101 dm³; Zeichen: dry qt).

Quar|ta, die; -, ...ten [nlat. quarta (classis) = vierte (Klasse) (veraltend): **a)** [vgl. Prima (a)] dritte Klasse eines Gymnasiums; **b)** (in Österreich) vierte Klasse eines Gymnasiums.

Quar|tal, das; -s, -e [mlat. quartale (anni) = Viertel (eines Jahres), zu lat. quartus, ↑ ²Quart]: Viertel eines Kalenderjahres: das letzte/vierte Q. beginnt mit dem ersten Oktober.

Quar|tals|ab|schluss, der (Wirtsch.): Abschluss, Bilanz für das abgelaufene Quartal.

Quar|tals|be|richt, der (Wirtsch.): Bericht über den Quartalsabschluss.

Quar|tals|en|de, das: Ende eines Quartals: zum Q. kündigen.

Quar|tals|er|geb|nis, das (Wirtsch.): im Quartalsabschluss festgehaltenes wirtschaftliches Ergebnis für das abgelaufene Quartal.

Quar|tals|säu|fer, der (ugs.): jmd., der von periodischer Trunksucht befallen wird.

Quar|tals|säu|fe|rin, die: w. Form zu ↑ Quartalssäufer.

quar|tals|wei|se ⟨Adv.⟩: für jeweils ein Quartal; in Zeitabständen, Zeitabschnitten von einem Quartal.

Quar|tals|zahl, die ⟨meist Pl.⟩ (Wirtsch.): turnusmäßig nach dem Ablauf eines Quartals veröffentliches Zahlenmaterial, aus dem die Entwicklung von Umsatz u. Gewinn od. Verlust eines börsennotierten Unternehmens hervorgeht.

Quar|ta|ner, der; -s, - (veraltend): Schüler einer Quarta.

Quar|ta|ne|rin, die; -, -nen: w. Form zu ↑ Quartaner.

◆ **Quar|tant,** der; -en, -en [zu mlat. quartans (Gen.: quartantis), 1. Part. von: quartare = vierteln]: Quartband: ◆ ...wie verwundert mich alle meine ein- und Foliantenbogen den Bücherregalen anglotzten (Raabe, Chronik 7).

quar|tär ⟨Adj.⟩ [zu ↑ Quartär] (Geol.): zum Quartär gehörend; das Quartär betreffend: -e Gesteinsbildungen.

Quar|tär, das; -s [eigtl. = die vierte (Formation), nach der älteren Zählung des Paläozoikums als Primär] (Geol.): jüngstes, bis in die Gegenwart reichendes geol. System der Erdneuzeit.

Quart|bo|gen, der: Druckbogen, der so bedruckt ist, dass er, zweifach gefalzt, acht Buchseiten (vier Blätter) ergibt.

Quar|te, die; -, -n [lat. quarta = die vierte] (Musik): **a)** vierter Ton einer diatonischen Tonleiter; **b)** Intervall von vier diatonischen Tonstufen.

Quar|ten: Pl. von ↑ ¹Quart, Quarte, Quarta.

Quar|ter ['kwɔ:tɐ], der; -s, -s [engl. quarter = Viertel < afrz. quartier, ↑ Quartier]: **a)** US-amerikanische, kanadische Münze im Wert von einem viertel Dollar; **b)** Betrag von 25 US-amerikanischen, kanadischen Cent.

Quar|ter|back ['kwɔ:tɐbɛk], der; -[s], -s [engl. quarterback, aus: quarter = ¹Viertel (1) u. back, ↑ ²Back; der Spieler ist neben den beiden Halfbacks u. dem Fullback der vierte Verteidiger]: (im amerikanischen Football) Spieler, der den Angriffe einleitet u. führt.

Quar|ter|deck, das [engl. quarterdeck, aus: quarter (= Mannschaftsabteilung an Bord [die Mannschaften auf Kriegsschiffen wurden früher für den Wachdienst in vier Abteilungen aufgeteilt] < afrz. quartier, ↑ Quartier) u. deck = Deck] (Seew.): leicht erhöhtes hinteres Deck eines Schiffes.

Quar|ter|pipe [kwɔ:tɐpaɪp], die; -, -s [engl. quarter pipe, eigtl. = Viertelrohr, aus: quarter = Viertel u. pipe = Rohr]: eine große Rinne mit dem Querschnitt eines Viertelkreises geformte Bahn, die beim Snowboarden u. Skateboarden verwendet wird.

Quar|tett, das; -[e]s, -e [ital. quartetto, zu: quarto < lat. quartus, ↑ ²Quart]: **1.** (Musik) **a)** Komposition für vier Soloinstrumente od. -stimmen; **b)** Ensemble von vier Solisten. **2.** (oft scherzh.) Gruppe von vier Personen, die häufig gemeinsam in Erscheinung treten od. gemeinsam etw. [Strafbares] tun: sie tauchen immer im Q. (zu viert) auf. **3.** (Verslehre) vierzeilige Strophe eines Sonetts. **4. a)** ⟨o. Pl.⟩ Kartenspiel (1), bei dem es für den einzelnen Spieler darum geht, möglichst viele vollständige Quartette (4 c) zusammenzustellen; **b)** Kartenspiel (2) zum Quartettspielen; **c)** Satz von vier zusammengehörigen Karten eines Quartetts (4 b).

Quar|tett|spiel, das: **1. a)** Quartett (4 a); **b)** Quartett (4 b). **2.** (Musik) Spiel (5 b) eines Quartetts (1 b).

Quar|tier, das; -s, -e: **1.** [(a)frz. quartier = Teil (eines Heerlagers), eigtl. = Viertel < lat. quartarius, zu: quartus, ↑ ²Quart] Unterkunft (1): ein billiges Q.; [ein neues] Q. beziehen; * Q. machen (1. [meist als Gruppe] sich einquartieren. 2. [meist für eine Gruppe] eine Unterkunft besorgen); Q. nehmen (geh.; sich einquartieren). **2.** (bes. schweiz.) ¹Viertel (2 a): in einem vornehmen Q. wohnen.

quar|tie|ren ⟨sw. V.; hat⟩ [zu ↑ Quartier (1)]: **a)** an einem bestimmten Ort einquartieren, unterbringen: die Evakuierten wurden in eine Schule quartiert; **b)** Quartier beziehen, sich einquartieren: in einer Scheune q.

Quar|tier la|tin [kartjela'tɛ̃], das; -- [frz., eigtl. = lateinisches Viertel]: Pariser Universitätsviertel am linken Ufer der Seine.

Quar|tier|ma|cher, der: jmd., der beauftragt ist, Quartiere (1) zu beschaffen.

Quar|tier|ma|che|rin, die: w. Form zu ↑ Quartiermacher.

Quar|tier|ma|nage|ment: ↑ Quartiersmanagement.

Quar|tier|meis|ter, der: **1.** (Militär) für die Versorgung der Truppen verantwortlicher Generalstabsoffizier. **2.** jmd., dessen Aufgabe es ist, für andere, z. B. die Teilnehmer einer Veranstaltung, Unterkünfte bereitzustellen.

Quar|tier|meis|te|rin, die: w. Form zu ↑ Quartiermeister.

Quar|tiers|ma|nage|ment, Quartiermanagement, das (Politik, Soziol.): **1.** ⟨o. Pl.⟩ Gesamtheit der [behördlichen] Bemühungen, einen Stadtteil attraktiver zu machen. **2.** mit dem Quartiersmanagement (1) betraute behördliche Stelle.

Quar|til, das; -s, -e [zu mlat. quartilatus = in vier Teile geteilt, zu lat. quartus = vier] (bes. Statistik): Viertel (in einer bestimmten Rangliste).

Quarz, der; -es, -e [mhd. quarz, H. u.; viell. zu mhd. (md.) querch = Zwerg; vgl. Kobalt]: **a)** in verschiedenen Arten vorkommendes, in reinem Zustand farbloses, hartes u. sprödes kristallines Mineral: Q. ist kristallisiertes Siliziumdioxid; **b)** Quarzkristall, bes. als elektronisches Bauelement.

quar|zen ⟨sw. V.; hat⟩ [H. u.] (landsch. ugs.): [stark] rauchen: müsst ihr denn die ganze Zeit q.?

Quarz|gang, der (Geol.): von Quarz ausgefüllter ¹Gang (8).

quarz|ge|steu|ert ⟨Adj.⟩: mit Quarzsteuerung arbeitend: -e Armbanduhren.

Quarz|glas, das (Technik): hochwertiges, aus reinem Quarz hergestelltes Glas: die Weingläser sind aus Q.

quarz|hal|tig, (österr.:) **quarz|häl|tig** ⟨Adj.⟩: Quarz enthaltend: -es Gestein.

quar|zig ⟨Adj.⟩: **a)** quarzhaltig; **b)** wie Quarz beschaffen, aussehend: -e Kristalle.

Quar|zit [auch: ...'tsɪt], der; -s, -e (Geol., Mineral.): sehr hartes quarzhaltiges Gestein mit meist dichter, feinkörniger Struktur.

Quarz|kris|tall, der: ¹Kristall aus Quarz.

Quarz|sand, der (Geol.): quarzhaltiger Sand.

Quarz|steu|e|rung, die (Elektrot.): Steuerung eines elektrischen Vorgangs od. Geräts mithilfe der Schwingungen eines Schwingquarzes.

Quarz|uhr, die: Uhr mit Quarzsteuerung.

Quas, der; -es, -e [mhd. (md.) quāß, mniederd. quās, aus dem Slaw.] (landsch.): Gelage, bes. zu Pfingsten stattfindendes festliches Biertrinken.

Qua|sar, der; -s, -e [engl. quasar, Kurzwort für: quasi-stellar (object) = sternähnlich(es Objekt)] (Astron.): sehr fernes kosmisches Objekt, das besonders starke Radiofrequenzstrahlung aussendet.

qua|si ⟨Adv.⟩ [lat. = wie wenn, gerade als ob; gleichsam, aus: qua = wie u. si = wenn]: sozusagen, gewissermaßen, so gut wie: er hat es mir q. versprochen.

qua|si-, Qua|si-: drückt in Bildungen mit Substantiven od. Adjektiven aus, dass die beschriebene Person oder Sache praktisch gleichzusetzen ist mit etw.: Quasidokumentation, -versprechen; quasiautomatisch, -legal.

Qua|si|mo|do|ge|ni|ti ⟨o. Art.; indekl.⟩ [lat. quasi modo geniti (infantes) = wie die eben geborenen (Kinder), nach dem Anfang des Eingangsverses der Liturgie des Sonntags, 1. Petr. 2,2] (ev. Kirche): *erster Sonntag nach Ostern.*

qua|si|of|fi|zi|ell ⟨Adj.⟩ (bildungsspr.): *sozusagen, gewissermaßen offiziell.*

Quas|sel|bu|de, die (ugs. abwertend, ugs. scherzh.): **1.** *(über das Debattieren nicht hinauskommendes, keine Macht ausübendes) Parlament.* **2.** *Ort, an dem zu viel geredet wird.*

Quas|sel|ei, die; -, -en (ugs. abwertend): *[dauerndes] Quasseln:* deine Q. geht mir langsam auf die Nerven.

quas|seln ⟨sw. V.; hat⟩ [aus dem Niederd., zu niederd. quassen = schwatzen, zu: dwas, mniederd. dwās = töricht] (ugs., oft abwertend): *unaufhörlich u. schnell reden; schwatzen:* hör auf zu q.!; ⟨mit Akk.-Obj.:⟩ dummes Zeug q.

Quas|sel|strip|pe, die: **1.** (salopp scherzh. veraltend) *Telefon.* **2.** (salopp abwertend) *jmd., der unentwegt redet:* die Q. hat schon seit einer halben Stunde das Handy am Ohr.

Quas|sel|tan|te, die; -, -n (ugs. abwertend): *Quasselstrippe* (2).

Quas|sel|was|ser, das: in der Wendung *Q. getrunken haben* (ugs. scherzh.; *unentwegt reden müssen*).

Quas|sie, die; -, -n [nach dem Medizinmann Graman Quassi in Surinam (18. Jh.)]: *südamerikanisches Gehölz, dessen Holz Bitterstoff enthält.*

Quast, der; -[e]s, -e (nordd.): **a)** *breiter, bürstenartiger Pinsel;* **b)** *Quaste* (1 a).

Quäst|chen, das; -s, -: Vkl. zu ↑ Quast, Quaste.

Quas|te, die; -, -n [mhd. quast(e), queste, ahd. questa = (Laub-, Feder)büschel, urspr. = Laubwerk]: **1. a)** *größere Anzahl am oberen Ende zusammengefasster, gleich langer Fäden, Schnüre o. Ä., die an einer Schnur hängen:* die -n an seiner Uniform; Hausschuhe mit -n; **b)** *an eine Quaste* (1 a) *erinnerndes Büschel (Haare o. Ä.):* der Schwanz des Löwen endet in einer dicken Q. **2.** (nordd.) *Quast* (a).

Quas|ten|flos|ser, der; -s, -: *Knochenfisch einer fast gänzlich ausgestorbenen Ordnung mit quastenförmigen Flossen.*

quas|ten|för|mig ⟨Adj.⟩: *die Form einer Quaste aufweisend.*

Quäs|tor [ˈkvɛ(ː)...], der; -s, ...oren: **1.** [lat. quaestor, eigtl. = Untersuchungsrichter, zu: quaerere = untersuchen] *(im antiken Rom) hoher Finanz- u. Archivbeamter.* **2.** (schweiz.) *Kassierer (eines Vereins).*

Quäs|to|rin, die; -, -nen: w. Form zu ↑ Quästor.

Quäs|tur, die; -, -en [lat. quaestura]: **a)** ⟨o. Pl.⟩ *Amt eines Quästors* (1); **b)** *Amtsbereich eines Quästors* (1).

Qua|tem|ber, der; -s, - [spätmhd. quatember < (m)lat. quattuor tempora = vier Zeiten] (kath. Kirche): *liturgische Bußtag* (1) *am Mittwoch, Freitag u. Sonnabend nach Pfingsten, dem dritten September-, dritten Advents- u. ersten Fastensonntag.*

qua|ter|när ⟨Adj.⟩ [lat. quaternarius = aus je vieren bestehend] (Chemie): *aus vier Teilen bestehend; aus vier Bestandteilen zusammengesetzt.*

Qua|t|rain [kaˈtrɛ̃ː], das od. der; -s, -s od. -en [kaˈtrɛːnən] [frz. quatrain, zu: quatre = vier < lat. quattuor] (Verslehre): *(bes. in der frz. Dichtung) vierzeilige Strophe.*

Quatsch, der; -[e]s [rückgeb. aus ↑ quatschen (1)]. **1.** (salopp) **a)** (abwertend) *(Ungeduld od. Ärger hervorrufende) als dumm, ungereimt angesehene Äußerung[en]:* Q. erzählen, verzapfen; * **Q. [mit Soße]!** (emotional verstärkend; *Entgegnung, mit der etw. zurückgewiesen werden soll*); **b)** (abwertend) *als falsch, unüberlegt, unklug angesehene Handlung, Verhaltensweise; Torheit:* hier habe ich Q. gemacht *(mich geirrt, etwas falsch gemacht)*; **c)** *harmloser Unfug; Alberei, Jux:* die Kinder haben den ganzen Nachmittag nichts als Q. gemacht; ich habe das nur aus Q. *(zum Spaß)* gesagt; **d)** (abwertend) *etw., was als wertlos, überflüssig, läppisch, lästig angesehen wird:* für so einen Q. gebe ich doch kein Geld aus. **2.** (landsch. ugs.) *Matsch.*

quat|schen ⟨sw. V.; hat⟩: **1.** [übertr. von 4 od. zu niederd. quat = schlecht, böse (verw. mit ↑ Kot)] (ugs. abwertend) **a)** *viel u. töricht reden:* ihr sollt [im Unterricht] nicht dauernd q.; und so was quatscht von Gerechtigkeit!; quatsch nicht so dämlich, dumm, kariert!; **b)** *von sich geben* (9): dummes Zeug, Unsinn q. **2.** (ugs.) *etw., was geheim bleiben sollte, weitererzählen:* wer hat denn da wieder gequatscht? **3.** (ugs.) *sich* ²*unterhalten* (4): mit jmdm., miteinander q. **4.** [lautm.] (landsch. ugs.) *(in Bezug auf eine nasse, breiig-weiche Masse) ein dem Klatschen ähnliches Geräusch hervorbringen:* der Boden quatschte unter ihren Füßen.

Quatsch|kopf, der (salopp abwertend): *jmd., der [dauernd] quatscht* (1); *dummer Schwätzer.*

quatsch|nass ⟨Adj.⟩ [zu: ↑ quatschen (4)] (ugs.): *durch und durch nass.*

Quat|t|ro|cen|tist [...tʃɛnˈtɪst], der; -en, -en [ital. quattrocentista] (Kunstwissenschaft, Literaturwiss.): *Künstler, Dichter des Quattrocento.*

Quat|t|ro|cen|to [...ˈtʃɛnto], das; -[s] [ital. quattrocento = 15. Jahrhundert, kurz für: mille quattrocento = 1400] (Kunstwiss.): *das 15. Jahrhundert, die Zeit der italienischen Frührenaissance.*

¹**Que|bec** [kwɪˈbɛk], ¹**Qué|bec** [keˈbɛk]; -s: kanadische Provinz.

²**Que|bec**, ²**Qué|bec**: Hauptstadt von ¹Quebec.

Que|be|cer, **Qué|be|cer**, der; -s, -: Ew.

Que|be|co|in, **Qué|be|co|in**, die; -, -nen: w. Formen zu ↑ Quebecer, Québecer.

Que|b|ra|cho [keˈbratʃo], das; -s [span. quebracho, quiebrahacha, eigtl. = Axtbrecher, zu quebrar = brechen u. hacha = Axt]: **1.** *[braun]rotes Holz des Quebrachobaums, das wegen seiner besonderen Härte für schwere Holzkonstruktionen verwendet wird u. dessen Kernholz Tannin liefert.* **2.** *Quebrachorinde.*

Que|b|ra|cho|baum, der: *(in Zentral- u. Südamerika wachsender) besonders hartes Holz liefernder mittelgroßer Baum von krummem Wuchs.*

Que|b|ra|cho|rin|de, die: *an Gerbstoffen u. Alkaloiden reiche Rinde des Quebrachobaums.*

¹**Que|chua** [ˈketʃua], der; -[s], -[s]: *Angehöriger eines indianischen Volkes in Peru.*

²**Que|chua**, die; -, -: *Angehörige eines indianischen Volkes in Peru.*

³**Que|chua**, das; -[s]: *südamerikanische Indianersprache (zweite Amtssprache in Peru).*

Que|cke, die; -, -n [spätmhd. quecke, mniederd. kweken, zu ↑ keck]: *(zu den Süßgräsern gehörende, unterm anderen) Pflanze mit rundem Stängel u. unscheinbaren Blüten in Ährchen, deren unterirdische Ausläufer für ihre weite Verbreitung sorgen.*

Queck|sil|ber, das [mhd. quecsilber, ahd. quecsilbar, LÜ von mlat. argentum vivum = lebendiges Silber]: *silbrig glänzendes, bei Zimmertemperatur zähflüssiges Schwermetall [das früher häufig in Thermometern verwendet wurde]* (chemisches Element; Zeichen: Hg; vgl. ↑ Hydrargyrum): im Fleisch der Wale wurden Spuren von Q. gefunden; Q. klettert auf 39 Grad, Q. kletterte *(die Temperatur stieg)* auf 39 Grad.

Queck|sil|ber|dampf, der: *Dampf von Quecksilber.*

queck|sil|ber|hal|tig, (österr.:) **queck|sil|ber|häl|tig** ⟨Adj.⟩: *Quecksilber enthaltend.*

Queck|sil|ber|le|gie|rung, die (Chemie): *Legierung von Quecksilber mit einem anderen Metall.*

Queck|sil|ber|ma|no|me|ter, das: *Manometer, bei dem der Druck durch eine Quecksilbersäule angezeigt wird.*

queck|sil|b|rig ⟨Adj.⟩: ↑ quecksilbrig.

Queck|sil|ber|prä|pa|rat, das: *als Arznei- od. Desinfektionsmittel verwendetes quecksilberhaltiges Präparat.*

Queck|sil|ber|säu|le, die: *in einer dünnen Glasröhre befindliches zähflüssiges Quecksilber, das unter Einfluss von [Luft]druck od. Temperatur steigt od. fällt u. den herrschenden Druck, die herrschende Temperatur anzeigt:* die Q. kletterte *(die Temperatur stieg)* auf 27 Grad.

Queck|sil|ber|ver|gif|tung, die: *durch Quecksilber hervorgerufene Vergiftung.*

queck|silb|rig ⟨Adj.⟩: **1.** *wie Quecksilber, silbrig glänzend.* **2.** *äußerst lebhaft u. von Unruhe erfüllt:* ein -es Kind.

Queen [kwiːn], die; -, -s [engl. queen = Königin]: **1.** ⟨o. Pl.⟩ *britische Königin:* die Q. kommt zu einem Staatsbesuch nach Berlin. **2.** (ugs.) *weibliche Person, die in einer Gruppe, in ihrer Umgebung aufgrund bestimmter Vorzüge im Mittelpunkt steht:* sie war die Q. [des Abends]. **3.** (Jargon) *sich feminin gebender Homosexueller.*

queer [kviːɐ̯, kwɪɐ] ⟨Adj.⟩: engl. Bez. für *schwul.*

Quell, der; -[e]s, -e ⟨Pl. selten⟩ (geh.): **1.** (selten) *Quelle* (1). **2.** *Urgrund, Ursprung von etw., was als Wert empfunden wird:* der Q. des Lebens.

quell|bar ⟨Adj.⟩: *quellfähig.*

Quell|be|wöl|kung, die (Meteorol.): *Bewölkung in Form von Quellwolken.*

Quell|code, der [engl. source code] (EDV): *in einer [höheren] Programmiersprache geschriebene Abfolge von Programmanweisungen, die vom Menschen gelesen, aber erst nach einer elektronischen Übersetzung vom Computer verarbeitet werden können.*

Quell|da|tei, die (EDV): *Datei, die einen Quellcode enthält.*

Quel|le, die; -, -n spätmhd. (ostmd.) qwelle, wohl rückgeb. aus ↑ ¹quellen; schon ahd. quella]: **1.** *aus der Erde tretendes, den Ursprung eines Bachs, Flusses bildendes Wasser:* eine heiße Q.; mineralhaltige -n; die Q. sprudelt, versickert, versiegt; eine Q. fassen *(zur Gewinnung von Trink- od. Brauchwasser die Stelle, an der das Wasser austritt, ausmauern)*. **2.** *etw., wodurch etw. entsteht:* eine Q. der Freude, des Vergnügens. **3.** *[überlieferter] Text, der für wissenschaftliche o. ä. Arbeiten, Forschungen herangezogen, ausgewertet wird, werden kann:* literarische, historische, unveröffentlichte -n; -n heranziehen, zitieren, angeben. **4.** *Stelle od. Person[engruppe], von der man etw. Bestimmtes, bes. bestimmte Informationen, unmittelbar erhält:* eine Information aus sicherer, zuverlässiger Q. haben; ich habe, weiß dafür eine gute Q. *(eine günstige Einkaufsmöglichkeit o. Ä.)*; ...denn er habe erfahren, und zwar aus bester Q., dass das Gebiet um die Stadt Schwarzenberg, in deren Nähe sie sich nun befänden, von keinerlei Truppen besetzt sei (Heym, Schwarzenberg 50); * **an der Q. sitzen** (ugs.; *gute Verbindung zu jmdm. haben u. daher zu besonders günstigen Bedingungen in den Besitz von etw. gelangen*).

¹**quel|len** ⟨st. V.; ist⟩ [mhd. quellen, ahd. quellan, eigtl. = (über)fließen, herabträufeln]: **1. a)** *[aus einer relativ engen Öffnung] in größerer Dichte [u. wechselnder Intensität] hervordringen u. in eine bestimmte Richtung drängen:* Wasser quillt aus der Erde; Blut quillt aus der Wunde; Rauchwolken quollen durch das Fenster ins Freie;

quellen–Querlatte

Ü aus den Lautsprechern quoll laute Musik; **b)** *stark, schwellend hervortreten:* seine Augen quollen vor Entsetzen fast aus dem Kopf. **2.** *sich durch Aufnahme von Feuchtigkeit von innen heraus ausdehnen:* die Bohnen, Linsen [in Wasser] q. lassen; die Fensterrahmen sind durch die Nässe gequollen.

²**quel|len** ⟨sw. V.; hat⟩ [Kausativ zu ↑¹quellen, eigtl. = quellen machen]: **a)** ¹*quellen* (2) *lassen:* Erbsen müssen vor dem Kochen gequellt werden; **b)** (landsch.) *gar kochen lassen:* Kartoffeln q.

Quel|len|an|ga|be, die ⟨meist Pl.⟩: *(bes. in wissenschaftlichen Arbeiten) Angabe der in einem bestimmten Zusammenhang benutzten od. zitierten Quelle[n]* (3).

Quel|len|for|schung, die: *Ermittlung u. Erforschung der einem [literarischen] Werk zugrunde liegenden Quelle[n]* (3).

Quel|len|kri|tik, die: *Sichtung u. Auswertung von Quellen* (3) *nach philologisch-historischer Methode.*

Quel|len|kun|de, die: *Lehre von den Quellen* (3)*, ihrer Erfassung, Überlieferung u. Bewertung.*

Quel|len|la|ge, die: *Situation hinsichtlich der Quellen* (3) *eines Forschungsbereichs o. Ä.:* die Frage lässt sich aufgrund der schlechten Q. nicht eindeutig klären.

quel|len|mä|ßig ⟨Adj.⟩: *die Quellen* (3) *betreffend.*

Quel|len|ma|te|ri|al, das: *für eine bestimmte [wissenschaftliche] Arbeit zur Verfügung stehende Quellen* (3).

Quel|len|nach|weis, der: *Quellenangabe.*

quel|len|reich ⟨Adj.⟩: **1.** *viele Quellen* (1) *aufweisend:* ein -es Gebiet. **2.** *viele Quellen* (3) *angebend, auf vielen Quellen* (3) *beruhend.*

Quel|len|schutz, der (Rechtsspr.): *das Recht von Journalisten, ihre Informanten geheim zu halten:* Enthüllungsjournalismus ist ohne Q. kaum denkbar.

Quel|len|steu|er, die (Steuerw.): *Steuer, die unmittelbar an Ort u. zur Zeit des Entstehens einer steuerpflichtigen Einnahme erhoben wird:* Dazu: **quel|len|steu|er|frei** ⟨Adj.⟩.

Quel|len|stu|di|um, das: *Studium von Quellen* (3).

Quel|len|ver|zeich|nis, das: *Verzeichnis der Quellen* (3).

quell|fä|hig ⟨Adj.⟩: *die Eigenschaft besitzend, durch Aufnahme von Flüssigkeit* ¹*quellen* (2) *zu können:* -es Gewebe. Dazu: **Quell|fä|hig|keit,** die ⟨o. Pl.⟩.

Quell|fluss, der (Geogr.): *einer von mehreren Flüssen, die zu einem Strom zusammenfließen.*

quell|frisch ⟨Adj.⟩: *frisch aus der Quelle kommend:* -es Wasser.

Quell|ge|biet, das (Geogr.): *Gebiet, in dem die Quelle eines Flusses liegt.*

Quell|kode: ↑ Quellcode.

Quell|nym|phe, die (griech.-röm. Mythol.): *in einer Quelle wohnende Nymphe; Najade.*

quell|of|fen ⟨Adj.⟩ (EDV): *mit öffentlich zugänglichem Quellcode:* -e Software.

Quell|schutz|ge|biet, das (österr.): *behördlich geschütztes Gebiet mit Trinkwasserquellen, das zur Reinhaltung des Wassers nicht bebaut oder agrarisch genutzt werden darf.*

Quell|text, der (EDV): *Quellcode.*

Quel|lung, die; -, -en: das ¹*Quellen* (2).

Quell|ver|kehr, der (Verkehrsw.): *von einem bestimmten Ort, Ortsteil ausgehender [Berufs]verkehr.*

Quell|was|ser, das ⟨Pl. ...wasser⟩: *Wasser aus einer Quelle.*

Quell|wol|ke, die (Meteorol.): *Kumulus.*

Quem|pas, der; - [nach dem Lied **Quem p**astores laudavere ..., lat. = den die Hirten lobten]: *aus den alten Weihnachtshymnen »Den die Hirten lobten sehr« und »In dulci jubilo« bestehender Wechselgesang, der nach alter Tradition in der Christmette gesungen wird.*

Quem|pas|lied, das: *Lied aus der Sammlung alter Weihnachtslieder mit gemischt deutschen u. lateinischen Texten.*

Quem|pas|sin|gen, das; -s: *alter weihnachtlicher Brauch, nach dem Jugendliche in der Christmette od. von Haus zu Haus gehend Quempaslieder singen.*

Quen|ching [ˈkwɛntʃɪŋ], das; -s [zu engl. to quench = löschen] (Chemie): *das Abschrecken von heißen Reaktionsprodukten mit Wasser, Öl, Gas u. a., um die chemische Reaktion zum Stillstand zu bringen.*

Quen|ge|lei, die; -, -en (ugs.): **1.** ⟨o. Pl.⟩ *lästiges Quengeln.* **2.** ⟨meist Pl.⟩ *quengelige Äußerung.*

quen|ge|lig, (seltener:) **quenglig** ⟨Adj.⟩ (ugs.): **1.** *unzufrieden-weinerlich.* **2.** *zum Quengeln* (1, 2) *neigend.*

quen|geln ⟨sw. V.; hat⟩ [wahrsch. Iterativ-Intensiv-Bildung zu mhd. twengen, mniederd. dwengen = zwängen; (be)drängen; zum Anlautwechsel vgl. quer] (ugs.): **1.** *(von Kindern) jmdn. [weinerlich] immer wieder mit kleinen Wünschen, Klagen ungeduldig zu etw. drängen:* dass ihr immer q. müsst! **2.** *in griesgrämig-kleinlicher Weise etw. zu bemängeln, einzuwenden haben:* über das Wetter q.

Quen|gel|wa|re, die [zu ↑ quengeln (1 b)]: *in Supermärkten o. Ä. im Bereich der Kassen platzierte Ware, zu deren Kauf besonders Kunden veranlasst werden sollen, die mit kleinen Kindern an der Kasse anstehen:* Schokoriegel, Kaugummi und andere als Q. geeignete Artikel.

queng|lig: ↑ quengelig.

Quent, das; -[e]s, -e ⟨aber: 2 Quent⟩ [mhd. quinti(n) = der vierte (urspr.: fünfte) Teil eines Lots, über den Mlat. zu lat. quintus = der Fünfte, fünfte Teil]: *früheres deutsches Handelsgewicht (1,67 g).*

quer ⟨Adv.⟩ [md. quer(ch), mhd. twerch, ↑ zwerch]: **1.** *(in Bezug auf eine Lage) rechtwinklig zu einer als Länge angenommenen Linie:* q. zu etw. verlaufen; ein q. gestreifter Pullover. **2.** *(in Verbindung mit den Präpositionen »durch«, »über«) (in Bezug auf eine Richtung) [schräg] von einer Seite zur anderen, von einem Ende zum anderen:* q. über das Feld laufen; wir sind q. durch das ganze Land gefahren; Ü q. durch alle Schichten ergibt sich ein einheitliches Bild; Das Seltsame an dieser Felswand war aber nicht ihre beängstigende Größe, es waren die q. zur gesamte Ausdehnung verlaufenden Vorsprünge, Gesimse, Balkone und Balustraden aus Urgestein (Ransmayr, Welt 159).

quer|ab ⟨Adv.⟩ (Seemannsspr.): *rechtwinklig zur Längsrichtung [eines Schiffs].*

Quer|ach|se, die: *in der Querrichtung verlaufende Achse.*

Quer|bal|ken, der: **a)** *Balken* (1, 2 a, d)*, der quer zu einem anderen liegt:* die Q. des Giebels; **b)** (Musik) *Balken* (2 e); **c)** (Sport) *Querlatte* (2).

quer|beet [auch: ˈkveːɐ̯ˈbeːt] ⟨Adv.⟩ [vgl. querfeldein] (ugs.): *ohne festgelegte Richtung:* q. durch die Felder fahren.

Quer|den|ker, der: *jmd., der eigenständig u. originell denkt u. dessen Ideen o. Ansichten oft nicht verstanden od. akzeptiert werden.*

Quer|den|ke|rin, die: w. Form zu ↑ Querdenker.

quer|durch ⟨Adv.⟩: *quer* (2) *hindurch.*

Que|re, die; - [md. queer, mhd. twer(e), ahd. twer(h)i] (ugs.): *Lage, Richtung quer zu etw.:* etw. der Q. nach durchschneiden; *jmdm. in die Q. kommen* (ugs.): **1.** *sich für jmdn. als Hindernis, Behinderung auswirken:* immer wieder kam ihr die Erinnerung in die Q. *jmdm. zufällig begegnen:* im Flur kam ihr der Wirt in die Q. *jmdm. in den Weg, vor das Fahrzeug kommen).*

Quer|ein|stei|ger, der; -s, - (Jargon): *Seiteneinsteiger.*

Quer|ein|stei|ge|rin, die; -, -nen: w. Form zu ↑ Quereinsteiger.

Quer|ein|stieg, der: *Beginn einer Arbeit, eines Studiums o. Ä. in einem fortgeschrittenen Stadium, ohne die sonst üblichen Vorstufen zu durchlaufen.*

Que|re|le, die; -, -n ⟨meist Pl.⟩ [frz. querelle < lat. querel(l)a = Klage, Beschwerde zu: queri = (be)klagen] (bildungsspr.): *unerfreuliche Auseinandersetzung, [kleinere] Streiterei:* nach langen -n um den Parteivorsitz wurde heute eine Entscheidung getroffen.

que|ren ⟨sw. V.; hat⟩: **1. a)** *überqueren:* die Kinder querten die Straße; **b)** *(in seinem Verlauf) schneiden:* die Bundesstraße quert die Bahnlinie. **2.** (Bergsteigen) *eine bestimmte Strecke im Quergang zurücklegen.*

Quer|fal|te, die: *quer verlaufende Falte.*

♦ **quer|feld|ein** ⟨Adv.⟩: *querdurch:* ... hier (= über dem Auge) liegt q. ein Schlag, blutrünstig, ... als hätt' ein Großknecht wütend ihn geführt (Kleist, Krug 1).

quer|feld|ein ⟨Adv.⟩ [wohl zusgez. aus: quer (in das) Feld (hin)ein]: *mitten,* ¹*quer* (2) *durch das Gelände:* q. laufen; Er schlug sich q., nahm meilenweite Umwege in Kauf, wenn er eine noch Stunden entfernte Schwadron Reiter auf sich zukommen roch (Süskind, Parfum 149).

Quer|feld|ein|ren|nen, das: *Radrennen auf einer zahlreiche natürliche Hindernisse aufweisenden Strecke.*

Quer|fi|nan|zie|rung, die (Wirtsch.): *Quersubventionierung.*

Quer|flö|te, die: *vom Spieler bzw. der Spielerin quer* (1) *gehaltene Flöte mit seitlich gelegenem Loch zum Blasen u. mit Tonlöchern, die mit Klappen versehen sind.*

Quer|for|mat, das: **a)** *Format (von Bildern, Schriftstücken o. Ä.), bei dem die Breite größer ist als die Höhe;* **b)** *Bild, Schriftstück o. Ä. im Querformat* (a).

quer|for|ma|tig ⟨Adj.⟩: *Querformat* (a) *aufweisend:* -e Anzeigen, Bildbände.

Quer|fort|satz, der (Anat.): *beiderseits des Wirbelbogens in Querrichtung abzweigender Fortsatz des Wirbels.*

Quer|gang, der (Bergsteigen): *Klettertour auf einer waagerecht in einer Felswand verlaufenden Route.*

quer|ge|hen ⟨unr. V.; ist⟩ (ugs.): **1.** *nicht recht sein, missfallen:* der Ton des Polizisten war ihr quergegangen. **2.** *nicht den Plänen, den Absichten, den Erwartungen gemäß verlaufen:* von dem Tag an ging alles quer.

quer|ge|streift ⟨Adj.⟩: *in Querrichtung gestreift.*

Quer|haus, das (Archit.): *Raum einer Kirche, der das Langhaus rechtwinklig kreuzt.*

quer|hin ⟨Adv.⟩ (veraltet): *quer* (2) *in eine bestimmte Richtung hin:* q. durch die Wüste ziehen; ♦ ... dem Widersacher ohne Federlesens, den Degen q. durch den Leib zu jagen (Kleist, Amphitryon III, 10).

Quer|holz, das ⟨Pl. ...hölzer⟩: *Holz, das quer zu einem anderen Teil (einer Konstruktion o Ä.) liegt:* zwei parallele, durch Querhölzer verbundene Stangen.

quer|kom|men ⟨st. V.; ist⟩ (ugs.): *störend dazwischenkommen:* ihr war etwas quergekommen.

Quer|kopf, der (ugs., oft abwertend): *jmd., der in oft eigensinniger Weise anders handelt, sich anders verhält, als von anderen erwartet wird:* Dazu: **quer|köp|fig** ⟨Adj.⟩.

Quer|lat|te, die: **1.** *Latte* (1)*, die quer zu anderen Latten gelegt ist:* die -n eines Zauns. **2.** (Fußball,

querlegen – Quietismus

Handball) obere, waagerechte Latte eines Tors, die die beiden Torpfosten verbindet.

quer|le|gen, sich ⟨sw. V.; hat⟩ (ugs.): *sich jmds. Absichten widersetzen; bei etw. nicht mitmachen:* die Bundesländer werden sich bei dem Gesetz q.

Quer|leis|te, die: *Leiste (1), die quer zu einem anderen Teil (einer Konstruktion o. Ä.) liegt.*

quer|le|sen ⟨st. V.; hat⟩ (ugs.): *(einen Text) überfliegen:* ich habe den Aufsatz nur quergelesen.

Quer|li|nie, die: *quer verlaufende Linie.*

Quer|pass, der (Fußball, Handball): *Pass (3) zu einem in gleicher Höhe stehenden Mitspieler od. quer zur Torrichtung:* einen Q. geben, schlagen, spielen.

Quer|rich|tung, die: *Richtung der kürzesten Ausdehnung von etw.*

Quer|rie|gel, der (Archit.): *quer zur Sichtachse od. einem anderen Gebäude stehendes [breiteres] Gebäude.*

Quer|ru|der, das (Flugw.): *an den Hinterkanten der Tragflächen eines Flugzeugs angebrachte Klappe, die zur Steuerung um die Längsachse u. zum Steigen u. Sinken betätigt wird.*

quer|schie|ßen ⟨st. V.; hat⟩ (ugs.): *störend eingreifen:* einer von euch muss doch immer q.!

Quer|schiff, das (Archit.): *Querhaus.*

Quer|schlag, der: **1.** (Bergmannsspr.) *(von einem Schacht ausgehender) waagerechter Gang, der quer zu den Gebirgsschichten verläuft.* **2.** *Querschuss:* zum Regierungsprogramm wird es Querschläge aus den eigenen Reihen geben.

Quer|schlä|ger, der: **1.** *Geschoss [einer Handfeuerwaffe], das aufgrund technischer Mängel od. indem es an einem Gegenstand abprallt, in unkontrollierbarer Richtung fliegt:* das sirrende Geräusch eines -s. **2.** *jmd., der sich widersetzt.*

Quer|schlä|ge|rin, die: w. Form zu ↑ Querschläger (2).

Quer|schnitt, der: **1.** *Darstellung einer Schnittfläche, wie sie bei einem in Querrichtung durch einen Körper geführten Schnitt entstehen würde:* den Q. einer Pyramide, eine Pyramide im Q. zeichnen. **2.** *Auswahl, Zusammenstellung charakteristischer Zeugnisse od. der Vertreter eines bestimmten Bereichs, einer bestimmten Gruppe o. Ä.:* ein Q. durch die Literatur des Barock; die Befragten bilden einen repräsentativen Q. der Wählerinnen und Wähler.

quer|schnitt|ge|lähmt, querschnittgelähmt ⟨Adj.⟩ (Med.): *an Querschnittslähmung leidend.*

Quer|schnitt|ge|lähm|te, Querschnittsgelähmte ⟨vgl. Gelähmte⟩ (Med.): *weibliche Person, die querschnittgelähmt ist.*

Quer|schnitt|ge|lähm|ter, Querschnittsgelähmter ⟨vgl. Gelähmter⟩ (Med.): *jmd., der querschnittgelähmt ist.*

Quer|schnitt|läh|mung, Querschnittslähmung, die (Med.): *Lähmung von Körperteilen unterhalb eines bestimmten Rückenmarkquerschnitts infolge teilweiser od. völliger Unterbrechung der Nervenbahnen durch Verletzung, Wirbel- od. Rückenmarkerkrankung.*

Quer|schnitts|auf|ga|be, die (bes. Verwaltung): *von mehreren Abteilungen, Ressorts, Behörden o. Ä. gemeinsam zu erledigende Aufgabe.*

quer|schnitts|ge|lähmt usw.: ↑ querschnittgelähmt usw.

Quer|schnitts|ge|lähm|ter: ↑ Querschnittgelähmter.

quer|schrei|ben ⟨st. V.; hat⟩ (Bankw.): *(einen Wechsel) durch Unterzeichnung quer am linken Rand der Vorderseite akzeptieren.*

Quer|schuss, der: *Handlung, durch die jmd. ein Vorhaben, Unternehmen anderer zu vereiteln sucht:* ständige Querschüsse aus der Fraktion nervten die Kanzlerin.

Quer|sei|te, die: *Schmalseite.*

Quer|stan|ge, die: **1.** *quer angebrachte Stange (1 a).* **2.** (Fußball) *Querlatte (2).*

quer|stel|len, sich ⟨sw. V.; hat⟩ (ugs.): *sich jmds. Absichten widersetzen; bei etw. nicht mitmachen:* es waren immer dieselben, die meckerten und sich querstellten.

Quer|stra|ße, die: *Straße, die eine andere [breitere] Straße kreuzt.*

◆ **Quer|streich,** der: *Handlung, Streich (2), durch die jmds. Vorhaben hintertrieben, vereitelt wird:* Nicht der Natur durch einen Q. den Weg verrannt, sondern sie in ihrem eigenen Gange befördert (Schiller, Räuber II, 1).

Quer|strei|fen, der: *quer, in Querrichtung verlaufender Streifen.*

Quer|strich, der: *quer verlaufender Strich.*

Quer|sub|ven|ti|o|nie|rung, die (Wirtsch.): *finanzielle Unterstützung eines defizitären Unternehmensbereichs durch profitabel arbeitende andere Bereiche.*

Quer|sum|me, die (Math.): *Summe der Ziffern einer mehrstelligen Zahl:* die Q. von, aus 312 ist 6.

Quer|trei|ber, der [aus dem Niederd.; niederd. dwarsdriver, eigtl. = Schiffer, der quer zum Kurs steuert u. anderen in die Quere kommt] (ugs. abwertend): *jmd., der Pläne, Vorhaben anderer ständig zu hintertreiben sucht.*

Quer|trei|be|rin, die: w. Form zu ↑ Quertreiber.

quer|über ⟨Adv.⟩: *schräg gegenüber.*

que|ru|lant ⟨Adj.⟩ (bildungsspr. abwertend): *querulantisch.*

Que|ru|lant, der; -en, -en [nlat. Substantivierung des 1. Part. von lat. querelari (↑ querulieren), eigtl. = Klagender zu nlat. Bildung zu ↑ querulieren] (bildungsspr. abwertend): *jmd., der sich unnötigerweise beschwert u. dabei starrköpfig auf sein [vermeintliches] Recht pocht.*

Que|ru|lan|ten|tum, das; -s (bildungsspr. abwertend): *querulatorisches Verhalten.*

Que|ru|lan|tin, die; -, -nen: w. Form zu ↑ Querulant.

que|ru|lan|tisch, que|ru|la|to|risch ⟨Adj.⟩ (bildungsspr. abwertend): *in, von der Art eines Querulanten:* -e Neigungen.

que|ru|lie|ren ⟨sw. V.; hat⟩ [lat. querelari = klagen, zu: queri = (be)klagen] (bildungsspr. abwertend): *sich unnötigerweise beschweren u. dabei starrköpfig auf sein [vermeintliches] Recht pochen.*

Que|rung, die; -, -en: **1.** *das Queren (1 a, 2).* **2.** (Verkehrsw.) *Kreuzung (1).*

Quer|ver|bin|dung, die: **1.** *Verbindung zwischen zwei od. mehreren sich berührenden, ergänzenden Themen, Fachgebieten, Einrichtungen o. Ä.* **2.** *quer durch ein Gebiet, einen Ort verlaufende direkte Verbindungslinie zwischen zwei Orten od. Ortsteilen.*

Quer|ver|weis, der: *Verweis von einer Stelle eines Buches auf eine andere, wo dasselbe Thema o. Ä. [unter einem anderen Aspekt] abgehandelt wird.*

Quer|wand, die: *in Querrichtung verlaufende Wand.*

Que|ry ['kwɪəri], die; -, -s, selten: das od. der; -s, -s (EDV): *Datenanfrage.*

Quetsch, der; -[e]s, -e [zu ↑ Quetsche] (westmd., südd.): *klares Zwetschenwasser.*

¹Quet|sche, die; -, -n (süd[west]dt., westmd.): *Zwetsche.*

²Quet|sche, die; -, -n [zu ↑ quetschen]: **1.** (landsch.) *Kartoffelpresse.* **2.** (ugs. abwertend) *kleiner Ort, Betrieb, Laden o. Ä.* **3.** (ugs. abwertend) *Presse (3).*

quet|schen ⟨sw. V.; hat⟩ [mhd. quetschen, quetzen, wohl zu lat. quatere, quassare = schütteln, schlagen]: **1. a)** *unter Anwendung von Kraft od. Gewalt fest gegen etw. pressen:* jmdn. an, gegen die Mauer q.; **b)** *dort, wo kaum noch Platz ist, mit Mühe unterbringen; sich unter Anwendung von Kraft Platz verschaffen:* sie quetschte das Kind noch mit an den bereits voll besetzten Tisch; **c)** ⟨q. + sich⟩ *sich in das überfüllte Abteil q.;* Nichts leichter, dachte er, als ein Paket zu verlieren ... In dem Gedränge vor einem roten Verkehrslicht also ließ er es fallen, quetschte sich mit dem allgemeinen Gedränge über die Straße und wähnte sich schon gerettet (Frisch, Stiller 255). **2. a)** *(Körperteile) unter etw. Schweres, eng zwischen etw. geraten lassen u. sich dadurch verletzen:* ich habe mir die Hand [in der Tür] gequetscht; **b)** *(Körperteile) unter etw. Schweres, eng zwischen etw. geraten lassen u. dadurch verletzen:* der herabstürzende Balken quetschte [ihm] den Brustkorb. **3.** (ugs.) *(einen Körperteil) mit der Hand kräftig drücken:* jmdm. bei der Begrüßung die Hand q.; Ü mit gequetschter Stimme *(mit hoher u. nicht voll tönender, nicht klarer Stimme; so, als sei die Kehle zusammengedrückt)* sprechen, singen. **4.** (landsch.) *auspressen (a):* den Saft aus der Zitrone q.

Quetsch|kar|tof|feln ⟨Pl.⟩ (landsch., bes. berlin.): *Kartoffelpüree.*

Quetsch|kom|mo|de, die (salopp scherzh.): *Ziehharmonika, Akkordeon.*

Quet|schung, die; -, -en: **1.** *das Quetschen (2).* **2.** *gequetschte Stelle; Kontusion.*

Quet|zal [ke'tsal, ke'tsa:l], der; -s, -s [span. quetzal < Nahuatl (mittelamerik. Indianerspr.) quetzalli, eigtl. = Schwanzfeder]: *(in den Gebirgswäldern Mittelamerikas heimischer) Vogel mit grünrotem, metallisch schimmerndem Gefieder u. auffallend langen, nach unten geneigten Schwanzfedern (Wappenvogel von Guatemala).*

Queue [kø:], das, auch: der; -s, -s [frz. queue, eigtl. = Schwanz, < lat. coda, cauda] (Billard): *Billardstock.*

Quiche [kiʃ], die; -, -s [kiʃ] [frz. quiche, wohl aus dem Germ.] (Kochkunst): *Speckkuchen aus ungezuckertem Mürbe- od. Blätterteig.*

Quiche Lor|raine [- lɔ'rɛn], die; - -, -s -s [- lɔ'rɛn] [frz. = Lothringer Speckkuchen] (Kochkunst): *Quiche mit einer Eier-Sahne-Soße, die mit Käse überbacken ist.*

quick ⟨Adj.⟩ [niederd. Nebenf. von ↑ keck] (landsch., bes. nordd.): *lebhaft; rege.*

Qui|ckie, der; -s, -s [engl. quickie, zu: quick = schnell] (ugs.): **1.** *etw., was schnell u. in verkürzter Form erledigt, abgehandelt o. Ä. wird:* die ersten beiden Spielrunden haben sie lange gedauert, die Zeit reicht jetzt nur noch für einen Q. **2.** *rasch vollzogener Geschlechtsakt.*

quick|le|ben|dig ⟨Adj.⟩ (emotional): *voll sprühender Lebendigkeit, überaus munter:* q. umherspringen.

Quick|stepp ['kvɪkstɛp], der; -s, -s [engl. quickstep, aus: quick (↑ Quickie) u. step = Schritt] (in schnellen, kurzen Schritten getanzter Foxtrott.

Quid|pro|quo, das; -[s], -s [engl. quid pro quo = Gegenleistung] (bildungsspr.): **1.** *auf Gegenleistung beruhende Vereinbarung o. Ä. zu gegenseitigem Nutzen.* **2.** *gegenseitiger Austausch; Vertauschung, Ersatz.*

quie|ken, (seltener:) **quiek|sen** ⟨sw. V.; hat⟩ [aus dem Niederd., lautm.]: *(von Schweinen, Mäusen, Ratten o. Ä.) [in kurzen Abständen] einen hohen u. durchdringenden, lang gezogenen, gepressten Laut von sich geben:* das Ferkel quiek[s]t; Ü vor Vergnügen q.; Er legte seinen Arm um Sabine, quetschte sie, bis sie ein bisschen quiekste (M. Walser, Pferd 102/103); * **zum Quieken [sein]** (ugs.; ↑ piepen).

Quiek|ser, der: *schriller Laut:* sie gab einen Q. von sich.

Qui|e|tis|mus, der; - [zu lat. quietus = ruhig]:

1. *philosophisch, religiös begründete Haltung totaler Passivität.* **2.** (Rel.) *(im Katholizismus des 17. Jh.s) durch eine verinnerlichte, weltabgewandte Frömmigkeit gekennzeichnete mystische Strömung.*

qui|e|tis|tisch ⟨Adj.⟩: *den Quietismus betreffend.*

qui|e|to ⟨Adv.⟩ [ital. quieto < lat. quiētus] (Musik): *ruhig, gelassen.*

quietsch|bunt ⟨Adj.⟩ (ugs.): *sehr bunt:* -e Sommerkleider.

Quiet|sche|en|te: ↑ Quietschente.

quiet|schen ⟨sw. V.; hat⟩ [urspr. Nebenf. von ↑ quieksen, lautm.]: **1.** *(durch Reibung) einen hohen, schrillen, lang gezogenen Ton von sich geben:* die Bremsen quietschen; die Tür, das Bett quietscht; Die Balkonmöbel quietschten und krachten bei jeder Sitzbewegung (Krolow, Nacht-Leben 32). **2.** (ugs.) *als Ausdruck einer bestimmten Empfindung hohe, schrille Laute ausstoßen:* vor Vergnügen q.

Quietsch|en|te, Quietscheente, die: *Kinderspielzeug in Form einer Ente aus Kunststoff, die ein Quietschen ertönen lässt, wenn man sie zusammendrückt.*

quietsch|fi|del ⟨Adj.⟩ (ugs.): *sehr fidel.*

quietsch|grün ⟨Adj.⟩ (ugs.): *grellgrün:* sie trug -e Lackschuhe.

quietsch|ver|gnügt ⟨Adj.⟩ (ugs.): *ausgelassen fröhlich, [in] bester Laune.*

quill, quillst, quillt: ↑ ¹quellen.

quil|len ⟨sw. V.; nach der 2. u. 3. Pers. Präs. quillst, quillt von ↑ ¹quellen; nur im Inf. u. Präs. gebr.⟩ (landsch., sonst dichter. veraltet): ↑ ¹quellen:
◆ ... schon fühl' ich ... Befriedigung nicht mehr aus dem Busen q. (Goethe, Faust I, 121 ff.).

Quilt, der; -s, -s [engl. quilt = Schlafdecke < mengl. quilte < afrz. coilte, cuilte < lat. culcita = Matratze, Kissen]: *(ursprünglich von amerikanischen Siedlerfrauen hergestellte) aus kleinen, verschiedenfarbigen, zugeschnittenen Stoffstücken zusammengesetzte gesteppte Decke.*

quil|ten ⟨sw. V.; hat⟩: *einen Quilt, Quilts herstellen.*

quin|ke|lie|ren, quinquilieren ⟨sw. V.; hat⟩ [niederd. quinkeleren, älter auch: quintelieren, mhd. quintieren = in Quinten singen < mlat. quintare, zu: quinta, ↑ Quinte] (bes. nordd.): **1.** *(von bestimmten Singvögeln) in [schnell wechselnder] melodischer Folge helle u. feine Töne erklingen lassen:* eine Lerche quinquilierte in den Lüften. **2.** *Winkelzüge, Ausflüchte machen.*

Quin|qua|ge|si|ma, die; -; -, bei artikellosem Gebrauch auch: ...mä ⟨meist o. Art.⟩ [mlat. quinquagesima, eigtl. = der fünfzigste (Tag vor Ostern)] (kath. Kirche): **1.** *Estomihi:* Sonntag Q./Quinquagesimä. **2.** (veraltet) *50-tägiger Zeitraum zwischen Ostern u. Pfingsten.*

quin|qui|lie|ren: ↑ quinkelieren.

Quin|quil|li|on, die; -, -en: ↑ Quintillion.

Quint, die; -, -en: **1.** (Musik) Quinte. **2.** [eigtl. = fünfte Fechtbewegung, zu lat. quintus = der Fünfte] (Fechten) *Stoß od. Hieb, der gegen die rechte Brustseite geführt wird:* * **jmdm. die -en austreiben** (ugs. veraltet) *jmdn. zur Vernunft bringen;* urspr. = so mit jmdm. fechten, dass er keine Quint anbringen kann).

Quin|ta, die; -, ...ten [nlat. quinta (classis) = fünfte (Klasse)] (veraltend) **a)** [vgl. Prima (a)] *zweite Klasse eines Gymnasiums;* **b)** (österr.) *fünfte Klasse eines Gymnasiums.*

Quin|tal [frz. kɛ̃'tal, span. u. port.: kin'tal], der; -s, -e ⟨aber: 5 Quintal⟩ [frz., span., port. quintal < mlat. quintale < arab. qinṭār]: *alte, etwa einem Zentner entsprechende Gewichtseinheit in der Schweiz, in Frankreich, Spanien, Portugal sowie einigen mittel- u. südamerikanischen Ländern* (Zeichen: q).

Quin|ta|ner, der; -s, - (veraltend): *Schüler einer Quinta.*

Quin|ta|ne|rin, die; -, -nen: w. Form zu ↑ Quintaner.

Quin|te, die; -, -n [mlat. quinta (vox) = fünfte(r Ton)] (Musik): **a)** *fünfter Ton einer diatonischen Tonleiter;* **b)** *Intervall von fünf diatonischen Tonstufen.*

◆ **Quin|tel,** das; -s, - [nach Bruchz. auf -tel (z. B. Fünftel) geb. zu Quintlein, spätmhd. quintlīn, zu: quintīn, ↑ Quent]: *Quent:* So, Vetter, da sind vier Q. Fuchsschmalz, kosten zwei Groschen (Rosegger, Waldbauernbub 158).

Quin|ten|schritt, der (Musik): Quinte (b).

Quin|ten|zir|kel, der ⟨o. Pl.⟩ (Musik): *Kreis, in dem alle Tonarten in Dur u. Moll in Quintenschritten dargestellt werden.*

Quint|es|senz, die; -, -en [mlat. quinta essentia = feinster unsichtbarer Luft- od. Ätherstoff als fünftes Element, eigtl. = fünftes Seiendes, für griech. pémptē ousía bei den Pythagoreern u. Aristoteles] (bildungsspr.): *Wesentliches, Wichtigstes; Hauptgedanke, Hauptinhalt:* die Q. einer Diskussion, aller Überlegungen.

Quin|tett, das; -[e]s, -e [ital. quintetto, zu: quinto = Fünfter < lat. quintus]: **1.** (Musik) **a)** *Komposition für fünf solistische Instrumente od. fünf Solostimmen [mit Instrumentalbegleitung]:* er hat mehrere -e komponiert; **b)** *Ensemble von fünf Instrumental- od. Vokalsolisten:* sie spielt Cello in einem Q. **2.** (oft scherzh.) *Gruppe von fünf Personen, die häufig gemeinsam in Erscheinung treten od. gemeinsam etw. [Strafbares] tun.*

Quin|til|li|ar|de, die; -, -n [zu lat. quintus = Fünfter, geb. nach ↑ Milliarde]: *1 000 Quintillionen* (geschrieben: 10^{33}, eine Eins mit 33 Nullen).

Quin|til|li|on, die; -, -en [zu lat. quintus = Fünfter, geb. nach ↑ Million (eine Quintillion ist die 5. Potenz einer Million)]: *eine Million Quadrillionen* (geschrieben: 10^{30}, eine Eins mit 30 Nullen).

Quin|to|le, die; -, -n [geb. nach ↑ Triole] (Musik): *Folge von fünf Noten, deren Dauer insgesamt gleich der Dauer von drei, vier od. sechs der jeweiligen Taktart zugrunde liegenden Notenwerten ist.*

Quint|sext|ak|kord, der (Musik): *erste Umkehrung des Septimenakkords mit der Terz im Bass.*

Qui|pu ['kɪpu], das; -[s], -s [Quechua (südamerik. Indianerspr.) quipu]: *Schnur der Knotenschrift der Inkas.*

qui|ri|lie|ren ⟨sw. V.; hat⟩: quinkelieren.

Qui|ri|te, der; -n, -n [lat. Quiritis, eigtl. = Ew. der sabinischen Stadt Cures]: *im antiken Rom in den Volksversammlungen gebrauchte Bez. für den römischen Bürger.*

Quirl, der; -[e]s, -e [spätmhd. (md.) quir(e)l, ahd. dwiril, mniederd. twir(e)l, zu einem germ. Verb mit der Bed. »drehen, rühren«, vgl. ahd. dweran]: **1. a)** *aus einer kleineren, sternförmig gekerbten Halbkugel mit längerem Stiel bestehendes Küchengerät [aus Holz], das zum Verrühren von Flüssigkeiten [mit pulverartigen Stoffen] dient:* Eier, Milch und Mehl mit dem Q. verrühren; **b)** (ugs. scherzh.) *Ventilator.* **2.** (ugs. scherzh.) *jmd., der sich lebhaft, von unruhiger Munterkeit ist.* **3.** (Bot.) *stern- od. büschelartige Anordnung von drei od. mehr Ästen, Blättern um einen Knoten* (2 a): einen Q. bilden.

quir|len ⟨sw. V.; hat⟩: **1.** *mit dem Quirl verrühren:* sie hat Eigelb und/mit Zucker schaumig gequirlt. **2.** *sich ungeordnet lebhaft [im Kreise] bewegen;* *sich schnell drehen:* in der Schlucht quirlt das Wasser.

quir|lig ⟨Adj.⟩: **1.** (ugs.) *sehr lebhaft und unruhig, in ständiger Bewegung:* ein -es Kind; eine -e

(unruhig-flinke, bewegliche) Spielerin; der -e *(lebhaft-geschäftige, betriebsame)* Geschäftsmann. **2.** (Bot.) *quirlständig:* -e Blattstellung.

quirl|stän|dig ⟨Adj.⟩ (Bot.): *um einen Knoten (2 a) stern- od. büschelartig angeordnet.*

Quis|ling, der; -s, -e [nach dem norw. Faschistenführer V. Quisling (1887–1945)] (abwertend): *Kollaborateur.*

Qui|to ['ki:to]: Hauptstadt Ecuadors.

quitt ⟨indekl. Adj.; nur prädikativ gebr.⟩ [mhd. quīt < afrz. quite < lat. quietus = ruhig; untätig; frei (von Störungen)] (ugs.): **a)** *einen Zustand erreicht habend, wo in Bezug auf Schulden, Verbindlichkeiten ein Ausgleich stattgefunden hat:* hier hast du die geliehenen 10 Euro zurück, damit sind wir q./jetzt sind wir q.; ich habe dich gekränkt, du hast mich gekränkt – eigentlich sind wir q. [miteinander]; mit ihrem Ex war sie q.; **b)** (seltener) *befreit von etw.:* wer die Absolution erhält, ist seiner Sünden, seines Vergehens q.; ich bin froh, wenn ich diesen Auftrag q. bin.

◆ **Quit|tanz,** die; -, -en [spätmhd. quitanz(ie) < mlat. quitantia, zu: quit(t)are, ↑ quittieren]: *Quittung:* ... wenn ich ihm zahlen will, er muss schon stillhalten und Q. dafür erteilen (quittieren; Storm, Söhne 31).

Quit|te, die; -, -n [mhd. quiten, ahd. qitina < vlat. quidonea < lat. cydonia (mala) < griech. kydōnía (mēla) = Quitten(äpfel), nach der antiken Stadt Kydōnía auf Kreta]: **1.** *rötlich weiß blühender Obstbaum mit grünlich gelben bis hellgelben, apfel- od. birnenförmigen aromatischen, sehr harten Früchten.* **2.** *Frucht der Quitte* (1).

quit|te|gelb: ↑ quittengelb.

Quit|ten|baum, der: *Quitte* (1).

Quit|ten|brot, das ⟨Pl. selten⟩: *in kleine Scheiben od. Würfel geschnittene, eingekochte Quittenmarmelade (als Süßigkeit).*

quit|ten|gelb, quittegelb ⟨Adj.⟩: *von der hellgelben Farbe reifer Quitten:* ein -es Kleid.

Quit|ten|gel|lee, das od. der: *Gelee von Quitten.*

Quit|ten|kä|se, der ⟨o. Pl.⟩ (österr.): *Quittenbrot.*

Quit|ten|mar|me|la|de, die: *Marmelade von Quitten.*

quit|tie|ren ⟨sw. V.; hat⟩ [zu mhd. quīt (↑ quitt) unter Einfluss von (m)frz. quitter < mlat. qui(e)t(t)are = befreien; (aus einer Verbindlichkeit) entlassen]: **1.** *durch Unterschrift eine Zahlung, Lieferung o. Ä. bestätigen:* [jmdm.] den Empfang einer Sendung q.; auf der Rückseite [der Rechnung] q.; sie quittierte über [einen Betrag von] hundert Euro. **2.** *auf ein Verhalten, Geschehen o. Ä. in einer bestimmten Weise reagieren:* eine Kritik mit einem Achselzucken q. **3.** [frz. quitter] (veraltend) *eine offizielle Stellung aufgeben; ein Amt niederlegen:* sein Amt q.; der Offizier, Beamte quittierte den, seinen Dienst.

Quit|tung, die; -, -en [spätmhd. quit(t)unge]: **1.** *Empfangsbescheinigung, -bestätigung:* jmdm. eine Q. [für/über 100 Euro] ausstellen, geben; etw. nur gegen Q. abgeben. **2.** *unangenehme Folgen, die sich [als Reaktion anderer] aus jmds. Verhalten ergeben:* das ist die Q. für deine Faulheit.

Quit|tungs|block, der ⟨Pl. ...blöcke u. -s⟩: *Block mit Quittungsformularen.*

Qui|vive [ki'vi:f]: in der Wendung **auf dem Q. sein** (ugs.; *scharf aufpassen, um nicht benachteiligt o. Ä. zu werden, nicht ins Hintertreffen zu geraten;* frz. être sur le quivive, nach dem Ruf des Wachpostens: qui vive? = wer da?)

Quiz [kvɪs], das; -, -, ugs. auch: -ze [engl. quiz, eigtl. = schrulliger Kauz; Neckerei, Ulk, H. u.]: *bes. im Fernsehen, Rundfunk veranstaltetes Frage-und-Antwort-Spiel, bei dem die Antworten innerhalb einer vorgeschriebenen Zeit gege-

Quiz|fra|ge, die: Frage in einem Quiz.
Quiz|mas|ter, der: jmd., der ein Quiz leitet.
Quiz|mas|te|rin, die; -, -nen: w. Form zu ↑ Quizmaster.
Quiz|run|de, die: Runde (3 b) eines Quiz: in die nächste Q. einsteigen.
Quiz|sen|dung, die: Rundfunk-, Fernsehsendung mit einem Quiz.
Quiz|show, die (bes. Fernsehen): Quizsendung.
Quiz|ver|an|stal|tung, die: Veranstaltung, in deren Mittelpunkt ein Quiz steht.
quiz|zen [ˈkvɪsn̩] ⟨sw. V.; hat⟩ (ugs. seltener): **1.** ein Quiz veranstalten. **2.** an einem Quiz teilnehmen, bei einem Quiz mitraten: fast 100 000 Zuschauer quizzten per SMS.
quod erat de|mons|t|ran|dum [lat. = was zu beweisen war, zu: demonstrare, ↑ demonstrieren] (bildungsspr.): was zu beweisen war.
Quod|li|bet [...et], das; -s, -s [lat. quod libet = was beliebt] (Musik): scherzhafte mehrstimmige [Vokal]komposition, in der verschiedenartige vorgegebene Melodien[teile] humoristisch kombiniert sind u. gleichzeitig od. aneinandergereiht vorgetragen werden.
quod li|cet Io|vi, non li|cet bo|vi [- ˈli:tsɛt - - ˈli:tsɛt - ; lat. = was Jupiter erlaubt ist, ist nicht dem Ochsen erlaubt] (bildungsspr.): was der Höhergestellte darf, kommt dem niedriger Stehenden nicht zu.
quoll, quöl|le: ↑ ¹quellen.
quor|ren ⟨sw. V.; hat⟩ [lautm.] (Jägerspr.): (von Schnepfen) knarrende Balzlaute hervorbringen.
Quo|rum, das; -s, ...ren [lat. quorum = deren, Gen. Pl. von: qui = der (Relativpron.): nach dem formelhaften Anfangswort von Entscheidungen des römischen u. mittelalterlichen Rechts] (bildungsspr., bes. südd., schweiz.): zur Beschlussfähigkeit einer [parlamentarischen] Vereinigung, Körperschaft o. Ä. vorgeschriebene Zahl anwesender stimmberechtigter Mitglieder od. abgegebener Stimmen.
quo|tal ⟨Adj.⟩ (Wirtsch.): dem Anteil einer Beteiligung am gesamten Unternehmen entsprechend.
Quo|te, die; -, -n [mlat. quota (pars), zu lat. quotus = der Wievielte?, zu: quot = wie viele]: **a)** Anteil, der bei Aufteilung eines Ganzen auf jmdn., etw. entfällt; im Verhältnis zu einem Ganzen bestimmte Anzahl, Menge: eine fällige Q.; die Q. der Arbeitslosen ist gestiegen; **b)** (Rundfunk, Fernsehen) Kurzf. von ↑ Einschaltquote.
quo|teln ⟨sw. V.; hat⟩ (Rechtsspr., Wirtsch.): eine Quotelung durchführen.
Quo|te|lung, die; -, -en (Rechtsspr., Wirtsch.): Aufteilung eines Gesamtwerts in Quoten.
Quo|ten|brin|ger, der (Rundfunk, Fernsehen ugs.): **a)** Fernsehsendung, Fernsehfilm mit [einkalkuliert] hoher Einschaltquote; **b)** Thema einer Fernsehsendung, eines Fernsehfilms, das hohe Einschaltquoten gewährleistet: Q. Fußball; **c)** Schauspieler, Entertainer o. Ä., dessen Auftreten hohe Einschaltquoten gewährleistet: eine Serie mit bekannten Filmstars als -n.
Quo|ten|brin|ge|rin, die; -, -nen: w. Form zu ↑ Quotenbringer (c).
Quo|ten|druck, der ⟨o. Pl.⟩: Anforderung, eine gute Einschaltquote zu erzielen.
Quo|ten|frau, die (ugs.): Frau, die aufgrund der Quotenregelung in einer bestimmten Funktion tätig ist, eine bestimmte Position einnimmt.
Quo|ten|kil|ler, der (Rundfunk, Fernsehen ugs.): Sendung, Thema mit schlechten Einschaltquoten.
Quo|ten|mann, der ⟨Pl. ...männer⟩ (ugs.): Mann, der aufgrund einer Quotenregelung in einer bestimmten Funktion tätig ist, eine bestimmte Position einnimmt.
quo|ten|mä|ßig ⟨Adj.⟩: **a)** im Hinblick auf die Quote (a); **b)** (Rundfunk, Fernsehen) im Hinblick auf die Quote (b): die Sendung war q. ein Flop.
Quo|ten|re|ge|lung, die: **1.** Regelung, die vorsieht, dass in bestimmten Funktionen od. Positionen bestimmte gesellschaftliche Gruppen, bes. Frauen, in einer bestimmten Zahl vertreten sein sollen. **2.** (Wirtsch.) Regelung für die Aufteilung von Produktion, Handel o. Ä. nach bestimmten Quoten für die jeweils Beteiligten: die EU beschließt eine Q. für den Milchmarkt.
quo|ten|träch|tig ⟨Adj.⟩ (Rundfunk, Fernsehen): hohe Einschaltquoten erwarten lassend.
Quo|ti|ent, der; -en, -en [zu lat. quotiens = wie oft, wievielmal (eine Zahl durch eine andere teilbar ist)] (Math.): Ergebnis der Division zweier Zahlen: der Q. aus, von a und b.
quo|tie|ren ⟨sw. V.; hat⟩ [zu ↑ Quote]: **1.** (Wirtsch.) den Preis, Kurs o. Ä. angeben, notieren. **2.** einer Quotenregelung (1) unterwerfen: Parteifunktionen q.
Quo|tie|rung, die; -, -en (Wirtsch.): das Quotieren.
quo va|dis? [lat. = wohin gehst du?] (bildungsspr.): meist als Ausdruck der Besorgnis, der Skepsis; wohin wird das führen?; wer weiß, wie das noch werden wird?: Europa – quo vadis?

r, R [ɛr], das; -, - (ugs.: -s), - (ugs.: -s) [mhd. r, ahd. r, hr, wr]: achtzehnter Buchstabe des Alphabets; ein Konsonantenbuchstabe: ein kleines r, ein großes R schreiben.
r, R = Radius.
R = Rand; Reaumur.
ρ, Ρ: ↑ Rho.
¹Ra; -s: ↑ ²Re.
²Ra = Radium.
RA = Rechtsanwalt, Rechtsanwältin.
Ra|bat: Hauptstadt von Marokko.
Ra|batt, der; -[e]s, -e [ital. rabatto (frz. rabat), zu: rabattere (frz. rabattre) = nieder-, abschlagen; einen Preisnachlass gewähren, über das Vlat. zu lat. battuere = schlagen]: unter bestimmten Bedingungen gewährter (meist in Prozenten ausgedrückter) Preisnachlass: am Ende der Saison gewähren wir R.
Ra|batt|ak|ti|on, die (Wirtsch.): das Anbieten attraktiver Preisnachlässe im Rahmen einer Marketingaktion.
Ra|bat|te, die; -, -n [niederl. rabat, eigtl. = Aufschlag am Halskragen < frz. rabat = Umschlag; Kragen]: meist schmales, langes Beet mit Zierpflanzen, bes. als Begrenzung von Wegen od. Rasenflächen.
Ra|batt|ge|setz, das: Gesetz, in dem geregelt ist, unter welchen Umständen, in welcher Höhe usw. Rabatte gewährt werden können.
ra|bat|tie|ren ⟨sw. V.; hat⟩ (Kaufmannsspr.): für etw. Rabatt gewähren.
Ra|batt|kar|te, die: kleine [Plastik]karte, gegen deren Vorlage beim Einkauf bestimmte Rabatte gewährt werden.
Ra|batt|mar|ke, die: Wertmarke, die ein Kunde beim Kauf von Waren als Rabatt erhält, bis zur Höhe eines bestimmten Betrages in einem Heft sammelt u. dann gegen Bargeld eintauscht.
Ra|batt|schlacht, die (ugs.): (von Firmen) wechselseitiges Überbieten mit Preisnachlässen im Wettbewerb um Kunden u. Marktanteile.
Ra|batt|ver|trag, der (Wirtsch.): vertragliche Festlegung eines Rabatts.
Ra|batz, der; -es [aus dem Berlin., wohl zu poln. rabać = schlagen, hauen] (ugs.): lärmendes Treiben; Krawall: sie machten großen R.
Ra|bau|ke, der; -n, -n [niederl. rabauw, rabaut = Schurke, Strolch < afrz. ribaud, zu: riber = sich wüst aufführen < mhd. rīben = brünstig sein, sich begatten, eigtl. = reiben] (ugs.): jmd., der sich laut u. rüpelhaft benimmt, gewalttätig vorgeht: Dazu: **ra|bau|ken|haft** ⟨Adj.⟩; **Ra|bau|ken|tum**, das; -s.
Ra|bau|kin, die; -, -nen (selten): w. Form zu ↑ Rabauke.
Rab|bi, der; -[s], ...inen, auch: -s [kirchenlat. rabbi < griech. rabbí < hebr. ravvî = mein Lehrer]: **a)** ⟨o. Pl.⟩ (im Judentum) Ehrentitel, Anrede verehrter Lehrer, Gelehrter; **b)** Träger des Ehrentitels Rabbi (a).
Rab|bi|nat, das; -[e]s, -e: Amt, Würde eines Rabbiners.
Rab|bi|ner, der; -s, - [mlat. rabbinus, zu kirchenlat. rabbi, ↑ Rabbi]: jüdischer Schriftgelehrter, Religionslehrer.
Rab|bi|ne|rin, die; -, -nen: w. Form zu ↑ Rabbiner.
rab|bi|nisch ⟨Adj.⟩: die Rabbiner betreffend, zu ihnen gehörend, von ihnen stammend, für sie charakteristisch.
Ra|be, der; -n, -n [mhd. rabe, raben, ahd. hraban, eigtl. = Krächzer, nach dem heiseren Ruf des Vogels]: (mit den Krähen verwandter) großer Vogel mit kräftigem Schnabel u. glänzend schwarzem Gefieder, der krächzende Laute von sich gibt: ein zahmer R.; * **ein weißer R.** (eine große Ausnahme, Seltenheit); **schwarz wie ein R.**/die -n (ugs.: **1.** sehr dunkel, tiefschwarz. **2.** oft scherzh.; [meist von Kindern] sehr schmutzig); **stehlen/(salopp:) klauen wie ein R.**/die -n (ugs.; viel stehlen).
Ra|ben|el|tern ⟨Pl.⟩ (abwertend): lieblose, hartherzige Eltern, die ihre Kinder vernachlässigen.
Ra|ben|krä|he, die: (zu den Aaskrähen gehörender) großer schwarzer Vogel.
Ra|ben|mut|ter, die [nach altem Volksglauben kümmert sich der Rabe wenig um seine Jungen und stößt sie, wenn er sie nicht mehr füttern will, aus dem Nest] (abwertend): lieblose, hartherzige Mutter, die ihre Kinder vernachlässigt.
ra|ben|schwarz ⟨Adj.⟩ [mhd. rabenswarz]: **1.** kohlrabenschwarz. **2. a)** sehr schwarz (5 a): ein -er Tag; **b)** sehr schwarz (5 b).
Ra|ben|stein, der: Richtstätte unter dem Galgen.
Ra|ben|va|ter, der: vgl. Rabenmutter.
Ra|ben|vo|gel, der (Zool.): (in vielen Arten vorkommender, zu den Singvögeln gehörender) großer Vogel (z. B. Dohle, Elster, Krähe, Rabe).
ra|bi|at ⟨Adj.⟩ [mlat. rabiatus = wütend, adj. 2. Part. von: rabiare = wüten < lat. rabere, zu: rabies = Wut, Tollheit, Raserei]: **a)** rücksichtslos vorgehend; roh, gewalttätig: ein -er Kerl; **b)** wütend, voller Zorn; wild: die beiden -en Streithähne; sie schrie ihn r. an; Du bist aber ordentlich r. auf den Franz, Eva (Döblin, Alexanderplatz 300); **c)** hart durchgreifend; rigoros: eine -e Methode; r. an Mitteln greifen; r. durchgreifen; r. egoistisch.
Ra|bu|list, der; -en, -en [zu lat. rabula, zu: rabere, ↑ rabiat] (bildungsspr. abwertend): jmd., der in spitzfindiger, kleinlicher, rechthaberischer Weise argumentiert u. dabei oft den wahren Sachverhalt verdreht.
Ra|bu|lis|tik, die; - (bildungsspr. abwertend):

Argumentations-, Redeweise eines Rabulisten; Spitzfindigkeit, Wortklauberei.
Ra|bu|lis|tin, die; -, -nen: w. Form zu ↑Rabulist.
ra|bu|lis|tisch ⟨Adj.⟩ (bildungsspr. abwertend): *die Argumentations-, Redeweise eines Rabulisten aufweisend; in der Art eines Rabulisten geführt; spitzfindig, wortklauberisch.*
Ra|che, die; - [mhd. râche, ahd. râhha, zu ↑rächen]: *persönliche, oft von Emotionen geleitete Vergeltung einer als böse, bes. als persönlich erlittenes Unrecht empfundenen Tat:* eine fürchterliche R.; das ist die R. für ihre Gemeinheit; R. schwören; R. üben (geh.; *jmdn., sich rächen);* auf R. sinnen; etw. aus R. *(um jmdn. zu rächen, um sich zu rächen)* tun; * **die R. des kleinen Mannes** (ugs., oft scherzh.; *[kleinere] Boshaftigkeit o. Ä., mit der jmd. bei günstiger Gelegenheit jmdm. mit größerem Einfluss, dem er sonst nicht ohne Weiteres einen Schaden zufügen kann, etw. heimzahlt);* **[an jmdm.] R. nehmen** (nachdrücklich; *sich [an jmdm.] rächen).*
Ra|che|akt, der (geh.): *Tat, die jmd. aus Rache begeht;* ¹*Akt* (1 a) *der Rache.*
Ra|che|durst, der (geh.): *Rachsucht.*
Ra|che|en|gel, der (geh.): *Engel* (1)*, der jmds. Untaten rächt.*
Ra|che|feld|zug, der: *Feldzug* (2), *dessen Ziel es ist, Rache zu üben.*
Ra|che|ge|dan|ke, der ⟨meist Pl.⟩: *Gedanke, der aus Rache gefasst wird; Überlegung, sich an jmdm. für etw. zu rächen:* -n stiegen in ihm auf.
Ra|che|ge|fühl, das ⟨meist Pl.⟩: *Bedürfnis, Rache zu üben:* sich nicht von -en leiten lassen.
Ra|chen, der; -s, - [mhd. rache, ahd. rahho, urspr. lautm.]: **1.** *(bei Säugetier u. Mensch) hinter dem Mundhöhle gelegener, erweiterter Teil des Schlundes:* der R. ist gerötet; dem Kranken den R. pinseln; eine Entzündung des -s. **2.** *großes, geöffnetes Maul bes. eines Raubtieres:* der aufgerissene R. eines Löwen; Ü der R. (geh.; *der tiefe Abgrund) der Hölle;* * **jmdm. den R. stopfen** (salopp: *jmdn. zum Schweigen bringen. jmdm., der unersättlich scheint, etw. geben, überlassen, um ihm [fürs Erste] zufriedenzustellen);* **den R. nicht voll [genug] kriegen [können]** (salopp: ↑ *Hals* 2); **jmdm. etw. aus dem R. reißen** (salopp: *jmdm. etw. entreißen, entwinden; etw. vor jmdm. noch retten);* **jmdm. etw. in den R. werfen/schmeißen** (salopp; *jmdm., der unersättlich ist, etw. überlassen, um ihn zufriedenzustellen).*
rä|chen ⟨sw. V.; hat; 2. Part. veraltet, noch scherzh. auch: gerochen⟩ [mhd. rechen, ahd. rehhan, wohl eigtl. = stoßen, drängen, (ver)treiben]: **1. a)** *jmdm., sich für eine als böse, als besonderes Unrecht empfundene Tat durch eine entsprechende Vergeltung Genugtuung verschaffen:* seinen ermordeten Freund r.; sich fürchterlich, bitter, auf grausame Art [an jmdm. für etw.] r.; einen Mord an jmdm. r.; ♦ *sein Auftritt soll gerochen werden* (Hauff, Jud Süß 445). **2.** ⟨r. + sich⟩ *üble Folgen nach sich ziehen; sich übel, schädlich auswirken:* dieser Fehler, ihr Übermut, ihre Lebensweise, ihr Leichtsinn wird sich noch r.; es wird sich noch r., dass du so leichtfertig mit diesen Dingen umgehst.
Ra|chen|blüt|ler, der; -s, - (Bot.): *in vielen Gattungen u. Arten vorkommende, meist als Kraut od. Staude wachsende Pflanze, deren Blüten oft einem aufgesperrten Rachen ähneln.*
Ra|chen|ent|zün|dung, die: *Angina, Pharyngitis.*
Ra|chen|höh|le, die: *Höhlung des Rachens* (1).
Ra|chen|ka|tarrh, der (Med.): *Rachenentzündung.*

Ra|chen|krebs, der: *Krebs im Bereich des Rachens.*
Ra|chen|man|del, die: *(beim Menschen) im Nasen-Rachen-Raum gelegenes Organ mit zerklüfteter Oberfläche etwa von der Größe einer Mandel.*
Ra|chen|put|zer, der (ugs. scherzh.): **a)** *sehr saurer Wein;* **b)** *sehr scharfer Schnaps.*
Ra|chen|raum, der: *Bereich des Rachens, Rachenhöhle.*
Rä|cher, der; -s, - [mhd. rechære, ahd. rehhâri] (geh.): *jmd., der an jmdm. Rache nimmt.*
Rä|che|rin, die; -, -nen: w. Form zu ↑Rächer.
Ra|che|schwur, der (geh.): *Schwur, Rache zu nehmen.*
rach|gie|rig ⟨Adj.⟩ (geh.): *rachsüchtig.*
Ra|chi|tis, die; -, ...itiden [engl. rachitis < griech. rhachîtis (nósos) = das Rückgrat betreffend(e Krankheit), zu: rháchis = Rückgrat]: *(durch Mangel an Vitamin D hervorgerufene) bes. bei Säuglingen u. Kleinkindern auftretende Krankheit, die durch Erweichung u. Verformung der Knochen gekennzeichnet ist.*
ra|chi|tisch ⟨auch: ...'xɪ...⟩ ⟨Adj.⟩: **a)** *an Rachitis leidend, ihre charakteristischen Symptome aufweisend:* ein -es Kind; **b)** *auf Rachitis beruhend, durch sie hervorgerufen.*
Rach|sucht, die ⟨o. Pl.⟩ (geh.): *heftiges, ungezügeltes Verlangen, sich für etw. zu rächen.*
rach|süch|tig ⟨Adj.⟩ (geh.): *heftig nach Rache verlangend; voller Rachsucht.*
Ra|cing ['reɪsɪŋ], das; -s, -s [engl. racing = (Wett)rennen, zu: to race = um die Wette laufen, rennen, fahren, zu aengl. ras = schnelle Bewegung < spätanord. ras = Eile, Hast]: *Rennsport.*
Ra|cing|rei|fen ['reɪsɪŋ...], der [zu engl. racing, ↑Racing]: *für starke Beanspruchung geeigneter, bes. bei Autorennen verwendeter Reifen; Rennreifen.*
Rack [rɛk, engl.: ræk], das; -s, -s [engl. rack = Regal, Gestell]: *regalartiges Gestell zur Unterbringung von Elementen einer Stereoanlage.*
Ra|cke, die; -, -n [lautm.]: *(in mehreren Arten vorkommender) etwa taubengroßer Singvogel mit buntem Gefieder.*
Ra|cker, der; -s, - [älter = Henkersknecht, aus dem Niederd. < mniederd. racker = Abdecker, Schinder]: **1.** (fam.) *jmd. (bes. ein Kind), der gern Streiche ausheckt, Unfug anstellt; Schlingel:* du [kleiner] R.! ♦ **2.** (nordd.) *Abdecker:* ...nun nehm Sie das Vieh und bring Sie es meinethalb an den R. in der Stadt (Storm, Schimmelreiter 22).
Ra|cke|rei, die; - (ugs.): *[ständiges] Rackern.*
ra|ckern ⟨sw. V.; hat⟩ [eigtl. = wie ein Racker (= Abdecker) arbeiten] (ugs.): *einer anstrengenden Tätigkeit nachgehen u. sich dabei abmühen:* für jmdn. schuften und r.; schwer r.
Ra|cket ['rɛkət, engl.: 'rækɪt], das; -s, -s [engl. racket < frz. raquette, eigtl. = Handfläche, zu arab. râhaʰ]: *Tennisschläger.*
Rack|job|bing, Rack-Job|bing ['rækdʒɔbɪŋ], das; -[s] [engl. rack-jobbing, zu: to job = in Kommission geben] (Wirtsch.): *Vertriebsform, bei der ein Großhändler o. Ä. beim Einzelhändler eine Verkaufsfläche mietet, um in Ergänzung des vorhandenen Sortiments Waren anzubieten.*
Ra|clette ['raklɛt, ra'klɛt], das; -s, -s, auch: die; -, -s [frz. raclette, zu: racler = abkratzen, abhobeln, über das Galloroman. zu lat. radere, ↑radieren]: **1.** *schweizerisches Gericht, bei dem die Essenden Hartkäse schmelzen lassen u. die weich gewordene Masse nach u. nach auf einen Teller abstreifen.* **2.** *kleines Grillgerät zum Zubereiten von Raclette* (1).
¹**Rad,** das; -[s], - [engl. rad, Kurzwort aus: radiation

absorbed dosis] (Physik früher): *Gray* (Zeichen: rad; rd).
²**Rad,** das; -es, Räder [mhd. rat, ahd. rad, urspr. = das Rollende; vgl. lat. rota = Rad]: **1.** *kreisrundes, scheibenförmiges, um eine Achse im Mittelpunkt drehbares Teil eines Fahrzeugs, auf dem sich dieses rollend fortbewegen kann:* die Räder schleifen; ein R. des Wagens ist gebrochen; bei Glatteis greifen die Räder nicht; ein R. am Auto auswuchten; die Achse eines -es; das Kind kam unter die Räder der Bahn *(wurde von der Bahn überfahren);* Ü das R. des Lebens (geh.; *das Leben in seiner stetigen Entwicklung);* * **das fünfte R./fünftes R. am Wagen sein** (ugs.; *in einer Gruppe o. Ä. überflüssig, nur geduldet sein);* **unter die Räder kommen/geraten** (ugs.: 1. *völlig heruntergekommen, moralisch u. wirtschaftlich ruiniert werden.* 2. *Sportjargon; eine empfindliche Niederlage hinnehmen müssen).* **2.** *Teil einer Maschine, eines Getriebes, eines Gerätes o. Ä. in Form eines* ²*Rades* (1), *das in drehender Bewegung verschiedenen Zwecken (wie Übertragung von Kräften o. Ä.) dient:* ein gezähntes R.; die Räder der Maschine stehen still; * **nur/bloß ein R./Rädchen im Getriebe sein** (*jmd. sein, der ohne Eigenverantwortung od. Entscheidungsgewalt in ein System eingebettet ist);* **bei jmdm. ist ein R./Rädchen locker/fehlt ein R./Rädchen** (ugs.; *jmd. ist nicht ganz normal, nicht ganz bei Verstand);* **ein R. abhaben** (ugs.: *nicht recht bei Verstand sein);* **ein großes R. drehen** *(etwas Schwieriges unternehmen).* **3.** Kurzf. von ↑*Fahrrad:* sein R. hat zwölf Gänge; sich aufs R. schwingen; mit dem R. wegfahren, stürzen; es kann nicht R. fahren; * **R. fahren** (ugs. abwertend; *sich Vorgesetzten gegenüber um eigener Vorteile willen unterwürfig verhalten, Untergebene jedoch schikanieren).* **4.** (Geschichte) *(im MA.) der Vollstreckung der Todesstrafe dienendes Gerät in Form eines großen* ²*Rades* (1)*, in dessen Speichen der Körper des Verurteilten gebunden wird, nachdem seine Gliedmaßen zerschmettert worden sind:* dem Mörder drohte das R.; jmdn. aufs R. binden *(ihn rädern).* **5.** (Turnen) *seitwärts ausgeführter, langsamer Überschlag, wobei Hände u. Füße jeweils in größerem Abstand aufsetzen:* ein R. auf dem Schwebebalken ausführen; schlag mal ein R.!; * **R. schlagen** *(eine Übung ausführen, die aus mehrmaligen langsamen Überschlägen seitwärts besteht).* **6.** *Gebilde von fächerartig aufgestellten u. gespreizten langen Schwanzfedern bei bestimmten männlichen Vögeln, das in seiner Form an ein* ²*Rad* (1) *erinnert:* der Truthahn spreizte seine Schwanzfedern zu einem R.; * **ein R. schlagen** *(die Schwanzfedern fächerartig aufstellen u. spreizen:* der Pfau schlug ein R.).
Ra|dar [auch, österr. nur: 'ra:...], das, nicht fachspr. auch: der; -s, -e [engl. radar, Kurzwort aus: radio detecting and ranging, eigtl. = Funkermittlung u. Entfernungsmessung] (Technik): **1.** ⟨o. Pl.⟩ *Verfahren zur Ortung von Gegenständen im Raum mithilfe gebündelter elektromagnetischer Wellen, die von einem Sender ausgehen, von einem Gegenstand reflektiert u. über einen Empfänger auf einem Anzeigegerät sichtbar gemacht werden.* **2.** *Radaranlage, Radargerät, Radarschirm:* * **etw. auf dem R. haben** (ugs.; *etw. im Blick haben, beachten, beobachten).*
Ra|dar|an|la|ge, die: *Anlage zum Einsatz von Radargeräten.*
Ra|dar|fal|le, die (ugs.): *für den Fahrer eines Kraftfahrzeugs nicht leicht erkennbare polizeiliche Geschwindigkeitskontrolle mithilfe von Radargeräten.*
Ra|dar|ge|rät, das: *Gerät, das mithilfe von Radar* (1) *Gegenstände ortet; Funkmessgerät.*

Ra|dar|kon|t|rol|le, die (Verkehrsw.): *Geschwindigkeitskontrolle mit Radargeräten.*
Ra|dar|netz, das: *Netz (2 a) von Radarstationen.*
Ra|dar|pei|lung, die: *Peilung mithilfe eines Radargeräts.*
Ra|dar|pis|to|le, die: *bes. von der Polizei verwendetes, zur Messung der Geschwindigkeit von Fahrzeugen eingesetztes Gerät.*
Ra|dar|schirm, der: *Leuchtschirm eines Radargeräts.*
Ra|dar|sta|ti|on, die: *Beobachtungsstation, die mit Radargeräten arbeitet.*
Ra|dar|sys|tem, das: *System von Radarstationen.*
Ra|dar|tech|nik, die: *Funkmesstechnik.*
Ra|dar|wa|gen, der: *mit einem Radargerät ausgerüstetes Auto der Polizei, das bei Geschwindigkeitskontrollen eingesetzt wird.*
Ra|dar|wel|le, die ⟨meist Pl.⟩ (Physik, Technik): *von einem Radargerät ausgesandte elektromagnetische Welle.*
Ra|dau, der; -s [aus dem Berlin., vermutl. lautm.] (salopp): *Lärm, Krach* (1 a): * **R. machen/schlagen** (salopp; ↑ Krach 1 a).
Ra|dau|bru|der, der (salopp abwertend): *jmd., der [häufig] Radau macht.*
Rad|auf|hän|gung, die (Kfz-Technik): *Aufhängung der Räder am Kraftfahrzeug.*
Rad|ball, der: **1.** ⟨o. Pl.⟩ *Ballspiel zweier aus je zwei Spielern bestehender Mannschaften auf Fahrrädern, bei dem es gilt, den Ball mit dem Vorder- od. Hinterrad ins gegnerische Tor zu spielen.* **2.** *beim Radball* (1) *verwendeter Ball aus Stoff.*
Räd|chen, das; -s, - u. Rädercken: **1.** Vkl. zu ↑²Rad (2, 7): * **nur ein R. im Getriebe sein** (↑²Rad 2); **bei jmdm. ist ein R. locker/fehlt ein R.** (ugs.; ↑²Rad 2). **2.** ⟨Pl. -⟩ **a)** *Teigrädchen;* **b)** *an einem Stiel drehbar befestigtes kleines ²Rad* (2) *mit gezahntem Rand zum Ausradeln* (2).
Rad|damp|fer, der: *durch ein Schaufelrad im Heck od. durch zwei seitlich angebrachte Schaufelräder fortbewegtes Dampfschiff.*
ra|de|bre|chen ⟨sw. V.⟩: radebrecht, radebrechte, hat geradebrecht, zu radebrechen) [mhd. radebrechen = auf dem ²Rad (4) die Glieder brechen, später übertr. im Sinne von »eine Sprache grausam zurichten«]: *eine fremde Sprache nur mühsam u. unvollkommen sprechen.*
ra|deln ⟨sw. V.; ist⟩ [zu ↑²Rad (3)] (ugs., bes. südd.): **a)** *mit dem Fahrrad fahren:* wir sind [50 km] geradelt; **b)** *sich mit dem Fahrrad irgendwohin begeben, in eine bestimmte Richtung bewegen:* nach Hause r.
rä|deln ⟨sw. V.; hat⟩: *ausradeln* (1, 2).
Rä|dels|füh|rer, der [im 16. Jh. = Anführer einer Abteilung von Landsknechten, dann: Anführer einer herrenlosen Schar, zu älter Rädlein = kreisförmige Formation einer Schar von Landsknechten < mhd. redelin = Rädchen] (abwertend): *jmd., der eine Gruppe zu gesetzwidrigen Handlungen anstiftet u. sie anführt:* der R. einer Bande; die R. bestrafen.
Rä|dels|füh|re|rin, die: w. Form zu ↑ Rädelsführer.
Rä|der|chen: Pl. von ↑ Rädchen.
rä|dern ⟨sw. V.; hat⟩ [mhd. reder(e)n]: *(im MA.) einem zum Tode Verurteilten mit einem ²Rad (4) die Gliedmaßen zerschmettern u. danach seinen Körper in die Speichen des Rades binden; durch das ²Rad (4) hinrichten.*
Rä|der|tier, das ⟨meist Pl.⟩: *in vielen Arten bes. im Süßwasser lebendes, kleines, wurm- od. sackförmiges Tier, das seine Nahrung mithilfe eines radförmigen, mit Wimpern versehenen Organs strudelnd dem Magen zuführt.*
Rä|der|werk, das: *Gesamtheit der ineinandergreifenden ²Räder* (2) *in einer Maschine, in einem Getriebe o. Ä.:* das R. einer Uhr; Ü *(oft abwertend)* das R. der Justiz.

Rad fah|ren: ↑²Rad (3).
Rad|fah|rer, der: **1.** *jmd., der Fahrrad fährt.* **2.** [wohl nach dem Radfahrer (1), der beim Fahren gleichzeitig den Rücken krümmt u. nach unten tritt] (ugs. abwertend) *jmd., der sich Vorgesetzten gegenüber um eigener Vorteile willen unterwürfig verhält, Untergebene jedoch schikaniert.*
Rad|fah|re|rin, die: w. Form zu ↑ Radfahrer.
Rad|fern|weg, der: *über eine weite Strecke verlaufender Radwanderweg.*
rad|för|mig ⟨Adj.⟩: *die Form eines ²Rades (1) aufweisend.*
Ra|di, der; -s, - (bayr., österr. ugs.): *Rettich:* * **einen R. kriegen** (bayr., österr. ugs.; gerügt werden).
ra|di|al ⟨Adj.⟩ [zu lat. radius, ↑ Radius] (bes. Technik): *den Radius betreffend; in der Richtung eines Radius verlaufend; von einem Mittelpunkt [strahlenförmig] ausgehend od. auf ihn hinzielend.*
Ra|di|al|ge|schwin|dig|keit, die (Physik, Astron.): *(bei Gestirnen) Geschwindigkeit auf der Linie zwischen Beobachter u. Gestirn.*
Ra|di|al|li|nie, die (österr.): *von der Stadtmitte zum Stadtrand führende Straße, Straßenbahnlinie o. Ä.*
Ra|di|ant, der; -en, -en [zu lat. radians (Gen.: radiantis), 1. Part. von: radiare = strahlen, zu: radius, ↑ Radius]: **1.** (Math.) *Winkel, für den das Verhältnis Kreisbogen zu Kreisradius den Wert 1 hat (Einheit des Winkels im Bogenmaß; Zeichen: rad).* **2.** (Astron.) *scheinbarer Punkt der Ausstrahlung eines Schwarms von Meteoren.*
ra|di|är ⟨Adj.⟩ [frz. radiaire, zu lat. radius, ↑ Radius] (Fachspr.): *strahlenförmig angeordnet, verlaufend; strahlig.*
Ra|di|a|ti|on, die; -, -en [lat. radiatio = das Strahlen] (Astron.): *Strahlung, scheinbar von einem Punkt ausgehende Bewegung der Einzelteile eines Meteorschwarms.*
Ra|di|a|tor, der; -s, ...oren: *Heizkörper, der die Wärme abstrahlt.*
Ra|dic|chio [ra'dɪkjo], der; -[s] [ital. radicchio, zu lat. radicula, Vkl. von radix = Wurzel]: *bes. in Italien angebaute Art der Zichorie mit rot-weißen, leicht bitter schmeckenden Blättern, die als Salat zubereitet werden.*
Ra|di|en: Pl. von ↑ Radius.
ra|die|ren ⟨sw. V.; hat⟩ [Ende des 15.Jh.s < lat. radere = (aus)kratzen, (ab)schaben]: **1.** *Geschriebenes, Gezeichnetes o. Ä. mit einem Radiergummi od. [Radier]messer entfernen, tilgen:* diese Tinte lässt sich nicht r. **2.** *(bild. Kunst) mit einer Radiernadel nach dem Verfahren der Radierung in eine Kupferplatte ritzen.*
Ra|die|rer, der; -s, -: **1.** *Künstler, der Radierungen herstellt.* **2.** *(ugs.) Radiergummi.*
Ra|die|re|rin, die; -, -nen: w. Form zu ↑ Radierer.
Ra|dier|gum|mi, der, ugs. auch: das: *Stück Gummi od. gummiähnlicher Plastikmasse zum Radieren (1).*
Ra|dier|kunst, die ⟨o. Pl.⟩: *Kunst, Technik der Herstellung von Radierungen; Ätzkunst.*
Ra|dier|na|del, die: *zum Herstellen von Radierungen verwendeter zugespitzter Stift aus Stahl.*
Ra|die|rung, die; -, -en (bild. Kunst): **1.** ⟨o. Pl.⟩ *künstlerisches Verfahren, bei dem mit einer Radiernadel die Zeichnung in eine Kupfer-, auch Zinkplatte eingeritzt u. (zur Herstellung von Abzügen) durch Eintauchen in eine Säure eingeätzt wird.* **2.** *durch das Verfahren der Radierung (1) hergestelltes grafisches Blatt.*
Ra|dies|chen, das ⟨o. Pl.⟩: - [Vkl. von älter Radies < niederl. radijs < frz. radis < ital. radice < lat. radix (Gen.: radicis) = Wurzel]: **1.** *(dem Rettich verwandte) Pflanze mit einer meist kugeligen,* eine rote Schale aufweisenden, scharf schmeckenden Knolle: R. säen, ziehen, anbauen; * **sich** ⟨Dativ⟩ **die R. von unten an-, besehen/betrachten** (salopp scherzh.; tot [u. beerdigt] sein). **2.** *Knolle des Radieschens (1).*
ra|di|kal ⟨Adj.⟩ [frz. radical < spätlat. radicalis = mit Wurzeln versehen (vgl. spätlat. radicaliter [Adv.] = mit Stumpf u. Stiel, von Grund aus), zu lat. radix, ↑ Radieschen]: **1. a)** *von Grund aus erfolgend, ganz und gar; vollständig, gründlich:* etw. r. verneinen; Das Unheil geschieht nicht als -e Auslöschung des Gewesenen (Habermas, Spätkapitalismus 174); **b)** *mit Rücksichtslosigkeit u. Härte vorgehend, durchgeführt o. Ä.:* -e Methoden. **2.** [unter Einfluss von gleichbed. engl. radical] *eine extreme politische, ideologische, weltanschauliche Richtung vertretend [u. gegen die bestehende Ordnung ankämpfend]:* r. denken. **3.** (Math.) *die Wurzel* (6) *betreffend.*
Ra|di|kal, das; -s, -e: **1.** (Chemie) *vorübergehend einer Reaktion für extrem kurze Zeit auftretendes Atom od. Molekül mit einem einzelnen Elektron.* **2.** (Math.) *durch Wurzelziehen erhaltene mathematische Größe.* **3.** (Sprachwiss.) **a)** *Konsonant in den semitischen Sprachen, der (meist zusammen mit anderen Konsonanten) die Wurzel eines Wortes bildet;* **b)** *Teil des chinesischen Schriftzeichens, der einen Bedeutungsbereich angibt.*
Ra|di|ka|le, die/eine Radikale; der/einer Radikalen, die Radikalen/zwei Radikale: *weibliche Person, die einen politischen Radikalismus vertritt [u. gegen die bestehende Ordnung ankämpft].*
Ra|di|ka|len|er|lass, der: *Erlass, nach dem jmd., der Mitglied einer extremistischen Organisation ist, nicht im öffentlichen Dienst beschäftigt werden darf.*
Ra|di|ka|ler, der, Radikale/ein Radikaler; des/eines Radikalen, die Radikalen/zwei Radikale: *jmd., der einen politischen Radikalismus vertritt [u. gegen die bestehende Ordnung ankämpft].*
ra|di|ka|li|sie|ren ⟨sw. V.; hat⟩: *zu einer radikalen Haltung gelangen lassen; in eine radikale Richtung treiben:* der Arbeiter einer Fabrik, die Ansichten der Bevölkerung r.
Ra|di|ka|li|sie|rung, die; -, -en: *das Radikalisieren, Radikalisiertwerden.*
ra|di|ka|lis|la|misch ⟨Adj.⟩: *einer radikalen Form des Islam zugehörend:* -e Gruppen, Milizen.
Ra|di|ka|lis|mus, der; -, ...men ⟨Pl. selten⟩: **1.** *radikale* (1) *Einstellung; rigoroses Denk- u. Handlungsweise.* **2.** *radikale* (2) *politische, ideologische, weltanschauliche Richtung.*
Ra|di|ka|li|tät, die; -, -en: **1.** ⟨o. Pl.⟩ *radikale Art.* **2.** *etw. Radikales* (1).
Ra|di|kal|kur, die: **1.** *Behandlung einer Krankheit mit sehr starken, den Organismus belastenden Mitteln.* **2.** (ugs.) *radikales* (1 b) *Verfahren, radikale Maßnahme; Eingriff mit radikalen Mitteln.*
Ra|di|kal|ope|ra|ti|on, die (Med.): *Operation, bei der ein krankes Organ od. ein Krankheitsherd vollständig beseitigt wird.*
Ra|di|kand, der; -en, -en [zu lat. radicandus, Gerundivum von: radicare = Wurzel schlagen, zu: radix, ↑ Radieschen] (Math.): *Zahl, mathematische Größe, deren Wurzel berechnet werden soll.*
Ra|dio, das; -s, -s [engl. radio, Kurzf. von radiotelegraphy = Übermittlung von Nachrichten durch Ausstrahlung elektromagnetischer Wellen, zu lat. radius, ↑ Radius]: **1.** ⟨südd., österr., schweiz. auch: der⟩ *Rundfunkgerät, -empfänger, Radioapparat:* das R. einschalten. **2. a)** ⟨o. Pl.⟩ *Rundfunk, Hörfunk (als die durch das Rundfunkgerät verkörperte Einrichtung zur Übertragung von Darbietungen in Wort*

u. *Ton*): sie hört R.; ich habe die Nachricht im R. gehört; **b)** ⟨o. Art., in Verbindung mit dem Namen einer Stadt, eines Landes⟩ ⟨o. Pl.⟩ *Sender, Rundfunkanstalt:* sie arbeitet bei R. Bremen.

ra|dio-, Ra|dio- [zu lat. radius = Strahl, ↑ Radius]: Best. in Zus. mit der Bed. *Strahl, Strahlung* (z. B. radiochirurgisch, Radiometer, Radiotherapie).

ra|dio|ak|tiv ⟨Adj.⟩ [wohl geb. aus ↑ Radioaktivität] (bes. Physik): *Radioaktivität aufweisend, damit zusammenhängend:* -e Stoffe; -er Müll; -er Zerfall.

Ra|dio|ak|ti|vi|tät, die [frz. radioactivité, gebildet von der frz. Physikerin M. Curie (1867 – 1934)] (bes. Physik): **a)** ⟨o. Pl.⟩ *Eigenschaft instabiler Atomkerne bestimmter chemischer Elemente, [ohne äußere Einflüsse] zu zerfallen, sich umzuwandeln u. dabei radioaktive Strahlen auszusenden; Kernzerfall, Kernumwandlung:* künstliche R.; **b)** *durch Radioaktivität* (a) *hervorgerufene Strahlung.*

Ra|dio|ak|ti|vi|tä|ten ⟨Pl.⟩: *Aktivitäten* (2) *im Hörfunk.*

Ra|dio|ap|pa|rat, der: *Rundfunkgerät, -empfänger.*

Ra|dio|as|t|ro|no|mie, die: *Teilgebiet der Astronomie, das die aus dem Weltraum, z. B. von den Gestirnen, kommende elektromagnetische Strahlung untersucht.*

Ra|dio|bio|lo|gie, die: *Strahlenbiologie.*

Ra|dio|car|bon|me|tho|de: ↑ Radiokarbonmethode.

Ra|dio|che|mie, die: *Teilgebiet der Kernchemie, das sich mit den radioaktiven Elementen, ihren chemischen Eigenschaften u. Reaktionen sowie ihrer praktischen Anwendung befasst.*

Ra|dio|ele|ment, das (Chemie): *radioaktives Element, das nur radioaktive Isotope hat.*

Ra|dio|fo|nie (veraltet), Radiophonie, die; -: *drahtlose Telefonie.*

Ra|dio|fre|quenz|strah|lung, die (Physik, Astron.): *elektromagnetische Strahlung kosmischer Objekte.*

Ra|dio|ga|la|xie, die (Astron.): *Galaxie, deren elektromagnetische Strahlung millionenfach stärker ist als die gewöhnlicher Galaxien.*

Ra|dio|ge|rät, das: *Radioapparat.*

Ra|dio|go|ni|o|me|t|rie, die (Funkt.): *Messung eines Winkels für die Funkpeilung.*

Ra|dio|gra|fie, Radiographie, die; -, -n [↑ -grafie] (Physik): **1.** *das Durchstrahlen u. Fotografieren mithilfe von ionisierenden Strahlen.* **2.** *Verfahren zum Nachweis radioaktiver Substanzen in lebenden Organismen od. Materialproben.*

Ra|dio|gramm, das; -s, -e [↑ -gramm] (Physik): *durch Radiografie hergestellte fotografische Aufnahme.*

Ra|dio|gra|phie: ↑ Radiografie.

Ra|dio|hö|rer, der: *jmd., der Radio hört.*

Ra|dio|hö|re|rin, die: w. Form zu ↑ Radiohörer.

Ra|dio|in|di|ka|tor, der (Technik, Chemie, Physik, Biol.): *künstlich radioaktiv gemachtes Isotop, das als Indikator* (2) *einer Substanz, einem Organ zugeführt wird u. den Ablauf einer Reaktion markiert.*

Ra|dio|in|ter|view, das: *im Radio ausgestrahltes, für die Ausstrahlung im Radio vorgesehenes Interview.*

Ra|dio|iso|top, das (Chemie): *natürliches od. künstliches radioaktives Isotop eines chemischen Elements.*

Ra|dio|jod|test, der (Med.): *Prüfung der Schilddrüsenfunktion durch Untersuchung der Radioaktivität nach der Einnahme von radioaktiv angereichertem Jod.*

Ra|dio|kar|bon|me|tho|de, (fachspr.:) Radiocarbonmethode, die ⟨o. Pl.⟩ (Chemie, Geol.): *Verfahren zur Altersbestimmung ehemals organischer Stoffe durch Ermittlung ihres Gehalts an radioaktivem Kohlenstoff.*

Ra|dio|la|rie, die; -, -n ⟨meist Pl.⟩ [zu spätlat. radiolus, Vkl. von lat. radius, ↑ Radius]: *Strahlentierchen.*

Ra|dio|lo|ge, der; -n, -n [↑ -loge]: *Facharzt auf dem Gebiet der Radiologie.*

Ra|dio|lo|gie, die; - [↑ -logie]: *Wissenschaft von den ionisierenden Strahlen, bes. den Röntgenstrahlen u. den Strahlen radioaktiver Stoffe, u. ihrer Anwendung.*

Ra|dio|lo|gin, die; -, -nen: w. Form zu ↑ Radiologe.

ra|dio|lo|gisch ⟨Adj.⟩: *die Radiologie betreffend.*

Ra|dio|me|te|o|ro|lo|gie, die: *Teilgebiet der Meteorologie, auf dem Radiowellen für meteorologische Untersuchungen benutzt bzw. die meteorologischen Einflüsse auf die Ausbreitung von Radiowellen in der Erdatmosphäre untersucht werden.*

Ra|dio|me|ter, das; -s, - [↑ -meter (1)] (Physik): *Gerät zur Messung von [Wärme]strahlung mit einem leicht drehbar in einem evakuierten Glaskolben aufgehängten Plättchen aus Glimmer od. Metall.*

Ra|dio|mo|de|ra|tor, der: *jmd., der als Moderator beim Rundfunk arbeitet.*

Ra|dio|mo|de|ra|to|rin, die: w. Form zu ↑ Radiomoderator.

Ra|dio|öko|lo|gie, die: *Teilgebiet der Ökologie, das sich mit der Strahlenbelastung u. mit den Folgen radioaktiver Verunreinigungen in Ökosystemen befasst.*

Ra|dio-on-De|mand [ˈreɪdɪoʊəndɪˈmaːnd], das; - [engl., aus: radio = Radio (2) u. on demand = auf Wunsch]: *auf Wunsch abrufbares Radioprogramm.*

Ra|dio|pho|nie: ↑ Radiofonie.

Ra|dio|pro|gramm, das: *Rundfunkprogramm.*

Ra|dio|quel|le, die (Physik, Astron.): *eng umgrenzte Stelle in der Weite des Himmels, die sich durch starke Radiofrequenzstrahlung aus der allgemeinen Himmelsstrahlung heraushebt.*

Ra|dio|re|cor|der: ↑ Radiorekorder.

Ra|dio|re|kor|der, Radiorecorder, der: *tragbares Rundfunkgerät mit eingebautem Kassettenrekorder.*

Ra|dio|sen|der, der: *Rundfunksender.*

Ra|dio|sen|dung, die: *Rundfunksendung.*

Ra|dio|son|de, die (Technik, Meteorol.): *mit einem Ballon in hohe Luftschichten aufsteigendes Messgerät, dessen Messergebnisse drahtlos an eine Bodenstation übermittelt werden.*

Ra|dio|spot, der: *Werbespot im Radio.*

Ra|dio|sta|ti|on, die: *Rundfunkstation.*

Ra|dio|strah|lung, die (Physik, Astron.): *Radiofrequenzstrahlung.*

Ra|dio|te|le|s|kop, das (Astron.): *Gerät für den Empfang der aus dem Weltraum kommenden Radiofrequenzstrahlung.*

Ra|dio|text, der: *von Rundfunksendern übertragene Textnachricht, die im Display eines entsprechend ausgerüsteten Radios erscheint.*

Ra|dio|the|ra|pie [auch: ...ˈpiː], die (Med.): *Behandlung von Krankheiten durch Bestrahlung, bes. mit Röntgenstrahlen od. mit radioaktiven Strahlen.*

Ra|dio|to|xi|zi|tät, die (Med.): *[Maß für die] Schädlichkeit eines in den menschlichen Organismus gelangten radioaktiven Atoms.*

Ra|dio|we|cker, der (ugs.): *Gerät, das eine Kombination von Radio* (1) *u. Wecker darstellt.*

Ra|dio|wel|le, die ⟨meist Pl.⟩ (Physik, Technik): *beim Rundfunk verwendete elektromagnetische Welle.*

Ra|di|um, das; -s [zu lat. radius, ↑ Radius; das Metall zerfällt unter Aussendung von »Strahlen« in radioaktive Bruchstücke]: *radioaktives, weiß glänzendes Schwermetall* (chemisches Element; Zeichen: Ra).

Ra|di|um|be|strah|lung, die (bes. früher): *therapeutische Bestrahlung mit Radium.*

ra|di|um|hal|tig ⟨Adj.⟩: *Radium enthaltend:* -e Stoffe.

Ra|di|um|the|ra|pie, die ⟨o. Pl.⟩ (Med. früher): *Behandlung von Krankheiten durch Bestrahlung mit Radium.*

Ra|di|us, der; -, ...ien [lat. radius = Stab; Speiche; Strahl]: **1.** (Math.) *halber Durchmesser eines Kreises od. einer Kugel; Halbmesser* (Abk.: R, r): den R. eines Kreises berechnen. **2.** *Kurzf. von* ↑ Aktionsradius (1).

Ra|dix, die; -, ...izes [...tseːs] [lat. radix, ↑ Radixes]: **1.** (Bot., Pharm.) *Wurzel einer Pflanze.* **2.** (Anat.) *Wurzel eines Nervs, Organs, Körperteils* (z. B. eines Zahns, eines Haars).

ra|di|zie|ren ⟨sw. V.; hat⟩ (Math.): *die Wurzel* (6) *einer Zahl ermitteln.*

Rad|kap|pe, die: *Kappe* (2 a) *in Form einer gewölbten Scheibe aus Metall od. Kunststoff zur Abdeckung der Nabe bei Kraftfahrzeugen.*

Rad|kas|ten, der (Kfz-Technik): *in der Karosserie eines Fahrzeugs ausgesparter Raum für ein Rad.*

Rad|kranz, der (Technik): **a)** *äußerer* ¹Rand (1 b) *eines Rades;* **b)** *gezackter* ¹Rand (1 b) *eines Zahnrades.*

Radl, das; -s, -n (bayr., österr. ugs.): *Fahrrad:* seid ihr mit dem R. da?

Rad|la|der, der: *auf Rädern fahrender Schaufellader.*

Rad|lei|er, die: *Drehleier.*

¹Rad|ler, der; -s, - [zu ²Rad (3)] *Radfahrer* (1).

²Rad|ler, das, auch: der; -s, - [wegen des geringen Alkoholgehaltes ist das Getränk wohl bes. für ¹Radler geeignet] (landsch., bes. südd.): *Erfrischungsgetränk aus Bier u. Limonade.*

Rad|ler|ho|se, die: *eng anliegende, fast bis zum Knie reichende Hose aus elastischem Material, wie sie Radsportler tragen.*

Rad|le|rin, die; -, -nen: w. Form zu ↑ ¹Radler.

Rad|man|tel, der: **1.** *Mantel* (3). **2.** (früher) *weiter, ärmelloser Mantel* (1) *von rundem (radförmigem) Schnitt:* ♦ Der Lehrer ... deckte den Jungen mit einem fadenscheinigen R. zu (Ebner-Eschenbach, Gemeindekind 80).

Rad|mut|ter, die ⟨Pl. ...muttern⟩: *Mutter zum Befestigen eines Rads* (z. B. eines Autos).

Ra|dom, das; -s, -s [engl. radome, zusgez. aus: radar dome = Radarkuppel] (Technik): *für elektromagnetische Wellen durchlässige, als Wetterschutz dienende [kuppelförmige] Verkleidung aus Kunststoff bes. für Radaranlagen von Flugzeugen u. Schiffen.*

Ra|don [auch: raˈdoːn], das; -s [zu ↑ Radium; geb. nach Argon, Krypton u. Ä.]: *radioaktives, sehr wenig reaktionsfähiges Edelgas, das in flüssigem od. festem Zustand gelb bis orangerot leuchtet* (chemisches Element; Zeichen: Rn).

Ra|do|ta|ge [radoˈtaːʒə, österr. meist: ...ʃ], die; -, -n [frz. radotage, zu: radoter, ↑ radotieren] (veraltet): *Faselei, leeres Geschwätz:* ♦ ... man hat mir schon öfters vorgeworfen, dass meine Kombinationsart manchmal an R. grenze (Goethe, Werther I, 12. August).

ra|do|tie|ren ⟨sw. V.; hat⟩ [frz. radoter, viell. aus dem Germ. (vgl. mniederl. doten = träumen; kindisch werden)] (veraltet): *faseln, ungehemmt schwatzen:* ♦ ... eine unendliche Schönheit ... Man kann sie aber freilich nicht immer festhalten und in Museen stellen ... und die Buben und Alten darüber r. und sich entzücken lassen (Büchner, Lenz 90).

Rad|pro|fi, der: *Profi im Radsport.*

Rad|renn|bahn, die: *Rennbahn für Radrennen.*

Radrennen–Rahmen

Rad|ren|nen, das: *meist auf Rennrädern ausgetragenes Rennen.*

Rad|renn|fah|rer, der: *jmd., der Radrennen fährt.*

Rad|renn|fah|re|rin, die: w. Form zu ↑ Radrennfahrer.

Ra|d|scha [auch: ˈraːdʒa], der; -s, -s [engl. raja(h) < Hindi rājā < sanskr. rāja(n) = König]: **a)** ⟨o. Pl.⟩ *vom Maharadscha verliehener Titel eines indischen Fürsten;* **b)** *Träger des Titels Radscha* (a).

◆ **Rad|schie|ne,** die: *eiserner Reifen, der um ein hölzernes Wagenrad gelegt wird u. als Lauffläche dient:* ... dass ein ... Schmied auf dieser Stelle eine R. heiß gemacht, welches auf folgende Weise geschieht. Der eiserne Reif wird auf den Boden gelegt (Goethe, Italien. Reise 12. 3. 1787 [Neapel]).

Rad schla|gen: ↑ ²Rad (5).

Rad|schrau|be, die: *Schraube zum Befestigen eines Rads (z. B. eines Autos).*

Rad|sport, der: *(in verschiedene, meist wettkampfmäßig ausgetragene Disziplinen aufgeteilter) Sport auf Fahrrädern.*

Rad|sport|ler, der: *jmd., der Radsport betreibt.*

Rad|sport|le|rin, die: w. Form zu ↑ Radsportler.

Rad|sport|ver|band, der: *organisatorischer Zusammenschluss der Radsport Treibenden.*

Rad|stand, der ⟨Kfz-Technik⟩: *Achsabstand.*

Rad|sturz, der ⟨Plural ...stürze⟩ ⟨Kfz-Technik⟩: *Achssturz.*

Rad|tour, die: *Ausflug mit dem Fahrrad.*

Rad|wan|dern, das; -s: *das Durchführen einer Radwanderung.*

Rad|wan|de|rung, die: *ausgedehnte Fahrt mit dem Fahrrad in gemäßigtem Tempo, meist zur Erkundung der Landschaft, ihrer Sehenswürdigkeiten o. Ä.*

Rad|wan|der|weg, der: *ausgewiesener Weg für Radwanderungen.*

Rad|wech|sel, der: *das Auswechseln eines ²Rades* (1) *an einem Fahrzeug.*

Rad|weg, der: *meist neben einer Straße, Fahrbahn laufender Fahrweg für Radfahrer* (1).

Rad|we|ge|netz, ⟨landsch.:⟩ **Rad|weg|netz,** das: *Gesamtheit der Radwege eines Gebietes.*

RAF [raf, ɛlaːˈlɛf], das; -: Rote-Armee-Fraktion.

Ra̱f, das; -[e]s, -e ⟨schweiz.⟩: ¹*Reff.*

Raf|fel, die; -, -n [zu mhd. raffeln = lärmen, klappern; schelten; spätmhd. raffel = Getöse, Lärm] ⟨landsch.⟩: *[grobe] Reibe.*

raf|feln ⟨sw. V.; hat⟩ [mhd. raffeln = lärmen, klappern; schelten; Intensivbildung zu ↑ raffen] ⟨landsch.⟩: *(Obst u. Gemüse) mit einer groben Reibe zu kleinen, stiftförmigen Stückchen zerkleinern; raspeln: geraffelter Rettich.*

raf|fen ⟨sw. V.; hat⟩ [mhd. raffen = zupfen, rupfen, raufen; an sich reißen, urspr. wohl = (ab)schneiden, trennen]: **1. a)** ⟨abwertend⟩ *raffgierig in seinen Besitz bringen:* sie rafften [an sich], was sie erreichen konnten; **b)** *mehrere Dinge zugleich u. voller Hast an sich reißen [u. sie irgendwohin tun].* **2.** *(Stoff) an einer bestimmten Stelle so zusammenhalten, dass er in Falten* (1 b) *fällt u. dadurch ein wenig hochgezogen wird:* sie raffte den Rock; geraffte Gardinen; Klaus Manth, der Maler, erhebt sich leise und tritt an das Fenster, den Vorhang zur Seite raffend (A. Zweig, Claudia 45). **3.** *gekürzt, aber in den wesentlichen Punkten wiedergeben:* den Bericht r. **4.** ⟨salopp⟩ *verstehen, erfassen:* sie rafft es nicht; hast du das endlich gerafft?

Raff|gier, die ⟨abwertend⟩: *hemmungsloses Streben nach Besitz; Habgier.*

raff|gie|rig ⟨Adj.⟩ ⟨abwertend⟩: *voller Raffgier; von Raffgier geprägt.*

Raf|fi|na|de, die; -, -n [frz. raffinade, zu: raffiner, ↑ raffinieren] ⟨Fachspr.⟩: *fein gemahlener, gereinigter Zucker.*

Raf|fi|nat, das; -[e]s, -e ⟨Fachspr.⟩: *Produkt, das raffiniert worden ist.*

Raf|fi|ne|ment [rafinəˈmãː], das; -s, -s [frz. raffinement] ⟨bildungsspr.⟩: **1.** *(bes. in Bezug auf künstlerische, technische Dinge) durch intellektuelle Fähigkeit erreichte besondere Vervollkommnung, Feinheit: das szenische R. einer Aufführung; der Roman zeigt, beweist artistisches R.* **2.** ⟨o. Pl.⟩ *Raffinesse* (1).

Raf|fi|ne|rie, die; -, -n [frz. raffinerie]: *Produktionsanlage zum Raffinieren.*

Raf|fi|nes|se, die; -, -n [französisierende Bildung, wohl in Anlehnung an ↑ Finesse]: **1.** ⟨o. Pl.⟩ (bildungsspr.) *schlau ausgeklügelte Vorgehensweise, mit der jmd. eine günstige Situation zum eigenen Vorteil ausnutzt [um auf indirektem Wege zum Ziel zu kommen].* **2.** ⟨meist Pl.⟩ *Finesse* (2): ein Automat mit allen -n.

Raf|fi|neur [...ˈnøːɐ̯], der; -s, -e: **1.** *Betreiber od. Angestellter einer Raffinerie.* **2.** (Holzverarb.) *Maschine, in der Holzfasern zerkleinert werden.*

Raf|fi|neu|rin [...ˈnøːrɪn], die; -, -nen: w. Form zu ↑ Raffineur (1).

raf|fi|nie|ren ⟨sw. V.; hat⟩ [frz. raffiner = verfeinern; läutern, zu: fin = fein, ↑ fein] ⟨Fachspr.⟩: **a)** *durch Beseitigung von qualitätsmindernden Substanzen Naturstoffe, bes. Fette u. Zucker, verfeinern od. Erze u. Rohmetalle veredeln:* Zucker r.; raffinierte Kohlehydrate; **b)** *Erdöl durch Fraktionierung u. Destillation aufbereiten:* Rohöl zu Treibstoff r.; ◆ **c)** *mit Raffinesse* (1) *ersinnen; listig planen:* ... sollt' ich auf Martern r. wie ein Henkersknecht (Schiller, Fiesco I, 12).

raf|fi|niert ⟨Adj.⟩ [nach frz. raffiné = durchtrieben, geb. unter Einfluss von Bildungen wie ↑ abgefeilt, ↑ ³gerieben]: **1. a)** *bis ins Einzelne ausgeklügelt:* ein -er Plan; r.! *(gekonnt!);* **b)** *voller Raffinesse* (1)*; Raffinesse besitzend:* eine -e Person. **2.** *voller Raffinement* (1)*; Raffinement zeigend:* Modelle in den -esten Farben; eine r. gewürzte Soße.

Raf|fi|niert|heit, die; -, -en: **a)** ⟨o. Pl.⟩ *das Raffiniertsein;* **b)** (selten) *raffiniertes Vorgehen.*

Raff|ke, der; -s, -s [urspr. berlin., zu ↑ raffen geb. Personenn.] ⟨ugs. abwertend⟩: *raffgieriger Mensch.*

Raff|zahn, der: **1.** [wohl nach dem Vergleich z. B. mit einem Hauer (2)] ⟨ugs.⟩ *[schräg] unter der Oberlippe hervorragender oberer Schneidezahn.* **2.** (salopp abwertend) *raffgieriger Mensch.*

◆ **Ra|fraî|chis|seur** [rafrɛˈsøːɐ̯], der; -s, -e [frz. rafraîchisseur]: *[Parfüm]zerstäuber:* ... nehmen Sie lieber den R. aus meiner Reisetasche (Fontane, Effi Briest 44).

Raft, das; -s, -s [engl. raft, eigtl. = Floß, zu: rafter = (Dach)sparren, aus dem Anord.]: **1.** *schwimmende Insel aus [Treib]holz.* **2.** *Schlauchboot, mit dem Rafting betrieben wird.*

raf|ten ⟨sw. V.; hat/ist⟩ (Jargon): *Rafting betreiben.*

Raf|ter, der; -s, - (Jargon): *jmd., der Rafting betreibt.*

Raf|te|rin, die; -, -nen: w. Form zu ↑ Rafter.

Raf|ting, das; -s [engl. rafting = das Flößen, Floßfahren, zu: to raft = flößen, zu: raft, ↑ Raft]: *das Wildwasserfahren einer Gruppe im Schlauchboot.*

Rag [ræg], der; -[s]: Kurzf. von ↑ Ragtime (a, b).

Rag|doll [ˈrægdɔl], die; -, -s [engl. rag doll, eigtl. = Stoffpuppe, aus: rag = (Stoff)fetzen u. doll = Puppe]: *amerikanische Langhaarkatze mit dickem Fell u. buschigem Schwanz.*

Ra|ge [ˈraːʒə, österr. meist: -ʃ], die; - [frz. rage, über das Galloroman. u. Vlat. zu lat. rabies = Wut] ⟨ugs.⟩: *unbeherrschte Aufgeregtheit, Wut,*

Ärger: in R. sein; jmdn. in R. versetzen; * **in der R.** (landsch.; *in der Aufregung, Eile*).

ra|gen ⟨sw. V.; hat⟩ [mhd. ragen, H. u.]: *länger od. höher sein als die Umgebung u. sich deutlich von ihr abheben:* Felsblöcke ragen aus dem Wasser.

Ra|g|lan [ˈragla(ː)n, engl.: ˈræglən], der; -s, -s [nach dem engl. Lord Raglan (1788–1855)]: Kurzf. von ↑ Raglanmantel.

Ra|g|lan|är|mel, der: *Ärmel, dessen obere Naht schräg von der Achselhöhle bis zum Halsausschnitt verläuft u. der mit dem Schulterteil ein Stück bildet.*

Ra|g|lan|man|tel, der: *Mantel* (1) *mit Raglanärmeln.*

Rag|na|rök, die; - [aisl. ragna rök, ↑ Götterdämmerung] (germ. Mythol.): *Weltuntergang.*

Ra|gout [raˈguː], das; -s, -s [frz. ragoût, rückgeb. aus: ragoûter = den Gaumen reizen, Appetit machen, zu: goût, ↑ Hautgout]: *Gericht aus kleinen Fleisch-, Geflügel- od. Fischstücken in einer würzigen Soße mit verschiedenen Zutaten.*

Ra|gout fin, Ra|gout|fin [raguˈfɛ̃ː], das; -, - -s -s [raguˈfɛ̃ː] [frz., eigtl. = feines Ragout, zu: fin = fein]: *Ragout in Blätterteig od. überbacken in einer Muschelschale.*

Rag|time [ˈrægtaɪm], der; -[s], -s [engl.-amerik. ragtime, eigtl. = zerrissener Takt] (Musik): **a)** ⟨o. Pl.⟩ *afroamerikanischer, bes. in der Klaviermusik herausgebildeter Stil, der durch den Gegensatz von synkopierter Melodik u. einem streng eingehaltenen, hämmernden Beat in der Bassstimme gekennzeichnet ist;* **b)** *Musik im Rhythmus des Ragtime* (a).

Rag|wurz, die: - [zu ↑ ragen; in Anspielung auf die Wirkung der früher als Aphrodisiakum verwendeten Pflanze auf das männliche Glied]: *in Mitteleuropa wachsende Orchidee mit bunten Blüten.*

Rah, Ra|he, die; -, -, Rahen [mhd. rahe, mniederd. rā, zu ↑ regen] (Seemannsspr.): *waagerechte Stange am Mast, an der ein rechteckiges Segel befestigt wird.*

Rahm, der; -[e]s [mundartl. älter = Raum, mhd. roum, mniederd. rōm(e), H. u.] (westmd., südd., österr., schweiz.): *Sahne: an die Soße noch etwas R. geben;* * **den R. abschöpfen** (ugs.; *sich selbst den größten Vorteil, das Beste verschaffen;* bezieht sich darauf, dass der Rahm auf der frischen Milch der nahrhafteste u. wertvollste Bestandteil dieses Nahrungsmittels ist).

Rahm|but|ter, die: *Butter mit hohem Fettgehalt.*

Räh|m|chen, das; -s, -: Vkl. zu ↑ Rahmen (1 a, c).

rah|men ⟨sw. V.; hat⟩: *mit einem Rahmen* (1 a) *versehen:* ein Bild r.; gerahmte Fotos.

Rah|men, der; -s, - [mhd. rame, ahd. rama = Stütze, Gestell, [Web]rahmen, Säule, verw. mit ↑ ¹Rand]: **1. a)** *viereckige, runde od. ovale Einfassung für Bilder o. Ä.:* ein einfacher, breiter, goldener R.; das Gemälde aus dem R. schneiden; an den Wänden hingen große Spiegel in schweren R.; **b)** *in eine Tür-, Fensteröffnung genau eingepasster, relativ schmaler Teil, an dem [seitlich] die Tür, das Fenster beweglich befestigt ist:* ein R. aus Holz; **c)** *Gestell zum Einspannen von Stoff, Fäden o. Ä.:* die Leinwand sitzt zu locker im R. **2. a)** (Technik) *tragender od. stützender Unterbau eines Kraftfahrzeugs, einer Maschine o. Ä.:* der R. des Autos ist bei dem Unfall beschädigt worden; **b)** Kurzf. von ↑ Fahrradrahmen. **3.** ⟨o. Pl.⟩ **a)** *etw., was einer Sache ein bestimmtes [äußeres] Gepräge gibt:* der Feier einen angemessenen R. geben; etw. in den sozialen R. der Gesellschaft einordnen; **b)** *etw., was einen bestimmten Bereich umgibt u. ihn gegen andere abgrenzt; Umgrenzung, Umfang:* den R. für etw. abgeben, abstecken; einen zeitlichen R. setzen; etw. in R. *(in den Grenzen)* des Mögli-

Rahmen-–Ramasan

chen tun; im R. *(innerhalb)* dieser Entwicklung kam es zu Schwierigkeiten in der Versorgung; * den R. sprengen *(bei Weitem über das Übliche hinausgehen);* aus dem R. fallen *(stark von bestimmten Normen, vom Üblichen abweichen;* ihr Benehmen fiel ganz aus dem R.); im R. bleiben/sich im R. halten *(nicht über ein bestimmtes Maß hinausgehen:* bei der letzten Konferenz hielten sich die Meinungsverschiedenheiten im R.); nicht in den R. passen *(bestimmten Normen o. Ä. nicht entsprechen, vom Üblichen abweichen).* 4. (Literaturwiss.) *Erzählung, die innerhalb eines Werkes eine od. mehrere andere Erzählungen umschließt.* 5. Kurzf. von ↑ Stickrahmen.

Rah|men-: *drückt in Bildungen mit Substantiven aus, dass etw. erst im großen Ganzen (ohne nähere Einzelheiten) festliegt, dass ein allgemeiner Rahmen für etw. abgesteckt ist, innerhalb dessen die Einzelheiten erst geregelt werden müssen:* Rahmenkonzept, -ordnung.

-rah|men, der; -s, -: *drückt in Bildungen mit Substantiven aus, dass für etw. ein bestimmter Rahmen, ein Bereich festgelegt ist, innerhalb dessen man sich bewegen muss:* Finanz-, Zeitrahmen.

Rah|men|ab|kom|men, das: *allgemeines Abkommen ohne Festlegung von Einzelheiten.*
rah|men|ar|tig ⟨Adj.⟩: *wie ein Rahmen (1 a) geartet.*
Rah|men|be|din|gung, die ⟨meist Pl.⟩: *Bedingung, die für etw. den äußeren Rahmen absteckt:* günstige -en für etw. schaffen.
Rah|men|bruch, der: *Bruch des Rahmens (2).*
Rah|men|er|zäh|lung, die (Literaturwiss.): a) ⟨o. Pl.⟩ *Technik des Erzählens, die in der Integration zweier od. mehrerer Erzählungen besteht, wobei eine Erzählung die Funktion eines Rahmens für die andere[n] hat;* b) *Erzählung, bei der die Technik der Rahmenerzählung (a) angewendet ist.*
Rah|men|ge|setz, das: *Gesetz als allgemeine Richtlinie ohne Festlegung von Einzelheiten.*
Rah|men|hand|lung, die: *Handlung, die neben der eigentlich wichtigen Handlung besteht u. in die diese eingebettet ist.*
Rah|men|plan, der: *Plan, der als Rahmen für detailliertere Planungen dient.*
Rah|men|pro|gramm, das: *Programm (1 b), das auf einer Veranstaltung [zur Auflockerung] neben dem Hauptprogramm abläuft.*
Rah|men|ta|rif, der: *Manteltarif.*
Rah|men|ver|ein|ba|rung, die: *allgemeine Vereinbarung ohne Festlegung von Einzelheiten.*
Rah|men|ver|trag, der: *allgemeiner Vertrag ohne Festlegung von Einzelheiten.*
rah|mig ⟨Adj.⟩ [zu ↑ Rahm] (landsch., bes. südd., österr., schweiz.): *sahnig.*
Rahm|kä|se, der: *Weichkäse mit höherem Fettgehalt.*
Rahm|sau|ce: ↑ Rahmsoße.
Rahm|so|ße, Rahmsauce, die: *mit Sahne zubereitete Soße.*
Rah|mung, die; -, -en: 1. *das Rahmen.* 2. (selten) *Rahmen* (1).
rahn ⟨Adj.⟩ [mhd. rān, Nebenf. von ↑ rank] (landsch.): *dünn; schmächtig.*
Rah|ne, die; -, -n [urspr. = rote Rübe von länglicher Form] (südd.): *Rote Rübe.*
Rah|se|gel, das [zu ↑ Rah] (Seemannsspr.): *rechteckiges, an der Rahe befestigtes Segel.*
Rah|seg|ler, der (Seemannsspr.): *Segelschiff mit Rahsegeln.*
Rai|gras: ↑ Raygras.

Rain, der; -[e]s, -e [mhd. rein, ahd. (nur in Zus.) -rein, H. u.]: 1. (geh.) *unbebauter schmaler Streifen Land als Grenze zwischen zwei Äckern:* ein schmaler R. 2. (südd., schweiz.) *Abhang.*
Rain|farn, der [umgedeutet aus mhd. rein(e)vane, ahd. rein(e)fano, zu: fano = Fahne, also eigtl. = Grenzfahne]: *(zu den Korbblütlern gehörende) Pflanze mit fiederteiligen Blättern u. zahlreichen halbkugeligen, gelben Blütenköpfchen.*
Rain|wei|de, die: *Liguster.*
Ra|is, der; -, -e u. Ruasa [arab. ra'īs = Oberhaupt, zu: ra's, ↑ Ras]: 1. ⟨o. Pl.⟩ *in arabischen Ländern Titel einer führenden Persönlichkeit, bes. des Präsidenten.* 2. *Träger dieses Titels.*
Rai|son [rɛˈzõː]: ↑ Räson.
Rai|son d'Être, Rai|son d'être [rɛzõˈdɛtrə], die; --, -s - [rɛzõ...] [frz. raison d'être, zu: raison (↑ Räson) u. être = (da, vorhanden) sein] (bildungsspr.): *Existenz-, Daseinsberechtigung; Rechtfertigung.*
Ra|ke: ↑ Racke.
Ra|kel, die; -, -n [frz. racle = Schabeisen, zu: racler = (ab)schaben] (Druckw.): a) *breites, dünnes Stahlband, mit dem beim Tiefdruck die überschüssige Farbe von der eingefärbten Druckform abgestreift wird;* b) *Gerät in Form eines Messers aus Gummi, Holz, mit dem beim Siebdruck die Farbe durch das Sieb gerieben wird.*
rä|keln: ↑ rekeln.
Ra|ke|te, die; -, -n [älter: Rackette, Rogete < ital. rocchetta, eigtl. Vkl. von: rocca = Spinnrocken, nach der einem Spinnrocken ähnlichen zylindrischen Form]: 1. a) *als militärische Waffe verwendeter, lang gestreckter, zylindrischer, nach oben spitz zulaufender [mit einem Sprengkopf versehener] Flugkörper, der eine sehr hohe Geschwindigkeit erreicht u. auch über weite Entfernungen ein gegnerisches Ziel treffen kann:* eine taktische R. mit Mehrfachsprengkopf; dieser Zerstörer ist mit den modernsten -n vom Typ ... ausgerüstet; der Junge fegte wie eine R. davon (ugs.; *fegt sehr schnell davon*); der Wagen geht ab wie eine R. (ugs.; *hat ein großes Anzugsvermögen*); Ü der neue Moderator ist eine (regelrechte) R. (ugs.; *ein großartiger Könner*); b) *in der Raumfahrt verwendeter Flugkörper von der Form einer überdimensionalen Rakete (1 a), der dem Transport von Satelliten, Raumkapseln o. Ä. dient: eine mehrstufige, ferngesteuerte R.;* die R. wird gezündet, verglüht in der Atmosphäre; eine R. an die Startrampe fahren, starten, in den Weltraum schießen. 2. *Feuerwerkskörper von der Form einer Rakete (1 a): -n abbrennen, abschießen.* 3. (landsch.) *begeistertes, das Heulen einer Rakete (2) nachahmendes Pfeifen bei [Karnevals]veranstaltungen.*
◆ 4. [frz. raquette, ↑ Rackett] *beim Federballspiel benutztes, einem Schläger ähnliches Gerät, mit dem der Ball geschlagen u. gefangen wird:* Genua ist da, wo das unüberwindliche Rom wie ein Federball in die R. eines zärtlichen Knaben Oktavius sprang (Schiller, Fiesco II,5).
Ra|ke|ten|ab|schuss|ba|sis, die (Militär): *Militärbasis mit Raketenstartrampen.*
Ra|ke|ten|ab|wehr, die (Militär): *Abwehr gegnerischer Raketen, Raketenwaffen.*
Ra|ke|ten|ab|wehr|sys|tem, das (Militär): *System der Raketenabwehr.*
Ra|ke|ten|an|griff, der: *mit Raketen durchgeführter Angriff.*
ra|ke|ten|ar|tig ⟨Adj.⟩: a) *einer Rakete (1 a) ähnlich; wie eine Rakete (1 a) funktionierend;* b) *so schnell wie eine Rakete (1 a): das Rennen im -en Tempo fahren.*
Ra|ke|ten|au|to, das (Technik): *Auto, das mit einer Feststoffrakete angetrieben wird.*
Ra|ke|ten|ba|sis, die (Militär): *Raketenabschussbasis.*

Ra|ke|ten|be|schuss, der: *Beschuss mit Raketen.*
ra|ke|ten|be|stückt ⟨Adj.⟩: *mit Raketen bestückt:* -e U-Boote.
Ra|ke|ten|flug|zeug, das: *Flugzeug, das durch ein od. mehrere Raketentriebwerke angetrieben wird.*
ra|ke|ten|ge|trie|ben ⟨Adj.⟩: *durch ein Raketentriebwerk angetrieben.*
Ra|ke|ten|schlit|ten, der (Technik): *in der Raumfahrtforschung zur Untersuchung der Auswirkungen von sehr hohen Geschwindigkeiten verwendetes Schienenfahrzeug, das durch ein od. mehrere Raketentriebwerke angetrieben wird.*
Ra|ke|ten|schub, der (Technik): *Schubkraft, die durch den Rückstoß einer Rakete (1 a, b) bewirkt wird.*
Ra|ke|ten|si|lo, der, auch: das (Militär): *der Lagerung u. dem Abschuss einer Raketenwaffe dienende schachtartige unterirdische Anlage.*
Ra|ke|ten|start, der: *Start einer Rakete.*
Ra|ke|ten|start|ram|pe, die: *Startrampe für Raketen.*
Ra|ke|ten|stu|fe, die (Technik): *Stufe (3b) einer mehrstufigen Rakete (1 b).*
Ra|ke|ten|stütz|punkt, der (Militär): *Raketenabschussbasis.*
Ra|ke|ten|tech|nik, die: *Gesamtheit aller technischen Arbeitsgebiete, die für die Berechnung, Konstruktion u. den Bau von Raketen (1 a, b) notwendig sind.*
Ra|ke|ten|treib|stoff, der: *Treibstoff für Raketen.*
Ra|ke|ten|waf|fe, die (Militär): *Geschoss, das von einem od. mehreren Raketentriebwerken angetrieben wird.*
Ra|ke|ten|wer|fer, der (Militär): *Geschütz, das Raketen (1 a) abfeuert.*
Ra|ke|ten|zeit|al|ter, das ⟨o. Pl.⟩ (Jargon): *Zeitalter, das von Existenz u. Einsatz von Raketen (1) geprägt ist.*
Rakett, das; -[e]s, -e u. -s.
Ra|ki, der; -[s], -s [türk. rakı < arab. 'araq, ↑ Arrak]: *türkischer Branntwein aus Anis u. Rosinen.*
rall. = rallentando.
Ral|le, die; -, -n [frz. râle, wohl eigtl. = die Schnarrende, nach dem Ruf des Vogels]: *in vielen Arten in Sümpfen od. an Gewässern vorkommender, oft hühnergroßer Vogel mit kurzen, breiten Flügeln, kurzem Schwanz u. langen Zehen.*
ral|len|tan|do ⟨Adv.⟩ [it. rallentando, zu: rallentare = verlangsamen, zu lat. lentus = langsam, träge] (Musik): *langsamer werdend* (Abk.: rall.).
Ral|ly [ˈræli], die; -, -s, schweiz auch: das; -s, -s [engl. rally, zu frz. rallier, ↑ alliieren] (Börsenw.): Rallye (2).
Ral|lye [ˈrali, ˈreli], die; -, -s, schweiz. auch: das; -s, -s [engl., frz. rallye, zu frz. rallier, ↑ Rally, eigtl. = das Wiederzusammenkommen (der Fahrer am Ziel der Fahrt)]: 1. (Motorsport) *Wettbewerb für serienmäßig hergestellte Kraftfahrzeuge in einer od. mehreren Etappen mit verschiedenen Sonderprüfungen:* eine internationale R. fahren, gewinnen. 2. (Börsenw.) *meist kurzer, starker Anstieg des Kurses an der Börse.*
Ral|lye-Cross, Ral|lye|cross, der; -, -e ⟨Pl. selten⟩: *dem Motocross ähnliches, jedoch mit Autos gefahrenes Rennen im Gelände.*
Ral|lye|fah|rer, der: *jmd., der eine Rallye fährt.*
Ral|lye|fah|re|rin, die: w. Form zu ↑ Rallyefahrer.
RAM, das; -[s], -[s] ⟨Pl. selten⟩ [Kurzwort aus engl. random access memory] (EDV): *Speicher (2b) mit wahlfreiem Zugriff, aus dem Daten gelesen u. in den neue Daten geschrieben werden können.*
Ra|ma|dan, der; -[s] [arab. ramadān = der heiße Monat]: *Fastenmonat der Muslime.*
Ra|ma|san, der; -[s] [nach der türk. u. pers. Aussprache von ↑ Ramadan]: türk. u. pers. Bez. für: Ramadan.

Ra|ma|su|ri, Remasuri, die; - [wohl rumän. (mundartl.) ramasuri = Durcheinander, Allerlei] (österr. ugs.): *großes Durcheinander, Wirbel.*
Ram|ba|zam|ba, der od. das; -s, -s [lautm.] (ugs.): *Aufruhr, Aufregung:* in der Kneipe gab es R.; R. machen.
Ram|bo, der; -s, -s [nach dem gleichnamigen Filmhelden] (ugs.): *brutaler männlicher Typ; Kraftprotz.*
Ra|mie, die; -, -n [engl. ramie < malai. rami]: *Bastfaser aus einem in Süd- u. Ostasien kultivierten Nesselgewächs.*
Ra|mie|fa|ser, die: *Ramie.*
Ramm|bal|ken, der: *Rammbock* (2).
Ramm|bär, der (Bauw.): ²*Bär.*
Ramm|bock, der: **1.** [zu veraltet Ramm, ↑ Ramme] (landsch.) **a)** *Schafbock, Widder;* **b)** ¹*Bulle* (1 a), *Stier.* **2.** (früher) *Mauerbrecher.* **3. a)** *Rammklotz;* **b)** *Ramme.*
ramm|dö|sig 〈Adj.〉 [zu veraltet Ramm (↑ Ramme), also eigtl. = dösig wie ein Schaf, das zu lange in praller Sonne gestanden hat] (salopp): **a)** *wie betäubt u. nicht fähig, einen klaren Gedanken zu fassen:* in der Sonne r. werden; **b)** (landsch.) *dumm* (1): stell dich doch nicht so r. an.
Ram|me, die; -, -n [mhd. ramme, zu veraltet Ramm = Widder, mhd. ram, ahd. ram(mo); nach dem Vergleich mit einem Widder, der mit gesenktem Kopf gegen etwas anrennt] (Bauw.): *aus einem [stählernen] Gerüst u. daran an einer Kette o. Ä. befestigtem ²Bär od. Rammklotz bestehende Vorrichtung zum Einrammen von Pfählen u. zum Feststampfen von lockerem Boden o. Ä.*
Ram|mel, der; -s, - [spätmhd. rammel = Widder, Schafbock] (bayr. abwertend): *ungehobelter Mensch; Tölpel.*
Ram|me|lei, die; -, -en: *das Rammeln.*
ram|meln 〈sw. V.; hat〉 [mhd. rammeln, ahd. rammalōn, zu mhd.', ahd. ram, ↑ Ramme, eigtl. = (vom Bock) läufig sein, bocken]: **1. a)** (Jägerspr.) (bes. von Hasen u. Kaninchen) *sich paaren:* die Hasen rammeln; **b)** (derb) *koitieren* (a). **2.** (ugs.) *stoßend drängen.* **3.** 〈r. + sich〉 (ugs.) **a)** *sich balgen:* die Kinder haben sich auf dem Hof gerammelt; 〈auch ohne »sich«:〉 hört auf zu r.!; **b)** *sich stoßen:* ich habe mich an der Eisenstange gerammelt. **4.** (ugs.) *heftig an etw. rütteln:* an der Tür r.
ram|mel|voll 〈Adj.〉 (ugs.): *sehr, gerammelt voll:* der Saal war r.
ram|men 〈sw. V.〉: **1.** 〈hat〉 [spätmhd. rammen, zu ↑ Ramme] *etw. mit Wucht irgendwohin stoßen:* Pfähle, Pflöcke in den Boden r.; jmdm. ein Messer in die Brust r. **2. a)** 〈ist〉 *mit Wucht auf, gegen etw. anstoßen:* die Stämme rammten gegen den Brückenpfeiler; **b)** 〈hat〉 *einem Fahrzeug in die Seite fahren u. es dabei beschädigen:* ein Schiff r.
Ramm|ham|mer, der (Bauw.): ²*Bär.*
Ramm|klotz, der (Bauw.): *schwerer, mechanisch betätigter Klotz an einer Ramme.*
Ramm|ler, der; -s, - [zu ↑ rammeln] (Jägerspr.): *(von Hasen u. Kaninchen) männliches Tier.*
Ramm|ma|schi|ne, Ramm-Ma|schi|ne, die (Bauw.): *Ramme.*
Ramm|sporn, der 〈Pl. -e〉: *am Bug älterer Kriegsschiffe angebrachte Vorrichtung zum Rammen* (2 b) *feindlicher Schiffe.*
Ram|pe, die; -, -n [frz. rampe, zu: ramper = klettern, kriechen, aus dem Germ.]: **1. a)** *waagerechte Fläche (gemauerter Sockel, [Stahl]platten), z. B. an einem Lagergebäude, zum Be- od. Entladen von Fahrzeugen:* den Lastwagen rückwärts an die R. fahren; **b)** *flach ansteigende Auffahrt, schiefe Ebene, die zwei unterschiedlich hoch gelegene Flächen miteinander verbindet:* eine steile R. vor der Brücke; das Auto auf eine R. schieben; **c)** Kurzf. von ↑ Startrampe; **d)** (Bergsteigen) *fast ebene Felsplatte, breites Band in einer steilen Felswand.* **2.** (Theater) *vorderer, etw. erhöhter Rand der Bühne als Grenzlinie zwischen Spielfläche u. Zuschauerraum:* vor die R. treten; * *über die R. kommen/gehen* (Jargon; *beim Publikum ankommen, Erfolg haben*).

Ram|pen|licht, das (Theater) 〈o. Pl.〉: **a)** *Licht* (1 a), *das durch die an der Rampe angebrachten Lampen erzeugt wird:* der Schauspieler trat ins R.; * *im R.* [*der Öffentlichkeit*] *stehen/sein* (*stark beachtet sein; im Mittelpunkt des [öffentlichen] Interesses stehen*); **b)** 〈Pl. -er〉 *einzelne Lichtquelle des Rampenlichts* (a).
Ram|pen|sau, die; -, -̈e (salopp): **a)** *leidenschaftlicher Bühnenkünstler;* **b)** *jmd., der, im Mittelpunkt stehend u. andere in den Hintergrund drängend, in der Lage ist, durch seine Leidenschaftlichkeit mitzureißen.*
ram|po|nie|ren 〈sw. V.; hat〉 [aus dem Niederd. (Seemannsspr.) < mniederl. ramponeren < afrz. ramposner = hart anfassen, aus dem Germ.] (ugs.): *etw. ziemlich stark beschädigen u. dadurch im Aussehen beeinträchtigen:* seine Schuhe r.; sie ramponierten das Mobiliar; 〈meist im 2. Part.:〉 ein ramponiertes Fahrrad; Ü ein ramponiertes Image; Waldemar ließ sich in den ramponierten Ledersessel fallen (Kreuder, Gesellschaft 165).
¹Ramsch, der; -[e]s, -e 〈Pl. selten〉 [H. u.] (ugs. abwertend): **a)** [*liegen gebliebene*] *minderwertige Ware; Ausschuss* (3): im Ausverkauf wurde auch viel R. angeboten; **b)** *wertloses Zeug; Plunder, Kram.*
²Ramsch, der; -[e]s, -e [frz. rams, wohl im Jargon der Spieler < ramas = das Auflesen, Sammeln, zu: ramasser = sammeln, zusammenballen] (Kartenspiele): *Runde beim Skat, bei der kein Spieler reizt u. derjenige gewinnt, der die wenigsten Punkte macht.*
¹ram|schen 〈sw. V.; hat〉 (ugs. abwertend): **1.** ¹*Ramsch* (a) *billig kaufen.* **2.** *gierig in seinen Besitz bringen:* Erbstücke r.
²ram|schen 〈sw. V.; hat〉 (Kartenspiele): *einen ²Ramsch spielen.*
Ramsch|la|den, der 〈Pl. ...läden〉 (ugs. abwertend): *Laden, in dem es* ¹*Ramsch* (a) *zu kaufen gibt.*
ran 〈Adv.〉: ugs. für ↑ heran.
Ranch [rɛntʃ, auch: raːntʃ], die; -, -[e]s [engl.-amerik. ranch < mex.-span. rancho = einzeln liegende Hütte, zu span. rancharse, ranchearse = sich niederlassen < frz. se ranger = sich aufstellen; sich häuslich einrichten]: *(in Nordamerika u. Kanada) größerer landwirtschaftlicher Betrieb mit Viehzucht.*
Ran|cher [ˈrɛntʃɐ, auch: ˈraːntʃɐ], der; -s, -[s] [engl.-amerik. rancher]: *Besitzer, Betreiber einer Ranch.*
Ran|che|rin, die; -, -nen: w. Form zu ↑ Rancher.
¹Rand, der; -[e]s, Ränder [mhd., ahd. rant, urspr. = (schützendes) Gestell, Einfassung, verw. mit ↑ Rahmen]: **1. a)** *äußere Begrenzung einer Fläche, eines Gebietes:* der R. des Tischs; der gezackte R. der Briefmarke; sie wohnen am südlichen R. der Stadt; Erst auf der Suche nach einer Wohnung lernte ich damals die höchst arme Stadt Paris kennen (Handke, Niemandsbucht 267); * *am -e* (*nebenbei:* am -e bemerkt); *etw. nur ihm Halt gibt; Einfassung:* eine Brille mit dicken Rändern; * *außer R. und Band geraten/sein* (ugs. 1. [*von Kindern*] *sehr ausgelassen werden, sein.* 2. *aus einem bestimmten Grund sich nicht zu fassen wissen;* wohl aus der Böttcherspr., zu veraltet Rand = Umfassung der Dauben am Fassboden, also urspr. nach dem Bild eines Fasses, dessen Dauben aus dem Rand gegangen sind: vor Freude ganz außer R. und Band geraten); ♦ *aus R. und Band geraten/sein* (*außer Rand u. Band geraten/sein:* War denn der alte Meister Frey an diesem Abend ganz aus R. und Band [Raabe, Chronik 142]). **2. a)** *obere Begrenzung eines Gefäßes, eines zylindrischen Gegenstandes o. Ä.:* das Wasser schwappte über den R. der Wanne; ein Glas bis zum R. füllen; * *sich am -e verstehen* (*selbstverständlich sein;* wohl, weil sich schon am Rand eines Gefäßes der Inhalt zeigt); **b)** *Teil, der eine tiefer gelegene feste Fläche bildet:* am R. einer Schlucht stehen; Ü *jmdn. an den R. des Wahnsinns, des Ruins bringen* (*jmdn. fast wahnsinnig machen, fast ruinieren*); * *am -e des Grabes* [*stehen*] (↑ *Grab* b); *jmdn. an den R. des Grabes bringen* (↑ *Grab* b). **3.** *frei bleibender Teil auf einem Blatt Papier o. Ä., der etw. Gedrucktes, Geschriebenes umgibt od. nur seitlich vorhanden ist:* einen R. lassen; etw. an den R. schreiben. **4.** *etw., was sich als Folge von etw. umh. herum, als eine Art Kreis sichtbar gebildet hat:* dunkle Ränder um die Augen; die Ränder auf dem Kleid mit Benzin entfernen. **5.** [urspr. Studentenspr.; wohl nach den Lippenrändern] (salopp) *Mund:* halt deinen R.! **6.** * *mit etw. zu -e kommen* (↑ *zurande*); *mit jmdm. zu -e kommen* (↑ *zurande*).
²Rand [rænd], der; -s, -[s] 〈aber: 5 Rand〉 [engl. Rand, verw. mit ¹ Rand, eigtl. = Medaille, Schild]: *Währungseinheit in Südafrika* (1 Rand = 100 Cent; Abk.: R).
Ran|da|le, die; -, -n (ugs.): **1.** 〈o. Pl.〉 *heftiger u. lautstarker Protest; Krawall* (2), *Rabatz:* die Gewerkschafter wollen vor dem Rathaus R. machen. **2.** *Ausschreitung* (1): * *R. machen* (*Krawalle 1 veranstalten:* betrunkene Fußballfans machten R. und wurden verhaftet).
ran|da|lie|ren 〈sw. V.; hat〉: *Lärm machen, grölen* [*u. dabei andere stark belästigen od. mutwillig Sachen beschädigen, zerstören*]: nach dem Spiel randalierten die Hooligans; randalierende Fußballfans; 〈subst.:〉 *Halbstarke wegen Randalierens verhaftet.*
Ran|da|lie|rer, der; -s, -: *jmd., der randaliert.*
Ran|da|lie|re|rin, die; -, -nen: w. Form zu ↑ Randalierer.
Rand|be|din|gung, die 〈meist Pl.〉: *vorgegebene, vorzufindende Bedingung, die bei etw. zu beachten ist.*
Rand|beet, das: *Rabatte.*
Rand|be|mer|kung, die: **1.** *beiläufige Bemerkung.* **2.** *Notiz auf dem* ¹*Rand* (3) *eines Textes.*
Rand|be|reich, der: **1.** *Bereich am* ¹*Rande* (1 a) *eines Territoriums, einer Stadt o. Ä.* **2.** *Bereich, der in einem bestimmten Zusammenhang von weniger wichtiger Bedeutung ist.*
Rand|be|zirk, der: *Randgebiet.*
Rändchen, das; -s, -: Vkl. zu ↑ ¹Rand.
Ran|de, die; -, -n [Nebenf. von ↑ Rahne] (schweiz.): *Rote Rübe.*
Rän|del, das; -s, - [landsch. Vkl. von ↑ ¹Rand, nach dem gezahnten Rand die Rändelrads] (Mechanik): **1.** *Werkzeugmaschine mit zwei Rändelrädern, die gegen ein rotierendes Werkstück gepresst werden.* **2.** *gerändelter Teil eines Werkstücks.*
rän|deln 〈sw. V.; hat〉 (Mechanik): *einen metallischen Gegenstand durch Einpressen eines bestimmten Musters mit dem Rändel aufrauen, riffeln.*
Rän|del|rad, das: *gezahntes Rädchen aus Stahl.*
Rän|der: Pl. von ↑ ¹Rand.
rän|dern 〈sw. V.; hat〉 (selten): **1.** *mit einem* ¹*Rand* (3) *versehen.* **2.** *einen* ¹*Rand* (4) *entstehen lassen.*
Rand|er|schei|nung, die: *Erscheinung, die in*

einem bestimmten Zusammenhang von geringerer Bedeutung ist.

Rand|exis|tenz, die: *Angehörige bzw. Angehöriger einer sozialen Randgruppe:* Bettler, Obdachlose und andere -en.

Rand|fi|gur, die: *Nebenfigur.*

Rand|ge|biet, das: **1.** *Gebiet am ¹Rande* (1 a) *eines Territoriums, einer Stadt o. Ä.* **2.** *Bereich am Rande eines größeren Sachgebiets.*

Rand|ge|bir|ge, das: *am Rand eines bestimmten Gebiets liegendes, es begrenzendes Gebirge:* die Hochebene ist ringsum von -n umgeben.

Rand|glos|se, die: *(in einem Buch o. Ä.) am Rand stehende Glosse* (2, 4).

Rand|grup|pe, die (Soziol.): *Gruppe von Menschen, die in eine Gesellschaft nur unvollständig integriert sind:* gesellschaftliche, politische -n.

Rand|la|ge, die: *Lage am Rande (z. B. einer Stadt).*

Rand|leis|te, die: **1.** *an einem ¹Rand* (1 a) *angebrachte Leiste.* **2.** *¹Rand* (3) *bes. einer Buchseite.*

rand|los ⟨Adj.⟩: *keinen ¹Rand* (1 b) *aufweisend:* eine -e Brille.

Rand|meer, das (Geogr.): *dem Festland angelagertes, vom Ozean durch Inseln, Inselketten abgegrenztes Nebenmeer.*

Rand|no|tiz, die: *Randbemerkung.*

ran|do|mi|sie|ren ⟨sw. V.; hat⟩ [engl. to randomize, zu: random = zufällig] (Statistik): *(aus einer gegebenen Gesamtheit von Elementen) eine von Zufall (z. B. durch Los) bestimmte Auswahl treffen.*

Rand|per|sön|lich|keit, die (Soziol.): *Person, die aufgrund ihres von den allgemeinen Normen abweichenden Verhaltens od. wegen bestimmter ethnischer, religiöser, politischer od. sonstiger Merkmale als am Rande der Gesellschaft stehend angesehen wird.*

Rand|pro|b|lem, das: *Problem von geringerer Bedeutung.*

Rand|sport|art, die: *Sportart, für die sich nur wenige Menschen interessieren.*

Rand|staat, der: *am ¹Rand* (1 a) *einer größeren geografischen Einheit angesiedelter Staat:* die europäischen, afrikanischen -en.

rand|stän|dig ⟨Adj.⟩ (Soziol.): *eine Randgruppe betreffend, zu ihr gehörend:* -e Bevölkerungsgruppen.

Rand|stein, der: *Bordstein.*

Rand|stel|lung, die: *nicht zentrale, weniger bedeutende Stellung.*

Rand|strei|fen, der: *Streifen, der den Rand von etw. bildet, bes. [nicht befahrbarer] Streifen am Rand einer Straße od. Autobahn.*

Rand|tief, das (Meteorol.): *Ausläufer eines Tiefdruckgebiets.*

Rand|ver|zie|rung, die: *Verzierung am Rande [einer Buchseite].*

rand|voll ⟨Adj.⟩: *bis zum Rand voll:* ein -es Glas.

Rand|zo|ne, die: *Zone am Rand eines bestimmten Gebiets.*

Ranft, der; -[e]s, Ränfte [mhd. (md.) ranft, ahd. ramft, verw. mit ↑¹Rand] (landsch.): **a)** *Brotkanten;* **b)** *Brotrinde, -kruste.*

Ränft|chen, das; -s, - (landsch.): Vkl. zu ↑ Ranft.

rang: ↑ ¹ringen, ²ringen.

Rang, der; -[e]s, Ränge [frz. rang = Reihe, Ordnung < afrz. renc = Kreis (von Zuschauern), aus dem Germ., verw. mit ↑ Ring]: **1.** *bestimmte Stufe, Stellung, die jmd. in einer [hierarchisch] gegliederten [Gesellschafts]ordnung innehat:* nur einen niedrigen R. bekleiden, einnehmen; er hat den R., ist, steht im R. eines Generals; jmdm. den R. streitig machen *(jmds. höhere Stellung einnehmen wollen);* * **alles, was R. und Namen hat** *(die gesamte Prominenz).* **2.** ⟨o. Pl.⟩ *im Vergleich zu Gleichartigem bestimmter Stellenwert einer Person, Sache in Bezug auf Bedeutung, Qualität:* ein Wissenschaftler vom -e Einsteins; * **ersten -es** *(von außerordentlicher Bedeutung:* ein Politiker ersten -es); jmd., etw. von R. *(eine bedeutende Person, Sache:* ein Physiker, Theaterstück von [hohem] R.). **3.** *höher gelegener [in der Art eines Balkons vorspringender] Teil des Zuschauerraums im Theater o. Ä.:* ein Platz im zweiten R. **4.** *Gewinnklasse im Lotto, Toto:* im 3. R. gibt es nur 4,50 €. **5.** (Sport) *Platz* (7); *Stellenwert im Vergleich zu anderen:* den zweiten R. belegen. **6.** * **jmdm. den R. ablaufen** *(jmdn. überflügeln, übertreffen;* zu veraltet Rank [↑ Ränke]; also urspr. = beim Laufen eine Kurve auf geradem Wege abschneiden).

Rang|ab|zei|chen, das (früher): *Dienstgradabzeichen.*

Rang|äl|tes|te ⟨vgl. Älteste⟩: *weibliche Person, die unter mehreren Personen in gleicher Rangstufe ihren Rang* (1) *am längsten bekleidet.*

Rang|äl|tes|ter ⟨vgl. Ältester⟩: *jmd., der unter mehreren Personen in gleicher Rangstufe seinen Rang* (1) *am längsten bekleidet.*

Ran|ge, die; -, -n, selten: der; -n, -n [spätmhd. range, zu: rangen = sich hin u. her wenden; auf etw. begierig sein; urspr. derbes Schimpfwort für. eigtl. = läufige Sau] (landsch.): *lebhaftes Kind, das aus Übermut gern etwas anstellt.*

rän|ge: ↑ ¹ringen, ²ringen.

ran|ge|hen ⟨unr. V.; ist⟩ (ugs.): **a)** *herangehen* (1): geht nicht zu nah [an den Abgrund] ran! **b)** *direkt, ohne Umschweife auf ein Ziel zugehen:* der geht aber ran!

Ran|ge|lei, die; -, -en (ugs.): *[dauerndes] Rangeln; Balgerei:* R. unter etw.; -en unter Kindern.

ran|geln ⟨sw. V.; hat⟩ [Intensivbildung zu veraltet rangen, ↑ Range] (ugs.): *sich mit jmdm. balgen:* die Kinder rangeln [miteinander]; Ü die Baufirmen r. um Aufträge.

Ran|ger ['rɛɪndʒɐ], der; -s, -[s] [engl. ranger, zu: to range = (durch)streifen, wandern]: **1.** *Aufseher in einem Nationalpark o. Ä.* **2.** (früher) *Angehöriger einer US-amerikanischen [Polizei]truppe.* **3.** *(in den USA) in besonderer Weise ausgebildeter Soldat, der innerhalb einer kleinen Gruppe Überraschungsangriffe im feindlichen Gebiet macht.*

Rang|er|hö|hung, die: *Beförderung* (2).

Ran|ge|rin ['rɛɪndʒ...], die; -, -nen: w. Form zu ↑ Ranger (1).

Rang|fol|ge, die: *Rangordnung, Hierarchie.*

rang|geln ⟨sw. V.; hat⟩ [mundartl. Intensivbildung zu veraltet rangen, ↑ Range; vgl. rangeln] (bayr., österr.): *auf eine vor allem in bestimmten Teilen der Alpen verbreitete besondere Art ringen.*

rang|gleich ⟨Adj.⟩: *in gleichem Rang* (1, 2, 5); *dem Rang nach gleich.*

rang|hoch ⟨Adj.⟩: *einen hohen Rang* (1) *bekleidend:* ein ranghoher Beamter.

rang|höchst... ⟨Adj.⟩: *den höchsten Rang* (1) *bekleidend.*

Rang|höchs|te, die/eine Ranghöchste; der/einer Ranghöchsten, die Ranghöchsten/zwei Ranghöchste: *weibliche Person, die den höchsten Rang* (1) *bekleidet.*

Rang|höchs|ter, der Ranghöchste/ein Ranghöchster; des/eines Ranghöchsten, die Ranghöchsten/zwei Ranghöchste: *jmd., der den höchsten Rang* (1) *bekleidet.*

Rang|hö|he|re, die/eine Ranghöhere; der/einer Ranghöheren, die Ranghöheren/zwei Ranghöhere: *weibliche Person, die einen höheren Rang* (1) *bekleidet.*

Rang|hö|he|rer, der Ranghöhere/ein Ranghöherer; des Ranghöheren, die Ranghöheren/zwei Ranghöheren: *jmd., der einen höheren Rang* (1) *bekleidet.*

Ran|gier|bahn|hof, der: *große, aus mehreren Gleisen mit Weichen bestehende Anlage zum Rangieren.*

ran|gie|ren [raŋ'ʒi:rən, rã'ʒi:rən] ⟨sw. V.; hat⟩ [frz. ranger = ordnungsgemäß aufstellen, ordnen, zu: rang, ↑ Rang]: **1.** *Eisenbahnwagen auf ein anderes Gleis schieben od. fahren:* die Waggons [auf ein Abstellgleis] r. **2.** *eine bestimmte Stelle in einer bestimmten Rangordnung einnehmen:* im Mittelfeld r.; hinter, vor, nach jmdm., einer Sache r. **3.** (landsch.) *in Ordnung bringen; ordnen:* »Finger weg!« (rangiert ihre Kleidung) »Die Weltgeschichte steht kopf, und du zerreißt mir die Bluse!« (Erich Kästner, Schule 109).

Ran|gie|rer, der; -s, -: *Eisenbahner, der rangiert* (1).

Ran|gie|re|rin, die; -, -nen: w. Form zu ↑ Rangierer.

Ran|gier|gleis, das: *Gleis zum Rangieren* (1).

Ran|gier|lok, Ran|gier|lo|ko|mo|ti|ve, die: *Lokomotive zum Rangieren* (1).

♦ **ran|gig** ⟨Adj.⟩ [zu ↑ Range u. eigtl. = schändlich]: *habgierig:* Der alte M. ist ein geiziger, -er Filz (Goethe, Werther I, 11. Julius).

Rang|lis|te, die: **1.** *Liste, in der jmd. od. etw. nach Größe, Leistung, Erfolg o. Ä. eingestuft wird:* die R. anführen. **2.** *Verzeichnis aller Offiziere u. höheren Beamten.*

Rang|lo|ge, die: *Loge in einem Rang* (3).

rang|mä|ßig ⟨Adj.⟩: *dem Rang* (1, 2, 5) *entsprechend.*

rang|nie|der ⟨Adj.⟩: *einen niedrigen Rang* (1) *bekleidend:* ein ziemlich -er Beamter.

Rang|nie|de|re, die/eine Rangniedere; der/einer Rangniederen, die Rangniederen/zwei Rangniedere: *weibliche Person, die einen niedrigen Rang* (1) *bekleidet.*

Rang|nie|de|rer, der Rangniedere/ein Rangniederer; des/eines Rangniederen, die Rangniederen/zwei Rangniederen: *jmd., der einen niedrigen Rang* (1) *bekleidet.*

Rang|ord|nung, die: *Abstufung innerhalb einer festgelegten hierarchischen Ordnung im Hinblick auf den Grad, die Bedeutung einer Person, Sache:* der R. nach; alle Themen in ihrer R. bestimmen, umstellen.

Rang|streit, der, **Rang|strei|tig|keit,** die, ⟨meist Pl.⟩: *(bes. von Tieren) Kampf um einen bestimmten Platz im Rahmen einer Rangordnung.*

Rang|stu|fe, die: *bestimmte Stufe im Rahmen einer Rangordnung.*

Ran|gun: *Hauptstadt von Myanmar.*

Rang|un|ter|schied, der: *Unterschied hinsichtlich des Rangs* (1).

ran|hal|ten, sich ⟨st. V.; hat⟩ (ugs.): *sich [intensiv arbeitend] bei etw. beeilen:* sich tüchtig, ordentlich r.

rank ⟨Adj.⟩ [aus dem Niederd. < mniederd. ranc = schlank, dünn, eigtl. = aufgerichtet, gereckt] (geh.): *(bes. von jungen Menschen) schlank u. zugleich geschmeidig* (2); *von hohem, geradem Wuchs:* ein -es Mädchen; Ü eine -e Birke; Ein angenehmer Mann, dieser Rimanni-Bel oder Rimut... – ein Greis schon, doch -en und nicht von Speck enstelltes Leibes (Th. Mann, Joseph 338); * **r. und schlank** *(schlank u. geschmeidig).*

Rank, der; -[e]s, Ränke [mhd. ranc = schnelle drehende Bewegung, zu ↑ renken]: **1.** ⟨Pl.⟩ (geh. veraltend) *Intrigen; Machenschaften:* finstere Ränke; durch allerlei Ränke gelang es ihr, ihren Rivalen auszustechen; * **Ränke schmieden**/(seltener:) **spinnen** *(sich Böses ausdenken, Böses planen).* **2.** (schweiz.) **a)** *Wegbiegung, Kurve;* **b)** *Kniff, Trick;* * **den [rechten] R. finden** *(für etw. einen Weg, eine Lösung finden).*

Ran|ke, die; -, -n [mhd. ranke, ahd. hranca, H. u.] (Bot.): *schnurförmiger Teil bestimmter Pflanzen, der sich spiralförmig um andere Pflanzen od. sonstige Gegenstände herumschlingt od.*

sich mithilfe von Haftorganen an eine Fläche heftet u. so die Pflanze aufrecht hält, ihr das Klettern ermöglicht: die -n des Weinstocks.

Rän|ke: Pl. von ↑ Rank.

¹ran|ken, sich ⟨sw. V.; hat⟩ [zu ↑ Ranke]: *in Ranken an etw. entlang [in die Höhe] wachsen:* Efeu rankt sich um den Stamm; an der Hauswand rankt sich wilder Wein in die Höhe; ⟨auch ohne »sich«:⟩ am Gartentor ranken Kletterrosen; Ü um das alte Schloss ranken sich viele Sagen (geh.; *das Schloss steht im Mittelpunkt vieler Sagen*).

²ran|ken ['rɛŋkn̩] ⟨sw. V.; hat⟩ [zu ↑ Ranking] (Fachspr.): **a)** *in einem Ranking einen bestimmten Platz zuweisen:* das Produkt wurde auf Platz 3 gerankt; **b)** *auflisten:* die Experten haben sämtliche Aussagen gerankt.

ran|ken|ar|tig ⟨Adj.⟩: *von, in der Art einer Ranke; wie eine Ranke geartet.*

Ran|ken|ge|wächs, das: *sich rankendes Gewächs.*

Ran|ken|or|na|ment, das: *an Ranken erinnerndes Ornament.*

Ran|ken|werk, das ⟨Pl. selten⟩: **a)** *Gesamtheit vieler ineinander verschlungener Ranken:* eine von dichtem R. überwucherte Ruine; **b)** *Verzierung aus Rankenornamenten:* ein bronzenes R.

Rän|ke|schmied, der (geh.): *jmd., der Ränke (1) schmiedet.*

Rän|ke|schmie|din, die: w. Form zu ↑ Ränkeschmied.

Rän|ke|spiel, das (geh.): *Handlungsweise, bei der jmd. Ränke (1) ersinnt u. ins Werk setzt.*

rän|ke|voll ⟨Adj.⟩ (geh. veraltend): *durch viele Ränke (1) gekennzeichnet; seine Ziele mit vielen Ränken verfolgend.*

ran|kig ⟨Adj.⟩: *Ranken bildend:* -es Gestrüpp.

Ran|king ['rɛŋkɪŋ], das; -s, -s [engl. rankings (Pl.), zu: to rank = zählen zu; rangmäßig über/unter jmdm. stehen]: **a)** *Rangliste:* ein Wechsel an der Spitze des -s; **b)** *bewertender Vergleich; Einordnung in eine Rangliste; Bewertung:* ein R. der Universitäten durchführen.

ran|klot|zen ⟨sw. V.; hat⟩ (salopp): *mit großem Eifer u. Kraftaufwand arbeiten, um ein bestimmtes [hochgestecktes] Ziel zu erreichen:* wenn wir den Termin halten wollen, müssen wir ganz schön r.

ran|kom|men ⟨st. V.; ist⟩ (ugs.): **1.** *herankommen* (1 a, 2). **2.** *drankommen.*

ran|kön|nen ⟨unr. V.; hat⟩ (ugs.): *herankönnen.*

ran|krie|gen ⟨sw. V.; hat⟩ (ugs.): **1.** *an jmdm. große Anforderungen stellen; jmdm. etw. Ä. übertragen, bei der er sich sehr anstrengen muss.* **2.** *jmdn. zwingen, für etw. aufzukommen.*

Ran|kü|ne, die; -, -n [frz. rancune < mfrz. rancure < lat. rancura < lat. rancor, eigtl. = das Ranzige, zu: rancere, ↑ ranzig] (bildungsspr.): **1.** ⟨o. Pl.⟩ *heimliche Feindschaft; Groll, [alter] Hass.* **2.** *Handlung aus Ranküne* (1).

ran|las|sen ⟨st. V.; hat⟩: **1.** (ugs.) **a)** *heranlassen* (1); **b)** *jmdm. Gelegenheit geben, seine Fähigkeiten unter Beweis zu stellen.* **2.** (salopp) *sich zum Geschlechtsverkehr mit jmdm. bereitfinden.*

ran|ma|chen, sich ⟨sw. V.; hat⟩ (ugs.): *sich heranmachen.*

ran|müs|sen ⟨unr. V.; hat⟩ (ugs.): *heranmüssen.*

rann, rän|ne: ↑ rinnen.

ran|neh|men ⟨st. V.; hat⟩ (ugs.): *herannehmen:* jmdn. hart r.

ran|te: ↑ rennen.

ran|pir|schen, sich ⟨sw. V.; hat⟩ (ugs.): *heranpirschen.*

ran|schaf|fen ⟨sw. V.; hat⟩ (ugs.): *heranschaffen:* Ü er muss r. *(Geld verdienen).*

ran|schlei|chen ⟨st. V.; ist/hat⟩ (ugs.): *heranschleichen.*

ran|schlep|pen ⟨sw. V.; hat⟩ (ugs.): *heranschleppen.*

ran|schmei|ßen, sich ⟨st. V.; hat⟩ (ugs.): *recht dreist u. direkt den eigenen, persönlichen Kontakt zu jmdm. suchen:* sich an den Chef r.

ran|trau|en, sich ⟨sw. V.; hat⟩ (ugs.): *herantrauen.*

Ra|nun|kel, die; -, -n [lat. ranunculus, Vkl. von: rana = Frosch]: *(zur Gattung Hahnenfuß gehörende) in einer meist leuchtenden Farbe blühende Pflanze.*

ran|wol|len ⟨unr. V.; hat⟩ (ugs.): *etw. in Angriff nehmen wollen; auf etw. eingehen:* sie wollte nicht so recht ran.

Ränz|chen, das; -s, -: Vkl. zu ↑ Ranzen (1–3).

Rän|zel, das, nordd. auch: der; -s, - [aus dem Niederd. < mhd. renzel, H. u.; später aufgefasst als Vkl. von ↑ Ranzen]: *Ranzen* (1, 2): * *sein R. schnüren/packen* (↑ Bündel).

¹ran|zen ⟨sw. V.; hat⟩ [spätmhd. rantzen = ungestüm springen, zu mhd. ranken = sich hin- u. herbewegen, zu: ranc, ↑ Rank] (Jägerspr.): *(vom Haarraubwild) sich paaren, sich begatten.*

²ran|zen ⟨sw. V.; hat⟩ [H. u.] (salopp): **a)** *[mit groben Worten] laut, heftig u. befehlend sagen;* **b)** *[mit groben Worten] laut, heftig u. befehlend sprechen, seine Meinung äußern.*

Ran|zen, der; -s, -: **1.** [urspr. aus der Gaunerspr.] *[auf dem Rücken getragene] Schulmappe bes. eines jüngeren Schülers.* **2.** [urspr. aus der Gaunerspr.] (selten) *Rucksack, Tornister* (a). **3.** (salopp) *Bauch* (1 b, 2): sich den R. vollschlagen (salopp; *sehr viel essen*). **4.** (salopp) *Rücken:* * *jmdm. den R. vollhauen* (↑ Hucke 2); *den R. vollkriegen* (↑ Hucke 2).

ran|zig ⟨Adj.⟩ [niederl. ransig (älter: ransig) < frz. rance < lat. rancidus = stinkend, ranzig, zu: rancere = stinken, faulen]: *(von Fett, Öl od. fetthaltigen Nahrungsmitteln) verdorben u. daher schlecht riechend, schmeckend:* -e Butter; das Öl riecht r.

Ranz|zeit, die [zu ↑ ¹ranzen] (Jägerspr.): *(bei Haarraubwild) Brunstzeit.*

Rap [ræp], der; -[s], -s [engl. rap = Plauderei, Unterhaltung, zu: to rap = plaudern, schwatzen, eigtl. = stoßen, klopfen; stoßweise sprechen; viell. urspr. lautm.]: *schneller, rhythmischer Sprechgesang in der populären Musik.*

ra|pid (österr. nur so, sonst bes. südd.), **ra|pi|de** ⟨Adj.⟩ [frz. rapide < lat. rapidus = schnell, ungestüm, (fort)reißend, zu: rapere = fortreißen; (bes. von Entwicklungen, Veränderungen o. Ä.) überaus schnell [vor sich gehend]: eine rapide Entwicklung; der Preisverfall ist r.; mit ihm geht es r. bergauf, abwärts.

Ra|pier, das; -s, -e [frz. rapière, zu: râpe = Reibeisen, aus dem Germ., verw. mit ahd. raspōn, ↑ raspeln]: **a)** (früher) *degenartige Fechtwaffe;* **b)** (veraltet) *Schläger* (4).

Rap|mu|sik [ræp...], die ⟨o. Pl.⟩: *Rap.*

Rapp, der; -s, - [mhd. rappe < frz. rappe, ↑ Rapier] (mundartl.): *Kamm* (8).

¹Rap|pe, die; -, -n [frz. râpe, ↑ Rapier]: **a)** (westmd.) *¹Raspel* (2); **b)** (westmd., südd.) *Kamm* (8).

²Rap|pe, der; -n, -n [mhd. rappe = Rabe, Nebenf. von: rabe, ↑ Rabe]: *Pferd mit schwarzem Fell.*

Rap|pel, der; -s, - ⟨Pl. selten⟩ [zu ↑ rappeln in der älteren Bed. »lärmen«] (ugs.): *unvermittelt auftretende (vorübergehende) innere Verfassung eines Menschen, aus der heraus er auf verrückte, absonderliche Gedanken kommt u. Dinge tut, die anderen unmotiviert, abwegig erscheinen:* einen R. kriegen; den/seinen R. bekommen.

rap|pel|dürr ⟨Adj.⟩ (landsch. emotional): *klapperdürr.*

rap|pe|lig, rapplig ⟨Adj.⟩ (landsch. ugs.): **a)** *einen Rappel habend:* ganz r. im Kopf sein; **b)** *klapp-*

rig (1); **c)** *unruhig, nervös; unfähig, sich zu konzentrieren:* das machte einen ja ganz r.

Rap|pel|kopf, der (ugs.): **a)** *jmd., der einen Rappel hat;* **b)** *Dickkopf* (a); **c)** (abwertend) *Mensch, der als aufbrausend, zum Jähzorn neigend gilt.*

rap|peln ⟨sw. V.⟩ [zu mniederd. rapen = klopfen; vgl. auch mhd. raffeln = lärmen, klappern, schelten]: **1.** ⟨hat⟩ (ugs.) **a)** *ein klapperndes, rasselndes Geräusch von sich geben:* die Fensterläden rappeln im Sturm; der Wecker rappelt; * *bei jmdm. rappelt es* (salopp; *jmd. ist nicht recht bei Verstand; bei dir rappelt's wohl!*); **b)** *rütteln u. dabei ein rappelndes* (1 a) *Geräusch hervorbringen:* sie rappelt an der Klinke; ⟨unpers.:⟩ es rappelt an der Tür. **2.** ⟨ist⟩ (ugs.) *sich mit rappelndem* (1 a) *Geräusch (irgendwohin) fortbewegen:* der Zug rappelt über die Weiche. **3.** ⟨hat⟩ (österr.) *nicht ganz bei Verstand sein; spinnen* (3 a). **4.** ⟨hat⟩ [lautm.] (landsch., Kinderspr.) *urinieren.* **5.** ⟨r. + sich; hat⟩ (landsch. ugs.): **a)** *sich regen, bewegen:* sich nicht [vom Fleck] r.; **b)** *sich mühsam aufrichten, sich aufrappeln* (a): sich aus dem Bett r. **6.** * *gerappelt voll* (ugs.; *sehr voll, überfüllt*).

rap|pel|voll ⟨Adj.⟩ (ugs.): *gedrängt voll.*

rap|pen ['ræpn̩] ⟨sw. V.; hat⟩: *Rapmusik machen; einen Rap singen, spielen:* die Gruppe rappt auf Deutsch.

Rap|pen, der; -s, - [zu mhd. rappe, ↑ ²Rappe; urspr. Münze mit dem Kopf eines Adlers, der vom Volk als »Rappe« = Rabe verspottet wurde]: *schweizerische Währungseinheit* (100 Rappen = 1 Franken; Abk.: Rp.)

Rap|per ['ræpɐ], der; -s, - [zu ↑ Rap]: *jmd., der rappt.*

Rap|pe|rin ['ræpərɪn], die; -, -nen: w. Form zu ↑ Rapper.

Rap|ping ['ræpɪŋ], das; -[s] [engl. rapping, zu: to rap, ↑ Rap]: *das Rappen.*

rapp|lig: ↑ rappelig.

Rap|port, der; -[e]s, -e [frz. rapport, zu: rapporter, ↑ rapportieren]: **1.** *dienstliche Meldung; Bericht [an einen Vorgesetzten]:* jmdm. R. erstatten; er wurde von dem Minister zum R. bestellt, befohlen; sich zum R. melden *(erscheinen, um Meldung zu machen).* **2. a)** (bildungsspr. veraltend) *[Wechsel]beziehung, Verbindung;* **b)** (Psychol.) *intensiver psychischer Kontakt zwischen zwei Personen, bes. zwischen Hypnotiseur u. Hypnotisiertem, Analytiker u. Patient o. Ä.:* mit jmdm. in R. stehen. **3.** (Fachspr., bes. Kunstwiss.) **a)** *(bei Geweben, Teppichen, Tapeten, Ornamenten) ständige Wiederholung eines Motivs, durch die eine Musterung, ein Ornament entsteht;* **b)** *Motiv eines Musters, durch dessen ständige Wiederholung das Muster entsteht.*

rap|por|tie|ren ⟨sw. V.; hat⟩ [frz. rapporter, eigtl. = wiederbringen, zu: re- (< lat. re-) = zurück-, wieder- u. apporter, ↑ apportieren]: **1.** (veraltend) *einen Rapport* (1) *abstatten; Meldung machen:* jmdm. r.; [jmdm.] etw. r. **2.** (Fachspr.) *(von einem Motiv eines Musters, Ornaments) sich ständig wiederholen:* rapportierende Karos.

Rapp|schim|mel, der: *als ²Rappe geborener, noch nicht vollständig weißer Schimmel.*

Raps, der; -es, (Arten:) -e [gek. aus niederd. rapsād, eigtl. = »Rübsamen«, aus: rap(p) = Rübe u. sāt = Saat, Samen]: **1.** *(zu den Kreuzblütlern gehörende) Pflanze mit blaugrünen Blättern u. leuchtend gelben Blüten, die wegen der ölhaltigen Samen angebaut wird.* **2.** *Gesamtheit der Samenkörner von Raps* (1).

rap|sen, rap|sen ⟨sw. V.; hat⟩ [Intensivbildung zu niederd. rapen = raffen] (landsch.): *rasch ergreifen, an sich raffen.*

Raps|feld, das: *Feld mit Raps* (1).

Raps|öl, das: *aus Raps (2) gewonnenes Öl (als Speiseöl od. für technische Zwecke).*
Rap|tus, der; -, - [...tu:s] u. -se [lat. raptus = das Fortreißen, Zuckung, zu: rapere = (fort)reißen]: **1.** ⟨Pl. -⟩ (Med.) *plötzlich auftretender Wutanfall.* **2.** ⟨Pl. -se, selten⟩ (scherzh.) *Rappel.*
Ra|pünz|chen, das; -s, - ⟨meist Pl.⟩ (landsch.): *Rapunzel.*
Ra|pun|ze, Ra|pun|zel, die; -, -n ⟨meist Pl.⟩ [mlat. rapuncium, rapuntium, zu lat. radix = Wurzel u. phu (griech. phoũ) = Baldrian; die Pflanze gehört zu den Baldriangewächsen]: *Feldsalat.*
rar ⟨Adj.⟩ [frz. rare < lat. rarus; schon mniederd. rār]: **a)** *nur in geringer Anzahl, Menge vorhanden; selten u. gesucht:* eine -e Briefmarke; -e Fachkräfte; Experten auf diesem Gebiet sind r.; **b)** *selten [auftretend, vorkommend, geschehend]:* eine -e Gelegenheit; wahre Freundschaft ist [leider] r.; Es ist ein fast unmerkliches Lächeln, das den Partner von seiner Getue erlöst, und es lässt ihn sein. Wie r. ist solches Lächeln! (Frisch, Stiller 218).
Ra|ri|tät, die; -, -en [unter Einfluss von frz. rareté < lat. raritas (Gen.: raritatis) = Lockerheit; Seltenheit]: **1.** ⟨o. Pl.⟩ (selten) *das Rarsein.* **2.** ⟨Pl. selten⟩ **a)** *etw. Rares* (a): gute Apfelsinen sind zu dieser Jahreszeit eine R.; **b)** *etw. Rares* (b): Störche sind bei uns zu einer R. geworden; gute Spiele gehören zu den -en. **3.** *seltenes u. wertvolles Sammler-, Liebhaberstück o. Ä.:* archäologische -en; diese Briefmarke ist eine ausgesprochene R.
Ra|ri|tä|ten|ka|bi|nett, das: *der Aufbewahrung o. Ä. einer Raritätensammlung dienender Raum:* Ü diese beiden Tore gehören ins R. des internationalen Fußballs.
◆ **Ra|ri|tä|ten|kas|ten,** der: *auf einem Jahrmarkt aufgestellter Guckkasten, in dem Raritäten* (2b) *betrachtet werden können:* Ich stehe wie vor einem R. und sehe die Männchen und Gäulchen vor mir herumrücken (Goethe, Werther II, 20. Januar).
Ra|ri|tä|ten|samm|lung, die: *Sammlung von Raritäten* (3).
rar|ma|chen, sich ⟨sw. V.; hat⟩ (ugs.): *sich selten sehen lassen; wenig Zeit für andere haben.*
ra|sant ⟨Adj.⟩: **1.** [durch volksetym. Anlehnung an ↑rasen] (ugs.) **a)** *durch [staunenerregende] hohe Geschwindigkeit gekennzeichnet; auffallend schnell:* in -er Fahrt; ein -es Tempo; r. fahren; **b)** *(besonders von Autos) durch eine schnittige Formgebung den Eindruck großer Schnelligkeit vermittelnd; schnittig:* ein -er Sportwagen; ein -es Styling; **c)** *(bes. von Vorgängen, Entwicklungen) mit erstaunlicher Schnelligkeit vor sich gehend; stürmisch:* der -e wirtschaftliche Aufschwung; die Bevölkerung nimmt r. zu; ...kam etwas, womit kein Mensch auf der Welt hätte rechnen können und was es im Lande noch nie gegeben hatte, nämlich eine Revolution, das heißt eine -e Umwandlung sämtlicher gesellschaftlicher, moralischer und transzendentaler Verhältnisse (Süskind, Parfum 39); **d)** *durch Schnelligkeit, Schwung, Spannung o. Ä. begeisternd, imponierend:* eine -e [Musik]show; die Story des Films; die Europameisterin lief eine -e Kür, lief ganz r.; **e)** *durch besondere Reize Bewunderung u. Begeisterung hervorrufend:* eine -e Frau; sie trug ein -es Sommerkleid; eine -e Architektur. **2.** [frz. rasant = bestreichend, den Boden streifend, adj. 1. Part. von: ↑rasieren] (Ballistik) **a)** *(von Flug-, bes. Schussbahnen) flach, annähernd horizontal, geradlinig verlaufend;* **b)** *(von Geschossen, fliegenden Objekten) eine rasante* (2a) *Bahn beschreibend u. sehr schnell fliegend.*
Ra|sanz, die; -: **1.** (ugs.) **a)** *staunenerregende Schnelligkeit:* mit R. in die Kurve gehen; **b)** *(sel-*ten) rasantes (1b) Aussehen; Schnittigkeit: ein Styling voller R.; **c)** *erstaunliche Schnelligkeit, mit der etw. vor sich geht, sich entwickelt:* die atemberaubende R. dieser Entwicklung; **d)** *durch Schnelligkeit, Schwung, Spannung o. Ä. bewirkte Faszination, Großartigkeit o. Ä. einer Sache:* eine Show voller R.; **e)** (selten) *rasante* (1e) *Art, rasantes Aussehen:* sie war eine Frau von seltener R. **2.** (Ballistik) **a)** *rasanter* (2a) *Verlauf einer Flugbahn;* **b)** *rasanter* (2b) *Flug eines Objekts.*
rasch ⟨Adj.⟩ [mhd. rasch, ahd. rasc, verw. mit ↑²gerade in dessen älterer Bed. »schnell, behände«]: **1. a)** *schnell* (1a): ein -es Tempo; sie hat einen -en Gang; sie lief, so r. sie konnte; **b)** *schnell* (1b): ein -er Entschluss; -e Fortschritte; sich r. ausbreiten; so r. wie/(seltener:) als möglich; so r. macht ihr das keiner nach *(es wird nicht so leicht sein, ihr das nachzumachen).* **2.** *schnell* (4): -es Handeln ist erforderlich; es ging -er, als man dachte; etwas -er, wenn ich bitten darf!; das geht mir zu r. *(ich komme nicht mit).*
ra|scheln ⟨sw. V.⟩ [lautm., Iterativbildung zu veraltet (noch mundartl.) raschen = ein raschelndes Geräusch verursachen]: **a)** *ein Geräusch wie von bewegtem [trockenem] Laub von sich geben:* das Laub raschelte im Wind; sie hörte Papier r.; ⟨auch unpers.:⟩ es raschelte im Stroh; **b)** *ein raschelndes* (a) *Geräusch erzeugen:* mit der Zeitung r.
ra|sches|tens ⟨Adv.⟩: *schnellstens.*
ra|schest|mög|lich ⟨Adj.⟩ (österr., schweiz.): *schnellstmöglich.*
Rasch|heit, die; -: *rasche Art u. Weise, in der etw. vor sich geht.*
ra|sen ⟨sw. V.⟩ [mhd. rāsen, eigtl. = sich heftig bewegen, laufen]: **1.** ⟨ist⟩ (ugs.) *sich ([wie] in großer Eile) sehr schnell fortbewegen; mit hoher Geschwindigkeit [irgendwohin] fahren:* ras bitte nicht so!; ein Auto kam um die Ecke gerast; sie ist mit ihrem Wagen in die Absperrung gerast; er rast *(eilt, hetzt)* von einem Termin zum anderen; Ü ihr Puls raste *(ging sehr schnell).* **2.** ⟨hat⟩ *von Sinnen, außer sich sein; sich wie wahnsinnig gebärden; toben:* vor Zorn, Eifersucht, im Fieber r.; das Publikum raste [vor Begeisterung]; ich könnte [vor Wut] rasend werden; die Schmerzen machen mich rasend; Ü ein Sturm, die See raste in jener Nacht.
Ra|sen, der; -s, - [mhd. rase, H. u.]: **1.** *dicht mit [angesätem] kurz gehaltenem Gras bewachsene Fläche (bes. in Gärten, Parks, Sportanlagen):* ein grüner, verdorrter, [kurz] geschnittener, gepflegter, verwahrloster R.; [den] R. mähen; den R. schneiden, sprengen, kurz halten, pflegen; einen R. anlegen; nach dem Foul musste der Spieler den R. (Sportjargon; *Platz*) verlassen; *jmdn. deckt der kühle/grüne R.* (geh. verhüll.; *jmd. ist tot u. begraben*); *unter dem/unterm R. ruhen* (geh. verhüll.; *tot u. begraben sein*); *jmdn. unter den R. bringen* (verhüll.; *jmds. Tod verursachen*). **2.** (Bergmannsspr.) *[natürliche] Erdoberfläche.* **3.** (Biol.) *gleichförmiger, dichter, niedriger Bewuchs, z. B. von Bakterien, Algen, Pilzen u. a.*
ra|sen|be|deckt ⟨Adj.⟩: *mit Rasen* (1) *bedeckt.*
ra|sen|be|wach|sen ⟨Adj.⟩: vgl. rasenbedeckt.
ra|send ⟨Adj.⟩ [zu ↑rasen]: **1.** *sehr schnell:* in -er Geschwindigkeit, Fahrt. **2. a)** *ungewöhnlich stark, heftig:* -e Schmerzen; -e Wut, Eifersucht; -er Beifall; Plötzlich bin ich von -er Ungeduld erfüllt, fortzukommen (Remarque, Westen 112); **b)** ⟨intensivierend bes. bei Adjektiven u. Part.⟩ (ugs.) *überaus, sehr:* sie ist r., hat täte es r. gern; ich habe im Augenblick r. viel zu tun.
Ra|sen|dün|ger, der: *speziell für den Rasen* (1) *hergestellter Dünger.*
Ra|sen|flä|che, die: *rasenbewachsene Fläche.*
Ra|sen|kraft|sport, der: *aus Hammerwerfen, Gewichtwerfen u. Steinstoßen bestehende Sportart für Männer.*
Ra|sen|mä|her, der, **Ra|sen|mäh|ma|schi|ne,** die: *Mähmaschine für Rasenflächen.*
Ra|sen|platz, der: **1.** *Rasenfläche.* **2.** (Sport) *rasenbewachsener Platz* (1b).
Ra|sen|schach, das (Fußballjargon): *im Wesentlichen auf Strategie u. Taktik setzende Spielweise im Fußball.*
Ra|sen|spiel, das: *[sportliches] Spiel, das auf einem Rasen gespielt wird:* Krocket ist ein beliebtes R.
Ra|sen|spie|ler, der (Sport): **a)** *jmd., der ein Rasenspiel od. einen Rasensport ausübt;* **b)** *Tennisspieler, der besonders auf Rasenplätzen erfolgreich ist.*
Ra|sen|spie|le|rin, die: w. Form zu ↑Rasenspieler.
Ra|sen|sport, der: *Sportart, die auf Rasenplätzen* (2) *betrieben wird.*
Ra|sen|spren|ger, der: *Gerät zum Sprengen* (2) *von Rasenflächen.*
Ra|sen|stück, das: *kleinere Rasenfläche.*
Ra|sen|ten|nis, das: *Tennis, das auf einem Rasenplatz* (2) *gespielt wird; Lawntennis.*
Ra|ser, der; -s, - ⟨zu ↑rasen⟩ (ugs. abwertend): *jmd., der [mit einem Kraftfahrzeug] übermäßig schnell fährt.*
Ra|se|rei, die; -, -en: **1.** ⟨o. Pl.⟩ *[spätmhd. (md.) rāserīe] das Rasen* (2): in R. geraten; sie bringt, treibt mich noch zur R.; die Eifersucht versetzte ihn in blinde R.; in einem Anfall von R. **2.** (ugs., oft abwertend) *übermäßig schnelles Fahren (mit einem Kraftfahrzeug):* mit der R. gefährdest du dich und andere.
Ra|se|rin, die; -, -nen: w. Form zu ↑Raser.
Ra|sier|ap|pa|rat, der: **1.** *aus einer Vorrichtung zur Aufnahme einer Rasierklinge u. einem Stiel bestehendes Gerät zum Rasieren.* **2.** *kleines elektrisches Gerät zum Rasieren.*
ra|sie|ren ⟨sw. V.; hat⟩ [niederl. raseren < frz. raser, über das Vlat. zu lat. rasum, 2. Part. von: radere, ↑radieren]: **1. a)** *bei jmdm., sich selbst die Barthaare mit einem Rasierapparat od. -messer an der Oberfläche der Haut abschneiden:* jmdn. r.; sich nass, trocken, elektrisch r.; ich habe mich gründlich, sorgfältig, [am Hals] schlecht rasiert; er war frisch, glatt rasiert; ⟨subst.:⟩ er hat sich beim Rasieren geschnitten; **b)** *abrasieren* (a): jmdm., sich den Bart, die Haare an den Beinen r.; **c)** *mit einem Rasierapparat od. -messer von Haaren befreien:* [sich, jmdm.] die Beine, den Nacken r.; sein sauber rasierter Hals; **d)** *durch Abrasieren vorhandener Haare entstehen lassen:* sich, jmdm. eine Glatze r. **2.** (salopp) *in betrügerischer Weise übervorteilen:* jmdn. beim Pokern r. **3.** (ugs.) *dem Erdboden gleichmachen; völlig zerstören, zertrümmern.*
Ra|sie|rer, der (ugs.): *elektrischer Rasierapparat.*
Ra|sier|klin|ge, die: *eckige, hauchdünne, zweischneidige, sehr scharfe stählerne Klinge zum Einspannen in einen Rasierapparat* (1).
Ra|sier|mes|ser, das: *in der Art eines Taschenmessers zusammenklappbares, sehr scharfes Messer zum Rasieren* (1).
Ra|sier|pin|sel, der: *dicker, kurzstieliger Pinsel zum Herstellen u. Auftragen von Rasierschaum.*
Ra|sier|schaum, der: *schäumende Substanz für die Nassrasur.*
Ra|sier|sei|fe, die: *besonders schäumende Seife für die Nassrasur.*
Ra|sier|was|ser, das ⟨Pl. ...wasser u. ...wässer⟩: *Aftershave.*
Ra|sier|zeug, das: *Gesamtheit der Utensilien zum [Sich]rasieren.*
Rä|son [rɛˈzõː], die; - [frz. raison < lat. ratio,

↑ Ratio]: in Wendungen wie **zur R. kommen/** (veraltend:) **R. annehmen** *(dazu übergehen, sich so zu verhalten, wie es von einem erwartet, gefordert wird; einsichtig, vernünftig werden [u. sich fügen]);* **jmdn. zur R. bringen** *(durch geeignete Maßnahmen erreichen, dass jmd. zur Einsicht, Vernunft kommt).*

rä|so|na|bel ⟨Adj.⟩ [frz. raisonnable, zu: raison, ↑ Räson] (bildungsspr.): **a)** *vernünftig, von Vernunft zeugend:* eine räsonable Entscheidung; **b)** *angemessen:* räsonable Mieten, Preise.

Rä|so|neur [rezo'nøːɐ̯], der; -s, -e [frz. raisonneur, zu: raisonner, ↑ räsonieren] (bildungsspr. veraltend): *jmd., der [ständig] räsoniert.*

Rä|so|neu|rin, die; -, -nen: w. Form zu ↑ Räsoneur.

rä|so|nie|ren ⟨sw. V.; hat⟩ [frz. raisonner = vernünftig reden, denken; Einwendungen machen, zu: raison, ↑ Räson]: **a)** (bildungsspr.) *sich wortreich äußern, sich [überflüssigerweise] über etw. auslassen;* **b)** (ugs.) *seinem Unmut, seiner Unzufriedenheit durch [ständiges] Schimpfen Ausdruck geben:* er räsoniert den ganzen Tag; **c)** (veraltet) *vernünftig reden, Schlüsse ziehen.*

Rä|son|ne|ment [rezɔnə'mãː], das; -s, -s [frz. raisonnement, zu: raisonner, ↑ räsonieren] (bildungsspr. veraltend): *[vernünftige] Erwägung, Überlegung.*

¹Ras|pel, die; -, -n [rückgeb. aus ↑ raspeln]: **1.** *grobe Feile (bes. zur Bearbeitung von Holz u. anderen weicheren Materialien):* Holz mit der R. bearbeiten; die Hornhaut lässt sich mit einer R. entfernen. **2.** *Küchengerät zum Zerkleinern bes. von Gemüse, das meist aus einem mit vielen scharfkantigen Löchern, Schlitzen o. Ä. versehenen Blech u. einem od. zwei Griffen aus starkem Draht besteht:* eine grobe, feine R.

²Ras|pel, der; -s, - ⟨meist Pl.⟩: *durch Raspeln (2) entstandenes Stückchen von etw.*

◆ **Ras|pel|haus**, das: *Zuchthaus mit Arbeitszwang, in dem die Häftlinge mit großen ¹Raspeln (1) [Hart]holz bearbeiten müssen:* ...das verächtliche Heer der langen Finger. Das elend Gewerb', das keinen großen Mann ausbrütet; arbeitet nur auf Karbatsche und R. (Schiller, Fiesco I, 9).

ras|peln ⟨sw. V.; hat⟩ [Iterativbildung zu veraltet raspen = scharren, kratzen, mhd. raspen, ahd. raspōn = an sich reißen, raffen, zu ahd. hrespan = zupfen, rupfen]: **1.** *mit einer ¹Raspel (1) bearbeiten [u. dadurch glätten]:* Holz r.; Er nimmt erst eine Feile, dann Sandpapier. Raspelt den Sohlenrand glatt (Erich Kästner, Schule 24). **2.** *mit der ¹Raspel (2) zerkleinern:* Gemüse, Nüsse [grob, fein] r.; geraspelte Schokolade. **3.** (veraltend) *rascheln.*

raß (südd.), **räß** (südd., schweiz. mundartl.) ⟨Adj.⟩ [mhd. ræ̂ʒe, ahd. râzi, H. u.]: **a)** *(durch kräftige Würzung) scharf:* ein -es Gulasch; **b)** *scharf, schneidend, beißend:* ein -er Wind; **c)** *scharf, bissig:* ein -er Hund; **d)** *(von Pferden) wild, bösartig;* **e)** *(bes. von Frauen) resolut u. unfreundlich:* eine -e Kellnerin.

Ras|se, die; -, -n [frz. race = Geschlecht, Stamm; Rasse < ital. razza, H. u.]: **1.** (Biol.) *Gesamtheit der auf Züchtung zurückgehenden Tiere, seltener auch Pflanzen einer Art, die sich durch bestimmte gemeinsame Merkmale von den übrigen derselben Art unterscheiden; Zuchtrasse:* eine reine, gute R.; eine neue R. züchten; zwei -n miteinander kreuzen; ein Pferd von edler R.; was für eine R. ist (ugs.: *zu welcher Rasse gehört*) der Hund? **2.** (Biol.) *Unterart.* **3.** *Bevölkerungsgruppe mit bestimmten gemeinsamen biologischen Merkmalen:* niemand darf wegen seiner R. (*Zugehörigkeit zu einer Rasse*) benachteiligt werden; (veraltet:) die weiße, gelbe, schwarze R. **4.** in Verbindungen wie **R. haben/sein** (salopp; *rassig sein*): die Frau, das

Pferd, der Wein hat/ist R.); **von/mit R.** (salopp; *rassig*): eine Frau von/mit R.).

In der Biologie wird der Begriff der *Rasse* nicht mehr auf Menschen angewendet. Wenn auf entsprechende Unterschiede Bezug genommen werden muss, sollten deshalb Ausweichformen wie *Menschen anderer Hautfarbe* gewählt werden.

Ras|se|hund, der: *reinrassiger Hund.*

Ras|sel, die; -, -n: **1.** *einfaches Musikinstrument, das durch Schütteln ein rasselndes Geräusch von sich gibt.* **2.** *mit einem Stiel versehener, kugelähnlicher Gegenstand, in dem sich kleine Kugeln o. Ä. befinden, die beim Hin-und-her-Bewegen Geräusche verursachen (als Spielzeug für Babys).*

Ras|sel|ban|de, die [eigtl. = lärmende Schar] (ugs. scherzh.): *Gruppe von stets zu Streichen aufgelegten, lebhaften, übermütigen Kindern:* was die R. jetzt wohl wieder ausgeheckt hat?

ras|seln ⟨sw. V.⟩ [mhd. raʒʒeln, zu: raʒʒen = toben, ⟨hat⟩] **a)** *in rascher Aufeinanderfolge dumpfe, metallisch klingende Geräusche von sich geben:* der Wecker rasselt; rasselnd lief die Ankerkette von der Winde; Ü der Kranke atmet rasselnd; Es klirrte von leeren Einkaufswagen, die von einem Angestellten zusammengeschoben wurden; dazu rasselten die Kassen (Handke, Frau 41); **b)** *[mit einer Rassel] ein Rasseln (1 a) erzeugen:* sie rasselt mit dem Schlüsselbund. **2.** ⟨ist⟩ **a)** *sich mit einem rasselnden (1 a) Geräusch [fort]bewegen, irgendwohin bewegen:* Panzer rasselten durch die Straßen; sie ist mit dem Wagen gegen einen Baum gerasselt (ugs.: *gefahren*); **b)** (salopp) *(eine Prüfung) nicht bestehen:* durchs Abitur r.

Ras|sen|dis|kri|mi|nie|rung, die: *Diskriminierung einer Bevölkerungsgruppe aufgrund ihrer Zugehörigkeit zu einer bestimmten Rasse (3).*

Ras|sen|fra|ge, die: *aus dem Bestehen eines Rassenkonflikts herrührende Problematik.*

Ras|sen|ge|setz, das ⟨meist Pl.⟩ (früher): *Gesetz, das der Diskriminierung u. Vernichtung einer ethnischer, nationaler, religiöser od. sozialer Gruppen mit vermeintlich rassischen Merkmalen dient.*

Ras|sen|hass, der: *gegen Menschen fremder Rasse gerichteter Hass.*

Ras|sen|het|ze, die (abwertend): *Aufstachelung zum Rassenhass, zur Rassendiskriminierung.*

Ras|sen|kon|flikt, der: *[aus der Diskriminierung einer Rasse (3) sich ergebender] Konflikt zwischen Rassen (3), ethnischen Gruppen.*

Ras|sen|kreu|zung, die: *Kreuzung zwischen verschiedenen Rassen (1,2).*

Ras|sen|merk|mal, das: *einer Rasse (1,2) eigentümliches Merkmal.*

Ras|sen|mi|schung, die: vgl. Rassenkreuzung.

Ras|sen|po|li|tik, die (früher): *die Rassenfrage betreffende Politik.*

Ras|sen|pro|b|lem, das: *Rassenfrage.*

Ras|sen|schan|de, die (nationalsoz.): *(in der rassistischen Ideologie des Nationalsozialismus) sexuelle Beziehung zwischen sogenannten Ariern (2) u. Juden.*

Ras|sen|schran|ke, die ⟨meist Pl.⟩: *soziale, wirtschaftliche, politische Schranke, durch die Rassentrennung aufrechterhalten bleibt.*

Ras|sen|tren|nung, die: *[diskriminierende] Trennung der Menschen in einer Gesellschaft nach ihrer Rasse (3).*

Ras|sen|un|ru|hen ⟨Pl.⟩: *aus der Diskriminierung einer Rasse (3), einer ethnischen Gruppe sich ergebende Unruhen.*

Ras|se|pferd, das: vgl. Rassehund.

ras|se|rein ⟨Adj.⟩: *reinrassig.*

ras|sig ⟨Adj.⟩: *temperamentvoll, feurig:* eine -e

Südländerin; ein -es Pferd; Ü ein -es Kabriolett, Parfum; ein -er Wein.

ras|sisch ⟨Adj.⟩: *die Rasse (3) betreffend, sich auf sie beziehend, für sie kennzeichnend:* aus -en Gründen diskriminiert werden.

Ras|sis|mus, der; -: **1.** *(meist ideologischen Charakter tragende, zur Rechtfertigung von Rassendiskriminierung, Kolonialismus o. Ä. entwickelte) Lehre, Theorie, nach der Menschen bzw. Bevölkerungsgruppen mit bestimmten biologischen Merkmalen hinsichtlich ihrer kulturellen Leistungsfähigkeit von Natur aus über- bzw. unterlegen sein sollen.* **2.** *dem Rassismus (1) entsprechende Einstellung, Denk- u. Handlungsweise gegenüber Menschen bzw. Bevölkerungsgruppen mit bestimmten biologischen Merkmalen:* der offene R. der weißen Regierung, der Nazis; aufgrund von R. (*Rassendiskriminierung*) benachteiligt werden.

Ras|sist, der; -en, -en: *dem Rassismus (1) anhängender, rassistisch eingestellter Mensch.*

Ras|sis|tin, die; -, -nen: w. Form zu ↑ Rassist.

ras|sis|tisch ⟨Adj.⟩: *vom Rassismus (2) bestimmt, ihm entsprechend, zu ihm gehörend, für ihn charakteristisch.*

Rast, die; -, -en [mhd. rast(e), ahd. rasta = Ruhe; Rast; Wegstrecke, Zeitraum, verw. mit ↑ Ruhe]: **1.** *Pause, in der jmd. rastet (1):* eine kurze, ausgedehnte R.; die Wanderer machten [eine Stunde] R.; sich keine Minute R. gönnen; * **ohne R. und Ruh** (geh.; *ohne sich Ruhe, Erholung zu gönnen*); **weder R. noch Ruh** (geh.; *keine [innere] Ruhe*): weder R. noch Ruh haben, finden). **2.** (Technik) *Raste.* **3.** (Hüttenw.) *kegelstumpfförmiger Mittelteil des Hochofens.*

Ras|ta|fa|ri, der; -s [aus engl. Rastafarian, nach Ras (= Fürst) Tafari, dem späteren äthiopischen Kaiser Haile Selassie I. (1892–1975), der von den Rastafaris als Gott verehrt wurde]: *Anhänger einer religiösen Bewegung in Jamaika, die Ras, den äthiopischen Kaiser Haile Selassie I., als Gott verehrt.*

Ras|te, die; -, -n [zu ↑ (ein)rasten] (Technik): *Sicherung bes. an Hebeln; Vorrichtung, in die etw. einrasten kann.*

Ras|tel, das; -s, - [ital. rastello < lat. rastellus = kleine Hacke, Vkl. von: raster, ↑ ¹Raster] (österr.): *(als Untersetzer o. Ä. dienendes) Geflecht, Gitter aus Draht.*

ras|ten ⟨sw. V.⟩ [mhd. rasten, ahd. rastōn, zu ↑ Rast]: **1.** ⟨hat⟩ *bes. eine Reise, Wanderung o. Ä. unterbrechen, um auszuruhen:* eine Weile, eine Stunde r.; **Spr** *wer rastet, der rostet* (*wer sich in bestimmten Tätigkeiten nicht regelmäßig übt, verliert die Fähigkeit dazu*). **2.** ⟨ist⟩ (selten) *einrasten.*

¹Ras|ter, der; -s, - [mlat. raster = Harke < lat. raster (auch: rastrum) = Hacke, nach dem gitter- od. rechenartigen Linienwerk]: **1.** (Druckw.) **a)** *Glasplatte od. Folie mit einem [eingeätzten] engen Netz aus Linien zur Zerlegung der Fläche eines Bildes in einzelne Punkte;* **b)** *Gesamtheit der Linien eines ¹Rasters (1 a);* **c)** *Rasterung (1 a):* ein feiner, grober R. **2.** (Fachspr.) *gitterartige Blende vor einer Lichtquelle, durch die Licht gestreut u. das Blenden dadurch herabgesetzt wird.* **3.** (Archit.) *System aus rechtwinklig sich schneidenden Linien als Grund- od. Aufriss eines Skelettbaus (2).*

²Ras|ter, das; -s, -: **1.** (Fernseht.) *Gesamtheit der Punkte, aus denen ein Fernsehbild zusammengesetzt.* **2.** (Fernseht.) *aus Linien u. Streifen verschiedener Helligkeitsgrade bestehendes Testbild.* **3.** *aus einer begrenzten Anzahl von vorgegebenen [Denk]kategorien bestehendes [Denk]system, in das bestimmte Erscheinungen eingeordnet werden:* aus einem R. herausfallen; etw. in ein R. einordnen.

Rasterfahndung – ratihabieren

Ras|ter|fahn|dung, die [zu ↑ ¹Raster (2)] (Kriminologie): *mithilfe von Computern durchgeführte Überprüfung eines großen Personenkreises auf bestimmte Daten u. Merkmale hin, die als charakteristisch für einen umgrenzten Bereich verdächtiger Personen gelten.*

ras|tern ⟨sw. V.; hat⟩: *(ein Bild) [durch ein enges Netz von sich kreuzenden Linien] in viele einzelne Punkte zerlegen:* das Bild wird in der Fernsehkamera gerastert; ein fein, grob gerastertes Bild.

Ras|ter|punkt, der: *einzelner Punkt eines gerasterten Bildes.*

Ras|te|rung, die; -, -en: **1.** ⟨o. Pl.⟩ *das Rastern.* **2.** *Aufbau (eines Bildes) aus vielen einzelnen Punkten; gerasterte Struktur:* bei genauem Hinsehen erkennt man die [feine] R. des Bildes.

Rast|haus, das: *an einer Straße, bes. an einer Autobahn gelegene Gaststätte.*

Rast|hof, der: *Autobahnraststätte.*

rast|los ⟨Adj.⟩: **a)** *von keiner [Ruhe]pause unterbrochen; ununterbrochen:* in -er Arbeit; **b)** *ununterbrochen tätig, sich keine Ruhe gönnend:* ein -er Mensch; r. arbeiten; **c)** *unruhig, unstet:* ein -es Leben; sie irrte r. durch die Großstadt.

Rast|lo|sig|keit, die; -: *das Rastlossein.*

Rast|platz, der: **a)** *Platz zum Rasten* (1): wir suchten uns einen schattigen R.; **b)** *an einer Fernstraße, bes. Autobahn gelegener Parkplatz (mit Einrichtungen zum Rasten).*

Rast|sta|ti|on, die (österr.): *Autobahnraststätte.*

Rast|stät|te, die: *Autobahnraststätte.*

Ra|sul, das; -[s]: *Rasulbad.*

Ra|sul|bad, das [zu arab. rasūl = (Heil)schlamm, Ablagerung, zu: rasaba = sich ablagern lassen]: *orientalisches Pflegezeremoniell, bei dem Kräuterdampf u. verschiedene Heilschlämme eingesetzt werden.*

Ra|sur, die; -, -en [lat. rasura, zu: radere, ↑ rasieren]: **1. a)** ⟨o. Pl.⟩ *das Rasieren:* die Haut nach der R. eincremen; **b)** *Ergebnis einer Rasur* (1 a): die Klinge reicht für mindestens eine [gründliche] -en. **2. a)** *das Entfernen von etw. Geschriebenem o. Ä. durch Radieren od. Schaben mit einer Klinge;* **b)** *Stelle, an der etw. Geschriebenes durch eine Rasur* (2 a) *getilgt wurde.*

Rat, der; -[e]s, Räte [mhd., ahd. rāt, zu ↑ ¹raten; urspr. = (Besorgung der) Mittel, die zum Lebensunterhalt notwendig sind; vgl. Hausrat; verw. mit ↑ ¹raten]: **1.** ⟨o. Pl.⟩ *Empfehlung an jmdn. (die man aufgrund eigener Erfahrungen, Kenntnisse o. Ä. geben kann); Ratschlag:* jmdm. einen guten, wohlgemeinten R. geben; ich gab ihm den R. nachzugeben; jmds. R. einholen; einen R. befolgen, in den Wind schlagen, missachten; sich bei jmdm. R. holen *(sich von jmdm. beraten lassen);* [bei jmdm.] R. suchen *(sich an jmdn. wenden, um sich von ihm beraten zu lassen);* R. suchende Eltern; jmds. R. folgen; des -es bedürfen (geh.); *Hilfe in Form von Ratschlägen benötigen);* auf jmds. R. hören; gegen jmds. R. handeln; jmdn. um R. fragen, bitten; **R** da ist guter R. teuer *(das ist eine sehr schwierige Situation);* *** R. halten/(veraltet:) -s pflegen (geh.: *beratschlagen, [sich] beraten);* **mit sich R. halten; mit sich zu -e gehen** *(über ein bestimmtes Problem gründlich nachdenken);* **mit R. und Tat** *(mit Ratschlägen u. Hilfeleistungen):* jmdm. mit R. und Tat zur Seite stehen; **zu -e sitzen** (veraltend; *zusammensitzen u. beratschlagen);* **jmdn. zu -e ziehen** *(jmdn. um Rat fragen, konsultieren:* einen Fachmann zu -e ziehen); **etw. zu -e ziehen** *([ein Buch o. Ä.] zu Hilfe nehmen, um eine bestimmte Information zu erhalten:* ein Lexikon zu -e ziehen). **2.** ⟨o. Pl.⟩ (veraltend) *Ausweg aus einer schwierigen Situation, Lösung[smöglichkeit] für ein schwieriges Problem:* da bleibt nur ein R.: Wir müssen das Haus verkaufen; *** **R. schaffen** *(in einer schwierigen Situation einen Ausweg finden);* **[sich** ⟨Dativ⟩**] [keinen] R. wissen** *(in einer schwierigen Situation [k]einen Ausweg wissen):* ich wusste [mir] keinen R. mehr). **3. a)** ⟨Pl. selten⟩ *beratendes [u. beschlussfassendes] Gremium:* ein technischer, pädagogischer R.; **b)** ⟨Pl. selten⟩ (Politik) *Gremium mit administrativen od. legislativen Aufgaben (z. B. auf kommunaler Ebene):* der R. der Stadt; im R. sitzen *(Mitglied des Rates sein);* jmdn. in den R. wählen; **c)** ⟨meist Pl.⟩ (im kommunist. Sprachgebrauch) *revolutionäres staatliches Organ der Machtausübung zur Erlangung od. Ausübung der Diktatur des Proletariats.* **4.** *Mitglied eines Rates* (3): jmdn. zum R. wählen, berufen. **5. a)** ⟨o. Pl.⟩ *Titel verschiedener Beamter, auch Ehrentitel (meist in Verbindung mit einem Adj.):* Geistlicher R.; Akademischer R.; Geheimer R. *(Geheimrat);* **b)** *Träger des Titels Rat* (5 a): die Räte versammelten sich.

rät: ↑ ¹raten.

Rät, Rhät, das; -s [nach den Rätischen Alpen] (Geol.): *jüngste Stufe der oberen Trias.*

Ra|ta|touille [...'tuj], die; -, -s u. das; -s, -s [frz. ratatouille, verstärkende Bildung zu: touiller = (um)rühren < lat. tudiculare = (zer)stampfen] (Kochkunst): *Gemüse aus Tomaten, Auberginen, Paprika u. a.*

Ra|te, die; -, -n [ital. rata < mlat. rata (pars) = berechnet(er Anteil), zu lat. ratum, 2. Part. von: reri = schätzen, berechnen]: **1.** *von zwei Geschäftspartnern (bes. einem Käufer u. einem Verkäufer) vereinbarter Geldbetrag, durch dessen in regelmäßigen Zeitabständen erfolgende Zahlung eine [größere] Schuld schrittweise getilgt wird:* die erste, letzte R.; die nächste R. ist am 1. Juli fällig; etw. auf -n kaufen; etw. in sechs monatlichen -n zu 200 Euro abzahlen; mit drei -n im Rückstand sein; Ü und der Alkoholismus? Er fungiert in der Psychiatrie längst als ein Selbstmord auf -n (Wohmann, Absicht 205). **2.** *meist in Prozent ausgedrücktes Verhältnis zwischen zwei [statistischen] Größen, das die Häufigkeit eines bestimmten Geschehens, das Tempo einer bestimmten Entwicklung angibt:* die sinkende R. der Produktivität. **3.** (Fachspr.) *(tariflich festgesetzter od. für den Einzelfall ausgehandelter) Preis für den Transport von Gütern, bes. per Schiff.*

Rä|te|de|mo|kra|tie, die (Politik): *Form der direkten Demokratie, bei der alle Macht ohne Gewaltenteilung von Räten* (3 c), *Gremien ausgeübt wird, die aus gewählten, den Wählerschaften direkt verantwortlichen Vertretern bestehen.*

¹ra|ten (st. V.; hat) [mhd. rāten, ahd. rātan, urspr. = (sich etw.) zurechtlegen, (aus)sinnen; Vorsorge treffen; verw. mit ↑ Rede]: **1. a)** *jmdm. einen Rat, Ratschläge geben:* jmdm. gut, richtig, schlecht r.; lass dir von einem erfahrenen Freund r.!; sie lässt sich nicht, von niemandem r.; **Spr** wem nicht zu r. ist *(wer auf keinen Rat hört),* dem ist auch nicht zu helfen; *** **sich** ⟨Dativ⟩ **nicht zu r. wissen** *(ratlos sein);* **b)** *jmdm. einen Rat geben, etw. Bestimmtes zu tun, (aus)sinnen, anraten:* was rätst du mir?; wozu rätst du mir?; sie riet [ihm] zur Vorsicht, zum Einlenken; ich rate dir dringend, zum Arzt zu gehen; ich rate dir, sofort damit aufzuhören! (drohend; *hör gefälligst sofort damit auf!);* lass dir das geraten sein! (drohend; *richte dich gefälligst danach!);* du wirst schon wissen, was du zu tun bekommen!; Als die Katholischen auf die Stadt zumarschierten, rieten ihm seine Freunde dringend zur Flucht (Brecht, Geschichten 146). **2. a)** *die richtige Antwort auf eine Frage zu finden versuchen, indem man aus den denkbaren Antworten die wahrscheinlichste auswählt:* richtig, falsch r.; ich weiß es nicht, ich kann nur r.; R dreimal darfst du r. (ugs. iron.; *es liegt auf der Hand, wer od. was gemeint ist);* **b)** *erraten:* er hat mein Alter richtig geraten; das rätst du nie (ugs.; *das ist so abwegig, dass du sicher nicht darauf kommst);* rat mal, wen ich getroffen habe (ugs.; *du wirst staunen, wenn du hörst, wen ich getroffen habe);* ein Rätsel r. (lösen); **c)** (landsch.) ¹ratend (2 a) *auf jmdn., etw. kommen:* auf jmdn. r.

²ra|ten ['reɪtn̩] (sw. V.; hat) [zu ↑ Rating]: **1.** (Psychol., Soziol.) *mithilfe eines Ratings* (1) *einstufen, einordnen, beurteilen.* **2.** (Wirtsch.) *hinsichtlich der Bonität einstufen.*

Ra|ten|kauf, der: *Kauf mit Ratenzahlung (a).*

Ra|ten|kre|dit, der (Bankw.): *Kredit, der in Teilbeträgen zurückgezahlt wird.*

Ra|ten|spar|ver|trag, der (Bankw.): *Sparvertrag mit gleichbleibenden Sparraten.*

ra|ten|wei|se ⟨Adv.⟩: *in Raten:* etw. r. bezahlen; ⟨mit Verbalsubstantiven auch attr.:⟩ eine r. Zahlung.

Ra|ten|zah|lung, die: **1. a)** *Zahlung[sart], Zahlweise in Raten,* R. vereinbaren; **b)** *Zahlung einer [fälligen] Rate* (1): mit der dritten R. im Rückstand sein. **2.** *in Raten gezahlter Geldbetrag:* die Höhe der monatlichen R.

Ra|ter, der; -s, -: *jmd., der etw.* ¹rät (2).

Rä|ter, der; -s, -: Ew. zu ↑ Rätien.

Rä|te|re|pu|blik, die (Politik): *Republik, bei der die Macht von Räten* (3 c) *ausgeübt wird:* die Münchener R. von 1919.

Ra|te|rin, die; -, -nen: w. Form zu ↑ Rater.

Rä|te|rin, die; -, -nen: w. Form zu ↑ Räter.

Ra|te|spiel, das: *Spiel, bei dem etw.* ¹geraten (2 a, b) *werden muss:* bei einem R. mitmachen.

Rä|te|sys|tem, das (Politik): *Rätedemokratie.*

Ra|te|team, das: *Team von Ratenden bei einem Ratespiel.*

Rat|ge|ber, der: **1.** *jmd., der jmdm. einen Rat* (1) *erteilt, jmdn. berät:* du scheinst schlechte R. haben; *** **ein schlechter/kein guter R. sein** ⟨*[in Bezug auf eine Emotion] ungut, ungeeignet sein, wenn es darum geht, eine richtige Entscheidung zu treffen:* die Angst ist ein schlechter R.). **2.** *Buch o. Ä., in dem Anleitungen, Tipps o. Ä. für die Praxis aus einem bestimmten Gebiet enthalten sind:* ein nützlicher R. für Heimwerker.

Rat|ge|be|rin, die: w. Form zu ↑ Ratgeber (1).

Rat|haus, das: *Gebäude, das Sitz der Gemeindeverwaltung u. der kommunalen Ämter ist:* zum, aufs R. gehen; jmdn. ins R. *(in den Gemeinderat, Stadtrat)* wählen.

Rat|haus|frak|ti|on, die: *im Gemeinde- od. Stadtrat vertretene Fraktion.*

Rat|haus|saal, der: *größerer Saal [für Sitzungen o. Ä.] in einem Rathaus.*

Rat|haus|turm, der: *Turm eines Rathauses.*

Rä|ti|en, -s: **1.** *altrömische Provinz.* **2.** *Graubünden.*

Ra|ti|fi|ka|ti|on, die; -, -en [mlat. ratificatio = Bestätigung] (Völkerrecht): *einen völkerrechtlichen Vertrag rechtskräftig u. verbindlich machende Bestätigung durch das Staatsoberhaupt nach Zustimmung der gesetzgebenden Körperschaft.*

ra|ti|fi|zie|ren ⟨sw. V.; hat⟩ [mlat. ratificare = bestätigen, genehmigen, zu lat. ratus (adj. 2. Part. von: reri, ↑ Rate) = bestimmt, (rechts)gültig u. facere = machen, bewirken] (Völkerrecht): *als gesetzgebende Körperschaft einen völkerrechtlichen Vertrag in Kraft setzen:* ein Abkommen r.

Ra|ti|fi|zie|rung, die; -, -en (Völkerrecht): *das Ratifizieren; das Ratifiziertwerden.*

♦ **ra|ti|ha|bie|ren** ⟨sw. V.; hat⟩ [zu gleichbed. lat. ratum habere, eigtl. = für gültig, feststehend halten, zu: ratus, ↑ ratifizieren]: *[nachträglich] bestätigen, [als Verpflichtung] anerkennen:* Die

Stände gaben mir ihren Wechsel, und diesen wollte ich bei Zeichnung des Friedens unter die zu ratihabierenden Schulden eintragen lassen (Lessing, Minna IV, 6).

Rä|ti|kon, das; -s, auch: der; -[s]: Teil der Ostalpen an der österreichisch-schweizerischen Grenze.

Rä|tin, die; -, -nen: w. Form zu ↑ Rat (4, 5 b).

Ra|ti|né [...'ne:], der; -s, -s [zu frz. ratiné = gekräuselt, 2. Part. von: ratiner, ↑ ratinieren] (Textilind.): ratiniertes Gewebe.

Ra|ting ['reitiŋ], das; -s, -s [engl. rating, zu: to rate = (ein)schätzen]: **1.** (Psychol., Soziol.) Verfahren zur Beurteilung von Personen od. Situationen mithilfe von Ratingskalen. **2.** (Wirtsch.) bonitätsmäßige Einstufung von Ländern, Banken, Firmen o. Ä. in ein Klassifikationssystem. **3.** Verfahren zur Ermittlung der Einschaltquote von [Fernseh]sendungen, bes. zur Einschätzung der Wirksamkeit von Werbespots.

Ra|ting|agen|tur, Ra|ting-Agen|tur ['reitiŋ...], die: Agentur, die die Bonität von Wertpapieren, Unternehmen u. Ä. einschätzt.

Ra|ting|ska|la, die (Psychol., Soziol.): in regelmäßige Intervalle aufgeteilte Strecke, die den Ausprägungsgrad (z. B. stark – mittel – gering) eines Merkmals (z. B. Ängstlichkeit) zeigt.

ra|ti|nie|ren ⟨sw. V.; hat⟩ [frz. ratiner, zu: ratiné = Ratiné, zu mfrz. rater = abschaben, zu lat. radere, ↑ rasieren] (Textilind.): gewalktem u. aufgerautem Wollstoff auf einer speziellen Maschine eine [noppenartige] Musterung geben.

Ra|tio, die; - [lat. ratio = Vernunft; (Be)rechnung; Rechenschaft; vgl. Rede] (bildungsspr.): Vernunft; schlussfolgernder, logischer Verstand: er lässt sich von der R. leiten.

Ra|ti|on, die; -, -en [frz. ration < mlat. ratio = berechneter Anteil (an Mundvorrat) < lat. ratio, ↑ Ratio]: [täglich] zugeteilte Menge an Lebensmitteln o. Ä. (bes. für Soldaten): eine kärgliche, große, doppelte R.; eine R. Brot, Schnaps; die -en kürzen, erhöhen; jmdm. auf halbe R. setzen (ugs.; jmds. übliche Ration, bes. Essen, erheblich kürzen); * **eiserne R.** (Vorrat [an Lebensmitteln, Medikamenten o. Ä.], der nur in einem bestimmten Notfall angegriffen werden darf).

ra|ti|o|nal ⟨Adj.⟩ [lat. rationalis, zu: ratio, ↑ Ratio] (bildungsspr.): **a)** von der Ratio bestimmt: eine -e Auffassung, Betrachtung, Einstellung; das -e Denken; der Mensch als -es Wesen; etw. r. erklären, begründen; -e Zahlen (Math.; Zahlen, die sich durch Brüche ganzer Zahlen ausdrücken lassen); **b)** vernünftig (1 b), [überlegt u.] sinnvoll: der Verband, Betrieb war r. organisiert.

ra|ti|o|na|li|sie|ren ⟨sw. V.; hat⟩ [nach frz. rationaliser = vernünftig denken, zu: rationnel, ↑ rationell]: **1. a)** vernünftig, zweckmäßig gestalten; straffen: Forschungsmethoden, die Haushaltsarbeit r.; **b)** (im Bereich der Wirtschaft u. Verwaltung) Arbeitsabläufe zur Steigerung der Leistung u. Senkung des Aufwands durch Technisierung, Automatisierung, Arbeitsteilung u. ä. wirtschaftlicher gestalten: der Betrieb musste r. **2.** (Tiefenpsychol.) emotionales Verhalten o. Ä. nachträglich verstandesmäßig zu erklären u. zu rechtfertigen versuchen.

Ra|ti|o|na|li|sie|rung, die; -, -en: das Rationalisieren.

Ra|ti|o|na|li|sie|rungs|maß|nah|me, die ⟨meist Pl.⟩: dem Rationalisieren (1 b) dienende Maßnahme.

Ra|ti|o|na|lis|mus, der; -: **1.** (Philos.) erkenntnistheoretische Richtung, die allein das rationale Denken als Erkenntnisquelle zulässt. **2.** (bildungsspr.) vom Rationalismus (1) geprägte Art.

Ra|ti|o|na|list, der; -en, -en: **1.** (Philos.) Vertreter des Rationalismus (1). **2.** (bildungsspr.) jmd., bei dem das rationale Denken den Vorrang hat.

Ra|ti|o|na|lis|tin, die; -, -nen: w. Form zu ↑ Rationalist.

ra|ti|o|na|lis|tisch ⟨Adj.⟩: **1.** (Philos.) den Rationalismus (1) betreffend, dazu gehörend, davon bestimmt, geprägt: Positivismus und historischer Materialismus sind -e Denkrichtungen. **2.** (bildungsspr.) vom rationalen Denken bestimmt, daran orientiert: eine -e Architektur.

Ra|ti|o|na|li|tät, die; -, -en [mlat. rationalitas = Denkvermögen]: **1.** (bildungsspr.) rationales (b) Wesen einer Sache. **2. a)** (bildungsspr.) Ausprägung der menschlichen Vernunft; Denkart (a); **b)** (Psychol.) auf Einsicht gegründetes Verhalten. **3.** ⟨o. Pl.⟩ (Math.) Eigenschaft von Zahlen, sich als Bruch darstellen zu lassen.

ra|ti|o|nell ⟨Adj.⟩ [frz. rationnel < lat. rationalis, ↑ rational]: auf Wirtschaftlichkeit bedacht; zweckmäßig: eine -e Bauweise, Neuerung; etw. -er produzieren, ausnutzen.

ra|ti|o|nie|ren ⟨sw. V.; hat⟩ [frz. rationner, zu: ration, ↑ Ration]: in bestimmten Krisen-, Notzeiten nur in festgelegten, relativ kleinen Rationen zuteilen, freigeben: das Benzin r.; im Krieg waren Butter, Fleisch und Zucker rationiert; Ü eine streng rationierte (bemessene) Freizeit.

Ra|ti|o|nie|rung, die; -, -en: das Rationieren; das Rationiertwerden.

rä|tisch ⟨Adj.⟩: zu ↑ Rätien.

rät|lich ⟨Adj.⟩ [zu ↑ Rat (1)] (veraltend): ratsam: etw. [nicht] für r. halten.

rat|los ⟨Adj.⟩: **a)** sich keinen Rat wissend: r. sein, dastehen; er war r. (wusste nicht), was zu tun sei; **b)** von Ratlosigkeit zeugend: ein -er Blick; ein -es Gesicht machen.

Rat|lo|sig|keit, die; -: das Ratlossein.

◆ **Rat|mann,** der ⟨Pl. ...männer⟩: ↑ Ratsmann. Familie van der Roden, aus der während der beiden letzten Jahrhunderte eine Reihe von Pfennigmeistern und Ratmännern ... hervorgegangen (Storm, Staatshof 254).

Rä|to|ro|ma|ne, der; -n, -n: Angehöriger einer im Alpenraum ansässigen Volksgruppe mit eigener Sprache.

Rä|to|ro|ma|nin, die; -, -nen: w. Form zu ↑ Rätoromane.

rä|to|ro|ma|nisch ⟨Adj.⟩: die Rätoromanen, das Rätoromanische betreffend.

Rä|to|ro|ma|nisch, das; -[s], (nur mit best. Art.:) **Rä|to|ro|ma|ni|sche,** das; -n: die rätoromanische Sprache.

rat|sam ⟨Adj.⟩: anzuraten, sich empfehlend: es ist r. zu schweigen; etw. für nicht r. halten.

ratsch ⟨Interj.⟩: lautm. für das Geräusch, das bei einer schnellen, reißenden Bewegung, z. B. beim Zerreißen von Papier, Stoff, entsteht: r., waren die Haare ab.

Rat|sche (südd., österr.), **Rät|sche** [auch: 'retʃə] (südd., schweiz.), die; -, -n [zu ↑²ratschen, rätschen]: **1.** Geräuschinstrument aus einem an einer Stange befestigten Zahnrad, gegen dessen Zähne beim Schwenken eine Holzzunge schlägt; Klapper. **2.** (salopp abwertend) schwatzhafte, klatschsüchtige weibliche Person. **3.** (Technik) Zahnkranz mit Sperrvorrichtung (z. B. zum Feststellen der Handbremse beim Auto).

¹rat|schen ⟨sw. V.; hat⟩ [zu ↑ ratsch]: **1.** (ugs.) ein Geräusch wie bei einer schnellen, reißenden Bewegung hervorbringen: die Schere ratscht [durch den Stoff, das Papier]. **2.** ⟨r. + sich⟩ (landsch.) sich bei einer raschen Bewegung an etw. die Haut ratschen: sich am Finger r.

²rat|schen (südd., österr.), **rät|schen** (südd., schweiz.) [schweiz.: 'retʃən] ⟨sw. V.; hat⟩: **1.** die Ratsche (1) drehen: die Kinder ratschen unablässig. **2.** [mhd. retschen] (ugs.) schwatzen; klatschen (4 a).

Rat|schlag, der: einzelner [im Hinblick auf ein ganz bestimmtes Problem o. Ä. gegebener] Rat (1): ein guter, vernünftiger, gut gemeinter R.; jmdm. Ratschläge geben, erteilen; einen R. befolgen; ich kann auf deine Ratschläge verzichten! (scherzh.; misch dich bitte nicht in meine Angelegenheiten ein!)

rat|schla|gen ⟨sw. V.; hat⟩ [mhd. rātslagen, ahd. rātslagōn, eigtl. = den Kreis für die Beratung abgrenzen] (veraltend): über etw. beratschlagen: sie hatten miteinander geratschlagt, wie sie ihm helfen könnten.

Rat|schluss, der (geh.): [göttlicher] Beschluss, Wille: Wer kann sich den Ratschlüssen des Herrn widersetzen, ohne Schaden an seiner Seele zu nehmen? (Strittmatter, Wundertäter 176).

Rät|sel, das; -, - [spätmhd. ræ̂tsel, rätsel, zu ↑¹raten]: **1.** Denkaufgabe, meist als Umschreibung eines Gegenstandes o. Ä., den man selbst auffinden, ¹raten (2 a) soll: ein leichtes, einfaches, schwieriges R. ; jmdm. ein R. stellen, lösen; R das ist des -s Lösung! ; * **jmdm. R./ein R. aufgeben** (jmdn. vor Probleme, ein Problem stellen); **in -n sprechen** (unverständliche Dinge sagen, der Angesprochene nicht verstehen kann). **2.** Sache od. Person, die jmdm. unbegreiflich ist, hinter deren Geheimnis er [vergeblich] zu kommen sucht: in den dunkles, ewiges, ungelöstes R. ; das R. der Schöpfung; ein R. löst sich, klärt sich auf; * **jmdm. ein R. sein/bleiben** (für jmdn. unbegreiflich, undurchschaubar sein, bleiben: Frauen sind ihm ein R.); **vor einem R. stehen** (etw. nicht begreifen, sich etw. nicht erklären können).

Rät|sel|ecke, die: Teil einer Zeitungs-, Zeitschriftenseite, in dem Rätsel (1) abgedruckt sind.

rät|sel|haft ⟨Adj.⟩: nicht durchschaubar, in Dunkel gehüllt, voller Rätsel: ein -er Zufall; auf -e Weise; unter -en Umständen; ihr Tod blieb r.; es ist mir r. (unverständlich), wie er das tun konnte.

Rät|sel|haf|tig|keit, die; -, -en: das Rätselhaftsein.

rät|seln ⟨sw. V.; hat⟩: über etw. Unbekanntes längere Zeit Überlegungen u. Vermutungen anstellen, ohne es zweifelsfrei klären zu können: über etw. r.; man rätselte, ob sie noch kommen würde.

Rät|sel|ra|ten, das; -s: **1.** das Lösen von Rätseln (1). **2.** das Rätseln, Mutmaßen über etw.: das R. über ihre Affäre.

Rats|frau, die (Politik): weibliches Mitglied eines [Stadt]rates.

Rats|herr, der (Politik): Mitglied eines [Stadt]rates.

Rats|her|rin, die: w. Form zu ↑ Ratsherr.

Rats|kel|ler, der: im Untergeschoss eines Rathauses befindliche Gaststätte.

◆ **Rats|mann,** der ⟨Pl. ...männer⟩: Ratsherr: ... was ich ... von ähnlichen Vorfällen bei ähnlichen Gelegenheiten, mit Bewunderung der Geduld und Ausdauer jener guten Ratsmänner, gelesen hatte (Goethe, Dichtung u. Wahrheit 5); Weil sie die Tochter eines -es ist, der ihm den Brückenbau verschaffen konnte, durch den er groß und berühmt geworden ist (Keller, Das Sinngedicht 22).

Rats|mit|glied, das: Mitglied in einem Rat (3).

Rats|prä|si|dent, der: Präsident eines Rates.

Rats|prä|si|den|tin, die: w. Form zu ↑ Ratspräsident.

Rats|prä|si|dent|schaft, die (Politik): Vorsitz im Rat der Europäischen Union.

Rats|sit|zung, die: Sitzung eines [Stadt]rates.

Rat su|chend, rat|su|chend ⟨Adj.⟩: Rat, Beratung wünschend: sich R. s. an jmdn. wenden.

Rat|su|chen|de, Rat Su|chen|de, die/der Ratsuchende, die Ratsuchende/zwei Ratsuchende, **Rat Su|chen|de,** die/eine Rat Suchende; der/einer Rat Suchenden, die Rat

Suchenden/zwei Rat Suchende: *weibliche Person, die Rat sucht.*
Rat|su|chen|der, *der Ratsuchende/ein Ratsuchender; des/eines Ratsuchenden, die Ratsuchenden/zwei Ratsuchende,* **Rat Su|chen|der,** *der Rat Suchende/ein Rat Suchender; des/eines Rat Suchenden, die Rat Suchenden/zwei Rat Suchende: jmd., der Rat sucht.*
Rats|ver|samm|lung, die: vgl. Ratssitzung.
♦ Rats|ver|wand|ter, der: *Ratsherr:* Bei meinem Großvater und den übrigen Ratsverwandten, deren Häuser ich zu besuchen pflegte (Goethe, Dichtung u. Wahrheit 5).
Rats|vor|sit|zen|de ⟨vgl. Vorsitzende⟩: *Vorsitzende eines Rats.*
Rats|vor|sit|zen|der ⟨vgl. Vorsitzender⟩: *Vorsitzender eines Rats:* der Ratsvorsitzende der Evangelischen Kirche in Deutschland.
♦ Rats|wei|bel, der: *Ratsdiener:* Wenn Ihr ihn hättet, so ließet Ihr ihn durch den R. ausrufen (Hebbel, Agnes Bernauer I, 9).
Rat|tan, das; -s, (Arten:) -e [engl. rat(t)an < malai. rotan]: *Peddigrohr.*
Rat|te, die; -, -n [mhd. ratte, rat, ahd. ratta, rato, H. u.; vgl. frz. rat, ital. ratto]: **1.** *Nagetier mit langem, dünnem Schwanz, das bes. in Kellern, Ställen u. in der Kanalisation lebt u. als Vorratsschädling u. Überträger von Krankheiten gefürchtet ist:* eine große, fette, quietschende R.; -n nagen, pfeifen; die Vorräte waren von -n zernagt; schlafen wie eine R. (ugs. emotional; *fest u. lange schlafen*); R die -n verlassen das sinkende Schiff (*Menschen, auf die man sich nicht verlassen kann, ziehen sich bei drohendem Unglück o. Ä. zurück; nach einem alten Seemansglauben*). **2.** (derb) *widerlicher Mensch* (oft als Schimpfwort): diese elende R. hat uns verraten.
Rat|ten|fang, der ⟨o. Pl.⟩: *das Fangen von Ratten:* die Katze geht auf R.
Rat|ten|fän|ger, der [urspr. ma. Sagengestalt eines Pfeifers, der die Stadt Hameln von Ratten befreite u., um seinen Lohn betrogen, die Kinder durch Pfeifen aus der Stadt lockte u. entführte] (abwertend): *Volksverführer.*
Rat|ten|fän|ge|rin, die: w. Form zu ↑ Rattenfänger.
Rat|ten|gift, das: *Gift zur Vernichtung von Ratten.*
Rat|ten|kö|nig, der: **1.** *(durch längeres enges Beieinanderliegen im Nest entstandene) Verknotung der Schwänze [u. Hinterbeine] junger Ratten.* **2.** (salopp) *Rattenschwanz* (2 a).
Rat|ten|loch, das: *von einer Ratte genagtes od. gegrabenes Loch, das den Eingang zu ihrem Schlupfwinkel bildet:* Ü Gangster aus ihren Rattenlöchern (*Verstecken, Schlupfwinkeln*) herausholen.
rat|ten|scharf ⟨Adj.⟩: **1.** (salopp, bes. Jugendspr.) *großartig:* das Konzert gestern war r. **2.** (salopp emotional verstärkend) *erotisch-attraktiv, sexuell erregend:* -e Fotos.
Rat|ten|schwanz, der: **1.** *Schwanz einer Ratte.* **2.** (ugs.) *große Anzahl verwirrbar miteinander verquickter unangenehmer Dinge:* ein R. von Änderungen, Prozessen.
Rat|ten|schwänz|chen, das (scherzh.): *kurzer, dünner Haarzopf.*
rat|tern ⟨sw. V.⟩ [lautm.]: **a)** ⟨hat⟩ *kurz aufeinanderfolgende, metallisch klingende, leicht knatternde Töne erzeugen:* die [Näh]maschine, der Presslufthammer rattert; ein Maschinengewehr begann zu r.; **b)** ⟨ist⟩ *sich ratternd* ⟨a⟩ *fortbewegen, irgendwohin bewegen:* der Wagen rattert durch die Straßen.
Ratz, der; -es, -e: **1.** (landsch.) *Ratte* (1). **2.** (Jägerspr.) *Iltis.* **3.** (volkstüml.) *Siebenschläfer:* schlafen wie ein R. (salopp; *lange u. fest schlafen*).

¹Rat|ze, die; -, -n [mhd. ratz(e), ahd. ratza] (ugs.): *Ratte* (1).
²Rat|ze, der; -s, -[s], (südd.:) -r (Schülerspr.): Kurzf. von ↑ Ratzefummel.
Rat|ze|fum|mel, der [unter Anlehnung an ↑²ratzen zu ↑ radieren u. ↑ fummeln] (Schülerspr.): *Radiergummi.*
rat|ze|kahl ⟨Adv.⟩ [volkstetym. Umbildung von ↑ radikal nach ↑ ¹Ratze u. ↑ kahl] (ugs. emotional): *gänzlich leer, kahl; ganz und gar (in Bezug auf ein Nicht-mehr-vorhanden-Sein):* etw. r. aufessen.
¹rat|zen ⟨sw. V.; hat⟩ [eigtl. = schlafen wie ein ↑ Ratz (3)] (ugs.): *fest u. lange schlafen.*
²rat|zen ⟨sw. V.; hat⟩ (landsch.): **1.** ¹*ratschen* (1). **2.** *ritzen* (2 a).
ratz|fatz ⟨Adv.⟩ [zu mundartl. ratz = schnell, rasch (wohl lautm. nach dem Geräusch schnell reißenden Stoffs od. Papiers) u. fatzen = zerfetzen, zerreißen] (ugs.): *sehr schnell.*
rau ⟨Adj.⟩ [älter auch: rauch, mhd. rûch, auch = haarig, behaart, ahd. rûh, wahrsch. zu ↑ raufen u. urspr. = (aus)gerupft]: **1.** *auf der Oberfläche kleine Unebenheiten, Risse o. Ä. aufweisend, sich nicht glatt anfühlend:* eine -e Oberfläche, Wand; -er Putz; -es Papier; eine -e Haut; -e *(aufgesprungene)* Hände; die -e *(vom Sturm aufgewühlte)* See. **2. a)** *nicht mild* (2 a), *sondern unangenehm kalt:* -es Klima; der -e Norden; bereits der Oktober war verhältnismäßig r.; **b)** *(von einer Landschaft o. Ä.) nicht lieblich anmutend; unwirtlich:* eine -e Gegend; in diesem -en Gebirge leben nur wenige Menschen. **3. a)** *(von der Stimme o. Ä.) nicht volltönend, heiser, kratzig:* -e Laute; seine Stimme klingt r.; **b)** *(von Hals) entzündet u. deshalb eine unangenehm kratzende Empfindung hervorrufend:* einen -en Hals, eine -e Kehle haben. **4.** *im Umgang mit anderen Feingefühl vermissen lassend:* -e Gesellen; hier herrscht ein -er Ton, herrschen -e Sitten; er ist r., aber herzlich; man hat sie zu r. angefasst. **5.** (landsch.) *roh* (1, 2 a): -e Eier; -es *(unbearbeitetes)* Material; -er *(ungekelterter)* Wein. ♦ **6.** *dicht behaart, struppig; pelzig* (1): In Dickichtschauer drängt sich das -e Wild (Goethe, Harzreise im Winter).
Raub, der; -[e]s, -e ⟨Pl. selten⟩ [mhd. roup, ahd. roub, urspr. = (dem getöteten Feind) Entrissenes]: **1.** *das Rauben* (1 a): das ist er klärtet, brutaler R.!; einen R. begehen, verüben; auf R. ausziehen; er wurde wegen [versuchten, schweren] -es angeklagt. **2.** *geraubtes Gut; Beute:* den R. untereinander teilen; * **ein R. der Flammen werden** (geh.; *durch Feuer zerstört, vernichtet werden*).

Raub-: drückt in Bildungen mit Substantiven aus, dass etw. auf widerrechtlichem Wege hergestellt, gemacht wird, um Gewinn daraus zu erzielen: Raubfischerei, -grabung, -privatisierung.

Rau|bauz, der; -es, -e [wohl lautm. unter Einfluss von ↑ Rabauke] (ugs.): *jmd., der eine grobe, rüde, polternde Art hat.*
rau|bau|zig ⟨Adj.⟩ (ugs.): *von, in der Art eines Raubauzes [beschaffen, gestaltet].*
Raub|bau, der ⟨o. Pl.⟩ (bes. Bergbau, Landwirtsch., Forstwirtsch.): *extreme wirtschaftliche Nutzung, die den Bestand von etw. gefährdet:* R. am Wald; R. treiben; Ü das ist R. an deinen Kräften; sie treibt R. mit ihrer Gesundheit.
Raub|druck, der ⟨Pl. -e⟩: *widerrechtlicher Druck eines [schon zuvor gedruckten] Werkes.*
Rau|bein, das [rückgeb. aus ↑ raubeinig]: **1.** *nach außen hin grob erscheinender Mensch, der aber im Grunde kein unangenehmer Mensch ist.* **2.** (Ballspiele Jargon) *jmd., der rau* (4) *spielt.*
rau|bei|nig ⟨Adj.⟩ [volksetym. entstellt aus engl.

rawboned = klapperdürr]: **1.** *von, in der Art eines Raubeins* (1), *wie ein Raubein geartet.* **2.** (Ballspiele Jargon) *rau* (4) *spielend.*
rau|ben ⟨sw. V.; hat⟩ [mhd. rouben, ahd. roubōn = entreißen; verheeren]: **1. a)** *(Eigentum eines anderen) widerrechtlich u. unter Anwendung od. Androhung von Gewalt in seinen Besitz bringen:* Geld, Schmuck aus der Kassette r.; jmdm. alle Wertsachen r.; ein Kind r. *(entführen);* ⟨in Verbindung mit einem anderen Verb auch ohne Akk.-Obj.:⟩ sie raubten und plünderten; Ü er raubte ihr einen Kuss *(küsste sie gegen ihren Willen);* **b)** *als Raubtier überfallen:* der Wolf hat ein Schaf geraubt. **2.** (geh.) *jmdn. um etw. bringen:* etw. raubt jmdm. die Ruhe, den Schlaf, den Atem; sich durch nichts seinen Glauben, seine Überzeugung r. lassen.
Räu|ber, der; -s, - [mhd. roubære, ahd. roubare, zu: ↑ Raub]: **1.** *jmd., der einen Raub begeht:* ein gefährlicher R.; der R. wurde festgenommen; er ist [einer Horde von] -n in die Hände gefallen; Ü na, du kleiner R. (fam.; *Racker*); * **R. und Gendarm**/(landsch.:) **Polizei** *(Kinderspiel im Freien, bei dem die zur Partei der Räuber gehörenden Spieler durch drei Schläge von Spielern der Partei der Gendarmen gefangen werden);* **unter die R. gefallen sein** (ugs.; *von anderen unerwartet ausgenutzt werden;* nach Luk. 10, 30). **2.** (Zool.) *räuberisches Tier, das sich von anderen Tieren ernährt.*
Räu|ber|ban|de, die: *Bande von Räubern* (1).
Räu|be|rei, die; -, -en [mhd. rouberīe] (abwertend): *Raub* (1).
Räu|ber|ge|schich|te, die: **a)** *von einem Räuber, von Räubern handelnde Geschichte;* **b)** (ugs.) *unglaubwürdige Geschichte:* er erzählt oft solche -n.
Räu|ber|haupt|mann, der: *Anführer einer Räuberbande.*
Räu|ber|höh|le, die: *Höhle [im Wald], in der Räuber leben:* hier sieht es ja aus wie in einer R. (ugs.; *sieht es sehr unordentlich, unaufgeräumt aus*).
Räu|be|rin, die; -, -nen: w. Form zu ↑ Räuber (1).
räu|be|risch ⟨Adj.⟩ [älter: reubisch, mhd. röubisch, roubisch, zu ↑ Raub]: **a)** *in der Art eines Raubes* (1), *wie ein Raub beschaffen:* ein -er Überfall, Krieg; **b)** (Zool.) *auf andere Tiere Jagd machend u. sich von ihnen ernährend:* -e, r. lebende Tiere.
Räu|ber|lei|ter, die (ugs.): *Hilfsmittel in Form von vor dem Bauch gefalteten, mit den Innenflächen nach oben weisenden Händen, die ein anderer als eine Art Steigbügel benutzt, um eine Mauer zu überwinden o. Ä.*
räu|bern ⟨sw. V.; hat⟩: *stehlen:* bei den Ausgrabungen wurde geräubert; ⟨auch mit Akk.-Obj.:⟩ einen Laden r. *(ausräubern).*
Räu|ber|pis|to|le, die (ugs.): *Räubergeschichte.*
Räu|ber|ro|man, der (Literaturwiss.): *Ende des 18. Jh.s aufkommender Unterhaltungsroman mit der Hauptfigur des edlen Räubers, der als Befreier u. Beschützer der Armen u. Rechtlosen auftritt.*
Räu|ber|zi|vil, das (ugs. scherzh.): *nachlässige, legere, nicht dem Anlass angemessene Kleidung:* in R. herumlaufen.
Raub|fisch, der: *Fisch, der sich von anderen Fischen ernährt.*
Raub|gier, die: *Gier zu rauben, Beute zu machen, etw. in seinen Besitz zu bringen.*
raub|gie|rig ⟨Adj.⟩: *von Raubgier geprägt.*
Raub|gold, das: *von den Nationalsozialisten unrechtmäßig in Besitz genommenes [Gold]vermögen aus vorwiegend jüdischem Besitz.*
Raub|kat|ze, die: *Raubtier aus der Familie der Katzen.*
Raub|ko|pie, die: *widerrechtliche Reproduktion*

eines Films (3 a), *eines Videos od. eines anderen urheberrechtlich geschützten Daten- od. Tonträgers.*
Raub|ko|pie|rer, der: *jmd., der Raubkopien anfertigt.*
Raub|ko|pie|re|rin, die; -, -nen: w. Form zu ↑ Raubkopierer.
Raub|kunst, die: *unrechtmäßig in Besitz genommenes Kunstwerk bzw. Gesamtheit von Kunstwerken (bes. während der NS-Zeit aus vorwiegend jüdischem Besitz).*
Rau|blatt|ge|wächs, das ⟨meist Pl.⟩ (Bot.): *als Baum, Strauch od. Kraut vorkommende Pflanze mit ungeteilten, stark borstig behaarten Blättern.*
Raub|mord, der: *Verbrechen, bei dem ein Raub mit einem Mord gekoppelt ist.*
Raub|mör|der, der: *jmd., der Raubmord begangen hat.*
Raub|mör|de|rin, die: w. Form zu ↑ Raubmörder.
rau|bors|tig ⟨Adj.⟩ (ugs.): *raubeinig.*
Raub|rit|ter, der ⟨Geschichte⟩: *(im 14. u. 15. Jh.) verarmter Ritter, der vom Straßenraub lebt:* Ü die R. von heute machen im Ostblock ihre Rendite.
Raub|rit|ter|tum, das; -s ⟨Geschichte⟩: **1.** *Lebensweise der Raubritter:* Ü die Steuergesetzgebung dieses Landes ist modernes R. **2.** *Gesamtheit der Raubritter.*
◆ **Raub|ta|ler,** der: *(nach altem Volksglauben) Geldstück, das, wenn es ausgegeben worden ist, immer wieder zu seinem Besitzer zurückkehrt u. dabei alle anderen Geldstücke, die es berührt, mitbringt:* ...überlasse ich ihm die Wahl unter allen Kleinodien, die er in der Tasche bei sich führe: die echte Springwurzel, die Alraunwurzel, Wechselpfennige, R. (Chamisso, Schlemihl 23).
Raub|tier, das ⟨Biol.⟩: *Säugetier mit kräftigen Eckzähnen u. scharfen Reißzähnen, das sich vorwiegend von anderen Säugetieren ernährt.*
Raub|tier|kä|fig, der: *Käfig, in dem Raubtiere gehalten werden.*
Raub|über|fall, der: *Überfall auf jmdn., etw., um etw. zu rauben:* ein R. auf einen Geldtransporter; einen R. verüben, begehen.
Raub|vo|gel, der ⟨Zool. veraltet⟩: *Greifvogel.*
Raub|wild, das ⟨Jägerspr.⟩: *jagdbares Wild, das dem Nutzwild nachstellt (z. B. Rotfuchs, Iltis).*
Raub|zeug, das ⟨o. Pl.⟩ ⟨Jägerspr.⟩: *Gesamtheit nicht jagdbarer Tiere, die dem Nutzwild nachstellen (z. B. wildernde Hunde, Katzen).*
Raub|zug, der: *Unternehmung, bei der man auf Raub ausgeht.*
rauch ⟨Adj.⟩ [Nebenf. von ↑ rau]: **1.** (Kürschnerei) *dicht in Bezug auf das Haar* (2 b): das Fell ist r. ◆ **2.** *dicht behaart, struppig; pelzig* (1); rau (6): ...dazwischen die grausamen Gesichter mit -en Häuptern und Bärten (Goethe, Götz V); Polyphem ... sein dichtes Haar starrt umher wie Fichtenreis, an Brust, Bauch und Schenkeln ist er ganz r. (Goethe, Philostrats Gemälde [Zyklop u. Galatee]).
¹**Rauch,** der; -s [zu ↑ rauch] (Fachspr.): *dichtes, langes Haar bei Pelzen.*
²**Rauch,** der; -[e]s [mhd. rouch, ahd. rouh, zu ↑ riechen]: **a)** *von brennenden Stoffen [in Schwaden] aufsteigendes Gewölk aus Gasen:* dicker, schwarzer, beißender R.; der R. einer Zigarette, aus einer Pfeife, von Fabrikschloten; der R. steigt in die Höhe, quillt heraus, breitet sich aus, zieht ab; aus dem Schornstein kommt dünner R.; der R. beißt mir in den Augen; R. *(Tabakrauch)* einatmen, einziehen, inhalieren, [in Ringen] ausstoßen, durch die Nase blasen; das Zimmer war voll[er] R., von R. geschwärzt; bei dem Brand sind mehrere Personen im R. erstickt; Wurst, Schinken in den R. *(zum Räuchern in den Rauchfang)* hängen; alles roch nach R.

(Tabakrauch); Ü Die Straße füllt sich leise mit dem durchsichtigen R. der Dämmerung (Remarque, Obelisk 26); Spr kein R. ohne Flamme *(alles hat seine Ursache);* * **in R. [und Flammen] aufgehen** *(vollständig verbrennen, vom Feuer völlig zerstört werden);* **sich in R. auflösen/in R. aufgehen** *(zunichtewerden, sich verflüchtigen):* alle ihre Pläne haben sich in R. aufgelöst); ◆ **b)** *Dunst* (1 a): Weib und Mann, die tief in Tales Dampf und R. behaglich meinen, sie lebten auch (Goethe, Faust II, 5835 ff.); ...das dämmernde Tal, das im weißen R. lag (Büchner, Lenz 93).
Rauch|ab|zug, der: *Vorrichtung zum Abziehen des ²Rauchs* (a): eine offene Feuerstelle mit R.
Rauch|bier, das: *[obergäriges] Bier, dessen rauchiger Geschmack durch Räuchern des Malzes bewirkt wird.*
Rauch|bom|be, die: *starken Rauch entwickelnde Bombe, die zur Markierung des Ziels abgeworfen wird.*
rau|chen ⟨sw. V.; hat⟩ [mhd. rouchen, ahd. rouhhen, entweder zu ↑ ²Rauch od. Kausativ zu ↑ riechen]: **1. a)** *²Rauch* (a) *austreten lassen, ausstoßen:* der Ofen, Schornstein, Vulkan, Meiler, Schutthaufen raucht; Ü unser Lehrer rauchte vor Zorn; Nachts sehn Uhr. Die Nachrichtenteilung beim Stabe raucht vor Arbeit *(hat sehr viel zu tun;* A. Zweig, Grischa 255); **b)** ⟨unpers.⟩ *(von Rauch) sich an einer bestimmten Stelle entwickeln:* es rauchte in der Küche, aus dem Ofenrohr; * **es raucht** (ugs.: 1. *es vollzieht sich etw. mit größter Intensität, Schnelligkeit o. Ä.:* sie stritten sich, dass es [nur so] rauchte. 2. *es gibt heftige Vorwürfe, Ärger);* ◆ **c)** *dampfen* (1), *dunsten:* Oft lockte sie ein heller Wintertag, wenn fern die See von strenger Kälte rauchte (Wieland, Oberon 8, 50); Breite Flächen zogen sich in die Täler herab ... und weiter hinaus in die weite, rauchende Ebne (Büchner, Lenz 92); Was willst du, rauchend von der Tochter Blut, von ihm erflehen? (Schiller, Iphigenie 1476 f.) **2. a)** *Tabak[produkte], Rauschmittel konsumieren, indem man den ²Rauch* (a) *durch den Mund einzieht u. wieder ausstößt:* Zigaretten, eine Zigarre, [die bestimmten] Tabak, Opium, Haschisch r.; jeden Abend seine Pfeife r.; mit jmdm. eine [Zigarette] r.; Zigaretten nur halb r.; ⟨ohne Akk.-Obj.:⟩ im Sessel sitzen und r.; im Bett r.; heftig, hastig, nervös, aus Langeweile, in langsamen Zügen, unentwegt, stark, viel r.; wie ein Schlot r.; **b)** *Raucher* (1) *sein:* er raucht [nicht mehr]; ⟨subst.:⟩ das Rauchen wurde ihm vom Arzt untersagt; das Rauchen aufgeben; ein Schild mit der Aufschrift »Rauchen verboten!«; sich das Rauchen angewöhnen. **3.** (Fachspr.) *räuchern:* Kankerwurst schwarz geraucht.
Rauch|ent|wick|lung, die: *das Sichentwickeln, Entstehen von Rauch bei einem Brand, Feuer:* ein Brand mit starker, rascher R.
Rau|cher, der; -s, -: **1.** *jmd., der die Gewohnheit hat zu rauchen* (2 a): ein starker, passionierter R. **2.** ⟨o. Art.⟩ Kurzf. von ↑ Raucherabteil: hier ist R.
Räu|cher|aal, der: *geräucherter Aal.*
Rau|cher|ab|teil, das: *Eisenbahnabteil, in dem geraucht* (2 a) *werden darf.*
Rau|cher|bein, das: *[durch starkes Rauchen* (2 a) *verursachte] Gefäßverengung im Bereich der Beine.*
Rau|cher|be|reich, der: *Bereich [innerhalb od. außerhalb eines Gebäudes], in dem geraucht werden darf.*
Rau|cher|ecke, die (ugs.): *Raucherbereich.*
Rau|che|rei, die ⟨Pl. selten⟩ (meist abwertend): *[dauerndes] Rauchen* (2 a).
Räu|che|rei, die; -, -en: **1.** ⟨o. Pl.⟩ (selten) *das Räuchern* (1). **2.** *Betrieb, in dem Fische od. Fleischwaren geräuchert werden.*

Rau|cher|ent|wöh|nung, die: *Aufgabe, Beseitigung der Gewohnheit des Rauchens.*
Räu|cher|fisch, der: *geräucherter Fisch.*
Räu|cher|ge|fäß, das: *Gefäß, in dem Weihrauch o. Ä. verbrannt wird.*
Rau|cher|hus|ten, der ⟨o. Pl.⟩: *durch starkes Rauchen* (2 a) *verursachter chronischer Husten.*
räu|che|rig ⟨Adj.⟩ (selten): **a)** *von ²Rauch* (a) *geschwärzt:* ...und man sah, wie schäbig die Wände waren, verspritzt und r., und im Verputz Löcher (Gaiser, Schlußball 174); ◆ **b)** *von ²Rauch* (a) *durchzogen; viel ²Rauch* (a) *verbreitend:* ...denn das Städtchen in Schwaben lag in seinen Bergen liegen; ...denn das reichliche Mittagsmahl, welches die Seldwyler alle Tage bereiteten, pflegte ein weithin scheinendes Silbergewölk über ihre Dächer emporzutragen (Keller, Romeo 6).
Rau|che|rin, die; -, -nen: w. Form zu ↑ Raucher (1).
Räu|cher|kam|mer, die: *Raum zum Räuchern von Fleisch od. Fisch.*
Räu|cher|ker|ze, die: *Mittel zum Räuchern* (2) *in Form eines kleinen Kegels.*
Rau|cher|knei|pe, die (ugs.): *Lokal, in dem das Rauchen ausdrücklich gestattet ist.*
Räu|cher|lachs, der: vgl. Räucheraal.
Rau|cher|lun|ge, die: *durch starkes Rauchen geschädigte Lunge.*
Räu|cher|männ|chen, das: *kleine Figur, in der eine Räucherkerze abgebrannt wird.*
Räu|cher|mit|tel, das: *Stoff, der beim Abbrennen wohl riechenden Rauch erzeugt.*
räu|chern ⟨sw. V.; hat⟩ [Weiterbildung von mhd. röuchen = rauchen, rauchig machen]: **1.** *(im Rauchfang o. Ä.) dem Rauch aussetzen u. dadurch haltbar machen:* Schinken, Speck, Aale r.; geräucherte Leberwurst; frisch geräucherte Makrelen. **2.** *Räucherstäbchen, -kerzen o. Ä. abbrennen:* mit Räucherkerzen r.; zur Vertilgung von Ungeziefer r. **3.** (Tischlerei) *(bes. Eichenholz) mit Ammoniak dunkel beizen.*
Räu|cher|schin|ken, der: vgl. Räucheraal.
Räu|cher|speck, der: vgl. Räucheraal.
Räu|cher|stäb|chen, das: *Räuchermittel in der Form eines Stäbchens.*
Räu|cher|wa|re, die: *geräucherter Fisch, geräuchertes Fleisch (als Ware).*
Räu|cher|werk, das ⟨o. Pl.⟩: *etw., was beim Abbrennen wohlriechenden Rauch erzeugt.*
Rau|cher|zo|ne, die: *Bereich, in dem geraucht werden darf.*
Rauch|fah|ne, die: *sich horizontal hinziehende Rauchwolke.*
Rauch|fang, der: **1.** [2. Bestandteil mhd. vanc = das Auffangende, ↑ Fang] *häufig zum Räuchern benutzter, trichterförmig sich nach oben verjüngender Teil über dem offenen Herdfeuer, der den Rauch auffängt u. zum Schornstein ableitet.* **2.** (österr.) *Schornstein.*
rauch|far|ben, rauch|far|big ⟨Adj.⟩: *von der Farbe des ²Rauches* (a).
Rauch|fass, das (kath. u. orthodoxe Kirche): *an Ketten hängendes, durchbrochenes Metallgefäß zum Verbrennen von Weihrauch während der Liturgie.*
Rauch|fleisch, das: *gepökeltes u. geräuchertes Rind-, Schweinefleisch.*
rauch|frei ⟨Adj.⟩: *nicht von [Tabak]rauch erfüllt.*
Rauch|gas, das ⟨meist Pl.⟩: *Abgas mit einer Beimengung von Ruß.*
Rauch|ge|schmack, der: *rauchiger Geschmack von etw.:* der R. des Whiskys.
rauch|ge|schwän|gert ⟨Adj.⟩ (geh.): *gänzlich mit Rauch angefüllt:* in -er Luft arbeiten.
Rauch|glas, das: *rauchfarbenes Glas.*
rauch|grau ⟨Adj.⟩: *rauchfarbene:* -e Wolken.
rau|chig ⟨Adj.⟩ [spätmhd. rauchig, mhd. rouchic]: **1.** *von Rauch erfüllt:* eine -e Kneipe. **2.** *rauchfar-*

rauchlos – Raumfahrtunternehmen

ben: -es Glas. **3.** *nach Rauch schmeckend:* -er Whisky. **4.** *(von einer Stimme) [von Tabakrauch] tief u. rau klingend:* eine -e [Gesangs]stimme.

rauch|los ⟨Adj.⟩: *ohne Rauch verbrennend:* -es Pulver.

Rauch|mas|ke, die: *Atemschutzgerät für Feuerwehrleute.*

Rauch|mel|der, der: *Gerät, das bei der Bildung von Rauch Alarm auslöst.*

Rauch|pilz, der: *(bei einer Explosion entstehende) große pilzförmige Rauchwolke.*

Rauch|quarz, der: *hell- bis dunkelbraune od. rauchgraue Abart des Quarzes.*

Rauch|säu|le, die: *wie eine Säule gerade aufsteigender Rauch.*

rauch|schwach ⟨Adj.⟩: *unter schwacher Rauchentwicklung verbrennend.*

Rauch|schwa|den, der ⟨meist Pl.⟩, (auch:) **Rauchschwa|de,** die ⟨meist Pl.⟩: ¹*Schwaden* (1) *von* ²*Rauch* (a).

Rauch|schwal|be, die [der Vogel nistete gern in den großen Kaminen der Bauernküchen]: *auf der Oberseite blauschwarze, auf der Unterseite weiße Schwalbe mit tief gegabeltem Schwanz.*

Rauch|ta|bak, der: *Tabak (zum Rauchen).*

Rauch|to|pas, der: volkstüml. für ↑ *Rauchquarz.*

Rauch|ver|bot, das: *Verbot zu rauchen* (2 a).

Rauch|ver|gif|tung, die: *Vergiftung durch Rauchgase.*

Rauch|wa|re, die ⟨meist Pl.⟩ [zu ↑ rauch] (Kürschnerei): *Pelz* (1 b), *Pelzware.*

Rauch|wa|ren ⟨Pl.⟩: *Tabakwaren.*

♦ **rauch|warm** ⟨Adj.⟩ [zu ↑ rauch (2)]: *pelzig* (1 b) *u. wärmend:* Auch hängt der alte Pelz am Haken ... Es kommt mir wahrlich das Gelüsten, -e Hülle, dir vereint mich als Dozent noch einmal zu erbrüsten (Goethe, Faust II, 6582 ff.).

Rauch|wol|ke, die: *vom Rauch gebildete Wolke.*

Rauch|zei|chen, das: *durch Rauch gegebenes Zeichen.*

Räu|de, die; - [mhd. riude, rūde, ahd. riudī, rūda, H. u.]: *durch Krätzmilben verursachte, mit Bläschenbildung u. Haarausfall verbundene Hautkrankheit bes. bei Haustieren:* der Hund hat die R.

räu|dig ⟨Adj.⟩ [mhd. riudec, rūdec, ahd. rūdig]: **1.** *von Räude befallen:* ein -er Hund; -e Katzen, Schafe, Pferde; Ü er ist ein -es Schaf *(verdirbt seine Umgebung durch seinen schlechten Einfluss).* **2.** *kahle, abgewetzte Stellen aufweisend [u. daher unansehnlich]:* ein -es Fell.

rau|en ⟨sw. V.; hat⟩ (Fachspr.): *aufrauen.*

rauf ⟨Adv.⟩: ugs. kurz für ↑ *herauf, hinauf.*

Rau|fa|ser, die ⟨Pl. selten⟩: *auf eine bestimmte Papiertapete od. direkt auf die Wand aufgetragener Anstrich, dem zur Erzielung einer rauen Oberfläche Sägespäne beigegeben sind.*

Rau|fa|ser|ta|pe|te, die: *Tapete mit Raufaser.*

Rauf|bold, der; -[e]s, -e [zum 2. Bestandteil vgl. Witzbold] (abwertend): *jmd., der gern mit andern rauft:* er ist ein R.

Rauf|bol|din (selten): w. Form zu ↑ Raufbold.

Rau|fe, die; -, -n [spätmhd. rauffe, roufe, zu ↑ raufen]: *aus Stäben bestehendes Gestell, das Heu, Stroh oder Gras für Wild, Vieh oder Nagetiere enthält.*

räu|feln ⟨sw. V.; hat⟩: *aufräufeln.*

rau|fen ⟨sw. V.; hat⟩ [mhd. roufen, ahd. rouf(f)en, urspr. = (sich an den Haaren) reißen]: **1.** *(aus der Erde herausziehen, [aus]rupfen:* Flachs r.; (landsch.:) Pflanzen, Unkraut [aus den Beeten] r. **2.** *mit jmdm. sich prügelnd [u. ringend] kämpfen:* die Jungen raufen; er hat mit ihm gerauft; hört endlich auf zu r.!; die Hunde raufen *(balgen sich)* um den Knochen; (auch r. + sich:) die Burschen raufen sich.

Rau|fer, der; -s, -: *Raufbold.*

Rau|fe|rei, die; -, -en: *heftige Schlägerei.*

Rau|fe|rin, die; -, -nen: w. Form zu ↑ Raufer.

Rauf|lust, die ⟨o. Pl.⟩: *Freude am Raufen* (2).

rauf|lus|tig ⟨Adj.⟩: *gern raufend* (2).

Rau|frost, der (landsch.): *Raureif.*

Rau|fuß|huhn, das ⟨meist Pl.⟩: *schlecht fliegender Hühnervogel mit befiederten Läufen u. kräftigem, kurzem Schnabel* (z. B. Auerhuhn).

Rau|fut|ter, das (Landwirtsch.): *trockenes, viele Faserstoffe enthaltendes Futter* (z. B. Stroh, Spreu, Heu).

Rau|graf, der; -en, -en [mhd. rū(h)grāve, **1.** Bestandteil zu ↑ rau, eigtl. = Graf über nicht bebautes Land]: **1.** ⟨o. Pl.⟩ *Adelstitel eines Grafengeschlechts im Nahegebiet.* **2.** *Träger des Raugrafentitels.*

Rau|grä|fin, die; -, -nen: w. Form zu ↑ Raugraf.

rauh usw.: frühere Schreibung für ↑ rau usw.

Rau|haar|da|ckel, der: *Dackel mit Drahthaar.*

rau|haa|rig ⟨Adj.⟩: *(in Bezug auf Tierhaar) hart u. kraus.*

Rau|heit, die; -, -en ⟨Pl. selten⟩: *das Rausein.*

Rau|ig|keit, die; -, -en ⟨Pl. selten⟩: *Rauheit.*

Rau|ke, die; -, -n [über das Roman. (vgl. ital. ruca) < lat. eruca = Senfkohl]: *zu den Kreuzblütlern gehörende Pflanze mit gefiederten Blättern u. kleinen gelben Blüten.*

raum ⟨Adj.⟩ [mniederd. rūm < asächs. rūm(o), zu ↑ Raum] (Seemannsspr.): **a)** *(vom Meer) offen, weit:* die -e See; **b)** *schräg von hinten kommend:* -er Wind; -e See *(von hinten kommende Wellen)* haben.

Raum, der; -[e]s, Räume [mhd., ahd. rūm, eigtl. subst. Adj. mhd. rūm(e), ahd. rūmi = weit, geräumig]: **1.** *zum Wohnen, als Nutzraum o. Ä. verwendeter, von Wänden, Boden u. Decke umschlossener Teil eines Gebäudes:* ein großer, kahler R.; ein R. mit guter Akustik; ein R. zum Arbeiten; sie betrat, verließ den R.; * **im R. stehen** *(als Problem o. Ä. aufgeworfen sein u. nach einer Lösung verlangen);* **etw. in den R. stellen** *(etw. zur Diskussion, Besprechung vorlegen);* **im R. stehen lassen** *(etw. unerledigt lassen).* **2.** *in Länge, Breite u. Höhe nicht fest eingegrenzte Ausdehnung:* der unendliche R. des Universums; riesige Räume *(Gebiete)* noch nicht erschlossenen Landes; (Philos.:) R. und Zeit bestimmen die Form unseres Denkens. **3.** ⟨o. Pl.⟩ *in Länge, Breite u. Höhe fest eingegrenzte Ausdehnung:* zwischen der Wand und den Regalen ist nur wenig R.; umbauter R. (Bauw.; *durch äußere Begrenzungsflächen bestimmtes Volumen eines Gebäudes);* luftleerer R. (Physik; *Vakuum);* Ü im luftleeren R. *(ohne Bezug zur Realität)* operieren. **4.** ⟨o. Pl.⟩ (geh.) *für jmdn., etw. zur Verfügung stehender Platz:* wenig R. beanspruchen, einnehmen; R. schaffen, finden; eine R. sparende Lösung; auf engem, engstem R. *(in großer Enge)* zusammenleben; freier R. (Ballspiele; *Teil des Spielfeldes, der nicht gedeckt ist);* Ü dieses Thema nimmt einen zu breiten R. ein; R R. ist in der kleinsten Hütte [für ein glücklich liebend Paar] (nach dem Schluss von Schillers Gedicht »Der Jüngling am Bache«); * **[den] R. decken** (Ballspiele; *einen bestimmten Teil des Spielfeldes so abschirmen, dass der Gegner kein Spiel entfalten kann);* **einer Sache R. geben** (geh.; *etw. sich entfalten, entwickeln lassen).* **5.** ⟨o. Pl.⟩ Kurzf. von ↑ Weltraum: der kosmische R. **6.** *geografisch od. politisch unter einem bestimmten Aspekt als Einheit verstandenes Gebiet:* der mitteleuropäische R.; der R. um Berlin; im Hamburger R./im R. Hamburg waren die Stürme am heftigsten; Ü das Gericht, der Bereich als Wirkungsfeld). **7.** (Math.) **a)** *Menge aller durch drei Koordinaten beschreibbaren Punkte:* der dreidimensionale R.; **b)** *Menge von Elementen, von deren speziellen Eigenschaften bezüglich einer Verknüpfung bzw. Abbildung man absieht.*

Raum|akus|tik, die: **1.** (Physik) *Teilgebiet der Akustik* (1), *das sich mit der Ausbreitung des Schalls in geschlossenen Räumen befasst.* **2.** *Akustik* (2).

Raum|an|ga|be, die (Sprachwiss.): *Adverbialbestimmung des Ortes.*

Raum|an|zug, der: *Schutzanzug der Astronauten.*

Raum|auf|tei|lung, die: **a)** *Aufteilung des gegebenen Raumes in Gebäuden:* eine ungünstige R.; **b)** (Ballspiele) *Nutzen des zur Verfügung stehenden Raumes* (4) *auf dem Spielfeld durch die angreifende od. verteidigende Mannschaft:* eine gute, schlechte, geschickte R.

Raum|aus|stat|ter, der: **1.** *jmd., der Teppich- u. Kunststoffböden verlegt, Wände verkleidet u. bespannt u. Ä.* (Berufsbez.). **2.** *Geschäft für die Innenausstattung eines Raumes.*

Raum|aus|stat|te|rin, die; -, -nen: w. Form zu ↑ Raumausstatter (1).

Raum|aus|stat|tung, die: **1.** *Innenausstattung.* **2.** *Raumausstatter* (2).

Raum|bild, das (Optik): *Bild, das bei der Betrachtung einen räumlichen Eindruck hervorruft.*

Raum|bild|ver|fah|ren, das (Optik): *Verfahren zur Herstellung von Raumbildern.*

Räum|chen, das; -s, -: Vkl. zu ↑ Raum (1).

Raum|de|ckung, die (Ballspiele): *Deckung, bei der ein Spieler einen bestimmten Teil des Spielfeldes deckt:* die Mannschaft spielt R.

räu|men ⟨sw. V.; hat⟩ [mhd. rūmen, ahd. rūm(m)an]: **1. a)** *entfernen [u. dadurch Raum schaffen] um einen den Weg r.:* Bücher vom Tisch r.; **b)** *an einen bestimmten Platz bringen:* die Wäsche in den Schrank r. **2.** *(einen Ort, einen Platz) [durch Wegschaffen der dort befindlichen Dinge] frei machen:* die Unfallstelle r.; die Firma konnte während des Schlussverkaufs ihre Lager r.; die meisten Felder sind bereits geräumt *(abgeerntet).* **3. a)** *einen Ort, Platz (auf eine Aufforderung hin, unter Zwang) verlassen:* wir mussten den Saal r.; Stellungen r.; (Verkehrsw.:) die Kreuzung r.; Ü er muss seine Stellung als Direktor r.; **b)** *einen Ort, Platz [unter Anwendung von Gewalt] von Personen, Sachen frei machen:* die Polizei räumte die Straße. **4.** (landsch.) *aufräumen* (1 b).

Raum|er|spar|nis, die: *Ersparnis von Raum* (4): wegen, zwecks R.

Raum|fäh|re, die: **1.** *kleines bemanntes Raumfahrzeug mit Eigenantrieb.* **2.** *Raumtransporter.*

Raum|fah|rer, der: *Astronaut.*

Raum|fah|re|rin, die; w. Form zu ↑ Raumfahrer.

Raum|fahrt, die: **1.** ⟨o. Pl.⟩ *Gesamtheit der wissenschaftlichen u. technischen Bestrebungen des Menschen, mithilfe von Flugkörpern in den Weltraum vorzudringen.* **2.** (seltener) *Raumflug.*

Raum|fahrt|be|hör|de, die: *wissenschaftliche u. technische Organisation, die ein Raumfahrtprogramm steuert.*

Raum|fahrt|in|dus|t|rie, die: *Raumfahrzeuge u. Zubehör herstellende Industrie.*

Raum|fahrt|kon|zern, der: *Konzern der Raumfahrtindustrie.*

Raum|fahrt|me|di|zin, die: *Teilgebiet der Medizin, das sich mit den medizinischen Aspekten der Raumfahrt befasst.*

Raum|fahrt|pro|gramm, das: *Gesamtheit der Aufgabenstellungen aus Raumfahrt u. Raumforschung.*

Raum|fahrt|tech|nik, die: *Technik des Raumfahrzeugbaus.*

Raum|fahrt|un|ter|neh|men, das: **1.** *Raumflug:* die Planung des nächsten Raumfahrtunternehmens. **2.** *Firma, die auf dem Gebiet der Raumfahrt arbeitet.*

Raum|fahr|zeug, das: *Flugkörper für längere bemannte Raumflüge.*
Räum|fahr|zeug, das: *bes. zum Schneeräumen eingesetztes Fahrzeug.*
Raum|flug, der: *Bewegung eines Flugkörpers auf einer bestimmten Bahn im Weltraum.*
Raum|flug|kör|per, der: *[unbemannter] Flugkörper für den Raumflug.*
Raum|for|schung, die: **1. a)** *Erforschung des Weltraums;* **b)** *Forschung, die auf dem Gebiet der Raumfahrt betrieben wird.* **2.** *Regionalforschung.*
Raum|ge|stal|ter, der: *jmd., der sich mit der Gestaltung u. Ausgestaltung von Räumen befasst (Berufsbez.).*
Raum|ge|stal|te|rin, die: w. Form zu ↑ Raumgestalter.
Raum|ge|stal|tung, die ⟨Pl. selten⟩: *Gestaltung u. Ausgestaltung von Räumen.*
Raum|ge|winn, der (bes. Ballspiele): *das Näherkommen an das gegnerische Tor beim Angriff.*
Raum|git|ter, das (Kristallografie): *räumlich gitterartige Anordnung der Ionen, Atome od. Moleküle in* ¹*Kristallen.*
raum|grei|fend ⟨Adj.⟩ (bes. Sport): *ausgreifend:* -e *Schritte.*
Raum|in|halt, der (bes. Math.): *Inhalt (1 b) eines dreidimensionalen Gebildes; Volumen; Kubikinhalt.*
Raum|in|s|tal|la|ti|on, die (Kunstwiss.): *Installation (3).*
Raum|ka|bi|ne, die: *für die Raumfahrer bestimmter Teil eines Raumflugkörpers.*
Raum|kap|sel, die: **1.** *unbemannter, mit Instrumenten ausgestatteter kleiner Raumflugkörper.* **2.** *Raumkabine.*
Raum|klang, der: *durch Stereofonie ermöglichter räumlicher Klangeindruck.*
Raum|kli|ma, das: *das Zusammenwirken von Temperatur, Luftfeuchtigkeit o. Ä. in einem geschlossenen Raum.*
Räum|kom|man|do, das: *für Räumungsarbeiten zusammengestellter Trupp von Arbeitern.*
Raum|kur|ve, die (Math.): *Kurve, deren Punkte im dreidimensionalen Raum liegen.*
Raum|la|bor, das: *kleine Raumstation.*
Raum|la|dung, die (Physik): *auf einen bestimmten Raum (2) verteilte elektrische Ladung.*
räum|lich ⟨Adj.⟩: **1.** *auf den Raum (1–4) bezogen, den Raum betreffend:* -e *Trennung, Ausdehnung;* r. *beschränkt sein (wenig [Wohn]raum haben).* **2.** *auf den Eindruck eines Raumes (7) bezogen, in drei Dimensionen, Abmessungen:* ein starkes -es *Empfinden;* -es *(plastisches) Sehen;* -es *(stereofonisches) Hören.*
Räum|lich|keit, die; -, -en: **1.** ⟨meist Pl.⟩ *größer, meist mit einem od. mehreren anderen zusammengehörender Raum:* die -en *eines Museums.* **2.** ⟨o. Pl.⟩ (Kunstwiss.) *räumliche (2) Wirkung, Darstellung.*
Raum|maß, das: *Hohlmaß (a); Kubikmaß.*
Raum|me|ter, der: *Raummaß für 1 m³ gestapeltes Holz (Abk.: Rm, rm).*
Raum|mo|dell, das (Kartografie): *Modell (1 a) räumlicher Darstellung.*
Raum|not, die: *Mangel an zur Verfügung stehendem Raum, Platz.*
Raum|ord|nung, die (Amtsspr.): *zusammenfassende, übergeordnete, ordnende Planung der öffentlichen Hand, die die räumliche Entwicklung des Landes betrifft; Landesplanung.*
Raum|ord|nungs|ver|fah|ren, das (Amtsspr.): *Verfahren, durch das geklärt wird, ob bestimmte beabsichtigte Maßnahmen der Raumordnung entsprechen.*
Raum|pfle|ger, der: vgl. *Raumpflegerin.*
Raum|pfle|ge|rin, die: *Putzfrau.*
Raum|pla|nung, die (Amtsspr.): *vorausschauende, planmäßige Gesamtgestaltung eines bestimmten Gebietes; Raumordnung.*
Raum|schiff, das: *großes Raumfahrzeug.*
Raum|sinn, der ⟨o. Pl.⟩: *Fähigkeit, sich den Raum (7) dreidimensional vorzustellen.*
Raum|son|de, die: *unbemannter Flugkörper für wissenschaftliche Messungen im Weltraum.*
raum|spa|rend ⟨Adj.⟩: *an Raum (4) sparend:* eine etwas -ere *Einteilung.*
Raum|sta|ti|on, die: *Raumflugkörper, der der Besatzung einen langfristigen Aufenthalt im Weltraum ermöglicht; Orbitalstation.*
Raum|tei|ler, der: *Möbelstück wie Regal, Schrankwand, Vorhang o. Ä., womit ein Raum in mehrere [Wohn]bereiche unterteilt wird.*
Raum|tem|pe|ra|tur, die: *in einem Raum (1) herrschende Temperatur.*
Raum|tie|fe, die: *räumliche (2) Tiefe.*
Raum|trans|por|ter, der: *Träger eines Raumflugkörpers, der zur Erde zurückgeführt u. dann erneut verwendet werden kann.*
Räu|mung, die; -, -en: *das Räumen (2, 3); das Geräumtwerden.*
Räu|mungs|ar|bei|ten ⟨Pl.⟩: *Arbeiten, die dem Räumen, dem Freimachen eines Ortes, Platzes durch Wegbringen der dort befindlichen Dinge dienen.*
Räu|mungs|frist, die (Rechtsspr.): *Frist, die ein Mieter hat, die gekündigte Wohnung zu räumen (3 a).*
Räu|mungs|kla|ge, die (Rechtsspr.): *vom Vermieter erhobene Klage auf Räumung einer Wohnung.*
Räu|mungs|ver|kauf, der (Wirtsch.): *wegen Geschäftsaufgabe, Umbau o. Ä. stattfindender [Aus]verkauf.*
Raum|win|kel, der (Math.): *Raum (7 a), der von den von einem Punkt S nach allen Punkten einer geschlossenen Kurve (z. B. Ellipse) ausgehenden Strahlen (4) begrenzt wird.*
Raum|wir|kung, die: *räumliche Wirkung.*
raum|zeit|lich ⟨Adj.⟩ (Physik): *in den Koordinaten des Raumes (7 a) u. der Zeit angelegt od. wiedergegeben.*
Raum|zel|le, die (Bauw.): *nach einem einheitlichen Schema vollständig vorgefertigter Teil eines Hauses (z. B. Küche, Bad).*
Rau|näch|te ⟨Pl.⟩ [wohl zu rau in der Bed. »haarig«, in Anspielung auf mit Fell bekleidete Dämonen, die bes. in diesen Nächten ihr Unwesen treiben] (Volkskunde, landsch.): *»Zwölf Nächte« zwischen dem Heiligen Abend u. dem Dreikönigstag.*
rau|nen ⟨sw. V.⟩ (hat) [mhd. rūnen, ahd. rūnēn, zu ↑ Rune] (geh.): *leise, mit gedämpfter u. gesenkter Stimme, murmelnd etw. sagen:* er raunte ihr Zärtlichkeiten ins Ohr; man raunte *(sprach heimlich od. flüsternd)* über seine Abdankung; ⟨subst.:⟩ ein Raunen ging durch die Menge; Ü raunende Wälder; ⟨auch unpers.:⟩ Viele Gespräche waren trotzdem unterwegs, es raunte auf den Leitungen, meist verbotene Gespräche (Gaiser, Jagd 114).
♦ **Rau|ner**, der; -s, - [zu ↑ raunen = sich im Geheimen bereden] (landsch.): *Beschwörer; jmd., der etw. beschreit:* ... ich wette, die vertrackten Schuh' allein sind schuld! ... wer weiß, was für ein R. sie hingestellt hat (Mörike, Hutzelmännlein 152).
raun|zen ⟨sw. V.⟩ (hat) [mhd. nicht belegt, ahd. rūnezōn = murren]: **1.** (bayr., österr. ugs.) *weinerlich klagen; dauernd unzufrieden nörgeln.* **2.** (ugs.) *laut u. grob schimpfen.*
Raun|ze|rei, die; -, -en (bayr., österr. ugs.): *[dauerndes] Raunzen (1).*
Räup|chen, das; -s, - ⟨Vkl. zu ↑ Raupe (1).
Rau|pe, die; -, -n [spätmhd. rupe, H. u.]: **1.** *Larve des Schmetterlings mit borstig behaartem Körper, die sich auf mehreren kleinen Beinpaaren kriechend fortbewegt.* **2. a)** Kurzf. von ↑ Planierraupe; **b)** *Raupenkette.* **3.** *aus Metallfäden geflochtenes Achselstück an Uniformen.*
rau|pen|äh|n|lich ⟨Adj.⟩: *raupenartig.*
rau|pen|ar|tig ⟨Adj.⟩: *wie eine Raupe (1) [aussehend].*
Rau|pen|fahr|zeug, das (Technik): *Fahrzeug, dessen Räder sich auf einem endlosen Band von Kettengliedern bewegen.*
Rau|pen|fraß, der: *Fraß (2) von Raupen.*
Rau|pen|ket|te, die: *endloses Band aus flachen, metallenen Kettengliedern (bei Raupenfahrzeugen).*
Rau|putz, der (Fachspr.): *Putz (1) mit rauer Oberfläche.*
Rau|reif, der: ¹*Reif (1), dessen einzelne Kristalle gut erkennbar sind.*
raus ⟨Adv.⟩: ugs. für ↑ heraus, hinaus.
Rausch, der; -[e]s, Räusche [mhd. rūsch = das Rauschen, rauschende Bewegung, rückgeb. aus ↑ rauschen]: **1.** *durch Genuss von zu viel Alkohol, von Drogen o. Ä. hervorgerufener Zustand, in dem eine mehr od. weniger starke Verwirrung der Gedanken u. Gefühle eintritt:* einen leichten, schweren R. haben; sich einen [gehörigen] R. antrinken; sich einen R. kaufen (salopp; *sich vorsätzlich betrinken);* seinen R. ausschlafen; in seinem R. wusste er nicht, was er sagte. **2.** *übersteigerter ekstatischer Zustand; Glücksgefühl, das jmdn. über seine normale Gefühlslage hinaushebt:* ein blinder R. der Leidenschaft; den R. der Geschwindigkeit lieben; im R. des Erfolgs, des Sieges; Das Publikum, von den dramatischen Vorgängen des Abends in einen wahren R. des Entzückens versetzt, bricht in Beifall aus (Thieß, Legende 207). **3.** (geh.) *betäubende Vielfalt:* ein R. von Farben, Klängen; der Frühling zauberte einen R. von Blüten hervor.
rausch|arm ⟨Adj.⟩ (Technik): *kein starkes Rauschen erzeugend.*
Rausch|bee|re, die: **1.** *(im Hochmoor u. im Gebirge) wachsende Pflanze mit länglichen Blättern u. schwarzblauen, süßlich schmeckenden Beeren.* **2.** *[der Genuss dieser Beeren ruft angeblich Rauschzustände hervor; viell. aber auch zu lat. ruscus,* ↑ *Almrausch] Frucht der Rauschbeere (1).*
Rausch|brand, der ⟨o. Pl.⟩ [man glaubte, die Krankheit werde durch Rauschbeeren hervorgerufen]: *bei Rindern u. Schafen bes. auf sumpfigen Gebirgsweiden auftretende, mit Fieber, Schüttelfrost u. ödematischen Schwellungen einhergehende, meist tödlich verlaufende Infektionskrankheit.*
rau|schen ⟨sw. V.⟩ [mhd. rūschen, riuschen, wohl lautm.]: **1.** (hat) *ein gleichmäßiges, anhaltendes dumpfes Geräusch hören lassen (wie das Laub von Bäumen, wenn es sich im Wind stark bewegt):* das Meer, der Wald, der Bach rauscht; der Wind rauscht in den Zweigen; die Seide ihres Kleides rauschte; Ü ⟨subst.:⟩ das Rauschen des Regens, der Brandung; im Radio, im Telefonhörer war nur ein Rauschen zu hören; ⟨auch unpers.:⟩ Die Gefechtsstände waren vom Murmeln vieler Stimmen erfüllt, es rauschte und plapperte in den Muscheln der Fernsprecher (Gaiser, Jagd 87/88). **2.** (ist) *sich rauschend bewegen u. dabei ein Rauschen (1) verursachen:* das Boot rauscht durch das Wasser; das Wasser rauscht *(fließt mit lautem Geräusch)* in die Wanne; der Ball rauschte (Ballspiele Jargon; *flog mit Wucht)* ins Tor. **3.** (ist) *sich rasch, mit auffälligem Gehabe o. Ä. irgendwohin begeben:* erhobenen Hauptes rauschte sie aus dem Saal. **4.** ⟨hat⟩ [wohl Nebenf. von veraltet gleichbed. reischen, vermutlich zu ↑ reihen] (Jägerspr.) *(vom Schwarzwild) brünstig sein.* ♦ **5.** ⟨hat⟩ *sich*

geräuschvoll bewegen: Ihr lärmt und rauscht und ahnet nicht, was mich, den Armen, quält (Goethe, Trost in Tränen); Wer klopft? Sooft die Tür rauscht, erwart' ich Unglück (Schiller, Tell I, 4).

rau|schend ⟨Adj.⟩: **1.** *prächtig, prunkvoll:* -e Feste, Partys. **2.** *stark:* -er Applaus, Beifall; es war ein -er (emotional; *großer*) Erfolg.

Rau|scher, der; -s [zu ↑ Rausch (1)] (landsch.): *Federweißer.*

Rausch|gift, das: *Stoff* (2 a), *der einen Rauschzustand erzeugt.*

Rausch|gift|be|kämp|fung, die ⟨o. Pl.⟩: *Bekämpfung des Rauschgifthandels.*

Rausch|gift|han|del, der: *Handel mit Rauschgift.*

Rausch|gift|händ|ler, der: *jmd., der mit Rauschgift handelt.*

Rausch|gift|händ|le|rin, die: w. Form zu ↑ Rauschgifthändler.

Rausch|gift|kri|mi|na|li|tät, die: *Kriminalität in Bezug auf od. unter Einfluss von Rauschgift.*

Rausch|gift|sucht, die ⟨o. Pl.⟩: *auf Rauschgift bezogene Sucht* (1).

rausch|gift|süch|tig ⟨Adj.⟩: *an einer Sucht nach Rauschgift leidend.*

Rausch|gift|süch|ti|ge ⟨vgl. Süchtige⟩: *weibliche Person, die rauschgiftsüchtig ist.*

Rausch|gift|süch|ti|ger ⟨vgl. Süchtiger⟩: *jmd., der rauschgiftsüchtig ist.*

Rausch|gold, das [zu ↑ rauschen in der Bed. »ein Geräusch machen wie vom Wind bewegte Blätter«]: *sehr dünn gewalztes u. gehämmertes Messingblech.*

Rausch|gold|en|gel, der: *kleiner Engel* (1) *aus Rauschgold.*

rausch|haft ⟨Adj.⟩: *wie ein Rausch* (2) *geartet:* ein -es Glücksgefühl.

Rausch|mit|tel, das: *Rauschgift.*

Rausch|trin|ken, das; -s: *bis zur Bewusstlosigkeit getriebener exzessiver Alkoholkonsum.*

Rausch|un|ter|drü|ckung, die ⟨o. Pl.⟩ (Elektronik): *Minderung bzw. Unterdrückung von Störgeräuschen bei der Tonaufzeichnung u. Tonwiedergabe.*

Rausch|zu|stand, der: *durch einen Rausch hervorgerufener (körperlicher, geistiger) Zustand.*

raus|ekeln ⟨sw. V.; hat⟩ (ugs.): *hinausekeln.*

raus|flie|gen ⟨st. V.; ist⟩ (ugs.): **1.** *herausfliegen.* **2.** *hinausfliegen.* **3.** *hinausgeworfen* (2) *werden.*

raus|ge|hen ⟨unr. V.; ist⟩ (ugs.): **1.** *herausgehen.* **2.** *hinausgehen* (1–3).

raus|hal|ten ⟨st. V.; hat⟩ (ugs.): **1.** *heraushalten.* **2.** *hinaushalten.*

raus|hau|en ⟨unr. V.; hat⟩ (ugs.): **1.** *heraushauen.* **2. a)** *[viel] Geld rasch und ohne langes Bedenken ausgeben:* Geld, Fördermittel r.; **b)** *in kurzer Zeit produzieren auf den Markt bringen:* Bücher, Filme, CDs r.; **c)** *spontan äußern, von sich geben:* Worte, Zitate, Sprüche r.

raus|hol|en ⟨sw. V.; hat⟩ (ugs.): *herausholen.*

raus|klin|geln ⟨sw. V.; hat⟩ (ugs.): *herausklingeln.*

raus|kom|men ⟨sw. V.; ist⟩ (ugs.): **1.** *herauskommen.* **2.** *hinauskommen.*

raus|krie|gen ⟨sw. V.; hat⟩ (ugs.): *herauskriegen.*

raus|las|sen ⟨st. V.; hat⟩ (ugs.): **1.** *herauslassen* (1, 2). **2.** *hinauslassen.*

Räus|pe|rer, der; -s, - (ugs.): *kurzes Räuspern.*

räus|pern, sich ⟨sw. V.; hat⟩ [mhd. riuspern, eigtl. = (im Halse) kratzen]: *durch leichtes Husten o. Ä. den Hals von einem Belag zu befreien suchen:* sie wollte r.; nach einer Weile räusperte sie sich vernehmlich *(machte sie sich durch Räuspern bemerkbar);* ⟨subst.:⟩ man hörte ein lautes Räuspern.

raus|rei|ßen ⟨sw. V.; hat⟩ (ugs.): *herausreißen.*

raus|rü|cken ⟨sw. V.; hat/ist⟩ (ugs.): **1.** *herausrücken.* **2.** *hinausrücken* (1 a, 2 a, c).

raus|schmei|ßen ⟨st. V.; hat⟩ (ugs.): **1.** *nach drau-*

ßen werfen: sie hatte meine Kleider zum Fenster rausgeschmissen. **2. a)** *(bes. etw., was man nicht gebrauchen kann) kurzerhand aus etw. entfernen, weg-, hinausschaffen:* den ganzen alten Plunder sollte man r.; Ü da wurden mehrere Tausend Euro [zum Fenster] rausgeschmissen *(unnötig ausgegeben);* man sollte den Artikel aus dem Grundgesetz rausschmeißen; **b)** *(mit energischer Entschiedenheit) nach draußen weisen, hinausweisen:* als der Mann mit den anderen Gästen Streit anfangen wollte, hat der Wirt ihn rausgeschmissen; **c)** *zwingen, etw. für immer zu verlassen; durch Kündigung, Entlassung, Ausschluss o. Ä. kurzerhand aus etw. entfernen:* jmdn. aus einer Firma, einem Verein, einer Partei r.

Raus|schmei|ßer, der; -s, - (ugs.): **1.** *jmd., der unerwünschte Gäste (in einem Lokal) zum Gehen zwingt.* **2.** *letzter Tanz (eines Balles o. Ä.).*

Raus|schmei|ße|rin, die; -, -nen: w. Form zu ↑ Rausschmeißer (1).

Raus|schmiss, der (ugs.): *Hinauswurf.*

raus|wer|fen ⟨st. V.; hat⟩ (ugs.): **1.** *herauswerfen* (1). **2.** *hinauswerfen.*

Raus|wurf, der (ugs.): *Entlassung* (2 a).

¹**Rau|te,** die; -, -n [mhd. rūte, ahd. rūta < lat. ruta]: *Pflanze mit Öl enthaltenden Blättern u. gelben od. grünlichen Blüten.*

²**Rau|te,** die; -, -n [mhd. rūte, H. u.] (Geom.): **1.** *Rhombus.* **2.** (EDV, Telefonie) Kurzf. von ↑ Rautezeichen.

Rau|ten|blatt, das: *Blatt der* ¹*Raute.*

Rau|ten|flä|che, die (Geom.): **1.** *Fläche einer* ²*Raute.* **2.** *aus mehreren* ²*Rauten konstruierte Fläche.*

rau|ten|för|mig ⟨Adj.⟩: *die Form einer* ²*Raute aufweisend.*

Rau|ten|ge|wächs, das: ¹*Raute.*

Rau|ten|mus|ter, das (Handarb.): *rautenförmiges Strickmuster.*

Rau|te|zei|chen, Rau|ten|zei|chen, das (EDV, Telefonie): *Zeichen in einem Text, auf einer Tastatur, das einem Kreuz aus zwei waagrechten und zwei schrägen senkrechten Strichen besteht:* #.

rau|tiert ⟨Adj.⟩ [zu ↑ ²Raute] (Fachspr.): *(von Papier) durch aufgedruckte waagerechte u. senkrechte Linien in gleichmäßige Rechtecke aufgegliedert.*

Rau|wa|re, die ⟨meist Pl.⟩: **1.** (landsch.) *Rauchware.* **2.** (Textilind.) *aufgerautes Gewebe.*

Rave [reɪv], das od. der; -[s], -s [engl. rave, zu: to rave = toben; fantasieren, viell. aus dem Afrz.] (bes. Jugendspr.): *Fete, Party (bes. Technoparty).*

ra|ven [ˈreɪvn̩] ⟨sw. V.; hat⟩: *an einem Rave teilnehmen.*

Ra|ven|na: *Stadt in Italien.*

Ra|ver [ˈreɪvɐ], der; -s, -: *jmd., der häufig zu Raves geht, an einem Rave teilnimmt.*

Ra|ve|rin [ˈreɪvərɪn], die; -, -nen: w. Form zu ↑ Raver.

Ra|vi|o|li ⟨Pl.⟩ [ital. ravioli (mundartl. rabiole), eigtl. = kleine Rüben, zu lat. rapa = Rübe] (Kochkunst): *mit Fleisch od. Gemüse gefüllte kleine Teigtaschen aus Nudelteig.*

Ra|yé [rɛˈjeː], der; -[s], -s [zu frz. rayé = gestreift]: *Gewebe mit feinen Längsstreifen.*

Ray|gras, Raigras, das: [engl. rye-grass] *Lolch.* **2.** *sehr hoch wachsendes Gras mit zweiblütigen kleinen Ähren, das als Futtergras verwendet wird.*

Ra|y|on [rɛˈjõː, österr. meist: raˈjoːn], der; -s, -s, auch -e [...ˈjoːnə] [frz. rayon, eigtl. = Honigwabe, zu afrz. ree, aus dem Germ.]: **1.** (schweiz., sonst selten) *Abteilung eines Warenhauses.* **2.** (österr., schweiz., sonst veraltet) *[Dienst]bezirk, für den jmd. zuständig ist.*

Raz|zia, die; -, ...ien, seltener -s [frz. razzia < arab.

(algerisch) ġāziyaʰ, zu: ġazwaʰ = Kriegszug]: *überraschende örtlich begrenzte Fahndungsaktion der Polizei:* eine R. veranstalten, durchführen; [eine] R. [auf Dealer] machen.

Rb = Rubidium.

RB® = Regionalbahn.

Rbl = Rubel.

rd. = ²rund.

re [ital.]: *Silbe, auf die beim Solmisieren der Ton d gesungen wird.*

Re = Rhenium.

¹**Re,** das; -s, -s [wohl gekürzt aus älter Rekontra, aus lat. re- = wieder, zurück u. ↑ Kontra] (Kartenspiele): *[Gegen]ansage eines Spielers, die in die Punktwertung eingeht.*

²**Re:** *ägyptischer Sonnengott.*

RE® = Regionalexpress.

re- [lat. re- = wieder, zurück]: *drückt in Bildungen mit Verben aus, dass etw. wieder rückgängig gemacht, in den Ausgangszustand zurückgeführt oder von Neuem hervorgerufen wird:* rebarbarisieren, redemokratisieren, repolitisieren.

Rea|der [ˈriːdɐ], der; -s, - [engl. reader, zu: to read = lesen]: **1.** *[Lese]buch (zu einem bestimmten Thema) mit Auszügen aus der [wissenschaftlichen] Literatur u. verbindenden Texten.* **2.** (EDV) Kurzf. von ↑ E-Book-Reader.

Rea|dy|made, Rea|dy-made [ˈrɛdimeɪd], das; -[s], -s [engl. ready-made = (gebrauchs)fertig Gemachtes, Fertig-] (Kunstwiss.): *alltäglicher Gegenstand, der vom Künstler zum Kunstwerk erhoben wird.*

Re|a|gens [...gɛns], das; -, ...genzien, **Re|a|genz,** das; -es, -ien [zu ↑ reagieren] (Chemie): *Stoff, der chemische Reaktionen bewirkt u. dadurch zum Nachweis von Elementen u. Verbindungen dient.*

Re|a|genz|glas, das ⟨Pl. ...gläser⟩: *zylindrisches Röhrchen mit abgerundetem Boden für chemische Untersuchungen o. Ä.; Probierglas* (2).

Re|a|gen|zi|en: Pl. von ↑ Reagens u. ↑ Reagenz.

re|a|gie|ren ⟨sw. V.; hat⟩ [zu lat. re- = wieder, zurück u. agere, ↑ agieren]: **1.** *auf etw. (bes. einen bestimmten Reiz) in irgendeiner Weise eine Wirkung zeigen, ansprechen:* [auf etw.] falsch, prompt, spontan, heftig, trotzig, sauer r.; nicht schnell genug r.; jeder Organismus reagiert anders [auf dieses Medikament]. **2.** (Chemie) *eine chemische Reaktion eingehen; auf etw. einwirken:* basisch r.

Re|ais [rɛˈaɪs]: Pl. von ↑ ²Real.

Re|ak|tanz, die; -, -en (Elektrot.): *Widerstand des Wechselstroms, der nur durch induktiven u. kapazitiven Widerstand bewirkt wird.*

Re|ak|ti|on, die; -, -en [zu lat. re- = wieder, zurück u. ↑ Aktion]: **1.** *das Reagieren* (1): *eine spontane R.;* seine erste R. war Verblüffung; eine R. auslösen, beobachten; keine R. zeigen. **2.** (Chemie) *Umwandlung chemischer Elemente od. Verbindungen in andere Verbindungen od. Elemente mit völlig neuer Zusammensetzung u. völlig anderen Eigenschaften:* eine [chemische] R. findet statt. **3.** ⟨o. Pl.⟩ [nach frz. réaction] (abwertend) **a)** *Versuch, überholte gesellschaftliche Verhältnisse gegen Änderungsabsichten (reformerischer od. revolutionärer Art) zu verteidigen;* **b)** *Gesamtheit der fortschrittsfeindlichen politischen Kräfte:* die Fronten der R.

re|ak|ti|o|när ⟨Adj.⟩ [frz. réactionnaire, zu: réaction, ↑ Reaktion (3)] (abwertend): *an nicht mehr zeitgemäßen [politischen] Verhältnissen festhaltend, sie verfolgend; als r. gelten.

Re|ak|ti|o|när, der; -s, -e [frz. réactionnaire] (abwertend): *jmd., der reaktionäre Ziele verfolgt.*

Re|ak|ti|o|nä|rin, die; -, -nen: w. Form zu ↑ Reaktionär.

re|ak|ti|ons|fä|hig ⟨Adj.⟩: **1.** *fähig zu reagieren* (1): [nicht mehr] r. sein. **2.** (Chemie) *fähig, eine Reaktion* (2) *einzugehen:* -e Elemente.

Re|ak|ti|ons|fä|hig|keit, die ⟨o. Pl.⟩: *das Reaktionsfähigsein.*

Re|ak|ti|ons|ge|schwin|dig|keit, die: *Geschwindigkeit, mit der sich ein chemischer Vorgang vollzieht.*

re|ak|ti|ons|schnell ⟨Adj.⟩: *schnell reagierend.*

Re|ak|ti|ons|ver|mö|gen, das ⟨o. Pl.⟩: *Reaktionsfähigkeit:* der Genuss von Alkohol schränkt das R. stark ein.

Re|ak|ti|ons|zeit, die: **a)** *Zeitspanne zwischen der Wahrnehmung eines Reizes* (1) *u. der Reaktion darauf:* beim Autofahren müssen R. und Bremsweg immer richtig eingeschätzt werden; **b)** (Technik) *Zeitspanne, die ein Gerät od. der Teil eines Gerätes braucht, um auf einen elektrischen Impuls mit einer bestimmten Funktion zu reagieren.*

re|ak|tiv ⟨Adj.⟩: **1.** (Psychol.) *als Reaktion auf einen Reiz auftretend:* -e Abwehrhandlungen. **2.** (Chemie) *reaktionsfähig* (2).

re|ak|ti|vie|ren ⟨sw. V.; hat⟩ [nach frz. réactiver, aus: ré- (< lat. re- = wieder) u. activer, ↑ aktivieren]: **1. a)** *jmdn., der bereits in Ruhestand ist, wieder anstellen, in Dienst nehmen:* ein reaktivierter Staatssekretär; **b)** *wieder in Tätigkeit setzen, in Gebrauch nehmen:* ein ausgemustertes Kriegsschiff r. **2.** (Chemie) *chemisch wieder wirksam machen.* **3.** (Med.) *die normale Funktion eines Körperteils, der vorübergehend ruhig gestellt werden musste, wiederherstellen.*

Re|ak|ti|vie|rung, die; -, -en: *das Reaktivieren; das Reaktiviertwerden.*

Re|ak|ti|vi|tät, die; -, -en: **1.** (Psychol.) *das Reaktivsein* (1). **2.** (Kernphysik) *Maß für die Abweichung eines Kernreaktors vom kritischen Zustand.*

Re|ak|tor, der; -s, ...oren [engl. reactor] (Physik): **1.** *Kernreaktor.* **2.** *Vorrichtung, in der eine physikalische od. chemische Reaktion abläuft.*

Re|ak|tor|block, der ⟨Pl. ...blöcke⟩: *Gebäudeteil eines Kernkraftwerks, in dem sich der Reaktor* (1) *befindet.*

Re|ak|tor|kern, der: *Core.*

Re|ak|tor|phy|sik, die: *Teilgebiet der Kernphysik, das die Vorgänge in Reaktoren behandelt.*

Re|ak|tor|si|cher|heit, die ⟨o. Pl.⟩: *Betriebssicherheit eines Kernkraftwerks.*

Re|ak|tor|tech|nik, die ⟨o. Pl.⟩: *Teilbereich der Technik, der sich mit den technischen Problemen in Reaktoren befasst.*

Re|ak|tor|un|fall, der (ugs.): *[gravierende] Störung im Betrieb eines Kernreaktors.*

re|al ⟨Adj.⟩ [spätlat. realis = sachlich, wesentlich, zu lat. res = Sache, Ding]: **1.** (bildungsspr.) *in der Wirklichkeit, nicht nur in der Vorstellung so vorhanden; gegenständlich:* die r. Welt; -e Grundlagen, Werte; der -e, r. existierende Sozialismus (DDR; *der [in den sozialistischen Ländern] verwirklichte Sozialismus).* **2.** *mit der Wirklichkeit in Zusammenhang stehend; realistisch, sachlich, nüchtern:* -e Pläne; eine Entwicklung r. einschätzen; eine r. denkende Politikerin. **3.** (Wirtsch.) *unter dem Aspekt der Kaufkraft, nicht zahlenmäßig, nicht dem Nennwert nach:* die -en Einkommen der Arbeitnehmer.

¹Re|al [span.: rre'al, port.: rjɐł], der; -s, (span.:) -es u. (port.:) Reis [span., port. real, unter Einfluss von span. rey, port. rei = König zu lat. regalis = königlich, zu: rex, ↑Rex]: *alte spanische u. portugiesische Münze.*

²Re|al [auch: rjal, bras.: ri'ɐł], der; -[s], Reais [ri'ajs] ⟨aber auch: 50 Real⟩ [port. (bras.) real, ↑¹Real]: *brasilianische Währungseinheit* (1 Real = 100 Centavo; Währungscode: BRL).

Re|a|la, die; -, -s (Jargon): *Realpolitikerin (bes. der ²Grünen).*

Re|al|bü|ro, das (österr.): *Büro einer Immobilienvermittlung.*

Re|al|de|fi|ni|ti|on, die (Philos.): *Definition des Wesens einer Sache.*

Re|al|ein|kom|men, das (Wirtsch.): *(als Summe angegebenes) Einkommen unter dem Aspekt der Kaufkraft.*

Re|al|en|zy|k|lo|pä|die, die: *Reallexikon.*

Re|al|er|satz, der (schweiz.): *Entschädigung, Ersatz durch etw. Gleichartiges, Gleichwertiges.*

Re|al|gar, der; -s, -e [frz. réalgar, wohl < span. rejalgar < arab. rahǧ al-ġār = Staub der Höhle]: *rötliches, glänzendes, arsenhaltiges Mineral.*

Re|al|gym|na|si|um, das: **a)** (früher) *höhere Schule mit besonderer Betonung der Naturwissenschaften u. der modernen Sprachen; neusprachliches Gymnasium;* **b)** (österr., schweiz.) *Gymnasium mit besonderer Betonung von Mathematik u. Naturwissenschaften.*

Re|a|li|en ⟨Pl.⟩: **1.** *wirkliche Dinge, Tatsachen.* **2.** *Sachkenntnisse.* **3.** (veraltet) *Naturwissenschaften als Grundlage der Bildung u. als Lehrfächer.*

Re|a|lign|ment [riːəˈlaɪnmənt, riːəˈlaɪnmənt], das; -s, -s [engl. realignment, aus: re- = wieder u. alignment = Anordnung] (Wirtsch.): *neue Festsetzung von Wechselkursen nach einer Zeit des Floatings.*

Re|a|li|sa|ti|on, die; -, -en [frz. réalisation, zu: réaliser, ↑realisieren]: **1.** *Realisierung.* **2.** (Film, Fernsehen) *Herstellung, Inszenierung eines Films od. einer Fernsehsendung.* **3.** (Sprachwiss.) *Umsetzung einer abstrakten, theoretisch konstruierten Einheit des Sprachsystems in eine konkrete Äußerung.*

Re|a|li|sa|tor, der; -s, ...oren: **1. a)** (Film, Fernsehen) *Hersteller, Autor, Regisseur eines Films od. einer Fernsehsendung;* **b)** *jmd., der etw. realisiert* (1 a). **2.** (Biol.) *geschlechtsbestimmender Faktor in den Fortpflanzungszellen vieler Pflanzen, Tiere u. des Menschen* (z. B. Geschlechtschromosom des Menschen).

Re|a|li|sa|to|rin, die; -, -nen: w. Form zu ↑ Realisator (1).

re|a|li|sier|bar ⟨Adj.⟩: *sich realisieren* (1) *lassend:* nicht -e Hoffnungen; dieses Projekt ist nicht r.

Re|a|li|sier|bar|keit, die; -: *das Realisierbarsein.*

re|a|li|sie|ren ⟨sw. V.; hat⟩ [1. frz. réaliser, zu: réel < spätlat. realis, ↑real; 2. nach engl. to realize]: **1.** (bildungsspr.) **a)** *etw., einen Plan, eine Idee o. Ä. in die Tat umsetzen:* Ideen, Ziele, ein Programm r.; dieses Vorhaben ist technisch nicht zu r.; **b)** ⟨r. + sich⟩ *realisiert* (1 a) *werden.* **2.** *(in einem Prozess der Bewusstmachung) erkennen, einsehen, begreifen:* »Ich weiß nicht«, sagte er, »ich kann das alles noch nicht recht r....« (Dürrenmatt, Grieche 99). **3.** (Wirtsch.) *in Geld umsetzen, umwandeln:* Gewinne, stille Reserven r. **4.** (Sprachwiss.) *eine Realisation* (3) *vornehmen.*

Re|a|li|sie|rung, die; -, -en ⟨Pl. selten⟩: *das Realisieren; das Realisiertwerden.*

Re|a|lis|mus, der; -, ...men: **1.** ⟨o. Pl.⟩ *Wirklichkeitssinn;* **b)** (selten) *ungeschminkte Wirklichkeit; Realität:* der R. des Alltagslebens. **2. a)** *mit der Wirklichkeit übereinstimmende, die Wirklichkeit nachahmende künstlerische Darstellung[sweise] in Literatur u. bildender Kunst;* **b)** ⟨o. Pl.⟩ *Stilrichtung in Literatur u. bildender Kunst, die sich des Realismus* (2 a), *der wirklichkeitsgetreuen Darstellung bedient:* sozialistischer R. *(in der Kunst der sozialistischen Staaten die wahrheitsgetreue Darstellung der Wirklichkeit in ihrer revolutio-* nären *Entwicklung, verbunden mit der Aufgabe der ideologischen Erziehung der Werktätigen im Geiste des Sozialismus);* fantastischer R. *(Mitte der 1950er-Jahre aufgekommene Richtung der Malerei, die, vertreten bes. durch die Wiener Schule, die Realität vor allem durch fantastische Gestalten u. Ä. verfremdet);* **c)** *Periode des Realismus* (2 b), *bes. die der europäischen Literatur in der Zeit zwischen 1830 u. 1880.* **3.** ⟨o. Pl.⟩ (Philos.) *Denkrichtung, nach der eine unabhängig vom Bewusstsein existierende Wirklichkeit angenommen wird, zu deren Erkenntnis man durch Wahrnehmung u. Denken kommt:* naiver R. (Philos.; *Auffassung, nach der die Außenwelt so besteht, wie sie wahrgenommen wird);* kritischer R. (Philos.; *Auffassung, nach der die Beziehung Erkenntnis – Wirklichkeit als problematisch gilt, da Gegenstände immer nur über ihre vorstellungsmäßigen Abbilder gegeben sind).*

Re|a|list, der; -en, -en: **1.** *jmd., der die Gegebenheiten des täglichen Lebens nüchtern u. sachlich betrachtet u. sich in seinem Handeln danach richtet; Wirklichkeitsmensch:* [ein] R. sein. **2.** *Vertreter des Realismus* (2 a, 3).

Re|a|lis|tik, die; -: *Bezug auf die Realität, bes. in der Darstellung bestimmter Verhältnisse; ungeschminkte Darstellung der Wirklichkeit.*

Re|a|lis|tin, die; -, -nen: w. Form zu ↑ Realist.

re|a|lis|tisch ⟨Adj.⟩: **1. a)** *der Wirklichkeit entsprechend; lebensecht u. wirklichkeitsnah:* eine -e Schilderung; etw. r. darstellen; **b)** *sachlich-nüchtern; ohne Illusion u. Gefühlsregung:* ein -er Mensch; etw. r. betrachten. **2.** *den Realismus* (2) *betreffend, ihm entsprechend:* ein -es Drama.

re|a|lis|ti|scher|wei|se ⟨Adv.⟩: *wie es die Realität fordert; realistisch* (1 b) *gesehen:* ich mache mir r. keine Hoffnungen.

Re|a|li|tät, die; -, -en [frz. réalité < mlat. realitas]: **1.** ⟨o. Pl.⟩ *Wirklichkeit:* die R. sieht nicht so aus. **2.** ⟨o. Pl.⟩ *reale* (1) *Seinsweise:* die R. der platonischen Ideen. **3.** *tatsächliche Gegebenheit, Tatsache:* die [wirtschaftlichen] -en sehen. **4.** ⟨Pl.⟩ (österr.) *Immobilien.*

Re|a|li|tä|ten|bü|ro, das (österr.): *Realbüro.*

re|a|li|täts|fern ⟨Adj.⟩: *sich nicht an den Gegebenheiten orientierend; nicht realistisch* (1): -e Pläne.

Re|a|li|täts|fer|ne, die: *das Realitätsfernsein.*

re|a|li|täts|fremd ⟨Adj.⟩: **a)** *nicht an der Realität u. ihren Forderungen orientiert; wirklichkeitsfremd:* -e Erwartungen; **b)** *sich mit den tatsächlichen, real existierenden Gegebenheiten nicht auskennend:* -e Wissenschaftler.

re|a|li|täts|nah ⟨Adj.⟩: *sich an den Gegebenheiten orientierend:* -e Ansichten, Pläne.

Re|a|li|täts|nä|he, die: *realitätsnahes Denken, Verhalten; realitätsnahe Beschaffenheit o. Ä.*

Re|a|li|täts|prin|zip, das ⟨o. Pl.⟩ (Psychol.): *Prinzip des Verhaltens, nach dem psychische Antrieb von Streben nach einer Anpassung an die Erfordernisse der Umwelt bestimmt wird.*

Re|a|li|täts|sinn, der ⟨o. Pl.⟩: *Sinn für die Realität* (1).

Re|a|li|täts|ver|lust, der ⟨Pl. selten⟩: *Verlust des Bezugs zur Realität* (1).

Re|a|li|täts|ver|wei|ge|rer, der (bes. Politikjargon): *jmd., der die Realität nicht akzeptieren kann od. will.*

Re|a|li|täts|ver|wei|ge|rin, die: w. Form zu ↑ Realitätsverweigerer.

Re|a|li|täts|ver|wei|ge|rung, die (bes. Politikjargon): *Weigerung, die Realität zu akzeptieren:* die Proteste zu ignorieren, grenzt an R.

re|a|li|ter ⟨Adv.⟩: [spätlat. realiter] (bildungsspr.): *in Wirklichkeit.*

Re|a|li|ty|show, Re|a|li|ty-Show [riˈɛlɪti...], die; -, -s [aus engl. reality = Realität u. ↑ Show]: *Unter-*

Reality-TV – Rechenkunst

haltungssendung im Fernsehen, die tatsächlich Geschehnisse (bes. Unglücksfälle) live zeigt bzw. nachgestellt darbietet.

Re|a|li|ty-TV [...tiːviː], das; -[s]: *Sparte des Fernsehens, in der Realityshows o. Ä. produziert werden.*

Re|al|kanz|lei, die (österr.): *Realbüro.*

Re|al|ka|pi|tal, das (Wirtsch.): *in Sachwerten (z. B. Grundstücken, Maschinen o. Ä.) bestehendes Kapital eines Unternehmens.*

Re|al|kre|dit, der (Geldw.): *Kredit, bei dem der Schuldner mit Immobilien od. anderen Vermögenswerten für die Rückzahlung bürgt.*

Re|al|le|xi|kon, das: *Lexikon, das die Sachbegriffe einer Wissenschaft od. eines Wissenschaftsgebietes behandelt; Sachwörterbuch, -lexikon.*

Re|al|lohn, der (Wirtsch.): vgl. Realeinkommen.

Re|al|lo, der; -s, -s (Jargon): *Realpolitiker (bes. der ²Grünen).*

Re|al|ob|li|ga|ti|on, die (Geldw.): *durch reale Vermögenswerte gesicherte Schuldverschreibung (z. B. Hypothekenpfandbrief).*

Re|al|po|li|tik, die: *Politik, die vom Möglichen ausgeht u. auf abstrakte Programme u. ideale Postulate verzichtet.*

Re|al|po|li|ti|ker, der: *Politiker, der Realpolitik betreibt.*

Re|al|po|li|ti|ke|rin, die: w. Form zu ↑ Realpolitiker.

re|al|po|li|tisch ⟨Adj.⟩: *die Realpolitik betreffend, auf ihr beruhend.*

Re|al|prä|senz, die (bes. ev. Theol.): *wirkliche Gegenwart Christi in Brot u. Wein beim Abendmahl.*

Re|al|sa|ti|re, die: *reales Geschehen, realer Vorgang, der satirische Züge trägt.*

Re|al|schul|ab|schluss, der: *an einer Realschule erworbener Schulabschluss.*

Re|al|schu|le, die: *Schule, die auf der Grundschule aufbaut u. zur mittleren Reife führt.*

Re|al|schü|ler, der: *Schüler einer Realschule.*

Re|al|schü|le|rin, die: w. Form zu ↑ Realschüler.

Re|al|schul|leh|rer, der: *Lehrer an einer Realschule.*

Re|al|schul|leh|re|rin, die: w. Form zu ↑ Realschullehrer.

Re|al|steu|er, die (Steuerw.): *Steuer, für deren Eintritt u. Umfang ein bestimmter Besitz u. gegebenenfalls dessen Ertrag ohne Berücksichtigung der persönlichen Verhältnisse des Eigentümers maßgebend sind.*

Real|time, die; -, **Real Time,** die; - - [ˈriːəltaɪm, ˈtaɪm; engl. real time = Echtzeit, aus: real = wirklich, real u. time = Zeit] (EDV): *für die sofortige u. unmittelbare Verarbeitung der Daten tatsächlich benötigte Zeit einer elektronischen Rechenanlage.*

Real|time-Sys|tem, Real-Time-Sys|tem, das; -s, -e (EDV): *Betriebsart einer elektronischen Rechenanlage, bei der eine Verarbeitung der Daten sofort u. unmittelbar erfolgt.*

Re|al|uni|on, die (Politik): *Verbindung zweier staatsrechtlich selbstständiger Staaten durch ein Staatsoberhaupt u. die [verfassungsrechtlich verankerte] Gemeinsamkeit staatlicher Institutionen.*

Re|al|wert, der: *tatsächlicher Wert.*

Re|al|wirt|schaft, die: *Teil der Gesamtwirtschaft, der nicht zur Finanzwirtschaft, zum Finanzmarkt gehört, sondern sich mit realen Dingen wie Waren u. Dienstleistungen befasst.*

Re|ani|ma|ti|on, die; -, -en [zu lat. re- = wieder u. animatio, ↑ Animation] (Med.): *Wiederbelebung erloschener Lebensfunktionen durch künstliche Beatmung, Herzmassage o. Ä.*

re|ani|mie|ren ⟨sw. V.; hat⟩ (Med.): *wiederbeleben.*

Re|ani|mie|rung, die; -, -en (Med.): *Reanimation.*

Re|au|mur [ˈreːomyːɐ̯] (Physik): *Gradeinheit auf der Reaumurskala (Zeichen: R).*

Re|au|mur|ska|la, Re|au|mur-Ska|la [ˈreːomyːɐ̯...], die ⟨o. Pl.⟩ (Physik): *Temperaturskala, die auf dem Abstand zwischen Gefrier- u. Siedepunkt des Wassers in 80 gleiche Teile unterteilt ist.*

Reb|bau, der ⟨o. Pl.⟩ [zu ↑ Rebe] (schweiz.): *Weinbau.*

Reb|berg, der [zu ↑ Rebe] (schweiz.): *Weinberg.*

Re|be, die; -, -n [mhd. rebe, ahd. reba, H. u.]: **1.** *Weinrebe.* **2.** (geh.) *Weinstock.*

Re|bell, der; -en, -en [frz. rebelle = Rebell; rebellisch < lat. rebellis, eigtl. = den Krieg erneuernd, zu: bellum = Krieg]: **1.** *jmd., der sich an einer Rebellion (1) beteiligt; Aufständischer: die -en haben den Fernsehsender besetzt.* **2.** (bildungsspr.) *jmd., der aufbegehrt, sich widersetzt: er ist von jung an ein R. gewesen.*

Re|bel|len|be|we|gung, die: **a)** *Bewegung (3 b), die gegen etw. rebelliert: von einer R. verschleppt werden;* **b)** *Bewegung (3 a) von Rebellen: der starke Mann in der R.*

Re|bel|len|füh|rer, der: *Anführer von Rebellen (1).*

Re|bel|len|füh|re|rin, die: w. Form zu ↑ Rebellenführer.

Re|bel|len|grup|pe, die: *Rebellenbewegung (a).*

re|bel|lie|ren ⟨sw. V.; hat⟩ [(frz. rebeller <) lat. rebellare]: **1.** *sich gegen einen bestehenden Zustand, bestehende Verhältnisse od. gegen jmdn. offen auflehnen u. gewaltsam eine Änderung herbeizuführen suchen: gegen den Diktator r.; die Gefangenen rebellierten gegen die unmenschliche Behandlung.* **2.** (bildungsspr.) *aufbegehren, sich widersetzen: der linke Flügel in der Partei rebellierte [gegen die Beschlüsse]; Ü mein Magen rebelliert (reagiert mit deutlichen Beschwerden).*

Re|bel|lin, die; -, -nen: w. Form zu ↑ Rebell.

Re|bel|li|on, die; -, -en [(frz. rébellion <) lat. rebellio]: **1.** *das Rebellieren (1); Aufstand, offene Auflehnung einer kleineren Gruppe: eine bewaffnete R.; eine R. flackerte auf; eine R. unterdrücken, niederschlagen; es kam zur offenen R.* **2.** (bildungsspr.) *Aufbegehren, das Sichwidersetzen.*

re|bel|lisch ⟨Adj.⟩: **1.** *rebellierend (1), aufständisch: -e Truppen, Soldaten; -e (meuternde) Matrosen.* **2.** *aufbegehrend, sich auflehnend; voller Auflehnung: die -e Jugend; du machst ja das ganze Haus r.! (schreckst alle auf u. versetzt sie in Unruhe); r. werden (etw. als unzumutbar empfinden u. seiner Empörung Ausdruck geben);* Ü *mein Magen, meine Galle wird r. (reagiert mit deutlichen Beschwerden, Störungen).*

Re|ben|blü|te, die: **1.** *Blüte der Rebe.* **2.** *das Blühen der Rebe; Zeit, in der die Rebe blüht.*

Re|ben|saft, der (geh.): *Wein.*

Reb|gut, das (schweiz.): *Weingut.*

Reb|hendl, das; -s, -[n] (österr.): *Rebhuhn.*

Reb|huhn [ˈreːp..., auch: ˈrɛp...], das; -[e]s, ...hühner [mhd., ahd. rephuon, 1. Bestandteil ein untergegangenes Farbadj. mit der Bed. »rotbraun, scheckig«, also eigtl. = rotbraunes od. scheckiges Huhn]: *Feldhuhn mit erdbrauner Oberseite, rotbraunem Schwanz u. großem braunem Fleck auf der grauen Brust.*

Re|bir|thing [riˈbəːθɪŋ], das; -s, -s [engl. rebirthing, zu: rebirth = Wiedergeburt, Wiederaufleben] (Psychol.): *psychologische Therapie, die versucht, durch das Bewusstmachen von Vorgängen vor od. bei der Geburt des jeweiligen Menschen hierbei entstandene Traumen aufzulösen.*

Reb|laus, die: *Blattlaus, die Blätter u. Wurzeln des Weinstocks befällt.*

Reb|ling, der; -s, -e (Weinbau): *Schössling des Weinstocks.*

re|boo|ten [riˈbuːtn̩] ⟨sw. V.; hat⟩ (EDV): *einen Computer erneut booten.*

Re|bound [riˈbaʊnt, auch: ˈriːbaʊnt], der; -s, -s [engl. rebound, eigtl. = Rückschlag, -stoß] (Basketball): **1. a)** *vom Brett od. Korbring abprallender Ball: der Spieler konnte den R. im Nachsetzen verwandeln;* **b)** *Kampf um den Rebound* (1 a): *die Mannschaft war im R. sehr stark.* **2.** (Med.) *Rückfall (1).* **3.** (Börsenw.) *das Wettmachen von Kursverlusten.*

Reb|pfahl, der (Weinbau): *Pfahl, der den rankenden Trieben der Rebe Halt geben soll.*

Re|break [ˈriːbrɛik], der od. das; -s, -s [aus engl. re- = wieder u. ↑ Break] (Tennis): *Break (1 b), das man nach einem eigenen Break erzielt.*

Reb|schnitt, der (Weinbau): *Schnitt (1) der Nebentriebe am Weinstock.*

Reb|schnur [spätmhd., rēbsnuor, aus: rēb- (in Zus.) = Reep u. snuor = Schnur; tautologisch] (österr.): ↑ Reepschnur.

Reb|sor|te, die: *Sorte der kultivierten Weinrebe.*

Reb|stock, der: *Weinstock.*

Re|bus, der od. das; -, -se [frz. rébus < lat. (de) rebus (quae geruntur) = (von) Sachen (die sich ereignen)]: *Bilderrätsel (1).*

Rec. = recipe.

Re|call [riˈkɔːl], der; -s, -s [engl. recall = Rückruf]: **1.** *Rückruf[aktion], z. B. zur Nachbesserung von mangelhaften Produkten.* **2.** *nächste Runde bei einem Casting [zu der jmd. durch einen Rückruf eingeladen wird].*

Re|cei|ver [riˈsiːvɐ], der; -s, - [engl. receiver, zu: to receive = empfangen, über das Afrz. < lat. recipere, ↑ rezipieren]: **1.** (Rundfunkt.) *Kombination von Rundfunkempfänger u. Verstärker für Hi-Fi-Wiedergabe.* **2.** (Badminton, Tennis, Tischtennis) *Spieler, der den Ball, bes. den Aufschlag, in die gegnerische Spielhälfte zurückschlägt.*

Re|chaud [reˈʃoː], der od. das; -s, -s [frz. réchaud, zu: réchauffer = (wieder) erwärmen, zu: ré- (< lat. re- = wieder) u. échauffer, ↑ echauffieren]: **1.** *[mit Kerze od. Spiritusbrenner] beheizte Vorrichtung zum Warmhalten von Speisen od. Getränken.* **2.** (südd., österr., schweiz.) *[Gas]kocher.*

re|chen ⟨sw. V.; hat⟩ [mhd. rechen, ahd. (be)rehhan = zusammenscharren, kratzen] (südd., md., österr., schweiz.): *harken.*

Re|chen, der; -s, - [mhd. reche, ahd. rehho, zu ↑ rechen]: **1.** (südd., österr., schweiz.) *Harke.* **2.** (landsch.) *Brett mit Kleiderhaken.* **3.** *gitterähnliche Vorrichtung in einem Bach, Fluss, die vom Wasser mitgeführte Gegenstände abfangen soll.*

Re|chen|an|la|ge, die: *Daten verarbeitende Anlage, die u. a. zur Ausführung umfangreicher u. komplizierter Berechnungen dient.*

Re|chen|art, die: *Art des rechnerischen Operierens mit Zahlen nach den Gesetzen der Arithmetik.*

Re|chen|auf|ga|be, die: *Aufgabe, bes. Schulaufgabe im Rechnen.*

Re|chen|brett, das (früher): *als Hilfsmittel beim Rechnen benutztes Brett mit bestimmter Einteilung, auf dem man durch Verschieben von Steinen Rechnungen ausführen kann.*

Re|chen|exem|pel, das: *sich stellende Aufgabe, die durch genaues Kalkulieren, Abwägen o. Ä. zu lösen ist.*

Re|chen|feh|ler, der: *Fehler beim Rechnen.*

Re|chen|ge|rät, das: *Rechenmaschine.*

Re|chen|heft, das: *Heft [mit kariertem Papier] für Rechenaufgaben.*

Re|chen|kunst, die: *Kunst (2) des [Kopf]rechnens.*

Re|chen|leis|tung, die (EDV): *von einem Rechner erbrachte rechnerische Leistung.*

Re|chen|ma|schi|ne, die: **1.** *Gerät, mit dem (mechanisch od. elektronisch) Rechnungen ausgeführt werden können:* eine mechanische, elektronische, elektrische R. **2.** *als Hilfsmittel beim Rechnen benutztes einfaches Gerät, das aus einem Rahmen mit hineingespannten dicken Drähten u. aufgereihten verschiebbaren Kugeln besteht.*

Re|chen|ope|ra|ti|on, die: **1.** (Fachspr.) *rechnerische Operation.* **2.** (Math.) *Rechenart.*

Re|chen|schaft, die; - [spätmhd. (md.) rechinschaft = (Geld)berechnung, Rechnungsablegung]: *nähere Umstände od. Gründe anführende Auskunft, die man jmdm. über etw. gibt, wofür man verantwortlich ist:* sie musste ihrem Mann über ihr Handeln R. geben; er musste [vor ihr] über jeden Euro R. ablegen; über sein Privatleben ist man dem Chef keine R. schuldig; jmdn. [für etw.] zur R. ziehen *(jmdn. [für etw.] zur Verantwortung ziehen).*

Re|chen|schafts|be|richt, der: *Bericht, in dem Rechenschaft abgelegt wird:* einen R. geben.

Re|chen|schei|be, die: *nach dem Prinzip des Rechenschiebers funktionierendes Rechengerät in Form einer kreisförmigen Scheibe mit konzentrisch angeordneten Skalen.*

Re|chen|schie|ber, der: *stabförmiges Rechengerät mit gegeneinander verschiebbaren, logarithmisch eingeteilten Skalen.*

Re|chen|schritt, der: *einzelner Schritt, Abschnitt beim Rechnen.*

Re|chen|schwä|che, die: *verminderte Rechenfähigkeit bei ansonsten nicht unterdurchschnittlichem Intelligenzniveau, Dyskalkulie.*

Re|chen|ta|fel, die: **1.** *als Hilfsmittel beim Rechnen dienende Tafel mit den tabellarisch od. grafisch dargestellten Zahlenwerten von od. mehrerer wichtiger Funktionen.* **2.** *Rechenbrett.*

Re|chen|ver|fah|ren, das: *Rechenart.*

Re|chen|werk, das (EDV): *Teil einer Rechenanlage, die entsprechend den aus dem Leitwerk (2) übermittelten Befehlen bestimmte rechnerische Operationen ausführt.*

Re|chen|zen|t|rum, das: *mit großen Rechenanlagen u. a. ausgerüstete zentrale Einrichtung zur Ausführung umfangreicher Berechnungen im Rahmen der Datenverarbeitung.*

Re|cher|che [reˈʃɛrʃə], die; -, -n ⟨meist Pl.⟩ [frz. recherche, zu: rechercher, ↑recherchieren]: *Ermittlung, Nachforschung:* eingehende, sorgfältige, oberflächliche; die -n haben nichts ergeben, sind ergebnislos geblieben; [über einen Fall, über jmdn.] -n anstellen; die -n einstellen, aufgeben.

Re|cher|cheur [reʃɛrˈʃøːɐ̯], der; -s, -e [mit französierender Endung geb. zu ↑recherchieren]: *jmd., der die [berufliche] Aufgabe hat zu recherchieren.*

Re|cher|cheu|rin, die; -, -nen: w. Form zu ↑Rechercheur.

re|cher|chier|bar ⟨Adj.⟩: *sich recherchieren lassend.*

re|cher|chie|ren ⟨sw. V.; hat⟩ [frz. rechercher, eigtl. = noch einmal (auf)suchen, zu: re- (< lat. re- = wieder) u. chercher = suchen < spätlat. circare = umkreisen, durchstreifen]: **a)** *Ermittlungen, Nachforschungen anstellen:* sorgfältig, gründlich, schlampig r.; **b)** *durch Recherchen aufdecken, herausfinden, ermitteln:* einen Fall, die Hintergründe eines Falles mühsam r.

rech|nen ⟨sw. V.; hat⟩ [mhd. rech(en)en, ahd. rehhanōn, urspr. = in Ordnung bringen, ordnen, zu einem Adj. auf der Bed. »ordentlich«, verw. mit ↑recht]: **1. a)** *Zahlen[größen] verknüpfen u. nach Anwendung des Verknüpfungsart entsprechenden Verfahrens eine Zahl[engröße] od. Zahlenverbindung als jeweiliges Ergebnis der Verknüpfung ansetzen:* richtig, falsch, schriftlich, im Kopf r.; der Computer rechnet Millionen Mal schneller als ein Mensch; stundenlang an einer Aufgabe r.; der Lehrer rechnet mit den Kindern *(übt mit den Kindern rechnen);* ⟨auch mit Akk.-Obj.:⟩ eine Aufgabe r. *(rechnend bearbeiten, lösen);* ⟨subst.:⟩ er hat in Rechnen *(im Unterrichtsfach Rechnen)* eine Eins; **b)** *rechnen (1 a), zählen, indem man von etw. ausgeht, etw. als Einheit, Ausgangspunkt usw. benutzt:* in Dollars r.; nach Lichtjahren r.; wir rechnen von Christi Geburt an *(unsere Zeitrechnung geht von dem Geburtsjahr Christi angenommenen Jahr aus);* vom ersten April an gerechnet, ist es jetzt sieben Wochen her; etw. zu etw. r. *(addieren);* ⟨auch mit Akk.-Obj.:⟩ wir rechnen *(messen)* die Entfernung nach/in Lichtjahren; **c)** (ugs.) *(aufgrund einer Berechnung) berechnen:* wie viel hast du für Verpflegung gerechnet? **2.** *Haus halten, sparsam wirtschaften:* sie kann r., versteht, weiß zu r.; mit jedem Cent r. müssen. **3. a)** *[rechnend] schätzen; veranschlagen:* für den Rückweg müssen wir mindestens zwei Stunden r.; alles in allem gerechnet, hat es uns fast tausend Euro gekostet; **b)** *veranschlagen u. berücksichtigen:* selbst wenn ich meine Zeit überhaupt nicht rechne, lohnt sich so eine Reparatur nicht; ich rechne es mir zur Ehre (geh.); rechne es mir als Ehre an); **c)** *aufgrund bestimmter Überlegungen, Erwägungen annehmen; kalkulieren (2):* ein klug rechnender Kopf *(abwägender, überlegender Mensch);* aber wir hatten nicht mit seiner Maßlosigkeit gerechnet *(wir hatten nicht gedacht, dass er sich als so maßlos erweisen würde).* **4. a)** *jmdn., etw. zu jmdm., etw. zählen; einbeziehen:* jmdn. unter die Fachleute r.; jmdn. zu seinen Freunden r.; **b)** *jmdm., etw. zu zählen sein, zählen, gehören:* die Delfine rechnen zu den Walen; zu den Wohlhabenden r.; **c)** *als dazugehörend u. als wichtig in Betracht kommen, zu berücksichtigen sein; zählen:* das bisschen rechnet doch nicht; die paar Ausreißer rechnen nicht. **5. a)** *auf jmdn., etw. rechnen, sich verlassen:* sie ist ein Mensch, auf den man r. kann; du kannst auf mich, auf meine Diskretion r.; er rechnet auf meine Hilfe; **b)** *als möglich u. wahrscheinlich annehmen, erwarten:* mit jmds. Erscheinen r.; ich hatte mit einer guten Note r.; ich hatte mit einer Antwort, mit ihm schon gar nicht mehr gerechnet; wir hatten mit mehr Besuchern/(seltener:) auf mehr Besucher gerechnet; mit allem, mit dem Schlimmsten r. **6.** ⟨r. + sich⟩ (ugs.) *sich wirtschaftlich, finanziell lohnen, rentieren, einen Gewinn einbringen.*

Rech|ner, der; -s, -: **1.** [mhd. (md.) rechenēre] *jmd., der in bestimmter Weise rechnet bzw. rechnen kann:* ein guter, schlechter R.; ein nüchterner R. sein *(nüchtern kalkulieren).* **2.** (EDV) *elektronisches Rechengerät od. elektronische Rechenanlage, Computer.*

Rech|ne|rei, die; -, -en (ugs., meist abwertend): *[dauerndes, wiederholtes, langwieriges] Rechnen:* die ewige R.

rech|ner|ge|steu|ert ⟨Adj.⟩ (EDV): *durch Rechner (2) gesteuert:* eine -e Anlage, Produktion.

Rech|ne|rin, die; -, -nen: w. Form zu ↑Rechner (1).

rech|ne|risch ⟨Adj.⟩: **1. a)** *mithilfe des Rechnens (1 a) geschehend, vor sich gehend:* eine [rein] -e Überprüfung, lässt sich r. ohne Weiteres ermitteln; **b)** *(in Größe, Betrag) durch Rechnen (1 a) ermittelbar:* der -e Wert einer Sache; **c)** *das Rechnen (1 a) betreffend:* eine erstaunliche -e Leistung; etw. ist r. falsch. **2.** (selten) *abwertend) berechnend:* etw. mutet nüchtern und r. an.

rech|ner|un|ter|stützt ⟨Adj.⟩ (EDV): *durch Rechner (2) unterstützt:* die -e Lexikografie, Satzherstellung.

Rech|nung, die; -, -en [mhd. rech(e)nunge]: **1.** *Berechnung, Ausrechnung:* eine einfache, schwierige, komplizierte R.; die R. stimmt, geht glatt auf; in der R. steckt irgendwo ein Fehler; Ü meine R. *(Annahme)* stimmte [nicht]; *jmds. R. geht [nicht] auf (jmds. Überlegung stimmt [nicht] u. führt [nicht] zu dem erhofften Erfolg);* [jmdm.] eine R. aufmachen *(eine Kalkulation anstellen [aus der sich eine Forderung an jmdn. ergibt]);* seine R. finden *(in seinen Erwartungen o. Ä. zufriedengestellt werden):* Dein Gewissen selbst soll seine R. dabei finden [Lessing, Nathan II, 8]). **2.** ⟨o. Pl.⟩ *Berechnung von Soll u. Haben:* laufende R. (Wirtsch.; *Kontokorrent*); R. führen (Wirtsch.; *über Einnahmen u. Ausgaben Buch führen*). **3.** *schriftliche Aufstellung über verkaufte Waren od. erbrachte Dienstleistungen mit der Angabe des Preises, der dafür zu zahlen ist:* eine hohe, niedrige, große, kleine, gepfefferte, gesalzene, unbezahlte, offene R.; eine R. über 500 Euro; die R. beläuft sich auf, beträgt, macht 20 Euro; die R. ausschreiben, quittieren, begleichen, bezahlen; Herr Ober, bringen Sie mir bitte die R./die R., bitte!; jmdm. die R. präsentieren *(nachdrücklich; zur Bezahlung vorlegen);* etw. [mit] auf die R. setzen, schreiben; etw. kommt, geht auf jmds. R. *(ist von jmdm. zu bezahlen);* auf, gegen R. arbeiten; der Versand erfolgt auf R. *(auf Kosten)* und Gefahr des Empfängers; etw. auf R. *(gegen eine nicht sofort, nicht im Voraus zu begleichende Rechnung)* bestellen, liefern; für/auf eigene R. *(auf eigenes Risiko [in Bezug auf Gewinn u. Verlust])* arbeiten, wirtschaften; jmdm. etw. in R. stellen *(berechnen);* Ü die R. [für etw.] bezahlen müssen *(die unangenehmen Folgen eines Verhaltens tragen müssen);* Ich verließ das Hotel ohne Koffer und ohne nach der R. zu fragen (Eich, Hörspiele 513); * jmdm. die R. [für etw.] präsentieren *(jmdn. zum Ausgleich für etw. nachträglich mit bestimmten unangenehmen Forderungen konfrontieren);* die R. ohne den Wirt machen *(mit etw. scheitern, weil man sich nicht des Einverständnisses des od. der Beteiligten versichert hat);* [mit jmdm.] eine [alte] R. begleichen *([mit jmdm.] abrechnen 3);* auf jmds. R. kommen/gehen *(jmdm. zuzuschreiben sein);* etw. auf seine R. nehmen *(für [die Folgen von] etw. die Verantwortung übernehmen).* **4.** *Berechnung, Überlegung od. Planung:* nach meiner R. müsste so zustimmen; etw. außer R. lassen *(außer Acht, unberücksichtigt lassen; mit etw. nicht rechnen);* * einer Sache R. tragen *(etw. in seinem Verhalten, Handeln, Vorgehen gebührend berücksichtigen);* etw. in R. ziehen/stellen/setzen *(etw. in seine Überlegungen einbeziehen, berücksichtigen).* **5.** (veraltend) *Rechenschaft:* * [über etw.] R. [ab]legen (1 geh.; *[über etw.] Rechenschaft ablegen. bes. schweiz.; [über etw.] finanzielle Rechenschaft geben, bes. den Empfang u. die Verwendung von Geldbeträgen nachweisen).*

Rech|nungs|amt, das: *Behörde zur Kontrolle der finanziellen Aufwendungen anderer Behörden.*

Rech|nungs|art, die: *Rechenart.*

Rech|nungs|be|trag, der: *Gesamt-, Endbetrag einer Rechnung (3).*

Rech|nungs|block, der ⟨Pl. ...blöcke u. -s⟩: *Block mit Vordrucken zum Ausschreiben von Rechnungen (3).*

Rech|nungs|ein|heit, die (Geldw.): *dem internationalen Geldverkehr zugrunde gelegte Einheit, in der Werte u. Preise ausgedrückt werden.*

Rech|nungs|füh|rer, der: **1.** *Kassenwart.* **2.** (bes. Landwirtsch.) *Buchhalter.*

Rech|nungs|füh|re|rin, die: w. Form zu ↑ Rechnungsführer.
Rech|nungs|hof, der: *Behörde, die mit der Rechnungsprüfung (2) betraut ist.*
Rech|nungs|jahr, das: *Zeitraum von einem Jahr, auf den sich die Abrechnung im öffentlichen Haushalt erstreckt.*
Rech|nungs|le|gung, die; -, -en: *Ablegung finanzieller Rechenschaft, bes. durch Nachweis des Empfangs u. der Verwendung von Geldbeträgen.*
Rech|nungs|num|mer, die: *laufende Nummer, mit der eine Rechnung (3) versehen ist.*
Rech|nungs|prü|fer, der: *jmd., zu dessen beruflichen Aufgaben die Rechnungsprüfung gehört.*
Rech|nungs|prü|fe|rin, die: w. Form zu ↑ Rechnungsprüfer.
Rech|nungs|prü|fung, die: **1.** (Wirtsch.) *Prüfung des Rechnungswesens eines Betriebes, Geschäftes.* **2.** (Politik) *Prüfung u. Überwachung der Haushalts- u. Wirtschaftsführung der öffentlichen Hand.*
◆ **Rech|nungs|rat**, der: *Ehrentitel für langjährige Beamte im behördlichen Rechnungswesen:* ... die Porträts der Eltern des Professors, des -s Schmidt (Fontane, Jenny Treibel 5).
Rech|nungs|stel|ler, (seltener:) Rechnungsteller, der; -s, - (Papierdt.): *jmd., der eine Rechnungsstellung vornimmt.*
Rech|nungs|stel|le|rin, (seltener:) Rechnungstellerin, die; -, -nen: w. Formen zu ↑ Rechnungssteller, Rechnungsteller.
Rech|nungs|stel|lung, (seltener:) Rechnungstellung, die (Papierdt.): *Erstellung einer Rechnung.*
Rech|nung|stel|ler usw.: ↑ Rechnungssteller usw.
Rech|nungs|we|sen, das ⟨o. Pl.⟩ (Wirtsch.): *betrieblicher Bereich, der die zahlenmäßige Erfassung u. Auswertung der das Betriebskapital betreffenden Vorgänge umfasst.*
recht ⟨Adj.⟩ [mhd., ahd. reht, urspr. (adj. Part.) = aufgerichtet; gelenkt, verw. mit ↑rechnen, ↑recken]: **1. a)** *richtig, geeignet, passend (in Bezug auf einen bestimmten Zweck):* der -e Ort, Zeitpunkt für etw.; im -en Augenblick; sie ist die -e Frau für diese Aufgabe; nicht in der -en Stimmung sein; stets das -e Wort finden; ihm ist jedes Mittel r. *(er scheut vor nichts zurück, um sein Ziel zu erreichen);* du kommst gerade r.; du kommst mir gerade r. (ugs. iron.; *sehr ungelegen*); ⟨subst.:⟩ er hat noch nicht die Rechte (ugs.; *passende Frau*) gefunden; **b)** *richtig; dem Gemeinten, Gesuchten, Erforderlichen entsprechend:* auf der -en Spur sein; das ist r./so ist es r./r. so *(gut, in Ordnung so);* bin ich hier r.? (landsch.; *an der richtigen Stelle?*); wenn ich mich r. entsinne, dann wollte er gestern schon kommen; verstehe mich bitte r. *(missverstehe mich nicht);* habe ich r. gehört? *(stimmt das, soll das wirklich so sein?);* ich denke, ich höre nicht r. (ugs.; *das kann doch wohl nicht stimmen*); gehe ich r. in *(habe ich recht mit)* der Annahme, dass sie kommt?; ⟨subst.:⟩ das Rechte treffen; du bist mir der Rechte! (ugs. iron.; *was du tust, ist keineswegs richtig, angebracht o. Ä.!*); das ist [ja alles] r. und schön *(das ist [ja alles] in Ordnung),* aber so geht das nicht; ganz r.! *(das stimmt!);* * **r./Recht daran tun** *(in Bezug auf etw. Bestimmtes richtig handeln);* **nach dem Rechten sehen** *(nachsehen, ob alles in Ordnung ist);* **r./Recht haben** *(im Recht sein);* **r./Recht behalten** *(sich schließlich als derjenige erweisen, der recht hat);* **jmdm. r./Recht geben** *(sich jmds. Meinung anschließen);* **r./Recht bekommen** *(bestätigt bekommen, dass man recht hat);* **c)** *dem Gefühl für Recht, für das Anständige, Angebrachte entsprechend:* es ist nicht r. [von dir], so zu sprechen; etw. ist [nur] r. und billig *(ist [nur] gerecht);* r. tun, handeln, leben; das geschieht dir r.! *(du hast es als Strafe verdient);*

Spr tue r. und scheue niemand!; was dem einen r. ist, ist dem anderen billig *(es ist nur billig, was man dem einen als recht zugesteht, auch dem andern zuzugestehen);* * **alles, was r. ist** (1. ugs.; *bei allem Verständnis für das, was man anderen als recht u. billig zugestehen muss:* alles, was r. ist, aber das geht zu weit. ugs.; *zugegeben; das muss man sagen:* alles, was r. ist, als Mozartinterpret ist er immer noch einer der Besten); **d)** *jmds. Wunsch, Bedürfnis od. Einverständnis entsprechend:* etw. ist jmdm. r.; ist Ihnen dieser Termin r.?; es war ihr nicht r. *(war ihr unangenehm),* dass man sie dort gesehen hatte; wenn es [dir] r. ist *(wenn du einverstanden bist),* besuche ich dich morgen; es soll, kann mir r. sein (ugs.; *ich habe nichts dagegen);* man kann ihm nichts, kann es ihm nicht r. machen; man kann es nicht allen r. machen; Spr allen Menschen r. getan ist eine Kunst, die niemand kann. **2. a)** *so, wie es sein soll; richtig, wirklich, echt:* ein -er Mann; nun/jetzt erst r.! *(nun/jetzt gerade!);* da schrie er erst r. *(gerade; noch mehr, lauter als vorher);* ⟨abgeschwächt in Verbindung mit einer Verneinung:⟩ keine -e Lust haben; die Wunde will nicht r. heilen; ⟨subst.:⟩ er sollte endlich etwas Rechtes leisten; nicht r. *(nicht so ganz)* klug aus jmdm. werden; Sie hatte um ihre eigene Ehe nie so gebangt wie um diese Verbindung ihrer Tochter, für die sie sich nicht r. erwärmen konnte und die sie sehnlich herbeiwünschte (Chr. Wolf, Himmel 30); **b)** *ziemlich [groß]; ganz:* noch ein -es *(richtiges)* Kind sein; r. gut, schön; sei r. *(sehr)* herzlich gegrüßt; Das war nach dem ersten starken Schock doch ein r. erfreuliches Ergebnis (Remarque, Obelisk 285); * **r. und schlecht** (↑schlecht 7).

Recht, das; -[e]s, -e [mhd., ahd. reht]: **1. a)** ⟨Gen.: -s; ohne Pl.⟩ *Gesamtheit der staatlich festgelegten bzw. anerkannten Normen des menschlichen, bes. gesellschaftlichen Verhaltens; Gesamtheit der Gesetze u. gesetzähnlichen Normen; Rechtsordnung:* gesetztes, positives R.; deutsches, römisches R.; bürgerliches R. *(Zivilrecht);* öffentliches R. *(das Recht, das das Verhältnis des Einzelnen zur öffentlichen Gewalt u. ihren Trägern sowie deren Verhältnis zueinander regelt);* kanonisches R. *(katholisches Kirchenrecht);* das R. anwenden, handhaben, vertreten, missachten, verletzen, brechen, mit Füßen treten; das R. beugen *(als Richter bzw. Gericht willkürlich verdrehen);* gegen/wider das R., nach dem geltenden R. handeln; gegen R. und Gesetz verstoßen; * **R. sprechen** *(Gerichtsurteile fällen, richten);* **von -s wegen** *(eigentlich);* **b)** ⟨Pl.⟩ (veraltet) *Rechtswissenschaft, Jura:* die -e studieren; Doktor beider -e *(Doktor des weltlichen u. kirchlichen Rechts).* **2.** *berechtigter zuerkannter Anspruch; Berechtigung od. Befugnis:* ein verbrieftes, angestammtes, unveräußerliches, unabdingbares R.; die demokratischen, die elterlichen -e; das R. der Eltern; das R. des Stärkeren; das R. auf Arbeit, auf Unverletzlichkeit der Person; -e und Pflichten aus einem Vertrag; das sein gutes [R.]; das R. [dazu] haben, etw. zu tun, zu verlangen; dazu hat sie kein R.; ältere -e an, auf etw. haben als jmd.; nur sein/ nichts als sein R. wollen; sein R. suchen, fordern, behaupten, finden, bekommen; ein R. erlangen, ausüben, verwirken, aus etw. herleiten; seine -e überschreiten, missbrauchen; seine -e veräußern, verkaufen; jmds. -e wahren, wahrnehmen, verletzen, antasten, anfechten; jmdm. besondere -e [auf etw.] einräumen; jmdm. ein R. zugestehen, absprechen, verwehren, streitig machen; jmdm. ein R. verleihen, geben, übertragen, nehmen, verweigern, entziehen; jmdm. die staatsbürgerlichen -e aberkennen; sich das R. zu etw. nehmen, sich ein R. aneignen, anmaßen, vorbehalten; (Vermerk in Druck-Erzeugnissen:) alle -e vorbehalten *(Recht auf Abdruck, Verfilmung usw. vorbehalten);* auf seinem R. bestehen; in jmds. -e eingreifen; mit welchem R. hat er das getan?; mit dem gleichen R., mit umso mehr/umso größerem R. kann ich verlangen, dass ...; von seinem R. Gebrauch machen; jmdm. zu seinem R. verhelfen; Die Frage, auf wessen Seite das »Recht« liegt, ist relativ einfach: grundsätzlich auf Seiten der Dichter (A. Schmidt, Platz 97); Spr gleiche -e, gleiche Pflichten *(wer dieselben Rechte und Vergünstigungen wie in anderer beansprucht, muss auch dieselben Pflichten wie dieser erfüllen);* * **sein R. fordern/verlangen** *(gebührende Berücksichtigung [er]fordern:* der Körper verlangt sein R. [auf Schlaf]); **zu seinem R. kommen** *(gebührend berücksichtigt werden:* auch der Magen, auch das Vergnügen muss zu seinem R. kommen); **auf sein R. pochen**'*(mit Nachdruck auf seinem Recht bestehen).* **3.** ⟨o. Pl.⟩ *Berechtigung, wie sie das Recht[sempfinden] zuerkennt:* das R. war auf ihrer Seite; etw. mit [gutem, vollem] R. tun, behaupten können; nach R. und Billigkeit etw. tun, fordern dürfen; nach R. und Gewissen handeln; R̂ was R. ist, muss R. bleiben; R. muss R. bleiben (nach Ps. 94, 15); gleiches R. für alle; * **etw. für R. erkennen** *(Amtsspr.; zu etw. durch Gerichtsurteil entscheiden:* das Gericht hat für R. erkannt: ...); **im R.** *(in der Stellung, Lage desjenigen, der das Recht 1, 3 auf seiner Seite hat bzw. der Recht hat:* sich im R. fühlen; im R. sein); **mit/zu R.** *(mit Recht, mit Grund);* **R. daran tun** (↑recht 1 b); **R. haben** (↑recht 1 b); **R. behalten** (↑recht 1 b); **jmdm. R. geben** (↑recht 1 b); **R. bekommen** (↑recht 1 b). ◆ **4.** ¹*Gericht* (1 a): ... er fragte: wie man den Frevler endlich brächte zu R. *(vor Gericht;* Goethe, Reineke Fuchs 3, 175 f.); ... bittet hier die gute alte Mutter, dass sie doch morgen mit den Töchterlein ihrer seligen Base bei meinem -e *(bei meiner Hinrichtung)* zugegen sein mögen (Cl. Brentano, Kasperl 368).

recht... ⟨Adj.⟩ [mhd. reht, ursp. = richtig (vom Gebrauch der rechten Hand gesagt)]: **1. a)** *auf der Seite [befindlich], die beim Menschen der von ihm aus gesehenen Lage des Herzens entgegengesetzt ist:* die rechte Hand; das rechte *(in Flussrichtung rechte)* Ufer des Flusses; rechter (Boxen; *mit dem rechten Arm ausgeführter*) Haken; rechter Außenstürmer (Ballspiele; *Rechtsaußen);* **b)** *(bei Stoffen, Wäsche o. Ä.) außen, vorne, oben befindlich (u. normalerweise sichtbar):* die rechte Seite eines Pullovers, Tischtuchs; rechte Maschen (Handarb.; *Maschen auf der Außenseite bzw. rechten Seite);* **c)** [zu ↑ Rechte (2)] *politisch zur Rechten (2) gehörend, der Rechten eigentümlich, gemäß:* rechte Zeitungen, Ansichten; der rechte *(stark od. stärker rechts orientierte)* Flügel einer Partei; ⟨subst.:⟩ ein Rechter sein. **2.** (Geom.) *(von Winkeln)* 90° *betragend:* ein rechter Winkel.

recht|dre|hend ⟨Adj.⟩ (Meteorol.): *(vom Wind) sich in Uhrzeigerrichtung drehend.*

Rech|te, die/eine Rechte; der/einer Rechten, die Rechten/zwei Rechte: **1. a)** ⟨Pl. selten⟩ *rechte Hand:* etw. in der -n halten; (Boxen:) seine R. einsetzen; * **zur -n** *(auf, an der rechten Seite:* sie saß zu seiner -n); **b)** (Boxen) *mit der rechten Faust ausgeführter Schlag:* er traf ihn mit einer knallharten -n. **2.** ⟨Pl. selten⟩ [analoge Bildung zu ↑ Linke (2)] *Gesamtheit der Parteien, politischen Gruppierungen, Strömungen [stark] konservativer Prägung, dem Kommunismus u. Sozialismus ablehnend gegenüberstehen:* ein Vertreter der gemäßigten -n.

Recht|eck, das; -[e]s, -e: *Viereck mit vier rechtwinkligen Ecken u. je zwei sich gegenüberliegenden parallelen u. gleich langen Seiten.*

recht|eckig ⟨Adj.⟩: *die Form eines Rechtecks aufweisend.*
Rech|te|in|ha|ber, der: *jmd., der über ein Schutzrecht, über Schutzrechte verfügt.*
Rech|te|in|ha|be|rin, die: w. Form zu ↑ Rechteinhaber.
rech|ten ⟨sw. V.; hat⟩ [mhd. rehten, ahd. rehton, zu ↑ Recht] (geh.): *mit jmdm. streiten:* mit jmdm. über, um etw. r.; musst du immer r.?
¹**rech|tens** ⟨Adv.⟩ [spätmhd. rechtens, erstarrter Gen. von veraltet »das Rechte« = Recht, mhd. rehte, zu ↑ recht]: *zu Recht, mit Recht:* die Sache gilt r. als fragwürdig.
²**rech|tens** [vgl. ↑ ¹rechtens]: in den Verbindungen **r. sein** (*rechtmäßig sein:* die Mieterhöhung zum 1. des Monats ist r.); **für r. halten, erachten** o. Ä. (*etw. für rechtmäßig halten, erachten*).
Rech|ter, der Rechte/ein Rechter; des/eines Rechten, die Rechten/zwei Rechte: **1.** *jmd., der politisch rechts steht.* **2.** (Ballspiele Jargon) *Rechtsaußen.*
♦ **recht|fer|tig** ⟨Adj.⟩ [mhd. rehtvertic, ↑ rechtfertigen]: *darauf bedacht, stets das, was recht, richtig ist, zu sagen od. zu tun:* ... so r. ist der Mensch! (Goethe, Werther I, 12. August).
recht|fer|ti|gen ⟨sw. V.; hat⟩ [mhd. rehtvertigen = ausfertigen; von Schuld befreien; vor Gericht verteidigen; bestrafen, hinrichten, zu: rehtvertic = gerecht, gut, eigtl. = gerecht, gut machen]: **1. a)** *etw. gegen einen Einwand, Vorwurf verteidigen, als berechtigt hinstellen:* sein Handeln [vor jmdm.] r.; etw. ist durch nichts zu r. (*zu entschuldigen*); **b)** ⟨r. + sich⟩ *sich gegen einen Vorwurf verteidigen; sich verantworten:* sich vor jmdm. wegen etw. r. müssen; Es war Nacht, als ich unsere Ranch wieder erreichte. Ich rechtfertigte mich mit einer kecken Lüge (Frisch, Stiller 186). **2.** *als berechtigt, begründet erscheinen lassen, erweisen, zeigen:* er hat sich bemüht, das in ihn gesetzte Vertrauen zu r.; der Anlass rechtfertigt den Aufwand.
Recht|fer|ti|gung, die: **1.** *das [Sich]rechtfertigen:* er hatte nichts zu seiner R. vorzubringen. **2.** *das Gerechtfertigtsein; Berechtigung:* diese Maßnahme entbehrte völlig der R.
Recht|fer|ti|gungs|grund, der: *Grund (5), mit dem man etw., jmdn., sich rechtfertigt.*
recht|gläu|big ⟨Adj.⟩ [LÜ von spätlat. orthodoxus, griech. orthódoxos, ↑ orthodox]: *strenggläubig, orthodox.*
Recht|gläu|big|keit, die: **1.** ⟨o. Pl.⟩ *das Rechtgläubigsein.* **2.** *Orthodoxie (1, 2, 4b).*
Recht|ha|ber, der; -s, - (abwertend): *rechthaberischer Mensch.*
Recht|ha|be|rei, die; -, -en (abwertend): *rechthaberisches Verhalten.*
Recht|ha|be|rin, die; -, -nen: w. Form zu ↑ Rechthaber.
recht|ha|be|risch ⟨Adj.⟩ (abwertend): *starr an seinem Standpunkt (als dem richtigen) festhaltend:* ein -er Mensch; eine -e Art haben; r. sein.
recht|lich ⟨Adj.⟩ [mhd. rehtlich, ahd. rehtlīh, zu ↑ Recht]: **1.** *das Recht betreffend; gesetzlich:* -e Fragen, Normen; -e Gleichstellung; eine -e Grundlage für etw. schaffen; einen -en Anspruch auf etw. haben; jmds. -er Vertreter sein; r. begründet, nicht zulässig sein; etw. r. verpflichtet sein; etw. r. verankern. **2.** (veraltend) *rechtschaffen, redlich:* ein -er, r. denkender Mensch; ♦ ... wenn ich ein -er Bergmann werden würde (Novalis, Heinrich 66).
Recht|lich|keit, die; -: **1.** *Rechtmäßigkeit.* **2.** *Rechtschaffenheit, Redlichkeit.*
recht|los ⟨Adj.⟩: *keine Rechte habend, ohne Rechte:* die -e Stellung der Sklaven; r. sein.
Recht|lo|sig|keit, die; -: *das Rechtlossein.*
recht|mä|ßig ⟨Adj.⟩: *dem Recht nach, gesetzlich:* der -e Besitzer; jmds. -es Eigentum; etw. steht jmdm. r. zu.
Recht|mä|ßig|keit, die; -, -en ⟨Pl. selten⟩: *das Rechtmäßigsein; Berechtigung, Zulässigkeit.*
¹**rechts** ⟨Adv.⟩ [urspr. = Gen. Sg. von recht...]: **1. a)** *auf der rechten (1 a) Seite:* die Bücher stehen r. [auf dem Schreibtisch]; im Vordergrund r. steht ein Baum; die zweite Tür, [Quer]straße r.; r. vom Eingang; sich [auf der Straße, auf der Wanderung] mehr/weiter r. halten; halten Sie sich halb r.!; r. fahren, links überholen!; jmdn. r. und links ohrfeigen; r. (*nach rechts*) abbiegen; die Stürmerin spielt r. außen (Ballspiele: auf der äußersten rechten Seite des Spielfelds); (militär. Kommando) Augen r.! (*nach rechts*); (militär. Kommando) r. um! (*nach rechts umdrehen*); von r. (*von der rechten Seite*) kommen; sich nach r. (*nach der rechten Seite*) wenden; r. und links verwechseln; auf dieser Kreuzung gilt r. vor links (Verkehrsw.: *das von rechts kommende Fahrzeug hat Vorfahrt*); von r. nach links; * weder r. noch links schauen (*unbeirrbar seinen Weg verfolgen*); nicht [mehr] wissen, was r. und [was] links ist (ugs.; *sich überhaupt nicht [mehr] auskennen, sich nicht zurechtfinden u. völlig verwirrt sein*); **b)** (ugs.) *mit der rechten Hand:* [mit] r. schreiben; **c)** *auf bzw. von der rechten (1 b) Seite:* den Stoff [von] r. bügeln; ein Kleidungsstück nach r. drehen; **d)** (Handarb.) *mit rechten Maschen:* ein r. gestrickter Schal; zwei r., zwei links (*abwechselnd zwei rechts, zwei linke Maschen*) stricken. **2.** *politisch zur Rechten (2) gehörend:* [weit] r. stehen; [stark] r. eingestellt sein; politisch r. stehende Kreise; r. außen (*ganz rechts*) stehen; Kritik von r. außen (*von rechtsradikaler Seite*).
²**rechts** ⟨Präp. mit Gen.⟩ [zu: ↑ ¹rechts] (seltener): *auf der rechten (1 a) Seite von etw.:* r. des Rheins, der Straße.
Rechts|ab|bie|ger, der (Verkehrsw.): *jmd., der mit seinem Fahrzeug nach rechts abbiegt.*
Rechts|ab|bie|ge|rin, die: w. Form zu ↑ Rechtsabbieger.
Rechts|ab|tei|lung, die: *für Rechtsangelegenheiten zuständige Abteilung [eines Unternehmens].*
Rechts|an|ge|le|gen|heit, die ⟨meist Pl.⟩: *rechtliche Angelegenheit.*
Rechts|an|spruch, der: *rechtlicher, gesetzlicher Anspruch:* einen R. gerichtlich durchsetzen; jmds. Rechtsansprüche vertreten.
Rechts|an|walt, der: *Jurist mit staatlicher Zulassung als Berater u. Vertreter in Rechtsangelegenheiten, auch vor Prozessen; Anwalt* (Berufsbez.; Abk.: RA): er ist R. und Notar; [sich] einen R. nehmen; sich durch einen R. [vor Gericht] vertreten lassen.
Rechts|an|walts|bü|ro, das: ↑ Rechtsanwaltsbüro.
Rechts|an|wäl|tin, die: w. Form zu ↑ Rechtsanwalt (Abk.: RA).
Rechts|an|walts|bü|ro, das: *Anwaltsbüro.*
Rechts|an|walts|kam|mer, die: *Anwaltskammer.*
Rechts|an|walts|kanz|lei, die: *Anwaltskanzlei.*
Rechts|an|wen|dung, die (Rechtsspr.): *Anwendung des geltenden Rechts, der geltenden Gesetze.*
Rechts|auf|fas|sung, die (Rechtsspr.): *Auffassung, die das Recht u. seine Auslegung betrifft.*
Rechts|aus|kunft, die: *Auskunft in Rechtsangelegenheiten.*
Rechts|aus|la|ge, die (Boxen): *Auslage (3b) des linkshändigen Boxers, bei der das linke Bein vorsetzt u. dessen rechte Hand die Führhand ist.*
Rechts|aus|schuss, der (Politik): *Ausschuss für Rechtsfragen:* der R. des Deutschen Bundestages.
¹**Rechts|au|ßen,** der (Ballspiele): *Stürmer auf der äußersten rechten Seite des Spielfeldes.*
²**Rechts|au|ßen,** die: w. Form zu ↑ ¹Rechtsaußen.

Rechts|be|griff, der: **1.** *Begriff des Rechts (1 a):* in klarer R.; den R. definieren. **2.** *Begriff (2) aus der Rechtssprache:* »Verfassungswidrigkeit« ist ein definierter R.
Rechts|be|helf, der (Rechtsspr.): *rechtliches Mittel der Anfechtung einer behördlichen bzw. gerichtlichen Entscheidung.*
Rechts|bei|stand, der: *juristisch sachkundige Person, die mit behördlicher Erlaubnis fremde Rechtsangelegenheiten besorgt, ohne Rechtsanwalt bzw. Rechtsanwältin zu sein.*
Rechts|be|leh|rung, die (Rechtsspr.): *Belehrung über die in einer bestimmten Angelegenheit geltenden rechtlichen Bestimmungen.*
Rechts|be|ra|ter, der: *jmd., der beruflich Rechtsberatung erteilt.*
Rechts|be|ra|te|rin, die: w. Form zu ↑ Rechtsberater.
Rechts|be|ra|tung, die: **1.** *Beratung in Rechtsangelegenheiten (bes. im Rahmen beruflicher, geschäftlicher Tätigkeit).* **2.** *Rechtsberatungsstelle.*
Rechts|be|schwer|de, die (Rechtsspr.): *(bei gerichtlichen Entscheidungen in bestimmten Verfahrensarten mögliche) Beschwerde wegen Verstoßes gegen rechtliche Bestimmungen.*
Rechts|be|stim|mung, die (Rechtsspr.): *rechtliche, gesetzliche Bestimmung (1 b).*
Rechts|beu|gung, die (Rechtsspr.): *bei der Entscheidung einer Rechtssache im Amt begangenes Delikt der vorsätzlich falschen Anwendung des Rechts od. der Verfälschung von Tatsachen zugunsten od. zum Nachteil einer Partei.*
Rechts|be|wusst|sein, das: *in einer Gesellschaft vorhandenes Bewusstsein dessen, was Recht od. Unrecht ist.*
Rechts|be|zie|hung, die (Rechtsspr.): *rechtliche (1) Beziehung.*
Rechts|brauch, der: *überlieferter Brauch im rechtlichen Bereich.*
Rechts|bre|cher, der: *jmd., der Rechtsbruch begangen hat; Gesetzesbrecher.*
Rechts|bre|che|rin, die; -, -nen: w. Form zu ↑ Rechtsbrecher.
Rechts|bruch, der: *Verstoß gegen das Recht, die Gesetze:* einen R. begehen.
rechts|bün|dig ⟨Adj.⟩ (Fachspr.): *an eine [gedachte] senkrechte rechte (1 a) Grenzlinie angeschlossen, angereiht:* Kontonummer bitte r. eintragen!
recht|schaf|fen ⟨Adj.⟩ [eigtl. = recht beschaffen] (veraltend): **1.** *ehrlich u. anständig; redlich:* ein -er Mann; r. sein, handeln; ⟨subst.:⟩ etw. Rechtschaffenes (*Ordentliches*) lernen; Ich bin einsam, Buchhalter, lebe r. und bin strenger Abstinenzler (Dürrenmatt, Grieche 9). **2. a)** *groß, stark, beträchtlich:* einen -en Hunger haben; **b)** (intensivierend bei Adjektiven u. Verben) *sehr, überaus, stark:* r. müde, satt sein; sich r. plagen müssen.
Recht|schaf|fen|heit, die; - (veraltend): *rechtschaffene (1) Art.*
Recht|schreib|buch, Recht|schrei|be|buch, das: *Lehr-, Übungs- od. Wörterbuch der Rechtschreibung.*
recht|schrei|ben ⟨st. V.; nur im Inf. gebr.⟩: *orthografisch richtig schreiben:* sie kann nicht r.; ⟨subst.:⟩ im Rechtschreiben ist er schwach.
Recht|schreib|feh|ler, der: *Fehler, der in einem Verstoß gegen die Rechtschreibung besteht.*
Recht|schreib|fra|ge, die: *Frage der Rechtschreibung:* -n erörtern.
recht|schreib|lich ⟨Adj.⟩: *die Rechtschreibung betreffend; orthografisch:* -e Schwierigkeiten.
Recht|schreib|re|form, die: *Reform der Rechtschreibung (1).*
Recht|schrei|bung, die [LÜ von lat. orthographia, ↑ Orthografie]: **1.** ⟨Pl. selten⟩ *nach bestimmten*

Regeln festgelegte, allgemein geltende Schreibung von Wörtern; Orthografie: eine Reform der R.; etw. verstößt gegen die R. **2.** ⟨o. Pl.⟩ *Unterrichtsfach, in dem Rechtschreibung (1) gelehrt wird.* **3.** *Rechtschreibbuch.*

Recht|schreib|wör|ter|buch, das: *die Rechtschreibung (1) von Wörtern verzeichnendes Wörterbuch.*

Rechts|drall, der: **1.** (Fachspr.) *rechtsdrehender Drall.* **2.** (ugs.) *Tendenz zur Abweichung nach rechts:* der Wagen hat einen R.; Ü er hat einen R. *(ist politisch nach rechts orientiert).*

rechts|dre|hend ⟨Adj.⟩: **1.** (bes. Technik) *einer nach rechts (im Uhrzeigersinn) gerichteten bzw. ansteigenden Drehung um die Längsachse folgend:* -es Gewinde. **2.** (Physik, Chemie) *die Ebene des polarisierten Lichts nach rechts drehend.*

Rechts|dre|hung, die: *Drehung nach rechts:* eine R. machen.

Rechts|ein|wen|dung, die (Rechtsspr.): *Geltendmachung eines Rechtes, das einem behaupteten Anspruch entgegensteht.*

Rechts|emp|fin|den, das: *Empfinden für Recht u. Unrecht.*

rechts|er|fah|ren ⟨Adj.⟩: *erfahren in Rechtsangelegenheiten.*

Recht|set|zung, Rechtssetzung, die (Rechtsspr.): *Setzung (1) rechtlicher Normen.*

Rechts|ex|per|te, der: *Experte für Rechtsfragen.*

Rechts|ex|per|tin, die: w. Form zu ↑ Rechtsexperte.

rechts|ex|t|rem ⟨Adj.⟩: *rechtsextremistisch.*

Rechts|ex|t|re|mis|mus, der ⟨o. Pl.⟩ (Politik): *rechter (1 c) Extremismus.*

Rechts|ex|t|re|mist, der (Politik): *Vertreter des Rechtsextremismus.*

Rechts|ex|t|re|mis|tin, die: w. Form zu ↑ Rechtsextremist.

rechts|ex|t|re|mis|tisch ⟨Adj.⟩ (Politik): *extremistisch im Sinne einer politischen Richtung bzw. Ideologie der äußersten Rechten.*

rechts|fä|hig ⟨Adj.⟩ (Rechtsspr.): *(gemäß der Rechtsordnung) fähig, Träger von Rechten u. Pflichten zu sein:* -e Vereine.

Rechts|fä|hig|keit, die ⟨o. Pl.⟩ (Rechtsspr.): *das Rechtsfähigsein.*

Rechts|fall, der (Rechtsspr.): *gerichtlich zu entscheidender* ¹*Fall* (2).

Rechts|feh|ler, der: *rechtlicher (1) Fehler.*

Rechts|fin|dung, die ⟨o. Pl.⟩ (Rechtsspr.): *Findung des dem geltenden Recht Gemäßen (bei gerichtlichen bzw. behördlichen Entscheidungen).*

Rechts|fol|ge, die (Rechtsspr.): *rechtliche Folge:* -n aus einem Abkommen.

Rechts|form, die (Rechtsspr.): *rechtlich festgelegte Form (für die Regelung von Rechtsangelegenheiten):* die R. der Leihe.

Rechts|for|mel, die: *in mittelalterlichen Rechtstexten gebrauchte formelhafte Wendung (z. B. Haut und Haar).*

Rechts|fra|ge, die: *rechtliche Frage.*

rechts|frei ⟨Adj.⟩ (Rechtsspr.): *nicht geregelt durch rechtliche Bestimmungen:* ein -er Raum.

Rechts|frie|de, (häufiger:) **Rechts|frie|den,** der ⟨o. Pl.⟩ (Rechtsspr.): *auf Rechtssicherheit beruhender, durch allseitige Anerkennung einer bestehenden Rechtslage gekennzeichneter Zustand.*

Rechts|ge|biet, das (Rechtsspr.): *Gebiet der Rechtswissenschaft.*

Rechts|ge|fühl, das ⟨o. Pl.⟩: *Gefühl für Recht u. Unrecht:* etw. verletzt, beleidigt jmds. R.

rechts|ge|lehrt ⟨Adj.⟩: *juristisch ausgebildet.*

Rechts|ge|lehr|te ⟨vgl. Gelehrte⟩ (veraltet): *Gelehrte auf dem Gebiet der Rechtswissenschaft; Juristin.*

Rechts|ge|lehr|ter ⟨vgl. Gelehrter⟩ (veraltet): *Gelehrter auf dem Gebiet der Rechtswissenschaft; Jurist.*

rechts|ge|nü|gend, rechts|ge|nüg|lich ⟨Adj.⟩ (schweiz.): *den gesetzlichen Vorschriften hinreichend entsprechend.*

rechts|ge|rich|tet ⟨Adj.⟩: *rechtsorientiert:* -e Kreise, Gruppierungen.

Rechts|ge|schäft, das (Rechtsspr.): *an die Erfüllung bestimmter rechtlicher Bedingungen gebundene Handlung, die auf Begründung, Änderung od. Aufhebung eines Rechtsverhältnisses gerichtet ist.*

rechts|ge|schäft|lich ⟨Adj.⟩: *ein Rechtsgeschäft betreffend.*

Rechts|ge|schich|te, die: **1.** ⟨o. Pl.⟩ **a)** *geschichtliche Entwicklung des Rechts (1 a);* **b)** *Wissenschaft von der Rechtsgeschichte (1 a) als Teil der Rechtswissenschaft.* **2.** *Werk, das die Rechtsgeschichte (1 a) zum Thema hat; Geschichte (1 a, c) des Rechts.*

Rechts|grund, der (Rechtsspr.): *durch das Recht gegebener, rechtlicher Grund:* etw. gibt einen R.

Rechts|grund|la|ge, die (Rechtsspr.): *rechtliche Grundlage:* keine R. haben; dafür gibt es eine R.

Rechts|grund|satz, der (Rechtsspr.): *Grundsatz des Rechts.*

rechts|gül|tig ⟨Adj.⟩ (Rechtsspr.): *nach dem bestehenden Recht gültig:* ein -er Vertrag.

Rechts|gül|tig|keit, die ⟨Pl. selten⟩: *das Rechtsgültigsein; rechtliche Geltung (1).*

Rechts|gut, das (Rechtsspr.): *durch das Recht geschütztes Gut od. Interesse.*

Rechts|gut|ach|ten, das: *rechtliches, juristisches Gutachten.*

Rechts|hän|der, der; -s, -: *jmd., der rechtshändig ist.*

Rechts|hän|de|rin, die; -, -nen: w. Form zu ↑ Rechtshänder.

rechts|hän|dig ⟨Adj.⟩: **1.** *die rechte (1 a) Hand bevorzugend:* -e Menschen. **2.** *mithilfe, unter Einsatz der rechten (1 a) Hand [geschehend]:* r. arbeiten.

Rechts|hän|dig|keit, die; -: *das Rechtshändigsein.*

Rechts|hand|lung, die (Rechtsspr.): *rechtswirksame Handlung.*

rechts|hän|gig ⟨Adj.⟩ (Rechtsspr.): *(von einer zur Entscheidung anstehenden Rechtssache) noch nicht abgeschlossen.*

Rechts|hän|gig|keit, die; - (Rechtsspr.): *das Rechtshängigsein.*

rechts|he|rum ⟨Adv.⟩: *in der rechten (1 a) Richtung herum:* etw. r. drehen.

Rechts|hil|fe, die ⟨o. Pl.⟩ (Rechtsspr.): *Hilfe in einem Verfahren, die ein bis dahin unbeteiligtes Gericht einem darum ersuchenden Gericht od. einer Verwaltungsbehörde durch eine Amtshandlung leistet.*

Rechts|hil|fe|er|su|chen, das (Rechtsspr.): *Ersuchen um Rechtshilfe.*

Rechts|irr|tum, der (Rechtsspr.): *Irrtum hinsichtlich der bestimmten Bestimmungen, gegen die verstoßen wird (nicht hinsichtlich des Sachverhalts, Tatbestands).*

rechts|kon|ser|va|tiv ⟨Adj.⟩ (Politik): *einem Konservativismus (1 b) anhängend, der nationalistische u. antidemokratische Züge aufweist.*

Rechts|kraft, die ⟨o. Pl.⟩ (Rechtsspr.): *Endgültigkeit, Unanfechtbarkeit einer gerichtlichen (od. behördlichen) Entscheidung:* einer Verfügung R. verleihen; das Urteil erhält, erlangt R.

rechts|kräf|tig ⟨Adj.⟩ (Rechtsspr.): *Rechtskraft habend:* eine -e Entscheidung; das Urteil ist noch nicht r. [geworden].

rechts|kun|dig ⟨Adj.⟩: *in rechtlichen Dingen sachkundig:* ein -er Mann.

Rechts|kur|ve, die: *nach* ¹*rechts (1 a) gekrümmte Kurve.*

Rechts|la|ge, die (Rechtsspr.): *rechtliche Lage (in Bezug auf einen Rechtsfall):* die R. in diesem Fall ist kompliziert.

rechts|las|tig ⟨Adj.⟩: **1.** ¹*rechts (1 a) zu stark belastet.* **2.** (Politikjargon abwertend) *unverhältnismäßig stark rechtsorientiert:* -e Institutionen, Hörfunkprogramme.

Rechts|leh|re, die: *Jurisprudenz.*

rechts|li|be|ral ⟨Adj.⟩ (Politik): *rechtsorientiert u. liberal.*

Rechts|me|di|zin, die ⟨o. Pl.⟩: *Gerichtsmedizin.*

Rechts|me|di|zi|ner, der: *Spezialist auf dem Gebiet der Rechtsmedizin.*

Rechts|me|di|zi|ne|rin, die: w. Form zu ↑ Rechtsmediziner.

rechts|me|di|zi|nisch ⟨Adj.⟩: *die Rechtsmedizin betreffend, auf ihr beruhend, zu ihr gehörend.*

Rechts|miss|brauch, der (Rechtsspr.): *Missbrauch eines Rechtes.*

Rechts|mit|tel, das (Rechtsspr.): *rechtliches Mittel, das es jmdm. ermöglicht, eine gerichtliche Entscheidung anzufechten, bevor sie rechtskräftig wird:* gegen diese Entscheidung ist kein R. zulässig; ein R. einlegen; auf R. verzichten.

Rechts|mit|tel|be|leh|rung, die (Rechtsspr.): *Unterrichtung über die Möglichkeit, Rechtsmittel einzulegen.*

Rechts|nach|fol|ge, die (Rechtsspr.): *Nachfolge in einem Rechtsverhältnis od. in einer Rechtsstellung (durch Übergang, Übertragung von Rechten u. Pflichten von einer Person auf die andere).*

Rechts|nach|fol|ger, der (Rechtsspr.): *Nachfolger bei der Rechtsnachfolge.*

Rechts|nach|fol|ge|rin, die: w. Form zu ↑ Rechtsnachfolger.

Rechts|norm, die (Rechtsspr.): *(gewohnheitsrechtlich festliegende od. vom Staat festgesetzte) rechtlich bindende Norm.*

Rechts|ord|nung, die (Rechtsspr.): *Gesamtheit der geltenden Rechtsvorschriften:* die bestehende, die französische R.

rechts|ori|en|tiert ⟨Adj.⟩ (Politik): *an einer rechten (1 c) Ideologie, Parteilinie usw. orientiert.*

Rechts|par|tei, die (Politik): *rechte (1 c) Partei.*

Rechts|per|son, die (Rechtsspr.): *rechtsfähige Person.*

Rechts|pfle|ge, die ⟨o. Pl.⟩ (Rechtsspr.): *Anwendung u. Durchsetzung des geltenden Rechts; Justiz.*

Rechts|pfle|ger, der: *Beamter des gehobenen Dienstes, der bestimmte Aufgaben der Rechtspflege wahrnimmt (Berufsbez.).*

Rechts|pfle|ge|rin, die: w. Form zu ↑ Rechtspfleger.

Rechts|po|li|tik, die: *Politik im Bereich des Rechtswesens.*

rechts|po|li|tisch ⟨Adj.⟩: *die Rechtspolitik betreffend.*

Rechts|po|pu|lis|mus, der (Politik): *Populismus, der rechtsextreme Positionen vertritt.*

rechts|po|pu|lis|tisch ⟨Adj.⟩ (Politik): *den Rechtspopulismus betreffend; von Rechtspopulismus zeugend.*

Rechts|po|si|ti|on, die (Rechtsspr.): *rechtliche Position.*

Recht|spre|chung, (seltener:) *Rechtssprechung,* die; -, -en ⟨Pl. selten⟩: *Praxis der richterlichen Entscheidung; fortlaufende Folge richterlicher Entscheidungen von Rechtsfällen; Jurisdiktion.*

rechts|ra|di|kal ⟨Adj.⟩ (Politik): *radikal im Sinne der politischen Richtung bzw. Ideologie der äußersten Rechten.*

Rechts|ra|di|ka|le ⟨vgl. Radikale⟩ (Politik): *weibliche Person mit rechtsradikaler politischer Einstellung.*

Rechts|ra|di|ka|ler ⟨vgl. Radikaler⟩ (Politik): *jmd. mit rechtsradikaler politischer Einstellung.*

Rechts|ra|di|ka|lis|mus, der (Politik): *rechter* (1 c) *Radikalismus.*
Rechts|re|gie|rung, die (Politik): *rechte* (1 c) *Regierung.*
rechts|rhei|nisch ⟨Adj.⟩: *auf der rechten* (1 a) *Seite des Rheins [gelegen o. Ä.].*
Rechts|ruck, der (Politikjargon): **a)** *hoher Stimmengewinn der Rechten* (2) *bei einer Wahl;* **b)** *Stärkung des Einflusses eines rechtsorientierten Parteiflügels (innerhalb einer Partei, der Regierung o. Ä.);* **c)** *Hinwendung zu rechtsorientierten Ideen u. Vorstellungen.*
rechts|rum ⟨Adv.⟩ (ugs.): *rechtsherum.*
Rechts|sa|che, die (Rechtsspr.): *gerichtlich zu verhandelnde Sache; Streitsache.*
Rechts|satz, der (Rechtsspr.): *Rechtsnorm.*
◆ **Rechts|schluss,** der: *(einen Rechtsfall betreffender) Beschluss:* Er setzte sich nieder und verfasste einen R. (Kleist, Kohlhaas 30).
Rechts|schutz, der ⟨o. Pl.⟩ (Rechtsspr.): *staatlicher Schutz von Rechten des Einzelnen; rechtlicher Schutz.*
Rechts|schutz|ver|si|che|rung, die: *Versicherung für die bei Rechtsstreitigkeiten entstehenden Kosten.*
rechts|sei|tig ⟨Adj.⟩: *auf der rechten* (1 a) *Seite [gelegen]:* r. gelähmt sein.
Rechts|si|cher|heit, die (Rechtsspr.): *durch die Rechtsordnung gewährleistete Sicherheit.*
Rechts|spra|che, die ⟨Pl. selten⟩ (Sprachwiss.): *im Rechtswesen gebräuchliche Fachsprache.*
rechts|sprach|lich ⟨Adj.⟩: *die Rechtssprache betreffend, zu ihr gehörend:* ein -er Terminus.
Rechts|spre|chung: ↑ Rechtsprechung.
Rechts|spruch, der: *[Urteils]spruch; gerichtliches Urteil.*
Rechts|staat, der (Politik): *Staat, der [gemäß seiner Verfassung] das von seiner Volksvertretung gesetzte Recht verwirklicht u. sich der Kontrolle unabhängiger Richter unterwirft.*
rechts|staat|lich ⟨Adj.⟩: *die Rechtsstaatlichkeit betreffend.*
Rechts|staat|lich|keit, die: *die Eigenschaft eines Rechtsstaates habend.*
rechts ste|hend, rechts|ste|hend ⟨Adj.⟩ (Politik): *(von Personen, Gruppen) rechtsorientiert:* politisch rechts stehende Kreise.
Rechts|stel|lung, die (Rechtsspr.): *rechtliche Stellung:* die R. von Ausländern.
Rechts|streit, der (Rechtsspr.): *zwischen zwei Parteien bzw. Beteiligten in einem gerichtlichen Verfahren ausgetragene Auseinandersetzung über ein Rechtsverhältnis* (1); *Prozess.*
Rechts|strei|tig|keit, die (Rechtsspr.): *Rechtsstreit.*
Rechts|sys|tem, das: *Rechtsordnung.*
◆ **Rechts|tag,** der [mhd. rehttac]: *Gerichtstag:* ...schon drei Rechtstäge sind über ihn gehalten worden (Schiller, Räuber II, 3).
Rechts|ti|tel, der (Rechtsspr.): *Rechtsanspruch.*
Rechts|trä|ger, der (Rechtsspr.): *rechtsfähiger Träger* (4 a, c).
Rechts|trä|ge|rin, die: w. Form zu ↑ Rechtsträger.
recht|su|chend ⟨Adj., sein Recht* (2) *suchend:* der -e Bürger, Mieter.
rechts|um ⟨Adv.⟩ (bes. in militär. Kommandos): *nach rechts herum, rechtsherum:* r. kehrt!
rechts|un|gül|tig ⟨Adj.⟩ (Rechtsspr.): *nach dem bestehenden Recht ungültig.*
Rechts|un|si|cher|heit, die (Rechtsspr.): *mangelnde Rechtssicherheit.*
Rechts|un|ter|zeich|ne|te ⟨vgl. Unterzeichnete⟩: *weibliche Person, die rechts unterzeichnet hat.*
Rechts|un|ter|zeich|ne|ter ⟨vgl. Unterzeichneter⟩: *jmd., der rechts unterzeichnet hat.*
Rechts|ver|bei|stän|dung, die; - (schweiz.): *Gewährung eines [unentgeltlichen] Rechtsbeistandes.*

rechts|ver|bind|lich ⟨Adj.⟩ (Rechtsspr.): *rechtlich verbindlich.*
Rechts|ver|bind|lich|keit, die (Rechtsspr.): **1.** ⟨o. Pl.⟩ *rechtliche Verbindlichkeit.* **2.** *etw. rechtlich Verbindliches.*
Rechts|ver|dre|her, der: **1.** (abwertend) *jmd., der die Gesetze absichtlich falsch auslegt u. anwendet.* **2.** (ugs. scherzh.) *Jurist, Rechtsanwalt.*
Rechts|ver|dre|he|rin, die: w. Form zu ↑ Rechtsverdreher.
Rechts|ver|hält|nis, das (Rechtsspr.): **1.** *rechtlich geordnetes, bestimmte Rechte u. Pflichten begründendes Verhältnis, in dem Personen bzw. Personen u. Gegenstände zueinander stehen.* **2.** ⟨Pl.⟩ *rechtliche Verhältnisse.*
¹**Rechts|ver|kehr,** der ⟨o. Pl.⟩ (Rechtsspr.): *rechtliche Angelegenheiten betreffender Verkehr* (2 a), *Austausch usw.:* der internationale R.
²**Rechts|ver|kehr,** der ⟨Pl. selten⟩: *Form des Verkehrs* (1), *bei dem rechts gefahren u. links überholt wird.*
Rechts|ver|let|zung, die (Rechtsspr.): *einzelne Verletzung geltenden Rechts.*
Rechts|ver|ord|nung, die (Rechtsspr.): *aufgrund gesetzlicher Ermächtigung von der Regierung od. einer Verwaltungsbehörde erlassene Verordnung.*
Rechts|ver|stoß, der: *Verstoß gegen ein geltendes Recht.*
Rechts|ver|tre|ter, der (Rechtsspr.): *staatlich zugelassener Vertreter in Rechtsangelegenheiten* (z. B. Rechtsanwalt).
Rechts|ver|tre|te|rin, die: w. Form zu ↑ Rechtsvertreter.
Rechts|vor|gän|ger, der (Rechtsspr.): vgl. Rechtsnachfolger.
Rechts|vor|gän|ge|rin, die: w. Form zu ↑ Rechtsvorgänger.
Rechts|vor|schrift, die (Rechtsspr.): *rechtliche Vorschrift.*
Rechts|weg, der (Rechtsspr.): *Weg* (4), *auf dem bei den Gerichten um Rechtsschutz, um eine gerichtliche Entscheidung nachgesucht werden kann:* für diesen Streitfall ist der R. zulässig, ausgeschlossen; den R. gehen, einschlagen, beschreiten; diese Angelegenheit wird auf dem R. *(gerichtlich)* entschieden.
Rechts|wen|dung, die: *Wendung nach rechts.*
Rechts|we|sen, das ⟨o. Pl.⟩: *Gesamtheit des organisierten Rechts.*
rechts|wid|rig ⟨Adj.⟩: *gegen das geltende Recht [verstoßend]; gesetzwidrig:* eine -e Handlung; das Verbot ist r.
Rechts|wid|rig|keit, die: **1.** ⟨o. Pl.⟩ *das Rechtswidrigsein; rechtswidrige Beschaffenheit.* **2.** *rechtswidrige Handlung od. Unterlassung.*
rechts|wirk|sam ⟨Adj.⟩ (Rechtsspr.): *rechtsgültig.*
Rechts|wis|sen|schaft, die: *Wissenschaft vom Recht, seinen Erscheinungsformen u. seiner Anwendung; Jura, Jurisprudenz.*
rechts|wis|sen|schaft|lich ⟨Adj.⟩: *die Rechtswissenschaft betreffend, darauf beruhend:* ein -es Gutachten.
Rechts|zug, der (Rechtsspr.): **1.** *Instanz* (2). **2.** *spezieller Rechtsweg; Instanzenweg.*
recht|win|ke|lig, recht|wink|lig ⟨Adj.⟩: *einen rechten Winkel aufweisend, bildend, beschreibend:* ein -es Dreieck; r. *(im rechten Winkel) abzweigen.*
recht|zei|tig ⟨Adj.⟩: *zur rechten Zeit [erfolgend] (sodass es noch früh genug ist):* -e Benachrichtigung; [gerade noch] r. kommen; er hat nicht mehr r. bremsen können.
re|ci|pe ['reːtsipe; lat., zu: recipere, ↑ rezipieren]: *nimm!* (Hinweis auf ärztlichen Rezepten; Abk.: Rec., Rp.)
Re|ci|tal [riˈsaɪt]], das; -s, -s, (eindeutschend auch:) Rezital, das; -s, -e u. -s [engl. recital, zu: to

recite = öffentlich vortragen < (m)frz. réciter < lat. recitare, ↑ rezitieren]: *von einem Solisten dargebotenes od. aus den Werken nur eines Komponisten bestehendes Konzert.*
re|ci|tan|do [retʃiˈ..] ⟨Adv.⟩ [ital. recitando, Gerundium von: recitare = vortragen < lat. recitare, ↑ rezitieren] (Musik): *frei, d. h. ohne strikte Einhaltung des Taktes, rezitierend.*
Reck, das; -[e]s, -e, auch: -s [aus dem Niederd. < mniederd. reck(e) = Querstange (bes. zum Aufhängen der Wäsche), verw. mit ↑ Rahe; von dem dt. Erzieher F. L. Jahn (1778–1852) in die Turnersprache eingeführt]: *Turngerät, das aus einer zwischen zwei festen senkrechten Stützen in der Höhe verstellbar angebrachten stählernen Stange besteht:* [am] R. turnen; eine Felge am R. machen.
Re|cke, der; -n, -n [mhd. recke, ahd. rechh(e)o, urspr. = Verbannter, zu ↑ rächen] (geh.): *(in Sagen) kampferprobter, kühner Krieger.*
re|cken (sw. V.; hat) [mhd. recken, ahd. recchen, verw. mit ↑ recht]: **1. a)** *(den Körper, eine Gliedmaße) strecken u. dehnen:* sich tüchtig r.; den Hals r.; sich [im Bett] r. und strecken; **b)** *irgendwohin strecken:* den Kopf aus dem Fenster, den Arm in die Höhe r.; die Faust gegen jmdn. r. (geh.; *jmdm. mit der Faust drohen).* **2. a)** (landsch.) *(in Bezug auf ein Wäschestück) nach der Wäsche so ziehen, dehnen, dass es wieder in die richtige Form kommt:* Wäsche r.; **b)** (Fachspr.) *(durch Walken, Hämmern, Walzen o. Ä.) dehnen [u. geschmeidig machen], in der Oberfläche u. Länge vergrößern:* einen Werkstoff r.; gereckter Thermoplast.
Reck|ling|hau|sen: *Stadt im Ruhrgebiet.*
Reck|ling|häu|ser, der; -s, -: Ew.
Reck|ling|häu|se|rin, die; -, -nen: w. Form zu ↑ Recklinghäuser.
Reck|stan|ge, die: *Querstange am Reck.*
Reck|tur|nen, das: *Turnen am Reck.*
re|com|man|dé [rakomãˈdeː; frz., adj. 2. Part. von: recommander, eigtl. = (dringend) raten, empfehlen] (Postw.): frz. Bez. für: *eingeschrieben* (Abk.: R).
Re|con|quis|ta [rekɔnˈkista, auch: rekɔŋ...], die; - [span. reconquista, eigtl. = Wiedereroberung, Rückgewinnung]: *Kampf der [christlichen] Bevölkerung Spaniens gegen die arabische Herrschaft im Mittelalter.*
Re|cor|der: ↑ Rekorder.
Re|c|rui|ting [riˈkruːtɪŋ], das; -s [zu engl. to recruit = erneuern, ergänzen < frz. recroître, vgl. Rekrut]: *Suche nach bzw. Vermittlung von qualifizierten Arbeitskräften.*
rec|te ⟨Adv.⟩ [lat. recte, Adv. von: rectus = gerade, richtig, zu: rectum, 2. Part. von: regere, ↑ regieren] (bildungsspr.): *richtig, recht.*
Rec|tor ma|g|ni|fi|cus, der; - -, ...ores [...reːs] ...ci [lat., eigtl. = erhabener Leiter, ↑ magnifik]: **a)** ⟨o. Pl.⟩ *Titel der Rektoren einer Hochschule;* **b)** *Träger dieses Titels.*
re|cy|cel|bar, recycelbar [riˈsaɪk̮l...] ⟨Adj.⟩: *sich recyceln lassend:* die Verpackungen sind vollständig r.
re|cy|cel|fä|hig, recycelfähig ⟨Adj.⟩: *recycelbar.*
re|cy|celn, recyceln [riˈsaɪk̮l] ⟨sw. V.; hat⟩ [engl. to recycle = wiederaufbereiten, aus: re- = wieder, zurück (< lat. re-) u. cycle = Kreis(lauf) < lat. cyclus, ↑ Zyklus]: *einem Recycling zuführen:* Altpapier, Altglas, Kunststoff r.; die Blechdosen werden recycelt/recyclet.
re|cy|c|le|bar usw.: ↑ recyclebar usw.
Re|cy|c|ling [riˈsaɪk̮lɪŋ], das; -s [engl. recycling, zu: to recycle, ↑ recyceln]: *Aufbereitung u. Wiederverwendung bereits benutzter Rohstoffe:* R. von Altglas.
Re|cy|c|ling|an|la|ge, die: *Anlage zum Recyceln.*

Re|cy|c|ling|hof, der: *Sammelstelle für wiederverwertbare Abfälle aus Privathaushalten.*

Re|cy|c|ling|pa|pier, das: *auf dem Wege des Recyclings aus Altpapier hergestelltes Papier.*

Re|dak|teur [...'tøːɐ̯], der; -s, -e [frz. rédacteur, zu lat. redactum, 2. Part. von: redigere, ↑ redigieren]: *jmd., der für eine Zeitung od. Zeitschrift, für Rundfunk od. Fernsehen, für ein [wissenschaftliches] Sammelwerk o. Ä. Beiträge auswählt, bearbeitet od. selbst schreibt* (Berufsbez.): er ist R. bei/an einer großen Zeitung; R. für Politik, Wirtschaft, Sport; der verantwortliche R.

Re|dak|teu|rin, die; -, -nen: w. Form zu ↑ Redakteur.

Re|dak|ti|on, die; -, -en [frz. rédaction, zu lat. redactum, 2. Part. von: redigere, ↑ redigieren]: **1.** ⟨o. Pl.⟩ *Tätigkeit eines Redakteurs; das Redigieren, Herausgeben von Texten:* die R. der verschiedenen Beiträge besorgen; bis spät in die Nacht war sie mit der R. der nächsten Zeitschriftennummer beschäftigt. **2. a)** *Gesamtheit der Redakteure (einer Zeitung, Rundfunkanstalt o. Ä.):* die R. zu einer Besprechung zusammenrufen; ein Mitglied der R.; **b)** *Raum od. Räume für die Arbeit der Redakteure:* es ist niemand mehr in der R.; **c)** *Abteilung, Geschäftsstelle, Büro bei einer Zeitung, einem Verlag, einer Rundfunkanstalt o. Ä., in dem Redakteure arbeiten:* die politische R. einer Zeitschrift leiten. **3.** (Fachspr.) *Veröffentlichung, [bestimmte] Ausgabe eines Textes.*

re|dak|ti|o|nell (Adj.): **a)** *das Redigieren betreffend:* die -e Bearbeitung eines Textes; die -e Verantwortung tragen; **b)** *von der Redaktion ausgehend:* der -e Teil einer Zeitung.

Re|dak|ti|ons|be|spre|chung, die: *Besprechung einer Redaktion* (2 a).

Re|dak|ti|ons|kon|fe|renz, die; -, -en: *regelmäßige, bei Tageszeitungen tägliche Zusammenkunft der Redakteure einer publizistischen Einrichtung zur Besprechung aktueller Fragen.*

Re|dak|ti|ons|lei|ter [der]: *Leiter einer Redaktion* (2 a).

Re|dak|ti|ons|lei|te|rin, die; -, -nen: w. Form zu ↑ Redaktionsleiter.

Re|dak|ti|ons|schluss, der: *Beendigung, Abschluss der redaktionellen Arbeit für eine Ausgabe von Druckmedien, bes. der Tagespresse:* die Meldung traf erst nach R. ein.

Re|dak|ti|ons|sys|tem, das: *System von Programmen* (4), *mit denen eine Redaktion* (2 a) *arbeitet.*

Re|dak|tor, der; -s, ...oren: **1.** *Sammler, Bearbeiter, Herausgeber von [literarischen od. wissenschaftlichen] Texten.* **2.** (schweiz.) *Redakteur.*

Re|dak|to|rin, die; -, -nen: w. Form zu ↑ Redaktor.

Re|de, die; -, -n [mhd. rede, ahd. red[i]a, radia = Rede (u. Antwort); Sprache; Vernunft; Rechenschaft; urspr. = das Gefügte; z. T. viell. Lehnbed. aus lat. ratio, ↑ Ratio]: **1. a)** *mündliche Darlegung von Gedanken vor einem Publikum über ein bestimmtes Thema od. Arbeitsgebiet:* eine lange, fesselnde, langweilige, trockene, gut aufgebaute, improvisierte, frei gehaltene, zündende R.; die R. hat Aufsehen erregt; eine R. [vor dem Parlament] halten; er hat sich bei seiner R. dauernd verhaspelt; * **große -n schwingen** (ugs.; *prahlerisch reden*); ♦ **jmdn. zur R. setzen** (*jmdn. zur Rede stellen*): Er verwunderte sich, dass Ihr ihn durch einen Reitersjungen zur R. setzen ließt [Goethe, Götz II]; **b)** *geübtes Sprechen, rhetorischer Vortrag:* die Kunst der R.; etw. in freier R. vortragen. **2. a)** *das Reden; zusammenhängende Äußerung; Worte [die zum Gespräch werden]; geäußerte Meinung, Ansicht:* R. und Gegenrede; plötzlich verstummten alle -n *(Gespräche);* [das war schon immer] meine R.! (ugs.: *das habe ich schon immer gesagt);* von dieser Angelegenheit ist nicht die R. gewesen *(nicht gesprochen worden);* lockere, lose, weise, kluge -n führen; die R. *(das Gespräch)* auf etw. bringen; geschickt nahm sie ihre R. *(ihr Thema)* wieder auf; R der langen R./langer R. kurzer Sinn (nach Schiller, Piccolomini I, 2: »Was ist der langen Rede kurzer Sinn?«); vergiss deine R. nicht! *(vergiss nicht, was du sagen wolltest!);* * **von etw. kann keine R. sein** *(etw. trifft absolut nicht zu, ist völlig ausgeschlossen);* **jmdm. R. [und Antwort] stehen** (*jmdm. Rechenschaft geben);* **nicht der R. wert sein** *(unwesentlich, unwichtig sein);* **jmdn. zur R. stellen** *(von jmdm. Rechenschaft fordern;* urspr. Aussage, Rechtfertigung vor Gericht; **b)** ⟨meist Pl.⟩ *Gerede; Gerücht:* kümmere dich nicht um die -n der Leute; * **es geht die R., [dass ...]** *(man sagt ...);* **von jmdm. geht die R. ...** *(von jmdm. wird behauptet ...)* **3.** (Sprachwiss.) **a)** *in bestimmter Weise erfolgende Wiedergabe der Aussagen eines andern:* direkte R. *(in Anführungszeichen gegebenes Zitat);* indirekte, abhängige R. *(in Gliedsätzen u. im Konjunktiv wiedergegebene, referierte Aussage eines anderen);* erlebte R. *(Wiedergabe innerer Vorgänge, wie sie die erlebende Person empfindet, aber nicht in der Ichform, sondern in der 3. Person);* **b)** *sprachliche Form (eines Textes):* gebundene R. *(Verse);* ungebundene R. *(Prosa);* die geblümte R. *(gekünstelte Sprachform, bes. in der mittelalterlichen Dichtung);* **c)** ²*Parole.*

Re|de|bei|trag, der: *Beitrag (zu einem bestimmten Thema, zu einer Veranstaltung) in Form einer Rede.*

Re|de|blu|me, die (veraltet): *blumiger Ausdruck, Floskel.*

Re|de|du|ell, das: *mit Worten, [öffentlichen] Reden ausgetragener Meinungsstreit:* sich heiße -e liefern.

Re|de|fi|gur, die (Rhet., Stilkunde): *rhetorische Figur* (8).

Re|de|fluss, der ⟨Pl. selten⟩ (oft abwertend): *unaufhörliches, monologisches Reden:* jmds. R. unterbrechen.

Re|de|frei|heit, die ⟨o. Pl.⟩: **a)** *zum Grundrecht der Meinungsfreiheit gehörende Freiheit, jederzeit u. ohne Gefahr öffentlich reden u. seine Meinung sagen zu können;* **b)** *bei einer Versammlung o. Ä. das Recht zum Mitreden.*

re|de|ge|wandt ⟨Adj.⟩: *gewandt im Reden, Sprechen:* Dazu: **Re|de|ge|wandt|heit**, die.

Re|de|kunst, die ⟨Pl. selten⟩: *[Lehre von der] Kunst der Rede, der wirkungsvollen Gestaltung des gesprochenen Wortes; Rhetorik.*

Re|de|ma|nu|skript, das: *Manuskript* (1 a) *für eine Rede:* die Ministerin wich spontan von ihrem R. ab.

re|den ⟨sw. V.; hat⟩ [mhd. reden, ahd. red(i)ōn, zu ↑ Rede]: **1.** *sich in Worten äußern; sprechen* (b): laut, leise, ununterbrochen, stundenlang r.; kein Wort r.; er muss dauernd r.; redet nicht zu viel!; vor sich hin r.; sie konnte vor Schreck nicht r.; er redet mit den Händen *(gestikuliert viel beim Sprechen);* ⟨subst.:⟩ das viele Reden strengt an. **2.** *seine Gedanken in zusammenhängender Rede äußern, mitteilen:* erst nachdenken, dann r.; er lässt mich nicht zu Ende r. *(ausreden);* sie redete nur Unsinn; lass die Leute r. *(kümmere dich nicht um das, was sie [Schlechtes, Falsches] sagen);* es wird viel geredet *(geklatscht);* ⟨subst.:⟩ jmdn. zum Reden bringen; R wenn sie die Wände reden könnten! *(in diesen Räumen hat sich manches zugetragen);* Spr Reden ist Silber, Schweigen ist Gold; * **gut r. haben** *(sich nicht in der schwierigen Lage befinden wie eine andere Person r. darum deren Problem verharmlosen).* **3.** *einen Vortrag, eine Rede halten:* im Parlament r.; wer wird heute Abend r.?; frei, gut, flüssig r.; sie hat mit viel Pathos geredet. **4.** *durch [intensives] Reden* (1) *in einen bestimmten körperlichen od. geistigen Zustand versetzen:* sich heiser, in Wut, in Begeisterung r.; »Nee, nee, Kufalt«, sagte der andere. »Mich reden Sie nicht dumm. Ich kenn' euch Brüder doch ...« (Fallada, Blechnapf 288). **5.** *sich jmdm. gegenüber [über etw., jmdn.] äußern; ein Gespräch führen, sich unterhalten:* miteinander r.; man kann mit ihr über alles r.; mit ihm kann man ja nicht r. *(er ist sehr unzugänglich);* sie haben sich verkracht und reden nicht mehr miteinander; (oft scherzh.:) mit dir rede ich nicht mehr!; (als Ausdruck der Empörung, Zurückweisung:) so lasse ich nicht mit mir r.! *(diesen Ton verbitte ich mir!);* er redet gern mit sich selbst *(führt Selbstgespräche);* über das Wetter r.; über diesen Vorschlag lässt sich r. *(er ist es wert, diskutiert zu werden);* nicht mit ihr mehr darüber r.! *(wir wollen dieses unliebsame Thema als abgeschlossen betrachten);* wir wollen offen darüber r.; von wem redest du da eigentlich *(wen meinst du)?;* sie ist schon unmöglich, nicht zu r. von ihrer Mutter; über jmdn. r. *(sich hinter seinem Rücken über ihn [abfällig] äußern);* von jmdm., einer Sache r.; »Gibt es niemand«, fuhr er fort, »gegen den Ihr Übles redet?« (Buber, Gog 145); * **mit sich** ⟨Dativ⟩ **r. lassen** *(zu Zugeständnissen bereit sein);* **von sich** ⟨Dativ⟩ **r. machen** *(Aufmerksamkeit erregen).*

Re|dens|art, die [LÜ von frz. façon de parler]: **a)** *formelhafte Verbindung von Wörtern, die meist als selbstständiger Satz gebraucht wird;* **b)** ⟨Pl.⟩ *leere, nichtssagende Worte, Phrasen:* das sind doch nur ausweichende -en; jmdn. mit -en abspeisen.

Re|den|schrei|ber, der: *jmd., der für andere Reden verfasst:* der R. der Kanzlerin.

Re|den|schrei|be|rin, die: w. Form zu Redenschreiber.

Re|de|recht, das: *Recht zu reden, eine Rede zu halten:* das R. der Parlamentarier.

Re|de|rei, die; -, -en: **1.** ⟨o. Pl.⟩ *[dauerndes] oberflächliches, nichtssagendes Reden.* **2.** *einzelnes kursierendes Gerücht; Klatschgeschichte:* die -en über ihre Vergangenheit.

Re|de|schwall, der ⟨Pl. selten⟩ (abwertend): *sich überstürzender Schwall von Worten.*

Re|de|stil, der: *Stil* (1) *einer Rede.*

Re|de|ver|bot, das: *Verbot [öffentlich] zu reden:* R. haben.

Re|de|wei|se, die: *Art des Sprechens in Ausdruck, Stil u. Artikulation.*

Re|de|wen|dung, die: *feste Verbindung von Wörtern, die zusammen eine bestimmte, meist bildliche Bedeutung haben; Wendung:* eine stehende R. *(eine Redewendung).*

Re|de|zeit, die: *festgelegte, vereinbarte Zeit, die jedem einzelnen Redner zur Verfügung steht:* die R. ist abgelaufen; die R. auf fünf Minuten begrenzen, festsetzen.

re|di|gie|ren ⟨sw. V.; hat⟩ [frz. rédiger < lat. redigere (2. Part.: redactum) = zurücktreiben, -führen; in Ordnung bringen, zu: re- = wieder, zurück u. agere (u. ↑ agieren) (Fachspr.): **a)** *(als Redakteur) einen Text für die Veröffentlichung bearbeiten: ein Manuskript, einen Artikel, Beitrag für eine Zeitschrift r.;* **b)** *durch Bestimmung von Inhalt u. Form, Auswahl u. Bearbeitung der Beiträge gestalten:* eine Zeitschrift r.

Re|din|go|te [redɛ̃'gɔt, auch: rɑ̃...], die; -, -n [...tŋ], auch: der; -[s], -s [frz. redingote < engl. ridingcoat = Reitmantel]: *taillierter, nach unten leicht ausgestellter Damenmantel.*

Re|dis|kont, der; -s, -e [zu lat. re- = wieder, zurück u. ↑ Diskont] (Geldw.): *Weiterverkauf von diskontierten Wechseln an die Notenbank.*

re|dis|kon|tie|ren ⟨sw. V.; hat⟩ [↑ diskontieren]:

(Geldw.): *diskontierte Wechsel an- oder weiterverkaufen.*

Re|dis|tri|bu|ti|on, die; -, -en [zu lat. re- = wieder, zurück u. ↑ Distribution] (Wirtsch.): *Korrektur der [marktwirtschaftlichen] Einkommensverteilung mithilfe finanzwirtschaftlicher Maßnahmen; Umverteilung.*

red|lich ⟨Adj.⟩ [mhd. redelich, ahd. redilīh, eigtl. = so, wie man darüber Rechenschaft ablegen kann, zu ↑ Rede (3)]: **1.** *rechtschaffen, aufrichtig, ehrlich u. verlässlich:* ein -er Mensch; eine -e Gesinnung; -e Arbeit; er ist nicht r.; r. arbeiten; sich r. durchs Leben schlagen; **Spr** bleibe im Lande und nähre dich r. *(man soll mit seiner gewohnten Umgebung zufrieden sein und nicht das Glück woanders suchen).* **2. a)** *[sehr] groß:* sich -e Mühe geben; wir alle hatten -en Hunger; **b)** *tüchtig, ordentlich; sehr:* r. müde sein; sie gibt sich r. Mühe, hat sich r. geplagt; die Belohnung hast du r. *(wirklich, mit voller Berechtigung)* verdient; ◆ »... die Obstbäume, die konnten vortrefflich verblühen.« – »Das haben sie auch r. getan!« (Keller, Das Sinngedicht 29); ◆ So ward sich meiner Bande los und stand am Steuerruder und fuhr r. hin (Schiller, Tell IV, 1).

Red|lich|keit, die; - [mhd. redlīcheit]: *redliches Wesen; Rechtschaffenheit, Ehrlichkeit:* an der R. ihres Urteils besteht kein Zweifel.

Red|ner, der; -s, - [mhd. redenære, ahd. redināri]: **a)** *jmd., der eine Rede* (1 a) *hält:* der R. des heutigen Abends; drei R. sind vorgesehen; man hat ihn als R. gewonnen; **b)** *jmd., der in bestimmter Weise eine Rede (1 a), Reden hält:* ein guter, überzeugender, schlechter R.; dieser Pfarrer ist kein R. *(kann nicht gut reden).*

Red|ner|büh|ne, die: *Rednertribüne.*
Red|ne|rin, die; -, -nen: w. Form zu ↑ Redner.
red|ne|risch ⟨Adj.⟩: *das Reden, die Redekunst betreffend:* eine -e Glanzleistung.

Red|ner|lis|te, die: *Liste, auf die der Reihe nach alle Teilnehmer einer Veranstaltung geschrieben werden, die sich als Diskussionsredner gemeldet haben:* eine lange R.; die R. schließen *(keine neuen Meldungen mehr annehmen).*

Red|ner|pult, das: *[in der Höhe verstellbares] Pult, an dem ein Redner stehen u. auf dessen schräger Fläche er sein Manuskript ablegen kann.*

Red|ner|tri|bü|ne, die: *erhöhte Plattform, auf der das Rednerpult od. auch Tisch u. Stühle für eine Diskussionsrunde stehen.*

Re|doute [rə'du:tə, österr.: ...'du:t], die; -, -n [frz. redoute < ital. ridotto, eigtl. = Zufluchtsort < lat. reductum, ↑ Reduktion]: **1.** *(veraltet) Saal für Feste u. Tanzveranstaltungen.* **2.** *(österr.) Maskenball:* auf der R. gehen. **3.** *(früher) trapezförmige, allseitig geschlossene Schanze als Teil einer Festung.*

Re|dox|sys|tem, das; -s [aus: Redox = Kurzwort aus **Re**duktion u. **Ox**idation (dient meist zur Kennzeichnung chemischer Vorgänge, bei denen Reduktion u. Oxidation miteinander gekoppelt ablaufen) u. ↑ System] (Chemie): *aus einem Oxidationsmittel u. dem entsprechenden Reduktionsmittel bestehendes chemisches System, in dem ein Gleichgewicht zwischen Oxidations- u. Reduktionsvorgängen herrscht.*

Red Po|wer ['rɛd 'paʊɐ], die; - - [engl. red power = rote Macht]: *Bewegung nordamerikanischer Indianer gegen die Unterdrückung der Weißen u. für kulturelle Eigenständigkeit u. politische Autonomie (bes. in den 1960er- u. 70er-Jahren).*

Re|dres|se|ment [...'mã:], das; -s, -s [frz. redressement; zu: redresser, ↑ redressieren] (Med.): **a)** *Einrenkung von Knochenbrüchen od. Verrenkungen mit anschließender Ruhigstellung in einem Kontentivverband;* **b)** *orthopädische Korrektur von körperlichen Fehlern.*

re|dres|sie|ren ⟨sw. V.; hat⟩ [frz. redresser = gerade richten, aus re- = wieder u. dresser, ↑ dressieren]: **1.** (Med.) *ein Redressement vornehmen.* **2.** *(veraltet) wiedergutmachen; rückgängig machen.*

red|se|lig ⟨Adj.⟩ [spätmhd. reddeselig] (oft abwertend): *gern u. viel redend; geschwätzig:* eine -e Person; der Wein machte ihn r. Dazu: **Red|se|lig|keit**, die; -.

Re|duk|ti|on, die; -, -en [lat. reductio = Zurückführung, zu: reductum, 2. Part. von: reducere, ↑ reduzieren]: **1.** (bildungsspr.) *das Reduzieren; das Zurückführen auf ein geringeres Maß:* eine R. der Kosten; R. *(Beschränkung)* auf das Wichtigste; beim Lehrstoff müssen -en vorgenommen werden. **2.** (bes. Philos.) *Rückschluss vom Komplizierten auf etw. Einfaches; Vereinfachung:* die R. eines Schemas. **3.** (Sprachwiss.) *Abschwächung od. Schwund der Klangfarbe eines Vokals.* **4. a)** (Chemie) *chemischer Prozess, bei dem einem Oxid Sauerstoff entzogen wird;* **b)** (Physik, Chemie) *Vorgang, bei dem ein chemisches Element u. eine chemische Verbindung Elektronen aufnimmt, die von einer anderen Substanz abgegeben werden.* **5.** (Biol.) *Verminderung der Zahl der Chromosomen bei der Reduktionsteilung* (2). **6.** (Physik, Meteorol.) *Umrechnung von Messwerten auf Werte unter Normalbedingungen.* **7.** (kath. Kirche) *Laisierung.*

Re|duk|ti|ons|di|ät, die: *kalorienarme Kost für eine Abmagerungskur.*

Re|duk|ti|ons|mit|tel, das: **a)** (Chemie) *Stoff, der leicht Sauerstoff binden kann u. dadurch die Reduktion* (4 a) *ermöglicht;* **b)** (Physik, Chemie) *Stoff, der leicht Elektronen abgibt u. deshalb für eine Reduktion* (4 b) *benötigt wird.*

Re|duk|ti|ons|stu|fe, die (Sprachwiss.): *abgeschwächte Stufe eines Vokals beim Ablaut.*

Re|duk|ti|ons|tei|lung, die (Biol.): **1.** *Meiose.* **2.** *meiotische Teilung, bei der der Chromosomensatz wieder auf die Hälfte reduziert wird.*

re|duk|tiv ⟨Adj.⟩ (bildungsspr., Fachspr.): *mit den Mitteln der Reduktion arbeitend; durch Reduktion bewirkt.*

re|d|un|dant ⟨Adj.⟩ [zu lat. redundans (Gen.: redundantis), 1. Part. von: redundare = überströmen, eigtl. zurückwogen, aus re-, red- = zurück u. unda = Welle] (bildungsspr.): *Redundanz aufweisend; überreichlich [vorhanden]:* -e Buchstaben, Merkmale.

Re|d|un|danz, die; -, -en [lat. redundantia = Überfülle] (bildungsspr.): *das Vorhandensein von eigentlich überflüssigen, für die Information nicht notwendigen Elementen; Überladung mit Merkmalen.*

re|d|un|danz|frei ⟨Adj.⟩ (Fachspr.): *ohne Redundanzen; auf das Wichtigste konzentriert:* ein -es Lehrbuch.

Re|du|pli|ka|ti|on, die; -, -en [spätlat. reduplicatio, zu: reduplicare, ↑ reduplizieren] (Sprachwiss.): *Verdoppelung eines Wortes od. Wortteiles.*

re|du|pli|zie|ren ⟨sw. V.; hat⟩ [spätlat. reduplicare = wieder verdoppeln, aus lat. re- = wieder u. duplicare, ↑ Duplikat] (Sprachwiss.): *der Reduplikation unterworfen sein:* reduplizierende *(einzelne Stammformen mithilfe der Reduplikation bildende)* Verben.

Re|du|zent, der; -en, -en [zu lat. reducens (Gen.: reducentis), 1. Part. von: reducere, ↑ reduzieren] (Biol.): *(in der Nahrungskette) Lebewesen (z. B. Bakterien, Pilz), das die organischen Stoffe wieder in anorganische überführt, sie mineralisiert.*

re|du|zie|ren ⟨sw. V.; hat⟩ [lat. reducere = (auf das richtige Maß) zurückführen, aus: ↑ re- u. ducere = führen]: **1.** *verringern, (in Wert, Ausmaß od. Anzahl) vermindern, herabsetzen, einschränken:* Ausgaben, Preise, den Energieverbrauch r.; etw. auf ein Minimum, um ein Viertel r.; mit dieser Maßnahme soll die Zahl der Arbeitslosen reduziert werden; reduzierte Preise. **2.** *auf eine einfachere Form zurückführen; vereinfachen:* etw. auf seine Grundelemente r. **3.** ⟨r. + sich⟩ *sich abschwächen; schwächer, geringer werden, (in Wert, Ausmaß od. Zahl) zurückgehen:* die Zahl der Unfälle hat sich reduziert. **4.** (Sprachwiss.) *einen Vokal in der Klangfarbe abschwächen:* das e wird auslautend zu einem bloßen Murmel-e reduziert. **5.** (Physik, Chemie) *eine Reduktion* (4 a, b) *vornehmen:* CO_2 zu Kohlenmonoxid r. **6.** (Physik, Meteorol.) *einen Messwert auf den Durchschnittswert umrechnen.*

Re|du|zie|rung, die; -, -en: *das Reduzieren; das Reduziertwerden.*

Red|wood ['rɛdwʊd], das; -s, -s [engl. redwood, aus: red = rot u. wood = Wald, Holz]: *Rotholz eines kalifornischen Mammutbaums.*

ree, **rhe** [zu m(n)iederd. rêde = fertig, bereit] (Seemannsspr.): *Kommando für ein Wendemanöver beim Segeln.*

Ree|de, die; -, -n [aus dem Niederd. < mniederd. rêde, reide = Ankerplatz, wohl eigtl. = Platz, an dem Schiffe ausgerüstet werden]: *vor einem Hafen od. geschützt in einer Bucht liegender Ankerplatz für Schiffe; Vorhafen:* eine künstlich angelegte R.; auf der R. ankern; das Schiff liegt auf der R. [vor Anker].

Ree|der, der; -s, - [aus dem Niederd. < mniederd. rêder, zu: rêden = ausrüsten, bereit machen, verw. mit ↑ bereit]: *Schifffahrtsunternehmer; Schiffseigner [bei der Seeschifffahrt].*

Ree|de|rei, die; -, -en: *Schifffahrtsunternehmen, Handelsgesellschaft, die mit [eigenen] Schiffen Personen u. Güter befördert.*

Ree|de|rin, die; -, -nen: w. Form zu ↑ Reeder.

re|ell ⟨Adj.⟩ [frz. réel < spätlat. realis, ↑ real]: **1. a)** *anständig, ehrlich:* ein -es Geschäft; die Firma, der Kaufmann ist r.; das Geld hat er sich r. verdient; **b)** *(ugs.) ordentlich, den Erwartungen entsprechend, handfest:* ein -es Essen; -e Portionen; ⟨subst.:⟩ das ist doch wenigstens was Reelles. **2.** *wirklich, tatsächlich [vorhanden], echt:* eine -e Chance haben; r. ist diese Möglichkeit nicht vorhanden; -e Zahlen (Math.): *Zahlen, die sich als ganze Zahlen od. als einfache, periodische od. unendliche Dezimalzahlen darstellen lassen; rationale u. irrationale Zahlen im Gegensatz zu den imaginären.*

Re|en|t|ry [riːˈɛntrɪ], der, od. das; -s, -s [engl. re-entry, aus re- = wieder u. entry = Eintritt < frz. entrée, ↑ Entree]: **1.** *Wiedereingliederung eines Mitarbeiters in das Unternehmen nach längerer [krankheitsbedingter] Arbeitsunterbrechung.* **2.** *Wiedereintritt eines Raumflugkörpers in die Erdatmosphäre.*

Reep, das; -[e]s, -e [mniederd. rēp, niederd. Form von ↑ ²Reif] (Seemannsspr.): *Seil, Schiffstau.*

Ree|per|bahn, die (nordd. veraltet): *Seilerbahn.*

Reep|schnur, die (Fachspr.): *starke Schnur od. dünneres, sehr festes Seil (z. B. als zusätzliches Seil beim Bergsteigen).*

Reet, das; -s [mniederd. rēt, niederd. Form von ↑ ¹Ried (nordd.): ¹*Ried* (a).

Reet|dach, das: *mit* ¹*Ried* (a) *gedecktes Dach (bes. bei nordd. Bauernhäusern).*

Re|ex|port, der; -[e]s, -e [aus ↑ re- u. ↑ Export] (Wirtsch.): *Ausfuhr importierter Waren.*

REFA, die; - [Kurzwort für: **Re**ichsausschuss für Arbeitszeitermittlung]: *Vereinigung von Unternehmen u. Rationalisierungsfachleuten, die Möglichkeiten zur Verbesserung der Wirtschaftlichkeit u. zur Humanisierung der Arbeit unter-*

Refaktie – reformbedürftig

sucht (REFA-Verband für Arbeitsgestaltung, Betriebsorganisation u. Unternehmensentwicklung e. V.)

Re|fak|tie, die; -, -n [niederl. refactie < lat. refectio = Wiederherstellung] (Kaufmannsspr.): *Gewichts- od. Preisabzug wegen beschädigter od. fehlerhafter Ware.*

re|fak|tie|ren ⟨sw. V.; hat⟩ (Kaufmannsspr.): *wegen beschädigter od. fehlerhafter Waren einen Nachlass gewähren.*

Re|fek|to|ri|um, das; -s, ...ien [mlat. refectorium, zu spätlat. refectorius = erquickend, zu lat. reficere = erquicken]: *Speisesaal in einem Kloster.*

Re|fe|rat, das; -[e]s, -e [lat. referat = er möge berichten; subst. Aktenvermerk (als Anweisung für den Berichterstatter), zu: referre, ↑ referieren]: **1. a)** *ausgearbeitete [Untersuchungsergebnisse zusammenfassende] Abhandlung über ein bestimmtes Thema:* ein wissenschaftliches, politisches R.; ein R. ausarbeiten, schreiben; **b)** *kurzer [eine kritische Einschätzung enthaltender] schriftlicher Bericht:* -e über die wichtigsten Neuerscheinungen. **2.** *Abteilung einer Behörde als Fachgebiet eines Referenten:* ein R. übernehmen, leiten; sie wurde in das neue R. berufen, mit dem R. betraut.

Re|fe|rats|lei|ter, der: *Leiter eines Referats* (2).

Re|fe|rats|lei|te|rin, die: w. Form zu ↑ Referatsleiter.

Re|fe|ree [refə'ri:, auch: 'refəri], der; -s, -s [engl. referee, zu: to refer = zur Entscheidung überlassen < (m)frz. référer, ↑ referieren] (Sport): **a)** *Schiedsrichter;* **b)** *Ringrichter.*

Re|fe|ren|da: Pl. von ↑ Referendum.

Re|fe|ren|dar, der; -s, -e [mlat. referendarius = (aus den Akten) Bericht Erstattender, zu lat. referendum, ↑ Referendum]: **a)** *Anwärter auf die höhere Beamtenlaufbahn nach der ersten Staatsprüfung:* seinen R. machen *(die Prüfung als Referendar ablegen);* **b)** *Lehramtsanwärter.*

Re|fe|ren|da|ri|at, das; -[e]s, -e: *Vorbereitungsdienst für Referendare.*

Re|fe|ren|da|rin, die; -, -nen: w. Form zu ↑ Referendar.

Re|fe|ren|dum, das; -s, ...den u. ...da [lat. referendum = zu Berichtendes, zu Beschließendes, Gerundivum von: referre, ↑ referieren]: *(bes. in der Schweiz) Volksentscheid über eine bestimmte Frage:* ein R. durchführen, abhalten.

Re|fe|rent, der; -en, -en [zu lat. referens (Gen.: referentis), 1. Part. von: referre, ↑ referieren]: **1. a)** *jmd., der ein Referat* (1 a) *hält;* Vortragender: der R. des heutigen Abends; wir haben Herrn N. N. als -en gewonnen; **b)** *Gutachter [bei der Beurteilung einer wissenschaftlichen Arbeit].* **2.** *Referatsleiter in einer Dienststelle:* R. für Jugendfragen; der persönliche R. des Ministers. **3.** (engl. referent) (Sprachwiss.) *Denotat* (1).

Re|fe|ren|tin, die: w. Form zu ↑ Referent (1, 2).

Re|fe|renz, die; -, -en [frz. référence, eigtl. = Bericht, Auskunft, zu: se référer, ↑ referieren]: **1.** ⟨meist Pl.⟩ *von einer Vertrauensperson gegebene [lobende] Beurteilung,* Empfehlung: die Bewerberin hat gute -en aufzuweisen; -en verlangen; -en über einen Bewerber einholen. **2.** *Person od. Stelle, auf die verwiesen wird, weil sie [lobende] Auskunft über jmdn. geben kann:* darf ich Sie als R. angeben? **3.** (engl. reference) (Sprachwiss.) *Beziehung zwischen sprachlichen Zeichen u. ihren Referenten* (3).

re|fe|ren|zie|ren ⟨sw. V.; hat⟩ (EDV): *in Beziehung zueinander setzen.*

Re|fe|renz|kurs, der (Börsenw.): *als Vergleichswert dienender Kurs* (4): den R. ermitteln, festsetzen.

Re|fe|renz|lis|te, Referenzenliste, die: *Liste der Referenzen* (1): sie hat eine R. aller zufriedenen Kunden auf ihre Website gestellt.

re|fe|rie|ren ⟨sw. V.; hat⟩ [frz. référer < lat. referre = zurücktragen; berichten; sich auf etw. beziehen, aus: re- = wieder, zurück u. ferre = tragen, bringen]: **1.** (bildungsspr.) **a)** *ein Referat* (1) *halten:* vor einem Kreis von Fachleuten, auf einer Tagung r.; **b)** *zusammenfassend [u. kritisch einschätzend] über etw. berichten:* den Stand der Forschung, einen Sachverhalt r. **2.** (Sprachwiss.) *Referenz* (3) *zu etw. haben, sich auf etw. beziehen.*

¹**Reff**, das; -[e]s, -e [eigtl. wohl = Leib, Gerippe; mhd. nicht belegt (mniederd. rif, ref), ahd. href = (Mutter)schoß] (ugs. abwertend): **1.** *hagere alte Frau.* **2.** *langes R.* (hagerer, lang aufgeschossener Mensch): er ist ein langes R.).

²**Reff**, das; -[e]s, -e [mhd., ahd. ref]: **1.** *Rückentragkorb.* **2.** (Landwirtsch.) **a)** *aus parallelen Zinken bestehende Vorrichtung an der Sense, mit der die Schwaden aufgefangen u. gleichmäßig abgelegt werden;* **b)** *mit einem* ²*Reff* (2 a) *versehene Sense.*

³**Reff**, das; -[e]s, -s [niederd. ref(f), aus dem Anord.] (Seemannsspr.): *Vorrichtung zum Aufrollen des Segels u. Verkleinern der Segelfläche.*

ref|fen ⟨sw. V.; hat⟩ [zu ↑ ³Reff] (Seemannsspr.): *(vom Segel) durch Einrollen einzelner Bahnen in der Fläche verkleinern:* wir müssen [die Segel] r.

re|fi|nan|zie|ren, sich ⟨sw. V.; hat⟩ [zu lat. re- = wieder, zurück u. ↑ finanzieren] (Geldw.): *fremde Mittel aufnehmen, um damit selbst Kredit zu geben:* Dazu: **Re|fi|nan|zie|rung**, die; -, -en.

Re|fla|ti|on, die; -, -en [geb. nach ↑ Inflation] (Geldw.): *finanzpolitische Maßnahme zur Erreichung eines vor einer Deflation vorhandenen höheren Preisniveaus.*

re|fla|ti|o|när ⟨Adj.⟩ [geb. nach ↑ inflationär] (Geldw.): *die Reflation betreffend.*

re|flek|tie|ren ⟨sw. V.; hat⟩ [lat. (animum) reflectere (2. Part.: reflexum) = (seine Gedanken) auf etw.) hinwenden, aus: re- = wieder, zurück u. flectere = biegen, beugen]: **1.** *Strahlen, Wellen zurückwerfen; zurückstrahlen:* der Spiegel, das Glas reflektiert das Licht; ein stark reflektierendes Material; reflektiertes Licht. **2.** (bildungsspr.) **a)** *nachdenken* (1): über ein Thema r.; **b)** *bedenken* (1 a): wir müssen unsere Lage kritisch r. **3.** (ugs.) *interessiert sein, etw. Bestimmtes zu erreichen, zu erwerben:* auf ein Amt r.

Re|flek|tor, der; -s, ...oren [latinis. nach frz. réflecteur, zu: réfléchir < lat. reflectere, ↑ reflektieren]: **1.** *Hohlspiegel hinter einer Lichtquelle zur Bündelung des Lichtes* (z. B. in einem Scheinwerfer). **2.** (Rundfunk.) *Teil einer Richtantenne, die einfallende elektromagnetische Wellen reflektiert* (z. B. Zur Bündelung in einem Brennpunkt). **3.** *Fernrohr mit Parabolspiegel; Spiegelteleskop.* **4.** (Kernt.) *Umhüllung (aus Beryllium, Grafit o. Ä.) der Spaltzone eines Reaktors, an der die austretenden Neutronen gebremst u. reflektiert werden.* **5.** *kreisförmige, streifenförmige o. ä. Vorrichtung aus reflektierendem Material (als Rückstrahler):* Schulranzen mit -en.

re|flek|to|risch ⟨Adj.⟩: *durch einen Reflex bedingt.*

Re|flex, der; -es, -e [frz. réflexe < lat. reflexus = das Zurückbeugen, subst. 2. Part. von: reflectere, ↑ reflektieren]: **1.** *Widerschein, Lichtreflex:* -e der Scheinwerfer auf nasser Straße; Ü -e einer Fantasie, der Erinnerung. **2.** (Physiol.) *Reaktion des Organismus auf einen das Nervensystem treffenden Reiz:* motorische -e; bedingter (erworbener, nur zeitweilig auslösbarer), unbedingter (angeborener, immer auftretender) R.; gute -e zu haben *(schnell reagieren).*

re|flex|ar|tig ⟨Adj.⟩: *wie ein Reflex [ablaufend].*

Re|flex|be|we|gung, die: *unwillkürliche, durch einen Reiz ausgelöste Bewegung:* das war eine reine R.; eine R. machen.

re|flex|haft ⟨Adj.⟩: *reflexartig:* eine -e Reaktion, Abwehr.

Re|flex|hand|lung, die: *Handlung, die eine Reaktion auf etw. darstellt.*

Re|fle|xi|on, die; -, -en [frz. réflexion < lat. reflexio = das Zurückbeugen, zu: reflectere, ↑ reflektieren]: **1.** *das Zurückgeworfenwerden von Wellen, Strahlen:* die R. des Lichts an einer spiegelnden Fläche. **2.** (bildungsspr.) *das Nachdenken; Überlegung, prüfende Betrachtung:* -en [über etw.] anstellen.

Re|fle|xi|ons|ne|bel, der (Astron.): *wolkenartige Verdichtungen von Materie im Weltraum, die das Licht von in der Nähe befindlichen Sternen reflektieren.*

re|fle|xiv ⟨Adj.⟩ [zu lat. reflexus, ↑ Reflex]: **1.** (Sprachwiss.) *sich (auf das Subjekt) zurückbeziehend; rückbezüglich:* -e Verben, Pronomen; das Verb »irren« kann auch r. gebraucht werden. **2.** (bildungsspr.) *die Reflexion* (2) *betreffend; durch Reflexion* (2)*, reflektiert:* -es Lernen; r. gewonnene Erkenntnisse.

Re|fle|xiv, das; -s, -e: *Reflexivpronomen.*

Re|fle|xi|vum, das; -s, ...va: *Reflexivum.*

Re|fle|xiv|pro|no|men, das (Sprachwiss.): *rückbezügliches Fürwort:* »sich« ist ein R.

Re|fle|xi|vum, das; -s, ...va: *Reflexivpronomen.*

re|flex|mä|ßig ⟨Adj.⟩: *in Bezug auf den Reflex* (2); *einem Reflex folgend, vergleichbar.*

Re|flex|schal|tung, die (Elektrot.): *Verwendung einer Elektronenröhre zur gleichzeitigen Verstärkung hoher u. niedriger Frequenzen.*

Re|flex|zo|nen|mas|sa|ge, die (Med.): *Massage bestimmter Zonen der Körperoberfläche mit dem Ziel, gestörte Funktionen innerer Organe, die diesen Zonen zugeordnet sind, zu aktivieren.*

reform. = reformiert.

Re|form, die; -, -en [frz. réforme; zu: réformer, ↑ reformieren]: *planmäßige Neuordnung, Umgestaltung, Verbesserung des Bestehenden (ohne Bruch mit den wesentlichen geistigen u. kulturellen Grundlagen):* eine einschneidende, durchgreifende R.; politische, soziale -en; -en fordern, durchsetzen; sich für -en einsetzen.

Re|form|agen|da, die: *Programm* (3) *umzusetzender Reformen.*

Re|for|ma|ti|on, die; -, -en [lat. reformatio = Umgestaltung, Erneuerung, zu: reformare, ↑ reformieren]: ⟨o. Pl.⟩ *religiöse Erneuerungsbewegung des 16. Jahrhunderts, die zur Bildung der evangelischen Kirchen führte.* **2.** (bildungsspr. veraltend) *Erneuerung, geistige Umgestaltung, Verbesserung.*

Re|for|ma|ti|ons|fest, das (ev. Kirche): *Gedenkfeier für den als Beginn der Reformation geltenden Anschlag der 95 Thesen Luthers (am 31. 10. 1517 in Wittenberg).*

Re|for|ma|ti|ons|tag, der (ev. Kirche): *Tag* (31. *Oktober), an dem das Reformationsfest begangen, der Reformation* (1) *gedacht wird.*

Re|for|ma|ti|ons|zeit, die: *Zeit der Reformation* (1).

Re|for|ma|tor, der; -s, ...oren [lat. reformator = Umgestalter, Erneuerer]: **1.** *einer der Begründer der Reformation* (1) (Luther, Calvin, Zwingli u. a.). **2.** *jmd., der eine [umfassende] Reform durchführt:* ein R. des Rechtswesens.

Re|for|ma|to|rin, die; -, -nen: w. Form zu ↑ Reformator (2).

re|for|ma|to|risch ⟨Adj.⟩: **1.** *die Reformation* (1), *die Reformatoren* (1) *betreffend:* die -en Schriften. **2.** *in der Art eines Reformators* (2); *umgestaltend, erneuernd:* mit -em Eifer.

re|form|be|dürf|tig ⟨Adj.⟩: *der Reform bedürfend.*

Re|form|be|we|gung, die: *Bewegung* (3 a, b), *die Reformen durchsetzen will.*
Re|förm|chen, das (spött.): *halbherzig unternommene, in den Ansätzen stecken gebliebene [wirkungslose] Reform.*
Re|for|mer, der; -s, - [engl. reformer, zu: to reform = erneuern, verbessern < lat. reformare, ↑ reformieren] (bes. Politik): *jmd., der eine Reform erstrebt od. durchführt.*
Re|for|me|rin, die; -, -nen: w. Form zu ↑ Reformer.
re|for|me|risch 〈Adj.〉: *Reformen betreffend; Reformen betreibend; nach Verbesserung, Erneuerung strebend:* -e *Bemühungen.*
re|form|freu|dig 〈Adj.〉: *gern, schnell bereit, Reformen durchzuführen.*
Re|form|haus®, das: *Geschäft für Reformkost.*
re|for|mie|ren 〈sw. V.; hat〉 [lat. reformare = umgestalten, umbilden, neu gestalten, aus: re- = wieder, zurück u. formare = ordnen, einrichten, gestalten]: *durch Reformen verändern, verbessern:* die Verwaltung, die Gesetzgebung r.; die reformierte Kirche.
Re|for|mier|te, die/eine Reformierte; der/einer Reformierten, die Reformierten/zwei Reformierte: *Angehörige der evangelisch-reformierten Kirche.*
Re|for|mier|ter, der Reformierte/ein Reformierter; des/eines Reformierten, die Reformierten/zwei Reformierte: *Angehöriger der evangelisch-reformierten Kirche.*
Re|for|mis|mus, der; -: **a)** *Bewegung zur Verbesserung eines [sozialen] Zustandes od. [politischen] Programms;* **b)** *[russ. reformizm] (im kommunist. Sprachgebrauch abwertend) kleinbürgerliche Bewegung innerhalb der Arbeiterklasse, die soziale Verbesserungen durch Reformen, nicht durch eine Revolution erreichen will.*
re|for|mis|tisch 〈Adj.〉 [russ. reformistskij] (im kommunist. Sprachgebrauch abwertend): *den Reformismus (b) betreffend, auf ihm beruhend.*
Re|form|kom|mu|nis|mus, der: *Richtung des Kommunismus, die nationale Besonderheiten hervorhebt [u. die diktatorisch-bürokratische Ausprägung des Kommunismus in der Sowjetunion ablehnt].*
Re|form|kost, die: *für eine gesunde Lebensweise besonders geeignete Kost, die nicht chemisch behandelt u. besonders reich an vollwertigen Nährstoffen ist.*
Re|form|päd|a|go|gik, die: *pädagogische Bewegung, die von der Psychologie des Kindes ausgehend seine eigene Aktivität u. Kreativität fördern will u. sich gegen die Lernschule wendet.*
Re|form|po|li|tik, die: *Politik, die eine Veränderung der bestehenden Verhältnisse mithilfe von Reformen anstrebt.*
Re|form|stau, der: *das Hintanstellen eigentlich notwendiger Reformen.*
Re|form|vor|schlag, der: *Vorschlag* (1) *zu einer Reform.*
Re|f|rain [rə'frɛ̃:, auch: re...], der; -s, -s [frz. refrain, eigtl. = Rückprall (der Wogen an den Klippen), zu afrz. refraindre = [zurück]brechen; modulieren, über das Vlat. zu lat. refringere = brechend zurückwerfen]: *Kehrreim.*
re|frak|tär 〈Adj.〉 [lat. refractarius = widerspenstig, halsstarrig, steif, zu: refragari = widerstreben] (Physiol.): *unempfindlich, nicht beeinflussbar (bes. gegenüber Reizen).*
Re|frak|ti|on, die; -, -en [zu lat. refractum, 2. Part. von: refringere, ↑ Refrain]: *Brechung* (1).
Re|frak|to|me|ter, das; -s, - [↑-meter (1)] (Optik): *Instrument zur Bestimmung des Brechungsvermögens eines Stoffes.*
Re|frak|tor, der; -s, ...oren (Astron.): *Fernrohr, dessen Objektiv aus einer od. mehreren Sammellinsen besteht.*
Re|frak|tu|rie|rung, die; -, -en [zu lat. re- = wieder u. ↑ Fraktur] (Med.): *operatives erneutes Brechen eines Knochens (bei schlecht od. in ungünstiger Stellung verheiltem Knochenbruch).*
Re|f|ri|ge|ra|tor, der; -s, ...oren [zu lat. re- = verstärkendes Präfix u. frigerare = kühlen]: *Gefrieranlage.*
Re|fu|gi|al|ge|biet, das; -[e]s, -e (Biol.): *Rückzugsgebiet* (b).
Re|fu|gié [refy'ʒie:], der; -s, -s [frz. réfugié, subst. 2. Part. von: se réfugier = sich flüchten]: *Flüchtling (bes. aus Frankreich [im 17. Jh.] geflüchteter Protestant).*
Re|fu|gi|um, das; -s, ...ien [lat. refugium, zu: refugere = sich flüchten] (bildungsspr.): *sicherer Ort, an dem jmd. seine Zuflucht findet, an den er sich zurückziehen kann, um ungestört zu sein; Zufluchtsort, -stätte:* ein R. suchen, finden.
Reg. = Regiment.
¹Re|gal, das; -s, -e [H. u., viell. über niederd. rijōl < frz. rigole = Rinne < mlat. rigulus, Vkl. von: riga = Graben, Reihe]: *meist offenes, auf dem Boden stehendes od. an einer Wand befestigtes Gestell mit mehreren Fächern zum Aufstellen, Ablegen, Aufbewahren von Büchern, Waren o. Ä.: ein niedriges, schmales, hohes, leeres R.; mit Akten gefüllte -e; ein Buch aus dem R., vom R. nehmen, ins R. zurückstellen, legen.*
²Re|gal, das; -s, -e [frz. régale, H. u.]: **1.** *kleine transportable, nur mit Zungenpfeifen besetzte Orgel mit einem Manual u. ohne Pedal.* **2.** *Register einer großen Orgel mit Zungenpfeifen einer bestimmten Klangfarbe.*
³Re|gal, das; -s, -ien 〈meist Pl.〉 [spätmhd. regāl < mlat. regale = Königsrecht, zu lat. regalis = königlich, zu: rex, ↑ ¹Rex] (früher): *dem König, später dem Staat zustehendes, meist wirtschaftlich nutzbares Hoheitsrecht.*
Re|gal|brett, das: *waagerecht in ein ¹Regal eingelegtes Brett.*
Re|ga|li|en: Pl. von ↑ ³Regal.
Re|gal|wand, die: *mehrteiliges, oft eine ganze Wand einnehmendes ¹Regal.*
Re|gat|ta, die; -, ...tten [ital. (venez.) regat(t)a = Gondelwettfahrt, H. u.]: **1.** (Sport) *auf einer markierten Strecke ausgetragene Wettfahrt für Boote:* eine R. abhalten, veranstalten; an einer R. teilnehmen. **2.** (Textilind.) *(vor allem für Berufskleidung verwendeter) schmal gestreifter Stoff aus Baumwolle od. Zellwolle.*
Reg.-Bez. = Regierungsbezirk.
re|ge 〈Adj.〉 [zu ↑ regen]: **a)** *von Betriebsamkeit, lebhafter Geschäftigkeit zeugend; stets in Tätigkeit, in Bewegung; lebhaft:* ein -r Verkehr, Handel, Briefwechsel; überall herrschte ein -s Treiben; eine r. Teilnahme, Nachfrage; sich r. am Geschäftsbetrieb beteiligen; **b)** *sich lebhaft regend; körperlich u. geistig beweglich, munter, rührig; nicht träge:* eine r. Fantasie, Einbildungskraft; er ist geistig noch sehr, nicht mehr sonderlich r.
Re|gel, die; -, -n [mhd. regel(e), ahd. regula, urspr. = Ordensregel < mlat. regula < lat. regula = Richtholz; Maßstab, Regel, zu: regere, ↑ regieren]: **1. a)** *aus bestimmten Gesetzmäßigkeiten abgeleitete, aus Erfahrungen u. Erkenntnissen gewonnene, in Übereinkunft festgelegte, für einen jeweiligen Bereich als verbindlich geltende Richtlinie; [in bestimmter Form schriftlich fixierte] Norm, Vorschrift:* allgemeine, spezielle, einfache, schwierige, feste, strenge, ungeschriebene -n; grammatische, mathematische -n; klösterliche, mönchische -n; die -n eines Spiels, der Rechtschreibung, des Zusammenlebens; eine R. aufstellen, anwenden, kennen, lernen; die geltenden -n brechen, befolgen, übertreten, verletzen, außer Acht lassen; sich an eine R. halten; gegen die primitivsten -n des Anstands, der Höflichkeit, des Umgangs versto-ßen; das ist eine Abweichung von der R.; R keine R. ohne Ausnahme; * **die goldene R.** (bes. christl. Rel.); *Grundregel für das rechte Handeln; nach Matth. 7, 12: »Alles, was ihr wollt, dass euch die Menschen tun, sollt auch ihr ihnen tun«);* **nach allen -n der Kunst** *(ganz vorschriftsmäßig, in jeder Hinsicht, Beziehung richtig, wie es sich gehört:* er tranchierte den Gänsebraten nach allen -n der Kunst); **b)** 〈o. Pl.〉 *regelmäßig, fast ausnahmslos geübte Gewohnheit; das Übliche, üblicherweise Geltende:* dass er so früh aufsteht, ist bei ihm nicht die R.; das ist hier nicht, ist durchaus die R.; etw. tun, was von der üblichen R. abweicht; das ist ihr zur R. geworden, hat sie sich zur R. gemacht; * **in der R./in aller R.** *(normalerweise, üblicherweise, meist, fast immer:* in der R. mit dem Auto zur Arbeit fahren). **2.** *Menstruation:* die [monatliche] R. kommt, bleibt aus, setzt aus; die R. bekommen; sie hat ihre R.; »Ach, lieber Herr, es geht mir nach Frauenart, ich erleide die R.«, antwortete sie (Th. Mann, Joseph 372).
Re|gel|an|fra|ge, die: *an eine Behörde des öffentlichen Dienstes grundsätzlich bei jeder Einstellung an den Verfassungsschutz gerichtete Anfrage nach der Verfassungstreue des Bewerbers.*
re|gel|bar 〈Adj.〉: *sich regeln, regulieren lassend.*
Re|gel|blu|tung, die: *Menstruation.*
Re|gel|de|t|ri, die; - [zu mlat. regula de tribus (numeris) = Regel von den drei (Zahlen)] (Math. veraltet): *Dreisatz;* ♦ Da der Alumnus ... den Augenblick weghatte, was ... bei der Justel wäre, dass sie ein hübsches gelenkiges Ding und schon im Briefeschreiben und in der R. in Brüchen ... sei (*sie beherrsche*), Jean Paul, Wutz 15).
Re|gel|fall, der 〈o. Pl.〉: *regelmäßig, fast ausnahmslos eintretender Fall; das Übliche:* etw. ist der R., stellt den R. dar.
re|gel|ge|mäß 〈Adj.〉: *einer Regel* (1) *entsprechend.*
re|gel|ge|recht 〈Adj.〉: *regelgemäß.*
re|gel|haft 〈Adj.〉: *sich nach bestimmten Regeln vollziehend.*
Re|gel|haf|tig|keit, die; -, -en: *das Regelhaftsein.*
Re|gel|kreis, der (Kybernetik, Biol.): *sich selbst regulierendes geschlossenes System.*
Re|gel|leis|tung, die: **1.** *in der Sozialversicherung gesetzlich vorgeschriebene Mindestleistung der Kranken- u. Rentenversicherung.* **2.** (DDR) *immer wieder erbrachte gleichartige Dienstleistung.*
re|gel|los 〈Adj.〉: *keine feste Ordnung, Regelung aufweisend; ungeordnet, ungeregelt:* r. durcheinanderschwirren.
Re|gel|lo|sig|keit, die; -, -en 〈Pl. selten〉: *das Regellossein.*
re|gel|mä|ßig 〈Adj.〉: **a)** *bestimmten Gesetzen der Harmonie in der Form, Gestaltung entsprechend; ebenmäßig: -e Züge, Formen;* ein -es Gesicht; ihre Schrift war klein und r.; **b)** *einer bestimmten festen Ordnung, Regelung (die bes. durch zeitlich stets gleiche Wiederkehr, gleichmäßige Aufeinanderfolge gekennzeichnet ist) entsprechend, ihr folgend:* -er Unterricht, Dienst; -e Mahlzeiten; die -e Teilnahme an einem Kurs; er ist ein -er (*in gleichmäßiger Folge immer wiederkommender*) Gast; der Puls ist, geht wieder r. *(schlägt in gleichmäßigen Abständen);* -e (Sprachwiss.; *nach einer festen Regel flektierte*) Verben; r. wiederkehren, auftreten, teilnehmen; sie treibt r. Sport; er kam r. (ugs.; *immer wieder, jedes Mal*) zu spät zu den Proben.
Re|gel|mä|ßig|keit, die 〈Pl. selten〉: **a)** *regelmäßige (a) Form, Gestaltung; Ebenmaß:* die R. ihres Gesichtes, eines Bauwerks; **b)** *regelmäßige (b) Ordnung, Wiederkehr, Aufeinanderfolge:* die R.

der Mahlzeiten; er kam in schöner R. (iron.; *immer wieder*) zu spät.

re|geln ⟨sw. V.; hat⟩: **1. a)** *nach bestimmten Regeln, Gesichtspunkten gestalten, abwickeln; ordnend in bestimmte Bahnen lenken, in eine bestimmte Ordnung bringen:* eine Sache vernünftig, sinnvoll, streng, vertraglich, durch Gesetz r.; eine Frage, eine Angelegenheit, den Nachlass, seine Finanzen, den Ablauf der Arbeiten r.; eine Ampel regelt den Ablauf des Verkehrs, den Verkehr; er wird die Sache schon [für dich] r.; du musst zusehen, dass du das bald regelst/(ugs.:) geregelt kriegst; **b)** ⟨r. + sich⟩ *nach bestimmten Regeln in einer bestimmten Ordnung vor sich gehen; geordnet ablaufen:* das Zusammenwirken regelt sich exakt nach Plan; die Sache hat sich [von selbst] geregelt *(ist geklärt, hat sich erledigt).* **2.** *den gewünschten Gang, die richtige Stufe, Stärke o. Ä. von etw. einstellen; regulieren* (1): diese Automatik regelt die Temperatur.

re|gel|recht ⟨Adj.⟩: **1.** *einer Regel, Ordnung, Vorschrift entsprechend; ordnungsgemäß, vorschriftsmäßig; wie es sich gehört:* ein -es Vorgehen, Verfahren. **2.** (ugs.) *richtiggehend, richtig:* es kam zu einer -en Schlägerei; sie hat ihn r. hinausgeworfen; Im Haus drinnen, bei Licht, war er totenblass, geschäftig um unsere Koffer bemüht, und ließ es sich nicht nehmen, ein -es Abendessen zu kochen (Frisch, Stiller 488).

Re|gel|satz, der: *Richtsatz für die Bemessung von Leistungen der Sozialhilfe.*

Re|gel|stu|di|en|zeit, die (Hochschulw.): *für ein bestimmtes Studium vorgeschriebene, eine bestimmte Anzahl von Semestern umfassende Zeit.*

Re|gel|tech|nik, die: Kurzf. von ↑ Mess- und Regeltechnik.

Re|ge|lung, (selten:) Reglung, die; -, -en: **1. a)** *das Regeln* (1 a, 2); **b)** *in bestimmter Form festgelegte Vereinbarung, Vorschrift:* eine vernünftige, einheitliche, vertragliche, tarifliche, rechtliche R.; diese R. tritt ab sofort in Kraft. **2.** (Kybernetik) *Vorgang in einem Regelkreis, bei dem durch ständige Kontrolle u. Korrektur eine physikalische, technische o. ä. Größe auf einem konstanten Wert gehalten wird.*

Re|gel|ver|stoß, der (Sport): *Verstoß gegen die Spielregeln.*

Re|gel|werk, das: *Gesamtheit, Sammlung von Regeln:* ein kompliziertes R.

re|gel|wid|rig ⟨Adj.⟩: *gegen die Regeln, Vorschriften verstoßend, ihnen nicht entsprechend:* der -e Gebrauch eines Wortes; sich r. verhalten.

Re|gel|wid|rig|keit, die: *regelwidriges Verhalten; Verstoß gegen die Regeln, Vorschriften.*

re|gen ⟨sw. V.; hat⟩ [mhd. regen, Veranlassungsverb zu regen (st. V.) = emporragen, sich erheben; steif gestreckt sein, starren, verw. mit ↑ Rah]: **1. a)** (geh.) *mit etw. eine leichte [unbewusste] Bewegung machen; leicht, ein wenig bewegen:* das schlafende Kind begann Arme und Beine zu r.; vor Kälte konnte er kaum die Finger r.; die Bäume regten leise ihre Blätter im Wind *(die Blätter wurden vom Wind leicht bewegt);* Ü fleißig die Hände r. *(fleißig arbeiten);* **b)** ⟨r. + sich⟩ *sich leicht, ein wenig bewegen; sich rühren:* die kranke Frau regte sich dann und wann; nichts, kein Lüftchen, kein Blatt regte sich; Ü viele Hände haben sich geregt *(viele waren tätig, fleißig);* ♦ **c)** [1] *bewegen, in Bewegung versetzen:* Zwar ist's mit der Gedankenfabrik wie mit einem Webermeisterstück, wo ein Tritt tausend Fäden regt (Goethe, Faust I, 1922 ff.); Der Sonne Glanz, die alles Leben regt, des klaren Monds erquicklich leiser Schein, begegneten mir holder nicht als du (Goethe, Die natürliche Tochter IV, 4). **2.** ⟨r. + sich⟩ (geh.) *sich bemerkbar machen, entstehen; allmählich spürbar, wach, lebendig werden:* Hoffnungen, Zweifel regen sich; Trotz, Widerspruch regte sich in ihr; jetzt regte sich doch sein Gewissen. ♦ **3. a)** *anregen,* [2]*bewegen:* Verflucht sei Mammon, wenn mit Schätzen er uns zu kühnen Taten regt (Goethe, Faust I, 1599 f.); **b)** *hervorrufen, wecken:* Du sagst mir Worte, die in meiner Brust halb schon entschlafne Sorgen mächtig r. (Goethe, Torquato Tasso II, 1); **c)** *(an etw.) rühren, (im Gespräch) berühren, erwähnen:* Du willst erzählen; rege nicht an Verdrießliches (Goethe, Faust II, 8983).

Re|gen, der; -s, - ⟨Pl. selten⟩ [mhd. regen, ahd. regan, H. u.]: **1.** *Niederschlag, der in Form von Wassertropfen zur Erde fällt:* ein starker, heftiger, wolkenbruchartiger, dünner, anhaltender R.; der tropische R.; der R. fällt, beginnt, hört auf, lässt nach, rauscht, rieselt, strömt, rinnt über das Dach, klatscht/trommelt/schlägt gegen die Scheiben, prasselt aufs Pflaster; es wird R. geben; durch den R. laufen; bei strömendem R.; es/der Himmel sieht nach R. aus; wir wurden vom R. überrascht; **Spr** auf R. folgt Sonnenschein *(auf schlechte Zeiten folgen immer wieder auch gute);* * **ein warmer R.** (ugs.; *sehr erwünschte, oft unerwartet erfolgende Geldzuwendung),* **aus dem/vom R. in die Traufe kommen** (ugs. *aus einer unangenehmen, schwierigen Lage in eine noch schlimmere geraten);* **jmdn. im R. [stehen] lassen/in den R. stellen** (ugs. *jmdn. im Stich, mit seinen Problemen alleinlassen, ihm in einer Notlage nicht helfen).* **2.** *etw. in großer Anzahl zur Erde Niedergehendes:* ein R. bunter Blumen empfing die Künstler.

Re|gen|an|la|ge, die: **1.** *Berieselungsanlage.* **2.** *Sprinkleranlage.*

re|gen|arm ⟨Adj.⟩: *arm an Niederschlägen:* -e Gebiete; die -en Monate.

Re|gen|bo|gen, der [mhd. regenboge, ahd. reginbogo]: *bunter, in mehreren abgestuften Farben leuchtender Bogen, der an dem der Sonne gegenüberliegenden Teil des Himmels durch Brechung des Sonnenlichts im Regen entsteht:* ein R. entsteht, zeigt sich, verschwindet allmählich; die sieben Farben des -s.

Re|gen|bo|gen|far|be, die ⟨meist Pl.⟩: *eine der in einem Regenbogen enthaltenen Farben:* die Ölpfütze schillert in allen -n.

re|gen|bo|gen|far|ben, re|gen|bo|gen|far|big ⟨Adj.⟩: *die Farben eines Regenbogens aufweisend.*

Re|gen|bo|gen|haut, die: *ringförmig die Pupille umgebende, durch die Hornhaut hindurch sichtbare, eine charakteristische Färbung aufweisende Haut des Augapfels; Iris* (2).

Re|gen|bo|gen|pres|se, die ⟨o. Pl.⟩ [nach der bunten Aufmachung, bes. den mehrfarbigen Kopfleisten] (Jargon): *Gesamtheit der Wochenblätter, deren Beiträge sich im Wesentlichen aus trivialer Unterhaltung, gesellschaftlichem Klatsch, Sensationsmeldungen o. Ä. zusammensetzen.*

Re|gen|cape, das: vgl. Regenmantel.

Re|gen|dach, das: *dachartige Vorrichtung, die Schutz vor Regen bietet.*

re|gen|dicht ⟨Adj.⟩: *so beschaffen, konstruiert, dass Regen nicht durchdringen kann.*

Re|ge|ne|rat, das; -[e]s, -e [zu ↑ regenerieren] (Technik): *durch chemische Aufbereitung gebrauchter Materialien gewonnenes Produkt.*

Re|ge|ne|ra|ti|on, die; -, -en [frz. régénération < spätlat. regeneratio = Wiedergeburt, zu lat. regenerare, ↑regenerieren]: **1.** (bildungsspr.) *Erneuerung, erneute Belebung:* die geistige körperliche R.; die R. der Arbeitskraft. **2.** (Biol., Med.) *erneute Bildung, Entstehung, natürliche Wiederherstellung von verletztem, abgestorbenem Gewebe o. Ä.:* die R. von Haut, Federn, Haaren, Pflanzenteilen; die R. des Schwanzes einer Eidechse. **3.** (Technik) **a)** *Wiederherstellung bestimmter physikalischer od. chemischer Eigenschaften von etw.;* **b)** *Rückgewinnung nutzbarer chemischer Stoffe aus verbrauchten, verschmutzten Materialien.*

re|ge|ne|ra|ti|ons|fä|hig ⟨Adj.⟩: *fähig zur Regeneration* (1, 2).

re|ge|ne|ra|tiv ⟨Adj.⟩: **1.** (Biol., Med.) *die Regeneration* (2) *betreffend, auf ihr beruhend, durch sie bewirkt, entstanden.* **2.** (Technik) *die Regeneration* (3) *betreffend, auf ihr beruhend, durch sie wiederhergestellt:* -e Energiequellen *(Energiequellen, die sich, wie z. B. die Sonnenenergie, nicht erschöpfen).*

re|ge|ne|rier|bar ⟨Adj.⟩: *sich regenerieren lassend.*

re|ge|ne|rie|ren ⟨sw. V.; hat⟩: **1.** [frz. régénérer < lat. regenerare, aus: re- = wieder u. generare = (er)zeugen] (bildungsspr.) *erneuern, mit neuer Kraft versehen, sich erneuern, sich geistig und körperlich r.;* ⟨auch ohne Akk.-Obj.:⟩ die Spieler müssen r. **2.** ⟨r. + sich⟩ (Biol., Med.) *(von verletzten, abgestorbenen Geweben, Organen o. Ä.) neu entstehen, sich neu bilden:* Federn, Haare, Pflanzenteile regenerieren sich; die Haut regeneriert sich ständig; ⟨auch, bes. fachspr., ohne »sich«:⟩ der Schwanz der Eidechsen regeneriert. **3.** (Technik) **a)** *durch entsprechende Behandlung, Bearbeitung wiederherstellen;* **b)** *(von nutzbaren chemischen Stoffen, wertvollen Rohstoffen, abgenutzten Teilen o. Ä.) aus verbrauchten, verschmutzten Materialien wiedergewinnen, wieder gebrauchsfähig machen:* Motoren, chemische Substanzen r.

Re|gen|fall, der ⟨meist Pl.⟩: *meist mit einer gewissen Heftigkeit fallender Regen:* heftige, starke, anhaltende, plötzlich einsetzende Regenfälle.

Re|gen|front, die (Meteorol.): *Front* (4), *die Regen mit sich führt.*

re|gen|grün ⟨Adj.⟩ (Geogr.): *nur in der Regenzeit voll belaubt:* -er Wald.

Re|gen|guss, der: *kurzer, starker Regen.*

Re|gen|haut®, die: *Regenmantel, Cape aus dünnem, wasserundurchlässigem Material.*

Re|gen|ja|cke, die: vgl. Regenmantel.

Re|gen|ma|cher, der (bei vielen Naturvölkern) *jmd. (bes. ein Mediziner), der durch magische Handlungen den Regen zu beeinflussen, bes. herbeizuführen sucht.*

Re|gen|ma|che|rin, die: w. Form zu ↑ Regenmacher.

Re|gen|man|tel, der: *Mantel aus leichtem, wasserundurchlässigem Material.*

Re|gen|mo|nat, der: *Monat, in dem viel Regen fällt; regenreicher Monat.*

re|gen|nass ⟨Adj.⟩: *vom Regen nass:* eine -e Straße, Fahrbahn; die -en Kleider ausziehen.

Re|gen|pfei|fer, der [angeblich kündigt das Pfeifen des Vogels Regen an]: *vor allem auf sumpfigen Wiesen, Hochmooren, an Flussufern lebender, kleiner, gedrungener Vogel, der im Flug oft melodisch pfeift.*

re|gen|reich ⟨Adj.⟩: *reich an Niederschlägen:* -e Gebiete; ein -er Sommer.

Re|gen|rin|ne, die: *Rinne zum Auffangen u. Ableiten des Regenwassers.*

Re|gen|rohr, das: *Abflussrohr der Regenrinne.*

Re|gens, der; -, ...entes [...es] u. ...enten [spätlat. regens, ↑ Regent]: *Vorsteher, Leiter (bes. eines katholischen Priesterseminars).*

Re|gens|burg: *Stadt an der Donau.*

¹Re|gens|bur|ger, der; -s, -: Ew.

²Re|gens|bur|ger ⟨indekl. Adj.⟩: der R. Dom.

Re|gens|bur|ge|rin, die; -, -nen: w. Form zu ↑ ¹Regensburger.

Re|gen|schau|er, der: *plötzlich einsetzender, nicht lange anhaltender Regen.*
Re|gen|schirm, der [nach frz. parapluie, ↑ Parapluie]: *Schirm* (1 a) *zum Schutz gegen Regen:* den R. öffnen, aufspannen, zuklappen, zumachen; mit jmdm. unter einem R. gehen; * **gespannt sein wie ein R.** (ugs. scherzh.; *sehr gespannt, neugierig auf etw. sein*).
Re|gen|schrei|ber, der (Meteorol.): *Niederschlagsmesser.*
Re|gen|schutz, der: *etw., was geeignet ist, als Schutz gegen Regen zu dienen.*
Re|gent, der; -en, -en [spätlat. regens (Gen.: regentis) = Herrscher, Fürst, subst. 1. Part. von lat. regere, ↑ regieren]: **1.** *regierender Fürst, Monarch, gekrönter Herrscher:* ein absolutistischer R. **2.** *[verfassungsmäßiger] Vertreter eines minderjährigen, regierungsunfähigen, abwesenden Monarchen, Herrschers.*
Re|gen|tag, der: *Tag, an dem es anhaltend regnet:* ein grauer R.; an -en geht sie gern spazieren.
Re|gen|ten: Pl. von ↑ Regens, ↑ Regent.
Re|gen|tes: Pl. von ↑ Regens.
Re|gen|tin, die; -, -nen: w. Form zu ↑ Regent.
Re|gen|ton|ne, die: *Tonne, die zum Auffangen von Regenwasser dient.*
Re|gen|trop|fen, der: *einzelner Wassertropfen des Regens:* dicke, schwere, feine R.; die ersten R. schlugen an die Scheiben.
Re|gent|schaft, die; -, -en: *Ausübung der Herrschaft; Amt, Amtszeit eines Regenten* (1, 2).
Re|gen|wald, der (Geogr.): *durch üppige Vegetation gekennzeichneter immergrüner Wald in den regenreichen Gebieten der Tropen.*
Re|gen|was|ser, das ⟨o. Pl.⟩: *Wasser, aus dem Regen besteht, das beim Regnen irgendwo zusammenläuft:* R. ist weicher als Leitungswasser; das R. ist durchs Dach gedrungen; R. in einer Tonne auffangen.
Re|gen|wet|ter, das ⟨o. Pl.⟩: *regnerisches Wetter.*
Re|gen|wol|ke, die: *graue, schwere Wolke, die Regen ankündigt.*
Re|gen|wurm, der [mhd. regenwurm, ahd. reganwurm]: *im Boden lebender Wurm (mit äußerlich deutlich erkennbarer Gliederung in Segmente), der bei Regen an die Oberfläche kommt.*
Re|gen|zeit, die: *(in tropischen u. subtropischen Regionen) Periode, die durch lang anhaltende, meist starke Regenfälle gekennzeichnet ist.*
Re|ges: Pl. von ↑ ¹Rex.
Reg|gae ['regeɪ], der; -[s] [amerik. reggae, Slangwort der westindischen Bewohner der USA] (Musik): *aus Jamaika stammender Spielart der Popmusik, deren Rhythmus durch die Hervorhebung unbetonter Taktteile gekennzeichnet ist.*
Re|gie [reˈʒiː], die; - [frz. régie = verantwortliche Leitung, Verwaltung, eigtl. subst. 2. Part. Fem. von: régir < lat. regere, ↑ regieren]: **1. a)** (Theater, Film, Fernsehen, Rundfunk) *verantwortliche künstlerische Leitung bei der Gestaltung eines Werkes für eine Aufführung, Sendung o. Ä.; Spielleitung; Inszenierung:* eine überlegte, geschickte, subtile R.; wer hatte bei diesem Film die R.?; er hat die R. des Fernsehspiels übernommen; R. führen *(die künstlerische Leitung haben, der Regisseur sein);* die Anweisungen der R. *(des Regisseurs)* befolgen; sie arbeitete öfter unter seiner R.; **b)** *Raum, in dem sich die Regie* (1 a) *befindet:* in der R. anfragen, wie es weitergeht. **2.** (bildungsspr.) *verantwortliche Leitung, Leitung, Verwaltung:* die R. des Betriebs liegt jetzt in den Händen des Sohnes; etw. in eigener R. (ugs.; *selbstständig, ohne fremde Hilfe, ganz allein*) tun, machen.
Re|gie|an|wei|sung, die: *Anmerkung, erläuternder Hinweis in einem Bühnenstück, Drehbuch o. Ä. als Hilfe für die Regie* (1).

Re|gie|as|sis|tent, der: *Assistent eines Regisseurs.*
Re|gie|as|sis|ten|tin, die: w. Form zu ↑ Regieassistent.
Re|gie|as|sis|tenz, die: *das Assistieren, Assistenz bei der Regie* (1).
Re|gie|feh|ler, der (oft scherzh.): *irrtümliche Entscheidung, Maßnahme bei der Organisation von etw.:* den Organisatoren der Veranstaltung waren einige ärgerliche R. unterlaufen.
re|gier|bar ⟨Adj.⟩: *sich regieren* (1 b) *lassend; geeignet, regiert zu werden.*
re|gie|ren ⟨sw. V.; hat⟩ [mhd. regieren, nach afrz. reger < lat. regere = herrschen, lenken; eigtl. = gerade richten]: **1. a)** *die Regierungs-, Herrschaftsgewalt innehaben; Herrscher bzw. Herrscherin sein; herrschen:* lange, viele Jahre, nur kurze Zeit, weise, mild, gerecht, streng, demokratisch, despotisch, diktatorisch r.; in einer Demokratie regiert das Volk; der König regierte drei Jahrzehnte [lang], regierte von 1597 bis 1601; ein regierendes Haus, Adelsgeschlecht; Ü Frieden, Sicherheit, Not, Korruption regiert in diesem Land; **b)** *über jmdn., etw. die Regierungs-, Herrschaftsgewalt innehaben, Herrscher bzw. Herrscherin sein; beherrschen:* ein Land, Volk, einen Staat r.; ein demokratisch, kommunistisch regierter Staat. **2.** (seltener) *in der Gewalt haben, bedienen:* er konnte den Schlitten, das Fahrzeug, das Steuer nicht mehr r.; Sie war nicht von der Wiege zu bringen, die eine Schaukel, an Stricken von der Decke hing, so dass Lea sie vom Bette r. konnte mit ihrer Hand (Th. Mann, Joseph 317). **3.** (Sprachwiss.) *(einen bestimmten Fall) nach sich ziehen; verlangen, erfordern:* diese Präposition, dieses Verb regiert den Dativ.
Re|gie|rung, die; -, -en [spätmhd. regierunge]: **1.** *Tätigkeit des Regierens* (1); *Ausübung der Regierungs-, Herrschaftsgewalt:* die R. dieses Herrschers brachte das Land in Not; einen Mann, eine Frau, eine Partei an die R. bringen; die R. übernehmen, antreten; unter, während ihrer R. herrschte Frieden. **2.** *oberstes Organ eines Staates, eines Landes, das die richtunggebenden u. leitenden Funktionen ausübt; Gesamtheit der Personen, die einen Staat, ein Land regieren:* eine demokratische, sozialistische, bürgerliche, provisorische, legale, starke, stabile, schwache R.; die amtierende R. des Landes; die R. ist zurückgetreten, wurde gestürzt; eine neue R. bilden, einsetzen; eine R. ernennen, berufen, unterstützen, absetzen; er gehört der R. nicht mehr an; Man hatte sich gewundert, dass er, von großbürgerlicher Herkunft, ein guter Kopf, in die R. eintrat (Feuchtwanger, Erfolg 10).
Re|gie|rungs|ab|kom|men, das: *von den Regierungen* (2) *verschiedener Staaten abgeschlossenes Abkommen.*
Re|gie|rungs|amt, das: *Amt* (1 a), *das jmd. innerhalb einer Regierung innehat:* ein R. neu besetzen.
re|gie|rungs|amt|lich ⟨Adj.⟩: *offiziell von einer Regierung* (2) *[ausgehend, stammend, bestätigt]:* -e Verlautbarungen.
Re|gie|rungs|an|tritt, der: *Übernahme des Amtes durch ein Staatsoberhaupt, einen Regierungschef, eine Regierung.*
Re|gie|rungs|aus|schuss, der: *von einer Regierung* (2) *gebildeter Ausschuss* (2).
Re|gie|rungs|be|zirk, der: *(in der Bundesrepublik Deutschland) mehrere Stadt- u. Landkreise umfassender Verwaltungsbezirk eines Bundeslandes* (Abk.: Reg.-Bez.).

Re|gie|rungs|bil|dung, die: *Bildung einer Regierung:* die R. übernehmen; jmdn. mit der R. betrauen.
Re|gie|rungs|bünd|nis, das: *Bündnis der regierenden Parteien.*
Re|gie|rungs|chef, der: *Politiker, der seinem Amt entsprechend eine Regierung* (2) *anführt, leitet.*
Re|gie|rungs|che|fin, die: w. Form zu ↑ Regierungschef.
Re|gie|rungs|de|le|ga|ti|on, die: *von einer Regierung* (2) *bevollmächtigte Delegation* (1 b).
Re|gie|rungs|di|rek|tor, der: *höherer, über dem Regierungsrat stehender Beamter im Verwaltungsdienst.*
Re|gie|rungs|di|rek|to|rin, die: w. Form zu ↑ Regierungsdirektor.
Re|gie|rungs|er|klä|rung, die: *offizielle Erklärung* (2), *in der eine Regierung* (2) *ihre Politik, ihren Standpunkt zu bestimmten politischen Fragen darlegt.*
re|gie|rungs|fä|hig ⟨Adj.⟩: *fähig, in der Lage, die Regierung* (1) *zu übernehmen, zu regieren:* eine -e Koalition; er hat eine ausreichende Mehrheit im Parlament, die zum Regieren befähigt.
re|gie|rungs|feind|lich ⟨Adj.⟩: *einer Regierung* (2) *nicht dienlich, förderlich, gegen sie eingestellt:* -e Strömungen; r. eingestellt sein.
Re|gie|rungs|form, die: *dem jeweiligen politischen System, den verfassungsrechtlichen Bestimmungen entsprechende Form, Zusammensetzung, Gestaltung der Regierung* (1) *eines Staates:* eine demokratische, monarchische R.
Re|gie|rungs|frak|ti|on, die: *die Regierung stellende Fraktion* (1 a).
re|gie|rungs|freund|lich ⟨Adj.⟩: *einer Regierung* (2) *dienlich, förderlich, ihr gegenüber positiv, wohlwollend eingestellt.*
Re|gie|rungs|ge|bäu|de, das: *Gebäude, in dem eine Regierung* (2) *ihren Sitz hat.*
Re|gie|rungs|ge|schäf|te ⟨Pl.⟩: *Aufgaben, die zur Wahrnehmung der Regierung* (2) *gehören.*
Re|gie|rungs|ge|walt, die: *Macht, Befugnis, die Regierung* (1) *zu übernehmen, zu regieren.*
Re|gie|rungs|ko|a|li|ti|on, die: *Koalition von politischen Parteien zu dem Zweck einer gemeinsamen Regierung* (1).
Re|gie|rungs|kreis ⟨meist Pl.⟩: *einer Regierung* (2) *angehörende, in ihrem Bereich tätige Personen, Personenkreise:* dies verlautete in/aus -en.
Re|gie|rungs|kri|se, die: *Krise, kritische Situation, die die ordnungsgemäße Regierung* (1) *eines Landes gefährdet.*
Re|gie|rungs|mit|glied, das: *Mitglied einer Regierung* (2).
Re|gie|rungs|par|tei, die: *die Regierung bildende, an der Regierung* (2) *beteiligte Partei.*
Re|gie|rungs|prä|si|dent, der: *Leiter der Verwaltung eines Regierungsbezirks.*
Re|gie|rungs|prä|si|den|tin, die: w. Form zu ↑ Regierungspräsident.
Re|gie|rungs|pro|gramm, das: *von einer Regierung* (2) *dargelegtes, die Pläne u. Ziele der Regierung enthaltendes Programm.*
Re|gie|rungs|rat, der: **1.** *höherer Beamter im Verwaltungsdienst übergeordneter Landesbehörden* (Abk.: Reg.-Rat): R. Müllers/des -s Müller. **2.** (schweiz.) **a)** *aus mehreren, unmittelbar vom Volk gewählten Mitgliedern bestehende Regierung* (2) *eines Kantons;* **b)** *Mitglied eines Regierungsrates* (2 a).
Re|gie|rungs|rä|tin, die: w. Form zu ↑ Regierungsrat.
Re|gie|rungs|sei|te: in der Fügung **von R.** (von[seiten] der Regierung 2: Einzelheiten wurden von R. nicht mitgeteilt).
re|gie|rungs|sei|tig ⟨Adv.⟩ (Amtsspr.): *von der*

Regierung (2) *ausgehend; von[seiten] der Regierung:* dies wurde r. mitgeteilt.
Re|gie|rungs|sitz, der: **a)** *Regierungsgebäude;* **b)** *Stadt, in der eine Regierung* (2) *ihren Sitz hat.*
Re|gie|rungs|spre|cher, der: *Politiker, der die Funktion hat, im Auftrag der Regierung* (2) *offizielle Mitteilungen zu machen.*
Re|gie|rungs|spre|che|rin, die: w. Form zu ↑ Regierungssprecher.
Re|gie|rungs|sys|tem, das: vgl. Regierungsform.
Re|gie|rungs|über|ein|kom|men, das (österr.): Koalitionsvereinbarung.
Re|gie|rungs|um|bil|dung, die: *das Umbilden* (a) *einer Regierung* (2).
Re|gie|rungs|ver|ant|wor|tung, die: *Verantwortung für die Regierungsgeschäfte.*
Re|gie|rungs|ver|tre|ter, der: *Politiker, der im Auftrag seiner Regierung* (2) *handelt.*
Re|gie|rungs|ver|tre|te|rin, die: w. Form zu ↑ Regierungsvertreter.
Re|gie|rungs|vier|tel, das: *Stadtteil, in dem die Regierungsgebäude liegen.*
Re|gie|rungs|vor|la|ge, die: *Gesetzentwurf, der dem Parlament von der Regierung* (2) *vorgelegt wird.*
Re|gie|rungs|wech|sel, der: *Ablösung* (2 a) *einer Regierung* (2) *durch eine neue.*
Re|gie|rungs|zeit, die: *Zeitspanne, in der jmd. regiert, eine Regierung* (2) *im Amt ist.*
Re|gime [reˈʒiːm], das; -s, - [...mə], auch: -s [reˈʒiːms] [frz. régime < lat. regimen = Lenkung, Leitung; Regierung, zu: regere, ↑ regieren]: **1.** (meist abwertend) *einem bestimmten politischen System entsprechende, von ihm geprägte Regierung, Regierungs-, Herrschaftsform:* ein totalitäres, autoritäres, kommunistisches R.; gegen das herrschende R. kämpfen; Ü unter seinem strengen R. *(seiner Leitung)* konnte sich die Firma noch eine Zeit lang halten. **2.** (veraltet) *System, Schema, Ordnung.*
Re|gime|geg|ner, der: *jmd., der das Regime seines Landes ablehnt [u. es bekämpft].*
Re|gime|geg|ne|rin, die: w. Form zu ↑ Regimegegner.
Re|gime|kri|ti|ker, der: *jmd., der seiner kritischen Haltung gegenüber dem [totalitären] Regime seines Landes Ausdruck verleiht.*
Re|gime|kri|ti|ke|rin, die: w. Form zu ↑ Regimekritiker.
re|gime|kri|tisch ⟨Adj.⟩: *kritisch gegenüber dem [totalitären] Regime eines Landes:* ein -er Blog.
Re|gi|ment, das; -[e]s, -e u. -er [spätlat. regimentum = Leitung, Oberbefehl, zu lat. regere, ↑ regieren]: **1.** ⟨Pl. -e⟩ *Herrschaft* (1), *Regierung* (1), *verantwortliche Führung, Leitung:* ein straffes, mildes R.; das strenge R. des Vaters; das R. antreten, nicht aus der Hand/den Händen geben; Ü der Winter wich endgültig dem R. des Frühlings; * *das R. führen (bestimmen, herrschen);* **ein strenges** *o. ä.* **R. führen** *(streng o. ä. sein).* **2.** ⟨Pl. -er⟩ (Militär) *mehrere Bataillone einer Waffengattung umfassender Verband* (Abk.: Reg., Regt., Rgt.): ein R. führen, kommandieren; er ist jetzt bei einem anderen R., wurde zu einem anderen R. versetzt; Ü Es ist endlos viel abzuwaschen, überall stehen Töpfe mit Speiseresten, er (scherzh.: *eine große Menge*) von Tassen ... (Fallada, Mann 80).
Re|gi|ments|fah|ne, die: *Fahne* (1) *eines Regiments* (2).
Re|gi|o|lekt, der; -[e]s, -e [zu ↑ Region, analog zu ↑ Dialekt] (Sprachwiss.): *in einer bestimmten Region* (1) *gesprochener Dialekt.*
Re|gi|on, die; -, -en [lat. regio = Bereich, Gebiet, eigtl. = Richtung, zu: regere, ↑ regieren]: **1.** *durch bestimmte Merkmale (z. B. Klima, wirtschaftliche Struktur) gekennzeichneter räumlicher Bereich* (a); *in bestimmter Weise geprägtes,* *größeres Gebiet:* ärmliche, wilde, dünn besiedelte, ländliche Regionen; die R. des ewigen Schnees; die Tierwelt der alpinen R.; Ü die hintere, obere R. *(der Teil, Bereich)* des Hauses. **2.** (geh.) *Bereich* (b), *Bezirk* (1 b); *Sphäre:* die Kunst war ihm eine unbekannte R.; Sie ringen mit dem Tode. Ihr Geist weilt in anderen -en Wir sind Ihnen gleichgültig (Dürrenmatt, Meteor 53). **3.** (Med.) *Abschnitt, Teil:* die einzelnen -en des Kopfes, des Gehirns.
re|gi|o|nal ⟨Adj.⟩: **1.** [spätlat. regionalis] *eine bestimmte Region* (1) *betreffend, zu ihr gehörend, auf sie beschränkt, für sie charakteristisch:* -e Besonderheiten, Unterschiede, Merkmale, Gesichtspunkte; -e Wahlen, Nachrichten; das ist nur von einem bestimmten Gebiet aus r. verschieden. **2.** (Med.) *regionär.*
Re|gi|o|nal|aus|ga|be, die: *Ausgabe einer Zeitung, Zeitschrift, die Nachrichten, Berichte, Rundfunk- u. Fernsehprogramme o. Ä. eines bestimmten Gebietes besonders berücksichtigt.*
Re|gi|o|nal|bahn, die: *(auf Strecken mit geringeren Fahrgastzahlen eingesetzter) Personennahverkehrszug der Deutschen Bahn* (Abk.: RB).
Re|gi|o|nal|ex|press®, der: *schneller Personennahverkehrszug der Deutschen Bahn* (Abk.: RE).
Re|gi|o|nal|for|schung, die: *mehrere Disziplinen umfassende Forschung, die die natürlichen, ökonomischen, sozialen, politischen o. ä. Strukturen größerer Regionen untersucht; Raumforschung* (2).
re|gi|o|na|li|sie|ren ⟨sw. V.; hat⟩: *auf einen bestimmten Bereich, eine Region beziehen:* Dazu: **Re|gi|o|na|li|sie|rung**, die; -, -en.
Re|gi|o|na|lis|mus, der; -, ...men: **a)** (bildungsspr.) *starke Ausprägung landschaftlicher Eigenarten in Literatur, Kultur o. Ä. in Verbindung mit der Bestrebung, diese Eigenarten zu wahren u. zu fördern;* **b)** (Sprachwiss.) *regionale sprachliche Eigentümlichkeit.*
Re|gi|o|na|list, der; -en, -en (bildungsspr.): *jmd., der den Regionalismus fördert.*
Re|gi|o|na|lis|tin, die; -, -nen: w. Form zu ↑ Regionalist.
Re|gi|o|nal|kü|che, die: *Küche einer bestimmten Region.*
Re|gi|o|nal|li|ga, die: **1.** (früher) *zweithöchste deutsche Spielklasse in verschiedenen Sportarten.* **2.** *(in verschiedenen Sportarten) Oberliga* (1).
Re|gi|o|nal|li|gist, der: *Ligist einer Regionalliga.*
Re|gi|o|nal|pro|gramm, das: *Rundfunk-, Fernsehprogramm für ein bestimmtes, regional begrenztes Sendegebiet.*
Re|gi|o|nal|spra|che, die (Sprachwiss.): *Sprache (Dialekt), die sich auf eine Region beschränkt od. funktional über ein begrenztes Gebiet hinaus nicht verwendbar ist.*
Re|gi|o|nal|ver|kehr, der: ⟨Pl. selten⟩: *Eisenbahn- u. Fahrzeugverkehr zwischen den Zentren einer Region.*
Re|gi|o|nal|zug, der: *Nahverkehrszug.*
re|gi|o|när ⟨Adj.⟩ (Med.): *die Region* (3) *eines Körperteils, eines Organs betreffend, zu ihr gehörend:* -e Metastasen.
Re|gis|seur [reʒɪˈsøːɐ̯], der; -s, -e [frz. régisseur = Spielleiter, Verwalter, zu: régir, ↑ Regie] (Theater, Film, Fernsehen, Rundfunk): *jmd., der bei der Gestaltung eines Werkes für eine Aufführung, Sendung o. Ä. die künstlerische Leitung hat, [berufsmäßig] Regie führt; jmd., der ein Stück inszeniert; Spielleiter:* ein begabter, erfahrener, bekannter R.; Ü Das Leben ist immer der beste R.; der R. *(Trainer)* der Nationalmannschaft.
Re|gis|seu|rin [reʒɪˈsøːrɪn], die; -, -nen: w. Form zu ↑ Regisseur.
Re|gis|ter, das; -s, - [mhd. register < mlat. registrum = Verzeichnis < spätlat. regesta, eigtl. subst. Neutr. Pl. des 2. Part. von lat. regerere = zurückbringen; eintragen, aus: re- = wieder, zurück u. gerere (2. Part.: gestum) = tragen, ausführen]: **1. a)** *alphabetisches Verzeichnis von Namen, Begriffen o. Ä. in einem Buch; Index* (1): ein vollständiges, ausführliches R.; am Ende des Atlasses befindet sich ein R.; im R. nachschlagen; **b)** *stufenförmig geschnittener u. mit den Buchstaben des Alphabets versehener Rand der Seiten von Telefon-, Wörter-, Notizbüchern o. Ä., mit dessen Hilfe das Nachschlagen erleichtert wird;* **c)** *amtlich geführtes Verzeichnis rechtlicher Vorgänge von öffentlichem Interesse:* das R. des Standesamtes; eine Eintragung im R. löschen; einen Namen ins R. eintragen lassen; * **altes/langes R.** (ugs. scherzh.; *alter/großer Mensch*); **d)** (früher) *[vom Aussteller angefertigte] Sammlung der Abschriften von Urkunden, Rechtsfällen o. Ä.* **2.** (Druckw.) *genaues Aufeinanderpassen der Druckseiten, des Satzspiegels auf Vorder- u. Rückseite:* R. halten. **3.** (Musik) **a)** *(bei Orgel, Harmonium, Cembalo) Gruppe von Pfeifen, Zungen, Saiten, durch die Töne gleicher Klangfarbe erzeugt werden:* eine Orgel mit vierzig -n; * **alle R. ziehen** *(alles aufbieten; alle verfügbaren Mittel, alle Kräfte aufwenden);* **andere R. ziehen** *(stärkere Mittel einsetzen; einen nachdrücklicheren Ton anschlagen);* **b)** *(bei der menschlichen Singstimme, auch bei bestimmten Blasinstrumenten) Bereich von Tönen, die, je nach Art der Resonanz, am Ort der Erzeugung o. Ä., gleiche od. ähnliche Färbung haben:* die R. einer Trompete. **4.** (Sprachwiss.) *Sprachstil, der für bestimmte Situationen charakteristisch ist.* **5.** (EDV) *kleiner Speicher* (2 b) *für die kurzzeitige Speicherung von Daten.*
re|gis|tered [ˈrɛdʒɪstəd; engl., zu: to register < frz. registrer < mlat. registrare, ↑ registrieren]: **1.** engl. Bez. für: *in ein Register eingetragen; patentiert; gesetzlich geschützt* (Abk.: reg.). **2.** engl. Bez. für: *eingeschrieben.*
Re|gis|ter|kar|te, die (EDV): *in ein Fenster integriertes weiteres Fenster, von dem per Mausklick wahlweise der gesamte Inhalt od. nur der Titel sichtbar gemacht werden kann.*
Re|gis|ter|ton|ne, die [mit dem in Registertonnen angegebenen Rauminhalt wird das Schiff »registriert«] (Seew. früher): *Einheit zur Errechnung des Rauminhalts eines Schiffes, mit der die Größe eines Schiffes angegeben wird (u. die 2,83 m³ entspricht)* (Abk.: RT).
Re|gis|t|ra|tur, die; -, -en [zu ↑ registrieren]: **1.** *das Registrieren* (1 a), *Eintragen; Buchung* (1): eine R. seiner Personalien wurde vorgenommen. **3.** (Musik) *(bei Orgel u. Harmonium) Gesamtheit der Vorrichtungen, mit denen die Register* (3 a) *betätigt werden.*
re|gis|t|rie|ren ⟨sw. V.; hat⟩: **1.** [spätmhd. registrieren < mlat. registrare, zu: registrum, ↑ Register] **a)** *in ein Verzeichnis, eine Kartei, ein [amtlich geführtes] Register eintragen:* Fahrzeuge, Namen, Personalien, Personen r.; während der Feiertage wurden viele Unfälle registriert; **b)** *selbsttätig festhalten u. automatisch aufzeichnen:* die Messgeräte registrieren Luftfeuchtigkeit und Niederschlagsmenge; die Seismografen registrierten ein leichtes Erdbeben. **2. a)** *ins Bewusstsein aufnehmen, zur Kenntnis nehmen, bemerken:* alle Vorgänge genau, sorgfältig, im Einzelnen r.; sein Erscheinen wurde von allen registriert; sie registrierte mit Befriedigung, dass ihr Rat befolgt wurde; **b)** *sachlich feststellen; ohne Kommentar vermerken, darstellen:* alle Zeitungen registrierten den Vorfall. **3.** (Musik) *(beim Spielen von Orgel, Harmonium, auch Cembalo) durch Betätigung der Register die Klangfarbe bestimmen.*
Re|gis|t|rier|kas|se, die: *(in Läden, Gaststätten*

Registrierung – rehabilitativ

o. Ä. aufgestellte) Ladenkasse, die Beträge automatisch addiert u. anzeigt.

Re|gis|t|rie|rung, die; -, -en: *das Registrieren; das Registriertwerden.*

Re|g|le|ment [...'mã:, ...'mɛnt], das; -s, -s u. (schweiz.:) -e [frz. règlement, zu: régler < spätlat. regulare, ↑ regulieren] (bildungsspr.): *Gesamtheit von Vorschriften, Bestimmungen, die für einen bestimmten [Arbeits-, Dienst]bereich, für bestimmte Tätigkeiten, bes. auch für Sportarten, gelten; Statuten, Satzungen:* ein strenges, kompliziertes R.; ein R. ausarbeiten; einem R. unterworfen sein; sich an das R. halten.

re|g|le|men|ta|risch ⟨Adj.⟩ (bildungsspr.): *einem Reglement, den Vorschriften, Bestimmungen genau entsprechend, folgend.*

re|g|le|men|tie|ren ⟨sw. V.; hat⟩ [wohl unter Einfluss von frz. réglementer = nach einem Reglement vorgehen] (bildungsspr., oft abwertend): *durch genaue, strenge Vorschriften regeln:* die Arbeit ist [genau, streng] reglementiert. Dazu: **Re|g|le|men|tie|rung**, die; -, -en.

Reg|ler, der; -s, - [zu ↑ regeln (2)] (Technik, Kybernetik): *Vorrichtung, die bei technischen Geräten (bes. als Bestandteil eines Regelkreises) den gewünschten Gang, die richtige Stufe, Stärke o. Ä. von etw. einstellt, reguliert.*

reg|los ⟨Adj.⟩: *regungslos.*

Reg|lung: ↑ Regelung.

reg|nen ⟨sw. V.⟩ [mhd. reg[en]en, ahd. reganōn, zu ↑ Regen]. **1.** ⟨unpers.; hat⟩ *(von Niederschlag) als Regen zur Erde fallen:* es regnet leise, sanft, stark, heftig, ununterbrochen, tagelang, in Strömen; es fängt an, hört auf zu r.; es regnet an die Scheiben, aufs Dach; es regnete große Tropfen *(der Regen fiel in großen Tropfen).* **2.** ⟨ist⟩ *in großer Menge, wie ein Regen niedergehen, herabfallen:* von den Rängen regneten Blumen; Ü Vorwürfe, Schimpfworte regneten auf ihn *(bekam er in großer Menge zu hören);* nach der Fernsehübertragung regnete es bei dem Sender Beschwerden *(Beschwerden gingen in großer Zahl bei dem Sender ein).*

Reg|ner, der; -s, -: *Gerät, das Wasser versprüht (zum Beregnen von landwirtschaftlichen Kulturen, Sportplätzen o. Ä.).*

reg|ne|risch ⟨Adj.⟩ [für älter regnicht, mhd. regenic = regnerisch]: *so geartet, dass immer wieder Regen fällt; zu Regen neigend; grau u. von Regenwolken verhangen:* ein -er Tag, Himmel; -es Wetter; Er war allein, der Wind jaulte am Dach, die Nacht war wieder r. (Gaiser, Jagd 156).

◆ **reg|nicht** ⟨Adj.⟩ [auch: regnig, mhd. regenic]: *regnerisch:* ... bei dem feuchten, -en Wetter (Chamisso, Schlemihl 4); ... an einem -en Nachmittage (Goethe, Werther I, 12. August).

Reg.-Rat = Regierungsrat.

Re|gress, der; -es, -e [lat. regressus, eigtl. = Rückkehr, zu: regressum, 2. Part. von: regredi = zurückgehen; (auf jmdn.) zurückkommen; Ersatzansprüche stellen, zu: re- = wieder, zurück u. gradi = schreiten, gehen]. **1.** (Rechtsspr.) *Inanspruchnahme des Hauptschuldners (b), Rückgriff auf den Hauptschuldner durch einen ersatzweise haftenden Schuldner.* **2.** (Philos.) *das Zurückgehen von der Wirkung zur Ursache, vom Bedingten zur Bedingung.*

Re|gress|an|spruch, der (Rechtsspr.): *Anspruch auf Regress.*

Re|gress|for|de|rung, die (Rechtsspr.): *Forderung aus einem Regressanspruch.*

Re|gres|si|on, die; -, -en [lat. regressio, zu: regredi, ↑ Regress]. **1.** (bildungsspr.) *langsamer Rückgang; rückläufige Tendenz, Entwicklung:* eine R. der wirtschaftliche R. **2.** (Psychol.) *das Zurückgehen, Zurückfallen auf frühere Stufen der geistigen Entwicklung, des Trieblebens.*

3. (Geol.) *das Zurückweichen des Meeres durch das Absinken des Meeresspiegels od. die Hebung des Landes.* **4.** (Biol.) *das Schrumpfen des Ausbreitungsgebietes einer Art od. Rasse von Lebewesen.* **5.** (Statistik) *Aufteilung einer Variablen in einen systematischen u. einen zufälligen Teil zur angenäherten Beschreibung einer Variablen als Funktion anderer.* **6.** (Rhet., Stilkunde) a) *Wiederholung eines Satzes, aber in umgekehrter Wortfolge;* b) *nachträgliche, erläuternde Wiederaufnahme.*

re|gres|siv ⟨Adj.⟩: **1.** (bildungsspr.) *eine Regression (1) aufweisend; rückläufig, rückschrittlich:* -e Entwicklungen. **2.** (Psychol.) *auf einer Regression (2) beruhend; auf frühere [primitive] Stufen der geistigen Entwicklung, des Trieblebens zurückfallend:* eine -e Haltung. **3.** (Philos.) *in der Art des Regresses (2) zurückschreitend; von der Wirkung zur Ursache, vom Bedingten zur Bedingung zurückgehend.* **4.** (Rechtsspr.) *einen Regress (1) betreffend:* -e Forderungen.

Re|gress|kla|ge, die (Rechtsspr.): *Klage zur Durchsetzung eines Regressanspruchs.*

Re|gress|pflicht, die (Rechtsspr.): *Verpflichtung, einen Regressanspruch zu erfüllen.*

re|gress|pflich|tig ⟨Adj.⟩ (Rechtsspr.): *zum Regress verpflichtet:* jmdn. r. machen.

reg|sam ⟨Adj.⟩ [zu ↑ regen] (geh.): *rege (b), rührig, beweglich:* sie ist geistig noch sehr r. Dazu: **Reg|sam|keit**, die; -.

Regt. = Regiment.

◆ **Re|gu|la de tri**, die; - - - : *Regeldetri:* ... unsereins rechnet und rechnet und kommt aus der R. d. t. gar nicht mehr heraus (Fontane, Jenny Treibel 31).

Re|gu|lar, der; -s, -e, **Re|gu|la|re**, der; -n, -n [mlat. regularis, zu spätlat. regularis, ↑ regulär] (kath. Kirche): *Mitglied eines katholischen Ordens, das eine ²Profess abgelegt hat.*

re|gu|lär ⟨Adj.⟩ [spätlat. regularis = einer Regel gemäß, zu lat. regula, ↑ Regel]: a) *den Regeln, Bestimmungen, Vorschriften entsprechend; vorschriftsmäßig, ordnungsgemäß, richtig:* die -e Arbeit, Arbeitszeit; -e Truppen *(ordnungsgemäß ausgebildete u. uniformierte Truppen);* die -e Spielzeit (Sport; *die offiziell vorgesehene Zeit)* ist abgelaufen; b) *üblich:* die -e Linienmaschine; den -en *(nicht herabgesetzten)* Preis bezahlen.

Re|gu|lar|geist|li|cher ⟨vgl. Geistlicher⟩: *Regularkleriker.*

Re|gu|la|ri|tät, die; -, -en: a) [frz. régularité] (bildungsspr.) *reguläre Art, ordnungsgemäßes Verhalten; Vorschrifts-, Gesetzmäßigkeit;* b) ⟨meist Pl.⟩ (Sprachwiss.) *übliche sprachliche Erscheinung.*

Re|gu|lar|kle|ri|ker, der (kath. Kirche): *Mitglied einer katholischen Ordensgemeinschaft, die pastorale Tätigkeit der dem Ordensleben verpflichteten Priester in den Vordergrund stellt.*

Re|gu|la|ti|on, die; -, -en [zu ↑ regulieren]: **1.** (seltener) *Regulierung.* **2.** (Biol., Med.) a) *Regelung von Vorgängen in lebenden Organismen (bes. innerhalb der funktionellen Einheiten wie der Systeme der Atmung, der Verdauung o. Ä.);* b) *selbsttätige Anpassung eines Lebewesens an wechselnde Bedingungen in der Umwelt.*

re|gu|la|tiv ⟨Adj.⟩: **1.** (bildungsspr.) *ein Regulativ (1) darstellend; regulierend, normend:* ein -er Faktor; -e Vorgänge. **2.** (Biol., Med.) *die Regulation (2) betreffend:* -e Störungen, Abweichungen.

Re|gu|la|tiv, das; -s, -e (bildungsspr.): **1.** *steuerndes, ausgleichendes, regulierendes Element:* Angebot und Nachfrage sind -e des Marktes. **2.** *regelnde Verfügung, Vorschrift, Verordnung:* sich an die gegebenen -e halten.

Re|gu|la|tor, der; -s, ...ọren: **1.** (bildungsspr.) *steuernde, ausgleichende, regulierende Kraft:*

als R. wirken. **2.** (Technik) *Vorrichtung an bestimmten Maschinen, die etw. steuert, reguliert.* **3.** (veraltend) *Pendeluhr mit einem geschlossenen Gehäuse u. verstellbarem Pendel.*

re|gu|la|to|risch ⟨Adj.⟩: *regulierend, steuernd.*

Re|gu|li: Pl. von ↑ Regulus.

re|gu|lier|bar ⟨Adj.⟩: *sich [in bestimmter Weise] regulieren lassend:* Sitze mit [stufenlos] -en Rückenlehnen.

re|gu|lie|ren ⟨sw. V.; hat⟩ [mhd. regulieren < spätlat. regulare = regeln, einrichten, zu: regula, ↑ Regel]: **1.** *regeln* (2): mit diesem Knopf kann man die Lautstärke r.; automatisch regulierte *(sich öffnende u. schließende)* Türen. **2.** a) *nach bestimmten Gesichtspunkten gestalten, ordnen; bei etw. für einen festen, angemessenen Ablauf sorgen; regeln* (1 a): die Ampel reguliert den Verkehr; durch ein kompliziertes System wird die Produktion reguliert; b) ⟨r. + sich⟩ *in ordnungsgemäßen Bahnen verlaufen; einen festen, geordneten Ablauf haben; sich regeln* (1 b): das System reguliert sich selbst; ein sich selbst regulierender Markt. **3.** *(ein fließendes Gewässer) in seinem Lauf begradigend korrigieren u. seine Ufer befestigen:* einen Fluss, einen Bach r.

Re|gu|lie|rung, die; -, -en: *das Regulieren, Sichregulieren; das Reguliertwerden.*

Re|gu|lie|rungs|be|hör|de, die: *Behörde mit der Aufgabe, die Chancengleichheit von Wettbewerbern im Vergleich mit einem ehemals staatlichen Monopolunternehmen zu gewährleisten:* eine R. für die Telekommunikation.

Re|gu|lus, der; -, ...li u. -se: **1.** [lat. regulus, Vkl. von: rex = König, ↑ ¹Rex; der leuchtend gelbe Scheitel erinnert an eine Krone] *Goldhähnchen.* **2.** [mlat. (Alchemistenspr.) regulus = metallurgisch gewonnenes Antimon < lat. regulus, ↑ Regulus (1)] (veraltet) *Metallklumpen, der sich beim Schmelzen von Erzen unter der Schlacke absondert.*

Re|gung, die; -, -en [zu ↑ regen] (geh.): **1.** *leichte Bewegung; das Sichregen:* eine R. der Luft; er lag ohne jede R. da. **2.** *plötzlich auftauchende Empfindung, das Sichregen eines Gefühls; innere Bewegung, Anwandlung:* verborgene, leise, zarte, dunkle -en; die geheimsten -en; eine R. des Mitleids, der Freude, von Zorn, Wehmut, Scham; seine erste R. war Unmut; sie folgte einer R. ihres Herzens. **3.** (meist Pl.) *Bestrebung.*

re|gungs|los ⟨Adj.⟩: *keine Regung (1) zeigend; ohne jede Bewegung:* ein -er Körper; die Wasserfläche war völlig r.; er blieb r. liegen; Belfontaine starrte ihn r. an (Langgässer, Siegel 69).

Re|gungs|lo|sig|keit, die; -: *das Regungslossein.*

Reh, das; -[e]s, -e [mhd. rē(ch), ahd. rēh(o), urspr. = das Scheckige, Gesprenkelte, nach der Farbe des Fells]: *dem Hirsch ähnliches, aber kleineres, zierlicheres Tier mit kurzem Geweih, das vorwiegend in Wäldern lebt u. sehr scheu ist:* -e äsen auf dem Feld; das R. schreckt, fiept; sie ist scheu wie ein R.

Re|ha, die; -, -s: **1.** kurz für ↑ Rehabilitation (1): die Krankenkasse bezahlt für die R. **2.** kurz für ↑ Rehabilitationsklinik: er wurde gerade aus der R. entlassen.

Re|ha|bi|li|ta|ti|on, die; -, -en: **1.** [engl. rehabilitation] *[Wieder]eingliederung einer/eines Kranken, einer körperlich od. geistig behinderten Person in das berufliche u. gesellschaftliche Leben.* **2.** [(frz. réhabilitation <) mlat. rehabilitatio] *Rehabilitierung (1).*

Re|ha|bi|li|ta|ti|ons|kli|nik, die: *der Rehabilitation (1) von Kranken dienende Klinik.*

Re|ha|bi|li|ta|ti|ons|zen|t|rum, das: *der Rehabilitation (1) dienende Einrichtung.*

re|ha|bi|li|ta|tiv ⟨Adj.⟩ [engl. rehabilitative] (selten): *die Rehabilitation (1) betreffend, der Rehabilitation (1) dienend.*

re|ha|bi|li|tie|ren ⟨sw. V.; hat⟩: **1.** [frz. réhabiliter < mlat. rehabilitare = in den früheren Stand, in die früheren Rechte wieder einsetzen] *jmds. od. sein eigenes [soziales] Ansehen wiederherstellen, jmdn. in frühere [Ehren]rechte wieder einsetzen:* einen Politiker [vor der Öffentlichkeit] r.; jmdn. durch Wiederaufnahme des Verfahrens r.; durch ihren Sieg konnte sich die Mannschaft wieder r. **2.** [engl. to rehabilitate] *durch Maßnahmen der Rehabilitation (1) in das berufliche u. gesellschaftliche Leben [wieder] eingliedern:* einen Unfallgeschädigten, Querschnittgelähmten r.

Re|ha|bi|li|tie|rung, die; -, -en: **1.** (bes. Rechtsspr.) *das Rehabilitieren* (1); *Wiederherstellung der verletzten Ehre einer Person [u. die Wiedereinsetzung in frühere Rechte]:* die R. des Ministers durch den Kanzler; um seine R. kämpfen; Ü die R. des Handwerks. **2.** *Rehabilitation* (1): die Erziehung und R. von drogensüchtigen Jugendlichen.

Re|ha|kli|nik, die; -, -en: Kurzf. von ↑ Rehabilitationsklinik.

Re|ha|zen|t|rum, das; -s, ...tren: kurz für ↑ Rehabilitationszentrum.

Reh|bein, das [die spaltähnliche Geschwulst wird mit dem Huf eines Rehs verglichen] (Tiermed.): *Überbein an der äußeren Seite des Sprunggelenks beim Pferd.*

Reh|bock, der: *männliches Reh.*

Reh|bra|ten, der: *gebratener Rehrücken.*

reh|braun ⟨Adj.⟩: *leicht rötlich hellbraun.*

Reh|he, die; - [mhd. ræhe, zu: ræhe = steif (in den Gelenken)] (Tiermed.): *Hautentzündung am Pferdehuf mit der Folge plötzlicher Lahmheit.*

reh|far|ben, reh|far|big ⟨Adj.⟩: *rehbraun.*

Reh|geiß, die: *weibliches Reh.*

Reh|keu|le, die: *Keule* (2) *vom Reh.*

Reh|kitz, das: *Junges vom Reh.*

Reh|rü|cken, der: **1.** vgl. Hirschrücken. **2.** *in einer speziellen kastenförmig runden Backform gebackener dunkler Rührkuchen, der mit Schokoladenglasur überzogen und mit Mandelstiften gespickt wird.*

Reh|wild, das (Jägerspr.): *Gesamtheit von Rehen.*

Rei|bach, Rebbach, der; -s [jidd. rewach = Zins < hebr. rewa ḥ] (salopp): *[durch Manipulation erzielter] unverhältnismäßig hoher Gewinn bei einem Geschäft:* den R. teilen; bei diesem Geschäft hat er einen kräftigen R. gemacht.

Reib|ah|le, die (Technik): *Werkzeug zum Glattreiben von Bohrungen, Bohrlöchern.*

Rei|be, die; -, -n [zu ↑ reiben (2)] (landsch.): ¹*Raspel* (2).

Rei|be|brett, das: *Brett zum Glätten des Putzes* (1).

Reib|ei|sen, das: **1.** (landsch.) ¹*Raspel* (2): sie hat eine Stimme wie ein R. *(eine sehr tiefe, raue Stimme).* **2.** (salopp) *widerspenstige weibliche Person.*

Rei|be|ku|chen, der: **1.** (landsch., bes. rhein.) *Kartoffelpuffer.* **2.** (landsch.) *Rühr-, Napfkuchen.*

Rei|be|laut, der (Sprachwiss.): *Spirans, Spirant.*

rei|ben ⟨st. V.; hat⟩ [mhd. rīben, ahd. rīban, urspr. wohl = drehend zerkleinert]: **1. a)** *mit etw. unter Anwendung eines gewissen Drucks über etw. in [mehrmaliger] kräftiger Bewegung hinfahren:* jmds. Hände/jmdm. die Hände r.; sich die Backen r.; ich rieb meine, die, (häufiger:) mir die Augen, die Stirn, die Schläfen, die Nase; **b)** *durch Reiben* (1a) *in einen bestimmten Zustand versetzen:* das Tafelsilber blank r.; die Armlehnen sind blank gerieben *(durch Abnutzung blank geworden);* **c)** *reibend* (1a) *an, in, über etw. hinfahren:* an seinen Fingern r.; mit einem Tuch über die Schuhe r.; **d)** *durch Reiben* (1a) *entfernen:* einen Fleck aus dem Kleid, sich ⟨Dativ⟩ die Farbe von den Fingern r.; Ü sie rieb sich ⟨Dativ⟩ den Schlaf aus den Augen; **e)** *durch Reiben* (1a) *in etw. hineinbringen, an eine Stelle bringen:* die Creme in die Haare r.; ... bald würde Ross um Ross requiriert und den Schlachtfeldern zugeführt werden..., ohne dass irgendein Täuscher ihnen Pfeffer unter den Schwanz gerieben oder ihr Fell durch allerlei Spritzen und Bürsten geglättet hätte (Langgässer, Siegel 272). **2.** *durch Reiben* (1a) *auf einer* ¹*Raspel* (2) *zerkleinern:* Kartoffeln, Nüsse, Käse r.; der Kuchen war mit geriebenen Mandeln bestreut. **3.** *sich in allzu enger Berührung ständig über etw. bewegen, scheuern* (2 a): der Kragen reibt. **4.** *sich einen Körperteil, die Haut durch Reiben* (1a) *verletzen:* ich habe mir die Haut wund gerieben. **5.** ⟨r. + sich⟩ [*im Zusammenleben, in der Gemeinschaft o. Ä.] auf jmdn., etw. als einen Widerstand stoßen [u. eine Auseinandersetzung suchen]:* sich mit seinen Kollegen, Nachbarn r.; sich an einem Problem r. **6.** (Technik) *mit der Reibahle glätten.*

Rei|ber, der; -s, -: **1.** (landsch.) ¹*Raspel* (2). **2.** (bild. Kunst, Verlagsw.) *mit Rosshaar ausgestopfter Lederballen, der beim Reiberdruck die Vorlage auf das Papier überträgt.*

Rei|ber|dat|schi, der; -s, - (bayr.): *Kartoffelpuffer.*

Rei|ber|druck, der ⟨Pl. -e⟩ (bild. Kunst, Verlagsw.): **1.** ⟨o. Pl.⟩ *älteres Druckverfahren beim Holzschnitt, bei dem die Vorlage durch einen Reiber* (2) *auf das Papier übertragen wird.* **2.** *in der Technik des Reiberdrucks* (1) *hergestellter Abzug.*

Rei|be|rei, die; -, -en ⟨meist Pl.⟩: *die partnerschaftlichen Beziehungen beeinträchtigende Meinungsverschiedenheit, Auseinandersetzung über etw.; Streitigkeit:* hin und wieder mit den Eltern, zu Hause -en haben; es gab oft -en im Betrieb, zwischen den Eheleuten.

Reib|flä|che, die: *präparierte Fläche an einer Streichholzschachtel zum Anzünden des Streichholzes.*

Reib|kä|se, der: **1.** *Käse, der* ¹*gerieben* (2) *werden kann.* **2.** *geriebener Käse.*

Reib|tuch, das ⟨Pl. ...tücher⟩ (österr.): *Scheuer-, Aufwischlappen.*

Rei|bung, die; -, -en [mhd. rībunge]: **1.** *das Reiben* (1a, 2). **2.** *das Sichreiben* (5). **3.** (Physik) *Widerstand, der bei der Bewegung zweier sich berührender Körper auftritt:* äußere R. *(Reibung zwischen zwei Körpern);* innere R. *(Reibung innerhalb eines Körpers).*

Rei|bungs|elek|t|ri|zi|tät, die (Physik): *entgegengesetzte elektrische Aufladung zweier verschiedener Isolatoren* (1), *wenn sie aneinandergerieben werden; Triboelektrizität.*

Rei|bungs|flä|che, die: **1.** *Fläche, an der eine Reibung* (1, 3) *entsteht.* **2.** *Grund, Möglichkeit zur Reibung* (2): ein Zusammenleben auf so engem Raum erzeugt auch größere -n.

rei|bungs|los ⟨Adj.⟩: *ohne Hemmnisse verlaufend, erfolgend, sich durchführen lassend; keine Schwierigkeiten bereitend:* eine -e Zusammenarbeit, Eingliederung; der Übergang vollzog sich r.

Rei|bungs|punkt, der: *etw., worüber es zu Reibungen* (2) *kommt od. kommen kann:* -e beseitigen.

Rei|bungs|ver|lust, der (Physik): *Verlust von Energie* (2), *der durch Reibung verursacht wird; Umwandlung von Bewegungsenergie in Wärmeenergie.* Ü bei den vielen Widerständen und zu überwindenden Schwierigkeiten entstehen -e *(wird viel Kraft vergeudet).*

Rei|bungs|wär|me, die (Physik): *durch Reibung* (3) *entstehende Wärme.*

Rei|bungs|wi|der|stand, der (Physik): *Reibung* (3).

reich ⟨Adj.⟩ [mhd. rīch(e), ahd. rīhhi, eigtl. = von königlicher Abstammung, aus dem Kelt., vgl. air. rí (Gen.: ríg) = König]: **1.** *viel Geld u. materielle Güter besitzend, Überfluss daran habend:* ein -er Mann; -e Leute; eine r. begüterte Familie; ein Sohn aus -em Haus *(reicher Eltern);* die -ste Stadt der Welt; sie sind unermesslich, sagenhaft r.; sie sind über Nacht r. geworden; er hat r. *(eine reiche Frau)* geheiratet. **2. a)** *(in Bezug auf Ausstattung, Gestaltung o. Ä.) durch großen Aufwand gekennzeichnet; prächtig:* eine -e Ausmalung der Säle; eine r. geschmückte Fassade; ein r. geschnitztes Chorgestühl; r. verzierte Portale; **b)** *durch eine Fülle von etw. gekennzeichnet:* eine -e Ernte, Ausbeute; -e *(ergiebige)* Ölquellen, Bodenschätze; ein -es *(reichhaltiges, opulentes)* Mahl; in -em *(hohem)* Maße, -en *(starken, viel)* Beifall ernten; jmdn. r. *(reichlich, großzügig)* beschenken, belohnen; das Buch ist r. *(reichhaltig)* illustriert; * **r. an etw. sein** *(etw. in großer Menge, Fülle haben):* Kartoffeln sind r. an Vitamin C; die Gegend ist r. an Mineralien; das Gemüse ist r. an Geschmack); **c)** *durch Vielfalt gekennzeichnet; vielfältig [u. umfassend]:* eine -e Auswahl; -e Möglichkeiten, Erfahrungen; sie hatte ein -es *(vieles enthaltendes u. dadurch erfüllendes)* Leben; ein -es *(viele Möglichkeiten bietendes)* Betätigungsfeld.

Reich, das; -[e]s, -e [mhd. rīch(e), ahd. rīhhi, zu ↑ reich od. unmittelbar aus dem Kelt.]: *sich meist über das Territorium mehrerer Stämme od. Völker erstreckender Herrschaftsbereich eines Kaisers od. einer Kaiserin, eines Königs od. einer Königin o. Ä.:* ein großes, mächtiges R.; das Römische R.; das R. Alexanders des Großen; das Heilige Römische R. Deutscher Nation; das [Deutsche] R. (1. *nicht fachspr. Bez. für den deutschen Feudalstaat von 911 bis 1806.* **2.** *das deutsche Nationalstaat von 1871 bis 1945);* das Dritte R. *(das Deutsche Reich während der nationalsozialistischen Herrschaft von 1933 bis 1945);* das tausendjährige R. (nationalsoz., noch iron.; *das Dritte Reich);* das Tausendjährige R. *(im Chiliasmus gemeinsame himmlische Herrschaft Christi u. der Heiligen nach der Wiederkunft Christi auf die Erde);* das R. Gottes *(in der jüdischen u. christlichen Eschatologie endzeitliche Herrschaft Gottes);* das R. der Mitte *(China; nach dem sinozentrischen Weltbild des alten Chinas);* ein neues R. errichten; Auflösung und Zerfall eines -es; Ü (oft geh.:) das R. der Träume, der Fantasie; das R. der Schatten (dichter.; *das Totenreich);* *** **ins R. der Fabel gehören** *(nicht wahr sein).*

reich be|gü|tert, reich|be|gü|tert ⟨Adj.; reicher begütert; am reichsten begütert⟩: *über einen großen Besitz verfügend; reich* (1): eine reich begüterte Familie.

Rei|che, die/eine Reiche; der/einer Reichen, die Reichen/zwei Reiche: *weibliche Person, die reich* (1) *ist.*

rei|chen ⟨sw. V.; hat⟩ [mhd. reichen, ahd. reichen, urspr. = sich erstrecken]: **1. a)** (oft geh.) *jmdm. etw. zum Nehmen hinhalten:* jmdm. ein Buch, für seine Zigarette Feuer, bei Tisch das Salz r.; der Schaffnerin die Fahrkarte r.; der Geistliche reichte ihnen das Abendmahl; sie reichten sich [gegenseitig]/(geh.:) einander [zur Begrüßung, zur Versöhnung] die Hand; man reichte ihm das Essen durch die Luke in der Tür; **b)** *[einem Gast] servieren, anbieten:* den Gästen Erfrischungen r.; Getränke wurden an der Bar gereicht; *(in Kochrezepten:)* dazu reicht man Butterreis oder Spätzle. **2. a)** *in genügender Menge für einen bestimmten Zweck o. Ä. vorhanden sein:* das Geld reicht nicht [mehr]; das Brot muss für vier

Personen, noch bis Montag r.; der Stoff reicht [für, zu einem Kostüm]; das muss für uns beide r.; drei Männer reichen für den Möbeltransport; der [Treibstoff im] Tank reicht für eine Fahrstrecke von 500 km; danke, es reicht *(ich habe genug)*; die Schnur reicht *(ist lang genug)*; solange der Vorrat reicht *(noch etw. davon vorhanden ist)*; die Steinkohlenlager werden nicht ewig r.; So was kann ich ja gar nicht diktieren, dafür reicht mein Kopf nicht... *(bin ich nicht intelligent genug;* Fallada, Jeder 290); * **jmdm. reicht es** (ugs.; ↑ langen 1 a); **b)** *in genügender Menge bis zu einem Zeitpunkt zur Verfügung haben, ohne dass es vorher aufgebraucht wird; mit etw. auskommen:* mit dem Geld reicht es nicht.., mit dem Aufschnitt reichen wir noch bis morgen. **3.** *sich bis zu einem bestimmten Punkt erstrecken:* er reicht mit dem Kopf fast bis zur Decke; die Zweige des Obstbaums reichen bis in den Garten der Nachbarin; so weit der Himmel reicht *(so weit man sehen kann; überall)*; Ü ihr Einfluss reicht sehr weit; die Entwicklung reicht vom Spätmittelalter bis ins 17. Jahrhundert. ◆ **4. a)** *strecken* (1 c): Wenn er ... in freier nächtlicher Stunde ... über einen großen Platz wandelte und seine Hände gen Himmel reichte (Goethe, Theatralische Sendung I, 20); **b)** *irgendwohin greifen, fassen:* ... indem es (= das Kind) mit den kleinen Händchen lange in die Höhe gereicht hatte, ehe es (= das Brot) noch abgeschnitten war, und nun mit seinem Abendbrote vergnügt ... wegsprang (Goethe, Werther I, 16. Junius); **c)** *erreichen* (1): Steig auf meine Schultern, da kannst du der Lücke r. (Goethe, Götz III); Ü Wart'! Heute reich' ich dich *(bekomme ich dich zu fassen)*. Heute streust du keinen Sand mir in die Augen (Kleist, Krug 11); **d)** *erreichen* (4): Wie gering musst' er sie schätzen, da er's unternahm, bei Ihnen mit diesem plumpen Gaukelspiel zu r.! (Schiller, Don Carlos V, 4).

Rei|chen|hall: ↑ Bad Reichenhall.

Rei|chen|steu|er, die (ugs.): *erhöhte Besteuerung der oberen Gehaltsklassen.*

Rei|cher, *der Reiche/ein Reicher; des/eines Reichen, die Reichen/zwei Reiche: jmd., der reich* (1) *ist.*

reich ge|schmückt, reich|ge|schmückt ⟨Adj.; reicher geschmückt, am reichsten geschmückt⟩: *in reichem* (2 a) *Maße geschmückt:* eine reich geschmückte Fassade.

reich ge|schnitzt, reich|ge|schnitzt ⟨Adj.; reicher geschnitzt, am reichsten geschnitzt⟩: *mit reichem* (2 a), *vielfältigen Schnitzwerk versehen:* ein reich geschnitztes Chorgestühl.

reich|hal|tig ⟨Adj.⟩: *vieles enthaltend:* eine -e Speisekarte, Bibliothek; auf Kaffeefahrten gibt es gutes und -es Essen.

reich|lich ⟨Adj.⟩ [mhd. rîchelich, ahd. rîchlîh, zu ↑ reich]: **a)** *in großer, sehr gut ausreichender Menge; mehr als genügend:* ein -es Trinkgeld; -er Niederschlag; das Essen war gut und r.; Fleisch ist noch r. vorhanden; wir haben noch r. Zeit, Platz; dazu ist r. Gelegenheit; r. mit allem versorgt sein; **b)** *mehr als:* eine -e Million Evakuierter; erst nach r. einer Stunde bemerkte man sein Fehlen; **c)** ⟨intensivierend bei Adj.⟩ (ugs.) *ziemlich; sehr:* eine r. langweilige Arbeit; er kam r. spät; das Kleid ist r. kurz.

Reichs|ab|tei, die (Geschichte): *reichsunmittelbare Abtei.*

Reichs|acht, die: *vom Reichsgericht (bis ins 18. Jh.) verhängte, sich auf das gesamte Gebiet des Deutschen Reiches erstreckende* ²*Acht.*

Reichs|adel, der: *reichsunmittelbarer Adel.*

Reichs|ad|ler, der ⟨o. Pl.⟩: *Adler im Wappen des Deutschen Reiches.*

Reichs|ap|fel, der ⟨o. Pl.⟩ [frühnhd., LÜ von mlat. pomum imperiale]: *etwa faustgroße, den Erdball symbolisierende goldene Kugel mit darauf stehendem Kreuz als Teil der Reichsinsignien.*

Reichs|ar|beits|dienst, der ⟨o. Pl.⟩ (nationalsoz.): *Organisation zur Durchführung eines gesetzlich vorgeschriebenen halbjährigen Arbeitsdienstes* (1).

Reichs|au|to|bahn, die: *im Deutschen Reich von 1934 bis 1945 gebrauchte Bez. für: Autobahn.*

Reichs|bahn, die: **a)** *staatliches Eisenbahnunternehmen im Deutschen Reich von 1920 bis 1945;* **b)** *(bis 1990) staatliches Eisenbahnunternehmen der DDR;* **c)** *(1990–94) selbstständiges Eisenbahnunternehmen des Bundes (neben der Deutschen Bundesbahn) in den Bundesländern auf dem Gebiet der ehem. DDR.*

Reichs|bank, die ⟨Pl. -en⟩: **a)** ⟨o. Pl.⟩ *zentrale Notenbank des Deutschen Reiches von 1876 bis 1945;* **b)** *(in bestimmten Staaten) Notenbank:* die schwedische R.

reichs|deutsch ⟨Adj.⟩: *die Reichsdeutschen, das Deutsche Reich betreffend.*

Reichs|deut|sche ⟨vgl. ¹Deutsche⟩: *weibliche Person, die in der Zeit der Weimarer Republik u. des Dritten Reiches die deutsche Staatsangehörigkeit besaß u. innerhalb der Grenzen des Deutschen Reiches lebte.*

Reichs|deut|scher ⟨vgl. Deutscher⟩: *jmd., der in der Zeit der Weimarer Republik u. des Dritten Reiches die deutsche Staatsangehörigkeit besaß u. innerhalb der Grenzen des Deutschen Reichs lebte.*

reichs|frei ⟨Adj.⟩: *reichsunmittelbar.*

Reichs|ge|biet, das: *Gebiet des Deutschen Reiches.*

Reichs|ge|richt, das: *höchstes Gericht des Deutschen Reiches für Angelegenheiten des Zivil- u. Strafrechts.*

Reichs|gren|ze, die: *Grenze des Deutschen Reiches.*

Reichs|grün|dung, die: *Gründung eines Reiches, bes. des Deutschen Reiches von 1871.*

Reichs|in|sig|ni|en ⟨Pl.⟩: *aus Krone, Reichsapfel, Zepter, Schwert, Heiliger Lanze u. a. Reichskleinodien bestehende Insignien des Deutschen Reiches (bis 1806).*

Reichs|kam|mer|ge|richt, das ⟨o. Pl.⟩: *oberstes Gericht des Deutschen Reiches von 1495 bis 1806.*

Reichs|kanz|ler, der: **1.** *im Deutschen Reich (1871–1918) höchster, vom Kaiser ernannter, allein verantwortlicher u. einziger Minister, der die Politik des Reiches leitete u. den Vorsitz im Bundesrat führte.* **2. a)** *Vorsitzender der Reichsregierung in der Weimarer Republik;* **b)** *diktatorisches Staatsoberhaupt während der nationalsozialistischen Herrschaft.*

Reichs|klein|odi|en ⟨Pl.⟩: *Krönungsornat, Handschuh, Reliquiare u. a. als Reichsinsignien im weiteren Sinne.*

Reichs|kris|tall|nacht, die ⟨o. Pl.⟩ (nationalsoz. Jargon): *Pogromnacht* (b).

Reichs|mark, die: *Währungseinheit des Deutschen Reiches von 1924 bis 1948 (Abk.: RM).*

Reichs|mi|nis|ter, der: **1.** *von der Frankfurter Nationalversammlung 1848/49 eingesetzter Minister.* **2.** *Reichskanzler* (1). **3.** *auf Vorschlag des Reichskanzlers vom Reichspräsidenten ernanntes Mitglied der Reichsregierung (von 1919 bis 1933).*

reichs|mit|tel|bar ⟨Adj.⟩: *der Landeshoheit eines Fürsten unterstehend.*

Reichs|pol|grom|nacht, die ⟨o. Pl.⟩: *Pogromnacht* (b).

Reichs|post, die ⟨o. Pl.⟩: *staatliches Postunternehmen im Deutschen Reich von 1924 bis 1945.*

Reichs|prä|si|dent, der: *unmittelbar vom Volk auf sieben Jahre gewähltes, mit weitreichenden Vollmachten ausgestattetes Staatsoberhaupt des Deutschen Reiches von 1919 bis 1934.*

Reichs|rat, der: **a)** (früher) *in verschiedenen europäischen Staaten beratendes [gesetzgebendes] Staatsorgan;* **b)** ⟨o. Pl.⟩ *im Deutschen Reich von 1919 bis 1934 Vertretung der Länder bei Gesetzgebung u. Verwaltung des Reiches.*

Reichs|re|gie|rung, die: *aus dem Reichskanzler u. den Reichsministern bestehendes oberstes Exekutivorgan des Deutschen Reiches von 1919 bis 1945.*

Reichs|rit|ter, der: *(im Deutschen Reich bis 1806) Angehöriger des reichsunmittelbaren niederen Adels in Schwaben, Franken u. am Rhein.*

Reichs|stadt, die: *im Deutschen Reich bis 1806 reichsunmittelbare Stadt.*

Reichs|stän|de ⟨Pl.⟩: *im Deutschen Reich bis 1806 dessen reichsunmittelbare Glieder (wie Kurfürsten, [Erz]bischöfe, Herzöge, Markgrafen, Reichsstädte u. a.) mit Sitz u. Stimme im Reichstag:* geistliche R., weltliche R.

Reichs|tag, der: **1. a)** *im Deutschen Reich bis 1806 Versammlung der deutschen Reichsstände;* **b)** ⟨o. Pl.⟩ *Vertretung der Reichsstände gegenüber dem Kaiser.* **2.** ⟨o. Pl.⟩ *Volksvertretung im Norddeutschen Bund von 1867 bis 1871 u. im Deutschen Reich von 1871 bis 1945;* **b)** *im Deutschen Reich von 1919 bis 1933 mit der Legislative betraute Volksvertretung.* **3.** *(in bestimmten Staaten) Parlament:* der dänische, finnische, niederländische R. **4. a)** *Gebäude für die Versammlungen eines Reichstags* (1–3); **b)** *Gebäude in Berlin, in dem (seit 1999) die Plenarsitzungen des Deutschen Bundestags stattfinden.*

Reichs|tags|ge|bäu|de, das: *Reichstag* (4).

Reichs|tags|wahl, die: *Wahl zum Reichstag* (2, 3).

reichs|un|mit|tel|bar ⟨Adj.⟩: *nicht der Landeshoheit eines Fürsten, sondern nur Kaiser u. Reich unterstehend.*

Reichs|ver|si|che|rungs|ord|nung, die ⟨o. Pl.⟩: *(bis 1992) Gesetz zur Regelung der öffentlichrechtlichen Invaliden-, Kranken- u. Unfallversicherung (Abk.: RVO).*

Reichs|ver|we|ser, der: **a)** *im Deutschen Reich bis 1806 Stellvertreter des Kaisers bei Vakanz* (1 a) *des Throns od. während seiner Abwesenheit;* **b)** *von der Frankfurter Nationalversammlung 1848 bis zur Kaiserwahl bestellter Inhaber der Zentralgewalt.*

Reich|tum, der; -s, ...tümer [mhd. rîchtuom, ahd. rîhtuom, zu ↑ reich]: **1. a)** ⟨o. Pl.⟩ *großer Besitz, Ansammlung von Vermögenswerten, die Wohlhabenheit u. Macht bedeuten:* jmds. unermesslicher R.; R. erwerben; seinen R. genießen, verwalten, mehren; die Quellen wirtschaftlichen -s; zu R. kommen *(reich werden)*; Ü der innere R. einer Lebensgemeinschaft; **b)** ⟨Pl.⟩ *Dinge, die den Reichtum einer Person, eines Landes o. Ä. ausmachen; finanzielle, materielle Güter; Vermögenswerte:* die Reichtümer eines Landes; die Reichtümer der Erde *(die Bodenschätze)*; Reichtümer sammeln, anhäufen, vergeuden; damit kann man keine Reichtümer erwerben (ugs.; *daran ist nichts zu verdienen*); jmdn. mit Reichtümern überhäufen. **2.** ⟨o. Pl.⟩ *Reichhaltigkeit, reiche Fülle von etw.:* der R. an Singvögeln; der R. an Geist, Gemüt trat darin zutage; der R. *(die Pracht)* der Ausstattung; ich staunte über den R. ihrer Einfälle.

reich ver|ziert, reich|ver|ziert ⟨Adj.; reicher verziert, am reichsten verziert⟩: *in reichem* (2 a) *Maße verziert:* ein reich verziertes Portal.

Reich|wei|te, die; -, -n [zu ↑ reichen]: **1.** *Entfernung, bis zu der jmd., etw. [mit der Hand] noch erreicht werden kann:* sich jmdm. auf R. nähern; sich außer R. halten; in R. sein, kommen; etw. immer in R. haben; das Buch lag in ihrer R.;

Ü eine Entscheidung ist noch nicht in R. *(steht noch nicht bevor).* **2.** *(Flugw.) Strecke, die ein Flugzeug ohne Auftanken zurücklegen kann; Aktionsradius* (2). **3.** *(Funkt.) Entfernung, bis zu der ein Sender einwandfrei empfangen werden kann.* **4.** *(Werbespr.) Anzahl bzw. Prozentsatz von Personen, die mit einem ¹Medium* (2b) *oder einer Werbebotschaft erreicht werden können:* der Werbespot erreichte eine R. von 5,9 % bei den jungen Zuschauern.

reich|wei|ten|stark ⟨Adj.⟩ (Werbespr.): *eine große Reichweite* (4) *erzielend:* ein -er TV-Kanal.

reif ⟨Adj.⟩ [mhd. rife, ahd. rîfi, urspr. = etw., was abgepflückt, geerntet werden kann]: **1.** *im Wachstum voll entwickelt u. für die Ernte, zum Pflücken geeignet:* -e Äpfel, Kirschen, Erdbeeren, Bananen; -es Obst; die Pflaumen sind noch nicht, erst halb r.; das Getreide wird r.; Ü er brauchte nur die Frucht zu pflücken *(der Erfolg der Sache fiel ihm ohne eigene Anstrengung zu);* -er *(durch Lagerung im Geschmack voll entfalteter)* Camembert; ein -er *(abgelagerter),* alter Cognac; das Geschwür ist r. *(für einen Eingriff genügend entwickelt);* * **r. für etw.** (ugs.; *in einen solchen Zustand geraten, gebracht, dass [zunächst] nur noch etw. Bestimmtes infrage kommt:* r. fürs Bett, für den Urlaub, für die Pensionierung, für die Insel sein; die Häuser waren alle r. für den Abriss). **2. a)** *erwachsen, durch Lebenserfahrung innerlich gefestigt:* ein -er Mann; eine -e Frau; im -eren Alter, in den -eren Jahren *(in einem Alter, in dem man bereits Erfahrungen gesammelt hat)* urteilt man anders; ihre Kinder sind inzwischen -er geworden; er ist für diese Aufgabe, zu diesem Amt noch nicht r. [genug] *(noch nicht genügend vorbereitet, dazu noch nicht fähig);* **b)** *von Fähigkeit, Überlegung, Erfahrung zeugend; ausgewogen u. abgerundet:* eine -e Arbeit, Leistung; ein -es Urteil, Werk; dafür, dazu ist die Zeit noch nicht r. *(die Entwicklung ist noch nicht so weit fortgeschritten).*

¹Reif, der; -[e]s [mhd. rîfe, ahd. (h)rîfo, wahrsch. eigtl. = etw., was man abstreifen kann]: **1.** *Niederschlag, der sich in kalter Nacht bes. auf Zweigen, u. am Erdboden in Form von feinen schuppen-, feder- od. nadelförmigen Eiskristallen abgesetzt hat:* auf den Wiesen lag R.; es ist R. gefallen; die Zweige, Grashalme sind mit R. bedeckt, überzogen; Vaters rauchender Atem hatte sich in seinem Schnurrbart als R. abgesetzt (Schnurre, Bart 190). **2.** *(Jägerspr.) oberste weiße Spitzen des Gamsbartes.*

²Reif, der; -[e]s, -e [mhd. reif, ahd. reif = Seil, Strick, urspr. wohl = abgerissener Streifen] (geh.): *ringförmiges Schmuckstück:* ein schlichter, mit Edelsteinen besetzter R.; sie zog den R. vom Finger; Nicht bloß erster Bürger unter Bürgern will er mehr sein, sondern Herr und Herrscher über Untertanen, ihm gelüstet es, die heiße Stirn mit dem goldenen R. einer Kaiserkrone zu kühlen (St. Zweig, Fouché 120/121).

-reif: 1. drückt in Bildungen mit Substantiven aus, dass die beschriebene Person oder Sache etw. dringend nötig hat oder dass etw. dringend nötig ist: krankenhaus-, urlaubsreif. **2.** drückt in Bildungen mit Substantiven aus, dass die beschriebene Person oder Sache so weit gediehen, entwickelt ist, dass sie die Qualifikation für etw. hat, für etw. tauglich, geeignet ist: entscheidungs-, kabarett-, oscarreif.

Rei|fe, die; - [mhd. dafür rîfecheit, ahd. rîfî]: **1.** *reifer* (1) *Zustand; das Reifsein:* die R. des Obstes; Obst im Zustand der R. ernten; während der R. *(des Reifens)* brauchen die Trauben viel Sonne; die Erdbeeren kommen dadurch besser zur R. **2. a)** *reife* (2 a) *Haltung, Verfassung; das Reifsein:* jmds. körperliche, geistige, seelische, innere, sittliche, menschliche, politische R.; ihre frauliche R.; das Zeugnis der R. *(Reifezeugnis);* Der Jugend ist die Jugend meistens zu jung. Der Umgang mit der R. (geh.; *mit Menschen reiferen Alters*) ist ihr zuletzt, wenn nicht willkommener, so doch zuträglicher (Th. Mann, Krull 368); **b)** *das Reifsein; Ausgewogenheit u. Abgerundetheit:* die R. seiner Gedanken, des Vortrags der Sängerin; * **mittlere R.** *(Abschluss der Realschule od. der 10. Klasse der höheren Schule).*

Rei|fe|grad, der: *Grad der Reife* (1).

¹rei|fen ⟨sw. V.⟩ [mhd. rîfen, ahd. rîfen, rîfēn]: **1. a)** ⟨ist⟩ *reif* (1) *werden:* das Obst, Getreide reift dieses Jahr später; die Tomaten reifen an der, ohne Sonne; **b)** ⟨hat⟩ (geh.) *reif* (1) *machen:* die Sonne reifte die Pfirsiche. **2. a)** ⟨ist⟩ *reif* (2 a), *älter u. innerlich gefestigter werden:* diese Erfahrungen haben ihn r. lassen; **b)** ⟨hat⟩ *reif* (2 a), *innerlich gefestigter, erfahrener machen:* diese Erfahrung, der Schmerz hat ihn gereift; An tragischen Erfahrungen gealtert, von stürmischen Zeiten gereift, in der harten Esse des Elends geschmiedet, bewährt hatte Fouché seine alte Tatkraft, mit einer neuen Vorsicht gepaart (St. Zweig, Fouché 87); **c)** ⟨ist⟩ *in jmdm. allmählich entstehen, sich entwickeln:* Entscheidungen, die Dinge in Ruhe r. lassen; in ihr reifte der Gedanke auszuwandern; ihre Ahnung war zur Gewissheit gereift *(schließlich zur Gewissheit geworden).*

²rei|fen ⟨sw. V.; hat; unpers.⟩ [spätmhd. rîfen]: *als ¹Reif* (1) *in Erscheinung treten:* es hat heute Nacht gereift.

Rei|fen, der; -s, - [Nebenf. aus den schwach gebeugten Formen von ↑²Reif]: **1. a)** *kreisförmig zusammengefügtes Band, meist aus Metall:* ein hölzerner, eiserner R.; ein R. aus Stahl; R. um ein Fass legen, schlagen; **b)** *bei der Gymnastik, bei Dressurvorführungen u. als Kinderspielzeug verwendeter größerer, ringförmiger Gegenstand:* R. werfen, fangen; der Tiger sprang durch einen R. **2.** *die Felge umgebender, meist aus luftgefülltem Gummischlauch u. Mantel* (3) *bestehender Teil eines Rades von Fahrzeugen:* schlauchlose, platte, quietschende R.; der linke vordere R. ist geplatzt; die R. sind abgefahren; einen R. aufziehen, auf-, abmontieren, aufpumpen, flicken, erneuern, wechseln. **3.** *²Reif:* einen R. im Haar tragen.

Rei|fen|druck, der ⟨Pl. ...drücke⟩: *Luftdruck im Reifen* (2).

Rei|fen|pan|ne, die: *durch einen Defekt am Reifen* (2) *hervorgerufene Panne.*

Rei|fen|pro|fil, das: *Profil* (5) *eines Reifens* (2).

Rei|fen|wech|sel, der: *das Auswechseln eines [defekten] Reifens* (2).

Rei|fe|pro|zess, der: *Reifungsprozess.*

Rei|fe|prü|fung, die: *Abschlussprüfung an einer höheren Schule; Abitur.*

Rei|fe|tei|lung, die (Biol.): *Meiose.*

Rei|fe|zeit, die: **1.** *Zeit des ¹Reifens* (1 a, 2 a). **2.** *Pubertät.*

Rei|fe|zeug|nis, das (veraltend): *Abiturzeugnis.*

Reif|glät|te, die: *Straßenglätte infolge von ¹Reif* (1).

reif|lich ⟨Adj.⟩ [zu ↑reif]: *gründlich, eingehend (in Bezug auf eine Situation vor einer endgültigen Entscheidung, Wahl o. Ä.):* nach -er Erwägung, Betrachtung, Überlegung; ich habe es mir r. überlegt.

Reif|rock, der (früher): **a)** *Damenrock, dessen Unterrock durch mehrere, nach unten jeweils weitere Reifen versteift ist;* **b)** *bes. durch seitliche Stützen [mit Fischbeinstäbchen] stark ausla-* *dender, jedoch die Füße frei lassender Damenrock.*

Rei|fung, die; -: *das ¹Reifen* (1 a, 2 a); *das Reifwerden.*

Rei|fungs|pro|zess, der: *Prozess des ¹Reifens* (1 a, 2 a), *des Reifwerdens.*

Rei|gen, der; -s, - [älter: Reihen, mhd. rei(g)e < afrz. raie = Tanz, H. u.] (früher): *von Gesang begleiteter [Rund]tanz, bei dem eine größere Zahl von Tänzerinnen u. Tänzern [paarweise] einem Vortänzer u. Vorsänger schreitend od. hüpfend folgt:* einen R. tanzen, aufführen; das Brautpaar eröffnete den R., führte den R. an; Ü ein bunter R. *(eine bunte Folge)* von Melodien; * **den R. eröffnen** *(den Anfang mit etw. machen);* **den R. beschließen** *(bei etw. der/die Letzte sein).*

Rei|gen|tanz, der: *Reigen.*

Rei|he, die; -, -n [mhd. rîhe, zu dem st. V. mhd. rîhen, ahd. rîhan, ↑¹reihen]: **1. a)** *etw., was so angeordnet ist, dass es in seiner Gesamtheit geradlinig aufeinanderfolgt:* eine lange R. Bücher, Pokale; eine R. hoher Tannen, (seltener:) hohe Tannen, von hohen Tannen; eine fortlaufende, lückenlose R. bilden; in der zweiten, zehnten R. *(Stuhlreihe)* sitzen; die -n lichteten sich *(immer mehr Anwesende gingen);* zwei -n rechts, zwei -n links stricken; Gläser in eine R. stellen; * **etw. auf die R. kriegen/bekommen/ bringen** (ugs.; *etw. bewältigen, erledigen können*); **in der ersten R. sitzen** *(die größten Möglichkeiten, Chancen haben; bevorzugt behandelt werden);* **b)** *geordnete Aufstellung von Menschen in einer geraden Linie, bes. im Sport u.*
beim Militär: durch die -n gehen; in -n antreten; in die R. treten; sich in fünf -n aufstellen; Ü -n der älteren Generation lichten sich *(es sind schon viele Menschen aus der älteren Generation gestorben);* die -n der Opposition stärken; die Kritik kam aus den eigenen -n *(von den eigenen Leuten);* der Verein hat einige Nationalspieler in seinen -n *(unter den Spielern seiner Mannschaft);* * **aus der R. tanzen** (ugs.; *sich anders verhalten als die anderen*); **in Reih und Glied** *(exakt, genau, in strenger Ordnung in einer Reihe aufeinanderfolgend;* in Reih und Glied stehen, aufgestellt sein); **in einer R. mit jmdm. stehen** *(jmdm. ebenbürtig* 2 *sein);* **etw. in die R. bringen** (ugs.; *etw. in Ordnung bringen, reparieren*); **sich in eine R. mit jmdm. stellen** *(sich jmdm. gleichstellen);* **[wieder] in die R. kommen** (ugs.: 1. *[wieder] gesund werden.* 2. *[wieder] in Ordnung kommen*). **2.** *zeitlich geregeltes Nacheinander eines bestimmten Vorgangs, Ablaufs:* sich streng an die R. halten; * **die R. ist an jmdm.** *(jmd. ist der Nächste, der abgefertigt o. Ä. wird);* **an der R. sein** *(1. derjenige sein, der jetzt abgefertigt o. Ä. wird.* 2. *jetzt behandelt werden:* Tagesordnungspunkt 8 ist an der R.); **an die R. kommen** *(1. der, die Nächste sein.* 2. *als Nächstes behandelt werden);* **aus der R. sein/kommen** (ugs.; *verwirrt, konfus sein/ werden:* sei still, sonst komme ich ganz aus der R.!); **außer der R.** (*1. als Ausnahme zwischendurch:* er wurde außer der R. behandelt. *landsch.; außergewöhnlich*); **in R.** *(nacheinander, in Folge:* bei hat schon drei Mal in R. übergetreten); **der R. nach/**(seltener:) **nach der R.** *(in einer bestimmten Reihenfolge:* der R. nach antreten; die Anträge nach der R. bearbeiten; etw. der R. nach erzählen). **3. a)** *Folge, Serie:* eine beliebte R. im Rundfunk; das ist eine populärwissenschaftliche R.; **b)** (Math.) *mathematische Größen, die nach einer bestimmten Gesetzmäßigkeit, in einem bestimmten regelmäßigen Abstand aufeinanderfolgen:* eine arithmetische R. *(Reihe mit gleicher Differenz zwischen den aufeinanderfolgenden Gliedern);* eine geometri-

sche R. *(Reihe mit gleichen Quotienten zwischen den aufeinanderfolgenden Gliedern).* **4.** *größere Anzahl von Personen, Dingen, Erscheinungen o. Ä., die in bestimmter Weise zusammengehören, in ihrer Art, Eigenschaft ähnlich, gleich sind:* im Hafengebiet steht eine R. von unbewohnten Häusern; eine R. typischer Merkmale, von typischen Merkmalen aufzählen; sie stellten der Ministerin eine R. von Fragen; seit einer R. von Jahren. **5.** (Schach) *einer der acht waagerechten Abschnitte des Schachbretts.* **6.** (Musik) *Tonfolge der Zwölftonmusik, in der kein Ton wieder auftreten darf, bevor alle anderen elf Töne erklungen sind.*

¹**rei|hen** ⟨sw. V.; hat⟩ [als sw. V. zu ↑ Reihe, auch zu mhd. rīhen (st. V.), ahd. rīhan (st. V.) = auf einen Faden ziehen, spießen] (geh.): **1. a)** *aufreihen:* Perlen r.; **b)** *einreihen* (b). **2.** ⟨r. + sich⟩ *[zeitlich] folgen, sich anschließen:* Wagen reihte sich an Wagen.

²**rei|hen** ⟨reihte/(seltener:) rieh, hat gereiht/geriehen⟩ [zum st. V. mhd. rīhen, ↑ ¹reihen]: *mit großen Stichen, lose annähen;* ²*anreihen.*

Rei|hen, der; -s, - (veraltet): *Reigen.*

Rei|hen|bau, der ⟨Pl. -ten⟩: **1.** ⟨o. Pl.⟩ (Bauw.) *Reihenbauweise.* **2.** *Reihenhaus.*

Rei|hen|bau|wei|se, die ⟨o. Pl.⟩ (Bauw.): *Bauweise, bei der mehrere [Einfamilien]häuser geradlinig od. gestaffelt einheitlich aneinandergebaut werden.*

Rei|hen|dorf, das: *Dorf, dessen [ältere] Häuser entlang einer Straße, eines Flusses, eines Tals o. Ä. gereiht liegen.*

Rei|hen|fol|ge, die: *unter bestimmten Gesichtspunkten, zeitlich od. im Hinblick auf den Abstand, die Größe, Thematik o. Ä. festgelegte Aufeinanderfolge von etw.:* die R. einhalten; in umgekehrter R.; … wollte nur das Manuskript aus der Mappe und sah nach, ob die Seiten auch in der richtigen R. lagen (Kaschnitz, Wohin 33).

Rei|hen|haus, das: *einzelnes Haus als Teil einer in Reihenbauweise angelegten Häuserreihe.*

Rei|hen|haus|sied|lung, die: *Siedlung* (1 a) *von Reihenhäusern.*

Rei|hen|schal|tung, die (Elektrot.): *elektrische Schaltung, bei der alle Stromerzeuger u. Stromverbraucher hintereinandergeschaltet u. vom gleichen Strom durchflossen werden.*

Rei|hen|un|ter|su|chung, die: *[staatlich angeordnete] vorbeugende Untersuchung bestimmter Bevölkerungsgruppen zur Früherkennung bestimmter Krankheiten.*

rei|hen|wei|se ⟨Adv.⟩: **1.** (ugs.) *in großer Zahl, in großen Mengen; sehr viel:* die Gläser gingen r. zu Bruch; r. wurden die Dissidenten abgeschoben. **2.** *in Reihen* (1 b): r. vortreten.

Rei|her, der; -s, - [mhd. reiger, ahd. reigaro, eigtl. = Krächzer, (heiserer) Schreier]: **a)** *(in zahlreichen Arten vorkommender) an Gewässern lebender, langbeiniger Vogel mit sehr schlankem Körper u. einem langen Hals u. Schnabel;* **b)** *Fischreiher.*

Rei|her|en|te, die [die Ente hat einen Federschopf wie ein Fischreiher]: *Ente mit blaugrauem Schnabel, gelben Augen u. einem Federschopf am Hinterkopf.*

Rei|her|fe|der, die: *Feder eines Reihers, die bes. zur Dekoration von Hüten o. Ä. verwendet wird.*

rei|hern ⟨sw. V.; hat⟩ [der Reiher füttert seine Jungen aus dem Kropf, würgt die Nahrung also heraus] (salopp): *heftig erbrechen.*

Rei|her|schna|bel, der: *dem Storchschnabel ähnliche Pflanze mit rosa Blüten u. langen, spitzen, an einen Schnabel erinnernden Kapselfrüchten.*

Reih|fa|den, der: *Nähfaden zum* ²*Anreihen.*

Reih|garn, das: vgl. *Reihfaden.*

reih|um [raɪ̯ˈʔʊm] ⟨Adv.⟩: *nach der Reihe, abwechselnd; von einem zum anderen:* r. etw. vorlesen; die Flasche r. gehen lassen.

Rei|hung, die; -, -en: *das* ¹*Reihen.*

Rei|ki [ˈreːki], das; -s [jap. = universale Lebensenergie]: *alte japanische Heilkunst, die durch Händeauflegen versucht, die nach ihrer Auffassung unerschöpfliche Lebensenergie des Universums für eine revitalisierende u. heilende Wirkung auf Körper, Seele u. Geist nutzbar zu machen.*

Reim, der; -[e]s, -e [mhd. rīm < afrz. rime, aus dem Germ., vgl. ahd. rīm = Reihe(nfolge)]: **a)** (Verslehre) *gleich klingende [End]silben verschiedener Wörter am Ausgang od. in der Mitte von zwei od. mehreren Versen, Zeilen:* ein weiblicher, männlicher R.; -e bilden, schmieden; * *sich* ⟨Dativ⟩ *einen R. auf etw. machen [können]* (↑ Vers 1); **b)** *kleines Gedicht mit gereimten Versen:* jedes Bild war mit einem R. versehen.

rei|men ⟨sw. V.; hat⟩ [mhd. rīmen]: **1. a)** *Reime bilden:* sie kann ganz gut r.; **b)** *ein Wort so verwenden, dass es mit einem anderen einen Reim ergibt:* »rein« auf, mit »klein« r.; **c)** *etw. in die Form von Versen bringen, das sich reimen* (2): ein Sonett r.; die Strophen sind schlecht gereimt. **2.** ⟨r. + sich⟩ *einen Reim bilden:* die beiden Wörter reimen sich; »Hut« reimt sich auf »Mut«.

Rei|me|rei, die; -, -en (abwertend): *schlechtes, holpriges Reimen.*

Reim|le|xi|kon, das: *Nachschlagewerk, das eine Zusammenstellung von Wörtern enthält, die sich reimen.*

reim|los ⟨Adj.⟩: *keinen Reim aufweisend:* ein -es Gedicht.

Reim|paar, das (Verslehre): *Paar zweier aufeinanderfolgender Verse, Zeilen, die durch einen Reim verbunden sind.*

Re|im|plan|ta|ti|on, die; -, -en [aus lat. re- = wieder u. ↑ Implantation] (Med.): *Wiedereinpflanzung.*

Re|im|port, der; -[e]s, -e [zu lat. re- = wieder u. ↑ Import] (Wirtsch.): *Import, Wiedereinfuhr ausgeführter Waren.*

Reims [rɛ̃ːs]: *Stadt in Frankreich.*

Reim|schmied, der (meist abwertend): *jmd., der [mit mehr od. weniger Geschick] Gedichte schreibt.*

Reim|ser, der; -s, -: Ew. zu ↑ Reims.

Reim|se|rin, die; -, -nen: w. Form zu ↑ Reimser.

Reim|spruch, der: *gereimtes Sprichwort.*

Reim|wort, das ⟨Pl. …wörter⟩: *Wort, das den Reim trägt.*

¹**rein** ⟨Adv.⟩ (ugs.): *herein; hinein.*

²**rein** ⟨Adj.⟩ [mhd. reine, ahd. (h)reini, urspr. = gesiebt]: **1.** *nicht mit etw. vermischt, was nicht dazugehört; ohne fremden Zusatz, ohne verfälschende, andersartige Einwirkung:* -er Wein, Alkohol, Sauerstoff, -es Gold, Wasser; -e *(unvermischte, leuchtende)* Farben; -es *(akzent-, fehlerfreies)* Deutsch sprechen; einen Stoff chemisch r. herstellen; der Chor klingt r. *(singt technisch u. musikalisch einwandfrei);* Ü *etw. vom Standpunkt der -en* (*vom Gegenständlichen abstrahierenden*) *Erkenntnis beurteilen.* **2. a)** *nichts anderes als; bloß:* die -e Wahrheit sagen; das war -er Zufall, -es Glück; das ist -e Spekulation; die -e Flugzeit *(Flugzeit ohne Abfertigung u. Wartezeiten);* **b)** *ohne Ausnahme, Abweichung von etw. Genanntem od. etw. Darüberhinausgehendem* (ugs.) **a)** *äußerst eindeutig u. hochgradig:* das ist ja -er Wahnsinn, der -ste Schwachsinn; **b)** *in seiner Erscheinung mit etw. Genanntem vergleichbar:* das ist ja eine -e Völkerwanderung!; dein Zimmer ist der -ste Saustall! **4.** *makellos sauber; frei von Flecken, Schmutz o. Ä.:* ein -es Hemd anziehen; einen -en Teint haben; Ü ein -es *(unbelastetes)* Gewissen haben; * *etw. ins Reine schreiben (eine sorgfältige Abschrift von etw. machen);* **etw. ins Reine bringen** *(Unstimmigkeiten, Missverständnisse o. Ä. zur Zufriedenheit aller Beteiligten klären);* **mit jmdm., etw. ins Reine kommen** *(die Probleme, Schwierigkeiten, die jmd. mit jmdm., etw. hat, beseitigen);* **mit sich [selbst] ins Reine kommen** *(Klarheit über bestimmte eigene Probleme gewinnen);* **mit etw. im Reinen sein** *(Klarheit über etw. haben);* **mit jmdm. im Reinen sein** *(Übereinstimmung mit jmdm. erzielt haben).* **5.** (jüd. Rel.) *koscher* (1): -e Tiere, Speisen.

³**rein** ⟨Adv.⟩ [zu: ↑ ²rein]: **a)** *drückt aus, dass etw. auf eine genannte Eigenschaft beschränkt ist; ausschließlich:* etw. aus r. persönlichen Gründen tun; …Stiller war der Meinung, Frau Julika sollte sich wieder einer r. künstlerischen Arbeit widmen, in Lausanne eine eigene Ballettschule aufziehen (Frisch, Stiller 476); **b)** *gibt dem Hinweis, dass etw. aus einem bestimmten Grund, Umstand so ist, erhöhten Nachdruck:* das kann ich mir r. zeitlich nicht leisten; **c)** (ugs.) *gibt einer Aussage, Feststellung starken Nachdruck; völlig, ganz und gar:* das ist im Augenblick r. unmöglich; r. gar nichts *(überhaupt nichts)* wissen, sagen, verstehen.

Rein, die; -, -en [spätmhd. reindel, reydl, ahd. rīna] (bayr., österr.): *[größerer] flacher Kochtopf, Kuchenform.*

Rein|an|ke: ↑ Rheinanke.

rein|bei|ßen ⟨st. V.; hat⟩ (ugs.): *hineinbeißen:* * **zum Reinbeißen sein, aussehen** *(sehr appetitlich sein, aussehen).*

rein|blau ⟨Adj.⟩: *von ungetrübtem, klarem Blau.*

rein|but|tern ⟨sw. V.; hat⟩ (salopp): *buttern* (3): sie hat ihr gesamtes Vermögen in die Firma reingebuttert.

Rei|ne, die; - [mhd. reine] (dichter.): *Reinheit.*

Rei|ne|clau|de: ↑ Reneklode.

Rei|ne|ma|che|frau, Reinmachefrau, die: *Putzfrau.*

Rei|ne|ma|chen, Reinmachen, das; -s (landsch.): *das Putzen* (1 a): bei den Nachbarn ist großes R. (Hausputz).

♦ **rei|ni|gen** ⟨sw. V.; hat⟩ [mhd., ahd. reinen]: *reinigen:* Da muss ich mich denn selber r. (Grillparzer, Weh dem V.).

Rein|er|big ⟨Adj.⟩ (Biol.): *homozygot.*

Rein|er|lös, der: vgl. *Reinertrag.*

Rein|er|trag, der: *Ertrag nach Abzug der Unkosten o. Ä.; Nettoertrag.*

Rei|net|te: ↑ Renette.

rei|ne|weg, reinweg ⟨Adv.⟩ [zu ↑ ²rein (3 a)] (ugs.): *(verstärkend) vollständig, ganz und gar:* das hatte ich r. doch vergessen.

rein|fah|ren ⟨st. V.; ist⟩ (ugs.): *hinein-, hereinfahren.*

Rein|fall, der (ugs.): *unangenehme Überraschung, große Enttäuschung:* der Film, der neue Mitarbeiter ist ein ziemlicher R.; das war geschäftlich gesehen ein R.

rein|fal|len ⟨st. V.; ist⟩ (ugs.): *hinein-, hereinfallen.*

Re|in|farkt, der; -[e]s, -e [aus lat. re- = wieder u. ↑ Infarkt] (Med.): *wiederholter Infarkt.*

Re|in|fek|ti|on, die; -, -en [aus lat. re- = wieder u. ↑ Infektion] (Med.): *erneute Ansteckung durch die gleichen Erreger.*

rein|flie|gen ⟨st. V.; ist⟩ (ugs.): *hinein-, hereinfliegen.*

Re|in|force|ment [riːɪnˈfɔːsmənt, riːˌɪnˈfɔːsmənt], das; - [engl. reinforcement, zu: to reinforce = (ver)stärken] (Psychol.): *Bestätigung, Bekräftigung einer erwünschten Handlungsweise, um ihre gewohnheitsmäßige Verfestigung zu erreichen* (z. B. Lob).

rein|ge|hen ⟨unr. V.; ist⟩ (ugs.): *hineingehen.*

Rein|ge|wicht, das: *Gewicht ohne Verpackung o. Ä.; Nettogewicht.*

Rein|ge|winn, der: *Nettogewinn.*

rein|gol|den ⟨Adj.⟩: *aus ²reinem (1) Gold.*

Rein|hal|tung, die; -, -en ⟨Pl. selten⟩: *Erhaltung des natürlichen, sauberen Zustands von etw.:* die R. der Luft.

rein|hän|gen, sich ⟨sw. V.; hat⟩ (ugs.): *sich bei etw. engagieren, sich einer Sache annehmen:* sie hat sich total [in die Sache] reingehängt.

rein|hau|en ⟨unr. V.; haute/hieb, hat gehauen/ (landsch.:) gehaut⟩ (salopp): **a)** *dreschen* (3 a): *jmdm. eine r. (jmdn. verprügeln; jmdm. einen Schlag [ins Gesicht] versetzen);* **b)** *viel essen:* ordentlich r.

Rein|heit, die; - [zu ↑²rein]: **1.** *²reine (1) Beschaffenheit:* kristallene R.; die R. der Lehre. **2.** *²reine (4) Beschaffenheit:* die R. der Wäsche; Ü die R. des Herzens.

Rein|heits|ge|bot, das (Brauereiwesen): *Rechtsvorschrift, nach der zum Brauen von Bier, das für den deutschen Markt bestimmt ist, nur aus Gerste gewonnenes Malz, Hopfen, Wasser u. (heute auch) Hefe verwendet werden dürfen.*

rein|hö|ren ⟨sw. V.; hat⟩ (ugs.): **1.** *etw. kurz anhören [um sich einen Eindruck davon zu verschaffen]:* nur einmal kurz in eine CD r. **2.** ⟨r. + sich⟩ *sich durch das Anhören mit etw. vertraut machen:* in diese fremdartige Melodik muss man sich r.

rei|ni|gen ⟨sw. V.; hat⟩ [mhd. reinegen, zu: reinic = rein]: *Schmutz, Flecken o. Ä. von etw. entfernen; etw. säubern, sauber machen:* die Kleider, eine Wunde r.; die Straßen von Unrat r.; etw. chemisch r. lassen; sich von Kopf bis Fuß r.; gereinigte Luft; ⟨subst.:⟩ den Anzug zum Reinigen bringen, geben; Ü ein reinigendes Gewitter *(Ausräumung eines Konflikts; Befreiung von Ärger o. Ä. durch einen heftigen Streit).*

Rei|ni|ger, der; -s, -: *chemisches Mittel zum Reinigen von etw.*

Rei|ni|gung, die; -, -en [mhd. reiniginge]: **1.** ⟨Pl. selten⟩ *das Reinigen.* **2.** *Unternehmen, Geschäft, das chemisch reinigt:* den Mantel in die R. bringen.

Rei|ni|gungs|creme, Rei|ni|gungs|crème, die: *kosmetische Creme zur Reinigung u. Pflege des Gesichts.*

Rei|ni|gungs|kraft, die: **1.** *Wirksamkeit als Reinigungsmittel:* die R. von Waschmitteln. **2.** *Person, die gegen Entgelt Räume o. Ä. sauber macht; Raumpfleger[in]:* er jobbte als R. auf dem Flughafen.

Rei|ni|gungs|milch, die: *kosmetische Milch zur Reinigung u. Pflege des Gesichts.*

Rei|ni|gungs|mit|tel, das: *chemisches Mittel zum Reinigen von etw.*

Re|in|kar|na|ti|on, die; -, -en [aus lat. re- = wieder u. ↑Inkarnation] (bes. rel. Religionen): *Übergang der Seele eines Menschen in einen neuen Körper u. eine neue Existenz; Seelenwanderung.*

rein|kom|men ⟨st. V.; ist⟩ (ugs.): *hinein-, hereinkommen.*

rein|kön|nen ⟨unr. V.; hat⟩ (ugs.): *hinein-, hereinkönnen.*

rein|krie|gen ⟨sw. V.; hat⟩ (ugs.): *hinein-, hereinbekommen.*

Rein|kul|tur, die: **1.** (Landwirtsch.) *Monokultur.* **2.** (Biol.) *Kultur nur auf ein Individuum (3) od. sehr wenige Individuen einer Art od. eines Stammes zurückgeht:* eine R. züchten, erhalten; * **in R.** *(in einer Ausprägung, einem Ausmaß, das nicht übertroffen werden kann:* das ist Kitsch in R.).

rein|le|gen ⟨sw. V.; hat⟩ (ugs.): *hinein-, hereinlegen:* der Kerl hat mich reingelegt!

rein|lei|nen ⟨Adj.⟩: *aus ²reinem (1) Leinen bestehend:* -e Geschirrtücher.

rein|lich ⟨Adj.⟩ [mhd. reinlich]: **1. a)** *sehr auf Sauberkeit (1) bedacht:* sie ist ein -er Mensch, ist sehr r.; **b)** *sehr sauber (1):* eine -e Stadt; sie waren r. gekleidet. **2.** *sehr genau; sorgfältig, gründlich:* eine -e Differenzierung der Begriffe; ... und entledigte mich auch meines Stärkhendes, das ich, r. gefaltet, der übrigen Garderobe hinzufügte (Th. Mann, Krull 109).

Rein|lich|keit, die; -: *das Reinlichsein.*

Rein|lich|keits|lie|bend ⟨Adj.⟩: *auf Reinlichkeit bedacht.*

Rein|lich|keits|sinn, der ⟨o. Pl.⟩: *Sinn für Reinlichkeit.*

Rein|ma|che|frau, die: ↑Reinemachefrau.

Rein|ma|chen: ↑Reinemachen.

rein|müs|sen ⟨unr. V.; hat⟩ (ugs.): *hinein-, hereinmüssen.*

rein|ras|seln ⟨sw. V.; ist⟩ (salopp): **1.** *in etw. [Unangenehmes] hineingeraten, hineinschlittern:* ich bin absolut schuldlos in die Sache reingerasselt; der Lehrer hat mich beim Abi voll r. lassen. **2.** *in jmdn., etw. hineinfahren; mit jmdm., etw. zusammenstoßen:* er war in die Absperrung, die Radarfalle reingerasselt. **3.** *in rascher Folge irgendwo eintreffen.*

rein|ras|sig ⟨Adj.⟩: *(von Tieren) nicht gekreuzt; von zwei Eltern derselben Rasse abstammend.*

Rein|ras|sig|keit, die; -: *das Reinrassigsein.*

rein|re|den ⟨sw. V.; hat⟩ (ugs.): *hineinreden.*

rein|rei|ßen ⟨st. V.; hat⟩ (ugs.): **1.** *durch ein bestimmtes Handeln in eine schwierige, unangenehme Lage bringen:* seine Kumpane haben ihn da reingerissen. **2.** *hineinreißen, hereinreißen (1).*

rein|rei|ten ⟨st. V.⟩: **1.** ⟨ist⟩ (ugs.) *hineinreiten (1).* **2.** ⟨hat⟩ (salopp) *hineinreiten (2).*

rein|rie|chen ⟨st. V.; hat⟩ (ugs.): *reinschnuppern.*

Rein|schiff, das; -s (Seemannsspr.): *gründliches Reinigen des Schiffes.*

rein|schnup|pern ⟨sw. V.; hat⟩ (ugs.): *Einblick in etw. gewinnen, eine Vorstellung von etw. bekommen wollen u. sich deshalb kurz, flüchtig damit beschäftigen:* die Praktikanten können in verschiedene Bereiche des Betriebs r.

Rein|schrift, die: *sorgfältige Abschrift.*

rein|schrift|lich ⟨Adj.⟩: *als Reinschrift abgeschrieben.*

rein|sei|den ⟨Adj.⟩: *aus ²reiner (1) Seide.*

rein|sil|bern ⟨Adj.⟩: *aus ²reinem (1) Silber.*

rein|ste|cken ⟨sw. V.; hat⟩ (ugs.): *hinein-, hereinstecken.*

Re|in|te|g|ra|ti|on, die; -, -en [aus lat. re- = wieder u. ↑Integration] (bildungsspr.): **1.** *durch einen Krieg eingeschränkte, nach dessen Beendigung wieder volle Rechtswirksamkeit eines völkerrechtlichen Vertrages.* **2.** *Wiedereingliederung.* **3.** (veraltet) *Wiederherstellung.*

re|in|te|g|rie|ren ⟨sw. V.; hat⟩ (bildungsspr.): *wieder eingliedern.*

Rein|ver|lust, der: *Nettoverlust.*

re|in|ves|tie|ren ⟨sw. V.; hat⟩ [zu lat. re- = wieder u. ↑investieren] (Wirtsch.): *frei werdendes Kapital erneut investieren (1 a).*

Re|in|ves|ti|ti|on, die; -, -en [aus lat. re- = wieder u. ↑Investition] (Wirtsch.): *erneute Bindung frei gewordener Investitionsmittel zur Anschaffung od. Herstellung neuer Produktionsanlagen.*

rein|wa|schen ⟨st. V.; hat⟩: *von einer Schuld, einem Verdacht befreien:* er konnte sich, ihre Aussage konnte ihn nicht r.

rein|weg: ↑reineweg.

¹rein|wol|len ⟨Adj.⟩: vgl. reinleinen.

²rein|wol|len ⟨unr. V.; hat⟩ (ugs.): *hinein-, hereinwollen.*

rein|wür|gen ⟨sw. V.; hat⟩ (ugs.): **1.** *hineinwürgen.* **2.** * *jmdm. eine/eins r. (gegen jmdn. etwas*

rein|zie|hen ⟨unr. V.⟩ (ugs.): **1.** *hineinziehen (1-5).* **2.** ⟨r. + sich⟩ *konsumieren:* sich eine Bratwurst r.; sich ein Video r.

¹Reis, der; -es, ⟨Sorten:⟩ -e [mhd. rīs < mlat. risus (risum) < lat. oriza, oryza < griech. óryza, über das Pers. u. Aind. wohl aus einer südasiatischen Spr.]: **a)** *(in warmen Ländern wachsende, zu den Gräsern gehörende) hochwachsende Pflanze mit breiten Blättern u. langen Rispen (deren Früchte ein Grundnahrungsmittel bilden):* R. anbauen, pflanzen, ernten; **b)** *Frucht des ¹Reises* (a): [un]geschälter, polierter R.

²Reis, das; -es, -er [mhd. rīs, ahd. [h]rīs; wahrsch. urspr. = sich zitternd Bewegendes]: **a)** (geh.) *kleiner, dünner Zweig;* **b)** (geh.) *junger Spross, Schössling;* **c)** *Pfropfreis.*

³Reis [port.: reiʃ]: Pl. von ↑²Real.

Reis|bau, der ⟨o. Pl.⟩: *Anbau von ¹Reis* (a).

Reis|bau|er, der; -n (selten: -s), -n: *¹Bauer* (1 a), *der ¹Reis* (a) *anbaut.*

Reis|bäu|e|rin, die: w. Form zu ↑Reisbauer.

Reis|brannt|wein, der: ↑Arrak.

Reis|brei, der: *in Milch weich gekochter ¹Reis* (b) *[mit Zucker u. Gewürzen od. Obst].*

Rei|se, die; -, -n [mhd. reise = Aufbruch, (Heer)fahrt, ahd. reisa = (Heer)fahrt, zu mhd. rīsen, ahd. rīsan = sich erheben, steigen, fallen]: **1.** *[der Erreichung eines bestimmten Ziels dienende] Fortbewegung über eine größere Entfernung:* eine große, weite, kurze, beschwerliche, dienstliche R.; eine R. an die See, durch die USA, ins Ausland, nach Übersee, nach Polen, um die Welt, zur Messe, zu Verwandten; eine R. im/mit dem Auto, mit der Eisenbahn, zu Fuß, zur See; eine R. vorhaben, machen; jmdm. [eine] angenehme, gute, glückliche R. wünschen; der Brief hat eine lange R. gemacht (ugs.; *war lange unterwegs);* auf R. *(unterwegs)* gab es viel zu sehen; Ü eine R. in die Vergangenheit *(das Sicherinnern o. Ä. an Vergangenes);* [nicht] wissen, wohin die R. geht (ugs.; *[nicht] erkennen, in welcher Richtung sich etw. weiterentwickelt);* R wenn einer eine R. tut, so kann er was erzählen (nach M. Claudius); * *seine letzte R. antreten* (verhüll.; *sterben);* **auf -n gehen** *(verreisen);* **auf -n sein** *(unterwegs, verreist sein);* **jmdn. auf die R. schicken** (Sportjargon: 1. *[beim Fußball o. Ä.] einem Mitspieler, einer Mitspielerin eine weite Vorlage geben.* 2. *[einen Läufer od. eine Läuferin, einen Fahrer od. eine Fahrerin o. Ä.] auf die Bahn schicken, starten lassen, losschicken).* **2.** [LÜ von engl. trip, ↑Trip] (Jargon) *traumhafter Zustand des Glückseins nach der Einnahme von Rauschgift; Rausch:* sie machten wieder eine R., hatten sich mit starken Drogen auf die R. geschickt.

Rei|se|an|den|ken, das: *von einer Reise mitgebrachtes Andenken* (2).

Rei|se|apo|the|ke, die: *Tasche, Behälter mit einer Zusammenstellung von Medikamenten, mit Verbandszeug u. Ä.*

Rei|se|be|glei|ter, der: *jmd., der einen anderen [als Betreuer] auf einer Reise begleitet od. der zufällig das gleiche Reiseziel hat.*

Rei|se|be|glei|te|rin, die: w. Form zu ↑Reisebegleiter.

Rei|se|bei|la|ge, die: *[regelmäßig erscheinende] Beilage* (2), *in der über ein Urlaubsgebiet o. Ä. berichtet wird.*

Rei|se|be|kannt|schaft, die: *Person, die jmd. auf einer Reise kennengelernt hat:* eine flüchtige R.

Rei|se|be|richt, der: **a)** *[persönlicher] Bericht über eine Reise;* **b)** *Reisebeschreibung.*

Rei|se|be|schrei|bung, die: *ausführliche, manchmal mit Erdachtem u. Erdichtetem verknüpfte*

literarische Beschreibung einer Reise [in Buchform]: er liest gerne -en.
Rei|se|bran|che, die: *den gesamten Bereich des Reisens umfassende Branche* (a) *(z. B. Reisebüros, Fluglinien, Hotels).*
Rei|se|buch, das: *Reisebeschreibung od. Reiseführer in Buchform.*
Rei|se|buch|han|del, der: *über reisende Vertreter abgewickelter Buchhandel, bei dem beim Kunden, bei der Kundin Bestellungen aufgenommen werden.*
Rei|se|bü|ro, das: **a)** *Unternehmen, in dem Reisen vermittelt, Fahrkarten verkauft, Buchungen aufgenommen u. Beratungen über Reisewege u. -ziele durchgeführt werden;* **b)** *Geschäftsraum eines Reisebüros* (a).
Rei|se|bus, der: *für längere Fahrten geeigneter [komfortabler] Omnibus.*
Rei|se|de|cke, die: *leichte Wolldecke für die Reise.*
Rei|se|di|plo|ma|tie, die: *durch häufiges Reisen von Politikern ausgeübte Diplomatie* (1 a).
Rei|se|do|ku|ment, das ⟨oft im Plural⟩: *für eine Reise notwendiges Ausweispapier (z. B. Personalausweis, Reisepass, Visum):* ein gültiges R.; an der Grenze die -e kontrollieren.
Rei|se|er|leb|nis, das: *Erlebnis auf einer Reise.*
rei|se|fer|tig ⟨Adj.⟩: *fertig für die Reise, zum Reisen:* r. dastehen.
Rei|se|fie|ber, das ⟨ugs.⟩: *Aufgeregtheit, innere Unruhe vor Beginn einer Reise.*
Rei|se|frei|heit, die ⟨o. Pl.⟩ (früher): *(von den Bewohnerinnen u. Bewohnern der DDR angestrebte) Freiheit, ins [westliche] Ausland reisen zu können.*
rei|se|freu|dig ⟨Adj.⟩: *reiselustig:* Stars müssen r. sein.
Rei|se|füh|rer, der: **1.** *Fremdenführer.* **2.** *Buch, das Reisenden alles Notwendige über Unterkünfte, Verkehrsmittel, kulturelle Einrichtungen o. Ä. vermittelt.*
Rei|se|füh|re|rin, die: w. Form zu ↑ Reiseführer (1).
Rei|se|ge|päck, das: *auf einer Reise mitgeführtes Gepäck.*
Rei|se|ge|päck|ver|si|che|rung, die: *für einen begrenzten Zeitraum, die Dauer der Reise geltende Versicherung des Gepäcks gegen Diebstahl od. Verlust.*
Rei|se|ge|schwin|dig|keit, die: *für die gesamte Fahrt, vom Ausgangspunkt bis zum Ziel, berechnete Durchschnittsgeschwindigkeit eines Verkehrsmittels.*
Rei|se|ge|sell|schaft, die: **1.** *Gruppe von Menschen, die gemeinsam eine [von einem Reisebüro o. Ä. organisierte] Reise unternehmen.* **2.** ⟨o. Pl.⟩ *Zusammensein mit jmdm., Begleitung auf einer Reise:* ich hatte angenehme R.
Rei|se|ge|wer|be, das: *ambulant ausgeübtes Gewerbe (Verkauf, Schaustellung, Straßenmusik o. Ä.).*
Rei|se|grup|pe, die: *Reisegesellschaft* (1).
◆ **Rei|se|ha|bit,** der, auch: das: *Reisekleidung:* Madame Mozart trägt ein bequemes R.., hellgrün und weiß gestreift (Mörike, Mozart 214).
Rei|se|kas|se, die: *für eine Einzel- od. Gruppenreise gespartes od. zusammengelegtes Geld.*
Rei|se|kos|ten ⟨Pl.⟩: *Kosten für Fahrt, Unterkunft, Verpflegung u. Ä., die auf einer Reise anfallen.*
Rei|se|krank|heit, die ⟨Pl. selten⟩: *bei bestimmten Arten des Reisens (z. B. mit dem Schiff) auftretender, mit Brechreiz u. Schwindelgefühl einhergehender Krankheitszustand.*
Rei|se|land, das ⟨Pl. ...länder⟩: *Land, in das viele Reisen unternommen werden:* Österreich ist ein beliebtes R.
Rei|se|lei|ter, der: *Leiter einer Gesellschaftsreise,*

der für die Organisation (Fahrt, Unterkunft, Ausflüge, Führungen) verantwortlich ist.
Rei|se|lei|te|rin, die: w. Form zu ↑ Reiseleiter.
Rei|se|lei|tung, die: **1.** ⟨o. Pl.⟩ *Leitung* (1 a) *einer Gesellschaftsreise:* ihr wurde die R. anvertraut. **2.** *Leitung* (1 b) *einer Gesellschaftsreise:* er gehörte zur damaligen R.
Rei|se|lek|tü|re, die: *Lesestoff für die Reise.*
Rei|se|lust, die ⟨o. Pl.⟩: *Lust zum [häufigen] Reisen:* von R. gepackt sein; Und zum ersten Mal in meinem Leben spürte ich, wie ich von unbändigem Reisefieber und einer unsetzlichen R. ergriffen wurde (Hoppe, Paradiese 115).
rei|se|lus|tig ⟨Adj.⟩: *voller Reiselust.*
rei|sen ⟨sw. V.; ist⟩ [mhd. reisen, ahd. reisōn, zu ↑ Reise]: **a)** *eine Reise machen:* allein, in Gesellschaft, geschäftlich, inkognito r.; an die See, aufs Land, ins Ausland, nach Berlin, zu Verwandten r.; wir reisen im Schlafwagen, mit der Bahn, auf dem/(geh. veraltend:) zu Schiff; **b)** *eine Reise antreten, abfahren, abreisen:* wir reisen am Dienstag sehr früh; wann reist ihr?; Ich wollte, bevor ich reiste, den weißen Hirsch im Vestibül, den Urvogel, den armen Dinosaurier, das große Gürteltier... noch einmal sehen (Th. Mann, Krull 425); **c)** *Reisen unternehmen, [als Reisende, Reisender] viel unterwegs sein, sich oft auf Reisen befinden:* sie reist gern; sie sind schon viel und weit gereist; sie reist immer 1. Klasse/in der 1. Klasse; er reist *(ist Handelsvertreter)* im norddeutschen Raum; reisende *(umherziehende)* Schausteller.
Rei|sen|de, die/eine Reisende; der/einer Reisenden, die Reisenden/zwei Reisende: **1.** *weibliche Person, die sich auf einer Reise befindet.* **2.** *Handelsvertreterin.*
Rei|sen|der, der Reisende/ein Reisender; des/eines Reisenden, die Reisenden/zwei Reisende: **1.** *jmd., der sich auf einer Reise befindet:* ein verspäteter R.; R Reisende soll man nicht aufhalten *(jmdn., der sich entschlossen hat, etw. aufzugeben o. Ä., soll man nicht zurückhalten).* **2.** *Handelsvertreter:* er ist R. für eine große Textilfirma, in Elektrogeräten.
Rei|se|ne|ces|saire, Rei|se|nes|ses|är, das: *Beutel, Tasche o. Ä. mit Fächern zum Unterbringen von Waschzeug u. sonstigen Toilettenartikeln.*
Rei|se|om|ni|bus, der: *Reisebus.*
Rei|se|pass, der: *Pass* (1).
◆ **Rei|se|pis|tol,** das: *kleinere Pistole, die man auf Reisen mit sich führt:* Gasparde ... ergriff ... plötzlich das R.., das schon in meinem Gürtel stak (C. F. Meyer, Amulett 61).
Rei|se|plan, der: ²*Plan* (1 a) *für eine Reise.*
Rei|se|pro|s|pekt, der, österr. auch: das: *Prospekt* (1), *in dem Orte u. Unterkunftsmöglichkeiten eines bestimmten Urlaubsgebietes dargestellt u. angepriesen werden.*
Rei|se|pro|vi|ant, der: *auf eine Reise mitgenommener Vorrat an Lebensmitteln.*
Rei|ser: Pl. von ↑ ²Reis.
Rei|se|rei, die; -, -en ⟨ugs. abwertend⟩: *[dauerndes] Reisen.*
Rei|sern|te, die: **1.** *das Ernten des* ¹*Reises* (a). **2.** *Gesamtheit des geernteten* ¹*Reises.*
Rei|se|rou|te, die: *festgelegte, eingeschlagene od. einzuschlagende Strecke; Reise-, Schiffs-, Flugweg.*
Rei|se|ruf, der: *von Automobilklubs an Rundfunkanstalten weitergegebene dringende Nachricht für Autofahrer[innen] auf Reisen.*
Rei|se|scheck, der: **1.** *Zahlungsmittel, bes. für Auslandsreisen, das die Auszahlung eines bestimmten Betrages durch eine Bank des besuchten Landes garantiert.* **2.** (DDR) *Schein, der zu einer Ferienreise an einen bestimmten Ort berechtigt.*

Rei|se|schreib|ma|schi|ne, die: *leichte Schreibmaschine, die mit Deckel u. Griff als kleiner Koffer zu tragen ist.*
Rei|se|schrift|stel|ler, der: *Schriftsteller, der Reisebücher verfasst.*
Rei|se|schrift|stel|le|rin, die: w. Form zu ↑ Reiseschriftsteller.
Rei|se|ta|sche, die: *größere Tasche für Reisen.*
Rei|se|un|ter|neh|men, das: **1.** *Reisebüro* (a). **2.** (seltener) *Projekt einer [größeren] Reise:* unser R. verlief glücklich.
Rei|se|ver|an|stal|ter, der: *Veranstalter von Gesellschaftsreisen.*
Rei|se|ver|an|stal|te|rin, die: w. Form zu ↑ Reiseveranstalter.
Rei|se|ver|bot, das: *aus politischen od. gesundheitlichen Gründen verhängtes Verbot zu reisen:* wegen eines Hörsturzes hatte sie R.
Rei|se|ver|kehr, der: *durch viele Urlaubsreisen geprägter Verkehr:* auf den Autobahnen herrscht starker R.
Rei|se|ver|kehrs|kauf|frau, die: *in einem Reisebüro tätige Fachfrau für den Reiseverkehr (Berufsbez.).*
Rei|se|ver|kehrs|kauf|mann, der: *in einem Reisebüro tätiger Fachmann für den Reiseverkehr (Berufsbez.).*
Rei|se|vor|be|rei|tung, die ⟨meist Pl.⟩: *Vorbereitung auf eine Reise:* -en treffen.
Rei|se|wa|gen, der: *größeres, bequemes Auto, das besonders für weite Fahrten geeignet ist.*
Rei|se|we|cker, der: *kleinerer Wecker für die Reise.*
Rei|se|weg, der: *Reiseroute.*
Rei|se|wel|le, die: *vorübergehend starker Reiseverkehr.*
Rei|se|wet|ter, das ⟨o. Pl.⟩: *Wetter während einer Reise.*
Rei|se|wet|ter|be|richt, der: *Wetterbericht, der bes. das für bestimmte Urlaubsgebiete zu erwartende Wetter vorhersagt.*
Rei|se|zeit, die: *Zeit, in der viele Urlaubsreisende unterwegs sind.*
Rei|se|ziel, das: *Ziel, zu dem eine Reise führt, führen soll.*
Rei|se|zug, der (Eisenbahn): *der Personenbeförderung dienender Zug.*
Reis|feld, das: *Feld, auf dem* ¹*Reis* (a) *angebaut wird.*
Reis|fleisch, das, (bes. österr.): *eintopfähnliches Gericht aus mit Paprika gewürztem Fleisch und Reis.*
Reis|ge|richt, das: ²*Gericht aus* ¹*Reis* (b).
Rei|sig, das; -s [mhd. rîsech, rîsach, zu ↑ ²Reis]: *abgebrochene od. vom Baum gefallene dürre Zweige:* R. sammeln.
Rei|sig|be|sen, der: *aus Reisig gebundener Besen.*
Rei|sig|bün|del, das: *zu einem Bündel zusammengeschnürtes Reisig.*
Rei|si|ger, der Reisige/ein Reisiger; des/eines Reisigen, die Reisigen/zwei Reisige [spätmhd. reisige, zu ↑ Reise]: (im MA.) *berittener Söldner.*
Reis|korn, das: *einzelne kornartige Frucht des* ¹*Reises* (a).
Reis|läu|fer, der: (im MA.) *Söldner in fremdem Dienst.*
Reis|pa|pier, das *[Papier wurde früher auch aus Reisstroh hergestellt]: handgeschöpftes, wie Seide wirkendes, sehr reißfestes u. dauerhaftes Papier.*
Reis|rand, der (Kochkunst): *auf einer Platte als fester, glatter Ring um ein [Fleisch]gericht angerichteter körniger* ¹*Reis* (b).
Reiß|ah|le, die *[zu* ↑ *reißen in der alten Bed. »zeichnen, entwerfen«]: Reißnadel.*
Reiß|aus, der *[eigtl. subst. Imperativ von »ausreißen«]:* in der Verbindung **R. nehmen** (ugs.; *entfliehen, schnell weglaufen*).

Reiß|brett, das [vgl. Reißahle]: *großes rechtwinkliges Brett aus glattem, fugenlosem Holz, das als Unterlage für [technische] Zeichnungen dient:* Ü *etw. am R. (ohne Kreativität, nach rein technischen Anforderungen) entwerfen.*
Reiß|brett|stift, der: *Reißzwecke.*
Reis|schnaps, der: *Reisbranntwein.*
rei|ßen ⟨st. V.⟩ [mhd. rīȝen, ahd. rīȝan, urspr. = einen Einschnitt machen, ritzen, später auch: (Runen)zeichen einritzen, zeichnen, entwerfen]: **1.** ⟨ist⟩ *entzwei-, auseinandergehen, abreißen:* der Faden, das Seil kann r.; mir ist das Schuhband gerissen. **2.** ⟨hat⟩ **a)** *durch kräftiges Ziehen auseinandertrennen:* ich habe den Brief mittendurch gerissen; dieses Material lässt sich nicht r.; **b)** *in einzelne Teile zerreißen:* etw. in Stücke, Fetzen r. **3.** ⟨hat⟩ *durch Reißen* (2 a)*, Gewalteinwirkung, Beschädigung entstehen lassen, in etw. hervorrufen:* du hast dir ein Loch in der Hose gerissen; die Bombe riss einen Trichter in den Boden; Ü diese Reparatur wird ein gehöriges Loch in meinen Geldbeutel r. (ugs.; *wird sehr teuer werden*). **4.** ⟨hat⟩ **a)** *sich verletzen, sich ritzen:* ich habe mich [am Stacheldraht] gerissen; du hast dich, dir die Hände blutig gerissen; **b)** *sich als Verletzung beibringen:* an diesem Nagel kann man sich ⟨Dativ⟩ ja Wunden r. **5.** ⟨hat⟩ **a)** *von einer bestimmten Stelle mit kräftigem Ruck wegziehen; ab-, fort-, wegreißen:* Pflanzen aus dem Boden, einen Ast vom Baum r.; jmdm. etw. aus den Händen r.; dieser Wind reißt einem den Hut vom Kopf; ich habe mir die Kleider vom Leib gerissen (*mich ganz schnell ausgezogen*); Ü der Wecker hat sie unsanft aus dem Schlaf gerissen; so aus dem Zusammenhang gerissen, ist der Satz unverständlich; Der Pfarrer war aus seinen Überlegungen gerissen (Andersch, Sansibar 104); **b)** ⟨r. + sich⟩ *sich von einer bestimmten Stelle losreißen, sich aus etw. befreien:* sich aus jmds. Armen r.; der Hund hat sich von der Kette gerissen; **c)** [Leichtathletik] *die Sprunglatte od. eine Hürde herunter-, umwerfen:* beim ersten Versuch über 1,80 m hat sie [die Latte] knapp gerissen. **6.** ⟨hat⟩ *an eine Stelle, in eine Richtung stoßen, drücken; hinreißen:* eine Welle riss ihn zu Boden; im letzten Augenblick riss sie den Wagen zur Seite (*riss sie das Lenkrad des Wagens herum*); die Flut reißt alles mit sich; Ü alle wurden mit ins Verderben gerissen. **7.** ⟨hat⟩ *ziehen, zerren [damit etw. ab- od. aufgeht]: zum Öffnen des* Fallschirms die Leine, an der Reißleine r.; der Hund riss wütend an seiner Leine. **8.** ⟨hat⟩ *(von Raubtieren) ein Tier jagen u. durch Bisse töten:* der Wolf hat drei Schafe gerissen. **9.** ⟨hat⟩ *mit Gewalt an sich, in seinen Besitz, unter seine Sache bemächtigen:* die Macht, die Herrschaft an sich r.; sie hat den Brief sofort an sich gerissen; Ü immer will er das Gespräch an sich r. (*will nicht Zuhörer sein, sondern selbst reden*). **10.** ⟨r. + sich; hat⟩ (ugs.) *sich heftig darum bemühen, etw. Bestimmtes zu erreichen, zu bekommen, zu sehen, zu erleben:* die Fans rissen sich um den Sänger, um die Eintrittskarten; um diesen schwierigen Auftrag reiße ich mich bestimmt nicht. **11.** ⟨hat⟩ * *etw./nichts r.* (ugs.; *etw. [nicht] bewirken, schaffen:* der Mittelfeldspieler hat heute wieder gar nichts gerissen!) **12.** ⟨hat⟩ (selten) *einen ziehenden Schmerz empfinden:* es reißt mich in allen Gliedern. **13.** ⟨hat⟩ (Schwerathletik) *ein Gewicht in einem Zug von Boden bis über den Kopf bringen u. dort mit streckten Armen halten:* er stößt, stemmt und reißt; ⟨meist subst.:⟩ er hat den Weltrekord im Reißen eingestellt.
Rei|ßen, das; -s (ugs. veraltend): *reißende* (11)*, ziehende Gliederschmerzen, Rheumatismus:* das R. haben.

rei|ßend ⟨Adj.⟩: **1.** *stark, heftig strömend:* ein -er Strom. **2.** *stark, heftig ziehend:* -e Schmerzen haben. **3.** *sehr schnell (zu verkaufen):* -en Absatz finden; etw. r. verkaufen. **4.** *wild:* ein -es Tier *(ein wildes Tier, ein Raubtier).*
Rei|ßer, der; -s, - (ugs., oft abwertend): **a)** [viell. eigtl. = etw., was an den Nerven reißt] *sehr wirkungsvolles, spannendes, dem Nervenkitzel dienendes Buch, Bühnenstück od. entsprechender Film ohne besondere künstlerische Qualität;* **b)** *Massenware, Artikel, der reißend verkauft wird.*
rei|ße|risch ⟨Adj.⟩ (abwertend): *für einen Reißer* (1) *kennzeichnend, grell u. auf billige Art wirkungsvoll:* -e Schlagzeilen.
Reiß|feder, die [vgl. Reißahle]: *Gerät zum Auszeichnen von Linien in verschiedener Stärke aus zwei an einem Griff befestigten Stahlblättern mit geschliffenen Spitzen, deren Abstand zueinander sich durch eine Schraube verstellen lässt.*
reiß|fest ⟨Adj.⟩: *(bes. von Textilien) ziemlich widerstandsfähig gegen Zerreißen, viel Druck od. Zug aushaltend:* -e Gewebe.
Reiß|fes|tig|keit, die: *das Reißfestsein.*
◆ **Reiß|koh|le,** die: *Zeichenkohle:* ...da ich hier zum ersten Male in meinem Leben mich mit meiner R. an das Blumenstück gemalter Liebmache (Jean Paul, Wutz 14).
Reiß|lei|ne, die (Flugw.): *Leine, mit der durch Ziehen der Fallschirm geöffnet od. beim Freiballon die Stoffbahn über der Öffnung abgelöst wird;* * **die R. ziehen** (ugs.; *eine gefährliche Entwicklung stoppen*).
Reiß|na|del, die: *spitze Stahlnadel zum Anreißen von Linien auf Werkstücken.*
Reiß|na|gel, der: *Reißzwecke.*
Reiß|schie|ne, die [vgl. Reißahle]: *flaches Lineal mit Querleiste, das, an der Kante des Reißbretts angelegt, das exakte Zeichnen von parallelen Linien ermöglicht.*
Reis|stroh, das: *weiches Stroh vom Reis (das für Körbe, Hüte, Matten u. Ä. verwendet wird u. auch als Streu dient).*
Re|issue [ri:'ɪʃu:; engl. ri:ˈɪʃuː], die; -s, -s [engl. reissue, aus: re- (< lat. re-) = wieder u. issue = (Her)ausgabe]: *Wiederherausgabe (eines Buches o. Ä.):* alte Songs, die als R. wieder herausgekommen sind.
Reis|sup|pe, die: *Suppe mit Reis als Einlage.*
Reiß|ver|schluss, der: *an Kleidungsstücken, Taschen o. Ä. anstelle von Knöpfen angebrachte Vorrichtung, die aus kleinen Gliedern, Zähnchen besteht, die beim Zuziehen ineinandergreifen, sodass etw. geschlossen ist:* der R. klemmt; den R. öffnen, schließen.
Reiß|ver|schluss|sys|tem, Reiß|ver|schluss-Sys|tem, das (Verkehrsw.): *abwechselndes Einordnen von Fahrzeugen aus zwei Richtungen od. Fahrspuren, die in einer einzigen Spur weiterfahren müssen.*
Reiß|wolf, der: *Maschine, in der Papier od. Textilien völlig zerfasert werden.*
Reiß|wol|le, die: *aus [mit dem Reißwolf] zerrissenen wollenen Textilien gewonnener Spinnstoff.*
Reiß|zahn, der: *bes. groß u. scharfkantig ausgebildeter Backenzahn der Raubtiere.*
Reiß|zeug, das: *Zusammenstellung der wichtigsten Geräte zum technischen Zeichnen.*
Reiß|zir|kel, der: *Zirkel mit Reißfeder.*
Reiß|zwe|cke, die [urspr. zum Befestigen von Zeichnungen auf dem Reißbrett verwendet]: *kleiner Nagel mit kurzem Dorn u. breitem, flachem Kopf, der sich leicht eindrücken lässt u. zum Festhalten von Plakaten, Zetteln, Bildern an Wänden o. Ä. dient.*
Reis|wein, der: *Sake.*
Reit|bahn, die: *abgegrenzter größerer Platz im Freien od. in einer Halle, der hauptsächlich zum*

Reitunterricht u. zum Zureiten der Pferde dient: in der R. üben.
rei|ten ⟨st. V.⟩ [mhd. rīten, ahd. rītan, urspr. = in Bewegung sein, reisen, fahren]: **1.** ⟨ist/(seltener) hat⟩ *sich auf einem Reittier (besonders einem Pferd) fortbewegen:* r. lernen; er hat seit frühester Jugend geritten (*den Reitsport betrieben*), ist viel geritten; r. können; auf einem Kamel r.; im Schritt, Trab, Galopp r.; in raschem Tempo r.; Ü die Hexe reitet auf einem Besen; sie ließ das Kind auf ihren Knien r. **2.** ⟨ist/hat⟩ **a)** *auf einem Reittier zurücklegen, reitend zubringen:* eine schöne Strecke r.; ich bin/habe gestern drei Stunden geritten; **b)** *auf dem Pferd absolvieren, bewältigen:* [die] Hohe Schule, ein Turnier r.; sie hat schon viele Wettbewerbe geritten. **3.** ⟨hat⟩ *ein bestimmtes Reittier haben, benutzen:* einen Schimmel r.; Beduinen reiten Kamele; Ü der Stier reitet (*begattet*) die Kuh. **4.** ⟨hat⟩ *ein Tier reitend an einen Platz reiten:* das Pferd auf die Weide r.; Ü jmdn. in die Patsche r. **5.** ⟨hat⟩ *(ein Tier) durch Reiten in einen bestimmten Zustand bringen:* ich habe das Pferd müde geritten. **6.** ⟨r. + sich; hat⟩ *so reiten, dass ein Körperteil in einen bestimmten Zustand gerät:* ich habe mir die Knie steif geritten. **7.** ⟨hat⟩ (veraltend) *jmdn. völlig beherrschen:* was hat dich denn geritten, dass du so zornig bist?
¹**Rei|ter,** der; -s, - [mhd. rīter, spätahd. rītāre]: **1. a)** *jmd., der reitet:* ein tollkühner R.; * **die apokalyptischen R.** (↑ apokalyptisch 1); **ein R. über den Bodensee** (*jmd., der etw. unternimmt, über dessen Gefährlichkeit, Tragweite er sich nicht im Klaren ist;* Abwandlung von »ein Ritt über den Bodensee«, ↑ Ritt); **b)** (früher) *berittener Soldat, Kavallerist.* **2. a)** (österr.) *Heureiter;* **b)** * **spanischer R.** (Militär; *mit Stacheldraht bespanntes [Holz]gestell, das als Sperre, Hindernis aufgestellt wird;* H. u.; viell. im 16. Jh. zur Zeit des niederl. Aufstandes gegen Spanien entstanden). **3. a)** *aufgesetztes leichtes verschiebbares Gewicht bei feinen Präzisionswaagen:* den R. einstellen, verschieben; **b)** *aufklemmbare, meist farbige Markierung zur Kennzeichnung eines Zettels, einer Karte;* **c)** (Jargon) *Gestell mit Werbesprüchen o. Ä., das schnell irgendwo aufgestellt werden kann.*
²**Rei|ter,** die; -, - [mhd. rīter, ahd. rīt(e)ra, westgerm. Wort, vgl. aengl. hridder = Sieb] (österr., sonst landsch.): *grobes Sieb [für Getreide].*
Rei|ter|an|griff, der: *Angriff der Reiterei* (1).
Rei|te|rei, die; -, -en: **1.** (Militär früher) *Kavallerie* (a). **2.** ⟨o. Pl.⟩ (ugs.) *das Reiten, reiterliche Betätigung.*
Rei|te|rin, die; -, -nen: w. Form zu ↑ ¹Reiter (1 a).
rei|ter|lich ⟨Adj.⟩: *das Reiten betreffend; in Bezug auf das Reiten, im Reiten:* -es Können.
rei|tern ⟨sw. V.; hat⟩ [mhd. rītern, ahd. (h)rītarōn, zu ↑ ²Reiter] (österr., sonst landsch.): *durch die* ²Reiter *geben, sieben:* Sand, Getreide r.
Rei|ters|mann, der ⟨Pl. ...männer, auch: ...leute⟩ (veraltend): ¹Reiter: *ein echter R.*
Rei|ter|stand|bild, das: *Standbild eines Reiters auf dem Pferd.*
Reit|ger|te, die: *Gerte zum Antreiben u. Lenken des Reitpferdes.*
Reit|hal|le, die: *Halle zur Ausübung des Pferdesports.*
Reit|ho|se, die: *in Stiefeln zu tragende, eng anliegende, sehr feste Hose des Reiters bzw. der Reiterin mit schützendem Ledersatz am Gesäß.*
Reit|jagd, die: **a)** *das Jagen zu Pferde;* **b)** *gemeinschaftlich veranstaltetes Sportreiten.*
Reit|klei|dung, die: *beim Reiten getragene [einheitliche] Kleidung.*
Reit|leh|rer, der: *jmd., der Reitunterricht erteilt.*
Reit|leh|re|rin, die: w. Form zu ↑ Reitlehrer.

Reit|peit|sche, die: *Peitsche zum Antreiben u. Lenken des Reitpferdes.*
Reit|pferd, das: *leichteres, zum Reiten bes. herangebildetes Pferd.*
Reit|sat|tel, der: *Sattel* (1 a).
Reit|schu|le, die: **1.** *Einrichtung* (3), *in der Reitunterricht erteilt wird.* **2.** *(südd., schweiz. regional) Karussell.*
Reit|sitz, der: *Sitzhaltung auf dem Pferd, meist mit gespreizten Beinen.*
Reit|sport, der: *das Reiten als sportliche Betätigung.*
Reit|stall, der: *Stall für Reitpferde:* sie besitzt einen großen R. *(sie hat mehrere Reitpferde, eine Pferdezucht).*
Reit|stie|fel, der: *von Reitenden getragener Stiefel mit langem Schaft.*
Reit|tier, das: *Tier, auf dem geritten werden kann* (Pferd, Esel, Kamel o. Ä.).
Reit|tur|nier, das: *sportlicher Wettbewerb im Reiten.*
Reit|un|ter|richt, der: *Unterricht im Reiten.*
Reit|ver|ein, der: *Verein zur Pflege des Pferdesports:* der Nachwuchs in den -en rekrutiert sich fast ausschließlich aus Mädchen.
Reit|weg, der: *eigens zum Reiten angelegter Weg.*
Reiz, der; -es, -e [zu ↑reizen] **1.** *äußere od. innere Einwirkung auf den Organismus, z. B. auf die Sinnesorgane, die eine bestimmte, nicht vom Willen gesteuerte Reaktion auslöst:* ein leichter, mechanischer, chemischer R.; durch den R. des Lichts verengt sich die Pupille. **2. a)** *von jmdm. od. einer Sache ausgehende verlockende Wirkung; Antrieb, Anziehungskraft:* für R. des Neuen, des Verbotenen; darin liegt für mich ein besonderer R.; dies übt auf ihn einen großen R. aus; die Sache hat für sie jeden R. verloren; **b)** *Zauber, Anmut, Schönheit, Charme:* der R. eines Anblicks, der Natur; weibliche -e; sie lässt all ihre -e spielen *(zeigt in verführerischer Weise ihre Schönheit);* Bresgote betrachtete das Bild, es war eine Temperaskizze, unfertig und grob, aber von großem R. (Böll, Haus 153).
reiz|bar ⟨Adj.⟩: *leicht zu reizend, zu verärgernd:* ein -er Mensch; ... hatte die Hirnverletzung sein Wesen verändert oder lediglich Schwächen zum Vorschein gebracht, die, überdeckt, schon immer vorhanden waren. Es ist anzunehmen, dass beides der Fall war. Er war r., ruhelos und ständig gespannt (Meckel, Suchbild 79). Dazu: **Reiz|bar|keit,** die; -.
reiz|emp|fäng|lich ⟨Adj.⟩: *für Reize* (1) *empfänglich, Reize leicht aufnehmend.*
Reiz|emp|fin|dung, die: *Empfindung* (a) *eines Reizes* (1).
rei|zen ⟨sw. V.; hat⟩ [mhd. reizen (reiʒen), ahd. reizzen (reiʒʒen), Kausativ zu ↑reißen, also eigtl. = einritzen machen]: **1.** *herausfordern, provozieren, ärgern, in heftige Erregung versetzen:* er hat mich sehr, schwer, bis aufs Äußerste gereizt; jmds. Zorn/jmdn. zum Zorn r.; Kinder reizten den Hund. **2.** *als schädlicher Reiz* (1) *auf einen Organismus einwirken, ihn angreifen:* der Rauch reizt die Augen; ein zum Erbrechen reizender Gestank. **3. a)** *jmds. Interesse, Aufmerksamkeit o. Ä. erregen u. ihn herausfordern, sich damit zu beschäftigen od. etw. zu unternehmen:* die Aufgabe, das Buch reizt ihn; es reizt immer wieder, etwas Neues anzufangen; der Anblick reizt [mich] zum Lachen; **b)** *eine angenehme, anziehende Wirkung auslösen, verlocken, bezaubern:* der Duft der Speisen reizt den Gaumen; ein Wild r. (Jägerspr.; *durch Lockrufe, Nachahmung seiner Stimme heranlocken*).
4. (Kartenspiele) *durch das Nennen bestimmter Werte die anderen möglichst zu überbieten u. das Spiel in die Hand zu bekommen versuchen:* er reizte [bis] 46, einen Grand; Kaum berührt,

rückte Mama näher an den Tisch heran, so dass Jan, der gerade von Matzerath gereizt wurde und bei dreiunddreißig passte ... (Grass, Blechtrommel 78).
rei|zend ⟨Adj.⟩ [zu ↑reizen (3 b)]: *besonders hübsch, sehr angenehm, besonderes Gefallen erregend:* ein -es Kind; ein -er Anblick; das finde ich r. von dir; das ist ja r., eine -e Überraschung (ugs. iron.; *schlimm, unangenehm*)!
Reiz|fi|gur, die: *durch ihr Verhalten, ihre Äußerungen o. Ä. [negative] Emotionen auslösende Person:* er ist für die Linken eine R.
Reiz|gas, das: *eine starke Reizung bes. der Schleimhaut verursachendes Gas.*
Reiz|hus|ten, der (Med.): *durch ein Kitzeln im Hals ausgelöster, hartnäckiger Husten (der nicht auf Verschleimung o. Ä. beruht).*
Reiz|ker, der; -s, - [frühnhd. reisken (Pl.), aus dem Slaw., vgl. tschech. ryzec, eigtl. = der Rötliche, nach dem roten Milchsaft]: **a)** *in verschiedenen Arten vorkommender, weißen od. rötlichen Milchsaft absondernder Blätterpilz;* **b)** *orangeroter Reizker* (a) *mit konzentrischen dunkleren Zonen auf dem Hut u. rotem Milchsaft; Herbstling.*
Reiz|kli|ma, das (Med., Meteorol.): *Klima (im Hochgebirge, an der Küsten der Ozeane u. Ä.), das durch starke Temperatur- u. Luftdruckschwankungen, heftige Winde u. intensive Sonneneinstrahlung einen besonderen, kräftigenden Reiz auf den Organismus ausübt.*
Reiz|kör|per, der (Med.): *Stoff, der als Reiz u. Anregung auf bestimmte Organe wirkt.*
Reiz|kör|per|the|ra|pie, die (Med.): *Behandlung bes. von chronischen Entzündungen durch Reizkörper.*
reiz|los ⟨Adj.⟩: **1.** *ohne Gaumenreiz, nicht od. kaum gewürzt:* -e Kost. **2.** *ohne Reiz* (2 b), *wenig schön, langweilig:* ein -es Gesicht.
Reiz|lo|sig|keit, die ⟨o. Pl.⟩: *das Reizlossein.*
Reiz|mit|tel, das (bes. Med., Pharm.): *anregendes Mittel, Stimulans.*
Reiz|quel|le, die: *Quelle* (2) *eines Reizes* (1).
Reiz|schwel|le, die (Psychol.): *Grenze, von der an ein die Nerven treffender Reiz eine Empfindung entsprechende Reaktionen auslöst.*
Reiz|stoff, der: **a)** *Reizkörper;* **b)** *Substanz, die ätzend auf Haut, Augen, Schleimhäute u. Ä. einwirkt:* die -e in den Autoabgasen.
Reiz|strom, der (Med.): *bei der Elektrodiagnostik u. Elektrotherapie angewendeter elektrischer Strom.*
Reiz|the|ma, das: vgl. *Reizwort* (2): die Atomenergie war das R. Nummer eins.
Reiz|the|ra|pie, die (Med.): *Behandlung mit Mitteln, die Reizwirkungen auf den Organismus ausüben u. bestimmte Funktionen anregen (z. B. Wärmebehandlung, Bestrahlung, Massage).*
Reiz|über|flu|tung, die (Psychol.): *Fülle der auf den Menschen einwirkenden Reize durch Massenmedien, Reklame, Lärm u. Ä.*
Rei|zung, die; -, -en: **1. a)** *das Reizen; das Gereiztwerden;* **b)** *ausgeübter Reiz:* mechanische, chemische -en. **2.** (Med.) *leichte Entzündung:* eine R. der Bronchien, der Schleimhäute.
reiz|voll ⟨Adj.⟩: **a)** *von besonderem Reiz* (2 b); *hübsch [anzusehen]:* eine -e Gegend; das Kleid ist sehr r.; **b)** *verlockend, lohnend:* eine -e Aufgabe.
Reiz|wä|sche, die ⟨o. Pl.⟩: *Unterwäsche, die aufgrund ansprechenden Aussehens auf andere erotisch anziehend wirken soll.*
Reiz|wort, das ⟨Pl. ...wörter u. -e⟩: **1.** (Psychol.) *Wort, das einer Versuchsperson vorgelegt wird u. auf das sie reagieren soll.* **2.** *eine aktuelle Frage berührendes, [negative] Emotionen auslösendes Wort:* Kernenergie ist zum R. geworden.
re|ji|zie|ren ⟨sw. V.; hat⟩ [lat. reicere, eigtl. =

zurückwerfen, zurückbringen]: **a)** (Rechtsspr.) *(einen Antrag, eine Klage o. Ä.) verwerfen, abweisen;* ♦ **b)** *ablehnen, zurückweisen:* ... sind unserer achtundsiebzig, meistens ruinierte Krämer, rejizierte Magister und Schreiber aus den schwäbischen Provinzen (Schiller, Räuber II, 3).
re|ka|pi|ta|li|sie|ren ⟨sw. V.; hat⟩ (Finanzw.): *mit fehlendem, neuen Kapital ausstatten:* Geldinstitute, Firmen rekapitalisieren.
Re|ka|pi|ta|li|sie|rung (Finanzw.): *das Rekapitalisieren:* Milliarden für eine Rekapitalisierung zur Verfügung stellen.
Re|ka|pi|tu|la|ti|on, die; -, -en [spätlat. recapitulatio = Zusammenfassung, zu: recapitulare, ↑rekapitulieren] (bildungsspr.): **a)** *das Rekapitulieren;* **b)** *etw. Rekapituliertes.*
re|ka|pi|tu|lie|ren ⟨sw. V.; hat⟩ [spätlat. recapitulare, zu lat. re- = wieder, zurück u. capitulum, ↑Kapitel] (bildungsspr.): *in zusammengefasster Form wiederholen, noch einmal zusammenfassen; sich noch einmal vergegenwärtigen:* die wesentlichen Punkte eines Vortrages r.
re|keln, räkeln, sich ⟨sw. V.; hat⟩: *ungezwungen, mit Behagen seinen Körper recken u. dehnen:* sich in der Sonne r.
Re|kla|ma|ti|on, die; -, -en [lat. reclamatio = Gegengeschrei, das Neinsagen, zu: reclamare, ↑reklamieren]: *das Reklamieren* (1); *Beanstandung bestimmter Mängel od. Inkorrektheiten:* eine R. wegen verdorbener Ware; eine R. erheben, vorbringen, anerkennen, zurückweisen.
Re|kla|me, die; -, -n [frz. réclame, eigtl. = das Ins-Gedächtnis-Rufen, zu älter: réclamer < lat. reclamare, ↑reklamieren]: **a)** *[mit aufdringlichen Mitteln durchgeführte] Anpreisung von etw. (bes. einer Ware, Dienstleistung) mit dem Ziel, eine möglichst große Anzahl von Personen als Interessenten, Kunden zu gewinnen; Werbung:* eine gute, marktschreierische, schlechte R.; für ein Waschmittel, einen Film R. machen *(werben);* mit einem Schild für etw. R. laufen *(damit umhergehen u. für etw. Reklame machen);* Ü er macht überall für seine Ärztin R. (ugs.; *lobt sie sehr u. empfiehlt sie);* mit jmdm., etw. R. machen (ugs.; *mit jmdm., etw. renommieren, angeben);* **b)** (ugs.) *etw., womit für etw. Reklame* (a) *gemacht wird:* die R. *(das Reklameplakat)* muss von der Hauswand entfernt werden; im Briefkasten war nur R.
Re|kla|me|feld|zug, der: *Werbekampagne.*
Re|kla|me|kos|ten ⟨Pl.⟩: *Werbekosten.*
Re|kla|me|ma|che|rei, die; - (ugs. abwertend): *als lästig empfundenes Reklamemachen.*
Re|kla|me|pla|kat, das: *Plakat, mit dem für etw. Reklame gemacht wird.*
Re|kla|me|rum|mel, der (ugs. abwertend): *in großem Rahmen mit aufwendigen u. aufdringlichen Mitteln organisierte Reklame.*
Re|kla|me|schild, das: *Schild, mit dem für etw. Reklame gemacht wird.*
Re|kla|me|schön|heit, die: *sorgfältig zurechtgemachte, junge weibliche Person, die durch ebenmäßige, aber ausdruckslose Schönheit auffällt.*
Re|kla|me|ta|fel, die: *Tafel* (1 a), *mit der für etw. Reklame gemacht wird.*
Re|kla|me|trick, der: *der Reklame* (a) *dienender Trick.*
Re|kla|me|trom|mel, die: in der Wendung **die R. rühren/schlagen** (↑Werbetrommel).
Re|kla|me|zet|tel, der: *Handzettel, auf dem für etw. Reklame gemacht wird.*
Re|kla|me|zweck, der: *Werbezweck.*
re|kla|mie|ren ⟨sw. V.; hat⟩ [lat. reclamare = dagegenschreien, laut Nein rufen, widersprechen, aus: re- = zurück, wieder u. clamare = laut rufen, schreien]: **1.** *(bei der zuständigen Stelle) beanstanden, sich darüber beschweren,*

rekognoszieren–Rektorat

dass etw. nicht in dem Zustand ist, etw. nicht od. nicht so ausgeführt ist, wie man es eigentlich erwarten darf: verdorbene Lebensmittel, eine beschädigte Sendung r.; ⟨auch ohne Akk.-Obj.:⟩ sie reklamierte, weil der Betrag nicht stimmte; ich habe wegen der Sendung bei der Post reklamiert; gegen eine Verfügung r. *(Einspruch erheben).* **2.** *(bildungsspr.) etw., worauf ein [vermeintliches] Anrecht besteht, [zurück]fordern; etw., jmdn. (für sich) beanspruchen:* eine Idee, den Erfolg einer Verhandlung für sich r.; falls der Ring nicht reklamiert wird *(falls der Eigentümer keinen Anspruch darauf erhebt),* gehört er nach einem Jahr dem Finder; die Spieler reklamierten Abseits (Sport: *forderten vom Schiedsrichter, auf Abseits zu erkennen).*

re|ko|gnos|zie|ren ⟨sw. V.; hat⟩ [lat. recognoscere = prüfen]: **1.** (Militär schweiz., sonst veraltet) *erkunden, auskundschaften:* Stärke und Stellung des Feindes, das Gelände r.; (bildungsspr. scherzh.:) er rekognoszierte ihre Vermögensverhältnisse; ◆ Übrigens war der Berg (= der Vesuv) ganz still ... Ich habe ihn nun rekognosziert, um ihn förmlich, sobald das Wetter gut werden will, zu belagern (Goethe, Italien. Reise 2. 3. 87 [Neapel]). **2.** (Rechtsspr. veraltet) *[gerichtlich od. amtlich] die Echtheit einer Person, Sache od. Urkunde anerkennen.*

◆ **Re|ko|gnos|zie|rungs|ritt,** der: *Erkundungsritt:* ... in der achten Stunde, wo er von einem -e zurück zu sein glaubte (C. F. Meyer, Page 151).

Re|kom|bi|na|ti|on, die; -, -en [zu lat. re- = wieder, zurück u. ↑¹Kombination]: **1.** (Physik, Chemie) *Wiedervereinigung der durch Dissoziation* (3) *od. Ionisation gebildeten, entgegengesetzt elektrisch geladenen Teile eines Moleküls bzw. eines positiven Ions mit einem Elektron zu einem neutralen Gebilde.* **2.** (Biol.) *Bildung einer neuen Kombination der Gene im Verlauf der Meiose.*

re|kon|s|tru|ier|bar ⟨Adj.⟩: *sich rekonstruieren lassend.*

re|kon|s|tru|ie|ren ⟨sw. V.; hat⟩ [frz. reconstruire, aus: re- = wieder u. construire < lat. construere, ↑konstruieren]: **1.** *den ursprünglichen Zustand wiederherstellen od. nachbilden:* einen antiken Tempel r. **2.** *den Ablauf von etw., was sich in der Vergangenheit ereignet hat, in seinen Einzelheiten einschließen u. genau wiedergeben, darstellen:* etw. Punkt für Punkt, bis in die Einzelheiten, lückenlos r.; einen Unfall am Tatort [nach Zeugenaussagen] r. **3.** (regional) *zu größerem [wirtschaftlichen] Nutzen umgestalten u. ausbauen, modernisieren:* Maschinen, Arbeitsplätze, Straßen r.

Re|kon|s|tru|ie|rung, die; -, -en: *Rekonstruktion* (1 a, 2 a, 3).

Re|kon|s|truk|ti|on, die; -, -en [nach frz. reconstruction]: **1. a)** *das Rekonstruieren* (1); *das Wiederherstellen, Nachbilden eines ursprünglichen Zustandes von etw.):* die R. eines antiken Tempels; **b)** *das Ergebnis des Rekonstruierens* (1); *das Wiederhergestellte, Nachgebildete:* eine älthere R.; diese Tafel zeigt -en fossiler Tiere. **2. a)** *das Rekonstruieren* (2); *das Erschließen u. Darstellen, Wiedergeben von etw. Geschehenem in den Einzelheiten seines Ablaufs:* die ungefähre, genaue R. eines Verbrechens; **b)** *das Ergebnis des Rekonstruierens* (2); *detaillierte Erschließung u. Darstellung, Wiedergabe die vorliegende R. des Tatherganges ist genau zu überprüfen.* **3.** [nach russ. rekonstrukcija] (regional) *[wirtschaftliche] Umgestaltung, Modernisierung:* die R. von Betriebsanlagen.

re|kon|s|truk|tiv ⟨Adj.⟩ [aus lat. re- = wieder u. ↑konstruktiv]: **1.** *im Sinne, zum Zweck einer Rekonstruktion.* **2.** (Med.) *wiederherstellend* (z. B. von der Chirurgie, von Plastiken).

re|kon|va|les|zent ⟨Adj.⟩ [zu spätlat. reconvalescens (Gen.: reconvalescentis), 1. Part. von: reconvalescere, ↑rekonvaleszieren] (Med.): *sich im Stadium der Genesung befindend.*

Re|kon|va|les|zent, der; -en, -en (Med.): *Genesender.*

Re|kon|va|les|zen|tin, die; -, -nen: w. Form zu ↑Rekonvaleszent.

Re|kon|va|les|zenz, die; - (Med.): **a)** *Genesung;* **b)** *Genesungszeit.*

re|kon|va|les|zie|ren ⟨sw. V.; hat⟩ [spätlat. reconvalescere = wiedererstarken, aus: re- = wieder, zurück u. valescere = erstarken, zu: valere = stark sein] (Med.): *sich auf dem Weg der Besserung befinden, genesen.*

Re|kord, der; -[e]s, -e [eng. record, eigtl. = Aufzeichnung; Urkunde, zu: to record = (schriftlich) aufzeichnen < afrz. recorder < lat. recordari = sich vergegenwärtigen; sich erinnern, zu: cor (Gen.: cordis) = Herz; Gemüt; Gedächtnis]: **1.** *(in bestimmten Sportarten) unter gleichen Bedingungen erreichte Höchstleistung:* ein neuer, olympischer R.; der R. wurde um 1 Zentimeter verbessert, überboten; einen R. aufstellen, erringen, halten, innehaben; einen R. brechen, schlagen; einen R. einstellen, egalisieren, verfehlen; sie ist R. gelaufen, geschwommen. **2.** *Höchstmaß; etw., was es in diesem Ausmaß noch nicht gab:* die Ernte stellt einen R. dar; ein trauriger R. *(etw. in seinem Ausmaß sehr Bedauerliches);* der Verkauf bricht alle -e.

Re|kord-: drückt in Bildungen mit Substantiven aus, dass etw. in Bezug auf Ausmaß, Menge, Anzahl o. Ä. außergewöhnlich od. noch nicht da gewesen ist: Rekordpreis, -umsatz.

Re|kord|be|tei|li|gung, die: *außergewöhnlich gute od. beste bis dahin erreichte Beteiligung.*

Re|kor|der, der; -s, - [engl. recorder, zu: to record, ↑Rekord]: *Gerät zur elektromagnetischen Aufzeichnung auf Bänder u. zu deren Wiedergabe.*

Re|kord|er|geb|nis, das: *außergewöhnlich gutes od. bestes bis dahin erzieltes Ergebnis.*

Re|kord|ern|te, die: *außergewöhnlich gute od. beste bis dahin erzielte Ernte.*

Re|kord|hal|ter, der: *Sportler, der (meist über eine längere Zeit) einen Rekord hält.*

Re|kord|hal|te|rin, die: w. Form zu ↑Rekordhalter.

Re|kord|hö|he, die: *Höhe, mit der (bes. im Hochsprung) ein neuer Rekord aufgestellt wird.*

Re|kord|jahr, das: *Jahr, das in bestimmter Hinsicht einen Rekord* (2) *darstellt.*

Re|kord|leis|tung, die: *außergewöhnlich gute od. beste bis dahin erzielte Leistung.*

Re|kord|ler, der; -s, -: *Sportler, der einen neuen Rekord erzielt hat.*

Re|kord|le|rin, die; -, -nen: w. Form zu ↑Rekordler.

Re|kord|mar|ke, die: *Rekord:* die Arbeitslosigkeit erreichte im Februar eine neue R.

Re|kord|meis|ter, der: *Sportler, Mannschaft mit den meisten gewonnenen Meisterschaften.*

Re|kord|meis|te|rin, die: w. Form zu ↑Rekordmeister.

Re|kord|sucht, die (o. Pl.): *übersteigertes Bestreben, Rekorde aufzustellen.*

Re|kord|tief, das: *außergewöhnlicher, noch nicht da gewesener Tiefstand bes. der Börsenkurse, Zinsen u. Ä.:* Euro fällt auf neues R.

re|kord|ver|däch|tig ⟨Adj.⟩ (Jargon): *einen Rekord erwarten lassend:* eine -e Form.

Re|kord|ver|such, der: *Versuch, einen neuen Rekord aufzustellen:* einen R. anmelden.

Re|kord|zahl, die: vgl. Rekordhöhe.

Re|kord|zeit, die: *Bestzeit, mit der ein neuer Rekord aufgestellt wird:* mit neuer R. ins Ziel kommen; Ü sie wurde in R. *(in kürzester Zeit)* zu einem Star.

Re|k|rut, der; -en, -en [älter frz. recreute (= frz. recrue), eigtl. = Nachwuchs (an Soldaten), subst. 2. Part. von: recroître = nachwachsen, zu: croître < lat. crescere = wachsen] (Militär): *Soldat in der Grundausbildung.*

Re|k|ru|ten|aus|bil|dung, die ⟨Pl. selten⟩: *allgemeine Grundausbildung.*

Re|k|ru|ten|zeit, die ⟨Pl. selten⟩ (Militär): *Zeit der allgemeinen Grundausbildung.*

re|k|ru|tie|ren ⟨sw. V.; hat⟩ [frz. recruter]: **1. a)** ⟨r. + sich⟩ *(in Bezug auf die Angehörigen, Mitglieder einer bestimmten Gruppe, Organisation o. Ä.) aus einem bestimmten Bereich herkommen, sich zusammensetzen, ergänzen:* das junge Ensemble rekrutiert sich zum großen Teil aus Laien; **b)** *(in Bezug auf eine bestimmte Gruppe von Personen) zusammenstellen, zahlenmäßig aus etw. ergänzen:* das Forschungsteam wurde hauptsächlich aus jungen Wissenschaftlern rekrutiert; **c)** *zu einem bestimmten Zweck beschaffen:* Arbeitskräfte r. **2.** (Militär veraltet) *einberufen, einziehen.*

Re|k|ru|tie|rung, die; -, -en: *das Rekrutieren; das Sichrekrutieren.*

Re|k|ru|tin, die; -, -nen: w. Form zu ↑Rekrut.

Rek|ta: Pl. von ↑Rektum.

Rek|ta|in|dos|sa|ment, das; -[e]s, -e, **Rek|ta|klau|sel,** die; -, -n [zu lat. recta (via) = auf direktem Wege] (Bankw.): *Vermerk auf einem Wertpapier, der die Übertragung des Papiers verbietet.*

rek|tal ⟨Adj.⟩ [zu ↑Rektum] (Med.): **a)** *den Mastdarm betreffend:* -e Untersuchung; **b)** *durch den, im Mastdarm [erfolgend]:* eine -e Infusion; die Temperatur r. messen; Zäpfchen r. einführen.

Rek|tal|un|ter|su|chung, die: *Untersuchung des Mastdarms.*

◆ **Rek|tan|gu|lum,** das; -s, ...la [↑Rektangel]: *Rechteck:* Hatt' er nicht das braune R. (= den Pfefferkuchen) schon in der Tasche ...? (Jean Paul, Wutz 19).

Rek|ta|wech|sel, der; -s, - (Bankw.): *auf den Namen des Inhabers bzw. der Inhaberin ausgestellter Wechsel.*

rek|te: ↑recte.

Rek|ti|fi|ka|ti|on, die; -, -en: **1.** (Math.) *Bestimmung der Bogenlänge einer Kurve.* **2.** (Chemie) *das Rektifizieren* (2). **3.** (bildungsspr. veraltet) *Richtigstellung, Berichtigung.*

rek|ti|fi|zie|ren ⟨sw. V.; hat⟩ [mlat. rectificare = berichtigen, zu lat. rectus (↑recte) u. facere = machen]: **1.** (Math.) *die Bogenlänge einer Kurve bestimmen.* **2.** (Chemie) *wiederholt destillieren.* **3.** (bildungsspr. veraltet) *richtigstellen, berichtigen.*

Rek|ti|on, die; -, -en [lat. rectio = Regierung, Leitung, zu: regere, ↑regieren] (Grammatik): *Fähigkeit eines Verbs, Adjektivs od. einer Präposition, den Kasus eines abhängigen Wortes im Satz zu bestimmen.*

Rek|tor, der; -s, ...oren [mlat. rector < lat. rector = Leiter, zu: regere, ↑regieren]: **1.** *Leiter einer Grund-, Haupt-, Real- od. Sonderschule.* **2.** *(aus dem Kreis der ordentlichen Professoren) für eine bestimmte Zeit gewählter Repräsentant einer Hochschule.* **3.** (kath. Kirche) *Geistlicher, der einer kirchlichen Einrichtung vorsteht.*

Rek|to|rat, das; -[e]s, -e: **1. a)** [mlat. rectoratus] *Amt eines Rektors, einer Rektorin:* das R. [der Universität] übernehmen; **b)** *Amtszeit eines Rektors bzw. einer Rektorin.* **2.** *Amtszimmer eines Rektors bzw. einer Rektorin.* **3.** *Verwaltungsgremium, dem der Rektor* (2) *bzw. die Rek-*

torin, die beiden Prorektoren u. der Kanzler (3) angehören.

Rek|to|ren|kon|fe|renz, die: *mit der Lösung bestimmter, bes. die Hochschulen betreffender Probleme betrauter Zusammenschluss von Vertretern der Hochschulen eines Landes.*

Rek|to|rin, die; -, -nen: w. Form zu ↑Rektor (1, 2).

Rek|to|s|kop, das; -s, -e [zu ↑Rektum u. griech. skopeĩn = betrachten] (Med.): *Endoskop zur Untersuchung des Mastdarms; Mastdarmspiegel.*

Rek|to|s|ko|pie, die; -, -n (Med.): *Untersuchung mit dem Rektoskop; Mastdarmspiegelung.*

Rek|tum, das; -s, Rekta [gek. aus lat. intestinum rectum = gestreckter, gerader Darm] (Med.): *Mastdarm.*

re|kul|ti|vie|ren ⟨sw. V.; hat⟩ [aus ↑re- u. ↑kultivieren] (Fachspr.): *[durch Bergbau] unfruchtbar gewordenen Boden wieder urbar machen:* Dazu: **Re|kul|ti|vie|rung,** die; -, -en.

Re|kur|renz, die; - [engl. recurrence, eigtl. = Wiederholung] (Sprachwiss.): *Rekursivität.*

re|kur|rie|ren ⟨sw. V.; hat⟩ [(frz. recourir <) lat. recurrere, eigtl. = zurücklaufen]: **1.** (bildungsspr.) *auf etw. früher Erkanntes, Gesagtes o. Ä. zurückgehen, Bezug nehmen [u. daran anknüpfen]: auf einen theoretischen Ansatz, auf die ursprüngliche Bedeutung eines Wortes r.* **2.** (schweiz. Rechtsspr., sonst veraltet) *Rekurs (2) einlegen: gegen eine Verfügung, einen Beschluss r.*

Re|kurs, der; -es, -e [frz. recours < lat. recursus = Rückgang, Rückkehr, zu: recurrere, ↑rekurrieren]: **1.** (bildungsspr.) *Rückgriff, Bezug[nahme] auf etw. früher Erkanntes, Gültiges, auf etw. bereits Erwähntes o. Ä.: auf etw. R. nehmen; Es genügt ... der R. auf die Grundnormen vernünftiger Rede* (Habermas, Spätkapitalismus 138). **2.** (österr. u. schweiz. Rechtsspr., sonst veraltet) *Einspruch, Beschwerde:* R. anmelden, einreichen, einlegen, erheben.

re|kur|siv ⟨Adj.⟩: **1.** (Math.) *(bis zu bekannten Werten) zurückgehend.* **2.** [engl. recursive] (Sprachwiss.) *(bei der Bildung von Sätzen) auf Regeln, die mehr als einmal bei der Bildung eines Satzes anwendbar sind, zurückgreifend.*

Re|kur|si|vi|tät, die; - (Sprachwiss.): *Eigenschaft einer Grammatik, nach bestimmten Regeln neue Sätze zu bilden.*

Re|lais [rə'leː], das; - [rə'leː(s)], - [rə'leːs] [frz. relais, eigtl. = Station für den Pferdewechsel, zu afrz. relaier = zurücklassen] (Elektrot.): *automatische Schalteinrichtung, die mittels eines schwachen Stroms Stromkreise mit einem stärkeren Strom öffnet u. schließt:* ein elektromagnetisches, elektronisches R.

Re|lais|sta|ti|on, die: **1.** *Sendestation, die eine Sendung aufnimmt u. nach Verstärkung wieder ausstrahlt (um in Gebieten, die vom Hauptsender schwer erreichbar sind, den Empfang zu ermöglichen).* **2.** (früher) *Station für den Pferdewechsel im Postverkehr u. beim Militär.*

Re|lance [rəˈlãːs], die; -, -n [frz. relance, zu: relancer = wieder beleben, wieder aufnehmen] (schweiz.): *das Wiederaufgreifen einer politischen Idee.*

Re|la|ti|on, die; -, -en [lat. relatio = Bericht(erstattung), zu: relatum, ↑relativ]: **1. a)** (bildungsspr.; Fachspr.) *Beziehung, in sich [zwei] Dinge, Gegebenheiten, Begriffe vergleichen lassen od. [wechselseitig] bedingen; Verhältnis:* logische -en; die R. zwischen Inhalt und Form; zwei Größen zueinander in R. setzen; etw. in [eine, die richtige] R. zu etw. bringen; dieser Preis steht in keiner [vertretbaren] R. zur Qualität der Ware; **b)** (Math.) *Beziehung zwischen den Elementen einer Menge (2).* **2.** (veraltend) *gesellschaftliche, geschäftliche o. ä. Verbindung:* mit jmdm. in R. stehen.

re|la|ti|o|nal ⟨Adj.⟩ [zu ↑Relation] (bildungsspr.): *die Relation (1) betreffend; in Beziehung stehend, eine Beziehung darstellend.*

Re|la|ti|ons|ad|jek|tiv, das (Sprachwiss.): *Relativadjektiv.*

Re|la|ti|ons|be|griff, der (Logik): *Begriff, der eine Relation (1) ausdrückt* (z. B. »kleiner sein als«).

re|la|tiv [auch: 'reː...] ⟨Adj.⟩ [frz. relatif < spätlat. relativus = bezüglich, zu lat. relatum, 2. Part. von: referre, ↑referieren]: **1. a)** *nur in bestimmten Grenzen, unter bestimmten Gesichtspunkten, von einem bestimmten Standpunkt aus zutreffend u. daher in seiner Gültigkeit, in seinem Wert o. Ä. eingeschränkt:* Schönheit und Hässlichkeit sind -e Begriffe; eine -e Besserung; man sagt, alles sei r.; **b)** ⟨attributiv bei Adjektiven u. Adverbien, gelegtl. auch bei Substantiven, die von Adjektiven abgeleitet sind⟩ *gemessen an den Umständen, an dem, was üblicherweise zu erwarten ist; vergleichsweise, ziemlich; verhältnismäßig:* das ist in r. kalter Winter; diese Angelegenheit ist r. wichtig; sie geht r. oft ins Kino; es geht ihm r. gut. **2.** (bes. Fachspr.) *nicht unabhängig, sondern in Beziehung, Relation zu etw. stehend u. dadurch bestimmt:* -e Größen; -e Feuchtigkeit (Meteorol.; *Prozentsatz der tatsächlich vorhandenen Luftfeuchtigkeit in Bezug auf die bei gegebener Temperatur maximal mögliche Luftfeuchtigkeit*); -es Gehör (Musik; *Fähigkeit, die Höhe eines Tones aufgrund von Intervallen festzustellen*); -es Tempus (Sprachwiss.: *unselbstständiges, auf ein anderes Geschehen im zusammengesetzten Satz bezogenes Tempus [Plusquamperfekt u. 2. Futur]*).

Re|la|tiv, das; -s, -e (Sprachwiss.): *Relativadverb, Relativpronomen.*

Re|la|ti|va: Pl. von ↑Relativum.

Re|la|tiv|ad|jek|tiv, das (Sprachwiss.): *Adjektiv, das keine Eigenschaft, sondern eine Beziehung ausdrückt* (z. B. das *väterliche* Haus = das dem Vater gehörende Haus).

Re|la|tiv|ad|verb, das (Sprachwiss.): *Adverb, das den Gliedsatz, den es einleitet, auf das Substantiv (Pronomen) od. Adverb des übergeordneten Satzes bezieht; bezügliches Umstandswort* (z. B. wo).

re|la|ti|vie|ren ⟨sw. V.; hat⟩ (bildungsspr.): *zu etw. anderem in Beziehung setzen u. dadurch in seinem Wert o. Ä. einschränken:* diese Werte sind durch nichts zu r.

Re|la|ti|vie|rung, die; -, -en (bildungsspr.): *das Relativieren.*

re|la|ti|visch ⟨Adj.⟩ (Sprachwiss.): ²*bezüglich:* ein -es Pronomen.

Re|la|ti|vis|mus, der; - (Philos.): **1.** *erkenntnistheoretische Lehre, nach der nur die Beziehungen der Dinge zueinander, nicht aber diese selbst erkennbar sind.* **2.** *Anschauung, nach der jede Erkenntnis nur relativ (bedingt durch den Standpunkt des Erkennenden) richtig, jedoch nie allgemeingültig wahr ist.*

re|la|ti|vis|tisch ⟨Adj.⟩: **1.** (Philos.) *den Relativismus betreffend, zu ihm gehörend, ihm gemäß.* **2.** (Physik) *die Relativitätstheorie betreffend; ihr gemäß, auf ihr beruhend:* -e (*durch die Relativitätstheorie erweiterte*) Mechanik. **3.** (bildungsspr.) *die Relativität betreffend; ihr entsprechend, gemäß.*

Re|la|ti|vi|tät, die; - ⟨Pl. selten⟩ (bildungsspr., Fachspr.): *das Relativsein.*

Re|la|ti|vi|täts|prin|zip, das (Physik): *Prinzip, nach dem sich jeder physikalische Vorgang in gleichförmig gegeneinanderbewegten Bezugssystemen (1) in der gleichen Weise darstellen lässt.*

Re|la|ti|vi|täts|the|o|rie, die ⟨o. Pl.⟩ (Physik): *(von A. Einstein begründete) Theorie, nach der Raum, Zeit u. Masse vom Bewegungszustand eines Beobachters bzw. einer Beobachterin abhängig u. deshalb relative (2) Größen sind.*

Re|la|tiv|pro|no|men, das (Sprachwiss.): *Pronomen, das einen Nebensatz einleitet u. ihn auf ein od. mehrere Substantive od. Pronomen des übergeordneten Satzes bezieht; bezügliches Fürwort.*

Re|la|tiv|satz, der (Sprachwiss.): *durch ein Relativ eingeleiteter Gliedsatz.*

Re|la|ti|vum, das; -s, ...va (Sprachwiss.): *Relativ.*

Re|launch ['riːlɔːntʃ, riːˈlɔːntʃ], der u. das; -[e]s, -[e]s [engl. relaunch, aus: re- = wieder (< lat. re-) u. launch = Einführung (eines Produkts); Lancierung (letztlich zu afrz. lancier, ↑lancieren)] (Werbespr.): **1.** *verstärkter Einsatz von Werbemitteln für ein schon länger auf dem Markt befindliches Produkt.* **2. a)** *neue, verbesserte Gestaltung eines schon länger auf dem Markt befindlichen Produkts:* der geglückte optische R. einer Zeitschrift; **b)** (EDV) *grundlegende Neugestaltung [des Designs] einer Website.*

re|laun|chen ⟨sw. V.; hat⟩ [engl. to relaunch, aus: re- = wieder u. to launch = auf den Markt bringen; lancieren] (Werbespr.): *einen Relaunch durchführen.*

re|laun|chie|ren ⟨sw. V.; hat⟩ [geb. mit romanisierender Endung zu ↑relaunchen] (Werbespr.): *relaunchen.*

Re|la|xans, das; -, ...anzien u. ...antia [zu lat. relaxans, 1. Part. von: relaxare = schlaff machen] (Med.): *Arzneimittel, das eine Erschlaffung, Entspannung der Muskeln bewirkt.*

Re|la|xa|ti|on, die; - [lat. relaxatio = das Nachlassen, zu: relaxare, ↑Relaxans]: **1.** (Med.) *Erschlaffung, Entspannung (bes. der Muskulatur).* **2.** (Physik) *verzögertes Eintreten eines neuen Gleichgewichtszustands infolge innerer Widerstände (z. B. Reibung) in einem materiellen System (z. B. einem Stoff) nach Änderung eines äußeren Kraftfeldes.* **3.** (Chemie) *Wiederherstellung eines chemischen Gleichgewichts nach einer Störung (z. B. durch Einwirkung elektrischer Felder).*

re|laxed, ⟨attributiv und bei Steigerung nur:⟩ **relaxt** [ri'lɛkst] ⟨Adj.⟩ [engl., zu: to relax, ↑relaxen] (ugs.): *gelöst, zwanglos:* r. dasitzen.

re|la|xen [riːˈlɛksn] ⟨sw. V.; hat⟩ [engl. to relax < lat. relaxare, ↑Relaxans] (ugs.): *sich körperlich entspannen; sich erholen:* nach ihren Auftritten relaxen sie im Hotel; wir haben relaxt, waren ganz relaxt.

Re|la|xing [riːˈlɛksɪŋ], das; -s [engl. relaxing] (ugs.): *das Relaxen.*

re|laxt: ↑ relaxed.

¹**Re|lease,** das od. der; -[s], -s [...sɪs], (selten:) die; -, -s (bes. EDV): *Veröffentlichung (bes. einer neuen od. überarbeiteten Software):* das R. der Standardsoftware ist für Juni geplant.

²**Re|lease** [riːˈliːs], das; -, -s [...sɪs] [zu engl. to release = befreien < afrz. relaissier, relesser < lat. relaxare, ↑Relaxans]: Kurzf. von ↑Releasecenter.

Re|lease|cen|ter, Re|lease-Cen|ter, das: *zentrale (2) Einrichtung, in der Rauschgiftsüchtige geheilt werden sollen.*

Re|lease|zen|t|rum, Re|lease-Zen|t|rum, das: *Releasecenter.*

Re|le|ga|ti|on, die; -, -en [lat. relegatio = Ausschließung, zu: relegare, ↑relegieren]: **1.** (bildungsspr.) *Verweisung von der [Hoch]schule.* **2.** (Sport, bes. schweiz.) *Abstieg (2 b).*

Re|le|ga|ti|ons|spiel, das (Sport): *Qualifikationsspiel zwischen einer der schlechtesten Mannschaften der höheren u. einer der besten der tieferen Spielklasse um einen Platz in der höheren Spielklasse.*

re|le|gie|ren ⟨sw. V.; hat⟩ [lat. relegare = fortschicken, verbannen] (bildungsspr.): *(aus disziplinären Gründen) von der [Hoch]schule verweisen:* die relegierten Studenten missachteten das Hausverbot.

Re|le|gie|rung, die; -, -en: *das Relegieren; das Relegiertwerden.*

re|le|vant ⟨Adj.⟩ [älter = schlüssig, richtig, wohl nach mlat. relevantes (articuli) = berechtigte, beweiskräftige (Argumente im Rechtsstreit), zu lat. relevans (Gen.: relevantis), 1. Part. von: relevare = in die Höhe heben (↑ Relief), nach dem Bild der Waagschalen; seit der 2. Hälfte des 20. Jh.s beeinflusst von engl. relevant] (bildungsspr.): *in einem bestimmten Zusammenhang bedeutsam, [ge]wichtig:* eine [historisch, politisch] -e Fragestellung; dieser Punkt ist für unser Thema nicht r.

Re|le|vanz, die; -, -en [vgl. engl. relevance] (bildungsspr.): *Bedeutsamkeit, Wichtigkeit in einem bestimmten Zusammenhang:* etw. besitzt R., gewinnt, verliert an R., ist von [wirtschaftlicher] R.

Re|li, die; - ⟨meist o. Art.⟩ (Schülerspr.): *Religion als Schulfach.*

Re|li|a|bi|li|tät, die; - [engl. reliability, zu: reliable = verlässlich]: *Zuverlässigkeit eines wissenschaftlichen Versuchs, Tests.*

Re|li|ef, das; -s, -s u. -e [frz. relief, eigtl. = das Hervorheben, zu: relever < lat. relevare = in die Höhe heben]: **1.** (bild. Kunst) *aus einer Fläche (aus Stein, Metall o. Ä.) erhaben herausgearbeitetes od. in sie vertieftes Bildwerk:* etw. im/in R. darstellen. **2.** (Geogr.) **a)** *Form der Erdoberfläche;* **b)** *maßstabsgetreue plastische Nachbildung [eines Teils] der Erdoberfläche.*

re|li|ef|ar|tig ⟨Adj.⟩: *in der Art eines Reliefs (1), wie ein Relief.*

Re|li|ef|druck, der ⟨Pl. -e⟩ (Druckw.): **a)** ⟨o. Pl.⟩ *Druckverfahren, bei dem Schriftzeichen, Verzierungen o. Ä. in Relief (z. B. auf Papier, Leder) gedruckt werden;* **b)** *Schrift, Verzierung o. Ä., die in Relief gedruckt ist.*

Re|li|ef|glo|bus, der: *Globus mit Relief (2 b).*

Re|li|ef|kar|te, die: *Landkarte, auf der das Relief (2 a) mithilfe von Farbabstufung, Schraffierung o. Ä. dargestellt ist.*

Re|li|ef|sti|cke|rei, die: **a)** ⟨o. Pl.⟩ *Technik des Stickens, bei der sich das gestickte Muster reliefartig von der Unterlage abhebt;* **b)** *in der Technik der Reliefstickerei (a) Gesticktes.*

Re|li|gi|on, die; -, -en [lat. religio = Gottesfurcht, H. u.; in der christlichen Theologie häufig gedeutet als »(Zurück)bindung an Gott«, zu lat. religare = zurückbinden]: **1.** *(meist von einer größeren Gemeinschaft angenommener) bestimmter, durch Lehre u. Satzungen festgelegter Glaube u. sein Bekenntnis:* die buddhistische, christliche, jüdische, muslimische R.; die alten, heidnischen -en; eine R. begründen; einer R. (Glaubensgemeinschaft) angehören. **2.** ⟨o. Pl.⟩ *gläubig verehrende Anerkennung einer alles Sein bestimmenden göttlichen Macht; religiöse (2) Weltanschauung:* ein R. führen. **3.** ⟨ohne Pl., ohne Art.⟩ *Religionslehre als Schulfach, Religionsunterricht:* sie unterrichtet R.

Re|li|gi|ons|aus|übung, die ⟨o. Pl.⟩: *Ausübung einer bestimmten Religion (1).*

Re|li|gi|ons|be|kennt|nis, das: *das Sichbekennen, die Zugehörigkeit zu einer bestimmten Religion (1, 2).*

Re|li|gi|ons|er|satz, der: *Ersatz für eine Religion:* Kunst als R.

Re|li|gi|ons|frei|heit, die ⟨Pl. selten⟩: *Glaubensfreiheit.*

Re|li|gi|ons|frie|de, Re|li|gi|ons|frie|den, der: *Frieden, mit dem ein Religionskrieg beigelegt wurde.*

Re|li|gi|ons|ge|mein|schaft, die: *Glaubensgemeinschaft.*

Re|li|gi|ons|ge|schich|te, die: **1.** ⟨o. Pl.⟩ **a)** *geschichtliche Entwicklung der Religionen:* die R. des Abendlandes; **b)** *Teilgebiet der Religionswissenschaft, in dem die geschichtliche Entwicklung der Religionen erforscht wird:* R. studieren. **2.** *Werk, das die Religionsgeschichte (1 a) zum Thema hat:* er ist der Verfasser einer R.

Re|li|gi|ons|krieg, der: *Glaubenskrieg.*

Re|li|gi|ons|leh|re, die: **1.** *bestimmte ¹Lehre (2 a) einer Religion (1):* die Vielfalt der -n. **2.** ⟨o. Pl.⟩ *Religionsunterricht.*

Re|li|gi|ons|leh|rer, der: *Lehrer im Schulfach Religion.*

Re|li|gi|ons|leh|re|rin, die: w. Form zu ↑ Religionslehrer.

Re|li|gi|ons|phi|lo|so|phie, die: *Wissenschaft vom Ursprung, Wesen u. Wahrheitsgehalt der Religionen.*

re|li|gi|ons|phi|lo|so|phisch ⟨Adj.⟩: *die Religionsphilosophie betreffend.*

Re|li|gi|ons|stif|ter, der: *Begründer einer Religion (1).*

Re|li|gi|ons|stif|te|rin, die: w. Form zu ↑ Religionsstifter.

Re|li|gi|ons|streit, der: *Glaubensstreit.*

Re|li|gi|ons|stun|de, die: *Unterrichtsstunde im Schulfach Religion.*

Re|li|gi|ons|un|ter|richt, der: *Unterricht im Schulfach Religion.*

Re|li|gi|ons|wis|sen|schaft, die: *Wissenschaft, die Form u. Inhalt der Religionen u. ihre Beziehung zu anderen Lebensbereichen erforscht.*

Re|li|gi|ons|wis|sen|schaft|ler, der: *Wissenschaftler auf dem Gebiet der Religionswissenschaft.*

Re|li|gi|ons|wis|sen|schaft|le|rin, die: w. Form zu ↑ Religionswissenschaftler.

re|li|gi|ons|wis|sen|schaft|lich ⟨Adj.⟩: *die Religionswissenschaft betreffend, zu ihr gehörend.*

Re|li|gi|ons|zu|ge|hö|rig|keit, die ⟨Pl. selten⟩: *Zugehörigkeit zu einer bestimmten Religionsgemeinschaft.*

♦ **re|li|gi|ös** ⟨Adj.⟩: *religiös: ... dass sich sein Geist in Zeiten der Not zu -en Ideen ... erhob* (Goethe, Benvenuto Cellini, Anhang XIII).

re|li|gi|ös ⟨Adj.⟩ [(frz. religieux <) lat. religiosus = gottesfürchtig, fromm]: **1.** *die Religionen betreffend, zur Religion (1, 2) gehörend, auf ihr beruhend:* -e Überlieferungen; -e Gruppen; er ist r. gebunden. **2.** *in seinem Denken u. Leben geprägt vom Glauben an eine göttliche Macht; gläubig:* ein -er Mensch, -e *(fromme)* Ergriffenheit; sie ist sehr r., ist r. erzogen worden.

Re|li|gi|o|si|tät, die; - [(frz. religiosité <) spätlat. religiositas = Frömmigkeit] (bildungsspr.): *das Religiössein; religiöse (2) Haltung:* sein Handeln wurzelt in tiefer R.

re|likt ⟨Adj.⟩ [zu lat. relictum, 2. Part. von: relinquere, ↑ Reliquie] (Biol.): *(von Tieren u. Pflanzen) in Resten vorkommend.*

Re|likt, das; -[e]s, -e [zu lat. relictum, ↑ relikt]: **1.** *etw., was aus einer zurückliegenden Zeit übrig geblieben ist; Überrest, Überbleibsel:* steinerne, knöcherne -e; diese Gewohnheit ist ein R. aus seiner Kindheit. **2.** (Biol.) *nur noch als Restbestand auf begrenztem Raum vorkommende Tier- od. Pflanzenart.* **3.** (Sprachwiss.) *Wort od. Form als erhalten gebliebener Überrest aus dem früheren Zustand einer Sprache.*

Re|lik|ten ⟨Pl.⟩ (veraltet): **1.** *Hinterbliebene.* **2.** *Hinterlassenschaft.*

Re|ling, die; -s, -s, seltener auch: -e ⟨Pl. selten⟩ [niederd. regeling, zu mniederd. regel = Riegel, Querholz] (Seew.): *Geländer, das das Deck eines Schiffes umgibt.*

Re|li|qui|ar, das; -s, -e [mlat. reliquiarium, zu kirchenlat. reliquiae, ↑ Reliquie] (kath. Kirche): *künstlerisch gestaltetes Behältnis für Reliquien.*

Re|li|quie, die; -, -n [mhd. reliquie < kirchenlat. reliquiae (Pl.) < lat. reliquiae = Zurückgelassenes, zu: relinquere = zurücklassen, aus: re- = zurück, wieder u. linquere = (zurück)lassen] (Rel., bes. kath. Kirche): *Überrest der Gebeine, Asche, Kleider o. Ä. eines Heiligen, Religionsstifters o. Ä., der als Gegenstand religiöser Verehrung dient:* eine R. in einem Schrein aufbewahren, ausstellen; -n verehren; er hütete, verwahrte das Bild wie eine R. *(sehr sorgfältig).*

Re|li|qui|en|schrein, der: *Reliquiar in Form eines Schreins.*

Re|li|qui|en|ver|eh|rung, die: *religiöse Verehrung von Reliquien.*

Re|lish ['relɪʃ], das; -s, -es [...fɪs u. ...fɪz] [engl. relish = Gewürz, Würze] (Kochkunst): *würzige Tunke aus pikant eingelegten, zerkleinerten Gemüsestückchen.*

Re|mai|ling [rɪ'meɪlɪŋ, 'riːmeɪlɪŋ], das; -s [engl. remailing, aus: re- (< lat. re-) = wieder u. mailing, ↑ Mailing]: *Versand von Brief- od. Warensendungen inländischer Absender über ein kostengünstiges Drittland an Empfänger im Inland.*

Re|make ['riːmeɪk], das; -s, -s [engl. remake, zu: to remake = wieder machen] (Fachspr.): *neue Fassung einer künstlerischen Produktion, bes. neue Verfilmung älterer, bereits verfilmter Stoffe.*

re|ma|nent ⟨Adj.⟩ [zu lat. remanens (Gen.: remanentis), 1. Part. von: remanere = zurückbleiben] (bildungsspr., Fachspr.): *bleibend, zurückbleibend:* -er Magnetismus.

re|mar|ka|bel ⟨Adj.⟩ [frz. remarquable, zu: remarquer = bemerken, feststellen] (veraltet): *bemerkenswert.*

Re|ma|su|ri: ↑ Ramasuri.

Rem|bours [rɑ̃'buːɐ̯], der; -s [...ʀ(s)], -s [...ʀs] [gek. aus frz. remboursement, zu: rembourser, ↑ remboursieren] (Bankw.): *Begleichung einer Forderung aus einem Geschäft im Überseehandel durch Vermittlung einer Bank.*

Rem|bours|ge|schäft, das (Bankw.): *durch eine Bank abgewickeltes u. finanziertes Geschäft im Überseehandel.*

rem|bour|sie|ren [rɑ̃buːɐ̯...] ⟨sw. V.; hat⟩ [frz. rembourser = zurückzahlen, zu: bourse = (Geld)beutel < spätlat. bursa, ↑ ¹Börse] (Bankw.): *eine Forderung aus einem Geschäft im Überseehandel durch Vermittlung einer Bank begleichen.*

Re|me|dur, die; -, -en [nlat. Bildung zu spätlat. remediare = heilen] (veraltend): *Beseitigung, Abschaffung von Missständen; Abhilfe:* R. schaffen.

Re|mi|grant, der; -en, -en [zu lat. remigrans (Gen.: remigrantis), 1. Part. von: remigrare = zurückkehren] (bildungsspr.): *Emigrant, der wieder in sein Land zurückkehrt.*

Re|mi|gran|tin, die; -, -nen: w. Form zu ↑ Remigrant.

re|mi|li|ta|ri|sie|ren ⟨sw. V.; hat⟩ [zu ↑ re- u. ↑ militarisieren]: *(in einem Land, Gebiet) erneut militärische Anlagen errichten, wieder Truppen aufstellen, das aufgelöste Heerwesen von Neuem organisieren; wiederbewaffnen:* Dazu: **Re|mi|li|ta|ri|sie|rung,** die; -, -en.

Re|min|ding [rɪ'maɪndɪŋ], das; -s [engl. reminding, zu: to remind = erinnern] (Werbespr.): *das häufige, nachdrückliche Wiederholen von Angeboten.*

Re|mi|nis|zenz, die; -, -en [wohl unter Einfluss von frz. réminiscence < spätlat. reminiscentia = Rückerinnerung, zu lat. reminisci = sich erinnern] (bildungsspr.): **1.** *Erinnerung von einer gewissen Bedeutsamkeit:* das Bild ist eine R. an seine Studienzeit. **2.** *ähnlicher Zug, Ähnlichkeit;*

Anklang: sein Werk enthält viele -en an das seines Lehrmeisters.

Re|mi|nis|ze|re ⟨o. Art.; indekl.⟩ [lat. reminiscere = gedenke!, nach dem ersten Wort des Eingangsverses der Liturgie des Sonntags, Ps. 25, 6]: *zweiter Fastensonntag, fünfter Sonntag vor Ostern.*

re|mis [rə'miː] ⟨indekl. Adj.⟩ [frz. remis, eigtl. = zurückgestellt (als ob nicht stattgefunden), 2. Part. von: remettre = zurückstellen < lat. remittere, ↑ remittieren] (Sport, bes. Schach): *(von Schachpartien u. sportlichen Wettkämpfen) unentschieden: das Spiel endete r.*

Re|mis [rə'miː], das; - [rə'miː(s)], - [rə'miːs] u. (bes. Schach:) -en [rə'miːzn] (Sport, bes. Schach): *unentschiedener Ausgang einer Schachpartie, eines sportlichen Wettkampfs; Unentschieden:* die Mannschaft spielte auf R.

Re|mi|se [re'miːzə], die; -, -n [frz. remise, subst. Fem. von: remis, ↑ remis] (veraltend): *Schuppen o. Ä. zum Abstellen von Wagen, Kutschen, von Geräten, Werkzeugen o. Ä.*

re|mi|sie|ren [ra...] ⟨sw. V.; hat⟩ (Sport, bes. Schach): *ein Remis erzielen.*

Re|mis|si|on [re...], die; -, -en [lat. remissio = das Zurücksenden; das Nachlassen, Erlassen]: **1.** (Verlagsw.) *Rücksendung von Remittenden.* **2.** (Med.) *Rückgang, vorübergehendes Nachlassen von Krankheitssymptomen.*

Re|mit|ten|de, die; -, -n [lat. remittenda = Zurückzusendendes, Neutr. Pl. des Gerundivs von: remittere, ↑ remittieren] (Verlagsw.): *beschädigtes od. fehlerhaftes Druck-Erzeugnis, das an den Verlag zurückgeschickt wird.*

Re|mit|tent, der; -en, -en (Geldw.): *Person, an die die Wechselsumme zu zahlen ist.*

Re|mit|ten|tin, die; -, -nen: w. Form zu ↑ Remittent.

re|mit|tie|ren ⟨sw. V.; hat⟩ [lat. remittere = zurückschicken]: **1.** (Verlagsw.) *als Remittende zurückschicken, zurücklegen lassen.* **2.** (Med.) *(von Krankheitserscheinungen, bes. von Fieber) vorübergehend nachlassen.*

Re|mix ['riːmɪks], der; -[es], -e, auch: das; -[es], -es [engl. remix, zu: to remix = erneut mischen, aus: re- (< lat. re-) = wieder, zurück u. to mix = mischen] (Musik): **1.** *das erneute Mischen* (6) *einer bereits veröffentlichten Tonaufnahme.* **2.** *Ergebnis eines Remixes* (1).

Re|mi|xer, der; -s, - [engl. remixer, zu: to remix, ↑ Remix] (Musik): *jmd., der ein Remix [am Mischpult] aufbereitet.*

Re|mi|xe|rin, die: w. Form zu ↑ Remixer.

Rem|mi|dem|mi, das; -s [H. u.] (ugs.): *lautes, buntes Treiben; großer Trubel, Betrieb:* in allen Räumen herrschte, war [ein] ziemliches, großes R.

re|mons|t|rie|ren ⟨sw. V.; hat⟩ [mlat. remonstrare] (Rechtsspr. veraltet): *Einwände erheben, Gegenvorstellungen machen;* ◆ Kaum ein paar (= Vögel) hat er auf mein inständiges Bitten hier oben leben und, und just nicht die besten. – Ihr solltet ihm r. (Goethe, Die Vögel).

re|mon|tant [auch: remõˈtant] ⟨Adj.⟩ [frz. remontant, zu: remonter = aufsteigen] (Bot.): *(nach der Hauptblüte) nochmals blühend.*

Re|mon|tant|ro|se, die [zu ↑ remontant]: *zweimal im Jahr blühende Rose von kräftigem Wuchs mit vielen Stacheln u. weißen, rosa od. roten, dicht gefüllten, duftenden Blüten.*

Re|mon|te [auch: reˈmõːtə], die; -, -n [frz. cheval de) remonte, zu: remonter = remontieren]: **1.** (Militär früher) *Remontierung.* **2.** (Pferdezucht) *junges, noch nicht zugerittenes od. erst kurz angerittenes Pferd:* eine R. einreiten; ◆ Da ließen sie ihn heimwärts mit seinem Pferd ... Er kriegte auf drei Monate Urlaub und sollte mit der R. wieder zurückkommen (Cl. Brentano, Kasperl 356).

Re|mon|toir|uhr [remõˈtoaːɐ̯...], die; -, -en [zu frz. remontoir = Stellrad (an Uhren), zu: remonter = (eine Uhr) wieder aufziehen]: *Taschenuhr mit Krone* (8).

re|mote [rɪˈmoʊt] ⟨indekl. Adj.⟩ [engl. remote = weit entfernt < lat. remotus]: *nicht in unmittelbarer Nähe befindlich, aber miteinander verbunden (z. B. von Computern u. Kommunikationseinrichtungen):* eine Karte, die sich komplett r. analysieren lässt.

Re|mou|la|de [remu...], die; -, -n [frz. rémoulade, H. u.]: *Mayonnaise mit Kräutern u. zusätzlichen Gewürzen.*

Re|mou|la|den|so|ße, Remouladensauce, die: *Remoulade.*

Rem|pe|lei, die; -, -en: **a)** (ugs.) *das Rempeln* (a); **b)** (Sport, bes. Fußball) *das Rempeln* (b).

rem|peln ⟨sw. V.; hat⟩ [urspr. Studentenspr., zu obersächs. Rämpel = Klotz; Flegel]: **a)** (ugs.) *mit dem Körper, bes. mit dem Arm, mit einem Fahrzeug o. Ä. stoßen, anstoßen, wegstoßen:* er, das Fahrzeug wurde im dichten Verkehr gerempelt; **b)** (Sport, bes. Fußball) *einen gegnerischen Spieler bzw. eine gegnerische Spielerin mit dem Körper, bes. mit angelegtem Arm wegstoßen, durch Stoßen vom Ball wegzudrängen suchen.*

REM-Pha|se, die; -, -n [Abk. von engl. rapid eye movements = schnelle Augenbewegungen] (Fachspr.): *während des Schlafs [mehrmals] auftretende Phase, in der schnelle Augenbewegungen auftreten, die erkennen lassen, dass der/die Schlafende träumt.*

Remp|ler, der; -s, - [zu ↑ rempeln]: **a)** (ugs.) *Stoß, durch den jmd., etwas gerempelt* (a) *wird;* **b)** (Sport, bes. Fußball) *Stoß, durch den jmd. gerempelt* (b) *wird.*

Rem|scheid: *Stadt in Nordrhein-Westfalen.*

¹**Ren** [reːn, rɛn], das; -s, Rene u. Rens [schwed. ren < anord. hreinn, wohl eigtl. = gehörntes od. geweihtragendes Tier]: *(in den Polargebieten lebendes, zu den Hirschen gehörendes) großes Säugetier mit dichtem, dunkel- bis graubraunem, im Winter hellerem Fell u. starkem, unregelmäßig verzweigtem, an den Enden oft schaufelförmigem Geweih.*

²**Ren**, der; -s, Renes [...eːs] [lat. ren] (Med.): *Niere* (a).

Re|nais|sance [rənɛˈsãːs], die; -, -n [...sn̩] [frz. renaissance, eigtl. = Wiedergeburt, zu: renaître = wiedergeboren werden]: **1.** ⟨o. Pl.⟩ **a)** *von Italien ausgehende kulturelle Bewegung in Europa im Übergang vom Mittelalter zur Neuzeit, die gekennzeichnet ist durch eine Rückbesinnung auf Werte u. Formen der griechisch-römischen Antike in Literatur, Philosophie, Wissenschaft u. der Linienführung charakteristisch sind;* **b)** *Epoche der Renaissance* (1 a) *vom 14. bis 16. Jh.* **2.** *geistige u. künstlerische Bewegung, die nach einer längeren zeitlichen Unterbrechung bewusst an ältere Traditionen, bes. an die griechisch-römische Antike, anzuknüpfen u. sie weiterzuentwickeln versucht:* die karolingische R. **3.** (bildungsspr.) *erneutes Aufleben, neue Blüte:* die R. des Hutes in der Damenmode.

Re|nais|sance|dich|tung, die: *Dichtung der Renaissance* (1 b).

Re|nais|sance|ma|le|rei, die: *vgl. Renaissancedichtung.*

Re|nais|sance|mu|sik, die: *in der Epoche der Renaissance entstandene, von deren geistigen Strömungen jedoch meist unabhängige, bes. geistliche Musik, deren wichtigste Gattungen ¹Messe* (2) *u. Motette sind.*

Re|nais|sance|stil, der ⟨o. Pl.⟩: *(bes. in der bildenden Kunst) für die Renaissance* (1 b) *charakteristischer Stil.*

Re|nais|sance|zeit, die ⟨o. Pl.⟩: *Renaissance* (1 b).

re|nal ⟨Adj.⟩ [zu lat. ren = Niere] (Med.): *die Nieren betreffend, von ihnen ausgehend.*

re|na|tu|rie|ren ⟨sw. V.; hat⟩ [zu lat. re- = wieder, zurück u. ↑ Natur]: *(eine kultivierte, genutzte Bodenfläche o. Ä.) wieder in einen naturnahen Zustand zurückführen.*

Re|na|tu|rie|rung, die; -, -en: *das Renaturieren:* die R. größerer Auenlandschaften.

Ren|dez|vous, (schweiz. auch:) **Ren|dez-vous** [rãdeˈvuː, auch: ˈrãːdevu], das; -, - [...ˈvuː(s), auch: [...ˈvuː(s), auch: 'rãːdevuː(s)], - [...ˈvuːs, auch: ˈrãːdevuːs] [frz. rendez-vous, subst. 2. Pers. Pl. Imperativ von: se rendre = sich irgendwohin begeben]: **1.** (veraltend, meist noch nicht scherzh.) *verabredetes Treffen (von Verliebten, eines Paars); Verabredung, Stelldichein:* ein [heimliches] R. mit jmdm. haben; ein R. verabreden, absagen; sie geht zu einem R.; Ü viele Schüler gaben sich in ihrem Haus ein R. *(trafen sich dort, kamen dort zusammen).* **2.** [engl. rendezvous, eigtl. = Treffen, Treffpunkt] (Raumfahrt) *gezielte Annäherung, Zusammenführung von Raumfahrzeugen im Weltraum zur Ankopplung.*

Ren|dez|vous|ma|nö|ver, das (Raumfahrt): *bei, zu einem Rendezvous* (2) *notwendiges Manöver.*

Ren|di|te [rɛn...], die; -, -n [ital. rendita = Einkünfte, Gewinn, subst. 2. Part. von: rendere < lat. reddere, ↑ Rente] (Wirtsch.): *Ertrag einer Kapitalanlage:* er konnte eine [durchschnittliche] jährliche R. von 8% erzielen.

Ren|di|te|ob|jekt, das: *Objekt (z. B. Immobilie) mit guter Rendite.*

ren|di|te|stark ⟨Adj.⟩: *mit einer großen Rendite verbunden:* ein -es Geschäft, Unternehmen.

Re|ne|gat, der; -en, -en [frz. renégat < ital. rinnegato < mlat. renegatus, zu: renegare, aus lat. re- = wieder(holt) u. negare, ↑ negieren] (bildungsspr.): *jmd., der seine bisherige politische od. religiöse Überzeugung wechselt, der von den festgelegten Richtlinien abweicht [u. in ein anderes Lager überwechselt]; Abweichler, Abtrünniger.*

Re|ne|ga|ten|tum, das; -s (bildungsspr.): *Verhalten, Handeln, Einstellung eines Renegaten.*

Re|ne|ga|tin, die; -, -nen: w. Form zu ↑ Renegat.

Re|ne|k|lo|de [re(ː)nə...], die; -, -n [frz. reineclaude, eigtl. = Königin Claude, zu Ehren der Gemahlin des frz. Königs Franz I. (1494–1547)]: **1.** *Pflaumenbaum mit kugeligen, grünlichen od. gelblichen, süßen Früchten.* **2.** *Frucht der Reneklode* (1).

Re|net|te, Reinette [rɛ...], die; -, -n [frz. reinette, rainette, viell. Vkl. von: reine = Königin; vgl. Königsfarn]: *meist süß-säuerlich schmeckender Apfel mit verschiedenen Sorten (z. B. Cox Orange).*

re|ni|tent ⟨Adj.⟩ [frz. rénitent = dem Druck widerstehend < lat. renitens (Gen.: renitentis), 1. Part. von: reniti = sich widersetzen] (bildungsspr.): *sich dem Willen, den Wünschen, Weisungen anderer hartnäckig widersetzend, sich dagegen auflehnend; widersetzlich:* -e Schüler; eine -e Haltung einnehmen; sich r. äußern.

Re|ni|tenz, die; - [frz. rénitence] (bildungsspr.): *renitentes Verhalten.*

Ren|ke, die; -, -n. **Ren|ken**, der; -s, - [spätmhd. renke, zusgez. aus mhd. rīnanke = Rheinanke; der Fisch wurde wohl zuerst im Rhein gefangen]: *Fisch mit silberweißem Bauch und braungrünem Rücken.*

ren|ken ⟨sw. V.; hat⟩ [mhd. renken, ahd. (bi)renkan, verw. mit ↑ wringen] (veraltet): *drehend hin u. her bewegen.*

Ren|kon|t|re [rãˈkõːtr̩ə, auch: ...trə], das; -s, -s [frz. rencontre, zu: rencontrer = begegnen] (veraltend): *meist feindselig verlaufende Begegnung:* ein R. mit dem Chef haben; ◆ Ich habe dreißig -s

(Zusammentreffen mit feindlichen Truppen) mitgemacht ... Ich habe mich manches Mal auch feige gefühlt (Fontane, Jenny Treibel 64).

Renk|ver|schluss, der [zu ↑renken] (Technik): *Bajonettverschluss.*

Ren|min|bi [ren...], der; -s, -s [chin., eigtl. = Währung des Volkes]: *offizieller Name der Währung der Volksrepublik China;* vgl. *Yuan:* der Handel des R. an der Börse.

Renn|au|to, das: *Rennwagen* (1).

Renn|bahn, die: *Anlage für Wettkämpfe im Rennsport.*

Renn|boot, das: *für Rennen entworfenes, gebautes Motor-, Ruder-, Paddel-, Segelboot.*

ren|nen ⟨unr. V.⟩ [mhd., ahd. rennen, Kausativ zu ↑rinnen u. eigtl. = laufen machen]: **1.** ⟨ist⟩ **a)** *schnell, in großem Tempo, meist mit ausholenden Schritten laufen:* auf die Straße, um die Ecke r.; er rannte, so schnell er konnte; er ist die ganze Strecke gerannt; **b)** (ugs. abwertend) *sich zum Missfallen, Ärger o. Ä. anderer zu einem bestimmten Zweck irgendwohin begeben,* jmdn. aufsuchen: [dauernd] ins Kino r.; wegen jeder Kleinigkeit zum Arzt r. **2.** ⟨ist⟩ *unversehens, mit einer gewissen Wucht an jmdn., etw. stoßen, gegen jmdn., etw. prallen:* sie ist im Dunkeln [mit dem Kopf] an/gegen eine Wand gerannt. **3.** ⟨hat⟩ **a)** *sich durch Anstoßen, durch einen Aufprall an einem Körperteil eine Verletzung zuziehen:* ich habe mir ein Loch in den Kopf gerannt; **b)** (landsch.) *jmdn., sich, einen Körperteil stoßen [u. dabei verletzen]:* ich habe mich, habe mir den Ellenbogen [an der scharfen Kante] gerannt; habe ich dich gerannt? **4.** ⟨hat⟩ (ugs.) *jmdm., sich mit Heftigkeit einen [spitzen] Gegenstand in einen Körperteil stoßen:* jmdm. ein Messer in/zwischen die Rippen r.

Ren|nen, das; -s, -: *sportlicher Wettbewerb, bei dem die Schnelligkeit, mit der eine Strecke zurückgelegt wird, über den Sieg entscheidet:* ein schnelles, spannendes R.; das R. geht über fünfzig Runden, ist entschieden, gelaufen; ein R. veranstalten; ein R. gewinnen, verlieren; er ist ein beherzter R. gelaufen, geritten, gefahren; als Sieger aus dem R. hervorgehen; dreißig Fahrer, Wagen, Pferde gingen ins R.; Ü er liegt mit seiner Bewerbung gut im R. *(hat gute Aussichten auf Erfolg);* jmdn. als Kandidaten ins R. schicken; R das R. ist gelaufen (ugs.; *die Sache ist erledigt; es ist alles vorüber);* * **totes R.** (Jargon; *Rennen, bei dem mehrere Teilnehmer[innen] gleichzeitig im Ziel eintreffen, bei dem ein einzelner Sieger, eine einzelne Siegerin nicht festgestellt werden kann);* **das R. machen** (ugs.; *bei einem Wettbewerb, einer einem Vergleich o. Ä. am erfolgreichsten sein, gewinnen).*

Ren|ner, der; -s, -: **1.** (ugs.) **a)** *gutes, schnelles Rennpferd;* **b)** *schnelles Auto oder Motorrad.* **2.** (Jargon) *etw., was sehr begehrt ist, großen Anklang findet, sich großer Nachfrage erfreut; Verkaufs-, Kassenschlager:* der Film, das Buch wurde überraschend zu einem R.

Ren|ne|rei, die; -, -en (ugs., oft abwertend): *fortwährende, übertriebene, als lästig empfundene Eile, Hetze; hastiges, als lästig empfundenes Umhereilen:* diese R. den ganzen Tag machte sie nervös.

Renn|fah|rer, der: *jmd., der Rennen im Motorod. Radsport bestreitet.*

Renn|fah|re|rin, die: w. Form zu ↑Rennfahrer.

Renn|läu|fer, der: *jmd., der an Skirennen teilnimmt.*

Renn|läu|fe|rin, die: w. Form zu ↑Rennläufer.

Renn|lei|tung, die: **1.** ⟨o. Pl.⟩ *Leitung* (1 a) *eines Rennens.* **2.** *ein Rennen leitende Personen.*

Renn|ma|schi|ne, die: **1.** *für Rennen konstruiertes, gebautes Motorrad.* **2.** *Rennrad.*

Renn|pferd, das: *für Rennen gezüchtetes, gezogenes, geeignetes Reitpferd.*

Renn|platz, der: *Rennbahn.*

Renn|quin|tett, das: *Pferdewette, bei der in zwei verschiedenen Pferderennen jeweils die drei erstplatzierten Pferde möglichst in der richtigen Reihenfolge vorhergesagt werden müssen.*

Renn|rad, das: *für Rennen konstruiertes, gebautes, sehr leichtes Fahrrad.*

Renn|rei|fen, der: *für den Rennsport konstruierter Reifen* (2).

Renn|rei|ter, der: *Reiter, der sich an Pferderennen beteiligt.*

Renn|rei|te|rin, die: w. Form zu ↑Rennreiter.

Renn|ro|del, der: *Rennschlitten.*

Renn|schlit|ten, der: *für Rennen konstruierter, niedrig gebauter Schlitten.*

Renn|se|gel|sport, der: vgl. *Rennsport.*

Renn|sport, der: *Gesamtheit der Sportarten, in denen die Geschwindigkeit, mit der bestimmte Strecken zurückgelegt werden, über den Sieg in einem Wettkampf entscheidet, bes. im Motor-, Rad- u. Pferdesport.*

Renn|stall, der: **1.** *Bestand an Rennpferden eines Besitzers.* **2.** *Mannschaft der Rennfahrer[innen] einer Firma.*

Renn|stre|cke, die: *Strecke, die bei Rennen auf einer Rennbahn zurückgelegt werden muss.*

Renn|wa|gen, der: **1.** *auf das Erreichen höchster Geschwindigkeiten hin konstruiertes, ausschließlich für den Rennsport gebautes Auto.* **2.** *(in der Antike) leichter, zweirädriger, von Pferden gezogener Wagen für Wagenrennen.*

Renn|wett|be|werb, der: *Wettbewerb im Rennsport.*

Renn|wet|te, die: *Pferdewette.*

Re|nom|ma|ge [...'ma:ʒə, österr. meist:...ʃ], die; -, -n (bildungsspr. veraltet): *Prahlerei:* ♦ *...unsereins mit seiner Million Unterbilanz, gestatten Sie mir diese kleine R.* (Fontane, Effi Briest 101).

Re|nom|mee, das; -s, -s ⟨Pl. selten⟩ [frz. renommée, subst. 2. Part. von: renommer, ↑renommieren] (bildungsspr.): **a)** *Ruf, in dem jmd., etw. steht; Leumund:* ein gutes, ausgezeichnetes, übles, zweifelhaftes R. haben; **b)** *guter Ruf, den jmd., etw. genießt; hohes Ansehen, Wertschätzung:* er, das Hotel hat, besitzt R.; ein Haus von R.; ♦ (auch: die; -, -:) *...er ist eifrig auf die R. seiner Truppe* (Goethe, Theatralische Sendung I, 20).

re|nom|mie|ren ⟨sw. V.; hat⟩ [frz. renommer = *wieder ernennen od. ernennen; immer wieder nennen, rühmen, aus: re- = wieder u. nommer = (be)nennen, ernennen*] (bildungsspr.): *vorhandene Vorzüge immer wieder betonen, sich damit wichtigtun; prahlen:* mit seinen Taten, mit seinem Titel, Wissen r.

Re|nom|mier|stück, das (bildungsspr.): *etw., was unter anderem Gleichartigem durch seinen besonderen Wert, seine Schönheit, Brauchbarkeit o. Ä. auffällt u. dabei geeignet ist, immer wieder vorgezeigt, erwähnt zu werden.*

Re|nom|mier|sucht, die ⟨o. Pl.⟩ (bildungsspr. abwertend): *übersteigertes Bedürfnis, Bestreben, mit etw. zu renommieren.*

re|nom|miert ⟨Adj.⟩ (bildungsspr.): *einen guten Ruf habend, hohes Ansehen genießend; angesehen, geschätzt:* eine -e Architektin; ein -es Hotel.

Re|non|ce [rə'nõ:s(ə), auch: re...], die; -, -n [...sn̩] [frz. renonce = *das Nichtbedienen,* zu: renoncer, ↑renoncieren]: **a)** *Fehlfarbe* (1); ♦ **b)** *Person od. Sache, die jmdm. zuwider ist:* ...am wenigsten hab' ich Lust, dich mit Schliemann zu ärgern, der von Anfang an deine R. war (Fontane, Jenny Treibel 69).

Re|no|va|ti|on, die; -, -en [lat. renovatio = *Erneuerung*] (schweiz., sonst veraltend): *Renovierung.*

re|no|vie|ren ⟨sw. V.; hat⟩ [lat. renovare, zu: novus = *neu*]: *(schadhaft, unansehnlich gewordene Gebäude, Innenausstattungen o. Ä.) wieder instand setzen, neu herrichten; erneuern* (1 b): eine Villa, Kirche, Fassade r.; sie haben das Hotel innen und außen r. lassen.

Re|no|vie|rung, die; -, -en: *das Renovieren.*

re|no|vie|rungs|be|dürf|tig ⟨Adj.⟩: *in einem Zustand, der eine Renovierung notwendig erscheinen lässt.*

ren|ta|bel ⟨Adj.; ...bler, -ste⟩ [französierende Bildung zu ↑rentieren] (bes. Wirtsch.): *sich rentierend; lohnend, einträglich:* rentable Geschäfte, Investitionen; eine rentable Produktion; ein rentabler Betrieb; r. produzieren.

Ren|ta|bi|li|tät, die; - (bes. Wirtsch.): *das Rentabelsein; Wirtschaftlichkeit.*

Ren|te, die; -, -n [mhd. rente = *Einkünfte; Vorteil* < (a)frz. rente, über das Vlat. zu lat. reddere = *zurückgeben*]: **1. a)** *regelmäßiger, monatlich zu zahlender Geldbetrag, der jmdm. als Einkommen aufgrund einer [gesetzlichen] Versicherung bei Erreichen eines bestimmten Altersgrenze, bei Erwerbsunfähigkeit o. Ä. zusteht:* eine hohe, niedrige, kleine R.; dynamische, dynamisierte (den Veränderungen der Bruttolöhne angepasste) -n; eine R. beantragen, bekommen, beziehen; Anspruch auf eine R. haben; jmdn. R. setzen (ugs.; *berenten);* * **auf/in R. gehen** (ugs.; *aufgrund der erreichten Altersgrenze aus dem Arbeitsverhältnis ausscheiden u. eine Rente beziehen);* **auf/in R. sein** (ugs.; *Rentner[in] sein);* **b)** *regelmäßige Zahlungen, die jmd. aus einem angelegten Kapital, aus Rechten gegen andere, als Zuwendung von anderen o. Ä. erhält.* **2.** (Wirtsch.) *festverzinsliches Wertpapier, Anleihe.*

Ren|ten|al|ter, das: *Lebensalter, mit dessen Erreichen jmd. üblicherweise aus seinem Arbeitsverhältnis ausscheidet u. eine Rente* (a) *bezieht.*

Ren|ten|an|lei|he, die (Wirtsch.): *Anleihe, bei der der Schuldner bzw. die Schuldnerin nur zur Zinszahlung, nicht aber zur Tilgung verpflichtet ist.*

Ren|ten|an|pas|sung, die (Rentenvers.): *durch Gesetz vorgeschriebene Anpassung der Altersrenten an die Löhne in einem bestimmten Verhältnis.*

Ren|ten|an|spruch, der: *gesetzlicher Anspruch auf eine Rente* (a).

Ren|ten|bank, die ⟨Pl. -en⟩ (Wirtsch.): *öffentlich-rechtliches Kreditinstitut zur Pflege des Realkredits für landwirtschaftliche Siedlungen.*

Ren|ten|ba|sis, die (Wirtsch.): *(bes. bei Immobiliengeschäften) Art der Zahlung, bei der der Verkäufer bzw. die Verkäuferin den Kaufpreis [teilweise] als [Leib]rente erhält:* ein Haus auf R. kaufen.

Ren|ten|be|mes|sungs|grund|la|ge, die (Rentenvers.): *Grundlage zur Berechnung der gesetzlichen Renten (z. B. ein jährlich festgelegter, am Bruttolohn o. Ä. orientierter Wert).*

Ren|ten|be|steu|e|rung, die: *Besteuerung von Renten* (b): *die überfällige Neuordnung der R.*

Ren|ten|ein|tritts|al|ter, das: *Alter, von dem an man eine Altersrente bekommt:* das [gesetzliche] R. heraufsetzen.

Ren|ten|emp|fän|ger, der: *jmd., der eine gesetzliche Rente* (a) *bezieht.*

Ren|ten|emp|fän|ge|rin, die: w. Form zu ↑Rentenempfänger.

Ren|ten|fonds, der (Wirtsch.): *Fonds, der das Geld der Anleger[innen] in Renten investiert.*

Ren|ten|for|mel, die (Rentenvers.): *mathematische Formel, nach der die Höhe einer Rente* (a) *berechnet wird.*

Ren|ten|kas|se, die: **a)** *[gesetzliche] Rentenversi-*

Ren|ten|lücke, die: *sich auf den gewohnten Lebensstil spürbar auswirkende Differenz zwischen dem Einkommen während der Erwerbstätigkeit u. der Rente.*

Ren|ten|mark, die (früher): *(1923 zur Überwindung der Inflation eingeführte) Einheit der deutschen Währung.*

Ren|ten|markt, der (Börsenw.): *Handel in festverzinslichen Wertpapieren.*

Ren|ten|pa|pier, das (Bankw.): *Rentenwert.*

ren|ten|pflich|tig ⟨Adj.⟩: *verpflichtet, jmdm. eine Rente zu zahlen.*

Ren|ten|re|form, die: *Reform der gesetzlichen Rentenversicherung.*

Ren|ten|ver|schrei|bung, die (Bankw.): *Wertpapier, das die Zahlung einer Rente (b) verbrieft.*

Ren|ten|ver|si|che|rung, die: **1.** *Versicherung (als Teil der Sozialversicherung), die bei Erreichung der Altersgrenze der/des Versicherten, bei Berufs- od. Erwerbsunfähigkeit od. im Falle des Todes Rente (a) an die Versicherte bzw. den Versicherten od. an die Hinterbliebenen zahlt.* **2.** *staatliche Einrichtung, Anstalt für die Rentenversicherung (1):* Deutsche R. *(öffentlich-rechtliche Versicherungsgesellschaft, die für die gesetzliche Rentenversicherung der Arbeiter u. für die Gemeinschaftsaufgaben der gesetzlichen Krankenversicherung zuständig ist).*

Ren|ten|wert, der (Bankw.): *festverzinsliches Wertpapier.*

¹Ren|tier ['rɛ:n..., 'rɛn...], das [verdeutlichende Zus., vgl. gleichbed. schwed. rendjur]: ¹Ren.

²Ren|ti|er [rɛn'tie:], der; -s, -s [frz. rentier, zu: rente, ↑ Rente] (veraltend): *jmd., der ganz od. überwiegend von Renten (b) lebt:* ein wohlhabender R.

ren|tie|ren, sich ⟨sw. V.; hat⟩ [mit französierender Endung geb. zu mhd. renten = Gewinn bringen]: *in materieller od. ideeller Hinsicht von Nutzen sein, Gewinn bringen, einträglich sein:* das Geschäft beginnt sich zu r.; der Aufwand, die Anstrengung rentiert sich nicht; ⟨bes. schweiz. auch ohne »sich«:⟩ das Lokal rentiert nicht; Da hatte einer eine Schweinezucht, ich weiß nicht wo, aber die rentierte nie, ich weiß nicht warum (Frisch, Stiller 474).

Ren|tier|flech|te ['rɛ:n..., 'rɛn...], die [zu ¹Rentier]: *(auf trockenen Heide- u. Waldböden wachsende) Flechte, die in den nördlichen Ländern im Winter den Rens als Nahrung dient.*

ren|tier|lich ⟨Adj.⟩ (seltener): *rentabel.*

Rent|ner, der; -s, -: *jmd., der eine Rente (a) bezieht.*

Rent|ner|band, die (ugs. scherzh.): *Gruppe, Mannschaft o. Ä., deren Mitglieder sich in einem verhältnismäßig fortgeschrittenen Alter befinden.*

Rent|ne|rin, die; -, -nen: w. Form zu ↑ Rentner.

Re|ok|ku|pa|ti|on, die; -, -en [aus lat. re- = wieder u. ↑ Okkupation]: *das Reokkupieren.*

re|ok|ku|pie|ren ⟨sw. V.; hat⟩ [↑ okkupieren]: *[militärisch] wieder besetzen.*

Re|or|ga|ni|sa|ti|on, die; -, -en ⟨Pl. selten⟩ [frz. réorganisation, zu: réorganiser = neu gestalten] (bildungsspr.): **1.** *Umorganisation:* die R. eines Staatswesens. **2.** (Med.) *Neubildung zerstörten Gewebes im Rahmen von Heilungsvorgängen im Organismus.*

re|or|ga|ni|sie|ren ⟨sw. V.; hat⟩ [frz. réorganiser] (bildungsspr.): *neu organisieren, umorganisieren:* das Staatswesen, die Streitkräfte, das Unternehmen, die Verwaltung, das Schulwesen r. Dazu: **Re|or|ga|ni|sie|rung,** die; -, -en ⟨Pl. selten⟩.

Rep, der; -s, -s u. -se (ugs.): Kurzf. von ↑ Republikaner (3).

re|pa|ra|bel ⟨Adj.⟩ [lat. reparabilis, zu: reparare, ↑ reparieren]: *sich reparieren lassend:* ein kaum mehr reparabler Defekt.

Re|pa|ra|teur [...'tø:ɐ̯], der; -s, -e [frz. réparateur < lat. reparator, zu: reparare, ↑ reparieren] (seltener): *jmd., der [berufsmäßig] repariert.*

Re|pa|ra|teu|rin [...'tø:rɪn], die; -, -nen: w. Form zu ↑ Reparateur.

Re|pa|ra|ti|on, die; -, -en: **1.** ⟨Pl.⟩ [frz. réparations [Pl.] < spätlat. reparatio = Instandsetzung] *offiziell zwischen zwei Staaten ausgehandelte wirtschaftliche, finanzielle Leistungen zur Wiedergutmachung der Schäden, Zerstörungen, die ein besiegtes Land im Krieg in einem anderen Land angerichtet hat:* -en leisten, zahlen müssen. **2.** (Med.) *natürlicher Ersatz von zerstörtem, abgestorbenem Körpergewebe durch Granulations- u. Narbengewebe im Rahmen der Wundheilung.*

Re|pa|ra|ti|ons|leis|tung, die: *Reparation (1).*

Re|pa|ra|ti|ons|zah|lung, die: *Zahlung von Reparationen (1).*

Re|pa|ra|tur, die; -, -en [mlat. reparatura, zu lat. reparare, ↑ reparieren]: *Arbeit, die ausgeführt wird, um etw. zu reparieren; das Reparieren:* eine einfache, große R.; an etw. eine R. vornehmen; die Uhr in, zur R. geben; der Wagen ist in R.

Re|pa|ra|tur|an|fäl|lig ⟨Adj.⟩: *so beschaffen, dass leicht Störungen o. Ä. auftreten können, die dann Reparaturen nötig machen:* dieses Fabrikat ist sehr r.

Re|pa|ra|tur|an|nah|me, die: **1.** *Annahme (1) von Reparaturen.* **2.** *Annahmestelle für Reparaturen.*

Re|pa|ra|tur|ar|beit, die ⟨meist Pl.⟩: *Reparatur:* -en ausführen.

re|pa|ra|tur|be|dürf|tig ⟨Adj.⟩: *in einem Zustand, der eine Reparatur nötig macht:* ein -es Haus.

Re|pa|ra|tur|kos|ten ⟨Pl.⟩: *Kosten für eine Reparatur.*

Re|pa|ra|tur|werk|statt, die: *Werkstatt für Reparaturen.*

Re|pa|ra|tur|werk|stät|te, die (geh.): *Reparaturwerkstatt.*

re|pa|rier|bar ⟨Adj.⟩ (seltener): *reparabel:* die Kamera ist nicht mehr r.

re|pa|rie|ren ⟨sw. V.; hat⟩ [lat. reparare = wiederherstellen, ausbessern, aus: re- = wieder, zurück u. parare, ↑ ¹parieren]: *etw., was nicht mehr funktioniert, entzweigegangen ist, schadhaft geworden ist, wieder in den früheren intakten, gebrauchsfähigen Zustand bringen:* das Fahrrad [notdürftig, fachmännisch] r.; einen Schaden r. (beheben).

re|pa|tri|ie|ren ⟨sw. V.; hat⟩ [spätlat. repatriare = ins Vaterland zurückkehren] (Politik, Rechtsspr.): **1.** *(jmdm.) die frühere Staatsangehörigkeit wieder verleihen.* **2.** *(einen Kriegs- od. Zivilgefangenen) in sein Land zurückkehren lassen.*

Re|pa|t|ri|ie|rung, die; -, -en (Politik, Rechtsspr.): *das Repatriieren; das Repatriiertwerden.*

Re|peat [rɪ'piːt], das; -s, -s [engl. repeat = Wiederholung]: **1.** (EDV) *Wiederholprogramm in vielen Programmiersprachen, durch das eine Anweisung mehrfach ausgeführt werden kann.* **2.** (Musik) *Repeatperkussion.*

Re|peat|per|kus|si|on, die; -, -en [zu engl. repeat = Wiederholung] (Musik): *Wiederholung des angeschlagenen Tons od. Akkords in rascher Folge (bei der elektronischen Orgel).*

Re|pel|lent [ri'pɛlənt], das; -s, -s [engl. repellent, zu: repellent = abstoßend] (Chemie): *chemische Substanz, die auf Insekten abstoßend wirkt, ohne ihnen zu schaden.*

Re|per|kus|si|on, die; -, -en [lat. repercussio = das Zurückschlagen, -prallen] (Musik): **1.** *das Rezitieren auf einem Ton, bes. im gregorianischen Gesang.* **2.** *bei der Fuge Durchgang des Themas in allen Stimmen.* **3.** *Wiederholung des gleichen Tons.*

Re|per|toire [...'toaɐ̯], das; -s, -s [frz. répertoire < spätlat. repertorium = Verzeichnis, eigtl. = Fundstätte, zu lat. reperire = wiederfinden] (bildungsspr.): *Gesamtheit von literarischen, dramatischen (1), musikalischen Werken od. artistischen o. ä. Nummern, Darbietungen, die einstudiert sind u. jederzeit gespielt, vorgetragen od. vorgeführt werden können:* ein R. zusammenstellen; ein Stück aus dem R. (Spielplan) des Theaters streichen.

Re|per|toire|stück, das: *populäres Stück, das immer wieder auf den verschiedensten Spielplänen steht.*

Re|pe|tent, der; -en, -en [zu lat. repetens (Gen.: repetentis), 1. Part. von: repetere, ↑ repetieren] (bes. österr., schweiz.): *Schüler, der eine Klasse wiederholt.*

Re|pe|ten|tin, die; -, -nen: w. Form zu ↑ Repetent.

re|pe|tie|ren ⟨sw. V.; hat⟩ [lat. repetere, eigtl. = wieder auf etw. losgehen; von Neuem verlangen, aus: re- = wieder, zurück u. petere = zu erreichen suchen, streben, verlangen]: **1.** (bildungsspr.) *durch Wiederholen einüben, lernen:* eine Lektion, Vokabeln r. **2.** (bildungsspr.) *eine Klasse noch einmal durchlaufen (wenn das Klassenziel nicht erreicht worden ist):* der Schüler musste r. **3.** *(von Uhren) auf Druck od. Zug die Stunde nochmals angeben, die zuletzt durch Schlagen angezeigt worden ist.*

Re|pe|tier|ge|wehr, das: *automatisches Gewehr mit einem Magazin (3 a).*

Re|pe|tier|uhr, die: *Taschenuhr mit Schlagwerk, das bei Druck auf einen Knopf die letzte volle Stunde u. die seitdem abgelaufenen Viertelstunden anzeigt.*

Re|pe|ti|ti|on, die; -, -en [lat. repetitio, zu: repetere, ↑ repetieren] (bildungsspr.): *Wiederholung einer Äußerung, eines Textes als Übung o. Ä.*

re|pe|ti|tiv ⟨Adj.⟩ [vgl. engl. repetitive] (bildungsspr.): *sich wiederholend:* monotone, -e Arbeit verrichten.

Re|pe|ti|tor, der; -s, ...oren [spätlat. repetitor = Wiederholer]: **a)** (bildungsspr.) *der Studierende [der juristischen Fakultät] durch Wiederholung des Lehrstoffs auf das Examen vorbereitet;* **b)** (früher) *Hilfslehrer am Gymnasium;* **c)** (Musik, Theater) *Korrepetitor.*

Re|pe|ti|to|rin, die; -, -nen: w. Form zu ↑ Repetitor.

Re|pe|ti|to|ri|um, das; -s, ...ien: *Buch, Unterricht, der der Wiederholung eines bestimmten Stoffes dient.*

Re|plan|ta|ti|on, die; -, -en [zu spätlat. replantare = wieder einpflanzen] (Med.): *Reimplantation.*

re|plan|tie|ren ⟨sw. V.; hat⟩ (Med.): *eine Replantation vornehmen; wieder einpflanzen.*

Re|plik [auch, österr. nur: ...'plɪk], die; -, -en [(frz. réplique = Antwort, Gegenrede <) (m)lat. replica(tio) = Wiederholung, zu lat. replicare, ↑ replizieren]: **1. a)** (bildungsspr.) *Erwiderung auf Äußerungen, Thesen o. Ä. eines anderen:* eine glänzende, geharnischte R. schreiben, vortragen; **b)** (Rechtsspr.) *Erwiderung, Gegenrede (bes. des Klägers auf die Klägerin auf die Verteidigung des/der Beklagten).* **2.** (Kunstwiss.) *Nachbildung eines Originals [die der Künstler selbst angefertigt hat].*

Re|pli|kat, das; -[e]s, -e (Kunstwiss.): *Nachbildung eines Originals.*

Re|pli|ka|ti|on, die; -, -en [lat. replicatio, ↑ Replik] (Genetik): *Bildung einer exakten Kopie von*

replizieren–Repse

Genen bzw. Chromosomen durch selbstständige Verdoppelung des genetischen Materials.

re|pli|zie|ren ⟨sw. V.; hat⟩ [lat. replicare = wieder aufrollen]: **1. a)** (bildungsspr.) *eine Replik* (1 a) *schreiben, vortragen;* **b)** (Rechtsspr.) *eine Replik* (1 b) *vorbringen.* **2.** (Kunstwiss.) *eine Replik* (2) *anfertigen.*

Re|ply [rɪˈplaɪ], die; -, -s [engl. reply = Antwort, zu: to reply = antworten < mfrz. replier < lat. replicare, ↑replizieren]: *automatische Rückantwort auf eine E-Mail; Empfangsbestätigung:* ein E-Mail-Formular ausfüllen und sogleich ein R. mit der Urkunde bekommen.

Re|port, der; -[e]s, -e u. -s [engl. report < afrz. report, zu: reporter < lat. reportare = zurücktragen, überbringen]: **1.** *systematischer Bericht, wissenschaftliche Untersuchung o. Ä. über wichtige [aktuelle] Ereignisse, Entwicklungen o. Ä.* **2.** [frz. report] (Bankw.) *Kursaufschlag bei der Prolongation von Termingeschäften.*

Re|por|ta|ge [...ˈtaːʒə, österr. meist: ...ʃ], die; -, -n [frz. reportage, zu: reporter = Reporter]: *aktuelle Berichterstattung mit Interviews, Kommentaren o. Ä. in der Presse, im Film, Rundfunk od. Fernsehen:* eine R. von etw., über etw. bringen, machen, veröffentlichen.

Re|por|ter, der; -s, - [engl. reporter, zu: to report = berichten < (a)frz. reporter, ↑Report]: *jmd., der berufsmäßig Reportagen macht.*

Re|por|te|rin, die; -, -nen: w. Form zu ↑Reporter.

Re|por|ting [auch: rɪˈpɔːtɪŋ], das; -s, -s [engl. reporting = das Berichten, zu: to report, ↑Report]: *[informierendes] Berichten (z. B. über den Stand der Arbeiten an einem Projekt).*

♦ **Re|po|si|tur,** die; -, -en: *Raum, in dem Repositorien aufgestellt, untergebracht sind; Aktenraum, -zimmer:* ... sie errichteten auf dem Flügel des Hauptmanns eine R. für das Gegenwärtige, ein Archiv für das Vergangene (Goethe, Wahlverwandtschaften I, 4).

re|prä|sen|ta|bel ⟨Adj.; ...bler, -ste⟩ [frz. représentable, zu: représenter, ↑repräsentieren] (bildungsspr.): *in Bezug auf das äußere Erscheinungsbild wirkungsvoll, würdig:* eine repräsentable Hotelsuite.

Re|prä|sen|tant, der; -en, -en [frz. représentant]: **1. a)** *jmd., der eine größere Gruppe von Menschen od. eine bestimmte Richtung (2) nach außen, in der Öffentlichkeit als Exponent vertritt, für sie spricht:* -en des Volkes wählen; **b)** *Vertreter eines größeren Unternehmens.* **2.** *Abgeordneter.*

Re|prä|sen|tan|ten|haus, das: *Abgeordnetenhaus.*

Re|prä|sen|tan|tin, die; -, -nen: w. Form zu ↑Repräsentant.

Re|prä|sen|tanz, die; -, -en: **1.** ⟨o. Pl.⟩ (bildungsspr.) *Interessenvertretung.* **2.** (Wirtsch.) *ständige Vertretung eines größeren Unternehmens:* eine R. in Kairo eröffnen. **3.** ⟨o. Pl.⟩ (bildungsspr.) *das Repräsentativsein* (2 b, 3).

Re|prä|sen|ta|ti|on, die; -, -en [frz. représentation < lat. repraesentatio = Darstellung, zu: repraesentare, ↑repräsentieren] (bildungsspr.): **1.** *Vertretung einer Gesamtheit von Personen durch eine einzelne Person od. eine Gruppe von Personen:* die R. des Großgrundbesitzes durch den Adel. **2.** ⟨o. Pl.⟩ *das Repräsentativsein* (2 b). **3. a)** *Vertretung eines Staates, einer öffentlichen Einrichtung o. Ä. auf gesellschaftlicher Ebene u. der damit verbundene Aufwand:* der Palast dient nur der R.; **b)** *an einem gehobenen gesellschaftlichen Status orientierter, auf Wirkung nach außen bedachter aufwendiger [Lebens]stil.*

Re|prä|sen|ta|ti|ons|bau, der, ⟨Pl. -ten⟩ *Gebäude, das der Repräsentation* (3) *dient.*

re|prä|sen|ta|tiv ⟨Adj.⟩ [frz. représentatif]: **1.** (bes. Politik) *vom Prinzip der Repräsentation* (1) *bestimmt:* eine -e Demokratie, Körperschaft. **2. a)** *als Einzelner, Einzelnes typisch für etw., eine Gruppe o. Ä. u. so das Wesen, die spezifische Eigenart der gesamten Erscheinung, Richtung o. Ä. ausdrückend:* er ist einer der -sten Romanciers seines Landes; **b)** *verschiedene [Interessen]gruppen in ihrer Besonderheit, typischen Zusammensetzung berücksichtigend:* eine -e Befragung durchführen; ein -er Querschnitt durch die Bevölkerung. **3.** *in seiner Art, Anlage, Ausstattung wirkungs-, eindrucksvoll; der Repräsentation* (3) *dienend:* eine -e Villa; r. bauen.

Re|prä|sen|ta|tiv|be|fra|gung, die (Statistik): *Befragung verschiedener einzelner Personen, die als repräsentativ für eine bestimmte Personengruppe gelten.*

Re|prä|sen|ta|ti|vi|tät, die; -: *das Repräsentativsein.*

Re|prä|sen|ta|tiv|um|fra|ge, die: vgl. Repräsentativbefragung.

re|prä|sen|tie|ren ⟨sw. V.; hat⟩ [(frz. représenter <) lat. repraesentare = vergegenwärtigen, darstellen] (bildungsspr.): **1.** *etw., eine Gesamtheit von Personen nach außen vertreten; Repräsentant, Repräsentantin von jmdm., etw. sein:* ein Land, eine Partei, Firma r. **2.** *für etw. repräsentativ* (2) *sein:* diese Auswahl repräsentiert das Gesamtschaffen des Künstlers. **3.** *seiner gehobenen gesellschaftlichen Stellung, Funktion entsprechend in der Öffentlichkeit auftreten:* er muss in seinem neuen Amt viel r.; Beinahe noch Gymnasiast, besaß er einen Namen. Zehn Jahre später hatte er gelernt, von seinem Schreibtische aus zu r., seinen Ruhm zu verwalten (Th. Mann, Tod 12). **4.** *darstellen:* das Haus repräsentiert einen Wert von 400 000 Euro.

Re|pres|sa|lie, die; -, -n ⟨meist Pl.⟩ [unter Einfluss von »(er)pressen« zu mlat. repre(n)salia = das gewaltsame Zurücknehmen, zu lat. reprehensum, 2. Part. von: reprehendere = fassen, zurücknehmen] (bildungsspr.): *Maßnahme, die auf jmdn. Druck ausübt; Straf-, Vergeltungsmaßnahme:* -n gegen jmdn. ergreifen; juristischen -n ausgeliefert sein.

Re|pres|si|on, die; -, -en [frz. répression < lat. repressio, zu: repressum, 2. Part von: reprimere = zurückdrängen] (bildungsspr.): *[gewaltsame] Unterdrückung von Kritik, Widerstand, politischen Bewegungen, individueller Entfaltung, individuellen Bedürfnissen.*

re|pres|siv ⟨Adj.⟩ [frz. répressif] (bildungsspr.): *Repressionen ausübend:* -e Maßnahmen.

Re|pres|siv|zoll, der: *Schutzzoll.*

Re|pri|man|de, die; -, -n [frz. réprimande < lat. reprimenda (causa) = (Ursache) die zurückgedrängt werden muss] (veraltet, noch landsch.): *Tadel:* ♦ ... und sich eine R. ... vonseiten seines Bruders Otto ersparen wollte (Fontane, Jenny Treibel 111).

Re|print [reˈprɪnt, engl.: ˈriːprɪnt], der; -s, -s [engl. reprint, zu: to reprint = nachdrucken] (Verlagsw.): *unveränderter Nachdruck, Neudruck; Wiederabdruck* (2).

Re|pri|se, die; -, -n [frz. reprise, subst. 2. Part. von: reprendre = wieder aufnehmen < lat. reprehendere, ↑ Repressalie]: **1.** (Theater) *Wiederaufnahme eines Theaterstücks in der alten Inszenierung od. eines lange nicht gespielten Films in den Spielplan.* **2.** (Musik) *Wiederholung eines bestimmten Teils innerhalb einer Komposition.*

re|pri|va|ti|sie|ren ⟨sw. V.; hat⟩ [zu lat. re- = wieder u. ↑ privatisieren] (Politik, Wirtsch.): *staatliches od. gesellschaftliches Eigentum in Privatbesitz zurückführen:* die öffentlichen Verkehrsbetriebe r.

Re|pri|va|ti|sie|rung, die; -, -en (Politik, Wirtsch.): *das Reprivatisieren; das Reprivatisiertwerden.*

Re|pro, die; -, -s, auch: das; -s, -s (Druckw.): Kurzf. von ↑ Reproduktion (2 a).

Re|pro|duk|ti|on, die; -, -en [zu lat. re- = wieder u. ↑ Produktion]: **1.** (bildungsspr.) *das Reproduzieren* (1); *Wiedergabe:* die R. fremder Gedanken. **2.** (bes. Druckw.) **a)** *das Abbilden u. Vervielfältigen von Büchern, Karten, Bildern, Notenschriften o. Ä., bes. durch Druck:* die R. von Handzeichnungen; **b)** *etw., was durch Reproduktion* (2 a) *hergestellt worden ist:* farbige -en. **3.** (bes. bild. Kunst) *Nachbildung, Wiedergabe* (2 b) *eines Originals, die ein anderer, eine andere angefertigt hat:* -en aus der Frühzeit Picassos; diese Möbel sind -en. **4.** (polit. Ökomie) **a)** *ständige Erneuerung des Produktionsprozesses durch Ersatz od. Erweiterung der verbrauchten, alten, überholten Produktionsmittel;* **b)** *ständig neue Wiederherstellung der gesellschaftlichen u. individuellen Arbeitskraft durch den Verbrauch von Lebensmitteln, Kleidung o. Ä. u. Aufwendungen für Freizeit, Kultur o. Ä.* **5.** (Biol.) *Fortpflanzung:* natürliche R. **6.** (Psychol.) *das Sicherinnern an früher erlebte Bewusstseinsinhalte.*

Re|pro|duk|ti|ons|bio|lo|gie, die: *Spezialgebiet der Biologie u. Medizin, das sich mit In-vitro-Fertilisation beschäftigt.*

Re|pro|duk|ti|ons|fo|to|gra|fie, Reproduktionsphotographie, die ⟨o. Pl.⟩ (Druckw.): *fotografisches Verfahren, das in der Reproduktionstechnik verwendet wird.*

Re|pro|duk|ti|ons|gra|fik, Re|pro|duk|ti|ons|gra|phik, die (bild. Kunst): *grafische Reproduktion von Zeichnungen, Gemälden o. Ä.*

Re|pro|duk|ti|ons|ka|me|ra, die (Druckw.): *sehr große Kamera zur Herstellung von Druckvorlagen.*

Re|pro|duk|ti|ons|me|di|zin, die ⟨o. Pl.⟩: *Spezialgebiet der Medizin, das sich mit der Erforschung der biologischen Grundlagen der menschlichen Fortpflanzung beschäftigt.*

Re|pro|duk|ti|ons|pho|to|gra|phie: ↑ Reproduktionsfotografie.

Re|pro|duk|ti|ons|tech|nik, die: vgl. Reproduktionsverfahren.

Re|pro|duk|ti|ons|ver|fah|ren, das (Druckw.): *drucktechnisches Verfahren zur Wiedergabe von Druckvorlagen:* mechanische R.

re|pro|duk|tiv ⟨Adj.⟩ (bildungsspr.): *nachbildend, nachahmend:* eine -e Tätigkeit.

re|pro|du|zier|bar ⟨Adj.⟩: *sich reproduzieren lassend:* das Ergebnis ist nicht r.

re|pro|du|zie|ren ⟨sw. V.; hat⟩: **1.** (bildungsspr.) *etw., sich wieder hervorbringen, wiederherstellen:* die Atmosphäre vergangener Zeiten r.; etw. reproduziert sich von Jahr zu Jahr auf einer höheren Stufe. **2.** (Druckw.) *eine Reproduktion* (2 a) *von etw. herstellen.* **3.** (polit. Ökomie) *im wiederholten Produktionsprozess den Wert von etw. wiederherstellen.* **4.** ⟨r. + sich⟩ (Biol.) *sich fortpflanzen.*

Re|pro|gra|fie, Reprographie, die; -, -n ⟨Pl. selten⟩ [↑ -grafie] (Druckw.): **a)** *Gesamtheit der Kopierverfahren, mit denen mithilfe elektromagnetischer Strahlung Reproduktionen* (2 b) *hergestellt werden;* **b)** *Produkt der Reprografie* (a).

re|pro|gra|fie|ren, reprographieren ⟨sw. V.; hat⟩ (Druckw.): *eine Reprografie* (b) *herstellen.*

re|pro|gra|fisch, reprographisch ⟨Adj.⟩ (Druckw.): **a)** *die Reprografie* (a) *betreffend;* **b)** *durch Reprografie* (a) *hergestellt:* ein -er Nachdruck.

Re|pro|gra|phie usw.: ↑ Reprographie usw.

¹**Reps,** der; -es, ⟨Arten:⟩ -e ⟨südd.⟩: *Raps.*

²**Reps,** ¹**Rep|se:** Pl. von ↑ Rep.

²**Rep|se,** die; -, -n: w. Form zu ↑ Rep.

Rep|til, das; -s, -ien u. (selten:) -e [frz. reptile < spätlat. reptile, subst. Neutr. von lat. reptilis = kriechend, zu: repere = kriechen, schleichen]: *Kriechtier.*

Rep|ti|li|en|fonds, der [urspr. Bez. für den bismarckschen Fonds zur Bekämpfung geheimer Staatsfeinde (= »Reptilien«) mithilfe korrumpierter Zeitungen] (iron.): *geheimer Dispositionsfonds.*

Re|pu|b|lik [auch, österr. nur: ...'blɪk], die; -, -en [frz. république < lat. res publica = öffentliche Sache]*, eigtl. = öffentliche Sache*]: *Staatsform, bei der die Regierenden für eine bestimmte Zeit vom Volk od. von Repräsentanten des Volkes gewählt werden:* demokratische, sozialistische -en.

Re|pu|b|li|ka|ner, der; -s, -: **1.** [frz. républicain] *Anhänger der republikanischen (1 b) Staatsform.* **2.** [amerik. Republican] *Mitglied od. Anhänger der Republikanischen Partei in den USA.* **3.** *Mitglied einer rechtsgerichteten Partei in Deutschland.*

Re|pu|b|li|ka|ne|rin, die; -, -nen: w. Form zu ↑ Republikaner (1–3).

re|pu|b|li|ka|nisch ⟨Adj.⟩: **1. a)** *für die Ziele der Republik eintretend;* **b)** *nach den Prinzipien der Republik aufgebaut, auf ihnen beruhend:* Verfassungen -en Charakters. **2.** *die Republikanische Partei der USA betreffend.* **3.** *die Republikaner (3) betreffend.*

Re|pu|b|lik|flucht, die ⟨Pl. selten⟩ (DDR): *Flucht aus der Deutschen Demokratischen Republik.*

Re|pul|si|ons|mo|tor, der; -s, -en, auch: -e (Technik): *mit Wechselstrom betriebener Elektromotor für einfache Leistungen.*

re|pul|siv ⟨Adj.⟩ (Technik): *(von elektrisch od. magnetisch geladenen Körpern) abstoßend.*

Re|pun|ze, die; -, -n [zu lat. re- = wieder, zurück u. ↑ Punze] (Fachspr.): *Stempel, der den Feingehalt auf Waren aus Edelmetall angibt.*

re|pun|zie|ren ⟨sw. V.; hat⟩ (Fachspr.): *mit einer Repunze versehen.*

Re|pu|ta|ti|on, die; - [frz. réputation = Ruf, Ansehen < lat. reputatio = Erwägung, Berechnung, zu: reputare = be-, zurechnen] (bildungsspr.): *Ruf:* [guter] *Ruf:* ein Wissenschaftler von internationaler R.

re|pu|tier|lich ⟨Adj.⟩ (bildungsspr. veraltend): *achtbar, ehrbar; ordentlich.*

Re|qui|em [...kviɛm], das; -s, -s, österr. auch: ...quien [...kvjən] [spätmhd. requiem, nach den ersten Worten des Eingangsverses der röm. Liturgie »requiem aeternam dona eis, Domine« = »Herr, gib ihnen die ewige Ruhe«; lat. requies = (Todes)ruhe]: **1.** (kath. Kirche) *Totenmesse* (a): ein R. halten. **2.** (Musik) **a)** ¹*Messe (2), die das Requiem (1) zum Leitthema hat;* **b)** *dem Oratorium od. der Kantate ähnliche Komposition mit freiem Text.*

re|qui|es|cat in pa|ce [lat.]: *er, sie ruhe in Frieden!* (Schlussformel der Totenmesse, Grabinschrift; Abk.: R. I. P.)

re|qui|rie|ren ⟨sw. V.; hat⟩ [spätmhd. requiriren < lat. requirere (2. Part.: requisitum) = nachforschen; verlangen, zu: re- = wieder, zurück u. quaerere = [auf]suchen; erstreben; verlangen]: *[für militärische Zwecke] beschlagnahmen:* Lebensmittel für die Truppe r.

Re|qui|rie|rung, die; -, -en: *das Requirieren; das Requiriertwerden.*

Re|qui|sit, das; -s, -en [lat. requisita = Erfordernisse, subst. 2. Part. von: requirere, ↑ requirieren]: **1.** ⟨meist Pl.⟩ (Theater, Film, Fernsehen) *Zubehör, Gegenstand, der bei einer Aufführung auf der Bühne, einer Film-, Fernsehszene verwendet wird.* **2.** (bildungsspr.) *Zubehör[teil]; für etw. benötigter Gegenstand:* das Notizbuch ist ein unentbehrliches R. für ihn.

Re|qui|si|te, die; -, -n (Theaterjargon): *Raum, zuständige Stelle für die Requisiten (1).*

Re|qui|si|ten|kam|mer, die (Theater): *Raum zur Aufbewahrung von Requisiten (1).*

Re|qui|si|teur [...'tøːɐ̯], der; -s, -e (Theater): *jmd., der die Requisiten (1) verwaltet.*

Re|qui|si|teu|rin [...'tøːrɪn], die; -, -nen: w. Form zu ↑ Requisiteur.

Re|qui|si|ti|on, die; -, -en: *das Requirieren.*

Re|qui|si|ti|ons|schein, der: *Quittung über eine Requisition.*

resch ⟨Adj.⟩ [mhd. resch, vgl. rösch]: **a)** (bayr., österr.) *scharf gebacken, knusprig;* **b)** (österr.) *spritzig, säuerlich (vom Wein):* ein -er Burgunder; **c)** (bayr., österr.) *lebhaft, munter:* eine -e Person.

Re|search [rɪ'səːtʃ], das; -[s], -s, auch die; -, -s [engl. research < mfrz. recerche, zu: recercher (= frz. rechercher), ↑ recherchieren] (Soziol.): *Markt- u. Meinungsforschung.*

Re|sear|cher [rɪ'səːtʃɐ], der; -s, - [engl. researcher] (Soziol.): *jmd., der für die Markt- u. Meinungsforschung Untersuchungen durchführt.*

Re|sear|che|rin, die; -, -nen: w. Form zu ↑ Researcher.

Re|se|da, die; -, ...den, selten: -s [lat. reseda, eigtl. Imperativ von: resedare = heilen, nach dem bei Anwendung der Pflanze gebrauchten Zauberspruch »reseda morbos, reseda!« = »Heile die Krankheiten, heile!«]: *Pflanze mit länglichen Blättern u. in Trauben od. Ähren stehenden kleinen, duftenden Blüten von weißer od. gelblicher Farbe;* Wau.

re|se|da|far|ben, re|se|da|grün ⟨Adj.⟩: *ein zartes, leicht trübes Gelbgrün aufweisend.*

Re|sek|ti|on, die; -, -en [spätlat. resectio = das Abschneiden, zu lat. resecare, ↑ resezieren] (Med.): *operative Entfernung von Organen, Organteilen.*

Re|ser|pin, das; -s [Kunstwort] (Med., Pharm.): *den Blutdruck senkender Wirkstoff.*

Re|ser|vat, das; -[e]s, -e [zu lat. reservatum, subst. 2. Part. von: reservare = aufbewahren, zurückbehalten]: **1.** *größeres Gebiet, in dem seltene Tier- u. Pflanzenarten geschützt werden.* **2.** *den Ureinwohnern (besonders den Indianern in Nordamerika) als Lebensraum zugewiesenes Gebiet.* **3.** (bildungsspr.) *vorbehaltenes Recht; Sonderrecht.*

Re|ser|va|ti|on, die; -, -en: **1.** [spätlat. reservatio = Verwahrung; Vorbehalt] *Reservat (3).* **2.** [engl. reservation] (bildungsspr.) *Reservat (3).* **3.** (schweiz.) *Reservierung.*

Re|ser|ve, die; -, -n [frz. réserve, zu: réserver, ↑ reservieren]: **1.** *etw., was für den Bedarfs- od. Notfall vorsorglich zurückbehalten, angesammelt wird:* -n an Lebensmitteln, Benzin anlegen; etw. als R. zurücklegen; Ü er hat keine körperlichen, psychischen -n mehr *(er ist körperlich, psychisch nicht mehr widerstandsfähig);* * offene -n (Wirtsch.; *Kapitalrücklagen, die in einer Bilanz als eigener Posten ausgewiesen sind*); stille -n (1. Wirtsch.; *Kapitalrücklagen, die in einer Bilanz nicht als eigener Posten ausgewiesen sind.* ugs.; *etw., bes. Geld, das jmd. [heimlich] für Notfälle o. Ä. zurückgelegt hat*); etw., jmdn. in R. haben/halten *(etw., jmdn. für den Bedarfsfall zur Verfügung haben, im Hause haben, bereithalten).* **2.** ⟨Pl. selten⟩ **a)** (Militär) *Gesamtheit der ausgebildeten, aber nicht aktiven Wehrpflichtigen:* die R. einberufen, einziehen; er ist Leutnant der R. (Abk.: d. R.). **b)** (Sport) [*Gesamtheit der*] *Ersatzspieler, -spielerinnen einer Mannschaft:* bei der R. spielen, in die, zur R. kommen. **3.** ⟨o. Pl.⟩ *kühles, distanziertes Verhalten, das auf eine gewisse Ablehnung schließen lässt:* bei jmdm. in R. auf die eigenen Reihen stoßen;

jmdn. aus der R. [heraus]locken *(jmdn. dazu bringen, sich [spontan] zu äußern).*

Re|ser|ve|bank, die ⟨Pl. ...bänke⟩ (Sport): ¹*Bank* (1) *für Reservespieler[innen], Ersatzbank:* auf der R. sitzen *(für ein Spiel nur als Reservespieler[in] vorgesehen sein).*

Re|ser|ve|fonds, der (Wirtsch.): *Rücklage* (1 b).

Re|ser|ve|ka|nis|ter, der: *Kanister, in dem Benzin, Öl, Wasser o. Ä. als Reserve (1) aufbewahrt wird.*

Re|ser|ve|of|fi|zier, der: *Offizier der Reserve (2 a).*

Re|ser|ve|rad, das: *Rad, das für den Ersatz eines defekten Rades in Reserve (1) gehalten wird.*

Re|ser|ve|rei|fen, der: vgl. Reserverad.

Re|ser|ve|spie|ler, der (Sport): *Ersatzspieler.*

Re|ser|ve|spie|le|rin, die: w. Form zu ↑ Reservespieler.

Re|ser|ve|stoff, der ⟨meist Pl.⟩ (Biol.): *im tierischen u. pflanzlichen Organismus gespeicherte Substanz, die zur Aufrechterhaltung des Stoffwechsels bei ungenügender Ernährung dient.*

Re|ser|ve|tank, der: vgl. Reservekanister.

Re|ser|ve|trup|pe, die ⟨meist Pl.⟩ (Militär): *Ersatztruppe.*

Re|ser|ve|übung, die (Militär): *Reservistenübung.*

re|ser|vie|ren ⟨sw. V.; hat⟩ [frz. réserver < lat. reservare = aufbewahren, aufsparen, aus: re- = wieder, zurück u. servare = bewahren, erhalten]: **a)** *für jmdn. bis zur Inanspruchnahme frei halten:* einen Tisch im Restaurant r. lassen; diese Plätze sind reserviert; **b)** *für jmdn. bis zur Abholung zurücklegen, aufbewahren:* die reservierte Karte liegen an der Kasse.

re|ser|viert ⟨Adj.⟩: *anderen Menschen gegenüber zurückhaltend, Reserve (3) zeigend:* jmdm. gegenüber äußerst r. sein; sich r. verhalten, benehmen.

Re|ser|viert|heit, die; -: *das Reserviertsein.*

Re|ser|vie|rung, die; -, -en: **1.** *das Reservieren; das Reserviertwerden.* **2.** *Auftrag über eine Reservierung (1).*

Re|ser|vist, der; -en, -en [nach frz. réserviste]: **1.** (Militär) *jmd., der der Reserve (2 a) angehört.* **2.** (Sportjargon) *jmd., der der Reserve (2 b) angehört.*

Re|ser|vis|ten|übung, die (Militär): *Übung, zu der Reservisten (1) einberufen werden.*

Re|ser|vis|tin, die; -, -nen: w. Form zu ↑ Reservist (2).

Re|ser|voir [...'voɐ̯], das; -s, -e u. -s [frz. réservoir, zu: réserver, ↑ reservieren] (bildungsspr.): *größerer Behälter, Becken o. Ä., in dem etw. (z. B. Wasser) gespeichert wird:* ein R. anlegen; Ü über ein großes R. an technischer Intelligenz verfügen.

Re|set [rɪ'zɛt], der od. das; -s, -s [zu engl. to reset = neu (ein)stellen; wieder einrichten, aus: re- (lat. re-) = wieder u. set = (ein)stellen]: **a)** *Wiederherstellung eines Anfangs-, Ausgangszustandes (z. B. bei einem elektronischen System);* **b)** (EDV) *Neustart eines Computers.*

re|set|ten [rɪ'zɛtn] ⟨sw. V.; hat⟩ (Jargon): **1.** *(an einem Gerät) einen Reset (a) vornehmen:* einen Server r. **2.** *einen Reset (b) ausführen:* der Rechner resettet.

re|se|zie|ren ⟨sw. V.; hat⟩ [lat. resecare = abschneiden] (Med.): *eine Resektion vornehmen:* den Magen r.

re|si|dent ⟨Adj.⟩ [engl. resident = ansässig, ↑ Resident] (EDV): *ständig im Speicher eines Computers vorhanden.*

Re|si|dent, der; -en, -en [engl. resident, span. residente = Ansässiger, Einwohner, zu lat. residens (Gen. residentis), 1. Part. von: residere, ↑ residieren]: *jmd., der sich [ständig] im [südlichen] Ausland an seinem zweiten Wohnsitz aufhält.*

Re|si|den|tin, die; -, -nen: w. Form zu ↑ Resident.

Re|si|denz, die; -, -en [mlat. residentia = Wohnsitz]: **1.** Sitz, Wohnsitz eines Staatsoberhauptes, Fürsten od. eines hohen Geistlichen. **2.** Hauptstadt eines Landes, das von einem Fürsten o. Ä. regiert wird u. in der dieser seine Residenz (1) hat.

Re|si|denz|pflicht, die: **1. a)** *Pflicht für Beamte, den Wohnsitz so zu wählen, dass sie in der Wahrnehmung ihrer Dienstgeschäfte nicht beeinträchtigt sind;* **b)** *(im katholischen u. evangelischen Kirchenrecht) Verpflichtung des Trägers eines Kirchenamtes, am Dienstort zu wohnen.* **2.** *(Rechtsspr.) Verpflichtung eines zugelassenen Rechtsanwaltes bzw. einer zugelassenen Rechtsanwältin, eine Kanzlei zu führen.*

Re|si|denz|stadt, die: *Residenz (2).*

Re|si|denz|the|a|ter, das: *Theater in einer [ehemaligen] Residenzstadt.*

re|si|die|ren ⟨sw. V.; hat⟩ [lat. residere = sich niederlassen, sich aufhalten, zu: re- = wieder, zurück u. sedere = sitzen] (bildungsspr.): *(von regierenden Fürsten o. Ä.) eine Stadt o. Ä. als Residenz (2) bewohnen; Hof halten.*

Re|si|du|um, das; -s, ...duen [lat. residuum = das Zurückbleibende, zu: residuus = zurückgeblieben] (Med.): *Rückstand, Rest [als Folge einer Krankheit, Funktionsstörung].*

Re|si|g|na|ti|on, die; -, -en ⟨Pl. selten⟩ [(afrz. resignacion <) mlat. resignatio = Verzicht, zu lat. resignare, ↑ resignieren]: **1.** *das Resignieren; das Sichfügen in das unabänderlich Scheinende:* R. erfasste, ergriff, erfüllte sie; in lähmende, dumpfe R. [ver]sinken. **2.** *(Amtsspr. veraltet) freiwillige Niederlegung eines Amtes:* der Minister hat seine R. angeboten. ◆ **3.** *Verzicht, Entsagung:* ...die größten -en, die bittersten Arzneien wird er nicht abweisen, um seine gewünschte Gesundheit zu erhalten (Goethe, Werther I, 1. Julius).

re|si|g|na|tiv ⟨Adj.⟩ (bildungsspr.): *durch Resignation (1) gekennzeichnet:* in -er Stimmung sein.

re|si|g|nie|ren ⟨sw. V.; hat⟩ [14. Jh., < lat. resignare = entsiegeln; ungültig machen; verzichten, aus: re- = zurück u. signare = mit einem Zeichen versehen]: **1.** *aufgrund von Misserfolgen, Enttäuschungen, die man in einer Sache hat hinnehmen müssen, seine Pläne entmutigt aufgeben, auf sie verzichten:* es gibt keinen Grund, jetzt zu r. ◆ **2.** ⟨r. + sich⟩ *aufgeben, kapitulieren (2):* ...und spotte derer doppelt und dreifach, die sagen konnten, ich sollte mich r. (Goethe, Werther I, 30. Julius); **b)** *sich* ¹*ergeben (2b):* ...man muss sich darein r. wie ein Reisender, der über den Berg muss (Goethe, Werther II, 24. Dezember 1771).

re|si|g|niert ⟨Adj.⟩ (bildungsspr.): **a)** *durch Resignation (1) gekennzeichnet:* mit -er Miene zuhören; er zuckte r. die Achseln; ◆ **b)** ²*resigniert (2a):* ...der ganz allein auf sie resigniert dastand (Goethe, Werther I, 8. Julius).

re|si|li|ent ⟨Adj.⟩ (bes. Psychol.): *Resilienz besitzend:* -e Kinder, Personen.

Re|si|li|enz, die; -, -en [zu lat. resilire = zurückspringen] (bes. Psychol.): *psychische Widerstandskraft; Fähigkeit, schwierige Lebenssituationen ohne anhaltende Beeinträchtigung zu überstehen.*

Ré|sis|tance [rezɪsˈtãːs], die; - [frz. (la) Résistance; frz. résistance = Widerstand, zu lat. resistere, ↑ resistieren] (Geschichte): *französische Widerstandsbewegung gegen die deutsche Besatzung im Zweiten Weltkrieg.*

re|sis|tent ⟨Adj.⟩ [zu lat. resistens, 1. Part. von resistere, ↑ resistieren] (Biol., Med.): *widerstandsfähig gegenüber äußeren Einwirkungen:* die Erreger sind r. gegen diese Arzneimittel; Ü ...denn das kulturelle System verhält sich gegenüber administrativen Kontrollen eigentümlich r. (Habermas, Spätkapitalismus 99).

Re|sis|tenz, die; -, -en [spätlat. resistentia]: **1.** (Biol., Med.) *Widerstandsfähigkeit eines Organismus gegenüber äußeren Einwirkungen.* **2.** (bildungsspr.) *Widerstand.* **3.** (Fachspr.) *Härtegrad.*

re|sis|tie|ren ⟨sw. V.; hat⟩ [lat. resistere = stehen bleiben, widerstehen] (Biol., Med.): *äußeren Einwirkungen widerstehen; ausdauern.*

re|sis|tiv ⟨Adj.⟩ [engl. resistive] (Technik): *auf Druck reagierend:* -e Touchscreens.

Re|skript, das; -[e]s, -e [mlat. rescriptum, zu lat. rescribere, ↑ reskribieren] (kath. Kirche): **1.** *auf Antrag erteilte schriftliche Antwort einer kirchlichen Autorität (meist des Papstes).* ◆ **2.** *amtlicher Bescheid; Verfügung, Erlass:* ...mit einem, ein größeres R. begleitendes, Schreiben des Stadthauptmanns (Kleist, Kohlhaas 21); Man schmollte über dein R. (Schiller, Räuber I, 2).

re|so|lut ⟨Adj.⟩ [(frz. résolu <) lat. resolutum, 2.Part. von: resolvere = wieder auflösen, (von Zweifeln) befreien, aus: re- = wieder, zurück u. solvere = lösen; befreien]: *sehr entschlossen u. mit dem Willen, sich durchzusetzen, in einer Weise sich darstellend, sich äußernd, die Entschlossenheit, Bestimmtheit zum Ausdruck bringt:* eine -e Frau; etw. mit -er Stimme sagen.

Re|so|lut|heit, die; -, -en ⟨Pl. selten⟩: *resolute Art; das Resolutsein.*

Re|so|lu|ti|on, die; -, -en [frz. résolution < lat. resolutio = Auflösung < unter spätlat. Einfluss von frz. résoudre = beschließen < lat. resolvere, ↑ resolut]: **1.** *schriftliche, auf einem entsprechenden Beschluss beruhende Erklärung einer politischen, gewerkschaftlichen Versammlung o. Ä., in der bestimmte Forderungen erhoben [u. begründet] werden:* eine R. einbringen, mit großer Mehrheit annehmen, verabschieden; über die vorgelegten -en abstimmen. **2.** (Med.) *Rückbildung eines krankhaften Prozesses.* ◆ **3.** *Gerichtsbeschluss, Urteil:* ...bevor er ... auch nur eine Erklärung über die Klage, die er selbst anhängig gemacht hatte, geschweige denn die R. selbst, erhielt (Kleist, Kohlhaas 18).

Re|so|lu|ti|ons|ent|wurf, der: *Entwurf (1 b) einer Resolution (1).*

re|sol|vie|ren ⟨sw. V.; hat⟩ [lat. resolvere, ↑ resolut]: **1.** (veraltet) **a)** *beschließen;* ◆ **b)** ⟨r. + sich⟩ *sich besinnen (1):* Die meisten haben sich kurz resolviert und haben andere Weiber genommen (Goethe, Jery u. Bätely); ...kurz resolviert (*ohne langes Besinnen*), entweder heraus mit dem Silbergeschirr, und dem Klostergut und allen blanken Tälerchen, oder – meine Kerls verstanden mich schon (Schiller, Räuber II, 3). **2.** *eine benannte Zahl durch eine kleinere Einheit darstellen* (z. B. 1 km = 1000 m).

Re|so|nanz, die; -, -en [frz. résonance <) spätlat. resonantia = Widerhall, zu lat. resonare, ↑ resonieren]: **1.** (Physik, Musik) *das Mitschwingen, -tönen eines Körpers in der Schwingung eines anderen Körpers:* R. erzeugen; das Instrument hat keine gute R. **2.** (bildungsspr.) *Gesamtheit der Diskussionen, Äußerungen, Reaktionen, die durch etw. hervorgerufen worden sind u. sich daraufbeziehen; Widerhall, Zustimmung:* die R. auf diesen Vorschlag war schwach; R. finden; auf R. stoßen.

Re|so|nanz|bo|den, der (Musik): *(bes. bei Saiteninstrumenten) klangverstärkender Boden aus Holz.*

Re|so|nanz|kas|ten, der: *Kasten, durch den die Schwingungen von Tönen, Lauten u. damit ihr Klang, Hall verstärkt werden.*

Re|so|nanz|kör|per, der (Musik): *(bes. bei Saiteninstrumenten) Hohlkörper aus Holz, durch den die Schwingungen eines Tons u. damit der Klang verstärkt werden.*

Re|so|nanz|raum, der (Physik): *die Resonanz (1) verstärkender Hohlraum.*

Re|so|nanz|sai|te, die (Musik): *(bei bestimmten Instrumenten) zur Verstärkung eines Obertones frei mitschwingende Saite.*

Re|so|na|tor, der; -s, ...oren (Physik, Musik): *Körper, der bei der Resonanz (1) mitschwingt, mittönt.*

re|so|nie|ren ⟨sw. V.; hat⟩ [lat. resonare = wieder ertönen, aus: re- = wieder, zurück u. sonare = tönen, hallen] (Physik, Musik): *mitschwingen.*

Re|so|pal®, das; -s [Kunstwort]: *leicht abwaschbarer, widerstandsfähiger Kunststoff, der als Schicht für Tischplatten o. Ä. verwendet wird.*

re|sor|bie|ren ⟨sw. V.; hat⟩ [lat. resorbere = zurückschlürfen] (Biol., Med.): *flüssige od. gelöste Stoffe über den Verdauungstrakt od. über die Haut u. Schleimhaut in die Blut- od. Lymphbahn aufnehmen.*

Re|sorp|ti|on, die; -, -en [geb. nach ↑ Absorption] (Biol., Med.): *das Resorbieren; das Resorbiertwerden.*

Re|sort [auch: rɪˈzɔːt], das; -s, -s [engl. resort, eigtl. = Ausweg, Rettung < mengl. resort = Hilfe, Hilfsmittel; Zuflucht, zu afrz. resortir (= frz. ressortir, ↑ Ressort) = hinausgehen, aus: (lat. re-) = wieder, zurück u. sortir = (her-, hin)ausgehen]: *Unterkunft, Hotel; attraktiv gelegene Ferienanlage.*

Re|so|zi|a|li|sa|ti|on, die; -, -en: *Resozialisierung.*

re|so|zi|a|li|sier|bar ⟨Adj.⟩: *sich resozialisieren lassend.*

re|so|zi|a|li|sie|ren ⟨sw. V.; hat⟩ [zu lat. re- = wieder, zurück u. ↑ sozialisieren]: *[nach Verbüßung einer Haftstrafe] mit den Mitteln der Pädagogik, Medizin, Psychotherapie] schrittweise wieder in die Gesellschaft eingliedern:* kriminelle Jugendliche r.

Re|so|zi|a|li|sie|rung, die; -, -en: *das Resozialisieren; das Resozialisiertwerden.*

re|so|zi|a|li|sie|rungs|fä|hig ⟨Adj.⟩: *resozialisierbar.*

resp. = *respektive.*

Re|s|pekt, der; -[e]s [frz. respect < lat. respectus = das Zurückblicken; Rücksicht, zu: respicere = zurückschauen; Rücksicht nehmen, zu: re- = wieder, zurück u. specere = schauen]: **1.** *auf Anerkennung, Bewunderung beruhende Achtung:* [großen, keinen, einigen, nicht den geringsten] R. vor jmdm., etw. haben; jmdm. seinen R. erweisen, zollen; den, allen R. vor jmdm. verlieren; R. vor jmds. Leistung, Alter haben; eine [große] R. einflößende Persönlichkeit; bei allem R. vor seiner Arbeit muss man doch sagen, dass er kein sehr angenehmer Mensch ist; er ist, mit R. (veraltet; *mit Verlaub*) zu sagen, ein Dummkopf; R., R.! (*sehr beachtlich, anerkennenswert!*); sich [bei jmdm.] in R. setzen (geh.; *sich [jmds.] Respekt erwerben*); ...und auf der stillen Straße riefen zwanzig Stimmen: »R., Herr Oberst!« (*veraltend österr. Grußformel, bes. unter Offizieren,* Roth, Radetzkymarsch 57). **2.** *vor jmdm. aufgrund seiner höheren, übergeordneten Stellung empfundene Scheu, die sich in dem Bemühen äußert, kein Missfallen zu erregen:* vor dem strengen Lateinlehrer haben sie alle den größten R.; sich R. verschaffen; sie ist wirklich eine R. einflößende Person; er lässt es am nötigen R. fehlen; Ü vor dieser Kurve habe ich gewaltigen R.; ◆ ...der gefürchtet hatte, sich kaum bei den Schulkindern in R. setzen zu können (Ebner-Eschenbach, Gemeindekind 115). **3.** (Schrift- u. Verlagsw., Kunstwiss.) *frei gelassener Rand einer Buch-, Briefseite, eines Kupferstichs o. Ä.*

re|s|pek|ta|bel ⟨Adj.; ...bler, -ste⟩ [engl. respecta-

Respektabilität – restaurieren

ble, frz. respectable] (bildungsspr.): **a)** *Respekt* (1) *verdienend; achtbar:* eine respektable Persönlichkeit; **b)** *zu respektierend* (2): eine respektable Entscheidung; er hat respektable Gründe für sein Handeln; **c)** *über das Übliche, Erwartete in beeindruckender Weise hinausgehend u. deshalb Beachtung, Anerkennung verdienend; beachtlich:* ein Garten von respektabler Größe; eine respektable Leistung; ein sehr respektabler Wein.

Re|s|pek|ta|bi|li|tät, die; - (bildungsspr.): *das Respektabelsein; respektables Wesen.*

Re|s|pekt|ab|stand, der: **a)** (österr.) *(bes. im Sport) großer Abstand zum Nächstplatzierten, Nachfolgenden; großer Differenz in der sportlichen Leistung;* **b)** *(aus Rücksichtnahme frei gelassener) Zwischenraum, räumlicher Abstand.*

Re|s|pekt|blatt, das [zu ↑ Respekt (3)] (Verlagsw.): *leeres Blatt am Anfang eines Buches nach dem Titelblatt.*

Re|s|pekt|ein|flö|ßend, re|s|pekt|ein|flö|ßend ⟨Adj.⟩: *jmdm. Respekt (1, 2) abnötigend:* eine Respekt einflößende Frau.

re|s|pek|tie|ren ⟨sw. V.; hat⟩ [frz. respecter < lat. respectare = sich umsehen; berücksichtigen, Intensivbildung zu: respicere, ↑ Respekt]: **1.** *jmdm., einer Sache Respekt* (1) *entgegenbringen; achten:* jmdn., jmds. Haltung r. **2.** *etw. als vertretbar, legitim anerkennen, gelten lassen:* Gesetze, Gebote, jmds. Ansichten r. **3.** (Geldw.) *(einen Wechsel) anerkennen u. bezahlen.*

re|s|pek|tier|lich ⟨Adj.⟩ (veraltend): *respektabel* (a).

Re|s|pek|tie|rung, die; -, -en ⟨Pl. selten⟩: *das Respektieren; das Respektiertwerden.*

re|s|pek|tiv ⟨Adj.⟩ [zu ↑ respektive] (veraltet): *jeweilig:* ◆ ...überall ist der Zeichner ein willkommener Gast. Die Gesellen porträtiert er für ihre -en Schätze, mit dem Meister politisiert er (Raabe, Chronik 94).

re|s|pek|ti|ve ⟨Konj.⟩ [zu mlat. respectivus = beachtenswert] (bildungsspr.): *beziehungsweise* (Abk.: resp.)

re|s|pekt|los ⟨Adj.⟩: *den angebrachten Respekt vermissen lassend:* eine -e Bemerkung; sich [jmdm. gegenüber] r. benehmen.

Re|s|pekt|lo|sig|keit, die; -, -en: **1.** ⟨o. Pl.⟩ *respektlose Haltung, Art.* **2.** *respektlose Handlung, Äußerung.*

Re|s|pekts|per|son, die: *Person, der aufgrund ihrer übergeordneten, hohen Stellung gemeinhin Respekt* (2) *entgegengebracht wird.*

re|s|pekt|voll ⟨Adj.⟩: *[großen] Respekt (1, 2) erkennen lassend:* jmdn. r. grüßen.

Re|s|pi|ra|ti|on, die; - [lat. respiratio = das Atemholen, zu: respirare, ↑ respirieren] (Med.): *Atmung.*

Re|s|pi|ra|ti|ons|ap|pa|rat, der (Anat.): *Gesamtheit der äußeren u. inneren Atmungsorgane.*

Re|s|pi|ra|tor, der; -s, ...oren (Med.): *(z. B. nach Operationen verwendetes) Beatmungsgerät.*

re|s|pi|ra|to|risch ⟨Adj.⟩ (Med.): *die Respiration betreffend, auf ihr beruhend, zu ihr gehörend.*

re|s|pi|rie|ren ⟨sw. V.; hat⟩ [lat. respirare = (aus)atmen] (Med.): *atmen.*

re|s|pon|die|ren ⟨sw. V.; hat⟩ [lat. respondere (2. Part.: responsum) = antworten]: **a)** (bildungsspr.) *(bes. einem Chorführer, einem Vorsänger o. Ä.) in einer bestimmten festgelegten Form, mit einem bestimmten Text, Gesang o. Ä. antworten;* **b)** (veraltet) *antworten.*

Re|s|pons, der; -es, -e [lat. responsum = Antwort] (bildungsspr.): *auf eine Initiative, auf bestimmte Vorschläge, Anregungen hin erfolgende Reaktion der anderen Seite.*

Re|s|ponse [rɪˈspɔns], die; -, -s [...sɪs, auch: ...sɪz] [engl. response, eigtl. = Antwort, < mfrz.

respons(e) < lat. responsum] (Psychol.): *durch einen Reiz ausgelöstes u. bestimmtes Verhalten.*

◆ **Res|pon|sen** ⟨Pl.⟩: *liturgische Wechselgesänge, Responsorien:* ... wer die Lektionen gesungen und die R. (Goethe, Reineke Fuchs 1, 259).

Re|s|pon|so|ri|um, das; -s, ...ien [mlat. responsorium < kirchenlat. responsoria (Pl.)]: *liturgischer Wechselgesang (für Vorsänger u. Chor od. Chor u. Gemeinde).*

Res|sen|ti|ment [rɛsɑ̃tiˈmãː, rə...], das; -s, -s [frz. ressentiment = heimlicher Groll, zu: ressentir = lebhaft empfinden] (bildungsspr.): *auf Vorurteilen, einem Gefühl der Unterlegenheit, Neid o. Ä. beruhende gefühlsmäßige, oft unbewusste Abneigung:* -s gegen jmdn., gegenüber jmdm. haben.

Res|sort [rɛˈsoːɐ̯], das; -s, -s [frz. ressort, zu: ressortir = hervorgehen, zugehören, zu: sortir = [her]ausgehen]: **a)** *von einem Verantwortlichen betreuter] fest umrissener Aufgaben-, Zuständigkeitsbereich (einer Institution):* ein R. übernehmen, abgeben, verwalten; etw. fällt in, gehört zu jmds. R.; **b)** *Abteilung o. Ä., die für ein bestimmtes Ressort (a) zuständig ist:* ein R. leiten; -s zusammenlegen.

Res|sort|chef, der: *Leiter eines Ressorts* (b).
Res|sort|che|fin, die: w. Form zu ↑ Ressortchef.
Res|sort|lei|ter, der: *Leiter eines Ressorts* (b).
Res|sort|lei|te|rin, die: w. Form zu ↑ Ressortleiter.

Res|source [rɛˈsʊrsə], die; -, -n ⟨meist Pl.⟩ [frz. ressource, zu afrz. resourdre < lat. resurgere = wiedererstehen] (bildungsspr.): **1.** *natürlich vorhandener Bestand von etw., was für einen bestimmten Zweck, bes. zur Ernährung der Menschen u. zur wirtschaftlichen Produktion, [ständig] benötigt wird:* materielle, endliche -n; neue -n erschließen; -n ausbeuten, ausschöpfen. **2.** *Bestand an Geldmitteln, Geldquelle, auf die man jederzeit zurückgreifen kann:* meine -n sind erschöpft; er verfügt über beachtliche -n. ◆ **3.** *geselliger Kreis; Klub* (als Name bestimmter geselliger Vereine u. ihrer Lokale): ...drei, vier andere adlige Familien aber, die nicht Mitglieder der R., sondern immer nur geladene Gäste waren (Fontane, Effi Briest 135).

Rest, der; -[e]s, -e, -er u. ⟨o. -en⟩ [spätmhd. rest(e) < ital. resto = übrig bleibender Geldbetrag, zu: restare < lat. restare = übrig bleiben, zu: re- = zurück, wieder u. stare = stehen]: **1. a)** ⟨Pl. -e⟩ *etw., was beim Verbrauch, Verzehr von etw. übrig geblieben ist:* ein kleiner, trauriger R.; der letzte R.; ein R. Farbe; von dem Wein ist noch ein R. da; den R. des Geldes haben wir vernascht; heute gibt es -e *(bei vorherigen Mahlzeiten Übriggebliebenes);* R sage ich dir [das letzte] R. vom Schützenfest *(ugs.: das ist alles, was noch übrig ist);* **b)** ⟨Pl. -e, selten⟩ *etw., was von etw. weitgehend Verschwundenem, Geschwundenem noch vorhanden ist:* ein letzter R. an Gemeinsamkeit; die -e politischen Vernunft; **c)** ⟨Pl. -e, meist Pl.⟩ *etw., was von etw. Vergangenem, Zerstörtem, Verfallenem, Abgestorbenem noch vorhanden ist; Überrest:* fossile -e; die -e versunkener Kulturen ausgraben; **d)** ⟨Pl. -e, Kaufmannsspr. auch: -er u. (schweiz.:) -en⟩ *letztes [nur noch zu reduziertem Preis verkäufliches] Stück von einer Meterware:* preiswerte -e; die Kissenbezüge hat sie aus einem R. *(Stoffrest)* genäht. **2.** ⟨Pl.⟩ *etw., was zur Vervollständigung, zur Vollständigkeit, zur Abgeschlossenheit von etw. noch fehlt:* den R. des Tages schliefen sie; den R. des Weges gehe ich zu Fuß; den R. *(den Restbetrag)* stunde ich dir; *** der R. der Welt** (ugs.: *alle Übrigen;* gegen den R. der Welt antreten); **einem Tier den R. geben** (ugs.; *ein Tier, das bereits schwer krank od. verletzt ist, töten);* **jmdn., einer Sache den R. geben** (ugs.; *jmdn. ganz zugrunde richten, vernichten; etw. ganz zerstö-

ren);* **sich den R. holen** (ugs.; *ernstlich krank werden);* ◆ **einen R. setzen** (*[in der Kaufmannsspr.] einen Fehlbetrag in der Kasse haben;* zu Rest in der kaufmannsspr. Bed. »Fehlbetrag; Rückstand«: ... die Natur ... Warum musste sie mir diese Bürde von Hässlichkeit aufladen ... Nicht anders, als ob sie bei meiner Geburt einen R. gesetzt hätte [Schiller, Räuber I, 1]). **3.** ⟨Pl. -e⟩ (Math.) *Zahl, die beim Dividieren übrig bleibt, wenn die zu teilende Zahl kein genaues Vielfaches des Teilers ist.* **4.** ⟨Pl. -e⟩ (Chemie) *Gruppe von Atomen innerhalb eines Moleküls, die untereinander meist stärker als an die übrigen Atome gebunden sind u. bei Reaktionen als Einheit auftreten.*

Rest|al|ko|hol, der: *nach teilweisem Abbau des Blutalkohols noch vorhandener Rest von Blutalkohol.*

Res|tant, der; -en, -en [zu lat. restans (Gen.: restantis), 1. Part. von: restare, ↑ Rest]: **1.** (Geldw.) *mit fälligen Zahlungen im Rückstand befindlicher Schuldner.* **2.** (Bankw.) *ausgelostes od. gekündigtes, aber nicht eingelöstes Wertpapier.* **3.** (Wirtsch.) *Ladenhüter, Reststück.*

Res|tan|tin, die; -, -nen: w. Form zu ↑ Restant (1).

Rest|auf|la|ge, die: *noch nicht abgesetzter Rest einer Auflage* (1 a).

Re|s|tau|rant [rɛstoˈrãː], das; -s, -s [frz. restaurant, subst. 1. Part. von: restaurer, ↑ restaurieren (1); urspr. = Imbiss (1)]: *Gaststätte, in der Essen serviert wird; Speisegaststätte:* ein billiges, gutes, italienisches R. besuchen; im R. essen; ins R. gehen.

Re|s|tau|rant|fach|frau, die: *Angestellte eines Restaurants, die die Gäste betreut u. bedient.*
Re|s|tau|rant|fach|mann, der: *Angestellter eines Restaurants, die die Gäste betreut u. bedient.*
Re|s|tau|rant|füh|rer, der: *Verzeichnis, das die Namen der Restaurants u. nähere Angaben über die Restaurants eines Ortes, einer Region o. Ä. enthält.*
Re|s|tau|rant|ket|te, die: *Kette (2 d) von Restaurants:* eine amerikanische, mexikanische R.

¹Re|s|tau|ra|ti|on [...tau....], die; -, -en [spätlat. restauratio = Wiederherstellung, zu lat. restaurare, ↑ restaurieren]: **1.** (bildungsspr. veraltend) *das Restaurieren* (1). **2.** (Geschichte, Politik) *Wiederherstellung früher [o. B. durch eine Revolution beseitigter] gesellschaftlicher, politischer Verhältnisse [u. Wiedereinsetzung einer abgesetzten Regierung, Dynastie o. Ä.]:* eine gesellschaftliche, wirtschaftliche R.

²Re|s|tau|ra|ti|on [auch: ...to...], die; -, -en (geh. veraltet): *Gaststätte, gastronomischer Betrieb.*

Re|s|tau|ra|ti|ons|be|trieb [auch: ...to...], der (Amtsspr., Fachspr.): *Restaurant.*
Re|s|tau|ra|ti|ons|po|li|tik, die ⟨o. Pl.⟩: *eine ¹Restauration (2) anstrebende Politik.*
Re|s|tau|ra|ti|ons|wa|gen [auch: ...to...], der (bes. österr.): *Speisewagen.*
Re|s|tau|ra|ti|ons|zeit, die (Geschichte): *Zeit der politischen, gesellschaftlichen ¹Restauration (2): in der Literatur der R.*

re|s|tau|ra|tiv ⟨Adj.⟩ (bildungsspr.): *die ¹Restauration (2) betreffend, durch sie gekennzeichnet, zu ihr gehörend:* -e Bestrebungen, Tendenzen.

Re|s|tau|ra|tor, der; -s, ...oren [spätlat. restaurator, zu lat. restaurare, ↑ restaurieren]: *jmd., der Kunstwerke restauriert (Berufsbez.).*

Re|s|tau|ra|to|rin, die; -, -nen: w. Form zu ↑ Restaurator.

re|s|tau|rie|ren ⟨sw. V.; hat⟩ [frz. restaurer = wiederherstellen, stärken < lat. restaurare = wiederherstellen]: **1.** (bildungsspr.) *ein schadhaftes, unansehnlich gewordenes, in den Farben verblichenes o. ä. Kunstwerk, Gemälde od. Bauwerk wiederherstellen, wieder in seinen ursprünglichen Zustand bringen:* eine Kirche, einen Film

Restaurierung – Retorte

fachmännisch, sorgfältig r. **2.** (bildungsspr.) *eine frühere politische, gesellschaftliche Ordnung wiederherstellen.*

Re|s|tau|rie|rung, die; -, -en: *das Restaurieren; das Restauriertwerden.*

Rest|be|stand, der: *Rest eines Bestands, bes. an Waren:* preiswerte Bücher aus Restbeständen.

Rest|be|trag, der: *noch nicht gezahlter Teilbetrag einer Gesamtsumme; restlicher (b) Betrag.*

Res|te|buch|han|del, der: *Zweig des Buchhandels, der auf den Vertrieb von Restauflagen o. Ä. spezialisiert ist; modernes Antiquariat.*

Res|ten, Res|ter: Pl. von ↑ Rest.

Res|te|ver|kauf, der: *Verkauf von Restposten zu Sonderpreisen.*

Res|te|ver|wer|tung, die: *Verwertung von Resten (1 a), bes. bei der Zubereitung von Speisen.*

res|tez [res'te; frz., Imperativ Pl. von: rester < lat. restare, ↑ Rest] (Musik): *bleiben Sie!* (Anweisung für Instrumentalist[inn]en, in derselben Lage od. auf derselben Saite zu bleiben).

Rest|grup|pe, die (Chemie): *Rest (4).*

Rest|harn, der (Med.): *nach dem Wasserlassen noch in der Blase verbleibender Harn.*

re|s|ti|tu|ie|ren ⟨sw. V.; hat⟩ [lat. restituere] (bes. Rechtsspr.): **a)** *wiederherstellen;* **b)** *[rück]erstatten, ersetzen.*

Re|s|ti|tu|ti|on, die; -, -en [lat. restitutio, zu: restituere, ↑ restituieren]: **1.** (bildungsspr.) *Wiederherstellung.* **2. a)** (Völkerrecht) *Wiedergutmachung od. Schadensersatz für einen Schaden, der einem Staat von einem anderen zugefügt wurde;* **b)** (Rechtsspr.) *Rückgabe od. Entschädigung des (während der Zeit des Nationalsozialismus od. der DDR) eingezogenen Vermögens von Verfolgten.* **3.** (Biol.) *Form der Regeneration von Teilen eines Organismus (z. B. Geweihstangen, Haare), die auf normale Art u. Weise verloren gegangen sind.*

Re|s|ti|tu|ti|ons|kla|ge, die (Rechtsspr.): *Klage auf Wiederaufnahme eines schon rechtskräftig abgeschlossenen Verfahrens.*

Rest|kar|te, die ⟨meist Pl.⟩: *von einem größeren Posten Karten übrig gebliebener, noch nicht abgesetzter Rest:* es gibt noch -n an der Abendkasse.

Rest|lauf|zeit, die: *Zeit, die etw. noch in Betrieb sein darf, die etw. noch gültig ist.*

Rest|less Legs ⟨Pl.⟩ [engl. restless legs = unruhige Beine] (Med.): *meist in Ruhe (bes. nachts) auftretende schmerzhafte Empfindung in den Beinen mit starkem Bewegungsdrang.*

rest|lich ⟨Adj.⟩: **a)** *einen Rest (1 a) darstellend; übrig [geblieben]:* das -e Geld will ich sparen; **b)** *einen Rest (2) darstellend; übrig:* die -en Arbeiten erledige ich morgen.

rest|los ⟨Adj.⟩ (emotional): *(in Bezug auf einen entsprechenden Zustand o. Ä.) ganz und gar, gänzlich, völlig:* ich bin r. begeistert; bis zur -en Erschöpfung; Und Matzerath griff sich sein Jackett, dann den Türdrücker und versicherte, er werde jetzt andere Saiten aufziehen, den Weiberkram habe er r. satt (Grass, Blechtrommel 354).

Rest|müll, der: *(bei Mülltrennung) Müll, der sich nur aus Stoffen zusammensetzt, die nicht zur Wiederverwertung vorgesehen sind:* Zigarettenkippen sind R., gehören in den R.

Rest|pos|ten, der (Kaufmannsspr.): *von einem größeren Posten übrig gebliebener, noch nicht abgesetzter Rest (1 d).*

Re|s|t|rik|ti|on, die; -, -en [lat. restrictio, zu: restringere, ↑ restringieren]: **a)** (bildungsspr.) *Einschränkung, Beschränkung (von jmds. Rechten, Befugnissen, Möglichkeiten):* jmdm. -en auferlegen; **b)** (Sprachwiss.) *für den Gebrauch eines Wortes, einer Wendung o. Ä. geltende, im System der Sprache liegende Einschränkung.*

Re|s|t|rik|ti|ons|maß|nah|me, die (Politik): *staatliche Maßnahme, durch die der Wirtschaft eine Restriktion (a) auferlegt wird.*

re|s|t|rik|tiv ⟨Adj.⟩: **1.** (bildungsspr.) *(jmds. Rechte, Möglichkeiten o. Ä.) ein-, beschränkend:* -e Maßnahmen. **2.** (Sprachwiss.) *(eine Aussage) einschränkend:* -e Konjunktionen, Adverbien, Modalsätze.

re|s|t|rin|gie|ren ⟨sw. V.; hat⟩ [lat. restringere, eigtl. = zurückbinden] (bildungsspr. selten): *einschränken, beschränken:* die Produktion von etw. r.

re|s|t|rin|giert ⟨Adj.⟩ (Sprachwiss.): *wenig differenziert:* -er Kode (↑ Code 3).

Rest|ri|si|ko, das: *verbleibendes Risiko, das nicht ausgeschaltet werden kann.*

re|struk|tu|rie|ren ⟨sw. V.; hat⟩ [zu lat. re- = wieder, zurück u. ↑ strukturieren] (Fachspr., bildungsspr.): *durch bestimmte Maßnahmen neu gestalten, neu ordnen, neu strukturieren:* Unternehmen, Parteien, Geschäftsfelder r.

Re|struk|tu|rie|rung, die; -, -en: *das Restrukturieren; das Restrukturiertwerden.*

Re|struk|tu|rie|rungs|kos|ten ⟨Pl.⟩: *Kosten einer Restrukturierung.*

Re|struk|tu|rie|rungs|maß|nah|me, die ⟨meist Pl.⟩: *Maßnahme, die ein Restrukturierung bewirken soll.*

Re|struk|tu|rie|rungs|pro|gramm, das: *Programm (3) für eine Restrukturierung.*

Rest|stra|fe, die: *noch nicht verbüßter Teil einer Freiheitsstrafe.*

Rest|stück, das: *übrig gebliebenes Stück, Teil von etw.; Stück aus einem Restposten.*

Rest|sü|ße, die (Fachspr.): *nach der Gärung im Wein unvergoren zurückbleibende Menge Zucker.*

Rest|ur|laub, der: *vom Jahresurlaub noch nicht in Anspruch genommener restlicher Urlaub.*

Rest|wert, der: *nach der Abschreibung (1) der Anschaffungs- od. Herstellungskosten eines Gegenstandes o. Ä. verbleibender Buchwert.*

Rest|zu|cker, der (Fachspr.): *Restsüße.*

Re|sul|tan|te, die; -, -n [frz. résultante, zu: résulter, ↑ resultieren] (Physik): *Summe zweier [nach dem Kräfteparallelogramm addierter] od. mehrerer Vektoren.*

Re|sul|tat, das; -[e]s, -e [frz. résultat < mlat. resultatum = Folgerung, Schluss; Ergebnis, subst. 2. Part. von: resultare, ↑ resultieren] (bildungsspr.): **a)** *Ergebnis einer Rechnung, Auszählung, Messung o. Ä.:* R. einer Addition, Erhebung; **b)** *etw., was sich aus entsprechenden Bemühungen usw. als Ergebnis ermitteln, feststellen lässt:* die neuesten -e der Forschung; ein gutes, optimales, glänzendes R. erreichen, erzielen.

re|sul|tie|ren ⟨sw. V.; hat⟩ [frz. résulter < mlat. resultare = entspringen, entstehen < lat. resultare = zurückspringen, -prallen, zu: re- = wieder, zurück u. saltare = tanzen, springen] (bildungsspr.): *als Ergebnis, Folge, Wirkung aus etw. hervorgehen; sich ergeben:* dieses positive Ergebnis resultiert aus dem gesteigerten Einsatz aller.

Ré|su|mé, das; -s, -s: schweiz. häufig für Resümee.

Re|sü|mee, das; -s, -s [frz. résumé, subst. 2. Part. von: résumer, ↑ resümieren] (bildungsspr.): **a)** *knappe Inhaltsangabe, kurze Zusammenfassung:* er gab ein kurzes R. der Debatte; **b)** *das Wesentliche, als eigentlicher Inhalt, als wichtiges Ergebnis von etw. Anzusehendes; Schlussfolgerung:* das R. seiner Ausführung war, dass Preissteigerungen unabwendbar seien; * **das R. ziehen** *(festhalten, was wichtig, wesentlich war).*

re|sü|mie|ren ⟨sw. V.; hat⟩ [frz. résumer < lat. resumere = wieder (an sich) nehmen, wiederholen, aus: re- = wieder, zurück u. sumere = [an sich] nehmen] (bildungsspr.): **a)** *kurz in den wesentlichen Punkten noch einmal darlegen; zusammenfassen;* **b)** *als Resümee (b), Fazit festhalten, feststellen.*

Re|sur|rek|ti|on, die; -, -en [kirchenlat. resurrectio, zu lat. resurgere, ↑ Ressource] (Rel.): *Auferstehung.*

Ret usw.: ↑ Reet usw.

Re|ta|bel, das; -s, - [frz. retable, zu lat. retro = hinter, rück- u. tabula = (Bild)tafel] (Kunstwiss.): *Altaraufsatz.*

Re|tar|da|ti|on, die; -, -en [frz. retardation < lat. retardatio, zu: retardare, ↑ retardieren] (bildungsspr.): *Verzögerung, Verlangsamung eines Ablaufs, einer Entwicklung; Entwicklungsverzögerung.*

re|tar|die|ren ⟨sw. V.; hat⟩ [frz. retarder < lat. retardare] (bildungsspr.): *(einen Ablauf) verzögern, aufhalten:* einen Prozess, eine Entwicklung r.; ein retardierendes Moment.

re|tar|diert ⟨Adj.⟩ (Med., Psychol.): *in der körperlichen od. geistigen Entwicklung zurückgeblieben.*

Re|ten|ti|on, die; -, -en [lat. retentio = das Zurückhalten, zu: retentum, 2. Part. von: retinere = zurückhalten]: **1.** (Med.) *Funktionsstörung, die darin besteht, dass ein auszuscheidender Stoff nicht [in ausreichendem Maße] ausgeschieden wird; Verhaltung (1 b).* **2.** (Psychol.) *Leistung des Gedächtnisses in Bezug auf Lernen, Reproduzieren u. Wiedererkennen.*

Re|ten|ti|ons|raum, der (Wasserbau): *[ungenutzte] Fläche, die bei Hochwasser eines Flusses überflutet wird u. so ein zu starkes Ansteigen des Wassers verhindert.*

Re|ten|ti|ons|recht, das ⟨o. Pl.⟩ (Rechtsspr.): *Recht des Schuldners bzw. der Schuldnerin, eine fällige Leistung zu verweigern, solange ein Gegenanspruch nicht erfüllt ist.*

Re|ti|kül: ↑ ¹Ridikül.

re|ti|ku|lar, re|ti|ku|lär ⟨Adj.⟩ (Anat.): *netzartig [verzweigt], netzartig.*

re|ti|ku|liert ⟨Adj.⟩: *mit netzartigem Muster versehen.*

Re|ti|ku|lum, das; -s, ...la [lat. reticulum, Vkl. von: rete = Netz] (Zool.): *Netzmagen.*

Re|ti|na, die; -, ...nae [...nɛ] [zu lat. rete = Netz] (Anat.): *Netzhaut.*

Re|ti|ni|tis, die; -, ...itiden (Med.): *Entzündung der Netzhaut.*

Re|ti|nol, das; -s: *fettlösliches Vitamin; Vitamin A_1.*

Re|ti|ra|de, die; -, -n [frz. retirade, zu: se retirer, ↑ retirieren] (veraltend verhüll.): *Toilette (2).*

re|ti|rie|ren ⟨sw. V.; ist⟩ [frz. se retirer, aus: re- (< lat. re-) = zurück u. tirer = ziehen]: **1. a)** (veraltet) *(von Truppen) sich [eilig] zurückziehen; fliehen:* ◆ ... schlug sich mit herum in der Champagne ..., bis der Herzog von Braunschweig und die Preußen alle r. mussten durch Dreck und Regen (Raabe, Chronik 40); **b)** (bildungsspr., oft scherzh.) *sich zurückziehen; sich aus dem Kreis anwesender Personen entfernen; verschwinden:* ins Nebenzimmer r. **2.** (bildungsspr. scherzh.) *auf die Toilette gehen:* ich muss mal r.

Re|tor|si|on, die; -, -en [frz. rétorsion, unter Einfluss von: torsion (↑ Torsion) zu lat. retorquere, ↑ Retorte] (Rechtsspr.): *Erwiderung eines unfreundlichen Aktes durch eine entsprechende Gegenmaßnahme; Vergeltung.*

Re|tor|te, die; -, -n [mlat. retorta = die Zurückgedrehte, zu lat. retortum, 2. Part. von: retorquere = rückwärtsdrehen; nach dem gedrehten Hals] (Chemie): **a)** *kugeliges Glasgefäß mit einem langen, am Ansatz schräg abwärtsgebogenen, sich verjüngenden Hals (zum Destillieren*

von Flüssigkeiten): * **aus der R.** (ugs., oft abwertend; [als Ersatz für etw. Natürliches, Echtes, Gewachsenes] auf künstliche Weise hergestellt, geschaffen: eine Stadt aus der R.); **b)** *(in der Industrie verwendeter) mit feuerfestem Material ausgekleideter [kesselförmiger] Behälter, in dem chemische Reaktionen ausgelöst werden.*
Re|tor|ten|ba|by, das ‹Jargon›: *Baby, das sich aus einem außerhalb des Mutterleibs befruchteten u. dann wieder in die Gebärmutter eingebrachten Ei entwickelt.*
Re|tor|ten|stadt, die (ugs. abwertend): *als Ganzes geplante u. angelegte, nicht natürlich gewachsene Stadt.*
re|tour [reˈtuːɐ̯] ‹Adv.› [frz. retour = Rückkehr, zu: retourner, ↑ retournieren] (landsch., österr., schweiz., sonst veraltet): *zurück:* hin sind wir gefahren, r. gelaufen.
Re|tour|bil|lett, das (schweiz., sonst veraltet): *Rückfahrkarte.*
Re|tou|re [reˈtuːrə], die; -, -n [dt. Bildung zu ↑ retour]: **1.** ‹meist Pl.› **a)** (Kaufmannsspr.) *(an den Verkäufer, Exporteur) zurückgesandte Ware;* **b)** (Bankw.) *nicht ausgezahlter, an den Überbringer zurückgegebener Scheck od. Wechsel.* **2.** (österr. Amtsspr. veraltend) *Rücksendung.*
Re|tour|fahr|kar|te, die (österr., sonst veraltet): *Rückfahrkarte.*
Re|tour|geld, das (österr., schweiz.): *Wechselgeld.*
Re|tour|kar|te, die (österr., sonst veraltet): *Rückfahrkarte.*
Re|tour|kut|sche, die (ugs.): *das Zurückgeben eines Vorwurfs, einer Beleidigung o. Ä. [bei passender Gelegenheit] mit einem entsprechenden Vorwurf, einer entsprechenden Beleidigung:* mit einer R. reagieren.
re|tour|nie|ren [retʊr...] ‹sw. V.; hat› [frz. retourner = umkehren, über das Vlat. zu lat. tornare, ↑ ¹turnen]: **1. a)** (Kaufmannsspr.) *(Waren) an den Lieferanten zurücksenden;* **b)** (österr.) *zurückgeben, -bringen:* [jmdm.] ein geliehenes Buch r. **2.** (Sport, bes. Tennis) *(den von der gegnerischen Seite geschlagenen Ball) zurückschlagen:* den Aufschlag konnte er nicht r.; ‹auch ohne Akk.-Obj.:› hervorragend, sauber r.
Re|tour|spiel, das (Sport österr.): *Rückspiel.*
Re|tri|bu|ti|on, die; -, -en [frz. rétribution < kirchenlat. retributio = Vergeltung] (veraltet): *Vergeltung, Rache.*
Re|trie|val [rɪˈtriːvl], das; -s, -s ‹Pl. selten› [engl. retrieval, zu: retrieve = zurück-, herausholen] (EDV): *Kurzf.* von ↑ Information-Retrieval.
Re|trie|ver [rɪˈtriːvɐ], der; -s, - [engl. retriever, zu: to retrieve, ↑ Retrieval]: *Jagdhund, der bes. für das Apportieren gezüchtet wird.*
re|tro ‹indekl. Adj.› [engl. retro < frz. rétro, kurz für: rétrograde < spätlat. retrogradis, ↑ retrograd] (Jargon): *Elemente früherer Stilrichtungen in Musik, Design o. Ä. nachahmend:* etw. ist, klingt r.
¹Re|tro, die; -, -s (ugs.): *Kurzf.* von ↑ Retrospektive (1, 2): die Ausstellung zeigt eine R. des Regisseurs.
²Re|tro, der od. das; - ‹meist o. Art.› [engl. retro < frz. rétro, subst. aus: rétro, ↑ retro]: *[bewusste] Nachahmung von Elementen früherer Stilrichtungen in Musik, Design o. Ä.:* das R. passt sehr gut ins Umfeld dieser Zeit; im letzten Jahr gab es viel R.

re|tro-, Re|tro- [lat. retro]: **a)** Best. in Zus. mit der Bed. *nach hinten, rückwärts[gerichtet]* (z. B. retrospektiv, Retroflexion); **b)** (bes. Med.) Best. in Zus. mit der Bed. *hinten, hinter etw. gelegen, lokalisiert* (z. B. retronasal).

Re|tro|de|sign [...dizaɪn], das [aus ↑ retro u. ↑ Design]: *Formgestaltung, die bewusst auf Gestaltungselemente früherer Stilrichtungen zurückgreift:* ein Wohnzimmer im R.
re|t|ro|flex ‹Adj.› [zu lat. retroflexum, 2. Part. von: retroflectere = zurückbiegen] (Sprachwiss.): *(von Lauten) mit der zurückgebogenen Zungenspitze gebildet;* zerebral (2).
Re|t|ro|flex, der; -es, -e (Sprachwiss.): *mit der zurückgebogenen Zungenspitze gebildeter Laut;* Zerebral.
Re|t|ro|fle|xi|on, die (Med.): *Abknickung eines Organs (bes. der Gebärmutter) nach hinten.*
re|t|ro|grad ‹Adj.› [spätlat. retrogradis = zurückgehend, zu lat. gradi = schreiten]: **1.** (Astron.) *rückläufig* (2). **2.** (Sprachwiss.) *rückgebildet:* eine -e Bildung (Rückbildung). **3.** (Med.) *(von Amnesien) die Zeit vor dem Verlust des Bewusstseins betreffend.*
Re|t|ro|look [...lʊk], der ‹o. Pl.› [aus ↑ retro u. ↑ Look]: *Modestil, der an Formen u. Farben vergangener Stilepochen anknüpft:* Modelle im R. der 50er-Jahre.
re|t|ro|na|sal ‹Adj.› (Med.): *hinter der Nase, im Nasen-Rachen-Raum lokalisiert, befindlich.*
Re|t|ro|s|pek|ti|on, die; -, -en [zu lat. spectum, 2. Part. von: specere = schauen] (bildungsspr.): *Rückschau.*
re|t|ro|s|pek|tiv ‹Adj.› (bildungsspr.): *zurückschauend, rückblickend:* eine -e Sicht; etw. r. betrachten.
Re|t|ro|s|pek|ti|ve, die; -, -n (bildungsspr.): **1.** *Blick in die Vergangenheit; Rückblick, Rückschau:* erst die R. wird die historische Bedeutung der Ereignisse erkennen lassen; in der R. (rückblickend). **2.** *Präsentation (in Form einer Ausstellung, einer Reihe von Aufführungen o. Ä.) des [früheren] Werks eines Künstlers, der Kunst einer zurückliegenden Zeit o. Ä.:* das Kino zeigt in einer großen R. die wichtigsten Filme von Charlie Chaplin.
Re|t|ro|trend, der [aus ↑ retro u. ↑ Trend]: *Trend, der bewusst auf frühere Stilrichtungen zurückgreift:* ein modischer, schneller, nie endender R.; im R. liegen.
Re|t|ro|vi|rus, das, außerhalb der Fachspr. auch: der ‹meist Pl.› [aus engl. **reverse t**ranscriptase u. ↑ Virus] (Med.): *Tumore erzeugendes Virus.*
re|t|ro|ze|die|ren ‹sw. V.; hat› [lat. retrocedere = zurückweichen]: **1.** (veraltet) **a)** *zurückweichen;* **b)** *(eine Sache, einen Rechtsanspruch o. Ä.) wieder abtreten.* **2.** (Versicherungsw.) *rückversichern.*
Re|t|ro|zes|si|on, die; -, -en [lat. retrocessio = das Zurückweichen, zu: retrocedere, ↑ retrozedieren]: **1.** (veraltet) *das Retrozedieren* (1). **2.** (Versicherungsw.) *Form der Rückversicherung.*
Ret|si|na, der; -[s], ‹Sorten:› -s [ngriech. retsína < mlat. resina < lat. resina < griech. rētínē = Harz]: *mit Harz versetzter griechischer Weißwein.*
rett|bar ‹Adj.› (selten): *noch zu retten; noch gerettet werden könnend.*
ret|ten ‹sw. V.; hat› [mhd. retten, ahd. (h)retten, H. u.]: **1.** *aus einer Gefahr, einer bedrohlichen Situation befreien u. dadurch vor Tod, Untergang, Verlust, Schaden o. Ä. bewahren:* einen Ertrinkenden r.; jmdn. aus den Flammen, vor dem Tod r.; jmdm. das Leben r.; er rettete sich durch einen Sprung aus dem Fenster; ein Zufall hat sie gerettet; das rettende (sichere) Ufer erreichen; den Baumbestand r.; wichtige Dokumente vor der Vernichtung r.; Kunstschätze durch, über die Kriegswirren r. *(vor dem Verlust, vor der Vernichtung bewahren);* Ü seine Ehre r.; die Situation r. *(verhindern, dass sie peinlich o. ä. wird);* er hatte die rettende *(einen Ausweg aufzeigende)* Idee; Das Knie war zerschmettert und nicht zu r. *(zu operieren, zu heilen;* Remarque, Triomphe 153); R rette sich, wer kann! (scherzh.; Warnung vor etw. Unangenehmem, Lästigem); bist du, ist er usw. noch zu r.? (ugs.; *bist du, ist er usw. denn verrückt?);* *** nicht mehr zu r. sein** (ugs.; *völlig verrückt, sehr unvernünftig sein);* **sich vor etw. nicht [mehr], kaum [noch] zu r. wissen/r. können** (*vor etw. mehr haben, bekommen, als einem lieb ist:* sie kann sich vor Anrufen, Aufträgen, Verehrern kaum noch r.). **2.** *in Sicherheit bringen; aus einem Gefahrenbereich wegschaffen:* sich ans Ufer retten; sich, seine Habe ins Ausland, über die Grenze r.; Ü sich ins Ziel r. (Sport; *mit knapper Not vorm Überholtwerden das Ziel erreichen).* **3.** (Mannschaftsspiele) *ein gegnerisches Tor o. Ä. im letzten Moment verhindern:* der Torwart rettete mit einer Parade; auf der Linie r. *(den Ball auf der Torlinie erreichen u. so das drohende Tor verhindern).*
Ret|ter, der; -s, - [mhd. rettære]: *jmd., der jmdn., etw. rettet.*
Ret|te|rin, die; -, -nen: w. Form zu ↑ Retter.
Ret|tich, der; -s, -e [mhd. retich, rætich, ahd. rātīh < lat. radix = Wurzel]: **1.** *(zu den Kreuzblütlern gehörende, in verschiedenen Arten vorkommende) Pflanze mit rübenförmig verdickter, würzig schmeckender Wurzel u. weißen od. rötlichen Blüten.* **2.** *essbare, scharf schmeckende Wurzel des Rettichs* (1): -e raspeln; er isst gern, viel R.
rett|los ‹Adj.› (Seemannsspr.): *unrettbar:* ein -es Schiff.
Ret|tung, die; -, -en [mhd. rettunge]: **1.** *das Retten* (1); *das Gerettetwerden:* R. aus Lebensgefahr; jmdm. R. bringen; auf R. hoffen; Ü ihm verdanke ich die R. meiner Ehre; * **jmds. letzte [R.] sein** (ugs.; *jmdm. aus einer bedrängten Lage helfen [können]).* **2.** (österr.) **a)** *Rettungsdienst;* **b)** *Rettungswagen.*
Ret|tungs|ak|ti|on, die: *Aktion mit dem Ziel, jmdn., etw. zu retten.*
Ret|tungs|an|ker, der: *Person, Sache, die einem Menschen in einer Notlage Halt gibt.*
Ret|tungs|ar|bei|ten ‹Pl.›: *Arbeiten mit dem Ziel, jmdn., etw. zu retten.*
Ret|tungs|as|sis|tent, der: *medizinische Fachkraft, die bis zum Eintreffen des Arztes in Notfällen lebensrettende Maßnahmen am Patienten durchführt u. während des Transports zum Krankenhaus für die Aufrechterhaltung lebenswichtiger Funktionen sorgt.*
Ret|tungs|as|sis|ten|tin, die: w. Form zu ↑ Rettungsassistent.
Ret|tungs|bo|je, die (Seew.): *einer Boje ähnlicher Schwimmkörper mit einer Fahne zum Markieren einer Stelle, an der jmd. über Bord gefallen ist.*
Ret|tungs|boot, das: **a)** (Seew.) *größeres Motorboot zur Rettung Schiffbrüchiger;* **b)** *von größeren Schiffen mitgeführtes kleines Boot zur Rettung der Besatzung u. der Fahrgäste in einer Notsituation (bes. beim Sinken des Schiffes).*
Ret|tungs|dienst, der: **a)** *Dienst* (2) *zur Rettung von Menschen aus [Lebens]gefahr;* **b)** ‹o. Pl.› *Gesamtheit aller Maßnahmen, die der Rettung aus [Lebens]gefahr dienen:* die für den R. zuständigen Institutionen.
Ret|tungs|ex|pe|di|ti|on, die: *Expedition mit dem Ziel, jmdn., etw. zu retten.*
Ret|tungs|fahr|zeug, das: *im Rettungsdienst eingesetztes Fahrzeug.*
Ret|tungs|flug|zeug, das: vgl. Rettungswagen.
Ret|tungs|ge|rät, das: *Gerät zur Rettung von Personen aus [Lebens]gefahr* (z. B. Sprungtuch).
Ret|tungs|hub|schrau|ber, der: vgl. Rettungswagen.
Ret|tungs|in|sel, die (Seew.): *automatisch sich*

aufblasendes, mit einem zeltähnlichen Verdeck versehenes Schlauchboot zur Rettung Schiffbrüchiger o. Ä.

Ret|tungs|kom|man|do, das: vgl. Rettungsmannschaft.

Ret|tungs|kraft, die ⟨meist Pl.⟩: *im Rettungsdienst eingesetzte Arbeitskraft.*

Ret|tungs|leit|stel|le, die: *Einrichtung des Rettungswesens, durch die die Einsätze der Rettungsdienste* (a) *veranlasst werden.*

ret|tungs|los ⟨Adj.⟩: **a)** *keine Möglichkeit der Rettung bietend:* sie waren r. verloren; **b)** ⟨intensivierend bei Adjektiven u. Verben⟩ (ugs.) *in höchstem Maße, völlig:* r. verliebt sein.

Ret|tungs|mann|schaft, die: *für eine Rettungsaktion zusammengestellte Mannschaft; Mannschaft, die zur Rettung von Personen aus [Lebens]gefahr eingesetzt wird.*

Ret|tungs|maß|nahme, die ⟨meist Pl.⟩: *der Rettung von jmdm., etw. dienende Maßnahme.*

Ret|tungs|me|dail|le, die: *Medaille, die an Personen verliehen wird, die unter Einsatz des eigenen Lebens jmdn. aus Lebensgefahr gerettet haben.*

Ret|tungs|pa|ket, das (Politikjargon): *zur Rettung von etw. Bestimmtem dienendes Maßnahmenpaket.*

Ret|tungs|plan, der: *Plan für die Rettung einer Person, Sache.*

Ret|tungs|ring, der: **1.** *ring-, auch hufeisenförmiger Schwimmkörper, mit dem sich Ertrinkende od. Schiffbrüchige über Wasser halten können.* **2.** (ugs. scherzh.) *etwa in Höhe der Hüfte um den Körper verlaufender Fettwulst (bei dicken Menschen).*

Ret|tungs|sa|ni|tä|ter, der: *im Rettungsdienst* (a) *tätiger Sanitäter.*

Ret|tungs|sa|ni|tä|te|rin, die: w. Form zu ↑Rettungssanitäter.

Ret|tungs|schirm, der: **1.** (Flugw.) *Rettungsfallschirm, Fallschirm, mit dessen Hilfe sich eine mit einem Fluggerät in der Luft befindliche od. mit einem Fallschirm abgesprungene u. in eine Notlage geratene Person unter günstigen Umständen retten kann.* **2.** (bes. Politik) *Rettungspaket.*

Ret|tungs|schlit|ten, der: *(von der Bergwacht verwendetes) einem Schlitten ähnliches Transportmittel für die Bergung von Verletzten.*

Ret|tungs|schuss, der: in der Fügung **finaler R.** (Polizeiw.: *auf einen Täter abgegebener, dessen Tötung bezweckender Schuss zur Rettung der anderen, von dem Täter bedrohten Person – z. B. bei einer Geiselnahme*).

Ret|tungs|schwim|men, das; -s: *Übungen im Wasser (z. B. Tauchen, Schwimmen in Kleidern), die der Vorbereitung zur Rettung Ertrinkender dienen.*

Ret|tungs|schwim|mer, der: *im Rettungsschwimmen ausgebildeter Schwimmer.*

Ret|tungs|schwim|me|rin, die: w. Form zu ↑Rettungsschwimmer.

Ret|tungs|sta|ti|on, die: *Station eines Rettungsdienstes* (a).

Ret|tungs|stel|le, die: vgl. Rettungsstation.

Ret|tungs|ver|such, der: *Versuch, jmdn. zu retten.*

Ret|tungs|wa|gen, der: *im Rettungsdienst eingesetztes Kraftfahrzeug.*

Ret|tungs|we|sen, das ⟨o. Pl.⟩: *Gesamtheit aller Einrichtungen u. Maßnahmen zur Rettung von Menschenleben.*

Ret|tungs|wes|te, die (Seew.): *Schwimmweste, durch die auch bewusstlose Träger[innen] vor dem Ertrinken geschützt sind.*

¹Re|turn [ˈriːtøːɐ̯n, riˈtœrn, engl. rɪˈtɜːn], der; -s, -s [engl. return, zu: to return < (a)frz. retourner, ↑retournieren] (Badminton, Tennis, Tischtennis): *Rückschlag* (2) *[nach einem gegnerischen Aufschlag]:* der R. *(zurückgeschlagene Ball)* landete im Netz.

²Re|turn ⟨o. Art.⟩ [zu: ¹Return]: Kurzf. von ↑Returntaste.

Re|turn|tas|te, die: *Taste auf der Computertastatur zum Bestätigen od. Beenden eines Vorgangs.*

Re|tu|sche, die; -, -n [frz. retouche, zu: retoucher, ↑retuschieren] (bes. Fotogr., Druckw.): **a)** *das Retuschieren:* an einem Foto, einem Klischee eine R. vornehmen; **b)** *retuschierte Stelle:* einige kaum erkennbare -n.

re|tu|schie|ren ⟨sw. V.; hat⟩ [frz. retoucher = wieder berühren, überarbeiten, aus: re- (< lat. re- = wieder) u. toucher, ↑touchieren] (bes. Fotogr., Druckw.): *(bes. an einem Foto, einer Druckvorlage) nachträglich Veränderungen anbringen (um Fehler zu korrigieren, Details hinzuzufügen od. zu entfernen):* ein Foto, ein Negativ r.; ein retuschiertes Bild.

Reue, die; - [mhd. riuwe, ahd. (h)riuwa, urspr. = seelischer Schmerz, H. u.]: *tiefes Bedauern über etw., was nachträglich als Unrecht, als [moralisch] falsch empfunden wird:* aufrichtige, bittere, tiefe R. [über etw.] empfinden, fühlen; [keine Spur von] R. zeigen; Strafmilderung bei öffentlicher R.; er tat es ohne R.; tätige R. (Rechtsspr.; *Abkehr eines Täters, einer Täterin von einer bereits eingeleiteten strafbaren Handlung u. seine/ihre aktive Bemühung, etwaigen Schaden zu verhindern*).

reu|en ⟨sw. V.; hat⟩ [mhd. riuwen (sw. u. st. V.), ahd. (h)riuwan, (h)riuwōn] (geh.): *Reue in jmdm. hervorrufen:* sein Verhalten, die Tat reut ihn; der Kauf, die Geldausgabe reute ihn *(tat ihm leid);* ⟨auch unpers.:⟩ reut es dich *(bedauerst du, tut es dir leid),* mitgefahren zu sein?; Keine ertragreiche Zeit … Aber sie reut mich trotzdem nicht (Gaiser, Schlußball 38).

reue|voll ⟨Adj.⟩ (geh.): *von Reue über etw. erfüllt; voll Reue:* r. seine Schuld bekennen.

Reu|geld, das: **1.** (Rechtsspr., Wirtsch.) *Geldsumme, die vereinbarungsgemäß beim Rücktritt von einem Vertrag zu zahlen ist.* **2.** (Rennsport) *Geldbuße, die der Eigentümer zu zahlen hat, wenn er sein zu einem Rennen gemeldetes Pferd nicht teilnehmen lässt.*

reu|ig ⟨Adj.⟩ [mhd. riuwec, ahd. (h)riuwig] (geh.): *Reue empfindend, reuevoll:* ein -er Sünder; ein -es Eingeständnis seiner Schuld.

reu|mü|tig ⟨Adj.⟩ (öfter scherzh.): *Reue empfindend, bezeugend:* ein -es Geständnis; r. zurückkehren.

Re|u|ni|on, die; -, -en [frz. réunion, aus: ré- = wieder u. union = Union]: **1.** (bildungsspr. veraltet) *[Wieder]vereinigung.* **2.** ⟨Pl.⟩ (Geschichte) *(in der 2. Hälfte des 17. Jh.s) territoriale Annexionen Ludwigs XIV. von Frankreich (bes. im Elsass u. in Lothringen).*

Reu|se, die; -, -n [mhd. riuse, ahd. riusa, rūs(s)a, urspr. = aus Rohr Geflochtenes, zu ↑Rohr]: **a)** Kurzf. von ↑Fischreuse: -n stellen; Aale in -n fangen; **b)** Kurzf. von ↑Vogelreuse.

Reu|ße, der; -n, -n (früher): *Russe.*

re|üs|sie|ren ⟨sw. V.; hat⟩ [frz. réussir < ital. riuscire, eigtl. = wieder hinausgehen] (bildungsspr.): *Anerkennung finden, Erfolg haben:* [als Autor, bei jmdm., mit etw.] r.

Reu|ßin, die; -, -nen: w. Form zu ↑Reuße.

reu|ten ⟨sw. V.; hat⟩ [mhd., ahd. riuten, verw. mit ↑raufen] (südd., österr., schweiz. veraltet): ↑roden.

◆**¹Reu|ter,** der; -s, - [zu ↑reuten]: *jmd., der rodet, Waldflächen urbar macht:* Der Meisen-Sepp war in seinen jüngeren Jahren R. und Waldhüter gewesen (Rosegger, Waldbauernbub 31).

◆**²Reu|ter,** der; -s, - [wohl < mniederl. ruyter, rut(t)er = Wegelagerer, Straßenräuber < mlat. ruterus = Angehöriger einer militär. Abteilung, zu: rut(t)a, ↑¹Rotte; unter Einfluss von mniederl. ruyter te peerde = Wegelagerer zu Pferde, dann als Nebenf. von ↑¹Reiter aufgefasst]: ¹*Reiter* (1): … erzähle ihr die hübsche Geschichte von dem kecken R. (Heine, Rabbi 459); … da kommt mir eine starke Patrouille entgegen, R., Fußvolk, bis an die Zähne bewaffnet (E. T. A. Hoffmann, Fräulein 7); Ganze Haufen böhmischer R. schwadronieren im Holz herum (Schiller, Räuber II, 3).

◆**Reu|ters|knecht,** der: *berittener Soldat:* … die klirrenden Pfundsporen verkündigten den schweren R. (Heine, Rabbi 465).

Rev. = Reverend.

Re|vak|zi|na|ti|on, die; -, -en [aus lat. re- = wieder u. Vakzination = Impfung] (Med.): *Zweit-, Wiederimpfung.*

Re|val: früherer deutscher Name von ↑Tallin[n].

re|va|lie|ren ⟨sw. V.; hat⟩ [zu lat. re- = wieder u. valere = Wert haben, gültig sein] (Kaufmannsspr.): *(eine Schuld) decken.*

Re|va|lie|rung, die; -, -en (Kaufmannsspr.): *Deckung (einer Schuld).*

Re|va|lva|ti|on, die; -, -en [geb. nach ↑Devalvation] (Wirtsch.): *Aufwertung einer Währung durch Korrektur des Wechselkurses.*

re|val|vie|ren ⟨sw. V.; hat⟩ [geb. nach ↑devalvieren] (Wirtsch.): *aufwerten.*

Re|van|che [reˈvãːʃə, ugs. auch: reˈvaŋʃə], die; -, -n […ʃn] [frz. revanche, zu: (se) revancher, ↑revanchieren]: **1.** (veraltend) *Vergeltung für eine erlittene [militärische] Niederlage:* auf R. sinnen. **2.** *das Sichrevanchieren* (E. T. A. Hoffmann, Fräulein 7): … das ist eine R. für deine Gemeinheiten. **3.** *Gegendienst, Gegenleistung für etw.:* als R. für ihre Hilfe lud er alle zu einem Fest ein. **4.** (Sport, Spiel) **a)** *Chance, eine erlittene Niederlage bei einem Wettkampf in einer Wiederholung wettzumachen:* R. fordern; vom Gegner eine R. verlangen; jmdm. R. geben; R. nehmen, üben *(die Gelegenheit wahrnehmen, seine Niederlage wettzumachen);* auf R. brennen; **b)** *Rückspiel, bei dem eine vorangegangene Niederlage wettgemacht werden soll:* eine erfolgreiche, missglückte R.

Re|van|che|foul, das (Sport): *Foul, das jmd. an einem Spieler, einer Spielerin begeht, der/die ihn zuvor gefoult hat.*

Re|van|che|po|li|tik, die ⟨o. Pl.⟩: *revanchistische Politik eines Landes.*

re|van|chie|ren [revãˈʃiːrən, ugs. auch: revaŋˈʃiːrən], sich ⟨sw. V.; hat⟩ [frz. (se) revancher, zu: re- (< lat. re- = zurück, wieder) u. venger < lat. vindicare = rächen]: **1.** *jmdm. bei passender Gelegenheit etw. heimzahlen; sich für etw. rächen:* eines Tages wird er sich [für deine Bosheiten] r. **2.** *sich für etw. mit einer Gegengabe, Gegenleistung bedanken, erkenntlich zeigen:* er revanchierte sich bei ihr mit einem großen Blumenstrauß für die Gastfreundschaft. **3.** (Sport) *eine erlittene Niederlage durch einen Sieg in einem zweiten Spiel gegen denselben Gegner ausgleichen, wettmachen:* sich durch ein 2 : 0, mit einem 2 : 0 [für die Niederlage] r.

Re|van|chis|mus [revãˈʃɪsmʊs, auch: revaŋ…], der; - [russ. revanšizm] (bes. kommunist. abwertend): *Politik, die auf die Rückgewinnung in einem Krieg verlorener Gebiete od. die Annullierung aufgezwungener Verträge mit militärischen Mitteln ausgerichtet ist.*

Re|van|chist [revãˈʃɪst, auch: revaŋ…], der; -en, -en [russ. revanšist] (bes. kommunist. abwertend): *jmd., der in seinem Denken u. Handeln eine Revanchepolitik vertritt.*

Re|van|chis|tin, die; -, -nen: w. Form zu ↑Revanchist.

re|van|chis|tisch ⟨Adj.⟩ [nach russ. revanšistskij] (bes. kommunist. abwertend): *den Revanchis-*

mus betreffend: -e Kräfte, Kreise; diese Politik ist r.

Re|ve|nue [rəvəˈnyː], die; -, -n [...ˈnyːən] ⟨meist Pl.⟩ [frz. revenu, zu: revenir = wiederkommen < lat. revenire] (veraltend): *Einkünfte aus Vermögen o. Ä.:* ◆ *Am 29. Mai war ... eine Kindtaufe – es war seine erste – sie war seine erste R.* (*Einnahme aus Gebühren für eine [geistliche] Amtshandlung;* Jean Paul, Wutz 26).

Re|ve|rend [ˈrɛvərənd], der; -s, -s [engl. Reverend < lat. reverendus = Verehrungswürdiger, zu: revereri = sich fürchten, scheuen; verehren, aus: re- = wieder, zurück u. vereri = ängstlich beobachten, sich scheuen]: **1.** ⟨o. Pl.⟩ *(in englischsprachigen Ländern) Titel u. Anrede für einen Geistlichen* (Abk.: Rev.) **2.** *Träger dieses Titels.*

Re|ve|renz, die; -, -en [lat. reverentia = Ehrfurcht, zu revereri, ↑Reverend] (bildungsspr.): **1.** *Ehrerbietung, Hochachtung einem Höhergestellten, einer Respektsperson gegenüber:* jmdm. [die, seine] R. erweisen, bezeigen (*jmdn. mit Respekt, Ehrerbietung [be]grüßen*). **2.** *Verbeugung, Verneigung o. Ä. als Bezeigung von Respekt:* eine ehrerbietige R. [vor jmdm. machen].

¹Re|vers [rəˈvɛːɐ̯, reˈvɛːɐ̯, ...ˈvɛːɐ̯], das, österr.: der; -, - [frz. revers, zu lat. reversum, 2. Part. von: revertere = umwenden]: *(mit dem Kragen eine Einheit bildender) mehr od. weniger breiter Aufschlag am Vorderteil bes. von Mänteln, Jacken, Jacketts:* ein schmales, breites, steigendes, fallendes R.

²Re|vers [reˈvɛrs, rəˈvɛːɐ̯], der; -es [reˈvɛrzəs] u. - [rəˈvɛːɐ̯(s)], -e [reˈvɛrzə] u. - [rəˈvɛːɐ̯s] [frz. revers = Rückseite, zu ↑¹Revers] (Münzkunde): *Rückseite einer Münze od. Medaille.*

³Re|vers, der; -es, -e [mlat. reversum = Antwort, eigtl. = umgekehrtes Schreiben, zu lat. revertere, ↑¹Revers]: *schriftliche Erklärung, durch die sich jmd. zu etw. Bestimmtem verpflichtet.*

Re|verse [rɪˈvəːs], das; - [engl. reverse, zu: to reverse < frz. reverser = umkehren]: *Autoreverse.*

re|ver|si|bel ⟨Adj.⟩ [frz. réversible, zu lat. reversum, ↑¹Revers] (Fachspr.): *umkehrbar: reversible und irreversible Prozesse.*

Re|ver|si|bi|li|tät, die; - (Fachspr.): *Umkehrbarkeit.*

¹Re|ver|si|b|le [...b̩l], der; -s [zu engl. reversible = doppelseitig, wendbar, zu: to reverse < frz. reverser = umkehren] (Textilind.): *Gewebe, Stoff, bei dem beide Seiten als Außenseite verwendet werden können.*

²Re|ver|si|b|le [...b̩l], das; -s, -s [zu ↑¹Reversible]: *Kleidungsstück, das beidseitig getragen werden kann.*

re|ver|sie|ren ⟨sw. V.; hat⟩ [frz. reverser, ↑¹Reversible]: **1.** (österr.) *(mit einem Fahrzeug) zurücksetzen, wenden.* **2.** (veraltet) *sich schriftlich verpflichten.* **3.** (Technik) *[bei Maschinen] den ¹Gang (6) umschalten.*

Re|ver|si|on, die; -, -en [lat. reversio, zu: reversum, ↑¹Revers] (Fachspr.): *Umkehrung, Umdrehung.*

Re|vers|sys|tem, das (Wirtsch.): *Sicherstellung von Preisbindungen durch Verpflichtung der Zwischenhändler u. Einzelhändler.*

re|vi|die|ren ⟨sw. V.; hat⟩ [mlat. revidere = prüfend einsehen < lat. revidere, 2. Part.: revisum) = wieder hinsehen, aus: re- = wieder, zurück u. videre = sehen]: **1.** *auf seine Richtigkeit, Korrektheit, seinen ordnungsgemäßen Zustand o. Ä. hin prüfen, durchsehen: die Geschäftsbücher r.;* **b)** *auf etw. hin kontrollieren, durchsuchen:* an der Grenze wurde das Gepäck revidiert; Sie schleichen um unsere Baracken und revidieren die Abfalltonnen (*durchsuchen sie nach Brauchbarem;* Remarque, Westen 135). **2. a)** *etw., von dem erkannt wurde, dass es so*

nicht [mehr] richtig ist, korrigieren: sein Urteil r.; eine Prognose nach oben, nach unten r.; **b)** *nach Überprüfung [ab]ändern:* einen Gesetzesparagrafen r.; die revidierte (*durchgesehene u. verbesserte*) Auflage eines Buches. **3.** (schweiz.) ²*überholen* (2), *wieder instand setzen:* eine Maschine r.

Re|vier, das; -s, -e [mniederl. riviere = (a)frz. rivière = Ufer(gegend); Fluss < vlat. riparia = am Ufer Befindliches, zu lat. ripa = Ufer]: **1.** *[Tätigkeits-, Aufgaben]bereich, in dem jmd. sich verantwortlich, zuständig o. ä. fühlt, tätig ist:* jeder versucht sein R. abzugrenzen, sich sein R. zu erhalten, in dem er selbstständig arbeiten kann; sie weigerte sich, die Küche als ihr R. zu betrachten; das ist [nicht] mein R. (ugs.; *da habe ich [nichts] zu sagen, dafür bin ich [nicht] zuständig o. Ä.*); ◆ (auch die:) In dieser R. *(Gegend)* herum, sagen sie, werd' ich ihn antreffen (Schiller, Räuber III, 2). **2.** (Zool.) *begrenzter Bereich, Platz (in der freien Natur), den ein Tier als sein Territorium betrachtet, in das es keine Artgenossen eindringen lässt:* der Hirsch verteidigt, markiert sein R. **3.** Kurzf. von ↑Polizeirevier (1): einen Verdächtigen, Betrunkenen aufs R. mitnehmen; er muss sich auf dem R. melden. **4.** Kurzf. von ↑Forstrevier. **5.** Kurzf. von ↑Jagdrevier. **6.** (Soldatenspr.) **a)** (veraltet) *Unterkunft der Soldaten in der Kaserne:* das R. reinigen; die Rekruten dürfen das R. nicht verlassen; **b)** *Raum in einer Kaserne, in dem leichter erkrankte Soldaten u. Soldatinnen behandelt werden:* im R. liegen; er hatte eine Verletzung, die im R. behandelt wurde. **7.** (Bergbau) *größeres Gebiet, in dem Bergbau betrieben wird:* die -e im Wolga-Ural-Raum; er kommt aus dem rheinischen R. **8.** (selten) Kurzf. von ↑Industrierevier.

Re|vier|förs|ter, der: *Forstbeamter des gehobenen Dienstes.*

Re|vier|förs|te|rin, die: w. Form zu ↑Revierförster.

Re|view [rɪˈvjuː], das od. der; -s, -s, auch: die; -, -s [engl. review < frz. revue, ↑Revue]: *kritische Besprechung eines [künstlerischen] Produkts o. Ä.*

Re|vi|re|ment [revir(ə)ˈmɑ̃ː], das; -s, -s [frz. virement = Umschwung, zu: virer = wenden, über das Vlat. zu lat. vibrare, ↑vibrieren] (bildungsspr.): *Umbesetzung von Ämtern, bes. Staatsämtern:* im Außenministerium hat ein R. stattgefunden; ein R. vornehmen.

Re|vi|si|on, die; -, -en [mlat. revisio = prüfende Wiederdurchsicht, zu lat. revisum, 2. Part. von: revidere, ↑revidieren]: **1. a)** *das Revidieren (1 a):* eine R. der Kasse vornehmen, durchführen; **b)** *das Revidieren (1 b); Durchsuchung, Kontrolle:* eine R. des Gepäcks fand nicht statt. **2.** (Druckw.) *das Durchsehen, Prüfen eines Abzugs (2) auf die ordnungsgemäße Ausführung der Korrekturen hin:* eine R. der Druckbogen. **3. a)** *das Revidieren (2 a), Änderung:* eine R. seines Urteils, seiner Meinung; **b)** *das Revidieren (2 b); Abänderung:* die R. eines Gesetzes, Vertrags. **4.** (Rechtsspr.) *gegen ein [Berufungs]urteil einzulegendes Rechtsmittel, mit dem geprüft wird, ob bei einem gefällten Urteil ein Gesetz fehlerhaft angewendet wurde od. andere Verfahrensmängel bestanden:* gegen ein Urteil R. ankündigen, beantragen, einlegen; die R. verwerfen, zurückweisen; der Anwalt der Klägerin geht in die R. (*wendet das Rechtsmittel der Revision an*).

Re|vi|si|o|nis|mus, der; - (Politik): **1.** *Bestreben, eine bestehende, als bestehend [völkerrechtlichen] Zustands od. eines [politischen] Programms herbeizuführen.* **2.** *(innerhalb der internationalen Arbeiterbewegung) Richtung, die*

bestrebt ist, den orthodoxen Marxismus durch Sozialreformen abzulösen.

Re|vi|si|o|nist, der; -en, -en: *Anhänger, Verfechter des Revisionismus.*

Re|vi|si|o|nis|tin, die; -, -nen: w. Form zu ↑Revisionist.

re|vi|si|o|nis|tisch ⟨Adj.⟩: *zum Revisionismus gehörend; den Revisionismus betreffend.*

Re|vi|si|ons|an|trag, der (Rechtsspr.): *Antrag auf Revision (4) eines Urteils.*

re|vi|si|ons|be|dürf|tig ⟨Adj.⟩: *in einem Zustand befindlich, in dem eine Revision (3) notwendig macht:* ein -es Urteil.

◆ **Re|vi|si|ons|be|rei|sung**, die: *Reise zum Zwecke des Revidierens (1 a) [einer untergeordneten Behörde, eines Amtsbezirks o. Ä.]:* Der Herr Gerichtsrat Walter kömmt, aus Utrecht. Er ist in R. auf den Ämtern (Kleist, Krug 1).

Re|vi|si|ons|ge|richt, das (Rechtsspr.): *Gericht, das über das Rechtsmittel der Revision (4) entscheidet.*

Re|vi|si|ons|ver|fah|ren, das (Rechtsspr.): *Verfahren beim Revisionsgericht.*

Re|vi|si|ons|ver|hand|lung, die (Rechtsspr.): *Verhandlung vor dem Revisionsgericht.*

Re|vi|sor, der; -s, ...oren [zu lat. revisum, ↑Revision]: **1.** *[Wirtschafts]prüfer.* **2.** (Druckw.) *Korrektor, dem die Überprüfung der letzten Korrekturen im druckfertigen Bogen obliegt.*

Re|vi|so|rin, die: w. Form zu ↑Revisor.

Re|vi|ta|li|sie|ren ⟨sw. V.; hat⟩ [zu lat. re- = wieder u. ↑vitalisieren]: **1.** (Biol., Med.) *(den Körper, ein Organ o. Ä.) wieder kräftigen, funktionsfähig machen:* den Körper mithilfe von Frischzellen r. **2.** (bes. österr.) *wieder instand setzen, renovieren.*

Re|vi|ta|li|sie|rung, die; -, -en: *das Revitalisieren, das Revitalisiertwerden.*

Re|vi|val [rɪˈvaɪvl̩], das; -s, -s [engl. revival, zu: to revive = wieder beleben < (m)frz. revivre < lat. revivere = wieder leben]: *das Wiederaufleben, Erneuerung (z. B. eines lange nicht gespielten Theaterstücks o. Ä.).*

Re|vol|te, die; -, -n [frz. révolte, eigtl. = Umwälzung, zu: révolter, ↑revoltieren]: *[politisch motivierte] gegen bestehende Verhältnisse gerichtete Auflehnung einer kleineren Gruppe:* eine offene R. bricht aus; eine R. machen; gegen jmdn. entfachen; eine R. niederschlagen, unterdrücken.

re|vol|tie|ren ⟨sw. V.; hat⟩ [frz. révolter, eigtl. = zurück-, umwälzen < ital. rivoltare = umdrehen, empören, über das Vlat. < lat. revolvere (2. Part.: revolutum) = zurückrollen, -drehen] (bildungsspr.): **1.** *sich an einer Revolte beteiligen; eine Revolte machen:* die Gefangenen revoltierten. **2.** *gegen jmdn., etw. aufbegehren, sich auflehnen:* sie revoltierten gegen die schlechte Behandlung; Ü nach dem reichlichen Mahl begann ihr Magen zu r. (*es wurde ihr übel*).

Re|vo|lu|ti|on, die; -, -en [frz. révolution, eigtl. = Umdrehung, Umwälzung < spätlat. revolutio = das Zurückwälzen, -drehen, zu lat. revolutum, ↑revoltieren]: **1.** *auf radikale Veränderung der bestehenden politischen u. gesellschaftlichen Verhältnisse ausgerichteter, gewaltsamer Umsturz[versuch]:* die Französische R.; eine R. findet statt, bricht aus; die R. scheitert, siegt, bricht zusammen; eine R. machen, niederschlagen, beenden; Ü die industrielle R. (*die wirtschaftliche Umwälzung durch den Übergang von der Manufaktur zur Großindustrie;* LÜ von engl. Industrial Revolution; von dem brit. Historiker A. J. Toynbee [1889–1975] geprägter Begriff; Kaum hätten die Deutschen eine R. angefangen, so ginge ihr das Herz auch schon ab, weil sie sich erst überlegen müssten, ob sie denn auch fair sei (Feuchtwanger, Erfolg 592). **2.** *umwälzende, bisher Gültiges, Bestehendes*

o. Ä. verdrängende, grundlegende Neuerung, tief greifende Wandlung: eine R. in der Mode, in Fragen der Kindererziehung.

re|vo|lu|ti|o|när ⟨Adj.⟩ [frz. révolutionnaire, zu: révolution, ↑ Revolution]: **1.** *auf eine Revolution* (1) *abzielend:* eine -e Bewegung, Gruppe; -er Gedanken, Ziele, Forderungen; -er Kampf; -e Lieder, Gedichte *(Lieder, Gedichte, die die Revolution verherrlichen, zur Revolution aufrufen)*; r. denken. **2.** *eine tief greifende Wandlung bewirkend; (im Hinblick auf seine Neuheit) eine Umwälzung darstellend:* eine -e Entdeckung, Erfindung; diese Idee ist r.

Re|vo|lu|ti|o|när, der; -s, -e [frz. révolutionnaire, zu: révolution, ↑ Revolution]: **1.** *jmd., der an einer Revolution* (1) *beteiligt ist, auf eine Revolution hinarbeitet.* **2.** *jmd., der auf einem Gebiet als Neuerer auftritt:* er war ein R. auf dem Gebiet der Architektur.

Re|vo|lu|ti|o|nä|rin, die; -, -nen: w. Form zu ↑ Revolutionär.

re|vo|lu|ti|o|nie|ren ⟨sw. V.; hat⟩ [frz. révolutionner, zu: révolution, ↑ Revolution]: *grundlegend umgestalten, verändern, in Aufruhr bringen:* eine Erfindung, die das Weltbild revolutioniert.

Re|vo|lu|ti|o|nie|rung, die; -, -en: *das Revolutionieren, das Revolutioniertwerden.*

Re|vo|lu|ti|ons|füh|rer, der: *Anführer einer Revolution* (1).

Re|vo|lu|ti|ons|füh|re|rin, die: w. Form zu ↑ Revolutionsführer.

Re|vo|lu|ti|ons|ge|richt, das (Politik): *Gericht einer Revolutionsregierung.*

Re|vo|lu|ti|ons|rat, der (Politik): *im Gefolge eines revolutionären Umsturzes sich bildende Gruppe, die die Macht ausübt.*

Re|vo|lu|ti|ons|re|gie|rung, die: *Regierung, die aus einer Revolution* (1) *hervorgegangen ist.*

Re|vo|lu|ti|ons|tri|bu|nal, das: *während einer Revolution* (1) *eingesetzter Gerichtshof zur Aburteilung politischer Gegner[innen].*

Re|vo|luz|zer, der; -s, - [ital. rivoluzionario, zu: rivoluzione = Revolution < spätlat. revolutio, ↑ Revolution] (abwertend): *jmd., der sich [bes. mit Worten, in nicht ernst zu nehmender Weise] als Revolutionär* (1) *gebärdet.*

Re|vo|luz|ze|rin, die; -, -nen: w. Form zu ↑ Revoluzzer.

Re|vo|luz|zer|tum, das ⟨o. Pl.⟩ (abwertend): *Wesen, Verhalten eines Revoluzzers bzw. einer Revoluzzerin.*

Re|vol|ver, der; -s, - [engl. revolver, zu: to revolve = drehen < lat. revolvere, ↑ revoltieren; nach der sich drehenden Trommel]: **1.** *Faustfeuerwaffe, bei der sich die Patronen in einer drehbar hinter dem Lauf angeordneten Trommel befinden:* den R. laden, entsichern, abdrücken, ziehen, auf jmdn. richten. **2.** Kurzf. von ↑ Revolverkopf.

Re|vol|ver|blatt, das (abwertend): *reißerisch aufgemachte Zeitung, die in der Hauptsache unsachlich von zu Sensationen aufgebauschten Vorkommnissen u. Kriminalfällen berichtet.*

Re|vol|ver|dreh|bank, die: *Drehbank, die mit einem Revolverkopf ausgerüstet ist.*

Re|vol|ver|held, der (abwertend): *jmd., der sich leicht in Streitereien verwickelt u. dann bedenkenlos um sich schießt.*

Re|vol|ver|hel|din, die: w. Form zu ↑ Revolverheld.

Re|vol|ver|kopf, der (Technik): *drehbare Vorrichtung (an verschiedenen Geräten u. bei der Revolverdrehbank), mit deren Hilfe Zusatzgeräte od. -werkzeuge schnell nacheinander in Gebrauch genommen werden können.*

Re|vol|ver|schal|tung, die: *Krückstockschaltung.*

Re|vol|ver|ta|sche, die: *[am Gürtel getragene] Tasche für den Revolver* (1).

re|vol|vie|ren ⟨sw. V.; hat⟩ [lat. revolvere, ↑ revoltieren] (Technik): *zurückdrehen.*

Re|vol|ving|ge|schäft [rɪˈvɔlvɪŋ...], das; -[e]s, -e (Wirtsch.): *mithilfe von Revolvingkrediten finanziertes Geschäft.*

Re|vol|ving|kre|dit, der; -[e]s, -e [engl. revolving credit] (Wirtsch.): **1.** *Kredit, der der Liquidität des Kreditnehmers entsprechend zurückgezahlt u. bis zu einer vereinbarten Höhe erneut in Anspruch genommen werden kann.* **2.** *(zur Finanzierung langfristiger Projekte dienender) Kredit in Form von immer wieder prolongierten od. durch verschiedene Gläubiger gewährten formal kurzfristigen Krediten.*

re|vo|zie|ren ⟨sw. V.; hat⟩ [lat. revocare] (bildungsspr.): *sein Wort, eine Äußerung o. Ä. zurücknehmen, widerrufen.*

Re|vue [rəˈvyː, auch: rə...], die; -, -n [...ˈvyːən] [frz. revue, eigtl. = das noch einmal Angesehene, subst. 2. Part. von: revoir = wieder sehen < lat. revidere = wieder hinsehen]: **1. a)** *musikalisches Ausstattungsstück mit einer Folge von sängerischen, tänzerischen u. artistischen Darbietungen, die häufig durch eine lose Rahmenhandlung zusammengehalten werden:* eine R. ausstatten, inszenieren; **b)** *Truppe, die eine Revue* (1 a) *darbietet: die Revue gastiert in vielen Städten.* **2.** *Zeitschrift, die einen allgemeinen Überblick über ein bestimmtes [Fach]gebiet gibt (auch in Titeln):* eine literarische R. **3.** (Militär veraltet) *Truppenschau, Parade:* eine R. abnehmen; * *etw., jmdn. R. passieren lassen (etw. in seinem Ablauf, Personen [in einer Abfolge] in Gedanken noch einmal an sich vorbeiziehen lassen;* viell. nach frz. passer les troupes en revue = Truppen paradieren lassen).

Re|vue|film, der: *Verfilmung einer Revue* (1 a).

Re|vue|star, der: *zu einer Revue* (1 b) *gehörender Star.*

Re|vue|the|a|ter, das: *Theater, an dem vorwiegend Revuen* (1 a) *gespielt werden.*

¹Rex, der; -, Reges [ˈreːgeːs] [lat. rex = Lenker, König, zu: regere, ↑ regieren]: *[altrömischer] Königstitel:* R. christianissimus *(Allerchristlichster König).*

²Rex, der; -, -e ⟨Pl. selten⟩ (Schülerspr.): *Direx.*

Rex|ap|pa|rat®, der; -[e]s, -e (österr.): *Einwecktopf.*

Rey|kja|vik [ˈrɛikjaviːk, auch: ˈrai̯kjaviːk, ...vɪk]: *Hauptstadt von Island.*

Re|y|on [rɛˈjõː], der od. das; - [engl. rayon, frz. rayonne < frz. rayon = Strahl, zu lat. radius, ↑ Radius; nach dem glänzenden Aussehen] (veraltend): *Viskose.*

Re|zen|sent, der; -en, -en [zu lat. recensens (Gen.: recensentis), 1. Part. von recensere, ↑ rezensieren]: *Verfasser einer Rezension* (1).

Re|zen|sen|tin, die; -, -nen: w. Form zu ↑ Rezensent.

re|zen|sie|ren ⟨sw. V.; hat⟩ [lat. recensere = sorgfältig prüfen, aus: re- = wieder, zurück u. censere = begutachten, einschätzen]: *(eine [wissenschaftliche] Arbeit o. Ä.) kritisch besprechen:* ein Buch, einen Film r.

Re|zen|si|on, die; -, -en [lat. recensio = Musterung, zu: recensere, ↑ rezensieren]: **1.** *kritische Besprechung eines Buches, einer wissenschaftlichen Veröffentlichung, künstlerischen Darbietung o. Ä., bes. in einer Zeitung od. Zeitschrift:* -en über pädagogische Schriften; der Film bekam gute -en *(wurde allgemein positiv beurteilt).* **2.** (Fachspr.) *berichtigende Durchsicht eines alten Textes; Herstellung einer dem Urtext möglichst nahekommenden Fassung.*

Re|zen|si|ons|ex|em|plar, das: *Exemplar einer Neuerscheinung, das der Verlag als Freiexemplar an mögliche Rezensenten u. Rezensentinnen verschickt.*

re|zent ⟨Adj.⟩ [lat. recens (Gen.: recentis) = jung]: **a)** (Biol.) *gegenwärtig [noch] lebend, auftretend od. sich bildend:* -e Formationen, Tiere, Pflanzen; **b)** (österr., schweiz.) *gegenwärtig existierend, erst vor Kurzem entstanden, zeitgenössisch, heutig, neu, aktuell:* -e Romane, Filme, Studien.

Re|zept, das; -[e]s, -e [spätmhd. recept < mlat. receptum, eigtl. = (es wurde) genommen, 2. Part. von (m)lat. recipere, ↑ rezipieren, urspr. Bestätigung des Apothekers für das ↑ recipe des Arztes auf dessen schriftlicher Verordnung]: **1.** *schriftliche ärztliche Anweisung zur Abgabe, gegebenenfalls auch Herstellung bestimmter Arzneimittel in der Apotheke:* ein R. ausschreiben, ausstellen; das Mittel gibt es nur auf R. **2.** *Anleitung zur Zubereitung eines Gerichts o. Ä. mit Mengenangaben für die einzelnen Zutaten; Koch-, Backrezept:* ein R. ausprobieren; nach R. backen; Ü nach bewährtem R. *(nach erprobtem Muster).*

Re|zept|block, der ⟨Pl. ...blöcke u. -s⟩: *Block* (5) *zum Ausschreiben von Rezepten* (1).

re|zept|frei ⟨Adj.⟩: *ohne Rezept* (1) *[erhältlich]:* ein -es Schlafmittel.

re|zep|tie|ren ⟨sw. V.; hat⟩: *(als Arzt od. Ärztin) ein Rezept* (1) *ausschreiben:* jmdm. ein Medikament r.

Re|zep|tie|rung, die; -, -en: *das Rezeptieren; Verordnung* (2).

Re|zep|ti|on, die; -, -en [lat. receptio = Aufnahme, zu: recipere, ↑ rezipieren]: **1.** (bildungsspr.) *Auf-, Übernahme fremden Gedanken-, Kulturguts:* die R. des römischen Rechts. **2.** (bildungsspr.) *verstehende Aufnahme eines Kunstwerks, Textes durch den Betrachtenden, Lesenden od. Hörenden.* **3.** [frz. réception < lat. receptio] *Aufnahme[raum], Empfangsbüro im Foyer eines Hotels.*

Re|zep|ti|ons|ge|schich|te, die ⟨o. Pl.⟩: *Geschichte der Rezeption* (2) *eines Kunstwerks innerhalb eines größeren Zeitraums.*

re|zep|tiv ⟨Adj.⟩ (Fachspr.): *[nur] aufnehmend, empfangend; empfänglich:* -es Verhalten.

Re|zep|ti|vi|tät, die; - (Fachspr.): *Aufnahmefähigkeit, Empfänglichkeit [für Sinneseindrücke].*

Re|zep|tor, der; -s, ...oren ⟨meist Pl.⟩ [lat. receptor = Aufnehmer] (Biol., Physiol.): **1.** *Ende einer Nervenfaser od. spezialisierte Zelle, die Reize aufnehmen u. in Erregungen umwandeln kann.* ♦ **2.** *Steuereinnehmer:* Der R. ... fühlte nach seinen urkundlichen Papieren in der Tasche (Immermann, Münchhausen 165).

re|zep|to|risch ⟨Adj.⟩ (Biol., Physiol.): *Rezeptoren betreffend; von ihnen aufgenommen.*

re|zept|pflich|tig ⟨Adj.⟩: *verschreibungspflichtig:* ein -es Medikament.

Re|zep|tur, die; -, -en: **1.** (Pharm.) **a)** *Zubereitung von Arzneimitteln nach Rezept:* Kenntnisse in der R.; **b)** *Arbeitsraum in einer Apotheke zur Herstellung von Arzneimitteln.* **2.** *Zusammensetzung eines Arznei-, Pflege-, Nahrungs-, Genussmittels o. Ä. nach bestimmter Anweisung.*

Re|zes|si|on, die; -, -en [engl. recession < lat. recessio = das Zurückgehen, zu: recedere = zurückweichen, -gehen, aus: re- = zurück, wieder u. cedere = weichen] (Wirtsch.): *[leichter] Rückgang der Konjunktur.*

re|zes|siv ⟨Adj.⟩ (Biol.): *(von Erbfaktoren) zurücktretend, nicht in Erscheinung tretend.*

Re|zes|si|vi|tät, die; - (Biol.): *Eigenschaft eines Gens od. des entsprechenden Merkmals, im Erscheinungsbild eines Lebewesens nicht hervorzutreten.*

re|zi|div ⟨Adj.⟩ [lat. recidivus, zu: recidere = zurückkommen] (Med.): *(von Krankheiten,*

Krankheitssymptomen) wiederkehrend, wieder auflebend: -e Schmerzen.

Re|zi|div, das; -s, -e (Med.): Rückfall.

re|zi|di|vie|ren ⟨sw. V.; hat⟩ (Med.): *(von Krankheiten) in Abständen wiederkehren.*

Re|zi|pi|ent, der; -en, -en [zu lat. recipiens (Gen.: recipientis); 1. Part. von: recipere, ↑ rezipieren] (Kommunikationsf.): *jmd., der einen Text, ein Werk der bildenden Kunst, ein Musikstück o. Ä. rezipiert* (b); *Hörer, Leser, Betrachter.*

Re|zi|pi|en|tin, die; -, -nen: w. Form zu ↑ Rezipient.

re|zi|pie|ren ⟨sw. V.; hat⟩ [lat. recipere = ein-, aufnehmen] (bildungsspr.): **a)** *fremdes Gedanken-, Kulturgut aufnehmen, übernehmen;* **b)** *einen Text, ein Kunstwerk als Leser[in], Hörer[in] od. Betrachter[in] sinnlich erfassen.*

re|zi|p|rok ⟨Adj.⟩ [(frz.) réciproque <) lat. reciprocus = auf demselben Wege zurückkehrend] (Fachspr.): *wechselseitig, gegenseitig [erfolgend], aufeinander bezüglich:* -e Verhältnisse; reflexive Pronomen können r. gebraucht werden.

Re|zi|p|ro|zi|tät, die; - (Fachspr.): *Gegen-, Wechselseitigkeit, Wechselbezüglichkeit.*

Re|zi|tal: ↑ Recital.

Re|zi|ta|ti|on, die; -, -en [lat. recitatio = das Vorlesen, zu: recitare, ↑ rezitieren]: *künstlerischer Vortrag einer Dichtung.*

Re|zi|ta|tiv, das; -s, -e [ital. recitativo, zu: recitare < lat. recitare, ↑ rezitieren]: *solistischer, instrumental begleiteter Sprechgesang (in einer Oper[ette], Kantate, einem Oratorium).*

re|zi|ta|ti|visch ⟨Adj.⟩: *in der Art eines Rezitativs [vorgetragen].*

Re|zi|ta|tor, der; -s, ...oren [lat. recitator = Vorleser, zu: recitare, ↑ rezitieren]: *jmd., der rezitiert.*

Re|zi|ta|to|rin, die; -, -nen: w. Form zu ↑ Rezitator.

re|zi|ta|to|risch ⟨Adj.⟩: *den Rezitator bzw. die Rezitation, die Rezitation betreffend.*

re|zi|tie|ren ⟨sw. V.; hat⟩ [lat. recitare = vortragen, aus: re- = zurück, wieder u. citare = aufrufen, hören lassen]: *eine Dichtung, ein literarisches Werk künstlerisch vortragen:* Gedichte r.

re|zy|k|lie|ren ⟨sw. V.; hat⟩ [zu lat. re- = wieder, zurück u. ↑ Zyklus]: *recyceln.*

rf., rfz. = rinforzando.

R-Ge|spräch [ˈɛr...], das; -[e]s, -e [R = Rückfrage] (Telefonie): *Ferngespräch, bei dem das Entgelt (nach vorheriger Rückfrage) vom Angerufenen übernommen wird.*

Rgt. = Regiment.

rh = Rh-negativ.

Rh = Rh-positiv; Rhodium.

¹Rha|bar|ber, der; -s, - [ital. rabarbaro (älter: reubarbaro) < mlat. rheu barbarum (u. rha barbarum), eigtl. = fremdländische Wurzel, zu spätlat. r(h)eum = Wurzel (< spätgriech. rhā, rhēon) u. lat. barbarus = fremdländisch < griech. bárbaros]: **a)** *(als Staude wachsende) Pflanze mit großen Blättern u. langen, fleischigen Blattstielen von grüner bis hellroter Farbe;* **b)** *säuerlich schmeckende Blattstiele des ¹ Rhabarbers* (a), *aus denen Kompott o. Ä. zubereitet wird.*

²Rha|bar|ber, das; -s [lautm., wegen der lautlichen Ähnlichkeit angelehnt an ↑ ¹Rhabarber] (ugs.): *unverständliches, undeutliches Gemurmel.*

Rha|bar|ber|ku|chen, der: *mit ¹Rhabarber* (b) *belegter Kuchen.*

Rhab|dom, das; -s, -e [zu griech. rhábdos = Stab, Rute] (Anat.): *Stäbchen* (3) *u. Zapfen* (6) *in der Netzhaut des Auges.*

Rha|ga|de, die; -, -n ⟨meist Pl.⟩ [zu griech. rhágas (Gen: rhagádos) = Riss] (Med.): *kleiner Einriss in der Haut (z. B. an Händen od. Lippen infolge starker Kälte).*

Rhap|so|de, der; -n, -n [griech. rhapsodós, eigtl. = Zusammenfüger von Liedern; zu: rháptein = zusammennähen u. ōdḗ, ↑ Ode] (Literaturwiss.): *fahrender Sänger im alten Griechenland, der [epische] Dichtungen vorträgt.*

Rhap|so|die, die; -, -n [lat. rhapsodia < griech. rhapsōdía]: **1. a)** *von einem Rhapsoden vorgetragene [epische] Dichtung;* **b)** *ekstatisches Gedicht in freier Gestaltung (bes. aus der Zeit des Sturm u. Drangs).* **2.** *Instrumental- od. Vokalstück mit fantastischem, oft balladenhaften od. volksliedhaften Elementen.*

rhap|so|disch ⟨Adj.⟩: **a)** *die Rhapsodie, den Rhapsoden betreffend; in freier Form [gestaltet]:* -e Dichtung; **b)** (bildungsspr. selten) *bruchstückhaft, unzusammenhängend:* ein nur -er Zusammenhang.

Rhät: ↑ Rät.

rhe: ↑ ree.

Rhein, der; -[e]s: Fluss in Westeuropa.

rhein|ab, rhein|ab|wärts ⟨Adv.⟩: *den Rhein abwärts.*

Rhein|an|ke, Reinanke, die; -, -n [mhd. rinanke, ↑ Renken]: Blaufelchen.

rhein|auf, rhein|auf|wärts ⟨Adv.⟩: *den Rhein aufwärts.*

Rhein|fall, der; -[e]s: Wasserfall des Rheins (bei Schaffhausen, Schweiz).

Rhein|gau, der, (landsch.:) das; -[e]s: Landschaft in Hessen.

Rhein|hes|se [auch: ˈraɪn...], der: Ew.

Rhein|hes|sen [auch: ˈraɪn...]; -s: Gebiet in Rheinland-Pfalz.

Rhein|hes|sin [auch: ˈraɪn...], die: w. Form zu ↑ Rheinhesse.

rhein|hes|sisch [auch: ˈraɪn...] ⟨Adj.⟩: *Rheinhessen betreffend; von den Rheinhessen ausgehend.*

rhei|nisch ⟨Adj.⟩: *den Rhein, das Rheinland, dessen Bewohner u. ihre Sprache betreffend.*

rhei|nisch-west|fä|lisch ⟨Adj.⟩: *das rheinische u. das westfälische Gebiet betreffend.*

Rhein|land, das; -[e]s: Gebiet zu beiden Seiten des Mittel- u. Niederrheins (Abk.: Rhld.).

Rhein|lan|de ⟨Pl.⟩ (Geschichte): Siedlungsreiche der Franken beiderseits des Rheins.

Rhein|län|der, der; -s, -: **1.** Ew. **2.** *der Polka ähnlicher Paartanz im ²/₄-Takt.*

Rhein|län|de|rin, die; -, -nen: w. Form zu ↑ Rheinländer (1).

rhein|län|disch ⟨Adj.⟩: *das Rheinland, die Rheinländer[innen] betreffend; aus dem Rheinland stammend.*

Rhein|land-Pfalz: deutsches Bundesland.

rhein|land-pfäl|zisch ⟨Adj.⟩: *Rheinland-Pfalz betreffend; aus Rheinland-Pfalz stammend.*

Rhein|pro|vinz, die; - (Geschichte): *ehemalige preußische Provinz beiderseits des Mittel- u. Niederrheins.*

Rhein|schna|ke, die: *(bes. in den Auwäldern des Rheins vorkommende) Stechmücke.*

Rhein|sei|te, die: vgl. Rheinufer.

Rhein|wein, der: *am Rhein angebauter Wein.*

Rhe|ni|um, das; -s [zu lat. Rhenus = Rhein, von seinem Entdecker, dem dt. Physikochemiker W. Noddack (1893–1960), so benannt nach der rhein. Heimat seiner Frau]: *weiß glänzendes, sehr hartes Schwermetall von großer Dichte, das als Bestandteil chemisch besonders widerstandsfähiger Legierungen Verwendung findet* (chemisches Element; Zeichen: Re).

Rheo|lo|gie, die; - [zu griech. rhéos = das Fließen u. ↑ -logie]: *Teilgebiet der Physik, das sich mit den Erscheinungen, die beim Fließen u. Verformen von Stoffen unter Einwirkung äußerer Kräfte auftreten, befasst.*

Rheo|s|tat, der; -[e]s od. -en, -e[n] [zu griech. statós = gestellt, stehend] (Physik): *stufenweise veränderlicher elektrischer Widerstand für genaueste Messungen.*

Rheo|t|ron [...troːn], das; -s, ...one, auch: -s: *Betatron.*

Rhe|sus, der; -, - [von dem frz. Naturforscher J.-B. Audebert (1759–1800) geb. nach dem Namen des thrakischen Sagenkönigs Rhesus]: *Rhesusaffe.*

Rhe|sus|af|fe, der: *(zu den Meerkatzen gehörender, in Süd- u. Ostasien in Horden lebender) Affe mit bräunlichem Fell, rotem Gesäß u. langem Schwanz.*

Rhe|sus|fak|tor, der (Med.): *(zuerst beim Rhesusaffen entdeckter) dominant erblicher Faktor der roten Blutkörperchen, dessen Vorhandensein od. Fehlen neben der Blutgruppe wichtiges Bestimmungsmerkmal beim Menschen ist, um Komplikationen bei Schwangerschaften u. Transfusionen vorzubeugen:* R. negativ (Rh-negativ; Zeichen: rh); R. positiv (Rh-positiv; Zeichen: Rh).

Rhe|tor, der; -s, ...oren [lat. rhetor < griech. rhḗtōr, zu: eírein = sagen, sprechen]: *Redner, Meister der Redekunst [im alten Griechenland].*

Rhe|to|rik, die; -, -en [mhd. rhetorick < lat. rhetorica (ars) < griech. rhētorikḗ (téchnē)]: **a)** ⟨Pl. selten⟩ *Redekunst;* **b)** *Lehre von der wirkungsvollen Gestaltung der Rede;* **c)** *Lehrbuch der Redekunst.*

Rhe|to|ri|ker, der; -s, -: *Redner, der die Rhetorik* (a) *beherrscht.*

Rhe|to|ri|ke|rin, die; -, -nen: w. Form zu ↑ Rhetoriker.

Rhe|to|rin, die; -, -nen: w. Form zu ↑ Rhetor.

rhe|to|risch ⟨Adj.⟩ [lat. rhetoricus < griech. rhētorikós]: **a)** *die Rhetorik betreffend:* -e Figuren (Redefiguren); die Frage ist rein r. *(um der Wirkung willen gestellt, ohne dass eine Antwort erwartet wird);* **b)** *die Redeweise betreffend:* mit -em Schwung.

Rheu|ma, das; -s (ugs.): Kurzf. von ↑ Rheumatismus.

Rheu|ma|de|cke, die: vgl. Rheumawäsche.

Rheu|ma|ti|ker [österr. auch: ...ˈmaːt...], der; -s, - (Med.): *jmd., der an Rheumatismus leidet.*

Rheu|ma|ti|ke|rin [österr. auch: ...ˈmaːt...], die; -, -nen: w. Form zu ↑ Rheumatiker.

rheu|ma|tisch [österr. auch: ...ˈmaːt...] ⟨Adj.⟩ [lat. rheumaticus < griech. rheumatikós] (Med.): **a)** *auf Rheumatismus beruhend, durch ihn bedingt;* **b)** *an Rheumatismus erkrankt, leidend.*

Rheu|ma|tis|mus, der; -, ...men [lat. rheumatismus < griech. rheumatismós, eigtl. = das Fließen (der Krankheitsstoffe), zu: rheūma = das Fließen] (Med.): *schmerzhafte Erkrankung der Gelenke, Muskeln, Nerven, Sehnen:* akuter und chronischer R.; R. haben; an R. leiden.

rheu|ma|to|id ⟨Adj.⟩ [zu griech. -oeidḗs = ähnlich] (Med.): *dem Rheumatismus ähnlich.*

Rheu|ma|to|lo|ge, der; -n, -n [↑ -loge] (Med.): *Facharzt für rheumatische Erkrankungen.*

Rheu|ma|to|lo|gin, die; -, -nen: w. Form zu ↑ Rheumatologe.

Rheu|ma|wä|sche, die ⟨o. Pl.⟩: *gegen Rheumatismus wirkende, wärmende Unterwäsche.*

Rh-Fak|tor [ɛrˈhaː...], der (Med.): Kurzf. von ↑ Rhesusfaktor.

rhin-, Rhin-: ↑ rhino-, Rhino-.

Rhi|ni|tis, die; -, ...itiden [zu griech. rhís (Gen.: rhinós) = Nase] (Med.): *Entzündung der Nasenschleimhaut.*

rhi|no-, Rhi|no-, ⟨vor Vokalen auch:⟩ rhin-, Rhin- [griech. rhís (Gen.: rhinós)]: Best. in Zus. mit der Bed. *Nase* (z. B. rhinogen, Rhinoskop, Rhinalgie).

Rhi|no|lo|ge, der; -n, -n [↑-loge] (Med.): *Facharzt auf dem Gebiet der Rhinologie.*
Rhi|no|lo|gie, die; - [↑-logie]: *Nasenheilkunde.*
Rhi|no|lo|gin, die; -, -nen: w. Form zu ↑ Rhinologe.
Rhi|no|s|kop, das; -s, -e [zu griech. skopeīn = betrachten] (Med.): *Nasenspiegel* (1).
Rhi|no|s|ko|pie, die; -, -n (Med.): *Untersuchung mit dem Rhinoskop.*
Rhi|no|ze|ros, das; -[ses], -se [mhd. rinôceros < lat. rhinoceros < griech. rhinókerōs, zu: kéras = Horn]: **1.** *Nashorn.* **2.** [unter Anlehnung an ↑ Ross] (salopp abwertend) *Dummkopf, Trottel.*

rhi|zo-, Rhi|zo- [zu griech. rhíza: Best. in Zus. mit der Bed. *Wurzel, Spross* (z. B. rhizoid, Rhizodermis).

Rhi|zo|der|mis, die; -, ...men [zu griech. dérma = Hülle] (Bot.): *die Wurzel der höheren Pflanzen umgebendes Gewebe, das zur Aufnahme von Wasser u. Nährsalzen aus dem Boden dient.*
Rhi|zom, das; -s, -e [griech. rhízōma = das Eingewurzelte] (Bot.): *unter der Erde od. dicht über dem Boden wachsender, mehrere Winter überdauernder Spross (bei vielen Stauden), von dem nach unten die eigentlichen Wurzeln, nach oben die Blatttriebe ausgehen; Wurzelstock.*
Rhi|zo|sphä|re, die; -, -n (Biol.): *von Pflanzenwurzeln durchsetzte Schicht des Bodens.*
Rh-ne|ga|tiv ⟨Adj.⟩ (Med.): *(im Blut) den Rhesusfaktor nicht aufweisend* (Zeichen: rh): *eine -e Mutter.*
Rho, der; -[s], -s [griech. rhō, aus dem Semit.]: *siebzehnter Buchstabe des griechischen Alphabets* (P, ρ).
Rhode Is|land ['roud 'aɪlənd]; - -s: *Bundesstaat der USA.*
Rho|de|län|der, das; -s, - [zu ↑ Rhode Island]: *rotbraunes, schweres Haushuhn, das auch im Winter regelmäßig Eier legt.*
Rho|de|si|en; -s: früherer Name von ↑ Simbabwe.
rho|disch ⟨Adj.⟩: *zu Rhodos gehörend, aus Rhodos stammend.*
Rho|di|um, das; -s [zu griech. rhódon = Rose, nach der meist rosenroten Farbe vieler Verbindungen mit Rhodium]: *sehr seltenes, gut formbares Edelmetall, das wegen seines silberähnlichen Glanzes u. seiner Widerstandsfähigkeit zur galvanischen Herstellung dünner Schichten auf Silberschmuck, Spiegeln u. Ä. verwendet wird* (chemisches Element; Zeichen: Rh).
Rho|do|den|d|ron, der, auch: das; -s, ...dren [lat. rhododendron < griech. rhodódendron = Oleander, eigtl. = Rosenbaum, zu: déndron = Baum]: *(in asiatischen Gebirgen beheimatete) als Zierstrauch kultivierte Pflanze mit ledrigen Blättern u. roten, violetten, gelben od. weißen Blüten in großen Dolden.*
Rho|dop|sin, das; -s [zu griech. ópsis = das Sehen] (Med., Zool.): *roter Farbstoff in den Stäbchen der Netzhaut.*
Rho|dos; Rhodos': griech. Insel im Mittelmeer.
Rhom|ben: Pl. von ↑ Rhombus.
rhom|bisch ⟨Adj.⟩ (Geom.): *in der Form eines Rhombus; rautenförmig.*
Rhom|bo|eder, das; -s, - [zu griech. hédra = Fläche] (Geom.): *von sechs gleichen Rhomben begrenzter Körper, der auch als Form bei Kristallbildungen vorkommt.*
rhom|bo|id ⟨Adj.⟩ [griech. rhomboeidḗs, zu: -oeidḗs = ähnlich] (Geom.): *einem Rhombus ähnlich.*
Rhom|bo|id, das; -[e]s, -e (Geom.): *Parallelogramm mit paarweise ungleichen Seiten.*
Rhom|bus, der; -, ...ben [lat. rhombus < griech. rhómbos = Kreisel; Doppelkegel; verschobenes Quadrat, zu: rhémbesthai = sich im Kreise dre-

hen] (Geom.): *Parallelogramm mit gleichen Seiten;* ²*Raute.*
Rhön, die; -: *Teil des Hessischen Berglandes.*
Rho|ne, die; -: *schweizerisch-französischer Fluss.*
Rhön|rad, das [das Gerät wurde 1925 in der ↑ Rhön entwickelt]: *[Turn]gerät aus zwei großen, durch Querstangen verbundenen Stahlrohrreifen, zwischen denen akrobatische Turn- u. Sprungübungen durchgeführt werden können.*
Rho|ta|zis|mus, der; -, ...men [griech. rhōtakismós = Gebrauch od. Missbrauch des ↑ Rho] (Sprachwiss.): *Lautwandel, bei dem ein zwischen Vokalen stehendes stimmhaftes s zu r wird* (z. B. bei verlieren/Verlust).
Rh-po|si|tiv ⟨Adj.⟩ (Med.): *(im Blut) den Rhesusfaktor aufweisend* (Zeichen: Rh): *ein -er Vater.*
Rhythm and Blues ['rɪðəm ən 'bluːz], der; --- [engl. rhythm and blues]: *aufrüttelnder Musikstil der Schwarzen Nordamerikas, der stark akzentuierten Beatrhythmus mit der Melodik des Blues verbindet.*
Rhyth|men: Pl. von ↑ Rhythmus.
Rhyth|mik, die; -: **1.** *rhythmischer Charakter, Art des Rhythmus* (2). **2. a)** *Kunst der rhythmischen Gestaltung;* **b)** *Lehre vom Rhythmus, von der rhythmischen Gestaltung.*
rhyth|misch ⟨Adj.⟩ [spätlat. rhythmicus < griech. rhythmikós]: **1.** *nach bestimmtem Rhythmus erfolgend; in harmonisch gegliedertem Aufbau u. Wechsel der einzelnen Gestaltungselemente:* *-e Gymnastik; mit -en Bewegungen.* **2.** *den Rhythmus betreffend, für den Rhythmus bestimmt:* *-e Instrumente; -es Gefühl haben; r. exakt spielen.*
rhyth|mi|sie|ren ⟨sw. V.; hat⟩: *in einen bestimmten Rhythmus bringen:* *ein Thema r.;* ⟨meist im 2. Part.:⟩ *eine stark rhythmisierte Musik, Sprechweise.*
Rhyth|mus, der; -, ...men [lat. rhythmus < griech. rhythmós = Gleichmaß, eigtl. = das Fließen, zu: rheīn = fließen; schon ahd. ritmusen (Dativ Pl.)]: **1. a)** (Musik) *zeitliche Gliederung des melodischen Flusses, die sich aus der Abstufung der Tondauer, der Tondauer u. des Tempos ergibt:* *ein bewegter, schneller R.; Ü der R. der Großstadt;* **b)** (Sprachwiss.) *Gliederung des Sprachablaufs durch Wechsel von langen u. kurzen, betonten u. unbetonten Silben, durch Pausen u. Sprachmelodie:* *ein strenger, gebundener R.; freie Rhythmen (frei gestaltete, rhythmisch bewegte Sprache, aber ohne reimende Strophen u. Reime).* **2.** *Gleichmaß, gleichmäßig gegliederte Bewegung; periodischer Wechsel, regelmäßige Wiederkehr:* *der R. der Jahreszeiten.* **3.** *Gliederung eines Werks der bildenden Kunst, bes. eines Bauwerks, durch regelmäßigen Wechsel bestimmter Formen:* *ein horizontaler, vertikaler R.*
Rhyth|mus|gi|tar|re, die: *als Rhythmusinstrument eingesetzte Gitarre.*
Rhyth|mus|grup|pe, die: *Gruppe der Rhythmusinstrumente, die den Gegenpart zu den Melodieinstrumenten bildet.*
Rhyth|mus|in|s|t|ru|ment, das: *Musikinstrument (z. B. Gitarre, Banjo), das den Beat* (1) *zu schlagen hat.*
Ri|ad: *Hauptstadt von Saudi-Arabien.*
Ri|al, der; -[s], -s ⟨aber: 100 Rial⟩ [pers., arab. riyāl < span. real, ↑ ¹Real]: *Währungseinheit in Iran, Jemen u. Oman* (Abk.: Rl., Rl, R).
RIAS, der; - [Rundfunk im amerikanischen Sektor (von Berlin)]: *Rundfunkanstalt in Berlin* (bis 1992).
♦ **Rib|be,** die; -, -n [mhd. (md.) ribbe]: (bes. im 17. u. 18. Jh.) *Nebenf. von ↑ Rippe:* *...doch ihr dient alles, was eine R. (jeder Mann) weniger hat* (Kleist, Käthchen II, 3); *Drängt nicht oft Posei-

don den Kiel des Schiffes gewaltig nach der verderblichen Syrt' und spaltet Planken und -n* (Spanten, Schiffsrippen; Goethe, Achilleis 257 f.).
rib|beln ⟨sw. V.; hat⟩ [Intensivbildung zu landsch. ribben, Nebenf. von ↑ reiben] (landsch.): *zwischen Daumen u. Zeigefinger rasch [zer]reiben.*
Ri|bi|sel, die; -, -[n] [zu ital. ribes < mlat. ribes = Johannisbeere < arab. rībās = eine Art Rhabarber] (österr.): *Johannisbeere.*
Ri|bi|sel|wein, der (österr.): *Wein aus Johannisbeeren.*
Ri|bo|fla|vin, das; -s, -e [zu ↑ Ribose u. lat. flavus = gelb] (Biochemie): *in Hefe, Milch, Leber u. a. vorkommende, intensiv gelb gefärbte Substanz mit Vitamincharakter.*
Ri|bo|nu|k|le|in|säu|re, die [zu ↑ Ribose] (Biochemie): *aus Phosphorsäure, Ribose u. organischen Basen aufgebaute chemische Verbindung in den Zellen aller Lebewesen, die verantwortlich ist für die Übertragung der Erbinformation vom Zellkern in das Zellplasma u. für den Transport von Aminosäuren im Zellplasma zu den Ribosomen, an denen der Verknüpfung der Aminosäuren zu Eiweißen erfolgt* (Abk.: RNS).
Ri|bo|se, die; -, -n [Kunstwort] (Biochemie): *bes. im Zellplasma vorkommendes Monosaccharid der Ribonukleinsäure.*
Ri|bo|se|nu|k|le|in|säu|re, die (Biochemie): *Ribonukleinsäure.*
Ri|bo|som, das; -s, -en ⟨meist Pl.⟩ [zu griech. sōma = Körper] (Biochemie): *vor allem aus Ribonukleinsäuren u. Protein bestehendes, für den Eiweißaufbau wichtiges, submikroskopisch kleines Körnchen.*
Ri|cer|car [ritʃerˈkaːɐ̯], das; -s, -e, **Ri|cer|ca|re** [...ˈkaːra], das; -[s], ...ri [ital. ricercare, zu: ricercare = abermals suchen] (Musik): *Instrumentalstück, in dem ein Thema imitatorisch verarbeitet wird.*
Richt|an|ten|ne, die (Funkt.): *Antenne, die elektromagnetische Wellen in eine bestimmte Richtung lenkt od. aus ihr empfängt.*
Richt|ba|ke, die (Seew.): *zwei in kurzem Abstand hintereinanderliegende Baken, deren verlängerte Verbindungslinie den richtigen Kurs anzeigt.*
Richt|baum, der: vgl. Richtkranz.
Richt|beil, das: *Beil des Scharfrichters.*
Richt|blei, das (Bauw.): ¹*Lot* (1 a).
Rich|te, die; - [mhd. riht(e), ahd. rihtī, zu ↑ recht] (landsch.): *gerade Richtung:* * ♦ **in die R. gehen** (den kürzesten Weg nehmen: ♦ ...lass uns hier durch diesen Tempel in die R. gehen* [Lessing, Nathan V, 6]).
rich|ten ⟨sw. V.; hat⟩ [mhd., ahd. rihten, zu ↑ recht u. urspr. = gerade machen; in eine bestimmte, senkrechte Richtung, Stellung od. Lage bringen]: **1. a)** *in eine bestimmte Richtung bringen, lenken:* *das Fernrohr, die Kamera auf etw. r.; den Blick auf jmdn., in die Ferne r.; den Kurs nach Norden r.; die Waffe gegen sich selbst r. (sich erschießen, zu erschießen versuchen);* Ü *seine Wünsche auf ein bestimmtes Ziel r.;* **b)** *sich mit einer mündlichen od. schriftlichen Äußerung an jmdn. wenden:* *eine Bitte, Aufforderung, Mahnung, Rede an jmdn. r.; die Frage, der Brief war an dich gerichtet (für dich bestimmt); das Wort an jmdn. r. (jmdn. ansprechen).* **2.** ⟨r. + sich⟩ **a)** *(von Sachen) sich in eine bestimmte Richtung wenden:* *ihre Augen richteten sich auf mich; die Scheinwerfer richteten sich plötzlich alle auf einen Punkt;* Ü *sein ganzer Hass richtete sich auf sie;* **b)** *sich (in kritisierender Absicht) gegen jmdn., etw. wenden:* *sich in/mit seinem Werk gegen soziale Missstände r.; gegen wen richtet sich Ihr Verdacht?* **3.** ⟨r. + sich⟩ **a)** *sich ganz auf jmdn., etw. einstellen u. sich in seinem Verhalten entsprechend beein-

flussen lassen: sich nach jmds. Anweisungen, Wünschen r.; ich richte mich ganz nach dir; **b)** *in Bezug auf etw. von anderen Bedingungen abhängen u. entsprechend verlaufen, sich gestalten:* die Bezahlung richtet sich nach der Leistung; wonach richtet sich der Preis? **4. a)** *in eine gerade Linie, Fläche bringen:* einen [Knochen]bruch r.; ihre Zähne mussten gerichtet werden; richt euch! (militärisches Kommando; stellt euch in gerader Linie auf!); **b)** *richtig einstellen* (3 a): eine Antenne r.; **c)** *senkrecht aufstellen; aufrichten:* ein Gebäude r. (Bauw.; *im Rohbau fertigstellen*). **5.** (bes. südd., österr., schweiz.) **a)** *in Ordnung bringen; instand setzen:* sich die Haare r.; die Uhr, das Dach r. *(reparieren)* lassen; ⟨auch ohne Akk.-Obj.:⟩ Er schämte sich und wurde rot, weil er an seiner Hose r. musste, die unbequem (Jahnn, Geschichten 142/143); **b)** *aus einem bestimmten Anlass vorbereiten:* die Betten [für die Gäste] r.; ich habe euch das Frühstück gerichtet; er hat seine Sachen für die Reise gerichtet; **c)** *einrichten, dafür sorgen, dass etw. in Ordnung geht:* das kann ich, das lässt sich schon r. **6. a)** *ein gerichtliches Urteil über jmdn., etw. fällen:* nach geltendem Recht r.; **b)** (geh.) *über jmdn., etw. [unberechtigterweise] urteilen, ein schwerwiegendes, negatives Urteil abgeben:* wir haben in dieser Angelegenheit, über diesen Menschen nicht zu r. **7.** (geh. veraltend) *hinrichten:* der Mörder wurde gerichtet.
Rich|ter, der; -s, - [mhd. rihter, rihtære, ahd. rihtāri]: **1.** *jmd., der der Rechtsprechung ausübt, der vom Staat mit der Entscheidung von Rechtsstreitigkeiten beauftragt ist:* R. [am Landgericht, am Bundesgerichtshof] sein; einen R. als befangen ablehnen; jmdn. vor den R. bringen *(vor Gericht stellen);* jmdn. zum R. bestellen, ernennen, wählen; Ü sich zum R. über jmdn., etw. aufwerfen *(abschätzig über jmdn., etw. urteilen).* **2.** ⟨Pl.⟩ *Buch des Alten Testaments.*
Rich|ter|amt, das ⟨Pl. selten⟩: *Amt* (1 a) *des Richters* (1): das R. ausüben.
Rich|te|rin, die; -, -nen: w. Form zu ↑ Richter (1).
Rich|ter|kol|le|gi|um, das: *Gesamtheit aller an einem ¹Gericht* (1 a) *tätigen Richter* (1).
rich|ter|lich ⟨Adj.⟩: *den Richter* (1) *betreffend, zu seinem Amt gehörend:* die -e Gewalt, Unabhängigkeit; ohne -e Genehmigung *(Genehmigung vonseiten des Richters).*
Rich|ter|ska|la, Rich|ter-Ska|la, die ⟨o. Pl.⟩ [nach dem amerik. Seismologen Ch. F. Richter (1900–1985)]: *Skala zur Messung der Erdbebenstärke.*
Rich|ter|spruch, der (veraltend): *Urteilsspruch.*
Rich|ter|stuhl, der: *Stuhl des Richters im Hinblick auf die Ausübung des Richteramtes:* auf dem R. sitzen *(das Amt des Richters ausüben);* Ü vor Gottes R. treten (geh.; *sterben*).
Rich|ter|tisch, der: *Tisch, an dem das Richterkollegium sitzt.*
Richt|fest, das: *Fest der Handwerker u. des Bauherrn nach Fertigstellung des Rohbaus.*
Richt|feu|er, das (Seew.): vgl. Richtbake.
Richt|funk, der (Funkt.): *Nachrichtenübermittlung mithilfe von Richtantennen.*
Richt|ge|schwin|dig|keit, die: *(in der Bundesrepublik Deutschland) für den Kraftfahrzeugverkehr bes. auf Autobahnen empfohlene [Höchst]geschwindigkeit.*
¹rich|tig ⟨Adj.⟩ [mhd. rihtec, ahd. rihtīg, zu ↑ recht]: **1. a)** *als Entscheidung, Verhalten o. Ä. dem tatsächlichen Sachverhalt, der realen Gegebenheit entsprechend; zutreffend, nicht verkehrt:* der -e Weg; die -e Fährte; das war die -e Antwort auf solch eine Frechheit; eine -e Ahnung, Erkenntnis; sie ist auf der -en Seite; das ist unzweifelhaft r.; ich finde das nicht r., halte das nicht für r.;

[sehr] r.! (bestätigende Floskel); etw. r. beurteilen, verstehen, wissen, machen; er hat mit seiner Meinung r. gelegen (ugs.; *ist der Erwartung anderer entgegengekommen, hat einem Trend entsprochen*); sehe ich das r.? *(habe ich recht, trifft das zu?);* ⟨subst.:⟩ das Richtige tun; das ist genau das Richtige für mich; damit hat sie das Richtige getroffen; **b)** *keinen [logischen] Fehler od. Widerspruch, keine Ungenauigkeiten, Unstimmigkeiten enthaltend:* eine -e Lösung, Auskunft, Antwort, Voraussetzung; seine Rechnung ist r.; etw. r. messen, wiegen; ein Wort r. schreiben, übersetzen; die Uhr geht r.; ⟨subst.:⟩ er hatte im Lotto nur drei Richtige (ugs.; *drei richtige Zahlen getippt*); ♦ **c)** * *etw. ist r. gemacht (etw. ist in bestimmter Weise vereinbart, ist abgemacht, wird in der festgelegten Art u. Weise ausgeführt).* **2. a)** *für jmdn., etw. am besten geeignet, passend:* den -en Zeitpunkt wählen, verpassen; der -e Mann am -en Platz; nicht in der -en Stimmung [zu etw.] sein; eine Sache r. anfassen; der Ort für dieses Gespräch ist nicht r. gewählt; ⟨subst.:⟩ ich halte es für das Richtigste, wenn wir jetzt gehen; für diese Arbeit ist er der Richtige *(der geeignete Mann);* wenn erst der Richtige/die Richtige (ugs.; *der passende Mann/die passende Frau*) kommt; ihr seid mir gerade die Richtigen! (ugs. iron.; als Ausdruck der Kritik); **b)** *den Erwartungen, die an eine bestimmte Person od. Sache gestellt werden, entsprechend; wie es sich gehört; ordentlich:* seine Kinder sollten alle erst einen -en Beruf lernen; wir haben lange Jahre keinen -en Sommer mehr gehabt; ich brauche jetzt ein -es Essen; der Neue, unser Nachbar ist r. *(ist in Ordnung, mit ihm kann man gut auskommen);* zwischen den beiden ist etwas nicht [ganz] r. *(ist etw. nicht in Ordnung);* etw. r. kennen, wissen; erst mal muss ich r. ausschlafen; ich habe noch nicht r. gefrühstückt; du hast die Tür nicht r. zugemacht; ⟨subst.:⟩ er hat nichts Richtiges gelernt; * **nicht ganz r. [im Kopf/im Oberstübchen] sein** (ugs.; *nicht ganz bei Verstand sein*). **3. a)** *in der wahren Bedeutung eines Wortes; nicht scheinbar, sondern echt; wirklich, tatsächlich:* das ist nicht sein -er Name; die Kinder spielen mit -em Geld; sie ist nicht die -e (leibliche) Mutter der Kinder; sie ist eine -e *(typische)* Berlinerin; r. anfangen, lachen, zuhören; **b)** (oft ugs.) *regelrecht, richtiggehend:* du bist ein -er Feigling, Trottel, Profi; er ist noch ein -es *(im Grunde noch ein)* Kind; **c)** (oft ugs.) *sehr; ausgesprochen:* r. wütend, froh, erschrocken sein; dabei kam er sich r. dumm vor; es ist r. kalt geworden; hier ist es r. gemütlich, schön; in ihrem Kleidchen sieht sie r. süß aus.
²rich|tig ⟨Adv.⟩ [zu: ↑ ¹richtig]: *in der Tat, wahrhaftig:* sie sagte, er komme sicher bald, und r., da trat er in die Tür; ja r., ich erinnere mich.
rich|tig|er|wei|se ⟨Adv.⟩: *zu Recht.*
rich|tig|ge|hend ⟨Adj.⟩: *regelrecht, richtig* (3 b): das war eine -e Blamage für dich.
Rich|tig|keit, die; - [spätmhd. richticheit]: *das ¹Richtigsein* (1) *einer Sache:* die R. eines Beschlusses, einer Rechnung; eine Urkunde auf ihre R. prüfen; es muss alles seine R. haben *(ordnungsgemäß ablaufen o. Ä.);* mit dieser Anordnung hat es seine R. *(sie besteht zu Recht, stimmt);* es gab keinen Zweifel an der R. seiner Aussage.
rich|tig|lie|gen ⟨st. V.; hat; südd., österr., schweiz. auch: ist⟩ (ugs.): *sich nicht irren, den Erwartungen entsprechen:* mit dieser Annahme liegen Sie richtig.
rich|tig|ma|chen ⟨sw. V.; hat⟩ (ugs.): *begleichen:* eine Rechnung r.
rich|tig|stel|len ⟨sw. V.; hat⟩: *berichtigen:* lassen Sie mich diese Behauptung erst einmal r.

Rich|tig|stel|lung, die: *das Richtigstellen.*
Richt|kranz, der: *auf dem fertiggestellten Rohbau od. am Baukran befestigter, mit bunten Bändern geschmückter Kranz beim Richtfest.*
Richt|kro|ne, die: *Richtkranz.*
Richt|lat|te, die (Bauw.): *Richtscheit.*
Richt|li|nie, die ⟨meist Pl.⟩: *von einer höheren Instanz ausgehende Anweisung für jmds. Verhalten in einem bestimmten Einzelfall, in einer Situation, bei einer Tätigkeit o. Ä.:* allgemeine -n; -n erlassen, beachten, einhalten, außer Acht lassen; die -n der Wirtschaftspolitik entwickeln, festlegen.
Richt|li|ni|en|ent|wurf, der: *Entwurf* (1 b), *in dem Richtlinien festgelegt sind.*
Richt|li|ni|en|kom|pe|tenz, die: *Kompetenz* (1 b) *zur Festlegung der Richtlinien (bes. in der Politik).*
Richt|mi|k|ro|fon, Richt|mi|k|ro|phon, das: *auf ein einzelnes Geräusch gerichtetes Mikrofon.*
Richt|platz, der: *Platz für [öffentliche] Hinrichtungen.*
Richt|preis, der (Wirtsch.): **a)** *von Behörden od. Verbänden angesetzter Preis, der jedoch nicht eingehalten zu werden braucht;* **b)** *betrieblicher Voranschlag über einen noch nicht genau zu ermittelnden Preis;* **c)** *empfohlener, unverbindlicher Verkaufspreis.*
Richt|punkt, der: *Punkt, auf den eine Schusswaffe beim Schuss gerichtet ist.*
Richt|satz, der: *behördlich errechneter u. festgelegter Satz für etw.:* der derzeitige R. für Sozialmieten.
Richt|scheit, das (Bauw.): *langes, schmales Brett [mit eingebauter Wasserwaage], mit dem man feststellen kann, ob eine Fläche waagerecht, eine Kante gerade ist.*
Richt|schmaus, der: *Hebeschmaus.*
Richt|schnur, die: **1.** *straff gespannte Schnur, mit der (z. B. beim Bauen) gerade Linien abgesteckt werden.* **2.** ⟨Pl. selten⟩ *allgemeingültige Wertvorstellung, woran jmd. sein Handeln u. Verhalten ausrichtet:* Ehrlichkeit war die R. ihres Handelns.
Richt|schwert, das (früher): vgl. Richtbeil.
Richt|spruch, der: **1.** *Ansprache [in Gedichtform] beim Richtfest.* **2.** (veraltend) *Urteilsspruch:* wie lautete der R.?
Richt|stät|te, die (geh.): *Stätte, an der Hinrichtungen stattfinden.*
Richt|strah|ler, der (Funkt.): *Richtantenne, die die elektromagnetischen Wellen in eine bestimmte Richtung abstrahlt.*
Richt|stuhl, der (veraltet): *Richterstuhl.*
Rich|tung, die; -, -en [18. Jh., zu ↑ richten (1 a); mhd. rihtunge = Gericht; Urteil; Friedensschluss, ahd. rihtunga = Gericht; (Ordens)regel]: **1.** *[gerade] Linie der Bewegung auf ein bestimmtes Ziel hin:* die R. einer Straße, eines Flusses; die R. einhalten, ändern, wechseln, verlieren; R. auf die offene See nehmen; jmdm. die R. zeigen, weisen; die R. nach dem Wald, zum Wald einschlagen; aus allen -en *(von überallher)* herbeieilen; in R. Berlin, Osten, des Dorfes; in nördlicher/nördliche R. fahren; in die falsche, in eine andere R. gehen; Ü die R. stimmt (ugs.; *es ist alles in Ordnung*); einem Gespräch eine bestimmte R. geben *(ein Gespräch auf ein bestimmtes Thema bringen).* **2.** *innerhalb eines geistigen Bereichs sich in einer bestimmten Gruppe verkörpernde spezielle Ausformung von Auffassungen o. Ä.:* eine politische, literarische R.; einer bestimmten R. angehören.
rich|tung|ge|bend ⟨Adj.⟩: *auf maßgebende Art richtungweisend:* -e Parteibeschlüsse.
Rich|tungs|än|de|rung, die: *Änderung der Richtung.*

Richtungsentscheidung – Riemenscheibe

Rich|tungs|ent|schei|dung, die: *Entscheidung für eine bestimmte [politische] Ausrichtung.*

Rich|tungs|kampf, der ⟨meist Pl.⟩: *Auseinandersetzung zwischen verschiedenen Richtungen innerhalb einer Partei, weltanschaulichen Gruppe o. Ä.*

rich|tungs|los ⟨Adj.⟩: *keine Richtung aufweisend, ohne irgendwohin gerichtet zu sein:* r. blickende Augen; Ü ein -er *(sich treiben lassender, ohne jede Orientierung lebender)* Mensch.

Rich|tungs|lo|sig|keit, die; -: *das Richtungslossein.*

Rich|tungs|pfeil, der: *Fahrbahnmarkierung in Form eines Pfeiles, die dem Autofahrer anzeigt, in welcher Fahrspur er sich einzuordnen hat, um in eine bestimmte Richtung zu fahren.*

Rich|tungs|streit, der: *Streit um die politische Ausrichtung.*

Rich|tungs|ver|kehr, der: *Verkehr auf Straßen, die für jede Fahrtrichtung eine eigene Fahrbahn haben.*

Rich|tungs|wahl, die: *Wahl (2 a), von der (durch die zur Wahl stehende[n] Person[en]) eine Wende in der politischen Richtung erwartet wird.*

Rich|tungs|wech|sel, der: *Wechsel der Richtung.*

rich|tungs|wei|send, rich|tung|wei|send ⟨Adj.⟩: *auf einem bestimmten Gebiet Möglichkeiten für die künftige Entwicklung zeigend [u. bestimmend]:* eine -e Rede; ein -es Urteil; dieser Parteibeschluss gilt als r.

Richt|waa|ge, die: *Wasserwaage.*

Richt|wert, der: *vorgegebener Wert, an dem tatsächliche Werte gemessen werden, sich orientieren können.*

Richt|zahl, die: vgl. Richtwert.

Rick, das; -[e]s, -e, auch: -s [mhd. (md.) rick(e), zu: rihen, ↑ ¹reihen]: **1.** (landsch.) **a)** *Latte, Stange;* **b)** *Gestell aus Stangen; Lattengestell.* **2.** (Reiten) *Hindernis aus genau übereinanderliegenden Stangen.*

Ri|cke, die; -, -n [wahrsch. Analogiebildung zu ↑ Zicke u. ↑ ²Sicke] (Jägerspr.): *weibliches Reh.*

Ri|ckett|sie […tsi̯ə], die; -, -n ⟨meist Pl.⟩ [nach dem amerik. Pathologen H. T. Ricketts (1871–1910)] (Biol., Med.): *zwischen Bakterie u. Virus stehender Krankheitserreger.*

¹Ri|di|kül, Retikül, der od. das; -s, -e u. -s [frz. ridicule, unter Einfluss von: ridicule (ridikül) entstellt aus: réticule, eigtl. = kleines Netz(werk) < lat. reticulum, Retikulum]: *(bes. im 18./19. Jh.) meist als Behältnis für Handarbeiten dienende beutelartige Tasche:* ♦ Dazu trug sie einen grünseidenen großen R., welchen sie mit gedörrten Birnen und Pflaumen gefüllt hatte (Keller, Kammacher 233).

♦²Ri|di|kül, das; -s [frz. ridicule, zu: ridicule, ↑ ridikül]: *etw., wodurch jmd. lächerlich erscheint; Lächerlichkeit* (1): … weil es die ganze Treibelei und dich an der Spitze mit einem R. ausstattet, das dem Respekt, den die Männer doch ständig beanspruchen, nicht allzu vorteilhaft ist (Fontane, Jenny Treibel 102).

rieb: ↑ reiben.

riech|bar ⟨Adj.⟩ (selten) *sich durch den Geruchssinn wahrnehmen lassend:* … denn unsere Sprache taugt nicht zur Beschreibung der -en Welt (Süskind, Parfum 160).

rie|chen ⟨st. V.; hat⟩ [mhd. riechen, ahd. riohhan, urspr. = rauchen, dunsten]: **1. a)** *durch den Geruchssinn, mit der Nase einen Geruch, eine Ausdünstung wahrnehmen:* den Duft der Rosen, ein Parfüm, jmds. Ausdünstungen r.; Knoblauch nicht r. können *(den Geruch nicht ertragen können);* Ü (ugs.:) Außerdem wunderte ihn der Fünfzigmarkschein, den Kluge dem Buchmacher gegeben hatte. Durch Arbeit war der nicht erworben, das roch Borkhausen sofort *(meinte er sofort zu wissen;* Fallada, Jeder 182); * **jmdn. nicht r. können** (ugs. emotional; *jmdn. aus seiner Umgebung unausstehlich, widerwärtig finden u. nichts mit ihm zu tun haben wollen);* **etw. nicht r. können** (ugs. emotional; *etw. nicht ahnen, im Voraus wissen können);* **b)** *den Geruch von etw. wahrnehmen suchen, indem man die Luft prüfend durch die Nase einzieht:* an einer Rose, Parfümflasche, Salbe r.; * **an etw. mal r. dürfen** (ugs.; *etw. nicht wirklich bekommen, sondern es nur kurze Zeit behalten, ansehen, anfassen dürfen:* meinen neuen Ohrring kriegst du nicht, du darfst höchstens mal dran r.). **2.** *einen bestimmten Geruch verbreiten:* etw. riecht unangenehm, streng, scharf, stark, [wie] angebrannt; das Ei riecht schon [schlecht]; Tulpen riechen nicht; du, das riecht aber [intensiv, gut]!; er roch aus dem Mund, nach Alkohol; die Luft riecht nach Schnee *(es wird noch Schnee geben, wird wahrscheinlich bald schneien);* ⟨auch unpers.:⟩ wonach riecht es hier eigentlich?; hier riecht es nach Gas, Knoblauch, Baldrian; Ü das riecht [mir aber sehr] nach Sensationshascherei (ugs.; *sieht [mir aber sehr] nach Sensationshascherei aus);* diese Sache riecht faul (ugs.; *scheint nicht einwandfrei zu sein);* Mir verzeih, dass ich zu vernünftig für solche geheimnisvollen Glücksgefühle bin … Diese Art Glück riecht für mich, als ob sie ein wenig scheint *(erscheint mir zweifelhaft;* Th. Mann, Hoheit 101); ♦ Draußen roch ihm die Luft natürlich ganz anders als früherhin (Immermann, Münchhausen 332).

Rie|cher, der; -s, - (salopp): **1.** *Nase.* **2.** *sicheres Gefühl, mit dem man etw. errät od. die sich ergebenden Möglichkeiten erfasst, seine Vorteile wahrzunehmen u. Unannehmlichkeiten aus dem Wege zu gehen:* einen guten, den richtigen, gar keinen schlechten R. haben; einen R. für etw. entwickeln.

Riech|hirn, das (Biol., Anat.): *Endhirn, dem über die Riechnerven die Meldungen aus dem Geruchsorgan zugeleitet werden.*

Riech|kol|ben, der (salopp scherzh.): *[große] Nase.*

Riech|mit|tel, das: *(früher bei Ohnmachten angewandte) stark riechende, belebend wirkende Substanz in Form von Riechwasser o. Ä.*

Riech|nerv, der (Anat.): *vom Geruchsorgan zum Riechhirn führender Nerv; Geruchsnerv.*

Riech|stoff, der: *Substanz mit einem charakteristischen Geruch: pflanzliche, tierische -e.*

Riech|was|ser, das ⟨Pl. …wässer⟩: *Duftwasser.*

¹Ried, das; -[e]s, -e [mhd. riet, ahd. (h)riot, urspr., wohl = das Sichschüttelnde, Schwankende]: **a)** *Gesamtheit von Riedgräsern u. Schilf:* das R. rauscht; mit R. bestandene Teiche; **b)** *mit* ¹*Ried (a) bewachsenes, mooriges Gebiet:* im R. spazieren gehen.

²Ried, die; -, -en, Riede, die; -, -n [mhd. riet = gerodetes Stück Land, zu: rieten = ausrotten] (österr.): *Nutzfläche in den Weinbergen.*

Ried|dach: ↑ Reetdach.

Rie|de: ↑ ²Ried.

Rie|del, der; -s, - [aus dem Oberd., eigtl. = Wulst, wohl zu mhd. rīden = (zusammen)drehen] (Geogr.): *flache, meist lang gestreckte, zwischen zwei Tälern liegende Erhebung.*

Ried|gras, das [zu ↑ ¹Ried]: *(überwiegend auf feuchten Böden wachsende) Pflanze mit meist dreikantigen, nicht gegliederten Stängeln, schmalen Blättern u. kleinen Blüten in Ähren od. Rispen.*

rief: ↑ rufen.

Rie|fe, die; -, -n [aus dem Niederd., zu einem Verb mit der Bed. »reißen«, vgl. anord. rífa = reißen] (bes. nordd.): *Rille.*

rie|feln, riefen ⟨sw. V.; hat⟩: *mit Riefen versehen.*

Rie|fe|lung, die; -, -en: **1.** *das Riefeln.* **2.** *geriefelte Stelle, Musterung aus Rillen.*

rie|fen: ↑ riefeln.

rie|fig ⟨Adj.⟩: *Riefen aufweisend.*

Rie|ge, die; -, -n [aus dem Niederd. < mniederd. rīge, eigtl. = Reihe; entspr. mhd. rige, ↑ Reihe; von dem dt. Erzieher F. L. Jahn (1778–1852) in die Turnerspr. eingef.] (bes. Turnen): *Mannschaft, Gruppe, bes. von Turner[inne]n.*

Rie|gel, der; -s, - [mhd. rigel, ahd. rigil, urspr. = Stange, Querholz]: **1. a)** *Vorrichtung mit quer zu verschiebendem [länglichem] Metallstück o. Ä. zum Verschluss von Türen, Toren, Fenstern:* ein hölzerner, eiserner R.; den R. an der Tür vorlegen, vor-, zu-, auf-, zurückschieben; Dann schlug eine Tür heftig ins Schloss, ein R. klirrte (Musil, Mann 159); * **einer Sache** (Dativ) **einen R. vorschieben** *(etw. unterbinden);* **b)** (Schlosserei) *vom Schlüssel bewegter Teil in einem Schloss.* **2. a)** (Militär) *von Truppen, Panzern o. Ä. gebildete Abriegelung:* einen R. bilden; die Panzer durchbrachen den R.; **b)** (bes. Fußball) *durch die Stürmer verstärkte Verteidigung:* einen R. knacken, [um den Strafraum] aufziehen. **3.** *[gleichmäßig unterteiltes] stangenartiges Stück, Streifen:* ein R. Blockschokolade, Seife kaufen. **4.** (Schneiderei) **a)** *statt eines Gürtels auf dem Rückenteil von Mänteln, Jacken an den Enden aufgenähter Stoffstreifen;* **b)** *schmaler, an den Enden aufgenähter Stoffstreifen, durch den ein Gürtel gezogen werden kann;* **c)** *quer verlaufende Benähung der Enden eines Knopflochs, um dessen Ausreißen zu verhindern.* **5.** (Bauw.) *(beim Fachwerkbau) waagerechter Balken als Verbindung zwischen den senkrechten Hölzern.* **6.** (veraltend) *an der Wand befestigtes Brett mit Kleiderhaken.* **7.** (Jägerspr.) *Wildwechsel im Hochgebirge.*

rie|geln ⟨sw. V.; hat⟩ [mhd. rigelen]: **1.** (landsch., sonst veraltet) *ver-, ab-, zuriegeln.* **2.** (Reiten) *durch wechselseitiges Anziehen der Zügel das Pferd in eine bestimmte Haltung zwingen.*

Rie|gel|werk, das [zu ↑ Riegel (5)] (landsch.): *Fachwerk.*

rieh: ↑ ²reihen.

Riem|chen, das; -s, -: **1.** Vkl. zu ↑ ¹Riemen: *eine Sandalette mit schmalen R.* **2.** (Bauw.) *schmales Bauelement (z. B. in Längsrichtung halbierte Fliese).*

¹Rie|men, der; -s, - [mhd. rieme, ahd. riomo, wohl urspr. = abgerissener (Haut)streifen]: **1.** *längeres schmales Band aus Leder, festem Gewebe od. Kunststoff:* ein breiter, schmaler, langer, geflochtener R.; der R. ist gerissen; einen R. verstellen, länger machen, um den Koffer schnallen; die Tasche an einem R. über der Schulter tragen; etw. mit einem R. festschnallen, zusammenhalten; * **den R. enger schnallen** (ugs.; ↑ Gürtel 1); **sich an den R. reißen** (ugs.; *sich zusammennehmen u. sehr anstrengen, um [wenigstens] etw. noch zu erreichen, zu schaffen).* **2.** *Treibriemen:* der R. ist vom Rad abgegangen. **3.** *lederner Schnürsenkel.*

²Rie|men, der; -s, - [mhd. rieme, ahd. riemo < lat. remus = Ruder] (Seemannsspr.): *längeres, mit beiden Händen bewegtes Ruder* (1): die R. ergreifen, einlegen; die Matrosen legten sich mächtig in die R.; Sie schleppten die Burschen nach den Booten. Stießen sie hinein. Setzten sich selbst an die R. (Jahnn, Geschichten 226); * **sich in die R. legen** (↑ Ruder 1).

Rie|men|an|trieb, der ⟨Pl. selten⟩ (Technik): *Antrieb von Maschinen mittels Treibriemen.*

rie|men|för|mig ⟨Adj.⟩: *die Form eines* ¹*Riemens aufweisend.*

Rie|men|schei|be, die (Technik): *radförmiges Maschinenteil, das beim Riemenantrieb zur*

Riemenwerk – Rigorosa

Kraftübertragung zwischen dem Treibriemen u. der Welle dient.

Rie|men|werk, das: miteinander verbundene Riemen; Geflecht o. Ä. aus Riemen.

ri|en ne va plus [rjɛ̃(ə)va'ply:; frz. = nichts geht mehr]: (beim Roulette) Ansage des Croupiers, dass nicht mehr gesetzt werden kann.

¹Rie|se, der; -n, -n [mhd. rise, ahd. riso, H. u.]: **1.** *in Märchen, Sagen u. Mythen auftretendes Wesen von übergroßer menschlicher Gestalt:* ein wilder, böser R.; Ü er ist ein R. *(ein sehr großer, kräftiger Mensch, Hüne);* er ist ein R. an Geist, Gelehrsamkeit *(ist sehr klug, gelehrt);* die felsigen -n *(die sehr hohen Berge)* Südtirols; -n *(Hochhäuser)* aus Beton und Glas; * **abgebrochener R.** (ugs. scherzh.; *sehr kleiner Mann*). **2.** (Astron.) *Riesenstern.* **3.** (salopp) *höchste Banknote (einer bestimmten Währung):* für den alten Wagen wollte er noch zwei -n!

²Rie|se, der; -, -n [mhd. rise, zu: rīsen = fallen, ↑ Reise] (südd., österr.): Kurzf. von ↑ Holzriese.

-rie|se, der; -n, -n (ugs.): kennzeichnet in Bildungen mit Substantiven jmdn. oder etw. als sehr groß, weit ausgebaut und mächtig auf einem bestimmten Gebiet, in einer Branche: Automobil-, Chemie-, Hotel-, Medienriese.

Rie|sel|feld, das: oft ein gewisses Gefälle aufweisendes Feld [am Rand einer Stadt], über das geeignete Abwässer zur Reinigung u. zur gleichzeitigen landwirtschaftlichen Nutzung geleitet werden.

rie|seln ⟨sw. V.⟩ [mhd. riseln = tröpfeln, sachte regnen, zu: rīsen = fallen, ↑ Reise]: **1.** ⟨hat⟩ a) *mit feinem, hellem, gleichmäßigem Geräusch fließen, rinnen:* in der Nähe rieselte eine Quelle, ein Bächlein; **b)** *mit feinem, hellem, gleichmäßigem Geräusch in vielen kleinen Teilchen leise, kaum hörbar nach unten fallen, gleiten, sinken:* leise rieselt der Schnee; an den Wänden rieselte der Kalk. **2.** ⟨ist⟩ a) *irgendwohin fließen, rinnen:* das Wasser rieselt über die Steine; Blut rieselte aus der Wunde in den Sand; Ü ein Schauder rieselte ihm durch die Glieder, über den Rücken; **b)** *sich in leichter u. stetiger Bewegung in vielen kleinen Teilchen nach unten bewegen:* feiner Schnee rieselte zur Erde; sie ließ den Sand durch die Finger r.; der Kalk rieselte von den Wänden; In den Büschen und in den Vorgärten rieselten die Blüten zu Boden (Handke, Brief 19).

Rie|sen|ba|by, das (ugs. emotional verstärkend): Elefantenbaby (2).

Rie|sen|dumm|heit, die (ugs. emotional verstärkend): *sehr große Dummheit* (2).

Rie|sen|er|folg, der (ugs. emotional verstärkend): *sehr großer Erfolg.*

Rie|sen|feh|ler, der (ugs. emotional verstärkend): *sehr großer Fehler.*

Rie|sen|fel|ge, die (Turnen): *mit ausgestrecktem Körper u. gestreckten Armen ausgeführte Felge am Reck.*

Rie|sen|ge|bir|ge, das; -s: höchster Gebirgszug der Sudeten.

Rie|sen|ge|schäft, das (ugs. emotional verstärkend): *sehr großes Geschäft* (1 c).

Rie|sen|ge|winn, der (ugs. emotional verstärkend): *sehr großer Gewinn.*

Rie|sen|glück, das ⟨o. Pl.⟩ (ugs. emotional verstärkend): *besonders großes Glück* (1) *(in einer bestimmten Situation):* er hatte ein R. bei seinem Autounfall!

rie|sen|groß ⟨Adj.⟩ (ugs. emotional verstärkend): *sehr, überraschend, erstaunlich groß:* eine -e Auswahl, Summe; eine -e Dummheit; die Überraschung war r.

rie|sen|haft ⟨Adj.⟩: **a)** *eine außerordentliche, imponierende Größe, Ausdehnung, Stärke aufweisend; gewaltig* (2 a), *riesig* (1 a): ein -es Bauwerk; ein -er Kerl, Mann; **b)** (seltener) *ein außerordentliches Maß, einen sehr hohen Grad aufweisend; gewaltig* (2 b), *riesig* (1 b): eine -e Belastung; -e Anstrengungen unternehmen.

Rie|sen|haf|tig|keit, die: *das Riesenhaftsein.*

Rie|sen|rad, das: *auf Jahrmärkten, bei Volksfesten o. Ä. aufgebaute, elektrisch betriebene Anlage in Form eines sehr großen, sich in vertikaler Richtung drehenden Rades, an dem rundum Gondeln für Fahrgäste angebracht sind:* [mit dem] R. fahren.

Rie|sen|schlan|ge, die: *(in Tropen u. Subtropen verbreitete) sehr große, ungiftige Schlange, die ihre Beute durch Umschlingen u. Erdrücken tötet* (z. B. Boa, Python).

Rie|sen|schritt, der (ugs. emotional verstärkend): *sehr großer Schritt:* -e machen; mit -en *(sehr schnell)* davoneilen.

Rie|sen|sla|lom, der (Ski): *(zu den alpinen Wettbewerben gehörender) Slalom, bei dem die durch Flaggen gekennzeichneten Tore in größerem Abstand stehen, sodass er dem Abfahrtslauf etwas ähnlicher ist.*

Rie|sen|spaß, (österr. auch:) **Rie|sen|spass**, der (ugs. emotional verstärkend): *sehr großer Spaß.*

Rie|sen|stadt, die (ugs. emotional verstärkend): *sehr große Stadt; Megalopole.*

rie|sen|stark ⟨Adj.⟩ (ugs. emotional verstärkend): *stark wie ein* ¹Riese (1), *besonders stark.*

Rie|sen|stern, der (Astron.): *Fixstern mit großem Durchmesser u. großer Leuchtkraft.*

Rie|sen|sum|me, die (ugs. emotional verstärkend): *sehr große, hohe Summe.*

Rie|sen|tor|lauf, der (Ski): *Riesenslalom.*

Rie|sen|wuchs, der (Med. veraltet, Biol.): *übermäßiger Wuchs bei Menschen, Tieren od. Pflanzen; Gigantismus.*

rie|sig ⟨Adj.⟩ (oft emotional): **1. a)** *außerordentlich, übermäßig groß, umfangreich; gewaltig* (2 a): -e Häuser, Türme, Berge; ein -es Land; eine -e Menschenmenge; das Schloss hatte -e Ausmaße, war, wirkte r.; **b)** *das normale Maß weit übersteigend; einen übermäßig hohen Grad aufweisend; gewaltig* (2 b): eine -e Freude, Begeisterung, Anstrengung; es war ein -er Spaß; er hat -e Kräfte; ich habe -en Durst, Hunger; eine -e Summe bezahlen; die Fortschritte sind wirklich r. **2.** (ugs.) **a)** *hervorragend, wunderbar, großartig:* das war gestern bei dir eine -e Party; ist ja r.!; dass du gewonnen hast, finde ich r.; die neue Mode ist einfach r.; **b)** ⟨intensivierend bei Adjektiven u. Verben⟩ *sehr, überaus:* der Film war r. interessant; wir haben uns r. darüber gefreut.

Rie|sin, die; -, -nen: w. Form zu ↑ ¹Riese (1).

-rie|sin, die; -, -nen (ugs.): kennzeichnet in Bildungen mit Substantiven eine weibliche Person als sehr groß oder sehr mächtig auf einem bestimmten Gebiet, in einer Branche: Berg-, Eis-, Theaterriesin.

rie|sisch ⟨Adj.⟩ (selten): *zu den Riesen gehörend.*

Ries|ling, der; -s, -e [H. u.]: **a)** ⟨o. Pl.⟩ *Rebsorte mit kleinen, runden, goldgelben Beeren;* **b)** *aus den Trauben des Rieslings* (a) *hergestellter Weißwein.*

Ries|ter-Ren|te, Ries|ter|ren|te, die [nach dem ehem. Bundesarbeitsminister Walter Riester] (Politikjargon): *staatlich geförderte private Altersvorsorge als Zusatz zur gesetzlichen Rentenversicherung.*

riet: ↑ ¹raten.

Riet, das; -[e]s, -e [zu ↑ ¹Ried; die einzelnen Stäbe des Webeblatts wurden früher aus Ried hergestellt] (Weberei): *Webeblatt.*

¹Riff, das; -[e]s, -e u. -s [aus dem Niederd. < mnie-

derd. rif, ref, aus dem Anord., eigtl. = Rippe]: *lang gestreckte, schmale Reihe von Klippen, lang gestreckte, schmale Sandbank im Meer vor der Küste:* ein gefährliches R.; der Küste sind -e vorgelagert.

²Riff, der od. das; -s, -s [engl. riff, viell. gek. aus: refrain = Refrain] (Musik): *(in Jazz, Pop 2 u.* ²*Rock* 1) *sich ständig wiederholende, rhythmisch prägnante, dabei melodisch nur wenig abgewandelte Phrase.*

Rif|fel, die; -, -n: ⟨meist Pl.⟩ [zu ↑ Riffel (2 a); nach der Ähnlichkeit mit den Zinken eines Rechens] *rillenförmige Vertiefung bzw. rippenförmige Erhöhung in einer Reihe gleichartiger Vertiefungen u. Erhöhungen:* die -n einer Säule. **2.** [spätmhd. rif(f)el, ahd. rif(f)ila = Säge; Rechen] **a)** *Riffelkamm;* **b)** *Riffelmaschine.*

Rif|fel|bee|re, die [die Beeren werden durch Riffeln (2) geerntet] (landsch.): **1.** *Heidelbeere.* **2.** *Preiselbeere.*

Rif|fel|kamm, der: *eisernes, kammähnliches Gerät zum Riffeln* (2) *des Flachses.*

Rif|fel|ma|schi|ne, die: *Maschine zum Riffeln* (2) *des Flachses.*

rif|feln ⟨sw. V.; hat⟩: **1.** *mit Riffeln* (1) *versehen:* ein Verfahren, um Glas zu r.; ⟨meist im 2. Part.:⟩ geriffeltes Glas, Blech; eine geriffelte Säule. **2.** [mhd. rif(f)eln, ahd. rif(f)ilōn = sägen] *mit einem kammartigen Gerät durch Abstreifen von den Samenkapseln, von Blättern o. Ä. befreien:* Flachs, Flachsstängel r. **3.** (landsch.) *Heidel-, Preiselbeeren mit einem kammartigen Gerät von den Sträuchern abstreifen.*

Rif|fe|lung, die; -, -en: ⟨o. Pl.⟩ *das Riffeln* (1): die maschinelle R. von Blech; **b)** *Gesamtheit von Riffeln* (1) *auf der Oberfläche von etw.:* die Schalen dieser Tiere weisen eine zarte R. auf. **2.** *das Riffeln* (2): die R. des Flachses.

Ri|ga: Hauptstadt von Lettland.

¹Ri|ga|er, der; -s, -: Ew.

²Ri|ga|er ⟨indekl. Adj.⟩.

Ri|ga|e|rin, die; -, -nen: w. Form zu ↑ ¹Rigaer.

ri|ga|isch ⟨Adj.⟩: *Riga, die Rigaer betreffend; von den Rigaern stammend, zu ihnen gehörend.*

Ri|ga|to|ni ⟨Pl.⟩: *kurze, röhrenförmige Nudeln mit gerillter od. gewellter Oberfläche.*

Ri|gel, der; -[s]: *hellster Stern im Sternbild Orion.*

Rigg, das; -s, -s [engl. rig(ging), zu: to rig = auftakeln] (Seemannsspr.): *gesamte Takelung eines Schiffes; Segel (beim Windsurfing).*

rig|gen ⟨sw. V.; hat⟩ (Seemannsspr.): *[auf]takeln.*

ri|gid, ri|gi|de ⟨Adj.⟩ [lat. rigidus, zu: rigere = starr, steif sein]: **1.** (Med.) *steif, starr.* **2.** (bildungsspr.) *streng, unnachgiebig:* rigide Moral, Normen, Verbote.

Ri|gi|di|tät, die; -, -en: **1.** ⟨Pl. selten⟩ [lat. rigiditas] (Med.) *Steifheit, [Muskel]starre.* **2.** (bildungsspr., bes. auch Psychol.) *starres Festhalten an früheren Einstellungen, Gewohnheiten, Meinungen o. Ä.; Unnachgiebigkeit:* moralische, religiöse R.; Man wünschte sich die R. *(Strenge)* des alten Zunftrechts zurück (Süskind, Parfum 69).

Ri|go|ris|mus, der; - [mhd. frz. rigorisme, zu lat. rigor = Strenge, harte, zu lat. rigor = Härte, zu: rigere = starr, steif sein] (bildungsspr.): *unbeugsames, starres Festhalten an bestimmten, bes. moralischen Grundsätzen.*

ri|go|ris|tisch ⟨Adj.⟩ (bildungsspr.): *auf Rigorismus beruhend, unerbittlich streng:* eine -e Haltung; r. argumentieren.

ri|go|ros ⟨Adj.⟩ [(frz. rigoureux <) mlat. rigorosus = streng, hart, zu lat. rigor = Härte, zu: rigere = starr, steif sein]: *sehr streng, unerbittlich, hart; rücksichtslos, ohne Rücksichtnahme:* -e Bestimmungen, Beschränkungen, Kontrollen, Maßnahmen; ein -es Gesetz, Tempolimit; r. durchgreifen, verfahren, vorgehen; sie ist r. abgelehnt, verboten.

Ri|go|ro|sa: Pl. von ↑ Rigorosum.

Rigorosität – Ringeltaube

Ri|go|ro|si|tät, die; - (bildungsspr.): *Strenge, Unerbittlichkeit, Härte.*

ri|go|ro|so ⟨Adv.⟩ [ital. rigoroso, zu: rigore < lat. rigor, ↑ rigoros] (Musik): *genau, streng im Takt.*

Ri|go|ro|sum, das; -s, ...sa, (österr.:) ...sen [nlat. (examen) rigorosum = strenge Prüfung] (bildungsspr.): *mündliches Examen [bei der Promotion].*

Rik|scha, die; -, -s [engl. ricksha(w), kurz für: jinricksha(w) < jap. jin-riki-sha, eigtl. = »Mensch-Kraft-Fahrzeug«]: *(in Ost- u. Südasien) der Beförderung von Personen dienender zweirädriger Wagen, der von einem Menschen (häufig mithilfe eines Fahrrads od. Motorrads) gezogen wird.*

Riks|mål [...mo:l], das; -[s] [norw., eigtl. = Reichssprache]: *ältere Bez. für:* ↑ Bokmål.

Ril|le, die; -, -n [niederd. rille, Vkl. von mniederd. ride = Bach, also eigtl. = kleiner Bach]: *lange, schmale Vertiefung in der Oberfläche von etw. aus meist hartem Material:* die -n einer Säule, in einem Glas; die -n im Geweih des Hirschs; die -n der alten Schallplatte von Staub befreien.

ril|len ⟨sw. V.; hat⟩: *mit Rillen versehen:* die Oberfläche von etw. r.; ⟨meist im 2. Part.:⟩ gerillte Glasscheiben.

ril|len|för|mig ⟨Adj.⟩: *die Form einer Rille, von Rillen aufweisend:* eine -e Vertiefung.

Rind, das; -[e]s, -er [mhd. rint, ahd. (h)rint, eigtl. = Horntier]: **1. a)** *(als Milch u. Fleisch lieferndes Nutz-, auch noch als Arbeitstier gehaltenes) zu den Wiederkäuern gehörendes Tier mit kurzhaarigem, glattem, braunem bis schwarzem [weiß geflecktem] Fell, mit einem Schädel mit Hörnern, langem, in einer Quaste endendem Schwanz u. einem großen Euter beim weiblichen Tier; Hausrind:* glatte, wohlgenährte, braune, schwarz-weiß gefleckte -er; -er züchten; sie bevorzugt Fleisch vom R.; **b)** ⟨o. Pl.⟩ (ugs.) *Kurzf. von* ↑ Rindfleisch: R. ist heute billiger. **2.** (Zool.) *Vertreter einer in mehreren Arten vorkommenden, zur Familie der Horntiere gehörenden Unterfamilie von Paarhufern (Büffel, Bison, Wisent, Auerochse u. a.).*

Rind|box, das; -es [zum 2. Bestandteil vgl. Boxkalf]: *glattes Rindsleder für Schuhe.*

Rin|de, die; -, -n [mhd. rinde, rinte, ahd. rinda, rinta, eigtl. = Abgerissenes, Zerrissenes]: **1.** *(bei Bäumen u. Sträuchern) äußere, den Stamm, die Äste u. Wurzeln umgebende, feste, oft harte, borkige Schicht:* raue, rissige, glatte R.; die weiße R. der Birken; die R. vom Stamm ablösen, abschälen; seinen Namen in die R. eines Baumes ritzen, schneiden. **2.** *äußere, etw. Weiches umgebende festere Schicht:* die R. vom Käse abschneiden; die Kinder essen gern die dunkle R.; Ü ... als ob Gott den Menschen am siebenten Tage als Perle in die Weltmuschel hineingesetzt hätte, worauf er daran erinnerte, dass der Mensch ein Fleckchen von Pünktchen auf der äußersten R. eines Zwergglobus sei (Musil, Mann 280). **3.** (Anat.) *äußere, vom ³Mark (1 a) sich unterscheidende Schicht bestimmter Organe:* die R. der Nieren.

rin|den|los ⟨Adj.⟩: *keine Rinde (1, 2) [mehr] aufweisend.*

Rin|der|band|wurm, der: *Bandwurm, dessen ¹Finnen (1) in der Muskulatur des Rindes sitzen u. beim Genuss von rohem od. nicht durchgebratenem Fleisch in den Darm des Menschen gelangen.*

Rin|der|bra|ten, der (Kochkunst): *Braten aus einem Stück Rindfleisch.*

Rin|der|brem|se, die: *große ²Bremse mit bunt schillernden Facettenaugen, braungrauen Flügeln u. gelblich gezeichnetem Körper.*

Rin|der|brust, die (Kochkunst): *Bruststück vom Rind.*

Rin|der|fi|let, das (Kochkunst): *²Filet (a) vom Rind.*

Rin|der|gu|lasch, das, auch: der (Kochkunst): *Gulasch vom Rindfleisch.*

Rin|der|hack|fleisch, das: *vgl. Rindergulasch.*

rin|de|rig ⟨Adj.⟩: *(von Kühen) brünstig (1).*

Rin|der|len|de, die (Kochkunst): *Lendenstück vom Rind.*

rin|dern ⟨sw. V.; hat⟩: *rinderig sein:* die Kuh fängt wieder an zu r.

Rin|der|pest, die: *durch Viren hervorgerufene, meist tödlich verlaufende, sehr ansteckende Krankheit bei Rindern, die bes. mit einer Entzündung der Schleimhäute verbunden ist.*

Rin|der|ras|se, die: *Rasse von Rindern (1): eine hochwertige R.*

Rin|der|seu|che, die: *BSE.*

Rin|der|talg, der: *ausgelassenes Fett vom Rind.*

Rin|der|wahn, der ⟨o. Pl.⟩, **Rin|der|wahn|sinn,** der (ugs.): *BSE.*

Rin|der|zucht, die: *planmäßige Aufzucht von Rindern unter wirtschaftlichem Aspekt.*

Rin|der|zun|ge, die (Kochkunst): *Zunge (b) vom Rind.*

Rind|fleisch, das: *Fleisch vom Rind.*

Rind|le|der usw.: ↑ Rindsleder usw.

Rinds|bra|ten, der (Kochkunst, bes. südd., österr. u. schweiz. nur so): ↑ Rinderbraten.

Rinds|fett, das (südd., österr.): *aus Fettgeweben vom Rind durch Ausschmelzen gewonnenes Fett; Rindertalg.*

Rinds|gu|lasch, das, auch: der (Kochkunst, bes. südd., österr.): ↑ Rindergulasch.

Rinds|le|der, das: *aus der Haut des Rindes hergestelltes Leder:* eine Tasche aus R.

rinds|le|dern ⟨Adj.⟩: *aus Rindsleder bestehend.*

Rind|sup|pe, die (österr.): *Fleischbrühe.*

Rind|viech, das: **1.** (landsch.) *Rind.* **2.** ↑ Rindvieh (2).

Rind|vieh, das; -[e]s, Rindviecher: **1. a)** ⟨o. Pl.⟩ *Gesamtheit von Rindern, Bestand an Rindern:* das R. auf die Weide treiben; er besitzt zwanzig Stück R. *(zwanzig Rinder);* **b)** *Rind.* **2.** (ugs., oft als Schimpfwort) *dummer Mensch, der durch sein Verhalten o. Ä. Anlass zum Ärger gibt:* du [blödes] R.!

rin|for|zan|do ⟨Adv.⟩ [ital. rinforzando, Gerundium von: rinforzare = (ver)stärken] (Musik): *plötzlich deutlich stärker werdend, verstärkt* (Abk.: rf., rfz., rinf.)

Rin|for|zan|do, das; -s, -s u. ...di (Musik): *plötzliche Verstärkung des Klanges auf einem Ton od. einer kurzen Tonfolge.*

ring ⟨Adj.⟩ [mhd. (ge)ringe, ↑ gering] (südd., schweiz. mundartl.): *leicht zu bewältigen, mühelos.*

Ring, der; -[e]s, -e [mhd. rinc, ahd. (h)ring]: **1. a)** *gleichmäßig runder, kreisförmig in sich geschlossener Gegenstand:* ein metallener R.; ein R. aus Messing, Holz, Gummi; ein R. als Türklopfer; der Stier hat einen R. durch die Nase; die Schlüssel waren an einem R. *(Schlüsselring)* befestigt; die Kinder spielten mit einem R. *(Gummiring);* R er R. schließt sich *(die Sache findet ihren Abschluss [indem man zum Ausgangspunkt zurückkehrt]);* **b)** *Kurzf. von* ↑ Fingerring: ein goldener, brillantenbesetzter, schmaler, breiter R.; der R. blitzte an ihrer Hand; einen R. aus massivem Gold, mit einem großen Stein tragen; jmdm., sich einen R. anstecken, an den Finger stecken; einen R. vom Finger ziehen, abstreifen; * die -e tauschen/wechseln (geh.; *heiraten, mit jmdm. eine Ehe schließen).* **2.** (Sport) **a)** ⟨Pl.⟩ *Turngerät, das aus zwei hölzernen Ringen (1 a) besteht, die an zwei in bestimmtem Abstand voneinander herabhängenden Seilen befestigt sind:* an den -en turnen; **b)** *Kurzf. von* ↑ Boxring: die R. betreten; den R. als Sieger verlassen; die beiden Boxer kletterten in den R.; R. frei zur zweiten Runde!; Ü R. frei für die nächsten Kandidaten! *(die nächsten Kandidaten können nun beginnen);* **c)** *Kurzf. von* ↑ Wurfring (1). **3.** *etw., was wie ein Ring (1 a) geformt, einem Ring ähnlich ist; ringförmiges Gebilde; ringförmige Anordnung, Figur:* der alte Stadtkern liegt innerhalb eines -e *(im ringförmig angelegten Straße, einer Ringstraße);* das Glas hinterließ einen feuchten R. auf dem Tisch; er warf einen Stein ins Wasser und zählte die -e auf der Wasseroberfläche; er bringt einen R. auf dem Baumstumpf; sie hat dunkle, blaue, schwarze -e *(Augenschatten)* unter den Augen; die -e des Saturn; er schoss zehn -e *(in den zehnten Ring auf der Schießscheibe);* die Kinder bildeten beim Spielen einen R., schlossen einen R. um den Lehrer. **4.** *Vereinigung von Personen, die sich zu einem bestimmten Zweck, zur Durchsetzung gemeinsamer Ziele, zur Schaffung u. Nutzung bestimmter Einrichtungen o. Ä. zusammengeschlossen haben:* ein internationaler R. von Rauschgifthändlern; die Händler haben sich zu einem R. *(Kartell)* zusammengeschlossen.

ring|ar|tig ⟨Adj.⟩: *in der Art eines Rings (1 a) [geformt, gestaltet].*

Ring|buch, das: *einem Buch od. Heft ähnliche Mappe mit losen, gelochten (1 b) Blättern (zum Beschreiben), die durch ringförmige Bügel festgehalten werden u. so beliebig entnommen od. ergänzt werden können.*

Ring|ecke, die: *Ecke (6).*

Rin|gel, der; -s, - [mhd. ringel(e), ahd. ringila, Vkl. von ↑ Ring]: *kleineres ring-, kreis-, spiralförmiges Gebilde, ringförmige Form:* die schwarzen R. ihrer Haare; das Muster bestand aus Streifen und -n.

Rin|gel|blu|me, die: **1.** *(zu den Korbblütlern gehörende) Pflanze mit kräftigem Stiel, schmalen, behaarten Blättern u. [gefüllten] gelben od. orangefarbenen Blüten; Calendula.* **2.** (volkstüml.) *Löwenzahn.*

Rin|gel|chen, das; -s, -: *Vkl. zu* ↑ Ring.

rin|ge|lig, ringlig ⟨Adj.⟩ [zu ↑ Ringel]: *wie Ringel, spiralähnlich geformt; sich ringelnd, in Ringeln:* -e Hobelspäne; die Haare fielen ihr wirr und r. ins Gesicht.

rin|geln ⟨sw. V.; hat⟩ [mhd. ringelen]: **a)** *zu einem Ringel, zu Ringeln formen; Ringel, Kreise, Bogen, Schnörkel bilden, entstehen lassen:* der Hund ringelt seinen Schwanz; die Schlange ringelte ihren Körper um einen Ast; **b)** ⟨r. + sich⟩ *sich zu einem Ringel, zu Ringeln formen; die Form von Ringeln annehmen:* Locken ringeln sich um ihren Kopf.

Rin|gel|nat|ter, die [viell. nach den Ringeln auf der Haut]: *am Wasser lebende, einfarbig graugrüne od. mit schwarzen Flecken gezeichnete Natter mit einem halbmondförmigen weißen bis gelben, schwarz gesäumten Fleck an beiden Seiten des Hinterkopfes.*

Rin|gel|piez, der; -[es], -e [urspr. nordd., berlin., eigtl. wohl = Tanz u. Gesang, 2. Bestandteil wohl aus dem Slaw., vgl. apoln. pieć = singen] (ugs.): *fröhliches, geselliges Beisammensein mit Tanz:* einen schönen, zünftigen R. veranstalten; heute Abend gehen wir zum R.; * R. mit Anfassen (salopp; *Ringelpiez).*

Rin|gel|rei|gen, (seltener:) **Rin|gel|rei|hen,** der: *Spiel, Tanz, bei dem sich Kinder bei den Händen fassen u. im Kreis tanzen: R. tanzen, spielen.*

Rin|gel|ste|chen, das; -s, -: *Spiel, Turnier, bei dem Reiter vom [galoppierenden] Pferd aus einen in bestimmter Höhe aufgehängten Ring od. Kranz mit einer Lanze od. Stange herunterzuholen suchen.*

Rin|gel|tau|be, die: *in Wäldern u. Parkanlagen lebende graue Taube mit einem breiten, weißen*

Ringelwurm – rippeln

Streifen auf den Flügeln u. einem weißen Fleck an beiden Seiten des rot u. grün schillernden Halses.

Rin|gel|wurm, der: *in zahlreichen Arten der unterschiedlichsten Länge im Wasser, im Boden od. auch parasitisch lebender Wurm mit einem aus vielen gleichartig gebauten Segmenten bestehenden Körper.*

¹**rin|gen** ⟨st. V.; hat⟩ [mhd. ringen, ahd. (h)ringan, eigtl. = sich im Kreise, sich hin u. her bewegen, zu ↑Ring]: **1. a)** *sich handgreiflich mit jmdm. [unter Anwendung von Griffen u. Schwüngen] auseinandersetzen; mit körperlichem Einsatz gegen jmdn. kämpfen, um ihn zu bezwingen:* die beiden Männer rangen erbittert, bis zur Erschöpfung [miteinander]; Ü mit dem Tod[e] r. *(lebensgefährlich erkrankt, dem Sterben nahe sein);* die Schwimmerin rang mit den Wellen *(geh.; konnte sich wegen der starken Wellen kaum im Wasser behaupten);* **b)** *unter Anwendung von bestimmten Griffen u. Schwüngen mit jmdm. einen genau nach Regeln festgelegten sportlichen Kampf austragen mit dem Ziel, den Gegner mit beiden Schultern auf den Boden zu drücken od. ihn nach Punkten zu schlagen:* taktisch klug, mit einem starken Gegner r.; er ringt *(ist Ringer)* seit einigen Jahren; ⟨subst.:⟩ er hat sich einen Meistertitel im Ringen geholt. **2. a)** *sich angestrengt, unter Einsatz aller Kräfte bemühen, etw. zu erreichen, zu erhalten, zu verwirklichen; heftig nach etw. streben:* hart, zäh, bitter, schwer um Anerkennung r.; sie rangen lange um Freiheit, Unabhängigkeit, Erfolg; nach Atem, Luft r. *(nur mühsam atmen können);* sie rang nach/um Fassung *(sie konnte kaum, nur mühsam die Fassung bewahren);* er hat nach Worten/um Worte gerungen *(hat die richtigen Worte kaum finden können, hat sich nur mühsam äußern können);* ⟨subst.:⟩ das jahrhundertelange Ringen zwischen Kirche und Staat; ein zähes Ringen um die Freilassung der Geiseln setzte ein; ♦ Ich, wenn ich an Ihrer Stelle wäre, lancierte mich ins Städtische hinein und ränge nach der Bürgerkrone (Fontane, Jenny Treibel 31); **b)** *sich innerlich heftig mit etw. auseinandersetzen:* ich habe lange mit mir gerungen, ob ich das verantworten kann; sie scheint [innerlich] mit einem Problem, mit ihrem Schicksal zu r. **3.** (geh.) **a)** *(die Hände) aus Verzweiflung, Angst o. Ä. falten, ineinander verschränkt gegeneinanderpressen u. so in drehender Bewegung die Handflächen aneinanderreiben:* weinend, klagend, jammernd, verzweifelt, flehend die/seine Hände r.; ♦ Sie ... erhob die gerungenen Hände (Ebner-Eschenbach, Gemeindekind 92); **b)** *jmdm. unter großen Mühen u. gegen heftigen Widerstand aus der Hand, aus den Händen winden:* er rang ihm das Messer, die Pistole aus der Hand. **4.** ⟨r. + sich⟩ (geh.) *mühsam aus jmdm. hervorkommen, sich jmdm. entringen* (2 b): ein tiefer Seufzer rang sich aus ihrer Brust.

²**rin|gen** ⟨st. V.; hat⟩ [landsch. beeinflusst von ↑¹ringen] (landsch.): ↑wringen.

Rin|ger, der; -s, - [mhd. ringer, ahd. ringāri, zu ↑¹ringen]: *jmd., der ¹ringt* (1 b), *bes. Sportler, der Ringkämpfe wettkampfmäßig austrägt.*

Rin|ge|rin, die; -, -nen: w. Form zu ↑Ringer.

rin|ge|risch ⟨Adj.⟩: *das Ringen betreffend, dazu gehörend:* seine -en Qualitäten; seinem Gegner r. überlegen sein.

Ring|fahn|dung, die: *Großfahndung unmittelbar nach einer schweren Straftat, bei der ringförmig zum Ausgangspunkt der Straftat Polizeikontrollen durchgeführt werden, um die Täter an der weiteren Flucht zu hindern:* eine R. einleiten.

♦ **ring|fer|tig** ⟨Adj.⟩ [mhd. rincvertic, zu: ringe, ↑ring] (landsch.): *leicht u. schnell [gehend, handelnd, verlaufend]; behände:* So zogen wir, -e Gesellen, im Übermut des Wagens und der Tat, durch See und Land (Grillparzer, Medea I).

Ring|fin|ger, der: *vierter Finger der Hand, zwischen Mittelfinger u. kleinem Finger.*

Ring|flü|gel, der (Technik): *den Rumpf eines Senkrechtstarters ringförmig umschließender Teil, der den Auftrieb liefert.*

Ring|form, die: **1.** *Form eines Rings* (1 a): die Kommode hatte Griffe in R. **2.** *Kuchenform, mit der Kuchen gebacken werden, die die Form eines dickeren Rings* (3) *haben.*

ring|för|mig ⟨Adj.⟩: *Ringform aufweisend; wie ein Ring* (1 a): ein -er Wall; -e Verbindungen in der Chemie.

ring|hö|rig ⟨Adj.⟩ [zu ↑ring] (schweiz.): *hellhörig.*

Ring|kampf, der [zu ↑¹ringen]: **1.** *tätliche Auseinandersetzung, bei der zwei Personen miteinander* ¹ringen (1 a): *ein kurzer, harter, heftiger, erbitterter R.;* aus der Balgerei der beiden Jungen entwickelte sich ein regelrechter R. **2. a)** ⟨o. Pl.⟩ *das* ¹Ringen (1 b) *als sportliche Disziplin:* R. erfordert Konzentration und Ausdauer; **b)** *sportlicher Kampf im* ¹Ringen (1 b): bei der Veranstaltung wurden über zwanzig Ringkämpfe ausgetragen.

Ring|lein, das; -s, - [mhd. ringlīn]: Vkl. zu ↑Ring (1, 3).

ring|lig: ↑ringelig.

Ring|mau|er, die: *ringförmig angelegte Mauer um eine Burg, eine Stadt.*

Ring|mus|kel, der (Anat.): *ringförmiger Muskel zum Verengen od. Verschließen bestimmter Hohlorgane.*

Ring|rich|ter, der (Boxen): *Schiedsrichter, der einen Boxkampf im Ring* (2 b) *leitet.*

Ring|rich|te|rin, die: w. Form zu ↑Ringrichter.

rings ⟨Adv.⟩ [erstarrter Gen. Sg. von ↑Ring]: *im Kreis, in einem Bogen um jmdn., etw., auf allen Seiten; rundherum* (a): r. an den Wänden standen Bücherregale; sich r. im Kreise umsehen; der Ort ist r. von Bergen umgeben.

Ring|schloss, das: *(bes. bei Fahrrädern verwendetes) ringförmiges Schloss* (1 a).

Ring|schlüs|sel, der: *Schraubenschlüssel mit ringförmiger Öffnung.*

rings|he|rum ⟨Adv.⟩: *rings um jmdn., etw. herum; auf allen Seiten rundherum* (a): r. an den Wänden hingen große Bilder.

Ring|stra|ße, die: *ringförmig angelegte, um eine Stadt, einen Stadtkern verlaufende, [breite] Straße.*

rings|um ⟨Adv.⟩: *ringsherum, im ganzen Umkreis, rundum* (a): r. nur Eis und Schnee.

rings|um|her ⟨Adv.⟩: *ringsherum, nach allen Seiten:* r. war dunkle Nacht; r. blicken.

Ring|tausch, der: *Tausch zwischen mehreren Partnern.*

Ring|vor|le|sung, die (Hochschulw.): *Vorlesungsreihe mehrerer Dozenten meist aus verschiedenen Fachbereichen.*

Rin|ne, die; -, -n [mhd. rinne, ahd. rinna, zu ↑rinnen]: **1. a)** *schmale, lang gestreckte Vertiefung im Boden, durch die Wasser fließt od. fließen kann:* tiefe -n im Erdreich; lange, der Bewässerung dienende -n durchzogen das Gelände; eine R. ausheben; **b)** Kurzf. von ↑Fahrrinne: die R. der Hafeneinfahrt. **2.** *schmaler, langer, in Form eines Halbkreises ausgehöhlter Körper aus Blech, Holz o. Ä., durch den etw. [ab]fließen kann:* das Dach muss repariert werden; das Wasser fließt durch eine hölzerne R. in das Fass.

rin|nen ⟨st. V.; ist⟩ [mhd. rinnen, ahd. rinnan, eigtl. = (sich) in Bewegung setzen, (sich) bewegen, erregt sein]: **1. a)** *sich stetig u. nicht sehr schnell in nicht allzu großer Menge fließend irgendwohin bewegen:* der Regen rinnt vom Dach, über die Scheiben, in die Tonne; das Blut rann in einem dünnen Faden aus der Wunde; Tränen rannen über ihre Wangen; Ü das Geld rinnt ihm [nur so] durch die Finger *(er kann nicht sparsam damit umgehen);* die Jahre rannen (geh.; *gingen schnell dahin, vergingen rasch);* **b)** *sich in vielen kleinen Teilchen stetig u. nicht sehr schnell irgendwohin bewegen:* der Zucker rann ihm aus dem Sack; sie ließ den Sand durch die Finger r. **2.** *undicht sein; durch eine undichte Stelle Flüssigkeit herauslaufen lassen:* die Gießkanne rinnt.

rin|nen|för|mig ⟨Adj.⟩: *die Form einer Rinne* (1 a) *aufweisend; wie eine Rinne:* eine -e Vertiefung, Kehlung.

Rinn|sal, das; -[e]s, -e (geh.): **a)** *sehr kleines, sacht fließendes Gewässer:* ein R. fließt, schlängelt sich durch die Wiesen; **b)** *Flüssigkeit, die in einer kleineren Menge irgendwohin rinnt:* ein R. von Blut, von Tränen.

Rinn|stein, der; -[e]s, -e: **a)** *Gosse* (1): nach dem Regen liefen die -e fast über, waren die -e verstopft; er lag betrunken im R.; Ü er ist hin aus dem R. *(der Gosse* 2) *aufgelesen;* **b)** *Bordstein:* sich auf den R. setzen.

Rio de Ja|nei|ro [- -ʒaˈneːro]: *Stadt in Brasilien.*

Ri|o|ja [riˈɔxa], der; -[s]: *Rotwein aus einem großen spanischen Anbaugebiet.*

R. I. P. = requiescat in pace.

Ri|ple|no, das; -s, -s u. ...ni [ital. ripieno, eigtl. = (an)gefüllt] (Musik): *(im 17./18. Jh. u. bes. beim Concerto grosso) volles Orchester im Gegensatz zum Concertino* (2).

Ri|pos|te, die; -, -n [ital. riposta, zu: riposto, 2. Part. von: riporre < lat. reponere = dagegensetzen, -stellen] (Fechten): *unmittelbarer Gegenangriff nach einer parierten Parade.*

Ripp|chen, das; -s, -: **1.** *Fleisch aus dem Bereich der Rippen mit den dazugehörenden Knochen (bes. vom Schwein):* heute gibt es R. mit Sauerkraut. **2.** Vkl. zu ↑Rippe.

Rip|pe, die; -, -n [mhd. rippe, ahd. rippa, eigtl. = Bedeckung (der Brusthöhle)]: **1.** *schmaler, gebogener Knochen im Rumpf des Menschen u. mancher Tiere, der nahezu waagerecht von der Wirbelsäule zum Brustbein verläuft u. mit anderen zusammen die Brusthöhle bildet:* sich beim Sturz eine R. brechen, quetschen; jmdm. im Streit ein Messer zwischen die -n jagen, stoßen; man kann bei ihr alle/die -n zählen; sie hat nichts auf den -n (ugs.; *sie ist sehr mager);* er stieß, boxte ihm/ihn [mit dem Ellbogen] in die -n *(gab ihm einen Stoß in die Seite);* Zwei Wochen lag er im Marien-Hospital zu Düsseldorf, weil man ihm im Keller des Polizeipräsidiums einige -n angeknackst hatte (Grass, Hundejahre 293); * *jmdm. etw. aus den -n leiern* (salopp; *jmdn. mit Mühe durch Reden, Bitten o. Ä. dazu bringen, einem etw. Bestimmtes zu geben, zu gestatten);* **sich** ⟨Dativ⟩ *etw. nicht aus den -n schlagen/schneiden können* (ugs.; *nicht wissen, wo man etw. hernehmen soll).* **2.** *etw., was einer Rippe* (1) *ähnlich sieht:* Kord mit breiten -n; ein Muster mit -n stricken; ein Heizkörper mit vier -n; kann ich mir eine R. *(einen Riegel* 3) Schokolade nehmen? **3.** (Bot.) *stark hervortretende Blattader.* **4.** (Technik) *Bauteil, das einer Rippe* (1) *ähnlich ist u. zur Verstärkung eines flächigen Bauteils dient (z. B. der Tragfläche eines Flugzeugs).* **5.** (Technik) *Kühlrippe.* **6.** (Archit.) *ein Gewölbe od. eine Decke verstärkender od. tragender Teil.*

¹**rip|peln** ⟨sw. V.; hat⟩ [zu ↑Rippe] (landsch.): *riffeln* (1).

²**rip|peln, sich** ⟨sw. V.; hat⟩ [landsch. Nebenf. von ↑rappeln (5); vgl. mniederd. reppen = sich rühren] (landsch.): **1.** *sich regen* (1 b), *sich rühren* (2 a): er liegt da und rippelt sich nicht mehr.

Rippenbruch – riten.

2. *sich gegen jmdn. auflehnen; aufmucken:* rippel dich ja nicht!

Rip|pen|bruch, der: *Bruch einer od. mehrerer Rippen* (1).

Rip|pen|fell, das: *an den Rippen* (1) *anliegender Teil des Brustfells.*

Rip|pen|fell|ent|zün|dung, die: *durch bakterielle Infektion hervorgerufene Entzündung des Rippenfells; Pleuritis.*

rip|pen|för|mig ⟨Adj.⟩: *in der Form, Anordnung einer Rippe* (1), *Rippen ähnlich.*

Rip|pen|mus|ter, das: *Webmuster od. Strickmuster* (a) *mit senkrechten od. waagrechten Rippen* (2): einen Pullover mit R. stricken.

Rip|pen|speer, der od. das ⟨o. Pl.⟩ [aus dem Niederd. < mniederd. ribbesper; urspr. nur Bez. für den Bratspieß, auf den das Fleisch gesteckt wurde]: *gepökeltes Rippchen vom Schwein:* Kasseler R.

Rip|pen|stoß, der: *Stoß (meist mit dem Ellbogen) in jmds. Seite:* jmdm. einen R. geben, versetzen.

Rip|pen|stück, das: *(von Schlachttieren) Stück Fleisch aus dem Bereich der Rippen* (1).

Rip|perl, das; -s, -[n] (österr.): *Schweinerippchen.*

Rip|pe|speer, der: ↑ Rippenspeer.

Ripp|li, das; -[s], -[s] (schweiz.): *Schweinerippchen.*

Ripp|speer, der: ↑ Rippenspeer.

rips ⟨Interj.⟩: lautm. für das Geräusch des Reißens.

rips, raps ⟨Interj.⟩: **1.** lautm. für das Geräusch des Reißens. **2.** lautm. Darstellung einer heftigen reißenden Bewegung, eines wiederholten schnellen Zubeißens o. Ä.

Rips, der; -es, -e [engl. ribs (Pl.) = Rippen]: *geripptes Gewebe.*

ri|pu|a|risch ⟨Adj.⟩ [mlat. ripuarius, zu lat. ripa = Ufer] (Fachspr.): *am [Rhein]ufer wohnend:* -e Franken.

Ri|pu|a|risch, das; -[s], (nur mit best. Art.) **Ri|pu|a|ri|sche,** das; -n (Sprachwiss.): *nordwestliche Mundart des Mitteldeutschen.*

Ri|sa|lit, der; -s, -e [ital. risalto, zu: risalire = hervorspringen] (Archit.): *(bes. bei profanen Bauten des Barocks) in ganzer Höhe des Bauwerks vorspringender Gebäudeteil (oft mit eigenem Giebel u. Dach).*

Ri|si-Bi|si, (bes. österr.:) **Ri|si|bi|si,** das; -[s], -: ↑ Risi-Pisi.

Ri|si|ko, das; -s, ...ken, selten -s, österr. auch: Risken [älter ital. ris(i)co, H. u.]: *möglicher negativer Ausgang bei einer Unternehmung, mit dem Nachteile, Verlust, Schäden verbunden sind; mit einem Vorhaben, Unternehmen o. Ä. verbundenes Wagnis:* ein großes R.; das R. eines Absturzes, abzustürzen, dass das Flugzeug abstürzt; kein/ein R. eingehen, auf sich nehmen; die Versicherung trägt das R.; bei einer Sache das R. fürchten, scheuen, in Kauf nehmen; die Risiken bedenken, abwägen; Es sollte wieder so sein, dass die Bande auf eigenes R. arbeite und die Waren bezahlt bekam (Brecht, Groschen 174).

Ri|si|ko-: 1. drückt in Bildungen mit Substantiven aus, dass jmd. oder etw. Schwierigkeiten bereitet, einer Gefahr oder bestimmten Gefahren ausgesetzt ist: Risikogruppe, -kind, -operation, -schwangerschaft. **2.** drückt in Bildungen mit Substantiven aus, dass etw. eine Gefahr darstellt: Risikofaktor, -fall.

ri|si|ko|arm ⟨Adj.⟩: *nur wenige Risiken aufweisend.*

ri|si|ko|be|haf|tet ⟨Adj.⟩: *ein Risiko darstellend, riskant:* eine -e Untersuchung; diese Geschäfte sind r.

ri|si|ko|be|reit ⟨Adj.⟩: *bereit, ein Risiko auf sich zu nehmen, einzugehen.*

Ri|si|ko|be|reit|schaft, die: *Bereitschaft, ein Risiko auf sich zu nehmen, einzugehen.*

Ri|si|ko|fak|tor, der: *Faktor, der ein bestimmtes Risiko für etw. darstellt.*

Ri|si|ko|fonds, der: *Fonds* (1 b), *bei dem Kapital in Anlagen investiert wird, die überdurchschnittlich mit Risiko behaftet sind.*

ri|si|ko|frei ⟨Adj.⟩: *keinerlei Risiko aufweisend.*

ri|si|ko|freu|dig ⟨Adj.⟩: *bereit, ein Risiko einzugehen:* der schwedische Slalomspezialist fährt sehr r.

Ri|si|ko|ge|burt, die: *Geburt, bei der Gefahr für das Kind, für die Mutter besteht.*

Ri|si|ko|ge|sell|schaft, die: (Soziol.): *Gesellschaft im Hinblick auf die ökologischen, sozialen u. a. Risiken, die durch den industriellen Fortschritt hervorgerufen werden.*

Ri|si|ko|grup|pe, die: *Personenkreis, für den (in bestimmter Hinsicht) ein Risiko besteht.*

Ri|si|ko|ka|pi|tal, das (Wirtsch.): *in [finanzschwachen] Unternehmen angelegtes Kapital, mit dem der Investor bewusst ein hohes Risiko eingeht, um Gewinne* (1) *zu erzielen:* privates, fehlendes, zusätzliches R.; für eine Existenzgründung R. bereitstellen, benötigen.

Ri|si|ko|leh|re, die (Wirtsch.): *Lehre von den Ursachen u. der Eindämmung der möglichen Folgen eines Risikos.*

ri|si|ko|los ⟨Adj.⟩: *risikofrei.*

Ri|si|ko|ma|nage|ment, das (Wirtsch.): *Risikopolitik.*

Ri|si|ko|ma|te|ri|al, das: *Bestandteil, Rohstoff, der aufgrund seiner Herkunft od. Herstellungsart ein [gesundheitliches] Risiko darstellt.*

Ri|si|ko|mi|schung, die (Wirtsch.): *Verteilung des betrieblichen Risikos durch Herstellung verschiedenartiger Produkte, bei denen voraussichtlich nicht gleichzeitig Absatzschwierigkeiten auftreten.*

Ri|si|ko|pa|ti|ent, der: *Patient, der aufgrund erblicher od. früherer Krankheiten besonders gefährdet ist.*

Ri|si|ko|pa|ti|en|tin, die: w. Form zu ↑ Risikopatient.

Ri|si|ko|po|li|tik, die (Wirtsch.): *Gesamtheit der Maßnahmen, die darauf abzielen, die für ein Unternehmen, eine Institution o. Ä. bestehenden Risiken zu erkennen, zu bewältigen u. auszuschalten.*

Ri|si|ko|prä|mie, die (Wirtsch.): **1.** *(bei der Kalkulation) Zuschlag für mögliche Risiken.* **2.** *Anteil eines Unternehmers als Vergütung für die Übernahme des Risikos.*

ri|si|ko|reich ⟨Adj.⟩: *reich an Risiken.*

ri|si|ko|scheu ⟨Adj.⟩: *Risiken aus dem Weg gehend.*

Ri|si|ko|schwan|ger|schaft, die: vgl. Risikogeburt.

Ri|si|ko|sport, der: *Extremsport.*

Ri|si|ko|vor|sor|ge, die (bes. Wirtsch., Versicherungsw.): *Vorsorge zur Absicherung gegen mögliche finanzielle Verluste u. Notsituationen:* R. betreiben.

Ri|si-Pi|si, (bes. österr.:) **Ri|si|pi|si,** das; -[s], - [ital. risi e bisi, Reimbildung für: riso con piselli = Reis mit Erbsen] (Kochkunst): *Gericht aus Reis u. Erbsen.*

ris|kant ⟨Adj.⟩ [frz. risquant, 1. Part. von: risquer = riskieren, zu: risco < älter ital. risco, ↑ Risiko]: *mit einem Risiko verbunden:* ein -es Unternehmen; die Sache, der Plan ist, erscheint mir äußerst r.

ris|kie|ren ⟨sw. V.; hat⟩ [frz. risquer, ↑ riskant]: **1. a)** *trotz der Möglichkeit eines Fehlschlags o. Ä. etw. zu tun versuchen, unternehmen; wagen:* sie riskiert es nicht, zu so später Stunde noch fortzugehen; wenn du nichts riskierst, kannst du auch nichts gewinnen; **b)** *durch sein Benehmen od. Handeln eine Gefahr o. Ä. bewirken, heraufbeschwören:* er riskiert eben, dass man ihn auslacht; einen Unfall r.; **c)** *etw. nur vorsichtig, mit einer gewissen Zurückhaltung tun, einen entsprechenden Versuch machen, wagen:* sie riskierte ein zaghaftes Lächeln; einen Blick, eine Bemerkung r. **2.** *etw. durch sein Benehmen od. Handeln Nachteilen, der Gefahr des Verlustes aussetzen; aufs Spiel setzen:* viel, wenig, nichts, alles, das Äußerste, seine Stellung r.

ri|so|lu|to ⟨Adv.⟩ [ital. risoluto < lat. resolutum, ↑ resolut] (Musik): *entschlossen u. kraftvoll.*

Ri|sot|to, der; -[s], -s, österr. auch: -s, -[s] [ital. (milanesisch) risotto, zu: riso = Reis] (Kochkunst): *Gericht aus Reis, Butter u. Parmesan.*

Risp|chen, das; -s, -: Vkl. zu ↑ Rispe.

Ris|pe, die; -, -n [mhd. rispe = Gebüsch, Gesträuch, verw. mit ↑ ²Reis] (Bot.): *aus mehreren Trauben* (3) *zusammengesetzter Blütenstand:* die Blüten der Weinrebe sind in -n angeordnet; Gräser mit zarten -n.

Ris|pen|gras, das: *Gras, dessen Ährchen* (2) *in lockeren Rispen angeordnet sind.*

riss: ↑ reißen.

Riss, der; -es, -e [mhd. riʒ, ahd. riz = Furche, Strich, Buchstabe, zu ↑ reißen]: **1.** *Stelle, an der etw. gerissen, zerrissen, eingerissen ist:* ein kleiner, tiefer R.; ein R. im Stoff, im Felsen; in der Wand, in der Decke sind, zeigen sich -e; der R. ist stärker, größer geworden; die Glasur hat -e bekommen; einen R. leimen, verschmieren; Ü die innige Freundschaft bekam einen R.; Der R. zwischen alter und neuer Generation ist bekannt (Bloch, Wüste 31); * **einen R./Risse im Hirn/Kopf haben** (salopp; *nicht recht bei Verstand, verrückt sein*; ↑ hirnrissig). **2.** (selten) *der Vorgang des Reißens; das Reißen:* der R. des Films. **3.** (Technik, Geom.) *[technische] Zeichnung, die nach den wichtigsten Linien od. nach dem Umriss angefertigt ist.* **4.** (Jägerspr.) *vom Fuchs o. Ä. erlegte Beute.*

riss|fest ⟨Adj.⟩ (selten): *reißfest.*

ris|sig ⟨Adj.⟩: *Risse* (1) *aufweisend; von Rissen* (1) *durchzogen:* -es Mauerwerk; -er Lehmboden; ihre Hände, ihre Lippen sind r. (aufgesprungen); das Leder wird r. (aufgesprungen).

Rist, der; -[e]s, -e [mhd. rist, mniederd. wrist, eigtl. = Drehpunkt, Dreher]: **1. a)** (landsch.) *Spann:* der Stiefel ist über dem R. zu eng; **b)** *Handrücken:* er hat sich am R. der rechten Hand eine Verletzung zugezogen. **2.** *Widerrist.*

Ris|to|ran|te, das; -, ...ti [ital. ristorante < frz. restaurant, ↑ Restaurant]: ital. Bez. für: Restaurant.

ri|stor|nie|ren ⟨sw. V.; hat⟩ [ital. ristornare, aus: ri- = zurück, wieder u. stornare, ↑ stornieren] (Wirtsch.): *(eine falsche Buchung) rückgängig machen.*

Ri|stor|no, der od. das; -s, -s [ital. ristorno, zu: ristornare, ↑ ristornieren] (Wirtsch.): *Gegen-Rückbuchung, Rücknahme.*

ris|ve|gli|an|do [...vel'ja...] ⟨Adv.⟩ [ital., zu: risvegliare = wieder erwecken] (Musik): *aufgeweckt, munter, lebhaft werdend.*

rit. = ritardando; ritenuto.

ri|tar|dan|do ⟨Adv.⟩ [ital., zu: ritardare < lat. retardare = (ver)zögern] (Musik): *das Tempo verzögernd; langsamer werdend* (Abk.: rit., ritard.)

Ri|tar|dan|do, das; -s, -s u. ...di (Musik): *allmähliches Langsamerwerden des Tempos.*

ri|te ⟨Adv.⟩ [lat. rite = auf rechte, geziemende Weise, zu: ritus, ↑ Ritus]: **1.** *genügend* (geringstes Prädikat bei der Doktorprüfung). **2.** (bildungsspr.) *ordnungsgemäß.*

ri|ten. = ritenuto.

Ri|ten: Pl. von ↑ Ritus.
ri|te|nu|to ⟨Adv.⟩ [ital., 2. Part. von: ritenere < lat. retinere = zurückhalten] (Musik): *im Tempo zurückgehalten, verzögert* (Abk.: rit., riten.)
Ri|te|nu|to, das; -s, -s u. ...ti (Musik): *Verzögerung des Tempos.*
ritsch ⟨Interj.⟩: **1.** lautm. für das helle Geräusch, das bei einer schnellen, reißenden Bewegung entsteht: r., wie sie das Laken entzwei. **2.** zur Kennzeichnung einer schnellen, heftigen Bewegung, eines plötzlich eintretenden Ereignisses.
ritsch, ratsch ⟨Interj.⟩: **1.** lautm. für die Geräusche, die durch aufeinanderfolgende schnelle, reißende Bewegungen, z. B. beim Zerreißen von Papier, entstehen. **2.** ritsch (2).
ritt: ↑ reiten.
Ritt, der; -[e]s, -e [im 15. Jh. rytte, zu ↑ reiten]: **a)** *das Reiten:* ein waghalsiger, verwegener R.; in wildem R. jagten sie über die Felder, Wiesen; **b)** *Ausflug o. Ä. zu Pferde:* ein kurzer, weiter R. in die Umgebung; * **ein R. auf der Rasierklinge** (ugs.; *eine sehr unangenehme, anstrengende, riskante Angelegenheit*); **ein R. über den Bodensee** (*eine durch nichts abgesicherte, sehr waghalsige, kühne Unternehmung;* nach der Ballade »Der Reiter und der Bodensee« des dt. Schriftstellers G. Schwab [1792–1850]); **auf einen/in einem R.** (ugs.; *auf einmal, ohne zu unterbrechen*).
Ritt|ber|ger, der; -s, - [nach dem dt. Eiskunstläufer W. Rittberger (1891–1975)] (Eiskunstlauf, Rollkunstlauf): *mit einem Bogen rückwärts eingeleiteter Sprung, bei dem man mit einem Fuß abspringt, in der Luft eine Drehung ausführt und mit dem gleichen Fuß wieder aufkommt.*
Rit|ter, der; -s, - [mhd. ritter < mniederl. riddere, Lehnübertragung von afrz. chevalier; vgl. mhd. rīter, rītære = Kämpfer zu Pferd, Reiter, zu ↑ reiten]: **1. a)** (im MA.) *Krieger des gehobenen Standes, der in voller Rüstung mit Schild, Schwert [Lanze o. Ä.] zu Pferd in den Kampf zieht;* **b)** *Angehöriger des Ritterstandes:* der Knappe wird zum R. geschlagen (durch Ritterschlag in den Ritterstand aufgenommen). **2.** *jmd., der einen bestimmten hohen Orden verliehen bekommen hat:* die R. des Hosenbandordens; R. des Ordens Pour le Mérite. **3.** *Ordensritter.* **4.** (veraltend) *Kavalier* (1). **5.** * **ein R. ohne Furcht und Tadel** (1. *[im MA.] ein vorbildlicher, tapferer Ritter;* nach frz. chevalier sans peur et sans reproche, dem Beinamen des Ritters Bayard [1476–1524]. 2. *ein mutiger u. sich vorbildlich benehmender Mann*); **ein R. von der traurigen Gestalt** (abwertend; *jmd., der sehr lang u. hager ist, dazu eine schlechte Haltung hat u. außerdem heruntergekommen wirkt;* nach span. el caballero de la triste figura, dem Beinamen des ↑ Don Quichotte). **6.** * **arme/Arme R.** (Kochkunst; *in Milch eingeweichte Brötchen od. Weißbrotscheiben, die paniert u. in der Pfanne gebacken werden*).
Rit|ter|burg, die: *Burg eines Ritters.*
Rit|ter|dich|tung, die (Literaturwiss.): *(in der mittelhochdeutschen Blütezeit) Dichtung, die aus der ritterlich-adligen und höfischen Standeskultur erwächst u. deren höfische Ideale, Probleme, ihr Standes- und Lebensgefühl widerspiegelt u. zum Thema hat.*
Rit|ter|dra|ma, das (Literaturwiss.): *Drama, dessen Hauptfigur ein Ritter* (1 b) *ist.*
rit|ter|haft ⟨Adj.⟩: *einem Ritter* (1) *entsprechend, gemäß.*
Rit|te|rin, die; -, -nen: w. Form zu ↑ Ritter (2).
Rit|ter|kampf|spiel, das: *als Spiel mit Kriegswaffen u. in voller Rüstung [zu Pferd] durchgeführter Kampf zweier od. mehrerer Ritter gegeneinander.*
Rit|ter|kreuz, das (nationalsoz.): *Orden in Form eines größeren Eisernen Kreuzes, der am Halsband getragen wird.*
rit|ter|lich ⟨Adj.⟩ [mhd. ritterlich]: **1.** *ritterhaft:* -e Ideale. **2.** *edel, vornehm, anständig u. fair:* ein ritterlicher Gegner; einen Kampf r. austragen. **3.** *zuvorkommend-höflich u. hilfsbereit (bes. gegen Frauen):* er bot ihr r. den Arm.
Rit|ter|lich|keit, die; -, -en: **1.** ⟨o. Pl.⟩ *das Ritterlichsein.* **2.** *ritterliche* (2) *Handlungsweise.*
Rit|ter|ling, der; -s, -e [vgl. ↑ Herrenpilz]: *Pilz mit fleischigem Stiel u. hellen, am Ansatz des Stiels ausgebuchteten Lamellen.*
rit|tern ⟨sw. V.; hat⟩ (österr. ugs.): *in einer letzten Entscheidung um etw. kämpfen.*
Rit|ter|or|den, der (Geschichte): *(im Mittelalter gegründeter) Orden, dessen Mitglieder die Aufgabe haben, als geistliche Krieger Glaubensfeinde zu bekämpfen.*
Rit|ter|ro|man, der (Literaturwiss.): vgl. Ritterdrama.
Rit|ter|rüs|tung, die: *von Rittern getragene Rüstung.*
Rit|ter|saal, der: *Festsaal eines Schlosses od. einer Burg.*
Rit|ter|schlag, der [mhd. ritterslac]: *durch einen Schlag mit dem flachen Schwert auf Hals, Nacken od. Schulter symbolisierte feierliche Aufnahme eines Knappen in den Ritterstand.*
Rit|ter|spiel, das: *Ritterkampfspiel.*
Rit|ter|spo|ren ⟨Pl.⟩: *Sporen eines Ritters* (1).
Rit|ter|sporn, der (Pl. -e): *(in vielen Arten vorkommende) Pflanze meist mit handförmig geteilten Blättern u. in Rispen wachsenden blauen, roten od. weißen gespornten Blüten.*
Rit|ter|stand, der: (im MA.) *Adelsstand, dessen Angehörige die Lehnsfähigkeit besitzen.*
Rit|ter|tum, das; -s: **1.** *Brauchtum u. Lebensformen des Rittertums.* **2.** *ritterliche* (2) *Charakter des Ritters.*
rit|tig ⟨Adj.⟩: *(von Pferden) zum Reiten geschult.*
Rit|tig|keit, die; -: *das Rittigsein.*
ritt|lings ⟨Adv.⟩: *in der Haltung, in der ein Reiter auf dem Pferd sitzt:* er sitzt r. auf dem Stuhl.
Ritt|meis|ter, der; -s, -: **1.** (früher) *Anführer der Reiterei.* **2.** (früher) *Führer der Reiterabteilung.* **3.** (im dt. Heer bis 1945 bei der Kavallerie) *Chef einer Schwadron im Rang eines Hauptmanns.*
ri|tu|al ⟨Adj.⟩: *rituell.*
Ri|tu|al, das; -s, -e u. ...lien [lat. rituale, subst. Neutr. von: ritualis, ↑ rituell]: **1. a)** *schriftlich fixierte Ordnung der (römisch-katholischen) Liturgie;* **b)** *Gesamtheit der festgelegten Bräuche u. Zeremonien eines religiösen Kultes; Ritus* (1). **2.** *wiederholtes, immer gleichbleibendes, regelmäßiges Vorgehen nach einer festgelegten Ordnung; Zeremoniell:* wenn er eine Pfeife raucht, vollzieht sich jedes Mal dasselbe R.; Ich sehe ihn, wie er mit letzter Präzision den Federhalter putzt – und dieses R. auch noch erläutert (Hochhuth, Stellvertreter 82).
Ri|tu|al|buch, das: **1.** ⟨o. Pl.⟩ (kath. Kirche) *Rituale.* **2.** *Buch, in dem religiöse Bräuche u. Riten aufgezeichnet sind.*
Ri|tu|a|le, das; - (kath. Kirche): *liturgisches Buch, das die Ordnungen u. die Texte für gottesdienstliche Handlungen – mit Ausnahme der Texte für die ¹Messe* (1) *– enthält.*
Ri|tu|al|hand|lung, die: *Handlung, die nach festgelegten Ordnung abläuft; Ritual* (2).
ri|tu|a|li|sie|ren ⟨sw. V.; hat⟩: **1.** (Psychol.) *zum Ritual* (2) *werden lassen:* das Zubettbringen bei Kleinkindern wird oft ritualisiert; ritualisiertes Grußverhalten. **2.** (Verhaltensf.) *(ein bestimmtes Verhaltensmuster unter artgleichen Tieren) zum Ritual* (2) *mit Signalwirkung werden lassen:* Bartverhalten.
Ri|tu|a|li|sie|rung, die; -, -en: *das Ritualisieren.*
ri|tu|a|lis|tisch ⟨Adj.⟩: *im Sinne des Rituals, das Ritual streng befolgend.*

Ri|tu|al|mord, der: *Mord aufgrund eines religiösen Kultes.*
ri|tu|ell ⟨Adj.⟩ [frz. rituel < lat. ritualis = den religiösen Brauch betreffend, zu: ritus, ↑ Ritus]: **1.** *nach Vorschrift eines Ritus; einem Ritus, einem kultischen Brauch, Zeremoniell entsprechend, darauf beruhend:* -e Handlungen vornehmen. **2.** *zeremoniell, sich gleichbleibend u. regelmäßig in feierlicher Form wiederholend:* -e Auftritte.
Ri|tu|ell, das; -s, -e: *Ritual; Ritus;* ein genau vorgeschriebenes R.
Ri|tus, der; -, ...ten [lat. ritus]: **1.** *hergebrachte Weise der Ausübung einer Religion; Ritual* (1 b). **2.** *Brauch, Gewohnheit bei feierlichen Handlungen.*
Ritz, der; -es, -e [mhd. riz, zu ↑ ritzen]: **1.** *(durch einen spitzen, harten Gegenstand verursachte) kleine, nicht allzu starke strichartige Vertiefung od. Verletzung auf einer sonst glatten Oberfläche:* in der Politur ist ein R. zu sehen. **2.** ↑ Ritze.
Rit|ze, die; -, -n [spätmhd. ritze]: **1.** *schmale, längliche Spalte zwischen zwei Teilen, die nicht restlos zusammengefügt sind:* eine tiefe R.; -n in den Türen, im Fußboden verstopfen, verschmieren; der Wind pfeift durch die -n; in den -n hat sich Schmutz angesammelt; hinter den Vorhängen schimmerte die -n der erleuchteten Fenster (Remarque, Triomphe 291). **2.** (derb) *Vagina.*
Rit|zel, das; -s, - (Technik): *kleines Zahnrad, das zwei zusammengehörende größere Zahnräder antreibt.*
rit|zen ⟨sw. V.; hat⟩ [mhd. ritzen, ahd. rizzen, rizzōn, Intensivbildung zu ↑ reißen]: **1. a)** *(mit einem spitzen, harten Gegenstand) mit einem Ritz versehen:* Glas [mit einem Diamanten] r.; **b)** *(mit einem spitzen, harten Gegenstand) schneidend, kerbend hervorbringen, abbilden, darstellen:* seinen Namen, ein Herz in den Baum, in die Bank r.; der Künstler ritzt die Zeichnung in die Kupferplatte; ♦ **c)** *zeichnen, reißen* (13 a): ... der Vater des nachherigen Deichgrafen ... saß im Winter, wenn der Nordwest von draußen kam und an seinen Läden rüttelte, zu r. und zu prickeln in seiner Stube (Storm, Schimmelreiter 9). **2. a)** ⟨r. + sich⟩ *sich an einem spitzen, harten Gegenstand die Haut leicht verletzen:* sich [an einem Stacheldraht] den Arm, mit einer Nadel [am Finger] r.; er hat sich beim Rasieren geritzt; **b)** *leicht verletzen:* die Dornen ritzten [ihm] die Haut. **3.** (schweiz.) *(ein Gesetz o. Ä.) verletzen, nicht achten, dagegen verstoßen:* diese Bestimmungen, Vorschriften werden dauernd geritzt.
Rit|zer, der; -s, - (ugs.): **1.** *kleine Schramme; Kratzer.* **2.** *jmd., der sich absichtlich mit einem spitzen Gegenstand die Haut leicht verletzt.*
Rit|ze|rin, die; -, -nen: w. Form zu ↑ Ritzer (2).
Rit|zung, die; -, -en ⟨Pl. selten⟩: *das Ritzen, das Geritzte* (1 b).
Ri|va|le, der; -n, -n [frz. rival < lat. rivalis = Nebenbuhler, zu: rivus = Wasserlauf, also eigtl. = zur Nutzung eines Wasserlaufs Mitberechtigter]: *jmd., der ein Ziel, eine Stellung o. Ä. mit anderen um jmdn., etw. bewirbt, der mit einem od. mehreren anderen rivalisiert:* jmds. schärfster R. sein; er schlug seine -n aus dem Felde; Ermisch musste zulassen, wogegen er sich sträubte: Er musste einen -n, Meternagel, neben sich hochkommen lassen (Chr. Wolf, Himmel 82).
Ri|va|lin, die; -, -nen: w. Form zu ↑ Rivale.
ri|va|li|sie|ren ⟨sw. V.; hat⟩ [frz. rivaliser, zu: rival, ↑ Rivale] (bildungsspr.): *um den Vorrang kämpfen:* er rivalisierte mit seinem Bruder um den ersten Platz; ⟨oft im 1. Part.:⟩ rivalisierende Gruppen.
Ri|va|li|tät, die; -, -en [frz. rivalité < lat. rivalitas,

zu: rivalis, ↑Rivale] (bildungsspr.): *Kampf um den Vorrang:* -en austragen.

Ri|ver|boat|shuf|fle, Ri|ver|boat-Shuf|fle ['rɪvɐboʊtʃʌfl̩], die; -, -s [engl.-amerik. riverboat shuffle, zu: shuffle = ein Tanz]: *Bootsfahrt auf einem Fluss od. See, bei der eine [Jazz]band spielt.*

ri|ver|so ⟨Adv.⟩ [ital. riverso < lat. reversum, ↑¹Revers] (Musik): *in umgekehrter Reihenfolge der Töne, rückwärts zu spielen.*

Ri|vi|e|ra, die; -, ...ren ⟨Pl. selten⟩: *französisch-italienischer Küstenstreifen.*

Ri|y|al, der; -[s], -s ⟨aber: 100 Riyal⟩ [↑Rial]: *Währungseinheit in Saudi-Arabien u. anderen arabischen Staaten* (Abk.: S. Rl., Rl.).

Ri|zi|nus, der; -, - u. -se [lat. ricinus = Name eines Baumes, wohl identisch mit lat. ricinus = Zecke, Holzbock, da die Rizinussamen Ähnlichkeit mit Zecken haben]: **1.** *hohe, als Strauch od. Baum wachsende Pflanze mit großen, handförmig gelappten Blättern, aus deren Samen das Rizinusöl gewonnen wird.* **2.** ⟨o. Pl.⟩ *Rizinusöl.*

Ri|zi|nus|öl, das: *aus dem Samen des Rizinus* (1) *gewonnenes Öl, das einen eigenartigen Geruch u. Geschmack hat u. bes. als Abführmittel bekannt ist.*

r.-k. = römisch-katholisch.
Rl = Rial; Riyal.
rm = Raummeter.
RM = Reichsmark.
Rn = Radon.
RNA [ɛrɛnˈaː], die; - [Abk. für engl. ribonucleic acid]: Ribonukleinsäure.
RNS [ɛrɛnˈɛs], die; -: Ribonukleinsäure.

Roa|die ['roʊdi], der; -s, -s [engl. roadie, zu: road = Straße < aengl. rād = Reise zu Pferd, verw. mit engl. to ride = reiten]: Kurzf. von ↑Roadmanager.

Road|ma|na|ger ['roʊd...], der [engl. road manager]: *für die Bühnentechnik u. den Transport der benötigten Ausrüstung verantwortlicher Begleiter einer Rockgruppe.*

Road|map ['roʊdmæp], die; -, -s [engl. road map, eigtl. = Straßenkarte, aus: road = Straße u. map = (Land)karte]: **1.** (EDV) *Plan für die zukünftige Entwicklung von Technologien u. Produkten.* **2.** ⟨o. Pl.⟩ (Politik) *amerik. Plan zur Beilegung des Nahostkonfliktes.*

Road|mo|vie ['roʊdmuːvi], das [engl. road movie, aus: road = Straße u. movie, ↑Movie] (Film): *Spielfilm, dessen Handlung sich unterwegs, auf einer Fahrt mit dem Auto abspielt.*

Road|pri|cing, Road-Pri|cing ['roʊdpraɪsɪŋ], das; -s [engl. road-pricing, zu road = Straße u. price = mit einem Preis versehen] (Verkehrsw.): *Gebühr für die Benutzung einer Straße mit einem Kraftfahrzeug.*

Road|show [...ʃoʊ], die [engl. road show, aus: road = Straße u. show, ↑Show]: *Werbeveranstaltung, die mobil an verschiedenen Orten erfolgt.*

Roads|ter ['roʊdstɐ], der; -s, - [engl. roadster, zu: road = Straße, Reise(weg)]: *meist zweisitziges Cabriolet mit zurückklappbarem od. einzuknüpfendem Verdeck.*

Roa|ming ['roʊmɪŋ], das; -s [engl. roaming = wandernd, zu: to roam = umherstreifen, wandern] (Telefonie): *vom Standort unabhängiges Telefonieren in einem Mobilfunknetz, was die ständige Erreichbarkeit auch aus weiter Ferne u. im Ausland ermöglicht.*

Roa|ming|ge|bühr, die (Telefonie): *für das Roaming zu zahlendes Entgelt.*

Roa|ring Twen|ties ['rɔːrɪŋ ˈtwɛntiːz] ⟨Pl.⟩ [engl. the roaring Twenties = die stürmischen Zwanziger (jahre)]: *die durch die Folgeerscheinungen der wirtschaftlichen Blüte nach dem Ersten Weltkrieg, durch Vergnügungssucht u. Gangs-*

tertum gekennzeichneten *20er-Jahre des 20. Jh.s in den USA u. in Westeuropa.*

Roast|beef ['roːstbiːf, 'rɔst...], das; -s, -s [engl. roast beef, aus: roast = gebraten u. beef = Rindfleisch] (Kochkunst): *[Braten aus einem] Rippenstück vom Rind, das gewöhnlich nicht ganz durchgebraten wird:* ein zartes, abgehangenes R.

Rob|be, die; -, -n [niederd. rub(be), fries. robbe, H. u.]: *großes, in kalten Meeren lebendes Säugetier mit plumpem, lang gestrecktem, von dicht anliegendem, kurzem Haar bedecktem Körper u. flossenähnlichen Gliedmaßen; Flossenfüßer:* -n fangen, jagen.

rob|ben ⟨sw. V.⟩: **a)** ⟨hat⟩ *sich auf dem Bauch (den Körper über den Boden schleifend) mit den aufgestützten Ellenbogen fortbewegen:* die Rekruten r. lassen; **b)** ⟨ist⟩ *sich robbend* (a) *irgendwohin bewegen:* in Deckung, über die Straße r.

Rob|ben|fang, der ⟨o. Pl.⟩: *Fang, Erlegung von Robben.*

Rob|ben|jagd, die: *Jagd auf Robben.*

Rob|ber, der; -s, - [engl. rubber, H. u.] (Kartenspiele): *Doppelpartie bei Whist u. Bridge.*

Ro|be, die; -, -n [frz. robe = Gewand, Kleid, urspr. = Beute; erbeutetes Kleid, aus dem Germ., verw. mit ↑Raub in dessen urspr. Bed. »dem Feind entrissenes (Kleidungsstück)«]: **1.** (geh.) *festliches langes Kleid, das nur zu besonderen Anlässen getragen wird:* die Damen trugen feierliche, glitzernde, kostbare -n; man erschien bei der Premiere in großer R. (*in festlicher Kleidung [bezogen auf Frauen u. Männer]*); Ü *sie hat heute eine neue R.* (scherzh.; *ein neues Kleid*) an. **2.** (seltener) *Talar.*

Ro|bi|nie, die; -, -n [nach dem frz. Botaniker J. Robin (1550–1629)]: *hochwachsender Baum mit rissiger Borke, gefiederten Blättern u. duftenden weißen Blüten in langen Trauben; falsche Akazie.*

Ro|bin|son, der; -s, -e [nach der Titelfigur des Romans »Robinson Crusoe« des engl. Schriftstellers D. Defoe (1659–1731)]: *jmd., der gerne fern vo der Zivilisation auf einer einsamen Insel, in der freien Natur leben möchte.*

Ro|bin|so|na|de, die; -, -n: **a)** *Abenteuerroman im Stil des Robinson Crusoe;* **b)** *Unternehmung o. Ä., die zu einem Abenteuer (im Stil des Robinson Crusoe) wird:* ihre Reise war eine regelrechte R.

Ro|bo|rans, das; -, ...antia u. ...anzien [...ˈrantsjən] [zu lat. roborare = stärken, kräftigen] (Med.): *Stärkungs-, Kräftigungsmittel.*

Ro|bot, die; -, -en [spätmhd. robāt(e) < tschech. robota = (Fron)arbeit] (veraltet): *Frondienst, -arbeit.*

ro|bo|ten ⟨sw. V.; hat; 2. Part.: gerobotet, robotet⟩ [spätmhd. robāten, roboten]: **1.** (ugs.) *schwer arbeiten, sich plagen:* sie roboten für einen Hungerlohn. **2.** (früher) *Fronarbeit leisten.*

Ro|bo|ter, der; -s, - **1.** [engl. robot (< tschech. robot, zu: robota, ↑Robot); nach dem im 1920 erschienenen sozialutopischen Drama »R.U.R.« des tschech. Schriftstellers K. Čapek (1890–1938) vorkommenden Namen der US-Firma »Rossum's Universal Robots«] **a)** *(der menschlichen Gestalt nachgebildete) Apparatur, die bestimmte Funktionen eines Menschen ausführen kann; Maschinenmensch:* er arbeitet wie ein R. (*ohne eine Pause zu machen u. rein mechanisch*); **b)** (Technik) *(mit Greifarmen ausgerüsteter) Automat, der ferngesteuert od. nach Sensorsignalen bzw. einprogrammierten Befehlsfolgen anstelle eines Menschen bestimmte mechanische Tätigkeiten verrichtet:* einen R. konstruieren, für bestimmte Arbeiten einsetzen. **2.** [spätmhd. robāter, robatter, zu:

robāt(e), ↑Robot] (früher) *Arbeiter im Frondienst.*

ro|bo|ter|haft ⟨Adj.⟩: *wie [ein] Roboter* (1); *einem Roboter ähnlich:* -e *(mechanische)* Bewegungen; -es *(schematisch vorgehendes)* Spezialistentum.

Ro|bo|tik, die; -: *Wissensgebiet der Roboter u. ihrer Technik.*

Ro|bu|rit [auch: ...ˈrɪt], der; -s [zu lat. robur, ↑robust]: *im Kohlebergbau verwendeter pulverförmiger Sprengstoff.*

ro|bust ⟨Adj.⟩ [(frz. robuste <) lat. robustus, eigtl. = aus Hart-, Eichenholz, zu: robur = Kernholz; Eiche; Kraft]: **1.** *kräftig, stabil; nicht empfindlich od. leicht irritierbar:* eine -e Person, Frau; eine -e *(stabile)* Gesundheit, Konstitution; er ist eine -e *(nicht empfindsame)* Natur; körperlich, seelisch r. sein, aussehen, wirken; Ü *Jetzt sehe ich, dass Else ein recht nettes dunkelhaariges Mädchen von etwa siebzehn Jahren mit etwas -er Schönheit ist* (Fallada, Trinker 20). **2.** *(von Gegenständen, Materialien o. Ä.) widerstandsfähig, strapazierfähig [u. daher im Gebrauch unkompliziert]:* ein -es Material; ein -er Motor, Tisch, Rasen. **3.** *militärisch; mit Waffeneinsatz:* Forderung nach einer Interventionstruppe mit -em *(mit dem Recht zur Anwendung von Waffengewalt ausgestatteten)* Mandat; mit einem -en Einsatz *(Kampfeinsatz)* der Bundeswehr wird schon lange gerechnet.

Ro|bust|heit, die; -: *das Robustsein.*

Ro|caille [roˈkaːj], das od. die; -, -s [frz. rocaille, eigtl. = Geröll, zu älter: roc = Felsen] (Kunstwiss.): *Muschelwerk.*

roch: ↑riechen.

Ro|cha|de [rɔˈxaːdə, auch: rɔˈʃaːdə], die; -, -n [zu ↑rochieren]: **1.** (Schach) *Doppelzug, bei dem König u. Turm bewegt werden:* große, kleine R.; die R. machen, ausführen. **2.** (Mannschaftsspiele) *besonders von den Außenspielern vorgenommener Wechsel der Position auf dem Spielfeld.* **3.** (schweiz.) *[Ämter]tausch.*

Ro|che, den; -n[s], -n: *Rochen.*

rö|che: ↑riechen.

♦**Roche** [rɔʃ], der; -, -s [mhd. roc < frz. roche, aus dem Pers.]: *Turm* (2): Denn so bekam der R. Feld (*erhielt der Turm Bewegungsfreiheit;* Lessing, Nathan II, 9).

rö|cheln ⟨sw. V.; hat⟩ [mhd. rü(c)heln, Iterativbildung zu: rohen, ahd. rohōn = brüllen, grunzen, lautm.]: *schwer atmen u. dabei (mit dem Luftstrom) ein rasselndes Geräusch hervorbringen:* der Kranke, Sterbende röchelt; ihr Atem ging röchelnd; ⟨subst.:⟩ *das Röcheln der Sterbenden;* Fliegen summen in den röchelnden Atemzügen der Kirsch-, Steinhäger- und Korntrinker herum (Remarque, Obelisk 216).

Ro|chen, der; -s, - [aus dem Niederd. < mniederd. roche, ruche, eigtl. = der Raue]: *(zu den Knorpelfischen gehörender) im Meer lebender Fisch mit scheibenförmig abgeflachtem Körper u. deutlich abgesetztem Schwanz.*

Ro|chett, das; -s, -s [frz. rochet, aus dem Germ., verw. mit ↑¹Rock]: *Chorhemd des katholischen Geistlichen.*

ro|chie|ren [...x..., auch: rɔˈʃiːrən] ⟨sw. V.⟩ [nach frz. roquer, zu älter frz. roc < span. roque = Turm im Schachspiel < arab. ruḫḫ]: **1.** ⟨hat⟩ (Schach) *eine Rochade* (1) *ausführen.* **2.** ⟨hat/ist⟩ (Mannschaftsspiele) *die Position auf dem Spielfeld wechseln:* die Flügelstürmer rochieren ständig.

Ro|chus [jidd. rochus, rauches = Ärger, Zorn < hebr. rogez]: *in den Wendungen* **aus R.** (landsch.; *aus Zorn, Wut*); **einen R. auf jmdn. haben** (landsch.; *über jmdn. sehr verärgert sein; auf jmdn. wütend sein*).

¹Rock, der; -[e]s, Röcke [mhd. roc, ahd. roc(h), urspr. wohl = Gespinst]: **1. a)** *Kleidungsstück* *für Frauen u. Mädchen, das von der Taille an abwärts (in unterschiedlicher Länge) den Körper bedeckt:* ein enger, weiter, langer, kurzer, plissierter, glockiger R.; ein R. aus Mohair; der R. sitzt gut, schwingt; einen R. an-, ausziehen, anhaben; sie trägt meist R. und Bluse; den R. raffen, schürzen, zurechtziehen, glatt streichen; die Kinder hängten sich an den R. der Mutter *(drängten sich dicht an sie);* * **hinter jedem R. her sein/herlaufen** (ugs.; *allen Frauen nachlaufen*); **b)** (Schneiderei) *Unterteil eines Kleides (von der Taille abwärts):* das Kleid hat einen weiten, engen R. **2.** (landsch.) *Jacke, Jackett (als Teil des Anzugs* 1): ein R. aus feinem Tuch; den R. an-, ausziehen, zuknöpfen; der feldgraue R. (veraltet; *Uniform*) des Soldaten; der grüne R. *(die Uniform)* des Försters; Er vertauschte die nassen Gummizugstiefel mit Pantoffeln, den feierlichen, dickstoffigen R. mit einer gestrickten Weste (Feuchtwanger, Erfolg 233); R der letzte R. hat keine Taschen *(man kann sein erspartes Geld, seinen Reichtum nicht über den Tod hinaus erhalten).*

²**Rock,** der; -[s], -[s] [engl. rock]: **1.** ⟨o. Pl.⟩ kurz für ↑ Rockmusik: R. spielen, hören; sie machen R., haben sich dem R. verschrieben. **2.** kurz für ↑ Rock 'n' Roll (2): R. tanzen; einen R. hinlegen.

Ro|ca|bil|ly [ˈrɔkəbɪlɪ], der; -[s] [engl.-amerik. rockabilly, zusgez. aus ↑ Rock 'n' Roll u. ↑ Hillbilly]: *(in den 50er-Jahren entstandener) Musikstil, der eine Verbindung von Rhythm and Blues u. der Hillbillymusic darstellt.*

Rock and Roll: ↑ Rock 'n' Roll.

Rock|auf|schlag, der (landsch.): ¹*Aufschlag* (4) *am Herrenjackett;* ¹*Revers.*

Rock|band, die: *Gruppe von Musikern der Rockmusik.*

Rock|bund, der: ¹*Bund* (2).

Röck|chen, das; -s, -: **1.** Vkl. zu ¹Rock (1 a). **2.** Vkl. zu ¹Rock (2): * ◆ **ohne R.** *(unverhüllt, ganz offensichtlich:* ... die verlorenen, erbärmlichsten Leidenschaften, ganz ohne R. [Goethe, Werther II, 24. Dezember 1771]).

◆ **Ro|cke|lor,** der; -s, -e [frz. roquelaure, nach dem Herzog von Roquelaure (18. Jh.)]: *(im 18. Jh. getragener) Herrenreisemantel mit kleinem Schulterkragen:* ... der Kommandant ließ ihr seinen warmen R. umhängen (Arnim, Invalide 88); ... eine hagere Gestalt, im Dreispitz und langem R. (Storm, Carsten Curator 115).

ro|cken ⟨sw. V.; hat⟩ [engl. to rock]: **1. a)** *Rockmusik machen;* **b)** *nach Rockmusik tanzen, sich im Rhythmus der Rockmusik bewegen:* die Zuschauer rockten begeistert; **c)** *mit Rockmusik erfüllen, durch Rockmusik in Erregung versetzen:* München, der Norden r.; Suzi Quatro rockte das volle Haus. **2.** (ugs.) *begeistern.*

Ro|cken, der; -s, - [mhd. rocke, ahd. rocko, H. u.]: Kurzf. von ↑ Spinnrocken.

Ro|cken|bol|le, die [zu ↑ Rocken (nach der Form) u. ↑ Bolle] (nordd.): *Perlzwiebel.*

Ro|cken|stu|be, die (veraltet): *Spinnstube.*

Ro|cker, der; -s, - [engl. rocker, zu: to rock, ↑ rocken]: **1.** *[zu aggressivem Verhalten neigender] Angehöriger einer lose organisierten Clique von männlichen Jugendlichen, meist in schwarzer Lederkleidung u. mit schweren Motorrädern.* **2.** *Rockmusiker.*

Ro|cker|ban|de, die: *Bande von Rockern.*

Ro|cker|braut, die: *Freundin eines Rockers.*

Rock|fan, der: *begeisterter Anhänger der Rockmusik.*

Rock|fes|ti|val, das: *Festival, bei dem Rockmusik gespielt wird.*

Rock|fut|ter, das: ²*Futter* (1) *in einem* ¹*Rock* (1, 2).

Rock|grup|pe, die: *Gruppe von gemeinsam auftretenden Musikern u. Sängern der Rockmusik.*

ro|ckig ⟨Adj.⟩ (Jargon): *in der Art des* ²*Rock* (1), *wie Rock geartet:* -e Musik, -er Rhythmus.

Rock|kon|zert, das: *Konzert, bei dem Rockmusik gespielt wird.*

Rock|län|ge, die: *Länge eines* ¹*Rocks* (1).

Rock|mu|si|cal, das: *Musical mit Rockmusik als Bühnenmusik.*

Rock|mu|sik, die: *gewöhnlich von kleinen Bands auf elektrisch verstärkten Instrumenten gespielte Musik eines der Stile, die sich aus dem Rhythm and Blues, dem Rock and Roll u. dem Blues entwickelt haben.*

Rock|mu|si|ker, der: *jmd., der Rockmusik macht.*

Rock|mu|si|ke|rin, die: w. Form zu ↑ Rockmusiker.

Rock 'n' Roll [ˈrɔkn̩rɔl, ...ˈroːl, engl.: ˈrɔkn̩ˈroʊl], **Rock and Roll** [ˈrɔk ɛnt ˈrɔl, -ˈ-ˈroːl, engl.: ˈrɔk ənd ˈroʊl], der; - - -[s], - - -s [engl. rock and roll, rock 'n' roll, eigtl. = wiegen und rollen]: **1.** ⟨o. Pl.⟩ *(Anfang der 50er-Jahre in Amerika entstandene Form der) [Tanz]musik, die den Rhythm and Blues der Farbigen mit Elementen der Countrymusic u. des Dixieland verbindet.* **2.** *stark synkopierter Tanz im ⁴/₄-Takt.*

Rock|oper, die: vgl. Rockmusical.

Rock|sän|ger, der: vgl. Rockmusiker.

Rock|sän|ge|rin, die: w. Form zu ↑ Rocksänger.

Rock|saum, der: *Saum eines* ¹*Rocks* (1).

Rock|schoß, der: **1.** ¹*Schoß* (3 a): Ü *mit wehenden, fliegenden Rockschößen* (veraltet; *sehr schnell, eilig, mit großen Schritten*) *eilte er durch den Gang.* **2.** (veraltet) *Schößchen:* * **sich jmdm. an die Rockschöße hängen/sich an jmds. Rockschöße hängen** (**1.** *[von Kindern] sich ängstlich, schüchtern bes. an die Mutter anklammern.* 2. *sich, aus Mangel an Selbstständigkeit o. Ä., bei irgendwelchen Unternehmungen immer an andere anschließen, von anderen Hilfe brauchen);* **an jmds. R./Rockschößen hängen** (vgl. sich an jmds. Rockschöße hängen).

Rock|star, der: *Star der Rockmusik.*

Rock|sze|ne, die: *Szene* (4), *künstlerisches Milieu der Rockmusik u. ihrer Vertreter.*

Ro|cky Moun|tains [ˈrɔki ˈmaʊntɪnz] ⟨Pl.⟩: *nordamerikanisches Gebirge.*

Rock|zip|fel, der: **1.** *Zipfel am Saum eines Frauenrocks od. Kleides:* ein R. guckt unter dem Mantel hervor; * **an jmds. R. hängen** (vgl. Rockschoß 2). **2.** * **jmdn. [gerade noch] am/beim R. halten, erwischen** (*jmdn., der dabei ist wegzugehen, gerade noch erreichen:* er hat ihn gerade noch am R. erwischt, um ihn fragen zu können).

¹**Ro|del,** der; -s, Rödel [spätmhd. rodel = Urkunde, Register < lat. rotula, ↑ Rolle] (südwestd., schweiz. früher): *Liste, Verzeichnis.*

²**Ro|del,** der; -s, - [H. u.] (bayr.): *Rodelschlitten.*

³**Ro|del,** die; -, -n (österr.): **1.** [zu ↑ ²Rodel] *kleiner Schlitten.* **2.** [zu mundartl. rodeln = rütteln, schütteln] *Kinderrassel.*

Ro|del|bahn, die: *Bahn* (3 a) *zum Rodeln.*

ro|deln ⟨sw. V.⟩ [zu ↑ ²Rodel] (landsch.): **a)** ⟨hat/ist⟩ *mit dem Schlitten einen Hang hinunterfahren:* den ganzen Tag r.; **b)** ⟨ist⟩ *mit dem Schlitten irgendwohin fahren:* sie ist in den Graben gerodelt.

rö|deln ⟨sw. V.; hat⟩ (ugs.): *mit hohem Arbeitsaufwand erledigen.*

Ro|del|schlit|ten, der: *Schlitten* (1).

Ro|del|sport, der: *als Sport betriebenes Rodeln; Rennrodeln.*

ro|den ⟨sw. V.; hat⟩ [aus dem Niederd. < mniederd. roden, im Ablaut zu mhd. riuten, ↑ reuten; verw. mit ↑ raufen]: **1.** *durch Fällen der Bäume u. Ausgraben der Stümpfe urbar machen:* Wälder, Urwald, Ödland r.; ⟨auch ohne Obj.:⟩ sie zogen aus, um zu r. **2.** *fällen u. die Wurzeln, Wurzelstöcke ausgraben:* Gehölz r. **3.** (landsch.) *(einen Weinberg [in der Absicht, ihn neu anzulegen]) tief umgraben.* **4.** (landsch.) *bei der Ernte aus dem Boden graben, herausholen:* Rüben, Möhren r.

Ro|deo, der od. das; -s, -s [engl. rodeo, eigtl. = Zusammentreiben des Viehs < span. rodeo, zu: rodear = zusammentreiben]: *(in den USA) Veranstaltung mit Wettkämpfen für Cowboys, bei denen die Teilnehmer auf wilden Pferden od. Stieren reiten u. versuchen müssen, sich möglichst lange im Sattel bzw. auf dem Rücken der Tiere zu halten:* ein R. veranstalten; an einem R. teilnehmen.

Rod|ler, der; -s, -: *jmd., der rodelt, Schlitten fährt.*

Rod|le|rin, die; -, -nen: w. Form zu ↑ Rodler.

Ro|don|ku|chen [roˈdoː:...], der; -s, - (landsch.): *Napfkuchen aus Rührteig.*

Ro|dung, die; -, -en: **1.** *das Roden:* -en vornehmen. **2.** *gerodetes Stück Land.*

Ro|gen, der; -s, - [mhd. roge(n), ahd. rogo, rogan, H. u.]: *Fischrogen.*

Ro|ge|ner, Rogner, der; -s, - [mhd. rogner]: *weiblicher Fisch, der Rogen enthält.*

ro|ger [ˈrɔdʒɐ] ⟨Adv.⟩ [engl. roger, für r = received, identisch mit dem Personennamen Roger nach dem Buchstabieren]: **1.** (Funkw.) *[Nachricht erhalten u.] verstanden!* **2.** (ugs.) *in Ordnung!; einverstanden!:* alles r.!

Rog|gen, der; -s, (Sorten:) - [mhd. rocke, ahd. rocko, Benennungsmotiv unklar]: **a)** *Getreideart mit langem Halm u. vierkantigen Ähren mit langen Grannen, deren Frucht bes. zu Mehl für Brot verarbeitet wird:* der R. steht gut, ist reif, ist winterhart; R. anbauen; **b)** *Frucht des Roggens* (a): Säcke mit R. füllen.

Rog|gen|brot, das: *Brot aus Roggenmehl.*

Rog|gen|ern|te, die: **1.** *das Ernten des Roggens.* **2.** *Gesamtheit des geernteten Roggens:* die diesjährige R. war gut.

Rog|gen|feld, das: *mit Roggen bebautes Feld.*

Rog|gen|mehl, das: *Mehl aus Roggen.*

Rog|gen|muh|me, die (Volkskunde): *weiblicher Dämon, der sich in reifenden Kornfeldern aufhält u. die Kinder erschreckt.*

Rog|gen|schrot, der od. das: *Menge grob gemahlener Roggenkörner.*

Rog|ner: ↑ Rogener.

roh ⟨Adj.⟩ [mhd. rō, urspr. = blutig]: **1.** *ungekocht od. ungebraten:* -es Ei; -es Fleisch; -er Schinken; -e Milch; in -em Zustand; -e Klöße *(aus geriebenen rohen Kartoffeln zubereitete Klöße);* das Fleisch ist noch [ganz] r. *(überhaupt nicht gar);* Gemüse r. essen. **2. a)** *nicht bearbeitet, nicht verarbeitet:* -es Holz, Erz, Material; -e Bretter, Diamanten; -e *(ungegerbte)* Felle; -e Seide *(Rohseide);* -er Zucker *(Rohzucker);* -e *(nicht zugerittene, nicht eingefahrene) Pferde;* eine Plastik aus dem -en Stein arbeiten, meißeln; ... und in dem hinduschenden Licht sah Cotta Steine, Granittafeln, Menhire, Schieferplatten, Säulen und -e, wuchtige Quader (Ransmayr, Welt 48); **b)** *ohne genaue, ins Einzelne gehende Be-, Verarbeitung, Ausführung; grob* (2): ein r. Entwurf; nach r. *(ungefährer)* Schätzung; ein r. behauener Stein, r. zusammengeschlagener Schrank; ⟨subst.:⟩ die Arbeit ist im Rohen (in groben Zügen) fertig; **c)** (veraltend) *von der Haut entblößt, blutig:* das -e Fleisch kam zum Vorschein. **3.** (abwertend) *anderen gegenüber gefühllos u. grob, sie körperlich od. seelisch verletzend:* ein -er Mensch, -e Sitten, Umgangsformen, Worte, Späße; er hat das Schloss mit -er Gewalt *(mit Gewalt u. nicht mit den entsprechenden sachgerechten Mitteln)* aufgebrochen; er ist sehr r. zu ihr, behandelt sie r. und gemein.

Roh|bau, der; ⟨Pl. -ten⟩: **1.** *im Rohzustand befindlicher Bau, der nur aus den Mauern o. Ä.,*

roh bearbeitet – Rohstoff

Decken u. Dach besteht. **2.** ** im R. (im Zustand eines Rohbaus:* ein im R. fertiges Konzept).
roh be|ar|bei|tet, roh|be|ar|bei|tet ⟨Adj.⟩: *nur grob bearbeitet.*
roh be|hau|en, roh|be|hau|en ⟨Adj.⟩: *nur grob behauen:* ein roh behauener Stein.
Roh|bi|lanz, die (Wirtsch.): *bilanzmäßige Zusammenstellung der Summen der Hauptbuchkonten, bes. zur Vorbereitung des Jahresabschlusses.*
Roh|da|ten ⟨Pl.⟩ (EDV): *noch unverarbeitete, noch nicht ausgewertete Daten* (2): die gesammelten R. sollen wissenschaftlich ausgewertet werden.
Roh|di|a|mant, der (Fachspr.): *ungeschliffener Diamant.*
Roh|ei|sen, das ⟨o. Pl.⟩ (Hüttenw., Metallbearb.): *Eisen im rohen, unverarbeiteten Zustand.*
Ro|heit: frühere Schreibung für ↑ Rohheit.
Roh|er|trag, der (Wirtsch.): *(den Reinertrag übersteigender) Betrag, der sich aus dem betrieblichen Zugang an Werten unter Abzug des Waren- u. Materialeinsatzes errechnet.*
ro|her|wei|se ⟨Adv.⟩: *aus Rohheit* (1): er hat den Hund r. geschlagen.
Roh|erz, das ⟨o. Pl.⟩: vgl. Roheisen.
Roh|fas|sung, die: *rohe, noch nicht in allen Einzelheiten ausgearbeitete Fassung* (2 b).
Roh|ge|mü|se, das: *als Rohkost zubereitetes Gemüse.*
Roh|ge|wicht, das (Fertigungst.): *Gewicht eines Fabrikats vor Auftreten des durch die Fertigung bedingten Materialverlustes.*
Roh|ge|winn, der (Wirtsch.): *[den Reingewinn übersteigender] Betrag, der sich aus dem Umsatz unter Abzug des Wareneinsatzes errechnet; Rohertrag (in Handelsbetrieben), Bruttogewinn.*
roh|ge|zim|mert ⟨Adj.⟩: *aus rohem* (2 a) *Holz gezimmert:* -e Tische, Regale.
Roh|heit, die; -, -en [spätmhd. rõheit]: **1.** ⟨o. Pl.⟩ *rohe* (3) *[Wesens]art:* ein Mensch, eine Tat von erschreckender R.; Daher die unfassbare R. der Deutschen »im Dienst«, die in so merkwürdigem Gegensatz zu ihrer privaten Gutmütigkeit stand (Tucholsky, Werke II, 120). **2.** *rohe* (3) *Handlung, Äußerung:* jmdm. -en sagen.
Roh|holz, das ⟨o. Pl.⟩ (Fachspr.): **1.** vgl. Roheisen. **2.** *bei der Holzernte anfallendes Holz ohne Berücksichtigung von Sorten od. Abmessungen.*
Roh|kaf|fee, der (Fachspr.): *ungerösteter Kaffee.*
Roh|kau|tschuk, der (Fachspr.): vgl. Roheisen.
Roh|kost, die: *pflanzliche Kost, bes. aus rohem Obst u. Gemüse.*
Roh|le|der, das (Fachspr.): *ungegerbtes Leder.*
Roh|ling, der; -s, -e: **1.** (abwertend) *roher Mensch:* die Tat eines -s. **2.** (Fachspr.) *[gegossenes od. geschmiedetes] Werkstück, das noch weiter bearbeitet werden muss:* aus einem R. einen Schlüssel feilen. **3.** (EDV) *noch unbespielte CD, DVD o. Ä.*
Roh|ma|te|ri|al, das: *für eine [weitere] Be- od. Verarbeitung bestimmtes Material.*
Roh|me|tall, das (Hüttenw., Metallbearb.): *bei der metallurgischen Gewinnung anfallendes, noch nicht gereinigtes Metall.*
Roh|milch, die (Fachspr.): *nicht bearbeitete Milch (unmittelbar vom Erzeuger); Vorzugsmilch.*
Roh|milch|kä|se, der: *aus Rohmilch hergestellter Käse.*
Roh|öl, das: *ungereinigtes Erdöl (od. Schweröl).*
Roh|pro|dukt, das: *[Zwischen]produkt, das für eine weitere Be- od. Verarbeitung bestimmt ist.*
Rohr, das; -[e]s, -e [mhd. ahd. rōr = (Schilf)rohr; Schilf, H. u.]: **a)** ⟨Pl. selten⟩ *Pflanze mit auffällig langem, rohrförmigem Halm, Stängel od. Stamm (z. B. Schilfrohr):* um den See wächst R.; das Dach der Hütte ist mit R. gedeckt; Stühle,

Körbe aus R. *(Peddigrohr);* * **spanisches R.** (1. *[dickes] Peddigrohr.* 2. veraltet; *Stock aus Peddigrohr);* **ein schwankendes R. im Wind sein/schwanken wie ein R. im Wind** (geh.; *in seinen Entschlüssen unsicher sein;* nach Luk. 7, 24); **b)** ⟨o. Pl.⟩ *(an einer Stelle) dicht wachsendes Schilfrohr; Röhricht:* Wasservögel nisten im R. **2.** *langer zylindrischer Hohlkörper [mit größerem Durchmesser], der vor allem dazu dient, Gase, Flüssigkeiten, feste Körper weiterzuleiten:* ein verstopftes R.; die -e der Wasserleitung, Fernheizung; -e [ver]legen; das Schlachtschiff feuerte aus allen -en *(Geschützrohren);* der Jäger saß mit geladenem R. (veraltet; *Gewehr)* auf dem Hochsitz; Im Erdgeschoss auf dem Seitenflur stand ein kleiner Ofen mit einem bis in den zweiten Stock gewundenen R., das etwas Wärme abgab (Seghers, Transit 183); * **voll[es] R.** (ugs.; *mit äußerster Kraft, höchster Leistung, Geschwindigkeit;* urspr. Soldatenspr., von einem Geschütz[rohr], das mit größtmöglicher Ladung schießt: volles R. fahren). **3.** (südd., österr.) *Backröhre, -ofen.* **4.** (salopp) *Penis.*
Rohr|am|mer, die: *vor allem in Schilf u. Sumpf lebende, braune, schwarz gefleckte Ammer mit schwarzem Kopf u. weißlichem Nacken.*
Rohr|an|satz, der: *rohrförmiger Ansatz* (1).
Rohr|blatt, das (Musik): *Blatt (Zunge) aus Rohr* (1 a) *im Mundstück von [Holz]blasinstrumenten, das durch den Luftstrom in Schwingung versetzt wird u. so den Ton erzeugt.*
Rohr|blatt|in|s|t|ru|ment, das (Musik): *Blasinstrument mit einfachem oder doppeltem Rohrblatt.*
Rohr|bruch, der: ¹*Bruch* (1) *eines Leitungsrohrs.*
Röhr|chen, das; -s, -: **1.** Vkl. zu ↑ Rohr. **2.** Vkl. zu ↑ Röhre: ein R. [mit] Tabletten; die Substanz in einem R. (Fachspr.; *in einem kleinen Reagenzglas)* über dem Bunsenbrenner erhitzen; der Autofahrer musste ins R. *(in die Tüte* 2) blasen.
Rohr|dom|mel, die; -, -n [mhd. rõrtumel, -trumel, ahd. rõredumbil, 2. Bestandteil lautm. für den Paarungsruf]: *(bes. im Schilf lebender) Vogel mit gedrungenem Körper u. überwiegend brauner Färbung.*
Röh|re, die; -, -n [mhd. rœre, ahd. rõra, zu ↑ Rohr]: **1.** *langer zylindrischer Hohlkörper [mit geringerem Durchmesser], der vor allem dazu dient, Gase od. Flüssigkeiten weiterzuleiten:* nahtlos gezogene -n; -n aus Stahl, Ton, Kunststoff [ver]legen, montieren; Ü sich in die R. (ugs.; *den Computertomografen)* legen; * **kommunizierende -n** (Physik; *untereinander verbundene, oben offene Röhren, für die gilt, dass eine Flüssigkeit in ihnen gleich hoch steht).* **2.** *[kleinerer] röhrenförmiger Behälter, [kleineres] röhrenförmiges Gefäß:* eine R. [mit] Tabletten. **3.** *Back-, Bratröhre:* eine Gans in der R. backen; das Essen steht in der R. **4. a)** *Elektronenröhre, bes. Radiood. Fernsehröhre:* in einem Radio mit 6 -n; eine R. auswechseln, erneuern; **b)** *Leucht[stoff]röhre, Neonröhre.* **5.** [wohl gek. aus ↑ Bildröhre] (ugs., oft abwertend) *Bildschirm, Fernsehgerät:* vor der R. hocken, sitzen; den ganzen Abend in die R. gucken, starren. **6.** (Jägerspr.) *röhrenförmiger unterirdischer Gang eines Baus* (5 a): * **in die R. sehen/gucken** (ugs.; *bei der Verteilung leer ausgehen, das Nachsehen haben;* wohl vom Hund, der in den Bau hineinsehen, aber nicht hineinkriechen kann).
¹**röh|ren** ⟨sw. V.; hat⟩ (veraltet): **1.** *mit Röhren versehen.* **2.** *Rohre legen.*
²**röh|ren** ⟨sw. V.⟩ [mhd. rēren, ahd. rērēn = brüllen, blöken, lautm.; vgl. engl. to roar = brüllen]: **1.** ⟨hat⟩ *(bes. vom brünstigen Hirsch) schreien, brüllen, einen längeren lauten, hohl u. rau klingenden Laut von sich geben:* Ü die Wasserspülung, der Auspuff, der Motor röhrte; röhrende

Autos, Motorräder. **2.** ⟨ist⟩ (ugs.) ²*röhrend* (1) *irgendwohin fahren:* über die Autobahn nach München r.
Röh|ren|blü|te, die (Bot.): *röhrenförmige Blüte (eines Korbblütlers).*
Röh|ren|blüt|ler, der; -s, - (Bot.): *Pflanze (einer artenreichen Ordnung) mit Röhrenblüten.*
röh|ren|för|mig ⟨Adj.⟩: *die Form einer Röhre habend.*
Röh|ren|ho|se, die: *eng anliegende Hose mit röhrenförmigen Beinen.*
Röh|ren|jeans, die: *eng anliegende Jeans mit röhrenförmigen Beinen.*
Röh|ren|kno|chen, der (Anat.): *röhrenförmiger Knochen.*
Röh|ren|pilz, der: *Röhrling.*
rohr|far|ben ⟨Adj.⟩: *hellbeige (wie Schilfrohr).*
Rohr|flech|ter, der: *jmd., der Rohr flechtend verarbeitet (Berufsbez.).*
Rohr|flech|te|rin, die; -, -nen: w. Form zu ↑ Rohrflechter.
Rohr|flö|te, die: **a)** *mundstücklose Flöte aus einem Stück Schilfrohr, Bambusrohr o. Ä.;* **b)** *Panflöte mit Pfeifen aus Schilfrohr, Bambusrohr o. Ä.*
rohr|för|mig ⟨Adj.⟩: *die Form eines Rohres* (2) *aufweisend.*
Rohr|ge|flecht, das: *Geflecht aus Rohr.*
Rohr|icht, das; -s, -e [mhd. rœrach, rōrach, ahd. rōrahi = Schilfdickicht]: *Rohr* (1 b).
Rohr|kol|ben, der: *bes. am Rand von Gewässern wachsende Pflanze mit langen, schmalen Blättern u. braunem Kolben an hohem rohrförmigem Schaft.*
Rohr|kre|pie|rer, der: **1.** *Geschoss, das im Rohr krepiert, bevor es die Waffe verlassen kann:* es gab einen R.; der R. tötete den Richtschützen. **2.** (salopp) *Misserfolg; etw., was nicht den erhofften Erfolg bringt:* der Plan erwies sich als R.
Rohr|lei|tung, die: *Leitung aus Rohren* (2).
Rohr|lei|tungs|sys|tem, das: *System von Rohrleitungen.*
Röhr|ling, der; -s, -e (Bot.): *Pilz mit dicht stehenden, senkrechten feinen Röhren an der Unterseite des Hutes.*
Rohr|netz, das: *Netz, System von Rohren* (2).
Rohr|pfei|fe, die: *Rohrflöte* (1).
Rohr|post, die: *mit Saug- od. Druckluft betriebene Anlage zur Beförderung von Briefen o. Ä. durch Rohrleitungen.*
Rohr|rück|lauf, der (Waffent.): *Zurückschnellen des Geschützrohres nach dem Abfeuern eines Geschosses.*
Rohr|sän|ger, der: *unauffällig gefärbter, geschickt kletternder Singvogel, der bes. im Schilfrohr u. auf Getreidefeldern lebt.*
Rohr|spatz, der: **1.** *Rohrammer;* * **schimpfen wie ein R.** (ugs.; *erregt u. laut schimpfen;* nach dem eigentlichen Warn- u. Zankruf des Vogels). **2.** *Drosselrohrsänger.*
Rohr|stock, der: *dünner, biegsamer Stock [aus Peddigrohr]:* früher bekamen die Schüler oft Prügel mit dem R.
Rohr|zan|ge, die: *Zange zum Montieren von Rohren.*
Rohr|zu|cker, der: *aus Zuckerrohr gewonnener Zucker.*
Roh|sei|de, die (Textilind.): *matte Seide, deren Fäden noch mit leimartiger Substanz behaftet u. deshalb steif u. strohig sind.*
roh|sei|den ⟨Adj.⟩: *aus Rohseide hergestellt.*
Roh|sei|fe, die (Fachspr.): *[flüssige] noch nicht weiterverarbeitete Grundsubstanz der Seife* (1).
Roh|stahl, der (Hüttenw., Metallbearb.): *unbearbeiteter Stahl in rohen Blöcken.*
Roh|stoff, der: *für eine industrielle Be-, Verarbeitung geeigneter od. bestimmter Stoff, den die*

Natur liefert: metallische, pflanzliche -e; *Erdöl ist ein wichtiger R. der Petrochemie;* Ü *So verfolgte mich in jener Reisenacht alles Gesehene, aber nicht Ergründete, alles Hingeschriebene, aber nicht Verwandelte – jeder, der sich mit dem R. Leben nicht zufriedengeben will, wird mich verstehen* (Kaschnitz, Wohin 208); * **nachwachsende -e** (Fachspr.: *Pflanzen, die zur Verwendung als Rohstoffe in der Industrie angebaut werden u. als Alternative zu begrenzt vorhandenen mineralischen Rohstoffen gelten*).

roh|stoff|arm ⟨Adj.⟩: *arm an Rohstoffen:* ein -es Land.

Roh|stoff|lie|fe|rant, der: *Lieferant (Land, Stoff od. Körper) von Rohstoffen.*

Roh|stoff|man|gel, der ⟨o. Pl.⟩: *Mangel an Rohstoffen.*

Roh|stoff|markt, der: *Warenverkehr, Handel mit Rohstoffen.*

Roh|stoff|preis, der: *Preis eines Rohstoffs.*

Roh|stoff|quel|le, die: *Stelle (Land, Firma), wo man sich Rohstoffe beschaffen kann.*

roh|stoff|reich ⟨Adj.⟩: *reich an Rohstoffen:* -e Länder, Gebiete.

Roh|stoff|re|ser|ve, die: *Reserve an Rohstoff[en].*

Roh|stoff|ver|ar|bei|tung, die: *Verarbeitung von Rohstoffen.*

Roh|wa|re, die: **1.** *Ware, die für eine weitere Be-, Verarbeitung bestimmt ist.* **2.** (Weberei) *Rohgewebe.*

Roh|wol|le, die (Fachspr.): *bei der Schur gewonnene, noch nicht gereinigte, noch nicht bearbeitete Wolle.*

Roh|zu|cker, der: *roher, noch nicht raffinierter Zucker.*

Roh|zu|stand, der: *Zustand vor der Be- od. Verarbeitung:* Metall, Öl im R.

Roi|busch|tee, der: *Rotbuschtee.*

ro|jen ⟨sw. V.; hat/ist⟩ [mniederd. rojen] (Seemannsspr.): *rudern.*

Ro|kam|bo|le, die; -, -n [frz. rocambole < dt. ↑ Rockenbolle]: *Perlzwiebel.*

Ro|ko|ko [auch: roˈkɔko, rɔkoˈko:], das; -s, Fachspr. auch: - [frz. rococo, zu ↑ Rocaille; nach dem häufig verwendeten Muschelwerk in der Bauweise dieser Zeit]: **1.** *durch zierliche, beschwingte Formen u. eine weltzugewandte, heitere od. empfindsame Grundhaltung gekennzeichnete Stil der europäischen Kunst (auch der Dichtung u. Musik), in den das Barock im 18. Jh. überging:* das Zeitalter, die Malerei, die Mode des Rokoko[s]; seine Gedichte sind [echtes] R. **2.** *Zeit[alter] des Rokoko:* die Malerei, Musik im R.

Ro|ko|ko|stil, der ⟨o. Pl.⟩: *Stil des Rokoko.*

Ro|ko|ko|zeit, die: *Zeit des Rokoko.*

Ro|land, der; -[e]s, -e [H. u.]: *überlebensgroßes Standbild eines geharnischten Ritters mit bloßem Schwert als Wahrzeichen auf dem Marktplatz vieler, bes. nord- u. mitteldeutscher Städte:* -e als Rechtssymbole (Buchtitel); auf dem Marktplatz von Wedel steht ein R.

Rol|land|säu|le, Rol|lands|säu|le, die: *Roland.*

Rol|la|den, der: frühere Schreibung für: ↑ Rollladen.

Rol|la|tor, der; -s, -en [latinisierende Bildung zu ↑ Rolle, ↑ rollen]: *(als Gehhilfe verwendete) mit Rollen bzw. Rädern versehene Vorrichtung, mit der man sich, darauf gestützt, vorwärtsbewegen kann.*

Roll|back, Roll-back [ˈrʊʊlbɛk], das; -[s], -s [engl. roll back, zu: to roll back = zurückrollen, -fahren]: **1.** (Politik) *Zurückdrängung des Kommunismus, des sowjetischen Einflusses als Ziel US-amerikanischer Außenpolitik in einer frühen Phase des Kalten Krieges. Die Ende der 1950 entworfene Politik des R.* **2.** a) (bildungsspr.) *rückläufige, rückschrittliche, auf Restauration gerichtete Entwicklung;* **b)** *Rückfall, Rückschritt.*

Roll|bahn, die: **1.** (Flugw.) *Taxiway.* **2.** (Militär) *(bes. im Zweiten Weltkrieg an der Ostfront [provisorisch angelegte]) befestigte Fahrbahn, Piste (4) für den Nachschub.*

Roll|bal|ken, der (österr.): *Rollladen.*

Roll|ball, der ⟨o. Pl.⟩ (Sport): *Mannschaftsspiel, bei dem der Ball ins gegnerische Tor gerollt werden muss.*

Roll|bra|ten, der: *zusammengerolltes, mit Bindfaden umwickeltes od. in ein Netz gestecktes Fleisch zum Braten.*

Röll|chen, das; -s, -: **1.** Vkl. zu ↑ Rolle (1 b): *die Gardine hängt an R.;* die Schublade läuft auf kleinen R. **2.** (früher) *steife, in den Ärmel des Jackets gesteckte Manschette.*

Rol|le, die; -, -n [mhd. rolle, rulle, urspr. = kleines Rad, kleine Scheibe od. Walze (in der Kanzleispr. = zusammengerolltes Schriftstück) < afrz. ro(l)le (= frz. rôle) = Rolle, Liste, Register < (spät)lat. rotulus, rotula = Rädchen, Rolle, Walze, Vkl. von: rota = Rad, Scheibe]: **1. a)** *etw. Walzenförmiges, zu einer Walze (länglich mit rundem Querschnitt) Zusammengerolltes od. -gewickeltes:* eine R. Toilettenpapier, Raufasertapete, Garn, Drops; eine R. verzinkter Draht/ (geh.:) verzinkten Drahtes; das Geld wird in -n verpackt; den Faden von der R. abspulen; **b)** *Kugel, Walze, Rad, [mit einer Rille versehene] Scheibe, worauf etw. rollt od. gleitet:* ein Fernsehtisch, Teewagen auf -n; die Aufzugskette des Flaschenzugs läuft über -n. **2.** (landsch.) ²*Mangel:* die Wäsche in, zur R. geben; * **jmdn. durch die R. drehen** (↑ ²Mangel). **3. a)** (Turnen) *Übung (am Boden, Barren, Schwebebalken o. Ä.), bei der der Körper vor- od. rückwärts um die eigene Querachse gedreht wird:* eine R. [vorwärts, rückwärts] machen, ausführen; **b)** (Kunstfliegen) *Figur, bei der sich das Flugzeug um seine Längsachse dreht:* eine R. fliegen. **4.** (Radsport) *leicht drehbare, hinten am Motorrad des Schrittmachers an einem Gestell befestigte Walze, die dem Radfahrer dichtes Mitfahren im Windschatten ermöglicht:* an der R. fahren; * **von der R. sein, kommen** (ugs.; *nicht mehr mithalten können, den Anschluss verlieren*); **jmdn. von der R. bringen** (ugs.; *dafür sorgen, dass jmd. nicht mehr mithalten kann*). **5. a)** *[nach dem urspr. auf Schriftrollen aufgezeichneten Probentext] von einem Schauspieler zu verkörpernde Gestalt:* eine wichtige, tragende, unbedeutende, kleine R.; die R. der Julia ist ihr auf den Leib geschrieben; diese R. ist falsch besetzt worden; er hat in dem Film eine R. als Detektiv; seine R. gut, schlecht spielen; sie hat ihre R. (*den Rollentext*) schlecht gelernt; ein Stück mit verteilten -n lesen; sie begrüßen uns mit der R. des Zuschauers; **b)** *Stellung, [erwartetes] Verhalten innerhalb der Gesellschaft:* anerzogene -n; die soziale R.; die R. der Frau in Vergangenheit und Gegenwart; die führende R. der Partei; die -n in der Gesellschaft vertauschen; er fühlte sich seiner R. als Vermittler nicht mehr gewachsen; * **[gern] eine R. spielen mögen/wollen** (*großes Geltungsbedürfnis haben*); **bei etw. eine R. spielen** (*an einer Sache in bestimmter Weise teilhaben, mitwirken*); **[k]eine R. [für jmdn., etw./bei jmdn., einer Sache] spielen** (*[nicht] wichtig, [un]wesentlich [für jmdn., etw.] sein:* das spielt doch keine R.!; die größte R. spielt für ihn, was die anderen dazu sagen; Geld spielt [bei ihr, dabei] keine R.); **aus der R. fallen** (*sich unpassend, ungehörig benehmen; vor anderen etw. sagen od. tun, was Missfallen erregt, weil es nicht dem erwarteten Verhalten entspricht;* urspr. von einem Schauspieler, der die entsprechende Stelle in seiner Textrolle nicht findet); **sich in seine R. finden** (geh.; *sich mit seiner Lage u. Stellung abfinden, mit den gegebenen Verhältnissen fertigwerden*); **sich in seiner R. gefallen** (geh.; *sich auf seine Stellung u. seinen Einfluss etw. einbilden*); **sich in jmds. R. versetzen [können]** (*sich in jmds. Lage hineindenken [können]*).

rol|len ⟨sw. V.⟩ [mhd. rollen < afrz. ro(l)ler, über das Galloroman. zu (spät)lat. rotulus, ↑ Rolle]: **1. a)** *sich unter fortwährendem Drehen um sich selbst [fort]bewegen:* der Ball, die Kugel, der Würfel rollt; die Räder rollen; die Wogen rollen *(überschlagen sich);* Ü *wenn diese Unregelmäßigkeiten bekannt werden, dann müssen Köpfe r.* (Leute zur Rechenschaft gezogen u. entlassen werden); * ⟨subst.⟩ **ins Rollen kommen** (ugs.; *in Gang kommen, beginnen*); **etw. ins Rollen bringen** (ugs.; *etw. in Gang bringen, auslösen:* eine kleine Zeitungsnotiz hat die Protestbewegung ins Rollen gebracht); **b)** *sich rollend (1 a) irgendwohin bewegen:* der Ball rollt ins Aus, über die Torlinie; Ü dicke Tränen rollten über ihre Wangen; eine Lawine rollte donnernd zu Tal; Es war eine weitläufige, von einem schmalen Streifen aus Muscheln, Tangflechten und langgezogenen, donnernden Brechern rollte (Ransmayr, Welt 159); **c)** *eine Drehbewegung [von einer Seite zur anderen] machen:* das Kind rollte auf den Rücken; **d)** *sich auf Rädern, Rollen, Raupenketten fortbewegen, irgendwohin bewegen; fahren:* der Wagen, das Auto, der Zug rollt; die Maschine rollt zur Startbahn. **2.** ⟨hat⟩ **a)** *in eine rollende Bewegung bringen, drehend, wälzend fortbewegen:* die Fässer über die Rampe, in den Hof r.; **b)** *etw., das mit Rädern, Rollen versehen ist, irgendwohin bewegen:* den Einkaufswagen zur Kasse r.; einen Patienten in den OP r.; **c)** ⟨r. + sich⟩ *sich wälzen:* die Kinder rollten sich im Gras. **3.** ⟨hat⟩ *(einen Körperteil o. Ä.) drehend hin u. her, im Kreis bewegen:* den Kopf r.; sie rollte [voller Schrecken, wütend] die Augen/mit den Augen. **4.** ⟨hat⟩ **a)** *einrollen, zusammenrollen:* die Decken, die Zeltbahn nicht falten, sondern r.; die Kniestrümpfe nach unten r.; sie rollte sich in ihre Decke; eine gerollte Landkarte; **b)** *zu etw., zu einer bestimmten Form zusammendrehen:* den Teig zu einer Wurst r.; **c)** *durch Zusammenrollen herstellen:* ich rollte mir eine Zigarette; **d)** ⟨r. + sich⟩ *(von flach daliegenden Stücken aus Papier, Textilfaser o. Ä.) sich von den Rändern u. Ecken her hochbiegen, einrollen, uneben werden:* das Bild hat sich gerollt. **5.** ⟨hat⟩ (landsch.) ²*mangeln:* Wäsche r. **6.** ⟨hat⟩ (Kochkunst) *ausrollen:* den Teig r. **7. a)** ⟨hat⟩ *ein dumpfes, hallendes, dröhnendes Geräusch erzeugen:* der Donner rollt; sekundenlang rollte das Echo; ein rollendes Lachen; **b)** ⟨hat⟩ *einen vibrierenden Laut mit dem Kehlkopf od. der Zunge hervorbringen:* der Kanarienvogel rollt; ⟨mit Akk.-Obj.:⟩ sie rollt das R; mit rollendem *(gerolltem)* R; **c)** ⟨ist⟩ *sich als dumpfes, hallendes, dröhnendes Geräusch irgendwohin verbreiten:* das Echo, der Donner rollte durch das Tal; Noch jetzt rollte ihm der Altbräume des Totengräbers immer wieder der längst verebbte Geschützdonner (Ransmayr, Welt 260). **8.** ⟨hat⟩ (Seemannsspr.) *schlingern [u. gleichzeitig stampfen]:* das Schiff rollte.

Rol|len|be|set|zung, die: *Verteilung der einzelnen Rollen (5 a) eines Bühnenstücks od. Films auf die Darsteller.*

Rol|len|bild, das: *Vorstellung von der Rolle (5 b), die jmd. in einer bestimmten Funktion, in einer bestimmten sozialen Stellung o. Ä. zu spielen hat:* das R. der Frau hat sich gewandelt.

Rol|len|druck, der ⟨Pl. -e⟩ (Druckw.): ²*Druck (1 a) auf Papierbahnen, die von großen Rollen (1 a) ablaufen.*

Rol|len|fach, das (Theater, Film): *Art der Rol-*

len (5a), *für die ein Darsteller nach Alter, Geschlecht u. Charakter bes. geeignet ist:* das R. des Bonvivants; das R. wechseln.

rol|len|för|mig ⟨Adj.⟩: *die Form einer Rolle, Walze aufweisend.*

Rol|len|kon|flikt, der (Soziol.): *aus dem Ineinandergreifen verschiedener Rollen (5b) u. aus Widersprüchen zwischen gesellschaftlicher Rolle u. persönlicher Veranlagung u. Einstellung erwachsender Konflikt:* in einen R. geraten; das bringt ihn natürlich in einen R.

Rol|len|la|ger, das (Pl. ...lager) (Bauw., Technik): *Lager (6 a, b), bei dem mithilfe von Rollen (1b) od. Walzen Schwankungen in der Lage ausgeglichen werden können u. die Reibung sich verringert.*

Rol|len|spiel, das (Soziol.): *spielerisch nachgeahmtes Rollenverhalten.*

Rol|len|tausch, der: *das Vertauschen von Rollen (5 a, b).*

Rol|len|text, der: *Text für eine Rolle (5a).*

Rol|len|ver|hal|ten, das (Soziol.): *Verhalten gemäß einer bestimmten Rolle (5b) innerhalb der Gesellschaft.*

Rol|len|ver|tei|lung, die: a) *Rollenbesetzung;* b) (Soziol.) *Verteilung der Aufgaben u. Verhaltensweisen innerhalb einer sozialen Gruppe:* die traditionelle R. der Geschlechter.

Rol|len|zwang, der (Soziol.): *aus der Rolle (5b) erwachsender Zwang.*

Rol|ler, der; -s, -: **1.** *Fahrzeug für Kinder, das aus einem Brett mit zwei Rädern u. einer Lenkstange besteht u. mit einem Bein entweder durch Abstoßen am Boden od. durch einen Fußhebel vorwärtsbewegt wird:* R. fahren. **2.** *Motorroller:* sie fuhr mit dem R. zum Supermarkt. **3. a)** *Harzer Roller (1);* **b)** *rollender Trillergesang eines Harzer Rollers (1).* **4.** (Sport) *Rollsprung.* **5.** (Fußball) *Schuss, der den Ball nur über den Boden rollen lässt:* ein harmloser R. **6.** (Meereskunde) *lange, hohe Welle, die in schwerer Brandung auftritt.* **7.** (Technik) *niedriges u. flaches Transportgerät mit drei od. vier drehbaren Rollen (1b) für die Beförderung sperriger od. schwerer Teile.* **8.** (österr.) *Rollbraten.*

Rol|ler|blade® ['roʊlɐbleɪd], der; -s, -s ⟨meist Pl.⟩ [engl. Rollerblade®, wohl geb. nach roller skate (= Rollschuh) mit: blade = Klinge, Messer]: *bestimmter Inlineskate:* auf -s rasen.

rol|lern ⟨sw. V.; ist⟩: **1.** *Roller (1, 2) fahren.* **2.** *sich mit einem Roller (1, 2) irgendwohin bewegen:* er rollerte um die Ecke, zum Bäcker, nach Hause.

Rol|ler|skate ['roʊləskeɪt], der; -s, -s [engl. roller skate = Rollschuh]: *Rollschuh mit höhenverstellbarem Stopper u. besonders breiten Rollen auf beweglichen Achsen.*

Roll|feld, das: *Gesamtheit der von Flugzeugen befahrbaren Flächen auf einem Flugplatz.*

Roll|film, der: *auf eine Spule gewickelter fotografischer Film.*

Roll|film|ka|me|ra, die: *für die Verwendung von Rollfilmen vorgesehene Kamera.*

Roll|hö|cker, der (Anat.): *höckerartiger Vorsprung am oberen Teil des Oberschenkelknochens, der einen Ansatzpunkt für wichtige Muskeln bildet.*

Roll|ho|ckey, das: *dem Hockey ähnliches Mannschaftsspiel auf Rollschuhen.*

Roll|hü|gel, der (Anat.): *Rollhöcker.*

Rol|li, der; -s, -s: **1.** [wohl geb. nach ↑ Pulli] (ugs.) *leichter Rollkragenpullover.* **2.** (Jargon) *Rollstuhlfahrer[in].*

rol|lie|ren ⟨sw. V.; hat⟩: **1.** (Schneiderei) *(einen dünnen Stoff) am Rand od. Saum zur Befestigung einrollen, rollend umlegen.* **2.** (bildungsspr.) *nach einem bestimmten System turnusmäßig [ab-, aus]wechseln:* durch ein rollierendes System sollte eine Entzerrung der Sommerfe-

rien erreicht werden; = ⟨subst.:⟩ beim Rollieren wird jeweils nur die Hälfte der Gemeinderäte neu gewählt. **3.** (Technik) *die Oberfläche eines [metallenen] Werkstücks unter Druck zwischen rotierenden Scheiben aus hartem Stahl glätten u. polieren.*

Rol|li|fah|rer, der (ugs.): *Rollstuhlfahrer.*

Rol|li|fah|re|rin, die: w. Form zu ↑ Rollifahrer.

rol|lig ⟨Adj.⟩: *(von Katzen) brünstig.*

Roll|kom|man|do, das [urspr. Soldatenspr.; Rekruten wurden oft nachts von einem Trupp Älterer »verrollt« (= verprügelt)]: *Gruppe von Personen, die für bestimmte überraschend durchgeführte gewalttätige od. der Störung dienende Aktionen eingesetzt wird.*

Roll|kra|gen, der: *(gestrickter od. aus Trikotgewebe bestehender) Teil eines Pullovers, der am Hals umgeschlagen wird u. eine Art Kragen darstellt.*

Roll|kra|gen|pull|o|ver, der: *Pullover mit Rollkragen.*

Roll|ku|gel, die (EDV): *Eingabegerät zur Steuerung des Cursors mittels einer in alle Richtungen drehbaren, aber ortsfesten Kugel.*

Roll|kunst|lauf, der (Sport): *auf bestimmten Figuren u. Sprüngen aufbauende künstlerische Form des Rollschuhsports.*

Roll|kur, die (Med.): *(bei Magenschleimhautentzündungen, Magengeschwüren u. Ä. angewandte) Behandlung, bei der der Kranke nacheinander in verschiedenen Stellungen liegen muss, damit ein zuvor eingenommenes Medikament von überall auf die Magenschleimhäute einwirken kann.*

Roll|la|den, Roll-La|den, der ⟨Pl. ...läden, seltener: -⟩ [↑ Laden (3)]: *aufrollbare, mittels eines breiten, festen Gurtes von innen zu bedienende Jalousie:* die Rollläden hochziehen, herunterlassen, schräg stellen.

Roll|mops, der [urspr. berlin., wohl nach der rundlichen Gestalt des Mopses (1)]: *entgräteter, marinierter Hering, der längs geteilt u. um eine Gurke od. um Zwiebeln gerollt u. mit einem Holzstäbchen zusammengehalten ist.*

Roll|lo [auch: rɔ'lo:], das; -s, -s: *aufrollbarer Vorhang aus festerem Material; Rouleau:* die -s hochziehen, herunterlassen; bei [halb] geschlossenen -s sitzen.

Roll-on-roll-off-Schiff [roʊl'ɔnroʊl'ɔf...], das; -[e]s, -e [engl. roll-on-roll-off ship, eigtl. = »Rolle-herauf-rolle-hinunter-Schiff«]: *Frachtschiff, das von Lastwagen mit Anhängern direkt befahren wird u. so ohne Kran unmittelbar be- u. entladen werden kann; Ro-ro-Schiff.*

Roll|out, Roll-out [roʊl'laʊt], das, auch: der; -s [engl. roll out, eigtl. = herausrollen, -bringen]: **1.** *öffentliche Vorstellung eines neuen Fahrzeugtyps (bes. eines Flugzeugs).* **2.** (EDV) *Veröffentlichung neuer Softwareprodukte u. ihre Verteilung an Kunden sowie ihre Integration in schon bestehende Systeme.*

Roll|ra|sen, der: *Streifen einer durch Ansäen geschaffenen Grasnarbe, die vom Boden abgeschält, aufgerollt u. (zur Schaffung einer Rasenfläche) an anderer Stelle wieder abgerollt werden:* R. verlegen.

Roll|schi: ↑ Rollski.

Roll|schnell|lauf, Roll|schnell-Lauf, der (Sport): *dem Eisschnelllauf ähnlicher, auf Rollschuhen ausgeübter Sport.*

Roll|schrank, der: [Büro]schrank, der statt einer Tür eine aufrollbare Vorderseite hat.

Roll|schuh, der: *dem Schlittschuh vergleichbares, aber statt der Kufen mit vier in Kugellagern geführten Rollen (1b) ausgestattetes Sportgerät:* [sich] die -e anschnallen; ihr sollt doch nicht auf -en in die Wohnung laufen; R. *(auf Rollschuhen)* laufen.

Roll|schuh|lau|fen, das; -s: *Laufen auf Rollschuhen.*

Roll|schuh|sport, der: *Sportart (wie Rollschnelllauf, -kunstlauf u. -hockey), die mit Rollschuhen betrieben wird.*

Roll|sitz, der: *mit Rollen auf einer Schiene laufender Sitz im Ruderboot, der mit den Bewegungen des Ruderers vor- u. zurückrollt.*

Roll|ski, Rollschi, der: *zum Training außerhalb der Wintersaison verwendeter Ski, unter dem Rollen angebracht sind.*

Roll|splitt, der: *mit Teer vermischter Splitt zum Ausbessern von Straßen.*

Roll|sprung, der (Sport): **a)** *in der Rolltechnik ausgeführter Sprung:* ein missglückter R.; **b)** ⟨o. Pl.⟩ *Rolltechnik:* den R. üben.

Roll|stuhl, der: *Mittel zur Fortbewegung in der Form eines Stuhls mit drei od. vier Rädern für gehunfähige Kranke od. Körperbehinderte:* im R. sitzen *(Rollstuhlfahrer[in] sein).*

Roll|stuhl|fah|rer, der: *jmd., der sich nur im Rollstuhl fortbewegen kann:* er ist R.; eine Telefonzelle, eine Toilette, der Eingang für R.

Roll|stuhl|fah|re|rin, die: w. Form zu ↑ Rollstuhlfahrer.

roll|stuhl|gän|gig ⟨Adj.⟩ (schweiz.): *rollstuhlgerecht.*

roll|stuhl|ge|recht ⟨Adj.⟩: *den Erfordernissen von Rollstühlen entsprechend [gestaltet].*

Roll|stuhl|sport, der: *Sport, der von Behinderten im Rollstuhl ausgeübt wird.*

Roll|tech|nik, die (Sport): *Technik des Hochsprungs, bei der die Latte in fast waagerechter Körperhaltung mit einer Drehung überquert wird.*

Roll|trep|pe, die: *Treppe mit beweglichen Stufen, die sich an einem Förderband aufwärts- od. abwärtsbewegen:* die R. steht, läuft, blieb plötzlich stehen; die R. benutzen, nehmen, anhalten.

¹Rom: 1. *Hauptstadt von Italien.* **2.** ⟨-s⟩ (Geschichte) *(in der Antike) Stadt am Ort des heutigen Rom u. von dort aus regierter Staat:* das alte/antike R.; der Aufstieg Roms zur Weltmacht.

²Rom [auch: ro:m], der; -, -a [aus Romani rom »Mann, Ehemann«, dies zu sanskr. domba (Name einer niederen Kaste)]: *Angehöriger einer überwiegend in den Ländern Ost- u. Südeuropas, im 19. Jh. aber auch im westlichen Europa lebenden Gruppe eines ursprünglich aus Indien stammenden Volkes (das vielfach als diskriminierend empfundene »Zigeuner« ersetzende Selbstbezeichnung).*

ROM, das; -[s], -[s] ⟨Pl. selten⟩ [Abk. für engl. **r**ead **o**nly **m**emory = Nurlesespeicher] (EDV): *Festwertspeicher.*

¹Ro|ma: ital. Form von ↑ ¹Rom.

²Ro|ma: Pl. von ↑ ²Rom.

Ro|ma|dur [auch: roma'du:ɐ̯], der; -[s], -s [frz. romadour, romatour, H. u.]: *dem Limburger Käse ähnlicher Weichkäse.*

Ro|man, der; -s, -e [frz. roman < afrz. romanz, eigtl. = in romanischer Volkssprache (nicht in Latein) verfasste Erzählung, zu lat. Romanicus = römisch]: **a)** ⟨o. Pl.⟩ *literarische Gattung erzählender Prosa, in der [in weit ausgesponnenen Zusammenhängen] das Schicksal eines Einzelnen od. einer Gruppe von Menschen (in der Auseinandersetzung mit der Umwelt) geschildert wird:* der moderne R.; der R. *(die Romandichtung)* der Klassik; **b)** *Werk der Gattung Roman (a):* ein autobiografischer, utopischer, historischer R.; der R. ist spannend, liest sich leicht, spielt in Italien, spielt im 21. Jahrhundert; der R. ist ursprünglich in Fortsetzungen in einer Zeitung erschienen; einen R. schreiben, lesen; an einem R. schreiben; in einem R. schmökern; sein Bericht hört sich an wie ein R.

romanartig – römisch-katholisch

(ist spannend, ungewöhnlich o. Ä.); Ü er erzählte den R. seines Lebens *(seine interessante, spannende, außergewöhnliche o. ä. Lebensgeschichte)*; ihr Leben ist der reinste R. *(ist überaus erlebnisreich, ganz außergewöhnlich)*; ich habe weder Zeit noch Lust, mir immer seine -e (ugs.; *übermäßig langen, ausführlichen Schilderungen*) anzuhören; statt mir eine kurze Antwort auf meine Frage zu geben, erzählt der mir einen langen/ganzen R. (ugs.; *eine übermäßig lange, ausführliche Schilderung*); der Lehrer hat mir wieder einen [halben] R. (ugs.; *übermäßig lange, ausführliche Stellungnahme*) unter meinen Aufsatz geschrieben; (ugs.:) *erzähl doch keine -e!*
ro|man|ar|tig ⟨Adj.⟩: *einem Roman ähnlich.*
Ro|man|au|tor, der: *Autor eines Romans, von Romanen.*
Ro|man|au|to|rin, die: w. Form zu ↑Romanautor.
Ro|man|ci|er [romãˈsi̯e:], der; -s, -s [frz. romancier, zu afrz. romanz, ↑Roman]: *Romanschriftsteller.*
Ro|mand [roˈmã:], der; -[s], -s [frz. romand, zu: romand = welsch (1), mit sekundärem d zu: roman = romanisch]: *Schweizer mit Französisch als Muttersprache.*
Ro|man|de [roˈmã:d(ə)], die; -, -s [roˈmã:d(ə)] [frz. romande]: w. Form zu ↑Romand.
Ro|man|dich|tung, die: **1.** *Romanliteratur.* **2.** *dichterisches Werk, das die Form des Romans* (a) *hat.*
Ro|man|die [romãˈdi:], die; - [frz. romandie]: *französischsprachige Schweiz.*
Ro|ma|ne, der; -n, -n: *Angehöriger eines Volks mit romanischer Sprache.*
♦ **ro|ma|nen|haft** [vgl. ↑Romanenkopf]: ↑romanhaft: Bisher war alles nach seinem Sinne gegangen, auch zum Besitz Charlottens war er gelangt, den er sich durch eine hartnäckige, ja eigensinnige Treue doch zuletzt erworben hatte (Goethe, Wahlverwandtschaften 2).
♦ **Ro|ma|nen|kopf**, der [geb. mit der sw. Pluralform »Romanen« von ↑Roman]: *Träumer, Fantast; realitätsferner Mensch: ... ich will es dem -e zugut halten* (Schiller, Kabale I, 7).
Ro|ma|nes|co, der; -s [ital. (cavolo) romanesco, eigtl. = römischer (Kohl)]: *grüner Blumenkohl.*
Ro|man|fi|gur, die: *Figur, Gestalt aus einem Roman* (b).
Ro|man|form, die: *literarische Form des Romans* (a): *für einen Stoff die R. wählen; ein Thema in R. behandeln.*
ro|man|haft ⟨Adj.⟩: **a)** *breit ausgeführt, in der Art eines Romans: die Darstellung ist r.;* **b)** *wie in einem Roman; nicht ganz real od. glaubhaft: die Vorgänge haben -e Züge, Elemente; seine Geschichte klingt doch recht r.*
Ro|man|held, der: *Held* (3) *eines Romans.*
Ro|man|hel|din, die: w. Form zu ↑Romanheld.
Ro|ma|ni [auch: ˈromani], das; -s [sw. romani (Selbstbezeichnung) zu rom, vgl. ²Rom]: *Sprache der Sinti und Roma.*
Ro|ma|nia, die; - [mlat. Romania < spätlat. Romania = die römische Weltreich] (Sprachwiss.): **1.** *gesamtes Siedlungs- u. Kulturgebiet, in dem romanische Sprachen gesprochen werden.* **2.** *gesamtes, in den verschiedenen romanischen Sprachen verfasstes Schrifttum.*
Ro|ma|nik, die; - [zu ↑romanisch]: *der Gotik vorangehende europäische Stilepoche des frühen Mittelalters, für die bes. in der sakralen Baukunst Rundbogen, Tonnengewölbe u. die quaderartige, schwer wirkende Form charakteristisch sind: die Blütezeit, die Baukunst der R.*
ro|ma|nin, die; -, -nen:
ro|ma|nisch ⟨Adj.⟩ [zu lat. Romanus, ↑Romane]: **1. a)** (Sprachwiss.) *(von bestimmten Sprachen) aus dem Vulgärlatein entstanden: die -en Spra-*

chen; **b)** *den Romanen zugehörend; für die Romanen, ihre Kultur o. Ä. typisch:* die -en Länder, Völker. **2.** *die [Kunst der] Romanik betreffend, zu ihr gehörend; für die Romanik typisch:* der -e Stil; die -e Baukunst; eine -e Kirche, Kunstschätze aus -er Zeit; dieses Gewölbe ist typisch r.; die ältesten Teile der Kirche sind r.
ro|ma|ni|sie|ren ⟨sw. V.; hat⟩: **1.** (veraltet) *römisch machen, dem Römischen Reich eingliedern.* **2.** (bildungsspr.) *romanisch machen; nach romanischer* (1) *Art umgestalten.* **3.** (Sprachwiss.) *in lateinische Schriftzeichen umsetzen.*
Ro|ma|ni|sie|rung, die; -: *das Romanisieren.*
Ro|ma|nis|mus, der; -, ...men: **1.** (Sprachwiss.) *für eine romanische Sprache charakteristische Erscheinung in einer nichtromanischen Sprache.* **2.** (Kunstwiss.) *(an die italienische Kunst der Renaissance angelehnte) Richtung in der niederländischen Malerei des 16. Jh.s.*
Ro|ma|nist, der; -en, -en: **1.** *Wissenschaftler auf dem Gebiet der Romanistik* (1). **2.** *Jurist, der sich bes. mit dem römischen Recht befasst.* **3.** (Kunstwiss.) *vom Romanismus* (2) *gehörender Künstler.* **4.** (veraltet) *Anhänger der römisch-katholischen Kirche.*
Ro|ma|nis|tik, die; -: **1.** *romanische Sprach- und Literaturwissenschaft.* **2.** *Lehre vom römischen Recht.*
Ro|ma|nis|tin, die; -, -nen: w. Form zu ↑Romanist (1, 2, 4).
ro|ma|nis|tisch ⟨Adj.⟩: *die Romanistik betreffend:* -e Studien.
Ro|man|li|te|ra|tur, die; -, -en ⟨Pl. selten⟩: *Literatur der Gattung Roman.*
Ro|man|schrift|stel|ler, der: *Schriftsteller, der [bes.] Romane schreibt.*
Ro|man|schrift|stel|le|rin, die: w. Form zu ↑Romanschriftsteller.
Ro|man|tik, die; - [zu ↑romantisch (2), geb. in Analogie zu ↑Klassik 2]: **1. a)** *Epoche des europäischen, bes. des deutschen Geisteslebens vom Ende des 18. bis Mitte des 19. Jh.s, die in Gegensatz steht zu Aufklärung u. Klassik u. die geprägt ist durch die Betonung des Gefühls, die Hinwendung zum Irrationalen, Märchenhaften u. Volkstümlichen u. durch die Rückwendung zur Vergangenheit: die deutsche, englische, französische R.; die [Blüte]zeit, die Malerei der R.; ist es, seit der R.;* **b)** *die romantische Bewegung:* die jüngere, ältere, die Heidelberger, Jenaer R.; die blaue Blume der R. (↑Blume 1 b). **2.** *das Romantische* (2 b), *die romantische* (2 b) *Stimmung o. Ä., die einer Sache anhaftet:* die R. der Landschaft, eines Sonnenuntergangs; die süßliche R. des Films widerte ihn an; das Leben der Schiffer hat seine R. längst verloren; keinen Sinn für R. haben; sie schwärmten von der R. des Wanderlebens.
Ro|man|ti|ker, der; -s, -: **1.** *Vertreter der romantischen Bewegung; Künstler (Dichter, Maler, Musiker) der Romantik* (1): *die deutschen R.; die Märchen der R.* **2.** *[allzu] schwärmerischer, gefühlsbetonter Mensch:* nur Fantasten und R. (abwertend; *Menschen ohne Realitätssinn*) können an die Verwirklichung dieser Ideen glauben; So sahen wir beide die Natur mitunter nicht vom land- und forstwirtschaftlichen Standpunkt an, sondern verwandelten uns in R. (Hauptmann, Schuß 42).
Ro|man|ti|ke|rin, die; -, -nen: w. Form zu ↑Romantiker.
ro|man|tisch ⟨Adj.⟩ [unter Einfluss von engl. romantic < frz. romantique, eigtl. = dem Geist der Ritterdichtung gemäß, romanhaft, zu afrz. romanz, ↑Roman]: **1.** *zur Romantik* (1) *gehörend, sie betreffend:* die -e Dichtung, Malerei, Musik; die -e Schule; die -en Dichter; dieser Text ist typisch r. **2. a)** *gefühlbetont, schwärmerisch;*

die Wirklichkeit idealisierend: er ist ein -er Mensch, eine -e Natur; -e (*unrealistische, idealisierende*) Vorstellungen von etw. haben; -e (*gefühlvolle*) Chansons; ihre Beziehung, Liebe war sehr r.; sie ist r. veranlagt; **b)** *von einer das Gemüt ansprechenden [geheimnisvollen, gefühlvollen] Stimmung; malerisch, reizvoll:* eine -e Landschaft, Burgruine; ein -es Tal; der Ort ist sehr r. gelegen; im Mondlicht sah das Haus richtig r. aus; ♦ **c)** *romanhaft* (b): Du und der Bruder, ihr seht sie in einem allzu -en Lichte (Goethe, Clavigo 3).
ro|man|ti|sie|ren ⟨sw. V.; hat⟩ (bildungsspr.): **1.** ⟨meist im 1. Part.⟩ *im Stil der Romantik* (1) *gestalten; den Stil der Romantik imitieren, nachempfinden:* romantisierende Elemente, Tendenzen. **2.** *in einem idealisierenden Licht erscheinen lassen; verklären, schönfärben:* Vorgänge, Zustände r.
Ro|man|ti|sie|rung, die; -, -en: **1.** *das Romantisieren.* **2.** *etw. Romantisiertes.*
Ro|man|ti|tel, der: *Titel eines Romans.*
ro|mant|sch ⟨Adj.⟩: *rätoromanisch.*
Ro|mant|sch, das; -[s]: *Rätoromanisch.*
Ro|man|vor|la|ge, die: *Roman, auf dem ein Film, ein Musical o. Ä. basiert.*
Ro|man|ze, die; -, -n [frz. romance < span. romance = volksliedhaftes Gedicht < aprovenz. romans (= afrz. romanz), ↑Roman]: **1.** *volksliedhaftes episches Gedicht mit balladenhaften Zügen, das von Heldentaten u. Liebesabenteuern erzählt:* ein Zyklus von -n. **2.** (Musik) *liedhaftes, ausdrucksvolles Instrumental- od. Vokalstück, bes. für Violine und Orchester.* **3.** *episodenhaftes Liebesverhältnis [das durch die äußeren Umstände als bes. romantisch erscheint]:* eine heimliche R. zwischen zwei jungen Leuten; eine R. mit jmdm. haben; eine R. erleben.
Ro|man|zy|k|lus, der: *Zyklus* (2) *von Romanen.*
Ro|meo, der; -s, -s [nach der Titelfigur von Shakespeares Drama »Romeo und Julia«]: **1.** (ugs.) *Liebhaber.* **2.** (Jargon) *Agent eines Geheimdienstes, der sich über ein vorgetäuschtes Liebesverhältnis zu einer an geeigneter Position tätigen Frau Zugang zu bestimmten geheimen Informationen verschafft.*
¹Rö|mer, der; -s, -: **1.** Ew. zu ↑¹Rom. **2.** (Geschichte) *Angehöriger, Bürger des antiken Staatswesens Rom.*
²Rö|mer, der; -s, - [köln. (16. Jh.) roemer, schon mhd. roemsche g(e)las = römisches Glas]: *Weißweinglas mit kugeligem Kelch u. etwa kegelförmigem, nach unten in eine große runde Standfläche übergehendem Fuß aus grünem od. braunem Glas:* sie tranken den Wein aus -n.
Rö|mer|brief, der ⟨o. Pl.⟩: *Brief des Apostels Paulus an die Christen in Rom (Buch des Neuen Testaments).*
Rö|me|rin, die; -, -nen: w. Form zu ↑¹Römer.
Rö|mer|topf®, der [nach den von den ¹Römern (2) *verwendeten Tontöpfen*]: *ovaler, mit Deckel versehener Topf aus* ¹Ton *zum Dünsten u. Schmoren (bes. von Fleisch).*
rö|misch ⟨Adj.⟩: **1.** zu ↑¹Rom (1): die -en Museen, Stadtteile; ein -er Kommunalpolitiker. **2.** (Geschichte) zu ↑¹Rom (2): das -e Weltreich, Imperium; der -e Staat; die -e Republik; die -en Kaiser; die -e Antike; die -e Geschichte; eine -e Siedlung, -e Bauten; er ist -er Bürger; das -e Recht; ein -er Brunnen (*Schalenbrunnen*); ein römisches (*irisch-römisches*) Bad; -e Zahlen, Ziffern; im r. besetzten Gallien.
rö|misch-ka|tho|lisch ⟨Adj.⟩: *der katholischen Kirche, die den Papst in Rom als ihr Oberhaupt anerkennt, zugehörend, sie betreffend* (Abk.: r.-k., röm.-kath.): *die -e Kirche; er ist -er Konfession; r. [getauft] sein.*

röm.-kath. = römisch-katholisch.
Rom|mé, Rom|mee ['rɔmə, auch: …'me:], das; -s, -s [französierende Bildung zu engl. rummy, H. u.]: *Kartenspiel für 3 bis 6 Mitspieler, von denen jeder versuchen muss, seine Karten möglichst schnell nach bestimmten Regeln abzulegen.*
Rom|ni, die; -, Romnija [aus dem Romani: romni, zu: rom, ↑ Romani]: w. Form zu ↑ ²Rom.
Ro|mu|lus: (in der römischen Sage) Gründer u. erster König Roms.
Ron|de ['rɔndə, 'rõː…], die; -, -n [frz. ronde, zu: rond = rund < lat. rotundus]. **1.** (Militär veraltet) **a)** *Runde, Rundgang:* die R. machen; **b)** *Wachen u. Posten kontrollierender Offizier.* **2.** (Metallbearb.) *runde Blechscheibe, aus der ein Werkstück gefertigt wird.* **3.** ⟨o. Pl.⟩ *Schriftart.*
Ron|deau [rõ'doː, auch: rɔn'doː], das; -s, -s [frz. rondeau = Tanzlied mit Kehrreim, zu: rond, ↑ Ronde]: **1.** (Literaturwiss.) *aus dem Tanzlied beim Rundtanz entstandenes 12- bis 14-zeiliges Gedicht mit nur 2 Reimen, bei dem die Anfangswörter der ersten Zeile nach dem 6. u. 12. u. nach dem 8. u. 14. Vers als verkürzter Refrain wiederkehren.* **2.** (österr.) *Rondell* (1, 2).
Ron|dell, das; -s, -e [frz. rondelle = runde Scheibe, zu: rond, ↑ Ronde]: **1.** *rundes Beet [als Teil einer größeren Gartenanlage].* **2.** *runder Platz.* **3.** (österr.) *kreisförmig angelegter Gartenweg.* **4.** (Archit.) *aus der Mauer einer Befestigung vorspringender runder Turm.*
Ron|do, das; -s, -s [ital. rondo, zu: rondo = rund < lat. rotundus, ↑ Ronde]: **1.** (Literaturwiss.) *mittelalterliches Tanzlied; Rundgesang, der zwischen Soloteil u. Chor wechselt.* **2.** (Musik) *[Schluss]satz einer Sonate od. Sinfonie, in dem das Hauptthema nach mehreren in Tonart u. Charakter entgegengesetzten Zwischensätzen [als Refrain] immer wiederkehrt.*
rön|ne: ↑ rinnen.
rönt|gen ['rœntgn̩] ⟨sw. V.; hat⟩ [nach dem Entdecker der Röntgenstrahlen, dem dt. Physiker W. C. Röntgen (1845–1923); als Bez. 1896 von dem Schweizer Anatomen A. v. Kölliker eingef.]: *mit Röntgenstrahlen durchleuchten, untersuchen:* er, das Bein, der Kopf wurde nach dem Unfall geröntgt; sich r. lassen; sich die Lunge, den Magen, den Kiefer r. lassen; ein Werkstück r.; ⟨subst.:⟩ zum Röntgen gehen.
Rönt|gen, das; -s, - (Physik früher): *Einheit für die Menge einer Röntgen- u. Gammastrahlung* (Zeichen: R).
Rönt|gen|arzt, der: *Facharzt für Röntgenologie.*
Rönt|gen|ärz|tin, die: w. Form zu ↑ Röntgenarzt.
Rönt|gen|as|t|ro|no|mie, die; -: *Teilgebiet der Astronomie, das sich mit der Erforschung der von Gestirnen kommenden Röntgen- u. Gammastrahlung befasst; Gammaastronomie.*
Rönt|gen|auf|nah|me, die: **1.** *das fotografische Aufnehmen eines Röntgenbildes.* **2.** *Röntgenbild.*
Rönt|gen|au|ge, das ⟨meist Pl.⟩ (scherzh.): *scharfer, alles durchdringender Blick:* er hat -n; sie macht -n *(passt genau auf, dass ihrem Blick nichts entgeht).*
Rönt|gen|be|strah|lung, die: *Bestrahlung mit Röntgenstrahlen.*
Rönt|gen|bild, das: **1.** *beim Durchleuchten mit Röntgenstrahlen auf dem Röntgenschirm erscheinendes Bild, bei dem die strahlenundurchlässigen Teile als Schatten erscheinen.* **2.** *fotografische Aufnahme des beim Durchleuchten mit Röntgenstrahlen entstehenden Bildes, bei der die strahlenundurchlässigen Teile weiß, die durchlässigen Teile schwarz erscheinen.*
Rönt|gen|di|a|g|no|se, die: *medizinische Diagnose mithilfe einer röntgenologischen Untersuchung.*
Rönt|gen|durch|leuch|tung, die: *Untersuchung eines Körperteils, Organs o. Ä. vor dem Röntgenschirm, bei der das Röntgenbild* (1) *nicht auf einer fotografischen Platte, einem Film o. Ä. festgehalten wird.*
Rönt|gen|ge|rät, das: *Gerät zur Durchführung von Röntgenuntersuchungen, -behandlungen.*
rönt|ge|ni|sie|ren ⟨sw. V.; hat⟩ (österr.): *röntgen.*
Rönt|gen|mi|k|ro|s|kop, das: *Mikroskop zur vergrößerten Abbildung von Objekten mithilfe von Röntgenstrahlen.*
Rönt|ge|no|gra|fie, Röntgenographie, die; -, -n [↑ -grafie]: **1.** ⟨o. Pl.⟩ *(in Medizin u. Technik) Untersuchung mithilfe von Röntgenstrahlen.* **2.** *(in Medizin u. Technik) Röntgenbild* (2).
rönt|ge|no|gra|fisch, röntgenographisch ⟨Adj.⟩: *mithilfe der Röntgenografie [erfolgend].*
Rönt|ge|no|gra|phie usw.: ↑ Röntgenografie usw.
Rönt|ge|no|lo|gie, die; - [↑ -logie]: **1.** (früher) *Teilgebiet der Physik, das die Eigenschaften u. Wirkungen der Röntgenstrahlen untersucht.* **2.** *Spezialgebiet der Medizin, das sich mit der Anwendung der Röntgenstrahlen in Diagnostik u. Therapie befasst.*
rönt|ge|no|lo|gisch ⟨Adj.⟩: *die Röntgenologie betreffend:* eine -e Untersuchung.
Rönt|gen|rei|hen|un|ter|su|chung, die: *röntgenologische Reihenuntersuchung (der Lunge).*
Rönt|gen|röh|re, die: *Elektronenröhre zur Erzeugung von Röntgenstrahlen.*
Rönt|gen|schirm, der: *Leuchtschirm eines Röntgengeräts.*
Rönt|gen|schwes|ter, die: *in der Röntgenologie tätige Krankenschwester.*
Rönt|gen|spek|t|ral|ana|ly|se, die (Physik): *chemische Analyse von Stoffen mithilfe von Röntgenstrahlen.*
Rönt|gen|spek|t|rum, das (Physik): *Spektrum der Röntgenstrahlung.*
Rönt|gen|strah|len ⟨Pl.⟩ (Physik): *extrem kurzwellige, energiereiche elektromagnetische Strahlen; X-Strahlen.*
Rönt|gen|strah|lung, die: vgl. Röntgenstrahlen.
Rönt|gen|un|ter|su|chung, die: *röntgenologische Untersuchung.*
Rooi|bos|tee ['rɔy…], der [afrikaans rooibos, eigtl. = roter Busch]: *Rotbuschtee.*
Roo|ming-in, Roo|ming|in ['ruːmɪŋ|ɪn], das; -[s], -s [engl. rooming-in, zu: to room = wohnen, unterbringen]: *gemeinsame Unterbringung in einem Zimmer von Mutter u. Kind im Krankenhaus nach der Entbindung od. bei Krankheit des Kindes.*
Rope-Skip|ping, Rope|skip|ping ['roʊp…], das; -s [engl. rope skipping, aus: rope = Seil u. skipping = das Springen, zu skip = hüpfen, springen]: *als Sportart od. Fitnesstraining mit speziellen Springseilen zu Musik betriebenes Seilspringen.*
Roque|fort ['rɔkfoːɐ̯, auch: rɔk'foːɐ̯], der; -[s], -s [engl. Roquefort-sur-Soulzon]: *fetter Käse aus Schafmilch, der von einem grünen Schimmelpilz durchzogen ist, der ihm eine bestimmte Schärfe verleiht.*
Ro|ra|te, das; -, - [lat. rorate = tauet (ihr Himmel)!, nach den ersten Wort des Eingangsverses der Liturgie der Messe, Jes. 45, 8] (kath. Kirche): *Votivmesse im Advent zu Ehren Marias.*
rö|ren: ↑ ²röhren (1).
Ro-ro-Schiff, das; -[e]s, -e (Verkehrsw.): *Roll-on-roll-off-Schiff.*
Ror|schach|test, Ror|schach-Test, der [nach dem Schweizer Psychiater H. Rorschach (1884 bis 1922)]: *psychologischer Test, bei dem von dem Probanden Kleckshilder gedeutet werden müssen.*

ro|sa ⟨indekl. Adj.⟩ [18. Jh., zu lat. rosa = Rose]: **1.** *von einem ganz blassen Rot, von der Farbe der Heckenrosen:* ein r. Kleid, Hütchen; die Tapete ist r.; etw. r. färben, anmalen; ⟨nicht standardspr.:⟩ eine -[n]e Schleife. **2.** [nach der Farbe der Listen, in denen früher Homosexuelle registriert wurden] (verhüll.) *Homosexuelle betreffend* (bes. in Namen): eine r. Zeitschrift.
Ro|sa, das; -[s], -[s]: *rosa Farbe:* ein zartes, helles, dunkles R.; ich mag [die Farbe] R. nicht; das R. der Tapete; die Strampelhose gibt es in R. und Hellblau.
ro|sa|far|ben, ro|sa|far|big ⟨Adj.⟩: *in, von der Farbe Rosa:* -e Unterwäsche; die Wände waren r. [gestrichen].
Ro|sa|ri|um, das; -s, …ien: **1.** [mlat. rosarium, ↑ Rosenkranz] (selten) *Rosenkranz* (1). **2.** [lat. rosarium = Rosengarten] *gärtnerische Anlage, in der eine große Anzahl Rosensorten angepflanzt sind.*
ro|sa|rot ⟨Adj.⟩: *von einem ins Rosa spielenden hellen Rot:* ein -er Ton; -e Seide; die Wolken am Abendhimmel schimmerten r.
Ro|sa|zee, die; -, -n ⟨meist Pl.⟩ (Bot.): *Rosengewächs.*
rösch [auch: rœʃ] ⟨Adj.⟩ [mhd. rösch, ahd. rosc(i) = hitzig, schnell, verw. mit ↑ rasch] (südd.): **1. a)** ↑ resch (a): -e Brötchen; **b)** ↑ resch (b): eine -e Person; **c)** *trocken, spröde:* -es Holz. **2.** (Bergmannsspr.) *grobkörnig:* -es Erz.
Rö|sche [auch: ˈrœʃə], die; -, -n ⟨o. Pl.⟩ [zu ↑ rösch] (südd.) *das Röschsein.* **2.** [viell. zu mhd. rösch = abschüssig] (Bergmannsspr.) *Graben od. in geringer Tiefe unter der Oberfläche angelegter Bau, der Wasser (in der Grube) zu- od. abführt.*
Rös|chen, das; -s, -: **1.** Vkl. zu ↑ Rose (1 b). **2.** Kurzf. von ↑ Blumenkohlröschen. **3.** Kurzf. von ↑ Rosenkohlröschen.
Ro|se, die; -, -n [mhd. rōse, ahd. rōsa < lat. rosa = Edelrose, von einer kleinasiat. Spr.]: **1. a)** *als Strauch wachsende, Stacheln tragende Pflanze mit gefiederten Blättern u. vielblättrigen, meist duftenden Blüten in verschiedenen Farben:* eine wilde, hochstämmige, kletternde, schnell wachsende, gelb blühende R.; die R. als Königin der Blumen; zurzeit blühen nur die roten -n; die -n blühen, sind eingegangen, müssen zurückgeschnitten werden; -n pflanzen, schneiden, züchten, schneiden; Spr keine R. ohne Dornen; **b)** *einzelne Rosenblüte mit Stängel:* eine duftende, langstielige, rosafarbene, rote, weiße, gelbe, rote R.; ein Strauß -n; eine R. im Knopfloch tragen; jmdm. -n schenken; sie ist schön wie eine R.; *[nicht] auf -n gebettet sein* (geh.; *[nicht] in guten Verhältnissen leben; es [nicht] gut u. leicht haben im Leben*). **2.** (seltener) *Rosette* (1 b); *Fensterrose.* **3.** *Schallloch bei Laute u. Gitarre; Schallrose; Rosette* (3). **4.** *Windrose.* **5.** (Med.) *Wundrose.* **6.** (Jägerspr.) *Verdickung in Form eines Kranzes am unteren Ende von Geweih- u. Gehörnstangen.*
ro|sé [ro'zeː] ⟨indekl. Adj.⟩ [frz. rosé = rosenfarben, zu: rose < lat. rosa = Rose]: *zart-, blassrosa:* ein r. Spitzenkleid.
¹Ro|sé, das; -[s], -[s]: *rosé Farbe:* ein zartes R; das R. des Stoffs.
²Ro|sé, der; -[s], -s: *aus roten od. blauen Trauben hergestellter Wein von blassroter Farbe; Roséwein.*
ro|sé|far|ben, ro|sé|far|big ⟨Adj.⟩: *in, von der Farbe Rosé:* ein -er Hut.
ro|sen|ähn|lich ⟨Adj.⟩: *einer Rose ähnlich.*
Ro|sen|blatt, das: *Laubblatt od. Blütenblatt der Rose.*
Ro|sen|blü|te, die: **1.** ⟨o. Pl.⟩ *das Blühen, die Blütezeit der Rosen:* die R. hat begonnen. **2.** *Blüte einer Rose:* -n streuen.

Ro|sen|duft, der: *Duft der Rosenblüte.*
ro|sen|far|ben, ro|sen|far|big ⟨Adj.⟩ (dichter.): *von der Farbe der rosa Rosen:* ein -er Umhang; ihre Wangen waren r.; der Abendhimmel leuchtete r.
Ro|sen|gar|ten, der: *Rosarium* (2).
Ro|sen|ge|wächs, das (Bot.): *Pflanze einer Familie, die Bäume, Sträucher, Stauden u. Kräuter umfasst, oft mit gefiederten Blättern u. Blüten mit fünf Blütenblättern; Rosazee.*
Ro|sen|hoch|zeit, die (landsch.): *10. Jahrestag der Heirat.*
Ro|sen|holz, das ⟨Pl. ...hölzer⟩ [nach dem rosenähnlichen Duft u. der rosafarbenen Äderung; urspr. Bez. für alle duftenden od. roten exotischen Holzarten]: *dem Palisanderholz ähnliches, fein strukturiertes, hartes gelblich rotes Holz, das für Möbel u. Ä. verwendet wird.*
Ro|sen|kä|fer, der: **1.** *großer, oberseits metallisch grüner, unterseits kupferroter Käfer, der sich von den Staubgefäßen besonders der Rosen ernährt; Goldkäfer.* **2.** *Gartenlaubkäfer.*
Ro|sen|kohl, der ⟨o. Pl.⟩: *Kohl* (1 a) *mit einem hohen Stängel, um den herum sich viele kleine kugelige, als Gemüse essbare Achselknospen bilden.*
Ro|sen|kohl|rös|chen, das: *als Gemüse essbare Achselknospe des Rosenkohls.*
Ro|sen|kranz, der [für mlat. rosarium, urspr. = Rosengirlande an einer Marienstatue] (kath. Kirche): **1.** *in erster Linie endende Kette aus 6 größeren u. 53 kleineren Perlen od. Kugeln in bestimmter Anordnung, die der Abfolge der Gebete des Rosenkranzes* (2) *entsprechen:* ein R. aus Silber, aus Perlmutt. **2.** *Reihung von Gebeten* (bes. Vaterunser u. Ave-Maria)*, die in bestimmter Abfolge gebetet werden:* den [freudenreichen, schmerzhaften, glorreichen] R. beten; drei Rosenkränze beten.
Ro|sen|kranz|mo|nat, der (kath. Kirche): *Oktober.*
Ro|sen|krieg, der [nach dem dt. Titel des amerik. Spielfilms »The War of the Roses« (1989), in dem ein Ehekrieg sich bis zum gegenseitigen Mord der Ehepartner steigert; vgl. die Bez. »Rosenkriege« (engl. Wars of the Roses) für die Dynastiekriege 1455–1485 zwischen den beiden Plantagenet-Seitenlinien Lancaster (rote Rose im Wappen) und York (weiße Rose) um die engl. Krone]: *heftige, sich steigernde Auseinandersetzung bis zur Selbstzerfleischung in der Ehe; Ehekrieg.*
Ro|sen|mon|tag, der [niederrhein. rasen(d)montag, zu westmd. rosen = toben, rasen, also eigtl. = rasender (= wilder, toller) Montag]: *Montag vor Fastnachtsdienstag.*
Ro|sen|mon|tags|zug, der: *am Rosenmontag stattfindender Karnevalsumzug.*
Ro|sen|öl, das: *aus den Blütenblättern bestimmter Rosen durch Destillation gewonnenes ätherisches Öl mit starkem Rosenduft.*
Ro|sen|pa|p|ri|ka, der [wohl nach der roten Farbe]: *aus der Paprikaschote gewonnenes scharfes Gewürz.*
Ro|sen|quarz, der: *rosafarbener, durchscheinender Quarz, der als Schmuckstein verwendet wird.*
ro|sen|rot ⟨Adj.⟩: *von dem kräftigen Rosa der Alpenrosen:* ein -er Schimmer lag über den Bergen.
Ro|sen|strauß, der ⟨Pl. ...sträuße⟩: *Strauß Rosen.*
Ro|sen|was|ser, das ⟨Pl. ...wässer⟩: *bei der Gewinnung des Rosenöls anfallendes Wasser (das u. a. als Aromastoff verwendet wird).*
Ro|sen|zucht, die: *Zucht* (1 a) *von Rosen:* ihr Hobby ist die R.
Ro|set|te, die; -, -n [frz. rosette, Vkl. von: rose = Rose]: **1.** (Archit.) **a)** *in der Form an eine aufgeblühte Rosenblüte erinnerndes dekoratives Element:* ein mit -n dekorierter Fries; **b)** *Fensterrose.* **2.** *aus Bändern geschlungene od. genähte, in der Form einer Rosette* (1 a) *ähnelnde Verzierung an Kleidungsstücken, auch an Ordensbändern.* **3.** *Rose* (3). **4.** (Bot.) *Gesamtheit von grundständigen, sternförmig angeordneten, meist dicht stehenden Blättern einer Pflanze.* **5.** (derb) *After.*
ro|set|ten|för|mig ⟨Adj.⟩: *von, in der Form einer Rosette* (1 a).
Ro|sé|wein, der: ²*Rosé.*
ro|sig ⟨Adj.⟩ [mhd. rôsic]: **1.** *von heller, zarter, rötlicher, rosaroter Färbung:* ein -es Gesicht; -e Haut; ein -es kleines Ferkel; das Baby sieht r. und appetitlich aus; r. weiß. **2.** *höchst erfreulich, durch nichts Unerfreuliches getrübt:* -e Zeiten; etw. in den -sten Farben schildern; die Aussichten sind nicht gerade r.; die Zukunft sieht nicht sehr r. aus; ihm geht es nicht gerade r.
Ro|si|ne, die; -, -n [aus dem Niederd. < mniederd. rosîn(e) < pik. rosin (afrz. roisin), über das Vlat. zu lat. racemus = Traube, Weinbeere]: *süß schmeckende getrocknete Weinbeere, die durch das Trocknen stark geschrumpft ist u. eine braune bis schwarze Färbung bekommen hat:* ein Kuchen mit Rosinen; * mit ⟨Dativ⟩ **die [besten/größten/dicksten] -n heraus-, aus dem Kuchen picken** (ugs.; *sich von etw. das Beste nehmen, aussuchen u. aneignen*); **[große] -n im Kopf haben** (ugs.; *hochfliegende, nicht realisierbare Pläne, abwegige, unrealistische Vorstellungen haben*).
Ro|si|nen|brot, das: *feines Hefebrot mit eingebackenen Rosinen.*
Ro|si|nen|bröt|chen, das: *feines Hefebrötchen mit eingebackenen Rosinen.*
Ro|si|nen|pi|cke|rei, die; -, -en (ugs.): *egoistisches Bemühen, sich von etw. Bestimmtem nur die attraktivsten Teile zu sichern, um die eher unattraktiven anderen zu überlassen:* R. betreiben.
Ros|ma|rin [auch: ...ri:n], der; -s [lat. ros marinus, wohl eigtl. = Meertau, aus: ros = Tau u. marinus = das Meer, die See betreffend]: **a)** *(im Mittelmeerraum heimische) immergrüne, als Strauch wachsende Pflanze mit schmalen graugrünen Blättern u. kleinen violetten Blüten;* **b)** *aus [getrockneten] Blättern des Rosmarins* (a) *bestehendes Küchengewürz.*
Ros|ma|rin|öl, das: *aus Rosmarin* (a) *gewonnenes* (u. a. bei der Herstellung von Kosmetika verwendetes) *wohlriechendes ätherisches Öl.*
Ross, das; -es, -e u. Rösser [mhd. ros, ahd. (h)ros, H. u.]: **1. a)** ⟨Pl. -e⟩ (geh.) *[edles] Pferd, besonders Reitpferd:* ein edles, feuriges R.; R. und Reiter; * **R. und Reiter nennen** (etw., jmdn. offen nennen, deutlich sagen, wovon, von wem die Rede ist); **jmdn. zureden wie einem lahmen/kranken R.** (jmdm. in eindringlicher Weise gut zureden); [die jmd. folgenden Wendungen beziehen sich darauf, dass jmd., der auf einem Pferd sitzt, sozusagen über den anderen Menschen thront u. mit ihnen »von oben herab« spricht] **auf dem/[s]einem hohen R. sitzen** (hochmütig, überheblich sein); **sich aufs hohe R. setzen** (eine hochmütige, überhebliche Haltung annehmen); **von seinem hohen R. herunterkommen/-steigen** (seine hochmütige, überhebliche Haltung aufgeben); **jmdn. von seinem/vom hohen R. herunterholen** (jmdn. veranlassen, seine hochmütige, überhebliche Haltung aufzugeben); **hoch zu R.** (scherzh.; *auf einem Pferd reitend*): sie kamen hoch zu R. daher; **b)** ⟨Pl. Rösser⟩ (südd., österr., schweiz.) *Pferd.* **2.** ⟨Pl. Rösser⟩ (ugs.) *Dummkopf, Trottel* (oft als Schimpfwort): du R.!
Roß, das; -es, -e [mhd. râ3(e), ahd. râ3a, H. u.] (landsch., bes. md.): *Wabe.*
Ross|brei|ten ⟨Pl.⟩ [in der Zeit der Segelschifffahrt sollen in diesen Gebieten bei Pferdetransporten nach Südamerika während längerer Flauten oft Pferde wegen Futtermangels eingegangen sein] (Geogr.): *subtropische Zone mit schwachen Winden u. hohem Luftdruck:* die nördlichen, südlichen R.
Röss|chen, das; -s, -: Vkl. zu ↑ Ross (1).
Ro|ße, die; -, -n (landsch.): *Roß.*
Rös|sel, das; -s, -[n] (landsch.): **1.** Vkl. zu ↑ Ross. **2.** (Schach) *Springer.*
ros|sen ⟨sw. V.; hat⟩ (Fachspr.): *rossig sein:* die Stute rosst.
Rös|ser: Pl. von ↑ Ross.
Ross|haar, das: **1.** *(als Füllmaterial für Matratzen, Polster o. Ä. verwendetes) Pferdehaar:* ein Kissen mit R. füllen. **2.** *einzelnes Haar eines Pferdes.*
Ross|haar|ma|t|rat|ze, die: *Matratze mit einer Füllung aus Rosshaar.*
ros|sig ⟨Adj.⟩ (Fachspr.): *(von Stuten) brünstig.*
Ross|kamm, der: **1.** (veraltet abwertend) *Pferdehändler:* ♦ Aus dem Stalle traten die R., der Schulze und ein Knecht (Immermann, Münchhausen 165); ♦ ... dass ohne einen landesherrlichen Erlaubnisschein kein R. mit Pferden über die Grenze gelassen würde (Kleist, Kohlhaas 4). **2.** *Pferdestriegel.*
Ross|kas|ta|nie, die [die Samen der Rosskastanie wurden als Heilmittel für kranke Pferde verwendet]: **1.** *Baum mit großen, handförmigen Blättern, meist weißen od. roten, in aufrecht stehenden Blütenständen angeordneten Blüten u. Kastanien* (2 b) *als Früchten.* **2.** *Kastanie* (2 b).
Ross|kur, die (ugs.): *für die Patienten überaus anstrengende, strapaziöse Behandlung* (3 a) *[die aber den gewünschten Erfolg bringt]; Gewaltkur.*
Ross|schlach|ter, Ross-Schlach|ter, Ross-Schläch|ter, Ross|schläch|ter, der (landsch.): *Pferdeschlächter.*
Ross|täu|scher, der; -s, - [mhd. rost(i)uscher = Pferdetauscher]: **1.** (veraltet) *Pferdehändler.* **2.** *jmd., der mit Rosstäuschertricks arbeitet.*
Ross|täu|sche|rei, die; -, -en (abwertend): *Betrügerei mithilfe von Rosstäuschertricks.*
Ross|täu|sche|rin, die: w. Form zu ↑ Rosstäuscher.
Ross|täu|scher|trick, der (abwertend): *betrügerischer Trick, mit dem Nichtzutreffendes vorgetäuscht werden soll.*
¹**Rost** [schweiz., landsch.: ro:st], der; -[e]s, -e [mhd., ahd. rôst = Rost; Scheiterhaufen; Glut, H. u.]: **a)** *verschiedenartig Zwecken dienender, aus parallel angeordneten od. sich kreuzenden [Metall]stäben, Drähten, Trägern, Latten o. Ä. bestehender (gewöhnlich in horizontaler Lage verwendeter) gitterartiger Gegenstand:* der Boden der Kartoffelkiste besteht aus einer Art R.; ein Steak auf einem R. braten; sich auf einem R. die Füße abtreten; den Lichtschacht vor dem Kellerfenster mit einem R. abdecken; der Duschraum ist mit einem R. [aus Latten] ausgelegt; **b)** (landsch.) Kurzf. von ↑ Bettrost.
²**Rost,** der; -[e]s, (Fachspr.:) -e [mhd., ahd. rost, zu ↑ rot, die Zersetzungsschicht ist nach der Farbe benannt]: **1.** ⟨o. Pl.⟩ *poröser, gelblich bis rötlich brauner Stoff (Eisenoxid), der sich an der Oberfläche von Gegenständen aus Eisen od. Stahl unter Einwirkung von Feuchtigkeit bildet:* an, auf dem Blech bildet sich R.; der R. (der Vorgang des Rostens) hat das Eisen zerfressen, zerstört, angegriffen; den R. entfernen, abschleifen, abschmirgeln; das Fahrrad setzt R. an; etw. von, vom R. befreien; etw. vor R. (vor dem Rosten) schützen. **2.** (Bot.) *von Rostpilzen hervorgerufene, zum Verkümmern od. Absterben der befallenen Pflanzen führende Pflanzenkrankheit, die mit auffallenden, meist rostfarbenen, von den*

Rostansatz – Rotationsprinzip

Sporen der Rostpilze herrührenden Flecken einhergeht.
Rost|an|satz, der: *Ansatz (3) von ²Rost (1).*
rost|be|stän|dig ⟨Adj.⟩: *widerstandsfähig, geschützt gegen ²Rost (1).*
Rost|bra|ten, der: **1.** *auf einem Bratrost gegarter Braten.* **2.** (österr. Kochkunst) *Hochrippe.*
Rost|brat|wurst, die: *auf einem Bratrost gegarte Bratwurst.*
rost|braun ⟨Adj.⟩: *rötlich braun wie ²Rost (1).*
Rös|te [auch: ˈrœstə], die; -, -n: **1.** [zu ↑rösten (3)] (Hüttenw.) *Röstofen.* **2.** [mhd. rœʒe, zu: rœʒen, ↑rösten (4)] (Fachspr.) **a)** *das Rösten (4) von Flachs, Hanf, Jute:* die biologische R. in kaltem Wasser dauert mehrere Wochen; **b)** *Platz, Grube, Wanne o. Ä. zum Rösten (4).*
ros|ten ⟨sw. V.; ist, auch: hat⟩ [mhd. rosten, ahd. rostēn, zu ↑²Rost]: *²Rost (1) ansetzen, sich allmählich in ²Rost (1) verwandeln:* das Auto fängt an zu r.; Aluminium rostet nicht; ein sehr leicht rostender Stahl; nicht rostender *(rostfreier)* Stahl; Ü in der Übung bleiben, um nicht zu r. *(seine Fertigkeiten nicht zu verlieren).*
rös|ten [auch: ˈrœstn̩] ⟨sw. V.; hat⟩ [mhd. rœsten, ahd. rōsten, zu ↑¹Rost]: **1. a)** *etw. längere Zeit (über einem Feuer, im Backofen o. Ä.) ohne Zusatz von Fett od. Wasser großer Hitze aussetzen, sodass es gar wird, eine braune Kruste bekommt, knusprig wird:* Brot, Kastanien, Fleisch, Haferflocken, Nüsse r.; einen Fisch auf dem Grill r.; frisch gerösteter Kaffee; Ü sich [in der Sonne] r. (scherzh.; *sich längere Zeit starker Sonnenbestrahlung aussetzen*); **b)** (selten) *geröstet (1 a) werden:* lass mein Steak noch etwas r.; Ü in der Sonne r. (scherzh.; *über längere Zeit starker Sonnenbestrahlung ausgesetzt sein*). **2.** (landsch.) **a)** *braten* (a): Kartoffeln r.; **b)** (selten) *braten* (b): die Steaks in der Pfanne r. **3.** (Hüttenw.) *(Erze) großer Hitze aussetzen, um bestimmte chemische Prozesse zu bewirken:* Erz r. **4.** [mhd. rœʒen = faulen machen, später zusammengefallen mit 1–3] (Fachspr.) *(bei der Gewinnung von Flachs, Hanf od. Jute) das Rohmaterial der Einwirkung von Tau, Regen u. Luft aussetzen, in [mit Chemikalien versetztes] Wasser legen od. mit Dampf behandeln, um so die Fasern von dem klebenden Pektin zu befreien:* Flachs, Hanf r.
Rös|ter [auch: ˈrœstɐ], der; -s, -: **1.** *Gerät zum Rösten (1 a) von Brot; Toaster.* **2.** [das Obst wurde früher zusammen mit Brotschnitten u. Schmalz geröstet] (österr.) **a)** *Mus aus Zwetschen od. Holunderbeeren;* **b)** *Kompott aus Zwetschen od. Holunderbeeren.*
Röst|erd|äp|fel ⟨Pl.⟩ (österr.): *Bratkartoffeln.*
Rös|te|rei, die; -, -en: *Einrichtung, Anlage, Betrieb zum Rösten (1 a).*
rost|far|ben, rost|far|big ⟨Adj.⟩: *von der Farbe des ²Rosts (1).*
Rost|fleck, der: **1.** *rostige Stelle:* das Auto hat schon ein paar kleine -e. **2.** *von (in Wasser gelöstem) ²Rost (1) verursachter Fleck:* das Hemd hat einen R.
rost|frei ⟨Adj.⟩: **1.** (selten) *frei von ²Rost (1):* das zu lackierende Werkstück muss absolut fett- und r. sein. **2.** *aufgrund seiner Zusammensetzung keinen ²Rost (1) ansetzend:* -er Stahl; das Messer ist r.
röst|frisch [auch: ˈrœst...] ⟨Adj.⟩: *[wie] gerade geröstet:* -er Kaffee.
Rös|ti, die; - [zu ↑rösten] (schweiz.): *aus besonders dünn geschnittenen od. geraspelten Pellkartoffeln zubereitete Bratkartoffeln.*
ros|tig ⟨Adj.⟩ [mhd. rostec, ahd. rostag]: **1.** *²Rost (1) aufweisend, gerostet:* -es Eisen; -e Nägel; Ü eine -e *(tiefe, raue)* Stimme; seine -en Glieder *(seinen ungeübten, steif gewordenen Körper)* bewegen; …und Hans Castorp ächzte

vor Schnupfen und räusperte sich aus -er Brust *(entzündeten, rauen Bronchien;* Th. Mann, Zauberberg 243). **2.** (selten) *ins Rostfarbene spielend:* ein -es Rot.
Röst|kar|tof|feln [auch: ˈrœst...] ⟨Pl.⟩ (landsch.): *Bratkartoffeln.*
Rost|lau|be, die (ugs. scherzh.): *altes, verrostetes Auto.*
Ros|tock [ˈrɔstɔk]: *Hafenstadt in Mecklenburg.*
Röst|ofen [auch: ˈrœst...], der (Hüttenw.): *Anlage zum Rösten (3).*
Rost|pilz, der ⟨meist Pl.⟩ (Bot.): *(in vielen Arten vorkommender) Pilz, der den ²Rost (2) verursacht.*
rost|rot ⟨Adj.⟩: *bräunlich rot wie ²Rost (1).*
Rost|schicht, die: *aus ²Rost (1) bestehende Schicht.*
Rost|schutz, der: **1.** ⟨o. Pl.⟩ *Schutz gegen das Rosten:* Maßnahmen zum R. **2.** *Rostschutzmittel, -farbe o. Ä.:* mit R. vorstreichen.
Rost|schutz|far|be, die: *Farbe für dem Rostschutz dienende Anstriche.*
Rost|schutz|mit|tel, das: *dem Rostschutz dienendes Mittel.*
Rös|tung [auch: ˈrœstʊŋ], die; -, -en: *das Rösten, Geröstetwerden.*
Rost|wurst [auch: ˈroːst...], die (landsch.): *Rostbratwurst.*
rot ⟨Adj.; röter, seltener: -er-, röteste, seltener: -este⟩ [mhd., ahd. rōt]: **1.** *von der Farbe frischen Blutes:* -e Farbe, Tinte; eine -e Bluse; -e Kirschen, Rosen; ein -er Abendhimmel; -e Glut; ein -es Licht; -er Wein *(Rotwein);* -e Lippen; eine -e Nase; -es *(fuchsrotes, rostrotes, kupferfarbenes)* Haar; ein -es *(ein Herzass od. ein Karoass)* eine rote *(auf Rot stehende)* Ampel; ein -er ⟨ugs.; *rot schreibender*⟩ Kugelschreiber; -es *(Physik; langwelliges)* Licht; -e *(vom Weinen o. Ä. gerötete)* Augen haben; er bekam einen [ganz] -en Kopf *(ihm stieg die Röte ins Gesicht);* r. wie Blut; r. glühen, leuchten; r. glühendes Eisen; r. geweinte, unterlaufene Augen; [im Gesicht] r. anlaufen; r. geschminkte Lippen; r. gefrorene *(vor Kälte gerötete)* Ohren, Hände; r. geäderte *(von roten Adern durchzogene)* Augen; r. lackierte Fingernägel; etw. r. anmalen, unterstreichen, anstreichen; r. *(in Rot)* geäderter Marmor; ein r. gepunkteter, gestreifter, karierter Rock; ⟨subst.:⟩ ein Glas von dem Roten ⟨ugs.; *Rotwein*⟩; die Rote ⟨ugs.; *Rothaarige*⟩ da drüben; ich habe keinen Roten ⟨ugs.; *überhaupt kein Geld*⟩ mehr; der Kugelschreiber schreibt r.; Spr heute r., morgen tot *(der Tod kann sehr überraschend eintreten, ist oft nicht vorhersehbar;* wohl bezogen auf die frische rote Farbe der Wangen); * **rot werden, sein** *(vor Scham, Verlegenheit erröten, errötet sein):* sie wurde r. bis über die Ohren; **Rote/-e Karte** (↑Karte (1)). **2.** [nach der roten Fahne der Arbeiterbewegung] (Politik) *zur Linken (2) gehörend (kommunistisch, sozialistisch, sozialdemokratisch, marxistisch):* -e *(marxistische)* Literatur; das -e *(kommunistische)* China; eine -e *(kommunistische, sozialdemokratische)* Regierung; dieser Stadtteil wählt traditionell r. *(sozialdemokratisch, eine linke Partei);* ⟨subst.:⟩ die Roten haben die Wahl gewonnen; ein Bündnis aus Grün und Rot *(aus Grünen und SPD).*
Rot, das; -[s], -[s]: **1.** *rote Farbe:* ein kräftiges, leuchtendes, dunkles, helles R.; das R. ihrer Lippen; die Ampel zeigt R. *(rotes Licht);* bei R. *(während die Ampel rotes Licht zeigt)* über die Kreuzung fahren; R. *(rote Schminke)* auflegen. **2.** (Kartenspiele) **a)** ⟨meist ohne Art.; ohne Pl.⟩ *(dem Herz der französischen Spielkarte entsprechende) Farbe der deutschen Spielkarte:* R. ist Trumpf; **b)** *Spiel, bei dem Rot (2 a) Trumpf ist;*

c) *Karte der Farbe Rot (2 a):* [ein niedriges] R. ablegen. **3.** ⟨o. Pl.⟩ *Rouge (2):* R. gewinnt.
Ro|ta, die; - [aus kirchenlat. Rota Romana, eigtl. = römisches Rad, wohl nach der kreisrunden Richterbank]: **1.** (kath. Kirche) *höchster (päpstlicher) Gerichtshof der katholischen Kirche.* ♦ **2.** [ital. ruota < lat. rota = Rad, nach den radförmigen Platten, mit denen der Gerichtssaal gepflastert war] *Gericht:* …ich posaune jetzt deinen Meuchelmord aus und übergebe dich gebunden der peinlichen R. (Schiller, Fiesco II, 9).
Rot|al|ge, die (Bot.): *rötlich bis rot gefärbte Alge.*
Ro|tang, der; -s, ⟨Sorten:⟩ -s u. -e [malai. rotan]: *Peddigrohr.*
Ro|ta|ri|er, der; -s, - [nach engl. Rotarian]: *Mitglied eines Rotary Clubs.*
Ro|ta|ri|e|rin, die; -, -nen: w. Form zu ↑Rotarier.
ro|ta|risch ⟨Adj.⟩: *die Rotary Clubs betreffend, zu ihnen gehörend:* -e Ideale; seine -en Freunde.
Rot|ar|mist, der; -en, -en: *Angehöriger der Roten Armee.*
Ro|ta|ry Club [engl.: ˈroʊtəri ˈklʌb], der; - - u. (bei engl. Ausspr.:) - -s [engl., zu: rotary = rotierend u. club (↑Klub); die ersten Sitzungen fanden (entsprechend dem Symbol des Clubs, dem Zahnrad) reihum bei den Mitgliedern statt]: *zu Rotary International gehörender örtlicher Klub:* einen R. C. gründen.
Ro|ta|ry In|ter|na|tio|nal [ˈroʊtəri ɪntəˈnæʃənl]: *in örtlichen Klubs organisierte internationale Vereinigung führender Persönlichkeiten unter dem Gedanken des Dienstes am Nächsten.*
Ro|ta|ti|on, die; -, -en [spätlat. rotatio = kreisförmige Umdrehung, zu lat. rotare, ↑rotieren]: **1.** *das Rotieren (1), kreisförmige Drehung:* die R. der Erde [um die eigene Achse]; die R. der Zentrifuge verlangsamen, beschleunigen; die durch die R. des Rades auftretende Zentrifugalkraft; einen Kreisel in schnelle R. versetzen. **2.** (Landwirtsch.) *Fruchtfolge.* **3. a)** (Politik) *Wechsel in der Besetzung eines Amtes in bestimmten Zeitabständen:* die Grünen sind von der R. abgekommen; **b)** (Volleyball) *im Uhrzeigersinn erfolgender Wechsel der Positionen aller Spieler einer Mannschaft; Positionswechsel.* **4.** *Regelung der Bewässerung in der Landwirtschaft.* **5.** *(im Skisport) das Mitdrehen des Oberkörpers im Schwung.*
Ro|ta|ti|ons|ach|se, die: *Achse, um die etw. rotiert (1).*
Ro|ta|ti|ons|be|we|gung, die: *rotierende (1) Bewegung.*
Ro|ta|ti|ons|druck, der ⟨Pl. -e⟩ (Druckw.): **1.** ⟨o. Pl.⟩ *Druckverfahren, bei dem das Papier zwischen zwei gegeneinander rotierenden Walzen hindurchläuft u. von einer zylindrisch gebogenen, einer der Walzen anliegenden Druckform bedruckt wird.* **2.** *im Verfahren des Rotationsdrucks (1) hergestelltes Druck-Erzeugnis.*
Ro|ta|ti|ons|el|lip|so|id, das (Math.): **a)** *durch Rotation der Fläche einer Ellipse gebildeter Rotationskörper von der Form eines Ellipsoids;* **b)** *durch Rotation einer Ellipse gebildete Rotationsfläche.*
Ro|ta|ti|ons|flä|che, die (Math.): *von einer (um eine in ihrer Ebene liegende Achse) rotierenden ebenen Kurve gebildete Fläche.*
Ro|ta|ti|ons|ge|schwin|dig|keit, die: *Geschwindigkeit, mit der etw. rotiert.*
Ro|ta|ti|ons|kol|ben|mo|tor, der; -s, -en, auch: -e (Technik): *Verbrennungsmotor, der mit rotierenden Kolben arbeitet; Wankelmotor.*
Ro|ta|ti|ons|kör|per, der (Math.): *von einer rotierenden ebenen Fläche gebildeter Körper; von einer Rotationsfläche begrenzter Körper.*
Ro|ta|ti|ons|prin|zip, das ⟨o. Pl.⟩ (bes. Politik): *Prinzip, nach dem ein Amt von dem Amtsinha-*

ber nach einer bestimmten, festgelegten Zeit an einen Nachfolger abgegeben werden muss.

rot|ba|ckig, rot|bä|ckig ⟨Adj.⟩: rote Backen habend.

Rot|barsch, der: *großer, im Meer lebender Fisch von leuchtend roter, an der Bauchseite hellerer Färbung; Goldbarsch.*

rot|blond ⟨Adj.⟩: a) *(vom Haar) als Farbe ein rötliches Blond habend;* b) *rotblondes* (a) *Haar habend.*

◆ **rot|brächt** ⟨Adj.⟩ [2. Bestandteil zu mhd. braht, ↑ Pracht]: *(häufig von der Gesichtsfarbe) rötlich, rot glänzend:* Herzhaft wuschen am Brunnen mit einem handlichen Zwilchfetzen stämmige Mägde ihre -en Gesichter (Gotthelf, Spinne 4).

rot|braun ⟨Adj.⟩: *einen ins Rote spielenden braunen Farbton habend.*

Rot|bu|che, die: **1.** *Buche mit glatter, grauer Rinde u. länglichen bis eiförmigen, oberseits dunkelgrünen, unterseits hellgrünen Blättern.* **2.** ⟨o. Pl.⟩ *Holz der Rotbuche* (1).

Rot|busch|tee, der [LÜ von afrikaans rooibos thee (↑ Rooibostee); die grünen Nadeln des Rooibosstrauchs werden beim Trocknen rot]: *(aus den Nadeln eines in Südafrika wachsenden, zu den Leguminosen gehörenden Strauchs gewonnener) Vitamin-C-reicher, koffeinfreier Tee mit wenig Tannin.*

Rot|dorn, der ⟨Pl. -e⟩: *rote Blüten tragender Weißdorn.*

Rö|te, die; -, -n [mhd. roete, ahd. rōti]: **1.** ⟨Pl. selten⟩ *das Rotsein, rote Färbung:* die R. des Abendhimmels; eine sanfte R. *(ein rötlicher Schimmer)* färbte den Himmel; die R. seiner Wangen wirkte krankhaft; eine rote [tiefe, brennende, fiebrige] R. stieg, schlug, schoss ihm ins Gesicht; eine leichte R. flog über sein Gesicht; ihr Gesicht war von Scham, Zorn von einer glühenden R. bedeckt, übergossen. **2.** [nach dem aus den Pflanzen gewonnenen roten Farbstoff] (Bot.) *als ausdauerndes, gelblich grün blühendes Kraut wachsendes Rötegewächs* (z. B. Färberröte).

Ro|te-Ar|mee-Frak|ti|on, die; -: *terroristische Vereinigung in der Bundesrepublik Deutschland* (Abk.: RAF).

Rö|te|ge|wächs, das (Bot.): *Pflanze einer Familie mit zahlreichen, bes. in den Tropen vorkommenden, als Bäume, Sträucher, Kräuter wachsenden Arten, zu der z. B. die Kaffeepflanze gehört.*

Rot|ei|sen, das, **Rot|ei|sen|erz**, das, **Rot|ei|sen|stein**, der (Geol.): *roter Hämatit.*

Ro|te Khmer ⟨Pl.⟩ [↑ ¹Khmer]: *kommunistisch orientierte Guerillabewegung in Kambodscha.*

Ro|te-Kreuz-Schwes|ter, die: ↑ Rotkreuzschwester.

Rö|tel, der; -s, -: **1.** ⟨o. Pl.⟩ *aus einem Gemisch von Roteisenstein u. Ton od. Kreide bestehender bräunlich roter Farbstoff.* **2.** *Rötelstift.*

Rö|teln ⟨Pl.⟩: *Infektionskrankheit, die mit einem den Masern ähnlichen Ausschlag einhergeht.*

Rö|tel|stift, der: *Zeichenstift mit einer Mine aus Rötel; Kreide aus Rötel.*

rö|ten ⟨sw. V.; hat⟩ [mhd. rœten, ahd. rōten]: **1.** (geh.) *rot färben; rot erscheinen lassen:* die untergehende Sonne rötete, die Flammen röteten den Himmel; die Sonne, die Kälte, der scharfe Wind, Alkohol rötete ihm Gesicht; der Alkohol hatte seine Nase gerötet; seine Ohren waren vom Frost gerötet. **2.** ⟨r. + sich⟩ *rot werden, eine rote Färbung annehmen:* das Wasser rötete sich vom Blut des harpunierten Fisches; der Himmel rötete sich; ihre Haut begann sich zu r.; ⟨oft im 2. Part.:⟩ r. [vom Weinen] geröteten Augen; eine juckende, stark gerötete Stelle am Bein; die Rachenschleimhaut ist leicht gerötet.

rö|ter, rö|tes|te: ↑ rot.

Ro|tes Meer, das: *Rote Meer; des Roten Meer[e]s: Nebenmeer des Indischen Ozeans, das die Arabische Halbinsel von Afrika trennt.*

Rot|fe|der, die: *(in Schwärmen lebender) der Plötze ähnelnder Fisch von grünlich brauner Färbung mit orangeroten Flossen.*

Rot|fil|ter, der, Fachspr. meist: das (Fotogr.): *roter Filter* (2), *der blaues u. grünes Licht absorbiert.*

rot|fle|ckig ⟨Adj.⟩: *(bes. von der Haut) rote Flecken aufweisend:* ein -es Gesicht.

Rot|fuchs, der: **1. a)** *Fuchs mit rotbraunem bis rostrotem, an der Bauchseite grauem Fell;* **b)** *aus dem Fell eines Rotfuchses hergestellter Pelz.* **2.** *rötlich braunes Pferd.* **3.** (ugs., oft abwertend) *rothaariger Mensch; Fuchs* (4).

Rot|gar|dist, der: *Angehöriger einer »Rote Garde« genannten revolutionären Kampftruppe.*

Rot|gar|dis|tin, die: w. Form zu ↑ Rotgardist.

rot ge|ädert, rot|ge|ädert ⟨Adj.⟩: **a)** *von roten Adern durchzogen;* **b)** *in Rot geädert.*

rot ge|fro|ren, rot|ge|fro|ren ⟨Adj.⟩: *von Kälte gerötet.*

rot ge|schminkt, rot|ge|schminkt ⟨Adj.⟩: *in Rot geschminkt.*

rot|ge|sich|tig ⟨Adj.⟩: *ein rotes, gerötetes Gesicht habend.*

rot|ge|sperrt ⟨Adj.⟩ (Fußball): *mit einer Rotsperre belegt:* der Spieler ist r.

rot ge|streift, rot|ge|streift ⟨Adj.⟩: *mit roten Streifen versehen.*

rot glü|hend, rot|glü|hend ⟨Adj.⟩ (Fachspr.): *im Zustand der Rotglut befindlich:* rot glühendes Eisen.

Rot|glut, die ⟨Plural nur dichterisch⟩: *durch rotes Glühen sich äußernder Zustand eines stark erhitzten Stoffes (bes. eines Metalls).*

Rot|gold, das: *mit etwas Kupfer legiertes, rötliches Gold.*

rot-grün, rot|grün ⟨Adj.⟩: *die Koalition der Parteien SPD und Die Grünen betreffend:* eine -e Mehrheit; r. wählen; ⟨subst.:⟩ wird Rot-Grün/Rotgrün (die rot-grüne Koalition) das Gesetz ändern?

rot|grün|blind ⟨Adj.⟩ (Med.): *nicht fähig, die Farben Rot u. Grün wahrzunehmen od. zu unterscheiden.*

Rot|grün|blind|heit, die (Med.): *Unfähigkeit, die Farben Rot u. Grün wahrzunehmen od. zu unterscheiden.*

rot|grun|dig ⟨Adj.⟩: *einen roten Grund* (4) *habend.*

Rot|haar|ge|bir|ge, das; -s: *Teil des Rheinischen Schiefergebirges.*

rot|haa|rig ⟨Adj.⟩: *rotes Haar habend.*

Rot|haut, die [LÜ von engl. redskin, nach der unter den Indianern Nordamerikas verbreiteten roten Körperbemalung] (abwertend, scherzh.): *nordamerikanischer Indianer.*

Rot|hen|burg ob der Tau|ber: *Stadt in Bayern.*

Rot|hirsch, der: *großer Hirsch mit oft mächtigem Geweih u. Halsmähne, im Winter graubraunem u. im Sommer rötlich braunem Fell.*

ro|tie|ren ⟨sw. V.; hat⟩ [lat. rotare = (sich) kreisförmig drehen, zu: rota, ↑ Rota]: **1.** *sich im Kreis (um etw. od. um die eigene Achse) drehen:* langsam, schnell, um die eigene Achse r.; der Propeller rotiert; das Drehrestaurant rotiert ganz langsam um die Achse des Turms; eine rotierende Schiffsschraube; der Rasenmäher, der Rasierapparat hat rotierende Messer. **2.** (ugs.) *sich über etw. erregen u. in hektische Aktivität verfallen:* wenn mal etwas nicht planmäßig läuft, fängt er gleich an zu r.; ⟨subst.:⟩ sie ist am Rotieren. **3.** (Volleyball) *die Position[en] wechseln.* **4.** (Politik) *sein Amt nach dem Rotationsprinzip abgeben.*

Ro|tis|se|rie, die; -, -n [frz. rôtisserie, zu: rôtir = braten, rösten]: *Restaurant, in dem bestimmte Fleischgerichte [vor den Augen der Gäste] auf einem Grill zubereitet werden.*

Rot|ka|bis, der [↑ Kabis] (schweiz.): *Rotkohl.*

Rot|käpp|chen, das ⟨o. Pl.⟩: *(im Volksmärchen) kleines Mädchen mit roter Kappe, das beim Besuch seiner Großmutter aufgrund seiner Vertrauensseligkeit vom Wolf gefressen und aus dessen Bauch dann später von einem Jäger befreit wird.*

Rot|kap|pe, die: *großer, wohlschmeckender Röhrling, dessen Hut oft eine orange- bis braunrote Färbung hat.*

rot ka|riert, rot|ka|riert ⟨Adj.⟩: *mit roten Karos gemustert.*

Rot|kehl|chen, das; -s, -: *kleiner einheimischer Singvogel mit braunem, an Kehle u. Brust orangerotem u. an der Bauchseite weißem Gefieder.*

Rot|kohl, der (bes. nordd.): *Kohlart mit rötlich blauen Blättern.*

Rot|kopf, der (ugs.): **a)** *jmd., der rotes Haar hat;* **b)** *Kopf eines rothaarigen Menschen:* ich erkenne ihn an seinem R.

Rot|kraut, das (südd., österr.): *Rotkohl.*

Rot|kreuz|schwes|ter, die; -, -n, Rote-Kreuz-Schwester, die; -, -n ⟨Gen. auch: der Roten-Kreuz-Schwester, Pl. auch: der Roten-Kreuz-Schwestern⟩: *dem Roten Kreuz angehörende Krankenschwester.*

rot la|ckiert, rot|la|ckiert ⟨Adj.⟩: *in Rot lackiert.*

röt|lich ⟨Adj.⟩: *sich im Farbton dem Rot nähernd, ins Rote spielend:* ein -er Schimmer, [Farb]ton; ein -es Braun; r. braune Haare; r. gelbe Tupfer.

Rot|licht, das ⟨o. Pl.⟩ *(künstlich erzeugtes, elektrisches) rotes [u. infrarotes] Licht:* einen Film bei R. entwickeln; jmdn. mit R. bestrahlen, behandeln.

Rot|licht|be|strah|lung, die: *Bestrahlung mit Rotlicht.*

Rot|licht|be|zirk, der: *Bezirk* (1 a) *einer Stadt, in dem das Rotlichtmilieu angesiedelt ist.*

Rot|licht|lam|pe, die: *(zur Rotlichtbestrahlung dienende) Lampe, die rotes u. (wärmendes) infrarotes Licht abgibt.*

Rot|licht|mi|lieu, das [nach der früher üblichen roten Laterne über dem Eingang von Bordellen u. dem roten, schummerigen Licht in Bars u. Zimmern von Prostituierten]: *Dirnenmilieu.*

Rot|licht|vier|tel, das [nach engl. red-light district] (ugs.): *Amüsierviertel.*

Röt|ling, der; -s, -e: *Pilz mit rötlichen bis lachsfarbenen Lamellen.*

Ro|tor, der; -s, ...oren [engl. rotor, Kurzf. von: rotator, zu: to rotate = kreisen, zu lat. rotatum, 2. Part. von: rotare, ↑ rotieren]: **1.** (Technik) *rotierender, aus mehreren einzelnen, strahlenförmig um eine Achse angeordneten Blättern bestehender Flügel eines Drehflügelflugzeugs:* der Hubschrauber hat zwei -en. **2.** *Läufer* (4). **3.** (Technik) *sich drehender Zylinder, der als Schiffsantrieb ähnlich wie ein Segel im Wind wirkt.* **4.** (Funkt., Fernseht.) *Vorrichtung zum Drehen einer Richt- od. Peilantenne.* **5.** *(in automatischen Armbanduhren) auf einer Welle sitzendes Teil, durch dessen Bewegungen die Uhr aufgezogen wird.* **6.** (Technik) *zylindrischer, kippbarer Ofen zur Herstellung von Stahl aus flüssigem Roheisen.*

Ro|tor|an|ten|ne, die (Funkt., Fernseht.): *mit einem Rotor* (4) *ausgestattete Antenne.*

Ro|tor|blatt, das (Technik): *Blatt* (5) *eines Rotors* (1).

Rot|rü|be, die (landsch.): *rote Rübe* (1).

Rot|schwanz, der, **Rot|schwänz|chen**, das: *(zu den Drosseln gehörender) kleiner Singvogel mit rostrotem Schwanz.*

rot|se|hen ⟨st. V.; hat⟩ (ugs.): *wütend werden [u. die Beherrschung verlieren]:* wenn jemand seine

Rotsperre – routinemäßig

Kinder schlägt, sehe ich einfach rot; er sieht immer gleich rot.

Rot|sper|re, die: *nach einer Roten Karte verhängtes Spielverbot:* wegen einer R. auf der Tribüne sitzen.

Rot|spon, der; -[e]s, -e [zu mniederd. spōn = hölzernes Gefäß, eigtl. = roter Fasswein] (ugs. veraltet): *[französischer] Rotwein.*

Rot|stift, der: *Schreibstift mit roter Mine:* wo ist mein R.?; * **den R. ansetzen** *(vorgesehene Ausgaben einsparen);* **dem R. zum Opfer fallen** *(eingespart, nicht mehr gewährt, gezahlt werden).*

Rot|sün|de|rin, die: w. Form zu ↑ Rotsünder.

rott ⟨Adj.⟩ [zu ↑ ²rotten] (nordd.): *faul, morsch:* -es Holz; das Obst ist schon ganz r.

Rot|tan|ne, die: *Fichte mit rötlich braunem Stamm.*

¹Rot|te, die; -, -n [mhd. rot(t)e < afrz. rote < mlat. rupta, rut(t)a = Abteilung; (Räuber)schar, zu lat. ruptum, 2. Part. von: rumpere = ab-, zersprengen, also eigtl. = abgesprengte, zersprengte Schar]: **1.** (abwertend) *meist ungeordnete, nur eine lose Gemeinschaft bildende Gruppe von Menschen:* eine lärmende R.; eine R. Plünderer/von Plünderern; * **R. Korah** (↑ Korah). **2.** (Militär) **a)** *zwei gemeinsam operierende Flugzeuge od. Schiffe;* **b)** (früher) *Reihe von hintereinanderstehenden Soldaten.* **3.** (Jägerspr.) *größere Gruppe (von Wildschweinen od. Wölfen):* eine R. Sauen. **4. a)** (Eisenbahn früher) *Gruppe von Arbeitern, die für Gleisbauarbeiten eingesetzt werden;* **b)** (Forstwirtsch.) *Gruppe von Holzfällern.*

²Rot|te, die; -, -n [zu ↑ ²rotten]: **1.** (Landwirtsch. nordd.) *Röste* (2). **2.** (Fachspr.) *das Verrotten, Verrottenlassen (von organischen Stoffen).*

¹rot|ten ⟨sw. V.; hat⟩ [mhd. (md.) roten] (veraltet): **a)** ⟨r. + sich⟩ *zusammenrotten;* **b)** *zu einer ¹Rotte vereinen.*

²rot|ten, röt|ten ⟨sw. V.⟩ [mniederd. rotten = faulen, vgl. verrotten] (nordd.): **1.** *(hat)* (Fachspr.) *rösten* (4). **2.** ⟨ist, auch: hat⟩ (selten) *faulen, modern, sich zersetzen:* der Mist muss noch r.

Rot|ter|dam [auch: 'rɔ...]: *niederländische Stadt.*

Rot|tier, das (Jägerspr.): *weiblicher Rothirsch.*

Rot|ton, der: *roter Farbton:* kräftige Rottöne.

Rott|wei|ler, der; -s, - [nach der baden-württembergischen Stadt Rottweil]: *(als Schutz- u. Wachhund geeigneter) kräftig gebauter, mittelgroßer Hund mit breitem Kopf, kurzer Schnauze u. kleinen Hängeohren, Stummel- od. kupiertem Schwanz u. kurzhaarigem schwarzem Fell mit rötlich braunen Partien.*

Ro|tun|de, die; -, -n [mhd. rotunde, zu lat. rotundus = rund, zu: rota, ↑Rota] (Archit.): **1.** *Gebäude[teil] mit kreisrundem Grundriss.* **2.** (ugs. veraltet) *rund gebaute öffentliche Toilette.*

Rö|tung, die; -, -en ⟨Pl. selten⟩: *das Sichröten (bes. der Haut):* die Sonne bewirkt eine R. der Haut.

rot un|ter|lau|fen, rot|un|ter|lau|fen ⟨Adj.⟩: *(durch Austreten von Blut ins Gewebe) rötlich verfärbt.*

rot|wan|gig ⟨Adj.⟩ (geh.): *rotbackig.*

Rot|wein, der: *aus [roten od. blauen] Trauben, deren Schalen mit vergoren werden u. dabei ihren Farbstoff abgeben, hergestellter Wein von rubin- bis tiefroter, ins Violette spielender Färbung:* französische -e; zwei R. ⟨Gläser Rotwein⟩, bitte; sie trinkt gern R.

rot|welsch ⟨Adj.⟩ [mhd. (md.) rōtwelsch, 1. Bestandteil viell. rotwelsch rōt = falsch, untreu]: *in der Gaunersprache Rotwelsch, zu ihr gehörend.*

Rot|welsch, das; -[s], (nur mit best. Art.:) **Rot|wel|sche,** das; -n: *deutsche Gaunersprache.*

Rot|wild, das (Jägerspr.): *Rothirsch.*

Rot|wurst, die (landsch.): *Blutwurst.*

Rotz, der; -es [mhd. ro(t)z, ahd. (h)roz = (Nasen)schleim, zu ahd. (h)rūzan = schnarchen, knurren, lautm.]: **1.** (derb) *Schleim aus Nase u. Atemwegen:* den R. hochziehen; wisch dir erst mal den R. ab!; * **frech wie [der] R. [am Ärmel]** (salopp; *außerordentlich frech*); **R. und Wasser heulen** (salopp; *heftig weinen*). **2.** (Tiermed.) *bes. bei Einhufern auftretende, meist tödlich verlaufende, mit Ausfluss aus der Nase u. Geschwüren in Nase, Lunge u. Haut einhergehende Infektionskrankheit:* das Pferd hat [den] R. **3.** * **der ganze R.** (salopp verächtlich; *alles, das ganze Zeug:* ich zahle den ganzen R.; von mir aus kannst du den ganzen R. mitnehmen).

Rotz|ben|gel, der (derb abwertend): *[kleiner] schmutziger, ungepflegter, unerzogener, frecher Junge:* diese verdammten R.!

Rotz|bub, Rotz|bu|be, der (südd., österr. derb abwertend): *Rotzbengel.*

Rot|ze, die; - (landsch. derb): **1.** ↑ Rotz (1). **2.** *Schnupfen.*

rot|zen ⟨sw. V.; hat⟩ (derb abwertend): **a)** *sich geräuschvoll schnäuzen:* er rotzte in ein dreckiges Taschentuch; **b)** *Schleim geräuschvoll (aus dem Bereich des Rachens u. der Nase) in den Mund ziehen u. ausspucken:* wenn du noch einmal auf den Boden rotzt, schmeiß ich dich raus!

Rotz|fah|ne, die (derb): *Taschentuch.*

rotz|frech ⟨Adj.⟩ (salopp): *sehr frech.*

rot|zig ⟨Adj.⟩: **1.** (derb) *mit Rotz* (1) *behaftet, beschmiert:* eine -e Nase; ein -es Taschentuch. **2. a)** (salopp abwertend) *unverschämt frech; ungehörig:* sich r. benehmen; **b)** (salopp) *völlig respektlos u. unbekümmert; provozierend, herausfordernd:* das Stück ist r. inszeniert. **3.** (Tiermed.) *rotzkrank.*

Rotz|ig|keit, die; -, -en (salopp abwertend): **1.** ⟨o. Pl.⟩ *rotzige* (2) *Art, Beschaffenheit.* **2.** *rotzige* (2 a) *Äußerung, Handlung.*

rotz|krank ⟨Adj.⟩ (Tiermed.): *an Rotz* (2) *leidend.*

Rotz|na|se, die: **1.** (derb) *Nase, bes. eines Kindes, aus der Schleim läuft:* eine R. haben. **2. a)** (derb abwertend) *Rotzbengel;* **b)** (salopp scherzh.) *kleines, unerfahrenes Kind, unreifer junger Mensch.*

rotz|nä|sig ⟨Adj.⟩ (derb abwertend): **1.** *eine Rotznase* (1) *habend:* eine -e Göre. **2.** (bes. von Kindern) *[ungepflegt, schmutzig u.] ungezogen u. frech:* dieser -e Bursche!; sich r. *(wie eine Rotznase* 2 a*) benehmen.*

Rot|zun|ge, die: *(im Meer lebender) Plattfisch mit bräunlicher, dunkel marmorierter Oberseite.*

Rou|en [ru'ɑ̃]: *Stadt in Frankreich an der Seine.*

Rouge [ruːʒ, ruːʃ], das; -s, -s ⟨Pl. selten⟩ [frz. rouge, zu: rouge = rot < lat. rubeus]: **1.** *Make-up in roten Farbtönen, mit dem die Wangen u. Lippen geschminkt werden:* R. auflegen, auftragen; Das Wasser stürzte in die Allongen, Kragen und Dekolletés, es wusch Puder und R. herunter (Remarque, Triomphe 354). **2.** *Rot als Farbe u. Gewinnmöglichkeit beim Roulette:* auf R. setzen.

Rouge et noir ['ruːʃ e 'nŏaːʁ], das; - - - [frz. = rot u. schwarz]: *Glücksspiel mit 104 od. 312 Karten, das bes. in Spielkasinos gespielt wird u. bei dem Einsätze ähnlich wie beim Roulette gemacht werden.*

Rou|la|de [ruˈlaːdə], die; -, -n ⟨meist Pl.⟩ [frz. roulade, zu: rouler, ↑ rollen]: *dünne Fleischscheibe, die mit Speck, Zwiebeln [Gurken] o. Ä. belegt, gerollt u. dann geschmort wird.*

Rou|leau [ruˈloː], das; -s, -s [frz. rouleau = Rolle, zu: rôle, ↑ Rolle]: *Rollo.*

Rou|lette, das; -s, -s, **Rou|lett,** das; -s, -e u. -s [ruˈlɛt; frz. roulette, eigtl. = Rollrädchen, Vkl. von afrz. roele (= frz. rouelle) < spätlat. rotella < lat. rota, ↑ Rolle]: **1.** *Glücksspiel, bei dem auf Zahl od. Farbe od. auf beides gesetzt u. der Gewinner dadurch ermittelt wird, dass eine Kugel auf eine sich drehende Scheibe mit rot u. schwarz nummerierten Fächern geworfen wird, die bei Stillstand der Scheibe in einem Fach liegen bleibt:* Roulett spielen; amerikanisches Roulett (*Glücksspiel mit Kettenbriefen*); * **russisches Roulett** (*Mutprobe od. Austragungsart eines Duells, bei der jmd. einen nur mit einer Patrone geladenen Trommelrevolver auf sich selbst abdrückt, ohne vorher zu wissen, in welcher Patronenkammer sich die Patrone befindet*). **2.** *drehbare Scheibe, mit der Roulette* (1) *gespielt wird.* **3.** ⟨auch: ...tə⟩ ⟨auch: die; -, -en⟩ (Grafik) *gezähntes Rädchen aus Stahl, mit dem der Kupferstecher Vertiefungen in die Kupferplatte eindrückt.*

Round Ta|ble ['raʊnd 'teɪbl], der; - - [engl. round table, eigtl. = runder Tisch, in Anlehnung an: Round Table = Tafelrunde des Königs Artus]: *Kurzf. von* ↑ Round-Table-Konferenz.

Round-Ta|b|le-Kon|fe|renz, die [engl. round-table conference = Konferenz am runden Tisch] (Politik): *[internationale] Konferenz, deren Sitzordnung [am runden Tisch] ausdrückt, dass alle Teilnehmer gleichberechtigt sind.*

Round-up, Round|up [raʊnt'lap, engl.: 'raʊndʌp], das; -[s] [engl. round-up]: *alljährliches Zusammentreiben des Viehs durch die Cowboys, um den Kälbern das Zeichen der Ranch aufzubrennen.*

Rou|te ['ruːtə], die; -, -n [frz. route < vlat. (via) rupta = gebrochener (= gebahnter) Weg, zu lat. rupere = brechen, zerreißen]: *festgelegte od. einzuschlagende Strecke; Reise-, Schiffs-, Flugweg:* die kürzeste, bequemste, schnellste R. ausfindig machen, wählen, nehmen; der Dampfer hat seine R. geändert, verlassen; auf der nördlichen R.; Ü in der Außenpolitik eine andere R. einschlagen.

Rou|ten|pla|ner, der (EDV): *über das Internet aufzurufendes Programm, das nach Eingabe des Abfahrts- und Zielortes die optimale Wegstrecke berechnet u. anzeigt.*

¹Rou|ter ['raʊtɐ], der; -s, - [engl. router, zu: to rout (out) = heraushauen]: *Fräser, der bei Druckplatten diejenigen Stellen ausschneidet, die nicht mitdrucken sollen.*

²Rou|ter ['ruːtɐ, 'raʊ...], der; -s, - [engl. router, zu: route = Weg, Kurs, aus frz. route, ↑ Route] (EDV): *Vermittlungsvorrichtung in einem Kommunikationsverbund (z. B. einem Intranet), die Daten zwischen räumlich getrennten Netzwerken transportiert.*

Rou|ti|ne [ru...], die; -, -n [frz. routine, eigtl. = Wegerfahrung, zu: route, ↑ Route]: **1. a)** *durch längere Erfahrung erworbene Fähigkeit, eine bestimmte Tätigkeit sehr sicher, schnell u. überlegen auszuführen:* ihm fehlt noch die R.; große, keine R. haben; R. zeigen; etw. mit R. erledigen; über langjährige R. verfügen; **b)** *(meist abwertend) [technisch perfekte] Ausführung einer Tätigkeit, die zur Gewohnheit geworden ist u. jedes Engagement vermissen lässt:* sein Spiel ist in R. erstarrt; etw. ist zur [reinen] R. geworden. **2.** (Seemannsspr.) *Zeiteinteilung für den Dienst an Bord.* **3.** (EDV) *meist kleineres Programm* (4) *od. Teil eines Programms* (4) *mit einer bestimmten, gewöhnlich häufiger benötigten Funktion.*

Rou|ti|ne|an|ge|le|gen|heit, die: *nichts Ungewöhnliches darstellende, immer wieder vorkommende, alltägliche Angelegenheit.*

Rou|ti|ne|ar|beit, die: *immer nach dem gleichen Schema zu verrichtende Arbeit:* tägliche wiederkehrende -en.

Rou|ti|ne|kon|t|rol|le, die: *regelmäßig durchgeführte Kontrolle ohne besonderen Anlass:* bei einer R. der Polizei wurde der Betrüger gefasst.

rou|ti|ne|mä|ßig ⟨Adj.⟩: *in derselben Art regelmä-*

ßig wiederkehrend: eine -e Überprüfung; jmdn. r. vernehmen.

Rou|ti|ne|un|ter|su|chung, die: vgl. Routinekontrolle.

Rou|ting ['ruːtɪŋ], das; -s, -s [engl. routing, zu: to route = einen bestimmten Weg nehmen lassen, vgl. ↑ Route] (EDV): *das Ermitteln eines geeigneten [bes. günstigen] Wegs für die Übertragung von Daten in einem Netzwerk.*

Rou|ti|ni|er [...'nje:], der; -s, -s [frz. routinier, zu: routine, ↑ Routine] (bildungsspr.): *jmd., der auf einem bestimmten Gebiet, in seinem Beruf o. Ä. Routine (1 a) besitzt:* er ist ein R. im internationalen Marketing; unsere Mannschaft stellt eine Mischung aus alten -s und jungen Talenten dar.

Rou|ti|ni|e|rin, die; -, -nen: w. Form zu ↑ Routinier.

rou|ti|niert ⟨Adj.⟩ [frz. routiné, zu älter: routiner = gewöhnen] (bildungsspr.): *Routine (1 a) aufweisend:* ein -er Musiker, Politiker, Geschäftsmann; ihr Auftreten ist mir zu r.; r. spielen; eine Arbeit r. erledigen.

Row|dy ['raʊdi], der; -s, -s [...diːs] [engl.(-amerik.) rowdy, H. u.] (abwertend): *jmd., der sich in der Öffentlichkeit flegelhaft aufführt u. gewalttätig wird:* eine Gruppe jugendlicher -s randalierte im Stadion; jener R. *(rücksichtslose Fahrer)* hat mir die Vorfahrt genommen; meine -s (fam. scherzh.; *wilden Kinder)* haben ständig Schrammen an den Beinen.

row|dy|haft ⟨Adj.⟩ (abwertend): *in der Art eines Rowdys, wie ein Rowdy geartet:* sein -es Auftreten; eine -e Fahrweise; sich r. benehmen.

Row|dy|tum, das; -s (abwertend): *flegelhaftes Benehmen, Gewalttätigkeiten von [jungen] Leuten in der Öffentlichkeit:* die Polizei will künftig noch härter gegen das R. [im Verkehr] durchgreifen.

ro|y|al [roa'jaːl] ⟨Adj.⟩ [frz. royal < lat. regalis, zu: rex, ↑ Rex]: **a)** *königlich;* **b)** *royalistisch.*

Ro|y|al ['rɔɪəl], der; -s, -s ⟨meist Pl.⟩ [engl. royal, zu: royal = königlich < mfrz. roial < lat. regalis, ↑ royal] (Jargon): *Mitglied der (englischen) königlichen Familie.*

Ro|y|a|lis|mus [roaja...], der; - [frz. royalisme, zu: royal, ↑ royal]: *das Eintreten für das Königtum als Staatsform.*

Ro|y|a|list [roaja...], der; -en, -en [frz. royaliste, zu: royal, ↑ royal]: *jmd., der für das Königtum als Staatsform eintritt.*

Ro|y|a|lis|tin, die; -, -nen: w. Form zu ↑ Royalist.

ro|y|a|lis|tisch [roaja...] ⟨Adj.⟩: *für das Königtum als Staatsform eintretend; königstreu.*

Rp. = recipe; Rappen.

RSFSR = Russische Sozialistische Föderative Sowjetrepublik (1918 bis 1991).

RSS [ɛrɛs'ɛs; Abk. für engl. really simple syndication] (EDV): *Datenformat, mit dem Inhalte von Webseiten besonders übersichtlich bereitgestellt werden können.*

RSS-Feed [ɛrɛs'ɛsfiːd], der od. das; -s, -s (EDV): *Bereitstellung von Inhalten im Format RSS.*

RT = Registertonne.

Ru = Ruthenium.

Ru|an|da; -s: Staat in Zentralafrika.

Ru|an|der, der; -s, -: Ew.

Ru|an|de|rin, die; -, -nen: w. Form zu ↑ Ruander.

ru|an|disch ⟨Adj.⟩: *Ruanda, die Ruander betreffend; aus Ruanda stammend; von den Ruandern stammend, zu ihnen gehörend.*

ru|ba|to ⟨Adv.⟩ [ital. (tempo) rubato, eigtl. = gestohlen(es Zeitmaß), zu: rubare = stehlen, aus dem Germ.] (Musik): *durch kleine Tempoverschiebungen zu beleben.*

Ru|ba|to, das; -s, -s u. ...ti (Musik): *rubato gespielte Stelle in einem Musikstück.*

rub|be|lig ⟨Adj.⟩ [zu ↑ rubbeln] (landsch., bes. nordd.): *von rauer Oberfläche; uneben; holprig.*

rub|beln ⟨sw. V.; hat⟩ [Intensivbildung zu niederd. rubben = reiben, verw. mit ↑¹rupfen]: **1.** (landsch., bes. nordd.) *kräftig reiben:* Wäsche [auf dem Waschbrett] r.; sich den Körper mit dem Handtuch r.; ⟨auch ohne Akk.-Obj.:⟩ du musst tüchtig r. **2.** *das Feld eines Loses o. Ä. durch Rubbeln (1) freilegen.*

¹Rub|ber ['rabɐ, engl.: 'rʌbə], der; -s [engl. (India) rubber, zu: to rub = (ab)reiben, (ab)schaben; nach der häufigen Verwendung als Radiergummi]: engl. Bez. für: Kautschuk, Gummi.

²Rub|ber, der; -s, - [engl. rubber, H. u.] (Kartenspiele): *Robber.*

Rüb|chen, das; -s, -: Vkl. zu ↑ Rübe.

Rü|be, die; -, -n [mhd. rüebe, ahd. ruoba (daneben mhd. räbe, ahd. räba), verw. mit griech. rháp(h)ys, lat. rapa = Rübe, wahrsch. altes Wanderwort]: **1. a)** *Pflanze mit einer dickfleischigen Pfahlwurzel (die als Gemüse- od. Futterpflanze angebaut wird):* -n pflanzen, [an]bauen, [ver]ziehen, hacken, häufeln, ernten, ausmachen; * **Gelbe R.** (südd.; Möhre); **Rote R.** *(Rübe mit einer runden Wurzel u. rotem Fleisch);* **b)** *dickfleischige, kegelförmige, rundliche od. runde Wurzel der Rübe (1 a):* -n [ver]füttern. **2.** (salopp) *Kopf:* die R. einziehen; jmdm. die R. abhacken *(jmdn. enthaupten);* jmdm. eins auf die R. geben; eins auf die R. kriegen; er haute, zog ihm eine Dachlatte über die R. **3.** (landsch. salopp) *Bursche:* na, [du] alte R., wie gehts?; so eine freche R.!

Ru|bel, der; -s, - [russ. rubl', zu: rubit' = (ab)hauen, eigtl. = abgehauenes Stück (eines Silberbarrens)]: *Währungseinheit in Weißrussland u. in der Russischen Föderation (1 Rubel = 100 Kopeken; Währungscode: BYR [Weißrussl.] u. RUB [Russ. Föderation]; Abk.: Rbl):* * **der R. rollt** (ugs.; *es wird viel Geld ausgegeben u. verdient).*

Rü|ben|a|cker, der: *Acker, auf dem Rüben angebaut werden.*

Rü|ben|ern|te, die: **1.** *das Ernten der Rüben:* mit der R. beginnen. **2.** *Gesamtheit der geernteten Rüben:* die diesjährige R. war gut.

Rü|ben|kraut, das ⟨o. Pl.⟩: **a)** (landsch.) *Sirup* (a); **b)** (bayr., österr.) *besondere Art von Sauerkraut.*

Rü|ben|saft, der (landsch.): *Sirup* (a).

Rü|ben|si|rup, der (landsch.): *Sirup* (a).

Rü|ben|zu|cker, der: *Zucker aus Zuckerrüben.*

rü|ber: ugs. für *herüber,* ↑ hinüber.

rü|ber|brin|gen ⟨unr. V.; hat⟩ (ugs.): **1.** *herüberbringen, hinüberbringen.* **2.** *(eine Botschaft o. Ä.) erfolgreich vermitteln, deutlich machen:* eine Botschaft, politische Inhalte r.

rü|ber|dür|fen ⟨unr. V.; hat⟩ (ugs.): **1.** *hinüberkommen, -gehen, -fahren o. Ä. dürfen.* **2.** *in ein anderes Land einreisen [u. dort bleiben] dürfen:* wer den Grenzpolizisten verdächtig erschien, durfte nicht rüber; der Mann war schon vor 10 Jahren eingereist, der Rest der Familie durfte erst jetzt rüber. **3.** *hinübergebracht werden dürfen.*

rü|ber|kom|men ⟨st. V.; ist⟩ (ugs.): **1.** *herüberkommen, hinüberkommen.* **2.** *etw. herausrücken* (2 a): er kommt mit dem Geld einfach nicht rüber. **3.** *(von einer Botschaft o. Ä.) erfolgreich vermittelt werden, vom Adressaten verstanden werden:* die Botschaft, Message, die Pointe ist rüber.

rü|ber|kön|nen ⟨unr. V.; hat⟩ (ugs.): vgl. herüber-, hinüberdürfen.

rü|ber|ma|chen ⟨sw. V.; hat, auch: ist⟩ (landsch.): *an einen Ort jenseits einer Grenze o. Ä. reisen, bes. früher aus der DDR in die Bundesrepublik überwechseln:* sie hatten schon vor dem Mauerbau (in den Westen) rübergemacht.

rü|ber|müs|sen ⟨unr. V.; hat⟩ (ugs.): vgl. herüberdürfen (1).

rü|ber|wach|sen ⟨sw. V.; hat⟩ (ugs.): * **etw. r. las-**

sen (*herüberreichen:* einen Hunderter r. lassen; lass mal eine Zigarette r.!)

Ru|bi|di|um, das; -s [lat. rubidus = dunkelrot; das Metall hat zwei dunkelrote Spektrallinien] (Chemie): *sehr weiches, silbrig glänzendes Alkalimetall (chemisches Element; Zeichen: Rb).*

Ru|bi|kon: in der Wendung **den R. überschreiten** (bildungsspr.; *einen [strategisch] entscheidenden Schritt tun;* nach dem Grenzfluss Rubikon [lat. Rubico] zwischen Italien u. Gallia cisalpina, mit dessen Überschreitung Cäsar 49 v. Chr. den Bürgerkrieg begann).

Ru|bin, der; -s, -e [mhd. rubīn < mlat. rubinus, zu lat. rubeus = rot]: **1.** (Mineral.) *roter Korund:* der R. ist einer der kostbarsten Edelsteine; natürlicher, synthetischer R. **2.** *Stück Rubin* (1), *aus Rubin (1) bestehender Schmuckstein:* ein dreikarätiger R.; die Uhr hat acht -e (Lager aus Rubin 1).

ru|bin|far|ben, ru|bin|far|big ⟨Adj.⟩: *rubinrot.*

Ru|bin|glas, das ⟨Pl. ...gläser⟩: *rubinrotes ¹Glas (1, 2 a).*

ru|bin|rot ⟨Adj.⟩: *von klarem, leuchtendem, tiefem Rot.*

Rüb|kohl, der (schweiz.): *Kohlrabi.*

Ru|b|rik [auch, österr. nur: ...'brɪk], die; -, -en [spätmhd. rubrik(e), urspr. = roter Schreibstoff, dann: rot geschriebene Überschrift (die einzelne Abschnitte trennt), < lat. rubrica (terra) = rote Erde, roter Farbstoff; mit roter Farbe geschriebener Titel eines Gesetzes, zu: ruber = rot] (bildungsspr.): **a)** *Spalte, in die etw. nach einer bestimmten Ordnung [unter einer bestimmten Überschrift] eingetragen wird:* die -en einer Tabelle, einer Zeitung; das Blatt hat eine ständige R. [mit dem Titel] »Der Abgeordnete hat das Wort«; eine R. anlegen; etw. in die letzte R. eintragen; etw. in, unter einer bestimmten R. anführen, verzeichnen, finden; **b)** *Kategorie, in die man jmdn., etw. gedanklich einordnet.*

ru|b|ri|zie|ren ⟨sw. V.; hat⟩ [zu ↑ Rubrik]: **a)** *in eine Rubrik (a), in Rubriken (a) einordnen;* **b)** *kategorisieren, klassifizieren.*

Ru|b|rum, das; -s, Rubra u. Rubren [lat. rubrum = das Rote, subst. Neutr. von: ruber = rot] (bes. Fachspr.): **1. a)** *kurze Inhaltsangabe als Aufschrift (bei Aktenstücken o. Ä.); an die Spitze eines Schriftstücks gestellte Bezeichnung der Sache;* **b)** *Kopf* (5 c) *eines Schreibens.* **2.** *Rubrik, Schlagwort* (1 a): eine Äußerung unter dem R. Populismus abhandeln.

Rüb|sa|men, Rüb|sen, der; -s: *dem Raps ähnliche Pflanze, aus deren Samen Öl gewonnen wird.*

Ruch [auch: rʊx], der; -[e]s, Rüche ⟨Pl. selten⟩ (geh.): **1.** [mhd. ruch, ↑ Geruch] (selten) *Geruch.* **2.** [aus dem Niederd. < mniederd. ruchte = Ruf, Leumund] *zweifelhafter Ruf:* im R. der Korruption stehen.

ruch|bar [auch: 'ruːx...] ⟨Adj.⟩ [älter: ruchtbar, zu ↑ Ruch (2)]: in den Verbindungen **r. werden** (geh.; *bekannt werden; in die Öffentlichkeit dringen:* die Sache wurde schnell r.; als r. wurde, dass auch er in den Skandal verwickelt war, trat er zurück); **etw. r. machen** (veraltet; *bekannt machen, in die Öffentlichkeit tragen*).

Ruch|brot, das (schweiz.): *aus dunklem Mehl gebackenes Brot.*

ruch|los [auch: 'rʊx...] ⟨Adj.⟩ [mhd. ruochelōs = sorglos, unbekümmert, zu: ruoch(e) = Bedacht, Sorgfalt] (geh.): *ohne Skrupel, gewissenlos, gemein:* in -er Verbrecher, Mörder; einer R. Tat.

Ruch|lo|sig|keit, die; -, -en (geh.): **a)** ⟨o. Pl.⟩ *ruchloses Verhalten;* **b)** *ruchlose Handlung.*

ruck: hau ruck.

Ruck, der; -[e]s, -e [mhd. ruc, ahd. rucch, zu ↑ rücken]: *kurze Bewegung, die abrupt, stoßartig einsetzt od. aufhört:* ein R. am Zügel; ein jäher R. mit dem Kopf; plötzlich gab es einen R.; mit einem R. riss ich mich los, hob er die schwere Kiste hoch; ohne den geringsten R. anfahren; Ü einer Sache einen R. geben (selten; *sie vorantreiben*); es gab ihr einen inneren R. *(traf sie innerlich);* wir fuhren in einem R. (ugs.; *ohne Halt*) durch; bei den Wahlen gab es einen R. nach links *(einen erheblichen Zuwachs an Stimmen* (6 a) *für die linken Parteien);* * *sich* (Dativ) [innerlich] einen R. geben (ugs.; *sich überwinden, etw. zu tun, wogegen bestimmte Widerstände bestehen*).

rück|ab|wi|ckeln ⟨sw. V.; hat⟩: *rückgängig machen:* ein Geschäft, eine Transaktion, einen Vertrag r.

Rück|ab|wick|lung, die: *das Rückabwickeln; das Rückabgewickeltwerden:* die R. des Verkaufs.

Rück|an|sicht, die: *Hinteransicht.*

Rück|ant|wort, die: 1. *[schriftliche] Antwort* (a): sie trennte die zur R. bestimmte Kartenhälfte ab. 2. *bereits bezahltes Telegramm, bereits frankierte Postkarte für eine Antwort.*

Rück|ant|wort|kar|te, Rück|ant|wort|post|kar|te, die: *[bereits frankierte] Postkarte für eine Antwort.*

ruck|ar|tig ⟨Adj.⟩: a) *mit einem Ruck [erfolgend]:* r. bremsen, anhalten; b) *kurz, abgesetzt u. ungleichmäßig:* -e Bewegungen.

Rück|bank, die ⟨Pl. ...bänke⟩: *hintere Bank im Auto:* der Rucksack kann auf die R.

Rück|bau, der ⟨o. Pl.⟩ (Fachspr.): *das Zurückbauen.*

rück|bau|en ⟨sw. V.; hat⟩ (Fachspr.): *zurückbauen; durch Baumaßnahmen in einen früheren Zustand bringen:* eine Straße, ein Gebäude, einen begradigten Bachlauf r.

Rück|be|sin|nung, die: *das Sichzurückbesinnen, Wiederaufgreifen:* die R. auf altbewährte Klassiker.

rück|be|züg|lich ⟨Adj.⟩ (Sprachwiss.): *reflexiv:* das -e Fürwort »sich«; »euch« ist in diesem Satz r. gebraucht.

Rück|bil|dung, die: 1. (Biol., Med.) a) *funktions- od. altersbedingte Rückentwicklung od. Verkümmerung von Organen o. Ä.;* b) *das Abklingen von Krankheitserscheinungen.* 2. (Sprachwiss.) *Wort, das historisch gesehen aus einem Verb od. Adjektiv abgeleitet ist, aber wegen seiner Kürze den Anschein erweckt, die Grundlage dieses Verbs od. Adjektivs zu sein; retrograde Bildung.*

Rück|blen|de, die (Film): *in einen [Spiel]film eingeblendeter Abschnitt, der einen zur Zeit des dargestellten Handlungsablaufs bereits vergangenes Ereignis, Geschehen wiedergibt.*

Rück|blick, der: *gedankliches Betrachten, Zurückverfolgen von Vergangenem:* ein R. auf die Zwanzigerjahre; R. in die Geschichte halten; * im/(seltener:) in R. auf... *(in der nachträglichen Betrachtung von etw. Vergangenem).*

rück|bli|ckend ⟨Adj.⟩: *in nachträglich betrachtender, untersuchender Weise [sich vollziehend]:* diese Taktik muss r. als verfehlt bezeichnet werden.

rück|bu|chen ⟨sw. V.; hat; nur im Inf. u. 2. Part. gebr.⟩ (Kaufmannsspr.): *stornieren* (1).

Rück|bu|chung, die (Kaufmannsspr.): *Stornobuchung.*

rück|da|tie|ren ⟨sw. V.; hat; nur im Inf. u. 2. Part. gebr.⟩: *nachträglich mit einem früheren Datum versehen.*

ru|ckel|frei ⟨Adj.⟩: *ohne störende ruckartige Bewegungen [erfolgend]:* eine -e Wiedergabe, Darstellung.

ru|ckeln ⟨sw. V.; hat⟩ [zu ↑Ruck] (ugs.): a) *ein wenig rucken, sich mit leichten Rucken bewegen:* der Wagen, der Zug ruckelt; b) *ein wenig rucken, mit leichten Rucken bewegen:* mit dem Stuhl r.; er ruckelte an der Tür.

ru|cken ⟨sw. V.; hat⟩: a) *sich mit Rucken bewegen:* die Maschine ruckte und blieb stehen; b) *etw. mit einem Ruck, mit Rucken bewegen.*

rü|cken ⟨sw. V.⟩ [mhd. rücken, ahd. rucchen, H. u.]: 1. ⟨hat⟩ a) *etw. [mit einem Ruck, ruckweise] an einen anderen Platz, in eine andere Lage bewegen:* den Tisch an die Wand, nach rechts, unter das Fenster r.; die schwere Kiste ließ sich nicht [von der Stelle] r.; die Vase in der Auslage zur Seite r.; eine Schachfigur zwei Felder nach vorn r.; er rückte die Mütze in die Stirn; Holz r. (Forstwirtsch.; *das geschlagene Holz zum Lagerplatz transportieren*) b) *etw. durch kurzes Schieben, Ziehen [hin u. her] bewegen:* er rückte nervös an seiner Krawatte, Brille; an dem Zeiger der Uhr r. 2. ⟨ist⟩ *sich [mit einem Ruck, ruckweise] irgendwohin bewegen, sich [sitzend, mit seiner Sitzgelegenheit] an einen anderen Platz bewegen:* er rückte ihm immer näher; sie rückte [auf dem Sofa] in die Ecke; rück doch [mit deinem Stuhl] etwas näher an den Tisch; kannst du ein bisschen [zur Seite, nach links] r.?; der Zeiger rückte auf 12; Ü er ist an seine Stelle gerückt (*er hat seine Stelle, seinen Aufgabenbereich übernommen*); in den Bereich des Möglichen, in den Mittelpunkt r.; von Vorhaben rückt in weite Ferne *(lässt sich vorläufig nicht realisieren).* 3. ⟨ist⟩ a) (bes. Militär) *(irgendwohin) ausrücken, ziehen:* ins Feld, an die Front, ins Manöver r; b) (landsch.) *irgendwohin ausziehen, wandern:* in die Natur, an einen See r.

¹**Rü|cken,** der; -s, - [mhd. rück(e), ruck(e), ahd. rucki, (h)rucki, eigtl. = der Gekrümmte; Krümmung]: 1. *hintere Seite des Rumpfes beim Menschen zwischen Nacken u. Lenden; obere Seite des Rumpfes bei [Wirbel]tieren:* ein breiter, schmaler, gebeugter, krummer R.; mir tut der R. weh; R. schwimmen *(rückenschwimmen);* einen runden R. machen; den R. gerade halten; jmdm. den R. einreiben, massieren; sie drehte, wandte ihm demonstrativ den R. zu; auf dem R. liegen, schwimmen; auf den R. fallen; sie banden ihm die Hände auf den R.; jmdm. auf den R. klopfen; auf dem R. eines Pferdes sitzen; R. an/gegen R. stehen; hinter jmds. R. Schutz suchen; ich sitze lieber mit dem R. gegen die/an zur Wand; sie streichelte dem Hund über den R.; den Rucksack vom R. nehmen; solche Reden sind wie ein Dolch in den R. der Partei *(damit schadet man der Partei auf heimtückische Weise);* die Sonne im R. (*hinter sich*) haben; Ü er bemerkte nicht, was in seinem R. *(hinter ihm, ohne sein Wissen)* vor sich ging; sie versucht, mit dem R. an die Wand zu kommen *(eine günstigere Position einzunehmen);* der verlängerte R. (scherzh. verhüll.; *das Gesäß);* einen breiten R. haben (↑Buckel 1); jmdm./jmdn. juckt der R. (salopp; ↑Fell 1 a); jmdm. den R. stärken/steifen *(jmdm. Mut machen, ihn moralisch unterstützen);* einen krummen R. machen (↑Buckel 1); den R. vor jmdm. beugen (geh.; *jmdm. gegenüber unterwürfig sein);* jmdm., einer Sache den R. wenden/kehren *(nichts mehr mit jmdm., einer Sache zu tun haben wollen);* den R. wenden/kehren (geh.; *weggehen:* kaum wendet man den R., als schon wieder über einen gelästert); den R. frei haben (*ungehindert handeln können);* sich ⟨Dativ⟩ den R. freihalten *(sich in einer bestimmten Sache absichern); jmdm. den R. decken/freihalten (jmdn. in einer bestimmten Sache absichern);* hinter jmds. R. *(heimlich, ohne jmds. Kenntnis, Wissen);* jmdm., etw. im R. haben (ugs.; *durch jmdn., etw. abgesichert sein);* jmdm. in den R. fallen *(als bisheriger Verbündeter, Freund o. Ä. völlig überraschend gegen jmdn. Stellung nehmen);* mit dem R. an der/zur Wand *(in einer äußerst schwierigen Situation,* in einer Lage, in der sich jmd. energisch wehren, verteidigen muss*);* mit dem R. an/zur Wand stehen, kämpfen); jmdm. läuft es [heiß u. kalt] über den R./den R. herunter (ugs.; *jmd. erschaudert vor Entsetzen, hat furchtbare Angst).* 2. *länglicher od. flächiger oberer od. hinterer Teil von etw.:* der R. eines Buches, Messers, Sessels; der R. der Nase, des Fußes; auf dem R. eines Berges entlangwandern; das Haus steht mit dem R. *(der Rückseite)* zum Garten. 3. ⟨o. Pl.⟩ *Rückenstück eines Schlachttiers.* 4. ⟨ohne Art. u. ohne Pl., nur in Verbindung mit Maßangaben⟩ (Sport) *Rückenschwimmen.* 5. (Geogr.) *lang gestreckter, abgerundeter Höhenzug.*

²**Rü|cken,** das; -s ⟨meist o. Art.⟩ (Sport): *Rückenschwimmen:* der Sieger über 100 m R.

Rü|cken|aus|schnitt, der: *Ausschnitt* (2 b) *am Rücken:* ein Kleid, ein Badeanzug mit tiefem R.

Rü|cken|be|schwer|den ⟨Pl.⟩: *Beschwerden im Bereich des Rückens.*

Rü|cken|de|ckung, die: 1. (bes. Militär) *Deckung* (2) *gegen einen Angriff des Gegners, Feindes von hinten:* einem Stoßtrupp R. geben. 2. *[ausdrückliche] Absicherung gegen mögliche Kritik, Angriffe, negative Konsequenzen:* jmdm. R. geben; sich bei der Geschäftsleitung R. holen, verschaffen.

Rü|cken|flos|se, die: *Flosse auf dem Rücken eines Fischs.*

rü|cken|frei ⟨Adj.⟩: *(von Kleidern) den Rücken unbedeckt lassend:* ein -es Kleid.

Rü|cken|haar, das ⟨o. Pl.⟩: *Gesamtheit der Haare auf dem Rücken (eines Tiers).*

Rü|cken|krau|len, das: *Kraulen in Rückenlage.*

Rü|cken|la|ge, die: 1. *Lage auf dem Rücken:* in R. schwimmen, schlafen; sie drehte sich aus der R. auf den Bauch. 2. (Skisport) *Rücklage* (2).

Rü|cken|leh|ne, die: *Lehne* (1) *für den Rücken:* der Stuhl hat eine verstellbare R.

Rü|cken|mark, das: *im Innern der Wirbelsäule verlaufender, einen Teil des Zentralnervensystems darstellender Nervenstrang.*

Rü|cken|mark|er|kran|kung, die (Med.): *Erkrankung des Rückenmarks.*

Rü|cken|mark|er|wei|chung, die (Med.): *degenerative Veränderung des Rückenmarks; Myelomalazie.*

Rü|cken|mark|quer|schnitt, der: *Querschnitt durch das Rückenmark, des Rückenmarks.*

Rü|cken|mus|ku|la|tur, die: *Gesamtheit der Muskeln im Rücken.*

Rü|cken|num|mer, die (Sport): *auf der Rückseite eines Trikots o. Ä. befindliche Nummer, bes. bei Sportlern in Mannschaftssportarten.*

Rü|cken|plat|te, die: *an der Rückseite von etw. angebrachte, befindliche Platte* (1).

Rü|cken|schmerz, der ⟨meist Pl.⟩: *Schmerz im Bereich des Rückens:* -en haben; sie klagt über R.

Rü|cken|schu|le, die (Med.): *physiotherapeutische Maßnahmen und Anleitung zu einer verbesserten Haltung des Rückens:* eine praktische R.

rü|cken|schwim|men, Rü|cken schwim|men ⟨st. V.; hat/ist; meist nur im Inf. gebr.⟩: *in Rückenlage schwimmen.*

Rü|cken|schwim|men, das; -s: *Schwimmen in Rückenlage.*

Rü|cken|sei|te, die: *Seite, auf der der Rücken ist:* der Käfer ist auf der R. ganz anders gefärbt als auf der Bauchseite.

Rü|cken|stär|kung, die: *Stärkung des Selbstbewusstseins.*

Rü|cken|stück, das: *Fleischstück vom Rücken eines Schlachttieres.*

Rü|cken|tra|ge, die: *Tragegestell, das auf dem Rücken getragen wird.*

Rü|cken|trag|korb, der: *Tragkorb, der auf dem Rücken getragen wird.*

Rück|ent|wick|lung, die: *das Sichzurückentwickeln, rückläufige Entwicklung.*

Rü|cken|wind, der: *Wind, der von hinten kommt:* R. haben; die erste Halbzeit mit R. spielen.

Rü|cken|wir|bel, der (seltener): *Brustwirbel.*

Rück|er|obe|rung, die: **1.** *das Zurückerobern:* Ziel der Offensive ist die R. der vom Feind besetzten Stadt. **2.** *etw. Zurückerobertes.*

rück|er|stat|ten ⟨sw. V.; hat; nur im Inf. u. 2. Part. gebr.⟩: *jmdm. zurückzahlen, zurückgeben:* jmdm. die Reisekosten, Auslagen r.

Rück|er|stat|tung, die: *das Rückerstatten:* die R. von Steuern, Auslagen, Unkosten.

Rück|fahr|kar|te, die: *Fahrkarte, die zur Hin- u. Rückfahrt berechtigt.*

Rück|fahr|schein|wer|fer, der (Kfz-Technik): *Scheinwerfer an der Rückseite eines Kraftfahrzeugs, der beim Rückwärtsfahren leuchtet.*

Rück|fahrt, die: *Fahrt, Reise, die vom Ziel zum Ausgangspunkt zurückführt:* die R. hat eine Stunde gedauert; die R. antreten; auf der R.

Rück|fall, der [nach frz. récidive, zu lat. recidivus, ↑ rezidiv]: **1.** *erneutes Auftreten einer scheinbar überstandenen Krankheit:* ein schwerer R.; ein R. ist im Befinden des Patienten eingetreten; einen R. befürchten, bekommen, erleiden. **2.** *das Zurückfallen in einen früheren, schlechteren Zustand:* ein R. in alte Fehler, in die Kriminalität; das bedeutet den R. in die Barbarei. **3.** (Rechtsspr.) *erneutes Begehen einer bereits begangenen u. abgebüßten Straftat:* Diebstahl im R.

rück|fäl|lig ⟨Adj.⟩ [nach lat. recidivus, ↑ rezidiv]: **1.** *(von einer Krankheit) [nicht überwunden, sondern] erneut auftretend.* **2.** *etw. scheinbar Überwundenes erneut praktizierend:* sie wurde r. und fing wieder an zu rauchen. **3.** (Rechtsspr.) *wiederholt straffällig:* ein -er Betrüger; sie wurde in kurzer Zeit wieder r.

Rück|fall|quo|te, die: *Quote (a von Straftätern, Suchtkranken o. Ä., die rückfällig werden.*

Rück|fall|tat, die: *Tat, mit der jmd. als Straftäter rückfällig wird.*

Rück|fall|tä|ter, der (Rechtsspr.): *Täter, der rückfällig (3) geworden ist.*

Rück|fall|tä|te|rin, die: w. Form zu ↑ Rückfalltäter.

Rück|fens|ter, das: *Heckfenster.*

rück|fet|tend ⟨Adj.⟩: *(bes. von Reinigungs- u. Pflegemitteln) auf einer behandelten Oberfläche Fett hinterlassend, entzogenes Fett ersetzend:* -e Hautcremes, Cremes, Duschgele, Seifen, Emulsionen.

Rück|flug, der: vgl. Rückfahrt.

Rück|fluss, der: **1.** *das Zurückfließen:* der R. des Blutes [zum Herzen]; Ü der R. der Urlauber führte vielerorts zu einer Überlastung der Fernstraßen. **2.** (Wirtsch.) *das Zurückfließen von Geldern, Kapital, Aufwendungen o. Ä.:* den R. der Petrodollars stoppen.

Rück|for|de|rung, die (Wirtsch.): *Aufforderung zur Rückgabe von Waren, Geld, Kapital o. Ä.*

Rück|fracht, die (Wirtsch.): *bei der Rückfahrt, beim Rückflug beförderte Fracht.*

Rück|fra|ge, die: *erneute, wiederholte Anfrage zur Klärung bestimmter Fragen, die bereits besprochene Angelegenheit betreffen:* nach telefonischer R. konnte der strittige Punkt geklärt werden.

rück|fra|gen ⟨sw. V.; hat; nur im Inf. u. 2. Part. gebr.⟩: *eine Rückfrage stellen:* ich werde vorsichtshalber lieber noch einmal r.; bei jmdm. r.

Rück|front, die: *Rückseite eines Gebäudes o. Ä.*

rück|füh|rbar ⟨Adj.⟩: *sich zurückführen (1, 3, 4) lassend.*

Rück|füh|rung, die: **1.** *das Zurückführen:* die R. der Truppen anordnen. **2.** (Völkerrecht) *das Zurückkehrenlassen von Kriegs- od. Zivilgefangenen in ihr Land; Repatriierung.*

Rück|ga|be, die ⟨Pl. selten⟩: **1.** *das Zurückgeben von etw.:* bei verspäteter R. [der Bücher] erhebt die Bibliothek eine Säumnisgebühr; gegen R. der Eintrittskarte; mit der Bitte um schnelle R.; jmdn. zur sofortigen R. von etw. auffordern. **2.** (Sport, bes. Fußball) *das Zurückspielen des Balles [zum eigenen Torwart].*

Rück|ga|be|recht, das: *Recht, etw. (z. B. eine gekaufte, gelieferte Ware) zurückzugeben:* die Kundin machte von ihrem R. Gebrauch.

Rück|gang, der: *Verminderung, Abnahme von etw.:* einen merklichen R. an Besuchern, Geburten, Krankheiten, Unfällen zu verzeichnen haben; die Kriminalität ist im R. begriffen.

rück|gän|gig ⟨Adj.⟩: **1.** *im Rückgang begriffen:* -e Tierarten. **2.** * etw. r. machen *(etw., was bereits beschlossen, eingetreten ist, annullieren, für aufgehoben, ungültig erklären):* einen Beschluss, eine Vereinbarung, einen Kauf r. machen; sie haben die Verlobung r. gemacht.

Rück|gän|gig|ma|chung, die; -, -en: *das Rückgängigmachen.*

Rück|ge|bäu|de, das: *Gebäude, das hinter einem an der Straße gelegenen Gebäude steht:* die Werkstatt befindet sich im R.; (oft in Adressen) Schillerstraße 37, R.

rück|ge|bil|det ⟨Adj.⟩: **1.** (Biol., Med.) *zurückgebildet:* ein -es Organ. **2.** (Sprachwiss.) *als Rückbildung (2) gebildet, retrograd (2).*

Rück|ge|win|nung, die: **1.** *das Zurückgewinnen (1):* die R. verlorener Gebiete, von Wählerstimmen. **2.** *das Zurückgewinnen (2):* die R. von Rohstoffen, Metallen, Chemikalien, Lösungsmitteln, Energie; ein Verfahren zur R. des in Fotolaboren verwendeten Silbers.

Rück|grat, das [15. Jh.; vgl. Grat]: *Wirbelsäule:* das R. muss durch die Lehne gestützt werden; sich das R. verletzen, brechen; Ü *ein Mensch ohne R. (ein Mensch, der nicht den Mut hat, seine Überzeugung offen zu vertreten);* * **jmdm. das R. brechen** (ugs.: 1. *auf jmdn. in einer Weise Druck ausüben, dass er seinen eigenen Willen nicht mehr unterwirft;* jmdm. die Widerstandskraft nehmen; jmdn. ruinieren); **jmdm. das R. stärken** (*jmdm. durch Unterstützung seiner Auffassung, Position o. Ä. zeigen, dass man auf seiner Seite steht*); **R. zeigen/haben** (*offen zu seiner Auffassung, Überzeugung stehen, nicht bereit sein, sich entgegen seiner eigenen Auffassung, Überzeugung bestimmten Meinungen, Anweisungen zu unterwerfen*).

Rück|grat|ver|krüm|mung, die (Med.): *krankhafte Verbiegung der Wirbelsäule.*

Rück|griff, der: **1.** (Rechtsspr.) *Regress.* **2.** *das Wiederaufgreifen bestimmter Ideen, Vorstellungen, Erscheinungen o. Ä.:* -e auf die Klassik.

ruck|haft ⟨Adj.⟩: *ruckartig.*

Rück|halt, der ⟨Pl. selten⟩: **1.** *fester Halt:* moralischen R. brauchen; finanziellen, wirtschaftlichen R. suchen, finden; sie hat an ihren Nachbarinnen einen festen R.; die Partei verlor ihren R. in der Arbeiterbewegung. **2.** * **ohne R.** (*rückhaltlos:* sich ohne R. zu etw. bekennen). ◆ **3.** *Zurückhaltung:* …frage mit Bescheidenheit, mit R. (Lessing, Nathan II, 8).

Rück|hal|te|be|cken, das (Technik): *Becken zur vorübergehenden Aufnahme von Wasser, das nicht sofort, unmittelbar abfließen soll.*

rück|halt|los ⟨Adj.⟩: *[ganz offen u.] ohne jeden Vorbehalt:* -e Kritik; mit -er Offenheit; einen -en Kampf führen; mit ihm kann man r. über alles sprechen; jmdm. r. vertrauen.

Rück|halt|lo|sig|keit, die; -: *das Rückhaltlossein.*

Rück|hand, die ⟨o. Pl.⟩ (bes. Tennis, Tischtennis): **a)** *Seite des Schlägers, mit der der Ball geschlagen wird, wenn der Rücken der den Schläger führenden Hand in die Richtung des Schlags weist:* einen Ball [mit der] R. spielen; einen Ball mit der R. annehmen, zurückschlagen; **b)** *Schlag mit der Rückhand:* eine gute, gefürchtete R. haben; sie hat keine R.; die R. *(der mit der Rückhand geschlagene Ball)* ging ins Netz, landete im Aus; eine R. ins Netz setzen.

Rück|kampf, der (Sport): vgl. Rückspiel.

Rück|kauf, der: **1.** (Kaufmannsspr.) *Wiederkauf.* **2.** (Versicherungsw.) *(bei der Lebensversicherung) Abfindung des Versicherungsnehmers bei der vorzeitigen Auflösung des Versicherungsvertrags.*

Rück|kaufs|recht, das (Kaufmannsspr.): *Wiederkaufsrecht.*

Rück|kehr, die; -: *das Zurückkommen nach längerer Abwesenheit:* eine glückliche, unerwartete R. in die Heimat; die R. der Kriegsgefangenen erwirken; bei, nach, vor ihrer R. aus dem Urlaub; jmdn. zur R. bewegen; Ü die R. zu alten Gewohnheiten; er denkt an eine R. ins politische Leben.

Rück|keh|rer, der; -s, -: *jmd., der nach längerer Zeit [in sein Land] zurückkehrt.*

Rück|keh|re|rin, die; -, -nen: w. Form zu ↑ Rückkehrer.

Rück|kehr|hil|fe, die (Amtsspr.): *finanzielle Zuwendung aus öffentlichen Mitteln an im Inland lebende Ausländer, die in ihre Heimat zurückkehren wollen:* als Anreiz, das Land zu verlassen, werden -n gewährt.

rück|kehr|wil|lig ⟨Adj.⟩: *bereit, in die Heimat zurückzukehren.*

rück|kop|peln ⟨sw. V.; hat⟩ (Kybernetik, Elektrot.): *eine Rückkopplung bewirken.*

Rück|kop|pe|lung, Rück|kopp|lung, die: **1.** (Kybernetik) *Feedback (1).* **2.** (Elektrot.) *Rückführung eines Teils der von einer Verstärkeranlage abgegebenen Energie auf die Anlage selbst (die in einem angeschlossenen Lautsprecher einen schrillen Ton erzeugen kann).*

Rück|kreu|zung, die (Biol.): *Kreuzung eines mischerbigen Individuums mit einem Typ der Elterngeneration.*

Rück|kunft, die; - (geh.): *das Zurückkommen; Rückkehr:* ◆ Einige Zeit wartete der Schlossherr auf die R. seines Freundes (Immermann, Münchhausen 332).

Rück|la|ge, die: **1. a)** *[gespartes] Geld, das zur Sicherheit, für den Notfall zurückgelegt wird:* eine kleine R. auf der Sparkasse haben; das Geld stammt aus -n; **b)** (Wirtsch.) *Kapital, das in Betrieben in Reserve gehalten wird; Reservefonds, -kapital:* eine gesetzliche, freie R.; offene -n *(Rücklagen, die in der Bilanz ausgewiesen sind).* **2.** (Skisport) *Haltung, bei der das Körpergewicht durch Neigen des Körpers nach hinten auf die Enden der Skier verlagert wird.* **3.** (Sport schweiz.) *Rückstand (4):* in R. geraten.

Rück|lauf, der: **1.** *das Zurücklaufen o. Ä. in Richtung des Ausgangspunktes:* der R. des Wassers, der Maschine. **2.** *eingegangene Antworten auf eine Befragung, ein Kaufangebot o. Ä.:* mit einem R. von über 70 % war die Aktion durchaus erfolgreich.

rück|läu|fig ⟨Adj.⟩: **1. a)** *rückgängig (1):* eine -e [Preis]entwicklung; die Quote, die Inflation[srate], die Produktion ist r.; die Unfallzahlen sind r.; **b)** *in Richtung des Ausgangspunktes verlaufend, führend:* -e Bewegung, Entwicklung; ein -er Prozess; Ü ein -es (Sprachwiss.: *vom Ende eines Wortes her alphabetisiertes*) Wörterbuch. **2.** (Astron.) *(von Planeten) eine Bahn von Ost nach West beschreibend; retrograd (2).*

Rück|leh|ne, die (seltener): *Rückenlehne.*

Rück|leuch|te, die, **Rück|licht,** das ⟨Pl. -er⟩: *rot*

rücklings – Rückstellung

leuchtende Lampe, die hinten an Fahrzeugen angebracht ist.

rück|lings ⟨Adv.⟩ [mhd. rückelinges, -lingen, ahd. ruchilingun]: **1. a)** *mit dem ¹Rücken* (1): *r. am Tisch lehnen;* **b)** *auf den, dem Rücken; nach hinten; hinten:* r. liegen, hinfallen; … sie stand vor ihm mit den Händen r. und sah ihn nicht an (Johnson, Mutmaßungen 10). **2.** *von hinten:* jmdn. r. niederstechen. **3.** *mit dem Rücken nach vorn:* er saß r. auf dem Pferd.

Rück|marsch, der: *das Zurückmarschieren:* der R. dauerte zwei Stunden; den R. antreten.

Rück|mel|dung, die: **1.** *das [Sich]zurückmelden.* **2.** (bes. Fachspr.) *Feedback:* in einem Seminar ist es besonders wichtig, auf die -en der Teilnehmenden zu achten.

Rück|nah|me, die; -, -n ⟨Pl. selten⟩ [zum 2. Bestandteil vgl. Abnahme]: *das Zurücknehmen:* unter bestimmten Umständen ist der Verkäufer zur R. der Ware verpflichtet.

Rück|nah|me|au|to|mat, der: *Automat* (1 a), *in den man Pfandflaschen o. Ä. geben kann u. der dafür einen Bon für das [Flaschen]pfand ausdruckt.*

Rück|nah|me|pflicht (Verwaltungsspr.): *Verpflichtung des Verkäufers od. Produzenten, Einwegverpackungen, Pfandflaschen o. Ä. vom Kunden zurückzunehmen.*

Rück|pass, der (Ballspiele, Eishockey): *Pass, der in die eigene Spielfeldhälfte zurückgespielt wird.*

Rück|por|to, das: *Porto, das einem Schreiben für die Rückantwort beigelegt ist.*

Rück|prall, der: *das Zurückprallen:* der R. des Balls.

Rück|raum, der (Handball): *[aus Sicht der angreifenden Mannschaft] der Bereich des Spielfeldes vor den gegnerischen Verteidigern:* Würfe aus dem R. Dazu: **Rück|raum|spie|ler**, der; **Rück|raum|spie|le|rin**, die.

Rück|rei|se, die: vgl. Rückfahrt: Dazu: **Rück|rei|se|ver|kehr**, der.

Rück|ruf, der: **1.** *Telefongespräch als Antwort auf ein [kurz] zuvor geführtes Telefongespräch:* ich warte auf deinen R. **2.** (Rechtsspr.) *Rücknahme des Nutzungsrechts (im Urheberrecht).* **3.** *Aufruf* (2) *eines Herstellers, ein Produkt zurückzugeben.*

Rück|ruf|ak|ti|on, die: *Aktion, in der der Hersteller dazu auffordert, bestimmte mit Mängeln behaftete Produkte (einer Serie o. Ä.) zurückzugeben bzw. in einer Vertragswerkstatt nachbessern zu lassen.*

Rück|run|de, die (Sport): *Serie von Rückspielen:* Dazu: **Rück|run|den|start**, der.

Ruck|sack, der [aus dem Oberd., schweiz. ruggsak, zu mhd. ruck(e) = Rücken]: *sackartiger Behälter mit zwei daran befestigten breiteren Riemen, der auf dem Rücken getragen wird:* den R. packen, umhängen, umschnallen, ablegen; etw. im R. verstauen.

Ruck|sack|bom|ber, der: *Selbstmordattentäter, der in einem Rucksack einen Sprengsatz mitführt.*

Ruck|sack|bom|be|rin, die; -, -nen: w. Form zu ↑ Rucksackbomber.

Ruck|sack|tou|ris|mus, der: *durch Rucksacktouristen geprägter Tourismus.*

Ruck|sack|tou|rist, der: *jmd., der auf einer Urlaubsreise einen Rucksack und entsprechende Ausrüstung mit sich führt, um vom allgemeinen Tourismus weitgehend unabhängig zu sein und nicht viel Geld ausgeben zu müssen.*

Ruck|sack|tou|ris|tin, die; w. Form zu ↑ Rucksacktourist.

Rück|schau, die: *Rückblick:* R. [auf die letzten Jahre] halten; etw. in R. sehen.

rück|schau|end ⟨Adj.⟩: *rückblickend.*

Rück|schein, der (Postw.): *Bescheinigung, die jmd. bei Empfang eines Einschreibens, Paketes o. Ä. als Bestätigung für den Absender unterschreibt:* etw. als Einschreiben mit R. schicken.

Rück|schlag, der: **1.** *plötzliche Verschlechterung, die nach einer Phase des Vorankommens [unerwartet] eintritt:* nach verheißungsvollem Anfang trat ein schwerer R. ein; einen R. erleben, überwinden; in seinem Leben gab es immer wieder Rückschläge. **2.** (Sport) *das Zurückschlagen des Balles in die gegnerische Spielfeldhälfte; Return.* **3.** (Technik) *Rückstoß.*

rück|schlie|ßen ⟨st. V.; hat; nur im Inf. u. Part. gebr.⟩: *Rückschlüsse ziehen:* von einer Wirkung auf die Ursache r.

Rück|schluss, der ⟨meist Pl.⟩: *aus einem bestimmten Sachverhalt abgeleitete logische Folgerung, aus der sich Erkenntnisse über einen anderen Sachverhalt gewinnen lassen:* seine Rückschlüsse sind nicht zwingend; diese Anhaltspunkte erlauben keine Rückschlüsse auf den Tathergang, lassen allerhand Rückschlüsse zu.

Rück|schnitt, der (Landwirtsch., Gartenbau): *das Zurückschneiden:* der R. der Triebe, eines Rosenstrauches.

Rück|schritt, der: *Entwicklung, die zu einem schlechteren, längst überwundenen Zustand führt; das Zurückfallen auf eine niedrigere Stufe der Entwicklung:* eine solche Entscheidung würde einen R. bedeuten.

rück|schritt|lich ⟨Adj.⟩: **a)** *gegen den Fortschritt gerichtet; reaktionär:* eine -e Politik; r. [eingestellt] sein; **b)** *einen Rückschritt ausdrückend:* eine -e Betriebsverfassung.

Rück|schritt|lich|keit, die; -: *rückschrittliche Art, rückschrittliches Denken, Handeln.*

Rück|sei|te, die: *hintere, rückwärtige Seite von etw.:* die Antennenbuchse an der R. des Geräts; die Blätter sollen auf der R. nicht bedruckt werden; die auf der R. des Tiefdruckgebiets nachströmende Kaltluft; so sieht das Haus von der R. aus.

rück|sei|tig ⟨Adj.⟩: *auf der Rückseite befindlich, angebracht:* der -e Eingang.

ruck|sen ⟨sw. V.; hat⟩ [lautm.] (landsch.): *gurren.*

Rück|sen|dung, die: *das Zurücksenden:* gegen R. der beiliegenden Karte erhalten Sie ausführliches Informationsmaterial.

Rück|set|zer, der (Börsenjargon): *[als vorübergehend angesehener] Kursrückgang.*

Rück|sicht, die [LÜ von lat. respectus, ↑ Respekt]: **1.** ⟨meist Sg.⟩ *Verhalten, das die besonderen Gefühle, Interessen, Bedürfnisse, die besondere Situation anderer berücksichtigt, feinfühlig beachtet:* keine R. kennen, verlangen; du brauchst keine -[en] auf mich, auf meinen Zustand zu nehmen; die Entscheidung wird sicher nicht von allen begrüßt werden, aber darauf kann ich leider keine R. nehmen (davon kann ich mich nicht beeinflussen lassen); die Strafe wurde mit R. auf gewisse mildernde Umstände (wegen gewisser mildernder Umstände) zur Bewährung ausgesetzt; * **ohne R. auf Verluste** (ugs.; *Verlust, Schaden, Nachteile für sich selbst u. andere in Kauf nehmend; rücksichtslos*). **2.** ⟨Pl.⟩ *Gründe, Überlegungen, die Ausdruck bestimmter Umstände sind:* gesellschaftliche, finanzielle -en bewogen ihn, so zu handeln. **3.** ⟨o. Pl.⟩ *Sicht nach hinten (durch das Rückfenster eines Autos):* eine beheizbare Heckscheibe sorgt auch im Winter immer für gute R.

Rück|sicht|nah|me, die; -, -n [zum 2. Bestandteil vgl. Abnahme]: *das Rücksichtnehmen; Berücksichtigung bestimmter Gefühle, Interessen, Umstände:* verständnisvolle R.; im Straßenverkehr ist gegenseitige R. notwendig.

rück|sichts|los ⟨Adj.⟩ (abwertend): **a)** *keine Rücksicht* (1) *auf jmdn., etw. nehmend; ohne Rücksichtnahme:* ein -er Autofahrer, Bursche; -es Verhalten; -er Raubbau; -e Machtpolitik betreiben; er konnte furchtbar r. [gegen sie/ihr gegenüber] sein; sie hat sich r. vorgedrängelt; obwohl die Art vom Aussterben bedroht ist, werden die Tiere von Wilderern r. abgeknallt; **b)** *schonungslos:* eine -e Kritik; ein -er Kampf.

Rück|sichts|lo|sig|keit, die; -, -en: **1.** ⟨o. Pl.⟩ *das Rücksichtslossein, Missachtung der Gefühle, Interessen o. Ä. anderer:* er fuhr mit äußerster R. **2.** *rücksichtslose Handlung:* das ist eine grobe R. von ihr; solche -en müssten viel konsequenter geahndet werden.

rück|sichts|voll ⟨Adj.⟩: *in taktvoller, schonender Art u. Weise:* -e Nachbarn; jmdn. r. behandeln; r. gegen jmdn., jmdm. gegenüber sein.

Rück|sitz, der: *hinterer Sitz[platz] eines [Kraft]fahrzeugs:* Kinder gehören auf den R. Dazu: **Rück|sitz|bank**, die ⟨Pl. …bänke⟩.

Rück|spie|gel, der: *kleiner Spiegel an, in einem Kraftfahrzeug, durch den der Fahrer die rückwärtige Fahrbahn u. den rückwärtigen Verkehr beobachten kann:* der R. ist verstellt; den R. richtig einstellen; im R. sehen; ich habe den R. Kollision im R. beobachtet.

Rück|spiel, das (Sport): **1.** *zweites von zwei festgesetzten, vereinbarten Spielen zwischen den gleichen Mannschaften.* **2.** (Ballspiele) *Rückpass.*

Rück|spra|che, die; -, -n: *Besprechung über Fragen, Angelegenheiten, die noch nicht geklärt sind:* nach [nochmaliger] R. mit Frau N. teile ich Ihnen dies heute mit; jmdn. um eine persönliche R. bitten; * **mit jmdm. R. nehmen, halten** (*Fragen, Angelegenheiten, die noch nicht geklärt sind, mit jmdm. besprechen*).

rück|spu|len ⟨sw. V.; hat; nur im Inf. u. 2. Part. gebr.⟩: *zurückspulen:* man kann das Band schnell vor- und r.

Rück|stand, der: **1.** *etw., was von einem Stoff bei dessen Bearbeitung, Verarbeitung, Verwendung übrig bleibt; Rest:* ein chemischer R.; der R. einer Verbrennung; die Babynahrung enthielt Rückstände von Schädlingsbekämpfungsmitteln. **2.** ⟨meist Pl.⟩ *Rechnungsbetrag, der bereits fällig, aber noch nicht bezahlt ist; noch ausstehende Geldsumme einer zu leistenden Zahlung:* ein R. in der Miete; ein R. von zwei Monatsraten; Rückstände eintreiben, bezahlen. **3.** *das Zurückbleiben hinter einer Verpflichtung, einer bestimmten Norm:* der R. in der Produktion muss aufgeholt werden; er ist mit der Arbeit, mit den Ratenzahlungen im R.; sie sind mit der Miete, den Ratenzahlungen in R. geraten. **4.** (Sport) *Abstand, mit dem jmd. hinter der Leistung seines Konkurrenten, seines Gegners zurückbleibt:* der R. des Hauptfeldes auf die Spitzengruppe betrug 2 Minuten, wuchs auf 7 Minuten an; den R. verkleinern, aufholen, wettmachen, ausgleichen, verkürzen; in R. kommen, geraten; er schob sich mit einer Zehntelsekunde R. auf den zweiten Platz.

rück|stand|frei: ↑ rückstandsfrei.

rück|stän|dig ⟨Adj.⟩: **1.** *in der Entwicklung eine bestimmte Norm nicht erfüllend:* ein -es Agrarland. **2.** *rückschrittlich:* -es Denken; r. sein.

Rück|stän|dig|keit, die; -, -en: *das Rückständigsein.*

rück|stands|frei, (seltener) *rückstandfrei* ⟨Adj.⟩: *frei von Rückständen, ohne Rückstände [zu hinterlassen]:* obwohl die Reben gespritzt werden, ist der Wein [praktisch] r.; r. verbrennen.

Rück|stau, der: **a)** (Technik) *Stau, durch den ein Zurückfließen* (1) *bewirkt wird:* durch den R. des Flusses im Mündungsgebiet kam es talaufwärts zu Überschwemmungen; **b)** *Stau, durch den sich eine lange Schlange von Fahrzeugen bildet:* bei R. nicht in die Kreuzung einfahren!

Rück|stel|lung, die: **1.** ⟨meist Pl.⟩ (Wirtsch.) *Pos-*

ten, der in der Bilanz als zu erwartende, in der Höhe noch unbestimmte Ausgabe ausgewiesen ist: -en für die Altersicherung. **2.** (selten) *das Zurückstellen:* unter R. aller Bedenken. **3.** (bes. österr.) *Rückgabe:* die R. der geraubten Kunstwerke fordern.

Rück|stoß, der: **1.** (Physik) *Antriebskraft, die dadurch entsteht, dass ein Körper Masse (5), bes. Brennstoff, Gas, Strahlen o. Ä., abstößt, wodurch eine Kraft freigesetzt wird, die rückwirkend auf den abstoßenden Körper als antreibende Kraft einwirkt (z. B. bei Raketen).* **2.** *durch Rückstoß (1) ausgelöster [heftiger] Stoß nach rückwärts beim Abfeuern einer Schusswaffe o. Ä.:* das Gewehr hat einen starken R.

Rück|strah|ler, der: *bes. im Straßenverkehr (u. a. an Fahrzeugen) als Warnsignal verwendete Vorrichtung, durch die einfallendes Licht zurückgeworfen wird:* Fahrräder müssen hinten einen roten R. haben.

Rück|stu|fung, die: *Zurückstufung:* eine R. [eines Mitarbeiters] in eine niedrigere Lohngruppe ist normalerweise nicht möglich.

Rück|trans|port, der: *das Zurücktransportieren.*

Rück|tritt, der: **1.** *das Zurücktreten, Niederlegen eines Amtes (bes. von Mitgliedern einer Regierung):* der R. des Kabinetts; seinen R. anbieten; jmdn. zum R. veranlassen, auffordern; jmds. R. fordern. **2.** (Rechtsspr.) *das Zurücktreten von einem Vertrag.* **3.** *Rücktrittbremse:* das Rad hat keinen R.; mit dem R. bremse.

Rück|tritt|brem|se, die: *Bremse an Zweirädern, bes. Fahrrädern, die durch Zurücktreten der Pedale betätigt wird.*

Rück|tritts|an|kün|di|gung, die: *Ankündigung eines Rücktritts (1).*

Rück|tritts|dro|hung, die: *Drohung mit dem Rücktritt.*

Rück|tritts|er|klä|rung, die: *Erklärung, durch die jmd. seinen Rücktritt vollzieht u. mitteilt.*

Rück|tritts|for|de|rung, die: *Forderung nach jmds. Rücktritt.*

Rück|tritts|frist, die (Rechtsspr.): *Frist, innerhalb deren ein Rücktritt (2) möglich ist.*

Rück|tritts|ge|such, das: *vgl. Entlassungsgesuch.*

Rück|tritts|recht, das (Pl. selten) (Rechtsspr., Wirtsch.): *Recht (z. B. des Verbrauchers), von einem [Kauf]vertrag zurückzutreten.*

rück|tritts|reif ⟨Adj.⟩ (bes. österr.): *sich in einer [politischen] Situation befindlich, für die ein Rücktritt angeraten ist.*

rück|über|set|zen ⟨sw. V.; hat⟩: *(einen übersetzten Text) wieder in die Sprache des Originals übersetzen.* Dazu: **Rück|über|set|zung,** die.

rück|über|tra|gen ⟨st. V.; hat⟩ (Verwaltungsspr.): *(Vermögenswerte, Grundstücke o. Ä.) dem früheren Eigentümer [nach dessen Enteignung] wieder zurückgeben.* Dazu: **Rück|über|tra|gung,** die.

Rück|um|schlag, der: *für die Rückantwort (1) vorgesehener [adressierter u. frankierter] Briefumschlag:* einen frankierten R. beilegen.

rück|ver|fol|gen ⟨sw. V.; hat⟩ (bes. Fachspr.): *zurückverfolgen.* Dazu: **Rück|ver|fol|gung,** die.

rück|ver|gü|ten ⟨sw. V.; hat⟩ (Wirtsch.): *eine Rückvergütung (1 b, 2) zahlen.*

Rück|ver|gü|tung, die: **1.** (Wirtsch.) **a)** *das Auszahlen eines Teils einer bereits gezahlten Summe als Rabatt od. Gewinnbeteiligung:* eine R. vornehmen; **b)** *als Rückvergütung (1 a) gezahlter Betrag:* die R. überweisen. **2.** (Versicherungsw.) *Beitragsrückerstattung.*

Rück|ver|si|che|rer, der (Versicherungsw.): *Versicherungsgesellschaft, die eine andere Versicherungsgesellschaft finanziell absichert.*

rück|ver|si|chern ⟨sw. V.; hat⟩: **1.** ⟨r. + sich⟩ *sich nach verschiedenen Seiten hin od. bei einer [übergeordneten] Stelle, Person absichern:* wir müssen uns bei der Autorin r., ob wir ihren Text so ausführlich zitieren dürfen. **2.** (Versicherungsw.) *(als Versicherungsgesellschaft) eine andere Versicherungsgesellschaft gegen bestimmte Risiken, eventuelle Zahlungsschwierigkeiten finanziell absichern.*

Rück|ver|si|che|rung, die: *das Rückversichern.*

Rück|wand, die: *hintere Wand:* die R. des Hauses, des Fernsehgeräts, des Schranks, des Regals.

rück|wär|tig ⟨Adj.⟩: *hinten, hinter jmdm., einer Sache befindlich, im Rücken von jmdm., etw. befindlich:* auf den -en Verkehr achten.

rück|wärts ⟨Adv.⟩ [↑-wärts]: **1. a)** *nach hinten:* ein Blick r.; eine Rolle r. machen; den Blick nach r. gewandt, ging er langsam davon; **b)** *mit der Rückseite, dem Rücken voran:* r. wegfahren; [den Wagen] r. einparken. **2. a)** *in Richtung des Ausgangspunkts, von hinten nach vorn:* den Film r. abspielen lassen; ein Wort r. lesen; **b)** *in die Vergangenheit zurück:* eine r. ausgerichtete Politik. **3.** (südd., österr.) *hinten:* r. am Haus; von r. kommen; r. (hinten) einsteigen!

Rück|wärts|be|we|gung, die: *rückwärtsverlaufende, -gerichtete Bewegung.*

Rück|wärts|drall, der: *rückwärtsgerichteter Drall.*

rück|wärts|fah|ren ⟨st. V.⟩: **1.** ⟨ist⟩ *mit dem Rücken, der Rückseite voran fahren.* **2.** ⟨hat⟩ *mit dem Rücken, der Rückseite voran fahrend bewegen:* wir mussten den Bagger ein Stück r.

Rück|wärts|gang, der: **1.** (Technik) ⟨6 a⟩ *eines Motorfahrzeugs das für das Rückwärtsfahren:* im R. fahren. **2.** *das Gehen mit dem Rücken voran.*

rück|wärts|ge|hen ⟨unr. V.; ist⟩: **1.** *mit dem Rücken, der Rückseite voran gehen.* **2.** (ugs.) *schlechter werden, sich verschlechtern.*

rück|wärts|ge|wandt ⟨Adj.⟩: **1.** *nach hinten gewandt.* **2.** *auf Vergangenes gerichtet:* eine -e Kulturpolitik.

rück|wärts|lau|fen ⟨st. V.; ist⟩: *mit dem Rücken, der Rückseite voran laufen.*

rück|wärts|le|sen ⟨st. V.; hat⟩: *rückwärts, von hinten nach vorn lesen.*

Rück|weg, der: *vgl. Rückfahrt:* den R. antreten; jmdm. den R. abschneiden, versperren; sich auf den R. machen; auf dem R. besuchen wir ihn.

ruck|wei|se ⟨Adv.⟩: *in Rucken:* etw. r. hochziehen, bewegen; ⟨mit Verbalsubstantiven auch attr.:⟩ eine r. Bewegung.

Rück|wei|sung, die (bes. österr., schweiz.): *Zurückweisung, Ablehnung.*

Rück|wen|dung, die: *erneute Orientierung an einer Person, einer geistigen, ideologischen o. ä. Strömung, Bewegung:* die R. des europäischen Katholizismus nach Rom.

rück|wir|kend ⟨Adj.⟩: **1.** *von einem bestimmten vergangenen Zeitpunkt an [gültig]:* die Lohnerhöhung gilt r. vom 1. März. **2.** *Rückwirkung (1) ausübend:* eine -e Kraft.

Rück|wir|kung, die: **1.** *Wirkung, die durch jmdn. od. etw. ausgelöst wird u. auf diese Person od. Sache zurückwirkt:* wechselseitige -en. **2.** *rückwirkende (1) Gültigkeit:* dieses Gesetz hat keine R.; mit R. *(rückwirkend* 1).

rück|zahl|bar ⟨Adj.⟩: **a)** *zurückgezahlt werden müssend:* zu einem festen Termin -e Darlehen; ein nicht -er Zuschuss; **b)** *zurückgezahlt werden könnend:* die Menschen brauchen e finanzielle Hilfe.

Rück|zah|lung, die: **1.** *das Zurückzahlen (1):* die R. eines Kredits. **2.** *zurückzuzahlender, -gezahlter Geldbetrag.*

Rück|zah|lungs|be|din|gung, die ⟨meist Pl.⟩: *die Rückzahlung eines Kredits o. Ä. regelnde Bedingung:* im Moment gibt es günstige -en für Kredite.

Rück|zie|her, der; -s, -: **1.** (ugs.) *das Zurückziehen von [angekündigten] Versprechungen, Forderungen, Behauptungen od. das Zurückweichen vor deren Konsequenzen:* er hat den R. schon wieder bereut; *einen R. machen (ugs.; [einlenkend] zurückstecken).* **2.** (Fußball) *über den eigenen Kopf rückwärts gespielter Ball.*

ruck|zuck ⟨Adv.⟩ (ugs.): *ruck, zuck.*

ruck, zuck (ugs.): *schnell [u. mühelos], im Handumdrehen:* das geht r., z.

Rück|zug, der: *(bes. von Truppen o. Ä.) das Sichzurückziehen [vor einem überlegenen Gegner, Feind]; ein geordneter, planmäßiger, überstürzter R.;* den R. der Truppen befehlen; den R. antreten, decken, sichern; einer Armee den R. abschneiden; auf dem R. sein; jmdn. zum R. zwingen; sich r. in die private Sphäre.

Rück|zugs|ge|biet, das: **a)** *geografisches Gebiet, in das sich militärische Einheiten, bes. Guerillakämpfer, zurückziehen (weil sie sich dort unbehelligt verbergen u. neu organisieren können);* **b)** (Biol.) *Gebiet, in dem vom Aussterben bedrohte Tier- od. Pflanzenarten aufgrund günstigster Umweltbedingungen überleben.*

Rück|zugs|ge|fecht, das: *Kampfhandlung zur Sicherung des Rückzugs:* erbitterte -e; Truppenteile in -e verwickeln.

Rück|zugs|ort, der: ¹*Ort (1 a), an den man sich [vorübergehend] zurückziehen kann.*

¹**Ru|co|la,** die; - [ital. (mundartl.) rucola, rugola, Vkl. von: ruca, ↑ Rauke]: *einjährige Krautpflanze; Rauke.*

²**Ru|co|la,** der; -: *als Salat gegessene Blätter der* ¹*Rucola:* Dazu: **Ru|co|la|sa|lat,** der.

rüd: ↑ rüde.

Rud|be|ckia, Rud|be|ckie, die; -, Rudbeckien [nach dem schwed. Naturforscher O. Rudbeck (1630 bis 1702)] (Bot.): *Sonnenhut (2).*

◆ **ru|deln** ⟨sw. V.; hat⟩ [jidd. rudelen, wohl zu mhd. rüeden = lärmen, sich lärmend bewegen] (landsch.): *klatschen (4 a), tratschen:* Weiberabteilung (= in der Synagoge) ...: hier wird geplaudert, geruddelt, gelacht, und, wie es überall geschieht, die jüngeren Frauen scherzen über die alten (Heine, Rabbi 479).

rü|de ⟨Adj.⟩, (österr. meist:) rüd ⟨Adj.⟩ [frz. rude < lat. rudis = roh] (abwertend): *von grober, ungehobelter Art; (im Benehmen, Umgang mit anderen) rücksichtslos u. gefühllos:* ein rüdes Benehmen; ein rüder Geselle, Kerl; ihr Ton war ausgesprochen, sehr r.

Rü|de, der; -n, -n [mhd. rü(e)de, ahd. rudio, H. u.]: **1.** *(von Hunden, anderen Hundeartigen u. Mardern) männliches Tier:* ist es ein R.? **2.** (Jägerspr.) *Hetzhund, der bes. auf Sauen gehetzt wird.*

Ru|del, das; -s, - [17. Jh., H. u.]: *Gruppe wild lebender Säugetiere der gleichen Art [die sich für eine bestimmte Zeit zusammengeschlossen haben]:* ein starkes R.; ein R. Hirsche/von Hirschen; ein R. Gämsen; im R. auftreten; Wölfe jagen im R./in -n; Ü *die Ausstellungsbesucher kamen in [ganzen] -n;* (ugs.:) Als ich das Schleudern spürte, sah ich links ein R. von Schulkindern (Frisch, Gantenbein 34). Dazu: **Ru|del|bil|dung,** die.

Ru|del|gu|cken, Ru|del|ku|cken, das; -s (salopp): *gemeinsames Anschauen von auf Großbildschirmen übertragenen [Sport]veranstaltungen (meist auf öffentlichen Plätzen).*

ru|del|wei|se ⟨Adv.⟩: *in Rudeln:* die Wapitis treten meist r. auf.

Ru|der, das; -s, - [mhd. ruoder, ahd. ruodar, zu einem Verb mit der Bed. »rudern« u. eigtl. = Gerät, mit dem man rudert]: **1.** *zum Fortbewegen eines Ruderbootes dienende längere Stange, die an dem ins Wasser zu tauchenden Ende in ein leicht gewölbtes, breiteres Blatt ausläuft:* die R. auslegen, eintauchen, durchziehen, streichen (gegen die Fahrtrichtung stemmen, um zu bremsen od. zu wenden), ausheben (aus dem Wasser heben), einziehen; *sich in die R. legen (1. kräftig rudern: er musste sich kräftig in die R. legen, um gegen die Strömung anzukommen. ugs.; eine Arbeit o. Ä. mit Energie in Angriff nehmen u. durchführen). **2.** Vorrichtung zum Steuern eines Schiffes mit einem meist senkrecht unten am Heck angebrachten Ruderblatt; Steuerruder: das R. führen (das Schiff steuern); R. legen (Seemannsspr.; das Ruder mithilfe der Ruderpinne od. des Steuerrads in eine bestimmte Richtung drehen); das R. herumwerfen; das R. (die Steuerung des Schiffes) übernehmen; am R. stehen, sitzen (das Schiff steuern); das Schiff läuft aus dem R. (Seemannsspr.; gehorcht ihm nicht u. kommt vom Kurs ab); Ü die Regierungspartei sah sich gezwungen, das R. herumzuwerfen (ihren politischen Kurs zu ändern); *das R. herumreißen (einer schlechten Entwicklung durch geeignete Maßnahmen eine neue Wendung geben); ans R. kommen/gelangen (ugs.; bes. im politischen Bereich die Führung erlangen): er ist durch einen Putsch ans R. gekommen); am R. sein/bleiben (ugs.; bes. im politischen Bereich die Führung innehaben, behalten): dort sind immer noch die Kommunisten am R.); aus dem R. laufen (außer Kontrolle geraten, eine unerwünschte Entwicklung nehmen). **3.** (Flugw.) **a)** Kurzf. von ↑Höhenruder; **b)** Kurzf. von ↑Querruder; **c)** Kurzf. von ↑Seitenruder.

Ru|der|bank, die ⟨Pl. ...bänke⟩: Sitzbank in einem Ruderboot, auf der der Ruderer sitzt: die Galeerensträflinge wurden an die Ruderbänke gekettet.

Ru|der|blatt, das: **1.** Blatt des Ruders (1). **2.** um einen senkrechten Schaft drehbare (hölzerne od. stählerne) Platte eines Ruders (2).

Ru|der|boot, das: Boot, das mit Rudern (1) fortbewegt wird.

Ru|der|club: ↑Ruderklub.

Ru|de|rer, der; -s, - [mhd. ruoderære]: jmd., der rudert, Rudern als sportliche Disziplin betreibt: ein einsamer R.; die deutschen R. haben drei Medaillen gewonnen.

Ru|der|fü|ßer, der (Zool.): Wasservogel, bei dem alle vier Zehen des Fußes durch Schwimmhäute verbunden sind (z. B. Pelikan).

Ru|der|gän|ger, der; -s, - (Seemannsspr.): Seemann, der (nach Weisung des Kapitäns o. Ä.) das Schiff steuert.

Ru|der|gän|ge|rin, die; -, -nen: w. Form zu ↑Rudergänger.

Ru|der|ge|rät, das: Hometrainer zum Rudern.

Ru|der|haus, das (Seemannsspr.): (auf kleineren Schiffen) mit Steuerrad, Kompass u. a. ausgerüstete Kabine (2 b) auf Deck, in der sich der Ruderganger aufhält.

Ru|de|rin, die; -, -nen: w. Form zu ↑Ruderer.

Ru|der|klub, Ruderclub, der: Klub, dessen Mitglieder das Rudern als Sport o. Ä. betreiben.

ru|dern ⟨sw. V.⟩ [mhd. rudern, ahd. (ga)ruoderōn]: **1. a)** ⟨hat/ist⟩ (zur Fortbewegung eines Bootes, in dem jmd. mit dem Rücken zur Fahrtrichtung sitzt) das Ruder (1) in taktmäßig wiederholtem Bewegungsablauf in das Wasser eintauchen, durchziehen u. wieder aus dem Wasser heben: kräftig r.; um die Wette r.; wir haben zu zweit gerudert; willst du auch mal r.?; wir sind/haben den ganzen Nachmittag gerudert; **b)** ⟨ist⟩ sich rudernd (1 a) irgendwohin bewegen: an Land, stromabwärts, gegen die Strömung r.; sie ist über den Fluss gerudert. **2. a)** ⟨hat⟩ durch Rudern (1 a) vorwärts-, irgendwohin bewegen: er wollte das Boot selbst r.; wer rudert den Kahn [ans Ufer]?; **b)** ⟨hat⟩ rudernd (1 b) befördern, an einen bestimmten Ort bringen: er ruderte die Kisten, die beiden Angler über den See; sie ließen ihn auf die Insel r.; **c)** ⟨ist⟩ rudernd (1 b)

zurücklegen: eine Strecke von 2 000 m r. **3.** ⟨hat/ist⟩ **a)** als Ruderer an einem sportlichen Wettkampf teilnehmen, einen Ruderwettkampf austragen: unser Verein rudert gegen Germania RC; **b)** als Ruderer in einem Ruderwettbewerb eine bestimmte Zeit erzielen: sie haben eine neue Bestzeit gerudert. **4.** ⟨hat⟩ (ugs.) wie mit einem Ruder (1) weit ausholende, kräftige Bewegungen ausführen: mit den Armen r. **5.** ⟨ist⟩ (bes. Jägerspr.) (von Wasservögeln) schwimmen.

Ru|der|pin|ne, die (Seemannsspr.): Pinne (1).
Ru|der|re|gat|ta, die: Regatta im Rudersport.
Ru|der|schlag, der: das Eintauchen, Durchziehen u. Ausheben des Ruders als [taktmäßig wiederholter] Bewegungsvorgang: ein gleichmäßiger, schneller R.
Ru|der|sport, der: als Sport betriebenes Rudern.
Ru|der|ver|band, der: Verband (2) der Ruderklubs, Rudervereine.
Ru|der|ver|ein, der: vgl. Ruderklub.
Rü|des|heim: Stadt am Rhein.
Rüd|heit, die; -, -en (selten): **1.** ⟨o. Pl.⟩ das Rüdesein. **2.** rüde Äußerung, Handlung.
Ru|di|ment, das; -[e]s, -e [lat. rudimentum = Anfang, erster Versuch, zu: rudis, ↑rüde]: **1.** (bildungsspr.) etw., was sich aus einer früheren Epoche, einem früheren Lebensabschnitt noch als Rest erhalten hat; Überbleibsel. **2.** (Biol.) verkümmertes, teilweise od. gänzlich funktionslos gewordenes Organ (z. B. die Flügel beim ²Strauß).

ru|di|men|tär ⟨Adj.⟩ [frz. rudimentaire, zu: rudiment < lat. rudimentum, ↑Rudiment]: **1.** (bildungsspr.) **a)** nur noch als Rudiment (1) [vorhanden]; **b)** unvollständig, unvollkommen, nur in Ansätzen [vorhanden], unzureichend: er sprach nur ein -es Englisch; -e Kenntnisse in Physik. **2.** (Biol.) nur [noch] als Anlage, im Ansatz, andeutungsweise vorhanden, unvollständig [entwickelt]: -e Organe.

Ruf, der; -[e]s, -e [mhd. ruof, ahd. (h)ruof, zu ↑rufen]: **1.** laute kurze Äußerung, mit der jmd. einen andern über eine [weitere] Entfernung erreichen will: ein lauter, [weithin] schallender, anfeuernder, entsetzter R.; der R. des Wächters, der Marktfrauen; ein R. ertönte, erscholl; gellende -e durchbrachen die Stille; die -e wurden leiser, verstummten; auf ihren R. hin erschien er am Fenster; sie brachen in den R. (Ausruf) »Er lebe hoch!« aus; Ü der R. des Jagdhorns. **2. a)** (von bestimmten Vögeln u. vom Rotwild) in meist regelmäßigen Abständen mehrmals hintereinander ertönender, charakteristischer Laut: der R. des Kuckucks, Hirsches; **b)** (Jägerspr.) ²Locke (a). **3.** ⟨o. Pl.⟩ **a)** (von einer höheren Instanz ausgehende) Aufforderung zu einem bestimmten Tun od. Verhalten; Aufruf: der R. zu den Waffen; Ü dem R. des Herzens, des Gewissens folgen; **b)** öffentlich von einer größeren Gruppe von Personen nachdrücklich vorgebrachte Forderung, bekundetes Verlangen: der R. nach Gerechtigkeit wurde immer lauter. **4.** ⟨Pl. selten⟩ Berufung in ein hohes (wissenschaftliches od. künstlerisches) Amt, bes. auf einen Lehrstuhl: an jmdn. ergeht ein R.; er bekam, erhielt einen R. [als ordentliche Professorin] an die Universität Bonn/nach Bonn; er hat [auf den Lehrstuhl, das Ordinariat] abgelehnt. **5.** ⟨o. Pl.⟩ Beurteilung, die jmd., etw. von der Allgemeinheit erfährt; Meinung, die die Allgemeinheit von jmdm., etw. hat: der R. dieses Hotels ist ausgezeichnet; einen guten, schlechten, zweifelhaften R. haben; einen guten R. genießen; sie hat sich einen großen R. (große Wertschätzung) im Fach erworben; [durch/mit] seinen R. (sein Ansehen) aufs Spiel setzen, ruinieren; das schadete seinem R., war seinem R. als Wissenschaftler

abträglich; in einen üblen R. kommen; er brachte sie in einen falschen R.; ein Pianist von internationalem R. (ein international anerkannter Pianist); R ist der R. erst ruiniert, lebt es sich ganz ungeniert; *besser als sein R. sein (zu Unrecht kein gutes Ansehen genießen; nach einer Stelle aus den »Epistolae ex Ponto« des röm. Dichters Ovid [43 v. Chr. bis etwa 18 n. Chr.]). **6.** ⟨Pl. selten⟩ (Papierdt.) Rufnummer: Taxizentrale R. 33700.

Ruf|be|reit|schaft, die: Bereitschaftsdienst: er hat R.

Ruf|bus, der: Bus für den öffentlichen Nahverkehr, der nach Bedarf verkehrt u. vom Fahrgast telefonisch od. über eine spezielle Rufsäule angefordert werden kann.

Rü|fe, die; -, -n [wohl über das Ladin. zu lat. ruina, ↑Ruine] (schweiz.): Mure.

ru|fen ⟨st. V.; hat⟩ [mhd. ruofen, ahd. (h)ruofan, wahrsch. lautm.]: **1. a)** sich durch einen Ruf(1) bemerkbar machen: laut, mit kräftiger Stimme, aus Leibeskräften, wiederholt, lange r.; ruft da nicht jemand?; **b)** einen Ruf (2 a) ertönen lassen: im Wald ruft der Kuckuck, im Käuzchen. **2.** ⟨r. + sich⟩ durch [längeres] Rufen (1 a) in einen bestimmten Zustand geraten: sich heiser r. **3.** mit lauter Stimme äußern, ausrufen: etw. [aus dem Fenster] r.; Hilfe, Hurra/hurra r.; »Bravo!«, riefen beide wie aus einem Munde; ⟨unpers.:⟩ aus dem Zimmer rief es: »Herein!«.

4. rufend (1 a) nach jmdm., etw. verlangen: das Kind rief nach seiner Mutter; der Gast rief nach der Bedienung, nach seinem Essen; nach, um Hilfe r.; ⟨landsch. ugs. auch mit »über« + Akk.:⟩ er rief über ihn r.; ⟨nicht standardsprachl. u. schweiz. ugs. auch mit Dativobjekt:⟩ der Gast rief dem Ober; er rief mir (rief mir zu), ich solle kommen; ◆ Wer ruft mir? (Goethe, Faust I, 482); ◆ ...ruf dem Pastor (Schiller, Räuber II, 2) ◆ Ruft der Mutter, sie soll Blutwurzel bringen und Pflaster (Goethe, Götz V). **5.** durch Anruf o. Ä. jmdn. an einen bestimmten Ort bitten, wo er gebraucht wird; telefonisch o. ä. jmdn. herbeirufen, jmdn., etw. kommen lassen: hast du mich gerufen?; die Polizei, die Feuerwehr, ein Taxi r.; der Arzt wurde ans Krankenbett, zu der Patientin gerufen; jmdn. ins Zimmer, vor Gericht, zu sich r.; jmdn. zu Hilfe r.; Ü sich, jmdm. etw. in Erinnerung/ins Gedächtnis r.; dringende Geschäfte riefen sie nach München (veranlassten sie, nach München zu fahren); Gott hat sie zu sich gerufen (geh. verhüll.; sie ist gestorben); *[jmdm.] wie gerufen kommen (ugs.; zufällig gerade in einem Moment auftreten, erscheinen, geschehen, wo dies [jmdm.] äußerst willkommen ist: du kommst [mir] wie gerufen!) **6.** [durch Rufen (1 a)] zu etw. auffordern: der Vater ruft zum Essen; zum Widerstand, Aufstand r. (aufrufen); Ü die Glocke ruft zum Gebet; das Horn rief zur Jagd. **7. a)** mit bestimmten Namen nennen: er wird »Kalle« gerufen; sie riefen mich »Pistenschreck«; ⟨nicht standardspr., südwestd. u. schweiz. ugs. auch mit Dativobjekt:⟩ die Buben sollen mir »Mama« r.; **b)** (veraltend) (mit seinem Namen) anreden: er rief sie bei ihrem, mit ihrem Namen. **8.** telefonisch od. über Funk mit jmdm. die Verbindung aufnehmen: jmdn. [unter der Nummer 34 71 05] r.; rufen Sie 22 22 22; (über Funk) Teddybär ruft Zeppelin (Teddybär bittet Zeppelin, sich zu melden). **9.** (schweiz.) etw. hervorrufen, zur Folge haben: der Vorschlag rief eine heftige Opposition. ◆ **10.** ⟨bis ins 18. Jh. auch sw. V.⟩ ...jedes rufte so ungekünstelt sein: »Danke!« (Goethe, Werther I, 16. Junius).

Ru|fer, der; -s, - [mhd. ruofære = (Aus)rufer]:
1. jmd., der ruft: wer war der R.?; *ein R. in der Wüste (jmd., der ständig mahnt, ohne Gehör zu

finden; nach Jes. 40, 3). ◆ **2.** *Gerichtsbote, der zu Beginn einer Verhandlung die zu verhandelnde Sache ausruft u. die Zeugen aufruft:* Ich, R., rufe die Klag' gegen den Missetäter. Des Herz rein ist, dessen Hände rein sind, zu schwören auf Strang und Schwert, der klage bei Strang und Schwert! (Goethe, Götz V).

Ru|fe|rin, die; -, -nen: w. Form zu ↑ Rufer.

Rüf|fel, der; -s, - [rückgeb. aus ↑ rüffeln] (ugs.): *(von einem Vorgesetzten o. Ä. an jmdn. gerichtete) Äußerung, die Ärger u. Unzufriedenheit über das Tun od. Verhalten des Betroffenen ausdrückt, mit der etw. moniert wird:* jmdm. einen R. geben; [wegen/für etw.] einen R. [von jmdm.] kriegen; das hat uns einen R. eingetragen.

rüf|feln ⟨sw. V.; hat⟩ [aus dem Niederd., wohl zu niederd. Ruffel = Rauhobel; wahrsch. im Nhd. auch beeinflusst von ↑ riffeln] (ugs.): *mit einem Rüffel zurechtweisen:* jmdn. wegen etw., für etw. r.

◆ **Ruf|fi,** die; -, Ruffenen: Rüfe: *(mit abweichendem Genus:)* Ein R. ist gegangen im Glarner Land und eine ganze Seite vom Glärnisch eingesunken (Schiller, Tell IV, 3).

Ruf|mord, der: *böswillige Schädigung des Rufes (5), des Ansehens eines anderen (durch Verleumdungen):* R. [an jmdm.] betreiben; Es gibt wahre Profis in R. (Zwerenz, Kopf 113). Dazu: **Ruf|mord|kam|pa|gne,** die.

Ruf|na|me, der: **1.** *Vorname einer Person, mit dem sie angeredet wird (im Unterschied zu weiteren Vornamen):* bei mehreren Vornamen ist der R. zu unterstreichen. **2.** *(bes. Funkw.) Kennung (3).*

Ruf|num|mer, die: *Telefonnummer.*

Ruf|preis (österr.): *festgelegtes Mindestgebot bei einer Versteigerung.*

Ruf|säu|le, die: *(im Freien installierte) säulenartige Fernsprecheinrichtung, mit deren Hilfe bestimmte Stellen (z. B. eine Taxizentrale, eine Polizeidienststelle, eine Notrufzentrale) erreicht werden kann:* die Polizei von einer R. aus benachrichtigen.

ruf|schä|di|gend ⟨Adj.⟩: *dem Ruf (5) (eines Menschen, einer Sache) schadend.*

Ruf|schä|di|gung, die: *Schädigung des Rufes (5) (eines Menschen, einer Sache).*

Ruf|ta|xi, das: *als Rufbus eingesetztes Taxi.*

Ruf|ton, der (Telefonie): **1.** *Freizeichen.* **2.** *Klingelton.*

Ruf|um|lei|tung, die (Telefonie): *Einrichtung, die eingehende telefonische Anrufe zu einem anderen Anschluss od. zu einer Mailbox weiterleitet.*

Ruf|wei|te, die ⟨o. Pl.⟩: *Entfernung, über die ein Ruf (1) hörbar ist:* sie waren außer R.; in R. sein, bleiben.

Ruf|zei|chen, das: **1.** (Telefonie) *Freizeichen.* **2.** *(bes. Funkw.) Kennung (3).* **3.** *(österr.) Ausrufezeichen.*

Rug|by [ˈrakbi, engl.: ˈrʌgbi], das; -[s] [engl. rugby (football), nach der engl. Stadt Rugby, in deren Gymnasium das Spiel zuerst gespielt wurde] (Sport): *Kampfspiel (1), bei dem der eiförmige Ball nach bestimmten Regeln mit den Füßen od. Händen ins Malfeld des Gegners zu spielen ist:* Dazu: **Rug|by|spie|ler,** der; **Rug|by|spie|le|rin,** die.

Rü|ge, die; -, -n [mhd. rüege, ruoge = gerichtliche Anklage, Anzeige; gerichtliche Strafe, H. u.]: *aus ernsterem Anlass in entschiedener Form vorgebrachter Tadel: eine empfindliche, scharfe, strenge R.;* jmdm. wegen seines vorlauten Benehmens, für seine Frechheit eine R. erteilen *(jmdn. rügen);* die Direktorin sprach ihm eine R. aus *(rügte ihn);* Nun, ich bin hier, Ihnen entgegenzukommen, kann Ihnen jedoch die R. nicht ersparen (Hildesheimer, Legenden 68).

rü|gen ⟨sw. V.; hat⟩ [mhd. rüegen, ruogen, ahd.

ruogen = anklagen; (öffentlich) mitteilen]: **1. a)** *mit einer Rüge zurechtweisen:* ich muss dich wirklich r.; sie wurde wegen wiederholter Unpünktlichkeit streng gerügt; Hier spähten Augen misstrauisch in Ausübung ihres Dienstes, rügten Stimmen den geringsten Verstoß (Musil, Mann 532); **b)** *jmds. Verhalten od. Tun, das für nicht in Ordnung gehalten u. missbilligt wird, mit gewissem Nachdruck kritisieren:* man rügte die Unentschlossenheit der Regierung. **2.** *tadelnd feststellen, beanstanden:* Mängel r.

Rü|gen; -s: *deutsche Ostseeinsel.*

¹**Rü|ge|ner,** der; -s, -: Ew.

²**Rü|ge|ner** ⟨indekl. Adj.⟩.

Rü|ge|ne|rin, die; -, -nen: w. Form zu ↑ ¹Rügener.

rü|gensch ⟨Adj.⟩: *Rügen, die Rügener betreffend; von den Rügenern stammend, zu ihnen gehörend.*

Ru|gi|er, der; -s, -: *Angehöriger eines germanischen Volksstammes.*

rü|gisch ⟨Adj.⟩: *rügensch.*

Ru|he, die; - [mhd. ruo(we), ahd. ruowa, verw. mit ↑ Rast]: **1. a)** *durch kein [lärmendes] Geräusch u. lebhaftes Treiben gestörter Zustand; [fast völlige] Stille:* eine wohltuende, friedliche R.; die sonntägliche, nächtliche R.; die R. des Waldes; die unheimliche R. vor einem Sturm; (Aufforderung, durch Reden nicht [länger] zu stören) R., bitte!; endlich war R. eingetreten; im Saal herrschte [vollkommene, völlige] R.; um R. (Schweigen) bitten; R R. auf den höchsten Plätzen, im Karton! (ugs. scherzh.; Rufe, mit denen man Anwesende, die sich unterhalten o. Ä., zum Stillsein auffordert); * **die R. vor dem Sturm** (gespannte Stille vor einem drohenden [unangenehmen] Ereignis); R. geben (still sein, sich ruhig verhalten; wollt ihr mal, wohl R. geben!); **R. halten** (still sein, sich ruhig verhalten; endlich R.!); **b)** *Bewegungslosigkeit:* das Pendel ist, befindet sich in R. *(Stillstand).* **2.** *Zustand erholsamer, beschaulicher Untätigkeit; Entspannung, Erholung:* notwendige, kurze R.; nach der anstrengenden Arbeit R. brauchen; suchen; der R. bedürfen; der R. pflegen; nach der Hektik des Arbeitstages sehnte sie sich nach R.; sie hatte ein wenig R. gönnen; angenehme R.! (Wunschformel; *schlafen Sie gut!);* sich zur R. legen, begeben (geh.; *sich schlafen legen);* * **die ewige R. finden** (geh. verhüll.; *sterben;* nach der Übersetzung der ersten Worte des Eingangsverses des ↑ Requiems 1: Gott gebe ihnen/Herr, gib ihnen die ewige R.!); **in die ewige R., zur ewigen R. eingehen** (geh. verhüll.; *sterben);* **jmdn. zur letzten R. betten/geleiten** (geh. verhüll.; *jmdn. beerdigen/an jmds. Beerdigung teilnehmen);* **zur R. kommen** (*[innere] Ruhe finden, sich entspannen u. erholen:* er kam nicht zur R.); **sich zur R. setzen** (*aus Altersgründen seine berufliche Tätigkeit aufgeben; in den Ruhestand treten);* **in R.** (im Ruhestand; bezogen auf in der Öffentlichkeit tätig gewesene Selbstständige u. Nichtselbstständige; Abk.: i. R. = Rektorin, Chefarzt in R./i. R.) **3.** *durch keinerlei Unfrieden, keinen Kampf, Streit o. Ä. beeinträchtigter [normaler] Zustand:* es herrschen R. und Ordnung im Land; die öffentliche R. wiederherstellen; R. stiften; ich möchte jetzt [endlich mal] meine R. haben! *(ungestört sein!);* sie braucht mal etwas R. vor den Kindern; etw. in [aller] R. tun *(etw. tun, ohne sich zur Eile, Überstürzung drängen zu lassen);* in R. und Frieden leben; * **R. geben** (ugs.; *nicht länger auf etw. drängen:* wir werden erst R. geben, wenn der Fall geklärt ist); **jmdm. seine R./jmdn. in R. lassen** (ugs.; *jmdn. nicht stören, belästigen, ihn unbehelligt lassen).* **4.** *durch keine Erregung gestörter Zustand des seelischen Gleichgewichts; Gelassenheit:* eine bewunders-

werte, heitere, stoische, gekünstelte R.; von ihr geht eine wohltuende R. aus; R. ausstrahlen; die R. bewahren; die, seine R. verlieren; keine R. haben, finden; in [aller] R. *(nicht im Affekt; ohne sich zu erregen)* etw. sagen, mit jmdm. noch einmal über etw. sprechen; etw. lässt jmdm. keine R. *(jmd. beschäftigt sich in Gedanken fortwährend mit etw.);* sich zur R. zwingen; nicht zur R. kommen *(durch [immer neue] quälende Sorgen voll innerer Unruhe sein);* So sehr ich auch von Jugend an den Dichterfürsten studierte, seine olympische R. ist mir schon immer unheimlich gewesen (Grass, Blechtrommel 724/725); R R. ist die erste Bürgerpflicht! (oft scherzh.; Ausruf der Beschwichtigung in Situationen allgemeiner Aufregung; nach der Aufforderung, die der Minister F. W. Graf von der Schulenburg-Kehnert nach der Schlacht von Jena 1806 an die Einwohner Berlins richtete); immer mit der R.! *(immer schön ruhig!; nichts überstürzen!);* in R. liegt die Kraft *(mit Ruhe und Gelassenheit lässt sich viel erreichen);* * **die R. selbst sein** *([auch in einer schwierigen Lage] völlig ruhig u. beherrscht sein).* ⟨ugs.; *nicht zu erschüttern sein, sich Zeit lassen, auch wenn Eile geboten ist:* du hast vielleicht die R. weg! In fünf Minuten geht dein Zug, und du sitzt immer noch hier); **jmdn. aus der R. bringen** *(jmdn. unruhig, nervös machen:* sie ließ sich durch die Zwischenrufe nicht aus der R. bringen).

Ru|he|bank, die ⟨Pl. ...bänke⟩: ¹*Bank (1) zum Ausruhen.*

Ru|he|be|dürf|nis, das: *Bedürfnis nach Ruhe (2).*

Ru|he|ener|gie: ↑ Ruheenergie.

Ru|he|ge|halt, das: *Pension (1 b).*

Ru|he|geld, das: *Altersrente.*

Ru|he|ge|nuss, der (österr. Amtsspr.): *Pension (1 b).*

Ru|he|kis|sen, das: *[größeres Kissen, auf man ruht (1 a); Sofa-, Kopfkissen* Ü der erste Erfolg ist kein R. *(man darf sich nicht darauf ausruhen).*

Ru|he|la|ge, die: **1.** *(bes. Med.) Lage, in der sich der menschliche Körper im Zustand größtmöglicher natürlicher Entspannung befindet.* **2.** *Lage eines Körpers im Zustand der Ruhe (1 b):* das Pendel ist, befindet sich in [der] R.

ru|he|los ⟨Adj.⟩: **a)** *von innerer Unruhe erfüllt, getrieben:* r. strebte sie nach ständiger Vervollkommnung; **b)** *von einer gewissen Unrast zeugend; unruhig:* sein -er Blick fiel auf ein silbernes Etui.

Ru|he|lo|sig|keit, die; -: *das Ruhelossein.*

Ru|he|mas|se: ↑ Ruhmasse.

ru|hen ⟨sw. V.; hat⟩ [mhd. ruo(we)n, ahd. ruowēn]: **1. a)** *irgendwo* ¹*ruhig (1) sitzen, liegen [u. sich entspannen]; sich durch Nichtstun erholen:* nach der Arbeit ein wenig r.; die Großmutter ruhte in Ruhe auf dem Sofa, im Lehnstuhl; ⟨unpers.:⟩ hier lässt es sich/lässt sichs gut r. *(das ist ein hübscher Ruheplatz);* er ruht nicht eher *(gönnt sich keine Ruhe, lässt in seinen Anstrengungen nicht nach),* bis er sein Ziel erreicht hat; ruht! (österr. Militär; *rührt euch!);* ruhn! *(rührt euch!);* Ü in fremder Erde r. (geh.; *in einem fremden Land begraben sein);* hier ruht [in Gott] ...; ruhe sanft!/in Frieden! (Grabinschriften); R nach dem Essen sollst du ruhn oder tausend Schritte tun; * **nicht r. und [nicht] rasten** *(rastlos, unermüdlich tätig sein; in seinen Bemühungen, Anstrengungen nicht nachlassen:* sie wollte nicht r. und nicht rasten, bis sie ihre Idee verwirklicht hatte); **jmdn. nicht r. lassen** *(jmdn. nicht zur Ruhe kommen lassen);* **b)** (geh.) *schlafen:* ich wünsche, gut zu r.; ich wünsche, wohl geruht zu haben. **2.** *[vorübergehend] zum Stillstand gekommen sein, nicht in Funktion, Tätig-*

keit, Betrieb sein: der Betrieb, die Produktion ruht; am Wochenende, während des Streiks ruht die Arbeit (wird nicht gearbeitet); der Acker ruht (wird zeitweise nicht bebaut); an Feiertagen ruht der Verkehr in der Stadt fast völlig (gibt es kaum Straßenverkehr); die Waffen ruhen (geh.; es wird [vorübergehend] nicht gekämpft); das Arbeitsverhältnis, die Mitgliedschaft ruht (ist vorübergehend nicht wirksam); man hatte den Fall vorerst r. lassen/(seltener:) gelassen (ihn vorerst nicht bearbeitet); eine Frage, ein Problem r. lassen. **3. a)** *auf etw., was als Stütze, Unterbau o. Ä. dient, fest liegen, stehen; von etw. gestützt, getragen werden: das Gewölbe ruht auf mächtigen Pfeilern;* Ü (geh.:) *die ganze Verantwortung, Last ruht auf ihren Schultern;* **b)** *[für eine Weile]* ¹*ruhig (1) irgendwo liegen, sich irgendwo befinden: ihre Hände ruhten in ihrem Schoß; ihr Kopf ruhte an seiner Schulter;* Ü *ihre Augen ruhten (verweilten) nachdenklich auf dem Bild; seine Blicke ruhten prüfend, freundlich, wohlgefällig auf seinen Kindern; sie ruht fest in ihrem Glauben (ist in ihrem Glauben geborgen); sie ruht [ganz] in sich selbst (sie ist ein seelisch ausgeglichener, harmonischer Mensch).*

Ruh|ener|gie, *Ruheenergie, die (Physik): Energie, die der Ruhmasse entspricht.*

ru|hen las|sen, ru|hen|las|sen ⟨st. V.; hat⟩: **1.** *[vorläufig] nicht weiterverfolgen, nicht behandeln od. bearbeiten: eine Frage, ein Problem ruhen lassen/ruhenlassen; man hat den Fall vorerst ruhen lassen/ruhenlassen/(seltener:) ruhen gelassen/ruhengelassen.* **2. *** *jmdn. nicht ruhen lassen/ruhenlassen (jmdn. nicht zur Ruhe kommen lassen): die Angelegenheit ließ sie nicht ruhen).*

Ru|he|pau|se, *die: Pause zum Ausruhen, Entspannen: eine kurze R. einlegen; du solltest dir endlich mal eine R. gönnen!*

Ru|he|pe|ri|o|de, *die:* **a)** *(Biol., Zool.) (bei bestimmten Pflanzen u. Tieren) Zeitabschnitt stark verminderten Stoffwechsels (z. B. Winterruhe, -schlaf);* **b)** *Pause: eine R. im Arbeitsablauf einplanen.*

Ru|he|pha|se, *die: Ruheperiode (b).*

Ru|he|platz, *der: Platz zum Ruhen.*

Ru|he|pol, *der: ruhender Pol (vgl.* ¹*Pol 3).*

Ru|he|puls, *der (Med., Sport): Pulsschlag im Zustand der körperlichen Entspanntheit, Ruhe.*

Ru|he|punkt, *der: Ruhepol.*

Ru|he|raum, *der: (in Betrieben o. Ä.) Raum, in dem man sich auf einer Liege ausruhen kann, wenn dies aus gesundheitlichen Gründen angezeigt erscheint.*

Ru|he|sta|di|um, *das (Biol.): Ruheperiode (a).*

Ru|he|stand, *der (o. Pl.): Status, den man (gewöhnlich als älterer Mensch) durch sein Ausscheiden aus dem Arbeitsleben erlangt: in den R. gehen, treten, versetzt werden; in den einstweiligen R. treten; sie ist Rektorin im R. (Abk.: i. R.). Dazu:* **Ru|he|ständ|ler,** *der;* **Ru|he|ständ|le|rin,** *die.*

Ru|he|stands|ver|sor|gung, *die: gesetzlich geregelte Versorgung für Beamte im Ruhestand.*

Ru|he|statt, *die ⟨Pl. ...stätten⟩ (geh.): Grabstätte: hier fand sie ihre letzte R.; ist ihre R.*

Ru|he|stät|te, *die (geh.): Ruhestatt.*

Ru|he|stel|lung, *die:* **1.** *vgl. Ruhelage.* **2.** *(Militär) (im Krieg) Stellung in Reserve.*

ru|he|stö|rend ⟨Adj.⟩: *die Ruhe (1) erheblich störend:* -er Lärm.

Ru|he|stö|rer, *der: jmd., der ruhestörenden Lärm macht.*

Ru|he|stö|re|rin, *die:* w. Form zu ↑ Ruhestörer.

Ru|he|stö|rung, *die: Störung der Ruhe (1): jmdn. wegen [nächtlicher] R. anzeigen.*

Ru|he|tag, *der: Tag, an dem nicht gearbeitet wird:* *die Gaststätte hat montags R.; der Sonntag ist ein R.*

Ru|he|zeit, *die: Zeit der Ruhe (2): die vorgeschriebenen -en einhalten.*

Ru|he|zo|ne, *die:* **a)** *Bereich (in einem Gebäude, Park o. Ä.), in dem man ausruhen kann: eine Wellnesslandschaft mit großzügigen -n;* **b)** *(Biol.) Gebiet, in dem Tiere vor Störungen durch den Menschen geschützt sind.*

Ru|he|zu|stand, *der: Zustand der Ruhe (1 b).*

¹**ru|hig** ⟨Adj.⟩ [mhd. ruowec]: **1.** *die Lage, Stellung nicht verändernd, sich nicht od. nur ganz leicht, kaum merklich bewegend; [fast] unbewegt, [fast] reglos:* -es *(schönes u. nicht windiges) Wetter; die Kerze brennt mit* -er *Flamme; die See ist r. (hat kaum Seegang); er liegt r. und schlief; r.* [da]sitzen; halt die Beine r.!; *ein gebrochenes Bein r. stellen;* Ü *das Geschäft ist zurzeit r. (der Umsatz stagniert);* ***** *etw. r. stellen (Med.; vorübergehend außer Funktion setzen, in einer bestimmten Lage, Stellung halten, in der etw. nicht bewegt werden kann); fixieren).* **2. a)** *[aufgrund seiner Lage] frei von lärmenden, störenden Geräuschen: eine* -e *Wohnlage;* -es *Zimmer zu vermieten; in einer* -en *Gegend, Straße wohnen; die Pension ist r. gelegen;* **b)** *keine lärmenden, störenden Geräusche verursachend, keine Unruhe verbreitend; leise:* -e *Mieter, Nachbarn haben; nun seid doch mal r.!; sich r. verhalten;* Ü *um diese Angelegenheit ist es r. geworden (niemand spricht mehr davon).* **3. a)** *frei von äußeren Spannungen u. Aufregungen; ohne Störungen, ohne Zwischenfälle:* -e *Zeiten; in der Hauptstadt ist es nach den Demonstrationen wieder r.; die Sitzung verlief r. (ungestört) arbeiten können; sein Herz schlägt r.; der Motor arbeitet r. (ohne Störungen, gleichmäßig);* **b)** *frei von Hektik u. Betriebsamkeit; in Wohlgefälliger, vermittelnder Weise geruhsam: ein* -es *Leben führen; hier geht es r. zu;* **c)** *ohne Eile u. Überstürzung, in Ruhe: ein* -es *Gespräch führen; bei* -er *Überlegung muss man dies zugeben; Alle Leute im Lokal saßen r. plaudernd da (Böll, Adam 63).* **4.** *ohne Erregung, Aufregung; gelassen; von innerer Ruhe zeugend: ein* -er *Mensch; als Chirurg braucht er eine* -e *(sichere) Hand; das kannst du ohne Gewissens* (mit gutem Gewissen) *tun; sei ganz r. (unbesorgt), es ist ihnen bestimmt nichts passiert; sie gab sich Mühe, r. zu bleiben (die Fassung zu bewahren);* Ü *eine* -e *(ausgewogene) Melodie; ein* -es *Muster;* -e *(gedämpfte) Farben.*

²**ru|hig** ⟨Partikel; unbetont⟩ [zu: ↑ ¹*ruhig*] (ugs.): **a)** *drückt Gleichgültigkeit od. Gelassenheit des Sprechers od. der Sprecherin gegenüber einem bestimmten Sachverhalt aus; meinetwegen (2): soll er r. schreien; Lachen Sie mich r. aus, ich weiß es besser (Thieß, Legende 134);* **b)** *drückt freundliches Einverständnis, ein Zugeständnis aus; wenn du möchtest, wenn Sie möchten: sehen Sie sich r. um, Sie brauchen nichts zu kaufen;* **c)** *drückt eine [Selbst]ermunterung aus; unbesorgt, getrost: das könnt ihr mir r. glauben; dir kann ich es ja r. sagen.*

ru|hig stel|len, ²**ru|hig|stel|len** ⟨sw. V.; hat⟩ (bes. Med.): *in einer bestimmten Lage, Stellung halten, in der etwas nicht bewegt werden kann: ein gebrochenes Bein ruhig stellen.*

¹**ru|hig|stel|len** ⟨sw. V.; hat⟩: **1.** (Med.) *durch Medikamente beruhigen: einen Epileptiker r.* **2.** *an Auflehnung, Widerstand o. Ä. hindern: durch gewisse Zugeständnisse konnte man die Militärs r.*

Ru|hig|stel|lung, *die (Med.): das Ruhigstellen.*

ruh|los ⟨Adj.⟩ (selten): *ruhelos.*

Ruhm, *der;* -[e]s [mhd. ruom, ahd. (h)ruom, urspr. = Geschrei (mit dem man sich brüstet), Prahlerei; Lobpreisung, verw. mit ↑ rufen]: *weit-* *reichendes hohes Ansehen, das eine bedeutende Person aufgrund von herausragenden Leistungen, Eigenschaften bei der Allgemeinheit genießt: unsterblicher, künstlerischer, weltweiter, vergänglicher R.; der R. eines Staatsmannes, Dichters; der R. Caesars als Feldherr/als eines großen Feldherrn; R. erringen, erwerben, erlangen, genießen, ernten; diese Erfindung begründete ihren R.; jmds. R. verbreiten, in die Welt tragen; diese Tat hat ihm R. eingetragen, eingebracht; zu dieser Zeit stand die Sängerin auf der Höhe ihres* -es; ***** *sich nicht [gerade] mit R. bekleckern (ugs. iron.; nicht sehr erfolgreich sein, nur eine schwache Leistung o. Ä. zeigen; scherzh. Umformung von »sich mit Ruhm bedecken«).*

Ruh|mas|se, *Ruhemasse, die (Physik): Masse (5), die ein Körper in einem Bezugssystem besitzt, bezüglich dessen er sich in Ruhe (1 b) befindet.*

rüh|men ⟨sw. V.; hat⟩ [mhd. rüemen, ruomen, ahd. (h)ruomen, zu ↑ Ruhm]: **a)** *die Vorzüge einer Person, Sache nachdrücklich, überschwänglich lobend hervorheben: jmds. Verdienste, ein Land, die Leistungen der Wissenschaft, die Werke Gottes r.; jmdn. vor aller Welt r.; etw. begeistert, über die Maßen r.; man rühmte ihre Großmut/ sie wegen ihrer Großmut; sie rühmten ihn als weisen Herrscher; hoch gerühmt sein, werden; Noch eine Stunde Biologie, das heißt, Lebenslehre, diesmal im Zoologischen Garten, dessen Neuanlagen mir gerühmt worden waren (Kaschnitz, Wohin 42);* **b)** ⟨r. + sich⟩ *auf etw. stolz sein; sich glücklich schätzen, etw. von sich behaupten zu können, etw. vorweisen zu können: sich seiner Taten r.; er kann sich r., als erster Mensch den Mond betreten zu haben; er rühmt sich als großer Politiker.*

rüh|mens|wert ⟨Adj.⟩: *(als Tun, Verhalten, Denken o. Ä.) verdienend, gerühmt zu werden; rühmlich: eine* -e *Tat; ihr Verhalten war nicht sehr r.*

Ruh|mes|blatt, *das: meist in der Wendung* **kein R. [für jmdn.] sein** (*keine Anerkennung verdienen; eher etw. sein, wofür sich jmd. schämen sollte; viell. eigtl. = ein Blatt aus einer ruhmvollen Geschichte).*

Ruh|mes|hal|le, *die: zum Ruhm einer Persönlichkeit, eines Ereignisses o. Ä. geschaffenes Monument in Form einer Halle (1).*

Ruh|mes|tat, *die: ruhmreiche Tat.*

Ruh|mes|ti|tel, *der (geh.):* **1.** *rühmenswertes Verdienst.* **2.** *jmdm. Ruhm eintragender Beiname: jmdm. den R. eines Erfinders geben.*

rühm|lich ⟨Adj.⟩ [mhd. rüem(e)lich = ruhmvoll; prahlerisch]: *zum Ruhme gereichend; rühmenswert: eine rühmliche Tat, Ausnahme; er hat kein* -es *(ehrenhaftes, gutes) Ende genommen; dieses Verhalten ist nicht sehr r. für euch.*

ruhm|los ⟨Adj.⟩: *keinen Ruhm erlangend; nicht zum Ruhme gereichend; jmds. Ansehen nicht mehrend: die* -e *Rückkehr von einem Verhandlung; das* -e *Ende des Krieges. Dazu:* **Ruhm|lo|sig|keit,** *die;* -.

ruhm|re|dig ⟨Adj.⟩ [unter Anlehnung an »Rede, reden« umgeb. aus frühnhd. rumretig = sich Ruhm bereitend] (geh.): *sich selbst rühmend, prahlerisch:* -e *Worte.*

ruhm|reich ⟨Adj.⟩: *reich an Ruhm; großen Ruhm erlangt habend: ein* -er *Feldherr, Sieg.*

Ruhm|sucht, *die ⟨o. Pl.⟩: maßlose Ruhmbegierde.*

ruhm|voll ⟨Adj.⟩: *ruhmreich.*

¹**Ruhr,** *die;* -, -en ⟨Pl. selten⟩ [mhd. ruor(e), ahd. (h)ruora, urspr. = (heftige) Bewegung; Unruhe (im Unterleib), zu ↑ rühren]: *fiebrige Infektionskrankheit mit Entzündung des [Dick]darms u. dadurch bedingtem starkem, schleimig-blutigem Durchfall: die R. haben.*

²**Ruhr,** *die;* -: *rechter Nebenfluss des Rheins.*

Rührbesen – Rumba

Rühr|be|sen, der: *einem Schneebesen ähnliches, zum Rühren* (1 a) *dienendes Küchengerät, oft Einsatzstück einer Küchenmaschine, eines Handrührgeräts.*

Rühr|ei, das: *Gericht aus [mit etwas Wasser od. Milch] verquirlten, in der Pfanne in Fett leicht gebratenen Eiern:* es gibt R., -er mit Spinat.

rüh|ren ⟨sw. V.; hat⟩ [mhd. rüeren, ruoren, ahd. (h)ruoren, urspr. = bewegen, dann: anstoßen, anfassen, betasten]: **1. a)** *die Bestandteile einer Flüssigkeit, einer breiigen od. körnigen Masse (mit einem Löffel o. Ä.) in kreisförmige Bewegung bringen, um sie [zu einer einheitlichen Masse] zu vermischen:* die Suppe, den Brei r.; der Teig muss eine halbe Stunde gerührt werden; mit dem Löffel im Kaffee, in der Kaffeetasse r.; du musst r., damit die Soße nicht anbrennt; Zwei Ventilatoren mit drei Flügelpropellern rühren die Luft (Grass, Butt 229); **b)** *unter Rühren* (1 a) *hinzufügen:* ein Ei an/unter den Grieß r.; das Puddingpulver in die kochende Milch r. **2. a)** *ein Glied des Körpers, sich ein wenig bewegen:* [vor Müdigkeit] die Glieder, die Arme, die Beine nicht mehr r. können; vor Kälte die Finger kaum r. können; sie konnte sich in dem engen Kleidungsstück kaum r.; sich [vor Angst] nicht zu r. wagen; sich nicht [von der Stelle, vom Platz, vom Fleck] r., um nicht bemerkt zu werden; kein Lüftchen rührte sich *(es war windstill);* der Verunglückte rührte sich nicht mehr *(lag leblos da);* Ü du musst dich mehr r. (geh.; *musst aktiver werden);* warum hast du dich nicht gerührt *(gemeldet)?* Ich hätte doch gerne geholfen!; * **sich nicht r. können** (ugs. *finanziell, wirtschaftlich sehr eingeengt sein);* **b)** (Militär) *eine gelockerte stehende Haltung einnehmen:* ⟨als Kommando an mehrere Personen:⟩ r. + sich; rührt euch! **3.** (geh.) *etw. vorsichtig berühren, anfassen:* nicht an die zerbrechlichen Gegenstände r.!; er rührte sacht an ihrem Arm, an ihrer Schulter; Ü an ein Kummer, eine schmerzliche Erinnerung r. *(jmdn. im Gespräch wieder darauf bringen);* seine Fragen r. an *(berühren)* schwierige Probleme; wir wollen nicht mehr daran, an diese/(seltener:) dieser Sache r. *(wollen die Sache auf sich beruhen lassen);* ...im Keller hat die noch 20 Glas Sauerkirschen, an die sie nicht rührt *(die sie aufhebt, nicht aufmacht;* Kronauer, Bogenschütze 308); ◆ Leise, Brackenburg, du fühlst nicht, was *(woran)* du rührst (Goethe, Egmont V); R o rührte, rührte nach daran *(wir wollen dieses schwierige Problem o. Ä. nicht weiter erörtern);* Vers aus E. Geibels [dt. Dichter, 1815–1884] Gedicht »Wo still ein Herz von Liebe glüht«). **4.** *innerlich berühren, weich stimmen; Rührung bei jmdm. bewirken:* sie rührte die Menschen, die Herzen der Menschen; seine Worte rührten uns zu Tränen *(in einem Maße, dass uns die Tränen kamen);* es rührte ihn überhaupt nicht *(es ließ ihn völlig gleichgültig),* dass ...; tief gerührt sein; sie war über den freundlichen Empfang gerührt); * **ein menschliches Rühren verspüren** (verhüll., auch scherzh.; *den Drang verspüren, seine Notdurft zu verrichten).* **5.** (geh.) *seine Ursache, seinen Grund in etw. haben:* das rührt daher, dass ...; viele Missverständnisse rührten daher, dass ...; ... und ehemals habe er Hunger gelitten, woher die grünliche Färbung seines Gesichtes rühre (Th. Mann, Hoheit 55). **6.** (geh. veraltend) *(ein Instrument) [durch Schlagen od. Zupfen] zum Klingen bringen:* die Trommel, die Harfe, die Leier r.

rüh|rend ⟨Adj.⟩: *Rührung bei jmdm. bewirkend; jmdn. innerlich berührend:* eine -e Szene; ein -er Anblick; (iron.:) du bist von einer -en Ahnungslosigkeit; er sorgt in -er Weise, r. für seine kranke Mutter; ⟨subst.:⟩ ihr unerschütterliches Zutrauen hat etwas Rührendes.

Ruhr|ge|biet, das; -[e]s [zu ↑²Ruhr]: *Gebiet in Nordrhein-Westfalen:* Dazu: **Ruhr|ge|biet|ler,** der; -, -; **Ruhr|ge|biet|le|rin,** die; -, -nen.

rüh|rig ⟨Adj.⟩ [15.Jh., zu ↑ rühren]: *von regem Unternehmungsgeist erfüllt; ganz und gar nicht untätig, sondern immer das Nötige, in einer Situation Gegebene unternehmend:* ein -er Geschäftsmann, Verlag; der Verein ist sehr r. Dazu: **Rüh|rig|keit,** die; -.

Rühr|ku|chen, der: *Kuchen aus Rührteig.*

Rühr|löf|fel, der: *Löffel zum Rühren, Umrühren.*

Rühr|ma|schi|ne, die: *Maschine zum Rühren (z. B. von Teig).*

Rühr|mich|nicht|an, das; -, -: *(in feuchten Wäldern wachsendes) Springkraut mit gelben, trompetenähnlichen Blüten u. Kapselfrüchten, die bei Berührung aufspringen u. die Samen ausschleudern; Nolimetangere:* Ü ein Kräutchen R. (ugs. spött.; *ein mimosenhafter Mensch).*

Ruhr|pott, der; -[e]s (ugs.): *Ruhrgebiet.*

Rühr|schüs|sel, die: *Schüssel, in der Teig o. Ä. gerührt wird.*

rühr|se|lig ⟨Adj.⟩: **a)** *sich allzu leicht rühren lassend; rückhaltlos der Rührung hingegeben [u. sie unter Tränen äußernd]:* er ist sehr r.; sie wollte auf keinen Fall r. werden, wirken; **b)** *übertrieben gefühlvoll:* ein -es Theaterstück; die Lieder wurden äußerst r. vorgetragen.

Rühr|se|lig|keit, die; -, -en: **1.** ⟨o. Pl.⟩ *rührseliger Charakter, rührseliges Wesen.* **2.** *etw. rührselig Wirkendes.*

Rühr|stück, das: **1.** (Literaturwiss.) **a)** ⟨o. Pl.⟩ *in der Zeit der Empfindsamkeit* (2) *entstandene dramatische Gattung, deren Inhalt durch Konflikte zwischen Moral u. Laster im Kreis der bürgerlichen Familie gekennzeichnet ist, die im rührenden Versöhnungsschluss wieder aufgehoben werden;* **b)** *Werk der Gattung Rührstück* (a). **2.** (oft abwertend) **a)** *rührseliges literarisches, filmisches o. ä. Werk:* im Kino laufen indische -e mit Tanzeinlagen; **b)** *rührseliges Geschehen, Ereignis:* in den Medien wurde der Besuch des Präsidenten bei seinen Verwandten zum familiären R.

Rühr|teig, der: *halbflüssiger, gerührter Kuchenteig, der in einer Form gebacken wird.*

Rüh|rung, die; - [mhd. rüerunge]: *weich stimmende innere Bewegtheit:* R. ergriff, übermannte, überkam, überwältigte uns; eine tiefe R. fühlen, verspüren; vor R. weinen, kaum sprechen können.

Rühr|werk, das: **a)** (Technik) *Behälter mit einer Vorrichtung zum Mischen von Flüssigkeiten [mit Gasen, feinkörnigen Substanzen];* **b)** *Teil einer Küchenmaschine zum Rühren von Teig.*

Ru|in, der; -s [ältere Form von ↑ Ruine]: *(durch jmdn. od. etw. verursachter) Zustand, in dem eine Person od. Sache in ihrer Existenz getroffen ist, (körperlich, moralisch, wirtschaftlich o. ä.) am Ende ist; Untergang:* der R. des Geschäftes war nicht aufzuhalten; dieser Fehlschlag, der Alkohol war sein R. *(verursachte seinen Untergang, richtete ihn zugrunde);* du bist noch mein R. (ugs.; *du wirst mich zugrunde richten);* das brachte mich an den Rand des -s; etw. führt zu jmds. finanziellem R.; sie bewahrte das Land vor dem wirtschaftlichen R.

Ru|i|ne, die; -, -n [frz. ruine < lat. ruina = Einsturz; Ruine, zu: ruere = stürzen; niederreißen]: *stehen gebliebene Reste eines zum [größeren] Teil zerstörten od. verfallenen [historischen] Bauwerkes:* eine malerische, romantische, alte R.; die R. einer gotischen Kirche; von der Klosteranlage steht nur noch eine R.; sie besuchen -n von Burgen und Schlössern; in den -n des vom Krieg zerstörten Stadtkerns hausten Ratten und streunende Hunde.

ru|i|nen|haft ⟨Adj.⟩: *als Ruine erscheinend, gestaltet; an eine Ruine erinnernd.*

Ru|i|nen|land|schaft, die: **1.** *Ruinenfeld.* **2.** (Kunstwiss.) *Darstellung einer Landschaft mit Ruinen.*

Ru|i|nen|stadt, die: *nur noch aus Ruinen bestehende Stadt:* die R. Angkor.

ru|i|nie|ren ⟨sw. V.; hat⟩ [frz. ruiner < mlat. ruinare, zu lat. ruina, ↑ Ruine]: **a)** *in einen sehr schlechten Zustand bringen u. so in seiner Existenz treffen, radikal schädigen, vernichten:* seine Gesundheit r.; sich gesundheitlich, finanziell r.; sie hat ihn ruiniert, wird ihn r.; der Krieg hat den Staat wirtschaftlich ruiniert; die Konkurrenz ruinierte ihm die Preise; der Alkohol wird deine Gesundheit, deine Leber r.; ein ruinierter Geschäftsmann; völlig ruiniert sein; Von Ihnen erbitte ich zehn Schritte Abstand, ruinieren Sie nicht den tadelfreien Ruf eines Bildners der Jugend! (Fallada, Herr 89); R ist der Ruf erst ruiniert, lebt es sich ganz ungeniert; **b)** (ugs.) *aufgrund von Unachtsamkeit stark beschädigen, unbrauchbar, unansehnlich machen:* bei dem Spaziergang im Regen habe ich meine/mir die Schuhe völlig ruiniert; Aber Sie machen viel Wirtschaft, Herr und Sie richten das Zimmer hin, und Sie gehen mit Kleidern und Schuhen ins Bett, das ruiniert die Wäsche! (Fallada, Trinker 57).

ru|i|nös ⟨Adj.⟩ [frz. ruineux < lat. ruinosus = baufällig]: **1.** *zum Ruin führend, beitragend:* ein -er Wettbewerb; -e Zinsen; Kredite zu -en Konditionen. **2.** (veraltend) *in [baulichem o. ä.] Verfall begriffen, davon bedroht; verfallen:* die -en Teile eines Gebäudes abreißen; die Plastiken an der Kirche sind in einem -en Zustand.

Ru|län|der, der; -s [H.u.]: **a)** ⟨o. Pl.⟩ *vom Spätburgunder abstammende helle Rebsorte, deren Trauben dicht mit kleinen, länglichen, rötlich grauen Beeren besetzt sind;* **b)** *goldfarbener, alkoholreicher, säurearmer Wein der Rebsorte Ruländer* (a).

Rülps, der; -es, -e [zu ↑ rülpsen] (landsch. ugs.): **1.** *flegelhafter [junger] Mann mit ungehobeltem, schlechtem Benehmen.* **2.** *Rülpser.*

rülp|sen ⟨sw. V.; hat⟩ [lautm.] (ugs.): *[ungebührlich geräuschvoll] aufstoßen* (4 a): er rülpste ein paarmal [laut, heftig]; ⟨subst.:⟩ lass dein dauerndes Rülpsen!; Zwei Burschen gingen ganz an ihr vorbei und rülpsten ihr ins Gesicht (Handke, Frau 65).

Rülp|ser, der; -s, - (ugs.): **1.** *einzelnes Rülpsen:* einen R. unterdrücken. **2.** *jmd., der [dauernd] rülpst.*

Rülp|se|rin, die; -, -nen: w. Form zu ↑ Rülpser (2).

rum ⟨Adv.⟩: ugs. für ↑ herum.

Rum [südd. u. österr. auch, schweiz. meist: ru:m], der; -s, -e, österr. -e [engl. rum, geh. aus älter: rumbullion, H.u.]: *Branntwein aus Melasse od. Saft des Zuckerrohrs.*

rum|al|bern usw.: vgl. herumalbern usw.

Ru|mä|ne, der; -n, -n; Ew.

Ru|mä|ni|en; -s: *Staat in Südosteuropa.*

Ru|mä|nin, die; -, -nen: w. Form zu ↑ Rumäne.

ru|mä|nisch ⟨Adj.⟩: **a)** *Rumänien, die Rumänen betreffend; von den Rumänen stammend, zu ihnen gehörend;* **b)** *in der Sprache der Rumänen [verfasst]:* -e Literatur; der Text ist r. abgefasst.

Ru|mä|nisch, das; -[s], (nur mit best. Art.:) **Ru|mä|ni|sche,** das; -n: *die rumänische Sprache.*

Rum|ba, die; -, -s, ugs. auch, österr. nur: der; -s, -s [span. (kuban.) rumba, eigtl. = herausfordernder Tanz, zu: rumbo = Herausforderung]: *(aus Kuba stammender) Gesellschaftstanz in raschem ⁴⁄₄- od. ²⁄₄-Takt u. mit vielfach verlagertem, stark betontem Rhythmus.*

rum|brül|len ⟨sw. V.; hat⟩ (ugs.): *herumbrüllen.*
rum|fah|ren ⟨st. V.⟩ (ugs.): **a)** ⟨ist⟩ *herumfahren* (2 a): *ziellos in der Gegend r.;* **b)** ⟨hat⟩ *herumfahren* (2 b): *sie hat ihre Eltern ein bisschen in der Gegend rumgefahren.*
rum|gam|meln ⟨sw. V.; hat⟩ (ugs.): *herumgammeln.*
rum|ge|ben ⟨st. V.; hat⟩ (ugs.): *herumgeben.*
rum|ham|peln (ugs.): *sich in diese u. jene Richtung hampelnd bewegen:* du sollst nicht so viel r.!
rum|hän|gen ⟨st. V.; hat⟩ (ugs.): **1.** *ohne sinnvolle Beschäftigung sein.* **2.** *sich irgendwo ohne eigentlichen Grund, zum bloßen Zeitvertreib aufhalten.* **3.** *herumhängen* (1): lass deine Klamotten hier nicht immer r.!
rum|krie|gen ⟨sw. V.; hat⟩: **1.** (salopp) *durch Überredung o. Ä. zu etw. bewegen:* sie lässt sich nicht so leicht r. **2.** (ugs.) *(einen bestimmten Zeitabschnitt) hinter sich bringen:* irgendwie werden wir die Zeit [bis Ostern] auch noch r.
Rum|ku|gel, die: *[in Schokoladenstreuseln gewälzte] kugelförmige Süßigkeit aus einer weichen Masse aus Zucker, [Kokos]fett, Kakao u. Rum[aroma].*
rum|lau|fen ⟨st. V.; ist⟩ (ugs.): *herumlaufen:* seltsame Typen laufen heute in der Stadt rum.
rum|lie|gen ⟨st. V.; hat, südd., österr. u. schweiz.: ist⟩ (ugs.): *herumliegen:* überall lagen Abfälle rum.
rum|ma|chen ⟨sw. V.⟩: **1.** ⟨hat⟩ (ugs.) *um etw. herumlegen, -binden o. Ä.:* mach doch 'ne Schnur rum!; da musst du einen Verband r. **2.** ⟨hat⟩ (salopp) *herumfummeln, -basteln o. Ä.:* an einem Auto r.; mach nicht immer an dem Pickel, an deinem Knie rum!; * [**mit jmdm., etw.] nicht lange r.** ([mit jmdm., etw.] energisch verfahren, ohne große Umstände zu machen od. Rücksichten zu nehmen). **3.** ⟨hat⟩ (salopp) *sich mit jmdm. [sexuell] einlassen, verkehren:* er hat doch mit allem rumgemacht, was Röcke trug.
Rum|mel, der; -s [zu ↑rummeln]: **1.** (ugs.) *lärmende Betriebsamkeit; viel Aufheben, das um jmdn., etw. gemacht wird:* ein fürchterlicher, unbeschreiblicher, riesiger R.; endlich war der R. vorbei; keinen R. wollen; wozu machen, veranstalten sie einen solchen R.?; * **der ganze R.** (alles zusammen, bes. in Bezug auf etw., was verkauft, abgegeben werden soll, was jmdm. überlassen wird; der ganze Trödelkram). **2. a)** (bes. nordd.) *Jahrmarkt:* im Herbst ist wieder R.; **b)** (landsch., bes. nordd.) *Rummelplatz:* die Kinder sind auf den R. gegangen; am Sonntag waren wir auf dem R.
rum|meln ⟨sw. V.; hat⟩ [mhd. rummeln = lärmen, poltern, lautm.] (landsch. ugs.): *ein dumpfes, dröhnendes Geräusch von sich geben:* in der Ferne rummelt ein Gewitter.
Rum|mel|platz, der (bes. nordd.): *Platz, auf dem ein Jahrmarkt abgehalten wird.*
rumms: ↑rums.
Rum|my ['rœmi, 'rami], das; -s, -s (österr.): ↑Rommé.
Ru|mor, der; -s [spätmhd. rumor < mlat. rumor = Lärm, Tumult < lat. rumor = dumpfes Geräusch; Gerücht] (landsch., sonst veraltet): *Lärm, Unruhe.*
ru|mo|ren ⟨sw. V.; hat⟩ (ugs.): **1. a)** [spätmhd. rumōren] *ein dumpfes Geräusch verursachen, lärmend poltern; geräuschvoll hantieren:* jmdn. auf den [Dach]boden, in der Küche, in einem Zimmer r. hören; ⟨auch unpers.:⟩ im Nebenzimmer rumorte es; **b)** *jmdm. im Magen kollern:* der neue Wein rumorte in ihren Därmen; ⟨auch unpers.:⟩ es rumorte in seinem Bauch. **2.** ⟨unpers.⟩ *[unterdrückte] Unruhe, Unzufriedenheit anzeigen:* es rumort im Volk; hinter den Kulissen rumorte es heftig an der Parteibasis.

3. *herumspuken:* in ihm, in seinem Kopf rumorte der Gedanke, seine Laufbahn an den Nagel zu hängen.
rum|pe|lig, rumplig ⟨Adj.⟩ [zu ↑rumpeln] (landsch.): holprig (1).
Rum|pel|kam|mer, die (ugs.): *Abstellkammer für Gerümpel o. Ä.:* etw. in die R. tragen, stellen; dieses wackelige Möbel gehört in die R. (ist nicht mehr zu gebrauchen); Ü alte Schlagworte aus der R. der Geschichte hervorholen.
rum|peln [mhd. rumpeln, Nebenf. von ↑rummeln] ⟨sw. V.⟩: **a)** ⟨hat⟩ *ein dumpfes Geräusch verursachen, poltern:* auf dem [Dach]boden rumpelt etwas; die Straßenbahn rumpelt und quietscht; ⟨subst.:⟩ das Rumpeln der Lieferwagen; **b)** ⟨ist⟩ *sich rumpelnd* (a) *[fort]bewegen:* der Wagen rumpelt durch die Stadt; Und dann rumpelte ein weißgestrichener Ochsenkarren über das Pflaster (Ransmayr, Welt 91).
Rum|pel|stilz|chen, das; -s [eigtl. = rumpelnder Kobold; 2. Bestandteil Vkl. von veraltet Stülz = Hinkender]: *zwerghafte Gestalt des Volksmärchens, deren erpresserische Macht über ein mit ihrer Hilfe Königin gewordenes Mädchen nur so lange besteht, bis es ihr ihren Namen nennen kann.*
Rumpf, der; -[e]s, Rümpfe [mhd. rumpf, H. u.]: **1.** *(bei Mensch u. Tier) Körper ohne Kopf u. Gliedmaßen:* der R. einer Statue; den R. drehen, beugen; der Kopf sitzt auf dem R.; den Kopf vom R. [ab]trennen. **2. a)** *Schiff ohne Aufbauten;* **b)** *Flugzeug ohne Tragflächen u. Fahrgestell.*
Rumpf|beu|ge, die (Gymnastik): *Übung, bei der der Oberkörper vorwärts-, rückwärts- od. seitwärtsgebeugt wird.*
rümp|fen ⟨sw. V.; hat⟩ [mhd. rümpfen, im Ablaut zu: rimpfen, ahd. (h)rimpfan = zusammenziehen]: *(meist das Nase) missbilligend kraus, in Falten ziehen:* bei einem üblen Geruch, einem Witz die Nase r.; er rümpfte Stirn und Brauen.
Rumpf|ge|schäfts|jahr, das (Wirtsch.): *Geschäftsjahr eines Unternehmens, das weniger als zwölf Monate umfasst (weil z. B. der Termin für den Jahresabschluss verlegt wurde).*
rump|lig: ↑rumpelig.
Rump|steak, das; -s, -s [engl. rumpsteak, eigtl. = Rumpfstück, aus: rump = Hinterkeule, Schwanzstück u. steak, ↑Steak]: *Scheibe [mit Fettrand] aus dem Rückenstück des Rindes, die kurz gebraten od. gegrillt wird.*
rum|ren|nen ⟨unr. V.; ist⟩ (ugs.): *herumrennen.*
rums, rumms ⟨Interj.⟩: *lautm. für das Geräusch, das bei einem dumpf tönenden Fall, Aufprall entsteht:* r., lag der ganze Segen auf der Erde; r., war der Wagen aufgefahren; r., ein Unfall!
rum|schla|gen, sich ⟨st. V.; hat⟩ (ugs.): *sich herumschlagen:* mit der Steuererklärung r. müssen.
rum|sen ⟨sw. V.⟩ [zu ↑rums] (landsch.): **a)** ⟨hat; meist unpers.⟩ *[bei einem Aufprall o. Ä.] dumpf tönenden Lärm, Krach verursachen:* er fiel gegen die Tür, dass es rumste; auf dieser Kreuzung rumst es dauernd (gibt es oft Zusammenstöße von Fahrzeugen); **b)** ⟨rumsend⟩ (a) *auf etw. auftreffen:* gegen eine Mauer r.
rum|sit|zen ⟨unr. V.; hat, südd., österr. u. schweiz.: ist⟩ (ugs.): *herumsitzen.*
rum|spre|chen, sich ⟨st. V.⟩ (ugs.): *sich herumsprechen:* so etwas spricht sich schnell rum.
rum|ste|hen ⟨unr. V.; hat; südd., österr., schweiz.: ist⟩ (ugs.): *herumstehen:* statt hier dumm rumzustehen, könntet ihr ein bisschen mithelfen!
Rum|topf, der: **1.** *gezuckertes, in Rum eingelegtes Obst.* **2.** *Steintopf, größeres Glas für den Rumtopf* (1).
rum|trei|ben ⟨st. V.; hat⟩ (ugs.): *sich herumtreiben:* sich den ganzen Tag im Park r.

Rum|ver|schnitt, der: *durch Verschneiden* (5) *aus Rum hergestelltes alkoholisches Getränk.*
Run [ran, engl.: rʌn], der; -s, -s [engl. run, zu: to run = rennen, laufen]: *Ansturm auf etw. [wegen drohender Knappheit] Begehrtes:* der vorweihnachtliche R. auf Spielzeug, auf die Geschäfte; wie stets in Krisenzeiten setzte ein R. auf Gold ein; der R. auf Aktien wird sich fortsetzen.
¹rund ⟨Adj.⟩ [mhd. runt < afrz. ront, rond (= frz. rond) < lat. rotundus = rund (wie eine Scheibe), zu: rota = Rad, Kreis]: **1.** *die Form eines Kreises, einer Kugel habend, ohne Ecken u. Kanten:* ein -er Tisch, Teller; ein -es Fenster, Beet; ein -er *(einer Kugel vergleichbarer, ähnlicher)* Kopf; ein -er *(krummer)* Rücken; das Kind machte -e Augen *(blickte verwundert, staunend);* die Erde ist r.; durch die Frisur wirkt ihr Gesicht -er; die Linie verläuft r. **2.** *(vom Körper, von einem Körperteil) rundlich; dicklich, füllig:* -e Arme, Schultern, Knie; das Kind hat -e Bäckchen; er hat ein -es Kinn, einen -en Bauch; sie ist dick und r. geworden. **3.** (ugs.) **a)** *(von etw. Gezähltem, Gemessenem) ganz od. so gut wie ganz; voll:* ein -es Dutzend, Jahr, Jährchen, Stündchen; der Bau hat eine -e Million gekostet; er hat für die Arbeit -e drei Jahre gebraucht; der Wagen kostet -e 40 000 Euro. **b)** *(von Zahlen) einfach zu handhaben, bes. aus ganzen Zehnern, Hundertern usw. bestehend:* 100 ist eine -e Zahl; eine -e Summe. **4.** *in sich abgerundet u. vollkommen:* der Wein hat einen -en Geschmack, ein -es Bouquet; ein -er *(voller, abgerundeter)* Klang; eine -e (ugs.; überzeugende) Leistung; die Motor läuft r. (ugs.; *ruhig, gleichmäßig);* bei uns läuft alles r. (ugs.; *ist alles in Ordnung, klappt alles);* Das Parfum war ekelhaft gut ... Es war keine Spur ordinär. Absolut klassisch, r. und harmonisch war es. Und trotzdem faszinierend neu (Süskind, Parfum 79).
²rund ⟨Adv.⟩ [zu: ↑¹rund]: **1.** *(von etw. Gezähltem, Gemessenem) ungefähr, etwa* (Abk.: rd.): er hat r. (Abk.: rd.) 100 Euro ausgegeben; in r. einem Jahr wird sie fertig sein; r. *(grob, nicht ganz genau)* gerechnet sind das 1 000 Euro. **2.** *im Kreise, rings:* eine Reise r. um die Welt, Erde; Rund um mich herrscht sonntägliche Ruhe (R. Walser, Gehülfe 57).
Rund, das; -[e]s, -e ⟨Pl. selten⟩ [frz. rond, zu: rond, ↑¹rund] (geh.): **a)** *rundliche Form einer Sache:* das R. ihrer Wangen, des Auges; **b)** *etw. [Rundes], was jmdn. umgibt; runde [umgrenzte] Fläche:* das [weite] R. der Arena.
Rund|ab|la|ge, die (scherzh.): *Papierkorb:* Werbebriefe landen bei mir ungeöffnet in der R.
Rund|bau, der ⟨Pl. -ten⟩: *Bauwerk mit kreisförmigem od. ovalem Grundriss [u. einer Kuppel als Dach].*
Rund|beet, das: *rundes Beet.*
Rund|blick, der: *Aussicht rundum, nach allen Seiten:* hier oben hat man einen herrlichen R.
Rund|bo|gen, der (Kunstwiss., Archit.): *halbkreisförmiger Bogen, Gewölbe im Halbkreis über einer Maueröffnung.*
Rund|bo|gen|fens|ter, das: *Fenster mit oberem Abschluss als Rundbogen, bes. in der altchristlichen Baukunst u. Romanik.*
Rund|brief, der: *in entsprechend vielen Exemplaren an mehrere Empfänger verschickter Brief.*
Rund|bürs|te, die: *Haarbürste mit Stiel, die an ihrem oberen Ende rundum mit Borsten besteckt ist.*
Run|de, die; -, -n [spätmhd. runde = (Um)kreis]: **1. a)** *kleinerer Kreis von Personen, Gesellschaft:* eine heitere nächtliche R. [von Zechern]; die ganze R. sang mit; in trauter, geselliger R.; einer fehlt in der R.; sie nahmen ihn in ihre R. auf; eine sozialpolitische R. *(Verhandlungsrunde, Rundgespräch);* **b)** *um jmdn. herum*

befindliche Personen u. Sachen, **Umkreis**: in die R. blicken, zeigen; dunkle Tannen standen in der R. **2.** [frz. ronde, zu (a)frz. rond, ↑¹rund] *im Bogen herum- u. zum Ausgangspunkt zurückführender Weg, Gang, Flug, zurückführende Fahrt; Rundgang* (1): eine R. durch die Stadt, den Garten, die Kneipen machen; der Wächter beginnt, geht, macht seine -n; das Flugzeug zieht eine R. über der Stadt; * **die R. machen** (ugs.: 1. *von einem zum andern im Kreis herumgereicht werden:* der Becher macht die R. 2. *rasch überall verbreitet, bekannt werden, sich herumsprechen*). **3.** (bes. Sport) **a)** *Durchgang auf einem Rundkurs, einer Rundstrecke o. Ä.:* eine R. laufen; er ist die schnellste R. gefahren; die Fahrer drehten ihre -n; ruhig zog die Läuferin ihre -n; in die letzte R. gehen; er hat einen Vorsprung von einer halben R. herausgeholt; Ü sie tanzten noch eine R. *(einen Tanz [rund um die Tanzfläche]);* **b)** *Durchgang in einem Wettbewerb; Spiel od. Serie von Spielen:* eine R. Golf; spielen wir noch eine R. Skat?; **c)** *Durchgang in einem Wettkampf, Turnier:* die Mannschaft schied schon in der ersten R. aus; **d)** (Boxen) *Kampfabschnitt, zeitliche Einheit (von meist drei Minuten), die für sich bewertet wird:* die erste R. ging an den Herausforderer; in der achten R. wurde er ausgezählt; der Kampf ging über zehn -n; er quälte sich mühsam über die -n; Ring frei für die erste R.!; * **über die -n kommen** (ugs.; *Schwierigkeiten mit einiger Mühe überwinden, bes. mit dem Geld gerade eben noch auskommen);* **jmdm. über die -n helfen** (ugs.; *jmdm. über Schwierigkeiten hinweghelfen u. ihn [wirtschaftlich] unterstützen);* **etw. über die -n bringen** (ugs.; *etw. zustande, zu einem guten Ende bringen; durchstehen).* **4.** *für eine bestimmte Runde* (1 a) *(in einem Lokal o. Ä.) bestellte Anzahl von (meist alkoholischen) Getränken; Lage* (6): eine R. Bier, Wein, Schnaps; eine R. ausgeben, stiften, spendieren, schmeißen. **5.** (Handarb.) *Reihe beim Rundstricken (jeweils über dem herabhängenden Anfangsfaden beginnend):* zwanzig -n glatt rechts stricken. **6.** (veraltet) *die Runde gehender Posten, Patrouille* (2); *Streife* (1): ◆ ... aber still, da kömmt die R. vorbei (Cl. Brentano, Kasperl 348); ◆ Dort seh' ich wieder eine R. antreten: die sehen nicht aus, als wenn sie so bald mit uns trinken würden (Goethe, Egmont IV).

run|den ⟨sw. V.; hat⟩: **1. a)** *rund machen, abrunden:* den Rücken im Buckel r.; gerundete Formen; **b)** *ab- od. aufrunden:* eine Zahl [nach oben, unten] r.; gerundete Zahlen. **2.** ⟨r. † sich⟩ **a)** *rund werden:* die Backen runden sich; Ü das Jahr rundet sich *(geht zu Ende);* **b)** *als etw. Rundes in Erscheinung treten, erkannt werden:* am Himmel rundet sich der Vollmond; **c)** *Gestalt annehmen:* das Bild, die Vorstellung rundet sich.

Run|den|zeit, die (Sport): *für eine Runde* (3 a) *gebrauchte Zeit.*

Rund|er|lass, der: *allen untergeordneten Dienststellen zugeleitete Anordnung einer Behörde.*

rund|er|neu|ern ⟨sw. V.; hat; meist nur im Inf. u. 2. Part. gebr.⟩: **1.** (Kfz-Technik) *die Lauffläche eines abgefahrenen Reifens durch Vulkanisieren mit neuem Profil versehen:* runderneuerte Reifen. **2.** (ugs.) **a)** *gründlich überarbeiten, reparieren:* ein altes Schiff r.; **b)** *gründlich erneuern:* ein Programm r.; die Partei muss sich r.

Rund|er|neu|e|rung, die: **1.** (Kfz-Technik) *das Runderneuern* (1). **2.** (ugs.) **a)** *das Runderneuern* (2 a): das Gebäude einer R. unterziehen; **b)** *das Runderneuern* (2 b): die R. einer Partei, eines Produkts, einer Marke.

Rund|fahrt, die: **1.** *[Besichtigungs]fahrt durch eine od. mehrere Städte od. Gebiete mit Rückkehr zum Ausgangspunkt.* **2.** (Sport) *[mehrtägiger] Wettbewerb im Fahrrad- od. Motorsport über verschiedene Etappen.*

Rund|fei|le, die: *Feile mit kreisrundem Querschnitt.*

Rund|flug, der: *kurzer Flug, meist im Kreis über einer Stadt, mit Rückkehr zum Ausgangspunkt.*

Rund|fra|ge, die: *Frage [zu einem bestimmten Thema], die einer Reihe von Personen vorgelegt wird.*

rund|fra|gen ⟨sw. V.; hat; meist nur im Inf. u. 2. Part. gebr.⟩: *von einem bestimmten Anzahl von Personen jeden Einzelnen fragen:* hast du schon bei den Kolleginnen, im Büro rundgefragt?

Rund|funk, der; -s [1923 gepr. von dem dt. Funktechniker H. Bredow (1879–1959), eigtl. = Funk, der in die Runde ausgestrahlt wird; seit 1924 amtlich für »Radio«]: **1.** *drahtlose Verbreitung von Informationen u. Darbietungen durch elektromagnetische Wellen:* R. hören, veranstalten; etw. aus dem R. erfahren, im R. hören, über R. verbreiten. **2.** *durch den Rundfunksender verkörperte Einrichtung des Rundfunks* (1): der Hessische R.; er arbeitet beim staatlichen R.; das Konzert wird vom R. direkt übertragen.

Rund|funk|an|spra|che, die: *für den Rundfunk gehaltene Ansprache.*

Rund|funk|an|stalt, die: *Rundfunksender als Anstalt des öffentlichen Rechts.*

Rund|funk|ap|pa|rat, der: *Rundfunkempfänger.*

Rund|funk|be|richt, der: *im Rundfunk* (2) *gesendeter Bericht.*

Rund|funk|emp|fang, der: *Aufnahme der von einem Sender ausgestrahlten Wellen durch einen Rundfunkempfänger.*

Rund|funk|emp|fän|ger, der: *Empfangsgerät für Rundfunk.*

Rund|funk|ge|bühr, die ⟨meist Pl.⟩: *vom Rundfunkteilnehmer zu entrichtende Gebühr.*

Rund|funk|ge|rät, das: *Rundfunkempfänger.*

Rund|funk|hö|rer, der: *jmd., der Rundfunk hört.*

Rund|funk|hö|re|rin, die: w. Form zu ↑ Rundfunkhörer.

Rund|funk|jour|na|list, der: *Journalist, der beim bzw. für den Rundfunk* (2) *arbeitet.*

Rund|funk|jour|na|lis|tin, die: w. Form zu ↑ Rundfunkjournalist.

Rund|funk|kom|men|tar, der: *Kommentar* (2) *im Rundfunk.*

Rund|funk|or|ches|ter, das: *Orchester einer Rundfunkanstalt.*

Rund|funk|pro|gramm, das: **1.** *Programm eines Rundfunksenders.* **2.** *Blatt, Heft o. Ä., in dem das Rundfunkprogramm* (1) *angekündigt [u. erläutert] wird.*

Rund|funk|rat, der: *aus Vertretern verschiedener gesellschaftlicher Organisationen zusammengesetztes Gremium, das bestimmte Kontrollfunktionen bei öffentlich-rechtlichen Rundfunkanstalten wahrnimmt.*

Rund|funk|re|por|ter, der: *beim Rundfunk tätiger Reporter.*

Rund|funk|re|por|te|rin, die: w. Form zu ↑ Rundfunkreporter.

Rund|funk|sen|der, der: *Institution sowie technische Anlage, die Rundfunksendungen produziert u. ausstrahlt.*

Rund|funk|sen|dung, die: *in sich abgeschlossener Teil, einzelne Darbietung des Rundfunkprogramms* (1).

Rund|funk|spre|cher, der: *Sprecher* (1 c) *beim Rundfunk* (2).

Rund|funk|spre|che|rin, die: w. Form zu ↑ Rundfunksprecher.

Rund|funk|sta|ti|on, die: *größerer Rundfunksender mit eigenem Programm.*

Rund|funk|stu|dio, das: *Produktionsstätte für Rundfunksendungen.*

Rund|funk|tech|nik, die: *Zweig der Rundfunktechnik, der sich mit der Einrichtung u. Wartung von Sende- u. Empfangseinrichtungen des Rundfunks befasst:* Dazu: **Rund|funk|tech|ni|ker,** der; **Rund|funk|tech|ni|ke|rin,** die.

Rund|funk|teil|neh|mer, der: *Rundfunkhörer.*

Rund|funk|teil|neh|me|rin, die: w. Form zu ↑ Rundfunkteilnehmer.

Rund|funk|über|tra|gung, die: *Übertragung einer Veranstaltung durch den Rundfunk.*

Rund|funk|wer|bung, die: *im Rundfunk ausgestrahlte Werbung.*

Rund|gang, der: **1.** ¹*Gang* (1) *rundherum, durch ein Gebäude od. Gebiet, von einer Person od. Sache zur andern:* R. machen, antreten. **2.** *Strecke, angelegter Gang (in einem Gebäude, Schiff o. Ä.), der um etwas herumgeht; Umgang.*

rund|ge|hen ⟨unr. V.; ist⟩: **1.** *herumgereicht werden:* der Krug geht rund; Ü die Geschichte ist schon überall rundgegangen (ugs.; *weitererzählt worden).* **2.** * **es geht rund** (ugs.; *es gibt viel Arbeit, ist starker Betrieb:* im Büro gehts heute mächtig rund; auf der Party ging es richtig rund [*war eine prächtige, ausgelassene Stimmung]).*

Rund|ge|sang, der: *Gesang, meist mit Kehrreim, der in einer geselligen Runde reihum alle einstimmen od. Chor u. Solostimmen im Wechsel singen.*

Rund|heit, die; -, -en ⟨Pl. selten⟩ [spätmhd. runtheit]: *das Rundsein, runde Gestalt.*

rund|he|r|aus ⟨Adv.⟩: *ohne Umschweife, direkt, offen u. seiner Sache sicher:* etw. r. erklären, sagen, fragen; ... und als ich ihn auf das ordentliche Gerichtsverfahren verwies, nannte er mich r. einen Gangster (Frisch, Stiller 410).

rund|he|r|um ⟨Adv.⟩: **a)** *an allen Seiten, im Umkreis um jmdn., etw. herum; rings:* ein r. bemaltes Ei; Ungeheuer erheitert erkannte er sein eigenes rundes Gesicht, seinen Bartkranz r. (A. Zweig, Grischa 45); **b)** *in die Runde:* r. blicken; **c)** *ganz und gar; völlig:* r. nass werden; Ü wir sind r. zufrieden.

Rund|holz, das ⟨Pl. ...hölzer⟩: *Holz mit kreisrundem Querschnitt.*

Rund|ins|t|rument, das (Technik): *mit einer runden Anzeige* (3 b) *versehenes Messgerät (z. B. Tachometer, Drehzahlmesser) [bes. in einem Armaturenbrett].*

Rund|kurs, der (Sport): *[mehrfach zu durchfahrende od. durchlaufende] Rennstrecke, bei der die Fahrer u. Läufer [immer wieder] zum Ausgangspunkt zurückkommen:* ein drei Kilometer langer R.

Rund|lauf, der: **1. a)** *das Umlaufen, Kreislauf:* der R. des Jahres; **b)** *Rundkurs für [Läufer]:* einen R. durch die Altstadt organisieren. **2.** (Turnen) *aus einer von der Decke befestigten Scheibe mit ringsherum herabhängenden Strickleitern bestehendes Turngerät, an dem von einer Gruppe sich im Kreise fortbewegender Tempolaufschritte, Sprünge u. Schwünge geübt werden.* **3.** *Spiel für mehrere Personen, die an einer Tischtennisplatte eine Art Tischtennis spielen, wobei jeder Spieler jedes Mal, wenn er den Ball gespielt hat, um die Tischtennisplatte herum auf die gegenüberliegende Seite laufen muss, um dort weiterzuspielen.*

rund|lau|fen ⟨st. V.; ist⟩ (ugs.): *störungsfrei, fehlerfrei ablaufen:* bei uns läuft alles rund.

rund|lich ⟨Adj.⟩ [spätmhd. runtliche (Adv.)]: **a)** *annähernd rund, mit einer Rundung versehen:* -e Kieselsteine; -e Vertiefungen; ein r. geschliffener Diamant; **b)** *ein wenig dick, füllig, mollig:* eine -e Blondine; -e Formen haben; er ist in letzter Zeit etwas r. geworden.

Rundlichkeit–Ruptur

Rund|lich|keit, die; -: *rundliche Form, Figur.*
Rụnd|ling, der; -s, -e: **1.** (Fachspr.) *kleines Dorf [mit nur einem Zufahrtsweg u.] mit rund od. in Hufeisenform um einen Platz od. Anger gebauten Höfen.* **2.** *rundes Gebäude.* **3.** *runder Gegenstand:* das neue Design macht aus dem Kleinwagen einen geräumigen R.
Rụnd|mail, die, auch, bes. südd., österr., schweiz.: das: *als E-Mail verschicktes Rundschreiben.*
Rụnd|pfei|ler, der (Archit.): *Pfeiler mit kreisförmigem Querschnitt.*
Rụnd|rei|se, die: *Rundfahrt* (1).
Rụnd|rü|cken, der (Med.): *[durch fehlerhafte Körperhaltung entstandene] Wölbung des Rückens nach außen.*
Rụnd|ruf, der: *Ruf (durch Telefon, Funk o. Ä.), der an alle innerhalb einer bestimmten Gruppe ergeht:* eine Terminverschiebung durch einen telefonischen R. bekannt machen.
Rụnd|schau, die (geh.): *Rundblick* (a), *Umschau.*
Rụnd|schlag, der: **1.** (bes. Sport) *weit ausholender u. ausschwingender Schlag* (1 a). **2.** *Rundumschlag.*
Rụnd|schnitt, der: *Haarschnitt, bei dem die Haare auf etwa gleiche Länge geschnitten werden, sodass die Frisur runde Konturen bekommt.*
Rụnd|schrei|ben, das: *Rundbrief.*
Rụnd|sicht, die: *Rundblick* (a).
Rụnd|stre|cke, die (Sport): *für Motorsport-, Fahrrad- od. Laufwettbewerbe vorgesehene, zum Ausgangspunkt zurückführende Strecke, die meist mehrmals durchfahren od. durchlaufen werden muss:* Dazu: **Rụnd|stre|cken|ren|nen,** das.
Rụnd|stück, das (nordd.): *großes rundes Brötchen.*
Rụnd|tanz, der: **a)** *gemeinsam im Kreis mit festgelegten Bewegungen (zeitweise Auflösung der Paare u. Partnerwechsel) durchgeführter Tanz;* **b)** *Musik zum Rundtanz* (a): einen R. spielen.
rund|ụm ⟨Adv.⟩: **a)** *in der Runde, ringsum, im Umkreis, rundherum* (a): r. standen Neugierige; das Fleisch r. anbraten; **b)** *rundherum* (c): r. zufrieden, glücklich sein; Meine Buchhandlung von früher, die sich seit 55 ein paarmal r. erneuert hat und mittlerweile nur noch Saisonware umschlägt ... (Rühmkorf, Fahrtwind 304).
Rund|ụm|be|treu|ung, die: *Betreuung, Versorgung o. Ä., die durchgehend Tag u. Nacht erfolgt:* pädagogische, individuelle, kostenlose, medizinische R.
Rund|ụm|er|neu|e|rung, die: *Runderneuerung* (2a, b).
Rund|ụm|schlag, der: **1.** *ziellos gegen alle [vermeintlichen od. tatsächlichen] Gegner gerichteter Angriff:* sich mit einem [verbalen, rhetorischen] R. Luft machen. **2.** *nach allen Seiten im Kreis geführter Schlag:* sich mit einem R. Luft machen.
Rund|ụm|sicht, die (Kfz-Wesen): *Sicht nach allen Seiten:* der Wagen bietet eine tadellose R.
Rund|ụm-sọrg|los-Pa|ket, das (bes. Werbespr.): *alle [organisatorischen] Bedürfnisse abdeckendes Dienstleistungsangebot:* buchen Sie das R. für Ihren entspannten Urlaub an der Ostsee!
Rund|ụm|ver|gla|sung, die: *Verglasung auf allen Seiten.*
Rund|ụm|ver|sor|gung, die: *alle Bedürfnisse abdeckende Versorgung:* die R. der Bevölkerung mit Arzneimitteln.
Rụn|dung, die; -, -en: *runde Form, Rundheit, Wölbung:* die R. der Kuppel; die weiblichen -en; in sanfter R. spannt sich der Brückenbogen über das Tal.
Rụnd|wan|der|weg, der: *Wanderweg, der wieder zum Ausgangspunkt zurückführt.*

rund|weg ⟨Adv.⟩: *entschieden u. vollständig, ohne Diskussion od. Überlegung; unumwunden:* etw. r. leugnen, ablehnen; das ist r. falsch.
Rụnd|weg, der: *Spazier-, Wanderweg, der wieder zum Ausgangspunkt zurückführt:* der R. ist ausgeschildert.
Rụnd|zelt, das: *rundes Zelt.*
Ru|ne, die; -, -n [mhd. rūne, ahd. rūna = Geheimnis; geheime Beratung; Geflüster, wahrsch. eigtl. = (heimliches) Flüstern, Tuscheln; lautm.]: *Zeichen der von den Germanen benutzten Schrift:* Dazu: **Ru|nen|al|pha|bet,** das; **Ru|nen|schrift,** die; **Ru|nen|zei|chen,** das.
Rụn|ge, die; -, -n [mhd., mniederd. runge, urspr. wohl = Rundstab, zu ↑ Ring] (Fachspr.): *(bei landwirtschaftlichen und Lastfahrzeugen) seitlich an einer Ladefläche befestigte Stange, die als Halterung für Seitenwände od. als Stütze für längeres Ladegut (z. B. Langholz, Rohre) dient.*
Rụn|kel, die; -, -n (bes. österr., schweiz.): *Runkelrübe.*
Rụn|kel|rü|be, die [wahrsch. zu landsch. Runken = unförmiges, dickes Stück, nach der dicken Wurzel der Pflanze, od. zu ↑ Runzel, nach den auffallend runzligen Samen]: *Futterrübe.*
Rụn|ning Gag ['raniŋ -], der; - -s, - -s [engl., aus: running = ständig, fortlaufend, zu: to run = laufen, rennen u. gag, ↑ Gag]: *Gag, der sich immer wiederholt, der oft verwendet wird.*
Rụns, der; -es, -e, **Rụn|se,** die; -, -n [mhd. runs(t), ahd. runs(a) = Fluss(lauf), eigtl. = das Rinnen; vgl. blutrünstig] (südd., österr., schweiz.): *Rinne [mit Wildbach] an Gebirgshängen:* steinige Runse[n]; ♦ ... den Durst mir stillend mit der Gletscher Milch, die in den Runsen schäumend niederquillt (Schiller, Tell II, 2).
rụn|ter ⟨Adv.⟩: ugs. für ↑ herunter, ↑ hinunter: r. vom Baum!
rụn|ter|fah|ren ⟨st. V.⟩ (ugs.): **1.** ⟨ist⟩ *herunterfahren* (1). **2.** ⟨hat⟩ *herunterfahren* (2). **3.** ⟨hat⟩ *herunterfahren* (3). **4.** ⟨hat⟩ (EDV) *herunterfahren* (4).
rụn|ter|fal|len ⟨st. V.; ist⟩ (ugs.): *herunter-, hinunterfallen:* pass auf, dass du nicht runterfällst!; *hinten r.* (1. *sich mit seiner Leistung o. Ä. anderen gegenüber nicht behaupten können.* 2. *nicht beachtet, vernachlässigt werden*).
rụn|ter|ge|hen ⟨unr. V.; ist⟩ (ugs.): *heruntergehen, hinuntergehen.*
rụn|ter|hau|en ⟨unr. V.; haute runter, hat runtergehauen⟩: **1.** * *jmdm. eine/ein paar r.* (salopp; *jmdn. ohrfeigen*). **2.** (ugs. abwertend) *schnell u. ohne besondere Sorgfalt [auf dem PC] schreiben.*
rụn|ter|ho|len ⟨sw. V.; hat⟩: **1.** *herunterholen.* **2.** * *sich, jmdm. einen r.* (vulg.; *masturbieren, sich masturbieren*).
rụn|ter|kom|men ⟨st. V.; ist⟩ (ugs.): **1.** *herunterkommen.* **2.** *sich beruhigen:* komm erst mal wieder runter, dann können wir in Ruhe darüber sprechen.
rụn|ter|krie|gen ⟨sw. V.; hat⟩ (ugs.): *herunterbekommen.*
rụn|ter|la|den ⟨st. V.; hat⟩ (ugs.): *herunterladen:* sich ⟨Dativ⟩ im Video, einen Musiktitel [aus dem Internet] r.
rụn|ter|las|sen ⟨st. V.; hat⟩ (ugs.): *herunter-, hinunterlassen.*
rụn|ter|ma|chen ⟨sw. V.; hat⟩ (ugs.): *heruntermachen.*
rụn|ter|müs|sen ⟨unr. V.; hat⟩ (ugs.): **1.** *sich nach unten begeben müssen:* ich muss noch mal kurz runter. **2.** *heruntergenommen, entfernt werden müssen:* erst mal muss die alte Farbe runter.
rụn|ter|put|zen ⟨sw. V.; hat⟩ (ugs.): *herunterma-chen* (a).

rụn|ter|rut|schen ⟨sw. V.; ist⟩ (ugs.): *herunter-, hinunterrutschen:* R rutsch mir den Buckel runter! (lass mich [damit] in Ruhe!)
rụn|ter|schlu|cken ⟨sw. V.; hat⟩ (ugs.): *hinunter-, herunterschlucken.*
rụn|ter|set|zen ⟨sw. V.; hat⟩ (ugs.): *heruntersetzen, herabsetzen.*
rụn|ter|tra|gen ⟨st. V.; hat⟩ (ugs.): *heruntertragen.*
rụn|ter|wirt|schaf|ten ⟨sw. V.; hat⟩ (ugs.): *herunterwirtschaften.*
rụn|ter|wür|gen ⟨sw. V.; hat⟩ (ugs.): *herunterwürgen.*
rụn|ter|zie|hen ⟨unr. V.; hat⟩ (ugs.): *herunterziehen.*
Rụn|way ['rɑnweɪ], die; -, -s od. der; -[s], -s [engl. runway, zu: to run = laufen u. way = Weg] (Flugw.): *Start-und-Lande-Bahn.*
Rụn|zel, die; -, -n ⟨meist Pl.⟩ [mhd. runzel, ahd. runzula, Vkl. von mhd. runze, ahd. runza = Runzel]: *Falte in der Haut:* tiefe -n; viele -n auf der Stirn haben; Hände voller -n.
rụn|ze|lig, runzlig ⟨Adj.⟩ [älter runzlicht, mhd. runzeleht, ahd. runzileht]: *stark gerunzelt; mit Runzeln, Falten bedeckt:* -e Haut, Hände; der Apfel ist schon ganz r. geworden.
rụn|zeln ⟨sw. V.; hat⟩ [mhd. runzeln]: **a)** *in Falten ziehen, faltig zusammenziehen:* [ärgerlich, nachdenklich] die Stirn, die Augenbrauen r.; mit gerunzelter Stirn; **b)** ⟨r. + sich⟩ *Runzeln bekommen:* die Haut runzelt sich.
rụnz|lig: ↑ runzelig.
Rü|pel, der; -s, - [als Scheltwort gebrauchte frühnhd. Kurzf. des m. Vorn. Ruprecht] (abwertend): *männliche Person, die ungehobelt u. grob ist, die sich schlecht, ungezogen benimmt, deren Betragen andere empört:* so ein R.!
Rü|pe|lei, die; -, -en (abwertend): **1.** ⟨o. Pl.⟩ *rüpelhaftes Benehmen.* **2.** *rüpelhafte Handlung:* solche -en lassen wir uns nicht gefallen!
rü|pel|haft ⟨Adj.⟩ (abwertend): *wie ein Rüpel [sich benehmend]:* ein -er Mensch; sich r. benehmen. Dazu: **Rü|pel|haf|tig|keit,** die; -.
rụp|fen ⟨sw. V.; hat⟩ [mhd. rupfen, ropfen, ahd. ropfōn, zu ↑ raufen]: **1. a)** *herausziehen, ruckartig [in einzelnen Büscheln] ausreißen:* Gras, Kräuter, Unkraut r.; **b)** *geschlachtetem Geflügel die Federn zupfend ausreißen:* ein Huhn, eine Gans r.; **c)** *von, aus etw. auf kräftige, ruckartige, zupfende Weise entfernen:* die Blätter vom Stiel r. **2.** (ugs.) *übervorteilen; jmdm. viel Geld abnehmen, ihn um sein Geld bringen:* der Wirt hat uns ganz schön gerupft.
Rụp|fen, der; -s, ⟨Sorten:⟩ - [mhd. rupfen, wohl eigtl. = Gewebe aus einem Stoff, der von der Hechel abgerauft wird]: *grobes, poröses Gewebe aus Jute in Leinwandbindung:* ein Sack aus R.; die Wände sind mit R. bespannt.
Ru|pi|ah, die; -, - [indones. rupiah < Hindi rūpaiyā, ↑ Rupie]: *Währungseinheit in Indonesien.*
Ru|pie, die; -, -n [Hindi rūpaiyā < aind. rūpya = Silber]: *Währungseinheit in Indien, Pakistan, Sri Lanka u. anderen Staaten.*
rụp|pig ⟨Adj.⟩ [zu ↑ ¹rupfen, urspr. = gerupft, dann: zerlumpt, arm]: **1.** (abwertend) *unhöflich-frech; unfreundlich: ein -er Mensch; hier herrscht ein -er Ton; er war sehr r. zu uns, hat r. geantwortet.* **2.** *grob, hart u. unfair: ein -es Spiel;* r. spielen.
Rụp|pig|keit, die; -, -en (abwertend): **1.** ⟨o. Pl.⟩ *ruppiges Benehmen.* **2.** *ruppige Handlungsweise, Äußerung.*
Rụp|recht: in der Fügung Knecht R. (landsch.; *Begleiter des Nikolaus od. des Christkindes [der Rute u. Geschenke trägt];* nach dem m. Vorn. Ruprecht).
Rup|tur, die; -, -en [spätlat. ruptura, zu lat. rup-

tum, 2. Part. von: rumpere=brechen, zerreißen] (Med.): *Zerreißung (eines Gefäßes od. Organs), Durchbruch* (z. B. der Gebärmutter).

ru|ral ⟨Adj.⟩ [spätlat. ruralis] (bildungsspr.): *ländlich, bäuerlich.*

Rü|sche, die; -, -n [frz. ruche, eigtl. = Bienenkorb (nach der Form des Besatzes) < vlat. rusca = Rinde (Bienenkörbe wurden urspr. aus Rinde gefertigt), aus dem Kelt.]: *dem schöneren Aussehen dienender Besatz aus gefälteltem Stoff od. geraffter Spitze an einem Kleid o. Ä.: eine R. um den Halsausschnitt; ein Kleid mit -n.* Dazu: **Rü|schen|blu|se,** die; **Rü|schen|hemd,** das; **Rü|schen|kleid,** das; **Rü|schen|kra|gen,** der.

ru|sche|lig, ruschlig ⟨Adj.⟩ (landsch. ugs. abwertend): **a)** *unordentlich, schlampig;* ◆ **b)** *oberflächlich, fahrig:* ...*ob ihr gleich so ruschlig seid, dass ihr auf nichts in der Welt achtgebt, so spürt ihr doch* ... (Goethe, Lila 1); ⟨subst.:⟩ ...*die Ruschlige wäre besser für ihn, ich glaube auch, sie nimmt ihn lieber als die Älteste* (Goethe, Wanderjahre I, 8).

◆ **ru|schen** ⟨sw. V.; hat⟩ [von Goethe geb. zu ↑ruscheln in dessen Bed. »rascheln«]: *rascheln: Das drängt und stößt, das ruscht und klappert* (Goethe, Faust I, 4016).

rusch|lig: ↑ruschelig.

Rush|hour [ˈraʃaʊɐ̯], die; -, -s ⟨Pl. selten⟩ [engl. rush-hour(s), zu: to rush = [vorwärts]stürmen, drängen u. hour = Stunde]: *Hauptverkehrszeit.*

Ruß, der; -es, (Fachspr.:) -e [mhd., ahd. ruoʒ, H. u.]: *schwarze, schmierige Substanz (aus Kohlenstoff), die bei unvollkommener Verbrennung organischer Substanzen entsteht: von R. geschwärzte Gesichter, Fassaden; Die Waggons sind mit fettem R. wie mit einer Schmiere bedeckt* (Koeppen, Rußland 14).

Rus|se, der; -n, -n: **1. a)** *Angehöriger eines ostslawischen Volks;* **b)** *russischer Staatsbürger.* **2.** (ugs. früher:) *Sowjetbürger.*

Rüs|sel, der; -s, - [mhd. rüeʒel, zu ahd. ruoʒʒen = wühlen, also eigtl. = Wühler]: **1. a)** *zu einem röhrenförmigen, zum Tasten, auch Greifen dienenden Organ ausgebildete Nase bei manchen Säugetieren: der R. des Elefanten, des Tapirs; die Wildschweine wühlten mit ihrem R. die Erde auf;* **b)** *bewegliches [ausstülpbares] Organ zum Saugen od. Stechen bei verschiedenen Insekten, Würmern, Schnecken u. Ä.: Die Fliegen prasselten taub und blind... noch aus der Bewegung des Aufschwirrens wieder auf den Kadaver hinab und tauchten ihre R. in die süße Verwesung* (Ransmayr, Welt 236). **2.** (salopp) *Nase:* nimm deinen R. weg!

rüs|sel|ar|tig ⟨Adj.⟩: *einem Rüssel (1) ähnlich.*

rüs|sel|för|mig ⟨Adj.⟩: *in der Form einem Rüssel (1) ähnlich.*

Rüs|sel|kä|fer, der: *in vielen Arten vorkommender Käfer mit einem deutlich erkennbaren Rüssel (1 b).*

Rüs|sel|tier, das (ugs. scherzh.): *Elefant.*

ru|ßen ⟨sw. V.; hat⟩ [mhd. (ge-, über)ruoʒen]: **1.** *unter Rußentwicklung brennen: die Kerze, die Petroleumlampe rußt stark.* **2.** *mit Ruß einfärben, schwärzen:* durch ein gerußtes Glas in die Sonne schauen. **3.** (bes. schweiz.) *von Ruß säubern:* da Kamin r.

Rus|sen|ma|fia, die: *von Russen (1 b) gegründete international tätige erpresserische Geheimorganisation.*

Ruß|ent|wick|lung, die: *Entstehung von Ruß:* unter starker R. verbrennen.

ruß|far|ben, ruß|far|big ⟨Adj.⟩: *schwarz u. glanzlos.*

Ruß|fil|ter, der: *Vorrichtung bei Dieselmotoren, die den im Abgas enthaltenen Ruß zurückhalten soll.*

ruß|ge|schwärzt ⟨Adj.⟩: *schwarz von Ruß.*

rus|si|fi|zie|ren ⟨sw. V.; hat⟩ [zu ↑russisch u. lat. facere = machen]: *an die Sprache, die Sitten u. das Wesen der Russen angleichen.* Dazu: **Rus|si|fi|zie|rung,** die; -, -en.

ru|ßig ⟨Adj.⟩ [mhd. ruoʒec, ahd. ruoʒag]: *von Ruß geschwärzt, mit Ruß überzogen:* -e Hände; die Wände sind alt und r.; du hast dich [am Ofen] r. gemacht.

Rus|sin, die; -, -nen: w. Form zu ↑Russe.

rus|sisch ⟨Adj.⟩ [mhd. (md.) rüʒesch, zu: Rūʒ, ahd. Rūʒo < mlat. Russus < mgriech. Ruós < aruss. Rus = Russe, aus dem Anord.]: **a)** *Russland, die Russen betreffend; von den Russen stammend, zu ihnen gehörend:* die -e Hauptstadt; -er Abstammung sein; echt-er Wodka; **b)** *in der Sprache der Russen [verfasst]:* -e Literatur; der Text ist r. abgefasst.

Rus|sisch, das; -[s]: **a)** *russische Sprache;* **b)** *russische Sprache u. Literatur als Lehrfach.*

rus|sisch-ame|ri|ka|nisch ⟨Adj.⟩: *zwischen Russland u. Amerika bestehend, stattfindend:* -e Abrüstungsgespräche.

Rus|sisch|brot, (fachspr.:) **Rus|sisch Brot,** das ⟨o. Pl.⟩ [H.u.]: *haltbares, härteres, hellbraunes, glänzendes Feingebäck in Form von Buchstaben.*

Rus|si|sche, das; -n ⟨nur mit best. Art.⟩: *Russisch (a).*

Rus|si|sche Fö|de|ra|ti|on, die; -n -: *Russland (1).*

rus|sisch-or|tho|dox ⟨Adj.⟩: *der orthodoxen Kirche in ihrer russischen Ausprägung angehörend.*

rus|sisch|spra|chig ⟨Adj.⟩: **a)** *die russische Sprache sprechend;* **b)** *in russischer Sprache.*

rus|sisch|stäm|mig ⟨Adj.⟩: *aus Russland stammend:* russlandstämmige Migranten.

Russ|ki, der; -[s], -[s] (bes. Soldatenspr. früher abwertend): *Russe; russischer Soldat.*

Russ|land; -s: **1.** *nicht amtliche Bez. für: Russische Föderation; Staat in Osteuropa u. Asien.* **2.** (früher:) *nicht amtliche Bez. für: Sowjetunion.*

russ|land|deutsch ⟨Adj.⟩: *mit deutscher ethnischer Zugehörigkeit in Russland geboren:* -e Aussiedler.

Russ|land|deut|sche ⟨vgl. ¹Deutsche⟩: *in Russland geborene [u. dort lebende] ethnische Deutsche.*

Russ|land|deut|scher ⟨vgl. Deutscher⟩: *in Russland (1) geborener [u. dort lebender] ethnischer Deutscher.*

Ruß|par|ti|kel, das, auch: die: *kleinstes, Ruß bildendes Teilchen.* Dazu: **Ruß|par|ti|kel|fil|ter,** der, fachspr. auch: das.

Ruß|tau, der (Bot.): *Pflanzenkrankheit, bei der die Oberseite der Blätter aussehen, als seien sie mit Ruß bedeckt:* wie erkennt man R.?

ruß|ver|schmiert ⟨Adj.⟩: *mit Ruß verschmiert:* -e Gesichter.

Ruß|wol|ke, die: *Wolke (2) aus Ruß.*

rüs|ten ⟨sw. V.; hat⟩ [mhd. rüsten, rusten, ahd. (h)rusten, zu: hrust = Rüstung, urspr. = herrichten, ausstatten, schmücken, H. u.]: **1.** *sich bewaffnen; die militärische Stärke durch [vermehrte] Produktion von Waffen [u. Vergrößerung der Armee] erhöhen:* die Staaten r. [für einen neuen Krieg]; sie gaben Milliarden aus, um gegeneinander zu r.; schlecht, gut, bis an die Zähne gerüstet sein. **2. a)** ⟨r. + sich⟩ (geh.) *sich für etw. bereit machen:* sich zur Reise, für einen Besuch r.; sich zum Kirchgang r. (schweiz.; *sich festlich kleiden*); ⟨auch ohne »sich«:⟩ zum Aufbruch r.; **b)** (geh.) *vorbereiten, fertig machen:* das Essen r.; ein Fest, eine Feier r. (*veranstalten, ausrichten*); sie rüstete ihm ein Bad (*bereitete ihm ein Bad*); ◆ Deswe-

gen rüstete ich (*richtete ich schussbereit*) zwei Falkonette grade auf meine Treppe, fest entschlossen, den Ersten, der heraufkäme, mit meinem Feuer zu empfangen (Goethe, Benvenuto Cellini I, 1, 7); **c)** (schweiz.) *(Gemüse, Salat u. Ä.) putzen, zum Verzehr od. Kochen vorbereiten:* Spinat r.

Rüs|ter [ˈryː...], die; -, -n [zu mhd. rust = Ulme, H. u.; zum 2. Bestandteil -ter vgl. Teer]: *Ulme (1, 2).*

Rüs|ter|holz, das: *Holz der Rüster.*

Rüs|ti|co, der od. das; -s, ...ci [...tʃi] [zu ital. rustico = ländlich, bäuerlich < lat. rusticus, ↑rustikal] (schweiz.): **a)** *Bauernhaus;* **b)** *zum Ferienhaus umgebautes Rustico (a).*

rüs|tig ⟨Adj.⟩ [mhd. rüstec = gerüstet, bereit, ahd. hrustig = geschmückt, zu ↑rüsten]: **a)** *(trotz fortgeschrittenen Alters) noch fähig, [anstrengende] Aufgaben zu erfüllen; noch nicht hinfällig, sondern frisch u. leistungsfähig:* eine -e alte Dame; er ist ein -er Siebziger; der Rentner lief r. an der Spitze mit; **b)** (veraltend) *kraftvoll, kräftig:* der Wanderer schritt r. aus; ◆ Ihr seht es ihr an, sie ist r. geboren, aber so gut wie stark (Goethe, Hermann u. Dorothea 6, 182f.).

Rüs|tig|keit, die; -: *das Rüstigsein.*

rus|ti|kal ⟨Adj.⟩ [mlat. rusticalis, zu lat. rusticus = ländlich, schlicht, bäurisch, zu: rus = Land]: **1. a)** *ländlich-schlicht, bäuerlich:* -e Hausmannskost; gern r. essen; **b)** *eine ländlich-gediegene Note habend:* eine -e Einrichtung; -e Kleidung; ein handgewebter Stoff mit -em Muster; das Haus ist r. möbliert. **2. a)** *von bäuerlich-robuster, unkomplizierter, schlichter Wesensart:* sein Habitus ist ziemlich r.; **b)** (abwertend) *grob, ungehobelt:* ein -es Auftreten; ein -es Foul (*eine grobe Unsportlichkeit*); der Verteidiger spielte ziemlich r. (*wenig rücksichtsvoll, sehr körperbetont*).

Rus|ti|ka|li|tät, die; -: *rustikale Art, rustikales Wesen.*

Rüst|kam|mer, die (früher): *Raum (bes. in einer Burg od. Festung) zur Aufbewahrung von Waffen u. Rüstungen:* R. Kampfparolen aus der ideologischen R. des Stalinismus.

Rüst|mes|ser, das (schweiz.): *Küchenmesser.*

Rüst|tag, der (jüd. Rel.): *[Vorbereitung, Besinnung am] Vorabend eines Festtages, Festes.*

Rüs|tung, die; -, -en [16.Jh.; schon ahd. rustunga = Werkzeug]: **1.** *(bes. im Mittelalter) den Körperformen eines Kriegers angepasster Schutz [aus Metall] gegen Verwundungen, der ähnlich wie eine Uniform getragen wird:* eine schwere, glänzende, metallene R.; eine R. anlegen, tragen, ablegen; ein Ritter in voller R. **2.** *das Rüsten (1); Gesamtheit aller militärischen Maßnahmen u. Mittel zur Verteidigung eines Landes od. zur Vorbereitung eines kriegerischen Angriffs:* eine kostspielige, konventionelle, nukleare R.; die R. verschlingt Milliarden.

Rüs|tungs|auf|trag, der: *Auftrag (2), der Waffen od. Gegenstände der militärischen Ausrüstung betrifft.*

Rüs|tungs|aus|ga|be, die ⟨meist Pl.⟩: *Ausgabe (3) für die Rüstung.*

Rüs|tungs|be|gren|zung, die: *Begrenzung der Rüstung.*

Rüs|tungs|be|trieb, der: *Betrieb der Rüstungsindustrie.*

Rüs|tungs|etat, der: *die Rüstung betreffender Teil des Haushaltsplans.*

Rüs|tungs|ex|port, der: *Export von Waffen u. anderen Rüstungsgütern.*

Rüs|tungs|fir|ma, die: vgl. *Rüstungsbetrieb.*

Rüs|tungs|ge|schäft, das: *Geschäft (1a, b) mit Rüstungsgütern.*

Rüs|tungs|gut, das ⟨meist Pl.⟩: in den Bereich der Rüstung gehörendes industrielles Produkt.
Rüs|tungs|in|dus|t|rie, die: Industriezweig, der bes. für die Rüstung produziert.
Rüs|tungs|kon|t|rol|le, die: (bes. internationale) Kontrolle der Rüstung[sbegrenzung].
Rüs|tungs|kon|ver|si|on, die: Konversion (8).
Rüs|tungs|kon|zern, der: Konzern der Rüstungsindustrie.
Rüs|tungs|stopp, der: das Einstellen der Aufrüstung.
Rüs|tungs|un|ter|neh|men, das: Unternehmen (2) der Rüstungsindustrie.
Rüs|tungs|wett|lauf, der: das Wettrüsten.
Rüst|zeit, die (Fachspr.): Zeit, die zur Vorbereitung einer bestimmten Arbeit nötig ist (z. B. zum Einstellen der Maschine, zur Vorbereitung von Werkstücken u. a.)
Rüst|zeug, das ⟨Pl. selten⟩: **a)** Gesamtheit aller [Ausrüstungs]gegenstände u. Werkzeuge für einen bestimmten Zweck; **b)** für eine bestimmte Tätigkeit nötiges Wissen u. Können.
Ru|te, die; -, -n [mhd. ruote, ahd. ruota, H. u.]: **1. a)** langer, dünner, biegsamer Zweig: die -n der Weide; eine R. abschneiden; **b)** abgeschnittene Rute (1 a), Bündel aus abgeschnittenen Ruten (1 a) zum Schlagen, Züchtigen: die R. zu spüren bekommen; der Nikolaus mit Sack und R. **2.** Kurzf. von ↑ Angelrute. **3.** Kurzf. von ↑ Wünschelrute. **4.** (Jägerspr.) Schwanz (bei Raubwild, Hund u. Eichhörnchen).
Ru|ten|bün|del, das: **1.** Bündel aus Ruten (1 a). **2.** Faszes.
Ru|ten|gän|ger, der; -s, -: Kurzf. von ↑ Wünschelrutengänger.
Ru|ten|gän|ge|rin, die; -, -nen: w. Form zu ↑ Rutengänger.
Ru|the|ni|um, das; -s [nach Ruthenien, dem alten Namen der Ukraine] (Chemie): mattgraues od. silberweiß glänzendes, sehr hartes, sprödes Edelmetall (chemisches Element; Zeichen: Ru).
Rüt|li|schwur, der; -[e]s [nach dem Rütli, einer Bergwiese am Vierwaldstätter See]: sagenumwobener Treueschwur bei der Gründung der Schweizerischen Eidgenossenschaft.
Rutsch, der; -[e]s, -e: **1. a)** das Rutschen nach unten; gleitende Abwärtsbewegung. * guten R. [ins neue Jahr]! (ugs.; Wunschformel zum Jahreswechsel; wohl zu Rutsch[e] = Reise, Fahrt u. urspr. = gute Reise; viell. im Sinne von »guter Anfang«, beeinflusst von rotwelsch rosch = Anfang, Beginn); **in einem/**(seltener:**) auf einen R.** (ugs.; auf einmal, ohne Unterbrechung: ich habe das Buch in einem R. [durch]gelesen; ich hatte ein ganzes Pfund Kirschen auf einen R. gegessen); **b)** rutschende Erd-, Gesteinsmassen: in den Alpen kann ein Steinwurf -e und Lawinen auslösen. **2.** (ugs. veraltend) kleiner Ausflug, kurze Fahrt, Spritztour: über das Wochenende einen R. ins Grüne machen.
Rutsch|au|to, das: vierrädriges kleines Fahrzeug ohne Pedale, auf dem sich kleine Kinder durch Abstoßen mit den Füßen fortbewegen können.
Rutsch|bahn, die: **1.** Gerüst mit schräger Bahn, auf der hinuntergerutscht werden kann (bes. auf Spielplätzen, im Schwimmbad). **2.** (ugs.) glatte Fläche auf Eis, Schnee zum Rutschen (1 a): [sich] eine R. machen; Ü Schneeregen verwandelte die Straße in eine R.
Rut|sche, die; -, -n: **1.** Rutschbahn (1): unsere Kinder gehen am liebsten auf die R. **2.** der Rutschbahn ähnliche schiefe Ebene, auf der etw. rutschend befördert werden kann: das Schüttgut gelangt über eine R. in den Waggon; Pakete auf/ über -n weiterbefördern.
rut|schen ⟨sw. V.; ist⟩ [spätmhd. rutschen, wahrsch. lautm.]: **1. a)** sich gleitend über eine Fläche hinbewegen: auf seinem Platz hin und her r.; über den gefrorenen Schnee, die vereiste Fahrbahn r.; der kleine Junge rutscht durchs Zimmer; der Teppich rutscht (verschiebt sich); die Kupplung rutscht (fasst nicht); ⟨subst.:⟩ ins Rutschen kommen, geraten; **b)** ausrutschen: sie rutschte und verletzte sich; ⟨subst.:⟩ in der Kurve kam der Wagen ins Rutschen; **c)** (ugs.) zur Seite rücken: kannst du ein wenig r.?; rutsch mal! **2.** [nicht fest sitzen (wie es sein sollte), sondern] sich [unabsichtlich] gleitend nach unten bewegen: die Brille, Hose, der Rock rutscht; die Mütze rutscht [ihr vom Kopf]; vom Stuhl r.; der Schnee rutschte vom Dach; das trockene Brot rutscht schlecht (ugs.; lässt sich schwer hinunterschlucken); Ü Die Preise beginnen zu r. (zu fallen). **3.** (ugs.) [kurz entschlossen] eine kurze Reise, einen Ausflug o. Ä. unternehmen: er ist über die Feiertage mal eben nach Berlin gerutscht.
Rut|scher, der; -s, -: **1.** (ugs.) einzelnes Rutschen, Ausrutschen: ein R. auf dem glatten Boden. **2.** (österr. ugs.) kurze Reise, Fahrt; Abstecher: ein R. ins nahe gelegene Erholungsgebiet. **3.** (ugs.) Rutschauto: sie fährt gerne [mit dem] R.
rutsch|fest ⟨Adj.⟩: ein Rutschen nicht so leicht zulassend: ein -er Autoreifen, Teppichboden.
Rutsch|ge|fahr, die ⟨o. Pl.⟩: Gefahr des Rutschens (bes. auf glatter Fahrbahn): es bestand erhöhte R.
rut|schig ⟨Adj.⟩: so beschaffen, dass jmd. leicht darauf [aus]rutschen kann; glatt: -es Kopfsteinpflaster; die Straße war feucht und r.
Rutsch|par|tie, die (ugs.): Fortbewegung auf einer glatten Oberfläche unter häufigem Ausrutschen: der Weg ins Tal war die reinste R.
rutsch|si|cher ⟨Adj.⟩: rutschfest (2).
Rut|schung, die; -, -en (Geol.): Abwärtsbewegung von Gesteinsmassen an Hängen.
Rut|te, die; -, -n [mhd. rutte, ↑ Aalraupe]: (zu den Dorschfischen gehörender) im Süßwasser lebender, großer Raubfisch von graubrauner Färbung mit langer Afterflosse.
Rüt|te|lei, die; -, -en ⟨Pl. selten⟩ (ugs., meist abwertend): [dauerndes] Rütteln (1, 2).
Rüt|tel|flug, der: das Rütteln (3).
rüt|teln ⟨sw. V.⟩ [mhd. rütteln, rütelen, Iterativbildung zu: rütten = erschüttern; im Sinne von »Bäume losrütteln« verw. mit ↑ roden, vgl. zerrütten]: **1. a)** schnell ruckweise] hin u. her bewegen, heftig schütteln: ein Sieb r.; jmdn. am Arm, an der Schulter r.; ich wurde aus dem Schlaf gerüttelt; Hans rüttelte ihn. Er wollte etwas über seine Gefühle erfahren (Kronauer, Bogenschütze 178); **b)** (etw., was sich nicht aus eigenem Antrieb bewegen kann) fassen u. heftig hin u. her bewegen od. zu bewegen [u. zu öffnen] versuchen: an der Tür, am Gitter r.; der Sturm rüttelt an den Fensterläden; Ü An den Grundfesten der Außenpolitik r.; an dem Vertrag darf nicht gerüttelt (nichts infrage gestellt, nichts verändert) werden; daran ist nicht, gibt es nichts zu r. (das ist unabänderlich). **2. a)** ⟨hat⟩ sich [durch eine von außen einwirkende Kraft] ruckartig hin u. her bewegen, heftig erschüttert werden: der Motor rüttelt (Jargon; läuft unregelmäßig, stoßend); **b)** ⟨ist⟩ ruckartig fahren, sich fortbewegen: der Wagen rüttelte über das Kopfsteinpflaster. **3.** ⟨hat⟩ (Zool., Jägerspr.) (bes. von Greifvögeln) mithilfe von kurzen, heftigen Flügelschlägen bei fast senkrechter Körperhaltung an einer Stelle in der Luft verweilen: über der Lichtung rüttelte ein Habicht.
Ru|wer, die; -: rechter Nebenfluss der Mosel.
RVO = Reichsversicherungsordnung.
Rwan|da ['rṷanda]: ↑ Ruanda.
Rye [raɪ], der; -s, -s [engl. rye, eigtl. = Roggen]: amerikanischer Whiskey, dessen Maische (2) überwiegend aus Roggen bereitet ist.

s, S [ɛs], das; -, - [mhd., ahd. s]: neunzehnter Buchstabe des Alphabets; ein Konsonantenbuchstabe: ein kleines s, ein großes S schreiben; scharfes S (Eszett).
s, sh = Shilling.
s. = sieh[e]!
S = Schilling; Sen; Süd[en]; Sulfur.
S [ɛs] = small (klein; internationale Kleidergröße).
S. = San, Sant', Santa, São; Seite.
σ, ς, Σ: ↑ Sigma.
$ = Dollar.
Sa. = Summa; Sachsen; Samstag; Sonnabend.
SA [ɛs'a:], die; - (nationalsoz.): Sturmabteilung (uniformierte u. bewaffnete politische Kampftruppe als Organisationseinheit der NSDAP).
Saal, der; -[e]s, Säle [mhd., ahd. sal, urspr. Bez. für das aus einem Raum bestehende Haus der Germanen, eigtl. = durch Flechtwerk od. Zäune geschützter Wohn-, Siedlungsraum]: **1.** für Festlichkeiten, Versammlungen o. Ä. bestimmter größerer Raum in einem Gebäude: ein großer, hoher, erleuchteter, festlich geschmückter S.; der S. war überfüllt, bis auf den letzten Platz besetzt; der S. hat eine gute Akustik; einen S. mieten; bei Regen findet die Veranstaltung im S. statt. **2.** in einem Saal (1) versammelte Menge von Menschen: der [ganze] S. tobte vor Begeisterung.
Saal|bau, der ⟨Pl. -ten⟩ (Archit.): Gebäude, in dem sich ein großer Saal (1) befindet.
Saal|bie|ter, der: bei einer Auktion persönlich anwesender Bieter.
Saal|bie|te|rin, die: w. Form zu ↑ Saalbieter.
Saal|die|ner, der: (an seiner besonderen Dienstkleidung erkennbarer) Bediensteter eines Parlaments, der im Plenarsaal die für einen reibungslosen Ablauf der Sitzungen notwendigen Hilfsdienste leistet.
Saal|die|ne|rin, die: w. Form zu ↑ Saaldiener.
Saa|le, die; -: linker Nebenfluss der Elbe.
Saal|ord|ner, der: Ordner (1), der bei Versammlungen in einem Saal (1) eingesetzt wird.
Saal|schlacht, die: Schlägerei in einem Saal zwischen Teilnehmenden an einer [politischen] Versammlung.
Saal|schutz, der ⟨o. Pl.⟩: **a)** Schutz einer in einem Saal stattfindenden Veranstaltung vor Störungen: für den S. ist der Veranstalter zuständig; **b)** Gesamtheit bei einer Veranstaltung eingesetzter Saalordner: den S. verstärken.
Saal|toch|ter, die (schweiz.): Kellnerin.
Saar, die; -: rechter Nebenfluss der Mosel.
Saar|brü|cken: Landeshauptstadt des Saarlands.
¹Saar|brü|cker, der; -s, -: Ew.
²Saar|brü|cker ⟨indekl. Adj.⟩.
Saar|brü|cke|rin, die; -, -nen: w. Form zu ↑ ¹Saarbrücker.
Saar|land, das; -[e]s: deutsches Bundesland.
Saar|län|der, der; -s, -: Ew.
Saar|län|de|rin, die; -, -nen: w. Form zu ↑ Saarländer.
saar|län|disch ⟨Adj.⟩: das Saarland, die Saarländer betreffend; von den Saarländern stammend, zu ihnen gehörend.

Saat, die; -, -en [mhd., ahd. sāt, urspr. = das Aussäen, das Ausgesäte, verw. mit ↑ säen]: **1.** ⟨o. Pl.⟩ *das Säen; Aussaat* (2): *es ist Zeit zur S.; mit der S. beginnen.* **2.** *zum Säen vorgesehene Menge von Samenkörnern:* die S. in die Erde bringen. **3.** *etw. (bes. Getreide), was gesät worden [u. aufgegangen] ist:* die S. ist aufgegangen, ausgewintert, erfroren; die [junge] S. steht gut; Ü die S. des Bösen, der Gewalt, der Zwietracht war aufgegangen.

Saat|ge|trei|de, das: *Getreide, das für die Aussaat vorgesehen ist.*

Saat|gut, das ⟨o. Pl.⟩: *Saat (2).*

Saat|kar|tof|fel, die: *Pflanzkartoffel.*

Saat|korn, das: **1.** ⟨o. Pl.⟩ *für die Saat bestimmtes* ¹*Korn* (2). **2.** *Samenkorn (bes. von Getreide od. Gräsern).*

Saat|krä|he, die [der Vogel schadet der Wintersaat]: *Krähe mit schmalem, spitzem Schnabel.*

Saat|zeit, die (Landwirtsch.): *Jahreszeit, die für die Saat* (1) *am besten geeignet ist.*

Sa|ba|yon [sabaˈjõː], das; -s, -s [frz. sabayon < ital. zabaione, ↑ Zabaione]: *Zabaione.*

Sab|bat, der; -s, -e [hebr. šabbāṯ, zu: šāvaṯ = ausruhen]: *im Judentum geheiligter, von Freitagabend bis Samstagabend dauernder Ruhetag, der mit bestimmten Ritualen begangen wird.*

Sab|ba|ti|cal [səˈbɛtɪkl], das; -s, -s [engl. sabbatical, zu: sabbatical = Sabbat...; zum Sabbat gehörig < spätlat. sabbaticus < griech. sabbatikós]: *(neben dem jährlichen Erholungsurlaub) einmal in einem längeren Zeitraum gewährte längere Freistellung.*

Sab|bat|jahr, das [nach engl. sabbatical year]: *einjähriges Sabbatical.*

Sab|bat|ru|he, die: *am Sabbat einzuhaltende Arbeitsruhe.*

sab|beln ⟨sw. V.; hat⟩ [Nebenf. von ↑ sabbern] (nordd. ugs.): **1.** (abwertend) *[unaufhörlich u. schnell] reden, sprechen; schwatzen:* s. wie ein Buch; ⟨mit Akk.-Obj.:⟩ er sabbelt nur Blödsinn, Mist. **2.** *sabbern:* ... blutig wird der weiße Augapfel und sie reißt sich selbst an den Haaren, sabbelt aus dem Mund (Strauß, Rumor 27).

Sab|ber, der; -s [zu ↑ sabbern] (ugs.): *ausfließender Speichel:* ihm läuft, fließt der S. aus dem Mund.

Sab|ber|lätz|chen, das (fam.): *Lätzchen.*

sab|bern ⟨sw. V.; hat⟩ [aus dem Niederd., zu mniederd. sabben = Speichel ausfließen lassen, sudeln, wahrsch. zu ↑ Saft] (ugs.): *Speichel ausfließen lassen;* der Hund sabbert; er sabbert immer beim Sprechen.

Sä|bel, der; -s, - [spätmhd. sabel, wohl über poln. szabla < ung. szablya, zu: szabni = schneiden, also eigtl. = Schneide]: **a)** *lange Hiebwaffe mit [leicht] gekrümmter Klinge, die nur auf einer Seite eine Schneide hat:* den S. [blank]ziehen, schwingen; den S. in die Scheide stecken; ihn en S. tragen; Und die Polizei war mit n ausgerüstet, die so lang waren wie die der Offiziere und bis an die Erde reichten; niemand wusste mehr warum (Musil, Mann 1 232); * **mit dem S. rasseln** (abwertend; *sich kriegerisch gebärden; mit Krieg drohen*); **b)** (Fechten) *sportliche Hieb- u. Stoßwaffe mit gerader, vorn abgestumpfter Klinge:* mit -n fechten.

Sä|bel|bei|ne ⟨Pl.⟩ (ugs. scherzh.): *kurze, nach außen gebogene Beine:* Dazu: **sä|bel|bei|nig** ⟨Adj.⟩.

Sä|bel|fech|ten, das; -s (Fechten): *das Fechten mit Säbeln* (b) *als sportliche Disziplin.*

sä|bel|för|mig ⟨Adj.⟩: *die Form eines Säbels aufweisend.*

Sä|bel|hieb, der: *Hieb mit dem Säbel.*

sä|beln ⟨sw. V.; hat⟩ [zu ↑ Säbel]: **1.** (ugs., oft scherzh.) *unsachgemäß, ungeschickt schneiden:* er säbelte die Wurst in Stücke; Niemand interessierte sich für das, was Lehrer Klügler gelesen hatte. Dieser Halbmann ging vollgestopft mit Wissen umher und säbelte sich trotz aller Weisheit beim Brotschneiden in den Finger (Strittmatter, Wundertäter 43). **2.** *mit einem Säbel umgehen, fechten.* **3.** (Fußballjargon) **a)** *treten* (3 b): er säbelte über den Ball; **b)** *treten* (3 c): er säbelte den Ball ins Aus.

Sä|bel|ras|seln, das; -s (abwertend): *kriegerisches Gebaren; das Drohen mit Krieg.*

sä|bel|ras|selnd ⟨Adj.⟩ (abwertend): *kriegerisches Gebaren zeigend; mit Krieg drohend.*

Sä|bel|schnäb|ler, der; -s, -: *schwarz-weiß gefiederter Wasservogel mit langem [gebogenem] Schnabel.*

Sä|bel|zahn|ti|ger, der: *ausgestorbene große Katze mit sehr langen, wie ein Säbel gekrümmten Eckzähnen.*

Sa|bi|ner, der; -s, -: *Angehöriger eines ehemaligen Volksstammes in Mittelitalien.*

Sa|bi|ne|rin, die; -, -nen: w. Form zu ↑ Sabiner.

Sa|bo|ta|ge [...ˈtaːʒə, österr. meist: ...ʃ], die; -, -n ⟨Pl. selten⟩ [frz. sabotage, zu: saboter, ↑ sabotieren]: *absichtliche [planmäßige] Beeinträchtigung der Leistungsfähigkeit politischer, militärischer od. wirtschaftlicher Einrichtungen durch [passiven] Widerstand, Störung des Arbeitsablaufs od. Beschädigung u. Zerstörung von Anlagen, Maschinen o. Ä.:* die Polizei vermutet, dass S. vorliegt, im Spiel ist; S. treiben, begehen, planen; ein Akt der S.; jmdn. der S. [an der Wirtschaft] überführen.

Sa|bo|ta|ge|akt, der: *Sabotage bezweckende Handlung:* die Brücke ist durch einen S. zerstört worden.

Sa|bo|teur [...ˈtøːɐ̯], der; -s, -e [frz. saboteur, zu: saboter, ↑ sabotieren]: *jmd., der Sabotage treibt.*

Sa|bo|teu|rin [...ˈtøːrɪn], die; -, -nen: w. Form zu ↑ Saboteur.

sa|bo|tie|ren ⟨sw. V.; hat⟩ [frz. saboter = ohne Sorgfalt arbeiten, eigtl. = mit den Holzschuhen treten, zu: sabot = Holzschuh]: **a)** *durch Sabotage stören, vereiteln:* die Produktion, eine militärische Operation s.; Am nächsten Tag sabotierte er drei Computer und stellte eine Festplatte so ein, dass sich genau einen Monat später alle Daten darauf löschen würden (Kehlmann, Ruhm 22); **b)** *hintertreiben, zu vereiteln suchen:* eine Anordnung, [polizeiliche] Untersuchung s.; jmds. Wiederwahl s.; ... und man munkelte, dass die scherzhafte Reklame einer großen Gummifirma von kirchlicher Seite sabotiert worden sei (Böll, Und sagte 45).

Sa|b|ra, die; -, -s: w. Form zu ↑ Sabre.

Sa|b|re, der; -[s], -s [hebr. ẓabbar; Schreibung von engl. sabra beeinflusst]: *in Israel* (2) *od. Palästina geborener u. ansässiger Jude.*

Sac|cha|ra|se, Sacharase [zaxa...], die; -, -n [zu lat. saccharum < griech. sákcharon < aind. śárkarā = Grieß, Körnerzucker] (Chemie): *Enzym, das Rohrzucker in Invertzucker spaltet.*

Sac|cha|rid, Sacharid, das; -s, -e ⟨meist Pl.⟩ (Chemie): *Kohlenhydrat.*

Sac|cha|rin: ↑ Saccharin.

Sac|cha|ro|se, Sacharose, die; - (Chemie): *Zucker* (1 a).

Sach|an|la|ge, die ⟨meist Pl.⟩ (Wirtsch.): *Anlage* (2) *in Form von Sachwerten (z. B. Grundstücken, Gebäuden, Maschinen).*

Sa|cha|ra|se usw.: ↑ Saccharase usw.

Sach|ar|beit, die ⟨o. Pl.⟩: *sachbezogene, auf sachliche Themen, Probleme o. Ä. gerichtete Arbeit:* nach polemischer Auseinandersetzung zur gemeinsamen S. zurückkehren.

Sach|ar|gu|ment, das: *sachbezogenes Argument.*

Sa|cha|rin, (fachspr.:) Saccharin, das; -s: *(künstlich hergestellter) Süßstoff.*

Sach|ar|ti|kel, der: *[Lexikon]artikel, der eine bestimmte Sache, einen Sachbegriff behandelt.*

Sach|auf|klä|rung, die (Rechtsspr.): *für ein Gerichtsverfahren nötige Klärung von Sachverhalten.*

Sach|auf|wand, der ⟨Pl. selten⟩ (bes. Verwaltung, Wirtsch.): *finanzieller Aufwand für Materialien, Gebäude usw. im Gegensatz zum Personalaufwand.*

Sach|aus|ga|be, die ⟨meist Pl.⟩: *Ausgabe* (3) *für Materialien, Gebäude usw. im Gegensatz zur Personalausgabe.*

Sach|be|ar|bei|ter, der: *jmd., der (beruflich) einen bestimmten Sachbereich zu bearbeiten hat:* der zuständige S.; er ist S. im Innenministerium, Finanzamt.

Sach|be|ar|bei|te|rin, die: w. Form zu ↑ Sachbearbeiter.

Sach|be|griff, der: *Begriff* (1).

Sach|be|reich, der: *Sachgebiet.*

Sach|be|schä|di|gung, die (Rechtsspr.): *vorsätzliche Beschädigung od. Zerstörung fremden Eigentums od. öffentlicher Einrichtungen.*

sach|be|zo|gen ⟨Adj.⟩: *auf die Sache* (4 a) *bezogen:* eine -e Bemerkung, Äußerung; s. argumentieren. Dazu: **Sach|be|zo|gen|heit,** die; -.

Sach|be|zü|ge ⟨Pl.⟩: *Bezüge* (3) *in Form von Naturalien.*

Sach|buch, das: *[populärwissenschaftliches] Buch, das ein Sachgebiet, einen Gegenstand aus einem Sachgebiet darstellt.* Dazu: **Sach|buch|au|tor,** der; **Sach|buch|au|to|rin,** die.

sach|dien|lich ⟨Adj.⟩: **a)** (Amtsspr.) *der Klärung eines bestimmten [juristisch relevanten] Sachverhalts, der Aufklärung einer Straftat o. Ä. dienlich, förderlich:* -e Hinweise nimmt jede Polizeidienststelle entgegen; **b)** (Papierdt.) *der Sache dienlich, förderlich:* seine Vorschläge sind wenig s.

Sach|dis|kus|si|on, die: *Diskussion über Sachfragen.*

Sa|che, die; -, -n [mhd. sache, ahd. sahha = (Rechts)angelegenheit, Rechtsstreit; Ding; Ursache, zu ahd. sahhan = prozessieren, streiten, schelten, ablautend zu ↑ suchen u. urspr. = eine Spur verfolgen, (einen Täter) suchen]: **1. a)** ⟨meist Pl.⟩ *Ding, Gegenstand, Etwas:* das sind meine -n; sie packte ihre -n zusammen; räum deine -n weg!; Gewalt gegen Personen und -n; dieser Laden hat sehr schöne, preiswerte, ausgefallene -n *(Waren);* sie haben schöne alte -n *(Möbel, Einrichtungsgegenstände)* in ihrer Wohnung; wir haben unsere -n *(unser Gepäck)* im Auto gelassen; es gab köstliche -n *(Speisen und Getränke)* zu essen und zu trinken; mit den vielen süßen -n *(Süßigkeiten)* wirst du dir den Magen verderben; harte, scharfe -n (ugs.; *hochprozentige Alkoholika*) lieben; der Komponist hat sehr schöne -n (ugs.; *Werke, Stücke*) geschrieben; * **bewegliche -n** (Rechtsspr., Wirtsch.; *Mobilien*); **unbewegliche -n** (Rechtsspr., Wirtsch.; *Immobilien*); **b)** ⟨Pl.⟩ (fam.) *Kleidungsstücke, Kleidung:* alte, warme, dunkle -n tragen; in den -n kannst du unmöglich ins Theater gehen. **2. a)** *Angelegenheit, Vorgang, Vorfall, Umstand:* eine unangenehme, heikle, schlimme, aufregende, tolle S.; die S. ist wichtig, eilt sehr eilig; die S. hat sich aufgeklärt, ist erledigt; die S. steht schlecht, liegt ganz anders; es ist beschlossene S. *(ist beschlossen worden),* dass ...; die Reise war eine rundum gelungene S. *(ist gut, sinnvoll);* das ist doch die natürlichste, einfachste, selbstverständlichste S. der Welt *(das ist doch ganz natürlich, einfach, selbstverständlich);* das ist eine große S. *(ist ziemlich aufwendig, ist nicht so einfach, wie es vielleicht erscheint);* das ist keine große S. *(das ist eine Kleinigkeit, das erfordert keinen großen*

Aufwand); das ist seine S. (1. darum muss er sich selbst kümmern, das muss er selbst entscheiden. 2. das geht keinen anderen etwas an); da sind vielleicht -n passiert!; du hast dir die S. sehr leicht gemacht *(du hättest dabei mehr Mühe, Sorgfalt o. Ä. aufwenden sollen);* das ist nur eine halbe S. *(ist nicht zu Ende geführt o. Ä.);* sie macht ihre S. gut *(arbeitet gut);* ich halte mich aus der S. lieber heraus; das ist eine S. von fünf Minuten *(das dauert nur fünf Minuten);* in welcher S. möchten Sie mich sprechen?; was wird bei der ganzen S. herauskommen?; in eigener S. *(in einer Angelegenheit, die einen selbst betrifft);* in eine üble, dunkle S. verwickelt sein; R -n gibts [die gibts gar nicht]! (ugs.; Ausruf der Verwunderung od. Entrüstung); was sind denn das für -n? *(ugs.;* Ausruf der Entrüstung); das ist so eine S. *(eine schwierige, heikle Angelegenheit);* * **nicht jedermanns S. sein** *(nicht jedem zusagen, nicht jedem liegen:* vor einem großen Publikum zu sprechen ist nicht jedermanns S.; Saumagen ist nicht jedermanns S.); **[mit jmdm.] gemeinsame S. machen** *(sich mit jmdm. zu einer [fragwürdigen] Unternehmung o. Ä. zusammentun);* **[sich** ⟨Dativ⟩**] seiner S. sicher/ gewiss sein** *(von der Richtigkeit seines Handelns o. Ä. fest überzeugt sein);* **unverrichteter S.** *(unverrichteter Dinge; ohne etw. erreicht zu haben);* **bei der S. sein** *(bei einer Arbeit o. Ä. sehr konzentriert, ganz aufmerksam sein);* **zur S. gehen** (ugs.; *entschlossen [u. rücksichtslos] sein Ziel verfolgen);* ◆ **zur S. sehen** *(sich um den ordnungsgemäßen Ablauf [von etw.] kümmern:* … der Müller nach nach arm, wie sehr auch seine arme Frau dagegen sich wehrte und nach Vermögen zur S. sah [Gotthelf, Elsi 121]); **b)** (Rechtsspr.) Kurzf. von ↑ Rechtssache: eine schwebende, anhängige S.; in einer S. [als Zeuge] aussagen; jmdn. in einer S. vertreten; in einer S. vernommen werden; * ⟨alter Dativ Sg.⟩ **in der S./in -n** *(in der Rechtsspr.:* das Gericht hat in der S./in -n Kuhn [gegen Huber] noch nicht entschieden); **in -n** ⟨alter Dativ Sg.⟩ *(bezüglich, zum Thema, wegen).* **3. a)** *Gegenstand, um den es geht; Gegenstand der Diskussion; eigentliches Thema:* so kommen wir zur S. schon näher; bleib bitte bei der S.; um die S. herumreden; etwas von der S. verstehen; in Wahrheit geht es ihm gar nicht um die S. [selbst]; kommen Sie bitte zur S.; * **zur S.!** *(wir wollen zu unserem Thema kommen!);* nichts zur S. tun *(im gegebenen Zusammenhang nicht von Belang sein:* von wem ich es weiß, tut nichts zur S.); * **S. sein** (ugs.; *dasjenige sein, worauf es ankommt, worum es geht; entscheidend sein:* sagen, wissen, jmdm. zeigen, was S. ist). **4.** ⟨o. Pl.⟩ *etw., wofür sich jmd. einsetzt; Ziel; Anliegen:* die sozialistische S.; die S. der Arbeiter vertreten; unsere S. steht gut; für eine, die gerechte S. kämpfen; jmdn. für eine S. gewinnen; interne Differenzen um der gemeinsamen S. willen hintanstellen. **5.** ⟨Pl.⟩ (ugs.) *Stundenkilometer:* er hatte mindestens 180 -n drauf.

-sa|che, die; -, -n ⟨meist in der Fügung »das ist -sache«⟩: **1.** bezeichnet in Bildungen mit Substantiven eine Angelegenheit, die auf etw. beruht, sich auf etw. gründet: Charakter-, Gefühls-, Veranlagungssache. **2.** bezeichnet in Bildungen mit Substantiven eine Angelegenheit, die jmdn., etw. betrifft, für jmd., etw. zuständig ist: Frauen-, Regierungssache.

Sạch|ein|la|ge, die (Wirtsch.): *nicht in Geld bestehende Einlage (8b) eines Gesellschafters in das Gesellschaftsvermögen.*
Sä|chel|chen, das; -s, - ⟨meist Pl.⟩: *kleiner [wertvoller] Gegenstand (verschiedenster Art):* ein paar hübsche S.; R das sind so S.! (ugs.; *zweideutige Angelegenheiten, unklare Vorkommnisse).*
Sach|ent|schei|dung, die (Rechtsspr.): *Entscheidung, die über eine Sache selbst, nicht nur über eine Verfahrensfrage getroffen wird.*
Sạ|cher|tor|te, die; -, -n [nach dem Wiener Hotelier F. Sacher (1816–1907)]: *süße, schwere, mit viel Butter u. Eiern u. wenig Mehl gebackene Schokoladentorte.*
Sach|fra|ge, die ⟨meist Pl.⟩: *Frage, die die Sache selbst (nicht eine Person, das Verfahren o. Ä.) betrifft:* -n erörtern.
sach|fremd ⟨Adj.⟩: *nicht zur Sache gehörend, nichts mit ihr zu tun habend:* -e Erwägungen dürfen die Entscheidung nicht beeinflussen.
Sach|ge|biet, das: *einen bestimmten Wissens-, Arbeitsbereich umfassendes Gebiet (2):* die Bücher sind nach -en geordnet.
sach|ge|mäß ⟨Adj.⟩: *der Sache angemessen, gemäß; richtig:* eine -e Behandlung; bei -er Benutzung hat das Gerät eine sehr hohe Lebensdauer; eine Arbeit s. (*fachmännisch)* ausführen.
sach|ge|recht ⟨Adj.⟩: *der Sache, den in der Sache begründeten Anforderungen gerecht werdend; sachgemäß:* eine -e Lösung des Problems.
Sach|in|dex, der: *Sachregister.*
Sach|in|ves|ti|ti|on, die (Wirtsch.): *Investition (1).*
Sach|ka|ta|log, der (Verlagsw.): *Bibliothekskatalog, in dem die Bücher nach Sachgebieten geordnet sind.*
Sach|ken|ner, der: *jmd., der über Sachkenntnis verfügt.*
Sach|ken|ne|rin, die: w. Form zu ↑ Sachkenner.
Sach|kennt|nis, die ⟨Pl. selten⟩: *Kenntnisse, Wissen auf einem bestimmten Sachgebiet:* [wenig, große] S. haben; ihre Äußerungen zeugen von S.; seine Auslassungen waren von keinerlei S. getrübt (scherzh.; *zeugten von Unkenntnis).*
Sach|kom|pe|tenz, die ⟨Pl. selten⟩: *Kompetenz in einem bestimmten Sachgebiet.*
Sach|kos|ten ⟨Pl.⟩ (Wirtsch.): *neben den Personalkosten entstehende Kosten.*
Sach|kun|de, die: **1.** *Sachkenntnis.* **2.** *Unterrichtsfach der Grundschule, das die Bereiche Biologie, Erdkunde, Geschichte, Verkehrserziehung, Sexualerziehung u. a. umfasst.*
Sach|kun|de|un|ter|richt, der: *Unterricht im Fach Sachkunde (2).*
sach|kun|dig ⟨Adj.⟩: *Sachkunde (1) besitzend; mit Sachkunde (1):* vor einem Publikum sprechen; sich s. machen *(sich über die betreffende Sache informieren).*
Sach|la|ge, die: *bestehende Situation; [augenblickliche] Lage der Dinge in einem bestimmten Zusammenhang:* die S. richtig beurteilen, erkennen, überblicken; etw. in Unkenntnis, in Verkennung der S. tun.
Sach|leis|tung, die (Fachspr.): *nicht in Geld bestehende Leistung (3):* -en erhalten, beziehen.
Sach|le|xi|kon, das: *Reallexikon:* ein S. der Musik, Literatur.
sach|lich ⟨Adj.⟩: **1.** *nur von der Sache selbst, nicht von Gefühlen od. Vorurteilen bestimmt; nur auf die Sache, auf den infrage stehenden Sachzusammenhang bezogen; objektiv (2):* ein -er Bericht; ein -es Urteil, Argument, Gespräch; eine Arbeit s. (*fachmännisch)* ausführen; er sprach in -em Ton; er ist ein sehr -er Mensch; s. sein, bleiben. **2.** *in der Sache (3 a) begründet; von der Sache (4 a) her:* ein -er Unterschied, Irrtum; rein -e Erwägungen; etw. aus -en Gründen ablehnen; etw. ist s. richtig, falsch; die Kritik ist s. durchaus gerechtfertigt. **3.** *ohne Verzierungen od. Schnörkel; durch Zweckgebundenheit gekennzeichnet:* eine sehr -e Wohnungseinrichtung; der Stil ist s. und nüchtern; s. möblierte Büroräume.

säch|lich ⟨Adj.⟩ [im 18. Jh. urspr. = sachlich] (Sprachwiss.): *dem grammatischen Geschlecht Neutrum zugehörend; im Deutschen mit dem Artikel »das« verbunden; neutral (4):* -e Substantive, Adjektivformen; der -e Artikel »das«; die Verkleinerungsformen auf »-chen« haben -es Geschlecht, sind s.
Sạch|lich|keit, die; -, -en: **1.** *das Sachlichsein (1):* eine wohltuende, kühle, kalte S.; Es war nur Geschäftliches besprochen worden, Rede und Antwort waren von eisiger S. gewesen (Feuchtwanger, Herzogin 123). **2.** *das Sachlichsein (3):* ein Bau von beeindruckender S. **3.** *etw. Sachliches (1, 3).*
Sạch|man|gel, der ⟨meist Pl.⟩ (Rechtsspr.): *Fehler einer Ware o. Ä., der eine erhebliche Minderung ihres Wertes od. der Tauglichkeit für ihren Verwendungszweck bedeutet.*
Sạch|prä|mie, die: *nicht in Geld bestehende Prämie.*
Sạch|preis, der: *(bes. bei Wettbewerben, Preisausschreiben, Verlosungen o. Ä. ausgeschriebener) nicht in Geld bestehender Preis* (2 a): den Gewinnern, Siegern winken wertvolle -e.
Sạch|re|gis|ter, das: *Register (1 a), das die in einem Werk vorkommenden Sachbegriffe erfasst.*
Sạch|scha|den, der: *(bei Unglücksfällen) an Sachen (1) entstandener Schaden:* bei dem Unfall gab es glücklicherweise nur [leichten] S.
Sạch|se, der; -n, -n: Ew. zu ↑ Sachsen.
sạch|seln ⟨sw. V.; hat⟩: *sächsische Mundart, ein sächsisch gefärbtes Deutsch sprechen:* er sächselt leicht, stark.
Sạch|sen, -s: *deutsches Bundesland.*
Sạch|sen-An|halt, -s: *deutsches Bundesland.*
Sạch|sen-An|hal|ter, der; -s, -: Ew.
Sạch|sen-An|hal|te|rin, die; -, -nen: w. Form zu ↑ Sachsen-Anhalter.
Sạch|sen-An|hal|ti|ner, der; -s, -: Ew.
Sạch|sen-An|hal|ti|ne|rin, die; -, -nen: w. Form zu ↑ Sachsen-Anhaltiner.
sạch|sen-an|hal|ti|nisch, sạch|sen-an|hal|tisch ⟨Adj.⟩: *Sachsen-Anhalt, die Sachsen-Anhaltiner betreffend; von den Sachsen-Anhaltinern stammend, zu ihnen gehörend.*
Sạch|sin, die; -, -nen: w. Form zu ↑ Sachse.
sạch|sisch ⟨Adj.⟩: *Sachsen, die Sachsen betreffend; von den Sachsen stammend, zu ihnen gehörend.*
Sạch|spen|de, die: *nicht in Geld bestehende Spende.*
Sạch|stand, der ⟨Pl. selten⟩: *Stand einer Sache, Angelegenheit; aktuelle Sachlage.*
sacht, sạch|te ⟨Adj.; sachter, sachteste⟩ [aus dem Niederd. < mniederd. sacht, Nebenf. von ↑ sanft (niederd. -cht- entspricht hochd. -ft-, vgl. Schacht)]: **1. a)** *mit wenig Kraft, ohne Gewalt [erfolgend], sanft; behutsam, vorsichtig:* eine sachte Berührung; mit sachtem Druck; etw. s. anfassen, streicheln, berühren; sie schloss s. die Tür; Dann küsste sie mich sachte auf die Stirn (Fallada, Herr 192); Ü … in absichtlich schlecht gespieltem Erstaunen rief er den Kluge an, der sich eben sachte (ugs.; *unauffällig)* in die Hinterstube des Ladens verdrücken wollte (Fallada, Jeder 186); **b)** *wenig ausgeprägt, kaum merklich; sanft* (4 a): ein sachtes Zittern, Beben, Rauschen; eine sachte Steigung, Kurve; ein s. ansteigendes, abfallendes Gelände; es ging sachte bergauf. **2.** (ugs.) *langsam; allmählich:* wir müssen ihm das sachte (ugs.; *nach und nach, allmählich)* beibringen; R [mal, immer] sachte!/sachte, sachte! (ugs.; *nicht so voreilig, so unbedacht!, nicht so heftig, so stürmisch!, langsam!)*
Sạch|the|ma, das (bes. Politik): *Sache, Angelegenheit, die in einem bestimmten Zusammenhang Thema ist.*

Sach|un|ter|richt, der: Sachkundeunterricht.

Sach|ver|halt, der; -[e]s, -e: *Gesamtheit von (in einem bestimmten Zusammenhang, unter einem bestimmten Gesichtspunkt) bedeutsamen Umständen, Tatsachen:* der S. ist noch unklar, ungeklärt; den wahren, wirklichen S. verschweigen; einen S. darstellen, kennen, klären. Dazu: **Sach|ver|halts|dar|stel|lung,** die.

Sach|ver|si|che|rung, die (Versicherungsw.): *Versicherung, die Schäden an Sachen* (1) *abdeckt.*

Sach|ver|stand, der: *genaue, zuverlässige Kenntnisse auf einem bestimmten Gebiet, die zu einer entsprechenden Tätigkeit, der Beurteilung, Einschätzung o. Ä. von etw. befähigen:* ihm fehlt der nötige S.; etw. mit, ohne S. tun; über großen, genug technischen S. verfügen.

sach|ver|stän|dig ⟨Adj.⟩: *Sachverstand besitzend, von Sachverstand zeugend; kompetent* (1 a): ein -es Urteil, Publikum; etw. s. beurteilen, begutachten.

Sach|ver|stän|di|ge, die/eine Sachverständige: der/einer Sachverständigen/zwei Sachverständige: **1.** (Rechtsspr.) *weibliche Person, die aufgrund ihrer besonderen Sachkunde in einem gerichtlichen Verfahren als Gutachterin auftritt:* eine vereidigte, öffentlich bestellte S.; in einem Prozess als S. auftreten; eine S. hinzuziehen. **2.** *weibliche Person mit Sachverstand; Fachfrau; Expertin:* den Rat einer -n einholen.

Sach|ver|stän|di|gen|gut|ach|ten, das: *Gutachten eines, einer Sachverständigen.*

Sach|ver|stän|di|gen|rat, der (Politik): *aus Sachverständigen* (2) *zusammengesetzter Rat* (3 a): der S. [zur Begutachtung der gesamtwirtschaftlichen Entwicklung] (Politik; *aus fünf unabhängigen Wirtschaftswissenschaftlern zusammengesetztes Gremium, das jährlich ein Gutachten über die gesamtwirtschaftliche Entwicklung erstellt).*

Sach|ver|stän|d|iger, der Sachverständige/ein Sachverständiger; des/eines Sachverständigen, die Sachverständigen/zwei Sachverständige: **1.** (Rechtsspr.) *jmd., der aufgrund seiner besonderen Sachkunde in einem gerichtlichen Verfahren als Gutachter auftritt:* ein vereidigter, öffentlich bestellter S.; in einem Prozess als S. auftreten; einen Sachverständigen hinzuziehen; ein Beweis durch Sachverständige kann in allen Verfahrensarten erhoben werden. **2.** *jmd. mit Sachverstand; Fachmann; Experte.*

Sach|ver|zeich|nis, das: *Sachregister.*

Sach|wal|ter, der; -s, - [mhd. sachwalter]: **1.** (geh.) *jmd., der für jmdn., etw. in der Öffentlichkeit eintritt, der sich zum Fürsprecher od. Verteidiger von jmdm., etw. macht, gemacht hat:* sich zum S. [der Interessen] einer Minderheit machen. **2.** *jmd., der im Auftrag eines Dritten bestimmte Aufgaben wahrnimmt.*

Sach|wal|te|rin, die; -, -nen: w. Form zu ↑ Sachwalter.

sach|wal|te|risch ⟨Adj.⟩: *als Sachwalter, wie ein Sachwalter; dem Sachwalter eigentümlich:* eine -e Tätigkeit; als Abgeordnete hat sie die Interessen aller Bürgerinnen und Bürger s. zu vertreten.

Sach|wert, der: **1.** *materieller Wert einer Sache.* **2.** *Sache, die einen materiellen Wert darstellt; Wertobjekt:* sein Geld in -en anlegen.

Sach|wis|sen, das: *Wissen, das jmd. auf einem bestimmten Sachgebiet hat.*

Sach|wör|ter|buch, das: *Reallexikon:* ein S. der Kunst.

Sach|zu|sam|men|hang, der: *sachlicher* (2) *Zusammenhang:* zwischen den beiden Problemen besteht ein sehr enger S.

Sach|zwang, der ⟨meist Pl.⟩ (Soziol., Politik): *die Entscheidungsfreiheit einschränkende sachliche* (2) *Notwendigkeit:* angebliche Sachzwänge werden gern als Rechtfertigungsgründe für politische Fehlentscheidungen angeführt.

Sack, der; -[e]s, Säcke (als Maßangabe auch:) - [mhd., ahd. sac < lat. saccus < griech. sákkos = grober Stoff aus Ziegenhaar; (aus solchem Material hergestellter) Sack]: **1. a)** *größeres, längliches Behältnis aus [grobem] Stoff, starkem Papier, Kunststoff o. Ä., das dem Transport od. der Aufbewahrung von festen Stoffen, Gütern dient:* ein voller, leerer S.; drei Säcke voll Kastanien; drei S. Kartoffeln; etw. in einen S. stecken, stopfen, füllen; er lag da, fiel um wie ein [nasser] S. (salopp; *wie leblos);* Ü ein S. voll Lügen *(viele Lügen);* R ihr habt zu Hause wohl Säcke an den Türen? (salopp; Aufforderung, die Tür zu schließen); es ist einfacher o. Ä., einen S. [voll] Flöhe zu hüten (im Hinblick auf die Beaufsichtigung einer Gruppe von Personen, meist Kindern, die sich wenig diszipliniert verhält); * **schlafen wie ein S.** (salopp; *tief und fest schlafen); etw. im S. haben* (ugs.; *einer Sache sicher sein können);* in S. und Asche gehen (geh.; *Buße tun;* wohl nach dem Alten Testament [Esther 4, 1], wo von der altorientalischen Brauch berichtet wird, dass die Menschen sich zum Zeichen der Trauer in grobes Tuch [Säcke] kleideten u. sich Asche auf die Haare streuten); **mit S. und Pack** *(mit aller Habe;* eigtl. = alles das, was man in Säcken od. Packen verstaut); **S. Zement!** (salopp; Ausruf des Erstaunens, der Verwünschung; entstellt aus ↑ Sakrament); **b)** (landsch., bes. südd., österr., schweiz.) *Tasche* (2 a): er zog plötzlich ein Messer aus dem S.; einen Cent im S. haben (überhaupt kein Geld bei sich haben). **2.** (salopp abwertend) *Mann, Mensch:* ein alter, blöder, vollgefressener S.; ein bisschen dalli, ihr faulen Säcke! **3.** ⟨meist Pl.⟩ *sackförmige Hautfalte unterm Auge; Tränensack:* [dicke] Säcke unter den Augen haben. **4.** (derb) *Hodensack:* sich am S. kratzen; * **jmdm. auf den S. fallen/gehen** (derb; *jmdm. lästig fallen).*

sack|ar|tig ⟨Adj.⟩: *einem Sack* (1 a) *ähnlich:* ein -es Behältnis.

Sack|bahn|hof, der: *Kopfbahnhof.*

Säck|chen, das; -s, -: Vkl. zu ↑ Sack (1 a).

Sä|ckel, der; -s, - [lat. sacellus = Geldsäckel, Vkl. von: ↑ saccus, ↑ Sack] (landsch., bes. südd., österr.): **1. a)** (veraltend) *Portemonnaie; Kasse:* wie viel hast du noch im S.?; **b)** *Hosentasche.* **2.** *Sack* (2).

Sä|ckel|meis|ter, der (bes. schweiz.): *Säckelwart.*

Sä|ckel|meis|te|rin, die: w. Form zu ↑ Säckelmeister.

Sä|ckel|wart, der (südd., österr., schweiz.): *Kassenwart.*

Sä|ckel|war|tin, die: w. Form zu ↑ Säckelwart.

sa|cken ⟨sw. V.; ist⟩ [aus dem Niederd. < mniederd. sacken, wahrsch. Intensivbildung zu ↑ sinken]: **a)** *sinken:* in die Knie, nach hinten, zur Seite, auf einen Stuhl, unter den Tisch s.; der Heißluftballon, das Flugzeug sackte plötzlich nach unten; **b)** *sich senken:* der Grund, das Gebäude sackt.

Sa|ckerl, das; -s, -[n] [mundartl. Vkl. von ↑ Sack] (bayr., österr.): *Beutel, Tüte.*

sä|cke|wei|se ⟨Adv.⟩: *in großer, Säcke füllender Menge:* wir haben s. Esskastanien gesammelt.

sack|för|mig ⟨Adj.⟩: *die Form eines Sacks aufweisend, von der Form eines Sacks o. Ä.:* ein -es Kleid.

Sack|gas|se, die: *Straße, die nur eine Zufahrt hat u. am Ende nicht mehr weiterführt:* Ü die Verhandlungen sind in eine S. geraten; die Benzstraße ist [eine] S.

Sack|geld, das (südd., österr., schweiz.): *Taschengeld.*

Sack|hüp|fen, das; -s: *Kinderspiel, bei dem die Kinder bis zur Hüfte od. Brust in einem Sack steckend um die Wette hüpfen:* S. spielen; sie war beim, im S. immer Erste.

◆ **Sack|ka|len|der,** der: *Taschenkalender:* Mir kam ... in diesen Tagen den alter S. in die Hände von anno fünfundachtzig (Mörike, Mozart 216).

Sack|kar|re, die, **Sack|kar|ren,** der: *zweirädrige Karre zum Transportieren von vollen Säcken u. anderen schweren Gegenständen über kurze Entfernungen.*

Sack|kleid, das: *sackartig geschnittenes Kleid.*

Sack|lei|nen, das: *grobes Gewebe aus Jute, Hanf, Baumwolle o. Ä., aus dem Säcke hergestellt werden.*

Sack|mes|ser, das (südd., schweiz.): *Taschenmesser.*

Sack|pfei|fe, die: *Dudelsack.*

Sack|tuch, das ⟨Pl. ...tücher⟩ (südd., österr. ugs.): *Taschentuch.*

Sack|uhr, die (südd., österr., schweiz.): *Taschenuhr.*

sack|wei|se ⟨Adv.⟩: *in Säcken abgefüllt:* Zement verkaufen wir nur s.

◆ **Sack|zehn|te,** der: *von den Bauern an Pfarrer u. Lehrer [bar] zu zahlende Abgabe des zehnten Teils des gedroschenen u. in Säcke abgefüllten Getreides:* Der Prediger ... Oder Schulmeister. – Seit der S. abgeschafft, Ew. Gnaden, wozu ich hier im Amte mitgewirkt, kann ich auf beider Dienste nicht mehr rechnen (Kleist, Krug 5).

Sa|dis|mus, der; - [frz. sadisme, nach dem frz. Schriftsteller Marquis de Sade (1740–1814)]: **a)** *Variante des sexuellen Erlebens, bei der Lust durch Quälen des Sexualpartners, der Sexualpartnerin entsteht;* **b)** (abwertend) *Lust am Quälen, an Grausamkeiten:* seinen S. ausleben; etw. aus [reinem] S. tun.

Sa|dist, der; -en, -en: **a)** *jmd., der sich durch Quälen anderer sexuell zu befriedigen sucht;* **b)** (abwertend) *jmd., der Freude daran hat, andere zu quälen.*

Sa|dis|tin, die; -, -nen: w. Form zu ↑ Sadist.

sa|dis|tisch ⟨Adj.⟩: **a)** *den Sadismus* (a) *betreffend, darauf beruhend; sexuelle Erregung, Lust bei Quälereien empfindend:* -e Neigungen, Sexualpraktiken; s. veranlagt sein; **b)** (abwertend) *von Sadismus* (b) *bestimmt, geprägt; grausam:* -e Gräueltaten; dieses -e Schwein!

Sa|do|ma|so, der; - (ugs.): Kurzf. von ↑ Sadomasochismus.

Sa|do|ma|so|chis|mus, der; -: *sowohl sadistisch als auch masochistisch ausgerichtete Variante des sexuellen Erlebens.*

Sa|do|ma|so|chist, der: *jmd., der beim Ausführen u. Erdulden von Quälereien sexuell erregt wird.*

Sa|do|ma|so|chis|tin, die: w. Form zu ↑ Sadomasochist.

sa|do|ma|so|chis|tisch ⟨Adj.⟩: *dem Sadomasochismus eigentümlich, zu ihm gehörend:* -e Spiele, Sexualpraktiken; s. veranlagt sein.

sä|en ⟨sw. V.; hat⟩ [mhd. sæ(je)n, ahd. sāen, urspr. = schleudern, werfen, (aus)streuen, fallen lassen]: *in Form von Saatgut in die Erde bringen:* Korn, Gras, Radieschen, Salat s.; ⟨auch o. Akk.-Obj.:⟩ der Bauer hat den ganzen Tag gesät; Ü Zwietracht, Hass s.; * **dünn gesät sein** (emotional; *nur in geringer Zahl vorhanden sein:* Fachkräfte sind dünn gesät).

Sa|fa|ri, die; -, -s [Suaheli safari < arab. safar = Reise]: *[Gesellschafts]reise (nach Afrika) mit der Möglichkeit, Großwild zu beobachten u. zu jagen:* an einer S. [durch Zaire] teilnehmen; auf S. gehen.

Sa|fa|ri|park, der: *Wildpark mit exotischen Tieren.*

Safe [seɪf], der, auch: das; -s, -s [engl. safe, Subst. von: safe = unversehrt; sicher, geschützt < afrz. sauf < lat. salvus = gesund, heil, also eigtl. = der Sichere]: **a)** *Geldschrank;* **b)** *Schließfach im Tre-*

Sa|fer Sex ['seɪfɐ 'sɛks], der; --[es] [engl., aus safer = sicherer (Komparativ von: safe = sicher, ↑ Safe) u. sex, ↑ Sex]: *die Gefahr einer HIV-Infektion mindernde Sexualverhalten.*

Safe|ty-Car, Safe|ty|car ['seɪftɪkaː], der od. das; -s, -s [zu engl. safety »Sicherheit« u. car »Auto«] (Motorsport): *Leitfahrzeug mit Gelblicht, das sich bei Formel-1-Rennen in kritischen Fällen (z. B. bei Unfällen) vor das Fahrerfeld setzt.*

Sa|fran, der; -s, -e [mhd. saffrān < afrz. safran, span. azafrán < arab. zaʿfarān]: **1.** *(zu den Krokussen gehörende) im Herbst blühende Pflanze mit schmalen Blättern u. purpurfarbenen Blüten, die bes. im Mittelmeerraum als Gewürz- u. Heilpflanze u. zur Gewinnung von Farbstoff angebaut wird.* **2.** ⟨o. Pl.⟩ *als Gewürz verwendete, getrocknete Teile vom Fruchtknoten des Safrans* (1). **3.** *aus der Narbe des Safrans* (1) *gewonnenes Färbemittel.*

sa|f|ran|gelb ⟨Adj.⟩: *von der dunkelgelben Farbe des Safrans* (2).

Saft, der; -[e]s, Säfte [mhd. saf(t), ahd. saf, verw. mit lat. sapa = Most]: **1.** *im Gewebe von Pflanzen enthaltene Flüssigkeit:* den S. von Birken abzapfen; die Wiesen stehen in vollem S. *(sind kräftig grün);* Ü er hat keinen S. in den Knochen *(hat keine Energie, Kraft, keinen Schwung).* **2. a)** *im Gewebe von Früchten enthaltene Flüssigkeit:* S. auspressen; die Erdbeeren ziehen S. *(der Saft tritt aus ihnen aus);* **b)** *Getränk, das durch Auspressen von Obst od. Gemüse gewonnen worden ist:* S. aus Äpfeln, Möhren; Früchte zu S. verarbeiten; der S. der Reben (dichter.; *Wein).* **3.** ⟨meist Pl.⟩ *(nach früherer medizinischer Auffassung) aus der Nahrung kommende, vom Körper produzierte Flüssigkeit:* schlechte, kranke Säfte [im Körper] haben *(krank sein);* * roter S. (scherzh.; *Blut).* **4. a)** *Fleischsaft:* einen Braten im eigenen S. schmoren *(ugs.; jmdm. in das schwierigen [auf eigenes Verhalten zurückzuführenden] Situation nicht helfen);* **b)** (österr.) *Soße.* **5.** (salopp) **a)** *elektrische Spannung, elektrischer Strom:* pass auf, die Batterie hat kaum mehr S. *(ist leer);* **b)** *Kraftstoff:* der Vergaser kriegt nicht genug S.

Saft|bra|ten, der: *geschmorter Rinderbraten.*
Säft|chen, das; -s, -: Vkl. von ↑ Saft.
saf|ten (sw. V.; hat): **a)** *Saft* (2 a) *abgeben, ziehen:* stark saftende Beeren; **b)** *durch Auspressen von Früchten Saft* (2 a) *gewinnen:* wenn die Äpfel geerntet sind, werden wir s.

saf|tig ⟨Adj.⟩ [mhd. saftec]: **1.** *viel Saft* (1, 2 a, 4 a) *enthaltend, voller Saft:* eine -e Birne, Tomate, Knoblauchzehe; ein -es Steak; eine -e *(mit frischem, kräftigem Gras bewachsene)* Weide; Ü das -e Grün der Wiesen. **2.** (ugs.) *jmdn. [empfindlich] treffend, in unangenehmer Weise berührend:* -e Preise, Mieterhöhungen, Gebühren; eine -e Rechnung; dem werde ich einen -en Brief schreiben; ein -er *(derber)* Fluch, Witz; eine saftige *(kräftige)* Ohrfeige; Man wünschte sich die drakonischsten Maßnahmen ... gegen diesen Duftinflationär. Das Patent gehörte ihm entzogen, ein -es Berufsverbot auferlegt (Süskind, Parfum 69).

Saf|tig|keit, die; -: *das Saftigsein.*
Saft|la|den, der ⟨Pl. ...läden⟩ (salopp abwertend): **a)** *schlecht geführter Betrieb* (1 a): diesen S. habe ich satt, ich kündige!; **b)** *schlecht geführter, schlecht sortierter Laden* (1): in dem S. kaufe ich schon lange nicht mehr.

saft|los ⟨Adj.⟩ (abwertend): *keine Kraft, keinen Schwung aufweisend:* eine -e Prosa; * **saft- und kraftlos** (emotional abwertend; *ohne jeden Gehalt).*

Saft|oran|ge, die: *besonders saftige Orange.*
Saft|pres|se, die: *Presse* (1 b).
saft|reich ⟨Adj.⟩: *viel Saft* (1, 2 a) *enthaltend:* -e Früchte.
Saft|sack, der (derb abwertend): *männliche Person, über die man sich ärgert* (auch als Schimpfwort): der alte S. kann sich auf was gefasst machen; hau ab, du S.!
Saft|schub|se, die; -, -n [zu ↑ schubsen] (salopp abwertend): *Flugbegleiterin.*

Sa|ga ['zaː(ː)ga], die; -, -s [aisl. saga = Erzählung, verw. mit ↑ Sage] (Literaturwiss.): *alte nordische* (1), *meist von den Kämpfen heldenhafter Bauerngeschlechter handelnde Erzählung in Prosa.*

Sa|ge, die; -, -n [mhd. sage, ahd. saga = Rede, Bericht, Erzählung, Gerücht, eigtl. = Gesagtes, zu ↑ sagen]: *ursprünglich mündlich überlieferter Bericht über eine im Einzelnen nicht verbürgte, nicht alltägliche, oft wunderbare Begebenheit:* eine alte, griechische S.; die -n der Völker, der Antike; die S. überliefert, dass ...; er liest gern Märchen und -n; Ü das ist nur eine S. *(ein*

Sä|ge, die; -, -n [mhd. sege, ahd. sega, ablautend zu mhd. sage, ahd. saga, eigtl. = Werkzeug zum Schneiden, verw. mit lat. secare, ↑ sezieren]: **1. a)** *aus einem [mit einem Griff versehenen, in einen Bügel* (5) *eingespannten] gezähnten Blatt* (5) *aus gehärtetem Stahl bestehendes Werkzeug zum Zerteilen harter Materialien:* die S. ist stumpf, muss geschärft werden; das Blatt, der Griff, der Bügel der S.; ... die -n knirschten und schrien manchmal, wenn sich ein Span gegen das Blatt stemmte (Fallada, Trinker 106); **b)** *Sägemaschine:* eine elektrische, motorgetriebene S. **2.** (bayr., österr.) *Sägewerk:* er arbeitet in einer S.

Sä|ge|blatt, das: *gezähntes Blatt* (5) *einer Säge.*
Sä|ge|bock, der: *Holzbock, auf den längere Holzstücke zum Zersägen gelegt werden.*
sä|ge|för|mig ⟨Adj.⟩: *wie eine Säge geformt; mit Zähnen, Zacken versehen.*
Sä|ge|ma|schi|ne, die: *Maschine zum Sägen.*
Sä|ge|mehl, das: *beim Sägen entstandenes Holzmehl:* nur mit S. ausgestopfte Puppe.
Sä|ge|mes|ser, das: *Messer mit sägeförmiger Klinge.*
Sä|ge|müh|le, die [mhd. segemül]: *Sägewerk.*

sa|gen (sw. V.; hat) [mhd. sagen, ahd. sagēn, eigtl. = sehen lassen, zeigen, bemerken, verw. mit ↑ sehen]: **1. a)** *(Wörter, Sätze o. Ä.) artikulieren, aussprechen; etw. laut, leise, deutlich, im Flüsterton, vorwurfsvoll s.:* etw. laut, leise, deutlich, im Flüsterton, vorwurfsvoll s.; **1. a)** *(Wörter, Sätze o. Ä.) artikulieren, aussprechen; etw. laut, leise, deutlich, im Flüsterton, vorwurfsvoll s.:* »Ja, Nein, Guten Abend s.; was hat sie gesagt?; so etwas sagt man nicht; »Wenn du Lust hast«, sagte sie, »komm doch mit«; er sagte nur: »Mir ist es egal«; davon habe ich nichts gesagt; *das habe ich nicht gesagt);* R das ist leichter gesagt als getan *(das ist gar nicht so leicht zu bewerkstelligen);* * **sagen wir [einmal, mal]** (1. *vielleicht, ungefähr.* 2. *beispielsweise).* **sage und schreibe** (ugs.; *ohne Übertreibung gesagt; ungelogen);* **um nicht zu s. ...** (*man könnte eigentlich sogar sagen ...);* **b)** *(ein Wort, eine Wendung o. Ä.) im Sprachgebrauch haben, beim Sprechen benutzen, gebrauchen:* sagst du »Rotkohl« oder »Rotkraut«?; **c)** *auf eine bestimmte Weise, mit einem bestimmten Wort, Namen bezeichnen:* was, wie kann man noch dazu s.? *(mit welchem anderen Wort kann man es noch bezeichnen?);* **d)** *auf eine bestimmte Weise, mit einer bestimmten Anrede anreden:* du kannst ruhig du, Kalle zu mir s. **2. a)** *(Worte, Äußerungen) an jmdn. richten:* jmdm. Komplimente, Grobheiten, tröstende Worte, ein paar aufmunternde Worte s.;

jmdm. Auf Wiedersehen s. *(sich von jmdm. verabschieden);* * **sich** ⟨Dativ⟩ **von jmdm. etwas, nichts s. lassen** *(auf jmdn. hören, nicht hören, jmds. Ratschläge annehmen, nicht annehmen);* **b)** *mündlich zu verstehen geben, mitteilen:* das hättet ihr mir doch s. müssen!; [jmdm.] die Wahrheit s.; kannst du mir s., wie spät es ist?; was ich noch s. wollte *(übrigens),* ich komme morgen etwas später; sag, sagen Sie mal, gibt es hier ein Telefon?; ich habe mir s. lassen *(man hat mir erzählt),* dass; dann kriegst du es mit mir zu tun, das sag ich dir *(du kannst dir sicher sein);* das hätte ich dir gleich/vorher s. können (ugs.; *das habe ich gewusst, vorausgesehen);* lass dir das gesagt sein (ugs.; *merke dir das u. beherzige es)!;* sag bloß, du hast den Schlüssel vergessen! (ugs.; *du hast doch nicht etwa den Schlüssel vergessen?);* keine Angst, ich sage *(verrate)* nichts; Ü das sagt mir mein Gefühl, Verstand; so eine Geste sagt mehr als tausend Worte; das sagt alles *(das macht alles deutlich, durchschaubar);* R sag bloß! (ugs., oft iron.; *das ist aber beachtlich, erstaunlich);* was Sie nicht sagen! (ugs., oft iron.; *das überrascht mich aber, das ja unglaublich o. Ä.);* wem sagen Sie das! (ugs.; *das ist etw., was ich aus eigener Erfahrung sehr gut weiß);* * **sich nichts [mehr] zu s. haben** *(nichts [mehr] miteinander anfangen können, kein Interesse [mehr] aneinander haben);* **jmdm. etw. s.** *(jmdm. etw. bedeuten, vermitteln; bei jmdm. bestimmte Gedanken, Empfindungen, Assoziationen auslösen):* ich glaube nicht, dass ihm der Name [irgend]etwas sagt; der Film, die Musik sagt mir nichts); **c)** *vorschreiben, befehlen:* du hast mir gar nichts zu s.; von ihm lasse ich mir nichts s.; * **sich** ⟨Dativ⟩ **etw. nicht zweimal s. lassen** (ugs.; *einer Aufforderung gern, freudig u. sofort Folge leisten);* **etwas zu s. haben** *(aufgrund einer bestimmten Stellung das Recht, kein Recht haben, Anordnungen, Entscheidungen zu treffen);* **das Sagen haben** (ugs.; *aufgrund einer bestimmten Stellung Anordnungen, Entscheidungen treffen können, anderen Vorschriften machen können);* **d)** ⟨s. + sich⟩ *sich denken, sich überlegen:* das sagt nicht gut gehen kann, hättest du dir damals schon [selbst] s. können, müssen; da hab ich mir gesagt: Was du einem recht ist, ist dem andern billig. **3. a)** *(Gedanken, Inhalte) mit Worten vermitteln, zum Ausdruck bringen; aussagen:* sie hat mit wenigen Worten viel gesagt; der Redner hatte wirklich etwas zu s.; was will der Dichter [uns] damit s.?; was sagt uns die Fabel?; willst du damit s. *(soll das heißen),* dass du dein Angebot zurückziehst?; R du sagst es! *(genauso ist es);* **b)** *mündlich bemerken, feststellen:* möchtest du noch etwas zu diesem Thema s.?; dass er sich Mühe gibt, muss man [ja, schon] s. *(einräumen, zugeben);* ich halte das, unter uns gesagt, für sehr ungeschickt von ihr; Ü ⟨subst. 2. Part.:⟩ **das oben Gesagte** *(das weiter vorn in diesem Text Stehende);* R das musste einmal gesagt werden *(es war nötig, diese Wahrheit einmal auszusprechen);* * **wie gesagt** (*wie ich schon sagte);* **c)** *etw. als Tatsache hinstellen; behaupten:* ich sage nicht, dass er es mit Absicht getan hat; das kann jeder s. *(das muss nicht wahr sein);* ich möchte [fast] s. *(ich bin [fast] davon überzeugt),* dass du dich irrst; R wer sagt das? *(woher willst du das wissen?; ist das überhaupt erwiesen?);* das kann man wohl s.! *(das ist in der Tat richtig, wahr; das ist fast zu gelinde ausgedrückt);* na, wer sagts denn (ugs.; *na bitte, ich habe es doch gewusst);* sag das nicht! (ugs.; *das ist gar nicht so sicher);* * **nicht gesagt sein** *(nicht sicher, erwiesen sein:* dass sie darauf eingeht, ist noch gar nicht gesagt); **d)** *als Argument o. Ä. anführen, vorbringen:* du kannst s., was du willst, du wirst mich nicht überzeugen; dagegen ist nichts zu s. *(einzuwenden);* **e)** *als Meinung vertreten, als Einstellung haben [u. kundtun]:* was sagt denn dein Vater dazu, dass du schon rauchst?; R was soll man dazu noch sagen? *(ugs.; da erübrigt sich jeder Kommentar, das spricht für sich selbst);* **f)** (ugs.) *annehmen, glauben* (1 a)*:* ich sage, es gibt heute noch Regen; ich würde s. *(ich glaube, meine),* das kostet mindestens 200 Euro. **4.** *(auf eine bestimmte Weise) in Worte fassen; formulieren:* besser, kürzer, treffender kann man es nicht s.; sag es auf Englisch; ich fahre oder, besser gesagt, fliege morgen nach Berlin; ich sag mal so: ... *(ich formuliere es jetzt bewusst so: ...);* R wie man so schön sagt *(wie eine bekannte Redewendung lautet).* **5. a)** *zum Inhalt haben: das Gesetz sagt* [eindeutig], dass ...; **b)** *als Schluss zulassen; besagen; heißen:* das allein sagt noch nicht viel; * **etwas, nichts zu s. haben** *(von Bedeutung, ohne Bedeutung sein; Grund, kein Grund zur Besorgnis sein):* der Motor ist zwar etwas laut, aber das hat nichts [weiter] zu s.).

sä|gen ⟨sw. V.; hat⟩ [mhd. segen, ahd. segōn, zu ↑Säge]: **1. a)** *mit der Säge arbeiten:* er sägte draußen auf dem Hof; **b)** *mit der Säge zerschneiden:* Holz, Baumstämme s.; sie sägte den Balken, das Rohr in zwei Teile; **c)** *durch Sägen* (1 b) *herstellen:* Bretter, Balken s.; ein Loch in ein Brett s. **2.** (salopp scherzh.) *schnarchen:* kaum war er eingeschlafen, fing er an zu s.

Sa|gen|buch, das: *Buch, das eine Sammlung von Sagen enthält.*
Sa|gen|ge|stalt, die: *Gestalt* (3 b) *einer Sage.*
sa|gen|haft ⟨Adj.⟩: **1. a)** *in den Bereich der Sage gehörend, [nur] aus der Sage bekannt; mit Sagen verknüpft:* die -e Insel Atlantis; ...dass die Geschichte vom Ort des Opfers, Ermordung und Zerstückelung auf Thronstreitigkeiten, welche damals mit List und Verbrechen ausgetragen wurden, s. anspielte (Th. Mann, Joseph 9); **b)** *nur aus rühmenden Erwähnungen, Erzählungen anderer bekannt:* die -en Raubzüge des Klaus Störtebeker. **2.** (ugs. emotional) **a)** *(bes. von etw. Positivem) unvorstellbar in seinem Ausmaß od. seiner Art:* ein -es Gedächtnis; ein -er Reichtum; ihre Begabung ist [einfach] s.; Es ist s., was dieser Herr sich leistet (Frisch, Gantenbein 295); **b)** *(intensivierend bei Adjektiven u. Verben) überaus, in unvorstellbarem Ausmaß:* die Preise sind s. günstig; es gibt s. viel.
Sa|gen|kreis, der: *Kreis* (4) *von Sagen, der sich um eine Person, ein Ereignis o. Ä. gebildet hat:* der S. um Dietrich von Bern.
Sa|gen|schatz, der ⟨Pl. selten⟩ (geh.): *Anzahl [einen kulturellen Reichtum darstellender] überlieferter Sagen eines bestimmten Bereichs:* der griechische S.
sa|gen|um|wit|tert ⟨Adj.⟩ (geh.): *sagenumwoben.*
sa|gen|um|wo|ben ⟨Adj.⟩ (geh.): *Gegenstand, Thema vieler Sagen seiend, in vielen Sagen vorkommend; von Sagen umwoben:* eine -e Burg.
Sa|ger, der; -s, - (österr. salopp): *Ausspruch.*
Sä|ge|rei, die; -, -en ⟨Pl. selten⟩ (ugs.): **1.** (meist abwertend) *[dauerndes] Sägen* (1). **2.** (abwertend) *Schnarchen.*
Sä|ge|spä|ne ⟨Pl.⟩: *beim Sägen anfallende Holzspäne:* der Boden war mit -n bedeckt, bestreut.
Sä|ge|werk, das: *Betrieb, in dem bes. Baumstämme zu Balken, Brettern, Latten geschnitten werden.* Dazu: **Sä|ge|werks|be|sit|zer,** der; **Sä|ge|werks|be|sit|ze|rin,** die.
Sä|ge|zahn, der: *Zahn eines Sägeblatts.*
Sa|go, der, öfters meist: das; -s [engl. sago, niederl. sago < älter indones. sago = ³Mark (1 a) der Sagopalme]: *aus dem Mark bes. der Sagopalme gewonnenes feinkörniges Stärkemehl, das in heißer Flüssigkeit aufquillt u. glasig wird, beim Erkalten stark bindend wirkt u. deshalb bei der Zubereitung von Pudding, Grütze, Kaltschale o. Ä., aber auch als Einlage in Suppen u. Brühen verwendet wird.*
Sa|go|pal|me, die: *Palme mit kurzem, lange Ausläufer bildendem Stamm, langen, gefiederten Blättern u. trockenen, schuppigen, glänzenden Früchten.*
Sa|go|sup|pe, die: *Fleischbrühe mit Sago.*
sah: ↑sehen.
Sa|ha|ra, die; -: *Wüste in Nordafrika.*
sä|he: ↑sehen.
Sa|hel [auch: ˈzaːhɛl], der; -[s], **Sa|hel|zo|ne** [auch: ˈzaːhɛl...], die ⟨o. Pl.⟩ [zu arab. sahil = Wüste]: *Gebiet südlich der Sahara.*
Sah|ne, die; - [spätmhd. (md., niederd.) sane, wohl aus dem Niederl. (vgl. mniederl. sāne), H. u.]: **1. a)** *oben schwimmender, fetthaltiger Teil der Milch; Rahm:* die S. von der Milch abschöpfen; * **[aller]erste S. sein** (ugs.; *erstklassig, von hervorragender Güte sein);* **b)** *durch Zentrifugieren gewonnene* Sahne (1 a)*: süße, saure S.;* S. [steif] schlagen. **2.** Kurzf. von ↑Schlagsahne (1, 2): Erdbeeren, Eis mit S.
Sah|ne|bon|bon, der od. das: *viereckiger Bonbon von zäher Konsistenz, der aus Zucker u. Sahne hergestellt wird.*
Sah|ne|creme, Sah|ne|crème, die: *Creme* (2 b)*, die vor allem Schlagsahne enthält.*
Sah|ne|eis, das: *mit Sahne zubereitetes Speiseeis.*
Sah|ne|häub|chen, das: *kleine Menge Schlagsahne auf einem Getränk:* eine heiße Schokolade mit einem S.; Ü die Goldmedaille war das S. *(die Krönung)* ihrer Karriere.
Sah|ne|känn|chen, das: *Kännchen, in dem bes. zum Kaffee oder Tee, Sahne* (1 b) *gereicht wird.*
Sah|ne|ma|ri|na|de, die: *mit Sahne zubereitete Marinade.*
Sah|ne|meer|ret|tich, der ⟨o. Pl.⟩: *aus Gewürzen, Meerrettich u. Sahne hergestellte Creme.*
Sah|ne|quark, der: *Quark mit hohem Fettanteil.*
Sah|ne|sau|ce: ↑Sahnesoße.
Sah|ne|schnit|te, die: *mit Schlagsahne gefülltes Stück Gebäck.*
Sah|ne|so|ße, die: *Sahnesauce, die mit Sahne zubereitete Soße; Rahmsoße.*
Sah|ne|sprit|ze, die: *Spritze* (1) *zum Verzieren von Torten, Desserts o. Ä. mit Schlagsahne.*
Sah|ne|stück, das: **1.** (ugs.) *etw. Besonderes, Erstklassiges:* das zum Verkauf stehende Grundstück ist ein S. **2.** (seltener) *Stück einer Sahnetorte.*
Sah|ne|tor|te, die: *Torte mit mehreren Schichten Sahnecreme.*
sah|nig ⟨Adj.⟩: **1.** *reichlich Sahne enthaltend:* -e Milch; das Dessert ist sehr s. **2.** *in der Konsistenz wie geschlagene Sahne; cremig.*
Sai|son [zɛˈzõː, auch: zɛˈzɔŋ, bes. südd., österr.: zɛˈzoːn; -, -s, bes. südd., österr.: ...onen [zɛˈzoːnən] [frz. saison = (günstige, für bestimmte Geschäfte geeignete) Jahreszeit, wohl < lat. satio = (Zeit der) Aussaat, zu: satum, 2. Part. von: serere = säen]: *für etw. wichtigster Zeitabschnitt innerhalb eines Jahres, in dem etw. Bestimmtes am meisten vorhanden ist od. am häufigsten stattfindet, in dem die stärksten Aktivitäten entfaltet werden:* eine gute, schlechte, lebhafte, ruhige S.; die S. beginnt, ist in vollem Gang, läuft aus, endet; die S. für Spargel, Erdbeeren beginnt bald; die S. *(Spielzeit)* mit einer Neuinszenierung eröffnen; das Modehaus stellt die Modelle der neuen S. vor; an der See haben sie jetzt S.; inmitten, während der S. *(Hauptlaubzeit)* ist dieses Hotel recht teuer, aber nach, außerhalb der S. ist es billiger; Auf dem weiten Platz vor den Kaufmannsgalerien hatte man einmal die Wolgaschiffer, die Treidelknechte für die S. angeworben (Koeppen, Russland 117).
sai|son|ab|hän|gig ⟨Adj.⟩: *von der Saison abhängend:* -e Branchen; die Übernachtungspreise liegen s. zwischen ein- und zweihundert Euro.
sai|so|nal [zezo...] ⟨Adj.⟩ [wohl unter Einfluss von engl. seasonal (zu: season = Saison < afrz. seison < lat. satio, ↑Saison)]: *die Saison betreffend, von ihr bedingt:* -e Einflüsse, Faktoren; -e Arbeitslosigkeit; eine s. schwankende Nachfrage.
Sai|son|ar|beit, die ⟨Pl. selten⟩: *Arbeit, die nur zu einer bestimmten Zeit des Jahres anfällt:* Weinlese ist S.
Sai|son|ar|bei|ter, der: *jmd., der Saisonarbeit leistet.*
Sai|son|ar|bei|te|rin, die: *w. Form zu* ↑Saisonarbeiter.
Sai|son|auf|takt, der (bes. Sport): *Auftakt* (1) *der Saison.*
sai|son|be|dingt ⟨Adj.⟩: *von der Saison bedingt; saisonal:* ein -er Rückgang der Arbeitslosigkeit; diese Umsatzsteigerung war s.
Sai|son|be|ginn, der ⟨o. Pl.⟩: *Beginn der Saison.*
sai|son|be|rei|nigt ⟨Adj.⟩ (Amtsspr.): *unter Vernachlässigung der saisonalen Faktoren [errechnet]:* -e Zahlen.
Sai|son|en|de, das ⟨Pl. selten⟩: *Ende der Saison.*
Sai|son|er|öff|nung, die: *Eröffnung der Saison (in einem bestimmten Bereich):* das Freibad soll zur S. fertig werden.
Sai|son|fi|na|le, das (bes. Sport): *die Saison abschließende Veranstaltung, letzter Wettkampf, letztes Spiel, letztes Rennen der Saison.*
Sai|son|ge|schäft, das: *saisonabhängiges Geschäft* (1 a, b).
Sai|so|ni|er: ↑Saisonnier.
Sai|son|kenn|zei|chen, das (Kfz-Wesen): *Kraftfahrzeugkennzeichen, das nur während einer bestimmten Zeit des Jahres gültig ist:* Motorräder haben oft S.
Sai|son|nie|der|la|ge, die (Sport): *im Laufe der Saison erlittene Niederlage:* unsere höchste, dritte S.
Sai|son|ni|er, Saisonier [zɛzɔˈnje:, auch, österr. nur: ...zoː...], der; -s, -s [frz. saisonnier, zu: saison, ↑Saison] (österr., schweiz.): *Saisonarbeiter.*
Sai|son|schluss, der: *Saisonende.*
Sai|son|sieg, der (Sport): *im Laufe der Saison errungener Sieg:* ihr erster, bisher höchster S.
Sai|son|spiel, das (Sport): *im Laufe der Saison stattfindendes Spiel:* sie haben drei von acht -en gewonnen.
Sai|son|start, der: *Saisonbeginn.*
Sai|son|tor, das (Sport): *im Laufe der Saison erzieltes Tor:* es war schon sein fünftes S.
Sai|son|tref|fer, der (Sport): *Saisontor.*
sai|son|wei|se ⟨Adv.⟩: *für eine Saison, während einer Saison:* Erntehelfer werden nur s. beschäftigt.
Sai|son|ziel, das (Sport): *Ziel* (3)*, das am Saisonende erreicht sein soll:* die Mannschaft hat ihr S. knapp verfehlt.
Sai|te, die; -, -n [mhd. seite, ahd. seita, seito = Strick; Schlinge, Fallstrick; Fessel; Darmsaite; im 17. Jh. orthografisch von ↑Seite geschieden]: **a)** *dünner Strang (aus Tierdärmen, Pflanzenfasern, Metall od. Kunststoff), der auf ein Musikinstrument gespannt u. durch Streichen, Zupfen usw. in Schwingung versetzt wird u. Töne erzeugt:* die -n der Geige, der Harfe, des Klaviers; die -n erklingen lassen; eine S. ist gerissen; die -n streichen, zupfen; eine S. [nach]stimmen; * **andere/strengere -n aufziehen** *(härtere Maßnahmen ergreifen, strenger vorgehen):* ich kann auch andere -n aufziehen!); **b)** *Strang, Schnur o. Ä. (aus Metall od. Kunststoff) zur Bespannung von Tennis- od. Federballschlägern.*

Saiteninstrument – salben

Sai|ten|in|s|t|ru|ment, das: *Musikinstrument, dessen Töne aus den Schwingungen gespannter Saiten (durch Zupfen, Streichen, Schlagen o. Ä.) entstehen.*

Sai|ten|spiel, das [mhd. seit-, seite-, seitenspil] (geh.): **1.** ⟨o. Pl.⟩ *das Spielen auf einem Saiten-, meist Zupfinstrument.* ♦ **2.** *Saiteninstrument:* Ich hatt' als Knabe einst ein S. (Hebbel, Genoveva II, 4); Ü Das war kein Mensch für Sie! ... Dies feine S. zerbrach in Ihrer metallnen Hand. Sie konnten nichts, als ihn ermorden (Schiller, Don Carlos V, 4).

Sait|ling, der; -[e]s, -e: *Darm des Schafes, der zur Herstellung von Saiten für Musikinstrumente u. als Haut für feine Würstchen verwendet wird.*

Sa|ke, der; - [jap. sake]: *aus Reis hergestellter japanischer Wein; Reiswein.*

Sak|ko, der; [österr.: za'ko:], das (österr. nur so), auch: der; -s, -s [italienisierende Bildung zu ↑Sack (älter für: Jackett)]: *Jackett als Teil einer* ¹*Kombination* (2).

sa|k|ra [entstellt aus ↑Sakrament] (südd. salopp): *verdammt!*

sa|k|ral ⟨Adj.⟩ [zu lat. sacer = heilig]: *[geweiht u. daher] heilig; religiösen Zwecken dienend:* -e Feiern, Handlungen, Akte, Bauten.

Sa|k|ral|bau, der ⟨Pl. -ten⟩: *religiösen Zwecken dienendes Bauwerk:* Tempel, Kirchen und sonstige -ten.

Sa|k|ra|ment, das; -[e]s, -e [mhd. sagkermente, sacrament < kirchenlat. sacramentum = religiöses Geheimnis, Mysterium < lat. sacramentum = Weihe, Verpflichtung (zum Kriegsdienst); Treueid, zu: sacrare = (einer Gottheit) weihen, widmen; heilig machen, zu: sacer, ↑sakral]: **1.** (christl. Kirche) **a)** *von Jesus Christus eingesetzte zeichenhafte Handlung, die in traditionellen Formen vollzogen wird und nach christlichem Glauben dem Menschen in sinnlich wahrnehmbarer Weise die Gnade Gottes übermittelt:* das S. der Taufe empfangen, spenden; **b)** (bes. kath. Kirche) *Mittel (z. B. Hostie), mit dem das Sakrament (1 a) gespendet wird:* das S. austeilen, empfangen. **2.** *S. [noch mal]! (derb; Ausruf ungeduldiger Entrüstung).

sa|k|ra|men|tal ⟨Adj.⟩ [mlat. sacramentalis]: *ein Sakrament betreffend, zu ihm gehörend:* ein -er Ritus.

Sa|k|ra|men|tar, das; -s, -e [mlat. sacramentarium]: *liturgisches Buch, das für den Bischof od. Priester die Gebete zur Feier der* ¹*Messe* (1) *sowie einiger Sakramente u. Weihen enthält.*

Sa|k|ri|leg, das; -s, -e [lat. sacrilegium = Tempelraub, zu: sacrilegus = gottlos, verrucht, zu: sacra = Heiliges u. legere = auflesen, -sammeln; stehlen]: *Vergehen, Frevel gegen Personen, Gegenstände, Stätten usw., denen religiöse Verehrung entgegengebracht wird:* ein S. begehen; Ü die Beschlüsse der Parteiführung zu kritisieren gilt als S.

sa|k|risch ⟨Adj.⟩ [zu ↑sakra, Sakrament] (südd. salopp): **a)** *böse, verdammt:* die -en Spekulanten; **b)** ⟨intensivierend bei Adjektiven u. Verben⟩ *sehr, gewaltig, ungeheuer:* das Essen schmeckt s. gut.

Sa|k|ris|tan, der; -s, -e [spätmhd. sacristan < mlat. sacristanus]: *[katholischer] Kirchendiener; Küster, Mesner.*

Sa|k|ris|ta|nin, die; -, -nen: w. Form zu ↑Sakristan.

Sa|k|ris|tei, die; -, -en [mhd. sacristīe < mlat. sacristia, zu: lat. sacer, ↑sakral]: *Nebenraum in der Kirche, der zur Vorbereitung des [od. der] Geistlichen auf den Gottesdienst u. zur Aufbewahrung der für den Gottesdienst benötigten Gegenstände dient.*

sa|k|ro|sankt ⟨Adj.⟩ [lat. sacrosanctus, zu: sacer = (↑sakral) u. sanctus = heilig, unverletzlich, adj.

2. Part. von: sancire = heiligen, als heilig u. unverbrüchlich festsetzen] (bildungsspr.): *unantastbar* (1): -e Rechte, Prinzipien.

Sä|ku|la: Pl. von ↑Säkulum.

sä|ku|lar ⟨Adj.⟩ [mlat. saecularis = weltlich, heidnisch < (kirchen)lat. saecularis = alle 100 Jahre stattfindend; weltlich, heidnisch, zu lat. saeculum, ↑Säkulum]: **1.** (geh.) **a)** *alle hundert Jahre wiederkehrend:* ein -es Ereignis; **b)** *hundert Jahre dauernd;* **c)** *ein Jahrhundert betreffend.* **2.** (geh.) *weltlich, der Welt der (kirchlichen) Laien angehörend.* **3.** (geh.) *außergewöhnlich, herausragend, einmalig:* ein -es Buch; ein Ereignis von -er Bedeutung.

Sä|ku|la|ri|sa|ti|on, die; -, -en [frz. sécularisation, zu: séculariser, ↑säkularisieren]: **1.** *Einziehung od. Nutzung kirchlichen Besitzes durch weltliche Amtsträger.* **2.** *Säkularisierung* (2).

sä|ku|la|ri|sie|ren ⟨sw. V.; hat⟩ [frz. séculariser, zu mlat. saecularis, ↑säkular]: **1.** *kirchlichen Besitz einziehen u. verstaatlichen:* Kirchengüter s. **2.** *aus kirchlicher Bindung lösen, unter weltlichem Gesichtspunkt betrachten:* die Kunst wurde in der Renaissance säkularisiert.

Sä|ku|la|ri|sie|rung, die; -, -en: **1.** *Säkularisation* (1): die S. der Stifte und Klöster. **2.** *Loslösung des Einzelnen, des Staates u. gesellschaftlicher Gruppen aus den Bindungen an die Kirche.*

Sä|ku|lum, das; -s, ...la [lat. saeculum] (bildungsspr.): **1.** *Zeitraum von hundert Jahren; Jahrhundert.* **2.** *Zeitalter.*

Sa|lam [alai|kum] [arab. = Heil, Friede (mit euch)!]: *arabische Grußformel.*

Sa|la|man|der, der; -s, - [mhd. salamander < lat. salamandra < griech. salamándra, H. u.]: *Schwanzlurch mit rundem, langem Schwanz [u. auffallender Zeichnung des Körpers].*

Sa|la|mi, die; -, -[s], schweiz. auch: der; -s, - [ital. salame = Salzfleisch; Schlackwurst, zu: sale < lat. sal, ↑Salär]: *kräftig gewürzte, rötlich braune, luftgetrocknete Dauerwurst aus Schweine-, Rind-, Eselsfleisch, deren Haut oft mit einem weißen Belag, der durch das Trocknen an der Luft entsteht, überzogen ist od. einen weißen Überzug aus Kreide o. Ä. hat:* eine halbe S.; eine Scheibe S.

Sa|la|mi|brot, das: *mit Salami belegtes Brot* (1 c).

Sa|la|mi|tak|tik, die ⟨Pl. selten⟩ [nach den dünnen Scheiben, in die man Salami aufgeschnitten wird] (ugs.): *Taktik, [politische] Ziele durch kleinere Forderungen u. entsprechende Zugeständnisse von der Gegenseite zu erreichen zu suchen.*

Sa|lär, das; -s, -e [frz. salaire < lat. salarium = Sold, zu: sal = Salz, eigtl. = Salzration für Beamte u. Soldaten; vgl. auch Salat (2)] (bes. schweiz., auch südd., österr., sonst veraltet): *Honorar, Gehalt; Lohn:* ein gutes, hohes S. beziehen.

sa|la|rie|ren ⟨sw. V.; hat⟩ [frz. salarier < mlat. salariare, zu: lat. salarium, ↑Salär] (schweiz.): **a)** *durch Zahlung eines Gehalts entlohnen:* die Angestellten angemessen s.; **b)** *mit einem Gehalt ausstatten:* eine gut salarierte Stelle.

Sa|la|rie|rung, die; -, -en (schweiz.): *Salär.*

Sa|lat, der; -[e]s, -e [älter ital. (mundartl.) salata für: insalata (herba) = eingesalzenes (Salatkraut), zu: insalare = einsalzen, zu: salare = salzen, über das Vlat. zu lat. sal, ↑Salär]: **1. a)** *mit verschiedenen Marinaden den Dressings zubereitete kalte Speise aus [zerpflückten] Salatpflanzen, Obst, frischem od. gekochtem Gemüse, Fleisch, Wurst, Fisch o. Ä.:* ein köstlicher S. aus frischem Obst der Region; S. anrichten, [mit Essig und Öl] anmachen; nimm doch noch etwas S.!; ein kleiner S. *(eine kleine Portion Salat);* **b)** ⟨o. Pl.⟩ *Blattsalat, Kopfsalat:* der S. fängt schon an zu schießen; ein Kopf S. **2.** ⟨o. Pl.⟩ (ugs.) *Durcheinander, Wirrwarr; Unordnung:* R da/jetzt haben wir den S. (iron.: *jetzt ist das [erwartete] Unangenehme, sind die [erwarteten] Unannehmlichkeiten da);* * **der ganze S.** (abwertend; *das alles).*

-sa|lat, der; -[e]s (ugs.): kennzeichnet in Bildungen mit Substantiven ein Durcheinander, ein wirres Gemisch von etw.: Band-, Daten-, Wellensalat.

Sa|lat|be|steck, das: *aus einem großen Löffel u. einer dem Löffel in der Form angeglichenen Gabel bestehendes Besteck, das dazu dient, Salat* (1 a) *in einer Schüssel o. Ä. zu mischen und portionsweise daraus zu entnehmen.*

Sa|lat|blatt, das: *Blatt einer Salatpflanze, bes. des Kopfsalats:* etw. auf einem S. anrichten.

Sa|lat|bü|fett, Sa|lat|buf|fet, das: *(in Restaurants, bei Festen o. Ä.) Tisch o. Ä., auf dem verschiedene Salate zur Selbstbedienung der Gäste bereitstehen.*

Sa|lat|dres|sing, das: *Dressing* (1).

Sa|lat|gur|ke, die: *Gurke* (1 b), *die sich bes. zum Bereiten von Salat* (1 a) *eignet.*

Sa|lat|häup|tel, das (österr.): *Salatkopf.*

Sa|la|ti|e|re, die; -, -n [frz. saladier, zu: salade = Salat < ital. (mundartl.) salata, ↑Salat] (veraltend): *Salatschüssel.*

Sa|lat|kar|tof|fel, die ⟨meist Pl.⟩: *Kartoffel einer bes. zur Zubereitung von Kartoffelsalat geeigneten Kartoffelsorte.*

Sa|lat|kopf, der: *Kopf* (5 b) *des Kopfsalats.*

Sa|lat|öl, das: *zur Zubereitung von Salaten geeignetes Speiseöl.*

Sa|lat|pflan|ze, die: *Pflanze, von der bestimmte Teile als Salat gegessen werden.*

Sa|lat|plat|te, die: **1.** *Platte zum Anrichten von Salaten* (1 a). **2.** *Gericht, das aus verschiedenen auf einer Platte angerichteten Salaten* (1 a) *besteht.*

Sa|lat|sau|ce: ↑Salatsoße.

Sa|lat|schleu|der, die: *mit der Hand zu bedienende Zentrifuge, in der gewaschener Salat getrocknet werden kann.*

Sa|lat|schüs|sel, die: *Schüssel zum Servieren von Salaten* (1 a).

Sa|lat|so|ße, Salatsauce, die: *zur Zubereitung von Salat verwendete Soße; für den Salat zubereitete Soße.*

Sa|lat|tel|ler, der: *Salatplatte* (2).

Sa|lat|the|ke, die: *Theke (in Cafeterias o. Ä.), in der verschiedene* ²*Salate* (1 a) *bereitstehen.*

Sal|ba|de|rei, die; -, -en (ugs. abwertend): *[dauerndes] Salbadern.*

sal|ba|dern ⟨sw. V.; hat⟩ [zu veraltet Salbader (17. Jh.) = seichtes Geschwätz, H. u.] (ugs. abwertend): *salbungsvoll [frömmelnd], langatmig u. feierlich reden:* er hat eine Art zu s., die jedem auf die Nerven geht.

Sal|be, die; -, -n [mhd. salbe, ahd. salba, eigtl. = Fett]: *Präparat zum Auftragen auf die Haut, bei dem die wirksamen Substanzen mit einer [fettigen] Masse vermengt sind:* S. auftragen.

Sal|bei [auch: ...'bai], der; -s (österr. nur so) od. die; - [mhd. salbeie, ahd. salbeia, salveia < mlat. salvegia < lat. salvia, zu: salvus = gesund]: **1.** *(zu den Lippenblütlern gehörende) Pflanze mit (je nach Art) unterschiedlich gefärbten Blüten u. länglichen, behaarten Blättern.* **2.** *aus [getrockneten] Salbeiblättern bestehendes Gewürz.*

Sal|bei|blatt, das: *Blatt des Salbeis.*

Sal|bei|tee, der: ¹*Tee* (3 b) *aus Salbeiblättern.*

sal|ben ⟨sw. V.; hat⟩ [mhd. salben, ahd. salbōn, zu ↑Salbe] (geh.): *mit Salbe öl. einreiben:* jmdn., sich s.; jmdn. zum Kaiser s. *(weihen);* einen Sterbenden s. (kath. Kirche; *ihm die Krankensalbung geben).*

Salbentiegel – Salvadorianerin

Sal|ben|tie|gel, der: *Tiegel zur Herstellung u. Aufbewahrung von Salben.*

Sal|ben|topf, der: *kleiner Topf (2b) mit Schraubdeckel zur Aufbewahrung von Salbe.*

Sal|bung, die; -, -en [mhd. salbunge] (geh.): *das Salben; das Gesalbtwerden.*

sal|bungs|voll ⟨Adj.⟩ [eigtl. = mit der frommen Begeisterung eines Gesalbten, eines Priesters] (abwertend): *übertrieben würdevoll-feierlich:* -e Worte; s. reden, predigen.

Säl|chen, das; -s, -: Vkl. zu ↑Saal.

sal|die|ren ⟨sw. V.; hat⟩ [ital. saldare, eigtl. = zusammenfügen, festmachen, zu: saldo = fest, über das Vlat. zu lat. solidus, ↑solide]: **1.** (Buchf., Bankw.) *den Saldo ermitteln.* **2.** (Kaufmannsspr.) *(eine Rechnung, einen Rückstand) begleichen, bezahlen; (eine Schuld) tilgen.* **3.** (österr.) *die Bezahlung einer Rechnung bestätigen.*

sal|die|rend ⟨Adj.⟩ (EDV): *Rechenergebnisse speichernd, sodass man mit ihnen weiterrechnen kann, ohne sie vorher abrufen zu müssen:* ein Taschenrechner mit -em Speicher.

Sal|die|rung, die; -, -en: *das Saldieren.*

Sal|do, der; -s, ...den, -s u. ...di [ital. saldo, eigtl. = fester Bestandteil bei der Kontenführung, zu: saldare, ↑saldieren]: **1.** (Buchf., Bankw.) *Differenzbetrag, der sich nach Aufrechnung der Soll- u. Habenseite des Kontos ergibt.* **2.** (Kaufmannsspr.) *Betrag, der nach Abschluss einer Rechnung zu deren völliger Begleichung fällig bleibt.*

Sal|do|über|trag, der (Buchf.): *auf ein neues Konto übertragener Saldo.*

Sal|do|vor|trag, der (Buchf.): *Saldoübertrag.*

Sä|le: Pl. von ↑Saal.

Sa|lem a|lei|kum (scherzh., veraltet): ↑Salam [alaikum].

Sales|fol|der ['seɪlsfoʊldɐ], der; -s, - [engl. sales folder, zu sale = Verkauf u. folder, ↑Folder] (Wirtsch.): *Verkaufs- bzw. Werbemappe mit Informationen u. Produkterklärungen.*

Sa|le|sia|ner, der; -s, - [nach dem heiligen Franz v. Sales (1567–1622)]: **1.** *Mitglied der Gesellschaft des heiligen Franz von Sales.* **2.** *Angehöriger eines katholischen Priesterordens, der bes. in der [Jugend]seelsorge tätig ist.*

Sa|le|sia|ne|rin, die; -, -nen: *Angehörige eines katholischen Ordens, der bes. in der Seelsorge tätig ist.*

Sales|ma|na|ger ['seɪls...], der; -s, - [engl. sales manager, zu: sale = Verkauf u. ↑Manager] (Wirtsch.): *Verkaufsleiter in einem Unternehmen.*

Sales|ma|na|ge|rin ['seɪls...], die; w. Form zu ↑Salesmanager.

Sales|pro|mo|ter ['seɪls...], der; -s, - [zu ↑Promoter] (Wirtsch.): *Kaufmann mit speziellen Kenntnissen u. Aufgaben auf dem Gebiet der Salespromotion.*

Sales|pro|mo|te|rin, die; -, -nen: w. Form zu ↑Salespromoter.

Sales|pro|mo|tion ['seɪls...], die [engl. sales promotion, zu ↑²Promotion] (Wirtsch.): *Gesamtheit der Maßnahmen zur Förderung des Verkaufs.*

Sa|lettl, das; -s, -[n] [zu ital. saletta = kleiner Saal, Vkl. von: sala = Saal] (österr., auch bayr.): *Pavillon, Laube, Gartenhäuschen.*

Sa|li|cyl|säu|re: ↑Salizylsäure.

Sa|li|ne, die; -, -n [lat. salinae (Pl.), zu: salinus = zum Salz gehörend, zu: sal = Salz]: **1.** *Anlage zur Gewinnung von Salz durch Verdunstung von Salzwasser.* **2.** *Gradierwerk.*

Sa|li|nen|be|trieb, der: *Betrieb, in dem Salinensalz gewonnen wird.*

Sa|li|nen|salz, das: *in einer Saline gewonnenes Salz.*

Sa|li|zyl|pflas|ter, das; -s, -: *Pflaster, das mit Salizylsäure getränkt ist.*

Sa|li|zyl|säu|re, Salicylsäure, die; - [zu lat. salix = Weide u. griech. hýlē = Holz; Stoff; die Säure wurde zuerst aus einem Bitterstoff der Weidenrinde hergestellt] (Chemie): *farblose, süß schmeckende kristalline Substanz, die früher wegen ihrer antibakteriellen u. fäulnishemmenden Wirkung als Konservierungsmittel verwendet wurde, heute vor allem als Ausgangsstoff für die Herstellung von schmerzstillenden, fiebersenkenden usw. Medikamenten dient.*

¹Salm, der; -[e]s, -e [mhd. salme, ahd. salmo < lat. salmo]: *Lachs.*

²Salm, der; -s, -e ⟨Pl. selten⟩ [aus dem Niederd. < mniederd. salm = Psalm] (landsch., bes. nordd. ugs. abwertend): *umständlich-breites Gerede:* ein fürchterlicher S.

Sal|mi|ak [auch, österr. nur: ˈzal...], der, auch: das; -s [aus mlat. sal armoniacum für lat. sal armeniacum für lat. sal armeniacum für lat. sal armeniacum Ammoniaksalz, nach dem Herkunftsland]: *Verbindung von Ammoniak u. Salzsäure mit einem durchdringend-beizenden Geruch.*

Sal|mi|ak|geist, der ⟨o. Pl.⟩: *in Wasser gelöstes Ammoniak; Ammoniaklösung.*

Sal|mi|ak|lö|sung, die: *Salmiakgeist.*

Sal|mi|ak|pas|til|le, die: *[rautenförmige] dunkelbraune bis schwarze Pastille aus eingedicktem Süßholzsaft u. Salmiak:* -n lutschen.

Sal|mo|nel|le, die; -, -n ⟨meist Pl.⟩ [nach dem amerik. Bakteriologen u. Pathologen D. E. Salmon (1850–1914)]: *Bakterie, die beim Menschen Darminfektionen hervorruft.*

Sal|mo|nel|lo|se, die; -, -n (Med.): *durch Salmonellen verursachte Darmerkrankung.*

¹Sa|lo|mo|nen ⟨Pl.⟩: *Staat auf den ²Salomonen.*

²Sa|lo|mo|nen, Sa|lo|mon|in|seln ⟨Pl.⟩: *Inselgruppe östlich von Neuguinea.*

sa|lo|mo|nisch ⟨Adj.⟩ [nach dem biblischen König Salomo] (bildungsspr.): *einem Weisen entsprechend ausgewogen, Einsicht zeigend; weise:* ein -es Urteil; s. urteilen.

Sa|lon [za'lõː, auch: za'lɔŋ, südd., österr.: za'loːn], der; -s, -s [frz. salon < ital. salone = Festsaal, Vgr. von: sala = Saal, aus dem Germ.]: **1.** *größerer, repräsentativer Raum als Empfangs- od. Gesellschaftszimmer:* den S. betreten; sie geleitete, führte uns in den S. **2.** (früher) **a)** *[regelmäßige] Zusammenkunft von bes. literarisch u. künstlerisch interessierten Personen:* ein literarischer, politischer S.; **b)** *Kreis von Personen, der sich regelmäßig trifft u. ständig die Meinungen über Kunst, Literatur, Wissenschaft u. Politik austauscht:* einem literarischen S. angehören. **3.** *[modern eingerichtetes, elegantes u. luxuriös ausgestattetes] Geschäft:* ein S. für Fußpflege, Kosmetik; seine Friseurlehre hat er im S. seines Vaters gemacht. **4. a)** *Ausstellungsraum, -saal;* **b)** *Ausstellung (bes. Kunst-, Gemäldeausstellung).*

sa|lon|fä|hig ⟨Adj.⟩: **1.** *(in den Umgangsformen o. Ä.) in den Rahmen der Gesellschaft passend; Etikette der Gesellschaft entsprechend, schicklich; ein nicht -er Witz; im dem Aufzug bist du nicht s.* **2.** *einen einigermaßen guten Ruf genießend, ein einigermaßen gutes Image habend; akzeptabel, respektabel:* durch diese verfehlte Politik ist der Diktator, die faschistische Partei überhaupt erst s. geworden.

Sa|lon|lö|we, der (abwertend): *eleganter, gewandter Mann, der aber oberflächlich ist u. Wert darauf legt, in Gesellschaft der Mittelpunkt der [weiblichen] Aufmerksamkeit zu sein.*

Sa|lon|lö|win, die: w. Form zu ↑Salonlöwe.

Sa|lon|mu|sik, die: *virtuos-elegant dargebrachte, gefällige, aber anspruchslose Musik.*

Sa|lon|or|ches|ter, das: *kleines Ensemble (Streicher u. Klavier) für Unterhaltungsmusik.*

Sa|lon|wa|gen, der: *Eisenbahnwagen, der wie ein Salon eingerichtet ist.*

Sa|loon [saˈluːn], der; -s, -s [engl. saloon < frz. salon, ↑Salon]: *Bar im Wilden Westen.*

sa|lopp ⟨Adj.⟩ [frz. salope = dreckig, schmierig, schlampig, H. u.]: **1.** *(von Kleidung) betont bequem [mit einer sportlichen Note], nicht elegant:* -e Freizeitkleidung; sich s. kleiden. **2.** *unbekümmert zwanglos, die Nichtachtung gesellschaftlicher Formen ausdrückend:* eine -e Ausdrucksweise haben; sein Benehmen war reichlich s.; sich s. ausdrücken.

Sa|lopp|heit, die; -, -en: **1.** ⟨o. Pl.⟩ *saloppe Art.* **2.** *saloppe Handlungsweise, Äußerung.*

Sal|pe|ter, der; -s [mhd. salpeter < mlat. sal(le)petra, viell. < lat. sal petrae, eigtl. = Salz des Steins, zu: sal = Salz u. petra (↑Peter); nach der Entstehung an Kaligestein]: *weißes od. hellgraues Salz der Salpetersäure, das früher vor allem zur Herstellung von Düngemitteln u. Schießpulver verwendet wurde.*

Sal|pe|ter|dün|ger, der: *Düngemittel, in dem Stickstoff in Form von Salpeter enthalten ist.*

sal|pe|ter|hal|tig ⟨Adj.⟩: *Salpeter enthaltend.*

sal|pe|te|rig: ↑salpetrig.

Sal|pe|ter|säu|re, die ⟨o. Pl.⟩: *stark oxidierende, farblose Säure, die Silber u. die meisten unedlen Metalle löst.*

sal|pet|rig, salpeterig: in der Fügung -e Säure (↑Säure 2).

Sal|sa, die; -, -s, ugs. auch: der; -[s], -s [span. salsa, eigtl. = Soße]: **1.** *lateinamerikanische populäre Musik, mit Elementen aus Rumba, afrokubanischem Jazz u. Bossa nova.* **2.** *Tanz, der zu Salsa (1) getanzt wird.*

Sal|to, der; -s, -s u. ...ti [ital. salto < lat. saltus = Sprung, zu: saltum, 2. Part. von: salire = springen]: **1.** (Sport) *frei in der Luft ausgeführte Rolle, schnelle Drehung des Körpers um seine Querachse (als Teil einer sportlichen Übung):* ein ein-, zwei-, dreifacher, doppelter S.; ein S. vorwärts, rückwärts, aus dem Stand, vom Reck; einen S. springen, drehen, machen. **2.** (Fliegerspr.) *Looping.*

Sal|to mor|ta|le, der; - -, - - u. ...ti ...li [ital. salto mortale, eigtl. = Todessprung, zu: mortale = tödlich < lat. mortalis]: *[meist dreifacher] Salto, der von einem Akrobaten in großer Höhe ausgeführt wird:* ein S. m. am Trapez.

sa|lü ['saly, sa'ly; frz. salut, ↑Salut] (schweiz. ugs., sonst landsch.): *Grußformel (zur Begrüßung und zum Abschied).*

Sa|lut, der; -[e]s, -e [frz. salut < lat. salus (Gen.: salutis) = Gruß, Wohlsein, Heil, zu: salvus = gesund, heil] (Militär): *Ehrung z. B. anlässlich von Staatsbesuchen durch Abfeuern einer Salve aus Schützen:* S. schießen; 10 Schuss S.; Jahre sind vergangen..., über viele Gräber ist S. geschossen worden (Bergengruen, Rittmeisterin 389).

sa|lu|tie|ren ⟨sw. V.; hat⟩ [lat. salutare = grüßen] (Militär): **1. a)** *die militärische Ehrenbezeigung erweisen:* der Posten salutierte; die Wachen salutierten vor dem Staatsgast; **b)** *[durch Anlegen der Hand an die Kopfbedeckung, an die Schläfe] grüßen:* der Schaffner salutierte höflich; Auf dem Wege dorthin blieb er ...r stehen, entzündete eine Zigarette und hob flüchtig salutierend das feine spanische Rohr, dessen Goldknopf in der Sonne blinkte, zu einem Bekannten hin (Thieß, Legende 125). **2.** (veraltend) *Salut schießen.*

Sa|lut|schuss, der ⟨meist Pl.⟩ (Militär): *als Salut abgegebener Schuss:* Salutschüsse abfeuern, abgeben.

Sal|va|do|ri|a|ner, der; -s, -: Ew. zu ↑El Salvador.

Sal|va|do|ri|a|ne|rin, die; -, -nen: w. Form zu ↑Salvadorianer.

sal|va|do|ri|a|nisch ⟨Adj.⟩: *El Salvador, die Salvadorianer betreffend; von den Salvadorianern stammend, zu ihnen gehörend.*

¹Sal|va|tor, der; -s, ...oren [kirchenlat. salvator] (bildungsspr.): *Heiland.*

²Sal|va|tor®, das od. der; -s: *dunkles Münchner Starkbier.*

Sal|va|tor|bier, das: *²Salvator.*

Sal|ve [...və], die; -, -n [frz. salve, eigtl. = Salutschießen, zu lat. salve, Imperativ von salvere = gesund sein, zu salvus = gesund]: *[auf ein Kommando] gleichzeitig abgefeuerte Anzahl von Schüssen aus mehreren Gewehren od. Geschützen:* die S. kracht; S. geben, schießen; aus einem Maschinengewehr eine S. *(schnelle Folge von Schüssen)* abgeben; Ü eine S. des Beifalls, von Gelächter.

sal|vie|ren ⟨sw. V.; hat⟩ [lat. salvare = heilen, retten] (bildungsspr. veraltet): **1.** *retten:* ♦ Er ist's! – ist's – Salvier' dich *(bring dich in Sicherheit),* Schweizer (Schiller, Räuber IV, 5). **2.** ⟨s. + sich⟩ *sich von einem Verdacht reinigen.*

♦ **Sal|vo|kon|dukt,** der; -[e]s, -e [mlat. salvus conductus = sicheres Geleit, ↑ Konduit]: *Schutzbrief* (1): In der Dämmerstunde ... wurde dem Könige ein mit einem richtig befundenen S. versehener friedländischer Hauptmann gemeldet (C. F. Meyer, Page 157).

Sal|wei|de, die; -, -n [mhd. salewīde, ahd. salewīda, verdeutlichende Zus. aus mhd. salhe, ahd. sal(a)ha = (Sal)weide u. ↑ ¹Weide, zu ↑ Salz, nach den filzig-grauen Blättern]: *als Strauch od. Baum wachsende Weide mit breit-elliptischen, oberseits grünen, unterseits bläulichen, filzigen Blättern u. zottigen silberweißen Kätzchen; Palmweide.*

Salz, das; -es, -e [mhd., ahd. salz, eigtl. = das Schmutziggraue; Salz kam in alter Zeit ungereinigt in den Handel]: **1.** ⟨o. Pl.⟩ *im Bergbau od. durch Eindampfen von [Meer]wasser gewonnene weiße, kristalline Substanz, die zum Würzen von Speisen verwendet wird; Kochsalz:* feines, grobes S.; eine Prise S.; S. an, in die Suppe, an die Speisen tun; Fleisch in S. legen; S. führende (Bergmannsspr.; *mit Salz durchsetzte*) Schichten; Spr S. und Brot macht Wangen rot *(einfache Kost ist gesund);* * das S. in der Suppe *(das eigentlich Interessante an einer Sache):* Tore sind beim Fußball das S. in der Suppe; S. auf die/in die Wunde streuen *(jmdn. eine ohnehin schon als unangenehm, ärgerlich o. ä. empfundene Situation durch eine Äußerung od. eine Mitteilung noch deutlicher, schmerzlicher empfinden lassen);* jmdm. nicht das S. in der Suppe gönnen (ugs.; *sehr missgünstig sein*). **2.** ⟨Chemie⟩ *chemische Verbindung aus einer Säure mit Metallen, Kohlenstoff od. Ammonium:* ein neutrales, saures S.

Salz|ader, die: *Ader* (3 d), *die Salz führt.*

salz|arm ⟨Adj.⟩: *nur geringe Mengen Salz enthaltend; mit nur wenig Salz:* -e Kost; s. essen.

Salz|bad, das: *medizinisches Bad in Salzwasser.*

Salz|be|las|tung, die (Ökol.): *Umweltbelastung durch Salz:* die S. der Weser; bei zu hoher S. gehen Pflanzen zugrunde.

Salz|berg|bau, der: *zur Gewinnung von Salz betriebener Bergbau.*

Salz|berg|werk, das: *Bergwerk zur Gewinnung von Salz.*

Salz|bre|zel, die: *mit grobem Salz bestreute Brezel.*

Salz|bröt|chen, das: *mit grobem Salz bestreutes Brötchen.*

¹Salz|burg, -s: *österreichisches Bundesland.*

²Salz|burg: *Landeshauptstadt von ¹Salzburg.*

¹Salz|bur|ger, der; -s, -: Ew.

²Salz|bur|ger ⟨indekl. Adj.⟩:

Salz|bur|ge|rin, die; -, -nen: w. Form zu ↑ ¹Salzburger.

salz|bur|ge|risch, salz|bur|gisch ⟨Adj.⟩: *Salzburg, die ¹Salzburger betreffend; von den ¹Salzburgern stammend, zu ihnen gehörend.*

sal|zen ⟨unr. V.; salzte, hat gesalzen/gesalzt⟩ [mhd. salzen, ahd. salzan]: **1.** ⟨2. Part. gewöhnl.: gesalzen⟩ *einer Speise Salz beigeben:* das Essen s.; die Suppe ist stark, zu wenig, kaum gesalzen. **2.** ⟨2. Part. gewöhnl.: gesalzt⟩ *(Wege, Straßen) mit Streusalz bestreuen:* gesalzte Straßen.

Salz|fass, das; -es, ...fässer. **1.** *Salznapf.* **2.** (ugs. scherzh.) *auffallende Vertiefung zwischen den Schlüsselbeinen am Halsansatz (beim Menschen).*

Salz|fäss|chen, das; -s, -: ↑ Salzfass.

Salz|fleisch, das: *Pökelfleisch.*

salz|frei ⟨Adj.⟩: *frei von Salz:* eine weitgehend -e Kost.

Salz füh|rend, salz|füh|rend ⟨Adj.⟩ (Bergmannsspr.): *mit Salz durchsetzt:* eine Salz führende Schicht.

Salz|gar|ten, der: *flaches Becken (als Teil einer Saline* 1), *in dem Salzwasser (meist Meerwasser) in warmem Klima verdunstet, sodass Salz zurückbleibt.*

Salz|ge|halt, der: *Gehalt an Salz.*

Salz|ge|win|nung, die: *Gewinnung von Salz.*

Salz|gur|ke, die: *in Salzlake eingelegte kleine Gurke.*

salz|hal|tig ⟨Adj.⟩: *Salz enthaltend:* -e Böden; das Mineralwasser ist zu s.

Salz|he|ring, der: *Hering, der eingesalzen u. dadurch haltbar gemacht wird; Pökelhering.*

sal|zig ⟨Adj.⟩: **a)** *Salz enthaltend:* -es Wasser; **b)** *nach Salz schmeckend:* einen salzigen Geschmack auf der Zunge haben; süßes und -es Gebäck; die Suppe ist zu s.

Sal|zig|keit, die; -: *das Salzigsein.*

Salz|kar|tof|fel, die ⟨meist Pl.⟩: *ohne Schale in Salzwasser* (1) *gekochte Kartoffel.*

Salz|kon|zen|tra|ti|on, die: *Gehalt an gelöstem Salz in einer Flüssigkeit (z. B. im Blut).*

Salz|korn, das ⟨Pl. ...körner⟩: *kleines, festes Stückchen Salz in Form eines Korns.*

Salz|krus|te, die: *durch Verdunstung von salzhaltigem Wasser entstandene Kruste aus Salz.*

Salz|la|ger|stät|te, die: *Lagerstätte* (3) *von Steinsalz.*

Salz|la|ke, die: *Lake.*

Salz|le|cke, die (Jägerspr.): *Stelle, wo aus Gestein Salz austritt od. wo der Jäger Salz auslegt, das lebensnotwendiger Bestandteil der Nahrung des Wildes ist.*

salz|los ⟨Adj.⟩: *ohne Salz.*

Salz|lö|sung, die: *Lösung von Salz in Wasser.*

Salz|man|del, die: *gesalzene u. geröstete Mandel.*

Salz|napf, der: *kleines Gefäß für Salz zum [Nach]salzen bei Tisch.*

Salz|pflan|ze, die: *Halophyt.*

Salz|säu|le, die: in der Wendung zur S. erstarren *(fassungslos, entsetzt, sprachlos sein u. deshalb innehalten, unbeweglich dastehen;* nach 1. Mos. 19, 26).

Salz|säu|re, die: *stark ätzende Säure:* -n in verschiedenen Konzentrationen.

Salz|see, der: *stark salzhaltiger See.*

Salz|sie|der, der (veraltet): *Salzwerker.*

Salz|sie|de|rin, die: w. Form zu ↑ Salzsieder.

Salz|stan|ge, die: *stangenförmiges, mit grobem Salz bestreutes Gebäck.*

Salz|stock, der: Vkl. zu ↑ Salzlagerstätte.

Salz|streu|er, der: *zum [Nach]salzen bei Tisch benutztes kleines Gefäß mit durchlöchertem Deckel zum Streuen von Salz.*

Salz|streu|ung, die: *das Streuen von Salz.*

Salz|teig, der: *für Bastelarbeiten (ähnlich wie Ton) verwendeter Teig aus Mehl, Wasser u. Salz, der im Backofen gehärtet wird.*

Salz|was|ser, das: **1.** ⟨o. Pl.⟩ *zum Kochen verwendetes Wasser, in dem Kochsalz gelöst ist.* **2.** *Meerwasser.* **3.** *Lake.*

Salz|wie|se, die: *Wiese, deren Bewuchs aus Salzpflanzen besteht:* die -n der Gezeitenzone.

Salz|wüs|te, die: *Wüste, deren Boden viel Salz enthält.*

Sam: ↑ Uncle Sam.

-sam [mhd., ahd. -sam, urspr. selbstständiges Wort mit der Bed. »mit etw. übereinstimmend, von gleicher Beschaffenheit«, zu ahd. samo = derselbe, sama = ebenso; vgl. mhd. samen, ahd. saman, ↑ zusammen]: **1.** drückt in Bildungen mit Verben (Verbstämmen) aus, dass mit der beschriebenen Person oder Sache etw. gemacht werden kann; *-bar* (1): biegsam, einfügsam, lenksam. **2.** drückt in Bildungen mit Verben (Verbstämmen) aus, dass die beschriebene Person oder Sache etw. tut; *-lich* (3): bedrohsam, nachdenksam. **3.** drückt in Bildungen mit Substantiven aus, dass die beschriebene Person oder Sache von etw. erfüllt ist oder etw. bereitet: tugendsam, vergnügsam.

Sä|mann, der ⟨Pl. ...männer⟩ (dichter.): *jmd., der sät.*

Sa|ma|ri|ter, der; -s, - [lat. Samarites, nach dem biblischen Gleichnis (Luk. 10, 33) vom barmherzigen Samariter]: **1.** *selbstlos helfender Mensch:* sich als barmherziger S. fühlen. **2.** (schweiz.) *Sanitäter.*

Sa|ma|ri|ter|dienst, der: *selbstlose, aus Mitleid gewährte Hilfe für einen Kranken, der Pflege Bedürftigen od. in Not Geratenen:* Dankbarkeit für treue -e in der Altenpflege.

Sa|ma|ri|te|rin, die; -, -nen: w. Form zu ↑ Samariter.

Sa|ma|ri|ter|tum, das; -s: *Verhaltensweise eines Samariters* (1); *barmherziges Helfen.*

Sä|ma|schi|ne, die [zu ↑ säen]: *Maschine zum Säen.*

Sam|ba, die; -, -s, auch, österr. nur: der; -s, -s [port. (bras.) samba, aus einer afrik. Spr.]: *beschwingter und spritziger Gesellschaftstanz im ²/₄-Takt (nach einem brasilianischen Volkstanz).*

Sam|bal, das od. der; -s, -s [indones. sambal] (Kochkunst): *indonesische Würzsoße.*

Sam|bal Oe|lek [- 'oːlɛk], das od. der; - -s, - -s (Kochkunst): *scharfes, hauptsächlich aus rotem Chili u. Essig bereitetes Sambal.*

Sam|bia; -s: *Staat in Afrika.*

Sam|bi|er, der; -s, -: Ew.

Sam|bi|e|rin, die; -, -nen: w. Form zu ↑ Sambier.

sam|bisch ⟨Adj.⟩: *Sambia, die Sambier betreffend; von den Sambiern stammend, zu ihnen gehörend.*

¹Sa|me, der; -ns, -n (selten): *Samen* (1 a).

²Sa|me, der; -n, -n: norw. u. schwed. Bez. für: *Lappe.*

Sa|men, der; -s, - [mhd. sāme, ahd. sāmo, verw. mit ↑ säen]: **1. a)** *aus der Blüte einer Pflanze sich entwickelndes Gebilde, aus dem sich eine neue Pflanze entwickeln kann; Samenkorn:* runde, schwarze, geflügelte S.; der S. keimt, geht auf; **b)** ⟨o. Pl.⟩ *Anzahl von Samen; Saat:* der S. muss trocken gelagert werden; S. aussäen, streuen, züchten, gewinnen, beizen; Ü (geh.:) der S. der Zwietracht geht in ihren Herzen auf; Die Kyniker aber ... schauten, mit Luthers Worten, dem gemeinen Manne auf das Maul und haben damit weit über die Wirkung der Philosophenschulen hinaus geistigen S. über die Welt gestreut (Thieß, Reich 158). **2.** ⟨o. Pl.⟩ *Sperma.*

Sa|men|an|la|ge, die (Bot.): *Teil der Blüte, aus dem sich der Samen bildet.*

Sa|men|bank, die ⟨Pl. -en⟩ (Med., Tiermed.): Einrichtung, die der Konservierung von Sperma für künstliche Befruchtungen dient.
Sa|men|er|guss, der: Ejakulation.
Sa|men|fa|den, der (Med.): Spermium.
Sa|men|fluss, der ⟨o. Pl.⟩ (Med.): Ejakulation ohne geschlechtliche Erregung; Spermatorrhö.
Sa|men|flüs|sig|keit, die: Sperma.
Sa|men|hand|lung, die: Geschäft, in dem Samen (1 b) verkauft wird.
Sa|men|kap|sel, die: Kapsel (3).
Sa|men|kern, der (1 a, b).
Sa|men|korn, das ⟨Pl. ...körner⟩: kleiner Samen (1 a).
Sa|men|lei|ter, der (Med.): Kanal (3), in dem die Samenflüssigkeit in die Harnröhre geleitet wird.
Sa|men|pflan|ze, die: Blütenpflanze.
Sa|men|raub, der: Beschaffung von Sperma eines Mannes durch eine Frau in der Absicht, es ohne dessen Zustimmung zur Befruchtung eigener Eizellen zu verwenden.
Sa|men|spen|de, die (Med.): das Spenden von Sperma zur künstlichen Befruchtung.
Sa|men|spen|der, der (Med.): jmd., der Sperma zur künstlichen Befruchtung spendet.
Sa|men|zel|le, die: Spermium.
Sä|me|rei, die; -, -en: **1.** ⟨Pl.⟩ Pflanzensamen, Saatgut: mit -en handeln. **2.** Samenhandlung.
sä|mig ⟨Adj.⟩ [eigtl. mundartl. Nebenf. von ↑seimig]: (bes. von Suppen od. Soßen) [durch Einkochen (2) od. durch Hinzufügen von Mehl, Grieß o. Ä.] mehr oder weniger dickflüssig: eine -e Soße; eine Soße reduzieren, bis sie s. wird.
Sä|mig|keit, die; -: sämige Beschaffenheit.
Sa|min, die; -, -nen: w. Form zu ↑²Same.
sa|misch ⟨Adj.⟩: die ²Samen betreffend, von ihnen stammend, zu ihnen gehörend.
Säm|ling, der; -s, -e: aus einem Samen entstandene junge Pflanze.
Sam|mel|ak|ti|on, die: Sammlung (1): eine S. zur Unterstützung der Katastrophenopfer durchführen.
Sam|mel|al|bum, das: Album (1).
Sam|mel|an|schluss, der (Telefonie): Fernsprechanschluss mit einer Zentrale u. mehreren angeschlossenen Nebenstellen.
Sam|mel|auf|trag, der (Postw.): ⟨im Postgiroverkehr⟩ Zusammenfassung von mehreren Überweisungen o. Ä. eines Absenders auf einer Liste.
Sam|mel|band, der ⟨Pl. ...bände⟩: Buch, in dem verschiedene Texte eines od. mehrerer Autoren abgedruckt sind.
Sam|mel|be|cken, das: Becken (1, 2 a), in dem jmd. Flüssigkeit sich sammeln lässt: Ü die Partei ist ein S. der reaktionären Kräfte.
Sam|mel|be|griff, der: Begriff (1), der die Inhalte mehrerer Begriffe zusammenfasst.
Sam|mel|be|häl|ter, der: **1.** Behälter, in dem jmd. Flüssigkeit sammeln lässt: das vom Dach abfließende Regenwasser wird in einen S. geleitet. **2.** Behälter, in dem etw. gesammelt (1 d) wird: geben Sie Ihre Kleiderspende bitte verpackt in die S.
Sam|mel|be|stel|ler, der: jmd., der eine Sammelbestellung vornimmt.
Sam|mel|be|stel|le|rin, die: w. Form zu ↑Sammelbesteller.
Sam|mel|be|stel|lung, die: gemeinsame Bestellung (1 a) mehrerer Besteller (die auf diese Weise einen Preisnachlass erhalten).
Sam|mel|be|zeich|nung, die (Sprachwiss.): Kollektivum.
Sam|mel|büch|se, die: einer Büchse (1 a) ähnlicher Behälter mit einer schlitzförmigen Öffnung zum Sammeln von Geld: mit der Sammelbüchse klappern.
Sam|mel|lei, die; -, -en (ugs. abwertend): [dauerndes] Sammeln.

Sam|mel|ei|fer, der: Eifer, mit dem jmd. sammelt.
Sam|mel|fahr|schein, der: a) Fahrschein für mehrere Personen; b) Fahrschein mit Abschnitten für mehrere Einzelfahrten.
Sam|mel|frucht, die (Bot.): aus mehreren kleinen, rings um einen Stiel angeordneten Früchtchen bestehende Frucht (z. B. Brombeere).
Sam|mel|ge|biet, das: Gebiet, auf dem jmd. sich als Sammler betätigt: Briefmarkenkataloge für alle -e.
Sam|mel|ge|fäß, das: Sammelbecken, Sammelbehälter o. ä.
Sam|mel|grab, das: Grab für mehrere Tote.
Sam|mel|kas|se, die: für alle Abteilungen eines Warenhauses zuständige zentrale Kasse.
Sam|mel|kla|ge, die (Rechtsspr.): Klage (3), die von einer größeren Klägerschaft gemeinsam eingereicht wird: eine S. einreichen, zulassen; eine S. für Mobilfunkgeschädigte; sich einer S. anschließen.
Sam|mel|la|ger, das ⟨Pl. ...lager⟩: Lager (1 a), in dem Menschen (z. B. Gefangene, Flüchtlinge) gesammelt werden.
Sam|mel|lei|den|schaft, die: Leidenschaft für das Sammeln.
Sam|mel|lin|se, die (Optik): konvexe Linse, die Lichtstrahlen zu einem Punkt od. Bündel vereinigt.
Sam|mel|lis|te, die: Liste mit den Namen und Beiträgen der Spender bei einer Sammlung: eine S. führen.
Sam|mel|map|pe, die: Mappe (1) zum Sammeln von etw.
sam|meln ⟨sw. V.; hat⟩ [mhd. samelen, dissimiliert aus älter: samenen, ahd. samanōn, zu mhd. samen, ahd. saman, ↑zusammen]: **1. a)** nach etw. suchen u. das Gefundene zu einer größeren Menge vereinigen, um es zu verbrauchen, zu verwerten: Beeren, Pilze, Kräuter, Brennholz s.; der Hamster sammelt Vorräte für den Winter; die Bienen sammeln Nektar, Pollen; ⟨auch ohne Akk.-Obj.:⟩ emsig, eifrig, unermüdlich s.; Ü Material, Stoff, Zitate für ein Buch s.; **b)** Dinge, für die man sich interessiert, zusammentragen, um sie (gegen Hergabe eines Wertes in größerer Anzahl, wegen ihrer Schönheit o. Ä.) [in einer bestimmten Ordnung] aufzuheben: Gemälde, Münzen, Briefmarken, Bierdeckel s.; ⟨2. Part.:⟩ die gesammelten Werke eines Dichters herausgeben; Ü die Mannschaft sammelte fleißig Punkte; **c)** verschiedene Leute bitten, etw. zu geben, zu spenden [u. so eine größere Menge davon zusammenbekommen]; eine Sammlung durchführen: Altpapier, Geld s.; Unterschriften für eine Resolution s.; ⟨auch ohne Akk.-Obj.:⟩ für das Rote Kreuz, die Erdbebenopfer s.; **d)** [im Laufe der Zeit] an einer bestimmten Stelle zu einer größeren Menge zusammenkommen lassen: Regenwasser in einer Tonne s.; Lichtstrahlen mit einer Linse s. (zu einem Punkt od. Bündel vereinigen); Ü Erfahrungen, neue Kräfte s. **2. a)** versammeln, an einem Ort zusammenkommen lassen: seine Leute s.; eine Mehrheit hinter sich s. (für seine Ziele gewinnen); **b)** ⟨s. + sich⟩ sich versammeln, an einem Ort zusammenkommen: sich in, zu einer Gruppe s.; um jmdn. s.; s.! (militär. Kommando; sammelt euch!); Ungewöhnlich große Vogelschwärme sammelten sich auf einer fernen Hochspannungsleitung (Frisch, Stiller 491); **c)** ⟨s. + sich⟩ zusammenfließen, -strömen; sich ansammeln (2 b): Lichtstrahlen sammeln sich im Brennglas; in der Mulde sammelt sich das Regenwasser. **3.** ⟨s. + sich⟩ innere Ruhe suchen [um sich einer Person od. Sache zuwenden zu können]: sich zum Gebet s.; Ich merkte, wie sie erschrak, wie schnell sie atmete und zu s. versuchte (Fallada, Trinker 63).

Sam|mel|na|me, der (Sprachwiss.): Kollektivum.
Sam|mel|num|mer, die (Telefonie): Rufnummer eines Sammelanschlusses.
Sam|mel|platz, der: **a)** Platz, an dem etw. [Gesammeltes] zusammengetragen [u. gelagert] wird: ein S. für Elektronikschrott, Altglas; **b)** Platz, an dem sich jmd. versammelt: bei Feueralarm unverzüglich die jeweiligen Sammelplätze aufsuchen.
Sam|mel|punkt, der: Sammelplatz (b).
Sam|mel|stel|le, die: Sammelplatz (b).
Sam|mel|stück, das: Stück aus einer Sammlung.
Sam|mel|su|ri|um, das; -s, ...rien [mit lat. Endung scherzh. geb. zu niederd. sammelsūr = sauer angemachtes Gericht aus gesammelten Speiseresten, 2. Bestandteil Subst. von niederd. sūr = sauer u. eigtl. = das Saure] (oft abwertend): etw., was sich mehr od. weniger zufällig beieinander findet u. von unterschiedlicher Art u. Qualität ist: ein buntes S.; in dem Schuppen befand sich ein S. von Gerätschaften.
Sam|mel|tas|se, die: Tasse (1 b) als besonders schönes Einzelstück.
Sam|mel|ta|xi, das, schweiz. auch: der: Taxi, das von mehreren Personen mit unterschiedlichen Fahrtzielen gemeinsam genutzt werden kann.
Sam|mel|trans|port, der: gemeinsamer Transport einer größeren Anzahl von Menschen od. Gütern.
Sam|mel|trieb, der: [starke] Neigung, etw. zu sammeln (1 a, b).
Sam|mel|über|wei|sung, die (Postw.): ⟨im Postgiroverkehr⟩ Zusammenfassung von mehreren Überweisungen eines Absenders.
Sam|mel|un|ter|kunft, die: zur Unterbringung einer größeren Anzahl von Menschen dienende Unterkunft: Sammelunterkünfte für Asylbewerber.
Sam|mel|werk, das: Druck-Erzeugnis mit Beiträgen mehrerer Autoren u. Autorinnen.
Sam|mel|wut, die (emotional): übersteigerter Sammeleifer.
sam|mel|wü|tig ⟨Adj.⟩ (emotional): von Sammelwut erfasst.
Samm|ler, der; -s, -: **1. a)** jmd., der etw. sammelt (1 a, b): ein eifriger, passionierter S.; ein S. seltener Erstausgaben; **b)** jmd., der sammelt (1 c): er betätigt sich als S. für das Rote Kreuz. **2.** (Straßenbau) Hauptstrang der Kanalisation.
Samm|ler|fleiß, der: eifriges Bemühen beim Sammeln von etw.
Samm|le|rin, die; -, -nen: w. Form zu ↑Sammler (1).
Samm|ler|lei|den|schaft, die ⟨o. Pl.⟩: Leidenschaft (2), mit der jmd. etw. sammelt (1 b).
Samm|ler|mar|ke, die: Briefmarke, die ein Sammlerobjekt darstellt.
Samm|ler|ob|jekt, das: Objekt (1), das für Sammler von Wert ist.
Samm|ler|stück, das: Sammlerobjekt.
Samm|ler|wert, der: [Markt]wert, den ein Objekt für Sammler hat.
Samm|lung, die; -, -en [mhd. sam(e)nunge, ahd. samanunga = das Zusammenbringen, Vereinigung]: **1.** das Sammeln (1 c, d): die S. [er]brachte, ergab eine stattliche Summe; eine S. [für das Rote Kreuz] veranstalten, durchführen; durch eine getrennte S. von Hausmüll können die Deponien entlastet werden. **2. a)** Gesamtheit gesammelter (1 b) Gegenstände: eine bedeutende, reiche, reichhaltige, kostbare, wertvolle S. [von Gemälden, Münzen, Waffen]; eine S. anlegen, zusammentragen, besitzen, versteigern; **b)** Anthologie: eine S. von Essays, Novellen, Aphorismen. **3.** eine [öffentliche] Sammlung verwaltende u. betreuende Institution od. Abteilung eines Museums: die städtische S. besitzt,

Sammlungsbewegung – sandartig

zeigt Werke moderner Meister; die ornithologische S. des naturkundlichen Museums ist heute geschlossen; der Leiter der ostasiatischen S. des volkskundlichen Museums. **4.** *Gesammeltsein, innere Beherrschung [und Ausrichtung auf ein Thema, ein Problem o. Ä.]:* innere, geistige S.; Diese Bewegung geschah ohne Mühe, mit der magischen Leichtigkeit gleichsam, wie nur die äußerste äußerste S. aller Seelenkräfte sie möglich macht (Langgässer, Siegel 283).

Samm|lungs|be|we|gung, die: *Bewegung* (3), *in der sich Gruppen mit unterschiedlichen Interessen zur Verwirklichung eines gemeinsamen Ziels vereinigen:* eine reaktionäre S.

Sa|moa, -s: Inselstaat im Pazifischen Ozean; vgl. Westsamoa.

Sa|moa|in|seln ⟨Pl.⟩: Inselgruppe im Pazifischen Ozean.

Sa|moa|ner, der; -s, -: Ew.

Sa|moa|ne|rin, die; -, -nen: w. Form zu ↑ Samoaner.

sa|moa|nisch ⟨Adj.⟩: *Samoa, die Samoaner betreffend; von den Samoanern stammend, zu ihnen gehörend.*

Sa|mo|war [auch: 'za...], der; -s, -e [russ. samovar, zu: sam = selbst u. varit' = kochen, eigtl. = Selbstkocher]: *[kupferner] Kessel, in dem Wasser zur Zubereitung von Tee erhitzt u. gespeichert wird u. aus einem kleinen Hahn entnommen werden kann; russische Teemaschine.*

sam|peln, samplen ['sempl̩n, 'zampl̩n, 'sa:mpl̩n] ⟨sw. V.; hat⟩: **1.** einen Sampler zusammenstellen. **2.** beim Sampling als Material verwenden.

Sam|ple ['sempl̩, engl.: 'sɑ:mp(ə)l], das; -[s], -s [engl. sample, über das Afrz. zu lat. exemplum, ↑ Exempel]: **1.** (bes. Markt-, Meinungsforschung, Statistik) **a)** *repräsentative Stichprobe;* **b)** *aus einer größeren Menge ausgewählte Gruppe von Personen, die repräsentativ für die Gesamtheit ist.* **2.** (Wirtsch.) *Warenprobe, Muster.* **3.** [auch: 'zampl̩] *beim Sampling verwendeter Ausschnitt aus einer Tonaufnahme.*

Sam|p|ler ['sempl̩ɐ, 'zampl̩ɐ, engl.: 'sɑ:mplə], der; -s, - [engl. sampler]: *Langspielplatte, CD o. Ä. mit einer Auswahl (2 a) von (meist früher schon einmal veröffentlichten) Aufnahmen (z. B. einer bestimmten Stilrichtung o. Ä.):* ein S. mit dem Titel »Giants of Blues«.

Sam|p|ling ['semplɪŋ, 'zamplɪŋ, 'sam...], das; -s, -s: *Zusammenstellung von Teilen digital gespeicherter Tonaufnahmen zu etw. Neuem (z. B. einer neuen Musik) mithilfe eines Computers.*

Sams|tag, der; -[e]s, -e [mhd. sam(e)ʒtac, ahd. sambaʒtac, 1. Bestandteil über das Vulgärgriech. < griech. sábbaton, ↑ Sabbat] (bes. westd., südd., österr., schweiz.): *sechster Tag der mit Montag beginnenden Woche; Sonnabend* (Abk.: Sa.).

Sams|tag|abend [auch: 'zams...'a:...], der (bes. westd., südd., österr., schweiz.): *Abend des Samstags:* am, jeden S. geht er in seine Stammkneipe; eines schönen -s.

sams|tag|abends ⟨Adv.⟩ (bes. westd., südd., österr., schweiz.): *samstags abends.*

Sams|tag|aus|ga|be, Samstagsausgabe, die: *am Samstag erscheinende, erschienene Ausgabe (einer Zeitung).*

Sams|tag|früh ⟨indekl. Subst. o. Art.⟩ (bes. österr.): *[am] Samstagmorgen:* S. kauften wir frische Semmeln.

sams|tä|gig ⟨Adj.⟩ (bes. westd., südd., österr., schweiz.): *an einem Samstag stattfindend:* das -e Freundschaftsspiel ging unentschieden aus.

sams|täg|lich ⟨Adj.⟩ (bes. westd., südd., österr., schweiz.): *jeden Samstag stattfindend, sich jeden Samstag wiederholend:* die -e Ziehung der Lottozahlen.

Sams|tag|mit|tag [auch: 'zams...'mɪt...], der (bes. westd., südd., österr., schweiz.): *Mittag des Samstags.*

sams|tag|mit|tags ⟨Adv.⟩ (bes. westd., südd., österr., schweiz.): *samstags mittags.*

Sams|tag|mor|gen [auch: 'zams...'mɔr...], der (bes. westd., südd., österr., schweiz.): *Morgen des Samstags.*

sams|tag|mor|gens ⟨Adv.⟩ (bes. westd., südd., österr., schweiz.): *samstags morgens.*

Sams|tag|nach|mit|tag [auch: 'zams...'na:x...], der (bes. westd., südd., österr., schweiz.): *Nachmittag des Samstags.*

sams|tag|nach|mit|tags ⟨Adv.⟩ (bes. westd., südd., österr., schweiz.): *samstags nachmittags.*

Sams|tag|nacht [auch: 'zams...'naxt], die (bes. westd., südd., österr., schweiz.): *Nacht von Samstag auf Sonntag.*

sams|tag|nachts ⟨Adv.⟩ (bes. westd., südd., österr., schweiz.): *samstags nachts.*

sams|tags ⟨Adv.⟩ (bes. westd., südd., österr., schweiz.): *an jedem Samstag:* S. schlafe ich aus; s. nachmittags spielt er bei schönem Wetter mit ein paar Freunden Fußball.

Sams|tags|aus|ga|be: ↑ Samstagausgabe.

Sams|tag|spiel, Sams|tags|spiel, das: *Spiel* (1 d), *das samstags stattfindet.*

Sams|tag|vor|mit|tag [auch: 'zams...'fo:ɐ̯...], der (bes. westd., südd., österr., schweiz.): *Vormittag des Samstags.*

sams|tag|vor|mit|tags ⟨Adv.⟩ (bes. westd., südd., österr., schweiz.): *samstags vormittags.*

¹**samt** ⟨Präp. mit Dativ⟩ [mhd. samet, ahd. samet, zu ↑ sammeln]: *[zusammen] mit; nebst;* ↑ ¹*mit* (1 b): eine Blume s. Wurzeln; das Haus u. allem Inventar wurde versteigert.

²**samt** ⟨Adv.⟩ [zu: ↑ ¹samt]: *nur in der Verbindung* **s. und sonders** *(alle[s] ohne Ausnahme, ohne Unterschied:* sie wurden s. und sonders verhaftet).

Samt, der; -[e]s, -e [älter: Sammet, mhd. samīt < afrz., aprovenz. samit < mlat. samitum < griech. hexámitos = sechsfädig, urspr. = sechsfädiges (Seiden)gewebe, zu: héx = sechs u. mítos = Faden, Schlinge, Litze]: *feines Gewebe, meist aus Baumwolle, mit seidig-weicher, wie Pelz beschaffener Oberfläche von kurzem* ²*Flor* (2): ein Anzug aus schwarzem S.; ein mit grünem S. ausgeschlagenes Kästchen; eine Haut wie S. *(zarte, glatte Haut).*

Samt|an|zug, der: *Anzug aus Samt.*

samt|ar|tig ⟨Adj.⟩: *ähnlich wie Samt:* ein -er Stoff.

Samt|blu|me, die: *Tagetes.*

sam|ten ⟨Adj.⟩ [mhd. samātīn]: **a)** *aus Samt bestehend;* **b)** *samtig* (a): ein -es Fell; **c)** *samtig* (b).

Samt|ge|mein|de, die [zu ↑ ¹samt] (Verwaltungsspr.): *(bes. in Niedersachsen) Gemeindeverband.*

Samt|hand|schuh, der: *Handschuh aus Samt:* * jmdn. mit -en anfassen (↑ Glacéhandschuh).

sam|tig ⟨Adj.⟩: **a)** *weich, zart wie Samt; samtartig:* die -e Haut des Pfirsichs, des Säuglings; **b)** *weich, dunkel tönend:* eine -e Stimme.

Samt|ja|cke, die: vgl. Samtanzug.

Samt|kis|sen, das: *Kissen mit einem Bezug aus Samt.*

Samt|kleid, das: vgl. Samtanzug.

sämt|lich ⟨Indefinitpron. u. unbest. Zahlwort⟩ [mhd. same(n)tlich, zu ↑ ¹samt]: *nachdrücklich für* ↑ all (1 a, 1 b, 2 a, 2 b): ⟨attr.:⟩ -es Brauchbare; -er aufgehäufte Sand; die Nutzung -er vorhandenen Energie; mit -em verfügbaren Material; -es beschlagnahmte Eigentum; -e Beamten/(auch:) Beamte; -en anwesenden/(seltener auch:) anwesende Bürger; die Kleidung -er Gefangener/(seltener auch:) Gefangenen; anhand -er vorhandener/(seltener auch:) vorhandenen Bücher; ⟨allein stehend:⟩ ob ich seine Bücher kenne? Ich

habe -e gelesen; ⟨adv.:⟩ seine Romane sind s. autobiografisch.

Samt|pföt|chen, das: *samtiges Pfötchen (bes. einer Katze):* sie geht wie auf S. *(ohne fest aufzutreten; ganz leise; mit sachten Schritten).*

Samt|pfo|te, die: **1.** *samtige Pfote (bes. einer Katze):* sie schlich wie auf -n *(lautlos, mit sachten Schritten)* heran. **2.** (scherzh.) *Katze:* die S. ist leider nicht stubenrein.

Samt|vor|hang, der: vgl. Samtanzug.

samt|weich ⟨Adj.⟩: *ähnlich wie Samt:* -e Haut.

Sa|mu|rai, der; -[s], -[s] [jap. samurai, eigtl. = Dienender]: *Angehöriger der japanischen Adelsklasse, der obersten Klasse des japanischen Feudalismus.*

Sa|naa: Hauptstadt von Jemen.

Sa|na|to|ri|um, das; -s, ...ien [zu lat. sanare, ↑ sanieren]: *unter ärztlicher Leitung stehende Anstalt* (a) *[in klimatisch günstiger, landschaftlich schöner Lage], in der chronisch Kranke od. Genesende behandelt werden:* sich in einem S. erholen.

San|cho Pan|sa ['zantʃo, 'san... -], der; - -, - -s [nach dem Namen des Begleiters des ↑ Don Quichotte]: *mit Mutterwitz ausgestatteter, realistisch denkender Mensch.*

sanc|ta sim|p|li|ci|tas [lat., zu: simplicitas = Einfalt] (bildungsspr.): *Ausruf des Unwillens bzw. Erstaunens über jmds. Einfalt, Naivität; heilige Einfalt!*

Sanc|tus, das; -, - [lat. sanctus = heilig, nach dem ersten Wort des Gesangstextes] (kath. Kirche): *Lobgesang in der* ¹*Messe* (1).

Sand, der; -[e]s, (Fachspr.:) -e u. Sände [mhd., ahd. sant, H. u.]: **1.** ⟨o. Pl.⟩ *aus verwittertem Gestein, meist aus Quarz bestehende, feinkörnige, lockere Substanz, die einen Teil des Erdbodens bildet:* feiner, grober, weißer, gelber, nasser, trockener, heißer S.; der S. rieselte über seine Finger; die Kinder backen Kuchen aus S.; der Wagen blieb im S. *(im sandigen Boden)* stecken; etw. mit S. *(Scheuersand)* reinigen, putzen, scheuern; * **wie S. am Meer** (ugs.: *in überreichem Maße, in sehr großer Menge;* nach 1. Mos. 22, 17 u. a.: hier gibt es Pilze wie S. am Meer); **S. im Getriebe** (ugs.: *ein [verborgenes] Hindernis, das den Ablauf von etw. stört);* **jmdm. S. ins Getriebe streuen/werfen/schmeißen** (ugs.: *jmdm. Schwierigkeiten bereiten);* **jmdm. S. in die Augen streuen** *(jmdm. etw. vortäuschen, vorspiegeln;* nach dem alten Trick beim Fechten u. bei anderen Zweikämpfen, dem Gegner Sand in die Augen zu werfen, um ihn in seiner Kampfkraft zu beeinträchtigen); **auf S. gebaut haben** *(sich auf etw. sehr Unsicheres eingelassen haben, stützen, verlassen;* nach Matth. 7, 26); **im Sand[e] verlaufen** *(ergebnislos, erfolglos bleiben u. in Vergessenheit geraten);* bezieht sich darauf, dass Wasser im Sand rasch versickert u. nicht mehr zu sehen ist); **etw. in den S. setzen** (ugs.: *mit etw. einen Misserfolg haben:* die Klassenarbeit habe ich total in den S. gesetzt). **2.** (Seemannsspr.) *das Stranden:* der Tanker ist auf S. gelaufen; O'Malley hatte eine Seekarte der Lagune mit Reißnägeln an die Wand geheftet, ein seltsames Gewirr aus Sänden, Strömungen, Untiefen (Andersch, Rote 122).

San|da|le, die; -, -n [im 15. Jh. sandaly (Pl.) < lat. sandalium < griech. sandálion = Riemenschuh]: *leichter, meist flacher Schuh, dessen Oberteil aus Riemen od. durchbrochenem Leder besteht.*

San|da|len|film, der (scherzh.): *in der Antike spielender Film.*

San|da|let|te, die; -, -n [französierende Bildung zu ↑ Sandale]: *der Sandale ähnlicher, leichter Damenschuh [mit höherem Absatz].*

sand|ar|tig ⟨Adj.⟩: *wie Sand beschaffen:* eine -e Substanz.

Sandbad – Sanftmut

Sand|bad, das: *Bad im Sand:* der Spatz nahm ein S.

Sand|bahn, die ⟨Sport⟩: *ovale Bahn (3 a) mit einer Oberfläche aus festgewalztem feinem Sand od. fein gemahlener Schlacke für Motorradrennen.*

Sand|bahn|ren|nen, das ⟨Sport⟩: *Motorradrennen auf einer Sandbahn.*

Sand|bank, die ⟨Pl. …bänke⟩: *[bis an, auch über die Wasseroberfläche reichende] aus Sand bestehende Erhöhung des Bodens in Flüssen u. Meeren:* das Schiff ist auf eine S. gelaufen; auf den Sandbänken sonnen sich bei Ebbe die Seehunde.

Sand|bo|den, der: *lockerer, leichter, zu einem großen Teil od. ganz aus Sand bestehender Boden.*

Sand|burg, die: *Strandburg.*

Sand|dorn, der ⟨Pl. -e⟩ [der Strauch wächst bes. auf sandigem Boden]: a) *als Strauch od. Baum wachsende Pflanze mit gelbroten, an Vitamin C reichen Beeren;* b) ⟨o. Pl.⟩ *[zu Saft o. Ä. verarbeitete] Früchte des Sanddorns:* ein Milchshake mit S.

Sand|dü|ne, die: *Düne.*

San|del|baum, der [1. Bestandteil ital. sandalo < mlat. sandalum < griech. sántalon < arab. ṣandal, über das Pers. aus dem Aind.]: *(bes. in Indien heimischer u. kultivierter) Baum mit großen fleischigen od. ledrigen Blättern, der Sandelholz u. Sandelholzöl liefert.*

San|del|holz, das ⟨Pl. …hölzer⟩: *vom Sandelbaum u. von anderen tropischen Bäumen stammendes gelbes bis goldbraunes od. dunkelrotes, oft aromatisch riechendes Holz, das bes. zum Schnitzen, für Drechslerarbeiten o. Ä. verwendet wird.*

San|del|holz|öl, das: *farbloses, aromatisch riechendes Öl aus dem Holz des Sandelbaums, das bes. bei der Herstellung von Parfüms o. Ä. verwendet wird.*

san|deln ⟨sw. V.; hat⟩ [zu ↑Sand] (landsch.): *im Sand, mit Sand spielen:* die Kinder sind am Strand und sandeln.

sän|deln ⟨sw. V.; hat⟩ (schweiz.): *im Sand, mit Sand spielen.*

San|del|öl, das: *Sandelholzöl.*

san|den ⟨sw. V.; hat⟩ (schweiz., landsch., sonst veraltet): *(gegen winterliche Glätte) mit Sand bestreuen:* den Gehweg s.

sand|far|ben, sand|far|big ⟨Adj.⟩: *beige.*

Sand|floh, der: *(in den Tropen vorkommender) Floh, dessen Weibchen sich bei Säugetieren u. Menschen in die Haut einbohrt.*

Sand|förm|chen, das: *kleines, einer Kuchenform ähnliches Schälchen, mit dessen Hilfe Kinder aus feuchtem Sand kleine kuchenähnliche Gebilde herstellen können.*

Sand|gru|be, die: *Grube, Abbaustelle, aus der Sand geholt wird:* die alte S. dient jetzt als Mülldeponie.

Sand|hau|fen, der: *aus Sand bestehender Haufen.*

san|dig ⟨Adj.⟩ [mhd. sandic]: a) *viel Sand enthaltend, aus Sand bestehend:* -er Boden; ein -er Weg; b) *mit Sand bedeckt, überzogen, beschmutzt:* die -en Kleidungsstücke ausschütteln; ihre Schuhe waren s.

San|di|nis|mus, der; - [nach dem Namen des 1934 ermordeten Guerillaführers C. A. Sandino]: *(in den 1970er- u. 1980er-Jahren entstandene) am Marxismus-Leninismus orientierte Ideologie, Bewegung (2) in Nicaragua.*

San|di|nist, der; -en, -en [span. sandinista]: *Anhänger des Sandinismus, Mitglied der sandinistischen Befreiungsbewegung.*

San|di|nis|tin, die; -, -nen: w. Form zu ↑Sandinist.

san|di|nis|tisch ⟨Adj.⟩ [span. sandinista]: *den Sandinismus, die Sandinisten betreffend, dazu gehörend.*

Sand|kas|ten, der: **1.** *mit Brettern o. Ä. eingefasste Grube od. auf dem Boden stehender flacher, oben offener Kasten mit Sand zum Spielen für Kleinkinder:* im S. spielen. **2.** ⟨Militär⟩ *rechteckiger flacher Kasten, in dem mithilfe von Sand der Ausschnitt eines Geländes plastisch u. in bestimmtem Maßstab nachgebildet ist u. an dem militärische Planspiele durchgeführt werden können.*

Sand|kas|ten|spiel, das ⟨Militär⟩: *militärisches Planspiel am Sandkasten (2).*

Sand|kis|te, die (bes. österr.): *Sandkasten (1).*

Sand|korn, das ⟨Pl. …körner⟩: ¹*Korn (3) des Sandes.*

Sand|ku|chen, der: *feiner, lockerer Kuchen aus Rührteig.*

Sand|ler, der; -s, - [wohl über mundartl. Lautungen zu mhd. seine = langsam, träge] (österr. ugs.): a) *(abwertend) Nichtsnutz, Versager;* b) *Land-, Stadtstreicher.*

Sand|le|rin, die; -, -nen: w. Form zu ↑Sandler.

Sand|mann der ⟨Pl. selten⟩, **Sand|männ|chen,** das ⟨Pl. selten⟩: *in Erzählungen für kleine Kinder auftretendes kleines Männchen, das den Kindern Sand in die Augen streut, damit sie einschlafen.*

Sand|pa|pier, das: *mit feinem Sand hergestelltes Schleifpapier:* grobes, feines S.; eine Haut wie S. (eine sehr raue Haut) haben.

Sand|platz, der: *[Tennis]platz, dessen Belag aus Sand besteht.*

sand|reich ⟨Adj.⟩: *viel Sand aufweisend, enthaltend:* -er Boden; eine S. Gegend.

Sand|sack, der: a) *mit Sand gefüllter Sack:* Sandsäcke füllten das Loch im Deich; b) ⟨Boxen⟩ *frei hängender, walzenförmiger, mit Sand gefüllter Sack aus Leder zum Training für Boxer:* am S. trainieren.

Sand|schicht, die: *Schicht aus Sand.*

Sand|stein, der: **1.** *Sedimentgestein aus Sandkörnern, die durch Bindemittel (Ton, Kalk u. a.) verbunden sind.* **2.** *Stein, bes. Baustein, aus Sandstein (1):* eine Mauer aus -en bauen.

Sand|stein|bruch, der: *Steinbruch, in dem Sandstein abgebaut wird.*

sand|strah|len ⟨sw. V.; hat; gewöhnl. nur im Inf. u. 2. Part. gebr.; 2. Part.: sandgestrahlt, auch: gesandstrahlt⟩ ⟨Technik⟩: *die steinerne od. metallene Oberfläche von etw. mit einem Sandstrahlgebläse behandeln:* die Fassade eines Gebäudes s.

Sand|strahl|ge|blä|se, das ⟨Technik⟩: *mit Druckluft arbeitendes Gerät, das feinen Sand in einem Strahl auf die Oberfläche von etw. schleudert, um diese zu reinigen od. aufzurauen.*

Sand|strand, der: *sandiger Strand:* ein breiter, langer S.

Sand|sturm, der: *in heißen, trockenen Gebieten auftretender Sturm, der Sand u. Staub aufwirbelt u. mit sich führt.*

sand|te: ↑senden.

Sand|tor|te, die: *bestimmte Art Sandkuchen.*

Sand|uhr, die: *dem Messen bestimmter Zeitabschnitte dienendes Gerät aus zwei übereinander angeordneten, durch einen Hals miteinander verbundenen, kegelförmigen o. ä. Glaskörpern, aus deren jeweils oberem feiner Sand in den jeweils unteren rieselt:* die S. ist abgelaufen.

Sand|weg, der: **1.** *nicht befestigter Weg in sandigem Gelände.* **2.** *aus Sand bestehender Weg.*

Sand|wich [ˈzɛntvɪt͡ʃ], das od. der; -[e]s u. -, -[e]s, auch: -e [engl. sandwich, nach J. Montagu, 4. Earl of Sandwich (1718 bis 1792), der am Spieltisch belegte Brote aß, um das Spiel nicht unterbrechen zu müssen]: **1.** *zwei zusammengeklappte belegte Brotscheiben:* ein S. mit Käse und Tomate. **2.** *auf Brust u. Rücken zu tragendes doppeltes Plakat, das für politische Ziele, für Produkte o. Ä. wirbt.*

Sand|wich|bau|wei|se, die: *Leichtbauweise (besonders bei Flugzeugen), bei der zwei Deckbleche od. -platten, zwischen denen sich Füllstoffe befinden, verklebt od. durch Löten verbunden werden:* das Teil ist in S. ausgeführt.

Sand|wich|man [...men, ...men] ⟨Pl. -, ...men [...men]⟩ [engl. sandwich-man]: *Sandwichmann.*

Sand|wich|mann, der ⟨Pl. …männer⟩: *jmd., der ein Sandwich (2) herumträgt.*

Sand|wich|toas|ter, der: *einem elektrischen Waffeleisen ähnelndes Gerät zum Toasten von Sandwichs.*

Sand|wich|we|cken, der (österr.): *sehr langes u. dünnes Weißbrot.*

Sand|wüs|te, die: *Wüste, deren Boden aus Sand besteht.*

San Fran|cis|co, San Fran|zis|ko: Stadt in Kalifornien.

sanft ⟨Adj.⟩ [mhd. senfte, ahd. semfti (Adv. mhd. sanfte, ahd. samfto), eigtl. = gut zusammenpassend, zu ↑sammeln]: **1.** *angenehm wirkend aufgrund einer Art, die Freundlichkeit, Ruhe u. Güte ausstrahlt:* ein -er Mensch; sie hat ein -es Wesen, Herz, Gemüt; -e (Sanftmut ausdrückende) Augen; das Pferd ist s. (nicht wild, nicht bösartig); s. lächeln, reden.
2. *auf angenehm empfindbare Weise behutsam, zart:* eine -e Berührung; ein -er Händedruck; jmdn. mit -er Hand streicheln; sie massierte s. seinen Nacken; er ging mit ihr gerade s. um; sie hielt ihn s. zurück; Ü -e (auf umweltverträgliche Weise u. ohne besondere Risiken nutzbar gemachte) Energie; -e Geburt (auf eine möglichst natürliche Weise in einer möglichst angenehmen Umgebung erfolgende Geburt, bei der das Kind nach der Entbindung nicht von der Mutter getrennt wird); -er Tourismus (Tourismus einer bes. für die natürliche Umwelt u. die sozialen Belange in den betroffenen Reisegebieten möglichst unschädlichen Form); eine -e Revolution (eine Revolution ohne Gewalt und Blutvergießen). **3.** *nur in abgeschwächter Weise in Erscheinung tretend; gedämpft; nicht stark u. intensiv:* ein -es Rot, Blau, Licht, Feuer; eine -e Musik, Stimme. **4. a)** *nur schwach spürbar, sacht:* ein -er Regen, Wind, Hauch; eine -e Brandung; **b)** *mit einer gewissen Zurückhaltung u. weniger direkt geäußert, in Erscheinung tretend:* -e Ermahnungen, Vorwürfe; einen -en Druck, Zwang ausüben; mit -er Gewalt; Er wich den andern aus, wich besonders mir aus, und manchmal spürte ich ein -e Feindseligkeit mir gegenüber (Lenz, Brot 17). **5.** *friedlich, still u. ruhig:* ein -er Schlaf, Tod; er ist s. entschlafen; Ruhe s.! (Inschrift auf Grabsteinen). **6.** *nicht steil, nicht schroff; allmählich ansteigend:* ein -er Hügel, Anstieg; eine -e Anhöhe, Steigung; der Pfad führte in -en Windungen nach oben; ein s. ansteigender Weg.

Sänf|te, die; -, -n [mhd. senfte, ahd. samftī, semftī = Ruhe, Gemächlichkeit, Annehmlichkeit, zu ↑sanft]: *auf zwei Stangen befestigter, meist kastenförmiger Sitz, in dem eine Person sich von Trägern tragen lassen kann.*

Sänf|ten|trä|ger, der: *jmd., der mit anderen zusammen eine Sänfte trägt.*

Sänf|ten|trä|ge|rin, die: w. Form zu ↑Sänftenträger.

Sanft|heit, die; -: *sanfte Beschaffenheit, Wesensart; Milde:* S. der Stimme, des Ausdrucks.

Sanft|mut, die; - [rückgeb. aus ↑sanftmütig]: *sanfte, geduldige Gemütsart, sanftes, zartes Wesen:* voller S. sprach sie zu dem Kind; Der Dr. Matthäi … tat sich keinen Zwang mehr an, legte die widerwärtige, feierliche S. ab. Bald wieder

sanftmütig – Sanitätssoldat

waren die Männer in dem gewohnten klobigen Geschimpfe (Feuchtwanger, Erfolg 391).

sạnft|mü|tig ⟨Adj.⟩ [mhd. senftmüetec]: *Sanftmut besitzend, zeigend; voller Sanftmut:* ein -es Wesen haben; s. sein; Durch sie bin ich jähzornig geworden; sie hat mich wieder s. gestimmt. Solche Macht besitzt sie über mich (Jahnn, Geschichten 25).

Sạnft|mü|tig|keit, die; - [mhd. senftmüetecheit]: *das Sanftmütigsein.*

sạng: ↑ singen.

Sạng, der; -[e]s, Sänge [mhd. sanc, ahd. sang, zu ↑ singen] (veraltet): **1.** ⟨o. Pl.⟩ *Gesang* (1): * **mit S. und Klang** (veraltend; *mit Gesang u. Musik:* mit S. und Klang marschierten sie durch die Stadt; [ugs. iron.:] er ist mit S. und Klang durchs Abitur gefallen); **ohne S. und Klang** (ugs. selten; ↑ *sanglos*). **2.** *Gesang* (2): alte Sänge; ♦ ... und es ist, als schwebten so dem Fenster über die weite ebne Landschaft die Glockentöne von dem Dorfe herein und verhallet der S. der nahen Gemeinde aus der Kirche her (Büchner, Lenz 91).

sạng|bar ⟨Adj.⟩: *sich gut singen lassend; kantabel* (2): eine -e Komposition. Dazu: **Sạng|barkeit**, die; -.

sän|ge: ↑ singen.

Sạ̈n|ger, der; -s, - [mhd. senger, ahd. sangari]: **1.** *jmd., der [berufsmäßig] singt:* ein guter, berühmter S.; die S. der Staatsoper; der S. der Rolling Stones; jmdn. zum S. ausbilden; Ü der Zaunkönig ist ein eifriger S. (*singt viel*). **2. a)** (veraltet) *Verfasser einer Versdichtung; Dichter:* der S. der Odyssee; **b)** (geh.) *jmd., der etw. verherrlicht, besingt:* ein S. der Liebe; ein fahrender, wandernder S. (*Spielmann im Mittelalter*).

Sạ̈n|ger|bund, der: *Zusammenschluss mehrerer Chöre, Gesangvereine o. Ä.*

Sạ̈n|ger|fest, das: *von einem od. mehreren Gesangvereinen, Chören o. Ä. veranstaltetes Fest.*

Sạ̈n|ge|rin, die; -, -nen: w. Form zu ↑ Sänger (1, 2a).

sạ̈n|ge|risch ⟨Adj.⟩: *das Singen betreffend:* eine großartige -e Leistung.

Sạ̈n|ger|kna|be, der: *Chorknabe:* die Wiener -n (Name eines Knabenchors).

Sạ̈n|ger|schaft, die; -, -en (Pl. selten): **1.** *Gesamtheit der Sänger [u. Sängerinnen] eines Chors, Gesangvereins o. Ä.* **2.** *studentische Verbindung, die bes. Musik u. Chorgesang pflegt.*

Sạ̈n|ger|wett|streit, der: **1.** *Wettstreit unter Sängern* (1)*, Chören o. Ä.:* einen S. veranstalten; an einem S. teilnehmen. **2.** *Wettstreit unter Sängern* (2a)*, z. B. Minnesängern, bei dem der Dichter eigene Verse, Lieder vortragen:* der sagenhafte S. auf der Wartburg.

sạng|los: nur in der Verbindung **sang- und klanglos** (ugs.; *ohne viel Aufhebens, unbemerkt, unbeachtet;* bezogen darauf, dass bei sehr schlichten Begräbnissen Gesang u. Glockenklang fehlen: sang- und klanglos verschwinden).

San|grị|a, die; -, -s [span. sangría, eigtl. = Aderlass, zu: sangre = Blut < lat. sanguis]: *einer Bowle ähnliches spanisches Getränk aus Rotwein mit [Zucker u.] klein geschnittenen Früchten.*

San|grị|ta®, die; -, -s [geb. mit der span. Verkleinerungssilbe -ita zu span. sangria, ↑ Sangria]: *mexikanisches Mischgetränk aus Tomaten-, Orangen- u. ein wenig Zwiebelsaft sowie Gewürzen.*

San|gui|i|ker, der; -s, - [zu ↑ sanguinisch; nach der Typenlehre des altgriechischen Arztes Hippokrates] (bildungsspr.): *lebhafter, temperamentvoller, meist heiterer, lebensbejahender Mensch.*

San|gui|i|ke|rin, die; -, -nen: w. Form zu ↑ Sanguiniker.

san|gu|[i]nisch ⟨Adj.⟩ [lat. sanguineus = aus Blut bestehend, blutvoll, zu: sanguis = Blut] (bildungsspr.): *das Temperament eines Sanguinikers habend, in der Art eines Sanguinikers:* ein -es Temperament; sie ist ein -er Typ.

Sa|ni, der; -s, -s [Kurzf. von ↑ Sanitäter] (bes. Soldatenspr.): *Sanitäter.*

sa|nie|ren ⟨sw. V.; hat⟩ [lat. sanare = gesund machen, heilen, zu: sanus = heil, gesund]: **1.** (Med.) *(eine bestimmte Stelle des Körpers) so behandeln, dass ein Krankheitsherd beseitigt wird:* eine Wunde, ein Geschwür s.; einen Zahn s.; ein saniertes Gebiss. **2. a)** *durch Renovierung, Modernisierung, Umbau od. teilweisen Abriss u. Neubau umgestalten u. neuen Bedürfnissen anpassen:* die Altstadt s.; das Haus muss von Grund auf saniert werden; **b)** (Fachspr.) *wieder in einen intakten Zustand versetzen:* einen umgekippten Fluss s. **3.** (Wirtsch.) **a)** *aus finanziellen Schwierigkeiten herausbringen [u. wieder rentabel machen]:* einen Betrieb, eine Firma s.; mich kann jetzt nur noch ein Sechser im Lotto s.; (ugs. scherzh.:) wenn du das Haus wirklich allein erbst, bist du doch ein für alle Mal saniert; **b)** ⟨s. + sich⟩ *seine finanziellen, wirtschaftlichen Schwierigkeiten überwinden, wieder rentabel werden:* die Firma, der Bauunternehmer hat sich [durch Verkäufe] weitgehend saniert; er hat sich auf Kosten der Steuerzahler saniert (spött.): *bereichert, gesundgestoßen).*

Sa|nie|rer, der; -s, -: *jmd., dessen Aufgabe es ist, etw. (z. B. eine sanierungsbedürftige Firma) zu sanieren.*

Sa|nie|re|rin, die; -, -nen: w. Form zu ↑ Sanierer.

Sa|nie|rung, die; -, -en: **1.** (Fachspr.) *das Sanieren* (1): die S. des Sees wird Jahre dauern. **2. a)** *das Sanieren* (2a): die S. des Hauses hat rund 400 000 Euro gekostet; die S. der Altstadt ist abgeschlossen; **b)** (Fachspr.) *das Sanieren* (2b). **3.** *das Sanieren* (3a); *das Sichsanieren* (3b): die Firma befindet sich in einer Phase der S.

Sa|nie|rungs|ar|bei|ten ⟨Pl.⟩: *Arbeiten zur Sanierung* (2): mit den S. beginnen.

sa|nie|rungs|be|dürf|tig ⟨Adj.⟩: *einer Sanierung* (2) *bedürfend:* -e Bauten; die Brücke ist s.

Sa|nie|rungs|fall, der: *Fall für eine Sanierung:* das Unternehmen, das Stadion ist ein S.

Sa|nie|rungs|ge|biet, das: *Gebiet, in dem eine Sanierung* (2) *durchgeführt wird, geplant ist.*

Sa|nie|rungs|kon|zept, das: *Konzept für eine Sanierung.*

Sa|nie|rungs|kos|ten ⟨Pl.⟩: *Kosten einer Sanierung.*

Sa|nie|rungs|maß|nah|me, die ⟨meist Pl.⟩: *Maßnahme zur Sanierung* (2, 3).

Sa|nie|rungs|plan, der: *Plan für eine Sanierung* (2, 3).

Sa|nie|rungs|pro|gramm, das: *Programm zur städtebaulichen, betrieblichen od. ökologischen Sanierung.*

sa|ni|tär ⟨Adj.⟩ [frz. sanitaire, zu lat. sanitas, ↑ Sanität]: *mit der Körperpflege, der Hygiene in Zusammenhang stehend, sie betreffend, ihr dienend:* die katastrophalen -en Verhältnisse in den Elendsvierteln, in den Flüchtlingslagern; Toiletten, Waschräume und sonstige -e Anlagen, Einrichtungen.

Sa|ni|tär ⟨indekl. Subst.; o. Art.⟩ (Jargon): *Sanitärbereich:* die Bereiche S., Heizung und Klima.

Sa|ni|tär|an|la|ge, die ⟨meist Pl.⟩: *sanitäre Anlage.*

Sa|ni|tär|be|reich, der ⟨o. Pl.⟩: *mit Herstellung, Vertrieb, Installation usw. von Produkten, die für sanitäre Anlagen bestimmt sind, befasster Fachbereich:* im S. tätig sein.

Sa|ni|tär|bran|che, die: *mit Herstellung, Vertrieb, Installation usw. von Produkten, die für sanitäre Anlagen bestimmt sind, befasster Wirtschaftszweig:* die S. profitiert von dem Bauboom.

Sa|ni|tär|ein|rich|tun|gen ⟨Pl.⟩: *Sanitäranlagen.*

Sa|ni|tär|in|stal|la|teur, der: *auf Sanitärinstallationen* (a) *spezialisierter Installateur.*

Sa|ni|tär|in|stal|la|teu|rin, die: w. Form zu ↑ Sanitärinstallateur.

Sa|ni|tär|in|stal|la|ti|on, die: **a)** *Installation* (1 a) *von sanitären Anlagen:* die -en will er selber vornehmen; **b)** ⟨meist Pl.⟩ *Installation* (1 b) *im Bereich sanitärer Anlagen:* die -en erneuern.

sa|ni|ta|risch ⟨Adj.⟩ (schweiz.): **1.** *sanitär.* **2.** *das Gesundheitswesen betreffend, zu ihm gehörend, von den Gesundheitsbehörden ausgehend; gesundheitspolizeilich:* eine -e Untersuchung.

Sa|ni|tär|ke|ra|mik, die ⟨o. Pl.⟩: **a)** *keramisches Material, aus dem Sanitärkeramik* (b) *hergestellt wird;* **b)** *für die Installation in sanitären Anlagen bestimmte Keramik* (1 a): S. herstellen.

Sa|ni|tär|tech|nik, die; -, -en ⟨Pl. selten⟩: *Bereich der Technik, der sich mit der Entwicklung, Herstellung u. Installation von Erzeugnissen des Sanitärbereichs befasst.*

Sa|ni|tät, die; -, -en [lat. sanitas (Gen.: sanitatis) = Gesundheit, zu: sanus, ↑ sanieren] (österr., schweiz.): **1. a)** ⟨o. Pl.⟩ *militärisches Gesundheitswesen, Sanitätswesen;* **b)** *Sanitätstruppe.* **2.** (ugs.) *Unfallwagen, Sanitätswagen.*

Sa|ni|tä|ter, der; -s, -: *jmd., der in Erster Hilfe, Krankenpflege ausgebildet ist [u. in diesem Bereich tätig ist]:* zwei Sanitäter trugen den verletzten Spieler vom Platz.

Sa|ni|tä|te|rin, die; -, -nen: w. Form zu ↑ Sanitäter.

Sa|ni|täts|ar|ti|kel, der: *Artikel für den Sanitätsdienst, die Versorgung und Pflege Kranker:* Mullbinden, Spritzen und andere S.

Sa|ni|täts|au|to, das (ugs.): *Sanitätswagen.*

Sa|ni|täts|ba|tail|lon, das (Militär): *Bataillon der Sanitätstruppe.*

Sa|ni|täts|dienst, der: **1.** ⟨o. Pl.⟩ *Dienst als Sanitäter:* S. haben. **2.** ⟨Pl. selten⟩ (Militär) *militärisches Sanitätswesen:* die Offiziere des -es.

Sa|ni|täts|ge|frei|te ⟨vgl. Gefreite⟩ (Militär): *Gefreite der Sanitätstruppe.*

Sa|ni|täts|ge|frei|ter ⟨vgl. Gefreiter⟩ (Militär): *Gefreiter der Sanitätstruppe.*

Sa|ni|täts|ge|schäft, das: *Fachgeschäft für Sanitätsartikel.*

Sa|ni|täts|haus, das: *Sanitätsgeschäft:* das führende S. am Ort.

Sa|ni|täts|hund, der (Militär früher): *besonders ausgebildeter, vor allem zum Auffinden Verwundeter eingesetzter Hund.*

Sa|ni|täts|kom|pa|nie, die (Militär): *Kompanie der Sanitätstruppe.*

Sa|ni|täts|ma|te|ri|al, das: *für die Versorgung u. Pflege Kranker u. Verletzter benötigtes Material.*

Sa|ni|täts|of|fi|zier, der (Militär): *Offizier der Sanitätstruppe.*

Sa|ni|täts|of|fi|zie|rin, die: w. Form zu ↑ Sanitätsoffizier.

Sa|ni|täts|per|so|nal, das (Militär): *Personal des Sanitätsdienstes* (2).

Sa|ni|täts|rat, der; -s, -e **a)** (früher) ⟨o. Pl.⟩ *Ehrentitel für um die Gesundheit der gesamten Bevölkerung verdiente Ärzte* (Abk.: San.-Rat.); **b)** *Träger des Titels Sanitätsrat* (1 a). **2.** (österr.) **a)** ⟨o. Pl.⟩ *Titel für bestimmte Amtsärzte* (Abk.: San.-Rat); **b)** *Träger des Titels Sanitätsrat* (2a). **3.** ⟨o. Pl.⟩ (österr.) *beratendes Fachgremium, das dem Gesundheitsminister zur Seite steht.*

Sa|ni|täts|rä|tin, die: w. Form zu ↑ Sanitätsrat.

Sa|ni|täts|raum, der (bes. Militär): *Raum zur Versorgung Verletzter, Kranker o. Ä.*

Sa|ni|täts|sol|dat, der (Militär): *Soldat der Sanitätstruppe.*

Sa|ni|täts|sol|da|tin, die: w. Form zu ↑ Sanitätssoldat.
Sa|ni|täts|trup|pe, die (Militär): *(in der Bundeswehr) Logistiktruppe mit der Aufgabe, die Gesundheit der Soldaten zu erhalten u. wiederherzustellen.*
Sa|ni|täts|un|ter|of|fi|zier, der (Militär): *Unteroffizier der Sanitätstruppe.*
Sa|ni|täts|un|ter|of|fi|zie|rin, die: w. Form zu ↑ Sanitätsunteroffizier.
Sa|ni|täts|wa|gen, der: *Krankenwagen.*
Sa|ni|täts|we|sen, das; -s (bes. Militär, österr.): *[militärisches] Gesundheitswesen.*
Sa|ni|täts|zelt, das: *(bei Massenveranstaltungen im Freien) Zelt zur Versorgung Verletzter, Kranker o. Ä.*
Sa|ni|täts|zug, der (Militär): **1.** ¹*Zug* (14 a) *der Sanitätstruppe.* **2.** *Lazarettzug.*
San Jo|sé [saŋxoˈse]: Hauptstadt von Costa Rica.
sank: ↑ sinken.
San|ka, der; -[s], -[s] [gek. aus Sanitätskraftwagen] (bes. Soldatenspr.): *militärischer Sanitätswagen.*
sän|ke: ↑ sinken.
San|k|ra, der; -[s], -[s] [Kurzf. von **San**itäts**kra**ftwagen] (Soldatenspr.): *Sanka.*
Sankt ⟨indekl. Adj.⟩ [zu lat. sanctus, ↑ Sanctus]: *heilig* (in Heiligennamen u. auf solche zurückgehenden geografischen Namen; Abk.: St.): Sankt/St. Peter, Elisabeth, Gallen, Gotthard.
Sankt-Elms-Feu|er: ↑ Elmsfeuer.
Sankt-Flo|ri|ans-Prin|zip, das ⟨o. Pl.⟩ [nach dem hl. Florian (Märtyrer im 4. Jh.), der als Beschützer gegen Feuersbrunst verehrt wird, u. dem Text eines an ihn gerichteten scherzh. Gebetes: »Heiliger Sankt Florian, verschon mein Haus, zünd andre an«]: *Prinzip des Handelns nach dem egoistischen Grundsatz, etw. Unangenehmes o. Ä. von sich selbst wegzuschieben, ungeachtet dessen, dass dann andere davon betroffen werden:* nach dem S. handeln.
Sankt Gal|len: Schweizer Kanton u. Stadt.
¹**Sankt Gal|le|ner,** der; - -s, - -, ¹**Sankt-Gal|le|ner,** der; -s, -: Ew.
²**Sankt Gal|le|ner,** ²**Sankt-Gal|le|ner** ⟨indekl. Adj.⟩: das Sankt Gallener Bildungsmodell.
Sankt Gal|le|ne|rin, die; - -, - -nen, **Sankt-Gal|le|ne|rin,** die; -, -nen: w. Formen zu ↑ ¹Sankt Gallener, ¹Sankt-Gallener.
¹**Sankt Gal|ler,** der; - -s, - -, ¹**Sankt-Gal|ler,** der; -s, -: schweiz. Formen von ↑ ¹Sankt Gallener, ¹Sankt-Gallener.
²**Sankt Gal|ler,** ²**Sankt-Gal|ler** ⟨indekl. Adj.⟩: schweiz. Formen von ↑ ²Sankt Gallener, ²Sankt-Gallener.
Sankt Gal|le|rin, die; - -, - -nen, **Sankt-Gal|le|rin,** die; -, -nen: w. Formen zu ↑ ¹Sankt Galler, ¹Sankt-Galler.
sankt-gal|lisch ⟨Adj.⟩: *Sankt Gallen, die* ¹*Sankt Gallener betreffend; von den* ¹*Sankt Gallenern stammend, zu ihnen gehörend.*
Sank|ti|on, die; -, -en [frz. sanction < lat. sanctio = Heilung; Billigung; Strafgesetz; Vorbehalt, Vertragsklausel, zu: sancire (2. Part.: sanctum) = heiligen; als unverbrüchlich festsetzen; durch Gesetz besiegeln, genehmigen]:
1. ⟨Pl. selten⟩ **a)** (bildungsspr.) *das Sanktionieren* (1 a), *Billigung, Zustimmung:* die Kirche hat jeglicher Art von Gewaltanwendung grundsätzlich ihre S. versagt; **b)** (Rechtsspr.) *das Sanktionieren* (1 b); *Bestätigung:* das Gesetz bedarf der S. durch das Parlament, des Parlaments. **2.** ⟨meist Pl.⟩ **a)** (Völkerrecht) *Maßnahme, die zur Bestrafung od. zur Ausübung von Druck) gegen einen Staat, das Völkerrecht verletzt [hat], angewandt werden kann:* wirtschaftliche, militärische -en; -en über ein Land verhängen; **b)** (Soziol.) *auf ein bestimmtes Verhalten eines Individuums od. einer Gruppe hin erfolgende Reaktion der Umwelt, mit der dieses Verhalten belohnt od. bestraft wird:* positive *(belohnende),* negative *(bestrafende)* -en; **c)** (bildungsspr.) *gegen jmdn. gerichtete Maßnahme zur Erzwingung eines bestimmten Verhaltens od. zur Bestrafung:* gegen Streikteilnehmer gerichtete -en des Unternehmensleitung.
3. (Rechtsspr.) *Teil, Klausel eines Gesetzes o. Ä., worin die Rechtsfolgen eines Verstoßes, die gegebenenfalls zu verhängende Strafe festgelegt sind:* die im Bußgeldkatalog verzeichneten -en für Ordnungswidrigkeiten; welche -en sieht der Vertrag, Gesetzentwurf vor?
sank|ti|o|nie|ren ⟨sw. V.; hat⟩ [frz. sanctionner, zu: sanction, ↑ Sanktion]: **1. a)** (bildungsspr.) *[öffentlich, als Autorität] billigen, gutheißen [u. dadurch legitimieren]:* Umweltzerstörungen aus ökonomischen Motiven s.; **b)** (Rechtsspr.) *einer Sache Gesetzeskraft verleihen, ein Gesetz bestätigen:* das Parlament hat den Gesetzentwurf sanktioniert; durch den Friedensvertrag wurde die Annexion sanktioniert *(auf eine rechtliche Grundlage gestellt).* **2. a)** (Soziol.) *mit Sanktionen* (2 b) *belegen:* die soziale Umwelt sanktioniert *(bestraft)* jeden Regelverstoß; **b)** (bildungsspr.) *mit Sanktionen* (2 c) *belegen:* die Teilnahme an einem offiziellen Streik darf vom Arbeitgeber nicht sanktioniert werden.
Sank|ti|o|nie|rung, die; -, -en ⟨Pl. selten⟩ (bildungsspr.): *das Sanktionieren; das Sanktioniertwerden.*
Sankt-Nim|mer|leins-Tag, der [scherzh. erfundener Heiligenname]: in Fügungen wie **am S.** (ugs. scherzh.; *nie, niemals:* von ihm bekommst du dein Geld am S.); **auf den/bis zum S.** (ugs. scherzh.; *auf einen, bis zu einem unbestimmten, nie eintretenden Zeitpunkt:* die Angelegenheit, Erledigung wurde auf den, bis zum S. verschoben).
Sankt Pe|ters|burg: russische Stadt im Newadelta (1924–1991 Leningrad, 1914–1924 Petrograd).
Sankt Pöl|ten: Landeshauptstadt von Niederösterreich.
Sank|tu|ar, das; -s, -e, **Sank|tu|a|ri|um,** das; -s, ...ien [lat. sanctuarium = Heiligtum] (kath. Kirche): **a)** *Altarraum einer katholischen Kirche;* **b)** *Aufbewahrungsort für einen Reliquienschrein;* **c)** *Reliquienschrein.*
San-Ma|ri|ne|se, der; -n, -n: Ew.
San-Ma|ri|ne|sin, die; -, -nen: w. Form zu ↑ San-Marinese.
san-ma|ri|ne|sisch ⟨Adj.⟩: *San Marino, die San-Marinesen betreffend; von den San-Marinesen stammend, zu ihnen gehörend.*
¹**San Ma|ri|no;** - -s: Staat auf der Apenninenhalbinsel.
²**San Ma|ri|no:** Hauptstadt von ¹San Marino.
sann, sän|ne: ↑ sinnen.
San.-Rat = Sanitätsrat.
San Sal|va|dor: Hauptstadt von El Salvador.
Sans|cu|lot|te [sãskyˈlɔt(ə)], der; -n, -n [...tn] [frz. sans-culotte, eigtl. = ohne Kniehose, ↑ Culotte]: *Proletarier, proletarischer Revolutionär der Französischen Revolution.*
◆ **Sans|fa|çon,** der; -s, -s [zu frz. sans-façon = Handeln ohne Umstände, ohne eine Zurückhaltung]: *jmd., der keine Umstände* (2) *macht:* ... kam querfeldan ein S. dahertrottiert und hielt den Wagen an und visitierte Pack für Pack nach ungestempeltem Tabak (Bürger, Raubgraf).
sans façon [sãfaˈsõ; frz.; aus: sans = ohne u. façon, ↑ ¹Fasson] (bildungsspr.): *ohne Umstände:* ◆ ... mich wundert es gar nicht, wenn sie (= die Pfarrer) an einem solchen Courage nicht vermögen, bescheiden zu verbleiben. Selbst unser Wutz konnte sich's nicht verstecken, was es sagen will, ... über ein ganzes von der Sonne erleuchtetes Chor Territorialherrschaft zu exerzieren ... – und nach der Predigt über das Geländer hinab völlige fürstliche Befehle s. f. mit lauter Stimme weniger zu geben als abzulesen (Jean Paul, Wutz 27).
Sans|k|rit [auch, österr. u. schweiz. nur,: ...ˈkrɪt], das; -[s] [sanskr. samskṛta = geregelt, genormt]: *noch heute in Indien als Literatur- u. Gelehrtensprache verwendete altindische Sprache.*
sans|k|ri|tisch [auch: ...ˈkrɪ...] ⟨Adj.⟩: *das Sanskrit betreffend; in Sanskrit [abgefasst].*
San|ta Claus [ˈsæntə ˈklɔ:z], der; - -, - -: amerik. Bez. für: Weihnachtsmann (1).
San|ti|a|go: Kurzf. von ↑ Santiago de Chile.
San|ti|a|go de Chi|le [- - ˈtʃiːle]: Hauptstadt von Chile.
San|to Do|min|go: Hauptstadt der Dominikanischen Republik.
San|to|me|er, der; -s, -: Ew. zu ↑ São Tomé und Príncipe.
San|to|me|e|rin, die; -, -nen: w. Form zu ↑ Santomeer.
san|to|me|isch ⟨Adj.⟩: *São Tomé und Príncipe betreffend; von den Santomeern stammend, zu ihnen gehörend.*
São To|mé [ˈsaːu toˈmeː]: Hauptstadt von São Tomé und Príncipe.
São To|mé und Prin|ci|pe [- - - ˈprɪnsipə]; - - - -s: westafrikanischer Inselstaat.
Sa|phir [auch, österr. nur: zaˈfiːɐ̯], der; -s, -e [mhd. saphīr(e) < spätlat. sapphirus < lat. sappirus < griech. sáppheiros, aus dem Semit.]: **1.** (Mineral.) *bes. blauer, auch farbloser, gelber, grüner od. violetter Korund:* die Abtastnadel hat eine Spitze aus [künstlichem] S. **2.** *Stück [blauer] Saphir* (1), *aus [blauem] Saphir* (1) *bestehender Schmuckstein:* ein Ring mit einem S. **3.** *Saphirnadel:* der Plattenspieler braucht einen neuen S.
sa|phir|blau ⟨Adj.⟩: *von der Farbe blauen Saphirs.*
Sa|phir|na|del, die: *Abtastnadel mit einer Spitze aus Saphir* (1).
Sa|po|nin, das; -s, -e [frz. Saponine, zu lat. sapo (Gen.: saponis) = Seife] (Bot.): *in vielen Pflanzen enthaltener Stoff, der zur Herstellung von Waschmitteln o. Ä. u. von Medikamenten verwendet wird.*
◆ **Sap|per|lo|ter,** der; -s, -: *Schwerenöter:* Du kannst nicht übel erzählen, du S.! (Keller, Spiegel 278).
Sap|peur [zaˈpøːɐ̯], der; -s, -e [frz. sappeur, zu: saper, ↑ Sappe] (Militär): **1.** *(früher) mit dem Bau von Sappen beauftragter Soldat;* ◆ Ein Haar von einem Menschen, vom Bart eines -s, eines Unteroffiziers (Büchner, Woyzeck [Straße]). **2.** (schweiz.) *Pionier* (1).
Sa|ra|ban|de, die; -, -n [frz. sarabande, ital. sarabanda < span. zarabanda, aus dem Arab.] (Musik): **a)** *Tanz im* ³/₄*-Takt;* **b)** *Satz einer Suite od. Sonate.*
Sa|ra|je|vo: Hauptstadt von Bosnien-Herzegowina.
Sa|ra|ze|ne, der; -n, -n [H. u.] (veraltet): *Araber, Muslim.*
Sa|ra|ze|nin, die; -, -nen (veraltet): w. Form zu ↑ Sarazene.
Sar|de, der; -n, -n: Ew. zu ↑ Sardinien.
Sar|del|le, die; -, -n [ital. sardella, Vkl. von: sarda < lat. sarda, ↑ Sardine]: *(im Mittelmeer, im Schwarzen Meer u. an den Atlantikküsten Europas u. Afrikas vorkommender) kleiner, dem Hering verwandter Fisch, der als Speisefisch gepökelt od. mariniert gegessen wird.*
Sar|del|len|fi|let, das: ²*Filet* (1) *von der Sardelle.*
Sar|del|len|pas|te, die: *(u. a. als Brotaufstrich verwendete) Paste* (1) *aus Sardellen.*
Sar|din, die; -, -nen: w. Form zu ↑ Sarde.
Sar|di|ne, die; -, -n [frühnhd. Sardinlin,

spätmhd. sardien < ital. sardina < spätlat. sardina, zu lat. sarda = Hering; Sardelle, H. u.]: *(an den Küsten West- und Südwesteuropas vorkommender) kleiner, zu den Heringen gehörender, bläulich silbern schillernder Fisch:* eine Dose -n in Olivenöl; sie standen wie die -n *(dicht gedrängt).*

Sar|di|nen|büch|se, die: *Konservenbüchse für [in Öl] eingelegte Sardinen.*

Sar|di|ni|en; -s: italienische Insel im Mittelmeer.

Sar|di|ni|er, der; -s, - (veraltend): Ew.

Sar|di|ni|e|rin, die; -, -nen (veraltend): w. Form zu ↑ Sardinier.

sar|di|nisch (veraltend), **sar|disch** ⟨Adj.⟩: *Sardinien, die Sarden betreffend; von den Sarden stammend, zu ihnen gehörend.*

Sar|disch, das; -[s], (nur mit best. Art.): **Sar|di|sche,** das; -n: *die sardische Sprache.*

sar|do|nisch ⟨Adj.⟩ [lat. sardonius (risus) < (spät)griech. sardónios (gélōs) = grimmiges Hohngelächter eines Zornigen, wohl zu: saírein = fletschen, grinsen; schon im Altertum fälschlich bezogen auf die auf Sardinien wachsende Pflanze Sardonia herba, deren Genuss Gesichtsverzerrungen hervorrufen soll] (bildungsspr.): *(vom Lachen, Lächeln o. Ä.) boshaft, hämisch u. fratzenhaft verzerrt:* s. lachen, grinsen; Das meiste, was er listig, mit einem -en Kichern, vor sich hinschwätzte, war nicht wiederzugeben (Fallada, Trinker 144).

Sarg, der; -[e]s, Särge [mhd. sarc(h), ahd. sarc, saruh, über das Vlat. < spätlat. sarcophagus, ↑ Sarkophag]: *(meist aus Holz, auch aus Metall gefertigtes) kastenförmiges, längliches Behältnis mit Deckel, in das ein Toter gelegt wird:* ein schlichter, prunkvoller, blumengeschmückter S.; ein S. aus Eiche, aus Zink; den S. ins Grab senken; er stand am offenen S. seiner Mutter.

Sarg|de|ckel, der: *Deckel eines Sarges.*

Särg|lein, das; -s, -: Vkl. zu ↑ Sarg.

Sarg|na|gel, der: **1.** *Nagel (1) für einen Sarg.* **2.** (ugs. scherzh.) *Zigarette.*

Sarg|trä|ger, der: *Mann, der mit anderen zusammen bei einem Begräbnis den Sarg trägt.*

Sarg|trä|ge|rin, die: w. Form zu ↑ Sargträger.

Sarg|tuch, das ⟨Pl. ...tücher⟩: *Tuch, das über den Sarg gebreitet wird.*

Sa|ri, der; -[s], -s [Hindi sāṛī < aind. śāṭī = Tuch, Gewand]: *aus einer kunstvoll um den Körper gewickelten Stoffbahn bestehendes Gewand der indischen Frauen.*

Sar|kas|mus, der; -, ...men [spätlat. sarcasmos < griech. sarkasmós = beißender Spott, zu: sarkázein = verhöhnen, eigtl. = zerfleischen, zu: sárx (Gen.: sarkós) = Fleisch] (bildungsspr.): **1.** ⟨o. Pl.⟩ *beißender, verletzender Spott, Hohn, der jmdn., etw. lächerlich machen will:* sein S. (seine sarkastische Art) ist schwer erträglich; jmdm. mit S. begegnen. **2.** *sarkastische Äußerung, Bemerkung.*

sar|kas|tisch ⟨Adj.⟩ [griech. sarkastikós] (bildungsspr.): *mit, von beißendem, verletzendem Spott:* er hat manchmal eine sehr -e Art; eine -e Bemerkung machen.

Sar|kom, das; -s, -e, **Sar|ko|ma,** das; -s, -ta [zu griech. sárx (Gen.: sarkós) = Fleisch] (Med.): *aus dem Bindegewebe hervorgehende bösartige Geschwulst; Fleischgeschwulst.*

Sar|ko|phag, der; -[e]s, -e [spätlat. sarcophagus < griech. sarkophágos, eigtl. = Fleischverzehrer, zu: sárx (Gen.: sarkós) = Fleisch u. phageīn = essen, fressen (urspr. wurde zur Herstellung eine die Verwesung fördernde Kalksteinart verwendet)] (bildungsspr.): *(meist aus Stein od. Metall gefertigter) prunkvoller, großer, in einer Grabkammer od. der Krypta einer Kirche o. Ä. aufgestellter Sarg, in dem hochgestellte Persönlichkeiten beigesetzt werden:* ein ägyptischer, römischer, mittelalterlicher, prunkvoller, marmorner S.

Sa|rong, der; -[s], -s [malai. sarung]: **1.** *um die Hüfte geschlungener, bunter Rock der Indonesierin.* **2.** *gebatikter od. bunt gewebter Baumwollstoff für Umschlagtücher.*

Sar|rass, der; ...rasses, ...rasse [poln. za raz = für den Hieb] (früher): *schwerer Säbel:* ♦ ... so sollte doch dein S., Funken sprühend, abprallen (Kleist, Käthchen V, 1).

SARS, Sars [Kurzw. aus engl. severe acute respiratory syndrome = schweres akutes respiratorisches Syndrom] (Med.): *(bes. in Teilen Asiens auftretende) durch Viren hervorgerufene Infektionskrankheit, die mit Husten, hohem Fieber u. Halsschmerzen einhergeht.*

♦ **Sar|sche,** die; -, -n [älter frz. sarge für: serge, ↑ Serge]: *Serge:* ... mit seinen baumwollnen Strümpfen, schwarzen Unterkleidern von S. (Goethe, Dichtung u. Wahrheit 2).

SAS, die; - [engl. Scandinavian Airlines System]: skandinavische Luftfahrtgesellschaft.

Sa-Sprin|gen [ɛsˈlaː...], das [Kurzwort für: schweres Springen der Kategorie a] (Pferdesport): *schwere Springprüfung mit längerem Parcours u. einer größeren Zahl von Hindernissen.*

saß: ↑ sitzen.

Sass, der; -en, -en, **Sasse,** der; -n, -n [mhd. sāʒ, ahd. sāʒo, zu ↑ sitzen] (MA.): **1.** *Besitzer von Grund u. Boden.* **2.** *Ansässiger; Einwohner.* **3.** *Höriger:* ♦ Es leben selbst in unsern Landesmarken die Sassen viel, die fremde Pflichten tragen (Schiller, Tell II, 2).

Sas|se: ↑ Sass.

²**Sas|se,** die; -, -n [zu (ost)niederd. sassen = sich niederlassen, zu ↑ sitzen] (Jägerspr.): *Lager des Hasen.*

sä|ße: ↑ sitzen.

Sa|tan, der; -s, -e [mhd. satān, satanās, ahd. satanās < kirchenlat. satan(as), griech. satanás < hebr. śāṭān = Widersacher, böser Engel, zu: śāṭan = nachstellen, verfolgen]: **1.** ⟨o. Pl.⟩ (bibl.) *Widersacher Gottes; Teufel; der Versucher: das Reich, die Macht des -s, von S. besessen werden, besessen sein;* * hol dich der S./der S. soll dich holen (salopp; ↑ Teufel). **2.** (ugs. abwertend) *boshafter Mensch* (oft als Schimpfwort): er, dieses Weib ist ein S.

Sa|ta|nas, der; -, -se [kirchenlat. satanas, ↑ Satan] (bildungsspr.): *Satan.*

sa|ta|nisch ⟨Adj.⟩ (bildungsspr.): *sehr böse, boshaft; teuflisch:* ein -er Plan; -e Freude beherrschte ihn.

Sa|ta|nis|mus, der; -: *Verehrung des Satans.*

Sa|ta|nist, der; -en, -en: *Anhänger des Satanismus.*

Sa|ta|nis|tin, die; -, -nen: w. Form zu ↑ Satanist.

Sa|tans|bra|ten, der (bes. als Schimpfwort): *Höllenbraten, Teufelsbraten.*

Sa|tans|brut, die ⟨Pl. selten⟩ (bes. als Schimpfwort): *Höllenbrut.*

Sa|tans|mes|se, die: *Teufelsmesse.*

Sa|tans|pilz, der: *giftiger, nach Aas riechender Röhrenpilz mit dickem, rötlich gelbem Stiel u. grauweißem Hut.*

Sa|tans|röhr|ling, der: *Satanspilz.*

Sa|tans|weib, das (bes. als Schimpfwort): *Teufelin (b).*

Sa|tel|lit [auch: ...ˈlɪt], der; -en, -en [lat. satelles (Gen.: satellitis) = Leibwächter, Trabant, wohl aus dem Etrusk.]: **1.** (Astron.) *Himmelskörper, der einen Planeten auf einer unveränderlichen Bahn umkreist und der insbes. in der S. der Erde; die* -en *des Saturn.* **2.** (Raumfahrt) *Flugkörper, der – auf eine Umlaufbahn gebracht – in elliptischer od. kreisförmiger Bahn die Erde (od. den Mond) umkreist u. dabei bestimmte wissenschaftliche od. technische Aufgaben erfüllt, Daten sammelt o. Ä.* (z. B. Wettersatellit, Nachrichtensatellit): einen künstlichen S.; einen -en in eine Umlaufbahn bringen; ein Fernsehprogramm über S. empfangen, ausstrahlen. **3.** Kurzf. von ↑ Satellitenstaat: Moskau und seine -en. **4.** (Elektronik) Kurzf. von ↑ Satellitenbox.

Sa|tel|li|ten|an|la|ge, die (Fernsehen): *Anlage für den Empfang von Programmen des Satellitenfernsehens.*

Sa|tel|li|ten|auf|nah|me, die: *mit einer auf einem Satelliten installierten Kamera gemachte Aufnahme.*

Sa|tel|li|ten|bild, das (bes. Meteorol.): *Satellitenfoto:* das S. zeigt ein breites Wolkenband über Mitteleuropa.

Sa|tel|li|ten|box, die (Elektronik): *(in Verbindung mit einer großen Box für die tiefen Frequenzen beider Kanäle zur stereofonen Wiedergabe verwendete) kleinere Lautsprecherbox für die hohen u. mittleren Frequenzen eines Kanals.*

Sa|tel|li|ten|da|ten ⟨Pl.⟩: *mithilfe eines Satelliten gewonnene Daten.*

Sa|tel|li|ten|emp|fang, der (bes. Fernsehen): *Empfang von über Satellit ausgestrahlten Sendungen.*

Sa|tel|li|ten|fern|se|hen, das: *Fernsehen (1 b), bei dem die Sendungen über Satelliten übertragen werden.*

Sa|tel|li|ten|film, der (bes. Meteorol.): *aus einer Serie von Satellitenfotos zusammengesetzter Film im Zeitraffer:* auf dem S. erkennt man ein rasch ostwärts ziehendes Wolkenband.

Sa|tel|li|ten|fo|to, das, schweiz. auch: die (bes. Meteorol.): *von einem [Wetter]satelliten aus aufgenommenes Foto:* ein S. der Mondoberfläche, der Arabischen Halbinsel.

sa|tel|li|ten|ge|steu|ert ⟨Adj.⟩: *mithilfe eines od. mehrerer Satelliten gesteuert:* ein -es Navigationssystem.

sa|tel|li|ten|ge|stützt ⟨Adj.⟩: *mithilfe von Satelliten funktionierend:* -e Navigationssysteme, Mautsysteme; -e Navigation, Kommunikation.

Sa|tel|li|ten|na|vi|ga|ti|on, die: *Navigation mithilfe von Funksignalen, die von einer Anzahl von Satelliten (2) ausgesendet werden.*

Sa|tel|li|ten|pro|gramm, das (Fernsehen): *über Satellit ausgestrahltes Fernsehprogramm.*

Sa|tel|li|ten|rund|funk, der: *Rundfunk, bei dem die Sendungen über Satelliten übertragen werden.*

Sa|tel|li|ten|schüs|sel, die (ugs.): *Parabolantenne zum Empfang von Programmen des Satellitenfernsehens.*

Sa|tel|li|ten|staat, der: *Staat, der (trotz formaler äußerer Unabhängigkeit) von einem anderen Staat (bes. von einer Großmacht) abhängig ist.*

Sa|tel|li|ten|stadt, die: *größere, weitgehend eigenständige Ansiedlung in unmittelbarer Nähe einer Großstadt.*

Sa|tel|li|ten|te|le|fon, das: *satellitengestütztes Mobiltelefon.*

Sa|tel|li|ten|über|tra|gung, die (Fernsehen): *Übertragung einer Sendung o. Ä. über einen Fernsehsatelliten.*

Sa|tem|spra|che, die [nach der Aussprache des Anlauts in altiran. satem = hundert als s] (Sprachwiss.): *Sprache aus der Gruppe der indogermanischen Sprachen, die die palatalen Verschlusslaute der indogermanischen Grundsprache nicht als Verschlusslaute erhalten, sondern in Reibelaute od. Zischlaute verwandelt haben.*

Sa|tin [zaˈtɛ̃:, auch: zaˈtɛŋ], der; -s, -s [mhd. satin < afrz. satin (= frz. satin), wohl über span. aceituní < arab. zaytūnī = Seide aus Zaitun (= Hafen Tseutung in China)]: *Gewebe, Stoff in Atlasbindung mit glatter, glänzender Oberfläche.*

Sa|tin|blu|se, die: *Bluse aus Satin.*

Sa|ti|re, die; -, -n [lat. satira, älter: satura, eigtl. = mit verschiedenen Früchten gefüllte Schale (übertr. im Sinne von »bunte Mischung«)]: **1.** ⟨o. Pl.⟩ Kunstgattung (Literatur, Karikatur, Film), die durch Übertreibung, Ironie u. [beißenden] Spott an Personen, Ereignissen Kritik übt, sie der Lächerlichkeit preisgibt, Zustände anprangert, mit scharfem Witz geißelt: ein Meisterwerk, ein Meister der S.; die Kunst der politischen S.; Die S. muss übertreiben und ist ihrem tiefsten Wesen nach ungerecht (Tucholsky, Werke II, 76). **2.** künstlerisches Werk, das zur Gattung der Satire (1) gehört: eine beißende, bittere, geistvolle S.; er schreibt -n; eine S. auf die Auswüchse des Konsumverhaltens.

Sa|ti|ren|dich|ter, der: Dichter, der Satiren schreibt.

Sa|ti|ren|dich|te|rin, die: w. Form zu ↑Satirendichter.

Sa|ti|ren|schrei|ber, der: jmd., der Satiren schreibt.

Sa|ti|ren|schrei|be|rin, die: w. Form zu ↑Satirenschreiber.

Sa|ti|ri|ker, der; -s, - [spätlat. satiricus]: Schöpfer von Satiren.

Sa|ti|ri|ke|rin, die; -, -nen: w. Form zu ↑Satiriker.

sa|ti|risch ⟨Adj.⟩ [lat. satiricus]: in der Art der Satire (1); die Mittel der Satire (1) anwendend: eine -e Zeitschrift; ein -er Roman, Essay; -e Zeichnungen, Bilder; ein -er (Satiren schreibender) Schriftsteller.

sa|ti|ri|sie|ren ⟨sw. V.; hat⟩ (bildungsspr.): satirisch darstellen: in seinen Texten satirisiert er gesellschaftliche Missstände.

Sa|tis|fak|ti|on, die; -, -en ⟨Pl. selten⟩ [lat. satisfactio = Genugtuung, zu: satisfacere = Genüge leisten, befriedigen, aus: satis = genug (verw. mit ↑satt) u. facere = tun]: **a)** (bildungsspr. veraltend) Genugtuung (2), bes. in Form einer Ehrenerklärung: S. fordern, verlangen, erhalten; jmdm. S. geben; **b)** (früher, noch im Verbindungswesen) Zurücknahme einer Beleidigung o. Ä. durch die Bereitschaft zum Duell: unbedingte S.; S. fordern, nehmen, geben, erteilen.

Sa|trap, der; -en, -en [lat. satrapes < griech. satrápēs, eigtl. = der das Reich Schützende]: Statthalter einer Provinz (im Persien der Antike).

Sa|tra|pin, die; -, -nen: w. Form zu ↑Satrap.

Sat|su|ma, die; -, -s [jap.]: meist kernlose, sehr saftige Mandarine.

satt ⟨Adj.⟩ [mhd., ahd. sat, alte Partizipialbildung zu einem Verb mit der Bed. »sättigen« u. urspr. = gesättigt]: **1. a)** nicht mehr hungrig; kein Bedürfnis nach Nahrungsaufnahme mehr verspürend: -e Gäste; von etwas nicht s. werden; sich s. essen; das Baby hat sich s. getrunken; Bier macht s. (sättigt); **b)** (abwertend) mit dem eigenen (relativ hohen) Lebensstandard zufrieden u. daher zu Selbstzufriedenheit, Gleichgültigkeit, Trägheit neigend: -e Wohlstandsbürger. **2. a)** (bes. in der Färbung, im Klang) kräftig, voll: ein -es Rot, Grün; die Tür der Luxuslimousine fiel mit -em Klang ins Schloss; die Stereoanlage, das Motorrad hat einen -en Sound; **b)** (ugs.) ansehnlich: -e Gewinne; es kostet -e 580 Euro; -e 16% Sollzinsen; **c)** (ugs.) reichlich, gut (3 b): selbst wenn wenig Verkehr ist, braucht man eine -e Stunde, -e zwei Stunden; eine -e Mehrheit; etw. s. mit Leim einstreichen. **3.** *etw. (Akk.)/(geh.:) einer Sache (Gen.) s. sein (etw. leid sein, nicht länger dulden: sie war den Ärger s.). **4.** (ugs.) ausreichend, reichlich, überreichlich: nicht s. zu essen haben (nicht genug zu essen haben, hungern müssen); es gab Sonne s. **5. a)** (schweiz.) eng [anliegend], knapp, straff: eine s. sitzende Bandage; **b)** (Kfz-Technik-Jargon) mit stets vorhandenem gutem Kontakt zur Fahrbahn: der Wagen liegt s. auf der Straße.

satt|be|kom|men ⟨st. V.; hat⟩ (ugs.): leid werden.

satt|blau ⟨Adj.⟩: von kräftigem, tiefem Blau.

satt|braun ⟨Adj.⟩: von kräftigem, tiefem Braun.

Sat|tel, der; -s, Sättel [mhd. satel, ahd. satal, H. u.]: **1. a)** gepolsterter Sitz in geschwungener Form, der einem Reittier für den Reiter aufgelegt wird: den S. an-, abschnallen, abnehmen; das Pferd warf ihn aus dem S.; jmdm. in den S. helfen; sich in den S. schwingen; mit, ohne S. reiten; * jmdn. aus dem S. heben/werfen (1. jmdn. aus einer einflussreichen Position drängen. jmdn. sehr verunsichern, jmds. Versagen herbeiführen) [urspr. auf die mittelalterlichen Reiterturniere bezogen, bei denen der Gegner mit der Lanze aus dem Sattel gestoßen werden musste]; fest im S. sitzen (seine Position unangefochten behaupten); sich im S. halten (seine Position behaupten); **b)** Gestell für Gepäck, Lasten, das auf dem Rücken eines Lasttiers festgeschnallt wird. **2.** Teil des Fahrrads, Motorrads, auf dem man sitzt: ein harter, stark gefederter, sportlicher, schmaler, breiter, bequemer S.; den S. höher stellen. **3.** Kurzf. von ↑Bergsattel.

Sat|tel|an|hän|ger, der (Fachspr.): Anhänger ohne Vorderachse, der von einem Sattelschlepper gezogen wird.

Sät|tel|chen, das; -s, -: Vkl. zu ↑Sattel.

Sat|tel|dach, das: Dach, das aus zwei schrägen Flächen besteht, die am First zusammenstoßen.

Sat|tel|de|cke, die: Decke, die über den Tierrücken gebreitet wird, bevor man den Sattel auflegt.

sat|tel|fest ⟨Adj.⟩: sicher durch umfassendes Können, Wissen auf einem bestimmten Gebiet und dadurch allen Anforderungen gewachsen: in Latein, im Bruchrechnen ist er noch nicht ganz s.

Sat|tel|gurt, der: vom Sattel aus um den Bauch des Pferdes geschnallter Gurt, der den Sattel festhält.

◆ **Sat|tel|hen|ken,** das; -s [zu ↑henken]: das Abhängen, Abnehmen des Sattels vom Rücken des Pferdes während einer Rast: Wir haben nicht -s Zeit (Zeit, uns auszuruhen) und langer unnötiger Diskurse (Goethe, Götz V).

Sat|tel|knopf, der: vorderes, verdicktes Ende des Sattels (1 a) in Kugelform.

sat|teln ⟨sw. V.; hat⟩ [mhd. satel(e)n, ahd. satelōn] (einem Tier) einen Sattel auflegen: ein Pferd s.

Sat|tel|na|se, die: **1.** Nase, deren Rücken in der Form eines Sattels nach unten gebogen ist. **2.** (Fachspr.) schmalster, vorderster Teil des Fahrradsattels.

Sat|tel|punkt, der (Math.): Wendepunkt einer Kurve, in dem die Kurve eine horizontal verlaufende Tangente hat.

Sat|tel|rohr, das (Fachspr.): Rohr des Fahrradrahmens, in dessen oberem Ende die Sattelstütze steckt.

Sat|tel|schlep|per, der: Zugmaschine zum Ziehen von Sattelanhängern.

Sat|tel|stüt|ze, die (Fachspr.): im Wesentlichen aus einem im Rahmen steckenden Rohr bestehendes Teil des Fahrrads, an dessen oberem Ende der Sattel befestigt ist u. mit dessen Hilfe er eingestellt wird: eine gefederte S.

Sat|tel|ta|sche, die: **a)** (zu beiden Seiten) an dem seitlichen Teil des Sattels (1 a) angebrachte Tasche; **b)** (am Fahrrad) hinten unter dem Sattel hängende kleine Tasche für Werkzeug, Flickzeug o. Ä.

Sat|te|lung, Sattlung, die; -, -en: **a)** das Satteln; **b)** Lage u. Art der Befestigung des Sattels auf dem Pferd.

Sat|tel|zeug, das: zum Satteln benötigte Dinge.

Sat|tel|zug, der: aus einem Sattelschlepper und einem Sattelanhänger bestehender Lastzug.

satt|gelb ⟨Adj.⟩: von kräftigem, tiefem Gelb.

satt|grün ⟨Adj.⟩: von kräftigem, tiefem Grün.

satt|ha|ben ⟨unr. V.; hat⟩: leid sein: ich habe den Ärger satt.

Satt|heit, die; - [mhd. sat(e)hheit]: **1. a)** Zustand des Sattseins (satt 1 a); **b)** (abwertend) Zustand des Sattseins (satt 1 b). **2.** [Leucht]kraft, Intensität: die S. der Farben.

satt|hö|ren, sich ⟨sw. V.; hat⟩: sich etw. so oft, so lange anhören, dass es einem reicht: er kann sich an dieser Musik gar nicht s.

sät|ti|gen ⟨sw. V.; hat⟩ [mhd. set(t)igen]: **1.** (geh.) satt (1 a) machen: jmdn. mit [mit, an etw.] s.; Ü jmds. Ehrgeiz, Neugier, Verlangen, Wissensdrang s. **2.** (von Speisen) [schnell] satt machen: die Suppe sättigt [kaum]; Eierspeisen sind sehr sättigend. **3.** so viel hinzufügen, dass die Grenze der Aufnahmefähigkeit erreicht ist; so weit steigern, dass ein Grenzwert erreicht ist: durch ein großes Angebot den Markt s.; gesättigte Farben; eine gesättigte Lösung (Chemie; eine Lösung, die von dem gelösten Stoff so viel enthält, wie sich in der vorhandenen Menge des Lösungsmittels maximal lösen lässt). **4.** * mit/ von etw. gesättigt sein (besonders viel von etw. enthalten: die Luft war von Düften gesättigt).

Sät|ti|gung, die; -, -en ⟨Pl. selten⟩ [spätmhd. setigunge]: **1.** das Sättigen (1), Stillen des Hungers; das Sattsein: die S. der Hungernden; ein Gefühl der S. verspüren. **2.** (Fachspr.) das Sättigen (3), Gesättigtsein: die S. einer Lösung, des Marktes; die Luft hat eine hohe S., einen hohen Grad der S. mit Wasserdampf.

Sät|ti|gungs|bei|la|ge, die (Gastron. regional veraltend): sättigende Beilage (3).

Sät|ti|gungs|ge|fühl, das ⟨Pl. selten⟩: Gefühl des Sattseins.

Sät|ti|gungs|grad, der (Fachspr.): Grad der Sättigung (2).

satt|krie|gen ⟨sw. V.; hat⟩ (ugs.): leid werden.

Satt|ler, der; -s, - [mhd. sateler, ahd. satilari]: jmd., der grobe Lederwaren (z. B. Sättel, Koffer) herstellt (Berufsbez.).

Satt|le|rei, die; -, -en: **a)** ⟨o. Pl.⟩ Sattlerhandwerk: die S. erlernen; **b)** Werkstatt eines Sattlers.

Satt|ler|hand|werk, das ⟨o. Pl.⟩: Handwerk des Sattlers.

Satt|le|rin, die; -, -nen: w. Form zu ↑Sattler.

Satt|lung: ↑Sattelung.

satt ma|chen, satt|ma|chen ⟨sw. V.; hat⟩: satt werden lassen, sättigen: die Suppe macht [nicht, ganz schön] satt.

satt|rot ⟨Adj.⟩: von kräftigem, tiefem Rot.

satt|sam ⟨Adv.⟩ [im 16. Jh. = gut ernährt; üppig, stolz; dann: etwas, was satt macht] (emotional): mehr als genug, bis zum Überdruss, viel zu sehr: s. bekannte Missstände.

satt|se|hen, sich ⟨st. V.; hat⟩: sich etw. so oft, so lange ansehen, dass es einem reicht: sie kann sich an diesen Bildern gar nicht s.; Wir sahen uns erst rings an den blühenden Obstbäumen satt ..., und dann zog Vater seinen Reclam-»Faust« aus der Tasche und las uns mit schallender Stimme den Osterspaziergang vor (Schnurre, Bart 31).

Sa|tu|ra|ti|on, die; - [spätlat. saturatio = Sättigung, zu lat. saturare, ↑saturieren] (bes. Chemie): Sättigung.

sa|tu|rie|ren ⟨sw. V.; hat⟩ [lat. saturare, zu: satur = satt] (bildungsspr.): bewirken, dass jmds. Verlangen, etw. Bestimmtes zu bekommen, gestillt ist; befriedigen: die Gläubiger s.; ⟨auch s. + sich:⟩ er war so bläuäugig, zu meinen, mit dem Anschluss Österreichs hätte sich das Dritte Reich bereits saturiert; angesichts des saturierten Marktes lassen einige Automobilhersteller bereits wieder kurzarbeiten.

sa|tu|riert ⟨Adj.⟩ (bildungsspr. abwertend): satt (1b): -e Wohlstandsbürger, Spießbürger.

Sa|tu|riert|heit, die; - (bildungsspr.): das Saturiertsein.

Sa|tu|rie|rung, die; -, -en ⟨Pl. selten⟩ (bildungsspr.): das Saturieren, Saturiertwerden.

¹Sa|turn (röm. Mythol.): Gott der Aussaat.

²Sa|turn, der; -[s]: zweitgrößter, (von der Sonne aus gerechnet) sechster Planet unseres Sonnensystems.

Sa|tur|na|li|en ⟨Pl.⟩ [lat. Saturnalia]: **1.** *(im alten Rom) Fest des Gottes Saturn:* die S. feiern, begehen; an den S. waren alle Standesunterschiede aufgehoben. **2.** (bildungsspr. selten) *ausgelassenes Fest:* S. feiern.

sa|tur|nisch ⟨Adj.⟩: **a)** (röm. Mythol.) *den Gott Saturn betreffend, zu ihm gehörend;* **b)** *den Planeten Saturn betreffend, von ihm ausgehend.*

Sa|turn|mond, der (Astron.): *Mond* (1b) *des Planeten Saturn.*

Sa|turn|ring, der (Astron.): **a)** ⟨o. Pl.⟩ *den Planeten Saturn genau über seinem Äquator umgebendes System von mehreren ineinanderliegenden, weißlich leuchtenden Ringen, die aus vielen einzelnen, den Planeten wie kleine Satelliten umkreisenden Körpern bestehen;* **b)** *einer der den Saturnring* (a) *bildenden Ringe.*

Sa|tyr, der; -s u. -n, -n: **1.** [lat. Satyrus, griech. Sátyros] *in der griechischen Sage lüsterner Waldgeist u. Begleiter des Dionysos mit menschlichem Körper u. tierischen Zügen, entweder mit Pferdeohren, -hufen u. -schwanz od. mit Bocksbart, -hufen u. -hörnern.* **2.** (bildungsspr. selten) *sinnlich-lüsterner Mann.*

Satz, der; -es, Sätze, (als Maß- od. Mengenangabe auch:) - [mhd. sa(t)z = Lage; Verordnung, Gesetz, Vertrag; Ausspruch; Entschluss; Sprung, zu ↑ setzen, eigtl. = das Setzen; das Gesetzte]: **1.** [seit dem 16. Jh. (wohl in Weiterführung der mhd. Bed. »Anordnung der Worte, in Worten zusammengefasster Ausspruch«)] *im Allgemeinen aus mehreren Wörtern bestehende, in sich geschlossene, eine Aussage, Frage od. Aufforderung enthaltende sprachliche Einheit:* ein kurzer, langer, verschachtelter S.; ein einfacher, eingeschobener, abhängiger S.; Sätze bilden, konstruieren, analysieren; ich möchte dazu noch ein paar Sätze sagen *(mich dazu noch kurz äußern);* mitten im S. abbrechen; in abgehackten, zusammenhanglosen Sätzen sprechen; das lässt sich nicht in/mit einem S. erklären, sagen *(bedarf weitläufigerer Ausführungen);* Er achtete auf Schreibfehler und den Bau der Sätze (Johnson, Mutmaßungen 115). **2.** *(in einem od. mehreren Sätzen 1 formulierte) Erkenntnis, Erfahrung od. Behauptung von allgemeiner Bedeutung; [philosophische od. wissenschaftliche] These:* ein sehr anfechtbarer S.; der S. (Lehrsatz) des Euklid, des Pythagoras; einen S. aufstellen, begründen, widerlegen. **3.** ⟨o. Pl.⟩ (Druckw.) **a)** *das Setzen* (3 g) *eines Manuskripts:* der S. beginnt, ist abgeschlossen; das Manuskript geht in [den] S., wird zum S. gegeben; **b)** *gesetzter Text, der die Vorlage für den Druck darstellt; Schriftsatz:* der S. muss korrigiert werden. **4.** (Musik) **a)** *Periode* (7a); **b)** *in sich geschlossener Teil eines mehrteiligen Musikwerks:* der erste, zweite S. einer Sinfonie, Sonate, Suite; ein schneller, langsamer S.; **c)** *Art, in der ein Musikwerk gesetzt ist; Kompositionsweise:* ein zwei-, drei-, mehrstimmiger S.; ein homofoner, polyfoner S. **5.** *in seiner Höhe festgelegter Betrag, Tarif für etw. [regelmäßig] zu Zahlendes od. zu Vergütendes* (z. B. Steuersatz, Beitragssatz, Zinssatz): ein hoher, niedriger S.; ein S. von 42 Cent pro Kilometer; der S. der Sozialhilfe. **6.** *bestimmte Anzahl zusammengehöriger [gleichartiger] Gegenstände [verschiedener Größe]:* ein S. Schüsseln, Kochtöpfe, Schraubenschlüssel; ein S. Reifen; einige S./Sätze Briefmarken; diese Beistelltische werden nur im S. verkauft. **7.** (EDV) *Gruppe in bestimmter Hinsicht zusammengehöriger Daten einer Datei; Datensatz.* **8.** *Bodensatz:* der S. von Kaffee, Wein; beim Abgießen der Flüssigkeit bleibt der S. zurück; auf dem Boden des Gefäßes hat sich ein schlammiger S. gebildet. **9.** (Badminton, Tennis, Tischtennis, Volleyball) *Spielabschnitt, der nach einer bestimmten Zahl von gewonnenen Punkten beendet ist:* einen S. [Tennis] spielen, gewinnen, verlieren; er verlor in drei Sätzen. **10.** *[großer] Sprung; großer [eiliger] Schritt:* einen großen S. machen; er ist gerade noch S. über den Graben, zur Seite; in/mit wenigen Sätzen hatte er ihn eingeholt; …doch mit einem raubtierhaften -e war Rico zur Stelle … und ergriff das Tüchlein, um es gerade noch in dem Augenblick, da die hohe Frau durch das Portal schritt, ihr schweigend zu reichen (Thieß, Legende 21).

Satz|an|fang, der: *Anfang eines Satzes* (1): am S. schreibt man groß.

Satz|aus|sa|ge, die (Sprachwiss.): *Prädikat* (3).

Satz|ball, der (Badminton, Tennis, Tischtennis, Volleyball): *Möglichkeit, Gelegenheit eines Spielers, den letzten zum Gewinn eines Satzes* (9) *noch benötigten Punkt zu erzielen.*

Satz|bau, der ⟨o. Pl.⟩ (Sprachwiss.): *Bau, Gestalt eines Satzes* (1).

Sätz|chen, das; -s, -: Vkl. zu ↑ Satz.

Satz|en|de, das: *Ende eines Satzes* (1): der Punkt am S.; das Verb steht am S.

Satz|feh|ler, der (Druckw.): *beim Satz* (3a) *entstehender Fehler.*

satz|fer|tig ⟨Adj.⟩ (Druckw.): *(von einem Manuskript) so beschaffen, dass es gesetzt werden kann, in Satz* (3a) *gegeben werden kann:* ein -es Manuskript.

Satz|fet|zen, der: *abgerissener Satz* (1); *durch Lärm o. Ä. nur unvollständig an jmds. Ohr dringender Satz* (1).

Satz|fol|ge, die (Musik): *Abfolge der Sätze einer Komposition.*

Satz|fra|ge, die (Sprachwiss.): *Entscheidungsfrage.*

Satz|ge|fü|ge, das (Sprachwiss.): *aus Haupt- u. Nebensatz bzw. -sätzen zusammengesetzter Satz* (1).

Satz|ge|gen|stand, der (Sprachwiss.): *Subjekt* (2).

Satz|ge|winn, der (Badminton, Tennis, Tischtennis, Volleyball): *Gewinn eines Satzes* (9).

Satz|glied, das (Sprachwiss.): *aus einem od. mehreren Wörtern bestehender Teil eines Satzes* (1) *mit einer bestimmten syntaktischen Funktion* (z. B. Subjekt, Prädikat, Objekt, Umstandsangabe).

Satz|klam|mer, die (Sprachwiss.): *Satzkonstruktion, bei der das finite Verb im Aussagesatz in zweiter, im Fragesatz in erster Position steht, während die infiniten Teile des Prädikats ans Satzende treten* (z. B. Sie *hat* gestern ein Buch *gekauft.*/Hat sie gestern ein Buch *gekauft?*).

Satz|kon|st|ruk|ti|on, die (Sprachwiss.): *Konstruktion eines Satzes* (1).

Satz|leh|re, die: **1.** (Sprachwiss.) *Syntax.* **2.** (Musik) *Harmonielehre u. Kontrapunkt* (1) *als Grundlage für das Komponieren.*

Satz|me|lo|die, die ⟨Pl. selten⟩ (Sprachwiss.): *Intonation* (5) *eines Satzes* (1).

Satz|rei|he, die (Sprachwiss.): *nebenordnende Verbindung mehrerer gleichrangiger Teilsätze zu einem zusammengesetzten Satz* (1).

Satz|spie|gel, der (Druckw.): *die vom Text, Abbildungen u. a. eingenommene Fläche einer Druckseite:* den S. vergrößern.

Satz|tech|nik, die (Druckw.): *Technik des Schriftsatzes.*

satz|tech|nisch ⟨Adj.⟩ (Druckw.): *die Satztechnik betreffend.*

Satz|teil, der (Sprachwiss.): **a)** *Satzglied;* **b)** *Teil eines Satzes* (1).

Satz|tisch, der: *zu einem Satz* (6) *von Tischen gehörender Tisch.*

Sat|zung, die; -, -en [mhd. satzunge = (Fest)setzung, (gesetzliche) Bestimmung; Vertrag; Pfand] (Rechtsspr.): *schriftlich niedergelegte rechtliche Ordnung, die sich ein Zusammenschluss von Personen (z. B. ein Verein) od. eine Körperschaft des öffentlichen Rechts gibt:* eine S. aufstellen; etw. in die S. aufnehmen.

Sat|zungs|än|de|rung, die: *Änderung einer Satzung.*

sat|zungs|ge|mäß ⟨Adj.⟩: *der Satzung gemäß:* die -e Behandlung eines Falles; diese Vorgehensweise ist [nicht] s.; etw. s. ausführen.

Satz|ver|bin|dung, die (Sprachwiss.): *aus mehreren nebengeordneten Hauptsätzen zusammengesetzter Satz* (1).

Satz|ver|lust, der (Badminton, Tennis, Tischtennis, Volleyball): *Verlust eines Satzes* (9).

Satz|vor|la|ge, die (Druckw.): *Manuskript, das Vorlage für den Satz* (3a) *ist.*

Satz|zei|chen, das (Sprachwiss.): *grafisches Zeichen, das innerhalb eines Satzes* (1) *bzw. eines Textes bes. die Funktion der Gliederung hat* (z. B. Komma, Punkt).

Satz|zu|sam|men|hang, der ⟨Pl. selten⟩: *Zusammenhang [der einzelnen Wörter] eines Satzes* (1).

Sau, die; -, Säue u. -en [mhd., ahd. sū, viell. eigtl. = Gebärerin od. lautm. (u. eigtl. = Su[sul-Macherin)]: **1. a)** ⟨Pl. Säue, fachspr. -en⟩ *weibliches Hausschwein, Mutterschwein;* **b)** ⟨Pl. Säue⟩ (landsch.) *Hausschwein:* eine S. schlachten; * **keine S.** (derb; *niemand:* das interessiert doch keine S.); **wie eine gesengte S.** (derb abwertend; *schlecht [in Bezug auf die Ausführung, das Verhalten]);* **die S. rauslassen** (ugs.; *sich ausnahmsweise nicht die gewohnte Selbstdisziplin, Mäßigung o. Ä. auferlegen, sondern sich ganz seiner momentanen Stimmung gemäß verhalten);* **unter aller S.** (derb abwertend; *sehr schlecht:* sein Englisch ist unter aller S.); **jmdn. zur S. machen** (derb; *jmdn. in scharfer Form heruntermachen;* wohl eigtl. = jmdn. so zurichten, dass er einer geschlachteten Sau gleicht); **c)** ⟨Pl. -en⟩ (Jägerspr.) *[weibliches] Wildschwein:* eine S. mit Frischlingen. **2.** ⟨Pl. Säue⟩ (derb abwertend) **a)** *jmd., der schmutzig u. ungepflegt ist, der keinen Wert auf Sauberkeit legt, dessen Verhalten als anstößig, abstoßend od. ekelerregend empfunden wird* (auch als Schimpfwort): sie, er ist eine alte, geile S.; diese S. hat wieder alles vollgekleckert; **b)** *jmd., dessen Verhalten man als gemein o. ä. empfindet, über den man wütend ist, sich ärgert, den man hasst* (auch als Schimpfwort): eine dumme, gemeine, faule, fette S.

sau-, Sau-: 1. (ugs. emotional verstärkend) drückt in Bildungen mit Adjektiven eine Verstärkung aus; *sehr:* saufrech, -gut, -komisch, -teuer. **2.** (derb emotional abwertend) drückt in Bildungen mit Substantiven aus, dass jmd. od. etw. als schlecht, minderwertig, miserabel angesehen wird: Sauklaue, -leben, -wirtschaft. **3.** (ugs. emotional verstärkend) drückt in Bildungen mit Substantiven einen besonders hohen Grad von etw. aus: Sauglück, -hitze.

-sau, die; -, -säue (derb abwertend): drückt in Bildungen mit Substantiven aus, dass eine Person etw. Bestimmtes ist: Faschistensau, Machosau.

Sau|ban|de, die (salopp emotional verstärkend, abwertend): Gruppe von Menschen, deren Verhalten Ärger, Wut hervorruft.

sau|ber ⟨Adj.⟩ [mhd. sūber, ahd. sūbar, über das Vlat. < lat. sobrius = nüchtern, mäßig, enthaltsam; besonnen; urspr. = sittlich rein]: **1. a)** *frei von Schmutz, Unrat, Verunreinigungen:* -e Hände, Fingernägel; -e Wäsche, Kleider; ein -es *(frisch gewaschenes)* Hemd anziehen; -es Wasser; -e Flüsse; Kunststoffböden lassen sich leichter s. halten; hier ist die Luft noch [relativ] s.; er hält sein Auto, sein Werkzeug peinlich s.; die Badewanne s. machen; ich muss noch s. machen *(die Wohnung in einen sauberen Zustand bringen);* sie geht s. machen *(verdient ihr Geld durch Putzen);* mach dir bitte die Schuhe s., bevor du reinkommst; sie musste das Baby s. machen *(es säubern, ihm die Windel wechseln);* die Beete [von Unkraut] s. halten; **b)** (Jargon) *[nach einer Behandlung] nicht mehr drogenabhängig;* clean. **2.** *keinen Schmutz verursacht, keine lästigen od. schädlichen Stoffe hervorbringend, mit sich bringend:* ein relativ -es Verfahren zur Papierherstellung; saubere Industrien ansiedeln; Strom aus Wasserkraftwerken ist eine der -sten Energieformen; -e (Kfz-Technik Jargon; *schadstoffarme)* Motoren, Autos; das Kind ist schon s. *(verrichtet seine Notdurft nicht mehr in die Windel).* **3.** *allen Erfordernissen, den Erwartungen entsprechend, in hohem Maße zufriedenstellend, einwandfrei:* eine -e Schrift, Arbeit; eine -e französische Aussprache; s. arbeiten, argumentieren, recherchieren; das Loch ist s. gestopft; eine [juristisch, politisch] -e Lösung; eine -e Darstellung, Analyse des Problems. **4.** *den geltenden sittlichen, rechtlichen o. ä. Normen entsprechend; zu Beanstandungen keinen Anlass gebend, einwandfrei:* ein -er Charakter; eine -e Haltung; ich fürchte, die Sache ist nicht [ganz] s.; die Kripo hat ihn überprüft, aber er war s. (Jargon; *er hatte sich nichts zuschulden kommen lassen);* bleib s.! (scherzh. ugs. Abschiedsformel); R da bist du ja doch nicht [mehr ganz] s.! (salopp; *du bist, sie ist nicht bei Verstand, nicht bei Trost).* **5.** (iron.) *sich in Ablehnung, Verachtung hervorrufender Weise anderen gegenüber verhaltend; nicht anständig:* dein -er Bruder hat mir das eingebrockt; wir werden dem -en Herrn, Burschen das Handwerk legen. **6.** (ugs., bes. südd., österr., schweiz.) *ansehnlich, beträchtlich, beachtlich:* das ist ein -es Sümmchen; (Ausrufe der Anerkennung:) [das ist] s.!; s., s.! **7. a)** (ugs.) *auf Sauberkeit bedacht, reinlich:* ein -er Mensch; er ist s. und ordentlich; **b)** (südd., österr., schweiz.) *schmuck:* ein -es Mädel.

Sau|ber|hal|tung, die ⟨o. Pl.⟩: *das Sauberhalten:* die S. der Umwelt.

Sau|ber|keit, die; - [mhd. sūberheit]: **1.** *sauberer* (1 a) *Zustand:* hier herrschen Ordnung und S.; auf S. achten, Wert legen. **2.** *saubere* (3) *Beschaffenheit.* **3.** *Lauterkeit, Anständigkeit.*

Sau|ber|keits|er|zie|hung, die: *Erziehung zur Reinlichkeit.*

Sau|ber|keits|fim|mel, der ⟨o. Pl.⟩ (ugs. abwertend): *übertriebener Drang nach Sauberkeit.*

säu|ber|lich ⟨Adj.⟩ [mhd. sūberlich]: *[genau u.] sorgfältig, ordentlich; mit einer bis ins Einzelne gehenden Sorgfalt:* eine -e Trennung der Begriffe; etw. [fein] s. unterstreichen, zusammenlegen, beschriften.

Säu|ber|lich|keit, die; -: *das Säuberlichsein; säuberliche Art.*

sau|ber ma|chen, sau|ber|ma|chen ⟨sw. V.⟩ ⟨hat⟩: **1.** *säubern, reinigen:* die Badewanne sauber machen; mach dir bitte die Schuhe sauber, bevor du reinkommst; sie musste das Baby sauber machen *(es säubern, ihm die Windel wechseln).* **2.** *(in einer Wohnung od. sonstigen Räumen) für Sauberkeit sorgen, putzen:* ich muss [im Gästezimmer] noch sauber machen; sie geht sauber machen *(verdient ihr Geld durch Putzen);* ⟨subst.:⟩ sie ist beim Saubermachen.

Sau|ber|mann, der ⟨Pl. ...männer⟩ (scherzh.): **a)** *jmd., der ordentlich u. anständig ist, wie man es sich wünscht;* **b)** *jmd., der darauf achtet, dass die Moral gewahrt wird.*

säu|bern ⟨sw. V.; hat⟩ [mhd. sūbern, ahd. sūbaran, sūbern]: **1.** *den Schmutz o. Ä. von etw. entfernen:* seine Kleider, sich vom Schmutz s.; die Schuhe mit einer Bürste s.; die Wunde sorgfältig s.; sich die Fingernägel s. **2.** *von Unerwünschtem, von unerwünschten Personen befreien:* das Beet von Unkraut s.; Bibliotheken von verbotenen Büchern, ein Gebiet von Minen s.; die Verwaltung von politischen Gegnern, ein Gebiet von Partisanen, die Partei von Abweichlern s. **3.** (Schneiderei) *die Ränder einer Naht säumen.*

Säu|be|rung, die; -, -en **1.** [mhd. sūberunge] *das Säubern* (1). **2.** *das Säubern* (2): einer S. zum Opfer fallen; ethnische S. (verhüll.; *planmäßige Eliminierung einer od. mehrerer ethnischer Gruppen durch Vertreibung, verbrecherische Militäraktionen, Mord u. Ä.)*

Säu|be|rungs|ak|ti|on, die: *Aktion, die auf eine Säuberung* (2) *abzielt:* der General fiel einer S. zum Opfer.

Säu|be|rungs|wel|le, die (Politik): *Welle* (2 a) *von Säuberungen* (2).

sau|blöd, sau|blö|de ⟨Adj.⟩ (ugs. emotional verstärkend): *sehr blöd* (1, 2).

Sau|boh|ne, die [die Bohne wurde als Schweinefutter verwendet]: **a)** *(zu den Schmetterlingsblütlern gehörende) Pflanze mit bläulich grünen Blättern u. weißen, schwarz gefleckten Blüten, deren große, nierenförmige, bräunliche Samen als Gemüse gegessen werden;* Puffbohne; **b)** *[als Nahrungsmittel verwendeter, noch unreifer, grüner] Samen der Saubohne* (a).

Sau|ce: ↑ *Soße.*

Sauce bé|ar|naise [sosbeaʁˈnɛːz], die; - - [frz., nach der frz. Landschaft Béarn] (Kochkunst): *dicke weiße Soße aus Weinessig, Weißwein, Butter, Eigelb u. Gewürzen, bes. Estragon u. Kerbel.*

Sauce hol|lan|daise [- sɔlɑ̃ˈdɛːz], die; - - [frz. = holländische Soße, H. u.] (Kochkunst): *Soße, zu deren Herstellung Weißwein, Eigelb u. Butter im Wasserbad cremig gerührt u. mit Pfeffer, Salz u. Zitronensaft abgeschmeckt werden.*

Säu|chen, das; -s, -: Vkl. zu ↑ ¹*Sau.*

Sau|ci|e|re [zoˈsjeːrə, österr.: zoˈsjɛːr], die; -, -n [frz. saucière, zu: sauce, ↑ Soße]: *zum Servieren von Soße verwendete, mit einer Art Untertasse fest verbundene, kleine [ovale] Schüssel [mit Henkel u. schnabelförmig auslaufendem Rand an der gegenüberliegenden Schmalseite].*

Sau|di, der; -s, -s, **Sau|di-Ara|ber,** der: Ew.

Sau|di-Ara|be|rin, die: w. Form zu ↑ Saudi-Araber.

Sau|di-Ara|bi|en; -s: *Staat auf der Arabischen Halbinsel.*

sau|di-ara|bisch ⟨Adj.⟩: *Saudi-Arabien, die Saudi-Araber betreffend; von den Saudi-Arabern stammend, zu ihnen gehörend.*

sau|disch ⟨Adj.⟩: *saudi-arabisch.*

sau|dumm ⟨Adj.⟩ (ugs. emotional verstärkend): *sehr dumm.*

sau|en ⟨sw. V.; hat⟩ (ugs.): *ferkeln* (2 a, b).

sau|er ⟨Adj.; saurer, -ste⟩ [mhd., ahd. sūr, H. u.]: **1. a)** *in der Geschmacksrichtung von Essig od. Zitronensaft liegend [u. die Schleimhäute des Mundes zusammenziehend u. den Speichelfluss anregend]:* saure Äpfel, Drops; ein saurer Wein; saure *(sauer eingelegte)* Heringe, Gurken; etw. s. *(unter Beigabe von Essig)* einlegen; * **jmdm. s. aufstoßen** (ugs.; *jmdm. Unbehagen, Ärger o. Ä. verursachen);* **gib ihm Saures!** (salopp; *verprügle ihn tüchtig!);* **b)** *durch Gärung geronnen, dickflüssig geworden u. sauer* (1 a) *schmeckend:* saure Milch, Sahne; die Milch wird, ist s.; **c)** *durch Gärung[sstoffe] verdorben:* saurer Schweißgeruch; das Essen ist s. geworden, riecht s.; Die Rosengasse roch ... einen Atemzug lang nach Kreide und sauren Trikots (nach den Ausdünstungen in Trikots; Grass, Hundejahre 274); **d)** (bes. Landwirtsch.) *[Kiesel-, Humus]säuren enthaltend u. kalkarm:* saure Böden; **e)** (Chemie) *Säure enthaltend; die Eigenschaften einer Säure aufweisend:* saure Salze, Gesteine; saure Niederschläge; saurer Regen *(Regen, in dem Schwefeldioxid gelöst ist, sodass das Regenwasser schweflige Säure enthält);* diese Stoffe reagieren [leicht] s. **2.** *jmdm. als Arbeit, Aufgabe o. Ä. schwer werdend; nur unter großen Mühen zu bewältigen:* eine saure Arbeit, Pflicht; s. verdientes, erspartes Geld; die langwierige Arbeit wurde ihr s., kam sie s. an *(fiel ihr schwer, machte ihr Mühe).* **3. a)** *Verdruss über etw., Missmut ausdrückend:* mit saurer Miene; ein saures Lächeln; **b)** (ugs.) *über etw. verärgert, wütend:* sie ist ganz schön s. [auf uns]; ich werde gleich s.!; darauf hätte ich auch s. reagiert.

Sau|er|amp|fer, der [verdeutlichende Zus., 2. Bestandteil mhd. ampfer, ahd. ampf(a)ro = Sauerampfer, eigtl. subst. Adj. u. urspr. = der Saure, Bittere]: *(bes. auf Wiesen wachsende) Pflanze mit länglich elliptischen, säuerlich schmeckenden Blättern u. unscheinbaren rötlichen Blüten.*

Sau|er|bra|ten, der: *in Essig mit Gewürzen marinierter u. geschmorter Rinderbraten.*

Sau|er|brun|nen, der: **a)** *kohlensaure Mineralquelle;* **b)** *kohlensaures Mineralwasser.*

Sau|e|rei, die; -, -en (derb abwertend): *Schweinerei.*

Sau|er|kir|sche, die: **1.** *säuerlich schmeckende, hell- bis dunkelrote Kirsche* (1). **2.** *Kirschbaum von meist strauchigem Wuchs mit Sauerkirschen als Früchten.*

Sau|er|klee, der: *kleine Pflanze mit kleeähnlichen, Oxalsäure enthaltenden Blättern u. gelben, weißen od. roten Blüten.*

Sau|er|kohl, der (landsch.): *Sauerkraut.*

Sau|er|kraut, das ⟨o. Pl.⟩ [im 14. Jh. sawer craut]: *fein gehobelter, mit Salz, Gewürzen [u. Wein] der Gärung ausgesetzter u. auf diese Weise konservierter Weißkohl, der gekocht od. roh gegessen wird.*

Sau|er|land, das; -[e]s: *westfälische Landschaft.*

säu|er|lich ⟨Adj.⟩ [älter: sauerlich]: **1. a)** *leicht sauer* (1 a): ein -er Apfel, Geschmack; s. schmecken; **b)** *leicht sauer* (1 c): die Milch, die Suppe riecht schon s. **2.** *missvergnügt:* ein -es Lächeln; eine -e Miene; s. lächeln.

Säu|er|lich|keit, die; -: *das Säuerlichsein.*

Säu|er|ling, der; -s, -e [im 16. Jh. Saurling]: *Sauerbrunnen* (b).

Sau|er|milch, die: *durch Gärung geronnene, dickflüssige Milch; saure, dicke Milch;* Dickmilch.

säu|ern ⟨sw. V.⟩ [mhd. siuren, ahd. sūren]: **1.** ⟨hat⟩ *durch Gärenlassen konservieren:* Kohl s. **2.** ⟨ist/hat⟩ *durch Gärung sauer werden:* der Kohl säuert schon. **3.** ⟨hat⟩ (Kochkunst) *durch Zusatz von Essig od. Zitronensaft sauer machen:* den Fisch s. und säu., die Muscheln in leicht gesäuertem Wasser kochen.

Säu|er|nis, die; - (geh.): **1.** *das Saure, saurer Geschmack:* Äpfel von angenehmer S. **2.** *das Sauersein; Verärgerung; Wut:* Frustration und S. machen sich breit.

Sau|er|rahm, der (landsch.): *saure Sahne.*

Sau|er|stoff, der ⟨o. Pl.⟩ [im 18. Jh. für frz. oxygène, zu griech. oxýs = scharf, sauer u. -genes =

hervorbringend, eigtl. = Säuremacher, nach dem sauren Charakter vieler Oxide]: *farbloses u. geruchloses Gas, das mit fast allen anderen Elementen Verbindungen bildet* (chemisches Element; Zeichen: O; vgl. Oxygen): *Luft enthält S.; einen Patienten mit reinem S. beatmen.*

Sau|er|stoff|arm ⟨Adj.⟩: *arm an Sauerstoff:* -es Wasser.

Sau|er|stoff|ar|mut, die: *Eigenschaft, sauerstoffarm zu sein.*

Sau|er|stoff|be|hand|lung, die (Med.): *Sauerstofftherapie.*

Sau|er|stoff|fla|sche, Sau|er|stoff-Fla|sche, die: *Flasche aus Stahl zur Aufbewahrung flüssigen Sauerstoffs.*

Sau|er|stoff|ge|halt, der: *Gehalt an Sauerstoff.*

Sau|er|stoff|ge|rät, das: *Atem[schutz]gerät, das durch künstliche Sauerstoffzufuhr den Aufenthalt in einer Umgebung gestattet, die Sauerstoff nur in für die Atmung unzureichender Menge bietet.*

sau|er|stoff|hal|tig ⟨Adj.⟩: *Sauerstoff enthaltend:* der Planet hat eine -e Atmosphäre.

Sau|er|stoff|man|gel, der ⟨o. Pl.⟩: *Mangel an Sauerstoff:* ein S. im Blut, im Zellgewebe; die Fische sind infolge -s verendet.

Sau|er|stoff|mas|ke, die: *Atemmaske zum Einatmen von Sauerstoff.*

Sau|er|stoff|reich ⟨Adj.⟩: *reich an Sauerstoff:* -es Wasser.

Sau|er|stoff|säu|re, die (Chemie): *anorganische Säure, die Sauerstoff enthält.*

Sau|er|stoff|the|ra|pie, die (Med.): *Behandlung* (3 a), *bei der dem Organismus künstlich Sauerstoff zugeführt wird.*

Sau|er|stoff|ver|sor|gung, die ⟨o. Pl.⟩: *Versorgung mit Sauerstoff:* die S. des Organismus.

Sau|er|stoff|zelt, das (Med.): *zeltähnlicher Aufbau aus Kunststoff über dem Bett eines Patienten, unter dem Patienten mit Sauerstoff angereicherte Atemluft zugeführt wird.*

Sau|er|stoff|zu|fuhr, die: *Zufuhr von Sauerstoff.*

sau|er|süß [auch: ˈzau̯ɐˈzyːs] ⟨Adj.⟩: **1.** *säuerlich u. süß zugleich [schmeckend]:* -e Gurken; s. eingemachte Kürbisse. **2.** (ugs.) *freundlich, aber dabei missgestimmt:* eine -e Miene.

Sau|er|teig, der [spätmhd. sūwerteic]: *durch Zusatz von Mehl u. Wasser in fortlaufender Gärung gehaltener Teig, der dem Brotteig als Mittel zur Gärung u. Lockerung zugesetzt wird.*

Sau|er|topf, der [urspr. = Gefäß, in dem die sauer gewordenen Weinreste für die Essigherstellung aufbewahrt wurden] (ugs. abwertend): *humorloser Mensch mit vorwurfsvoll-vergnügter Miene:* lasst euch doch von dem alten S. nicht die gute Laune verderben.

sau|er|töp|fisch ⟨Adj.⟩ (ugs. abwertend): *missvergnügt u. humorlos; griesgrämig:* warum guckst du denn so s.*

Säu|e|rung, die; -, -en ⟨Pl. selten⟩: *das Säuern.*

Säu|e|rungs|mit|tel, das: *dem Lebensmittel einen sauren Geschmack verleihender [künstlicher] Stoff [mit konservierender Wirkung].*

Sau|er|was|ser, das ⟨Pl. ...wässer oder ...wasser⟩: *Sauerbrunnen* (b).

Sauf|abend, der (salopp, oft abwertend): *geselliges Beisammensein am Abend, bei dem viel Alkohol getrunken wird:* sich zu einem S. treffen.

Sauf|aus, der; -, - (veraltend): *Trunkenbold.*

Sauf|bold, der [zum 2. Bestandteil vgl. Witzbold] (salopp abwertend): *Trunkenbold.*

Sauf|bru|der, der (salopp, oft abwertend): *Saufkumpan.*

sau|fen ⟨st. V.; hat⟩ [mhd. sūfen, ahd. sūfan, eigtl. = schlürfen, saugen, ausquetschen]: **1. a)** (bes. von größeren Tieren) *Flüssigkeit zu sich nehmen:* die Kuh säuft aus der Tränke; die Pferde haben seit vier Stunden nicht gesoffen; **b)** (salopp) *trinken:* du säufst ja schon wieder!; aus der Flasche s.; Wenn du so lang wärst, wie du dumm bist, könntest du aus der Dachrinne s. (Tucholsky, Werke I, 387); **c)** (salopp abwertend) *in großen, gierigen Schlucken od. geräuschvoll, in unkultivierter Weise größere Mengen Flüssigkeit trinken:* du säufst wie ein Tier! **2. a)** (bes. von größeren Tieren) *als Flüssigkeit zu sich nehmen:* die Kühe saufen Wasser; bei der Hitze saufen die Tiere mindestens zehn Liter am Tag; **b)** (salopp) *als Getränk zu sich nehmen:* Wasser, Milch, Cola s.; was säufst du denn da?; das Zeug könnte ich den ganzen Tag s.; **c)** (salopp abwertend) *als Flüssigkeit in größeren Mengen zu sich nehmen:* du säufst zu viel Cola; **d)** *durch Saufen in einen bestimmten Zustand bringen:* der Hund hat den Eimer leer gesoffen; (salopp in Bezug auf Menschen:) in einem Zug soff er das Glas leer. **3.** (salopp) **a)** *Alkohol trinken:* wir gehen jetzt s.; die saufen schon wieder; **b)** *(Alkohol) als Getränk zu sich nehmen:* Bier, Schnaps, Wein, Sekt s.; *einen s. (ein alkoholisches Getränk zu sich nehmen:* wollen wir einen s. gehen?); sich ⟨Dativ⟩ *einen s. (sich betrinken, um Probleme o. Ä. zu überwinden,* sich aufzuheitern o. Ä.: ich glaube, heute Abend werde ich mir mal einen s.); **c)** ⟨s. + sich⟩ *sich durch viel Alkoholgenuss in einen bestimmten Zustand bringen:* sich dumm, arm, krank, zu Tode, um den Verstand s.; **d)** *gewohnheitsmäßig Alkohol trinken; alkoholsüchtig sein:* seine Frau säuft. ♦ **4.** ⟨landsch. auch sw. Prät.:⟩ Sobald ich einmal die Fährte hatte, hängt' ich mich meinem Kandidaten an wie eine Klette, saufte Brüderschaft mit ihm (Schiller, Räuber II, 3).

Säu|fer, der; -s, - (salopp abwertend): *Alkoholabhängiger.*

Sau|fe|rei, die; -, -en (salopp abwertend): *Trinkerei* (1, 2, 3).

Säu|fe|rin, die; -, -nen: w. Form zu ↑Säufer.

Säu|fer|le|ber, die (ugs.): *durch übermäßigen Alkoholkonsum hervorgerufene Leberzirrhose.*

Säu|fer|na|se, die (ugs.): *von übermäßigem Alkoholkonsum knollig verdickte, blaurote Nase.*

Säu|fer|wahn, der (Med.): *Delirium tremens.*

Säu|fer|wahn|sinn, der: *Säuferwahn.*

Sauf|ge|la|ge, das (salopp, oft abwertend): *Trinkgelage.*

Sauf|kum|pan, der (salopp, oft abwertend): *Bekannter, mit dem man öfter gemeinsam trinkt* (3 a), *trinken* (3 a) *geht.*

Sauf|kum|pa|nin, die: w. Form zu ↑Saufkumpan.

Sauf|or|gie, die (salopp, oft abwertend): *Trinkgelage.*

Sau|fraß, der (derb emotional abwertend): *schlechtes Essen.*

sau|frech ⟨Adj.⟩ (salopp emotional abwertend): *sehr frech.*

säufst, säuft: ↑saufen.

Sauf|tour, die (salopp): *Zechtour.*

sau|gen ⟨sw./st. V.; hat⟩ [mhd. sūgen, ahd. sūgan, verw. mit ↑saufen]: **1.** ⟨sw. u. st. V.⟩ **a)** *(Flüssiges) mit dem Mund unter Anspannung der Mundmuskulatur, mit dem Rüssel in sich hineinziehen, in sich aufnehmen:* Saft aus einer Apfelsine s.; etw. durch einen Strohhalm s.; Mücken, Flöhe, Zecken, Blutegel saugen Blut; die Bienen saugen Nektar aus den Blüten; ⟨auch ohne Akk.-Obj.:⟩ das Baby saugt [an der Mutterbrust]; Ü die Bäume saugen Wasser aus dem Boden; aus etw. neue Kraft s.; Musik, Filme [aus dem Internet] s. (EDV-Jargon; herunterladen); **b)** *unter Anspannung der Mundmuskulatur mit dem Mund, den Lippen an etw. ziehen:* an der Zigarette, an der Pfeife s.; Die Kleine saugt noch am Daumen; Der Erbgroßherzog ... schob ein wenig seine kurze, gerundete Unterlippe empor, indem er leicht damit an der oberen sog (Th. Mann, Hoheit 76). **2.** ⟨sw. V.⟩ **a)** *mit einem Staubsauger reinigen:* den Teppich, die Couch, das Wohnzimmer s.; ⟨auch ohne Akk.-Obj.:⟩ hast du nebenan schon gesaugt?; **b)** *mit einem technischen Gerät absaugen, entfernen:* Zement, Getreide aus den Lastkähnen s.; die Luft aus einem Gefäß s.; das Wasser wird mit einer Pumpe nach oben gesaugt; Staub s. *(mit einem Staubsauger Fußböden, Teppiche, Polstermöbel u. Ä. absaugen).* **3.** ⟨s. + sich; sw. u. st. V.⟩ **a)** (selten) *(als Flüssigkeit) in etw. eindringen:* das Wasser sog sich in den Schwamm; Ü die Sonne fiel plötzlich durch den Spalt (= zwischen zwei Zeltbahnen), saugte sich in den ganzen runden Raum, grünlich gefiltert (Böll, Und sagte 97); **b)** *(Flüssigkeit) in sich aufnehmen, in sich hineinziehen:* der Schwamm hat sich voll Wasser gesaugt; das Löschblatt sog sich voll Tinte.

säu|gen ⟨sw. V.; hat⟩ [mhd. söugen, ahd. sougen, Veranlassungswort zu ↑saugen u. eigtl. = saugen machen od. lassen]: **1.** *(einen Säugling od. ein Jungtier an der Brust bzw. an Euter od. Zitzen der Mutter) saugend trinken lassen u. auf diese Weise nähren:* die Kuh hat das Kalb gesäugt. **2.** (selten) *Muttermilch saugen, sich säugen* (1) *lassen:* ♦ Gott segne dich, junge Frau, und den säugenden Knaben an deiner Brust (Goethe, Der Wandrer); ♦ So saß sie ... auf dem Anger, Leonore zu ihrer Seite und ein säugendes Kind an der Brust (Tieck, Runenberg 49).

Sau|ger, der; -s, -: **1. a)** *in Nachahmung der mütterlichen Brustwarze geformter, mit einem feinen Loch versehener Gummiaufsatz an einer Flasche, durch den Säuglinge u. Kleinkinder Milch aus der Flasche saugen;* **b)** *Schnuller* (a). **2.** (ugs.) *Staubsauger.*

Säu|ger, der; -s, - (Zool.): *Säugetier.*

Säu|ge|tier, das: *Tier einer der Arten, bei denen die Jungen von den Muttertieren gesäugt werden:* der Blauwal ist ein S.; Fledermäuse sind -e.

saug|fä|hig ⟨Adj.⟩: *gut geeignet, Feuchtigkeit in sich aufzunehmen:* ein sehr -es Material, Papier.

Saug|fä|hig|keit, die ⟨Pl. selten⟩: *Eigenschaft, saugfähig zu sein; Grad, in dem etw. saugfähig ist.*

Saug|fla|sche, die: *Flasche mit aufgesetztem Sauger* (1 a).

Saug|glo|cke, die: **1.** *glockenförmiges Gerät, mit dem bei schwierigen Entbindungen das Kind mittels eines Vakuums aus dem Mutterleib herausgeholt wird.* **2.** *aus einer mit einem Stiel versehenen Halbkugel aus Gummi bestehendes Gerät zur Beseitigung von Verstopfungen in Abflüssen.*

Saug|kraft, die ⟨Pl. selten⟩: *Kraft, mit der jmd., etw. saugt:* wenn die S. nachlässt, muss der Staubsauger geleert werden.

Säug|ling, der; -s, -e [spätmhd. sügelinc]: **a)** *Kind, das noch an der Brust der Mutter od. mit der Flasche genährt wird:* sie war schon als S. blond; Die Mädchen saßen reihenweise um den Platz, die meisten mit einem S. an der braunen Brust (Frisch, Homo 63); **b)** *Kind im ersten Lebensjahr.*

Säug|lings|al|ter, das ⟨o. Pl.⟩: *Lebensalter des Säuglings* (a).

Säug|lings|aus|stat|tung, die: *Babyausstattung.*

Säug|lings|er|näh|rung, die: *Ernährung von Säuglingen.*

Säug|lings|heim, das: *vgl. Kinderheim.*

Säug|lings|nah|rung, die: *Nahrung für Säuglinge.*

Säug|lings|pfle|ge, die: *Pflege* (a) *des Säuglings.*

Säug|lings|schwes|ter, die: *auf die Säuglingspflege spezialisierte Krankenschwester.*

Säug|lings|schwim|men, das; -s: *Schwimmunterricht für Säuglinge.*

Säug|lings|sterb|lich|keit, die: *vgl. Kindersterblichkeit.*

Säuglingswaage – Säureschutzanzug

Säug|lings|waa|ge, die: *Waage zum Wiegen von Säuglingen.*

Säug|lings|zim|mer, das: *(auf der Entbindungsstation eines Krankenhauses) Zimmer, in dem die neugeborenen Kinder untergebracht werden.*

Saug|napf, der (Zool.): vgl. Saugorgan.

Saug|or|gan, das (Zool.): *zum Ansaugen od. Sichfestsaugen dienendes Organ bestimmter Tiere.*

Saug|pum|pe, die: *Pumpe zum An-, Absaugen von etw.*

Saug|re|flex, der (Med.): *reflektorisches Saugen bei Säuglingen.*

Saug|rohr, das: *Pipette.*

Saug|rüs|sel, der: **1.** (Zool.) *(bei bestimmten Insekten) Rüssel zum Aufsaugen von Nahrung.* **2.** (Technik) *Vorrichtung an der Zapfpistole einer Tanksäule, die das Austreten gesundheitsschädlicher Dämpfe verhindert.*

Saug|wir|kung, die: *Wirkung, die darin besteht, dass etwas angesaugt wird.*

Sau|hau|fen, der (derb abwertend): *Gruppe von Menschen, die einen ungeordneten Eindruck macht.*

Sau|hund, der (derb abwertend): *gemeiner Kerl.*

säu|isch ⟨Adj.⟩ [spätmhd. seuwisch]: **1.** (derb abwertend) *gegen den Anstand verstoßend:* -e Geschichten, Witze. **2.** (salopp emotional verstärkend) **a)** *besonders stark, groß:* eine -e Kälte; er hat ein -es Glück gehabt; **b)** (intensivierend bei Adjektiven u. Verben) *sehr:* etw. s. schön finden; mein Knie tut s. weh.

Sau|jagd, die (Jägerspr.): *Jagd auf Wildschweine.*

sau|kalt ⟨Adj.⟩ (ugs. emotional verstärkend) *sehr kalt:* das Wasser war s.; es ist s.

Sau|käl|te, die (ugs. emotional verstärkend): *große Kälte:* draußen ist eine S.

Sau|kerl, der (derb abwertend): *gemeiner Kerl.*

Sau|klaue, die (salopp abwertend): *sehr schlechte, schlecht lesbare Handschrift:* er hat eine S.

Sau|la|den, der (salopp abwertend): *schlecht geführtes Geschäft, schlecht geführter Betrieb.*

Säul|chen, das; -s, -: Vkl. zu ↑¹Säule (1).

Säu|le, die; -, -n [mhd. sūl, ahd. sūl, im Ablaut zu got. sauls = Säule, H. u.; die nhd. Form hat sich aus dem mhd. Pl. siule entwickelt]: **1. a)** *walzenförmige [sich nach oben leicht verjüngende], meist aus Basis, Schaft u. Kapitell bestehende senkrechte Stütze eines Bauwerks, die aber auch frei stehend dekorativen Zwecken dienen kann:* eine dicke, schlanke, kannelierte, steinerne S.; -n aus Marmor; eine dorische, ionische, korinthische S.; er stand da wie eine S. *(fest u. unbeweglich);* der Balkon ruht auf -n, wird von -n getragen, gestützt; der Eingang war von -n flankiert; Ü quadratische S. (Math.; *Quader mit quadratischer Grundfläche);* **b)** *etw., worauf sich in größerem Ganzes gründet u. ohne das es keinen Bestand haben könnte:* er zählte zu den -n der Gesellschaft, der Mannschaft, des Kabinetts, der Opposition. **2.** Kurzf. von ↑Zapfsäule: an welcher S. haben Sie getankt? **3.** Kurzf. von ↑Marschsäule. **4.** Kurzf. von Luftsäule, Quecksilbersäule, Wassersäule.

Säu|len|ba|si|li|ka, die ⟨Archit.⟩: *Basilika, die Säulen als Stützen hat.*

Säu|len|ba|sis, die ⟨Archit.⟩: *Basis (2) einer Säule.*

Säu|len|dia|gramm, das: *Diagramm in Form nebeneinandergestellter unterschiedlich hoher Rechtecke od. Quader zur Veranschaulichung von Größenverhältnissen.*

Säu|len|gang, der: *überdachter Gang zwischen zwei Säulenreihen.*

Säu|len|hal|le, die: *von Säulen getragene Wandelhalle, Vorhalle.*

Säu|len|hei|li|ger ⟨vgl. Heiliger⟩ ⟨christl. Rel.⟩: *(in der Ostkirche bes. vom 5. bis ins 10./11. Jh.) in äußerster Askese auf einer kleinen Plattform auf einer Säule lebender Einsiedler; Stylit.*

Säu|len|kak|tus, der: *hoher, meist unverzweigter Kaktus mit stark gerippten Trieben u. großen, langen, bei Nacht sich entfaltenden Blüten.*

Säu|len|ka|pi|tell, das ⟨Archit.⟩: *Kapitell einer Säule.*

Säu|len|ord|nung, die ⟨Archit.⟩: *bestimmte Proportionen der Säulen (bes. im vertikalen Aufbau des antiken Tempels):* die dorische S.

Säu|len|schaft, der ⟨Archit.⟩: *langer Mittelteil einer Säule zwischen Basis u. Kapitell.*

Säu|len|vor|bau, der: *Portikus.*

Sau|lus, der; -: in der Wendung **vom S. zum Paulus werden** o. Ä. *(seine bisherige, falsche Einstellung zu etw. Bestimmtem in einem tief greifenden Sinneswandel zugunsten einer ganz entgegengesetzten, richtigen Einstellung überwinden;* nach Apg. 9,1 ff., wo über die Bekehrung des Saulus – des späteren Apostels Paulus – berichtet wird).

Saum, der; -[e]s, Säume [mhd., ahd. soum, zu mhd., ahd. siuwen = nähen (vgl. engl. to sew = nähen)]: **1.** *nach der Innenseite [doppelt] umgeschlagener u. dort angenähter Stoffrand eines Kleidungs-, Wäschestücks, durch den ein Ausfransen verhindert werden soll:* ein breiter, schmaler S.; der S. des Rocks, Ärmels; den S. abstecken, umlegen, bügeln, heften, nähen, auftrennen, auslassen; Die Kleider der Frauen aus glänzendem Baumwollstoff waren an der Brust, den Ärmeln, am unteren S. vielfach mit Gold- und Silberbesatz in durchbrochener Arbeit geschmückt (Th. Mann, Krull 427/428). **2.** (geh.) *Rand [einer Fläche]:* am S. der Wiese, des Waldes.

Sau|ma|gen, der (Kochkunst): *gefüllter (1 b) Magen vom Schwein.*

sau|mä|ßig ⟨Adj.⟩ (salopp) **a)** *sehr groß, sehr stark, äußerst:* -es Glück, Pech; es ist s. kalt; es regnet s.; **b)** (abwertend) *miserabel* (a, b): die Bezahlung ist s.; wie hast du geschlafen? – Mäßig bis s. (scherzh.; *nicht sehr gut, ziemlich schlecht);* Zwischendurch wird dieser oder jener gelobt oder getadelt, weil er ausgezeichnet oder s. tanzt (Zwerenz, Kopf 29).

Säum|chen, das; -s, -: Vkl. zu ↑Saum (1).

¹säu|men ⟨sw. V.; hat⟩: **1.** *(ein Kleidungs-, Wäschestück) mit einem Saum (1) versehen:* einen Rock s.; das Tuch ist an zwei Seiten gesäumt. **2.** (geh.) *sich zu beiden Seiten von etw., rundherum um etw. befinden; sich an etw. entlang hinziehen:* Sträucher, Bäume säumten den Weg; Tausende säumten den Weg des Rosenmontagszuges; ⟨oft im 2. Part.:⟩ ein von Palmen gesäumter Platz.

³säu|men ⟨sw. V.; hat⟩ [mhd. sūmen, H. u.] (geh., veraltend): *aus Nachlässigkeit od. Trägheit mit der Ausführung von etw. warten; sich bei etw. zu lange aufhalten:* du darfst nicht länger s.; sie kamen, ohne zu s.; ⟨subst.:⟩ sie machten sich ohne Säumen auf den Weg; ♦ ⟨auch s. + sich:⟩ Damals säumte man sich nicht lange an der Gräbt; es waren die Herzen zu voll (Gotthelf, Spinne 117).

Säu|mer, der; -s, -: *zusätzliches Teil einer Nähmaschine zum ¹Säumen (1).*

²Säu|mer, der; -s, - [mhd. sōumære, sōumer, zu: soum, ↑Saum] (veraltet): **1.** *Lasttier.* **2.** *Saumtiertreiber:* ♦ Hier geht ... der S. mit dem schwer beladenen Ross, der ferne heimzieht von den Menschen Ländern (Schiller, Tell IV, 3).

säu|mig ⟨Adj.⟩ [mhd. sūmic, ahd. sūmīg] (meist geh.): *aus Nachlässigkeit etw. nicht termingerecht ausführend, sich mit etw. zu lange Zeit lassend:* ein -er Zahler; bei der Arbeit s. sein.

Säu|mig|keit, die; -, -en (geh.): **1.** (o. Pl.) *das Säumigsein, säumige Art.* **2.** *noch nicht erfüllte Verpflichtung.*

Saum|naht, die: *Naht (1 a), mit der der ²Saum (1) festgenäht ist.*

Säum|nis, die; -, -se od. das; -ses, -se [mhd. sūmnisse]: **1.** (geh.) *das ³Säumen:* etw. ohne S. erledigen. **2. a)** (Rechtsspr.) *Versäumung eines gerichtlichen Termins zur mündlichen Verhandlung;* **b)** (geh.) *Versäumnis.*

Säum|nis|zu|schlag, der: *Zuschlag, der auf verspätet abgeführte Steuern erhoben wird.*

Saum|pfad, der [zu veraltet Saum = Last]: *Weg im Gebirge für Lasttiere.*

saum|se|lig ⟨Adj.⟩ [mhd. sūmeselic] (geh.): *bei der Ausführung von etw. recht langsam, sich Zeit lassend:* ein -er Mensch; er ist, arbeitet sehr s.

Saum|se|lig|keit, die; -, -en ⟨Pl. selten⟩ (geh.): *das Saumseligsein, saumselige Art.*

Saum|tier, das [zu veraltet Saum = Last]: *im Gebirge eingesetztes Lasttier.*

Sau|na, die; -, -s u. ...nen [finn. sauna, eigtl. = Schwitzstube]: **1.** *dem Schwitzen dienender Aufenthalt in der die meiste Zeit trockenen Hitze einer Sauna (2 a), während dessen von Zeit zu Zeit Wasser zum Verdampfen gebracht wird, indem man es über heiße Steine gießt:* S. ist gut gegen Kreislaufbeschwerden. **2. a)** *[in einem kleinen Holzhäuschen untergebrachter] für Saunabäder bestimmter Raum mit hölzernen od. holzverkleideten Wänden:* die S. einheizen; **b)** *öffentliche od. kommerzielle Einrichtung, in der man gegen ein Entgelt Saunabäder nehmen kann:* eine städtische S.; regelmäßig in die S. gehen.

Sau|na|bad, das: *Sauna (1): regelmäßige Saunabäder; ein S. nehmen.*

sau|nen, sau|nie|ren ⟨sw. V.; hat⟩: *ein Saunabad nehmen.*

Säu|re, die; -, -n [mhd. s(i)ure, ahd. sūri, zu ↑sauer]: **1.** (o. Pl.) *saure Beschaffenheit:* die S. des Apfels, Weins. **2.** (Chemie) *chemische Verbindung, die in wässriger Lösung Wasserstoffionen abgibt, mit Basen Salze bildet, blaues Lackmuspapier rot färbt u. einen mehr od. weniger sauren Geschmack hat:* eine ätzende S.; die S. zerstört das Gewebe; der Wein enthält kaum S.; er hat zu viel S. *(Magensäure).* salpet[e]rige S. *(vom dreiwertigen Stickstoff abgeleitete Sauerstoffsäure, die nur in kalten, verdünnten wässrigen Lösungen beständig ist).*

säu|re|arm ⟨Adj.⟩: *arm an Säure:* ein -er Wein.

säu|re|be|stän|dig ⟨Adj.⟩: *säurefest:* -er Stahl; das Material muss s. sein.

säu|re|fest ⟨Adj.⟩: *unempfindlich, widerstandsfähig gegenüber Säure:* -e Keramik.

säu|re|frei ⟨Adj.⟩: *keine Säure enthaltend.*

Säu|re|ge|halt, der: *Gehalt an Säure.*

Säu|re|grad, der: *Grad der Konzentration einer Säure.*

Sau|re-Gur|ken-Zeit, Sau|re|gur|ken|zeit, die; -, -en [urspr. in der berlin. Kaufmannsspr. Bez. für die Zeit des Hochsommers, in der die Gurken reifen u. eingelegt werden, in der Ferien sind u. der Geschäftsbetrieb nicht allzu groß ist] (ugs. scherzh.): *Zeit im Ablauf des Jahres, in der es regelmäßig an geschäftlicher, politischer, kultureller o. ä. Aktivität fehlt, in der sich saisonbedingt auf einem bestimmten Gebiet kaum etwas ereignet.*

säu|re|hal|tig ⟨Adj.⟩: *Säure enthaltend:* der Wein ist sehr s.

Säu|re|man|gel, der ⟨o. Pl.⟩: *Mangel an Säure (z. B. an Magensäure).*

Säu|re|mes|ser, der: *Gerät zum Messen des pH-Werts einer Lösung.*

Säu|re|rest, der (Chemie): *nach Abspaltung des in einer Säure gebundenen Wasserstoffs bleibender Rest.*

Säu|re|schutz|an|zug, der: *beim Umgang mit stark ätzenden Säuren getragener Schutzanzug.*

Säureüberschuss–schaben

Säu|re|über|schuss, der: vgl. Säuremangel.
Säu|re|we|cker, der: **1.** (Physiol.) *die Bildung von Magensäure anregender Stoff:* Alkohol ist ein S. **2.** (Molkereiwesen) *Reinkultur (2) von Milchsäurebakterien, die für die Herstellung von Butter zum Rahm hinzugefügt werden u. ihm den notwendigen Säuregrad geben.*
Sau|ri|er, der; -s, - [zu griech. saûros = Eidechse]: *ausgestorbenes, sehr großes, räuberisches bzw. pflanzenfressendes Reptil des Mesozoikums.*
Saus: in der Fügung **in S. und Braus** (*prassend, ohne irgendwelche materielle Einschränkungen;* mhd. sûs = das Sausen, Brausen [zu ↑sausen]; mhd. brûs = Lärm [zu ↑brausen]: in S. und Braus leben; ein Leben in S. und Braus).
Sau|se, die; -, -n [zu ↑sausen] (salopp): **a)** *Feier mit großem Alkoholkonsum:* eine große S. veranstalten; **b)** *Zechtour:* eine [richtige] S. machen.
säu|seln ⟨sw. V.⟩ [verkleinernde Weiterbildung zu ↑sausen, eigtl. = in wenig sausen]: **1.** ⟨hat⟩ *[wie] durch eine leichte Bewegung der Luft ein leises Geräusch von sich geben:* der Wind säuselt in den Zweigen; die Blätter, Bäume säuseln [im Wind]; ⟨auch unpers.:⟩ es säuselt in den Zweigen. **2.** ⟨hat⟩ (iron.) *mit [verstellter] leiser Stimme etw. zu jmdm. sagen:* ich weiß nicht mehr, was sie alles gesäuselt hat; Und so säuselte und flötete er denn weiter in den süßesten Tönen und umhätschelte den Kranken (Süskind, Parfüm 135). **3.** ⟨ist⟩ *sich [mit säuselndem Geräusch] sacht, gleitend fortbewegen, irgendwohin bewegen:* Blätter säuseln zur Erde.
sau|sen ⟨sw. V.⟩ [mhd. sûsen, ahd. sûsôn, lautm.]: **1.** ⟨hat⟩ *ein anhaltend starkes, scharfes od. gleichmäßig an- und abschwellendes Geräusch wie bei einer Reibung von sich geben:* der Wind sauste [im Kamin]; das Blut sauste ihm in den Ohren; ⟨auch unpers.:⟩ es sauste in seinem Ohr; ⟨subst.:⟩ das Sausen des Windes. **2.** ⟨ist⟩ *sich [mit sausendem (1) Geräusch] sehr schnell fortbewegen, irgendwohin bewegen:* die Mutter sauste in die Küche; mit dem Auto durch die Stadt s.; er sauste mit dem Fahrrad um die Ecke; die Peitsche sauste auf den Rücken der Pferde; **jmdn. s. lassen/sausenlassen* (ugs.; *sich von jmdm., um dessen Freundschaft, Zuneigung, Partnerschaft o. Ä. man bemüht war, abwenden:* lass ihn s., er ist sowieso nicht der Richtige für dich!); *etw. s. lassen/sausenlassen* (ugs.; *auf etw. verzichten; aufgeben; nicht weiter betreiben od. verfolgen:* eine Party, eine Verabredung, einen Termin s. lassen). **3.** ⟨ist⟩ (salopp) *rasseln (2 b):* er ist durchs Examen, durchs Abitur gesaust. **4.** ⟨hat⟩ (landsch.) *(von Most, Federweißen) stark gären, schäumen:* der Most fängt schon an zu s.
sau|sen las|sen, sau|sen|las|sen: s. sausen (2).
Sau|ser, der; -s, - [zu ↑sausen (4)] (landsch.): *Federweißer.*
Sau|se|schritt, der: in der Fügung **im S.** (ugs. scherzh.; *erstaunlich rasch [u. flüchtig, bei nichts länger verweilend]:* nach Wilhelm Busch, Julchen: Eins, zwei, drei! Im S. läuft die Zeit, wir laufen mit: wir näherten uns im S. der Jahrtausendwende).
Sau|se|wind, der: **1.** (Kinderspr.) *starker Wind.* **2.** (ugs. scherzh.) *unsteter, sehr lebhafter Mensch.*
Sau|stall, der: **1.** *Stall für Säue, Schweine.* **2.** (salopp abwertend) **a)** *sehr unordentliches, verschmutztes Zimmer o. Ä.:* in diesem S. können wir keinen Besuch empfangen; **b)** *ugs.* in dem S. geht alles drunter und drüber; **c)** *große Unordnung, großes Durcheinander; unhaltbare Zustände:* mach mir hier bloß keinen S.!
Sau|ternes [soˈtɛrn], der; -, - [...ns] [nach dem frz. Ort Sauternes]: *fruchtiger, süßer französischer Weißwein.*
sau|teu|er ⟨Adj.⟩ (salopp, oft abwertend): *sehr teuer:* das Hotel ist echt spitze, aber s.
sau|tie|ren ⟨sw. V.; hat⟩ [frz. (faire) sauter, eigtl. = (in der Pfanne) springen machen < lat. saltare = tanzen, springen] (Kochkunst): **a)** *kurz in der Pfanne braten;* **b)** *(bereits gebratene Stücke Fleisch od. Fisch) kurz in frischem, heißem Fett schwenken.*
Sau|vi|gnon blanc [sovinjõˈblɑ̃ː], der; - -, - -s: **a)** *ursprünglich aus dem Südwesten Frankreichs stammende Rebsorte;* **b)** *aus den Trauben des Sauvignon blanc (a) hergestellter Weißwein.*
Sau|wet|ter, das ⟨o. Pl.⟩ (salopp abwertend): *besonders unangenehmes, bes. nasses u. kaltes Wetter.*
sau|wohl ⟨Adv.⟩ (salopp): meist in der Verbindung **sich s. fühlen** (*sich besonders wohlfühlen*).
Sau|wut, die (salopp): *große Wut:* ich hab eine S.!
Sa|van|ne, die; -, -n [span. sabana < Taino (Indianerspr. der Karibik) zavana]: *tropisches Grasland mit einzeln od. in lockeren Gruppen stehenden Bäumen u. Sträuchern:* eine endlose S.
Sa|ve, die; -: *rechter Nebenfluss der Donau.*
Sa|voir-vi|vre [savoaˈviːvrə, frz.: savvar...], das; - [frz. savoir-vivre, eigtl. = das Zu-leben-Wissen] (bildungsspr.): **1.** *die Kunst, das Leben zu genießen.* **2.** *Lebensart, Weltläufigkeit.*
Sa|vo|y|ar|de […ˈjar...], der; -n, -n: Ew.
Sa|vo|y|ar|din, die; -, -nen: w. Form zu ↑Savoyarde.
Sa|vo|y|en [zaˈvɔyən], -s: *historische Provinz in Ostfrankreich.*
¹**Sa|vo|y|er,** der; -s, -: Ew.
²**Sa|vo|y|er** ⟨indekl. Adj.⟩: die S. Alpen.
Sa|vo|y|e|rin, die; -, -nen: w. Form zu ↑¹Savoyer.
sa|vo|y|isch ⟨Adj.⟩: *Savoyen, die Savoyer betreffend; von den Savoyern stammend, zu ihnen gehörend.*
Sax, das; -, -e (Musikjargon): *Saxofon.*
Sax|horn, das [vgl. Saxofon] (Musik): *dem ²Kornett (1) ähnliches Horn (3) mit Ventilen statt Klappen.*
Sa|xo|fon, Saxophon, das; -s, -e [nach dem belgischen Instrumentenbauer A. Sax (1814–1894)]: 2. *Bestandteil zu griech. phōnḗ, ↑Phon*]: *weich klingendes Holzblasinstrument mit klarinettenartigem Mundstück aus Holz u. stark konisch geformtem metallenem Rohr (das in einen nach oben gebogenen Schalltrichter ausläuft).*
Sa|xo|fo|nist, Saxophonist, der; -en, -en: *jmd., der [berufsmäßig] Saxofon spielt.*
Sa|xo|fo|nis|tin, Saxophonistin, die; -, -nen: w. Form zu ↑Saxofonist.
Sa|xo|phon usw.: ↑Saxofon usw.
Sä|zeit, die (seltener): ↑Saatzeit.
sb = Stilb.
Sb = Antimon, Stibium.
SB = Selbstbedienung.
S-Bahn® ['ɛs...], die [kurz für: Schnellbahn, Stadtbahn]: *elektrisch betriebene, auf Schienen laufende Bahn für den Personenverkehr in Großstädten u. Stadtregionen.*
S-Bahn|hof, der: *Bahnhof der S-Bahn.*
S-Bahn-Sta|ti|on, die: vgl. S-Bahnhof.
S-Bahn-Sur|fen, das; -s (ugs.): *aus Übermut betriebenes, waghalsiges Mitfahren auf dem Dach od. an einer Außenseite eines S-Bahn-Wagens.*
S-Bahn-Wa|gen, der: *Wagen der S-Bahn.*
SBB = Schweizerische Bundesbahnen.
s. Br. = südlicher Breite.
Sbrinz, der; -[es] [nach dem Schweizer Ort Brienz (Kanton Bern)]: *[Schweizer] Hartkäse mit kleinen Löchern.*
sc. = sculpsit; scilicet.
Sc = Scandium.
Sca|ling [ˈskeɪlɪŋ], das; -s [engl. scaling, zu: to scale = abstufen; maßstabsgerecht anfertigen]: *das Vergrößern od. Verkleinern von [Bild]vorlagen vor einer Verwendung in Prospekten od. Anzeigen.*
Scam|pi, der; -[s], - (ugs. auch -s) ⟨meist Pl.⟩, (bes. fachspr.:) **Scam|po,** der; -[s], Scampi ⟨meist Pl.⟩ [ital. (venez.) scampo < griech. (hippó)kampos = großes Meertier]: ital. Bez. für kleine Krebse einer bestimmten Art.
Scan [skɛn], der od. das; -s, -s [engl. scan = das Absuchen, zu: to scan, ↑scannen] (Fachspr.): *Scanning.*
Scan|di|um, das; -s [nach Scandia = nlat. Name für Skandinavien, vom dem schwed. Chemiker L. F. Nilson (1840–1899) entdeckt]: *silberweißes Leichtmetall (chemisches Element; Zeichen: Sc).*
scan|nen [ˈskɛnən] ⟨sw. V.; hat⟩ [engl. to scan = abtasten, rastern, skandieren < lat. scandere, ↑skandieren] (Fachspr.): *mit einem Scanner abtasten:* Dokumente s.
Scan|ner [ˈskɛnɐ], der; -s, - [engl. scanner, zu: to scan, ↑scannen] (Fachspr.): *Gerät, das ein zu untersuchendes Objekt (z. B. den menschlichen Körper od. eine Kopiervorlage) mit einem Licht- od. Elektronenstrahl punkt- bzw. zeilenweise abtastet [u. die erhaltenen Messwerte weiterverarbeitet]; Bildabtaster:* ein S. mit hoher Auflösung; Fotos mit dem S. einlesen.
Scan|ner|kas|se, die: *mit einem Scanner zum ¹Einlesen (2) von Preisen und anderen Daten ausgestattete elektronische Kasse (2 a).*
Scan|ning [ˈskɛnɪŋ], das; -s, -s [engl. scanning, zu: to scan, ↑scannen] (Fachspr.): *Untersuchung, Abtasten mithilfe eines Scanners.*
Scart, der; -s, -s [engl. Scart, SCART, Kurzwort aus frz. Syndicat des Constructeurs des Appareils Radiorécepteurs et Téléviseurs]: *Steckverbindung, bes. zum Anschluss von Videogeräten.*
Scat [skɛt], der; -s, -s (o. Pl.) (Jazz): *Kurzw. eigtl. = Knall (lautm.)* (Jazz): *Gesang (1 a), bei dem (statt eines [Lied]textes) Silben gesungen werden, die keine Bedeutung haben.*
Scat|ge|sang [ˈskɛt...], der; -[e]s (o. Pl.) (Jazz): *Scat:* Louis Armstrong war ein Meister des -s.
Scene [siːn], die; -, -s ⟨Pl. selten⟩ [engl. scene < (m)frz. scène, ↑Szene] (Jargon): **1.** *Örtlichkeit in einer Stadt, wo Verkäufer u. Käufer von Drogen (2 b) zusammentreffen u. ihre Geschäfte abwickeln.* **2.** Szene (4): die alternative S.; er sollte als V-Mann in die autonome S. eingeschleust werden.
sch ⟨Interj.⟩: **1.** *ruhig!, still!:* sch, da kommt jemand!; sch (kein Wort darüber), das darf er nicht wissen. **2.** *Ausruf, mit dem man jmdn., ein Tier verscheucht:* sch, weg da!
Schab|bat: ↑Sabbat.
Schab|bes, der; -, - [jidd. schabes < hebr. šabbāṯ, ↑Sabbat] (jidd.): *Sabbat.*
Scha|be, die; -, -n: **1.** [mhd. schabe = Mottenlarve, zu: schaben in der Bed. »abkratzen, nagen«] **a)** *meist dunkles Insekt von brauner Färbung, das in Ritzen u. Spalten lebt (u. in einigen Arten als Pflanzen- u. Vorratsschädling gilt);* **b)** (südd., schweiz.) *Motte.* **2.** [zu ↑schaben] **a)** *Schabmesser (2);* **b)** *Schabeisen (1).*
Schä|be, die; -, -n [spätmhd. schebe] (Gewerbespr.): *bei der Flachs- u. Hanfgewinnung entstehender Abfall aus holzigen Teilchen.*
Schab|fleisch, das: *rohes, durch den Fleischwolf gedrehtes, fett- u. sehnenfreies Rindfleisch.*
Schab|ei|sen, das: **1.** *in der Schabkunst gebrauchtes Werkzeug.* **2.** *Schabmesser (2).*
Scha|be|mes|ser, das: *Schabmesser.*
scha|ben ⟨sw. V.; hat⟩ [mhd. schaben, ahd. scaban, urspr. = mit einem scharfen Werkzeug arbeiten, schneiden, spalten, verw. mit ↑schaffen]:

1. a) *etw. säubern, glätten, von einer Schicht befreien, indem man immer wieder mit etw. Scharfem, Rauem fest darüberstreicht, -fährt:* Möhren s.; Ü sich den Bart s. *(abrasieren);* **b)** *durch Schaben, Raspeln, Reiben o. Ä. zerkleinern:* Sellerie s. **2. a)** *auf, an etw. entlangfahren u. dabei ein leises, kratzendes Geräusch hervorbringen; an, auf etw. scheuern:* das rechte Vorderrad schabt am Kotflügel; **b)** *reiben, scheuern:* warum schabst du dir dauernd die Backe? **3.** *durch Schaben entfernen:* den Lack vom Brett s.; die Teigreste aus dem Topf s. **4.** ⟨s. + sich⟩ [H. u.] (Jugendspr.) *sich ärgern:* da würde ich mich auch s.

Scha̱|ber, der; -s, -: *Schabwerkzeug.*

Scha|be|rei̱, die; -, -en ⟨Pl. selten⟩ (ugs., meist abwertend): *[dauerndes] Schaben.*

Scha̱|ber|nack, der; -[e]s, -e [mhd. (md.) schabirnack, mniederd. schavernak, H. u.]: **1. a)** *übermütiger Streich:* jmdm. einen S. spielen; der Junge hat nichts als S. im Kopf; **b)** (selten) *Scherz, Spaß:* etw. aus S. tun. **2.** (landsch. scherzh.) *Kind, das [gern] Schabernack treibt.*

schä̱|big ⟨Adj.⟩ [mhd. schebic, eigtl. = räudig, zu veraltet Schabe, Schäbe = Krätze, Räude, zu ↑schaben (2b)] (abwertend): **1. a)** *abgenutzt u. daher unansehnlich; ärmlich:* ein alter -er Koffer; der Mantel sieht schon etwas s. aus; **b)** *armselig; gering:* ein -er Rest. **2.** *verächtlich; unredlich, gemein:* ein -er Kerl; eine -e Handlungsweise; ich komme mir richtig s. vor. **3.** *kleinlich, geizig:* ein schäbiger Mensch; sich [jmdm. gegenüber] s. zeigen; Weite Bevölkerungskreise fanden es s., die Gedenkstätte mit weniger als zehntausend jährlich abzufinden (Muschg, Gegenzauber 263).

Schä̱|big|keit, die; -, -en: **1.** ⟨o. Pl.⟩ *das Schäbigsein.* **2.** *schäbige Handlung, Äußerung.*

Scha̱b|kunst, die ⟨o. Pl.⟩: *grafische Technik, bei der eine aufgeraute Kupferplatte mit einem speziellen Schabwerkzeug bearbeitet wird; Mezzotinto* (a).

Scha̱b|kunst|blatt, das: *in der Schabkunst ausgeführtes grafisches Blatt.*

Scha|blo̱|ne, die; -, -n [älter: Schablon < mniederd. schampeliōn, schaplūn = Muster, Modell, H. u.]: **1.** *[ausgeschnittene, ausgestanzte] Form, Vorlage zum [beliebig häufigen] Übertragen bestimmter Umrisse, eines Musters, einer Schrift o. Ä.:* mit einer S. arbeiten. **2.** (meist abwertend) *vorgeprägte, starr vorgegebene, hergebrachte Form; Schema, Klischee:* sich nicht an die S. halten; nach einer S. urteilen.

Scha|blo̱|nen|druck, der ⟨Pl. -e⟩: **1.** *Verfahren zur Vervielfältigung, bei dem beschichtetes Seidenpapier mit einer Schreibmaschine ohne Farbband beschrieben u. dann abgezogen wird.* **2.** *Siebdruck.*

scha|blo̱|nen|haft ⟨Adj.⟩ (meist abwertend): *nach [einer] Schablone (2) [vor sich gehend, gearbeitet, geformt usw.].*

scha|blo̱|nen|mä|ßig ⟨Adj.⟩ (meist abwertend): *nach Schablone (2) ausgeführt.*

scha|blo̱|nie|ren ⟨sw. V.; hat⟩: **1.** *nach einer Schablone* (1) *bearbeiten, herstellen.* **2.** (selten, meist abwertend) *in eine Schablone* (2) *pressen, zwängen.*

scha|blo̱|ni|sie̱|ren ⟨sw. V.; hat⟩: **1.** *schablonieren* (1). **2.** (meist abwertend) *in eine Schablone* (2) *pressen:* die Menschen s. ⟨auch ohne Akk.-Obj.:⟩ gedankenlos s.

Scha̱b|mes|ser, das: **1.** *Schabeisen* (1). **2.** *mit zwei Handgriffen versehenes, scharfkantiges Schabwerkzeug zur Bearbeitung von Holz od. Leder.* **3.** *altsteinzeitliches Schabwerkzeug.*

Scha̱b|ra|cke, die; -, -n [H. u., viell. < älter ung. csábrák = Pferde-, Satteldecke. über das Ung. < türk. çaprak = Satteldecke]: **1. a)** *verzierte Decke, die unter den Sattel gelegt bzw. über das Pferd gebreitet wird;* **b)** (Jägerspr.) *(bei bestimmten Tieren) sich durch helle Färbung abhebender Teil der Flanken u. des Rückens.* **2. a)** *übergelegte, überhängende Zier- u. Schutzdecke (bes. für Polstermöbel);* **b)** *Behang od. mit Stoff bezogene Verkleidung quer über Fenstern.* **3.** [wohl nach der übertragenen Verwendung im Sinne von »Kleidung, Rock«] (salopp abwertend) **a)** *altes Pferd:* auf S. soll ich reiten?; **b)** *alte [hässliche] Frau;* **c)** *alte, abgenutzte Sache.*

Scha̱b|sel, das; -s, - [zu ↑schaben]: *kleines abgeschabtes Stück.*

Scha̱b|tech|nik, die: *grafische Technik, bei der die weiße Grundierschicht eines dunkel überstrichenen Papiers durch Schaben od. Ritzen mit speziellen Werkzeugen (Schaber, Stichel o. Ä.) stellenweise freigelegt wird.*

Scha̱b|werk|zeug, das: *Werkzeug zum Schaben.*

Scha̱b|zie|ger, (schweiz.:) **Scha̱b|zi|ger,** der; -s, - [zu schaben (der Käse wird in getrocknetem Zustand zerrieben u. zum Würzen benutzt) u. Zieger]: *(in Kegelform hergestellter) harter [Schweizer] Kräuterkäse.*

Scha̱ch, das; -s, -s [mhd. schāch, zu arab. šāh māta, ↑schachmatt]: **1.** ⟨o. Pl.⟩ *Brettspiel für zwei Personen, bei dem je sechzehn schwarzen bzw. weißen Schachfiguren (von unterschiedlichem Wert u. mit unterschiedlicher Funktion) abwechselnd ziehen wird mit dem Ziel, den gegnerischen König mattzusetzen:* S. spielen; eine Partie S. [mit jmdm.] spielen. **2.** (Schach) *Stellung im Schach, bei der der König unmittelbar geschlagen werden könnte:* wenn du den Bauern ziehst, droht [hier] S.; S. [an]sagen; die weiße Dame bietet S.; der weiße König, Weiß steht im S., ist im S.; den König aus dem S. ziehen; *S. und matt! (↑matt 4); jmdm., einer Sache S. bieten (geh.; sich jmdm., einer Sache energisch entgegenstellen); jmdm., etw. in S. halten (ugs.; jmdn., etw. durch Drohung [mit der Waffe], Druck, energisches Verhalten daran hindern, gefährlich zu werden, Schlimmes anzurichten; jmdn., jmdm. Widerstand entgegensetzen). **3.** (ugs.) **a)** *Schachspiel* (4); **b)** *Partie Schach.*

Scha̱ch|auf|ga|be, die: *Schachproblem.*

Scha̱ch|brett, das: *quadratisches Spielbrett mit achtmal acht abwechselnd hellen u. dunklen quadratischen Feldern, auf dem Schach gespielt wird.*

scha̱ch|brett|ar|tig ⟨Adj.⟩: *wie ein Schachbrett gemustert, angelegt.*

Scha̱ch|brett|mus|ter, das: *schachbrettartiges Muster* (3).

Scha̱ch|com|pu|ter, der: *spezieller Computer für Verwendungen im Zusammenhang mit dem Schachspiel (z. B. als Ersatz für einen Gegner).*

Scha̱|cher, der; -s [hebr. śakar = Erwerb, zu: śakar, ↑Schacher] (abwertend): *von Gewinnsucht, von kleinlichem, hartnäckigem Streben nach dem größtmöglichen Vorteil bestimmtes Aushandeln von Preisen, von geschäftlichen Abmachungen.*

Schä̱|cher, der; -s, - [mhd. schāchære, ahd. scāhhāri, zu mhd. schāch, ahd. scāh = Raub, H. u.] (bibl.): *Räuber, Mörder.*

Scha|che|re̱i, die; -, -en (ugs. abwertend): *[dauerndes] Schachern.*

scha̱|chern ⟨sw. V.; hat⟩ [aus der Gaunerspr. < hebr. śakar = Handel treiben] (abwertend): *Schacher treiben:* mit einer Ware, um eine Ware, um den Preis s.; Ü um politische Ämter s.

Scha̱ch|fi|gur, die: *Figur des Schachspiels:* kostbare handgeschnitzte -en.

Scha̱ch|groß|meis|ter, der: *Großmeister* (3).

Scha̱ch|groß|meis|te|rin, die: w. Form zu ↑Schachgroßmeister.

scha̱ch|matt ⟨Adj.⟩ [mhd. schāch unde mat, über das Roman. < arab. šāh māta = der König ist tot, zu pers. šāh, ↑Schah]: **1.** (Schach selten) *matt:* * s. sein (↑matt 4); jmdn. s. setzen (↑matt 4). **2.** (fam.) *völlig erschöpft* (↑matt 4).

Scha̱ch|matt, das; -s, -s ⟨Pl. selten⟩ (Schach selten): *Matt.*

Scha̱ch|meis|ter|schaft, die: *Meisterschaft im Schach.*

Scha̱ch|olym|pi|a|de, die: *alle zwei Jahre veranstaltetes internationales Schachturnier der Nationalmannschaften.*

Scha̱ch|par|tie, die: *Partie* (2) *beim Schachspielen.*

Scha̱ch|pro|b|lem, das (Schach): *Aufgabe für einen einzelnen Schachspieler, die beinhaltet, dass bei vorgegebener Figurenstellung das Matt in einer bestimmten Anzahl von Zügen herbeigeführt werden soll.*

Scha̱ch|spiel, das: **1.** ⟨o. Pl.⟩ *Schach* (1): *die Faszination des -s.* **2.** ⟨o. Pl.⟩ *das Schachspielen.* **3.** *Schachpartie:* ein S. abbrechen. **4.** *Schachbrett u. -figuren.*

Scha̱ch|spie|ler, der: **a)** *jmd., der das Schachspiel beherrscht;* **b)** *Spieler einer Schachpartie.*

Scha̱ch|spie|le|rin, die: w. Form zu ↑Schachspieler.

Scha̱ch|stel|lung, die (Schach): *Stellung der Figuren in einer Schachpartie.*

Scha̱cht, der; -[e]s, Schächte: **1.** [mhd. (ostmd.) schaht, niederd. Form von ↑¹Schaft (niederd. -ht- steht für hochd. -ft-); vermutlich urspr. = Messstange (für die quadratische Fläche eines Schachts (1 a)] **a)** *künstlich hergestellter, meist senkrecht in die Tiefe, bes. in die Erde, führender langer Hohlraum mit mehr od. weniger gleichmäßiger Weite:* einen S. für den Brunnen ausheben; durch einen S. in den Abwasserkanal einsteigen; Ü in den engen S. des Innenhofs drang den ganzen Tag kein einziger Sonnenstrahl; **b)** (Bergbau) *als Grubenbau angelegter senkrechter, seltener schräger Schacht* (1 a): *einen S. teufen, abteufen, [bis auf 900 Meter] niederbringen, ausmauern, [in Beton] ausbauen, befahren; in den S. fahren, einfahren; die Strecke wird über mehrere Schächte bewettert;* ♦ ⟨Pl. ohne Umlaut: -e:⟩ ... oder arbeiten in -en, wo viel' wilde Wasser auszupumpen sind (Cl. Brentano, Kasperl 353); ♦ Als aber die Bergleute ... zwischen zwei -en eine Öffnung durchgraben wollten (Hebel, Schatzkästlein 48); ♦ ... die mehresten dieser Unglücklichen dienten jetzt ihren Gläubigern als Sklaven oder verderben in den -en der fürstlichen Silberbergwerke (Schiller, Kabale II, 2); **c)** (Bergbau) *Schachtanlage.* **2.** (Höhlenkunde) *Höhle od. Teil einer Höhle mit vorwiegend senkrechter Erstreckung:* ein zu einem großen Höhlensystem gehörender S.; die zum Befahren von Schächten benötigte Ausrüstung. **3.** (Bauw.) *von allen Seiten von Wänden umschlossener hoher, enger Raum:* der S. des Aufzugs; ein Müllschlucker besteht im Wesentlichen aus einem S., durch den die Abfälle in einen großen Behälter fallen; der Kellerraum erhält durch einen vor dem Fenster liegenden S. etwas Tageslicht. **4.** (Technik) *einem Schacht* (3) *ähnlicher Hohlraum in Maschinen, technischen Anlagen o. Ä.:* der S. des Hochofens ist etwa fünfzehn Meter hoch; ein Zigarettenautomat mit zwölf Schächten für zwölf verschiedene Marken. **5.** ⟨o. Pl.⟩ [mniederd. schacht = (Mess)stange, also eigtl. = Prügel (2) mit einer (Mess)stange, vgl. Schacht (1)] (nordd. ugs.) *Prügel:* S. kriegen.

Scha̱cht|an|la|ge, die (Bergbau): *über einen od. mehrere Schächte* (1 b) *erschlossenes Bergwerk.*

scha̱cht|ar|tig ⟨Adj.⟩: *einem Schacht* (1 a) *ähnlich:* ein -er Hohlraum.

Schachtel – Schadenberechnung

Schach|tel, die; -, -n [spätmhd. schahtel, älter: schattel, scatel < ital. scatola (mlat. scatula), ↑ Schatulle, H. u.]: **1.** *zum Verpacken, Aufbewahren von Gegenständen, Waren dienender, verhältnismäßig flacher, dünnwandiger, nicht sehr fester Behälter aus Pappe o. Ä. mit Deckel od. Klappe zum Verschließen:* eine leere S.; mit vergilbten Fotos; etw. in einer S. aufbewahren; * **alte S.** (salopp abwertend; *alte, ältliche Frau;* schon spätmhd. schattel = weibliche Scham; auch urverwandt. = Weib). **2.** *Schachtel* (1) *mit der abgepackten Ware[nmenge], die sie enthält:* eine angebrochene, noch fast volle S.; eine S. Streichhölzer.

Schach|tel|be|tei|li|gung, die (Wirtsch.): **1.** *Beteiligung einer Kapitalgesellschaft an einer anderen Kapitalgesellschaft mit mindestens einem Viertel.* **2.** *Anteil aufgrund einer Schachtelbeteiligung* (1).

Schäch|tel|chen, das; -s, -: Vkl. zu ↑ Schachtel.

Schach|tel|di|vi|den|de, die (Wirtsch.): *Dividende aufgrund einer Schachtelbeteiligung.*

Schäch|tel|lein, Schächtlein, das; -s, -: Vkl. zu ↑ Schachtel.

Schach|tel|ge|sell|schaft, die (Wirtsch.): *Kapitalgesellschaft, an der eine andere Kapitalgesellschaft eine Schachtelbeteiligung besitzt.*

Schach|tel|halm, der [1. Bestandteil wahrsch. niederd. Schacht für hochd. Schaft (↑ Schacht), wegen der »ineinandergeschachtelten« Stängelglieder volksetym. angelehnt an ↑ Schachtel]: *(zu den Farnen gehörende) Pflanze mit hohlem Stängel, dessen deutlich ausgeprägte Glieder jeweils an der Basis von schuppenförmigen, teilweise miteinander verwachsenen Blättchen umschlossen sind.*

schach|teln ⟨sw. V.; hat⟩ [zu ↑ Schachtel]: *mehrfach ineinanderstecken, -schieben, -fügen:* eins ins andere s.; Ü (EDV:) *die Prozedur Q ist in der Prozedur P geschachtelt.*

Schach|tel|satz, der: *langer, kompliziert gebauter Satz mit mehrfach untergeordneten Nebensätzen.*

Schach|te|lung, (auch:) Schachtlung, die; -, -en: **1.** ⟨Pl. selten⟩ *das Schachteln.* **2.** *das Geschachteltsein, geschachtelte Anordnung.*

schach|ten ⟨sw. V.; hat⟩ [zu ↑ Schacht (1 a)] (seltener): **1.** *eine [Bau]grube o. Ä. ausheben.* **2.** *ausheben* (1 b), *ausschachten* (b): eine Grube s.

schäch|ten ⟨sw. V.; hat⟩ [hebr. šaḥaṭ = schlachten]: *gemäß religiöser Vorschrift durch Schnitte in den Hals u. Ausblutenlassen schlachten.*

Schäch|ter, der; -s, -: *jmd., der Tiere schächtet.*

Schäch|te|rin, die; -, -nen: w. Form zu ↑ Schächter.

Schach|tisch, der: *kleiner Tisch, dessen Platte ein Schachbrett darstellt.*

Schächt|lein: ↑ Schächtelein.

Schacht|lung: ↑ Schachtelung.

Schacht|ofen, der (Hüttenw.): *metallurgischer Ofen mit einem schachtartigen Innenraum.*

Schacht|soh|le, die (Bergmannsspr.): *Boden eines Schachts* (1 b).

Schacht|sumpf, der (Bergbau): *unterhalb der tiefsten Sohle einer Grube* (3 a) *gelegenes Ende eines Schachts* (1 b), *in dem sich alles der Grube zufließende [Grund]wasser sammelt.*

Schäch|tung, die; -, -en: *das Schächten.*

Schach|tur|nier, das: *Turnier im Schachspielen.*

Schach|uhr, die (Schach): *Uhr mit zwei Zifferblättern oder zwei digitalen Displays, die bei einer wettkampfmäßigen Schachpartie für jeden der beiden Spieler getrennt die Gesamtzeit misst, die zum Ausführen der Züge u. zum Überlegen benötigt wird.*

Schach|welt|meis|ter, der: *Weltmeister im Schach.*

Schach|welt|meis|te|rin, die: w. Form zu ↑ Schachweltmeister.

Schach|welt|meis|ter|schaft, die: *Weltmeisterschaft im Schach.*

♦ **Schach|za|gel,** das; -s, - [spätmhd. schächzagel, entstellt aus mhd. schächzabel, 2. Bestandteil zu lat. tabula, ↑ Tafel]: **a)** *Schach:* Sie spielte alle Abend Damenziehen, S. oder Schaf und Wolf mit ihm (Mörike, Hutzelmännlein 124); **b)** *Schachbrett.*

Schach|zug, der: **1.** *Zug im Schachspiel.* **2.** *geschickte, diplomatische o. ä. Handlung zur Erreichung eines bestimmten Ziels:* ein kluger, raffinierter S.

Schad|bild, das (Fachspr.): *Gesamtheit der sichtbaren Symptome einer Schädigung (bes. von Pflanzen).*

Schad|chen, der; -s, - [über das Jidd. < aram. šadkạn = Heiratsvermittler] (Gaunerspr.): *Heiratsvermittler[in], Kuppler[in].*

scha|de ⟨indekl. Adj.⟩ [mhd. schade, in der Verbindung: schade sīn, eigtl. = ein Schaden sein, ↑ Schade]: *in den Verbindungen* **s. sein** (*bedauerlich, beträglich sein:* es ist sehr, zu s., dass du nicht kommen kannst; ⟨elliptisch:⟩ [o wie] s.!); **etw. s. finden** (*etw. bedauerlich, unerfreulich finden:* ich finde es s., dass wir uns gestern nicht treffen konnten); **es ist s. um etw., jmdn.** (*was mit etw., jmdm. geschieht, ist bedauerlich:* es ist s. um die [verschwendete] Zeit; um diese Vase ist es nicht [weiter] s.; ⟨elliptisch:⟩ s. drum!); **sich** ⟨Dativ⟩ **zu s. für jmdn., für/** (auch:) **zu etw. sein** (*sich so hoch einschätzen, dass man jmdn., etw. als zu gering, zu minderwertig nicht in Betracht zieht, nicht akzeptiert:* du bist dir wohl zu s. für diese Arbeit?); **zu s. für jmdn., für/** (auch:) **zu etw. sein** (*zu wertvoll, zu gut für jmdn., für etw. sein:* dieser feine Anzug ist eigentlich viel zu s. für ihn; der Wein ist zum Kochen [eigentlich] zu s.; dafür/dazu ist mir meine Zeit zu s.).

Scha|de, der; -ns, Schäden [mhd. schade, ahd. scado; altes Verbalabstraktum von einem untergegangenen Verb mit der Bed. »schaden« (vgl. got. skaþjan = schaden)]: **1.** (veraltet) *Schaden.* **2.** R es soll, wird dein, sein usw. S. nicht sein (veraltend; *du wirst, er wird usw. dafür belohnt werden*).

Schä|del, der; -s, - [mhd. schedel = Schädel, H. u.; viell. urspr. = Gefäß (zur möglichen Bedeutungsentwicklung vgl. Kopf)]: **1.** *Skelett des Kopfes* (1): die Knochen des menschlichen -s; Es sei besser, zu erfrieren, als rücklings erschlagen zu werden, mit gespaltenem S. (Jahnn, Nacht 98). **2.** *Kopf* (1) *[in seiner vom Knochenbau bestimmten Form]:* ein mächtiger S.; der Opfer wurde der S. zertrümmert; jmdm. eins auf, über den S. geben; * **jmdm. brummt der S.** (↑ Kopf 1); **jmdm. raucht der S.** (↑ Kopf 1); **einen dicken/harten S. haben** (*eigensinnig, starrköpfig sein*); ⟨Dativ⟩ **[an etw./ den S. einrennen** (↑ Kopf 1); **mit dem S. durch die Wand wollen** (↑ Kopf 1); **jmdm. vor den S. stoßen** (↑ Kopf 1). **3.** *Verstand, Kopf* (3): streng deinen S. mal an!; Es ist verdammt, was für Blödsinn einem in kritischen Momenten in den S. kommt (Remarque, Triomphe 386); * **jmdm. nicht aus dem S. gehen/wollen** (↑ Kopf 3); **jmdm. nicht in den S. [hinein]gehen/[hinein]wollen** (↑ Kopf 3).

Schä|del|ba|sis, die (Med.): *knöcherne Basis des Hirnschädels.*

Schä|del|ba|sis|bruch, der (Med.): *Knochenbruch im Bereich der Schädelbasis.*

Schä|del|bruch, der (Med.): *Bruch eines od. mehrerer Knochen des Hirnschädels.*

Schä|del|dach, das (Med.): *oberer, seitlicher u. hinterer, gewölbter Teil des Hirnschädels.*

Schä|del|de|cke, die (bes. Med.): *Schädeldach.*

Schä|del|form, die: *Form des Schädels.*

Schä|del|frak|tur, die (Med.): *Schädelbruch.*

Schä|del|höh|le, die (Med.): *vom Hirnschädel umschlossener Raum.*

Schä|del|kno|chen, der: *einzelner Knochen des Schädels.*

Schä|del|kult, der (Völkerkunde): *(bei manchen Naturvölkern anzutreffender) kultischer Brauch der Aufbewahrung u. magischen Verwendung der Schädel [von Ahnen].*

Schä|del|la|ge, die (Med.): *Kopflage.*

Schä|del|leh|re, die ⟨o. Pl.⟩ (Med.): *Lehre vom Bau, vom Messen u. von den Maßen des menschlichen Schädels; Kraniologie.*

Schä|del|lo|se, die Schädellosen/einige Schädellose ⟨o. Pl.⟩ (Zool.): *zu den Chordaten gehörende kleine, fischähnliche Tiere ohne Extremitäten u. ohne Schädel.*

Schä|del|naht, die (Med.): *nahtähnliche Verbindung zwischen aneinandergrenzenden Knochen des Schädeldachs; Sutur.*

Schä|del|stät|te, die ⟨o. Pl.⟩ [nach kirchenlat. golgotha, ↑ Golgatha] (bibl.): *Golgatha.*

Schä|del|ver|let|zung, die: *Verletzung am Schädel.*

scha|den ⟨sw. V.; hat⟩ [mhd. schaden, ahd. scadōn, zu ↑ Schaden]: *schädlich, nachteilig sein, eine Beeinträchtigung, einen Nachteil, Verlust darstellen; Schaden zufügen:* jmdm. geschäftlich s.; jmdm., jmds. Ansehen s.; das Lesen bei schlechtem Licht schadet deinen Augen; damit schadest du dir [nur] selbst; das schadet diesem Geizkragen [gar] nichts (ugs.; *geschieht ihm ganz recht*).

Scha|den, der; -s, Schäden [mhd. schade, ↑ Schade; das n der heutigen Nominativform ist aus den obliquen Kasus übernommen]: **1.** ⟨o. Pl.⟩ *etw., was die Gegebenheiten, die bestehende Situation in einer negativen, nicht wünschenswerten Weise verändert:* daraus erwächst dir kein S.; davon hat er weder S. noch Nutzen; den entstandenen S. wiedergutmachen; jmdn. vor S. bewahren; es ist nicht zu seinem S./(geh.:) gereicht ihm nicht zum S. (*ist ganz gut, nützlich für ihn*), wenn er durchhält; R es soll, wird dein, sein usw. S. nicht sein (↑ Schade 2); Spr durch/ aus S. wird man klug; * **[an etw.] S. nehmen** (geh.; *[in einer bestimmten Hinsicht] geschädigt, beeinträchtigt werden:* er hat an seiner Gesundheit S. genommen). **2. a)** *teilweise Zerstörung; Beschädigung; Defekt:* seit einigen Jahren zeigen sich solche Schäden auch an den meisten Laubbaumarten; der Motor hat einen S.; ein Beauftragter der Versicherung will den S. begutachten; einen S. beheben; **b)** *körperliche, gesundheitliche Beeinträchtigung:* schwere psychische Schäden; sie hat [von Geburt an] einen S. am Auge; sich einen S. zuziehen; sie konnten ohne S. (*unverletzt*) aus dem brennenden Haus geborgen werden; glücklicherweise ist bei dem Unfall niemand zu S. gekommen (*verletzt worden*). **3.** *durch Verlust od. [teilweise] Zerstörung eines Guts entstandene Einbuße:* ein hoher finanzieller S.; der S. kann noch nicht genau beziffert werden; bei dem Unwetter sind unübersehbare Schäden entstanden; Schäden durch Wildunfälle sind mitversichert; einen S. verursachen; einen S. verhüten; einen S. ersetzen; du hättest den S. (*Schadensfall*) sofort der Versicherung melden sollen; die Versicherung hat den S. (*Schadensfall*) erfreulich schnell reguliert; für einen S. Ersatz leisten; er musste mit S. (*mit Verlust*) verkaufen.

Scha|den|be|gren|zung: ↑ Schadensbegrenzung.

Scha|den|be|rech|nung, Schadensberechnung, die (bes. Versicherungsw.): *Ermittlung des Betrages, den ein zum Schadensersatz Verpflichteter für einen Schaden* (3) *zu leisten hat.*

Schadenbericht – Schäferkarren

Scha|den|be|richt, Schadensbericht, der (bes. Versicherungsw.): *Bericht über einen entstandenen Schaden.*

Scha|den|be|sei|ti|gung: ↑ Schadensbeseitigung.

Scha|den|er|eig|nis: ↑ Schadensereignis.

Scha|den|er|satz, (bes. BGB:) Schadensersatz, der: *für einen Schaden (3) zu leistender Ausgleich durch jmdn., der dazu verpflichtet ist:* S. leisten; auf S. klagen.

Scha|den|er|satz|an|spruch, Schadensersatzanspruch, der: *Anspruch auf Schadenersatz.*

Scha|den|er|satz|for|de|rung, Schadensersatzforderung, die: vgl. Schadenersatzanspruch.

Scha|den|er|satz|kla|ge, Schadensersatzklage, die: *Klage auf Zahlung von Schadenersatz.*

Scha|den|er|satz|leis|tung, Schadensersatzleistung, die: *das Leisten von Schadenersatz.*

Scha|den|er|satz|pflicht, Schadensersatzpflicht, die: *Verpflichtung zum Schadenersatz.*

Scha|den|er|satz|pflich|tig ⟨Adj.⟩: *verpflichtet, Schadenersatz zu leisten.*

Scha|den|fall: ↑ Schadensfall.

Scha|den|fest|stel|lung, Schadensfeststellung, die (bes. Versicherungsw.): *Feststellung eines Schadens (bes. als Voraussetzung einer [Versicherungs]leistung).*

Scha|den|feu|er, Schadensfeuer, das: ¹*Brand* (1 a).

Scha|den|frei|heits|ra|batt, der (Versicherungsw.): *(in der Kraftfahrzeugversicherung) Rabatt auf den Versicherungsbeitrag, wenn die Versicherung während eines bestimmten Zeitraums nicht beansprucht wird;* Bonus (1 b).

Scha|den|freu|de, die ⟨o. Pl.⟩: *boshafte Freude über das Missgeschick, Unglück eines andern:* S. empfinden.

scha|den|froh ⟨Adj.⟩: *von Schadenfreude zeugend; voll Schadenfreude:* ein -es Gelächter; s. grinsen.

Scha|den|hö|he: ↑ Schadenshöhe.

Scha|den|nach|weis, Schadensnachweis, der (bes. Versicherungsw.): vgl. Schadenfeststellung.

Scha|dens|be|gren|zung, Schadenbegrenzung, die ⟨Pl. selten⟩: *das Eindämmen, Begrenzen eines Schadens auf ein möglichst geringes Maß.*

Scha|dens|be|rech|nung: ↑ Schadenberechnung.

Scha|dens|be|richt: ↑ Schadenbericht.

Scha|dens|be|sei|ti|gung, Schadenbeseitigung, die: *Beseitigung eines Schadens (2 a):* der Verursacher des Schadens ist zur S. verpflichtet.

Scha|dens|er|eig|nis, Schadenereignis, das (bes. Versicherungsw.): *Ereignis, durch das Schaden entsteht.*

Scha|dens|er|satz usw.: ↑ Schadenersatz usw.

Scha|dens|fall, Schadenfall, der (bes. Versicherungsw.): *das Eintreten, Eingetretensein eines Schadens (3):* der Versicherte hat den S. grob fahrlässig herbeigeführt.

Scha|dens|fest|stel|lung: ↑ Schadenfeststellung.

Scha|dens|feu|er: ↑ Schadenfeuer.

Scha|dens|hö|he, Schadenhöhe, die: *Höhe eines Schadens (3).*

Scha|dens|nach|weis: ↑ Schadennachweis.

Scha|dens|sum|me, Scha|den|sum|me, die: *einer bestimmten Schadenshöhe entsprechende Geldsumme.*

Scha|dens|ver|hü|tung, Schadenverhütung, die: *Verhütung von Schaden, eines Schadens.*

Scha|dens|ver|si|che|rung, die (Versicherungsw.): *Versicherung gegen Sach- u. Vermögensschäden, bei der die Höhe der Leistung die Höhe des Schadens nicht übersteigen kann.*

Scha|den|ver|hü|tung: ↑ Schadensverhütung.

Scha|den|ver|si|che|rung: ↑ Schadensversicherung.

Schad|fraß, der (Fachspr.): *Fraß (2) durch tierische Schädlinge.*

schad|haft ⟨Adj.⟩ [mhd. schadhaft, ahd. scadohaft]: *einen Schaden, Defekt, Mangel aufweisend:* ein -es Dach; -e Stellen ausbessern. Dazu: **Schad|haf|tig|keit,** die; -.

schä|di|gen ⟨sw. V.; hat⟩ [mhd. schadegen, schedigen, zu: schadec = schädlich]: *bei jmdm., etw. einen Schaden hervorrufen:* jmdn. finanziell s.; jmds. Ruf s.; [sozial] geschädigte Jugendliche.

Schä|di|ger, der; -s, - (Rechtsspr.): *jmd., der einen andern geschädigt hat:* der S. ist haftpflichtversichert.

Schä|di|ge|rin, die; -, -nen: w. Form zu ↑ Schädiger.

Schä|di|gung, die; -, -en: **1.** *das Schädigen, Geschädigtwerden:* eine S. seines Rufs, Ansehens. **2.** *das Geschädigtsein, Schaden (2):* materielle -en.

Schad|in|sekt, das (Fachspr.): *Insekt, das als Schädling gilt.*

schäd|lich ⟨Adj.⟩ [mhd. schedelich, ahd. in: unscadelih = unschädlich]: *zu Schädigungen führend, sich nachteilig auswirkend:* -e Stoffe; -e Einflüsse; ein -es (*ungesundes*) Raumklima; Du denkst zu viel. Das ist immer s. (Remarque, Obelisk 197).

Schäd|lich|keit, die; -, -en: *das Schädlichsein:* über die S. zu hoher Ozonkonzentrationen sind die Experten sich einig.

Schäd|ling, der; -s, -e: *(bes. tierischer) Organismus, der dem Menschen aufgrund seiner Lebensweise schadet:* der gefährlichste S. unserer Wälder; -e vernichten; die Ernte wurde von -en vernichtet.

Schäd|lings|be|fall, der: *Befall (bes. von Pflanzen) durch Schädlinge.*

Schäd|lings|be|kämp|fer, der: *Fachmann für Schädlingsbekämpfung (Berufsbez.).*

Schäd|lings|be|kämp|fe|rin, die: w. Form zu ↑ Schädlingsbekämpfer.

Schäd|lings|be|kämp|fung, die: *Bekämpfung von Schädlingen.*

Schäd|lings|be|kämp|fungs|mit|tel, das: *Mittel zur Bekämpfung von Schädlingen:* hochgiftige S.

schad|los ⟨Adj.⟩ [mhd. schadelōs = unschädlich, unbenachteiligt]: **1. a)** *keinen Schaden verursachend;* ⟨*unschädlich:* die gesetzlich vorgeschriebene -e Verwertung des Atommülls; etw. s. beseitigen, entsorgen; **b)** *ohne Schaden zu nehmen:* das Haus hat das Erdbeben s. überstanden. **2.** * *sich an jmdn.* [*für etw.*] *s. halten* (*sich für einen erlittenen Schaden, einen entgangenen Vorteil o. Ä. auf jmds. Kosten Entschädigung verschaffen);* **sich an etw.** [**für etw.**] **s. halten** (*etw.* [*als Ersatz für etw. Entgangenes*] *nach Kräften konsumieren);* **jmdn.** [**für etw.**] **s. halten** (bes. Rechtsspr., Wirtsch.: *jmdn.* [*für etw.*] *entschädigen*).

Schad|los|hal|tung, die ⟨o. Pl.⟩ (bes. Rechtsspr., Wirtsch.): *Entschädigung, Ausgleich für einen Schaden.*

Scha|dor: ↑ Tschador.

Schad|soft|ware, die (EDV): *Software, die Schäden in anderer Software, in elektronischen Systemen verursacht:* ein Schutzprogramm gegen S. installieren.

Schad|stoff, der (Fachspr.): [*chemischer*] *Stoff, der beim Auftreten in einer gewissen Menge Pflanzen, Tieren, Menschen od. der Umwelt schadet.*

schad|stoff|arm ⟨Adj.⟩ (Fachspr.): *arm an Schadstoffen:* -er Kraftstoff; -e (*relativ wenig Schadstoffe ausstoßende*) Autos.

Schad|stoff|aus|stoß, der (Fachspr.): *Schadstoffemission:* den S. einer Anlage, eines Motors messen, reduzieren.

Schad|stoff|be|las|tung, die (Fachspr.): *Belastung durch Schadstoffe:* die S. der Luft, des Wassers, der Nahrung.

Schad|stoff|emis|si|on, die (Fachspr.): *Emission (3) von Schadstoffen.*

schad|stoff|frei ⟨Adj.⟩ (Fachspr.): *frei von Schadstoffen:* -e Lebensmittel.

Schad|stoff|pla|ket|te, die (Kfz-Wesen): *an einem Kraftfahrzeug angebrachte Plakette (1), die dessen Schadstoffausstoß klassifiziert.*

Schad|wir|kung, die (Fachspr.): *durch einen Schädling od. Schadstoff hervorgerufene schädigende Wirkung.*

Schaf, das; -[e]s, -e [mhd. schāf, ahd. scāf, H. u.]: **1.** *mittelgroßes Säugetier mit dickem, wolligem Fell u. beim männlichen Tier oft großen, gewundenen Hörnern, das als Wolle, Fleisch, auch Milch lieferndes Nutztier gehalten wird:* die -e blöken; im Frühjahr, wenn die -e lammen; er ist geduldig wie ein S.; ein S. schlachten; Ü ein verirrtes S. (*ein sündiger, vom rechten Weg abgekommener Mensch; nach z. B. Matth. 18, 12–13);* Spr ein räudiges S. steckt die ganze Herde an; * **schwarzes S.** (*jmd., der in einer Gemeinschaft unangenehm auffällt, von ihr als Außenseiter betrachtet wird; nach 1.Mos. 30, 32;* in einer Schafherde sind die schwarzen u. die gefleckten Schafe weniger erwünscht, weil man einheitlich weiße Wolle gewinnen möchte, die sich bei weiterer Verarbeitung nach Wunsch färben lässt: sie war schon immer das schwarze S. der Familie); **die -e von den Böcken trennen/scheiden** (*die Guten u. die Schlechten voneinander trennen;* nach dem alten Schäferbrauch, verbreitet durch die Stelle im Matthäusevangelium, wo von Christus gesagt wird, er trenne die guten u. die schlechten Menschen wie der Hirte die Schafe von den Böcken [Matth. 25, 32]). **2. a)** (ugs.) *gutmütig-einfältiger Mensch* (auch als Schimpfwort): du [dummes, blödes] S.!; **b)** Kosewort, bes. für Kinder.

Schaf|bock, der: *männliches Schaf.*

Schäf|chen, das; -s, - **1. a)** Vkl. zu ↑ Schaf (1): * **sein/seine S. ins Trockene bringen** (ugs., oft leicht abwertend: *sich* [*auf Kosten anderer*] *großen Gewinn, Vorteil verschaffen;* urspr. wohl = Schafe auf trockene, höher gelegene Weiden bringen, um sie vor bestimmten Schmarotzern zu schützen); **sein/seine S. im Trockenen haben** (ugs., oft leicht abwertend: *sich seinen Vorteil gesichert haben*); **S. zählen** (fam.: [*weil man nicht einschlafen kann*] *vor sich hin zählen*); **b)** (fam.) *Schäflein* (2). **2.** Vkl. zu ↑ Schaf (2 b): komm mal zu mir, mein S.

Schäf|chen|wol|ke, die ⟨meist Pl.⟩: *Zirrokumulus.*

Schä|fer, der; -s, - [mhd. schǣfære, spätahd. scāphare]: *jmd., der Schafe hütet u. betreut u. die für die Aufzucht u. Haltung notwendigen Arbeiten verrichtet (Berufsbez.).*

Schä|fer|dich|tung, die (Literaturwiss.): *Hirtendichtung der europäischen Renaissance u. des Barocks, in der die ländliche Welt der Schäfer u. Hirten manieristisch gestaltet u. auf einer künstlichen, wirklichkeitsfremden Ebene dargestellt wird.*

Schä|fe|rei, die; -, -en: **1.** ⟨o. Pl.⟩ *Schafhaltung, -zucht:* er hat die S. aufgegeben. **2.** *Betrieb für Schafzucht.*

Schä|fer|ge|dicht, das (Literaturwiss.): *Hirtengedicht.*

Schä|fer|hund, der: **1.** *dem Wolf ähnlicher großer Hund mit spitzen, stehenden Ohren, langem, buschigem Schwanz u. dunkler bis schwarzer, an der Unterseite oft gelblicher Färbung:* ein Deutscher S. **2.** *Hund, der einem Schäfer beim Hüten der Schafe hilft;* Hütehund.

Schä|fe|rin, die; -, -nen: w. Form zu ↑ Schäfer.

Schä|fer|kar|ren, der: *zweirädriger, geschlosse-*

Schäferroman – Schafott

ner Karren, der einem Schäfer zum Wohnen auf der Weide dient.

Schä|fer|ro|man, der (Literaturwiss.): vgl. Schäferdichtung.

Schä|fer|stünd|chen, das [nach frz. heure du berger]: **a)** *[heimliches] Beisammensein von Verliebten, bei dem Zärtlichkeiten ausgetauscht werden [u. bei dem es zu sexuellen Handlungen kommt]:* ein S. [mit jmdm.] haben; **b)** (verhüll.) *Ausübung von Geschlechtsverkehr:* dabei kam es zu einem S. zwischen den beiden.

Schaff, das; -[e]s, -e [mhd. schaf = offenes Gefäß; Kornmaß; kleines Schiff, ahd. scaph = Gefäß, urspr. = Ausgehöltes, verw. mit ↑schaffen]: **1.** (südd., österr.) *offenes Gefäß, Bottich, Zuber.* **2.** (westmd., südd.) *Schrank, Regal.*

Schaf|fe, die; - [zu ↑schaffen (1)] (Jugendspr. veraltend): *großartige Sache, Angelegenheit.*

Schaf|fell, Schafsfell, das: *Fell eines Schafs:* das Baby lag auf einem S.

schaf|fen (st. u. sw. V.; hat) [mhd. schaffen (st. u. sw. V.), ahd. scaffan (st. V.) u. scaffôn (sw. V., Präsensstamm zum Prät. u. 2. Part. des st. V. scepfen, ↑²schöpfen), urspr. = schnitzen, mit dem Schaber bearbeiten, verw. mit ↑schaben]: **1.** (st. V.) *(durch schöpferische Arbeit, schöpferisches Gestalten) neu entstehen lassen; hervorbringen:* am Anfang schuf Gott den Himmel und die Erde; ein Kunstwerk s.; der Künstler hat eine Plastik, ein neues Bild geschaffen; der schaffende *(schöpferisch arbeitende) Mensch, Geist;* wie er, sie geschaffen ist (veraltet verhüll. scherzh.; *unbekleidet, nackt*); ⟨subst.:⟩ die Ausstellung gibt einen guten Überblick über Picassos plastisches, bildhauerisches Schaffen *(Werk);* * **für etw., zu etw. wie geschaffen sein** *(für etw. ganz besonders geeignet, tauglich, passend sein):* er ist für diesen Beruf, zum Lehrer wie geschaffen; das Material ist für den Zweck wie geschaffen; **für etw., zu etw. nicht geschaffen sein** *(mit etw. [unüberwindliche] Schwierigkeiten haben, nicht zurechtkommen:* zum Leben auf dem Lande ist sie einfach nicht geschaffen). **2.** ⟨st., auch sw. V.⟩ *entstehen, zustande kommen lassen; zustande bringen:* Platz für etw. s.; die Voraussetzungen für etw. s.; neue Stellen s.; eine ganz neue Lage, klare Verhältnisse, eine gute Atmosphäre, günstige Rahmenbedingungen s.; bis dahin hast du dir vielleicht schon ein ansehnliches Vermögen geschaffen/geschafft; er weiß immer Rat, Hilfe zu s. *(findet immer eine Lösung, eine Möglichkeit zu helfen);* diese Pillen schaffen *(verursachen)* mir nur Beschwerden; sich ⟨Dativ⟩ etwas Bewegung s. *(verschaffen);* ⟨verblasst:⟩ Ersatz, Ausgleich, Ruhe, Frieden, Ordnung, Klarheit, Abhilfe s.; solche Ereignisse schaffen *(verursachen, erzeugen)* immer Unruhe; das schafft nur Verwirrung *(verwirrt einen nur).* **3.** * **sich** ⟨Dativ⟩ **zu s. machen** *(irgendeine [manuelle] Tätigkeit ausführen; hantieren:* ich sah, wie sich jemand [mit einem Bolzenschneider] an dem Fahrrad zu s. machte; was machst du dir da an meinem Schreibtisch zu s.?; sie ging hinaus und machte sich im Garten, an den Rosen zu s.); **jmdm. zu s. machen** (1. *jmdm. Schwierigkeiten, große Mühe machen:* die Schule macht ihm schwer zu s. *jmdm. seelisch belasten, jmdm. Sorgen bereiten:* er gibt sich ganz cool, aber im Grunde macht es ihm schon zu s., dass die Kollegen sich von ihm distanzieren; der Misserfolg hat ihm ganz schön zu s. gemacht). **4.** ⟨sw. V.⟩ **a)** *erfolgreich zum Abschluss bringen, bewerkstelligen; bewältigen:* eine ganze Menge, viel, das Soll s.; er schafft diese Arbeit allein nicht mehr; ich fange sofort damit an, aber ob es heute noch schaffe, weiß ich nicht; das schafft er nie!; das hätten wir geschafft!; das wäre geschafft!; wenn die Straße

frei ist, schaffst du es nach Köln in drei Stunden *(brauchst du für die Fahrt nach Köln [nicht mehr als] drei Stunden);* vielleicht schaffst (ugs.; *erreichst)* du noch den früheren Zug; er hat die Prüfung nicht geschafft (ugs.; *ist durchgefallen);* beim letzten Versuch schaffte er den neuen Rekord *(gelang er ihm);* er hat es geschafft, sie zu überreden; **b)** (ugs.) *sehr anstrengen, mitnehmen, erschöpfen:* die Arbeit, die Hitze hat mich heute geschafft; ich habe schon einige ziemlich brutale Kriegsfilme gesehen, aber so wie dieser hat mich noch keiner geschafft; diese Klasse schafft jeden Lehrer; **c)** ⟨s. + sich⟩ (Jargon) *großen Einsatz zeigen, sich verausgaben.* **5.** ⟨sw. V.⟩ (landsch. ugs.) *bringen, tragen, transportieren, befördern:* etw. auf den Speicher, aus dem Haus, aus dem Weg, in den Keller, zur Seite s.; die Verletzten ins Krankenhaus s.; das Schwarzgeld hat er sofort ins Ausland geschafft; (ugs.:) kannst du noch schnell die Pakete zur Post s.? **6.** ⟨sw. V.⟩ (landsch., bes. südd.) **a)** *arbeiten* (1 a): schwer, unermüdlich, den ganzen Tag s.; ⟨subst.⟩ (ugs. scherzh., oft iron.:) frohes Schaffen!; * **etw. mit jmdm., etw., etw. zu s. haben** *(etw. mit jmdm., etw. zu tun haben):* was habe ich damit zu s.?; ich habe mit der Angelegenheit nichts zu s.; ich will mit ihr, euch nichts zu s. haben; was hast du damit zu s.? *[was geht dich das an?]);* **b)** *arbeiten* (1 b): nur halbtags, am Bau, bei der Bahn, im Akkord s.; er hat als Monteur geschafft; **c)** ⟨s. + sich; unpers.⟩ *sich (in bestimmter Weise) arbeiten lassen:* mit dem Gerät schafft es sich leichter; mit netten Kollegen schafft es sich halt besser; **d)** ⟨s. + sich⟩ *(in einem bestimmten Zustand) arbeiten:* du hast dich müde geschafft; **e)** *arbeiten* (4 b): du hast dir die Hände wund geschafft; **f)** *sich plagen, anstrengen, arbeiten:* an dem Berg müssen die Radfahrer ganz schön s., haben es ganz schön zu s.; **g)** ⟨s. + sich⟩ *sich arbeiten* (3 b): ich musste mich durch dichtes Unterholz s.; er hat sich durch die Menge ganz nach vorn geschafft; Ü er hat sich in der Firma, Partei ganz nach oben geschafft; **h)** *sich in einem Prozess der Veränderung befinden:* der Most, Teig schafft *(gärt);* das Holz schafft *(verzieht sich)* noch. **7.** ⟨sw. V.⟩ (südd., österr.) *befehlen, anordnen:* er tut es nur, wenn er [ihm] der Chef schafft; ◆ Nun sagt, ihr Hexen, was ihr schafft. – Ein gutes Glas von dem bekannten Saft (Goethe, Faust I, 2518 f.) ◆ **8. a)** ⟨st. u. sw. V.⟩ *besorgen, beschaffen:* Er soll Vorschläge tun, die annehmlich sind, und vor allem soll er das Geld s. (Goethe, Egmont II); Ihm fehlt's an Kleinigkeiten, die zu s. eine Frau sich gern bemüht (Goethe, Torquato Tasso III, 4); Ich muss ins Feld, mein Töchterlein, und Böses dräut ist Sterne Schein: Drum schaff du mir ein Notgewand (Uhland, Das Nothemd); **b)** ⟨st.u.u. sw. V.⟩ *verschaffen:* Ich hatte, was ihm Freiheit s. konnte (Schiller, Piccolomini II, 7); **c)** ⟨st. u. sw. V.⟩ *herbeischaffen:* Schafft einen Stuhl, ich sinke nieder (Goethe, Faust I, 2325); ...schafft Wein!, rief er noch (Kleist, Kohlhaas 10).

Schaf|fens|drang, der ⟨o. Pl.⟩: *starker innerer Antrieb, schöpferisch, produktiv zu arbeiten:* voller S. sein.

Schaf|fens|freu|de, die ⟨Pl. selten⟩: *Freude am Schaffen.*

schaf|fens|freu|dig ⟨Adj.⟩: *voller Schaffensfreude.*

Schaf|fens|kraft, die ⟨Pl. selten⟩: *Vermögen sich zu betätigen.*

schaf|fens|kräf|tig ⟨Adj.⟩: *voller Schaffenskraft.*

Schaf|fens|lust, die ⟨o. Pl.⟩: *Lust am Schaffen:* seine S. war auch nach dieser Enttäuschung ungebrochen.

Schaf|fens|pro|zess, der: *Prozess, in dem etwas geschaffen* (1) *wird, Prozess schöpferischen Arbeitens.*

Schaf|fer, der; -s, -: **1.** [zu ↑schaffen (3)] (landsch., bes. südd.) *jmd., der sehr fleißig ist, viel arbeitet:* der neue Kollege scheint ein richtiger S. zu sein. **2.** [Nebenf. von ↑Schaffner] (südd., österr. veraltet) *Aufseher, Verwalter auf einem Gutshof:* ◆ Ich will noch zum Garten des -s gehn, dort wächst am Zaune schöner Majoran (Grillparzer, Weh dem II).

Schaf|fe|rei, die; -, -en: **1.** (landsch., bes. südd., oft abwertend) *[dauerndes] mühseliges, anstrengendes Arbeiten; Plackerei.* **2.** (Seemannsspr.) *Schiffsvorratskammer.*

Schaff|hau|sen: Schweizer Kanton u. Stadt: der Rheinfall von S.

¹Schaff|hau|ser, der; -s, -: Ew.

²Schaff|hau|ser ⟨indekl. Adj.⟩: der S. Wochenmarkt.

Schaff|hau|se|rin, die; -, -nen: w. Form zu ↑¹Schaffhauser.

schaff|hau|se|risch, schaff|hau|sisch ⟨Adj.⟩: *Schaffhausen, die Schaffhauser betreffend; von den Schaffhausern stammend, zu ihnen gehörend.*

Schaf|fleisch, das: *Fleisch vom Schaf* (1).

Schäff|ler, der; -s, - [zu ↑¹Schaff (1)] (bayr.): *Böttcher.*

Schäff|le|rin, die; -, -nen: w. Form zu ↑Schäffler.

Schäff|ler|tanz, der (bayr.): *traditioneller Volkstanz der Schäffler.*

Schaff|ner, der; -s, - [mhd. schaffenære = Aufseher, Verwalter, umgebildet aus: schaffære, zu ↑schaffen] (veraltend): *jmd., der in öffentlichen Verkehrsmitteln Fahrausweise verkauft, kontrolliert.*

Schaff|ne|rin, die; -, -nen: w. Form zu ↑Schaffner.

schaff|ner|los ⟨Adj.⟩ (Verkehrsw.): *nicht mit einem Schaffner, einer Schaffnerin besetzt; ohne Schaffner[in]:* ein -er Wagen, Zug; alle Linien verkehren schon lange s.

Schaf|fung, die; -: *das Schaffen* (2), *Herstellen, Zustandebringen:* die S. neuer Arbeitsplätze wird vom Staat gefördert.

Schaf|gar|be, die [im 15. Jh. schaffgarbe, schofgarbe, verdeutlichende Zus. mit ↑Schaf für mhd. garwe (spätmhd. garb), ahd. gar(a)wa, weil die Pflanze gerne von Schafen gefressen wird; 2. Bestandteil H.u., viell. zu ↑¹gar in dessen Bed. »fertig, bereit«, u. dann eigtl. = »bereitgestelltes« Wundheilkraut;] *(zu den Korbblütlern gehörende) auf Wiesen, an Wegrändern wachsende Pflanze mit stark geteilten Blättern u. weißen bis rosafarbenen, in Doldenrispen wachsenden Blüten.*

Schaf|her|de, die: *Herde von Schafen.*

Schaf|hirt, Schaf|hir|te, der: *Hüter einer Schafherde.*

Schaf|hir|tin, die: w. Form zu ↑Schafhirt, ↑Schafhirte.

Schaf|käl|te, Schafskälte, die [der Kälteeinbruch erfolgt zur Zeit der Schafschur]: *häufig Mitte Juni in Mitteleuropa auftretender Einbruch von Kaltluft, der von unbeständigem, regnerischem Wetter begleitet ist.*

Schaf|kä|se: ↑Schafskäse.

Schaf|kopf, der: **1.** ⟨o. Pl.⟩ [wohl nach der dem Kopf eines Schafs ähnelnden Figur, die bei einer älteren Variante des Spiels die notierten Striche für Gewinne u. Verluste bilden] *Kartenspiel für vier Personen, das mit 32 Karten gespielt wird.* **2.** ↑Schafskopf (2). **3.** ↑Schafskopf (3).

Schaf|le|der, das: *aus der Haut von Schafen hergestelltes Leder.*

Schäf|lein, das; -s, -: **1.** Vkl. zu ↑Schaf (1). **2.** (fam.) *jmd., der jmds. Führung, Obhut anvertraut ist.*

Schaf|milch, Schafsmilch, die: *von Milchschafen gewonnene Milch.*

Scha|fott, das; -[e]s, -e [niederl. schavot < afrz. chafaud, chafaut = Gerüst, aus dem Vlat., vgl.

Schaf|pelz, Schafspelz, der: *aus Schaffell gearbeiteter Pelz:* eine Jacke, ein Mantel aus S.
Schaf|schur, die: *Schur (1 a) der Schafe.*
Schafs|fell: ↑ Schaffell.
Schafs|käl|te: ↑ Schafkälte.
Schafs|kä|se, (österr.:) Schafkäse, der: *aus Schafmilch hergestellter Käse.*
Schafs|kleid, das: in der Wendung **ein Wolf im S. sein** (↑ Wolf 1).
Schafs|kopf, der: **1.** ⟨o. Pl.⟩ ↑ Schafkopf (1). **2.** (salopp abwertend) *einfältiger Mensch, Dummkopf* (auch als Schimpfwort): du S.!; so ein S.! **3.** *Kopf eines Schafs.*
Schafs|milch: ↑ Schafmilch.
Schafs|pelz: ↑ Schafpelz.
Schaf|stall, der: *Stall für Schafe.*
¹**Schaft,** der; -[e]s, Schäfte [mhd. schaft, ahd. scaft, urspr. = Speer, Speerschaft, eigtl. = abgeschnittener Ast, Stab, zu ↑ schaben; ↑ Schacht]: **1. a)** *gerader, lang gestreckter, schlanker Teil eines Gegenstandes (der bei Werkzeugen, Waffen häufig der Handhabung dient);* bes. *Teil von Handfeuerwaffen, in dem sich der Lauf, die Abzugsvorrichtung u. a. befinden u. der gleichzeitig der Handhabung dient.* **2. a)** *Stamm eines Baumes zwischen der Verzweigung der Wurzeln u. der Verzweigung der Krone;* **b)** (Bot.) *langer, blattloser Stiel von Blüten bei bestimmten Pflanzen, die deutlich abgesetzte Blüten od. Blütenstände tragen.* **3.** (Zool.) **a)** *über die Haut hinausragender Teil eines Haares;* **b)** Kurzf. von ↑ Federschaft; **c)** ↑ *Kiel* (1). **4. a)** *vom Oberleder gebildeter Teil des Schuhs;* **b)** *die Wade meist bis zum Knie umschließender Teil eines Stiefels.* **5.** (Weberei) *Rahmen aus Metall od. Holz, mit dessen Hilfe in einem Webstuhl die Kettfäden gehoben und gesenkt werden.*
²**Schaft,** der; -[e]s, Schäfte [landsch. Nebenf. von ↑ Schaff (2)] (südd., schweiz.): *Schrank, Regal.*

-schaft, die; -, -en: **1.** bezeichnet in Bildungen mit Substantiven eine Personengruppe oder (seltener) die Gesamtheit von Dingen: Angestelltenschaft, Gerätschaft. **2.** bezeichnet in Bildungen mit Substantiven eine Sache als Ergebnis eines Tuns: Erbschaft, Hinterlassenschaft. **3.** bezeichnet in Bildungen mit Substantiven – seltener mit Adjektiven – eine Beschaffenheit, einen Zustand: Leihmutterschaft.

schäf|ten ⟨sw. V.; hat⟩ [mhd. scheften, schiften, ahd. im 2. Part. giscaft = geschäftet]: **1.** *mit einem* ¹*Schaft (1 a) versehen.* **2.** (Gartenbau veraltend) *veredeln.*
Schaft|le|der, das: *meist weicheres Leder für die Herstellung der* ¹*Schäfte (4) bei Schuhen u. Stiefeln.*
Schaft|stie|fel, der: *Stiefel mit Schaft, meist festem* ¹*Schaft (4).*
Schaf|wei|de, die: *von Schafen beweidetes Land.*
Schaf|wol|le, die: *vom Schaf stammende [gesponnene] Wolle.*
Schaf|zucht, die: *Aufzucht von Schafen unter wirtschaftlichem Aspekt.*
Schah, der; -s, -s [pers. šäh = König]: **a)** ⟨o. Pl.⟩ *Titel, Würde des [persischen] Herrschers;* **b)** *Träger des Titels Schah* (a); **c)** Kurzf. von ↑ Schah-in-Schah (b).
Schah-in-Schah, der; -[s], -s [pers. = König der Könige; ↑ Schah] (früher): **a)** ⟨o. Pl.⟩ *(bis 1979) Titel, Würde des iranischen Kaisers;* **b)** *Träger des Titels Schah-in-Schah* (a).
Scha|kal, der; -s, -e [(türk. çakal <) pers. šaǧāl < altind. śr̥gālá-ḥ]: *(in Asien, Südosteuropa u. Afrika heimisches) in Körperbau u. Größe zwischen Fuchs u. Wolf stehendes Raubtier mit schlankem Körper u. langem, buschigem Schwanz, das überwiegend nachts jagt u. sich meist von kleineren Tieren u. Aas ernährt.*
Scha|ke, die; -, -n [aus dem Niederd., H. u.] (Technik): *Ring, ringähnlich geformtes Teil als Kettenglied bestimmter Ketten (z. B. beim Anker).*
Schä|kel, der; -s, - [aus dem Niederd., wohl Vkl. von ↑ Schake; vgl. ostfries., niederd. schakel] (Technik): *aus einem an der offenen Seite mit einem Bolzen verschließbaren u-förmigen od. ähnlich geformten Bügel bestehendes Teil, das zum Verbinden ringartiger o. Ä. Teile od. zum Enden von Ketten dient:* die Ankerkette besteht aus mehreren durch S. miteinander verbundenen Stücken.
schä|keln ⟨sw. V.; hat⟩ (Technik): *mit einem Schäkel befestigen.*
Schä|ker, der; -s, - [wohl über das Jidd. zu hebr. ḥēq = Busen; weiblicher Schoß] (oft scherzh.): **a)** *jmd., der [gern] schäkert* (a): na, du kleiner S.!; **b)** *jmd., der [gern] schäkert* (b).
Schä|ke|rei, die; -, -en: *[dauerndes] Schäkern:* Schluss jetzt mit der S.!
Schä|ke|rin, die; -, -nen: w. Form zu ↑ Schäker.
schä|kern ⟨sw. V.; hat⟩: **a)** *scherzen, neckische Späße mit jmdm. machen:* Wenn man mal jemanden an ihrer Tür hörte, Briefträger, Hausierer, was auch immer, jedes Mal wurde gelacht und geschäkert (Kronauer, Bogenschütze 81); **b)** *scherzend, neckend flirten:* er schäkerte mit der Kellnerin.
schal ⟨Adj.⟩ [mhd. (md.) schal < mniederd. schal, eigtl. = trocken; dürr]: **1.** *(von bestimmten Getränken) meist durch zu langes Stehen nicht mehr den erwarteten frischen Geschmack aufweisend; abgestanden:* schales Bier; der Wein schmeckt s. **2.** *[in einer Widerwillen erregenden Weise] jedes Reizes entbehrend, langweilig u. reizlos:* ein -es Gefühl; das Leben erschien ihm s.
Schal, der; -s, -s, auch: -e [(engl. shawl <) pers. šāl]: **a)** *(zum Schutz od. als nur schmückendes Zubehör getragenes) langes, schmales Tuch, das um den Hals gelegt od. geschlungen wird:* einen S. tragen; sich einen S. umlegen; **b)** *seitlich am Fenster herabhängender Teil der Übergardine.*
Schal|lan|der, der; -s, - [H. u.]: *Raum in einer Brauerei, in dem sich die Arbeiter während der Pausen aufhalten, sich umziehen u. essen.*
Schal|brett, das (Bauw.): *für Verschalungen verwendetes rohes Brett.*
¹**Schäl|chen,** das; -s, -: **1.** Vkl. zu ↑ Schale (2): ein S. Müsli. **2.** Vkl. zu ↑ Schale (3): ein S. Kaffee trinken.
²**Schäl|chen,** das; -s, -: Vkl. zu ↑ Schal.
Scha|le, die; -, -n: **1.** mhd. schal(e), ahd. scala, im Sinne von »Abgeschnittenes«, verw. mit ↑ ¹Schild] **a)** *eine Frucht, einen Samen umgebende, festere äußerste Schicht:* die S. einer Banane; Kartoffeln in S., mit S. kochen; **b)** *harte, holzartige, den Kern einer Nuss o. Ä. umschließende Hülle:* die Mandel hat eine harte S.; Ü er hat eine raue S. *(er ist [nur] nach außen hin schroff, unfreundlich);* Spr *in einer rauen S. steckt oft ein guter Kern (ein grob, schroff, abweisend wirkender Mensch kann in Wahrheit sehr gutmütig, hilfsbereit o. ä. sein);* **c)** *das Innere eines Vogeleis umschließende, harte, vorwiegend aus Kalk aufgebaute, zerbrechliche Hülle:* Eier mit weißer S.; **d)** *bestimmte [Weich]tiere umgebende, panzerartige Gehäuse:* -n von Muscheln; (landsch.) *Rinde (2):* die S. des Käses. **2.** [mhd. schāle, ahd. scāla, eigtl. = die Abgetrennte, viell. weil Trinkschalen häufig aus den abgetrennten Hirnschalen erschlagener Feinde hergestellt od. flach aus Holz ausgeschnitten wurden] *gewöhnlich flaches, meist rundes od. ovales, oben offenes Gefäß:* eine kleine S. mit Stecknadeln; *die S. des/seines Spottes, Zorns o. Ä. über jmdn., über jmdn. ausgießen* (geh.; *jmdn. verspotten; jmdn. seinen Zorn spüren lassen;* nach Offenb. 15, 7; 16, 1). **3.** (bes. österr.) *Tasse* (1): eine S. Kaffee. **4.** *etw., was die Form einer Schale (2), einer halbierten Hohlkugel hat:* er trank aus der S. seiner hohlen Hand. **5.** *in S. sein* (ugs.; *besonders fein angezogen sein*); **sich in S. werfen/schmeißen** (ugs.; *sich fein machen*). **6.** (Bauw.) *(aus Spannbeton gegossenes) flächiges, gekrümmtes od. schwungenes tragendes Bauteil,* bes. *als Dachkonstruktion.* **7.** (Technik) *selbsttragende [röhrenförmige] Außenhaut, äußere Wandung (bes. eines Flugzeugs).* **8.** (Fachspr.) *unten ausgehöhlter Cabochon.* **9.** (Jägerspr.) *(bes. bei Hirsch, Reh, Wildschwein) Klaue (2).* **10.** (Tiermed.) *bes. bei Pferden vorkommende Gelenkentzündung am Fuß, bei der es zu schalenförmigen Auftreibungen der betroffenen Knochen kommt u. die dazu führt, dass das Pferd lahmt.* **11.** (Physik) *(in bestimmten Atom- u. Kernmodellen) Schicht als eine der mehreren als zwiebelschalenartig übereinanderliegend gedachten Schichten, aus denen sich eine Elektronenhülle od. ein Atomkern aufbaut.*
Schäl|eisen, das (Forstwirtsch.): *Werkzeug zum Entrinden von Baumstämmen.*
scha|len ⟨sw. V.; hat⟩ [zu ↑ Schale (1)] (Bauw.): *eine [Ver]schalung anfertigen, aufbauen; verschalen* (2): morgen wollen sie anfangen zu s.; ⟨subst.:⟩ die Bauarbeiter sind noch beim Schalen.
schä|len ⟨sw. V.; hat⟩ [mhd. scheln, ahd. scelan]: **1. a)** *etw. von seiner Schale (1 a, c, e) befreien durch Abschneiden als dünne Schicht od. durch Abziehen:* einen Apfel [mit einem Messer] s.; Kartoffeln s.; Mandeln s.; einen Baumstamm s. *(entrinden);* **b)** ⟨s. + sich⟩ *in einer bestimmten Weise geschält (1 a) werden können:* die Kartoffeln schälen sich schlecht; **c)** *(die Schale 1 a, c, e von etw.) durch Schälen (1 a) entfernen:* die Rinde von den Baumstämmen s.; **d)** *etw. aus seiner Schale (1 a, c), Umhüllung o. Ä. [langsam, sorgsam] herauslösen; herausschälen:* einen Schokoladehasen aus dem Stanniolpapier s.; Ü sie schälte das Baby mit geübten Händen aus seinen Windeln; Und damit machte sie Miene, sich aus dem Morgenrock zu s. *(ihn abzulegen;* Muschg, Gegenzauber 139). **2.** ⟨s. + sich⟩ **a)** *(von der Haut) die oberste, abgestorbene Schicht in Fetzen, in kleinen Stücken abstoßen;* **b)** *eine sich schälende (2 a) Haut o. Ä. haben:* ihre Nase schält sich. **3.** *etw. [aus etw.] herausschneiden:* den Knochen aus einem Schinken s.; eine faule Stelle aus einem Apfel s. **4.** (Jägerspr.) *(von bestimmten Wildarten) die Rinde junger Bäume abnagen:* am häufigsten werden Fichten geschält. **5.** (Landwirtsch.) *flach pflügen:* ein abgeerntetes Feld s.
Schal|len|bau, der ⟨Pl. -ten⟩: *in Schalenbauweise errichteter [Hallen]bau.*
Scha|len|bau|wei|se, die: **1.** *Bauweise, bei der Schalen (6) verwendet werden.* **2.** *(im Fahrzeugbau) Bauweise, bei der die äußeren Wandungen tragende Funktion haben, Schalen (7) darstellen.*
Scha|len|brun|nen, der (Archit.): *Brunnen (2) mit zwei od. mehreren übereinanderliegenden, schalenförmigen Wasserbecken.*
scha|len|för|mig ⟨Adj.⟩: *die Form einer Schale (2), einer halbierten Hohlkugel o. Ä. aufweisend.*
Scha|len|kreuz, das (Technik): *im Wind um eine senkrechte Achse rotierendes kreuz- od. sternförmiges Gebilde, an dessen Enden je eine halb-*

schalenlos – Schalotte

kugelförmige Schale (4) befestigt ist (als Teil des Windgeschwindigkeitsmessers).
scha|len|los ⟨Adj.⟩: keine Schale (1) habend.
Scha|len|ses|sel, der: Sessel, bei dem Sitzfläche, Rückenlehne u. Seitenteile aus einem Stück bestehen u. die Form einer Schale (4) bilden.
Scha|len|sitz, der: (bes. in sportlichen Automobilen) Sitz, der aus einer durchgehenden, mit dünnem Schaumstoff gepolsterten Schale (4) aus Kunststoff besteht.
Scha|len|tier, das ⟨meist Pl.⟩ (Kochkunst): **a)** essbares Schalenweichtier (z. B. Muschel, Schnecke); **b)** essbares Krustentier (z. B. Garnele, Krebs).
Scha|len|weich|tier, das (Zool.): Weichtier mit einer Schale (1 d) (z. B. Muschel, Schnecke, Kopffüßer); Konchifere.
Scha|len|wild, das ⟨Jägerspr.⟩: Wild, das Schalen (9) hat.
Schäl|hengst, der [verdeutlichende Zus. mit gleichbed. mhd. schel(e), ahd. scelo, wahrsch. urspr. = (Auf)springer, vgl. mhd. schel(lec) = springend, zornig auffahrend]: Zuchthengst, Beschäler (1).
Schalk, der; -[e]s, -e u. Schälke [mhd. schalc, ahd. scalc, urspr. = Knecht, Sklave, H. u.] (veraltend): jmd., der gerne mit anderen seinen Spaß treibt: er ist ein rechter, großer S.; ihm schaut der S. (die Schalkhaftigkeit) aus den Augen; *jmdm. sitzt der S./jmd. hat den S. im Nacken, hinter den Ohren (jmd. ist ein Schalk; eigtl. = jmdm. sitzt ein schalkhafter Dämon im Nacken).
schalk|haft ⟨Adj.⟩ [mhd. schalchaft = arglistig, boshaft] (geh.): in der Art eines Schalks sich benehmend, ausdrückend: ein -er Gesichtsausdruck; s. lächeln.
Schalk|haf|tig|keit, die; -, -en (geh.): **1.** ⟨o. Pl.⟩ schalkhaftes Wesen. **2.** (selten) schalkhafte Äußerung o. Ä.
Schäl|kur, die (Med., Kosmetik): Behandlung, bei der die oberste Hautschichten (mithilfe einer Salbe o. Ä. od. einer Bestrahlung) abgelöst werden.
Schall, der; -[e]s, -e od. Schälle, österr. nur: -e [mhd. schal, ahd. scal, zu mhd. schellen, ahd. scellan, ↑ schellen]: **1.** (geh.) nachhallendes Geräusch; schallender Klang, Ton: ein heller, dumpfer S.; der S. der Trompeten; der S. ferner Trommeln; nie vernommene Schälle (Laute) drangen an sein Ohr; *leerer S. sein (bedeutungslos, unwesentlich sein); S. und Rauch sein (keine Bedeutung haben; vergänglich sein; nach Goethe, Faust I, 3457). **2.** ⟨o. Pl.⟩ (Physik) in einem ¹Medium (3) wellenförmig sich ausbreitende Schwingungen, die vom menschlichen Gehör wahrgenommen werden können: das Flugzeug ist schneller als der S.; die Wand reflektiert den S.; die Lehre vom S. (die Akustik).
Schall|be|cher, der: **1.** den Klang prägender u. verstärkender röhren- od. trichterförmiger vorderster Teil eines Blasinstruments. **2.** Aufsatz einer Orgelpfeife.
Schall|bla|se, die (Zool.): blasenartige Ausstülpung der Mundschleimhaut bei Froschlurchen, die als Resonator wirkt u. die Stimme des Tieres verstärkt.
Schall|bo|den, der: Resonanzboden.
schall|däm|mend ⟨Adj.⟩: Schalldämmung bewirkend, zur Schalldämmung geeignet; die Ausbreitung des Schalls eindämmend.
Schall|dämm|stoff, der (Technik): schalldämmender Baustoff.
Schall|däm|mung, die: (auf der Reflexion des Schalls beruhende) Einschränkung der Ausbreitung des Schalls.
schall|däm|pfend ⟨Adj.⟩: Schalldämpfung bewirkend, zur Schalldämpfung, Verminderung der Lautstärke geeignet.

Schall|dämp|fer, der: **1.** (Technik) **a)** Vorrichtung, Teil einer Maschine o. Ä. zur Verminderung der Lautstärke; **b)** (Kfz-Technik) Auspufftopf. **2.** (Musik) Dämpfer (1). **3.** (Waffent.) vorn am Lauf von Handfeuerwaffen aufsetzbares Teil zur Dämpfung des beim Schießen entstehenden Knalls.
Schall|dämpf|stoff, der (Technik): schalldämpfender Baustoff.
Schall|de|ckel, der: baldachinartiger Überbau einer Kanzel (1), der bewirkt, dass die Stimme des Predigers besser gehört wird.
schall|dicht ⟨Adj.⟩: keinen Schall durchlassend.
Schall|druck, der (Akustik): durch Schwingungen von Schall hervorgerufener Druck.
Schall|emis|si|on, die (Fachspr.): Emission von Schallwellen, bes. von Lärm.
Schall|emp|fin|dung, die: Wahrnehmung von Schall mit dem Gehör.
schal|len ⟨sw. u. st. V.; schallte/(seltener:) scholl, hat geschallt⟩ [mhd. schallen, zu ↑ Schall]: **a)** laut u. weithin vernehmlich [u. nachhaltend] tönen, weithin hörbar sein: etw. schallt laut, dumpf, hell, dröhnend; schallendes Gelächter; schallend lachen; (auch unpers.:) die Tür fiel ins Schloss, dass es schallte; **b)** (von einem Schall 1) sich ausbreiten, sich fortpflanzen: Glockengeläut schallte über die Felder; In meinen Traum schallte der Gesang der Betrunkenen, die heimgingen, und der Stundenschlag der Paulskirche (Eich, Hörspiele 314); **c)** von einem Schall (1) erfüllt sein: der Saal schallte von Gelächter.
schal|lern ⟨sw. V.; hat⟩ [Iterativbildung zu ↑ schallen] (ugs.): **1.** mit lauter Stimme singen. **2.** *jmdm. eine s. (salopp: jmdm. eine kräftige Ohrfeige geben); eine geschallert kriegen/bekommen (salopp: eine kräftige Ohrfeige bekommen).
Schall|fo|lie, die: Schallplatte in Form einer dünnen, nur einseitig bespielten Kunststofffolie.
Schall|ge|ber, der (Akustik): Schallquelle.
schall|ge|dämpft ⟨Adj.⟩: mit einer schalldämpfenden Vorrichtung, z. B. einem Schalldämpfer o. Ä., versehen.
Schall|ge|schwin|dig|keit, die: Geschwindigkeit, mit der sich der Schall ausbreitet.
Schall|gren|ze, die (seltener): Schallmauer.
schall|iso|liert ⟨Adj.⟩: gegen Schall isoliert.
Schall|kas|ten, Schall|kör|per, der: Resonanzkörper.
Schall|leh|re, Schall-Leh|re, die ⟨o. Pl.⟩: Akustik (1).
Schall|lei|ter, Schall-Lei|ter, der: Medium, in dem sich der Schall (in bestimmter Weise) ausbreitet: Wasser ist ein guter S.
Schall|loch, Schall-Loch, das: **a)** Öffnung, Loch in Resonanzboden od. in der Decke (8) eines Saiteninstruments, durch das Schallschwingungen abgestrahlt werden; **b)** fensterartige Öffnung in einem Glockenturm, durch die der Klang der Glocken nach außen dringen kann.
Schall|mau|er, die: extrem hoher Luftwiderstand, der entsteht, wenn ein Flugzeug o. Ä. Schallgeschwindigkeit erreicht (u. durch dessen Überwindung es zu einem sehr lauten Knall kommt).
Schall|nach|ah|mung, die (Sprachwiss.): Lautmalerei.
Schall|öff|nung, die: Öffnung, durch die der Schall austreten kann.
Schall|or|tung, die: Ortung mithilfe des Schalls.
Schall|pe|gel, der: [gemessene] Stärke eines Schalls.
Schall|plat|te, die: dünne, aus Kunststoff gepresste runde Scheibe mit auf jeder Seite je einer spiralförmigen, feinen Rille, in der Tonaufnahmen gespeichert sind, die mithilfe eines Plattenspielers wiedergegeben werden können.

Schall|plat|ten|fir|ma, die: Firma, in der Schallplatten hergestellt werden.
Schall|plat|ten|ge|schäft, das: **1.** Laden, in dem Schallplatten, CDs, Musikkassetten o. Ä. verkauft werden. **2.** ⟨o. Pl.⟩ Produktion u. Vertrieb von Schallplatten, CDs, Musikkassetten o. Ä. als Erwerbsquelle.
Schall|plat|ten|hül|le, die: quadratische Hülle, in der eine Schallplatte verkauft u. aufbewahrt wird; Cover (b).
Schall|plat|ten|in|dus|t|rie, die: Plattenindustrie.
Schall|plat|ten|pro|duk|ti|on, die: **1. a)** ⟨o. Pl.⟩ Herstellung von Schallplatten; **b)** Gesamtheit von produzierten Schallplatten. **2.** für eine Schallplatte produzierte Aufnahme.
Schall|plat|ten|samm|lung, die: Sammlung von Schallplatten.
Schall|plat|ten|ver|trag, der: Vertrag, den ein Musiker, ein Sänger o. Ä. mit einer Plattenfirma abschließt.
Schall|quel|le, die: etw., was Schall aussendet, wovon ein Schall ausgeht.
Schall|rohr, das, **Schall|röh|re,** die: röhrenförmiger Teil eines Blasinstruments.
Schall|ro|se, die [nach der Form der Öffnung]: Schallloch einer Gitarre od. Laute.
schall|schlu|ckend ⟨Adj.⟩: (von Baustoffen o. Ä.) die Reflexion von Schallwellen in hohem Maß unterbindend.
Schall|schutz, der: Lärmschutz.
schall|si|cher ⟨Adj.⟩: schalldicht.
Schall|si|g|nal, das: akustisches Signal.
Schall|stück, das: Schallbecher (1).
schall|tot ⟨Adj.⟩ (Fachspr.): keine Schallwellen eindringen lassend, keine Reflexion von Schallwellen aufweisend.
Schall|trich|ter, der: trichterförmiger Teil verschiedener Musikinstrumente, Geräte, durch den der Schall verstärkt u. in eine bestimmte Richtung gelenkt wird.
Schall|über|tra|gung, die (Fachspr.): Übertragung von Schall (mit technischen Mitteln): stereofone S.
schall|ver|stär|kend ⟨Adj.⟩: eine Verstärkung des Schalls bewirkend.
Schall|wand|ler, der (Elektrot.): elektroakustischer Wandler (z. B. Mikrofon).
Schall|wel|le, die ⟨meist Pl.⟩ (Physik): von einer Schallquelle ausgehende Welle (4 a).
Schall|wort, das ⟨Pl. ...wörter⟩ (Sprachwiss.): lautmalendes Wort.
Schall|zei|chen, das (Amtsspr.): akustisches Zeichen (z. B. Hupsignal).
Schal|mei, die; -, -en [mhd. schalemī(e) < afrz. chalemie < griech. kalamaía = Rohrflöte, zu: kálamos = (Schilf)rohr]: **1.** (Fachspr.) Rohrblattinstrument unterschiedlicher Art. **2.** Blasinstrument (bes. der Hirten) mit doppeltem Rohrblatt u. 6–7 Grifflöchern auf der Vorderseite. **3.** Spielpfeife einer Sackpfeife. **4.** Zungenstimme bei der Orgel. **5.** einfaches, volkstümliches Blasinstrument mit mehreren gebündelten Röhren aus Metall.
schal|mei|en ⟨sw. V.; hat⟩ (selten): Schalmei spielen: ♦ ... dass die Kinder auf Blättern schalmeiten und in Batzenflöten stießen (Jean Paul, Wutz 29).
Schal|mei|en|klang, der: Klang einer od. mehrerer Schalmeien.
Scha|lom [hebr. šalōm = Friede]: hebräische Begrüßungsformel.
Scha|lot|te, die; -, -n [frz. échalote < afrz. échaloigne < spätlat. (cepa) ascalonia, eigtl. = die (Zwiebel) aus Askalon (bibl. Palästina)]: **1.** Lauch mit röhrenförmigen Blättern u. kugeligen lila Blüten. **2.** kleine, eiförmige, mild aromatische Zwiebel einer Schalotte (1).

schalt: ↑ schelten.

Schalt|an|la|ge, die (Elektrot.): Anlage zum Verbinden u. Trennen elektrischer Leitungen.

schalt|bar ⟨Adj.⟩: sich [in einer bestimmten Weise] schalten (1 a, 2 a) lassend: der Wagen hat ein leicht -es Getriebe.

Schalt|ele|ment, das (Elektrot.): Element, Bauteil o. Ä. einer Schaltung (1 b).

schal|ten ⟨sw. V.; hat⟩ [mhd. schalten, ahd. scaltan = stoßen, schieben, wahrsch. eigtl. = spalten; hauen]: **1. a)** (ein Gerät, eine technische Anlage o. Ä.) durch Betätigen eines Schalters in einen bestimmten (Betriebs)zustand versetzen: ein Gerät auf »aus« s.; einen Laptop auf Akkubetrieb s.; (auch ohne Akk.-Obj.:) vergiss nicht, auf Automatik zu s.; **b)** [automatisch] geschaltet (1 a) werden: die Ampel schaltet gleich auf Gelb; ⟨auch schleudern + sich:⟩ die Waschmaschine hat sich gerade wieder auf Schleudern geschaltet; **c)** ⟨s. + sich⟩ sich in einer bestimmten Weise schalten (1 a) lassen: das Gerät schaltet sich leicht. **2. a)** eine Gangschaltung betätigen, einen Gang einlegen: in den Leerlauf s.; **b)** ⟨s. + sich⟩ sich in einer bestimmten Weise schalten (2 a) lassen: das Getriebe schaltet sich einwandfrei. **3.** (als zusätzliches Element) in etw. einfügen, einschieben, eingliedern: eine Parenthese in einen Satz s. **4. a)** (Rundfunk, Fernsehen) eine Schaltung (2) herstellen: ins Olympiastadion s.; **b)** (Elektrot.) in einer bestimmten Weise in einen Stromkreis o. Ä. integrieren: etw. in Reihe s. **5.** (geh.) ¹verfahren (1): er kann hier s., wie es ihm beliebt; Wie herrlich waren die Monate, da man nach freiem Gutdünken s. konnte (St. Zweig, Fouché 144); * **s. und walten** (nach eigenem Belieben verfahren). **6.** (ugs.) etw. Bestimmtes begreifen, verstehen [u. entsprechend reagieren]: bis er geschaltet hatte, war es zu spät; sie hat gleich [richtig] geschaltet. **7.** (Zeitungsw.) ⟨als Inserent⟩ veröffentlichen lassen: eine Anzeige s.

Schal|ter, der; -s, -: **1. a)** Vorrichtung zum Herstellen od. Unterbrechen einer elektrischen Verbindung (in Form eines Hebels, eines Druck- od. Drehknopfes): ein elektrischer S.; einen S. betätigen; ein S. zum Drehen, Drücken, Ziehen; an einem S. drehen; einen S. an-, ausmachen (ugs.; durch Betätigen eines Schalters etw. an-, ausschalten); **b)** (bes. beim Fahrrad) Hebel einer Gangschaltung: eine Zehngangschaltung hat zwei S. **2.** [älter = Schiebefenster, spätmhd. schalter = Schieber, Riegel] (in Ämtern, Banken, bei der Post o. Ä.) Theke, abgegrenzter Platz in einem größeren Raum, von dem aus die Kund[inn]en bedient werden: der S. ist [vorübergehend] geschlossen, nicht besetzt; Briefmarken gibt es an jedem S.; der Mann hinter dem S.; er reichte ihm das Formular durch den S.; vor dem S. hatte sich eine lange Schlange gebildet. ◆ **3.** Fensterladen: Mädchen möcht' es wissen, Mädchen öffnet leis' den S. (Goethe, Pandora I).

Schal|ter|dienst, der: Dienst an einem Schalter (2).

Schal|ter|hal|le, die: Halle (1), in der sich mehrere Schalter (2) befinden.

Schal|ter|schluss, der ⟨o. Pl.⟩: Zeitpunkt, zu dem die Schalterstunden enden.

Schal|ter|stun|den ⟨Pl.⟩: Zeit, während deren die Schalter (2) einer bestimmten Einrichtung geöffnet sind.

Schalt|flä|che, die (EDV): Element grafischer Benutzeroberflächen von Anwendungsprogrammen, durch dessen Anklicken eine zugeordnete Funktion ausgelöst wird.

Schalt|ge|stän|ge, das (Kfz-Technik): Gestänge, das den Schalthebel (2) mit dem Getriebe verbindet.

Schalt|ge|trie|be, das (Technik): schaltbares Getriebe.

Schalt|he|bel, der: **1.** Hebel eines Schalters (1 a): der S. steht auf »aus«; * **an den -n der Macht sitzen** (in einer sehr einflussreichen politischen o. ä. Position sein). **2.** Hebel einer Gangschaltung.

Schalt|jahr, das [mhd. schaltjār, ahd. scaltjār, eigtl. = Jahr, in dem (ein Tag) eingestoßen, -geschaltet wird]: Jahr mit einem Schalttag: 2008 war ein S.

Schalt|kas|ten, der: Kasten, Wandschrank o. Ä., in dem eine Schalttafel untergebracht ist.

Schalt|knüp|pel, der: Schalthebel einer Knüppelschaltung.

Schalt|kreis, der (Elektronik): eine Einheit bildender Teil einer Schaltung (1 b).

Schalt|pau|se, die (Rundfunkt.): durch ein beim Sender erfolgendes [Um]schalten bedingte Sendepause.

Schalt|plan, der (Elektrot.): grafische Darstellung der Schaltung einer elektrischen Einrichtung, eines elektrischen Geräts mithilfe von Schaltzeichen.

Schalt|pult, das: in der Art eines Pultes schräg liegende Schalttafel.

Schalt|satz, der (Sprachwiss.): als Einschub in einem anderen Satz stehender, nicht abhängiger Satz.

Schalt|sche|ma, das (Elektrot.): schematische Darstellung einer Schaltung (1 a).

Schalt|stel|le, die: Stelle, von der aus bestimmte, bes. politische Vorgänge gesteuert werden, von der Macht ausgeübt wird.

Schalt|ta|fel, die (Elektrot.): Tafel o. Ä., auf der alle zur zentralen Steuerung einer elektrischen Anlage o. Ä. nötigen Schalter, Regler, Instrumente usw. angeordnet sind.

Schalt|tag, der: Tag, der alle vier Jahre (als 29. Februar) zusätzlich zu den 365 Tagen eines normalen Jahres eingeschaltet wird, um so immer wieder die Differenz zwischen Kalenderjahr u. Sonnenjahr auszugleichen.

Schalt|uhr, die: mit einem elektrischen Schalter gekoppelte Uhr, die es ermöglicht, ein elektrisches Gerät o. Ä. zu einem an der Uhr einzustellenden beliebigen Zeitpunkt automatisch ein- od. auszuschalten.

Schal|tung, die; -, -en: **1. a)** Art u. Weise, wie die Bestandteile einer elektrischen Anlage, eines elektrischen Geräts elektrisch miteinander verbunden sind; **b)** Gesamtheit von Bauteilen u. zugehörigen elektrischen Verbindungen (in einem Gerät o. Ä.): eine sauber gelötete S.; **c)** Schaltplan. **2.** (Rundfunk, Fernsehen) Funk-, Fernseh-, Telefonverbindung o. Ä. (zu einem bestimmten Ort). **3.** Gangschaltung.

Schalt|weg, der: räumlicher Abstand zwischen zwei benachbarten Gängen eines Getriebes, der beim Schalten von bestimmten beweglichen Teilen der Gangschaltung überwunden werden muss.

Schalt|werk, das (Technik): **1.** Sperrgetriebe, das eine zeitweise aussetzende Bewegung erzeugt (wie z. B. beim Malteserkreuz 2). **2.** (beim Fahrrad) Teil der Kettenschaltung, das die Kette beim Schalten auf einen anderen Zahnkranz befördert u. die Kette jederzeit gespannt hält.

Schalt|zei|chen, das (Elektrot.): Symbol zur Darstellung eines Schaltelements in einem Schaltplan o. Ä.

Schalt|zen|tra|le, die (Technik): Ort, von dem aus eine technische, bes. elektrische Anlage zentral gesteuert werden kann.

Scha|lung, die; -, -en (Bautechnik): **1.** das Schalen. **2.** aus Brettern, Holzplatten o. Ä. hergestellte Hohlform zum Gießen von Betonteilen.

Scha|lup|pe, die; -, -n [frz. chaloupe, wohl aus dem Niederl.]: Beiboot mit Riemen od. einem Segel.

Scham, die; - [mhd. scham(e), scheme, ahd. scama, urspr. = Beschämung, Schande, H. u.]: **1.** durch das Bewusstsein, (bes. in moralischer Hinsicht) versagt zu haben, durch das Gefühl, sich eine Blöße gegeben zu haben, ausgelöste quälende Empfindung: [tiefe] S. empfinden; aus S., vor S. erröten; Wann immer Cotta später an diese Augenblicke seiner Besinnungslosigkeit zurückdachte, fror ihn vor S. (Ransmayr, Welt 150). **2.** Schamgefühl: er hat keine S. [im Leibe]; ℝ nur keine falsche S. (hier ist Zurückhaltung, Bescheidenheit o. Ä. nicht am Platz!) **3.** (selten) Schamröte. **4.** (geh. verhüll.) Schamgegend: [sich] die S. bedecken.

Scha|ma|de, Chamade [ʃa...], die; -, -n [frz. chamade < ital. chiamata < lat. clamare = rufen] (Militär früher): mit Trommel od. Trompete gegebenes Zeichen der Kapitulation: * **[die] S. schlagen, blasen** (bildungsspr. selten; klein beigeben, aufgeben).

Scha|ma|ne, der; -n, -n [tungus. shaman] (Völkerkunde): (bei bestimmten Naturvölkern) mit magischen Fähigkeiten, bes. der Fähigkeit, mit Geistern in Verbindung zu treten, ausgestattete Person, die als Priester, Medizinmann o. Ä. fungiert.

Scha|ma|nin, die; -, -nen: w. Form zu ↑ Schamane.

Scham|be|haa|rung, die ⟨Pl. selten⟩: Schamhaar (2).

Scham|bein, das [zu ↑ Scham (4)] (Anat.): vorderer Teil des Hüftbeins.

Scham|bein|fu|ge, die (Anat.): schmaler Zwischenraum zwischen linkem u. rechtem Schambein.

Scham|berg, der (Anat.): mit Schamhaaren bedeckte, leicht hervortretende Erhebung unmittelbar oberhalb der äußeren Geschlechtsorgane (bei der Frau).

Scham|drei|eck, das: der Form eines auf der Spitze stehenden Dreiecks ähnliches Schamhaar (2) der Frau.

schä|men, sich ⟨sw. V.; hat⟩ [mhd. schemen, schämen, ahd. scamēn, scamōn]: **1.** Scham (1) empfinden: sich sehr s.; sich seiner Nacktheit s.; ich schäme mich für dich; sich vor sich selbst s.; schämst du dich [denn] gar nicht? (wie kannst du dich nur so verhalten?); schäm dich, so zu lügen!; Ich selbst war früher leicht in Sachen verwickelt, für die ich mich heute schäme (Seghers, Transit 7). **2.** sich aus Scham nicht überwinden können, etw. Bestimmtes zu tun: er schämt sich, seinen Irrtum einzugestehen.

Scham|frist, die (Politikjargon): Zeitraum, den jmd. nach bestimmten Ereignissen, Vorfällen o. Ä. aus taktischen Gründen, aus einer gewissen Rücksichtnahme, um der besseren Eindrucks willen verstreichen lässt, ehe er weitere Maßnahmen ergreift, seine wirklichen Absichten offen zutage legt.

Scham|fu|ge, die (Anat.): Schambeinfuge.

Scham|ge|fühl, das: Fähigkeit, Scham (1) zu empfinden: jmds. S. verletzen.

Scham|ge|gend, die: Gegend (d) der äußeren Geschlechtsorgane.

Scham|gren|ze, die: Grenze, die das Schamgefühl (für das Verhalten) setzt.

Scham|haar, das: **1.** in der Schamgegend wachsendes Haar. **2.** ⟨o. Pl.⟩ Behaarung der Schamgegend des Menschen.

scham|haft ⟨Adj.⟩ [mhd. scham(e)haft, ahd. scamahaft]: sehr leicht dazu neigend, Scham zu empfinden; Scham zeigend; voller Scham: ein -er junger Mann; ein -er Blick; s. die Augen niederschlagen.

Scham|lip|pe, die ⟨meist Pl.⟩ (Anat.): wulstige

schamlos – Scharade

Hautfalte des äußeren weiblichen Geschlechtsorgans.

scham|los ⟨Adj.⟩ [mhd. scham(e)lōs, ahd. scamalos]: **a)** (im sexuellen Bereich) bestehende Tabus nicht respektierend [u. damit die Gefühle der Mitmenschen verletzend, ihre Entrüstung hervorrufend]: sie ist eine -e Person; -e Gebärden; **b)** skrupellos, bedenkenlos gegen die guten Sitten verstoßend: -e Heuchelei; ein schamloser Betrug; sich s. [an jmdm.] bereichern; **c)** dreist, unverschämt: eine -e Lüge; s. lügen.

Scham|lo|sig|keit, die: **a)** ⟨o. Pl.⟩ das Schamlossein; schamloses Wesen; schamlose Art; **b)** schamlose Handlung, Äußerung.

Scham|mes, der; -, - [jidd. schammes < hebr. šammāš] (jüd. Rel.): Diener in einer Synagoge u. Assistent des Vorstehers jüdischer Gemeinden.

¹Scha|mott, der; -s [H. u.] (ugs. abwertend): unnützes, wertloses Zeug: für 20 Euro kannst du den ganzen S. (alles zusammen) haben.

²Scha|mott, der; -s (österr. ugs.), **Scha|mot|te** [auch: ...'mɔt], die; - [H. u.]: feuerfester, zur Herstellung von Schamottesteinen o. Ä. verwendeter Ton.

Scha|mot|te|stein, der: feuerfester Stein aus Schamotte, bes. zum Auskleiden von Öfen; Ofenstein.

scha|mot|tie|ren ⟨sw. V.; hat⟩ (österr.): mit Schamottesteinen auskleiden.

scham|po|nie|ren, scham|pu|nie|ren ⟨sw. V.; hat⟩: mit Shampoo behandeln, einschäumen.

Scham|pus, der; - (ugs.): Champagner, Sekt.

Scham|rot ⟨Adj.⟩: Schamröte aufweisend: mit -em Gesicht.

Scham|spal|te, die (Anat.): spaltartige Öffnung zwischen den äußeren Schamlippen.

scham|ver|let|zend ⟨Adj.⟩: das Schamgefühl verletzend.

scham|voll ⟨Adj.⟩: schamhaft, voll Scham.

◆ **Schand-** (abwertend) drückt in Bildungen mit Substantiven aus, dass etw. als schändlich, skandalös angesehen wird: Schandmauer, -schrift, -vertrag.

schand|bar ⟨Adj.⟩ [mhd. schandebære]: **1.** (geh.) von vielen als Schande empfunden; schändlich, abscheulich: sein -es Benehmen; er hat sich in der Sache s. verhalten. **2.** (ugs.) **a)** überaus schlecht: das Gebäude ist in einem -en Zustand; **b)** ⟨intensivierend bei Adjektiven u. Verben⟩ sehr, überaus, äußerst: es hat sich alles s. verteuert.

◆ **Schand|büh|ne**, die: Pranger: So muss ich mich wundern, dass Sie nicht nach dem Marktplatz gingen. – Warum eben dahin? – Ihre Braut von der S. abzuholen (Schiller, Kabale III, 6).

Schan|de, die; -, -n ⟨Pl. selten⟩ [mhd. schande, ahd. scanta, verw. mit ↑ Scham]: **a)** etw., was jmds. Ansehen in hohem Maße schadet: sein Benehmen ist eine S. für die ganze Familie; etw. bringt jmdm. S.; er hat unserem Namen S. gemacht; jmdn., jmds. Namen vor S. bewahren; (scherzh.:) zu meiner S. muss ich gestehen, dass ich es vergessen habe; *** zu -n gehen, machen usw.** (↑ zuschanden); **b)** in höchstem Maße beklagenswerter, empörender, skandalöser Vorgang, Zustand, Sachverhalt: das Elend dieser Menschen ist eine [wahre] S.

Schan|deck, das; -[e]s, -s, selten -e, **Schan|de|ckel**, der; -s, - [1. Bestandteil wohl zu (ost)fries. schampen = schonen, schützen] (Seemannsspr.): ganz außen liegende, das Deck seitlich abschließende Planke, die die Spanten abdeckt.

schän|den ⟨sw. V.; hat⟩ [mhd. schenten, ahd. scenten, zu ↑ Schande]: **a)** jmdm., jmds. Ehre, Ansehen o. Ä. Schande zufügen: er hat das Ansehen, der Familie geschändet; R Arbeit schändet nicht; **b)** (veraltet) sexuell missbrauchen: eine Frau s.; **c)** etw., was Achtung, Respekt verdient, durch eine Handlung, ein Tun entweihen, beschädigen: ein Denkmal s.; **d)** (selten) den Anblick, Eindruck von etw. beeinträchtigen: den protzige Hochhaus schändet die Landschaft.

Schand|fleck, der (emotional): etw., was in ärgerlicher Weise den Eindruck von etw. beeinträchtigt: die Mülldeponie ist ein S. in der Landschaft; die Fünf ist ein S. auf seinem Zeugnis.

schänd|lich ⟨Adj.⟩ [mhd. schantlich, schentlich, ahd. scantlīh]: **1.** Empörung hervorrufend; niederträchtig, gemein: -e Absichten. **2.** (ugs.) **a)** unerhört; sehr, überaus schlecht; **b)** ⟨intensivierend bei Adj. u. Verben⟩ sehr, überaus, äußerst.

Schänd|lich|keit, die; -, -en: **1.** ⟨o. Pl.⟩ das Schändlichsein. **2.** schändliche Tat.

Schand|mal, das ⟨Pl. -e u. ...mäler⟩: **1.** (früher) jmdm. als Zeichen eines Verbrechens, einer Schande beigebrachtes, eingebranntes ²Mal (1). **2.** Schandfleck.

Schand|maul, das (salopp abwertend): **1.** freches Mundwerk: ein S. haben. **2.** jmd., der ein freches Mundwerk hat (oft als Schimpfwort).

Schand|pfahl, der (früher): Pfahl des Prangers, Pranger.

Schand|tat, die: **1.** (emotional) verabscheuungswürdige Tat: er ist bereit, jmdm. alle Schandtaten zutrauen. **2.** (ugs. scherzh.) leichtsinnige, unbekümmert-übermütige Handlung, Unternehmung: *** zu jeder S., zu allen -en bereit sein** (alles mitmachen, was andere vorschlagen, gern möchten).

Schän|dung, die; -, -en: das Schänden; das Geschändetwerden.

Schand|ur|teil, das (emotional): schändliches, dem Rechtsempfinden widersprechendes Urteil.

Schang|hai, (engl.:) Shanghai [ʃ..., 'ʃ...]: Stadt in China.

schang|hai|en ⟨sw. V.; schanghaite, hat schanghait⟩ [engl. to shanghai, nach der chin. Stadt Shanghai, da dies in chinesischen Hafenstädten sehr häufig vorkam] (Seemannsspr.): betrunken machen, in diesem Zustand für ein Schiff anheuern u. [mit Gewalt] an Bord bringen: Matrosen s.

Scha|ni|gar|ten, der [zu österr. Schani = Diener, älter auch = Kellner; nach der österr. ugs. Form des frz. m. Vorn. Jean = Johannes, Hans]: kleiner Platz für Gäste vor [Vorstadt]gasthäusern.

¹Schank, der; -[e]s, Schänke [zu ↑ schenken [mhd. schanc = Schenkgefäß, zu ↑ schenken] (veraltet): **1.** ⟨o. Pl.⟩ ¹Ausschank (1). **2.** ¹Ausschank (2 a).

²Schank, der, auch (in österr.:) **1.** ¹Ausschank (2 a): er sitzt den ganzen Tag in der S. **2.** ¹Ausschank (2 b): hinter der S. stehen.

Schank|be|trieb, der, (seltener:) **Schänk|be|trieb**, der: Schankwirtschaft.

Schank|bier, das (Fachspr.): Bier mit einem Gehalt an Stammwürze von 7–8 %.

Schän|ke: ↑ Schenke.

Schan|ker, der; -s, - [frz. chancre < lat. cancer, ↑ Krebs (3 a)] (Med.): Geschlechtskrankheit mit typischen Geschwüren an den Genitalien.

Schank|er|laub|nis, die: Schankkonzession.

Schank|er|laub|nis|steu|er, die: für eine Schankerlaubnis einmalig zu entrichtende Steuer.

Schank|kon|zes|si|on, die: Konzession (1), eine Gastwirtschaft zu betreiben bzw. alkoholische Getränke auszuschenken.

Schank|raum, der: Raum, in dem alkoholische Getränke ausgeschenkt werden.

Schank|stu|be, die: Schankraum.

Schank|tisch, der: Theke (1).

Schank|wirt, der: Wirt einer Schankwirtschaft.

Schank|wir|tin, die: w. Form zu ↑ Schankwirt.

Schank|wirt|schaft, die: Gaststätte, in der nur Getränke ausgeschenkt werden.

Schan|si; -s: Provinz in China.

Schan|tung, der; -s, - (fachspr.:) Shantung, der; -s, -s, **Schan|tung|sei|de**, die, (fachspr.:) Shantungseide, die [nach der chin. Provinz Schantung]: Seidengewebe mit ausgeprägten Fadenverdickungen.

Schanz|ar|beit, die ⟨meist Pl.⟩ (Militär früher): schwere Erdarbeiten mit Spaten.

Schanz|bau, der ⟨o. Pl.⟩ (Militär früher): das Bauen einer Verschanzung.

Schan|ze, die; -, -n [spätmhd. schanze, auch: Reisigbündel, H. u.]: **1.** (Militär früher) als Verteidigungsanlage aufgeworfener Erdwall für einen militärischen Stützpunkt [im Feld]: -n errichten. **2.** Kurzf. von ↑ Sprungschanze. **3.** (Seemannsspr.) (bes. auf Kriegsschiffen) Aufbau bzw. Deck auf dem hinteren Teil des Schiffes.

schan|zen ⟨sw. V.; hat⟩: **a)** (Militär früher) mit einem Spaten o. Ä. Erdarbeiten zum Anlegen einer Schanze verrichten: erst mussten die Soldaten s.; **b)** durch Schanzen (a) schaffen, herstellen, anlegen: eine Stellung s.

Schan|zen|bau, der ⟨o. Pl.⟩ (Militär früher): das Bauen einer Verschanzung.

Schan|zen|re|kord, der (Skispringen): größte Weite, die auf einer bestimmten Schanze gesprungen worden ist.

Schan|zen|tisch, der (Skispringen): Fläche am Ende des Anlaufs (2 b) einer Schanze, von der sich der Skispringer abdrückt.

Schanz|kleid, das (Seemannsspr.): an der äußeren Seite der Stützen der Reling bei einem Schiff befestigter knie- bis hüfthoher Schutzbezug aus starkem imprägniertem Segeltuch od. Kunststoff.

Schanz|zeug, das (Militär früher): Gerät (z. B. Spaten) für Schanzarbeiten.

Schapp, der od. das; -s, -s [niederd. Nebenf. von ↑ ¹Schaff] (Seemannsspr.): **a)** Schrank, Spind; **b)** [Schub]fach.

¹Schap|pe, die; -, -n [eigtl. = Abfall bei der Seidenherstellung (u. daraus hergestelltes [minderwertiges] Garn), u. landsch. schappen, Nebenf. von ↑ schaben] (Textilind.): Seidengewebe aus Schappeseide.

²Schap|pe, die; -, -n [zu landsch. schappen, ↑ ¹Schappe] (Bergmannsspr.): Werkzeug zum Bohren in lockerem Gestein, das aus einem stählernen Zylinder mit einer Pflugschar ähnlichen Schneide besteht.

Schap|pel, das; -s, - [mhd. schap(p)el < afrz. chapel (= frz. chapeau), ↑ Chapeau]: **1.** (im MA. von Frauen als Kopfputz getragener) mit Ornamenten verzierter Metallreif od. Kranz aus Blüten. **2.** (zu bestimmten Volkstrachten gehörender, bei festlichen Gelegenheiten von Frauen getragener) Kopfschmuck in der Form einer Krone aus Blüten u. mit Perlen u. kleinen bestickten Bändern.

Schap|pe|sei|de, die (zu ↑ ¹Schappe) (Textilind.): Florettseide.

Schap|pe|spin|ne|rei, die: Spinnerei zur Herstellung von Schappeseide.

¹Schar, die; -, -en [mhd. schar, ahd. scara, urspr. = Heeresabteilung, wohl zu ↑ ¹scheren u. dann eigtl. = die Abgetrennte]: größere Anzahl von zusammen auftretenden Menschen od. Tieren: eine S. spielender Kinder/(seltener:) spielende Kinder; *** in [ganzen, hellen o. ä.] -en** (in sehr großer Menge, Zahl); **[ganze] -en von ...** (sehr viele).

²Schar, die; -, -en, landsch. auch: das; -[e]s, -e (Landwirtsch.): Kurzf. von ↑ Pflugschar.

Scha|ra|de, die; -, -n [frz. charade, eigtl. = (seichte) Unterhaltung, aus dem Provenz., urspr. wohl lautm.]: Rätsel, Ratespiel, bei dem ein Wort, das zu erraten ist, meist in seine Silben od.

willkürlich in Teile zerlegt, pantomimisch dargestellt wird.

Schär|baum, der; -[e]s, ...bäume [zu ↑schären] (Weberei): Kettbaum.

Schä|re, die; -, -n ⟨meist Pl.⟩ [mniederd. schere, aus dem Anord., zu ↑¹scheren u. eigtl. = Abgeschnittenes]: kleine, flache, oft zerklüftete, der Küste vorgelagerte Felseninsel.

scha|ren ⟨sw. V.; hat⟩ [mhd. schar(e)n, ahd. scarōn] (geh.): **a)** ⟨s. + sich⟩ sich (in einer ¹Schar) zusammenfinden; sich versammeln: die Klasse scharte sich um den Lehrer; Ü ...wenn sie sich unter eine Fahne scharen, ist es, als seien sie allesamt vom bösen Geist besessen (Tucholsky, Werke II, 120); **b)** als Anhänger (1) o. Ä. gewinnen: mit seinen eingängigen Parolen scharte er die Jugend um sich; ◆ **c)** (Bergmannsspr.) (von ¹Gängen 8) sich vereinigen u. für eine gewisse Strecke einen gemeinsamen Verlauf haben: Hier ist der Gang mächtig ... Andere Gänge verunedelen ihn, bis sich ein verwandter Gang freundlich mit ihm schart (Novalis, Heinrich 69).

schä|ren ⟨sw. V.; hat⟩ [Nebenf. von ↑¹scheren (3) in der veralteten Bed. »Seile spannen«] (Weberei): Kettfäden auf die Walze am Webstuhl wickeln.

Schä|ren|kreu|zer, der [zu ↑Schäre] (Segeln): Segelboot mit langem, schlankem Rumpf, mit überhängendem Bug u. Heck u. hohen, schmalen Segeln [u. Kajüte].

Schä|ren|küs|te, die: Küste mit vorgelagerten Schären.

scha|ren|wei|se ⟨Adv.⟩: in großer Zahl.

scharf ⟨Adj.; schärfer, schärfste⟩ [mhd. scharf, scharpf, ahd. scarf, scarph, eigtl. = schneidend, zu ↑¹scheren]: **1. a)** gut u. leicht schneidend: ein -es Messer; eine -e Schneide; die Axt, der Hobel, die Säge muss mal wieder richtig s. gemacht werden; Spr allzu s. macht schartig (übertriebene Strenge schadet nur); **b)** (am Rand o. Ä.) nicht abgerundet u. glatt, sondern in eine Spitze, in einen spitzen Winkel zulaufend [u. deshalb oft verletzend]: -e Kanten; -e Krallen; der Rand der Scherben sind s.; Ü -e Bügelfalten. **2. a)** eine beißende, brennende Geschmacksempfindung auslösend: -er Senf; es trinkt gern -e Sachen (ugs.; Schnaps); s. schmecken; ⟨subst.:⟩ etwas Scharfes (ugs.; Schnaps) trinken; eine s. gewürzte Suppe; **b)** (von bestimmten Chemikalien o. Ä.) ätzend, aggressiv (2 b): -e Reinigungsmittel; **c)** stechend, streng [riechend]: s. riechen. **3. a)** (von Tönen, Lauten, Geräuschen u. Ä.) [unangenehm] durchdringend [u. laut]; **b)** (von Licht) unangenehm hell u. in den Augen schmerzend: plötzlich traf ihn das -e Licht eines Scheinwerfers; **c)** ein als unangenehm od. sogar schmerzhaft empfindens starkes Kältegefühl bewirkend: es wehte ein -er Ostwind; bei -em Frost. **4. a)** (bes. von den Augen, vom Gehör) sehr gut funktionierend; genau wahrnehmend: er hat schärfere Augen als ich; -es Gehör; er betrachtete ihn s. (durchdringend u. aufmerksam prüfend); **b)** (ugs.) für gute Sehschärfe sorgend, gutes Sehen ermöglichend: eine -e Brille. **5.** deutlich [sichtbar], klar [hervortretend], nicht verschwommen: -e Umrisse; -e Kontraste; die Videokamera liefert sehr -e Bilder; das Foto ist gestochen s.; ein s. begrenztes Dreieck; mit der Brille sehe ich [alles] absolut s.; was sich zu nah vor dem Objektiv befindet, wird nicht s. abgebildet; Ü eine -e Trennung der beiden Begriffe ist kaum möglich; die -e Grenze gibt es nicht; in -em Gegensatz zu etw. stehen. **6.** stark ausgeprägt [u. deshalb streng wirkend]: ein s. geschnittenes Gesicht. **7.** (das Wichtige, das, worauf es ankommt) genau erfassend, wahrnehmend: ein -es Auge, einen -en Blick für etw. haben; ein Problem s. analysieren; denk doch mal s. nach. **8.** geeignet, dem Betroffenen zu schaffen zu machen, ihn empfindlich zu treffen: eine -e Kritik; ein -er Verweis; er tadelte sie s.; jmdn. s. anfassen. **9.** massiv (2), heftig: schärfsten Protest einlegen; etw. s. verurteilen; s. opponieren; jmdm. s. widersprechen. **10.** überaus streng u. unnachsichtig: ein -es Verhör; ein -es Urteil; er gehört zu den schärfsten Prüfern; jmdn. s. bewachen; ⟨subst.:⟩ ein ganz Scharfer (ugs.; jmd., der überaus streng nach Vorschrift seinen Dienst als Prüfer, Polizist, Ankläger o. Ä. versieht). **11.** heftig, erbittert: -e Auseinandersetzungen. **12. a)** sehr schnell; rasant: in -em Galopp reiten; für einen Siebzigjährigen fährt er ungewöhnlich s.; **b)** abrupt u. heftig [geschehend, verlaufend]: eine -e Kurve; eine -e Kehrtwendung machen; s. bremsen; **c)** stark, heftig, intensiv: das wochenlange -e Training hat sich ausgezahlt; s. arbeiten; das gewürzte Fleisch wird zu stark s. (bei großer Hitze) angebraten. **13.** (von Hunden) dazu abgerichtet, [auf Befehl] Menschen od. Tiere anzugreifen: ein -er [Wach]hund. **14.** (bei entsprechendem Einsatz) eine zerstörende Wirkung habend: mit -er Munition schießen; einen -en Schuss abgeben; eine Bombe, Mine, Sprengladung s. machen; die Waffe ist s. [geladen]; hier wird s. (mit scharfer Munition) geschossen. **15.** (Ballspiele) (von einem Wurf, Schuss o. Ä.) kraftvoll, wuchtig. **16.** deutlich, stark akzentuiert: s. artikulieren. **17.** (Schiffbau) (von Bootsformen) spitz zulaufend. **18.** (ugs.) **a)** sehr eindrucksvoll u. Begeisterung auslösend: ein echt -er Typ; **b)** in seiner Unerhörtheit, Unglaublichkeit kaum noch zu überbieten: ganz schön s., was einem so alles zugemutet, geboten wird. **19.** (ugs.) **a)** vom Sexualtrieb beherrscht; geil; sinnlich: ein scharfer Bursche; ⟨subst.:⟩ so was Scharfes wie die ist mir schon lange nicht mehr begegnet; **b)** sexuell erregend: eine -er Porno; -e Sachen (Pornografie). **20.** *s. auf jmdn., etw. sein (ugs.; von einem heftigen Verlangen nach jmdm., etw. erfüllt sein); nicht s. auf etw. sein (ugs. untertreibend; etw. vermeiden wollen, lieber nicht haben, machen wollen: auf diese Art von Tätigkeit bin ich nicht gerade s.). **21.** ganz nahe, dicht: die Autos fuhren s. rechts heran; Ü s. (knapp) kalkulierte Preise.

scharf|äu|gig ⟨Adj.⟩ (selten): aufmerksam; [alle Vorgänge] scharf (4 a) beobachtend.

Scharf|blick, der ⟨o. Pl.⟩: Fähigkeit, jmdn., etw. klar zu erkennen, zu durchschauen.

Schär|fe, die; -, -n [mhd. scher(p)fe, ahd. scarfī, scarphī, eigtl. = Schneide]: **1.** ⟨o. Pl.⟩ scharfe (1 a) Beschaffenheit: die S. der Axt prüfen; Ü die Bügelfalten hatten ihre schneidende S. verloren (Böll, Tagebuch 7); **b)** (selten) ein -, aus scharf (1 b) ist. **2.** ⟨o. Pl.⟩ **a)** scharfe (2 a) Beschaffenheit; **b)** scharfe (2 b) Beschaffenheit, ätzende Wirkung: die S. des Putzmittels; **c)** scharfe Beschaffenheit. **3.** ⟨o. Pl.⟩ **a)** scharfe (3 a) Beschaffenheit; **b)** scharfe (3 b) Beschaffenheit: die S. des Lichtes mildern; **c)** scharfe (3 c) Beschaffenheit: der eisige Wind hatte an S. noch zugenommen. **4.** ⟨o. Pl.⟩ **a)** Eignung, Tauglichkeit zu scharfer (4 a) Wahrnehmung: die S. ihres Gehörs hat nachgelassen. **5.** ⟨o. Pl.⟩ (bes. von Konturen o. Ä.) Deutlichkeit, Klarheit. **6.** ⟨o. Pl.⟩ Eignung, Tauglichkeit zu scharfem (7), genauem Erfassen, Wahrnehmen (des Wichtigen): die S. ihres Verstandes imponierte ihm. **7.** ⟨o. Pl.⟩ scharfe (8) Beschaffenheit, scharfe Art u. Weise: er hat das Buch mit ungewöhnlicher S. kritisiert. **8. a)** ⟨o. Pl.⟩ scharfe (9) Beschaffenheit, scharfe (9) Art u. Weise: ... und ich lächelte vorsorglich, um der S. zu nehmen (Lenz, Brot 133); **b)** (seltener) etw., was Schärfe (8 a) besitzt. **9.** ⟨o. Pl.⟩ scharfe (10) Beschaffenheit, scharfe (10) Art u. Weise: ein wegen seiner S. allgemein gefürchteter Prüfer. **10.** ⟨o. Pl.⟩ scharfe (11) Beschaffenheit, scharfe (11) Art u. Weise: mit äußerster S. geführte Kämpfe. **11.** ⟨o. Pl.⟩ (Ballspiele) scharfe (15) Beschaffenheit, scharfe (15) Art u. Weise.

schär|fen ⟨sw. V.; hat⟩ [mhd. scherp(f)en, ahd. scerfan]: **1.** (durch Schleifen od. Wetzen) scharf (1 a) machen: die Sense s. **2. a)** in seiner Funktion verbessern, verfeinern: ein geschärftes Auge haben; **b)** ⟨s. + sich⟩ sich ausbilden, sich verfeinern. **3.** (Waffent.) scharf (14) machen.

Schär|fen|tie|fe, die (Fotogr.): (bei der Einstellung des Objektivs) durch eine kleinste u. eine größte Entfernung begrenzter Bereich, innerhalb dessen die vorhandenen Objekte ausreichend scharf abgebildet werden.

scharf|kan|tig ⟨Adj.⟩: scharfe Kanten aufweisend: -e Möbel; ein -es Blech.

¹scharf|ma|chen ⟨sw. V.; hat⟩: **1.** (einen Hund) dazu abrichten, [auf Befehl] Menschen od. Tiere anzugreifen: ein Hund beißt nur, wenn er scharfgemacht wurde; Ü das ist reine Propaganda mit dem Zweck, die Leute scharfzumachen (ugs.; sie gegen jmdn. od. etw. aufzubringen, aufzuhetzen). **2.** sexuell erregen.

scharf ma|chen, **²scharf|machen** ⟨sw. V.; hat⟩: schärfen.

Scharf|ma|cher, der (bes. Politik abwertend): jmd., der einen besonders harten politischen Kurs verfolgt, der auf Konfrontation u. Scharfmacherei aus ist.

Scharf|ma|che|rei, die; -, -en ⟨Pl. selten⟩ (bes. Politik abwertend): [dauerndes] Scharfmachen.

Scharf|ma|che|rin, die: w. Form zu ↑Scharfmacher.

Scharf|rich|ter, der [urspr. = der mit Schwert od. Beil scharf (10) Richtende]: Henker.

◆ **Scharf|rich|te|rei**, die; -, -en: Wohnung des Scharfrichters: Vor dem Städtchen, durch das ich musste, kam ich an der S. vorüber (Cl. Brentano, Kasperl 366).

Scharf|schie|ßen, das: Schießen mit scharfer (14) Munition.

Scharf|schuss, der (Ballspiele): scharfer (15), kraftvoller, wuchtiger Schuss [aufs Tor].

Scharf|schüt|ze, der: **1.** Schütze mit besonderer Ausbildung u. Ausrüstung, der ein Ziel auch aus großer Entfernung genau trifft. **2.** (Ballspiele) besonders guter u. erfolgreicher Torschütze.

Scharf|schüt|zin, die: w. Form zu ↑Scharfschütze.

Scharf|sicht, die: Scharfblick.

scharf|sich|tig ⟨Adj.⟩: Scharfblick habend, von Scharfblick zeugend.

Scharf|sinn, der: wacher Intellekt, der sofort das Wesentliche erfasst.

scharf|sin|nig ⟨Adj.⟩: Scharfsinn habend, erkennen lassend: eine -e Analytikerin; er machte dazu eine -e Bemerkung; Die Liebe macht die Frau s. und den Mann konfus (Remarque, Triomphe 205).

Scharf|sin|nig|keit, die; -: **1.** ⟨o. Pl.⟩ Scharfsinn. **2.** etw. Scharfsinniges.

scharf|za|ckig ⟨Adj.⟩: scharfe Zacken aufweisend.

scharf|zah|nig ⟨Adj.⟩: scharfe Zähne aufweisend.

scharf|zün|gig ⟨Adj.⟩: **a)** zu scharfen (8) Äußerungen neigend; **b)** mit scharfer (8) Zunge [gesprochen].

Scharf|zün|gig|keit, die; -, -en: **1.** ⟨o. Pl.⟩ das Scharfzüngigsein. **2.** scharfzüngige Äußerung.

Scha|ria, Scheria, die; - [arab. šarīʿah]: religiöses Gesetz des Islam, das Normen u. Rechtsgrundsätze für alle Lebensbereiche enthält.

¹Schar|lach, der, auch, österr. nur: das; -s, -e ⟨Pl. selten⟩ [mhd. (md.) scharlach = (rot gefärbter) Wollstoff, unter Einfluss des Mniederd. über das Afrz. zu mlat. scarlatum = rot gefärbtes Gewand, wohl über das Arab. u. Pers. zu griech.

Scharlach – schattendunkel

kyklás = den Körper umschließendes Frauenkleid, zu: kýklos, ↑ Zyklus]: **1.** ⟨meist: das⟩ *sehr kräftiger, leuchtender, hellroter Farbton:* Roben in Weiß und S. **2.** (früher) *scharlachrot gefärbter Stoff:* (z. B. gekleidet; ◆ Im S. in den Senat zu kommen! Nicht schwarz wie die übrigen Ratsherrn! (Schiller, Fiesco II, 8).

²Schar|lach, der; -s [gek. aus der LÜ von vlat. febris scarlatina, nach dem intensiv roten Hautausschlag]: *(am häufigsten bei Kindern auftretende) mit sehr hohem Fieber, Kopf- u. Halsschmerzen u. rotem Hautausschlag einhergehende Infektionskrankheit:* S. haben.

Schar|lach|aus|schlag, der: *bei ²Scharlach auftretender Hautausschlag.*

schar|la|chen ⟨Adj.⟩ [mhd. scharlach(en)] (geh.): *scharlachrot.*

Schar|lach|far|be, die ⟨Pl. selten⟩: ¹*Scharlach* (1).

schar|lach|far|ben, schar|lach|far|big ⟨Adj.⟩: *scharlachrot.*

schar|lach|rot ⟨Adj.⟩: *eine kräftige, leuchtend hellrote Farbe aufweisend.*

Schar|la|tan, der; -s, -e [frz. charlatan < ital. ciarlatano, unter Einfluss von: ciarlare = schwatzen, zu: cerretato = Marktschreier, eigtl. = Einwohner der Stadt Cerreto (die als marktschreierische Händler bekannt waren)] (abwertend): *jmd., der bestimmte Fähigkeiten vortäuscht u. andere damit hinters Licht führt.*

Schar|la|ta|ne|rie, die; -, -n: a) ⟨o. Pl.⟩ *Verhalten[sweise] eines Scharlatans;* b) *Schwindelei eines Scharlatans.*

Schar|la|ta|nin, die; -, -nen: w. Form zu ↑ Scharlatan.

Schar|man|te, die; -, -n (veraltet): *Liebste;* ◆ Weil ich ein Briefchen seiner -n aufgefangen ... habe (Hauff, Jud Süß 438).

Schär|ma|schi|ne, die [zu ↑ schären] (Weberei): *Maschine zum Aufwickeln der Kettfäden auf den Schärbaum.*

schar|mie|ren: ↑ charmieren.

Schar|müt|zel, das; -s, - [mhd. scharmutzel, -mützel < oberital. scaramuzza, ital. scaramuccia = Gefecht, H. u.]: **1.** (Militär) *kurzer, auf kleinen Raum beschränkter Zusammenstoß weniger gegnerischer Soldaten, bei dem es zu einem leichten Feuergefecht kommt; Geplänkel* (1). **2.** *Auseinandersetzung, Streiterei:* juristische, parteiinterne Scharmützel.

Schar|nier, das; -s, -e [frz. charnière, über das Galloroman. zu lat. cardo (Gen.: cardinis) = Türangel]: *zur Herstellung einer beweglichen Verbindung (z. B. zwischen Tür u. Rahmen) dienender Beschlag* (1 a) *o. Ä., bei dem zwei Elemente durch einen Stift o. Ä. so miteinander verbunden sind, dass sie sich um dessen Längsachse drehen können.*

Schar|nier|band, das ⟨Pl. ...bänder⟩ (Handwerk): *mit einem Scharnier verbundenes, als Scharnier ausgeführtes* ¹*Band* (2 i).

Schar|nier|ge|lenk, das; -[e]s, -e (Anat.): *Gelenk* (a), *das Bewegungen nur um eine Achse zulässt.*

Schär|pe, die; -, -n [frz. écharpe = Armbinde < afrz. escherpe = an einer Schlinge (um den Hals) getragene (Pilger)tasche, H. u.]: *oft als Bestandteil von Uniformen od. [Amts]trachten od. als modisches Accessoire um die Hüften od. schräg über Schulter u. Brust getragenes breites Band.*

Schar|rah|men, der (Weberei): *(beim Schären) Rahmen für die Aufnahme der Spulen mit dem Garn.*

Schar|re, die; -, -n (veraltet): **1.** *Werkzeug zum Scharren* (3). ◆ **2.** [eigtl. = Ab-, Zusammengekratztes] *Rest im Kochtopf:* ... als er sich mit Philipsen um die S. des Breis zankte (Goethe, Werther I, 27. Mai).

schar|ren ⟨sw. V.; hat⟩ [mhd. scharren, Intensivbildung zu mhd. scherren, ahd. scerran = abkratzen, schaben, H. u.]: **1. a)** *die Füße, die Krallen o. Ä. wiederholt schleifend über eine Oberfläche bewegen u. dabei ein kratzendes Geräusch verursachen:* der Hund scharrt an der Tür; die Studenten scharrten [mit den Füßen] *(schoben zum Zeichen des Missfallens die Füße auf dem Boden hin u. her);* ⟨auch mit Akk.-Obj.:⟩ die Pferde scharren den Boden; **b)** *wiederholt über eine Oberfläche schleifen u. dabei ein kratzendes Geräusch verursachen.* **2.** *scharrend* (1 a) *nach etw. suchen; durch Scharren aus der Erde o. Ä. zu fördern suchen:* die Hühner scharren [im Sand] nach Würmern; Sie störten den Frieden der Einöde, hausten in Erdlöchern und Höhlen und scharrten im Kies der Strände nach Perlmutt und Bernstein (Ransmayr, Welt 205). **3. a)** *scharrend* (1 a) *befördern:* den Schutt auf einen Haufen s.; Ü Geld s. (abwertend; *raffgierig möglichst viel Geld in seinen Besitz bringen*); **b)** *durch Scharren* (1 a) *schaffen, herstellen.*

Schar|te, die; -, -n [mhd. schart(e) = Einschnitt, Bruch, Öffnung, zu mhd. schart, ahd. scart = verstümmelt, zerhauen, verw. mit ↑ ¹scheren]: **1. a)** *schadhafte Stelle in Form einer Einkerbung an dem glatten od. geschliffenen Rand von etw., bes. an einer Schneide:* die Sense hat schon ein paar -n; * **eine S. auswetzen** (↑ auswetzen); **b)** (veraltet) *Riss, Schrunde in der Haut.* **2.** Kurzf. von ↑ Schießscharte. **3.** [schwer zugänglicher] *Einschnitt in einem Bergrücken, schmaler Bergsattel.*

Schar|tel|ke, die; -, -n [mniederd. scarte, scarteke = altes Buch, Urkunde, wahrsch. < frz. charte = Urkunde < lat. charta, ↑ Karte]: **1.** (veraltend abwertend) **a)** *altes u. unansehnliches u. meist wertloses Buch;* **b)** *anspruchsloses Theaterstück.* **2.** (salopp abwertend) *unsympathische ältere Frau.*

schar|tig ⟨Adj.⟩: **1.** *mit Scharten* (1): eine -e Sichel; das Messer ist s. geworden. **2.** *Scharten* (3) *aufweisend; tief eingeschnitten.*

Schar|wa|che, die; -, -n [zu ↑ ¹Schar] (früher): *von einer kleinen Gruppe (bes. Bürgern einer Stadt) gebildete Wache;* ◆ Also stahl er in selbiger Nacht eine Geiß, drei Schritte von der S. (Hebel, Schatzkästlein 54).

◆ **Schar|wäch|ter,** der: *Angehöriger einer Scharwache;* [Nacht]wächter: Ein Pfaffe, ein Henker mit seinem Knecht, einige Gerichtspersonen und S. zogen stumm (Keller, Dietegen 93).

Schar|wen|zel, (seltener:) Scherwenzel, der; -s, -: **1.** [übertr. von Bed. 2 im Sinne von »jmd., der wie eine Trumpfkarte (beliebig) eingesetzt werden kann«] (veraltend abwertend) *jmd., der herumscharwenzelt; übergeschäftiger, dienstbeflissener Mensch.* **2.** [wohl unter Einfluss von ↑ Wenzel < tschech. červenec = (roter) Herzbube, zu: červený = rot] (landsch.) *(im Kartenspiel) Bube.* **3.** (Jägerspr.) *Fehlschuss.*

schar|wen|zeln, scherwenzeln ⟨sw. V.⟩ [urspr. = das Kartenspiel Scharwenzel spielen] (ugs. abwertend): **1.** ⟨hat⟩ *sich in jmds. Nähe zu schaffen machen u. dabei immer bereit sein, übertrieben geschäftig u. eilfertig seine Dienste anzubieten, um sich dadurch einzuschmeicheln.* **2.** ⟨ist⟩ *sich scharwenzelnd fortbewegen.*

◆ **schar|wen|zen:** Nebenf. von ↑ scharwenzeln: ... dass du mit der Dirne Glock halb auf elf im Garten schon scharwenzt (Kleist, Krug 9).

Schasch|lik, der od. das; -s, -s [russ. šašlyk, aus dem Turkotatar., 1. Bestandteil verw. mit türk. şiş, ↑ Kebab]: *Spieß mit kleinen Stückchen Fleisch, die (zusammen mit Speck, Zwiebeln, Paprika u. Tomaten) gebraten od. gegrillt werden.*

schas|sen ⟨sw. V.; hat⟩ [zu frz. chasser = (fort)jagen] (ugs.). **1.** *jmdn. kurzerhand (aus einem Amt, aus der Schule o. Ä.) entlassen, davonjagen.* **2.** (landsch.) *fassen, ergreifen.* **3.** (landsch.) *jagen, hetzen, scheuchen.*

schạt|ten ⟨sw. V.; hat⟩ [mhd. schatewen, ahd. scatewen] (dichter.): **a)** *Schatten spenden:* unter schattenden Bäumen; **b)** *einen Schatten werfen.*

Schạt|ten, der; -s, - [mhd. schate(we), ahd. scato, verw. mit griech. skótos = Dunkel]: **1. a)** *(mehr od. weniger scharf begrenzter) im Schatten* (1 b) *eines Körpers liegender Ausschnitt einer im Übrigen von direktem Licht beschienenen Fläche, der sich dunkel von der helleren Umgebung abhebt:* die S. werden länger; gegen Abend werfen die Gegenstände lange S.; Ü die Nacht breitet ihre S. über das Land; ein S. lag auf ihrem Glück *(es war durch etwas beeinträchtigt);* * **nur noch der/ein S. seiner selbst sein** *(äußerlich erkennbar krank u. elend sein);* **jmdm. wie ein S. folgen** *(jmdm. überallhin folgen, ihn nicht aus den Augen lassen);* **die S. der Vergangenheit** *(Vergangenes, das mit seinem negativen Aspekt bis in die Gegenwart nachwirkt);* [s]einen S. auf etw. werfen (geh.; *etw. beeinträchtigen, in negativer Weise beeinflussen*); **seine S. vorauswerfen** *(schon im Voraus Auswirkungen haben);* **über seinen S. springen** *(sich überwinden, etw. zu tun, was gegen die eigene Natur, die eigenen Vorstellungen, Absichten, Wünsche geht);* **nicht über seinen [eigenen] S. springen können** *(nicht anders handeln können, als es dem eigenen Wesen od. der eigenen Gewohnheit entspricht);* **sich vor seinem eigenen S. fürchten** *(sehr ängstlich sein);* **b)** ⟨Pl. selten⟩ *Bereich, der vom Licht der Sonne od. einer anderen Lichtquelle nicht unmittelbar erreicht wird u. in dem deshalb nur gedämpfte Helligkeit, Halbdunkel [u. zugleich Kühle] herrscht:* weit und breit gab es keinen S. *(keine schattige Stelle);* ein Schatten spendender Baum; aus dem S. heraustreten; aus der Sonne in den S. gehen; * **in jmds. S. stehen** *(neben einem anderen nicht die verdiente, gebührende Beachtung, Anerkennung finden);* **jmdn., etw. in den S. stellen** *(jmdn. in seinen Leistungen, etw. an Qualität o. Ä. weit übertreffen:* dieses neue Lexikon stellt alles bisher Dagewesene in den S.). **2.** *Figur, Gestalt o. Ä., die (dadurch, dass sie sich von einem helleren Hintergrund abhebt) nur in ihren Umrissen, nur schemenhaft als Silhouette erkennbar ist:* ein S. taucht aus dem Dunkel auf; * **einem S. nachjagen** *(ein unrealistisches Ziel verfolgen).* **3.** *dunkle Stelle, dunkler Fleck, der auf etw. erscheint:* S. (Ringe) *unter den Augen haben;* Ü S. (geh.; *Makel*) *liegt auf seiner Vergangenheit;* * **nicht der S. einer Sache** *(nicht die geringste Spur von etw.);* **einen S. haben** (ugs.; *geistig nicht ganz normal sein*). **4.** (bildungsspr.) *als Schatten gedachte Gestalt eines Verstorbenen, Abgeschiedenen (im Totenreich der Antike):* das Reich der S. (Mythol.; *das Totenreich, die Unterwelt*); * **in das Reich der S. hinabsteigen** (bildungsspr. verhüll.; *sterben*).

Schạt|ten|bild, das: **1.** *durch einen Schatten* (1 b) *auf einer Fläche erzeugtes schattenrissartiges Bild.* **2.** *Schattenriss.*

Schạt|ten|bo|xen, das; -s (Boxen): *Art des Trainings, bei dem jmd. gegen einen nur vorgestellten Gegner (gegen den eigenen Schatten od. gegen sein Spiegelbild) boxt.*

Schạt|ten|da|sein, das; -s: *Zustand geringer Bedeutung, weitgehender Vergessenheit:* [nur noch] ein S. führen, fristen ([*nur*] *kümmerlich existieren; sich nicht entwickeln können);* aus dem/aus seinem S. hervortreten/heraustreten.

◆ **schạt|ten|dun|kel** ⟨Adj.⟩: *im Schatten* (1 b) *liegend u. daher dunkel:* ... nachdem wir durch viel

Wald und schattendunkle Schluchten gegangen waren (Rosegger, Waldbauernbub 127).

schat|ten|haft ⟨Adj.⟩ (geh.): *einem Schatten* (1 a) *ähnlich, nur undeutlich erkennbar:* eine -e Gestalt huschte vorbei; etw. ist nur s. auszumachen; Ü *ein -es Dasein führen.*

Schat|ten|haus|halt, der (Wirtsch.): *neben dem öffentlichen Haushalt* (3) *bestehender, nicht im eigentlichen Haushaltsplan veranschlagter Haushalt* (3), *der durch bestimmte finanzpolitische Maßnahmen, die Einrichtung zusätzlicher Fonds o. Ä. entstehen.*

Schat|ten|ka|bi|nett, das (Politik): *von einer [parlamentarischen] Opposition aufgestelltes Kabinett für den Fall eines Regierungswechsels:* ein S. aufstellen.

◆ **schat|ten|kühl** ⟨Adj.⟩: *im Schatten* (1 b) *liegend u. daher kühl:* Ich bin doch müd'; 's ist höllisch schwül. Der Brunn, der ist so s. (Goethe, Satyros III).

schat|ten|los ⟨Adj.⟩: *keinen Schatten* (1 b) *bietend; ohne Schatten.*

Schat|ten|mo|rel|le, die: **a)** *Sauerkirsche* (2) *mit großen, braunroten Früchten;* **b)** *Frucht der Schattenmorelle* (a).

schat|ten|reich ⟨Adj.⟩: *viel Schatten* (1 b) *bietend; sehr schattig:* ein -es Tal.

Schat|ten|reich, das (Mythol.): *Totenreich; Hades.*

Schat|ten|riss, der [vgl. Reißahle]: *Darstellung von Gegenständen u. Personen als nur den Umriss erkennen lassender schwarzer Schatten:* einen S. [von jmdm., etw.] herstellen; ein Meister des -es *(jmd., der es meisterlich versteht, Schattenrisse anzufertigen);* ein mit -en illustriertes Buch.

Schat|ten|sei|te, die: **1.** ⟨Pl. selten⟩ *dem Licht, der Sonne abgewandte Seite:* er wohnt auf der S. des Tals; Ü *auf der S. leben (nicht vom Glück begünstigt sein).* **2.** ⟨meist Pl.⟩ *negativer Aspekt bei einer sonst positiven Sache; Nachteil; Kehrseite* (2): die -n der technischen Fortschritts.

schat|ten|sei|tig ⟨Adj.⟩ (österr.): *auf der Schattenseite* (1) *[liegend].*

Schat|ten|spen|dend, schat|ten|spen|dend ⟨Adj.⟩: *Schatten gebend, schattige Stellen bewirkend.*

Schat|ten|spen|der, der (geh.): *etw., was jmdm. Schatten* (1 b) *spendet.*

Schat|ten|spiel, das: **1.** *Schattentheater: das chinesische S.* **2.** *Stück für das Schattentheater:* sich ein S. ansehen. **3.** ⟨meist Pl.⟩ *durch eine bestimmte Stellung einer Hand od. beider Hände vor einer Lichtquelle erzeugtes Schattenbild* (1) *an der Wand* (bes. als Kinderspiel): -e machen.

Schat|ten|the|a|ter, das: *Form des Puppenspiels, bei dem sich die Silhouetten flächiger, ausgeschnittener Figuren auf einem von rückwärts angeleuchteten Schirm bewegen.*

Schat|ten|wirt|schaft, die: *Gesamtheit der wirtschaftlichen Aktivitäten (wie Schwarzarbeit, Nachbarschaftshilfe u. Ä.), die nicht von der Steuer erfasst werden können, weil sie nicht entsprechend deklariert werden.*

schat|tie|ren ⟨sw. V.; hat⟩: **1.** *(in der Malerei) mit Schatten* (1 a) *versehen, durch Andeutung von Schatten* (1 a) *nuancieren; abschattieren:* eine Zeichnung s. **2.** (seltener) *(Farben) abstufen, nuancieren:* Farben s. **3.** (Gartenbau) *(bes. Frühbeete, Gewächshäuser u. Ä.) gegen zu starke Sonneneinstrahlung schützen, abschirmen.*

Schat|tie|rung, die; -, -en: **1.** *das Schattieren.* **2.** *das Schattiertsein.* **3.** ⟨meist Pl.⟩ **a)** *Spielart, Variante von etw.;* **b)** *Nuance* (2).

schat|tig ⟨Adj.⟩ [spätmhd. schatic]: *Schatten* (1 b) *aufweisend; im Schatten* (1 b) *liegend:* hier ist es s. und kühl.

Schatt|sei|te, die ⟨österr., schweiz.⟩: **1.** *Schattenseite.* **2.** *Schattenseite* (2): *jedes Ding hat seine Sonn- und [seine] -n.*

schatt|sei|tig ⟨Adj.⟩ ⟨österr., schweiz.⟩: *schattenseitig.*

Scha|tul|le, die; -, -n [ital. scatola < mlat. scatula, ↑Schachtel]: (bildungsspr.) *kleiner, verschließbarer, meist verzierter Kasten zur Aufbewahrung von Geld od. Wertsachen o. Ä.*

Schatz, der; -es, Schätze [mhd. scha(t)z, ahd. scaz = Geld(stück), Vermögen, H. u.]: **1.** *angehäufte Menge, Ansammlung von kostbaren Dingen* (bes. *Schmuck, Gegenstände aus edlem Metall u. Ä.):* der S. der Nibelungen; einen S. vergraben. **2.** *etw., was seinem Besitzer viel wert ist, was zu besitzen ihm viel bedeutet, wichtig ist:* die Münzsammlung war sein kostbarster S. **3.** (geh.) *wertvolles (materielles od. geistiges) Gut, wertvoller Bestand an (materiellen od. geistigen) Gütern:* seine Gesundheit betrachtet er als großen S.; er verfügte über einen S. an/(selten:) von Erfahrung. **4.** (Rechtsspr.) *Fundsache, die so lange verborgen war, dass ihr Eigentümer nicht mehr zu ermitteln ist.* **5. a)** (veraltend) *Geliebte[r], Freund[in]:* er, sie hat einen [neuen] S.; (häufig als Anrede:) [mein] S.; **b)** (ugs.) *geliebter Mensch, bes. Kind:* schläft unser kleiner S. schon?; du bist mein S. *(mein liebes Kind);* **c)** (ugs.) *netter, liebenswerter Mensch:* sie ist ein echter S. **6.** ⟨Pl.⟩ (Bankw.) *Kurzf. von ↑Schatzanweisung.*

Schatz|amt, das: *(in Großbritannien) Staatskasse* (b), *staatliche Finanzbehörde.*

Schatz|an|wei|sung, die (meist Pl.) (Wirtsch., Bankw.): *Schuldverschreibung des Staates.*

schätz|bar ⟨Adj.⟩: *sich schätzen, taxieren lassend.*

Schatz|brief, der (meist Pl.): *Wertpapier mit steigender Verzinsung, das nicht an der Börse gehandelt wird.*

Schätz|chen, das; -s, -: Vkl. zu ↑Schatz.

Schät|ze: Pl. von ↑Schatz.

schät|zen ⟨sw. V.; hat⟩ [mhd. schetzen]: **1. a)** *ohne exaktes Messen, nur auf Erfahrung gestützt) näherungsweise bestimmen:* den Wert einer Sache s.; er hat die Entfernung gut geschätzt; schätz doch mal, wie viel ich wiege; ich schätze sie *(ihr Alter)* auf 25; jmdn. jünger s., als er ist; es dürften, grob geschätzt, etwa 50 km sein; Es begab sich aber zu der Zeit, dass ein Gebot von dem Kaiser Augustus ausging, dass alle Welt geschätzt *(in einer Volkszählung erfasst)* würde (Luk. 2, 1); *sich glücklich s.* (geh.; *sehr froh sein:* ich hätte mich [schon] glücklich geschätzt, wenn ich nur halb so viel erreicht hätte wie du); **b)** *taxieren* (1 b): etw. [von einem Sachverständigen] s. lassen. **2.** (ugs.) *annehmen, vermuten, für wahrscheinlich halten:* was schätzt du, gibt es heute noch Regen? **3. a)** *(von jmdm.) eine hohe Meinung haben:* jmdn. sehr s.; ich habe ihn mit der Zeit [zu] s. gelernt; ein [von allen] sehr geschätzter Kollege; In zwei Monaten lernt man sich s., aber nicht kennen (Wohmann, Absicht 207); **b)** *(von etw.) viel halten, (auf etw.) besonderen Wert legen:* die Annehmlichkeiten von etw. [zu] s. lernen; * *etw. zu s. wissen* (etw. als schätzenswert erkennen, ansehen).

schät|zens|wert ⟨Adj.⟩: *Wertschätzung, eine positive Bewertung verdienend.*

Schät|zer, der; -s, -: *Taxator.*

Schät|ze|rin, die; -, -nen: w. Form zu ↑Schätzer.

Schatz|haus, das: *Thesaurus* (1).

Schatz|kam|mer, die (früher): *Räumlichkeiten, in denen der Staatsschatz aufbewahrt wird.*

Schatz|kanz|ler, der: *(in Großbritannien) Finanzminister.*

Schatz|kanz|le|rin, die: w. Form zu ↑Schatzkanzler.

Schatz|käst|chen, das (veraltend od. scherzh.): *Kästchen, in dem jmd. etw. für ihn Wertvolles aufbewahrt.*

Schatz|meis|ter, der: **1.** *jmd., der bei einem Verein, einer Partei o. Ä. die Kasse verwaltet.* **2.** (früher) *mit der Verwaltung des königlichen bzw. staatlichen Vermögens betrauter Beamter.*

Schatz|meis|te|rin, die: w. Form zu ↑Schatzmeister (1).

Schätz|preis, der: *angenommener od. durch Taxieren festgesetzter Preis.*

Schatz|su|che, die: *(systematische) Suche nach verborgenen Schätzen.*

Schatz|su|cher, der: *jmd., der Schatzsuche betreibt.*

Schatz|su|che|rin, die: w. Form zu ↑Schatzsucher.

Schat|zung, die; -, -en (schweiz.): *[amtliche] Schätzung des Geldwertes einer Sache.*

Schät|zung, die; -, -en [mhd. schetzunge = Steuer]: **1.** *das Schätzen* (1 a): mit seiner S. lag er fast richtig. **2.** *das Schätzen* (1 b): eine S. des Gebäudes vornehmen lassen.

schät|zungs|wei|se ⟨Adv.⟩: **1.** *einer ungefähren Schätzung* (1) *nach:* es sind s. 100 Meter. **2.** (ugs.) *vermutlich, wahrscheinlich:* es liegt s. an der Batterie.

Schätz|wert, der: *angenommener od. durch Taxieren festgesetzter Wert.*

Schau, die; -, -en [mhd. schouwe = prüfendes Blicken, (amtliche) Besichtigung, zu: schouwen, ↑schauen]: **1.** (seltener) *Ausstellung* (2): eine landwirtschaftliche S. **2.** (seltener) *Show:* eine S. mit vielen Stars; * **eine S., die große S. abziehen** (ugs.; *sich groß aufspielen; sich in Szene setzen:* jetzt zieht sie wieder die große S. ab); **eine S. machen** (ugs.: 1. *angeben, sich aufspielen.* 2. *sich zieren*); **jmdm. die S. stehlen** (ugs.; *zu jmds. Lasten bzw. an dessen Stelle in den Mittelpunkt des Interesses rücken*); **[einen] auf S. machen** (ugs.: *die Aufmerksamkeit auf sich zu lenken versuchen; sich aufspielen; prahlen*). **3.** (geh.) *intuitives, schauendes Erfassen (geistiger Zusammenhänge):* eine innere S. **4.** (geh.) *Sicht* (2). **5.** * **zur S. stellen** (1. *den Blicken anderer aussetzen, von anderen betrachten lassen.* 2. *offen, öffentlich [demonstrativ] zeigen.* 3. *vortäuschen*); **zur S. tragen** (1. *demonstrativ zeigen, unverhohlen erkennen lassen.* 2. *vortäuschen*); **zur S. stehen** (selten; *öffentlich gezeigt werden, ausgestellt sein*).

schau|bar ⟨Adj.⟩ (geh.): *sich erblicken lassend; sichtbar.*

Schau|bar|keit, die; - (geh.): *das Schaubarsein.*

Schau|be, die; -, -n [spätmhd. schaube, schübe, wohl < ital. giubba, giuppa, ↑Joppe]: *(im späten MA.) mantelartiges Kleidungsstück (für Männer) mit weiten Ärmeln.*

Schau|be|gier, die (geh.): *Begierde, etw. [Bestimmtes] zu sehen.*

Schau|bild, das: **1.** *Diagramm.* **2.** *[maßstäbliche] zeichnerische Darstellung.*

Schau|brot, das (meist Pl.) (jüd. Rel.): *Brot aus ungesäuertem Teig, das im Allerheiligsten der Stiftshütte aufbewahrt wird.*

Schau|büh|ne, die (veraltend): *Theater.*

Schau|der, der; -s, - [zu ↑schaudern] (geh.): **1.** *heftige Empfindung von Kälte; Frösteln, das jmdn. plötzlich befällt (u. bes. im Bereich des Rückens empfunden wird).* **2.** *plötzliches [wegen seiner überwältigenden Heftigkeit] gleichsam körperlich empfundenes Gefühl* (2) *(bes. der Angst, der Beklommenheit, des Entsetzens o. Ä.):* ein S. ergreift jmdn.; ein [heftiger] S. erregender Anblick.

schau|der|er|re|gend, Schau|der er|re|gend ⟨Adj.⟩: *Grauen, Angst, Entsetzen hervorrufend:* ein [äußerst] -es Erlebnis; der Anblick war s.

schau|der|haft ⟨Adj.⟩ (ugs. abwertend): **1.** *im höchsten Maße jmds. Missfallen erregend, scheußlich; abstoßend, widerlich:* ein -er Anblick; s. schmecken. **2.** (intensivierend bei Adjektiven u. Verben) *sehr, überaus:* es war s. kalt.

schau|dern ⟨sw. V.; hat⟩ [aus dem Niederd. < mniederd. (mittelfränk.) schudern, Iterativbildung zu mniederd. schüdden = schütte(l)n]: **1.** *für einen kurzen Augenblick einen Schauder (1), ein heftiges Kältegefühl haben; frösteln:* ⟨oft unpers.:⟩ ihn/⟨auch:⟩ ihm schauderte beim Betreten des kühlen Kellers; es schauderte sie in der abendlichen Kühle; ⟨subst.:⟩ ihn befiel ein Schaudern. **2.** *einen Schauder (2) empfinden:* etw. lässt, macht jmdn. s.; sie schaudern vor Angst; ⟨oft unpers.:⟩ jmdn./⟨auch:⟩ jmdm. schaudert [es] bei, vor etw.; ⟨subst.:⟩ ein angstvolles Schaudern ergriff sie; ♦ Kann ich lachen, wenn mir die Haut schaudert? (Schiller, Räuber V, 1).

Schau|ef|fekt, der: *eindrucksvoller, spektakulärer optischer Effekt.*

schau|en ⟨sw. V.; hat⟩ [mhd. schouwen, ahd. scouwōn = sehen, betrachten, eigtl. = auf etw. achten, aufpassen; bemerken]: **1.** (bes. südd., österr., schweiz.) *a) sehen* (1): mit der neuen Brille kann ich besser s.; **b)** *blicken* (a), *sehen* (2a): zu Boden s.; jmdm. in die Augen s.; Ü optimistisch in die Zukunft s.; **c)** *dreinblicken:* traurig, fragend s.; Ü der Himmel schaute düster. **2.** (geh.) *(mit dem geistigen Auge) wahrnehmen, intuitiv erfassen:* sie sagt, sie habe Gott geschaut; ⟨auch ohne Akk.-Obj.:⟩ Sondern um jeden Menschen ist eine Umringung außen um ihn...Alte, erfahrene Augen nehmen sie besser wahr als jugendblöde, welche zwar sehen, aber nicht schauen (Th. Mann, Joseph 593). **3.** (südd., österr.) *ansehen, betrachten:* Bilder s.; * **schau, schau!** (Ausruf der Verwunderung). **4. a)** (südd., österr.) *sehen* (9a), *sich um jmdn., etw. kümmern:* gut s.; **b)** (schweiz.) *sich ständig (um jmdn., etw.) kümmern;* (*jmdn., etw.) betreuen.* **5.** (südd., österr., schweiz.) *Wert legen, achten:* auf Ordnung s. **6.** (südd., österr., schweiz.) *sehen* (11); *zusehen:* schau, dass du bald fertig wirst. **7.** (südd., österr., schweiz.) *sehen* (5c); *nachsehen:* Es hat geklopft?...Ich werde s., wer es ist (Frisch, Nun singen 108). **8.** (südd., österr., schweiz.) **a)** *sehen* (8d); *überlegen:* ich werde s., was ich tun kann; **b)** *sehen* (9b), *Ausschau halten:* nach einer Alternative s. **c)** ⟨verblasst im Imp.⟩ (Zustimmung heischende einleitende Floskel): schauen Sie, ich kann wirklich nichts dafür. **9.** (südd., österr., schweiz.) *sehen* (3), *hervorsehen, -ragen.*

¹**Schau|er,** der; -s, - [mhd. schūr, ahd. scūr = Sturm, Hagel, Regenschauer; vgl. gleichbed. engl. shower, schwed. skur]: **1.** (Meteorol.) **a)** *Niederschlag von großer Intensität, aber kurzer Dauer:* örtliche, gewittrige, vereinzelte S.; abgesehen von gelegentlichen -n, die im Bergland als Schnee niedergehen können, bleibt es trocken; Hagel, Graupeln treten nur in Form von -n auf; **b)** Kurzf. von ↑ *Regenschauer:* das ist bestimmt nur ein [kurzer] S.; wir stellten uns unter und warteten den S. ab; in einen S. geraten; Ü S. roter Funken stoben aus dem Kamin. **2.** (geh.) *Schauder* (1): ein S. durchrieselte, überlief sie; Caruso fühlte einen eisigen S. über den Rücken laufen. Träumte er? Narrte ihn eine Erscheinung? (Thieß, Legende 206). **3.** [wohl unter Einfluss des nicht verwandten ↑ *Schauder*] (geh.) *Schauder* (2): ein S. ergreift, befällt jmdn.;

Es ist stets wieder etwas Wunderbares, dieser S. erster Vertraulichkeit (Frisch, Stiller 94).

²**Schau|er,** der; -s, - [mhd. schouwære, ahd. scouwāri] (geh.): *Schauender.*

³**Schau|er,** der; -s, - (Seemannsspr.): Kurzf. von ↑ Schauermann.

schau|er|ar|tig ⟨Adj.⟩ (Meteorol.): *in der Form eines ¹Schauers (1a):* -e Regenfälle.

Schau|er|bild, das (seltener): *Anblick, der jmdn. erschauern lässt.*

schau|er|er|re|gend, Schau|er er|re|gend ⟨Adj.⟩: *schauererregend.*

Schau|er|ge|schich|te, die: *Geschichte, Erzählung, in der unheimliche, schauererregende Dinge vorkommen; Gruselgeschichte:* eine S. über Vampire.

Schau|e|rin, die; -, -nen: w. Form zu ↑ ²Schauer.

schau|er|lich ⟨Adj.⟩: **1.** *Schauder (2), Entsetzen erregend; grausig:* eine -e Tat. **2.** (ugs. abwertend) **a)** *jmdm. in höchstem Maß missfallend:* ein -er Geschmack; **b)** (intensivierend bei Adjektiven u. Verben) *in einem sehr hohen Maß; sehr:* er gibt s. an; sie übertreibt ganz s.

Schau|er|mann, der ⟨Pl. ...leute⟩ [niederl. sjouwer(man), zu: sjouwen = schleppen, hart arbeiten] (bes. Seemannsspr.): *Hafenarbeiter, dessen Tätigkeit im Laden u. Löschen von Fracht besteht:* als S. arbeiten.

Schau|er|mär|chen, das: *Schauergeschichte.*

schau|ern ⟨sw. V.; hat⟩ [spätmhd. schauren = gewittern, hageln] (seltener): **1. a)** *einen Kälteschauer verspüren; frösteln:* er schauerte vor Kälte; ⟨auch unpers.:⟩ ihn/ihm schauerte; **b)** *von einem Kälteschauer überlaufen werden.* **2.** *von einem ¹Schauer (2) ergriffen werden:* er schauerte vor Entsetzen; ⟨auch unpers.:⟩ ihn/ihm schauerte vor Schrecken; es schauerte uns. **3.** ⟨unpers.⟩ *(von Niederschlag) als ¹Schauer (1) niedergehen.*

Schau|er|wet|ter, das ⟨o. Pl.⟩ (Meteorol.): *durch häufige ¹Schauer (1) gekennzeichnetes Wetter.*

Schau|fel, die; -, -n [mhd. schūvel, ahd. scūvala, verw. mit ↑ schieben]: **1. a)** *(zum Aufnehmen von körnig o. ä. beschaffenem Material, bes. von Erde, Sand o. Ä. bestimmtes) Gerät, das aus einem breiten, in der Mitte leicht vertieften Blatt (5) besteht, das in stumpfem Winkel an einem meist langen [Holz]stiel befestigt ist; Schippe:* dazu nehme ich eine S.; etw. auf die S. nehmen; **b)** Kurzf. von ↑ Kehrichtschaufel. **2.** (Fachspr.) *vorderes, hochgebogenes Ende des Skis.* **3.** (Jägerspr.) *fächerartig ausgebreitete Schwanzfedern des Auerhahns.* **4.** (Jägerspr.) *verbreitertes Ende am Geweih (von Elch u. Damhirsch); Geweihschaufel.* **5.** (Fachspr.) *Blatt (5) von Ruder u. Paddel.* **6.** *einer Schaufel ähnliches Teil an bestimmten technischen Geräten (z. B. einem Schaufelradbagger).*

Schau|fel|blatt, das: *Blatt (5) der Schaufel.*

Schäu|fel|chen, das; -s, -: **1.** Vkl. zu ↑ Schaufel (1). **2.** *als Kinderspielzeug hergestellte, aus Kunststoff bestehende kleine Schaufel (1a) mit kurzem Stiel.*

Schäu|fe|le, das; -s, - [landsch. Vkl. von ↑ Schaufel in der Bed. »Schulterstück eines Schlachttiers«] (bes. alemann.): *geräuchertes od. gepökeltes Schulterstück vom Schwein.*

schau|fel|för|mig ⟨Adj.⟩: *etwa die Form eines Schaufelblatts aufweisend.*

Schau|fel|ge|weih, das: *Geweih mit Schaufeln (3).*

Schau|fel|la|der, der: *(bei Erdarbeiten gebrauchtes) Fahrzeug mit hydraulisch sich hebender Schaufel (6), zum Abräumen von Erdreich.*

schau|feln ⟨sw. V.⟩ [mhd. schūveln]: **1.** ⟨hat⟩ **a)** *mit einer Schaufel (1a) arbeiten, hantieren;* **b)** *etw. mit einer Schaufel (1a) an eine bestimmte Stelle hin-, von einer bestimmten Stelle wegschaffen:* die Kartoffeln in den Keller s.; Schnee s. (mit einer Schaufel wegräumen). **2.** ⟨hat⟩ *durch Schaufeln (1a) herstellen, anlegen:* einen Damm s. **3.** (ist) *(von einem Raddampfer) sich mithilfe von Schaufelrädern fortbewegen:* der Raddampfer schaufelt flussauf. **4.** ⟨hat⟩ (Fußballjargon) *von unten in hohem Bogen treten* (3c).

Schau|fel|rad, das: *aus einem großen Rad bestehender Teil eines technischen Gerätes, an dessen äußerem Rand schaufelförmige Schöpfgefäße angebracht sind.*

Schau|fel|rad|bag|ger, der: *(bes. im Bergbau verwendeter) mit einem Schaufelrad arbeitender Bagger.*

Schau|fens|ter, das [Ende 19. Jh.]: *nach der Straße hin durch eine od. mehrere große Glasscheiben abgeschlossener Raum eines Geschäfts zum Ausstellen von Waren:* volle S.; die S. [neu] dekorieren; etw. aus dem S. nehmen; etw. im S. ausstellen.

Schau|fens|ter|aus|la|ge, die: *Auslage in einem Schaufenster.*

Schau|fens|ter|bum|mel, der: *Bummel durch Geschäftsstraßen, bei dem jmd. die Auslagen in den Schaufenstern betrachtet:* einen S. machen.

Schau|fens|ter|de|ko|ra|ti|on, die: *Dekoration (1, 2b) eines Schaufensters.*

Schau|fens|ter|ein|bruch, der: *Einbruch (1 a, b) in ein Schaufenster.*

Schau|fens|ter|pup|pe, die: *Gliederpuppe, an der in Schaufenstern bes. Kleidung ausgestellt wird.*

Schau|fens|ter|schei|be, die: *große Glasscheibe, mit der das Schaufenster verglast ist.*

Schau|fens|ter|wa|re, die: *im Schaufenster ausgestellte Ware.*

Schau|fens|ter|wett|be|werb, der: *Wettbewerb, bei dem in einem bestimmten Zusammenhang) die gelungenste Gestaltung von Schaufenstern ausgezeichnet wird.*

Schauf|ler, der; -s, -: (Jägerspr.) *Elch- od. Damhirsch mit Geweihschaufeln.*

Schau|ge|schäft, das: **1.** ⟨o. Pl.⟩ *Showbusiness.* **2.** *Stand, Bude eines Schaustellers.*

Schau|kampf, der (Boxen): *(nicht im Rahmen eines Wettbewerbs stattfindender) vor einem Publikum durchgeführter Boxkampf.*

Schau|kas|ten, der: *an einer Wand aufgehängter od. als Tisch aufgestellter, an der Vorderseite bzw. Oberseite mit einer Glasscheibe versehener Kasten, in dem etw. ausgestellt wird.*

Schau|kel, die; -, -n [wohl aus dem Niederd. mit Diphthongierung des niederd. ū, z. B. ostfries. Schükel]: **1. a)** *aus einem an zwei Seilen, Ketten o. Ä. waagerecht aufgehängten Brett o. Ä. bestehendes Spielgerät zum Schaukeln (1a) [für Kinder]:* von der S. fallen; **b)** ↑ *Wippe.* **2.** (Dressurreiten) *Lektion, bei der sich das Pferd, ohne anzuhalten, eine bestimmte Anzahl Schritte vor- u. rückwärtsbewegt.*

Schau|kel|be|we|gung, die: *schaukelnde Bewegung.*

Schau|kel|brett, das: *Brett, auf dem jmd. beim Schaukeln auf einer Schaukel (1a) sitzt od. steht.*

Schau|ke|lei, die; -, -en (ugs. abwertend): **1.** ⟨o. Pl.⟩ *[dauerndes] Schaukeln:* Kinder, hört jetzt mal auf mit der S.!; die S. macht mich seekrank. ♦ **2.** *Vorrichtung zum Schaukeln (1a):* ...das große Schaukelrad, ... andere -en, Schwungseile, Lusthebel ... und was nur alles erdacht werden kann, ... eine Menge Menschen ... zu erlustigen (Goethe, Wanderjahre I, 8).

Schau|kel|ge|rüst, das: *Gerüst zum Aufhängen einer Schaukel (1a).*

schau|ke|lig, schauk|lig ⟨Adj.⟩ (seltener): **a)** *wackelig;* **b)** *schaukelnd (2a).*

schau|keln ⟨sw. V.⟩ [wohl unter Einfluss des parallel entstandenen ↑ Schaukel zu spätmhd. schucken, mniederd. schocken = sich hin und her

Schaukelpferd – Schauspiel

bewegen; vgl. mniederl. schokken, ↑ ²Schock]: **1.** ⟨hat⟩ **a)** *(auf einer Schaukel o. Ä.) auf u. ab, vor u. zurück, hin u. her schwingen:* wild s.; **b)** *sich mit etw. (auf dem Boden Stehendem) in eine schwingende Bewegung bringen:* auf, mit dem Schaukelpferd s. **2. a)** *sich in einer schwingenden, schwankenden o. Ä. Bewegung befinden:* Lampions schaukeln im Wind; das Schiff hat bei dem Seegang heftig geschaukelt; ...der Graben war breit, und das Bild der Sonne schaukelte in dem braunen, seifigen Wasser (Gaiser, Jagd 193); **b)** ⟨ist⟩ (ugs., oft scherzh.) *sich seitlich schwankend, taumelnd fortbewegen:* ein paar Betrunkene schaukelten über den Marktplatz. **3.** ⟨hat⟩ **a)** *in eine schwingende o. ä. Bewegung versetzen:* ein Kind auf den Knien s. *(wiegen);* er lag in der Hängematte und ließ sich von ihr s.; **b)** (ugs., oft scherzh.) *leicht schwingend od. schwankend fortbewegen.* **4.** ⟨hat⟩ (salopp) *durch geschicktes Lavieren, Taktieren o. Ä. bewerkstelligen, zustande bringen:* wir werden die Sache schon s.

Schau|kel|pferd, das: *auf gebogenen Kufen stehendes Holzpferd, auf dem Kinder schaukeln können.*

Schau|kel|po|li|tik, die ⟨o. Pl.⟩ (abwertend): *Politik ohne festen Standpunkt, die sich allzu leicht der jeweiligen Situation anpasst od. zwischen verschiedenen Fronten wechselt.*

Schau|kel|stuhl, der: *Lehnstuhl, der auf gebogenen Kufen steht u. dem Benutzer eine leichte Schaukelbewegung ermöglicht.*

schauk|lig: ↑ schaukelig.

Schau|lauf, der (Eislauf): *Schaulaufen.*

schau|lau|fen ⟨st. V.; nur im Inf. u. Part. gebr.⟩ (Eislauf): *eine Darbietung im Eiskunstlauf zeigen (bei der es nicht um einen Wettbewerb geht).*

Schau|lau|fen, das; -s (Eislauf): *von Eiskunstläufern dargebotene Schau.*

Schau|lust, die ⟨o. Pl.⟩ (häufig abwertend): *starkes Verlangen, Vorgänge, Ereignisse (die als Sensation erlebt werden) zu beobachten, dabei zuzuschauen.*

schau|lus|tig ⟨Adj.⟩ (häufig abwertend): *Schaulust zeigend, von Schaulust zeugend:* die -e Menge.

Schau|lus|ti|ge, die/eine Schaulustige; der/einer Schaulustigen, die Schaulustigen/zwei Schaulustige (häufig abwertend): *weibliche Person, die schaulustig ist.*

Schau|lus|ti|ger, der Schaulustige/ein Schaulustiger; des/eines Schaulustigen, die Schaulustigen/zwei Schaulustige (häufig abwertend): *jmd., der schaulustig ist:* eine Menge von Schaulustigen drängte sich an der Unfallstelle.

Schaum, der; -[e]s, Schäume ⟨Pl. selten⟩ [mhd. schūm, ahd. scūm, viell. eigtl. = Bedeckendes u. verw. mit ↑ Scheune]: **1.** *aus einer Vielzahl von aneinanderhaftenden Bläschen bestehende, lockere Masse (die sich auf bzw. aus Flüssigkeiten bildet):* der S. fällt zusammen; den S. von der kochenden Suppe abschöpfen; die Feuerwehr spritzte S. auf die Landebahn *(legte dort einen Schaumteppich);* unterhalb des Wehrs ist der Fluss mit S. bedeckt; brennendes Benzin darf man nur mit S. löschen; Eiweiß zu S. *(Eischnee)* schlagen; Ü ... und erst dann würde die Frage entstehen, ob hinter allem auch noch etwas Persönliches, etwas Eigenes vorhanden, oder ob all mein Tun und seine Folgen bloß leerer S. auf dem Meer, bloß sinnloses Spiel im Fluss des Geschehens war (Hesse, Steppenwolf 249); * **S. schlagen** (abwertend; *prahlen;* bezieht sich darauf, dass das Volumen einer Flüssigkeit, wenn man sie schaumig rührt od. schlägt, zwar größer wird, die Substanz aber dieselbe bleibt). **2.** *schaumiger Speichel; Geifer.* **3.** (dichter.) *trügerischer Schein; Vergängliches, Unbeständiges.* **4.** (Technik) *(für die verschiedensten Zwecke verwendbarer) fester Werkstoff von schaum- od. schwammartiger Struktur, der durch Schäumen (3) geeigneter Stoffe, bes. Kunststoffe, hergestellt wird (z. B. Schaumgummi, Styropor).*

schaum|ar|tig ⟨Adj.⟩: *wie Schaum (1) beschaffen:* eine -e Masse.

Schaum|bad, das: **a)** *Badezusatz, der Schaum entwickelt;* **b)** *Wannenbad, dem Schaumbad (a) zugesetzt wurde;* **c)** *das Baden im Schaumbad (b):* ein S. nehmen.

schaum|be|deckt ⟨Adj.⟩: *von Schaum bedeckt.*

◆ **Schaum|bild,** das: *Trugbild, das sich schnell verflüchtigt:* Die Wohlgestalt, die mich voreinst entzückte, ... war nur ein S. solcher Schöne (Goethe, Faust II, 6495 ff.).

Schaum|bil|dung, die: *Bildung, Entstehung von Schaum.*

Schaum|bläs|chen, das: *als Bestandteil von Schaum vorhandenes Bläschen.*

schäu|men ⟨sw. V.⟩ [älter: schaumen, mhd. schūmen, ahd. scūman]: **1. a)** ⟨hat⟩ *(von flüssigen Stoffen) auf der Oberfläche Schaum (1) entwickeln, bilden:* Gischt schäumt; **b)** ⟨hat⟩ *in Verbindung mit Wasser Schaum (1) entwickeln, bilden:* eine stark schäumende Zahnpasta; **c)** ⟨ist⟩ *unter Schaumbildung sich irgendwohin bewegen, fließen:* im Brecher schäumte Schaum über das Deck. **2.** ⟨hat⟩ (geh.) *(vor Zorn, Wut o. Ä.) außer sich sein [u. wütend, geifernd seiner Erregung Luft machen]:* er schäumte [vor Wut]. **3.** ⟨hat⟩ (Technik) *mithilfe von Luft, Gas o. Ä. porös machen, zu Schaum (4) verarbeiten:* geschäumter Kunststoff.

Schaum|ge|bäck, das: *vorwiegend aus Eischnee u. Zucker hergestelltes, lockeres Gebäck.*

schaum|ge|bremst ⟨Adj.⟩ (Fachspr.): *mit reduzierter Schaumkraft:* ein -es Waschmittel; Ü viele Forderungen wurden nur s. *(mit Zurückhaltung)* verwirklicht.

Schaum|glas, das (Technik): *geschäumtes u. dadurch undurchsichtiges und sehr leichtes Glas.*

Schaum|gold, das: *unechtes Gold aus einer Legierung von Kupfer u. Zink.*

Schaum|gum|mi, der, auch das; -s, -[s]: *aus (natürlichem od. synthetischem) Latex hergestellter Schaumstoff.*

Schaum|gum|mi|pols|ter, das: *Polster aus Schaumgummi.*

schau|mig ⟨Adj.⟩ [im 15. Jh. schümig]: **a)** *aus Schaum bestehend, schaumartig:* eine -e Masse; Butter und Zucker s. rühren; **b)** *mit Schaum bedeckt.*

Schaum|kamm, der: *mit Schaum bedeckter Wellenkamm.*

Schaum|kraft, die ⟨o. Pl.⟩: *Fähigkeit (einer Substanz), Schaum zu entwickeln:* die S. des Waschpulvers.

Schaum|kro|ne, die: **1.** *Schaumkamm.* **2.** *(beim Eingießen in ein Gefäß entstehender) Schaum auf einer Flüssigkeit.*

Schaum|löf|fel, der: *einem flachen, sehr breiten, siebartig durchlöcherten großen Löffel mit langem Stiel ähnliches Küchengerät (zum Abheben von Schaum von der Oberfläche von Flüssigkeiten).*

Schaum|lösch|ge|rät, das: *Feuerlöschgerät zum ¹Löschen (1 b) mit Mitteln, die je nach Brand unterschiedlich wirkende Schäume entwickeln.*

Schaum|par|ty, die: *Party, die zum Großteil auf einer mit Schaum bedeckten Fläche od. in einem mit Schaum gefüllten Swimmingpool stattfindet.*

Schaum|rei|ni|ger, der: *Reinigungsmittel, das starken Schaum entwickelt, mit dem etw. gereinigt werden kann.*

Schaum|schlä|ger, der: **1.** (abwertend) *jmd., der (bes. aus Geltungsdrang) bestimmte Qualitäten od. Fähigkeiten vortäuscht, die er in Wahrheit nicht besitzt.* **2.** (seltener) *Schneebesen.*

Schaum|schläge|rei, die (abwertend): **1.** ⟨o. Pl.⟩ *das Prahlen, Schaumschlagen:* nichts als S. **2.** *Äußerung, Verhaltensweise, wie sie für einen Schaumschläger (1) typisch ist.*

Schaum|schläge|rin, die; -, -nen: w. Form zu ↑ Schaumschläger (1).

Schaum|stoff, der: *sehr leichter Kunststoff von poröser Struktur.*

Schaum|tep|pich, der (Flugw.): *vor der Notlandung eines Flugzeugs auf der Landebahn eines Flughafens aufgesprühte Schicht aus Schaum, die die Reibung beim Aufkommen auf den Boden verringern soll:* einen S. legen.

Schau|münze, die: *Münze, die aus einem bestimmten Anlass geprägt wird u. keinen Geldwert hat; Gedenkmünze.*

Schaum|wäsche, die: *Wäsche, bes. Autowäsche mit einem schäumenden Reinigungsmittel.*

Schaum|wein, der [nach frz. vin mousseux]: **1.** *aus Wein hergestelltes alkoholisches Getränk, das Kohlensäure enthält u. moussiert.* **2.** (volkstüml.) *Sekt.*

Schaum|wein|steu|er, die ⟨Pl. selten⟩: *Verbrauchsteuer auf Schaumwein u. ähnliche Getränke.*

Schau|ob|jekt, das: *zur Schau gestellter Gegenstand.*

Schau|or|ches|ter, das: *Tanz- od. Unterhaltungsorchester, das seine musikalischen Darbietungen mit Schaueffekten verbindet.*

◆ **Schau|pfen|nig,** der: *Schaumünze:* ... ihm das Silberkettlein einzufordern, zusamt dem S., den er der Jungfer bei den Verlöbnis vor'gen Herbst verehrt (Kleist, Krug 9).

Schau|platz, der: **1.** *Ort, Stelle, an der sich etw. Bestimmtes abspielt, etw. Bestimmtes stattfindet, stattgefunden hat:* der S. des Krieges; am Tage darauf sollte der Ort zum S. einer Katastrophe werden; * **vom S. abtreten** (1. geh. verhüll.; *sterben.* 2. *sich von öffentlicher Tätigkeit zurückziehen*). **2.** (Theater) *Darstellung eines Schauplatzes (1) für eine Theateraufführung (mittels eines Bühnenbildes o. Ä.).*

Schau|pro|zess, der (abwertend): *auf propagandistische Massenwirkung angelegtes öffentliches Gerichtsverfahren.*

Schau|raum, der: *Raum, in dem etw. zum Anschauen ausgestellt wird bzw. ausgestellt ist.*

schau|rig ⟨Adj.⟩: **1.** *Schauder hervorrufend; gruselig, unheimlich:* eine -e Geschichte; s. klingen. **2.** (oft ugs. übertreibend) **a)** *sehr unangenehm, schlimm, schlecht:* eine -e Musik; die Aufführung war s.; das ist ja s.!; **b)** ⟨verstärkend bei Adjektiven u. Verben⟩ *sehr, überaus:* es war s. kalt.

schau|rig-schön ⟨Adj.⟩ (geh., oft iron., auch scherzh.): *trotz od. wegen bestimmter die Empfindung des Gruselns, des Schauderns auslösender Eigenschaften, Umstände, Begebenheiten in besonderer Weise als angenehm, schön, prickelnd empfunden.*

Schau|sei|te, die: *schönere, reicher geschmückte o. ä. Seite von etw., die normalerweise im Blick des Beschauers ist:* die S. einer Münze.

Schau|spiel, das; -[e]s, -e [im 15. Jh. showspiel]: **1. a)** ⟨o. Pl.⟩ *Drama (1 a);* **b)** *Bühnenstück ernsten Inhalts, das (im Unterschied zum Trauerspiel) einen positiven Ausgang hat:* ein S. aufführen; **c)** (Theater) *Sparte, die sich mit der Aufführung von Schauspielen (1 b) befasst;* **d)** *Schauspielhaus, Theater (bes. in Namen).* **2.** ⟨Pl. selten⟩ (geh.) *Anblick, Vorgang, dem die Aufmerksamkeit auf sich zieht, die Schaulust, Teilnahme o. Ä. weckt:* Sollen wir gegen die anlügen? Uns streiten? Denen ein S. bieten? (Fallada, Jeder 353).

Schau|spiel|di|rek|tor, der (Theater): an der Spitze der Sparte Schauspiel (1c) eines Theaters stehender leitender Regisseur.

Schau|spiel|di|rek|to|rin, die (Theater): w. Form zu ↑ Schauspieldirektor.

Schau|spiel|ele|ve, der: Schauspielschüler.

Schau|spiel|ele|vin, die: w. Form zu ↑ Schauspieleleve.

schau|spie|len ⟨sw. V.; hat⟩: als Schauspieler[in] agieren, tätig sein: sie ist glücklich, weil sie wieder s. darf.

Schau|spie|ler, der; -s, -: jmd., der (nach entsprechender Ausbildung) bestimmte Rollen auf der Bühne od. im Film künstlerisch gestaltet, darstellt (Berufsbez.): er will S. werden; Ü er ist ein schlechter S. (abwertend; kann sich nicht gut verstellen).

Schau|spie|ler|be|ruf, der ⟨o. Pl.⟩: Beruf des Schauspielers: das sind die Schattenseiten des -s.

Schau|spie|le|rei, die; -, -en: **1.** ⟨o. Pl.⟩ (ugs.) Ausübung des Berufs eines Schauspielers. **2. a)** ⟨o. Pl.⟩ das Schauspielern (a); **b)** (ugs. abwertend) das Schauspielern (b): das ist alles nur S.

Schau|spie|le|rin, die; -, -nen: w. Form zu ↑ Schauspieler.

schau|spie|le|risch ⟨Adj.⟩: den Beruf des Schauspielers betreffend; in der Weise des Schauspielers: jmds. -e Arbeit; etw. s. darstellen.

schau|spie|lern ⟨sw. V.; hat⟩: **a)** (ugs.) (oft ohne Ausbildung, ohne Könnerschaft) als Schauspieler[in] auftreten, arbeiten; **b)** (abwertend) etw. vortäuschen, spielen, was nicht der Wahrheit, der Wirklichkeit der eigenen Situation entspricht.

Schau|spiel|haus, das: Theater, in dem besonders Schauspiele aufgeführt werden (oft in Namen).

Schau|spiel|kunst, die: **1.** Kunst der darstellerischen Gestaltung durch Sprache, Mimik, Gestik. **2.** schauspielerische Fähigkeit.

Schau|spiel|mu|sik, die: Bühnenmusik (b).

Schau|spiel|schu|le, die: Ausbildungsstätte für Schauspieler.

Schau|spiel|schü|ler, der: Schüler einer Schauspielschule o. Ä.

Schau|spiel|schü|le|rin, die: w. Form zu ↑ Schauspielschüler.

Schau|spiel|un|ter|richt, der: Unterricht in der Schauspielkunst.

Schau|stel|ler, der; -s, -: jmd., der (im Wohnwagen von Ort zu Ort ziehend) auf Messen u. Jahrmärkten ein Fahrgeschäft betreibt, etw. zeigt, vorführt.

Schau|stel|le|rin, die; -, -nen: w. Form zu ↑ Schausteller.

Schau|stel|lung, die (selten): **1.** das Zurschaustellen. **2.** Vorführung von etw. (auf dem Jahrmarkt o. Ä.).

Schau|stück, das: **1.** Gegenstand, der (wegen seiner Kostbarkeit, Seltenheit o. Ä.) nur zum Ansehen bestimmt ist: ein unverkäufliches S.; eine Vitrine mit kostbaren -en. **2.** (selten) Schauspiel. ◆ **3.** Schaumünze: Im Übrigen sind meine Taschen leer. – Was! nicht ein S.? Kein Geschmeid'? (Goethe, Faust I, 2932 f.); …dass ich mir … ein S., mit dem Bildnis Papst Leos, von der Brust losmachte und ihr … in das Mieder steckte (Kleist, Käthchen V, 2).

Schau|ta|fel, die: aufgestellte od. aufgehängte Tafel, auf der etw. (zum Zwecke der Belehrung, Demonstration) dargestellt ist.

◆ **Schau|ung,** die; -, -en (nordd.): im Frühjahr u. im Herbst stattfindende Deichbesichtigung, bei der der Zustand der Deiche überprüft wird: Als im nächsten Herbst der Herr Amtmann und Oberdeichgraf zur S. kam (Storm, Schimmelreiter 35).

Scheck, (schweiz. auch:) ¹**Check** [ʃɛk], der; -s, -s [engl. cheque bzw. amerik. check, wohl zu: to check = nachprüfen, kontrollieren; die q-Schreibung viell. unter Einfluss von: exchequer = Finanzministerium, -behörde]: **1.** Anweisung (auf einem speziellen Formular) eines Kontoinhabers an seine Bank, zulasten seines Kontos einen bestimmten Geldbetrag [an einen Dritten] zu zahlen: einen S. ausfüllen; einen S. sperren. **2.** Anrechtsschein, Gutschein.

Scheck|ab|tei|lung, die (Bankw.): Abteilung, die für die Verrechnung von Schecks (1) zuständig ist.

Scheck|be|trug, der: Betrug durch Abgabe eines ungedeckten Schecks (1).

Scheck|be|trü|ger, der: jmd., der einen Scheckbetrug verübt.

Scheck|be|trü|ge|rin, die: w. Form zu ↑ Scheckbetrüger.

Scheck|buch, das [nach engl. cheque-book] (früher): zu einem Heftchen gebundene Scheckvordrucke.

Scheck|buch|po|li|tik, die ⟨o. Pl.⟩: politische Einflussnahme, bei der Geldzuwendungen in Aussicht gestellt werden: S. betreiben.

¹**Sche|cke,** der; -n, -n [zu mhd. schecke = scheckig, zu afrz. eschec = Schach, also eigtl. = schachbrettartig gemustertes Pferd]: männliches Tier mit scheckigem Fell, bes. Pferd od. Rind.

²**Sche|cke,** die; -, -n: weibliches Tier mit scheckigem Fell, bes. Pferd od. Rind.

Scheck|fä|hig|keit, die (Rechtsspr.): Berechtigung einer Person, mit Schecks (1) zu zahlen.

Scheck|fäl|schung, die: das Fälschen von Schecks (1).

Scheck|heft, das: **1.** (früher) Scheckbuch. **2.** Heft mit Anrechtsscheinen, Gutscheinen: S. für Genießer; ein S. mit Gutscheinen im Wert von 30 bis 40 Euro.

sche|ckig ⟨Adj.⟩ [mhd. scheckeht, zu: schecken = scheckig, bunt machen, zu: schecke, ↑ ¹Schecke]: (von bestimmten Tieren, bes. Pferden od. Rindern) mit größeren weißen Flecken im [schwarzen od. braunen] Fell; gescheckt: -e Kühe; s. braunes (unregelmäßige braune Flecken aufweisendes) Vieh; Ü seine Haut ist ganz s.

sche|ckig|la|chen, sich ⟨sw. V.; hat⟩ (ugs.): sehr lachen.

Scheck|in|kas|so, das (Bankw.): Inkasso von Schecks (1), die von Kunden bei ihrer Bank eingereicht worden sind.

Scheck|kar|te, die (früher): Namenszug, Kontonummer u. a. enthaltende kleine Karte aus Plastik, die dem Aussteller von Schecks (1) als Ausweis dient.

Scheck|recht, das ⟨Pl. selten⟩ (Rechtsspr.): Teil des Rechts, der den Scheckverkehr regelt.

Scheck|sper|re, die (Bankw.): das Sperren, Gesperrtsein eines od. mehrerer Schecks (1).

Scheck|ver|kehr, der (Bankw.): Zahlungsverkehr mit Schecks (1).

Scheck|vieh, das: scheckiges Vieh.

Scheck|vor|druck, der (Bankw.): Formular eines ¹Schecks (1).

Sched|bau, Shedbau [ʃ…], der; -[e]s, -ten [zu engl. shed = Hütte]: eingeschossiger Bau mit Scheddach.

Sched|dach, Sheddach, das; -[e]s, …dächer: Dach, bes. auf Fabrik- u. Ausstellungshallen, das aus mehreren parallel gebauten Satteldächern (mit sägeartiger Silhouette) besteht; Sägedach.

scheel ⟨Adj.⟩ [aus dem Niederd. < mniederd. schēl, urspr. = schief(äugig)] (ugs.): eine auf Missgunst, Neid, Misstrauen od. Geringschätzung beruhende Ablehnung, Feindseligkeit ausdrückend: ein -es Gesicht machen; jmdn. mit -en Blicken ansehen; ein s. blickender Konkurrent; s. blickende Nachbarn.

scheel|äu|gig ⟨Adj.⟩: scheel blickend: ein -er Nachbar.

scheel bli|ckend, scheel|bli|ckend ⟨Adj.⟩ (ugs.): neidisch, missgünstig blickend.

Schef|fel, der; -s, - [mhd. scheffel, ahd. sceffil, zu ↑ ¹Schaff]: altes Hohlmaß von unterschiedlicher Größe (etwa zw. 50 u. 222 l), bes. für Getreide.

schef|feln ⟨sw. V.; hat⟩ [älter = in Scheffel füllen] (ugs., oft abwertend): in großen Mengen in seinen Besitz bringen u. anhäufen.

schef|fel|wei|se ⟨Adv.⟩ (ugs., oft abwertend): in großen Mengen.

Sche|he|ra|za|de […ˈzaːdə], **Sche|he|re|za|de** […reˈzaːdə], die; -, -n: **1.** ⟨o. Pl.⟩ Märchenerzählerin in »Tausendundeine Nacht«. **2.** Geschichtenerzählerin.

Scheib|chen, das; -s, -: Vkl. zu ↑ Scheibe (1 a, 2, 3).

scheib|chen|för|mig ⟨Adj.⟩: wie eine kleine Scheibe (1 a, 2) geformt.

scheib|chen|wei|se ⟨Adv.⟩: in [dünnen] Scheibchen: die Wurst s. essen; Ü etw. s. (ugs.; nach u. nach) berichten.

Schei|be, die; -, -n [mhd. schībe, ahd. scība, urspr. = vom Baumstamm abgeschnittene runde Platte, verw. mit ↑ scheiden in dessen urspr. Bed. »abschneiden«]: **1. a)** flacher, meist runder abgeschnittener Gegenstand in Diskusform, bes. aus Holz; **b)** (Technik) für eine bestimmte technische Funktion, oft als rotierendes Teil in einer Maschine o. Ä., vorgesehene u. entsprechend ausgeführte, meist kreisrunde [in der Mitte mit einer Bohrung versehene] Scheibe (1 a) (z. B. Bremsscheibe, Dichtungsscheibe); **c)** (Sport, Militär) Kurzf. von ↑ Schießscheibe, ↑ Zielscheibe: die S. treffen; **d)** Kurzf. von ↑ Töpferscheibe; **e)** (ugs.) CD, Schallplatte: eine neue S. auflegen. **2.** durch einen geraden Schnitt von einem größeren Ganzen abgetrenntes flaches, scheibenförmiges Stück (bes. von bestimmten Lebensmitteln): eine S. Brot; hart gekochte Eier in -n schneiden; * sich ⟨Dativ⟩ von etw. eine S. abschneiden (ugs.; etw. als Vorbild nehmen). **3.** dünne Glasscheibe, Fensterscheibe: die -n zerbrachen; der Fahrer kurbelte die S. herunter.

schei|ben ⟨sw. V.; hat⟩ [landsch. Nebenf. von ↑ schieben] (bayr., österr.): **1.** rollen, schieben. **2.** kegeln (1 a).

Schei|ben|brem|se, die (Kfz-Technik): Bremse, bei der die Bremsbeläge in einer scheibenartigen Bewegung gegen die Seitenflächen einer rotierenden ¹Scheibe (1) gepresst werden.

schei|ben|för|mig ⟨Adj.⟩: die Form einer Scheibe (1 a) aufweisend.

Schei|ben|gar|di|ne, die: Gardine, die dicht an der Scheibe (3) am Fensterrahmen angebracht ist.

Schei|ben|ho|nig, der: **1.** in Scheiben (2) geschnittener Wabenhonig. **2.** ⟨o. Pl.⟩ (ugs. verhüll.) Scheiße (2).

Schei|ben|kleis|ter, der ⟨o. Pl.⟩ (ugs. verhüll.): Scheiße (2).

Schei|ben|kupp|lung, die (Kfz-Technik): Kupplung, die mithilfe einer Kupplungsscheibe funktioniert.

Schei|ben|schie|ßen, das (Sport, Militär): der Übung dienendes Schießen od. Preisschießen auf eine Ziel-, Schießscheibe.

Schei|ben|wasch|an|la|ge, die (Kfz-Technik): (zusammen mit den Scheibenwischern zu benutzende) Vorrichtung an Kraftfahrzeugen zum Aufspritzen von Wasser auf die Windschutz- od. Heckscheibe zum Reinigen verschmutzter Scheiben (3).

schei|ben|wei|se ⟨Adv.⟩: in Scheiben (2).

Schei|ben|wi|scher, der: an Windschutzscheibe [u. Heckscheibe] eines Kraftfahrzeugs angebrachte Vorrichtung in Form eines an einem Arm befestigten ¹Blattes (5) aus Gummi, das *sich automatisch in einem Bogen hin und her bewegt, um Regen o. Ä. von der Scheibe (3) zu wischen.*

Scheich, der; -s, -e u. -e [arab. šayḫ = Ältester; Stammesoberhaupt]: **1. a)** *Oberhaupt eines arabischen Herrschaftsgebietes [mit dem Titel eines Königs, Prinzen o. Ä.];* **b)** *Oberhaupt eines arabischen Dorfs, eines Familienverbandes o. Ä.;* **c)** ⟨o. Pl.⟩ *arabischer Titel für Männer, die im gesellschaftlichen Leben eine bestimmte Stellung einnehmen.* **2. a)** (salopp abwertend) *unangenehmer Mensch, Kerl:* ein blöder S.; **b)** (ugs.) *Freund eines Mädchens, einer Frau:* sie hat einen neuen S.

Scheich|tum, das; -s, ...tümer: *Territorium mit einem Scheich (1 a) als Oberhaupt.*

Schei|de, die; -, -n [mhd. scheide, ahd. sceida, eigtl. = Geschnittenes, Gespaltenes (verw. mit ↑scheiden), urspr. = Hülse aus zwei Holzplatten]: **1.** *schmale, längliche, der Form der jeweiligen Klinge angepasste Hülse aus festem Material, in die eine Hieb- od. Stichwaffe bis zum Knauf hineingesteckt wird.* **2.** [nach lat. vagina, ↑Vagina] *von der Gebärmutter nach außen führender, mit Schleimhaut ausgekleideter, schlauchartiger Teil der weiblichen Geschlechtsorgane; Vagina.* **3.** (veraltend) *Grenze* (1 b).

Schei|de|brief, der (veraltend): *Brief, mit dem sich jmd. von einem andern trennt, lossagt:* jmdm. einen S. schreiben.

Schei|de|kun|de, Schei|de|kunst, die ⟨o. Pl.⟩ (früher): *Chemie.*

Schei|de|mün|ze, die [zu ↑scheiden (2 a)] (Geldw. veraltet): *Münze mit geringem Wert.*

schei|den ⟨st. V.⟩ [mhd. scheiden, ahd. sceidan, urspr. = (ab)schneiden, spalten, trennen]: **1.** ⟨hat⟩ *(eine Ehe) durch ein Gerichtsurteil für aufgelöst erklären:* ihre Ehe wird geschieden. **2.** ⟨hat⟩ **a)** (meist geh.) *trennen, abgrenzen:* beide Kontinente sind nur durch eine schmale Meeresstraße voneinander geschieden; Ü Beruf und Privatleben streng voneinander s.; die beiden Begriffe lassen sich nur schwer voneinander s.; Wo ist die Grenze, die Chaos von Ordnung scheidet, und was ist das Überschreiten...? (Remarque, Obelisk 83); **b)** ⟨s. + sich⟩ *sich verzweigen, auseinanderfließen, -gehen:* an der großen Tanne scheiden sich die Wege; **c)** (geh.) *unterscheiden* (3); **d)** (bes. Chemie, Hüttenw.) *(eine Substanz von einer od. mehreren anderen) trennen, sondern:* Metalle s.; mit Salpetersäure lässt sich Silber von Gold s.; ⟨subst.:⟩ Edelmetalle lassen sich durch Scheiden aus Altmetall zurückgewinnen; **e)** ⟨s. + sich⟩ (meist geh.) *sich trennen.* **3.** ⟨ist⟩ (geh.) *(jmdn. zurücklassend) weggehen, auseinandergehen:* wir schieden grußlos [voneinander]; Ü der Sommer scheidet *(geht dahin);* aus dem Dienst s. *(seinen Dienst aufgeben);* Ich habe gesehen... dass Ihr bald von der Erde s. *(sterben)* müsst (Buber, Gog 207).

Schei|den|aus|fluss, der (Med.): *Ausfluss* (3 b), ²*Fluor.*

Schei|den|ein|gang, der: *Scheidenöffnung.*

Schei|den|ent|zün|dung, die: *Entzündung der Scheide.*

Schei|den|flo|ra, die: ¹*Flora* (3) *der Scheide* (2).

Schei|den|krampf, der: *krampfhaftes Zusammenziehen der Muskulatur der Scheide* (2).

Schei|den|öff|nung, die: *von den kleinen Schamlippen umschlossene Öffnung der Scheide* (2).

Schei|de|wand, die: *Trennwand.*

Schei|de|weg, der: *Wegscheide, Weggabelung:* * am S. stehen *(vor einer schwierigen Entscheidung stehen).*

Schei|dung, die; -, -en [mhd. scheidunge]: **1.** *Ehescheidung:* jmds. S. betreiben; die S. aussprechen; in S. leben *(von einem gestellten, aber noch nicht beschiedenen Antrag auf Ehescheidung betroffen sein).* **2.** *das Scheiden* (2 a): die begriffliche S. von Neonazismus und Neofaschismus.

Schei|dungs|an|walt, der (ugs.): *Rechtsanwalt, der auf Ehescheidungen spezialisiert ist.*

Schei|dungs|an|wäl|tin, die: w. Form zu ↑Scheidungsanwalt.

Schei|dungs|be|geh|ren, das (Rechtsspr.): *Antrag auf Ehescheidung (in Form einer Scheidungsklage).*

Schei|dungs|ge|such, das: *Scheidungsklage.*

Schei|dungs|grund, der: *Umstand, aufgrund dessen eine Ehe geschieden wird:* Ehebruch ist gar nicht der häufigste S.

Schei|dungs|kind, das (Jargon): *Kind, dessen Eltern geschieden wurden.*

Schei|dungs|kla|ge, die: *Klage, mit der die Scheidung seiner Ehe erwirken will:* der S. stattgeben.

Schei|dungs|pro|zess, der: *um eine Ehescheidung geführter Prozess.*

Schei|dungs|ra|te, die: *Rate* (2), *statistisch ermittelte Anzahl von Ehescheidungen.*

Schei|dungs|ur|teil, das: *Urteil, durch das eine Ehe aufgelöst wird.*

Schei|dungs|wai|se, die (Jargon): *Kind, das durch die Scheidung der Eltern sein Elternhaus verloren hat.*

Scheik, der; -[e]s, -s u. -e: ↑Scheich (1).

Schein, der; -[e]s, -e [mhd. schīn, ahd. scīn, zu ↑scheinen]: **1.** ⟨Pl. selten⟩ **a)** *(unmittelbar von einer Lichtquelle od. von einer reflektierenden Fläche her) scheinendes, eine gewisse Helligkeit bewirkendes Licht; Lichtschein:* der flackernde S. einer Kerze; der fahle, silberne S. des Mondes; der warme, matte S. einer Lampe; der grelle S. der Neonröhre; der rote S. des brennenden Hauses, der Flammen erhellte den Platz; der S. einer Straßenlaterne fiel ins Zimmer; ♦ ...zuweilen war, nachdem der Schimmer ihm entgegengespiegelte, der Jüngling schmerzhaft geblendet, dann wieder besänftigten grüne und blau spielende -e sein Auge, aus welchen dann ein zarter fahler Hauch: »Was sind das für Redensarten!«, entgegnete er, und wieder erglomm ein zarter S. von Farbe auf seinen fahlen Wangen (Th. Mann, Krull 153); * [um] einen S. (seltener; *ein bisschen, ein wenig, eine Idee, Spur).* **2. a)** ⟨o. Pl.⟩ *äußeres Ansehen, Aussehen, äußeres Bild von etw.; Anschein:* der S. ist, spricht gegen ihn; wenigstens den äußeren S. aufrechterhalten; Aber du bist so schamlos, es kommt dir nicht einmal mehr auf den S. an (Fallada, Herr 79); ℞ der S. trügt; * **den S. wahren** *(den bestehenden falschen Eindruck aufrechterhalten:* seine Ehe ist längst zerrüttet, aber um den S. zu wahren, zeigt er sich von Zeit zu Zeit mit seiner Frau in der Öffentlichkeit); **zum S.** *(in irreführender Absicht);* **b)** ⟨o. Pl.⟩ *etw. aufgrund einer Täuschung für wirklich Gehaltenes.* **3.** [eigtl. = beweisende *(= sichtbare) Urkunde] Bescheinigung:* der S. ist abgelaufen, verfallen, ungültig; einen S. unterschreiben, ausfüllen; einen S. *(Seminarschein)* machen, noch drei -e *(Seminarscheine)* für das Examen benötigen; sie hatte vergessen, ihren S. *(Lottoschein)* abzugeben; auf den S. *(Lottoschein)* sind drei Richtige; mit dem S. *(Gepäckschein)* kannst du den Koffer abholen; ohne S. *(Angelschein)* darf man hier nicht angeln. **4.** Kurzf. von ↑Geldschein: Münzen und -e; ein im Bündel z.; 500 000 Euro in kleinen -en; (salopp:) drei ganze -e (salopp; *drei Hunderteuroscheine);* für 'n halben S. *(fünfzig Euro)* kannst du es haben.

schein-, Schein-: drückt in Bildungen mit Substantiven oder Adjektiven aus, dass eine Person oder Sache nicht wirklich ist, was sie zu sein scheint: Scheinehe; scheinrevolutionär.

Schein|an|griff, der: *Angriff, der [zur Irreführung des Gegners] nur vorgetäuscht wird.*

Schein|ar|chi|tek|tur, die (Archit.): *einer Wand aufgemalte od. im Relief aufgetragene architektonische Elemente, die durch illusionistische Perspektiven den Raum optisch erweitern bzw. öffnen.*

Schein|ar|gu|ment, das: *einer genaueren Prüfung nicht standhaltendes, nicht stichhaltiges Argument.*

¹**schein|bar** ⟨Adj.⟩ [mhd. schīnbære, ahd. scīnbāre = leuchtend, sichtbar]: **a)** *aufgrund einer Täuschung wirklich, als Tatsache erscheinend, aber in Wahrheit nicht wirklich gegeben:* das ist nur ein -er Widerspruch; er ist nur s. unabhängig; ... dass eine ältere Frau neben ihm s. die Auslagen studierte, tatsächlich jedoch ihn (Kronauer, Bogenschütze 52); Im Reich der Poesie, wo alles nur s. ist, alles vergleichsweise, metaphorisch, symbolisch ... (Rühmkorf, Fahrtwind 68); **b)** (selten) *dem Anschein nach gegeben, vorhanden, bestehend:* -es Alter des Täters: 20 Jahre.

²**schein|bar** ⟨Adv.⟩ [zu: ↑¹scheinbar] (ugs.): *anscheinend:* sie hat es s. vergessen; er sucht s. Streit

---

Das Adverb *anscheinend* besagt, dass etwas allem Anschein nach tatsächlich so ist, wie es sich darstellt. Es ist also nicht synonym zu *scheinbar.* In der Alltagssprache wird *scheinbar* allerdings häufig im Sinne von *anscheinend* verwendet.

Schein|be|schäf|ti|gung, die: *[berufliche] Tätigkeit, die nur vorgetäuscht wird.*

Schein|be|we|gung, die: *scheinbare Bewegung: die Bewegungen und -en der Gestirne.*

Schein|be|weis, der: *einer genauen Prüfung nicht standhaltende Schlussfolgerung.*

Schein|blü|te, die: **1.** (Bot.) *aus dicht gedrängten Blüten bestehender Blütenstand, der wie eine einzelne Blüte aussieht.* **2.** scheinbarer *[wirtschaftlicher] Aufschwung.*

Schein|da|sein, das: *Scheinexistenz.*

Schein|dol|de, die (Bot.): *Trugdolde.*

Schein|ehe, die: *(um eines bestimmten rechtlichen Status willen) nur zum Schein geschlossene Ehe.*

schei|nen ⟨st. V.; hat⟩ [mhd. schīnen, ahd. scīnan, urspr. = (stumpf) glänzen, schimmern]: **1. a)** *(von Lichtquellen) anhaltend Licht ausstrahlen u. irgendwohin gelangen lassen:* eine Laterne schien durch die Büsche; **b)** *(von Gestirnen) sichtbar am Himmel stehen u. [in einer bestimmten Weise] Licht ausstrahlen:* am hellsten [von allen Sternen] schien die Venus; **c)** *(von Licht) auftreffen, einfallen; fallen* (7 b): das grelle Scheinwerferlicht schien ihr direkt ins Gesicht; **d)** (selten) *glänzen* (b): das Blech schien in der Sonne. **2.** *einen bestimmten Eindruck erwecken, den Anschein haben:* die Erklärung scheint mir plausibel; neben den Wolkenkratzern schien *(wirkte)* die Kathedrale geradezu winzig; er bemühte sich, ruhig zu s. *(erscheinen);* ⟨häufig mit Inf. mit »zu«:⟩ sie scheint zu schlafen; sie scheint es nicht gewusst zu haben; die Zeit schien stillzustehen; ⟨unpers. mit häufig durch »dass« eingeleitetem Nebensatz:⟩ uns scheint, dass dies mit Absicht geschah; Ich musste ihn ja nicht einweihen in Zwecke und Ziele, nicht in Gut und Böse, in das, was

wirklich ist und was nur so scheint (Bachmann, Erzählungen 116).
Schein|exis|tenz, die: **1.** ⟨o. Pl.⟩ *nur scheinbare Existenz* (1 a). **2.** (bildungsspr.) **a)** *sinnloses, sinnentleertes Leben:* eine S. führen; **b)** *jmd., der eine Scheinexistenz* (2 a) *führt.*
Schein|fir|ma, die: *rechtsunwirksam entstandene u. daher nur dem Anschein nach bestehende Firma.*
Schein|frie|de, Schein|frie|den, der: *nur scheinbarer Frieden.*
Schein|frucht, die (Bot.): *wie eine einzelne Frucht aussehender Verband von vielen miteinander verwachsenen kleinen Früchtchen* (z. B. Apfel, Feige).
Schein|füß|chen, das (Biol.): *der Fortbewegung dienender Fortsatz aus Plasma bei Einzellern.*
Schein|ge|fecht, das: *nur vorgetäuschte, zum Schein, zum Erwecken eines bestimmten Eindrucks geführte Auseinandersetzung.*
Schein|ge|schäft, das: *Geschäft* (1 a), *das nur vorgetäuscht wird.*
Schein|ge|winn, der (Wirtsch.): *als Gewinn bewertete Differenz zwischen den Anschaffungskosten und den [durch Preissteigerungen bewirkten] höheren Kosten bei der Wiederbeschaffung einer Sache.*
Schein|grün|dung, die (Wirtsch.): *Gründung einer Kapitalgesellschaft ohne die Absicht, die Gesellschaft tätig werden zu lassen.*
schein|hei|lig ⟨Adj.⟩ (abwertend): *Aufrichtigkeit, Nichtwissen od. Freundlichkeit vortäuschend; heuchlerisch:* ein -er Bursche; ein -es Gesicht machen; seine -e Art.
Schein|hei|lig|keit, die (abwertend): *scheinheiliges Wesen, scheinheiliges Verhalten.*
Schein|lö|sung, die: *etw., was nur scheinbar eine Lösung darstellt.*
Schein|prä|pa|rat, das: *Placebo.*
Schein|pro|b|lem, das: **1.** *etw., was nur scheinbar ein Problem darstellt.* **2.** (Philos.) *Problem, dessen Lösung prinzipiell nicht möglich ist.*
Schein|schwan|ger|schaft, die (Med.): *Zustand einer Frau, bei dem verschiedene Anzeichen auf eine (tatsächlich aber nicht gegebene) Schwangerschaft hinzudeuten scheinen.*
schein|selb|stän|dig usw.: ↑ scheinselbstständig usw.
schein|selbst|stän|dig, scheinselbständig ⟨Adj.⟩ (Politik, Wirtsch.): *die Scheinselbstständigkeit betreffend, auf ihr beruhend, zu ihr gehörend.*
Schein|selbst|stän|di|ge ⟨vgl. Selbstständige⟩ (Politik, Wirtsch.): *weibliche Person, die in Scheinselbstständigkeit arbeitet.*
Schein|selbst|stän|di|ger ⟨vgl. Selbstständiger⟩ (Politik, Wirtsch.): *jmd., der in Scheinselbstständigkeit arbeitet.*
Schein|selbst|stän|dig|keit, Scheinselbständigkeit, die (Politik, Wirtsch.): *nur scheinbare berufliche Selbstständigkeit eines zeitweilse in eigener Verantwortung u. auf eigene Rechnung, jedoch in Abhängigkeit von einem Auftraggeber arbeitenden Erwerbstätigen: das Gesetz zur Bekämpfung der S. verändert den Arbeitsmarkt.*
Schein|tod, der (Med.): *körperlicher Zustand (eines Menschen od. Tiers), bei dem es, weil vorhandene Lebenszeichen kaum zu erkennen sind, so scheint, als sei der Tod eingetreten.*
schein|tot ⟨Adj.⟩: **a)** (Med.) *im Zustand des Scheintods befindlich;* **b)** (salopp, meist scherzh. übertreibend) *(von Menschen) sehr alt:* wir haben lauter -e Lehrer; die ist ja schon s.
Schein|to|te ⟨vgl. Tote⟩: *weibliche Person, die scheintot ist.*
Schein|to|ter ⟨vgl. Toter⟩: *jmd., der scheintot ist.*
Schein|tür, die: *(in Grabbauten des Altertums) oft künstlerisch gestaltete Stein- od. Holzplatte, die eine Tür andeutet.*
Schein|welt, die: *nicht wirkliche [aber als wirklich erlebte] Welt* (4): die S. der Werbung; in einer S. leben.
Schein|wer|fer, der [zu ↑ Schein (1 a); für frz. réverbère = Reflektor; Lampenspiegel]: *Lampe, die ein stark gebündeltes helles Licht abgibt:* das Gebäude wird von -n angestrahlt.
Schein|wer|fer|ke|gel, der: *von einem Scheinwerfer erzeugter Lichtkegel.*
Schein|wer|fer|licht, das: *Licht eines Scheinwerfers, von Scheinwerfern:* bei S. arbeiten; im S. stehen; * im S. [der Öffentlichkeit] stehen (↑ Rampenlicht a).
Schein|wi|der|stand, der (Elektrot.): *absoluter Betrag des Wechselstromwiderstands.*
Scheiß, der; - (salopp abwertend): *etw., womit jmd. nicht einverstanden ist, was jmd. ablehnt od. für belanglos hält:* was soll der S.?; mach keinen S.!; viel S. reden.

scheiß- (salopp abwertend): **a)** drückt in Bildungen mit Adjektiven eine Verstärkung aus; *sehr:* scheißfaul, -kalt; **b)** kennzeichnet in Bildungen mit Adjektiven etw. (eine Eigenschaft) als übertrieben, verachtenswert: scheißfein, -höflich.

Scheiß- (salopp abwertend): drückt in Bildungen mit Substantiven aus, dass jmd. od. etw. als schlecht, miserabel, verabscheuenswürdig angesehen wird: Scheißladen, -spiel.

Scheiß|ding, das (salopp abwertend): *Gegenstand, der nichts taugt.*
Scheiß|dreck, der: **1.** (derb seltener) Kot (1). **2.** (derb emotional verstärkend) **a)** *Dreck* (2): kümmer dich um deinen eigenen S.!; * einen S. (*überhaupt nicht; überhaupt nichts:* das geht dich einen S. an); **b)** *Dreck* (3): du kaufst auch jeden S.; (in Flüchen o. Ä.:) [so ein] S.!
schei|ße ⟨indekl. Adj.⟩ (salopp abwertend): *ausgesprochen schlecht, unerfreulich, ärgerlich:* ich fand die Musik s.
Schei|ße, die; - [mhd. schīʒe, zu ↑ scheißen]: **1.** (derb) Kot (1): ein Haufen S.; in S. treten; hier stinkt es nach S.; * jmdm. steht die S. bis zum Hals (*jmd. befindet sich in einer ziemlich ausweglosen Situation);* jmdn. aus der S. ziehen (↑ Dreck 1); **aus der [größten] S. [heraus] sein** (derb; ↑ Dreck 1); jmdn., etw. durch die S. ziehen (derb; *übel, verleumderisch über jmdn., etw. reden);* in S. sitzen, stecken (derb; ↑ Dreck 1). **2.** (derb abwertend) *etw. sehr Schlechtes, Unerfreuliches, Ärgerliches:* der Film ist große S.; R (in Flüchen o. Ä.) [verfluchte, verdammte] S.!/S. [verfluchte, verdammte]!; so eine S.!
scheiß|egal ⟨Adj.⟩ (derb emotional abwertend): *völlig* ¹egal (2): das ist mir s.
schei|ßen ⟨st. V.; hat⟩ [mhd. schīʒen, ahd. scīʒan, eigtl. = (aus)scheiden] (derb): **1. a)** *den Darm entleeren:* s. gehen; vor Angst in die Hosen s.; Der Kakadu lüftete gleichgültig seinen Schwanz und schiss (Remarque, Triomphe 68); Nur wenn er s. muss, flucht er und quält sich an der Verstopfung (Herta Müller, Fuchs 257); **b)** *eine Darmblähung entweichen lassen:* wer hat hier geschissen? **2.** *eine Person od. Sache gering schätzen, nicht haben wollen, darauf ohne Weiteres verzichten können:* auf jmds. Mitleid s.; ich scheiße auf dein Geld; scheiß drauf! (*ist doch völlig gleichgültig).* **3.** * jmdm. was s. (*keineswegs geneigt sein, jmds. Wunsch zu erfüllen, seiner Aufforderung nachzukommen).*
Schei|ßer, der; -s, -: **1.** (derb abwertend) *unangenehmer Mensch, widerlicher Kerl* (oft als Schimpfwort): hau ab, du S.! **2.** (derb abwertend) *jmd., der gering geschätzt wird, der nichts gilt, nichts darstellt.* **3.** (fam.) Kosew. *für einen Säugling, ein Kleinkind:* hallo, mein kleiner S.
Schei|ße|rin, die; -, -nen: w. Form zu ↑ Scheißer.
scheiß|freund|lich ⟨Adj.⟩ (salopp abwertend): *übertrieben, auf eine unechte Weise freundlich.*
Scheiß|haus, das (derb): *Toilette* (2 a).
Scheiß|haus|pa|ro|le, die (derb): *übles Gerücht; Latrinenparole.*
Scheiß|kram, der (salopp abwertend): *ärgerliche, lästige Angelegenheit, Sache.*
scheiß|li|be|ral ⟨Adj.⟩ (salopp abwertend): *(in einer den reaktionären Kräften nützlichen u. deshalb ärgerlichen Weise) liberal [eingestellt].*
Scheit, das; -[e]s, -e u. (bes. österr. u. schweiz.:) -er [mhd. schīt, ahd. scīt, eigtl. = Gespaltenes, Abgetrenntes, ablautend verw. mit ↑ scheiden]: *Holzscheit:* ein glühendes S.; ein paar -e/(südd., österr., schweiz.:) -er [Holz] nachlegen.
Schei|tel, der; -s, - [mhd. scheitel(e) = oberste Kopfstelle; Haarscheitel, ahd. sceitila = Kopfwirbel, zu ↑ scheiden]: **1. a)** *Linie, die das Kopfhaar in eine rechte u. linke Hälfte teilt:* ein gerader, scharfer S.; einen S. ziehen; sie trägt den S. rechts, links, in der Mitte; R der kann sich den S. mit dem Schwamm ziehen (ugs. scherzh.; *er hat eine Glatze);* * jmdm. den S. mit der Axt ziehen (ugs.; *jmdn. erschlagen);* **b)** *(von Menschen u. bestimmten Tieren) oberste Stelle des Kopfes:* genau auf dem S. hatte er einen Wirbel; * **vom S. bis zur Sohle** (ganz und gar; von Kopf bis Fuß): er ist ein Gentleman vom S. bis zur Sohle); **c)** (dichter.) *Kopfhaar.* **2. a)** (bes. Archit.) *oberste Stelle, höchster Punkt von etwas:* der S. des Gewölbes, [Tor]bogens; **b)** (geh., seltener Astron.) *Zenit.* **3.** [seit etwa 1700 als LÜ von lat. vertex] (Math.) **a)** *Schnittpunkt der Schenkel eines Winkels;* **b)** *Schnittpunkt eines Kegelschnitts mit seiner [Haupt]achse, bei einer Hyperbel auch (außerhalb der Kurve liegender) Endpunkt der Nebenachse:* der S. einer Parabel, die vier S. einer Ellipse, Hyperbel. ♦ **4.** ⟨auch die; -, -, -n:⟩ ... der Helmbusch wallt ihr von der S. (Kleist, Penthesilea 1).
Schei|tel|bein, das: *(bei Mensch u. Wirbeltieren vorkommender) paariger Knochen des Schädeldachs, der beim Menschen die Seitenwände des Schädels bildet.*
Schei|tel|hö|he, die: *Höhe des höchsten Punktes, z. B. eines Berges.*
Schei|tel|kamm, der: *(bes. bei Menschenaffen) Knochen in Form einer Leiste, der längs über die Mitte des Schädels verläuft.*
Schei|tel|käpp|chen, das: *kleine, runde, flache Kopfbedeckung, die von bestimmten Geistlichen getragen wird.*
Schei|tel|kreis, der: **1.** (Astron.) *Kreis, der durch Zenit u. Nadir geht.* **2.** (Math.) *Kreis um den Mittelpunkt einer Ellipse od. Hyperbel mit dem Radius der großen Halbachse.*
schei|teln ⟨sw. V.; hat⟩ [mhd. scheiteln, ahd. in: zisceitilōn]: *mit einem Scheitel* (1 a) *versehen:* [jmdm., sich] das Haar s.; akkurat gescheiteltes Haar.
Schei|tel|punkt, der: **1. a)** (bes. Archit.) *Scheitel* (2 a): der S. des Gewölbes; **b)** (geh., seltener Astron.) *Scheitel* (2 b). **2.** (Math.) *Scheitel* (3).
schei|tel|recht ⟨Adj.⟩ (veraltet): *senkrecht:* ♦ ... zwei feindliche Gestirne, die im ganzen Lauf der Zeiten ein einzig Mal in -er Bahn zerschmetternd sich berühren (Schiller, Don Carlos I, 2).
Schei|tel|win|kel, der (Math.): *Winkel, der einem anderen, gleich großen Winkel an zwei sich schneidenden Geraden gegenüberliegt.*
schei|ten ⟨sw. V.; hat⟩ [zu ↑ Scheit] (schweiz.): *zu Scheiten zerhacken, spalten:* Holz s.

Scheiterhaufen – Schenkel

Schei|ter|hau|fen, der; -s, -: *(im MA.) Holzstoß für die öffentliche Verbrennung der zum Tode Verurteilten, bes. der vermeintlichen Hexen* (2): jmdn. auf den S. bringen.

schei|tern ⟨sw. V.; ist⟩ [17. Jh., für älter: zerscheitern, geb. zum landsch. Pl. Scheiter von ↑ Scheit, eigtl. = in Stücke (Scheite) gehen]: **a)** *ein angestrebtes Ziel o. Ä. nicht erreichen, keinen Erfolg haben:* er ist [mit seinen Plänen] gescheitert; die deutsche Mannschaft scheiterte an England mit 0:1; **b)** *misslingen, missglücken, fehlschlagen:* am [fehlenden] Geld soll die Sache nicht s.; ihre Klage ist gescheitert; das Gesetz ist [im Parlament] gescheitert; die Friedenskonferenz ist gescheitert; ihre Ehe ist gescheitert; ⟨subst.:⟩ eine Flucht zum Scheitern bringen.

Sche|kel, der; -s, - [hebr. seqel]. **1.** *Währungseinheit in Israel* (1 Schekel = 100 New Agorot; Währungscode: ILS). **2.** ↑ Sekel.

Schel|de, die; -: *Fluss in Frankreich, Belgien u. den Niederlanden.*

Schelf, der od. das; -s, -e [engl. shelf = Riff; Brett, ¹Bord] (Geogr.): *Festlandsockel.*

Schel|fe, die; -, -n [spätmhd. schelve, schilf, ahd. scel(i)va, verw. mit ↑ Schale (1)] (landsch.): ¹*Schote* (1); *Schale* (1 a).

schel|fern, schilfern ⟨sw. V.; hat⟩ [landsch. Nebenf. von: schelfen = (ab)schälen] (landsch.): *abschilfern:* die Haut schilfert ⟨auch schilfern + sich:⟩ keine Haut schilfert sich.

Schelf|meer, das: **a)** ⟨o. Pl.⟩ *Gesamtheit der über den Schelfen liegenden Teile des Weltmeers;* **b)** *über einem Schelf liegendes Meer.*

Schel|lack, der; -[e]s, -e [niederl. schellak, aus: schel = Schale; Schuppe u. lak = Lack; das Harz wird in dünne, schalenartige Tafeln gepresst]: *von Schildläusen abgesondertes Harz, das u. a. zur Herstellung von Lacken verwendet wird;* Gummilack.

¹**Schel|le,** die; -, -n [frühnhd., mhd. nicht belegt, ahd. in: fuoʒscal = Fußfessel, wohl zu ↑ Schale]: **1.** *ringförmige Klammer, Bügel zum Befestigen u. Verbinden von Rohren u. Schläuchen o. Ä. od. zum Befestigen von Teilen an Rohren o. Ä.* **2.** ⟨Pl.⟩ (veraltet) *Handschellen.*

²**Schel|le,** die; -, -n [mhd. schelle, ahd. scella, zu mhd. schellen, ahd. scellan = tönen, schallen]: **1. a)** *kleines, kugelförmiges, mit einem Schlitz versehenes Glöckchen, zu mhd. schellen, ahd. scellan = tönen, schallen:* die -n an der Narrenkappe klingeln hell; **b)** (landsch.) *[kleine] Glocke* (1 a). **2.** (landsch.) *[elektrische] Klingel* (1). **3.** ⟨Pl.; ohne Art. als Sg. Neutrum gebraucht⟩ *Farbe im deutschen Kartenspiel, die dem Karo* (2) *entspricht:* -n sticht; -n spielen.

³**Schel|le,** die; -, -n [gek. aus ↑ Maulschelle] (landsch.): *Ohrfeige.*

schel|len ⟨sw. V.; hat⟩ [zu ↑ ²Schelle] (landsch.): **1.** *klingeln* (a): das Telefon schellt; ⟨unpers.:⟩ an der Haustür schellt es. **2.** *klingeln* (b): dreimal s. **3.** *klingeln* (c): mit dem Diener s.

Schel|len|baum, der: *Musikinstrument, das aus einer langen Stange zum Tragen u. mehreren quer daran befestigten Stangen besteht, an denen kleine ²Schellen* (1 a) *hängen.*

Schel|len|ge|läu|te, das: *Geläute von ²Schellen* (1).

Schel|len|kap|pe, die: *Narrenkappe* (a).

Schel|len|kranz, der: *Musikinstrument, das aus einem Holzreifen mit Schlitzen besteht, in denen an Metallstiften ringförmige Metallscheibchen lose angebracht sind, u. das durch rhythmisches Schütteln zum Klingen gebracht wird.*

Schel|len|trom|mel, die: *einem Schellenkranz ähnliches Musikinstrument, das zusätzlich mit einem Fell zum Trommeln bespannt ist.*

Schell|fisch, der; -[e]s, -e [aus dem Niederd. < mniederd. schellevisch, zu: schelle = Schale, nach dem in Schichten auseinanderfallenden Fleisch]: *im Nordatlantik lebender größerer Knochenfisch mit graubraunem Rücken, weißem Bauch, weißen Seiten u. dunklem Fleck über den Brustflossen, der als Speisefisch geschätzt wird.*

Schell|ham|mer, der; -s, ...hämmer [zu ↑ ²Schelle; im Ggs. zur Glocke wird die Schelle geschmiedet]: *Hammer zur Herstellung von ²Nieten.*

Schell|hengst: ↑ Schälhengst.

Schelm, der; -[e]s, -e [mhd. schelm(e), schalm(e), ahd. scelmo, scalmo = Aas; Pest, Seuche, H. u.; schon spätmhd. = verworfener Mensch, Betrüger (als Schimpfwort)]: **1.** *jmd., der gern anderen Streiche spielt, Spaßvogel; schelmischer* (1) *Mensch, Schalk:* er ist ein S.; was versteckst du denn da hinter deinem Rücken, du kleiner S.?; **Spr** nur ein S. gibt mehr, als er hat *(nur ein närrischer Mensch kann s. freigebiger, als er es sich leisten kann);* * **jmdm. sitzt der S. im Nacken/jmd. hat den S. im Nacken** (↑ Schalk). **2.** (veraltet) *unehrenhafter Mensch, Schurke, Schuft; Betrüger, Verbrecher:* ♦ ... wie will ich an der Redlichkeit dem Strick entlaufner e als an die Tücke dieses Weibes glauben (Kleist, Amphitryon III, 1); ♦ In der Tat! Ein S., wenn ich ihr die lüge (Kleist, Hermannsschlacht III, 3); R ein S., der/wer [dabei] Böses, Arges denkt *(nur ein übelwollender Mensch könnte dabei etwas Böses argwöhnen, unterstellen;* nach ↑ honi soit qui mal y pense); * **auf einen S. anderthalbe setzen** (veraltend) *einen Betrug o. Ä. mit einem noch ärgeren, schlaueren beantworten.*

Schel|men|ro|man, der (Literaturwiss.): *Roman (bes. des 16. u. 17. Jh.s), dessen Held sich als Umhergetriebener niederer Abkunft mit allen Mitteln, Listen u. Schlichen durchs Leben schlägt.*

Schel|men|streich, der: **1.** *Streich, mit dem jmd. überlistet wird.* **2.** (veraltet) *strafwürdige Tat; Verbrechen.*

Schel|men|stück, das: *Schelmenstreich.*

Schel|me|rei, die; -, -en: **1. a)** *Schelmenstreich* (1); **b)** ⟨o. Pl.⟩ *zu Neckereien aufgelegte Art.* **2.** (veraltet) **a)** (o. Pl.) *Schlechtigkeit, Lasterhaftigkeit;* **b)** *Schelmenstreich* (2): ♦ ... indem er den Kerl, wegen auf dem platten Lande verübter Notzucht und anderer -en, ... hatte hängen wollen (Kleist, Kohlhaas 75).

Schel|min, die; -, -nen: **1. w.** Form zu ↑ Schelm (1): du hast doch geschwindelt, du kleine S.! **2. w.** Form zu ↑ Schelm (2): ♦ Zur S. würde ich an dem Herzblute meines Bräutigams, welches seine Lippen verschütteten, weil er einen Tag lang sich nicht in Lisbeth zu finden wusste (Immermann, Münchhausen 2, 395).

schel|misch ⟨Adj.⟩ [frühnhd. = schurkisch]: **1.** *in der Art eines Schelms* (1), *schalkhaft; verschmitzt:* s. lächeln; jmdn. s. ansehen. **2.** (veraltet) *in der Art eines Schelms* (2); *betrügerisch, verbrecherisch, böse:* ♦ Erfuhr er, dass man ihn suchte wegen -er Tat, da (= in seinem Bau) fand er die beste Beschirmung (Goethe, Reineke 2, 27 f.).

♦ **Schelm|stück,** das: *Schelmenstück, Schelmenstreich* (2): Zu einem S. solltest du den Namen hergeben (Schiller, Piccolomini V, 1).

Schel|te, die; -, -n ⟨Pl. selten⟩ [mhd. schelte, ahd. scelta = Tadel, strafendes Wort, zu ↑ schelten] (geh.): **1.** *in schimpfendem Ton geäußerte Worte, mit denen jmd. ausgeschimpft wird; laut vorgebrachter Tadel.* **2.** (Sprachwiss. veraltend) *abwertender Ausdruck.*

schel|ten ⟨st. V.; hat⟩ [mhd. schelten, schelden, ahd. sceltan = tadeln, schmähen, verw. mit ↑ Schall, ²Schelle]: **1.** (geh., oft auch landsch.) **a)** *schimpfen* (1 a): sie schalt, weil ihr niemand half; **b)** *schimpfen* (1 b): die Mutter schilt das Kind, mit dem Kind. **2.** (geh.) **a)** *herabsetzend als etw. Bestimmtes bezeichnen, hinstellen:* er schalt ihn töricht; **b)** *tadeln, kritisieren.*

Schelt|re|de, die (geh.): *wortreiche [laute] Äußerung, mit der jmd. gescholten, beschimpft wird.*

Schelt|wort, das ⟨Pl. ...wörter od. -e⟩ (geh.): **1.** ⟨Pl. -e⟩ *scheltende Worte; Scheltrede.* **2.** ⟨Pl. ...wörter, auch -e⟩ *Schimpfwort.*

Sche|ma, das; -s, -s u. -ta, auch: ...men [lat. schema < griech. schēma = Haltung, Stellung; Gestalt, Figur, Form, zu: échein (Inf. Aor.: scheīn) = haben, [fest]halten]: **1.** *Konzept* (1), *das jmd. [in Gedanken] von einem Sachverhalt hat u. nach dem er sich bei der Beurteilung od. Ausführung von etw. richtet:* ein einfaches S.; ein S. aufstellen; einem S. folgen; diese Idee passt in kein S., lässt sich in kein S. pressen *(entspricht nicht den üblichen Denkschemata);* * **nach S. F** (abwertend) *gedankenlos u. routinemäßig, ohne das Besondere des Einzelfalls zu bedenken;* nach den beim preuß. Heer mit einem F gekennzeichneten, nach einem bestimmten Muster zu schreibenden Frontrapporten). **2.** *die wesentlichen Merkmale von etw. wiedergebende, bei der Ausführung, Herstellung von etw. als Vorlage dienende grafische Darstellung.*

Sche|ma|brief, der (Bürow.): *Brief mit festgelegtem Text für wiederholt im Briefwechsel auftretende Situationen.*

Sche|mal|ta: Pl. von ↑ Schema.

sche|ma|tisch [österr. auch: ...´mat...] ⟨Adj.⟩: **1.** *einem [vereinfachenden] Schema entsprechend, folgend:* eine -e Darstellung; etw. s. abbilden. **2.** (meist abwertend) *routinemäßig, mechanisch* (4 b): eine -e Tätigkeit.

sche|ma|ti|sie|ren ⟨sw. V.; hat⟩: *einem Schema* (1, 2) *gemäß darstellen, behandeln.*

Sche|ma|tis|mus, der; -, ...men (bildungsspr. abwertend): **1. a)** ⟨o. Pl.⟩ *mechanisch an einem Schema* (1) *orientiertes Denken u. Handeln:* mit reinem S. sind diese Probleme nicht zu lösen; **b)** *schematische* (2) *Handlung o. Ä.* **2. a)** (österr. früher) *Rangliste für öffentliche Bedienstete;* **b)** (kath. Kirche) *statistisches Handbuch von Diözesen od. Orden.*

Schem|bart, der; -[e]s, ...bärte [mhd. schem(e)bart, zu: schem(e), ↑ ²Schemen]: *Maske mit Bart.*

Schem|bart|lau|fen, das; -s: *(im MA.) Fastnachtsumzug, bei dem Schembärte getragen werden.*

Schem|bart|spiel, das: *Maskenspiel.*

Sche|mel, der; -s, - [mhd. schemel, ahd. (fuoʒ)scamil < spätlat. scamillus, scamellum, Vkl. von lat. scamnum = ¹Bank (1)]: **a)** *Hocker* (1); **b)** (bes. südd.) *Fußbank.*

¹**Sche|men:** Pl. von ↑ Schema.

²**Sche|men,** der, auch: das; -s, - [mhd. schem(e) = Schatten(bild), verw. mit ↑ scheinen]: **a)** *etw., was nur in schwachen Umrissen, nicht deutlich zu erkennen ist;* **b)** *gespenstische, spukhafte Erscheinung; Trugbild.*

sche|men|haft ⟨Adj.⟩ (geh.): *nur undeutlich, verschwommen zu erkennen; schattenhaft; wie ein ²Schemen.*

Schen|ge|ner Ab|kom|men, Schen|gen|ab|kom|men, das [nach dem luxemburg. Ort Schengen, in dem das Abkommen geschlossen wurde] (Politik): *Vereinbarung innerhalb der EU über Grenzkontrollen und Strafverfolgung.*

Schenk, der; -en, -en [mhd. schenke, ahd. scenco, zu ↑ schenken (5)]: **a)** (früher) *Mundschenk;* **b)** (veraltet) *Schankwirt.*

Schen|ke, die; Schänke, die; -, -n [mhd. schenke, zu ↑ schenken; die ä-Schreibung unter Anlehnung an ↑ ¹(Aus)schank] (veraltend): *Gaststätte, bes. [kleinere] Schankwirtschaft,* ¹Ausschank (2 a).

Schen|kel, der; -s, - [mhd. schenkel, eigtl. = Bein,

Schenkelbruch – Scherenschleifer

ablautend verw. mit ↑ Schinken]: **1.** *Teil des Beines zwischen Hüfte u. Knie; Oberschenkel:* sich lachend auf die S. schlagen; mit gespreizten -n. **2.** [LÜ von lat. crus (anguli)] (Geom.) **a)** *Gerade, die mit einer andern Geraden einen Winkel bildet:* die beiden S. des Winkels; **b)** *Seite eines gleichschenkligen Dreiecks, die ebenso lang ist wie eine zweite Seite dieses Dreiecks;* **c)** *Seite eines Trapezes, die der gegenüberliegenden Seite nicht parallel ist.* **3.** *Teil eines Geräts (z. B. einer Schere, eines Zirkels), der gemeinsam mit einem andern gleichartigen Teil vom gleichen Ansatzpunkt ausgeht.* **4.** (Weinbau) *älterer Seitentrieb der Weinrebe.*

Schen|kel|bruch, der: ¹*Bruch* (2 a) *des Schenkels.*
Schen|kel|druck, der ⟨o. Pl.⟩ (Reiten): *zur Lenkung mit den Schenkeln auf die Flanken des Pferdes ausgeübter Druck.*
Schen|kel|hals, der (Anat.): *Oberschenkelhals.*
Schen|kel|hals|bruch, der, **Schen|kel|hals|fraktur,** die (Med.): *Oberschenkelhalsbruch, -fraktur.*
Schen|kel|kno|chen, der: *Knochen des Ober- od. Unterschenkels.*
Schen|kel|kopf, der (Anat.): *Oberschenkelkopf.*
schen|ken ⟨sw. V.; hat⟩ [mhd. schenken, ahd. scenken, urspr. = zu trinken geben, eigtl. = schief halten (von einem Gefäß, aus dem eingeschenkt wird) u. zu dem unter ↑ Schinken genannten Adj. mit der Bed. »schief, krumm« gehörend]: **1.** *jmdm. etw. zum Geschenk machen, zu dauerndem Besitz geben:* jmdm. Geld s.; die Eltern schenkten ihr zum Abitur eine Reise; wir schenken uns dieses Jahr nichts zu Weihnachten; ⟨ohne Dativobjekt:⟩ sie wollten gern etwas s. *(ein Geschenk machen);* ⟨ohne Dativ- u. Akk.-Obj.:⟩ sie schenkt gerne *(macht gerne Geschenke);* [von jmdm.] etw. geschenkt bekommen; sie trägt meist geschenkte Sachen; etw. ist [fast, halb] geschenkt (ugs.; *ist sehr billig);* nichts geschenkt nehmen *(ugs.; umsonst haben wollen);* Ü sie schenkte (geh. veraltend; *gebar)* ihm fünf Kinder; sich jmdm. s. (dichter.; *sich jmdm. hingeben* 2 b); R geschenkt ist geschenkt *(was man geschenkt hat, kann man nicht wieder zurückverlangen).* **2.** *geben, zuteil werden lassen, verleihen:* einem Tier die Freiheit s. *(es freilassen);* jmdm. seine Freundschaft s. *(jmdn. als seinen Freund betrachten);* jmdm. ein Lächeln s. (geh.; *jmdn. anlächeln);* jmdm. das Leben s. (geh.; *jmdn. nicht töten, hinrichten [lassen]);* jmdm. ein wenig Zeit s. ? (geh.; *hast du ein wenig Zeit für mich?)* **3. a)** *jmdm., sich sparen* (3 a), *ersparen* (2): der Klasse die Hausaufgaben s.; er hat sich und seinen Mitarbeitern nie etwas geschenkt *(immer sehr viel abverlangt);* ihr wird nichts geschenkt *(sie hat es nicht leicht);* Elf Jahre warn's. Ein halbes Jahr haben sie mir geschenkt *(erlassen)* auf Bewährung (Fallada, Blechnapf 7); R [das ist] geschenkt *(ugs.; darüber brauchen wir nicht zu reden, zu streiten; das ist gar keine Frage);* **b)** *s.* + *sich* ⟨*auf etw.*⟩ *verzichten; sparen* (3 b): den Vortrag werde ich mir s.; die Mühe hättest du dir s. können. **4.** (geh.) **a)** (veraltend) *(als Getränk) ausschenken, reichen, anbieten;* **b)** *(ein Getränk) eingießen, einschenken:* Kaffee in die Tassen s.
◆ **Schenk|haus,** das: *Schenke:* ... hatte sich ... hingesetzt auf die Bank, die neben der Tür des -es stand (E. T. A. Hoffmann, Bergwerke 4).
◆ **Schenk|mäd|chen,** das: *Kellnerin:* ... rief nach Wein, der uns nach einer Weile von einem verschlafenen S. gebracht wurde (C. F. Meyer, Amulett 50).
Schen|kung, die; -, -en (Rechtsspr.): *in Geld od. Sachwerten bestehende Zuwendung an jmdn.*
Schen|kungs|steu|er, (Steuerw.): Schenkungs-

steuer, die: *Steuer, der eine Schenkung unterliegt.*
Schen|kungs|ur|kun|de, die: *Urkunde über eine Schenkung.*
schep|pern ⟨sw. V.⟩ [lautm.] (ugs.): **1.** ⟨hat⟩ *(bes. von aneinanderschlagenden, durcheinanderfallenden o. ä. Gegenständen, Teilen [aus Metall]) klappern, klirren:* der Eimer fiel scheppernd zu Boden; die Stahltür fiel scheppernd ins Schloss; ⟨unpers.:⟩ auf der Kreuzung hat es gescheppert (salopp; *gab es eine Kollision).* **2. a)** ⟨ist⟩ *sich scheppernd (irgendwohin) bewegen;* **b)** ⟨hat⟩ *mit scheppernden, verzerrtem Klang tönen.*
Scher|baum, der [zu ↑³scheren (3)]: **1.** *Stange der Gabeldeichsel.* **2.** *Baumstamm, der beim Flößen zur Eingrenzung der Baumstämme u. zur Abweisung von Hindernissen dient.*
Scher|be, die; -, -n (meist Pl.) [mhd. scherbe, schirbe, ahd. scirbi, eigtl. = die Schneidende, Scharfkantige, verw. mit mhd. scharben, ↑ Scherflein]: *Stück von einem zerbrochenen Gegenstand aus Glas, Porzellan und. Ton:* die -n der Fensterscheibe; die -n auflesen; das Glas zersprang in tausend -n; R -n bringen Glück *(scherzhafter Trost, wenn jmdm. etw. Zerbrechliches entzweigegangen ist).*
Scher|bel, der; -s, - (landsch.): ↑ Scherbe.
scher|beln ⟨sw. V.; hat⟩: **1.** (landsch.) *[mit Schwung u. ausgelassen-fröhlich] tanzen:* s. gehen; die ganze Nacht s. **2.** (schweiz.) *unrein, spröde klingen:* ein Gedicht mit scherbelnder Stimme vortragen.
Scher|ben, der; -s, -: **1.** (südd., österr.) ↑ Scherbe. **2.** (südd.) *irdener Topf [für Blumen].* **3.** (Keramik) *gebrannter, aber noch nicht glasierter keramischer Werkstoff.*
Scher|ben|ge|richt, das: *Ostrazismus;* Ü ein S. über jmdn. veranstalten (bildungsspr.; *übermäßig streng, hart mit jmdm. ins Gericht gehen).*
Scher|ben|hau|fen, der: *Haufen* (1) *von Scherben:* bei dem Polterabend gab es einen mächtigen S.; * **vor einem S. stehen** *(die bittere Erfahrung machen, dass etw., was große Bedeutung für einen hat, zunichtegeworden ist).*
Scher|bett: ↑ Sorbet.
Scher|chen, das; -s, -: Vkl. zu ↑ Schere (1).
Sche|re, die; -, -n [mhd. schære, ahd. scāri (Pl. von: scār = Messer, Schere, ↑²Schar), wohl eigtl. = zwei Messer]: **1.** *Werkzeug zum Schneiden, das aus zwei durch einen Bolzen über Kreuz drehbar miteinander verbundenen u. mit ringförmig auslaufenden Griffen versehenen Klingen besteht, deren Schneiden beim Zusammendrücken der Griffe streifend gegeneinander bewegt werden:* eine scharfe S.; die S. schleifen; Ü diese Passage, Filmszene ist der S. zum Opfer gefallen *(ist beim Kürzen od. Zensieren eliminiert worden);* die S. im Kopf *(Selbstzensur).* **2.** ⟨meist Pl.⟩ *scherenartiges Greifwerkzeug bestimmter Krebse u. Spinnentiere.* **3.** (landsch.) *Gabeldeichsel.* **4.** (Turnen) *im Stütz ausgeführte Übung am Seitpferd u. a., bei der die gestreckten Beine in einer dem Öffnen u. Schließen einer Schere vergleichbaren Bewegung aus der Hüfte in gleichzeitigem Wechsel vor bzw. hinter das Gerät geschwungen werden.* **5.** (Ringen) *mit gekreuzten Beinen durchgeführter Griff, bei dem Hals od. Hüfte des Gegners zwischen den Schenkeln u. Knien des Angreifers eingeklemmt wird.* **6.** (Basketball) *Deckung eines Spielers von hinten u. vorne gleichzeitig durch zwei Gegenspieler.* **7.** (Pferdesport) *beide nach unten gerichteten Arme der Kandare, an denen die Zügel befestigt werden.* **8.** (Gaunerspr.) *von Taschendieben beim Stehlen angewendeter Griff, bei dem zwei Finger (bes. Zeige- u. Mittelfinger) gestreckt in jmds. Tasche geführt werden u. zwi-

schen sie eingeklemmt der jeweilige Gegenstand aus der Tasche gezogen wird.* **9.** (Jargon) *Diskrepanz zwischen zwei Faktoren (die sich in ungünstiger Weise auseinanderentwickeln, -entwickelt haben).*
¹**sche|ren** ⟨st., selten auch: sw. V.; hat⟩ [mhd. schern, ahd. sceran, urspr. = ab-, einschneiden; trennen]: **1. a)** *mithilfe einer Schere o. Ä. von Haaren befreien:* Schafe, einen Pudel s.; ihm wurde der Kopf geschoren; ♦ ... der wackre Mann, der selbst sein Schäfchen schiert (Kleist, Krug 1); **b)** *mit einer Schere o. Ä. dicht über der Haut abschneiden, [annähernd] bis zum Ansatz wegschneiden:* die Haare s.; jmdm., sich den Bart s. *(veraltend; abrasieren);* den Schafen die Wolle s.; ein Mann mit extrem kurz geschorenem Haar; **c)** *durch* ¹*Scheren* (1 b) *der Haare entstehen lassen:* jmdm. eine Glatze s.; **d)** (Textilind.) *durch Abschneiden hervorstehender Fasern die Oberfläche von etw. ausgleichen:* Tuche, Teppiche, Samt s.; **e)** *durch Schneiden kürzen u. in die gewünschte Form bringen:* ein besonders kurz geschorener, dichter Rasen. **2.** (Gerberei) *entfleischen* (2). **3.** (ugs. seltener) *betrügen* (b): sie haben ihn [um tausend Euro] geschoren.
²**sche|ren** ⟨sw. V.; hat⟩ [wohl zu veraltet scheren = ausbeuten, quälen (vgl. ungeschoren), grammat. beeinflusst von ↑⁴*scheren*] (ugs.): **a)** ⟨s. + sich; nur verneint od. einschränkend⟩ *kümmern* (1 b): sich nicht um die Vorschriften s.; sie schert sich nicht, nur wenig um ihn, um sein Wohlergehen; **b)** *kümmern* (2), *interessieren:* es schert ihn [herzlich] wenig, nicht im Geringsten, was die Leute über ihn reden; ♦ **c)** *plagen, belästigen, quälen:* Warum denn aber ward die Erkerstube ... abgestellt ... – Da frag den Mathematikus. Der sagt, es sei ein Unglückszimmer. – Narrenpossen! Das heißt, die Leute s. Saal bei Saal (Schiller, Piccolomini II, 1).
³**sche|ren** ⟨sw. od. st. V.⟩: **1.** ⟨sw. V.; hat⟩ **a)** [zu Schere (4)] (Turnen) *am Seitpferd eine Schere ausführen;* **b)** [zu ↑ Schere (1)] (Gymnastik) *in Bauch- od. Rückenlage die gestreckten Beine kreuzen.* **2.** ⟨sw. V.⟩ [zu ↑ Schere (6)] (Basketball) *einen Spieler durch zwei Gegenspieler von hinten u. vorne gleichzeitig decken.* **3.** ⟨st. V.; hat⟩ [zu ↑ schirren] (Seemannsspr.) *(durch etw.) hindurchziehen;* ²*einschnüren.*
⁴**sche|ren** ⟨sw. V.⟩ [spätmhd. schern = schnell weglaufen, ahd. scerōn = ausgelassen sein, eigtl. = springen]: **a)** ⟨s. + sich⟩ (ugs.) *sich [schnellstens] irgendwohin begeben* (meist in Befehlen od. Verwünschungen): sich an die Arbeit, ins Bett s.; scher dich zum Teufel, zum Henker! (salopp; *verschwinde!);* ♦ ⟨im Präs., bes. im Imperativ auch stark gebeugt:⟩ Aber nun halt die Lästermaul und schier dich fort (E. T. A. Hoffmann, Bergwerke 5). **2.** ⟨ist⟩ **a)** (Seemannsspr.) *(von Schiffen) bei schrägem Anströmen des Wassers seitlich ausscheren* (a); **b)** *aus- od. einscheren:* brach das Überholmanöver ab und scherte wieder in die Kolonne.
Sche|ren|arm, der (Technik): *(an Geräten, Vorrichtungen) Arm* (2), *der sich nach dem Prinzip des Scherengitters auseinanderziehen u. zusammenschieben lässt:* eine Wandlampe mit S.
sche|ren|ar|tig ⟨Adj.⟩: *wie eine Schere* (1) *geartet.*
Sche|ren|fern|rohr, das: *Fernrohr mit zwei um das Okular drehbaren Armen, an deren äußeren Enden jeweils ein Objektiv angebracht ist.*
Sche|ren|git|ter, das: *Gitter, das sich zusammenschieben lässt, wobei sich seine gekreuzten [Metall]stäbe scherenartig gegeneinander bewegen.*
Sche|ren|schlei|fer, der: **1.** *Handwerker, der Scheren* (1), *Messer o. Ä. schleift* (Berufsbez.).

Scherenschleiferin – scheumachen

2. (landsch. abwertend) *keiner Rasse zuzuordnender [ein wenig verwilderter] Hund.*
Sche|ren|schlei|fe|rin, die: w. Form zu ↑ Scherenschleifer (1).
Sche|ren|schnitt, der: *(meist kleinformatiges, oft symmetrisch aufgebautes gegenständliches od. ornamentartiges) durch das Herausschneiden bestimmter Formen aus einem Blatt Papier hergestelltes Bild:* einen S. machen.
Sche|ren|sprung, der (bes. Turnen): *Sprung, bei dem die gestreckten Beine in der Luft scherenartig aneinander vorbeigeführt werden.*
Sche|ren|stel|lung, die (Bergsteigen): *Stellung der Füße quer zum Hang, wobei die Spitze des talseitigen Fußes leicht talwärts gerichtet ist.*
Sche|ren|trep|pe, die: *Treppe, die wie eine Scherengitter auseinandergezogen u. zusammengeschoben werden kann.*
Sche|ren|zaun, der: *Holzzaun, bei dem sich die Latten scherenartig schräg kreuzen.*
Sche|re|rei, die; -, -en (meist Pl.) [zu ↑ ²scheren] (ugs.): *Unannehmlichkeit: das gibt nur [unnötige] -en.*
Scher|fes|tig|keit, die (Technik): *Widerstandsfähigkeit (eines Körpers, eines Werkstoffs) gegenüber einer Beanspruchung durch Scherung* (1).
Scherf|lein, das; -s, - 〈Pl. selten〉 [Vkl. von spätmhd. scher(p)f = eine Scheidemünze, wohl zu mhd. scharben, ahd. scarbōn = einschneiden u. eigtl. = Münze mit eingeschnittenem Rand] (geh.): *kleiner Geldbetrag (als Spende für etw., jmdn.):* * sein S. zu etw. beitragen/beisteuern/geben *(einen kleinen [finanziellen] Beitrag zu etw. leisten).*
Scher|ge, der; -n, -n [mhd. scherge, scherje = Gerichtsdiener, ahd. scario = Scharführer, zu ↑ ¹Schar] (abwertend): *jmd., der unter Anwendung von Gewalt jmds. (bes. einer politischen Macht) Aufträge vollstreckt; Handlanger.*
Scher|gin, die; -, -nen: w. Form zu ↑ Scherge.
Sche|ria ↑ Scharia.
Sche|rif, der; -s u. -en, -s u. -e[n] [arab. šarīf = der hoch Geehrte]: **a)** 〈o. Pl.〉 *Titel der Nachkommen des Propheten Mohammed;* **b)** *Träger des Titels Scherif* (a).
Scher|kopf, der [zu ↑ ¹scheren]: *Teil eines elektrischen Rasierapparats, der das Barthaar abrasiert.*
Scher|maus, die [zu ↑ ¹scheren]: **1.** *sehr gut schwimmende u. tauchende dunkelbraune Wühlmaus.* **2.** (südd., österr., schweiz.) *Maulwurf.*
Scher|mes|ser, das: **a)** *Messer in einem Gerät, einem Apparat zum ¹Scheren* (1); ◆ **b)** (landsch.) *Rasiermesser:* »Ja, ich tu ich ein wenig balbieren«, antwortete mein Vater und kniffelte mit dem S. (Roegger, Waldbauernbub 65).
scher|ren 〈sw. V.; hat〉 [vgl. ↑ scharren] (österr. ugs., sonst veraltet): *schaben, kratzen.*
Sche|rung, die; -, -en [zu ↑ Scheren]: **1.** (Mechanik) *Verformung eines Materials durch zwei parallel zueinander in entgegengesetzter Richtung wirkende Kräfte.* **2.** (Math.) *durch Parallelverschiebung bestimmter Punkte od. Seiten einer geometrischen Figur bewirkte mathematische Abbildung, bei der die Figur zwar ihre Form, nicht aber ihren Flächeninhalt ändert.*
Scher|wen|zel usw.: ↑ Scharwenzel usw.
◆ **scher|wen|zen:** Nebenf. von ↑ scharwenzeln: 〈subst.:〉 *Da hielt dich das unglückliche Hofleben und das Schlenzen und Scherwenzen mit den Weibern* (Goethe, Götz I).
Scher|wol|le, die [zu ↑ ¹scheren (1 a)]: *Schurwolle.*
Scherz, der; -es, -e [mhd. scherz = Vergnügen, Spiel, zu: ↑ scherzen]: *nicht ernst gemeinte [witzige] Äußerung, Handlung, die Heiterkeit erregen soll; Spaß:* ein harmloser S.; es war doch nur [ein] S.; dieser S. ging [entschieden] zu weit;

seine -e über jmdn., etw. machen; [einen] S. machen; er lässt sich schon einen S. gefallen *(nimmt nicht gleich jede Neckerei übel);* etw. aus, im, zum S. sagen, tun *(etw. nicht ernst meinen);* R das ist doch wohl ein schlechter S. *(das ist doch hoffentlich nicht wahr);* [ganz] ohne S. (Versicherung, dass etw. Gesagtes, so unglaubhaft es auch klingen mag, wirklich den Tatsachen, der Überzeugung o. Ä. entspricht; *im Ernst).*
scher|zan|do [skɛr...] 〈Adv.〉 [ital. scherzando, zu: scherzare, ↑ Scherzo] (Musik): *in der Art eines Scherzos* (in Verbindung mit Tempobezeichnungen): allegretto s.
Scherz|ar|ti|kel, der: *kleinerer Gegenstand für Scherze, Schabernack (bes. in der Faschingszeit u. an Silvester).*
Scherz|bold, der; -[e]s, -e [zum 2. Bestandteil vgl. Witzbold] (ugs.): *jmd., der gerne scherzt.*
scher|zen 〈sw. V.; hat〉 [mhd. scherzen = lustig springen, hüpfen, sich vergnügen, verw. mit ↑ ⁴scheren in dessen urspr. Bed. »springen«]: **1.** (geh.) *einen Scherz, Scherze machen:* über jmdn., etw. s.; 〈subst.:〉 mir ist [ganz und gar] nicht nach Scherzen zumute. **2.** *scherzend, im Scherz äußern.*
Scherz|ge|dicht, das: *in Inhalt u. meist auch in der Form scherzhaftes* (b) *Gedicht.*
scherz|haft 〈Adj.〉: **a)** *nicht [ganz] ernst gemeint, im Scherz:* eine -e Frage; **b)** *auf spaßige, witzige Weise unterhaltend; launig:* ein -es Lied.
Scherz|keks, der (ugs.): *jmd., der etw. sagt, tut, was für andere unsinnig, albern, eine Zumutung ist.*
Scher|zo ['skɛrtso], das; -s, -s u. ...zi [ital. scherzo, eigtl. = Scherz, zu: scherzare = scherzen, aus dem Germ.] (Musik): *bewegtes, meist launiges Musikstück (bes. als [dritter] Satz in Sinfonien, Sonaten u. der Kammermusik).*
Scherz|rät|sel, das: *Rätsel mit einer überraschenden, lustigen Lösung.*
Scherz|re|de, die: **a)** *scherzhafte Rede* (1); **b)** *Scherzwort* (1), *Neckerei* (2).
Scherz|wort, das, 〈Pl. -e〉: **1.** *scherzhafte Bemerkung, Äußerung.* **2.** *scherzhaftes Wort, Bonmot.*
scheu 〈Adj.〉 [mhd. schiech = scheu, verzagt; abschreckend, hässlich, h. u.; im Nhd. lautlich an ↑ Scheu, scheuen angeglichen]: **a)** *(aus einem bei zu großer Nähe sich einstellenden Unbehagen, aus Ängstlichkeit od. aus Misstrauen) von anderen, bes. von fremden Menschen sich fern haltend:* ein -er Mensch; er hat ein -es Wesen; -e Blicke; ein -er (*schüchterner, zaghafter*) Kuss; s. wirken; sich s. umsehen; Sie betrachtete ihn von der Seite mit -er (*respektvoller*) Achtung (H. Mann, Unrat 143); **b)** *(von bestimmten Tieren) die Nähe bestimmter anderer Tiere u. bes. des Menschen instinktiv meidend u. bei Anzeichen einer Gefahr sofort bereit zu fliehen; nicht zutraulich:* ein -es Reh; das Wild ist sehr s.; die Pferde wurden s. *(scheuten* 2); die Pferde s. machen *(erschrecken u. aus Aufregung versetzen).*
Scheu, die; - [mhd. schiuhe = (Ab)scheu, Schreckbild, zu ↑ scheu]: **a)** *das Scheusein; scheues* (a) *Wesen, Verhalten:* eine kindliche S.; eine gewisse S. zeigen; seine S. verlieren; jmdm. S. einflößen; mit heiliger S. (geh.; *Ehrfurcht*); voller S. [vor jmdm. od. etw.] sein; **b)** *scheues* (b) *Wesen, Verhalten:* die Katze ließ sich ohne [jede] S. streicheln.
Scheu|che, die; -, -n [identisch mit ↑ Scheu; ↑ scheuchen]: *Vogelscheuche.*
scheu|chen 〈sw. V.; hat〉 [identisch mit ↑ scheuen (Fortbildung des mhd. Hauchlauts)]: **1.** *durch Gebärden, [drohende] Zurufe jagen* (3), *treiben:* die Fliegen aus dem Zimmer s.; Ü der Regen scheuchte die Urlauber ins Hotel. **2.** (ugs.) *ver-*

anlassen, sich an einen bestimmten Ort o. Ä. zu begeben, sich von einem bestimmten Ort wegzubegeben: jmdn. an die Arbeit s.; die Kinder aus dem Bett s. **3.** (ugs.) *(bes. im Rahmen einer Ausbildung o. Ä.) [in schikanöser Weise] herumkommandieren, zu höchster Anstrengung antreiben:* sich nicht s. lassen.
scheu|en 〈sw. V.; hat〉 [mhd. schiuhen, ahd. sciuhen]: **1. a)** *aus Scheu* (a), *aus Furcht vor möglichen Unannehmlichkeiten zu vermeiden suchen; meiden:* Auseinandersetzungen s.; keine Mühe s.; wenn es darauf ankommt, scheut der Hund selbst den Kampf mit einem Wolf nicht; Ich habe das Tageslicht nicht zu s. (*brauche mich nicht zu verstecken;* Langgässer, Siegel 159); **b)** 〈s. + sich〉 *(aus Angst, Hemmungen, Bedenken o. Ä.) zurückscheuen* (1), *²zurückschrecken* (2): sich [davor] s., etw. zu tun; sich vor nichts und niemand[em] s.; keinerlei Skrupel haben); Man soll sich vor großen Worten nicht s., wenn sie am Platze sind (Thieß, Reich 543). **2.** *(meist von Pferden) durch etw. erschreckt in Panik geraten u. mit einer Fluchtbewegung reagieren.*
Scheu|er, die; -, -n [mhd. schiur(e), ahd. sciura, scūra, verw. mit ↑ Scheune] (westmd., südd.): *Scheune:* die Ernte in die S. bringen; * **die S. voll haben** (ugs.; *im Unterschied zu andern genug [von etw.] besitzen).*
Scheu|er|bel|sen, der (seltener): *Schrubber.*
Scheu|er|bürs|te, die: *Bürste zum Scheuern* (1 a).
Scheu|er|lap|pen, der: *Lappen zum Scheuern* (1 a).
Scheu|er|leis|te, die: **1.** *Fußleiste.* **2.** (Seew.) *Leiste an einem Boot od. Schiff, die Beschädigungen, z. B. beim Anlegen, verhindern soll.*
Scheu|er|mann-Krank|heit, Scheu|er|mann-Krank|heit, die; - [nach dem dän. Orthopäden H. W. Scheuermann (1877–1960)]: *die Wirbelsäule betreffende Entwicklungsstörung bei Jugendlichen, die zu einem starren Rundrücken führen kann.*
Scheu|er|mit|tel, das: *Reinigungsmittel zum Scheuern* (1 a).
scheu|ern 〈sw. V.; hat〉 [mhd. (md.) schiuren, schüren, H. u.]: **1. a)** *(mit Pulver, einer Bürste o. Ä.) kräftig reibend bearbeiten, säubern:* die Dielen s.; Töpfe und Pfannen s.; 〈auch ohne Akk.-Obj.:〉 kräftig, tüchtig, fest s. *(reiben);* **b)** *durch Scheuern* (1 a) *entfernen:* sich die Tinte von den Fingern s.; **c)** *durch Scheuern* (1 a) *in einen bestimmten Zustand bringen:* die Fliesen weiß s. **2. a)** *reiben* (3): der Kragen scheuert; **b)** *durch Scheuern* (2 a) *in einen bestimmten Zustand versetzen:* ich habe mir das Knie, mich am Knie wund gescheuert; **c)** *sich kräftig reibend über etw. hinbewegen:* das Tau scheuert an der Bordwand. **3.** *kräftig reiben [um einen Juckreiz zu verringern]:* ich schuere meinen Rücken, mir den Rücken an der Stuhllehne. **4.** * jmdm. **eine, ein paar s.** (salopp; *jmdn. ohrfeigen);* **eine, ein paar gescheuert kriegen/bekommen** (salopp; *geohrfeigt werden:* du kriegst gleich eine gescheuert!)
Scheu|er|sand, der: **1.** *Sand enthaltendes Pulver zum Scheuern.* **2.** *als Scheuermittel dienender Sand.*
Scheu|klap|pe, die 〈meist Pl.〉: *(am Zaum von Pferden in Augenhöhe zu beiden Seiten angebrachte) Klappe, die die Sicht nach der Seite u. nach hinten verwehrt u. das Scheuen verhindern soll:* einem Pferd -n anlegen; Ü -n haben, tragen *(eine einseitige Sicht der Dinge haben, borniert sein).*
scheu ma|chen, scheu|ma|chen 〈sw. V.; hat〉: *erschrecken u. wild machen; in Aufregung versetzen:* die Herde scheu machen; * **die Pferde scheu machen** (ugs.; ↑ Pferd 1).

Scheune – Schicksalsfrage

Scheu|ne, die; -, -n [mhd. schiun(e), ahd. scugin(a) = Schuppen, Obdach, eigtl. = die Bedeckende]: *landwirtschaftliches Gebäude, in dem bes. Heu u. Stroh gespeichert wird.*

Scheu|nen|dre|scher, der: *in der Wendung* **essen, fressen, futtern wie ein S.** (*salopp; unmäßig viel, große Portionen essen*).

Scheu|nen|tor, das: *Tor einer Scheune.*

◆ **Scheu|re**, die; -, -n [mhd. scheure, Nebenf. von: schiure, ↑ Scheuer] (landsch.): *Scheune:* ◆ *Das Vieh starb, Knechte und Mägde waren untreu, -n mit Früchten wurden vom Feuer verzehrt* (Tieck, Runenberg 48).

Scheu|re|be, die; -, -n [nach dem dt. Züchter G. Scheu (1879–1949)]: **a)** ⟨o. Pl.⟩ *Rebsorte aus einer Kreuzung von Silvaner u. Riesling;* **b)** *aus der Scheurebe (a) hergestellter Wein mit vollem, würzigem Bukett.*

Scheu|sal, das; -s, -e, ugs.: ...säler [spätmhd. schiusel = Schreckbild, Vogelscheuche, zu ↑ scheuen] (abwertend): **a)** (seltener) *Ungeheuer, grauenerregendes [Fabel]tier, [Fabel]wesen;* **b)** *roher, brutaler Mensch, dessen Handeln mit Abscheu erfüllt; widerliche Person;* **c)** *abstoßend hässlicher Mensch, hässliches Tier.*

scheuß|lich ⟨Adj.⟩ [mhd. schiuzlich = scheu; abscheulich, zu: schiuzen = (Ab)scheu empfinden, Intensivbildung zu ↑ scheuen] (emotional): **1. a)** *sehr hässlich, übel, kaum erträglich in seiner Wirkung auf die Sinne:* -e Schmerzen; eine -e Gegend; ein -er *(äußerst unsympathischer)* Kerl; das Kleid sieht s. aus; **b)** *[durch Gemeinheit, Rohheit] Abscheu, Entsetzen erregend:* ein -es Verbrechen; ein -er Anblick; eine s. verstümmelte Leiche. **2.** (ugs.) **a)** *in höchstem Grade unangenehm:* -e Schmerzen; **b)** (intensivierend bei Verben u. Adjektiven) *auf unangenehme Weise, in äußerstem Maße:* es tat s. weh.

Scheuß|lich|keit, die; -, -en: **1.** ⟨o. Pl.⟩ *scheußliche* (1, 2 a) *Art.* **2. a)** ⟨meist Pl.⟩ *etw. Scheußliches* (1 b), *scheußlicher Vorfall, scheußliche Tat;* **b)** *etw. von besonderer Hässlichkeit.*

Schi: ↑ Ski.

Schia, die; - [arab. ši'a^h = Partei]: *religiöse Gruppe des Islam, die allein Ali, den Schwiegersohn des Propheten Mohammed, sowie dessen Nachkommen als rechtmäßige Stellvertreter des Propheten anerkennt.*

schib|beln ⟨sw. V.⟩ [Iterativbildung zu ↑ schieben] (westmd.): **1.** ⟨hat⟩ **a)** *rollen* (2): ein Fass s.; **b)** ⟨s. + sich⟩ *sich wälzen:* das Kind schibbelt sich im Heu. **2.** ⟨ist⟩ *rollen* (1 a, b).

Schicht, die; -, -en [aus dem Niederd., Md. < mniederd., md. schicht = Ordnung, Reihe; Abteilung von Menschen, auch: waagerechte Gesteinslage, Flöz; zu mniederd. schichten, schiften = ordnen, reihen, trennen, aufteilen, verw. mit ↑ Schiene]: **1.** *in flächenhafter Ausdehnung in einer gewissen Höhe über, unter od. zwischen anderem liegende einheitliche Masse:* die oberen -en der Luft; auf Büchern lag eine dicke S. Staub; die Lackierung besteht aus mehreren -en; eine S. Biskuit wechselt mit einer S. Sahne; Ü *die verborgensten -en des Bewusstseins;* Kaum war ihr letztes Wort gesprochen, so überzog eine S. von Unwirklichkeit und Unwirksamkeit die ganze Szene (Hesse, Steppenwolf 119). **2.** *Gesellschaftsschicht:* die politisch führende S.; die S. der Intellektuellen; zu einer bestimmten [sozialen] S. gehören. **3.** [über die Bed. »Flöz« übertr. im Sinne von »Abteilung, die gerade in einem Flöz arbeitet«] **a)** *Abschnitt eines Arbeitstages in durchgehend arbeitenden Betrieben, in denen die Arbeitsplätze in einem bestimmten Turnus mehrmals am Tag besetzt werden:* die S. wechseln; von der S. kommen; *◆ **mit etw.**]* **S. machen** (landsch.; *[etw.] aufhören;* ◆ *...denn es ist Zeit, und nun musst du*

nu S. damit machen [Fontane, Jenny Treibel 192]); **b)** *Gruppe von gemeinsam in einer Schicht* (3 a) *Arbeitenden:* die zweite S. ist eben eingefahren; ein Kollege aus meiner S.

Schicht|ar|beit, die ⟨Pl. selten⟩: *Arbeit in Schichten* (3 a).

Schicht|ar|bei|ter, der: *jmd., der Schichtarbeit leistet.*

Schicht|be|ginn, der: *Beginn einer Schicht* (3 a).

Schicht|be|trieb, der: **1.** ⟨o. Pl.⟩ *durch Schichtarbeit gekennzeichneter Betrieb* (2 a): im S. arbeiten. **2.** *Betrieb* (1 a), *in dem Schichtarbeit geleistet wird.*

Schicht|dienst, der: *Dienst in Schichten* (3 a).

schicht|te, die; -, -n (österr.): *Schicht* (1).

schich|ten ⟨sw. V.; hat⟩ [aus dem Niederd., Md. < mniederd. schichten (↑ Schicht), heute als Abl. von ↑ Schicht empfunden]: **1.** *in Schichten* (1) *übereinanderlegen, irgendwohin legen:* Blatt auf Blatt s. **2.** ⟨s. + sich⟩ *sich in Schichten* (1) *übereinanderlegen.*

Schicht|en|de, das: *Ende einer Schicht* (3 a).

schich|ten|spe|zi|fisch: ↑ schichtspezifisch.

schich|ten|wei|se: ↑ schichtweise.

Schicht|ge|stein, das (Geol.): *Sedimentgestein.*

Schicht|holz, das ⟨Pl. ...hölzer⟩: **1.** ⟨o. Pl.⟩ *in bestimmter Länge geschnittenes, in Stößen gleicher Höhe aufgeschichtetes Holz.* **2.** *Sperrholz aus mehr als drei Schichten.*

schich|tig ⟨Adj.⟩: *lamellar:* eine -e Struktur; s. aufgebaut sein.

Schicht|kä|se, der: *aus mehreren verschieden fetthaltigen Schichten zusammengesetzter Quark.*

Schicht|press|stoff, der (Technik): *Werkstoff, der aus mehreren mit Kunstharzen imprägnierten [Papier]schichten besteht u. unter Druck hart geworden ist; Laminat.*

schicht|spe|zi|fisch, schichtenspezifisch ⟨Adj.⟩ (Soziol.): *für eine bestimmte Schicht* (2) *charakteristisch, typisch:* Bildungschancen sind in Deutschland immer noch s.

Schicht|stu|fe, die (Geol.): *Stufe im Gelände, die von der härteren Schicht durch Verwitterung u. Abtragung gebildet wird, wobei die weichere Schicht weiträumig abgetragen wird.*

Schich|tung, die; -, -en: *Gestaltung, Aufbau, Anlage in Schichten* (1, 2).

Schicht|wech|sel, der: *Schichtablösung, Wechsel zwischen zwei Schichten* (3 a).

schicht|wei|se, schichtenweise ⟨Adv.⟩: **1.** *in einzelnen Schichten* (1), *Schicht für Schicht.* **2.** *in einzelnen Gruppen, Gruppe für Gruppe:* s. essen.

schick ⟨Adj.⟩ [frz. chic = famos, niedlich, zu: chic, ↑ Schick]: **1.** *(in Bezug auf Kleidung, Aufmachung o. Ä.) modisch u. geschmackvoll:* -e Schuhe; eine -e Handtasche; s. aussehen. **2.** *hübsch [u. flott]:* ein -er junger Mann. **3.** (ugs. emotional) *(dem Modetrend entsprechend u. darum als schön empfunden) Begeisterung hervorrufend; großartig, toll:* ein -es Auto, Sofa, Apartment; ein ganz -es Restaurant; das gilt [heute] als s.

Schick, der; -[e]s [unter Einfluss von frz. chic = Geschicklichkeit, Geschmack; schon frühnhd. schicken]: **1. a)** *(in Bezug auf Kleidung, Aufmachung o. Ä.) schickes Aussehen:* der unauffällige S. ihrer Kleidung; **b)** *geschmackvolle Eleganz in Auftreten u. Benehmen.* **2.** (landsch.) *richtige, gewünschte Form, Ordnung; Richtigkeit:* alles muss seinen S. haben.

schi|cken ⟨sw. V.; hat⟩ [mhd. schicken = (ein)richten, ordnen; abfertigen, entsenden; sich vorbereiten, sich einfügen]: **1.** *veranlassen, dass etw. zu jmdm. gelangt, an einen bestimmten Ort gebracht od. befördert wird:* einen Gruß s.; die Waren werden [Ihnen] ins Haus geschickt; er

hat [uns] endlich ein Lebenszeichen geschickt; Ü *ein Gebet zum Himmel s.;* Der Zigarrenrauch schickte bläuliche Fäden in die Höhe (A. Zweig, Claudia 116). **2. a)** *veranlassen, sich zu einem bestimmten Zweck, mit einem Auftrag o. Ä. an einen bestimmten Ort zu begeben:* jmdn. einkaufen, zum Einkaufen s.; ein Kind in die Schule s.; jmdn. in der Verbannung s. (*verbannen*); Ü *jmdn. auf die Bretter, zu Boden s.* (Jargon, bes. Boxen; *jmdm. einen solchen Schlag versetzen, dass er zu Boden fällt*); wer hat dich denn [zu mir] geschickt?; **b)** *jmdn. zu bestimmten Diensten o. Ä. rufen, holen lassen:* nach dem Arzt s. **3.** ⟨s. + sich⟩ **a)** *eine unangenehme Lage, an der nichts zu ändern ist, geduldig ertragen; sich fügen: sich in Gottes Willen s.* (*ergeben*); sie schickten sich ins Unvermeidliche; **b)** (veraltend) *sich fügen* (4 b), *sich von selbst zu gegebener Zeit regeln; sich bei Gelegenheit ergeben:* das wird sich alles noch s.; **c)** (südd.) *sich aus einem bestimmten Grund mit, bei etw. beeilen:* sich s. müssen. **4.** ⟨s. + sich⟩ **a)** *gehören* (5) (meist unpers. u. verneint): es schickt sich nicht, so etwas zu sagen; **b)** (seltener) *sich [herkömmlicherweise] eignen.* **5.** (landsch.) *ausreichen, genügen:* ob die Vorräte wohl s.?

Schi|cke|ria, die; - [unter Einfluss von ↑ schick geb. zu ital. sciccheria = Schick, Eleganz, zu: sciccke < frz. chic, ↑ schick] (Jargon, oft abwertend): *in der Mode u. im gesellschaftlichen Leben tonangebende Schicht:* die Münchner S.

Schi|cki|mi|cki, der; -s, -s [sprachspielerische Bildung zu ↑ schick] (ugs.): **1.** *jmd., der sich betont modisch gibt, Wert auf modische Kleidung, modische Dinge legt.* **2.** *modischer Kleinkram.*

schick|lich ⟨Adj.⟩ [mhd. (md.) schicklich = geordnet, zu ↑¹ schicken] (geh.): *einer bestimmten menschlichen od. gesellschaftlichen Situation angemessen; wie es die Konvention [u. das Taktgefühl] vorschreibt:* ein -es Benehmen; jmdm. in -em Abstand folgen; zu einer -en Zeit kommen.

Schick|sal, das; -s, -e [älter niederd. schicksel = Anordnung; Fatum]: **a)** *von einer höheren Macht über jmdn. Verhängtes, ohne sichtliches menschliches Zutun sich Ereignendes, was jmds. Leben entscheidend bestimmt:* ein trauriges, tragisches S.; das S. eines Volkes; sein S. nahm seinen Lauf; [das ist] S. (ugs.; *das muss man so hinnehmen*); sein S. tragen; das S. vorhersagen; sich seinem S. fügen; sich in sein S. ergeben; sich mit seinem S. abfinden; was wird das S. dieser alten Villen sein? *(was wird mit ihnen geschehen?);* * **jmdn. seinem S. überlassen** (*sich nicht weiter um jmdn. kümmern, ihn alleinlassen*); **b)** ⟨o. Pl.⟩ *höhere Macht, die in einer nicht zu beeinflussenden Weise das Leben bestimmt u. lenkt:* das S. hat ihn dazu ausersehen; das S. herausfordern; eine Laune des blinden -s; * **S. spielen** (ugs.; *etw. zu lenken, zu beeinflussen suchen*).

schick|sal|er|ge|ben: ↑ schicksalsergeben.

schick|sal|haft ⟨Adj.⟩: **a)** *vom Schicksal bestimmt, ohne menschliches Zutun geschehend, zustande kommend u. unabwendbar:* -e Vorgänge; ein -er Prozess; **b)** *jmds. weiteres Schicksal bestimmend, sich auf jmds. Leben entscheidend auswirkend:* diese Begegnung war für ihn s.

Schick|sals|dra|ma, das (Literaturwiss.): **a)** ⟨o. Pl.⟩ *Tragödie, in der sich der Held einem dämonischen, unheimlichen Schicksal wehrlos ausgeliefert sieht;* **b)** *einzelne Tragödie der Gattung Schicksalsdrama.*

schick|sals|er|ge|ben, schicksalergeben ⟨Adj.⟩: *seinem Schicksal ergeben, keine Gegenwehr leistend.*

Schick|sals|fra|ge, die: *wesentliche Frage, von deren Entscheidung viel für jmdn., für eine Sache o. Ä. abhängt.*

Schick|sals|fü|gung, die: *Fügung* (1).
Schick|sals|ge|mein|schaft, die: *Gemeinschaft von Menschen, die das gleiche schwere Schicksal verbindet.*
Schick|sals|glau|be, der: *Fatalismus.*
schick|sals|gläu|big ⟨Adj.⟩: *fatalistisch.*
Schick|sals|göt|tin, die (griech., nord. Mythol.): *Göttin, dämonische Gestalt, die bei der Geburt eines Menschen dessen Schicksal voraussagt.*
Schick|sals|schlag, der: *trauriges, einschneidendes Ereignis in jmds. Leben:* ein schwerer S.
schick|sals|schwer ⟨Adj.⟩ (geh.): *jmds. Schicksal entscheidend beeinflussend, jmds. Leben einschneidend verändernd:* ein -er Tag.
schick|sals|träch|tig ⟨Adj.⟩ (geh.): *schicksalsvoll.*
Schick|sals|tra|gö|die, die (Literaturwiss.): *Schicksalsdrama.*
schick|sals|voll ⟨Adj.⟩ (geh.): *schicksalsschwere Ereignisse o. Ä. mit sich bringend, dadurch gekennzeichnet:* in -er Zeit.
Schick|sals|wen|de, die: *in jmds. Leben eintretende schicksalhafte Wende.*
Schick|se, die; -, -n [aus der Gaunerspr. < jidd. schickse(n) = Christenmädchen; Dienstmädchen, zu hebr. šęqęz = Unreines; Abscheu]: **1.** (salopp abwertend) *leichtlebige Frau.* **2.** *(aus jüdischer Sicht) Nichtjüdin.*
schieb|bar ⟨Adj.⟩: *sich schieben* (1), *verschieben* (1 a) *lassend:* -e Abdeckungen, Kulissen, Wände; diese Regalelemente sind s.
Schie|be|büh|ne, die. **1.** (Eisenbahn) *Vorrichtung, auf der Eisenbahnfahrzeuge von einem Gleis auf ein parallel laufendes gefahren werden können.* **2.** (Theater) *Bühne, bei der die Dekorationen auf den Seiten hereingefahren werden.*
Schie|be|dach, das: **1.** *zurückschiebbarer Teil im Verdeck eines Personenkraftwagens.* **2.** *aufzuschiebendes Dach bei Güterwagen.*
Schie|be|de|ckel, der: *über einen Behälter zu schiebender (statt z. B. zu schraubender) Deckel.*
Schie|be|fens|ter, das: *zum Öffnen nach oben, unten od. nach der Seite zu verschiebendes Fenster.*
schie|ben ⟨st. V.⟩ [mhd. schieben, ahd. scioban, eigtl. = dahinschießen, werfen]: **1.** ⟨hat⟩ *durch Ausübung von Druck von der Stelle bewegen, vor sich her bewegen, irgendwohin bewegen:* einen Kinderwagen s.; (auch ohne Akk.-Obj.:) unser Auto sprang nicht an, also mussten wir s.; die Kiste über den Flur s. **2.** ⟨hat⟩ *irgendwohin tun, stecken* (1 a): Kuchen in den Mund s.; (Fußballjargon:) der Stürmer schob den Ball ins Tor. **3.** ⟨hat⟩ a) *durch Schieben* (1) *jmdn. irgendwohin drängen;* b) ⟨s. + sich⟩ *sich mit leichtem Schieben* (1) *durch etw. hindurch od. in etw. hineinbewegen, sich drängen* (2 b): sich durch den Strom der Passanten s.; Ü sich in den Vordergrund zu s. versuchen; c) ⟨s. + sich⟩ *sich wie gleitend [vorwärts] bewegen* [u. allmählich irgendwohin gelangen]: ihr Rock schob sich in die Höhe. **4.** ⟨hat⟩ *jmdn., etw. für etw. Unangenehmes verantwortlich machen:* die Missstände auf die Partei s. **5.** ⟨ist⟩ (salopp) **a)** *träge, lässig gehen:* er schob um die Ecke; **b)** (seltener) *Schieber* (5) *tanzen.* **6.** ⟨hat⟩ [unter Einfluss der Gaunerspr.] (salopp) *gesetzwidrige Geschäfte machen, auf dem schwarzen Markt mit etw. handeln:* Devisen s.; Auch schob sie über dritte Hand Traktorenersatzteile gegen Frischgemüse (Grass, Butt 638). **7.** ⟨hat⟩ (Skat) *(beim Schieberamsch) den Skat nicht aufnehmen, sondern ihn, weitergeben:* ich schiebe.

Schie|ber, der; -s, - [zu ↑ schieben]: **1.** *verschiebbare Absperrvorrichtung an Türen, Geräten, Rohrleitungen, Maschinen; Riegel:* den S. öffnen. **2.** *Essgerät für Kinder, mit dem das Essen auf den Löffel geschoben wird.* **3.** (landsch.) *Bettpfanne.* **4.** [vgl. schieben (6), Schiebung] (ugs.) *jmd., der [in wirtschaftlichen Krisenzeiten] unerlaubte, unsaubere Geschäfte macht.* **5.** (ugs.) *dem Onestepp ähnlicher einfacher Tanz.*
Schie|be|ramsch, der (Skat): *Ramsch, bei dem die Spieler nacheinander den Skat aufnehmen u. zwei [andere] Karten dafür weitergeben.*
Schie|be|rei, die; -, -en: *das Schieben* (1, 3 a, b, 6, 7).
Schie|ber|ge|schäft, das (ugs.): *Geschäft eines Schiebers, von Schiebern.*
Schie|ber|müt|ze, die (ugs.): *größere Schirmmütze.*
Schie|be|sitz, der: *verschiebbarer Sitz.*
Schie|be|tür, die: *Tür, die beim Öffnen zur Seite geschoben, nicht in einer Angel gedreht wird.*
Schie|be|wand, die: *seitlich verschiebbare Wand.*
Schie|be|wi|der|stand, der (Elektrot.): *durch Verschieben eines Läufers* (4) *veränderbarer elektrischer Widerstand.*
Schieb|leh|re, die (Technik): *Messwerkzeug zum Bestimmen von Längen u. Dicken.*
◆ **Schieb|tru|he,** die: *Schubkarren:* Tat dann der alte Tagwerker Tritzel ... hernach ein bissel Dung führen mit der S. in den Garten hinaus (Rosegger, Waldbauernbub 226).
Schie|bung, die; -, -en (ugs.): **1.** *Schiebergeschäft:* -en machen, aufdecken. **2.** *ungerechtfertigte Bevorzugung, Begünstigung.*
schiech [österr.: ʃiːçx] ⟨Adj.⟩ [mhd. schiech, ↑ scheu] (österr., bayr., sonst landsch.): **1.** *hässlich, abscheulich.* **2.** *zornig, wütend.*
schied: ↑ scheiden.
schied|lich ⟨Adj.⟩ [mhd. schidelich, 1. Bestandteil zu: schi(e)t, ↑ Schiedsrichter] (selten): *(in Streitsachen) versöhnlich, nachgiebig; verträglich, friedfertig:* einen Streit s. und friedlich beilegen.
schied|lich-fried|lich ⟨Adj.⟩: *keinen Streit heraufbeschwörend; im Guten:* sich s. einigen.
Schieds|frau, die: *Friedensrichterin.*
Schieds|ge|richt, das: **1.** (Rechtsspr.) **a)** *Institution, die anstelle eines staatlichen Gerichts bei Rechtsstreitigkeiten eine Entscheidung durch Schiedsspruch fällt;* **b)** *Gruppe von Personen, die ein Schiedsgericht bildet.* **2.** (Sport) **a)** *Gremium von Kampf- od. Schiedsrichtern, das als höchstes Kampfgericht bei Differenzen zur Entscheidung angerufen wird od. selbst in einen Wettkampf eingreift;* **b)** *Kampfgericht.*
Schieds|kom|mis|si|on, die (Rechtsspr.): *Schiedsgericht.*
Schieds|mann, der ⟨Pl. ...leute od. ...männer⟩ [vgl. mhd. schideman, ↑ Schiedsrichter] (Rechtsspr.): *Friedensrichter.*
Schieds|rich|ter, der [älter Schiderichter, urspr. = ehrenamtlich bestellter Vermittler in privaten Streitigkeiten, dafür mhd. schideman; 1. Bestandteil zu mhd. schit, schiet = (Ent)scheidung, verw. mit ↑ scheiden]: **1.** (Rechtsspr.) *Angehöriger des Schiedsgerichts.* **2.** (Ballspiele) *jmd., der das Spiel unparteiisch leitet, bei einem Verstoß gegen die Regeln unterbricht, Strafen ausspricht u. Ä.:* R S. ans Telefon!, S., Telefon! (Fußballjargon: Ausruf des Unmuts, wenn eine Entscheidung des Schiedsrichters Missfallen hervorruft). **3.** (Sport) *Kampfrichter.*
Schieds|rich|ter|ball, der (Ballspiele): *(nach unterbrochenem Spiel) durch einen Wurf vom Schiedsrichter für das Spiel freigegebener Ball.*
Schieds|rich|ter|bel|ei|di|gung, die: *Beleidigung des Schiedsrichters durch einen Spieler:* wegen S. vom Platz gestellt werden.
Schieds|rich|ter|ent|schei|dung, die: *(unwiderrufliche) Entscheidung eines Schiedsrichters.*
Schieds|rich|te|rin, die: w. Form zu ↑ Schiedsrichter.
schieds|rich|ter|lich ⟨Adj.⟩: *den Schiedsrichter betreffend, zu seinem Amt gehörend:* die -e Gewalt.
Schieds|rich|ter|stuhl, der (Badminton, Tennis, Volleyball): *auf einem Gestell in bestimmter Höhe befestigter Sitz am Rande des Spielfeldes, von dem aus der Schiedsrichter das Feld gut überblicken kann.*
Schieds|spruch, der (Rechtsspr.): *Entscheidung eines Schiedsgerichts.*
Schieds|stel|le, die (Rechtsspr.): *unabhängig vom Gericht arbeitende, mit der Schlichtung von Streitigkeiten betraute Institution.*
Schieds|ver|fah|ren, das (Rechtsspr.): *Verhandlung u. Entscheidung von Rechtsstreitigkeiten durch ein Schiedsgericht.*
schief ⟨Adj.⟩ [mhd. (md.) schief, in md., mniederd. Lautung standardsprachlich geworden; vgl. anord. skeifr]: **1. a)** *von der Senkrechten abweichend nach rechts od. links geneigt; nicht gerade (wie eigentlich gedacht, vorgesehen):* ein -er Turm; er hält den Kopf s.; der Baum ist s. gewachsen; **b)** *von der Waagerechten nach oben od. unten abweichend; nicht parallel zu etw. anderem (wie eigentlich gedacht, vorgesehen):* einen -en Mund haben; das Bild hängt s.; den Mund s. ziehen; ein s. gewickelter Verband; die Schuhe haben -e (einseitig abgetretene) Absätze; Ü jmdm. einen -en (skeptisch-missgünstigen) Blick zuwerfen; *jmdn. s. ansehen (ugs.; sich reserviert-ablehnend jmdm. gegenüber verhalten; jmds. Verhalten, Äußerung missbilligen und es ihn merken lassen).* **2.** *dem wahren Sachverhalt nur zum Teil entsprechend u. daher einen falschen, entstellenden Eindruck vermittelnd:* ein -er Vergleich; das siehst du ganz s.
Schief|blatt, das ⟨Pl. selten⟩: *Begonie.*
Schie|fe, die; -: *schiefe Lage od. Richtung.*
Schie|fer, der; -s, - [mhd. schiver(e), ahd. scivaro = Stein-, Holzsplitter, zu ↑ scheiden, zu einem Verb mit der Bed. »spalten, trennen« u. eigtl. = Abgespaltenes, Bruchstück]: **1.** *aus dünnen, ebenen Lagen bestehendes Gestein* (1), *das sich leicht in flache Platten spalten lässt:* S. abbauen, brechen. **2.** (österr., sonst landsch.) *kleiner Splitter [aus Holz].*
schie|fer|blau ⟨Adj.⟩: *graublau wie Schiefergestein.*
Schie|fer|dach, das: *Dach, das mit Schieferplatten gedeckt ist.*
schie|fer|far|ben, schie|fer|far|big ⟨Adj.⟩: *schiefergrau, -blau.*
schie|fer|grau ⟨Adj.⟩: *blaugrau wie Schiefergestein.*
schie|fe|rig: ↑ schiefrig.
¹schie|fern ⟨sw. V.; hat⟩: **1.** (Weinbau) *Erde mit [zerkleinertem] Schiefer bestreuen.* **2.** ⟨s. + sich⟩ [mhd. schiveren = (zer)splittern] **a)** *sich in dünne Platten spalten;* **b)** (landsch.) *sich in Splittern [ab]lösen, abschilfern.* **3.** ⟨s. + sich⟩ (österr., sonst landsch.) *sich einen Splitter einziehen.* **4.** (schweiz.) **a)** *flache Steine über den Wasserspiegel od. eine feste Unterlage hüpfen lassen;* **b)** *(von Steinen, die flach über eine Wasseroberfläche od. eine feste Unterlage geworfen werden) hüpfen, tanzen.*
²schie|fern ⟨Adj.⟩: **1.** *aus Schiefer bestehend.* **2.** *schieferfarben.*
Schie|fer|plat|te, die: *(bes. zum Decken von Dächern verwendete) flache, viereckige Platte aus Schiefer.*
Schie|fer|ta|fel, die (früher): *[kleine] flache Schieferplatte [mit eingravierten Zeilen od. Kästchen u. einem Rahmen aus Holz], auf die (mit Kreide bzw. Griffel) geschrieben werden kann.*
schief|ge|hen ⟨unr. V.; ist⟩ (ugs.): *schlecht ausgehen, nicht den gewünschten Verlauf nehmen, misslingen:* (ugs.:) die Sache wäre beinahe

schiefgegangen; R [keine Angst, nur Mut] es wird schon s.! (scherzh.; *es wird sicher gelingen*).

¹schief|ge|wi|ckelt ⟨Adj.⟩: in der Verbindung **s. sein** (ugs.; *sich in etw. gründlich irren:* wenn du glaubst, du kannst mich hier rumkommandieren, dann bist du s.).

schief ge|wi|ckelt, ²schief|ge|wi|ckelt ⟨Adj.⟩: *in einer Weise gewickelt, die nicht gerade ist:* ein schief gewickelter Verband.

Schief|hals, der (Med.): *krankhafte schiefe Stellung des Halses.*

schief|la|chen, sich ⟨sw. V.; hat⟩ (ugs.): *sehr lachen.*

Schief|la|ge, die: **1.** *schiefe Lage.* **2.** *instabile, kritische, bedrohliche Lage, Krise:* in eine S. kommen, geraten.

schief|lau|fen ⟨st. V.; ist⟩ (ugs.): *schiefgehen.*

schief|lie|gen ⟨st. V.; hat, südd., österr., schweiz.: ist⟩ (ugs.): *sich täuschen, im Irrtum sein.*

schief|rig, schieferig ⟨Adj.⟩: **1.** *dem Schiefer* (1) *ähnlich.* **2.** *schieferfarben.*

schief tre|ten, schief|tre|ten ⟨st. V.; hat⟩: *(bes. von Absätzen an Schuhen) durch ungleichmäßigen Gang einseitig abtreten:* sie hat die Absätze schief getreten.

schief|win|ke|lig, schief|wink|lig ⟨Adj.⟩: *keinen rechten Winkel aufweisend.*

schief zie|hen, schief|zie|hen ⟨unr. V.; hat⟩: *von der Waagrechten nach oben od. unten abweichen:* den Mund schief ziehen.

schie|len ⟨sw. V.; hat⟩ [mhd. schilhen, ahd. scilihen, zu ↑ scheel]: **1.** *einen Augenfehler haben, bei dem die Blickrichtung einer od. beider Augen nach innen od. außen abweicht:* stark, leicht [auf einem Auge] s. **2.** (ugs.) **a)** *spähen:* durchs Schlüsselloch s.; **b)** *verstohlen irgendwohin blicken:* nach der Tür s.; Ü er schielt nach ihrem Geld (*hat es darauf abgesehen*).

schien: ↑ scheinen.

Schien|bein, das [mhd. schinebein, eigtl. = spanförmiger Knochen, 1. Bestandteil zu ↑ Schiene in dessen urspr. Bed. »abgespaltenes Stück«, 2. Bestandteil zu ↑ Bein (5)]: *vorderer, stärkerer der beiden vom Fuß bis zum Knie gehenden Knochen des Unterschenkels.*

Schien|bein|bruch, der: *¹Bruch* (2 a) *des Schienbeins.*

Schien|bein|scho|ner, Schien|bein|schüt|zer, der (bes. Fußball, Eishockey): *unter den Strümpfen getragenes Polster, das das Schienbein vor Verletzungen schützt.*

Schie|ne, die; -, -n [mhd. schine, ahd. scina = Schienbein; Holz-, Metalleiste, zu einem Verb mit der Bed. »schneiden, spalten, trennen« (vgl. z. B. lat. scindere, ↑ Szission) u. eigtl. = abgespaltenes Stück, Span]: **1.** [seit dem 18. Jh.] *aus Profilstahl bestehender, auf einer Trasse verlegter Teil einer Gleisanlage, auf dem sich Schienenfahrzeuge fortbewegen:* -n [für die Straßenbahn] legen; der Zug ist aus den -n gesprungen (*entgleist*); * *etw. auf die S. setzen* (*dafür sorgen, dass etw. stattfindet, entsteht, verwirklicht wird*). **2. a)** *schmale lange Latte aus Metall, Holz, Kunststoff o. Ä. mit einem Steg od. einer Rille als führende Vorrichtung für Teile, die durch Gleiten od. Rollen zu bewegen sind:* -n für den Flaschenzug; **b)** *schmale Leiste (meist aus Metall) mit einer Rille zum Zusammenhalten einzelner Teile, zum Schutz od. als Kante:* die Zierde; an den Kanten der Stufen sind -n aus Messing angebracht. **3.** (Med.) *(aus Holz, Metall, Kunststoff o. Ä. hergestellte) Stütze, die dazu dient, verletzte Gliedmaßen ruhig zu stellen od. (bei Kindern) gelockerte* [Milch]*zähne zu fixieren.* **4.** *Reißschiene.* **5.** *(in einem Schalt- od. Kraftwerk) stabile, starke, nicht isolierte elektrische Leitung.* **6.** (früher) *aus einer gebogenen Platte bestehender Teil der Rüstung, der Arme od. Beine bedeckt.* **7.** (Jargon) *Weg, Bahn, Kurs:* auf derselben politischen S. bleiben.

-schie|ne, die; -, -n (Jargon): **1.** *bezeichnet in Bildungen mit Substantiven einen vorgegebenen Weg, eine Bahn, einen Kurs in Bezug auf jmdn., etw.:* Erfolgs-, Partei-, Medienschiene. **2.** (Rundfunk, Fernsehen) *bezeichnet in Bildungen mit Substantiven ein Programm, Programmschema:* Montags-, Musikschiene.

schie|nen ⟨sw. V.; hat⟩: **1.** *durch eine Schiene* (3) *ruhig stellen:* den gebrochenen Arm s. **2.** ⟨meist im 2. Part.⟩ (früher) *mit einer Rüstung angetan sein.*

Schie|nen|bahn, die: *Bahn, die auf Schienen* (1) *fährt* (z. B. Eisenbahn, Untergrund-, Hochbahn).

Schie|nen|bett, das: *Gleisbett.*

Schie|nen|bus, der: *Triebwagen, dessen Karosserie der eines Omnibusses ähnlich ist.*

Schie|nen|er|satz|ver|kehr, der (Eisenbahn): *(bei Störung der Zugverbindung als Ersatz eingesetzte) Omnibusse, die die Reisenden befördern.*

Schie|nen|fahr|zeug, das: *Fahrzeug, das auf Schienen* (1) *fährt od. gleitet.*

Schie|nen|ge|bun|den ⟨Adj.⟩: *nur Schienen* (1) *fahrend; an Schienen* (1) *gebunden:* -e Fahrzeuge.

Schie|nen|gü|ter|ver|kehr, der (Eisenbahn): *Beförderung von Gütern durch Schienenfahrzeuge:* der defizitäre, grenzüberschreitende S.; Bewegung im Markt für S.

Schie|nen|netz, das: *Netz* (2 b) *von Schienen* (1).

Schie|nen|strang, der: *(über eine größere Distanz) zu Gleisen montierte Schienen* (1).

Schie|nen|ver|kehr, der: *über Schienenfahrzeuge abgewickelter Verkehr.*

Schie|nen|weg, der: *Gleis (als Verbindung zwischen Orten).*

¹schier ⟨Adv.⟩ [mhd. schiere = bald, ahd. scēro, scioro = schnell, sofort]: *geradezu, nahezu, fast:* eine s. unübersehbare Menschenmenge; das ist s. unmöglich; Die ganze Bevölkerung war wie elektrisiert. Gearbeitet wurde s. nicht mehr, man ging auf die Straße (Kempowski, Zeit 279).

²schier ⟨Adj.⟩ [mhd. schīr = lauter, hell, urspr. = schimmernd, verw. mit ↑ scheinen] (landsch.): *[unvermischt] rein; blank* (3): -es Gold; -es Fleisch (*Fleisch ohne Fett, Sehnen u. Knochen*); Ü die -e Bosheit.

Schi|er: Pl. von ↑ Schi.

Schier|ling, der; -s, -e [mhd. scherlinc, schirlinc, ahd. scer[i]linc, älter: scerning = zu einem untergegangenen Wort mit der Bed. »Mist« (vgl. mniederd. scharn); die Pflanze wächst bes. bei Dunghaufen]: *(zu den Doldenblütlern gehörende) hochwachsende, sehr giftige Pflanze mit hohlem Stängel, fiederteiligen Blättern u. großen weißen Doldenblüten.*

Schier|lings|be|cher, der [nach der im antiken Athen üblichen Methode, einem zum Tode Verurteilten einen Trank zu reichen, das Gift des Schierlings beigemischt war] (bildungsspr.): **2.** *vergifteter Trank, Giftbecher:* den S. nehmen, leeren, trinken (bildungsspr.; *sich mit Gift töten*).

Schieß|be|fehl, der: *Befehl, von der Schusswaffe Gebrauch zu machen:* S. erteilen.

Schieß|bu|de, die: *(auf dem Rummelplatz) Bude, in der jmd. gegen einen Einsatz auf ein* [bewegliches] *Ziel schießen kann u. für eine gewisse Anzahl von Treffern einen Preis erhält.*

Schieß|bu|den|fi|gur, der: *Figur, die in einer Schießbude u. a. als Ziel dient:* Ü er ist eine richtige S. (ugs.; *wirkt aufgrund seines Äußeren lächerlich u. komisch*).

Schieß|ei|sen, das (ugs.): *Schusswaffe.*

schie|ßen ⟨st. V.⟩ [mhd. schiezen, ahd. sciozan, eigtl. = treiben, jagen, eilen]: **1.** ⟨hat⟩ **a)** *einen Schuss, Schüsse abgeben; von der Schusswaffe Gebrauch machen:* Hände hoch oder ich schieße!; es wurde geschossen; er schoss wild um sich; in die Menschenmenge, auf jmdn. s.; **b)** *mit einer bestimmten Waffe einen Schuss abgeben:* mit der Pistole s.; **c)** *mit etw. (als Geschoss) einen Schuss abgeben:* mit Schrot, mit einem Pfeil s.; Ü wütende Blicke s.; **d)** *sich in bestimmter Weise zum Schießen* (1 a) *eignen:* das Gewehr schießt nicht [mehr]; **e)** *(jmdn. an einer bestimmten Stelle) mit einem Schuss treffen:* er hat ihm, hat ihn in die Wade geschossen; **f)** *(ein Geschoss) durch Abfeuern an ein bestimmtes Ziel bringen:* er hat sich eine Kugel in den Kopf geschossen; einen Satelliten ins All, auf seine Umlaufbahn s.; **g)** *etw. durch einen Schuss, durch Schüsse an etw. verursachen:* Löcher in die Tür s.; er schoss nur Löcher in die Luft (scherzh.; *traf nichts*); **h)** *mit einem Schuss, mit Schüssen treffen u. damit in einen bestimmten Zustand bringen, etw. bewirken:* jmdn. zum Krüppel s. (*jmdn. durch einen Schuss so verletzen, dass er hinterher behindert ist*); **i)** *durch einen Schuss, durch Schüsse etw. erzielen, bekommen:* jmdm. eine Rose s.; **j)** ** jmdm. eine s. (salopp; *jmdm. eine Ohrfeige geben*); **k)** *(Jagdwild o. Ä.) durch einen Schuss, durch Schüsse erlegen, töten:* Hasen s.; **l)** ⟨s. + sich⟩ (selten) *duellieren.* **2.** ⟨hat⟩ *den Ball mit dem Fuß anstoßen od. werfen, sodass er in eine bestimmte Richtung rollt od. fliegt:* ein Tor s. (*einen Treffer erzielen*). **3.** ⟨ist⟩ **a)** *sich sehr rasch irgendwohin bewegen:* vom Stuhl in die Höhe s.; wir sahen das Auto um die Ecke s.; Ü plötzlich schießt ihr ein Gedanke durch den Kopf; einen Plan schießen lassen (ugs.; *auf ihn verzichten*); * **zum Schießen sein** (ugs.; *sehr zum Lachen sein;* wohl eigtl. = zum Purzelbaumschießen vor Ausgelassenheit); **b)** *(bes. von flüssigen Stoffen) sehr schnell an eine bestimmte Stelle od. über etw. hinfließen:* von allen Seiten schoss das Wasser über die Felsen ins Tal; Röte schoss ihr ins Gesicht *(sie wurde plötzlich rot);* Sie dreht den Kopf beiseite, die Tränen sind ihr in die Augen geschossen (Döblin, Alexanderplatz 289); **c)** *mit Wucht (wie durch einen Druck) plötzlich aus etw. herauskommen:* Flammen schossen aus dem Dachstuhl; **d)** *sehr schnell wachsen:* man kann die Saat förmlich aus dem Boden s. sehen; Ü überall schießen neue Häuser aus dem Boden. **4.** ⟨hat⟩ *[schnell hintereinander] fotografieren:* ein paar Aufnahmen fürs Familienalbum s. **5.** ⟨hat⟩ (Jargon) *fixen* (2). **6.** ⟨hat⟩ (Weberei) *das Schiffchen des Webstuhls) von einer Seite auf die andere schleudern.* **7.** ⟨hat⟩ (Bergmannsspr.) *(Gestein) sprengen.* **8.** ⟨ist⟩ (österr.) *die Farbe verlieren; bleichen, verschießen:* die Vorhänge sind geschossen.

Schie|ßen, das; -s, - ⟨Pl. selten⟩: *[sportliche] Veranstaltung, bei der geschossen wird.*

schie|ßen las|sen, schie|ßen|las|sen ⟨st. V.; hat⟩ (ugs.): **1.** *auf etw. verzichten; nicht weiterbetreiben od. verfolgen:* einen Plan schießen lassen (ugs.; *auf ihn verzichten*). **2.** * *jmdm., einer Sache] die Zügel schießen lassen* (↑ Zügel).

Schie|ßer, der; -s, - (Jargon): *Fixer* (1).

Schie|ße|rei, die; -, -en: **1.** (meist abwertend) *[dauerndes] Schießen.* **2.** *wiederholter Schusswechsel:* bei der S. gestern gab es mehrere Verletzte.

Schie|ße|rin, die; -, -nen (Jargon): w. Form zu ↑ Schießer.

Schie|ßet, der, auch: das; -s, -s (schweiz.): *Schießen; Schützenfest.*
Schieß|hund, der (Jägerspr. veraltet): *Jagdhund:* * *aufpassen wie ein S.* (ugs.; *bei etw. scharf aufpassen, damit einem nichts entgeht*).
Schieß|platz, der: *Platz für Schießübungen.*
Schieß|pul|ver, das: *pulverförmiger Explosivstoff* (1): * *das S. [auch] nicht erfunden haben* (↑ *Pulver 1 c*).
Schieß|schar|te, die: *Öffnung im Mauerwerk einer Burg, Festung o. Ä. zum Schießen auf den Feind.*
Schieß|schei|be, die: *beim Übungsschießen als Ziel verwendete [runde] Scheibe mit bestimmten Markierungen.*
Schieß|sport, der: *als Sport betriebenes Schießen.*
Schieß|stand, der: *Anlage für Schießübungen.*
◆ **Schieß|statt,** die: *Schießplatz:* Dicht bei der Stadt, wo man herauskommt bei dem Tor, welches nachmals, von dortiger S. her, das Büchsentor hieß (Mörike, Hutzelmännlein 153).
Schieß|übung, die: *Übung im Schießen.*
Schieß|waf|fe, die (schweiz.): *Schusswaffe.*
schieß|wü|tig ⟨Adj.⟩ (ugs.): *zu schnell bereit zu schießen* (1 a), *Schüsse abzugeben:* -e Gangster, Polizisten.
◆ **Schieß|zeug,** das [spätmhd. schieʒziuc]: *zum Schießen* (1 a) *benötigtes Gerät:* Jetzt schnell mein S. fassend, schwing' ich selbst hochspringend auf die Platte mich hinauf (Schiller, Tell IV, 1).
Schiet, der; -s, **Schie|te,** die; - [mniederd. schīte] (nordd. salopp): *Scheiße.*
schie|tig ⟨Adj.⟩ (nordd. salopp): **1.** *schmutzig.* **2.** (abwertend) *sehr schlecht:* -es Wetter; mir gings richtig s.
Schiff, das; -[e]s, -e [mhd. schif, ahd. scif, eigtl. = ausgehöhlter Stamm, Einbaum]: **1.** *großes, bauchiges, an beiden Enden meist schräg werdendes od. spitz zulaufendes Wasserfahrzeug:* das S. sticht in See, liegt [im Hafen] vor Anker; das S. geriet in Seenot; das S. ist leck, funkt SOS, sinkt; das S. läuft unter schwedischer Flagge; S. [backbord, steuerbord] voraus!; S. klar zum Auslaufen (Meldung des wachhabenden Offiziers an den Kapitän); ein S. vom Stapel lassen; ein S. kapern; Ü (geh.:) das S. des Staates lenken; * *klar S. machen* (1. Seemannsspr.: *das Schiff säubern.* ugs.; *eine Angelegenheit bereinigen.* ugs.; *gründlich aufräumen, sauber machen*). **2.** [LÜ von mlat. navis < lat. navis = Schiff] (Archit.) *Kirchenschiff.*
schiff|bar ⟨Adj.⟩: *für Schiffe befahrbar:* dieser Fluss ist für alle Schiffe s.
Schiff|bar|keit, die; -: *das Schiffbarsein.*
Schiff|bar|ma|chung, die; -, -en ⟨Pl. selten⟩: *das Schiffbarmachen.*
Schiff|bau (bes. Fachspr.), Schiffsbau, der ⟨Pl. -ten⟩: **1.** ⟨o. Pl.⟩ *Bau von Schiffen:* S. studieren; im S. tätig sein. **2.** *zu bauendes, im Bau befindliches od. neu gebautes Schiff.*
Schiff|bau|er, Schiffsbauer, der; -s, -: *jmd., der an dem Bau von Schiffen mitwirkt* (Berufsbez.).
Schiff|bau|e|rin, Schiffsbauerin, die: w. Formen zu ↑ Schiffbauer, Schiffsbauer.
Schiff|bruch, der (veraltet): *Untergang, Zerstörung eines Schiffs in stürmischer See:* die Überlebenden eines -s; * *S. erleiden* (*keinen Erfolg haben; [mit etw.] scheitern*).
schiff|brü|chig ⟨Adj.⟩: *einen Schiffbruch erlitten habend:* eine -e Mannschaft.
Schiff|brü|chi|ge, die, die/eine Schiffbrüchige; der/einer Schiffbrüchigen; die Schiffbrüchigen/zwei Schiffbrüchige: *weibliche Person, die von einem Schiffbruch betroffen wurde.*
Schiff|brü|chi|ger, der/ein Schiffbrüchiger; des/eines Schiffbrüchigen; die Schiffbrüchigen/zwei Schiffbrüchige: *jmd., der von einem Schiffbruch betroffen wurde:* Schiffbrüchige retten, bergen.
Schiff|brü|cke, Schiffsbrücke, die: *Pontonbrücke.*
Schiff|chen, das; -s, -: **1.** Vkl. zu ↑ Schiff (1). **2.** (ugs.) *(bes. zur Uniform getragene) längs gefaltete Kopfbedeckung ohne Rand, die an beiden Enden spitz zuläuft.* **3.** *kleines Metallgehäuse, in dem sich die Spule in der Nähmaschine befindet.* **4.** (Weberei) *[kleines] längliches, an beiden Enden spitz zulaufendes Gehäuse für die Spule des Schussfadens; Weberschiffchen.*
Schif|fel, des; - [zu ↑ schiffen (2)] (salopp): *Urin.*
schif|fen ⟨sw. V.⟩: **1.** ⟨ist⟩ (veraltet, noch altertümelnd) *mit einem Schiff fahren:* über den Atlantik s. **2.** ⟨hat⟩ [urspr. Studentenspr., zu Schiff in der alten Bed. »Gefäß« (Studentenspr. = Nachtgeschirr)] (salopp) *urinieren:* s. müssen. **3.** ⟨hat⟩ [übertr. von 2] (salopp) *heftig regnen:* es schifft heute schon den ganzen Tag.
Schif|fer, der; -s, -: *Führer eines Schiffs.*
Schif|fe|rin, die; -, -nen: w. Form zu ↑ Schiffer.
Schif|fer|kla|vier, das: *Akkordeon.*
Schif|fer|kno|ten, der: *Knoten, mit dem Seeleute Tauwerk verbinden od. festmachen.*
Schif|fer|müt|ze, die: *dunkelblaue Schirmmütze mit einem steifem Rand u. einer Kordel über dem Schirm.*
Schiff|fahrt, Schiff-Fahrt, die: **1.** ⟨o. Pl.⟩ *das Fahren von Schiffen auf Gewässern zur Beförderung von Personen und Gütern.* **2.** (selten) *Schiffsfahrt.*
Schiff|fahrts|ge|richt, das: *Gericht zur Regelung der die Binnenschifffahrt betreffenden Verfahren.*
Schiff|fahrts|ge|sell|schaft, die: *Gesellschaft, die eine od. mehrere Schifffahrtslinien besitzt u. unterhält.*
Schiff|fahrts|kun|de, die: *Gesamtheit aller zur Führung eines Schiffs nötigen Wissensgebiete (bes. Navigation); Nautik.*
Schiff|fahrts|li|nie, die: *von der Schifffahrt befahrene Linie.*
Schiff|fahrts|po|li|zei, die: *Polizei, der die Sicherheit u. Ordnung auf Seewasserstraßen obliegt.*
Schiff|fahrts|recht, das: **1.** ⟨Pl. selten⟩ *Gesamtheit der Rechtsvorschriften zur Regelung der mit der Schifffahrt zusammenhängenden Fragen.* **2.** *eines Rechte eines Staates zur Nutzung eines Wasserwegs.*
Schiff|fahrts|stra|ße, die, **Schiff|fahrts|weg,** der: **1.** *Wasserstraße, die von der Schifffahrt benutzt wird.* **2.** *festgelegte Route für den Schiffsverkehr.*
Schiff|fahrts|zei|chen, das: *Zeichen, das Hinweise für die Navigation auf Binnengewässern gibt.*
Schiffs|an|ker, der: *Anker.*
Schiffs|arzt, der: *an Bord eines Seeschiffs eingesetzter Arzt.*
Schiffs|ärz|tin, die: w. Form zu ↑ Schiffsarzt.
Schiffs|bau: ↑ Schiffbau.
Schiffs|bauch, der (ugs.): *Inneres eines Schiffs:* die Fracht wird im S. gestaut.
Schiffs|bau|er: ↑ Schiffbauer.
Schiffs|be|sat|zung, die: *Besatzung eines Schiffs.*
Schiffs|brü|cke: ↑ Schiffbrücke.
Schiffs|schau|kel, die: *Schiffsschaukel, die: auf Jahrmärkten, Volksfesten o. Ä. aufgestellte Schaukel mit kleinen, an Stangen aufgehängten Schiffchen zum Schaukeln im Stehen.*
Schiffs|eig|ner, der: *jmd., dem ein Schiff gehört.*
Schiffs|eig|ne|rin, die: w. Form zu ↑ Schiffseigner.
Schiffs|fahrt, die: *Fahrt mit einem Schiff.*
Schiffs|flag|ge, die: *Flagge als Erkennungszeichen u. Verständigungsmittel für Schiffe.*
Schiffs|fracht, die: *Frachtgut eines Schiffs.*
Schiffs|füh|rer, der: *Schiffer.*
Schiffs|füh|re|rin, die: w. Form zu ↑ Schiffsführer.
Schiffs|füh|rung, die: *Gesamtheit der am Führen eines Schiffs Beteiligten.*
Schiffs|glo|cke, die: *(auf Schiffen an bestimmter Stelle angebrachte) Glocke aus Messing, deren Klöppel mit einer an diesem befestigten Lederschlaufe bewegt wird.*
Schiffs|he|be|werk, das (Wasserbau): *Anlage mit sehr großen, mit Wasser gefüllten, einem Trog ähnlichen Behältern, in die Schiffe hineinfahren, u. Schienen, auf denen sich diese Behälter bewegen, wodurch ermöglicht wird, dass Schiffe sehr große Niveauunterschiede zwischen zwei Abschnitten einer Binnenwasserstraße überwinden.*
Schiffs|jun|ge, der: *Jugendlicher, der auf einem Schiff als Matrose ausgebildet wird.*
Schiffs|ka|tas|t|ro|phe, die: *schweres Unglück, in das ein Schiff hineingerät.*
Schiffs|koch, der: *an Bord eines Seeschiffs arbeitender Koch.*
Schiffs|kö|chin, die: w. Form zu ↑ Schiffskoch.
Schiffs|kol|li|si|on, die: *Kollision von Schiffen.*
Schiffs|kü|che, die: *Küche eines Schiffs; Kombüse.*
Schiffs|la|dung, die: *Ladung eines Schiffs.*
Schiffs|last, die: *Last* (4).
Schiffs|la|ter|ne, die (Seemannsspr.): *Positionslicht eines Schiffs.*
Schiffs|lis|te, die: *(von größeren Häfen herausgebene) Liste mit den Ankunfts- u. Abfahrtszeiten der Schiffe.*
Schiffs|mak|ler, der: *Makler, der Fracht, Liegeplatz o. Ä. für ein Schiff vermittelt.*
Schiffs|mak|le|rin, die: w. Form zu ↑ Schiffsmakler.
Schiffs|mann|schaft, die: *Schiffsbesatzung.*
Schiffs|ma|schi|ne, die: *Motor eines Schiffs.*
Schiffs|mo|dell, das: *Modell eines Schiffs.*
Schiffs|na|me, der: *Name eines Schiffs.*
Schiffs|of|fi|zier, der: *(in der Handelsschifffahrt) Angestellter des nautischen od. technischen Dienstes eines Schiffs mit nautischem Patent, der den Kapitän in der Schiffsführung unterstützen kann.*
Schiffs|pa|pie|re ⟨Pl.⟩: *Gesamtheit der Urkunden u. Ausweise, die das Schiff, die Ladung, die Besatzung [u. die Passagiere] betreffen.*
Schiffs|pas|sa|ge, die: *Passage* (3) *mit einem Schiff.*
Schiffs|plan|ke, die: *beim Schiffsbau verwendete Planke.*
Schiffs|raum, der: *Rauminhalt eines Schiffs.*
Schiffs|re|gis|ter, das (Amtsspr.): *amtliches Verzeichnis der Schiffe eines Bezirks mit den Angaben über die jeweiligen rechtlichen Verhältnisse.*
Schiffs|rei|se, die: *Reise mit einem Schiff.*
Schiffs|rumpf, der: *Rumpf eines Schiffs.*
Schiffs|schau|kel: ↑ Schiffschaukel.
Schiffs|schrau|be, die: *einem Propeller ähnliches, meist am Heck unterhalb der Wasserlinie angebrachtes Teil eines Schiffs, das durch schnelle Rotation im Wasser das Schiff antreibt.*
Schiffs|si|re|ne, die: *Sirene an Bord eines Schiffs, mit der bestimmte Signale gegeben werden können.*
Schiffs|ta|ge|buch, das: *Logbuch.*
Schiffs|tau, das: ²Tau (2).
Schiffs|tau|fe, die: *kurz vor dem Stapellauf eines Schiffs erfolgende feierliche Namensgebung.*
Schiffs|ver|kehr, der: *Schiffsfahrt.*
Schiffs|werft, die: *Werft für den Schiffsbau.*
Schiffs|zim|me|rer, der: **a)** *Zimmermann, der die [Decks]aufbauten u. Ä. von Schiffen herstellt* (Berufsbez.); **b)** *an Bord eines Seeschiffs arbeitender Zimmermann.*
Schiffs|zim|me|rin, die: w. Form zu ↑ Schiffszimmerer.

Schiffszwieback – Schimmel

Schiffs|zwie|back, der: *(auf Schiffen als eiserne Ration verwendeter) bes. trockener u. haltbarer Zwieback.*

schif|ten ⟨sw. V.; hat⟩ [engl. to shift] (Seemannsspr.): **1.** *(bei Wind von hinten) das Segel von der einen Seite auf die andere bringen, ohne dabei die Fahrtrichtung zu ändern.* **2.** *(von der Ladung) [ver]rutschen.*

Schi|is|mus, der; - [zu ↑Schia]: *Lehre der Schiiten.*

Schi|it, der; -en, -en: *Anhänger der Schia.*

Schi|i|ten|füh|rer, der: *religiöser Führer der Schiiten.*

Schi|i|tin, die; -, -nen: w. Form zu ↑Schiit.

schi|i|tisch [auch: ʃiˈɪtɪʃ] ⟨Adj.⟩: *zur Schia gehörend, sie betreffend.*

Schi|ka|ne, die; -, -n [frz. chicane, zu: chicaner = das Recht verdrehen, ↑schikanieren]: **1.** *[unter Ausnutzung staatlicher od. dienstlicher Machtbefugnisse getroffene] Maßnahme, durch die jmdm. unnötig Schwierigkeiten bereitet werden; kleinliche, böswillige Quälerei:* das ist nur S., die reinste S.; alles S.!; etw. aus S. (ugs.; *um jmdn. zu schikanieren*) tun. **2. *** **mit allen -n** (ugs.; *mit allem, was dazugehört, mit allem erdenklichen Komfort, Luxus o. Ä.:* ein Sportwagen mit allen -n). **3. a)** (Sport) *in eine Autorennstrecke eingebauter schwieriger Abschnitt, der zur Herabsetzung der Geschwindigkeit zwingt:* die Fahrer gehen in die S.; **b)** (schweiz.) *Hindernis, das auf od. an einer Straße angebracht ist, um Fahrzeuge zu einer Minderung des Tempos zu veranlassen, Fußgänger vom Überqueren einer Straße abzuhalten o. Ä.* **4.** (Technik) *eingebauter fester Körper (z. B. Zapfen, Schwelle), der einen Widerstand bietet.*

Schi|ka|neur [...ˈnøːɐ̯], der; -s, -e [frz. chicaneur = Rechtsverdreher] (veraltend): *jmd., der andere schikaniert.*

Schi|ka|neu|rin, die; -, -nen: w. Form zu ↑Schikaneur.

schi|ka|nie|ren ⟨sw. V.; hat⟩ [frz. chicaner, H. u.]: *jmdn. mit Schikanen quälen, ärgern:* die Rekruten [bis aufs Blut] s.

schi|ka|nös ⟨Adj.⟩: *Schikanen einsetzend, mit Schikanen arbeitend;* -e Maßnahmen.

Schill|cher, der; -s, - (österr.): *Schillerwein.*

¹Schild, der; -[e]s, -e [mhd. schilt, ahd. scilt, eigtl. = Abgespaltenes, die Schilde der Germanen waren nach Brettern hergestellt]: *Zeugnis aus ältester Zeit ist aus röm. Zeit hergestellt]:* **1.** *eine Schutzwaffe darstellender, auf seiner Rückseite mit einer Handhabe versehener flächiger Gegenstand von verschiedener Form, der von dem Körper gehalten – dem Kämpfenden zur Abwehr von Attacken mit Hieb- u. Stichwaffen o. Ä. dient:* ein runder S.; * **jmdn. auf den S. [er]heben** (geh.; *jmdn. zum Führer bestimmen;* nach dem altgerm. Brauch, einen neu gewählten Stammesführer auf einem Schild dreimal im Kreise herumzutragen, damit das versammelte Volk ihn deutlich sehen konnte: die Zukunft wird zeigen, ob die Partei den richtigen Mann auf den S. gehoben hat); **etw. [gegen jmdn., etw.] im -e führen** (*heimlich etw. planen, was sich gegen jmdn., etw. richtet; nach dem an dem Schild gemalten Wappen, das den Eingeweihten erkennen ließ, ob der Besitzer des Schildes Freund od. Feind war:* ich wüsste zu gern, was er jetzt wieder im -e führt). **2.** *Wappenschild.* **3.** *schildförmiger, länglicher Schirm an der Vorderseite von Mützen.* **4. a)** (Technik, Waffent.) *Schutzplatte [an Geschützen];* **b)** (Kernt.) *Ummantelung des Reaktorkerns, die den Austritt von Strahlung verhindern soll.*

²Schild, das; -[e]s, -er [urspr. = ¹Schild (1, 2) als Erkennungszeichen, Amts-, (Wirts)zeichen usw.]: **1.** *Tafel, Platte mit einem Zeichen, einer Aufschrift o. Ä.:* ein S. anbringen. **2.** (Jägerspr.) *Fleck auf der Brust (bes. bei Waldhühnern).*

Schild|bo|gen, der (Archit.): *bogenförmiger Abschluss, der sich an der Stelle ergibt, wo ein Tonnengewölbe mit der Wölbung auf eine Mauer auftrifft.*

Schild|bür|ger, der ⟨meist Pl.⟩ [urspr. wohl = mit Schild bewaffneter Bürger (vgl. Spießbürger), dann auf die Einwohner des sächs. Städtchens Schilda(u) bezogen, die Helden eines bekannten Schwankbuches des 16. Jh.s] (abwertend): *jmd., der durch sein törichtes, engstirniges Verhalten u. Handeln bewirkt, dass bei bestimmten Vorhaben deren eigentlicher Zweck in ärgerlicher Weise verfehlt wird.*

Schild|bür|ge|rin, die: w. Form zu ↑Schildbürger.

Schild|bür|ger|streich, der (abwertend): *Handlung, deren eigentlicher od. ursprünglicher Zweck in törichter Weise verfehlt wird.*

Schild|drü|se, die [benannt nach ihrer Lage am Schildknorpel]: *lebenswichtige, den Seitenflächen des Kehlkopfs u. der oberen Luftröhre aufliegende Hormondrüse mit innerer Sekretion.*

Schild|drü|sen|funk|ti|on, die: *Funktion der Schilddrüse.*

Schild|drü|sen|hor|mon, das: *Hormon der Schilddrüse.*

Schild|drü|sen|krebs, der: *Krebs an der Schilddrüse.*

Schild|drü|sen|über|funk|ti|on, die (Med.): *Überfunktion der Schilddrüse, bei der verstärkt Schilddrüsenhormon gebildet wird; Hyperthyreose.*

Schild|drü|sen|un|ter|funk|ti|on, die (Med.): *Unterfunktion der Schilddrüse, die durch einen Mangel an funktionstüchtigem Schilddrüsengewebe bzw. an Schilddrüsenhormonen verursacht wird; Hypothyreose.*

Schil|der|brü|cke, die (Verkehrsw.): *die Fahrbahn überspannende Beschilderung an Autobahnen, Schnellstraßen o. Ä. mit Verkehrsschildern für jede Fahrspur bzw. einem entsprechenden mehrteiligen Verkehrsschild.*

Schil|de|rei, die; -, -en [niederl. schilderij, zu: schilderen, ↑schildern] (veraltet): *bildliche Darstellung:* ◆ Die S. selbst, wovor sie gesessen, hat ihr abwesender Vater bekommen (Lessing, Emilia Galotti I, 4).

Schil|der|haus, das [zu Soldatenspr. veraltet schildern = Schildwache stehen]: *Holzhäuschen zum Unterstellen für die Schildwache.*

schil|dern ⟨sw. V.; hat⟩ [mniederl., niederl. schilderen = (Wappen) malen; anstreichen, zu ↑¹Schild (2)]: *ausführlich beschreiben, darstellen; in anschauliches, lebendiges Bild von etw., von jmdm. vermitteln:* etw. anschaulich s.

Schil|de|rung, die; -, -en: **1.** *das Schildern:* die S. dieser Vorgänge ist schwierig. **2.** *Darstellung, durch die jmd., etw. geschildert wird:* es liegen verschiedene -en des Ereignisses vor.

Schil|der|wald, der (ugs.): *Häufung von Verkehrsschildern.*

Schild|farn, der: *(zu den Tüpfelfarnen gehörender) Farn mit lederartig derben Wedeln.*

schild|för|mig ⟨Adj.⟩: *in, von der Form eines ¹Schildes (1).*

Schild|knor|pel, der (Anat.): *größter Knorpel des Kehlkopfs.*

Schild|krö|te, die [mhd. schildkrote, nach ihrem Schutzpanzer]: *(bes. in Tropen u. Subtropen) auf dem Land u. im Wasser lebendes, sich an Land sehr schwerfällig bewegendes Tier mit Bauch- u. Rückenpanzer, in den Kopf, Beine u. Schwanz eingezogen werden können.*

Schild|laus, die: *kleines, schädliches Insekt, dessen Weibchen einen mit einer Schutzschicht bedeckten schildförmigen Leib hat.*

Schild|müt|ze, die: *Mütze mit ¹Schild (3).*

Schild|patt, das; -[e]s [2. Bestandteil zu niederd. padde = Kröte]: *gemustertes, gelbes od. hellrotbraunes Horn (2) vom Panzer der Karettschildkröte.*

Schild|wa|che, die [mhd. schiltwache, schiltwaht(e) = Wacht in voller Rüstung] (veraltend): **1.** *aus bewaffneten Soldaten bestehende militärische Wache.* **2.** *Wachdienst der Schildwache (1).*

◆ **Schild|wacht,** die: *Schildwache (1):* Am Tor musst' ich gleich wieder von der S. hören: »Wo hat der Herr seinen Schatten gelassen?« (Chamisso, Schlemihl 24).

Schilf, das; -[e]s, -e ⟨Pl. selten⟩ [mhd. schilf, ahd. sciluf, dissimiliert aus lat. scirpus = Binse]: **1.** *Schilfrohr:* ein Dach mit S. decken. **2.** *Röhricht.*

Schilf|dach, das: *mit Schilfrohr gedecktes Dach.*

schil|fen ⟨Adj.⟩: *aus Schilf (1).*

schil|fern: ↑schelfern.

Schilf|gür|tel, der: *²Saum (2) aus Schilfrohr um ein Gewässer.*

Schilf|mat|te, die: *Matte aus Schilfrohr.*

Schilf|rohr, das: *bes. an Ufern von Teichen u. Seen wachsendes Gras mit sehr hoch wachsenden, kräftigen, rohrförmigen Halmen, langen, scharfkantigen Blättern u. verzweigten Rispen aus rotbraunen Ährchen (2).*

schil|le|rig, schillrig ⟨Adj.⟩ (selten): *schillernd.*

Schil|ler|lo|cke, die: **1.** [nach den Darstellungen, die Schiller ohne Perücke mit den eigenen Locken zeigen] *Blätterteiggebäck mit Schlagsahne- od. Cremefüllung.* **2.** (übertr. von 1) *geräucherter, eingerollter Streifen vom Bauchlappen des Dornhais.*

schil|lern ⟨sw. V.; hat⟩ [frühnhd. Intensivbildung zu ↑schielen in der Grundbedeutung »schief blicken«. »in mehreren Farben spielen«]: *in wechselnden Farben, Graden von Helligkeit glänzen:* ins Rötliche s.; eine [bunt] schillernde Seifenblase.

schil|lernd ⟨Adj.⟩: *verschwommen, schwer durchschaubar:* ein -er Begriff; er war ein -er Charakter; ein Politiker mit -er Vergangenheit.

◆ **Schil|ler|taft,** der: *[in verschiedenen Farben] schillernder Taft:* ... kurz, einen Brief voll doppelsinniger Fratzen, der, wie der S., zwei Farben spielt und weder ja sagt noch nein (Kleist, Käthchen III, 3).

Schil|ler|wein, der: *rötlich schillernder Württemberger Wein aus blauen u. grünen Trauben.*

Schil|ling, der; -s, -e ⟨aber: 30 Schilling⟩ [mhd. schillinc, ahd. scilling, H. u., viell. eigtl. = schildartige Münze, zu ↑¹Schild]: **1.** *Währungseinheit in Österreich vor der Einführung des Euro* (1 Schilling = 100 Groschen; Abk.: S, ö. S): Heft kostet 20 S.; er hatte nur noch ein paar Schilling[e]. **2.** *alte europäische Münze.* **3.** ↑Shilling.

schill|rig: ↑schillerig.

schil|pen ⟨sw. V.; hat⟩ [lautm.]: *tschilpen.*

schilt: ↑schelten.

Schil|ten ⟨Pl.; o. Art.; als Sg. gebraucht⟩ [nach den Symbolen auf den Karten; vgl. Schellen (↑²Schelle 1 b)] (schweiz.): *²Schelle (3).*

Schi|mä|re, die; -, -n [frz. chimère < lat. chimaera, ↑Chimäre] (bildungsspr.): *Trugbild, Hirngespinst:* einer S. nachjagen.

Schim|mel, der; -s, -: **1.** ⟨o. Pl.⟩ [mhd. schimel, unter Einfluss von: schime = Glanz, verw. mit ↑scheinen] *weißlicher, grauer od. grünlicher Belag, der auf feuchten od. faulenden organischen Stoffen entsteht:* an den Früchten hat sich S. gebildet. **2.** [spätmhd. schimmel, aus mhd. schemeliges perd, schimel pfert = Pferd mit der Farbe des Schimmels (1)] *weißhaariges Pferd.* **3.** [vgl. Amtsschimmel] **a)** (ugs.) *Schablone, Schema, Lernhilfe;* **b)** (Musikjargon) *einer Melodie unterlegter, inhaltlich beliebiger Text, der nur den sprachlichen Rhythmus des endgültigen*

Textes markieren soll; **c)** *(Juristenjargon) Musterentscheidung, die als Vorbild dient.*

Schim|mel|be|lag, der: *Belag von Schimmel* (1) *bes. auf Lebensmitteln.*

Schim|mel|bil|dung, die ⟨Pl. selten⟩: *Bildung von Schimmel* (1).

schim|me|lig, schimmlig ⟨Adj.⟩ [mhd. schimelec, ahd. scimbalag]: *voll Schimmel* (1): *-es Brot; etw. ist s. geworden.*

schim|meln ⟨sw. V.⟩ [mhd. schimelen, ahd. scimbalōn]: **1.** ⟨hat/ist⟩ *sich mit Schimmel* (1) *bedecken, schimmelig werden:* das Brot hat, ist geschimmelt. **2.** ⟨hat⟩ *schimmelnd irgendwo liegen:* die Akten haben jahrzehntelang in einem feuchten Keller geschimmelt.

Schim|mel|pilz, der: *auf feuchtem od. faulenden organischen Stoffen wachsender Pilz* (2).

Schim|mel|rei|ter, der; -s: *(in der germanischen Sage u. im Volksglauben) gespenstischer Reiter auf einem Schimmel* (2), *der in den Nächten um die Wintersonnenwende an der Spitze eines Geisterheeres durch die Lüfte jagt.*

Schim|mer, der; -s, - ⟨Pl. selten⟩ [rückgeb. aus ↑schimmern]: **1.** *matter od. sanfter [Licht]schein, schwacher Glanz, leichtes Funkeln:* ein matter, heller S.; der S. des Goldes; im S. der Kerzen. **2.** *Anflug, Hauch, Andeutung, leise Spur:* der S. eines Lächelns lag auf ihrem Gesicht; * **ein S. [von]** *(ein sehr geringes Maß, ein klein wenig):* doch noch einen S. von Hoffnung; *keinen* [blassen]/nicht den geringsten, leisesten S. haben *(ugs.:* 1. *überhaupt nichts von etw. verstehen.* 2. *von etw. nichts wissen).*

schim|mern ⟨sw. V.; hat⟩ [aus dem Niederd. < mniederd. schēmeren, md. schemmern, Intensivbildung zu md. schemen = blinken, verw. mit ↑scheinen]: **1.** *einen Schimmer* (1) *verbreiten, von sich geben:* etw. schimmert rötlich; durch die Vorhänge schimmerte Licht. **2.** *sich andeutungsweise, schwach in etw., durch etw. hindurch zeigen, abheben:* die Schrift schimmert durch das Papier.

schimm|lig: ↑ schimmelig.

Schim|pan|se, der; -n, -n [aus einer westafrik. Sprache]: *(in Äquatorialafrika heimischer) in Gruppen lebender Menschenaffe mit [braun]schwarzem Fell.*

Schimpf, der; -[e]s, -e ⟨Pl. selten⟩ [älter = Spott, Hohn; mhd. schimph, ahd. scimph = Scherz, Kurzweil; Kampfspiel, H. u.] (geh.): **1.** *Beleidigung, Demütigung, Schmach:* jmdm. einen S. antun, zufügen; einen S. erleiden, erdulden; * **S. und Schande!** *(Ausruf des Abscheus);* **mit S. und Schande** *(unter unehrenhaften Bedingungen):* jmdn. mit S. und Schande davonjagen. ◆ **2.** *Scherz; Spott; Hohn:* Jetzt ohne S. und ohne Spaß *(ohne Scherz, im Ernst).* Ich sag' Euch: mit dem schönen Kind geht's ein für alle Mal nicht geschwind (Goethe, Faust I, 2664 f.); * **S. und Glimpf** *(Schimpf u. Schande; Spott u. Hohn;* ²*Glimpf wird hier nur als Reimwort verwendet).*

Schimp|fe, die; - (ugs.): *Schelte.*

schimp|fen ⟨sw. V.; hat⟩ [mhd. schimphen, ahd. scimphen = scherzen, spielen, verspotten, H. u.]: **1. a)** *seinem Unwillen, Ärger mit heftigen Worten [unbeherrscht] Ausdruck geben:* heftig, ständig s.; sie schimpft auf den Chef; ⟨subst.:⟩ mit [deinem] Schimpfen erreichst du gar nichts; er hat sehr über die Regierung geschimpft; Ü schimpfende *(aufgeregt tschilpende)* Sperlinge; **b)** *jmdn. schimpfend* (1 a) *zurechtweisen, ausschimpfen:* die Mutter schimpft mit dem Kind; ⟨landsch. mit Akk.-Obj.:⟩ jmdn. [wegen einer Sache] s. **2. a)** (geh.) *jmdn. herabsetzend, beleidigend als etw. bezeichnen;* **b)** ⟨s. + sich⟩ *salopp spött.) etw. Bestimmtes zu sein vorgeben, sich als etw. nennen, bezeichnen:* und Sie schimpfen sich Fachmann!; so was schimpft sich Schnellreinigung *(soll eine Schnellreinigung sein);* ◆ **c)** *beschimpfen, beleidigen; verächtlich machen:* Das ist merkwürdig, dass an einem schlechten Menschen der Name eines ehrlichen Mannes gar nicht haftet und dass er durch solchen nur ärger geschimpft ist (Hebel, Schatzkästlein 13); Herr Pfaff! uns Soldaten mag Er s., den Feldherrn soll Er uns nicht verunglimpfen (Schiller, Wallensteins Lager 8).

Schimp|fe|rei, die; -, -en (abwertend): *[dauerndes] Schimpfen.*

Schimpf|ka|no|na|de, die (ugs.): *Fülle, Flut von Schimpfwörtern:* eine S. loslassen.

schimpf|lich ⟨Adj.⟩ [mhd. schimphlich = kurzweilig, scherzhaft, spöttisch] (geh.): *schändlich, entwürdigend, entehrend:* jmdn. s. behandeln.

Schimpf|na|me, der: *starke Herabsetzung bezweckender [Bei]name; scheltende, stark herabsetzende Benennung:* jmdn. mit -n belegen.

Schimpf|wort, das ⟨Pl. ...wörter od. -e⟩: *Beschimpfung, beleidigendes [derbes] Wort:* er überschüttete sie mit heftigen Schimpfworten.

Schi|na|kel, das; -s, -[n] [ung. csónak = Boot, Kahn] (österr. ugs.): **1.** *kleines Ruderboot.* **2.** ⟨Pl.⟩ (scherzh.) *breite, ausgetretene Schuhe.*

Schin|del, die; -, -n [mhd. schindel, ahd. scindula < lat. scindula]: *dünnes, oft wie ein Dachziegel geformtes Holzbrettchen zum Decken des Daches u. Verkleiden der Außenwände.*

Schin|del|dach, das: *mit Schindeln gedecktes Dach.*

schin|deln ⟨sw. V.; hat⟩: **1.** *mit Schindeln decken od. verkleiden.* ◆ **2.** [eigtl. = mithilfe von Schindeln ruhig stellen] *schienen* (1): Halt still, sagte ich die Wund' beseh'! ... so halt den still! Wie, Teufel, ich euch da s. will? (Goethe, Satyros I).

schin|den ⟨unr. V.; schindete/(selten:) schund, hat geschunden⟩ [mhd. schinden, ahd. scinten = enthäuten, schälen, zu einem germ. Subst. mit der Bed. »Haut« (vgl. engl. skin = Haut)]: **1.** *quälen, grausam behandeln, bes. jmdn. durch übermäßige Beanspruchung seiner Leistungsfähigkeit quälen:* Rekruten s.; Ü (ugs.:) den Motor s. **2.** ⟨s. + sich⟩ (ugs.) *sich mit etw. sehr abplagen, abmühen:* er hat sich in seinem Leben genug geschunden. **3. a)** [urspr. Studentenspr. (über die Bed. »erpressen«)] (ugs.) *die Bezahlung von etw. umgehen, etw. nicht bezahlen u. so das Geld dafür einsparen:* Fahrgeld s.; **b)** *etw. (was jmdm. eigentlich nicht zusteht) mit zweifelhaften Mitteln erzielen, gewinnen; herausschlagen:* Eindruck, Mitleid s. [wollen]; Zeit s. *(sich so verhalten, dass etw. verzögert wird, Zeit gewonnen wird).*

Schin|der, der; -s, -: **1.** [zu ↑schinden] (abwertend) *jmd., der andere schindet.* **2.** [mhd. schindæere] (veraltet) *Abdecker.* **3.** (abwertend selten) *Schindmähre.*

Schin|de|rei, die; -, -en (abwertend): **1.** *[dauerndes] Schinden.* **2.** *Qual, Strapaze:* diese Arbeit, dieser Marsch war eine arge S. ◆ **3.** *Abdeckerei:* ... um sie (= die Pferde), bis auf weitere Verfügung, nur auf der S. vor der Stadt zu besorgen (Kleist, Kohlhaas 70).

Schin|de|rin, die; -, -nen: w. Form zu ↑Schinder (1).

schin|dern ⟨sw. V.; hat⟩ [mhd. schindern = schleifen; polternd schleppen] (obersächs.): *schlittern* (1 a).

Schind|lu|der [aus dem Niederd., eigtl. = totes Tier, das geschunden (= abgedeckt) wird]: in der Wendung **mit jmdm., etw. S. treiben** (ugs.; *jmdn., etw. schändlich, übel behandeln; eigtl. = wie einen Kadaver behandeln, dem die Haut abgezogen wird).*

Schind|mäh|re, die (abwertend): *altes, abgemagertes, verbrauchtes Pferd.*

Schin|ken, der; -s, - [mhd. schinke, ahd. scinco = Knochenröhre, Schenkel, zu einem Adj. mit der Bed. »schief, krumm« u. eigtl. = krummer Körperteil]: **1.** *[Hinter]keule eines Schlachttieres, bes. vom Schwein, die geräuchert od. gekocht gegessen wird:* gekochter, roher S.; [ein Pfund] Schwarzwälder S.; eine Scheibe S. **2.** (salopp) *Oberschenkel; Gesäßbacken.* **3.** [aus der Studentenspr.; urspr. = dickes, in Schweinsleder gebundenes Buch] **a)** *großes, dickes Buch:* ein alter S.; **b)** (ugs. abwertend, ugs. scherzh.) *großes Gemälde [von geringem künstlerischen Wert];* **c)** (ugs. abwertend, ugs. scherzh.) *umfangreiches [älteres] Bühnenstück, aufwendiger Film [von geringem künstlerischen Wert].*

Schin|ken|brot, das: *mit Schinken belegtes [Butter]brot.*

Schin|ken|röll|chen, das (Kochkunst): *[gefülltes] Röllchen aus einer Scheibe Schinken.*

Schin|ken|speck, der: *Speck, der zu einem Teil aus magerem Schinken besteht.*

Schin|ken|wurst, die: *Wurst aus grob gehacktem, magerem Schweinefleisch, Speck u. Schinken.*

Schin|to|is|mus, der; - [zu jap. shintō = Weg der Götter]: *durch Naturverehrung u. Ahnenkult gekennzeichnete einheimische Religion Japans.*

Schipp|chen, das; -s, -: **1.** *kleine Schaufel mit kurzem Stiel, der mit einer Hand gefasst wird.* **2.** Vkl. zu ↑ Schippe (2): ein S. ziehen, machen.

Schip|pe, die; -, -n [mniederd., md. schüppe, eigtl. = Gerät zum Schieben, zu mhd. schupfen = schnell u. heftig schieben, zu ↑schieben]: **1. a)** (nordd., md.) *Schaufel:* mit Schippen spielen Kinder mit S. und Eimer; * **jmdn., etw. auf die S. nehmen/laden** (ugs.; *jmdn. verulken, über jmdn., etw. spotten;* H. u., viell. eigtl. = wie Dreck, Kehricht behandeln, den man auf die Schaufel nimmt); **b)** ⟨meist Pl.⟩ (ugs. abwertend) *langer Fingernagel.* **2.** (ugs. scherzh.) *missmutig vorgeschobene Unterlippe:* eine S. ziehen, machen. **3.** ⟨Pl.; ohne Art. als Neutrum Sg. gebraucht⟩ [nach der Form des Symbols auf der Karte] ²*Pik* (b, c, d).

schip|pen ⟨sw. V.; hat⟩ [zu ↑Schippe] (nordd., md.): *schaufeln* (1, 2).

Schip|pen|ass, Schip|pen-Ass [auch: ˈʃɪpŋ...], das (Kartenspiele): *Pikass.*

schip|pern ⟨sw. V.⟩ (ugs.): **1.** ⟨ist⟩ *eine Reise auf dem Wasser machen, mit dem Schiff fahren:* mit, auf einem Dampfer flussabwärts s. **2.** ⟨hat⟩ *mit einem Schiff irgendwohin fahren, transportieren:* Erz von Kanada nach Hamburg s.

Schipp|lein, das; -s, -: **1.** *Schippchen* (1). **2.** *Schippe* (2).

Schi|ri [auch: ˈʃiri], der; -s, -s (Sportjargon): kurz für ↑ Schiedsrichter.

Schirm, der; -[e]s, -e [mhd. schirm, ahd. scirm = Schutz, urspr. wohl = Fellüberzug des ¹Schildes]: **1. a)** *aufspannbarer Regen- od. Sonnenschutz mit Schaft [u. Griff od. Fuß]:* den S. aufspannen; einen S. *(Regenschirm)* mitnehmen; Ü Der blaue S. des Himmels spannte sich über den grünen S. der Kiefern (Musil, Mann 1379); **b)** Kurzf. von ↑ Fallschirm: der S. hat sich nicht geöffnet; **c)** (Bot.) *schirmförmiger Hut der Schirmlinge.* **2.** Kurzf. von ↑ Lampenschirm. **3. a)** *schildähnlicher Gegenstand zum Schutz gegen zu helles Licht od. direkte [Hitze]strahlung:* einen S. vor den Ofen stellen; **b)** (Jägerspr.) *gegen Sicht schützende, aus Reisig, Schilf o. Ä. hergestellte Deckung für den Jäger;* **c)** *schildähnlicher Teil der Mütze, der bes. die Augen vor Sonnenlicht schützt.* **4.** Kurzf. von ↑ Bildschirm: diese Sendung wird bald über den S. gehen *(gesendet werden);* * **etw. auf dem S. haben** (↑ Radar 2).

Schirm|bild, das (Fachspr.): **1.** *auf dem Bild-*

schirm sichtbar werdendes Bild, bes. Röntgenbild (1). **2.** Röntgenbild (2).
Schirm|bild|fo|to|gra|fie, Schirm|bild|pho|to|gra|phie, die (Fachspr.): **a)** *das Herstellen von Röntgenbildern mithilfe der Fotografie;* **b)** *Röntgenbild.*
Schirm|bild|ge|rät, das (Fachspr.): *Röntgengerät.*
Schirm|bild|rei|hen|un|ter|su|chung, die (Fachspr.): *Röntgenreihenuntersuchung.*
Schirm|bild|stel|le, die: *für die Durchführung von Schirmbildreihenuntersuchungen zuständige Stelle.*
schir|men ⟨sw. V.; hat⟩ [mhd. schirmen, ahd. scirmen, eigtl. = mit dem ¹Schild parieren] (geh.): *schützen, indem etw., was jmdm. od. einer Sache abträglich, schädlich ist, ferngehalten, abgehalten wird:* jmdn. vor Gefahren s.; ◆ ...denn hinter ihren Felsenwällen schirmt der Feind sich leicht (Schiller, Tell II, 2).
schirm|för|mig ⟨Adj.⟩: *in, von der Form eines aufgespannten Schirmes.*
Schirm|frau, die [analoge Bildung zu ↑ Schirmherr]: *Schirmherrin.*
Schirm|fut|te|ral, das: *Futteral für einen Regenschirm.*
Schirm|herr, der: *jmd., der offizieller Förderer, Betreuer einer seinem Schutz unterstehenden Institution, Veranstaltung usw. ist.*
Schirm|her|rin, die: w. Form zu ↑ Schirmherr.
Schirm|herr|schaft, die: *Amt, Funktion des Schirmherrn, der Schirmherrin; Patronat.*
Schirm|hül|le, die: *Hülle für einen Regenschirm.*
Schirm|ling, der; -s, -e: *schirmförmiger Blätterpilz (z. B. Parasol).*
Schirm|ma|cher, der: *Hersteller von Schirmen* (Berufsbez.).
Schirm|ma|che|rin, die: w. Form zu ↑ Schirmmacher.
Schirm|müt|ze, die: *Mütze mit Schirm.*
Schirm|pilz, der: *Schirmling.*
Schirm|stän|der, der: *Ständer für Schirme.*
Schi|rok|ko, der; -s, -s [ital. scirocco < arab. šarqī = östlich(er Wind), zu: šarq = Osten]: *heißer [trockener], Staub mitführender Wind im Mittelmeerraum.*
schir|ren ⟨sw. V.; hat⟩ [zu ↑ Geschirr (2)]: **1.** (seltener) anschirren. **2.** *mithilfe des Geschirrs (2) an, vor, in etw. spannen:* ein Pferd an, vor den Wagen s.
Schirr|meis|ter, der [im 15. Jh. schirremeister] (früher): *Verwalter des Geschirrs (2), der Geräte u. Fahrzeuge.*
Schi|scha: ↑ Shisha.
Schis|ma [auch: ˈsçɪsma], das; -s, ...men u. (selten) -ta [spätmhd. sc(h)isma < kirchenlat. schisma < griech. schísma = Spaltung, zu: schízein = (zer)spalten, zersplittern] (Kirche): **a)** *Kirchenspaltung;* **b)** *in der Weigerung, sich dem Papst, den ihm unterstehenden Bischöfen unterzuordnen, bestehendes kirchenrechtliches Delikt.*
Schis|ma|ti|ker [österr. auch: ...ˈmat...], der; -s, - [kirchenlat. schismaticus < griech. schismatikós] (Kirche): *Anhänger einer schismatischen Gruppe; jmd., der ein Schisma (a) verursacht hat.*
schis|ma|tisch [österr. auch: ...ˈmat...] ⟨Adj.⟩: **a)** *ein Schisma (a) betreffend;* **b)** *ein Schisma (a) betreibend, verursacht habend.*
schiss: ↑ scheißen.
Schiss, der; -es, -e ⟨Pl. selten⟩ [zu ↑ scheißen]: **1.** (derb) **a)** *Kot;* **b)** *das Ausscheiden von Kot, Stuhlgang.* **2.** ⟨o. Pl.⟩ (salopp) *Angst:* [ganz schön] S. haben, kriegen.
Schis|ser, der; -s, - ⟨salopp abwertend⟩: *ängstlicher Mensch; Angsthase.*
Schis|se|rin, die; -, -nen: w. Form zu ↑ Schisser.
Schiss|la|weng: ↑ Zislaweng.

¹**Schi|wa:** hinduistischer Gott.
²**Schi|wa,** der; -s, -s: *figürliche Darstellung des Gottes Schiwa.*
schi|zo|id ⟨Adj.⟩ [zu griech. -oeidḗs = ähnlich] (Med., Psychol.): *die Symptome der Schizophrenie in leichterem Grade zeigend.*
schi|zo|phren ⟨Adj.⟩ [zu griech. schízein = spalten u. phrḗn = Geist, Gemüt]: **1.** (Med., Psychol.) *an Schizophrenie erkrankt, für sie kennzeichnend; auf ihr beruhend:* ein -er Patient. **2.** (bildungsspr.) **a)** *in sich widersprüchlich, in hohem Grade inkonsequent:* eine -e Politik; **b)** *absurd:* eine völlig -e Idee.

Die Etymologie des Wortes *schizophren* entspricht der alten Vorstellung von einer »*gespaltenen Persönlichkeit*« der Erkrankten, obwohl diese in der modernen Begriffsdefinition der Schizophrenie nicht nur keine Rolle mehr spielt, sondern im Gegenteil von vielen Betroffenen als Diffamierung wahrgenommen wird. Die Bezeichnung ist somit ein Beispiel dafür, dass zuweilen der sogenannte »wörtliche Sinn« und die Bedeutung eines Wortes nicht übereinstimmen.

Schi|zo|phre|nie, die; -, -n: **1.** ⟨Pl. selten⟩ (Med., Psychol.) *mit Denkstörungen, Halluzinationen und Wahn einhergehende schwere Psychose:* an S. erkranken. **2.** ⟨o. Pl.⟩ (bildungsspr.) *das Schizophrensein; schizophrener (2) Charakter:* dieser Fall zeigt die S. seiner Finanzpolitik.
schlab|be|rig, schlabbrig ⟨Adj.⟩ (ugs.): **1.** (bes. von Stoffen) *weich u. schmiegsam u. daher locker fallend.* **2.** (meist abwertend) (bes. von Speisen, Getränken) *wässrig, dünn [u. fade]:* eine -e Suppe.
Schlab|ber|look, der (Modejargon): *Mode, bei der die Kleidungsstücke sehr weit geschnitten sind, sodass sie nur lose am Körper anliegen.*
schlab|bern ⟨sw. V.; hat⟩ [aus dem Niederd. < mniederd. slabbe(re)n = schlurfen, plappern, lautm.]: **1.** (ugs.) *eine Flüssigkeit geräuschvoll auflecken:* der Kater schlabbert seine Milch. **2.** (ugs. abwertend) *essen, seine Kleidung o. Ä. (aus Ungeschicklichkeit od. Achtlosigkeit) beim Essen od. Trinken beschmutzen:* das Kind hat schon wieder geschlabbert. **3.** (ugs.) *sich aufgrund schlabbriger (1) Beschaffenheit schlenkernd [hin u. her] bewegen:* ein schlabbernder Rock. **4.** (landsch., oft abwertend) *ununterbrochen reden; schwatzen:* lange mit der Nachbarin s.
schlab|brig: ↑ schlabberig.
Schlacht, die; -, -en [mhd. slaht(e), ahd. slahta = Tötung, zu ↑ schlagen]: *heftiger, längere Zeit anhaltender [aus mehreren einzelnen, an verschiedenen Orten ausgetragenen Gefechten bestehender] Kampf zwischen größeren militärischen Einheiten:* die S. von, um Verdun; eine schwere, blutige S.; die S. tobte drei Tage lang; eine S. gewinnen, verlieren, für sich entscheiden; jmdm. eine S. liefern; in der S. verwundet werden, fallen; es sieht wie nach einer S. aus (ugs.; *es herrscht ein großes Durcheinander*); Ü die beiden Mannschaften lieferten sich eine [erbitterte] S.; die S. am kalten Büfett (scherzh.; *der allgemeine Andrang auf das kalte Büfett*).
Schlacht|bank, die ⟨Pl. ...bänke⟩: *niedrige ¹Bank (2 a) o. Ä., auf der geschlachtet wird, auf der geschlachtete Tiere ausgeschlachtet u. zerteilt werden:* ein Schwein auf die S. zerteilen.
schlacht|bar ⟨Adj.⟩: *(von Haustieren) den gesetzlichen Bestimmungen gemäß zum Schlachten infrage kommend.*
schlach|ten ⟨sw. V.; hat⟩ [mhd. slahten, ahd. slahtōn, zu ↑ schlagen]: **1.** *(ein Haustier, dessen Fleisch für die menschliche Ernährung verwendet werden soll) fachgerecht töten:* ein Schwein s.; Ü sein Sparschwein s. **2.** (ugs. scherzh.) *anbre-*

chen (2) [u. verbrauchen, verzehren]: eine Tafel Schokolade s.
Schlach|ten|bumm|ler, der [bes. im Dt.-Frz. Krieg 1870/71 aufgekommene Bez. für Zivilisten, die aus Neugierde an die Front kamen] (Sportjargon): *Anhänger einer [Fußball]mannschaft, der zu einem auswärtigen Spiel seiner Mannschaft mitreist.*
Schlach|ten|bumm|le|rin, die: w. Form zu ↑ Schlachtenbummler.
Schlach|ten|ma|ler, der: *Maler, der vorwiegend Szenen von Schlachten darstellt.*
Schlach|ten|ma|le|rin, die: w. Form zu ↑ Schlachtenmaler.
Schlach|ter [mhd. (in Zus.) -slahter, ahd. slahtari, zu ↑ schlachten], **Schläch|ter** [mhd. (in Zus.) -slehter], der; -s, -: **a)** (nordd.) *Fleischer;* **b)** *Fachkraft, die (bes. in einem Schlachthof) berufsmäßig Tiere schlachtet.*
Schlach|te|rei, Schläch|te|rei, die; -, -en: **1.** (nordd.) *Fleischerei.* **2.** (emotional abwertend) *massenweises, kaltblütiges Töten.*
Schlacht|feld, das: *Schauplatz einer Schlacht:* er ist auf dem S. geblieben (veraltet verhüll.; *im Krieg gefallen*); die Unglücksstelle glich einem S.; Ü nach der Party war die Wohnung ein S. (in größter Unordnung).
Schlacht|fest, das: *anlässlich einer Hausschlachtung veranstaltetes Essen.*
Schlacht|ge|brüll, das (früher): *von in die Schlacht ziehenden Kriegern angestimmtes Gebrüll, mit dem man sich gegenseitig anfeuern u. dem Gegner Angst einflößen will.*
Schlacht|ge|flü|gel, das: *zum Schlachten bestimmtes Geflügel.*
Schlacht|ge|tüm|mel, das ⟨o. Pl.⟩: *bei einer Schlacht entstehendes Getümmel.*
Schlacht|ge|wicht, das (Fachspr.): *Gewicht eines geschlachteten Tiers ohne Haut bzw. Federn, Kopf, Füße u. die meisten Eingeweide.*
Schlacht|haus, das: **a)** *zu einem Schlachthof od. einer Fleischerei gehörendes Gebäude, in dem geschlachtet wird;* **b)** *Schlachthof.*
Schlacht|hof, der: **a)** *in einem größeren Gebäudekomplex untergebrachte Einrichtung, in der Schlachtvieh geschlachtet, zerlegt, weiterverarbeitet wird;* **b)** *Gebäudekomplex, in dem ein Schlachthof (a) untergebracht ist.*
Schlacht|mes|ser, das: *Messer zum Schlachten.*
Schlacht|op|fer, das (Rel.): *Opfer (1 a), bei dem ein Tier geschlachtet u. einer Gottheit geopfert wird.*
Schlacht|ord|nung, die (Militär früher): *Art, in der ein Heer für eine Schlacht aufgestellt ist.*
Schlacht|plan, der (Militär): *taktischer Plan, nach dem ein Feldherr in einer bevorstehenden Schlacht vorzugehen gedenkt;* Ü *wir müssen erst mal einen S. machen* (ugs.; *überlegen, wie wir bei unserem Vorhaben vorgehen wollen*).
Schlacht|plat|te, die (Gastron.): *im Wesentlichen aus verschiedenerlei frisch hergestellter Wurst u. Wellfleisch bestehendes Essen.*
schlacht|reif ⟨Adj.⟩: *(von schlachtbaren Tieren) in dem Zustand befindlich, in dem ein Tier sein soll, wenn es geschlachtet wird.*
Schlacht|rei|he, die (Militär früher): *geschlossene Reihe, breite Formation von zur Schlacht aufgestellten Kriegern.*
Schlacht|ross, das ⟨Pl. -e⟩ (veraltet): *für den Einsatz im Kampf, in der Schlacht abgerichtetes Pferd.*
Schlacht|ruf, der (früher): *verabredete Parole o. Ä., die in den Kampf ziehende Krieger zur Anfeuerung o. Ä. riefen.*
Schlacht|schiff, das (Militär): *stark bewaffnetes u. gepanzertes großes Kriegsschiff.*
Schlacht|sze|ne, die: *in einer Schlacht sich abspielende Szene:* er malt gerne -n.

Schlacht|tag, der: *Tag, an dem geschlachtet wird:* Dienstag ist immer S.
Schlacht|tier, das: *zum Schlachten bestimmtes Haustier.*
Schlach|tung, die; -, -en: *das Schlachten* (1).
Schlacht|vieh, das: *zum Schlachten bestimmtes Vieh.*
Schlacht|vieh|markt, der: *Markt, auf dem schlachtreifes Vieh gehandelt wird.*
schlacht|warm ⟨Adj.⟩: *seit dem gerade erfolgten Schlachten noch nicht abgekühlt:* -es Fleisch; das Fleisch wird s. verarbeitet.
schlack ⟨Adj.⟩ [mhd. slack, ahd. slak; vgl. anord. slakr] (schwäb., bayr.): *träge; schlaff.*
Schlack, der; -[e]s [mniederd. slagge, wohl zu: slaggen, slakken, ↑²schlacken] (nordd.): **1.** *breiige Masse, Brei.* **2.** *Schneeregen, Schneematsch.*
Schlack|darm, der (nordd.): *Mastdarm.*
Schla|cke, die; -, -n [aus dem Niederd. < mniederd. slagge = Abfall beim Erzschmelzen, urspr. = Abfall beim Schmieden, zu ↑ schlagen]: **1.** *bei der Verbrennung von Steinkohle, Koks in kleineren od. größeren Stücken zurückbleibende harte, poröse Masse, Verbrennungsrückstand:* die -n aus dem Ofen holen. **2.** (Hüttenw.) *beim Schmelzen, Verhütten von Erz zurückbleibende, beim Erkalten zu einer glasartigen Masse erstarrende Substanz.* **3.** (Geol.) *unregelmäßig geformter, blasig-poröser Brocken Lava.* **4.** ⟨Pl.⟩ (Physiol.) *Ballaststoffe; nicht verwertbare Substanzen:* die Nahrung sollte reich an -n sein.
¹schla|cken ⟨sw. V.; hat⟩: *beim Verbrennen Schlacke* (1) *bilden, zurücklassen.*
²schla|cken ⟨sw. V.; hat; unpers.⟩ [mniederd. slaggen, H. u., viell. zu slak = schlaff, schwach; breiig] (nordd.): *als Schlackerschnee zur Erde fallen.*
schla|cken|arm ⟨Adj.⟩: *wenig Schlacken* (4) *enthaltend:* -e Kost.
schla|cken|frei ⟨Adj.⟩: **a)** *keine Schlacken* (4) *enthaltend;* **b)** *keine Schlacken* (1) *enthaltend, zurücklassend:* etw. verbrennt s.
Schla|cken|gru|be, die: *Grube zur Lagerung von [Hochofen]schlacke.*
schla|cken|reich ⟨Adj.⟩: *viel Schlacken* (4) *enthaltend.*
Schla|cken|stof|fe ⟨Pl.⟩: *Schlacke* (4).
schla|cke|rig, schlack|rig ⟨Adj.⟩ [zu ↑ ¹schlackern] (ugs.): *¹schlackernd* (a); *zum Schlackern neigend:* weite, -e Hosenbeine.
¹schla|ckern ⟨sw. V.; hat⟩ [aus dem Niederd., Intensivbildung zu ↑ schlaff, urspr. von schlaff herunterhängenden Segeln] (nordd., westmd.): **a)** *sich lose [herab]hängend ungleichmäßig hin u. her bewegen; schlenkern:* ihm s. die Hose um die Beine; die schlackernden Gliedmaßen der Marionette; das Rad schlackerte *(rotierte ungleichmäßig)*; **b)** *sich ¹schlackernd* (a) *irgendwohin bewegen:* der lange Rock schlackerte gegen ihre Beine; **c)** *(mit etw.) ¹schlackernde* (a) *Bewegungen machen:* mit den Armen s.
²schla|ckern ⟨sw. V.; hat⟩ (nordd.): *²schlacken.*
Schla|cker|schnee, der (nordd.): *nasser, im Tauen begriffener Schnee.*
¹schla|ckig ⟨Adj.⟩ (nordd.): *(vom Wetter) mit viel [Schnee]regen verbunden.*
²schla|ckig ⟨Adj.⟩ [zu ↑ Schlacke]: *viel Schlacke* (1) *enthaltend, aufweisend.*
schlack|rig: ↑ schlackerig.
Schlack|wurst, die [eigtl. = Wurst(masse), die in den ↑ Schlackdarm gefüllt wird]: *Zervelatwurst.*
Schlaf, der; -[e]s [mhd. ahd. slāf, zu ↑ schlafen]: **1. a)** *der Erholung des Organismus dienender Zustand der Ruhe, der Entspannung (bei Menschen u. Tieren), in dem die Augen gewöhnlich geschlossen, das Bewusstsein ausgeschaltet u.*

viele Körperfunktionen herabgesetzt sind: ein bleierner, tiefer, erquickender S.; der S. überwältigt, übermannt jmdn.; sie hat einen leichten S. *(wacht leicht auf);* sie konnte keinen S. finden (geh.; *nicht einschlafen);* aus dem S. erwachen, fahren; jmdn. aus dem S. [er]wecken, reißen; jmdn. in [den] S. singen; die Sorge um den Sohn bringt sie um den, ihren S., raubt ihr den S. (geh.; *quält sie so sehr, dass sie nachts nicht, nur schlecht schlafen kann);* * **den S. des Gerechten schlafen** (scherzh.; *tief u. fest schlafen;* nach Sprüche 24, 15; bezieht sich darauf, dass der Gerechte keine Gewissensqualen kennt u. deshalb ruhig u. fest schläft); **etw. im S. können, beherrschen** o. Ä. *(etw., ohne die geringste Mühe, Konzentration aufwenden zu müssen, können, beherrschen o. Ä.);* **b)** *[eine bestimmte Zeit dauerndes] Schlafen:* mittags hielt er seinen S. **2.** (ugs. scherzh., auch verhüll.) *körnige, gelblich weiße Absonderung aus den Augen, die sich während des Schlafens in den Augenwinkeln angesammelt hat:* wisch dir mal den S. aus den Augen.
Schlaf|an|fall, der (Med.): *unvermittelt u. anfallartig auftretender unwiderstehlicher Schlafdrang.*
Schlaf|an|zug, der: *Kombination aus zusammengehörender Hose u. Jacke aus einem meist leichten Stoff, die zum Schlafen getragen wird.*
Schlaf|ap|noe, die (Med.): *im Schlaf auftretende Apnoe.*
Schlaf|at|ta|cke, die (Med.): *Schlafanfall.*
Schlaf|au|ge, das ⟨meist Pl.⟩: **1.** *Auge einer Puppe, das sich schließt, sobald man die Puppe in eine horizontale Lage bringt.* **2.** (Kfz-Technik-Jargon) *Scheinwerfer, bes. bei sportlichen Autos, der im ausgeschalteten Zustand unsichtbar in der Karosserie versenkt ist u. sich beim Einschalten herausklappt.*
Schlaf|baum, der: *Baum, auf dem eine Gruppe von Vögeln, ein Vogel regelmäßig die Nacht zubringt.*
Schlaf|be|dürf|nis, das: *Bedürfnis nach Schlaf.*
Schläf|chen, das; -s, - ⟨Vkl. zu ↑ Schlaf (1 b)⟩: mittags machte sie ein kurzes S.
Schlaf|couch, die: *Couch, die sich ausziehen, ausklappen o. Ä. lässt, sodass sie zum Schlafen benutzt werden kann.*
Schlä|fe, die; -, -n [mhd., ahd. slāf, identisch mit ↑ ¹Schlaf; der Schlafende liegt meist auf einer der Schläfen; Pl. seit dem 18. Jh. als Sg. gebr.]: *beiderseits oberhalb der Wange zwischen Auge u. Ohr gelegene Region des Kopfes:* graue -n *(graue Haare an den Schläfen)* haben; sich eine Kugel in die S. jagen.
schla|fen ⟨st. V.; hat⟩ [mhd. slāfen, ahd. slāf(f)an, zu einem Adj. mit der Bed. »schlapp (herabhängend)« u. eigtl. = schlaff, matt werden, verw. mit ↑ schlaff]: **1. a)** *sich im Zustand des Schlafes befinden:* fest, auf dem Bauch, bei offenem Fenster s. s.: gehen; sich s. legen; schlaf gut, schön!; das Kind schläft noch halb *(ist noch nicht richtig wach);* sich schlafend stellen; Ü im Winter schläft die Natur; **b)** ⟨s. + sich; unpers.⟩ *in bestimmter Weise schlafen* (1 a) *können:* auf dem Sofa schläft es sich gut; **c)** ⟨s. + sich⟩ *sich durch Schlafen* (1 a) *in einen bestimmten Zustand bringen:* du kannst bei uns s. **2.** *übernachten, untergebracht sein:* du kannst bei uns s. **3. a)** (verhüll.) *koitieren* (a): die beiden s. miteinander; **b)** ⟨s. + sich⟩ (salopp) *[um ein bestimmtes Ziel zu erreichen] nacheinander mit verschiedenen Partnern koitieren:* sie hat sich schon durch die ganze Abteilung geschlafen. **4.** (ugs.) *unaufmerksam sein, nicht aufpassen [u. einen Fehler machen, eine Gelegenheit verpassen]:* die Konkurrenz hat geschlafen und die Marktlücke nicht genutzt.

Schlä|fen|bein, das (Anat.): *Schädelknochen im Bereich der Schläfe.*
Schla|fen|ge|hen, das; -s: *das Sichhinlegen, Sichzurückziehen zum Schlafen.*
Schlä|fen|lo|cke, die ⟨meist Pl.⟩: *¹Locke* (a) *an der Schläfe.*
Schla|fens|zeit, die; -, -en ⟨Pl. selten⟩: *Zeit, schlafen zu gehen:* es ist S.
Schlaf|ent|zug, der: *Entzug von Schlaf:* zur Therapie bei schweren Depressionen gehört S.
Schlä|fer, der; -s, - [mhd. slæfære]: **1.** *jmd., der schläft* (1 a); *Schlafender.* **2.** *Sleeper* (2). **3.** *Bilch.*
schlä|fe|rig: ↑ schläfrig.
Schlä|fe|rin, die; -, -nen: w. Form zu ↑ Schläfer.
schlaff ⟨Adj.⟩ [mhd., ahd. slaf, verw. mit ↑ Schlaf]: **1. a)** *nicht straff, nicht stramm gespannt:* ein -es Seil; -e *(welke)* Haut; die Fahne hing s. am Mast; **b)** *nicht prall, nicht fest:* ein -es Kissen; **c)** *[vor Erschöpfung, Müdigkeit] matt, kraftlos; schlapp:* -e Muskeln; das schwüle Wetter macht einen ganz s. **2.** (abwertend) *träge, energielos [u. unentschlossen]; keine Unternehmungslust, Initiative habend:* sei doch nicht immer so s.! **3.** (Jugendspr. abwertend) *keinen Reiz, keinen Schwung habend, langweilig:* eine -e Party.
Schlaff|heit, die; -: *das Schlaffsein.*
Schlaf|fi, der; -s, -s [↑ schlaff (2)] (ugs. abwertend): *energieloser, träger, keine Unternehmungslust zeigender Mensch.*
Schlaf|for|scher, der: *jmd., der sich mit Schlafforschung befasst.*
Schlaf|for|sche|rin, die: w. Form zu ↑ Schlafforscher.
Schlaf|gast, der: *jmd., der dort, wo er Gast ist, auch übernachtet.*
Schlaf|ge|le|gen|heit, die: *zum Schlafen geeigneter Platz [mit einem Bett o. Ä.]; zum Schlafen geeignetes Möbelstück o. Ä.*
Schlaf|ge|mach, das (geh.): *Gemach zum Schlafen.*
Schlaf|ge|wohn|heit, die ⟨meist Pl.⟩: *das Schlafen betreffende Gewohnheit eines Menschen, Tieres.*
Schla|fit|tchen, das [aus dem Niederd., Md., viell. umgedeutet aus Schlagfittich = Schwungfedern des Gänseflügels, dann: Rockschoß, Rockzipfel, also eigtl. = an, bei den Flügeln (= am Jackenzipfel) packen]: in Wendungen wie **jmdn. am/beim S. nehmen, kriegen, packen, fassen, haben** o. Ä. (ugs.; *jmdn. fassen u. [für ein geringes Vergehen] zur Rechenschaft ziehen).*
Schlaf|ka|bi|ne, die: *Teil des Führerhauses in einem Fernlastwagen, in dem der Fahrer in einer Art Koje schlafen kann.*
Schlaf|kam|mer, die: *kleines Schlafzimmer.*
◆ **Schlaf|kap|pe**, die (landsch.): *Schlafmütze* (2 b): »Wenn die zwei -n«, dachte sie, »welche nichtsdestominder meine Kinder sind, dann auch mitgehen wollen auf einem guten Weg, so mögen sie es tun.« (Keller, Frau Regel 161).
Schlaf|krank|heit, die: *vor allem durch Schlafsucht, nervöse Störungen u. Auszehrung gekennzeichnete, gefährliche (von Tsetsefliegen übertragene) tropische Infektionskrankheit.*
Schlaf|la|bor, das: *medizinische Einrichtung für bestimmte Untersuchungen od. Experimente, bei denen die Patienten bzw. Probanden schlafen.*
Schlaf|lern|me|tho|de, die (Fachspr.): *Methode zur Vertiefung von [Fakten]wissen, bei dem Lernenden während des Schlafs Tonbandaufnahmen mit dem Lernstoff vorgespielt werden; Hypnopädie.*
Schlaf|lied, das: *Lied, mit dem man ein Kind in den Schlaf singt.*
schlaf|los ⟨Adj.⟩: **a)** *ohne Schlaf, ohne schlafen zu*

können: -e Nächte; **b)** *keinen Schlaf finden könnend:* sich s. im Bett wälzen.

Schlaf|lo|sig|keit, die; -: *das Schlaflossein:* an S. leiden.

Schlaf|man|gel, der: *Mangel an Schlaf.*

Schlaf|man|ko, das (schweiz.): *Schlafmangel.*

Schlaf|maus, die: *Bilch.*

Schlaf|mit|tel, das: *pharmazeutisches Mittel gegen Schlafstörungen.*

Schlaf|mohn, der ⟨o. Pl.⟩: *weiß od. violett blühender Mohn (1 a) einer bes. im östlichen Mittelmeerraum heimischen Art, aus dem Opium gewonnen wird.*

Schlaf|müt|ze, die: **1.** (früher) *im Bett getragene Mütze.* **2.** (ugs.) **a)** *jmd., der übertrieben viel, lange schläft;* **b)** (abwertend) *jmd., der unaufmerksam, langsam, träge ist.*

schlaf|müt|zig ⟨Adj.⟩ (ugs. abwertend): *unaufmerksam, langsam, träge.*

Schlaf|müt|zig|keit, die; - (ugs. abwertend): *das Schlafmützigsein.*

Schlaf|pha|se, die (Fachspr.): *Schlafstadium.*

Schlaf|platz, der: *Platz (2) zum Schlafen.*

Schlaf|pup|pe, die: *Puppe mit Schlafaugen.*

Schlaf|raum, der: *Raum, bes. in Heimen, Jugendherbergen o. Ä., in dem geschlafen wird.*

schläf|rig, ⟨selten:⟩ schläferig ⟨Adj.⟩ [mhd. slāferic, ahd. slāfarag]: **a)** *ein Bedürfnis nach Schlaf verspürend, geneigt einzuschlafen; müde* (a): s. werden; die Spritze machte sie s.; **b)** *einen schläfrigen* [*Eindruck machend, von Schläfrigkeit zeugend; müde* (b): ein -er Blick; ihre Stimme klang s.; Ü Die braune Uhr an der Wand gegenüber maß mit schläfrigem Ticken die Zeit (Langgässer, Siegel 368).

Schläf|rig|keit, die; -: *das Schläfrigsein.*

Schlaf|rock, der: *Morgenrock, Hausmantel o. Ä.:* * *im S.* (Kochkunst; *in einem Teigmantel gebacken:* Äpfel im S.).

Schlaf|saal, der: *größerer Schlafraum mit vielen Schlafgelegenheiten.*

Schlaf|sack, der: *an drei Seiten geschlossene, sackartige Hülle, in die man beim Übernachten im Freien, im Zelt o. Ä. hineinschlüpft.*

schläfst: ↑ schlafen.

Schlaf|sta|di|um, das (Fachspr.): *in bestimmter Weise (z. B. durch eine bestimmte Tiefe, durch das Stattfinden bzw. Nichtstattfinden von Träumen o. Ä.) gekennzeichnetes Stadium des Schlafes.*

Schlaf|stadt, die (ugs., leicht abwertend): *Trabantenstadt ohne Möglichkeiten zu gesellschaftlichem Leben, zur Freizeitgestaltung o. Ä.*

Schlaf|statt, die; (geh.): *Bettstatt.*

Schlaf|stät|te, die; (geh.): *Schlafplatz.*

Schlaf|stel|le, die: *Schlafgelegenheit; Möglichkeit zum Schlafen, Übernachten.*

Schlaf|stel|lung, die: *Haltung des Körpers eines schlafenden Menschen od. Tieres.*

Schlaf|stö|rung, die ⟨meist Pl.⟩ (Med.): *in der Unfähigkeit, einzuschlafen od. nachts durchzuschlafen, bestehende Störung:* unter -en leiden.

Schlaf|sucht, die ⟨o. Pl.⟩ (Med.): *krankhaft gesteigertes Bedürfnis nach Schlaf.*

schläft: ↑ schlafen.

Schlaf|ta|b|let|te, die: *Schlafmittel in Form einer Tablette:* sie war so verzweifelt, dass sie -n genommen hat (ugs.; *sich mit einer Überdosis an Schlaftabletten das Leben genommen hat*).

Schlaf|tie|fe, die ⟨o. Pl.⟩: *Tiefe des Schlafs.*

Schlaf|trank, Schlaf|trunk, der: *vor dem Schlafengehen genommener* [*dem Einschlafen förderlicher*] *Trunk.*

schlaf|trun|ken ⟨Adj.⟩ (geh.): *noch benommen vom Schlaf; nicht richtig wach.*

Schlaf-wach-Rhyth|mus, der (Physiol.): *periodischer Wechsel von Schlafen u. Wachen.*

Schlaf|wa|gen, der: *Eisenbahnwagen, der Abteile mit kojenartigen Betten für die Reisenden enthält.*

schlaf|wan|deln ⟨sw. V.; hat/⟨auch:⟩ ist⟩: *im Schlaf aufstehen, umhergehen u. verschiedenerlei Handlungen ausführen (ohne sich später daran erinnern zu können); nachtwandeln:* er hat heute wieder geschlafwandelt.

Schlaf|wand|ler, der: *jmd., der schlafwandelt; Somnambule, Nachtwandler.*

Schlaf|wand|le|rin, die; -, -nen: w. Form zu ↑ Schlafwandler.

schlaf|wand|le|risch ⟨Adj.⟩: *wie ein Schlafwandler; mit einer Mühelosigkeit, wie sie Schlafwandlern bei ihrem Tun unterstellt wird:* er bewegte sich mit -er Sicherheit.

Schlaf|zim|mer, das: **a)** *besonders eingerichtetes Zimmer zum Schlafen;* **b)** *Schlafzimmereinrichtung.*

Schlaf|zim|mer|blick, der (ugs.): *betont sinnlicher Blick [einer Frau] mit nicht ganz geöffneten Lidern [der erotisierend wirken soll]:* einen S. haben.

Schlaf|zim|mer|ein|rich|tung, die: *Einrichtung (2 a) für ein Schlafzimmer (a).*

Schlaf|zim|mer|fens|ter, das: *Fenster eines Schlafzimmers* (a).

Schlaf|zim|mer|mö|bel, das ⟨meist Pl.⟩: *Schlafzimmereinrichtung.*

Schlaf|zim|mer|tür, die: *Tür zu einem Schlafzimmer* (a).

Schlaf|zu|stand, der: *Zustand des Schlafens.*

Schlag, der; -[e]s, Schläge [mhd. slac, ahd. slag, zu ↑ schlagen]: **1. a)** *durch eine heftige, schnelle, ausholende Bewegung herbeigeführtes Auftreffen auf etw., Treffen von jmdm.; etw.:* ein starker, heftiger, leichter, schwacher, tödlicher S.; ein S. auf den Kopf, ins Genick, vor die Brust, gegen das Ohr; ein S. mit der Faust, mit einem Stock; jmdm. einen S., ein paar Schläge versetzen; er teilt gern Schläge aus (*schlägt gern zu*); jmdm. Schläge (*eine Tracht Prügel*) androhen, verabreichen, verpassen; ihr bekommt gleich Schläge (*werdet verprügelt, durchgehauen*); der Tennisspieler hat einen harten S. (*schlägt die Tennisbälle hart*); mit einem einzigen S. streckte er seinen Gegner zu Boden; Gerade hatte ich ihm einen aufmerksamen S. über den Rücken gegeben, als ich seinen Zustand plötzlich nicht mehr begriff und meine Hand zurückzog (Kafka, Erzählungen 209); * *S. auf S.* (in rascher Aufeinanderfolge, ohne Unterbrechung: die Fragen, die schlechten Nachrichten kamen S. auf S.); **ein S. ins Gesicht sein** (*eine schwere Kränkung, Beleidigung sein*); **ein S. unter die Gürtellinie** (ugs.; *unfaires, unerlaubtes Verhalten*); **ein S. ins Kontor** (ugs.; *eine böse, unangenehme Überraschung, eine große Enttäuschung;* wohl eigtl. = ein Ereignis, das wie ein Blitzschlag [in ein Haus o. Ä.] wirkt); **ein S. ins Wasser [sein]** (*ergebnislos, ein Misserfolg [sein]*); **auf einen S.** (ugs.; *gleichzeitig, auf einmal*); **mit einem S.**/⟨auch:⟩ **-e** (ugs.; *ganz plötzlich, auf einmal:* die Lage änderte sich mit einem S.); **zum entscheidenden S. ausholen** (*sich anschicken, einem Gegner, Widersacher durch einen Angriff, durch gezieltes Vorgehen eine Niederlage beizubringen u. dadurch eine Entscheidung zu eigenen Gunsten herbeizuführen*); **b)** *durch einen Schlag (1 a), einen heftigen Aufprall o. Ä. hervorgerufenes lautes Geräusch:* im Keller tat es einen fürchterlichen S.; **c)** *Einsatz, der zu einer Niederlage, zur Vernichtung führt; etw.*, was jmdn. schwer trifft (7): ein S. gegen Pädophile, die Mafia, die Kinderpornografie; Napoleon gelang der entscheidende S.; die Polizei führte einen vernichtenden S. gegen das organisierte Verbrechen. **2. a)** *in regelmäßigen, rhythmischen [mit einem entsprechenden Ton, Geräusch verbundenen] Stößen erfolgende Bewegung:* die Schläge des Ruders, eines Pendels; er hörte den S. der Wellen; er fühlte die heftigen Schläge ihres Herzens, den unregelmäßigen S. ihres Pulses; **b)** *(von einer Uhr, einer Glocke o. Ä.) durch Anschlagen erzeugter Ton, regelmäßige Folge von [gleichen] Tönen:* der S. eines Gongs, einer Standuhr klang durch das Haus; vom Kirchturm erklangen zwölf schwere Schläge; ⟨in Verbindung mit einer Zeitangabe:⟩ S. *(genau um)* Mitternacht; Schlag acht *(genau, pünktlich um acht)* Uhr kamen wir an; **c)** ⟨o. Pl.⟩ *(von bestimmten Singvögeln) lauter, rhythmischer, meist melodischer Gesang in deutlich voneinander abgesetzten Tonfolgen:* der S. der Nachtigall, der Finken, Wachteln. **3. a)** Kurzf. von ↑ Blitzschlag: ein lauter, schwerer, zündender S.; ein kalter S. *(irgendwo einschlagender, aber nicht zündender Blitz);* **b)** *den Körper treffender, durchlaufender Stromstoß:* er hat bei der Reparatur des Gerätes einen leichten S. bekommen. **4.** [LÜ von lat. apoplexia, ↑ Apoplexie] (ugs.) Kurzf. von ↑ Schlaganfall: er hat einen S. bekommen, hat schon zwei Schläge gehabt; der dritte S. hat sie getroffen; sie hat sich von ihrem letzten S. nie mehr richtig erholt; * **der S. soll dich treffen!** (salopp; Ausruf der Verwünschung); **jmdn. trifft/rührt der S.** (ugs.; *jmd. ist aufs Höchste überrascht, ist starr vor Staunen, Entsetzen, Schreck*); **wie vom S. getroffen/gerührt sein** (ugs.; *verstört, fassungslos sein, starr vor Entsetzen, Schreck sein:* ich war wie vom S. getroffen, als ich von deinem Unfall erfuhr). **5.** *Unheil, das über jmdn. hereingebrochen ist; Unglück, das jmdn. getroffen hat; niederdrückendes, unglückliches Ereignis:* ein harter, schwerer, furchtbarer, herber S.; sie hat die Schläge des Schicksals, die Schläge, die ihr das Leben zufügte, tapfer ertragen; es muss alles geschehen, damit er diesen S. so rasch wie möglich verwindet (Zuckmayer, Herr 43). **6.** (Forstwirtsch.) **a)** *das Fällen von Bäumen, Einschlag (3 a):* in diesem Waldgebiet sind einige Schläge vorgesehen; **b)** *Stück eines Waldes, in dem Bäume gefällt werden, gefällt worden sind.* **7.** (Landwirtsch.) *zusammenhängendes Stück Ackerland, auf dem in der Regel nur eine Art von Pflanzen angebaut wird:* ein S. Weizen von etwa 100 Hektar. **8.** (Segeln) *Strecke, die beim Kreuzen* (6) *zwischen zwei Wenden zurückgelegt wird.* **9.** (Seemannsspr.) *nicht verknotete, um einen Gegenstand gelegte Schlinge eines Taus:* einen S. auf der Poller legen; ein halber S. *(Knoten, bei dem ein Ende des Taus um den gespannten Teil geschlungen wird).* **10.** (Schneiderei, Mode) *nach unten sich vergrößernde Weite der Hosenbeine:* eine Hose mit S. **11.** Kurzf. von ↑ Taubenschlag. **12.** (veraltend) *Tür eines Autos, einer Kutsche:* den S. öffnen, schließen, zuschlagen. **13.** (ugs.) *mit einer Kelle, einem großen Löffel zugemessene Portion (bei einer Essenausgabe):* ein S. Suppe, Eintopf; noch einen S. Bohnen verlangen, nachholen; ... der Küchenhilfe mit seinem roten Tomatenkopf bietet das Essen direkt an; jedem, der vorbeikommt, winkt er mit seinem Löffel zu und füllt ihm einen kräftigen S. ein (Remarque, Westen 7); * **[einen] S. bei jmdm. haben** (ugs.; *jmds. Sympathie, Wohlwollen haben; bei jmdm. in gutem Ansehen stehen; sich jmds. Gunst erfreuen;* wohl aus der Soldatenspr., eigtl. = von dem, der das Essen austeilt, einen zusätzlichen Schlag bekommen). **14.** ⟨o. Pl.⟩ (österr.) *Schlagsahne:* Kaffee mit S.; ein Stück Obstkuchen mit S. **15.** [übertragen vom Prägen der Münzen; das gleiche Bild in einer Vielzahl von Münzen geschlagen wird] **a)** Kurzf. von ↑ Menschenschlag: ein stämmiger, dunkler, hellhäutiger, robuster, ernster S.; er ist ein Typ, ein Mensch gleichen, unseres -es, vom gleichen, von anderem S.; er ist noch ein Beamter vom alten S. *(von der guten, gediegenen alten Art)*; Ü das sind noch Möbel alten -s/vom alten S. *(gediegen, gut verarbeitet, wie man sie früher hatte)*; **b)** *Gruppe innerhalb einer Rasse von Haustieren, die sich durch typische Merkmale wie Größe, Farbe, Zeichnung o. Ä. von den übrigen Vertretern ihrer Rasse unterscheidet:* ein mittelgroßer, kleinerer S. von Pferden; das Kaninchen stammt, ist von einem anderen S.; einen neuen S. züchten. ◆ **16.** Kurzf. von ↑ Schlagbaum: Franz von Sickingen hält vor dem S. und lässt euch sagen ... (Goethe, Götz IV).

Schlag|ab|tausch, der (Boxen): *schnelle Folge von wechselseitigen Schlägen:* ein kurzer, heftiger S.; Ü in der Plenarsitzung kam es zu einem S. *(zu einer kurzen, heftigen Auseinandersetzung)* zwischen Regierung und Opposition.

Schlag|ader, die: *Blutgefäß, in dem das Blut vom Herzen zu einem Organ od. Gewebe strömt; Arterie.*

Schlag|an|fall, der: *Gehirnschlag, Apoplexie.*

Schlag|an|fall|pa|ti|ent, der: *jmd., der wegen eines Schlaganfalls ärztlich behandelt wird.*

Schlag|an|fall|pa|ti|en|tin, die: w. Form zu ↑ Schlaganfallpatient.

schlag|ar|tig ⟨Adj.⟩: *ganz plötzlich, schnell; innerhalb kürzester Zeit [geschehend]; in einem Augenblick:* eine -e Veränderung; etw. wechselt s.; s. wurde alles klar.

Schlag|ball, der: **1.** ⟨o. Pl.⟩ *zwischen zwei Mannschaften ausgetragenes, dem Baseball ähnliches Ballspiel, bei dem der Ball mit dem Schlagholz von einem* ²Mal (3 a) *ins Spielfeld geschlagen wird u. der Gegner ihn zu fangen sucht, um das Recht zum Schlagen für seine Mannschaft zu gewinnen.* **2.** *beim Schlagball* (1) *verwendeter kleiner lederner Ball.*

Schlag|ball|spiel, das: *Schlagball* (1).

schlag|bar ⟨Adj.⟩: *die Möglichkeit bietend, geschlagen, besiegt zu werden:* ein -er Gegner.

Schlag|bass, der (Musik): *Bass* (4 a), *der bes. im Jazz in einer Technik gespielt wird, bei der die Saiten so heftig von vorne gezupft werden, dass sie gegen das Griffbrett schlagen, wodurch ein zusätzlicher rhythmischer Effekt entsteht.*

Schlag|baum, der: *senkrecht aufrichtbare Schranke (bes. an Grenzübergängen):* den S. öffnen, herunterlassen.

Schlag|be|sen, der (Musik): *Stahlbesen.*

Schlag|boh|rer, der: *Schlagbohrmaschine.*

Schlag|bohr|ma|schi|ne, die: *elektrische Bohrmaschine, bei der sich der Bohrer, während er rotiert, gleichzeitig hämmernd vor- u. zurückbewegt.*

Schlag|bol|zen, der: *Teil des Schlosses bei Feuerwaffen, der, durch eine Feder gespannt, bei Betätigung des Abzugs mit seiner abgerundeten Spitze auf das Zündhütchen schlägt u. so die Ladung zündet.*

Schlag|dis|tanz, die (Sport): *Abstand zum führenden* (4) *Sportler od. zur führenden Mannschaft, der so gering ist, dass der Sieg noch erreichbar ist:* in, auf S. sein.

Schlä|gel, der; -s, - [mhd. slegel, ahd. segil, zu ↑ schlagen]: **1.** (Bergmannsspr.) *schwerer, auf beiden Seiten flacher Hammer des Bergmanns; Fäustel.* **2.** (Handwerk) *Werkzeug zum Schlagen, [Holz]hammer mit breiter od. abgerundeter Fläche.* **3.** (Musik) *meist paarweise verwendeter Holzstab mit abgerundetem Ende od. einem Kopf aus weichem, elastischem Material zum Anschlagen von Schlaginstrumenten.*

schla|gen (st. V.) [mhd. slahen, slä(he)n, ahd. slahan]: **1.** ⟨hat⟩ **a)** *einen Schlag* (1 a) *versetzen; mit Schlägen traktieren, prügeln* (1 a): jmdn. heftig, nur leicht, mit der Hand, mit einem Stock s.; er schlug ihn als Kind viel [von seinen Eltern] geschlagen worden; ⟨auch ohne Akk.-Obj.:⟩ er schlägt immer gleich; **b)** ⟨s. + sich⟩ *sich prügeln* (2): er hat sich wieder mit seinem Klassenkameraden geschlagen; **c)** *durch einen Schlag* (1 a), *durch mehrere Schläge in einen bestimmten Zustand versetzen:* jmdn. blutig, bewusstlos, k. o. schlagen; man hat ihn zum Krüppel geschlagen; * etw., alles kurz und klein s. († kurz 1 a); **d)** *einen Schlag* (1 a), *mehrere Schläge in eine bestimmte Richtung führen, mit einem Schlag* (1 a) *treffen:* mit der Faust auf den Tisch s.; jmdm./(seltener:) jmdn. auf die Finger, ins Gesicht s.; er schlug ihm/(seltener:) ihn wohlwollend auf die Schulter; er schlug [mit einem Knüppel] gegen, an die Tür; er schlug wild um sich; das Pferd schlägt *(schlägt aus)*; **e)** *mit einer raschen, heftigen Bewegung irgendwohin führen [u. auftreffen lassen]:* sie hat ihm das Heft um die Ohren geschlagen; er schlug entsetzt die Hände vors Gesicht; **f)** *durch einen Schlag* (1 a), *durch mehrere Schläge hervorbringen, entstehen lassen:* Löcher ins Eis, jmdm. ein Loch in den Kopf s.; eine Inschrift in einen Stein s.; Die Schwäne haben in den zugefrorenen Flussarm ein Loch geschlagen (Strauß, Niemand 220); **g)** *in etw. treiben* (7), *eindringen lassen:* einen Nagel in die Wand s.; Pfähle in den Boden s.; der Adler schlägt die Fänge in seine Beute; Einmal träumte ihm, dass die älteste der schwarzen Schwestern, bei denen er in Pension war, verfolgte, um ihre entblößten Zähne in seinen Hals zu s. (Wiechert, Jeromin-Kinder 261); **h)** *mit einem Schlag* (1 a), *mit mehreren Schlägen von irgendwo entfernen:* er schlägt ihm den Löffel aus der Hand; [mit dem Hammer] den Putz von der Wand s.; Ü Man hat diesem Riesen mit der ganzen Macht aus der Hand geschlagen, um sie lose zu Boden kollern zu lassen, jedem Geschickten zur Beute (St. Zweig, Fouché 199); **i)** *durch einen Schlag* (1 a) *od. mehrere Schläge irgendwohin befördern, gelangen lassen:* er schlägt den Ball ins Aus, ins Netz; laut die Türen s. *(zuschlagen)*; er schlug seinen Gegner zu Boden *(traf ihn mit einem Schlag so, dass er umfiel)*; drei Eier in die Pfanne s. *(sie aufschlagen u. in die Pfanne gleiten lassen)*; Kartoffeln durch ein Sieb s. *(drücken)*; einen Elfmeter s. *(ausführen)*; Ü die Augen zu Boden s. *(niederschlagen)*; **j)** *[mit einer Axt o. Ä.] fällen:* Bäume s.; frisch geschlagene Stämme; **k)** *durch Beseitigung von Gestrüpp, durch Fällen von Bäumen entstehen lassen:* eine Schneise in den Wald s.; **l)** *durch schnelle Bewegungen mit einem geeigneten Gerät bearbeiten, sodass ein bestimmter Zustand erreicht wird:* das Eiweiß [mit dem Schneebesen] steif s.; Sahne s. *(Schlagsahne herstellen)*; **m)** *(mit einem bestimmten Körperteil) mehrfach in rascher Folge eine heftige Bewegung machen:* der Vogel schlug heftig mit den Flügeln; **n)** *mithilfe von Nägeln o. Ä. befestigen:* ein Schild an die Wand s.; jmdn. ans Kreuz s. *(kreuzigen)*; eine Brücke [über einen Fluss] s. *(bauen)*; **o)** (veraltend) *mit bestimmten Maschinen prägen:* früher wurden hier Münzen geschlagen; **p)** (verblasst) *durch eine bestimmte Bewegung entstehen lassen, ausführen, bilden, beschreiben:* mit dem Zirkel einen Kreis s.; sie schlug das Kreuz *(bekreuzigte sich)*; am Rücken schlägt die Jacke Falten *(entstehen, bilden sich bei der Jacke Falten)*; Bei der Hand nahm sie sie, führte sie zum Weihwasserbecken, ließ sie in der Mitte der Kirche, schon fast im Portal, noch einmal in Richtung Hochaltar das Kreuz s. (Grass, Blechtrommel 444). **2. a)** ⟨hat/ist⟩ *wiederholt u. in schneller Bewegung [hörbar] gegen etw. prallen, irgendwo auftreffen:* der Regen schlug heftig ans Fenster, gegen die Scheibe; **b)** ⟨ist⟩ *mit Heftigkeit, großer Wucht gegen, auf etw. prallen, stoßen, irgendwohin geschleudert werden:* mit dem Kopf gegen die Wand s.; ein Zweig schlug mir ins Gesicht; Wellen schlugen über den Deich; **c)** ⟨hat⟩ *sich heftig, geräuschvoll [hin u. her] bewegen, [hin u. her] geschleudert werden:* das Segel schlug mit knallendem Geräusch hin und her; Vom Rost zerfressene Eisenläden schlugen im Wind (Ransmayr, Welt 192). **3. a)** ⟨ist/(auch:) hat⟩ *mit großer Schnelligkeit, Wucht irgendwohin geschleudert werden, auftreffen, eindringen [u. dabei zünden, explodieren]:* der Blitz ist/(auch:) hat in die Eiche geschlagen; **b)** ⟨ist⟩ *mit Heftigkeit in schneller Bewegung irgendwohin bewegen:* dicker Qualm schlug aus dem Schlot; bei der Explosion schlug eine riesige Stichflamme zum Himmel. **4. a)** ⟨ist⟩ *plötzlich irgendwohin dringen u. sichtbar, hörbar, spürbar werden:* die Röte schlug ihr ins Gesicht; ein Geräusch schlug an sein Ohr; **b)** ⟨ist⟩ *sich bei jmdm. irgendwo, bes. in einem Organ, plötzlich unangenehm bemerkbar machen, sich belastigend auswirken:* die Nachricht ist ihm auf den Magen geschlagen; ⟨auch s. + sich; hat:⟩ die Erkältung hat sich [ihm] auf die Nieren geschlagen; **c)** ⟨s. + sich; hat⟩ *sich als Belag, Schicht (auf, an etw.) legen:* der Küchendunst hatte sich auf die kalten Fensterscheiben geschlagen. **5.** ⟨hat⟩ **a)** *mit einer raschen Bewegung über etw. legen, decken, ausbreiten:* er schlug eine Plane über die Waren; er schlug (legte, schlang) die Arme um sie; **b)** *in etw. einwickeln, in etw. packen:* ein Geschenk in Seidenpapier s. **6.** ⟨hat⟩ **a)** *mit raschen, rhythmischen Bewegungen zum Erklingen, Tönen bringen:* die Pauke, den Triangel s.; die Zither s. (veraltend; spielen); **b)** *durch Schlagen* (6 a) *eines Instruments hervorbringen, erklingen, ertönen lassen:* einen langen Wirbel [auf der Trommel] s.; **c)** *durch rhythmische Bewegungen angeben, hörbar, sichtbar werden lassen:* den Takt [mit dem Fuß] s. **7.** ⟨hat⟩ **a)** *in Schlägen* (2 a), *leichten, regelmäßigen Stößen spürbar sein, arbeiten:* sein Puls schlägt schnell; ihr schlug das Herz (vor Aufregung) bis zum Hals; Ü nach seiner Tat schlug ihm das Gewissen (geh.; fühlte er sich schuldig, bedrückt, machte er sich große Vorwürfe); **b)** *mit einem Schlag* (2 b), *einer Folge von Schlägen, Tönen hörbar werden u. dadurch etw. anzeigen, signalisieren:* die Uhr schlägt Mitternacht *(zeigt durch ihr Schlagen an, dass es Mitternacht ist)*; ich habe eine geschlagene (emotional; *eine ganze, eine volle)* Stunde auf ihn gewartet; Ü die Abschiedsstunde hat geschlagen *(ist gekommen, ist angebrochen)*; **c)** *(von bestimmten Singvögeln) den Schlag* (2 c), *einen [rhythmisch] melodischen Gesang ertönen, hören lassen:* im Garten schlug ein Fink. **8.** ⟨hat⟩ **a)** *militärisch besiegen; der Feind vernichtend s.;* **b)** *im Wettkampf, Wettbewerb, Wettstreit o. Ä. besiegen, übertreffen:* er hat den Weltmeister knapp geschlagen; die italienische Mannschaft hat den Gegner 3 : 0, mit 3 : 0 geschlagen; mit dem neuen Modell wollen sie den derzeitigen Marktführer s.; * [in etw.] nicht zu s. sein (ugs.; *[in etw.] unschlagbar* (2) *sein)*; **sich geschlagen geben/** (geh.:) **bekennen** *(eingestehen, zugeben, dass man der Bezwungene, der Verlierer ist)*; **c)** ⟨s. + sich⟩ *sich bei etw. in bestimmter Weise behaupten; eine Situation in bestimmter Weise durchstehen:* unsere Mannschaft schlug sich ganz ordentlich; du hast dich in der Diskussion vortrefflich geschlagen; **d)** ⟨s. + sich⟩ (ugs.) *sich in Konkurrenz zu anderen heftig darum bemühen, etw. Bestimmtes zu bekommen, zu erreichen:* die

schlagend – schlagzeilenträchtig

Leute haben sich um die Eintrittskarten [förmlich] geschlagen; **e)** ⟨s. + sich⟩ *mit jmdm. ein Duell* (1), *einen Zweikampf mit Waffen austragen:* sich wegen einer Beleidigung mit jmdm. s. **9.** ⟨hat⟩ *(bei bestimmten Brettspielen, bes. Schach, eine Figur, einen Spielstein des Gegners) durch einen Zug aus dem Spiel bringen:* sie schlug seinen Turm mit der Dame; ⟨auch ohne Akk.-Obj.:⟩ die Bauern schlagen schräg. **10.** ⟨hat⟩ (geh.) *hart treffen, heimsuchen, in unheilvoller Weise über jmdn. kommen:* er haderte mit dem Schicksal, das ihn unerbittlich schlug; ⟨meist im 2. Part.:⟩ ein [vom Schicksal] geschlagener *(ein gebrochener, ruinierter) Mann;* Denn dann werde ich unter dein Vieh fahren und es s. mit allerlei Pestilenz und werde s. dein Weib mit Unfruchtbarkeit (Th. Mann, Joseph 274); * **[mit jmdm., etw.] geschlagen sein** *(mit jmdm., etw. großen Kummer haben, es durch jmdn., etw. schwer haben).* **11.** ⟨hat⟩ *zu etw. hinzufügen, dazurechnen:* die Zinsen werden zum Kapital geschlagen; das Gebiet wurde in dem Friedensvertrag zum Osmanischen Reich geschlagen *(ihm angegliedert).* **12.** ⟨hat/ist⟩ *in ein bestimmtes Gebiet, Fach hineinreichen, fallen:* diese Frage schlägt in einen ganz anderen Bereich; das schlägt nicht in mein Fach *(davon verstehe ich nichts).* **13.** ⟨s. + sich; hat⟩ **a)** *sich in eine bestimmte Richtung wenden, in eine bestimmte Richtung gehen, sie einschlagen:* ich ging zuerst geradeaus und schlug mich dann nach rechts, seitwärts, ins Gebüsch; **b)** *sich (durch etw.)* ¹*durchschlagen* (5 a): er schlug sich durch die Wälder; Ich schlug mich wieder quer durch die Felder (Seghers, Transit 10). **14.** ⟨ist⟩ [↑ Schlag (15 a)] *in der Art, im Wesen, im Aussehen jmdm. ähnlich werden; nach jmdm. geraten:* sie schlägt ganz, mehr nach dem Vater. **15.** ⟨hat⟩ (Jägerspr.) *(Beute) greifen u. töten:* Greifvögel schlagen ihre Beute. **16.** ⟨hat⟩ **a)** *(aus etw., jmdm.) herausschlagen* (3): sie will Geld aus ihm s.; **b)** *(aus etw.) herausschlagen* (1 b): Funken aus einem Stein s. **17.** ⟨nur mit bestimmten Substantiven als Objekten; hat⟩ *austragen:* eine Mensur s.; ⟨adj. 1. Part.:⟩ eine schlagende Verbindung (*Verbindung* 8, *in der Mensuren geschlagen werden*).

schla|gend ⟨Adj.⟩: *klar u. eindeutig, sehr überzeugend, stichhaltig:* ein -er Beweis.

Schla|ger, der; -s, - [urspr. wiener., wohl nach dem durchschlagenden Erfolg, der mit einem Blitzschlag verglichen wird]: **1.** *leicht eingängiges, meist anspruchsloses Lied, Musikstück, das für eine bestimmte, meist kürzere Zeit einen hohen Grad an Beliebtheit erreicht:* ein zündender, seichter, bekannter S.; einen S. singen, spielen. **2.** *etw., was (für eine bestimmte Zeit) großen Erfolg hat, sich sehr gut verkauft:* Inlineskates sind in diesem Sommer der große S.

Schlä|ger, der; -s, - [in Zus. mhd. -sleger, ahd. -slagari = jmd., der schlägt]: **1.** *handgreiflich tätiger, roher Mensch, der sich häufig mit anderen schlägt, bei Auseinandersetzungen brutal zuschlägt:* ein übler S. sein. **2.** (Baseball, Schlagball) *Spieler, der den Ball mit dem Schlagholz ins Spielfeld schlägt.* **3.** *(je nach Sportart verschieden gestaltetes) Gerät, mit dem der Ball bzw. der Puck gespielt wird:* den S. (*Tennisschläger*) neu bespannen lassen. **4.** (Fechten) *Hiebwaffe mit gerader Klinge, die bei der Mensur* (2) *verwendet wird.* **5.** (landsch.) *Schneebesen.*

Schla|ger|bran|che, die: *Branche* (a), *die sich mit der Produktion von Schlagermusik befasst.*

Schlä|ge|rei, die; -, -en: *heftige, oft brutale tätliche Auseinandersetzung zwischen zwei od. mehreren Personen:* eine wüste S.; eine S. beginnen; es kam zu einer S.

Schla|ger|fes|ti|val, das: *Festival, bei dem Schlager* (1) *vorgetragen u. von einer Jury bewertet [u. ausgezeichnet] werden.*

Schlä|ge|rin, die; -, -nen: w. Form zu ↑ Schläger (1, 2).

Schla|ger|mu|sik, die: *Musik in der Art von Schlagern* (1).

schlä|gern ⟨sw. V.; hat⟩ (österr.): *Bäume fällen.*

Schla|ger|sän|ger, der: *jmd., der [berufsmäßig] Schlager* (1) *singt.*

Schla|ger|sän|ge|rin, die: w. Form zu ↑ Schlagersänger.

Schla|ger|star, der: *jmd., der durch das Singen von Schlagern zum* ²*Star wird.*

Schla|ger|text, der: *Text eines Schlagers.*

Schla|ger|trupp, der, **Schlä|ger|trup|pe**, die: *Gruppe von* ¹*Schlägern* (1).

Schlä|ge|rung, die; -, -en (österr.): *das Schlägern.*

Schla|ger|wett|be|werb, der: vgl. *Schlagerfestival.*

schlag|fer|tig ⟨Adj.⟩: *Schlagfertigkeit besitzend, aufweisend; von Schlagfertigkeit zeugend:* eine -e Antwort geben.

Schlag|fer|tig|keit, die ⟨o. Pl.⟩: *Fähigkeit, schnell u. mit passenden, treffenden, witzigen Worten auf etw. zu reagieren.*

♦ **schlag|flüs|sig** ⟨Adj.⟩: *zum Schlaganfall neigend; apoplektisch* (b): Der Starke, etwas -e Hauswirt saß am Ende des blank gescheuerten Tisches (Storm, Schimmelreiter 26).

Schlag|frau, die: vgl. *Schlagmann.*

Schlag|hand, die (Boxen): *Hand, in der ein Boxer die größere Schlagkraft besitzt u. mit der er die entscheidenden Schläge ausführt.*

Schlag|holz, das ⟨Pl. ...hölzer⟩: *beim Schlagball verwendeter, sich zum Griff hin verjüngender Stock aus Holz, mit dem der Ball geschlagen wird.*

Schlag|ho|se, die: *Hose mit Schlag* (10).

Schlag|in|st|ru|ment, das: *Musikinstrument, dessen Töne auf unterschiedliche Weise durch Anschlagen entstehen.*

schlag|ka|putt ⟨Adj.⟩ (ugs.): *völlig erschöpft.*

Schlag|keu|le, die: *beim Baseball u. Kricket verwendeter, sich zum Griff hin verjüngender keulenähnlicher Stock [aus Holz], mit dem der Ball geschlagen wird.*

Schlag|kraft, die ⟨o. Pl.⟩: **1. a)** *Kraft zum Schlagen, über die jmd. verfügt; Wucht eines Schlages:* er hat eine ungeheure S. in seinen Fäusten; **b)** *Kampfkraft, Kampfstärke:* die militärische S. **2.** *Fähigkeit, eine starke, überzeugende, verblüffende Wirkung zu erzielen; Wirkungskraft, Wirksamkeit:* die S. eines Arguments.

schlag|kräf|tig ⟨Adj.⟩: **1. a)** *große Schlagkraft* (1 a) *besitzend, von Schlagkraft zeugend:* ein äußerst -er Boxer; **b)** *über große Schlagkraft* (1 b), *Kampfkraft verfügend, davon zeugend:* eine -e Armee; Ü eine -e Gewerkschaft. **2.** *Schlagkraft* (2), *Überzeugungskraft aufweisend; überzeugend:* ein -es Argument.

Schlag|licht, das ⟨Pl. -er⟩ (bes. Malerei, Fotogr.): *intensives Licht, Lichtstrahl, der [auf einem Bild] ein Objekt, einen Gegenstand hell, leuchtend aus der dunkleren Umgebung heraushebt:* vorüberfahrende Autos warfen -er in das unbeleuchtete Zimmer; * **ein S. auf jmdn., etw. werfen** *(jmdn., etw. sehr deutlich kennzeichnen, charakterisieren, in seiner Eigenart hervorheben:* dieser Plan wirft ein [besonderes] S. auf ihn).

schlag|lich|t|ar|tig ⟨Adj.⟩: *wie durch ein Schlaglicht beleuchtet, plötzlich sehr klar u. deutlich.*

Schlag|loch, das: *Loch, aufgerissene Stelle in der Straßendecke.*

Schlag|mann, der ⟨Pl. ...männer⟩: **1.** (Rudern) *im Heck des Bootes sitzender Ruderer, der für alle Tempo u. Rhythmus der Schläge im Boot bestimmt.* **2.** (Baseball) *Batter.* **3.** (Faustball) *Vorderspieler mit besonderer Schlagkraft* (1 a).

Schlag|obers, das (österr.): *Schlagsahne.*

Schlag|ring, der: *aus vier nebeneinander angeordneten, häufig mit Spitzen u. Kanten versehenen, über die Finger zu streifenden metallenen Ringen bestehende Waffe zum Zuschlagen.*

Schlag|sah|ne, die: **1.** *Sahne* (1), *die sich bes. zum Schlagen* (11) *eignet:* zwei Becher S. kaufen. **2.** *schaumig geschlagene, gesüßte Sahne* (1): Kuchen, Eis mit S.

Schlag|schat|ten, der (bes. Malerei, Fotogr.): *scharf umrissener Schatten, den [auf einem Bild] eine Person, ein Gegenstand wirft.*

Schlag|sei|te, die ⟨meist o. Art.⟩ (Seemannsspr.): *(von einem Schiff) starke seitliche Neigung:* das Schiff hatte starke S.; * **[eine] S. haben** (ugs. scherzh.; *betrunken sein u. deshalb nicht mehr gerade gehen können, schwanken*).

Schlag|stock, der: **a)** *kurzer, fester, meist aus Hartgummi bestehender Stock (bes. für den polizeilichen Einsatz);* **b)** (seltener) *Trommelstock.*

Schlag|uhr, die: *Uhr, die durch Anschlagen die Zeit auch akustisch anzeigt.*

Schlag|waf|fe, die: *(vom Altertum bis ins 16./17. Jh. verwendete) Waffe, die dazu dient, einen Gegner im Kampf zu schlagen (z. B. Streitaxt, Morgenstern).*

♦ **Schlag|wär|ter**, der [eigtl. = Wärter eines Schlagbaums]: *Zöllner* (b): Er hielt ... mit den Pferden still und rief den S. (Kleist, Kohlhaas 3).

Schlag|werk, das: *Mechanismus in einer Schlaguhr, durch das Schlagen der Uhr ausgeführt wird.*

Schlag|wet|ter|ex|plo|si|on, die; -, -en (Bergbau): *durch schlagende* ²*Wetter* (3) *verursachte Explosion.*

Schlag|wort, das ⟨Pl. ...wörter u. -e⟩ [urspr. = Stichwort für den Schauspieler]: **1.** ⟨Pl. -e, seltener auch: ...wörter⟩ **a)** *prägnanter, oft formelhafter, meist leicht verständlicher u. an Emotionen appellierender Ausspruch, der oft als Parole, als Mittel zur Propaganda o. Ä. eingesetzt wird:* -e der Französischen Revolution; **b)** (oft abwertend) *abgegriffener, oft ungenauer, verschwommener, bes. politischer Begriff, den jmd. meist unreflektiert gebraucht; abgegriffene Redensart, Gemeinplatz:* solche -e helfen niemandem. **2.** ⟨Pl. Schlagwörter⟩ (Verlagsw.) *einzelnes, meist im Titel eines Buches vorkommendes, kennzeichnendes, den Inhalt des Buches charakterisierendes Wort für Karteien, Kataloge o. Ä.*

Schlag|wort|wol|ke, die (EDV): *Tag-Cloud.*

Schlag|zahl, die (Rudern, Kanusport): *Anzahl der mit dem Ruder od. Paddel in einer Minute ausgeführten Schläge im Boot:* Ü die S. erhöhen *(mit vermehrter Anstrengung, schneller arbeiten).*

Schlag|zei|le, die (Zeitungsw.): *durch große Buchstaben hervorgehobene, bes. auffällige Überschrift eines Beitrags auf der ersten Seite einer Zeitung, einer Zeitungsrubrik:* reißerische -n; er hat schon öfter -n geliefert, für -n gesorgt *(so viel Aufsehen erregt, dass viele Zeitungen darüber berichten);* in die -n kommen *(so viel Aufsehen erregen, dass die Presse mit Schlagzeilen darüber berichtet);* jmdn., etw. in die -n bringen *(bewirken, dass die Presse mit Schlagzeilen über etw., jmdn. berichtet);* * **-n machen** *(über die Presse in der Öffentlichkeit Aufsehen erregen):* die Nachricht machte -n).

schlag|zei|len|träch|tig ⟨Adj.⟩: *Schlagzeilen in den Zeitungen erwarten lassend, verursachend:* -e Meldungen.

Schlag|zeug, das: *zusammengehörende, von einem einzigen Musiker gespielte Gruppe von Schlaginstrumenten (wie Trommel, Becken, Gong, Triangel u. a.) in einem Orchester, einer Band:* S. spielen; das S. bedienen.

Schlag|zeu|ger, der; -s, -: *jmd., der [berufsmäßig] Schlagzeug spielt.*

Schlag|zeu|ge|rin, die; -, -nen: w. Form zu ↑Schlagzeuger.

Schlaks, der; -es, -e [aus dem Niederd., zu niederd. slack = schlaff, schwach, vgl. schlack] (ugs. abwertend): *männliche Person, die hoch aufgeschossen ist u. sich ungeschickt bewegt.*

schlak|sig ⟨Adj.⟩ (ugs. abwertend): *hoch aufgeschossen u. etw. ungeschickt:* ein -er Bursche.

Schla|mas|sel, der, auch (österr. nur): das; -s [jidd. schlamassel = Unglück, Pech, zu ↑schlimm u. jidd. massel, ↑¹Massel] (ugs.): *schwierige, verfahrene Situation, in die jmd. aufgrund eines ärgerlichen Missgeschicks gerät:* da haben wir den S.!

Schlamm, der; -[e]s, -e u. Schlämme [mhd. (md.) slam = Kot, verw. mit dem unter ↑schlafen genannten Adj. u. wohl eigtl. = schlaffe, weiche Masse]: **a)** *feuchter, breiiger Schmutz; schmierige, aufgeweichte Erde:* arsenhaltige Schlämme; im S. stecken bleiben; **b)** *weiche, schmierige Ablagerung aus Sand, Erde u. organischen Stoffen am Grund von Gewässern:* im S. waten.

Schlamm|bad, das: *Heilbad (2) in mineralischem Schlamm.*

Schlamm|bei|ßer, der: *Schmerle.*

schlam|men ⟨sw. V.; hat⟩: **a)** *Schlamm absetzen, bilden;* **b)** *trockene Erde unter Beifügung von Wasser zu Schlamm machen.*

schläm|men ⟨sw. V.; hat⟩ [spätmhd. slemmen]: **1.** *(ein Gewässer) von Schlamm befreien u. reinigen, entschlammen.* **2.** (Technik) *körnige od. bröckelige Substanzen in Wasser aufwirbeln u. sich absetzen lassen, sodass mithilfe von Sieben u. Filtern die einzelnen Korngrößen sortiert werden können.* **3.** (Gartenbau) *einschlämmen.*

schlam|mig ⟨Adj.⟩: **a)** *[viel] Schlamm enthaltend:* -es Wasser; **b)** *mit Schlamm beschmutzt, bedeckt:* ein -er Weg.

Schlämm|krei|de, die: *durch Schlämmen gereinigte natürliche Kreide, die bes. für Anstriche u. als Polierstoff [in Zahnputzmitteln] verwendet wird.*

Schlamm|la|wi|ne, die: *lawinenartig zu Tal stürzender Schlamm.*

Schlamm|pa|ckung, die (Med.): *Packung (2) mit sehr warmem Heilschlamm, bes. zur Linderung rheumatischer Leiden.*

Schlamm|schlacht, die (Jargon): **1.** *Spiel (bes. Fußballspiel) auf aufgeweichtem Spielfeld.* **2.** *Streit (bes. im Bereich der Politik), der unsachlich u. mit herabsetzenden Äußerungen o. Ä. ausgetragen wird:* der ganze Wahlkampf droht eine einzige S. zu werden.

Schlamp, der; -[e]s, -e (landsch. abwertend): **1.** *Schlamper.* ♦ **2.** [eigtl. = der schlaff herabhängende (Rock)] (bes. schwäb.) *Schleppe* (1): ... fallen auf die Knie, damit sie ja ihren S. ausbreiten können (Schiller, Räuber I, 2).

Schlam|pe, die; -, -n, (österr.:) Schlampen, der; -s, - [zu ↑schlampen]: (ugs. abwertend): **1.** *unordentliche, in ihrem Äußeren nachlässige u. ungepflegte weibliche Person; schlampige Frau:* sie ist eine ausgesprochene S. **2.** *Frau, deren Lebensführung als unmoralisch angesehen wird.*

schlam|pen ⟨sw. V.; hat⟩: [älter u. landsch. auch: schmatzen, schlürfen, unmanierlich essen u. trinken, spätmhd. slampen = schlaff herabhängen] (ugs. abwertend): **1. a)** *ohne die geringste Sorgfalt, in grober Weise nachlässig u. unzuverlässig eine bestimmte Arbeit durchführen, arbeiten:* die Werkstatt hat bei der Reparatur geschlampt; **b)** *unordentlich, schlampig (b) mit etw. umgehen:* wenn du nur endlich aufhören wolltest, mit deinen Sachen so zu s. **2.** (landsch. abwertend) *lose [u. liederlich] am Körper herabhängen, um den Körper schlenkern:* die Hose schlampt [um seine Beine].

Schlam|pen: ↑Schlampe.

Schlam|per, der; -s, - (ugs. abwertend): *schlampige (a) männliche Person.*

Schlam|pe|rei, die; -, -en (ugs. abwertend): **a)** *schlampiges (a) Vorgehen, Verhalten; große Nachlässigkeit:* das ist eine unerhörte S.!; **b)** ⟨o. Pl.⟩ *Unordnung, Durcheinander.*

Schlam|pe|rin, die; -, -nen: w. Form zu ↑Schlamper.

Schlam|per|mäpp|chen, das (ugs.): *längliches, flaches Behältnis aus Leder, [Kunst]stoff o. Ä. zur Aufbewahrung von Schreibutensilien (bes. für Schüler[innen]).*

schlam|pern ⟨sw. V.⟩ (landsch. abwertend): *nachlässig sein.*

Schlam|per|rolle, die (ugs.): *rollenförmiges Behältnis aus Leder, [Kunst]stoff o. Ä. zur Aufbewahrung von Schreibutensilien (bes. für Schüler[innen]).*

schlam|pert ⟨Adj.⟩ (österr. abwertend): *schlampig.*

schlam|pig ⟨Adj.⟩ (ugs. abwertend): **a)** *im Äußeren nachlässig u. ungepflegt, liederlich, unordentlich:* ein -er Kerl; s. herumlaufen; Dann geht sie auf ihren schönen Beinen, die in -en roten Pantoffeln stecken, über die Straße zurück (Remarque, Obelisk 71); **b)** *ohne die geringste Sorgfalt [ausgeführt]; in grober u. auffälliger Weise nachlässig; schluderig:* eine -e Organisation; s. arbeiten.

Schlam|pig|keit, die; -, -en: **1.** ⟨o. Pl.⟩ *schlampige (a) Art, das Schlampigsein.* **2.** *schlampige (b) Handlung, Arbeit.*

schlang: ↑¹schlingen.

Schlan|ge, die; -, -n [mhd. slange, ahd. slango, zu ↑¹schlingen, eigtl. = die sich Windende]: **1.** *(in zahlreichen Arten vorkommendes) Kriechtier mit langem, walzenförmigem Körper ohne Gliedmaßen, langer, vorne gespaltener Zunge, das sich in Windungen gleitend fortbewegt:* falsch wie eine S. sein; die S. züngelt, zischt; * **eine S. am Busen nähren** (geh.): *jmdm., in dessen hinterlistigem, heimtückischem Wesen man sich täuscht, vertrauen u. Gutes erweisen;* nach einer Fabel des Äsop, in der ein Bauer eine Schlange unter seinem Hemd wärmt u. später von ihr gebissen wird). **2.** (abwertend) *weibliche Person, die als falsch, hinterlistig, heimtückisch gilt:* sie ist eine richtige S. **3. a)** *lange Reihe von wartenden Menschen:* an der Kasse bildete sich schnell eine S.; Und um ein Päckchen loszuwerden, musste man sich auf lange Zeit einer S. vor dem Postschalter eingliedern (Bergengruen, Rittmeisterin 242); * **S. stehen** (*in einer langen Reihe anstehen:* vor dem Fahrkartenschalter S. stehen); **b)** *Autoschlange.* **4.** (Technik) *schlangenförmig gebogenes Rohr als Element einer Heizod. Kühlanlage.*

schlän|gel|chen, das; -s, - (selten): Vkl. zu ↑Schlange.

Schlän|gel|li|nie, die; -, -n: *geschlängelte Linie (1 a).*

schlän|geln, sich ⟨sw. V.; hat⟩: **1. a)** *sich in Windungen gleitend fortbewegen:* die Ringelnatter schlängelt sich über den Sand; **b)** *in einer Schlangenlinie verlaufen, sich winden:* ein schmaler Pfad schlängelt sich bergaufwärts; eine geschlängelte (*in kleinen [gleichmäßigen] Windungen gezeichnete*) Linie. **2.** *sich irgendwo, wo kaum noch Raum ist, geschmeidig hindurchbewegen, in eine bestimmte Richtung bewegen:* sie schlängelte sich durch die Menge nach vorn.

schlan|gen|ar|tig ⟨Adj.⟩: *wie eine Schlange (1) geartet.*

Schlan|gen|be|schwö|rer, der: *(bes. in Indien) jmd., der Schlangen zu tanzähnlichen, rhythmischen Bewegungen veranlasst.*

Schlan|gen|be|schwö|re|rin, die: w. Form zu ↑Schlangenbeschwörer.

Schlan|gen|biss, der: *Biss einer Schlange, bes. einer Giftschlange.*

Schlan|gen|ei, das: **1.** *Ei einer Schlange.* **2.** *etw., was etw. Unheilvolles in sich birgt, woraus sich etw. Unheilvolles entwickelt.*

Schlan|gen|fän|ger, der: *jmd., der [berufsmäßig] Schlangen fängt.*

Schlan|gen|fän|ge|rin, die: w. Form zu ↑Schlangenfänger.

Schlan|gen|farm, die: *Einrichtung, in der Giftschlangen gehalten od. gezüchtet werden.*

Schlan|gen|fraß, der ⟨o. Pl.⟩ (salopp abwertend): *Essen, das einem nicht schmeckt, schlecht zubereitet ist, kaum genießbar ist:* das war der reinste S.!

Schlan|gen|gift, das: *von den Drüsen der Giftschlangen abgesondertes Gift.*

Schlan|gen|gru|be, die (bildungsspr.): *Ort, Stelle, wo Gefahren lauern; Situation, die Gefahren in sich birgt.*

Schlan|gen|gur|ke, die: *lange, schlanke Salatgurke.*

Schlan|gen|haut, die: *Haut der Schlange.*

Schlan|gen|le|der, das: *aus Schlangenhäuten hergestelltes Leder.*

Schlan|gen|li|nie, die: *in zahlreichen [gleichmäßigen] Windungen verlaufende Linie:* er fuhr in S.

Schlan|gen|mensch, der: *Akrobat, der über eine schlangenartige Gelenkigkeit verfügt.*

Schlan|gen|tanz, der: **1.** *artistischer Tanz, bei dem die Tänzerin eine sich windende Schlange (1) hält.* **2.** *(bes. in Indien) Tanz, bei dem die Tänzerin mit Körper u. Armen die Bewegungen einer Schlange nachahmt.*

schlank ⟨Adj.⟩ [mhd. (md.) slanc, mniederd. slank = biegsam, verw. mit ↑¹schlingen]: **1.** *wohlproportioniert groß u. zugleich schmal gewachsen, geformt:* eine -e Figur; -e Hände; ein Mädchen von -em Wuchs; Ü -e Pappeln, Säulen, Türme; ein Unternehmen schlanker machen (*die Mitarbeiterzahl reduzieren*); **2.** (landsch.) *in der Bewegung nicht irgendwie behindert u. daher entsprechend schnell:* in -em Galopp.

Schlän|kel, Schlankl, der; -s, -[n] [zu bayr., österr. schlanken = schlenkern; schlendern] (österr. ugs.): *Schelm, Schlingel.*

Schlank|heit, die; -: *das Schlanksein, schlanke (1) Beschaffenheit.*

Schlank|heits|kur, die: *Kur zum Schlankwerden, zur Gewichtsabnahme.*

Schlank|heits|pil|le, die (ugs.): *Pille, die eine Gewichtsabnahme bewirken soll.*

Schlank|heits|wahn, der ⟨o. Pl.⟩: *wahnhafte Überbewertung der Schlankheit.*

Schlankl: ↑Schlankel.

schlank ma|chen, schlank|ma|chen ⟨sw. V.; hat⟩: **1.** *schlank erscheinen lassen:* das Kleid macht [dich] schlank. **2.** *Schlankheit bewirken:* Schwimmen, diese Ernährung macht schlank. **3.** (Wirtschaftsjargon) *verschlanken; [durch Entlassung der Mitarbeiter] verkleinern:* ein Unternehmen, den Staat s. m.

Schlank|ma|cher, der (Jargon): *Mittel, Medikament, das die Gewichtsabnahme erleichtern, fördern soll.*

schlank|weg ⟨Adv.⟩ (ugs.): *ohne Weiteres; ohne zu*

schlankwüchsig – schlechtgehen

zögern: etw. s. ablehnen, behaupten; ich war s. *(einfach)* dazu nicht fähig.

schlank|wüch|sig ⟨Adj.⟩ (Fachspr.): *einen schlanken Wuchs aufweisend.*

♦ **schlan|te|rig** ⟨Adj.⟩ [eigtl. = schlotternd; kraftlos, zu niederd. slantern, slandern = schlottern; schlendern] (nordd.): *schlaksig:* »Du bist noch so was s., Hauke!« sagte sie, »aber uns dienen zwei feste Augen besser als zwei feste Arme!« (Storm, Schimmelreiter 26).

Schlap|fen, der; -s, - (bayr., österr. ugs.): *Schlappen.*

schlapp ⟨Adj.⟩ [mniederd., md. slap = schlaff; in niederd. Lautung ins Hochd. übernommen]: **1. a)** (ugs.) *vor Erschöpfung sich nicht recht bei Kräften fühlend, ohne Spannkraft u. Schwung:* nach der langen Wanderung waren wir, fühlten wir uns s.; die Hitze hatte uns s. gemacht; **b)** (ugs. abwertend) *keinen inneren Antrieb, keine Energie, keinen Schwung aufweisend:* er ist ein -er Kerl. **2.** (ugs.) *schlaff hängend; nicht straff:* ein -es Seil; -e Muskeln. **3.** (salopp) *gerade [mal] eben; knapp, gerade ausreichend:* momentan gibt es nur -e zwei Prozent Zinsen aufs Sparbuch.

Schläpp|chen, das; -s, - (ugs.): Vkl. zu ↑ Schlappen.

Schlap|pe, die; -, -n [eigtl. = Klaps, Ohrfeige, lautm.; schon früh zu ↑ schlapp gestellt] (ugs.): *Niederlage, die jmdn. vorübergehend zurückwirft, Misserfolg, der jmds. Position zunächst schwächt:* bei den Wahlen eine schwere S. einstecken [müssen], erleiden.

schlap|pen ⟨sw. V.⟩ [zu ↑ schlapp] (ugs.): **1.** ⟨ist⟩ *langsam schlurfend, nachlässig gehen:* nach Hause s. **2.** ⟨hat⟩ *(von Tieren) mit der Zunge schlagend Flüssigkeit aufnehmen:* der Hund schlappte Wasser aus der Pfütze. **3.** ⟨hat⟩ *(von Schuhen) zu weit sein, sodass bei jedem Schritt die Ferse aus dem Schuh herauskommt:* die alten Schuhe schlappen. **4.** ⟨hat⟩ *schlaff herabhängen:* die Pflanzen schlappen in der Hitze.

Schlap|pen, der; -s, - [aus dem Niederd.] (ugs.): *weicher bequemer [hinten offener] [Haus]schuh.*

schlap|pe|rig: ↑ schlapprig.

schlap|pern ⟨sw. V.; hat⟩ (landsch.): **1.** *schlabbern.* **2.** *schlottern.*

Schlapp|heit, die; -, -en: *das Schlappsein; schlappe* (1) *Art.*

Schlapp|hut, der: *weicher Hut mit breiter, schlaff hängender Krempe.*

¹**schlapp|ma|chen** ⟨sw. V.; hat⟩ (ugs.): *infolge übermäßiger Anstrengung od. Beanspruchung am Ende seiner Kräfte sein u. nicht durchhalten:* viele machten bei der Hitze schlapp; Ü die Batterie, der Akku machte schlapp.

schlapp ma|chen, ²**schlapp|ma|chen** ⟨sw. V.⟩ (ugs.): *Energielosigkeit bewirken:* die Medikamente machen mich schlapp.

Schlapp|ohr, das: **1.** (ugs.) *(bei bestimmten Tieren) herunterhängendes Ohr:* ein Hund mit -en. **2.** (salopp abwertend) *Schlappschwanz.*

schlapp|rig, schlapperig ⟨Adj.⟩ (landsch.): *schlabberig.*

Schlapp|schwanz, der (salopp abwertend): *willensschwacher, energieloser Mensch; Schwächling:* sei nicht so ein S. verheiratet.

Schla|raf|fen|land, das; -[e]s [frühnhd. Schlauraffenland, zu spätmhd. slūraffe = Faulpelz, 1. Bestandteil mhd. slūr = das Herumtreiben; träge od. leichtsinnige Person, verw. mit ↑ schlummern]: *märchenhaftes Land der Schlemmer u. Faulenzer:* sie fühlten sich wie im S.

schlau ⟨Adj.⟩ [aus dem Niederd., niederd. slū, eigtl. = schleichend, verw. mit ↑ schlüpfen]: *die Fähigkeit besitzend, seine Absichten mit geeig-*

neten Mitteln, die anderen verborgen sind od. auf die sie nicht kommen, zu erreichen; klug u. durchtrieben; auf Schläue hindeutend; Schläue erkennen lassend: er ist ein -er Bursche; * **aus etw. nicht s. werden** (↑ klug b); **aus jmdm. nicht s. werden** (↑ klug b).

Schlau|ber|ger, der; -s, - [vgl. Drückeberger] (ugs., oft scherzh.): *jmd., der schlau* (a), *pfiffig ist.*

Schlau|ber|ge|rin, die; -, -nen: w. Form zu ↑ Schlauberger.

Schlauch, der; -[e]s, Schläuche [mhd. slūch = abgestreifte Schlangenhaut, Röhre, Schlauch, eigtl. = Schlupfhülse, -hülle, verw. mit ↑ schlüpfen]: **1. a)** *biegsame Röhre aus Gummi od. Kunststoff, durch die Flüssigkeiten od. Gase geleitet werden:* einen S. aufrollen, ausrollen, an eine Leitung anschließen; Ü *das Kleid ist ein richtiger S.* (ugs.; *ist sehr eng*); * **auf dem S. stehen** (salopp; *etw. nicht sofort verstehen, durchschauen; begriffsstutzig sein*); **b)** *durch ein Ventil mit Luft gefüllter, ringförmiger Gummischlauch bei Auto- od. Fahrradreifen:* den S. flicken; **c)** (früher) *sackartiger lederner Behälter für Flüssigkeiten:* ein S. voll Wein. **2.** (ugs.) *langer, schmaler Raum o. Ä.:* Sein Zimmer damals war wirklich sehr ähnlich gewesen wie dieses, auch nur ein schmaler S. (Nossack, Begegnung 367).

schlauch|ar|tig ⟨Adj.⟩: *einem Schlauch (1 a) ähnlich, in der Art eines Schlauches* (1 a).

Schlauch|boot, das: *aufblasbares Boot aus Gummi od. Kunststoff.*

schlau|chen ⟨sw. V.; hat⟩ [aus der Soldatenspr., eigtl. = weich machen wie einen Schlauch]: **1.** (ugs.) **a)** *scharf herannehmen:* die Rekruten s.; **b)** *bis zur Erschöpfung anstrengen:* die Arbeit hat uns ganz schön geschlaucht. **2.** (landsch.) *auf jmds. Kosten gut leben:* du kannst noch immer bei mir s. **3.** (Fachspr.) *eine Flüssigkeit durch einen Schlauch (1 a) in ein Fass leiten.* **4.** (salopp veraltend) *viel Alkohol trinken:* gestern haben wir anständig einen geschlaucht.

schlauch|för|mig ⟨Adj.⟩: *in seiner Form einem Schlauch (1 a) ähnlich.*

schlauch|los ⟨Adj.⟩: *keinen Schlauch (1 b) aufweisend:* -e Reifen.

Schlauch|pilz, der: *(in zahlreichen Arten vorkommender) Pilz mit Sporenbildung im Innern von kleinen schlauch- od. keulenförmigen Behältern.*

Schlauch|rei|fen, der: *mit einem Schlauch (1 b) versehener Reifen.*

Schlauch|rol|le, die: *Gerät zum Aufrollen eines Wasserschlauches.*

Schlauch|wurm, der: *Wurm mit einem meist ungegliederten u. lang gestreckten, größtenteils od. vollständig von einer Kutikula bedeckten Körper.*

Schläue, die; -: *das Schlausein.*

Schlau|er|wei|se ⟨Adv.⟩: *aus Schläue:* s. hat er ihr davon nichts gesagt.

Schlau|fe, die; -, -n [ältere Form von ↑ ¹Schleife]: **a)** *an etw. befestigtes ringförmiges o. ä. Band aus Leder, Kunststoff o. Ä. als Griff zum Festhalten od. Tragen:* die S. an einem Skistock; den Schnur am Paket mit einer S. versehen; **b)** *schmaler Stoffstreifen, gedrehte Schnur o. Ä. an Kleidungsstücken, bes. zum Durchziehen eines Gürtels, Bandes.*

Schlau|fuchs, der (ugs.): *Schlauberger.*

Schlau|füch|sin, die: w. Form zu ↑ Schlaufuchs.

Schlau|heit, die; -: *Schläue.*

schlau|ma|chen, sich ⟨sw. V.; hat⟩ (ugs.): *sich informieren.*

Schlau|mei|er, der [vgl. Kraftmeier] (ugs.): *Schlauberger.*

Schlau|mei|e|rin, die: w. Form zu ↑ Schlaumeier.

Schla|wi|ner, der; -s, - [wohl urspr. österr., geb.

aus dem Namen Slowene (Slawonier); die slowenischen Hausierer galten als besonders begabte Geschäftemacher] (ugs.): *schlauer, pfiffiger Mensch:* der ist vielleicht ein S.!

Schla|wi|ne|rin, die; -, -nen: w. Form zu ↑ Schlawiner.

schlecht ⟨Adj.⟩ [mhd., ahd. sleht, urspr. = glatt; eben, zu ↑ schleichen in der Bed. »leise gleitend gehen«; Bedeutungswandel über die spätmhd. Bed. »einfach, schlicht«]: **1.** *von geringer Qualität, viele Mängel aufweisend, minderwertig:* -es Essen, -e *(stickige, verbrauchte)* Luft; ein -er Film; der Garten befindet sich in einem -en Zustand; eine -e Haltung haben; ein -es/s. Englisch sprechen; der Gedanke ist gar nicht s. *(recht gut);* s. arbeiten; er hat seine Aufgabe s. erledigt; die Milch ist s. geworden *(ist verdorben).* **2.** *schwach, unzulänglich, (nach Menge, Stärke, Umfang) nicht ausreichend:* ein -es Gehalt; er ist ein -er Esser; ein -es Gedächtnis haben; seine Augen sind s., werden immer -er; die Vorstellung war s. besucht; die Arbeit wird s. bezahlt; s. beleuchtete Straßen; s. hören, sehen; s. geschlafen haben; die Geschäfte gehen s.; s. *(schwer, langsam)* lernen; die Wunde heilt s.; * **nicht s.** (ugs.; *sehr:* sie staunte nicht s., als sie das hörte). **3. a)** *ungünstig, nachteilig für etw., nicht glücklich, schlimm:* -e Zeiten; ein -es Zeichen; -es Wetter; -er Laune/s. gelaunt sein; die Schule hat einen -en Ruf; sie hat einen -en Umgang; er ist. sitzender Anzug; sich s. *(nicht den Umgangsformen entsprechend)* benehmen; der Schauspieler hat eine -e Presse *(wird nicht gut beurteilt);* -e Manieren haben; s. *(elend, krank)* aussehen; eine Erfrischung wäre jetzt nicht s.!; im Heim hat sie es sehr s. gehabt; mit jmdm., um jmdn. steht es s./jmdm. geht es s. *(sein Gesundheitszustand od. seine wirtschaftliche Lage ist besorgniserregend);* dem Unternehmen geht es s. *(es hat wirtschaftliche Schwierigkeiten);* etw. s. vertragen; bei der Prüfung hat er s. abgeschnitten; wir sind s. dabei weggekommen *(haben weniger erhalten, als wir uns vorgestellt hatten);* s. über jmdn. reden; heute geht es s., passt es mir s.; **b)** *unangenehm:* das ist eine -e Angewohnheit von ihm. **4.** *charakterlich, moralisch nicht einwandfrei, böse:* in -e Gesellschaft geraten; -e *(unanständige, zweideutige)* Witze erzählen; ⟨subst.:⟩ sie hat nichts Schlechtes getan. **5.** *körperlich unwohl, übel:* mir ist ganz s. **6.** *schwerlich, kaum:* das kann man ihr doch s. sagen! **7.** (veraltet) *schlicht, einfach:* * **s. und recht** *(so gut es geht: ich habe s. und recht durchschlagen);* **mehr s. als recht** *(aufgrund der Gegebenheiten, Voraussetzungen [leider] nicht besonders gut).*

schlecht be|leuch|tet, schlecht|be|leuch|tet ⟨Adj.⟩: *nicht in ausreichendem Maße beleuchtet:* schlecht beleuchtete Straßen.

schlecht be|zahlt, schlecht|be|zahlt ⟨Adj.⟩: *zu niedrig bezahlt:* schlecht bezahlte Arbeiter, Tätigkeiten.

schlech|ter|dings ⟨Adv.⟩ [aus älterem: schlechter Dinge] (veraltend): *geradezu, überhaupt, einfach:* das ist s. unmöglich.

schlech|ter|stel|len ⟨sw. V.; hat⟩: **1.** *in eine finanziell schlechtere Lage versetzen:* durch die Versetzung wird er nicht schlechtergestellt. **2.** ⟨s. + sich⟩ *in eine finanziell schlechtere Lage kommen:* durch den Stellenwechsel hat sie sich [wirtschaftlich] schlechtergestellt.

Schlech|ter|stel|lung, die: *Verschlechterung der wirtschaftlichen Lage, der sozialen Stellung.*

schlẹcht ge|hen, schlẹcht|ge|hen ⟨unr. V.; ist⟩: **1.** ⟨unpers.⟩ **a)** *sich in einer [wirtschaftlich] schlechten Lage befinden:* ihm, dem Unternehmen ging es nach der Währungsreform erst mal schlecht; **b)** *sich in einer gesundheitlich schlech-*

schlecht gelaunt – schleifenlassen

ten Verfassung befinden: nach dem Unfall ging es ihr lange Zeit schlecht. **2.** *wirtschaftliche Schwierigkeiten haben:* die Geschäfte gehen schlecht.
schlecht ge|launt, schlẹcht|ge|launt ⟨Adj.⟩: *schlechte Laune habend.*
schlẹcht|hin ⟨Adv.⟩: **1.** (einem Subst. nachgestellt) *in reinster Ausprägung, an sich, als solche[r]:* er war der Romantiker s. **2. a)** *geradezu, ganz einfach:* sie sagte s. die Wahrheit; **b)** ⟨vor einem Adj.⟩ *absolut, ganz und gar, geradezu:* das ist s. unmöglich.
Schlẹcht|ig|keit, die; -, -en [älter = Geringheit, spätmhd. slehtecheit = Glattheit; Aufrichtigkeit]: **1.** ⟨o. Pl.⟩ *das Schlechtsein; schlechte Eigenschaft, Beschaffenheit:* die S. der Welt. **2.** *schlechte, böse Tat:* für seine -en büßen.
schlẹcht|ma|chen ⟨sw. V.; hat⟩: *Nachteiliges über jmdn., etw. sagen; herabsetzen:* alles muss sie s.!
♦ **Schlẹcht|nis,** die; - [von Goethe gebildet]: *das Schlechte, Böse; Schlechtigkeit:* ...dass gemeinen Tages S. weder mich noch die berühret, die Prophetenwort und Samen schätzen, wie es sich gebührt (Goethe, Diwan [Buch Hafis]).
schlẹcht|re|den ⟨sw. V.; hat⟩: *in seinen Äußerungen negativ bewerten [u. dadurch beeinträchtigen, verschlechtern]:* die Opposition redet die Lage bewusst schlecht.
schlẹcht sit|zend, schlẹcht|sit|zend ⟨Adj.⟩: *einen schlechten Sitz habend:* ein schlecht sitzender Anzug.
schlẹcht ste|hen, schlẹcht|ste|hen ⟨unr. V.; hat; südd., österr., schweiz.: ist⟩: **1.** ⟨unpers.⟩ **a)** *sich in einer [wirtschaftlich] schlechten Lage befinden:* um die Firma steht es schlecht; **b)** *sich in einer gesundheitlich schlechten Verfassung befinden:* es steht schlecht mit ihm, um ihn. **2.** *in einem schlechten [Entwicklungs]zustand sein:* die Chancen stehen schlecht.
schlẹcht|weg ⟨Adv.⟩ [mhd. slehtis weg, zu: slehtes = gerade[aus], einfach]: *geradezu, einfach, schlechthin* (2).
Schlẹcht|wet|ter, das ⟨o. Pl.⟩: *schlechtes, ungünstiges Wetter.*
Schlẹcht|wet|ter|front, die (Meteorol.): *schlechtes Wetter verursachende Front* (4).
Schlẹcht|wet|ter|geld, das: *an Bauarbeiter im Winter bei witterungsbedingtem Ausfall der Arbeit zu zahlende Unterstützung.*
Schlẹcht|wet|ter|pe|ri|o|de, die (Meteorol.): *Periode schlechten Wetters.*
Schlẹck, der; -s, -e (südd., schweiz.): *Leckerbissen.*
schlẹ|cken ⟨sw. V.; hat⟩ [spätmhd. slecken = naschen, verw. mit ↑¹lecken]: **1.** (bes. südd.) **a)** *lecken, leckend verzehren:* die Katze schleckt die Milch; Eis s.; **b)** *an etw. lecken:* die Kinder schleckten am Eis. **2.** (bes. nordd.) *naschen, Süßigkeiten essen:* Schokolade s.; sie schleckt gern.
Schlẹ|cker, der; -s, -e (ugs.): *Schleckermaul.* **2.** (österr. landsch.) *Lutscher* (1).
Schlẹ|cke|rei, die; -, -en (bes. südd., österr.): *Süßigkeit, Leckerei.*
Schlẹ|cke|rin, die; -, -nen: w. Form zu ↑Schlecker (1).
Schlẹ|cker|maul, das (ugs. scherzh.): *jmd., der gern nascht.*
schlẹ|ckern ⟨sw. V.; hat⟩ (landsch.): **1. a)** *schlecken* (1): Milch s.; **b)** *schlecken* (2): Süßigkeiten s. **2.** ⟨unpers.⟩ *nach etw. gelüsten, auf etw. Appetit haben:* mich schleckert nach einem Stück Sahnetorte.
Schlẹck|maul, das (schweiz.): ↑Schleckermaul.
Schlẹck|stän|gel, der (schweiz.): *[Dauer]lutscher.*
Schlẹ|gel (südd., österr.), (österr. auch:) **Schlögel,** der; -s, - [mhd. slegel, ahd. slegil, zu schlagen; nach der Form der Keule]: *[Hinter]keule von Schlachttieren, Geflügel, Wild.*

Schlẹh|dorn, der; -[e]s, -e: *(zu den Rosengewächsen gehörender) stark verzweigter, sehr dorniger Strauch mit kleinen weißen, schon im Vorfrühling erscheinenden Blüten u. kugeligen, dunkelblauen, sauren Steinfrüchten.*
Schlẹ|he, die; -, -n [mhd. slēhe, ahd. slēha, slēwa, eigtl. = die Bläuliche]: **1.** *Schlehdorn.* **2.** *Frucht des Schlehdorns.*
Schlẹ|hen|li|kör, der: *mit Schlehen* (2) *hergestellter Likör.*
Schlei, der; -[e]s, -e: ↑Schleie.
Schlei|che, die; -, -n [gek. aus ↑Blindschleiche]: *Echse mit schlangenförmigem Körper, langem Schwanz, der abgeworfen werden kann, meist verkümmerten Gliedmaßen u. beweglichen Augenlidern.*
schlei|chen ⟨st. V.⟩ [mhd. slīchen, ahd. slīhhan, eigtl. = gleiten]: **a)** ⟨ist⟩ *sich leise, vorsichtig u. langsam, heimlich [zu einem Ziel] bewegen:* auf Zehenspitzen s.; er ist nachts ums Haus geschlichen; Welches Kind, das seinen Vater zu Tränen erschüttert sieht, schliche nicht still aus dem Zimmer (Kaschnitz, Wohin 167); **b)** ⟨s. + sich; hat⟩ *sich heimlich u. leise auf Zehenspitzen vorwärtsbewegen:* sie hat sich aus dem Haus geschlichen; **c)** ⟨ist⟩ *[vor Müdigkeit, Erschöpfung] ganz langsam vorankommen, gehen:* müde schlichen sie nach Hause.
schlei|chend ⟨Adj.⟩: *allmählich, fast unbemerkt beginnend u. sich ausbreitend u. verstärkend:* eine -e Krankheit; -e Inflation.
Schlei|cher, der; -s, - [mhd. slīchære] (abwertend): *heuchlerischer Mensch, der unauffällig agiert u. seine Vorteile sucht.*
Schlei|che|rin, die; -, -nen: w. Form zu ↑Schleicher.
Schleich|han|del, der: *heimlicher, unter Umgehung von Bestimmungen, vorgeschriebenen Handelswegen, Beschränkungen u. Ä. durchgeführter Handel.*
Schleich|kat|ze, die: *(in mehreren Arten bes. in Afrika, Asien vorkommendes) ziemlich kleines, kurzbeiniges Raubtier mit spitzer Schnauze u. langem Schwanz.*
Schleich|weg, der: *verborgener, nur wenigen bekannter Weg.*
Schleich|wer|bung, die: *(bes. in Presse, Rundfunk, Fernsehen) innerhalb eines nicht der Werbung dienenden Beitrags erfolgende Zurschaustellung, Nennung, Anpreisung eines Produktes, Firmennamens o. Ä.*
Schleie, die; -, -n [mhd. slīge, slīhe, ahd. slīo, eigtl. = die Schleimige]: *Karpfenfisch mit schleimiger Haut u. sehr kleinen Schuppen, dunkelgrünem bis grünlich braunem Rücken u. zwei kurzen Barteln.*
Schlei|er, der; -s, - [mhd. sleier, sloi(g)er, H. u.]: **1.** *Stück Stoff, das den Kopf, den Körper, das Haar od. das Gesicht einer Frau verhüllt od. umhüllt:* Kranz u. S.; die S. vor das Gesicht schlagen; die Braut trägt einen langen S.; sie blickte wie durch einen S. (konnte nicht klar sehen); * **den S. [des Geheimnisses] lüften** (geh.) (*ein Geheimnis enthüllen*); **den S. des Vergessens/der Vergessenheit über etw. breiten** (geh.; *etw. Unangenehmes verzeihen u. vergessen sein lassen*). **2. a)** *Dunst-, Nebelschleier:* ein dichter S. liegt über der Landschaft; **b)** (Fotogr.) *gleichmäßige, nicht von der Aufnahme herrührende Trübung im Negativ:* der Film hat einen S.; **c)** (Bot.) *mit Hutrand u. Stiel verbundenes umhüllendes Häutchen bei einigen jungen Pilzen, das später nur als kleiner Rest am Stiel zurückbleibt;* **d)** (Zool.) *bei bestimmten Vögeln Kranz von kurzen Federn um die Augen herum.*
Schlei|er|eu|le, die: *bräunliche, an der Bauchseite bräunlich gelbe bis weiße Eule mit ausgeprägtem Schleier* (2 d) *u. befiederten Läufen.*

Schlei|er|fahn|dung, die: *polizeiliche Fahndung ohne konkreten Anlass od. Verdacht.*
schlei|er|haft ⟨Adj.⟩: in der Verbindung **jmdm. s. sein/bleiben** (ugs.; *jmdm. unerklärlich, ein Rätsel sein, bleiben:* wie er das fertiggebracht hat, ist mir s.).
Schlei|er|schwanz, der: *Goldfisch von gedrungener Form mit bes. langen, zart u. durchsichtig wie ein Schleier wirkenden Schwanzflossen.*
Schlei|er|tanz, der: *Tanz, bei dem die Tänzerin, sich ver- u. enthüllend, lange Schleier kunstvoll bewegt.*
Schlei|er|wol|ke, die: *den Himmel ganz od. teilweise bedeckende, vorwiegend aus Eiskristallen bestehende Wolkenschicht in höheren Luftschichten.*
Schleif|bank, die ⟨Pl. ...bänke⟩: *Drehbank mit Vorrichtung zum Schleifen.*
¹Schlei|fe, die; -, -n [älter: Schleuffe, mhd. sloufe, ahd. slouf, zu mhd., ahd. sloufen = schlüpfen machen, an-, ausziehen, Kausativ zu ↑schlüpfen]: **1. a)** *Schnur, Band, das so gebunden ist, dass zwei Schlaufen entstehen:* eine S. binden; die S. am Schuhband ist aufgegangen; **b)** *etw., was in Form einer ¹Schleife* (1 a) *als Schmuck gedacht ist:* sie trug eine rote S. im Haar. **2.** *starke Biegung, fast bis zu einem Kreis herumführende Kurve bei einer Straße, einem Flusslauf o. Ä.:* der Fluss macht eine S.; das Flugzeug zog eine S. über der Stadt; ...das Kreischen der Straßenbahn, wenn sie in der S. der Endstation einbog (Böll, Tagebuch 27). **3.** (EDV) *Folge von Anweisungen od. Befehlen eines Programms, die mehrmals hintereinander durchlaufen werden kann.*
²Schlei|fe, die; -, -n [mhd. sleife, sleipfe, ahd. sleifa, zu ↑²schleifen]: **1.** (landsch.) *Schlitterbahn.* **2.** (früher) *schlittenähnliches Transportgerät:* ♦ ...das ist ja gar keine Droschke, das ist eine S., eine S. (Fontane, Jenny Treibel 127).
¹schlei|fen ⟨st. V.⟩ [mhd. slīfen, ahd. slīfan, urspr. = gleiten, glitschen]: **1.** ⟨hat⟩ **a)** *durch gleichmäßiges Reiben der Oberfläche an etw. Rauem (z. B. an einem Schleifstein, Wetzstahl o. Ä.) schärfen:* ein Messer, eine Schere, eine Säge s.; eine scharf geschliffene Sense; **b)** *die Oberfläche von Glas, Edelsteinen o. Ä. mit einem Werkzeug od. einer Maschine bearbeiten, sodass eine bestimmte Form entsteht; glätten:* Diamanten s.; rund geschliffenes Glas; Parkett s.; Ü geschliffene (*stilistisch ausgefeilte, geistreiche*) Dialoge. **2.** ⟨hat⟩ (bes. Soldatenspr.) *hart ausbilden, [aus Schikane] drillen:* die Rekruten s. **3.** ⟨ist⟩ (landsch.) *auf ²Schleife schlittern:* im Winter sind wir immer geschliffen; ♦ ...ein Schlittengespann ..., das vor uns mit zwei grauen Ochsen und einem schwarzen Kohlenführer langsam des Weges schliff (*sich langsam gleitend über die Schneefläche bewegte;* Rosegger, Waldbauernbub 214).
²schlei|fen ⟨sw. V.⟩ [mhd., ahd. slei[p]fen = gleiten machen, Kausativ zu ↑¹schleifen]: **1.** ⟨hat⟩ *[gewaltsam, mit Mühe] über den Boden od. eine Fläche hinwegziehen:* er schleifte die Kiste über den Hof; die Lokomotive erfasste den Wagen und schleifte ihn noch zwanzig Meter weit; Ü jmdn. ins Kino s. (*überreden, dorthin mitzukommen*). **2. a)** ⟨hat/(seltener:) ist⟩ *(von Sachen) in der Bewegung den Boden od. eine Fläche reibend berühren:* das Kleid schleift auf den, über den Boden; die Fahrradkette schleift am Schutzblech; **b)** ⟨ist⟩ *schlurfen* (1). **3.** ⟨hat⟩ *niederreißen, dem Erdboden gleichmachen:* eine Festung s.
Schlei|fen|flug, der: *[Rund]flug mit vielen ¹Schleifen* (2).
schlei|fen las|sen, schlei|fen|las|sen ⟨st. V.; hat⟩ (ugs.): *vernachlässigen, sich nicht befassen, kümmern.*

Schlei|fer, der; -s, -: **1.** [mhd. slîfære] *Facharbeiter, der etw. schleift u. bestimmte Schleifmaschinen bedient* (Berufsbez.). **2.** (bes. Soldatenspr.) *jmd., der jmdn.* ¹*schleift* (2): *der Feldwebel ist ein S.* **3.** (Musik) *schneller Vorschlag aus zwei od. drei Tönen.* **4.** *alter Bauerntanz in langsamem Dreiertakt:* ◆ Wie der erste S. vorbei war, konnte ich erst recht sehen, wie eine gute Musik in die Gliedmaßen fährt (Eichendorff, Taugenichts 32); ◆ ... indem er ... auf Franziska zuging und sie, während Max bereitwilligst die Violine ergriff, zu einem S. persuadierte (Mörike, Mozart 253).

Schlei|fe|rei, die; -, -en: **1.** *das* ¹*Schleifen* (1 a, 1 b, 2). **2.** *Betrieb od. Werkstatt zum* ¹*Schleifen* (1 a, 1 b).

Schlei|fe|rin, die; -, -nen: w. Form zu ↑ Schleifer (1, 2).

Schleif|kon|takt, der (Elektrot.): *gleitender Kontakt an einem beweglichen, rotierenden Teil* (*bei Generatoren, Maschinen o. Ä.*).

Schleif|lack, der: *bes. wertvoller, fester Lack, der sich nach dem Trocknen schleifen lässt.*

Schleif|lack|mö|bel, das (meist Pl.): *Möbel, deren Oberfläche mit Schleiflack bearbeitet ist.*

Schleif|ma|schi|ne, die: *Maschine zum* ¹*Schleifen* (1), *zur spanenden u. polierenden Behandlung von Oberflächen.*

Schleif|mit|tel, das: *feinkörnige, harte u. scharfkantige Substanz* (*in Form von Pulver, Paste od. als Schleifstein o. Ä.*) *zum Schleifen von Werkstücken aus Holz, Glas, Metall usw.*

Schleif|pa|pier, das: *festes Papier, auf das Körner eines Schleifmittels aufgeleimt sind.*

Schleif|spur, die [zu ↑²schleifen (1)]: *von etw., was über den Boden geschleift wurde, hinterlassene Spur.*

Schleif|stein, der: *Stein zum* ¹*Schleifen* (1), *Wetzen von etw.*

Schlei|fung, die; -, -en: *das* ²*Schleifen* (3), *das Geschleiftwerden: er befahl die S. der Festung.*
◆ **Schleif|weg,** der; -[e]s, -e [zu mhd. sloufen = schlüpfen machen, Veranlassungswort zu: sliefen, ↑²schliefen, angelehnt an spätmhd. slöufen, sleufen, Nebenf. von mhd. sleifen, ↑²schleifen]: *Schleichweg:* Ein Jäger, der ... alle Fußsteige, alle -e kennt (Lessing, Minna III, 2).

Schleim, der; -[e]s, -e [mhd. slîm, urspr. = Schlamm, klebrige Flüssigkeit]: **1.** *zähflüssige, klebrige Masse, die von Drüsen u. Zellen abgesondert wird: die Schnecke sondert einen klebrigen S. ab; S. absondernde Drüsen.* **2.** *sämige, dickflüssige bis breiartige Speise* [*für Magenkranke*], *aus Körnerfrüchten od. Flocken* (2).

Schleim ab|son|dernd, schleim|ab|son|dernd ⟨Adj.⟩: *die Funktion habend, Schleim abzusondern:* diese Drüsen s. a.

Schleim|ab|son|de|rung, die: *Absonderung von Schleim.*

Schleim|beu|tel, der (Anat., Med.): *mit einer schleimigen Flüssigkeit gefülltes Säckchen, das in Lücken von Gelenken od. an stark hervortretenden Muskeln u. Sehnen als Polster gegen Druck u. Reibung dient.*

Schleim|beu|tel|ent|zün|dung, die (Med.): *Entzündung eines Schleimbeutels; Bursitis.*

Schleim|drü|se, die (Med.): *Schleim absondernde Drüse.*

schlei|men ⟨sw. V.; hat⟩: **1.** *Schleim absondern: das Auge schleimt.* **2.** (abwertend) *schmeichelnd, heuchlerisch reden od. schreiben.*

Schlei|mer, der; -s, - (abwertend): *Schmeichler, Heuchler.*

Schlei|me|rin, die; -, -nen: w. Form zu ↑ Schleimer.

Schleim|haut, die (Med.): *Schleim* (1) *absondernde Haut, mit der die Höhlungen des Körpers u. bestimmter Organe ausgekleidet sind.*

schlei|mig ⟨Adj.⟩ [mhd. slîmic = klebrig, schlammig]: **1.** *aus Schleim* [*bestehend*]*; wie Schleim aussehend; feucht, glitschig:* ein -er Auswurf. **2.** (abwertend) *falsch, freundlich, schmeichelnd u. heuchlerisch:* -es Gerede.

schleim|lö|send ⟨Adj.⟩: (*bei Erkältungskrankheiten*) *verhärteten Schleim* (1) *lösend:* -er Hustensaft.

Schleim|pilz, der: *auf faulendem Holz od. im Moder gedeihender Mikroorganismus aus vielkernigem Protoplasma ohne Chlorophyll; Myxomyzet.*

Schleim|schei|ßer, der (derb abwertend): *Schleimer.*

Schleim|schei|ße|rin, die: w. Form zu ↑ Schleimscheißer.

Schleim|spur, die: *Spur aus Schleim* (1): *Schnecken hinterlassen eine S.; Ü er wandelte auf der S. seines Chefs.*

Schlei|ße, die; -, -n [mhd. slei̯e, zu ↑ schleißen]: **1.** *dünner Span.* **2.** *Schaft der Feder* (1) *nach Abziehen der Fahne* (5).

schlei|ßen ⟨st. u. sw. V.⟩ [mhd. slîʒen, ahd. slîʒ(ʒ)an = spalten, (ab)reißen] **1.** ⟨st.u. u. sw. V.; hat⟩ **a)** (*früher*) *bei Vogelfedern die Fahne* (5) *vom Kiel ablösen:* sie hat Federn geschlissen/geschleißt; **b)** (landsch. veraltend) *Holz in feine Späne spalten.* **2.** ⟨st. V.; ist⟩ (veraltet) *zerreißen, sich in Fetzen auflösen, verschleißen:* das Kleid schliss ziemlich schnell.

Schle|mihl (auch: ˈʃle:...], der; -s, -e [jidd. schlemiel = ungeschickte Person, unschuldiges Opfer von Streichen, H. u., viell. zu hebr. šelɛm = (Dank)opfer]: **1.** (bildungsspr.) *jmd., dem* [*durch eigene Dummheit*] *alles misslingt; Pechvogel.* **2.** (landsch. ugs.) *Schlitzohr.*

Schlemm, der; -s, -e [engl. slam, eigtl. = Knall, Schlag, zu: to slam = zuschlagen, -knallen] (Bridge, Whist): *gewonnenes Spiel, bei dem man 12 od. alle 13 Stiche bekommt.*

schlem|men ⟨sw. V.; hat⟩ [spätmhd. slemmen = (ver)prassen, wohl unter Einfluss von ↑ Schlamm, zu spätmhd. slampen, ↑ schlampen]: **a)** *bes. gut u. reichlich essen u. trinken;* **b)** *in schlemmerhafter Weise verzehren:* Hummer s.

Schlem|mer, der; -s, -: *jmd., der gern schlemmt.*

Schlem|me|rei, die; -, -en (oft abwertend): **1.** ⟨o. Pl.⟩ [*dauerndes*] *Schlemmen* (a). **2.** (selten) *Essen, bei dem geschlemmt wird.*

schlem|mer|haft ⟨Adj.⟩: *durch Schlemmen gekennzeichnet:* ein -es Leben führen.

Schlem|me|rin, die; -, -nen: w. Form zu ↑ Schlemmer.

Schlem|mer|lo|kal, das: *Restaurant, in dem man schlemmen kann.*

Schlem|mer|mahl, das (geh.): *besonders üppiges u. feines Essen.*

schlen|dern ⟨sw. V.; ist⟩ [aus dem Niederdt., eigtl. wohl = gleiten, zu ↑¹schlingen] **a)** *gemächlich, mit lässigen Bewegungen gehen:* wenn wir so schlendern, kommen wir zu spät; **b)** *schlendernd irgendwohin begeben:* durch den Park, die Straßen, zum Hafen s.

Schlen|der|schritt, der: *schlendernder Schritt,* ¹*Gang* (1 a).

Schlen|d|ri|an, der; -[e]s, -e [2. Bestandteil viell. frühnhd. jan = Arbeitsgang] (ugs. abwertend): **1.** *von Nachlässigkeit, Trägheit, einer gleichgültigen Einstellung gekennzeichnete Art u. Weise, bei etw. zu verfahren:* sie duldet keinen S. **2.** (selten) *Person, die sich dem Schlendrian* (1) *ergibt.*

Schlen|ker, der; -s, - [zu ↑ schlenkern] (ugs.): **a)** [*plötzlich*] *aus einer* [*geradlinigen*] *Bewegung heraus beschriebener Bogen:* der Fahrer konnte gerade noch rechtzeitig einen S. machen; **b)** *auf den eigentlichen Weg zurückführender kleinerer Umweg:* auf der Fahrt haben wir einen kleinen S. über Straßburg gemacht.

Schlen|ke|rich, Schlenkrich, der; -s, -e (ostmd.): [*plötzlicher, heftiger*] *Stoß, Schwung.*

schlen|kern ⟨sw. V.⟩ [spätmhd. slenkern = schleudern, zu mhd. slenker, slenger, ahd. slengira = Schleuder, zu ↑¹schlingen]: **1.** ⟨hat⟩ **a)** (*etw., mit etw.*) [*nachlässig*] *hin u. her schwingen:* die Arme, mit den Armen s.; **b)** *sich locker, pendelnd hin u. her bewegen:* ein langer Rock schlenkerte ihm um die Beine. **2.** ⟨ist⟩ (landsch.) *schlendern:* durch die Straßen s.

Schlenk|rich: ↑ Schlenkerich.

schlen|zen ⟨sw. V.; hat⟩ [viell. weitergebildet aus ↑ schlenkern od. zu ↑¹schlingen] (Sport, bes. [Eis]hockey, Fußball): **1.** *durch eine ruckartige schiebende od. schaufelnde Bewegung, ohne weit auszuholen, schießen.* ◆ **2.** *schlendernd; sich herumtreiben:* ⟨subst.:⟩ Da hielt dich das unglückliche Hofleben und das Schlenzen und Scherwenzen mit den Weibern (Goethe, Götz I).

Schlen|zer, der; -s, - (Sport, bes. [Eis]hockey, Fußball): *geschlenzter* ¹*Ball* (2), *Schuss.*

Schlepp, der [gek. aus ↑ Schlepptau]: in Verbindungen wie *jmdn., etw. in S. nehmen* (↑ Schlepptau); *jmdn., etw. in S. haben* (↑ Schlepptau).

Schlepp|bü|gel, der (Skisport): *ankerförmiger Teil eines Schlepplifts, gegen den man sich mit dem Gesäß lehnt, um sich den Hang hinaufziehen zu lassen.*

Schlepp|damp|fer, der (Seew.): *Schlepper* [*mit Dampfantrieb*].

Schlep|pe, die; -, -n [aus dem Niederd., zu ↑ schleppen]: **1.** *Teil eines langen, meist festlichen Kleides, der den Boden berührt u. beim Gehen nachgezogen wird:* eine seidene S. **2. a)** (Pferdesport, Jagdw.) *künstliche Fährte;* **b)** (Jägerspr.) *Fährte* (*bes. von Wildenten*) *im Schilf, Rohr o. Ä.* **3.** (Landwirtsch.) *von einem Zugtier od. Schlepper* (2) *gezogenes Gerät zum Einebnen des Bodens.*

schlep|pen ⟨sw. V.; hat⟩ [mhd. (md.) slepen < mniederd. slêpen, niederd. Entsprechung von ↑²schleifen]: **1. a)** [*unter großem Kraftaufwand*] *langsam hinter sich herziehen:* der Trawler schleppt ein Netz; der Kahn wird von einem anderen Schiff geschleppt; **b)** *schleppend* (1 a) *irgendwohin bewegen:* einen defekten Wagen in die Werkstatt s.; ein Segelflugzeug auf eine bestimmte Höhe s. **2.** (ugs.) **a)** *jmdn.* [*gegen dessen Willen*] *irgendwohin bringen, irgendwohin mitnehmen:* jmdn. ins Kino, zum Arzt s.; jmdn. mit zu einer Party s.; jmdn. zum Polizeirevier s. - [*unter Anwendung von Gewalt*] *dorthin führen*); **b)** (Flüchtlinge, Asylsuchende, Arbeitskräfte) *gegen Bezahlung illegal von einem Land in ein anderes bringen:* er soll geschleppt haben; ⟨subst.:⟩ er ist beim Schleppen erwischt worden. **3.** (selten) ²*schleifen* (2 a): *das lange Kleid schleppt* [*auf dem/am Boden*]. **4. a)** (*etw. Schweres*) *unter großer Anstrengung, Mühe tragen:* schwere Lasts ⟨auch ohne Akk.-Obj.⟩ ...sie nickte auch und lächelte, Gepäck in beiden Händen, sie sparte sich einen Träger und schleppte viel zu schwer (Frisch, Homo 135); **b)** (*etw. Schweres*) *schleppend* (4 a) *irgendwohin befördern:* Pakete zur Post s.; sie schleppten den Verletzten zu zweit zum Auto; Ü jetzt schleppe ich den Brief schon seit drei Tagen mit mir in der Gegend (ugs.; *trage ihn mit mir herum*); **c)** ⟨s + sich⟩ *sich durch Schleppen* (4 a) *in einen bestimmten Zustand versetzen:* ich habe mich an dem Kasten [halb] zu Tode geschleppt. **5.** (landsch.) (*ein Kleidungsstück*) [*über eine lange Zeit immer wieder*] *tragen:* wie lange willst du den Anzug noch s.? **6.** ⟨s. + sich⟩ **a)** *sich mühsam, schwerfällig, mit letzter Kraft fortbewegen, irgendwohin bewegen:* sich gerade noch zum Bett s. können; Ü mühsam schleppt sich der Lastwagen über die Steigung; **b)** *sich über eine bestimmte Zeit, Dauer hinziehen:* der Prozess schleppt sich nun schon über drei Jahre. **7.** ⟨s. + sich⟩ (landsch.) *sich schleppend* (4 a) *mit etw. abmühen:* ich musste mich allein mit dem Gepäck s.; Ü mit diesem Kummer schleppt er sich schon seit Jahren.

schlep|pend ⟨Adj.⟩: **a)** *schwerfällig, mühsam u. deshalb langsam:* ein -er Gang; die Unterhaltung war anfangs etwas s.; s. gehen, sprechen; **b)** *langsam u. gedehnt:* ein -er Gesang; eine -e Melodie; er spielt das Stück ein wenig s.; **c)** *sich über eine [unangemessen] lange Zeit hinziehend, nicht recht vorankommend, [zu] langsam vor sich gehend:* er beklagte sich über die -e Bearbeitung seines Antrags; die Arbeiten gehen nur s. voran.

Schlep|per, der; -s, -: **1.** *kleineres (mit kräftiger Maschine u. einer speziellen Ausrüstung ausgestattetes) Schiff zum Schleppen u. Bugsieren anderer Schiffe*. **2. a)** *Traktor;* **b)** Kurzf. von ↑Sattelschlepper. **3.** (Bergmannsspr. früher) *Bergarbeiter, dessen Arbeit darin besteht, Förderwagen [durch Ziehen] fortzubewegen.* **4.** (ugs., meist abwertend) **a)** *jmd., der jmdm., einem of unseriösen, illegalen, betrügerischen o. ä. Unternehmen auf fragwürdige Weise Kunden o. Ä. zuführt:* er ist S. eines Nachtlokals; **b)** *jmd., der Flüchtlinge, Asylsuchende, Arbeitskräfte gegen Bezahlung illegal von einem Land in ein anderes bringt:* S. brachten die Asylsuchenden über die Grenze.

Schlep|pe|rei, die; -, -en ⟨Pl. selten⟩ (ugs. abwertend): **1.** *[dauerndes] Schleppen* (4). **2.** *das Tätigsein als Schlepper* (4).

Schlep|pe|rin, die; -, -nen: w. Form zu ↑Schlepper (4).

Schlepp|kahn, der (Schifffahrt): *Lastkahn ohne eigenen Antrieb, der [von einem anderen Fahrzeug] geschleppt werden muss.*

Schlepp|lift, der (Skisport): *Skilift, bei dem man, auf den Skiern stehend, den Berg hinaufgezogen wird.*

Schlepp|netz, das: *Netz, das [beim Fischfang] durch das Wasser od. über den Grund gezogen wird; Zugnetz.*

Schlepp|schiff, das: *Schiff, das ein anderes schleppt; Schiff zum Schleppen von Schleppkähnen.*

Schlepp|schiff|fahrt, die (Schifffahrt): *Binnenschifffahrt mit Schleppkähnen, geschleppten Flößen.*

Schlepp|seil, das: *Seil zum Schleppen, auch für den Start von Segelflugzeugen.*

Schlepp|start, der (Segelfliegen): *Start eines Segelflugzeugs mithilfe eines schleppenden Motorflugzeugs.*

Schlepp|tau, das: vgl. Schleppseil; ***in jmds. S., im S. [einer Sache]** (1. *von jmdm., etw. geschleppt werdend:* der Kahn fährt im S. [eines Motorschiffs]. 2. *in jmds. Gefolge, Begleitung:* der Star mit einer Gruppe Fans im S.); **jmdn., etw. im S. haben** (1. *jmdn., etw. schleppen.* 2. *von jmdm., etw. begleitet, verfolgt o. Ä. werden*); **jmdn., etw. ins S. nehmen** (*sich daranmachen, jmdn., etw. zu schleppen*); **jmdn. ins S. nehmen** (ugs.; *sich jmds. annehmen u. ihn irgendwohin bringen, ihm weiterhelfen*).

Schlepp|zug, der (Schifffahrt): *Schleppschiff mit einem od. mehreren Schleppkähnen im Schlepp.*

Schle|si|en, -s: *historisches Gebiet beiderseits der oberen u. mittleren Oder.*

Schle|si|er, der; -s, -: Ew.

Schle|si|e|rin, die; -, -nen: w. Form zu ↑Schlesier.

schle|sisch ⟨Adj.⟩: **a)** *Schlesien, die Schlesier betreffend; von den Schlesiern stammend, zu ihnen gehörend;* **b)** *im Dialekt der Schlesier [verfasst].*

Schles|wig: Stadt in Schleswig-Holstein.

Schles|wi|ger, der; -s, -: Ew.

Schles|wi|ge|rin, die; -, -nen: w. Form zu ↑Schleswiger.

Schles|wig-Hol|stein: deutsches Bundesland.

Schles|wig-Hol|stei|ner, der; -s, -: Ew.

Schles|wig-Hol|stei|ne|rin, die; -, -nen: w. Form zu ↑Schleswig-Holsteiner.

schles|wig-hol|stei|nisch ⟨Adj.⟩: zu ↑Schleswig-Holstein.

schles|wi|gisch, schles|wigsch ⟨Adj.⟩: zu ↑Schleswig.

Schleu|der, die; -, -n [frühnhd. sleuder]: **1.** *Gerät zum Schleudern von Steinen o. Ä.:* die Jungen schossen mit -n auf Vögel. **2. a)** Kurzf. von ↑Wäscheschleuder; **b)** *Zentrifuge.* **3.** (ugs.) *wenig Fahrsicherheit bietendes Auto, Motorrad o. Ä.*

Schleu|der|ball, der: **1.** ⟨o. Pl.⟩ *Mannschaftsspiel, bei dem ein Schleuderball (2) möglichst weit geschleudert werden muss, um die gegnerische Mannschaft nach bestimmten Regeln aus dem Spielfeld zu treiben.* **2.** *lederner Ball mit einer Schlaufe.*

Schleu|der|brett, das: *bes. im Zirkus verwendetes, einer Wippe ähnliches Gerät, mit dessen Hilfe sich Artisten gegenseitig in die Höhe schleudern können.*

Schleu|de|rer, Schleudrer, der; -s, -: **1.** *jmd., der schleudert* (1 a, b), *mit einer Schleuder schießt.* **2.** (Kaufmannsjargon) *jmd., der zu Schleuderpreisen verkauft.*

Schleu|der|gang, der: *Phase eines Waschprogramms, in der die Maschine schleudert.*

Schleu|der|ge|fahr, die: *Gefahr, ins Schleudern* (2 a) *zu geraten.*

Schleu|de|rin, Schleudrerin, die; -, -nen: w. Formen zu ↑Schleuderer, Schleudrer.

Schleu|der|kurs, der (Kfz-Wesen): *Kursus, in dem Autofahrer lernen, ein ins Schleudern geratenes Fahrzeug zu beherrschen.*

Schleu|der|ma|schi|ne, die: *Zentrifuge.*

schleu|dern ⟨sw. V.⟩ [16. Jh., verw. mit mhd. slūdern = schlenkern, ↑schludern]: **1.** ⟨hat⟩ **a)** *[aus einer drehenden Bewegung heraus] mit kräftigem Schwung werfen, durch die Luft fliegen lassen:* der Hammerwerfer schleuderte den Hammer 60 m weit; nach antiker Vorstellung schleuderte Jupiter Blitze; **b)** *durch einen heftigen Stoß, Ruck o. Ä. durch die Luft fliegen lassen, irgendwohin werfen:* bei dem Aufprall wurde sie aus dem Wagen geschleudert. **2.** ⟨ist⟩ **a)** *im Fahren mit heftigem Schwung [abwechselnd nach rechts u. nach links] aus der Spur rutschen:* in der Kurve fing der Wagen plötzlich an zu s.; ⟨subst.:⟩ *auf nasser Fahrbahn ins Schleudern geraten;* ***ins Schleudern geraten/kommen** (ugs.; *die Kontrolle über etw. verlieren, unsicher werden, sich einer Situation plötzlich nicht mehr gewachsen sehen*); **jmdn. ins Schleudern bringen** (ugs.; *bewirken, dass jmd. die Kontrolle über etw. verliert, unsicher wird, einer Situation plötzlich nicht mehr gewachsen ist:* mit dieser Frage kannst du ihn ins Schleudern bringen); **b)** *sich schleudernd irgendwohin bewegen:* das Auto ist gegen einen geparkten Lkw geschleudert. **3.** ⟨hat⟩ **a)** *in einer Zentrifuge, einer Wäscheschleuder o. Ä. schleudern lassen:* Honig s. (*mithilfe einer Zentrifuge aus den Waben herausschleudern*); Wäsche s. (*mithilfe einer Wäscheschleuder von einem Großteil der Feuchtigkeit befreien*); **b)** *durch Schleudern* (3 a) *aus etw. herausbekommen:* den Honig aus den Waben, das Wasser aus der Wäsche s.

Schleu|der|preis, der (ugs.): *besonders niedriger Preis:* Qualitätsware zu -en.

Schleu|der|sitz, der (Flugw.): *(bes. bei Kampfflugzeugen) besonderer, mit einem Fallschirm versehener Sitz, mit dem sich der ¹Pilot im Notfall aus der Maschine katapultieren kann.*

Schleu|der|stan|ge, die: *Gardinenstange* (b).

Schleu|der|start, der (Flugw.): *Katapultstart.*

Schleu|der|trau|ma, das (Med.): *(für die Opfer von Auffahrunfällen typische) Verletzung der Halswirbelsäule, zu der es kommt, wenn der Kopf des Betroffenen nach vorn u. anschließend ruckartig wieder zurückgeschleudert wird.*

Schleud|rer: ↑Schleuderer.

Schleud|re|rin: ↑Schleuderin.

schleu|nig ⟨Adj.⟩ [mhd. sliunec = eilig (als Adv.: sliune, sliume), ahd. sliumo, sniumo = sofort, wohl eigtl. = (sich) schnell drehend] (geh.): **a)** *unverzüglich, sofortig, schnellstmöglich:* wir bitten um -ste Erledigung; **b)** *schnell u. eilig:* s. davonlaufen.

schleu|nigst ⟨Adv.⟩ [Sup. von ↑schleunig]: *schnellstens:* ich muss s. zum Bahnhof; er hielt es für besser, s. zu verschwinden.

Schleu|se, die; -, -n [niederl. sluis < mniederl. slūse, sluise < afrz. escluse < mlat. exclusa, sclusa, zu lat. exclusum, 2. Part. von excludere = ausschließen, abhalten]: **1.** (Wasserbau) **a)** *Vorrichtung zum Absperren eines Wasserstroms, zum Regulieren des Durchflusses (in Flüssen, Kanälen):* eine S. öffnen, schließen; Ü der Himmel öffnet seine -n. (geh.; *es beginnt in Strömen zu regnen*); **b)** *aus zwei Toren u. einer dazwischenliegenden Kammer bestehende Anlage (in Binnenwasserstraßen, Hafeneinfahrten), mit deren Hilfe Schiffe Niveauunterschiede überwinden können:* durch eine S. fahren. **2.** *den einzigen Zugang zu einem [abgeschirmten] Raum darstellender, hermetisch abschließbarer [kleiner] Raum, in dem Desinfektionen vorgenommen werden o. Ä. od. der einen Druckausgleich zwischen zwei Räumen, Bereichen mit unterschiedlichem Druck gewährleisten soll:* der Astronaut kann die Kapsel nur durch eine S. verlassen. **3.** (veraltend) *Gully, Kanal* (2).

schleu|sen ⟨sw. V.; hat⟩: **1.** *durch eine Schleuse* (1 b) *bringen:* ein Schiff s. **2.** *eine Schleuse* (2) *passieren lassen, durch eine Schleuse bringen:* der Astronaut wird aus der Kapsel geschleust. **3. a)** *auf einem langen, umständlichen, hindernisreichen Wege [in vielen Etappen] irgendwohin bringen, geleiten o. Ä.:* eine Reisegesellschaft durch den Zoll s.; **b)** *heimlich, auf ungesetzliche Weise o. Ä. irgendwohin bringen:* geheime Unterlagen ins Ausland s.

Schleu|sen|kam|mer, die (Wasserbau): *zwischen den Toren einer Schleuse* (1 b) *liegende Kammer* (4b).

Schleu|sen|tor, das (Wasserbau): *Tor einer Schleuse* (1).

Schleu|sen|tür, die: *Tür einer Schleuse.*

Schleu|sen|wär|ter, der: *jmd., der eine Schleuse* (1 b) *bedient* (Berufsbez.).

Schleu|sen|wär|te|rin, die; -, -nen: w. Form zu ↑Schleusenwärter.

Schleu|ser, der; -s, - (Jargon): *Schlepper* (4 b).

Schleu|ser|ban|de, die (Jargon): *Bande von Schleusern.*

Schleu|se|rin, die; -, -nen: w. Form zu ↑Schleuser.

Schleu|sung, die; -, -en: *das Schleusen; das Geschleustwerden.*

schlich: ↑schleichen.

Schlich, der; -[e]s, -e: **1.** *⟨meist Pl.⟩* [mhd. slich = schleichender Gang, Schleichweg, List, zu ↑schleichen] *List, Trick:* er kennt alle -e; ***jmdm. auf die -e/hinter jmds. -e kommen** (*jmds. Absichten erkennen, durchschauen, jmds. heimliches Treiben entdecken;* wohl aus dem Jagdwesen; der Jäger macht sich mit den Wildwechseln, den Schleichwegen des Wildes vertraut).

2. [mhd., ahd. slich, slich = Schlamm; vgl.

schlicht – schließen

Schlick] *feinkörniges Erz.* ♦ **3.** *Schleichweg: ... ist er der Landesart so kundig, weiß alle Gänge und -e im Gebirg'* (Goethe, Götz III); *Die -e kenn' ich und die Felsensteige* (Schiller, Tell I, 4).

¹schlicht ⟨Adj.⟩ [aus dem Niederd., Md. < mniederd. slicht, Nebenf. von ↑schlecht]: **1.** *auf das Nötigste, das Wesentliche beschränkt, sich beschränkend; in keiner Weise aufwendig, ohne Zierrat od. überflüssiges Beiwerk; einfach u. bescheiden:* -e Kleidung; eine -e Wohnungseinrichtung; eine -e Mahlzeit; eine -e Melodie; in *-en (einfachen u. bescheidenen)* Verhältnissen leben; -es (geh.: *glattes*) Haar. **2.** *nicht besonders gebildet, geistig nicht sehr aufgeschlossen:* ein -es Gemüt haben; es waren alles -e Leute.

3. ¹*bloß* (2), ²*rein* (2 a): das ist eine -e Tatsache; Flunkern war bei Ihrem katastrophalen Zustand ein -es Gebot der Menschlichkeit (Dürrenmatt, Meteor 57). **4.** * **s. um s.** (*im direkten Tausch, Leistung gegen Leistung;* schlicht steht hier in der älteren Bed. »auf geradem Wege, direkt«).

²schlicht ⟨Partikel; meist unbetont⟩: drückt eine emotionale Verstärkung einer Aussage aus; *ganz einfach, einfach nur; unverblümt gesagt:* das ist s. gelogen; * **s. und einfach** (ugs. verstärkend; *ganz einfach, ohne Umstände [gesagt]:* ich werde es s. und einfach abstreiten); **s. und ergreifend** (ugs. scherzh.: *ganz einfach, ohne Umstände [gesagt]:* er hat es s. und ergreifend vergessen).

schlich|ten ⟨sw. V.; hat⟩ [mhd., ahd. slihten, zu ↑schlecht in der alten Bed. »eben, glatt«, also eigtl. = ebnen, glätten]: **1.** *als unbeteiligter Dritter zwischen streitenden Parteien vermitteln u. deren Streit beilegen:* es gelang ihr nicht, den Streit zu s.; schlichtend [in eine Auseinandersetzung] eingreifen. **2.** (Fachspr.) **a)** *(eine Oberfläche) glätten:* ein hölzernes, metallenes Werkstück, eine Oberfläche s.; **b)** *(Leder) weich u. geschmeidig machen;* **c)** *(Kettfäden) mit einer leimartigen Flüssigkeit behandeln, um sie widerstandsfähiger zu machen.* **3.** (bayr., österr.) *stapeln:* Holz s. ♦ **4.** *ordnen, richten* (4 a): ... er schlichtete seine Schreibbücher so lange, bis ihre Rücken so bleireckt aufeinanderlagen wie eine preußische Fronte (Jean Paul, Wutz 11).

Schlich|ter, der; -s, -: *jmd., der etw. schlichtet* (1), *jmd., der dazu eingesetzt ist, eine Einigung zwischen zwei streitenden Parteien herbeizuführen:* sich als S. im Tarifkonflikt zur Verfügung stellen.

Schlich|te|rin, die; -, -nen: w. Form zu ↑Schlichter.

Schlich|ter|spruch, der: *Schiedsspruch eines Schlichters.*

Schlicht|heit, die; -, -en: **1.** ⟨o. Pl.⟩ *das Schlichtsein;* ¹schlichte (1, 2) *Art, Beschaffenheit.* **2.** *etw. ¹Schlichtes (1); etw. [zu] ¹schlicht (2) Wirkendes.*

Schlich|tung, die; -, -en ⟨Pl. selten⟩: *das Schlichten; das Geschlichtetwerden.*

Schlich|tungs|aus|schuss, der: *mit der Schlichtung tariflicher Konflikte beauftragter Ausschuss* (2).

Schlich|tungs|kom|mis|si|on, die: vgl. Schlichtungsausschuss.

Schlich|tungs|stel|le, die: **1.** *Schlichtungsausschuss.* **2.** *Einrichtung, die sich aus einer neutralen Position heraus darum bemüht, eine Einigung zwischen zwei streitenden Parteien herbeizuführen.*

Schlich|tungs|ver|fah|ren, das: *Verfahren der Schlichtung bei tariflichen Konflikten (durch einen Schlichtungsausschuss o. Ä.).*

Schlich|tungs|ver|such, der: *Versuch einer Schlichtung.*

schlicht|weg ⟨Adv.⟩: *schlechtweg.*

Schlick, der; -[e]s, (Arten:) -e [aus dem Niederd. < Schlick] *feinkörniges Erz.* ♦ **3.** *Schleichweg:* ... ist er der Landesart so kundig, weiß alle Gänge und -e im Gebirg' (Goethe, Götz III); Die -e kenn' ich und die Felsensteige (Schiller, Tell I, 4). mniederd. slik, slick, zu: sliken = gleiten, niederd. Form von ↑schleichen]: *am Boden von Gewässern (bes. im Wattenmeer) abgelagerter od. angeschwemmter, feinkörniger, glitschiger, an organischen Stoffen reicher Schlamm.*

Schlick|ab|la|ge|rung, die: **a)** ⟨o. Pl.⟩ *das Sichablagern von Schlick;* **b)** *aus Schlick bestehende Ablagerung* (1 b).

schli|cke|rig, schlickrig ⟨Adj.⟩ (nordd.): *mit nassem Schmutz, Schlamm behaftet, schlammig, schlickig u. rutschig:* ein -er Feldweg.

schli|ckig ⟨Adj.⟩ (nordd.): *Schlick aufweisend, mit Schlick bedeckt, voller Schlick, aus Schlick bestehend.*

schlick|rig: ↑schlickerig.

Schlick|watt, das: *Watt, dessen Boden überwiegend aus weichem Schlick besteht [u. das schlecht zu begehen ist].*

schlief: ↑schlafen.

Schlief, der; -[e]s, -e ⟨Pl. selten⟩ [zu ↑Schlief od. ↑¹schleifen] (landsch.): *unausgebackener Teig; schliefige Stelle in Brot, Kuchen o. Ä.*

schlie|fen ⟨st. V.; schloff, ist geschloffen⟩ [mhd. slifen, ahd. sliofan; vgl. schlüpfen]: **1.** (südd., österr.) *schlüpfen:* in die Hose s. **2.** (Jägerspr.) *(von Erdhunden, Frettchen) in einen Bau kriechen:* den Erdhund [in den Dachsbau] s. lassen.

schlie|fig ⟨Adj.⟩ [zu ↑Schlief] (landsch.): *nicht ganz ausgebacken, noch teigig, halb roh.*

♦ **Schlie|ker,** der; -s, - [mniederd. sliker, zu: sliken = schleichen] (nordd.): *Schleicher:* Der hat's hinter den Ohren und ist ein S. (Fontane, Jenny Treibel 65).

Schlier, der; -s: **1.** [mhd. slier = Lehm, Schlamm; vgl. schlieren] (südd., österr.) *Mergel.* **2.** (Geol.) *blaugraue, fein geschichtete, sandig-mergelige Ablagerung in der Molasse des Alpen- u. Karpatenvorlandes.*

Schlie|re, die; -, -n: **1.** ⟨o. Pl.⟩ (ostmd.) *schleimige Masse, Schleim.* **2. a)** (Technik) *[streifige] Stelle in einem lichtdurchlässigen Stoff, an dem er eine andere Dichte aufweist u. dadurch andere optische Eigenschaften besitzt;* **b)** (Geol.) *streifige, in der Zusammensetzung vom übrigen Gestein unterschiedene Zone in einem Gestein;* **c)** *Streifen o. Ä. auf einer Glasscheibe, einem Spiegel o. Ä.*

schlie|ren ⟨sw. V.; hat/ist⟩ [bes. md., niederd., wohl verw. mit ↑schlaff] (Seemannsspr.): *rutschen, gleiten:* die Leine schliert über die Klampe.

schlie|rig ⟨Adj.⟩ (landsch.): *schleimig, schlüpfrig, glitschig.*

Schlier|sand, der; -[e]s, -e ⟨Pl. selten⟩ (österr.): *feiner, angeschwemmter Sand.*

Schließ|an|la|ge, die: *Anlage, die aus mehreren innerhalb eines Gebäudes o. Ä. eingebauten [Tür]schlössern besteht, deren verschiedene Schlüssel jeweils nur zu einer bestimmten Kombination von Schlössern passen.*

Schlie|ße, die; -, -n: *meist aus Metall bestehender Verschluss (z. B. als Spange, Schnalle):* die S. eines Gürtels.

schlie|ßen ⟨st. V.; hat⟩ [mhd. slieʒen, ahd. slioʒan, H. u.]: **1. a)** *bei einer Sache bewirken, dass sie nach außen abgeschlossen, zu ist:* eine Kiste, einen Koffer, eine Flasche, einen Briefumschlag s.; die Hand [zur Faust] s.; ein Buch s. *(zuschlagen);* er schloss die Augen [bis auf einen schmalen Spalt]; einen Gürtel *(den Verschluss eines Gürtels)* s.; jmdm. das Kleid s.; ein geschlossenes *(zu schließendes)* Kleid; **b)** *in eine solche Stellung bringen, so bewegen, handhaben, dass dadurch etw. geschlossen wird:* einen Deckel, eine Tür, einen Knopf, einen Reißverschluss, ein Ventil, einen Hahn s.; die Lippen [fest] s.; mit geschlossenen Beinen; bei [halb] geschlossener Blende; **c)** *(eine Öffnung, einen Durchlass o. Ä.) undurchlässig, unpassierbar o. Ä. machen:* einen Durchgang, Zugang [mit einer Barriere] s.; eine Lücke s. *(ausfüllen);* einen gebrochenen Deich wieder s. *(an der beschädigten Stelle reparieren);* einen [Strom]kreis s. *(vervollständigen);* einen Kontakt s. *(eine elektrische Verbindung herstellen);* Ü eine Grenze s. *(das Passieren einer Grenze untersagen).* **2.** ⟨s. + sich⟩ *sich zusammenlegen, -falten:* die Blüten schließen sich; die Fangarme schlossen sich um das Opfer. **3.** *sich auf eine bestimmte Weise schließen* (1 b) *lassen:* die Tür, das Schloss schließt nicht richtig, etw. schwer; die Türen schließen automatisch *(werden automatisch geschlossen).* **4.** ⟨s. + sich⟩ *in einen geschlossenen Zustand gelangen:* die Tür schloss sich; die Wunde hat sich geschlossen; der Kreis schließt sich. **5. a)** ⟨s. + sich⟩ *sich anschließen* (4): an den Vortrag schloss sich noch eine Diskussion; **b)** *anschließen* (3): sie schlossen daran noch einige Mutmaßungen über die weitere Entwicklung; **c)** *anschließen* (2): schließ die Lampe doch direkt an die Batterie!; ♦ **d)** ⟨s. + sich⟩ *sich anschließen* (5 a): Ein junger Ritter, Hugo, schloss sich an den stillen, betrübten Eckbert (Tieck, Eckbert 21). **6. a)** * *etw. in sich s. (etw. [mit] enthalten: die Aussage schließt einen Widerspruch in sich);* **b)** *einschließen* (3): wir wollen ihn [mit] in unser Gebet s.; **c)** *umfangen, umfassen, umgreifen u. (an einer bestimmten Stelle [am Körper]) festhalten:* die Mutter schloss das Kind fest an ihre Brust, in die Arme; er schloss die Münze fest in seine Hand.

7. a) *etw. für Besucher, Kunden o. Ä. zeitweilig unzugänglich machen:* sie schließen ihren Laden über Mittag; der Schalter wird um 17 Uhr geschlossen; das Museum ist heute geschlossen; **b)** *geschlossen* (7 a) *werden:* die Läden schließen um 18 Uhr; die Börse schließt freundlich (Börsenw.: *bei Börsenschluss standen die Kurse günstig*); **c)** *(eine Firma, Institution o. Ä.) veranlassen, den Betrieb einzustellen:* die Behörden haben die Schule wegen der Epidemie [bis auf Weiteres] geschlossen; er hat seinen Laden aus Altersgründen geschlossen *(aufgegeben);* **d)** *den Betrieb einstellen, ruhen lassen:* die Fabrik musste s., weil die Zulieferungen ausblieben.

8. a) *einen Schlüssel im Schloss herumdrehen:* du musst zweimal s.; **b)** *(von einem Schlüssel, einem Schloss) [in einer bestimmten Weise] zu betätigen sein, funktionieren:* der Schlüssel, das Schloss schließt etwas schwer, nicht richtig; der Schlüssel *(landsch.: passt)* zu beiden Türen. **9. a)** *einschließen* (1): den Schmuck in eine Kassette s.; er schloss ihn in den Keller; warum schließt er sich in seinem Zimmer?; ♦ *Ich möchte Georgen und Franzen geschlossen sehn (eingesperrt, als Gefangene sehen)! – Es wär' ein Anblick, um Engel weinen zu machen* (Goethe, Götz IV); **b)** *anschließen* (1): sie schlossen ihre Fahrräder [mit Ketten] an einen Zaun.

10. a) *(eine Veranstaltung o. Ä.) beenden, für beendet erklären:* eine Sitzung, Versammlung s.; »die Verhandlung ist geschlossen«, sagte der Richter; **b)** *zum Ende bringen, beenden:* er schloss seinen Brief, Vortrag mit den Worten ...; ⟨auch ohne Akk.-Obj.:⟩ hiermit möchte ich für heute s.; die Rednerliste ist geschlossen *(weitere Wortmeldungen können nicht berücksichtigt werden);* **c)** *zu Ende gehen, enden:* mit diesen Worten, mit dieser Szene schließt das Stück. **11.** *(einen Vertrag o. Ä.) eingehen, abschließen:* einen Vertrag, Pakt s.; Frieden s.; mit jmdm. die Ehe s.; eine Bekanntschaft s. *(verblasst);* jmdn. kennenlernen); einen Kompromiss s. *(sich auf einen Kompromiss einigen).* **12. a)** *(eine Tatsache, eine Annahme) von etw. ableiten, herleiten:* aus deiner Reaktion schließe ich, dass du anderer Meinung bist; das lässt sich [nicht] ohne Weiteres daraus s.; von dem Stil können wir mit einiger Sicherheit auf den Autor s.; ... nun drängte der Pfarrer die Leute, die sich, aus ihren Gesten zu s., gerade verabschieden wollten, in den dunklen Hausflur hinein (Langgässer, Siegel 100); * ◆ **für jmdn. s.** (*ein Beweis für jmdn. sein, jmds. Schluss* 2 a *bestätigen:* Das schließt für mich, mein Vater [Lessing, Nathan I, 2]); **b)** *etw. an einem Fall Beobachtetes, Vorhandenes auch für andere Fälle für zutreffend, gültig halten:* man kann von den hiesigen Verhältnissen nicht ohne Weiteres auf die Zustände in Frankreich s.; R du solltest nicht immer von dir auf andere s. (ugs.; *was für dich zutrifft, muss deswegen nicht auch für andere zutreffen*). ◆ **13.** ⟨2. u. 3. Pers. Sg. Präs. u. Imperativ 2. Pers. Sg. auch schleußest, schleußt, schleuß!:⟩ Freude, Mäßigkeit und Ruh' schleußt dem Arzt die Türe zu (Friedrich von Logau [1604–1655], dt. Dichter, Deutscher Sinn-Gedichte Drey Tausend [1. Tausend, 4. Hundert, Nr. 41]; Herausgegeben von G. Eitner, Tübingen 1872); ... schleuß dem feindlichen Spott dein Ohr zu (Goethe, Achilleis 254).

Schlie|ßer, der; -s, -: **1.** *Angestellter, der die Zellen im Gefängnis öffnet u. schließt.* **2.** *Türschließer* (1). **3.** *Türschließer* (2).

Schlie|ße|rin, die; -, -nen: w. Form zu ↑ Schließer (1, 2).

Schließ|fach, das: **1.** *zur zeitweiligen Aufbewahrung von Gegenständen [gegen eine Gebühr] zur Verfügung stehendes verschließbares Fach* (1), *z. B. zur Gepäckaufbewahrung auf Bahnhöfen.* **2.** *Postfach* (a).

schließ|lich ⟨Adv.⟩: **1. a)** *nach einer langen Zeit des Wartens, nach vielen Verzögerungen, nach einer langwierigen Prozedur; endlich, zum Schluss, zuletzt:* er willigte s. [doch] ein; * **s. und endlich** (ugs. verstärkend; *schließlich):* s. und endlich haben wir es doch geschafft; **b)** *kündigt, meist in Verbindung mit »und«, das letzte Glied einer längeren Aufzählung an:* sie nahm ihre Jacke, die Tasche, den Koffer und s. den Schirm. **2.** *drückt aus, dass die jeweilige Aussage nach Auffassung des Sprechers allein ausreichende u. sofort einleuchtende Erklärung, Begründung für etw. anderes darstellt:* er ist s. mein Freund.

Schließ|mus|kel, der: **1.** *[ringförmiger] Muskel, der dazu dient, die Öffnung eines Hohlorgans (durch Kontraktion) zu verschließen, geschlossen zu halten.* **2.** (Zool.) *starker Muskel, mit dessen Hilfe Muscheln ihre Schale schließen, geschlossen halten.*

Schlie|ßung, die; -, -en ⟨Pl. selten⟩: *das Schließen* (1, 7 c, 7 d, 10 a, 11).

Schließ|zel|le, die (Bot.): *Zelle in der Oberhaut der Pflanze, die zusammen mit einer benachbarten gleichartigen Zelle eine Spaltöffnung bildet u. diese reguliert.*

Schließ|zy|lin|der, der: *zylindrischer Teil eines Sicherheitsschlosses, der mit dem Schlüssel gedreht wird.*

schliff: ↑ schleifen.

Schliff, der; -[e]s, -e [mhd. slif, zu ↑¹schleifen]: **1. a)** ⟨o. Pl.⟩ *das ¹Schleifen* (1 b) *von etw.:* der S. von Diamanten ist mühevoll; **b)** *Art u. Weise, in der etw. geschliffen ist:* die Edelsteine haben einen schönen S. **2. a)** ⟨o. Pl.⟩ *das ¹Schleifen* (1 a), *Schärfen* (1), *Herstellen einer Schneide:* beim S. der Messer; **b)** *Art u. Weise, in der etw. mit einer Schneide versehen ist:* die Messer haben einen welligen S. **3.** ⟨o. Pl.⟩ **a)** *verfeinerte Umgangsformen (die jmdm. durch seine Erziehung vermittelt werden); Lebensart, die jmd. erworben hat:* jmdm. S. beibringen; **b)** *bestimmte Vollkommenheit:* der neuen Bedienung fehlt noch der S. (*eine*

abschließende Verbesserung, um etw. [nahezu] perfekt zu machen: er muss seinem Aufsatz noch den letzten S. geben).

Schliff|art, die: *Art des Schliffs* (1 b, 2 b).

Schliff|flä|che, Schliff-Flä|che, die: ¹*geschliffene* (1 b) *Fläche von etw.:* die S. eines Edelsteins.

Schliff|form, Schliff-Form, die: vgl. Schliffart.

schlif|fig: ↑ schliefig.

schlimm ⟨Adj.⟩ [mhd. slim(p) = schief, schräg (vgl. ahd. slimbi = Schräge), erst im Nhd. = übel, schlecht, böse, H. u.]: **1.** *schwerwiegend u. üble Folgen nach sich ziehend:* ein -er Fehler; ein -es Vergehen; man hat ihr die -sten Dinge nachgesagt; das ist sehr s. für ihn (*trifft ihn sehr hart*); er hat sich bei dem Plan s. (ugs.; *in schwerwiegender Weise*) verkalkuliert. **2.** *in hohem Maße unangenehm, unerfreulich; negativ* (2 a); *übel, arg:* das sind -e Nachrichten; -e Zustände; eine -e Erfahrung; eine -e Sache, Lage; es ist alles halb so s.; es ist gerade s. genug, dass wir warten müssen; was -er ist, wir mussten Strafe zahlen; (entschuldigende Floskel) ist nicht s.! (*das macht nichts!*); es hätte s. kommen können; es steht s. (*bedrohlich*) um ihn; ⟨subst.:⟩ man fürchtet das Schlimmste; das Schlimmste ist, dass keiner geholfen hat; es gibt Schlimmeres; ich kann nichts Schlimmes (*Negatives*) dabei, daran finden. **3.** (*in moralischer Hinsicht*) *schlecht, böse, niederträchtig:* ein -er Bursche, Geselle; ⟨subst.:⟩ er ist ein ganz Schlimmer (scherzh.; *ein Schwerenöter*). **4.** (fam.) (*von einem Körperteil, Organ o. Ä.*) *entzündet, verletzt, schmerzend:* er hat einen -en Hals, Zahn. **5.** (intensivierend bei Adjektiven u. Verben) (ugs.) *sehr:* heute ist es s. kalt; Ich fing so s. an zu heulen, dass ich mich verschluckte und einen Hustenanfall bekam (Schnurre, Bart 118). ◆ **6.** (landsch.) *schief, krumm, nicht richtig sitzend:* Zu einem leinenen ungefärbten Landrock trug sie einen alten grünseidenen Spenser, eine baumwollene Schürze und einen -en weißen Halskragen (Keller, Romeo 26).

schlimms|ten|falls ⟨Adv.⟩: *im ungünstigsten Falle.*

Schlin|ge, die; -, -n [16. Jh.; zu ↑¹schlingen; mhd. slinge, ahd. slinga = Schleuder]: **1.** *zu runder od. länglicher Form ineinander verknüpftes Stück Schnur, Draht, Stoff o. Ä.* [*das zusammengezogen werden kann*]: eine S. zu runder od. länglicher Form ineinander verknüpfen, machen; * **jmdm. die S. um den Hals legen** (*jmdn. hart bedrängen; jmds. Ruin einleiten*). **2.** *aus einer in bestimmter Weise aufgestellten Drahtschlinge bestehendes Fanggerät:* -n legen, stellen; Ü er hat sich in seiner eigenen S. gefangen (*ist Opfer seiner eigenen List geworden*); In den Verhören war niemand seiner ganz sicher, die gerissenen Kommissare konnten eine harmlose Erwähnung zu einer S. machen, in der man sich rettungslos verfing (Fallada, Jeder 346). **3.** *Teil eines [lockeren] Gewebes o. Ä. in der Form einer Schlinge* (1) *ähnlich ist:* die -n des Teppichs. **4.** (Eiskunstlauf, Rollkunstlauf) *in einem verkleinerten Achter gelaufene Figur mit einer ovalen Eindruck.*

Schlin|gel, der; -s, - [älter auch: Schlüngel, zu mhd., mniederd. slingen (↑¹schlingen) in der Bed. »schleichen, schlendern«, eigtl. = Müßiggänger] (scherzh.): *Kind, junger Mann, der vielerlei Streichen o. Ä. aufgelegt ist:* na, du kleiner S.

¹schlin|gen ⟨st. V.; hat⟩ [mhd. slingen, ahd. slingan = hin u. her ziehend schwingen; winden, flechten, auch: sich winden, kriechen, schleichen]: **1. a)** *um etw. winden od. legen* [u. *die Enden durch Umeinanderlegen*]: einen Schal um den Hals s.; **b)** (*Arme, Hände*) *fest um jmdn., etw. legen:* die Arme um jmds. Hals s.; **c)** ⟨s. + sich⟩ *sich um etw. herumschlin-*

gen, winden: Efeu schlingt sich um den Baumstamm. **2.** *in etw. flechten:* Bänder ins Haar s. **3.** *durch Umeinanderwinden u. Verknüpfen (der Enden einer Schnur, eines Bandes o. Ä.) herstellen:* einen Knoten s. **4.** *umeinanderwinden u. verknüpfen:* die Enden eines Seils zu einem Knoten s.

²schlin|gen ⟨st. V.; hat⟩ [mhd. (ver)slinden, ahd. (far)slintan, im Frühnhd. mit ↑¹schlingen lautlich zusammengefallen, H. u., viell. eigtl. = gleiten lassen]: ([gierig], hastig,) *ohne [viel] zu kauen, essen, das Essen herunterschlucken:* er schlang seine Suppe in großer Hast; ⟨auch ohne Akk.-Obj.:⟩ ... und wir tranken und aßen und schlangen, dass ich manchmal kaum noch Luft holen konnte dazwischen, denn wir hatten schon seit Tagen nichts Vernünftiges mehr gegessen (Schnurre, Bart 163).

Schlin|gen|flor, der: ²*Flor* (2), *der aus Schlingen* (3) *besteht:* ein Teppich aus S.

Schlin|gen|stel|ler, der; -s, -: *jmd., der Schlingen* (2) *zum Tierfang aufstellt.*

Schlin|gen|stel|le|rin, die; -, -nen: w. Form zu ↑ Schlingensteller.

Schlin|ger|be|we|gung, die: *Bewegung des Schlingerns* (a).

Schlin|ger|kurs, der (bes. Politikjargon): [*politischer*] *Kurs, dem es an Geradlinigkeit fehlt:* der S. einer Partei.

schlin|gern ⟨sw. V.⟩ [aus dem Niederd. < mniederd. slingern = hin und her schlenkern, zu ↑¹schlingen]: **a)** ⟨hat⟩ (*von Schiffen, Fahrzeugen*) *um die Längsachse schwanken; rollen* (1 c): der Bus, das Schiff schlingert; * **ins Schlingern geraten/kommen** (↑ schleudern a); **b)** ⟨ist⟩ *sich schlingernd* (a), *mit Schlingerbewegungen fortbewegen:* die Boote schlingerten durch die raue See.

Schling|pflan|ze, die: *Pflanze, die sich an einer Stütze emporwindet.*

Schling|stich, der (Handarb., Schneiderei): [*Stick*]*stich, mit dem etw. am Rand befestigt wird.*

Schling|strauch, der: vgl. Schlingpflanze.

Schlipf, der; -[e]s, -e [spätmhd. slipf(e)] (schweiz.): *Berg-, Fels-, Erdrutsch.*

Schlipf|krap|fen ⟨Pl.⟩: *Schlutzkrapfen.*

Schlip|pe, die; -, -n: **1.** [mniederd. slip(p)e, eigtl. wohl = (Nach)schleifendes] (nordd.) *Rockzipfel.* **2.** [eigtl. wohl = etw., in das man hineinschlüpft] (landsch.) *enger Durchgang; schmales Gässchen.*

Schlips, der; -es, -e [aus dem Niederd., Nebenf. von mniederd. slip(p)e; in den Wendungen hat »Schlips« noch die urspr. Bed. »Rockschoß-zipfel«; ↑ Schlippe] (ugs.): *Krawatte* (1): einen S. umbinden, tragen; * **jmdm. auf den S. treten** (*jmdm. zu nahe treten; jmdn. beleidigen*); **sich auf den S. getreten fühlen** (*verletzt, gekränkt sein über jmdn. Reden od. Verhalten*).

Schlips|hal|ter, der (ugs.): *Krawattenhalter.*

Schlips|na|del, die (ugs.): *Krawattennadel.*

schliss: ↑ schließen.

Schlit|tel, das; -s, - (schweiz., sonst landsch.): *kleiner Schlitten* (1).

schlit|teln ⟨sw. V.; ist⟩ (österr., schweiz.): *rodeln.*

schlit|tern ⟨sw. V.; ist⟩ *rodeln.*

Schlit|ten, der; -s, - [mhd. slite, ahd. slito, zu mhd. slīten = gleiten; vgl. engl. to slide = gleiten]: **1.** (bes. *von Kindern verwendetes*) [mit zwei vorn hochgebogenen Kufen versehener] *niedriger Sitz verschiedener Länge zum gleitenden Fahren im Schnee; Rodelschlitten:* die Kinder fahren S., fahren mit dem S. den Hang hinunter; * **jmdm. mit dem S. fahren** (ugs. abwertend; *jmdn. hart u. rücksichtslos behandeln*). **2.** *zum Transportieren von Personen od. Sachen dienendes Fahrzeug auf Kufen:* den S. anspannen; * **unter**

Schlittenbahn – Schluck

den S. kommen (veraltend; [moralisch] herunterkommen, verkommen). **3.** (salopp) Auto, auch Motorrad, Fahrrad o. Ä.: er fährt einen tollen, alten S. **4.** (Technik) beweglicher, hin- u. herschiebbarer Teil an bestimmten Maschinen, Geräten: der S. an der Schreibmaschine. **5.** (Schiffbau) Konstruktion aus Holz, auf der ein Schiff beim Stapellauf ins Wasser gleitet. **6.** (derb abwertend) Prostituierte.

Schlit|ten|bahn, die: Rodelbahn.

Schlit|ten|fahrt, die: Fahrt mit einem Schlitten (1, 2).

Schlit|ten|hund, der: Hund, der dazu verwendet wird, Schlitten (2) zu ziehen.

Schlit|ten|ku|fe, die: Kufe eines Schlittens (1, 2).

Schlit|ten|par|tie, die: Schlittenfahrt.

Schlit|ter|bahn, die; -, -en (landsch.): Rutschbahn (2).

schlit|tern ⟨sw. V.⟩ [aus dem Niederd., Iterativbildung zu mhd. slīten, ↑ Schlitten]: **1. a)** ⟨hat⟩ mit einem Anlauf über eine glatte Schnee- od. Eisfläche rutschen: die Kinder schlitterten, **b)** ⟨ist⟩ sich schlitternd (1 a) über etw. hin bewegen: sie sind über den zugefrorenen Teich geschlittert. **2.** ⟨ist⟩ auf einer glatten Fläche, auf glattem Untergrund [aus]gleiten, ins Rutschen kommen: der Wagen schlitterte auf der vereisten Straße. **3.** ⟨ist⟩ unversehens, ohne Absicht, ohne es zu wollen in eine bestimmte [unangenehme] Situation hineingeraten: das Unternehmen ist in die Pleite geschlittert.

Schlitt|schuh, der; -[e]s, -e [unter Anlehnung an ↑ Schlitten umgebildet aus älter Schrittschuh; vgl. mhd. schritschuoch, ahd. scritescuoh = ein Schuh, mit dem man große Schritte machen kann]: spezieller knöchelhoher Stiefel mit unter der Sohle angebrachter schmaler Kufe aus Stahl, die es ermöglicht, sich auf dem Eis gleitend fortzubewegen: sie sind/haben S. gelaufen, gefahren (sind eisgelaufen).

Schlitt|schuh|lau|fen, das; -s: Eislauf.

Schlitt|schuh|läu|fer, der: Eisläufer.

Schlitt|schuh|läu|fe|rin, die: w. Form zu ↑ Schlittschuhläufer.

Schlitz, der; -es, -e [mhd. sliz, ahd. sliz, sliz = Schlitz, Spalte, urspr. = durch Reißen entstandener Spalt, zu ↑ schleißen]: **1.** längliche, schmale Öffnung in etw. [die durch Verschieben von Teilen vorübergehend hergestellt werden kann]: der S. des Briefkastens; seine Augen wurden zu -en (wurden bis auf einen schmalen Spalt zugekniffen). **2.** (ugs.) Kurzf. von ↑ Hosenschlitz. **3.** offener, schmaler, länglicher Einschnitt in einem Kleidungsstück: ein Rock mit seitlichen -en. **4.** (vulg.) Vagina.

Schlitz|au|ge, das: **a)** ⟨meist Pl.⟩ Auge mit besonders schmaler Lidspalte, das sich scheinbar nicht weit öffnen lässt; **b)** (oft abwertend) jmd., der Schlitzaugen (a) hat.

schlitz|äu|gig ⟨Adj.⟩: Schlitzaugen (a) habend: eine -e Schönheit.

schlit|zen ⟨sw. V.; hat⟩ [mhd. slitzen, zu ↑ schleißen] (veraltend): **a)** mit Schlitz (3), mit Schlitzen versehen: ein geschlitzter Rock; **b)** der Länge nach aufschlitzen: Fische u. ausnehmen.

schlitz|för|mig ⟨Adj.⟩: die Form eines Schlitzes (1) aufweisend.

Schlitz|ohr, das: **1.** geschlitzte Ohrmuschel. **2.** [Betrüger wurden früher durch Einschlitzen der Ohren bestraft u. gekennzeichnet] (ugs.) jmd., der listig, durchtrieben seine Ziele verfolgt.

schlitz|oh|rig ⟨Adj.⟩ (ugs.): sehr geschickt, durchtrieben im Verfolgen seiner Ziele: ein -er Geschäftsmann.

Schlitz|oh|rig|keit, die; -, -en (ugs.): das Schlitzohrigsein; schlitzohrige Taktik.

schloff, schlöf|fe: ↑ schliefen.

Schlö|gel: ↑ Schlegel.

schloh|weiß ⟨Adj.⟩: [älter: schloßweiß = weiß wie ↑ Schloßen]: (meist nur vom Haar alter Menschen) ganz, vollkommen weiß: er hatte -es Haar.

schloss: ↑ schließen.

Schloss, das; -es, Schlösser [mhd. sloʒ, ahd. sloʒ = (Tür)verschluss, Riegel; mhd. auch = Burg, Kastell, zu ↑ schließen]: **1. a)** (an Türen u. bestimmten Behältern angebrachte) Vorrichtung zum Verschließen, Zuschließen mithilfe eines Schlüssels: ein S. aufbrechen, ölen; der Schlüssel steckt im S.; die Tür ist ins S. gefallen (ist zugeschlagen); **b)** Kurzf. von ↑ Vorhängeschloss: *** hinter S. und Riegel** (ugs.; im, ins Gefängnis): jmdn. hinter S. und Riegel bringen, setzen; hinter S. und Riegel sein; **unter S. und Riegel** (ugs.; unter Verschluss); **♦ unterm S. tragen** (unter Verschluss halten): Wenn das Maul ebenso geneigt wäre, nach dem Herzen zu reden, so wäre die Mode längst aufgekommen, die Mäuler unterm Schlosse zu tragen [Lessing, Minna II, 1]). **2.** Schnappverschluss: das S. an der Handtasche. **3.** beweglicher Teil an Handfeuerwaffen, in dem die Patronen eingeführt werden, das Abfeuern u. Auswerfen der Hülse erfolgt: das S. des Gewehrs. **4. a)** meist mehrflügeliges (den Baustil seiner Zeit u. den Prunk seiner Bewohner repräsentierendes) Wohngebäude des Adels: ein verwunschenes S.; das Heidelberger S.; die Schlösser der Loire; das S. in, von, zu Würzburg; im S. wohnen; »... Auf diesem S.«, fuhr der Onkel fort, »haben wir dann acht Tage gelebt...« (Hauptmann, Schuß 12); **b)** ⟨o. Pl.⟩ Gesamtheit der Bewohner eines Schlosses: das S. geriet in Aufregung.

Schloss|an|la|ge, die: weitläufiger Gebäudekomplex eines Schlosses.

schloss|ar|tig ⟨Adj.⟩: (in seiner Bauform) einem Schloss ähnlich: ein -es Gebäude, Bauwerk.

Schloss|bau, der: **1.** ⟨o. Pl.⟩ das Bauen von Schlössern (4 a). **2.** ⟨Pl. -ten⟩ Schloss.

Schloss|berg, der; ⟨o. Pl.⟩: Anhöhe, auf dem ein Schloss steht od. stand.

Schlöss|chen, das; -s, - Vkl. zu ↑ Schloss.

Schlo|ße, die; -, -n ⟨meist Pl.⟩ [mhd. slōʒ(e)] (landsch.): Hagelkorn.

schlö|ße: ↑ schließen.

schlo|ßen ⟨sw. V.; hat; unpers.⟩ [mhd. slōʒen] (landsch.): hageln (1).

Schlos|ser, der; -s, - [mhd. sloʒʒer, zu ↑ Schloss]: Handwerker u. Facharbeiter, der Metall u. Kunststoff verarbeitet, bestimmte Gegenstände, Teile daraus herstellt bzw. formt u. montiert (Berufsbez.).

Schlös|ser: Pl. von ↑ Schloss.

Schlos|se|rei, die; -, -en: **1.** Werkstatt des Schlossers: in der S. arbeiten. **2.** ⟨o. Pl.⟩ **a)** das Schlossern: die S. macht ihm Spaß; **b)** Schlosserhandwerk: er hat die S. erlernt. **3.** ⟨o. Pl.⟩ (Bergsteigen) Gesamtheit der metallenen Gegenstände u. Hilfsmittel, die beim Klettern im Fels benötigt werden.

Schlos|ser|hand|werk, das ⟨o. Pl.⟩: Handwerk des Schlossers.

Schlos|se|rin, die; -, -nen: w. Form zu ↑ Schlosser.

Schlos|ser|meis|ter, der: Meister (1) im Schlosserhandwerk.

Schlos|ser|meis|te|rin, die: w. Form zu ↑ Schlossermeister.

schlos|sern ⟨sw. V.; hat⟩ (ugs.): [gelegentlich u. ohne eigentliche Ausbildung] Arbeiten eines Schlossers verrichten: er schlossert manchmal.

Schloss|gar|ten, der: vgl. Schlosspark.

Schloss|ge|spenst, das: Gespenst, das in einem alten Schloss (4 a) hausen soll.

Schloss|herr, der: Besitzer u. Bewohner eines Schlosses.

Schloss|her|rin, die: **1.** w. Form zu ↑ Schlossherr. **2.** Gemahlin eines Schlossherrn.

Schloss|hof, der: meist vor dem Schloss (4 a) sich erstreckender Hof (1).

Schloss|ho|tel, das: in einem Schloss, schlossähnlichen Gebäude untergebrachtes Hotel.

Schloss|hund: nur in der Wendung **heulen wie ein S.** (ugs.; laut u. heftig weinen).

Schloss|ka|pel|le, die: vgl. Schlosskirche.

Schloss|kir|che, die: zu einer Schlossanlage gehörende Kirche (1).

Schloss|kon|zert, das: in einem Schloss stattfindendes Konzert.

Schloss|mu|se|um, das: in einem Schloss untergebrachtes Museum.

Schloss|park, der: zu einem Schloss gehörender Park (1).

Schloss|ru|i|ne, die: Ruine eines Schlosses.

Schlot, der; -[e]s, -e, seltener: Schlöte [mhd., ahd. slāt, viell. zu mhd. slāte = Schilfrohr, also viell. eigtl. = hohler Halm]: **1.** (landsch.) Fabrikschornstein, Schornstein eines Dampfschiffs: aus den -en der Fabriken steigt schwarzer Qualm; er raucht, qualmt wie ein S. (ugs.; ist ein starker Raucher). **2.** (Geol.) (meist senkrecht aufsteigender) Schacht in der Erdkruste, durch den bei der Vulkantätigkeit Gase u. Magma aus dem Erdinnern an die Oberfläche gelangen. **3.** (Geol.) Doline in Karstgebieten. **4.** (ugs. abwertend) **a)** leichtsinniger, unzuverlässiger o. ä. Mann, Nichtsnutz; **b)** unangenehmer Bursche, Kerl.

Schlö|te: Pl. von ↑ Schlot.

Schlot|ter|ge|lenk, das (Med.): abnorm bewegliches Gelenk.

schlot|te|rig: ↑ schlottrig.

schlot|tern ⟨sw. V.; hat⟩ [mhd. slot(t)ern, Intensivbildung zu: sloten = zittern, urspr. = schlaff herabhängen]: **1.** (vor Kälte od. durch eine heftige Gefühlsbewegung, bes. Angst, Aufregung o. Ä., bewirkt) heftig zittern: die Kinder schlotterten [vor Angst, vor Kälte]; sie schlotterte am ganzen Leib; ihm schlotterten die Knie und ging er hinaus. **2.** (bes. von zu weiten Kleidungsstücken o. Ä.) lose, schlaff (am Körper, einem Körperteil) herabhängen, sich (bei einer Bewegung des Trägers) schlenkernd hin u. her bewegen: die Hosen schlottern ihm um die Beine.

schlott|rig, schlotterig ⟨Adj.⟩: **1.** schlotternd (1): er hatte vor Aufregung -e Knie. **2.** schlotternd (2): -e Hosen.

Schlucht, die; -, -en, (dichter. veraltet:) Schlüchte [aus dem Niederd., Md., für mhd. sluft = das Schlüpfen (niederd. -cht- entspricht hochd. -ft-, vgl. Schacht)]: enges, tiefes Tal; enger, tiefer, steilwandiger Einschnitt im Gelände: eine tiefe S.; Ü die düsteren -en der Vorstadt.

schluch|zen ⟨sw. V.; hat⟩ [mhd. Intensivbildung zu mhd. slūchen = schlingen, schlucken]: krampfhaft, stoßweise atmend, weinend [seelischen] Schmerz, tiefe innere Bewegung äußern: herzzerbrechend s.; mit schluchzender Stimme, Ü schluchzende Geigen.

Schluch|zer, der; -s, -: einmaliges, kurzes [Auf]schluchzen: einen S. unterdrücken.

Schluck, der; -[e]s, -e, selten auch: Schlücke, als Mengenangabe auch: Schluck [mhd. sluc, zu ↑ schlucken]: **1. a)** Flüssigkeitsmenge, die man beim Trinken mit einem Mal schluckt: einige S. Wasser; einen [kräftigen] S. [aus der Flasche] nehmen; Ü hast du einen S. (ugs.; etwas) zu trinken für uns?; *** ein [kräftiger, tüchtiger usw.] S. aus der Pulle** (salopp; eine beachtliche Menge, die aus etw. [Verfügbarem] genommen, gefordert wird): die Gewerkschaft will in dieser Tarifrunde einen tüchtigen S. aus der Pulle nehmen);

b) (ugs.) *[alkoholisches] Getränk:* er weiß einen guten S. zu schätzen; ... als wir die fröhlichen Herren ins Hotel gebracht hatten und er mich bat, auf einen S. zu ihm reinzukommen (Lenz, Brot 88). **2.** *einzelner Vorgang des Hinunterschluckens einer Flüssigkeitsmenge:* in/mit hastigen -en trinken.

Schluck|auf, der; -s, -e u. -s [nach niederd. Sluck-up]: *wiederholtes, (durch reflexartige Zusammenziehung des Zwerchfells hervorgerufenes) unwillkürliches, ruckartiges Einatmen, das mit einem glucksenden Geräusch verbunden ist:* den, einen S. kriegen, bekommen, haben; Und halb liegend, gegen die Lehnen ihrer Stühle zurückgeworfen, lachten sie so sehr, dass ihnen der Leib bebte und sie fast gleichzeitig S. bekamen (Th. Mann, Zauberberg 27).

Schluck|be|schwer|den ⟨Pl.⟩: *Beschwerden beim Schlucken.*

Schlück|chen, das; -s, -: Vkl. zu ↑ Schluck.

schlu|cken ⟨sw. V.; hat⟩ [mhd. slucken, Intensivbildung zu einem Verb mit der Bed. »hinunterschlingen«, wohl lautm.]: **1. a)** *durch reflexartige zusammenziehende Bewegung der Zungen- u. Halsmuskeln vom Mund in die Speiseröhre u. den Magen gelangen lassen:* beim Schwimmen versehentlich Wasser s.; Die Tabletten soll man [unzerkaut] mit etwas Flüssigkeit s.; **b)** *Zungen- u. Halsmuskeln wie beim Schlucken von etw. bewegen, betätigen:* eine Angina haben und kaum, nicht s. können. **2.** (salopp) *(etw. Alkoholisches) trinken:* zwei Flaschen Bier täglich s.; hast du was zu s.? **3.** (ugs.) *([schädliche] Stoffe) durch Mund od. Nase in den Körper aufnehmen:* viel Staub s. [müssen]. **4.** (abwertend) *seinem Besitz, seiner Sphäre einverleiben; in seinen Besitz, in seine Gewalt bringen:* ein Gebiet s.; ein Konzern schluckt die kleineren Betriebe. **5.** (ugs.) **a)** *etw. Unangenehmes widerwillig, aber ohne Widerrede hinnehmen:* einen Tadel, eine Benachteiligung s. [müssen]; **b)** *eine Anzweiflung hinnehmen, glauben:* eine Entschuldigung, Ausrede s.; sie schien die Geschichte zu s.; **c)** *Mühe haben, etw. innerlich zu verarbeiten, mit etw. fertig zu werden:* an dieser Niederlage hatte er [ganz schön] zu s. **6.** (ugs.) **a)** *etw. in sich aufnehmen u. verschwinden lassen:* der Boden schluckt viel Wasser; die Fabriktore schlucken die Massen der Arbeiter; dunkle Farben schlucken (*absorbieren*) viel Licht; der Teppich schluckt (*dämpft*) den Schall; **b)** *verbrauchen, verschlingen:* der Motor, der Wagen schluckt viel [Benzin]; bis auf 20 Liter auf 100 km; ein großer Teil des Spendenaufkommens wird von der Verwaltung geschluckt; ⟨auch ohne Akk.-Obj.:⟩ das Auto schluckt kräftig.

Schlu|cken, der; -s: *Schluckauf.*

Schlu|cker, der; -s, - (ugs.): **1.** *jmd., der viel, gern Alkoholisches trinkt.* **2.** *eigtl. jmd., der alles hinunterschlucken muss;* abk. slucko = Schlemmer] *armer S. (mittelloser, bedauernswerter Mensch).*

Schlu|cke|rin, die; -, -nen: w. Form zu ↑ Schlucker (1).

Schluck|imp|fung, die: *Impfung, bei der der Impfstoff nicht eingespritzt, sondern geschluckt wird:* eine S. gegen Kinderlähmung durchführen.

Schluck|specht, der (ugs. scherzh.): *jmd., der viel, gerne Alkohol trinkt.*

Schluck|stö|rung, die: *den Schluckvorgang behindernde Störung.*

schluck|wei|se ⟨Adv.⟩: *Schluck für Schluck, in Schlucken:* die Arznei s. einnehmen; ⟨mit Verbalsubstantiven auch attr.:⟩ bei -r Einnahme, Verabreichung.

Schlu|de|rei, die; -, -en (ugs. abwertend): **1.** ⟨o. Pl.⟩ *dauerndes Schludern.* **2.** *Nachlässigkeit, Versäumnis.*

Schlu|de|rer, der; -s, - [spätmhd. slüderer, zu: slüdern, ↑ schludern] (ugs. abwertend): *jmd., der schludert; schludriger Mensch.*

schlu|de|rig: ↑ schludrig.

Schlu|de|rin, die; -, -nen: w. Form zu ↑ Schluderer.

Schlu|der|jan, der; -s, -e [vgl. Dummerjan] (ugs. abwertend): *Schludrian* (1).

schlu|dern ⟨sw. V.; hat⟩ [spätmhd. slüdern = schlendern, schlenkern] (ugs. abwertend): *schludrig arbeiten:* beim Nähen s.; mit dem Material s. (*es vergeuden*).

Schlu|der|wirt|schaft, die; - (ugs. abwertend): *schludrige Wirtschaft, schludrige Führung von Angelegenheiten:* die S. in diesem Haus muss aufhören.

Schlu|d|ri|an, der; -s, -e (ugs. abwertend): **1.** [zur Bildung vgl. Grobian] *jmd., der schludert; schludriger Mensch:* er ist ein S. **2.** ⟨o. Pl.⟩ [vgl. Schlendrian] *schludrige Arbeitsweise:* Kampf dem S.!

schlud|rig, schluderig ⟨Adj.⟩ (ugs. abwertend): **1.** *(in Bezug auf die Ausführung o. Ä. von etw.) flüchtig, nachlässig:* in -er Weise; -er Mensch; eine -e Arbeit, Schrift; sei nicht so s.!; etw. s. reparieren. **2.** *(bes. von der Kleidung) schlampig [aussehend]:* -e Kleider.

Schlud|rig|keit, die; -, -en (ugs. abwertend): **1.** ⟨o. Pl.⟩ *schludrige Art, Beschaffenheit.* **2.** *Verhalten, Umstand, der Schludrigkeit (1) erkennen lässt.*

Schluff, der; -[e]s, -e u. Schlüffe: **1.** [zu mhd. sluf in der Bed. »das Ausgleiten«] *staubfeiner, lehmiger Sand; sehr feines Sediment.* **2.** (südd. veraltend) ²*Muff.* **3.** (südd.; österr.) *enger Durchlass, enger [Durch]gang.*

Schluft, der; -, Schlüfte [mhd. sluft = das Schlüpfen; Schlucht, zu ↑ schliefen] (veraltet): *Schlucht:* ♦ »Torbern – Torbern!« schrie Elis mit furchtbarer Stimme, dass er die öden Schlüfte widerhallten (E.T.A. Hoffmann, Bergwerke 31).

schlug, schlü|ge: ↑ schlagen.

Schlum|mer, der; -s [spätmhd. (md.) slummer, wohl rückgeb. aus ↑ schlummern] (geh.): *leichterer, oft kürzerer Schlaf, bes. als Zustand wohltuender Entspannung:* jmdn. aus dem S. reißen; in S. sinken.

Schlum|mer|lied, das (geh.): *Schlaflied.*

schlum|mern ⟨sw. V.; hat⟩ [spätmhd. (md.) slummern, zu: slummen = schlafen, eigtl. = schlaff, schlapp sein]: **1.** (geh.) *im Schlummer liegen:* sanft, ruhig, tief s.; Ü die schlummernde Natur. **2.** *ungenutzt od. unentfaltet, unentwickelt verborgen liegen:* dieser Hinweis hat jahrelang in den Akten geschlummert; in jmdm. schlummern Kräfte; ein schlummerndes Talent entfalten.

Schlum|mer|rol|le, die: *walzenförmiges Nackenkissen.*

Schlum|mer|stun|de, die (geh.): *kürzerer Zeitraum, der zu einem Schlaf genutzt wird.*

Schlum|mer|trunk, der (geh.): *Schlaftrank.*

schlum|pen ⟨sw. V.; hat⟩ (landsch.): ↑ schlampen (1).

Schlumpf, der; -[e]s, Schlümpfe [H. u.]: **1.** (landsch.) *jmd., über dessen Verhalten man auf eine mehr gutmütige Weise empört ist:* du bist aber ein S.! **2.** *zwergenhafte Fantasiegestalt der Comicliteratur.*

Schlund, der; -[e]s, Schlünde [mhd., ahd. slunt, ablautende Bildung zu ↑ ²schlingen]: **1. a)** *trichterförmiger Raum, der den Übergang zwischen hinterer Mundhöhle u. Speiseröhre bildet; [hinterer] Rachen:* ihm ist eine Gräte im S. stecken geblieben; sich etw. in den S. (salopp; *Mund*) schieben; **b)** (Jägerspr.) *(beim Schalenwild) Speiseröhre.* **2.** (geh.) *tiefe Öffnung:* der S. eines Kraters.

Schlup: ↑ Slup.

Schlupf, der; -[e]s, Schlüpfe u. -e ⟨Pl. selten⟩ [mhd. slupf = Schlüpfen; Schlinge, Strick, zu ↑ schlupfen] (Technik): *(durch unzulängliche Reibung, Gleiten usw. verursachtes) Zurückbleiben eines [Maschinen]teils gegenüber einem anderen bezüglich Geschwindigkeit, Drehzahl o. Ä. bei der Übertragung von Bewegung.*

schlupf|fen (schweiz. veraltet, südd., österr.), **schlüp|fen** ⟨sw. V.; ist⟩ [mhd. slüpfen, slupfen, ahd. slupfen, Intensivbildung zu ↑ schliefen]: **1.** *sich gewandt u. schnell [gleitend, durch eine Öffnung o. an eine bestimmte Richtung bewegen:* durch den Zaun, unter die Decke s.; die Maus schlüpfte aus dem Loch; Ü die nasse Seife schlüpft (*gleitet*) mir aus der Hand. **2.** *etw. schnell, bes. mit gleitenden, geschmeidigen Bewegungen an-, aus-, überziehen:* in die Schuhe s.; Ü in die Rolle eines anderen s. (*die Rolle eines anderen geschickt übernehmen, sie ganz ausfüllen*). **3.** *sich aus dem Ei, der Puppe, der Larve herauslösen; ausschlüpfen, auskriechen:* das Küken ist [aus dem Ei] geschlüpft.

Schlüp|fer, der; -s, - **1.** ⟨oft auch im Pl. mit singularischer Bed.⟩ *Unterhose mit kurzen Beinen, bes. für Damen u. Kinder:* einen neuen S., ein Paar neue S. anziehen. **2.** *bequem geschnittener, sportlicher Herrenmantel mit großen, tiefen Armlöchern.*

Schlupf|ho|se, die: *meist mit Gummizug versehene, mühelos anzuziehende, bequeme Hose.*

Schlupf|lid, das: *oberes Augenlid, das bei geöffnetem Auge fast völlig in der Augenhöhle verschwindet.*

Schlupf|loch, das: **1.** *Loch zum Durchschlüpfen, Durchschlupf:* die Katze kroch durch das S. in der Mauer; Ü ... sie vermochte es, bei direkten Fragen geschickt auszuweichen, ihre Intelligenz hielt ihr jederzeit die verschlossensten Schlupflöcher offen (Mayröcker, Herzzerreißende 119). **2.** *Loch, in das ein Tier schlüpfen u. sich verstecken kann:* die Maus verschwand in ihrem S. **3.** *Schlupfwinkel; verborgener, geheimer Zufluchtsort.*

schlüpf|rig ⟨Adj.⟩ [mhd. slipfe(ri)c = glatt, glitschig, zu: slipfe(r)n, ahd. slipfen = ausgleiten, Intensivbildung zu ↑ ¹schliefen; frühnhd. an ↑ schlüpfen angelehnt]: **1.** *feucht u. glatt, mit einer Oberfläche, auf, an der jmd. od. etw. leicht abrutscht, ausgleitet:* s. wie ein Aal. **2.** (abwertend) *zweideutig, anstößig, unanständig:* ein -er Witz.

Schlüpf|rig|keit, die; -, -en: **1.** ⟨o. Pl.⟩ *das Schlüpfrigsein.* **2.** *schlüpfrige (2) Äußerung, Stelle in einem Buch o. Ä.*

Schlupf|stie|fel, der ⟨meist Pl.⟩: *mühelos anzuziehender Stiefel ohne Reißverschluss o. Ä.*

Schlupf|wes|pe, die: *rot-gelb bis schwarz gefärbte Wespe, deren Larven sich als Parasiten in Eiern, Larven od. Puppen anderer Insekten entwickeln u. diese töten.*

Schlupf|win|kel, der: **1.** *Winkel, geschützte Stelle, wo sich ein Tier verstecken kann:* die Mäuse kommen aus ihren -n. **2.** (oft abwertend) *verborgener, geheimer Zufluchtsort, Versteck:* das Gebirge bot den Banditen sichere S.

Schlup|pe, die; -, -n [niederd. Form von mhd. slupf = Schlüpfen; Schlinge, Strick, zu ↑ schlupfen] (nordd., md.): *Schlinge, Schlaufe.*

schlur|fen ⟨sw. V.⟩ [Nebenf. von ↑ schlürfen]: **1.** ⟨ist⟩ **a)** *geräuschvoll [u. schleppend] gehen, indem man die Schuhe über den Boden schleifen lässt:* schlurfende Schritte; **b)** *sich schlurfend (1 a) zu etw. hin-, über etw. hinweg-, hindurchbewegen:* er schlurfte in die Küche. ⟨hat⟩ (landsch.): *schlürfen* (1,2).

schlür|fen ⟨sw. V.⟩ [lautm.]: **1.** ⟨hat⟩ **a)** *Flüssigkeit geräuschvoll in den Mund einsaugen:* laut s.; **b)** *schlürfend (1 a) zu sich nehmen:* ein heißes

Schluss – Schlussetappe

Getränk vorsichtig s. **2.** ⟨hat⟩ *langsam u. mit Genuss in kleinen Schlucken trinken:* ein Glas Likör s. **3.** (landsch.) *schlurfen* (1).

Schluss, der; -es, Schlüsse [spätmhd. sluʒ, zu ↑schließen]: **1. a)** ⟨Pl. selten⟩ *Zeitpunkt, an dem etw. aufhört, beendet wird; letztes Stadium; Ende:* es ist S. [mit etw.] *(etw. hat aufgehört; mit etw. wird aufgehört);* nun geht dem schönen Wetter ist S.; mit dem Trinken ist jetzt S.; S. für heute!; jetzt ist aber S. [damit]!, S. jetzt! *(jetzt ist es genug!);* beim Erzählen keinen S. *(kein Ende)* finden [können]; am, zum S. des Jahres abrechnen; kurz vor S. *(Laden-, Geschäfts-, Dienstschluss);* damit komme ich zum S. meiner Ausführungen; am/zum S. *(zuletzt, schließlich)* bedankte er sich doch noch; R es ist S. mit lustig (ugs.; *die Sache ist durchaus ernst);* * *mit jmdm. ist S.* (ugs.: *jmd. muss sterben. jmd. ist am Ende seiner Kräfte*) [mit jmdm., mit etw. ist S. (ugs.; *jmd., etw. ist ruiniert*); S. machen (1. *Feierabend machen, seine Tagesarbeit beenden.* ugs.; *seine Arbeit, Stellung aufgeben:* er hat bei der Firma S. gemacht); [mit etw.] S. machen *([mit etw.] aufhören):* macht endlich S. [mit dem Krieg]!); [mit sich, mit dem Leben] S. machen (ugs.; *sich das Leben nehmen*); [mit jmdm.] S. machen (*ein Liebesverhältnis, eine Freundschaft, eine Bindung endgültig lösen*); **b)** *letzter Abschnitt, letzter, äußerster Teil einer bes. räumlich festgelegten Folge, Reihe:* S. folgt [im nächsten Heft]; den S. bilden; der Gepäckwagen befindet sich am S. des Zuges. **2. a)** *Folgerung, Ableitung:* ein zwingender, weitreichender S.; die Tatsachen lassen sichere Schlüsse zu; voreilige Schlüsse ziehen, ableiten; aufgrund der Tatsachen kam sie zu dem S., dass …; **b)** (Logik) *Ableitung von Aussagen aus anderen Aussagen mithilfe von bestimmten Regeln der Logik:* der S. *(das logische Schließen)* vom Allgemeinen auf das Besondere. **3.** (veraltet) ⟨o. Pl.⟩ *das [Ab]schließen:* kurz vor S. des Tores; **b)** *Abkommen, Abschluss; Beschluss; Entschluss.* **4.** (Musik) *abschließende Ton-, Akkordfolge, bes. Kadenz.* **5.** ⟨o. Pl.⟩ (Rugby) *Schlussspieler.* **6.** (Börsenw.) *Mindestbetrag od. Mindeststückzahl für die Kursfeststellung.* **7.** ⟨o. Pl.⟩ **a)** (Fachspr.) *dichtes [Ab]schließen:* die Fenster haben guten S. *(schließen dicht);* **b)** (Reiten) *festes Anliegen der Schenkel des Reiters, der Reiterin am Pferdeleib:* guten S. *(das Pferd fest zwischen den Schenkeln)* haben. **8.** (Elektrotechnikjargon) Kurzf. von ↑Kurzschluss (1).

Schluss|ab|rech|nung, die: vgl. Schlussbilanz.
Schluss|ab|stim|mung, die (Parlamentsspr.): *letzte, endgültige Abstimmung.*
Schluss|ak|kord, der (Musik): *letzter, abschließender Akkord eines Musikstücks;* Ü der S. (geh.; *Ausklang*) *eines Festes.*
Schluss|akt, der: **1.** *letzter, abschließender Akt* (1 a, b). **2.** *letzter, abschließender* ¹Akt (2) *eines Bühnenstücks.*
Schluss|ball, der: *Abschlussball.*
Schluss|be|mer|kung, die: vgl. Schlussbericht.
Schluss|be|richt, der: *abschließender Bericht.*
Schluss|bi|lanz, die (Kaufmannsspr.): *Bilanz, die am Schluss [eines Jahres] aufgestellt wird.*
Schluss|bild, das: vgl. Schlussakt (2).
Schluss|chor, der (Musik): *letzter, abschließender Chor* (2) *bes. einer Oper, eines Vokalwerks.*
Schluss|drit|tel, das (Eishockey): *letztes Drittel* (2 b).
Schlüs|sel, der; -s, - [mhd. slüʒʒel, ahd. sluʒʒil, zu ↑schließen]: **1. a)** *Gegenstand zum Öffnen u. Schließen eines Schlosses* (1): der S. zur Wohnung[stür]; der S. steckt [im Schloss]; den S. abziehen; **b)** Kurzf. von ↑Schraubenschlüssel. **2.** *Mittel zum Erschließen des Zugangs od. Verständnisses:* Fleiß und Umsicht sind zum

Erfolg; hierin liegt der S. zur Lösung des Problems. **3. a)** *Anweisung zur Umformung von Informationen, Texten, Zeichen in eine andere Gestalt; Anweisung u. Aufschluss über die Ver- u. Entschlüsselung:* den S. einer Geheimschrift kennen; **b)** *gesonderter Teil von Lehr- u. Übungsbüchern, der die Lösungen der gestellten Aufgaben enthält:* der S. zum Übungsbuch kostet 14 Euro; **c)** *Schema für die Verteilung, Aufteilung, Zuweisung, Aufgliederung:* die Beträge werden nach einem bestimmten S. verteilt. **4.** (Musik) **a)** *am Beginn der Notenlinien stehendes Zeichen der Notenschrift, das den Bereich der Tonhöhen von Noten festlegt; Notenschlüssel;* **b)** *Art der Notation, bei der ein bestimmter Schlüssel* (4 a) *benutzt wird:* die Melodie ist in einem ungebräuchlichen S. geschrieben, notiert.

Schlüs|sel-: 1. drückt in Bildungen mit Substantiven aus, dass jmd. oder etw. eine zentrale Stellung einnimmt: Schlüsselcharakter, -gruppe. **2.** drückt in Bildungen mit Substantiven aus, dass etw. ein Mittel zum Zugang, zum Verständnis einer Person od. Sache ist: Schlüsselgedicht, -essay.

Schlüs|sel|an|hän|ger, der: *an einem Schlüsselring zu befestigendes meist schmückendes Figürchen, Gebilde o. Ä.*
Schlüs|sel|band, das ⟨Pl. …bänder⟩: *längeres [um den Hals zu tragendes] gurtähnliches Band mit einem Karabinerhaken für die Schlüssel:* ein hippes S. mit eingewebtem Sponsorennamen.
Schlüs|sel|bart, der: *Bart* (2).
Schlüs|sel|be|griff, der: vgl. Schlüsselwort (1 c).
Schlüs|sel|bein, das [für frühnhd. Schlüssel der Brust, nach gleichbed. lat. clavicula, LÜ von griech. kleís; nach der S-Form altgriechischer Schlüssel]: *beidseitig ausgebildeter Röhrenknochen des Schultergürtels, der das Brustbein mit dem Schulterblatt verbindet.*
Schlüs|sel|bein|bruch, der: ¹*Bruch* (2 a) *des Schlüsselbeins.*
Schlüs|sel|be|trieb, der: *Betrieb, dessen Produkte für die anderen Betriebe od. Industriezweige unentbehrlich od. äußerst wichtig sind.*
Schlüs|sel|blu|me, die [spätmhd. slussilblome, nach der Blütenform]: **1.** *im Frühling erscheinende Pflanze mit rosettenförmig angeordneten Blättern u. kleinen, leuchtend gelben Blüten am Ende eines blattlosen Stängels.* **2.** *Primel.*
Schlüs|sel|brett, das: *an der Wand zu befestigendes Brett, das mit Haken zum Aufhängen von Schlüsseln* (1 a) *versehen ist.*
Schlüs|sel|bund, der (österr. nur so) u. das; -[e]s, -e, auch …bünde: *Anzahl an Schlüsseln, die durch einen Ring o. Ä. zusammengehalten werden.*
Schlüs|sel|dienst, der: *kleineres Unternehmen, das Schlüssel, Duplikate von Schlüsseln anfertigt o. Ä.*
Schlüs|sel|er|leb|nis, das (bes. Psychol.): *Erlebnis, das geeignet ist, jmdn. in seiner persönlichen Eigenart bes. stark anzusprechen u. die entsprechenden Reaktionen hervorzurufen.*
schlüs|sel|fer|tig ⟨Adj.⟩: *bezugsfertig.*
Schlüs|sel|fi|gur, die: *wichtige, einflussreiche Figur* (5 a, c), *deren Handeln u. Wirken der Schlüssel* (2) *zur Erklärung bestimmter Zusammenhänge ist; wichtige, für eine bestimmte Sache sehr einfluss- u. aufschlussreiche Person.*
Schlüs|sel|fra|ge, die: *zentrale, entscheidende Frage, die den Schlüssel* (2) *zu etw. enthält.*
Schlüs|sel|funk|ti|on, die: *Funktion von entscheidender Bedeutung; wichtige od. führende Funktion.*
Schlüs|sel|ge|walt, die ⟨o. Pl.⟩: **1.** (Rechtsspr.) *Befugnis des einen Ehepartners, den anderen in*

Dingen, die die Haushaltsführung betreffen, mit rechtlicher Wirkung zu vertreten. **2.** (kath. Kirche) *dem Papst u. dem Bischofskollegium übertragene höchste Kirchengewalt.*
Schlüs|sel|in|dus|t|rie, die (Wirtsch.): *Industrie, deren Produkte für die anderen Industriezweige unentbehrlich od. äußerst wichtig sind.*
Schlüs|sel|kind, das [früher hatten die Kinder den Wohnungsschlüssel meist um den Hals hängen] (Jargon): *tagsüber (nach dem Schulunterricht od. Kindergarten) weitgehend sich selbst überlassenes Kind berufstätiger Eltern.*
Schlüs|sel|kraft, die (bes. österr.): *Fach- od. Führungskraft, die über besonders wichtige Qualifikationen verfügt.*
Schlüs|sel|loch, das: *Loch im Schloss zum Hineinstecken des Schlüssels* (1 a): durchs S. sehen, gucken.
Schlüs|sel|loch|chi|r|ur|gie, die (Med.): *minimalinvasive Chirurgie; Knopflochchirurgie.*
schlüs|seln ⟨sw. V.; hat⟩ (Fachspr.): *nach einem bestimmten Schlüssel* (3 c) *aufteilen.*
Schlüs|sel|po|si|ti|on, die: *Schlüsselstellung* (1).
Schlüs|sel|qua|li|fi|ka|ti|on, die: *äußerst wichtige od. entscheidende Qualifikation* (2 a).
Schlüs|sel|reiz, der (Biol., Psychol.): *spezifischer Reiz in Form bestimmter Merkmale (wie Farbe, Duft, Geräusch, Gestalt), der ein bestimmtes, bes. instinktives Verhalten in Gang setzt:* -e für Triebhandlungen.
Schlüs|sel|ring, der: **1.** *Ring, der mehrere Schlüssel* (1 a) *zusammenhält.* **2.** *ringähnlicher oberer Teil des Schlüssels* (1 a).
Schlüs|sel|rol|le, die: *Rolle von entscheidender Bedeutung; wichtige, einflussreiche, führende Rolle:* jmdm., einer Sache kommt [in einer Auseinandersetzung] eine S. zu.
Schlüs|sel|ro|man, der (Literaturwiss.): *Roman, in dem wirkliche Personen, Zustände u. Geschehnisse verschlüsselt dargestellt werden.*
Schlüs|sel|stel|le, die (bes. Bergsteigen): *schwierigste Stelle (insbesondere eines Anstiegs).*
Schlüs|sel|stel|lung, die: **1.** *Stellung von entscheidender Bedeutung, von entscheidendem Einfluss; wichtige od. führende, beherrschende Position:* die S. der Elektronik in der Wirtschaft; jmd., etw. hat eine S. [inne]; in eine S. gelangen. **2.** (Militär) *militärische Stellung von entscheidender Bedeutung:* -en beziehen, erobern, verlieren.
Schlüs|sel|sze|ne, die: vgl. Schlüsselwort (1 c).
Schlüs|sel|tech|no|lo|gie, die: *Technologie, die in einem bestimmten Bereich eine Schlüsselstellung* (1) *einnimmt, die für einen Bereich äußerst wichtig ist:* als S. hat die Informatik große Bedeutung.
Schlüs|sel|über|ga|be, die: **a)** *[feierliche] Übergabe der Hausschlüssel an den Bauherrn, die Bauherrin eines neu erbauten Hauses;* **b)** *Aushändigung der Haus- od. Wohnungsschlüssel an die Mietpartei.*
Schlüs|sel|wort, das: **1. a)** ⟨Pl. …wörter⟩ *Kennwort für ein Kombinationsschloss;* **b)** ⟨Pl. …wörter⟩ *Wort, mit dessen Hilfe man einen Text ver- u. entschlüsseln kann;* **c)** ⟨Pl. …wörter u. -e⟩ *Wort von zentraler Bedeutung u. weitgehendem Aufschluss in einem bestimmten Bereich od. Zusammenhang.* **2.** ⟨Pl. …wörter u. -e⟩ *verschlüsseltes Wort; Wort mit verschlüsselter Bedeutung.* **3.** ⟨Pl. …wörter⟩ (EDV) **a)** *(in einer Programmiersprache) Zeichenfolge mit einer festgelegten Bedeutung;* **b)** *Passwort* (2).
schluss|end|lich ⟨Adv.⟩: *schließlich, endlich, am Ende, zum Schluss.*
Schluss|er|klä|rung, die: *zusammenfassende, abschließende [offizielle] Erklärung.*
Schluss|etap|pe, die: *letzte, abschließende Etappe* (1).

Schluss|fei|er, die: *Feier, mit der etw. abgeschlossen wird:* die S. der Olympischen Spiele.
schluss|fol|gern ⟨sw. V.; schlussfolgerte, hat geschlussfolgert⟩: *eine Schlussfolgerung aus etw. ziehen, etw. aus etw. als Schlussfolgerung ableiten:* aus meiner Bemerkung schlussfolgerte er, dass etwas nicht stimmen würde.
Schluss|fol|ge|rung, die: *logische Folgerung; Schluss, mit dem etw. aus etw. gefolgert wird:* eine logische, zwingende, überzeugende, falsche S.; aus etw. die richtige S. ziehen.
Schluss|for|mel, die: *abschließende, beschließende Formel* (1): -n in Briefen.
Schluss|frau, die: vgl. Schlussmann.
schlüs|sig ⟨Adj.⟩: **1.** [zu ↑ Schluss (2)] *folgerichtig u. den Tatsachen entsprechend aufgrund gesicherter Schlüsse; überzeugend, zwingend:* eine -e Beweisführung, Argumentation; -e (Rechtsspr.; beweiskräftige Schlüsse zulassende) Dokumente, Fakten; der Beweis ist [in sich] s.; etw. s. beweisen, widerlegen. **2.** [zu ↑ Schluss (3 b)] * **sich** ⟨Dativ⟩ **s. sein** (*sich in Bezug auf etw. entschlossen, entschieden haben:* ich bin mir immer noch nicht s., ob ich es tun soll); **sich** ⟨Dativ⟩ **s. werden** (*sich in Bezug auf etw. fest entschließen, entscheiden:* du musst dir doch endlich s. werden, was du tun willst).
Schlüs|sig|keit, die; -: *das Schlüssigsein:* eine Argumentation auf ihre S. prüfen.
Schluss|ka|pi|tel, das: *abschließendes, letztes Kapitel* (1): das S. eines Romans.
Schluss|klas|se|ment, das (Sport): *abschließendes Klassement* (2).
Schluss|kurs, der (Börsenw.): *letzter Kurs eines Wertpapiers vor Börsenschluss.*
Schluss|läu|fer, der (Leichtathletik): *letzter Läufer einer Staffel.*
Schluss|läu|fe|rin, die: w. Form zu ↑ Schlussläufer.
◆ **schlüss|lich**: ↑ schließlich: ...trank ihm s. hierauf noch einmal das Gedeihen ihres Geschäfts zu (Kleist, Kohlhaas 25).
Schluss|licht, das ⟨Pl. -er⟩: **1.** *rotes Licht, das an Fahrzeugen das hintere Ende kenntlich macht:* die beiden -er des Autos sind defekt; er sah nur noch die -er [des Zuges] (*verpasste den Zug knapp*). **2.** ⟨ugs.⟩ **a)** *Letzte[r] einer Reihenfolge, Kolonne o. Ä.:* S. bilden, machen; **b)** *Letzte[r], Schlechteste[r] unter vielen:* dieser Verein ist das S.
Schluss|mann, der ⟨Pl. ...männer u. ...leute⟩: **1.** (Leichtathletik) *Schlussläufer.* **2.** (Ballsportjargon) *Torwart.* **3.** (Rugby) *Schlussspieler.*
Schluss|mi|nu|te, die: *letzte Minute, bes. eines sportlichen Wettkampfes.*
Schluss|pfiff, der (Ballspiele): *Pfiff, mit dem der Schiedsrichter den Schluss des Spiels anzeigt.*
Schluss|pha|se, die: *letzte Phase.*
Schluss|punkt, der: **1.** *den Satzschluss bezeichnender Punkt.* **2.** *endgültiger, deutlicher Abschluss:* den S. einer Entwicklung, einer Feier; * **einen S. unter/hinter etw. setzen** (*etw. Unangenehmes endgültig abschließen, beendet sein lassen:* man sollte einen S. unter/hinter die Sache, Affäre setzen).
Schluss|quar|tal, das (Wirtsch.): *letztes Quartal eines Geschäftsjahres.*
Schluss|rang, der (schweiz.): *endgültige Platzierung (bei sportlichen Wettkämpfen).*
Schluss|rech|nung, die: **1.** (Rechtsspr., Wirtsch.) *Schlussabrechnung bes. des Konkursverwalters.* **2.** (Math.) *Dreisatzrechnung.*
Schluss|re|dak|ti|on, die (Verlagsw.): *letzte, abschließende, endgültige Redaktion* (1).
Schluss|re|de, die: **1.** *abschließende Rede od. abschließender Teil einer Rede.* **2.** *Epilog.*
Schluss|re|gel, die (Logik): *Regel für das logische Schließen.*
Schluss|run|de, die (Sport): **1.** *letzte Runde eines Rennens.* **2.** *letzte Runde eines Box-, Ringkampfes.* **3.** *Endrunde.*

Schluss-s, das: *in der früheren deutschen Schrift u. im Frakturdruck besonders gestaltetes einfaches s im Auslaut von Wörtern u. Silben* (ß).
Schluss|satz, Schluss-Satz, der: **1. a)** *letzter, abschließender Satz:* der S. einer Rede; **b)** (Logik) *Konklusion.* **2.** (Musik) *letzter Satz eines Musikstücks.*
Schluss|si|re|ne, Schluss-Si|re|ne, die (bes. Eishockey): *Sirenenton, der den Schluss des Spiels anzeigt.*
Schluss|spie|ler, Schluss-Spie|ler, der (Rugby): *hinterster Spieler mit der besonderen Aufgabe, das Mal zu verteidigen.*
Schluss|spie|le|rin, Schluss-Spie|le|rin, die: w. Form zu ↑ Schlussspieler.
Schluss|sprung, Schluss-Sprung, der (Turnen): *Sprung mit geschlossenen Beinen (häufig als Abschluss einer Übung).*
Schluss|spurt, Schluss-Spurt, der (Ballspiele): *besondere Anstrengung, besonderer Einsatz gegen Schluss eines Spiels.*
Schluss|stand, Schluss-Stand, der (Börsenw.): *Stand (bes. eines Aktienindex) bei Börsenschluss.*
Schluss|stein, Schluss-Stein, der: **1.** (Archit.) *[verzierter] Stein im Scheitel eines Bogens od. Gewölbes.* **2.** *etw., was den Abschluss, die Vollendung bildet:* das war der S. der Entwicklung.
Schluss|strich, Schluss-Strich, der: *abschließender Strich am Ende eines Schriftstücks, einer Rechnung:* einen S. unter die Rechnung ziehen; * **einen S. unter etw. ziehen** (*etw. Unangenehmes endgültig abschließen, beendet sein lassen:* man sollte einen S. [unter die Sache, Affäre] ziehen).
Schluss|sze|ne, Schluss-Sze|ne, die: vgl. Schlussakt (2).
Schluss|tag, der: *letzter Tag einer mehrere Tage umfassenden Veranstaltung.*
Schluss|teil, der: *abschließender Teil; Abschnitt, Teil, der den [Be]schluss bildet:* der S. der Rede, des Romans.
Schluss|ver|an|stal|tung, die: *abschließende Veranstaltung.*
Schluss|ver|kauf, der: *am Ende einer Saison stattfindender Ausverkauf.*
Schluss|wort, das ⟨Pl. -e⟩: *abschließende Äußerung:* das S. halten.
Schluss|zei|chen, das (Fachspr., bes. Funkw.): *Zeichen, das den Schluss, die Beendigung anzeigt.*
Schlut|te, die; -, -n [H u.] (schweiz.): **1.** *Arbeitskittel.* **2.** *Bettjacke.*
Schlutz|krap|fen ⟨Pl.⟩: *kleine gefüllte Teigtaschen, die gekocht u. mit Schmalz übergossen serviert werden.*
Schma, das; - [hebr. šěma, eigtl. = höre!]: *jüdisches Gebet des täglichen Morgen- u. Abendgottesdienstes.*
Schmach, die; - [mhd. smāch, smæhe, ahd. smāhī, eigtl. = Kleinheit, Geringfügigkeit, zu mhd. smæhe, ahd. smāhi = klein, gering, verächtlich] (geh. emotional): *etw., was als Kränkung, Schande, Herabwürdigung, Demütigung empfunden wird:* die S. einer Niederlage; jmdm. [eine] S. antun; (emotional verstärkend:) er wurde mit S. und Schande aus seinem Amt entlassen; (scherzh.:) S. und Schande über dich!
schmach|ten ⟨sw. V.; hat⟩ [aus dem Niederd. < mniederd. smachten, zu mhd. smach, ahd. smāhi, ↑ Schmach; mhd. in: versmahten (↑ verschmachten), ahd. in: gismahtēon = schwinden, schwach werden] (geh.): **1.** *Entbehrung (besonders Durst, Hunger) leiden:* in der Hitze s.; im Kerker s.; jmdn. s. lassen. **2.** *leidend nach jmdm., nach etw. verlangen; sich schmerzlich sehnen:* nach einem Tropfen Wasser s.; nach der Geliebten s.

schmach|tend ⟨Adj.⟩ (oft spött.): *voll Hingebung u. schmerzlicher Sehnsucht; rührselig, sentimental:* ein -er Blick.
Schmacht|fet|zen, der (salopp abwertend): **1.** *rührseliges, sentimentales Werk wie Film, Schlager, Buch o. Ä.* **2.** *Schmachtlappen.*
schmäch|tig ⟨Adj.⟩ [mhd. smahtec (mniederd. smachtich) = Hunger leidend, zu: smaht = Hunger, Durst, zu ↑ schmachten]: *dünn u. von zartem Gliederbau:* ein -es Kind; jmd. ist klein und s.
Schmacht|korn, das (Landwirtsch.): *infolge Notreife nur kümmerlich ausgebildetes Getreidekorn.*
Schmacht|lap|pen, der (salopp abwertend): *schmachtender Liebhaber.*
Schmacht|lo|cke, die (ugs. spött.): *in die Stirn gekämmte Locke.*
schmach|voll ⟨Adj.⟩ (geh.): *große Schmach bringend, zufügend; demütigend, erniedrigend:* eine -e Niederlage.
schmack|bar ⟨Adj.⟩ (schweiz.): *schmackhaft.*
Schmä|cker|chen: ↑ Schmeckerchen.
Schmą|ckes ⟨Pl.⟩ [zu mniederd. smacken = schlagen; geräuschvoll fallen lassen, vgl. schmatzen (landsch., bes. rhein.): *Hiebe, Schläge:* S. kriegen; * **mit S.** (landsch. ugs.; *mit Wucht, Schwung, Kraft:* er schlug den Nagel mit S. in die Wand).
schmack|haft ⟨Adj.⟩ [mhd. smachaft, zu: smack, ↑ Geschmack]: *wohlschmeckend, von angenehmem Geschmack:* -e Früchte; das Essen s. zubereiten; * **jmdm. etw. s. machen** (ugs.; *jmdm. etw. so darstellen, dass er es für gut hält, Lust dazu bekommt:* jmdm. einen Beruf s. machen).
Schmack|haf|tig|keit, die; -: *das Schmackhaftsein.*
schmą|ckig ⟨Adj.⟩ (bes. Werbespr.): *schmackhaft.*
Schmą|cko|fatz, der u. das; -[es], -e [zu poln. Verb smakować = schmecken] (ugs.): *sehr wohlschmeckende Speise, Leckerei:* der selbst gebackene Schokoladenkuchen war ein richtiger S.
schmą|dern ⟨sw. V.; hat⟩ [wahrsch. verw. mit ↑ schmettern, urspr. lautm.] (nordd. salopp abwertend): **1.** *kleckern* (1 a), *sudeln* (1). **2.** ⟨unpers.⟩ *regnen u. schneien zugleich; nass schneien.*
Schmäh, der; -s, -[s] [mhd. smæhe = Beschimpfung; verächtliche Behandlung, zu ↑ schmähen] (österr. ugs.): **1. a)** *Kunstgriff, [billiger] Trick;* **b)** *Schwindelei, Unwahrheit:* * **jmdn. am S. halten** (*jmdn. zum Besten halten; jmdm. etw. vormachen*). **2.** ⟨o. Pl.⟩ *unverbindliche Freundlichkeit; Sprüche u. Scherze:* Wiener S.; * **S. führen** (österr. ugs.; *Sprüche machen*).
Schmäh|brief, der: *Brief, in dem der Adressat geschmäht wird.*
schmä|hen ⟨sw. V.; hat⟩ [mhd. smæhen, ahd. smāhen, zu mhd. smāch, ahd. smāhi, ↑ Schmach] (geh.): *mit verächtlichen Reden beleidigen, beschimpfen, schlechtmachen:* seinen Gegner s.; jmdn. als Ketzer s.
schmäh|lich ⟨Adj.⟩ [mhd. smæh(e)lich = verächtlich; schimpflich, ahd. smāhlīh = gering, zu mhd. smāch, ahd. smāhi, ↑ Schmach] (geh.): *verachtenswert, als eine Schande anzusehen; schändlich:* ein -er Verrat; eine -e Niederlage; jmdn. s. behandeln; s. versagen; (verblasst:) ich habe mich s. (*in übler Weise, sehr*) getäuscht.
Schmäh|re|de, die: **1.** *Rede, mit der jmd., etw. geschmäht wird:* eine S. gegen jmdn. halten. **2.** (meist Pl.) *schmähende Äußerung; Schmähung:* -n führen.
Schmäh|ruf, der: *schmähender Ruf (1); gerufene Beleidigung.*

Schmäh|schrift, die: *Schrift, mit der jmd., etw. geschmäht wird; Pamphlet.*
Schmäh|sucht, die ⟨o. Pl.⟩: *stark ausgeprägte Neigung, andere zu schmähen.*
Schmä|hung, die; -, -en: **1.** *das Schmähen.* **2.** *schmähende Äußerung:* wüste -en [gegen jmdn., gegen etw.] ausstoßen.
schmal ⟨Adj.; -er u. schmäler, -ste, seltener: schmälste⟩ [mhd., ahd. smal, urspr. = klein, gering; vgl. engl. small]: **1.** *von ziemlich geringer Ausdehnung in der Breite, in seitlicher Richtung:* ein -es Fenster; -e Hände; ein -er Weg; ein -es *(dünnes, kleines)* Büchlein; ihre Augen sind s.; die Lippen s. machen; du bist -er *(dünner)* geworden; eine s. *(eng)* geschnittene Hose. **2.** (geh.) *knapp, unzureichend, karg:* ein -es Einkommen; -e Kost; hier wird nur eine -e *(geringe)* Auswahl geboten; seine Rente ist sehr s. [bemessen]; Nach dreien Tagen wurde das mitgenommene Wasser s. Tausende dürsteten (Th. Mann, Tod u. a. Erzählungen 210).
schmal|brüs|tig ⟨Adj.⟩: *mit schmalem Brustkorb; dünn:* ein -es kleines Kerlchen; Ü ein -er Schrank.
schmä|len ⟨sw. V.; hat⟩ [mhd. smeln, eigtl. = klein machen] (veraltend): *tadeln, schelten, herabsetzen; mit jmdm. schimpfen:* die eintönige Arbeit s.; ◆ Wie konnt' ich sonst so tapfer s., wenn tät ein armes Mägdlein fehlen! (Goethe, Faust I, 3577 f.).
schmä|ler: ↑ schmal.
schmä|lern ⟨sw. V.; hat⟩ [spätmhd. smelern = schmäler machen]: *verringern, verkleinern, [im Wert] herabsetzen:* jmds. Rechte, jmdn. in seinen Rechten, den Wert von etw. s.; ich will dir dein Vergnügen nicht s.
Schmä|le|rung, die; -, -en: *das Schmälern; das Geschmälertwerden.*
Schmal|film, der: **1.** *(bes. von Amateuren benutzter) schmaler Film (2) für Filmaufnahmen.* **2.** *auf Schmalfilm (1) aufgenommener Film (3 a).*
Schmal|fil|mer, der: *jmd., der Schmalfilme (2) dreht.*
Schmal|fil|me|rin, die: w. Form zu ↑ Schmalfilmer.
Schmal|film|ka|me|ra, die: *Kamera für Schmalfilme.*
Schmal|film|pro|jek|tor, der: vgl. Schmalfilmkamera.
schmal|glied|rig ⟨Adj.⟩: *mit schmalen Gliedern versehen:* -e Hände.
Schmal|hans, nur in der Wendung **bei jmdm. ist S. Küchenmeister** (ugs. veraltend; *bei jmdm. geht es äußerst knapp zu, muss sehr mit dem Essen gespart werden;* seit dem 17. Jh. < mniederd. smalehans = Hungerleider, Geizhals).
schmal|hüf|tig ⟨Adj.⟩: *mit schmalen Hüften versehen.*
schmal|lip|pig ⟨Adj.⟩: *mit schmalen Lippen versehen.*
schmal|ran|dig ⟨Adj.⟩: *mit schmalem Rand versehen.*
Schmal|reh, das (Jägerspr.): vgl. Schmaltier.
Schmal|sei|te, die: *a) kürzere Seite (bes. einer [etwa] rechteckigen Fläche):* die -n des Rechtecks, Tischtuchs; **b)** *schmale Seite (bes. eines [etwa] quaderförmigen Gegenstands):* die vier -n des Quaders, Backsteins, Koffers; die beiden langen -n der Streichholzschachtel.
Schmal|spur, die ⟨Pl. selten⟩ (Eisenbahn): *Spurweite (2), die geringer ist als die Normalspur:* Ü der Frauentreff läuft nur noch auf S.
Schmal|spur|aka|de|mi|ker, der (ugs. abwertend): *jmd., der (im Unterschied zum Vollakademiker) an einer Fachhochschule o. Ä. ausgebildet wurde.*
Schmal|spur|aka|de|mi|ke|rin, die: w. Form zu ↑ Schmalspurakademiker.

Schmal|spur|bahn, die: *auf Schmalspur laufende Kleinbahn.*
schmal|spu|rig ⟨Adj.⟩: **1.** *mit schmaler Spur, Spurweite versehen:* eine -e Bahn; der Skiläufer fährt sehr s. **2.** (ugs.) *eng begrenzt, notdürftig:* nur s. qualifiziert sein.
schmäls|te: ↑ schmal.
Schmal|te, die; -, -n [ital. smalto, ↑ Email]: *pulverig gemahlener, kobaltblauer Farbstoff für feuerfeste Glasuren.*
Schmal|tier, das (Jägerspr.): *(bei Hirschen) weibliches Tier im zweiten Lebensjahr, das noch nicht begattet wurde.*
schmal|wüch|sig ⟨Adj.⟩: *einen schmalen Wuchs aufweisend.*
¹Schmalz, das; -es, ⟨Sorten:⟩ -e [mhd., ahd. smalz, zu ↑ schmelzen]: **1.** *eine weiche, streichbare Masse bildendes, ausgelassenes tierisches Fett (bes. von Schweinen od. Gänsen):* S. aufs Brot schmieren. **2.** (landsch.) *Butterschmalz.* **3.** (Jägerspr.) *Fett (2) des Dachses u. des Murmeltiers.*
²Schmalz, der; -es (ugs. abwertend): **1.** *übertrieben empfindsames Gefühl, Sentimentalität:* er sang mit viel S. **2.** *etw. übertrieben Gefühlvolles, Sentimentales:* dieser Film ist ein einziger S. *(ist sehr schmalzig).*
Schmalz|brot, das: *mit ¹Schmalz (1) bestrichene Brotscheibe.*
Schmäl|ze, die; -, -n (Fachspr.): *ölige Substanz, mit der bes. Wollfasern vor dem Spinnen behandelt werden.*
schmal|zen ⟨unr. V.; schmalzte, hat schmalzt/ (auch:) geschmalzen; hat⟩ [mhd. smalzen] (Kochkunst): *mit ¹Schmalz (1) zubereiten, bes. mit heißem Schweineschmalz, auch Butter o. Ä. übergießen:* geschmalzte/geschmalzene Nudeln; Ü ein geschmalzener *(sehr hoher)* Preis; ◆ ...das Kraut wäre gezuckert gewesen, der Sterz mit Wein geschmalzen (Rosegger, Waldbauernbub 150).
schmäl|zen ⟨sw. V.; hat⟩ [mhd. smelzen]: **1.** *schmalzen.* **2.** (Fachspr.) *Wollfasern vor dem Spinnen mit einer Schmälze behandeln, um einen gleichmäßigen u. geschmeidigen Faden zu bekommen.*
Schmalz|fleisch, das: *fettreiches, zu einer streichfähigen Masse eingekochtes Fleisch.*
Schmalz|ge|ba|cke|nes ⟨vgl. Gebackenes⟩ (Kochkunst): *in einem Bad aus siedendem Fett hergestelltes Backwerk.*
schmal|zig ⟨Adj.⟩ [mhd. smalzec = fettig, auch schon übertr. = schmeichlerisch] (abwertend): *übertrieben gefühlvoll, sentimental:* ein -es Lied.
Schmalz|tol|le, die (ugs. scherzh.): *pomadisierte Haartolle.*
Schmand, Schmant, der; -[e]s [mniederd. smand, wohl zu einem Adj. mit der Bed. »weich, glatt«, vgl. engl. smooth = weich, glatt]: **1.** (bes. westmd., nordostd.) *a) [saure] Sahne;* **b)** *Haut auf der gekochten Milch.* **2.** (ostmd.) *feuchter [Straßen]schmutz; Schlamm.*
Schman|kerl, das; -s, -[n] [tirol. schmankerl = leckeres Essen, H. u.] (bayr., österr.): *a) besonderer Leckerbissen:* vielerlei S.; *b) als Tüte geformtes Stück süßen Gebäcks aus einem ganz dünn ausgebackenen Teig:* -n backen.
Schmant: ↑ Schmand.
schma|rot|zen ⟨sw. V.; hat⟩ [älter: schmorotzen, spätmhd. smorotzen = betteln, H. u.]: **1.** (abwertend) *faul auf Kosten anderer leben:* er schmarotzt immer noch bei seinen Verwandten. **2.** (Biol.) *(von Tieren u. Pflanzen) als Parasit (1) auf od. in einem Lebewesen, einer Pflanze leben:* der Bandwurm schmarotzt im Darm des Menschen; die schmarotzende Orchidee.
Schma|rot|zer, der; -s, - [spätmhd. smorotzer = Bettler]: **1.** (abwertend) *jmd., der schma-

rotzt (1).* **2.** (Biol.) *tierischer od. pflanzlicher Organismus, der schmarotzt (2); Parasit (1):* viele Pilze sind S.
schma|rot|zer|haft ⟨Adj.⟩: *wie ein Schmarotzer geartet, als Schmarotzer:* s. leben.
Schma|rot|ze|rin, die; -, -nen: w. Form zu ↑ Schmarotzer (1).
Schmar|re, die; -, -n [aus dem Niederd. < mniederd. smarre]: *[vernarbte] Wunde, Schmiss:* eine lange S. auf der Stirn haben.
Schmar|ren, Schmarrn, der; -s, - [eigtl. wohl = breiige Masse, Fett; mit stark auseinandergehenden Bedeutungsentwicklungen verw. mit ↑ Schmer]: **1.** (österr., auch südd.) *süße Mehlspeise, bes. Kaiserschmarren.* **2.** (ugs. abwertend) *a) etw., was bedeutungslos, minderwertig, ohne künstlerische Qualität ist:* diesen S. lese ich nicht; *b) unsinnige Äußerung, Unsinn:* red keinen solchen S.!; *c) * einen Schmarren/ Schmarrn (drückt Ärger u. Ablehnung aus; überhaupt nichts:* das geht dich einen S. an!
Schmatz, der; -es, -e, (auch:) Schmätze [spätmhd. smaz, smüz, zu ↑ schmatzen] (ugs.): *[lauter] Kuss:* jmdm. einen S. geben.
Schmätz|chen, das; -s, -: Vkl. zu ↑ Schmatz.
schmat|zen ⟨sw. V.; hat⟩ [mhd. smatzen, älter: smackezen = schmatzen, auch: laut küssen, Weiterbildung aus: smacken, ↑ Schmackes]: *a) Laute hervorbringen, die durch Schließen u. plötzliches Öffnen der nassen Lippen u. der Zunge entstehen:* ihr sollt beim Essen nicht s.!; Ü ⟨unpers.:⟩ sie küssten sich, dass es schmatzte; *b) etw. mit einem schmatzenden Laut tun:* die Katze schmatzte beim Trinken der Milch.
Schmauch, der; -[e]s [mhd. smouch, zu einem Verb mit der Bed. »rauchen« (vgl. engl. to smoke, ↑ Smoking)] (landsch. u. fachspr.): *dicker, qualmender Rauch, der sich beim Verbrennen von ohne Flamme brennenden, nur glimmenden Stoffen (z. B. Tabak, Schießpulver) entwickelt.*
schmau|chen ⟨sw. V.; hat⟩: *mit Genuss rauchen:* er schmaucht seine Pfeife.
Schmauch|spur, die ⟨meist Pl.⟩ (Kriminologie): *Rest unverbrannten Pulvers nach einem Schuss:* an der Hand der Toten fanden sich -en.
Schmaus, der; -es, Schmäuse (veraltend, noch scherzh.): *reichhaltige, besonders leckere Mahlzeit, die mit Genuss verzehrt wird.*
schmau|sen ⟨sw. V.; hat⟩ [aus der Studentenspr., urspr. wohl = unsauber essen u. trinken] (scherzh., sonst veraltend): *a) vergnügt u. mit Genuss essen:* sie schmausten köstlich; *b) mit Behagen verzehren:* die Weihnachtsgans s.
schme|cken ⟨sw. V.; hat⟩ [mhd. smecken (Nebenf. smacken) = kosten, wahrnehmen; riechen, duften, abd. smecken = Geschmack empfinden]: **1.** *a) mit der Zunge, dem Gaumen den Geschmack von etw. feststellen, erkennen:* wenn man Schnupfen hat, kann man nichts s.; ⟨auch ohne Akk.-Obj.:⟩ er schmeckte mit der Zunge; *b)* (südd., österr., schweiz.) *riechen (1 a):* ... und nun hörte ich auch das Wiehern von drüben und schmeckte die Wagenschmiere und das salzige Leder im Wind, und da wusste ich, dass Pferdemarkt war (Schnurre, Bart 105); * **jmdn. nicht s. können** (salopp emotional; ↑ riechen 1 a). **2.** *a) eine bestimmte Empfindung im Mund hervorrufen, einen bestimmten Geschmack haben:* das Essen schmeckt gut, würzig, angebrannt; die Suppe schmeckt heute nach gar nichts *(ist zu wenig gewürzt);* der Wein schmeckt nach [dem] Korken; ⟨unpers.:⟩ es hat [mir] sehr gut geschmeckt; R das schmeckt nach mehr (ugs.; *schmeckt so gut, dass man mehr davon essen möchte*); *b) [bei jmdm.] eine angenehme Empfindung im Mund hervorrufen; für jmdn. einen guten Geschmack haben; jmdm. munden:* das Essen hat [mir] geschmeckt;

⟨meist unpers.:⟩ schmeckt es?; Ü diese Kritik schmeckte ihm gar nicht (ugs.; *missfiel ihm sehr*).

Schme|cker|chen, Schmäckerchen, das; -s, - (landsch.): *Leckerbissen.*

Schmei|che|lei, die; -, -en: *schmeichelnde* (1 a) *Äußerung, Bemerkung:* jmdm. -en sagen.

schmei|chel|haft ⟨Adj.⟩: *das Ansehen u. das Selbstbewusstsein hebend:* -e Reden; diese Worte klingen wenig s. *(enthalten einen Tadel);* Ü diese Fotografie von ihr ist sehr s. *(lässt sie hübscher aussehen, als sie in Wirklichkeit ist).*

schmei|cheln ⟨sw. V.; hat⟩ [mhd. smeicheln, Weiterbildung aus: smeichen, urspr. = streichen]: **1. a)** *übertrieben Gutes über jmdn. sagen, ihn wortreich loben [um sich etw. dadurch zu machen]:* man schmeichelte ihr, sie sei eine große Künstlerin; ⟨auch ohne Dativobjekt:⟩ er versteht zu s.; *sich geschmeichelt (geehrt) fühlen;* **b)** *jmds. Selbstgefühl heben:* diese Worte schmeicheln seiner Eitelkeit; **c)** *jmds. äußere Vorzüge zur Geltung bringen, jmdn. in ein günstiges Licht stellen:* dieses Kleid schmeichelt jeder vollschlanken Dame; **d)** ⟨s. + sich⟩ *(auf etw.) stolz sein, sich etwas einbilden:* ich schmeichle mir, das schon längst erkannt zu haben. **2. a)** (veraltend) *liebkosen, zärtlich sein:* Kinder schmeicheln gern; Ü *ein schmeichelndes (lieblich duftendes) Parfüm;* **b)** ⟨s. + sich⟩ *in jmds. Ohr, Sinne sanft hineindringen, eingehen:* die Klänge schmeicheln sich ins Ohr; schmeichelnde Musik; Mit nichts hätte Goldmund sich rascher wieder in sein Herz s. können (Hesse, Narziß 349).

Schmeich|ler, der; -s, - [spätmhd. smeicheler]: *jmd., der schmeichelt* (1 a).

Schmeich|le|rin, die; -, -nen: w. Form zu ↑ Schmeichler.

schmeich|le|risch ⟨Adj.⟩: *schmeichelnd* (1 a), *sich anbiedernd:* mit -en Worten.

¹schmei|ßen ⟨st. V.; hat⟩ [mhd. smīʒen = (be)streichen, (be)schmieren; schlagen, ahd. in bismīʒan = beschmieren, bestreichen, besudeln, H. u.] (ugs.): **1. a)** *irgendwohin werfen* (2 a), *schleudern:* ein Glas an die Wand s.; [jmdm.] einen Stein ins Fenster s.; die Mappe in den Boden, in die Ecke, aus dem Fenster s.; den Ball in die Luft, über die Mauer s.; jmdn. ins Wasser s.; alles auf einen Haufen s.; etw. in den Papierkorb, in den Müll s.; der Gaul hat mich glatt aus dem Sattel geschmissen; die Tür [ins Schloss] s. *(heftig zuschlagen);* Ü jmdn. aus dem Zimmer, aus der Schule s. *(hinausweisen);* etw. zu Dumpingpreisen auf den Markt s. *(in den Handel bringen);* [beim Tanzen] die Beine s. *(mit Schwung nach oben bewegen, in die Höhe reißen);* **b)** *mit etw. werfen:* mit Steinen s.; die Demonstranten schmissen mit Tomaten; Ü mit Geld, mit Geschenken um sich s. *(viel ausgeben, verschenken);* er schmeißt dauernd mit Fremdwörtern um sich; **c)** ⟨s. + sich⟩ *sich irgendwohin werfen* (2 b): sich weinend aufs Bett, sich in den Sessel s.; sie schmiss sich unruhig hin und her; sich jmdm. an den Hals, an die Brust, in die Arme s.; er schmiss *(stürzte)* sich auf seinen Gegner; sich vor einen Zug s. *(sich in selbstmörderischer Absicht vor einen Zug überrollen lassen);* **d)** *(bes. eine Ausbildung o. Ä.) aus einem Gefühl starker Unlust o. Ä. heraus abbrechen, aufgeben; hinwerfen* (3 b): seine Ausbildung, das Studium, seinen Job s.; mit der Therapie geschmissen; Der Sohn der Leiterin, bis dato der beste Lehrling, Durchschnitt eins Komma eins, entpuppt sich als Rowdy! Schmeißt die Lehre! Rennt von zu Hause weg! (Plenzdorf, Leiden 9); **e)** ⟨s. + sich⟩ *sich (mit etw.) bekleiden, kleiden:* zur Feier des Tages hat er sich in seinen Smoking geschmissen; schmeiß dich in die Klamotten *(zieh dich schnell an)* und komm mit; **f)** *skizzieren, hinwerfen* (3 c): eine Karikatur aufs Blatt s. **2.** *ausgeben, spendieren:* eine Lage, Runde [Bier] s. **3.** *mit etw. geschickt fertigwerden; etw. unsichtig u. sicher durchführen, bewältigen:* wir werden die Sache schon s.; sie hat den großen Haushalt ohne Hilfe geschmissen. **4.** (Theaterjargon, Fernsehjargon) *[durch Ungeschick, Versagen o. Ä.] verderben, misslingen lassen:* eine Szene, die Vorstellung, eine Sendung s. ◆ **5.** *prügeln, schlagen:* Schmeißt ihm die Laterne aus der Hand! (Kleist, Käthchen II, 5); Auf! Fass ihn! Schmeiß ihn jetzo, wie du willst (Kleist, Krug 11).

²schmei|ßen ⟨sw. V.; hat⟩ [mhd. smeiʒen, Vergröberung der Grundbed. von ↑ ¹schmeißen] (Jägerspr.): *(von Greifvögeln) Kot ausscheiden, sich entleeren.*

Schmeiß|flie|ge, die [man hielt die Eier für ihren Kot]: *große, metallisch blau od. goldgrün glänzende Fliege, die bes. auf Fleisch u. auf Exkrementen ihre Eier ablegt.*

Schmelz, der; -es, -e [vgl. ahd. smelzi = Gold-Silber-Legierung, zu ↑ schmelzen]: **1.** *glänzender Überzug, Glasur, Email:* der S. beginnt abzublättern. **2.** *Zahnschmelz:* bei einigen Zähnen ist der S. stark angegriffen. **3.** *Lieblichkeit, von Auge od. Ohr als angenehm empfundene Weichheit im Ausdruck von etw.:* der S. der Stimme; verblasster S. der Jugend.

schmelz|bar ⟨Adj.⟩: *sich schmelzen lassend:* ein leicht -es Material.

Schmelz|but|ter, die: *Butterschmalz.*

Schmel|ze, die; -, -n: **1.** *das [Zer]schmelzen, Flüssigwerden.* **2. a)** (Technik) *in flüssigen Zustand gebrachtes Material, Flüssigkeit aus geschmolzenem Material:* eine S. herstellen; **b)** (Geol.) *Gestein, Erz, das durch Erstarren flüssig gewesener [vulkanischer] Materialien entstanden ist.* **3.** (veraltend) *Schmelzhütte:* in der S. arbeiten.

schmel|zen ⟨st. V.⟩: **1.** ⟨ist⟩ [mhd. smelzen, ahd. smelzan (st. V.), eigtl. = weich werden, zerfließen] *unter dem Einfluss von Wärme flüssig werden, zergehen:* Quecksilber schmilzt schon bei ca. −38°; der Schnee ist [in/an der Sonne] geschmolzen; ⟨subst.:⟩ das Zinn zum Schmelzen bringen. **2.** ⟨hat⟩ [mhd., ahd. smelzen (sw. V.), urspr. Kausativ zu ↑ schmelzen (1)] *durch Wärme machen, zergehen lassen:* Erz, Eisen s.; die Sonne schmolz den Schnee. ◆ **3.** ⟨auch sw. V.:⟩ Wohl ist es keiner von den weichen Toren, die eine falsche Weiberträne schmelzt (Schiller, Maria Stuart I, 3); Sie war bürgerlicher Geburt, ... aber ihr Anblick schmelzte die Vorurteile des Adels hinweg (Schiller, Räuber III, 2).

schmel|zend ⟨Adj.⟩: *weich, warm, gefühlvoll:* -e Blicke; eine s. singende Nachtigall.

Schmel|zer, der; -s, -: *Facharbeiter in einer Schmelzhütte* (Berufsbez.).

Schmel|ze|rei, die; -, -en: **1.** *Schmelzhütte.* **2.** *das Schmelzen* (2).

Schmel|ze|rin, die; -, -nen: w. Form zu ↑ Schmelzer.

schmelz|flüs|sig ⟨Adj.⟩: *durch Schmelzen flüssig.*

Schmelz|glas, das ⟨Pl. ...gläser⟩: *Email.*

Schmelz|hüt|te, die: *Hütte* (3) *zur Metallgewinnung.*

Schmelz|kä|se, der: *aus zerkleinertem [Hart]käse unter Zugabe bestimmter Salze durch Schmelzen gewonnener, rindenloser [streichbarer] Käse.*

Schmelz|ofen, der (Technik): *großer Ofen (in einem Hüttenwerk, einer Gießerei o. Ä.), in dem Metalle geschmolzen u. verflüssigt werden.*

Schmelz|punkt, der (Physik): *Temperatur, bei der ein Stoff schmilzt.*

Schmelz|tem|pe|ra|tur, die: *Schmelzpunkt.*

Schmelz|tie|gel, der: *Tiegel zum Schmelzen (von Metall, Glas o. Ä.) in S. aus feuerfestem Ton;* Ü Amerika – S. der Nationen.

Schmelz|wär|me, die (Physik): *Wärmemenge, die ein Kilogramm eines Materials nach Erreichen der zum Schmelzen nötigen Temperatur verbraucht, bis es vollständig in den flüssigen Zustand übergegangen ist.*

Schmelz|was|ser, das ⟨Pl. ...wasser u. (bes. Fachspr.) ...wässer⟩: *beim Schmelzen von Schnee u. Eis entstehendes Wasser:* das S. der Gletscher, von den Gletschern.

◆ **Schmelz|werk,** das: *Email:* Sie steckte Jutten einen Fingerreif mit grünem S. an (Mörike, Hutzelmännlein 142).

Schmer, der od. das; -es, -s [mhd. smer, ahd. smero = Fett] (landsch.): **a)** *Bauchfett (bes. beim Schwein);* ◆ **b)** *Fett* (2): ... denn dieser stellte sich darunter ein kugelrundes, schwerfälliges Tier vor, welches ... aus eitel S. bestand (Keller, Spiegel 260).

Schmer|bauch, der (ugs. abwertend, auch scherzh.): **a)** *dicker, vorgewölbter Bauch mit starkem Fettansatz:* einen S. haben; **b)** *jmd., der einen Schmerbauch* (a) *hat:* wer ist denn der S. da drüben?

Schmer|fluss, der ⟨o. Pl.⟩ (Med.): *Seborrhö.*

Schmerl, der; -s, -e [mhd. smirel, ahd. smerlo] (landsch.): ²*Merlin.*

Schmer|le, die; -, -n [mhd. smerl(e)]: *(in vielen Arten vorkommender) Süßwasserfisch mit gedrungenem, walzigem Körper u. wulstigem Maul mit Barteln; Schlammbeißer.*

Schmerz, der; -es, -en [mhd. smerze, ahd. smerzo, eigtl. = etw., was aufreibt]: **1.** *durch Krankheit, Verletzung o. Ä. ausgelöste, sehr unangenehme körperliche Empfindung:* ein stechender, dumpfer S.; rasende, unerträgliche -en; ein jäher S. überfiel sie; wo sitzt der S.?; der S. lässt nach, klingt ab; -en haben; die -en lindern; sie hat den S. kaum gespürt; ein Laut des -es; an heftigen -en leiden; ein vom S. verzerrtes Gesicht; vor S. halb ohnmächtig sein; R S., lass nach! (ugs. scherzh.; ↑ Schreck). **2.** *tiefe seelische Bedrückung; Kummer, Leid:* ein seelischer S.; der S. um den Geliebten übermannte sie; Tränen des Zorns und des -es; jmdm. mit -en (ugs.; *ungeduldig, sehnlichst*) *erwarten;* etw. erfüllt jmdn. mit S.; R hast du sonst noch -en? (ugs.; *hast du noch mehr [unerfüllbare, sinnlose] Wünsche?*); Spr geteilter S. ist halber S. *(gemeinsam lässt sich Schmerzliches leichter ertragen).*

Schmerz|am|bu|lanz, die: *Ambulanz für Schmerzpatienten.*

Schmerz|be|kämp|fung, die: *Bekämpfung von Schmerzen: ein Mittel zur S.*

schmerz|emp|find|lich ⟨Adj.⟩: *empfindlich gegen Schmerzen, leicht Schmerzen empfindend.*

Schmerz|emp|find|lich|keit, die ⟨Pl. selten⟩: *Empfindlichkeit gegen Schmerzen.*

Schmerz|emp|fin|dung, die: **a)** *Empfindung* (a) *von Schmerzen* (1); **b)** *Empfindung* (b) *des Schmerzes* (2).

schmer|zen ⟨sw. V.; hat⟩ [mhd., ahd. smerzen, eigtl. = (auf)reiben]: **1.** *körperlich wehtun, Schmerzen verursachen:* der Zahn, die Wunde schmerzt; eine stark schmerzende Verletzung; mir/mich schmerzt die Schulter. **2.** *seelisch wehtun, mit Kummer erfüllen:* die harten Worte schmerzten sie sehr; es schmerzt mich, dass du nie geschrieben hast; ⟨auch ohne Akk.-Obj.:⟩ dieser Verlust schmerzt; Theresa glaubte, dass mich der Verlust geschmerzt habe (Jünger, Bienen 13).

schmer|zen|reich: ↑ schmerzensreich.

Schmer|zens|frau, die (geh., häufig auch iron.): *Frau, die leidet* (1 c), *die Schmerzen empfindet.*

Schmer|zens|geld, das (Rechtsspr.): *Entschädi-*

Schmerzenslaut – Schmiere

gung in Geld für einen erlittenen immateriellen, bes. körperlichen Schaden: [ein] S. fordern; Anspruch auf [ein] S. haben.
Schmer|zens|laut, der: vgl. *Klagelaut.*
Schmer|zens|mann, der ⟨Pl. ...männer⟩: **1.** (Kunstwiss.) *Darstellung des leidenden Christus.* **2.** (geh., häufig auch iron.) *Mann, der leidet* (1 c), *der Schmerz empfindet:* Schmerzensmänner wie Kleist, Lenz, Hölderlin.
Schmer|zens|mut|ter, die: **1.** (Kunstwiss.) *Mater dolorosa.* **2.** (geh., häufig auch iron.) *Schmerzensfrau:* die Rolle der mexikanischen S. Frida Kahlo.
Schmer|zens|reich, schmerzenreich ⟨Adj.⟩: (geh.): *voller Schmerzen, viele Schmerzen erleidend:* die -e Maria.
Schmer|zens|ruf, der: vgl. *Schmerzensschrei.*
Schmer|zens|schrei, der: *Aufschrei, lauter Schrei vor Schmerzen:* einen S. ausstoßen.
schmer|zer|füllt ⟨Adj.⟩ (geh.): *von tiefem Schmerz* (2) *erfüllt.*
Schmerz|for|schung, die ⟨o. Pl.⟩: *Forschungsgebiet der Medizin, das Ursachen u. Therapien von Schmerzen* (1) *erforscht.*
schmerz|frei ⟨Adj.⟩: *ohne Schmerzen* (1), *frei von Schmerzen:* der Patient ist heute s.
Schmerz|ge|fühl, das: *Schmerzempfindung.*
schmerz|ge|plagt ⟨Adj.⟩: *von Schmerzen geplagt, häufig Schmerzen habend.*
Schmerz|gren|ze, die: *Schmerzschwelle:* Ü damit ist die S. *(das Maximum des Zumutbaren, des Hinnehmbaren)* erreicht.
schmerz|haft ⟨Adj.⟩: **1.** *körperlichen Schmerz verursachend, mit Schmerzen verbunden:* -es Ziehen im Leib; diese Verletzung ist sehr s. **2.** *seelischen Schmerz verursachend, ein inneres Schmerzgefühl auslösend:* ein -es Erleben; die Trennung war für sie sehr s.
Schmerz|kli|nik, die: *Klinik, in der das Phänomen Schmerz erforscht wird u. Patienten mit bestimmten, sehr starken Schmerzen behandelt werden.*
schmerz|lich ⟨Adj.⟩ [mhd. smerz(en)lich]: *Leid, Kummer verursachend:* ein -er Verlust; die -sten Erfahrungen; es tut mir s. (geh.; *es tut mir sehr leid, ich bedauere sehr*), Ihnen mitteilen zu müssen ...; jmdn., etw. s. vermissen.
schmerz|lin|dernd ⟨Adj.⟩: *den Schmerz* (1), *die Schmerzen lindernd:* -e Mittel.
Schmerz|lin|de|rung, die: *Linderung von Schmerz:* ein Mittel zur S.
schmerz|los ⟨Adj.⟩: *keine Schmerzen* (1) *verursachend; ohne Schmerzen:* eine -e Geburt.
Schmerz|mit|tel, das: *den Schmerz stillendes Mittel.*
Schmerz|pa|ti|ent, der: *Patient, der unter chronischen Schmerzen leidet.*
Schmerz|pa|ti|en|tin, die: w. Form zu ↑ Schmerzpatient.
Schmerz|schwel|le, die (Physiol.): *Grenze, oberhalb deren ein Reiz als Schmerz empfunden wird:* der Lärm überschreitet zeitweise die S.
schmerz|stil|lend ⟨Adj.⟩: *den Schmerz, das Schmerzgefühl beseitigend:* -e Mittel.
Schmerz|ta|blet|te, die: vgl. *Schmerzmittel.*
Schmerz|the|ra|peut, der (Med.): *Fachmann, bes. Arzt, auf dem Gebiet der Schmerztherapie.*
Schmerz|the|ra|peu|tin, die: w. Form zu ↑ Schmerztherapeut.
Schmerz|the|ra|pie, die (Med.): *Behandlung chronischer Schmerzen.*
schmerz|un|emp|find|lich ⟨Adj.⟩: *unempfindlich gegen Schmerzen:* sie ist relativ s.
schmerz|ver|zerrt ⟨Adj.⟩: *vom Schmerz* (1) *verzerrt:* mit -em Gesicht.
schmerz|voll ⟨Adj.⟩: *mit großem Schmerz verbunden, großen Schmerz ausdrückend:* ein -er Abschied.

Schmet|ten, der; -s [tschech. smetana] (ostmd.): *Sahne.*
Schmet|ter|ball, der (Tennis, Tischtennis, Faustball u. a.): *geschmetterter* (1 c) *Ball:* einen S. schlagen, spielen.
Schmet|ter|ling, der; -s, -e [aus dem Obersächs., wohl zu ↑ Schmetten; nach altem Volksglauben fliegen Hexen in Schmetterlingsgestalt umher, um Milch u. Sahne zu stehlen]: **1.** *(in vielen Arten vorkommendes) Insekt mit zwei mit feinen Schuppen bedeckten, meist mannigfach gezeichneten, farbigen Flügelpaaren u. einem Saugrüssel; Falter:* ein farbenprächtiger S.; -e sammeln; wie ein S. hin und her flattern *(viele Liebschaften haben);* Farbigen Wimpeln gleich flatterten und gaukelten die -e lautlos zwischen dem leuchtenden Weiß der Stämme (Hauptmann, Thiel 34); * **-e im Bauch haben/fühlen** (ugs.; *[im Zustand des Verliebtseins] sehr nervös, aufgeregt sein*). **2.** (Turnen) *frei gesprungener Salto, bei dem der Körper, am höchsten Punkt fast waagerecht in der Luft befindlich, eine halbe bis drei viertel Drehung um die eigene Längsachse ausführt;* **Butterfly** (3). **3.** (ohne Art. u. ohne Pl.) *Schmetterlingsschwimmen, Schmetterlingsstil:* 100 m S. schwimmen.
Schmet|ter|lings|blü|te, die (Bot.): *Blüte, deren Form an einen Schmetterling erinnert, der seine Flügel zusammengelegt hat.*
Schmet|ter|lings|blüt|ler, der; -s, - (Bot.): *Pflanze einer weitverbreiteten, artenreichen Familie mit gefiederten Blättern, Schmetterlingsblüten u. Hülsen* (2) *als Früchten.*
Schmet|ter|lings|kas|ten, der: *flacher, an der Oberseite mit einer Glasscheibe versehener Holzkasten, in dem präparierte Schmetterlinge aufgespießt aufbewahrt werden.*
Schmet|ter|lings|samm|lung, die: *Sammlung von Schmetterlingen in Schmetterlingskästen.*
Schmet|ter|lings|schwim|men, das; -s: *Schwimmen im Schmetterlingsstil.*
Schmet|ter|lings|stil, der ⟨o. Pl.⟩: *Butterflystil.*
schmet|tern ⟨sw. V.⟩: **1.** [mhd. smetern = klappern, schwatzen, lautm.; Bedeutungswandel im Frühnhd.] ⟨hat⟩ *mit Wucht irgendwohin werfen, schleudern:* ein Glas an die Wand s.; die Welle schmetterte ihn zu Boden; die Tür ins Schloss s.; **b)** ⟨ist⟩ *wuchtig aufprallen, gegen etw. schlagen, fallen:* er ist mit dem Kopf gegen die Planke geschmettert; die Tür fällt schmetternd ins Schloss; **c)** ⟨hat⟩ *(Ballspiele) (den Ball) von oben schräg nach unten mit großer Wucht schlagen:* [den Ball] mit der Vorhand s.; ein geschmetterter Ball. **2.** ⟨hat⟩ **a)** *laut klingen, schallen:* die Trompeten schmettern; vom Platz her schmetterte Marschmusik; **b)** *mit lauter Stimme singen od. rufen:* ein Lied s.; er schmetterte seine Anklage in den Saal; **c)** * **einen s.** (ugs.; *etwas Alkoholisches trinken*).
Schmet|ter|schlag, der: **1.** (bes. Faustball, Volleyball) *Schlag, mit dem der Ball geschmettert wird.* **2.** (Tennis, Tischtennis; seltener) *Schmetterball.*
Schmied, der; -[e]s, -e [mhd. smit, ahd. smid, eigtl. = jmd., der mit einem scharfen Werkzeug arbeitet; Schnitzer]: **a)** *Handwerker, der glühendes Metall auf dem Amboss mit dem Hammer* (1) *bearbeitet, formt* (Berufsbez.): er hat S. gelernt, ist S.; **b)** *Facharbeiter od. Handwerker, der [Werk]stücke aus Metall erhitzt, härtet o. Ä. u. sie mit handwerklichen Arbeitsmitteln od. maschinell (für die Weiterverarbeitung zu Metallerzeugnissen) in eine bestimmte Form bringt* (Berufsbez.).
schmied|bar ⟨Adj.⟩: *sich schmieden lassend:* [gut] -es Metall.
Schmie|de, die; -, -n [mhd. smitte, ahd. smitta]: **1. a)** *Werkstatt eines Schmieds:* in dem Haus war früher eine S.; *Betrieb, in dem Metall durch Schmieden be-, verarbeitet wird.* **2.** *Gebäude, in dem sich eine Schmiede* (1 a, b) *befindet.*
Schmie|de|am|boss, der: *Amboss.*
Schmie|de|ar|beit, die: *geschmiedetes Erzeugnis, Produkt.*
Schmie|de|ei|sen, das: **a)** *schmiedbares Eisen;* **b)** *[kunstvoll] geschmiedetes Eisen:* ein Geländer aus S.
schmie|de|ei|sern ⟨Adj.⟩: *aus Schmiedeeisen [kunstvoll] hergestellt:* ein -es Tor, Gitter; ein -er Leuchter.
Schmie|de|feu|er, das: *Feuer zum Erhitzen von Metall, das geschmiedet werden soll.*
Schmie|de|ham|mer, der: **1.** *[schwerer] Hammer, der beim Schmieden verwendet wird.* **2.** *Hammer* (2) *zum Schmieden von Werkstücken.*
Schmie|de|hand|werk, das: *Handwerk des Schmiedens* (1).
Schmie|de|kunst, die ⟨o. Pl.⟩: **1. a)** *Kunst* (2) *des Schmiedens:* die S. der Eisenzeit; die S. erlernen; **b)** *als Kunsthandwerk ausgeübte Schmiedekunst* (1 a): die Gittertür ist ein Meisterwerk der barocken S. **2.** *Gesamtheit von Erzeugnissen der Schmiedekunst* (1 b): die Ausstellung zeigt S. der Renaissance.
Schmie|de|meis|ter, der: *Meister* (1 b) *im Schmiedehandwerk.*
Schmie|de|meis|te|rin, die: w. Form zu ↑ Schmiedemeister.
schmie|den ⟨sw. V.; hat⟩ [mhd. smiden, ahd. smidōn, eigtl. = mit einem scharfen Werkzeug arbeiten; schnitzen]: **1.** *glühendes Metall mit dem Hammer od. maschinell bearbeiten, um es in eine bestimmte Form zu bringen:* er schmiedete den Stahl zu einer Klinge. **2. a)** *durch Schmieden* (1) *herstellen:* Gitter s.; eine geschmiedete Klinge; Ü er hat ein schlagkräftiges Team geschmiedet; Mit stählerner Diszi- plin ... hat er aus diesen gallischen Legionen (sie bestanden aus gallischen, germanischen und britischen Soldaten) eine hervorragende Truppe von größter Beweglichkeit geschmiedet (Thieß, Reich 266); **b)** *durch Schmieden* (2 a) *befestigen:* einen Sträfling an eine Kette s.
Schmie|de|pres|se, die: vgl. *Schmiedehammer* (2).
Schmie|din, die; -, -nen: w. Form zu ↑ Schmied.
Schmie|ge, die; -, -n [mhd. smiuge = Biegung, Krümmung]: **1.** (Schiffbau) *Winkel, der beim Zusammentreffen von zwei gekrümmten Bauteilen entsteht.* **2. a)** (Technik) *Winkelmaß mit beweglichen Schenkeln;* **b)** (landsch.) *zusammenklappbarer Zollstock.*
schmie|gen ⟨sw. V.; hat⟩ [mhd. smiegen, urspr. wohl = rutschen, gleiten, verw. mit ↑ schmücken u. ↑ schmuggeln]: **a)** *(aus einem Bedürfnis nach Schutz, Wärme, Zärtlichkeit) sich, einen Körperteil ganz eng an jmdn., an, in etw. Weiches drücken:* sich an die Geliebten s.; sich in die Sofaecke s.; die Kinder schmiegen den Kopf in den Schoß der Oma; **b)** *sich einer [Körper]form [elastisch] genau anpassen:* das Kleid schmiegt sich an ihren Körper.
schmieg|sam ⟨Adj.⟩ [für älter: schmugsam = sich anschmiegend; gefügig]: **1. a)** *sich anschmiegend* (b), *sich leicht einer Form anpassend:* weiches, -es Leder; **b)** (geh.) *anpassungsfähig:* s. sein. **2.** (geh.) *geschmeidig* (2): ein -er Körper.
¹Schmie|re, die; -, -n [mhd. smiere, ahd. smirwi; spätmhd. Schmierfett]: **1. a)** *ölige, fetthaltige Masse, bes. Schmiermittel;* **b)** (ugs.) *Salbe.* **2.** *schmierige, glitschige Masse:* was hast du denn da für eine eklige S. an deiner Hose? **3.** (landsch.) **a)** *Brotaufstrich:* schmeckt dir die S.?; **b)** *Scheibe Brot mit [streichbarem] Belag:* eine S. mit Leberwurst. **4.** (landsch.) *Prügel:* S. kriegen. **5.** (ugs. abwer-

Schmiere – Schmonzette

tend) *provinzielles, niveauloses Theater:* eine grauenvolle S.

²**Schmie|re,** die; - [aus der Gaunerspr. < jidd. schmiro = Bewachung, Wächter, zu hebr. šamar = bewachen] (Gaunerspr.): **1.** *Wache:* * [bei etw.] S. *stehen* (salopp; *bei einer unerlaubten, ungesetzlichen Handlung die Aufgabe haben, aufzupassen u. zu warnen, wenn Gefahr besteht, entdeckt zu werden).* **2.** *Polizei* (2): die S. rufen.

schmie|ren ⟨sw. V.; hat⟩ [mhd. smir(we)n, ahd. smirwen, zu ↑Schmer]: **1. a)** *mit Schmiermitteln versehen; ölen:* die quietschenden Türangeln s.; R wer gut schmiert, der gut fährt *(mit Bestechung erreicht man sein Ziel);* * wie geschmiert (ugs.; *reibungslos:* alles ging wie geschmiert); **b)** *(durch seine fettige, ölige Beschaffenheit) eine Verringerung der Reibung zwischen zwei Teilen bewirken, sich als Schmiermittel eignen:* Grafit schmiert ausgezeichnet; **c)** *[ein]fetten:* die Stiefel s. **2. a)** *auf etw. streichen, als Brotaufstrich auftragen:* Marmelade aufs Brötchen s.; **b)** *etw. mit etw. bestreichen, mit Aufstrich versehen:* wenn du Hunger hast, schmier dir doch ein Brot; **c)** *streichend über eine Fläche, irgendwohin verteilen:* Mörtel in die Fugen s. **3. a)** (ugs. abwertend) *flüchtig u. nachlässig schreiben, malen:* das Kind schmiert [beim Schreiben] fürchterlich; die Schulaufgaben ins Heft s.; **b)** (ugs.) *nicht sauber, nicht einwandfrei schreiben* (1 b); *Kleckse, Flecken machen, die verwischen:* der Kugelschreiber schmiert. **4.** (abwertend) **a)** *in einer abstoßenden, das ästhetische Empfinden verletzenden Weise schreiben, zeichnen, malen:* Hakenkreuze, [politische] Parolen an Hauswände s.; **b)** *schnell u. ohne die nötige Sorgfalt verfassen:* einen Artikel für die Zeitung s. **5.** (salopp abwertend) *bestechen:* einen Politiker s.; die Polizisten waren geschmiert worden. **6.** (Kartenspiel, bes. Skat) *(zum Nutzen des Spielers, mit dem man zusammenspielt) eine hohe Karte ausspielen:* warum hast du denn nicht geschmiert? **7.** (Musikjargon) **a)** *(auf einem Instrument) unsauber spielen;* **b)** *(beim Singen) einen Ton unsauber zum nächsten hinüberziehen.* **8.** * jmdm. eine, ein paar s. (salopp; *jmdn. ohrfeigen);* **eine, ein paar geschmiert kriegen/bekommen** (salopp; *geohrfeigt werden).*

Schmie|ren|ko|mö|di|ant, der; -en, -en (abwertend): **a)** *jmd., der mit theatralischem Gebaren auf billige, abgeschmackte Weise auf andere zu wirken versucht;* **b)** (veraltet) *Schauspieler an einer* ¹*Schmiere* (5).

Schmie|ren|ko|mö|di|an|tin, die: w. Form zu ↑Schmierenkomödiant.

Schmie|ren|ko|mö|die, die (abwertend): **a)** *theatralisches Gebaren, mit dem jmd. auf billige, abgeschmackte Weise auf andere zu wirken versucht;* **b)** (veraltet) *niveauloses Stück, dessen Komik auf billigen, abgeschmackten Einfällen beruht.*

Schmie|ren|the|a|ter, das (abwertend): ¹*Schmiere* (5).

Schmie|rer, der; -s, - (abwertend): **1.** *jmd., der schmiert* (3 a, 4). **2.** (österr.) *Buch, Heft mit einer fertigen Übersetzung, das in der Schule als unerlaubtes Hilfsmittel benutzt wird.*

Schmie|re|rei, die; -, -en (abwertend): **1.** (o. Pl.) *[dauerndes] Schmieren* (3, 4). **2.** *etw. Geschmiertes* (3, 4).

Schmie|re|rin, die; -, -nen: w. Form zu ↑Schmierer (1).

schmier|fä|hig ⟨Adj.⟩: *(von Öl, Fett o. Ä.) gut schmierend* (1 b): besonders -e Motorenöle.

Schmier|fä|hig|keit, die; -: *(von Öl, Fett o. Ä.) Eigenschaft, gut schmieren* (1 b), *schmierfähig zu sein.*

Schmier|fett, das: vgl. Schmiermittel.

Schmier|film, der: *schmieriger* (1) *Film* (1).

Schmier|fink, der; -en, auch: -s, -en (ugs. abwertend): **1. a)** *jmd. (bes. Kind), der schmiert* (3 a); **b)** *Kind, das sich, etw. schmutzig macht, beschmiert:* pass doch auf, du S.! **2. a)** *jmd., der Wände, Mauern o. Ä. mit [politischen] Parolen, Symbolen o. Ä. versieht:* unbekannte -en hatten Naziparolen an die Wände gesprüht; **b)** *jmd., der in einer abstoßenden, niveaulosen Art und Weise schreibt, publiziert.*

Schmier|geld, das (ugs. abwertend): *Bestechungsgeld:* -er [be]zahlen, nehmen.

Schmier|geld|zah|lung, die (ugs. abwertend): **1.** *Zahlung von Schmiergeld.* **2.** *gezahltes Schmiergeld.*

Schmier|heft, das (ugs.): *Heft, in das man ins Unreine schreibt; Kladde* (1 a).

schmie|rig ⟨Adj.⟩: **1.** *feucht-klebrig [u. rutschig]:* eine -e Schicht; der Regen hatte die Straße s. gemacht. **2. a)** *voller feucht-klebrigen Schmutzes; in klebriger, unappetitlicher Weise schmutzig:* eine -e Schürze; -e Hände haben; **b)** (abwertend) *ungepflegt, unsauber, unappetitlich:* eine -e Absteige. **3.** (abwertend) **a)** *[durch anbiederndes, unangenehm freundliches Verhalten] widerlich, abstoßend:* ein -er Kerl; er grinste s.; **b)** *auf unangenehme Weise zweideutig; unanständig:* -e Witze machen.

Schmier|kä|se, der (landsch.): *Streichkäse.*

Schmier|mit|tel, das: *Mittel zur Schmierung (bes. von Maschinen[teilen]).*

Schmier|nip|pel, der (Technik): *mit einem Kugelventil versehener Verschluss an einer Schmierstelle.*

Schmier|öl, das: vgl. Schmiermittel.

Schmier|pa|pier, das: *Papier für Entwürfe, flüchtige Notizen.*

Schmier|sei|fe, die: *weiche, kalihaltige Seife.*

Schmier|stel|le, die (Technik): *Stelle, an der eine Maschine o. Ä. geschmiert werden muss.*

Schmier|stoff, der: *Schmiermittel.*

Schmie|rung, die; -, -en: *das Schmieren* (1 a).

Schmier|zet|tel, der: *Zettel zum Schmieren* (3 a); *Zettel mit Entwürfen, flüchtigen Notizen.*

schmilz, schmilzt: ↑ schmelzen.

Schmin|ke, die; -, -n [spätmhd. (md.) sminke, smicke, wohl eigtl. = (Auf)geschmiertes]: *kosmetisches Mittel in Form von farbigen Cremes, Pudern, Fettstiften o. Ä., das bes. im Bereich der Gesichtshaut, Lippen, Augenbrauen zur Verschönerung od. (bes. in der Schauspielkunst) Veränderung des Aussehens benutzt wird:* S. benutzen, auftragen.

schmin|ken ⟨sw. V.; hat⟩ [spätmhd. sminken, smicken, wohl eigtl. = streichen, schmieren]: *Schminke, Make-up auflegen, auftragen:* jmdm., sich die Lippen, das Gesicht s.; sich leicht, stark, aufdringlich s.; sie schminkt sich nicht *(trägt, verwendet kein Make-up);* Ü der Bericht ist stark geschminkt *(beschönigt sehr).*

Schmink|stift, der: *Schminke in Form eines Stifts.*

Schmink|tisch, der: *Tisch (bes. für Schauspieler) mit Spiegel, an dem sich jmd. schminkt, schminken lässt.*

Schmink|topf, der: *kleines Gefäß mit Deckel für Schminke:* die ist wohl in einen S. gefallen! (salopp scherzh.; *sie ist sehr aufdringlich, auffällig geschminkt).*

Schmir|gel, der; -s [frühnhd. smirgel, smergel < ital. smeriglio, über das Mlat. zu mgriech. smerí < griech. smýris, wahrsch. verw. mit ↑schmieren]: *feinkörniges Gestein, das als Mittel zum Schleifen benutzt wird.*

¹**schmir|geln** ⟨sw. V.; hat⟩ [zu ↑¹Schmirgel]: **a)** *mit Schmirgel[papier], Schleifpapier o. Ä. bearbeiten, schleifen:* die Rohre vor dem Anstrichen gründlich s.; Ü Wind und Wasser schmirgeln die Erdkruste; **b)** *durch* ¹*Schmirgeln* (a) *entfernen:* den Rost von den Rohren s.

²**schmir|geln** ⟨sw. V.; hat⟩ [älter auch: schmurgeln, zu ↑Schmer] (veraltet): *nach schlechtem, ranzigem Fett riechen.*

Schmir|gel|pa|pier, das: *[mit Schmirgel beschichtetes] Schleifpapier.*

schmiss: ↑ ¹schmeißen.

Schmiss, der; -es, -e [zu ↑¹schmeißen in der veralteten Bed. »schlagen«]: **1.** (Verbindungswesen) *von einer Mensur* (2) *herrührende Narbe im Gesicht:* -e im Gesicht haben. **2.** ⟨o. Pl.⟩ (ugs.) *mitreißender Schwung:* der Schlager hat S.; S. in eine Sache bringen. **3.** (bes. Theaterjargon) *das* ¹*Schmeißen* (4).

schmis|sig ⟨Adj.⟩ (ugs.): *mitreißenden Schwung habend:* ein -er Marsch; die Kapelle spielte s.; ⟨subst.:⟩ etw. Schmissiges spielen.

Schmock, der; -[e]s, Schmöcke, (auch:) -e u. -s [verbreitet durch das Lustspiel »Die Journalisten« des dt. Schriftstellers G. Freytag (1816–1895); wohl aus dem Jidd. der Prager Juden, H. u.] (abwertend): *gesinnungsloser Journalist, Schriftsteller.*

Schmok, der; -s [mniederd. smōk, niederd. Form von ↑Schmauch] (ugs.): *Rauch, Qualm.*

schmö|ken ⟨sw. V.; hat⟩ [niederd. Form von ↑schmauchen] (nordd.): *rauchen* (2).

Schmö|ker, der; -s, - [aus der Studentenspr., zu ↑Schmauch, eigtl. = altes od. schlechtes Buch, aus dem man einen Fidibus herausriss, um seine Pfeife zu »schmöken«]: **1.** (ugs.) *dickeres, inhaltlich weniger anspruchsvolles Buch, das die Lesenden oft in besonderer Weise fesselt:* ein spannender S. **2.** (nordd. ugs.) *Raucher* (1).

Schmö|ke|rin, die; -, -nen: w. Form zu ↑Schmöker (2).

schmö|kern ⟨sw. V.; hat⟩ (ugs.): *gemütlich etw. Unterhaltendes, Spannendes o. Ä. lesen:* er schmökert gern; Kriminalromane, in einem Buch s.

Schmol|le, die; -, -n [H. u., vgl. mhd. smoln = eine Krume ablösen, reichen] (bayr., österr.): *Krume* (4).

Schmoll|ecke, die: *Schmollwinkel.*

schmol|len ⟨sw. V.; hat⟩ [mhd. smollen = unwillig schweigen, später auch: lächeln, H. u.]: **1.** *aus Unwillen über jmds. Worte od. jmds. Verhalten gekränkt schweigen [u. seine Verstimmung im Gesichtsausdruck erkennen lassen]:* sie schmollt schon den ganzen Tag [mit mir]; komm, hör endlich auf zu s.! ◆ **2.** *(über jmdn., etw.) lachen* (2), *spotten:* Man schmollte über dein Reskript (Schiller, Räuber I, 2).

Schmoll|is, in der Wendung mit jmdm. S. trinken (Verbindungswesen; *mit jmdm. Brüderschaft trinken;* viell. nach dem Namen eines alkoholischen Getränks).

Schmoll|mund, der: *(für einen schmollenden Menschen charakteristischer) Mund mit aufgeworfenen, vollen Lippen:* einen S. machen, ziehen.

Schmoll|win|kel, der: in Wendungen wie sich in den S. zurückziehen (ugs.; *gekränkt, unmutig, beleidigt auf etw. reagieren u. nicht ansprechbar sein).*

schmolz, schmöl|ze: ↑ schmelzen.

Schmo|ne es|re, das; - - [hebr. šĕmônê-'eśĕē = achtzehn; das Gebet umfasste ursprünglich achtzehn Bitten]: *längeres Gebet des werktäglichen jüdischen Gottesdienstes.*

Schmon|zes, der; - [jidd. schmonzes = Unsinn, H. u.; viell. zu ↑Schmus] (ugs. abwertend): *Geschwätz* (a).

Schmon|zet|te, die; -, -n [zu ↑Schmonzes] (ugs. abwertend): *wenig geistreiches [kitschiges] Stück, albernes Machwerk.*

Schmorbraten – Schmutzfink

Schmor|bra|ten, der: *geschmortes Stück Fleisch, bes. Rindfleisch.*

schmo|ren ⟨sw. V.; hat⟩ [aus dem Niederd. < mniederd. smoren, eigtl. = ersticken]: **1. a)** *kurz anbraten u. dann in Brühe, Fond o. Ä. in einem zugedeckten Topf langsam gar werden lassen:* das Fleisch im eigenen Saft s.; ⟨subst.:⟩ das Stück eignet sich besonders zum Schmoren; **b)** *(von angebratenem Fleisch, Fisch, Gemüse) in Brühe, Fond o. Ä. in einem zugedeckten Topf langsam garen:* der Braten schmort auf dem Herd; ***jmdn. s. lassen/schmorenlassen** (ugs.; *jmdn. [in einer unangenehmen Situation] längere Zeit im Ungewissen lassen*); **etw. s. lassen/schmorenlassen** (ugs.; *etw. längere Zeit unbeachtet [liegen] lassen*). **2.** (ugs.) *[in unangenehmer Weise] großer Hitze ausgesetzt sein [u. schwitzen]:* in der prallen Sonne s. **3.** (ugs.) *sich infolge zu hoher Spannung, zu hoher Stromdurchflusses stark erhitzen [u. durchglühen]:* das Kabel schmort.

schmo|ren las|sen, schmo|ren|las|sen ⟨st. V.; hat⟩ (ugs.): s. schmoren (1 b).

schmor|gen ⟨sw. V.; hat⟩ [H. u.] (westmd. abwertend): **1.** *geizig sein; knausern.* ♦ **2.** ⟨s. + sich⟩ (bes. md.) *sich darbend absparen:* Und was auch der Filz von dem Leibe sich schmorgt, so bleibt für den Heitern doch immer gesorgt (Goethe, Ergo bibamus).

Schmor|pfan|ne, die: vgl. Schmortopf (a).

Schmor|topf, der: **a)** *Topf, der bes. zum Schmoren verwendet wird;* **b)** (ugs.) *Gericht aus geschmortem Fleisch.*

Schmu, der; -s [aus der Gaunerspr., H. u.] (ugs.): **1.** *relativ harmloser Schwindel, kleiner Betrug, kleine Unkorrektheit:* der S. ist aufgeflogen; das ist S.; * **S. machen** *(auf relativ harmlose Weise betrügen, mogeln).* **2.** (abwertend) *Unsinn:* erzähl mir keinen S.!

schmuck ⟨Adj.⟩ [aus dem Niederd. < mniederd. smuk = geschmeidig, biegsam, zu ↑ schmiegen] (veraltend): *in der Aufmachung, der äußeren Erscheinung sehr ansprechend, von angenehmem, nettem Aussehen, hübsch:* ein -es Mädchen, Paar; s. aussehen.

Schmuck, der; -[e]s, -e ⟨Pl. selten⟩ [aus dem Niederd., Md., urspr. = Zierrat]: **1.** ⟨o. Pl.⟩ **a)** *das Geschmückt-, Verziertsein; Zierde:* die Hülle dient nur, auch dem S.; **b)** *schmückende* (a) *Ausstattung, Zutat; schmückendes Beiwerk; Verzierung:* die Designerin hat bewusst auf [allen, jeden] S. verzichtet; Der Nachfolger benötigt die Bücher selten, einmal gelesen, stehen sie als wohnlicher S. im Möbel (Wohmann, Absicht 91). **2. a)** *Gesamtheit meist aus kostbarem Material bestehender Gegenstände (wie Ketten, Reife, Ringe), die zur Verschönerung, zur Zierde am Körper getragen werden:* goldener, silberner, echter, unechter, alter, modischer S.; S. tragen, anlegen; sich mit S. behängen; **b)** (seltener) *Schmuckstück.*

Schmuck|blatt|te|le|gramm, Schmuck|blatt-Te|le|gramm, das: *Telegramm, bes. Glückwunschtelegramm, das auf einem mit einem Bild geschmückten Blatt* (2 a) *zugestellt wird.*

schmü|cken ⟨sw. V.; hat⟩ [mhd. smücken, smucken = in etw. hineindrücken; an sich drücken; sich ducken, Intensivbildung zu ↑ schmiegen, also urspr. = sich in ein prächtiges Kleid schmiegen]: **a)** *mit schönen Dingen, mit Schmuck* (1 b, 2 a) *ausstatten, versehen, mit etw. Verschönerndem versehen:* ein Haus s.; die Braut [mit Schleier und Kranz] s.; sie schmückt sich gerne *(trägt gern Schmuck u. schöne Kleider);* **b)** *als Schmuck, Verzierung bei einer Person od. Sache vorhanden sein u. sie dadurch wirkungsvoll verschönern:* Blumen schmückten den Tisch; Ü schmückende Beiwörter, Zusätze.

Schmuck|käst|chen, das: *Schmuckkasten:* Ü ihre Wohnung, ihr Haus ist das reinste S. (scherzh.; *ist liebevoll ausgestattet u. immer sehr sauber u. ordentlich hergerichtet).*

Schmuck|kas|ten, der: *kleiner Kasten zur Aufbewahrung von Schmuck* (2 a).

Schmuck|körb|chen, das (Bot.): *Cosmea.*

schmuck|los ⟨Adj.⟩: *keinen Schmuck* (1 b), *keine Verzierung aufweisend u. daher einfach, schlicht, sachlich wirkend:* ein -es Kleid; ein -es *(nicht mit Blumen o. Ä. geschmücktes)* Grab.

Schmuck|na|del, die: *als Schmuckstück dienende Anstecknadel.*

Schmuck|ring, der: *als Schmuckstück dienender Ring.*

Schmuck|stein, der: **a)** *zur Herstellung von Schmuck* (2 a) *verwendeter Stein von besonders schönem Aussehen;* **b)** (Fachspr.) *Edelstein von geringerem Wert* (z. B. Granat, Onyx).

Schmuck|stück, das: **1.** *oft aus kostbarem Material bestehender Gegenstand (wie Kette, Reif, Ring), der zur Verschönerung, zur Zierde am Körper getragen wird:* ein kostbares, goldenes, altes S. **2.** *etw. besonders Schönes, besonders schönes Exemplar seiner Art, Gattung:* die Kommode ist ein S.; wie geht es deinem S.? (scherzh.; *deiner Liebsten*)?

Schmuck|wa|ren ⟨Pl.⟩: *Schmuckstücke, die sich als Waren im Handel befinden.*

Schmud|del, der; -s [zu ↑ schmuddeln] (ugs. abwertend): *an etw. haftender, etw. bedeckender unangenehmer [klebriger, schmieriger] Schmutz.*

Schmud|del|ecke, die (ugs.): *Stelle, an der Schmutz, Müll, Unrat herumliegt:* solche -n gibt es in fast jeder Stadt; Ü jmdn., etw. in die S. drängen *(jmdn., etw. als anrüchig abstempeln).*

schmud|de|lig, schmudd|lig ⟨Adj.⟩ (ugs. abwertend): *mit [klebrigem, schmierigem] Schmutz behaftet; unsauber, schmutzig u. unordentlich:* -e Wäsche; ein -es Lokal.

Schmud|del|kind, das (ugs. abwertend): *schmutziges Kind, das sich auf der Straße aufhält, herumtreibt.*

schmud|deln ⟨sw. V.; hat⟩ [aus dem Niederd., zu mniederd. smudden = schmutzen, verw. mit ↑ Moder] (ugs. abwertend): **1.** *nachlässig, unordentlich mit etw. hantieren u. dabei Schmutz machen:* schmudd[e]le nicht wieder so! **2.** *leicht schmuddelig werden, schmutzen:* der Hemdkragen schmuddelt schnell.

Schmud|del|wet|ter, das ⟨o. Pl.⟩ (ugs.): *nasskaltes, regnerisches od. mit Schneeregen o. Ä. einhergehendes Wetter, bei dem auf Straßen u. Wegen leicht Matsch entsteht:* es herrschte S.

schmudd|lig: ↑ schmuddelig.

Schmug|gel, der; -s [rückgeb. aus ↑ schmuggeln]: *das Schmuggeln* (1).

Schmug|ge|lei, die; -, -en [*dauerndes Schmuggeln:* er wurde wegen S. verurteilt.

schmug|geln ⟨sw. V.; hat⟩ [aus dem Niederd., eigtl. = geduckt lauern, sich versteckt halten, verw. mit ↑ schmiegen]: **1.** *Waren gesetzwidrig, unter Umgehung des Zolls ein- od. ausführen:* Schnaps, Zigaretten s.; (auch ohne Akk.-Obj.:) hier an der Grenze schmuggeln alle. **2. a)** *heimlich, unerlaubt irgendwohin bringen, schaffen:* er schmuggelte ihr *(steckte ihr heimlich)* einen Zettel in die Handtasche; **b)** ⟨s. + sich⟩ *sich heimlich irgendwohin schleichen:* sich auf ein Schiff s.

Schmug|gel|wa|re, die: *geschmuggelte Ware.*

Schmugg|ler, der; -s, - [älter: Schmuckeler]: *jmd., der [gewerbsmäßig] Schmuggel treibt.*

Schmugg|ler|ban|de, die: ¹*Bande* (1) *von [Schmugglerinnen u.] Schmugglern.*

Schmugg|le|rin, die; -, -nen: w. Form zu ↑ Schmuggler.

Schmugg|ler|ring, der: vgl. Schmugglerbande.

schmun|zeln ⟨sw. V.; hat⟩ [spätmhd. (md.) smonczeln, Iterativbildung zu älter: smunzen = lächeln, H. u.]: *aus einer gewissen Belustigung, Befriedigung heraus, mit Wohlgefälligkeit od. Verständnis für etw., mit geschlossenen Lippen [vor sich hin, in sich hinein] lächeln:* freundlich, belustigt s.; ⟨subst.:⟩ die Besucher zum Schmunzeln bringen.

schmur|geln ⟨sw. V.; hat⟩ [Nebenf. von ↑ ²schmirgeln] (landsch.): *braten.*

Schmus, der; -es [aus dem Rotwelschen < jidd. schmuo (Pl.: schmuoss) < hebr. šěmûâ = Gerücht; Gehörtes] (ugs.): *wortreiches Getue; schöne [schmeichelnde] Worte; Gerede, Geschwätz:* das ist doch alles S.!; so ein S.!

Schmu|se|ka|ter, der (fam.): vgl. Schmusekatze.

Schmu|se|kat|ze, die (fam.): *Person, bes. kleineres Mädchen, die gerne schmust* (1): sie ist eine [richtige] S.

Schmu|se|kurs, der (bes. Politikjargon): *auf Annäherung, Ausgleich abzielender [politischer] Kurs.*

schmu|sen ⟨sw. V.; hat⟩ [rotwelsch schmußen = schwatzen] (ugs.): **1.** *mit jmdm. zärtlich sein, Liebkosungen austauschen:* die beiden schmusten [miteinander]; ein schmusendes Paar. **2.** (abwertend) *sich bei jmdm. anbiedern, jmdm. schmeicheln:* dem Chef s.

Schmu|ser, der; -s, - (ugs.): **1.** *jmd., der [gerne] schmust* (1), *zärtlich mit jmdm. ist.* **2.** (abwertend) *Schmeichler:* ein widerlicher S.

Schmu|se|rei, die; -, -en (ugs., oft abwertend): *[dauerndes] Schmusen.*

Schmu|se|rin, die; -, -nen: w. Form zu ↑ Schmuser.

Schmutt, der; -es [niederd. Form von ↑ Schmutz] (nordd.): *feiner Regen.*

Schmutz, der; -es [spätmhd. smuz, urspr. = Feuchtigkeit, feuchter Schmutz: *etw. (wie Staub, aufgeweichte Erde o. Ä.), was irgendwo Unsauberkeit verursacht, was etw. verunreinigt:* feuchter, klebriger, trockener S.; etw. macht viel, keinen S.; den S. aufwischen, abwaschen, zusammenkehren; S. abweisende Materialien; die Kinder, die Schuhe waren über und über mit S. bedeckt; etw. vom S. reinigen; Ü S. und Schund *(als minderwertig od. moralisch verwerflich angesehene geistige Produkte, bes. Literatur);* * **einen feuchten S. angehen** (salopp; ↑ Kehricht 1); **jmdn., etw. durch den S. ziehen/in den S. treten** *(jmdn., etw. verunglimpfen, jmdn. in übler Weise verleumden);* **jmdn. mit S. bewerfen** *(jmdn. in übler Weise beschimpfen, verleumden).*

Schmutz ab|wei|send, schmutz|ab|wei|send ⟨Adj.⟩: *Schmutz nicht, nur schwer annehmend.*

Schmutz|ar|beit, die: *Dreckarbeit.*

Schmutz|bürs|te, die: *Schuhbürste zur Entfernung der gröbsten Schmutzes.*

schmut|zen ⟨sw. V.; hat⟩ [spätmhd. smutzen = beflecken, smotzen = schmutzig sein]: **1.** *Schmutz annehmen; schmutzig werden:* der helle Stoff schmutzt schnell, leicht. **2.** (südwestd., schweiz.) *fetten* (1); *Fett an etw. geben:* das Backblech s.; gut geschmutzte Rösti.

Schmutz|fän|ger, der: **1.** (ugs., oft abwertend) *(der Zierde dienender, sonst nutzloser) Gegenstand, der so beschaffen ist, dass sich leicht Schmutz daran festsetzt.* **2.** *an Fahrzeugen angebrachtes, hinter dem Rad herabhängendes Stück Gummi, das das Emporschleudern des Schmutzes beim Fahren verhindert.* **3.** (Technik) *(in Rohrleitungen angebrachtes) Sieb, das Schmutz auffängt.*

Schmutz|fink, der; -en, (auch:) -s, -en: **1.** (ugs.) *jmd., der schmutzig ist, etw. schmutzig macht.* **2.** *jmd., der in den Augen eines anderen etw.*

Schmutzfleck – schnalzen

moralisch, sittlich Verwerfliches getan hat, unmoralisch handelt.
Schmutz|fleck, Schmutz|fle|cken, der: *durch Schmutz entstandener Fleck:* ein S. im Teppich.
Schmutz|zi|an, der; -[e]s, -e [zur Bildung vgl. Grobian] (veraltend): **1.** *Schmutzfink.* **2.** (österr. ugs.) *Geizhals.*
schmut|zig 〈Adj.〉 [spätmhd. smotzig]: **1. a)** *mit Schmutz behaftet, nicht sauber* (1 a): -e Wäsche; -e Hände, Füße; ein -es Gesicht; -es *(gebrauchtes, abzuwaschendes)* Geschirr; das ist eine ziemlich -e *(Schmutz verursachende, mit Schmutz einhergehende)* Arbeit; das Wasser, die Luft, die Nordsee ist ziemlich s.; sich, [sich] seinen Anzug s. machen; er macht sich nicht gern s. *(verrichtet nicht gern schmutzige Arbeiten);* Ü ein -es *(unklares, nicht reines, ins Graue spielendes)* Blau, Gelb; das s. blaue Meer; ein s. grüner Lodenmantel; s. weiße Hühner; ein s. gelbes, rotes Auto; **b)** *auf Sauberkeit, Reinlichkeit, Gepflegtheit keinen Wert legend; unreinlich u. ungepflegt:* der Koch macht einen etwas -en Eindruck; dort ist es mir zu s. **2.** (abwertend) **a)** *frech, respektlos, unverschämt:* lass deine -en Bemerkungen; sein -es Lächeln ärgerte sie; grinse nicht so s.!; **b)** *unanständig, obszön, schlüpfrig:* -e Witze, Gedanken, [Schimpf]wörter; -e Lieder singen; du hast eine -e Fantasie *(du denkst immer gleich an etw. Unanständiges, Zweideutiges);* **c)** *in moralischer Hinsicht sehr zweifelhaft, anrüchig; unlauter:* -e Geschäfte, Praktiken, Tricks; mit -en Mitteln arbeiten; ein -er Krieg; -es *(auf unredliche Weise erworbenes)* Geld. **3.** (südwestd., schweiz.) *fett, fettig.*
Schmut|zig|keit, die; -, -en: **1.** 〈o. Pl.〉 *das Schmutzigsein.* **2.** *schmutzige Äußerung, Handlung o. Ä.*
Schmutz|kam|pa|gne, die: *Kampagne* (1), *die mit unlauteren, unfairen Mitteln geführt wird.*
Schmutz|kü|bel|kam|pa|gne, die: (österr. abwertend): *Schmutzkampagne.*
Schmutz|lap|pen, der: *Lappen zum Aufwischen des größten Schmutzes.*
Schmutz|par|ti|kel, das, auch: die: ²*Partikel, das etw. verschmutzt.*
Schmutz|schicht, die: *von Schmutz gebildete Schicht.*
Schmutz|teil|chen, das: *Schmutzpartikel.*
Schmutz|ti|tel, der [das Blatt soll das eigentliche Titelblatt vor Beschmutzung schützen] (Druckw.): *erstes Blatt in einem Buch, auf dem meist nur der verkürzte Titel angegeben ist.*
schmutz|ver|schmiert 〈Adj.〉: *mit Schmutz verschmiert:* er wusch sein -es Gesicht.
Schmutz|wä|sche, die 〈o. Pl.〉: *gebrauchte, zum Waschen bestimmte, schmutzige Wäsche.*
Schmutz|was|ser, das 〈Pl. ...wässer oder ...wasser〉: *gebrauchtes, schmutziges Wasser; Abwasser.*
Schna|bel, der; -s, Schnäbel [mhd. snabel, ahd. snabul, wohl verw. mit ↑ schnappen]: **1.** *(bei verschiedenen Wirbeltieren, bes. den Vögeln) vorspringender, oft spitz auslaufender, von einer Hornschicht überzogener Fortsatz vorn am Kopf:* ein langer, kurzer, spitzer, krummer, breiter, kräftiger, gelber S.; den S. aufsperren, wetzen; der Storch klappert mit dem S. **2.** (ugs.) ¹*Mund* (1a): mach, sperr mal deinen S. auf!; ***** *reden, sprechen, wie einem der S. gewachsen ist* (ugs.; *unbekümmert, frei heraus u. ohne Ziererei sprechen);* **den S. halten** (ugs.; ↑ ¹Mund 1a); **den S. [nicht] aufmachen/auftun** (ugs.; ↑ ¹Mund 1a); **sich** 〈Dativ〉 **den S. verbrennen** (ugs.; ↑ ¹Mund 1a); **jmdm. [mit etw.] den S. stopfen** (ugs.; ↑ ¹Mund 1a); **seinen S. an jmdm. wetzen** (ugs.; *boshaft, abfällig über jmdn. reden; über jmdn. lästern*). **3.** *kleine Röhre zum Ausgießen an einer Kanne, einem Krug.* **4.** *(bei antiken u. mittelalterlichen Schiffen) verlängerter, spitz zulaufender Bug.* **5.** *(Musik) schnabelförmiges Mundstück bei bestimmten Blasinstrumenten.*
schna|bel|för|mig 〈Adj.〉: *wie ein Schnabel* (1) *geformt, an einen Schnabel erinnernd.*
Schna|bel|hieb, der: *mit dem Schnabel* (1) *ausgeführter Hieb, Stoß.*
schnä|beln 〈sw. V.; hat〉 [spätmhd. snäbeln]: **1.** *(von bestimmten Vögeln) die Schnäbel aneinanderreiben, sich mit den Schnäbeln mehrfach berühren:* die beiden Tauben schnäbeln [miteinander]. **2.** (ugs. scherzh.) *sich zärtlich küssen:* mit jmdm., miteinander s.; ein schnäbelndes Pärchen.
Schna|bel|schuh, der: *(im Mittelalter üblicher) Halbschuh ohne Absatz für Männer u. Frauen, dessen Spitze nach vorn stark verlängert u. oft nach oben gebogen ist.*
Schna|bel|tas|se, die: *(vor allem für Bettlägerige gedachte) Tasse, aus der über eine Schnabel* (3) *in Form einer kleinen Röhre auch im Liegen getrunken werden kann.*
Schna|bel|tier, das: *(in Australien heimisches) Eier legendes u. seine Jungen säugendes Tier mit einem breiten Schnabel, kurzem, sehr dichtem, dunkelbraunem Fell, abgeplattetem Schwanz u. Füßen mit Schwimmhäuten.*
schna|bu|lie|ren 〈sw. V.; hat〉 [scherzh. Bildung zu ↑ Schnabel] (fam.): *mit Behagen verzehren, essen:* genüsslich s.
Schnack, der; -[e]s, -s u. Schnäcke [urspr. auch hochd.; mniederd. snack, zu ↑ schnacken] (norddt.): **1.** *gemütliche Plauderei, Unterhaltung:* einen kleinen S. halten. **2.** (abwertend) *leeres Gerede; Geschwätz, Unsinn:* glaubst du den etwa? **3.** *witziger, komischer Ausspruch:* seine Schnäcke sind zum Piepen. **4. *** *ein anderer S. sein* (*mehr taugen, mehr Format haben*).
schna|ckeln 〈sw. V.; hat〉 [lautm.] (landsch., bes. bayr.): **1.** *(bes. mit den Fingern od. der Zunge) ein schnalzendes Geräusch hervorbringen:* mit den Fingern s. **2.** *ein knackendes Geräusch von sich geben; krachen* (1): 〈unpers.:〉 da vorne an der Ecke hat es geschnackelt *(hat es einen Zusammenstoß gegeben);* Ü bei den Nachbarn hat es mal wieder geschnackelt *(Krach, Streit gegeben);* wenn du noch lange meckerst, dann schnackelts *(gibt es Ohrfeigen, Prügel).* ***** **es hat [bei jmdm.] geschnackelt** (ugs., bes. südd.: **1.** *es ist geglückt, es hat geklappt.* **2.** *es endlich begriffen, verstanden:* jetzt hats auch bei mir geschnackelt. *jmd. hat sich plötzlich verliebt. jmds. Geduld ist erschöpft).*
schna|cken 〈sw. V.; hat〉 [(m)niederd. snacken, lautm.] (nordd.): **a)** *reden, sprechen:* in Ruhe über etw. s.; er schnackt [am liebsten] Platt; **b)** *gemütlich, zwanglos plaudern, sich unterhalten:* mit der Nachbarin, über den Gartenzaun s.
Schna|ckerl, das u. der; -s 〈österr.〉: *Schluckauf.*
♦ **schna|ckig** 〈Adj.〉 [zu ↑ schnacken, in der Bed. auch beeinflusst von ↑ ²Schnake]: *drollig* (c), *seltsam, wunderlich:* ... blickte aufwärts, und zwar mit so -er Miene, dass man wohl bemerken konnte, in geheimer Sinn dabei sei ich nicht aufgegangen (Goethe, Wanderjahre II, 1); In der Tat sehr lobenswürdige Anstalten, die Narren im Respekt und den Pöbel unter dem Pantoffel zu halten, damit die Gescheiten es desto bequemer haben. Ohne Anstand, recht -e Anstalten! (Schiller, Räuber I, 1).
schnäck|seln 〈sw. V.; hat〉 [wohl Iterativbildung zu ↑ schnacken] (ugs.): *koitieren.*
Schna|der|hüp|fel, Schna|der|hüp|ferl, das; -s, -[n] [wohl zu ↑ schnattern u. ↑ hüpfen] (bayr., österr.): *kurzes, meist vierzeiliges Lied [mit lustigem, oft auch anzüglichem Inhalt], das häufig mit einem Jodler verknüpft wird.*
♦ **schna|dern** 〈sw. V.; hat〉: (landsch.) *zittern:* Warst du nicht die Memme, die anhub zu s., als

sie riefen: »Der Feind kommt!« (Schiller, Räuber IV, 5).
schnaf|te 〈Adj.〉 [H. u.] (berlin. veraltend): *fabelhaft, hervorragend.*
♦ **Schnak,** der; -[e]s, -e (landsch.): ²*Schnake:* Nun aber war des Klosters Koch ... ein lustiger Vogel ... Der dachte, ihren Jäst mit einem S. zu stillen (Mörike, Hutzelmännlein 131).
¹**Schna|ke,** die; -, -n [spätmhd. snāke, H. u.]: **1.** *(zu den Mücken gehörendes) Insekt mit schlankem Körper, langen, dünnen Beinen u. Fühlern u. schmalen Flügeln, das sich von Pflanzensäften ernährt.* **2.** (landsch.) *Stechmücke.*
²**Schna|ke,** die; -, -n [älter: Schnacken, zu mniederd. snacken, ↑ schnacken; unter Bezug auf ↑ Grille (2); ¹Mucke (2) an ↑ ¹Schnake angelehnt] (nordd. veraltet): *lustiger, drolliger Einfall; Schnurre;* ♦ ... erinnert mich an jene -n, wie ich den Knaben einst belehrt (Goethe, Faust II, 6583 f.).
schnä|ken 〈sw. V.; hat〉 [(west)md. Form von mhd. snöuken = schnüffeln, schnuppern] (landsch., bes. westmd.): *naschen.*
Schna|ken|stich, der (landsch.): *Stich einer* ¹*Schnake* (2).
Schnä|ke|rei, die; -, -en (landsch., bes. westmd.): **1.** 〈o. Pl.〉 *[dauerndes] Schnäken.* **2.** *Leckerei.*
schnä|kig 〈Adj.〉 [zu ↑ schnäken] (landsch., bes. westmd.): **1.** *im Essen sehr wählerisch, mäkelig.* **2.** *naschhaft.*
♦ **schna|kisch** 〈Adj.〉 [zu ↑ ²Schnake]: *närrisch, albern:* Er hat sich seltsame Dinge in den Kopf gesetzt; ... die Bauern hätten sich nur so gescheit sein sollen, dass sie dir -em, launischelig, trippelndem, Hände reibendem Dinge ins ... Herz hineingesehen hätten (Jean Paul, Wutz 28); ... man könnte sich's nicht -er träumen (Wieland, Agathon X, 4).
Schnal|le, die; -, -n [mhd. snalle, zu: snal = rasche Bewegung, snallen (↑ schnallen), wohl nach dem Auf- u. Zuschnellen des Dorns an einer Schnalle, zu ↑ schnell]: **1.** *am Ende eines Riemens, Gürtels befestigte Schließe in Form eines Ringes o. Ä., durch die das andere Ende des Riemens, Gürtels durchgesteckt u. (bei mithilfe eines Dorns (3 a) zusätzlich festgehalten) wird:* eine metallene, runde, ovale S.; die S. am Schuh drückt; die S. des Gürtels öffnen, schließen. **2.** (österr.) *Türklinke.* **3.** (Jägerspr.) *(bei Hunden u. Haarraubwild) äußeres weibliches Geschlechtsteil.* **4.** [nach 3] (derb) *weibliches Geschlechtsteil.* **5.** (derb, oft Schimpfwort) *Hure.* **6.** (salopp) *junge Frau:* die S. macht mich ganz schön an.
schnal|len 〈sw. V.; hat〉 [mhd. snallen = schnellen, sich mit schnappendem Laut bewegen]: **1. a)** *einer Sache mithilfe einer daran befestigten Schnalle (1) eine bestimmte Weite geben:* den Riemen, Gürtel enger, weiter s.; **b)** *mithilfe einer Schnalle (1) versehenen Riemens, Gurtes o. Ä. irgendwo befestigen:* eine Decke auf den Koffer s.; **c)** *durch Aufmachen, Lösen von Schnallen an Riemen, Gurten o. Ä. von etw. losmachen u. abnehmen:* die Tasche vom Gepäckträger s. **2.** [wohl im Sinne von »(sich) etw. aufschnallen = (sich) etw. im Gedächtnis festmachen«] (salopp) *begreifen, verstehen:* der Typ schnallts echt nicht; Ich sollte mich am Riemen reißen, raunte er mir zu, ob ich das geschnallt hätte (Kempowski, Tadellöser 68). **3.** [Nebenf. von mhd. snellen (↑ schnellen) = ein Schnippchen schlagen] (salopp) *irreführen, täuschen, prellen, übervorteilen:* sie haben ihn ganz schön geschnallt. **4.** (landsch.) *schnalzen:* mit den Fingern, mit der Zunge s.
Schnal|len|schuh, der: *Halbschuh, der mit einer Schnalle geschlossen wird od. verziert ist.*
schnal|zen 〈sw. V.; hat〉 [spätmhd. snalzen, Inten-

sivbildung zu mhd. snallen, ↑ schnallen]: **1.** *durch eine rasche, schnellende Bewegung mit etw. (bes. der Zunge, den Fingern) einen kurzen, knallenden Laut erzeugen:* genießerisch mit der Zunge s.; mit den Fingern s. **2.** (seltener) *schnippen* (1 a).

Schnalz|laut, der (Sprachwiss.): *(in afrikanischen Sprachen vorkommender) durch Schnalzen mit der Zunge gebildeter Laut.*

schnapp ⟨Interj.⟩: lautm. für ein schnelles Zuschnappen, Zuklappen o. Ä. u. das damit verbundene klappende Geräusch: s., und die Tür war zu.

Schnäpp|chen, das; -s, - (ugs.): *bes. preisgünstig angebotene [Marken]ware, Dienstleistung o. Ä.:* ein S. machen *(etw. vorteilhaft kaufen).*

Schnäpp|chen|jagd, die (ugs.): *das Sichbemühen um preisgünstige Angebote.*

Schnäpp|chen|jä|ger, der (ugs.): *jmd., der sich um preisgünstige Angebote bemüht.*

Schnäpp|chen|jä|ge|rin, die: w. Form zu ↑ Schnäppchenjäger.

Schnäpp|chen|preis, der (ugs.): *bes. günstiger Kaufpreis:* CDs und DVDs zum S.

schnap|pen ⟨sw. V.⟩ [mhd. (md.) mniederd. snappen, Intensivbildung zu mhd. snaben = schnappen, schnauben, urspr. laut- u. bewegungsnachahmend für klappende Kiefer]: **1.** ⟨hat⟩ **a)** *mit dem Maul, den Zähnen, dem Schnabel in rascher Bewegung zu fassen suchen:* der Hund hat nach der Wurst, nach mir geschnappt; das Tier schnappte wild um sich; Ü nach Luft s. (ugs.; *mit offenem Mund rasch u. mühsam atmen, nach Atem ringen*); **b)** *mit dem Maul, den Zähnen, dem Schnabel in rascher Bewegung fassen:* der Hund schnappte die Wurst; Ü lass uns noch ein wenig frische Luft s. *(ins Freie gehen, um an der Luft zu sein).* **2.** ⟨hat⟩ (ugs.) **a)** *schnell ergreifen, mit raschem Zugriff festhalten [und mitnehmen, für sich behalten]:* sich schnell ein Brötchen s.; sie schnappte ihre Mappe und rannte die Treppe runter; den werde ich mir noch s.!; * **etw. geschnappt haben** (ugs.; *etw. begriffen, verstanden haben:* hast du das [endlich] geschnappt?); **b)** *zu fassen bekommen, ergreifen u. festnehmen, gefangen nehmen:* die Polizei hat den Dieb geschnappt. **3. a)** ⟨ist⟩ *eine schnellende, oft mit einem klappenden, leise knallenden Geräusch verbundene Bewegung irgendwohin ausführen:* der Riegel ist ins Schloss geschnappt; **b)** ⟨hat⟩ *ein durch eine rasche, schnellende Bewegung entstehendes klappendes, leise knallendes Geräusch hervorbringen:* er hörte die Schere nur ein paarmal s., und die Haare waren ab; * **es hat [bei jmdm.] geschnappt** (1. ugs.; *jmds. Geduld ist zu Ende.* ugs.; *jmd. hat sich plötzlich verliebt:* bei den beiden hat es geschnappt. 3. salopp *eine Frau ist schwanger geworden:* bei ihr hat es geschnappt).

Schnap|per, der; -s, - (ugs.): **1. a)** *dus Schnappen* (1 a) *nach etw.; zuschnappender Biss;* **b)** *kurzes, heftiges Atemholen mit offenem Mund.* **2. a)** *mit einem klappenden Geräusch verbundenes Zuschnappen, Zuklappen:* mit einem S. fiel die Tür ins Schloss; **b)** *Falle* (3 a).

Schnäp|per, Schnepper, der; -s, -: **1.** Kurzf. von ↑ Fliegenschnäpper. **2.** (Medizinjargon) *lanzettförmige Nadel zur Entnahme von Blut (am Finger od. Ohrläppchen), die durch Auslösen einer Feder nach vorne schnellt.* **3.** (früher) *Armbrust, mit der vorwiegend Kugeln geschossen werden.* **4.** (landsch.) *Schnappschloss, bes. Vorhängeschloss.*

Schnapp|hahn, der [spätmhd. snaphan, wohl zu mhd. snap = Straßenraub (eigtl. = das Schnappen), vgl. spätmhd. strūchan = Strauchdieb]: *(im MA.) [berittener] Wegelagerer:* ♦ ... als könnt' ich wohl gar so ein heimlicher S. sein, der sie im Walde irreführen wollte (Eichendorff, Taugenichts 37).

Schnapp|mes|ser, das: **1.** *Klappmesser.* **2.** *Messer, dessen Klinge im* ¹*Heft verborgen ist u. bei Betätigung eines Knopfes herausschnellt.*

Schnapp|rol|lo, Schnapp|rou|leau, das: *Rollo, das in jeder Position feststellbar* (2) *ist.*

Schnapp|schloss, das: *Schloss* (1), *das durch Einrasten, Einschnappen fest schließt:* ein Koffer mit Schnappschlössern.

Schnapp|schuss, der: *Fotografie, deren Motiv gerade so im Bild festgehalten wird, wie es vorgefunden wird:* ein gelungener S.

Schnapp|ver|schluss, der: *Verschluss, der durch Einrasten, Einschnappen fest schließt.*

Schnaps, der; -es, Schnäpse [niederd. Snap(p)s, urspr. = ein Mundvoll, schneller Schluck, zu ↑ schnappen] (ugs.): *hochprozentiges alkoholisches Getränk. Branntwein; Klarer; selbst gebrannter, klarer S.;* eine Flasche S.

Schnaps|bren|ne|rei, die (ugs.): *Branntweinbrennerei.*

Schnaps|bru|der, der (salopp abwertend): *gewohnheitsmäßiger Trinker, der bes. hochprozentige alkoholische Getränke zu sich nimmt.*

Schnäps|chen, das; -s, - (fam.): *Schnaps:* ein S. (*Gläschen Schnaps*) trinken.

Schnaps|dros|sel, die (ugs. abwertend): *Person, die gewohnheitsmäßig trinkt, die bes. hochprozentige Getränke zu sich nimmt:* er, sie ist eine alte S.

schnäp|seln, schnap|sen ⟨sw. V.; hat⟩ (ugs. scherzh.): *Schnaps trinken:* er schnapst, schnäpselt gern.

Schnaps|fla|sche, die: *Flasche für, mit Schnaps.*

Schnaps|glas, das ⟨Pl. ...gläser⟩: *kleines Glas für Schnaps.*

Schnaps|idee, die [ein derartiger Einfall kann nur durch zu reichlichen Alkoholgenuss bedingt sein] (ugs.): *unsinniger, seltsamer Einfall; verrückte Idee:* wer hat dich denn auf diese S. gebracht?

Schnaps|lei|che, die (salopp scherzh.): *jmd., der durch allzu reichlichen Genuss von Alkohol, bes. Schnaps, sinnlos betrunken ist.*

Schnaps|na|se, die (salopp): *durch übermäßigen Alkoholkonsum knollig verdickte, blaurote Nase.*

Schnaps|stam|perl, das (bayr., österr.): *Schnapsglas.*

Schnaps|zahl, die [wohl nach der Vorstellung, dass ein Betrunkener beim Lesen einfache Ziffern doppelt sieht] (scherzh.): *aus mehreren gleichen Ziffern bestehende Zahl, Nummer o. Ä.*

schnar|chen ⟨sw. V.; hat⟩ [mhd. snarchen, lautm.]: *beim Schlafen meist mit geöffnetem Mund tief ein- u. ausatmen u. dabei ein dumpfes, kehliges Geräusch (ähnlich einem Achlaut) von sich geben:* laut, mit offenem Mund s.; sie schnarcht schon (ugs. scherzh.; *schläft schon fest [u. schnarcht]*); ⟨subst.:⟩ Aus der Werkstatt des Tischlers Wilke dringt ruhiges Schnarchen (Remarque, Obelisk 59).

Schnar|cher, der; -s, - (ugs.): **a)** *jmd., der schnarcht;* **b)** *Ton, Geräusch, das beim Schnarchen entsteht.*

Schnar|che|rei, die; -: *[dauerndes, lästiges] Schnarchen:* seine S. macht mich noch mal wahnsinnig.

Schnar|che|rin, die; -, -nen: w. Form zu ↑ Schnarcher (a).

Schnarch|kon|zert, das (ugs. scherzh.): *lautes Schnarchen [mehrerer Personen].*

Schnarch|na|se, die: **1.** (ugs. scherzh.) *Schnarcher(in).* **2.** (ugs. abwertend) *jmd., der auffallend langsam ist od. als langweilig empfunden wird:* da fährt sie schon wieder so eine S. vor mir her!

Schnar|re, die; -, -n [zu ↑ schnarren]: *Knarre* (1).

schnar|ren ⟨sw. V.; hat⟩ [mhd. snarren, lautm.]: *[schnell aufeinanderfolgende] durchdringende, sich hölzern-trocken anhörende Töne ohne eigentlichen Klang von sich geben:* ein schnarrendes Geräusch.

Schnarr|werk, das (Musik): *Gesamtheit aller Zungenstimmen einer Orgel.*

Schnat|ter|en|te, die: **1.** *schnatternde* (1) *Ente.* **2.** (ugs. abwertend) *Schnattergans* (2).

Schnat|ter|gans, die: **1.** vgl. Schnatterente (1). **2.** (ugs. abwertend) *Person, die [dauernd] schnattert* (2).

schnat|te|rig, schnattrig ⟨Adj.⟩: *schnatternd.*

Schnat|ter|lie|se, die [zum 2. Bestandteil vgl. Heulliese] (ugs. abwertend): *Mädchen, Frau, die dauernd schnattert* (2).

schnat|tern ⟨sw. V.; hat⟩ [mhd. snateren, lautm.]: **1.** (bes. von Gänsen u. Enten) *schnell aufeinanderfolgende, helle, harte, fast klapperige Laute von sich geben:* die Gänse schnatterten. **2.** (ugs.) *eifrig, hastig [u. aufgeregt] über allerlei [unwichtige u. alberne] Dinge reden; schwatzen:* unaufhörlich s.

schnatt|rig: ↑ schnatterig.

schnat|zen ⟨sw. V.; hat⟩ [mhd. snatzen = sich putzen, frisieren, H. u.] (md., westmd.): **1.** *festlich kleiden, schmücken.* **2.** *das Haar zur Krone aufstecken.*

schnau|ben ⟨sw., veraltend st. V.; hat⟩ [mhd. (md.) snūben, mniederd. snūven, lautm.]: **1.** *geräuschvoll durch die Nase atmen, bes. Luft heftig u. geräuschvoll aus der Nase blasen:* das Pferd schnaubte ungeduldig; Ü vor Wut, Entrüstung, Zorn s. (*vor Wut, Entrüstung, Zorn außer sich sein*); »Ein Missverständnis? Wieso?«, schnob er (stieß er heftig hervor; Jahnn, Geschichten 209). **2.** ⟨nur sw. V.⟩ (landsch.) *schnäuzen:* laut s.; schnaub dich mal ordentlich.

Schnauf, der; -[e]s, -e (landsch.): *[hörbarer] Atemzug.*

schnau|fen ⟨sw. V.; hat⟩ [mhd. snūfen, mniederd. snūven (schnauben), lautm.]: **a)** (landsch.) *atmen* (1); **b)** *tief u. deutlich hörbar, geräuschvoll atmen:* angestrengt, heftig, wütend s.; vor Anstrengung [stark] s.; ⟨subst.:⟩ beim Treppensteigen ins S. kommen.

Schnau|fer, der; -s, -: **1.** (ugs.) *[hörbarer] Atemzug:* einen S. tun, hören lassen, vernehmen; * **bis zum letzten S. tun** (ugs. verhüll.; *sterben*); **bis zum letzten S.** (ugs. verhüll.; ↑ Atemzug). **2.** (schweiz.) *unreifer Junge.*

Schnau|ferl, das; -s, -, österr.: -n ⟨Jargon⟩: *Oldtimer* (1 a).

Schnau|pe, die; -, -n [zu ↑ schnaufen] (landsch.): *Schnabel* (3).

Schnauz, der; -es, Schnäuze (schweiz., sonst landsch.): *Schnurrbart.*

Schnauz|bart, der [zu ↑ Schnauze (2)]: **1.** *großer Schnurrbart.* **2.** (ugs.) *Mann mit Schnauzbart* (1).

schnauz|bär|tig ⟨Adj.⟩: *einen Schnauzbart* (1) *habend, tragend:* ein -er Mann.

Schnäuz|chen, das; -s, -: **1.** (schweiz., sonst landsch.) Vkl. zu ↑ Schnauz. **2.** Vkl. zu ↑ Schnauze (1,2a,3).

Schnau|ze, die; -, -n ⟨älter: Schnauße, mniederd. snūt(e), lautlich beeinflusst von ↑ schnauzen⟩: **1.** *[stark] hervorspringendes, mit der Nase verbundenes Maul bestimmter Tiere:* eine lange, kurze, stumpfe, spitze S.; die S. des Wolfs, des Fuchses, des Delfins. **2.** (salopp) a) ¹*Mund* (1 a): jmdn. auf die S. hauen; S.! (derb; *sei, seid still!*); * **die S. voll haben** (salopp; *keine Lust mehr haben, einer Sache überdrüssig sein; mit seiner Geduld am Ende sein:* ich habe die S. [gestrichen] voll); **eine große S. haben** (salopp; *großspurig daherreden, sich wichtigtun, prahlen*); **die S. [nicht] aufkriegen** (salopp; *sich [nicht]*

schnauzen – Schneegrenze

entschließen können, etwas zu sagen, sich zu äußern); **die S. [nicht] aufmachen** (salopp; *sich [nicht] äußern; etwas/nichts sagen*: mach endlich die S. auf!); **die S. halten** (salopp: 1. *schweigen, nicht sprechen*. 2. *ein Geheimnis nicht verraten*); **die S. aufreißen** (salopp; *großspurig daherreden, sich wichtigtun, prahlen*: an deiner Stelle würde ich die S. nicht zu weit, so weit aufreißen); **sich** ⟨Dativ⟩ **die S. verbrennen** (salopp; *sich durch unbedachtes Reden schaden*); **immer mit der S. vorneweg/voran sein** (salopp; *vorlaut sein*); **frei [nach] S.**, **nach S.** (ugs.; *nach Gutdünken*); b) *Mundwerk*: eine freche, lose S. haben; c) *Gesicht*: jmdm. in die S. schlagen; * **jmdm. eins/jmdm. eins vor die S. geben** (derb; *jmdm. heftig ins Gesicht schlagen*); **auf der S. liegen** (salopp; *krank zu Bett liegen*); **auf die S. fallen** (salopp; *scheitern, keinen Erfolg haben, eine Niederlage erleiden*). **3.** (ugs.) *Schnabel* (3): die S. der Kaffeekanne. **4.** (ugs.) *Bug eines Schiffes, Flugzeugs; Vorderteil eines Autos; Nase*.

schnau|zen ⟨sw. V.; hat⟩ (ugs. abwertend): *laut, verärgert u. vorwurfsvoll [im Befehlston] sprechen, schimpfen*: musst du immer gleich [so] s.?

schnäu|zen ⟨sw. V.; hat⟩ [mhd. sniuzen, ahd. snūzen, lautm., verw. mit ↑Schnauze]. **1.** *die Nase durch kräftiges Ausstoßen der Luft von Ausscheidungen befreien; [sich, jmdm.] die Nase putzen*: die Nase s.; sich kräftig, heftig, geräuschvoll s.; sich in ein Taschentuch s. **2.** [vgl. putzen] (veraltet) a) *den zu lang gewordenen Docht einer Kerze od. Lampe o. Ä. kürzen, beschneiden*: die Kerzen s.; ♦ Sie ging in die Küche, kam aber … wieder, um … den Tisch … zu treten und das Licht zu s. (Jean Paul, Siebenkäs 125); ♦ b) ⟨s. + sich⟩ *(von Sternen) eine Sternschnuppe fallen lassen*: Ihr redet recht unverständig; … er (= Egmont) ist so sicher, wie der Stern am Himmel. – Hast du nie ein sich s. gesehn? Weg war er! (Goethe, Egmont IV).

Schnau|zer, der; -s, -: **1.** *lebhafter Hund mit gedrungenem Körper, rauem, drahtigem Fell u. einer Art kräftigem Schnauzbart*. **2.** (ugs.) *Schnauzbart*.

Schnäu|zer, der; -s, - (ugs.): *Schnauzbart*.

Schneck, der; -s, -en (landsch., bes. südd., österr.): **1.** *Schnecke* (1). **2.** *hübsches, reizendes Kind*.

Schne|cke, die; -, -n [mhd. snecke, ahd. snecko, zu einem Verb mit der Bed. »kriechen«]: **1.** *Weichtier mit länglichem Körper u. einem Fühlerpaaren am Kopf u.a. vielfach einem Schneckenhaus auf der Rückseite, das sich auf einer von ihm selbst abgesonderten Spur aus Schleim auf dem Fuß (1 d) sehr langsam fortbewegt*: die S. kriecht über den Weg; er ist langsam wie eine S.; der Salat ist voller -n; als Vorspeise gab es -n *(als Gericht zubereitete Weinbergschnecken)*; * **mit jmdm. zur S. machen** (ugs.; *jmdm. heftige Vorwürfe machen, sodass er mutlos, schuldbewusst, seelisch bedrückt ist; geht wohl auf die Vorstellung zurück, dass der Getadelte sich schließlich verkrieche wie eine Schnecke in ihr Schneckenhaus*). **2.** (ugs.) *flaches, rundes Gebäck [mit Zuckerguss], bei dem der Teig spiralig zusammengerollt ist*. **3.** (meist Pl.) *schneckenförmig aufgerollter, über dem Ohr festgesteckter Zopf*. **4.** (Anat.) *schneckenförmiger Teil des Innenohrs*. **5.** *spiralförmig geschnitzter Abschluss des Halses bestimmter Saiteninstrumente (z. B. bei Geige, Bratsche, Cello)*. **6.** (Archit.) a) *Volute*; b) *Wendeltreppe*. **7.** (Technik) *Förderanlage für pulveriges Schüttgut, die aus einem Rohr mit einer darin sich drehenden Wendel besteht*. **8.** ⟨meist Pl.⟩ (Jägerspr.) *Horn des männlichen Mufflons*. **9.** (landsch.) *Schneck* (2). **10.** (derb) *weibliches Geschlechtsteil*. **11.** (salopp abwer-*

tend) *Hure, Prostituierte*. **12.** (salopp) *junge Frau*: heute will ich 'ne S. angraben.

schne|cken|för|mig ⟨Adj.⟩: *von der Form eines Schneckenhauses; spiralig gewunden*.

Schne|cken|fraß, der: *Fraß (2) durch Schnecken (1) (z. B. bei Gemüse)*.

Schne|cken|ge|trie|be, das (Technik): *Getriebe, das die Bewegung einer Welle (5) mit schraubenförmigem Gewinde auf ein Zahnrad überträgt*.

Schne|cken|ge|win|de, das (Technik): *Gewinde mit geringer Steigung* (2).

Schne|cken|haus, das: *aus Kalk bestehendes, wie eine Spirale gewundenes, in eine Spitze auslaufendes Gehäuse der Schnecke (1), in dessen letzten Gang im Innern sie sich ganz zurückziehen kann*: * **sich in sein S. zurückziehen** (*sich von seiner Umgebung, von den anderen zurückziehen*).

Schne|cken|horn, das ⟨Pl. …hörner; meist Pl.⟩: *Fühler der Schnecke (1)*.

Schne|cken|post, die ⟨o. Pl.⟩: *langsame, verzögerte Zustellung, Beförderung von Post*: **auf/mit der S.** (scherzh. veraltend; *sehr langsam sich fortbewegend*: auf, mit der S. fahren, reisen, kommen).

Schne|cken|tem|po, das (ugs.): *sehr langsames Tempo*: sich im S. fortbewegen; die Arbeiten kommen nur im S. voran.

Schne|ckerl, das ⟨Pl.: -n⟩ (österr. ugs.): *Ringellocke*: als kleiner Bub hatte er den Kopf voller -n.

schned|de|reng|teng, schned|de|reng|teng|teng ⟨Interj.⟩: lautm. für den Klang der Trompete.

Schnee, der; -s [mhd. snē, ahd. snēo, altes idg. Wort, vgl. z. B. russ. sneg]: **1.** *Niederschlag in Form von Schneeflocken*: weißer, frisch gefallener, pulvriger, hoher, tiefer, verharschter, pappiger, matschiger, schmutziger S.; junger S. *(Neu-, Pulverschnee)*; schneller S. *(Skisport; schnelles Skifahren ermöglichende Schneeschicht)*; stumpfer S. *(Skisport; die Skifahrt bremsende, hemmende Schneeschicht)*; es fällt S. *(es schneit)*; in der Nacht sind 10 cm S. gefallen; auf den Gipfeln, in den Bergen, draußen liegt S.; der S. knirscht [unter den Sohlen]; S. fegen, schieben, schippen, räumen; durch den S. stapfen; die Landschaft versinkt im S.; ihre Haut ist weiß wie S.; R und wenn der ganze S. verbrennt [die Asche bleibt uns doch] (ugs. scherzh.; *wir lassen uns durch nichts entmutigen*); * **S. von gestern/von vorgestern/vom letzten Jahr/vom vergangenen** o. ä. **Jahr** (ugs.; *Dinge, Tatsachen, die niemanden mehr interessieren*); **aus dem Jahre S.** (österr.; *vor sehr langer Zeit*); **anno S./im Jahre S.** (österr.; *vor sehr langer Zeit*). **2.** Kurzf. von ↑*Eischnee*: das Eiweiß zu S. schlagen. **3.** (Jargon) *Droge (2 a), die als weißes Pulver gehandelt wird, bes. Kokain*.

schnee|arm ⟨Adj.⟩: *durch wenig Schnee, geringe Schneefälle gekennzeichnet*: eine -e Gegend.

Schnee|ball, der: **1.** [mhd. sneballe] *kleinere, mit den Händen geformte feste Kugel aus Schnee*: einen S. formen; mit Schneebällen [auf jmdn., nach jmdm.] werfen. **2.** *als Strauch wachsende Pflanze mit vielen, in kugelförmigen Trugdolden stehenden Blüten; Schneeballstrauch*.

Schnee|bäll|chen, das (Kochkunst): *Kloß aus gekochten u. zerquetschten Kartoffeln*.

Schnee|ball|prin|zip, das: *Verbreitungsart einer Nachricht o. Ä., bei der jede Person die erhaltene Information an mehrere Personen weiterverbreitet*.

Schnee|ball|schlacht, die: *gegenseitiges Sichbewerfen mit Schneebällen (1)*: eine S. machen.

Schnee|ball|strauch, der: *Schneeball (2)*.

Schnee|ball|sys|tem, das: **1.** *[verbotene] Form des Warenabsatzes, bei der sich der Käufer verpflichtet, einen Teil des Kaufpreises dadurch zu begleichen, dass er neue Kunden vermittelt, die den gleichen Bedingungen unterliegen*. **2.** *Schneeballprinzip*.

Schnee|ball|ver|fah|ren, das: *Schneeballprinzip*.

schnee|be|deckt ⟨Adj.⟩: *mit Schnee (1) bedeckt*: -e Berge, das -e Land.

Schnee|bee|re, die [nach der Farbe der Beeren]: *als Strauch wachsende Pflanze mit kleinen, rosa od. weißen, glockenförmigen Blüten u. kleinen, kugeligen, weißen Früchten, die beim Drauftreten mit einem kleinen Knall platzen*.

Schnee|berg, der: *großer Haufen Schnee*: die an den Straßenrändern aufgetürmten -e.

Schnee|be|sen, der: **1.** *bes. zum Rühren von Soßen, Puddings o. Ä. od. zum Schlagen von Eiweiß, Sahne dienendes, mit einem Stiel versehenes Küchengerät, dessen unteres, meist keulenförmiges Ende aus spiralig gedrehtem, federndem Draht besteht*. **2.** (Musikjargon) *Stahlbesen*.

Schnee|blind|heit, die: *starke Beeinträchtigung des Sehvermögens durch die bei Sonnenschein auftretende Reflexion von UV-Strahlen im Schnee*.

Schnee|brett, das: *an bestimmten Abhängen einem Brett ähnlich flach überhängende, an der Oberfläche verfestigte Schneeschicht*.

Schnee|bril|le, die: *(stark getönte) Brille zum Schutz gegen Schneeblindheit*.

Schnee|bruch, der: *das Abbrechen von Ästen, Wipfeln od. Stämmen (bes. alter Bäume) unter der Last des Schnees*.

Schnee|de|cke, die: *Schneeschicht, die etw., bes. den Boden, bedeckt*: eine geschlossene S.

schnee|er|hellt ⟨Adj.⟩ (dichter.): *durch das vom Schnee reflektierte Licht erhellt*: eine sternklare, -e Nacht.

Schnee-Eu|le, Schnee|eu|le, die: *einem Uhu ähnliche, weiße Eule mit brauner Zeichnung, die sich bes. von Schneehühnern ernährt u. am Tage aktiv ist*.

Schnee|fall, der: *Niederschlag in Form von Schnee*: heftige, anhaltende Schneefälle.

Schnee|fall|gren|ze, die: *Grenze, Linie, ab der der Schneefall einsetzt*.

Schnee|feld, das: *größere schneebedeckte Fläche, bes. im Hochgebirge*.

Schnee|flo|cke, die [mhd. snēvlocke]: *kleines, leichtes, lockeres, weißes, zartes Gebilde aus mehreren zusammenhaftenden Eiskristallen*: kleine, dicke -n.

Schnee|frä|se, die: *Schneeräumgerät, das mithilfe von rotierenden Trommeln den Schnee schichtweise aufnimmt u. seitlich nach oben wegschleudert*.

schnee|frei ⟨Adj.⟩: *frei von Schnee*: die Autobahnen sind wieder s.

Schnee|gans, die: *(in verschiedenen Tundren u. kalten, schneereichen Gegenden lebende) Gans mit weißem Gefieder u. schwarzen Federn an den Schwingen*.

Schnee|ge|bir|ge, das (geh.): *Gebirge mit Gletschern, ewigem Schnee*.

Schnee|ge|stö|ber, das: *von heftigem Wind verwirbelter starker Schneefall*.

schnee|glatt ⟨Adj.⟩: *Schneeglätte aufweisend*: eine -e Fahrbahn.

Schnee|glät|te, die: *durch festgefahrenen Schnee verursachte Straßenglätte*.

Schnee|glöck|chen, das: *zu Beginn des Frühjahrs blühende Pflanze mit langen, schmalen Blättern u. glockenförmiger, weißer Blüte*.

Schnee|gren|ze, die: *Grenze zwischen schneebedecktem u. schneefreiem Gebiet*: oberhalb der S. im ewigen Schnee.

Schnee|grie|sel, der (Meteorol.): *Niederschlag in Form von kleinen, aus Schneekristallen bestehenden Körnchen, Graupeln:* vereinzelt fällt S., kann es S. geben, kommt es zu S.
Schnee|ha|se, der: *(bes. in den Alpen lebender) Hase mit relativ kurzen Ohren, dessen Fell im Sommer rotbraun, im Winter weiß ist.*
Schnee|hö|he, die: *Dicke der den Boden bedeckenden Schneeschicht.*
Schnee|huhn, das: *einem Rebhuhn ähnliches Raufußhuhn, dessen Gefieder im Sommer erdfarben, im Winter weiß ist.*
Schnee|hüt|te, die: *aus Schneeblöcken errichtete Hütte; Iglu.*
schnee|ig ⟨Adj.⟩: *von Schnee bedeckt:* -e Gipfel, Hänge.
Schnee|ka|no|ne, die: *Gerät, das künstlichen Schnee erzeugt, um auf Pisten (1) o. Ä. fehlenden Schnee zu ergänzen.*
Schnee|ket|te, die ⟨meist Pl.⟩ (Kfz-Wesen): *um den Reifen eines [Antriebs]rades herum zu befestigendes, grobmaschiges Netz aus Ketten (1 a), das dazu dient, das Rutschen u. Durchdrehen des Rades auf verschneiter Straße zu verhindern:* -n aufziehen.
Schnee|kö|nig, der (ostmd.): *Zaunkönig:* * sich freuen wie ein S. (ugs.; *sich sehr freuen; der Singvogel bleibt auch im Winter bei uns u. lässt* »fröhlich sein Lied erschallen«).
Schnee|kop|pe, die; -: höchster Berg des Riesengebirges.
Schnee|kris|tall, der: *zu einer Schneeflocke gehörender Eiskristall.*
Schnee|krus|te, die: *gefrorene Oberfläche einer Schneedecke.*
Schnee|la|ge, die: *von den herrschenden Schneeverhältnissen bestimmte Situation:* eine gute, schlechte, ideale S.; Informationen zur [aktuellen] S. [in den alpinen Skigebieten] abrufen.
Schnee|land|schaft, die: *schneebedeckte winterliche Landschaft.*
Schnee|last, die: *von einer aufliegenden Schneeschicht gebildete Last.*
Schnee|le|o|pard, der: *asiatische Großkatze mit kleinem, rundem Kopf, sehr langem, dicht behaartem Schwanz u. falbem Fell mit schwärzlichen Flecken; Irbis.*
Schnee|man|gel, der ⟨o. Pl.⟩: *Mangel an einer zur Ausübung des Wintersports nötigen Schneeschicht.*
Schnee|mann, der ⟨Pl. ...männer⟩: *plumpe, menschenähnliche Figur aus Schnee [mit einer Mohrrübe als Nase, Kohlen, klein gebrochenen Ästen o. Ä. als Augen u. Mund]:* die Kinder bauen einen S.
Schnee|mas|se, die ⟨meist Pl.⟩: *Masse von Schnee:* die Autos wurden von den -n beinahe begraben.
Schnee|matsch, der ⟨o. Pl.⟩: *halb getauter, matschiger Schnee.*
Schnee|mensch, der: *Yeti.*
Schnee|mo|bil, das: *Kettenfahrzeug zur Fortbewegung im Schnee.*
Schnee|pflug, der: **1.** *Schneeräumgerät, bei dem ein od. zwei gewölbte u. nach vorn geneigte Stahlbleche vor ein Fahrzeug montiert sind, mit deren Hilfe der Schnee auf die Seite geschoben wird.* **2.** (Ski) *Technik zum Abbremsen beim Skifahren, bei der die Enden beider Skier nach außen gedrückt werden.*
Schnee|räu|mer, der, **Schnee|räum|ge|rät**, das: *Gerät, mit dem Straßen u. Gehwege von Schnee geräumt werden.*
Schnee|rau|pe, die: *geländegängiges Raupenfahrzeug mit besonderen Geräten zum Präparieren der Piste (1).*
Schnee|re|gen, der: *mit Schnee vermischter Regen.*

schnee|reich ⟨Adj.⟩: *durch viel Schnee gekennzeichnet:* ein sehr -er Winter.
Schnee|ro|se, die: *Christrose.*
Schnee|ru|te, die (österr.): *Schneebesen (1).*
Schnee|schau|er, der: *schauerartiger Schneefall.*
Schnee|schau|fel, die: *Schaufel mit sehr breitem, gewölbtem Blatt (5) zum Beseitigen von Schnee.*
Schnee|schicht, die: *durch Schneefall entstandene Schicht aus Schnee.*
Schnee|schie|ber, der: *Schneeschaufel.*
Schnee|schmel|ze, die: *das Schmelzen des Schnees bei Tauwetter.*
Schnee|schuh, der: **1.** (veraltet) *Ski.* **2.** *großer, unter den Schuh geschnallter geflochtener Rahmen, der beim Gehen ein Einsinken im Schnee verhindert.*
schnee|si|cher ⟨Adj.⟩: *(von bestimmten Orten, Gebieten) mit einiger Sicherheit genug Schnee zur Ausübung des Wintersports habend.*
Schnee|sturm, der: *mit heftigem Schneefall einhergehender Sturm.*
Schnee|trei|ben, das: *wirbelndes Niederfallen von Schneeflocken bei Wind.*
Schnee|ver|hält|nis|se ⟨Pl.⟩: *Menge u. Beschaffenheit des gefallenen Schnees.*
Schnee|ver|we|hung, die: *durch den Wind angewehte große Menge tiefen, lockeren Schnees.*
Schnee|wech|te, die: *Wechte.*
Schnee|we|he, die: *Schneeverwehung.*
schnee|weiß ⟨Adj.⟩ (emotional): *weiß wie [frisch gefallener] Schnee:* -es Haar.
Schnee|witt|chen, das; -s [2. Bestandteil zu niederd. wit = weiß, eigtl. = Schneeweißchen (nach der im Märchen zum schwarzen Haar kontrastierenden hellen Hautfarbe)]: *(im Volksmärchen) junge Frau, die wegen ihrer Schönheit von ihrer Stiefmutter verfolgt u. schließlich mit einem vergifteten Apfel fast umgebracht wird.*
Schnee|zaun, der: *besonderer Zaun, der freies Gelände od. Straßen u. Ä. vor Schneeverwehungen schützt.*
Schneid, der; -[e]s, bayr., österr.: die; - [aus dem Südd., zu ↑ Schneide in der mundartl. Bed. »Kraft, Mut«] (ugs.): *Mut, der mit einer gewissen Forschheit, mit Draufgängertum verbunden ist:* es gehört S. dazu, das zu wagen; ihm fehlt der S. (er traut sich nicht); * **jmdm. den/die S. abkaufen** (*jmdm. den Mut zu etw. nehmen*).
schneid|bar ⟨Adj.⟩: *sich schneiden lassend.*
Schneid|bren|ner, der (Technik): *dem Schweißbrenner ähnliches Gerät zum Zerteilen von Metall.*
Schnei|de, die; -, -n [mhd. snīde, zu: snīden, ↑ schneiden]: **1. a)** *geschärfte Kante der Klinge o. Ä. eines zum Schneiden bestimmten Werkzeugs od. Gerätes:* eine scharfe, stumpfe, schartige S.; die S. der Sense, der Schere, der Axt, des Messers; **b)** (selten) *Klinge (1 a), bes. eines Messers.* **2.** (Geogr.) *Grat, First.* **3.** (südd., österr.) *Scheide, Grenze:* Der kauft so das Gold von einem jungen Serben, der in einem Dorf an der Grenze wohnt, an der S. zu Ungarn und Serbien (Herta Müller, Fuchs 95).
Schnei|de|ge|rät, das (bes. Filmtechnik): *Gerät zum Schneiden:* wir brauchen ein besseres S. als diese verrostete Schere.
Schneid|ei|sen, das: *ringförmiges Schneidewerkzeug zum Herstellen von Gewinden an der Außenseite von etw.*
♦ **Schnei|de|li|nie**, die: *Kamm (4 a):* Von dieser Buche gingen wir noch eine kleine Zeit aufwärts und kamen dann auf die S. der Anhöhe, von der wir auf die jenseitigen Gegenden hinübersahen (Stifter, Granit 38).
Schnei|de|ma|schi|ne, die (Technik): *Maschine zum Schneiden:* eine S. für Pommes frites.
Schnei|de|müh|le, die (selten): *Sägewerk.*
schnei|den ⟨unr. V.; hat⟩ [mhd. snīden, ahd. snī-

dan, urspr. = mit scharfem Gerät schneiden od. hauen]: **1. a)** *(mit dem Messer od. einem anderen Schneidewerkzeug) durch einen od. mehrere Schnitte o. Ä. zerteilen, zerlegen:* Papier, Pappe, Holz, Glas s.; Käse, Fleisch, Wurst, Schinken, Brot s.; etw. in Scheiben, Stücke, Würfel, Streifen, zwei Hälften s.; Zwiebeln in Ringe s.; Ü ⟨subst.:⟩ hier ist eine Luft zum Schneiden (*sehr schlechte, verbrauchte Luft*); **b)** *(mit dem Messer od. einem anderen Schneidewerkzeug) von etw. abtrennen, ablösen; abschneiden; aus etw. herausschneiden:* Blumen, Rosen s.; jmdm. sich eine Scheibe Brot, ein Stück vom Schinken s.; einen Artikel aus der Zeitung s.; im Wald wird Holz geschnitten (*werden Bäume gefällt*). **2.** *durch Schneiden (1 b) kürzen [u. in eine bestimmte Form bringen]; beschneiden; stutzen:* jmdm. das Haar s.; jmdm. sich die Fingernägel s.; den Rasen, die Hecken, die [Obst]bäume s.; sich ⟨Dativ⟩ die Haare s. lassen. **3. a)** *(aus einem bestimmten Material) durch Bearbeiten mit einem Messer od. einem anderen Schneidewerkzeug herstellen:* sich einen Spazierstock s.; Bretter, Bohlen aus den Stämmen s.; Scherenschnitte aus Papier s.; Er schnitt ihm Weidenpfeifchen (Hauptmann, Thiel 13); **b)** *(mit einem Messer od. einem dafür vorgesehenen Werkzeug) in ein Material eingravieren, einschneiden (1 b):* eine Kerbe in einen Stock s.; ein Gewinde s.; Los, uns, wie gehen zu meinem alten Freund, Juwelier Mangold, und der Teufel soll ihn holen, wenn er nicht in einer Viertelstunde eure Initialen und das Datum des heutigen Tages in die Ringe geschnitten hat (Fallada, Herr 253); **c)** *(mit einem Messer od. einem dafür gesehenen Werkzeug) aus einem Material herausarbeiten:* einen Stempel s.; Ü ihr Gesicht war sehr fein, markant geschnitten (*geformt*); mandelförmig geschnittene Augen. **4.** *(ein Kleidungsstück) zuschneiden:* ein Kleid nach einem Muster s. ⟨meist im 2. Part.:⟩ ein weit, gerade, gut geschnittenes Kleid; der Mantel ist elegant, sportlich geschnitten (*hat einen eleganten, sportlichen Schnitt*). **5.** (Film, Rundfunk, Fernsehen) **a)** *cutten:* einen Film, ein Tonband s.; ⟨auch ohne Akk.-Obj.:⟩ weich, hart s.; **b)** *beim Schneiden (5 a) abrupt von einer Einstellung zur nächsten wechseln:* wo soll geschnitten werden? **6. a)** *jmdm., sich eine Schnittwunde beibringen; sich mit, an etw. Scharfem verletzen:* sich beim Kartoffelschälen s.; sich an einer Scherbe, mit dem Messer s.; ich habe mir/mich in den Finger geschnitten; **b)** *einen Schnitt in etw. machen:* ich habe versehentlich [mit der Schere] in den Stoff geschnitten; pass auf, dass du nicht in die Tischplatte schneidest. **7.** ⟨s. + sich⟩ (landsch.) *sich irren, sich täuschen:* Du schneidest dich eklig, wenn du das glaubst (H. Mann, Unrat 139); R da hast du dich geschnitten! (ugs.; *da täuschst du dich sehr!*) **8.** (Tiermed.) *kastrieren:* einen Eber s. **9. a)** *etw. (in einem chirurgischen Eingriff) aufschneiden:* der Finger ist geschnitten worden; **b)** (Medizinjargon) *einen chirurgischen Eingriff vornehmen, operieren (1):* die Patientin musste geschnitten werden; Er wusste oft nicht einmal, wen er operierte. Durant gab ihm die Diagnose, und er begann zu s. (Remarque, Triomphe 49/50). **10. a)** *(eine Kurve 2 a) durch Verlassen der äußeren Seite der Fahrbahn abkürzen, nicht ausfahren:* der Fahrer, der Wagen hatte die Kurve geschnitten; **b)** *(beim Überholen, Einordnen) schräg, von der Seite her vor ein anderes Fahrzeug fahren u. es dabei behindern:* er ist im Lkw rasant vie, ihren Wagen geschnitten. **11.** *(von einer Linie o. Ä.) kreuzen (3):* die Straße schneidet hier die Bahnlinie; zwei sich schneidende Geraden, Kurven, Ebenen. **12.** (Tennis, Tischtennis, Ballspiele) *Drall* *verleihen:* einen Ball s. **13.** *(ein bestimmtes Gesicht) machen, durch Verziehen des Gesichts hervorbringen:* eine Grimasse s.; Dann schnitt Suzette ihrem Spiegelbild eine ungeduldige Fratze (Langgässer, Siegel 347). **14.** *in bestimmter Weise scharf sein, geeignet sein, etw. abzuschneiden, zu zerschneiden:* die Säge schneidet nicht mehr [richtig] *(ist stumpf geworden).* **15.** *(als Friseur, Friseurin) in bestimmter Weise mit der Schere arbeiten:* die Friseurin schneidet gut, schlecht. **16.** *durch Hineinschneiden mit der Schere od. einem anderen Schneidewerkzeug hervorbringen, unbeabsichtigt verursachen:* mit der Schere, dem Messer ein Loch ins Tischtuch s. **17.** *mit dem Messer zerkleinern u. etw. anderem zusetzen:* Wurst, Kräuter in die Suppe s. **18.** *durch Herausschneiden in einem Material herstellen:* Gucklöcher in die Türen s. **19.** *durch Schneiden (2): die Gurte schneiden ins Fleisch;* Ü Die Seitentür öffnet sich von innen, und aus der Halle schneidet ein Lichtstreifen in den Saal (Herta Müller, Fuchs 127). **20.** *(bes. von Wind, Kälte u. Ä.) einen scharfen Schmerz (auf der Haut) verursachen:* schneidende Kälte; Ü mit schneidender *(scharfer)* Stimme, mit schneidendem Hohn sprechen; ein schneidendes *(quälendes, schmerzendes)* Hungergefühl. **21.** [LÜ von engl. to cut a person] *jmdn. bei einer Begegnung absichtlich, demonstrativ nicht beachten, übersehen u. damit ausdrücken, dass man nichts mehr mit ihm zu tun haben möchte:* die Nachbarn, Kollegen schneiden ihn. **22.** (Skat) *mit einer Karte stechen, aber dabei eine höhere Karte zurückhalten, bis mit ihr eine große Punktzahl gestochen werden kann:* mit dem König s., um sich mit dem Ass die Zehn zu holen.

Schnei|der, der; -s, - [mhd. snîdære]: **1.** *Handwerker, der (aus Stoffen nach Maß) Kleidung anfertigt, näht* (Berufsbez.): ein guter, teurer S.; er ist [gelernt] S.; etw. beim/vom S. anfertigen, machen, anfertigen, ändern, reparieren, nähen lassen; R herein, wenns kein S. ist! (scherzh.; Aufforderung einzutreten; wohl hergenommen von der Vorstellung des seine Rechnungen eintreibenden Schneiders); * *frieren wie ein S.* (ugs.; *sehr frieren;* der Schneider wurde früher wegen seines oft geringen Körpergewichts für schwächlich, nicht genügend abgehärtet angesehen). **2.** [früher spottete man, ein Schneider wiege nicht mehr als 30 Lot (Anspielung auf die sozial schlechte Stellung des Schneiders)] (Skat) *das Erreichen der Punktzahl 30 (als Verlierer):* S. ansagen *(ankündigen, dass der Spielgegner keine 30 Punkte bekommen wird);* S./im S. sein *(weniger als 30 Punkte haben);* aus dem S. sein *(mehr als 30 Punkte erreicht haben);* * *aus dem S. sein* (ugs.; *eine schwierige Situation überwunden, das Schlimmste überstanden haben).* **3.** (Tischtennis veraltet) *(in einem Satz) das Erreichen von 11 Punkten (als Verlierer)* (in nicht offizieller Wertung): * *jmdn. S. spielen/ machen (verhindern, dass der Gegner mehr als 11 Punkte erreicht).* **4.** (ugs.) Kurzf. von ↑ Schneidegerät: ein S. für gekochte Eier, Tomaten. **5.** (Jägerspr.) *(in Bezug auf Hirsche, auch Auerhähne u. Birkhähne) schwach entwickeltes Tier.* **6.** (Jägerspr.) *Jäger, der auf der Treibjagd ohne Beute geblieben ist.* **7.** (Landwirtsch.) *kastrierter Eber.* **8.** [nach der dünnen, langen Beinen] **a)** *langbeiniges Insekt* (z. B. Wasserläufer, Libelle, Schnake); **b)** *Weberknecht.* **9.** [nach der kleinen Gestalt] *kleiner Karpfenfisch mit bräunlich grünem Rücken u. gelblichen Bauch- u. Brustflossen.*

Schnei|de|raum, der (Film, Rundfunk, Fernsehen): *Raum zum Schneiden (5 a).*

Schnei|de|rei, die; -, -en: **1.** *Werkstatt, Atelier eines Schneiders, einer Schneiderin.* **2.** ⟨o. Pl.⟩ **a)** *Ausübung des Schneiderhandwerks; das Schneidern:* die S. hat er an den Nagel gehängt; **b)** *Schneiderhandwerk.*

Schnei|der|ge|sel|le, der: vgl. Schneidermeister.

Schnei|der|ge|sel|lin, die: w. Form zu ↑ Schneidergeselle.

Schnei|der|hand|werk, das ⟨o. Pl.⟩: *Handwerk eines Schneiders, einer Schneiderin.*

Schnei|de|rin, die; -, -nen: w. Form zu ↑ Schneider.

Schnei|der|karp|fen, der: *Bitterling.*

Schnei|der|krei|de, die: *zum Aufzeichnen des Schnittmusters auf den Stoff o. Ä. verwendete Kreide.*

Schnei|der|meis|ter, der: *Meister* (1) *im Schneiderhandwerk.*

Schnei|der|meis|te|rin, die: w. Form zu ↑ Schneidermeister.

schnei|dern ⟨sw. V.; hat⟩: *[als Schneider, Schneiderin] anfertigen, nähen:* einen Anzug, ein Kostüm s.; sich etw. s. lassen; sie schneidert ihre Sachen selbst; ⟨subst.:⟩ sie verdient sich ihren Lebensunterhalt mit Schneidern.

Schnei|der|pup|pe, die: *[auf einem Ständer stehende] dem Oberkörper entsprechende verstellbare Form zum Anmessen von Kleidungsstücken.*

Schnei|der|sitz, der ⟨o. Pl.⟩: *Sitzhaltung [eines auf dem Boden Sitzenden], bei der die Oberschenkel gegrätscht u. die Unterschenkel bzw. die Füße über Kreuz darüber gelegt sind:* im S. dasitzen.

Schnei|de|tisch, der (Filmtechnik): *mit einem Monitor* (1) *u. einer Apparatur zur Tonwiedergabe ausgestattete Vorrichtung in Form einer stabilen Platte, an der aus verschiedenen Filmszenen u. Tonaufnahmen der eigentliche Film geschnitten* (5 a) *wird.*

Schnei|de|werk|zeug, das: vgl. Schneidegerät.

Schnei|de|zahn, der: *vorderer Zahn des Gebisses, der durch seine meißelähnliche Form zum Abbeißen geeignet ist.*

schnei|dig ⟨Adj.⟩ [mhd. snîdec = schneidend, scharf, kräftig]: **1.** *forsch u. selbstbewusst; mit Schneid:* ein -er Soldat. **2. a)** *draufgängerisch, waghalsig:* s. angreifen; **b)** *flott, sportlich:* ein -e Erscheinung. **3.** *mit einer Schneide (1 a) versehen; scharfkantig.*

Schnei|dig|keit, die; -: *das Schneidigsein* (1, 2).

Schneid|wa|ren ⟨Pl.⟩: *Schneidegeräte (wie Messer, Scheren, Rasiergeräte u. Ä.).*

schnei|en ⟨sw. V.⟩ [mhd. snîen, ahd. sniwan, verw. mit ↑ Schnee]: **1.** ⟨unpers.; hat⟩ *(von Niederschlag) als Schnee zur Erde fallen:* es schneit heftig, leise, in dicken Flocken, ununterbrochen; draußen schneit es; es hat aufgehört zu s. **2. a)** ⟨ist⟩ *in großer Menge als Schnee herabfallen:* Blütenblätter schneiten auf die Straße; **b)** ⟨hat⟩ (bes. dichter.) *schneien* (2 a) *lassen:* ⟨meist unpers.:⟩ es schneite Blütenblätter, Konfetti; Ü Dreiundzwanzig Jahre bist du wunderbar ohne meine Küsse ausgekommen, und nun verlangst du plötzlich, dass es Küsse schneit? (Fallada, Herr 158). **3.** ⟨ist⟩ (ugs.) *hereinschneien* (2).

Schnei|se, die; -, -n [spätmhd. (md.) sneyße, mhd. sneite, zu ↑ schneiden]: **1.** *(künstlich geschaffener) gerader, einen Wald zerteilender Streifen von Bäumen u. Sträuchern befreiten Geländes; Waldschneise:* eine S. [in den Wald] schlagen; Ü Der Sturm, das abstürzende Flugzeug hatte eine lange S. in den Wald gerissen. **2.** Kurzf. von ↑ Flugschneise.

schnell ⟨Adj.⟩ [mhd., ahd. snel = behände, kräftig, tapfer, rasch, wohl eigtl. = tatkräftig, H. u.]: **1. a)** *(bes. in Bezug auf eine Fortbewegung) durch ein hohes Tempo gekennzeichnet; mit hoher, großer Geschwindigkeit; nicht langsam, sondern rasch:* ein -es Tempo; eine -e Fahrt; er hat einen -en Gang; wir bekamen Rückenwind und wurden dadurch etwas -er; der Wagen auf der Vorfahrtsstraße war eindeutig zu s.; [zu] s. fahren; s. sprechen, schreiben, arbeiten; könntest du einen Schritt -er gehen?; s. wachsende Pflanzen; er lief, so s. er konnte; ⟨in Aufforderungen:⟩ s.[, s.]!; nicht so s.!; -er!; mach s.! (ugs.; *beeile dich!*); **b)** *(bes. in Bezug auf eine Tätigkeit, den Ab-, Verlauf von etw. o. Ä.) innerhalb kurzer Zeit [vor sich gehend], nur wenig Zeit in Anspruch nehmend; rasch:* eine -e Drehung, Bewegung; -e Fortschritte; eine -e Wendung nehmen; einen -en Entschluss fassen; ich bitte um möglichst -e Erledigung; eine -e Auffassung haben; sich s. ausbreiten, verbreiten, verflüchtigen; s. um sich greifen; etw. s. schaffen; die Ware war s. verkauft; sie waren überraschend s. fertig; alles ging rasend s.; sich s. einleben, zurechtfinden, an etw. gewöhnen; kannst du s. mal kommen; so s. wie/(seltener:) als möglich; so s. macht ihm das keiner nach *(es wird nicht leicht sein, ihm das nachzumachen);* wie heißt sie noch s.? (ugs.; *es fiel mir auf die Zunge, aber ich weiß es im Augenblick nicht mehr);* * *auf die Schnelle* (ugs.; *schnell, in kurzer Zeit:* etw. auf die Schnelle erledigen). **2.** *hohe Fahrgeschwindigkeiten ermöglichend:* eine -e Straße, Strecke, Piste, Bahn; ein -es Flugzeug, Schiff; die Autos werden immer größer und -er; ein Auto s. machen. **3.** (ugs.) *ohne großen Zeitaufwand herzustellen, auszuführen, zu erwerben o. Ä.:* -es Geld. **4.** *(in Bezug auf eine Tätigkeit, die mit einer gewissen Geschwindigkeit u. Schnelligkeit vonstattengeht) zügig, flott, rasch:* -es Handeln ist erforderlich; eine -e Bedienung; er ist [nicht] sehr s. *(flink)* [bei der Arbeit]; du bist zu s. *(nicht sorgfältig genug);* sie arbeitet s.; die Sache ging s. über die Bühne; es ging -er als erwartet; das geht mir zu s. *(ich komme nicht mit);* ich muss noch s. *(kurz)* etwas machen. ◆ **5.** *voreilig, vorschnell:* Die -en Herrscher sind's, die kurz regieren: (Schiller, Tell I, 3).

Schnell|abi|tur, das (veraltend, abwertend): *Abitur, das nach 12 Schuljahren abgelegt wird.*

Schnell|auf|zug, der: *besonders schnell fahrender Aufzug.*

Schnell|bahn, die (Verkehrsw.): *S-Bahn.*

Schnell|boot, das: *kleines, wendiges, sehr schnelles Kriegsschiff.*

Schnell|brem|sung, die (Eisenbahn): *Vollbremsung, die einen Zug sehr schnell zum Stehen bringt:* eine S. auslösen.

Schnell|bü|ge|lei, die; -, -en (bes. regional): vgl. Schnellreinigung.

Schnell|bus, der: *Linienbus, der die Fahrgäste bes. schnell ans Ziel bringt.*

Schnell|den|ker, der (scherzh.): *jmd., der einen raschen Verstand hat.*

Schnell|den|ke|rin, die: w. Form zu ↑ Schnelldenker.

Schnell|dienst, der: *Expressdienst.*

Schnell|durch|gang, Schnell|durch|lauf, der: *schneller Durchgang; schneller Ablauf von etw.:* ein S. durch die Geschichte der Stadt; Probleme im S. besprechen.

Schnel|le, die; -, -n: **1.** ⟨o. Pl.⟩ [mhd. snelle] (selten) *Schnelligkeit.* **2.** [zu ↑ schnellen] *Stromschnelle.*

schnel|len ⟨sw. V.⟩ [mhd. snellen]: **1.** ⟨ist⟩ *sich federnd, mit Schnellkraft, mit einem Schwung o. Ä. in eine bestimmte Richtung, an einen Ort o. Ä.) bewegen:* ein Fisch schnellt aus dem Wasser; ein Pfeil schnellt durch die Luft, in die Luft, von der Sehne; Ü die Preise waren [schlagartig] in die Höhe geschnellt. **2.** ⟨hat⟩ **a)** *mit einer schnellen, schwungvollen Bewegung irgendwohin schleudern:* die Angelschnur ins Wasser s.; **b)** ⟨s. + sich⟩ *sich mit einer schnellen Bewegung irgendwohin bewegen:* der Fisch, der Delfin

Schnellfeuer – Schnitt

schnellt sich aus dem Wasser. **3.** ⟨hat⟩ (landsch.) *schnippen* (2): *mit den Fingern s.*
Schnell|feu|er, das (Militär): *Feuer (4), bei dem die einzelnen Schüsse in sehr schneller Folge hintereinander abgegeben werden.*
Schnell|feu|er|ge|schütz, das (Militär): *meist leichtes, mit automatischem Verschluss ausgerüstetes Geschütz mit einer Vorrichtung für Schnellfeuer.*
Schnell|feu|er|ge|wehr, das (Militär): *Selbstladegewehr mit einer Vorrichtung für Schnellfeuer.*
Schnell|feu|er|pis|to|le, die (Sport): *(beim Sportschießen) Pistole mit einer Vorrichtung für Schnellfeuer.*
Schnell|feu|er|waf|fe, die (Militär): *Feuerwaffe mit einer Vorrichtung für Schnellfeuer.*
schnell|fü|ßig ⟨Adj.⟩: *mit schnellen, leichten Schritten [gehend]:* s. *daherkommen.*
Schnell|gang, der (Technik): *Overdrive.*
Schnell|gast|stät|te, die: *Gaststätte, in der ²Schnellgerichte serviert werden.*
¹Schnell|ge|richt, das: *¹Gericht, das beschleunigte Verfahren abwickelt.*
²Schnell|ge|richt, das: *²Gericht, das sich schnell u. ohne viel Mühe zubereiten lässt, das schnell serviert werden kann.*
Schnell|hef|ter, der: *Hefter (1).*
Schnell|lig|keit, die; -, -en ⟨Pl. selten⟩ [mhd. snel(lec)heit]: **a)** *Tempo einer [Fort]bewegung; Geschwindigkeit:* die S. steigern, herabsetzen; **b)** ⟨o. Pl.⟩ *das Flinksein, Schnellsein bei einer Tätigkeit o. Ä.:* die S., mit der sie arbeitet, ist phänomenal; bei dieser Arbeit kommt es vor allem auf S. an.
Schnell|im|biss, der: **a)** vgl. Schnellgaststätte; **b)** (selten) vgl. ²Schnellgericht.
Schnell|kä|fer, der (Zool.): *Käfer mit lang gestrecktem, flachem Körper, dessen Larven als Pflanzenschädlinge auftreten können.*
Schnell|koch|plat|te, die: *Kochplatte eines Elektroherdes, die besonders schnell heiß wird.*
Schnell|koch|topf, der: *Druckkochtopf, mit dem man bes. schnell garen kann.*
Schnell|kraft, die [zu ↑ schnellen]: *Elastizität (1, 2 a):* die S. der Feder.
Schnell|kurs, Schnell|kur|sus, der: *Kurs (3 a), in dem ein Lehrstoff, eine Fertigkeit o. Ä. in sehr kurzer Zeit vermittelt wird.*
schnell|läu|fig ⟨Adj.⟩ (Technik): *(von Maschinen o. Ä.) schnell, mit hoher Drehzahl laufend:* eine -e Zentrifuge.
Schnell|le|big ⟨Adj.⟩: **a)** (Fachspr. selten) *kurzlebig (1):* -e Insekten; **b)** *durch [allzu] raschen Wandel gekennzeichnet, sich schnell verändernd; kurzlebig:* eine -e Branche; die Mode ist s.; die Welt wird immer -er.
Schnell|le|big|keit, die; -: *das Schnelllebigsein.*
Schnell|ma|chen, schnell|ma|chen ⟨sw. V.; hat⟩: *etw. so bearbeiten, dass eine hohe Fahrtgeschwindigkeit ermöglicht wird.*
Schnell|pres|se, die (Druckw.): *Druckmaschine, bei der ein Zylinder den Papierbogen gegen die Druckform presst.*
Schnell|rei|ni|gung, die: *Reinigung (2), die bes. schnell arbeitet; Expressreinigung.*
Schnell|res|tau|rant, das: *Schnellgaststätte.*
Schnell|rich|ter, der: *an einem Schnellverfahren (2) beteiligter Richter.*
Schnell|rich|te|rin, die: w. Form zu ↑ Schnellrichter.
Schnell|schrei|ber, der (ugs.): **a)** *jmd., der schnell schreibt;* **b)** (meist abwertend) *jmd., der (z. B. als Schriftsteller) in besonders rascher Folge Texte veröffentlicht.*
Schnell|schrei|be|rin, die: w. Form zu ↑ Schnellschreiber.
Schnell|schuss, der (Jargon): *etw., was kurzfristig,*

ohne längere Planung, ohne gründliche Vorbereitung hergestellt wird (z. B. als Reaktion auf ein unvorhergesehenes Ereignis): das Buch zum Tod des Politikers war ein S.
Schnell|seg|ler, der (früher): *schnelles Segelschiff.*
schnells|tens ⟨Adv.⟩: *so schnell wie möglich; unverzüglich:* etw. s. erledigen; diese Fehler müssen s. abgestellt werden.
schnellst|mög|lich ⟨Adj.⟩: *so schnell wie irgend möglich; möglichst schnell:* etw. auf dem -en Wege transportieren; etw. s. erledigen, ausführen; jmdn. s. informieren.
Schnell|stra|ße, die: *gut ausgebaute, meist wenigstens vierspurige Straße für den Schnellverkehr.*
Schnell|test, der: *Test, dessen Ergebnis nach kurzer Zeit vorliegt:* ein S. für Grippe.
Schnell|ver|bin|dung, die: *schnelle Verkehrsverbindung.*
Schnell|ver|fah|ren, das: **1.** (bes. Technik) *technisches Verfahren, bei dessen Anwendung ein Herstellungsprozess o. Ä. bes. schnell abläuft:* * im S. (ugs.; *innerhalb [unangemessen] kurzer Zeit:* etw. im S. erledigen). **2.** (Rechtsspr.) *Strafverfahren ohne vorausgehende schriftliche Anklage; beschleunigtes Verfahren.*
Schnell|ver|kehr, der (Verkehrsw.): **1.** *Straßenverkehr mit schnelleren Kraftfahrzeugen:* die Kriechspur sorgt dafür, dass der S. nicht vom langsamen Fahrzeugen behindert wird. **2.** *durch Schnellverbindungen erfolgender Verkehr:* Hochgeschwindigkeitszüge für den Einsatz im S.
schnell wach|send, schnell|wach|send ⟨Adj.⟩: *(von Pflanzen) sich durch schnelles Wachstum auszeichnend:* schnell wachsende Kräuter, Hölzer.
schnell|wüch|sig ⟨Adj.⟩: *schnell wachsend.*
Schnell|zug, der (Eisenbahn früher): *D-Zug.*
Schnep|fe, die; -, -n [mhd. snepfe, ahd. snepfa, verw. mit ↑ Schnabel]: **1.** *in Wäldern u. sumpfigen Gegenden lebender größerer Vogel mit langen Beinen u. langem, geradem Schnabel.* **2.** (salopp abwertend, oft Schimpfwort) *Mädchen, Frau:* sie ist eine blöde S. **3.** (salopp abwertend) *Prostituierte.*
Schnep|fen|jagd, die: *Jagd auf Schnepfen (1).*
Schnep|fen|vo|gel, der ⟨meist Pl.⟩: *an Ufern, in Mooren u. Sümpfen lebender hochbeiniger Vogel mit langem Schnabel.*
Schnep|per: ↑ Schnäpper.
schnet|zeln ⟨sw. V.; hat⟩ [Nebenf. von ↑ schnitzeln] (schweiz., sonst landsch.): *(Fleisch) in dünne Streifen schneiden:* Leber s.; geschnetzeltes Kalbfleisch.
Schneuß, der; -es, -e [zu veraltet Schneuße = (Vogel)schlinge, Nebenf. von ↑ Schneise, nach der länglichen Form] (Archit.): *Fischblase (2).*
schneu|ze, die; -, -n [zu ↑ schnäuzen] (veraltet): *Dochtschere.*
schneu|zen: frühere Schreibung für ↑ schnäuzen.
schni|cken ⟨sw. V.; hat⟩ [lautm.] (landsch.): *schnippen (2 b):* mit den Fingern s.
Schnick|schnack, der; -[e]s [aus dem Niederd., verdoppelnde Bildung mit Ablaut zu ↑ schnacken] (ugs.): **1.** *wertloses Zeug; Beiwerk; Zierrat o. Ä., der als überflüssig empfunden wird:* billiger, überflüssiger S. **2.** *inhaltslose Worte; leeres Gerede; Geschwätz:* S. reden.
schnie|ben ⟨sw., seltener st. V.; hat⟩ (landsch.): *schnauben (1).*
Schnie|del, der; -s, -, **Schnie|del|wutz,** der; -es, -e [H. u.] (ugs. scherzh.): *Penis.*
schnie|fen ⟨sw. V.; hat⟩ [landsch. Nebenf. von ↑ schnaufen] (bes. landsch.): *(beim Atmen, bes. wenn die Nase läuft) die Luft hörbar durch die Nase einziehen.*

schnie|geln ⟨sw. V.; hat⟩ [aus dem Ostmd., zu ↑ Schnecke (3)] (ugs., oft abwertend): *(meist auf Männer bezogen) sich aus Eitelkeit mit übertriebener Sorgfalt kleiden, frisieren, zurechtmachen u. Ä.:* sich, sein Haar s.; geschniegeltes Haar; * **geschniegelt und gebügelt/gestriegelt** (ugs. scherzh.; *sehr herausgeputzt*).
schnie|ke ⟨Adj.⟩ [unter Einfluss von ↑ schniegeln zu niederd. snikke(r) = hübsch (zurechtgemacht)] (bes. berlin.): **1.** *schick, elegant:* eine s. Villa. **2.** *großartig; prima:* das ist ja s.!
Schnie|pel, der; -s, - [zu niederd. snip(pe) = Zipfel, verw. mit ↑ Schnabel]: **1.** (landsch. salopp) *Frack.* **2.** (ugs.) *Penis (bes. eines kleinen Jungen).*
Schnip|fel, der; -s, - [zu ↑ schnipfeln] (landsch.): *Schnipsel.*
schnip|feln ⟨sw. V.; hat⟩ [landsch. Nebenf. von ↑ schnippeln] (landsch.): *schnippeln (4).*
Schnipp|chen: nur noch in der Wendung **jmdm. ein S. schlagen** (ugs.; *mit Geschick jmds. Absichten [die einen selbst betreffen] durchkreuzen*); ♦ **ein S. schlagen** (schnippen (1)).
Schnip|pel, der od. das; -s, - (ugs.): *Schnipsel.*
schnip|peln ⟨sw. V.; hat⟩ [landsch. Intensivbildung zu ↑ schnippen] (ugs.): **1.** *mit kleinen Schnitten (mit Schere od. Messer) an etw. schneiden u. dabei Teile wegschneiden:* an der Wurst s. **2.** *durch kleine Schnitte (mit Schere od. Messer) hervorbringen, herstellen:* ein Loch [in den Stoff] s. **3.** *mit kleinen Schnitten (mit Schere od. Messer) herausschneiden, entfernen.* **4.** *(mit dem Messer o. Ä.) klein schneiden, zerkleinern:* Bohnen, Kräuter, Pilze s.
schnip|pen ⟨sw. V.; hat⟩ [mhd. snippen = schnappen, wohl lautm.]: **1.** *mit einer schnellenden Bewegung eines Fingers kleine Teilchen o. Ä. von einer Stelle wegschleudern:* die Asche der Zigarette mit dem Finger in den Aschenbecher s. **2.** *die Kuppe des Mittelfingers von der Kuppe des Daumens abschnellen lassen u. dabei ein helles Geräusch hervorbringen:* mit den Fingern s.
♦ **Schnip|per,** der; -s, - [zu Schnippe = spitz zulaufendes Stück (Stoff), Zipfel, Nebenf. von ↑ Schneppe]: *bis in die Stirn reichendes, spitz zulaufendes Stück Stoff an einer Haube (1 a):* ... stand eine alte, sehr hässliche Frau ... mit einer ... schwarzen Haube, von der ihr ein langer S. bis an die Nase herunterhing (Eichendorff, Taugenichts 50).
schnip|pisch ⟨Adj.⟩ [älter auch: schnuppisch, zu frühnhd. aufschnüppich = hochmütig, ostmd. aufschnuppen = die Nase hoch ziehen (um eine Missbilligung zu zeigen), zu ↑ schnupfen] (abwertend): *(meist auf Mädchen od. Frauen bezogen) kurz angebunden, spitz u. oft respektlos-ungezogen [antwortend, jmdm. begegnend]:* sie ist eine -e Person; s. sein, antworten.
schnipp, schnapp ⟨Interj.⟩: *lautm. für das Geräusch, das beim Schneiden mit einer Schere entsteht.*
schnips ⟨Interj.⟩: *lautm. für ein schnipsendes Geräusch.*
Schnip|sel, der od. das; -s, -: *kleines, abgeschnittenes od. abgerissenes Stück von etw.:* Papier in S. zerreißen.
schnip|seln ⟨sw. V.; hat⟩ (ugs.): *schnippeln.*
schnip|sen ⟨sw. V.; hat⟩: *schnippen.*
Schnip|ser, der; -s, -: *schnipsende Bewegung eines Fingers.*
schnitt: ↑ schneiden.
Schnitt, der; -[e]s, -e [mhd., ahd. snit, ablautende Bildung zu ↑ schneiden]: **1.** *das Einschneiden (1 a), Durchschneiden, Abschneiden (1):* der S. [mit dem Messer] ging tief ins Fleisch; etw. mit einem schnellen, präzise geführten S. durchtrennen, abschneiden. **2. a)** *durch Hineinschneiden in etw. entstandener Spalt; Einschnitt (1):*

ein kleiner, langer, gerader, oberflächlicher, tiefer S.; der S. *(die Schnittwunde)* ist gut verheilt; Ü Die Bahnlinie legte einen S. quer durch das Land (Chr. Wolf, Himmel 222); **b)** *durch Abschneiden, Auseinanderschneiden o. Ä. entstandene Schnittfläche:* ein glatter, sauberer S. **3. a)** *das Abmähen (bes. von Gras, Getreide, von Feldern, Wiesen):* der erste, zweite S.; das Korn ist reif für den S.; * *einen/seinen S.* **[bei etw.]** *machen* (ugs.; bei einem Geschäft einen bestimmten Gewinn machen; bezieht sich urspr. auf das Getreideernte) **b)** *beim Schnitt* (3 a) *Abgemähtes.* **4.** *durch Bearbeitung mit einer Schere od. anderem Schneidewerkzeug hervorgebrachte Form:* sie, ihr Haar hat einen kurzen, modischen S. *(Haarschnitt);* eine Karosserie von stromlinienförmigem S.; Ü eine Wohnung mit gutem S. *(guter Raumaufteilung);* ihr Gesicht, Profil hat, Augen und Mund haben einen klassischen, feinen S. *(ist, sind klassisch, fein geschnitten, geformt).* **5.** (Fachspr., bes. Biol., Med.) *mit dem Mikrotom hergestelltes, sehr dünnes Plättchen aus Organ- od. Gewebeteilen:* ein histologischer S.; -e anfertigen. **6.** (Film, Fernsehen) **a)** *das Schneiden* (5 a): den S. besorgte ihre Assistentin; **b)** *Aneinanderreihung der Bilder verschiedener Fernsehkameras zu einer zusammenhängenden Abfolge:* ein harter, weicher S.; **c)** *Wechsel von einer Einstellung zur nächsten durch Schneiden* (5 b). **7.** *Schnittmuster:* ein Kleidungsstück mit, nach einem S., ohne S. nähen. **8.** (Verlagsw.) *Gesamtheit der drei Schnittflächen eines Buchblocks:* der S. des Lexikons ist vergoldet. **9.** *[zeichnerische] Darstellung eines Körpers in einer Schnittebene* (z. B. Längs-, Quer- od. Schrägschnitt): etw. im S. darstellen. **10.** (ugs.) *Durchschnitt[swert, -menge, -maß];* ¹*Mittel* (4): er fährt einen S. von 120 km/h; sie raucht im S. *(durchschnittlich)* 20 Zigaretten am Tag. **11.** * *der Goldene/goldene S.* (Math.; *Teilungsverhältnis einer Strecke in der Art, dass der größere Teil sich zum kleineren verhält wie die ganze Strecke zum größeren Teil;* LÜ von mlat. sectio aurea). **12.** (Math.) *Gesamtheit der gemeinsamen Punkte zweier geometrischer Gebilde.* **13.** (Ballspiele) *Drall, den der Ball durch Anschneiden* (5) *bekommt:* der Ball hatte starken S.; einen Ball mit S. spielen, schlagen.
Schnitt|blu|me, die ‹meist Pl.›: **a)** *Blütenpflanze, von der Schnittblumen* (b) *gewonnen werden, die zu diesem Zweck angepflanzt, gezogen, gezüchtet werden:* Nelken, Rosen sind -n; **b)** *(für einen dekorativen Zweck, bes. zum Aufstellen in einer Vase [als Teil eines Blumenstraußes], für Gebinde o. Ä.) abgeschnittene Blume* (1 b): frische -n.
Schnitt|boh|ne, die: *Gartenbohne.*
Schnitt|brot, das: *Brot, das in Scheiben geschnitten u. abgepackt verkauft wird.*
Schnitt|chen, das, -s, -: **1.** Vkl. zu ↑ Schnitte. **2.** ‹meist Pl.› *klein geschnittene, mit Fleisch, Fisch, Käse o. Ä. belegte, garnierte Brotscheibe.*
Schnit|te, die, -, -n [mhd. snite, ahd. snita]: **1.** *meist in Querrichtung von etw. abgeschnittene Scheibe* (2): eine S. Weißbrot; von etw. eine S. abschneiden. **2.** *[belegte od. mit Brotaufstrich bestrichene] Brotscheibe:* eine belegte S.; mit Käse essen. **3.** (österr.) *Waffel.* **4.** (salopp) *junge Frau:* eine blonde, geile, heiße S.
Schnitt|ebe|ne, die: *Ebene, in der ein Schnitt erfolgt, in der eine [gedachte] Schnittfläche liegt.*
Schnitt|ent|bin|dung, die (Med.): *Entbindung durch Kaiserschnitt.*
Schnit|ter, der, -s, - [mhd. snitære, ahd. snitari]: **1.** (veraltend) *Mäher* (2). **2.** *Sensenmann:* der Tod als S.; S. Tod (dichter.; *der Tod).*
Schnit|te|rin, die; -, -nen: w. Form zu ↑ Schnitter.

schnitt|fest ‹Adj.›: *sich gut schneiden lassend:* -e Tomaten.
Schnitt|flä|che, die. **1.** *Fläche, die durch Abschneiden eines Teils an etw. entstanden ist:* eine glatte S. **2.** (Math.) *Gesamtheit der einer Ebene u. einem von ihr geschnittenen Körper gemeinsamen Punkte.*
Schnitt|grün, das; -s (Gartenbau): *abgeschnittenes Grün* (2) *bestimmter Pflanzen (z. B. Farn), das beim Binden von Blumensträußen verwendet wird.*
Schnitt|gut, das ‹o. Pl.›: *zu schneidendes Material:* das S. zur Schneidemaschine befördern.
Schnitt|holz, das ‹Pl. ...hölzer›: *zu Brettern, Bohlen o. Ä. geschnittenes Holz.*
schnit|tig ‹Adj.› [urspr. = schneidig (1, 2)]: **1.** *(bes. von Autos) von eleganter, sportlicher Form; gut geschnitten* (4): ein -er Sportwagen. **2.** *(von Getreide u. Gras) reif zum Schnitt; erntereif:* -es Getreide.
Schnit|tig|keit, die; -: *das Schnittigsein.*
Schnitt|kur|ve, die (Math.): *Kurve, in der sich zwei Ebenen schneiden.*
Schnitt|lauch, der [mhd. snit(e)louch, ahd. snitilouh, eigtl. = Lauch, der abgeschnitten werden kann, weil er nachwächst]: *Pflanze mit röhrenartigen, grasähnlichen Blättern, die klein geschnitten bes. als Salatgewürz verwendet werden:* ein Bund S.
Schnitt|lauch|sa|lat, der: *mit viel Schnittlauch zubereiteter [grüner] Salat.*
Schnitt|li|nie, die: **a)** *Linie, an der zwei Flächen aufeinanderstoßen;* **b)** *Linie, die eine andere kreuzt.*
Schnitt|meis|ter, der: *Cutter.*
Schnitt|meis|te|rin, die: w. Form zu ↑ Schnittmeister.
Schnitt|men|ge, die (Math.): *Menge* (2) *aller Elemente, die zwei Mengen gemeinsam sind.*
Schnitt|mus|ter, das (Schneiderei): **a)** *aus Papier ausgeschnittene Vorlage, nach der die Teile eines Kleidungsstücks zugeschnitten werden;* **b)** (ugs.) *Schnittmusterbogen.*
Schnitt|mus|ter|bo|gen, der (Schneiderei): *großer Papierbogen, der mehrere aufgezeichnete Schnittmuster* (a) *enthält.*
Schnitt|punkt, der: **a)** (Math.) *Punkt, in dem sich Linien od. Kurven schneiden:* der S. zweier Geraden; **b)** *Bereich, Stelle, an der sich Straßen, Strecken o. Ä. kreuzen.*
schnitt|reif ‹Adj.›: *reif für den Schnitt* (3): -es Gras, Getreide.
Schnitt|sa|lat, der: *Pflücksalat.*
Schnitt|stel|le, die: **1.** *Nahtstelle* (2): an der S. von Forschung u. Management sitzen. **2.** (EDV) *Verbindungsstelle zwischen Funktionseinheiten eines Datenverarbeitungs- od. -übertragungssystems, an der der Austausch von Daten od. Steuersignalen erfolgt:* eine serielle S.
Schnitt|ver|let|zung, die: vgl. Schnittwunde.
Schnitt|wun|de, die: *durch einen Schnitt* (2 a) *entstandene Wunde.*
Schnitz, der; -es, -e [mhd. sniz, zu ↑ schnitzen] (landsch.): *[kleineres, geschnittenes] Stück [gedörrtes] Obst:* möchtest du noch einen S. [von dem Apfel]?
Schnitz|al|tar, der: *Flügelaltar mit geschnitzten Figuren u. Reliefs.*
Schnitz|ar|beit, die: *Geschnitztes, Schnitzerei.*
Schnitz|bank, die ‹Pl. ...bänke›: *Werkbank zum Schnitzen o. Ä.*
Schnit|zel, das; -s, - [spätmhd. snitzel = abgeschnittenes Stück (Obst), Vkl. von mhd. sniz]: **1.** *kleine Scheibe Kalb-, Schweine-, Puten- od. Hähnchenfleisch, die (oft paniert) in der Pfanne gebraten wird:* ein saftiges S.; Wiener S. *(paniertes Schnitzel vom Kalb).* **2.** *(auch: der) abgeschnittenes, abgerissenes kleines Stückchen von*

etw.; Schnipsel: die S. zusammenfegen; Eine Woche später zerriss er, was er geschrieben hatte. Er machte S. daraus (Strittmatter, Wundertäter 259).
Schnit|zel|bank, die ‹Pl. ...bänke›: **1.** (veraltet) *Schnitzbank.* **2.** [nach den Anfangsworten des dabei gesungenen Volksliedes »Ei, du schöne Schnitzelbank«] *[Fastnachts]brauch, große Tafeln mit bildlichen Darstellungen örtlicher Vorfälle herumzutragen u. diese in Versen satirisch zu kommentieren.*
Schnit|zel|jagd, die: **1.** (Pferdesport) *Reitjagd, bei der die Teilnehmenden eine aus Papierschnitzeln bestehende Spur verfolgen müssen.* **2.** *einer Schnitzeljagd* (1) *nachgebildetes, im Freien gespieltes Kinderspiel, bei dem eine mitspielende Person mithilfe einer von ihr ausgelegten Spur aus Papierschnitzeln o. Ä. gefunden werden muss.*
Schnit|zel|klop|fer, der: *Fleischklopfer.*
schnit|zeln ‹sw. V.; hat› [zu ↑ Schnitzel (2), mhd. in: versnitzelen = zerschneiden]: **1.** *(mit einem Messer o. Ä., einer Maschine) in viele kleine Stückchen zerschneiden.* **2.** (landsch.) *schnitzen.*
schnit|zen ‹sw. V.; hat› [mhd. snitzen, Intensivbildung zu ↑ schneiden]: **a)** *mit einem Messer kleine Stücke, Späne von etw. (bes. Holz) abschneiden, um so eine Figur, einen Gegenstand, eine bestimmte Form herzustellen:* sie kann gut s.; **b)** *schnitzend (a) herstellen:* eine Madonna s.; **c)** *durch Schnitzen (a) an einer Sache anbringen:* eine Inschrift in die Holztafel s.
Schnit|zer, der; -s, -: [mhd. snitzære, ahd. snizzāre] *jmd., der schnitzt* (a), *Schnitzwerke schafft:* er ist ein genialer S. **2.** [eigtl. = falscher Schnitt] (ugs.) *aus Unachtsamkeit o. Ä. begangener Fehler, mit dem gegen etw. verstoßen wird:* jmdm. unterläuft ein S.; sich einen groben S. leisten.
Schnit|ze|rei, die; -, -en: **1.** *etw., was jmd. geschnitzt hat; geschnitzte Figur, Verzierung o. Ä.:* wunderschöne -en. **2.** ‹o. Pl.› *das Schnitzen* (a).
Schnit|ze|rin, die; -, -nen: w. Form zu ↑ Schnitzer (1).
Schnitz|holz, das: *zum Schnitzen geeignetes Holz:* der Baum liefert ein sehr gutes S.
Schnitz|kunst, die: *Kunst des Schnitzens, der Herstellung von Schnitzereien.*
Schnitz|mes|ser, das: *Messer zum Schnitzen.*
Schnitz|werk, das: *künstlerisch gestaltete Schnitzarbeit.*
schnob, schnö|be: 1. ↑ schnauben. **2.** ↑ schnieben.
♦ **schno|ben** ‹sw. V.; hat› [Nebenf. von ↑ schnauben]: *schnuppern* (a): ... sein Bogen neben ihm abgespannt, wie hunde schnobend um ihn (Goethe, Werther II, Colma).
schno|bern ‹sw. V.; hat› (landsch.): *schnuppern* (a).
schnöd: ↑ schnöde.
Schnod|der, der; -s [niederd. snodder = Rotz, spätmhd. snuder = Katarrh, verw. mit ↑ schnauben] (derb): *Nasenschleim.*
schnod|de|rig ‹Adj.›, **schnoddrig** ‹Adj.› [zu ↑ Schnodder, also eigtl. = rotznäsig] (ugs. abwertend): *provozierend lässig, großsprecherisch, den angebrachten Respekt vermissen lassend:* ihre -e Art; er, sein Ton ist [richtig] s.
Schnod|de|rig|keit, Schnoddrigkeit, die; -, -en (ugs. abwertend): **a)** ‹o. Pl.› *das Schnodderigsein;* **b)** *schnoddrige Äußerung, Handlung.*
Schnodd|rig: ↑ schnoddrig.
Schnodd|rig|keit: ↑ Schnodderigkeit.
schnö|de, (bes. südd., österr., schweiz.:) schnöd ‹Adj.› [mhd. snœde = vermessen, rücksichtslos; verächtlich, erbärmlich, gering; dünn behaart (von Pelzen), eigtl. = geschoren, H. u.] (geh. abwertend): **1.** *nichtswürdig, erbärmlich, ver*

achtenswert: um des schnöden Mammons, Geldes willen; aus schnöder Angst; Dieses dumme Geld, wie schnöde doch eigentlich die beständige Sorge um so etwas sei! (R. Walser, Gehülfe 41). **2.** *in besonders hässlicher, gemeiner Weise Geringschätzung, Verachtung zum Ausdruck bringend u. dadurch beleidigend, verletzend, demütigend:* schnöder Undank; jmdn. s. behandeln, abweisen; sie wurden s. *(kalt u. rücksichtslos)* im Stich gelassen.

schno|feln ⟨sw. V.; hat⟩ [Nebenf. von ↑schnüffeln] (österr. ugs.): **1.** *schnüffeln* (1): am Kochtopf s. **2.** *schnüffeln* (4): ⟨subst.:⟩ ich habe ihn beim Schnofeln erwischt. **3.** *durch die Nase sprechen.*

schnö|kern ⟨sw. V.; hat⟩ [vgl. schnäken]: **1.** (landsch.) *naschen* (1). **2.** (bes. nordd.) *schnüffeln* (4 a).

schno|pern, schnop|pern ⟨sw. V.; hat⟩ (landsch.): *schnuppern* (a): ♦ Sei ruhig, Pudel! renne nicht hin und wider! An der Schwelle was schnoperst du hier? (Goethe, Faust I, 1186 f.).

Schnor|chel, der; -s, - [landsch. Schnorgel, Schnörgel = Mund, Nase, Schnauze, verw. mit ↑schnarchen, lautm.]: **1.** *ein- u. ausfahrbares Rohr zum Ansaugen von Luft für die Maschinen bei Unterwasserfahrt in geringer Tiefe (bei Unterseebooten, auch bei modernen Panzern).* **2.** *(Wassersport) mit einem Mundstück versehenes Rohr zum Atmen beim Schwimmen unter Wasser.*

schnor|cheln ⟨sw. V.; hat⟩ (Wassersport): *mit einem Schnorchel tauchen:* begeistert s.; im Urlaub schnorcheln wir.

Schnör|kel, der; -s, - [älter: Schnörchel, Schnörckel, frühnhd. Schnirkel = Laub- u. Blumenwerk an Säulen u. Geräten]: *der Verzierung dienende, gewundene, geschwungene, spiralige o. ä. Form, Linie:* ein schmiedeeisernes Gitter mit allerlei -n.

schnör|ke|lig, schnörklig ⟨Adj.⟩: **a)** *mit [vielen] Schnörkeln versehen;* **b)** *einem Schnörkel ähnelnd, aus Schnörkeln bestehend:* ein -es Ornament.

schnör|kel|los ⟨Adj.⟩: **a)** *nicht geschnörkelt, nicht verschnörkelt, keine Schnörkel aufweisend:* eine -e Unterschrift; **b)** *kein überflüssiges, störendes Beiwerk aufweisend; nüchtern, schlicht:* er spricht eine klare, -e Sprache.

schnör|keln ⟨sw. V.; hat⟩ (ugs.): *mit Schnörkeln versehen, in schnörkeliger Form ausführen:* ⟨meist im 2. Part.:⟩ eine geschnörkelte Vase; Ü in schnörkelige Sprache.

Schnör|kel|schrift, die: *schnörkelige Schrift.*

schnörk|lig: ↑schnörkelig.

schnor|ren ⟨sw. V.; hat⟩ [vgl. schnurren (3)] (ugs.): *Kleinigkeiten wie Zigaretten, etwas Geld o. Ä. erbitten, ohne sich zu einer Gegenleistung bereit zu sein:* Freikarten, Freiexemplare s.; [sich] eine Zigarette s.

Schnor|rer, der; -s, - ⟨ugs.⟩: *jmd., der schnorrt:* er ist ein alter S.

Schnor|re|rin, die; -, -nen: w. Form zu ↑Schnorrer.

Schnö|sel, der; -s, - [aus dem Niederd., wohl verw. mit niederd. snot = Nasenschleim, Schnodder] (ugs. abwertend): *junger Mann, dessen Benehmen als frech, ungezogen, überheblich empfunden wird.*

schnö|se|lig, schnös|lig ⟨Adj.⟩ (ugs. abwertend): *(meist auf junge Männer bezogen) wie ein Schnösel [sich benehmend]:* sich s. benehmen.

Schnu|ckel|chen, das; -s, - [wohl zu landsch. schnuckeln = nuckeln; naschen; wohl lautm.] (ugs.): **1.** *Schäfchen.* **2.** *schnuckelige Person (auch als Kosewort):* er, sie ist ein echtes S.

schnu|cke|lig, schnucklig ⟨ugs.⟩: **a)** *durch ein gefälliges, ansprechendes Äußeres anziehend wirkend, attraktiv:* die neue -e Kollegin;

b) *durch seine Kleinheit Gefallen erregend, Entzücken hervorrufend; reizend; hübsch; durch seine Gemütlichkeit eine angenehme Atmosphäre verbreitend:* ein -es kleines Häuschen; **c)** *appetitlich:* s. duften; ⟨subst.:⟩ etw. Schnuckeliges essen.

Schnu|cki, das; -s, -s (salopp): *Schnuckelchen* (2).

Schnu|cki|putz, der; -es, -e (ugs.): *Schnuckelchen* (2) (Kosewort).

schnuck|lig: ↑schnuckelig.

Schnud|del, der; -s [spätmhd. snudel, vgl. Schnodder] (landsch.): *Nasenschleim.*

schnud|de|lig, schnuddlig ⟨Adj.⟩: **1.** (landsch.) **a)** *mit Nasenschleim behaftet, beschmutzt;* **b)** *schmuddelig.* **2.** (berlin.) *bes. fein u. lecker [aussehend]:* eine -e Torte.

schnud|deln ⟨sw. V.; hat⟩ (landsch.): *die Nase hochziehen.*

schnudd|lig: ↑schnuddelig.

Schnüf|fe|lei, die; -, -en: **1.** (ugs. abwertend) *[dauerndes] Schnüffeln* (4 b). **2.** ⟨Pl. selten⟩ (abwertend) *[dauerndes, gewohnheitsmäßiges] Schnüffeln* (2 a).

schnüf|feln ⟨sw. V.; hat⟩ [aus dem Niederd. < mniederd. snuffelen, verw. mit ↑schnauben]: **1. a)** *(meist von Tieren) in kurzen, hörbaren Zügen durch die Nase die Luft einziehen, um einen Geruch wahrzunehmen:* der Hund schnüffelt an jedem Laternenpfahl; **b)** *(einen Geruch) schnüffelnd* (1 a) *wahrnehmen.* **2.** (Jargon) **a)** *sich durch das Inhalieren von Dämpfen bestimmter leicht flüchtiger Stoffe (z. B. Lösungsmittel von Lacken, Klebstoffen) berauschen:* sie hat schon in der dritten Klasse angefangen zu s.; **b)** *(einen Stoff) zum Schnüffeln* (2 a) *benutzen:* er schnüffelt Alleskleber, Benzol. **3.** (ugs.) *die Nase in wiederholten kurzen Zügen hochziehen:* hör endlich auf zu s.! **4.** (ugs. abwertend) **a)** *[aus Neugier] etw., was einem anderen gehört, heimlich, ohne dazu berechtigt zu sein, durchsuchen, um sich über ihn zu informieren:* er schnüffelte in meinen Unterlagen; ⟨subst.:⟩ er hat sie beim Schnüffeln an, in seinem Schreibtisch erwischt; **b)** *berufsmäßig, im Auftrag Ermittlungen durchführen, [heimlich] bestimmte Informationen beschaffen:* für die Steuerfahndung s.

Schnüf|fel|na|se, die; -, -n (ugs. abwertend): *jmd., der viel schnüffelt* (4); *Schnüffler[in]:* was will denn die S. schon wieder hier?

Schnüf|fel|stoff, der (Jargon): *zum Schnüffeln* (2 a) *geeigneter Stoff:* Alleskleber ist ein beliebter S.

Schnüff|ler, der; -s, - (ugs. abwertend): **1. a)** *jmd., der gern, viel schnüffelt* (4 a): er ist ein verdammter S.; **b)** *jmd., der berufsmäßig, im Auftrag Ermittlungen durchführt (z. B. Detektiv, Spitzel).* **2.** (Jargon) *jmd., der gewohnheitsmäßig schnüffelt* (2 a).

Schnüff|le|rin, die; -, -nen: w. Form zu ↑Schnüffler.

schnul|len ⟨sw. V.; hat⟩ [lautm., vgl. lullen] (landsch.): *saugend lutschen.*

Schnul|ler, der; -s, -: *kleines, auf einer [mit einem Ring versehenen] Scheibe aus Plastik befestigtes, einem Sauger* (1 a) *ähnliches Bällchen aus Gummi, das Säuglingen [um sie zu beruhigen] in den Mund gesteckt wird;* **b)** (landsch.) *Sauger* (1 a).

Schnul|ze, die; -, -n [H. u., viell. zu niederd. snulten = gefühlvoll daherreden od. zu niederd. schnulle = nett, lieb, süß] (ugs. abwertend): **a)** *künstlerisch wertloses, sentimentales, rührseliges, kitschiges Lied od. Musikstück:* die S. singen, spielen; **b)** *künstlerisch wertloses, sentimentales, rührseliges, kitschiges Theaterstück, Fernsehspiel o. Ä.*

schnul|zig ⟨Adj.⟩ (ugs. abwertend): **a)** *wie eine Schnulze (a) klingend, wirkend:* -e Musik; **b)** *kitschig* (b).

schnup|fen ⟨sw. V.; hat⟩ [mhd. snupfen = schnaufen, Intensivbildung zu ↑schnauben]: **a)** *fein pulverisierten Tabak durch stoßweises, kräftiges Einatmen in die Nasenlöcher einziehen:* der Großvater schnupft; **b)** *(einen fein pulverisierten Stoff) in der Art, wie es beim Schnupfen* (a) *üblich ist, zu sich nehmen:* Kokain s.

Schnup|fen, der; -s, - [spätmhd. snupfe, snüpfe, verw. mit ↑schnauben]: *mit Absonderung von Schleim, der oft durch die Nase stark behindert, verbundene Entzündung der Nasenschleimhäute:* [den, einen] S. haben; sich einen S. holen; ein Mittel gegen S.; ein schwerer S. schien im Anzuge, er saß ihm in der Stirnhöhle und drückte (Th. Mann, Zauberberg 232).

Schnup|fen|spray, der od. das: *Nasenspray.*

Schnupf|ta|bak, der: *Tabak zum Schnupfen* (a).

Schnupf|ta|bak|do|se, Schnupf|ta|baks|do|se, die: *Dose für Schnupftabak.*

schnup|pe ⟨indekl. Adj.⟩: nur in der Verbindung **[jmdm.] s. sein** (ugs.; *[jmdm.] einerlei, egal, gleichgültig sein;* eigtl. = *[für jmdn.] wertlos wie eine Schnuppe* (1) *sein:* das ist doch s.; der Typ ist mir völlig s.).

Schnup|pe, die; -, -n [mniederd. snup(p)e, zu: snuppen = den Kerzendocht säubern]: **1.** (nordd., md.) *verkohlter Docht (einer Kerze o. Ä.).* **2.** (selten) Kurzf. von ↑Sternschnuppe.

Schnup|per- (bes. Werbespr.): drückt in Bildungen mit Substantiven aus, dass jmdm. die Möglichkeit geboten wird, mit etw. in Berührung zu kommen, einen ersten Einblick in etw. zu gewinnen, etw. genauer zu erkunden, Erfahrungen in etw. zu sammeln, ohne sich dafür entscheiden zu müssen, ohne sich darauf festlegen zu müssen: Schnupperabo, -preis, -training.

Schnup|per|kurs, der (ugs.): *Kurs, in dem Anfänger[innen] auf einem bestimmten Gebiet einen ersten Einblick gewinnen können:* er hat sich für einen S. Nordic Walking angemeldet.

schnup|pern ⟨sw. V.; hat⟩ [Iterativbildung zu md. schnuppen, md. Form von ↑schnupfen]: **a)** *(meist von Tieren) in kurzen, leichteren Zügen durch die Nase die Luft einziehen, um einen Geruch [intensiver] wahrzunehmen:* der Hund schnupperte am Baum; **b)** *(einen Geruch) schnuppernd* (a) *wahrnehmen:* Rauch, ein Aroma s.; Ü sie wollte mal wieder Seeluft s. (ugs.; *an der See sein*); **c)** (ugs.) *an einem Schnupperkurs o. Ä. teilnehmen:* wir wollen beim Baseball nur mal s.; ⟨subst.:⟩ kommen Sie doch einmal zum Schnuppern!

¹Schnur, die; -, Schnüre, landsch. u. in der Fachspr. auch: -en [mhd., ahd. snuor, wahrsch. verw. mit ↑nähen u. eigtl. = gedrehtes od. geflochtenes Band (vgl. got. snōrjō = geflochtener Korb; Netz)]: **1.** *langes, dünnes, aus mehreren zusammengedrehten od. -geflochtenen Fäden, Fasern o. Ä. hergestelltes Gebilde:* eine dicke, dünne, lange S.; drei Meter, eine Rolle S.; eine S. um etw. wickeln, knoten; eine S. durch etw. ziehen; ich kriege die S. (den/die Knoten in der Schnur) nicht auf; die Schnüre des Zelts spannen; seine Jacke war mit silbernen Schnüren (Kordeln) besetzt; Wer Garn brauchte, Schnüre oder Taue, der betrat Lycaons Werkstatt (Ransmayr, Welt 249). **2.** *[im Haushalt verwendetes] elektrisches Kabel [an elektrischen Geräten]:* die S. der Lampe, des Staubsaugers ist kaputt, zu kurz.

²Schnur, die; -, -en [mhd. snu(or), ahd. snur(a), H. u.] (veraltet, noch landsch.): *Schwiegertochter.*

schnur|ar|tig ⟨Adj.⟩: *einer Schnur ähnlich:* ein -es Gebilde.
Schnür|band, das ⟨Pl. ...bänder⟩ (landsch., bes. nordd.): *Schnürsenkel.*
Schnür|bo|den, der: **1.** (Theater) *Raum über der Bühne, wo die Seile befestigt sind, mit deren Hilfe Kulissen u. Prospekte (2) herabgelassen u. hinaufgezogen werden.* **2.** (Schiffbau) *große überdachte Fläche in einer Werft, auf die die einzelnen Teile (z. B. die Spanten) eines zu bauenden Schiffs in natürlicher Größe aufgezeichnet werden.*
Schnür|brust, die (veraltet): *Teil der Unterkleidung von Frauen, das als eine Art Korsett die Brust betonen soll u. hinten geschnürt wird:* ♦ Drauf leg' ich ihr die S. an. Vor Wonne beben mir die Hände (Bürger, Die beiden Liebenden).
Schnür|chen, das; -s, -: Vkl. zu ↑¹Schnur (1): *wie am S.* (ugs.; *völlig reibungslos, ohne Stockungen, Schwierigkeiten u. in flüssigem Tempo; glatt;* urspr. bezogen auf das Beten des Rosenkranzes: alles klappt wie am S.).
schnü|ren ⟨sw. V.⟩ [mhd. snüeren]: **1.** ⟨hat⟩ **a)** *mit etw. (z. B. mit einer Schnur, einem Riemen o. Ä.), was durch mehrere Ösen o. Ä. geführt, fest angezogen u. dann verknotet wird, zubinden:* jmdm., sich die Schuhe s.; ⟨subst.:⟩ Stiefel, ein Mieder zum Schnüren s.; **b)** *(mehrere einzelne Dinge [gleicher Art]) mithilfe einer Schnur o. Ä. (zu etw.) zusammenbinden:* das Reisig s.; **c)** *durch Zusammenbinden mehrerer einzelner Dinge [gleicher Art] herstellen:* ein Bündel s.; **d)** *mithilfe einer an etw. herumgebundenen Schnur o. Ä. gegen ein ungewolltes Sichöffnen, Auseinanderfallen sichern:* ein Paket s.; **e)** *mithilfe einer Schnur o. Ä. befestigen, anbringen:* er schnürte den Seesack auf den Dachgepäckträger; **f)** *(eine Schnur o. Ä.) fest (um etw.) binden:* jmdm., sich einen Riemen um den Bauch s. **2.** ⟨hat⟩ **a)** *[jmdm.] durch zu enges Anliegen an einer Stelle einen unangenehmen, schmerzhaften Druck verursachen:* der Verband schnürt [mich]; **b)** ⟨s. + sich⟩ *sich schnürend irgendwo hineindrücken:* die Riemen schnürten sich in meine Haut. **3.** ⟨hat⟩ *(den Körper) mithilfe eines fest geschnürten Mieders in eine bestimmte Form bringen:* [sich ⟨Dativ⟩] die Taille s. **4.** ⟨ist⟩ (Jägerspr.) **a)** *(vom Fuchs) die einzelnen Tritte in einer Linie hintereinandersetzend langsam laufen:* Füchse, Luchse, Wölfe schnüren; **b)** *sich schnürend (4 a) irgendwohin bewegen:* ein Fuchs schnürte über die Lichtung.
♦ **schnür|feln** ⟨sw. V.; hat⟩ [lautm.] (landsch.): *schnaufen, schniefen:* Die Bestien (= Wölfe) sind schon da ... sie umringten die Tanne und schnürfelten und heulten (Rosegger, Waldbauernbub 11).
schnur|för|mig ⟨Adj.⟩: *die Form einer Schnur habend.*
schnur|ge|ra|de, schnur|gra|de ⟨Adj.⟩ (emotional): *vollkommen gerade, gerade wie eine gespannte ¹Schnur (1 a):* die Straße ist s.
Schnür|leib, Schnür|leib|chen, das (veraltet): *Schnürmieder;* ♦ ... mit ihrem ... Gänslein Tochter, mit der flachen Brust und niedlichem Schnürleibe (Goethe, Werther II, 15. März).
schnur|los ⟨Adj.⟩: *ohne ¹Schnur (2); keine ¹Schnur (2) aufweisend:* ein -es Telefon; sich s. rasieren.
Schnur|los|te|le|fon, das: *Telefon, dessen Hörer (2) ohne Kabel mit der Basisstation (1) verbunden ist.*
Schnürl|re|gen, der; -s, -⟨Pl. selten⟩ (österr.): *anhaltender, strömender Regen.*
Schnürl|samt, der; -[e]s, -e (österr.): *Cordsamt.*
Schnur|rant, der; -en, -en [mit latinis. Endung zu ↑schnurren (3) geb.] (veraltet): *umherziehender Straßenmusikant;* ♦ Getanzt hab' ich und die Älteste ... wir hatten brave -en erwischt, da ging's (= das Tanzen) wie Wetter (Goethe, Brief an J. A. Salzmann, Juni 1771?)
Schnurr|bart, der [aus dem Niederd., zu niederd. snurre = Schnauze, H. u.]: *über der Oberlippe wachsender Bart:* ein buschiger, gepflegter S.; [einen] S. tragen.
schnurr|bär|tig ⟨Adj.⟩: *einen Schnurrbart tragend:* ein -er Polizist.
Schnur|re, die; -, -n [älter = Schnurrpfeife, ↑Schnurrpfeiferei] (veraltend): *kurze unterhaltsame Erzählung von einer spaßigen od. wunderlichen Begebenheit.*
schnur|ren ⟨sw. V.⟩ [mhd. snurren = rauschen, sausen; lautm.]: **1. a)** ⟨hat⟩ *ein anhaltendes, verhältnismäßig leises, tiefes, gleichförmiges, summendes, aus vielen kurzen, nicht mehr einzeln wahrnehmbaren Lauten bestehendes Geräusch von sich geben:* das Spinnrad schnurrt; **b)** ⟨ist⟩ *sich schnurrend (1 a) (irgendwohin) bewegen:* die Draisine schnurrte auf und davon; **c)** ⟨hat⟩ (ugs.) *reibungslos, ohne Stockungen u. rasch ablaufen, vor sich gehen:* Es dauert eine ganze Weile, bis die Arbeit so schnurrt, wie er es gewohnt ist (Fallada, Jeder 283). **2.** ⟨hat⟩ *(bes. von Katzen) als Äußerung des Wohlbefindens einen schnurrenden (1 a) Laut hervorbringen.* **3.** ⟨hat⟩ [eigtl. = mit der Schnurrpfeife (↑Schnurrpfeiferei) als Bettelmusikant umherziehen; betteln] (landsch.) *schnorren.*
Schnur|rer, der; -s, - (landsch., meist abwertend): *Schnorrer.*
Schnur|re|rin, die; -, -nen: w. Form zu ↑Schnurrer.
Schnurr|haar, das [zu älter Schnurre = Schnauze (↑Schnurrbart) u. eigtl. = Schnauzenhaar] (Zool.): *langes, kräftiges, auf der Oberlippe der meisten Säugetiere, bes. bei Katzen u. Nagern wachsendes, seitlich weit abstehendes Tasthaar.*
Schnür|rie|men, der: **a)** *Riemen, mit dem etw. verschnürt, zugeschnürt wird;* **b)** *Schnürsenkel [aus Leder].*
schnur|rig ⟨Adj.⟩ [zu ↑Schnurre] (veraltend): *in belustigender Weise komisch:* ein -er Alter.
Schnur|rock, Schnür|rock, der: *(früher von Männern getragener) ¹Rock (2) mit Schnüren:* ♦ ... seine gewöhnlichen Tageskleider ..., welche in einem kurzen polnischen Schnürrocke von grünem Sommerzeuge, in strohfarbenen kurzen Hosen und schwarzen Kamaschen bestanden (Immermann, Münchhausen 332).
Schnurr|pfei|fe|rei, die [zu veraltet Schnurrpfeife = schnurrende Pfeife der Kinder, auch der Straßenmusikanten, dann = Kinderei, Unnützes] (veraltet): **a)** *verrückter Einfall, abwegige Idee;* **b)** *Kuriosität (2): zu Hause hat sie eine ganze Sammlung von solchen -en.*
Schnür|schuh, der: *Schuh, der geschnürt wird.*
Schnür|sen|kel, der (regional, bes. nordd., md.): *Schnur od. schmales, festes ¹Band (1) zum Zuschnüren eines Schnürschuhs.*
Schnur|sprin|gen ⟨st. V.; meist nur im Inf. u. Part. gebr.⟩ (österr.): *seilspringen:* wollen wir s.?; wir sind schnurgesprungen; schnurspringende Kinder.
Schnur|sprin|gen, das ⟨o. Pl.⟩ (österr.): *Seilspringen.*
Schnür|stie|fel, der: vgl. Schnürschuh.
schnur|stracks ⟨Adv.⟩ (ugs.): **a)** *auf dem kürzesten, schnellsten Wege; geradewegs* (a): sie soll nach der Schule s. nach Hause gehen; **b)** *ohne Umschweife, prompt; geradewegs* (b): sie erklärte s. ihre Kündigung.
Schnü|rung, die; -, -en: **1.** ⟨o. Pl.⟩ *das Schnüren (1).* **2.** *geschnürte Verbindung, Befestigung o. Ä.*
schnurz ⟨Adj.⟩: *in der Verbindung* [jmdm.] s. sein (salopp; ↑schnuppe; H. u.: es ist mir doch s., ob es regnet).
schnurz|egal, schnurz|pie|pe, schnurz|piep|egal ⟨Adj.⟩: *in der Verbindung* [jmdm.] s. sein (salopp; ↑schnuppe: ihm war es s., dass sie Whisky trank und rauchte).
Schnüt|chen, das; -s, -: Vkl. zu ↑Schnute.
Schnu|te, die; -, -n [mniederd. snüt(e) = Schnauze]: **1.** (fam., bes. nordd.) *Mund:* dem Kind die S. abwischen. **2.** *S. ziehen* (ugs.; *eine Miene zeigen, die Verdrossenheit, Enttäuschung, Beleidigtsein o. Ä. ausdrückt*).
Scho|ah, Shoah [ʃ...], die; - [hebr. šōʾā = Katastrophe; Untergang; im Hebr. ausschließlich verwendete Bez. für die Massenvernichtung der Juden unter der nationalsoz. Herrschaft]: *(zur Zeit der nationalsozialistischen Herrschaft) Massenvernichtung der Juden in Deutschland u. Europa; Holocaust* (a).
schob, schö|be: ↑schieben.
Scho|ber, der; -s, - [mhd. schober, ahd. scobar = (Getreide-, Heu)haufen, verw. mit ↑Schopf (in dessen urspr. Bed. »Büschel« u. ↑Schuppen]: **1.** *überdachtes Brettergerüst, Feldscheune zum Aufbewahren bes. von Heu, Stroh.* **2.** (südd., österr.) *im Freien kasten- od. kegelförmig aufgerichteter Haufen aus Heu o. Ä.:* Heu in S. setzen (zu Schobern aufschichten).
Schö|berl, das; -s, - [mhd. scoberl. = (Hinein)geschobenes] (österr.): *Suppeneinlage aus gesalzenem, gebackenem Biskuitteig.*
scho|bern, schö|bern ⟨sw. V.; hat⟩ [mhd. schoberen] (bes. österr.): *in Schober (2) setzen:* Heu s.
¹Schock, das; -[e]s, -e ⟨aber: 2 Schock⟩ [mhd. schoc, eigtl. = Haufen]: **1.** (veraltet) *Anzahl von 60 Stück.* **2.** (ugs. veraltend) *Haufen (2): sie hat ein ganzes S. Kinder.*
²Schock, der; -[e]s, -s, veraltet: -e [frz. choc, zu: choquer = (an)stoßen, beleidigen, wohl < mniederl. schocken = stoßen; vgl. ↑schaukeln]: **1.** *durch ein außergewöhnlich belastendes Ereignis bei jmdm. ausgelöste seelische Erschütterung [aufgrund derer die Person nicht mehr fähig ist, ihre Reaktionen zu kontrollieren]:* ein seelischer, psychischer S.; bei der Nachricht erlitt sie einen S.; sein Entschluss war ein S. für sie, hat ihr einen S. versetzt, gegeben (hat sie sehr bestürzt, hart getroffen); unter S. (Schockwirkung 2) stehen; Ü nach dem ersten S. (Schreck) hat sie sich schnell wieder erholt. **2.** (Med.) *akutes Kreislaufversagen mit ungenügender Sauerstoffversorgung lebenswichtiger Organe.*
Schock|ab|sor|ber, der [↑Absorber] (Technik): *Vorrichtung zum Abdämpfen od. Abfedern von Vibrationen, Stößen o. Ä. (z. B. in Schuhabsätzen, Stereoanlagen).*
schock|ar|tig ⟨Adj.⟩: **1.** *einem ²Schock ähnlich.* **2.** *schlagartig.*
Schock|be|hand|lung, die: **1.** *Behandlung eines ²Schocks (2).* **2.** *(früher übliches) Heilverfahren bei bestimmten psychischen Erkrankungen, das im künstlichen Auslösen eines ²Schocks (2) besteht.*
scho|cken ⟨sw. V.; hat⟩: **1.** [engl. to shock, zu: shock = ²Schock] (ugs.) *jmdn. erschrecken, aus der Fassung bringen; jmdn. heftig schockieren:* jmdn. durch etw., mit etw. s.; die Bürger der Stadt waren geschockt; der Horrorfilm schockte das Fernsehpublikum; die geschockten Kinder weinten. **2.** [engl. to shock, zu: shock = ²Schock] (Med.) *mit künstlich (z. B. elektrisch) erzeugtem ²Schock (2) behandeln:* einen Patienten s. **3.** [zu landsch. schocken = (zu)werfen, verw. mit ↑schaukeln] (Handball, Kugelstoßen) [aus dem Stand] *mit gestrecktem Arm werfen.*
Scho|cker, der; -s, - (ugs.): **1.** *etw., was schockt* (1). **2.** (selten) *jmd., der schockt* (1).
Scho|cke|rin, die; -, -nen: w. Form zu ↑Schocker (2).
Schock|far|be, die (Jargon): *bes. greller Farbton.*

schockfarben – schon

schock|far|ben ⟨Adj.⟩ (Jargon): *eine Schockfarbe aufweisend.*

schock|fros|ten ⟨sw. V.; hat; meist im Inf. u. 2. Part. gebr.⟩: *(Lebensmittel) schockartig* (2) *einfrieren.*

schock|ge|frie|ren ⟨st. V.; hat; meist im Inf. u. 2. Part. gebr.⟩: *schockartig* (2) *einfrieren.*

scho|ckie|ren ⟨sw. V.; hat⟩ [frz. choquer, ↑²Schock]: *jmdn. (bes. durch etw., was in provozierender Weise von den gesellschaftlichen Normen abweicht) in Entrüstung versetzen; bei jmdm. heftig Anstoß erregen: die Bürger s.; schockiert sein; schockierende Meldungen aus dem Kriegsgebiet.*

scho|cking: ↑ *shocking.*

Schock|schwe|re|not [zu ↑¹Schock] (veraltet): *Ausruf des Unwillens, der Entrüstung.*

Schock|star|re, die; -, -n [Med., Psychol.) *Zustand starrer Bewegungslosigkeit bei einem Schock;* **b)** *durch Bestürzung, Erschütterung hervorgerufene Passivität.*

Schock|the|ra|pie, die: *Schockbehandlung* (2).

Schock|wel|le, die ⟨meist Pl.⟩ (Physik): *Stoßwelle:* Ü *ihre These löste -n aus.*

Schock|wir|kung, die: **1.** *einen ²Schock* (1) *auslösende Wirkung von etw.* **2.** *Einwirkung eines ²Schocks* (1).

Schock|zu|stand, der: *Zustand, in dem sich eine unter Schock stehende Person befindet:* Ü *das ganze Land ist in einem S. (die Bevölkerung des Landes ist in einer Schockstarre* b).

scho|fel ⟨Adj.; schofler, -ste⟩ [aus der Gaunerspr., zu jidd. schophol = gemein, niedrig < hebr. šāfāl] (ugs. abwertend): *in einer Empörung, Verachtung o. Ä. hervorrufenden Weise schlecht, schäbig, niederträchtig: eine schofle Gesinnung; jmdn. s. behandeln; in Geldsachen ist er s. (in beschämender Weise kleinlich, geizig).*

Scho|fel, der; -s, - (abwertend): **1.** *etw. (bes. eine Ware), was als schlecht, schäbig angesehen wird, nichts taugt; Schund.* **2.** *männliche Person, die als niederträchtig angesehen wird; Schuft.*

scho|fe|lig, schoflig ⟨Adj.⟩: *schofel.*

Schöf|fe, der; -n, -n [mhd. scheffe(ne), schepfe(ne), ahd. sceffino, scaffin, eigtl. = der (An)ordnende, zu ↑ schaffen in dessen alter Bed. »anordnen«]: *im Strafgerichten ehrenamtlich eingesetzter Laie, der zusammen mit dem Richter die Tat des Angeklagten beurteilt u. das Maß der Strafe festlegt.*

Schöf|fen|ge|richt, das: *(beim Amtsgericht) aus Richter[n] u. Schöffen gebildetes Strafgericht.*

Schöf|fen|stuhl, der: *Schöffengericht.*

Schöf|fin, die; -, -nen: w. Form zu ↑ Schöffe.

scho|flig: ↑ schofel.

Scho|gun: ↑ Shogun.

Scho|ko|creme, Scho|ko|crème, die (ugs.): *Schokoladencreme.*

♦ **Scho|ko|drops**, der, auch: das ⟨meist Pl.⟩: *Schokoladenstück in Form eines Drops (mit buntem Überzug).*

Scho|ko|keks, der (ugs., Werbespr.): kurz für ↑ Schokoladenkeks.

Scho|ko|kuss, der: *vorwiegend aus Eischnee u. Zucker bestehendes Gebäck mit Schokoladenüberzug.*

♦ **Scho|ko|lad**, der; -[e]s, -en: ↑ Schokolade: *Was für Kabalen habt ihr angezettelt, mich aus dem Weg zu räumen? ... Mir beim Bartschären die Gurgel abzuschneiden? Mir im Wein oder im -e zu vergeben? (Schiller, Räuber IV, 2).*

Scho|ko|la|de, die; -, -n [wohl über älter niederl. < span. chocolate < Nahuatl (mittelamerik. Indianerspr.) chocolatl = Kakaotrank]: **1.** *mit Zucker, Milch[pulver], Kakaobutter u. a. gemischte Kakaomasse, die meist zu Tafeln (1 d) geformt od. in Figuren gegossen ist: feinste,* dunkle, bittere S.; weiße S. (Schokolade, die eine helle Farbe aufweist, da sie ohne die Zugabe von Kakao hergestellt wurde); mit S. überzogene Kekse. **2.** *Getränk aus geschmolzener, in Milch aufgekochter Schokolade* (1) *oder aus in heißer Milch od. heißem Wasser gelöstem Schokoladenpulver.*

scho|ko|la|de|braun: ↑ schokoladenbraun.

Scho|ko|la|de|eis: ↑ Schokoladeneis.

scho|ko|la|de|far|ben, scho|ko|la|de|far|big: ↑ schokoladenfarben, schokoladenfarbig.

Scho|ko|la|de|guss: ↑ Schokoladenguss.

Scho|ko|la|de|ku|chen: ↑ Schokoladenkuchen.

scho|ko|la|den ⟨Adj.⟩: *aus Schokolade* (1) *hergestellt: die -e Glasur des Kuchens.*

scho|ko|la|den|braun, schokoladebraun ⟨Adj.⟩: *ein warmes Dunkelbraun aufweisend.*

Scho|ko|la|den|creme, Scho|ko|la|den|crème, die: *mit geschmolzener Schokolade zubereitete Creme* (2a, b).

Scho|ko|la|den|ei, das: *eiförmiges Gebilde aus Schokolade.*

Scho|ko|la|den|eis, Schokoladeeis, das: *Eis mit dem Geschmack von Schokolade.*

Scho|ko|la|den|fa|brik, die: *Fabrik, in der Schokolade hergestellt wird.*

scho|ko|la|den|far|ben, schokoladefarben, **scho|ko|la|den|far|big**, schokoladefarbig ⟨Adj.⟩: *eine warme dunkelbraune Farbe aufweisend.*

Scho|ko|la|den|fi|gur, die: *(meist in buntes Stanniolpapier eingewickelte) Figur aus Schokolade.*

Scho|ko|la|den|gla|sur, die: *mit geschmolzener Schokolade od. Schokoladenpulver zubereitete Glasur.*

Scho|ko|la|den|guss, Schokoladeguss, der: *Schokoladenglasur.*

Scho|ko|la|den|ha|se, der: *Schokoladenfigur mit der Form eines Hasen.*

Scho|ko|la|den|keks, der: *Keks mit Schokoladenglasur od. einer Füllung aus Schokolade.*

Scho|ko|la|den|ku|chen, Schokoladekuchen, der: *mit geschmolzener Schokolade hergestellter Rührkuchen [mit Schokoladenglasur].*

Scho|ko|la|den|pud|ding, der: vgl. *Schokoladeneis: S. mit Vanillesoße.*

Scho|ko|la|den|pul|ver, das: *gezuckertes Kakaopulver.*

Scho|ko|la|den|sei|te, die (ugs.): *beste Seite* (8 b) *(einer Person od. Sache): sie hat sich heute von ihrer S. gezeigt.*

Scho|ko|la|den|so|ße, Schokoladensauce, die: vgl. *Schokoladenglasur.*

Scho|ko|la|den|streu|sel ⟨Pl.⟩: *kleine, stiftförmige Teilchen aus Schokolade zum Bestreuen von Gebäck.*

Scho|ko|la|den|tor|te, die: *mit geschmolzener Schokolade od. Schokoladenpulver hergestellte Torte [mit Schokoladenglasur].*

Scho|ko|la|den|über|zug, der: *Schokoladenglasur.*

Scho|ko|rie|gel, der (ugs., Werbespr.): *vorwiegend aus Schokolade bestehende Süßigkeit in Form eines Riegels* (3).

Scho|lar, der; -en, -en [mlat. scholaris, ↑ Schüler]: *(bes. im Mittelalter) Schüler, Student.*

Schol|arch, der; -en, -en [spätlat. scholarcha < griech. scholárcha, zu: scholá (↑ Schule) u. griech. árchon, ↑ Archon]: *(im Mittelalter) Vorsteher einer Kloster-, Stiftsod. Domschule.*

Scho|las|tik, die; - [mlat. scholastica = Schulwissenschaft, Schulbetrieb, zu lat. scholasticus = zur Schule gehörend < griech. scholastikós = studierend, zu: scholé = (der Wissenschaft gewidmete) Muße, ↑ Schule]: **1.** *auf die antike Philosophie gestützte, christliche Dogmen verarbeitende Philosophie u. Theologie des Mittelalters (etwa 9.–14. Jh.).* **2.** (abwertend) *engstirnige, dogmatische Schulweisheit.*

Scho|las|ti|ker, der; -s, - [mlat. scholasticus]: **1.** *Vertreter der Scholastik* (1). **2.** *junger Ordensgeistlicher während des philosophisch-theologischen Studiums, bes. bei den Jesuiten.* **3.** (abwertend) *Verfechter der Scholastik* (2).

Scho|las|ti|ke|rin, die; -, -nen: w. Form zu ↑ Scholastiker (3).

scho|las|tisch ⟨Adj.⟩: **1.** *die Scholastik* (1) *betreffend, auf ihr beruhend: die -e Methode, Philosophie.* **2.** (abwertend) *spitzfindig u. wirklichkeitsfremd.*

Scho|lie, die; -, -n, **Scho|li|on**, das; -s, Scholien [griech. schólion, zu: scholé, ↑ Schule]: *erklärende Randbemerkung [alexandrinischer Philologen] in griechischen u. römischen Handschriften.*

scholl, schöl|le: ↑ schallen.

Schol|le, die; -, -n [mhd. scholle, ahd. scolla, scollo, eigtl. = Abgespaltenes, zu ↑¹Schild]: **1. a)** *beim Pflügen o. Ä. umgebrochenes großes, flaches Stück Erde: die noch feuchten -n des frisch gepflügten Ackers; mit dem Pflug -n aufwerfen;* **b)** ⟨o. Pl.⟩ (geh.) *landwirtschaftlich nutzbarer Boden; Ackerland: diese kleine S. war ihr ganzer Besitz; auf eigener S. (eigenem Grund u. Boden) sein;* **c)** (geh., oft iron.) *Ort, Gegend, wo jmd. zu Hause ist; Heimat: Er kann als freier unabhängiger Erfinder und Geschäftsmann wohnen, wo es ihm beliebt, er ist an keinerlei S. gebunden (R. Walser, Gehülfe 45).* **2.** Kurzf. von ↑ Eisscholle. **3.** (Geol.) *von Verwerfungen umgrenzter Teil der Erdkruste.* **4.** [mniederd. scholle, nach der flachen Form des Fisches] **a)** *mittelgroße Scholle* (4 b) *mit goldbrauner, gelb bis dunkelrot gefleckter Oberseite, die als Speisefisch sehr geschätzt wird;* **b)** *(in vielen, zum Teil als Speisefische genutzten Arten in allen Meeren verbreiteter) Plattfisch mit an der Oberseite olivgrünem bis dunkelbraunem gefleckten, an der Unterseite weißem, stark abgeplattetem ovalem Körper.*

Schol|len|ge|bir|ge, das (Geol.): *Gebirge aus Schollen* (3).

Schol|li: nur in dem Ausruf **mein lieber S.!** (ugs.; Ausruf des Erstaunens, der Bewunderung, auch der Erleichterung o. Ä.; zu frz. joli = hübsch, niedlich, in Anreden: [mein] Kleiner: mein lieber S., das war aber knapp!)

Schöll|kraut, das; -[e]s [spätmhd. schelkraut, wohl unter Anlehnung an ↑²Schelle zu lat. chelidonia (herba) < griech. chelidónion, zu: chelidón = Schwalbe; in den Mittelmeerländern blüht die Pflanze, wenn die Schwalben aus Afrika zurückkehren]: *einen giftigen gelben Milchsaft absondernde Pflanze mit hellgrünen, fiederteiligen Blättern u. kleinen gelben Blüten.*

schöll|te: ↑ schelten.

¹schon ⟨Adv.⟩ [mhd. schön(e), ahd. scōno, urspr. Adv. von ↑ schön, über »auf schöne, gehörige Art u. Weise« u. »vollständig« zur heutigen Bed.]: **1. a)** *drückt aus, dass etw. früher, schneller als erwartet, geplant, vorauszusehen eintritt, geschieht od. eingetreten, geschehen ist: sie kommt s. heute; sag bloß, du gehst s.; es ist s. alles vorbereitet;* **b)** *drückt aus, dass kurz nach dem Eintreten eines Vorgangs ein anderer Vorgang so schnell, plötzlich folgt, dass der Zeitunterschied kaum feststellbar, nachvollziehbar ist: er klaute das Fahrrad, und s. war er weg;* **c)** *drückt aus, dass vor dem eigentlichen Beginn eines Vorgangs etw. geschieht, geschehen soll, was damit zusammenhängt: ich komme später, du kannst ja s. [mal] die Koffer packen.* **2. a)** *drückt [Erstaunen od. Unbehagen darüber] aus, dass etw. mehr an Zahl, Menge, Ausmaß darstellt, weiter fortgeschritten ist als geschätzt, vermutet, gewünscht: sie ist s. 90 Jahre; ist es etwa s. acht Uhr?;* **b)** *drückt aus, dass zur Errei-*

chung eines bestimmten Ziels, zur Erlangung einer bestimmten Sache weniger an Zahl, Menge, Ausmaß notwendig ist als geschätzt, vermutet, gewünscht: eine winzige Dosis kann s. tödlich sein; Eintrittskarten gibt es s. für 5 Euro. **3. a)** (in Verbindung mit einer Angabe, seit wann etw. existiert, bekannt ist, gemacht wird) betont, dass etw. kein neuer Zustand, Vorgang ist, sondern lange zuvor entstanden ist: s. Platon hat diese Ideen vertreten; als Kinder/als Kinder s. hatten wir eine Vorliebe für sie; **b)** drückt aus, dass eine Erscheinung, ein Ereignis, Vorgang nicht zum ersten Mal stattfindet, sondern zu einem früheren Zeitpunkt in vergleichbarer Weise stattgefunden hat: wie s. gesagt, sollten wir nicht darauf eingehen; hast du so etwas s. [ein]mal erlebt? **4.** betont, dass – von allem anderen, oft Wichtigerem abgesehen – etw. allein genügt, um eine Handlung, einen Zustand, Vorgang zu erklären o. Ä.: [allein] s. der Gedanke daran ist schrecklich; ich werde ihr das ersparen, ihr geht es s. so schlecht genug.

²**schon** ⟨Partikel⟩: **1.** ⟨meist unbetont⟩ verstärkt [emotional] eine Aussage, Feststellung: es ist s. ein Elend!; das soll s. was heißen; nicht du s. wieder! **2.** ⟨unbetont⟩ (ugs.) drückt in Aufforderungssätzen Ungeduld o. Ä. aus: nun mach [doch] s.!; hör s. auf [mit diesem Blödsinn]! **3.** ⟨unbetont⟩ drückt aus, dass im Falle der Realisierung einer Absicht o. Ä. eine bestimmte Konsequenz erwartet wird: wenn wir s. eine neue Waschmaschine kaufen müssen, dann aber eine gute. **4.** ⟨unbetont⟩ unterstreicht die Wahrscheinlichkeit einer Aussage [in zuversichtlichem Ton als Reaktion auf bestehende Zweifel]: es wird s. [gut] gehen, [werden] werden; das wirst du s. schaffen. **5.** ⟨meist betont⟩ schränkt eine [zustimmende] Antwort, Aussage ein, drückt eine nur zögernde Zustimmung aus: das stimmt s.; es hat s. recht, wenn sie sagt, du wirst dir s. Mühe geben müssen. **6.** ⟨betont⟩ drückt aus, dass eine Aussage nur bedingt richtig ist, dass eine andere Schlussfolgerung o. Ä. möglich ist: von der Tätigkeit ist die Stelle nicht sehr interessant, von der Bezahlung her s. **7.** ⟨unbetont⟩ macht eine Äußerung in Frageform als rhetorische Frage kenntlich u. gibt ihr oft einen geringschätzigen Unterton: was sind s. zwei Jahre?; wen interessiert ihn s.? **8.** ⟨unbetont⟩ (landsch.) ³*noch* (5).

schön ⟨Adj.⟩ [mhd. schœne, ahd. scōni, urspr. = ansehnlich, was gesehen wird, verw. mit ↑ *schauen*]: **1. a)** *von einem Aussehen, das so anziehend auf jmdn. wirkt, dass es als wohlgefällig, bewundernswert empfunden wird*: ein -er Mann; -e Frauen; -e Augen, Hände, Beine; (scherzh. als Anrede im vertraulichen Ton) -e Frau, was wünschen Sie?; sich für jmdn., für das Fest s. machen (*mit der Absicht, sich ein besonders ansprechendes, reizvolles Aussehen zu verleihen, sorgfältig Gesichts- u. Körperpflege betreiben u. sich gut, hübsch anziehen*); ⟨subst.:⟩ er hat [einen ausgeprägten] Sinn für das Schöne; sie war die Schönste von allen; **b)** *in seiner Art besonders reizvoll, ansprechend, sehr angenehm od. wohltuend für das Auge od. Ohr wirkend*: -e Frauen, Kleider, Weingläser; ein -er Anblick; eine -e Stadt; etw. ist s. anzusehen, sieht s. aus; die Blumen sind sehr s.; er hat s. Orgel gespielt; **c)** *von einer Art, die jmdm. sehr gut gefällt, die jmds. Geschmack entspricht*: sie hat eine -e Wohnung, Schrift; das sind nichts als -e (iron.; *leere, schmeichlerische*) Worte; ein Bild, Buch s. finden; ⟨subst.:⟩ jmdm. etwas Schönes schenken; **d)** *in einer Weise verlaufend, die angenehme Gefühle auslöst*: wir haben einen -en Urlaub verlebt; das war eine -e Zeit; er hatte einen -en Tod (*er ist ohne Qualen, längere*

Krankheit gestorben*); (in Höflichkeitsformeln:) ich wünsche Ihnen ein -es Wochenende; -e Ferien!; s., dass du da bist!; das Wetter ist anhaltend s. (*sonnig u. klar*); was hier passiert, ist nicht mehr s. (ugs.; *übersteigt das erträgliche Maß*); das war alles nicht sehr s. für sie; ich hatte mir alles so s. gedacht, aber es ist leider nichts daraus geworden; ⟨subst.:⟩ ich kann mir was Schöneres vorstellen, als bei dem Wetter im Auto zu sitzen; R das ist [doch] zu s., um wahr zu sein; **e)** (bes. nordd.) *gut* (1 a): das riecht, schmeckt s. **2. a)** *von einer Art, die Anerkennung verdient, die als positiv, erfreulich empfunden wird*: das ist ein -er Zug an, von ihr; das war nicht s. von dir; der Wein ist s. kühl; so beschaffen, dass Lob durchaus angebracht ist: er hat eine sehr -e Arbeit geschrieben; was nützt das -ste (*ein noch so gutes, das beste*) Gesetz, wenn es immer ungestraft missachtet kann?; das hast du [aber] s. gemacht! **3.** verblasst in Höflichkeitsformeln: [recht] -e Grüße an Ihren Mann; bitte sehr recht -en Dank; danke s., bitte s. **4.** verblasst als Ausdruck des Einverständnisses: [also, na] s.!; das ist ja alles s. und gut (ugs.; *zwar in Ordnung*), aber trotzdem muss ich auch Bedenken anmelden. **5.** (in Verbindung mit »so«) verblasst als Ausdruck kritischer od. ironischer Distanz: diese Partei steht, wie es so s. heißt, auf dem Boden der Verfassung. **6.** (als verstärkende Partikel bes. in Aufforderungssätzen) (ugs.) *wie gewünscht, erwartet wird, wie es angebracht ist*: s. der Reihe nach!; seid s. vorsichtig, still, brav!; passt s. auf!; Fass bloß nicht den Türdrücker an, und wasch dir immer s. die Hände! (Kempowski, Zeit 262). **7.** (ugs.) *im Hinblick auf Anzahl, Menge, Ausmaß beträchtlich*: einen -en Schrecken bekommen; du bist ein ganz -er Angeber, Angsthase; sie hat ein -es (*hohes*) Alter erreicht; das ist eine [ganz] -e Leistung, Menge; das war ganz s. blöd, leichtsinnig von ihm; wir mussten uns ganz s. anstrengen, beeilen. **8.** (ugs. iron.) *wenig erfreulich, zu Unmut, Verärgerung Anlass gebend*: das sind ja -e Aussichten; das war ein -er Reinfall; -e Scheiße!; ⟨subst.:⟩ da hast du eines Schönes angerichtet!; R das wäre ja noch -er! (*das ist ja unerhört!; das kommt gar nicht infrage!*)

♦ **Schön|bart|lau|fen**, das; -s [Schönbart, mhd. schenebart = Nebenf. von ↑ Schembart; *Schembartlaufen*: Soll ich dir jetzt mit dem Korkstöpsel ein neues Gesicht machen, wie zum S. ...? (Hebbel, Agnes Bernauer I, 10).
Schon|be|zug, der: *Bezug, der über etw. gezogen wird, um es zu schonen*: Schonbezüge für Autositze.

¹**Schö|ne**, die/eine Schöne; der/einer Schönen, die Schönen/zwei Schöne [mhd. schœne, ahd. scōna] (oft iron.): *schöne Frau*: ✱ **die -n der Nacht** (*die Frauen, die als Bardamen, Stripteasetänzerinnen, Prostituierte o. Ä. tätig sind*; LÜ von frz. belles-de-nuit).

²**Schö|ne**, die; - [mhd. schœne, ahd. scōnī] (dichter.): *Schönheit* (2): ♦ **Süßes Leben!** ... von ihr soll ich scheiden? ... Ich soll deine Hand fassen, ... deine S., deinen Wert recht lebhaft fühlen und dann mich entschlossen losreißen (Goethe, Egmont V).

scho|nen ⟨sw. V.; hat⟩ [mhd. schōnen = schōn (= rücksichtsvoll, behutsam) behandeln, zu: schōn(e) (↑ ¹schon) in der Bed. »freundlich, rücksichtsvoll«]: **1. a)** *nicht strapazieren, sondern behutsam behandeln*: seine Stimme, Augen, Kräfte s.; das Auto ist nicht geschont worden; sie trägt beim Abwaschen immer Gummihandschuhe, um ihre Hände zu s.; jmdm. eine schlechte Nachricht schonend beibringen; ... wenn wir die Badehosen schonten (*nicht benutzten*), uns blank auf dem Rost lümmelten

(Grass, Katz 38); **b)** *jmdn. unversehrt lassen, rücksichtsvoll behandeln, verschonen; gnädig zu jmdm. sein*: die Zivilbevölkerung s.; warum schonst du deinen erbittertsten Feind?; ♦ (mit Gen.-Obj.:) Halt, Kerl, oder du bist des Todes! – Schont meines Lebens! (Goethe, Götz III). **2.** ⟨s. + sich⟩ *Rücksicht auf seine Gesundheit nehmen*: du solltest dich [mehr] s.; sie schont sich nicht, zu wenig; sie ist zwar wieder gesund, aber sie muss sich noch etwas s.

schö|nen ⟨sw. V.; hat⟩ [mhd. schœnen = schön machen, schmücken]: **1. a)** (Textilind.) avivieren; **b)** (Fachspr.) *trübe Flüssigkeiten, bes. Wein, von Trubstoffen befreien*. **2.** *schöner, angenehmer, besser erscheinen lassen*: das Ergebnis einer Wahl s.; eine geschönte Bilanz; eine schönende Beleuchtung.

¹**Scho|ner**, der; -s, - (veraltend) *[kleine] Decke, Hülle zum Schutz gegen schnelle Abnutzung von Gebrauchsgegenständen*. **2. a)** Kurzf. von ↑ Beinschoner, ↑ Knieschoner, ↑ Teinbeinschoner o. Ä.; **b)** Kurzf. von ↑ Ärmelschoner, ↑ Bildschirmschoner o. Ä.

²**Scho|ner**, der; -s, - [engl. schooner, wohl zu engl. (mundartl.) to scoon = über das Wasser gleiten; Steine übers Wasser hüpfen lassen, also eigtl. = Gleiter]: *Segelschiff mit mehreren Masten*.

schön|fär|ben ⟨sw. V.; hat⟩: *(etw. [Schlechtes, Fehlerhaftes]) als nicht so schwerwiegend darstellen; (etw.) allzu günstig darstellen; beschönigen*.
Schön|fär|ber, der: **1.** *jmd., der schönfärbt*. ♦ **2.** *Färber, der – im Unterschied zum Schwarzfärber – nicht in hellen, bunten Farben färbt*: Gleich vor dem Flecken, frei auf einem Grundstück, lag eines -s Haus (Mörike, Hutzelmännlein 177).
Schön|fär|be|rei, die: *schönfärbende Darstellung*.
Schön|fär|be|rin, die: w. Form zu ↑ Schönfärber (1).
schön|fär|be|risch ⟨Adj.⟩: *in der Art eines Schönfärbers; schönfärbend*: eine -e Formulierung.
Schon|frist, die: *Zeitraum, der jmdm. noch gegeben ist, bis etw. für ihn Unangenehmes o. Ä. eintritt, einsetzt*: jmdm. eine S. einräumen, gewähren.
Schon|gang, der (Technik): **1.** *Overdrive*: Ü nach dem Herzinfarkt empfahlen ihm die Ärzte, den S. einzulegen (*sich mehr zu schonen*); die Mannschaft spielte im S. (*strengte sich nicht sehr an*). **2.** *Schonwaschgang*.
Schön|geist, der ⟨Pl. -er⟩ [LÜ von frz. bel esprit] (auch leicht abwertend): *jmd., der sich weniger mit alltäglichen Dingen beschäftigt, sondern in Belletristik, Kunst o. Ä. schwelgt, darin aufgeht*.
Schön|geis|te|rei, die; -, -en (auch leicht abwertend): *einseitige Betonung schöngeistiger Interessen*.
♦ **schön|geis|tern** ⟨sw. V.; hat⟩ (auch leicht abwertend): *sich wie ein Schöngeist benehmen, äußern*: Leute ..., welche sonst in Dachstuben lebten und jetzt in Karossen fahren ... Wir dürfen wohl staunen, wenn wir solche Einfälle haben, s. und so etwas vom guten Ton bekommen hören (Büchner, Dantons Tod I 3).
schön|geis|tig ⟨Adj.⟩: *in der Art eines Schöngeistes; sich in Belletristik, Kunst o. Ä. ergehend*: -e Interessen.
Schon|hal|tung, die: *Körperhaltung, die jmd. einnimmt, um einen schmerzenden Körperteil o. Ä. zu entlasten*.
Schön|heit, die; -, -en: **1.** ⟨o. Pl.⟩ *das Schönsein* (1): die klassische S. des Stils; ihre strahlende, makellose, jugendliche S.; die S. ihres Gesangs; Rico hat noch nie einen solchen Salon gesehen, er dünkt ihn reich und von erlesener S. (Thieß, Legende 30). **2. a)** *etw., was [an einer Sache] schön* (1 b) *ist; das Schöne* (1 b): landschaftliche -en; sie zeigte ihm die -en der Stadt, der Umge-

bung; **b)** *schöner* (1 a) *Mensch:* sie ist eine [ungewöhnliche, verblühte] S.; er ist nicht gerade eine S.; sie war schon als Kind eine kleine S.

Schön|heits|be|griff, der: *Begriff* (2) *von Schönheit* (1)*:* der S. der Antike.

Schön|heits|chi|r|urg, der (ugs.): *Chirurg, der Schönheitsoperationen ausführt.*

Schön|heits|chi|r|ur|gie, die (ugs.): *chirurgische Kosmetik.*

Schön|heits|chi|r|ur|gin, die: w. Form zu ↑ Schönheitschirurg.

Schön|heits|emp|fin|den, das: vgl. Schönheitssinn.

Schön|heits|farm, die: *(meist in einem Hotel untergebrachte) Einrichtung, in der sich bes. Frauen umfassenden kosmetischen Behandlungen unterziehen.*

Schön|heits|feh|ler, der: *das äußere Erscheinungsbild beeinträchtigender, aber nicht wesentlicher Mangel:* der Fleck ist [nur] ein S.; Ü das Projekt hat [nur] einen kleinen S., nämlich dass es nicht realisierbar ist.

Schön|heits|fleck, der: *kleiner, dunkler, natürlicher od. aufgemalter Fleck im Gesicht, bes. auf der Wange, über der seitlichen Oberlippe od. am Kinn einer Frau.*

Schön|heits|ide|al, das: vgl. Schönheitsbegriff.

Schön|heits|kö|ni|gin, die: *Siegerin eines Schönheitswettbewerbs.*

Schön|heits|kon|kur|renz, die: *Schönheitswettbewerb.*

Schön|heits|mit|tel, das: *Kosmetikum.*

Schön|heits|ope|ra|ti|on, die: *kosmetische* (1) *Operation.*

Schön|heits|pfläs|ter|chen, das: *aufgemalter, angeklebter Schönheitsfleck.*

Schön|heits|pfle|ge, die: *Gesichts-, Haut- u. Körperpflege, die einem ansprechenden, gepflegten, schöneren Aussehen dient; Kosmetik* (1).

Schön|heits|preis, der: *in einem Schönheitswettbewerb zu gewinnender Preis.*

Schön|heits|re|pa|ra|tur, die: *Reparatur, die keinen Schaden behebt, sondern nur dem besseren Aussehen von etw. dient:* die Mietpartei muss meist die Kosten für die -en übernehmen.

Schön|heits|sa|lon, der: *Kosmetiksalon.*

Schön|heits|sinn, der ⟨o. Pl.⟩: *ausgeprägter Sinn für das,* was schön (1 a, b) *ist:* etw. stört jmds. S.

Schön|heits|wett|be|werb, der: *Wettbewerb, bei dem aus einer Anzahl junger Bewerber od. Bewerberinnen der bzw. die Schönste ermittelt wird.*

Schön|kli|ma, das: *Klima mit kaum schwankender Witterung, das den Organismus in keiner Weise belastet.*

Schön|kost, die: *leicht verdauliche Kost, die speziell als Diät für Kranke geeignet ist:* einen Patienten auf S. setzen.

Schön|ling, der; -s, -e (oft abwertend): *gut aussehender Mann mit übertrieben gepflegtem Äußeren.*

¹schön|ma|chen ⟨sw. V.; hat⟩ (ugs.): *(von Hunden) Männchen machen.*

schön machen, ²schön|ma|chen, sich ⟨sw. V.; hat⟩: *sich zurechtmachen* (2).

Schon|platz, der (regional): *Arbeitsplatz, der jmdm. zugewiesen wird, der aus gesundheitlichen Gründen vorübergehend nicht in der Lage ist, seine übliche Arbeit zu verrichten.*

schön|rech|nen ⟨sw. V.; hat⟩ (bes. Politikjargon): *(vorliegendes Zahlenmaterial, Daten o. Ä.) beschönigend, zu seinen Gunsten darstellen, interpretieren:* die Arbeitslosenzahl s.

schön|re|den ⟨sw. V.; hat⟩: *beschönigen.*

Schön|re|de|rei, die: **1.** ⟨o. Pl.⟩ *[dauerndes] Schönreden.* **2.** *schönrednerische Darstellung.*

Schön|red|ne|rei, die; -, -en: *Schönrederei:* Ein böser Zustand kann sich lange hinschleppen,

aus Interesse vehehlen ihn die Beteiligten, aus gewohnheitsmäßiger S. die meisten der öffentlich Schreibenden (Hofmannsthal, Komödie 50).

schön|red|ne|risch ⟨Adj.⟩: *beschönigend.*

schön|schrei|ben ⟨st. V.; hat⟩: *Schönschrift schreiben:* es macht ihr Spaß schönzuschreiben; ⟨subst.:⟩ im Schönschreiben ist er nicht sonderlich gut.

Schön|schreib|kunst, die: *Kalligrafie.*

Schön|schrift, die: **a)** *ordentliche, regelmäßige Schrift [zu der jüngere Schülerinnen u. Schüler durch Übungen im Deutschunterricht angehalten werden];* **b)** (veraltend) *Reinschrift:* etw. in S. abgeben.

schöns|tens ⟨Adv.⟩ (veraltend): verblasst in Höflichkeitsformeln; *bestens* (b)*:* ich lasse sie s. grüßen.

Schön|tu|er, der; -s, - (veraltend): *Schmeichler.*

Schön|tu|e|rei, die (veraltend): *das Schöntun, Schmeichelei.*

Schön|tu|e|rin, die; -, -nen: w. Form zu ↑ Schöntuer.

schön|tun ⟨unr. V.; hat⟩: *schmeicheln.*

Scho|nung, die; -, -en: **1.** ⟨o. Pl.⟩ [mhd. *schōnunge*] *das Schonen; rücksichtsvolle, nachsichtige Behandlung.* **2.** *eingezäuntes Waldgebiet mit jungem Baumbestand:* Betreten der S. verboten!

Scho|nung, die; -, -en: *das Schönen* (1), *Geschöntwerden.*

scho|nungs|be|dürf|tig ⟨Adj.⟩: *der Schonung* (1) *bedürfend:* nach der Operation ist sie noch s.

scho|nungs|los ⟨Adj.⟩: *ohne die geringste Schonung* (1)*; keine Rücksicht nehmend:* etw. mit -er Offenheit anprangern.

Scho|nungs|lo|sig|keit, die; -: *schonungsloses Verhalten.*

scho|nungs|voll ⟨Adj.⟩: *schonend, rücksichtsvoll.*

Schon|ver|mö|gen, das: *Teil des Vermögens eines Beziehers von Sozialleistungen, den dieser nicht anzugreifen braucht.*

Schon|wasch|gang, der: *Teil des Programms* (1 d) *einer Waschmaschine, der für feine, empfindliche Wäsche vorgesehen ist.*

Schön|wet|ter|de|mo|kra|tie, die (Politikjargon): *Demokratie* (1 b)*, die sich nur in krisenfreien Zeiten als Demokratie bewährt.*

Schön|wet|ter|la|ge, die (Meteorol.): *schönes Wetter, das über einen längeren Zeitraum anhält.*

Schon|zeit, die (Jagdw.): *Zeitraum im Jahr, in dem eine bestimmte Wildart nicht gejagt werden darf;* Ü die S. für die neue Regierung ist vorbei.

Schopf, der; -[e]s, Schöpfe [mhd. *schopf,* anders gebildet ahd. *scuft,* urspr. = Büschel, Quaste; verw. mit Schober, ↑ Schuppen]: **1. a)** Kurzf. von ↑ Haarschopf (a): ein dichter, wirrer S.; * sich am eigenen S. aus dem Sumpf ziehen (↑ Sumpf); **b)** (selten) *Haarbüschel.* **2.** (Jägerspr.) *Büschel langer Federn am Hinterkopf einiger Vögel (z. B. des Eichelhähers, des Wiedehopfs).* **3.** *Büschel von Blättern (z. B. bei der Ananas).* **4.** *Büschel langer Stirnhaare des Pferdes.* **5.** (schweiz., sonst landsch.) **a)** *Schuppen; Nebengebäude;* **b)** *Wetterdach.*

Schopf|bra|ten, der (österr.): *gebratener Kamm* (3 a) *des Schweines.*

Schöpf|brun|nen, der: *Brunnen* (1)*, aus dem das Wasser mit Eimern geschöpft wird.*

Schöpf|ei|mer, der: *Eimer zum Schöpfen von Wasser [aus dem Schöpfbrunnen].*

¹schöp|fen ⟨sw. V.; hat⟩ [mhd. *schepfen, scheffen,* ahd. *scephen,* wohl zu ↑ Schaff (1)]: **1.** *(eine Flüssigkeit) mit einem Gefäß, mit der hohlen Hand o. Ä. entnehmen, heraus-, nach oben holen:* mit Eimern mussten sie das Wasser aus dem Keller s.; Ü aus der Erfahrung, der Fantasie s. **2.** (geh.) *Atemluft in sich hereinholen:* frische

Luft s. **3.** (geh.) *(in Bezug auf geistige Dinge) erhalten, gewinnen, beziehen:* [neuen] Mut s.; sie schöpfte ihre Kraft aus ihrem Glauben; er schöpfte Verdacht und alarmierte die Polizei. **4.** (Jägerspr.) *(von Wild) Wasser zu sich nehmen.* **5.** (Fachspr.) *Papierbrei mit einem Sieb aus der Bütte herausnehmen u. auf die Formplatte gießen.*

²schöp|fen ⟨sw. V.; hat⟩ [mhd. *schepfen,* ahd. *scepfen,* ↑ schaffen] (geh. veraltend): *[er]schaffen.*

¹Schöp|fer, der; -s, - [mhd. *schepfære,* ahd. *scepfāri* = Gott, LÜ von lat. *creator*]: **a)** *jmd., der etw. Bedeutendes geschaffen, hervorgebracht, gestaltet hat:* er war der S. großer Kunstwerke; **b)** ⟨o. Pl.⟩ *Gott als Urheber der Welt.*

²Schöp|fer, der; -s, - [zu ↑ ¹schöpfen (1)]: **a)** *Schöpfkelle;* **b)** *Gefäß zum Schöpfen.*

Schöp|fer|geist, der ⟨o. Pl.⟩ (geh.): **1.** *schöpferischer Drang.* **2.** *schöpferischer* ²*Geist* (1 a).

Schöp|fe|rin, die; -, -nen: w. Form zu ↑ ¹Schöpfer (a): die S. des neuen Modestils; Ü die Natur als S.

schöp|fe|risch ⟨Adj.⟩: *etw. Bedeutendes schaffend, hervorbringend, gestaltend; kreativ:* ein -er Mensch, Geist; -e Unruhe; eine -e Pause (eine Pause, in der jmd. sich durch neue Ideen inspirieren lassen möchte).

Schöp|fer|tum, das; -s: *schöpferisches Wesen, Kreativität* (1).

Schöpf|ge|fäß, das: vgl. Schöpfeimer.

Schöpf|kel|le, die: *großer Schöpflöffel; Kelle:* die Suppe mit einer S. verteilen.

Schöpf|löf|fel, der: *großer, runder od. ovaler, tiefer Löffel mit langem Stiel.*

Schöpf|rad, das: *Wasserrad mit Zellen, in denen beim Drehen des Rades Wasser nach oben befördert wird.*

Schöp|fung, die; -, -en [mhd. *schepf(en)unge* = Gottes Schöpfung, Geschöpf]: **1.** ⟨o. Pl.⟩ [wohl unter Einfluss von engl. *creation*] *von Gott erschaffene Welt:* die Wunder der S.; der Mensch als die Krone der S. **2.** (geh.) *vom Menschen Geschaffenes; Kunstwerk:* die -en der bildenden Kunst, eines Beethoven; diese Einrichtungen sind seine S. *(gehen auf sie zurück).* **3.** ⟨o. Pl.⟩ **a)** (geh.) *Erschaffung;* **b)** *Erschaffung der Welt durch Gott.*

Schöp|fungs|akt, der: *Akt der Schöpfung* (3 b); Ü (geh.) der dichterische S.

Schöp|fungs|be|richt, der: *Bericht über die Schöpfung* (3 b) *im Alten Testament (bes. 1. Mos. 1).*

Schöp|fungs|ge|schich|te, die ⟨o. Pl.⟩: *Schöpfungsbericht im 1. Buch Mose.*

Schöp|fungs|tag, der: *einer der sieben Tage des Schöpfungsberichts.*

Schöpp|chen, das; -s, -: Vkl. zu ↑ Schoppen.

schop|pen ⟨sw. V.; hat⟩ [mhd. *schoppen,* Intensivbildung zu ↑ schieben]: **1.** (bayr., österr., schweiz.) *hineinstopfen:* er schoppte die Kleider in einen Koffer; Gänse s. (nudeln 1). **2. a)** *sich bauschen:* ihre Bluse schoppte über dem Hosenbund; **b)** ⟨meist im 2. Part⟩ *bauschen:* geschoppte Oberteile sind in.

Schop|pen, der; -s, - [frz. (nord- u. ostfrz. Mundart) *chopenne* < (a)frz. *chopine* < mniederd. *schōpe(n)* (mhd. *schuofe*) = Schöpfkelle, ablautend zu ↑ ¹Schaff (1)]: **1.** *Glas mit einem viertel (auch einem halben) Liter Wein (od. auch Bier):* einen S. trinken. **2.** (früher) *Hohlmaß von etwa einem halben Liter.* **3.** (südwestd., schweiz.) *Milchflasche für einen Säugling.* **4.** (landsch.) *Schuppen.*

♦ **Schöp|pen|stuhl,** der [Schöppe = Nebenf. von Schöffe]: *Gerichtsbehörde; Schöffengericht;* ↑ Schöffe]: Der S., der in großem Ansehn weit umher steht, ist mit lauter Leuten besetzt, die der römischen Rechte unkundig sind (Goethe, Götz I).

Schop|pen|wein, der: *in Gläsern ausgeschenkter offener Wein.*

schop|pen|wei|se ⟨Adv.⟩: *in Schoppen (1).*

Schöps, der; -es, -e [spätmhd. schöpʒ, schopʒ, aus dem Slaw., vgl. niedersorb. skópc, tschech. skopec] (österr.): *Hammel.*

Schöp|sen|bra|ten, der (österr.): *Hammelbraten.*

Schöp|ser|nes, das Schöpserne/ein Schöpsernes; des/eines Schöpsernen (österr.): *Hammelfleisch.*

schor, schö|re: ↑¹*scheren.*

scho|ren ⟨sw. V.; hat⟩ [mhd. schorn, zu: schor = Schaufel] (landsch.): *[um]graben.*

Schorf, der; -[e]s, -e [mhd. schorf, ahd. scorf- (in Zus.), eigtl. = rissige Haut]: **1.** *krustenartig eingetrocknetes, abgestorbenes Hautgewebe:* auf der Wunde hat sich S. gebildet. **2.** (Bot.) *durch Pilze hervorgerufene Pflanzenkrankheit mit schorfartigen Ausbildungen.*

schorf|ar|tig ⟨Adj.⟩: *wie Schorf (1) aussehend:* eine -e Kruste.

schorf|be|deckt ⟨Adj.⟩: *von Schorf (1) bedeckt:* eine -e Wunde.

schor|fig ⟨Adj.⟩: **a)** *mit Schorf (1) bedeckt:* -e Knie; **b)** *aus Schorf (1) bestehend:* ein -er Ausschlag; **c)** *in seiner Oberfläche rau, rissig:* eine -e Rinde.

Schörl, der; -[e]s, -e [H.u.]: *schwarzer Turmalin.*

Schor|le, die; -, -n, seltener: das; -s, -s [H.u.]: *Getränk aus mit Mineralwasser gemischtem Wein od. [Apfel]saft:* saure S. (landsch.; *mit Mineralwasser verdünnter Wein od. Apfelsaft*); süße S. (landsch.; *mit Limonade gemischter Wein od. Apfelsaft*).

Schorn|stein, der; -[e]s, -e [mhd. schor(n)stein, spätahd. scor(en)stein, urspr. wohl aus der Mauer vorspringender Stein, der den Rauchfang über dem Herd trägt; 1. Bestandteil mniederd. schore = Stütze, zu mhd. schorren, ahd. scorrēn = herausragen, verw. mit ↑¹*scheren*]: *über das Dach hinausragender od. auch frei stehend senkrechter hochgeführter Abzugsschacht für die Rauchgase einer Feuerungsanlage:* die -e einer Fabrik ragen in die Luft, rauchen; der S. zieht nicht richtig; der S. wurde gereinigt, gefegt; *** der S. raucht (ugs.; *das Geschäft geht gut; es kommt Geld herein, wird Geld verdient*); **etw. durch den S. jagen** (ugs.; *etw. emittieren 2: fossile Brennstoffe durch den S. jagen*). *etw. verschwenden, verschleudern*; Geld, Millionen durch den S. jagen); **etw. in den S. schreiben** (ugs.; *etw., bes. Geld, als verloren betrachten;* was im Schornstein angeschrieben ist, wird durch den Regen bald unleserlich; die hundert Euro, die du ihm geliehen hast, kannst du in den S. schreiben).

Schorn|stein|fe|ger, der: *Dienstleister, der die Funktion von Heizungsanlagen sowie ihren Ausstoß an Schadstoffen überprüft [u. den Ruß aus Schornsteinen fegt]* (Berufsbez.).

Schorn|stein|fe|ge|rin, die; -, -nen: w. Form zu ↑*Schornsteinfeger.*

schoss: ↑*schießen.*

¹Schoss, der; -es, -e [mhd. schoʒ, ahd. scoʒ, scoʒʒa, zu ↑*schießen*]: *Schössling.*

²Schoss, der; -es, -e[n] u. Schösse[r] [mhd. schoʒ, zu ↑*schießen* in der Bed. »unterstützend hinzugeben, zuschießen« (veraltet)]: *Zoll, Steuer, Abgabe.*

¹Schoß, der; -es, Schöße [mhd. schōʒ, ahd. scō(ʒ)(o), scōʒa = Kleiderschoß, Mitte des Leibes, eigtl. = Vorspringendes, Ecke, Zipfel, zu ↑*schießen* in der veralteten Bed. »emporragen, hervorspringen«; vgl. Geschoss]: **1.** *beim Sitzen durch den Unterleib u. die Oberschenkel gebildete Vertiefung:* sich auf jmds., sich jmdm. auf den S. setzen; sie hatte ihre Puppe auf dem S.; sie nahm das Kind auf den S.; ihre Hände lagen im S.; * **jmdm. in den S. fallen** (*jmdm. zuteilwerden, ohne dass er sich darum zu bemühen braucht*); ihr fällt in der Schule alles in den S.). **2. a)** (geh.) *Leib der Frau; Mutterleib:* sie trägt ein Kind in ihrem S.; Ü *der fruchtbare S. der Erde:* ist in den S. (*die Geborgenheit*) der Familie zurückgekehrt; im S. (*Innern*) der Erde; **b)** (verhüll.) *weibliche Schamgegend.* **3. a)** *an der Taille angesetzter Teil an männlichen Kleidungsstücken wie Frack, Cut, Reitrock:* er stürzte mit fliegenden Schößen hinaus; **b)** *Schößchen.*

²Schoß, die; -, -en u. Schöße (österr.): *Damenrock.*

Schöß|chen, das; -s, - [Vkl. von ↑¹*Schoß (3 b)*]: *an der Taille gekräuselt od. glockig angesetzter Teil an Damenjacken, Blusen, Kleidern.*

Schöß|chen|ja|cke, die: *Damenjacke mit Schößchen.*

Schos|se: Pl. von ↑¹'²*Schoss.*

schös|se: ↑*schießen.*

Schös|se: Pl. von ↑²*Schoss,* ²*Schoß.*

Schö|ßel, der, auch: das; -s, - (österr.): **1.** *Schößchen.* **2.** *Frackschoß.*

schos|sen ⟨sw. V.; hat⟩ [eigtl. = schussartig emporwachsen, mhd. schoʒʒen = (hoch)hüpfen] (Fachspr.): *(von Getreide, Rüben, Salat) schnell u. kräftig in die Höhe wachsen:* früh schossender Weizen.

Schos|sen: Pl. von ↑²*Schoss.*

Schös|ser: Pl. von ↑²*Schoss.*

Schoß|hund, der, **Schoß|hünd|chen**, das: *(bes. von Damen gehaltener) zierlicher Hund einer Zwerghundrasse:* Ü *der Konzern als S. der Regierung.*

◆ **Schoß|ja|cke**, die: *eng anliegende Jacke mit* ¹*Schößen (3 a):* Der Pferdehändler ... mit seiner langen Figur und der kurzen S. unter dem breitkrempigen lackierten Hute (Immermann, Münchhausen 165).

Schoß|kind, das: *kleines Kind, das in besonderem Maße verwöhnt wird:* ein verzärteltes, verhätscheltes S.; Ü er ist das S. (*Günstling*) des Chefs.

Schöss|ling, der; -s, -e [spätmhd. schöʒling, mhd. schüʒ(ʒe)linc]: **a)** *an einem Strauch, Baum senkrecht wachsender, langer junger Trieb;* **b)** *aus einem Schössling (a) gezogene junge Pflanze.*

◆ **Schoß|sün|de**, die [geb. nach ↑¹*Schoß(1)*]: *Lieblingssünde:* ... ob ich gleich nicht leugnen will, dass mich das hässliche Zeug manchmal unterhält und der Schadenfreude, dieser Erb- und Schoßsünde aller Adamskinder, eine pikante Speise nicht ganz übel schmeckt (Goethe, Der Sammler u. die Seinigen 8, 2); Das ist eine Eitelkeit in mir, die S. aller Künstler (Schiller, Räuber I, 1).

◆ **Schoß|ta|sche**, die: ¹*Tasche (2 a) im* ¹*Schoß (3 a):* ... steckte sogleich die Hand in die knapp anliegende S. seines ... Rockes (Chamisso, Schlemihl 18).

Schot, die; -, -e[n] [mniederd. schōte, niederd. Form von ↑¹*Schoß* in der Bed. »Zipfel«; von der unteren Ecke des Segels übertr. auf das daran befestigte Tau] (Seew.): *Tau, das die Segel in die richtige Stellung zum Wind bringt.*

¹Scho|te, die; -, -n [mhd. schote, eigtl. = die Bedeckende, zu ↑*Scheune*]: **1.** *längliche Kapselfrucht aus zwei miteinander verwachsenen Fruchtblättern u. mehreren Samen an einer Mittelwand:* die reifen -n sind aufgeplatzt, aufgesprungen. **2.** (landsch.) *Erbse (1).*

²Scho|te, die; -, -n: *Schot.*

³Scho|te, der; -n, -n [H.u.] (salopp): *[zum Spaß erfundene] Geschichte:* eine S. erzählen.

⁴Scho|te, der; -n, -n [älter auch: Schaude, Schode, über die Gaunerspr. < jidd. schōte, schaute < hebr. šôṭę̄] (salopp): *Narr, Einfaltspinsel.*

scho|ten|för|mig ⟨Adj.⟩: *die Form einer* ¹*Schote aufweisend.*

Scho|ten|frucht, die: ¹*Schote (1).*

¹Schott, der; -s, -s [frz. chott < arab. (maghrebinisch) šaṭ] (Geogr.): *mit Salzschlamm gefülltes Becken in Nordafrika.*

²Schott, das; -[e]s, -e, selten: -e [mniederd. schot = Riegel, Schiebetür, = Eingeschossenes, zu ↑*schießen*]: **1.** (Seemannsspr.) *wasserdichte u. feuersichere Stahlwand im Rumpf eines Schiffes:* die -en öffnen, schließen; -en dicht!; * **die -en dicht machen/dichtmachen** (1. nordd.; *die Türen u. Fenster schließen.* ugs.; *schließen 7.* ugs.; *sich verschließen 2.* 4. Sportjargon; ¹*dichtmachen 3*). **2.** *Verschluss eines Wagenkastens.*

Schot|te, der; -n, -n: Ew. zu ↑*Schottland.*

¹Schot|ten, der; -s (südd., österr.): *Quark.*

²Schot|ten, der; -s, - [nach dem farblichen Muster des Kilts der Schotten]: *blaugrüner od. bunter groß karierter [Woll]stoff.*

Schot|ten|ka|ro, das: *für* ²*Schotten charakteristisches Karomuster.*

Schot|ten|mus|ter, das: *Schottenkaro.*

Schot|ten|rock, der: **1.** *Kilt (1).* **2.** *Damenrock aus* ²*Schotten.*

Schot|ten|witz, der: *Witz, der die übertriebene Sparsamkeit als Charakteristikum der Schotten herausstellt.*

Schot|ter, der; -s, - [verw. mit ↑*Schutt, schütten,* aus dem Md. in die Fachspr. übernommen]: **1.** *Menge kleiner Steine als Untergrund im Straßen- u. Gleisbau:* grober, feiner S.; Bahngleise werden auf S. verlegt. **2.** *Ablagerung von Geröll [in Flüssen, Bächen].* **3.** (salopp) *Geld, bes. in großer Menge:* die Frau hat [schwer] S. (*ist [sehr] reich*).

Schot|ter|de|cke, die: *aus Schottersteinen bestehende Schicht der Straße.*

schot|tern ⟨sw. V.; hat⟩: **1.** *mit Schotter (1) aufschütten.* **2.** *einen Gleisabschnitt von Schottersteinen befreien:* Castorschiene geschottert.

Schot|ter|pis|te, die: *unbefestigter Verkehrsweg; Piste (4):* über eine holprige S. rumpeln.

Schot|ter|stein, der: *kleiner Stein für den Straßen- u. Gleisbau.*

Schot|ter|stra|ße, die: *nur mit Schotter (1) aufgeschüttete Straße.*

Schot|te|rung, die; -, -en: **1.** *das Schottern.* **2.** *Schotterdecke.*

Schot|tin, die; -, -nen: w. Form zu ↑*Schotte.*

schot|tisch ⟨Adj.⟩: **a)** *Schottland, die Schotten betreffend; von den Schotten stammend, zu ihnen gehörend:* wir haben -e Freunde; **b)** *in der Sprache der Schotten [verfasst]:* -e Literatur.

Schott|land; -s: *Teil von Großbritannien.*

Schraf|fe, die; -, -n: **1.** *Strich einer Schraffur.* **2.** *Serife.*

schraf|fen ⟨sw. V.; hat⟩: *schraffieren.*

schraf|fie|ren ⟨sw. V.; hat⟩ [aus mhd. Niederd. < mniederd. schrafferen, mniederl. schraeffeeren < ital. graffiare = kratzen; strichlen, H.u.]: *mit einer Schraffur bedecken:* ein Gebiet auf einer Karte s.

Schraf|fie|rung, die; -, -en: **1.** *das Schraffieren, das Schraffiertwerden.* **2.** *Schraffur.*

Schraf|fung, die; -, -en: **1.** *das Schraffen, das Geschafftwerden.* **2.** *Schraffur.*

Schraf|fur, die; -, -en: *Gesamtheit feiner paralleler Striche, die eine Fläche herausheben:* Waldflächen auf einer Landkarte durch S. kennzeichnen.

schräg ⟨Adj.⟩ [16. Jh., wohl zu dem unter ↑*schränken* genannten Adj.]: **1.** *von einer [gedachten] senkrechten od. waagerechten Linie in einem spitzen od. stumpfen Winkel abweichend:* eine -e Linie, Wand; den Schreibtisch s. stellen; s. über die Straße gehen; die Rosen s. anschneiden; s. stehende Augen; eine s. laufende Linie; er wohnt s. gegenüber, unter uns. **2.** (ugs., oft abwertend) *von der Norm, vom Üblichen, Erwarteten abweichend [u. daher nicht akzep-*

Schrägbalken – schrauben

tabel]: er ist ein ganz -er Vogel; die Musik ist mir [etwas, entschieden] zu s.

Schräg|bal|ken, der (Heraldik): *diagonal durch den Wappenschild verlaufender Balken* (2 d).

Schräg|band, das ⟨Pl. ...bänder⟩ (Schneiderei): *schräg zum Fadenlauf geschnittenes Band zum Einfassen o. Ä.*

Schrä|ge, die; -, -n [frühnhd. schreg, spätmhd. schreck]: **1.** *schräge Fläche von etw.:* die S. eines Zeltes; die Dachwohnung hatte -n *(schräge Wände).* **2.** *schräge Beschaffenheit, Lage;* schräger Verlauf.

Schra|gen, der; -s, - [mhd. schrage = kreuzweise stehende Holzfüße unter Tischen o. Ä., zu ↑ schräg] (landsch., sonst veraltend): *in verschiedener Funktion (z. B. als Bett, [Toten]bahre, Sägebock) verwendetes, auf kreuzweise verschränkten [hölzernen] Füßen ruhendes Gestell.*

schrä|gen ⟨sw. V.; hat⟩ [mhd. schregen = mit schrägen Beinen gehen]: **a)** *in eine schräge Lage, Stellung bringen:* den Kopf [zur Seite] s.; **b)** *abschrägen.*

Schräg|heck, das: *(gewöhnlich mit einer großen, vom Ansatz des Dachs bis zum Niveau der Ladefläche reichenden Heckklappe versehenes) schräg abfallendes Heck eines Pkw.*

Schräg|heit, die; -, -en: **1.** ⟨o. Pl.⟩ *das Schrägsein.* **2.** (ugs., oft abwertend) *etw. Schräges* (2).

Schräg|la|ge, die: **a)** *schräge Lage:* in eine S. geraten; etw. in eine S. bringen; **b)** *Schieflage* (2).

schräg lau|fend, schräg|lau|fend ⟨Adj.⟩: *schräg* (1) *verlaufend:* schräg laufende Streifen.

Schräg|schnitt, der: *schräg verlaufender Schnitt (bezogen auf eine Ebene od. Achse).*

schräg ste|hend, schräg|ste|hend ⟨Adj.⟩: *in schräger Linie verlaufend.*

schräg stel|len, schräg|stel|len ⟨sw. V.; hat⟩: *etw. so einstellen od. hinstellen, dass es schräg ist.*

Schräg|strich, der: **a)** *schräg* (1) *verlaufender Strich;* **b)** *von rechts oben nach links unten verlaufender Strich zwischen zwei Wörtern od. Zahlen zum Ausdruck einer Alternative od. einer Zusammengehörigkeit (z. B. Ein-/Ausgang; Mitarbeiter/-innen).*

schrak, schrä|ke: ↑ ²*schrecken.*

schral ⟨Adj.⟩ [niederd. schrāl = schlecht, elend] (Seemannsspr.): *(vom Wind) in spitzem Winkel von vorn in die Segel fallend u. daher ungünstig.*

Schram|me, die; -, -n [mhd. schram(me) = lange Wunde; Riss, Felsspalte, eigtl. = (Ein)schnitt]: *von einem [vorbeistreifenden] spitzen od. rauen Gegenstand durch Abschürfen hervorgerufene, als längliche Aufritzung sichtbare Hautverletzung od. Beschädigung einer glatten Oberfläche:* –n im Gesicht; das Auto hat schon eine S. [abbekommen]; abgesehen von ein paar [kleinen] -n hatte sie keine Verletzungen davongetragen.

Schram|mel|mu|sik, die ⟨o. Pl.⟩: *von Schrammeln gespielte volkstümliche Wiener Musik.*

Schram|meln ⟨Pl.⟩ [urspr. Name (»D'Schrameln«) des von den Brüdern Johann u. Josef Schrammel 1877 in Wien gegründeten ersten Quartetts dieser Art]: *aus zwei Violinen, Gitarre u. Akkordeon bestehendes Quartett, das volkstümliche Wiener Musik spielt.*

schram|men ⟨sw. V.⟩ [aus dem Niederd. < mniederd. schrammen]: **a)** ⟨hat⟩ *etw. so streifen, dass eine Schramme, dass Schrammen entstehen; schrammend verletzen, beschädigen:* eine Mauer s.; ich habe mir die Stirn [an der Wand] geschrammt; pass auf, dass du dich nicht schrammst; **b)** ⟨ist⟩ *a)irgendwohin gelangen, sich über eine Fläche hinbewegen:* gegen eine Kante, über den Boden s.

Schrank, der; -[e]s, Schränke [spätmhd. schrank = (vergittertes) Gestell, abgeschlossener Raum, mhd. schranc, ahd. scranc = Verschränkung, Verflechtung, zu ↑ schränken]: **1.** *höheres, kastenartiges, mit Türen versehenes, oft verschließbares Möbelstück zur Aufbewahrung von Kleidung, Geschirr, Büchern, Nahrungsmitteln u. a.:* einen S. aufstellen, öffnen, abschließen, aufbrechen, ausräumen; sie hat Schränke voll mit Kleidern; etw. aus dem S. nehmen; Kleider in den S. hängen; Ü er ist ein S. (ugs.; *ein großer, breitschultriger, kräftiger Mann*). **2.** (Jägerspr.) *(bes. bei Edelwild) seitliche Abweichung der Tritte von einer gedachten geraden Linie.*

Schrank|bett, das: *hochklappbares, in eine Schrankwand integriertes Bett.*

Schrank|chen, das; -s, -: Vkl. zu ↑ Schrank (1).

Schran|ke, die; -, -n [mhd. schranke = absperrendes Gitter, zu ↑ schränken]: **1.** *an einem Weg, einer Straße, einer Einfahrt o. Ä. installierte Vorrichtung, die im Wesentlichen aus einer ausreichend langen Stange besteht, die zur Sperrung der Durchfahrt, des Durchgangs aus senkrechter Stellung in die Waagerechte gebracht werden kann:* die -n des Bahnübergangs; die S. wird geschlossen, heruntergelassen, geht hoch; Ü auch die letzten -n zwischen ihnen *(das, was sie noch trennte)* waren gefallen; Ihrem Hang zum Schauen, Träumen, Geschehenlassen eine Grenze gesetzt. Die schmerzhaft empfundene S. zwischen Denken und Tun beiseite geräumt (Chr. Wolf, Nachdenken 66); * **jmdn. in die -n fordern** *(eine Auseinandersetzung mit jmdm. erzwingen u. Rechenschaft von ihm verlangen;* nach den Schranken, die die mittelalterlichen Turnierplätze abgrenzten); **für jmdn. in die -n treten** *(für jmdn. entschieden eintreten;* urspr. = stellvertretend für einen Schwächeren den Kampf mit dem Gegner aufnehmen); **vor die, den -n des Gerichts** *(vor Gericht).* **2.** *Grenze* (2) *des Erlaubten, Möglichen:* die -n der Konvention überwinden; der Fantasie sind keine -n gesetzt *(man darf seiner Fantasie freien Lauf lassen);* keine -n mehr kennen, sich keinerlei -n auferlegen *(hemmungslos, ohne Beherrschung sein);* * **sich in -n halten** (1. geh.; *sich unter Anstrengung beherrschen; an sich halten.* 2. *nicht das erträgliche Maß übersteigen*); **etw. in -n halten** *(etw. das erträgliche Maß nicht übersteigen lassen);* **jmdn. in die/seine -n weisen/verweisen** *(jmdn. zur Mäßigung auffordern).*

Schrank|ele|ment, das: *Schrank* (1) *als Element* (9) *einer Anbauwand o. Ä.*

Schran|ken, der; -s, - (österr.): *Bahnschranke.*

schrän|ken ⟨sw. V.; hat⟩ [mhd. schrenken, ahd. screnken = schräg stellen, verschränken, flechten, wohl zu einem Adj. mit der Bed. »schräg, quer«; vgl. schräg]: **1.** (Fachspr.) *die Zähne eines Sägeblattes abwechselnd rechts u. links abbiegen.* **2.** (Jägerspr.) *(bes. von Edelwild) die Tritte in seitlicher Abweichung von einer gedachten geraden Linie aufsetzen.*

schran|ken|los ⟨Adj.⟩: **1. a)** *durch keine Schranken* (2) *behindert od. sich behindern lassend; keine gesetzte Grenze respektierend:* -e Freiheit; **b)** *grenzenlos* (2): ein -es Vertrauen. **2.** (selten) *unbeschränkt:* ein -er Bahnübergang.

Schran|ken|lo|sig|keit, die; -: *schrankenloses* (1 a) *Wesen; Zügellosigkeit.*

Schrank|fach, das: *Fach* (1) *in einem Schrank* (1): im obersten S.

schrank|fer|tig ⟨Adj.⟩: *(von Wäsche) [in einer Wäscherei] gewaschen, zusammengelegt u. gegebenenfalls gebügelt:* -e Wäsche; Sie können die Hemden morgen s. abholen.

Schrank|kof|fer, der: *Koffer, in dem Kleidung auf Bügeln hängend transportiert werden kann.*

Schrank|tür, die: *Tür eines Schranks* (1).

Schrank|wand, die: *aus Schrankelementen zusammengesetzte Anbauwand.*

Schran|ne, die; -, -n [mhd. schranne, ahd. scranna, H. u.]: **1.** (südd. veraltend) *Stand bes. zum Verkauf von Fleisch- u. Backwaren.* **2.** (südd. veraltend) *Markt[halle] zum Verkauf von Getreide:* ◆ Was sie alle reden! In der Burg, auf der Straße, an der S., im Klosterhof, wo man auch hinkommt (Hebbel, Agnes Bernauer IV, 2). **3.** (bayr., österr. landsch.) *Markt[halle].*

Schranz, der; -es, Schränze [mhd. schranz, auch; = *geschlitztes Kleid*, H. u.] (südd., schweiz. mundartl.): *[dreieckiger] Riss* (1) *[in Stoff].*

Schran|ze, die; -, -n, seltener: der; -n, -n [mhd. schranze, eigtl. = Person, die ein geschlitztes Kleid trägt, zu ↑ Schranz] (abwertend): **a)** *jmd., der zur engeren Umgebung einer höhergestellten Persönlichkeit gehört u. ihr nach dem Mund redet;* **b)** (veraltet) *Hofschranze.*

Schrap|nell, das; -s, -e u. -s: **1.** [engl. shrapnel, nach seinem Erfinder, dem brit. Offizier H. Shrapnel (1761–1842)] (Militär früher) *Kartätsche* (1). **2.** (salopp abwertend) *unattraktive ältere Frau.*

schrap|pen ⟨sw. V.⟩ [aus dem Niederd. < mniederd. schrappen, Intensivbildung zu: schräpen, verw. mit ↑ scharf] (landsch., bes. nordd.): **1.** ⟨hat⟩ *mit schnellen, kurzen, in einer Richtung ausgeführten Bewegungen schaben* (1 a): Möhren s.; Fische s. *(entschuppen).* **2.** ⟨hat⟩ **a)** *durch [kräftiges] Schaben, Kratzen säubern, reinigen:* Töpfe s.; **b)** *durch kräftiges Schaben, Kratzen entfernen:* die alte Farbe von der Wand s. **3. a)** ⟨ist⟩ *scheuernd, kratzend sich über eine raue Fläche hinbewegen:* der Kiel schrappte über den Sand; **b)** ⟨hat⟩ *kratzen* (1 c, d): auf der Geige s. **4.** ⟨hat⟩ (abwertend) *scheffeln.*

Schrat, der; -[e]s, -e, (landsch., bes. südd.:) **Schrätel,** der; -s, - [mhd. schrat(te), ahd. scrato, H. u.]: *(im alten Volksglauben) koboldhaftes Wesen; zottiger Waldgeist.*

Schratt, der; -[e]s, -e: *Schrat.*

Schräub|chen, das; -s, -: Vkl. zu ↑ Schraube (1).

Schraub|de|ckel, der: *mit einem Gewinde versehener Deckel, der auf das dazugehörige Gefäß aufgeschraubt wird:* Honiggläser haben meist S.

Schrau|be, die; -, -n [mhd. schrūbe, H. u.; vgl. afrz. escroue = ²Mutter]: **1.** *mit Gewinde u. Kopf versehener [Metall]bolzen, der in etw. eingedreht wird u. zum Befestigen od. Verbinden von etw. dient:* die S. sitzt fest, hat sich gelockert; eine S. anziehen, lockern, lösen; das Türschild mit -n befestigen; Ü die Regierung zieht im Kampf gegen die Schwarzarbeit die S. fester an *(übt stärkeren Druck aus);* * **eine S. ohne Ende** (1. Technik; *Welle mit Schraubengewinde, die in ein Schraubenrad eingreift u. dieses in stete Umdrehung versetzt.* 2. *auf Wechselwirkung zweier od. mehrerer Faktoren beruhender [fruchtloser] Vorgang, dessen Ende nicht abzusehen ist:* Preissteigerung und Lohnerhöhung sind eine S. ohne Ende); **bei jmdm. ist eine S. locker/los[e]** (salopp abwertend; *jmd. ist nicht recht bei Verstand*); **die S. überdrehen** (ugs.; *mit einer Forderung o. Ä. zu weit gehen*). **2. a)** Kurzf. von ↑ Schiffsschraube; **b)** Kurzf. von ↑ Luftschraube. **3.** (Sport) **a)** (Turnen) *Sprung mit ganzer Drehung um die Längsachse des gestreckten Körpers;* **b)** (Kunstfliegen) *mehrmalige Drehung des Flugzeugs um seine Längsachse.* **4.** (ugs. abwertend) *[etwas absonderliche ältere] Frau.*

schrau|ben ⟨sw. V.; hat/ist⟩ [spätmhd. schrūben]: **1. a)** *anschrauben* (a): ein Schild an die Tür s.; **b)** *abschrauben:* das Nummernschild von der Stoßstange s. **2. a)** *(etw., was mit einem Gewinde versehen ist) durch Drehen in, auf etw. befesti-*

gen: die Muttern auf die Bolzen s.; Haken in die Wand s.; den Deckel fest auf die Flasche s.; **b)** *(etw., was mit einem Gewinde versehen ist) durch Drehen aus, von etw. lösen:* den Deckel vom Marmeladenglas s.; die Birne aus der Fassung s. **3.** *mithilfe einer Schraubenspindel o. Ä. auf eine bestimmte Höhe drehen:* den Klavierschemel höher, niedriger s. **4.** *bewirken, veranlassen, dass etw. in bestimmtem Maße steigt, zunimmt, wächst:* die Preise, Ansprüche, Erwartungen in die Höhe, ständig höher s. **5.** (s. + sich) *sich in schraubenförmigen Windungen irgendwohin bewegen:* das Flugzeug schraubte sich in die Höhe; Ü vorsichtig schraubte er sich aus der Luke. **6.** (Turnen) *eine Schraube* (3 a) *ausführen:* bei einem Unterschwung s.

Schrau|ben|bol|zen, der: *mit einem Gewinde versehener Bolzen.*

Schrau|ben|damp|fer, der: *mit Schiffsschrauben angetriebener Dampfer.*

Schrau|ben|dre|her, der (Fachspr.): *Schraubenzieher.*

schrau|ben|för|mig ⟨Adj.⟩: *in Form einer Schraubenlinie; eine Schraubenlinie aufweisend:* eine -e Bewegung.

Schrau|ben|ge|win|de, das: *Gewinde einer Schraube* (1).

Schrau|ben|kopf, der: *Kopf einer Schraube* (1): ein sechskantiger, geschlitzter S.

Schrau|ben|li|nie, die: *in gleichmäßigen, schräg ansteigenden Windungen verlaufende Linie.*

Schrau|ben|mut|ter, die ⟨Pl. -n⟩: *mit einer zylindrischen Bohrung u. einem darin befindlichen Gewinde versehenes Teil, das sich auf eine Schraube* (1) *mit einem entsprechenden Gewinde drehen lässt;* ²Mutter.

Schrau|ben|rad, das (Technik): *Zahnrad mit schraubenförmig gewundenen Zähnen.*

Schrau|ben|sal|to, der (Turnen): *Salto mit Schraube* (3a).

Schrau|ben|schlüs|sel, der: *(in vielerlei Ausführungen hergestelltes) Werkzeug, mit dem Schrauben* (1) *u. Muttern gefasst u. gedreht werden können, um sie zu lockern od. fest anzuziehen.*

Schrau|ben|spin|del, die (Maschinenbau): *Spindel mit Schraubengewinde.*

Schrau|ben|zie|her, der; -s, -: *Werkzeug, das aus einem vorne spatelförmig abgeflachten stählernen Stift mit Handgriff besteht u. zum Anziehen u. Lockern von Schrauben* (1) *mit geschlitztem Kopf dient; Schraubendreher.*

Schraub|stock, der ⟨Pl. ...stöcke⟩: *zangenartige Vorrichtung, zwischen deren verstellbare Backen ein zu bearbeitender Gegenstand eingespannt wird:* ein Werkstück in den S. [ein]spannen.

Schraub|stol|len, der: *ein-, aufschraubbarer Stollen* (3b).

Schraub|ver|schluss, der: *mit einem Gewinde versehener Verschluss in Form eines Bolzens, Deckels o. Ä.:* eine Wärmflasche mit S.

Schraub|zwin|ge, die (Technik): *Zwinge, deren Backen von einer Schraubenspindel auf das Werkstück gedrückt werden.*

Schre|ber|gar|ten, der [nach dem dt. Arzt u. Pädagogen D. G. M. Schreber (1808–1861)]: *Kleingarten innerhalb einer Gartenkolonie am Stadtrand.*

Schreck, der; -[e]s, -e [frühnhd. schreck(en), mhd. schrecke, zu ↑ ¹schrecken]: *heftige Gemütserschütterung, die meist durch das plötzliche Erkennen einer [vermeintlichen] Gefahr, Bedrohung ausgelöst wird:* ein großer, freudiger, jäher, tödlicher S.; der S. fuhr ihm in die Knochen; der S. saß ihr noch in den Gliedern; ein heftiger S. ergreift, lähmt jmdn.; krieg [bloß] keinen S. (ugs.; als Ausdruck der Vorwarnung, der Entschuldigung; *ich hoffe, es stört dich nicht*), bei mir siehts ganz wüst aus; jmdm. einen S. einjagen; auf den S. [hin] (ugs.; *um uns von dem Schreck zu erholen*) sollten wir erst mal einen Kognak trinken; nachdem sie sich von ihrem [ersten] S. erholt hatte; vor S. zittern, wie gelähmt sein; Ein freudiger S. durchfuhr Stanislaus (Strittmatter, Wundertäter 81); R [das war] ein S. in der Morgenstunde *(ein wegen der frühen Stunde bes. unangenehmer Schreck);* S., lass nach! (ugs. scherzh.; *auch das noch!);* * **ach du [lieber] S.!, [ach] du mein S.!, [ach du] heiliger S.!** (ugs.; Ausrufe unangenehmen Überraschtseins: ach du lieber S., das habe ich ganz vergessen!)

-schreck, der; -[e]s, -e (ugs.): **1.** kennzeichnet in Bildungen mit Substantiven (meist Personenbezeichnungen) eine Person, die jmdn. in Schrecken versetzt, verstört, erschreckt, die einen Schreck für jmdn., etw. darstellt: Beamten-, Rekrutenschreck. **2.** kennzeichnet in Bildungen mit Substantiven eine Sache, die eine Gefahr, Bedrohung für etw. darstellt: Panzer-, Porscheschreck.

Schreck|apha|sie, die (Med.): *Aphasie infolge heftigen Erschreckens.*

◆ **schreck|bar** ⟨Adj.⟩: *schrecklich* (1): In der Tat besaß er eine -e Nase, welche wie ein großes Winkelmaß aus dem dürren schwarzen Gesicht ragte (Keller, Romeo 41); ... um mich war ein heller Tag und eine fremde Welt ... fremde Welt (Rosegger, Waldbauernbub 160).

Schreck|bild, das: *schreckliches, abschreckendes Bild* (3).

Schre|cke, die; -, -n: *Heuschrecke.*

¹**schre|cken** ⟨sw. V.; hat⟩ [mhd. (er)schrecken, ahd. screcken = aufspringen, eigtl. = springen machen]: **1. a)** *in Schrecken versetzen, ängstigen:* die Träume, Geräusche schreckten sie; jmdn. mit Drohungen, durch Strafen s. [wollen]; das kann mich nicht s.; ihn schreckten *(schreckten ab, entmutigten)* die hohen Nebenkosten; **b)** *aufschrecken:* das Telefon schreckte ihn aus dem Schlaf; **c)** (dichter.) *vor Schreck, Angst, Ekel o. Ä. zurückfahren; zurückschrecken.* **2.** *abschrecken* (2 b): Eier s. **3.** (Jägerspr.) *(von Hirschen, Rehen) einen Schrecklaut, Schrecklaute ausstoßen.* **4.** (Jägerspr.) *(flüchtiges Haarwild) durch einen plötzlichen Ruf, Pfiff zum Stehen bringen, um es leichter treffen zu können:* er versuchte den Bock zu s.

²**schre|cken** ⟨st. u. sw. V.; schreckt/(veraltet:) schrickt, schreckte/ (veraltet:) schrak, ist geschreckt⟩ [mhd. (er)schrecken = ²aufschrecken, ahd. screckan = springen]: ²*aufschrecken:* aus dem Schlaf s.

Schre|cken, der; -s, -: **1. a)** ⟨o. Pl.⟩ *von Entsetzen u. Angst bestimmtes, sehr belastendes, quälendes u. oft lähmendes Gefühl:* sie verbreiteten überall [Angst und] S.; die Nachricht rief S. hervor, erregte S.; S. erregende Zustände, Ereignisse; jmdn. in [Angst und] S. versetzen; etw. mit S. feststellen; etw. erfüllt jmdn. mit S. (geh.: *ängstigt jmdn.*); R lieber ein Ende mit S. als ein S. ohne Ende *(es ist besser, wenn ein unbefriedigender Zustand unter schmerzhaften Opfern beendet wird, als wenn er auf Dauer bestehen bleibt);* Ausruf des preußischen Majors Ferdinand v. Schill, der 1809 eine allgemeine Erhebung gegen Napoleon I. auszulösen versuchte); **b)** (bes. landsch.) *Schreck:* einen S. kriegen; jmdm. einen S. einjagen; bei einem Unfall mit dem S. davonkommen *(zwar einen Schreck bekommen, aber sonst keinen Schaden erleiden);* ... der S. lag ihr noch in den Gliedern, es wurde ihr übel, und sie sank erschöpft ins Blaubeerenkraut (Hesse, Narziß 284). **2.** (geh.) *etw., was Schrecken, Angst hervorruft:* die S. des Krieges; die Antibiotika haben vielen schlimmen Krankheiten ihre[n] S. genommen. **3.** ⟨meist mit best. Art.⟩ (emotional) *jmd., der Schrecken auslöst, als schrecklich* (2) *empfunden wird:* sie ist der S. der ganzen Lindenstraße; der Feldwebel war der S. der Rekruten; So legten sie in ganz Nordafrika blühende Dörfer in Asche, rissen die Bischöfe von den Kanzeln und zogen, Hymnen grölend, als ein S. des Landes durch die Provinzen (Thieß, Reich 331).

Schre|cken|er|re|gend, Schre|cken er|re|gend ⟨Adj.⟩: *von einer Art, die Schrecken* (1) *erregt:* sein Anblick war [äußerst] s.; sehr s. aussehen, brüllen.

Schre|ckens|bild, das: *Bild* (2) *des Schreckens.*

schre|ckens|bleich ⟨Adj.⟩: *sehr bleich [vor Schreck].*

Schre|ckens|bot|schaft, die: *schreckenerregende Botschaft.*

Schre|ckens|herr|schaft, die: *Schrecken verbreitende Herrschaft* (1).

Schre|ckens|laut, der: *als Schreckreaktion ausgestoßener Laut.*

Schre|ckens|mel|dung, die: vgl. Schreckensbotschaft.

Schre|ckens|nach|richt, die: vgl. Schreckensbotschaft.

Schre|ckens|nacht, die: *Nacht, in der etw. Schreckliches* (1) *geschehen ist:* die Erlebnisse jener S. verfolgen sie bis heute.

◆ **Schre|ckens|post,** die: Schreckensbotschaft: ... ein Menschenherz kann wohl empfinden, wie es nun den armen Leuten ... zumute war, als sie die S. vernahmen (Hebel, Schatzkästlein 11).

Schre|ckens|re|gime, das: vgl. Schreckensherrschaft.

Schre|ckens|ruf, der: vgl. Schreckenslaut: in laute -e ausbrechen.

schre|ckens|starr ⟨Adj.⟩: *starr vor Schreck[en].*

Schre|ckens|tat, die: *großen Schrecken erregende Tat.*

Schre|ckens|vi|si|on, die: *schreckenerregende Vision:* orwellsche -en.

schre|ckens|voll ⟨Adj.⟩ (geh.) **1.** *voll des Schrecklichen* (1): es war eine -e Zeit. **2.** *schreckerfüllt:* ein -er Blick, Schrei; jmdn. -s ansehen.

Schre|ckens|wort, das ⟨Pl. -e⟩: *Schrecken ausdrückendes Wort* (2).

Schre|ckens|zeit, die: *Zeit, in der Gewalt u. Terror herrschen.*

schreck|er|füllt ⟨Adj.⟩: *von Schreck erfüllt; heftig erschrocken.*

schreck|er|starrt ⟨Adj.⟩: *starr vor Schreck.*

Schreck|ge|spenst, das: **a)** *jmd., der Angst u. Schrecken hervorruft, der als schrecklich* (2) *empfunden wird:* der Hausmeister war das S. für die jüngeren Schüler; **b)** (emotional verstärkend) *etw., was als Bedrohung empfunden wird, woran mit Schrecken gedacht wird:* das S. eines Atomkrieges.

Schreck|ge|stalt, die: *Gestalt, die Angst u. Schrecken hervorruft, die als schrecklich* (2) *empfunden wird.*

schreck|ge|wei|tet ⟨Adj.⟩: *infolge eines Schrecks geweitet:* sie starrte mich mit -en Augen an.

schreck|haft ⟨Adj.⟩: **1.** *leicht erschreckend, leicht zu erschrecken:* ein -es Kind; sie hat ein -es Wesen; nicht s. reagieren. **2.** (dichter. veraltend) *(in Bezug auf die Heftigkeit eines plötzlichen Gefühls) einem Schrecken* (1) *ähnlich:* ... die Genugtuung, die dieser Erfolg mir gewährte, war fast -er Art (Th. Mann, Krull 19). **3.** (veraltet) *schreckenerregend, schrecklich* (1): -e Visionen; ◆ ... das Venusbild ... sah ihn fast s. mit den steinernen Augenhöhlen aus der grenzenlosen Stille an (Eichendorff, Marmorbild 17).

Schreck|haf|tig|keit, die; -: *das Schreckhaftsein.*

Schreck|laut, der: **a)** (selten) *Schreckenslaut;* **b)** (Jägerspr.) *(bes. von Hirschen, Rehen) bei Witterung einer Gefahr [zur Warnung] ausgestoßener spezifischer Laut.*

schreck|lich ⟨Adj.⟩ [spätmhd. schriclich]: **1.** *durch seine Art, sein Ausmaß Schrecken, Entsetzen auslösend:* eine -e Nachricht, Geschichte; die Unfallstelle bot einen -en Anblick; sie ist auf ganz -e Weise ums Leben gekommen; es war eine -e Zeit; er war s. (geh.; *löste Angst u. Schrecken aus*) in seinem Zorn; das ist ja s.!; oh, wie s.!; ⟨subst.:⟩ sie haben Schreckliches durchgemacht. **2.** (ugs. abwertend) *in seiner Art, seinem Verhalten o. Ä. so unangenehm, dass es Abneigung od. Entrüstung hervorruft, als unleidlich, unerträglich empfunden wird:* er ist ein -er Mensch, Kerl!; [es ist] wirklich s. [mit ihr], alles macht sie falsch; es ist mir s. *(es widerstrebt mir sehr),* ihr das sagen zu müssen; er hat sich s. aufgeführt. **3.** (ugs.) **a)** *furchtbar* (2 a): eine -e Hitze; -en Hunger haben; **b)** ⟨verstärkend bei Adjektiven und Verben⟩ *furchtbar* (2 b): jmdn. s. nett, dumm, eingebildet finden; ich bin s. müde; es ist s. warm hier; etw. s. gern tun.

Schreck|lich|keit, die; -, -en: *das Schrecklichsein.*

Schreck|mit|tel, das: *Mittel zur Abschreckung.*

Schreck|nis, das; -ses, -se (geh.): *etw., was Schrecken* (1) *erregt:* das S. des Todes; die -se des Krieges.

Schreck|re|ak|ti|on, die: *auf einen Schreck hin erfolgende unwillkürliche Reaktion:* dass der Hund gebissen hat, war eine S.

Schreck|schrau|be, die (salopp abwertend): *weibliche Person, die aufgrund ihres Äußeren, Verhaltens, Wesens als schrecklich* (2) *empfunden wird:* was will die [alte] S. denn jetzt schon wieder?

Schreck|schuss, der: *Schuss in die Luft, durch den jmd. erschreckt werden soll:* die Polizei feuerte einige Schreckschüsse ab; Ü Die Nachricht war ein S. für sie.

Schreck|schuss|pis|to|le, die: *Pistole zum Abfeuern von Schreckschüssen, die mit Gas- od. Platzpatronen geladen wird.*

Schreck|schuss|waf|fe, die: vgl. Schreckschusspistole.

Schreck|se|kun|de, die: *(die normale Reaktionszeit verlängernde) Zeitspanne, während deren eine Person infolge eines Schrecks reaktionsunfähig ist.*

Shred|der, der; -s, - [engl. shredder, zu: to shred = zerfetzen]: **1.** *Anlage, mit der Autowracks u. andere sperrige Blech- bzw. Metallgegenstände zerkleinert werden.* **2.** *Zerkleinerungsmaschine (z. B. für Holz):* Gartenabfälle im S. zerkleinern.

shred|dern ⟨sw. V.; hat⟩: *mit einem Schredder zerkleinern.*

Schrei, der; -[e]s, -e [mhd. schrī, schrei, ahd. screi, zu ↑ schreien]: *unartikuliert ausgestoßener, oft schriller Laut eines Lebewesens; (beim Menschen) oft durch eine Emotion ausgelöster, meist sehr lauter Ausruf:* ein lauter, gellender, wütender, lang gezogener, klagender, ersticker S.; ein S. des Entsetzens, der Freude; ein S. entrang sich seiner Kehle, war zu hören, durchbrach die Stille, verhallte; einen S. ausstoßen, von sich geben, unterdrücken; * **der letzte S.** (ugs.: *die neueste, die ganz aktuelle Mode;* LÜ von frz. le dernier cri, ↑ Dernier Cri: sie ist stets nach dem letzten S. gekleidet).

Schrei|ba|by, das (ugs.): *Säugling, der erheblich häufiger u. länger schreit, als es für einen Säugling normal ist.*

Schreib|ar|beit, die ⟨meist Pl.⟩: *durch Schreiben* (1 a) *zu erledigende Arbeit:* [für jmdn.] -en ausführen.

Schreib|be|darf, der: *beim Schreiben benötigtes Arbeitsmaterial.*

Schreib|block, der ⟨Pl. ...blöcke u. -s⟩: *Block* (5), *dessen Blätter zum Beschreiben dienen.*

Schrei|be, die; -, -n: **1.** ⟨o. Pl.⟩ (ugs.) **a)** *Art u. Weise, sich schriftlich auszudrücken:* sie hat eine gute, flotte, flüssige S.; **b)** *geschriebene Sprache, schriftliche Form:* eine S. ist keine Rede *(schriftlich drückt man sich anders aus als mündlich).* **2.** (Schülerspr. veraltend) *Schreibgerät.*

schrei|ben ⟨st. V.; hat⟩ [mhd. schrīben, ahd. scrīban < lat. scribere = schreiben, eigtl. = mit dem Griffel einritzen]: **1. a)** *Schriftzeichen, Buchstaben, Ziffern, Noten o. Ä. in einer bestimmten lesbaren Folge mit einem Schreibgerät auf einer Unterlage, meist Papier, aufzeichnen od. in einen Computer eingeben:* schön, deutlich, wie gestochen, unleserlich, schnell, langsam s.; mit der Hand, mit der Maschine, mit dem Bleistift, mit Tinte s.; auf/ mit der Maschine, dem Computer s.; sie schreibt auf blauem/blaues Papier; das Kind lernt s.; ⟨subst.:⟩ jmdm. das Schreiben beibringen. **b)** *(von Schreibgeräten) beim Schreiben* (1 a) *bestimmte Eigenschaften aufweisen:* der Bleistift schreibt gut, weich, hart; die Feder schreibt zu breit; **c)** ⟨s. + sich; unpers.⟩ *sich mit den gegebenen Mitteln in bestimmter Weise schreiben* (1 a) *lassen:* auf diesem Papier, mit der neuen Feder, mit der ergonomischen Tastatur schreibt es sich viel besser, flüssiger. **2. a)** *aus Schriftzeichen, Buchstaben, Ziffern o. Ä. in einer bestimmten lesbaren Folge bilden, zusammensetzen:* ein Wort, eine Zahl s.; kannst du Noten s.?; die Adresse auf den Umschlag s.; sie schreibt [auf der Maschine/auf dem Computer] 250 Anschläge in der Minute; etw. mit Bindestrich, in zwei Wörtern s.; Ü Schmerz war in seinen Zügen geschrieben (*drückte sich darin aus);* Jetzt blieb Pythagoras stehen und schrieb mit dem Windlicht einen langsamen Bogen in die Dämmerung (Ransmayr, Welt 47); **b)** *schreibend* (1 a), *schriftlich formulieren, gestalten, verfassen:* einen Brief, ein[e] E-Mail, eine Beschwerde, ein Protokoll, eine Rechnung, einen Wunschzettel s.; jmdm., an jmdn. eine Karte s.; sie schreibt Romane, Drehbücher; sie hat in Biologie eine Eins geschrieben *(in der Klassenarbeit die Note »Eins« erreicht);* sie schreibt in ihrem Gutachten *(äußert sich darin dahin gehend),* dass der Abstand ausreichend gewesen sei; was schreiben denn die Zeitungen über den Vorfall? *(was wird in den Zeitungen darüber berichtet?);* es gilt das geschriebene Wort *(der schriftlich niedergelegte Text);* das geschriebene *(kodifizierte) Recht;* Ü die Geschichte muss möglicherweise neu geschrieben werden; **c)** *komponieren u. niederschreiben:* eine Sinfonie, einen Walzer, die Musik zu einem Film s. **3. a)** *als Autor[in] künstlerisch, schriftstellerisch, journalistisch o. ä. tätig sein:* er schreibt für die Zeitung, für den Rundfunk, in einem Magazin; sie schrieb gegen die fortschreitende Umweltzerstörung *(ging in ihren Veröffentlichungen schon immer dagegen an);* ⟨subst.:⟩ er hat großes, kein Talent zum Schreiben; **b)** *in bestimmter Weise sich schriftlich äußern, etw. sprachlich gestalten; einen bestimmten Schreibstil haben:* gut, schlecht, lebendig, spannend s.; sie schreibt englisch und deutsch; er schreibt immer in gutem Deutsch; **c)** *mit der schriftlichen Formulierung, sprachlichen Gestaltung, Abfassung, Niederschrift von etw. beschäftigt sein:* sie schreibt immer noch an ihrer Dissertation. **4. a)** *eine schriftliche Nachricht senden; schriftlich an jmdn. wenden:* du hast deinen Eltern, an deine Eltern lange nicht geschrieben; davon/darüber hat er nichts geschrieben *(schriftlich mitgeteilt, berichtet);* ich werde meinen Eltern mal wieder um Geld s. müssen *(sie brieflich um Geld bitten müssen);* **b)** ⟨s. + sich⟩ *mit jmdm. brieflich in Verbindung stehen, korrespondieren:* die beiden schreiben sich/(geh.:) einander schon lange; (ugs.:) ich schreibe mich seit Jahren mit ihr. **5.** ⟨s. + sich⟩ (ugs.) *den Regeln entsprechend eine bestimmte Schreibweise* (1) *haben:* sein Name schreibt sich mit »k« am Ende; sie schreibt sich ohne Bindestrich *(ihr Name wird ohne Bindestrich geschrieben).* **6.** ⟨s. + sich⟩ (veraltend, noch landsch.) ¹*heißen* (1 b): wie schreibt er sich noch? **7.** (veraltend) *als Datum, Jahreszahl, Jahreszeit o. Ä. haben:* wir schreiben heute den 1. Juni, den elften Vierten, den Dritten; den Wievielten schreiben wir [heute]?; ... dass damals mein Aufenthalt in Lissabon sich allgemach seinem Ende näherte; bereits schrieb man späte Tage des September (Th. Mann, Krull 425). **8.** *(von Geldbeträgen o. Ä.) irgendwo schriftlich festhalten, eintragen, verbuchen:* schreiben Sie [mir] den Betrag auf die Rechnung, mein Konto. **9.** *jmdm. schriftlich einen bestimmten Gesundheitszustand bescheinigen:* die Ärztin hat ihn arbeitsunfähig, untauglich geschrieben.

Schrei|ben, das; -s, -: *schriftliche Mitteilung meist sachlichen Inhalts, offiziellen Charakters:* ein vertrauliches, geheimes S.; ein förmliches, freundliches S.; ein S. abfassen, aufsetzen.

Schrei|ber, der; -s, - [mhd. schrībære, ahd. scrībāri]: **1.** *jmd., der etw. schreibt, schriftlich formuliert, etw. geschrieben, schriftlich formuliert, abgefasst hat:* der S. eines Briefes, dieser Zeilen. **2.** (veraltend) *jmd., der [berufsmäßig] Schreibarbeiten ausführt; Sekretär, Schriftführer.* **3.** (oft abwertend) *Verfasser, Autor eines literarischen, journalistischen o. ä. Werks:* ein ordentlicher, solider S. schreibt S. hat denn dieses Stück verbrochen? **4.** (ugs.) *Schreibgerät, Stift:* hast du mal 'n S. für mich?

Schrei|be|rei, die; -, -en (abwertend): *[dauerndes] Schreiben:* ich hatte wegen dieses Vorfalls viele unangenehme, unnötige -en.

Schrei|be|rin, die; -, -nen [mhd. schrībærinne]: w. Form zu ↑ Schreiber (1-3).

Schrei|ber|ling, der; -s, -e (abwertend): *Autor[in], der bzw. die schlecht [u. viel] schreibt.*

Schrei|ber|see|le, die [wohl eigtl. = von der pedantischen Art eines Schreibers (2) bei Behörden] (abwertend): *bürokratischer, kleinlicher Mensch.*

schreib|faul ⟨Adj.⟩: *zu faul, zu bequem zum Schreiben; ungern Briefe schreibend:* ⟨subst.:⟩ E-Mail ist das passende Medium für Schreibfaule.

Schreib|fe|der, die: *Feder* (2 a) *zum Schreiben.*

Schreib|feh|ler, der: *beim Schreiben entstehender, unterlaufender Fehler.*

Schreib|ge|rät, das: *Gerät, das zum Schreiben benötigt wird:* -e wie Bleistifte und Kugelschreiber.

schreib|ge|wandt ⟨Adj.⟩: **a)** *fähig (bes. auf dem Computer od. in Stenografie), gewandt, zügig zu schreiben;* **b)** *fähig, sich schriftlich gewandt, in gutem Stil auszudrücken.*

Schreib|heft, das: *zum Schreiben dienendes* ²*Heft* (a) *mit liniertem Papier.*

Schreib|kraft, die: *Person, die berufsmäßig Schreibarbeiten ausführt.*

Schreib-le|se-Spei|cher, der (EDV): *RAM.*

Schreib|map|pe, die: *Mappe für Schreib-, Briefpapier.*

Schreib|ma|schi|ne, die: *Gerät, mit dessen Hilfe durch Niederdrücken von Tasten Schriftzeichen über ein Farbband auf ein in das Gerät einge-*

spanntes Papier übertragen werden, sodass eine dem Druck ähnliche Schrift entsteht: sie kann gut S. schreiben; etw. auf die S. schreiben.

Schreib|ma|schi|nen|pa|pier, das: *für die Schreibmaschine geeignetes Schreibpapier.*

Schreib|pa|pier, das: *zum Beschreiben geeignetes, meist weißes Papier.*

Schreib|plat|te, die: *größere Platte* (1), *meist als Teil eines Möbels, die als Unterlage zum Schreiben dient:* der Schrank hat eine herausklappbare S.

Schreib|pro|gramm, das (EDV): *Programm* (4) *zur Textverarbeitung.*

Schreib|pult, das: *Pult* (a) *zum Schreiben.*

Schreib|scha|le, die: *Schale, in der auf einem Schreibtisch die Schreibgeräte, Radiergummis, Büroklammern o. Ä. aufbewahrt werden.*

Schreib|schrift, die: **1.** *(mit der Hand geschriebene) Schrift, bei der die einzelnen Buchstaben der Wörter unmittelbar aneinanderhängen.* **2.** (Druckw.) *einer mit der Hand geschriebenen Schrift nachgebildete, ähnliche Druckschrift* (1).

Schreib|schutz, der ⟨o. Pl.⟩ (EDV): *Vorrichtung bei Disketten u. Magnetbändern, die ein Löschen u. Überschreiben gespeicherter Daten verhindert.*

Schreib|stift, der: *dünner, länglicher, eine* ¹*Mine* (3) *enthaltender Gegenstand als Schreibgerät.*

Schreib|stil, der: *Stil, in dem jmd. schreibt, sich schriftlich ausdrückt.*

Schreib|stu|be, die: **a)** (früher) *Raum, in dem schriftliche Arbeiten erledigt, [Hand]schriften angefertigt werden;* **b)** (Militär) *Büro im militärischen Bereich, bes. in einer Kaserne:* in der S. Dienst tun.

Schreib|ta|fel, die: *Tafel* (1 a) *zum Schreiben:* eine S. aus Schiefer.

Schreib|te|le|fon, das: *telefonähnliches Gerät für Gehörlose u. Hörbehinderte zur Übermittlung von Nachrichten o. Ä.*

Schreib|tisch, der: *einem Tisch ähnliches Möbelstück zum Schreiben, das meist an einer od. an beiden Seiten Schubfächer zum Aufbewahren von Schriftstücken, Akten o. Ä. besitzt.*

Schreib|tisch|gar|ni|tur, die: *aus Schreibschale, Briefbeschwerer, Brieföffner, Schreibunterlage o. Ä. bestehende Garnitur* (1 a) *für den Schreibtisch.*

Schreib|tisch|lam|pe, die: vgl. Schreibtischstuhl.

Schreib|tisch|stuhl, der: *für das Arbeiten an einem Schreibtisch geeigneter, zu einem Schreibtisch gehörender Stuhl.*

Schreib|tisch|tä|ter, der: *jmd., der von verantwortlicher Position aus ein Verbrechen o. Ä. vorbereitet od. veranlasst u. von anderen ausführen lässt.*

Schreib|tisch|tä|te|rin, die: w. Form zu ↑ Schreibtischtäter.

Schreib|ung, die; -, -en: *Schreibweise* (1).

schreib|un|kun|dig ⟨Adj.⟩: *des Schreibens nicht kundig, das Schreiben nicht gelernt habend:* -e Menschen in der Dritten Welt; ⟨subst.:⟩ ich ahnte ja nicht, dass ich es mit einem Schreibunkundigen zu tun hatte.

Schreib|un|ter|la|ge, die: *eine glatte Fläche bietende, elastische Unterlage aus Leder, Kunststoff o. Ä. zum Schreiben.*

Schreib|un|ter|richt, der: *(im ersten Jahr der Grundschule einsetzende) Unterweisung im Schreiben.*

Schreib|uten|si|li|en ⟨Pl.⟩: *für [handschriftliche] Schreibarbeiten benötigte Utensilien:* Bleistifte, Notizblöcke, Radiergummis und sonstige S.

Schreib|ver|bot, das: *Verbot, sich als Journalist[in], Schriftsteller[in] o. Ä. zu betätigen, zu publizieren:* sie hatte im Dritten Reich S.

Schreib|wa|ren ⟨Pl.⟩: *zum Schreiben benötigte Gegenstände (als Handelsware).*

Schreib|wa|ren|ge|schäft, das: *Geschäft, Laden, in dem Schreibwaren u. ähnliche Artikel verkauft werden.*

Schreib|wei|se, die: **1.** *Art, in der ein Wort geschrieben wird:* die S. verschiedener Fachwörter, eines Namens. **2.** vgl. Schreibstil.

Schreib|wü|tig ⟨Adj.⟩ (ugs. scherzh.): *gern u. häufig u. fast mit einer Art Versessenheit schreibend:* eine -e Autorin.

Schreib|zeug, das ⟨o. Pl.⟩: vgl. Schreibgerät.

Schreib|zu|griff, der (EDV): *Möglichkeit, etw. in vorhandene Daten hineinzuschreiben.*

schrei|en ⟨st. V.; hat⟩ [mhd. schrīen, ahd. scrīan, lautm.]: **1. a)** *einen Schrei, Schreie ausstoßen; sehr laut, oft unartikuliert rufen; laut, gellend, anhaltend, aus Leibeskräften s.;* das Baby hat die ganze Nacht geschrien *(laut geweint);* vor Angst, Schmerz, Freude, Begeisterung s.; die Zuhörer schrien vor Lachen (ugs.: *lachten sehr laut, unbändig);* die Kinder liefen laut schreiend davon; ⟨subst.:⟩ man hörte das Schreien der Möwen; * **zum Schreien sein** (ugs.; *sehr komisch, ungeheuer lustig sein, sehr zum Lachen reizen);* **b)** ⟨s. + sich⟩ *sich durch Schreien* (1 a) *in einen bestimmten Zustand bringen:* wir haben uns auf dem Fußballplatz heiser geschrien. **2. a)** *mit sehr lauter Stimme, übermäßig laut sprechen, sich äußern:* sie hörte den Besucher nebenan wütend, laut, mit erregter Stimme s.; schrei mir doch nicht so ins Ohr!; er ist derjenige, der am lautesten schreit *(sich am heftigsten beklagt);* (ugs.:) Sie musste viel arbeiten, der Bauer schrie mit ihr *(schimpfte sie mit lauter Stimme aus)* und hatte sie auch einmal geschlagen (Johnson, Achim 176); **b)** *mit sehr lauter Stimme, übermäßig laut sagen, ausrufen:* Hurra, Hilfe s.; er schrie feindlich seinen Namen; **c)** *laut schreien* (2 a) *nach jmdm., etw. verlangen:* die Kinder schrien nach ihrer Mutter; die Flüchtlinge schrien nach/um Hilfe; Ü das Volk schrie nach (geh.: *forderte heftig)* Rache, Vergeltung.

schrei|end ⟨Adj.⟩: **1.** *sehr grell, auffällig, ins Auge fallend:* -e Farben; s. bunte Teppiche. **2.** *große Empörung hervorrufend, unerhört, skandalös:* eine -e Ungerechtigkeit.

Schrei|er, der; -s, -: **1.** *jmd., der sehr laut spricht, schimpft, herumschreit, ruft.* **2.** *jmd., der sich in aufsässiger, rechthaberischer, lästernder o. ä. Weise lautstark äußert u. Unruhe stiftet.*

Schrei|e|rei, die; -, -en ⟨Pl. selten⟩ (abwertend): *[dauerndes] Schreien:* mit deiner S. weckst du noch das Kind auf.

Schrei|e|rin, die; -, -nen: w. Form zu ↑ Schreier.

Schrei|hals, der (ugs.): *jmd., der viel Geschrei macht, laut schreit; Schreier[in]:* jetzt seid doch mal ruhig, ihr Schreihälse!; das Baby ist ein kleiner S. (fam.; *es weint häufig u. laut).*

Schrei|krampf, der: *meist als hysterische Reaktion auf etw. auftretendes, unkontrolliertes, lautes Schreien.*

Schrein, der; -[e]s, -e [mhd. schrīn, ahd. scrīni > Behälter < lat. scrinium = zylinderförmiger Behälter für Buchrollen, Salben u. a.] (geh., fachspr.): *einer Truhe od. einem Schrank ähnlicher Behälter aus Holz meist zum Aufbewahren von kostbareren Dingen, Reliquien o. Ä.*

Schrei|ner, der; -s, - [mhd. schrīnære] (bes. westmd., südd., schweiz.): Tischler.

Schrei|ne|rei, die; -, -en (bes. südd., westmd.): *Tischlerei.*

Schrei|ne|rin, die; -, -nen: w. Form zu ↑ Schreiner.

schrei|nern ⟨sw. V.; hat⟩ (bes. südd., westmd.): *tischlern.*

◆ **Schrein|werk**, das (südd.): *Tischlerarbeit, -erzeugnis:* ... holte er ... ein gutes Bäuerlein ... auf einem Wagen mit etwas S. ein, das hieß ihn ungebeten bei ihm aufzusitzen (Mörike, Hutzelmännlein 121).

◆ **schrei|ßen** ⟨sw. V.; hat⟩ [eigtl. = reißen, zerren; vgl. got (dis)skreitan = zerreißen] (schweiz.): *(eine junge Frau) ins Wirtshaus, zum Wein, zum Tanz führen (wobei die sich [zum Schein] Sträubende am Arm gezogen wird):* ... denn nie ging sie in ein Wirtshaus ... anfangs meinte man, ihr Weigern sei nichts als die übliche Ziererei, und fing an nach Landessitte zu s. und zu zerren, aber es half nichts (Gotthelf, Elsi 124).

schrei|ten ⟨st. V.; ist⟩ [mhd. schrīten, ahd. scrītan, H. u., viell. urspr. eine bogenförmige Bewegung machen, verw. mit ↑ schräg] (geh.): **1.** *in gemessenen Schritten, ruhig gehen:* würdevoll, feierlich, aufrecht, langsam, gemächlich s.; sie schritt durch die Halle; Ü er schreitet von Entdeckung zu Entdeckung (macht eine Entdeckung nach der andern). **2.** *etw. beginnen, zu etw. übergehen, etw. in Angriff nehmen:* zur Wahl, zum Angriff s.; jetzt müssen wir zur Tat, zu anderen Maßnahmen s. *(etw. tun, unternehmen, andere Maßnahmen ergreifen).*

Schreit|tanz, der: *alter, in meist langsamen, oft gravitätischen Schritten getanzter Tanz.*

Schreit|vo|gel, der: *Stelzvogel.*

schrickst, schrickt: ↑ ²schrecken.

schrie: ↑ schreien.

schrieb: ↑ schreiben.

Schrieb, der; -[e]s, -e (ugs., oft abwertend): *Schreiben, Brief:* ein kurzer, taktloser, unverschämter S.

Schrift, die; -, -en [mhd. schrift, ahd. scrift, unter dem Einfluss von lat. scriptum zu ↑ schreiben]: **1. a)** *Gesamtheit der in einem System zusammengefassten grafischen Zeichen, bes. Buchstaben, mit denen Laute, Wörter, Sätze einer Sprache sichtbar festgehalten werden u. so die lesbare Wiedergabe einer Sprache ermöglichen:* die lateinische, kyrillische S.; die S. der Japaner, Chinesen; **b)** *Folge von Buchstaben, Wörtern, Sätzen, wie sie sich in einer bestimmten materiellen Ausprägung dem Auge darbietet:* die verblasste, kaum noch lesbare S. auf dem Schild; **c)** *Druckschrift* (1): die S. ist leider sehr klein; für einen Druck verschiedene -en verwenden; **d)** *Handschrift* (1): eine regelmäßige, krakelige, gut lesbare, lesbare S.; seine S. verstellen; Ihre S. war groß und aufgerichtet, die Feder machte viel Geräusch, wenn sie über das lila Briefpapier fuhr (Doderer, Wasserfälle 15). **2.** *geschriebener, meist im Druck erschienener längerer Text bes. wissenschaftlichen, literarischen, religiösen o. ä. Inhalts; schriftliche Darstellung, Abhandlung:* eine philosophische, naturwissenschaftliche S.; sie hat verschiedene -en religiösen Inhalts verfasst, veröffentlicht; die gesammelten -en (*Werke*) eines Dichters; er hat eine fünfseitige S. (Denkschrift o. Ä.) ans Landratsamt aufgesetzt, gerichtet; * **die [Heilige] S.** (*die Bibel:* die [Heilige] S. auslegen, zitieren). **3.** ⟨Pl.⟩ (schweiz.) *Ausweispapiere, Personaldokumente:* seine -en vorzeigen; das Gericht ordnete den Einzug der -en an.

Schrift|art, die (Druckw.): *durch bestimmte Typen u. Schriftgrade festgelegte Art, in der ein Druck erscheint.*

Schrift|bild, das: **1.** (Druckw.) **a)** *erhabenes spiegelverkehrtes Bild eines Schriftzeichens am Kopf einer Drucktype;* **b)** *Abdruck eines Schriftbildes* (1 a). **2.** *äußere Form, Gestalt, Ausprägung einer Schrift* (1 c, d): ein ausgewogenes, unruhiges, flatteriges S.

Schrift|blind|heit, die (Med.): *Alexie.*

schrift|deutsch ⟨Adj.⟩: **a)** *hochdeutsch* (a) *in der (bestimmten sprachlichen Gesetzmäßigkeiten folgenden) schriftlichen Form;* **b)** (schweiz.) *hochdeutsch* (a): ein Wort s. aussprechen.

Schriftdeutsch – Schritt

Schrift|deutsch, (nur mit best. Art.:) **Schriftdeut|sche,** das: **a)** das Hochdeutsche in der (bestimmten sprachlichen Gesetzmäßigkeiten folgenden) schriftlichen Form; **b)** (schweiz.) Hochdeutsch: Schriftdeutsch sprechen.

Schrif|ten|rei|he, die: Reihe von Schriften (2), die ein Verlag veröffentlicht: eine naturwissenschaftliche, philosophische S.

Schrif|ten|ver|zeich|nis, das: Bibliografie, Literaturverzeichnis.

Schrift|fäl|scher, der: jmd., der in betrügerischer Absicht jmds. Handschrift nachahmt, eine Handschrift fälscht.

Schrift|fäl|sche|rin, die: w. Form zu ↑ Schriftfälscher.

Schrift|form, die ⟨o. Pl.⟩ (Rechtsspr.): [bestimmten Anforderungen genügende] schriftliche Form: die Kündigung bedarf der S.

Schrift|füh|rer, der: jmd., der bei Versammlungen, Verhandlungen, in Vereinen, Gremien o. Ä. für Protokolle, die Korrespondenz o. Ä. zuständig ist.

Schrift|füh|re|rin, die: w. Form zu ↑ Schriftführer.

Schrift|ge|lehr|ter ⟨vgl. Gelehrter⟩ (Rel.): (im frühen Judentum) Gelehrter, der sich durch gründliche Kenntnisse der religiösen Überlieferung, bes. der Gesetze, auszeichnet.

schrift|ge|mäß ⟨Adj.⟩: der Schriftsprache entsprechend: sich s. ausdrücken.

Schrift|gie|ßer, der: jmd., der in einer Schriftgießerei Drucktypen aus einer Bleilegierung gießt (Berufsbez.).

Schrift|gie|ße|rei, die: Betrieb der grafischen Industrie, in dem Drucktypen aus Metall gegossen werden.

Schrift|gie|ße|rin, die: w. Form zu ↑ Schriftgießer.

Schrift|grad, der (Druckw.): (in der Einheit Punkt angegebene) Größe einer Druckschrift (1).

Schrift|grö|ße, die (Druckw.): Schriftgrad.

Schrift|hö|he, die (Druckw.): Höhe der Drucktypen einer Druckschrift (1).

Schrift|kun|di|ge, die/eine Schriftkundige; der/einer Schriftkundigen, die Schriftkundigen/zwei Schriftkundige: Handschriftenkundige.

Schrift|kun|di|ger, der Schriftkundige/ein Schriftkundiger; des/eines Schriftkundigen, die Schriftkundigen/zwei Schriftkundige: Handschriftenkundiger.

Schrift|lei|ter, der (veraltend, bes. nationalsoz.): Redakteur bei einer Zeitung.

Schrift|lei|te|rin, die: w. Form zu ↑ Schriftleiter.

Schrift|le|sung, die: (im jüdischen u. christlichen Gottesdienst) Lesung (1 a) von Texten aus der Heiligen Schrift.

schrift|lich ⟨Adj.⟩ [mhd. schriftlich]: durch Aufschreiben, Niederschreiben festgehalten; in geschriebener Form: -e Anweisungen, Anträge; eine -e Erklärung abgeben; -e Hausaufgaben erledigen; ihre -en (Schule; durch schriftliche Arbeiten erbrachten) Leistungen sind befriedigend; etw. s. machen (ugs.; schriftlich niederlegen); lass dir das lieber s. geben (ugs.; lass dir dafür lieber eine schriftliche Bestätigung geben); etw. s. festhalten; (subst.:) haben Sie etwas Schriftliches darüber in der Hand? (ugs.; besitzen Sie darüber schriftliche Unterlagen, eine schriftliche Bestätigung o. Ä.?); im Schriftlichen (Schule; in seinen schriftlichen Leistungen) ist er eine ganze Note besser als im Mündlichen; R das kann ich dir s. geben (ugs.; dessen kannst du absolut sicher sein).

Schrift|lich|keit, die; - (bes. Literaturwiss.; Sprachwiss.): schriftliche Form, schriftliche Fixierung: die Kultur befand sich damals im Übergang von der Mündlichkeit zur S.

Schrift|pro|be, die: **1.** (Druckw.) kurzer gedruckter Text meist in verschiedenen Schriftgraden.

2. kurzer geschriebener Text als Handschriftenprobe.

Schrift|rol|le, die: älteste Form des Buches aus zusammengerollten Streifen von Papyrus, Pergament o. Ä.

Schrift|sach|ver|stän|di|ge ⟨vgl. Sachverständige⟩ (Rechtsspr., Kriminalistik): weibliche Person, die als Gutachterin Urkunden zur Feststellung ihrer Echtheit untersucht.

Schrift|sach|ver|stän|di|ger ⟨vgl. Sachverständiger⟩ (Rechtsspr., Kriminalistik): jmd., der als Gutachter Urkunden zur Feststellung ihrer Echtheit untersucht.

Schrift|satz, der: **1.** (Druckw.) Satz (3 b). **2.** (Rechtsspr.) (im gerichtlichen Verfahren) schriftliche Erklärung der am Verfahren beteiligten Parteien.

Schrift|set|zer, der: Handwerker, der Manuskripte mithilfe von Blei-, Foto- od. Lichtsatz in eine Druckform od. -vorlage umwandelt (Berufsbez.).

Schrift|set|ze|rin, die: w. Form zu ↑ Schriftsetzer.

Schrift|spra|che, die: **a)** Hoch-, Standardsprache in der (bestimmten sprachlichen Gesetzmäßigkeiten folgenden) schriftlichen Form: die deutsche S.; **b)** (schweiz.) Hoch-, Standardsprache.

schrift|sprach|lich ⟨Adj.⟩: **a)** die Schriftsprache (a) betreffend, zu ihr gehörend: sich s. ausdrücken; **b)** (schweiz.) hoch-, standardsprachlich: die -e Aussprache des Wortes.

Schrift|stel|ler, der: jmd., der [beruflich] literarische Werke verfasst: er lebt als freier, freischaffender S. in der Schweiz.

Schrift|stel|le|rei, die; -, -en ⟨Pl. selten⟩: Tätigkeit als Schriftsteller, Arbeit eines Schriftstellers: sie hat die S. zu ihrem Beruf gemacht.

Schrift|stel|le|rin, die; -, -nen: w. Form zu ↑ Schriftsteller.

schrift|stel|le|risch ⟨Adj.⟩: den Schriftsteller, die Schriftstellerin, die Tätigkeit, das Werk eines Schriftstellers, einer Schriftstellerin betreffend, dazu gehörend; als Schriftsteller[in]: ihr -es Werk; sich s. betätigen.

schrift|stel|lern ⟨sw. V.; hat⟩: als Schriftsteller, Schriftstellerin arbeiten; sich schriftstellerisch betätigen: ein schriftstellernder Lehrer.

Schrift|stel|ler|ver|band, der: organisierter Zusammenschluss von Schriftstellerinnen u. Schriftstellern.

Schrift|stück, das: offiziell schriftlich Niedergelegtes; offizielles, amtliches Schreiben: ein S. aufsetzen, verlesen, unterzeichnen.

Schrift|tum, das; -s: Gesamtheit der veröffentlichten Schriften (2) eines bestimmten [Fach]gebiets, einer bestimmten Thematik, Zielsetzung: Literatur.

Schrift|ty|pe, die: Drucktype.

Schrift|ver|kehr, der ⟨o. Pl.⟩: **a)** Austausch von schriftlichen Äußerungen, [geschäftlichen] Mitteilungen: in regem S. stehen; **b)** Gesamtheit der im Schriftverkehr (a) ausgetauschten Schreiben, Schriftstücke: den gesamten S. durchsehen.

Schrift|wech|sel, der: Schriftverkehr.

Schrift|zei|chen, das (bes. Druckw.): zu einer Schrift (1 a) gehörendes, beim Schreiben verwendetes grafisches Zeichen: griechische, chinesische, arabische S.; geschriebene, gedruckte S.

Schrift|zug, der: **a)** ganz bestimmte, charakteristische Weise eines geschriebenen Worts bzw. einer Wortgruppe: der krakelige S. ihrer Unterschrift; ihre S. des Markennamens ist gesetzlich geschützt; ⟨Pl.⟩ in ganz bestimmter, charakteristischer Weise geformte, geprägte Schrift (1 b, d): deutliche, verschnörkelte Schriftzüge.

schrill ⟨Adj.⟩ [wohl zu ↑ schrillen unter Einfluss von engl. shrill = schrill; lautm.; vgl. schrillen]: **1.** in unangenehmer Weise durchdringend hell, hoch u. grell klingend: ein -er Ton; -e Schreie,

Laute ausstoßen; seine Stimme war s.; s. lachen. **2.** auffallend, aus dem Rahmen fallend; ausgefallen; skurril: -e Klamotten; -e (grelle 1 b) Farben; sie ist ziemlich s.

schril|len ⟨sw. V.; hat⟩ [unter Einfluss von engl. to shrill = schrillen zu älter: schrellen, schrallen = laut bellen; lautm.]: schrill tönen: die Klingel, der Wecker, das Telefon schrillt [durch das Haus].

Schrill|heit, die; -, -en: **1.** das Schrillsein. **2.** etw. schrill Wirkendes, schrill Gestaltetes; schrille Weise, Handlung.

Schrimp: ↑ Shrimp.

schrin|ken ⟨sw. V.; hat⟩ [engl. to shrink, eigtl. = schrumpfen lassen] (Textilind.): (einen Wollstoff) durch eine Behandlung mit Feuchtigkeit u. Wärme krumpfecht u. geschmeidig machen.

schrin|nen ⟨sw. V.; hat⟩ [wohl niederd. Form von veraltet schrinden (mhd. schrinden, ahd. scrindan) = bersten, (auf)reißen (nordd.): wehtun, schmerzen.

Schrip|pe, die; -, -n [in niederd. Form zu frühnhd. schripfen = (auf)kratzen (ablautend verw. mit ↑ schrappen) u. eigtl. Bez. für die Einkerbung auf der Oberseite] (bes. berlin.): länglich breites, an der Oberseite eingekerbtes Brötchen.

schritt: ↑ schreiten.

Schritt, der; -[e]s, -e [mhd. schrit, ahd. scrit, zu ↑ schreiten]: **1. a)** (der Fortbewegung dienendes) Versetzen eines Fußes, meist nach vorn, unter gleichzeitiger Verlagerung des gesamten Körpergewichts auf diesen Fuß: kleine, lange, ausgreifende, schnelle -e; plötzlich stockte ihr S.; das Kind macht seine ersten, unsicheren -e; er verlangsamte, beschleunigte seinen S., seine -e; einen S. zur Seite machen, tun, gehen; ein paar -e gehen (ugs.; spazieren gehen); den S. wechseln (beim Gehen, beim Marschieren, einmal zwei aufeinanderfolgende Schritte mit demselben Fuß ausführen [z. B. um in den Gleichschritt zu kommen]); sie war mit wenigen -en an der Tür, blieb nach einigen -en stehen; Ü das brachte uns keinen S. (kein bisschen) weiter; von der Gewohnheit ist es oft nur noch ein kleiner S. zur Sucht (aus einer Gewohnheit kann leicht eine Sucht werden); sie ging nach einem S. weiter (tat noch mehr); er macht einen S. vor und zwei -e zurück (er kommt nicht voran [fällt sogar noch hinter das Erreichte zurück]); * **der erste S.** (dasjenige, womit etw. begonnen wird); den zweiten S. vor dem ersten tun (nicht in der richtigen Reihenfolge, nicht folgerichtig vorgehen); einen S. zu weit gehen (die Grenze des Erlaubten, Möglichen überschreiten); mit jmdm. S. halten (1. genauso schnell wie jmd. gehen: die Kinder hatten Mühe, mit uns S. zu halten. 2. sich von jmdm. nicht übertreffen, überrunden lassen: wir müssen mit der Konkurrenz S. halten); mit etw. S. halten (hinter etw. nicht zurückbleiben: wir müssen mit der [technischen] Entwicklung S. halten; die Einkommensentwicklung hält mit der Preissteigerungsrate nicht S.); S. für S. (ganz langsam; allmählich); auf S. und Tritt (ständig [u. überall]: er verfolgt sie auf S. und Tritt); **b)** Gleichschritt: aus dem S. kommen; **c)** Schritttempo: bei dem Verkehr konnten wir nur S. fahren. **2.** ⟨o. Pl.⟩ Art u. Weise, wie jmd. geht: jmdn. am S. erkennen. **3.** Maß, das ungefähr die Länge eines Schrittes (1 a) hat; Entfernung etwa in der Länge eines Schrittes: sie stand nur ein paar, wenige -e von uns entfernt; * **jmdm. drei -e vom Leib[e] bleiben** (ugs.; jmdm. nicht zu nahe kommen); sich ⟨Dativ⟩ jmdn., etw. drei -e vom Leib[e] halten (ugs.; jmdn., etw. von sich fernhalten). **4. a)** (Schneiderei) Teil der Hose, an dem die Beine zusammentreffen: der S. hängt zu tief; **b)** Damm (2): die Hose kneift im S. **5.** (einem

Schrittfehler – schrullig

bestimmten Zweck dienende) Handlung; Maßnahme: ein bedeutsamer S.; -e [gegen jmdn., etw.] veranlassen; ein entscheidender S. hin zu mehr Transparenz; sich weitere, rechtliche -e vorbehalten; *S. in die richtige Richtung (angebrachte, richtige, aber allein noch nicht ausreichende Maßnahme).

Schritt|feh|ler, der (Basketball, Handball): Fehler, der darin besteht, dass an einem Spieler, einer Spielerin mit dem Ball in der Hand mehr Schritte macht, als er bzw. sie nach den Regeln darf.

Schritt|fol|ge, die: [festgelegte] Aufeinanderfolge von Schritten (z. B. beim Tanzen).

Schritt|ge|schwin|dig|keit, die: (meist von fahrenden Fahrzeugen) sehr langsame Geschwindigkeit: [mit] S. fahren.

Schritt|kom|bi|na|ti|on, die (Sport): das Aneinanderreihen bestimmter Schritte [im Rhythmus der Musik].

Schritt|län|ge, die: **1.** Länge eines Schrittes. **2.** (bes. Schneiderei) Entfernung zwischen Schritt (4 b) u. Fußsohle (beim aufrecht stehenden Menschen): jmds. S. messen.

Schritt|ma|cher, der: **1.** Pacemacher. **2.** (Radrennen) Motorradfahrer, der dicht vor dem Radfahrer fährt u. dadurch Windschutz gibt. **3.** (Leichtathletik) Läufer, der durch ein hohes Anfangstempo (das er nicht durchhält) andere Läufer zu einem schnelleren Rennen veranlasst. **4.** Kurzf. von ↑ Herzschrittmacher. **5.** Person od. Gruppe von Personen, die durch vorwärtsdrängendes, fortschrittliches Denken od. Handeln den Weg für Neues bereitet.

Schritt|ma|che|rin, die: w. Form zu ↑ Schrittmacher (2,3,5).

Schritt|mes|ser, der: kleines Gerät, das durch Zählen der Schritte die zurückgelegte Strecke misst.

Schritt|tem|po, Schritt-Tem|po, das: Schrittgeschwindigkeit: im Stau kamen wir nur im S. vorwärts.

schritt|wei|se ⟨Adv.⟩: in langsamer Weise, Schritt für Schritt: nur s. vorwärtskommen; wir mussten uns das s. (allmählich) erkämpfen; ⟨mit Verbalsubstantiven auch attr.:⟩ Ziel ist die s. Angleichung der Gehälter in Ost und West.

♦ **schröck|lich** [zur älteren Schreibung Schröck, schröcken für ↑ Schreck, schrecken unter Anlehnung an die althergebrachten Nebenform Schrock von ↑ Schreck]: **1.** schreckllich: .. bei allen -en Seufzern derer, die jemals durch eure Dolche sturben (Schiller, Räuber IV, 5); Zugleich muss jeder sein Pfeifchen rohen lassen, im Wald herumjagen, dass unserer Anzahl -er werde (Schiller, Räuber II, 3); ... eine Welt, wo die Schleier hinweggfallen und die Liebe sich s. wiederfindet (Schiller, Räuber IV, 4).

Schro|fen, der; -s, - [mhd. schrof(fe), schrove, verw. mit ↑ Scherbe]: **1.** (österr., sonst landsch.) steiler Fels, steile felsige Klippe. **2.** (Bergsteigen) meist nicht sehr steiler, mehr od. weniger stark bewachsener Fels, felsiger Hang.

schroff ⟨Adj.⟩ [urspr. = rau, steil, rauh. aus mhd. schrof(fe), schrove, ↑ Schrofen]: **1.** sehr stark, nahezu senkrecht abfallend od. ansteigend u. zerklüftet: eine -e Felswand; der Gipfel ragt s. in die Höhe. **2.** durch eine abweisende u. unhöfliche Haltung ohne viel Worte seine Ablehnung zum Ausdruck bringend: die -e Weigerung kränkte sie sehr; sie wehrte s. ab. **3.** plötzlich u. unvermittelt: sie wandte sich s. ab; ihre Aussage stand im -en (krassen) Gegensatz zu ihrer Erklärung.

Schroff|heit, die; -, -en: **1.** ⟨o. Pl.⟩ das Schroffsein. **2.** schroffe Äußerung o. Ä.

schröp|fen ⟨sw. V.; hat⟩: **1.** [mhd. schrepfen, schreffen, verw. mit ↑ scharf] (Med.) Blut über einem erkrankten Organ ansaugen, um die Haut besser zu durchbluten od. das Blut durch feine Schnitte in der Haut abzusaugen. **2.** (ugs.) jmdm. mit List od. Geschick unverhältnismäßig viel Geld abnehmen: die Kunden dieser Firma sind jahrelang geschröpft worden. **3.** (Landwirtsch., Gartenbau) **a)** die Entwicklung zu üppig wachsender junger Saat bewusst unterbrechen; **b)** die Rinde von Bäumen (z. B. bestimmter Obstbäume) schräg einschneiden.

Schröpf|kopf, der: Saugglocke aus Gummi od. Glas zum Schröpfen (1).

Schröp|fung, die; -, -en: das Schröpfen (1, 3).

Schrot, der od. das; -[e]s, -e [mhd. schrōt, ahd. scrōt = abgeschnittenes Stück, eigtl. = Hieb, Schnitt, zu ↑ schroten]: **1.** ⟨o. Pl.⟩ Menge grob gemahlener Getreidekörner: das Vieh mit S. füttern. **2.** kleine Kügelchen aus Blei für die Patronen bestimmter Feuerwaffen: mit S. schießen. **3.** (Münzkunde veraltend) Bruttogewicht einer Münze: den S. ermitteln; *von altem, echtem usw. S. und Korn (1. redlich, tüchtig. 2. in der typischen, charakteristischen Art; wie es typisch ist; urspr. = Münze, bei der das Verhältnis von Gewicht und Feingehalt richtig bewertet ist; vgl. ¹Korn 6: ein Abenteurer von echtem S. und Korn).

Schrot|blatt, das: Blatt (2 c) eines Schrotschnitts.

Schrot|brot, das: aus Schrot (1) gebackenes Brot.

Schrot|büch|se, die: Schrotgewehr.

schro|ten ⟨sw. V.; hat⟩ [mhd. schrōten, ahd. scrō-tan, eigtl. = hauen, [ab]schneiden, zu ↑¹scheren]: **1.** (bes. Getreidekörner) grob mahlen, zerkleinern: das Korn s.; geschrotetes Getreide. **2.** [mhd. schrōten ⟨sw. V.⟩, wohl zu ↑ Schrot in dessen alter Bed. »Baumstamm«] (veraltet) schwere Lasten rollen, wälzen od. schieben.

Schrö|ter, der; -s, - [eigtl. = der Abschneider, nach den geweihähnlichen Zangen]: (selten) Hirschkäfer; *♦ jmdn. wie den S. am Faden halten [jmdn. lenken können; jmds. völlig sicher sein: Ich halte dir von allen deinen eigenen Schurkerei wie den S. am Faden [Schiller, Kabale I, 5]).

Schrot|flin|te, die: Flinte: eine doppelläufige S.

Schrot|ge|wehr, das: Gewehr, mit dem Schrot (2) verschossen wird.

Schroth|kur, die [nach dem österr. Landwirt u. Naturheilkundler J. Schroth (1800–1856)]: (bes. bei Stoffwechselerkrankungen u. zur Gewichtsreduktion angewandtes) Naturheilverfahren mit umstrengender (2) Wirkung, das auf einer Diät aus Trockenkost u. Getreidebreien, Schwitzpackungen u. einem Wechsel von Ruhe u. Bewegung basiert.

Schrot|korn, das: einzelnes Korn des Schrots (1).

Schrot|ku|gel, die: einzelnes Kügelchen des Schrots (2).

Schrot|la|dung, die: bestimmte Menge Schrot (2) als Munition.

Schröt|ling, der; -s, -e [zu ↑ Schrot (3)] (Münzkunde): vom Zain abgetrenntes Stück Metall zum Prägen von Münzen.

Schrot|mehl, das: mit Schrot (1) vermischtes Mehl.

Schrot|müh|le, die: Mühle (1) zum Schroten (1) von Getreidekörnern.

Schrot|sä|ge, die: [vgl. schroten (2)]: grobe Säge mit bogenförmigem Blatt (5) zum Zersägen von Baumstämmen.

Schrot|schnitt, der: besondere Technik des Holz- u. Metallschnitts, bei der in die Platte geschlagene Punkte auf schwarzem Grund weiß erscheinen.

Schrott, der; -[e]s, -e [Anfang 20. Jh.; eigtl. niederrhein. Form von ↑ Schrot]: **1.** unbrauchbarer, meist zerkleinerter Abfall aus Metall; Gesamtheit der [alten] unbrauchbar gewordenen Gegenstände aus Metall o. Ä.: S. sammeln; etw. als S. verkaufen; mit S. handeln; Berge von S.; *etw. zu S. fahren (etw. schrottreif fahren: er hat sein neues Auto schon wieder zu S. gefahren). **2.** (abwertend) **a)** (ugs.) unbrauchbares (oft altes u. kaputtes) Zeug; Plunder: ich gebe den ganzen S. zum Sperrmüll; **b)** (salopp) etw., was nichts taugt, etw. Minderwertiges: Was gibt es denn im Fernsehen? – Ach, nur S.

schrot|ten ⟨sw. V.; hat⟩ (ugs.): (meist von metallischen Gegenständen) kaputt machen: ein Auto, eine alte Diskettenlaufwerk s.

Schrott|han|del, der: Handel mit Schrott (1).

Schrott|händ|ler, der: Händler, der mit Schrott (1) handelt.

Schrott|händ|le|rin, die: w. Form zu ↑ Schrotthändler.

Schrott|hau|fen, der: **1.** größere Ansammlung von Schrott (1). **2.** (ugs. abwertend) [altes rostendes, verbeultes] Auto: tausend Euro will er für den S. haben.

Schrott|im|mo|bi|lie, die (ugs. abwertend): Immobilie, die nichts od. nur wenig wert ist.

Schrott|kar|re, die (ugs. abwertend): Schrottmühle.

Schrott|kis|te, die (ugs. abwertend): Schrottmühle.

Schrott|lau|be, die (ugs. scherzh. abwertend): Rostlaube.

Schrott|müh|le, die (ugs. abwertend): altes schrottreifes Auto.

Schrott|platz, der: (von einem Schrotthändler unterhaltener) Sammelplatz für Schrott (1).

Schrott|preis, der: Preis, der für Schrott (1) gezahlt wird.

Schrott|pres|se, die: Gerät, mit dem sperriger Schrott (1) zusammengepresst wird.

schrott|reif ⟨Adj.⟩: unbrauchbar, kaputt u. daher nur noch zum Verschrotten geeignet: ein -es Auto.

Schrott|trans|port, Schrott-Trans|port, der: Transport von Schrott (1).

Schrott|wert, der: **1.** ⟨o. Pl.⟩ Wert, den ein Gegenstand hat, wenn man ihn als Schrott (1) ansieht: der S. des Wracks beträgt etwa 1 Million Euro; nach dem Unfall hatte das Auto nur noch S. **2.** (Wirtschaftsjargon) schlechter Wert (5b), Wertpapier von geringem Wert (1 a).

Schrubb|be|sen, Schrubb-Be|sen, der (landsch.): Schrubber.

schrub|ben ⟨sw. V.; hat⟩ [aus dem Niederd. < mniederd. schrubben = kratzen, wohl verw. mit ↑¹scheren] (ugs.): **a)** mit einer Bürste o. Ä. kräftig reiben u. so reinigen: den Fußboden, die Fliesen s.; ⟨auch ohne Akk.-Obj.:⟩ im Badezimmer muss ich noch s.; **b)** durch Schrubben (1 a) entfernen: das Fett von den Kacheln s.; **c)** durch Schrubben (1 a) in einen bestimmten Zustand bringen: er hat den Boden spiegelblank geschrubbt. **2.** ¹schleifen (2 a).

Schrub|ber, der; -s, -: einem Besen ähnliche Bürste mit langem Stiel.

Schrul|le, die; -, -, Pl. [im 18. Jh. aus dem niederd. Pl. Schrullen = tolle Einfälle < mniederd. schrul, schrol = verrückte Laune; Groll, verw. mit älter niederl. schrolle = brummen; schimpfen, lautm.]: **1.** auffallende, wunderlich anmutende Eigenart, Angewohnheit, die zum Wesenszug eines Menschen geworden ist: sie hat den Kopf voller -n. **2.** (salopp abwertend) ältere, schrullige Frau: das ist vielleicht eine alte S.!

schrul|len|haft ⟨Adj.⟩ (ugs.): schrullig.

schrul|lig ⟨Adj.⟩ (ugs.): **a)** (oft von älteren Menschen) befremdende, meist lächerlich wirkende Angewohnheiten od. Prinzipien habend u. eigensinnig daran festhaltend: ein -er Alter; **b)** seltsam, närrisch, ein wenig eigen: -e Geschichten, Behauptungen.

Schrulligkeit – schuften

Schrul|lig|keit, die; -, -en: **1.** ⟨o. Pl.⟩ *das Schrulligsein.* **2.** *schrullige Angewohnheit o. Ä.*
schrum|pe|lig: ↑ schrumplig.
schrum|peln ⟨sw. V.; ist⟩ [Weiterbildung von niederd., md. schrumpen, Nebenf. von ↑ schrumpfen] (landsch.): *einschrumpfen u. dabei schrumplig werden.*
schrumpf|be|stän|dig ⟨Adj.⟩: *beständig gegen Schrumpfen* (1 a).
schrump|fen ⟨sw. V.; ist⟩ [im 17. Jh. für älter schrimpfen, mhd. schrimpfen = rümpfen, einschrumpfen, urspr. = sich krümmen, zusammenziehen]: **1. a)** *sich zusammenziehen [u. an Umfang verlieren]:* dieses Gewebe dürfte kaum, nicht s.; **b)** *sich zusammenziehen u. dadurch eine faltige, runzlige Oberfläche bekommen:* die Äpfel sind durch das Einlagern geschrumpft. **2.** *weniger werden; abnehmen:* der Vorrat schrumpft.
schrumpf|frei ⟨Adj.⟩: *nicht schrumpfend* (1 a): -e Stoffe, Fasern.
Schrumpf|ger|ma|ne, der (salopp scherzh. od. abwertend): *deutscher Mann von kleinem Wuchs.*
schrump|fig ⟨Adj.⟩: *schrumplig.*
Schrumpf|kopf, der (Völkerkunde): *(als Trophäe von Kopfjägern) nach einer bestimmten Methode aufbereiteter, eingeschrumpfter Schädel eines getöteten Feindes.*
Schrumpf|le|ber, die (Med.): *als Folge einer Zirrhose geschrumpfte, verhärtete Leber.*
Schrumpf|nie|re, die (Med.): *durch Veränderung des Gewebes geschrumpfte u. verhärtete Niere.*
Schrump|fung, die; -, -en: *das Schrumpfen.*
Schrump|fungs|pro|zess, der: *Vorgang des Schrumpfens* (2): der S. im Baugewerbe kostet viele Arbeitsplätze.
schrump|lig, schrumpelig ⟨Adj.⟩ (ugs.): **1.** *[eingetrocknet u. dadurch] viele Falten aufweisend; runzlig, verschrumpelt:* eine -e Haut haben; die Kartoffeln, Äpfel sind schon etwas s. **2.** *voller Knitter, knittrig:* eine -e Bluse.
Schrund, der; -[e]s, Schründe [Nebenf. von ↑ Schrunde] (bes. österr., schweiz.): **1.** *Randspalte eines Gletschers; Abgrund.* **2.** (selten) *Schrunde* (1).
Schrun|de, die; -, -n [mhd. schrunde, ahd. scrunta = Riss, Spalt, Felshöhle, zu veraltet schrinden, ↑ schrinnen]: **1.** *(durch Verletzung zugefügter) Riss in der Haut:* ihre Hände waren voller Blasen und -n. **2.** *Schrund* (1).
schrun|dig ⟨Adj.⟩ (landsch.): **1.** [spätmhd. schründic] *(von der Haut) rissig u. rau:* eine -e Haut; -e Hände. **2.** *Risse, Spalten aufweisend:* -e Pfade.
schru|pen ⟨sw. V.; hat⟩ [eigtl. landsch. Nebenf. von ↑ schrubben] (Fachspr.): *Werkstücke durch Abheben dicker Späne grob bearbeiten.*
Schtetl, Stetl, das; -s, - [jidd. schtetel < mhd. stetel = kleine Stadt] (früher): *überwiegend von Juden bewohnter Ort (in Osteuropa), in dem die Bevölkerung ihren eigenen jüdischen Traditionen lebt.*
Schub, der; -[e]s, Schübe [mhd. schub, schup = Aufschub, Abschieben der Schuld auf andere; urspr. nur Rechtsspr., zu ↑ schieben]: **1. a)** (selten) *das Schieben; Stoß:* mit einem kräftigen S. wurde das Hindernis aus dem Weg geräumt; Ü durch die Rolle in diesem Film bekam seine Karriere einen kräftigen S.; **b)** (Physik, Technik) *Kraft, mit der etw. nach vorn getrieben, gestoßen wird; Vortrieb* (1): das Raketentriebwerk erzeugt einen S. von 680 Tonnen; **c)** (Mechanik) *Scherung* (1). **2.** *Anzahl von gleichzeitig sich in Bewegung setzenden, abgefertigten, beförderten Personen od. bearbeiteten Sachen:* der erste S. Brötchen ist schon verkauft; immer neue Schübe von Flüchtlingen kamen an. **3.** *in unregelmäßigen Abständen auftretende Erscheinung einer fortschreitenden Erkrankung; einzelner Anfall:* multiple Sklerose tritt meist in Schüben auf. **4.** (landsch.) *Schubfach.*
Schub|be|jack, der; -s, -s (nordd.): *Schubiack.*
schub|ben, (häufiger:) **schub|bern** ⟨sw. V.; hat⟩ [mniederd. schubben, niederd. Form von ↑ ¹schuppen] (nordd.): *kratzen, scheuern:* der Elefant schubb[er]te sich an einem Baumstamm.
Schub|dü|se, die (Technik): *Düse eines Strahltriebwerks, durch die mittels ausströmender erhitzter Luft der Schub* (1 b) *erzeugt wird.*
Schu|ber, der; -s, - [zu ↑ Schub]: **1.** (Verlagsw.) *an einer der langen Schmalseiten offener Schutzkarton.* **2.** (österr.) *Absperrvorrichtung, Schieber, Riegel.*
Schub|fach, das: *herausziehbarer offener Kasten, bewegliches Fach* (1) *in einem Schrank, einer Kommode o. Ä.:* das S. aufziehen, abschließen; die Wäsche ins oberste S. legen.
Schub|fes|tig|keit, die: *Scherfestigkeit.*
Schub|haft, die (österr.): *Abschiebungshaft.*
Schu|bi|ack, der; -s, -s od. -e [niederl. schobbejak, zu: schobben = (sich) kratzen (↑ schubben) u. Jack = Jakob] (landsch. abwertend): *niederträchtiger Mensch; Lump.*
Schub|kar|re, die, **Schub|kar|ren,** der: **1.** *einrädrige Karre zum Befördern kleinerer Lasten, die an zwei Stangen mit Griffen angehoben u. geschoben wird:* bring mir doch bitte noch ein paar -n [voll] Sand. **2.** *gymnastische Übung für zwei, bei der ein Partner die gegrätschten Beine des anderen, im Liegestütz befindlichen Partners fasst u. schiebend mitgeht, während der sich auf den Händen vorwärtsbewegt:* [mit] jmdm. S. machen.
Schub|kas|ten, der: *Schubfach.*
Schub|kraft, die: *Schub* (1 b).
Schub|la|de, die. **1.** *Schubfach:* Ü sie schreibt für die S. (was sie schreibt, wird nicht veröffentlicht). **2.** (ugs.) *Kategorie (in die etw. [leichtfertig, ungerechtfertigerweise] eingeordnet wird):* seine Musik, Malerei passt eigentlich in keine S.; von diesen Leuten wirst du gleich in eine [bestimmte] S. gesteckt; in -n (abwertend: starren Einteilungsprinzipien) denken.
Schub|la|den|den|ken, das (ugs. abwertend): *an starren Kategorien orientierte, undifferenzierte, engstirnige Denkweise.*
schub|la|di|sie|ren ⟨sw. V.; hat⟩ (schweiz.): *sich (mit etw.) nicht [weiter] befassen:* Pläne, Reformen s.
Schub|la|di|sie|rung, die; -, -en (schweiz.): *das Schubladisieren; das Schubladisiertwerden.*
Schub|lad|kas|ten, der (österr.): *Kommode.*
Schub|leh|re, die (Fachspr.): *Schieblehre.*
Schub|leich|ter, der: *von einem Schubschiff geschobener Leichter* (b).
Schub|leis|tung, die: *Kraft, mit der etw. nach vorn getrieben, gestoßen wird.*
Schubs, der; -es, -e [an ↑ Schub angelehnte Weiterbildung von älter Schupp, Schupf, zu mhd. schuppen, schupfen, ↑ schubsen] (ugs.): *[leichter] Stoß.*
◆ **Schub|sack,** der: *weite Tasche* (2 a) *in einem Kleidungsstück:* Darauf kramte er eifrig in seinem S. und zog endlich… eine alte Landkarte hervor (Eichendorff, Taugenichts 26); Ü Tummle dich, Hassan! – Noch muss ich euch meinen S. von Zeitungen stürzen (*euch alle meine Neuigkeiten erzählen*; Schiller, Fiesco VII, 4).
Schub|schiff, das: *(in der Binnenschifffahrt eingesetztes) aufgrund der speziellen Form des Bugs u. besonders starker Motorisierung zum Schieben von Leichtern u. Prahmen geeignetes Schiff.*
Schub|schlep|per, der: *Schubschiff.*
schub|sen ⟨sw. V.; hat⟩ [zu mhd. (md.) schuppen, ↑ ²schuppen] (ugs.): *(jmdn., etw.) durch plötzliches Anstoßen in eine bestimmte Richtung in Bewegung bringen; jmdm. einen Schubs geben:* jmdn. ins Wasser, vom Stuhl, zur Seite s.; sie drängelten und schubsten.
Schub|se|rei, die; -, -en (ugs. abwertend): *dauerndes, lästiges Schubsen.*
Schub|stan|ge, die: *Pleuelstange.*
Schub|um|kehr, die (Flugw.): *Einrichtung zur Abbremsung eines ausrollenden Düsenflugzeugs durch Umkehrung der Richtung der sonst zum Antrieb dienenden Schubkraft.*
Schub|ver|band, der: *Transportmittel der Binnenschifffahrt, das aus Schubschiff u. Leichter[n] u. Prahm[en] besteht.*
schub|wei|se ⟨Adv.⟩: **1.** *in Schüben* (2), *Schub für Schub:* die Leute werden s. eingelassen; ⟨mit Verbalsubstantiven auch attr.:⟩ ein -r Ausbau des Geländekomplexes; Arbeitspläne sind auch früher in mir immer bündelweise, s. aufgetaucht, entweder viele auf einmal oder überhaupt keine (Kaschnitz, Wohin 158). **2.** *in Schüben* (3), *Schub für Schub:* die Anfälle treten s. auf; ⟨mit Verbalsubstantiv auch attr.:⟩ der s. Verlauf der Krankheit.
Schub|wir|kung, die: *in einem Schub* (1 b) *bestehende Wirkung:* die Düse übt eine S. aus.
schüch|tern ⟨Adj.⟩ [urspr. = scheu gemacht (von Tieren), aus dem Niederd., zu mniederd. schüchteren = (ver)scheuchen; scheu weglaufen, Weiterbildung von ↑ scheu(ch)en]: **a)** *scheu, zurückhaltend, anderen gegenüber gehemmt:* ein -es Kind; mit -er (*Schüchternheit verratender*) Stimme; er steht s. abseits, lächelt s.; **b)** *nur vorsichtig, zaghaft [sich äußernd] in Erscheinung tretend:* eine -e Hoffnung; eine s. vorgebrachte Bitte; Sie kam, steckte aber nur den Kopf durch die Türe, die sie s. geöffnet hatte (R. Walser, Gehülfe 162).
Schüch|tern|heit, die; -, -en: *das Schüchternsein* (a), *Scheu:* kindliche S.; da verlor sie plötzlich alle S.
Schu|cke|lei, die; -, -en (landsch. abwertend): *dauerndes Schuckeln:* von der S. [im Bus] ist ihm übel geworden.
schu|ckeln ⟨sw. V.⟩ [landsch. Nebenf. von ↑ schaukeln] (landsch.): **a)** ⟨hat⟩ *sich schaukelnd hin u. her bewegen, wackeln:* der Wagen hat mächtig geschuckelt; **b)** ⟨ist⟩ *sich schaukelnd, stoßend vorwärtsbewegen:* das Auto schuckelte über das Kopfsteinpflaster; **c)** ⟨hat⟩ *in eine schaukelnde Bewegung versetzen:* den Kinderwagen ein bisschen s.
Schu|dra, der; -s, -s [sanskr.]: *Angehöriger der untersten der vier Kasten im alten Indien.*
schuf: ↑ schaffen.
Schu|fa®, **SCHU|FA®,** die; - [Kurzwort für: Schutzgemeinschaft für allgemeine Kreditsicherung]: *(aus einem Zusammenschluss mehrerer einzelner Gesellschaften bestehende) Einrichtung der deutschen Kreditinstitute u. anderer Unternehmen, bei der die Vertragspartner Auskünfte über [potenzielle] Kreditnehmer einholen können.*
schü|fe: ↑ schaffen.
Schuf|fel, die; -, -n [aus dem Niederd. < mniederd. schuffel, niederd. Form von ↑ Schaufel] (Fachspr.): *im Gartenbau verwendete ¹Hacke* (1) *mit flachem, zweischneidigem Blatt.*
Schuft, der; -[e]s, -e [aus dem Niederd., viell. zusgez. aus niederd. Schufut = elender Mensch (eigtl. = Uhu, mniederd. schüfūt, lautm.); der Name des lichtscheuen Vogels wäre dann auf Menschen übertragen worden] (abwertend): *gemeiner, niederträchtiger Mensch; Schurke.*
schuf|ten ⟨sw. V.; hat⟩ [H. u., viell. zu niederd. schoft, älter niederl. schuft = ein Viertel eines

Schufterei – Schuld

Tagewerks, eigtl. = in einem Schub arbeiten; im 19. Jh. aus md. Mundarten in die Studentenspr. übernommen] (ugs.): a) *schwer, hart arbeiten:* sein Leben lang s. müssen; b) ⟨s. + sich⟩ *durch Schuften (a) in einen bestimmten Zustand geraten:* sich müde s.

¹**Schuf|te|rei**, die; -, -en ⟨Pl. selten⟩ (ugs. abwertend): *das Schuften, dauerndes Schuften:* der Umzug war vielleicht eine S.!

²**Schuf|te|rei**, die; -, -en [zu ↑Schuft] (abwertend): *Schuftigkeit (b): diese S. wird er mir büßen!*

schuf|tig ⟨Adj.⟩ (abwertend): *niederträchtig, gemein, ehrlos:* ein -er Mensch; das finde ich s.

Schuf|tig|keit, die; -, -en (abwertend): a) ⟨o. Pl.⟩ *das Schuftigsein, schuftiges Wesen, Niedertracht;* b) *gemeine, niederträchtige Handlung:* -en begehen.

Schuh, der; -[e]s, -e u. - [mhd. schuoch, ahd. scuoh, wohl eigtl. = Schutzhülle]: **1.** ⟨Pl. -e⟩ *Fußbekleidung aus einer festen, aber biegsamen, glatten od. mit Profil (5) versehenen Sohle [mit Absatz (1)] u. einem Oberteil meist aus weicherem Leder:* hohe, feste, flache, hochhackige -e; ein Paar -e; die -e anziehen, zuschnüren, putzen; diesen S. *(Schuhe dieses Modells)* verkaufen wir sehr viel, gern; R umgekehrt wird ein S. draus *(die Sache ist umgekehrt, muss andersherum angefangen werden);* bei bestimmten Schuhen wurde das Oberleder früher so an die Sohle genäht, dass das Werkstück vor der Fertigstellung gewendet werden musste); * *wissen o. Ä., wo [jmdm.] der S. drückt* (ugs.; *die Probleme, Kümmernisse, jmds. geheime Sorgen, Nöte kennen;* auf einen Ausspruch des griechischen Schriftstellers Plutarch [etwa 46–125] zurückgehend); *sich* ⟨Dativ⟩ *die -e [nach etw.] ablaufen* (ugs.; ↑²Hacke b); *jmdn. die -e ausziehen* (ugs.; *jmdn. in Erstaunen, Zorn o. Ä. versetzen:* das zieht einem glatt die -e aus); *sich* ⟨Dativ⟩ *etw. an den -en abgelaufen haben* (ugs.; *eine Erfahrung längst gemacht haben, etw. längst kennen;* urspr. von den wandernden Handwerksgesellen stammend); *jmdm. etw. in die -e schieben (jmdm. die Schuld an etw. geben).* **2.** ⟨Pl. -e⟩ (Technik) **a)** *Schutzhülle aus Metall od. Kunststoff am unteren Ende eines Pfahls, an Verbindungsstellen von Bauteilen o. Ä.;* **b)** Kurzf. von ↑Kabelschuh, ↑Hemmschuh. **3.** ⟨Pl. -⟩ (früher) *Fuß (4).*

Schuh|ab|satz, der: *Absatz (1).*
Schuh|an|zie|her, der; -s, -: *Schuhlöffel.*
Schuh|band, das ⟨Pl. ...bänder⟩ (landsch.): *Schnürsenkel.*
Schuh|ban|del, das, **Schuh|bandl**, das; -s, -[n] (bayr., österr.): *Schnürsenkel.*
Schuh|bän|del, der od. das (bes. südd., schweiz.): *Schnürsenkel.*
Schuh|bürs|te, die: *Bürste zum Reinigen od. zum Polieren der Schuhe.*
Schuh|chen, Schüh|chen, das; -s, -: Vkl. zu ↑Schuh.
Schuh|creme, Schuh|crème, die: *weiche, cremeartige Masse, die als Politur dünn auf das [Ober]leder von Schuhen aufgetragen wird.*
Schuh|fa|b|rik, die: *Fabrik, in der Schuhe hergestellt werden.*
Schuh|ge|schäft, das: *Geschäft, in dem Schuhe verkauft werden.*
Schuh|grö|ße, die: *in Zahlen ausgedrückte Größe (1 d) eines Schuhs:* ich habe S. 39.
Schuh|in|dus|t|rie, die: *Schuhe herstellende Industrie.*
Schuh|kar|ton, der: *Pappkarton für Schuhe, die zum Verkauf angeboten werden.*
Schuh|la|den, der ⟨Pl. ...läden⟩: *Schuhgeschäft.*
Schuh|löf|fel, der: *länglicher, löffelartiger Gegenstand, der bei der Ferse in den Schuh gehalten wird, um ein leichteres Hineingleiten des Fußes zu ermöglichen.*
Schuh|ma|cher, der [mhd. schuochmacher]: *Handwerker, der Schuhe repariert, besohlt u. auch [nach Maß] anfertigt (Berufsbez.).*
Schuh|ma|che|rei, die: **1.** ⟨o. Pl.⟩ *Handwerk des Schuhmachers:* die S. erlernen. **2.** *Werkstatt eines Schuhmachers.*
Schuh|ma|che|rin, die: w. Form zu ↑Schuhmacher.
Schuh|mo|de, die: *Mode, die Art, Schnitt u. Beschaffenheit der Schuhe bestimmt.*
Schuh|na|gel, der: *kleiner Nagel zum Befestigen der Sohle am Schuh.*
Schuh|pfle|ge|mit|tel, das: *Mittel zum Reinigen, Pflegen (1 b) von Schuhen.*
schuh|plat|teln ⟨sw. V.; hat; meist im Inf. u. 2. Part. gebr.⟩: *Schuhplattler tanzen:* er kann s., hat prächtig geschuhplattelt; immer, wenn er schuhplattelt.
Schuh|platt|ler, der; -s, - [zu platteln = Platten (d. h. Handflächen u. Schuhsohlen) zusammenschlagen]: *(bes. in Oberbayern, Tirol u. Kärnten heimischer) Volkstanz, bei dem die Männer hüpfend u. springend sich in rhythmischem Wechsel mit den Handflächen auf Schuhsohlen, Knie u. Lederhosen schlagen.*
Schuh|put|zer, der: a) *jmd., der gegen Entgelt auf der Straße Schuhe putzt;* b) *Gerät, mit dem Schuhe in einem Arbeitsgang gereinigt u. poliert werden;* ein elektrischer S.
Schuh|put|ze|rin, die: w. Form zu ↑Schuhputzer (a).
Schuh|schach|tel, die: *Schuhkarton.*
Schuh|soh|le, die: *Sohle (1):* durchgelaufene -n; * *sich* ⟨Dativ⟩ *die -n [nach etw.] ablaufen* (↑²Hacke b).
Schuh|span|ner, der: *in einem Schuh festzuklemmender Gegenstand, mit dem der Schuh in seiner Form gehalten werden soll, solange er nicht getragen wird.*
Schuh|spit|ze, die: *Spitze (1 c) des Schuhs.*
Schuh|werk, das ⟨Pl. selten⟩: *aus einer bestimmten Art von Schuhen bestehende Fußbekleidung:* festes, schweres S. tragen.
Schu|ko|steck|do|se®, die [Schuko = kurz für Schutzkontakt]: *Schutzkontaktsteckdose.*
Schu|ko|ste|cker, der: *Schutzkontaktstecker.*
Schul|ab|bre|cher, der: *jmd., der vorzeitig u. ohne Abschluss von der Schule abgeht.*
Schul|ab|bre|che|rin, die: w. Form zu ↑Schulabbrecher.
Schul|ab|gän|ger, der: *jmd., der von der Schule abgeht.*
Schul|ab|gän|ge|rin, die: w. Form zu ↑Schulabgänger.
Schul|ab|schluss, der: *aufgrund des Schulbesuchs (1) erworbene Qualifikation, die im Abschlusszeugnis dokumentiert ist:* S.: mittlere Reife, Abitur.
Schul|all|tag, der: *tägliches Einerlei, gleichförmiger Ablauf in der Schule.*
Schul|al|ter, das ⟨o. Pl.⟩: *Altersstufe etwa vom sechsten Lebensjahr bis zur Pubertät.*
Schul|amt, das: **1.** *Behörde für das Schulwesen.* **2.** (veraltet) *Lehramt.*
Schul|an|fang, der ⟨Pl. selten⟩: **1.** *Beginn des Schulbesuchs eines Schulanfängers, einer Schulanfängerin:* zum S. bekam sie eine Schultüte. **2.** *Beginn des Unterrichts nach Ferien, am Anfang eines Schuljahres:* morgen ist S.
Schul|an|fän|ger, der: *Kind, das gerade in die Schule gekommen ist.*
Schul|an|fän|ge|rin, die: w. Form zu ↑Schulanfänger.
Schul|ar|beit, die: **1.** *[schriftliche] Hausaufgabe:* ich muss noch [meine] -en machen. **2.** (österr.) *Klassenarbeit.*

Schul|art, die: *durch bestimmte Merkmale gekennzeichnete Art der Schule; Schultyp.*
Schul|arzt, der: *Arzt, der Schüler[innen] gesundheitlich betreut.*
Schul|ärz|tin, die: w. Form zu ↑Schularzt.
schul|ärzt|lich ⟨Adj.⟩: *vom Schularzt, von der Schulärztin ausgehend; sich auf den Schularzt, die Schulärztin beziehend:* ein -es Attest.
Schul|at|las, der: *auf die Bedürfnisse im Schulunterricht abgestimmter ²Atlas (1).*
Schul|auf|bau, der ⟨o. Pl.⟩: *Aufbau (3) der Schule (1) nach Schulstufen u. Schultypen.*
Schul|auf|ga|be, die: **1.** *Schularbeit (1).* **2.** (landsch.) *Klassenarbeit.*
Schul|auf|satz, der: *als Haus- od. Klassenarbeit geschriebener Aufsatz.*
Schul|auf|sicht, die: *staatliche Aufsicht (1) über die Schulen (1).*
Schul|auf|sichts|be|hör|de, die: *für die Schulaufsicht zuständige Behörde.*
Schul|aus|flug, der: *Ausflug, den Schüler[innen] u. Lehrer[innen] einer Schule gemeinsam unternehmen.*
Schul|bank, die ⟨Pl. ...bänke⟩ (früher): *mit einem Pult (a) verbundene Bank für Schüler[innen]:* Ü *von der S. [weg]* (ugs.; *unmittelbar nach der Schulzeit*) wurde er zum Militär einberufen; * *die S. drücken* (ugs.; *zur Schule gehen*); *miteinander die S./die gleiche S. gedrückt haben/[miteinander] auf einer S. gesessen haben* (ugs.; *in derselben Klasse* 1 *gewesen sein*).
Schul|bau, der ⟨Pl. -ten⟩: *Bau, Gebäude, in dem eine Schule untergebracht ist.*
Schul|be|ginn, der ⟨o. Pl.⟩: *Schulanfang (2).*
Schul|be|hör|de, die: *Schulamt (1).*
Schul|bei|spiel, das: *typisches, klassisches Beispiel.*
Schul|be|such, der: **1.** *Besuch der Schule (1).* **2.** (schweiz.) *Hospitation eines Schulrates o. Ä. im Schulunterricht.*
Schul|be|trieb, der ⟨o. Pl.⟩: *Organisation u. Ablauf des Unterrichts in der Schule (1).*
Schul|bi|b|li|o|thek, die: *Bibliothek einer Schule.*
schul|bil|dend ⟨Adj.⟩: *eine Schule (6) ausbildend, prägend:* s. [für eine Kunstrichtung] sein, wirken.
Schul|bil|dung, die: *durch die Schule (1) vermittelte Bildung:* eine gute S. haben.
♦ **schul|b|rig** ⟨Adj.⟩: *zu: schülbern, schülwern*, Nebenf. von ↑schelfern (nordd.): *brüchig, abblätternd:* ... da verunglückt einer ... auf dem -en Eise (Fontane, Effi Briest 98).
Schul|brot, das: *belegtes Brot, das ein Schüler, eine Schülerin in die Schule mitnimmt.*
Schul|bub, der (südd., österr., schweiz.): *Schuljunge.*
Schul|buch, das: *Lehr- u. Arbeitsbuch für den Schulunterricht.*
Schul|bü|che|rei, die: *Schulbibliothek.*
Schul|buch|kom|mis|si|on, die: *Fachkommission zur Prüfung von Schulbüchern [vor deren Einführung an den Schulen].*
Schul|bus, der: *Bus, der Schülerinnen u. Schüler zur Schule u. zurück befördert.*
Schul|chor, der: vgl. Schulorchester.
schuld: *in der Wendung* **[an etw.] s. sein** (*[an etw.] Schuld haben, [für etw.] verantwortlich sein:* daran bist du schuld).
Schuld, die; -, -en [mhd. schulde, schult, ahd. sculd(a), zu: sculan = ↑sollen in dessen urspr. Bed. »schulden« u. »gelten« = Geschuldetes]: **1.** ⟨o. Pl.⟩ *Ursache von etw. Unangenehmem, Bösem od. eines Unglücks, das Verantwortlichsein, die Verantwortung dafür:* die S. liegt bei mir; er hat, trägt [die] S. [daran]; jmdm. [für etw.] die S. [an etw.] geben *(jmdn. [für etw.] verantwortlich machen);* * **[an etw.] S. haben** (*[an etw.] Schuld haben, [für etw.] verantwortlich sein:*

immer soll ich an allem S. haben!); **jmdm., einer Sache [an etw.] S. geben** (*jmdn., etw. für etw. verantwortlich machen*: ich gebe dir ja gar nicht S. [daran]). **2.** ⟨o. Pl.⟩ *bestimmten Verhalten, bestimmte Tat, womit jmd. gegen Werte, Normen verstößt; begangenes Unrecht, sittliches Versagen, strafbare Verfehlung*: eine persönliche, kollektive S.; sich keiner S. bewusst sein *(sich nicht schuldig fühlen; nicht das Gefühl haben, etw. falsch gemacht zu haben);* Die Eisenbahnbehörde bestritt hartnäckig jede S. und erklärte, das Unglück sei auf einen verbrecherischen Anschlag zurückzuführen (Feuchtwanger, Erfolg 115); * **sich etw. zu -en kommen lassen** (↑ zuschulden). **3.** ⟨meist Pl.⟩ *Geldbetrag, den jmd. einem anderen schuldig ist*: eine S. tilgen, löschen; -en eintreiben, einklagen, einfordern; * **mehr -en als Haare auf dem Kopf haben** (ugs.; *sehr viele Schulden haben;* nach Psalm 40, 13, wo König David die Anzahl seiner Sünden mit den Haaren auf seinem Haupt vergleicht); **tief/bis über die, beide Ohren in -en stecken** (ugs.; *völlig verschuldet sein*). **4.** * **[tief] in jmds. S. sein/stehen** (geh.; *jmdm. sehr zu Dank verpflichtet sein*).

Schuld|an|er|kennt|nis, das (Rechtsspr., Wirtsch.): *vertragliche Anerkennung des Bestehens eines Schuldverhältnisses.*

Schuld|be|kennt|nis, das: *Eingeständnis einer Schuld:* ein S. ablegen.

schuld|be|la|den ⟨Adj.⟩ (geh.): *große Schuld (2) auf sich geladen habend.*

Schuld|be|weis, der: *Beweis einer Schuld:* der S. steht noch aus.

schuld|be|wusst ⟨Adj.⟩: *sich seiner Schuld (1, 2) bewusst u. deshalb bedrückt, verlegen, kleinlaut*: eine -e *(Schuldbewusstsein ausdrückende)* Miene; s. schweigen.

Schuld|be|wusst|sein, das: *Bewusstsein einer Schuld.*

Schuld|ein|ge|ständ|nis, das: *das Eingestehen, das Zugeben einer Schuld.*

schul|den ⟨sw. V.; hat⟩ [mhd. schulden = schuldig, verpflichtet sein; sich schuldig machen < ahd. sculdōn = sein, zu eigen, zuweisen, es verdienen, zu ↑ Schuld]: **a)** *zur Begleichung von Schulden od. als Entgelt o. Ä. zahlen müssen*: jmdm. eine größere Summe s.; was schulde ich Ihnen [für die Reparatur]?; **b)** *aus sittlichen, gesellschaftlichen o. ä. Gründen jmdm. ein bestimmtes Verhalten, Tun, eine bestimmte Haltung schuldig sein*: jmdm. Dank, Respekt, eine Antwort, Erklärung s.; ich schulde (selten; *verdanke*) ihm mein Leben; * **einer Sache geschuldet sein** *(auf etw. zurückzuführen sein, aus etw. resultieren:* längere Öffnungszeiten sind verändertem Kundenverhalten geschuldet).

Schul|den|ab|bau, der: *Abbau von Schulden.*

Schul|den|berg, der (ugs. emotional): *große Menge Schulden, große Schuldsumme*: der S. wächst immer weiter, ist auf über 200 000 Euro angewachsen.

Schul|den|brem|se, die (ugs.): vgl. Kostenbremse: die S. ist ein Mittel gegen Spekulanten; die S. *(Grenze, bis zu der Schulden gemacht werden können)* einhalten, erfüllen; * **auf die S. treten** (ugs.; *weniger Schulden machen*).

Schul|den|dienst, der (Wirtsch., Bankw.): *Zins- u. Tilgungszahlung eines Schuldners für seine Verbindlichkeiten (aus aufgenommenen Krediten).*

Schul|den|er|lass, der: *Erlass (2) der Schulden eines Schuldners.*

Schul|den|fal|le, die (Wirtsch., Bankw., oft auch ugs.): *Situation, in der die Aufwendungen, Ausgaben o. Ä. die Einkünfte, Einnahmen beträchtlich übersteigen u. somit eine Schuldentilgung unmöglich wird.*

schul|den|frei ⟨Adj.⟩: **a)** *nicht verschuldet:* wir sind s.; **b)** *nicht mit Schulden belastet:* ein -es Grundstück.

Schul|den|kri|se, die (Politik, Wirtsch.): *durch eine zu hohe Verschuldung (bes. von Entwicklungsländern) gegenüber dem Ausland bedingte Krise im internationalen Finanzsystem*: die internationale S.

Schul|den|last, die: *bedrückende Menge Schulden*: eine hohe, wachsende, drückende S.

Schul|den|schnitt, der (Finanzw.): *Erlass eines Teils der Schulden.*

Schul|den|stand, der: *Stand (4 c) der Schulden.*

Schul|den|til|gung, die (Wirtsch.): *Tilgung von Schulden*: Gelder zur S. bereitstellen.

schuld|fä|hig ⟨Adj.⟩ (Rechtsspr.): *(aufgrund seiner geistigen u. psychischen Verfassung u. a.) fähig, das Unrecht einer Tat einzusehen u. nach dieser Einsicht zu handeln*: sie wurde aufgrund eines Gutachtens für s. erklärt.

Schuld|fä|hig|keit, die ⟨o. Pl.⟩ (Rechtsspr.): *das Schuldfähigsein.*

Schuld|for|de|rung, die (Wirtsch.): **a)** *Einforderung einer Schuld (3);* **b)** *eingeforderte Schuld (3)*: eine S. bezahlen.

Schuld|fra|ge, die ⟨Pl. selten⟩: *Frage nach der Schuld od. Unschuld* bes. eines Angeklagten.

schuld|frei ⟨Adj.⟩: *frei von, ohne Schuld (2).*

Schuld|ge|fühl, das ⟨meist Pl.⟩ (bes. Psychol.): *subjektives (meist objektiv nicht nachvollziehbares) Gefühl eines Menschen, eine Schuld auf sich geladen zu haben*: die -e der Überlebenden.

Schuld|ge|ständ|nis, das (Rechtsspr.): *Geständnis einer Schuld*: ein S. machen, ablegen.

schuld|haft ⟨Adj.⟩ (bes. Amtsspr.): *von der Art od. auf eine Weise, dass sich jmd. dadurch schuldig (1) macht; durch eigene Schuld (1) erfolgt*: ein -es Verhalten.

Schuld|haft, die (früher): ¹*Haft (2) für säumige Schuldner.*

Schul|die|ner, der (veraltet): *Hausmeister einer Schule.*

Schul|dienst, der: **1.** ⟨Pl. selten⟩ *Lehrtätigkeit an einer Schule (1); Dienst (1 b) in der Schule*: [als Beamtin] im S. tätig sein. **2.** (bes. schweiz.) *schulische Einrichtung.*

schul|dig ⟨Adj.⟩ [mhd. schuldec, ahd. sculdig]: **1.** *(an etw.) [die] Schuld tragend, in Bezug auf jmdn., etw. Schuld auf sich geladen habend*: die -e Person; der Angeklagte ist [des Mordes] s.; sie hat sich des Betruges s. gemacht (geh.; *hat einen Betrug begangen);* [an jmdm.] s. werden *(Schuld auf sich laden [indem man jmdm. ein Unrecht zufügt]);* sie ist an dem Unglück s. *(schuld);* s. fühlen, bekennen; jmdn. für s. erklären, befinden; s. *(als schuldiger Teil)* geschieden werden; auf s. plädieren (Rechtsspr.; *die Schuldigsprechung beantragen)*; auf s. erkennen (Rechtsspr.; *einen Schuldspruch fällen)*; * **jmdm. s. sprechen/schuldigsprechen** *(jmdn. gerichtlich verurteilen).* **2. a)** *(als materielle Gegenleistung) zu geben verpflichtet*: jmdm. [noch] Geld, 100 Euro, eine Monatsmiete s. sein *(schulden);* was bin ich Ihnen s. ? *(was habe ich zu bezahlen?);* Ü jmdm. Dank, Rechenschaft, eine Erklärung s. sein; den Beweis hierfür bist du mir noch s. geblieben *(hast du mir noch nicht gegeben, geliefert);* das ist sie sich selbst s. *(ihr Ehrgefühl verlangt es von ihr);* * **jmdm. nichts s. bleiben** *(auf jmds. Angriff mit gleicher Schärfe reagieren);* **b)** *aus Gründen des Anstandes, der Höflichkeit geboten, gebührend, geziemend*: jmdm. die -e Achtung erweisen; mit den -en Respekt; …ob … Schwester Bärbe Osann die Höflichkeit so weit außer Acht lassen werde, einer älteren Dame die -e Aufwartung zu verweigern (A. Zweig, Grischa 381); ◆ **c)** * **jmdm., einer Sache etw. s.**

sein (*jmdm., einer Sache etw. verdanken*): Alfonsen bin ich s., was ich tat).

Schul|di|ge, die/*eine Schuldige*; *der/einer Schuldigen, die Schuldigen/zwei Schuldige: weibliche Person, die schuldig (1) ist.*

¹**Schul|di|ger,** der *Schuldige/ein Schuldiger; des/eines Schuldigen, die Schuldigen/zwei Schuldige: jmd., der schuldig (1) ist.*

²**Schul|di|ger,** der; -s, - [mhd. schuldigære] (bibl.): *jmd., der sich schuldig (1) gemacht hat.*

Schul|dig|keit, die; -, -en: *das Schuldigsein*: * **seine [Pflicht und] S. tun** *(dasjenige tun, wozu man verpflichtet ist);* **seine S. getan haben** (ugs.; *seinen Zweck erfüllt haben, ausgedient haben u. nicht mehr gebraucht werden*: sobald er seine S. getan hat, werden sie ihn in die Wüste schicken).

schul|dig spre|chen, schul|dig|spre|chen ⟨st. V.; hat⟩: s. schuldig (1).

Schul|dig|spre|chung, die; -, -en: *das Fällen des Schuldspruchs.*

Schul|di|rek|tor, der: *Direktor einer Schule.*

Schul|di|rek|to|rin, die: w. Form zu ↑ Schuldirektor.

Schuld|kom|plex, der: *durch ein gesteigertes Schuldgefühl hervorgerufener Komplex (2).*

schuld|los ⟨Adj.⟩: *nicht schuldig; ohne eigenes Verschulden*: sie war s.; s. in einen Unfall verwickelt werden.

Schuld|lo|sig|keit, die; -: *das Schuldlossein.*

Schuld|ner, der; -s, - [mhd. schuldenære, ahd. sculdenāre]: **a)** *jmd., der einem anderen etw., bes. Geld, schuldet;* ◆ **b)** *Gläubiger*: Was ist er Ihnen schuldig? Wem ist er nicht mehr schuldig? Bringen Sie mir alle seine S. Hier ist Geld (Lessing, Minna II, 2).

Schuld|ner|be|ra|tung, die: *Beratung verschuldeter od. überschuldeter Personen durch Verbraucherverbände, Selbsthilfeorganisationen, kommunale Behörden o. Ä.*

Schuld|ne|rin, die; -, -nen: w. Form zu ↑ Schuldner.

Schuld|recht, das (Rechtsspr.): *Recht (1 a), das die Schuldverhältnisse regelt.*

schuld|recht|lich ⟨Adj.⟩ (Rechtsspr.): *das Schuldrecht betreffend, auf ihm beruhend.*

Schuld|schein, der: *schriftliche Bestätigung einer Schuld (3).*

Schuld|spruch, der: *Rechtsspruch, in dem ein Angeklagter schuldig gesprochen wird.*

Schuld|sum|me, die: *geschuldete Summe.*

Schuld|ti|tel, der (Rechtsspr.): *öffentliche Urkunde, die zur Zahlung einer Schuld verpflichtet (z. B. Vollstreckungsbefehl).*

schuld|tra|gend ⟨Adj.⟩: *die Schuld (1) (an etw.) tragend.*

Schuld|tra|gen|de, die/*eine Schuldtragende; der/einer Schuldtragenden, die Schuldtragenden/zwei Schuldtragende: weibliche Person, die die Schuld (an etw.) trägt.*

Schuld|tra|gen|der, der *Schuldtragende/ein Schuldtragender; des/eines Schuldtragenden, die Schuldtragenden/zwei Schuldtragende: jmd., der die Schuld (an etw.) trägt.*

Schuld|turm, der (früher): *als Gefängnis dienender Turm zur Verbüßung der Schuldhaft.*

Schuld|um|wand|lung, die (Wirtsch.): *Umschuldung.*

schuld|un|fä|hig ⟨Adj.⟩ (Rechtsspr.): *nicht schuldfähig*: jmdn. für s. erklären.

Schuld|un|fä|hig|keit, die ⟨o. Pl.⟩ (Rechtsspr.): *das Schuldunfähigsein.*

Schuld|ver|hält|nis, das (Rechtsspr., Wirtsch.): *Rechtsverhältnis zwischen Schuldner u. Gläubiger.*

Schuld|ver|schrei|bung, die (Rechtsspr., Wirtsch.): *meist festverzinsliches, auf den Inhaber lautendes Wertpapier, in dem sich der Aus-*

schuldvoll – Schulhof

steller zu einer bestimmten [Geld]leistung verpflichtet.
schuld|voll ⟨Adj.⟩ (geh.): voll Schuld (2), schuldbewusst.
Schuld|zins, der; -es, -en (Bankw.): Zins für Fremdkapital.
Schuld|zu|wei|sung, die: das Zuweisen von Schuld: vor vorschnellen -en warnen.
Schu|le, die; -, -n: **1.** [mhd. schuol(e), ahd. scuola < lat. schola = Unterricht(sstätte); Muße, Ruhe < griech. scholḗ, eigtl. = das Innehalten (bei der Arbeit)] Lehranstalt, in der Kindern u. Jugendlichen durch planmäßigen Unterricht Wissen u. Bildung vermittelt werden: eine öffentliche, private, konfessionelle S.; eine S. für Hochbegabte; die S. besuchen, wechseln; sie will später an die zur S. gehen (ugs.; will Lehrerin werden); an einer S. unterrichten; er geht in, auf die höhere S.; sie kommt dieses Jahr in die, zur S. (wird eingeschult); noch in die, zur S. gehen (noch Schüler[in] sein); wir sind zusammen in die, zur S. gegangen (ugs.; waren in derselben Klasse, Schule); von der S. abgehen; sie ist von der S. geflogen (ugs.; vom Schulbesuch ausgeschlossen worden); Ü er ist in eine harte S. gegangen, hat eine harte S. durchgemacht (hat viel Schweres durchgemacht, bittere Erfahrungen im Leben gemacht); * aus der S. plaudern (interne Angelegenheiten Außenstehenden mitteilen).
2. Schulgebäude: eine große, moderne S.; die S. betreten, verlassen. **3.** ⟨o. Pl.⟩ in der Schule erteilter Unterricht: die S. beginnt um 8 Uhr; heute haben wir, ist keine S.; morgen fällt die S. aus; die S. schwänzen; sie kommt in die S. gut, nicht mit; komm nach der S. bitte gleich nach Hause. **4.** ⟨o. Pl.⟩ Ausbildung, durch die jmds. Fähigkeiten auf einem bestimmten Gebiet zu voller Entfaltung kommen, gekommen sind; Schulung: ihr Spiel verrät eine ausgezeichnete S.; * [die] Hohe/hohe S. (1. Reiten; bestimmte Dressurübungen, deren Beherrschung vollendete Reitkunst ist. 2. vollkommene Beherrschung einer bestimmten künstlerischen, wissenschaftlichen od. sportlichen Disziplin: die Hohe/hohe S. der Architektur). **5.** ⟨o. Pl.⟩ Gesamtheit der Lehrer- u. Schülerschaft einer Schule: die ganze S. war in der Aula versammelt.
6. bestimmte künstlerische od. wissenschaftliche Richtung, die von einem Meister, einer Kapazität ausgeht u. von ihren Schülern u. Schülerinnen vertreten wird: die S. Dürers; die florentinische S.; die Mannheimer, die Frankfurter S.; Ü ein Pädagoge der S. (der früher herrschenden Richtung); ein Diplomat alter S.; Obwohl also von Stifter an Temperament, Weltanschauung und sprachlichen Absichten grundverschieden, gehörte ich dennoch – und so sehr er selbst dagegen protestieren würde! – zu seiner S. (A. Schmidt, Platz 68); * S. machen (viele Nachahmer[innen] finden: sein Beispiel sollte S. machen!) **7.** Lehr- u. Übungsbuch für eine bestimmte [künstlerische] Disziplin: S. des Klavier-, Flötenspiels. **8.** Kurzf. von ↑ Baumschule. **9.** [engl. school, aus dem Westgerm., vgl. asächs. scola = Schar, (abgesonderte) Gruppe, wohl verw. mit ↑ Scholle; als identisch mit Schule (1) empfunden] (Zool.) Schwarm (von Fischen): eine S. Delfine, Wale.
schul|ei|gen ⟨Adj.⟩: der Schule gehörend: in der -en Turnhalle.
¹schu|len ⟨sw. V.; hat⟩: **a)** (in einem bestimmten Beruf, Tätigkeitsfeld) für eine spezielle Aufgabe, Funktion intensiv ausbilden: jmdn. politisch s.; das ganze Team für seine neue Aufgabe in Sonderkursen s.; Ü ein Pädagoge alter (im 2. Part.:) psychologisch geschulte Fachkräfte; **b)** durch systematische Übung bes. leistungsfähig machen, vervollkommen: das Auge s.; durch Auswen-

diglernen das Gedächtnis s.; er hat sich an den flämischen Malern geschult; ⟨häufig im 2. Part.:⟩ ein geschultes (geübtes) Auge, Ohr haben; ... setzte man sich erst mit der griechischen Philosophie auseinander, so war es unausbleiblich, dass man daran den Geist schulte (Thieß, Reich 312); **c)** abrichten, dressieren: Blindenhunde s.
²schu|len ⟨sw. V.; hat⟩ [mniederd. schülen = (im Verborgenen) lauern] (nordd.): schielen (2 a, b).
Schul|eng|lisch, das: in der Schule (1) erworbenes englisches Fachwissen.
schul|ent|las|sen ⟨Adj.⟩: aus der Schule (1) entlassen.
Schul|ent|las|se|ne, die/eine Schulentlassene; der/einer Schulentlassenen, die Schulentlassenen/zwei Schulentlassene: weibliche Person, die aus der Schule (1) entlassen worden ist.
Schul|ent|las|se|ner, Schulentlassene/ein Schulentlassener; des/eines Schulentlassenen, die Schulentlassenen/zwei Schulentlassene: jmd., der aus der Schule (1) entlassen worden ist.
Schul|ent|las|sung, die: Entlassung aus der Schule (1).
Schü|ler, der; -s, - [mhd. schuolære, ahd. scuolāri < mlat. scholaris < spätlat. scholaris = zur Schule gehörig; Schüler]: **1.** Junge, Jugendlicher, der eine Schule (1) besucht: ein guter, durchschnittlicher S.; er ist ein ehemaliger S. von ihr; einen S. tadeln, motivieren. **2.** jmd., der auf einem bestimmten (meist wissenschaftlichen od. künstlerischen) Gebiet von einer Kapazität, einem Meister ausgebildet wird u. seine Lehre, Stilrichtung o. Ä. vertritt: ein S. Raffaels; ein S. von Röntgen.
Schü|ler|ar|beit, die: (bes. im Kunst-, Werkunterricht angefertigte) Arbeit eines Schülers, einer Schülerin.
Schü|ler|aus|tausch, der: Austausch von Schüler[inne]n verschiedener Nationalität (zur Förderung der internationalen Verständigung).
Schü|ler|aus|weis, der: Ausweis (1), mit dem sich ein Schüler, eine Schülerin ausweisen kann.
Schü|ler|bib|lio|thek, die: den Schülern u. Schülerinnen einer Schule (1) zur Verfügung stehende Bibliothek.
Schü|ler|brief|wech|sel, der: Briefwechsel zwischen Schüler[inne]n [verschiedener Länder].
Schü|ler|fahr|kar|te, die: ermäßigte Fahrkarte für Schüler u. Schülerinnen.
Schü|ler|grup|pe, die: Gruppe von Schülern.
Schü|ler|haft ⟨Adj.⟩: **1.** (abwertend) (in der Ausführung o. Ä. von etw.) fehlendes Können, fehlende geistige Reife erkennen lassend; unfertig, unreif: eine -e Arbeit, Leistung. **2.** einem Schüler, einer Schülerin entsprechend, ähnlich: -e Schüchternheit.
Schü|ler|hort, der: Schulhort.
Schü|le|rin, die; -, -nen: w. Form zu ↑ Schüler.

Um gehäuftes Auftreten der Doppelform Schülerinnen und Schüler zu vermeiden, können die Ausweichformen Schülerschaft oder Lernende gewählt werden.

Schü|ler/-innen, Schü|ler(innen): Kurzformen für: Schülerinnen und Schüler.
Schü|ler|lot|se, der: als Verkehrshelfer ausgebildeter Schüler, der Mitschüler[innen] über verkehrsreiche Fahrbahnen lotst.
Schü|ler|lot|sin, die: w. Form zu ↑ Schülerlotse.
Schü|ler|mit|ver|ant|wor|tung, die: Schülervertretung (1).
Schü|ler|müt|ze, die (früher): von Schülern getragene Mütze, die durch Farbe, Form o. Ä. die Zugehörigkeit zu einer Schule (1) u. Klasse (1 b) kenntlich macht.

Schü|ler|par|la|ment, das: Vertretung der Schülermitverwaltungen verschiedener [höherer] Schulen (1) einer [größeren] Stadt.
Schü|ler|schaft, die; -, -en: Gesamtheit der Schüler u. Schülerinnen [einer Schule (1)].
Schü|ler|spra|che, die: Jargon (a) der Schüler u. Schülerinnen.
Schü|ler|spre|cher, der: von Schülern u. Schülerinnen gewählter Mitschüler, der die Interessen der Schülerschaft einer Schule (1) vertritt.
Schü|ler|spre|che|rin, die: w. Form zu ↑ Schülersprecher.
Schü|ler|ver|tre|tung, die: **1.** ⟨o. Pl.⟩ Beteiligung der Schüler u. Schülerinnen an der Gestaltung des Schullebens. **2.** aus Schulsprecher[in] u. Klassensprecher[inne]n u. ihren Vertreter[inne]n zusammengesetztes Gremium, das die Schülerschaft in der Schülervertretung (1) vertritt (Abk.: SV).
Schü|ler|wett|be|werb, der: in einer Schule (1) veranstalteter Wettbewerb.
Schü|ler|zahl, die: Anzahl der Schüler u. Schülerinnen (z. B. einer Schule, eines Landes).
Schü|ler|zei|tung, die: von Schülern u. Schülerinnen gestaltete u. herausgegebene Zeitung innerhalb einer Schule (1).
Schul|fach, das: an der Schule (1) unterrichtetes Fach (4 a).
Schul|fei|er, die: von der Schule (1) veranstaltete Feier.
Schul|fe|ri|en ⟨Pl.⟩: (in Deutschland pro Bundesland) staatlich festgelegte Ferien für die Schulen (1).
Schul|fern|se|hen, das: vgl. Schulfunk.
Schul|fest, das: vgl. Schulfeier.
Schul|form, die: Schulart.
Schul|fran|zö|sisch, das: vgl. Schulenglisch.
schul|frei ⟨Adj.⟩: frei von, ohne Schulunterricht: ein -er Tag; heute ist, haben wir s.; s. bekommen, kriegen (vom Unterricht freigestellt werden).
Schul|freund, der: [früherer] Mitschüler, mit dem jmd. befreundet ist.
Schul|freun|din, die: w. Form zu ↑ Schulfreund.
Schul|funk, der: Gesamtheit der für den Schulunterricht ausgestrahlten Rundfunksendungen, die zur Ergänzung u. Unterstützung des Unterrichtsprogrammes dienen sollen.
Schul|gar|ten, der: schuleigener Garten [der von Schülern u. Schülerinnen betreut u. für den Botanikunterricht genutzt wird].
Schul|ge|bäu|de, das: Gebäude, in dem der Schulunterricht stattfindet; Schule (2).
Schul|ge|brauch, der: in der Fügung für den S. (zur [Be]nutzung, Verwendung im Schulunterricht [bestimmt]: das Buch ist in Hessen für den S. zugelassen).
Schul|ge|gen|stand, der (österr.): Schulfach: ♦ Der Färber... fragte sie um ihre Schulgegenstände aus und schärfte ihnen besonders ein, was sie lernen sollten (Stifter, Bergkristall 23).
Schul|ge|län|de, das: Gelände bei einer Schule.
Schul|geld, das: Betrag, der für den Besuch bestimmter Schulen (1) zu zahlen ist: S. zahlen müssen; R lass dir dein in der S. zurückgeben (salopp; du scheinst in der Schule nichts gelernt zu haben).
Schul|geld|frei|heit, die: ⟨o. Pl.⟩ Recht zum unentgeltlichen Schulbesuch.
Schul|ge|setz, das: rechtliche Grundlage für das Schulwesen eines Bundeslandes.
Schul|got|tes|dienst, der: für die Schule (5) abgehaltener Gottesdienst.
Schul|gram|ma|tik, die: vgl. Schulatlas.
Schul|haus, das: Schulgebäude.
Schul|heft, das: ²Heft (a) für den Schulgebrauch.
Schul|hof, der: zur Schule (2) gehörender Hof, auf dem sich die Schüler[innen] während der [großen] Pause aufhalten.

Schulhort – Schulterblatt

Schul|hort, der: *einer Schule (1) angegliederter Kinderhort.*
Schul|hy|gi|e|ne, die: *Gesundheitspflege im Bereich der Schule (1).*
schu|lisch ⟨Adj.⟩: *die Schule (1, 3) betreffend, durch die, in der Schule [erfolgend]:* -e Fragen; die -e Arbeit; s. versagen.
Schul|jahr, das: **1.** *Zeitraum eines Jahres für die Arbeit an der Schule (1), in dem nach einem Lehrplan bestimmte Unterrichtspensen zu bewältigen sind:* das neue S. beginnt am 1. August. **2.** *in Verbindung mit Zahlen; Klasse* (b): sie ist im 7. S.
Schul|ju|gend, die: *Gesamtheit der Jugendlichen, die die Schule (1) besuchen.*
Schul|jun|ge, der (ugs.): *Junge, der die Schule besucht; jüngerer Schüler* (1): jmdn. wie einen [dummen] -n *(wie jmdn., der noch belehrt werden muss, noch unfertig ist)* behandeln.
Schul|ka|me|rad, der: *Schulfreund.*
Schul|ka|me|ra|din, die: w. Form zu ↑ Schulkamerad.
Schul|kennt|nis|se ⟨Pl.⟩: *in der Schule (1) vermittelte, erworbene Kenntnisse:* gute S. besitzen.
Schul|kind, das: *Kind, das die Schule (1) besucht:* du bist jetzt ein S.!
Schul|klas|se, die: *Klasse* (1 a, b).
Schul|kol|le|ge, der (landsch., schweiz., österr.): *Mitschüler, Schulkamerad.*
Schul|kol|le|gin, die: w. Form zu ↑ Schulkollege.
Schul|kon|fe|renz, die: *Konferenz (1) von Lehrkräften, Eltern u. Schüler[inne]n.*
Schul|land|heim, das: *Heim, in dem sich Schulklassen jeweils für einige Tage zur Erholung u. zum Unterricht aufhalten:* ins S. fahren.
Schul|le|ben, das ⟨o. Pl.⟩: *Gesamtheit der Vorgänge, das Geschehen innerhalb der Schule (1):* den Eltern Einblicke ins S. vermitteln.
Schul|leh|rer, der (ugs.): *Lehrer.*
Schul|leh|re|rin, die: w. Form zu ↑ Schullehrer.
Schul|leis|tung, die: *schulische Leistung (eines Schülers, einer Schülerin):* seine -en sind gut, lassen nach, lassen zu wünschen übrig.
Schul|lei|ter, der: *Leiter einer Schule (1).*
Schul|lei|te|rin, die: w. Form zu ↑ Schulleiter.
Schul|lei|tung, die: **1.** ⟨o. Pl.⟩ *Leitung (1 a) einer Schule (1):* mit der S. beauftragt sein. **2.** *Leitung (1 b) einer Schule (1):* das ist Aufgabe der S.
Schul|mäd|chen, das (ugs.): *Mädchen, das die Schule besucht; jüngere Schülerin.*
Schul|mann, der ⟨Pl. ...männer⟩: *Pädagoge (1):* ein alter, erfahrener S.
Schul|map|pe, die: *Mappe (2) für Hefte, Bücher o. Ä., die mit in die Schule (1) genommen wird.*
schul|mä|ßig ⟨Adj.⟩: **a)** *der Schule (3) entsprechend;* **b)** *was die Schule (1) betrifft, angeht; der Schule (1) entsprechend.*
Schul|me|di|zin, die ⟨o. Pl.⟩: *Medizin, die an den Hochschulen gelehrt wird u. allgemein anerkannt ist:* eine Brücke von der S. zu alternativen Heilmethoden schlagen.
schul|me|di|zi|nisch ⟨Adj.⟩: *die Schulmedizin betreffend, zu ihr gehörend:* eine -e Behandlung, Therapie, Methode.
Schul|meis|ter, der: **1.** (ugs. scherzh., sonst veraltend) *Lehrer.* **2.** (abwertend) *jmd., der gern schulmeistert.*
Schul|meis|te|rei, die; -, -en: **1.** ⟨o. Pl.⟩ (veraltet, sonst ugs. scherzh.) *Lehrtätigkeit an der Schule (1); Lehrberuf.* **2.** (abwertend) *das Schulmeistern; schulmeisterliches Verhalten:* deine ständige S.!
schul|meis|ter|haft ⟨Adj.⟩: *schulmeisterlich.*
Schul|meis|te|rin, die: w. Form zu ↑ Schulmeister.
schul|meis|ter|lich ⟨Adj.⟩ (abwertend): *zur Schulmeisterei (2) neigend, wie ein Schulmeister (2).*
schul|meis|tern ⟨sw. V.; hat⟩ (abwertend): *in pedantischer Art korrigieren u. belehren:* jmdn. s.; ⟨auch ohne Akk.-Obj.:⟩ er schulmeistert gern.
Schul|mu|sik, die: **1.** *musikalische Betätigung in der Schule (1).* **2.** ⟨o. Pl.⟩ *die Schulmusik (1) beinhaltendes Studienfach an Musikhochschulen.*
Schul|no|te, die: *Note (2a).*
Schul|or|ches|ter, das: *aus Schülern u. Schülerinnen [u. Lehrkräften] gebildetes Orchester einer Schule (1).*
Schul|ord|nung, die: *Gesamtheit der Bestimmungen zur Regelung eines ordnungsgemäßen Ablaufs des Schulunterrichts:* ein Verstoß gegen die S.
Schul|pä|d|a|go|gik, die: *Teilgebiet der Pädagogik, das sich auf den Lehrerberuf bezogen mit speziellen pädagogischen Problemen der Schule (1) beschäftigt.*
Schul|pflicht, die: **1.** *gesetzliche Vorschrift für Kinder eines bestimmten Alters zum regelmäßigen Besuch einer allgemeinbildenden Schule (1).* **2.** *bestimmte Pflicht, Verpflichtung, die von der Schule den Schülern auferlegt wird.*
schul|pflich|tig ⟨Adj.⟩: *von der Schulpflicht betroffen, der Schulpflicht unterliegend:* ein -es Kind.
Schul|platz, der: **1.** *Schulhof.* **2.** *Platz (4) in einer Schule.*
Schul|po|li|tik, die: *Gesamtheit von Maßnahmen, Bestrebungen u. Richtlinien, die das Schulwesen bestimmen.*
schul|po|li|tisch ⟨Adj.⟩: *zur Schulpolitik gehörend, sie betreffend, darauf beruhend:* eine -e Diskussion.
Schul|prak|ti|kum, das: *schulisches Praktikum für Studierende, die den Lehrberuf ergreifen wollen.*
Schul|pro|gramm, das: **1.** *Grundsatzprogramm einer Schule:* die künstlerische Betätigung ist in unserem S. fest verankert. **2.** *Schulprojekt:* den Jugendlichen eine Vielzahl von -en bieten.
Schul|pro|jekt, das: *schulisches Projekt.*
Schul|psy|cho|lo|ge, der: *[an einer Schule (1) tätiger] Fachmann auf dem Gebiet der Schulpsychologie.*
Schul|psy|cho|lo|gie, die: **1.** *Teilgebiet der angewandten Psychologie, das sich mit den psychologischen schulischen Problemen beschäftigt.* **2.** (veraltet, meist abwertend) *an den Universitäten gelehrte Psychologie (im Unterschied zur Tiefenpsychologie).*
Schul|psy|cho|lo|gin, die: w. Form zu ↑ Schulpsychologe.
Schul|ran|zen, der: *Ranzen* (1).
Schul|rat, der: *Beamter der Schulaufsichtsbehörde.*
Schul|rä|tin, die: w. Form zu ↑ Schulrat.
Schul|raum, der: **1.** ⟨o. Pl.⟩ *Gesamtheit von Grundstücken u. Räumlichkeiten, die für die Erteilung von Unterricht geeignet sind:* die Kommunen stellen immer weniger S. zur Verfügung. **2.** *Klassenzimmer:* im S. wurde ein Kruzifix aufgehängt.
Schul|recht, das ⟨Pl. selten⟩: *das Schulwesen betreffendes Recht* (1 a).
Schul|re|form, die: *Reform des Schulwesens.*
schul|reif ⟨Adj.⟩: *(von einem Kind) in Bezug auf seine Fähigkeiten so weit entwickelt, dass es eingeschult werden kann.*
Schul|rei|fe, die: *das Schulreifsein.*
Schul|rei|fe|test, der: *Test zur Ermittlung der Schulreife.*
Schul|rei|se, die (schweiz.): *einmal im Jahr stattfindender Ausflug einer Schulklasse; Klassenausflug.*
Schul|sack, der (schweiz.): *Ranzen* (1).
Schul|schiff, das: *[Segel]schiff zur Ausbildung von Seeleuten.*
Schul|schluss, der ⟨o. Pl.⟩: **1.** *Ende der täglichen Unterrichtszeit.* **2.** (landsch.) *Ende der Schulzeit, Beendigung der schulischen Ausbildung.*
Schul|schwän|zer, der (ugs.): *Schüler, der die Schule (3) schwänzt.*
Schul|schwän|ze|rin, die: w. Form zu ↑ Schulschwänzer.
Schul|schwes|ter, die: *Angehörige eines Frauenordens, deren ausschließliche Arbeitsgebiete Schule u. Erziehung sind.*
Schul|spei|sung, die: *Essenausgabe (1) in der Schule (1, 2).*
Schul|sport, der: *Sport als Unterrichtsfach in der Schule (1).*
Schul|spre|cher, der: *Schülersprecher.*
Schul|spre|che|rin, die: w. Form zu ↑ Schulsprecher.
Schul|stress, der: *starke, auf die Dauer gesundheitliche Schäden verursachende körperlich-psychische Belastung der Schüler u. Schülerinnen durch die besonders hohen intellektuellen Anforderungen in der Schule (u. durch die Vernachlässigung der übrigen Bedürfnisse).*
Schul|stu|fe, die: *mehrere Klassen (1 b) umfassende Stufe innerhalb des Schulaufbaus (z. B. Mittelstufe).*
Schul|stun|de, die: *Unterrichtsstunde in der Schule (1):* eine S. ist 45 Minuten lang.
Schul|sys|tem, das: *Zuordnung verschiedener Schulen (1) eines Landes mit unterschiedlichen Schulabschlüssen zueinander:* ein dreigliedriges S.
Schul|ta|fel, die: **1.** (früher) *kleinere Tafel (1 a) aus Schiefer od. Plastik, auf der Schüler[innen] der unteren Klassen schreiben.* **2.** *an der Wand eines Klassenzimmers angebrachte große Tafel (1 a), auf die mit Kreide geschrieben wird.*
Schul|tag, der: *Tag, an dem Schule (3) ist:* noch vier -e, und dann sind sechs Wochen Ferien.
Schul|ta|sche, die: *Schulmappe.*
Schul|ter, die; -, -n [mhd. schulter, ahd. sculter(r)a, H. u.]: **1.** *(beim Menschen) oberer Teil des Rumpfes zu beiden Seiten des Halses, mit dem die Arme verbunden sind:* breite, vom Alter gebeugte -n; die -n bedauernd hochziehen; die, mit den -n zucken *(mit einem Hochziehen der Schulter zu verstehen geben, dass man etw. nicht weiß, jmdn. od. etw. nicht versteht);* jmdm. bis an die, bis zur S. reichen; jmdm. kameradschaftlich, jovial auf die S. klopfen; der Ringer zwang, legte seinen Gegner auf die -n *(schulterte ihn);* er nahm, hob das Kind auf die -n; den Arm um jmds. -n legen; Ü die ganze Verantwortung liegt, lastet auf seinen -n; Die Damen schauen mir über die -n in den Katalog (Remarque, Obelisk 341); * **S. an S.** (1. *so nah, dicht neben jmdm., nebeneinander, dass man sich mit den Schultern [beinahe] berührt.* 2. *gemeinsam [im Einsatz für ein u. dieselbe Sache]):* er kämpfte S. an S. mit seinem Partner; **jmdm., einer Sache die kalte S. zeigen** (ugs.; *einer Person od. Sache keine Beachtung [mehr] schenken, ihr mit Gleichgültigkeit od. Nichtachtung begegnen; viell. nach engl. to give [od. to show] somebody the cold shoulder);* **etw. auf die leichte S. nehmen** *(etw. nicht ernst genug nehmen);* **auf beiden -n [Wasser] tragen** *(zwei Parteien gerecht werden wollen);* **jmdn. über die S. ansehen** *(auf jmdn. herabsehen).* **2.** *Teil eines Kleidungsstückes, der die Schulter (1) bedeckt:* die linke S. sitzt nicht. **3. a)** *(bei vierfüßigen Wirbeltieren) seitliche, obere, über jedem der beiden Schulterblätter gelegene Rückengegend;* **b)** *oberer, fleischiger Teil des Vorderbeins (bes. bei Schlachtvieh u. Wild):* ein Stück Hammelfleisch von der S.
Schul|ter|blatt, das [mhd. sculter(ren)-, schulterblat]: *(beim Menschen u. bei vierfüßigen Wirbel-*

schulterfrei – Schupfen

tieren) einer der beiden flachen, breiten Knochen oben auf beiden Seiten des Rückens.

Schul|ter|frei ⟨Adj.⟩: *die Schultern* (1) *nicht bedeckend:* ein -es Abendkleid; s. tragen.

Schul|ter|ge|lenk, das: *Kugelgelenk zwischen Schulterblatt u. Oberarmknochen.*

Schul|ter|gurt, der: *über eine Schulter verlaufender Teil eines Dreipunktgurts.*

Schul|ter|gür|tel, der: *(beim Menschen u. bei vierfüßigen Wirbeltieren) paarig angelegter, aus Schulterblatt u. Schlüsselbein gebildeter Teil des Skeletts.*

Schul|ter|half|ter, das, auch: die: *mit einem Schulterriemen befestigtes* ²*Halfter, das an der Seite unter der Achsel getragen wird.*

schul|ter|hoch ⟨Adj.⟩: **a)** *so hoch, dass es bis zur obersten Grenze der Schulter* (1) *reicht:* ein schulterhoher Zaun; das Reck ist s.; **b)** (Zool.) *eine bestimmte Schulterhöhe aufweisend:* ein 2 Meter schulterhohes Nashorn.

Schul|ter|hö|he, die ⟨Pl. selten⟩: *(beim Menschen u. bei vierfüßigen Wirbeltieren) oberer Rand der Schulter* (1, 3 a) *als Punkt der größten Höhe des Rumpfes über dem Boden:* eine S. bis zu 80 Zentimeter.

Schul|ter|klap|pe, die ⟨meist Pl.⟩: *[bei Uniformen zur Kennzeichnung des Dienstgrades] Stoffstreifen auf den Schultern* (2).

Schul|ter|kra|gen, der: *breiter, die Schultern bedeckender Kragen.*

schul|ter|lang ⟨Adj.⟩: *(bes. vom Haar) so lang, dass es bis zu den Schultern reicht.*

schul|tern ⟨sw. V.; hat⟩: **1.** *auf die Schulter[n] nehmen:* den Rucksack s.; er trug das Gepäck geschultert *(auf der Schulter).* **2.** (Ringen) *den Gegner, die Gegnerin mit beiden Schultern (für eine bestimmte Zeit) auf die Matte drücken u. dadurch besiegen.*

Schul|ter|pols|ter, das: *(bes. in Mänteln, Jacken) zur Verbreiterung der Schultern* (1) *eingenähtes Polster.*

Schul|ter|rie|men, der: *(zur Uniform) über der Schulter getragener schmaler Lederriemen.*

Schul|ter|schluss, der: *Zusammenhalten (von Interessengemeinschaften o. Ä.):* der S. der Koalitionsparteien, von Verbündeten.

Schul|ter|schnur, die: *militärisches Abzeichen in Form einer geflochtenen Schnur, die unter die rechte Schulterklappe geknöpft wird.*

Schul|ter|sieg, der (Ringen): *Sieg durch Schultern* (2) *der gegnerischen Person.*

Schul|ter|stand, der (Turnen): *Übung (z. B. am Barren), bei der der Turner auf einer od. beiden Schultern steht.*

Schul|ter|stück, das: **1.** *Schulterklappe.* **2.** *Stück von der Schulter* (3 a).

Schul|ter|ta|sche, die: *mit einem Riemen über der Schulter getragene Tasche.*

Schul|ter|tuch, das ⟨Pl. ...tücher⟩: *um die Schultern zu tragendes, meist zu einem Dreieck gefaltetes größeres Tuch.*

Schul|ter|ver|let|zung, die: *Verletzung an der Schulter.*

Schul|ter|wurf, der (Ringen): *Griff, durch den jmd. auf beide Schultern geworfen wird.*

Schul|ter|zu|cken, das; -s: *das Zucken mit einer od. beiden Schultern (als Geste der Unentschlossenheit, Gleichgültigkeit od. Resignation):* ihre einzige Reaktion war ein gleichgültiges S.

schul|ter|zu|ckend ⟨Adj.⟩: *mit einem Schulterzucken:* er nahm die Nachricht s. zur Kenntnis.

Schult|heiß, der; -en, -en [mhd. schultheiȝe, ahd. sculdheiȝo(o), eigtl. = Leistung Befehlender, zu ↑ Schuld u. ¹heißen (3)]: **1.** (veraltet) *Gemeindevorsteher.* **2.** (schweiz.) *Vorsitzender des Regierungsrates (im Kanton Luzern).*

Schul|the|ke, die (schweiz.): *Schulmappe, Schulranzen.*

Schul|tor, das: vgl. Schultür: nach den großen Ferien öffnen sich die -e wieder *(beginnt die Schule wieder).*

Schul|trä|ger, der (Amtsspr.): *Institution, Behörde o. Ä., die dazu verpflichtet ist, eine Schule zu unterhalten.*

Schul|tür, die: *Tür des Schulhauses.*

Schul|tü|te, die: *große, spitze, mit Süßigkeiten u. a. gefüllte Tüte aus Pappe, die ein Kind am ersten Schultag als Geschenk bekommt.*

Schul|typ, der: *Typ einer Schule* (1): die Zwergschule ist ein S.

Schu|lung, die; -, -en: **1. a)** *das* ¹*Schulen* (a); *intensive Ausbildung:* eine politische S. erfahren; **b)** *das* ¹*Schulen* (b); *Vervollkommnung:* die ständige S. der Stimme, den Reaktionsvermögens. **2.** *Lehrgang, Kurs, in dem jmd.* ¹*geschult* (a) *wird:* an einer S. für Führungskräfte teilnehmen.

Schu|lungs|kurs, der: *Schulung* (2).

Schul|uni|form, die: *von Schülerinnen bzw. Schülern getragene einheitliche Kleidung, die die Zugehörigkeit zu einer bestimmten Schule* (1) *kenntlich macht.*

Schul|un|ter|richt, der: *Unterricht, der in der Schule* (1) *erteilt wird.*

Schul|ver|sa|gen, das: *das Versagen* (1 a) *eines Schülers, einer Schülerin vor den Anforderungen der Schule* (1).

Schul|ver|such, der: *praktische Erprobung neuer Formen der schulischen Organisation u. des Schulunterrichts.*

Schul|ver|wal|tung, die: *Verwaltung einer Schule* (1).

Schul|vor|stand, der: *Vorstand einer Schule.*

Schul|wart, der (österr.): *Hausmeister einer Schule* (1).

Schul|war|tin, die: w. Form zu ↑ Schulwart.

Schul|wech|sel, der: *Wechsel der besuchten Schule* (1): der Umzug der Eltern machte einen S. erforderlich.

Schul|weg, der: *Wegstrecke zwischen Wohnung u. Schulgebäude:* einen kurzen, weiten S. haben.

Schul|weis|heit, die (abwertend): *in der Schule gelerntes Wissen:* R es gibt mehr Dinge zwischen Himmel und Erde, als unsere S. sich träumen lässt *(als man gemeinhin für möglich hält;* nach Shakespeare, Hamlet I, 5).

Schul|we|sen, das ⟨o. Pl.⟩: *alles, was mit der Schule* (1) *zusammenhängt.*

Schul|wett|be|werb, der: *in einer Schule* (1) *veranstalteter od. zwischen verschiedenen Schulen ausgetragener Wettbewerb.*

Schul|wis|sen, das: *Wissen, das man sich in der Schule aneignet.*

Schul|ze, der; -n, -n, (seltener:) **Schulz,** der; -es, -e [spätmhd. schultz, schultesse, gek. aus mhd. schultheiȝe, Schultheiß] (veraltet): *Gemeindevorsteher;* ◆ *Der Schulz gab ihm eine Bollete (= schriftliche Anweisung) an den Gemeindewirt auf eine Mehlsuppe und einen Schoppen Wein* (Hebel, Schatzkästlein 57).

Schul|zeit, die: *Zeit, Jahre des Schulbesuchs* (1): sie kennt ihn aus der S.

Schul|zen|amt, das (veraltet): *Amt eines Schulzen:* ◆ ... das meiste könnte ich auch dem S. anschlagen lassen (Fontane, Effi Briest 26).

◆ **Schul|zen|ge|richt,** das: *Hofgut, mit dem das Amt des Schulzen verbunden ist:* Du wirst doch nicht toll sein und diesen ein schönes -e verlassen? (Lessing, Minna I, 12).

Schul|zen|trum, das: *Gebäudekomplex, in dem verschieden[artig]e Schulen* (1) *untergebracht sind.*

Schul|zeug|nis, das: *Zeugnis über die schulischen Leistungen eines Schülers, einer Schülerin.*

Schul|zim|mer, das: *Klassenzimmer.*

Schum|mel, der; -s (ugs.): *das Schummeln; unbedeutende Betrügerei:* mit S. gewinnen.

Schum|me|lei, die; -, -en (ugs.): *[dauerndes, wiederholtes] Schummeln* (1): eine kleine S.; jmdm. S. vorwerfen.

schum|meln ⟨sw. V.; hat⟩ [H. u., viell. zu einem mundartl. Verb mit der Bed. »sich hastig bewegen; schlenkern, schaukeln« u. urspr. bezogen auf die schnellen Bewegungen der Taschenspieler] (ugs.): **1.** *unehrlich handeln, mogeln* (1): beim Kartenspielen s. **2.** *durch Täuschung, Tricks irgendwohin bringen, bewegen, mogeln* (2): Briefe in die Zelle s.

Schum|mer, der; -s, - [mniederd. schummer, Nebenf. von ↑ Schimmer] (landsch.): *Dämmerung.*

schum|me|rig: ↑ schummrig.

Schum|mer|licht, das; -[e]s (ugs.): *Dämmerlicht.*

schum|mern ⟨sw. V.; hat⟩. **1.** ⟨unpers.⟩ (landsch.): *dämmern* (1 a): es schummert bereits. **2.** (Fachspr.) *auf einer Landkarte die Hänge in verschiedenen Grautönen darstellen, um eine plastische Wirkung zu erreichen:* hügeliges Gelände auf einer Wanderkarte s.; eine geschummerte Karte.

Schum|mer|stun|de, die (landsch.): *Dämmerstunde.*

Schumm|ler, der; -s, - (ugs.): *jmd., der [dauernd] schummelt:* du S.!

Schumm|le|rin, die; -, -nen: w. Form zu ↑ Schummler.

schumm|rig, schummerig ⟨Adj.⟩ (ugs.): **a)** *halbdunkel, nur schwach be-, erleuchtet; dämmerig:* ein -er Hinterhof; **b)** *(von Licht) schwach, keine rechte Helligkeit bewirkend:* im -en Schein einer Kerze; die Beleuchtung ist s.

schund: ↑ schinden.

Schund, der; -[e]s [zu dem älteren Verb schinden (= einem toten Tier die Haut abziehen), urspr. = Unrat, Kot, eigtl. = Abfall beim Schinden] (abwertend): **1.** *etw. künstlerisch Wertloses, Minderwertiges (bes. jugendgefährdende Literatur):* was liest du da wieder einem für S.?; * **S. und Schmutz** (↑ Schmutz). **2.** (ugs.) *wertloses, unbrauchbares Zeug, minderwertige Ware:* kauf doch nicht so einen [billigen] S.!

Schund|film, der: vgl. Schundliteratur.

Schund|heft, das (abwertend): ²*Heft* (c), *das Schundliteratur enthält.*

schun|dig ⟨Adj.⟩ (ugs. abwertend): *minderwertig, wertlos:* so ein -es Zeug!

Schund|li|te|ra|tur, die ⟨o. Pl.⟩: *Literatur, die Schund* (1) *ist.*

Schund|ro|man, der: vgl. Schundliteratur.

Schun|kel|lied, das: *Lied, nach dessen Rhythmus man gut schunkeln* (1 a) *kann.*

schun|keln ⟨sw. V.⟩ [niederd., md. Nebenf. von ↑ schuckeln]: **1. a)** ⟨hat⟩ *sich in einer Gruppe mit untergehakten Armen gemeinsam im Rhythmus einer Musik hin u. her wiegen:* spätestens nach dem dritten Glas Wein fangen sie dann an zu s.; ⟨subst.:⟩ ein Lied zum Schunkeln; **b)** ⟨ist⟩ *sich schunkelnd* (1 a) *irgendwohin bewegen:* wir schunkelten von Kneipe zu Kneipe. **2.** (landsch.) **a)** ⟨hat⟩ *sich hin u. her wiegen, schaukeln, hin u. her schwanken:* das kleine Boot schunkelte heftig; **b)** ⟨ist⟩ *sich schunkelnd* (2 a) *irgendwohin bewegen:* ein altes Auto schunkelte über die Landstraße.

Schun|kel|wal|zer, der: vgl. Schunkellied.

Schupf, der; -[e]s, -e [mhd. schupf, vgl. ↑ schupfen] (südd., schweiz.): *[leichter] Stoß; Schubs.*

schup|fen ⟨sw. V.; hat⟩ [mhd. schupfen, (md.) schuppen, ↑ ²schuppen] (südd., österr., schweiz.): **a)** *stoßen, anstoßen:* jmdn. von hinten s.; **b)** *werfen:* einen Ball s.

Schup|fen, der; -s, - [mhd. schupfe, vgl. Schopf] (bayr., österr.): *Schuppen, Wetterdach.*

¹**Schu|po**, die; -: Kurzwort für ↑ **Schu**tzpolizei.

²**Schu|po**, der; -s, -s (veraltet): Kurzwort für ↑ **Schu**tzpolizist: der Dieb wurde von zwei -s abgeführt.

Schupp, der; -[e]s, -e [vgl. ↑ Schubs] (nordd.): *[leichter] Stoß; Schubs:* jmdm. einen S. geben.

Schüpp|chen, das; -s, -: Vkl. zu ↑ Schuppe (1, 3).

Schup|pe, die; -, -n [mhd. schuop(p)e, ahd. scuobba, scuoppa, urspr. = abgeschabte Fischschuppe, ablautende Bildung zu ↑ schaben]: **1.** *kleines hartes Plättchen auf dem Körper mancher Tiere (z. B. der Fische, Reptilien, Schmetterlinge):* die silbrig glänzenden -n des Fisches. **2.** *(bei manchen Pflanzen vorhandenes) einer Schuppe (1) ähnelndes Gebilde:* die -n eines Tannenzapfens. **3.** *etw., was einer Schuppe (1) ähnelt, nachgebildet ist:* die schimmernden -n seines Harnischs. **4. a)** *Hautschuppe;* **b)** *Kopfschuppe.* **5.** * *es fällt jmdm. wie -n von den Augen* (*jmdm. wird etwas plötzlich klar, jmd. hat plötzlich eine Erkenntnis;* nach Apg. 9, 18; bestimmte Augenkrankheiten wurden früher mit Schuppen verglichen, die die Augen bedecken).

Schüp|pel, der; -s, -[n] [wohl weitergebildet aus ↑ Schopf]: **a)** (bayr., österr.) *Büschel:* ein S. Stroh; **b)** (österr.) *Schar:* ein S. Kinder.

¹**schup|pen** ⟨sw. V.; hat⟩ [spätmhd. schüpen, schüppen, zu ↑ Schuppe]: **1.** *(einen Speisefisch) von den Schuppen befreien:* Fische s. **2.** ⟨s. + sich⟩ **a)** *Hautschuppen bilden u. abstoßen:* seine Haut schuppt sich; ⟨auch ohne »sich«:⟩ die Haut schuppt stark; **b)** *eine sich ¹schuppende (2 a) Haut haben:* du schuppst dich [auf dem Rücken].

²**schup|pen** ⟨sw. V.; hat⟩ [mhd. (md.) schuppen, ablautende Intensivbildung zu ↑ schieben] (landsch.): *leicht anstoßen; schubsen.*

Schup|pen, der; -s, - [zu ↑ Schopf (5), das Schutzdach war urspr. mit Strohbündeln gedeckt; in md. u. niederd. Lautung standardsprachlich geworden]: **1.** *einfacher Bau [aus Holz] zum Unterstellen von Geräten, Materialien, Fahrzeugen u. a.:* ein S. für die Gartengeräte; Ü der neue S-Bahnhof ist ja ein entsetzlicher S. (ugs.; *ein äußerst hässliches Gebäude*). **2.** (ugs.) *[großräumiges] Lokal* (1): die neue Bar ist ein toller S.

schup|pen|ar|tig ⟨Adj.⟩: *in der Form an eine Schuppe (1, 2) erinnernd, in der Anordnung an die Schuppen eines Fisches erinnernd:* -e Metallplättchen.

Schup|pen|bil|dung, die: *das Sichbilden von Schuppen* (4 b).

Schup|pen|flech|te, die (Med.): *chronische Hautkrankheit, bei der es zur Bildung von roten Flecken u. fest darauf haftenden, silberweißen Hautschuppen kommt; Psoriasis.*

schup|pen|för|mig ⟨Adj.⟩: *schuppenartig.*

schup|pen|los ⟨Adj.⟩: *keine Schuppen* (1) *habend:* -e Reptilien, Fische.

schup|pig ⟨Adj.⟩: **a)** *mit Schuppen* (1-3) *bedeckt, viele Schuppen aufweisend;* **b)** *mit Schuppen* (4) *bedeckt, viele Schuppen aufweisend:* sein Haar ist s.; **c)** *im Aussehen an Schuppen* (1-3) *erinnernd.*

Schups: ↑ Schubs.

schup|sen: ↑ schubsen.

Schur, die; -, -en [mhd. schuor, (md.) schūr, zu ↑ ¹scheren]: **1. a)** *das ¹Scheren* (1 a, b) *von Schafen:* die Schur zur S. zusammentreiben; **b)** *bei der Schur* (1 a) *gewonnene Wolle.* **2.** (Landwirtsch.) *das Mähen von Wiesen, Schneiden von Hecken o. Ä.:* die Hecke hat eine S. nötig.

◆ **Schür|baum**, der: *dicke lange Stange, mit der der Köhler* (1) *das Feuer im Kohlenmeiler schürt:* ... wenn aber doch einer zu ihm gelangte, so wollte er ihn eher mit einem -e erschlagen, als

dass er ihn näher und die Seuche bringen ließe (Stifter, Granit 44).

schü|ren ⟨sw. V.; hat⟩ [mhd. schürn, ahd. scuren, vielI. eigtl. = stoßen, zusammenschieben, H. u.]: **1.** *(ein Feuer) durch Stochern mit einem Feuerhaken o. Ä. anfachen, zum Aufflammen bringen:* das Feuer s. **2.** *(etw. [aus der Sicht des Sprechenden] Unerwünschtes, Negatives) anstacheln, entfachen, entfesseln [u. steigern]:* jmds. Neid, Eifersucht, Zorn, Angst s.; einen Konflikt s.

schür|fen ⟨sw. V.; hat⟩ [mhd. schür(p)fen, ahd. scurphen = aufschneiden, ausweiden; (Feuer) anschlagen, verw. mit ↑ scharf]: **1. a)** *(die Haut) durch Schaben, Kratzen o. Ä. mit etw. Scharfem, Rauem oberflächlich verletzen:* sich [Dativ] die Haut, das Knie s.; **b)** *durch Schürfen* (1 a) *in einen bestimmten Zustand bringen:* sich [den Arm] blutig s.; ⟨s. + sich⟩ *sich eine Schürfwunde zuziehen:* er hat sich [am Ellenbogen] geschürft. **2.** *sich schabend, scharrend [geräuschvoll] über etw. hinwegbewegen:* der Schild der Planierraupe schürft über den Boden. **3.** (Bauw.) *eine an der Oberfläche liegende Schicht des Bodens abtragen, abgraben (z. B. als Vorarbeit beim Straßenbau).* **4.** (Bergbau) **a)** *an der Oberfläche liegende Schichten des Bodens abtragen, um eine Lagerstätte aufzufinden od. zugänglich zu machen:* dort soll demnächst geschürft werden; **b)** *(im Tagebau) abbauen, fördern:* Braunkohle, Erz s.

Schür|fer, der; -s, - (Bergbau): *jmd., der schürft* (4 a).

Schür|fe|rin, die; -, -nen: w. Form zu ↑ Schürfer.

Schürf|gru|be, die (Bergbau, Bauw.): *zur Erkundung der oberen Schichten des Bodens ausgehobene nicht sehr tiefe Grube.*

Schürf|recht, das: *Recht zum Schürfen* (4 a) *nach Bodenschätzen.*

Schürf|wun|de, die: *durch Schürfen* (1 a) *entstandene Wunde.*

Schür|ha|ken, der: *am unteren Ende hakenförmig gebogene Eisenstange zum Schüren des Feuers.*

Schu|ri|ge|lei, die; -, -en (ugs. abwertend): *[dauerndes, wiederholtes] Schurigeln:* ich lasse mir solche -en nicht mehr gefallen.

schu|ri|geln ⟨sw. V.; hat⟩ [zu mundartl. schurgeln, schürgen, (ostmd.) Iterativbildung zu mhd. schürgen, weitergebildet aus schür, ↑ schüren] (ugs. abwertend): *jmdn. durch fortwährende Schikanen, durch ungerechte Behandlung das Leben schwer machen:* der Meister schurigelte ständig seinen Lehrling.

Schurk, der; -n, -n [älter auch: Schurk, Schork, H. u.; verw. mit ↑ schüren; vgl. ahd. fiurscurgo = Feuerschürer] (abwertend): *jmd., der Böses tut, moralisch verwerflich handelt, eine niedrige Gesinnung hat:* ein gemeiner S.; dieser verdammte S.!

Schur|ken|staat, der [LÜ von engl. rogue state, gepr. Anfang der 1990er-Jahre von amerik. Regierungsbeamten] (abwertend): *Staat, der angeblich den weltweiten Terrorismus unterstützt u. somit den Weltfrieden gefährdet.*

Schur|ken|streich, der (veraltend abwertend): *schurkische Tat.*

Schur|ke|rei, die; -, -en (abwertend): *schurkische Tat, Handlung, Handlungsweise:* so eine verdammte S.!

Schur|kin, die; -, -nen: w. Form zu ↑ Schurke.

schur|kisch ⟨Adj.⟩ (abwertend): *dem Wesen, der Art eines Schurken entsprechend; gemein, niederträchtig:* ein s. gemeintes Gelächter.

schur|ren ⟨sw. V.⟩ [mniederd. schurren, Nebenf. von ↑ scharren] (landsch.): **1. a)** ⟨hat⟩ *ein scharrendes o. ä. Geräusch hervorrufen, verursachen:* die Takelage schurrte; **b)** ⟨ist⟩ *sich mit einem*

schurrenden (1 a) *Geräusch irgendwohin bewegen.* **2.** ⟨hat⟩ *scharren* (1 a).

Schur|wol|le, die [zu ↑ Schur]: *von lebenden Schafen gewonnene Wolle:* ein Pullover aus reiner, aus echter S.

Schurz, der; -es, -e [mhd. schurz, eigtl. = kurzes Kleidungsstück, verw. mit: schurz, ahd. scurz = kurz; abgeschnitten, zu ↑ ¹scheren]: **a)** *einer Schürze ähnliches, aber meist kürzeres Kleidungsstück, das bei bestimmten Arbeiten getragen wird:* der Schmied trägt einen ledernen S.; **b)** (landsch.) *Schürze;* **c)** Kurzf. von ↑ Lendenschurz.

Schür|ze, die; -, -n [aus dem Niederd. < mniederd. schörte, verw. mit mhd. schurz (↑ Schurz), eigtl. = die Abgeschnittene]: *(über der Kleidung getragenes) vor allem die Vorderseite des Körpers [teilweise] bedeckendes, mit angenähten Bändern um die Taille u. Hals gehaltenes Kleidungsstück, das bes. zum Schutz der Kleidung bei bestimmten Arbeiten dient:* eine frische S.; eine S. voll Äpfel; [sich] eine S. umbinden, vorbinden; * *jmdm. an der S. hängen* (ugs. abwertend; *im Handeln, in wichtigen Entscheidungen von jmdm. abhängig sein*).

schür|zen ⟨sw. V.; hat⟩ [mhd. schürzen, zu: schurz, ↑ Schurz]: **1. a)** *(einen langen, weiten Rock o. Ä.) aufheben u. zusammenraffen u. in der Höhe der Hüften festhalten, befestigen:* sie schürzte ihr Kleid, das Kleid und stieg die Treppe hinauf; ⟨häufig im 2. Part.:⟩ mit geschürzten Röcken watete sie durch den Fluss; **b)** *(die Lippen) leicht nach vorne schieben u. kräuseln:* sie schürzte verächtlich die Lippen; **c)** ⟨s. + sich⟩ *(von den Lippen) sich leicht nach vorne schieben u. kräuseln:* ihre Lippen schürzten sich. **2.** (geh.) **a)** *(einen Knoten) binden:* einen Knoten s. Ü im Drama den Knoten s. (*den Konflikt herbeiführen*); **b)** *(etw.) zu einem Knoten verschlingen:* er schürzte die Kordel zu einem Knoten; **c)** ⟨s. + sich⟩ *(zu einem Knoten) werden, (in einen Knoten) übergehen:* ihr Haar schürzt sich im Nacken zum Knoten.

Schür|zen|band, das ⟨Pl. ...bänder⟩: *an einer Schürze angenähtes Band, durch das die Schürze gehalten wird:* * *an jmds. S./jmdm. am S. hängen* (↑ Schürze).

Schür|zen|jä|ger, der (ugs. abwertend): *Mann, der ständig Frauen umwirbt, für erotische, sexuelle Beziehungen zu gewinnen sucht:* er ist ein stadtbekannter S.

Schür|zen|ta|sche, die: *auf eine Schürze aufgesetzte Tasche.*

Schür|zen|zip|fel, der: *Zipfel einer Schürze:* * *an jmds. S./jmdm. am S. hängen* (↑ Schürze).

Schurz|fell, das (veraltet): *Lederschurz:* ♦ Indem er jetzt aufschaute, ... sah er auf seiner leeren Truche ein fremdes Männlein sitzen, kurz und stumpig, es hätte ihm nicht bis zum Gürtel gereicht, es hatte schmutziges S. um, Pantoffeln an den Füßen (Mörike, Hutzelmännlein 116).

Schuss, der; -es, Schüsse, (als Mengenangabe:) - [mhd. schuʒ, ahd. scuʒ, zu ↑ schießen]: **1. a)** *das Abschießen eines Geschosses, das Abfeuern einer Waffe; das Schießen:* ein gezielter S.; ein S. auf die Scheibe; es fielen zwei Schüsse (*es wurde zweimal geschossen*); der Jäger kam nicht zum S.; Ü der Fotograf kam nicht zum S. (ugs.; *kam nicht dazu, ein bestimmtes Motiv zu fotografieren*); * *weit/weitab vom S.* (ugs.: 1. *in sicherer Entfernung von etw. Gefährlichem, Unangenehmem:* er hält sich weit vom S. 2. *fern vom Mittelpunkt des Geschehens, abseits:* das Lokal liegt weit vom S.; aus der Soldatenspr., eigtl. = weit entfernt vom Gefecht, von der Front); **b)** *abgeschossenes, im Flug befindliches Geschoss:* ein S. aus dem Hinterhalt; einen

Schussbahn – Schusterlaibchen

S. abgeben; Ü der S. kann leicht nach hinten losgehen (ugs.; *diese Maßnahme kann sich leicht unversehens gegen den Urheber richten*); * *jmdm. einen S. vor den Bug setzen/geben* (ugs.; *jmdn. nachdrücklich warnen, etw., was man missbilligt, fortzusetzen*); **c)** *mit einem Schuss* (1 a) *erzielter Treffer:* ein S. mitten ins Herz; * **ein S. ins Schwarze** (ugs.; *eine genau zutreffende, das Wesentliche einer Sache treffende Bemerkung; vollkommen richtige Antwort, Lösung eines Rätsels o. Ä.*); **ein S. in den Ofen** (ugs.; *ein völliger Fehlschlag; wohl nach der Vorstellung, dass ein so abgegebener Schuss ohne Wirkung durch den Rauchabzug verpuffe:* die Aktion war ein S. in den Ofen); **d)** *beim Abfeuern einer Feuerwaffe entstehender Knall:* ein S. hallte durchs Tal; **e)** *Schussverletzung, Schusswunde:* er liegt mit einem S. im Bein im Lazarett; * **einen S. haben** (ugs.; ↑ Vogel); **f)** *für einen Schuss* (1 a) *ausreichende Menge Munition, Schießpulver:* er hatte noch drei S. im Magazin; * **keinen S. Pulver wert sein** (ugs.; *charakterlich, menschlich nichts taugen; aus der Soldatenspr., eigtl. = die ehrenhafte Hinrichtung durch die Kugel nicht verdient haben* [u. gehängt werden]). **2. a)** *das Schlagen, Treten, Stoßen o. Ä. eines Balles o. Ä.* (bes. *beim Fußballspiel):* ein S. aufs Tor; zum S. ansetzen; **b)** *durch einen Schuss in Bewegung versetzter Ball o. Ä.:* der S. ging ins Aus; **c)** *Schuss* (2 a), *mit dem etw. Bestimmtes getroffen wird:* ein S. gegen die Latte; **d)** ⟨o. Pl.⟩ (Sportjargon) *Fähigkeit, einen Ball in einer bestimmten Weise zu treten, zu schlagen o. Ä.:* einen S. (im rechten Bein) haben. **3.** (bes. Bergbau) **a)** *für eine Sprengung angelegtes [mit einer Sprengladung versehenes] Bohrloch;* **b)** *zur Gewinnung von Erz o. Ä. durchgeführte Sprengung.* **4.** ⟨Jargon⟩ **a)** *Injektion einer Droge* (bes. *von Heroin):* der Stoff reicht für zwei Schüsse; * **jmdm., sich einen S. setzen/drücken/machen** (*jmdm., sich eine Droge injizieren*); **der goldene S.** (*[in der Absicht, sich das Leben zu nehmen, vorgenommene] Injektion einer tödlichen Dosis Heroin o. Ä.*); **b)** *Menge, Dosis einer Droge* (bes. *Heroin), die normalerweise für eine Injektion ausreicht:* sich einen S. [Heroin] kaufen. **5.** * **einen S. tun/ machen** (ugs.; *[von Kindern, Jugendlichen] in kurzer Zeit ein beträchtliches Stück wachsen:* der Junge hat mit 14 Jahren einen tüchtigen S. getan). **6.** *schnelle, ungebremste Fahrt o. Ä.:* im S. (Skisport; *in Schussfahrt*) zu Tal fahren; * **in S. kommen** (ugs.; 1. *in Schwung, in schnelle Fahrt kommen.* 2. *anfangen, loslegen*). **7.** *kleine Menge einer Flüssigkeit [die, z. B. bei der Bereitung von Speisen, etw. anderem zugesetzt wird]:* einen S. Essig in die Suppe tun; Cola mit S. (*mit etw. Kognak, Rum o. Ä.*); Ü sie hat einen S. Leichtsinn im Blut; Herr Schatzhauser bestellte jedem eine Weiße mit S. (*mit etw. Fruchtsirup, Himbeersaft;* Schnurre, Bart 109). **8.** (Textilind.) *in Querrichtung verlaufende Gesamtheit der Fäden in einem Gewebe;* in Querrichtung aufgespannte Gesamtheit der Fäden in einem Webstuhl: der S. ist aus Baumwolle. **9.** (ugs.;) * *[die folgenden Wendungen beziehen sich wohl auf ein Geschoß, das einen Abschuss vorbereitet ist od. wird]* **in/**(seltener auch:) **im S. sein** (ugs.: 1. *in Ordnung, in gutem, gepflegtem Zustand sein:* mein Auto ist jetzt wieder [gut] in S. 2. *in guter körperlicher Verfassung sein; gesund, wohlauf sein:* Opa ist noch prima in S.); **in S. kommen** (ugs.: 1. *in einen ordentlichen, guten, gepflegten Zustand kommen:* ich muss dafür sorgen, dass der Garten wieder in S. kommt. 2. *einen guten Gesundheitszustand erlangen:* sie ist nach ihrer Operation schnell wieder in S. gekommen); **etw. in S. bringen/halten/kriegen** (ugs.; *etw. in Ordnung, in einen guten, gepflegten Zustand bringen usw.:* den Laden werden wir schon wieder in S. kriegen).

Schuss|bahn, die: *Bahn, die ein abgefeuertes Geschoss* (1) *beschreibt.*

Schuss|bein, das (Fußballjargon): *Bein, mit dem ein Fußballspieler [gewöhnlich] schießt.*

schuss|be|reit ⟨Adj.⟩: **1. a)** *bereit, jederzeit sofort zu schießen:* machen Sie sich s.!; **b)** (*von einer Waffe*) *feuerbereit:* mit -em Gewehr saß er in seinem Versteck. **2.** (ugs.) **a)** *bereit, jederzeit sofort zu fotografieren:* die Fotografen machten sich s.; **b)** (*von einer Kamera*) *jederzeit sofort ausgelöst werden könnend:* mit -er Kamera erwarteten sie den Star.

Schus|sel, der; -s, - [wohl zu ↑ Schuss in der Bed. »überteilte, schnelle Bewegung«] (ugs., oft abwertend): *schusseliger Mensch:* pass doch auf, du S.!

Schüs|sel, die; -, -n [mhd. schüʒʒel(e), ahd. scuʒʒila < lat. scutula, scutella = Trinkschale, Vkl. von: scutra = flache Schale]: **1. a)** *gewöhnlich tieferes, rundes od. ovales, oben offenes Gefäß, das bes. zum Auftragen u. Aufbewahren von Speisen benutzt wird:* eine flache S.; eine S. aus Porzellan; eine S. [mit] Spinat, voll Pudding; ein S. -n; * **vor leeren -n sitzen** (ugs.; *hungern müssen, nichts zu essen haben*); **b)** (veraltend) *etw. in einer Schüssel* (1 a) *Angerichtetes, Aufgetragenes; Gericht, Speise:* eine dampfende S. auftragen. **2.** (salopp abwertend) *Auto:* eine alte S. fahren. **3.** (Jägerspr.) *Teller* (3). **4.** (ugs.) *Satellitenschüssel:* eine S. auf dem Dach.

schüs|sel|för|mig ⟨Adj.⟩: *in der Form einer Schüssel ähnlich:* eine -e Muschel.

schus|se|lig, schusslig ⟨Adj.⟩ [zu ↑ Schussel] (ugs. abwertend): *(aus einer inneren Unausgeglichenheit, aus einem Mangel an Konzentration heraus) zur Vergesslichkeit neigend u. fahrig* (a), *gedankenlos:* sei doch nicht so s.!

Schus|se|lig|keit, Schussligkeit, die; -, -en (ugs. abwertend): **a)** ⟨o. Pl.⟩ *das Schusseligsein, schusseliges Wesen, schusselige Art:* es wird immer schlimmer mit seiner S.; **b)** *schusselige Handlung:* solche -en kann ich mir in meinem Job nicht leisten.

schus|seln ⟨sw. V.⟩: **1.** ⟨hat⟩ (ugs.) *viele vermeidbare, auf Unachtsamkeit beruhende Fehler machen, gedankenlos u. unordentlich arbeiten:* er hat bei seinen Hausaufgaben furchtbar geschusselt. **2.** ⟨ist⟩ (ugs.) *schusselig umherlaufen, irgendwohin laufen:* sie schusselte aufgeregt durch die Wohnung. **3.** (landsch.) **a)** ⟨hat⟩ *schlittern* (1 a); **b)** ⟨ist⟩ *schlittern* (1 b).

Schuss|fa|den, der (Textilind.): *in Querrichtung verlaufender Faden in einem Gewebe.*

Schuss|fahrt, die (Skisport): *ungebremste geradlinige Abfahrt.*

Schuss|feld, das: *innerhalb der Schussweite einer Waffe liegender Bereich:* ein freies S. haben; Ü der Spieler hatte freies S. (Fußball; *konnte direkt aufs Tor schießen*).

schuss|fer|tig ⟨Adj.⟩: *schussbereit.*

schuss|fest ⟨Adj.⟩: **1.** *kugelsicher:* -es Glas. **2.** (Jägerspr.) *an Schüsse* (1 d) *gewöhnt.*

Schuss|ge|le|gen|heit, die (Sport): *Gelegenheit, aufs Tor zu schießen.*

schuss|ge|recht ⟨Adj.⟩ (Jägerspr.): **1.** *(vom Jäger) mit Schusswaffen vertraut.* **2.** *(vom Wild) an einer Stelle befindlich, wo es der Jäger mit hoher Wahrscheinlichkeit treffen kann.*

schuss|ge|wal|tig ⟨Adj.⟩ (Sportjargon): *große Schusskraft besitzend.*

Schuss|glück, das (Sportjargon): *Glück beim Schießen aufs Tor.*

Schuss|kraft, die ⟨o. Pl.⟩ (Sport): *Fähigkeit, den Ball mit großer Wucht [aufs Tor] zu schießen.*

Schuss|kreis, der (Hockey): *durch eine halbkreisförmige Linie begrenzter Teil des Spielfeldes vor dem Tor, von dem aus direkt auf dieses Tor geschossen werden darf.*

Schüß|ler|salz, Schüß-ler-Salz, das ⟨meist Pl.⟩ [nach dem dt. Arzt W. H. Schüßler, 1821–1898] (Pharm.): *in der Alternativmedizin als Arznei angewandter Mineralstoff.*

schuss|lig: ↑ schusselig.

Schuss|lig|keit: ↑ Schusseligkeit.

Schuss|li|nie, die: *(gedachte) gerade Linie zwischen einer auf ein Ziel gerichteten Schusswaffe u. diesem Ziel:* aus der S. gehen; * **in die/in jmds. S. geraten** (*in eine Lage geraten, in der man heftiger [öffentlicher] Kritik ausgesetzt ist*); **sich in die S. begeben/manövrieren o. Ä.** (*sich heftiger [öffentlicher] Kritik aussetzen*).

Schuss|nä|he, die: *Entfernung, aus der ein Ziel einigermaßen sicher getroffen werden kann:* sich bis auf S. an ein Wild heranpirschen.

Schuss|rich|tung, die: *Richtung eines Schusses* (1 b); *Richtung, in die geschossen wird, werden soll.*

schuss|schwach ⟨Adj.⟩ (Sportjargon): *kaum fähig, gezielt u. erfolgreich aufs Tor zu schießen:* ein -er Stürmer.

schuss|si|cher ⟨Adj.⟩: *kugelsicher.*

schuss|stark ⟨Adj.⟩ (Sportjargon): *fähig, gezielt u. erfolgreich aufs Tor zu schießen.*

Schuss|ver|let|zung, die: *durch einen Schuss* (1 b) *verursachte Verletzung.*

Schuss|waf|fe, die: *Waffe, mit der man schießen kann:* der Polizist machte von der S. Gebrauch.

Schuss|waf|fen|ge|brauch, der (bes. Polizeiw.): *Gebrauch der Schusswaffe:* Vorsicht, S.!

Schuss|wech|sel, der: *gegenseitiges Aufeinanderschießen:* es kam zu einem kurzen S. zwischen den Geiselnehmern und der Polizei.

Schuss|wei|te, die: **1.** *Entfernung, die ein abgeschossenes Geschoss überwindet.* **2.** (Jägerspr.) *Schussnähe:* der Bock blieb außer S.

Schuss|win|kel, der (Sport): *von der Torlinie u. der kürzesten Verbindung zwischen Tor u. schießendem Spieler gebildeter Winkel:* ein ungünstiger, zu spitzer S.

Schuss|wun|de, die: *Schussverletzung.*

Schuss|zahl, die: *Anzahl von Schüssen.*

Schus|ter, der; -s, - [spätmhd. schuster, schuo(ch)ster < mhd. schuochsüter, aus: schuoch (↑ Schuh) u. süter, ahd. sūtāri < lat. sutor = (Flick)schuster, eigtl. = Näher]: **1.** *Schuhmacher:* die Schuhe zum S. bringen; Spr S., bleib bei deinem Leisten (*tu nur das, wovon du etwas verstehst, u. pfusche anderen nicht ins Handwerk; nach einem Ausspruch des altgriech. Malers Apelles, mit dem er auf die Kritik eines Schuhmachers antwortete*); * **auf -s Rappen** (scherzh.; *zu Fuß;* eigtl. = mithilfe der Schuhe: auf -s Rappen reisen, kommen). **2.** (salopp abwertend) *Pfuscher, Stümper.* **3.** (landsch.) *Weberknecht.* **4.** (Tischtennis) *Punktzahl 5* (nicht offizieller Wertung).

Schus|ter|ah|le, die: *besondere, vom Schuhmacher verwendete Ahle.*

Schus|ter|hand|werk, das: *Handwerk des Schusters.*

Schus|te|rin, die; -, -nen: w. Form zu ↑ Schuster (1, 2).

Schus|ter|jun|ge, der: **1.** (veraltet) *Schusterlehrling;* * **es regnet -n** (berlin. salopp; *es regnet stark;* davon ausgehend, dass es früher in Berlin sehr viele Schusterlehrlinge gab). **2.** (Druckerspr.) *(im Bleisatz) entgegen der Regel auf der vorangehenden Seite bzw. in der vorangehenden Spalte stehende Anfangszeile eines neuen Abschnitts.*

Schus|ter|laib|chen, das (österr.): *großes, rundes, mit Kümmel bestreutes Brötchen aus Weizen- u. Roggenmehl.*

Schusterlehrling – Schutzblech

Schus|ter|lehr|ling, der: *Lehrling im Schusterhandwerk.*

schus|tern ⟨sw. V.; hat⟩: **1.** (ugs. veraltend) *als Schuster arbeiten.* **2.** (ugs. abwertend) *pfuschen.*

Schus|ter|werk|statt, die: *Werkstatt eines Schusters.*

Schu|te, die; -, -n: **1.** [(m)niederd. schūte, zu ↑ schießen (vgl. ↑ Schoß), wohl nach dem weit ausladenden Vordersteven] *zum Transport bes. von Schüttgut benutztes offenes Wasserfahrzeug (ohne Eigenantrieb):* eine mit Sand beladene S. **2.** [nach der weiten Form] *breitrandiger, haubenartiger Frauenhut, dessen Krempe das Gesicht umrahmt.*

Schutt, der; -[e]s [spätmhd. schut, ursprl. = künstliche Aufschüttung, zu ↑ schütten]: **1.** *in kleinere u. kleinste Stücke zerbröckelter Rest von Gesteinsmassen, Mauerwerk o. Ä., der vormals zu einem größeren [massiven] Ganzen (Fels od. Bauwerk) gehörte:* ein Haufen S.; S. abladen verboten!; * *etw. in S. und Asche legen (etw. völlig zerstören u. niederbrennen);* **in S. und Asche liegen** *(völlig zerstört u. niedergebrannt sein);* **in S. und Asche sinken** *(geh.: völlig zerstört u. niedergebrannt werden).* **2.** (landsch.) *Schuttabladeplatz:* etw. auf den S. werfen, fahren.

Schutt|ab|la|de|platz, der: *Platz zum Abladen u. Lagern von Schutt, Abfall, Müll:* Ü den Psychoanalytiker als S. benutzen.

Schutt|berg, der: *Schutthalde* (1).

Schütt|bo|den, der (landsch.): *[Dach]boden, Speicher, auf dem Getreide u. Stroh gelagert wird.*

Schüt|te, die; -, -n [zu ↑ schütten]: **1. a)** *(bes. in Küchenschränken) kleiner, herausziehbarer Behälter (in Form einer Schublade) zur Aufbewahrung loser Vorräte, die sich schütten lassen:* drei Esslöffel Mehl aus der S. nehmen; **b)** *Behälter, worin man loses Material (z. B. Kohlen o. Ä.) tragen u. dessen Inhalt man durch eine oben frei gelassene Öffnung ausschütten kann;* **c)** (bes. Schifffahrt) *Rutsche zum Verladen von Schüttgut.* **2.** (landsch.) **a)** *Bund, Bündel [Stroh]:* zwei -n Stroh; **b)** *Aufgeschüttetes (bes. Stroh, Laub o. Ä.):* auf einer S. *(auf einem Strohlager)* schlafen. **3.** [mhd. schüt(e)] (schweiz.) *Schüttboden.* **4.** (Jägerspr.) **a)** *Futter, das für Fasanen, Rebhühner od. Schwarzwild ausgelegt wird;* **b)** *Futterplatz, wo die Schütte* (4 a) *ausgelegt wird.*

Schüt|tel|frost, der: *heftiges Zittern am ganzen Körper, verbunden mit starkem Kältegefühl u. schnell ansteigendem Fieber.*

Schüt|tel|läh|mung, die: *parkinsonsche Krankheit.*

schüt|teln ⟨sw. V.; hat⟩ [mhd. schüt(t)eln, ahd. scutilōn, Intensivbildung zu ↑ schütten]: **1. a)** *etw., jmdn. kräftig, kurz u. schnell hin u. her bewegen [sodass er, es in schwankende Bewegung gerät]:* jmdn. [bei den Schultern nehmen und] heftig, kräftig s.; jmdn. aus dem Schlaf s. *(durch Schütteln wecken);* [die Medizin] vor Gebrauch s.!; die Betten s. *(aufschütteln);* der Löwe schüttelt seine Mähne; verwundert den Kopf, mit dem Kopf [über etw.] s.; jmdm. bei der Begrüßung die Hand s.; der Wind schüttelt die Bäume; ein Hustenanfall schüttelte ihn; der Ekel schüttelt sie *(sie muss sich schütteln vor Ekel);* von Angst geschüttelt sein *(vor Angst zittern);* ⟨unpers.:⟩ es schüttelte sie [vor Kälte, Ekel] *(sie schüttelte sich [vor Kälte, Ekel]);* Ü ein von Krisen geschütteltes Land; **b)** ⟨s. + sich⟩ *heftig hin u. her gehende od. drehende Bewegungen machen:* der Hund schüttelt sich; sich vor Lachen s.; Der Inspektor schüttelt sich vor Vergnügen (Fallada, Blechnapf 67); **c)** ⟨s. + sich⟩ *sich ekeln.* **2.** *durch Schütteln* (1 a) *zum Herunter-, Herausfallen bringen:* Obst [vom Baum] s.; den Staub von, aus den Kleidern s.

3. *[heftig] hin u. her gehende od. drehende Bewegungen machen:* die Kutsche schüttelt; Die Maschine schüttelte und bockte im Sturm, wohin man blickte, kotzten die Passagiere (Zwerenz, Kopf 137).

Schüt|tel|reim, der: *doppelt reimender Paarreim mit scherzhafter Vertauschung der Anfangskonsonanten der am Reim beteiligten Wörter od. Silben* (z. B. ich wünsche, dass mein Hünengrab/ ich später mal im Grünen hab).

Schüt|tel|rost, der: ¹*Rost* (a) *in einem Ofen, den man hin- u. herbewegen kann, um die Asche hindurchzuschütteln.*

schüt|ten ⟨sw. V.; hat⟩ [mhd. schüt(t)en, ahd. scutten, eigtl. = heftig bewegen]: **1. a)** *in zusammenhängender od. gedrängter Menge niederrinnen, -fallen, -gleiten lassen, gießen:* Mehl in ein Gefäß s.; Kohlen auf einen Haufen s.; jmdm., sich etw. ins Glas, über das Kleid s.; **b)** ⟨unpers.⟩ (ugs.) *heftig regnen:* es schüttete die ganze Nacht; **c)** (ugs.) *durch Hinein-, Darauf-, Darüberschütten von etw. in einen mehr od. weniger gefüllten od. bedeckten Zustand bringen:* den Boden voll Korn s. **2.** (Fachspr.) *(bes. vom Getreide, von einer Quelle) ergiebig sein, einen Ertrag von bestimmter Güte od. Menge liefern:* eine besonders reich schüttende Quelle.

schüt|ter ⟨Adj.⟩ [in oberdeutscher Lautung standardspr. geworden; mhd. schiter, ahd. scetar = dünn, lückenhaft; ursprl. = gespalten, zersplittert]: **1.** *spärlich im Wachstum, nicht dicht stehend; dürftig [wachsend]:* ein -er Fichtenwald; sein Haar ist s. [geworden]; Ein Teppich aus -em Gras deckt die Gräber (Koeppen, Rußland 175). **2.** (geh.) *kümmerlich, schwach:* mit -er Stimme.

schüt|tern ⟨sw. V.; hat⟩ [zu ↑ schütten]: **1.** *(von [heftig] schwingender, stoßender Bewegung) erschüttert werden.* ♦ **2. a)** *heftig bewegen, schütteln* (1 a): ... und uns Waffen zu verschaffen, schüttert er des Berges Wipfel (Goethe, Deutscher Parnaß); **b)** *schaudern* (2): Die ergriffne, schwankende Seele schütterte dreimal noch, als ihm das Herz brach (Klopstock, Messias 7, 210 f.); In eurem Tempel haften wird sein Speer: Da schlagen die Feldherrn schütternd an, wann sie ausfahren über Land und Meer (Uhland, Ver sacrum).

Schutt|feld, das (Geol.): *von Gesteinsschutt bedeckte Fläche.*

Schütt|gut, das (Wirtsch.): *loses Gut, das zum Transport in den Laderaum eines Fahrzeugs geschüttet (u. nicht verpackt) wird* (z. B. Kohle, Getreide, Sand).

Schutt|hal|de, die: **1.** *Anhäufung von Schutt.* **2.** (Geol.) *natürliche Anhäufung von Gesteinsschutt am Fuß eines steilen Hangs.*

Schutt|hau|fen, der: *Haufen aus Schutt* (1), *Abfällen.*

Schutt|ke|gel, der (Geol.): *kegelförmige Schutthalde* (2).

Schütt|ofen, der (Hüttenw.): *einem Schachtofen ähnlicher Röstofen.*

Schutt|platz, der: *Schuttabladeplatz.*

Schutt|stein, der (schweiz.): *Ausguss* (1 a).

Schüt|tung, die; -, -en (Fachspr.): **1. a)** *das Schütten (bes. von Schüttgut):* die S. des Materials, der Erde; **b)** *Art, Form des Geschüttetwerdens, -seins (bes. von Schüttgut):* die Kohlen werden in loser S. (nicht abgepackt) geliefert. **2.** *das Geschüttete, Aufgeschüttete:* die S. soll einmal die ganze Senke ausfüllen. **3.** (Fachspr.) *Ergiebigkeit einer Quelle, geschüttete* (2) *Menge.*

Schutz, der; -es, -e u. Schütze ⟨Pl. selten, bes. schweiz.⟩ [mhd. schuz, ursprl. = (Stau)damm, Wehr; Umdämmung, Aufstauung des Wassers, zu ¹↑ schützen]: **1.** ⟨o. Pl.⟩ *etw., was eine Gefährdung abhält od. einen Schaden abwehrt:* die Hütte war uns S. gegen, vor Unwetter errichtet worden; warme Kleider sind der beste S. gegen Kälte; das Dach bot [wenig] S. vor dem Gewitter, gegen das Gewitter; durch den Raubbau am Wald verlor die Insel ihren natürlichen S.; unter einem Baum S. suchen, finden; bei jmdm. S. [vor Verfolgung] suchen; ein S. suchender Flüchtling; den S. *(die Sicherung u. Bewahrung)* der Grundrechte erklärte man zur ersten Aufgabe des Staates; die Verbrecher entkamen unter dem/im S. der Dunkelheit; sich in/unter jmds. S. begeben; jmd., etw. steht unter jmds. S.; der Flüchtling stellte sich unter polizeilichen S., unter den S. der Polizei; ohne männlichen S. *(ohne männliche Begleitung)* wollte sie nicht nach Hause gehen; die Veranstaltung stand unter dem S. *(der Schirmherrschaft)* des Bürgermeisters; Maßnahmen zum S. der Bevölkerung vor Verbrechern; er wurde unter polizeilichem S. *(unter polizeilicher Aufsicht, Bewachung)* abgeführt; (veraltet geh. in bestimmten Wortpaaren:) jmdm. S. und Schirm gewähren; zum S. der Augen eine Sonnenbrille tragen; er hat drei Leibwächter zu seinem [persönlichen] S.; * *jmdn. [vor jmdm., gegen jmdn.] in S. nehmen (jmdn. gegen [jmds.] Angriffe, Kritik o. Ä. verteidigen).* **2.** (bes. Technikjargon) *Vorrichtung, die zum Schutz gegen etw. konstruiert ist:* an einer Kreissäge einen S. anbringen.

¹**Schütz,** der; -en, -en: **1.** (veraltet) ¹*Schütze* (1 a). **2.** Kurzf. von ↑ Feldschütz.

²**Schütz,** das; -es, -e [zu ¹↑ schützen; vgl. mhd. schuz, vgl. Schutz]: **1.** (Fachspr.) *in Wassergräben, Kanälen, an Schleusen, Wehren angebrachte Absperr- u. Regulierungsvorrichtung, bes. in Form einer senkrechten Platte o. Ä., die aufgezogen u. heruntergelassen werden kann.* **2.** (Elektrot.) *(für mit Starkstrom arbeitende Geräte, Anlagen o. Ä. verwendeter) durch einen schwachen Strom betätigter elektromagnetischer Schalter.*

Schutz|an|strich, der: **1.** *Anstrich zum Schutz bes. gegen Korrosion, schädigende Witterungseinflüsse o. Ä.* **2.** (Militär seltener) *Tarnanstrich.*

Schutz|an|zug, der: vgl. *Schutzkleidung.*

Schutz|bau, der ⟨Pl. -ten⟩: **a)** *Bau zum Schutz vor der Wirkung von Angriffswaffen;* **b)** *Bauwerk zum Schutz vor Naturkatastrophen wie Hochwasser, Lawinen u. Ä.*

Schutz|be|dürf|nis, das: *Bedürfnis nach Schutz.*

schutz|be|dürf|tig ⟨Adj.⟩: *Schutz nötig habend:* -e Personengruppen.

Schutz|be|foh|le|ne, der/die *eine Schutzbefohlene, der/einer Schutzbefohlenen, die Schutzbefohlenen/zwei Schutzbefohlene* (Rechtsspr., sonst geh. veraltend): *jmds. Schutz, Obhut Anvertraute.*

Schutz|be|foh|le|ner, der *Schutzbefohlene/ein Schutzbefohlener; des/eines Schutzbefohlenen, die Schutzbefohlenen/zwei Schutzbefohlene* (Rechtsspr., sonst geh. veraltend): *jmds. Schutz, Obhut Anvertrauter; Schützling.*

Schutz|be|häl|ter, der: *spezieller Behälter für bestimmte Stoffe zum Schutz der Umwelt, bes. vor schädlichen Strahlen.*

Schutz|be|haup|tung, die (bes. Rechtsspr.): *unzutreffende Behauptung, mit deren Hilfe jmd. eine Schuld zu verbergen sucht, einer Bestrafung zu entgehen versucht.*

Schutz|be|klei|dung, die: *Schutzkleidung.*

Schutz|be|reich, der (Rechtsspr.): **1.** *für Zwecke der Landesverteidigung abgegrenzter Bereich, in dem die Benutzung von Grundstücken behördlich angeordneten Beschränkungen unterliegt.* **2.** *durch Grundrechte geschützter persönlicher Bereich* (b).

Schutz|blech, das: **1.** *halbkreisförmiges gewölbtes Blech über den Rädern bes. von Zweirädern zum Auffangen des Schmutzes.* **2.** *schüt-*

zendes Blech; schmutzende od. gefährliche bewegliche Teile von Maschinen od. anderen Vorrichtungen abdeckende Verkleidung aus Blech o. Ä.

Schutz|brief, der: **1.** (Dipl., Politik, bes. früher) Urkunde mit der staatlichen Zusage des Schutzes. **2.** (Versicherungsw.; in Österreich ®) Versicherung (2 a) für Kraftfahrer, die dem Versicherungsnehmer bei Pannen, Unfällen, im Krankheitsfalle o. Ä. im In- u. Ausland die jeweils erforderliche Hilfeleistung garantiert.

Schutz|bril|le, die: Brille zum Schutz der Augen vor Verletzungen od. Schädigung.

Schutz|bünd|nis, das: Bündnis zum gegenseitigen Schutz.

Schutz|dach, das: Schutz gewährendes Dach.

¹Schüt|ze, der; -n, -n [mhd. schütze, ahd. scuzz(i)o, zu ↑schießen]: **1. a)** jmd., der mit einer Schusswaffe schießt: ein guter S.; der S. (die Person, die geschossen hatte) konnte ermittelt werden; **b)** (Sport) den Ball o. Ä. [ins Tor] schießender, werfender Spieler: der S. des dritten Tors. **2.** Mitglied eines Schützenvereins. **3.** (Militär) **a)** Soldat des niedrigsten Dienstgrades beim Heer (1 b); **b)** (DDR) Soldat bei der motorisierten Waffengattung des Heeres (1 b); **c)** (veraltet) Infanterist. **4.** (Astrol.) **a)** ⟨o. Pl.⟩ Tierkreiszeichen für die Zeit vom 23. 11. bis 21. 12.: im Zeichen des -n geboren sein; **b)** jmd., der im Zeichen ¹Schütze (4 a) geboren ist: sie ist [ein] S. ⟨o. Pl.⟩ Sternbild am südlichen Sternenhimmel.

²Schüt|ze, die; -, -n: ²Schütz (1).

¹schüt|zen ⟨sw. V.; hat⟩ [mhd. schützen, eigtl. = eindämmen, (Wasser) aufstauen, entweder zu ↑schießen (in der alten Bed. »[einen Riegel] vorstoßen«) od. zu ↑schütten (mhd. schüten = [einen Schutzwall] anhäufen)]: **1.** jmdm., einer Sache Schutz gewähren, einen Schutz [ver]schaffen: jmdn., ein Land [vor Gefahren, gegen Gefahren] s.; das Eigentum [vor Übergriffen, gegen Übergriffe] s.; etw. vor der Sonne, vor, gegen Nässe s.; sich mit einem Kondom [vor Ansteckung] s.; warme Kleidung schützt [dich] vor Kälte; die Dunkelheit schützte den Dieb [vor Entdeckung]; in ein schützendes Dach; sich schützend vor ein Kind stellen; eine [vor, gegen Wind] geschützte Stelle. **2.** unter gesetzlichen Schutz stellen u. dadurch gegen [anderweitige] [Be]nutzung, Auswertung o. Ä. ¹schützen (1): eine Erfindung durch ein Patent s.; ein Buch urheberrechtlich s. lassen; der Name des Fabrikats ist [gesetzlich] geschützt. **3.** unter Naturschutz stellen: eine Landschaft s.; Pflanzen, Tiere s.; geschützte Arten.

²schüt|zen ⟨sw. V.; hat⟩ (Technik): durch ein ²Schütz (1) stauen.

Schüt|zen, der; -s, - [spätmhd. schutzen, zu ↑schießen]: Schiffchen (4).

Schüt|zen|bru|der, der: Mitglied eines Schützenvereins.

Schüt|zen|fest, das: **1.** mit einem Wettkampf der ¹Schützen (2) verbundenes Volksfest. **2.** (Ballsportjargon) Spiel, in dem eine Seite besonders viele Tore erzielt.

Schut|zen|gel, der [LÜ von kirchenlat. angelus tutelaris]: **1.** (bes. nach katholischem Glauben) einem Menschen zum Schutz beigegebener Engel: sein S. hat ihn davor bewahrt; sie hat einen S. gehabt (ist vor dem Schlimmsten bewahrt geblieben). **2.** Engel (2 a): er war der S. der Obdachlosen.

Schüt|zen|ge|sell|schaft, die: Schützenverein.

Schüt|zen|gil|de, die: Schützenverein.

Schüt|zen|gra|ben, der: zum Schutz der Infanteristen angelegter, beim Kampf Deckung bietender Graben: Schützengräben ausheben, ziehen; im S. liegen.

Schüt|zen|haus, das: Vereinshaus der ¹Schützen (2).

Schüt|zen|hil|fe, die (ugs.): Unterstützung durch hilfreiches, jmds. Vorgehen, Handeln schützendes u. förderndes Verhalten: jmdm. S. geben, gewähren; S. von jmdm. bekommen.

Schüt|zen|kö|nig, der: **1.** preisgekrönter Sieger des Wettschießens der ¹Schützen (2) beim Schützenfest. **2.** (Ballspiele Jargon) erfolgreichster Torschütze (einer Saison, eines Turniers usw.).

Schüt|zen|kö|ni|gin, die: w. Form zu ↑Schützenkönig.

Schüt|zen|li|nie, die (Militär): Reihe, Kette von in gleichmäßigen Abständen nebeneinander aufgestellten ¹Schützen (3 a).

Schüt|zen|loch, das: von einem ¹Schützen (3) ausgehobenes Loch zur eigenen Deckung beim Kampf.

Schüt|zen|pan|zer, der: gepanzertes Kettenfahrzeug, das Panzergrenadieren bzw. ¹Schützen (3 b) als Transport- u. Kampffahrzeug dient.

Schüt|zen|platz, der: Platz, auf dem das Schützenfest stattfindet.

Schüt|zen|steu|e|rung, Schützsteuerung, die (Elektrot.): Steuerung (eines Geräts, einer Anlage) durch ²Schütze (2).

schüt|zens|wert ⟨Adj.⟩: wert, würdig, geschützt zu werden; Schutz verdienend: [besonders] -e Baudenkmäler, Landschaften, Biotope, Arten, Daten.

Schüt|zen|ver|ein, der: der Tradition verpflichteter Verein, dessen Mitglieder das Schießen als Sport o. Ä. betreiben.

Schüt|zen|zunft, die (schweiz.): Schützenverein.

Schüt|zer, der; -s, - [zu ↑¹schützen]: **1.** Kurzf. von Knieschützer, Ohrenschützer o. Ä. **2.** (veraltend geh.) jmd., der jmdm., einer Sache seinen Schutz gewährt; Beschützer.

Schüt|ze|rin, die; -, -nen: w. Form zu ↑Schützer (2).

Schutz|far|be, die: **1.** Tarnfarbe. **2.** Farbe, die einen Schutzanstrich bildet bzw. dafür geeignet ist.

Schutz|fär|bung, die (Zool.): tarnende u. damit vor Feinden schützende Färbung (bei bestimmten Tieren).

Schutz|film, der: vor Schädigung o. Ä. schützender Film (1), dünner Überzug: Holz mit einem S. überziehen.

Schutz|frist, die (Rechtsspr.): Frist, während deren etw. gesetzlich geschützt ist.

Schutz|ge|biet, das: **1.** zu einem bestimmten Zweck abgegrenztes u. vor anderweitiger Nutzung geschütztes Gebiet, bes. Naturschutzgebiet.

Schutz|ge|bühr, die: **1.** für die Überlassung von etw. erhobene Gebühr, durch die sichergestellt werden soll, dass es möglichst nur an jmdn. abgegeben wird, der ernsthaft daran interessiert ist: der Katalog ist gegen eine S. von drei Euro erhältlich. **2.** (verhüll.) Schutzgeld.

Schutz|geist, der ⟨Pl. -er⟩: schützender guter Geist.

Schutz|geld, das: durch Androhung von Gewalt erpresste regelmäßige Zahlung des Inhabers einer Gaststätte o. Ä. an eine verbrecherische Organisation: -er, S. zahlen.

Schutz|geld|er|pres|sung, die: Erpressung von Schutzgeld.

Schutz|ge|mein|schaft, die (Rechtsspr., Wirtsch.): Zusammenschluss zum Schutz der Interessen von Inhabern unsicherer Wertpapiere: eine S. gründen.

Schutz|ge|wahr|sam, der (Rechtsspr.): dem persönlichen Schutz dienender Gewahrsam für jmdn., dem unmittelbare Gefahr für Leib u. Leben droht: jmdn. in S. nehmen.

Schutz|git|ter, das: zum Schutz angebrachtes Gitter.

Schutz|glas, das ⟨Pl. ...gläser⟩: Glas, das Gegenstände schützen soll: ein Gemälde mit S. versehen.

Schutz|glo|cke, die: schützende Glocke (5).

Schutz|gott, der (Mythol.): schützender Gott.

Schutz|göt|tin, die: w. Form zu ↑Schutzgott.

Schutz|ha|fen, der (Schifffahrt): Hafen, der Schiffen Schutz (vor Sturm) bietet.

Schutz|haft, die (Rechtsspr.): **1.** (verhüll.) (bes. politisch motivierte) Vorbeugehaft: jmdn. in S. nehmen. **2.** (früher) Schutzgewahrsam.

Schutz|hand|schuh, der: bei bestimmten Arbeiten zum Schutz der Hände (vor Verletzung od. anderer schädlicher Einwirkung) getragener Handschuh.

Schutz|hau|be, die: dem Schutz dienende Haube (2 d).

Schutz|hei|li|ge ⟨vgl. Heilige⟩ (kath. Kirche): Patronin.

Schutz|hei|li|ger ⟨vgl. Heiliger⟩ (kath. Kirche): ¹Patron (2): der Schutzheilige dieser Stadt.

Schutz|helm, der: helmähnlicher Kopfschutz; helmähnliche Kopfbedeckung, die vor allem gegen Schlag u. Stoß schützen soll: der S. des Rennfahrers.

Schutz|herr, der: **1. a)** (früher) jmd., der Inhaber besonderer Macht über bestimmte unter seinen Schutz gestellte Abhängige war; **b)** Inhaber der Schutzherrschaft (1 b) über ein Gebiet. **2.** (veraltet) Schirmherr.

Schutz|her|rin, die: w. Form zu ↑Schutzherr.

Schutz|herr|schaft, die: **1. a)** Amt, Funktion des Schutzherrn (1 a); **b)** Oberhoheit in bestimmten Angelegenheiten (bes. Außenpolitik, Verteidigung od. auch Verwaltung), die ein od. mehrere Staaten über ein fremdes, unter ihren Schutz gestelltes Staatsgebiet ausüben. **2.** (veraltet) Schirmherrschaft.

Schutz|hül|le, die: schützende Hülle: das Buch aus der S. (der Buchhülle, dem Schutzumschlag) nehmen.

Schutz|hund, der (Fachspr.): Hund, der zum Schutz von Personen od. Sachen eingesetzt wird.

Schutz|hüt|te, die: wetterfeste Hütte, einfaches [Holz]haus (bes. im Gebirge) zum Schutz gegen Unwetter u. zum Übernachten.

schutz|imp|fen ⟨sw. V.; schutzimpfte, hat schutzgeimpft⟩: einer Schutzimpfung unterziehen.

Schutz|imp|fung, die: Impfung zum Schutz gegen Infektion: eine S. [gegen Pocken] erhalten.

Schüt|zin, die; -, -nen: w. Form zu ↑¹Schütze (1, 2).

Schutz|kap|pe, die: schützende Kappe (2 a).

Schutz|klau|sel, die (Politik, Wirtsch.): Vertragsklausel, die angibt, wem unter welchen Bedingungen ein Schutz gegen entstehende wirtschaftliche Nachteile gewährt wird.

Schutz|klei|dung, die: Kleidung, die zum Schutz gegen schädigende Einwirkungen getragen wird.

Schutz|kon|takt, der (Elektrot.): (vor Stromschlag schützender) zusätzlicher Kontakt an Steckern u. Steckdosen.

Schutz|kon|takt|steck|do|se, die (Elektrot.): durch Schutzkontakt gesicherte Steckdose.

Schutz|kon|takt|ste|cker, der (Elektrot.): vgl. Schutzkontaktsteckdose.

Schutz|leu|te: Pl. von ↑Schutzmann.

Schütz|ling, der; -s, -e: jmd., der dem Schutz eines anderen anvertraut ist, der betreut, für den gesorgt wird; Schutzbefohlene[r].

schutz|los ⟨Adj.⟩: ohne Schutz, hilflos, wehrlos: dem Gegner, dem Unwetter s. ausgeliefert sein.

Schutz|lo|sig|keit, die; -: das Schutzlossein.

Schutz|macht, die (Politik): **1.** Staat, der die Wahrnehmung der Rechte u. Interessen eines anderen Staates gegenüber dritten Staaten übernimmt. **2.** Staat, der einem anderen Staat

Schutzmann – schwachbevölkert

Schutz gegen Angriffe von dritter Seite garantiert. **3.** *Staat, der eine Schutzherrschaft o. Ä. ausübt.*
Schutz|mann, der ⟨Pl. ...männer u. ...leute⟩ (ugs.): *Polizist (bes. Schutzpolizist).*
Schutz|man|tel, der: **1. a)** *zum Schutz vor etw. dienender Mantel;* **b)** *(bild. Kunst) beschützend ausgebreiteter Mantel (bes. der Madonna).* **2.** *(bes. Fachspr.) schützender Mantel* (2)*, schützende Ummantelung.*
Schutz|mar|ke, die: *Warenzeichen; Fabrik-, Handelsmarke:* eingetragene S.
Schutz|mas|ke, die: *Maske* (2 a)*, die als Schutz, bes. gegen das Einatmen giftiger Gase bzw. verseuchter Luft, vor dem Gesicht getragen wird.*
Schutz|maß|nah|me, die: *vorbeugende Maßnahme zum Schutz einer Person od. Sache.*
Schutz|mau|er, die (auch Fachspr.): *zum Schutz für od. gegen jmdn. od. etw. gebaute Mauer.*
Schutz|pan|zer, der: **1.** *schützender Panzer* (1–3)*.* **2.** *etw., womit sich jmd. vor seelischen Verletzungen, Belastungen od. dergleichen schützt:* sich einen S. zulegen.
Schutz|pa|tron, der: *Schutzheiliger.*
Schutz|pa|tro|nin, die: w. Form zu ↑ Schutzpatron.
Schutz|pflan|zung, die (Landwirtsch., Forstwirtsch.): *Anpflanzung aus Bäumen od. Sträuchern, die vor allem dem Schutz gegen extreme Witterungseinflüsse, Lawinen o. Ä. dient.*
Schutz|pla|ne, die: *schützende Plane.*
Schutz|plat|te, die: *schützende Platte.*
Schutz|po|li|zei, die: *Zweig der Polizei, dessen Aufgabe im Schutz des Bürgers u. in der Aufrechterhaltung der öffentlichen Ordnung u. Sicherheit besteht.*
Schutz|po|li|zist, der: *Polizist der Schutzpolizei.*
Schutz|po|li|zis|tin, die: w. Form zu ↑ Schutzpolizist.
Schutz|raum, der: *Raum zum Schutz vor der Wirkung von Angriffswaffen; Luftschutzraum.*
Schutz|recht, das (Rechtsspr.): *Recht auf den rechtlichen Schutz für geistiges Eigentum, Erfindungen, Gebrauchsmuster, Handelsmarken o. Ä.*
Schutz|schei|be, die: *als Schutz dienende Glasscheibe.*
Schutz|schicht, die: vgl. Schutzfilm.
Schutz|schild, der: *schützender* ¹*Schild* (1, 4 a)*; schildförmiger Schutz.*
Schutz|schirm, der (bes. Fachspr.): *[vor Strahlung] schützender Schirm* (3 a)*.*
Schutz|staf|fel, die (nationalsoz.): *nationalsozialistische Organisation, die wichtigste Trägerin des Terrors u. der Vernichtungspolitik des nationalsozialistischen Staates war* (Abk.: SS)*.*
Schütz|steu|e|rung: ↑ Schützensteuerung.
Schutz|stoff, der (Fachspr.): *einen biologischen Schutz bewirkender Stoff (z. B. Antikörper, Impfstoff).*
Schutz su|chend, schutz|su|chend ⟨Adj.⟩: *nach Schutz suchend:* schutzsuchende Bergsteiger.
Schutz|trup|pe, die: **1.** *mit dem Schutz der Zivilbevölkerung in einem Krisengebiet o. ä. Aufgaben betraute [international zusammengesetzte] bewaffnete Truppe:* die S. der Vereinten Nationen, der NATO. **2.** (Geschichte) *(in den deutschen Schutzgebieten) Kolonialtruppe.*
Schutz|über|zug, der: vgl. Schutzfilm.
Schutz|um|schlag, der: *ein Buch o. Ä. vor Verschmutzung schützender Umschlag.*
Schutz|ver|band, der: **1.** *eine Wunde schützender Verband.* **2.** *(bes. innerhalb einer Kommune* 1*) Zusammenschluss zum Schutz der Interessen bestimmter Wirtschaftszweige:* der S. [für] Handel und Gewerbe.
Schutz|vor|keh|rung, die: *Schutzmaßnahme.*
Schutz|vor|rich|tung, die: *Vorrichtung zum*

Schutz vor Gefahren: -en gegen Lawinen; eine Maschine mit einer S. ausstatten.
Schutz|waf|fe, die: **1.** *(bes. früher) Teil der Kampfausrüstung, der der Bedeckung u. dem Schutz des Körpers od. des Kopfes dient* (bes. Helm, Panzer, Schild)*.* **2.** (Fechten) *Teil der Wettkampfausrüstung, der zum Schutz des Körpers od. des Gesichts dient.*
Schutz|wald, der: vgl. Schutzpflanzung.
Schutz|wall, der: vgl. Schutzmauer.
Schutz|weg, der (österr.): *Fußgängerüberweg, Zebrastreifen.*
Schutz|wir|kung, die: *schützende Wirkung:* der Airbag hat eine noch bessere S. als der Dreipunktgurt.
schutz|wür|dig ⟨Adj.⟩: *schützenswert, Schutz verdienend:* ein -es Interesse, Gut. Dazu: **Schutz|wür|dig|keit,** die; -.
Schutz|zaun, der: *schützender Zaun:* das Gelände, die Anlage ist von einem S. umgeben.
Schutz|zoll, der (Politik, Wirtsch.): *Einfuhrzoll zum Schutz der einheimischen Wirtschaft gegenüber ausländischen Konkurrenten; Repressivzoll.*
Schutz|zo|ne, die: **1.** vgl. Schutzgebiet. **2.** *Zone, in der eine bestimmte* ¹*Gruppe* (2) *einen bestimmten Schutz genießt.*
Schw. = Schwester.
Schwa, das; -[s], -[s] [hebr. šěwą, Name des Vokalzeichens für den unbetonten e-Laut] (Sprachwiss.): *in bestimmten unbetonten Silben auftretender, gemurmelt gesprochener Laut als Schwundstufe des e, bei fremdsprachlichen Wörtern auch anderer voller Vokale* (Lautzeichen: ə)*.*
schwab|be|lig ⟨Adj.⟩, **schwabblig** ⟨Adj.⟩ (ugs.): *in gallertartiger Weise weich u. unfest [bis dickflüssig] u. dabei leicht in eine zitternde, in sich wackelnde Bewegung geratend:* ein -er Pudding; ein -er Bauch.
schwab|beln ⟨sw. V.; hat⟩ [aus dem Md., Niederd., zu: schwabben = schwappen]: **1.** (ugs.) *sich als schwabbelige Masse zitternd, in sich wackelnd hin u. her bewegen:* der Pudding schwabbelte auf dem Teller. **2.** (landsch. abwertend) *unnötig viel reden, Unsinn von sich geben; schwatzen:* hör auf zu s.! **3.** (Technik) *mithilfe von rotierenden, mit Lammfell, Filz o. Ä. belegten Scheiben u. einem Poliermittel glätten, glänzend machen.*
schwabb|lig: ↑ schwabbelig.
¹**Schwa|be,** der; -n, -n: Ew. zu ↑ Schwaben.
²**Schwa|be,** die; -, -n [unter scherzh. Anlehnung an ↑ ¹Schwabe zu ↑ Schabe] (bes. landsch.): *Schabe* (1 a)*.*
schwä|beln ⟨sw. V.; hat⟩: *schwäbisch gefärbtes Hochdeutsch, schwäbische Mundart sprechen:* leicht, stark s.
Schwa|ben, -s: Region in Südwestdeutschland.
Schwa|ben|land, das; -[e]s (volkstüml.): *Schwaben.*
Schwa|ben|spie|gel, der ⟨o. Pl.⟩: *Rechtssammlung des deutschen Mittelalters.*
Schwa|ben|streich, der (scherzh.): **1.** *[wohl nach den komischen Abenteuern im grimmschen Märchen »Die sieben Schwaben«] unüberlegte, törichte, lächerlich wirkende Handlung [aus Überängstlichkeit].* **2.** [zusgez. aus: Schwabenstreich (1) u. Zapfenstreich] *allabendliche Protestkundgebung (z. B. durch kurzes Lärmen).*
Schwä|bin, die; -, -nen: w. Form zu ↑ ¹Schwabe.
schwä|bisch ⟨Adj.⟩: **a)** *Schwaben, die* ¹*Schwaben betreffend; von ihnen stammend, zu ihnen gehörend;* **b)** *in der Sprache der* ¹*Schwaben.*
schwach ⟨Adj.; schwächer, schwächste⟩ [mhd. swach = schlecht; gering; armselig; kraftlos, eigtl. = schwankend, sich biegend, verw. mit ↑ schwingen]: **1. a)** *in körperlicher Hinsicht keine od. nur geringe Kraft besitzend; von mangelnder Kraft zeugend; nicht kräftig:* ein abgemagerter,

-er Mann; eine -e Konstitution haben; er ist schon alt und s., fühlt sich sehr s.; was den Körper s. macht *(schwächt);* sie wird immer schwächer; ⟨subst.:⟩ der Stärkere muss dem Schwachen helfen; ↑ die Gefahr besteht, dass ich s. werde *(nachgebe);* jetzt nur nicht s. werden *(nicht schwankend werden, nicht nachgeben);* wenn ich diese Frau sehe, werde ich s. *(vergesse ich alle meine Vorsätze u. möchte mit ihr ein Abenteuer haben);* **b)** *in seiner körperlichen Funktion nicht sehr leistungsfähig; anfällig, nicht widerstandsfähig:* ein -es Herz haben; er hat -e Nerven; ↑ er hat einen -en Willen *(gibt Versuchungen leicht nach, ist nicht sehr standhaft).* **2.** *dünn, nicht stabil, nicht fest u. daher keine große Belastbarkeit aufweisend:* -e Bretter; ein zu -er Draht; das Eis, die Eisdecke ist noch zu s. zum Schlittschuhlaufen; dieses Glied der Kette ist etwas schwächer als die übrigen; ↑ der Plan hat einige -e Stellen. **3.** *nicht sehr zahlreich:* eine -e Beteiligung; der Saal war nur s. besetzt; das Land ist s. bevölkert; ein s. bevölkertes Land. **4.** *keine hohe Konzentration aufweisend, wenig gehaltvoll:* -er Kaffee; eine -e Salzlösung; ein -es Gift. **5.** *keine hohe Leistung* (2 b) *erbringend; keinen hohen Grad an Leistungskraft, Wirksamkeit besitzend; nicht leistungsstark:* ein -er Motor; eine -e Glühbirne; die Brille ist sehr s. **6. a)** *in geistiger od. körperlicher Hinsicht keine guten Leistungen erbringend; nicht tüchtig, nicht gut:* -eine Opposition; er ist der schwächste Schüler in der Klasse; die Mannschaft hat s. gespielt; ⟨subst.:⟩ den Schwacheren in der Klasse muss man helfen; **b)** *als Ergebnis einer geistigen od. körperlichen Leistung in der Qualität unzulänglich, dürftig, wenig befriedigend:* eine -e [schulische] Leistung; ein -es Buch; das ist die schwächste Zeit, die sie seit Langem gelaufen ist; eine -e Vorstellung; die deutsche Mannschaft bot ein -es Bild (ugs.; *spielte enttäuschend).* **7.** *nur wenig ausgeprägt; in nur geringem Maße vorhanden, wirkend; von geringem Ausmaß, in geringem Grade; nicht intensiv, nicht heftig, nicht kräftig:* eine -e Strömung; -es Licht; es erhob sich ein -er *(leichter)* Wind; ein -er Puls; nur ein -er Widerstand leisten; eine -e Erinnerung an etw. haben; es blieb nur eine -e *(geringe, nur wenig)* Hoffnung; -er Beifall; das ist doch nur ein -er Trost (ugs.: *das nützt doch nichts, hilft auch nur wenig);* sein Herz, Puls schlägt noch s.; das Feuer brennt nur noch s.; die Blumen duften s.; er hat sich s. gewehrt; diese Silbe ist s. betont; s. betonte Silben; ein Land mit s. entwickelter Wirtschaft; seine Intelligenz ist nur s. entwickelt. **8.** (Sprachwiss.) **a)** *(in Bezug auf Verben) durch gleichbleibenden Stammvokal u. (bei Präteritum u. 2. Partizip) durch das Vorhandensein des Konsonanten »t« gekennzeichnet:* die e-Konjugation, -e *(schwach konjugierte)* Verben; »zeigen« wird s. konjugiert, gebeugt; **b)** *(in Bezug auf Nomen) in den meisten Formen durch das Vorhandensein des Konsonanten »n« gekennzeichnet:* die -e Deklination; -e *(schwach deklinierte)* Substantive; s. deklinierte Adjektive; »Mensch« wird s. dekliniert, gebeugt.

-schwach: drückt in Bildungen mit Substantiven – seltener mit Verben (Verbstämmen) – aus, dass die beschriebene Person oder Sache etw. nur in geringem Maße hat, aufweist, kann: *devisen-, rechtschreib-, verkehrsschwach.*

schwach be|tont, schwach|be|tont ⟨Adj.⟩: *wenig, nur in geringem Maße betont:* schwach betonte Silben.
schwach be|völ|kert, schwach|be|völ|kert

schwachblau – Schwalbenschwanz

⟨Adj.⟩: *wenig, nur in geringem Maße bevölkert:* ein schwach bevölkertes Land.

schwach|blau ⟨Adj.⟩: *ein zartes, mattes Blau aufweisend.*

schwach|brüs|tig ⟨Adj.⟩: **1.** *anfällig für Erkrankungen der Atmungsorgane:* ein -es Kind. **2.** *unzulänglich, dürftig:* es ist trotz des etwas -en Motors kein schlechtes Auto; die Stereoanlage ist ziemlich s.

Schwäl|che, die; -, -n [mhd. sweche = dünner Teil der Messerklinge, swache = Unehre, zu ↑ Schwach]: **1.** ⟨Pl. selten⟩ **a)** *fehlende körperliche Kraft; Mangel an körperlicher Stärke; [plötzlich auftretende] Kraftlosigkeit:* eine allgemeine S. überkam ihn, befiel sie; sie hat die S. überwunden; er ist vor S. umgefallen, zusammengebrochen; Er bändigte sein Herz, er zwang seinen Magen, er jagte den Schwindel aus dem Kopf. Er durfte jetzt keine S. zeigen (Hesse, Narziß 348); **b)** *fehlende körperliche Funktionsfähigkeit, mangelnde Fähigkeit zu wirken, seine Funktion auszuüben:* eine S. des Herzens; die S. seiner Augen nahm zu. **2. a)** *charakterliche, moralische Unvollkommenheit, Unzulänglichkeit; nachteilige menschliche Eigenschaft, Eigenheit:* jeder hat seine kleinen, verzeihlichen -n; jmds. -n ausnutzen; er kannte seine eigenen -n; einer S. nachgeben; Würde unsereiner der S. seines Fleisches immer widerstehen? (H. Mann, Stadt 54); **b)** *Mangel an Können, Begabung [auf einem bestimmten Gebiet], an Beherrschung einer Sache:* die militärische S. eines Gegners; seine S. in Mathematik. **3.** ⟨o. Pl.⟩ *besondere Vorliebe, die jmd. für jmdn., etw. hat, geringe Neigung zu jmdm., etw.:* seine S. für schöne Frauen, für Abenteuer, für teure Kleidung; er hat eine S. für meine Frau. **4.** *etw., was bei einer Sache als* ¹*Mangel (2) empfunden wird; nachteilige Eigenschaft:* sprachliche, inhaltliche -n eines Werkes; die entscheidende S. dieses Systems ist seine Kompliziertheit.

Schwä|che|an|fall, der: *plötzlich, anfallartig auftretende körperliche Schwäche:* einen S. haben, erleiden.

Schwä|che|ge|fühl, das: *Gefühl körperlicher Schwäche:* ein plötzliches S.

schwä|cheln ⟨sw. V.; hat⟩ (ugs.): **a)** *eine Leistungsschwäche zeigen, in der Leistung nachlassen:* schwächelst du?; **b)** *im Leistungsniveau, in seinem Wert, in seiner Beständigkeit o. Ä. nachgeben:* der Euro schwächelt.

schwä|chen ⟨sw. V.; hat⟩ [mhd. swechen]: **1.** *der körperlichen Kräfte berauben; kraftlos, schwach (1) machen; entkräften (1):* das Fieber hat ihn, seinen Körper geschwächt; das hat seine Gesundheit, Konstitution geschwächt (*verschlechtert, gemindert*); Ü den Gegner durch fortgesetzte Angriffe s.; ein geschwächtes Immunsystem. **2.** *seiner Wirksamkeit berauben; in seiner Wirkung herabsetzen, mindern; weniger wirkungsvoll machen:* jmds. Ansehen, Prestige, Macht s.; der Fehlschlag schwächte seine Position. ♦ **3.** *entehren* (b): Blandinen, die gleißende Töchterlein, schwächt, zur Stunde jetzt schwächt sie ein schändlicher Knecht! (Bürger, Lenardo u. Blandine); Weiter wurde ... beschlossen und geordnet: welcher vom Adel geboren und herkommen ist und Frauen und Jungfrauen schwächte (Hebbel, Agnes Bernauer III, 13).

schwach ent|wi|ckelt, schwach|ent|wi|ckelt ⟨Adj.⟩: *wenig, nicht sehr weit entwickelt:* in Land mit schwach entwickelter Wirtschaft.

Schwä|che|pha|se, die: *Phase der Schwäche:* die Mannschaft, die Wirtschaft, die Konjunktur erlebt gerade eine S.

schwä|cher: ↑ schwach.

Schwä|che|zu|stand, der: *Zustand körperlicher Schwäche.*

Schwach|heit, die; -, -en [mhd. swachheit = Unehre, Schmach]: **1.** ⟨o. Pl.⟩ *schwacher (1) Zustand; Mangel an Kraft, körperlichen u. seelischen Anforderungen standzuhalten:* die S. seines Körpers; die S. des Alters. **2.** (selten) *Schwäche* (2 a): menschliche -en; * sich ⟨Dativ⟩ -en einbilden (ugs.; *sich falsche, übertriebene Hoffnungen machen; damit rechnen, dass bestimmte Wünsche erfüllt werden*)

Schwach|kopf, der (abwertend): *dummer Mensch.*

schwäch|lich ⟨Adj.⟩ [mhd. swechlich = schmählich, schlecht]: *körperlich schwach, zum Kränkeln neigend:* ein -es Kind, Mädchen; er war immer etwas s., sah blass und s. aus.

Schwäch|ling, der; -s, -e (abwertend): *schwächlicher, kraftloser Mensch:* du S., du kannst nicht einmal diesen Koffer hochheben; Ü der Thronfolger war ein S. (*war willensschwach, energielos, hatte kein Durchsetzungsvermögen*).

schwach|ma|chen ⟨sw. V.; hat⟩ (ugs.): *aufregen, nervös machen:* wie der mich schwachmacht!

Schwach|punkt, der: *Schwachstelle.*

schwach|sich|tig ⟨Adj.⟩ (Med.): *an Schwachsichtigkeit leidend:* er ist s.

Schwach|sich|tig|keit, die; -, -en (Med.): *Mangel an Sehkraft; verminderte Sehschärfe; Augenschwäche.*

Schwach|sinn, der ⟨o. Pl.⟩: **1.** (Med. veraltet) *geistige Behinderung.* **2.** (ugs. abwertend) *Unsinn:* so ein S.!

schwach|sin|nig ⟨Adj.⟩: **1.** (Med. veraltet) *geistig behindert.* **2.** (ugs. abwertend) *blödsinnig:* was soll das -e Gequatsche.

schwächs|te: ↑ schwach.

Schwach|stel|le, die: *Stelle, an der etw. für Störungen anfällig ist:* eine S. in der Spionageabwehr.

Schwach|strom, der ⟨Pl. selten⟩ (Elektrot.): *schwacher, niedriger Strom.*

Schwach|strom|lei|tung, die (Elektrot.): *Leitung für Schwachstrom.*

Schwä|chung, die; -, -en: **1.** *das Schwächen* (1), *Entkräften* (1); *das Geschwächt-, Entkräftetsein:* diese Krankheit führte zu einer S. des Körpers; Ü die großen Verluste bedeuteten eine erhebliche S. des Gegners. **2.** *das Schwächen* (2); *das Geschwächtsein:* eine S. seiner Position.

schwach wer|den, schwach|wer|den ⟨unr. V.; ist⟩: *nachgeben, einen Vorsatz aufgeben:* er wurde schwach und nahm sich doch ein Stück Torte.

¹**Schwa|de:** ↑ ¹Schwaden.

²**Schwa|de,** die; -, -n, ²Schwaden, der; -s, - [aus dem Niederd. ~ mniederd. swat, swaden, auch: Furche, H. u.]: *abgemähtes, in einer Reihe liegendes Gras, Getreide o. Ä.:* die Maschine mäht das Getreide und legt es zu einer Schwade zusammen.

¹**Schwa|den,** der; -s, -, ¹Schwade, die; -, -n [mhd. swadem, swaden, zu ahd. swedan = schwelend verbrennen; urg. aisl. swiða = brennen; braten]: **1.** ⟨meist Pl.⟩ *in der Luft treibende, sich bewegende wolkenähnliche Zusammenballung von Dunst, Nebel, Rauch o. Ä.:* dunkle Schwaden [von Rauch] hingen über den Häusern; Nebel zog in Schwaden übers Wasser. **2.** (Bergmannsspr.) *schädliche Luft in der Grube [mit hohem Gehalt an Kohlendioxid].*

²**Schwa|den:** ↑ ²Schwade.

¹**schwa|den|wei|se** ⟨Adv.⟩: *in* ¹*Schwaden* (1): der Nebel zog s. durch das Tal.

²**schwa|den|wei|se** ⟨Adv.⟩: *in* ²*Schwaden:* das Heu wird s. gewendet.

schwa|dern ⟨sw. V.; hat⟩ [wohl spätmhd. swadern = rauschen; klappern, mhd. swateren, ↑ schwatzen] (südd.): **1.** *schwatzen, sich lebhaft* unterhalten. **2.** *plätschern; plätschernd überschwappen, niederfallen.*

Schwa|d|ron, die; -, -en [ital. squadrone, eigtl. = großes Viereck, zu: squadra = Viereck, zu lat. quadrus, ↑ Quader] (Militär früher): *kleinste Einheit der Kavallerie.*

Schwa|d|ro|neur [...'nøːɐ̯], der; -s, -e [französierende Bildung zu ↑ schwadronieren] (veraltend): *jmd., der viel, gerne schwadroniert.*

Schwa|d|ro|neu|rin, die; -, -nen: w. Form zu ↑ Schwadroneur.

schwa|d|ro|nie|ren ⟨sw. V.; hat⟩ [eigtl. = beim Fechten wild u. planlos um sich schlagen, zu ↑ Schwadron; viell. beeinflusst von ↑ schwadern]: **1.** *wortreich, laut u. lebhaft, unbekümmert, oft auch aufdringlich reden, von etw. erzählen:* von seinen Heldentaten s. ♦ **2.** *sich herumtreiben, umherstreifen:* ⟨subst.:⟩ Denn am Ende, was ist all das Suchen und Farren und Schwadronieren? (Goethe, Stella 3 [1. Fassung]).

Schwa|fe|lei, die; -, -en (ugs. abwertend): *[dauerndes] Schwafeln; unsinniges, törichtes Gerede.*

schwa|feln ⟨sw. V.; hat⟩ [H. u.] (ugs. abwertend): *sich [ohne genaue Sachkenntnis] wortreich über etw. äußern; unsinnig, töricht daherreden:* was schwafelt er denn da wieder?

Schwa|ger, der; -s, Schwäger: **1.** [mhd. swāger = Schwager; Schwiegervater, -sohn, ahd. suāgur = Bruder der Frau, eigtl. = der zum Schwiegervater Gehörige] *Ehemann einer Schwester od. Bruder des Ehemanns, der Ehefrau:* mein [zukünftiger] S.; sie hat mehrere Schwäger. **2.** [älter nhd. (bes. Studentenspr.) auch Anrede an Nichtverwandte] (früher, bes. als Anrede) *Postillion, Postkutscher;* ♦ Wir haben einen gar jungen, lustigen, hübschen S. gehabt, mit dem ich durch die Welt fahren möchte (Goethe, Stella 1); ♦ ... wie man ja in der neueren Zeit die Postillione auch Schwäger nenne, ohne dass ein Familienband sie an uns knüpfe (Goethe, Dichtung u. Wahrheit 13).

Schwä|ge|rin, die; -, -nen [mhd. swægerinne]: *Ehefrau eines Bruders od. Schwester des Ehemanns, der Ehefrau.*

Schwä|ger|schaft, die; -, -en ⟨Pl. selten⟩: *verwandtschaftliches Verhältnis eines Schwagers, einer Schwägerin zu jmdm.*

Schwä|her, der; -s, - [mhd. sweher, ahd. swehur] (veraltet): **1.** *Schwiegervater.* **2.** *Schwager;* ♦ Am Tage, da der Vater fiel, verbarg Elektra rettend ihren Bruder: Strophius, des Vaters S., nahm ihn willig auf (Goethe, Iphigenie III, 1).

Schwai|ge, die; -, -n [mhd. sweige, ahd. sweiga, H. u.] (bayr., österr. landsch.): *Alm-, Sennhütte mit zugehöriger Alm.*

Schwai|ger, der; -s, - (bayr., österr.): **1.** *jmd., der eine Schwaige, einen Schwaighof bewirtschaftet.* **2.** *jmd., der in einer Schwaige Käse zubereitet.*

Schwai|ge|rin, die; -, -nen: w. Form zu ↑ Schwaiger.

Schwaig|hof, der (bayr., österr.): *Bauernhof, auf dem überwiegend Viehzucht u. Milchwirtschaft betrieben wird.*

Schwälb|chen, das; -s, -: Vkl. zu ↑ Schwalbe.

Schwal|be, die; -, -n [mhd. swalbe, swalwe, ahd. swal(a)wa, H. u.]: **1.** *schnell u. gewandt fliegender Singvogel mit braunem od. schwarz-weißem Gefieder, langen, schmalen, spitzen Flügeln u. gegabeltem Schwanz:* die -n kehren im Frühjahr sehr zeitig zurück; Spr eine S. macht noch keinen Sommer (*ein einzelnes positives Anzeichen, ein hoffnungsvoller Einzelfall lässt noch nicht auf eine endgültige Besserung der Situation schließen*). **2.** (Fußballjargon) *geschicktes Sich-fallen-Lassen im Kampf um den Ball in der Absicht, einen Frei- oder Strafstoß zugesprochen zu bekommen:* eine S. machen.

Schwal|ben|schwanz, der: **1.** *Schwanz der*

Schwalk – schwanken

Schwalbe. **2.** (scherzh. veraltend) **a)** *Frack;* **b)** *langer Rockschoß eines Fracks.* **3.** *größerer Schmetterling mit vorwiegend gelben, schwarz gezeichneten Flügeln, deren hinteres Paar in zwei Spitzen ausläuft.*

Schwalk, der; -[e]s, -e [niederd. swalk, zu ↑¹schwellen] (nordd.): **1.** *Dampf, Rauch, Qualm.* **2.** *Bö.*

schwal|ken ⟨sw. V.; hat⟩ [zu ↑ Schwalk (2)] (nordd.): *sich herumtreiben.*

Schwall, der; -[e]s, -e ⟨Pl. selten⟩ [mhd. swal, zu ↑¹schwellen]: *mit einer gewissen Heftigkeit sich ergießende, über jmdn., etw. hereinbrechende Menge von etw., bes. einer Flüssigkeit:* ein S. Wasser ergoss sich über ihn; ein S. von Biergeruch schlug uns entgegen.

schwal|len ⟨sw. V.; hat⟩ (Jugendspr. abwertend): *unaufhörlich u. schnell reden, unsinniges Zeug reden.*

schwamm: ↑ schwimmen.

Schwamm, der; -[e]s, Schwämme [mhd., ahd. swamm, swamp, eigtl. = Schwammiges, Poröses]: **1.** *in zahlreichen Arten bes. im Meer lebendes, auf dem Grund festsitzendes, oft große Kolonien bildendes niederes Tier:* nach Schwämmen tauchen. **2.** *aus dem feinfaserigen Skelett eines bestimmten Schwammes (1) od. aus einem künstlich hergestellten porigen Material bestehender, weicher, elastischer Gegenstand von großer Saugfähigkeit, der bes. zum Waschen u. Reinigen verwendet wird:* ein feuchter, nasser S.; den S. ausdrücken; etw. mit einem S. abwischen; * **S. drüber!** (ugs.: *die Sache soll vergessen sein; reden wir nicht mehr darüber*). **3.** (bayr., österr., schweiz.) *Pilz* (1): Schwämme sammeln. **4.** ⟨Pl. selten⟩ *Hausschwamm:* das Haus hat den S., ist vom S. befallen.

schwamm|ar|tig ⟨Adj.⟩: *einem Schwamm ähnlich.*

Schwämm|chen, das; -s, -: Vkl. zu ↑ Schwamm.

schwäm|me: ↑ schwimmen.

Schwamm|merl, das, bayr. auch: der; -s, -[n] [mit südd. Verkleinerungssuffix geb. zu ↑ Schwamm (3)] (bayr., österr.): *Pilz* (1).

Schwamm|gum|mi, der, auch: das; -s, -[s]: *weicher, poriger, sehr saugfähiger Gummi:* eine Matte, Unterlage aus S.

schwam|mig ⟨Adj.⟩: **1.** *weich u. porös wie ein Schwamm* (2): eine -e Masse. **2.** (abwertend) *weich u. aufgedunsen, dicklich aufgeschwemmt:* ein -es Gesicht. **3.** (abwertend) *den Inhalt nur sehr vage angebend, ausdrückend; nicht klar u. eindeutig; verschwommen:* ein -er Begriff; eine -e Formulierung; sich s. ausdrücken. **4.** *vom Schwamm* (4) *befallen:* -e Balken.

Schwamm|tuch, das ⟨Pl....tücher⟩: *aus einem schwammartigen synthetischen Material bestehendes dickes Tuch zum Reinigen o. Ä.*

Schwam|pel, die; -, -n (ugs.): Kurzf. von ↑ Schwampelkoalition.

Schwam|pel|ko|a|li|ti|on, Schwam|pel-Ko|a|li|ti|on, die [Zusammenziehung aus »Schwarz« und »Ampelkoalition«] (ugs.): *Jamaikakoalition.*

Schwan, der; -[e]s, Schwäne [mhd., ahd. swan, lautm. u. urspr. wohl Bez. für den Singschwan]: **1.** *großer Schwimmvogel mit sehr langem Hals, weißem Gefieder, einem breiten Schnabel u. Schwimmfüßen:* ein stolzer S.; Schwäne füttern; * **mein lieber S.!** (salopp: 1. Ausruf des Erstaunens, der Bewunderung, auch der Erleichterung o. Ä. 2. [scherzhafte] Drohung; wohl gek. aus »Nun sei bedankt, mein lieber Schwan«; R. Wagner, Lohengrin). **2.** ⟨o. Pl.⟩ *Sternbild am nördlichen Sternenhimmel.*

Schwän|chen, das; -s, -: Vkl. zu ↑ Schwan.

schwand, schwän|de: ↑ schwinden.

schwa|nen ⟨sw. V.; hat⟩ [mniederd., wohl Scherzübersetzung von lat. olet mihi = »ich rieche«, bei der lat. olere = riechen mit lat. olor = Schwan verknüpft wird] (ugs.): *von jmdm. [als etw. Unangenehmes] [voraus]geahnt werden:* ihm schwante nichts Gutes.

Schwa|nen|ge|sang, der [nach antikem Mythos singt der Schwan vor dem Sterben] (geh.): **a)** *letztes Werk* (bes. *eines Komponisten od. Dichters);* **b)** *Abgesang* (auf etw., was im Niedergang, im Verschwinden begriffen ist).

Schwa|nen|hals, der: **1.** *Hals eines Schwans.* **2.** (oft scherzh.) *langer, schlanker Hals.*

schwang: ↑ schwingen.

Schwang, der [mhd. swanc = schwingende Bewegung; Hieb; lustiger Streich, ahd. in: hinaswang = Ungestüm, ablautende Bildung zu ↑ schwingen]: *nur noch in der Wendung* **im -e sein** (*sehr verbreitet, sehr beliebt, in Mode sein*).

schwän|ge: ↑ schwingen.

schwan|ger ⟨Adj.⟩ [mhd. swanger, ahd. swangar, eigtl. = schwer(fällig), H. u.]: *ein Kind in sich tragend:* eine -e Frau; [von jmdm.] s. sein, werden; sie ist im vierten Monat, zum zweiten Mal s.; * **mit etw. s. gehen** (ugs. scherzh.; *sich schon einige Zeit mit einem bestimmten Plan, einer geistigen Arbeit beschäftigen*).

-**schwan|ger:** *drückt in Bildungen mit Substantiven aus, dass die beschriebene Person od. Sache von etw.* [in geheimnisvoller, schicksalhafter Weise] *erfüllt ist od. etw.* [mysteriöserweise] *in sich trägt, birgt:* bedeutungs-, hoffnungs-, zukunftsschwanger.

Schwan|ge|re, die/eine Schwangere; der/einer Schwangeren, die Schwangeren/zwei Schwangere: *schwangere Frau.*

Schwan|ge|ren|be|ra|tung, die: **1.** (DDR) *Beratung von Schwangeren durch die Gesundheitsfürsorge.* **2.** *gesetzlich vorgeschriebene Beratung einer Schwangeren hinsichtlich eines [geplanten] Schwangerschaftsabbruchs.*

Schwan|ge|ren|gym|nas|tik, die: *Schwangerschaftsgymnastik.*

Schwan|ge|ren|kon|flikt|be|ra|tung, die: *Schwangerschaftskonfliktberatung.*

Schwan|ge|ren|vor|sor|ge, die: *Vorsorge zum Schutz der Schwangeren vor Komplikationen während der Schwangerschaft u. bei der Geburt.*

schwän|gern ⟨sw. V.; hat⟩ [mhd. swengern]: **1.** (bes. außerhalb der Ehe) *schwanger machen:* nachdem er sie geschwängert hatte, ließ er sie sitzen. **2.** *anfüllen, erfüllen:* die Luft war von Rauch geschwängert.

Schwan|ger|schaft, die; -, -en: *das Schwangersein; Zustand einer Frau von der Empfängnis bis zur Geburt des Kindes:* eine ungewollte S.; der Arzt stellt bei ihr eine S. im dritten Monat festgestellt; eine S. unterbrechen, abbrechen; in, während der S.

Schwan|ger|schafts|ab|bruch, der: *Abbruch einer Schwangerschaft durch gynäkologische Maßnahmen:* einen S. vornehmen [lassen].

Schwan|ger|schafts|be|ra|tung, die: *Schwangerenberatung.*

Schwan|ger|schafts|be|schwer|den ⟨Pl.⟩: *bei einer Schwangerschaft auftretende Beschwerden.*

Schwan|ger|schafts|er|bre|chen, das; -s: *in den ersten drei Monaten der Schwangerschaft auftretende [morgendliche] Übelkeit mit Brechreiz.*

Schwan|ger|schafts|gym|nas|tik, die: *spezielle Gymnastik für Schwangere zur Erleichterung der Geburt.*

Schwan|ger|schafts|kon|flikt, der: *im Zusammenhang mit einer ungewollten Schwangerschaft entstehender Konflikt* (2).

Schwan|ger|schafts|kon|flikt|be|ra|tung, die: *in einer Beratungsstelle durchgeführtes Gespräch (als Voraussetzung für eine straffreie Abtreibung).*

Schwan|ger|schafts|mo|nat, der: *einen Monat langer Zeitabschnitt im Verlauf einer Schwangerschaft:* im vierten S. sein.

Schwan|ger|schafts|strei|fen, der ⟨meist Pl.⟩: *bei Schwangeren in der Haut von Bauch u. Hüften auftretender bläulich rötlicher, später gelblich weißer Streifen.*

Schwan|ger|schafts|test, der: *Test zur Feststellung einer Schwangerschaft.*

Schwan|ger|schafts|un|ter|bre|chung, die: *Schwangerschaftsabbruch.*

> Das Wort *Schwangerschaftsunterbrechung* wird gelegentlich aus sprachpflegerischer Sicht mit dem Argument kritisiert, eine *Unterbrechung* beinhalte eine (in diesem Fall unmögliche) Fortsetzung. Daher werden meist die Wörter *Schwangerschaftsabbruch* oder *Abtreibung* verwendet.

Schwan|ger|schafts|ur|laub, der (ugs.): *Urlaub, auf den Frauen vor der Entbindung Anspruch haben.*

Schwan|ger|schafts|ver|hü|tung, die: *Empfängnisverhütung.*

Schwan|ger|schafts|wo|che, die: *Zeitabschnitt von einer Woche im Verlauf einer Schwangerschaft:* in der dritten S.

Schwan|ger|schafts|zei|chen, das: *Anzeichen für eine Schwangerschaft* (z. B. Ausbleiben der Periode, kindliche Herztöne).

schwank ⟨Adj.⟩ [mhd. swanc, verw. mit ↑ schwingen] (geh.): **1. a)** *dünn, schlank u. biegsam:* wie ein -es Rohr im Wind; **b)** *zum Schwanken neigend, schwankend:* er stand auf einer hohen, -en Leiter. **2.** *in sich nicht gefestigt; unstet; unentschieden:* ein -er Mensch.

Schwank, der; -[e]s, Schwänke [mhd. swanc (↑ Schwang) = (Fecht)hieb; lustiger Einfall, Streich]: **1.** (Literaturwiss.) **a)** *kurze launige, oft derbkomische Erzählung in Prosa od. Versen;* **b)** *lustiges Schauspiel mit Situations- u. Typenkomik.* **2.** *lustige, komische Begebenheit; Streich:* einen S. aus seiner Jugend erzählen.

schwan|ken ⟨sw. V.⟩ [spätmhd. swanken, zu ↑ schwank]: **1. a)** ⟨hat⟩ *sich schwingend hin u. her, auf u. nieder bewegen:* die Kronen, Wipfel, Äste s.; die Bäume schwankten im Wind [hin und her]; das Boot schwankte sanft, leicht, heftig; der Boden schwankte unter ihren Füßen; vor Müdigkeit s.; die Betrunkenen schwankten schon mächtig; auf schwankenden Beinen, mit schwankenden Schritten; **b)** ⟨ist⟩ *sich schwankend* (1 a) *fortbewegen, irgendwohin bewegen:* der alte Mann schwankte über die Straße. **2.** ⟨hat⟩ *in seinem Zustand, Befinden, Grad, Maß o. Ä. [ständigen] Veränderungen ausgesetzt sein; nicht stabil sein:* die Preise, Kurse, Temperaturen schwanken; die Zahl der Teilnehmer schwankte zwischen 100 und 150; seine Stimme schwankte (*veränderte ihren Klang, versagte teilweise*) [vor Ergriffenheit]; eine schwankende Gesundheit. **3.** ⟨hat⟩ *unsicher sein bei der Entscheidung zwischen zwei oder mehreren [gleichwertigen] Möglichkeiten:* zwischen zwei Möglichkeiten, Methoden s.; sie schwankt noch, ob sie zusagen oder ablehnen soll; ich schwanke noch zwischen Rumpsteak und Lammkeule; sie hat einen Augenblick geschwankt, ehe sie unterschrieben hat; dieser Vorfall ließ, machte ihn wieder s.; er wollte sich nicht in seinem Vorsatz schwankend machen lassen; ein schwankender (*nicht in sich gefestigter*) Charakter; ⟨subst.:⟩ ins Schwanken geraten; nach anfänglichem Schwanken entschloss er

sich mitzumachen; ◆ Der König, mit dieser schwankenden Antwort unzufrieden (E. T. A. Hoffmann, Fräulein 18).
Schwan|kung, die; -, -en: *das Schwanken* (2).
Schwan|kungs|brei|te, die (bes. Börsenw.): *Bereich, innerhalb dessen ein Wert schwankt.*
Schwan|kungs|re|ser|ve, die: *Rückstellung* (1) *zur Deckung von Defiziten in der gesetzlichen Rentenversicherung.*
Schwanz, der; -es, Schwänze [mhd. swanz, urspr. = wiegende Bewegung beim Tanz; Schleppe, rückgeb. aus: swanzen = sich schwenkend bewegen, Intensivbildung zu ↑ schwanken od. ↑ schwingen]: **1.** *(bei Wirbeltieren) Verlängerung der Wirbelsäule über den Rumpf hinaus, meist als beweglicher, schmaler Fortsatz des hinteren Rumpfendes (der zum Fortbewegen, Steuern, Greifen o. Ä. dienen kann)*: ein buschiger S.; der Hund kneift den S. ein; der Hund wedelt [vor Freude] mit dem S.; Ü der S. eines Papierdrachens; die Kinder bildeten den S. *(Schluss) des Festzugs*; der Vorfall zog einen [ganzen] S. *(ugs.; eine Reihe)* weiterer Verwicklungen nach sich; * **kein S.** (salopp; *niemand*); **den S. einziehen/einkneifen** (salopp; *sich einschüchtern lassen u. seine [vorher angeberisch geäußerte] Meinung nicht mehr vertreten od. auf seine zu hohen Ansprüche verzichten*); **den S. hängen lassen** (salopp; *bedrückt sein*); **jmdm. auf den S. treten** (salopp; *jmdm. zu nahe treten; jmdn. beleidigen*); **sich auf den S. getreten fühlen** (salopp; *verletzt, gekränkt sein*). **2.** (derb) *Penis.* **3.** (derb abwertend) *(bes. aus weiblicher Sicht) männliche Person*: was will der S. denn hier?
Schwänz|chen, das; -s, -: Vkl. zu ↑ Schwanz.
Schwanz|drü|se, die (Zool.): *an der Schwanzwurzel verschiedener Säugetiere befindliche Duftdrüse, deren bes. zur Paarungszeit ausgeschiedenes Sekret zur Anlockung des Geschlechtspartners dient.*
schwän|zeln (sw. V.) [mhd. swenzeln = schwenken; zieren]: **1. a)** (hat) *mit dem Schwanz wedeln*: der Hund kam schwänzelnd auf uns zu; **b)** (ist) *schwanzwedelnd irgendwohin laufen*: der Dackel schwänzelte zum Gartentor. **2.** (ugs. iron.) **a)** (hat) *tänzelnd gehen*: einen schwänzelnden Gang haben; **b)** (ist) *sich schwänzelnd (2 a) irgendwohin bewegen*: die Diva schwänzelte durch die Tür. **3.** (hat/ist) (ugs. abwertend) *scharwenzeln.*
schwän|zen (sw. V.; hat) [im 18. Jh. in der Studentenspr. übernommen (im Sinne von »bummeln, eine Vorlesung versäumen«) = aus gaunerspr. swenzen = (hin u. her) schwenken, Intensivbildung zu: swenken, ↑ schwenken] (ugs.): *an etw. planmäßig Stattfindendem, bes. am Unterricht o. Ä. nicht teilnehmen; dem Unterricht o. Ä. fernbleiben, weil man gerade keine Lust dazu hat*: die Schule, eine [Unterrichts]stunde, Biologie, eine Klassenarbeit, eine Vorlesung, den Dienst s.; ⟨auch ohne Akk.-Obj.:⟩ er hat neulich wieder geschwänzt.
Schwanz|en|de, das: *Ende des Schwanzes.*
Schwän|zer, der; -s, - (ugs.): *jmd., der schwänzt*: er ist ein notorischer S.
Schwän|ze|rei, die; -, -en (ugs. meist abwertend): *[dauerndes, wiederholtes] Schwänzen.*
Schwän|ze|rin, die; -, -nen: w. Form zu ↑ Schwänzer.
Schwanz|fe|der, der ⟨meist Pl.⟩: *bes. der Steuerung beim Flug dienende lange, breite Feder am Schwanz eines Vogels.*
Schwanz|flos|se, die: **1.** *hinterste Flosse eines Fisches.* **2.** (Technik) *Flosse* (3).
schwanz|las|tig ⟨Adj.⟩: *(von Flugzeugen) hinten zu schwer.*

schwanz|los ⟨Adj.⟩: *keinen Schwanz habend*: -e Amphibien, Affen.
Schwanz|lurch, der: *Lurch mit lang gestrecktem Körper, langem Schwanz u. vier kurzen Beinen.*
Schwanz|spit|ze, die: *spitzes Ende eines Schwanzes.*
schwanz|we|delnd ⟨Adj.⟩: *mit dem Schwanz wedelnd.*
Schwanz|wur|zel, die: *Stelle am Rumpf, an der der Schwanz beginnt.*
schwapp, schwipp, schwips ⟨Interj.⟩: lautm. für *ein schwappendes, klatschendes Geräusch*: schwipp, schwapp!
Schwapp, der; -[e]s, -e (ugs.): **1.** *schwappendes, klatschendes Geräusch.* **2.** *[Wasser]guss.*
schwap|pen ⟨sw. V.⟩ [zu ↑ schwipp] **a)** ⟨hat⟩ *(von Flüssigem) sich in etw. hin u. her bewegen, überfließen [u. dabei ein klatschendes Geräusch verursachen]*: die Lauge schwappte in der Wanne; **b)** ⟨ist⟩ *sich schwappend (1 a) irgendwohin bewegen*: der Kaffee ist aus der Tasse geschwappt. **2.** ⟨hat⟩ *etw. überschwappen lassen u. dabei irgendwohin gießen*: Bier auf den Tisch s.
Schwä|re, die; -, -n [mhd. (ge)swer, ahd. swero, gaswer = Geschwür, zu ↑ schwären] (geh.): *eiterndes Geschwür*: -n haben.
schwä|ren ⟨sw. V.⟩ [mhd. swern, ahd. sweran, H. u.] (geh.): *eitern u. schmerzen*: schwärende Wunden.
Schwarm, der; -[e]s, Schwärme. **1.** [mhd., ahd. swarm = Bienenschwarm, zu ↑ schwirren] *größere Anzahl sich [ungeordnet,] durcheinanderwimmelnd zusammen fortbewegender gleichartiger Tiere, Menschen*: ein S. Heuschrecken; ein schwarzer/(seltener:) schwarze Vögel; ein S. Kinder folgte/folgten dem Wagen; ein S. von Reportern. **2.** ⟨Pl. selten⟩ [rückgeb. aus ↑ schwärmen] (emotional) **a)** *jmd., der schwärmerisch verehrt wird*: der Schauspieler ist der S. aller Mädchen; **b)** (selten) *etw., wofür von jmdm. geschwärmt wird*: dieses Modellkleid ist ihr S.
schwär|men ⟨sw. V.⟩ [mhd. swarmen, swermen = sich als (Bienen)schwarm bewegen; dann im 16. Jh. als Bez. für das Treiben von Sektierern im Sinne von »wirklichkeitsfern denken, sich begeistern«]: **1. a)** ⟨hat⟩ *(von bestimmten Tieren, bes. Insekten) sich im Schwarm bewegen*: die Bienen schwärmen jetzt *(fliegen zur Gründung eines neuen Staates aus)*; **b)** ⟨ist⟩ *sich schwärmend (1 a) irgendwohin bewegen*: die Mücken schwärmten um die Lampe; Ü die Menschenmenge schwärmte in das neu eröffnete Kaufhaus. **2.** ⟨hat⟩ **a)** *jmdn. schwärmerisch verehren; etw. sehr gern mögen*: für große Hüte s.; in ihrer Jugend hat sie für meinen Bruder geschwärmt; **b)** *von jmdm., etw. begeistert reden*: von dem Konzert schwärmt er heute noch; ⟨subst.:⟩ sie gerät leicht ins Schwärmen.
Schwär|mer, der; -s, - [urspr. = Sektierer]: **1.** *jmd., der schwärmt* (2); *unrealistischer Mensch; Fantast*: er ist und bleibt ein S. **2.** *Feuerwerkskörper, der beim Abbrennen unter Funkenentwicklung umherfliegt.* **3.** *bes. in den Tropen heimischer Schmetterling mit langen, schmalen Vorderflügeln u. kleinen Hinterflügeln.*
Schwär|me|rei, die; -, -en: *das Schwärmen* (2 a): eine jugendliche S.
Schwär|me|rin, die; -, -nen: w. Form zu ↑ Schwärmer (1).
schwär|me|risch ⟨Adj.⟩: *zu sehr gefühlsbetonter Begeisterung, übertriebener Empfindsamkeit neigend od. davon erfüllt u. diesen Wesenszug zum Ausdruck bringend, erkennen lassend*: eine -e junge Frau; er trat mir zu s.
Schwar|te, die; -, -n [mhd. swart(e), urspr. = behaarte menschliche Kopfhaut; Haut von Tie-

ren, H. u.]: **1. a)** *dicke, derbe Haut bes. vom Schwein*: ein Stück S.; die S. abschneiden; **b)** (Jägerspr.) *Haut von Schwarzwild, Dachs u. Murmeltier.* **2.** [nach dem Schweinsleder, in das es urspr. gebunden war] (ugs., oft abwertend) *dickes [altes] Buch*: eine dicke S. lesen. **3.** (salopp) *(menschliche) Haut*: * **dass [jmdm.] die S. kracht** (*dass es kaum noch zu ertragen ist*: sie arbeiten, dass die S. kracht).
Schwar|ten|ma|gen, der: *Presskopf.*
schwar|tig ⟨Adj.⟩: *eine Schwarte* (1, 4), *Schwarten aufweisend; von der Art einer Schwarte.*
schwarz ⟨Adj.; schwärzer, schwärzeste⟩ [mhd., ahd. swarz, urspr. = dunkel, schmutzfarbig]: **1.** *von der dunkelsten Färbung, die alle Lichtstrahlen absorbiert, kein Licht reflektiert*: -es Haar; -er Samt; zu einer Feier im -en Anzug erscheinen; eine Trauerkarte mit -em Rand; ein s. gelockter Junge; am s. umrandeten Briefumschlag erkannte man die Trauerpost; sie ist s. gekleidet; der Stoff ist s. gestreift; im letzten Spiel bin ich s. geworden (Skat; *habe ich keinen einzigen Stich bekommen*); ⟨subst.:⟩ die kleine Schwarze *(knielanges, festliches schwarzes Kleid)*; ⟨subst.:⟩ ein Schuss ins Schwarze *(ins schwarz markierte Zentrum der Schießscheibe)*; R das kannst du dir verlassen); * **jmd. kann warten, bis er, sie s. wird/schwarzwird** (ugs.; *jmd. wird umsonst auf etw. warten; eigtl. in Bezug auf das Verwesen der Leiche*); **s. von etw. sein** (*emotional; gedrängt voll von etw. sein*: der Platz war s. von Menschen); **s. auf weiß** (ugs.; *zur Sicherheit, Bekräftigung schriftlich, sodass man sich darauf verlassen kann*; eigtl. = mit schwarzer Tinte [Druckerschwärze] auf weißes Papier geschrieben [gedruckt]: etw. s. auf weiß haben, besitzen); ⟨subst.:⟩ **ins Schwarze treffen** (*mit etw. genau das Richtige tun, sagen*). **2. a)** *von sehr dunklem Aussehen*: -er Pfeffer; der Kuchen ist beim Backen s. geworden (ugs.; *ist beim Backen verbrannt*); den Kaffee s. *(ohne Milch)* trinken; **b)** *von [sehr] dunkler Hautfarbe*: sie hat eine -e Mutter und einen weißen Vater. **3.** (ugs.) *von Schmutz dunkel*: du hast dich s. gemacht; * **jmdm. nicht das Schwarze unter dem [Finger]nagel gönnen** (ugs.; *jmdm. gegenüber äußerst missgünstig sein*). **4. a)** (ugs., oft abwertend) *vom Katholizismus geprägt; eine überwiegend katholische Bevölkerung habend*: das Münsterland ist eine ganz -e Gegend; **b)** (Politikjargon) *christdemokratisch, konservativ [geprägt, regiert o. Ä.]*: -e in Bayern; s. wählen; ⟨subst.:⟩ die Schwarzen wählen. **5. a)** *unheilvoll, düster*: es war vielleicht der schwärzeste Tag in ihrem Leben; **b)** *niederträchtig*: die -en schwarzen Taten der Kriminalgeschichte. **6.** [eigtl. = im Dunkeln, im Verborgenen liegend, geschehend] (ugs.) *illegal; ohne behördliche Genehmigung, ohne Berechtigung*: -e Geschäfte; etw. s. kaufen; s. über die Grenze gehen.
Schwarz, das; -[es], -: **1.** *schwarze Farbe*: ein tiefes S.; S. *(schwarze Kleidung; Trauerkleidung)* tragen; * **aus S. Weiß machen [wollen]** *(durch seine Darstellung eine Sache in ihr Gegenteil verkehren [wollen])*. **2.** ⟨o. Pl.⟩ *Noir.*

schwarz-, Schwarz-: kennzeichnet in Bildungen mit Substantiven oder Verben etw. als *illegal, ohne behördliche Genehmigung erfolgend*: Schwarzbau, -kauf; schwarzschlachten.

Schwarz|af|ri|ka; -s: *größtenteils von Schwarzen bewohnter Teil Afrikas südlich der Sahara.*
Schwarz|af|ri|ka|ner, der: *aus Schwarzafrika stammender Schwarzer.*

Schwarz|af|ri|ka|ne|rin, die: w. Form zu ↑ Schwarzafrikaner.

schwarz|af|ri|ka|nisch ⟨Adj.⟩: *Schwarzafrika, die Schwarzafrikaner betreffend; von den Schwarzafrikanern stammend, zu ihnen gehörend:* die -en Staaten.

Schwarz|ar|beit, die ⟨Pl. selten⟩: *illegale, bezahlte, aber nicht behördlich angemeldete Arbeit, Tätigkeit, für die keine Steuern u. Sozialabgaben entrichtet werden:* S. machen; ein Haus in S. bauen.

schwarz|ar|bei|ten ⟨sw. V.; hat⟩: *Schwarzarbeit verrichten.*

Schwarz|ar|bei|ter, der: *jmd., der Schwarzarbeit verrichtet.*

Schwarz|ar|bei|te|rin, die: w. Form zu ↑ Schwarzarbeiter.

schwarz|är|gern, sich ⟨sw. V.; hat⟩ (ugs.): *sich sehr ärgern:* sie hat sich schwarzgeärgert.

schwarz|äu|gig ⟨Adj.⟩: *schwarze Augen habend.*

Schwarz|bee|re, die (südd., österr.): *Heidelbeere.*

schwarz|blau ⟨Adj.⟩: *tief dunkelblau u. fast in Schwarz übergehend.*

Schwarz|blech, das: *nach dem Auswalzen nicht weiter behandeltes, nicht gegen Korrosion geschütztes, dünnes Eisenblech.*

schwarz|braun ⟨Adj.⟩: *tief dunkelbraun u. fast in Schwarz übergehend.*

schwarz|bren|nen ⟨unr. V.⟩: *ohne Lizenz brennen* (6 c, 11).

Schwarz|bren|ne|rei, die: *Brennerei* (a) *ohne amtliche Genehmigung.*

Schwarz|brot, das: *[überwiegend] aus Roggenmehl gebackenes dunkles Brot.*

Schwarz|buch, das: *Missstände, Verbrechen od. andere negativ zu bewertende Sachverhalte dokumentierende Publikation:* ein S. [über etw.] herausgeben, vorlegen.

schwarz|bunt ⟨Adj.⟩ (Fachspr.): *(von Rindern) schwarz u. weiß gefleckt:* -es Vieh; -e Milchkühe.

Schwarz|dros|sel, die: *Amsel.*

Schwar|ze, die/eine Schwarze; der/einer Schwarzen, die Schwarzen/zwei Schwarze: *weibliche Person, die eine [sehr] dunkle Hautfarbe hat:* die Sopranistin ist eine S.

Schwär|ze, die; -, -n [mhd. swerze, ahd. swerza]: **1.** ⟨o. Pl.⟩ *schwarze Färbung, tiefe Dunkelheit einer Sache:* die S. der Nacht. **2.** *schwarzer Farbstoff aus verkohlten Resten tierischer od. pflanzlicher Stoffe.*

schwär|zen ⟨sw. V.; hat⟩ [mhd. swerzen, ahd. swerzan = schwarz machen]: **1.** *schwarz machen, färben; mit etwas schwarzer Schicht bedecken:* der Ruß hatte ihre Gesichter geschwärzt. **2.** [zu spätmhd. (rotwelsch) swereze = (Schwärze der) Nacht, eigtl. = bei Nacht Waren über die Grenze schaffen] (südd., österr. ugs.) *schmuggeln:* ♦ Die Ketzer ... Die willst du nun mit frechen Scherzen in diese hohen Kreise s. *(einschmuggeln;* Goethe, Faust I, 4911 ff.).

Schwar|zer, der; Schwarze/ein Schwarzer; des/eines Schwarzen, die Schwarzen/zwei Schwarze: **1.** *jmd., der eine [sehr] dunkle Hautfarbe hat:* sie ist mit einem Schwarzen verheiratet. **2.** ⟨o. Pl.; mit best. Artikel⟩ (veraltet) *der Teufel.* **3.** (österr.) *Tasse schwarzer Kaffee.*

Die Bezeichnungen *Schwarzer, Schwarze* sollten nur verwendet werden, wenn in bestimmten Kontexten die Hautfarbe relevant ist (wie z. B. in Bevölkerungsstatistiken). In Deutschland lebende Menschen dunkler Hautfarbe haben als Eigenbezeichnung *Afrodeutscher, Afrodeutsche* gewählt. Diese setzt sich immer mehr durch.

Schwär|zer, der; -s, - (südd., österr. ugs.): *Schmuggler:* ♦ ...oder ein S. kam des Weges und verneigte sich vor den Bildnissen und küsste sich vom Kruzifix etliche hundert Tage Ablass herab (Rosegger, Waldbauernbub 57).

Schwarz|er|de, die (Geol.): *Steppenschwarzerde.*

Schwar|zes Meer, das Schwarze Meer; des Schwarzen Meer[e]s: *über das Mittelmeer mit dem Atlantischen Ozean verbundenes, Europa u. Asien voneinander trennendes Binnenmeer.*

schwarz|fah|ren ⟨st. V.; ist⟩: **1.** *[um des finanziellen Vorteils willen] ohne Fahrschein, Fahrkarte fahren.* **2.** *ein Kraftfahrzeug lenken, ohne einen Führerschein zu besitzen.*

Schwarz|fah|rer, der: *jmd., der schwarzfährt* (1). **2.** *jmd., der schwarzfährt* (2).

Schwarz|fah|re|rin, die: w. Form zu ↑ Schwarzfahrer.

Schwarz|fahrt, die: **1.** *Fahrt, bei der man schwarzfährt* (1). **2.** *Fahrt, bei der man schwarzfährt* (2).

Schwarz|fär|bung, die: *schwarze Färbung.*

Schwarz|fleisch, das (landsch.): *geräucherter durchwachsener Speck.*

schwarz ge|klei|det, schwarz|ge|klei|det ⟨Adj.⟩: *in Schwarz gekleidet.*

schwarz-gelb, schwarz|gelb ⟨Adj.⟩: *die Koalition der Parteien CDU und FDP betreffend:* eine schwarz-gelbe Mehrheit; schwarz-gelb wählen; ⟨subst.:⟩ Schwarz-Gelb/Schwarzgelb (die schwarz-gelbe Koalition, die schwarz-gelbe Regierung) will Steuererhöhungen vermeiden.

Schwarz|geld, das: *nicht ordnungsgemäß versteuertes Geld.*

schwarz ge|lockt, schwarz|ge|lockt ⟨Adj.⟩: *gelocktes schwarzes Haar habend.*

schwarz ge|rän|dert, schwarz|ge|rän|dert ⟨Adj.⟩: *einen schwarzen Rand aufweisend.*

schwarz ge|streift, schwarz|ge|streift ⟨Adj.⟩: *schwarze Streifen als Muster aufweisend.*

schwarz|grau ⟨Adj.⟩: *tief dunkelgrau u. fast in Schwarz übergehend.*

¹**schwarz|grün** ⟨Adj.⟩: *tief dunkelgrün u. fast in Schwarz übergehend.*

²**schwarz-grün,** ²**schwarz|grün** ⟨Adj.⟩: *die Koalition von CDU u./od. CSU u. Grünen betreffend.*

schwarz|haa|rig ⟨Adj.⟩: *schwarzes Haar habend.*

Schwarz|han|del, der: *illegaler Handel mit verbotenen od. rationierten Waren:* er betrieb S. mit Zigaretten.

Schwarz|händ|ler, der: *jmd., der mit verbotenen od. rationierten Waren illegal Handel treibt.*

Schwarz|händ|le|rin, die: w. Form zu ↑ Schwarzhändler.

Schwarz|hemd, das: **1.** *schwarzes Hemd als Teil der Uniform faschistischer Organisationen, bes. in Italien.* **2.** ⟨meist Pl.⟩ *Träger des Schwarzhemds* (1): die -en marschieren durch die Straßen.

schwarz|hö|ren ⟨sw. V.; hat⟩: **1.** *Rundfunk hören, ohne sein Gerät angemeldet zu haben u. die fälligen Gebühren zu entrichten.* **2.** (veraltend) *ohne Immatrikulation u.] ohne die fälligen Gebühren zu entrichten, eine Vorlesung an der Universität besuchen.*

Schwarz|kie|fer, die: *Kiefer mit schwarzgrauer, rissiger Rinde.*

Schwarz|kit|tel, der: **1.** (Jägerspr. scherzh.) *Wildschwein.* **2.** (abwertend) *katholischer Geistlicher.*

schwarz|ko|pie|ren ⟨sw. V.; hat⟩ (ugs.): *ohne Lizenz kopieren:* sie haben Filme, Spiele schwarzkopiert.

Schwarz|künst|ler, der: **1.** *jmd., der die Buchdruckerkunst betreibt.* **2.** *jmd., der die Zauberkunst, die Magie betreibt.*

Schwarz|künst|le|rin, die: w. Form zu ↑ Schwarzkünstler.

♦ **schwarz|leb|rig** ⟨Adj.⟩ [vgl. Melancholie]: *melancholisch:* Willst du, dass ich deinen -en Grillen zu Gebot steh'? (Schiller, Räuber V, 1).

schwärz|lich ⟨Adj.⟩ [frühnhd. schwartzlich, schwartzlecht; mhd. swarzlot]: *leicht schwarz getönt; ins Schwarze spielend.*

schwarz|lo|ckig ⟨Adj.⟩: *schwarz gelockt.*

schwarz|ma|len ⟨sw. V.; hat⟩: *pessimistisch darstellen:* immer muss er [alles] s.

Schwarz|ma|le|rei, die (ugs.): *allzu pessimistische Darstellung, Schilderung.*

Schwarz|markt, der: *schwarzer* (6) *Markt* (3 a): etw. auf dem S. kaufen.

Schwarz|markt|preis, der: *auf dem Schwarzmarkt üblicher, überhöhter Preis:* -e zahlen.

Schwarz|meer|küs|te, die: *Küste des Schwarzen Meeres:* die türkische S.

Schwarz|pap|pel, die: *Pappel mit rissiger, schwärzlicher Borke u. breiter Krone.*

Schwarz|pul|ver, das [wohl nach der Farbe]: *aus einer Mischung von Kalisalpeter, Schwefel u. Holzkohle bestehendes [Schieß]pulver, das für Sprengungen, zur Herstellung von Zündschnüren u. in der Feuerwerkerei verwendet wird.*

Schwarz|rock, der ⟨Pl. ...röcke⟩ (abwertend): *Geistlicher.*

schwarz-rot, schwarz|rot ⟨Adj.⟩: *die Koalition von CDU u./od. CSU u. SPD betreffend.*

Schwarz-Rot-Gold, Schwarz|rot|gold, das: *Farben der deutschen Fahne von 1919 bis 1933, der Fahne der DDR von 1949 bis 1990 u. der Bundesrepublik Deutschland.*

schwarz-rot-gol|den, schwarz|rot|gol|den ⟨Adj.⟩: *die Farben Schwarz, Rot u. Gold aufweisend:* die -e Fahne.

Schwarz|schlach|ten ⟨sw. V.; hat⟩: *[in Not-, Kriegszeiten] (Schlachtvieh) ohne behördliche Genehmigung schlachten:* im Krieg wurde öfter [ein Schwein] schwarzgeschlachtet.

Schwarz|se|hen ⟨st. V.; hat⟩ (ugs.): **1.** *fernsehen, ohne sein Gerät angemeldet zu haben u. die fälligen Gebühren zu entrichten.* **2.** *die Zukunftsaussichten negativ, pessimistisch einschätzen; Unerfreuliches, Schlimmes befürchten:* für deine Zukunft sehe ich schwarz.

Schwarz|se|her, der (ugs.): **1.** *jmd., der schwarzsieht* (1). **2.** *jmd., der schwarzsieht* (2).

Schwarz|se|he|rei, die; -, -en ⟨Pl. selten⟩ (ugs.): **1.** *das Schwarzsehen* (1). **2.** *das Schwarzsehen* (2).

Schwarz|se|he|rin, die: w. Form zu ↑ Schwarzseher.

Schwarz|sen|der, der: *ohne behördliche Genehmigung betriebene Fernmelde-, Funkanlage.*

Schwarz|specht, der: *größerer schwarzer Specht mit rotem Gefieder am Kopf u. Nacken.*

Schwarz|storch, der: *Waldstorch.*

Schwarz|tee, der: *schwarzer* ¹*Tee* (2 a, b).

Schwär|zung, die; -, -en: **1.** *das Schwärzen* (1). **2.** (Fotogr.) *Schwarzfärbung von fotografischem Material.*

Schwarz|wald, der; -[e]s: *südwestdeutsches Mittelgebirge.*

¹**Schwarz|wäl|der**, der; -s, -: Ew.

²**Schwarz|wäl|der** ⟨indekl. Adj.⟩: S. Schinken; S. Kirsch[torte].

Schwarz|wäl|de|rin, die: w. Form zu ↑ ¹Schwarzwälder.

schwarz-weiß, schwarz|weiß ⟨Adj.⟩: **a)** *schwarz u. weiß:* ein s. gestreifter Rock; * *schwarz-weiß/schwarzweiß malen (einen Sachverhalt undifferenziert, einseitig positiv od. negativ darstellen);* **b)** *in Schwarz, Weiß u. Abstufungen von Grau:* ein -es Foto, Bild; s. fotografieren.

Schwarz-Weiß-Auf|nah|me, Schwarz|weiß|auf|nah|me, die: *Fotografie, die Farben u. Helligkeiten durch Schwarz, Weiß u. Abstufungen von Grau wiedergibt.*

Schwarz-Weiß-Bild, Schwarz|weiß|bild, das: **1.** *Schwarz-Weiß-Foto.* **2.** vgl. Schwarz-Weiß-Zeichnung.

Schwarz-We̱iß-Fern|se|her, Schwarz|weiß|fern|se|her, der: *Fernsehgerät, bei dem die Bilder in Schwarz, Weiß u. Abstufungen von Grau wiedergegeben werden.*
Schwarz-We̱iß-Film, Schwarz|weiß|film, der: **1.** *Film (2) für Schwarz-Weiß-Aufnahmen.* **2.** *Film (3 a) mit Schwarz-Weiß-Aufnahmen.*
Schwarz-We̱iß-Fo̱|to, das, **Schwarz|weiß|fo|to,** das, schweiz. auch: die: *Schwarz-Weiß-Aufnahme.*
Schwarz-We̱iß-Fo̱|to|gra|fie, Schwarz|weiß|fo|to|gra|fie, die: **1.** ⟨o. Pl.⟩ *fotografisches Verfahren, das Farben u. Helligkeiten durch Schwarz, Weiß u. Abstufungen von Grau wiedergibt.* **2.** *Schwarz-Weiß-Aufnahme.*
Schwarz-We̱iß-Ge|rät, Schwarz|weiß|ge|rät, das: **1.** *Schwarz-Weiß-Fernseher.* **2.** *Drucker, Kopierer, der nur schwarz-weiße Ausdrucke bzw. Kopien produziert.*
Schwarz-We̱iß-Kunst, Schwarz|weiß|kunst, die: *grafische, zeichnerische Technik, bei der keine Farbe verwendet wird.*
Schwarz-We̱iß-Ma|le|rei, Schwarz|weiß|ma|le|rei, die: *das Schwarz-Weiß-Malen.*
Schwarz-We̱iß-Pho̱|to|gra|phie, Schwarz|weiß|pho|to|gra|phie: ↑ Schwarz-Weiß-Fotografie, Schwarzweißfotografie.
schwa̱rz-weiß-rot, schwarz|weiß|rot ⟨Adj.⟩: *die Farben Schwarz, Weiß u. Rot aufweisend.*
Schwarz-We̱iß-Rot, Schwarz|weiß|rot, das ⟨o. Pl.⟩: *Farben der deutschen Fahne von 1871 bis 1918 u. 1933 bis 1945.*
Schwarz-We̱iß-Zeich|nung, Schwarz|weiß|zeich|nung, die: *nur Schwarz u. Abstufungen von Grau (auf weißem Grund) aufweisende Zeichnung.*
schwarz wer|den, schwa̱rz|wer|den: s. schwarz (1).
Schwa̱rz|wild, das ⟨o. Pl.⟩ (Jägerspr.): *Gesamtheit von Wildschweinen.*
Schwa̱rz|wur|zel, die: *einen milchigen Saft enthaltende Pflanze, deren Pfahlwurzel als Gemüse verwendet wird.*
◆ **schwa̱t|teln** ⟨sw. V.; hat⟩ [lautm.] (südd.): *schwappen (1 a):* Ü *... und jetzt mir ihrem übervollen Reisegluck – es schwattelt ganz von Reiseglück ... und allerliebsten Neuigkeiten – stracks hin zur Oberstin damit!* (Mörike, Mozart 224).
Schwa̱tz, der; -es, -e [spätmhd. swaz, zu ↑ schwatzen] (fam.): *[kürzere] zwanglose Unterhaltung [anlässlich eines zufälligen Zusammentreffens], bei der man sich gegenseitig Neuigkeiten o. Ä. erzählt:* einen [kleinen] S. mit der Nachbarin halten.
Schwa̱tz|ba|se, die (ugs. abwertend): *Person, die gern u. viel schwatzt.*
Schwä̱tz|chen, das; -s, -: Vkl. zu ↑ Schwatz.
schwa̱t|zen ⟨sw. V.; hat⟩ [spätmhd. swatzen, ↑ schwätzen] (bes. nordd.): **1.** *plaudern (1):* sie kam, um [ein bisschen] mit uns zu s.; eine fröhlich schwatzende Runde. **2.** (abwertend) **a)** *sich wortreich über oft belanglose Dinge auslassen:* über das Wetter, von einem Ereignis s.; **b)** *etw. schwatzend (2 a) vorbringen:* Unsinn s.; **c)** *sich während des Unterrichts leise mit seinem Nachbarn unterhalten:* wer schwatzt denn da fortwährend?; ⟨subst.:⟩ durch sein Schwatzen den Unterricht stören. **3.** (abwertend) *aus einem unbeherrschten Redebedürfnis heraus Dinge weitererzählen, über die man schweigen sollte:* da muss wieder einer geschwatzt haben!
schwä̱t|zen ⟨sw. V.; hat⟩ [spätmhd. swatzen, swetzen, zu mhd. swateren = rauschen, klappern, wohl lautm.; vgl. schwadern]: **1.** (bes. südd.) *schwatzen (1).* **2.** (bes. südd. abwertend) **a)** *schwatzen (2 a);* **b)** *schwatzen (2 b);* **c)** *schwatzen (2 c).* **3.** (bes. südd. abwertend) *schwatzen (3).* **4.** (bes. westmd., südd.) *sprechen, reden:*

der Kleine fängt schon an zu s.; der Papagei kann s.; kannst du nicht etwas lauter s.?; sie schwätzt schwäbisch.
Schwä̱t|zer, der; -s, - [spätmhd. swetzer] (abwertend): **1.** *jmd., der gern u. viel redet:* der alte S. hört sich einfach gerne reden; er ist ein [dummer] S. **2.** *jmd., der schwatzt (3):* dieser S. plaudert alles aus.
Schwä̱t|ze|rei, die; -, -en (abwertend): *[dauerndes] Schwätzen.*
Schwä̱t|ze|rin, die; -, -nen: w. Form zu ↑ Schwätzer.
schwa̱tz|haft ⟨Adj.⟩ (abwertend): *zum Schwatzen (2, 3) neigend u. viel, meist Überflüssiges redend, Geheimes ausplaudernd:* ein -er Mensch; er ist sehr s. Dazu: **Schwa̱tz|haf|tig|keit,** die; -.
Schwa̱tz|lie|se, die [zum 2. Bestandteil vgl. Heulliese] (ugs. abwertend): *weibliche Person, die gern u. viel schwatzt.*
Schwe̱|be, die [mhd. swebe]: *in der Fügung* **in der S.**/(österr.:) **in S.** (**1.** *frei schwebend:* er hielt das Glas in der S. **2.** *[noch] unentschieden, offen:* alles bleibt in der S.).
Schwe̱|be|bahn, die: *an Drahtseilen od. an einer Schiene hängende bzw. auf einem Magnetfeld gleitende Bahn zur Beförderung von Personen u. Lasten.*
Schwe̱|be|bal|ken, der (Turnen): *auf einem Gestell angebrachter, langer [gepolsterter] Balken, auf dem (im Frauenturnen wettkampfmäßig) Übungen zur Ausbildung des Gleichgewichtsgefühls durchgeführt werden.*
Schwe̱|be|baum, der: **1.** *Schwebebalken.* **2.** (Pferdezucht) *zur Trennung zwischen den einzelnen Ständen der Pferde hängend angebrachtes, geschältes, geglättetes Rundholz od. Stahlrohr.*
Schwe̱|be|hang, der (Turnen): *Übung am Reck, Barren od. an den Ringen, bei der der Körper frei nach unten hängt u. die Beine nach vorn gestreckt sind.*
schwe̱|ben ⟨sw. V.⟩ [mhd. sweben, ahd. swebēn = sich hin u. her bewegen, verw. mit ↑ schweifen]: **1. a)** ⟨hat⟩ *sich in der Luft, im Wasser o. Ä. im Gleichgewicht halten, ohne zu fallen od. zu sinken:* frei s.; in der Luft, über dem Abgrund, zwischen Himmel und Erde s.; Ü in tausend Ängsten s.; zwischen Leben und Tod s.; in großer Gefahr, in Lebensgefahr s.; **b)** ⟨ist⟩ *sich schwebend (1 a) irgendwohin bewegen:* durch die Luft, durchs Wasser s.; der Ballon schwebt nach Osten; wir schweben [im Ballon] über das Land; ein Blatt schwebt zu Boden, Ü sich schwebend, schwebenden Schrittes fortbewegen; schwebende (Sprachwiss.; *zwischen metrischer Skandierung u. sinngemäßer, natürlicher Sprechweise einen Ausgleich suchende*) Betonung; Stanislaus sah die Nonnen durch die Krankenzimmer s. (*sich fast lautlos gleitend bewegen;* Strittmatter, Wundertäter 211); ◆ ⟨selten auch mit »über« + Akk.:⟩ *... über dich schwebt Gott mit seinen Scharen* (Kleist, Käthchen III, 15). **2.** ⟨hat⟩ *unentschieden, noch nicht abgeschlossen sein; im Gange sein:* sein Prozess schwebt noch; man wollte nicht in das schwebende Verfahren eingreifen.
Schwe̱|be|stoff: ↑ Schwebstoff.
Schwe̱|be|stütz, der (Turnen): *Übung, bei der der Körper, nur auf die Arme gestützt, frei schwebt u. die Beine nach vorn od. aufwärtsgestreckt sind.*
Schwe̱|be|teil|chen, das: *Partikel eines Schwebstoffs.*
Schwe̱|be|zu|stand, der ⟨Pl. selten⟩: *Zustand der Unklarheit, der Unsicherheit, der Unentschiedenheit:* ein politischer S.; die Sache blieb in einem S.

Schwe̱b|stoff, Schwebestoff, der ⟨meist Pl.⟩ (Chemie): *Stoff, der in feinster Verteilung in einer Flüssigkeit od. einem Gas schwebt, ohne [sogleich] abzusinken.*
Schwe̱|de, der; -n, -n; -: Ew.: ∗ **alter S.** (ugs.; *alter Freund;* wahrsch. nach den altgedienten schwedischen Korporalen, die der brandenburg. Kurfürst Friedrich Wilhelm [1620–1688] nach dem 30-jährigen Krieg im Lande beließ u. als Ausbilder in seine Dienste nahm: na, wie gehts, alter S.?)
Schwe̱|den; -s: *Staat in Nordeuropa.*
Schwe̱|den|punsch, der: *eiskalt od. heiß serviertes Getränk aus Arrak, Wein u. Gewürzen.*
Schwe̱|den|rät|sel, das: *Kreuzworträtsel, bei dem in den sonst üblicherweise schwarzen Kästchen die Hinweise auf die zu erratenden Wörter untergebracht sind u. Pfeile angeben, wo genau diese einzutragen sind.*
Schwe̱|din, die; -, -nen: w. Form zu ↑ Schwede.
schwe̱|disch ⟨Adj.⟩: **a)** *Schweden, die Schweden betreffend; von den Schweden stammend, zu ihnen gehörend;* **b)** *in der Sprache der Schweden.*
Schwe̱|disch, das; -[s], (nur mit best. Art.:) **Schwe̱|di|sche,** das; -n: *die schwedische Sprache.*
Schwe̱|fel, der; -s [mhd. swevel, swebel, ahd. sweval, swebal, wahrsch. zu dem auch ↑ schwelen zugrunde liegenden Verb u. eigtl. = der Schwelende; verw. mit lat. sulphur, ↑ Sulfur]: *nicht metallischer Stoff [von gelber Farbe], der in verschiedenen Modifikationen auftritt u. bei der Verbrennung blaue Flammen u. scharfe Dämpfe entwickelt* (chemisches Element; Zeichen: S).
schwe̱|fel|arm ⟨Adj.⟩: *wenig Schwefel enthaltend.*
schwe̱|fel|ar|tig ⟨Adj.⟩: *wie Schwefel geartet.*
Schwe̱|fel|bad, das: **1.** *medizinisches Bad mit schwefelhaltigem Wasser.* **2.** *Kurort für Schwefelbäder.*
Schwe̱|fel|blu|me, die ⟨Sorten: -n⟩, **Schwe̱|fel|blü|te,** die ⟨Sorten: -n⟩: *durch Destillieren von verunreinigtem Schwefel u. rasches Abkühlen des Dampfes gewonnener Schwefel in Form eines feinen, gelben Pulvers.*
Schwe̱|fel|di|oxid, Schwe̱|fel|di|oxyd, das (Chemie): *bei der Verbrennung von Schwefel entstehendes farbloses, stechend riechendes u. die Schleimhäute reizendes Gas.*
◆ **Schwe̱|fel|fa|den,** der ⟨Pl. ...fäden, auch -⟩: *(wie ein Streichholz verwendeter) in flüssigen Schwefel getauchter Faden:* ... *einen S., den ich ... bei mir trug, um das Raubnest, was ich verjagt worden war, in Brand zu stecken* (Kleist, Kohlhaas 13); *... andere hätten einen kleinen Kram mit S. und dergleichen so erweitert und veredelt, dass sie nun als reiche Kauf- und Handelsmänner erschienen* (Goethe, Dichtung u. Wahrheit 5).
Schwe̱|fel|far|ben, schwe̱|fel|far|big ⟨Adj.⟩: *von der Farbe des Schwefels:* ein schwefelfarbiges Licht.
Schwe̱|fel|farb|stoff, der (Chemie): *Schwefel enthaltendes Mittel, mit dem bes. Baumwolle in verschiedenen Tönungen licht- u. waschecht gefärbt werden kann.*
schwe̱|fel|frei ⟨Adj.⟩: *keinen Schwefel enthaltend.*
schwe̱|fel|gelb ⟨Adj.⟩: *hellgelb wie Schwefel, oft mit einem Stich ins Grünliche od. Graue.*
Schwe̱|fel|ge|ruch, der: *Geruch nach brennendem Schwefel.*
schwe̱|fel|hal|tig ⟨Adj.⟩: *Schwefel enthaltend.*
Schwe̱|fel|holz, das ⟨Pl. ...hölzer⟩, **Schwe̱|fel|hölz|chen,** das (veraltet): *Zündholz.*
schwe̱|fe|lig: ↑ schweflig.
Schwe̱|fel|kies, der: *Pyrit.*
Schwe̱|fel|koh|len|stoff, der (Chemie): *Verbindung von Schwefel u. Kohlenstoff, die hochexplo-*

sive u. auf Haut u. Lunge stark giftig wirkende Dämpfe bildet.

Schwe|fel|kur, die (Med.): Trink- u. Badekur mit schwefelhaltigem Wasser.

schwe|feln ⟨sw. V.; hat⟩ [15. Jh.]: **1. a)** (Lebensmittel) mit gasförmigem od. in Wasser gelöstem Schwefeldioxid haltbar machen: Rosinen s.; geschwefelter Wein; **b)** (Weinfässer o. Ä.) durch Verbrennen von Schwefel sterilisieren; **c)** (Textilien) mit Schwefeldioxid bleichen. **2.** (Obst-, Weinbau) in Wasser gelösten, fein verteilten Schwefel auf Obstbäume od. Weinstöcke spritzen: Reben gegen Mehltau s.

Schwe|fel|pu|der, der: gelber, schwefelhaltiger Puder zur Behandlung von Hautkrankheiten.

Schwe|fel|quel|le, die: schwefelhaltige Heilquelle.

Schwe|fel|re|gen, der [nach dem Regen aus Feuer u. Schwefel, der im A. T. nach 1. Mos. 19, 24 auf die Städte Sodom u. Gomorrha fiel]: Regen, dessen Tropfen Blütenstaub enthalten, der nach dem Verdunsten od. Versickern des Wassers als feine gelbliche Schicht zurückbleibt: ◆ Wenn es nun im Frühjahr, wo die Bäume blühen, starke Regengüsse gibt, so schwemmt der Regen diesen Staub von den Blüten ab... Wo nun viele solcher blühenden Bäume beisammen stehen, da schwemmt auch der Regen viel solchen Blütenstaub herab. Dieser sammelt sich alsdann wieder auf der Erde, und bleibt liegen, wenn das Wasser verdunstet und trocken ist, als der vermeintliche S. (Hebel, Schatzkästlein des rheinischen Hausfreundes. Frankfurt a. M.: insel taschenbuch 719, 1984, S. 46).

schwe|fel|sau|er ⟨Adj.⟩: meist in Fügungen wie **schwefelsaures Kalium** (Chemie; Kaliumsulfat).

Schwe|fel|säu|re, die ⟨o. Pl.⟩: Schwefelverbindung in Form einer farblosen, öligen Flüssigkeit, die in konzentrierter Form auch Kupfer u. Silber auflösen kann.

Schwe|fe|lung, die; -, -en: das Schwefeln.

Schwe|fel|ver|bin|dung, die: chemische Verbindung des Schwefels.

Schwe|fel|was|ser|stoff, der ⟨o. Pl.⟩ (Chemie): farbloses, brennbares, nach faulen Eiern riechendes, stark giftiges Gas, das u. a. in vulkanischen Gasen u. Schwefelquellen vorkommt u. durch Zersetzung von Eiweiß entsteht.

schwef|lig, schwefelig ⟨Adj.⟩ [mhd. swebelic, ahd. swebeleg]: **a)** schwefelhaltig: -e Säure (Chemie; farblose Flüssigkeit, die aus Schwefeldioxid u. Wasser entsteht, an der Luft aber bald in Schwefelsäure übergeht); hier riecht es s. (nach Schwefel); **b)** in Aussehen, Beschaffenheit dem Schwefel ähnlich: ein -es Gelb; der Himmel war s.

Schwe|gel, die; -, -n [mhd. swegel(e), ahd. swegala, H. u.]: **1. a)** (im MA.) Holzblasinstrument; **b)** mit einer Hand zu spielende, zylindrisch gebohrte Blockflöte mit nur drei Grifflöchern, zu der der Spieler mit der andern Hand eine kleine Trommel schlagen kann. **2.** Orgelregister mit zylindrischen Labialpfeifen.

Schweif, der; -[e]s, -e [mhd. sweif, urspr. = schwingende Bewegung, ahd. sweif = Schuhband, zu ↑ schweifen]: **1.** (geh.) längerer [langhaariger, buschiger] Schwanz: ein langer, buschiger S.; der S. eines Pferdes; Ü der S. einer Sternschnuppe; ein S. aus Funken. **2.** (Astron.) Kometenschweif: auch der S. des Kometen war deutlich zu erkennen.

schwei|fen ⟨sw. V.⟩ [mhd. sweifen, ahd. sweifan = schwingen, in Drehung versetzen, bogenförmig gehen, urspr. = biegen, drehen, schwingen]: **1.** (ist) (geh.) ziellos [durch die Gegend] ziehen, wandern, streifen: durch die Wälder, die Stadt s.; Ü den Blick s. lassen (sich umsehen). **2.** (hat)

(Fachspr.) (einem Werkstück o. Ä.) eine gebogene Gestalt geben: ein Stück Blech s.

schweif|we|deln ⟨sw. V.; hat⟩: (von Hunden) mit dem Schwanz wedeln: schweifwedelnd begrüßte er sein Frauchen.

Schwei|ge|ge|bot, das: Anordnung, dass [über etw. Bestimmtes] nicht gesprochen werden darf.

Schwei|ge|geld, das: Bestechungsgeld, das man jmdm. zahlt, um zu erreichen, dass er über etw. Bestimmtes (z. B. eine Straftat) Stillschweigen bewahrt.

Schwei|ge|marsch, der: schweigend durchgeführter Marsch als Ausdruck von Protest u. Trauer.

Schwei|ge|mi|nu|te, die: kurzes gemeinsames Schweigen als Ausdruck des Gedenkens: eine S. einlegen.

schwei|gen ⟨st. V.; hat⟩ [mhd. swīgen, ahd. swīgēn, im Nhd. mit seinem Veranlassungswort mhd., ahd. sweigen = zum Schweigen bringen zusammengefallen, H. u.]: **a)** nicht [mehr] reden, nicht antworten; kein Wort sagen: beharrlich, hartnäckig, verstockt, verbissen, trotzig, betroffen, verlegen, bedrückt, ratlos s.; die Rednerin schwieg einen Augenblick; (herrische Aufforderung) schweig! (herrische Aufforderung: sag ja nichts mehr [dagegen]!); ich habe lange geschwiegen; kannst du s. (etwas, was man dir anvertraut, für dich behalten)?; vor sich hin s. (ugs.; wortlos dasitzen); aus Angst, Verlegenheit, Höflichkeit s.; vor Schreck, Staunen s.; der Angeklagte schwieg auf alle Fragen; über, von etw. s. (nichts davon sagen); zu allen Vorwürfen hat er stets geschwiegen (sich nicht geäußert, sich nicht verteidigt); schweigend dastehen; in schweigender Andacht, Zustimmung, Anklage; Ü darüber schweigt die Geschichtsschreibung, die Erinnerung; * **ganz zu s. von ...** (und in ganz besonderem Maße ...; und erst recht ...): das Hotel war schlecht, ganz zu s. vom Essen); **b)** nicht [mehr] tönen, keine Klänge, Geräusche [mehr] hervorbringen: der Sänger, das Radio schweigt; der von den Putschisten besetzte Sender schweigt immer noch; nur über Mittag schwiegen die Presslufthämmer eine Stunde; die Geschütze schweigen (geh.; es wird nicht [mehr] geschossen); von da an schwiegen die Waffen (geh.; da wurden die Kampfhandlungen eingestellt); ◆ Noch diese Nacht ... wird am bewussten Orte Laurette bey der kleinen Pforte im Garten auf der Wache stehn, durch schweigende (nicht knarrende) leicht angelehnte Türen in Brautgemach ihn heimlich einzuführen (Wieland, Klelia 5, 26); ◆ **c)** verschweigen (1): Wie aber? Schweigst du mir das Kostbarste? (Schiller, Semele 1); Noch einen Grund, sich nicht zu säumen, darf ich nicht s. (Wieland, Gandalin 6, 1794 f.)

Schwei|gen, das; -s [mhd. swīgen]: das Nichtreden; das Nicht-mehr-Reden: es trat ein eisiges, beklemmendes S. ein; es herrschte peinliches, tiefes S.; das, sein S. brechen (endlich [wieder] reden, aussagen); jmd. ist zum S. verurteilt (darf od. kann etw. bestimmtes im Grund nicht aussagen); R S. im Walde ([aus Verlegenheit od. Angst] wagt niemand etw. zu sagen); * **sich in S. hüllen** (sich geheimnisvoll über etw. nicht äußern u. dadurch zu Vermutungen Anlass geben); **jmdn. zum S. bringen** (1. jmdn. [mit Gewalt, Drohungen, Versprechungen o. Ä.] veranlassen, nichts mehr zu äußern. verhüll.; jmdn. töten).

Schwei|ge|pflicht, die: für Angehörige bestimmter Berufe od. für Amtsträger bestehende Verpflichtung, über ihnen Anvertrautes zu schweigen: der ärztlichen S.; jmdn. von der, seiner S. entbinden.

◆ **Schweig|nis,** die; - [wohl von Goethe geb.]:

Schweigen: Die Geister ... wirken still durch labyrinthische Klüfte ... im Kristall und seiner ewigen S. erblicken sie der Oberwelt Ereignis (Goethe, Faust II, 10427 ff.).

schweig|sam ⟨Adj.⟩: nicht gesprächig; wortkarg: ein [sehr] -er Mensch; warum bist du so s.?

Schweig|sam|keit, die; -: schweigsame Art.

Schwein, das; -[e]s, -e [mhd., ahd. swīn]: **1. a)** kurzbeiniges Säugetier mit gedrungenem Körper, länglichem Kopf, rüsselartig verlängerter Schnauze, rosafarbener bis schwarzer, mit Borsten bedeckter Haut u. meist geringeltem Schwanz; Hausschwein: das S. grunzt, quiekt; ein S. schlachten; -e mästen; er blutet, schwitzt wie ein S. (derb; heftig); sie haben sich wie die -e (sehr unanständig) benommen; R wo haben wir denn schon zusammen -e gehütet? (seit wann duzen wir uns denn?); **b)** ⟨o. Pl.⟩ (ugs.) Kurzf. von ↑ Schweinefleisch. **2.** [schon mhd., nach der sprichwörtlichen Schmutzigkeit des Tieres] **a)** (derb abwertend, oft als Schimpfwort) jmd., den man wegen seiner Handlungs- od. Denkweise als verachtenswert betrachtet: du S.!; **b)** (derb abwertend) jmd., der sich od. etw. beschmutzt hat: welches S. hat denn hier gegessen?; **c)** (salopp) Mensch [als ausgeliefertes Geschöpf]: er, sie ist ein bedauernswertes S.; * **kein S.** (salopp; niemand: das versteht kein S.). **3.** * **S. haben** (ugs.; Glück haben: da haben wir ja noch mal S. gehabt!) **4.** (Zool.) in mehreren Arten vorkommendes zu den Paarhufern gehörendes Tier (z. B. Haus-, Wild-, Warzenschwein).

-schwein, das; -[e]s, -e (derb abwertend): drückt in Bildungen mit Substantiven aus, dass eine Person etw. Bestimmtes ist: Chauvi-, Kapitalistenschwein.

Schwein|chen, das; -s, -: Vkl. zu ↑ Schwein (1a, 2b).

schwei|ne-, Schwei|ne-: 1. (ugs. emotional) drückt in Bildungen mit Adjektiven eine Verstärkung aus; sehr: schweinekalt, -teuer. **2.** (derb emotional abwertend) drückt in Bildungen mit Substantiven aus, dass jmd. oder etw. als schlecht, minderwertig, miserabel angesehen wird: Schweinebande, -laden. **3.** (ugs. emotional) drückt in Bildungen mit Substantiven einen besonders hohen Grad von etw. aus: Schweinedusel, -glück.

Schwei|ne|ba|cke, die (bes. nordd. Kochkunst): **1.** Fleisch von der Kinnbacke des Schweins. **2.** (emotional abwertend, oft als Schimpfwort) ↑ Schwein (2 a).

Schwei|ne|bauch, der (Kochkunst): Fleisch vom Bauch des Schweins; Bauchfleisch: gegrillter, geräucherter S.

Schwei|ne|bors|te, die: Schweinsborste.

Schwei|ne|bra|ten, der (Kochkunst): Braten aus Schweinefleisch.

Schwei|ne|fi|let, das (Kochkunst): vgl. Rinderfilet.

Schwei|ne|fleisch, das: Fleisch vom Schwein (1 a): kein S. essen.

Schwei|ne|fraß, der (derb emotional abwertend): Fraß (1 b).

Schwei|ne|geld, das ⟨o. Pl.⟩ (salopp emotional): sehr viel Geld: das kostet ein S.; er hat damit ein S. verdient.

Schwei|ne|grip|pe, die (Med.): eine auch auf Menschen und von Mensch zu Mensch übertragbare Viruserkrankung bei Schweinen.

Schwei|ne|gu|lasch, das, auch: der (Kochkunst): vgl. Rindergulasch.

Schwei|ne|hack|fleisch, das (Kochkunst): vgl. Rinderhackfleisch.

Schwei|ne|hälf|te, die: *Hälfte eines geschlachteten Schweins:* ein mit -n beladener Kühlwagen.

Schwei|ne|hund, (selten:) Schweinhund, der [urspr. Hund für die Saujagd, dann in der Studentenspr. als grobes Schimpfwort] (derb emotional abwertend, oft als Schimpfwort): *niederträchtiger Kerl; Lump:* du elender S.!; * **der innere S.** *(Feigheit, Trägheit gegenüber einem als richtig erkannten Tun:* den inneren S. überwinden).

Schwei|ne|ko|ben, Schwei|ne|ko|fen, der: Koben.

Schwei|ne|ko|te|lett, das (Kochkunst): *Kotelett vom Schwein.*

Schwei|ne|le|ber, die: *Leber (b) vom Schwein.*

Schwei|ne|len|de, die (Kochkunst): *Lendenstück vom Schwein.*

schwei|ne|mä|ßig ⟨Adj.⟩ (derb): *sehr schlecht, miserabel:* das Wetter war s.

Schwei|ne|mast, die: ²*Mast von Schweinen.*

Schwei|ne|mäs|te|rei, die: *Betrieb, in dem Schweine gemästet werden.*

Schwei|ne|pest, die: *durch Viren hervorgerufene, meist tödlich verlaufende, ansteckende Krankheit bei Schweinen, die mit inneren Blutungen, Fieber, Entzündungen im Darm u. in der Lunge einhergeht.*

Schwei|ne|pries|ter, der (salopp abwertend, oft als Schimpfwort): *männliche Person, die abgelehnt, verachtet wird.*

Schwei|ne|rei, die; -, -en [zu älter schweinen = sich wie ein Schwein benehmen] (derb abwertend): **a)** *unordentlicher, sehr schmutziger Zustand:* wer hat diese S. hier angerichtet?; **b)** *ärgerliche Sache; üble Machenschaft:* S.! Mein Geld ist geklaut worden; **c)** *moralisch Verwerfliches, Anstößiges (meist auf Sexuelles bezogen):* -en mit jmdm. treiben.

Schwei|ne|ripp|chen, das, **Schwei|ne|rip|pe,** die (Kochkunst): *Rippchen vom Schwein.*

schwei|nern ⟨Adj.⟩ [für älter schweinen, mhd. swīnīn] (südd., österr. Kochkunst): *aus Schweinefleisch bestehend, mit Schweinefleisch zubereitet.*

Schwei|ner|nes, das Schweinerne/ein Schweinernes; des/eines Schweinernen (bayr., österr.): *Schweinefleisch:* ein halbes Kilo S.

Schwei|ne|rü|cken, der: ¹*Rücken (3) vom Schwein.*

Schwei|ne|schmalz, das (Kochkunst): *durch Auslassen (6) hauptsächlich von zerkleinertem Bauchfett des Schweins gewonnenes weißes, streichbares Fett.*

Schwei|ne|schnit|zel, das (Kochkunst): *Schnitzel vom Schwein.*

Schwei|ne|stall, der: *Saustall.*

schwei|ne|teu|er ⟨Adj.⟩ (ugs. emotional): *ungemein teuer:* der Wein ist ausgezeichnet, aber leider auch s.

Schwei|ne|trog, der: *Trog für das Futter der Schweine.*

Schwei|ne|zucht, die: *planmäßige Aufzucht von Schweinen unter wirtschaftlichem Aspekt.*

Schwein|hund: ↑ Schweinehund.

Schwein|igel, der [urspr. volkstüml. Bez. des Igels nach seiner Schnauzenform] (salopp abwertend): **a)** *jmd., der alles beschmutzt:* du S.!; **b)** *unanständiger, bes. obszöne Witze erzählender Mensch.*

Schwein|ige|lei, die; -, -en (salopp abwertend): *Zote.*

schwein|igeln (sw. V.; hat) (salopp abwertend): **a)** *sich als Schweinigel (a) aufführen;* **b)** *sich als Schweinigel (b) aufführen.*

schwei|nisch ⟨Adj.⟩ [18. Jh.; mhd. swīnisch = aus Schweinefleisch zubereitet, bestehend] (ugs. abwertend): **a)** *liederlich, schmutzig:* das Zimmer sieht wirklich s. aus; **b)** *die Regeln des guten Benehmens, des Anstands verletzend:* er benahm sich s.; **c)** *obszön* (1): -e Witze; Und der konnte zeichnen, ganz schnell, nach Vorlagen und ohne Vorlagen... nackte Mädchen mit Löwen, überhaupt nackte Mädchen mit ganz langen Porzellanbeinen, aber nie s. (Grass, Katz 44/45).

Schweins|äug|lein, das: *kleines, blinzelndes, dem Auge eines Schweins ähnelndes Auge.*

Schweins|bors|te, die ⟨meist Pl.⟩: vgl. Borste (1 a).

Schweins|bra|ten, der (Kochkunst südd., österr., schweiz.): *Schweinebraten.*

Schweins|ga|lopp: in der Fügung **im S.** (ugs. scherzh.; *schnell u. nicht so sorgfältig:* ich zog mich im S. an und stand dicht vorm Bahnhof).

Schweins|hach|se, (südd.:) **Schweins|ha|xe,** die (Kochkunst): vgl. Hachse (a).

Schweins|keu|le, die (Kochkunst): *Keule (2) vom Schwein.*

Schweins|kopf, der: **a)** *Kopf eines [geschlachteten] Schweins;* **b)** (abwertend) *menschlicher Kopf, der wie der Kopf eines Schweins aussieht.*

Schweins|le|der, das: *aus der Haut von Schweinen hergestelltes Leder:* ein in S. gebundenes Buch.

schweins|le|dern ⟨Adj.⟩: *aus Schweinsleder bestehend:* -e Handschuhe.

Schweins|len|de, die (Kochkunst bes. südd., österr.): *Schweineende.*

Schweins|ohr, das: **1.** *Ohr eines [geschlachteten] Schweins.* **2.** *flaches Gebäck aus Blätterteig in der Form zweier aneinandergelegter Spiralen.*

Schweins|ripp|chen, das, **Schweins|rip|pe,** die (Kochkunst, bes. südd., österr.): *Rippchen vom Schwein.*

Schweins|schnit|zel, das (Kochkunst österr.): *Schweineschnitzel.*

Schweins|stel|ze, die (Kochkunst österr.): *Eisbein.*

Schweins|wal, der: *in mehreren Arten weltweit verbreiteter, bes. in Küstennähe sich aufhaltender kleiner Wal mit kurzem rundem Kopf.*

Schweiß, der; -es, -e [mhd., ahd. sveiȥ]: **1.** *wässrige, salzige Absonderung der Schweißdrüsen, die bei körperlicher Anstrengung u. bei großer Hitze aus den Poren der Haut austritt:* der S. bricht jmdm. aus, läuft, rinnt jmdm. [in Strömen] übers Gesicht; der kalte S. stand ihr [in dicken Tropfen] auf der Stirn; sich den S. abwischen; in S. gebadet sein *(heftig, am ganzen Körper schwitzen);* nach S. riechen; Ü die Arbeit hat ihn viel S. gekostet (geh.; *war sehr mühevoll*); * **im -e seines Angesichts** *(unter großer Anstrengung, mit viel Mühe;* nach 1. Mos. 3, 19). **2.** (Jägerspr.) *aus dem Körper ausgetretenes Blut (von Wild u. vom Jagdhund).*

Schweiß|ab|son|de|rung, die: *Absonderung von Schweiß (1).*

Schweiß|aus|bruch, der: *plötzlich einsetzendes starkes Schwitzen.*

Schweiß|band, das ⟨Pl. ...bänder⟩: **1.** *[Leder]band bes. in Herrenhüten zum Schutz des Materials gegen Schweiß.* **2.** (Tennis) *um das Handgelenk getragenes Band aus saugfähigem Stoff, das verhindern soll, dass der Schweiß auf die Handfläche gelangt.*

schweiß|be|deckt ⟨Adj.⟩: *von Schweiß bedeckt:* ein -es Gesicht.

Schweiß|bil|dung, die ⟨Pl. selten⟩: *Bildung von Schweiß.* s. anregen.

Schweiß|bläs|chen, das (Med.): *Friesel.*

Schweiß|bren|ner, der: *Gerät zum autogenen Schweißen, bei dem durch eine brennbares Gasgemisch eine Stichflamme von hoher Temperatur erzeugt wird.*

Schweiß|drü|se, die ⟨meist Pl.⟩: *Drüse in der Haut, die Schweiß nach außen absondert.*

Schweiß|drü|sen|ab|s|zess, der: *in der Achselhöhle auftretender Abszess der Schweißdrüse.*

schwei|ßen ⟨sw. V.; hat⟩ [mhd. sweiʒen, ahd. sweiʒʒen = Schweiß absondern; rösten, braten, zu dem unter ↑ Schweiß genannten Verb]: **1.** *(Teile, Gegenstände aus Metall od. Kunststoff) unter Anwendung von Wärme, Druck fest zusammenfügen, miteinander verbinden:* Rohre s.; ⟨auch ohne Akk.-Obj.:⟩ kannst du s.? **2.** (landsch.) *schwitzen.* **3.** (Jägerspr.) *(von Wild) bluten; Blut verlieren:* das angeschossene Tier schweißte stark.

Schwei|ßer, der; -s, -: *Facharbeiter, der schweißt* (Berufsbez.).

Schwei|ße|rin, die; -, -nen: w. Form zu ↑ Schweißer.

Schweiß|fähr|te, die (Jägerspr.): *Blutspur von angeschossenem Wild.*

schweiß|feucht ⟨Adj.⟩: *feucht von Schweiß:* -e Haare; er war s.

Schweiß|fleck, der: *Fleck in einem Kleidungsstück, der von Schweiß herrührt.*

◆ **Schweiß|fuchs,** der [zu ↑ Schweiß (2), dann auf ↑ Schweiß (1) bezogen]: *rotbraunes Pferd, dessen Fell von grauen Flecken durchsetzt ist, sodass es wie mit Schweiß (1) bedeckt aussieht:* Der eine lobte den S. mit der Blesse (Kleist, Kohlhaas 5).

Schweiß|fuß, der: *Fuß mit übermäßiger Schweißabsonderung:* Schweißfüße haben.

schweiß|ge|ba|det ⟨Adj.⟩: *nass von Schweiß:* er, sein Körper war s.

Schweiß|ge|rät, das: *Gerät zum Schweißen (1).*

Schweiß|ge|ruch, der: *unangenehmer Geruch von sich zersetzendem Schweiß.*

schweiß|hem|mend ⟨Adj.⟩: *die Schweißbildung hemmend:* -e Mittel.

◆ **Schweiß|hengst,** der: *Hengst, dessen Fell von grauen Flecken durchsetzt ist, sodass es wie mit Schweiß (1) bedeckt aussieht:* Der Junker, den der mächtige S. sehr reizte, befragte ihn auch um den Preis (Kleist, Kohlhaas 5).

Schweiß|hund, der (Jägerspr.): *Jagdhund, der speziell zum Aufspüren des angeschossenen Wildes auf der Schweißfährte abgerichtet ist.*

schwei|ßig ⟨Adj.⟩ [mhd. sweiʒic = schweißnass; blutig, auch: schweißig]: *schweißfeucht; verschwitzt:* -e Hände.

Schweiß|naht, die: *Stelle, an der etw. zusammengeschweißt ist.*

schweiß|nass ⟨Adj.⟩: *nass von Schweiß:* -es Haar; er, seine Hände waren s.

Schweiß|per|le, die ⟨meist Pl.⟩: *Schweißtropfen auf der Hautoberfläche:* -n traten auf seine Stirn.

Schweiß|rand, der ⟨meist Pl.⟩: *von einem Schweißfleck zurückbleibender Rand in einem Kleidungsstück.*

Schweiß|se|kre|ti|on, die: *Schweißabsonderung.*

schweiß|trei|bend ⟨Adj.⟩: *kräftiges Schwitzen bewirkend:* ein -es Mittel; ein -er Tee; Ü das war eine s. (scherzh.; *mühevolle, anstrengende*) Arbeit, Tätigkeit.

schweiß|trie|fend ⟨Adj.⟩: *von Schweiß triefend.*

Schweiß|trop|fen, der ⟨meist Pl.⟩: *Tropfen von Schweiß:* S. laufen jmdm. über das Gesicht; Ü diese Arbeit hat manchen S. gekostet *(war sehr mühevoll).*

schweiß|über|strömt ⟨Adj.⟩: *von Schweiß überströmt:* ein -es Gesicht.

Schweiß|ver|fah|ren, das: *beim Schweißen (1) angewandtes Verfahren.*

Schweiß|ver|klebt ⟨Adj.⟩: *klebrig von Schweiß:* -es Haar; der Körper war s.

Schweiz, die; -: **1.** *Staat in Mitteleuropa:* die französische S. *(der französischsprachige Teil der Schweiz).* **2.** [nach der besonderen Schönheit der (an typisch schweizerische Landschaften erinnernden) Landschaftsformen] in Verbindung mit adjektivischen Ableitungen von geografischen Namen in Landschaftsnamen wie **Fränkische S.** (Landschaft in der Fränkischen Alb); **Sächsische S.** (Landschaft im Elbsandsteingebirge).

¹**Schwei|zer,** der; -s, -: **1.** Ew. **2.** [diese Fachkräfte kamen urspr. aus der Schweiz] (Landwirtsch.) *ausgebildeter Melker:* als S. arbeiten. **3.** [nach der Ähnlichkeit der Kleidung mit der des ¹Schweizers (4)] (landsch.) *(in katholischen Kirchen) Küster.* **4.** [zu: ↑Schweizergarde] *Angehöriger der päpstlichen Garde.* **5.** Kurzf. von ↑Schweizer Käse.

²**Schwei|zer** ⟨indekl. Adj.⟩: zu ↑Schweiz (1).

Schwei|zer|bür|ger, der (schweiz.): *schweizerischer Staatsbürger.*

Schwei|zer|bür|ge|rin, die: w. Form zu ↑Schweizerbürger.

schwei|zer|deutsch ⟨Adj.⟩: *in der auf den deutschen Mundarten basierenden Verkehrssprache der deutschsprachigen Schweiz:* die -en Mundarten; er spricht s.

Schwei|zer|deutsch, das: vgl. Deutsch.

Schwei|zer|deut|sche, das ⟨nur mit best. Art.⟩: vgl. ²Deutsche (a).

Schwei|ze|rei, die; -, -en: *kleine private Molkerei auf dem Land.*

Schwei|zer|gar|de, die ⟨Pl. selten⟩: *aus Schweizer Soldaten bestehende päpstliche Leibgarde.*

Schwei|zer|haus, das: *Landhaus; Chalet* (2).

Schwei|zer|häus|chen, das: *Sennhütte.*

Schwei|ze|rin, die; -, -nen: w. Form zu ↑¹Schweizer (1, 2).

schwei|ze|risch ⟨Adj.⟩: *die Schweiz (1), die ¹Schweizer (1) betreffend; von den ¹Schweizern (1) stammend, zu ihnen gehörend.*

Schwei|zer Kä|se, der; - -s, - -: ³*Emmentaler.*

schwei|zweit ⟨Adj.⟩: *die ganze Schweiz umfassend, einschließend; in der ganzen Schweiz.*

Schwell|brand, der: *Brand, bei dem das Feuer nur schwelt.*

schwel|len ⟨sw. V.; hat⟩ [aus dem Niederd. < mniederd. swelen = schwelen; dörren; Heu machen, verw. mit ↑schwül]: **1.** *langsam, ohne offene Flamme [unter starker Rauchentwicklung] brennen:* das Feuer schwelt [unter der Asche]; eine schwelende Müllhalde. **2.** (Technik) *(bes. Stein- u. Braunkohle) unter Luftabschluss erhitzen (z. B. zur Gewinnung von Koks).* **3.** *untergründig wirksam sein:* Hass schwelte in ihm.

schwel|gen ⟨sw. V.; hat⟩ [mhd. swelgen, ahd. swelgan, eigtl. = (ver)schlucken, schlingen]: **1.** *sich ausgiebig u. genießerisch an reichlich vorhandenem gutem Essen u. Trinken gütlich tun:* es wurde geschwelgt und geprasst. **2.** (geh.) **a)** *sich einem Gefühl, einem Gedanken o. Ä. genussvoll überlassen; sich daran berauschen:* in Erinnerungen s.; Und er schwelgte in Ekel und Hass, und es sträubten sich seine Haare vor wohligem Entsetzen (Süskind, Parfum 159); **b)** *etw., wovon man besonders angetan od. fasziniert ist, im Übermaß verwenden o. Ä.:* in Musik s.

Schwel|ge|rei, die; -, -en: *das Schwelgen.*

schwel|ge|risch ⟨Adj.⟩: *schwelgend, genüsslich.*

Schwel|le, die; -, -n [mhd. swelle, ahd. swelli, swella = tragender Balken, urspr. = Brett, aus Brettern Hergestelltes]: **1.** *(am Boden) in den Türrahmen eingepasster, etw. erhöht liegender Balken als unterer Abschluss einer Türöffnung; Türschwelle:* eine hohe S.; eine S. überschreiten; an der S. stehen bleiben; Ü *darf meine S. nicht mehr betreten* (geh.; *meine Wohnung nicht mehr betreten*); wir stehen an der S. (geh.; *am Beginn*) eines neuen Jahrtausends; Rita ahnte, dass sie erst jetzt die S. zum wirklichen Erwachsensein überschritt (Chr. Wolf, Himmel 90). **2.** *aus Holz, Stahl od. Stahlbeton bestehender Teil einer Gleisanlage, auf die die Schienen (1)* befestigt sind; *Bahnschwelle.* -n [ver]legen. **3.** (Geogr.) *flache, keine deutlichen Ränder aufweisende submarine od. kontinentale Aufwölbung der Erdoberfläche.* **4.** (Physiol., Psychol.) *Reizschwelle.*

¹**schwel|len** ⟨st. V.; ist⟩ [mhd. swellen, ahd. swellan, H. u.]: **1.** *[in einem krankhaften Prozess] an Umfang zunehmen, sich [durch Ansammlung, Stauung von Wasser od. Blut im Gewebe] vergrößern:* die Adern auf der Stirn schwollen ihm; eine geschwollene Backe; Ü die Knospen schwellen; schwellende (volle) Lippen. **2.** (geh.) *bedrohlich wachsen, an Ausmaß, Stärke o. Ä. zunehmen:* der Fluss schwillt; der Lärm schwoll (steigerte sich) zu einem Dröhnen.

²**schwel|len** ⟨sw. V.; hat⟩ [mhd., ahd. swellen, Kausativ zu ↑¹schwellen]: **1.** (geh.) *blähen, bauschen:* der Wind schwellte die Segel; Ü *mit geschwellter Brust* (scherzh.; *voller Stolz*) *erzählte er von seinen Erfolgen.* **2.** (landsch., bes. schweiz.) *Wasser gar kochen:* Kartoffeln, Eier s. **3.** (Gerberei) *Häute, Leder in einer bestimmten Flüssigkeit quellen lassen.*

Schwel|len|angst, die [LÜ von niederl. drempelvrees, aus: drempel = Schwelle u. vrees = Furcht] (bes. Werbepsychol.): *(durch innere Unsicherheit gegenüber dem Unvertrauten, Neuen verursachte) Hemmung eines potenziellen Interessenten, Käufers, ein bestimmtes Geschäft, das Gebäude einer öffentlichen Institution o. Ä. zu betreten:* S. haben.

Schwel|len|land, das ⟨Pl. …länder⟩: *Entwicklungsland, das sich durch seinen technischen Fortschritt dem Stand eines Industriestaates nähert.*

Schwel|len|wert, der (Physik, Elektrot.): *kleinster Wert einer Größe, der als Ursache einer erkennbaren Veränderung ausreicht.*

Schwell|kopf, der: **a)** *überlebensgroße Hohlform eines menschlichen Kopfes, die bei Karnevalsumzügen über dem Kopf getragen wird;* **b)** *Träger eines Schwellkopfs (a).*

Schwell|kör|per, der (Anat.): *Gewebe bes. im Bereich der äußeren Geschlechtsorgane, das die Fähigkeit hat, sich mit Blut zu füllen u. dadurch an Umfang u. Festigkeit zuzunehmen.*

Schwel|lung, die; -, -en (Med.) **a)** *das ¹Schwellen (1);* **b)** *das Angeschwollensein:* die S. der Mandeln ist zurückgegangen; **c)** *angeschwollene Stelle:* eine S. am Knie.

Schwem|me, die; -, -n [spätmhd. swemme, zu ↑schwemmen]: **1.** *flache Stelle am Ufer eines Flusses, Teichs o. Ä., an der bes. Pferde u. Schafe (zum Zweck der Säuberung od. der Abkühlung bei großer Hitze) ins Wasser getrieben werden:* die Pferde in die S. reiten, zur S. führen. **2.** (bes. Wirtsch.) *zeitweise bestehendes, zeitlich begrenztes erhebliches Überangebot (an bestimmten Produkten, Fachkräften o. Ä.):* die derzeitige S. drückt auf die Spargelpreise. **3.** (österr. veraltet) *Warenhausabteilung mit niedrigen Preisen.* **4.** (scherzh. Übertr. von 1] (landsch.) *einfaches [Bier]lokal; Kneipe.*

-schwem|me, die; -, -n (emotional verstärkend): *drückt in Bildungen mit Substantiven aus, dass jmd., etw. in allzu großer Zahl vorhanden ist od. erwartet wird:* Dollar-, Juristen-, Milch-, Serienschwemme.

schwem|men ⟨sw. V.; hat⟩ [mhd. swemmen = schwimmen machen, durch Eintauchen reinigen, Kausativ zu ↑schwimmen]: **1.** *(von fließendem Wasser) tragen, befördern, transportieren; spülen (3a):* die Flut hatte Tang an den Strand geschwemmt; eine Leiche wurde an Land geschwemmt. **2.** (österr.) *(Wäsche) spülen.* **3.** (Gerberei) *einweichen, wässern:* Felle, Häute s. **4.** (österr.) *(Holz) flößen* (1a): Baumstämme s.

Schwemm|ke|gel, der (Geol.): *(vor einer Flussmündung) durch Ablagerung des vom Wasser mitgeführten Schutts entstandener fächerförmiger Schuttkegel.*

Schwemm|land, das ⟨o. Pl.⟩: *durch Anschwemmung, Ablagerung von Meeren u. Flüssen entstandenes fruchtbares Land.*

Schwemm|sand, der ⟨Pl. …sande⟩ ⟨Pl. selten⟩: *angeschwemmter Sand.*

Schwen|de, die; -, -n [mhd. swende, ahd. swendi = Rodung, zu mhd. swenden, ahd. swenten = schwinden machen, Kausativ zu ↑schwinden]: *durch Brandrodung urbar gemachtes Stück Land.*

Schwen|gel, der; -s, - [mhd. swengel, swenkel, zu: swenken, ↑schwenken]: **1.** *Klöppel (1 a):* der S. der Glocke. **2.** *beweglicher Teil der Pumpe (1) in Form einer leicht geschwungenen Stange, die durch eine Vor- u. Rückwärtsbewegung der Saugvorrichtung im Innern der Pumpe in Tätigkeit setzt; Pumpenschwengel:* der S. der Pumpe. **3.** *(an einem Ziehbrunnen) lange, um eine Querachse drehbar befestigte Stange zum Heraufziehen des mit Wasser gefüllten Eimers.* **4.** (derb) *Penis.*

Schwenk, der; -[e]s, -s, selten: -e [zu ↑schwenken]: **1.** *[rasche] Drehung, Richtungsänderung:* die Kolonne machte einen S. nach rechts. **2.** (Film, Fernsehen) *Bewegung, Drehung (der laufenden Kamera um ihre senkrechte od. waagerechte Achse, bei der sie mehr od. weniger lange über das zu fotografierende Objekt wandert):* ein rascher, langsamer S.; ein S. auf jmdn., etw.

Schwenk|arm, der (Technik): *schwenkbarer Arm (als Teil eines Geräts, einer technischen Vorrichtung o. Ä.).*

schwenk|bar ⟨Adj.⟩: *sich schwenken, um eine Achse drehen lassend:* ein -er Kran.

Schwenk|be|reich, der: *Bereich, innerhalb dessen sich etw. schwenken (4) lässt:* der S. eines Krans.

schwen|ken ⟨sw. V.⟩ [mhd., ahd. swenken = schwingen machen, schleudern; schwanken, schweben, sich schlingen, zu ↑schwank]: **1.** ⟨hat⟩ **a)** *[mit ausgestrecktem Arm] schwingend hin u. her, auf u. ab bewegen:* Fähnchen s.; die Arme s.; Ü *ungs. scherzh.; meist aufreizend) beim Gehen ihren Hintern;* **b)** (selten) *mit etw. eine schwingende, schwenkende (1 a) Bewegung machen:* mit Fähnchen, den Armen s.; **c)** (landsch.) *durch eine schwenkende (1 a) Bewegung von etw. entfernen:* die Tropfen von der nassen Bürste s. **2.** ⟨hat⟩ *(zum Reinigen od. Spülen) in Wasser od. Reinigungsflüssigkeit leicht hin u. her bewegen:* die Gläser in heißem Wasser s. **3.** ⟨ist⟩ *mit einer Drehung einbiegen; einen Schwenk (1) machen:* nach rechts, um die Ecke s.; Ü sie sind ins andere Lager geschwenkt (gewechselt). **4.** ⟨hat⟩ *mit einem Schwenk (1) in eine andere Richtung, Position bringen:* die Kamera s.; …Panzer fuhren schwerfällig in die Kurve, schwenkten langsam ihre Rohre, ihre Hinterteile (Böll, Adam 65). **5.** ⟨hat⟩ (Kochkunst) **a)** *(bereits Gekochtes) kurz, unter leichten Rüttelbewegungen in einer Kasserolle mit heißem Fett hin u. her bewegen:* Gemüse [kurz] in Butter s.; **b)** *kurz in der Pfanne braten:* Fleisch[stücke] s.

Schwen|ker, der; -s, -: Kurzf. von ↑Kognakschwenker.

◆ **Schwenk|fel|der,** der; -s, - [zu: herumschwenken = herum-, umherstreifen, wohl in Anlehnung an den Namen des dt. reformatorischen Theologen u. Mystikers Kaspar von Schwenckfeld (1489–1561)] (schwäb.): *unste-*

ter (a) *Mensch; Herumtreiber, Vagabund: ...je mehr die Wirtin alles zu glauben schien, desto besser ließen sich die jungen S. den Wein und Braten ... schmecken* (Hebel, Schatzkästlein 9).
Schwenk|grill, der: *Grill* (1 a), *dessen Bratrost an drei Ketten aufgehängt u. beweglich ist.*
Schwenk|hahn, der: *schwenkbarer [Wasser]hahn.*
Schwenk|kar|tof|feln ⟨Pl.⟩ (Kochkunst): *in Butter geschwenkte Salzkartoffeln.*
Schwenk|kran, der: *Kran mit schwenkbarem Ausleger.*
Schwen|kung, die; -, -en: *Schwenk* (1): *eine S. nach links, um 90° machen;* Ü *eine politische S.*
schwer ⟨Adj.⟩ [mhd. swære, ahd. swār(i)]: **1. a)** *von großem Gewicht; nicht leicht:* -es Gepäck; die Kiste war s. wie Blei *(sehr schwer);* er ist zu s. (ugs.; *hat ein zu hohes Körpergewicht);* s. beladene Fahrzeuge, Lasttiere; ⟨subst.:⟩ du darfst nichts Schweres *(keine schweren Lasten)* heben; Ü -e *(derbe)* Schuhe; -er *(lehmiger)* Boden; er ist ein großer, -er *(massiger [u. schwerfälliger])* Mann; ein -es *(großkalibriges)* Geschütz; ein -er *(großer, stark motorisierter)* Wagen, Lkw; ein -es Motorrad; -e *(dicht gewebte [hochwertige])* Stoffe; das Auto hat -es (ugs.; *viel) Geld gekostet;* die Gangster waren s. bewaffnet *(hatten großkalibrige Waffen bei sich);* das Urteil wiegt s. *(hat Bedeutung, ist gewichtig);* sie äußerte s. wiegende, noch -er wiegende, die am -sten wiegenden Bedenken; **b)** *ein bestimmtes Gewicht habend:* der über einen Zentner -e Sack; der Brief ist nur drei Gramm s.; Ü *eine mehrere Millionen -e* (ugs.; *mehrere Millionen besitzende)* Frau. **2. a)** *große körperliche Anstrengung, großen Einsatz erfordernd; hart* (2), *mühselig:* ein -er Dienst; diese Arbeit ist zu s. *(körperlich zu sehr belastend)* für Frauen; sie muss s. arbeiten; s. hören *(ein schlechtes Gehör haben);* das Buch ist in s. verständlicher Sprache geschrieben; **b)** *einen hohen Schwierigkeitsgrad aufweisend; schwierig, nicht leicht zu bewältigen:* eine -e Aufgabe; hinter ihnen lagen -e Jahre; ein -es *(verantwortungsvolles)* Amt übernehmen; die Klassenarbeit war sehr s.; es war s. für ihn, sie zu überzeugen; er hat sich die Sache unnötig s. gemacht; eine s. lösliche Substanz; das Kind ist s. erziehbar; etw. nur s. begreifen; eine harte Entscheidung s. machen; ⟨subst.:⟩ das Schwerste *(der schwierigste Teil der Aufgabe, der Arbeit o. Ä.)* kommt erst noch [auf uns zu]; nichts allzu Schweres verlangen; Ü es s. haben *(viele Schwierigkeiten haben, sich sehr abmühen müssen);* ⟨subst.:⟩ sie haben Schweres durchgemacht *(hatten Leid o. Ä. zu ertragen);* **c)** *von hohem geistigem Anspruch; nicht leicht zugänglich u. nicht zur bloßen Unterhaltung geeignet:* -e *(ernste, getragene)* Musik; das Buch ist mir als Urlaubslektüre zu s. **3.** *groß, stark, heftig:* -es Gewitter; ein -er Schock; ein -es Unglück; -e Schäden; eine -e Krankheit; das ist ein -er *(schwerwiegender)* Fehler; er ist auf der Treppe s. gefallen; ist s. beim Überholen s. behindert worden; s. behindert, beschädigt, krank, verletzt, verwundet sein; in der Garage steht das bei dem Unfall s. beschädigte Auto; jmdm. s. zu schaffen machen; sich s. blamieren; s. beleidigt, in Form sein; das will ich s. hoffen (ugs.; *das erwarte ich auf jeden Fall).* **4. a)** *(von Speisen u. Ä.) sehr gehaltvoll [u. dadurch nicht leicht bekömmlich]; nicht gut verträglich:* -e Weine; das Dessert war s. verdaulich, s. verträgliche Speisen; **b)** *(von Düften) sehr intensiv u. süßlich:* Ü ein -es Parfüm; **c)** *sehr feucht u. lastend:* -e, warme Treibhausluft. **5.** (Seemannsspr.) *stürmisch:* Sie wurden auf hoher See von -em Wetter überrascht (Jahnn, Geschichten 154).

-schwer: 1. drückt in Bildungen mit Substantiven aus, dass die beschriebene Person od. Sache in hohem Maße über etw. verfügt, damit wie mit einer Last angefüllt ist: ereignis-, kalorienschwer. **2.** (ugs.) drückt in Bildungen mit Substantiven aus, dass die beschriebene Person etw. [in großer Menge] besitzt: dollar-, millionenschwer.

Schwer|ar|beit, die ⟨Pl. selten⟩: *schwere körperliche Arbeit.*
Schwer|ar|bei|ter, der: *jmd., der Schwerarbeit leistet.*
Schwer|ar|bei|te|rin, die: w. Form zu ↑ Schwerarbeiter.
Schwer|ath|let, der: *jmd., der Schwerathletik betreibt.*
Schwer|ath|le|tik, die: *sportliche Disziplin, die Gewichtheben, Kunst-, Rasenkraftsport u. Ringen umfasst; Kraftsport.*
Schwer|ath|le|tin, die: w. Form zu ↑ Schwerathlet.
schwer|ath|le|tisch ⟨Adj.⟩: *der Schwerathletik zugehörig, eigentümlich.*
schwer|be|hin|dert ⟨Adj.⟩ (Amtsspr.): *durch eine schwere körperliche Behinderung dauernd geschädigt [u. dadurch in der Erwerbsfähigkeit stark gemindert].*
Schwer|be|hin|der|te (vgl. Behinderte) (Amtsspr.): *weibliche Person, die schwerbehindert ist.*
Schwer|be|hin|der|ten|aus|weis, der: *amtlicher Ausweis für eine[n] Schwerbehinderte[n].*
Schwer|be|hin|der|ten|ge|setz, das: *Gesetz zur Sicherung der Eingliederung Schwerbehinderter in Arbeit, Beruf u. Gesellschaft.*
Schwer|be|hin|der|ter ⟨vgl. Behinderter⟩ (Amtsspr.): *jmd., der schwerbehindert ist.*
schwer be|la|den, schwer|be|la|den ⟨Adj.⟩: *mit großer Last beladen:* schwer beladene Fahrzeuge, Lasttiere.
Schwer|ben|zin, das: *(als Ausgangsmaterial für petrochemische Produkte dienendes) Benzin mit einem hohen Siedepunkt.*
schwer|be|schä|digt ⟨Adj.⟩ (Amtsspr.): *(durch im Krieg o. Ä. erlittene Verletzungen) schwerbehindert.*
Schwer|be|schä|dig|te, die/eine Schwerbeschädigte; der/einer Schwerbeschädigten, die Schwerbeschädigten/zwei Schwerbeschädigte (Amtsspr.): *weibliche Person, die schwerbeschädigt ist.*
Schwer|be|schä|dig|ter, der Schwerbeschädigte/ein Schwerbeschädigter; des/eines Schwerbeschädigten, die Schwerbeschädigten/zwei Schwerbeschädigte (Amtsspr.): *jmd., der schwerbeschädigt ist.*
schwer|be|waff|net, schwer|be|waff|net ⟨Adj.⟩: *mit [mehreren] großkalibrigen Waffen ausgerüstet:* ein schwer bewaffneter Polizist.
Schwer|be|waff|ne|te ⟨vgl. Bewaffnete⟩: *weibliche Person, die schwer bewaffnet ist.*
Schwer|be|waff|ne|ter ⟨vgl. Bewaffneter⟩: *der schwer bewaffnet ist.*
Schwer Be|waff|ne|ter ⟨vgl. Bewaffneter⟩.
schwer|blü|tig ⟨Adj.⟩: *von ernster Natur; langsam u. bedächtig im Denken u. Handeln:* ein -er Menschenschlag; er ist s.
Schwe|re, die; - [mhd. swære, ahd. swārī]: **1. a)** (geh., auch Physik) *Eigenschaft eines Körpers, schwer zu sein, ein Gewicht zu haben:* die Partikel sinken aufgrund ihrer S. auf den Meeresboden; Ü in den Gliedern das Gefühl einer bleiernen S. haben; **b)** (Physik, Astron.) *Schwerkraft* (b): *das Gesetz der S.* **2.** *Schwierigkeitsgrad: die S. der Aufgabe.* **3.** (geh.) *[großes] Aus-*

maß; [hoher] Grad: die S. des Unwetters, der Krankheit, eines Vergehens. **4. a)** *(von Speisen u. Ä.) Gehalt, der etw. schwer verträglich sein lässt:* Weine unterschiedlicher S.; **b)** *(von Düften u. Ä.) Intensität u. Süße:* die S. des Parfüms; **c)** *lastende Feuchtigkeit:* die S. der Luft machte uns zu schaffen.
Schwe|re|feld, das (Physik, Astron.): *Gravitationsfeld eines Himmelskörpers, bes. der Erde.*
Schwe|re|grad, der: *Grad der Schwere* (3): *je nach dem S. der Krankheit wird man die eine oder die andere Behandlungsmethode anwenden.*
schwe|re|los ⟨Adj.⟩: *nicht der Schwerkraft unterworfen; ohne Gewicht, ohne Schwere* (1): s. im Raum schweben; Ü der Tag war von einer -en (geh.; *unbeschwerten) Heiterkeit.*
Schwe|re|lo|sig|keit, die; -, -en: **1.** ⟨o. Pl.⟩ *das Schwerelossein: der Zustand der S.* **2.** *etw. schwerelos Wirkendes.*
Schwe|re|nö|ter [auch: ...ˈnøː...], der; -s, - [urspr. = jmd., dem man die schwere Not (= Epilepsie) wünscht] (ugs. scherzh.): *Mann, der durch seinen Charme u. eine gewisse Durchtriebenheit Eindruck zu machen u. sich etw. zu verschaffen versteht.*
Schwe|re|nö|te|rin, die; -, -nen: w. Form zu ↑ Schwerenöter.
schwer er|zieh|bar, schwer|er|zieh|bar ⟨Adj.⟩: *Verhaltensstörungen aufweisend u. dadurch in der Erziehung schwierig:* schwer erziehbare Kinder, Jugendliche.
Schwer|er|zieh|ba|re, die/eine Schwererziehbare; der/einer Schwererziehbaren, die Schwererziehbaren/zwei Schwererziehbare, **schwer Erziehbare,** die/eine schwer Erziehbare; der/einer schwer Erziehbaren, die schwer Erziehbaren/zwei schwer Erziehbare: *weibliche Person, die schwer erziehbar ist.*
Schwer|er|zieh|ba|rer, der Schwererziehbare/des Schwererziehbaren; des/eines Schwererziehbaren, die Schwererziehbaren/zwei Schwererziehbare, **schwer Er|zieh|ba|rer,** der schwer Erziehbare/des schwer Erziehbaren; des/eines schwer Erziehbaren, die schwer Erziehbaren/zwei schwer Erziehbare: *jmd., der schwer erziehbar ist.*
schwer|fal|len (st. V.; ist): *große Schwierigkeiten bereiten; große Mühe machen:* es war ihm immer schwergefallen, sich zu konzentrieren; du musst das schon tun, auch wenns dir schwerfällt *(auch wenn du es nicht gerne tust).*
schwer|fäl|lig ⟨Adj.⟩: **a)** *(in Bezug auf die körperliche od. geistige Beweglichkeit) langsam u. umständlich, ohne Leichtigkeit:* -e Bewegungen; ein -er Gang; ein -er Mensch; s. gehen; sich s. fortbewegen, bewegen; Ü ein -es Verfahren; ein -er Beamtenapparat; ◆ *schwer, massig, plump: ...die Baronin saß ... hinter einem ebenso langen wie -en Tisch* (Ebner-Eschenbach, Gemeindekind 174).
Schwer|fäl|lig|keit, die; -, -en: **1.** ⟨o. Pl.⟩ *schwerfällige Art.* **2.** *etw. schwerfällig Wirkendes.*
schwer|flüch|tig ⟨Adj.⟩ (Technik): *nicht leicht verdunstend, verdampfend:* -e Stoffe, Bestandteile.
schwer|gän|gig ⟨Adj.⟩ (Technik): *sich schwer handhaben, drehen lassend:* ein -er Wasserhahn; verrostete, -e Schrauben erneuern.
Schwer|ge|wicht, das: **1.** (Schwerathletik) **a)** ⟨o. Pl.⟩ *zweitschwerste Körpergewichtsklasse;* **b)** *Sportler der Körpergewichtsklasse Schwergewicht* (1 a). **2.** (ugs.) *mit großem Körpergewicht:* er/sie ist ein S. **3.** ⟨o. Pl.⟩ *Hauptgewicht:* das S. der Arbeit hat sich verlagert.
schwer|ge|wich|tig ⟨Adj.⟩: *ein hohes [Körper]gewicht aufweisend.*
Schwer|ge|wicht|ler, der; -s, -: *Schwergewicht* (1 b).

Schwer|ge|wicht|le|rin, die; -, -nen: w. Form zu ↑Schwergewichtler.
Schwer|ge|wichts|meis|ter|schaft, die: Meisterschaft in einer Sportart des Schwergewichts (1 a).
schwer|grün|dig ⟨Adj.⟩ (schweiz.): schwerwiegend.
schwer|hal|ten ⟨st. V.; hat; unpers.⟩ (geh.): schwierig sein; Schwierigkeiten machen: es hat schwergehalten, ihn davon zu überzeugen.
schwer|hö|rig ⟨Adj.⟩: in seinem Hörvermögen beeinträchtigt; nicht gut hörend: unsere -e Oma; du hast es nicht verstanden – bist du s.? (ugs.; hör doch genau zu!); räum dein Zimmer auf – bist du s.? (ugs.; tu endlich, was ich dir sage!); Ü mir scheint, ihr seid [auf einem Ohr] s. (ugs.; ihr wollt nicht hören, ihr stellt euch taub).
Schwer|hö|ri|ge, die/eine Schwerhörige; der/einer Schwerhörigen, die Schwerhörigen/zwei Schwerhörige: weibliche Person, die schwerhörig ist.
Schwer|hö|ri|ger, der Schwerhörige/ein Schwerhöriger; des/eines Schwerhörigen, die Schwerhörigen/zwei Schwerhörige: jmd., der schwerhörig ist.
Schwer|hö|rig|keit, die; -: das Schwerhörigsein.
Schwe|rin: Landeshauptstadt von Mecklenburg-Vorpommern.
Schwer|in|dus|t|rie, die: Betriebe der Eisen erzeugenden u. Eisen verarbeitenden Industrie sowie des Bergbaus: das Land hat keine S.
¹Schwe|ri|ner, der; -s, -: Ew.
²Schwe|ri|ner ⟨indekl. Adj.⟩: das S. Schlossmuseum.
Schwe|ri|ne|rin, die; -, -nen: w. Form zu ¹Schweriner.
Schwer|kraft, die (Physik, Astron.): a) Gravitation, Gravitationskraft: die S. der Erde; die S. überwinden; jeder Körper unterliegt der S.; b) auf jeden im Bereich der Gravitation eines Himmelskörpers, bes. der Erde, befindlichen Körper wirkende Kraft, die sich aus der Gravitationskraft des Himmelskörpers u. der durch dessen Rotation bewirkten Zentrifugalkraft zusammensetzt.
schwer krank, schwer|krank ⟨Adj.⟩: von schwerer Krankheit betroffen; ernstlich krank: ein schwer kranker Patient.
Schwer|kran|ke ⟨vgl. Kranke⟩: weibliche Person, die schwer krank ist.
Schwer|kran|ker ⟨vgl. Kranker⟩: jmd., der schwer krank ist.
Schwer|las|ter, der (ugs.): vgl. Schwerlastzug.
Schwer|last|trans|port, der (Verkehrsw.): Transport schwerer Güter.
Schwer|last|ver|kehr, der (Verkehrsw.): Verkehr von Lkws, die schwere Güter befördern.
Schwer|last|zug, der (Verkehrsw.): Lastzug für Schwertransporte.
schwer|lich ⟨Adv.⟩ [mhd. swærlīche = drückend, mühsam, ahd. swārlīhho]: wahrscheinlich nicht; kaum (1 c): das wird ihm s. gelingen; das wird s. zu beweisen sein.
schwer lös|lich, schwer|lös|lich ⟨Adj.⟩: nur schwer löslich: eine schwer lösliche Substanz.
schwer ma|chen, schwer|ma|chen ⟨sw. V.; hat⟩: schwierig machen, erschweren, zur Mühsal machen: jmdm., sich das Leben schwer machen; sich etw. unnötig schwer machen; sich eine Entscheidung schwer machen (eine Entscheidung erst nach sorgfältigem Überlegen fällen).
Schwer|me|tall, das: Metall mit hohem spezifischem Gewicht: der Klärschlamm enthält giftige -e.
Schwer|mut, die; - [rückgeb. aus ↑schwermütig]: durch Traurigkeit, Mutlosigkeit u. innere Leere gekennzeichneter lähmender Gemütszustand: sie verfiel, versank in S.
schwer|mü|tig ⟨Adj.⟩ [mhd. swærmüetec]: an Schwermut leidend, zu Schwermut neigend; Schwermut ausdrückend, von Schwermut geprägt: ein -er Mensch; nach dem Tod ihres Kindes ist sie s. geworden.
Schwer|mü|tig|keit, die; -, -en: 1. Schwermut. 2. etw. schwermütig Wirkendes.
schwer|neh|men ⟨st. V.; hat⟩: als schwierig, bedrückend empfinden: du brauchst die Sache nicht schwerzunehmen (sie dir nicht sehr zu Herzen zu nehmen).
Schwer|öl, das: bei der Destillation von Erdöl u. Steinkohlenteer anfallendes Öl, das als Treibstoff, Schmier- u. Heizöl verwendet wird.
Schwer|punkt, der (Physik): 1. Punkt, der als Angriffspunkt der (auf einen Körper od. ein anderes physikalisches System wirkenden) Schwerkraft zu denken ist: den S. eines Körpers berechnen; etw. in seinem S. aufhängen, unterstützen; Ü der S. (das Hauptgewicht) ihrer Tätigkeit liegt in der Forschung. 2. Zentrum (2): die mittelalterliche Stadt ist ein S. des Fremdenverkehrs.
Schwer|punkt|be|trieb, der (DDR): Betrieb, der vorrangig bestimmte Produkte herstellt.
schwer|punkt|mä|ßig ⟨Adj.⟩: auf bestimmte ausgewählte Bereiche, Themen o. Ä. konzentriert: ein -er Streik; sich s. mit etw. befassen.
Schwer|punkt|pro|gramm, das: Programm (eines Vorhabens), das sich auf bestimmte Themen konzentriert.
Schwer|punkt|streik, der: Streik, der nicht generell, sondern nur an bestimmten Orten, in bestimmten Schlüsselbetrieben durchgeführt wird.
Schwer|punkt|the|ma, das: Thema, auf das man sich hauptsächlich konzentriert.
schwer|reich ⟨Adj.⟩ (ugs.): sehr reich: ein -er Mann; sie ist s.
Schwer|spat, der; -[e]s, -e u. Schwerspäte: Baryt.
Schwerst|ab|hän|gi|ge ⟨vgl. Abhängige⟩: w. Person, die in besonders schweren Maß (von einer Droge) abhängig ist.
Schwerst|ab|hän|gi|ger ⟨vgl. Abhängiger⟩: jmd., der in besonders schwerem Maß (von einer Droge) abhängig ist.
Schwerst|ar|beit, die: vgl. Schwerarbeit.
Schwerst|ar|bei|ter, der: vgl. Schwerarbeiter.
Schwerst|ar|bei|te|rin, die; -, -nen: w. Form zu ↑Schwerstarbeiter.
Schwerst|be|hin|der|te ⟨vgl. Behinderte⟩: vgl. Schwerbehinderte.
Schwerst|be|hin|der|ter ⟨vgl. Behinderter⟩: vgl. Schwerbehinderte.
Schwerst|kran|ke ⟨vgl. Kranke⟩: weibliche Person, die sehr schwer krank ist.
Schwerst|kran|ker ⟨vgl. Kranker⟩: Person, die sehr schwer krank ist.
Schwerst|ver|letz|te ⟨vgl. Verletzte⟩: weibliche Person, die schwerste Verletzungen erlitten hat.
Schwerst|ver|letz|ter ⟨vgl. Verletzter⟩: jmd., der schwerste Verletzungen erlitten hat.
Schwert, das; -[e]s, -er [mhd., ahd. swert, swerd, H. u.]: 1. (im Altertum u. MA. gebräuchliche) Hieb- u. Stichwaffe mit kurzem Griff u. langer, relativ breiter, ein- od. zweischneidiger Klinge: ein scharfes S.; ein schartiges S.; ein S. tragen; das S. ziehen, zücken, in die Scheide stecken; sein S. gürten; jmdn. mit dem S. köpfen, durch das S. hinrichten; sich in sein S. stürzen (Selbstmord mit dem Schwert begehen); R »-er zu Pflugscharen« (in den 1980er-Jahren aufgekommenes Motto der damaligen Friedensbewegung, in dem deren Forderung nach Abrüstung zum Ausdruck kommt [nach Jes. 2, 4]); * ein zweischneidiges S. (etw., was Nutzen, aber auch Schaden bringen kann); das S. des Damokles (↑Damoklesschwert). 2. (Schiffbau) (bei der Jolle) Holz- od. Stahlplatte, die durch eine in Längsrichtung im Boden verlaufende Öffnung ins Wasser gelassen wird, um das Abdriften des Bootes zu verringern: das S. absenken, hochklappen.
Schwer|ter|ge|klirr, das: das Klirren der Schwerter im Gefecht.
Schwer|ter|tanz, der: Schwerttanz.
Schwert|fisch, der: großer, im Meer lebender Raubfisch mit schwertförmig verlängertem Oberkiefer.
schwert|för|mig ⟨Adj.⟩: in der Form einem Schwert ähnelnd: die -en Blätter der Iris.
Schwert|ge|klirr, das: Schwertergeklirr.
Schwert|kampf, der: Kampf mit Schwertern.
Schwert|kämp|fer, der: jmd., der mit einem Schwert kämpft: ein erfahrener S.
Schwert|kämp|fe|rin, die: w. Form zu ↑Schwertkämpfer.
Schwert|knauf, der: Knauf eines Schwerts.
Schwert|lei|te, die; -, -n [mhd. swertleite, 2. Bestandteil zu ↑leiten]: (im MA.) Ritterschlag.
Schwert|li|lie, die: Pflanze mit mehr od. weniger breiten u. langen schwertförmigen Blättern u. großen Blüten; Iris.
Schwert|li|li|en|ge|wächs, das ⟨meist Pl.⟩ (Bot.): Pflanze einer Familie mit vielen Arten u. Gattungen, zu der u. a. Krokus, Iris u. Gladiole gehören.
Schwert|trans|port, der: Schwerlasttransport.
Schwert|trans|por|ter, der: Schwerlaster.
Schwert|tanz, der: Waffentanz von Männern mit gezogenen Schwertern; Schwertertanz.
schwer|tun, sich ⟨unr. V.; hat⟩ (ugs.): mit etw., jmdm. Schwierigkeiten haben, nur schwer zurechtkommen: anfangs habe ich mich/mir mit der neuen Aufgabe schwergetan.
Schwert|wal, der: charakteristisch schwarz u. (bes. an der Unterseite) weiß gefärbter kleinerer Wal mit hoher schwertförmiger Rückenfinne.
Schwer|ver|bre|cher, der: jmd., der schwere Verbrechen begangen hat.
Schwer|ver|bre|che|rin, die: w. Form zu ↑Schwerverbrecher.
schwer ver|dau|lich, schwer|ver|dau|lich ⟨Adj.⟩: (von Speisen) schwer zu verdauen, sich nur schwer verdauen lassend: schwer verdauliche Speisen.
Schwer|ver|kehr, der (bes. österr., schweiz.): Schwerlastverkehr.
Schwer|ver|kehrs|ab|ga|be, die: (in der Schweiz) von Schwerlasttransportern für die Benutzung öffentlicher Straßen erhobene Abgabe.
schwer ver|letzt, schwer|ver|letzt ⟨Adj.⟩: gefährlich verletzt: schwer verletzte Opfer.
Schwer|ver|letz|te ⟨vgl. Verletzte⟩: weibliche Person, die schwere Verletzungen erlitten hat.
Schwer|ver|letz|ter ⟨vgl. Verletzter⟩: jmd., der schwere Verletzungen erlitten hat: die Schwerverletzten unter der Opfern.
schwer ver|ständ|lich, schwer|ver|ständ|lich ⟨Adj.⟩: aufgrund seiner Ausdrucksweise schwer zu verstehen: seitenlange, in schwer verständlicher Sprache abgefassten Verordnungen.
schwer ver|träg|lich, schwer|ver|träg|lich ⟨Adj.⟩: (von Speisen o. Ä.) sich nur schwer vertragen lassend: schwer verträgliche Speisen, Medikamente.
schwer ver|wun|det, schwer|ver|wun|det ⟨Adj.⟩: gefährlich verwundet.
Schwer|ver|wun|de|te ⟨vgl. Verwundete⟩: weibliche Person, die schwer verwundet ist.
Schwer|ver|wun|de|ter ⟨vgl. Verwundeter⟩: jmd., der schwer verwundet ist.
schwer wie|gend, schwer wie|gend ⟨Adj.⟩: schwer ins Gewicht fallend, ernst zu nehmen;

gewichtig; gravierend: schwerwiegende Gründe, Mängel; ein schwerwiegender Fehler, Irrtum; der Verstoß war nicht sehr schwerwiegend.

Schwes|ter, die; -, -n [mhd., ahd. swester; gemeingerm. Verwandtschaftsbez., verw. z. B. mit russ. sestra]: **1.** *Person weiblichen Geschlechts im Verwandtschaftsverhältnis zu einer anderen Person, die von denselben Eltern abstammt:* meine kleine, jüngere, leibliche, einzige S.; meine S. Inge; ist sie deine S.? **2.** *Mitmensch weiblichen Geschlechts, mit dem man sich verbunden fühlt:* unsere schwarzen -n und Brüder. **3.** *Nonne, Ordensschwester:* eine geistliche S.; in der Anrede: S. Maria; in Namen von Orden: die Barmherzigen -n. **4.** Kurzf. von ↑ Krankenschwester: S. sein, werden; S. Anna; nach der S. rufen. **5.** (Jargon) *Homosexueller.*

Schwes|ter|fir|ma, die: *Firma im Verhältnis zu einer od. mehreren anderen, zum selben Unternehmen gehörenden Firmen:* unsere österreichische S.

Schwe|ster|ge|sell|schaft, die: *Schwesterfirma.*

Schwes|ter|herz, das ⟨o. Pl.⟩ (scherzh., veraltet): *liebe Schwester* (1).

schwes|ter|lich ⟨Adj.⟩ [mhd. swesterlich]: *von, in der Art einer Schwester* (1): -e Zuneigung, Hilfe; [sich] s. (wie Schwestern) verbunden sein.

Schwes|ter|lie|be, die: *Liebe einer Schwester (zum Bruder, zur Schwester).*

Schwes|tern|hau|be, die: *zur Berufskleidung einer Krankenschwester gehörende Kopfbedeckung.*

Schwes|tern|haus, das: **1.** *Schwesternwohnheim.* **2.** *(in einem Dorf, einer Stadt gelegenes) Haus, in dem karitativ o. ä. tätige Ordensschwestern leben und arbeiten.*

Schwes|tern|hel|fe|rin, die: *Helferin in der Krankenpflege.*

Schwes|tern|lie|be, die: *Liebe zwischen Schwestern* (1).

Schwes|tern|or|den, der: *Frauenorden.*

Schwes|tern|schaft, die; -, -en: *die Krankenschwestern eines Krankenhauses.*

Schwes|tern|schu|le, die: *Fachschule zur Ausbildung von Krankenschwestern.*

Schwes|tern|schü|le|rin, die: *Schülerin einer Schwesternschule.*

Schwes|tern|tracht, die: **1.** *Berufskleidung der Krankenschwester.* **2.** *Kleidung der Ordensschwester.*

Schwes|tern|wohn|heim, das: *Wohnheim für Krankenschwestern.*

Schwes|tern|zim|mer, das: *(in einem Krankenhaus o. Ä.) Aufenthaltsraum für die Schwestern* (4).

Schwes|ter|par|tei, die: *Partei im Verhältnis zu einer od. mehreren anderen [ausländischen] Parteien gleichen Typs, mit gleicher od. ähnlicher politischer Zielsetzung.*

Schwes|ter|schiff, das: *Schiff im Verhältnis zu einem od. mehreren anderen Schiffen gleichen Typs.*

Schwes|ter|stadt, die: *einer anderen unmittelbar benachbarte Stadt:* Mannheim und seine S. Ludwigshafen.

Schwes|ter|toch|ter, die (veraltet): *Tochter der Schwester.*

Schwib|bo|gen, der [mhd. swiboge, ahd. swibogo, zu ↑ schweben, eigtl. = Schwebebogen]: **1.** (Archit.) *zwischen zwei parallelen Wänden gespannter großer Bogen* (2) *ohne darüber lastendes Mauerwerk.* **2.** (Volkskunde) *bogenförmiger Kerzenhalter aus Metall oder Sperrholz.*

schwieg: ↑ schweigen.

Schwie|gel: ↑ Schwegel.

Schwie|ger, die; -, -n [mhd. swiger, ahd. swigar; alte idg. w. Ggb. zu ↑ Schwager in dessen alter Bed. »Schwiegervater«] (veraltet): **a)** *Schwiegermutter:* ◆ Ja, die Frau Gräfin versteht's. Sie lernt's (= das Kochen) ihrer S. ab (Schiller, Piccolomini IV, 6); ◆ **b)** (landsch.) *Schwiegertochter:* Herzog von München-Bayern, lass deine Späher peitschen, sie haben deine S. verunglimpft! Die ehr- und tugendsame Augsburger Bürgerstochter, Jungfer Agnes Bernauer, ist meine Gemahlin (Hebbel, Agnes Bernauer III, 13).

Schwie|ger|el|tern ⟨Pl.⟩: *Eltern des Ehepartners.*

Schwie|ger|mut|ter, die: *Mutter des Ehepartners:* er versteht sich bestens mit seiner S.

Schwie|ger|sohn, der: *Ehemann der Tochter.*

Schwie|ger|toch|ter, die: *Ehefrau des Sohnes.*

Schwie|ger|va|ter, der: *Vater des Ehepartners.*

Schwie|le, die; -, -n [mhd. swil(e), ahd. swil(o), ablautende Bildung zu ↑ schwellen]: **1.** (meist Pl.) *durch Druck verdickte u. verhärtete Stelle in der Haut:* vom Sandschippen -n an den Händen bekommen. **2.** (Med.) *Verdickung des Gewebes durch Narben, die von Entzündungen zurückbleiben.*

schwie|lig ⟨Adj.⟩: *Schwielen* (1) *aufweisend:* -e Hände, Fußsohlen.

schwie|rig ⟨Adj.⟩ [mhd. swiric, sweric = voll Schwären, eitrig, zu ↑ schwären; nhd. an ↑ schwer angelehnt]: **a)** *viel Kraft, Mühe, große Anstrengung [u. besondere Fähigkeiten] erfordernd:* eine -e Aufgabe, Arbeit, Mission, Frage; ein -es Unterfangen, Experiment, Thema, Problem, Kreuzworträtsel; ein -er Fall; -es (schwer zu begehendes, zu befahrendes) Gelände; die Verhandlungen waren, gestalteten sich s.; die Prüfungen werden immer -er; ... aber diese Sache zu erzählen, von der du erfahren sollst, ist ausnehmend s. Es ist da etwas, was sich dagegen wehrt, erzählt zu werden (Buber, Gog 97); **b)** *in besonderem Maße mit der Gefahr verbunden, dass was schief geht, u. daher ein hohes Maß an Umsicht u. Geschick erfordernd:* sie befindet sich in einer äußerst -en Lage; das war wahrscheinlich das Beste, was in dieser -en Situation zu tun war; die Verhältnisse hier sind sehr s. geworden. **2.** *schwer zu behandeln, zufriedenzustellen:* ein -er Mensch, Charakter; ein -es Kind; der Alte ist etwas s., wird immer -er. ◆ **3.** *aufrührerisch, widersetzlich, aufsässig:* Das Volk wird höchst s. werden (Goethe, Egmont II); Im innern Land des Aufruhrs Feuerglocke – Der Bauer in Waffen – alle Stände s. (Schiller, Piccolomini I, 3).

Schwie|rig|keit, die; -, -en: **1.** *etw., was der Verwirklichung eines Vorhabens o. Ä. im Wege steht u. nur unter Weiteres zu bewältigen ist; Problem* (2): erhebliche -en; das ist die S.; die Sache hat ihre S.; auf -en stoßen; die Angelegenheit ist mit -en verbunden; mit jmdm., etw. -en haben (mit jmdm., etw. nicht, nicht gut zurechtkommen); Diese konnte nur noch lachen und deutete mit dem Finger auf die Angestellten, der mit der eulerschen S. um die Treppe emporzugelangen (R. Walser, Gehülfe 118). **2.** ⟨meist Pl.⟩ *etw., was für jmdn. sehr unangenehm ist, was jmdm. Ärger, Sorgen o. Ä. bereitet, was jmdn. behindert, was jmdm. das Leben schwer macht:* private -en; jmdm. -en machen; es gab -en mit der Behörde; in -en (eine schwierige 1 b *Situation*) kommen, geraten; jmdn. in -en (eine schwierige 1 b *Lage*) bringen; in -en sein. **3.** ⟨o. Pl.⟩ *Eigenschaft, schwierig zu sein:* eine Kür von großer S.; trotz der außerordentlichen S. der Situation.

Schwie|rig|keits|grad, der: *Grad der Schwierigkeit* (3): eine Kür, Texte mit, von hohem S.

schwill, schwillst, schwillt: ↑ ¹schwellen.

Schwimm|ab|zei|chen, das: *Abzeichen als Auszeichnung für besondere Leistungen im Schwimmen.*

Schwimm|an|zug, der: **1. a)** *besonders geschnittenes, eng anliegendes Trikot einer Schwimmerin für Wettkampfsport;* **b)** *Sonderanzug eines Kampfschwimmers der Marine.* **2.** (seltener) *Badeanzug.*

Schwimm|art, die (selten): *Art des Schwimmens.*

Schwimm|bad, das: **a)** *(im Freien od. in einem Gebäude befindliche) Anlage* (3) *mit [einem] Schwimmbecken [Umkleidekabinen, Liegewiese(n) o. Ä.]:* ins S. gehen; **b)** *Schwimmbecken.*

Schwimm|bag|ger, der: vgl. Schwimmkran.

Schwimm|be|cken, das: *großes, mit Wasser gefülltes Becken* (2 a), *in dem man schwimmen kann.*

Schwimm|be|we|gung, die ⟨meist Pl.⟩: *mit Armen u. Beinen durchgeführte, fürs Schwimmen charakteristische Bewegung; Schwimmzug.*

Schwimm|bla|se, die: **1.** *mit Luft gefülltes Hohlorgan im Leib eines Fisches, das u. a. die Anpassung an die Wassertiefe ermöglicht.* **2.** *mit Luft gefüllter Hohlraum verschiedener Meeresalgen.*

Schwimm|dock, das: *schwimmfähiges Dock (das sich absenken lässt).*

schwim|men ⟨st. V.⟩ [mhd. swimmen, ahd. swimman, urspr. nur vom Menschen, H. u.]: **1. a)** ⟨ist⟩ *sich im Wasser aus eigener Kraft (durch bestimmte Bewegungen der Flossen, der Arme u. Beine) fortbewegen:* ihr Bruder kann gut s.; die meisten Säugetiere können s.; du solltest s. lernen; ich schwimme am liebsten auf dem Rücken; er schwimmt wie eine bleierne Ente (ugs. scherzh.; *kann nicht, nur sehr schlecht schwimmen*); **b)** ⟨ist/hat⟩ *zum Vergnügen, um sich sportlich zu betätigen o. Ä. schwimmen* (1 a): er hat/ist früher viel geschwommen; wart ihr heute schon s.?; ⟨subst.:⟩ ist er immer noch nicht vom Schwimmen zurück?; **c)** ⟨ist⟩ *sich schwimmend* (1 a) *irgendwohin bewegen:* ans Ufer, über den See, zur Insel s. **2.** ⟨hat/ist⟩ *eine Strecke schwimmend* (1) *zurücklegen:* wir werden zehn Bahnen s. **3. a)** ⟨ist⟩ *in einem sportlichen Wettkampf schwimmen* (1 b), *als Schwimmer[in] an den Start gehen:* sie schwimmt für Italien; **b)** ⟨ist/hat⟩ *in einem sportlichen Wettkampf als Schwimmer[in] eine bestimmte Zeit erzielen:* neue Bestzeit s.; ⟨ist/hat⟩ *in einem sportlichen Wettkampf eine bestimmte Strecke schwimmen* (1 b): 400 m Lagen s. **4. a)** ⟨hat; seltener auch: ist⟩ *von einer Flüssigkeit (bes. Wasser) getragen, sich an deren Oberfläche halten [u. treiben]:* die Kinder ließen auf dem Teich Schiffchen s.; auf/in der Milch schwimmt eine tote Fliege; ein schwimmendes Hotel; Holz, Kork schwimmt *(hat genügend Auftrieb, um nicht unterzugehen);* Ü Mit Augen, die in Tränen schwammen, sah er auf seinen Teller nieder (Th. Mann, Buddenbrooks 347); **b)** ⟨ist⟩ *sich schwimmend* (4 a) *irgendwohin bewegen, irgendwohin treiben:* das Papierschiffchen schwamm ans Ufer. **5.** ⟨hat⟩ **a)** *von einer Flüssigkeit übergossen od. bedeckt sein:* der Fußboden schwimmt ja [von Bier]!; Wir haben einen Rohrbruch in der Wasserleitung, die ganze Küche schwimmt schon ... *(steht schon unter Wasser;* Fallada, Jeder 243); **b)** *(von einer Flüssigkeit) sich auf, in etw. befinden, stehen:* Berliner Pfannkuchen werden in schwimmendem Fett *(in reichlich flüssigem Fett)* gebacken. **6.** ⟨hat⟩ *etw. im Überfluss haben od. genießen:* sie schwammen in Geld. **7.** ⟨ist⟩ **a)** *verschwimmen:* die Buchstaben schwammen vor ihren Augen; **b)** *in einem Zustand sein, in dem alles undeutlich u. verschwommen ist:* der Kopf schwamm ihm. **8.** ⟨hat⟩ (ugs.) *die Situation nicht [mehr] unter Kontrolle haben, ihr nicht [mehr] gewachsen sein, unsicher sein:* der Redner begann zu s.; ⟨subst.:⟩ ins Schwimmen kommen/geraten.

Schwim|mer, der; -s, - [spätmhd. swimmer]:

Schwimmerbecken – schwingen

1. jmd., der schwimmen (1) kann: er ist ein hervorragender S. **2.** jmd., der das Schwimmen (3) als sportliche Disziplin betreibt. **3.** (Technik) (meist Luft enthaltender hohler) Körper, dessen Auftriebskraft zu einem bestimmten technischen Zweck ausgenutzt wird (z. B. um eine Last über Wasser zu halten, um ein Ventil automatisch zu betätigen, einen Flüssigkeitsstand anzuzeigen): die Benzinzufuhr zum Vergaser wird durch einen S. geregelt.
Schwim|mer|be|cken, das: *für Schwimmer* (1) *vorgesehenes Becken* (2 a) *mit bestimmter Wassertiefe in einem Schwimmbad.*
Schwim|me|rei, die; - (ugs.): *das Schwimmen.*
Schwim|me|rin, die; -, -nen: w. Form zu ↑Schwimmer (1, 2).
schwim|me|risch ⟨Adj.⟩: *das Schwimmen betreffend, im Schwimmen:* großes -es Können.
Schwim|mer|ven|til, das (Technik): *durch, über einen Schwimmer* (3) *betätigtes Ventil.*
schwimm|fä|hig ⟨Adj.⟩: *schwimmend* (4 b) *im Wasser nicht versinkend:* ein -es Auto.
Schwimm|fest, das: vgl. Sportfest.
Schwimm|flos|se, die: **1.** *aus Gummi o. Ä. hergestelltes, einer Flosse* (1) *nachempfundenes, am Fuß zu befestigendes von Tauchern u. Schwimmern verwendetes Hilfsmittel zur schnelleren Fortbewegung im Wasser.* **2.** (selten) Flosse (1).
Schwimm|flü|gel, der: *(als Hilfe beim Schwimmenlernen dienender) am Oberarm zu tragender kleiner, mit Luft gefüllter Schwimmkörper.*
Schwimm|fuß, der ⟨meist Pl.⟩: *Fuß mit Schwimmhäuten.*
Schwimm|gür|tel, der: **1.** *Gürtel aus Korkteilen o. Ä., der jmdn. (der nicht schwimmen kann) im Wasser trägt.* **2.** (ugs. scherzh.) Rettungsring (2).
Schwimm|hal|le, die: *(im Hallenbad) Halle mit Schwimmbecken.*
Schwimm|haut, die: *Haut zwischen den Zehen bestimmter Tiere, bes. der Schwimmvögel.*
Schwimm|ho|se, die: **1.** (seltener) Badehose. **2.** *Hose eines Schwimmanzugs* (1 b).
Schwimm|kä|fer, der: *(in verschiedenen Arten vorkommender) im Wasser lebender Käfer mit elliptisch abgeplatteten Hinterbeinen.*
Schwimm|ker|ze, die: *Kerze, die sich in Wasser schwimmend abbrennen lässt.*
Schwimm|kis|sen, das: *aufblasbares Kissen aus Gummi o. Ä., das Schwimmende im Wasser trägt:* die Kleine darf nicht ohne S. ins Wasser.
Schwimm|kör|per, der: *(einem bestimmten Zweck dienender) schwimmfähiger Hohlkörper.*
Schwimm|kran, der: *auf einem Ponton montierter Kran.*
Schwimm|kunst, die ⟨meist Pl.⟩: *Fähigkeit zu schwimmen* (1 a): zeig uns doch mal deine Schwimmkünste.
Schwimm|leh|rer, der: *jmd., der [beruflich] das Schwimmen lehrt.*
Schwimm|leh|re|rin, die: w. Form zu ↑Schwimmlehrer.
Schwimm|meis|ter, Schwimm-Meis|ter, der: *Aufsichtsperson in einem Schwimmbad.*
Schwimm|meis|te|rin, Schwimm-Meis|te|rin, die: w. Form zu ↑Schwimmmeister.
Schwimm|pan|zer, der: *Panzer* (4), *der im Wasser u. auf dem Land verwendet werden kann.*
Schwimm|sport, der ⟨o. Pl.⟩: *das Schwimmen als sportliche Betätigung:* den S. [an den Schulen] fördern.
Schwimm|sta|di|on, das: *größere, stadionähnliche Anlage* (3) *für das Schwimmen [als Wettkampf].*
Schwimm|stil, der: *Stil* (4) *des Schwimmens.*
Schwimm|un|ter|richt, der: *Unterricht, in dem das Schwimmen gelehrt wird.*
Schwimm|ver|ein, der: *Verein zur Pflege des Schwimmsports.*

Schwimm|vo|gel, der: *Vogel mit Schwimmfüßen.*
Schwimm|wes|te, die: *aufblasbare od. aus einem sehr leichten Material, wie z. B. Kork, bestehende Weste, die man trägt, um (in einer Notsituation) im Wasser nicht unterzugehen:* für jeden Passagier ist eine S. an Bord.
Schwimm|zug, der: *Schwimmbewegung.*
Schwin|del, der; -s: **1.** [spätmhd. swindel, rückgeb. aus ↑schwindeln (1)] *benommener, taumeliger Zustand mit dem Gefühl, als drehe sich alles um einen, als schwanke der Boden o. Ä.:* ein leichter, heftiger S. überkam ihn; Fensterputzer arbeiten oft in S. erregender Höhe; Ü die Preise stiegen in S. erregende Höhen. **2.** [beeinflusst von ↑Schwindler] (ugs. abwertend) *Betrug; bewusste Täuschung, Irreführung:* ein ausgemachter, unerhörter S.; der S. kam heraus, flog auf; den S. kenne ich! *(darauf falle ich nicht herein);* auf jeden S. reinfallen *(sich leicht betrügen lassen).* **3.** * **der ganze S.** (salopp abwertend; *alles zusammen:* was kostet der ganze S.?)
◆ **4.** Taumel (b), Rausch (2): Ich bin betrübt, wie Blutdurst meinen Mann, das ganze Volk der S. fassen kann (Goethe, Satyros 5); Voll süßen -s flieg' ich nach dem Platze (Schiller, Don Carlos II, 15).
Schwin|del|an|fall, der: *Anfall von Schwindel* (1).
Schwin|de|lei, die; -, -en (abwertend): **1.** *[kleinere] Betrügerei.* **2.** *[dauerndes] Schwindeln* (2): was soll die S.? Sag doch einfach die Wahrheit.
schwin|del|er|re|gend, Schwin|del er|re|gend ⟨Adj.⟩: *Schwindel* (1) *hervorrufend:* diese Höhe ist wirklich s.; Ü eine -e, s. steile Karriere.
Schwin|del|fir|ma, die (abwertend): *Firma, deren Zweck es ist, auf unlautere, betrügerische Weise Gewinne zu erwirtschaften.*
schwin|del|frei ⟨Adj.⟩: *nicht schwindlig werdend:* bist du s.?
Schwin|del|ge|fühl, das: vgl. Schwindelanfall.
◆ **Schwin|del|geist**, der ⟨Pl. -er⟩: *Geist, Dämon, der einen Rausch* (2), *einen Taumel* (b) *bei jmdm. hervorruft:* Stracks schmeichelte dem Alten ein S.; Ich sehe kein ander Mittel, den S., der ganze Landschaften ergreift, zu bannen (Goethe, Götz III); ... er kann Tanzens nicht enthalten (Wieland, Oberon 2, 37).
schwin|de|lig: ↑schwindlig.
schwin|deln (sw. V.; hat): **1.** [mhd. swindeln, ahd. swintilōn, Weiterbildung von ↑schwinden, urspr. = in Ohnmacht fallen] a) ⟨unpers.⟩ *von jmdm. als Zustand des Taumelns, Stürzens empfunden werden, wobei sich alles zu drehen scheint:* mir/(selten:) mich schwindelt; auf dem Sims schwindelte ihm; b) *vom Schwindel* (1) *befallen sein, sodass sich alles zu drehen scheint:* der Blick in die Tiefe machte mich s.; Ü der Kopf schwindelte ihm, als er den Preis hörte; in schwindelnden *(schwindelerregenden)* Höhen; Die Abstürze neben der Strecke wurden steiler und tiefer und schließlich schwindelnd (Doderer, Wasserfälle 10). **2.** [zu ↑Schwindler] (ugs.) a) *(beim Erzählen o. Ä.) [leicht] von der Wahrheit abweichen:* da hast du doch geschwindelt; b) *etw. sagen, was nicht [ganz] der Wahrheit entspricht:* das hat er alles geschwindelt; »Er ist leider nicht zu Hause«, schwindelte sie. **3.** a) *durch Täuschungsmanöver irgendwohin bringen, schaffen; schmuggeln; mogeln:* etw. durch den Zoll s.; b) ⟨s. + sich⟩ *auf unehrliche Weise irgendwohin gelangen, ein bestimmtes Ziel erreichen:* sich durchs Leben s.; er konnte sich geschickt durch alle Kontrollen s.
Schwin|del|zet|tel, der (österr.): Spickzettel (a).
schwin|den (st. V.; ist) [mhd. swinden, ahd. swintan]: **1.** (geh.) a) *[unaufhaltsam] immer weiter abnehmen, sich verringern, [u. schließlich restlos verschwinden, erlöschen, aufhören zu existieren]:* die Vorräte schwinden zusehends; die

Kräfte des Patienten schwanden sichtlich; der Schmerz begann allmählich zu s.; das Interesse schwand immer mehr; ⟨subst.:⟩ sein Einfluss war im Schwinden begriffen; b) *dahingehen, vergehen:* die Jahre schwinden; c) *allmählich entschwinden, verschwinden, sich entfernen:* ihre Gestalt schwand in der Dämmerung; Ü das Lächeln schwand aus ihrem Gesicht. **2.** (Fachspr.) *(von Werkstücken o. Ä.) durch Abkühlen, Erhärten od. Trocknen im Volumen abnehmen.* **3.** (Rundfunk) *durch Interferenz an Lautstärke verlieren:* der Sender schwindet.
Schwind|ler, der; -s, - [älter = Fantast, Schwärmer, beeinflusst von engl. swindler = Betrüger] (abwertend): **1.** *jmd., der schwindelt* (2): dem alten S. glaube ich bald gar nichts mehr. **2.** *jmd., der anderen um des eigenen Vorteils willen u. zu deren Schaden täuscht; Betrüger:* Hochstapler und andere S.
Schwind|le|rin, die; -, -nen: w. Form zu ↑Schwindler.
schwind|le|risch ⟨Adj.⟩ (abwertend selten): *Schwindel* (2) *bezweckend; betrügerisch:* -e Geschäfte; in -er Absicht.
◆ **schwind|licht: 1.** *schwindlig* (1): ... es sei gar nicht gefährlich, nur müsse man sich mit den Händen fest an den Sprossen halten und nicht nach den Füßen sehen und nicht s. werden (Heine, Harzreise 29). **2.** ↑schwindlig (2): Es donnern die Höhen, es zittert der Steg, nicht grauet dem Schützen auf -em Weg (Schiller, Tell I, 1); ... mein Weg führt mich nah an -en Abgründen vorüber (Tieck, Runenberg 29).
schwind|lig ⟨Adj.⟩: **1.** *von Schwindel* (1) *befallen:* leicht s. werden; ihr wurde [es] auf dem Karussell richtig s.; die Höhe machte sie s.; Ü die Brasilianer spielten die englische Abwehr s. **2.** *schwindelerregend:* s. hoch kreiste ein Adler.
Schwind|sucht, die [spätmhd. swintsucht für griech. phthísis = das Schwinden, Auszehrung] (veraltend): *Lungentuberkulose:* die S. haben.
schwind|süch|tig ⟨Adj.⟩ (veraltend): *an Schwindsucht leidend.*
Schwing|bo|den, der: *leicht nachgebender, federnder Fußboden (in Turn- u. Sporthallen).*
Schwin|ge, die; -, -n [mhd. swinge = Flegel (2), Wanne des zum Reinigen von Getreide, zu ↑schwingen]: **1.** (geh.) a) *Flügel* (1 a) *bes. eines großen Vogels mit großer Spannweite:* der Adler breitet seine -n [aus]; b) *Flügel* (1) *des Menschen:* Ikarus' -n. **2.** (landsch.) *flacher, ovaler Korb aus Span- od. Weidengeflecht:* eine S. für, mit Kartoffeln. **3.** (Technik) *Teil eines Getriebes, das um einen festen Drehpunkt hin u. her schwingt.* **4.** (Landwirtsch.) Kurzf. von ↑Hanfschwinge.
Schwin|gel, der; -s, - *mundartl. Nebenform von* ↑Schwindel; *der Same der Pflanze erzeugte, wenn er ins Mehl gelangte, häufig Schwindelgefühle]: (in vielen Arten vorkommendes) Süßgras mit rispenförmigen Blütenständen.*
schwin|gen (st. V.) [mhd. swingen, ahd. swingan, verw. mit ↑schwanken]: **1. a)** ⟨hat⟩ *sich mit einer gewissen Regelmäßigkeit, einen Bogen beschreibend, hin u. her bewegen:* die Schaukel schwingt; das Pendel s. lassen; an den Ringen s.; Ein kleines Mädchen im kürbisgelben Kleid schwingt hoch auf dem Schaukelbrett zwischen zwei Bäumen (Strauß, Niemand 189); b) ⟨ist⟩ *sich schwingend* (1 a) *irgendwohin bewegen:* der Artist schwingt am Trapez durch die Kuppel; c) ⟨hat⟩ (Physik) *Schwingungen* (1 b) *ausführen:* die Membran schwingt; durch den Gleichschritt begann die Brücke zu s.; eine schwingende Luftsäule. **2.** ⟨hat⟩ *[mit ausgestrecktem Arm über seinem Kopf] in einem Bogen geführt hin u. her, auf u. ab bewegen:* eine Fahne s.; den Arm s.; der Weihrauchkessel über dem Altar [hin und her] s.; ein Kind durch die Luft s.; grüßend den Hut s.

(schwenken); die Axt s. *(damit schlagen);* Im modischen, grauen Anzug, den schönen, ererbten Elfenbeinstock leicht schwingend, verließ Kommerzienrat Paul Heßreiter ... seine Villa (Feuchtwanger, Erfolg 30). **3.** ⟨s. + sich; hat⟩ **a)** *sich mit einem Schwung irgendwohin bewegen:* sich aufs Fahrrad, aufs Pferd, in den Sattel s.; der Vogel schwingt sich in die Luft, in die Lüfte; **b)** (landsch., bes. südd.) *weggehen, verschwinden:* der soll sich ja s.! **4.** ⟨geh.⟩ **a)** ⟨hat⟩ *als Schall wahrnehmbar sein, klingen, schallen:* der Schlussakkord schwang noch im Raum; **b)** ⟨ist⟩ *sich als Schall irgendwohin fortpflanzen:* der Klang der Glocken schwang durch die Stadt; **c)** ⟨hat⟩ *schallen* (c). **5.** ⟨hat⟩ *(in jmds. Äußerung o. Ä.) zum Ausdruck kommen:* Kritik schwang in seinen Worten. **6.** ⟨ist⟩ (Ski) *in Schwüngen abfahren* (1 c): ins Tal, zu Tal s. **7.** ⟨s. + sich⟩ (geh.) *in einem Bogen verlaufen, sich in einem Bogen erstrecken:* die Brücke schwingt sich über das Tal. **8.** ⟨hat⟩ (Landwirtsch.) *(Flachs, Hanf) von Holzresten reinigen.* **9.** ⟨hat⟩ (schweiz.) *ringen, indem man den Gegner mit der rechten Hand am Gürtel, mit der linken am aufgerollten Hosenbein fasst u. versucht, ihn zu Boden zu werfen:* mit jmdm. s.; ⟨subst.:⟩ er ist Meister im Schwingen.

Schwin|ger, der; -s, -: **1.** (Boxen) *mit angewinkeltem, steif gehaltenem Arm geführter Schlag, dessen Wirkung durch den Schwung des Körpers unterstützt wird:* einen S. schlagen. **2.** (schweiz.) *jmd., der das Schwingen* (9) *als sportliche Disziplin betreibt.*

Schwin|ge|rin, die; -, -nen: w. Form zu ↑Schwinger (2).

Schwin|get, der; -s, -e, **Schwing|fest**, das (schweiz.): *sportliche Veranstaltung in festlichem Rahmen mit Wettkämpfen im Schwingen* (9).

Schwing|kreis, der (Elektrot.): *geschlossener Kreis elektrischer Leiter, der einen Kondensator u. eine Spule enthält u. in dem Elektronen zu elektrischen Schwingungen angeregt werden.*

Schwing|quarz, der: *Piezoquarz.*

Schwing|tor, das: *[Garagen]tor, an dessen oberem Ende auf jeder Seite eine Rolle befestigt ist, die in waagerechten Führungsschienen läuft u. beim Öffnen das Tor – mithilfe von Spiralfedern od. einem Gegengewicht – nach oben ins Innere des Raumes schwingen lässt.*

Schwing|tür, die: *in ihren Angeln schwingende, nach innen u. außen zu öffnende Tür.*

Schwin|gung, die; -, -en: **1. a)** *schwingende* (1 a, b) *Bewegung, die Lampe war in stetiger S.;* **b)** (Physik) *periodische Änderung od. mehrerer physikalischer Größen (z. B. des Abstands eines Körpers von seiner Ruhelage, der Stärke eines elektrischen Feldes) in einem physikalischen System:* elektromagnetische, mechanische -en; in S. geraten. **2.** (geh.) *durch einen Impuls veranlasste Regung, Reaktion:* seelische -en. **3.** (geh.) *bogenförmiger Verlauf:* die Brücke zieht sich in eleganter S. über das Tal.

Schwin|gungs|dämp|fer, der (Technik): *Vorrichtung, durch die eine mechanische Schwingung* (1 b) *verringert wird.*

Schwin|gungs|dau|er, die (Physik): *Periode* (3 a).

Schwin|gungs|ebe|ne, die (Physik): *Polarisationsebene.*

Schwin|gungs|fä|hig|keit, die (Physik): *Fähigkeit zu schwingen* (1 b).

Schwin|gungs|rich|tung, die (Physik): *Richtung, in der etw. schwingt* (1 c).

Schwin|gungs|wei|te, die (Physik): *Amplitude.*

Schwin|gungs|zahl, die (Physik): *Frequenz* (2 a).

Schwin|gungs|zu|stand, der (Physik): *momentaner Zustand einer physikalischen Größe während des Verlaufs einer Schwingung* (1 b).

schwipp: ↑ schwapp.
schwip|pen ⟨sw. V.⟩ [aus dem Md., Niederd., ablautend zu ↑ schwappen] (landsch.): **1.** ⟨hat⟩ *wippen.* **2.** ⟨hat/ist⟩ *schwappen.*
Schwipp|schwa|ger, der [wohl zu ↑ schwippen in der Bed. »schief sein«, eigtl. = schiefer (d. h. nicht richtiger) Schwager] (ugs.): *Schwager des Ehepartners, des Bruders od. der Schwester.*
Schwipp|schwä|ge|rin, die: w. Form zu ↑Schwippschwager.
schwips: ↑ schwapp.
Schwips, der; -es, -e [urspr. österr., zu ↑ schwippen (2)] (ugs.): *durch Genuss von Alkohol hervorgerufener leichter Rausch:* einen S. haben.
schwir|beln ⟨sw. V.; hat⟩ [zu mhd. swerben = sich wirbelnd bewegen] (landsch.): *im Kreis drehen; schwindeln* (1).
schwir|ren ⟨sw. V.⟩ [aus dem Niederd. < mniederd. swirren, lautm.]: **1. a)** ⟨hat⟩ *ein helles, zitterndes Geräusch hervorbringen, hören lassen:* im Spinnennetz schwirrt eine Fliege; die Sehne des Bogens schwirrte; ⟨subst.:⟩ das Schwirren der Telegrafendrähte im Wind; außer dem leisen Schwirren des Ventilators war kein Geräusch zu vernehmen; **b)** ⟨ist⟩ *mit schwirrendem* (1 a) *Geräusch fliegen:* Insekten schwirren durch die Nacht; Pfeile schwirrten durch die Luft; Ü ihm schwirrten allerlei Gedanken durch den Kopf; **c)** ⟨ist⟩ (ugs.) *sich schnell irgendwohin bewegen:* durch den Saal s. **2.** ⟨hat⟩ *von etw. erfüllt u. deshalb unruhig u. voller Geräusche sein:* das kleine Dorf schwirrte von Gerüchten.
Schwitz|bad, das: *starkes Schwitzen bewirkendes Heißluft-, Dampf- od. Wasserbad.*
Schwitz|bläs|chen, das ⟨meist Pl.⟩: *Bläschen auf der Haut als Folge sehr starker Schweißabsonderung.*
Schwit|ze, die; -, -n [zu ↑schwitzen (3)] (Kochkunst): *Mehlschwitze.*
schwit|zen ⟨sw. V.; hat⟩ [mhd. switzen, ahd. swizzen, ablautende Bildung zu dem unter ↑ Schweiß genannten Verb]: **1. a)** *Schweiß absondern:* stark s.; unter den Armen, am ganzen Körper s.; die Füße schwitzen [mir]; er hat wie ein Affe geschwitzt; vor Anstrengung, Angst, Aufregung s.; nicht so viel (ugs.: *ist es dir nicht viel zu warm)* [in dem dicken Pullover]?; ⟨subst.:⟩ ich bin bei der Arbeit ganz schön ins Schwitzen gekommen; **b)** ⟨s. + sich⟩ *durch Schwitzen* (1 a) *in einen bestimmten Zustand kommen:* sie hat sich klatschnass geschwitzt. **2. a)** *sich beschlagen, beschlagen sein, von Kondenswasser nass sein:* die Fenster, die Wände schwitzen; **b)** (auch Fachspr.) *Flüssigkeit, Wasser, Saft o. Ä. absondern:* das gärende Heu schwitzt. **3.** (Kochkunst) *in heißem Fett* [hell]braun *werden lassen:* Mehl in Butter s.
schwit|zig ⟨Adj.⟩ (ugs.): *mit Schweiß bedeckt; schwitzend* (1 a): -e Hände haben.
Schwitz|kas|ten, der: **1.** (früher) *mit einer Öffnung für den Kopf versehener hölzerner Kasten für Schwitzbäder.* **2.** (Ringen) *Griff, bei dem man die Armbeuge von hinten um den Hals des Gegners legt u. dessen Kopf gegen den eigenen Oberkörper presst:* jmdn. in den S. nehmen.
Schwitz|kur, die: *Kur mit schweißtreibenden Mitteln, Schwitzbädern o. Ä.*
Schwitz|pa|ckung, die: vgl. Schwitzbad.
Schwitz|was|ser, das ⟨o. Pl.⟩: *Kondenswasser.*
Schwof, der; -[e]s, -e [aus der Studentenspr., eigtl. ostmd. Form von ↑ Schweif, beeinflusst von ↑schwofen] (ugs.): **1.** ⟨o. Pl.⟩ *Tanz* (3): zum S. gehen. **2.** *das Schwofen:* ein geselliger Abend mit S.
schwo|fen ⟨sw. V.; hat⟩ [eigtl. ostmd. Form von ↑ schweifen] (ugs.): *tanzen:* die ganze Nacht s.
schwoi|en, schwo|jen ⟨sw. V.; hat⟩ [H. u., vgl. gleichbed. niederl. zwaaien] (Seemannsspr.):

(von vor Anker liegenden Schiffen) sich treibend um den Anker drehen.
schwoll, schwöl|le: ↑¹schwellen.
schwöm|me: ↑ schwimmen.
schwor: ↑ schwören.
schwö|ren ⟨st. V.; hat⟩ [mhd. swern, swer(i)gen, ahd. swerian, eigtl. = (vor Gericht) sprechen, Rede stehen]: **1. a)** *einen Eid, Schwur leisten, ablegen:* feierlich, öffentlich vor Gericht s.; mit erhobener Hand s.; auf die Verfassung s.; falsch s. *(einen Falscheid od. Meineid ablegen);* einen Schwur, Eid, Meineid s.; den Fahneneid, Amtseid s.; **b)** *in einem Eid, Schwur versichern od. geloben:* nach der Vernehmung muss der Zeuge s., dass er die Wahrheit gesagt hat; ich könnte, möchte s. (ugs.; *bin ganz sicher, fest davon überzeugt),* dass er es war; ich hätte s. können (ugs.; *war fest davon überzeugt),* dass heute Donnerstag ist. **2. a)** *nachdrücklich* [unter Verwendung von Beteuerungsformeln] *versichern; beteuern:* ich schwöre [dir], dass ich nichts weiß; er schwor bei seiner Ehre, bei allen Heiligen, bei Gott, unschuldig zu sein; **b)** *geloben;* [unter Verwendung von Beteuerungsformeln] *feierlich versprechen:* er hat [mir] geschworen, das nie wieder zu tun; wir schworen uns ewige Treue; du kriegst es mit mir zu tun, das schwör ich dir (ugs.; *darauf kannst du dich verlassen).* **3.** ⟨s. + sich⟩ (ugs.) *sich etw. ganz fest vornehmen.* **4.** *jmdn., etw. (für einen bestimmten Zweck) für am besten geeignet halten:* meine Mutter schwört [in solchen Fällen] auf ihren Kräutertee; jeder hat seine eigene Methode, auf die er schwört; sie hält ihn für einen Scharlatan, aber ihr Mann schwört nun mal auf ihn. ◆ **5.** ⟨Prät. schwur:⟩ *Richter des heimlichen Gerichts, schwurt (ihr schwort) auf Strang und Schwert, unsträflich zu sein, zu richten im Verborgnen, zu strafen im Verborgnen* (Goethe, Götz V); ... da fuhr der Sultan auf und schwur in seinem Grimm ... (Wieland, Wintermärchen 2, 1074 f.)
Schwuch|tel, die; -, -n [wohl zu landsch. schwuchteln = tanzen, tänzeln (salopp, oft abwertend): *[femininer] Homosexueller.*
schwul ⟨Adj.⟩ [eigtl. = ältere Form von ↑ schwül; zur Bedeutungsübertragung vgl. »warmer Bruder« (↑ Bruder 4)] (ugs.): **1. a)** *(von Männern) homosexuell veranlagt, empfindend:* -e Freunde; s. sein; **b)** *für Homosexuelle charakteristisch, zu ihm gehörend; auf (männlicher) Homosexualität beruhend:* -es Empfinden; **c)** *für (männlich) Homosexuelle bestimmt, geschaffen:* -e Kneipen, Zeitschriften. **2.** (selten) *lesbisch.* **3.** (Jugendspr.) *in Verdruss, Ärger, Ablehnung hervorrufender Weise schlecht, unattraktiv, uninteressant:* die Klassenfahrt war voll s.
schwül ⟨Adj.⟩ [älter: schwul, aus dem Niederd. < mniederd. swūl, swōl, ablautend verw. mit ↑ schwelen]: **a)** *durch Schwüle* (a) *gekennzeichnet:* ein -er Sommernachmittag; es ist heute furchtbar s.; **b)** *bedrückend, beklemmend:* eine -e Atmosphäre; **c)** *betörend, erotisierend:* der -e Duft der Blüten; -e Fantasien.
Schwu|le, die/eine Schwule; der/einer Schwulen, die Schwulen/zwei Schwule (ugs. selten): *weibliche Person, die homosexuell veranlagt ist.*
Schwü|le, die; -: **a)** *als unangenehm empfundene feuchte Wärme od. Hitze:* es herrschte eine gewittrige, unerträgliche S.; **b)** *schwüle* (b) *Stimmung;* **c)** *schwüle* (c) *Art:* Düfte von berauschender S.
Schwu|len|bar, die: vgl. Schwulenlokal.
Schwu|len|be|we|gung, die ⟨Pl. selten⟩: *Bewegung* (3) *mit dem Ziel, die Gleichberechtigung der Homosexuellen durchzusetzen.*
Schwu|len|grup|pe, die: ¹*Gruppe* (2) *von (im*

Schwulenlokal – scilicet

Sinne der Schwulenbewegung) engagierten Homosexuellen.

Schwu|len|lo|kal, das: *vorwiegend von männlichen Homosexuellen besuchtes Lokal.*

Schwu|len|sze|ne, die (Jargon): *Milieu, Szene der männlichen Homosexuellen.*

Schwu|len|treff, der (ugs.): *Ort (meist ein Lokal), an dem sich männliche Homosexuelle treffen:* das Café ist als S. bekannt.

Schwu|ler, der Schwule/ein Schwuler; des/eines Schwulen, die Schwulen/zwei Schwule (ugs.): *jmd., der homosexuell veranlagt ist.*

Schwul|heit, die; - (selten): *das Schwulsein; schwules* (1 a, b, 2) *Wesen.*

Schwu|li, der; -s, -s [↑ -i] (ugs. scherzh.): *Homosexueller.*

Schwu|li|tät, die; -, -en ⟨meist Pl.⟩ [urspr. Studentenspr.] (ugs.): *Schwierigkeit, Bedrängnis, peinliche Lage:* in -en sein; in -en kommen; in eine S. geraten; jmdn. in [große] -en bringen.

schwul-les|bisch ⟨Adj.⟩: *sowohl männliche wie weibliche Homosexualität betreffend, für männliche u. weibliche Homosexuelle bestimmt, zu ihnen gehörig, ihnen entsprechend:* die -e Szene, Community.

Schwul|sein, das: *(männliche) Homosexualität; Schwulheit.*

Schwulst, der; -[e]s, Schwülste [mhd. swulst = Geschwulst, ablautende Bildung zu ↑ ¹schwellen] (abwertend): *etw., was zur prachtvollen Gestaltung von etw. dienen soll, was aber bombastisch u. überladen wirkt:* der S. barocker Kirchen; seine Gedichte sind frei von allem S.

schwuls|tig ⟨Adj.⟩: **1.** *krankhaft geschwollen, aufgeschwollen, verschwollen, aufgedunsen:* ein -es Gesicht; -e Lippen. **2.** (österr. abwertend) *schwülstig.*

schwüls|tig ⟨Adj.⟩ (abwertend): *durch Schwulst gekennzeichnet:* ein -er Stil; -e Ornamente; er redet allzu s.

schwum|me|rig, schwumm|rig ⟨Adj.⟩ [wohl zu ↑ schwimmen, eigtl. = das Gefühl des Schwimmens, Schwankens empfinden] (ugs.):
a) *schwindlig, benommen:* ein -es Gefühl;
b) *unbehaglich, bang:* bei dem steilen Aufstieg wurde ihr s. zumute.

Schwund, der; -[e]s [zu ↑ schwinden]: **1. a)** *[allmähliches] Schwinden, Sichverringern:* ein S. (Med.: *Atrophie*) der Muskulatur; **b)** (bes. Kaufmannsspr.) *durch natürliche Einflüsse bewirktes [allmähliches] Abnehmen des Gewichts, Volumens:* das Gewicht des Käses hat sich durch S. um 4 % verringert; **c)** (Kaufmannsspr.) *Verringerung der Menge einer Ware durch erlittenen Verlust, z. B. infolge undichter, beschädigter Verpackung o. Ä.* **2.** (bes. Kaufmannsspr.) *durch Schwund* (1 b, c) *verlorene Menge:* der S. beträgt 7 %, 11 kg, 12 l. **3.** (Rundfunkt., Funkt.) *Fading* (1).

Schwund|aus|gleich, der (Rundfunkt., Funkt.):
a) *das Ausgleichen des Schwundes* (3); **b)** *Vorrichtung in Rundfunkempfängern, Funkgeräten zum automatischen Schwundausgleich* (a).

Schwund|stu|fe, die (Sprachwiss.): *Stufe des Ablauts, bei der der Vokal ausfällt.*

Schwung, der; -[e]s, Schwünge [spätmhd. swunc, ablautende Bildung zu ↑ schwingen]: **1. a)** *kraftvolle, rasche, einen Bogen beschreibende Bewegung:* die Skiläuferin fuhr in eleganten Schwüngen den Hang hinunter; der Reiter setzte in kühnem S. über den Graben; **b)** *geschwungene Linienführung:* der S. ihrer Brauen; in, mit kühnem S. überspannt die Brücke das Tal. **2.** ⟨o. Pl.⟩ *kraftvolle, rasche Bewegung, in sich jmd., etw. befindet:* der Radfahrer hatte nicht genug S., um die Steigung zu schaffen; ... und schwenden ihm den Weg ab und machen den Spielverderber, so dass er stoppen muss, wo er so schön im S. war (Grass, Blechtrommel 35); * **S. holen** *(sich bes. auf einer Schaukel, an einem Turngerät in ausholender Weise in schnelle Bewegung versetzen:* sie setzte sich auf die Schaukel und holte kräftig S.); [die folgenden Wendungen beziehen sich urspr. auf Schwungräder von Maschinen o. Ä.] **S. in etw./etw. in S. bringen** (ugs.: *etw. beleben, in Gang bringen:* der neue Chef hat den Laden [wieder] in S. gebracht, hat S. in den Laden gebracht); **jmdn. in S. bringen** (ugs.: *jmdn. veranlassen, aktiv zu werden, intensiver, schneller zu arbeiten o. Ä.:* ich werd euch schon in S. bringen!); **in S. sein** (ugs.: 1. *guter Stimmung sein.* 2. *wütend, böse sein.* 3. *florieren; gut funktionieren:* der Haushalt, der Laden ist gut in S. 4. *bei einer Arbeit o. Ä. gut vorankommen:* wenn er erst richtig in S. ist, schafft er viel); **in S. kommen** o. Ä. (ugs.: 1. *in gute Stimmung geraten.* 2. *wütend, böse werden.* 3. *zu florieren, gut funktionieren beginnen.* 4. *bei einer Arbeit o. Ä. gut vorankommen*). **3.** ⟨o. Pl.⟩ *Drang, sich zu betätigen, aktiv zu sein; Elan:* mit viel S. an die Arbeit gehen. **4.** ⟨o. Pl.⟩ *einer Sache innewohnende, mitreißende Kraft:* seine Rede hatte keinerlei S. **5.** ⟨o. Pl.⟩ (ugs.) *größere Menge, Anzahl:* ein S. Zeitungen lag vor der Tür.

Schwung|bein, das (Sport): *Bein, mit dem Schwung geholt wird, um einen Sprung, eine Übung zu unterstützen.*

Schwung|fe|der, die (Zool.): *(bei Vögeln) große, verhältnismäßig steife Feder des Flügels, durch die der zum Fliegen nötige Auftrieb erzeugt wird.*

schwung|haft ⟨Adj.⟩ *(bes. in Bezug auf Geschäfte) rege, viel Erfolg zeitigend:* einen -en Handel mit etw. treiben; die neuen Aktien werden schon s. gehandelt.

Schwung|kraft, die: **1.** (Physik) *Zentrifugalkraft.* **2.** *Schwung, Elan, Kraft:* mit der S. der Freiheit.

schwung|los ⟨Adj.⟩: *keinen Schwung* (3, 4) *aufweisend.*

Schwung|lo|sig|keit, die: *schwunglose Art, schwungloser Charakter.*

Schwung|rad, das (Technik): *aus einem schweren Material gefertigtes ²Rad* (2)*, das, einmal in Rotation versetzt, seinen Lauf nur sehr allmählich verlangsamt.*

Schwung|übung, die (Turnen): *Turnübung, die durch das Schwingen des Körpers gekennzeichnet ist.*

schwung|voll ⟨Adj.⟩: **1.** *viel Schwung* (4) *habend:* eine -e Melodie, Rede. **2.** *mit viel Schwung* (2) *ausgeführt:* eine -e Handbewegung. **3.** *elegant, kühn geschwungen, in [eleganten] Bogen verlaufend:* -e Linien, Formen; eine -e Unterschrift.

schwupp (Interj.) [lautm.]: *bezeichnet eine plötzliche, ruckartige, rasche u. kurze Bewegung:* s., und das Gummi schnellte zurück.

Schwupp, der; -[e]s, -e (ugs.): **1.** *plötzliche, ruckartige, rasche u. kurze Bewegung:* **in** S. schnappte das Tier seine Beute; * **in einem/auf einen S.** (ugs.: *in einem Zuge, auf einmal:* er erledigte alles auf einen S.). **2.** *Stoß:* jmdm. einen [leichten] S. geben. **3.** *Guss* (2 a)*:* er goss ihr einen S. Wasser ins Gesicht.

schwupp|di|wupp (Interj.) [lautm.]: *schwupp.*

Schwup|per, der; -s, - [zu: schwuppen, niederd. swubben = einen dumpfen Laut hervorbringen (z. B. von sehr feuchtem Erdboden gesagt)] (md.): *[sprachlicher] Schnitzer* (2): ◆ Er hat da mal wieder einen S. gemacht, irgendwas verwechselt (Fontane, Jenny Treibel 63).

schwups (Interj.) [lautm.]: *schwupp.*

Schwups, der; -es, Schwüpse (ugs.): *Schwupp.*

schwur: ↑ *schwören.*

Schwur, der; -[e]s, Schwüre [mhd. swuor, ahd. in: eidswuor, zu ↑ schwören]: **a)** *in beteuernder Weise gegebenes Versprechen; Gelöbnis:* ein heiliger S.; einen S. halten, verletzen; er hat den S. getan *(den festen Vorsatz gefasst),* nie mehr zu trinken; **b)** *Eid (vor einer Behörde o. Ä.):* einen S. auf die Fahne, Verfassung leisten.

schwur|be|lig, schwurb|lig ⟨Adj.⟩ [zu landsch. schwurbeln, Nebenf. von ↑ schwirbeln] (ugs.): *schwindlig, verwirrt.*

schwü|re: ↑ *schwören.*

Schwur|fin|ger, der (meist Pl.): *Daumen, Zeige-, Mittelfinger der Schwurhand.*

Schwur|ge|richt, das: *mit hauptamtlichen Richtern u. Schöffen besetzte Strafkammer, die für besonders schwere Straftaten zuständig ist.*

Schwur|ge|richts|ver|hand|lung, die: *Verhandlung vor einem Schwurgericht.*

Schwur|hand, die: *rechte Hand, die jmd. beim Schwören eines Eides (mit ausgestrecktem Daumen, Zeige- u. Mittelfinger) erhebt.*

◆ **schwü|rig:** Nebenf. von ↑ schwierig: Denn wir sind doch nur ihresgleichen, das fühlen sie und werden s. *(aufsässig, schwierig* (3); Goethe, Götz V).

Schwyz [ʃviːts]: Schweizer Kanton u. Stadt.

Schwy|zer [ˈʃviːtsɐ], der; -s, -: Ew.

Schwy|zer|dütsch [...dyːtʃ], das; -[s] (schweiz.): *Schweizerdeutsch.*

Schwy|ze|rin, die; -, -nen: w. Form zu ↑ Schwyzer.

schwy|ze|risch ⟨Adj.⟩: *Schwyz, die Schwyzer betreffend; von den Schwyzern stammend, zu ihnen gehörend.*

Schwy|zer|tütsch [...tyːtʃ], das; -[s] (schweiz.): *Schweizerdeutsch.*

Sci|ence-Fic|tion, Sci|ence|fic|tion [ˈsaɪənsˈfɪkʃn], die; - [engl. science-fiction, aus: science = Wissenschaft < (a)frz. science < lat. scientia (↑ szientifisch) u. fiction < frz. fiction < lat. fictio, ↑ Fiktion]: **a)** *Science-Fiction-Literatur:* S. schreiben, lesen; **b)** *Bereich derjenigen (bes. im Roman, im Film, im Comicstrip behandelten) Thematiken, die die Zukunft der Menschheit in einer fiktionalen, vor allem durch umwälzende Entwicklungen geprägten Welt betreffen.*

Sci|ence-Fic|tion-Au|tor, Sci|ence|fic|tion-Autor, Sci|ence|fic|tion|au|tor, der: *Verfasser von Science-Fiction-Literatur.*

Sci|ence-Fic|tion-Au|to|rin, Sci|ence|fic|tion-Au|to|rin, Sci|ence|fic|tion|au|to|rin, die: w. Form zu ↑ Science-Fiction-Autor, ↑ Sciencefictionautor.

Sci|ence-Fic|tion-Film, Sci|ence|fic|tion-Film, Sci|ence|fic|tion|film, der: *vgl. Science-Fiction-Literatur.*

Sci|ence-Fic|tion-Li|te|ra|tur, Sci|ence|fiction-Li|te|ra|tur, Sci|ence|fic|tion|li|te|ra|tur, die ⟨o. Pl.⟩: *Literatur mit Thematiken aus dem Bereich der Science-Fiction* (a).

Sci|ence-Fic|tion-Ro|man, Sci|ence|fic|tion-Roman, Sci|ence|fic|tion|ro|man, der: *vgl. Science-Fiction-Literatur.*

Sci|ence-Fic|tion-Se|rie, Sci|ence|fic|tion-Serie, Sci|ence|fic|tion|se|rie, die: *Serie* (2)*, bes. Fernsehserie mit einer Thematik aus dem Bereich der Science-Fiction.*

Sci|en|to|lo|ge [saiənto...], der; -n, -n: *Angehöriger der Scientology®.*

Sci|en|to|lo|gin, die; -, -nen: w. Form zu ↑ Scientologe.

Sci|en|to|lo|gy® [saiənˈtɔlədʒi], die; - [engl. scientology]: *Religionsgemeinschaft, deren Anhänger glauben, eine wissenschaftliche Theorie über das Wissen u. damit den Schlüssel zu vollkommener geistiger u. seelischer Gesundheit zu besitzen.*

Sci|fi [ˈsaɪfi], die; -: *kurz für ↑ Science-Fiction* (b).

scil. = scilicet.

sci|li|cet ⟨Adv.⟩ [lat. scilicet = man höre!; freilich,

zusgez. aus: scire licet = man darf wissen] (bildungsspr.): *nämlich* (Abk.: sc., scil.)

Scoop [skuːp], der; -s, -s [engl. scoop, auch: Gewinn, eigtl. = Schöpfkelle] (Pressejargon): *sensationelle Meldung, mit deren Veröffentlichung eine Zeitung anderen Zeitungen u. Medien zuvorkommt.*

Scoo|ter [ˈskuːtɐ], der; -s, - [↑ Skooter]: **1.** *Segelboot mit Stahlkufen zum Segeln auf Wasser u. Eis.* **2.** ↑ Skooter.

Score [skɔː, skoːɐ̯], der; -s, -s [engl. score < mengl. scor < anord. skor = (Ein)schnitt, Kerbholz]: **1.** (bes. Mannschaftsspiele) *Spielergebnis.* **2.** (Psychol.) *Zahlenwert, Messwert z. B. eines Tests.*

sco|ren [auch: ˈskɔːrən] ⟨sw. V.; hat⟩ [engl. to score < mengl. scoren < anord. skora = einschneiden, einkerben, zu: skor, ↑ Score] (Sport): *einen Punkt, ein Tor o. Ä. erzielen:* für die Bayern scorte der gerade erst eingewechselte Spieler.

Sco|rer, der; -s, - [engl. scorer, zu: to score, ↑ scoren]: **1.** (Golf, Minigolf) *jmd., der die von den einzelnen Spielern gemachten Schläge zählt.* **2.** (Sport) *Spieler, der scort.*

Sco|re|rin, die; -, -nen: w. Form zu ↑ Scorer.

Scotch [skɔtʃ], der; -s, -s **1.** [engl. Scotch, kurz für Scotch whisky = schottischer Whisky] *(aus [teilweise] gemälzter Gerste hergestellter) schottischer Whisky.* **2.** Kurzf. von ↑ Scotchterrier.

Scotch|ter|ri|er, der [engl. Scotch terrier = schottischer Terrier]: *kleiner, kurzbeiniger Terrier mit gedrungenem Körper u. langhaarigem, rauem, meist grauem Fell.*

Scot|land Yard [ˈskɔtlənd ˈjɑːd], der; - - [nach der früheren Lage der Polizeigebäudes am engl. schott. Residenzhof (1829–1890 Great Scotland Yard, 1890–1967 New Scotland Yard am Victoria Embankment, seit 1967 in einer Seitenstraße der Victoria Street)]: **1.** *Londoner Polizeibehörde.* **2.** *Gebäude der Londoner Polizeibehörde.*

Scou|bi|dou [skubiˈduː], das; -s, -s [aus gleichbed. frz. scoubidou, eigtl. eine Silbenfolge ohne Bedeutung aus dem Jazz- u. Popmusikgesang (ähnl. wie engl. shoobidoo u. dt. schubidu)]: *Bastelspiel aus bunten Plastikbändern, die zu Figuren verknüpft werden.*

Scout [skaʊt], der; -s, -s [engl. scout = Kundschafter < mengl. scoute < afrz. escoute, über das Vlat. zu lat. auscultare, ↑ auskultieren]: **1.** engl. Bez. für: *Pfadfinder.* **2. a)** (Jargon) *jmd., der etw. aufspüren soll;* **b)** Kurzf. von ↑ Talentscout.

scou|ten [ˈskaʊtn̩] ⟨sw. V.; hat⟩ [nach gleichbed. engl. to scout] (Jargon): *auskundschaften, aufspüren.*

Scrab|b|le® [ˈskrɛbl], das; -[s], -s [engl. scrabble, zu: to scrabble = scharren, herumsuchen, aus dem (M)niederl.]: *Spiel für zwei bis vier Personen, bei dem mit je einem Buchstaben bedruckte Spielsteine nach bestimmten Regeln zu Wörtern zusammengelegt werden.*

Scra|pie [ˈskreɪpi], **Scra|pie|krank|heit**, die; - [engl. scrapie, zu: to scrape = kratzen, (ab)schaben] (Tiermed.): *Traberkrankheit.*

scratch [skrætʃ] ⟨Adv.⟩ [engl., zu scratch = hinterste Startlinie bei Handicaprennen] (Golf): *ohne Vorgabe:* er spielt s.

scrat|chen [skrætʃn̩] ⟨sw. V.; hat⟩ [engl. to scratch, ↑ Scratching]: *Scratching betreiben:* der Discjockey scratcht.

Scrat|ching [ˈskrætʃɪŋ], das; -s, -s [engl. scratching, zu: to scratch = kratzen]: *das Hervorbringen bestimmter akustischer Effekte durch Manipulieren der laufenden Schallplatte (bes. bei Rapmusik).*

Screen [skriːn], der; -s, -s [engl. screen] (EDV): engl. Bez. für: *Bildschirm.*

scree|nen [ˈskriːnən] ⟨sw. V.; hat⟩ [zu engl. to screen, ↑ Screening] (Fachspr.): *ein Screening durchführen:* die Blutproben wurden auf verdächtige Substanzen gescreent.

Scree|ning [ˈskriːnɪŋ], das; -s, -s [engl. screening, zu: to screen = prüfen, auswählen, durchsieben] (Fachspr.): *an einer großen Anzahl von Objekten od. Personen in der gleichen Weise durchgeführte Untersuchung (z. B. Röntgenreihenuntersuchung).*

Screen|sa|ver [ˈskriːnseɪvɐ], der; -s, - [engl. screen saver, aus: screen = Bildschirm u. saver, zu: to save = retten, schützen] (EDV): *Bildschirmschoner.*

Screen|shot [ˈskriːnʃɔt], der; -s, -s [engl. screenshot, aus: screen = Bildschirm u. shot = (fotografische) Aufnahme] (EDV): *gesamte Wiedergabe (z. B. in Handbüchern) dessen, was auf dem Bildschirm sichtbar ist.*

scrol|len [ˈskroːlən, ˈskroʊlən] ⟨sw. V.; hat⟩ [engl. to scroll, ↑ Scrolling] (EDV): *eine Darstellung, die auf dem Bildschirm nicht im Ganzen erfasst werden kann, in Ausschnitten nach und nach auf dem Bildschirm verschieben.*

Scrol|ling [ˈskroːlɪŋ, ˈskroʊ...], das; -s [zu engl. to scroll = verschieben, zu: scroll = (Buch)rolle] (EDV): *das Scrollen.*

Scu|do, der; -, ...di [ital. scudo < lat. scutum = länglicher Schild, nach der urspr. Form der Münze]: *frühere italienische Münze.*

sculp|sit [lat. = hat (es) gestochen, 3. Pers. Sg. Perf. von: sculpere = schnitzen, meißeln, eingraben]: *gestochen von ... (auf Kupferstichen hinter der Signatur od. dem Namen des Künstlers)* (Abk.: sc., sculps.)

Scyl|la: ↑ Szylla.

s. d. = siehe dies; siehe dort.

SDA [ɛsdeːˈʔaː], der; -: Schweizerische Depeschenagentur.

SDI [ɛsdiːˈʔaɪ]; Abk. für engl. strategic defense initiative]: *US-amerikanisches Forschungsprojekt zur Stationierung von (Laser)waffen im Weltraum.*

Se = Selen.

Se., S. = Seine (Exzellenz usw.).

Sea|bor|gi|um [siː...], das; -s [nach dem amerik. Chemiker G. T. Seaborg (1912–99)]: *künstlich hergestelltes Transuran (chem. Element; Zeichen: Sg).*

Seal [ziːl, auch: siːl], der od. das; -s, -s [engl. seal = Robbe]: **1. a)** *Fell bestimmter Robbenarten;* **b)** *aus Seal (1 a) hergestellter wertvoller, brauner bis schwarzer Pelz.* **2.** *Kleidungsstück aus Seal (1 b):* sie trug einen S.

Seal|man|tel, der: *Mantel aus Seal (1 b).*

Seal|skin [ˈziːlskɪn, engl.: ˈsiːlskɪn], der od. das; -[s], -s: a) engl. sealskin = Robbenfell, zu: skin = Fell] *Seal (1);* b) *glänzender Plüsch mit langem Flor (als Imitation von Seal 1 b).*

Sé|an|ce [zeˈãːs(ə)], die; -, -n [...sn̩] [frz. séance = Sitzung, zu: séant = Sitzung haltend, 1. Part. von: seoir = sitzen < lat. sedere = sitzen]: **1.** (Parapsychol.) *spiritistische Sitzung mit einem Medium:* eine spiritistische S. **2.** (bildungsspr. veraltend) *Sitzung.*

Search [səːtʃ], das; -s [engl. search = das Suchen, zu: to search = suchen, über afrz. cerchier (= frz. chercher) aus spätlat. circare = prüfend umhergehen] (Jargon): *Suche nach Informationen (z. B. im Internet).*

Se|bor|rhö, die; -, -en [zu lat. sebum = Talg u. griech. rhoé = das Fließen] (Med.): *gesteigerte Absonderung der Talgdrüsen; Schmerfluss.*

¹sec = Sekans; Sekunde.

²sec [sɛk] ⟨indekl. Adj.; nachgestellt⟩ [frz. sec < lat. siccus = trocken]: *dry.*

SECAM-Sys|tem, das; -s [Kurzwort aus frz. séquentiel à mémoire = aufeinanderfolgend mit Zwischenspeicherung]: *französisches System des Farbfernsehens.*

sechs ⟨Kardinalz.⟩ [mhd., ahd. sehs; vgl. lat. sex = sechs] (als Ziffer: 6): vgl. ¹acht: wir sind s. Personen; das kostet s. Euro; mit der Linie s. fahren.

Sechs, die; -, -en: **a)** *Ziffer 6;* **b)** *Spielkarte mit sechs Zeichen;* **c)** *Anzahl von sechs Augen beim Würfeln:* eine S. würfeln; **d)** *Zeugnis-, Bewertungsnote 6:* [in Biologie] eine S. haben, kriegen; eine S. schreiben *(eine Arbeit schreiben, die mit der Note 6 bewertet wird);* **e)** (ugs.) *Wagen, Zug der Linie 6:* hier hält nur eine S.

Sechs|ach|ser, der; -s, - (ugs.): *Wagen mit sechs Achsen.*

sechs|ach|sig ⟨Adj.⟩ (Technik) *(mit Ziffer: 6-achsig): mit sechs Achsen konstruiert.*

Sechs|ach|tel|takt, der: *Taktmaß, bei dem der einzelne Takt aus Notenwerten von sechs Achteln besteht.*

Sechs|eck, das; -[e]s, -e: *Figur mit sechs Ecken; Hexagon.*

sechs|eckig ⟨Adj.⟩: *sechs Ecken aufweisend.*

sechs|ein|halb (Bruchz.) (in Ziffern: 6 ½): vgl. achteinhalb: vor s. Jahren.

Sechs|en|der, der; -s, - (Jägerspr.): *Hirsch, dessen Geweih an jeder Stange drei Enden hat.*

Sech|ser, der; -s, - **1.** [urspr. = Münze vom sechsfachen Wert einer kleineren Einheit; nach 1874 volkstüml. Bez. für das neu eingeführte 5-Pfennig-Stück der Währung des Deutschen Reiches] (landsch. veraltet) *5-Pfennig-Stück: das kostet einen S. (fünf Pfennig).* **2.** (ugs.) *Kombination von sechs Zahlen, auf die ein Gewinn fällt; Hauptgewinn.* **3.** (landsch.) *Sechs.*

sech|ser|lei (best. Gattungsz.; indekl.) [↑-lei]: **a)** ⟨attr.⟩ *von sechsfach verschiedener Art;* **b)** ⟨allein stehend⟩ *sechs verschiedene Dinge.*

Sechs|er|pack, der; -s, -s, **Sech|ser|pa|ckung**, die: *Packung, die von einer Ware sechs Stück enthält:* Dosenbier im praktischen Sechserpack.

Sech|ser|rei|he, die: **a)** *von sechs Personen od. Gegenständen gebildete Reihe;* **b)** *Reihe beliebig vieler zu addierender Ziffern mit dem Zahlenwert 6.*

sechs|fach ⟨Vervielfältigungsz.⟩ (mit Ziffer: 6-fach, 6fach): *sechsmal genommen, ausgeführt u. Ä.*

Sechs|fa|che, das *Sechsfache/ein Sechsfaches des/eines Sechsfachen* (mit Ziffer: 6-Faches, 6faches): *sechsfache Menge, Größe (von etw.).*

Sechs|flach, das (Math.): *von sechs Vierecken begrenztes Polyeder.*

sechs|flä|chig ⟨Adj.⟩: *sechs Flächen habend.*

Sechs|fläch|ner, der; -s, - (Math.): *Sechsflach.*

sechs|fü|ßig ⟨Adj.⟩ (Verslehre): *sechs Versfüße, Takte enthaltend; in einer Anordnung von sechs Versfüßen.*

sechs|ge|scho|s|sig, (südd., österr.:) **sechs|ge|scho|ßig** ⟨Adj.⟩: *mit sechs Geschossen versehen.*

sechs|he|big ⟨Adj.⟩ (Verslehre): *sechs Hebungen enthaltend: ein -er Vers.*

sechs|hun|dert ⟨Kardinalz.⟩ (in Ziffern: 600): vgl. hundert: die Universität ist bereits s. Jahre alt.

sechs|jäh|rig ⟨Adj.⟩ (mit Ziffer: 6-jährig): **a)** *sechs Jahre alt:* ein -er Junge; **b)** *sechs Jahre dauernd:* mit -er Pause.

Sechs|jäh|ri|ge, die/eine Sechsjährige; der/einer Sechsjährigen, die Sechsjährigen/zwei Sechsjährige (mit Ziffer: 6-Jährige): *Mädchen von sechs Jahren.*

Sechs|jäh|ri|ger, der Sechsjährige/ein Sechsjähriger; des/eines Sechsjährigen, die Sechsjährigen/zwei Sechsjährige (mit Ziffer: 6-Jähriger): *Junge von sechs Jahren.*

sechs|jähr|lich ⟨Adj.⟩: *sich alle sechs Jahre wiederholend.*

Sechs|kant, das od. der; -[e]s, -e (Technik): *Körper*

Sechskanteisen – See

(meist aus Metall), dessen Querschnitt ein regelmäßiges Sechseck darstellt.
Sechs|kant|ei|sen, das ⟨Technik⟩: *stabförmiges Eisen, dessen Querschnitt ein regelmäßiges Sechseck darstellt.*
sechs|kan|tig ⟨Adj.⟩ (mit Ziffer: 6-kantig): *mit sechs Kanten versehen.*
sechs|köp|fig ⟨Adj.⟩: *aus sechs Personen bestehend, zusammengesetzt:* eine -e Kommission, Familie.
Sechs|ling, der; -s, -e ⟨meist Pl.⟩ [nach dem Muster von Zwilling geb.]: *eines von sechs gleichaltrigen Geschwistern.*
sechs|mal ⟨Wiederholungsz., Adv.⟩ (mit Ziffer: 6-mal): *sechs Male.*
sechs|ma|lig ⟨Adj.⟩ (mit Ziffer: 6-malig): *sechs Male stattfindend.*
sechs|mo|na|tig ⟨Adj.⟩ (mit Ziffer: 6-monatig): **a)** *sechs Monate alt;* **b)** *sechs Monate dauernd.*
sechs|mo|nat|lich ⟨Adj.⟩: *sich alle sechs Monate wiederholend.*
sechs|räd|rig ⟨Adj.⟩: *auf sechs Rädern fahrend.*
sechs|sai|tig ⟨Adj.⟩: *mit sechs Saiten bespannt:* eine -e E-Gitarre.
sechs|sei|tig ⟨Adj.⟩: **1.** *sechs Seiten (1 a) aufweisend:* ein -es Prisma. **2.** *sechs Seiten (6 a, b) enthaltend, umfassend:* eine -e Broschüre.
sechs|sil|big ⟨Adj.⟩: *aus sechs Silben bestehend.*
Sechs|spän|ner, der; -s, -: *mit sechs Pferden bespannter Wagen.*
sechs|spän|nig ⟨Adj.⟩: *mit sechs Pferden bespannt:* eine -e Kutsche.
sechs|spu|rig ⟨Adj.⟩: *sechs Spuren habend:* s. *(in sechs Reihen nebeneinander) fahren.*
sechs|stel|lig ⟨Adj.⟩: *aus sechs hintereinander angeordneten Zahlen bestehend [die als Einheit zu lesen sind]:* eine -e Zahl; -e (in die Hunderttausende gehende) Umsätze.
Sechs|stern, der: *Hexagramm.*
sechs|stö|ckig ⟨Adj.⟩: *sechs Stockwerke aufweisend.*
sechs|strah|lig ⟨Adj.⟩: **1.** *(von Sternen) sechs Zacken habend:* ein -er Stern. **2.** *mit sechs Strahltriebwerken ausgerüstet.*
sechs|stün|dig ⟨Adj.⟩: *sechs Stunden dauernd:* eine -e Wanderung.
sechs|stünd|lich ⟨Adj.⟩: *sich alle sechs Stunden wiederholend:* s. wechseln.
sechst: *in der Fügung* **zu s.** *(als Gruppe von sechs Personen:* wir waren zu s.).
sechst... ⟨Ordinalz. zu ↑ sechs⟩ [mhd. sehste, ahd. seh(s)to] (als Ziffer: 6.): vgl. acht...: am sechsten November; ⟨subst.⟩ Leo der Sechste.
Sechs|ta|ge|fahrt, die (Motorsport): *sechs Tage dauerndes, durch schwieriges Gelände führendes internationales Rennen für Motorradfahrer.*
Sechs|ta|ge|ren|nen, das (Radsport): *sechs Tage u. sechs Nächte dauerndes, in einer Halle ausgetragenes Rennen.*
sechs|tä|gig ⟨Adj.⟩: *sechs Tage dauernd:* ein -er Kongress.
sechs|täg|lich ⟨Adj.⟩: *sich alle sechs Tage wiederholend.*
sechs|tau|send ⟨Kardinalz.⟩ (in Ziffern: 6000): vgl. ¹acht: eine Strecke von s. Kilometern.
sechs|tei|lig ⟨Adj.⟩ (mit Ziffer: 6-teilig): *aus sechs Teilen bestehend:* ein -es Service.
sechs|tel ⟨Bruchz.⟩ (als Ziffer: /₆): *den sechsten Teil einer genannten Menge ausmachend.*
Sechs|tel, das, schweiz. meist: der; -s, - [mhd. sehsteil]: *sechster Teil einer Menge, Strecke:* ein S. der Weltbevölkerung.
sechs|tens ⟨Adv.⟩ (als Ziffer: 6.): *an sechster Stelle, als sechster Punkt.*
Sechs|und|drei|ßig|flach, das, **Sechs|und|drei|ßig|fläch|ner**, der; -s, - ⟨Math.⟩: *Triakisdodekaeder.*

sechs|und|ein|halb ⟨Bruchz.⟩ (in Ziffern: 6 ½): *verstärkend für* ↑ sechseinhalb.
Sechs|und|sech|zig, das; -: *mit einem Skatblatt gespieltes Kartenspiel für zwei bis vier Mitspielende, bei dem mindestens 66 Punkte erreicht werden müssen, um eine Spielrunde zu gewinnen.*
Sechs|vier|tel|takt [...'fɪrt|...], der: *Taktmaß, bei dem der einzelne Takt aus Notenwerten von sechs Vierteln besteht.*
sechs|wer|tig ⟨Adj.⟩ ⟨Chemie⟩: *mit sechs chemischen Valenzen versehen.*
sechs|wö|chent|lich ⟨Adj.⟩: *sich alle sechs Wochen wiederholend:* ein -es Treffen vereinbaren.
sechs|wö|chig ⟨Adj.⟩: **a)** *sechs Wochen alt:* ein -es Baby; **b)** *sechs Wochen dauernd:* eine -e Behandlung.
sechs|za|ckig ⟨Adj.⟩: *mit sechs Zacken versehen:* ein -er Stern.
sechs|zäh|lig ⟨Adj.⟩ ⟨Bot.⟩: *(von Blüten) eine aus sechs od. zweimal sechs Kronblättern bestehende Krone habend.*
◆ **sechs|zehn:** *sechzehn:* Als es s. Jahre zählte, war es schon ein ... ziervolles Mädchen (Keller, Romeo 20).
sechs|zei|lig ⟨Adj.⟩: *aus sechs Zeilen (1) bestehend:* eine -e Annonce.
Sechs|zy|lin|der, der (ugs.): **a)** Kurzf. von ↑ Sechszylindermotor; **b)** *Kraftfahrzeug mit einem Sechszylindermotor.*
Sechs|zy|lin|der|mo|tor, der; -s, -en, auch: -e: *Motor mit sechs Zylindern.*
sechs|zy|lin|d|rig ⟨Adj.⟩ (mit Ziffern: 6-zylindrig): *sechs Zylinder aufweisend.*
sech|zehn ⟨Kardinalz.⟩ [mhd. sehzehen, ahd. seh(s)zēn] (in Ziffern: 16): vgl. ¹acht.
sech|zehn|hun|dert ⟨Kardinalz.⟩ (in Ziffern: 1 600): *eintausendsechshundert:* im Jahre s.; der Wagen hat s. Kubik.
sech|zehn|jäh|rig ⟨Adj.⟩ (mit Ziffern: 16-jährig): vgl. achtjährig.
sech|zehn|tel ⟨Bruchz.⟩ (in Ziffern: /₁₆): vgl. achtel.
¹**Sech|zehn|tel**, das, schweiz. meist: der; -s, -: vgl. ¹Achtel.
²**Sech|zehn|tel**, die; -, - (Musik): *Sechzehntelnote.*
Sech|zehn|tel|no|te, die (Musik): vgl. Achtelnote.
sech|zig ⟨Kardinalz.⟩ [mhd. sehzic, ahd. seh(s)zug] (in Ziffern: 60): vgl. achtzig.
Sech|zig, die; -, -en: vgl. Achtzig.
sech|zi|ger ⟨indekl. Adj.⟩ (mit Ziffern: 60er): vgl. achtziger.
Sech|zi|ger, der; -s, -: vgl. Achtziger.
Sech|zi|ge|rin, die; -, -nen: w. Form zu ↑ ¹Sechziger.
Sech|zi|ger|jah|re, sech|zi|ger Jah|re [auch: ...'zɛç...'jaː...] ⟨Pl.⟩: vgl. Achtzigerjahre.
sech|zig|jäh|rig ⟨Adj.⟩ (mit Ziffern: 60-jährig): vgl. achtjährig.
sech|zigst... ⟨Ordinalz. zu ↑ sechzig⟩ (in Ziffern: 60.): vgl. achtzigst...
sech|zigs|tel ⟨Bruchz.⟩ (in Ziffern: /₆₀): vgl. achtel.
Sech|zigs|tel, das, schweiz. meist: der; -s, -: vgl. ¹Achtel.
Se|con|da, die; -, -s [ital. seconda = die Zweite, vgl. Secondo] (schweiz.): *Angehörige der zweiten Generation von Zuwanderern.*
se|cond|hand ['sɛkənd'hænd] ⟨Adv.⟩ [engl. second-hand = aus zweiter Hand, gebraucht]: *aus zweiter Hand, gebraucht:* etw. s. kaufen.
Se|cond|hand ['sɛkənd'hænd], die; -: Kurzf. von ↑ Secondhandware.
Se|cond|hand|klei|dung ['sɛkənd'hænd...], die ⟨o. Pl.⟩: *gebrauchte Kleidung.*
Se|cond|hand|la|den, der ⟨Pl. ...läden⟩: *Secondhandshop.*

Se|cond|hand|shop, der [engl. second-hand shop]: *Geschäft für Secondhandware.*
Se|cond|hand|wa|re, die: *gebrauchte Ware, bes. gebrauchte Kleidung.*
Se|con|do, der; -s, -s [ital. secondo = der Zweite < lat. secundus, 1 Sekunde] (schweiz.): *Angehöriger der zweiten Generation von Zuwanderern.*
Se|c|ret Ser|vice ['siːkrɪt 'səːvɪs], der; - - [engl., aus: secret = geheim (< mfrz. secret < lat. secretus = abgesondert) u. service, ↑ ²Service]: *britischer Geheimdienst.*
Se|cu|ri|ty [sɪ'kjʊərəti], die; -, -s [engl. security = Sicherheit, aus lat. securitas < securus = ↑ sicher]: **a)** ⟨Jargon⟩ *Sicherheit;* **b)** *Sicherheitsdienst:* zwei Männer von der S. standen am Eingang.
SED [ɛsleː'deː], die; -: *Sozialistische Einheitspartei Deutschlands (DDR).*
Se|da: Pl. von ↑ Sedum.
Se|da|rim: Pl. von ↑ Seder.
se|dat ⟨Adj.⟩ [lat. sedatus, zu: sedare = beruhigen, beschwichtigen, Kausativ zu: sedere = sitzen] (veraltet, noch landsch.): *gesetzt (2).*
se|da|tiv ⟨Adj.⟩ (Med.): *dämpfend, beruhigend [wirkend]:* ein -es Medikament.
Se|da|tiv, das; -s, -e (Med.): *Sedativum.*
Se|da|ti|va: Pl. von ↑ Sedativum.
Se|da|ti|vum, das; -s, ...va (Med.): *sedativ wirkendes Medikament.*
Sed|card [...kaːɐ̯t], die; -, -s [nach Sebastian Sed, dem Geschäftsführer einer brit. Modelagentur]: *als Bewerbungsunterlage für ²Models (b) dienende, beidseitig bedruckte Karte mit Fotos, die das Model in verschiedenen Posen u. Stylings (2) zeigen, und den wichtigsten Angaben zur Person.*
Se|der, der; -[s], Sedarim [hebr. seḏer, eigtl. = Ordnung] (jüd. Rel.): **1.** *häusliche Feier am ersten u. zweiten Abend des jüdischen Passahfestes.* **2.** *Hauptteil der Mischna u. des Talmuds.*
se|die|ren ⟨sw. V.; hat⟩ [zu lat. sedere, ↑ Sediment] (Med.): *sedativ wirken:* sedierende Präparate.
Se|di|ment, das; -[e]s, -e [lat. sedimentum = Bodensatz, zu: sedere = sitzen; sich setzen, sich senken]: **1.** (Geol.) *etw. durch Sedimentation (1) Entstandenes, bes. Gestein.* **2.** (bes. Chemie, Med.) *durch Sedimentation (2) entstandener Bodensatz.*
se|di|men|tär ⟨Adj.⟩ (Geol.): *durch Sedimentation (1) entstanden:* -e Lagerstätten.
Se|di|men|ta|ti|on, die; -, -en: **1.** (Geol.) *Ablagerung von Stoffen, die an anderer Stelle abgetragen od. von pflanzlichen, tierischen Organismen abgeschieden wurden:* durch S. entstandenes Gestein. **2.** (Chemie, Med.) *das Ausfällen, Sichabsetzen von festen Stoffen; Bildung eines Bodensatzes.*
Se|di|ment|ge|stein, das (Geol.): *sedimentäres Gestein.*
Se|dis|va|kanz, die; -, -en [zu lat. sedis (Gen. von: sedes = Stuhl) u. ↑ Vakanz] (kath. Kirche): *Zeitraum, während dessen das Amt des Papstes od. eines Bischofs unbesetzt ist.*
Se|dum, das; -s, Seda [lat. sedum, H. u.]: *Fetthenne.*
¹**See**, der; -s, Seen [mhd. sē, ahd. sē(o), H. u.]: *größere Ansammlung von Wasser in einer Bodenvertiefung des Festlandes; stehendes Binnengewässer:* ein riesiger, stiller, künstlicher S.; der S. war zugefroren; ein Haus am S.; im S. baden; über den S. rudern; Ü der Hund hat einen S. gemacht (fam. verhüll.; hat uriniert); R still ruht der S. (ugs.; *es ereignet sich nichts;* nach dem 1871 komponierten Lied des dt. Schriftstellers u. Komponisten Heinrich Pfeil, 1835 – 1899).
²**See**, die; -, Seen [schon mniederd. sē]: **1.** ⟨o. Pl.⟩ **a)** *Meer:* eine ruhige S.; die offene S. *(die See in größerer Entfernung von der nächstgelegenen*

Küste); bei ruhiger S. (bei geringem Wellengang); * **auf S.** *([an Bord eines Schiffes] auf dem Meer);* **auf hoher S.** *(weit draußen auf dem Meer);* **in S. stechen** *(auslaufen 2);* **zur S.** *(Bestandteil mancher Dienstgrade bei der Marine 1 b [Abk.: z. S.]);* **zur S. fahren** *(auf einem Seeschiff beschäftigt sein, Dienst tun);* **zur S. gehen** (ugs.; *Seemann werden);* **b)** *(Seemannsspr.) Seegang; Wellen; Wellengang: schwere, raue S.; wir hatten [eine] heftige S.* **2.** *(Seemannsspr.) [Sturz]welle, Woge: die -n gingen bis zu sieben Meter hoch; er wurde von einer überkommenden S. von Bord gespült.*
See|ad|ler, der: *(vor allem an Gewässern heimischer) großer, rot- bis schwarzbrauner Adler, der sich vorwiegend von Fischen u. Wasservögeln ernährt.*
See|amt, das *(Seew.): Behörde zur Untersuchung von Unfällen auf See (in der Handelsschifffahrt).*
See|ane|mo|ne, die: **a)** *Aktinie;* **b)** *Seerose* (2).
see|ar|tig ⟨Adj.⟩: *einem See ähnlich.*
See|bad, das: *an der See gelegenes Bad* (3).
See|bär, der: **1.** *große Robbe mit dichtem, weichem Fell, das zu Seal verarbeitet wird.* **2.** *(Seemannsspr.) plötzlich auftretende, sehr hohe Welle.* **3.** *(ugs. scherzh.) [alter] erfahrener Seemann:* er ist ein richtiger S.
See|be|ben, das: *in einem vom Meer bedeckten Teil der Erdkruste auftretendes Erdbeben.*
see|be|schä|digt ⟨Adj.⟩ (Seew.): *havariert.*
See|be|stat|tung, die: *(anstelle einer Beerdigung vorgenommene) feierliche Versenkung der Urne mit der Asche eines Verstorbenen im Meer.*
See|blick, der ⟨Pl. selten⟩: *Blick, Aussicht auf die, den See:* ein Haus, Zimmer mit S.
See|blo|cka|de, die: *Blockade* (1) *eines Seewegs, der Seewege.*
See|büh|ne, die: *in einem See errichtete Freilichtbühne.*
See-Ele|fant, See|ele|fant, der: *große Robbe mit rüsselartig verlängerter Nase.*
see|er|fah|ren ⟨Adj.⟩: *See-Erfahrung habend:* ein -er Skipper.
See-Er|fah|rung, See|er|fah|rung, die ⟨o. Pl.⟩: *auf See, in der Schifffahrt gewonnene Erfahrung.*
see|fah|rend ⟨Adj.⟩: *(von Nationen o. Ä.) Seefahrt betreibend:* ein -es Volk.
See|fah|rer, der (veraltend): *jmd., der (bes. als Kapitän eines Segelschiffes) weite Seefahrten, Entdeckungsfahrten macht:* der portugiesische S. Vasco da Gama; Sinbad der S.
See|fah|re|rin, die: w. Form zu ↑Seefahrer.
See|fah|rer|na|ti|on, die: *seefahrende Nation.*
See|fahrt, die: **1.** ⟨o. Pl.⟩ *Schiffahrt auf dem Meer (als Wirtschaftszweig):* S. betreiben; R S. ist Not (nach dem Titel des 1913 erschienenen Romans des dt. Schriftstellers Gorch Fock, 1880–1916, der auf die lat. Übers. [navigare necesse est] einer Stelle bei Plutarch zurückgeht). **2.** *Fahrt übers Meer:* eine S. machen.
See|fahrt|buch, See|fahrts|buch, das (Seew.): *Ausweis für Seeleute, in dem bei einer Abmusterung vom Kapitän Art u. Dauer des geleisteten Dienstes bescheinigt wird.*
See|fahrt|schu|le, See|fahrts|schu|le, die: *Fachschule od. -hochschule für die Ausbildung von Kapitänen.*
see|fest ⟨Adj.⟩: **1.** *seetüchtig.* **2.** *nicht leicht seekrank werdend.* **3.** *(von Gegenständen an Bord eines Schiffes) gegen ein Umhergeschleudertwerden bei stärkerem Seegang gesichert.*
See|fes|tig|keit, die: *das Seefestsein.*
See|fisch, der: **1.** *im Meer lebender Fisch:* Kabeljau, Hering und andere -e. **2.** ⟨o. Pl.⟩ *Fleisch von Seefischen* (1) *als Nahrungsmittel:* wer viel S. isst, hat keinen Jodmangel.
See|fi|sche|rei, die: *Fang von Seefischen.*
See|flot|te, die: *Flotte von Seeschiffen.*

See|fo|rel|le, die: *(in Süßwasserseen lebender) einer Forelle ähnlicher Lachsfisch.*
See|fracht, die: **1.** *Fracht* (1), *die mit dem Schiff befördert wird.* **2.** *Fracht* (2) *für die Beförderung mit dem Schiff.*
See|funk, der: *Funk zwischen Schiffen od. zwischen Stationen an der Küste u. Schiffen.*
See|gang, der ⟨o. Pl.⟩: *stärkerer Wellengang auf dem Meer:* bei [starkem] S.
See|ge|biet, das: *einen Teil eines Meeres, des Weltmeers darstellendes Gebiet.*
See|ge|fecht, das: *Gefecht zwischen feindlichen Kriegsschiffen auf See.*
See Ge|ne|za|reth, ⟨ökum.:⟩ **See Gen|ne|sa|ret,** der; -s -: *biblischer Name für den See von Tiberias.*
see|ge|stützt ⟨Adj.⟩ (Militär): *auf einem Kriegsschiff stationiert:* -e Mittelstreckenraketen.
See|gras, das: *in Küstennähe auf dem Meeresboden wachsende grasähnliche Pflanze, deren getrocknete Blätter u. a. als Polstermaterial verwendet werden.*
See|gras|ma|t|rat|ze, die: *mit Seegras gefüllte Matratze.*
See|gur|ke, die (Zool.): *(meist auf dem Meeresboden lebendes) walzenförmiges Tier mit einer lederartigen Haut u. um die Mundöffnung angeordneten, der Nahrungsaufnahme dienenden Tentakeln.*
See|ha|fen, der: **1.** *für Seeschiffe geeigneter, erreichbarer Hafen.* **2.** *Stadt mit einem Seehafen* (1): Hamburg ist [ein] S.
See|han|del, der: *auf dem Seeweg abgewickelter Handel.*
See|heil|bad, das: *an der See gelegenes Heilbad* (1).
See|herr|schaft, die ⟨o. Pl.⟩: *auf den Besitz einer überlegenen [Kriegs]flotte gegründete Herrschaft* (1), *Kontrolle über das Meer u. bes. seine Wasserstraßen.*
See|hö|he, die (österr.): *Meeresspiegel* (2).
See|hund, der [frühmhd. für mniederd. sēlhunt, 1. Bestandteil verw. mit engl. seal, ↑Seal]: **1.** *Robbe mit (beim erwachsenen Tier) weißgrauem bis graubraunem Fell.* **2.** ⟨o. Pl.⟩ *aus dem Fell junger Seehunde hergestellter Pelz:* ein Mantel aus S.
See|hunds|jagd, die: *Jagd auf Seehunde.*
See|igel, der: *am Meeresboden lebendes Tier, dessen kugelig bis scheibenförmig abgeflachter Körper von einer kalkigen Schale mit langen Stacheln umgeben ist.*
See|jung|fer, die [zu ↑¹See]: *metallisch bläulich grün glänzende Libelle mit vier gleich großen Flügeln.*
See|jung|frau, die (Mythol.): *Meerjungfrau.*
See|ka|dett, der (Militär): **a)** *niedrigster Dienstgrad eines Offiziersanwärters (bei der Marine);* **b)** *Träger dieses Dienstgrades.*
See|kar|te, die: *nautischen Zwecken dienende Karte* (6) *mit Angaben für die Navigation.*
see|klar ⟨Adj.⟩ (Seemannsspr.): *fertig zur Fahrt aufs Meer:* ein Schiff s. machen.
See|kli|ma, das (Geogr.): *bes. in Küstengebieten herrschendes, vom Meer beeinflusstes Klima, das sich durch hohe Luftfeuchtigkeit u. verhältnismäßig geringe Temperaturschwankungen auszeichnet.*
see|krank ⟨Adj.⟩: *an Seekrankheit leidend:* sie wird leicht s.
See|krank|heit, die ⟨Pl. selten⟩: *durch das Schwanken eines Schiffes auf bewegtem Wasser verursachte Übelkeit [mit Erbrechen].*
See|krieg, der: *mit Seestreitkräften [u. Flugzeugen] auf See geführter Krieg um die Seeherrschaft.*
See|kuh, die: *großes Säugetier mit massigem, walzenförmigem, unbehaartem Körper, das an*

Küsten u. in Binnengewässern der Tropen u. Subtropen lebt.
See|lachs, der: **a)** *Köhler* (2); **b)** ⟨o. Pl.⟩ *Fleisch des Köhlers* (2) *als Nahrungsmittel.*
Seel|chen, das; -s, -: **1.** Vkl. zu ↑Seele. **2.** [Vkl. von ↑Seele (3)] *psychisch wenig belastbarer, sehr empfindsamer Mensch.*
See|le, die; -, -n [mhd. sēle, ahd. sē(u)la, wahrsch. zu ↑¹See u. eigtl. = die zum See Gehörende, nach germ. Vorstellung wohnten die Seelen der Ungeborenen u. Toten im Wasser]: **1.** *Gesamtheit dessen, was das Fühlen, Empfinden, Denken eines Menschen ausmacht; Psyche: die menschliche S.; eine zarte, empfindsame S. haben;* »Wie wenig Menschen«, sprach er zu sich selbst, »haben eine wahrhaft mitfühlende S.!« (Musil, Mann 1045); R nun hat die liebe S. Ruh (meist scherzh.; *nun kann jmd. nichts weiter verlangen, weil er bereits alles erhalten hat od. weil ein Vorrat aufgebraucht, ein Essen restlos zweigegangen, zerbrochen ist;* nach Luk. 12, 19); zwei -n wohnen, ach, in meiner Brust (*ich habe widerstreitende Gefühle;* nach Goethe, Faust I, 1112); * die S. baumeln lassen (ugs.; *sich psychisch entspannen, von allem, was einen psychisch belastet, Abstand gewinnen);* **jmdm. etw. auf die S. binden** (ugs.; *jmdm. eindringlich bitten, sich um etw. zu kümmern);* **jmdm. auf der S. knien** (ugs.; *jmdm. eindringlich bitten, etw. Bestimmtes zu tun);* **auf jmds. S./jmdm. auf der S. liegen/lasten** (geh.; *jmdm. bedrücken:* die Schuld lastete schwer auf seiner S.); **jmdm. auf der S. brennen** (ugs.; *jmdm. ein dringendes Anliegen sein);* **jmdm. aus der S. sprechen/reden** (ugs.; *genau das aussprechen, was jmd. empfindet);* **aus ganzer/tiefster S.** (1. *zutiefst:* ich hasse ihn aus ganzer/tiefster S. 2. *mit großer Begeisterung:* sie sangen aus ganzer/tiefster S. [heraus]); **mit ganzer S.** (*mit großem Engagement);* **sich** ⟨Dativ⟩ **etw. von der S. reden/schreiben** (*über etw., was einen bedrückt, reden/schreiben u. sich dadurch abreagieren).* **2.** *substanz-, körperloser Teil des Menschen, der nach religiösem Glauben unsterblich ist, nach dem Tode weiterlebt:* die unsterbliche S.; Schaden an seiner S. nehmen (bibl.; *sündig werden);* * **die S. aushauchen** (geh. verhüll.; *sterben);* **jmdm. die S. aus dem Leib fragen** (ugs.; *jmdn. mit Penetranz alles Mögliche fragen);* **jmdm. die S. aus dem Leib prügeln** (ugs.; *jmdn. heftig verprügeln);* **sich** ⟨Dativ⟩ **die S. aus dem Leib reden** (ugs.; *alles versuchen, um jmdn. zu überzeugen, zu etw. Bestimmtem zu bewegen);* **sich** ⟨Dativ⟩ **die S. aus dem Leib schreien** (ugs.; *sehr laut u. anhaltend schreien);* **meiner Seel** (bes. südd., österr.; *Ausruf der Bekräftigung, Beteuerung; Verkürzung von »ich schwöre es bei meiner Seele«, einer aus altem Rechtsbrauch üblichen Formel);* **hinter etw. her sein wie der Teufel hinter der armen S.** (*gierig, ganz versessen auf etw. sein).* **3.** (emotional) *Mensch:* eine brave, ehrliche, treue, gutherzige S. (*Menschentypus bes. des 18. Jhs, bei dem Affekte u. sittliche Kräfte in harmonischem Verhältnis stehen);* keine S. (*niemand*) war zu sehen; der Ort hatte, zählte knapp 5 000 -n (*Einwohner);* Einmal war dieser ungetreueste Diener frei gewesen, aber ... niemals könnte seine S. die Freiheit ertragen (St. Zweig, Fouché 208); R zwei -n und ein Gedanke (*beide denken [wir] dasselbe);* * **eine S. von Mensch/von einem Menschen sein** (*ein sehr gütiger, ausnahmsweise angenehmer Mensch sein).* **4.** * **die S. einer Sache sein** (*diejenige Person sein, die in einem bestimmten Bereich dafür sorgt, dass alles funktioniert u. ist das des Geschäfts).* **5.** (Waffent.) *das Innere des Laufs od. Rohrs einer Feuerwaffe.*
6. (Fachspr.) *innerer Strang von Kabeln, Seilen*

o. Ä. **7.** (Musik) *Stimmstock von Saiteninstrumenten.* **8. bes.** *in Süddeutschland bekanntes, meist aus einem Hefeteig aus Dinkelmehl gebackenes kleines längliches Brot.*

See|len|amt, das (kath. Kirche): *Totenmesse:* ein S. abhalten.

See|len|fang, der: *mit allen Mitteln betriebene Gewinnung leichtgläubiger Menschen für einen [allein selig machenden] Glauben:* auf S. ausgehen.

See|len|frie|de, (häufiger:) **See|len|frie|den,** der ⟨o. Pl.⟩: *innere Ruhe:* seinen Seelenfrieden finden, verlieren.

See|len|ge|mein|schaft, die: *[weitgehende] Übereinstimmung der Art zu empfinden.*

See|len|grö|ße, die ⟨o. Pl.⟩: *edle Gesinnung; edles Verhalten.*

See|len|haus|halt, der (ugs.): *(durch das jeweilige Verhältnis von positiven u. negativen Faktoren bestimmte) seelische Verfassung.*

See|len|heil, das (christl. Rel.): *Erlösung der Seele* (2) *von Sünden:* für sein, jmds. S. beten; Ü sie ist auf mein S. bedacht, kümmert sich um mein S. (scherzh.; *ist darauf bedacht, dass ich nichts Unmoralisches tue*).

See|len|klemp|ner, der (scherzh.): *Psychologe.*

See|len|klemp|ne|rin, die: w. Form zu ↑ Seelenklempner.

See|len|la|ge, die (geh.): *Seelenzustand.*

See|len|le|ben, das ⟨o. Pl.⟩ (geh.): *Gesamtheit der seelischen Vorgänge in einem Menschen.*

see|len|los ⟨Adj.⟩ (geh.): **a)** *keine Seele habend:* eine -e Maschine; -e Materie; ein -es Wesen; **b)** *gefühllos, ohne innere Wärme:* er ist ein -er Verführer; ihr Vortrag am Klavier war s.

See|len|mas|sa|ge, die (ugs.): **1.** *Versuch, durch psychologisch geschickte Beeinflussung jmds. Willen zu manipulieren, um ihn zu einem bestimmten Verhalten zu veranlassen.* **2.** (selten) *freundlicher Zuspruch, der jmdn. [wieder] aufrichtet, tröstet.*

See|len|mes|se, die (kath. Kirche): *Totenmesse.*

See|len|not, die (geh.): *innere, seelische Not, Bedrängnis.*

See|len|qual, die (geh.): vgl. Seelennot.

See|len|ru|he, die: *unerschütterliche Ruhe; Gemütsruhe:* mit völliger S. ließ er das Gezeter über sich ergehen.

see|len|ru|hig ⟨Adj.⟩: *eine unerschütterliche Ruhe aufweisend; mit unerschütterlicher Ruhe:* man kann doch nicht einfach s. zusehen, wie jemand geschlagen wird.

See|len|schmalz, das ⟨o. Pl.⟩ (ugs. abwertend): *Gefühlsduselei.*

See|len|stär|ke, die (geh.): *psychische Stabilität.*

See|len|strip|tease, der, auch: das (ugs., oft abwertend): *öffentliche Zurschaustellung, Preisgabe persönlicher Gefühle.*

See|len|tier, das (bes. Mystik): *Tier, von dem die Vorstellung besteht, dass die Seele eines Verstorbenen nach dem Verlassen des menschlichen Körpers seine Gestalt angenommen hat.*

See|len|ver|fas|sung, die: *Seelenzustand.*

See|len|ver|käu|fer, der (abwertend): **1.** (Seemannsspr. abwertend) *schlecht gebautes od. zum Abwracken reifes Schiff, das eigentlich nicht seetüchtig ist, aber trotzdem auf See eingesetzt wird.* **2.** (ugs.) *jmd., der (z. B. als Verräter, als Menschenhändler) Menschen skrupellos [für Geld] anderen ausliefert.*

See|len|ver|käu|fe|rin, die: w. Form zu ↑ Seelenverkäufer (2).

see|len|ver|wandt ⟨Adj.⟩: *gleich od. sehr ähnlich empfindend:* -e Menschen; die beiden sind s.

See|len|ver|wandt|schaft, die: *Übereinstimmung od. große Ähnlichkeit der Art zu empfinden; Seelengemeinschaft:* zwischen den beiden besteht eine [enge] S.

see|len|voll ⟨Adj.⟩ (geh.): *voll innerer Wärme; gefühlvoll:* ein -er Blick; die Pianistin hat nicht allzu virtuos, dafür aber umso -er gespielt.

See|len|wan|de|rung, die (bes. ind. Religionen): *Reinkarnation.*

See|len|zu|stand, der: *[augenblickliche] psychische Verfassung, Gestimmtheit.*

See|leu|te: Pl. von ↑ Seemann.

see|lisch ⟨Adj.⟩: *die Seele* (1) *betreffend, dazu gehörend; psychisch:* -e Regungen, Belastungen, Krankheiten; jmds. -e Verfassung; auf einem -en Tiefpunkt sein; das -e Gleichgewicht verlieren, wiederfinden; einen -en Knacks (ugs.; *ein psychisches Trauma*) haben; die Krankheit hatte -e Ursachen, war s. bedingt; s. krank, gesund; jmdn. s. misshandeln; sich s. auf etw. einstellen.

See|lot|se, der (Seew.): *auf See diensttuender Lotse* (Berufsbez.).

See|lot|sin, die: w. Form zu ↑ Seelotse.

See|lö|we, der: *Robbe mit verhältnismäßig schlankem Körperbau u. schmaler Schnauze mit langen, borstenähnlichen Schnurrhaaren.*

Seel|sor|ge, die ⟨o. Pl.⟩: *geistliche Beratung, geistliches Gespräch; Hilfestellung in wichtigen Lebensfragen (bes. in innerer Not):* in der S. tätig sein.

Seel|sor|ger, der; -s, -: *jmd., der, bes. als Geistlicher, Seelsorge treibt.*

Seel|sor|ge|rin, die; -, -nen: w. Form zu ↑ Seelsorger.

seel|sor|ge|risch ⟨Adj.⟩: *die Seelsorge betreffend; wie ein Seelsorger [handelnd]; einem Seelsorger entsprechend:* -e Arbeit, Aufgaben, Pflichten; jmdn. s. betreuen.

seel|sor|ger|lich ⟨Adj.⟩ (bes. Theol.): *seelsorgerisch.*

seel|sorg|lich ⟨Adj.⟩: *die Seelsorge betreffend; hinsichtlich der Seelsorge.*

See|luft, die ⟨o. Pl.⟩: *frische, kräftig-würzige Luft am, auf dem Meer:* die S. wird dir guttun; ich möchte mal wieder ein bisschen S. atmen, schnuppern (ugs.; *ans Meer*).

See|luft|streit|kräf|te ⟨Pl.⟩ (Militär): *Teil der Kriegsmarine eines Staates, der über Luftfahrzeuge aller Art u. die zu ihrem Betrieb notwendigen Einrichtungen verfügt.*

See|macht, die: *Staat, der über beträchtliche Seestreitkräfte verfügt.*

See|mann, der ⟨Pl. …leute⟩: *jmd., der auf einem Seeschiff beschäftigt ist* (Berufsbez.).

See|män|nin, die; -, -nen: w. Form zu ↑ Seemann.

see|män|nisch ⟨Adj.⟩: *zu einem Seemann gehörend, ihm entsprechend:* -es Geschick; ein -er (*seemannssprachlicher*) Ausdruck.

See|manns|brauch, der: *unter Seeleuten üblicher Brauch.*

See|manns|braut, die: *Freundin, Braut eines Seemanns.*

See|manns|chaft, die; - (Seemannsspr.): *Gesamtheit der seemännischen Fähigkeiten u. Kenntnisse:* zur S. gehören auch wetterkundliche Kenntnisse.

See|manns|garn, das ⟨o. Pl.⟩: *[größtenteils] erfundene, stark übertreibende Darstellung eines Seemanns:* das ist doch alles nur S.; * **S. spinnen** (*von erstaunlichen, angeblich auf einer Seereise erlebten Dingen erzählen;* früher mussten die Matrosen auf See in ihrer Freizeit aus aufgelöstem altem Takelwerk neues Garn wickeln, wobei sie sich von ihren Abenteuern erzählten).

See|manns|grab: in der Wendung *ein S. finden* (geh.; *[als Seemann] auf See umkommen*).

See|manns|heim, das: **a)** *soziale Einrichtung in einer Hafenstadt, die bes. den Zweck hat, Seeleuten in der Fremde Unterkunft, soziale Kontakte u. seelsorgerische Betreuung zu bieten;* **b)** *Gebäude, in dem ein Seemannsheim* (a) *untergebracht ist.*

See|manns|lied, das: vgl. Seemannsbrauch.

See|manns|spra|che, die: *Fach- u. Berufssprache der Seeleute.*

see|manns|sprach|lich ⟨Adj.⟩: *die Seemannssprache betreffend, dazu gehörend.*

See|ma|nö|ver, das: *auf See durchgeführtes Manöver* (1) *der Marine.*

See|mei|le, die: *in der Seefahrt zur Angabe von Entfernungen verwendete Längeneinheit; nautische Meile* (Zeichen: sm).

se|en|ar|tig ⟨Adj.⟩: *seeartig.*

See|not, die ⟨o. Pl.⟩: *durch eine Havarie* (1 a), *durch ungünstiges Wetter o. Ä. auf See entstandene lebensgefährliche Notlage:* jmdn. aus S. retten; in S. geraten; in S. sein.

See|not|ret|tungs|dienst, der: *Institution zur Hilfeleistung bei Seenot.*

See|not|ret|tungs|flug|zeug, das: vgl. Seenotrettungskreuzer.

See|not|ret|tungs|kreu|zer, der: *für den Einsatz zur Rettung in Seenot geratener Menschen bestimmtes kleineres, aber besonders seetüchtiges Schiff.*

See|not|sig|nal, das: *Seenotzeichen.*

Se|en|plat|te, die (Geogr.): *flache od. nur leicht hügelige Landschaft mit vielen Seen.*

se|en|reich ⟨Adj.⟩: *reich an Seen:* eine -e Gegend.

See|of|fi|zier, der: *Offizier der Marine* (1 b).

See|of|fi|zie|rin, die: w. Form zu ↑ Seeoffizier.

See|pferd, See|pferd|chen, das: *(im Meer lebender) meist in aufrechter Haltung schwimmender kleiner Fisch, dessen mit kleinen knöchernen Plättchen bedeckter, bizarr geformter Körper mit dem nach vorn geneigten Kopf an ein Pferd erinnert.*

See|pro|me|na|de, die: **1.** *Promenade an einem Seeufer.* **2.** *Promenade am Meer.*

See|raub, der ⟨Pl. selten⟩: *[auf See begangener] Raub* (1) *eines Schiffes, einer Schiffsladung.*

See|räu|ber, der: *jmd., der [gewohnheitsmäßig] Seeraub begeht; Pirat.*

See|räu|be|rei, die; -, -en: **1.** ⟨o. Pl.⟩ **a)** *[gewohnheitsmäßige] Betätigung als Seeräuber:* jmdn. wegen fortgesetzter S. hinrichten; **b)** *Seeräuberwesen:* die S. bekämpfen. **2.** ⟨meist Pl.⟩ *seeräuberische Tat; Seeraub:* die ihm zur Last gelegten -en.

See|räu|be|rin, die: w. Form zu ↑ Seeräuber.

see|räu|be|risch ⟨Adj.⟩: *den Tatbestand der Seeräuberei erfüllend; wie in Seeräuber vorgehend:* ein -er Überfall, Akt.

See|räu|ber|schiff, das: *Schiff von Seeräubern.*

See|räu|ber|wel|sen, das: *Gesamtheit der seeräuberischen Aktivitäten:* das S. bekämpfen.

See|recht, das: *die Nutzung der Meere, bes. die Seeschifffahrt regelndes Recht:* eine Verletzung des internationalen -s.

See|rei|se, die: *übers Meer führende Reise.*

See|ro|se, die: **1.** *(in Binnengewässern wachsende) Pflanze mit großen, glänzenden, runden, auf der Wasseroberfläche schwimmenden Blättern u. weißen od. gelben Blüten.* **2.** *(in vielen Arten vorkommendes) oft lebhaft gefärbtes, im Meer lebendes Tier mit zahlreichen Tentakeln, das an eine Blume erinnert; Seeanemone* (b).

Seer|su|cker ['siːsakɐ], der; -s ⟨engl. seersucker < Hindi śīrśakar < pers. šīr wa šakar = Milch u. Zucker⟩: *Baumwoll[misch]gewebe mit Kreppeffekt, der durch unterschiedliche Kettspannung u. Mischung von stark u. wenig schrumpfenden Garnen erzielt wird.*

See|sack, der: *bes. von Seeleuten benutzter, mit Tragegurten u. einem Tragegriff versehener größerer Sack aus wasserdichtem Segeltuch zum Verstauen der auf eine Reise mitzunehmenden persönlichen Gegenstände.*

See|sand, der: *am Meeresgrund liegender, vom Meer angespülter feiner Sand.*

See|schiff, das: *seetüchtiges Schiff.*
See|schiff|fahrt, die ⟨o. Pl.⟩: *Schifffahrt, Schiffsverkehr auf See.*
See|schiff|fahrts|stra|ße, die: *Schifffahrtsstraße für die Seeschifffahrt:* die Straße von Dover ist eine der wichtigsten -n.
See|schlacht, die: vgl. Seekrieg.
See|schlan|ge, die: **1.** *(an Küsten warmer Meere vorkommende) im Wasser lebende Giftschlange, die sich vorwiegend von Fischen ernährt.* **2.** (Mythol.) *schlangenartiges, im Meer lebendes Ungeheuer.*
See|sei|te, die: *dem See zugewandte Seite:* die S. des Deiches.
See|stadt, die: *an der See gelegene Stadt.*
See|stern, der: *(in vielen Arten vorkommendes) im Meer lebendes sternförmiges Tier mit meist fünf Armen, das an der Oberseite eine raue, stachelige Haut u. an der Unterseite viele kleine, der Fortbewegung dienende Saugorgane besitzt.*
See|stra|ße, die: *über das Meer führende Route, von Schiffen befahrene Strecke.*
See|stra|ßen|ord|nung, die (Rechtsspr.): *internationales Gesetz zur Regelung des Schiffsverkehrs auf See.*
See|streit|kräf|te ⟨Pl.⟩: *Marine* (1 b).
See|stück, das (bild. Kunst): *Gemälde, das die See, die Küste, eine Seeschlacht o. Ä. darstellt; Marine* (2).
See|tang, der: *große, in Küstennähe im Meer wachsende, meist auf Felsen festsitzende Braun- od. Rotalge.*
See|teu|fel, der: *im Mittelmeer u. vor der europäischen Atlantikküste lebender als wertvoller Speisefisch geschätzter Anglerfisch.*
see|tüch|tig ⟨Adj.⟩: *(von Schiffen, Booten) für die Fahrt auf See geeignet.*
See|ufer, das: *Ufer eines Sees.*
See|un|fall, der: *Unfall (von Schiffen) auf See.*
See|un|ge|heu|er, das: *Meerungeheuer.*
see|un|tüch|tig ⟨Adj.⟩: *nicht seetüchtig.*
See|ver|si|che|rung, die: *Versicherung für den Transport im Seehandel.*
See|vo|gel, der: *am Meer lebender Vogel, der seine Nahrung im Meer findet.*
See|wal|ze, die: *Seegurke.*
See|war|te, die: *bes. der Seefahrt dienendes meereskundliches Forschungsinstitut.*
see|wär|tig ⟨Adj.⟩: *auf der Seeseite gelegen; der See zugewandt; sich in Richtung auf die [offene] See bewegend:* ein -er Wind; -e (Fachspr.; *auf dem Seeweg weiterzubefördernde) Güter.*
see|wärts ⟨Adv.⟩ [↑ -wärts]: *zur See hin; der [offenen] See zu:* der Wind weht s.
See|was|ser, das ⟨o. Pl.⟩: *Wasser der See; Meerwasser.*
See|was|ser|aqua|ri|um, das: *Aquarium mit Seewasser.*
See|was|ser|stra|ße, die: *der Seeschifffahrt dienende Wasserstraße.*
See|weg, der: **1.** *von der Schifffahrt benutzte Route über das Meer:* der S. nach Indien. **2.** ⟨o. Pl.⟩ *Weg des Verkehrs, des Transports über das Meer:* etw. auf dem S. befördern.
See|we|sen, das ⟨o. Pl.⟩: *Bereich u. Einrichtungen der Schifffahrt.*
See|wet|ter|amt, das: *für den Seewetterdienst zuständiges Wetteramt.*
See|wet|ter|dienst, der: *Wetterdienst für die Seefahrt.*
See|wind, der: *von der See her wehender Wind.*
See|wolf, der: *im Meer lebender Fisch mit einem auffallend plumpen Kopf u. einem sehr kräftigen Gebiss, der als Speisefisch geschätzt wird; Austernfisch, Katfisch.*
See|zei|chen, das: *Zeichen, das Hinweise für die Navigation auf See gibt: feste, schwimmende S.*

See|zoll|gren|ze, die: *Zollgrenze, die das Zollgebiet eines Landes gegen die offene See abgrenzt.*
See|zun|ge, die: *(bes. im Meer lebender) zu den Plattfischen gehörender Fisch mit gestreckt-ovalem Körper u. einem Augenpaar auf der rechten Kopfseite, der als Speisefisch sehr geschätzt wird.*
Se|gel, das; -s, - [mhd. segel, ahd. segal, wohl urspr. = abgeschnittenes Tuchstück u. verw. mit ↑ Säge]: *großflächiges [drei- od. viereckiges] Stück starkes [Segel]tuch o. Ä., das mithilfe bestimmter am Mast eines [Wasser]fahrzeuges o. Ä. befestigter Vorrichtungen ausgespannt wird, damit der Wind gegen seine Fläche drücken u. dem Schiff, Fahrzeug usw. Fahrt geben kann:* volle, pralle, schlaffe S.; die S. klarmachen, reffen, streichen; [die] S. setzen; unter S. (Seemannsspr.; *mit gesetzten Segeln*) die Flussmündung passieren; Fischer Rickmers ruderte ein paar Stöße hinaus, bis der Wind im S. fasste (Fallada, Herr 67); * **[vor jmdm., etw.] die S. streichen** (geh.; *den Kampf, den Widerstand [gegen jmdn., etw.] aufgeben; in früherer Zeit war es ein Zeichen der Kapitulation, wenn ein Segelschiff vor dem Feind die Segel einholte*); **mit vollen -n** (ugs.; *mit aller Kraft, mit ganzem Einsatz*).
se|gel|ar|tig ⟨Adj.⟩: *wie ein Segel gebildet; in der Art eines Segels.*
Se|gel|boot, das: *Boot, das mit einem od. mehreren Segeln ausgerüstet ist u. durch die Kraft des Windes angetrieben wird.*
Se|gel|fahrt, die: *Fahrt mit dem Segelschiff od. -boot.*
Se|gel|flä|che, die (Fachspr.): *gesamte Fläche der Segel eines Segelboots, -schiffs.*
se|gel|flie|gen ⟨st. V.; nur im Inf. gebr.⟩: *mit dem Segelflugzeug fliegen;* s. lernen; ⟨subst.:⟩ das Wetter ist ideal zum Segelfliegen.
Se|gel|flie|ger, der: **1.** *jmd., der das Segelfliegen betreibt.* **2.** (ugs.) *Segelflugzeug.*
Se|gel|flie|ge|rei, die: *Fliegerei mit Segelflugzeugen.*
Se|gel|flie|ge|rin, die: w. Form zu ↑ Segelflieger (1).
Se|gel|flie|ger|oh|ren ⟨Pl.⟩ (salopp): *abstehende Ohren.*
Se|gel|flos|ser, der; -s, -: *im Amazonas heimischer, silbrig grauer, scheibenförmiger Buntbarsch mit dunklen Querstreifen, der als Aquarienfisch beliebt ist;* ²*Skalar.*
Se|gel|flug, der: **1.** ⟨o. Pl.⟩ *antriebsloser Flug* (1) *mit einem Segelflugzeug:* er war ein Pionier des -s. **2.** *antriebsloser Flug* (2) *mit einem Segelflugzeug:* es war mein erster S.
Se|gel|flug|zeug, das: *für motorloses Fliegen (Steigen im Aufwind od. Gleiten mit geringem Höhenverlust) konstruiertes Luftfahrzeug.*
Se|gel|jacht, Segelyacht, die: vgl. Segelboot.
Se|gel|ma|cher, der: *Handwerker, der Segel herstellt u. [Reparatur]arbeiten an Segeln, Takelage o. Ä. ausführt* (Berufsbez.).
Se|gel|ma|che|rin, die: w. Form zu ↑ Segelmacher.
se|geln ⟨sw. V.⟩: [mhd. sigelen, mniederd. sēgelen, seilen]: **1.** ⟨ist⟩ **a)** *mithilfe eines Segels (u. der Kraft des Windes) fahren, sich fort-, vorwärtsbewegen:* das Schiff segelt morgen nach London; das Schiff segelt um drei, hart am Wind, gegen den Wind; der Schoner segelte unter englischer Flagge; **b)** *sich mit auffälligem Gehabe irgendwohin begeben:* sie kam um die Ecke gesegelt. **2. a)** ⟨ist/hat⟩ *mit einem Segelschiff, -boot usw. fahren;* s. lernen, gehen; wir sind stundenlang gesegelt; **b)** ⟨s. + sich; unpers.; hat⟩ *sich unter bestimmten Umständen in bestimmter Weise segeln (2 a) lassen:* bei Sturm segelt es sich schlecht. **3.** ⟨hat⟩ **a)** *ein Segelschiff, -boot usw. steuern:* eine Jolle s.; **b)** ⟨s. + sich⟩ *beim Segeln*

bestimmte Eigenschaften haben: die Jacht segelt sich gut. **4.** ⟨hat/ist⟩ **a)** *segelnd zurücklegen, bewältigen:* 7 Knoten s.; er ist/(seltener:) hat die Strecke in drei Stunden gesegelt; **b)** *segelnd ausführen, durchführen:* einen anderen Kurs s.; eine Regatta s. (*sich an einer Segelregatta beteiligen*); **c)** *segelnd, als Segler in einem Wettkampf erzielen:* einen neuen Rekord s. **5.** ⟨hat⟩ (selten) *mit einem Segelboot, -schiff usw. befördern, zu einen bestimmten Ort transportieren:* die nach England gesegelte Tee-Ernte. **6.** ⟨ist⟩ **a)** *schweben; gleitend fliegen:* da segelt ein Gleitschirm, Drachenflieger; über uns segelte ein Adler; **b)** (ugs.) *mit Schwung fliegen* (11): das Auto segelte aus der Kurve; **c)** (salopp) *fliegen* (12), *[hin]fallen, stürzen:* auf den Boden s.; **d)** (salopp) *fliegen* (13): von der Schule s.; **e)** (salopp) *eine Prüfung nicht bestehen:* durchs Abi s.
Se|gel|oh|ren ⟨Pl.⟩ (salopp): *abstehende Ohren.*
Se|gel|re|gat|ta, die: *Regatta für Segelboote.*
Se|gel|schiff, das: vgl. Segelboot.
Se|gel|schiff|fahrt, die: *Schifffahrt mit Segelschiffen.*
Se|gel|schul|schiff, das: *als Schulschiff dienendes Segelschiff.*
Se|gel|sport, der: *das Segeln als sportliche Betätigung.*
Se|gel|sur|fen, das; -s: *Windsurfing.*
Se|gel|törn, der (Seemannsspr.): *Törn auf einem Segelboot.*
Se|gel|tuch, das ⟨Pl. -e⟩: *kräftiges, dichtes Gewebe aus Baumwolle, Flachs o. Ä. mit Wasser abweisender Imprägnierung, aus dem Segel, Zelte, Planen usw. hergestellt werden:* Turnschuhe aus S.
Se|gel|werk, das: *Takelage.*
Se|gel|yacht: ↑ Segeljacht.
Se|gen, der; -s, - [mhd. segen = Zeichen des Kreuzes, Segen(sspruch), ahd. segan, rückgeb. aus ↑ segnen]: **1. a)** ⟨Pl. selten⟩ (bes. Rel.) *durch Gebetsworte, Formeln, Gebärden für jmdn., etw. erbetene göttliche Gnade, gewünschtes Glück u. Gedeihen:* der väterliche, päpstliche S.; jmdm. den S. geben, spenden; den S. empfangen; über jmdn., etw. den S. sprechen (*jmdn., etw. segnen*); heile, heile S.!; den S. (*die Segensformel*) sprechen, singen; sie leben ohne den S. der Kirche (veraltend; *ohne kirchlich getraut zu sein*) zusammen; es läutete zum S. (kath. Kirche; *zum abschließenden Teil der* ¹*Messe* 1); Die hat man mit allen priesterlichen S. vor vierzehn Tagen ins Grabe getragen (Jahnn, Geschichten 211); **b)** ⟨o. Pl.⟩ (ugs.) *Einwilligung, Billigung:* seinen S. zu etw. geben; meinen S. hast du! **2.** ⟨o. Pl.⟩ **a)** *Förderung u. Gedeihen gewährender göttlicher Schutz:* der S. [Gottes, des Himmels] ruhte auf ihr; **b)** *Glück, Wohltat:* der S. der Arbeit; diese Erfindung ist ein wahrer, kein reiner S.; (es ist) ein S., dass es nicht regnet!; diese Erfindung hat keinen S. gebracht; eine S. bringende, spendende Einrichtung; Spr sich regen bringt S. (*nicht untätig zu sein ist von Nutzen, lohnt sich*). **3.** ⟨o. Pl.⟩ *reicher Ertrag:* der S. der Ernte; ist das der ganze S. (ugs. iron.; *ist das alles*)?; **b)** (ugs. iron.) *Menge, Fülle, die [plötzlich] unangenehm in Erscheinung tritt od. jmdm. gegen seinen Willen zuteil wird:* die Stricke rissen, und der ganze S. kam herunter.
Se|gen brin|gend, se|gen|brin|gend ⟨Adj.⟩ (geh.): *segensreich* (2).
Se|gens|for|mel, die: *Formel, die einen Segen* (1 a) *enthält:* eine S. sprechen.
Se|gen spen|dend, se|gen|spen|dend ⟨Adj.⟩ (geh.): *segensreich* (2).
se|gens|reich ⟨Adj.⟩: **1.** *reich an Segen* (2 a): jmdm. eine -e Zukunft wünschen. **2.** *reichen*

Segensspruch – sehen

Nutzen bringend: eine -e Erfindung, Einrichtung.

Se|gens|spruch, der: *Spruch, der einen Segen* (1 a) *enthält.*

Seg|ler, der; -s, - [spätmhd. segeler, mniederd. sēgeler = Schiffer]: **1. a)** *Segelschiff; größeres Segelboot;* **b)** *Segelflugzeug.* **2. a)** *jmd., der segelt, Segelsport betreibt;* **b)** (geh.) *segelnder* (6 a) *Vogel.* **3.** *sehr schnell fliegender, der Schwalbe ähnlicher Vogel von graubrauner bis schwärzlicher Färbung mit sichelförmigen, schmalen Flügeln u. kurzem Schwanz.*

Seg|le|rin, die; -, -nen: w. Form zu ↑ Segler (2 a).

Seg|ment, das; -[e]s, -e [lat. segmentum = (Ab-, Ein)schnitt, zu: secare, ↑ sezieren]: **1.** (bildungsspr., Fachspr.) *Abschnitt, Teilbereich, Teilstück (eines größeren Ganzen).* **2.** (Geom.) **a)** *von einem Kurvenstück u. der zugehörigen Sehne begrenzte Fläche;* **b)** *von einer gekrümmten Fläche u. einer sie schneidenden Ebene begrenzter Teil des Raumes bzw. eines Körpers.* **3. a)** (Zool.) *[gleichartiger] Abschnitt eines gegliederten Tierkörpers* (z. B. bei Regenwürmern, Tausendfüßlern); **b)** (Med.) *Abschnitt eines [gleichförmig gegliederten] Organs:* die -e der Wirbelsäule. **4.** (Sprachwiss.) *[kleinster] Abschnitt einer sprachlichen Äußerung, der durch deren Zerlegung in sprachliche (bes. phonetisch-phonologische, morphologische) Einheiten entsteht.*

seg|men|tal ⟨Adj.⟩ (Geom.): *als Segment* (2) *vorliegend, in Form eines Segments.*

seg|men|tär ⟨Adj.⟩: *aus einzelnen Segmenten zusammengesetzt.*

Seg|men|ta|ti|on, die; -, -en: **1.** (Biol.) *Furchung.* **2.** (Sprachwiss.) *Segmentierung* (2).

seg|men|tie|ren ⟨sw. V.; hat⟩ (bildungsspr., Fachspr.): *[in Segmente] zerlegen, aufgliedern.*

Seg|men|tie|rung, die; -, -en: **1.** (bildungsspr.) *das Segmentieren, das Segmentiertwerden.* **2.** (Sprachwiss.) *Zerlegung einer komplexen sprachlichen Einheit in einzelne Segmente* (4).

seg|nen ⟨sw. V.; hat⟩ [mhd. segenen, ahd. seganōn < (kirchen)lat. signare, ↑ signieren]: **1.** (bes. Rel.) **a)** *(mit der entsprechenden Gebärde) jmdm., einer Sache den Segen* (1 a) *geben:* der Pfarrer segnet das Brautpaar; segnend legte sie die Hände ausbreiten; **b)** *über jmdn., etw. das Kreuzzeichen machen:* Brot und Wein s.; Man segnet auch Fahnen, Waffen und so weiter, damit sie die Schlacht gewinnen (Zuckmayer, Herr 23); **c)** (geh.) *(von Gott) jmdm., einer Sache seinen Segen* (2 a) *geben, gewähren:* Gott segne dich, dein Werk!; gesegnete Ostern! **2.** (veraltend) *über etw. glücklich, für etw. dankbar sein; preisen:* ich werde den Tag s., an dem ich diese Arbeit abschließe.

Seg|nung, die; -, -en [mhd. segenunge]: **1.** *das Segnen.* **2.** ⟨meist Pl.⟩ (oft spött.) *segensreiche Wirkung:* die -en des Fortschritts, der Zivilisation.

Se|gre|ga|ti|on, die; -, -en [spätlat. segregatio = Trennung, zu lat. segregare, ↑ segregieren]: **1.** (veraltet) *Ausscheidung, Trennung.* **2.** (Biol.) *Aufspaltung der Erbfaktoren während der Reifeteilung der Geschlechtszellen.* **3.** [auch engl.: segrɪˈgeɪʃ(ə)n] ⟨bei engl. Ausspr.: Pl. -s⟩ [engl. segregation] (Soziol.) *Trennung von Personen[gruppen] mit gleichen sozialen (religiösen, ethnischen, schichtspezifischen u. a.) Merkmalen von Personen[gruppen] mit anderen Merkmalen, um Kontakte untereinander zu vermeiden.*

se|gre|gie|ren ⟨sw. V.; hat⟩ [lat. segregare] (bildungsspr.): *trennen, absondern, abspalten.*

Seg|way® [...weɪ], der; -s, -s [nach der nordamerikanischen Herstellerfirma Segway Inc.]: *Stehroller.*

Seh|ach|se, die (Med.): **1.** *Achse des Augapfels u. der Linse.* **2.** *Gerade zwischen der Stelle des schärfsten Sehens (dem gelben Fleck) auf der Netzhaut u. dem beim Sehen fixierten Punkt; Sehlinie.*

seh|be|hin|dert ⟨Adj.⟩: *an einer Behinderung, Schwäche des Sehvermögens leidend:* [schwer] -e Kinder; ⟨subst.:⟩ eine Großdruckausgabe für Sehbehinderte.

se|hen ⟨st. V.; hat⟩ [mhd. sehen, ahd. sehan, eigtl. = (mit den Augen) verfolgen (verw. mit lat. sequi = folgen), wahrsch. liegt ein altes Wort der Jägersprache zugrunde, das sich auf den verfolgenden u. spürenden Hund bezog]: **1.** *mit dem Gesichtssinn, mit den Augen optische Eindrücke wahrnehmen:* gut, schlecht, scharf, weit s.; sehe ich recht? (Ausruf der Überraschung); er kann wieder sehen *(ist nicht mehr blind);* sie sieht nur noch auf/mit einem Auge; * **jmdn. sehend machen** (geh.) *jmd. dazu bringen, die Wahrheit zu erkennen).* **2. a)** *den Blick irgendwohin richten, gerichtet halten; blicken [um etw. festzustellen, zu ermitteln]:* auf die Uhr, den Bildschirm s.; alle sahen gespannt, erwartungsvoll auf sie; aus dem Fenster s.; durchs Schlüsselloch, Fernrohr s.; durch die Brille, den Sucher s.; in alle Schubladen s.; in die Sonne, ins Licht s.; zum Himmel s.; seine Augen sahen in die Ferne; nach der Uhr s.; nach oben, unten, vorn, hinten, links, rechts s.; nach rückwärts s.; jmdm. [fest, tief] in die Augen s.; * **sieh[e] da/sieh mal [einer] guck** (ugs. scherzh.; Ausruf der Überraschung, des überraschten Erkennens): sieh mal einer guck, das ist ja unser Freund Kalle!); **b)** ⟨s. + sich⟩ *durch Sehen, Blicken, Ausschauhalten in einen bestimmten Zustand kommen:* sie hat sich müde, matt [danach] gesehen; **c)** *Aufmerksamkeit, Interesse, Erwartung auf jmdn., auf etw. richten od. gerichtet halten:* sie sah aus den kommenden Präsidenten; hoffnungsvoll in die Zukunft s. **3.** *aus etw. ragen u. zu sehen sein; hervorsehen:* das Boot sah nur ein Stück aus dem Wasser. **4.** *eine Lage mit Blick in eine bestimmte Richtung haben:* die Fenster sehen auf den Garten/nach dem Garten, zur Straße; die Küche sieht zum Hof, nach hinten raus, nach Osten. **5. a)** *erblicken, bemerken [können], als vorhanden feststellen [können]:* jmdn. plötzlich, oft, den ganzen Tag, jeden Tag, vom Auto aus, von Weitem, nur flüchtig, im Büro, vom Fenster aus s.; es war so neblig, dass man die Hand nicht vor den Augen sah; jmdn., etw. [nicht] zu s. bekommen; niemand war zu s.; die Berge waren kaum, nur verschwommen zu s.; hast du [es] gesehen? Er hat ihn gefoult!; von jmdn., etw. ist nichts zu s. *(jmd., etw. ist nicht da);* ich sehe es [un]deutlich, mit Staunen, verwundert; ich sehe alles doppelt; er wurde von mehreren Zeugen [am Tatort, beim Verlassen der Wohnung] gesehen; ich habe sie davonlaufen sehen/(selten:) gesehen; den möchte ich s. *(den gibt es nicht),* der das kann!; sich am Fenster s. lassen *(zeigen);* wann sehen wir uns *(wann treffen wir uns, wann kommen wir zusammen)?;* wir sehen sie häufig bei uns [zu Besuch] *(sie ist oft bei uns zu Besuch);* wir sehen (geh.: haben) häufig Gäste [bei uns] zum Tee; überall gern gesehen *(willkommen)* sein; (Verweise in Texten:) siehe dies, Seite 99, beiliegenden Prospekt, oben, unten (Abk.: s.); * **etw. gern s.** *(etw. mögen:* meine Eltern sehen diese Freundschaft nicht gern; sie sieht es gern, wenn man sie fragt); **gern gesehen werden/sein** *(auf Zustimmung stoßen:* so etwas wird/ist hier, an dieser Schule nicht gern gesehen); **jmdn., etw. nicht mehr s. können** (ugs.; *jmds., einer Sache überdrüssig sein):* ich kann ihn, seine Visage, das Kleid nicht s.; ich kann das Kantinenessen [allmählich] nicht mehr s.; **[und] hast du nicht gese**hen (ugs.; *unversehens:* [und] hast du nicht gesehen, war sie verschwunden); **sich mit jmdm., etw. s. lassen können** *(gewiss sein können, mit jmdm., etw. einen guten Eindruck zu machen:* mit ihr kann ich mich überall, nirgends s. lassen; mit ihm, dieser Figur, dieser Leistung kann sie sich s. lassen); **sich [bei jmdm., irgendwo] s. lassen** (ugs.; *bei jmdm., irgendwo erscheinen, einen Besuch machen:* lass dich mal wieder [bei uns] s.!; in der Kneipe kann ich mich [seitdem] nicht mehr s. lassen); ⟨subst.:⟩ jmdn. **vom Sehen kennen** *(jmdn. schon [öfter] begegnet sein, ihn aber nicht persönlich kennen:* ich kenne sie, wir kennen uns nur vom Sehen); **sich s. lassen können** *(beachtlich sein:* diese Leistung kann sich s. lassen; sein Hungerstrafregister kann sich s. lassen); **b)** *sich [jmdn., etw.) deutlich, lebhaft vorstellen [können], sich (an jmdn., etw.) deutlich erinnern [können]:* ich sehe sie noch deutlich vor mir; ich rufe erst mal an, um zu s. *(festzustellen),* ob sie überhaupt da ist. **6. a)** *sich (etw., jmdn.) ansehen; betrachten:* den Film habe ich [schon dreimal] gesehen; den Sonnenuntergang hättest du s. sollen!; sie macht große Reisen, um die Welt zu s.; ich habe ihn leider nie auf der Bühne, live gesehen; das muss man gesehen haben! *(das ist atemberaubend);* die Krypta ist nur für Geld zu s. *(zu besichtigen);* von der Altstadt haben wir leider nicht viel zu s. gekriegt; lass [es] [mich] s. *(zeige es mir);* sich als Hungerkünstler s. lassen *(als Hungerkünstler auftreten);* da gibt es nichts [Besonderes] zu s.; ...erste Ehejahre, das sind die, in denen Mann und Frau noch gerne zusammen ausgehen und sich s. lassen, damit man sie beneidet (Gaiser, Schlußball 148); **b)** ⟨s. + sich⟩ *durch Sehen* (6 a) *in einen Zustand kommen:* sich [an etw.] satt, müde s. **7.** *erleben:* wir haben sie selten so fröhlich, so guter Laune gesehen; nie zuvor hatte ich eine solche Begeisterung gesehen; ihr habt sie in Not gesehen und habt ihr nicht geholfen; sie hat schon bessere Zeiten gesehen *(es ging ihr früher besser);* dieser Schrank hat auch schon bessere Zeiten gesehen (scherzh.; *war einmal in einem besseren Zustand).* **8. a)** *[be]merken; feststellen:* überall nur Fehler s.; von der einstigen Begeisterung war nichts mehr zu s.; wir sahen, mussten mit Bestürzung s., dass wir nicht mehr helfen konnten; ich sehe schon, ist das nicht zu machen; wie ich sehe, ist hier alles in Ordnung; hast du gesehen? Er weiß es nicht; da sieht mans wieder!; ⟨Äußerung, mit der jmd. darauf hinweist, dass sich eine Ansicht, Befürchtung, Hoffnung bestätigt hat⟩ siehst du [wohl]/(ugs.:) siehste *(merkst du jetzt, dass ich Recht habe);* ich möchte doch [einmal] s. *(feststellen, herausfinden),* ob er es wagt; wir werden [ja, schon] s./wir wollen es s. *(warten wir ab, das wird sich dann schon herausstellen);* mal s. (ugs.; *warten wir einmal ab),* wie das Wetter morgen ist; wie lange es dauert, ob sie es merkt; seht *(ihr müsst wissen),* das war folgendermaßen; wir sahen unsere Wünsche alle erfüllt, unsere Erwartungen enttäuscht; wir sahen uns betrogen *(stellten fest, dass wir betrogen worden waren);* wir sehen uns (verblasst: *sind)* genötigt, nicht in der Lage, die Kosten zu erstatten; ⟨warnende Äußerung⟩ ihr werdet schon s. [was geschieht!]; **b)** *beurteilen, einschätzen:* alles falsch, verzerrt, negativ s.; so darfst du das nicht s.; wir müssen die Lage ganz nüchtern s.; das

dürfen Sie nicht so eng s.!; die Dinge s., wie sie sind; man muss die Tat im richtigen Zusammenhang s.; so gesehen hat sie nicht ganz unrecht; menschlich gesehen *(in menschlicher Hinsicht)* ist es ein großartiges Team; auf die Dauer gesehen *(für die Dauer)*, ist dies wohl die bessere Lösung; R ... oder wie seh ich das? (ugs.; *oder wie verhält es sich damit?, oder täusche ich mich?, nicht wahr?)*; oder wie seh ich das? (ugs.; *oder wie verhält es sich damit?; oder täusche ich mich?; nicht wahr?)*; **c)** erkennen, erfassen: das Wesen, den Kern einer Sache s.; sie sehe nur allzu deutlich, wie es gemeint ist; sie hat in ihrem Roman einige Figuren sehr gut gesehen *(erfasst u. gestaltet)*; sie sieht in ihm nur den *(betrachtet ihn nur als)* Gegner; Sie sehen *(ersehen)* daraus, dass sich nicht ganz falsch lag; daran lässt sich s. *(ermessen)*, wie schwer sie sich tut; **d)** überlegen; prüfen; festzustellen suchen: s., ob es einen Ausweg gibt; [ich will] mal s., was sich tun lässt. **9. a)** *[zu jmdm., etw. hingehen u.] sich um jmdn., etw. kümmern:* nach den Kindern, nach dem Kranken s.; sieh bitte mal nach den Kartoffeln auf dem Herd; ...und ich musste doch nach der Heizung s., weil Else heute ihren freien Nachmittag hat (Fallada, Trinker 7); **b)** *suchen, forschen, Ausschau halten:* nach neuen Möglichkeiten s. müssen. **10. a)** *(auf etw.) besonders achten, besonderen Wert legen:* auf Ordnung, Sauberkeit s.; er sieht nur auf seinen Vorteil, aufs Geld; du solltest mehr auf dich selbst s. und den Preis s. *(sich unabhängig vom Preis für od. gegen etw. entscheiden)*; wir müssen darauf s., dass die Bestimmungen eingehalten werden; **b)** (landsch.) *auf jmdn., etw. aufpassen; jmdn., etw. im Auge behalten:* bitte sieh auf das Kind. **11.** *sich darum kümmern, etw. Bestimmtes zu erreichen:* sieh, dass du bald fertig wirst; sie soll [selbst] s., wie sie das Problem löst; Die Frau muss s., wie sie an die Unterstützung kommt, die ihr zusteht (Kronauer, Bogenschütze 289); R man muss s., wo er bleibt (ugs.; *man muss zusehen, dass man nicht zu kurz kommt*); jmd. soll/kann s., wo er bleibt *(jmd. muss selbst für sich sorgen)*. ◆ **12.** *aussehen* (1 a): Du erschreckst mich, Fernando. Du siehst wild (Goethe, Stella I, 4); ...sie haben ihm den violetten Rock so lang geklopft, bis er abfärbte und auch sein Rücken violett geworden ist und nicht mehr menschenähnlich sieht (Heine, Rabbi 470); Aber ist euch auch wohl, Vater? Ihr seht so blass (Schiller, Räuber I, 1). ◆ **13.** (Prät. sahe:) Das letzte Mal, da ich sie sahe, hatte ich nicht mehr Sinne als ein Trunkener (Goethe, Götz I).
se|hen las|sen, se|hen|las|sen ⟨st. V.; hat⟩: in den Wendungen **sich mit jmdm., etw. sehen lassen/sehenlassen können** *(gewiss sein können, mit jmdm., etw. einen guten Eindruck zu machen:* mit ihr kann ich mich überall, nirgends sehen lassen); **sich sehen lassen/sehenlassen können** (*beachtlich sein*: diese Leistung kann sich sehen lassen).
se|hens|wert ⟨Adj.⟩: *das Ansehen, eine Besichtigung lohnend:* eine -e Ausstellung.
se|hens|wür|dig ⟨Adj.⟩ (seltener): *sehenswert.*
Se|hens|wür|dig|keit, die; -, -en: *etw. wegen seiner Einmaligkeit, außergewöhnlichen Schönheit, Kuriosität o. Ä. besonders Sehenswertes, was nur an einem bestimmten Ort zu finden ist u. deshalb bes. für Touristen von besonderem Interesse ist:* diese Burg ist eine der bedeutendsten -en, die größte S. der Region.
Se|her, der; -s, -: **1.** [zu ↑ *sehen* (5 b)] *jmd., dem durch Visionen od. unerklärliche Intuitionen außergewöhnliche Einsichten zuteilwerden:* der blinde S. Tiresias. **2.** (Gaunerspr.) *Auskunfter, Beobachter.* **3. a)** (Jägerspr.) *Auge von zum Raubwild gehörenden Säugetieren u. von Hasen, Kaninchen u. Murmeltieren;* **b)** ⟨meist Pl.⟩ (ugs. scherzh., bes. Jugendspr.) *Auge.* **4.** (österr.) *Fernsehzuschauer.*
Se|her|ga|be, die ⟨Pl. selten⟩: *seherische Gabe.*
Se|he|rin, die; -, -nen: w. Form zu ↑ *Seher* (1, 2, 4).
se|he|risch ⟨Adj.⟩: *den Seher* (1) *kennzeichnend, in der Art eines Sehers, einer Seherin:* ihre -e Gabe.
Seh|feh|ler, der: *Abweichung von der normalen Fähigkeit des Auges.*
Seh|feld, das: *Gesichtsfeld.*
seh|ge|schä|digt ⟨Adj.⟩: *in Bezug auf die Sehkraft geschädigt.*
Seh|ge|wohn|heit, die ⟨meist Pl.⟩: *das Sehen, die Art zu sehen betreffende Gewohnheit.*
Seh|hil|fe, die: *Vorrichtung, Gerät zur Verbesserung der Sehleistung des Auges (z. B. Brille, Lupe).*
Seh|kraft, die ⟨o. Pl.⟩: *Funktionstüchtigkeit des Auges; Fähigkeit des Auges zu sehen:* jmds. S. lässt nach, nimmt ab.
Seh|kreis, der: *Gesichtskreis* (1).
Seh|leis|tung, die: *das Sehen als Leistung des Auges:* die S. des Auges verbessern.
Seh|li|nie, die: *Sehachse* (2).
Seh|loch, das (Anat.): *Pupille.*
Seh|ne, die; -, -n [mhd. sen(e)we, sene, ahd. sen(a)wa, eigtl. = Verbindendes]: **1.** *starker, fester Strang aus straff u. dicht gebündelten Bindegewebsfasern, der (als Teil des Bewegungsapparates) Muskeln mit Knochen verbindet:* ich habe mir beim Turnen eine S. gezerrt; ganz mageres Fleisch ohne Knorpel und -n. **2.** *Strang, starke Schnur o. Ä. zum Spannen des Bogens:* der Pfeil schnellt von der S. **3.** (Geom.) *Gerade, die zwei Punkte einer gekrümmten Linie verbindet:* in den Kreis eine S. einzeichnen.
seh|nen, sich ⟨sw. V.; hat⟩ [mhd. senen, H. u.]: *innig, schmerzlich, sehnsüchtig nach jmdm., etw. verlangen:* sich nach jmdm. s.; sich nach Frieden, Liebe, Ruhe, Freiheit, dem Tod s.; sich nach [danach], allein zu sein s.; sehnendes Verlangen.
Seh|nen, das; -s ⟨geh.⟩: *das Sichsehnen; Sehnsucht:* heißes, inniges S. ergriff sie.
Seh|nen|haut, die (Med.): *eine Sehne umhüllendes Bindegewebe.*
Seh|nen|schei|de, die (Med.): *eine Sehne umhüllender Schlauch aus Bindegewebe, in dem sich die Sehne gleitend bewegt.*
Seh|nen|schnitt, der (Holzverarb.): *parallel zu dessen Längsachse durch einen Baumstamm geführter Schnitt; Fladerschnitt.*
Seh|nerv, der: *paarig angelegter sensorischer Hirnnerv, der mit seinen Verzweigungen in der Netzhaut des Auges endet.*
seh|nig ⟨Adj.⟩ [spätmhd. synnig, senicht]: **1.** *voller Sehnen:* das Fleisch war zäh und s. **2.** *kräftig u. ohne viel Fett:* die -e Beine des Läufers.
sehn|lich ⟨Adj.⟩ [mhd. sen(e)lich, zu ↑ *sehnen*]: *sehnsüchtig verlangend:* jmdn. s., -st erwarten; sie wünscht sich nichts -er als [eigene] Kinder.
Sehn|sucht, die ⟨o. -...⟩⟨meist Sg.⟩: *inniges, schmerzliches Verlangen nach jmdm., etw. [Entbehrtem, Fernem]: eine brennende, verzehrende, ungestillte, unbestimmte S.; S. nach [jmds.] S. haben, bekommen; du wirst schon mit S. (ugs.; sehnlichst, dringend, ungeduldig) erwartet!; von [der] S. [nach etw.] erfüllt, gequält, verzehrt sein, werden; sie sehnt sich vor S. [fast] vergehen.
sehn|süch|tig ⟨Adj.⟩: *voller Sehnsucht; innig, schmerzlich verlangend:* etw. s. erwarten, erhoffen, herbeiwünschen.
sehn|suchts|voll ⟨Adj.⟩ (geh.): *sehnsüchtig.*
Seh|öff|nung, die (Anat.): *Pupille.*
Seh|or|gan, das (Fachspr.): *Organ zum Sehen; Auge.*
sehr ⟨Adv. u. Partikel; mehr, am meisten⟩ [mhd. sēre, ahd. sēro (Adv.) = schmerzlich; gewaltig, heftig, sehr, zu mhd., ahd. sēr (Adj.) = wund, verwundet, schmerzlich]: *in hohem Maße:* s. nett, traurig, beschäftigt sein; das ist s. schön; ein s. alter Baum; ich liebte sie von Tag zu Tag mehr; du hättest dich mehr anstrengen müssen; er wäre dazu s. wohl imstande gewesen; sie hat sich s. gefreut; darüber habe ich mich am meisten geärgert; tut es s. weh?; (in Höflichkeitsformeln:) [ich] danke s.; bitte s.
seh|ren ⟨sw. V.; hat⟩ [mhd. sēren, zu: sēr, ↑ *sehr*] (veraltet, noch landsch.): *versehren, verwunden.*
Seh|rohr, das: *Periskop.*
Seh|schär|fe, die: *Grad der Fähigkeit des Auges, Einzelheiten des Gesichtsfeldes scharf zu erkennen.*
Seh|schlitz, der: *schmale, schlitzartige waagerechte Aussparung zum Hindurchsehen:* der S. des Panzers, des Bunkers.
Seh|schu|le, die: *augenärztliche Einrichtung [bes. für Kinder] zur Behandlung von Schwachsichtigkeit u. Schielen durch Übung des Sehens.*
seh|schwach ⟨Adj.⟩: *an Sehschwäche leidend.*
Seh|schwä|che, die: *Schwäche der Sehkraft; Augenschwäche.*
Seh|stö|rung, die: *Störung des Sehvermögens.*
Seh|test, der: *Prüfung der Sehschärfe (z. B. zur Feststellung der Verkehrstauglichkeit beim Erwerb eines Führerscheins):* sich einem S. unterziehen.
Seh|ver|mö|gen, das ⟨o. Pl.⟩: *Fähigkeit des Auges zu sehen:* das S. wiedergewinnen, verlieren.
Seh|wei|se, die: *Weise des Sehens* (8 b): wir haben unterschiedliche -n.
Seh|wei|te, die: **1.** (Med.) *geringste Entfernung, auf die das Auge sich ohne Schwierigkeiten einstellen kann.* **2.** ⟨o. Pl.⟩ (seltener) *Sichtweite:* in [jmds.] S. sein, bleiben.
sei|bern ⟨sw. V.; hat⟩ (landsch.): *(bes. von kleinen Kindern) Speichel aus dem Mund laufen lassen.*
Seich, der; -[e]s, **Sei|che,** die; - (landsch. derb): **1.** [mhd. seich(e), ahd. seih, zu ↑ *seichen* (1)] *Harn.* **2.** (abwertend) *(mündlich od. schriftlich geäußerter) Unsinn, [seichtes] Gerede, Geschwätz.*
sei|chen ⟨sw. V.; hat⟩ (landsch. derb): **1.** [mhd. seichen, ahd. seihhen, Veranlassungswort zu ahd. sīhan (↑ *seihen*) u. eigtl. = ausfließen machen] *harnen:* ins Bett s. **2.** (abwertend) *Unsinn reden, schreiben:* der Moderator soll endlich aufhören zu s.
seicht ⟨Adj.⟩ [mhd. sīht(e), H. u., urspr. wohl = sumpfig, feucht]: **1.** *mit geringer Tiefe; nicht tief:* an einer -en Stelle durch den Fluss waten. **2.** (abwertend) *flach* (4); *banal:* die Show ist mir zu s.; s. daherreden.
Seicht|heit, die (seltener): **Seich|tig|keit,** die; -, -en: **1.** ⟨o. Pl.⟩ *seichte Beschaffenheit.* **2.** *seichte* (2) *Äußerung.*
seid: ↑ ¹ *sein.*
Sei|de, die; -, -n [mhd. sīde, ahd. sīda < mlat. seta, H. u.]: **a)** *sehr feine, dünne Fäden vom Kokon des Seidenspinners:* chinesische S.; Garne, Stoffe aus [echter, reiner] S.; **b)** *feines Gewebe aus S.* (a): schillernde, schwere, bedruckte S.; S. sollte man nur von Hand waschen.
Sei|del, das; -s, - [mhd. sīdel(īn), über das Mlat. < lat. situla = (Wein)krug, Eimer]: **1.** *Bierglas für S. dunkles Bier/(geh.:) dunklen Biers.* **2.** (veraltet) *Flüssigkeitsmaß:* ◆ ...das halbe S. Wein war lau und kantig (Rosegger, Waldbauernbub 157).
Sei|del|bast, der ⟨Pl.⟩ [spätmhd. zīdelbast (1. Bestandteil zu veraltet vgl. Zeidler, zu mhd. zīdel-, ahd. zīdal- = Honig-, zum 2. Bestandteil vgl. Linde), älter mhd. an ↑ *Seide* angelehnt wegen des seidi-

seiden–sein

gen Glanzes der Blüten oder des ↑ Bastes (1)]: *als Strauch wachsende Pflanze mit roten, duftenden, vor den Blättern erscheinenden Blüten und erbsengroßen, giftigen Steinfrüchten.*
sei|den ⟨Adj.⟩ [mhd. sīdīn, sīden, ahd. sīdīn]: a) *aus Seide bestehend:* ein -es Hemd, Tuch; -e Unterwäsche; b) *wie Seide, seidig:* ihr Haar glänzte s.
sei|den|ar|tig ⟨Adj.⟩: *seiden* (b).
Sei|den|at|las, der: ⁴*Atlas.*
Sei|den|bast, der: *Seidenleim.*
Sei|den|bau, der ⟨o. Pl.⟩: *(gewerbsmäßige) Erzeugung von Seide.*
Sei|den|blu|se, die: *seidene Bluse.*
Sei|den|fa|den, der: *aus Seide gesponnener Faden.*
Sei|den|ge|we|be, das: *aus Seide hergestelltes Gewebe.*
Sei|den|glanz, der: *matter, seidiger Glanz.*
Sei|den|hemd, das: *seidenes Hemd.*
Sei|den|kleid, das: *seidenes Kleid.*
Sei|den|ko|kon, der: *Kokon des Seidenspinners.*
Sei|den|kra|wat|te, die: *seidene Krawatte.*
Sei|den|leim, der: *leimartiger Eiweißstoff, der den Rohseidenfaden umgibt u. verklebt.*
Sei|den|ma|le|rei, die: 1. ⟨o. Pl.⟩ *Malerei (1) auf Seide.* 2. *Malerei (2) auf Seide:* ein Schal, Lampenschirm mit S.
sei|den|matt ⟨Adj.⟩: *[seidig] matt glänzend.*
Sei|den|pa|pier, das: *sehr dünnes, weiches, durchscheinendes Papier aus Zellstoff.*
Sei|den|rau|pe, die: *Raupe des Seidenspinners.*
Sei|den|rau|pen|zucht, die: *Zucht von Seidenraupen zur Gewinnung von Seide.*
Sei|den|schal, der: *seidener Schal.*
Sei|den|spin|ner, der: *(bes. in Ost- u. Südasien vorkommender) Schmetterling, dessen Raupen zur Verpuppung einen Kokon spinnen, aus dem Seide hergestellt wird.*
Sei|den|spin|ne|rei, die: a) *das Verspinnen von Seide* (a); b) *Betrieb, in dem Seide* (b) *hergestellt wird.*
Sei|den|stoff, der: vgl. Seidengewebe.
Sei|den|stra|ße, die; - [geprägt von dem dt. Geografen F. v. Richthofen (1833–1905) nach der wichtigsten Handelsware]: *etwa seit dem 2. Jh. v. Chr. bes. für den Transport von Seide, Gold, Luxusgütern benutzte Karawanenstraße von China durch Zentralasien an die Küsten des Mittelmeeres u. des Schwarzen Meeres.*
Sei|den|tuch, das ⟨Pl. ...tücher⟩: *seidenes Tuch.*
sei|den|weich ⟨Adj.⟩: *sehr weich* (1 b).
sei|dig ⟨Adj.⟩: *weich u. glänzend wie Seide:* ein -es Fell.
Sei|en|des, das *Seiende/ein Seiendes; des/eines Seienden, die Seienden/zwei Seiende* (Philos.): *etw., wovon ausgesagt wird, dass es ist; etw., was ist.*
Sei|fe, die; -, -n: 1. [mhd. seife = Seife, ahd. seifa, seipfa = Seife, auch: (tropfendes) Harz, viell. eigtl. = Tröpfelndes, vgl. mhd. sīfen = tröpfeln, sickern; Seife wurde in flüssiger Form zuerst als Mittel zum Rotfärben der Haare hergestellt] *meist in Form von handlichen Stücken eine festen Substanz, auch in flüssiger od. pastenartiger Form hergestelltes wasserlösliches Mittel zum Waschen, das bes. in der Körperpflege verwendet wird:* milde, flüssige, parfümierte S.; ein Stück S.; grüne S. *(Schmierseife);* sich die Hände mit S. waschen. 2. [mhd. sīfe (Bergmannsspr.) = Anschwemmung eines Erz führenden Wasserlaufs, zu: sīfen = tröpfeln, sickern, wohl verw. mit dem unter ↑ Sieb genannten Verb mit der Bed. »ausgießen, seihen«] (Geol.) *Anhäufung von schweren od. besonders widerstandsfähigen Mineralen (z. B. Metallen, Erzen, Diamanten) in Sand- u. Kiesablagerungen.*

sei|fen ⟨sw. V.; hat⟩: 1. (landsch.) *abseifen.* 2. (Geol.) *(Minerale) auswaschen.*
Sei|fen|bla|se, die: *aus den Bläschen von Seifenwasser mithilfe eines Trinkhalms o. Ä. meist von Kindern zum Vergnügen geblasenes u. schnell wieder zerplatzendes kugelartiges Gebilde:* eine schillernde S.; die Kinder machen -n; die Gerüchte zerplatzten wie -n; Ü seine Versprechungen entpuppten sich immer wieder als S. (wurden nicht eingelöst).
Sei|fen|kis|te, die; (ugs.): *[von Kindern, Jugendlichen] selbst gebasteltes, motorloses Fahrzeug aus Holz mit vier Rädern.*
Sei|fen|kis|ten|ren|nen, das (ugs.): *Wettfahrt mit Seifenkisten.*
Sei|fen|lau|ge, die: *Lauge aus Seife, Seifenpulver.*
Sei|fen|oper, die [LÜ von engl. soap opera, wohl weil solche Produktionen ursprünglich oft über Werbung für Waschmittel finanziert wurden] (Jargon): *[rührselige] Hörspiel- od. Fernsehspielserie, Unterhaltungsserie.*
Sei|fen|pul|ver, das: *Waschmittel, das aus pulverisierter Seife besteht.*
Sei|fen|scha|le, die: *kleine Schale für ein Stück Seife.*
Sei|fen|schaum, der: *Schaum, der sich aus Seife in Verbindung mit Wasser durch Reiben gebildet hat.*
Sei|fen|was|ser, das: *Wasser, das aufgelöste Seife, aufgelöstes Seifenpulver enthält.*
♦ **Sei|fen|wra|sen,** der (nordd.): *aus heißer Waschlauge aufsteigender Dampf:* ... ein sonderbarer Küchengeruch ..., der ... nur auf Rührkartoffeln und Karbonade gedeutet werden konnte, beides mit S. untermischt (Fontane, Jenny Treibel 4).
sei|fig ⟨Adj.⟩: a) *voller Seife; Seife enthaltend:* du bist hinter den Ohren noch ganz s.; b) *wie Seife geartet:* etw. hat einen -en Geschmack.
Sei|ge, die; -, -n [mhd. seige = Bodensenke, zu: seigen = sinken machen, zu: sīgen = sinken] (Bergmannsspr.): *vertiefte Rinne, in der das Grubenwasser abläuft.*
sei|ger ⟨Adj.⟩ (Bergmannsspr.): *senkrecht:* s. verlaufen, stehen.
Sei|ger, der; -s, - [(spät)mhd. seigære, seiger, urspr. = Waage, zu: seigen, ↑ Seige]: a) (landsch. veraltet) *Uhr:* ♦ Der S. schlägt (Wieland, Schach Lolo 704); ♦ *Uhrzeiger:* Es rückt die Uhr. Noch einen kleinen Weg des -s, und ein großes Werk ist getan oder versäumt (Goethe, Egmont IV).
Sei|g|neur [zɛnˈjøːɐ̯], der; -s, -s [frz. seigneur = Herr < lat. senior, ↑ Senior]: 1. (Geschichte) *französischer Grund-, Lehnsherr.* 2. (bildungsspr. veraltet) *Grandseigneur.*
Sei|g|ni|o|ra|ge [zɛnjoˈraːʒ(ə), österr. meist: ...ʃ], die; - [engl. seign(i)orage < afrz. seignorage < frz. seigneur, ↑ Seigneur] (Wirtsch.): *durch Geldschöpfung erzielter Gewinn einer Notenbank.*
sei|hen ⟨sw. V.; hat⟩ [mhd. sīhen, ahd. sīhan = seihen; ausfließen, eigtl. = ausgießen, rinnen, träufeln; vgl. seichen, sickern] (landsch.): *durchseihen.*
Seil, das; -[e]s, -e [mhd., ahd. seil, eigtl. = (Ver)bindendes]: *aus Fasern, Drähten od. sonstigem festem Material zusammengedrehtes Gebilde (das dicker als eine Leine u. dünner als ein Tau ist):* das S. ist gerissen; die Kinder springen über das S.; der Boxer hing sich in den -en *(in den Seilen des Boxrings);* *in den -en hängen* (ugs.): *völlig ermattet, erschöpft sein:* nach dem Marsch hingen wir am Abend in den S.
Seil|ak|ro|bat, der: *Artist, der auf einem hoch in der Luft gespannten Seil akrobatische Balanceakte ausführt.*

Seil|ak|ro|ba|tin, die: w. Form zu ↑ Seilakrobat.
seil|ar|tig ⟨Adj.⟩: *einem Seil ähnlich.*
Seil|bahn, die: a) *der Überwindung von tiefen Taleinschnitten u. großen Höhenunterschieden dienendes Beförderungsmittel, bei dem die Transportvorrichtungen (Gondel, Kabine o. Ä.) an einem Drahtseil, einer Schiene hängend od. auf Schienen laufend von einem Zugseil mit Stromantrieb bewegt werden:* mit der, einer S. fahren; b) *gesamte Anlage einer Seilbahn* (a): eine S. [auf einen Berg] bauen.
sei|len ⟨sw. V.; hat⟩: 1. [mhd. seilen] *Seile herstellen.* 2. (selten) *an-, abseilen.*
Sei|ler, der; -s, - [spätmhd. seiler]: *Handwerker, der Seile herstellt (Berufsbez.):* * ♦ *des -s Tochter* (scherzh.; *das Seil des Henkers:* ... trieben von Jugend auf das Handwerk ihres Vaters, der bereits am Auerbacher Galgen mit des -s Tochter kopuliert war, nämlich mit dem Strick [Hebel, Schatzkästlein 25]).
Sei|ler|bahn, die: *langer ebener Platz, auf dem Seile hergestellt werden.*
Sei|le|rei, die; -, -en: 1. ⟨o. Pl.⟩ *Herstellung von Seilen.* 2. *Betrieb eines Seilers.*
Sei|le|rin, die; -, -nen: w. Form zu ↑ Seiler.
seil|hüp|fen ⟨sw. V.; nur im Inf. u. Part. gebr.⟩: *seilspringen.*
Seil|hüp|fen, das; -s: *Seilspringen.*
Seil|kom|man|do, das (Bergsteigen): *Zuruf zur Verständigung innerhalb einer kletternden Seilschaft.*
Seil|mann|schaft, die (Bergsteigen): *Seilschaft.*
Seil|schaft, die; -, -en: 1. (Bergsteigen) *Gruppe von Bergsteigerinnen u. Bergsteigern, die bei einer Bergtour durch ein Seil verbunden sind.* 2. *Gruppe von Personen, die [im politischen Bereich] zusammenarbeiten u. sich gegenseitig begünstigen.*
Seil|schwe|be|bahn, die: *Seilbahn, bei der die Kabinen o. Ä. an einem Drahtseil hängen.*
Seil|si|che|rung, die (Bergsteigen): *Sicherung gegen Absturz mithilfe eines Seils.*
seil|sprin|gen ⟨st. V.; nur im Inf. u. Part. gebr.⟩: *Seilspringen spielen:* wollen wir s.?; ein seilspringendes Kind.
Seil|sprin|gen, das ⟨o. Pl.⟩: *mehrmaliges Springen über ein Sprungseil (als Kinderspiel).*
Seil|steu|e|rung, die: *Steuerung eines Fahrzeugs mithilfe von Seilen, z. B. in einem Bob mit S.*
Seil|tanz, der: *das Seiltanzen:* * *Seiltänze vollführen* (ugs.; *jmdm. gegenüber in einer bestimmten Angelegenheit äußerst vorsichtig u. einfallsreich auftreten, um ihn für etw. zu bewegen).*
seil|tan|zen ⟨sw. V.; nur im Inf. u. Part. gebr.⟩: *auf einem in der Luft gespannten Seil akrobatische Balanceakte ausführen.*
Seil|tän|zer, der: *Seilakrobat.*
Seil|tän|ze|rin, die: w. Form zu ↑ Seiltänzer.
Seil|trom|mel, die: *Trommel zum Auf- u. Abwickeln eines Seiles.*
Seil|win|de, die: *mit einem Seil u. einer Seiltrommel arbeitende Winde.*
Seil|zie|hen, das; -s (schweiz.): *Tauziehen.*
Seil|zug, der (Technik): *aus einem [Draht]seil o. Ä. bestehender* ¹*Zug* (4 a): der S. der Kupplung ist gerissen.
Seim, der; -[e]s, -e [mhd. (honec)seim, ahd. (honang)seim, H. u.] (geh. veraltend): *klebrige, zähe Flüssigkeit.*
sei|mig ⟨Adj.⟩ (geh. veraltet): *dick-, zähflüssig.*
¹**sein** ⟨unr. Verb; ist⟩ [mhd., ahd. sīn; das nhd. Verb enthält drei verschiedene Stämme: 1. mhd., ahd. bin, urspr. = werde, wachse; 2. mhd., ahd. ist, sint; 3. mhd., ahd. was, wārun, urspr. = war(en) da, verweilte(n), zu ahd. wesan, ↑ wesen]: 1. a) *sich in einem bestimmten Zustand, in einer bestimmten Lage befinden;*

sich bestimmten Umständen ausgesetzt sehen; eine bestimmte Eigenschaft, Art haben: gesund, ruhig, betrunken, müde, lustig s.; schön, jung, klug, gutmütig s.; sie war sehr entgegenkommend, freundlich; das Brot ist gut, trocken; das Wetter ist schlecht; wie ist der Wein?; die Geschichte ist merkwürdig; das ist ja unerhört!; das kann doch nicht wahr s.!; wie alt bist du?; ich bin 15 [Jahre alt]; sie ist den Streit/des Streites müde; er ist des Diebstahls schuldig; sie ist noch am Leben; der Hut ist aus der Mode; er war ganz außer Atem, nicht bei Sinnen; sie ist in Not, in Gefahr, ohne Schuld; er war bei ihnen zu Gast; ⟨unpers.:⟩ es ist dunkel, kalt hier; es war *(herrschte)* Hochwasser, Krieg, dichter Nebel, Glatteis, herrliches Wetter; es ist abends noch lange hell; es ist besser so; wie war es denn?; es ist *(verhält sich)* nicht so, wie du denkst; ♦ ⟨1. u. 3. Pers. Pl. Indik. Präs. auch: seind⟩ (südd.) *Stille Schaf seind mille- und wollereich, wird ihnen gewartet* (Mörike, Hutzelmännlein 160); R sei es, wie es wolle; sei dem/dem sei, wie ihm wolle; wie dem auch sei *(er sei immer es sich auch verhält; gleichgültig, ob es sich so oder so verhält);* dem ist [nicht] so *(die Sache verhält sich [nicht] so);* * dem ist [nicht] so *(die Sache verhält sich [nicht] so);* sei es, wie es wolle; sei dem/dem sei, wie ihm wolle; wie dem auch sei *(wie immer es sich auch verhält; gleichgültig, ob es sich so oder so verhält:* sei es, wie es wolle, ich werde nicht teilnehmen); es sei denn, [dass] *(ausgenommen, außer wenn:* ich bin um 8 Uhr da, es sei denn, dass etwas dazwischenkommt); nicht so s. (ugs.; *sich großzügig, nachsichtig zeigen:* ach, sei doch nicht so und gib es mir); b) *jmds. Besitz, Eigentum darstellen; jmdm. gehören:* das ist meins/(landsch. ugs.:) mir; welches von den Bildern ist deins?; Ü ich bin dein (geh. veraltend; *bin dir in Liebe verbunden);* c) ⟨unpers.⟩ *von jmdm. als bestimmtes eigenes Befinden festgestellt werden:* es ist mir nicht gut heute; mir ist [es] kalt, schlecht, übel, wieder besser; bei diesem Gedanken ist mir nicht wohl; ist dir warm?; ist dir etwas? (ugs.: *fehlt dir etwas, fühlst du dich nicht wohl?);* * jmdm. ist, als [ob] … *(jmd. hat das [unbestimmte] Gefühl, den Eindruck, als [ob] …:* mir ist, als hätte ich ein Geräusch gehört/als ob ich ein Geräusch gehört hätte); jmdm. ist [nicht] nach etw. (ugs.; *jmd. hat im Augenblick [keine] Lust auf, zu etw.:* mir ist heute nicht nach Feiern); d) ⟨in Verbindung mit einem Gleichsetzungsnominativ⟩ drückt die Identität od. eine Klassifizierung, Zuordnung aus: er ist Lehrer, Künstler; sie ist eine richtige Bayerin; sie ist ja noch ein Kind; du bist ein Schuft, ein Engel; ihr seid Lügnerinnen; er ist der Schuldige; die Katze ist ein Haustier; das ist die Hauptsache, eine Gemeinheit, eine Zumutung; ich bin Paul und das ist meine Schwester Maria; R das wärs *(das ist alles [was ich sagen, haben wollte, was getan werden musste]);* * es s. *(es getan haben; der Schuldige, Gesuchte sein:* ich weiß genau, du warst es [der es getan hat]; am Ende will es keiner gewesen s.); wer s. (ugs.; *es zu etwas gebracht haben, Ansehen genießen:* im Fußball sind wir [wieder] wer); nichts s. (ugs.; *im Leben nichts erreicht haben; es zu nichts gebracht haben:* ihr Mann ist nichts); e) *(in Bezug auf das Ergebnis einer Rechenaufgabe) zum Resultat haben, ergeben:* fünfzehn und sechs, dreißig weniger neun, drei mal sieben, hundertfünf [geteilt] durch fünf ist/ (ugs.:) sind einundzwanzig; f) ⟨unpers.⟩ *(aufgrund der Zeit) als Umstand, Zustand o. Ä. gegeben sein:* es ist schon Morgen, Nacht; es sind noch Ferien; dort ist jetzt Winter, Regenzeit, Fastenzeit; bis dahin wird [es] wieder Herbst s.; es war spät [abends, am Abend]; dafür ist es jetzt, nie zu spät; es ist [gleich, kurz nach] sieben [Uhr]; morgen ist, gestern war der fünfte Mai; ist heute schon der Dreißigste, Freitag?; in sechs Wochen ist schon wieder Weihnachten. **2. a)** *sich irgendwo befinden, aufhalten:* an seinem Platz, bei jmdm., in Hamburg, in Urlaub, unterwegs, auf Reisen s.; es war niemand im Haus, zu Hause; wo warst du denn die ganze Zeit?; das Geld ist auf der Bank, auf seinem Konto; Bier ist im Kühlschrank; seine Wohnung ist *(liegt)* im dritten Stock; sie ist in/zur Kur *(ist zu einer Kur verreist);* sie sind essen, schwimmen, einkaufen *(sind zum Essen, Schwimmen, Einkaufen weggegangen);* b) *stammen, kommen:* er ist aus gutem Haus, aus einer kinderreichen Familie; sie ist aus Berlin, aus Österreich; das Paket ist von Mutter, von zu Hause; woher ist der Wein?; die Milch ist von heute; das Fleisch ist vom Schwein; das Zitat, das Stück, ist von Goethe; das Kind ist von ihm *(er ist der Vater des Kindes).* **3. a)** *an einem bestimmten Ort, zu einer bestimmten Zeit stattfinden, vonstatten:* die erste Vorlesung ist morgen; der Vortrag ist um 8 Uhr, am 4. Mai, in der Stadthalle; * nicht s. (ugs.; *nicht erlaubt, möglich o. Ä. sein, nicht geduldet werden:* Rauchen ist [bei mir] nicht; Fernsehen ist [heute] nicht, lest lieber mal ein Buch); b) *an einem bestimmten Ort, zu einer bestimmten Zeit, unter bestimmten Umständen geschehen, sich ereignen:* die meisten Unfälle sind nachts, bei Nebel, im Winter, auf Landstraßen; das letzte Erdbeben war dort 1906; ⟨auch unpers.⟩ es war im Sommer letzten Jahres, in Berlin; * mit etw. ist es nichts (ugs.; *etw. läuft nicht so ab, findet nicht so statt, wie es geplant, beabsichtigt o. Ä. war:* wenn du krank bist, dann ist es wohl heute nichts mit unserem Ausflug; als sie von seiner Vergangenheit hörte, war es nichts mehr mit [der] Heirat); c) ⟨meist im Inf. in Verbindung mit Modalverben⟩ *geschehen, vor sich gehen, passieren:* eine Sache wie diese, so etwas darf nicht s.; muss das s.?; es braucht ja nicht sofort zu s.; das kann doch nicht s.! *(das ist doch nicht möglich!);* das solltest du lieber s. lassen (ugs.; *nicht tun);* sie kann das Trinken einfach nicht s. lassen (ugs.; *kann nicht davon ablassen);* war während meiner Abwesenheit irgendwas? (ugs.; *ist während meiner Abwesenheit etwas Erwähnenswertes vorgefallen?);* wenn etwas ist/s. sollte (ugs.; *sich etw. Wichtiges ereignet),* ruf mich an; ⟨auch unpers.:⟩ es sei!, so sei es denn! *(es möge, soll, kann so geschehen!);* R was s. muss, muss s. *(es ist unvermeidbar);* seis drum *(es ist schon gut, es macht nichts);* * sei es … sei es; sei es … oder *(entweder … oder, kann, mag sein [dass] … oder [dass];* ob … oder [ob]: einer muss einlenken, sei es im Osten oder [sei es] der Westen; das Prinzip ist das gleiche, sei es in der Luft, sei es im Wasser). **4.** *da sein; bestehen; existieren:* alles, was einmal war, heute ist oder einmal s. wird; in diesem Bach sind *(gibt es)* viele Fische; wenn er nicht gewesen wäre, hätte sich alles anders entwickelt; so muss nicht mehr Fragen dazu?; die Königin ist nicht mehr/(landsch.:) ist gewesen *(besteht nicht mehr);* das wird niemals s. *(der Fall sein);* das war einmal *(gehört der Vergangenheit an, besteht nicht mehr);* ist [irgend]etwas? (ugs.; *gibt etw. Besonderes, einen Grund zur Beunruhigung?);* das *(gibt es)* noch Fragen? R was nicht ist, kann noch werden *(das kann immer noch in der Zukunft Wirklichkeit werden);* ⟨subst.:⟩ das menschliche Sein *(Leben, Dasein);* Sein oder Nichtsein, das ist hier die Frage *(hier geht es um eine ganz wichtige Entscheidung; hierbei handelt es sich um eine existenzielle Frage;* nach der Übersetzung der Stelle im Drama »Hamlet« [III, 1] von W. Shakespeare [1564–1616]: To be or not to be, that is the question). **5.** ⟨mit Inf. mit »zu« als Hilfsverb⟩ a) entspricht einem mit »können« verbundenen Passiv; *… ersetzt werden können:* sie ist durch niemanden zu ersetzen *(kann durch niemanden ersetzt werden);* die Schmerzen waren nicht zu ertragen *(waren unerträglich);* das ist mit Geld nicht zu bezahlen *(ist unbezahlbar);* b) entspricht einem mit »müssen« verbundenen Passiv; *… werden müssen:* der Ausweis ist unaufgefordert vorzuzeigen; fehlerhafte Exemplare sind unverzüglich zu entfernen *(müssen unverzüglich entfernt werden).*

²**sein** ⟨mit einem 2. Part. als Hilfsverb⟩ [↑¹sein]: **1.** *dient der Perfektumschreibung:* er ist gestorben; wir sind [über den See] gerudert; ⟨mit Ellipse eines Verbs der Bewegung im Übergang zum Vollverb:⟩ sie sind mit dem Wagen in die Stadt (ugs.; *sind in die Stadt gefahren).* **2.** *dient der Bildung des Zustandspassivs:* das Fenster ist geöffnet; damit waren wir gerettet; sie sagt, die Rechnung sei längst bezahlt.

³**sein** ⟨Possessivpron.⟩ *bezeichnet die Zugehörigkeit zu einer Person od. Sache, die mit einem Maskulinum (a) od. Neutrum (1 b) bezeichnet wird)* (mhd., ahd. sīn]. **1. a)** ⟨vor einem Subst.⟩ s. Hut; -e Jacke; -e Kinder; (geh.:) Seine Majestät, der Kaiser; einer seiner Freunde/von seinen Freunden; er hat ·nen Zug *(den Zug, mit dem er fahren wollte, mit dem er zu fahren pflegt)* verpasst; sie geht in ·e Klasse *(in die Klasse, in die auch er geht);* er mit -em (ugs.; *mit dem von ihm gewohnten)* ewigen Genörgel; b) ⟨o. Subst.:⟩ das Buch ist s. (landsch.; *gehört ihm);* das ist nicht mein Messer, sondern -s/(geh.:) -es. **2.** ⟨mit Art.⟩ (geh.): ich hatte meine Werkzeuge vergessen und benutzte die seinen; er fuhr zu den Seinen/ seinen *(zu seiner Familie, seinen Angehörigen);* er hat das Seine/seine *(sein Teil; das, was er tun konnte)* getan; R jedem das Seine/seine *(jeder soll haben, was ihm zusteht, was er gerne möchte;* vgl. suum cuique); den Seinen/seinen gibts der Herr im Schlaf *(manche Leute haben so viel Glück, dass sie ohne Anstrengung viel erreichen;* Ps. 127,2)

> Die Redewendung *jedem das Seine,* die in ihrer lateinischen Fassung *suum cuique* wahrscheinlich auf Cicero zurückgeht, wurde vom nationalsozialistischen Regime als Verhöhnung der Gefangenen im Konzentrationslager Buchenwald zynisch missbraucht: Man ließ sie nur von innen lesbar in das Eingangstor des KZ schmieden.

⁴**sein** [mhd., ahd. sīn] (dichter. veraltet): ↑ er, ↑ es.

Sein, das; -s [Subst. zu ↑¹sein (4)] (Philos.): *das Existieren des ideell u. materiell Vorhandenen; die Wirklichkeit, soweit sie dem Daseienden zukommt:* die S. und das Seiende; die Lehre vom S.

Sei|ne [ˈzɛːn(ə), frz.: ˈsɛn], die; -: französischer Fluss.

sei|ner (geh.): Gen. von ↑ er, ↑ es.

sei|ner|seits ⟨Adv.⟩ [↑-seits]: *von ihm, seiner Seite aus:* es war ein Missverständnis s.

sei|ner|zeit ⟨Adv.⟩: **1.** *zu jener Zeit; damals:* s. hatten wir alle holtz zu essen; Der Taxifahrer schlief draußen in seinem Mercedes, gekauft s. vom Fabriklohn in Deutschland (Handke, Niemandsbucht 70). **2.** (österr. veraltend) *zu seiner, gegebener Zeit:* wir werden s. darüber noch einmal verhandeln.

sei|ner|zei|tig ⟨Adj.⟩: *seinerzeit (1) bestehend, vorhanden; damalig:* der -e Innenminister.

sei|nes|glei|chen ⟨indekl. Pron.⟩ [spätmhd. seins gleichen]: *Person, Sache von gleicher Art, gleichem Wert; jmd. wie er, eine Sache wie diese:*

dieses Ansinnen sucht s.; von ihm und s. kann man nicht mehr erwarten; Ich will nicht sagen, mein Kaffeehaus sei das beste unter sämtlichen s. Ich weiß nicht einmal, ob es s. hat (Bergengruen, Rittmeisterin 17).

sei|net|hal|ben ⟨Adv.⟩ [gek. aus: von seine(n)t halben, mhd. von sinent halben, ↑-halben] (veraltend): *seinetwegen.*

sei|net|we|gen ⟨Adv.⟩ [älter: von seine(n)t wegen, mhd. von sīnen wegen]: a) *aus Gründen, die ihn betreffen; ihm zuliebe; um seinetwillen:* sie kommt nur s.; er will nicht, dass wir s. extra einen Umweg fahren; b) *durch ihn, durch sein Verhalten:* [nur] s. haben wir den Zug verpasst; c) *ihn betreffend:* s. mache ich mir keine Sorgen; d) *von ihm aus:* er hat gesagt, s. könnten die Kinder mitkommen.

sei|net|wil|len ⟨Adv.⟩ [älter: umb seinet willen, ↑willen]: nur in der Fügung **um s.** (*mit Rücksicht auf ihn:* um s. hat sie gelogen).

sei|ni|ge, der, die, das; -n, -n ⟨Possessivpron.⟩ [spätmhd. (md.) sīnec] (geh. veraltend): *der, die, das ²seine* (2): sie stellte ihr Fahrrad neben das s.; ⟨subst.:⟩ sie soll die Seinige/seinige (*seine Frau*) werden; er besucht die Seinigen/seinigen (*seine Familie, seine Angehörigen*); er wird das Seinige/seinige (*sein Teil*) dazu beitragen.

sein las|sen, sein|las|sen ⟨st. V.; hat⟩ (ugs.): *nicht mehr tun; unterlassen:* das solltest du lieber s. l.; er kann das Trinken einfach nicht s. l.

Seis|mik, die; - [zu ↑seismisch]: *Wissenschaft, Lehre von der Entstehung, Ausbreitung u. Auswirkung der Erdbeben.*

seis|misch ⟨Adj.⟩ [zu griech. seismós = (Erd)erschütterung, zu: seíein = erschüttern]: 1. *die Seismik betreffend:* -e Instrumente, Messungen. 2. *Erdbeben betreffend:* -e Erschütterungen.

seis|mo-, Seis|mo-: Best. in Zus. mit der Bed. *Erdbeben* (z. B. seismografisch, Seismogramm).

Seis|mo|graf, Seismograph, der; -en, -en [↑-graf]: *Seismometer.*

seis|mo|gra|fisch, seismographisch ⟨Adj.⟩: *mithilfe eines Seismografen arbeitend, durchgeführt; durch einen Seismografen [ermittelt]:* -e Untersuchungen, Messungen.

Seis|mo|gramm, das; -s, -e [↑-gramm]: *Aufzeichnung von Erschütterungen des Erdbodens, bes. von Erdbeben durch ein Seismometer.*

Seis|mo|graph usw.: ↑Seismograf usw.

Seis|mo|lo|ge, der; -n, -n [↑-loge]: *Wissenschaftler, Forscher, Fachmann auf dem Gebiet der Seismologie.*

Seis|mo|lo|gie, die; - [↑-logie]: *Seismik.*

Seis|mo|lo|gin, die; -, -nen: w. Form zu ↑Seismologe.

seis|mo|lo|gisch ⟨Adj.⟩: *seismisch* (1).

Seis|mo|me|ter, das; -s, - [↑-meter (1)]: *Gerät zur Registrierung und Messung von Erschütterungen des Erdbodens, bes. von Erdbeben; Seismograf.*

Seis|mo|me|t|rie, die; - [↑-metrie]: *Messung von Erdbeben mithilfe eines Seismometers.*

seis|mo|me|t|risch ⟨Adj.⟩: *die Seismometrie betreffend; mithilfe eines Seismometers [arbeitend, durchgeführt]:* ein Beben s. ermitteln.

¹seit ⟨Präp. mit Dativ⟩ [mhd. sīt, ahd. sīd, eigtl. = später als, zu ahd. sīd(ōr) = später, komparativisches Adv. zu ahd. mit der Bed. »spät« (vgl. got. seiþus = spät), verw. mit ↑ sæn in dessen alter Bedeutungserweiterung »los-, nachlassen; säumen«]: dient zur Angabe des Zeitpunkts, zu dem, od. der Zeitspanne, bei deren Beginn ein noch anhaltender Zustand, Vorgang begonnen hat: s. Kurzem, Längerem; s. Jahren, vier Wochen; s. gestern; s. wann bist du wieder hier?; s. Tschernobyl essen wir keine Waldpilze mehr; s. dem Kabelfernsehen (ugs.; *seit es Kabelfernsehen gibt*); * **s. [eh und] je** (*schon immer; solange sich jmd. erinnern kann:* dieses Problem hat mich s. [eh und] je beschäftigt).

²seit ⟨Konj.⟩ [zu: seit]: *gibt den Zeitpunkt an, zu dem ein bestimmter Zustand, Vorgang eingetreten ist:* s. sie das letzte Mal hier war, habe ich nichts mehr von ihr gehört.

seit|ab ⟨Adv.⟩: a) *an der Seite; abseits:* s. liegende Felder; s. von den Feldern grasten die Ziegen; b) (selten) *beiseite.*

¹seit|dem ⟨Adv.⟩ [wohl verkürzt aus mhd. sīt dem māle = seit der Zeit]: *seit dem Zeitpunkt, seit damals:* nichts hat sich s. hier geändert.

²seit|dem ⟨Konj.⟩: ²*seit:* s. sie sich verliebt hat, ist sie völlig verändert.

Sei|te, die; -, -n [mhd. sīte, ahd. sīta, eigtl. = die schlaff Herabfallende (vgl. ahd. sīto [Adv.] = schlaff), wohl urspr. = die unter dem Arm abfallende Flanke des menschlichen Körpers, dann auch: Flanke von Tieren, wahrsch. verw. mit ↑sæn in dessen urspr. Bed. »(aus)streuen; fallen lassen«]: **1. a)** *eine von mehreren ebenen Flächen, die einen Körper, Gegenstand begrenzen; aus einer Blickrichtung sichtbarer Teil der Oberfläche eines Körpers, Gegenstandes:* die rechte S. einer Kiste; **b)** *linke od. rechte, vordere od. hintere, zwischen oben u. unten befindliche Fläche eines Raumes, Gegenstandes, Körpers:* die vordere S. des Hauses; **c)** *rechter od. linker flächiger Teil eines Gegenstands, Körpers:* die rechte S. des Autos muss neu lackiert werden. **2. a)** *rechts od. links [von der Mitte] gelegener Teil einer räumlichen Ausdehnung:* die Angeklagten nahmen fast eine ganze S. des Saales ein; auf zu beiden -n einer Sache (*links u. rechts neben etw.*); **b)** *Ort, Stelle in einer gewissen seitlichen Entfernung von einer Person, Sache:* geh auf die/zur S.! (*aus dem Weg!*); jmdn. zur S. nehmen (*beiseitenehmen*); Ü jmdn. zur S. schieben (*jmdn. [aus einer Position] verdrängen*); * **etw. auf die S. schaffen/bringen** (ugs.; *etw. aus einem zugänglichen Bereich für eigene Bedürfnisse fortnehmen*); **jmdn. auf die S. schaffen** (salopp; *jmdn. ermorden*); **etw. auf die S. legen** (↑Kante 2: bei dem Gehalt kann er nichts auf die S. legen); **etw. auf der S. haben** (↑Kante 2); **c)** *Teil eines Gebietes, das dies- od. jenseits einer Grenze o. Ä. liegt:* die spanische S. der Pyrenäen; das Dorf liegt [schon, noch] auf dänischer S. **3. a)** *Partie des menschlichen Körpers, die als fließender Übergang zwischen seiner vorderen u. hinteren Fläche in Längsrichtung von Kopf bis Fuß verläuft:* auf einer S. gelähmt sein; ihr Kopf fiel vor Müdigkeit zur S.; Ü sie verbrachte eine glückliche Zeit an der S. ihres Mannes (geh.; *mit ihrem Mann*); * **an jmds. grüne S.** (scherzh.; *in jmds. unmittelbare Nähe;* vgl. ↑grün 5); **jmdn. jmdm., etw. einer Sache an die S. stellen** (*jmdn. jmdm., etw. einer Sache gleichstellen*); **sich auf die faule S. legen** (↑Haut 1 b); **jmdm. [mit Rat und Tat] zur S. stehen** (*jmdm. helfen, beistehen*); **jmdm. zur S. treten/springen** (*jmdm. zu Hilfe kommen, jmdn. unterstützen*); **jmdm. nicht von der S. gehen/weichen** (ugs.; *jmdm. keinen Augenblick allein lassen*); **jmdn. von der S. ansehen** (*jmdm. mit Geringschätzung ansehen, behandeln*); **jmdn. von der S. anquatschen** (ugs.; *jmdn. aufdringlich, frech ansprechen*); **b)** *Partie des menschlichen Oberkörpers, die als fließender Übergang zwischen Brust u. Rücken in Längsrichtung zwischen Hüfte u. Achsel verläuft; Teil, der über den Hüften u. unter den Rippen liegt:* mir tut die rechte S.; sich vor Lachen die S. halten. **4.** (*von Tieren mit vier Beinen*) *rechte od. linke Hälfte des Körpers, die zwischen Rücken u. Brust, Vorder- u. Hinterbeinen liegt:* sie klopfte ihrem Pferd die -n. **5.** *eine von mehreren möglichen Richtungen:* er wich nach der falschen S. aus; von allen -n (*von überallher*) herbeiströmten. **6. a)** *[auf beiden Seiten* (6 b) *beschriebene od. bedruckte] Blatt eines Hefts, Druck-Erzeugnisses o. Ä.:* die -n umblättern; ein Lesezeichen zwischen die Seiten legen; **b)** *eine der beiden [bezifferten] Flächen eines Blattes, einer Buch-, Heft-, Zeitungsseite o. Ä.* (Abk.: S.): leere -n; eine neue S. aufschlagen; das Buch hat 300 -n, ist 300 -n stark; schlagt bitte S. 78 auf; siehe S. 11–15/die -n 11–15; Fortsetzung auf S. 42; **c)** *eine der beiden Flächen eines flachen Gegenstands:* die S. der Münze mit der Zahl; der Stoff hat eine glänzende und eine matte S.; R das ist [nur] die eine/das ist die andere S. der Medaille (*das ist [nur] die eine/das ist die andere von zwei [gegensätzlichen] Erscheinungen, die ein u. dieselbe Sache aufweist, die in gewisser Weise zusammengehören*); Spr alles, jedes Ding hat [seine] zwei -n (*alles, jedes Ding hat [seine] Vor- u. Nachteile*). **7.** [nach lat. latus] (Math.) **a)** *Linie, die die Fläche eines Vielecks begrenzt:* ein Rechteck mit vier gleich langen -n ist ein Quadrat; **b)** *linkes od. rechtes Glied einer Gleichung od. Ungleichung.* **8. a)** *eine von mehreren Erscheinungsformen; Aspekt, unter dem sich etw. darbietet:* die wirtschaftliche S. des Problems sehen; alles von der leichten, heiteren S. nehmen; **b)** *eine von mehreren Verhaltensweisen, Eigenschaften, Eigenarten, die jmd. zum Ausdruck bringen kann, durch die jmd., etw. geprägt ist:* seine raue, unfreundliche S. herauskehren; ganz neue -n an jmdm. entdecken; Sie sind wirklich sehr theologisch heute; von dieser S. habe ich Sie ja gar nicht gekannt! (Musil, Mann 474); * **jmds. schwache S. sein** (ugs.; *jmdm. schwerfallen; von jmdm. nicht beherrscht werden:* Mathematik ist ihre schwache S. **2.** *eine Schwäche für jmdn., etw. haben*); **jmds. starke S. sein** (ugs.; *jmdm. leichtfallen; von jmdm. besonders gut beherrscht werden*). **9. a)** *eine von mehreren Personen, Parteien* (4), *die einen unterschiedlichen Standpunkt vertreten od. sich als Gegner, in Feindschaft gegenüberstehen:* ich unterstütze keine S.; man muss immer auch die andere S. hören; ⟨o. Pl.⟩ *Person, Gruppe, Instanz o. Ä., die einen bestimmten Standpunkt vertritt, eine bestimmte Funktion hat:* von kirchlicher S. wurden Einwände erhoben; **c)** *von einer bestimmten Seite* (9 a) *in einem Konflikt vertretener Standpunkt:* sie sah die S. eigentlich?; das Recht war auf ihrer S. **10.** *Familie eines der beiden Elternteile (als Teil der gesamten Verwandtschaft):* die Großeltern der mütterlichen S. **11.** [LÜ von engl. page, kurz für: web page = Webseite] (EDV) *über einen Browser [im Internet als Teil einer Website] abrufbare grafische Darstellung, die Informationen bietet [u. über Hyperlinks zu weiteren Dokumenten* (4) *weiterleitet].*

Sei|ten|air|bag [...ɛ:ɐ̯bɛk], der: *in der seitlichen Polsterung der Rückenlehne eines Autos eingebauter Airbag, der einen zusätzlichen Schutz bei schrägem od. seitlichem Aufprall bietet.*

Sei|ten|al|tar, der: *Altar neben dem Hochaltar (meist im Seitenschiff).*

Sei|ten|an|sicht, die: *Ansicht, die etw. von der Seite* (1 b) *her zeigt.*

Sei|ten|arm, der: *Arm* (2).

Sei|ten|auf|prall|schutz, der (Kfz-Technik): *seitlich in die Karosserie von Kraftwagen integriertes Stahlrohr, -profil o. Ä. zum Schutz bei seitlichem Aufprall.*

Sei|ten|aus, das (Ballspiele): *Bereich seitlich des Spielfelds.*

Sei|ten|aus|gang, der: *Nebenausgang:* am S. warten.

Sei|ten|aus|li|nie, die (Ballspiele): *Auslinie.*

Sei|ten|blick, der: *Blick zur Seite (2 b), der sich kurz [u. von andern unbemerkt] auf jmdn., etw. richtet u. dabei meist etw. Bestimmtes ausdrückt:* jmdm. einen prüfenden S. zuwerfen; mit einem kurzen S. auf die Kinder wechselte sie das Thema.

Sei|ten|ef|fekt, der [LÜ von engl. side effect] (EDV): *meist unbeabsichtigte Änderung eines Zustands beim Unterprogramm:* Ü ein positiver S. *(Nebeneffekt)* des neuen Gesetzes.

Sei|ten|ein|gang, der: *Nebeneingang:* sie trat durch den S. auf das Podium.

Sei|ten|ein|stei|ger, der; -s, - (Jargon): *jmd., der, aus einem anderen [politischen] Bereich kommend, schnell Karriere macht.*

Sei|ten|ein|stei|ge|rin, die; -, -nen: w. Form zu ↑Seiteneinsteiger.

Sei|ten|fach, das: *[kleineres] Fach (1), das sich seitlich von etw. befindet:* eine Tasche mit mehreren Seitenfächern.

Sei|ten|fens|ter, das: *Fenster in der Seitentür eines Kraftfahrzeugs.*

Sei|ten|flä|che, die: *Seite (1b).*

Sei|ten|flü|gel, der: **1.** *Flügel (4).* **2.** *Flügel (2 a) eines Flügelaltars.*

Sei|ten|front, die: *Front (1 a) an der Seite eines Gebäudes.*

Sei|ten|füh|rung, die (Kfz-Technik): *das Haften der Reifen (2) beim Kurvenfahren.*

Sei|ten|gang, der: **1. a)** *Gang, der neben dem Hauptgang (1) besteht;* **b)** *seitlich, an der Seite verlaufender Gang:* es gibt in der Kirche zwei Seitengänge. **2.** ⟨o. Pl.⟩ (Reiten) *Übung, bei der das Pferd mit der Vor- und Hinterhand auf zwei verschiedenen Hufschlägen (1) vorwärts- u. seitwärtsgeht.*

Sei|ten|gas|se, die: *von einer [Haupt]straße abgehende kleinere Gasse.*

Sei|ten|ge|bäu|de, das: *Nebengebäude.*

Sei|ten|ge|wehr, das: **a)** *Bajonett:* das S. aufpflanzen; **b)** (früher) *Degen od. Säbel (der Offiziere).*

Sei|ten|hal|bie|ren|de, die/eine Seitenhalbierende; der/einer Seitenhalbierenden, die Seitenhalbierenden/zwei Seitenhalbierende (Math.): *Gerade bzw. Strecke, die eine Ecke eines Dreiecks mit dem Mittelpunkt der gegenüberliegenden Seite verbindet.*

Sei|ten|hieb, der: **1.** (Fechten) *Hieb von der Seite.* **2.** (emotional) *eigentlich nicht zum Thema gehörende Bemerkung, mit der jmd. jmdn., etw. kritisiert, angreift; bissige Anspielung:* jmdm. einen S. versetzen.

Sei|ten|ka|nal, der: **1.** *von einem Kanal abgehender kleinerer Kanal.* **2.** *an einem Fluss entlang verlaufender Kanal.*

Sei|ten|la|ge, die: *Lage auf der Seite (3 a):* den Verletzten in [die stabile] S. bringen; in S. schlafen.

sei|ten|lang ⟨Adj.⟩: *(von schriftlichen Darlegungen) in aller Breite; sich über viele Seiten erstreckend.*

Sei|ten|leit|werk, das (Flugw.): *am Heck befindlicher Teil des Leitwerks zur Steuerung des Flugzeugs bei einer Drehbewegung zur Seite.*

Sei|ten|li|nie, die: **1.** *Nebenlinie (1, 2).* **2.** (Zool.) *Seitenorgan.* **3.** (bes. Ballspiele) *Auslinie.*

Sei|ten|lo|ge, die: (bes. Theater) *Loge an der Seite des Parketts (2).*

Sei|ten|por|tal, das: *Portal an der Seitenfront [einer Kirche].* seitlich des Hauptportals.

sei|ten|rich|tig ⟨Adj.⟩: *(von Bildern) den abgebildeten Gegenstand mit nicht vertauschten Seiten abbildend; nicht seitenverkehrt.*

Sei|ten|riss, der (Bauw.): *Zeichnung, Darstellung der Seitenansicht eines Bauwerks, Gegenstands.*

Sei|ten|ru|der, das (Flugw.): *bewegliche Klappe des Seitenleitwerks.*

sei|ten|tens ⟨Präp. mit Gen.⟩ (Papierdt.): *aufseiten, vonseiten.*

Sei|ten|schei|be, die: *Fensterscheibe eines Seitenfensters.*

Sei|ten|schei|tel, der: *Scheitel (1 a) auf der linken od. rechten Kopfhälfte.*

Sei|ten|schiff, das (Archit.): *Raum in einer Kirche, der seitlich vom Hauptschiff liegt.*

Sei|ten|schritt, der (bes. Tanzen): *Schritt zur Seite.*

Sei|ten|schwim|men, das; -s: *Schwimmart, bei der der Körper auf der Seite im Wasser liegt.*

Sei|ten|sprung, der: **1.** (veraltet) *Sprung zur Seite.* **2.** *erotisches Abenteuer, vorübergehende sexuelle Beziehung außerhalb der Ehe, einer festen Bindung:* einen S. machen; sie hat ihm den S. verziehen.

Sei|ten|strang, der (Anat., Physiol.): *Nervenbahn, die seitlich in der weißen Substanz des Rückenmarks verläuft.*

Sei|ten|stra|ße, die: *Nebenstraße:* ruhige -n; in eine S. einbiegen.

Sei|ten|strei|fen, der: *in der Regel nicht dem fließenden Verkehr dienender [unbefestigter] Streifen neben der eigentlichen Fahrbahn einer Straße.*

Sei|ten|tal, das: *kleineres Tal, das von einem größeren abzweigt.*

Sei|ten|ta|sche, die: **a)** *seitliche Tasche eines Kleidungsstücks;* **b)** vgl. *Seitenfach.*

Sei|ten|teil, das, auch: der: *seitliches Teil, Teil an der Seite von etw.*

Sei|ten|trieb, der: *seitlich stehender Trieb (2).*

Sei|ten|tür, die: *an der Seite (eines Raums, Gebäudes, Fahrzeugs o. Ä.) liegende Tür.*

sei|ten|ver|kehrt ⟨Adj.⟩: *(von Bildern) wie ein Spiegelbild den abgebildeten Gegenstand mit vertauschten Seiten abbildend.*

Sei|ten|wech|sel, der (Ballspiele, Tennis, Tischtennis, Fechten): *Wechsel der Spielfeldhälften o. Ä.:* nach dem S. spielte ihre Mannschaft wesentlich besser.

Sei|ten|weg, der: *von einem Weg abgehender schmalerer Weg.*

sei|ten|wei|se ⟨Adv.⟩: **1.** *Seite für Seite; in einzelnen Seiten:* er gab das Manuskript s. ab. **2.** *sich über mehrere Seiten erstreckend:* sie befasste sich s. mit diesem Thema.

Sei|ten|wind, der: *Wind, der von seitlicher Richtung kommt:* wir hatten S.

Sei|ten|zahl, die: **1.** *Gesamtheit der Seiten (6b) eines Druck-Erzeugnisses.* **2.** *Zahl, mit der eine Seite eines Druck-Erzeugnisses nummeriert ist.*

seit|her ⟨Adv.⟩ [mhd. sīt her, z. T. auch umgedeutet aus mhd. Komp. sider = später]: ¹*seitdem.*

-sei|tig: 1. *bezeichnet in Bildungen mit Substantiven etw. od. jmdn. als Mittel od. den Urheber/mithilfe von, durch:* schreiber-, wasserseitig. **2.** *kennzeichnet in Bildungen mit Substantiven Zugehörigkeit zu etw. od. jmdm./zu ... gehörend, ... betreffend:* arbeitnehmer-, leistungsseitig. **3.** *bezeichnet in Bildungen mit Substantiven den Ort, die Stelle/an, auf der Seite von:* nord-, stadtseitig.

¹**seit|lich** ⟨Adj.⟩: **a)** *an, auf der Seite [befindlich]:* die -e Begrenzung der Straße; der Eingang ist s.; sie stand s. von mir; **b)** *nach der, zur Seite hin [gewendet]:* der Schrank lässt sich leicht s. verschieben; wir schlugen uns s. in die Büsche;

c) *von der Seite [kommend]:* bei -em Wind begann der Wagen zu schlingern.

²**seit|lich** ⟨Präp. mit Gen.⟩: *neben:* er stand s. des Weges.

Seit|ling, der; -s, -e: *größerer, fleischiger Blätterpilz, der einen seitwärtsstehenden Stiel hat od. ungestielt seitlich angewachsen ist.*

Seit|pferd, das (Turnen): *Pferd (2), das (im Unterschied zum Langpferd) in Querrichtung steht.*

-seits [mit sekundärem s zum Akk. sīt von mhd. sīte (↑Seite), z. B. in: jensīt, ↑¹jenseits]: **1.** ⟨wird mit Adjektiven und dem Fugenzeichen -er- zur Bildung von Adverbien verwendet:⟩ *vonseiten der/des ...; auf ... Seite:* ärztlicher-, psychologischerseits. **2.** *bezeichnet in Bildungen mit Substantiven, seltener mit Adjektiven + -er-, den Ort, die Stelle/an, auf der Seite von:* fluss-, linkerseits.

¹**seit|wärts** ⟨Adv.⟩ [↑-wärts]: **a)** *zur Seite hin:* den Finger etwas s. wegspreizen; **b)** *an, auf der Seite:* s. an der Rampe stehen die Kinder.

²**seit|wärts** ⟨Präp. mit Gen.⟩ (geh.): ¹*neben (1 a):* s. des Weges.

Seit|wärts|be|we|gung, die: *seitwärtsgerichtete Bewegung.*

Seit|wärts|ha|ken, der (Boxen): *Schlag mit angewinkeltem Arm, bei dem die Faust seitlich [von unten nach oben] geführt wird.*

Sejm [sεim], der; -s [poln. sejm]: *polnische Volksvertretung.*

sek, Sek. = Sekunde.

SEK = internationaler Währungscode für: schwedische Krone.

Se|kans, der; -, ...anten [zu lat. secans, ↑Sekante] (Math.): *Verhältnis der Hypotenuse zur Ankathete im rechtwinkligen Dreieck (Zeichen: sec).*

Se|kan|te, die; -, -n [nlat. linea secans, aus lat. linea (↑Linie) u. secans, 1. Part. von: secare, ↑sezieren] (Math.): *Gerade, die eine Kurve, bes. einen Kreis, schneidet.*

Se|kel, Schekel, der; -s, - [hebr. šeqel]: *altbabylonische u. jüdische Gewichts- u. Münzeinheit.*

Se|kret, das; -[e]s, -e: **1.** [zu lat. secretum, 2. Part. von: secernere, ↑sezernieren] (Biol., Med.) *Absonderung (2) aus einem Organ, einer Wunde; von einer Drüse produzierter u. abgesonderter Stoff, der im Organismus bestimmte biochemische Aufgaben erfüllt (z. B. Speichel, Hormone):* das S. einer Wunde. **2.** [lat. secretum = Geheimnis, zu: secretus = geheim, heimlich, eigtl. = abgesondert, adj. 2. Part. von secernere, ↑sezernieren] (veraltet) *vertrauliche Mitteilung.*

Se|kre|tär, der; -s, -e [(frz. secrétaire <) mlat. secretarius = (Geheim)schreiber;]: **1.** *jmd., der für jmdn., bes. für eine Führungskraft od. eine [leitende] Persönlichkeit des öffentlichen Lebens, die Korrespondenz abwickelt u. technisch-organisatorische Aufgaben erledigt; Assistent (a):* er reist immer mit seinem S. **2. a)** *leitender Funktionär einer Organisation (z. B. einer Partei, einer Gewerkschaft);* **b)** (seltener) *Schriftführer:* er ist S. des Vereins. **3.** *Beamter der mittleren Dienste (bei Bund, Ländern u. Gemeinden).* **4.** *schrank- od. kommodenartiges Möbelstück mit auszieh- od. herausklappbarer Schreibplatte:* ein zierlicher S. **5.** [die schwarzen Schmuckfedern am Hinterkopf erinnern an einen früheren Schreiber, der seine Schreibfeder hinters Ohr gesteckt hat] *in der afrikanischen Steppe heimischer, langbeiniger, grauer Greifvogel mit langen Federn am Hinterkopf.*

Se|kre|ta|ri|at, das; -[e]s, -e [mlat. secretariatus = Amt des Geheimschreibers]: **a)** *der Leitung einer Organisation, Institution, eines Unternehmens beigeordnete, für Verwaltung u.*

organisatorische Aufgaben zuständige Abteilung; **b)** *Raum, Räume eines Sekretariats* (a). **Se|kre|tä|rin,** die; -, -nen: w. Form zu ↑ Sekretär (1–3).
se|kre|tie|ren ⟨sw. V.; hat⟩: **1.** [zu Sekret (1)] (Biol., Med.) *absondern, ausscheiden.* **2.** [zu Sekret (2)] *(bes. Bücher) unter Verschluss halten:* ein Buch s.
Se|kre|ti|on, die; -, -en [lat. secretio = Absonderung, Trennung, zu: secernere, ↑ sezernieren]: **1.** (Biol., Med.) *Produktion u. Absonderung eines Sekrets durch eine Drüse:* dieses Mittel fördert die S. der Bauchspeicheldrüse; Drüsen mit äußerer, innerer S. **2.** (Geol.) *[teilweise] Ausfüllung von Hohlräumen eines Gesteins von außen nach innen durch Ausscheidungen einer eingedrungenen Minerallösung.*
se|kre|to|risch ⟨Adj.⟩ (Biol., Med.): *die Sekretion* (1) *betreffend, sie beeinflussend od. verursachend.*
Sekt, der; -[e]s, -e [älter: Seck, gek. aus frz. vin sec < ital. vino secco = süßer, schwerer, aus Trockenbeeren gekelterter Wein, aus: vino = Wein (< lat. vinum) u. secco < lat. siccus, ↑²sec]: *durch Nachgärung gewonnener Schaumwein (der beim Öffnen der Flasche stark schäumt):* deutscher S.; ein Glas S. anbieten; * **Sekt oder Selters** (ugs.; *alles oder nichts*).
Sek|te, die; -, -n [mhd. secte < spätlat. secta = philosophische Lehre; Sekte; befolgter Grundsatz, wohl zu lat. sequi (2. Part.: secutum) = folgen]: **1.** (veraltend) *kleinere Glaubensgemeinschaft, die sich von einer größeren Religionsgemeinschaft, einer Kirche abgespalten hat, weil sie andere Positionen als die ursprüngliche Gemeinschaft betont, hervorhebt:* eine buddhistische S.; eine S. gründen. **2.** (meist abwertend) *kleinere Gemeinschaft, die in meist radikaler, einseitiger Weise bestimmte Ideologien od. religionsähnliche Grundsätze vertritt, die nicht den ethischen Grundwerten der Gesellschaft entsprechen:* in einer S. sein; eine S. verlassen.
Sek|ten|be|auf|trag|te ⟨vgl. Beauftragte⟩: *weibliche Person, die beauftragt ist, sich mit den Sekten* (2) *u. deren Aktivitäten zu befassen.*
Sek|ten|be|auf|trag|ter ⟨vgl. Beauftragter⟩: *jmd., der beauftragt ist, sich mit den Sekten* (2) *u. deren Aktivitäten zu befassen.*
Sek|ten|mit|glied, das: *jmd., der einer Sekte angehört.*
Sekt|fla|sche, die: *dickwandige Flasche für Sekt.*
Sekt|früh|stück, das: *[spätes] Frühstück mit besonderen Delikatessen u. Sekt.*
Sekt|glas, das ⟨Pl. ...gläser⟩: *langstieliges, kelchod. schalenförmiges Glas für Sekt.*
Sek|tie|rer, der; -s, - [zu älter sektieren = eine Sekte bilden]: **1.** *Anhänger, Wortführer einer Sekte.* **2.** (abwertend) *jmd., der von einer politischen, philosophischen o. ä. Richtung deutlich abweicht.*
Sek|tie|re|rei, die; -, - ⟨Pl. selten⟩ (abwertend): *sektiererisches Verhalten.*
Sek|tie|re|rin, die; -, -nen: w. Form zu ↑ Sektierer.
sek|tie|re|risch ⟨Adj.⟩: **1.** *zu einer Sekte gehörend, für sie charakteristisch.* **2.** (abwertend) *in der Art eines Sektierers* (2); *für ihn charakteristisch.*
Sek|tie|rer|tum, das; -s: *sektiererische Art, sektiererisches Verhalten.*
Sek|ti|on, die; -, -en [lat. sectio = das Schneiden; der Abschnitt, zu: sectum, 2. Part. von: secare, ↑ sezieren]: **1.** *Abteilung, Gruppe, Fachbereich innerhalb einer Behörde, Institution, Organisation.* **2.** (Med.) *das Sezieren einer Leiche (zur Feststellung der Todesursache).* **3.** (Technik) *vorgefertigtes Bauteil, bes. eines Schiffes.*
Sek|ti|ons|be|fund, der (Med.): *Befund einer Sektion* (1).

Sek|ti|ons|chef, der (österr.): *höchster Ministerialbeamter.*
Sek|ti|ons|che|fin, die: w. Form zu ↑ Sektionschef.
sek|ti|ons|wei|se ⟨Adv.⟩: *in einzelnen Sektionen* (1).
Sekt|kelch, der: *kelchförmiges Sektglas.*
Sekt|kel|le|rei, die: *Kellerei, in der Sekt hergestellt wird.*
Sekt|kor|ken, der: *pilzförmiger, mit dem oberen Ende auf dem Flaschenrand aufsitzender Korken für Sektflaschen:* die S. knallten.
Sekt|kü|bel, der: *Kübel, Gefäß, in dem der Sekt mit Eisstücken kühl gehalten wird.*
Sekt|küh|ler, der: *Vorrichtung, Gefäß zum Kühlhalten von Sekt (z. B. in Form eines Sektkübels).*
Sekt|lau|ne, die ⟨Pl. selten⟩ (scherzh.): *durch den Genuss von Sekt hervorgerufene beschwingte, übermütige Stimmung, in der sich jmd. leicht zu etw. hinreißen lässt, was ihm hinterher unverständlich vorkommen.*
Sek|tor, der; -s, ...oren: **1.** [übertr. von 2 *Bereich, [Sach]gebiet:* der öffentliche, private, gewerbliche S.; primärer S. (Wirtsch.; *Land-, Forstwirtschaft u. Fischerei*); sekundärer S. (Wirtsch.; *Waren produzierendes Gewerbe*); tertiärer S. (Wirtsch.; *Dienstleistungsgewerbe*). **2.** [(spät)lat. sector, eigtl. = Schneider, Abschneider, zu: secare, ↑ sezieren] (Geom.) **a)** *Kreisausschnitt;* **b)** *Kreiskegel mit der Spitze im Mittelpunkt einer Kugel.* **3. a)** *(in Berlin u. Wien nach dem Zweiten Weltkrieg) von je einer der vier Siegermächte besetztes Besatzungsgebiet;* **b)** *durch die Aufteilung eines Gebietes (in einzelne Interessengebiete o. Ä.) entstandene Zone.*
Sek|to|ren|gren|ze, die: *Grenze zwischen Sektoren* (3 a).
Sekt|scha|le, die: *schalenförmiges Sektglas.*
Sekt|steu|er, die ⟨Pl. selten⟩: *Verbrauchssteuer auf Sekt.*
Se|kund, die; -, -en (österr.): *Sekunde* (3).
Se|kund|ak|kord, der (Musik): *dritte Umkehrung des Septimenakkords, bei der die Septime im Bass liegt.*
Se|kun|dant, der; -en, -en [lat. secundans (Gen.: secundantis), 1. Part. von: secundare, ↑ sekundieren]: **1.** *jmd., der jmdm. bei einem Duell od. einer Mensur* (2) *als Berater u. Zeuge persönlich beisteht:* Ü *der Außenminister als S. (Helfer, Beistand) des Kanzlers.* **2.** (bes. Boxen, Schach) *persönlicher Betreuer u. Berater bei einem Wettkampf.*
Se|kun|dan|tin, die; -, -nen: w. Form zu ↑ Sekundant.
Se|kun|danz, die; -, -en: *das Sekundieren* (3).
se|kun|där ⟨Adj.⟩ [frz. secondaire < lat. secundarius = der Zweite der Ordnung nach, zu: secundus, ↑ Sekunde]: **1.** (bildungsspr.) **a)** *an zweiter Stelle [stehend], zweitrangig, in zweiter Linie [in Betracht kommend]:* etw. hat nur -e Bedeutung; **b)** *nachträglich hinzukommend, nicht ursprünglich.* **2.** (Chemie) *(von chemischen Verbindungen o. Ä.) jeweils zwei von mehreren gleichartigen Atomen durch zwei bestimmte andere Atome ersetzend od. mit zwei bestimmten anderen verbindend.* **3.** (Elektrot.) *den Teil eines Netzgeräts betreffend, über den die umgeformte Spannung als Leistung* (2 c) *abgegeben wird; zu diesem Teil gehörend, mit seiner Hilfe.*
Se|kun|dar|ab|schluss, der: *nach dem Besuch der Sekundarstufe I erworbener Schulabschluss;* qualifizierter S. *(mittlere Reife).*
Se|kun|där|ana|ly|se, die (Soziol., Statistik): *Auswertung schon vorhandenen statistischen Materials (wie z. B. Absatzstatistiken) zum Zweck der Markt- u. Meinungsforschung.*
Se|kun|dar|arzt, der (österr.): *Assistenzarzt.*

Se|kun|dar|ärz|tin, die: w. Form zu ↑ Sekundararzt.
Se|kun|där|elek|t|ron, das (Physik): *Elektron, das beim Auftreffen einer primären Strahlung auf ein Material (bes. Metall) aus diesem herausgelöst wird.*
Se|kun|där|emis|si|on, die (Physik): *Emission von Sekundärelektronen.*
Se|kun|där|ener|gie, die (Technik): *aus einer Primärenergie gewonnene Energie.*
Se|kun|dar|leh|rer, der (schweiz.): *Lehrer an einer Sekundarschule.*
Se|kun|dar|leh|re|rin, die: w. Form zu ↑ Sekundarlehrer.
Se|kun|där|li|te|ra|tur, die; -, -en ⟨Pl. selten⟩ (Wissensch.): *wissenschaftliche Literatur über Primärliteratur.*
Se|kun|där|roh|stoff, der (bes. regional): *Altmaterial.*
Se|kun|dar|schu|le, die (schweiz.): *Mittelschule* (1), *Realschule.*
Se|kun|där|sta|tis|tik, die: *statistische Auswertung von Material, das nicht primär für statistische Zwecke erhoben wurde.*
Se|kun|där|strom, der (Elektrot.): *elektrischer Strom der Sekundärwicklung.*
Se|kun|dar|stu|fe, die: *der auf der Primarstufe aufbauende weiterführende Stufe, weiterführender Bildungsgang:* S. I (*5.–10. Schuljahr*); S. II (*11.–13. Schuljahr*).
Se|kun|där|tu|gend, die ⟨meist Pl.⟩: *nicht zu den Grundtugenden gehörende Tugend* (2); *Tugend* (2) *von minderem Rang.*
Se|kun|där|wick|lung, die (Elektrot.): *Wicklung, Spule eines Transformators, über die elektrische Leistung* (2 c) *abgegeben wird.*
Se|künd|chen, das; -s, -: Vkl. zu ↑ Sekunde.
Se|kun|de, die; -, -n [verkürzt aus spätlat. pars minuta secunda = zweiter verminderter Teil (der erste verminderte Teil entsteht durch die Teilung der Stunde in 60 Minuten [↑ Minute]), zu lat. secundus = (der Reihe od. der Zeit nach) folgend, Zweiter, zu einem alten 2. Part. von: sequi = folgen]: **1. a)** *sechzigster Teil einer Minute als Grundeinheit der Zeit* (Abk.: Sek., Zeichen: s [bei Angabe eines Zeitpunktes: ˢ], älter: sec); **b)** (ugs.) *sehr kurze Zeitspanne; Augenblick:* wir dürfen keine S. verlieren; in der nächsten S. war er bereits verschwunden; sie hat ihm zu keiner S. *(niemals)* wirklich verziehen; Ihr Gesicht wird in einer S. *(von einem Augenblick zum andern)* hart und verschlossen (Remarque, Obelisk 254). **2.** (Musik) **a)** *zweiter Ton einer diatonischen Tonleiter;* **b)** *Intervall von zwei diatonischen Tonstufen.* **3.** (Fachspr.) *3 600ster Teil eines Grades* (3) (Zeichen: ″). **4.** (Verlagsw.) *auf der dritten Seite eines Druckbogens in der linken unteren Ecke angebrachte Zahl mit Sternchen zur Kennzeichnung der Reihenfolge für den Buchbinder.*
Se|kun|den|bruch|teil, der: *Bruchteil einer Sekunde* (1 a): in -en traf die Notärztin die richtige Entscheidung.
Se|kun|den|kle|ber, der (bes. ugs., Fachspr.): *starker Klebstoff, der durch eine rasche Polymerisation seine Wirkung binnen kürzester Zeit entfaltet.*
se|kun|den|lang ⟨Adj.⟩: *einige, mehrere Sekunden* (1 a) *lang:* eine -e Bewusstlosigkeit.
Se|kun|den|schlaf, der (ugs.): *durch Übermüdung erfolgtes kurzzeitiges Einnicken (besonders beim Autofahren).*
se|kun|den|schnell ⟨Adj.⟩: *sehr schnell; sich innerhalb von Sekunden* (1 b) *vollziehend:* eine -e Reaktion.
Se|kun|den|schnel|le, die ⟨o. Pl.⟩: *meist in der Fügung* in S. (*sehr schnell [geschehend, sich vollziehend]*).

Se|kun|den|zei|ger, der: *die Sekunden [auf einem eigenen Zifferblatt] anzeigender Uhrzeiger.*
se|kun|die|ren ⟨sw. V.; hat⟩ [(frz. seconder = beistehen <) lat. secundare = begünstigen, zu: secundus (↑ Sekunde) in der übertr. Bed. = begünstigend; begleitend]: **1. a)** (bildungsspr.) jmdn., etw. *[mit Worten] unterstützen:* jmdn. s.; **b)** (bildungsspr.) *sekundierend* (1 a), *beipflichtend äußern;* **c)** (Musik) *die zweite Stimme singen od. spielen u. jmdn., etw. damit begleiten:* jmdn. auf der Flöte s. **2.** *jmdm. bei einem Duell od. einer Mensur* (2) *als Berater u. Zeuge persönlich beistehen:* seinem Freund s. **3.** (bes. Boxen, Schach) *einen Teilnehmer während des Wettkampfes persönlich betreuen u. beraten.*
se|künd|lich, (selten:) **se|kund|lich** ⟨Adj.⟩: *in jeder Sekunde [einmal] geschehend, sich vollziehend.*
Se|ku|rit® [auch: ...'rɪt], das; -s [Kunstwort, zu lat. securitas = Sicherheit]: *nicht splitterndes Sicherheitsglas.*
sel. = selig.
Se|la, das; -s, -s [hebr. selā, H. u.]: *in den alttestamentlichen Psalmen häufig auftretendes Wort, das möglicherweise als Anweisung für den musikalischen Vortrag zu verstehen ist.*
Se|la|don [auch: zela'dõ:], das; -s, -s [wohl nach dem graugrünen Gewand des Schäfers Céladon im Roman »L' Astrée« von H. d'Urfé (1568–1625)]: *chinesisches Porzellan mit grüner Glasur in verschiedenen Nuancen.*
Se|la|don|por|zel|lan, das: w.
Se|lam [alei|kum]: ↑ Salam [alaikum].
Se|lam|lik, der; -[s], -s [türk. selâmlık]: **1.** *Empfangsraum im orientalischen Haus.* **2.** (Geschichte) *feierlicher Auffahrt des Sultans od. des Kalifen zum Freitagsgebet.*
selb... ⟨Demonstrativpron.⟩ [mhd. selp, ahd. selb, H. u.]: **a)** steht mit dem mit einer Präp. verschmolzenen Art. od. mit vorangehendem Demonstrativpron. u. drückt eine Identität aus: am selben Tag; **b)** ⟨ohne vorangehenden Art.⟩ (veraltet od. ugs.) Kurzf. von ↑ Dieselbe (1): (ugs.:) »Selbe Adresse?« – »Ja.« (Remarque, Obelisk 71).
selb|dritt ⟨Adv.⟩ (veraltet): *zu dritt miteinander* (2).
sel|ber ⟨indekl. Demonstrativpron.⟩ [mhd. selber, erstarrter stark gebeugter Nom. Sg. von ↑ selb...] (ugs.): ¹*selbst:* er will immer alles s. machen.
Sel|ber|ma|chen, das; -s (ugs.): *das Selbstherstellen,* *-hervorbringen einer Sache:* S. spart Geld.
sel|big ⟨Demonstrativpron.⟩ [spätmhd. selbic = derselbe] (veraltend, noch altertümelnd): *bezieht sich auf eine vorher genannte Person od. Sache:* dieser, diese, dieses selbe: am -en Tag, an -em Tag.
selbst ⟨Partikel⟩ [(spät)mhd. selb(e)s, erstarrter Gen. Sg. Mask. von selb...]: **1.** steht nach dem Bezugswort od. betont nachdrücklich, dass nur die im Bezugswort genannte Person od. Sache gemeint ist u. niemand od. nichts anderes: der Wirt s. *(persönlich)* hat uns bedient; du s. hast es/du hast es s. gesagt *(kein anderer als du hat es gesagt);* obwohl das Haus s. sehr schön ist, möchte ich dort nicht wohnen; sie muss alles s. machen *(es hilft ihr niemand);* er kann sich wieder s. versorgen *(braucht keine Hilfe mehr);* das Kind kann schon s. (ugs.; *allein*) laufen; sie hatte es s. *(mit eigenen Augen)* gesehen; ein s. ernannter Experte; ein s. erwähltes Schicksal; s. gebackenes Brot; s. gebautes, s. gebasteltes Modell; s. gebrautes Bier; s. gedrehte Zigaretten; s. gemachte Marmelade; ein s. genähtes Kleid; s. geschriebene Gedichte; s. gesteckte Ziele; ein s. gestrickter Pullover; ein s. gestricktes Programm; im s. gewählten Exil; s. gezogenes Gemüse; eine s. gezogene Kerze; s. verdientes Geld; ein s. verschuldeter Unfall; sie denkt immer nur an sich s. *(ist sehr egoistisch);* etw. versteht sich von s. *(ist selbstverständlich);* das kommt ganz von s. *(ohne Anstoß von außen);* etw. mit sich s. ausmachen; * *etw. s. sein* (ugs.; *die Verkörperung einer Eigenschaft sein:* sie ist die Ruhe s.). **2.** ⟨unbetont⟩ *sogar, auch:* s. wenn er wollte, könnte er das nicht tun.
Selbst, das; - [nach engl. the self] (geh.): *das seiner selbst bewusste Ich: das erwachende, bewusste S.;* sein wahres S. finden.
Selbst|ab|ho|ler, der: *jmd., der selbst etw. abholt, was üblicherweise geliefert, zugestellt wird:* ein Möbelmarkt für S.
Selbst|ab|ho|le|rin, die: w. Form zu ↑ Selbstabholer.
Selbst|ach|tung, die: *Achtung* (1), *die jmd. vor sich selbst hat; Gefühl für die eigene menschliche Würde:* seine S. wiedergewinnen.
Selbst|ana|ly|se, die (Psychol.): *systematische Analyse des eigenen Selbst.*
selb|stän|dig usw.: ↑ selbstständig usw.
Selbst|an|kla|ge, die: **a)** (geh.) *Anklage, Vorwurf, den jmd. gegen sich selbst richtet [u. mit dem er sich öffentlich eines begangenen Unrechts bezichtigt];* **b)** (selten) *Selbstkritik.*
Selbst|an|ste|ckung, die (Med.): *Infektion durch einen Erreger, der bereits im Körper vorhanden ist.*
Selbst|an|zei|ge, die: **1.** (Rechtsspr.) *Anzeige* (1) *eines Vergehens, die der Täter od. die Täterin selbst vornimmt.* **2.** *Anzeige* (2 b) *eines Buches durch den Verfasser selbst.*
Selbst|auf|ga|be, die: **1.** ⟨o. Pl.⟩ **a)** *das Sich-selbst-Aufgeben als Persönlichkeit;* **b)** *das Verlieren des Lebenswillens, der Lebenskraft.* **2.** *Ausdruck der Selbstaufgabe* (1 a). **3.** (Verwaltung) *Aufgabe, die auf kommunaler Ebene in Selbstverwaltung erledigt wird:* Die Gemeinde muss die Schulen im Rahmen der pflichtigen S. verwalten.
Selbst|auf|lö|sung, die: *das Sich-selbst-Auflösen.*
Selbst|auf|op|fe|rung, die ⟨Pl. selten⟩: *Hingabe an eine Aufgabe o. Ä., bei der jmd. seine eigenen Bedürfnisse od. Interessen ganz hintanstellt [bis hin zur Opferung des eigenen Lebens].*
Selbst|auf|zug, der (Fachspr.): *Automatik bei einer Uhr, mit deren Hilfe sich sie selbsttätig aufzieht.*
Selbst|aus|beu|tung, die: *das Sich-selbst-Ausbeuten.*
Selbst|aus|lö|ser, der (Fotogr.): *Vorrichtung an einer Kamera zum automatischen Auslösen des Verschlusses:* Fotos mit S. machen.
Selbst|be|die|nung, die ⟨Pl. selten⟩: **1.** *Form des Einkaufs, bei der die Kundin bzw. der Kunde die Waren selbst aus dem Regal o. Ä. nimmt u. an der Kasse bezahlt; keine S.!;* eine Tankstelle mit S. **2.** *Form des Sich-selbst-Bedienens in Gaststätten o. Ä. ohne Bedienungspersonal von denen die Gäste das, was sie verzehren möchten, [am Büfett] selbst zusammenstellen u. an ihren Platz bringen müssen):* eine Cafeteria mit S.
Selbst|be|die|nungs|gast|stät|te, die: *Gaststätte mit Selbstbedienung.*
Selbst|be|die|nungs|la|den, der ⟨Pl. ...läden⟩: *Geschäft mit Selbstbedienung* (1).
Selbst|be|die|nungs|res|tau|rant, das: vgl. Selbstbedienungsgaststätte.
Selbst|be|frei|ung, die: **1.** (Rechtsspr.) *Ausbruch eines Gefangenen aus dem Gewahrsam.* **2.** ⟨Pl. selten⟩ (Psychol.) *das Sich-frei-Machen von inneren Zwängen, dem Gefühl der Unfreiheit, Unsicherheit o. Ä.*
Selbst|be|frie|di|gung, die: *geschlechtliche Befriedigung der eigenen Person durch manuelle Reizung der Geschlechtsorgane; Onanie.*
Selbst|be|fruch|tung, die (Bot.): *Befruchtung einer Pflanze nach Selbstbestäubung.*
Selbst|be|gren|zung, die: *Selbstbeschränkung.*
Selbst|be|halt, der; -[e]s, -e (Versicherungsw.): *Selbstbeteiligung:* einen S. vereinbaren.
Selbst|be|haup|tung, die: *das Sichbehaupten eines Individuums in seiner Umwelt.*
Selbst|be|herr|schung, die: *Fähigkeit, Affekte, Gefühle o. Ä. durch den Willen zu steuern, ihnen nicht ungezügelt freien Lauf zu lassen:* [keine] S. haben; die S. verlieren.
Selbst|be|kös|ti|gung, die: *Beköstigung auf eigene Kosten (auf der Reise o. Ä.).*
Selbst|be|mit|lei|dung, die; -, -en: **1.** ⟨o. Pl.⟩ *das Sich selbst Bemitleiden.* **2.** *Bekundung von Selbstmitleid.*
Selbst|be|ob|ach|tung, die: *Introspektion.*
Selbst|be|schei|dung, die (geh.): *das Sichbescheiden, Verzichten auf bestimmte Ansprüche.*
Selbst|be|schrän|kung, die ⟨Pl. selten⟩: *bewusstes Sichbeschränken auf einen bestimmten Bereich:* sich S. auferlegen.
Selbst|be|schrei|bung, die: *Beschreibung, Definition* (1 b), *Präsentation von sich selbst.*
Selbst|be|sin|nung, die ⟨Pl. selten⟩ (geh.): *Besinnung auf das eigene Handeln u. Denken:* ein Augenblick der S.
Selbst|be|spie|ge|lung, die (abwertend): *narzisstische Selbstbeobachtung.*
Selbst|be|stä|ti|gung, die (Psychol.): *Bewusstsein des eigenen Wertes, der eigenen Fähigkeiten o. Ä. (das jmdm. mit einem Erfolgserlebnis zuwächst):* [bei, durch, in etw.] S. suchen.
Selbst|be|stäu|bung, die (Bot.): *Bestäubung einer Blüte durch den von ihr selbst hervorgebrachten Blütenstaub.*
selbst|be|stimmt ⟨Adj.⟩: *eigenständig, eigenverantwortlich, nach eigenem Willen:* ein -es Leben führen; s. leben, arbeiten, sterben.
Selbst|be|stim|mung, die: **1.** ⟨o. Pl.⟩ **a)** (Politik, Soziol.) *Unabhängigkeit die bzw. der Einzelnen von jeder Art der Fremdbestimmung (z. B. durch gesellschaftliche Zwänge, staatliche Gewalt);* **b)** (Philos.) *Unabhängigkeit des Individuums von eigenen Trieben, Begierden u. Ä.;* **c)** [LÜ von engl. self-determination] (Politik) *Unabhängigkeit eines Volkes von anderen staatlichen Mächten u. die Unabhängigkeit im innerstaatlichen Bereich.* **2.** *Definition von sich selbst; Standortbestimmung.*
Selbst|be|stim|mungs|recht, das: **a)** (Rechtsspr.) *Recht des bzw. der Einzelnen auf Selbstbestimmung* (a); **b)** (Völkerrecht) *Recht eines Volkes auf Selbstbestimmung* (c).
Selbst|be|tä|ti|gung, die: *das Sich-selbst-Betätigen:* künstlerische S.
Selbst|be|tei|li|gung, die (Versicherungsw.): *finanzielle Beteiligung in bestimmter Höhe, die der Versicherte bei einem Schadensfall selbst übernimmt.*
Selbst|be|trug, der: *das Nichteingestehen einer Sache vor sich selbst.*
Selbst|be|weih|räu|che|rung, die (ugs. abwertend): *übertriebenes Eigenlob;* ↑ beweihräuchern (2).
selbst|be|wusst ⟨Adj.⟩: **a)** (Philos.) *Selbstbewusstsein* (a) *aufweisend:* der Mensch als -es Wesen; **b)** *Selbstbewusstsein* (b) *besitzend, ausdrückend; selbstsicher:* sie ist eine sehr -e Frau.
Selbst|be|wusst|sein, das: **a)** (Philos.) *Bewusstsein (des Menschen) von sich selbst als denkendem Wesen;* **b)** *das Überzeugtsein von seinen Fähigkeiten, seinem eigenen Wert als Person, das sich bes. in selbstsicherem Auftreten ausdrückt:* ein ausgeprägtes S. haben; etw. stärkt jmds. S.
Selbst|be|zeich|nung, die: *Bezeichnung, mit der jmd. sich selbst, seine Gruppe o. Ä. benennt.*

Selbst|be|zich|ti|gung, die: *Selbstanklage.*
selbst|be|zo|gen ⟨Adj.⟩: *durch Selbstbezogenheit gekennzeichnet.*
Selbst|be|zo|gen|heit, die; -, -en: **1.** ⟨o. Pl.⟩ *narzisstisches Gerichtet-, Bezogensein auf die eigene Person; Ichbezogenheit.* **2.** *etw. selbstbezogen Wirkendes.*
Selbst|bild, das (Sozialpsychol., Psychol.): *Autostereotyp:* ein gestörtes S. haben.
Selbst|bild|nis, das: *vom Künstler, von der Künstlerin selbst geschaffenes Bildnis der eigenen Person; Selbstporträt.*
Selbst|dar|stel|ler, der: *jmd., dessen Tun der Selbstdarstellung* (a) *dient.*
Selbst|dar|stel|le|rin, die: w. Form zu ↑ Selbstdarsteller.
Selbst|dar|stel|lung, die: **a)** *Darstellung* (3 a) *der eigenen Person, Gruppe o. Ä.* (um Eindruck zu machen, seine Fähigkeiten zu zeigen o. Ä.)*;* **b)** *Selbstbildnis.*
Selbst|dis|zi|p|lin, die ⟨o. Pl.⟩: *Diszipliniertheit, die jmdn. auszeichnet; Beherrschtheit.*
selbst|ei|gen ⟨Adj.⟩ (veraltet): *jmdm., einer Sache selbst [zu]gehörend:* in -er Verantwortung.
◆ ... mit des Herrn selbsteigner Hand ... geschrieben (Lessing, Nathan IV, 7).
Selbst|ein|schät|zung, die: *Einschätzung der eigenen Person im Hinblick auf bestimmte Fähigkeiten, Fehler u. Ä.*
Selbst|ent|äu|ße|rung, die (geh.): *gänzliches Zurückstellen der eigenen Bedürfnisse, Wünsche o. Ä. zugunsten eines bzw. einer anderen od. einer Sache.*
Selbst|ent|fal|tung, die: *[Möglichkeit der] Entfaltung der eigenen Anlagen u. Fähigkeiten.*
Selbst|ent|frem|dung, die (bes. marx.): *Entfremdung des Menschen von sich selbst.*
selbst|ent|zünd|lich ⟨Adj.⟩: *(von bestimmten Stoffen) sich selbst entzündend.*
Selbst|ent|zün|dung, die: *das Sich-selbst-Entzünden (eines Stoffes).*
Selbst|er|fah|rung, die (Psychol.): *das Sich-selbst-verstehen-Lernen durch Sprechen über sich selbst u. seine Probleme (u. durch Konfrontation mit ähnlichen Problemen bei anderen).*
Selbst|er|fah|rungs|grup|pe, die (Psychol.): ¹*Gruppe* (2), *die ein Training in Selbsterfahrung absolviert.*
Selbst|er|hal|tung, die: *Erhaltung des eigenen Lebens.*
Selbst|er|hal|tungs|trieb, der: *Trieb, Instinkt eines Individuums, der auf die Selbsterhaltung ausgerichtet ist.*
Selbst|er|kennt|nis, die: *Erkenntnis der eigenen Person im Hinblick auf bestimmte Fähigkeiten, Fehler u. Ä.*
selbst|er|klä|rend ⟨Adj.⟩: *aus sich heraus [aufgrund von Konventionen intuitiv* (a)*] verständlich:* -e Symbole auf den Knöpfen eines Geräts; die Benutzeroberfläche, die Anleitung sollte s. sein.
selbst er|nannt, selbst|er|nannt ⟨Adj.⟩: *sich selbst zu etw. ernannt habend:* ein selbst ernannter Experte.
Selbst|er|nied|ri|gung, die (geh.): *das Herabwürdigen seiner selbst.*
selbst er|wählt, selbst|er|wählt ⟨Adj.⟩ (geh.): *von der betreffenden Person selbst gewählt:* ein selbst erwähltes Schicksal.
Selbst|er|zeu|ger, der: *jmd., der bestimmte Dinge (bes. Nahrungsmittel) seines täglichen Bedarfs selbst erzeugt.*
Selbst|er|zeu|ge|rin, die: w. Form zu ↑ Selbsterzeuger.
Selbst|er|zie|hung, die: *das Sich-selbst-Erziehen.*
Selbst|fah|rer, der: **1.** *jmd., der das Fahrzeug, das er benutzt (z. B. seinen Privatwagen, seinen Dienstwagen), selbst lenkt.* **2.** (Fachspr.) *Fahrstuhl, der vom Benutzer, von der Benutzerin selbst bedient wird.* **3.** *Krankenfahrstuhl, mit dem man sich ohne Hilfe fortbewegen kann:* ein elektrischer S. **4.** (Schifffahrt) *(in der Binnenschifffahrt) Frachtschiff mit eigenem Antrieb.*
Selbst|fah|re|rin, die: w. Form zu Selbstfahrer (1).
Selbst|fin|dung, die (geh.): *das Zu-sich-selbst-Finden, Sich-selbst-Erfahren als Persönlichkeit.*
selbst ge|ba|cken, selbst|ge|ba|cken ⟨Adj.⟩: *von jmdm. selbst (u. nicht vom Bäcker od. von der Bäckerin) gebacken:* selbst gebackene Plätzchen.
selbst ge|bas|telt, selbst|ge|bas|telt ⟨Adj.⟩: vgl. selbst gemacht.
selbst ge|baut, selbst|ge|baut ⟨Adj.⟩: vgl. selbst gemacht: ein selbst gebautes Haus.
selbst ge|braut, selbst|ge|braut ⟨Adj.⟩: vgl. selbst gemacht: selbst gebrautes Bier.
selbst ge|dreht, selbst|ge|dreht ⟨Adj.⟩: vgl. selbst gemacht: selbst gedrehte Zigaretten.
selbst|ge|fäl|lig ⟨Adj.⟩ (abwertend): *sehr von sich überzeugt u. auf penetrante Weise eitel, dünkelhaft:* ein -er Mensch.
Selbst|ge|fäl|lig|keit, die: **1.** ⟨o. Pl.⟩ *selbstgefällige Art:* die S. und Arroganz vieler Politiker. **2.** *etw. selbstgefällig Wirkendes.*
Selbst|ge|fühl, das ⟨Pl. selten⟩ (geh., seltener): *Gefühl für die eigene Person.*
selbst ge|macht, selbst|ge|macht ⟨Adj.⟩: *von der betreffenden Person selbst gemacht, hergestellt:* selbst gemachte Marmelade.
selbst ge|näht, selbst|ge|näht ⟨Adj.⟩: vgl. selbst gemacht.
selbst|ge|nüg|sam ⟨Adj.⟩: *an sich selbst Genüge findend; in sich ruhend u. sich bescheidend, ohne den Ehrgeiz od. das Bestreben, sich hervorzutun od. Besonderes zu erreichen.*
Selbst|ge|nüg|sam|keit, die: *das Selbstgenügsamsein.*
selbst|ge|recht ⟨Adj.⟩ (abwertend): *von der eigenen Unfehlbarkeit überzeugt; zu keiner Selbstkritik fähig, keiner Kritik zugänglich:* ein -er Mensch.
Selbst|ge|rech|tig|keit, die (abwertend): *das Selbstgerechtsein:* eine Stimme gegen S. und Intoleranz.
selbst ge|schrie|ben, selbst|ge|schrie|ben ⟨Adj.⟩: vgl. selbst gemacht: ein selbst geschriebenes Gedicht.
Selbst|ge|spräch, das ⟨meist Pl.⟩: *jmds. Sprechen, das nicht an einen Adressaten, an eine Adressatin gerichtet ist; Gespräch, das jmd. mit sich selbst führt:* in ein S. vertieft sein.
selbst ge|steckt, selbst|ge|steckt ⟨Adj.⟩: vgl. selbst erwählt: selbst gesteckte Ziele.
selbst ge|strickt, selbst|ge|strickt ⟨Adj.⟩: vgl. selbst gemacht: ein selbst gestrickter Pullover.
selbst ge|wählt, selbst|ge|wählt ⟨Adj.⟩: vgl. selbst erwählt: im selbst gewählten Exil.
Selbst|ge|wiss ⟨Adj.⟩ (geh.): *selbstbewusst, selbstsicher.*
Selbst|ge|wiss|heit, die (geh.): *Selbstbewusstsein, Selbstsicherheit.*
selbst ge|zo|gen, selbst|ge|zo|gen ⟨Adj.⟩: **1.** *im eigenen Garten gezogen:* selbst gezogenes Gemüse. **2.** *(von Kerzen) selbst hergestellt:* eine selbst gezogene Kerze.
selbst|haf|tend ⟨Adj.⟩: *selbstklebend.*
selbst|här|tend ⟨Adj.⟩ (Technik): *(von bestimmten Stoffen) selbst hart werdend, aushärtend:* -e Klebstoffe.
Selbst|hass, der (bes. Psychol.): *gegen die eigene Person gerichteter Hass.*
Selbst|hei|lung, die (Med.): *ohne medizinische Behandlung erfolgende Heilung.*
◆ **Selbst|heit,** die; -, -en [mhd. selbesheit, selpheit = das Selbst]: **1. a)** ⟨Pl. selten⟩ *Art, Wesen des eigenen Selbst; Individualität* (1): ... die bloß darum meine Feinde wurden, weil sie keine Lust hatten, mir auf Unkosten ihrer S. Gutes wirken zu helfen, und ich ihnen im Bösestun weder zum Gehülfen noch zum Werkzeug dienen wollte (Wieland, Agathon 12, 11); ... dass sich nämlich ... alles, dem man ein Wesen, ein Dasein zuschreiben kann, ins Unendliche vervielfältigt, und zwar dadurch, dass immerfort Gleichbilder, Gleichnisse, Abbildungen als zweite -en von ihm ausgehen (Goethe, Farbenlehre. Histor. Teil. 5. Abt. Intentionelle Farben); **b)** ⟨o. Pl.⟩ *Übereinstimmung, Gleichheit:* Eine überraschende S. ist zwischen einem wahrhaften Liede und einer edlen Handlung (Novalis, Heinrich 173). **2.** ⟨o. Pl.⟩ *Selbstsucht:* ... sodass der Mensch ... sich selbst für das Beste halten darf, was Gott und Natur hervorgebracht haben, ja, dass er auf dieser Höhe verweilen kann, ohne durch Dünkel und S. wieder ins Gemeine gezogen zu werden (Goethe, Wanderjahre II, 1); Voll S., nicht des Nutzens, doch des Sinns, spielet er mit seinem und der andern Glück (Grillparzer, Medea II).
selbst|herr|lich ⟨Adj.⟩ (abwertend): *sich in seinen Entscheidungen, Handlungen aufgrund seiner Machtvollkommenheit mit völliger Selbstverständlichkeit über andere hinwegsetzend:* ein -es Verhalten; s. sein; s. entscheiden.
Selbst|herr|lich|keit, die; -, -en (abwertend): **1.** ⟨o. Pl.⟩ *selbstherrliche Art.* **2.** *etw. selbstherrlich Wirkendes.*
Selbst|hil|fe, die: **1.** ⟨o. Pl.⟩ *das Sich-selbst-Helfen:* sie haben in S. (ohne fremde Hilfe) gebaut; zur S. schreiten. **2.** *Selbsthilfeorganisation.*
Selbst|hil|fe|grup|pe, die: ¹*Gruppe* (2) *von Personen mit gleichartigen Problemen, die sich zusammenschließen, um sich untereinander zu helfen* ⟨Abk.: SHG⟩.
Selbst|hil|fe|or|ga|ni|sa|ti|on, die: vgl. Selbsthilfegruppe.
Selbst|hyp|no|se, die: *Autohypnose.*
Selbst|in|duk|ti|on, die (Elektrot.): *Rückwirkung eines sich ändernden elektrischen Stroms auf sich selbst bzw. auf den von ihm durchflossenen Leiter.*
Selbst|in|sze|nie|rung, die: **1.** ⟨o. Pl.⟩ *das Sich-selbst-in-Szene-Setzen.* **2.** *Handlung, Äußerung, die der Selbstinszenierung* (1) *dient:* der Rockstar ist bekannt für seine -en.
Selbst|iro|nie, die: *Ironie, mit der jmd. sich selbst begegnet, seine Probleme, Fehler o. Ä. ironisiert:* zur S. fähig sein.
selbst|iro|nisch ⟨Adj.⟩: *Selbstironie ausdrückend:* eine -e Bemerkung; »Verlasst euch auf mein Organisationstalent«, fügte die meist zerstreute Mannschaftskapitänin s. hinzu.
Selbst|jus|tiz, die (Rechtsspr.): *(gesetzlich nicht zulässige) Vergeltung für erlittenes Unrecht, die ein Betroffener bzw. eine Betroffene selbst übt.*
Selbst|kas|tei|ung, die (geh.): *das Sich-selbst-Kasteien.*
Selbst|kle|be|fo|lie, die: *Folie mit einer Haftschicht auf der Rück- bzw. Unterseite.*
selbst|kle|bend ⟨Adj.⟩: *durch eine Haftschicht klebend bei Andrücken:* -e Fotoecken, Folien, Etiketten.
Selbst|kon|t|rol|le, die: *das Sich-selbst-Kontrollieren (in seinen Handlungen, Reaktionen, Meinungsäußerungen u. Ä.):* die S. verlieren, bewahren.
Selbst|kos|ten ⟨Pl.⟩ (Wirtsch.): *Kosten, die für den Hersteller, die Herstellerin bei der Fertigung einer Ware bzw. beim Erbringen einer Leistung anfallen.*
Selbst|kos|ten|preis, der (Wirtsch.): *nur die Selbstkosten deckender Preis.*
Selbst|kri|tik, die ⟨Pl. selten⟩: *kritische Betrachtung, Beurteilung des eigenen Denkens u. Tuns,*

selbstkritisch – selbstverständlich

die zugleich Erkenntnis u. Eingestehen eigener Fehler bedeutet: S. üben; es fehlt ihm an S.
selbst|kri|tisch ⟨Adj.⟩: *Selbstkritik übend, ausdrückend:* sehr s. sein.
Selbst|la|de|ge|wehr, das: vgl. Selbstladewaffe.
Selbst|la|de|pis|to|le, die: vgl. Selbstladewaffe.
Selbst|la|der, der (ugs.): *Selbstladewaffe.*
Selbst|la|de|waf|fe, die: *mehrschüssige Waffe, die sich nach einem abgegebenen Schuss automatisch neu lädt.*
Selbst|läu|fer, der (Jargon): *etw., was wie von selbst, ohne dass viel dafür getan werden müsste, den gewünschten Erfolg hat.*
Selbst|laut, der: *Vokal.*
Selbst|lie|be, die: *egozentrische Liebe zur eigenen Person; Eigenliebe.*
Selbst|lob, das: *das Hervorheben eigener Leistungen o. Ä. vor anderen; Eigenlob.*
selbst|los ⟨Adj.⟩: *nicht auf den eigenen Vorteil bedacht; uneigennützig u. zu Opfern bereit:* -e (von Selbstlosigkeit zeugende) *Hilfe; s. handeln.*
Selbst|lo|sig|keit, die; -, -en: **1.** ⟨o. Pl.⟩ *selbstlose Art.* **2.** *selbstloses Verhalten.*
Selbst|me|di|ka|ti|on, die (Med.): *Anwendung von Medikamenten nach eigenem Ermessen, ohne Verordnung durch einen Arzt od. eine Ärztin.*
Selbst|mit|leid, das (abwertend): *resignierendes Sich-selbst-Bemitleiden.*
Selbst|mord, der: *das Sich-selbst-Töten; vorsätzliche Auslöschung des eigenen Lebens:* ein versuchter S.; S. begehen, verüben; durch S. enden; jmdn. in den/zum S. treiben; mit S. drohen; Ü *etw. sei/wäre* [reiner, glatter] *S.* (ugs.; *etw. ist sehr riskant);* sein Verhalten grenzt an S. *(ist für ihn in höchstem Maße gefährlich).*
Selbst|mord|ab|sicht, die: *Absicht, Selbstmord zu begehen.*
Selbst|mord|an|schlag, der: vgl. Selbstmordattentat.
Selbst|mord|at|ten|tat, das: *Attentat, bei dessen Ausführung die eigene Tötung in Kauf genommen wird.*
Selbst|mord|at|ten|tä|ter, der: *jmd., der bei der Ausführung eines Attentats bewusst den eigenen Tod in Kauf nimmt.*
Selbst|mord|at|ten|tä|te|rin, die: w. Form zu Selbstmordattentäter.
Selbst|mör|der, der: *jmd., der Selbstmord begeht.*
Selbst|mör|de|rin, die: w. Form zu ↑ Selbstmörder.
selbst|mör|de|risch ⟨Adj.⟩: **1.** (selten) *einen Selbstmord bezweckend, herbeiführend:* ein -er Akt. **2.** *sehr gefährlich, halsbrecherisch* (u. *darum töricht); einem Selbstmord gleichkommend:* ein -es Unternehmen.
Selbst|mord|ge|dan|ke, der ⟨meist Pl.⟩: *Gedanke an Selbstmord:* -n haben.
selbst|mord|ge|fähr|det ⟨Adj.⟩: *in/von einer psychischen Verfassung, die einen Selbstmord befürchten lässt:* -e Patienten; die Gefangene gilt als, ist [stark] s.
Selbst|mord|kom|man|do, das: *Kommando* (3 a), *bei dessen Unternehmung die eigene Tötung in Kauf genommen wird.*
Selbst|mord|ra|te, die: *Rate* (2) *der Selbstmorde:* die S. ist abhängig von den Jahreszeiten und Mondphasen; die S. sei bei jüngeren Männern wieder sprunghaft angestiegen.
Selbst|mord|ver|such, der: *Versuch, Selbstmord zu begehen.*
Selbst|or|ga|ni|sa|ti|on, die: *spontane Entstehung, Bildung aus sich selbst heraus, ohne von außen wirkende Faktoren.*
Selbst|por|t|rät, das: *Selbstbildnis.*
Selbst|prü|fung, die: *kritische Auseinandersetzung mit sich selbst, den eigenen Handlungen o. Ä.:* eine Zeit der S.

selbst|quä|le|risch ⟨Adj.⟩: *im Übermaß selbstkritisch:* -es Verhalten.
selbst|re|dend ⟨Adv.⟩: ²*natürlich* (1): s. werde ich das tun.
Selbst|re|fle|xi|on, die: *Reflexion über die eigene Person.*
Selbst|re|gu|la|ti|on, die: *(bei einer Population, einem Ökosystem) selbsttätige Beseitigung von Störungen o. Ä.*
selbst|rei|ni|gend ⟨Adj.⟩: *sich von selbst reinigend; Selbstreinigung* (2) *bewirkend.*
Selbst|rei|ni|gung, die: **1.** (Biol.) *natürlicher Abbau von verunreinigenden Stoffen:* die S. der Flüsse und Seen. **2.** (Fachspr.) *Eigenschaft einer Oberfläche,* [z. B. über den Lotuseffekt] *ohne bewusste Eingriffe von sich aus Verunreinigungen abzuweisen od. abzubauen.*
selbst|schlie|ßend ⟨Adj.⟩: *(von Türen) automatisch schließend.*
Selbst|schuss, der ⟨meist Pl.⟩: *(als Sicherungsmaßnahme) Vorrichtung, bei deren Berührung ein Schuss ausgelöst wird:* »Vorsicht, Selbstschüsse!«.
Selbst|schuss|an|la|ge, die: *Anlage* (4) *mit Selbstschüssen:* eine S. installieren.
Selbst|schutz, der ⟨o. Pl.⟩: *das Sichschützen, Sichabschirmen gegen bestimmte negative Einflüsse, Gefährdungen o. Ä.:* ihr Verhalten war reiner S.
selbst|si|cher ⟨Adj.⟩: *Selbstsicherheit besitzend, zeigend:* sie ist sehr s.
Selbst|si|cher|heit, die ⟨Pl. selten⟩: *in jmds. Selbstbewusstsein begründete Sicherheit im Auftreten o. Ä.:* viel S. zeigen; er vermisst S.
selbst|stän|dig, selbständig ⟨Adj.⟩ [zu frühmhd. selbstand = Person, spätmhd. selbstände = für sich bestehend]: **a)** *unabhängig von fremder Hilfe u. Einwirkung; eigenständig:* ein -er Mensch; an -es Arbeiten gewöhnt sein; s. handeln, denken; **b)** *nicht von außen gesteuert; in seinen Handlungen frei, nicht von andern abhängig:* ein -er Staat; eine -e Stellung; ein -er Handwerker *(Handwerker mit eigenem Betrieb);* die -en Berufe *(Berufe, in denen man nicht als Arbeitnehmer arbeitet);* nicht -e Arbeit; das Land ist s. geworden *(hat seine staatliche Autonomie erhalten);* * *sich s. machen* (1. *ein eigenes Unternehmen gründen.* scherzh.; *sich lösen, abhandenkommen, weglaufen:* das Kind hat sich unterwegs s. gemacht).
Selbst|stän|di|ge, die/eine Selbständige; der/einer Selbständigen, die Selbständige/zwei Selbständige; der/eine Selbständige, die Selbständigen/zwei Selbständige: *weibliche Person, die einen selbstständigen Beruf ausübt.*
Selbst|stän|di|ger, des/eines Selbständigen/ein Selbständiger; des/eines Selbständigen, die Selbständigen/zwei Selbständige, Selbständiger, der Selbständigen/ein Selbständiger; des/eines Selbständigen, die Selbständigen/zwei Selbständige: *jmd., der einen selbstständigen Beruf ausübt.*
Selbst|stän|dig|keit, Selbständigkeit, die; -, -en: **a)** ⟨Pl. selten⟩ *selbstständige* (a) *Art; Eigenständigkeit:* die Kinder zur S. erziehen; **b)** ⟨Pl. selten⟩ *das Selbstständigsein* (b); *Unabhängigkeit* (1): seine S. wahren, erringen; **c)** *Existenz als Selbstständige, als Selbstständiger.*
Selbst|steu|e|rung, die (Technik): *automatische Steuerung einer Maschine o. Ä.*
Selbst|sti|li|sie|rung, die: *Verhalten, sich so darzustellen, wie man selbst gern gesehen werden möchte.*
Selbst|stu|di|um, das ⟨Pl. selten⟩: *Wissensaneignung ohne Unterricht, allein durch Bücher od. andere Lehrmaterialien:* sich Kenntnisse durch, im S. aneignen.

Selbst|sucht, die ⟨o. Pl.⟩: *nur auf den eigenen Vorteil o. Ä. bedachte, nur die eigene Person kennende Einstellung.*
selbst|süch|tig ⟨Adj.⟩: *durch Selbstsucht bestimmt:* ein -er Mensch; s. handeln.
selbst|tä|tig ⟨Adj.⟩: *automatisch* [funktionierend]: etw. öffnet, schließt, reguliert sich s.
Selbst|täu|schung, die: *Täuschung, der sich jmd. selbst hingibt; Selbstbetrug:* der S. erliegen.
Selbst|tor, das (Ballspiele): *Eigentor.*
Selbst|tö|tung, die (Amtsspr.): *Selbstmord.*
selbst|tra|gend ⟨Adj.⟩: **1.** (Technik) *ohne zusätzliche Stützen, Träger o. Ä. Stabilität besitzend:* eine -e Konstruktion. **2.** (österr., schweiz.) *sich selbst finanzierend.*
Selbst|über|he|bung, die (geh.): *Einbildung, Dünkelhaftigkeit.*
Selbst|über|schät|zung, die: *Überschätzung der eigenen Person, der eigenen Fähigkeiten.*
Selbst|über|win|dung, die: *das Überwinden seiner inneren Widerstände gegen etw., jmdn.:* etw. kostet jmdn. S.
Selbst|un|fall, der (schweiz. Amtsspr.): *Verkehrsunfall, an dem nur das Fahrzeug des Verursachers beteiligt ist.*
Selbst|un|ter|richt, der: *Selbststudium.*
Selbst|ver|ach|tung, die: *Verachtung seiner selbst.*
selbst|ver|ant|wort|lich ⟨Adj.⟩: *eigenverantwortlich.*
Selbst|ver|ant|wor|tung, die ⟨o. Pl.⟩: *Verantwortung für das eigene Handeln.*
Selbst|ver|bren|nung, die: *Form des Selbstmords, bei der jmd.* [sich selbst mit Benzin übergießt u.] *sich verbrennt.*
selbst ver|dient, selbst|ver|dient ⟨Adj.⟩: *durch eigene Arbeit verdient:* selbst verdientes Geld.
selbst|ver|ges|sen ⟨Adj.⟩ (geh.): *so in Gedanken versunken, dass jmd. die Umwelt gar nicht wahrnimmt:* s. dasitzen.
Selbst|ver|ge|wis|se|rung, die ⟨o. Pl.⟩ (geh.): *Bestätigung des eigenen Selbstbildes.*
Selbst|ver|lag, der ⟨o. Pl.⟩ (Verlagsw.): *das Verlegen eines Druckwerks durch die Autorin od. den Autor selbst:* ein Buch im S. herausbringen.
Selbst|ver|leug|nung, die: *Selbstentäußerung.*
Selbst|ver|liebt ⟨Adj.⟩: *von sich selbst angetan u. naiv um sich selbst kreisend.*
Selbst|ver|liebt|heit, die: *das Selbstverliebtsein:* die S. des Filmstars.
Selbst|ver|mark|tung, die: *Verkauf eigener Produkte direkt an die Verbraucher[innen].*
Selbst|ver|nich|tung, die: *Vernichtung des eigenen Lebens.*
Selbst|ver|pfle|gung, die ⟨o. Pl.⟩: *Verpflegung, die jmd. selbst übernimmt.*
Selbst|ver|pflich|tung, die: *Versprechen, etw. zu tun od. zu unterlassen* [ohne Zwang durch eine gesetzliche Regelung]: freiwillige -en der EU-Länder, der Industrie.
Selbst|ver|schul|den, das; -s (Amtsspr.): *eigenes Verschulden (als Ursache für etw.):* der Unfall geschah durch S.
selbst ver|schul|det, selbst|ver|schul|det ⟨Adj.⟩: *auf Selbstverschulden zurückzuführen:* eine selbst verschuldete Notlage.
Selbst|ver|sor|ger, der: *jmd., der sich selbst* (mit *Nahrung, bestimmten Gütern o. Ä.) versorgt.*
Selbst|ver|sor|ge|rin, die: w. Form zu ↑ Selbstversorger.
Selbst|ver|sor|gung, die: *das Sich-selbst-Versorgen (mit Nahrung, bestimmten Gütern o. Ä.).*
♦ **Selbst|ver|stand,** der [von Storm gepr.]: *Selbstverständlichkeit; etw., was selbstverständlich ist:* ... es schien ihm S., die Arbeit von Elkes Vater mitzutun (Storm, Schimmelreiter 54).
¹**selbst|ver|ständ|lich** ⟨Adj.⟩: *sich aus sich selbst*

selbstverständlich – seligpreisen

verstehend: eine ganz -e Reaktion; etw. für s. halten; etw. ist ganz s. für jmdn.

²selbst|ver|ständ|lich ⟨Adv.⟩: *was sich von selbst versteht (sodass jmd. keine Begründung geben, keinen Grund nennen muss); ohne Frage;* ²*natürlich* (1): ich tue das s. gerne; »Billigst du das?« – »Selbstverständlich [nicht]!«.

Selbst|ver|ständ|lich|keit, die; -, -en: *etw., was sich von selbst versteht, was als selbstverständlich angesehen, erwartet, vorausgesetzt wird:* etw. als S. ansehen; sie griff mit der größten S. *(Unbefangenheit, Natürlichkeit)* nach der angebotenen Schokolade.

Selbst|ver|ständ|nis, das: *Vorstellung von sich selbst, mit der eine Person, eine Gruppe o. Ä. lebt [u. sich in der Öffentlichkeit darstellt]:* ein neues S. entwickeln; Ü das S. der Bundesrepublik, der Universität.

Selbst|ver|stüm|me|lung, die: *vorsätzliche Verstümmelung, Verletzung des eigenen Körpers.*

Selbst|ver|such, der: *(zu Forschungszwecken) am eigenen Körper vorgenommener Versuch:* etw. im S. erproben.

Selbst|ver|tei|di|gung, die: **1. a)** ⟨o. Pl.⟩ *das Sich-selbst-Verteidigen:* das Recht auf S.; **b)** *Handlung, Äußerung, mit der jemand sich selbst verteidigt.* **2.** ⟨o. Pl.⟩ (Sport) *Sportart, die zur Selbstverteidigung* (1 a) *eingesetzt werden kann.*

Selbst|ver|trau|en, das: *jmds. Vertrauen in die eigenen Kräfte, Fähigkeiten:* ein gesundes, kein, zu wenig S. haben.

selbst|ver|wal|tet ⟨Adj.⟩: *in Selbstverwaltung geführt:* ein -es Jugendzentrum.

Selbst|ver|wal|tung, die [nach engl. self-government]: *unabhängige, eigenverantwortliche Verwaltung von etw.:* kommunale S.; die S. der Universitäten.

Selbst|ver|wirk|li|chung, die (bes. Philos., Psychol.): *Entfaltung der eigenen Persönlichkeit durch das Realisieren von Möglichkeiten, die in jmdm. selbst angelegt sind.*

Selbst|vor|wurf, der (meist Pl.): *Vorwurf, den jmd. sich selbst macht.*

Selbst|wert|ge|fühl, das ⟨Pl. selten⟩ (Psychol.): *Gefühl für den eigenen Wert.*

Selbst|zah|ler, der (Versicherungsw.): *jmd., der seine Arzt-, Krankenhausrechnung o. Ä. selbst bezahlt.*

Selbst|zah|le|rin, die: w. Form zu ↑ Selbstzahler.

Selbst|zen|sur, die ⟨o. Pl.⟩: *aus Angst vor Gefährdung selbst vorgenommene Kontrolle, Überprüfung der eigenen Gedanken, Handlungen, der eigenen Werke, Schriften o. Ä.*

Selbst|zer|flei|schung, die (geh.): *zerstörerische Selbstkritik.*

selbst|zer|stö|re|risch ⟨Adj.⟩: *die Zerstörung der eigenen psychischen, physischen Existenz verursachend:* -e Tendenzen.

Selbst|zer|stö|rung, die: **a)** (Technik) *das Sich-selbst-Zerstören:* in die Rakete ist ein Mechanismus für eine automatische S. eingebaut; **b)** *Zerstörung der eigenen psychischen, physischen Existenz.*

Selbst|zeug|nis, das ⟨meist Pl.⟩: *literarisches Zeugnis eigenen Tuns u. Denkens, Erlebens o. Ä.:* ein Roman in -sen.

selbst|zu|frie|den ⟨Adj.⟩ (häufig abwertend): *auf eine unkritische [leicht selbstgefällige] Weise mit sich u. seinen Leistungen zufrieden u. ohne Ehrgeiz:* ein -er Mensch; mit -em *(von Selbstzufriedenheit zeugendem)* Lächeln; s. sein.

Selbst|zu|frie|den|heit, die (häufig abwertend): *selbstzufriedene Art.*

Selbst|zün|der, der (Kfz-Wesen-Jargon): **a)** *Dieselmotor;* **b)** *Auto mit einem Dieselmotor.*

Selbst|zün|dung, die (Kfz-Wesen): *das selbsttätige Entzünden des Kraftstoff-Luft-Gemischs beim Dieselmotor.*

Selbst|zweck, der ⟨Pl. selten⟩: *Zweck, der in etw. selbst liegt, der nicht auf etw. außerhalb Bestehendes abzielt:* etw. ist [zum] S. geworden *(hat sich von seinem eigentlichen Ziel losgelöst).*

Selbst|zwei|fel, der: *auf sich selbst, sein eigenes Denken u. Tun gerichteter Zweifel:* von [keinerlei] zu plagen werden.

selb|viert ⟨Adv.⟩: *zu viert miteinander* (2): ♦ ... sie (= Isegrims Frau) habe den Schwanz nur ins Wasser einzutauchen und hängen zu lassen: es würden die Fische fest sich beißen, sie könne selbviert *(als Vierte zusammen mit drei anderen)* nicht alle verzehren (Goethe, Reineke Fuchs XI, 8 ff.).

sel|chen ⟨sw. V.; hat⟩ [vgl. ahd. arselchen = dörren] (bayr., österr.): *räuchern:* Fleisch, Wurst s.; geselchter Schweinebauch.

Sel|cher, der; -s, - (bayr., österr.): *Fleischer, der Geselchtes herstellt u. verkauft.*

Sel|che|rei, die; -, -en (bayr., österr.): *Fleisch- u. Wursträucherei.*

Sel|che|rin, die; -, -nen: w. Form zu ↑ Selcher.

Selch|fleisch, das (bayr., österr.): *Rauchfleisch.*

Selch|rol|ler, der (bayr., österr.): *geräucherter Rollbraten.*

se|le|gie|ren ⟨sw. V.; hat⟩ [lat. seligere; ↑ Selektion] (bildungsspr., Fachspr.): *auswählen:* Das Verb »regnen« selegiert *(fordert, nimmt)* das Wort »es« als formales Subjekt: »es regnet«.

se|lek|tie|ren ⟨sw. V.; hat⟩ [zu ↑ Selektion] (bildungsspr.): *aus einer vorhandenen Anzahl von Individuen od. Menge von Dingen diejenigen heraussuchen, deren [positive] Eigenschaften sie für einen bestimmten Zweck besonders geeignet machen:* Saatgut, Tiere für die Zucht s.; selektierende Methoden.

Se|lek|tie|rung, die; -, -en: *das Selektieren.*

Se|lek|ti|on, die; -, -en [engl. selection < lat. selectio = das Auslesen, zu: seligere = auslesen, auswählen]: **1.** (Biol.) *[natürliche] Auslese u. Fortentwicklung durch Überleben der jeweils stärksten Individuen einer Art:* Züchtung neuer Sorten durch S. **2.** ⟨o. Pl.⟩ (bildungsspr.) *Auswahl.* **3.** *selektive Beschaffenheit:* die S. des Kursangebotes beanstanden.

se|lek|tiv ⟨Adj.⟩ [engl. selective = zielgerichtet, zu lat. selectus, ↑ Selekta]: **1.** *auf Auswahl, Auslese beruhend; auswählend:* eine -e Wirkung; die Medien können uns nur s. informieren. **2.** (Funkw.) *trennscharf.*

Se|lek|ti|vi|tät, die; -: **1.** (Funkw.) *Trennschärfe.* **2.** (Chemie) *(bei chemischen Reaktionen) Anteil der durch Substanzen od. Organismen zu einem gewünschten Produkt umgesetzten Stoffmenge im Verhältnis zur insgesamt umgesetzten Stoffmenge.*

Se|len, das; -s [zu griech. selḗnē = Mond, so benannt wegen der Verwandtschaft mit dem Element Tellur (zu lat. tellus = Erde)]: *Halbmetall, das auch die Eigenschaft eines Halbleiters haben kann u. je nach Dunkelheit od. Helligkeit seine Leitfähigkeit ändert (chemisches Element; Zeichen: Se).*

Se|le|nat, das; -[e]s, -e (Chemie): *Salz der Selensäure.*

se|le|nig ⟨Adj.⟩ (Chemie): *Selen enthaltend:* -e Säure.

¹Se|le|nit [auch: ...'nɪt], das; -s, -e (Chemie): *Salz der selenigen Säure.*

²Se|le|nit [auch: ...'nɪt], der; -s, -e [griech. líthos selēnítēs, eigtl. = mondartiger Stein, nach der blassen Farbe]: *Gips* (1).

Se|le|no|lo|gie, die; - [↑ -logie]: *Wissenschaft von der Beschaffenheit u. Entstehung des Mondes; Geologie der Mondgesteine.*

Se|len|säu|re, die ⟨o. Pl.⟩ (Chemie): *Sauerstoffsäure des Selens.*

Se|len|zel|le, die (Physik): *mit Selen als lichtempfindlichem Körper arbeitende Fotozelle.*

Self|ful|fil|ling Pro|phe|cy ['sɛlffʊlfɪlɪŋ 'prɔfɪsi], die; - -, - -s [engl. selffulfilling prophecy, eigtl. = sich selbst erfüllende Voraussage] (Psychol., Soziol.): *Zunahme der Wahrscheinlichkeit, dass ein bestimmtes Ereignis eintritt, wenn es vorher bereits erwartet wird.*

Self|go|vern|ment [sɛlf'gʌv(ə)nmənt], das; -s, -s [engl. self-government, zu: government = Regierung]: *engl. Bez. für: Selbstverwaltung.*

Self|made|frau ['sɛlfmeɪdfraʊ], die: *Frau, die sich aus eigener Kraft hochgearbeitet hat.*

Self|made|man ['sɛlfmeɪdmæn], der; -s, ...men [...mɛn] [engl. self-made man, eigtl. = selbst gemachter Mann]: *jmd., der sich aus eigener Kraft hochgearbeitet hat.*

Self|ser|vice ['sɛlfsə:vɪs], der, österr. auch: das [engl. self-service, zu: service, ↑ ²Service]: **1.** ⟨Pl. selten⟩ *Selbstbedienung.* **2.** *Selbstbedienungsrestaurant.*

se|lig ⟨Adj.⟩ [mhd. sælec, ahd. sālīg, eigtl. = wohlgeartet, gut, glücklich, H. u.]: **1.** ⟨o. Pl.⟩ *[von allen irdischen Übeln erlöst u.] des ewigen Lebens, der himmlischen Wonnen teilhaftig:* s. werden; sie hat ein -es Ende gehabt *(ist in dem Glauben gestorben, die ewige Seligkeit zu erlangen);* bis an mein -es Ende *(bis zum Tod);* Gott hab ihn s. *(gebe ihm die ewige Seligkeit);* der Glaube allein macht s.; soll sie doch/von mir aus kann sie s. werden mit ihrem Geld (iron.; *[wenn sie mir nichts abgeben will –] ich kann darauf verzichten);* R wers glaubt, wird s. (↑ glauben 2 a); **b)** (geh.) *verstorben:* ihr -er Mann; s (*nur in Verbindung mit dem Namen*) (kath. Kirche) *seliggesprochen:* der Heiligsprechungsprozess der -en Dorothea von Montau. **2. a)** *einem tiefen [spontanen] Glücksgefühl hingegeben:* sie sanken in -en Schlummer; in einem Nichtstun verharren, sich s. in den Armen liegen; sie war s. über/ (schweiz. auch:) für diese Nachricht; Mein Glücksgefühl wird daher ein jeder verstehen, der, wie ich, am liebsten solchen Beschäftigungen nachgeht, deren Konzeption bereits ... verrät, dass sie nichts führen können, deren Ausübung daher reiner -er Selbstzweck ist (Hildesheimer, Legenden 97); **b)** (ugs.) *leicht betrunken:* nach dem dritten Glas war sie schon ganz s.

-se|lig (meist spött. od. scherzh.): *drückt in Bildungen mit Substantiven aus, dass die beschriebene Person in etw. schwelgt, sich dem damit verbundenen Gefühl [allzu] bereitwillig hingibt:* bier-, fußball-, tränenselig.

Se|li|ge, die/eine Selige; der/einer Seligen, die Seligen/zwei Selige: **1.** ⟨nur Sg.⟩ (scherzh., veraltet) *verstorbene Ehefrau.* **2.** (kath. Kirche) *weibliche Person, die seliggesprochen wurde.*

Se|li|ger, der Selige/ein Seliger; des/eines Seligen, die Seligen/zwei Selige: **1. a)** ⟨nur Sg.⟩ (scherzh., veraltet) *verstorbener Ehemann:* mein S. sagte immer ...; **b)** ⟨Pl.⟩ *Tote als die in die ewige Seligkeit Eingegangenen:* die Gefilde der Seligen. **2.** (kath. Kirche) *jmd., der seliggesprochen wurde.*

Se|lig|keit, die; -, -en [mhd. sælecheit, ahd. sālīcheit]: **1.** ⟨o. Pl.⟩ *Verklärung, Vollendung im Reich Gottes u. ewige Anschauung Gottes:* die ewige S. erlangen, gewinnen, verlieren; Ü von einem Sieg hängt doch nicht die S. *(das persönliche Glück, Glücklichsein)* ab. **2.** *tiefes [rauschhaftes] Glücksgefühl:* ihre S. war groß; alle -en des Lebens kennen; s. schwimmen (ugs.; *sehr selig sein);* vor S. fast vergehen.

se|lig ma|chen, se|lig|ma|chen: s. selig (1a, 2a).

se|lig|prei|sen ⟨st. V.; hat⟩: **1.** (emotional) *glück-*

Seligpreisung – semplice

lich preisen: für diesen Erfolg ist sie wirklich seligzupreisen. **2.** *als der ewigen Seligkeit teilhaftig preisen (in der Bergpredigt).*
Se|lig|prei|sung, die: *eschatologische Verheißung der Seligkeit* (1) *in der Bergpredigt.*
se|lig|spre|chen ⟨st. V.; hat⟩ (kath. Kirche): *jmdn. durch päpstlichen Akt in den Stand begrenzter lokaler Verehrungswürdigkeit erheben:* der Papst hat sie seliggesprochen.
Se|lig|spre|chung, die; -, -en (kath. Kirche): *Akt des Seligsprechens.*
Sel|ler, der; -s, - [engl. seller = Ware (im Hinblick auf ihren Absatz)] (Werbespr.): Kurzf. von ↑Longseller, ↑Bestseller.
Sel|le|rie [ˈzɛləri, österr. auch: ...ˈriː], der; -s, -[s] od. (österr. auch:) die; -, - u. (österr.:) -n [ital. (lombardisch) selleri, Pl. von: sellero < spätlat. selinon < griech. sélinon = Eppich]: *Pflanze mit gefiederten, dunkelgrünen, aromatisch duftenden Blättern u. einer als (essbare) Knolle ausgebildeten Wurzel.*
Sel|le|rie|sa|lat, der: *aus den Knollen von Sellerie bereiteter Salat.*
Sell|ling|cen|ter, Sell|ling-Cen|ter [ˈsɛlɪŋsɛntɐ], das; -s, - [zu engl. to sell = verkaufen u. center, ↑Center] (Wirtsch.): *Gesamtheit der am Verkauf eines Produktes beteiligten Personen.*
Sell-out, Sell|out [ˈsɛlaʊt], der; -[s], -s [zu engl. to sell out = ausverkaufen] (Börsenw.): *panikartiger Verkauf von Wertpapieren mit der Folge, dass die Kurse stark fallen.*
sel|ten ⟨Adj.⟩ [mhd. selten, ahd. seltan (Adv.), H. u.]: **1.** *in kleiner Zahl [vorkommend, vorhanden]; nicht oft, nicht häufig [geschehend]:* ein -es Ereignis; -e Ausnahmen; -e Pflanzen, Tiere, Arten, Steine; ein -er Gast; das geht in den -sten Fällen gut; sie war eine -e (außergewöhnliche) Schönheit; Störche werden immer -er; er spricht s. darüber; s. so gelacht! (ugs. iron.: *das ist aber gar nicht komisch od. witzig*); Ü er ist ein -er Vogel (ugs.; *ein seltsamer, sonderbarer Mensch*); wir sagen uns nur noch s. **2.** ⟨intensivierend bei Adjektiven⟩ *besonders:* ein s. schönes Exemplar; ein s. preiswertes Angebot; er hat sich s. dumm angestellt.
Sel|ten|heit, die; -, -en: **1.** ⟨o. Pl.⟩ *seltenes Vorkommen:* trotz der [relativen] S. solcher Fälle; das Edelweiß ist wegen seiner S. geschützt. **2.** *etw. selten Vorkommendes:* diese Ausgabe letzter Hand ist eine S.; es ist eine S., dass sie mit den Kindern ins Kino geht.
Sel|ten|heits|wert, der ⟨o. Pl.⟩: *Wert, den etw. aufgrund seiner Seltenheit hat:* ein Exemplar mit, von S.
Sel|ter, das; -, -: Kurzf. von ↑Selterwasser.
Sel|ters, das; -, -: Kurzf. von ↑Selterswasser.
Sel|ters|was|ser, (seltener:) **Sel|ter|was|ser,** das ⟨Pl. (Sorten:) ...wässer od. ...wasser⟩ [nach der Quelle in dem Ort Niederselters im Taunus]: *Mineralwasser mit natürlicher od. künstlich zugesetzter Kohlensäure.*
selt|sam ⟨Adj.⟩ [mhd. seltsæne, ahd. seltsāni, zu ↑selten u. einem alten Adj. mit der Bed. »sichtbar, zu sehen« (zu ↑sehen), also eigtl. = nicht häufig zu sehen, im Nhd. in Bildungen auf -sam angelehnt]: *vom Üblichen abweichend u. nicht recht begreiflich; eigenartig, merkwürdig:* ein -es Erlebnis, Phänomen; das ist mir s. vor; sich s. benehmen; ⟨subst.:⟩ ich träumte etwas Seltsames; Wahrhaftig, so s. es klingt, ich dachte bei mir: Die Kleine wird sich freuen (Seghers, Transit 201).
selt|sa|mer|wei|se ⟨Adv.⟩: *als Tatbestand, Sachverhalt seltsam anmutend.*
Selt|sam|keit, die; -, -en [spätmhd. selzenkeit]: **a)** ⟨Pl. selten⟩ *seltsame Art; seltsamer* ¹*Zug* (12): die S. des Geschehens; **b)** *seltsame Erscheinung, seltsamer Vorgang.*

Sel|vas ⟨Pl.⟩ [span. selva < lat. silva = Wald]: *tropischer Regenwald im Amazonasgebiet.*
Sem, das; -s, -e [griech. sēma = Zeichen, Merkmal] (Sprachwiss.): *kleinste Komponente einer Wortbedeutung.*
Se|man|tik, die; - [zu griech. sēmantikós = bezeichnend, zu: sēmaínein = bezeichnen, zu: sēma, ↑Sem] (Sprachwiss.): **1.** *Teilgebiet der Linguistik, das sich mit den Bedeutungen sprachlicher Zeichen u. Zeichenfolgen befasst.* **2.** *Bedeutung, Inhalt (eines Wortes, Satzes od. Textes).*
se|man|tisch ⟨Adj.⟩ (Sprachwiss.): **1.** *die Semantik* (1) *betreffend:* -e Forschungen. **2.** *die Semantik* (2) *betreffend:* ein -er Unterschied.
Se|ma|sio|lo|gie, die; -, -n [zu griech. sēmasía = das Bezeichnen u. ↑-logie] (Sprachwiss.): *Lehre von den Wortbedeutungen u. ihren [historischen] Veränderungen.*
se|ma|sio|lo|gisch ⟨Adj.⟩ (Sprachwiss.): *die Semasiologie betreffend.*
Se|meio|gra|fie, Se|meio|gra|phie, die; - [zu griech. sēma, ↑Sem u. ↑-grafie]: *Zeichenschrift; Notenschrift.*
Se|mem, das; -s, -e [geb. nach ↑Morphem] (Sprachwiss.): *Bedeutung, inhaltliche Seite eines sprachlichen Zeichens.*
Se|men, das; -s, Semina [lat. semen, ↑Seminar] (Bot.): *Pflanzensamen.*
Se|mes|ter, das; -s, - [zu lat. semestris = sechsmonatig (in der Fügung semestre tempus = Zeitraum von sechs Monaten), zu: sex = sechs u. mensis = Monat]: **a)** *Studienhalbjahr an einer Hochschule:* das [neue] S. beginnt Anfang April; sie hat zehn S. Chemie studiert; im Student im dritten S.; sie ist, steht jetzt im 6. S.; **b)** (Studentenspr.) *jmd., der in einem bestimmten Semester seines Studiums steht:* * ein älteres/höheres S. (ugs. scherzh.; *eine ältere Person:* ihr Freund ist schon ein etwas älteres S.).
Se|mes|ter|ar|beit, die: vgl. Seminararbeit.
Se|mes|ter|be|ginn, der: *Semesteranfang:* gleich bei, zu S.
Se|mes|ter|fe|ri|en ⟨Pl.⟩: *Zeit zwischen zwei Semestern, in der keine Lehrveranstaltungen stattfinden.*
se|mi|arid ⟨Adj.⟩ [↑arid] (Geogr.): *überwiegend trocken:* -es Klima.
Se|mi|fi|na|le, das (Sport): *Halbfinale.*
se|mi|hu|mid ⟨Adj.⟩ [↑humid] (Geogr.): *überwiegend feucht:* -es Klima.
Se|mi|ko|lon, das; -s, -s u. ...kola [zu griech. kōlon = Glied einer Satzperiode, eigtl. = Körperglied; gliedartiges Gebilde]: *aus einem Komma mit darüber gesetztem Punkt bestehendes Satzzeichen, das etwas stärker trennt als ein Komma, aber doch im Unterschied zum Punkt den Zusammenhang eines [komplexen] Satzes verdeutlicht; Strichpunkt (Zeichen: ;).*
se|mi|la|te|ral ⟨Adj.⟩ [↑lateral]: *halbseitig* (a).
se|mi|lu|nar ⟨Adj.⟩ [↑lunar] (Fachspr., bes. Med.): *halbmondförmig:* eine -e Hautfalte.
Se|mi|nar, das; -s, -e, (österr. u. schweiz. auch:) -ien [lat. seminarium = Pflanzschule, zu: semen (Gen.: seminis) = Samen, Sprössling, verw. mit ↑Samen]: **1.** *Lehrveranstaltung [an einer Hochschule], bei der die Teilnehmer[innen] unter [wissenschaftlicher] Anleitung bestimmte Themen erarbeiten:* ein S. abhalten, durchführen, leiten, ankündigen, belegen; an einem S. teilnehmen. **2. a)** *Institut* (1) *für einen bestimmten Fachbereich an einer Hochschule mit den entsprechenden Räumlichkeiten u. einer Handbibliothek:* das germanistische, philosophische S.; er ist Assistent am S. für Alte Geschichte; **b)** *Gesamtheit der an einem Seminar Beschäftigten u. Studierenden:* das S. macht einen Ausflug. **3. a)** Kurzf. von ↑Priesterseminar; **b)** Kurzf. von ↑Predigerseminar.

4. *mit dem Schulpraktikum einhergehender Lehrgang für Studienreferendare vor dem 2. Examen.*
Se|mi|nar|ar|beit, die: *innerhalb eines Seminars* (1) *anzufertigende Arbeit:* eine S. schreiben.
Se|mi|na|rist, der; -en, -en: *jmd., der an einem Seminar* (3, 4) *ausgebildet wird.*
Se|mi|na|ris|tin, die; -, -nen: w. Form zu ↑Seminarist.
se|mi|na|ris|tisch ⟨Adj.⟩: *in einem Seminar* (1, 3, 4) *[stattfindend]:* eine -e Ausbildung; einen Stoff s. erarbeiten.
Se|mi|nar|lei|ter, der: *Leiter eines Seminars* (1).
Se|mi|nar|lei|te|rin, die: w. Form zu ↑Seminarleiter.
Se|mi|nar|schein, der: *Bescheinigung über die [erfolgreiche] Teilnahme an einem Seminar* (1).
Se|mio|lo|gie, die; - [zu griech. sēmeîon = Zeichen u. ↑-logie]: **1.** (Philos., Sprachwiss.) *Lehre von den Zeichen; Zeichentheorie.* **2.** (Med.) *Symptomatologie.*
se|mio|lo|gisch ⟨Adj.⟩ (Fachspr.): *die Semiologie betreffend:* die Sprache als -es System.
Se|mi|o|tik, die; - [zu griech. sēmeiōtikós = zum (Be)zeichnen gehörend]: **1.** (Philos., Sprachwiss.) *Semiologie* (1). **2.** (Med.) *Symptomatologie.*
se|mi|o|tisch ⟨Adj.⟩ (Fachspr.): *die Semiotik betreffend.*
se|mi|per|me|a|bel ⟨Adj.⟩ [aus lat. semi- = halb u. ↑permeabel] (Fachspr.): *nur halb, nur für bestimmte Substanzen durchlässig:* eine semipermeable Membran.
se|mi|pro|fes|si|o|nell ⟨Adj.⟩ (bildungsspr.): *weitgehend, fast schon professionell:* -e Musiker, die sich bei ihren Auftritten ein Zubrot verdienen.
se|misch ⟨Adj.⟩ [zu ↑Sem] (Sprachwiss.): *das Sem betreffend.*
Se|mit, der; -en, -en [nach Sem, dem ältesten Sohn Noahs im A. T.]: *Angehöriger einer sprachlich u. anthropologisch verwandten Gruppe von Völkern bes. in Vorderasien u. Nordafrika.*
Se|mi|tin, die; -, -nen: w. Form zu ↑Semit.
se|mi|tisch [auch: ...ˈmɪ...] ⟨Adj.⟩: *die Semiten betreffend, zu ihnen gehörend:* die -en Sprachen; ein -es Volk.
Se|mi|vo|kal, der; -s, -e (Sprachwiss.): *Halbvokal.*
Sem|mel, die; -, -n [mhd. semel(e) = Brot aus Weizenmehl, ahd. semala = fein gemahlenes Weizenmehl < lat. simila] (bes. österr., bayr.): *Brötchen:* frische, knusprige, noch warme -n; eine S. mit Wurst, Käse; eine schrumpelige S. in Milch aufgeweichte -n essen; Ü ... wir sollen nicht jedem auf die S. schmieren (*allen sagen, zeigen*), wer wir sind und was wir vorhaben (Fallada, Jeder 13); * weggehen wie warme -n (*sich besonders schnell u. gut verkaufen lassen*).
sem|mel|blond ⟨Adj.⟩: **a)** *von hellem, gelblichem Blond:* -e Haare; **b)** *mit semmelblondem Haar:* er ist s.
Sem|mel|brö|sel, der, österr.: das ⟨meist Pl.⟩: *Bröckchen von geriebenen Brötchen.*
Sem|mel|knö|del, der (bes. bayr., österr.): *aus Semmeln, Butter, Mehl, Eiern u. Gewürzen zubereiteter Knödel.*
Sem|mel|kren, der (österr.): *Meerrettichsoße.*
Sem|mel|mehl, das: *fein geriebene Semmelbrösel.*
sem|pern ⟨sw. V.; hat⟩ [zu mundartl. semper = wählerisch (im Essen), zimperlich, Nebenf. von mundartl. zimper, ↑zimperlich] (österr. ugs.): *nörgeln, jammern.*
Sem|per|vi|vum, das; -s, ...va [lat. sempervivum, zu: sempervivus = immer lebend] (Bot.): *Hauswurz.*
sem|pli|ce [...itʃe] ⟨Adv.⟩ [ital. semplice < lat. simplex (Gen.: simplicis)] (Musik): *einfach, schlicht.*

sem|pre ⟨Adv.⟩ [ital. sempre < lat. semper] (Musik): *immer.*

sen. = senior.

¹Sen, der; -[s], -[s] ⟨aber: 100 Sen⟩ [indones.]: *Währungseinheit in Indonesien* (100 Sen = 1 Rupiah), *Kambodscha* (= 1 Riel) *u. Malaysia* (100 Sen = 1 Ringgit) (Zeichen: S).

²Sen, der; -[s], -[s] ⟨aber: 100 Sen⟩ [jap.]: *Währungseinheit in Japan* (100 Sen = 1 Yen; Zeichen: S).

Se|nat, der; -[e]s, -e: **1.** [lat. senatus, eigtl. = Rat der Alten, zu: senex = alt, bejahrt] (Geschichte) *(im Rom der Antike) Staatsrat als Träger des Volkswillens.* **2.** *(in einem parlamentarischen Zweikammersystem) eine Kammer des Parlaments (z. B. in den USA, in Tschechien).* **3. a)** (Bundesrepublik Deutschland) *Landesregierung der Stadtstaaten Hamburg, Bremen u. Berlin;* **b)** ¹*Magistrat* (2) *(z. B. in Lübeck, Rendsburg;* **c)** *beratendes Organ des bayerischen Landtags.* **4.** *beratende Körperschaft mit gewissen Entscheidungskompetenzen, die sich in einem bestimmten Verhältnis aus sämtlichen an einer Universität od. Hochschule vertretenen Personalgruppen zusammensetzt.* **5.** *aus mehreren Richtern zusammengesetztes Gremium an höheren deutschen Gerichten.*

Se|na|tor, der; -s, ...oren [lat. senator]: *Mitglied eines Senats* (1–4).

Se|na|to|rin, die; -, -nen: w. Form zu ↑ Senator.

se|na|to|risch ⟨Adj.⟩: *den Senat betreffend.*

Se|nats|be|schluss, der: *Beschluss des Senats.*

Se|nats|ver|wal|tung, die: *Verwaltung des Senats* (2, 3 a–c, 4).

Send|bo|te, der (früher): *jmd., der eine Botschaft überbringt:* -n ausschicken; Ü Schneeglöckchen, die -n des Frühlings.

Send|bo|tin, die: w. Form zu ↑ Sendbote.

Send|brief, der (früher): *offener Brief.*

Sen|de|an|la|ge, die (Elektrot.): vgl. Sendegerät.

Sen|de|an|stalt, die: *Rundfunk-, Fernsehanstalt.*

Sen|de|be|reich, der (Rundfunk, Fernsehen): *Bereich, in dem Sendungen [besonders gut] empfangen werden u. für den bestimmte Sendungen ausgestrahlt werden.*

Sen|de|block, der ⟨Pl. ...blöcke, selten: -s⟩ (Rundfunk, Fernsehen): *regelmäßig wiederkehrende Abfolge bestimmter Sendungen im Radio od. Fernsehen:* klar gegliederte Sendeblöcke; mehrere Folgen des aktuellen -s.

Sen|de|fol|ge, die (Rundfunk, Fernsehen): **1.** *Reihenfolge der Sendungen.* **2.** (selten) *Sendung in Fortsetzungen.*

Sen|de|for|mat, das: **1.** (Rundfunk, Fernsehen) *bestimmter Typ von Rundfunk- bzw. Fernsehsendung:* die Talkshow bleibt ein beliebtes S. **2.** (Fernsehen) *Fernsehformat* (2a, b).

Sen|de|ge|biet, das (Rundfunk, Fernsehen): *Sendebereich.*

Sen|de|ge|rät, das (Elektrot.): *Gerät, mit dem man Funksprüche, Rundfunk- od. Fernsehsendungen senden kann.*

Sen|de|leis|tung, die (Elektrot.): *Leistung* (2 c) *eines Senders, Sendegeräts.*

Sen|de|mast, der: ¹*Mast* (2) *für die Antenne eines Senders* (1 b).

sen|den ⟨unr. V.; sandte/(seltener:) sendete, hat gesandt/ (seltener:) gesendet⟩ [mhd. senden, ahd. senten, Kausativ zu einem Verb mit der Bed. »reisen« u. eigtl. = reisen machen, verw. mit ¹Sinn in dessen Bed. »Gang, Reise, Weg«]: **1.** (geh.) *zuschicken:* jmdm. einen Brief, ein Paket, einen Gruß, Blumen s.; etw. an jmdn. s.; wir senden [Ihnen] die Waren ins Haus (um eine E-Mail, eine SMS zu verschicken) auf »Senden« drücken; Ü Schießlich arbeitete ich in einem immer dichter werdenden Weindunst, der edle Burgunder sandte versickernd sein Bouquet durch die Nase in mein Hirn (Fallada, Herr 131). **2.** (geh.) *schicken* (2 a): *Hilfspersonal in ein Katastrophengebiet s.;* Ü Die Sonne sandte ihre wärmenden Strahlen zur Erde. **3.** ⟨sendete, hat gesendet, schweiz.: sandte, hat gesandt⟩ **a)** *ausstrahlen* (4): das Fernsehen sendet einen Spielfilm; im Radio wurden Reiserufe gesendet; ⟨auch ohne Akk.-Obj.:⟩ die Station sendet auf UKW, rund um die Uhr; **b)** *über eine Funkanlage in den Äther ausstrahlen:* einen Funkspruch s.

Sen|de|pau|se, die (Rundfunk, Fernsehen): *Pause zwischen Sendungen:* nach einer kurzen S. bringen wir das Hörspiel ...; Ü du hast jetzt erst mal S. (ugs.; *sollst still sein*).

Sen|de|platz, der (Rundfunk, Fernsehen): *Zeit, zu der eine bestimmte Sendung [regelmäßig] ausgestrahlt wird:* das Wochenmagazin soll einen neuen S. bekommen.

Sen|der, der; -s, -: **1. a)** *Anlage, die Signale, Informationen u. a. in elektromagnetische Wellen umwandelt u. in dieser Form abstrahlt:* ein [leistungs]starker, schwacher S.; ein anderer S. schlägt sich durch; **b)** *Rundfunk-, Fernsehsender:* ein privater, öffentlich-rechtlicher, illegaler S.; die angeschlossenen S. kommen mit eigenem Programm wieder; ausländische S. hören; einen S. gut, schlecht empfangen können; einen anderen S. einstellen, suchen; den S. kriege ich schlecht nicht rein; auf dem S. sein/über den S. gehen (Jargon; *gesendet werden*); das Programm wurde von vielen in- und ausländischen -n übernommen; **c)** *Funkhaus:* jmdn. im S. anrufen. **2.** [spätmhd. sender] (selten) *jmd., der jmdn., etw. irgendwohin schickt.*

Sen|de|raum, der: *Raum im Funkhaus für Aufnahmen u. Übertragung von Ton- u. Fernsehsendungen.*

Sen|de|rei|he, die: *Reihe* (3 a) *von mehreren thematisch zusammenhängenden Sendungen.*

Sen|de|rin, die; -, -nen: w. Form zu ↑ Sender (2).

Sen|de|saal, der: vgl. Senderaum.

Sen|de|schluss, der: *Ende der Sendezeit* (2).

Sen|de|sta|ti|on, die (Funkw., Rundfunk, Fernsehen): *Station, die Sendungen ausstrahlt.*

Sen|de|strahl, der (Funkt.): *von einer Antenne ausgesendeter Strahl elektromagnetischer Wellen.*

Sen|de|ter|min, der: vgl. Sendezeit (1).

Sen|de|zeit, die: **1.** *Zeit, die für eine Sendung zur Verfügung steht:* unsere S. geht leider zu Ende. **2.** *Zeit, während deren ein Sender Sendungen ausstrahlt.*

Send|ling, der; -s, -e (schweiz., sonst veraltet): *[Send]bote, -botin.*

Sen|dung, die; -, -en: **1. a)** [mhd. sendunge, sandunge = Übersendung; gesandtes Geschenk, ahd. santunga] (selten) *das Senden* (1): die S. der Bücher ist bereits erfolgt; **b)** *etw. [als bestimmte Menge von Waren] Gesandtes* (1): eine postlagernde, eingeschriebene S.; eine S. zustellen; wir haben gerade eine neue S. erhalten; wir mussten die S. zurückschicken; wir bestätigen Ihnen den Empfang der S. **2.** ⟨o. Pl.⟩ (geh.) *große [geschichtliche] Aufgabe, wichtiger [schicksalhafter] Auftrag; Mission:* die politische S. der Partei. **3. a)** *das Ausstrahlen über einen Sender* (1 b): Achtung, S. läuft; **b)** *Rundfunk-, Fernsehsendung:* eine aktuelle, politische, kulturelle S.; die S. wird morgen wiederholt; eine S. produzieren, hören, sehen, mitschneiden; **c)** *etw. Gesendetes* (3): Empfang -en stören.

Sen|dungs|be|wusst|sein, das: *jmds. feste Überzeugung, zu einer Sendung* (2) *auserwählt zu sein.*

¹Se|ne|gal, der; -[s]: *Fluss in Westafrika.*

²Se|ne|gal, -s, (auch:) -[s]: *Staat in Westafrika:* der südliche S.

Se|ne|gal|ler, der; -s, -: Ew.

Se|ne|gal|le|rin, die; -, -nen: w. Form zu ↑ Senegaler.

Se|ne|gal|le|se, der; -n, -n: *Senegaler.*

Se|ne|gal|le|sin: w. Form zu ↑ Senegalese.

se|ne|gal|le|sisch ⟨Adj.⟩: ²*Senegal, die Senegaler betreffend; von den Senegalern abstammend, zu ihnen gehörend.*

Se|nes|blatt: ↑ Sennesblatt.

Se|nes|zenz, die - [zu lat. senescere = alt werden] (Med.): *das Altern u. die dadurch bedingten körperlichen Veränderungen.*

Senf, der; -[e]s, -e [mhd. sen(e)f, ahd. senef < lat. sinapi(s) < griech. sínapi, viell. aus dem Ägypt.]: **1.** *aus gemahlenen Senfkörnern mit Essig u. Gewürzen hergestellte gelbbraune, breiige, würzig bis scharf schmeckende Masse;* ein Glas, eine Tube S.; zu Weißwürsten gehört süßer S.; * **[überall] seinen S. dazugeben** (ugs.; *[ungefragt zu allem] seine Meinung sagen, seinen Kommentar geben*); **einen langen S. machen** (ugs.; *unnötig viel Worte machen*). **2.** *Pflanze, aus deren in Schoten enthaltenen Samenkörnern Senf* (1) *hergestellt wird.*

senf|far|ben, senf|far|big ⟨Adj.⟩: *von der Farbe des Senfs* (1); *bräunlich gelb.*

Senf|gas, das: *braune, ölige, stechend riechende, äußerst giftige Substanz.*

Senf|glas, das ⟨Pl. ...gläser⟩: ¹*Glas* (2 b) *mit Senf.*

Senf|gur|ke, die: *in Stücke geschnittene, in Essig mit Senfkörnern, Zucker, Salz u. Gewürzen eingelegte Gurke.*

Senf|korn, das ⟨Pl. ...körner; meist Pl.⟩: *Samenkorn des Senfs* (2), *das als Gewürz verwendet wird.*

Senf|sau|ce: ↑ Senfsoße.

Senf|so|ße, Senfsauce, die: *mit Senf* (1) *zubereitete Soße:* hart gekochte Eier in S.

Sen|ge, die; - [eigtl. wohl = Hieb, der brennt] (landsch.): *Prügel:* S. bekommen, kriegen, beziehen.

sen|gen ⟨sw. V.; hat⟩ [mhd. sengen, ahd. in: bisengan, urspr. = brennen, dörren]: **1. a)** (selten) *die Oberfläche einer Sache leicht, ein wenig versengen; ansengen:* sie hat beim Bügeln die Bluse, den Kragen [etwas] gesengt; **b)** *durch leichtes, flüchtiges Abbrennen mit einer Flamme von restlichen Federn befreien; absengen:* eine Gans rupfen und s.; * **s. und brennen** (verhüll.; *plündern u. durch Brand zerstören*). **2. a)** *an der Oberfläche leicht, ein wenig brennen:* die Schuhe fingen an zu s.; **b)** *sehr heiß scheinen:* die Mittagssonne sengte (*sehr große*) Hitze lag über der Stadt. **3.** *sengend hervorbringen, entstehen lassen:* sich mit einer Zigarette ein Loch ins Hemd s. **4.** (Textilind.) *gasieren.*

sen|ge|rig, seng|rig ⟨Adj.⟩ (landsch.): *angebrannt [riechend]:* ein -er Geruch.

Se|nhor [sen'joːɐ̯], der; -s, -es [port. senhor < lat. senior, ↑ Senior]: **1.** *(in Portugal) Bezeichnung u. Anrede eines Herrn.* **2.** *(in Portugal) Herr* (3), *Besitzer.*

Se|nho|ra [...'joːra], die; -, -s [port. senhora]: w. Form zu ↑ Senhor.

Se|nho|ri|ta, die; -, -s [port. senhorita]: *(in Portugal) Bezeichnung u. Anrede eines Mädchens, einer unverheirateten [jungen] Frau.*

se|nil ⟨Adj.⟩ [lat. senilis = greisenhaft, zu: senex, ↑ Senior]: **1.** (bildungsspr., oft abwertend) *durch Alter körperlich u. geistig nicht mehr voll leistungsfähig; greisenhaft:* s. werden; in seinen Äußerungen u. Handlungen mehr od. weniger kindisch s. werden, sein. **2.** (Med.) *das Greisenalter betreffend; im hohen Lebensalter auftretend:* -e Demenz.

Se|ni|li|tät, die; - (bildungsspr., oft abwertend): *das Senilsein; Greisenhaftigkeit.*

se|ni|or ⟨indekl. Adj.; nur nachgestellt hinter Per-

Se|ni|or, der; -s, ...oren: **1. a)** ⟨Pl. selten⟩ (oft scherzh.) Vater (im Verhältnis zum Sohn); **b)** ⟨o. Pl.⟩ (Kaufmannsspr.) älterer Teilhaber, Geschäftspartner: das Geschäft ist vom S. auf den Junior übergegangen. **2.** (Sport) Sportler im Alter von mehr als 18 od. (je nach Sportart) 20, 21 od. 23 Jahren: er startet schon bei den -en. **3.** ⟨meist Pl.⟩ älterer Mensch, Mensch im Rentenalter, Ruheständler: ermäßigte Fahrten für -en. **4.** Ältester in einem Kreis, Kollegium o. Ä.: er ist der S. der Mannschaft. **5.** (Verbindungsw.) erster Chargierter eines studentischen Korps.

Se|ni|or|chef, der (Kaufmannsspr.): Geschäfts-, Firmeninhaber, dessen Sohn in der Firma mitarbeitet.

Se|ni|or|che|fin, die: w. Form zu ↑ Seniorchef.

se|ni|o|ren|ge|recht ⟨Adj.⟩: den Bedürfnissen, Ansprüchen älterer Menschen genügend: -es Wohnen; alle Wohnungen sind s. ausgestattet.

Se|ni|o|ren|heim, das: Altenheim.

Se|ni|o|ren|klas|se, die (Sport): Klasse (4) der Senioren (2) u. Seniorinnen.

Se|ni|o|ren|nach|mit|tag, der: für alte Menschen arrangiertes Treffen am Nachmittag mit Kaffeetafel u. Unterhaltung.

Se|ni|o|ren|re|si|denz, die: [komfortableres, luxuriös ausgestattetes] Altenwohnheim.

Se|ni|o|ren|stu|di|um, das: von Senioren (3) u. Seniorinnen betriebenes Hochschulstudium: unser Helmut hat ein S. in Heidelberg aufgenommen.

Se|ni|o|ren|wohn|heim, das: Altenwohnheim.

Se|ni|o|rin, die; -, -nen: w. Form zu ↑ Senior (1 b, 2, 5).

Se|ni|or(inn)en: Kurzform für: Seniorinnen und Senioren.

Senk|blei, das (Bauw.): ¹Lot (1 a).

Sen|ke, die; -, -n [mhd. senke, zu ↑ senken]: [größere, flache] Vertiefung im Gelände: das Haus liegt in einer S.

Sen|kel, der; -s, - [mhd. senkel, auch: Zugnetz, Anker, ahd. senkil = Anker, zu ↑ senken]: **1.** Kurzf. von ↑ Schnürsenkel. **2.** *jmdn. in den S. stellen* (ugs.; *jmdn. scharf zurechtweisen;* zu »Senkel« in der älteren Bedeutung »Senkblei«, eigtl. = etw. ins Lot bringen). **3.** *jmdm. auf den S. gehen* (ugs.; *jmdm. lästig sein, auf die Nerven gehen;* H. u.: der geht mir aber auf den S. mit seinem Gequatsche).

sen|ken ⟨sw. V.; hat⟩ [mhd., ahd. senken, eigtl. = sinken machen, versenken, Kausativ zu ↑ sinken]: **1. a)** *abwärts-, nach unten bewegen:* den Kopf s., gesenkt halten; die Startflagge s.; sie senkten die Fahnen zur Ehrung der Toten; der Dirigent senkte den Taktstock; Ü den Blick, die Augen s. (geh.; *zu Boden blicken*); er senkte die Stimme (geh.; *sprach leiser [u. dunkler]*); mit gesenktem Blick stand er vor ihr; **b)** *nach unten u. in eine bestimmte Lage, an eine bestimmte Stelle bringen:* die Taucherglocke ins Wasser, den Sarg ins Grab s.; Ü jmdm. den Keim des Bösen ins Herz s. **2.** (Bergmannsspr.) **a)** *(die Sohle einer Strecke) tiefer legen;* **b)** *abteufen:* einen Schacht s. **3.** ⟨s. + sich⟩ **a)** *abwärts-, nach unten bewegt werden:* die Schranke senkt sich; der Vorhang senkte sich während des rauschenden Finales; der Brustkorb hebt und senkt sich; das Boot hob und senkte sich in der Dünung; **b)** *abwärts-, nach unten sinken; herabsinken:* die Äste senken sich unter der Last des Schnees; Ü Dunkelheit, der Abend, die Nacht senkt sich auf die Erde (geh.; *es wird dunkel, wird Abend, wird Nacht*). **4.** ⟨s. + sich⟩ **a)** *allmählich niedriger werden, in die Tiefe gehen, absinken* (1 b): der Wasserspiegel hat sich [kaum merklich, deutlich] gesenkt; **b)** *leicht abschüssig verlaufen, abfallen* (4): das Gelände senkt sich nach Osten. **5. a)** *bewirken, dass etw. niedriger* (1 a) *wird:* die lange Trockenheit hat den Grundwasserspiegel gesenkt; **b)** *bewirken, dass etw. niedriger* (2) *wird:* das Fieber, den Blutdruck s.; die Löhne, Preise, Steuern, Kosten s. (*herabsetzen*). **6.** (Fachspr.) *mit einem Senker* (1) *ein Bohrloch kegelförmig erweitern.*

Sen|ker, der; -s, -: **1.** (Technik) *einem Bohrer ähnliches Werkzeug zum kegelförmigen Erweitern vorgebohrter Löcher.* **2.** (selten) *Steckling; Ableger.*

Senk|fuß, der (Med.): *Fuß, dessen Wölbung sich gesenkt hat.*

Senk|gru|be, die (Bauw.): *auszementierte Grube ohne Abfluss zur Aufnahme von Fäkalien.*

Senk|kas|ten, der (Technik): *Kasten aus Stahl od. Beton mit erhöhtem Druck im Innern, der Arbeiten unter Wasser ermöglicht; Caisson.*

senk|recht ⟨Adj.⟩ [nach der Vorstellung des an einer Schnur gerade nach unten hängenden Senkbleis]: **1. a)** (Geom.) *(mit einer Geraden o. Ä.) in einem rechten Winkel bildend:* die Schenkel des Winkels stehen s. aufeinander; **b)** *in einer geraden Linie von unten nach oben od. von oben nach unten verlaufend:* -e Wände, Linien; der Rauch steigt s. in die Höhe; die Felswand ragt fast s. empor; bleib, halt dich s.! (ugs.; *fall nicht um!*); R immer [schön] s. bleiben! (ugs.; *immer Haltung, Fassung bewahren!*). **2.** (schweiz., sonst ugs.) *aufrecht, rechtschaffen:* ein -er Eidgenosse, Bürger, Mann.

Senk|rech|te, die/eine Senkrechte; der/einer Senkrechten od. Senkrechte, die Senkrechten/zwei Senkrechte od. Senkrechten: **a)** (Geom.) ¹Lot (3); **b)** *senkrechte* (1 b) *Linie.*

Senk|recht|star|ter, der: **1.** *senkrecht startendes und landendes Flugzeug mit einem Ringflügel.* **2.** (ugs.) *jmd., der ohne lange Anlaufzeit eine ungewöhnlich steile Karriere macht; etw., was plötzlich großen Erfolg hat.*

Senk|recht|star|te|rin, die; -, -nen: w. Form zu ↑ Senkrechtstarter (2).

Senk|rü|cken, der: *(bei bestimmten Tieren, bes. bei Pferden) Rücken, bei dem die Wirbelsäule nach unten durchgebogen ist.*

Senk|schacht, der: *Senkgrube.*

Sen|kung, die; -, -en: **1.** ⟨o. Pl.⟩ *das Senken* (1). **2.** *das Sinken* (5 b); *Verringerung:* die S. der Steuern; eine S. der Zinsen um 0,4 %. **3.** (Geol.) *das Sichsenken von Teilen der Erdkruste, das bei vulkanischer Aktivität, bei Gebirgsbildung u. a. auftritt:* dabei kommt es zu -en. **4.** (selten) *Senke.* **5.** (Verslehre) *unbetonte Silbe eines Wortes im Vers.* **6.** (Med.) Kurzf. von ↑ Blutsenkung (a).

Senk|we|he, die ⟨meist Pl.⟩ (Med.): *Vorwehe.*

Senn, der; -[e]s, -e, schweiz. auch der; -en, -en [spätmhd. senne, ahd. senno, wohl aus dem Kelt. u. viell. eigtl. = Melker] (bayr., österr., schweiz.): *Almhirt, der auf der Alm die Milch zu Butter u. Käse verarbeitet.*

¹**Sen|ne,** der; -n, -n (bayr., österr., schweiz.): ↑ Senn.

²**Sen|ne,** die; -, -n [mhd. senne] (bayr., österr.): *Alm.*

sen|nen ⟨sw. V.; hat⟩ (bayr., österr., schweiz.): *als Senn[in] arbeiten.*

Sen|nen|hund, der: *(urspr. zum Hüten der Herden auf den Almen eingesetzter) kräftig gebauter, mittelgroßer Hund mit breitem Kopf u. Hängeohren:* Berner S.

Sen|ner, der; -s, - [mhd. sennære] (bayr., österr. seltener): *Senn.*

Sen|ne|rei, die; -, -en (bayr., österr., schweiz.): *kleiner landwirtschaftlicher Betrieb auf einer Alm, in dem Milch zu Butter u. Käse verarbeitet wird.*

Sen|ne|rin, die; -, -nen: w. Form zu ↑ Senner.

Sen|nes|blatt, das ⟨meist Pl.⟩ [mhd. sene < arab. sannā]: *Blatt der Kassie, das als Abführmittel in Teemischungen verwendet wird.*

Senn|hüt|te, die; -, -n (bayr., österr.): *Almhütte.*

Sen|nin, die; -, -nen: w. Form zu ↑ Senn.

Se|ñor [sɛnˈjoːɐ̯], der; -s, -es [span. señor < lat. senior, ↑ Senior]: **1.** *(in Spanien) Bezeichnung u. Anrede eines Herrn.* **2.** *(in Spanien) Herr* (3), *Besitzer.*

Se|ño|ra, die; -, -s [span. señora]: w. Form zu ↑ Señor.

Se|ño|ri|ta, die; -, -s [span. señorita]: *(in Spanien) Bezeichnung u. Anrede eines Mädchens, einer unverheirateten [jungen] Frau.*

Sen|sa|ti|on, die; -, -en [frz. sensation, eigtl. = Empfindung < mlat. sensatio, zu spätlat. sensatus = empfindend, zu lat. sensus, ↑ sensuell]: **1.** *aufsehenerregendes, unerwartetes Ereignis; aufsehenerregende, außergewöhnliche Leistung, Darbietung:* eine technische, medizinische S. [ersten Ranges]; er, sein Auftritt war die S. des Abends; ihre Hochzeit war die S. des Jahres; die Rede der Außenministerin war eine politische S.; der Roman ist eine literarische S.; das [Fernseh-, Zirkus]publikum will -en sehen; der Prozess, die Geschichte riecht nach S.; etw. als, zur S. aufbauschen, zur S. machen. **2.** (Med.) *subjektive körperliche Empfindung, Gefühlsempfindung* (z. B. Hitzewallung bei Aufregungen).

sen|sa|ti|o|nell ⟨Adj.⟩ [frz. sensationnel, zu: sensation, ↑ Sensation]: *[unerwartet u.] großes Aufsehen erregend:* eine -e Nachricht, Story, Erfindung; einen -en Rekord aufstellen; der Prozess nahm eine -e Wendung; ein -er archäologischer Fund; der Erfolg war s.; eine s. aufgemachte Story; sie haben das Spiel s. hoch gewonnen.

Sen|sa|ti|ons|gier, die (abwertend): *Gier nach Sensationen* (1).

Sen|sa|ti|ons|ha|sche|rei, die; -, -en ⟨Pl. selten⟩ (abwertend): *Verhalten, das darauf abzielt, Ereignisse zu Sensationen aufzubauschen, um so Aufsehen zu erregen:* das ist alles nur S.

Sen|sa|ti|ons|jour|na|lis|mus, der (abwertend): *Journalismus im Stil der Sensationspresse.*

Sen|sa|ti|ons|lust, die (abwertend): vgl. *Sensationsgier.*

sen|sa|ti|ons|lüs|tern ⟨Adj.⟩ (abwertend): *lüstern nach Sensationen* (1): eine -e Menge.

Sen|sa|ti|ons|mel|dung, die: *sensationelle Meldung.*

Sen|sa|ti|ons|pres|se, die ⟨o. Pl.⟩ (abwertend): *Presse, die Ereignisse zu Sensationen aufbauscht.*

Sen|sa|ti|ons|pro|zess, der: *sensationeller Prozess.*

Sen|sa|ti|ons|sieg, der (bes. Sport): *sensationeller Sieg.*

sen|sa|ti|ons|süch|tig ⟨Adj.⟩ (abwertend): vgl. *sensationslüstern.*

Sen|se, die; -, -n [mhd. sēnse (md.), segens(e), ahd. segensa, eigtl. = die Schneidende]: *Gerät zum Mähen, dessen langes, bogenförmig gekrümmtes, am freien Ende allmählich spitz zulaufendes Blatt* (5) *rechtwinklig am langen Stiel befestigt ist:* die S. is[t] scharf, ist nicht scharf; die S. schleifen, dengeln; die S. schwingen; mit der S. mähen; eine Wiese mit der S. mähen; ☆ S. sein (salopp; *Schluss sein;* H. u.: bei mir ist jetzt S. (*ich habe endlich genug davon, mache Schluss*).

sen|sen ⟨sw. V.; hat⟩ (selten): *mit der Sense mähen.*

Sen|sen|blatt, das: *Blatt* (5) *einer Sense.*

sen|sen|för|mig ⟨Adj.⟩: *in der Art eines Sensenblattes bogenförmig gekrümmt.*

Sen|sen|mann, der: *(den Tod 1 verkörperndes) menschliches Gerippe mit einer Sense.*
Sen|sen|stein, der: *Wetzstein zum Schärfen der Sense.*
sen|si|bel ⟨Adj.; ...bler, -ste⟩ [frz. sensible < lat. sensibilis = der Empfindung fähig, zu: sentire, ↑ Sentenz]: **1.** *von besonderer Feinfühligkeit; empfindsam:* ein sehr sensibler Mensch; ein sensibles Kind; sie ist, wirkt sehr s.; Ü die Instrumente reagieren sehr s. **2.** (Med.) *empfindlich gegenüber Schmerzen u. Reizen von außen; schmerzempfindlich:* sensible Nerven. **3.** *besonders viel Sorgfalt, Umsicht, Fingerspitzengefühl o. Ä. erfordernd, heikel:* ein äußerst sensibles Thema ansprechen.
Sen|si|bel|chen, das; -s, - (ugs.): *sehr sensibler, leicht zu verletzender od. zu verunsichernder Mensch:* er, sie ist ein S.
sen|si|bi|li|sie|ren ⟨sw. V.; hat⟩: **1.** (bildungsspr.) *sensibel* (1), *empfindlich machen (für die Aufnahme von Reizen u. Eindrücken):* sie ist durch dieses Erlebnis für das Leid der Flüchtlinge sensibilisiert worden. **2.** (Med.) *(den Organismus) gegen bestimmte Antigene empfindlich machen, die Bildung von Antikörpern bewirken.* **3.** (Fotogr.) *(von Filmen) lichtempfindlich machen.*
Sen|si|bi|li|sie|rung, die; -, -en: *das Sensibilisieren.*
Sen|si|bi|li|tät, die; -, -en [frz. sensibilité < spätlat. sensibilitas = Empfindbarkeit, zu lat. sensibilis, ↑ sensibel]: **1.** (bildungsspr.) **a)** ⟨o. Pl.⟩ *das Sensibelsein* (vgl. sensibel); **b)** ⟨meist Pl.⟩ *Empfindlichkeit* (2 b); *Gespür für Empfindungen* (2). **2.** (Med.) *Reiz-, Schmerzempfindlichkeit des Organismus u. bestimmter Teile des Nervensystems).* **3.** (Fotogr.) *(von Filmen) [Licht]empfindlichkeit.*
sen|si|tiv ⟨Adj.⟩ [frz. sensitif < mlat. sensitivus, zu: lat. sentire, ↑ Sentenz] (bildungsspr.): *von übersteigerter Feinfühligkeit; überempfindlich.*
Sen|si|ti|vi|tät, die; -, -en (bildungsspr.): *sensitives Verhalten; sensitive Beschaffenheit.*
Sen|si|ti|vi|täts|trai|ning, das (Psychol.): *gruppentherapeutische Methode zur Beseitigung von Hemmungen beim Ausdrücken von Gefühlen.*
Sen|si|to|me|ter, das [↑-meter (1)] (Fotogr.): *Gerät zur Messung der Empfindlichkeit fotografischer Platten u. Filme.*
Sen|so|mo|to|rik [auch: ...zomo'to:...], Sensomotorik [auch: ...'to:...], die; - [zu ↑ Sensus u. ↑ Motorik] (Med., Psychol.): *Gesamtheit des durch Reize bewirkten Zusammenspiels von Sinnesorganen u. Muskeln.*
sen|so|mo|to|risch, sensumotorisch ⟨Adj.⟩ (Med., Psychol.): *die Sensomotorik betreffend, auf ihr beruhend.*
Sen|sor, der; -s, ...oren [engl. sensor, zu lat. sensus, ↑ sensuell] (Technik): **1.** *Messfühler.* **2.** *durch bloßes Berühren zu betätigende Schalter bei elektronischen Geräten.*
Sen|so|rik, die; -, -en: *Teilgebiet der Messtechnik, das sich mit der Entwicklung u. dem Einsatz von Sensoren befasst.*
sen|so|risch ⟨Adj.⟩ (Med.): *die Sinnesorgane, die Aufnahme von Sinnesempfindungen betreffend:* -e Nerven.
Sen|so|ri|um, das; -s, ...ien [spätlat. sensorium = Sitz der Empfindung]: (bildungsspr.) *Empfindungsvermögen, Gespür:* ein S. für etw. entwickeln, haben.
Sen|sor|tas|te, die: *Sensor* (2).
Sen|su|a|lis|mus, der; - [zu spätlat. sensualis, ↑ sensuell] (Philos.): **1.** *Lehre, nach der alle Erkenntnis allein auf Sinneswahrnehmung zurückzuführen ist.* **2.** (selten) *Sinnlichkeit, Sinnenfreude.*

Sen|su|a|list, der; -en, -en: *Anhänger, Vertreter des Sensualismus* (1).
Sen|su|a|lis|tin, die; -, -nen: w. Form zu ↑ Sensualist.
sen|su|a|lis|tisch ⟨Adj.⟩: **1.** *den Sensualismus betreffend.* **2.** (selten) *sinnlich.*
Sen|su|a|li|tät, die; - [spätlat. sensualitas] (Med.): *Empfindungsvermögen (der Sinnesorgane).*
sen|su|ell ⟨Adj.⟩ [frz. sensuel < spätlat. sensualis = sinnlich, zu lat. sensus = Sinn, Wahrnehmung, zu: sentire, ↑ Sentenz]: **1.** (bildungsspr. veraltet) *sinnlich.* **2.** *die Sinne, die Sinnesorgane betreffend; sinnlich wahrnehmbar.*
Sen|su|mo|to|rik usw.: ↑ Sensomotorik usw.
Sen|sus, der; -, - [...su:s] [lat. sensus = Wahrnehmung, Empfindung; Bewusstsein, Gefühl, zu: sentire, ↑ Sentenz]: **1.** (Med.) *Empfindungsvermögen (eines Sinnesorgans).* **2.** **einen, keinen S. für etw. haben/besitzen* (ugs.; *Gespür, kein Gespür für etw. haben*).
◆ **Sen|te,** die; -, -n [auch: Sennte, zu ↑ ²Senne] (österr., schweiz.): *Herde Kühe auf der ²Senne:* ... ein reicher Mann. Er hat wohl zehen -n auf den Alpen (Schiller, Tell IV, 3).
Sen|tenz, die; -, -en [mhd. sentenzie < lat. sententia = Meinung; Urteil; Sinn(spruch), Gedanke, zu: sentire (2. Part.: sensum) = fühlen, wahrnehmen, empfinden; urteilen, denken]: **1.** (bildungsspr.) *kurz u. treffend formulierter, einprägsamer Ausspruch, der Allgemeingültigkeit beansprucht; Sinnspruch, Denkspruch.* **2.** ⟨Pl.⟩ (Theol.) *die fundamentalen theologischen Lehrsätze der Kirchenväter u. der Heiligen Schrift enthaltende Sammlung.* **3.** (Rechtsspr. veraltet) *richterliches Urteil, Urteilsspruch;* ◆ *... wenn Ew. Gnaden erlauben, fäll' ich jetzo die S.* (Kleist, Krug 11); ◆ *Ist die S. an Cawdor schon vollstreckt?* (Schiller, Macbeth I, 7).
Sen|ti|ment [sãti'mã:], das; -s, -s [frz. sentiment < mlat. sentimentum, zu lat. sentire, ↑ Sentenz] (bildungsspr.): **a)** *Empfindung, Gefühl;* **b)** (selten) *Gefühl der Voreingenommenheit.*
sen|ti|men|tal ⟨Adj.⟩ [engl. sentimental, zu: sentiment < frz. sentiment, ↑ Sentiment]: **a)** (oft abwertend) *allzu gefühlsbetont; [übertrieben] gefühlvoll; rührselig:* -e Lieder, Filme, Geschichten; in -er Stimmung sein; er sang sehr s.; ihre Briefe klingen s.; **b)** (selten) *empfindsam [u. leicht schwärmerisch, romantisch].*
sen|ti|men|ta|lisch ⟨Adj.⟩: **a)** (veraltet) *sentimental* (b); **b)** (Literaturwiss.) *die verloren gegangene ursprüngliche Natürlichkeit durch Reflexion wiederzugewinnen suchend.*
Sen|ti|men|ta|li|tät, die; -, -en [engl. sentimentality, zu: sentimental, ↑ sentimental] (oft abwertend): **1.** ⟨o. Pl.⟩ *sentimentale Art; allzu große Empfindsamkeit; Rührseligkeit:* seine S. liegt mir nicht; S. empfinden. **2.** ⟨meist Pl.⟩ *etw., worin sich Sentimentalität (1) ausdrückt:* keine Zeit für -en haben.
sen|za ⟨Adv.⟩ [ital. senza, zu lat. absentia = Abwesenheit] (Musik): *ohne* (meist in Verbindung mit einer Vortragsanweisung): s. pedale (*ohne Pedal*); s. sordino (*ohne Dämpfer*); s. tempo (*ohne bestimmtes Zeitmaß*).
SEO [esle:'|o:, 'ze:o, esli:'|oυ; engl., aus: search engine optimization] (EDV): *Suchmaschinenoptimierung.*
Se|oul [soʊl]: *Hauptstadt von Südkorea.*
Se|pa|ran|dum, das; -s, ...da ⟨meist Pl.⟩ [zu lat. separandum = das Abzusondernde, Gerundiv von: separare, ↑ separieren] (Med.): *Arzneimittel, das gesondert aufbewahrt wird* (z. B. Opiate, Gift).
se|pa|rat ⟨Adj.⟩ [lat. separatus, adj. 2. Part. von: separare, ↑ separieren]: *als etw. Selbstständiges von etw. anderem getrennt; für sich; gesondert:* eine Wohnung mit -em Eingang; s. wohnen; die einzelnen Bände sind auch s. erhältlich.
Se|pa|rat|frie|de, (häufiger:) **Se|pa|rat|frie|den,** der: *Frieden, der nur mit einem von mehreren Gegnern, nur einseitig von einem der Bündnispartner mit dem Gegner abgeschlossen wird.*
Se|pa|ra|ti|on, die; -, -en [lat. separatio = Absonderung, zu: separare, ↑ separieren]: **1.** *Gebietsabtrennung (zur Angliederung an einen anderen Staat od. zur politischen Verselbstständigung).* **2.** (veraltend) *Absonderung, Trennung.* **3.** (bes. im 18. u. 19. Jh.) *Verfahren zur Beseitigung der Gemengelage; Flurbereinigung.*
Se|pa|ra|tis|mus, der; - [vgl. engl. separatism] (oft abwertend): *das Streben nach Separation* (1, 2), *bes. nach Gebietsabtrennung, um einen separaten Staat zu gründen.*
Se|pa|ra|tist, der; -en, -en [engl. separatist, urspr. = religiöser Sektierer, zu: to separate = trennen < lat. separare] (oft abwertend): *Vertreter, Anhänger des Separatismus.*
Se|pa|ra|tis|tin, die; -, -nen: w. Form zu ↑ Separatist.
se|pa|ra|tis|tisch ⟨Adj.⟩ (oft abwertend): *den Separatismus betreffend, ihn vertretend:* -e Bestrebungen, Tendenzen.
Se|pa|ra|tor, der; -s, ...oren [lat. separator = Trenner] (Technik): *Vorrichtung, Gerät, das die verschiedenen Bestandteile eines Gemisches, Gemenges o. Ä. voneinander trennt.*
Se|pa|ree, Sé|pa|rée [zepa're:], das; -s, -s [kurz für Chambre séparée, zu: chambre = Zimmer (< lat. camera, ↑ Kammer) u. séparée, 2. Part. von: séparer = trennen, absondern < lat. separare]: *kleiner Nebenraum in Restaurants für ungestörte [intime] Zusammenkünfte; Chambre séparée.*
se|pa|rie|ren ⟨sw. V.; hat⟩ [spätmhd. seperieren < lat. separare = absondern, trennen]: **1.** (Fachspr.) *mithilfe eines Separators trennen.* **2.** [frz. séparer < lat. separare, eigtl. = etw. für sich gesondert bereiten, zu: se(d) = für sich; beiseite u. parare = bereiten] (veraltend) *absondern, trennen:* die Gesunden von den Kranken s.
Se|phar|de, der; -n, -n, **Se|phar|di,** der; -, ...dim [...di:m, auch ...'di:m] [nach dem Namen einer im A. T. genannten, später auf Spanien bezogenen Landschaft]: *von der Iberischen Halbinsel od. aus dem Orient stammender Jude.*
Se|phar|din, die; -, -nen: w. Form zu ↑ Sepharde u. Sephardi.
se|phar|disch ⟨Adj.⟩: *die Sephardim betreffend, zu ihnen gehörend.*
se|pia ⟨indekl. Adj.⟩ [zu ↑ Sepia (2)]: *von stumpfem Grau- od. Schwarzbraun.*
Se|pia, die; -, Sepien [lat. sepia < griech. sēpía = Tintenfisch]: **1.** *zehnarmiger Kopffüßer* (z. B. Tintenfisch). **2.** ⟨o. Pl.⟩ *aus einem Drüsensekret der Sepia* (1) *gewonnener schwarzbrauner Farbstoff.*
se|pia|braun ⟨Adj.⟩: *sepia.*
Se|pia|zeich|nung, die: *Feder- od. Pinselzeichnung mit aus Sepia* (2) *hergestellter Tinte, Tusche.*
Se|pie, die; -, -n: ↑ Sepia (1).
Sep|pel|ho|se, Seppl|ho|se, die [nach der (bes. in Bayern häufigen) landsch. Kurzf. »Seppl« des m. Vorn. Josef]: *kurze [Trachten]lederhose mit Trägern.*
Sep|pu|ku, das; -[s], -s [jap.] (selten): *Harakiri.*
Sep|sis, die; -, Sepsen [griech. sēpsis = Fäulnis] (Med.): *Blutvergiftung.*
Sept, die; -, -en (Musik): *Septime.*
Sept. = September.
Sep|ta: Pl. von ↑ Septum.
Sept|ak|kord, der (Musik): *Septimenakkord.*
Sep|te, die; -, -n (Musik): *Sept.*
Sep|tem Ar|tes li|be|ra|les ⟨Pl.⟩ [lat., zu lat. sep-

tem = sieben u. artes liberales, ↑ Artes liberales]: *Artes liberales.*

Sep|tem|ber, der; -[s], - [mhd. september < lat. (mensis) September = siebenter Monat (des römischen Kalenders), zu: septem = sieben]: *neunter Monat des Jahres* (Abk.: Sept.)

♦ **Sep|tem|bri|sier|te,** die/eine Septembrisierte; der/einer Septembrisierten, die Septembrisierten/zwei Septembrisierte: *weibliche Person, die unter den Opfern der so genannten Septembermorde war, der Massenmorde, die sich während der Französischen Revolution Anfang September 1792 ereigneten.*

♦ **Sep|tem|bri|sier|ter,** der Septembrisierte/ein Septembrisierter; des/eines Septembrisierten, die Septembrisierten/zwei Septembrisierte: *jmd., der unter den Opfern der sogenannten Septembermorde war, der Massenmorde, die sich während der Französischen Revolution Anfang September 1792 ereigneten:* Er (= Danton) *ist wie der hörnerne Siegfried; das Blut der Septembrisierten hat ihn unverwundbar gemacht* (Büchner, Dantons Tod 10,6).

Sep|tett, das; -[e]s, -e [relatinisiert aus ital. settetto, zu: sette < lat. septem = sieben] (Musik): **a)** *Komposition für sieben solistische Instrumente od. Instrumente [mit Instrumentalbegleitung];* **b)** *Ensemble von sieben Instrumental- od. Vokalsolisten.*

Sept|hä|mie, die; -, -n [zu griech. sēptikós (↑ septisch) u. haĩma = Blut] (Med.): *Sepsis.*

Sep|ti|kä|mie, Sep|tik|hä|mie, die; -, -n [zu griech. sēptikós (↑ septisch) u. haĩma = Blut] (Med.): *Sepsis.*

Sep|tim, die; -, -en: *Septime* (a, b).

Sep|ti|ma, die; -, Septimen [lat. septima = die Siebente, zu: septem = sieben] (österr. veraltend): *siebte Klasse eines Gymnasiums.*

Sep|ti|me, die; -, -n [zu lat. septimus = der Siebente] (Musik): **a)** *siebenter Ton einer diatonischen Tonleiter;* **b)** *Intervall von sieben diatonischen Tonstufen.*

Sep|ti|men|ak|kord, der (Musik): *Akkord aus Grundton, Terz, Quint u. Septime od. aus drei übereinandergebauten Terzen.*

Sep|ti|mo|le, die; -, -n (Musik): *Septole.*

sep|tisch ⟨Adj.⟩ [griech. sēptikós = Fäulnis bewirkend, zu: sēpsis, ↑ Sepsis] (Med.): **1.** *die Sepsis betreffend, darauf beruhend.* **2.** *mit Keimen behaftet.*

Sep|to|le, die; -, -n [geb. nach ↑ Triole] (Musik): *Folge von sieben Noten, die den Taktwert von 4, 6 od. 8 Noten haben.*

Sep|tu|a|ge|si|ma, die; -, selten auch, wenn o. Art.: ...mä (meist o. Art.) [mlat. septuagesima, eigtl. = der siebzigste (Tag vor Ostern)]: *(im Kirchenjahr) neunter Sonntag vor Ostern:* Sonntag S./Septuagesimä.

Sep|tu|a|gin|ta, die; - [lat. septuaginta = siebzig; nach der Legende von 72 jüdischen Gelehrten verfasst]: *älteste u. wichtigste griechische Übersetzung des Alten Testaments* (Zeichen: LXX).

Sep|tum, das; -s, ...ta u. ...ten ⟨meist Pl.⟩ [spätlat. septum, Nebenf. von: saeptum = Umzäunung] (Anat., Med., Zool.): *Scheidewand.*

se|pul|kral ⟨Adj.⟩ [lat. sepulcralis = zum Grabe gehörig] (veraltet): *das Grab[mal] od. Begräbnis betreffend.*

Se|quel ['siːkwəl], das; -s, -s [engl. sequel = Fortsetzung < mengl. sequel(e) < mfrz. séquelle < lat. sequel(l)a = Folge, zu: sequi, ↑ Sequenz] (Filmjargon): *Fortsetzungsfilm, bes. als Nachfolgefilm eines großen Erfolges mit gleichem Personenkreis u. ähnlicher Thematik.*

se|quen|ti|ell, sequenziell.

Se|quenz, die; -, -en [spätlat. sequentia = (Reihen)folge, zu lat. sequens (Gen.: sequentis), 1. Part. von: sequi = folgen]: **1.** (bildungsspr., Fachspr.) *Reihe[n]folge, Aufeinanderfolge von etw. Gleichartigem.* **2.** (Musik) *Wiederholung eines musikalischen Motivs auf höherer od. tieferer Tonstufe:* eine S. *über die ganze Tastatur.* **3.** (Musik) *hymnusartiger Gesang in der mittelalterlichen Liturgie.* **4.** (Film) *aus einer unmittelbaren Folge von Einstellungen gestaltete, kleinere filmische Einheit.* **5.** (Kartenspiele) *Serie aufeinanderfolgender Karten.* **6.** (EDV) *Folge von Befehlen od. von hintereinander gespeicherten Daten.*

Se|quen|zer, der; -s, - (Musik): *meist als Teil eines Synthesizers verwendeter Kleincomputer, der Tonfolgen speichern u. beliebig oft wiedergeben kann.*

se|quen|zi|ell, sequentiell ⟨Adj.⟩ [nach engl. sequential, zu: sequent = folgend < lat. sequens, ↑ Sequenz] (EDV): *(von der Speicherung u. Verarbeitung von Anweisungen eines Computerprogramms) fortlaufend, nacheinander erfolgend:* -e Steuerungssysteme; Daten s. aufrufen.

se|quen|zie|ren ⟨sw. V.; hat⟩ (Biochemie): *die Reihenfolge der ²Basen in der DNA bestimmen.*

Se|ques|ter, der; -s, - [1. [lat. sequester, zum Adj. sequester = vermittelnd, zu: sequi, ↑ Sequenz] (Rechtsspr.) *jmd., der amtlich mit der treuhänderischen Verwaltung einer strittigen Sache beauftragt ist.* **2.** ⟨auch: das⟩ [lat. sequestrum, zum Adj. sequester = vermittelnd, zu: sequi, ↑ Sequenz] (Rechtsspr.) *Sequestration* (1): etw. unter S. stellen. **3.** ⟨auch: das⟩ [zu spätlat. sequestrare, ↑ sequestrieren] (Med.) *abgestorbenes Teil eines Gewebes, bes. eines Knochens.*

Se|ques|t|ra|ti|on, die; -, -en: **1.** [spätlat. sequestratio, zu: sequestrare, ↑ sequestrieren] (Rechtsspr.) *Verwaltung von etw. durch einen Sequester* (1). **2.** (Med.) *Abstoßung eines Sequesters* (3).

se|ques|t|rie|ren ⟨sw. V.; hat⟩ [spätlat. sequestrare = absondern, trennen, zu lat. sequester, ↑ Sequester]: **1.** (Rechtsspr.) *unter Sequester* (2) *stellen, beschlagnahmen u. zwangsverwalten:* Vermögen s. **2.** (Med.) *ein Sequester* (3) *bilden.*

Se|quo|ia [...ja], die; -, -s, **Se|quo|ie** [...jə], die; -, -n [nach Sequoyah, dem Namen eines amerik. Indianerhäuptlings (1760–1843)]: *Mammutbaum.*

Se|ra: Pl. von ↑ Serum.

Se|ra|fim: ökum. Pl. von ↑ Seraph.

Se|rail [zeˈrai, ...l], das; -s, -e [frz. sérail < ital. serraglio, türk. saray < pers. sarāy = Palast]: *Palast [eines Sultans], orientalisches Fürstenschloss.*

Se|raph, der; -s, -e u. -im, ⟨ökum.:⟩ Serafim [kirchenlat. seraphim (Pl.) < hebr. śərāfīm] (Rel.): *(nach dem A. T.) Engel der Anbetung mit sechs Flügeln [u. der Gestalt einer Schlange].*

Se|ra|pis: altägyptischer Gott.

Ser|be, der; -n, -n: *Angehöriger eines südslawischen Volkes.*

♦ **ser|ben** ⟨sw. V.; hat⟩ [mhd. serben, serwen, ahd. serwēn, H. u.] (südd., österr., schweiz.): *kränkeln, dahinsiechen: ...mit mir wird's ausgehen, wie es mit allen serbenden Leuten ausgeht* (Rosegger, Waldbauernbub 189).

Ser|bi|en; -s: *Staat in Südosteuropa.*

Ser|bi|en und Mon|te|ne|g|ro; -[s] - -s: *ehem. Staat in Südosteuropa.*

Ser|bin, die; -, -nen: w. Form zu ↑ Serbe.

ser|bisch ⟨Adj.⟩: *Serbien, die Serben betreffend; von den Serben stammend, zu ihnen gehörend.*

Ser|bisch, das; -[s], ⟨nur mit best. Art.:⟩ **Ser|bi|sche,** das; -n: *serbische Sprache.*

ser|bisch-mon|te|ne|g|ri|nisch ⟨Adj.⟩ (früher): *die Bevölkerung von Serbien und Montenegro betreffend, zu ihr gehörend.*

Ser|bo|k|ro|a|tisch ⟨Adj.⟩: *zum Serbokroatischen gehörend, es betreffend.*

Ser|bo|k|ro|a|tisch, das; -[s], ⟨nur mit best. Art.:⟩ **Ser|bo|k|ro|a|ti|sche,** das; -n: *zusammenfassende Bez. für die Sprachen Bosnisch, Kroatisch und Serbisch.*

Da sich die genannten Sprachen seit dem Zerfall des ehemaligen Jugoslawien zunehmend getrennt entwickeln, wird *Serbokroatisch* als Bezeichnung für die aktuellen Sprachzustände von den meisten Sprecherinnen und Sprechern abgelehnt. Als historische Bezeichnung, besonders bei Herkunftsangaben, bleibt *Serbokroatisch* in der Sprachwissenschaft jedoch erhalten.

Sère [ˈsɛrɛ]; älter ital. sère < lat. senior, ↑ senior] (veraltet): *höfliche, auf eine männliche Person bezogene Anrede in Italien.*

Se|ren: Pl. von ↑ Serum.

Se|re|na|de, die; -, -n [frz. sérénade < ital. serenata, zu: sereno < lat. serenus = heiter; in der Bed. beeinflusst von ital. sera = Abend]: **1.** (Musik) *aus einer lockeren Folge von oft fünf bis sieben Einzelsätzen (bes. Tanzsätzen) bestehende Komposition für [kleines] Orchester:* eine S. für Streicher. **2.** *Konzertveranstaltung [im Freien an kulturhistorischer Stätte], auf deren Programm bes. Serenaden* (1) *stehen.*

Serge [zɛrʃ, frz.: sɛrʒ], die, auch (österr. nur): der; -, -n [frz. serge, über das Vlat. < lat. serica = seidene Stoffe, zu: sericus < griech. sērikós = seiden] (Textilind.): *Gewebe in Köperbindung aus [Kunst]seide, [Baum]wolle od. Kammgarn.*

Ser|geant [zɛrˈʒant, frz.: sɛrˈʒã, engl.: ˈsɑːdʒənt], der; -en, -en, (bei engl. Ausspr.:) -[s], -s [frz. sergent bzw. engl. sergeant, aus mlat. serjantus, sergantus = Diener < lat. serviens (Gen.: servientis), 1. Part. von: servire, ↑ servieren] (Militär): **a)** ⟨o. Pl.⟩ *frz. bzw. engl. Bez. für: Dienstgrad eines Unteroffiziers;* **b)** *Unteroffizier des Dienstgrades Sergeant* (a).

Se|ri|al [ˈsiːrɪəl], das; -s, -s [engl. serial, zu: series < lat. series, ↑ Serie] (Fernsehjargon, Rundfunkjargon): *Serie* (3).

Se|rie, die; -, -n [mhd. serje < lat. series = Reihe, Reihenfolge, zu: serere = fügen, reihen, knüpfen]: **1. a)** *bestimmte Anzahl, Reihe gleichartiger, zueinanderpassender Dinge, die ein Ganzes, eine zusammenhängende Folge darstellen:* eine S. Briefmarken, Fotos, Bilder; **b)** *Anzahl in gleicher Ausführung gefertigter Erzeugnisse der gleichen Art:* etw. in S. (serienmäßig) herstellen; etw. in S. schalten (Elektrot.); *hintereinanderschalten, in Reihe schalten;* *** S. sein** (Jargon; *zur serienmäßigen Ausstattung gehören:* elektrische Fensterheber sind [bei allen Modellen] S.); **in S. gehen** (*erstmals serienmäßig, in Serienfertigung produziert werden*). **2.** *inhaltlich, thematisch zusammengehörende Folge von Sendungen* (3b), *Veröffentlichungen von Büchern, Artikeln o. Ä., die in meist regelmäßigen Abständen erfolgen:* nächste Woche beginnt eine neue S. **3.** *Aufeinanderfolge gleicher, ähnlicher Geschehnisse, Erscheinungen:* sie kann auf eine lange S. von Erfolgen zurückblicken.

se|ri|ell ⟨Adj.⟩ [frz. sériel, zu: série < lat. series, ↑ Serie]: **1.** (selten) *serienmäßig* (a). **2.** (Musik) *eine Kompositionstechnik verwendend, die vorgegebene, konstruierte Reihen von Tönen zugrunde legt u. zueinander in Beziehung setzt:* -e Musik. **3.** (EDV) *(in Bezug auf die Übertragung, Verarbeitung von Daten) zeitlich nacheinander.*

Se|ri|en|an|fer|ti|gung, die: *Anfertigung einer bestimmten Anzahl von Erzeugnissen der gleichen Art in gleicher Ausführung.*

Se|ri|en|aus|stat|tung, die: *Ausstattung eines in Serie* (1b) *gefertigten Produkts, bes. eines Serienwagens, für die im Unterschied zur Sonderausstattung kein Aufpreis vom Hersteller erho-*

ben wird: bei diesem Wagentyp gehört ESP zur S.

Se|ri|en|au|to, das: *in Serie gefertigtes Auto:* ein ganz normales S.

Se|ri|en|ein|bre|cher, der: vgl. Serientäter.

Se|ri|en|ein|bre|che|rin, die: w. Form zu ↑ Serieneinbrecher.

Se|ri|en|fahr|zeug, das: vgl. Serienauto.

Se|ri|en|fer|ti|gung, die: *Serienanfertigung.*

Se|ri|en|held, der: *Held einer Serie* (2).

Se|ri|en|hel|din, die: w. Form zu ↑ Serienheld.

Se|ri|en|kil|ler, der (ugs.): *Serienmörder.*

se|ri|en|mä|ßig ⟨Adj.⟩: **a)** *in Serienfertigung [ausgeführt]:* mit der -en Herstellung beginnen; **b)** *bei der Serienanfertigung bereits eingebaut, vorhanden:* das Modell ist s. mit einer Klimaanlage ausgerüstet.

Se|ri|en|mör|der, der: *Mörder, der eine Reihe gleichartiger Morde begeht; Serienkiller.*

Se|ri|en|mör|de|rin, die: w. Form zu ↑ Serienmörder.

Se|ri|en|num|mer, die: *Zeichenfolge, die zur eindeutigen Identifizierung eines Exemplars aus einer Serie* (1 b) *dient:* die S. dieses Geräts besteht aus Buchstaben und Ziffern; über die -n der Geldscheine konnten die Bankräuber gefasst werden.

Se|ri|en|pro|duk|ti|on, die: vgl. Serienanfertigung.

se|ri|en|reif ⟨Adj.⟩: *einen Entwicklungsstand aufweisend, der die Serienanfertigung ermöglicht:* ein -er Motor.

Se|ri|en|rei|fe, die: *Stand der Entwicklung u. Erprobung eines Erzeugnisses, der die Serienanfertigung ermöglicht, rechtfertigt:* einen neuartigen Motor zur S. entwickeln.

Se|ri|en|schal|tung, die (Elektrot.): *Reihenschaltung.*

Se|ri|en|tä|ter, der: *jmd., der eine Reihe gleichartiger Straftaten begeht.*

Se|ri|en|tä|te|rin, die: w. Form zu ↑ Serientäter.

Se|ri|en|wa|gen, der: *in Serie gefertigter Wagen.*

se|ri|en|wei|se ⟨Adv.⟩: **1.** *in Serien* (2), *als ganze Serie.* **2.** (ugs.) *in großer Zahl, in großen Mengen.*

Se|ri|fe, die; -, -n ⟨meist Pl.⟩ [⟨engl. serif⟩ wohl zu niederl. schreef = Strich, Linie] (Druckw.): *kleiner, abschließender Querstrich am oberen od. unteren Ende von Buchstaben; Schraffe* (2).

se|ri|fen|los ⟨Adj.⟩ (Druckw.): *keine Serifen aufweisend:* eine -e Schrift.

Se|ri|gra|fie, Se|ri|gra|phie, die; -, -n [zu lat. sericus (↑ Serge) u. -grafie]: *Siebdruck.*

se|rio ⟨Adv.⟩ [ital. serio < lat. serius, ↑ seriös] (Musik): *ernst, feierlich, gemessen.*

se|ri|ös ⟨Adj.⟩ [frz. sérieux < mlat. seriosus, zu lat. serius = ernsthaft, ernstlich]: **1. a)** *ordentlich, solide* (3) *wirkend; gediegen:* ein -er Herr; diese Leute sind, gelten als, wirken sehr s.; **b)** *ernst u. würdig; feierlich:* er macht immer einen sehr -en Eindruck; **c)** (selten) *solide* (1). **2.** *(bes. in geschäftlicher Hinsicht) vertrauenswürdig, glaubwürdig, zuverlässig:* eine Firma; ein -er Geschäftspartner; das ist kein -es Geschäftsgebaren. **3.** *ernst gemeint, ernsthaft, ernst zu nehmen:* solche Anzeigen sind nicht s.

Se|ri|o|si|tät, die; - [mlat. seriositas] (geh.): *seriöse Art, seriöses Wesen.*

Ser|mon, der; -s, -e [spätmhd. sermōn < lat. sermo (Gen.: sermonis) = Wechselrede, Gespräch; Vortrag]: **1.** (veraltet) *Rede, Predigt.* **2.** [wohl unter Einfluss von frz. sermon] (ugs.) *langatmiges, langweiliges Gerede:* sie hörte seinen S. geduldig an.

Se|rol|lo|gie, die; -, -n [↑ -logie]: **1.** ⟨o. Pl.⟩ *Forschungsgebiet der Medizin, das sich bes. mit dem Serum* (1) *in Diagnostik u. Therapie*

befasst. **2.** *Ergebnis einer serologischen Untersuchung; serologisches Bild.*

se|ro|lo|gisch ⟨Adj.⟩: *die Serologie betreffend:* -e Untersuchungen.

Se|rom, das; -s, -e [zu ↑ Serum] (Med.): *Ansammlung einer serösen Flüssigkeit in Wunden od. Narben.*

se|rös ⟨Adj.⟩ [zu ↑ Serum] (Med.): **1.** *aus Serum bestehend; mit Serum vermischt.* **2.** *Serum, ein serumähnliches Sekret absondernd:* -e Drüsen.

Se|ro|to|nin, das; -s, -e [zu ↑ Serum u. ↑ Tonus] (Med.): *im Darm u. im Nervensystem vorkommender hormonähnlicher Stoff, der verschiedene Organfunktionen reguliert.*

ser|pens ⟨Adj.⟩ [lat. serpens, 1. Part. von: serpere = kriechen, schleichen] (Med.): *fortschreitend, sich weiterverbreitend (z. B. von Hautflechten).*

Ser|pen|tin, der; -s, -e [mlat. serpentina, zu lat. serpens (Gen.: serpentis) = Schlange, viell. nach der schlangenhautähnlichen Musterung einzelner Stücke]: **a)** *meist grünes, seltener weißes, braunes od. schwarzes Mineral von geringer Härte, das zur Herstellung kunstgewerblicher Gegenstände verwendet wird;* **b)** *Serpentinit.*

Ser|pen|ti|ne, die; -, -n [zu spätlat. serpentinus = schlangenartig, zu lat. serpens, ↑ Serpentin]: **a)** *in vielen Kehren, Windungen schlangenförmig an steilen Berghängen ansteigender Weg:* die S. hinunterfahren; **b)** *Kehre, Windung eines schlangenförmig an steilen Berghängen ansteigenden Weges:* die Straße führt in -n auf die Passhöhe.

Ser|pen|ti|nen|stra|ße, die: *in Serpentinen* (b) *verlaufende Straße.*

Ser|pen|ti|nit [auch: ...'nɪt], der; -s, -e: *vorwiegend aus Serpentin* (a) *bestehendes, grünes bis dunkelgrünes, metamorphes Gestein.*

Ser|ra, die; -, -s [port. serra, eigtl. = Säge, < lat. serra]: *Sierra.*

Se|rum, das; -s, Seren u. Sera [lat. serum = Molke, eigtl. = Flüssiges]: **1.** *Kurzf. von* ↑ Blutserum. **2.** *Kurzf. von* ↑ Immunserum.

Se|rum|be|hand|lung, die: *Behandlung durch Injektion von Serum.*

Se|rum|ei|weiß, das ⟨meist Pl.⟩ (Biol., Med.): *Serumprotein.*

Se|rum|ge|win|nung, die: *Gewinnung von Serum.*

Se|rum|pro|te|in, das ⟨meist Pl.⟩ (Biol., Med.): *im Blutserum enthaltenes Protein.*

Ser|val, der; -s, -e u. -s [frz. serval < port. (lobo) cerval = Luchs < lat. (lupus) cervarius, eigtl. = Hirschwolf, zu: cervus = Hirsch]: *in Steppen u. Savannen Afrikas lebende, kleinere Raubkatze mit kleinem Kopf, großen Ohren u. einem gelblichen bis bräunlichen Fell mit schwarzen Flecken.*

Serve-and-Vol|ley ['sə:vənd'vɔli], das; -s [engl., aus: serve = Aufschlag u. volley, ↑ Volley] (Tennis): *Aufschlag u. Netzangriff mit dem Ziel, den zurückgeschlagenen Ball volley zu verwandeln.*

Ser|ve|lat|wurst: ↑ Zervelatwurst.

Ser|ver ['sə:vɐ], der; -s, -s [engl. server, zu: to serve = dienen < afrz. servir < lat. servire, ↑ servieren]: **1.** (EDV) *Rechner, der für andere in einem Netzwerk mit ihm verbundene Systeme bestimmte Aufgaben übernimmt u. von diesen ganz od. teilweise abhängig sind.* **2.** (Badminton, Tennis, Tischtennis) *Aufschläger.*

¹Ser|vice [zɛr'vi:s], das; - [...'vi:s] od. -s [...'vi:səs], - [...'vi:s od. ...'vi:sə] [frz. service, eigtl. = Dienstleistung, Bedienung (↑ ²Service), beeinflusst von frz. servir in der Bed. »Speisen auftragen« (↑ servieren)]: *in Form, Farbe, Musterung übereinstimmendes, aufeinander abgestimmtes mehrteiliges Ess- od. Kaffeegeschirr:* ein schlichtes,

gemustertes, kostbares S.; ein S. für zwölf Personen.

²Ser|vice ['sə:vɪs], der, österr. auch: das; -[s], -s [...vɪs od. ...vɪsɪs] [engl. service = Dienst, Bedienung < (a)frz. service < lat. servitium = Sklavendienst, zu: servire, ↑ servieren]: **1. a)** ⟨o. Pl.⟩ *(im gastronomischen Bereich) Bedienung u. Betreuung von Gästen:* das Hotel ist für seinen guten S. bekannt; **b)** ⟨o. Pl.⟩ *Kundendienst* (1): für dieses Gerät gibt es einen gut funktionierenden S.; **c)** *Dienstleistung:* als kleinen S. bieten wir unseren Kunden einen monatlichen kostenlosen Newsletter an; **d)** *im Auftrag eines Kunden vorgenommene Inspektion, Wartung (eines Geräts, einer Maschine, eines Fahrzeugs o. Ä.):* den Wagen für einen [kleinen, großen] S. in die Werkstatt bringen. **2.** (Tennis) **a)** *Aufschlag* (2): ein harter S.; **b)** *Aufschlagball:* sein erster S. ging ins Netz.

Ser|vice|an|ge|bot ['sə:vɪs...], das: *Angebot* (1b, 2) *an Dienstleistungen wie Wartung, Auskunft, persönliche Betreuung o. Ä.*

Ser|vice|cen|ter, Ser|vice-Cen|ter ['sə:vɪssɛntɐ], das: *Servicezentrum.*

Ser|vice|club: ↑ Serviceklub.

Ser|vice|ge|bühr ['sə:vɪs...], die: *Bedienungszuschlag.*

Ser|vice|klub, Serviceclub ['sə:vɪs...], der: *überregionaler, in einzelnen regionalen Vereinen organisierter Verband, der sich dem Veranstalten kultureller und gesellschaftlicher Ereignisse [sowie karitativen Zielen] verschrieben hat* (z. B. Rotary International und Lions Club).

Ser|vice|leis|tung ['sə:vɪs...], die: *Kundendienstleistung.*

Ser|vice|netz ['sə:vɪs...], das: *über einen bestimmten Bereich verteilte Einrichtungen für Reparatur, Wartung o. Ä. technischer Erzeugnisse:* die Firma hat ein dichtes S. aufgebaut.

Ser|vice|pack ['sə:vɪspɛk], das; -s, -s [engl. service pack, aus: service (↑ ²Service) u. pack = Bündel, Paket] (EDV): *eine Software ergänzendes u. bekannte Mängel behebendes Programmpaket.*

Ser|vice|pro|gramm ['sə:vɪs...], das: **1.** (Rundfunk) *Rundfunksendung von rein informativem, aktuellem Charakter* (z. B. Verkehrsmeldungen, Wetterlage, Veranstaltungskalender). **2.** (Wirtsch.) *Programm* (3) *zur Organisation eines Kundenservice [für das Kunden sich registrieren lassen können, um einen besseren Service zu erhalten].*

Ser|vice|pro|vi|der, Ser|vice-Pro|vi|der ['sə:vɪsprovaɪdɐ], der [engl. service provider, aus: service (↑ ²Service) u. provider, ↑ Provider]: *an den entsprechenden Netzbetreiber weitervermittelnder Anbieter von Kommunikationsdiensten, z. B. bei Telefongesellschaften.*

Ser|vice pub|lic [sɛr'vis py'blik], der; - - [frz. service public = staatliche Dienstleistung] (schweiz.): *vom Staat erbrachte u. zu erbringende Dienstleistung.*

Ser|vice|teil [zɛr'vi:s...], das: *zu einem ¹Service gehörendes Teil.*

Ser|vice|un|ter|neh|men ['sə:vɪs...], das: *Unternehmen, das Dienstleistungen erbringt.*

Ser|vice|zen|t|rum ['sə:vɪs...], das: *Zweigstelle, Abteilung eines Unternehmens od. einer öffentlichen Einrichtung, in der Kundinnen und Kunden betreut werden.*

Ser|vice|zu|schlag ['sə:vɪs...], der: *Bedienungszuschlag.*

ser|vie|ren ⟨sw. V.; hat⟩ [frz. servir = dienen; bei Tisch bedienen < lat. servire = Sklave sein, dienen, zu: servus = Sklave, Diener]: **1.** *zum Essen, Trinken auf den Tisch bringen [u. zum Verzehr anbieten]:* sie servierte ihren Gästen Tee; ⟨auch ohne Akk.-Obj.:⟩ beim Frühstück, Mittagessen s.; Ü er hat uns die tollsten Lügen serviert (erzählt). **2.** (Tennis) *den ²Service (2 a) ausführen; aufschlagen.* **3.** (bes. Fußball) *einem Mitspieler in aussichtsreicher Position (den Ball) genau zuspielen.*

Ser|vie|rer, der; -s, -: *jmd., der [als Angestellter in einer Gaststätte] den Gästen Speisen und Getränke serviert.*

Ser|vie|re|rin, die; -, -nen: w. Form zu ↑Servierer: *als S. arbeiten.*

Ser|vier|tisch, der: *kleiner Tisch zum Abstellen von Speisen, Geschirr o. Ä.*

Ser|vier|toch|ter, die (schweiz.): *Serviererin, Kellnerin.*

Ser|vier|wa|gen, der: vgl. Serviertisch.

Ser|vi|et|te, die; -, -n [frz. serviette = Mundtuch, Handtuch, zu: servir (↑servieren), also urspr. = Gegenstand, der beim Servieren benötigt wird]: *meist quadratisches Tuch, das beim Essen zum Abwischen des Mundes u. zum Schutz der Kleidung benutzt wird: weiße, bunte, leinene -n; -n aus Damast, Papier; sich die S. auf die Knie legen; Der Tisch war gedeckt...; die Messerbänkchen aus Glas, auf denen Messer, Löffel und Gabel wie Kanonenrohre von der Lafette starrten, und die eingerollten -n in ihren Ringen waren aufmarschiert wie eine Armee, die ihr General im Stich gelassen hatte (Musil, Mann 1065).*

Ser|vi|et|ten|ring, der: *größerer Ring, der eine zusammengerollte Serviette zusammenhält:* silberne, hölzerne -e.

ser|vil ⟨Adj.⟩ [lat. servilis, zu: servus = Sklave] (bildungsspr. abwertend): *untertänige Beflissenheit zeigend; kriecherisch unterwürfig:* eine -e Haltung, Gesinnung; ein -es Lächeln.

Ser|vi|li|tät, die; -, -en [frz. servilité, zu: servile < lat. servilis, ↑servil] (bildungsspr. abwertend): **1.** ⟨o. Pl.⟩ *servile Art, Gesinnung, Haltung.* **2.** *servile Handlungsweise, Äußerung.*

Ser|vit, der; -en, -en [nach Ordo Servorum Mariae = Orden der Diener Mariens, dem lat. Namen des Ordens]: *Angehöriger eines 1233 gegründeten Bettelordens.*

Ser|vi|tin, die; -, -nen: *Angehörige des weiblichen Zweiges der Serviten.*

Ser|vi|tut, die; -, -en, auch das; -[e]s, -e [lat. servitus (Gen.: servitutis) = Verbindlichkeit] (bes. österr. u. schweiz. Rechtsspr.): *Dienstbarkeit (3).*

Ser|vo- [zu lat. servus = Sklave, Diener]: ⟨Best. in Zus. mit Substantiven mit der Bed.⟩ *eine zusätzliche Funktion erfüllend; zusätzlich verstärkend, vergrößernd; Hilfs-* (z. B. Servoeinrichtung, Servogerät).

Ser|vo|len|kung, die (Technik): *Lenkung (bei Kraftwagen), bei der die vom Fahrer, von der Fahrerin aufgewandte Kraft verstärkt wird.*

ser|vus [aus lat. servus = (dein) Diener] (bes. bayr., österr.): *freundschaftlicher Gruß beim Abschied, zur Begrüßung:* »Servus, Ernst, was machst du denn hier?«; Geh heim! Ich werd allein fertig! Servus! (Roth, Radetzkymarsch 81).

Se|sam, der; -s, -s [lat. sesamum < griech. sēsamon, aus dem Semit.]: **1. a)** *krautige, dem Fingerhut (2) ähnliche Pflanze mit weißen bis roten glockigen Blüten, deren flache, gelbe längliche Samen sehr ölhaltig sind;* **b)** *Samen des Sesams* (1 a). **2. *S., öffne dich!** (scherzh.; Ausruf beim [vergeblichen] Versuch, etw. zu öffnen od. ein Hindernis zu überwinden, eine Lösung herbeizuführen, ein bestimmtes Ziel zu erreichen o. Ä., nach der eine Schatzkammer öffnenden Zauberformel in dem orientalischen Märchen »Ali Baba und die vierzig Räuber« aus »Tausendundeiner Nacht«).

Se|sam|brot, das: *Brot, das mit Sesam* (1 b) *bestreut ist [u. dessen Teig Sesam enthält].*

Se|sam|bröt|chen, das: vgl. Sesambrot.

Se|sam|öl, das: *aus Sesam* (1 b) *gewonnenes Öl.*

Se|schel|len: ↑Seychellen.

Se|sel, der; -s, - [lat. seselis < griech. séselis]: *in Stauden wachsende Pflanze mit vielstrahligen Dolden u. eiförmigen Früchten, die als Heil- u. Gewürzpflanze verwendet wird.*

Ses|sel, der; -s, - [mhd. se33el, ahd. se33al, zu ↑sitzen]: **1.** *mit Rückenlehne, gewöhnlich auch mit Armlehnen versehenes, meist weich gepolstertes, bequemes Sitzmöbel (für eine Person); Polstersessel:* ein niedriger, tiefer, bequemer, drehbarer S.; sich in einen S. setzen, fallen lassen; Ü der Minister klebt an seinem S. (ugs. abwertend; *will nicht zurücktreten*). **2.** (österr.) *Stuhl.*

Ses|sel|bahn, die: *Sessellift.*

Ses|sel|fur|zer, der; -s, - (salopp abwertend): *jmd., der einen [kleinen] Posten innerhalb eines Verwaltungsapparats innehat, auf dem er aus Trägheit, mangelndem Engagement o. Ä. nichts Besonderes leistet.*

Ses|sel|fur|ze|rin, die; -, -nen: w. Form zu ↑Sesselfurzer.

Ses|sel|leh|ne, die: *Lehne eines Sessels.*

Ses|sel|lift, der: *Seilbahn mit Einzel- od. Doppelsitzen, die an einem gewöhnlich fest mit dem Seil gekoppelten Bügel hängen.*

sess|haft ⟨Adj.⟩ [mhd. se3haft, zu mhd., ahd. se3 = (Wohn)sitz]: **a)** *einen festen Wohnsitz, einen bestimmten Ort als ständigen Aufenthalt besitzend:* -e Völker, Bauern; **b)** *nicht dazu neigend, seinen Wohnsitz, seinen Aufenthaltsort häufig zu wechseln:* sie hatten sich in dem Dorf s. gemacht und wollten es nicht mehr verlassen; sie nahmen sich vor, -er zu werden.

Sess|haf|tig|keit, die; -: *das Sesshaftsein.*

¹Ses|si|on, die; -, -en [lat. sessio: zu: sessum, 2. Part. von sedere = sitzen] (bildungsspr.): *über einen längeren Zeitraum sich erstreckende Tagung, Sitzungsperiode.*

²Ses|sion ['sɛʃn], die; -, -s [engl. session (< afrz. session) < lat. sessio, ↑¹Session]: Kurzf. von ↑Jamsession.

¹Set [auch: sɛt], das, auch: der; -[s], -s [engl. set, zu: to set = (ein)setzen]: **1.** *mehrere zusammengehörende gleichartige od. sich ergänzende Gegenstände:* ein S. aus Kamm, Bürste und Spiegel. **2.** *Deckchen aus Stoff, Bast, Kunststoff o. Ä. (für ein Gedeck), das in mehreren dazu passenden, oft anstelle einer Tischdecke, aufgelegt wird; Platzdeckchen.* **3.** (Sozialpsychol.) *körperliche Verfassung u. innere Einstellung (z. B. von Drogenabhängigen) zu etw.* **4. a)** ⟨der; -[s], -s⟩ (Film, Fernsehen) *Szenenaufbau, Dekoration;* **b)** ⟨der; -[s], -s⟩ (Film) *Drehort:* am S. von (bei den Dreharbeiten zu) »Der Pate«.

²Set, das; -[s], - [engl. set, ↑¹Set] (Druckw.): *Maßeinheit für die unterschiedliche Breite der Einzelbuchstaben einer Monotype.*

Set|te|cen|to [sɛte'tʃɛnto], das; -[s] [ital. settecento = 18. Jahrhundert, kurz für: mille settecento = 1700] (Kunstwiss.): *Kultur u. Kunst des 18. Jahrhunderts, erlebt wird.*

Set|ter [auch: 'sɛtɐ], der; -s, - [engl. setter, zu: to set (↑¹Set) in der Bed. »vorstehen«]: *größerer hochbeiniger Hund mit glänzendem, meist rotbraunem, langhaarigem Fell.*

Set|ting [auch: 'sɛtɪŋ], das; -s, -s [engl. setting, eigtl. = Rahmen, Umgebung] (Sozialpsychol.): *Gesamtheit von Merkmalen der Umgebung, in deren Rahmen etw. stattfindet, erlebt wird.*

Sett|le|ment ['sɛtlmənt], das; -s, -s. **1.** (Börsenw.) *Abwicklung u. Erfüllung eines Börsengeschäfts.* **2.** (Wirtsch.) *Übereinkunft.*

Set-up, Set|up ['zɛtap, auch: 'sɛtap], das; -s, -s [engl. set-up, zu: to set up = aufbauen, einstellen]: **1.** (EDV) **a)** *Hilfsprogramm, das neue Software auf dem Computer installiert:* die S. starten; **b)** *Installation einer neuen Software auf dem Computer:* ein S. durchführen; Probleme beim S. haben. **2.** (Kfz-Technik) *Einstellungen am Fahrwerk (z. B.) eines [Renn]autos:* das S. verändern. **3.** (Golf) *Vorbereitung zum Schlag (z. B. Einnahme der richtigen Stellung).*

Setz|lei, das (landsch., bes. nordostd.): *Spiegelei.*

set|zen ⟨sw. V.⟩ [mhd. setzen, ahd. sezzen, Kausativ zu ↑sitzen u. eigtl. = sitzen machen]: **1.** ⟨s. + sich; hat⟩ **a)** *[sich irgendwohin begebend] eine sitzende Stellung einnehmen:* jmdn. auffordern, sich zu s.; willst du dich setzen?; setzt dich doch; setzt euch/s.!; sich bequem, aufrecht s.; sich an den Tisch, auf einen Stuhl, auf seinen Platz, in den Sessel, ins Gras, in die Sonne, in den Schatten, auf die Terrasse, unter die Kastanie, neben jmdn., zu jmdm. s.; der Vogel setzte sich ihm auf die Schulter (ließ sich dort nieder); auf die Nachricht von seiner Erkrankung hin setzte sie sich sogleich in den Zug/(ugs.:) auf die Bahn (fuhr sie sogleich mit der Bahn zu ihm); ◆ ⟨mit Dativobjekt:⟩ Auf dieser Bank von Stein will ich mich s., dem Wanderer zur kurzen Ruh' bereitet (Schiller, Tell IV, 3); **b)** *verblasst in präpositionalen Verbindungen; drückt aus, dass jmd. bestimmte Verhältnisse für sich herstellt:* sich an die Spitze s. (↑Spitze 3); sich auf eine andere Spur s. (als Autofahrer[in] auf eine andere Fahrspur wechseln); sich an jmds. Stelle s. (↑Stelle 1 a); sich in den Besitz von etw. s. (↑Besitz c); sich bei jmdm. in Gunst s. (sich jmds. Gunst verschaffen); sich in Bewegung s. (↑Bewegung 1 b); sich ins Unrecht s. (↑Unrecht 1 a); sich mit jmdm. in Verbindung s. (↑Verbindung 7 a), ins Einvernehmen (↑Einvernehmen) s.; sich zur Wehr s. (↑¹Wehr 1). **2.** ⟨hat⟩ **a)** *zu bestimmtem Zweck an eine bestimmte Stelle bringen u. eine gewisse Zeit dort belassen; jmdm., einer Sache einen bestimmten Platz geben:* ein Kind auf einen Stuhl, aufs Töpfchen, jmdn. auf den Schoß, sich auf den Oleander nach draußen, in den Garten s.; einen Topf auf den Herd s.; sich den Hut auf den Kopf s.; den Becher [zum Trinken] an den Mund s.; ein Huhn [zum Brüten] auf die Eier s.; Karpfen in einen Teich s.; beim Laufenlernen einen Fuß vor den andern s.; der Gast wurde in die Mitte, neben die Dame des Hauses gesetzt; (Brettspiele:) einen Stein s.; ⟨auch ohne Akk.-Obj.:⟩ er hat noch nicht gesetzt; **b)** *verblasst in präpositionalen Wendungen; drückt aus, dass bestimmte Verhältnisse für jmdn., etw. hergestellt werden, dass jmd., etw. in einen bestimmten Zustand gebracht wird:* jmdn. auf schmale Kost s. (jmdm. wenig zu essen geben); einen Hund auf eine Fährte s. (zum Suchen auf einer Fährte veranlassen); ein Schiff auf Grund s. (auflaufen lassen); etw. außer Betrieb s. (eine Maschine o. Ä. zu arbeiten aufhören lassen; etw. abstellen); etw. in Betrieb s. (eine Maschine o. Ä. zu arbeiten beginnen lassen; etw. anstellen); Dinge zueinander in Beziehung s. (eine Beziehung zwischen ihnen herstellen, sie in Beziehung zueinander betrachten); jmdn. ins Brot s. (seinen Lebensunterhalt verdienen lassen); ein Wort in Klammern s. (einklammern); jmdn. in Erstaunen s. (jmdm. erstaunen); etw. an die Stelle von etw. s. (↑Stelle 1 a); etw. ins Werk s. (↑Werk 1); etw. in Szene s. (↑Szene 2); etw. in Musik s. (vertonen); etw. in die Zeitung s. (↑Zeitung 1 a); etw. in Tätigkeit s. (in Betrieb nehmen); ein Pferd in Trab s. (↑Trab); Banknoten in Umlauf s. (↑Umlauf); keinen Fuß mehr über jmds. Schwelle s. (↑Fuß 1 a); jmdn. unter Drogen s. (jmdn. mit [einer hohen Dosis] Drogen willenlos, willfährig machen); keinen Fuß vor die Tür s. [können]; die Worte gut zu s. wissen (↑Wort 2). **3.** ⟨hat⟩ **a)** *an der dafür bestimmten*

Stelle einpflanzen: Salat, Tomaten s.; Kartoffeln s. *(Saatkartoffeln in die Erde bringen);* **b)** *in einer bestimmten Form aufstellen, lagern:* Getreide in Puppen s.; Holz, Briketts s. *(schichten, stapeln);* **c)** *[herstellen u.] aufstellen:* einen Herd, [Kachel]ofen s.; eine Mauer, einen Zaun s.; jmdm. ein Denkmal, einen Grabstein s. (errichten); **d)** *an einem Mast o. Ä. aufstecken, aufziehen:* den diplomatischen Stander s.; vor der Ausfahrt die Segel s.; das Boot hatte keine Positionslaternen gesetzt; Ü den [linken, rechten] Blinker s. (Kfz-Wesen; *das [rechte, linke] Blinklicht einschalten);* **e)** *irgendwohin schreiben:* seine Anschrift links oben auf den Briefbogen s.; seinen Namen unter ein Schreiben s.; ein Gericht auf die Speisekarte s. *(in die Speisekarte aufnehmen);* jmds. Namen, jmdn. auf eine Liste s. *(in eine Liste aufnehmen);* etw. auf den Spielplan, auf die Tagesordnung s. *(in den Spielplan, in die Tagesordnung aufnehmen);* einen Punkt, ein Komma s. *(in einem Text anbringen);* er setzt *(verwendet beim Schreiben)* überhaupt keine Satzzeichen; ein Buch auf den Index s. *(die Lektüre eines Buches verbieten);* [jmdm.] einen Betrag auf die Rechnung s. *(berechnen);* **f)** (Druckw.) *einen Schriftsatz von etw. herstellen:* Lettern, Schrift, ein Manuskript, einen Text, ein Buch [mit der Hand, mit der Maschine] s.; **g)** *bei einer Wette, einem Glücksspiel als Einsatz geben:* ein Uhr als Einsatz s.; zum Pfand s.; er hat 100 Euro auf das Pferd gesetzt; ⟨auch ohne Akk.-Obj.:⟩ er setzt immer auf dasselbe Pferd; Ü auf jmdn. s. *(an jmds. Erfolg, Sieg glauben u. ihm sein Vertrauen schenken);* verblasst: seine Hoffnung auf jmdn., etw. s. *(in einer bestimmten Angelegenheit darauf hoffen, dass sich durch jmdn., etw. etwas für einen erreichen lässt);* Zweifel in etw. s. (↑Zweifel); **h)** *in Bezug auf. eine bestimmte Anordnung treffen, etw. festlegen, bestimmen:* jmdm. eine Frist s.; die Freiheit absolut s. *(auffassen);* einer Sache eine Grenze, Grenzen, Schranken s. *(Einhalt gebieten);* einer Sache ein Ende, Ziel s. *(dafür sorgen, dass etw. aufhört);* du musst dir ein Ziel s. *(etw. zum Ziel, zur Aufgabe machen);* Akzente s. *(auf etw. besonderen Nachdruck legen u. sich dadurch hervortun);* Prioritäten s. (↑Priorität); Zeichen s. (↑Zeichen); **i)** (Sport) *einen Spieler, eine Mannschaft im Hinblick auf die zu erwartende besondere Leistung für den Endkampf einstufen u. ihn teilweise od. ganz aus den Ausscheidungskämpfen herausnehmen:* die deutsche Meisterin wurde als Nummer zwei gesetzt; ⟨subst. 2. Part.:⟩ der erste Gesetzte schied bereits in der Vorrunde aus. **4. a)** ⟨ist, auch: hat⟩ *einen großen Sprung über etw. machen; ein. in einem od. mehreren großen Sprüngen überqueren:* das Pferd setzt über den Graben, über ein Hindernis; er setzt über den Zaun, die Mauer; **b)** ⟨ist; auch: hat⟩ *ein Gewässer mit technischen Hilfsmitteln überqueren:* die Römer setzten hier über den Rhein; **c)** ⟨hat⟩ *über ein Gewässer befördern:* sich vom Fährmann über den Fluss, ans andere Ufer s. lassen. **5.** ⟨s. + sich; hat⟩ **a)** *(in etw.) nach unten sinken:* die weißen Flöckchen in der Lösung haben sich gesetzt; die Lösung setzt (klärt) sich; der Kaffee muss sich erst s. *(der Kaffeegrund muss sich nach dem Brühen erst am Boden sammeln);* der Schaum auf dem Bier hat sich schon etwas gesetzt *(ist schon etwas zusammengefallen);* das Erdreich setzt *(senkt)* sich; * *etw. sich s. lassen (etw. geistig verarbeiten):* wir müssen die Neuigkeit sich erst s. lassen); **b)** *als bestimmter Stoff o. Ä. irgendwohin dringen:* die Giftstoffe setzen sich unter die Haut; Tabakrauch setzt sich in die Kleider; der Staub setzt sich in die Ritzen; der Geruch setzt sich in die Vorhänge. **6.** ⟨hat⟩ (Jägerspr.) *(von*

Haarwild außer Schwarzwild) Junge, ein Junges zur Welt bringen. **7.** * *es setzt etw.* (ugs.; *es gibt Prügel o. Ä.;* hat: gleich setzt es Prügel, Hiebe, Senge, Ohrfeigen; wenn du nicht hörst, setzt es was).

set|zen las|sen, set|zen|las|sen, sich ⟨st. V.; hat⟩: *verarbeiten;* ↑setzen (5 a): wir müssen das Gesagte sich erst einmal s. l.

Set|zer, der; -s, - [mhd. setzer = Aufsteller, Taxator, ahd. sezzari = Stifter] (Druckw.): *Schriftsetzer.*

Set|ze|rei, die; -, -en (Druckw.): *Abteilung in einem Betrieb des grafischen Gewerbes, in der der Schriftsatz hergestellt wird.*

Set|ze|rin, die; -, -nen: w. Form zu ↑Setzer.

Setz|kas|ten, der: **1.** (Gartenbau) *flacher Kasten für junge Gemüse- od. Blumenpflanzen, die zum Auspflanzen bestimmt sind.* **2.** (Druckw.) *flacher Kasten für die Lettern eines Schriftsatzes.*

Setz|ling, der; -s, -e [mhd. setzelinc (im Weinbau)]: **1.** *Jungpflanze, die für ihr weiteres Gedeihen an einen anderen Standort versetzt wird.* **2.** *junger Fisch, der zu weiterem Wachstum in einen Setzteich gebracht wird.*

Setz|lis|te, die (Sport): *Liste, auf der vor Beginn eines Wettkampfs, eines Turniers den besten Teilnehmern ein bestimmter Platz zugewiesen wird.*

Setz|ma|schi|ne, die (Druckw.): *Maschine zur Herstellung eines Schriftsatzes.*

Setz|teich, der (Fischereiw.): *Teich, in dem Setzlinge (2) herangezogen werden.*

Set|zung, die; -, -en: **1.** *das Setzen* (3 h), *Aufstellen von Normen o. Ä.:* die S. von Prioritäten. **2.** *das Sichsetzen* (5 a) *des Bodens, Baugrundes o. Ä.:* die -en des Bodens.

Setz|waa|ge, die: *Wasserwaage.*

Setz|zeit, die (Jägerspr.): *Zeit im Jahr, in der (bei bestimmten Tierarten) die Jungen zur Welt kommen.*

Seu|che, die; -, -n [mhd. siuche, ahd. siuhhī = Krankheit, Siechtum, zu ↑siech]: *sich schnell ausbreitende, gefährliche Infektionskrankheit:* eine S. bekämpfen, eindämmen; eine verheerende, gefährliche S. bricht rasch aus, greift um sich, fordert viele Opfer; Ü diese knatternden Mofas sind die S. (emotional; *eine verbreitete, äußerst unangenehme Sache);* Gerechtigkeit, erklärte er ..., Gerechtigkeit sei in politisch bewegten Zeiten eine Art S., vor der man sich hüten müsse (Feuchtwanger, Erfolg 140).

Seu|chen|be|kämp|fung, die: *Bekämpfung von Seuchen.*

Seu|chen|ge|fahr, die: *Gefahr, dass eine Seuche ausbricht.*

Seu|chen|ge|setz, das: *Gesetz zur Seuchenbekämpfung.*

Seu|chen|herd, der: *Stelle, von der aus sich eine Seuche ausbreitet.*

seuf|zen ⟨sw. V.; hat⟩ [mhd. siufzen, älter: siuften, ahd. sūft(e)ōn, zu ahd. sūfan = schlürfen (↑saufen), lautm. für das hörbare Einziehen des Atems]: **a)** *als Ausdruck von Kummer, Sehnsucht, Resignation, Erleichterung o. Ä. hörbar tief u. schwer ein- u. [mit klagendem Ton] ausatmen, oft ohne sich dessen bewusst zu sein:* tief, schwer, beklommen, erleichtert, leise s.; Ü das Land seufzte (geh.; *litt*) unter der Reparationslast; Die Tür zu Georgs Zimmer seufzt leise (Remarque, Obelisk 86); **b)** *seufzend* (a) *äußern, sagen:* »ja, ja«, seufzte er schuldbewusst.

Seuf|zer, der; -s, - [älter: Seufze, mhd. siufze, siufte]: *Laut des Seufzens; einmaliges Seufzen:* ein leiser, lauter, befreiender S.; ein S. der Erleichterung; einen tiefen S. tun; einen S. unterdrücken, ersticken, ausstoßen; seinen letzten S. tun (geh.; *sterben*).

Se|vil|la [seˈvilja]: *Stadt in Südspanien.*

Se|vil|la|ner, der; -s, -: Ew.

Se|vil|la|ne|rin, die; -, -nen: w. Form zu ↑Sevillaner.

Sex [zɛks, sɛks], der; -[es] [engl. sex < lat. sexus = Geschlecht]: **1.** *Geschlechtsverkehr, sexuelle Betätigung:* guter, wilder, zärtlicher S.; außerehelicher S.; sicherer, ungeschützter S. *(mit, ohne Kondom);* das Einzige, was sie von ihm will, ist S.; mit jmdm. S. haben. **2.** *[dargestellte] Sexualität [in ihrer durch die Unterhaltungsindustrie verbreiteten Erscheinungsform].* **3.** (ugs.) *Sex-Appeal.* **4.** *Geschlecht, Sexus.*

Se|xa|ge|si|ma, die; -, selten auch, o. Art.: ...mä ⟨meist o. Art.⟩ [mlat. sexagesima, eigtl. = der sechzigste (Tag vor Ostern), zu lat. sexagesimus = der Sechzigste]: *(im Kirchenjahr) achter Sonntag vor Ostern:* Sonntag S./Sexagesimä.

se|xa|ge|si|mal ⟨Adj.⟩: *auf die Grundzahl 60 bezogen:* ein -es Zahlensystem.

Se|xa|ge|si|mal|sys|tem, das ⟨o. Pl.⟩ (Math.): *auf der Grundzahl 60 aufbauendes Zahlensystem.*

Sex and Crime [ˈsɛks ənd ˈkraɪm; engl. sex and crime, zu: sex u. ↑Sex) u. crime, ↑Crime]: *Kennzeichnung von Filmen (seltener von Zeitschriften) mit ausgeprägter sexueller u. krimineller Komponente.*

Sex-Ap|peal, Sex|ap|peal [ˈzɛksəpiːl, ˈsɛksə...], der [engl. sex appeal, zu: appeal, ↑Appeal]: *erotische, sexuelle Anziehungskraft:* S. haben.

sex|be|ses|sen ⟨Adj.⟩: *von dem Verlangen nach Sex völlig beherrscht.*

Sex|be|ses|sen|heit, die: *das Sexbesessensein.*

Sex|bom|be, die (salopp): *Frau, von der eine starke sexuelle Reizwirkung ausgeht.*

Sex|bou|tique, die: *Sexshop.*

Sex|film, der: *Film mit hauptsächlich sexuellen Szenen.*

Sex|fo|to, das, schweiz. auch: die: *Foto, das eine od. mehrere Personen in sexuell aufreizenden Posen zeigt.*

Sex|idol, das: *sexuelles Idol.*

Se|xis|mus, der; -, ...men [engl. sexism]: **1.** ⟨o. Pl.⟩ *Vorstellung, nach der eines der beiden Geschlechter dem anderen von Natur aus überlegen sei, u. die [dafür gerechtfertigt gehaltene] Diskriminierung, Unterdrückung, Zurücksetzung, Benachteiligung von Menschen, bes. der Frauen, aufgrund ihres Geschlechts.* **2.** *etw., was auf Sexismus beruht, sexistische Verhaltensweise.*

se|xis|tisch ⟨Adj.⟩: *auf Sexismus beruhend, davon bestimmt:* eine -e Einstellung haben; ein -es Verhalten; -e Männer: s. denken, argumentieren.

Sex|ma|ga|zin, das: *Zeitschrift mit Sexfotos u. hauptsächlich sexuellem Themenkreis.*

Sex|muf|fel, der (salopp scherzh.): *jmd., der dem sexuelle Bereich gleichgültig ist.*

Se|xo|lo|gie, die; - [↑-logie]: *Wissenschaft, die sich mit der Erforschung der Sexualität u. des sexuellen Verhaltens befasst.*

se|xo|lo|gisch ⟨Adj.⟩: *die Sexologie betreffend, dazu gehörend.*

Sex|or|gie, die: *Beisammensein von Menschen, bei dem sexuelle Bedürfnisse hemmungslos ausgelebt werden:* die Party mündete in eine wilde S.

Sex|prak|tik, die: *sexuelle Praktik* (1 a).

Sex|protz, der (salopp scherzh.): *jmd., der sich darin gefällt, den Eindruck eines sexuell besonders aktiven Menschen zu machen.*

Sex|shop, der: *Laden, in dem Bücher, Filme u. dergleichen mit sexuellem Inhalt u. Mittel zur sexuellen Stimulation verkauft werden.*

Sext, die; -, -en: **1.** (Musik) *Sexte* (a, b). **2.** [(kirchen)lat. sexta (hora) = sechste (Stunde)] (kath. Kirche) *drittes Tagesgebet des Breviers (zur sechsten Tagesstunde [= 12 Uhr]).*

Sex|ta, die; -, ...ten [nlat. sexta classis = sechste

Sext|ak|kord, der (Musik): *erste Umkehrung des Dreiklangs mit der Terz im Bass (in der Generalbassbezifferung durch eine unter od. über dem Basston stehende 6 gekennzeichnet).*

Sex|ta|ner, der; -s, - (veraltend): *Schüler einer Sexta.*

Sex|tant, der; -en, -en [nlat. sextans, Gen.: sextantis = sechster Teil (nach dem als Messskala benutzten Sechstelkreis)]: *(bes. in der Seefahrt benutztes) Winkelmessinstrument zur Bestimmung der Höhe eines Gestirns.*

Sex|te, die; -, -n [mlat. sexta vox = sechster Ton, zu lat. sextus = sechster u. vox = Stimme, Ton] (Musik): **a)** *sechster Ton einer diatonischen Tonleiter;* **b)** *Intervall von sechs diatonischen Tonstufen.*

Sex|tett, das; -[e]s, -e [relativisiert aus ital. sestetto, zu: sei < lat. sex = sechs] (Musik): **a)** *Komposition für sechs solistische Instrumente od. (selten) sechs Solostimmen;* **b)** *Ensemble von sechs Instrumental- od. (selten) Vokalsolisten.*

Sex|til|li|on, die; -, -en [zu lat. sexta = sechste, geb. nach ↑Million (eine Sextillion ist die 6. Potenz einer Million)]: *eine Million Quintillionen* (geschrieben: 10^{36}, eine Eins mit 36 Nullen).

Sex|tou|ris|mus, der (ugs.): *Tourismus mit dem Ziel sexueller Kontakte.*

Sex|tou|rist, der: *jmd., der um sexueller Erlebnisse willen eine [organisierte u. ein diesem Zweck entsprechendes Angebot einschließende] Reise unternimmt.*

Sex|tou|ris|tin, die: w. Form zu ↑Sextourist.

se|xu|al (Adj.): spätlat. sexualis, ↑sexuell] (selten): *sexuell.*

Se|xu|al|auf|klä|rung, die ⟨o. Pl.⟩: *Aufklärung* (2 b).

Se|xu|al|de|likt, das: *Sexualstraftat.*

Se|xu|al|er|zie|hung, die: *Erziehung, die sich auf die sexuelle Entwicklung u. das sexuelle Verhalten des Menschen bezieht.*

Se|xu|al|ethik, die: *Ethik im Bereich des menschlichen Sexuallebens.*

Se|xu|al|for|scher, der: *Sexologe.*

Se|xu|al|for|sche|rin, die: w. Form zu ↑Sexualforscher.

Se|xu|al|for|schung, die: *Sexologie.*

Se|xu|al|hor|mon, das: *Geschlechtshormon.*

Se|xu|al|hy|gi|e|ne, die; -: *Hygiene* (2) *im Bereich des menschlichen Geschlechtslebens.*

se|xu|a|li|sie|ren ⟨sw. V.; hat⟩: *jmdn., etw. in Beziehung zur Sexualität bringen u. die Sexualität in den Vordergrund stellen.*

Se|xu|a|li|tät, die; -, (Fachspr.:) -en: *Gesamtheit der im Geschlechtstrieb begründeten Lebensäußerungen, Empfindungen u. Verhaltensweisen:* die weibliche, ↑ S. des Mannes.

Se|xu|al|kun|de, die: **1.** ⟨Pl. selten⟩ *Bereich der Biologie (auch als Schulfach), dessen Gegenstand die menschliche Sexualität ist.* **2.** *Buch zur Sexualkunde* (1).

Se|xu|al|kun|de|un|ter|richt, der: *Unterricht im Fach Sexualkunde.*

Se|xu|al|le|ben, das ⟨o. Pl.⟩: *sexuelle Aktivität als Teil der Existenz.*

Se|xu|al|mo|ral, die: vgl. Sexualethik.

Se|xu|al|mord, der: *Lustmord.*

Se|xu|al|mör|der, der: *Lustmörder.*

Se|xu|al|ob|jekt, das: *Person, die zur Befriedigung sexueller Wünsche dient.*

Se|xu|al|or|gan, das: *Geschlechtsorgan.*

Se|xu|al|pä|d|a|go|gik, die: *pädagogische Disziplin, deren Aufgabe die theoretische Grundlegung der Sexualerziehung ist.*

Se|xu|al|part|ner, der: *Partner in einer sexuellen Beziehung.*

Se|xu|al|part|ne|rin, die: w. Form zu ↑Sexualpartner.

Se|xu|al|psy|cho|lo|gie, die; -, -n: *wissenschaftliche Disziplin, die die psychologischen Aspekte der Sexualität erforscht.*

Se|xu|al|straf|tat, die: *Straftat, die die sexuelle Freiheit eines anderen verletzt.*

Se|xu|al|straf|tä|ter, der: *jmd., der sich durch sein sexuelles Verhalten strafbar macht, sich sexuell gegen andere vergeht.*

Se|xu|al|straf|tä|te|rin, die: w. Form zu ↑Sexualstraftäter.

Se|xu|al|trieb, der: *Geschlechtstrieb.*

Se|xu|al|ver|bre|chen, das: *Verbrechen, das die sexuelle Freiheit eines anderen verletzt.*

Se|xu|al|ver|bre|cher, der: *jmd., der ein Sexualverbrechen begeht.*

Se|xu|al|ver|bre|che|rin, die: w. Form zu ↑Sexualverbrecher.

Se|xu|al|ver|hal|ten, das: *Verhalten im Sexualleben.*

Se|xu|al|ver|kehr, der: *Geschlechtsverkehr.*

Se|xu|al|wis|sen|schaft, die: *Sexologie.*

Se|xu|al|wis|sen|schaft|ler, der: *Sexologe.*

Se|xu|al|wis|sen|schaft|le|rin, die: w. Form zu ↑Sexualwissenschaftler.

Se|xu|al|zy|k|lus, der (Biol., Med.): *durch Geschlechtshormone gesteuerter periodischer Vorgang.*

se|xu|ell ⟨Adj.⟩ [frz. sexuel < spätlat. sexualis]: *die Sexualität betreffend, darauf bezogen:* -e Kontakte, Tabus; s. erregt sein; jmdn. s. missbrauchen; ⟨subst.:⟩ *in ihrer Beziehung stand das Sexuelle im Vordergrund.*

Sex und Crime: ↑Sex and Crime.

Se|xuo|lo|gie, die; - [↑-logie] (seltener): ↑Sexologie.

Se|xus, der; -, - [...u:s] [lat. sexus = Geschlecht]: **1.** ⟨Pl. selten⟩ (Fachspr.) **a)** *differenzierte Ausprägung eines Lebewesens im Hinblick auf seine Aufgabe der Fortpflanzung;* **b)** *Geschlechtstrieb als zum Wesen des Menschen gehörige elementare Lebensäußerung; Sexualität:* der S. der Frau, des Mannes. **2.** (Sprachwiss.) *natürliches Geschlecht* (1 b) *(im Unterschied zum grammatischen Geschlecht* 4, dem Genus 2).

Sex|wel|le, die: *[nach einer Zeit weitgehender Tabuisierung der Sexualität] sich in der Allgemeinheit [für kürzere Zeit] ausbreitende sexuelle Freizügigkeit.*

se|xy [ˈzɛksi, auch: ˈsɛksi] ⟨indekl. Adj.⟩ [engl. sexy, zu: sex, ↑Sex] (ugs.): *sexuell attraktiv od. zu einer entsprechenden Wirkung verhelfend:* s. Wäsche; sie, er ist, wirkt s.; ich finde sie, ihn s.

Sey|chel|len [zeˈʃɛlən] ⟨Pl.⟩: *Inselgruppe u. Staat im Indischen Ozean.*

Sey|chel|ler, der; -s, -: Ew.

Sey|chel|le|rin, die; -, -nen: w. Form zu ↑Seycheller.

sey|chel|lisch ⟨Adj.⟩: *die Seychellen, die Seycheller betreffend; von den Seychellern stammend, zu ihnen gehörend.*

se|zer|nie|ren ⟨sw. V.; hat⟩ [lat. secernere = absondern, ausscheiden] (Biol., Med.): *ein Sekret absondern.*

Se|zes|si|on, die; -, -en [lat. secessio = Absonderung, Trennung, zu: secedere = beiseitegehen, sich entfernen; sich trennen]: **1.** *Absonderung; Verselbstständigung von Staatsteilen.* **2. a)** *Absonderung einer Künstlervereinigung;* **b)** *Künstlergruppe, die sich von einer älteren Künstlervereinigung abgesondert hat;* **c)** ⟨o. Pl.⟩ *Jugendstil in Österreich.*

se|zes|si|o|nis|tisch ⟨Adj.⟩: *die Sezession betreffend.*

Se|zes|si|ons|krieg, der: *Bürgerkrieg in den USA von 1861 bis 1865.*

se|zie|ren ⟨sw. V.; hat⟩ [lat. secare = (zer)schneiden, zerlegen] (Anat.): *eine Leiche öffnen u. anatomisch zerlegen:* eine Leiche s.; ⟨auch ohne Akk.-Obj.:⟩ im Präparierkurs s.; Ü *ein Gefühl, das er genau s. (zergliedern) kann.*

Se|zier|mes|ser, das (Anat.): *beim Sezieren verwendetes, langes, starkes Messer zum Aufschneiden der großen Organe.*

sf = sforzando, sforzato.

SFB = Sender Freies Berlin.

SFOR, Sfor [ˈɛsfɔːɐ̯], die; - [Kurzwort für engl. Stabilization Force]: ehem. internationale Truppe unter NATO-Führung in Bosnien und Herzegowina.

s-för|mig, S-för|mig [ˈɛs...] ⟨Adj.⟩: *die Form eines S aufweisend:* eine -e Kurve, Linie.

sfor|zan|do ⟨Adv.⟩ [ital. sforzando, zu: sforzare, ↑ sforzato] (Musik): *sforzato.*

Sfor|zan|do, das; -s, -s u. ...di (Musik): *sforzato vorgetragener Ton, Akkord.*

sfor|za|to ⟨Adv.⟩ [ital. sforzato, zu sforzare = anstrengen, verstärken, geb. mit dem Verstärkungspräfix s- (< lat. ex-) zu: forzare, ↑forzando] (Musik): *verstärkt, plötzlich hervorgehoben* (Vortragsanweisung für Einzeltöne od. -akkorde; Abk.: sf).

Sfor|za|to, das; -s, -s u. ...ti (Musik): *sforzato vorgetragener Ton, Akkord.*

sfr, (schweiz. nur:) **sFr.** = ²Franken.

sfz = sforzando, sforzato.

S. g. = Sehr geehrt... (österr. veraltet vor Briefanschriften).

SG = Sportgemeinschaft.

Sgraf|fi|to: ↑Graffito.

's-Gra|ven|ha|ge [sxra:vənˈha:xə]: offizielle niederländische Form von ↑Den Haag.

sh = Shilling.

Shag [ʃɛk, engl.: ʃæg], der; -s, -s [engl. shag, eigtl. = Zottel]: *fein geschnittener Pfeifentabak.*

Shag|pfei|fe, die: *Pfeife für Shag.*

Shag|ta|bak, der: *Shag.*

¹Shake [ʃeɪk], der; -s, -s [engl. shake, zu: to shake = schütteln]: **1.** *Mixgetränk.* **2.** *Modetanz bes. der späten 60er-Jahre mit schüttelndem Bewegungen.*

²Shake, das; -s, -s ⟨o. Pl.⟩ (Jazz): *(von Trompete, Posaune od. Saxofon auszuführendes) heftiges Vibrato über einer Einzelnote.*

Shake|hands [ˈʃeɪkhændz], das; -, - ⟨meist Pl.⟩ [zu engl. to shake hands = sich die Hand geben]: *Händeschütteln:* S. machen.

Sha|ker [ˈʃeɪkɐ], der; -s, - [engl. shaker]: *Mixbecher.*

Shal|lom [ʃ...]: ↑Schalom.

Sham|poo [ˈʃampu, auch: ˈʃampo, österr.: ...ˈpoː, engl.: ʃæmˈpuː], **Sham|poon** [ʃɛmˈpuːn, auch, österr. nur: ʃamˈpoːn], das; -s, -s [engl. shampoo, zu: to shampoo = das Haar waschen, eigtl. = massieren < Hindi chhāmpō = knete!]: *flüssiges Haarwaschmittel.*

sham|poo|nie|ren [ʃampuˈniːrən, auch: ʃɛmpuˈ...]: ↑schamponieren.

Sham|rock [ˈʃæmrɔk], der; -[s], -s [engl. shamrock < ir. seamróg, H.k. von: seamar = Klee]: *[Sauer]kleeblatt als Wahrzeichen der Iren, denen der heilige Patrick damit die Dreieinigkeit erklärt haben soll.*

Shang|hai: ↑Schanghai.

Shan|tung [ˈʃantʊŋ]: ↑Schantung.

Shan|ty, das; -s, -s [engl. shanty, chantey, zu frz. chanter = singen < lat. cantare]: *Seemannslied mit Refrain.*

Share [ʃɛːɐ̯], der; -s, -s [engl. share, eigtl. = Teil, Anteil]: engl. Bez. für: Aktie.

Share|hol|der [ˈʃɛːɐ̯houldɐ], der; -s, - [engl. shareholder, aus: share, ↑Share u. holder = Inhaber] (Wirtsch.): engl. Bez. für: Aktionär.

Share|hol|der-Va|lue, Share|hol|der|va|lue [...ˈvɛljuː], der; -[s], -s [engl. shareholder value]

(Wirtsch.): *sich auf die Aktionäre aufteilendes Eigenkapital, Unternehmenswert.*
Share|ware [ˈʃɛːɡwɛːɐ̯], die; -, -s [engl. share ware = (mit anderen) geteilte Ware]: *Software, die vor dem Kauf von zahlreichen Nutzern u. Nutzerinnen kostengünstig getestet werden darf u. erst nach Eignungsnachweis bezahlt werden muss.*
Shed|bau usw. [ˈʃɛt...]: ↑ Schedbau usw.
She-DJ [ˈʃiːˈdiːdʒeɪ], die; -, -s [engl. she-DJ, aus: she- (in Zus.) = weiblich u. ↑ DJ] (schweiz.): *Frau als DJ.*
She|riff [ˈʃɛrɪf], der; -s, -s [engl. sheriff < aengl. scīrgerēfa = Grafschaftsvogt]: **1.** *hoher Verwaltungsbeamter in einer englischen od. irischen Grafschaft.* **2.** *oberster, auf Zeit gewählter Vollzugsbeamter einer US-amerikanischen Stadt mit begrenzten richterlichen Befugnissen.*
Sher|pa [ˈʃɛrpa], der; -s, -s [engl. sherpa, Name für die Angehörigen eines tibetischen Volksstammes]: *als Lastträger bei Expeditionen im Himalaja arbeitender Tibetaner.*
Sher|pa|ni, die; -, -s: w. Form zu ↑ Sherpa.
Sher|ry [ˈʃɛri], der; -s, -s [engl. sherry < span. jerez, nach dem Namen der span. Stadt Jerez de la Frontera]: *spanischer Likörwein: ein trockener, weißer S.*
Shet|land [ˈʃɛtlant, ˈʃɛtlənd], der; -[s], -s [nach den Shetlandinseln nordöstlich von Schottland]: *grau melierter Wollstoff in Leinwand- od. Köperbindung.*
Shet|land|po|ny, das [nach den Shetlandinseln nordöstlich von Schottland]: *langhaariges, gedrungenes Pony mit großem Kopf u. kleinen, spitzen Ohren.*
Shet|land|wol|le, die: *Wolle von auf den Shetlandinseln gezüchteten Schafen.*
SHG = Selbsthilfegruppe.
Shi|at|su [ˈʃ...], das; -[s] [jap. = Druck mit den Fingern]: *Druckmassage als jap. Variante der chin. Akupressur.*
Shift|tas|te [ˈʃɪft...], die; -, -n [nach gleichbed. engl. shift key, zu: shift = das Umschalten] (EDV): *Taste zum Umschalten von Klein- auf Großbuchstaben bzw. auf die obere Tastenbelegung auf einer Computertastatur; Umschalttaste* (b).
Shi|i|ta|ke [ʃiˈi...], der; -[s], -s [jap. shiitake, zu shia = Pasaniabaum u. take = Pilz, eigtl. = am Pasaniabaum wachsender Pilz]: *(in Japan u. China an Stämmen von Bambus u. Eichen kultivierter u. als Speisepilz beliebter) Pilz mit rötlich braunem Hut u. festem weißlichem Fleisch.*
Shil|ling [ˈʃɪlɪŋ], der; -s, -s (aber: 20 Shilling) [↑ Schilling]: **1.** *(bis 1971) mittlere Einheit der Währung in Großbritannien* (1 Shilling = 12 Pence; 20 Shilling = 1 Pfund; Zeichen: sh, s). **2.** *Währungseinheit in Kenia u. anderen ostafrikanischen Ländern.*
Shin|kan|sen [ˈʃ...], der; -, - [jap., eigtl. = neue Hauptverbindung]: *japanischer Hochgeschwindigkeitszug.*
Shin|to|is|mus usw.: ↑ Schintoismus usw.
Shirt [ʃəːt], das; -s, -s [engl. shirt, verw. mit ↑ Schürze]: *Hemd, bes. [kurzärmeliges] Baumwollhemd, T-Shirt.*
Shi|sha [ˈʃiːʃa], die; -, -s, Schischa [arab. (nordafrik.) šīša = (Glaskörper der) Wasserpfeife < türk. şişe = (Glas)flasche < pers. šīša = Glas]: *Wasserpfeife arabischen Ursprungs.*
Shit [ʃɪt], der, auch: das; -s [engl. shit, eigtl. = Scheiße] (Jargon): *Haschisch.*
Shit|storm [ˈʃɪtstɔːm], der; -s, -s [engl. shitstorm, aus shit = Scheiße u. storm = Sturm] (EDV): *Sturm der Entrüstung in einem Kommunikationsmedium des Internets, der zum Teil mit beleidigenden Äußerungen einhergeht.*
Sho|ah: ↑ Schoah.

sho|cking [ˈʃɔkɪŋ] ⟨indekl. Adj.⟩ [engl., 1. Part. von: to shock, ↑ schocken] (ugs.): *schockierend: sein Benehmen war wirklich s.; sie fand seine Ausdrucksweise, ihren Minirock s.*
Sho|gun, Schogun [ˈʃoːguːn], der; -s, -e [jap. shōgun, aus dem Chin.] (Geschichte): **1.** ⟨o. Pl.⟩ *(bis zum 19. Jh.) [erblicher] Titel japanischer kaiserlicher Feldherren, die anstelle der machtlosen Kaiser das Land regieren.* **2.** *Träger des Titels Shogun.*
Shoo|ting [ˈʃuːtɪŋ], das; -s, -s [engl. shooting, zu: to shoot = schießen]: Kurzf. von ↑ Fotoshooting.
Shoo|ting|star [ˈʃuːtɪŋstaːɐ̯], der; -s, -s [engl. shooting star, eigtl. = Sternschnuppe]: *Person od. Sache, die schnell an die Spitze gelangt; Senkrechtstarter[in].*
Shop [ʃɔp], der; -s, -s [engl. shop, über das Afrz. < mniederd. schoppe = Schuppen]: *Laden, Geschäft.*
Sho|pa|ho|lic [ʃɔpəˈhɔlɪk], der; -s, -s [engl. shopaholic, aus: shop = Einkauf (zu: shop, ↑ Shop) u. -aholic = -süchtig, -verrückt, vgl. Workaholic]: *jmd., der unter dem Zwang steht, unabhängig von seinen tatsächlichen Bedürfnissen einkaufen zu müssen.*
shop|pen [ˈʃɔpn̩] (sw. V.; hat) [zu engl. to shop, zu: shop, ↑ Shop]: *einen Einkaufsbummel machen, einkaufen.*
Shop|per [ˈʃɔpɐ], der; -s, -: **1.** [engl. shopper, zu: to shop, ↑ shoppen] *jmd., der einen Einkaufsbummel macht, einkauft.* **2.** *größere [Hand]tasche.*
Shop|pe|rin, die; -, -nen: w. Form zu ↑ Shopper (1).
Shop|ping [ˈʃɔpɪŋ], das; -s [engl. shopping, zu: to shop, ↑ shoppen]: *das Einkaufen:* Am folgenden Tag... war sie wieder da..., vom S. kommend, denn sie trug mehrere, wenn auch nicht große, elegant eingeschlagene und verschnürte Pakete im Arm (Th. Mann, Krull 197).
Shop|ping|cen|ter, Shop|ping-Cen|ter [ˈʃɔpɪŋsɛntɐ], das [engl. shopping center]: *Einkaufszentrum.*
Shop|ping|mall [ˈʃɔpɪŋmɔːl], die [engl. shopping mall, aus: shopping (↑ Shopping) u. mall (↑ Mall)]: *Mall.*
Short|list [ˈʃɔːtlɪst, auch: ʃɔːt...], die; -, -s [engl. shortlist, aus short = kurz u. list = Liste]: *Liste einer engeren Auswahl [für einen Wettbewerb], die durch Kürzen einer Longlist entstanden ist.*
Shorts [ʃɔːts, ʃɔrts] ⟨Pl.⟩ [engl. shorts, eigtl. = die Kurzen, zu: short = kurz]: *kurze, sportliche Hose für Damen od. Herren:* ein Paar S.
Short Sto|ry, Short-sto|ry, die; -, -s [ˈʃɔːstɔːri, ˈʃɔːt ˈstɔːri, auch: ...stɔri; engl. short story, aus: short (↑ Shorts) u. story, ↑ Story]: *Kurzgeschichte.*
Short|track [ˈʃɔːtrɛk, auch: ˈʃɔːt...], der; -s [zu engl. track = Bahn]: *Eisschnelllauf auf einer kurzen (nur ca. 110 m langen) Bahn:* der deutsche Meister im S.
Shor|ty [ˈʃɔːti, ˈʃɔrti], das, auch: der; -s, -s [engl. shorty = kleines Ding]: *Damenschlafanzug mit kurzer Hose.*
Shou|ting [ˈʃaʊtɪŋ], das; -s [engl. shouting, zu: to shout = rufen, schreien]: *aus [kultischen] Gesängen der afroamerikanischen Musik entwickelter Gesangsstil des Jazz mit starker Tendenz zu abgehacktem Rufen od. Schreien.*
Show [ʃoʊ], die; -, -s [engl. show, zu: to show = zeigen, darbieten, zur Schau stellen]: *Schau; Vorführung eines großen, bunten Unterhaltungsprogramms in einem Theater, Varieté o. Ä., bes. als Fernsehsendung:* eine S. präsentieren; in einer S. auftreten; mit einer S. auf Tournee gehen; *eine S. abziehen (↑ Schau 2); **eine S. machen** (↑ Schau); **jmdm. die S. stehlen** (↑ Schau 2).
Show|biz [...bɪz], das; - [engl. show biz, 2. Bestandteil engl. ugs. Abk. für: business, ↑ Business (nach der Ausspr. der 1. Silbe)] (Jargon): *Showbusiness.*
Show|block, der ⟨Pl. ...blöcke⟩: *Show als Einlage (7) in einer Fernsehsendung:* eine durch zwei Showblöcke aufgelockerte Quizsendung.
Show|busi|ness [...bɪznɪs], das [engl. show business, ↑ Business]: *Vergnügungs-, Unterhaltungsindustrie, die Unterhaltung bes. in Form von Shows, Revuen u. a. Darbietungen produziert; Schaugeschäft.*
Show|case [ˈʃoʊkeɪs], der od. das; -u. -s, -s [...sɪs]: *(in der Musikbranche) [zu Zwecken der Public Relations arrangierter] Auftritt eines Musikers, einer Musikerin, eines Ensembles vor einem Publikum aus ausgewählten Personen.*
Show|down, Show-down [ˈʃoʊˌdaʊn, ˈʃoʊdaʊn], der; -[s], -s [engl. showdown; eigtl. = das Aufdecken der Karten beim Poker] (bildungsspr.): *[mit dem Untergang, der Vernichtung, der endgültigen Niederlage eines der Kontrahenten endende] dramatische, entscheidende Konfrontation, Kraftprobe.*
Show|ge|schäft, das: **1.** ⟨o. Pl.⟩ *Showbusiness.* **2.** *Schaugeschäft* (2).
Show|girl, das [↑ Girl]: *in einer Show auftretende Tänzerin od. Sängerin.*
Show|man [...mən], der; -s, ...men [...mən]. [engl. showman]: **1.** *jmd., der im Showgeschäft tätig ist.* **2.** *jmd., der aus allem eine Schau zu machen versteht.*
Show|mas|ter, der [dt. Bildung aus engl. show (↑ Show) u. master, ↑ Master]: *jmd., der eine Show arrangiert u. präsentiert.*
Show|mas|te|rin, die; -, -nen: w. Form zu ↑ Showmaster.
Show|star, der: *jmd., der durch seine Auftritte in Shows, seine Tätigkeit als Showmaster[in] zum* ²Star (1) *geworden ist.*
Show|ta|lent, das: **1.** *besondere Begabung, in Shows aufzutreten, sich vor einem Publikum als Unterhalter[in] o. Ä. zu betätigen:* sie hat großes S. **2.** *Person, die Showtalent* (1) *hat:* sie, er ist ein S.
Show|view® [...vjuː], das; -s: *Videoprogrammierung über in Programmzeitschriften ausgedruckten Ziffernreihen.*
Shred|der [ˈʃrɛdɐ]: engl. Schreibung von ↑ Schredder.
Shrimp [ʃrɪmp], Schrimp, der; -s, -s ⟨meist Pl.⟩ [engl. shrimp, zu aengl. scrimman = sich winden]: *kleine Krabbe;* ¹Granat.
Shuf|fle [ˈʃafl̩], der; - [engl. shuffle, zu: to shuffle = schlurfen, schleifen lassen]: *afroamerikanischer Tanz, der durch weit ausholende, schlurfende Bewegungen der Beine gekennzeichnet ist.*
Shuf|fle|board [ˈʃaflbɔːd], das; -s [engl. shuffleboard, aus: to shuffle (↑ Shuffle) u. board = ²Bord]: *Spiel, bei dem auf einem länglichen Spielfeld Scheiben mit langen Holzstöcken möglichst genau von der Startlinie in das gegenüberliegende Zielfeld geschoben werden müssen.*
Shut|tle [ˈʃatl̩], der od. das; -s, -s (space) shuttle; engl. shuttle = im Pendelverkehr eingesetztes Fahrzeug]: **1.** *Raumfähre.* **2. a)** *Pendelverkehr;* **b)** *im Shuttle (2 a) eingesetztes Fahr-, Flugzeug: zwischen den beiden Hotels verkehrt ein S.*
Shut|tle|bus, der: *für einen Shuttle (2 a) eingesetzter Bus.*
si [ital. si, ↑ Solmisation]: *Silbe, auf die beim Solmisieren der Ton h gesungen wird.*
Si = Silizium.
SI [Abk. von frz. Système International d' Unités] = *Internationales Einheitensystem.*
SIA = Schweizerischer Ingenieur- und Architektenverein.
Si|al, das; -[s] [Kurzwort aus Silicium u. Aluminium] (Geol.): *oberste Schicht der Erdkruste.*
Si|am: *alter Name von Thailand.*
Si|a|me|se, der; -n, -n: Ew.

Si|a|me|sin, die; -, -nen: w. Form zu ↑ Siamese.
si|a|me|sisch ⟨Adj.⟩: Siam, die Siamesen betreffend: -e ↑ Zwillinge (1).
Si|am|kat|ze, die: aus Asien stammende mittelgroße Katze mit blauen Augen u. meist hellfarbenem Fell, das vorn am Kopf, an den Rändern der Ohrmuscheln sowie an Pfoten u. Schwanzspitze deutlich dunkler gezeichnet ist.
Si|bi|lant, der; -en, -en [zu lat. sibilans (Gen.: sibilantis), 1. Part. von: sibilare = zischen] (Sprachwiss.): Reibelaut, bei dessen Artikulation sich eine Längsrille in der Zunge bildet, über die die ausströmende Luft nach außen gelenkt wird (z. B. s, z, sch).
Si|bi|rer, der; -s, -: Ew.
Si|bi|re|rin, die; -, -nen: w. Form zu ↑ Sibirer.
Si|bi|ri|en; -s: Teil Russlands im nördlichen Asien.

-Si|bi|ri|en; -s [scherzh. Bildung nach Namen wie Britisch-Kolumbien, Spanisch-Guinea] (scherzh.): bezeichnet in Verbindung mit von geografischen Eigennamen abgeleiteten Adjektiven auf -isch ein abgelegenes Gebiet mit kalten Temperaturen: Badisch-Sibirien, Dänisch-Sibirien.

Si|bi|ri|er, der; -s, -: Ew.
Si|bi|ri|e|rin, die; -, -nen: w. Form zu ↑ Sibirier.
si|bi|risch ⟨Adj.⟩: Sibirien, die Sibirer betreffend: die -e Landschaft; Ü -e (emotional; sehr große) Kälte.
Si|byl|le, die; -, -n [lat. Sibylla < griech. Síbylla, in der Antike Name von weissagenden Frauen] (bildungsspr.): weissagende Frau, geheimnisvolle Wahrsagerin.
si|byl|li|nisch ⟨Adj.⟩ (bildungsspr.): geheimnisvoll, rätselhaft: -e Worte.
sic [auch: zɪk] ⟨Adv.⟩ [lat. = so]: so lautet die Quelle; Hinweis darauf, dass eine Auffälligkeit in einem wörtlichen Zitat eine Eigenheit der Quelle selbst ist u. kein Versehen der/des Zitierenden (steht gewöhnlich in Klammern u. gelegentlich durch ein Ausrufezeichen verstärkt hinter der entsprechenden Stelle).
sich ⟨Reflexivpronomen der 3. Pers. Sg. u. Pl., Dativ u. Akk.⟩ [mhd. sich, ahd. sih]: **1. a)** ⟨Akk.⟩ er versteckte s.; er hat nicht nur andere, sondern auch s. [selbst] getäuscht; ⟨fest zum Verb gehörend:⟩ s. freuen, schämen, wundern; er muss, sie müssen s. noch ein wenig gedulden; das ließ s. nicht vorausehen (konnte nicht vorausgesehen werden); **b)** ⟨Dativ⟩: damit haben sie s. [selbst] nicht [und uns] geschadet; ⟨fest zum Verb gehörend:⟩ s. etw. aneignen, einbilden; was maßen Sie s. an!; ⟨als verstärkender, weglassbarer Rückbezug:⟩ er kauft, sie kaufen s. eine Dauerkarte. **2.** ⟨nach einer Präp.⟩ **a)** hebt den Rückbezug hervor: er hat den Vorwurf auf s. ⟨Akk.⟩ bezogen; man soll die Rechnung zuerst bei s. [selbst] suchen; * **etw. an sich** ⟨Dativ⟩ (etw. in seinem Wesen als solches: das Ding an s.; die Natur an s. ist weder gut noch böse); **an und für sich, an sich** ⟨Dativ⟩ (↑¹an 3 für 2 a); **von sich aus** (aus eigenem Antrieb: die Kinder haben von sich aus aufgeräumt); **b)** unbetont nach betonter Präp. (außer im Österr.): die Waren an s. ⟨Akk.⟩ nehmen; die Schuld auf s. ⟨Akk.⟩ nehmen; das hat nichts auf s. ⟨Dativ⟩ (ist unwesentlich); Geld bei s. haben; das hat viel für s. (hat viele Vorzüge, Vorteile); diese Bowle hat es in s. ⟨Dativ⟩ (enthält mehr Alkohol, als man denkt); was denken Sie denn, wen Sie vor s. ⟨Dativ⟩ haben! (wie reden Sie denn mit mir!); sie haben das Kind zu s. genommen; * **etw. an s.** ⟨Dativ⟩ **haben** (↑¹an 3); **an s.** ⟨Akk.⟩ **halten** (↑¹an 3); **nicht [ganz] bei s. sein** (↑bei 2 g); **wieder zu s. kommen** (↑kommen 12). **3.** ⟨Pl.⟩ in reziproker Bedeutung; einander: ⟨Akk.:⟩ s. grü-

ßen, streiten; sie haben s. geküsst; ⟨Dativ:⟩ sie helfen s. [gegenseitig]. **4.** oft in unpers. Ausdrucksweise od. zum Ausdruck einer passivischen Sehweise: hier wohnt es s. schön.
Si|chel, die; -, -n [mhd. sichel, ahd. sihhila, wohl < lat. secula = kleine Sichel, zu: secare, ↑ sezieren]: Gerät zum Schneiden von Gras o. Ä., das aus einer halbkreisförmig gebogenen Metallklinge u. einem meist hölzernen Griff besteht: Ü die S. des Mondes.
si|chel|för|mig ⟨Adj.⟩: in der Form der Klinge einer Sichel.
si|cheln ⟨sw. V.; hat⟩: mit der Sichel [ab]schneiden: der Mann sichelte Gras.
¹si|cher ⟨Adj.⟩ [mhd. sicher, ahd. sichur, urspr. (Rechtsspr.) = frei von Schuld, Pflichten, Strafe < lat. securus = sorglos, unbekümmert, sicher, zu: cura, ↑Kur]: **1.** ungefährdet, gefahrlos, von keiner Gefahr bedroht; geschützt; Sicherheit bietend: ein -es Verkehrsmittel; eine -e Endlagerung von Atommüll; ein -er Arbeitsplatz; sich in -em (Schutz bietendem) Abstand halten; hier bist du s. [vor ihm]; die Straßen waren s. machen; sich vor jmdm., vor Beobachtung s. fühlen; das Geld s. aufbewahren; bei diesem Verkehr kann man nicht mehr s. über die Straße gehen; am -sten/⟨subst.:⟩ das Sicherste wäre es, wenn du mit der Bahn führest; R s. ist s. (drückt die Aufforderung od. Absicht aus, in einer best. Situation eine besondere Vorsicht, Aufmerksamkeit o. Ä. walten zu lassen). **2.** zuverlässig: ein -er Beweis; das weiß ich aus -er Quelle; ein -es (gesichertes) Einkommen haben. **3.** aufgrund von Übung, Erfahrung keine Fehler machend: ein -es Urteil haben; ein Chirurg muss eine -e Hand haben; er ist ein sehr -er [Auto]fahrer; er war sehr s. im gesellschaftlichen Umgang; sie fährt sehr s. [Auto]. **4.** keine Hemmungen habend, zeigend; selbstsicher: ein -es Auftreten haben; sie wirkt jetzt viel -er als früher; Mama hatte eine wunderbar -e Art, mit allen Arten von Leuten umzugehen (Andersch, Sansibar 78). **5.** ohne jeden Zweifel bestehend od. eintretend; gewiss: ein -er Sieg; er ist in den -en Tod gerannt; ein s. wirkendes Schmerzmittel; es ist [so gut wie] s., dass er zustimmt; eine Belohnung ist ihm s. **6.** keinerlei Zweifel habend: ich bin [mir] s., dass er noch kommt; er ist seiner selbst sehr s. (hat keinerlei Selbstzweifel).
²si|cher ⟨Adv.⟩ [zu: ↑¹sicher]: **a)** höchstwahrscheinlich, mit ziemlicher Sicherheit: s. kommt er bald; er hat es s. vergessen; das ist s./s. ist das sehr schwierig; da lässt sich s. etwas machen; du hast s. davon gehört; **b)** gewiss, sicherlich, ohne Zweifel: das ist s. richtig; »Kommst du mit?« »Aber s.!«.

-si|cher: 1. drückt in Bildungen mit Substantiven aus, dass die beschriebene Sache die Gewähr für etw. bietet, im Hinblick auf etw. zuverlässig ist: funktions-, gewinn-, wachstumsicher. **2.** drückt in Bildungen mit Substantiven – seltener mit Verben (Verbstämmen) – aus, dass die beschriebene Person od. Sache in etw. sicher ist, Sicherheit zeigt: koloratur-, kurvensicher. **3.** drückt in Bildungen mit Substantiven od. Verben (Verbstämmen) aus, dass die beschriebene Person od. Sache vor etw., gegen etw. geschützt ist: abhör-, atom-, diebstahlsicher. **4.** drückt in Bildungen mit Verben (Verbstämmen) aus, dass mit der beschriebenen Sache etw. gemacht werden kann (ohne dass es zu Schäden od. Schwierigkeiten kommt): verlege-, waschsicher. **5.** drückt in Bildungen mit Substantiven aus, dass die beschriebene Sache keine vermeidbaren Gefahren für jmdn. od. etw. birgt: kindersicher.

si|cher|ge|hen ⟨unr. V.; ist⟩: kein Risiko eingehen; nur dann etw. tun, wenn feststeht, dass es nicht mit einem Risiko verbunden ist: um sicherzugehen, erkundige dich lieber erst beim Fachmann.
Si|cher|heit, die; -, -en [mhd. sicherheit, ahd. sichurheit]: **1.** ⟨o. Pl.⟩ Zustand des Sicherseins, Geschütztseins vor Gefahr od. Schaden; höchstmögliches Freisein von Gefährdungen: soziale, nationale S.; die öffentliche S. und Ordnung; die S. am Arbeitsplatz; die S. der Arbeitsplätze (Garantie für das Bestehenbleiben der vorhandenen Arbeitsplätze); die innere S. (das Gesichertsein des Staates u. der Bürger[innen] gegenüber Terrorakten, Revolten u. Gewaltverbrechen); die S. der Daten (das Gesichertsein vor dem Zugriff Unbefugter) hat höchste Priorität; die S. hat Vorrang, geht vor; jmds. S. garantieren; ein Gefühl der S.; für mehr S. sorgen; für jmds. S. verantwortlich sein; jmdn., sich, etw. in S. bringen (jmdn., sich, etw. aus dem Gefahrenbereich wegbringen, [vor dem Zugriff anderer] sichern); in S. sein; du solltest zur S. deinen Schreibtisch abschließen; * **sich, jmdn. in S. wiegen** (irrtümlicherweise glauben, jmdn. glauben machen, dass keine Gefahr besteht). **2.** ⟨o. Pl.⟩ Gewissheit, Bestimmtheit: mit an S. grenzender Wahrscheinlichkeit; ich kann es nicht mit [letzter] S. sagen; er ist mit ziemlicher S. gestern schon abgereist. **3.** ⟨o. Pl.⟩ das Freisein von Fehlern u. Irrtümern; Zuverlässigkeit: die S. seines Urteils; mit traumwandlerischer S. urteilen. **4.** ⟨o. Pl.⟩ Gewandtheit, Selbstbewusstsein, sicheres Auftreten: S. im Benehmen, Auftreten. **5.** (Wirtsch.) hinterlegtes Geld, Wertpapiere o. Ä. als Bürgschaft, Pfand für einen Kredit: -en geben, leisten; eine Monatsmiete muss als S. hinterlegt werden; die Bank verlangt -en. **6.** ⟨o. Pl.⟩ (DDR) Kurzf. von ↑Staatssicherheit (2).
Si|cher|heits|ab|stand, der: bestimmter einzuhaltender Abstand, der der Sicherheit (1) dient: den S. einhalten.
Si|cher|heits|an|for|de|rung, die ⟨meist Pl.⟩: Anforderung (2), die im Hinblick auf die Sicherheit (1) gestellt wird: höchste -en erfüllen.
Si|cher|heits|be|auf|trag|te (vgl. Beauftragte): weibliche Person in einem Betrieb, einer Organisation, die die Sicherheit überwachen soll.
Si|cher|heits|be|auf|trag|ter ⟨vgl. Beauftragter⟩: Person in einem Betrieb, einer Organisation, die die Sicherheit überwachen soll: er ist S. in einer Maschinenbaufabrik.
Si|cher|heits|be|dürf|nis, das: Bedürfnis (1) nach Sicherheit (1): das S. Israels im Nahen Osten.
Si|cher|heits|be|hör|de, die: vgl. Sicherheitspolizei (a).
Si|cher|heits|be|stim|mung, die ⟨meist Pl.⟩: Sicherheitsvorschrift.
Si|cher|heits|bin|dung, die (Sport): Skibindung, die sich beim Sturz automatisch löst.
Si|cher|heits|den|ken, das; -s: auf Sicherheit (1) ausgerichtetes Denken.
Si|cher|heits|dienst, der: für die Sicherheit zuständige staatliche oder private Organisation: die amerikanische, französische S.
Si|cher|heits|di|rek|ti|on, die (österr.): Sicherheitsbehörde eines Bundeslandes.
Si|cher|heits|ex|per|te, der: Experte für die Sicherheit (1), bes. von Staaten, Unternehmen, Veranstaltungen u. Ä.: der S. bemängelte zu enge Fluchtwege; er ist S. im Verteidigungsministerium.
Si|cher|heits|ex|per|tin, die: w. Form zu ↑ Sicherheitsexperte: die S. warnte vor dem Computervirus.
Si|cher|heits|fach, das: Geheimfach.
Si|cher|heits|far|be, die: kräftige, auch bei schlechter Beleuchtung gut sichtbare Farbe (z. B.

Sicherheitsfilm – Sicht

für Fahrzeuge od. für die Bekleidung von Straßenarbeitern).

Si|cher|heits|film, der: *schwer entflammbarer Film* (2).

Si|cher|heits|ga|ran|tie, die (bes. Politik): *verbindliche Zusage, für jmds. Sicherheit einzustehen:* es gibt dafür keine S.

Si|cher|heits|glas, das ⟨Pl. ...gläser⟩: *splitterfreies Glas.*

Si|cher|heits|grün|de ⟨Pl.⟩: in der Fügung *aus* -n (*um mögliche Gefahren auszuschließen*).

Si|cher|heits|gurt, der: a) *Gurt, mit dem man sich im Auto od. Flugzeug anschnallt, um bei einem Ruck od. Unfall nicht vom Sitz geschleudert zu werden;* b) *(von Bauarbeitern, auch Seglern u. a. benutzter) fester, um den Leib u. über die Schultern gelegter Gurt, an dem Halteleinen befestigt sind.*

Si|cher|heits|gür|tel, der: *Sicherheitsgurt* (b).

si|cher|heits|hal|ber ⟨Adv.⟩: *zur Sicherheit, um sicherzugehen:* ich sehe s. noch einmal nach.

Si|cher|heits|ket|te, die: *dünnes, lose am Verschluss einer Halskette, eines Armbands o. Ä. hängendes Kettchen, das den Verlust des Schmuckstückes beim etwaigen Aufgehen des Schlosses verhindern soll.*

Si|cher|heits|ket|te, die: a) *kleinere, kurze Kette* (1 a), *die innen so vor der Wohnungstür eingehängt wird, dass diese sich nur einen Spaltbreit öffnen lässt;* b) *große Kette* (1 a), *mit der etw. abgesperrt od. gesichert wird.*

Si|cher|heits|kon|zept, das: *Konzept, das Risiken analysiert und Schutzmaßnahmen vorsieht:* ein detailliertes S. für die Love-Parade.

Si|cher|heits|kraft, die (meist Pl.): *für die [öffentliche] Sicherheit zuständige Person, bes. polizeiliche o. ä. bewaffnete Einsatzkraft.*

Si|cher|heits|la|ge, die: *Lage, bestehende Situation in Bezug auf die Sicherheit* (1): eine angespannte, prekäre S.; die S. analysieren, überprüfen.

Si|cher|heits|lam|pe, die (Bergbau): *tragbare Lampe mit offen brennendem, aber durch ein dichtes Drahtnetz geschütztem Licht, das durch besondere Leuchterscheinungen etwa auftretende gefährliche Gase anzeigt.*

Si|cher|heits|leis|tung, die (Wirtsch.): *das Hinterlegen einer Sicherheit* (5): nur gegen S.

Si|cher|heits|lü|cke, die: *Sicherheitsmangel aufgrund fehlender Berücksichtigung eines speziellen Risikos:* eine S. erkennen, aufdecken; auf eine S. im Internet hinweisen.

Si|cher|heits|man|gel, der ⟨meist Pl.⟩: *die Sicherheit* (1) *beeinträchtigender Mangel:* leider gibt es in vielen Kraftwerken immer noch erhebliche Sicherheitsmängel.

Si|cher|heits|maß|nah|me, die: *der Sicherheit* (1) *dienende Maßnahme:* das ist nur eine S.

Si|cher|heits|na|del, die: *Nadel, die so gebogen ist, dass sich beide Enden parallel zueinander befinden, sodass die Spitze mit leichtem Druck in die am Ende angebrachte Vorrichtung hineingebracht u. etw. auf diese Weise fest- od. zusammengehalten werden kann.*

Si|cher|heits|or|gan, das ⟨meist Pl.⟩: *mit Staatsschutz u. Spionageabwehr befasste Dienststellen.*

Si|cher|heits|po|li|tik, die: *Politik, die darauf abzielt, militärische Auseinandersetzungen zu vermeiden od. einzudämmen.*

si|cher|heits|po|li|tisch ⟨Adj.⟩: *die Sicherheitspolitik betreffend:* der -e Sprecher der Fraktion; -e Fragen, Perspektiven.

Si|cher|heits|po|li|zei, die: a) *für die öffentliche Sicherheit zuständige Abteilungen der Polizei* (z. B. Kriminal-, Wasserschutz-, Verkehrspolizei); b) (nationalsoz.) *Gestapo.*

Si|cher|heits|rat, der ⟨o. Pl.⟩: *Organ der Vereinten Nationen zur Beilegung von Konflikten zwischen Staaten der Welt; Weltsicherheitsrat:* Frankreich ist ständiges Mitglied im S. der Vereinten Nationen.

Si|cher|heits|ri|si|ko, das: 1. *Gefahr für die Sicherheit:* er sorgte dafür, dass keinerlei S. für die jungen Fahrer entstand. 2. (Jargon) *Person, Sache, die die Sicherheit gefährdet:* weil sie ein S. darstelle, wurde ihr die Einreise verweigert.

Si|cher|heits|schloss, das: *(durch einen im Gehäuse drehbar gelagerten, in geschlossenem Zustand aber durch mehrere Stifte festgehaltenen Zylinder) besonders gesichertes [Tür]schloss.*

Si|cher|heits|schlüs|sel, der: vgl. Sicherheitsschloss.

Si|cher|heits|schuh, der: *Schuh, der geeignet ist, seinen Träger vor bestimmten Gefahren, denen er (z. B. bei der Arbeit) ausgesetzt ist, zu schützen.*

Si|cher|heits|stan|dard, der (oft im Plural): ¹*Standard* (2) *der Sicherheit:* strenge -s erfüllen; hohen -s genügen.

Si|cher|heits|sys|tem, das (Technik): *System* (5), *das die Sicherheit von jmdm. o. etw. gewährleisten soll.*

Si|cher|heits|tech|nik, die: *Technik* (1, 2, 3), *die die Sicherheit im Verkehr, Haushalt, Arbeitsprozess, bei Freizeitbeschäftigungen o. Ä. betrifft.*

si|cher|heits|tech|nisch ⟨Adj.⟩: *die Sicherheitstechnik betreffend:* -e Prüfungen, Mängel.

Si|cher|heits|ven|til, das (Technik): *Ventil in einem Dampfkessel o. Ä., das sich bei zu hohem Innendruck automatisch öffnet.*

Si|cher|heits|ver|schluss, der: *zusätzliche Sperre, die das Aufgehen eines Verschlusses, z. B. bei einem Schmuckstück, unmöglich macht.*

Si|cher|heits|ver|wah|rung, die: *Sicherungsverwahrung.*

Si|cher|heits|vor|keh|rung, die: vgl. Sicherheitsmaßnahme.

Si|cher|heits|vor|schrift, die: *um der Sicherheit willen erlassene Vorschrift.*

si|cher|lich ⟨Adv.⟩ [mhd. sicherlîche, ahd. sichurlîcho]: *aller Wahrscheinlichkeit nach; ganz gewiss; mit ziemlicher Sicherheit:* das war s./s. war das nur ein Versehen.

si|cher ma|chen, si|cher|ma|chen ⟨sw. V.; hat⟩: *durch bestimmte Maßnahmen für Sicherheit* (1) *sorgen:* ein Parkhaus durch gute Beleuchtung s. m.

si|chern ⟨sw. V.; hat⟩ [mhd. sichern, ahd. sihhurōn, urspr. (Rechtsspr.) = rechtfertigen]: 1. a) *sicher machen, vor einer Gefahr schützen:* die Tür mit einer Kette s.; jmdn., sich [beim Bergsteigen] durch ein Seil s.; die Grenzen s.; im Dokument, Daten s. (EDV; *dauerhaft speichern*); die Arbeitsplätze s.; er hat sich nach allen Seiten gesichert (*abgesichert*); das Gewehr s. (*den Abzug blockieren, damit nicht versehentlich ein Schuss gelöst werden kann*); *(auch ohne Akk.-Obj.:)* Jandell warf sich wieder aufs Bett, füllte das Magazin seiner Pistole nach, lud durch, sicherte und verstaute die Waffe unter dem Kopfkissen (Zwerenz, Quadriga 16); b) *garantieren* (b): das Gesetz soll die Rechte der Menschen s.; ⟨oft im 2. Part.:⟩ ein gesichertes Einkommen; seine Zukunft ist gesichert. 2. a) *in seinen Besitz bringen; verschaffen; (für jmdn. od. sich) sicherstellen:* sich einen Platz, ein Vorkaufsrecht s.; dieser Sprung hat ihr den Sieg gesichert; b) *am Tatort Beweismittel polizeilich ermitteln, solange sie noch erkennbar sind:* die Polizei sichert die Spuren, Fingerabdrücke.

si|cher|stel|len ⟨sw. V.; hat⟩: 1. *in behördlichem Auftrag beschlagnahmen, vor unrechtmäßigem Zugriff od. die Allgemeinheit gefährdender Nutzung sichern:* Diebesgut s.; etw. als Beweismittel s.; das Fluchtfahrzeug konnte sichergestellt werden. 2. *dafür sorgen, dass etw. sicher vorhanden ist od. getan werden kann; gewährleisten, garantieren* (b): wir müssen s., dass hier nicht eingebrochen werden kann. 3. (seltener) *zweifelsfrei nachweisen, beweisen:* etw. experimentell s.

Si|cher|stel|lung, die: *das Sicherstellen.*

Si|che|rung, die; -, -en [mhd. sicherunge = Bürgschaft, Schutz]. 1. a) *das Sichern, Schützen, Sicherstellen:* die S. der Arbeitsplätze hat Vorrang; Maßnahmen zur S. des Friedens; b) *etw. dem Schutz, dem Sichersein Dienendes:* das Netz sozialer -en (*die gesetzlich verankerten sozialen Leistungen, die die einzelnen Bürger u. Bürgerinnen vor sozialer Not schützen*); c) (Wirtsch.) *Sicherheit* (5). 2. a) (Elektrot.) *Vorrichtung, durch die [mithilfe eines dünnen, bei Überhitzung schmelzenden Drahtes] ein Stromkreis unterbrochen wird, falls die entsprechende Leitung zu stark belastet ist od. in ihr eine Störung, ein Kurzschluss auftritt:* eine S. von 10 Ampere; die S. ist durchgebrannt, herausgesprungen; * jmdm. brennt die S. durch (ugs.; *jmd. verliert die Beherrschung, die Kontrolle über sich selbst*); b) *technische Vorrichtung, durch die etw. so gesichert wird, dass es nicht von selbst aufgehen, wegrutschen, losgehen kann:* jede Schusswaffe muss eine S. haben.

Si|che|rungs|bü|gel, der: a) vgl. Sicherungshaken; b) *Sicherungshebel.*

Si|che|rungs|ha|ken, der: *Haken, mit dem etw. gesichert, festgehalten wird.*

Si|che|rungs|he|bel, der: *Hebel an einer Schusswaffe, der jeweils zum Sichern od. Entsichern umgelegt wird; Sicherungsbügel* (b).

Si|che|rungs|kas|ten, der: *Kasten, in dem die zu einer elektrischen Anlage gehörenden Sicherungen* (2 a) *untergebracht sind.*

Si|che|rungs|ko|pie, die (EDV): *Kopie einer Datei, eines Programms o. Ä., die jmd. anfertigt, um sich vor einem Verlust von Daten (etwa durch ungewolltes Löschen) zu schützen; Back-up.*

Si|che|rungs|leuch|te, die: *Leuchte zur Absicherung von Verkehrshindernissen (z. B. Baustellen, liegen gebliebene Fahrzeuge).*

Si|che|rungs|maß|nah|me, die: vgl. Sicherheitsmaßnahme.

Si|che|rungs|ver|wahr|te, die/eine Sicherungsverwahrte; der/einer Sicherungsverwahrten, die Sicherungsverwahrten/zwei Sicherungsverwahrte (Rechtsspr.): *weibliche Person, die in Sicherungsverwahrung sitzt.*

Si|che|rungs|ver|wahr|ter, der: *Sicherungsverwahrte/ein Sicherungsverwahrter; des/eines Sicherungsverwahrten, die Sicherungsverwahrten/zwei Sicherungsverwahrte* (Rechtsspr.): *jmd., der in Sicherungsverwahrung sitzt.*

Si|che|rungs|ver|wah|rung, die (Rechtsspr.): *um der öffentlichen Sicherheit willen über die eigentliche Strafe hinaus verhängter Freiheitsentzug für einen gefährlichen Hangtäter:* die Richter ordneten S. für den Mörder an.

si|cher wir|kend, si|cher|wir|kend ⟨Adj.⟩: *mit Sicherheit eine Wirkung ausübend:* ein sicher wirkendes Schmerzmittel.

Sicht, die; -, -en [mhd., ahd. siht, eigtl. = das Sehen, Anblicken; das Gesehene, zu ↑ sehen]: 1. ⟨o. Pl.⟩ [aus der Seemannsspr.] a) *Möglichkeit, [in die Ferne] zu sehen; Zugang, den der Blick zu mehr od. weniger entfernten Gegenständen hat:* gute, freie S. haben; die S. beträgt nur fünfzig Meter; Häuser versperren uns die S. [aufs Meer]; hier sind wir gegen S. geschützt; b) *Sichtweite:* ein Schiff kommt/ist in S.; Land in S.!; er verfolgte das Flugzeug mit dem Fernglas, bis es außer S. war; auf S. *(in direkter Steuerung, nicht*

im Blindflug nach Instrumenten) fliegen; Ü ein Ende des Krieges ist leider immer noch nicht in S. *(zu erwarten);* **c)** (selten) *das Sehen: ...mit seinen grauen ruhigen Augen, in deren Winkeln sich durch angespannte S. Fältchen gebildet hatten...* (Seghers, Transit 192). **2.** *Betrachtungsweise, Sehweise, Anschauungsweise:* er hat eine eigene S. der Welt entwickelt; aus, in meiner S. ist das anders. **3.** ⟨o. Pl.⟩ [urspr. mniederd. LÜ von ital. vista] (Kaufmannsspr.) *Vorlage:* ein Wechsel auf S.; Fälligkeit bei S.; zehn Tage nach S. zahlbar; * **auf lange/weite/kurze S.** *(für lange, kurze Zeit, Dauer:* auf weite S. planen).
Sicht|ach|se, die (bes. Archit.): *gedachte Linie, die die Sicht eines Betrachters bes. auf Gebäude od. Räume wiedergibt.*
sicht|bar ⟨Adj.⟩: **a)** *mit den Augen wahrnehmbar, erkennbar:* die -e Welt; eine weithin -e Leuchtschrift; im Röntgenbild war das Geschwür deutlich s.; das Schild sollte möglichst gut s. aufgestellt sein; Wir mischen uns ins Getrubel, machen uns meiner Schwester s. und winken Emma zu (Strittmatter, Der Laden 901); **b)** *deutlich [erkennbar], sichtlich, offenkundig:* -e Fortschritte machen; sein Befinden hat sich s. verschlechtert; die Widersprüche traten immer -er zutage; etw. s. machen *(verdeutlichen).*
Sicht|bar|keit, die; -, -en: *[Grad der] Erkennbarkeit; sichtbare, deutliche Beschaffenheit.*
sicht|bar|lich ⟨Adj.⟩ (altertümelnd, geh.): *deutlich, sichtbar; offensichtlich;* ♦ *...ein Schreck durchzuckte mir das Herz, ...beflügelte meinen Lauf – ich gewann s. auf den Schatten* (Chamisso, Schlemihl 52).
Sicht|be|hin|de|rung, die: *Behinderung, Einschränkung der Sicht:* es ist mit -en [durch Nebel] zu rechnen.
Sicht|blen|de, die: *Vorhang, leichte Trennwand, Jalousie o. Ä. als Schutz vor unerwünschten Einod. Durchblicken.*
Sicht|ein|la|ge, die (Bankw.): *kurzfristige Einlage* (8 a), *über die jederzeit verfügt werden kann.*
sich|ten ⟨sw. V.; hat⟩: **1.** [aus der Seemannsspr., zu ↑Sicht] *in größerer Entfernung wahrnehmen; erspähen:* am Horizont ein Schiff, einen Eisberg s.; Wild s.; (scherzh.:) habt ihr hier schon irgendwo eine Kneipe gesichtet? **2.** [mniederd. sichten = sieben, zu ↑Sieb; heute als identisch mit sichten (1) empfunden] *durchsehen u. ordnen:* einen Nachlass, das Material für eine Doktorarbeit s.
Sicht|feld, das: *Blickfeld.*
Sicht|fens|ter, das (Technik): *in das Gehäuse eines Geräts o. Ä. integrierte Scheibe aus Glas o. Ä., durch die hindurch man ins Innere sehen kann:* das S. des Backofens, in der Tür des Backofens.
Sicht|flug, der (Flugw.): *Flug mit ausreichender Sicht auf den Boden u. entsprechender Orientierung.*
Sicht|gren|ze, die: *Grenze, bis zu der man (aufgrund der Wetter- u. Umweltbedingungen) sehen kann. Einzelheiten erkennen kann:* die S. lag bei etwa dreißig Metern.
sich|tig ⟨Adj.⟩ [aus der Seemannsspr.; mhd. sihtec = sichtbar; sehend]: *(vom Wetter u. Ä.) klar, sodass man gute Sicht hat:* die Luft war klar und s.
Sicht|kar|te, die: *Fahrausweis* (1), *der nicht entwertet, sondern nur vorgezeigt wird* (z. B. Zeitkarte).
Sicht|kon|takt, der: *Blickkontakt.*
sicht|lich ⟨Adj.⟩ [mhd. sihtlich = sichtbar]: *offenkundig, deutlich, spürbar, merklich, in sichtbarem Maße:* mit -er Freude; sie war s. erschrocken.
Sicht|li|nie, die (Verkehrsw.): *Linie, von der aus eine Straße, Kreuzung o. Ä. eingesehen werden kann:* bis zur S. vorfahren.
Sicht|schutz, der: **a)** ⟨o. Pl.⟩ *Schutz vor unerwünschten Blicken:* die Hecke bietet einen guten S.; **b)** *etw., was einen Sichtschutz* (a) *bietet.*
Sich|tung, die; -, -en: **1.** ⟨o. Pl.⟩ *das Sichten* (1): nach S. der Schiffbrüchigen vom Flugzeug aus wurden Rettungsaktionen eingeleitet. **2.** *das Sichten* (2), *Prüfen u. Ordnen:* die S. des Nachlasses.
Sicht|ver|hält|nis|se ⟨Pl.⟩: *[wetterbedingte] Verhältnisse der Sicht* (1 a).
Sicht|ver|merk, der: *Visum* (a).
sicht|ver|merk|frei ⟨Adj.⟩ (Amtsspr.): *ohne ein Visum erlaubt:* die Einreise ist s.
Sicht|wech|sel, der (Bankw.): *Wechsel, der bei Sicht* (3) *fällig wird.*
Sicht|wei|se, die: *Sicht* (2): eine andere S. der Dinge.
Sicht|wei|te, die: *Entfernung, bis zu der etw. gesehen u. erkannt werden kann; Sicht* (1 b): die S. betrug etwa zweihundert Meter; sich auf S. nähern; außer, in S. sein; Nebel mit -n unter 50 Metern.
Sicht|wer|bung, die: *deutlich u. weithin sichtbare Werbung* (z. B. Plakatwand).
Si|chu|an [ˈsɪtʃʊan]; -s: Provinz in China.
¹Si|cke, die; -, -n [H. u.] (Technik): *rinnenförmige Vertiefung, Kehlung, [zur Versteifung dienende] Randverzierung.*
²Si|cke, die; -, -n [niederd. sike, Vkl. von ↑sie] (Jägerspr.): *Weibchen eines kleinen Vogels* (z. B. der Wachtel).
Si|cker|an|la|ge, die: *Anlage, Vorrichtung, durch die Regenwasser u. Abwässer schneller im Boden versickern können.*
Si|cker|gru|be, die: vgl. Sickeranlage.
si|ckern ⟨sw. V.; ist⟩ [urspr. mundartl., Iterativbildung zu ↑seihen in der urspr. Bed. »ausfließen«]: *(von Flüssigkeiten) allmählich, tröpfchenweise durch etw. hindurchrinnen, spärlich fließen:* das Regenwasser sickert in den Boden; Blut ist durch den Verband gesickert; Ü die Pläne der Regierung waren in die Presse gesickert *(heimlich gelangt);* Der schwere Dunst von Metall, Öl, Schweiß und Tabaksqualm stieg zur Decke, durch das schmutzige Glasdach sickerte trübes Tageslicht (Chr. Wolf, Himmel 91).
Si|cker|schacht, der: *mit Steinen u. Kies gefüllter Schacht, durch den abzuleitendes Wasser in das Grundwasser sickern kann.*
Si|cker|was|ser, das ⟨Pl. ...wässer oder ...wasser⟩: **1.** *in den Boden dringendes [Regen]wasser.* **2.** *an einer schadhaften Stelle in einem Deich, Damm o. Ä. durchsickerndes Wasser.*
sic tran|sit glo|ria mun|di [auch: ˈzɪk - - -; spätlat.] (bildungsspr., oft scherzh.): *so vergeht der Ruhm der Welt.*
Side|board [ˈsaɪ̯tbɔːɐ̯t, ...bɔrt], das; -s, -s [engl. sideboard, eigtl. = Seitenbrett]: *längeres, niedriges Möbelstück, das als Büfett, Anrichte o. Ä. dient.*
si|de|risch ⟨Adj.⟩ [lat. sidereus, zu: sidus = Stern(bild)]: *auf die Sterne bezogen:* die -e Umlaufzeit *(Umlaufzeit eines Gestirns in seiner Bahn);* -es Pendel *(Sternjahr);* -es Pendel *(frei an einem dünnen Faden od. Haar pendelnder Metallring bzw. Kugel, womit angeblich Wasseradern u. Bodenschätze nachgewiesen werden können).*
Si|de|rit [auch: ...ˈrɪt], der; -s, -e [zu griech. sidēros = Eisen]: **1.** *karbonatisches Eisenerz von meist gelblich brauner Farbe; Eisenspat.* **2.** *Meteorit aus reinem Eisen.*
Si|de|ro|lith [auch: ...ˈlɪt], der; -s -u. -en, -e[n] [↑-lith]: *Meteorit aus Eisenstein.*
sie ⟨Personalpron.; 3. Pers. Sg. Fem. u. Pl.⟩: **1.** ⟨Fem. Sg.⟩ [mhd. si(e), ahd. si(u)] **a)** steht für ein weibliches Substantiv, das eine Person od. Sache bezeichnet, die bereits bekannt ist, von der schon die Rede war: ⟨Nom.:⟩ »Was macht eigentlich Maria?« – »Sie geht noch zur Schule.«; wenn s. nicht gepflegt wird, geht die Maschine kaputt; er verdient das Geld, und s. *(die [Ehe]partnerin)* führt den Haushalt; ⟨Gen.:⟩ ihrer/(veraltet:) ihr: wir werden uns ihrer/(veraltet:) ihr annehmen; ⟨Dativ:⟩ ihr: wir haben es ihr versprochen; ⟨Akk.:⟩ sie: ich werde s. sofort benachrichtigen; s. ist nicht mehr zu retten, begreift man, was die Gesundheit wert ist; **b)** (veraltet) (in Großschreibung) *Anrede an eine Untergebene* (die weder mit Du noch mit Sie angeredet wurde): ⟨Nom.:⟩ gebe Sie es zu!; hat Sie Ihren Auftrag erledigt?; ⟨Gen.:⟩ Ihrer/Ihr: ich bedarf Ihrer nicht mehr; ⟨Dativ:⟩ Ihr: wer hat Ihr das erlaubt?; ⟨Akk.:⟩ Sie: ich habe nicht nach Ihrer Meinung gefragt; ♦ ⟨Nom.:⟩ Ei, mein Kind, wie kann Sie das von mir glauben (Lessing, Minna III, 3); ♦ ⟨Dat.:⟩ Hat es Ihr das gnädige Fräulein nicht erzählt? (Lessing, Minna III, 3). **2.** ⟨Pl.⟩ **a)** [mhd. si(e), ahd. sie] steht für ein Substantiv im Pl. od. für mehrere Substantive, die Personen od. Sachen bezeichnen, die bereits bekannt sind, von denen schon die Rede war: ⟨Nom.:⟩ s. wollen heiraten; hier wollen s. (ugs.; *man, die Leute, die Behörden o. Ä.)* jetzt eine Autobahn bauen; ⟨Gen.:⟩ ihrer/(veraltet:) ihr: um sich ihrer/(veraltet:) ihr zu entledigen, verbrannte er die Sachen; ⟨Dativ:⟩ ihnen: er wird sich bei ihnen entschuldigen; ⟨Akk.:⟩ sie: wir haben s. alle nach ihrer Meinung gefragt; **b)** [aus früheren Anreden wie z. B.: Euer Gnaden (sie) haben geruht ...] (in Großschreibung) *Anrede an eine od. mehrere Personen* (die allgemein üblich ist, wenn die Anrede du bzw. ihr nicht angebracht ist): ⟨Nom.:⟩ nehmen Sie doch Platz, meine Herren, mein Herr!; he, Sie da!; Sie Flegel, Sie!; jmdn. mit Sie anreden; ⟨Gen.:⟩ Ihrer: wir werden Ihrer gedenken; ⟨Dativ:⟩ Ihnen: ich kann es Ihnen leider nicht sagen; ⟨Akk.:⟩ Sie: aber ich bitte Sie!; ⟨subst.:⟩ *das förmliche Sie;* lassen wir doch das steife Sie!; * **zu etw. muss man Sie sagen** (ugs. scherzh.; *etw. ist von überragender Qualität:* zu dem Kuchen muss man [schon] Sie sagen).
Sie, die; -, -[s] (ugs.): *Person od. Tier weiblichen Geschlechts:* der Dackel ist eine S.
Sieb, das; -[e]s, -e [mhd. sip, ahd. sib, zu einem Verb mit der Bedeutung, seihen‹ v. wohl verw. mit ↑Seife]: **1.** *Gerät, das im Ganzen od. am Boden aus einem gleichmäßig durchlöcherten Material od. aus einem netz- od. gitterartigen [Draht]geflecht besteht u. das dazu dient, Festes aus einer Flüssigkeit auszusondern oder kleinere Bestandteile aus einer [körnigen] Substanz von den größeren zu trennen:* ein feines S.; Tee durch ein S. gießen; Kartoffeln durch ein S. rühren; die Arbeiter schippten Sand auf das S.; Ü sein Gedächtnis ist wie ein S. *(er vergisst alles).* **2.** (Druckw.) *aus netzartiger Gaze hergestellte Druckform für den Siebdruck.*
sieb|ähn|lich ⟨Adj.⟩: *einem Sieb* (1) *ähnlich.*
sieb|ar|tig ⟨Adj.⟩: *von, in der Art eines Siebs* (1): ein -er Einsatz; s. perforiert.
Sieb|be|span|nung, die: *Bespannung* (2 a) *eines Siebes.*
Sieb|druck, der ⟨Pl. -e⟩: **1.** ⟨o. Pl.⟩ *Druckverfahren, bei dem die Farbe durch ein feinmaschiges Gewebe auf das zu bedruckende Material gepresst wird.* **2.** *im Siebdruckverfahren hergestelltes Druck-Erzeugnis; Schablonendruck* (2); *Serigrafie.*
Sieb|dru|cker, der: *Drucker* (1), *der im Siebdruckverfahren druckt* (Berufsbez.).
Sieb|dru|cke|rin, die: w. Form zu ↑Siebdrucker.

Siebdruckschablone – sieden

Sieb|druck|scha|blo|ne, die: Sieb.
Sieb|druck|ver|fah|ren, das: Siebdruck (1).
¹sie|ben ⟨sw. V.; hat⟩ [spätmhd. si(e)ben]: **1.** *durch ein Sieb schütten; durchsieben:* Sand, Kies s.; Mehl in eine Schüssel s. **2.** *eine [größere] Anzahl von Personen, von Sachen kritisch durchgehen, prüfen u. eine strenge Auswahl treffen, die Personen, Sachen, die ungeeignet sind, ausscheiden:* Bewerber s.; ⟨auch ohne Akk.-Obj.:⟩ bei der Prüfung haben sie [schwer] gesiebt.
²sie|ben ⟨Kardinalz.⟩ [mhd. siben, ahd. sibun; vgl. lat. septem = sieben] (als Ziffer: 7): vgl. ¹acht.
Sie|ben, die; -, -en, auch: -: **a)** *Ziffer 7:* eine S. schreiben; die böse S. *(die Unglückszahl 7);* **b)** *Spielkarte mit sieben Zeichen:* eine S. ablegen; **c)** (ugs.) *Wagen, Zug der Linie 7:* wo hält die S.?
sie|ben|ar|mig ⟨Adj.⟩: *mit sieben Armen versehen:* der -e Leuchter.
sie|ben|blät|te|rig, sie|ben|blätt|rig ⟨Adj.⟩ (Bot.): vgl. achtblättrig.
Sie|ben|bür|gen, -s: Gebiet in Rumänien.
Sie|ben|bür|ger, der; -s, -: Ew.
Sie|ben|bür|ge|rin, die; -, -nen: w. Form zu ↑ Siebenbürger.
sie|ben|bür|gisch ⟨Adj.⟩: *Siebenbürgen, die Siebenbürger betreffend; von den Siebenbürgern stammend, zu ihnen gehörend.*
Sie|ben|eck, das; -[e]s, -e: vgl. Achteck.
sie|ben|eckig ⟨Adj.⟩: vgl. achteckig.
sie|ben|ein|halb ⟨Bruchz.⟩ (in Ziffern: 7 ¹/₂): vgl. achteinhalb.
Sie|be|ner, der; -s, - (landsch.): Sieben.
sie|be|ner|lei ⟨best. Gattungsz.; indekl.⟩ [↑ -lei]: vgl. achterlei.
Sie|be|ner|rei|he, die: vgl. Achterreihe.
sie|ben|fach ⟨Vervielfältigungsz.⟩ (mit Ziffer: 7-fach, 7fach): vgl. achtfach.
Sie|ben|fa|ches, das Siebenfache/ein Siebenfaches; des/eines Siebenfachen (mit Ziffer: 7-Faches, 7faches): vgl. Achtfaches.
sie|ben|ge|schos|sig, (südd., österr.:) **sie|ben|ge|scho|ßig** ⟨Adj.⟩: vgl. achtgeschossig.
sie|ben|hun|dert ⟨Kardinalz.⟩ (in Ziffern: 700): vgl. hundert.
sie|ben|jäh|rig ⟨Adj.⟩ (mit Ziffer: 7-jährig): **a)** vgl. achtjährig (a); **b)** vgl. achtjährig (b): nach -er Ehe; der Siebenjährige Krieg (Geschichte: *von 1756 bis 1763 dauernder Krieg zwischen England u. Frankreich u. deren Verbündeten*).
Sie|ben|jäh|ri|ge, die/eine Siebenjährige; der/einer Siebenjährigen, die Siebenjährigen/zwei Siebenjährige (mit Ziffer: 7-Jährige): vgl. Achtjährige.
Sie|ben|jäh|ri|ger, der Siebenjährige/ein Siebenjähriger; des/eines Siebenjährigen, die Siebenjährigen/zwei Siebenjährige (mit Ziffer: 7-Jähriger): vgl. Achtjähriger.
sie|ben|jähr|lich ⟨Adj.⟩ (mit Ziffer: 7-jährlich): vgl. achtjährlich.
Sie|ben|kampf, der (Sport): *Mehrkampf der Frauen in der Leichtathletik.*
Sie|ben|kämp|fe|rin, die (Sport): *Leichtathletin, die Siebenkämpfe bestreitet.*
sie|ben|köp|fig ⟨Adj.⟩: **1.** *aus sieben Personen bestehend:* ein -es Gremium. **2.** *sieben Köpfe habend:* ein -es Ungeheuer.
sie|ben|mal ⟨Wiederholungsz., Adv.⟩: vgl. achtmal.
sie|ben|ma|lig ⟨Adj.⟩ (mit Ziffer: 7-malig): vgl. achtmalig.
Sie|ben|mei|len|stie|fel ⟨Pl.; LÜ von frz. bottes de sept lieues]: in Verbindungen wie S. anhaben (ugs. scherzh.; *mit sehr großen Schritten [u. deshalb sehr schnell] gehen*); mit -n (ugs. scherzh.: 1. *mit sehr großen Schritten [u. deshalb sehr schnell]:* mit -n gehen. 2. *sehr schnell:* die Entwicklung schreitet mit -n voran).
Sie|ben|me|ter, der (Hockey, Hallenhandball): *nach bestimmten schweren Regelverstößen verhängte Strafe, bei der der Ball vom Siebenmeterpunkt, von der Siebenmeterlinie aus direkt auf das Tor geschossen wird:* einen S. verhängen.
Sie|ben|me|ter|li|nie, die (Hallenhandball): vgl. Siebenmeterpunkt.
Sie|ben|me|ter|punkt, der (Hockey): *sieben Meter vor dem Tor befindlicher Punkt, von dem aus ein Siebenmeter ausgeführt wird.*
sie|ben|mo|na|tig ⟨Adj.⟩: vgl. achtmonatig.
sie|ben|mo|nat|lich ⟨Adj.⟩: vgl. achtmonatlich.
Sie|ben|mo|nats|kind, das: *nach nur siebenmonatiger Schwangerschaft geborenes Kind.*
Sie|ben|punkt, der: *Marienkäfer mit sieben schwarzen Punkten auf der roten Oberseite.*
sie|ben|sa|chen ⟨Pl.; nur in Verb. mit einem Possessivpronomen⟩ (ugs.): *Sachen, die jmd. für einen bestimmten Zweck braucht, bei sich hat; Habseligkeiten:* seine S. zusammensuchen.
sie|ben|sai|tig ⟨Adj.⟩: vgl. fünfsaitig.
Sie|ben|schlä|fer, der: **1.** [älter = Langschläfer, nach der Legende von sieben Brüdern, die bei einer Christenverfolgung eingemauert wurden u. nach 200-jährigem Schlaf wieder erwachten] *Bilch mit auf der Oberseite grauem, auf der Unterseite weißem Fell u. langem, buschigem Schwanz, der einen besonders langen Winterschlaf hält.* **2.** (volkstüml.) *27. Juni als Lostag einer Wetterregel, nach der es bei Regen an diesem Tag sieben Wochen lang regnet:* morgen ist S.
Sie|ben|sit|zer, der; -s, -: *Großraumlimousine, deren Innenraum [mit teilweise herausnehmbaren Sitzen] bis zu sieben Personen Platz bietet.*
sie|ben|stel|lig ⟨Adj.⟩: vgl. achtstellig.
sie|ben|stö|ckig ⟨Adj.⟩: vgl. achtstöckig.
sie|ben|strah|lig ⟨Adj.⟩: *(von Sternen) sieben Zacken habend.*
sie|ben|stün|dig ⟨Adj.⟩: vgl. achtstündig.
sie|ben|stünd|lich ⟨Adj.⟩: vgl. achtstündlich.
sie|bent: älter für ↑ siebt.
sie|bent... ⟨Ordinalz. zu ↑ ²sieben⟩ [mhd. siebende, siebente, ahd. sibunto] (als Ziffer: 7.): vgl. acht...
Sie|ben|tal|ge|fie|ber, das: *Denguefieber.*
sie|ben|tä|gig ⟨Adj.⟩: vgl. achttägig.
sie|ben|täg|lich ⟨Adj.⟩: vgl. achttäglich.
sie|ben|tau|send ⟨Kardinalz.⟩ (in Ziffern: 7 000): vgl. tausend.
sie|ben|tei|lig ⟨Adj.⟩: vgl. achtteilig.
sie|ben|tel ⟨Bruchz.⟩ (als Ziffer: /₇) ↑ siebtel.
Sie|ben|tel: ↑ Siebtel.
Sie|ben|tens ⟨Adv.⟩: ↑ siebtens.
Sie|ben|uhr|vor|stel|lung, die: vgl. Achtuhrvorstellung.
Sie|ben|uhr|zug, der: vgl. Achtuhrzug.
sie|ben|und|ein|halb ⟨Bruchz.⟩ (mit Ziffer: 7 ¹/₂): verstärkend für ↑ siebeneinhalb.
sie|ben|und|sieb|zig ⟨Kardinalz.⟩ (in Ziffern: 77): vgl. ¹acht.
sie|ben|und|sieb|zig|mal ⟨Wiederholungsz.; Adv.⟩: vgl. achtmal.
sie|ben|wer|tig ⟨Adj.⟩: vgl. dreiwertig (1).
sie|ben|wö|chent|lich ⟨Adj.⟩: vgl. dreiwöchentlich.
sie|ben|wö|chig ⟨Adj.⟩: vgl. dreiwöchig.
sie|ben|za|ckig ⟨Adj.⟩: vgl. dreizackig.
Sie|ben|zahl, die ⟨o. Pl.⟩: *Zahl 7, Anzahl von sieben.*
sie|ben|zei|lig ⟨Adj.⟩: vgl. achtzeilig.
Sieb|mehl, das: *gesiebtes Mehl.*
Sieb|schöp|fer, der (österr.): *Schaumlöffel.*
siebt: in der Fügung **zu s.** *(als Gruppe von sieben Personen:* sie kamen zu s.).
siebt... ⟨Ordinalz. zu ↑ ²sieben⟩ [mhd. sibende, sib(en)te, ahd. sibunto] (als Ziffer: 7.): vgl. acht...
Sieb|teil, der (Bot.): *Phloem.*

sieb|tel, siebentel ⟨Bruchz.⟩ (als Ziffer: /₇): vgl. achtel.
Sieb|tel [aus älterem siebenteil], Siebentel, das; schweiz. meist: der; -s, -: vgl. ¹Achtel.
sieb|tens, siebentens ⟨Adv.⟩ (als Ziffer: 7.): vgl. achtens.
sieb|zehn ⟨Kardinalz.⟩ [mhd. sibenzehen] (in Ziffern: 17): vgl. ¹acht.
sieb|zehn|hun|dert ⟨Kardinalz.⟩ (in Ziffern: 1 700): *eintausendsiebenhundert:* seit [dem Jahre] s.
sieb|zehn|jäh|rig ⟨Adj.⟩ (mit Ziffern: 17-jährig): vgl. achtjährig.
sieb|zehn|tel ⟨Bruchz.⟩ (als Ziffer: /₁₇): vgl. achtel.
Sieb|zehn|tel, das, schweiz. meist: der; -s, -: vgl. ¹Achtel.
Sieb|zehn|und|vier, das; -: *Glücksspiel mit Karten, bei dem es gilt, eine Punktzahl von 21 zu erreichen od. möglichst nahe an diese Punktzahl heranzukommen.*
sieb|zig ⟨Kardinalz.⟩ [mhd. sibenzec, ahd. sibunzug] (in Ziffern: 70): vgl. achtzig.
Sieb|zig, die; -, -en: vgl. Achtzig.
sieb|zi|ger ⟨indekl. Adj.⟩ (mit Ziffern: 70er): vgl. achtziger.
Sieb|zi|ger, der; -s, -: vgl. Achtziger.
Sieb|zi|ge|rin, die; -, -nen: w. Form zu ↑ Siebziger.
Sieb|zi|ger|jah|re, sieb|zi|ger Jah|re [auch: ’zi:p...’ja:...] ⟨Pl.⟩: vgl. Achtzigerjahre.
sieb|zig|jäh|rig ⟨Adj.⟩ (mit Ziffern: 70-jährig): vgl. achtzigjährig.
sieb|zigst... ⟨Ordinalz. zu ↑ siebzig⟩ (in Ziffern: 70.): vgl. achtzigst...
sieb|zigs|tel ⟨Bruchz.⟩ (in Ziffern: /₇₀): vgl. achtel.
Sieb|zigs|tel, das, schweiz. meist: der; -s, -: vgl. ¹Achtel.
siech ⟨Adj.⟩ [mhd. siech, ahd. sioh, H. u.] (geh.): *(bes. von alten Menschen) [schon] über eine längere Zeit u. ohne Aussicht auf Besserung krank, schwach u. hinfällig:* er ist alt und s.
Siech|bett, das (veraltet): *Krankenbett* (1): ◆ Ich lag eben auf dem S., hatte kaum angefangen, aus einer schweren Krankheit etwas Kräfte zu sammeln (Schiller, Räuber IV, 5).
sie|chen ⟨sw. V.; hat⟩ [mhd. siechen, ahd. siuchan, siuchēn] (veraltet): *siech sein.*
Siech|tum, das; -s [mhd. siechtuom, ahd. siohtuom] (geh.): *das Siechsein:* bis der Tod ihn von seinem S. erlöste.
sie|de|heiß ⟨Adj.⟩ (selten): *siedend heiß.*
sie|deln ⟨sw. V.; hat⟩ [mhd. sidelen, ahd. in: gisidalen = einen Sitz anweisen, ansässig machen]: *sich an einem bestimmten Ort (meist in einer noch nicht besiedelten Gegend) niederlassen u. sich dort ein [neues] Zuhause schaffen; eine Siedlung gründen:* hier haben schon die Kelten gesiedelt; Ü an dem See siedeln wieder viele Vogelarten.
Sie|de|lung usw.: ↑ Siedlung usw.
sie|den ⟨sw. V.; hat⟩ [mhd. sieden, ahd. siodan, H. u.]: **1. a)** ⟨Fachspr. nur: siedete, gesiedet⟩ (landsch., Fachspr.) *kochen* (3 a): Wasser siedet bei 100 °C; die Suppe ist soeben gesiedet *(sehr heiß);* Ü in ihm siedete es *(er war sehr wütend);* **b)** (Kochkunst) *so weit erhitzt sein, dass kleine Blasen aufsteigen, ohne dass es jedoch zu der fürs Kochen* (3 a) *kennzeichnenden wallenden Bewegung kommt:* den Fisch in siedendem Wasser gar ziehen lassen; **c)** (landsch.) *zum Kochen bringen:* Wasser s. **2.** ⟨meist: sott, gesotten⟩ (landsch.) **a)** *kochen* (1 c): Eier s.; ⟨auch im 2. Part.:⟩ in der Küche wurde gebraten u. gesotten; **b)** *kochen* (1 c b): etw. gar s.; die Eier hart s. **3.** (landsch.) *kochen* (3 b): die Kartoffeln müssen noch fünf Minuten s. **4.** (landsch.) *kochen* (5): Teer s. **5.** (veraltet) *durch Kochen einer Flüssigkeit herstellen, gewinnen:* Salz, Seife s. **6.** ⟨meist: siedete, gesiedet⟩ (landsch.)

kochen (6): *er siedete* [vor Wut]. **7.** ***jmdm. siedend heiß einfallen** (ugs.; *jmdm. zu seinem Schrecken wieder in die Erinnerung kommen als etw., was er zu einer bestimmten Zeit erledigen o. Ä. sollte*).

Sie|de|punkt, der (Physik): *(vom herrschenden [Luft]druck abhängige) Temperatur, bei der ein bestimmter Stoff vom flüssigen in den gasförmigen Aggregatzustand übergeht, zu kochen beginnt; Kochpunkt: Öl hat einen höheren S. als Wasser;* Ü *die Stimmung stieg auf den S. (erreichte ihren Höhepunkt).*

Sie|der, der; -s, - (selten): **1. a)** Kurzf. von ↑ Salzsieder; **b)** Kurzf. von ↑ Tauchsieder. **2.** (Technik) *Behälter, in dem Wasser zum Sieden gebracht wird.*

Sie|de|rin, die; -, -nen: w. Form zu ↑ Sieder (1 a).

Sie|de|was|ser|re|ak|tor, der (Kernphysik): *bestimmter Leichtwasserreaktor.*

Sied|ler; der; -s, - [älter nhd., spätmhd. in: sidlerguot = Siedlerstätte]: **1.** *jmd., der gesiedelt hat, siedelt; Kolonist: die jüdischen S. in den von Israel besetzten Gebieten.* **2.** *jmd., der eine Heimstätte* (2) *hat.*

Sied|ler|fa|mi|lie, die: *aus Siedlern bestehende Familie.*

Sied|ler|frau, die: *Frau eines Siedlers.*

Sied|le|rin, die; -, -nen: w. Form zu ↑ Siedler.

Sied|ler|stel|le, die: *Heimstätte* (2).

Sied|lung, die; -, -en [nhd., spätmhd. in: sidlungrecht = Siedlungsabgabe]: **1. a)** *Gruppe [gleichartiger, kleinerer] Wohnhäuser [mit Garten] am Stadtrand o. Ä.: er wohnt in einer modernen, neuen S.* [am Stadtrand]; **b)** *die Bewohner einer Siedlung* (1 a): *die S. steht geschlossen hinter der Bürgerinitiative.* **2.** *menschliche Niederlassung; Ansammlung von Gebäuden, in denen Menschen wohnen, samt den dabei befindlichen, anderen Zwecken dienenden Bauten, Einrichtungen, Verkehrsflächen usw.: eine ländliche S.; eine römische S.; Hier blühen ... jene begrüntesten -en (Ortschaften, Städte), bei deren Namensklange dem Zecher das Herz lacht, hier Rauenthal, Johannisberg, Rüdesheim ...* (Th. Mann, Krull 10). **3.** *Heimstätte* (2). **4.** ⟨o. Pl.⟩ (Papierdt.) *das Ansiedeln von Menschen, bes. auf Heimstätten* (2). **5.** (Zool.) *Kolonie von Tieren.*

Sied|lungs|ar|chäo|lo|gie, die: *Teilgebiet der Archäologie, das sich mit der Erforschung früh- u. vorgeschichtlicher Siedlungsformen befasst.*

Sied|lungs|bau, der: **1.** ⟨Pl. -ten⟩ vgl. Siedlungshaus. **2.** ⟨o. Pl.⟩ *Bau von Siedlungen.*

Sied|lungs|form, die: *Form einer menschlichen Siedlung* (2): *Hufendorf, Straßendorf und andere ländliche -en.*

Sied|lungs|ge|biet, das: *zum Siedeln geeignetes Gebiet; besiedeltes Gebiet: die Gegend war römisches S.*

Sied|lungs|ge|sell|schaft, die: *gemeinnütziges Unternehmen, dessen Aufgabe es ist, Land zu erwerben u. Siedlerstellen zur Verfügung zu stellen.*

Sied|lungs|haus, das: *zu einer Siedlung* (1 a) *gehörendes Haus.*

Sied|lungs|kun|de, die ⟨Pl. selten⟩: *(als Teilgebiet der Kulturgeografie) Wissenschaft von den Siedlungen* (2).

Sied|lungs|land, das ⟨o. Pl.⟩: *zum Siedeln geeignetes Land; besiedeltes Land.*

Sied|lungs|po|li|tik, die: *auf die Siedlung* (4) *gerichtete Politik: die israelische S.* [in den besetzten Gebieten].

Sied|lungs|raum, der: *zum Siedeln geeigneter Raum; besiedelter Raum.*

Sieg, der; -[e]s, -e [mhd. sic, sige, ahd. sigi, sigu, eigtl. = das (im Kampf) Festhalten, das Überwältigen]: *Erfolg, der darin besteht, sich in einer Auseinandersetzung, im Wettstreit*

o. Ä. gegen einen Gegner, Gegenspieler o. Ä. durchgesetzt zu haben, ihn überwunden, besiegt zu haben: ein glorreicher, knapper, deutlicher S.; im diplomatischer, militärischer S.; ein S. im Wahlkampf; der S. war schwer erkämpft, teuer erkauft; einen S. [über eine Rivalin] *erringen/* (geh.:) *davontragen; einen S. feiern; auf S. spielen* (Sportjargon; *alles daransetzen, das Spiel zu gewinnen*); *S. Heil!* (nationalsoz.; *Hochruf der Nationalsozialisten);* Ü *es war ein S. der Gerechtigkeit; ich hatte einen S. über mich selbst errungen (erfolgreich einer Versuchung widerstanden, eine Schwäche* 2 a *überwunden); der Vernunft zum S. verhelfen.*

Sie|gel, das; -s, - [mhd. sigel, mniederd. seg(g)el < lat. sigillum = kleine Figur, Bildchen; Abdruck des Siegelrings, Vkl. von: signum, ↑ Signum]: **1. a)** *Stempel zum Abdruck, Eindruck von Zeichen in weiche Masse, zum Siegeln; Petschaft;* **b)** *Abdruck eines Siegels* (1 a), *einen Siegelabdruck tragendes Stück Siegellack o. Ä., mit dem etw. versiegelt ist: das S. war beschädigt; ein S. aufbrechen; etw. in einem S. verschließen, versehen;* Ü *das Buch trägt unverkennbar ihr S. (ist deutlich als ihr Werk zu erkennen);* * [**jmdm.**] **etw. unter dem S. der Verschwiegenheit, strengster Geheimhaltung** o. Ä. **mitteilen** o. Ä.: *(*[*jmdm.*] *etw. unter der Voraussetzung, dass es nicht weitergesagt wird, mitteilen).* **2. a)** *Stempel, mit dem man ein Siegel* (2 b) *auf etw. drückt;* **b)** *Stempelabdruck, mit dem Behörden o. Ä. die Echtheit von Dokumenten, Urkunden o. Ä. bestätigen; Dienstsiegel: das Schriftstück trug das S. des Bundespräsidenten; ein S. fälschen.* **3.** *von jmdm. als Siegelbild benutzte Darstellung o. Ä.: das S. des Königs ist ein Doppeladler.*

Sie|gel|ab|druck, der ⟨Pl. -e⟩: **1.** *Abdruck eines Siegels* (1 a), *Siegelrings o. Ä.* **2.** *Siegel* (2 b).

Sie|gel|bild, das: *Motiv, Zeichen, das ein Siegel* (1 b) *zeigt.*

Sie|gel|kun|de, die ⟨o. Pl.⟩: *Sphragistik.*

Sie|gel|lack, der: *im kalten Zustand harte, bei Erwärmung schmelzende, meist rote Masse zum Versiegeln (bes. von Briefen, Urkunden o. Ä.).*

sie|geln ⟨sw. V.; hat⟩ [mhd. sigelen]: **a)** *mit einem Siegel* (1 b) *versehen: eine Urkunde s.;* **b)** (seltener) *mit einem Siegel* (2 b) *versehen, beglaubigen.*

Sie|gel|ring, der: *Fingerring mit einer in eine Metallfläche od. einen Stein eingravierten Siegelbild od. (anstelle eines Petschafts) zum Siegeln benutzt werden kann.*

♦ **Sie|gel|stein,** der [spätmhd. sigelstein]: *Stein, aus dem ein Siegel geschnitten od. gegraben ist: Er wies mir -e und andre alte Kunstarbeiten* (Novalis, Heinrich 15).

Sie|ge|lung, Sieglung, die; -, -en: *das Siegeln.*

sie|gen ⟨sw. V.; hat⟩ [mhd. sigen, ahd. in: ubarsiginōn, zu ↑ Sieg]: *als Sieger[in], Gewinner[in] aus einem Kampf, einer Auseinandersetzung, einem Wettstreit o. Ä. hervorgehen; einen Sieg erringen: in der Schlacht, im sportlichen Wettkampf s.; über jmdn. s.; die Volkspartei hat gesiegt (die Wahl gewonnen); unsere Mannschaft hat* [hoch, knapp, mit 3 : 0] *gesiegt (gewonnen);* Ü *die Wahrheit wird am Ende s.;* R *Frechheit siegt* (ugs.; *mit Dreistigkeit setzt man sich durch, erreicht man sein Ziel*).

Sie|ger, der; -s, - [frühnhd., vgl. mhd. (rhein.) segere]: *jmd., der bei einem Kampf, Wettstreit o. Ä. den Sieg errungen hat; Gewinner: der strahlende S.; er ist* [der] *S.?; unsere Elf wurde* [bei, in dem Turnier] *S.; als S. aus einer Wahl, einem Prozess, einem Krieg hervorgehen; die S. ehren; er wurde zum S. nach Punkten, durch technischen K. o. erklärt.*

Sie|ger|eh|rung, die: *feierlicher Akt, bei dem die Sieger eines [sportlichen] Wettbewerbs geehrt* [u. *Urkunden, Medaillen o. Ä. überreicht*] *werden.*

Sie|ge|rin, die; -, -nen: w. Form zu ↑ Sieger.

Sie|ger|jus|tiz, die (meist abwertend): *sehr strenges, hartes, unerbittliches Verhalten einer Siegermacht gegenüber dem im Krieg Unterlegenen, das diese oft als willkürlich, rücksichtslos, ungerecht o. Ä. empfindet.*

Sie|ger|kranz, der: *[Lorbeer]kranz, der dem Sieger od. der Siegerin eines Wettbewerbs, Wettstreits aufgesetzt, umgehängt wird.*

Sie|ger|land, das ⟨Pl. …länder⟩: **1.** *Land* (5 a), *das einen Krieg gewonnen hat.* **2.** *Land* (5 a), *das einen Wettbewerb o. Ä. gewonnen hat.*

Sie|ger|lor|beer, der: *Lorbeer* (3) *zur Ehrung eines Siegers od. einer Siegerin.*

Sie|ger|macht, die: *Macht* (4 a), *die einen Krieg gewonnen hat.*

Sie|ger|mann|schaft, die (bes. Sport): *siegreiche Mannschaft.*

Sie|ger|mie|ne, die: *den Stolz, die Freude über einen Sieg ausdrückende Miene; triumphierende Miene.*

Sie|ger|na|ti|on, die: *Siegerland.*

Sie|ger|po|dest, das, seltener: der: *Podest, auf dem die Sieger[innen] bei einer Siegerehrung stehen.*

Sie|ger|po|kal, der: *Pokal, den der Sieger, die Siegerin od. die Siegermannschaft nach einem sportlichen Wettbewerb erhält.*

Sie|ger|po|se, die: vgl. Siegermiene.

Sie|ger|staat, der: *Siegerland.*

Sie|ger|stra|ße, die: in Wendungen wie **auf der S. sein** (Sportjargon; *gute Aussichten haben zu siegen*).

Sie|ger|trepp|chen, das (ugs.): *Siegerpodest: bei der WM kam sie dreimal auf das S.*

Sie|ger|volk, das (seltener): vgl. Siegermacht.

sie|ges|be|wusst ⟨Adj.⟩: *von der Zuversicht erfüllt, dass man siegen, sich durchsetzen, bei einem schwierigen Vorhaben erfolgreich sein wird: s. auftreten, blicken.*

Sie|ges|bot|schaft, die: *Nachricht über einen errungenen Sieg.*

Sie|ges|fei|er, die: *Feier anlässlich eines Sieges.*

Sie|ges|freu|de, die: *Freude über einen errungenen Sieg.*

sie|ges|froh ⟨Adj.⟩: *von Siegesfreude erfüllt, Siegesfreude ausdrückend: mit -en Gesichtern.*

Sie|ges|ge|schrei, das: *lauter Siegesjubel.*

sie|ges|ge|wiss ⟨Adj.⟩ (geh.): *siegessicher.*

Sie|ges|ge|wiss|heit, die ⟨o. Pl.⟩ (geh.): *das Siegesgewisssein.*

Sie|ges|göt|tin, die (Mythol.): *Göttin, die den Sieg bringt, bringen soll.*

Sie|ges|ju|bel, der: *Jubel über einen errungenen Sieg:* in S. *ausbrechen.*

Sie|ges|kranz, der: *als Symbol des Sieges geltender Lorbeerkranz [mit dem ein Sieger gekrönt wird].*

Sie|ges|lor|beer, der (geh.): *Siegerlorbeer.*

Sie|ges|pal|me, die: (geh.; *den Sieg*) *Palmenzweig als Symbol des Sieges:* S. (geh.; *den Sieg*) *davontragen.*

Sie|ges|po|dest, das, seltener: der: *Siegerpodest.*

Sie|ges|preis, der: *für den Sieg in einem Wettstreit o. Ä. ausgesetzter Preis:* jmdm. den S. *überreichen.*

Sie|ges|säu|le, die: *zum Andenken an einen militärischen Sieg errichtetes Denkmal in Form einer Säule.*

Sie|ges|se|rie, die (Sport): *Serie von Siegen: ihre S. riss ab.*

sie|ges|si|cher ⟨Adj.⟩: *fest damit rechnend, dass man siegen, sich durchsetzen, bei einem schwierigen Vorhaben erfolgreich sein wird: s. lächeln, sein.*

Sie|ges|stim|mung, die: *gehobene Stimmung, in*

Siegessymbol – Signation

die jmd. durch einen eben errungenen od. kurz bevorstehenden Sieg gerät.

Sie|ges|sym|bol, das: *Symbol des Sieges:* der Lorbeer als S.

Sie|ges|tau|mel, der (geh.): *rauschhafte Siegesstimmung.*

Sie|ges|tor, das: **1.** (Sport) vgl. Siegestreffer. **2.** *Triumphbogen.*

Sie|ges|tref|fer: ↑ Siegtreffer.

Sie|ges|tro|phäe, die: *für den Sieg in einem Wettbewerb o. Ä. ausgesetzte Trophäe.*

sie|ges|trun|ken ⟨Adj.⟩ (geh.): *von Siegesfreude überwältigt.*

Sie|ges|wil|le, der ⟨o. Pl.⟩: *fester Wille, einen Sieg zu erringen, sich durchzusetzen, Erfolg zu haben:* ungebrochenen -n demonstrieren.

Sie|ges|zei|chen, das: *Zeichen des Sieges.*

Sie|ges|zug, der: *siegreicher Vormarsch (einer Armee o. Ä.):* Ü der S. der Elektronik.

Sie|ges|zu|ver|sicht, die: *festes Vertrauen auf den Sieg.*

sieg|ge|wohnt ⟨Adj.⟩: *häufig siegreich gewesen; an Siege gewöhnt:* eine -e Armee, Mannschaft.

sieg|los ⟨Adj.⟩: *ohne Sieg [geblieben]:* eine -e Mannschaft.

Sieg|lung: ↑ Siegelung.

Sieg|prä|mie, die: *(im Profisport, bes. im Fußball) für einen Sieg gezahlte Prämie* (1 a): die S. aushandeln.

sieg|reich ⟨Adj.⟩ [mhd. sigerīche]: **a)** *den Sieg errungen habend:* eine -e Mannschaft; **b)** *mit einem Sieg endend:* ein -er Kampf; **c)** *reich an Siegen:* eine -e Laufbahn als Sportlerin.

♦ **Sieg|spa|nier,** das: *Siegesfahne:* Hoch weht das Kreuz im S. (Novalis, Heinrich 53).

Sieg|tref|fer, Siegestreffer, der (Sport): *das Spiel, den Wettkampf entscheidender letzter Treffer, durch den der Sieg errungen wird:* er erzielte den S. in der 89. Minute.

Sieg|wet|te, die: *Pferdewette, bei der auf den Sieg eines bestimmten Pferdes gesetzt wird.*

sieh, sie|he, siehst, sieht: ↑ sehen.

SI-Ein|heit, die [↑ SI]: *im Internationalen Einheitensystem (= SI) festgelegte Einheit physikalischer Größen.*

Siel, der od. das; -[e]s, -e [mniederd. sîl, eigtl. = Gerät zum Seihen, aus dem Afries.] (nordd., Fachspr.): **1.** *Deichschleuse: das S. ist geschlossen.* **2.** *unterirdischer Abwasserkanal.*

Siel|bau, der ⟨Pl. -ten⟩ (nordd.): *Kanalbau.*

Sie|le, die; -, -n [mhd. sil, ahd. sîlo, zu ↑ Seil] (veraltend): *Sielengeschirr:* Ü in den -n (*bis zuletzt arbeitend, mitten in der Arbeit*) sterben.

sie|len, sich ⟨sw. V.; hat⟩ [mhd. (md.) süln, landsch. Nebenf. von ↑ suhlen] (landsch.): *sich mit Behagen [herum]wälzen:* sich im Bett s.

Sie|len|ge|schirr, das [zu ↑ Siele]: *Geschirr* (2) *für ein Zugtier.*

Sie|mens-Mar|tin-Ofen, der [nach den dt. Industriellen F. u. W. v. Siemens u. dem frz. Ingenieur P. Martin] (Technik): *spezieller Ofen zum Erschmelzen von Stahl aus Roheisen [mit einem Zusatz von Schrott od. oxidischem Eisenerz].*

Sie|mens-Mar|tin-Ver|fah|ren, das (Technik): *Verfahren der Stahlerzeugung mithilfe eines Siemens-Martin-Ofens.*

si|e|na [...] ⟨indekl. Adj.⟩: *rotbraun:* ein s. Kleid.

Si|e|na, die; -[s], -[s] [nach der ital. Stadt Siena]: **1.** *siena Farbe, Färbung.* **2.** Kurzf. von ↑ Sienaerde.

Si|e|na|er|de, die: *als Farbstoff zur Herstellung sienafarbener Malerfarbe verwendete, gebrannte tonartige, feinkörnige Erde.*

si|e|na|far|ben, si|e|na|far|big ⟨Adj.⟩: *in der Farbe Siena:* -es Geschirr.

Si|er|ra ['sjɛra], die; -, -s u. ...ren [span. sierra < lat. serra = Säge]: span. Bez. für: *Gebirgskette.*

Si|er|ra Le|o|ne; - -s: *Staat in Afrika.*

Si|er|ra Le|o|ner, der; - -s, - -, **Si|er|ra-Le|o|ner,** der; -s, -: Ew.

Si|er|ra Le|o|ne|rin, die; - -, - -nen, **Si|er|ra-Le|o|ne|rin,** die; -, -nen: w. Form zu ↑ Sierra Leoner.

si|er|ra-le|o|nisch ⟨Adj.⟩: *Sierra Leone, die Sierra Leoner betreffend; von den Sierra Leonern stammend, zu ihnen gehörend.*

Si|es|ta [s...], die; -, ...sten u. -s [span. siesta < lat. (hora) sexta = die sechste (Stunde des Tages), zu: sextus, ↑ Sext]: *Ruhepause, bes. nach dem Mittagessen; Mittagsruhe:* eine kurze S. halten.

sie|zen ⟨sw. V.; hat⟩: *mit Sie* (2 b) *anreden:* wir siezen uns.

Siff, der; -s [rückgeb. aus ↑ versifft] (salopp): *[grober, ekelerregender] Schmutz:* spül den ganzen S. doch einfach mit dem Hochdruckreiniger weg.

sif|fig ⟨Adj.⟩ [zu ↑ Siff] (salopp): *[sehr, auf ekelerregende Weise] schmutzig:* seine ganze Wohnung ist total s.!

Si|gel, das; -s, - [lat. sigla (Pl.), synkopiert aus: sigilla, Pl. von: sigillum, ↑ Siegel]: *feststehendes [beim Stenografieren verwendetes] Zeichen für ein Wort, eine Silbe od. eine Wortgruppe; Kürzel; Abkürzungszeichen* (z. B. § für »Paragraf«, usw. für »und so weiter«).

Sight|see|ing ['saɪtsiːɪŋ], das; -s, -[s] [engl. sightseeing, zu: sight = Sehenswürdigkeit u. to see = (an)sehen]: *Besichtigung von Sehenswürdigkeiten.*

Sight|see|ing|bus, Sight|see|ing-Bus ['zaɪt...], der: *Bus für Besichtigungsfahrten, Stadtrundfahrten.*

Sight|see|ing|tour, Sight|see|ing-Tour ['zaɪt...], die: *Besichtigungsfahrt, Stadtrundfahrt.*

Si|gle ['ziːgl], die; -, -n [frz. sigle]: *Sigel.*

Sig|ma, das; -[s], -s [griech. sĩgma, sigma, aus dem Semit., vgl. hebr. sāmɛk]: *achtzehnter Buchstabe des griechischen Alphabets* (Σ, σ, am Wortende: ς).

sign. = signatum.

Si|gna: Pl. von ↑ Signum.

Si|gnal [auch: zɪŋ'naːl], das; -s, -e [frz. signal < spätlat. signale, subst. Neutr. von lat. signalis = dazu bestimmt, ein Zeichen zu geben, zu: signum, ↑ Signum]: **1.** *[optisches od. akustisches] Zeichen mit einer bestimmten Bedeutung:* optische, akustische -e; das S. zum Angriff; das S. bedeutet Gefahr, freie Fahrt; ein S. geben, blasen, funken; Ü ein hoffnungsvolles S. (*Anzeichen*); * **-e setzen** (bildungsspr.), *etw. tun, was richtungweisend ist; Anstöße geben:* seine Erfindung hat, mit seiner Erfindung hat er -e gesetzt). **2. a)** (Eisenbahn) *für den Schienenverkehr an der Strecke aufgestelltes Schild o. Ä. mit einer bestimmten Bedeutung bzw. [fernbediente] Vorrichtung mit einer beweglichen Scheibe, einem beweglichen Arm o. Ä., deren Stellung, oft in Verbindung mit einem Lichtsignal, eine bestimmte Bedeutung hat:* das S. steht auf »Halt«; der Zugführer hatte ein S. übersehen; Ü für die Wirtschaft stehen alle -e auf Investition (*die wirtschaftliche Lage lässt Investitionen angezeigt erscheinen*); **b)** (bes. schweiz.) *Verkehrszeichen.* **3.** (Physik, Kybernetik) *Träger einer Information (z. B. eine elektromagnetische Welle), der entsprechend dem Inhalt der zu übermittelnden Information moduliert* (3) *wird:* analoge, digitale -e.

Si|gnal|an|la|ge, die (Verkehrsw.): *technische Anlage, mit deren Hilfe [automatisch] Signale* (1) *gegeben werden* (z. B. Ampelanlage).

Si|gnal|ball, der (Seew.): *kugelförmiger Körper, der, an einem Mast od. Ä. aufgezogen, etw. signalisiert.*

Si|gnal|brü|cke, die: *quer über die Gleise gebaute brückenartige Konstruktion, auf der Signale* (2 a) *installiert sind.*

Si|gnal|buch, das (Seew.): *Zusammenstellung der in der Seeschifffahrt verwendeten internationalen Signale (in Form eines Buches).*

Si|gna|le|ment [...'mãː, ...'mɛnt], das; -s, -s u. (schweiz.:) -e [frz. signalement, zu: signaler = kurz beschreiben < ital. segnalare, zu: segnale < spätlat. signale, ↑ Signal]: **1.** (bes. schweiz.) *kurze Personenbeschreibung mithilfe von charakteristischen [äußeren] Merkmalen:* S. : An Meter vierundsechzig groß, schlank, blaue Augen; das S. des Täters. **2.** (Pferdezucht) *Merkmale, die ein bestimmtes Tier charakterisieren.*

Si|gnal|far|be, die: *große Leuchtkraft besitzende u. daher stark auffallende Farbe.*

Si|gnal|feu|er, das: *als Signal dienendes Feuer.*

Si|gnal|flag|ge, die (Seew.): *Flagge mit einer bestimmten Bedeutung zur optischen Nachrichtenübermittlung [mithilfe des Flaggenalphabets].*

Si|gnal|ge|rät, das: *Gerät, das dazu dient, Signale zu geben.*

Si|gnal|horn, das; -s, ...hörner: **a)** *Horn* (3 b); **b)** (früher) *bes. beim Militär verwendetes Horn, mit dem Signale gegeben wurden.*

Si|gnal|in|s|t|ru|ment, das: *einfaches Musikinstrument zum Geben von Signalen* (z. B. Trommel, Pfeife, Glocke).

si|gna|li|sie|ren ⟨sw. V.; hat⟩ [französierende Bildung]: **1. a)** *durch ein Signal übermitteln, anzeigen:* [jmdm.] eine Nachricht [mithilfe von Blinkzeichen] s.; jmdm. eine Warnung s.; **b)** *als Signal, wie ein Signal auf etw. hinweisen, etw. deutlich machen:* grünes Licht signalisierte freie Fahrt; das Wahlergebnis signalisiert eine Tendenzwende; **c)** (bildungsspr.) *mit Worten mitteilen, andeuten:* die andere Seite hat bereits Kompromissbereitschaft signalisiert; ich möchte mich ... darauf beschränken, Ihnen mein Unbehagen zu s. (Schnurre, Ich 121/122). **2.** (schweiz.) *ausschildern.*

Si|gnal|knopf, der: *Knopf, mit dem ein Signal ausgelöst wird.*

Si|gnal|lam|pe, die: *Lampe, die dazu dient, Signale zu geben.*

Si|gnal|licht, das: **a)** *als Signal dienendes Licht;* **b)** (schweiz.) *[Verkehrs]ampel.*

Si|gnal|mast, der: **1.** (Seew.) *Mast, an dem Signale, bes. in Form von Bällen u. Ä., aufgezogen werden.* **2.** (Eisenbahn) *Mast, an dem ein Signal* (2 a) *befestigt ist.*

Si|gnal|mu|ni|ti|on, die: *Leuchtkugel, -munition, durch deren Abschuss man ein Signal gibt.*

Si|gnal|pa|t|ro|ne, die: *als Leuchtgeschoss dienende Patrone.*

Si|gnal|pfei|fe, die: *als Signalinstrument dienende Pfeife.*

Si|gnal|pis|to|le, die: *Pistole, mit der Signalmunition abgeschossen wird.*

si|gnal|rot ⟨Adj.⟩: *stark leuchtend u. auffallend rot:* -e Warnkleidung tragen.

Si|gnal|stel|lung, die (Eisenbahn): *Stellung eines beweglichen Signals* (2 a).

Si|gnal|ton, der: *Ton, der etw. signalisiert.*

Si|gnal|wir|kung, die: *von einer Sache, einem Vorgang ausgehende Wirkung, die darin besteht, dass etw., bes. ein bestimmtes Verhalten von Menschen, ausgelöst wird:* von der Entscheidung der Verfassungsgerichts ging eine S. aus; die Bildung der ersten rot-grünen Koalition auf Landesebene hatte S. [für Berlin].

Si|gna|tar, der; -s, -e [frz. signataire, zu: signer < lat. signare, ↑ signieren] (selten): *Signatarmacht.*

Si|gna|tar|macht, die (Politik): *Staat, der einen internationalen Vertrag unterzeichnet [hat].*

Si|gna|tar|staat, der: *Signatarmacht.*

Si|gna|tion [sɪ'gneɪʃn], die; -, -s [engl. signation = (Kenn)zeichen, Markierung, zu: to sign = kennzeichnen] (österr.): *Erkennungsmelodie.*

si|gna|tum [lat. signatum, 2. Part. von: signare, ↑ signieren]: *unterzeichnet (auf Dokumenten, Verträgen o. Ä. vor dem vor der Unterschrift stehenden Datum; Abk.: sign.)*

Si|gna|tur, die; -, -en [mlat. signatura, zu lat. signare, ↑ signieren]: **1. a)** *Namenszeichen;* **b)** [mlat. signatura, zu lat. signare, ↑ signieren] (bildungsspr.) *Unterschrift* (1). **2.** *Kombination aus Buchstaben u. Zahlen, unter der ein Buch in einer Bibliothek geführt wird u. anhand deren man es findet.* **3. a)** *auf das Rezept od. die Verpackung geschriebener Hinweis zum Gebrauch einer Arznei;* **b)** *den Inhalt bezeichnende Aufschrift auf einer Verpackung, einem Behälter o. Ä.* **4.** (Kartografie) *kartografisches Zeichen, Symbol für die Darstellung bestimmter Gegebenheiten auf einer Landkarte.* **5.** (Druckw.) *als Hilfe beim Setzen dienende Markierung (in Form einer Einkerbung) an einer Drucktype.* **6.** (Verlagsw.) *Ziffer od. Buchstabe auf dem unteren Rand der ersten Seite eines Druckbogens zur Bezeichnung der beim Binden zu beachtenden Reihenfolge der Bogen.*

Si|g|net [zɪnˈjeː, auch: zɪˈɡnɛt], das; -s, -s u. -e […etə] [mlat. signetum, zu lat. signum, ↑ Signum]: **1. a)** (Verlagsw.) *Drucker-, Verlegerzeichen;* **b)** *Marken-, Firmenzeichen; Logo.* **2.** (veraltet) *Petschaft.*

si|g|nie|ren ⟨sw. V.; hat⟩ [(kirchen)lat. signare = mit einem Zeichen versehen, besiegeln; das Kreuzzeichen machen, zu: signum, ↑ Signum]: **1. a)** *(als Schöpfer, Urheber, Autor von etw.) sein Werk mit der eigenen Signatur (1) versehen:* der Autor wird nach der Lesung seinen neuen Roman s.; eine [von Hand] signierte Druckgrafik; **b)** (bildungsspr.) *unterschreiben, unterzeichnen.* **2.** (selten) *mit einer Signatur (2, 3 b, 6) versehen.*

Si|g|nier|stun|de, die: *Veranstaltung, während der ein Autor Exemplare seines [neuen] Buchs für deren Käufer signiert (1 a): eine Lesung mit anschließender S. veranstalten.*

◆ **Si|g|ni|fer**, der; -s, -en [lat. signifer, Substantivierung von: signifer = Zeichen, Bilder tragend, zu: signum (↑ Signum) u. ferre = tragen]: *Banner-, Fahnenträger: ...dieser (= auf einem Löschblatt gezeichnete) S. hat doch etwas zu lange Arme* (Raabe, Chronik 113).

si|g|ni|fi|kant ⟨Adj.⟩ [lat. significans (Gen.: significantis) = bezeichnend; anschaulich, adj. 1. Part. von: significare, ↑ signifizieren]: **a)** (bildungsspr.) *in deutlicher Weise als wesentlich, wichtig, erheblich erkennbar:* ein -er Unterschied; das wohl -este politische Ereignis des Jahres; **b)** (Statistik) *zu groß, um noch als zufällig gelten zu können:* ein -er Anstieg der Leukämierate; **c)** (bildungsspr.) *in deutlicher Weise als kennzeichnend, bezeichnend, charakteristisch, typisch erkennbar:* -e Merkmale.

Si|g|ni|fi|kant, der; -en, -en (Sprachwiss.): *Ausdrucksseite eines sprachlichen Zeichens.*

Si|g|ni|fi|kanz, die; -, -en [lat. significantia = Deutlichkeit, zu: significare, ↑ signifizieren]: *Bedeutsamkeit; Grad, in dem etw. signifikant (1) ist.*

si|g|ni|fi|zie|ren ⟨sw. V.; hat⟩ [lat. significare, zu: signum (↑ Signum) u. facere = machen, tun] (bildungsspr. selten): **a)** *anzeigen;* **b)** *bezeichnen.*

Si|g|nor [zɪnˈjoːɐ̯], der; -, -i [ital. signor(e) < lat. senior, ↑ Senior]: *(in Italien) Anrede eines Herrn (mit folgendem Namen od. Titel).*

Si|g|no|ra, die; -, ...re u. -s [ital. signora]: **1.** w. Form zu ↑ Signor. **2.** w. Form zu ↑ Signore.

Si|g|no|re, der; -, ...ri [ital. signore, ↑ Signor]: **1.** *titelähnlich od. als Anrede gebrauchte ital. Bez. für: Herr (ohne folgenden Namen od. Titel).* **2.** *(in Italien) Herr* (3), *Besitzer.*

Si|g|no|ria, Si|g|no|rie, die; -, ...jen [ital. signoria, zu: signore, ↑ Signore] (Geschichte): *(im MA.) höchste Behörde der italienischen Stadtstaaten.*

Si|g|no|ri|na, die; -, -s, seltener auch: ...ne [ital. signorina, Vkl. von: signora, ↑ Signora]: *(in Italien) Bezeichnung u. Anrede eines Mädchens, einer unverheirateten [jungen] Frau.*

Si|g|num, das; -s, ...gna [lat. signum = Zeichen] (bildungsspr.): **1.** *Signatur* (1). **2.** *Zeichen, Symbol:* das S. der Macht. **3.** (Med.) *Krankheitssymptom.*

Si|g|rist [ˈziːɡrɪst, zɪˈɡrɪst], der; -en, -en [mhd. sigrist(e), ahd. sigristo < mlat. sacrista, zu lat. sacrum = das Heilige; Gottesdienst] (schweiz.): *Kirchendiener, Messdiener, Küster.*

Si|g|ris|tin, die; -, -nen: w. Form zu ↑ Sigrist.

Sikh, der; -[s], -s [Hindi sikh, eigtl. = Schüler, zu aind. śiksati = Studien]: *Anhänger der Sikhreligion.*

Sikh|re|li|gi|on, die ⟨o. Pl.⟩: *gegen Ende des 15. Jh.s gestiftete monotheistische indische Religion, deren Anhänger militärisch organisiert sind.*

Si|la|ge [ziˈlaːʒə, österr. meist: ...ʃ], die; -, -n (Landwirtsch.): **1.** *Gärfutter.* **2.** (selten) *Einlagerung von Futter in Silos; Ensilage.*

Si|lan, das; -s, -e [Kunstwort aus Silikon u. Methan] (Chemie): *Siliziumwasserstoff.*

Sil|be, die; -, -n [mhd. silbe, sillabe, ahd. sillaba < lat. syllaba < griech. syllabḗ, zu: syllambánein = zusammennehmen, -fassen, eigtl. = die zu einer Einheit zusammengefassten Laute]: *abgegrenzte, kleine od. mehrere Laute umfassende Einheit, die einen Teil eines Wortes od. ein Wort bildet:* eine betonte, lange S.; eine offene (Sprachwiss.; *mit einem Vokal endende*), eine geschlossene (Sprachwiss.; *mit einem Konsonanten endende*) S.; das Wort wird auf der letzten S. betont; Ü ich glaube dir keine S. (*nichts von dem, was du sagst*); etw. mit keiner S. (*überhaupt nicht*) erwähnen; ... und schon stehen die beiden Männer am Tisch bei den drei, die kriegen einen Schreck, machen aber nich Mucks, sagen keine S. (*kein Wort;* Döblin, Alexanderplatz 403).

Sil|ben|län|ge, die: *Quantität* (2 b).

Sil|ben|maß, das (Metrik): *(insbesondere quantitierendes) Versmaß.*

Sil|ben|rät|sel, das: *Rätsel, bei dem aus vorgegebenen Silben Wörter zusammenzufügen sind.*

Sil|ben|schrift, die: *Schrift, deren Zeichen jeweils Silben bezeichnen:* die japanische, tibetische S.

Sil|ben|tren|nung, die: *Trennung eines Wortes am Zeilenende nach bestimmten, die Sprechsilben berücksichtigenden Regeln.*

Sil|ben|tren|nungs|pro|gramm, das: *Programm* (4), *das die Silbentrennung innerhalb eines Textes automatisch durchführt.*

sil|ben|wei|se ⟨Adv.⟩: *nach Silben, Silbe für Silbe:* s. diktieren, lesen.

Sil|ber, das; -s [mhd. silber, ahd. sil(a)bar, H. u.]: **1.** *weiß glänzendes, weiches Edelmetall (chemisches Element; vgl. Argentum; Zeichen: Ag):* reines S.; der Becher ist aus [massivem, getriebenem] S.; eine S. führende Gesteinsader. **2. a)** *silberne Gegenstände, silbernes Gerät, bes. [Tafel]geschirr, Besteck:* das S. putzen; von S. speisen; **b)** ⟨o. Art.⟩ (Sportjargon) *Kurzf. von* ↑ Silbermedaille: für diese tolle Leistung gab es S.; **c)** (veraltend) *Silbermünze[n], Geldstück[e] aus Silber:* mit, in S. bezahlen. **3.** *silberne Farbe, silberner Schimmer; Silberglanz:* Ballettschuhe in Rosa und S.

-sil|ber: ↑ -silber.

Sil|ber|ader, die: *silberhaltige Gesteinsader.*

Sil|ber|ar|beit, die: *in Silber ausgeführte Arbeit:* kostbare -en.

Sil|ber|auf|la|ge, die: *Auflage aus Silber.*

Sil|ber|bar|ren, der: *Barren aus massivem Silber.*

Sil|ber|berg|werk, das: *Bergwerk zum Abbau von Silbererz.*

Sil|ber|be|steck, das: *silbernes Besteck* (1 b): das S. auflegen; mit S. essen.

sil|ber|be|stickt ⟨Adj.⟩: *mit Silberfäden bestickt:* ein -es Kissen.

Sil|ber|blech, das: *Blech aus Silber.*

Sil|ber|blick, der [eigtl. = silbriger Schimmer, Silberglanz] (ugs. scherzh.): *leicht schielender Blick:* sie hat einen S.

Sil|ber|bor|te, die: *silberfarbene od. mit Silberfäden durchwirkte Borte.*

Sil|ber|braut, die: *Frau, die ihre silberne Hochzeit feiert.*

Sil|ber|bräu|ti|gam, der: *Mann, der seine silberne Hochzeit feiert.*

Sil|ber|bro|kat, der: *mit Silberfäden durchwirkter Brokat.*

Sil|ber|bron|ze, die: **1.** *silberhaltige Kupferlegierung.* **2.** *silbrige Bronze[farbe].*

Sil|ber|dis|tel, die: *distelähnliche, meist stängellose Pflanze mit großer, strahlenförmiger, silberweißer Blüte.*

Sil|ber|draht, der: *Draht aus Silber.*

Sil|ber|erz, das: *silberhaltiges Erz.*

Sil|ber|fa|den, der: *silberner, silberfarbener Faden: das Gewebe ist mit feinen Silberfäden durchwirkt;* Ü sein Haar, sein Bart zeigte schon Silberfäden (geh.; *war von grauen, weißen Haaren durchzogen*).

sil|ber|far|ben, sil|ber|far|big ⟨Adj.⟩: *von der Farbe des Silbers:* ein -es Auto.

Sil|ber|fisch, der (landsch.): *Ukelei.*

Sil|ber|fisch|chen, das; -s, -: *kleines, flügelloses Insekt mit silbrig glänzendem, beschupptem Körper, das bes. in feuchtwarmen Räumen lebt.*

Sil|ber|fuchs, der: **1.** *Fuchs der nördlichen Regionen [Amerikas] mit schwarzen Haaren, die an den Spitzen silberweiß sind.* **2.** *Pelz vom Silberfuchs* (1).

Sil|ber führend, sil|ber|füh|rend ⟨Adj.⟩: *silberhaltig.*

sil|ber|ge|fasst ⟨Adj.⟩: *in Silber gefasst:* ein -er Rubin.

Sil|ber|ge|halt, der: *Gehalt an Silber:* der S. einer Legierung, einer Münze, eines Erzes.

Sil|ber|geld, das: *Geld in Form von Silbermünzen.*

Sil|ber|ge|schirr, das: *silbernes Geschirr.*

Sil|ber|glanz, der: **1.** (oft dichter.) *silberner Glanz.* **2.** *Argentit.*

sil|ber|glän|zend ⟨Adj.⟩: *silbern glänzend.*

sil|ber|grau ⟨Adj.⟩: *hellgrau mit silbrigem Schimmer:* ein -er Schal.

Sil|ber|haar, das (geh.): *silbergraues od. weißes Haar:* eine alte Dame mit S.

sil|ber|haa|rig ⟨Adj.⟩ (geh.): *weißhaarig.*

sil|ber|hal|tig ⟨Adj.⟩: *Silber enthaltend:* -es Erz.

Sil|ber|hell ⟨Adj.⟩: **1.** *hell, hoch u. wohltönend:* ein -es Lachen. **2.** (dichter.) *hell [schimmernd] wie Silber:* ein -er Quell.

Sil|ber|hoch|zeit, die: *silberne ¹Hochzeit* (1).

sil|be|rig: ↑ silbrig.

sil|be|rig: ↑ silbrig.

Sil|ber|ket|te, die: *silberne Kette.*

Sil|ber|kor|del, die: *silberfarbene od. aus Silberfäden gedrehte Kordel.*

Sil|ber|le|gie|rung, die: *Legierung des Silbers mit anderen Metallen, bes. Kupfer, Platin, Zinn od. Zink.*

Sil|ber|leuch|ter, der: *silberner Leuchter.*

Sil|ber|ling, der; -s, -e [mhd. nicht belegt, ahd. sil(a)barling (früher) = *Silbermünze*].

Sil|ber|lö|we, der: *Puma.*

Silbermedaille – simpel

Sil|ber|me|dail|le, die: *silberne od. versilberte Medaille, die als [sportliche] Auszeichnung für den zweiten Platz (bes. bei den Olympischen Spielen) verliehen wird.*

Sil|ber|mi|ne, die: *Silberbergwerk:* in einer S. arbeiten.

Sil|ber|mö|we, die: *weiße Möwe mit hellgrauer Oberseite, schwarz-weißen Flügelspitzen u. gelbem Schnabel.*

Sil|ber|mün|ze, die: *Münze aus Silber od. einer Silberlegierung.*

sil|bern ⟨Adj.⟩ [mhd. silbern, ahd. silbarīn]: **1.** *aus Silber:* ein -er Ring. **2.** *hell, weiß schimmernd; silberfarben:* ein -er Farbton; das -e Mondlicht; ihre Haare waren s. (geh.; *silbergrau, weiß*) geworden; etw. glänzt, schimmert s. **3.** (dichter.) *hell, hoch u. wohltönend:* ein -es Lachen.

Sil|ber|pa|pier, das: *Aluminiumfolie, Stanniol [für Verpackungszwecke].*

Sil|ber|pap|pel, die: *Pappel mit unterseits dicht behaarten, weißlichen Blättern.*

Sil|ber|plat|te, die: *silberne Platte* (3 a) *zum Servieren von Speisen.*

Sil|ber|putz|mit|tel, das: *Putzmittel für Silber* (2 a).

Sil|ber|rei|her, der: *großer, weißer Reiher mit schwarzen Beinen u. langen Schmuckfedern an Genick u. Schultern.*

Sil|ber|schei|be, die [nach der silbernen Farbe des metallisierten Kunststoffes der Scheibe] (ugs.): *kleine, dünne silberfarbene Scheibe als Datenträger für Computer, CD-Player, DVD-Player u. Ä.; CD, DVD.*

Sil|ber|schicht, die: *Schicht aus Silber:* mit einer dünnen S. überzogenes Kupfer.

Sil|ber|schmied, der: *Handwerker, der Schmuck od. künstlerisch gestaltete [Gebrauchs]gegenstände aus Silber, Kupfer od. Messing anfertigt* (Berufsbez.).

Sil|ber|schmie|din, die: w. Form zu ↑ Silberschmied.

Sil|ber|schmuck, der: *silberner Schmuck.*

Sil|ber|sträh|ne, die: *silbergraue od. weiße Haarsträhne.*

Sil|ber|streif, der: in der Fügung **S. am Horizont** (↑ Silberstreifen).

Sil|ber|strei|fen, der: *silberner, silbern od. silbergrau schimmernder Streifen:* ein S. auf der Wasserfläche; ** **S. am Horizont** (sich andeutungsweise abzeichnende positive Entwicklung; Anlass zur Hoffnung ist einem Ausspruch des dt. Politikers G. Stresemann [1878–1929]).*

Sil|ber|ta|blett, das: *silbernes Tablett.*

Sil|ber|tan|ne, die: *Edeltanne.*

sil|ber|ver|gol|det ⟨Adj.⟩: *aus einer Goldauflage versehenem Silber bestehend:* -e Gefäße, Statuen.

Sil|ber|wäh|rung, die (Wirtsch.): *Metallwährung, bei der das maßgebliche Zahlungsmittel Silbermünzen sind, deren Wert ihrem Silbergehalt entspricht.*

Sil|ber|weiß ⟨Adj.⟩: *von silbrigem Weiß; hell schimmernd weiß:* -es Haar.

Sil|ber|wert, der: *Wert des Silbergehalts:* der S. einer Münze.

Sil|ber|zeug, das ⟨Pl. selten⟩ (ugs.): *Silber* (2 a).

Sil|ber|zwie|bel, die: *Perlzwiebel.*

sil|bisch ⟨Adj.⟩ (Sprachwiss.): *eine Silbe bildend:* ein -es l, n, r; -e Konsonanten.

-silb|ler, -silber, der; -s, - (Verslehre): in Zusb., z. B. Zwölfsilb[l]er (*Vers mit zwölf Silben*).

silb|rig, silberig ⟨Adj.⟩: **1.** *silbern schimmernd, glänzend:* ein -er Glanz; s. schimmern. **2.** (geh.) *hell, hoch u. wohltönend:* der -e Klang eines Cembalos; s. tönen.

Sild, der; -[e]s, -[e] [norw. sild = Hering] (Gastron.): *pikant eingelegter junger Hering.*

Si|len|ti|um, das; -s, ...tien [lat. silentium = Schweigen, zu: silere = still sein]: **1.** ⟨Pl. selten⟩ (veraltend, noch scherzh.) *[Still]schweigen, Stille:* (oft als Aufforderung:) S.! **2.** (Schule) a) *Zeit, in der die Schüler eines Internats ihre Schularbeiten erledigen sollen;* b) *[in der Schule stattfindende] Hausaufgabenbetreuung am Nachmittag.*

Sil|hou|et|te [ziˈlu̯ɛtə], die; -, -n [frz. silhouette, nach dem frz. Staatsmann E. de Silhouette (1709–1767), der aus Sparsamkeitsgründen sein Schloss statt mit kostbaren Gemälden mit selbst gemachten Scherenschnitten ausstattete]: **1. a)** *Umriss, der sich [dunkel] vom Hintergrund abhebt:* die S. eines Berges, einer Stadt; Zuerst sah ich Almaidas üppige S. gegen die hellen Fenster inmitten einer Dunstwolke blauen Rauches (Thiess, Frühling 167); **b)** (bild. Kunst) *Schattenriss:* eine S. schneiden (*einen Scherenschnitt anfertigen*). **2.** (Mode) *Umriss[linie]; Form der Konturen:* ein Mantel mit schmaler S.

Si|li|cat: ↑ Silikat.

Si|li|ci|um usw.: ↑ Silizium usw.

Si|li|con usw.: ↑ Silikon usw.

Si|li|con Val|ley [ˈsɪlɪk(ə)n ˈvæli], das; - -[s] [engl., eigtl. = Siliziumtal, aus: silicon = Silizium u. valley = Tal; Silizium spielt in der Halbleitertechnik bei der Chipherstellung eine wichtige Rolle]: *Zentrum der amerikanischen Elektronik- u. Computerbranche bei San Francisco.*

si|lie|ren ⟨sw. V.; hat⟩ [zu ↑ Silo] (Landwirtsch.): *in einem Silo* (2) *einlagern, einsäuern:* Futterpflanzen s.

Si|li|kon|bu|sen, der (ugs.): *durch Silikonimplantate vergrößerte weibliche Brust.*

Si|li|kon|im|plan|tat, das: *aus Silikon gefertigtes Implantat, bes. für die weibliche Brust.*

Si|li|ko|se, die; -, -n (Med.): *durch andauerndes Einatmen von Quarzstaub hervorgerufene Staublunge.*

Si|li|zi|um, (Chemie Fachspr.:) Silicium [...ts...], das; -s [zu lat. silex (Gen.: silicis) = Kiesel (= urspr. Bez. des Elements)] (Chemie): (chemisch gebunden) in den meisten Gesteinen u. Mineralien enthaltenes säurebeständiges, schwarzgraues, stark glänzendes Halbmetall (chemisches Element; Zeichen: Si).

si|li|zi|um|hal|tig, (chem. Fachspr.:) siliciumhaltig ⟨Adj.⟩: *Silizium enthaltend.*

Silk, der; -s, -s [engl. silk]: engl. Bez. für: *Seide.*

Sill, der; -s, -e [schwed. sill]: *Sild.*

Si|lo, der, auch: das; -s, -s [span. silo = Getreidegrube, H. u.]: **1.** (bes. Fachspr.) *[schacht- od. kastenförmiger] Speicher bzw. hoher Behälter zur Lagerung von Schüttgut, bes. Getreide, Erz, Kohlen, Zement.* **2.** (Landwirtsch.) *Grube od. hoher Behälter zum Einsäuern von Futter.* **3.** (Militär) Kurzf. von ↑ Raketensilo.

-si|lo, der, auch: das; -s, -s (ugs. abwertend): *kennzeichnet in Bildungen mit Substantiven – selten mit Verben (Verbstämmen) – ein Gebäude, das zur Unterbringung einer großen Zahl von Menschen od. Dingen dient, als tristen, nüchtern-unpersönlich wirkenden Bau:* Beamten-, Bücher-, Wohnsilo.

Si|lur, das; -s [nach dem vorkeltischen Volksstamm der Silurer] (Geol.): *dritte Formation des Erdaltertums (zwischen Ordovizium u. Devon).*

Sil|va|ner, der; -s, - [viell. zu Transsilvanien = Siebenbürgen (Rumänien), dem angeblichen Herkunftsland]: **a)** ⟨o. Pl.⟩ *Rebsorte mit grünen Beeren in dichten Trauben, die einen milden, feinfruchtigen bis vollmundigen Weißwein liefert;* **b)** *Wein der Rebsorte Silvaner* (a).

Sil|ves|ter, das od. der; -s, - (meist ohne Artikel) [nach Silvester I., Papst von 314 bis 335, dem Tagesheiligen des 31. Dezember]: *letzter Tag des Jahres, 31. Dezember:* S. feiern; [nächsten] S. sind wir nicht zu Hause.

Sil|ves|ter|abend, der: *Abend des 31. Dezembers.*

Sil|ves|ter|ball, der: ²*Ball am Silvesterabend.*

Sil|ves|ter|fei|er, die: *Feier am Silvesterabend, in der Silvesternacht.*

Sil|ves|ter|kon|zert, das: *an Silvester stattfindendes Konzert.*

Sil|ves|ter|nacht, die: *Nacht von Silvester zum 1. Januar.*

Sil|ves|ter|par|ty, die: *Party am Silvesterabend, in der Silvesternacht.*

Sil|ves|ter|pfann|ku|chen, der: *Pfannkuchen* (2), *der an Silvester gegessen wird.*

Sil|ves|ter|scherz, der: *Scherz, wie er zu Silvester, bei Silvesterfeiern gemacht wird:* diese Ankündigung kam uns wie ein S. vor.

Si|ma, das; -[s] [Kurzwort aus ↑ Silicium u. ↑ Magnesium] (Geol.): *unterer Teil der Erdkruste, die vorwiegend aus Silizium- u. Magnesiumverbindungen besteht.*

Si|mandl, das; -s, -[n] [eigtl. = Mann, der durch eine »Sie« beherrscht wird] (bayr., österr. ugs.): *Pantoffelheld.*

Sim|bab|we; -s: *Staat in Afrika.*

Sim|bab|wer, der; -s, -; -sche W.

Sim|bab|we|rin, die; -, -nen: w. Form zu ↑ Simbabwer.

sim|bab|wisch ⟨Adj.⟩: *Simbabwe, die Simbabwer betreffend; von den Simbabwern stammend, zu ihnen gehörend.*

si|mi|le ⟨Adv.⟩ [ital. simile < lat. similis = ähnlich] (Musik): *auf gleiche Weise weiter; ebenso.*

Si|mi|li, das od. der; -s, -s [ital. simili = die Ähnlichen] (Fachspr.): *Nachahmung, bes. von Edelsteinen.*

si|mi|li|a si|mi|li|bus [lat.] (bildungsspr.): *Gleiches [wird] durch Gleiches [geheilt]* (ein Grundgedanke der Volksmedizin).

Si|mi|li|stein, der (Fachspr.): *imitierter Edelstein.*

SIM-Kar|te, die [nach engl. SIM-card, zu: SIM = Abk. für **s**ubscriber **i**dentity **m**odule = Fernsprechkunden-Identitätsmodul]: *für den Betrieb eines Mobiltelefons erforderliche kleine Chipkarte, auf der persönliche Daten u. eine Identifikationsnummer des Besitzers gespeichert sind.*

Sim|mer, das; -s, - [älter = Sümmer, Sumer, mhd. sumber, ahd. sumbir, eigtl. = geflochtener Korb] (früher): *Hohlmaß (unterschiedlicher Größe) für Getreide.*

Sim|mer|ring®, der; -[e]s, -e [nach dem österr. Ingenieur W. Simmer] (Technik): *ringförmige Wellendichtung in Form einer Manschette, die in einem Gehäuse gefasst ist u. durch Federdruck an die Welle gepresst wird.*

Si|mo|nie, die; -, -n [mhd. simoni(e) < kirchenlat. simonia, nach dem Magier Simon, der nach Apg. 8, 18 ff. glaubte, die Macht, die Hl. Geist verleihen, kaufen zu können] (kath. Kirche): *Kauf u. Verkauf geistlicher Ämter o. Ä.*

sim|pel ⟨Adj.; simpler, -ste⟩ [spätmhd., mniederd. simpel = einfältig < frz. simple = einfach < lat. simplex = einfach, 1. Bestandteil zu: semel = einmal, 2. Bestandteil verw. mit ↑ falten (eigtl. = einmal gefaltet)]: **1.** *so einfach, dass es keines besonderen geistigen Aufwands bedarf, nichts*

Simpel–singen

weiter erfordert, leicht zu bewältigen ist; unkompliziert: eine simple Konstruktion, Erklärung; ein simpler Trick; etw. ganz s. ausdrücken; das ist eine simple Tatsache *(ist nichts weiter als eine Tatsache);* Also besann er sich auf die -ste Fluchtmöglichkeit (Kronauer, Bogenschütze 191). **2.** (oft abwertend) *in seiner Beschaffenheit anspruchslos-einfach; nur eben das Übliche und Notwendigste aufweisend; schlicht:* in den -sten Dingen; das fordert der simple *(einfache, selbstverständliche)* Anstand; die Ferienwohnung war sehr s. eingerichtet. **3.** (abwertend) *einfältig, beschränkt:* ein simples Gemüt haben; s. sein, daherreden.

Sim|pel, der; -s, - ⟨landsch. ugs.⟩: *einfältiger, beschränkter Mensch; Einfaltspinsel.*

sim|pel|haft ⟨Adj.⟩ (landsch. ugs.): *einfältig.*

Sim|perl, das; -s, -[n] [zu mhd. simmerin, Vkl. von: sumber, ahd. sumbir, eigtl. = geflochtener Korb] (österr.): *flacher, geflochtener Brotkorb.*

Sim|pla: Pl. von ↑ Simplum.

◆ **sim|ple|ment** [sɛ̃pləˈmã] ⟨Adj.⟩ [frz. simplement, zu: simple < lat. simplex, ↑ Simples]: *einfach, schlechthin:* Sie verzeihen …, dass ich Ihnen das alles … hier so ganz s. wiederhole (Fontane, Jenny Treibel 107).

Sim|plex, das; -, -e u. …plizia [zu lat. simplex, ↑ simpel] (Sprachwiss.): *nicht zusammengesetztes* [u. nicht abgeleitetes] *Wort: das dem Präfixverb zugrunde liegende S.*

sim|pli|ci|ter ⟨Adv.⟩ [lat. simpliciter, zu: simplex, ↑ simpel] (bildungsspr.): *schlechterdings, schlechthin; unbedingt, ohne Einschränkung.*

Sim|pli|fi|ka|ti|on, die; -, -en (bildungsspr.): *Simplifizierung.*

sim|pli|fi|zie|ren ⟨sw. V.; hat⟩ [mlat. simplificare] (bildungsspr.): *[stark, übermäßig] vereinfachen:* ein Problem s.; etw. vereinfacht darstellen.

Sim|pli|fi|zie|rung, die; -, -en (bildungsspr.): *simplifizierende Darstellung; [starke, übermäßige] Vereinfachung.*

Sim|pli|zia: Pl. von ↑ Simplex.

Sim|pli|zi|tät, die; -, -en [lat. simplicitas, zu: simplex, ↑ simpel] (bildungsspr.): **1.** ⟨o. Pl.⟩ *Einfachheit, Schlichtheit* (1): seine Songs sind von erfrischender S. **2.** *etw. Simples* (↑ simpel (1, 2)); *Schlichtheit* (2).

Sim|plum, das; -s, …pla [nlat., zu lat. simplex, ↑ simpel] (Wirtsch.): *einfacher Steuersatz.*

Sims, der od. das; -es, -e [mhd. sim(e)ȝ, ahd. in: simiȝstein = Säulenkapitell, viell. verw. mit lat. sima, zu: simus = platt(nasig) < griech. simós]: *waagerechter, lang gestreckter [Wand]vorsprung; Gesims:* Häuser mit breiten -en.

Sim|sa|la|bim, das u. der; -[s] [H.u., viell. verstümmelt aus ↑ similia similibus]: **1.** ⟨o. Art.⟩ *Zauberformel.* **2.** (abwertend) *Hokuspokus* (1).

Sim|se, die; -, -n [H u.]: **1.** *(in zahlreichen, zum Teil binsenähnlichen Arten vorkommendes) an feuchten, sumpfigen Stellen wachsendes Riedgras.* **2.** (landsch.) *Binse.*

sim|sen ⟨sw. V.; hat⟩ [mit sekundärem t zu ↑ ²SMS] (ugs.): **a)** *eine SMS senden:* schneller s. mit der neuen Handygeneration; **b)** *etw. per SMS mitteilen:* wir werden euch die Ankunftszeit s.

Sim|ser, der; -s, - (Jargon): *jmd., der simst.*

Sim|se|rin, die; -, -nen: w. Form zu ↑ Simser.

Si|mul|lant, der; -en, -en [zu lat. simulans (Gen.: simulantis), 1. Part. von: simulare, ↑ simulieren]: *jmd., der etw., bes. eine Krankheit, simuliert.*

Si|mu|lan|tin, die; -, -nen: w. Form zu ↑ Simulant.

Si|mu|la|ti|on, die; -, -en [lat. simulatio = Vorspiegelung, zu: simulare, ↑ simulieren]: **1.** *das Simulieren* (1). **2.** (bildungsspr., Fachspr.) *das Simulieren* (2). **3.** (bildungsspr.) *eines Raumfluges.*

Si|mu|la|tor, der; -s, …oren (Fachspr.): *Gerät, Anlage, System usw. für die Simulation* (2).

si|mu|lie|ren ⟨sw. V.; hat⟩ [lat. simulare, eigtl. = ähnlich machen, nachbilden; nachahmen, zu: similis, ↑ similär]: **1.** *vortäuschen:* eine Krankheit, eine Erkältung, Gedächtnisschwund, Schmerzen s.; ⟨auch ohne Akk.-Obj.:⟩ ich glaube, er simuliert [nur] *(ist gar nicht krank, verstellt sich).* **2.** (bildungsspr., Fachspr.) *Sachverhalte, Vorgänge [mit technischen, naturwissenschaftlichen Mitteln] modellhaft zu Übungs-, Erkenntniszwecken nachbilden, wirklichkeitsgetreu nachahmen:* einen Raumflug, die Bedingungen eines Raumflugs s.; ökonomische Prozesse mithilfe eines Modells s. **3.** (veraltend, noch landsch.) *grübeln, nachsinnen:* er fing an zu s. [ob, wie es sich erreichen ließe]; ◆ Was simulierst? Hör schon auf … Was liegt dir dran, was die Betrunkene reden (Ebner-Eschenbach, Gemeindekind 194).

si|mul|tan ⟨Adj.⟩ [mlat. simultaneus, zu lat. simul = zugleich, zusammen, zu: similis = ähnlich] (bildungsspr., Fachspr.): *gleichzeitig:* zwei -e Prozesse; er spielte s. gegen 12 Gegner Schach; s. ablaufen, geschehen, erfolgen; s. *(während des zu übersetzenden Text gesprochen wird)* dolmetschen, übersetzen.

Si|mul|tan|büh|ne, die (Theater): *Bühne mit mehreren, gleichzeitig sichtbaren Schauplätzen.*

Si|mul|tan|dol|met|schen, das: *das Simultandolmetschen des zu übersetzenden Textes erfolgendes Dolmetschen.*

Si|mul|tan|dol|met|scher, der: *Dolmetscher, der simultan übersetzt.*

Si|mul|tan|dol|met|sche|rin, die: w. Form zu ↑ Simultandolmetscher.

Si|mul|ta|ne|i|tät, **Si|mul|ta|ni|tät**, die; -, -en [frz. simultanéité, zu: simultané = gleichzeitig < mlat. simultaneus, ↑ simultan]: **1.** (bildungsspr., Fachspr.) *Gleichzeitigkeit; gleichzeitiges Auftreten, Eintreten:* die S. der Ereignisse. **2.** (Kunstwiss.) *Darstellung von zeitlich od. räumlich auseinanderliegenden Ereignissen auf einem Bild.*

Si|mul|tan|kir|che, die: *Kirche* (1), *die von mehreren Konfessionen gemeinsam benutzt wird.*

Si|mul|tan|schach, das: *Schach, bei dem Simultanspiele gespielt werden.*

Si|mul|tan|spiel, das (Schach): ¹*Schachspiel* (2), *bei dem im Schachspieler gegen mehrere, meistens leistungsschwächere Gegner gleichzeitig spielt.*

sin = Sinus.

Si|nai […nai], der; -[s]: **1.** *ägyptische Halbinsel im Norden des Roten Meers:* die Halbinsel S./der S. **2.** *Gebirge auf der Sinaihalbinsel.*

Si|nai|halb|in|sel, die; - (selten): *Halbinsel Sinai* (1).

Si|n|an|th|ro|pus, der; -, …pi [zu griech. Sínai = Chinesen; China u. ánthrōpos = Mensch] (Anthropol.): *Pekingmensch.*

sind: ↑ ¹sein.

si|ne an|no [lat., zu: sine = ohne u. annus = Jahr] (Verlagsspr. veraltet): *ohne Jahr; ohne Angabe des Erscheinungsjahres* (Abk.: s.a.).

si|ne lo|co [lat., zu: locus = Ort, Stelle] (Buchw. veraltet): *ohne Ort; ohne Angabe des Erscheinungsortes* (Abk.: s. l.).

si|ne tem|po|re [lat. = ohne Zeit(zugabe), zu: tempus, ↑ Tempus] (bildungsspr.): *pünktlich zum angegebenen Zeitpunkt; ohne akademisches* ¹*Viertel* (1) (Abk.: s. t.).

Sin|fo|nie, Symphonie, die; -, -n [ital. sinfonia < lat. symphonia = Zusammenstimmen, Einklang; mehrstimmiger musikalischer Vortrag < griech. symphōnía, zu: sýmphōnos = zusammentönend]: **1.** *auf das Zusammenklingen des ganzen Orchesters hin angelegtes Instrumentalwerk [in Sonatenform] mit mehreren Sätzen* (4b): Beethovens S. Nr. 9; eine S. komponieren, spielen, dirigieren. **2.** (geh.) *Ganzes, reiche Gesamtheit, gewaltige Fülle, worin verschiedenartige Einzelheiten eindrucksvoll zusammenwirken:* eine S. von/in/aus Farben, Düften.

Sin|fo|nie|kon|zert, Symphoniekonzert, das: *Konzert eines Sinfonieorchesters.*

Sin|fo|nie|or|ches|ter, Symphonieorchester, das: *großes Orchester zur Aufführung von Werken klassischer Musik.*

Sin|fo|nik, Symphonik, die; - (Musik): **1.** *Kunst der sinfonischen Gestaltung.* **2.** *sinfonisches Schaffen.*

Sin|fo|ni|ker, Symphoniker, der; -s, - (Musik): **1.** *Komponist von Sinfonien.* **2.** ⟨Pl.⟩ *Sinfonieorchester* (in Namen): die Wiener Symphoniker.

Sin|fo|ni|ke|rin, Symphonikerin, die; -, -nen (Musik): w. Form zu ↑ Sinfoniker (1).

sin|fo|nisch, symphonisch ⟨Adj.⟩ (Musik): *der Sinfonie in Form, Satz, Klangbild entsprechend, ähnlich:* -e Werke.

Sing. = Singular.

Sing|aka|de|mie, die: *Vereinigung zur Pflege des Chorgesangs* (meist in Namen).

¹**Sin|ga|pur** […ŋga…, auch: …ˈpuːɐ̯], -s: *Staat auf der Halbinsel Malakka.*

²**Sin|ga|pur**: *Hauptstadt von* ¹*Singapur.*

Sin|ga|pu|rer, der; -s, -: Ew.

Sin|ga|pu|re|rin, die; -, -nen: w. Form zu ↑ Singapurer.

sin|ga|pu|risch ⟨Adj.⟩: *Singapur, die Singapurer betreffend; von den Singapurern stammend, zu ihnen gehörend.*

sing|bar ⟨Adj.⟩: *(in bestimmter Weise) zu singen; sich singen lassend:* ein leicht, schwer -er Part.

Sing|dros|sel, die: *(in Wäldern u. Parkanlagen lebender) großer Singvogel, dessen Gefieder auf der Oberseite braun, auf der Bauchseite braunweiß gesprenkelt ist.*

sin|gen ⟨st. V.; hat⟩ [mhd. singen, ahd. singan, eigtl. = mit feierlicher Stimme vortragen; bezeichnete urspr. wohl das feierliche Sprechen von Weissagungen u. religiösen Texten]:

1. a) *mit der Stimme* (2 a) *(ein Lied, eine Melodie o. Ä.) hervorbringen, vortragen:* gut, rein, tief, falsch, laut s.; mehrstimmig, gemeinsam s.; ich kann nicht s.; sie singen und lachen; er singt solo *(als Solist);* er singt in einem Chor *(gehört einem Chor an);* nach Noten, vom Blatt, zur Laute s.; sie zogen singend durch die Straßen; singende und tanzende Kinder; ⟨subst.:⟩ lautes Singen war zu hören; Ü im Garten sangen schon die Vögel; der Teekessel singt auf dem Herd; das Blut singt ihm in den Ohren; bei 100 km/h fangen die Reifen auf diesem Belag an zu s. (Fachspr.; *ein sirrendes Geräusch zu verursachen);* er hat einen singenden *(stark modulierenden)* Tonfall; (dichter.:) schluchzend sangen die Geigen; R da hilft kein Singen und kein Beten *(da ist nichts mehr zu machen);* du bist wohl s. gewesen (scherzh.; *du hast aber viel Kleingeld bei dir!);* **b)** *etw. singend* (1 a) *vortragen, hören lassen:* ein Lied, eine Arie, einen Schlager, einen Ton, eine Tonleiter s.; der Chor singt eine Motette; diese Melodie ist leicht, schwer zu s.; den Titelsong des Films singt Liza Minelli; Ü die Nachtigall singt ihr Lied; ◆ ⟨mit Gen.-Obj.:⟩ Da sollen wir nun die neuen Psalmen nicht s. … Es seien Ketzereien drin … Ich hab ihrer doch auch gesungen … ich hab nichts drin gesehen (Goethe, Egmont I); R das kannst du s. (ugs.; *da kannst du sicher sein, darauf kannst du dich verlassen);* das kann ich schon s. (ugs.; *das kenne ich schon bis zum Überdruss);* **c)** *als Stimmlage haben:* Sopran, Alt, Tenor, Bass s. **2. a)** *durch Singen* (1) *in einen bestimmten Zustand bringen:* sich heiser, müde s.; das Kind in den Schlaf, Schlummer s.; ⟨s. + sich; unpers.⟩ *sich in bestimmter Weise singen* (1) *lassen:* mit trockener Kehle singt es sich schlecht. **3.** (dichter. veraltend) *in dichterischer Sprache, in Versen, in Liedform*

Singerei–Sinn

o. Ä. erzählen, berichten: die Odyssee, in der der Dichter von den Irrfahrten des Odysseus singt; Ü jmds. Lob, Ruhm s. *(geh.; sich lobend, rühmend über jmdn. äußern).* **4.** *(salopp) (vor der Polizei, als Angeklagter) Aussagen machen, durch die andere [Komplizen] mit belastet werden:* im Verhör, vor Gericht s.; ⟨subst.:⟩ jmdn. zum Singen bringen.

Sin|ge|rei, die; -, -en ⟨Pl. selten⟩: **1.** ⟨Pl. selten⟩ *(oft abwertend) [dauerndes] Singen:* wenn sie nur endlich mit ihrer S. aufhören wollten! **2.** ⟨o. Pl.⟩ *(ugs.) berufsmäßiges od. als Hobby ausgeübtes Singen* (1): inzwischen ist die S. zu ihrem Beruf geworden.

Sin|ger-Song|wri|ter [ˈsɪŋəˌsɔŋraɪtɐ], der; -s, - [engl.]: *jmd., der Lieder singt, die er selbst komponiert u. getextet hat.*

Sin|ger-Song|wri|te|rin, die; -, -nen: w. Form zu ↑Singer-Songwriter.

Sin|gha|le|se, der; -n, -n: *Angehöriger einer Sprach- u. Völkergruppe auf Sri Lanka.*

Sin|gha|le|sin, die; -, -nen: w. Form zu ↑Singhalese.

sin|gha|le|sisch ⟨Adj.⟩: *die Singhalesen betreffend, zu ihnen gehörend.*

Sin|gha|le|sisch, das; -[s], (nur mit best. Art.:) **Sin|gha|le|si|sche,** das; -n: *die singhalesische Sprache.*

Sing|kreis, der: *kleinerer Chor.*

sin|gle [ˈsɪŋl] ⟨indekl. Adj.⟩: *ungebunden; ohne Partner[in]:* die meisten Mitglieder sind jung und s.

¹Sin|gle [ˈsɪŋl], das; -[s], -s [engl. single, eigtl. = einzeln(e) < altfrz. sengle < lat. singulus, ↑singulär]: **1.** (Badminton, Tennis) *Einzelspiel (zwischen zwei Spielern).* **2.** (Golf) *Zweierspiel.*

²Sin|gle, die; -, -s: **a)** *kleine Schallplatte mit nur je einem Titel* (2 b) *auf Vorder- u. Rückseite;* **b)** *CD mit nur einem oder zwei Titeln.*

³Sin|gle, der; -[s], -s [engl. single, zu: single, ↑¹Single]: *jmd., der ohne Bindung an einen Partner lebt:* er, sie ist ein S., lebt als S.

Sin|gle|bör|se, die: *Onlinebörse für ³Singles, die auf Partnersuche sind.*

Sin|gle|haus|halt, der: *Haushalt* (1, 2) *eines ³Singles.*

Sin|grün, das; -s, -[e] [mhd. singrüene, spätahd. singruonī, 1. Bestandteil mhd. sin- = immer(während), ↑Sintflut]: *Immergrün.*

Sing|sang, der ⟨o. Pl.⟩: **a)** *[eintöniges] kunstloses, leises Vor-sich-hin-Singen:* man hörte den S. der Frauen bei der Arbeit; **b)** *einfache Melodie, die jmd. vor sich hin singt:* mit einem leisen S. versucht die Mutter das Kind in Schlaf zu singen.

Sing|schwan, der: *Schwan mit teils gelbem, teils schwarzem Schnabel ohne Höcker, der wohltönende Rufe hören lässt.*

Sing|spiel, das (Musik): *Bühnenstück (meist heiteren, volkstümlichen Inhalts) mit gesprochenem Dialog u. musikalischen Zwischenspielen u. Gesangseinlagen.*

Sing|stim|me, die: **a)** *Stimme* (3b), *die gesungen wird:* hier setzt die S. ein; **b)** *menschliche Stimme beim Singen:* ein Stück für Klavier, Flöte und S.

Sing|stun|de, die (landsch.): *Chorprobe eines Gesangvereins o. Ä.*

Sin|gu|lar, der; -s, -e [lat. (numerus) singularis, ↑singulär] (Sprachwiss.): **1.** ⟨o. Pl.⟩ *Numerus, der anzeigt, dass es sich um eine einzelne Person od. Sache handelt; die Formen des -s; das Wort gibt es nur im S.* **2.** *Wort, das im Singular* (1) *steht; Singularform:* ich habe die Form irrtümlich für einen S. gehalten.

sin|gu|lär ⟨Adj.⟩ [(frz. singulier <) lat. singularis = zum Einzelnen gehörig; vereinzelt; eigentümlich, zu: singulus = jeder Einzelne; je einer, einzeln] (bildungsspr.): **1.** *nur vereinzelt auftretend*

o. ä.; selten: solche Fälle sind ausgesprochen s. **2.** *einzigartig:* eine -e Erscheinung.

Sin|gu|lar|en|dung, die (Sprachwiss.): *singularische Flexionsendung.*

Sin|gu|la|re|tan|tum, das; -s, -s u. Singulariatantum [zu lat. singularis (↑singulär) u. tantum = nur] (Sprachwiss.): *Substantiv, das nur im Singular vorkommt:* »Durst« ist ein S.

Sin|gu|lar|form, die (Sprachwiss.): *singularische Form (eines Worts); Singular* (2).

sin|gu|la|risch ⟨Adj.⟩ (Sprachwiss.): *im Singular stehend; zum Singular gehörend:* -e Formen, Endungen, Wörter.

Sin|gu|la|ri|tät, die; -, -en [lat. singularitas = das Einzelnsein, Alleinsein, zu: singularis, ↑singulär]: **1.** (bildungsspr.) *Besonderheit des Vorgangs.* **2.** (Meteorol.) *mehr od. weniger regelmäßig zu einer bestimmten Zeit des Jahres wiederkehrende, aber für diese Jahreszeit eigentlich nicht typische Wettererscheinung.* **3.** (Math.) *Stelle, an der sich eine Kurve od. Fläche anders verhält als bei ihrem normalen Verlauf.*

Sing|vo|gel, der: *Vogel, der eine mehr od. weniger reiche, melodische Folge von Tönen, Rufen, Lauten hervorzubringen vermag.*

Sing|wei|se, die: *Art u. Weise des Singens.*

si|nis|ter ⟨Adj.⟩ [lat. sinister, eigtl. = links]: **1.** (bildungsspr.) *düster* (1 d), *zwielichtig; unheilvoll:* sinistre Gedanken; die ganze Angelegenheit ist ziemlich s. **2.** (Med.) *links, auf der linken Seite befindlich.*

sin|ken ⟨st. V.; ist⟩ [mhd. sinken, ahd. sinkan, H. u.]: **1. a)** *sich (durch sein geringes Gewicht bzw. durch den Auftrieb abgebremst) langsam senkrecht nach unten bewegen; niedersinken:* etw. sinkt [langsam, schnell]; der Ballon sinkt allmählich; Ü er ist moralisch tief gesunken *(in einen Zustand moralischer Zerrüttung geraten);* **b)** *sinkend* (1 a) *an einen bestimmten Ort gelangen; absinken:* in die Tiefe s.; langsam sinken die Blätter zur Erde; Ü gleich sinkt die Sonne hinter den Horizont; **c)** *(von Booten, Schiffen durch das Eindringen von Wasser) auf den Grund eines Gewässers sinken* (1 b); *untergehen:* das Wrack eines gesunkenen Schiffs; **d)** *(durch sein Gewicht) [langsam] in den weichen Untergrund eindringen, einsinken:* in den tiefen Schnee s.; Ü todmüde sank er ins Bett; **e)** *aus einer aufrechten Haltung o. Ä. [langsam] niederfallen, [erschlaffend] niedersinken:* tödlich getroffen sank er zu Boden; sie sank ihm an die Brust; die Arme, das Buch s. lassen; sich/einander in die Arme s. *(einander umarmen);* Ü Alle drei, vier Stunden läuft er zum Hauptpostamt ... um dann sinkenden Herzens zu erfahren, dass immer noch nichts für ihn eingetroffen ist, weder Karte noch Brief, und erst recht kein Telegramm (Heym, Nachruf 86). **2. a)** *niedriger werden; an Höhe verlieren, abnehmen:* das [Hoch]wasser ist gesunken; die Quecksilbersäule sinkt; **b)** *geringer werden, sich vermindern:* das Fieber sinkt; das Thermometer ist auf, unter null gesunken; sinkende Temperatur; **c)** *(im Wert) fallen, geringer werden, an Wert verlieren:* die Preise sinken; die Aktien sind gesunken; der Dollar ist um einen Cent gesunken; Ü in der Gunst des Publikums, in jmds. Achtung s.; **d)** *kleiner, geringer werden, weniger werden, nachlassen, abnehmen:* der Verbrauch sinkt; Ü jmds. Mut sinkt.

Sink|flug, der (Flugw.): *Flug, bei dem ein Flugzeug o. Ä. sich dem Boden nähert:* Ü der unaufhaltsame S. der Aktienkurse.

Sink|kas|ten, der: *Schacht, der Abwasser aufnimmt.*

Sink|stoff, der (meist Pl.): *vom fließenden Wasser mitgeführte feste Bestandteile, die langsam zu Boden sinken.*

Sinn, der; -[e]s, -e [mhd., ahd. sin, eigtl. = Gang, Reise, Weg]: **1. a)** ⟨meist Pl.⟩ *Fähigkeit der Wahrnehmung u. Empfindung (die in den Sinnesorganen ihren Sitz hat):* verfeinerte, wache, stumpfe -e; die fünf -e, nämlich das Hören, das Sehen, das Riechen, das Schmecken und das Tasten; der Maulwurf sieht nicht gut, seine übrigen -e sind dafür umso schärfer; etw. schärft die -e, stumpft die -e ab; seine -e für etw. öffnen, vor etw. verschließen; etw. mit den -en wahrnehmen, aufnehmen; jmdm. schwinden, vergehen die -e *(jmd. droht das Bewusstsein zu verlieren, ohnmächtig zu werden);* ihre -e hatten sich verwirrt *(sie konnte nicht mehr klar denken);* der Alkohol umnebelte seine -e; seiner -e nicht mehr mächtig sein, nicht mehr Herr seiner -e sein *(sich nicht mehr beherrschen können, außer sich sein);* * *sechster (/auch:)siebter S. (besonderer Instinkt, mit dem sich etw. richtig einschätzen, voraussehen lässt):* einen sechsten S. haben; etw. mit dem sechsten S. wahrnehmen; **seine fünf -e zusammennehmen/zusammenhalten** (ugs.; *aufpassen, sich konzentrieren*); **seine fünf -e nicht beisammenhaben** (ugs.; *nicht recht bei Verstand sein*); **[nicht] bei -en sein** *([nicht] bei klarem Verstand sein):* die Großmutter ist nicht mehr ganz bei -en); **[wie] von -en sein** *(überaus erregt sein, außer sich sein:* sie war wie von -en vor Wut); **b)** ⟨Pl.⟩ (geh.) *geschlechtliches Empfinden, Verlangen:* jmds. -e erwachen; die Tänzerin erregte seine -e, brachte seine -e in Aufruhr. **2.** ⟨o. Pl.⟩ (geh.) *Gefühl, Verständnis für etw.; innere Beziehung zu etw.:* sie hat [viel] S. für Blumen, für Humor; er hatte wenig S. für Familienfeste *(mochte sie nicht);* Hast du keinen S. für die Schönheiten der Natur? (Remarque, Obelisk 70). **3.** ⟨o. Pl.⟩ (geh.) **a)** *jmds. Gedanken, Denken:* jmds. S. ist auf etw. gerichtet; er hat seinen S. *(seine Einstellung, Haltung [dazu])* geändert; er ist in dieser Sache anderen -es (geh.; *hat eine andere Meinung darüber*); wir waren eines -es (geh.; *einer Meinung*) mit mir; bei der Besetzung der Stelle hatte man ihn im S. *(an ihn gedacht, wollte ihn berücksichtigen);* ich dachte, es sei auch in deinem -e *(du seist auch dafür);* er hat ganz in meinem S. *(wie ich es mir gewünscht habe, gehandelt);* das ist [nicht ganz] nach meinem S. *(gefällt mir so [nicht ganz]);* * **jmdm. steht der S. [nicht] nach etw. aus** *(jmd. hat [keine] Lust zu etw., ist [nicht] auf etw. aus:* der S. stand ihr nicht nach vielem Reden; wonach steht dir denn der S.?); **jmdm. aus dem S. kommen** *(von jmdm. vergessen werden:* ich wollte ihn gestern schon anrufen, aber irgendwie ist es mir dann doch wieder [ganz] aus dem S. gekommen); **jmdm. nicht aus dem S. gehen** (↑Kopf 3); **sich** ⟨Dativ⟩ **etw. aus dem S. schlagen** (↑Kopf 3); **jmdm. durch den S. gehen/fahren** *(jmdm. [plötzlich] einfallen u. ihn beschäftigen);* **jmdm. im S. liegen** (veraltend; *jmds. Gedanken ständig beschäftigen);* **etw. im S. haben** *(etw. Bestimmtes vorhaben:* was hast du im S.?); **mit jmdm., etw. nichts im S. haben** *(mit jmdm., etw. nichts zu tun haben wollen);* **jmdm. in den S. kommen** *(jmdm. einfallen);* **jmdm. nicht in den S. wollen** (↑Kopf 3); **jmdm. zu S. sein, werden** (geh.; *jmdm. zumute sein, werden);* **b)** *Sinnesart, Denkungsart:* ein hoher, edler S. war ihm eigen; seine Frau war in einem realistischen, praktischen, heiteren, geraden S.; er war frohen -es. **4.** ⟨o. Pl.⟩ *gedanklicher Gehalt, Bedeutung; Sinngehalt:* der verborgene, geheime, tiefere, wahre S. einer Sache; der S. seiner Worte, dieser Äußerung blieb mir verborgen; der S. des Gedichts erschließt sich leicht; den S. von etw. erfassen, ahnen, begreifen; etw. ergibt [k]einen S.; etw. macht [k]einen S. (ugs.; *etw. ergibt [k]einen Sinn, ist [nicht] verständlich, sinnvoll);* nach engl. something makes sense); jmds. Äußerung dem -e nach wiedergeben; im herkömmlichen, klassischen, ursprünglichen, eigentlichen, strengen, wörtlichen, engeren, weiteren, weitesten S.; im -e des Gesetzes *(so, wie es das entsprechende Gesetz vorsieht);* er hat sich in einem ähnlichen S. geäußert; ich habe lange über den S. seiner Worte nachgegrübelt, nachgedacht; * **[nicht] im -e des Erfinders sein** (ugs.; *[nicht] in jmds. ursprünglicher Absicht liegen).* **5.** *Ziel u. Zweck, Wert, der einer Sache innewohnt:* etw. hat seinen guten S.; den S. von etw. nicht erkennen, sehen; hat es überhaupt einen S., das zu tun?; es hat keinen, wenig, nicht viel S. *(ist [ziemlich] sinnlos, zwecklos),* damit zu beginnen; einen S. in etw. bringen; die S. stiftende (geh.; *Sinngebung bewirkende*) Kraft des Glaubens; etw. hat seinen S. verloren; etw. macht keinen/wenig S. (ugs.; *hat keinen/ wenig Sinn;* nach engl. it doesn't make [any] sense); nach englisch it doesn't make [any] sense); ohne S. *(ist sinnlos);* * **ohne S. und Verstand** *(ohne jede Überlegung; unsinnig, sinnlos:* er arbeitete ohne S. und Verstand); **weder S. noch Verstand haben** *(völlig unsinnig sein:* sein Vortrag hatte weder S. noch Verstand). ◆ **6.** *Absicht, Vorhaben:* Jeder nahm sich vor, auch irgendein Stück auf diese Art zu studieren und den S. des Verfassers zu entwickeln (Goethe, Lehrjahre IV, 3); * **jmdm. durch den S. fahren** (1. *jmds. Plan vereiteln, jmds. Vorhaben behindern:* Ich fahr ihnen alle Tag durch den S., sag ihnen die bittersten Wahrheiten, dass sie mein müde werden und mich erlassen sollen [Goethe, Götz V]. *jmdm. widersprechen:* Man muss den Philosophen durch den S. fahren, sagten sie, man muss ihm nicht weismachen, dass er alles besser wisse als wir [Wieland, Abderiten I, 9]).

Sịnn|be|reich, der: *Sinnzusammenhang.*

sịnn|be|täu|bend ⟨Adj.⟩ (geh.): *von starker Wirkung, die Sinne gleichsam betäubend, berauschend:* ein -er Duft.

Sịnn|bild, das: *etw. (eine konkrete Vorstellung, ein Gegenstand, Vorgang o. Ä.), was als Bild für einen abstrakten Sachverhalt steht; Symbol:* das Kreuz ist das S. der Passion Christi.

sịnn|bild|haft ⟨Adj.⟩ (geh.): *in der Weise eines Sinnbildes, wie ein Sinnbild:* das ist s. zu verstehen.

sịnn|bild|lich ⟨Adj.⟩: *als Sinnbild; durch ein Sinnbild; symbolisch:* etw. s. darstellen.

sịn|nen ⟨st. V.; hat⟩ [mhd. sinnen, ahd. sinnan, urspr. = gehen, reisen] (geh.): **1.** *in Gedanken versunken sein [über etw.] nachdenken, Betrachtungen [über etw.] anstellen:* [lange hin und her] s., wie ein Problem zu lösen ist; was sinnst du? *(woran denkst du?);* sie schaute sinnend *(in Gedanken versunken)* aus dem Fenster; ⟨subst.:⟩ In tiefem Sinnen dann verließ Alois Kutzner, als die Predigt zu Ende war, die Kirche (Feuchtwanger, Erfolg 388). **2.** *planend seine Gedanken auf etw. richten; nach etw. trachten:* auf Mord, Rache, Flucht s.; ⟨veraltet mit Akk.-Obj.:⟩ Verrat s.; ⟨subst.:⟩ ihr ganzes Sinnen [und Trachten] war darauf gerichtet, sich dafür zu rächen; Sie kannte Esau, er war ein wirres, leichtes Gemüt, er würde vergessen. Jetzt sann er Blut, aber er war ablenkbar (Th. Mann, Joseph 216).

Sịn|nen|freu|de, Sinnesfreude, die (geh.): **a)** ⟨o. Pl.⟩ *durch die Sinne (1 a), mit den Sinnen erfahrene Lebensfreude:* die S. der Südländer; **b)** ⟨Pl.⟩ *leibliche, sinnliche Genüsse, bes. erotische Abenteuer:* -n genießen.

sịn|nen|froh, sinnesfroh ⟨Adj.⟩ (geh.): *durch Sinnenfreude (a) gekennzeichnet:* ein -er Mensch, Bewunderer des Schönen.

Sịn|nen|ge|nuss, Sinnesgenuss, der: *das Genießen von Sinnenfreuden.*

Sịn|nen|lust, Sinneslust, die ⟨o. Pl.⟩: *sinnliche Lust.*

Sịn|nen|mensch, Sinnesmensch, der: *Mensch, dessen Erleben ganz durch die Sinneserfahrung bestimmt ist, für den sinnliche Eindrücke, Erfahrungen, Sinnenfreude wichtig sind.*

Sịn|nen|rausch, Sinnesrausch, der ⟨o. Pl.⟩ (geh.): *durch Erregung der Sinne (1 a) bewirkter ungezügelter, rauschhafter Zustand.*

sịnn|ent|leert ⟨Adj.⟩ (geh.): *keinen Sinn (4, 5) mehr aufweisend, in sich tragend; seiner ursprünglichen Bedeutung beraubt:* -e Reden; die Arbeit erscheint ihm s.

sịnn|ent|stel|lend ⟨Adj.⟩: *den Sinn (4) von etw. entstellend, verfälschend:* eine -e Übersetzung; s. zitieren.

Sịn|nen|welt, die ⟨o. Pl.⟩ (bes. Philos.): *die Welt, so wie sie mit den Sinnen (1 a) erfahren wird; die vom Menschen wahrgenommene Welt der Erscheinungen.*

sịnn|er|füllt ⟨Adj.⟩ (geh.): *Sinn (5) in sich tragend:* ein -es Leben; -e Arbeit.

Sịn|nes|än|de|rung, die: *Sinneswandel.*

Sịn|nes|art, die: *Wesens-, Denkart eines Menschen:* eine sanfte S. haben.

Sịn|nes|ein|druck, der: *durch die Sinne vermittelter Eindruck; im optischer S.; der S. täuscht.*

Sịn|nes|emp|fin|dung, die: *durch einen Sinnesreiz vermittelte Empfindung.*

Sịn|nes|er|fah|rung, die: *Erfahrung, die durch die Sinne (1 a) vermittelt wird.*

Sịn|nes|freu|de, die: ↑ Sinnenfreude.

sịn|nes|froh: ↑ sinnenfroh.

Sịn|nes|funk|ti|on, die ⟨meist Pl.⟩: *Aufgabe der Sinnesorgane.*

Sịn|nes|ge|nuss: ↑ Sinnengenuss.

Sịn|nes|lust: ↑ Sinnenlust.

Sịn|nes|mensch: ↑ Sinnenmensch.

Sịn|nes|nerv, der: *Nervenstrang, der eine Verbindung zwischen Sinnesorgan u. bestimmten nervösen Zentren (z. B. dem Gehirn) herstellt.*

Sịn|nes|or|gan, das: *(beim Menschen u. bei höheren Tieren) Organ, das der Aufnahme u. Weiterleitung der Sinnesreize dient.*

Sịn|nes|rausch: ↑ Sinnenrausch.

Sịn|nes|reiz, der (Biol.): *Reiz, der auf Sinnesorgan einwirkt.*

Sịn|nes|täu|schung, die: *Wahrnehmung, die auf einer Täuschung der Sinne beruht u. die mit den wirklichen Gegebenheiten od. Vorgängen nicht übereinstimmt.*

Sịn|nes|wahr|neh|mung, die: *Wahrnehmung durch die Sinnesorgane.*

Sịn|nes|wan|del, der: *Änderung der Einstellung zu jmdm., etw.:* ein ganz unbegreiflicher, erfreulicher S.; woher dieser plötzliche S.? *(wie kommt es, dass du auf einmal eine ganz andere Meinung vertrittst?).*

Sịn|nes|zel|le, die ⟨meist Pl.⟩ (Anat., Zool.): *[zu einem Sinnesorgan gehörende] für die Sinneswahrnehmung dienende, für die Aufnahme von Sinnesreizen spezialisierte Zelle.*

sịnn|fäl|lig ⟨Adj.⟩: *einleuchtend, leicht verständlich:* ein -er Vergleich.

Sịnn|fra|ge, die: *Frage nach dem Sinn (5), bes. des menschlichen Lebens.*

sịnn|frei ⟨Adj.⟩: *völlig ohne Sinn (4, 5); sinnentleert:* ein s. Kauderwelsch; ein -es Ritual, Fernsehprogramm; die Reformen sind völlig s.

Sịnn|ge|bung, die; -, -en (geh.): *das Verleihen eines Sinnes (5).*

Sịnn|ge|dicht, das (Literaturwiss.): *kurzes, oft zweizeiliges Gedicht mit witzigem od. satirischem Inhalt; Epigramm.*

sịnn|ge|mäß ⟨Adj.⟩: *(in Bezug auf die Wiedergabe einer mündlichen od. schriftlichen Äußerung) nicht dem genauen Wortlaut, jedoch dem Sinn,* dem Inhalt nach: eine -e Wiedergabe; etw. s. übersetzen.

sịnn|ge|treu ⟨Adj.⟩: *den Sinn nicht verfälschend:* eine Äußerung s. wiedergeben.

sịnn|gleich ⟨Adj.⟩: *denselben Sinn, dieselbe Bedeutung habend.*

sịnn|haft ⟨Adj.⟩ [mhd. sinnehaft] (geh.): *Sinn (4) in sich tragend:* ein -es Tun.

Sịnn|haf|tig|keit, die; - (geh.): *das Sinnhaftsein.*

sịn|nie|ren ⟨sw. V.; hat⟩: *ganz in sich versunken über etw. nachdenken; seinen Gedanken nachhängen; grübeln:* er saß in einer Ecke und sinnierte; über etw. s.; ⟨subst.:⟩ ins Sinnieren kommen.

sịn|nig ⟨Adj.⟩ [mhd. sinnec = verständig, besonnen, klug; ahd. sinnig = empfänglich, gedankenreich]: **1.** *sinnreich, sinnvoll:* ein sehr -es Vorgehen; ein -es *(gut gemeintes, aber doch gerade nicht sehr sinnvolles)* Geschenk; ein -er Spruch, Merkvers; das war sehr s. *(ziemlich unpassend, unsinnig)* [von dir]. **2.** *(veraltet) nachdenklich:* was guckst du so s.? **3.** *(landsch.) bedächtig, langsam, vorsichtig.* ◆ **4.** *zum Nachdenken, zum Sinnen (2) anregend:* Am schönsten, heitersten, längsten Tage ... hielt man einen -en Flurumzug um und durch das Ganze (Goethe, Wanderjahre I, 8).

sịn|ni|ger|wei|se ⟨Adv.⟩ (meist spött. od. iron.): *so, wie es sinnvoll ist:* die Kneipe nennt sich s. »Zum letzten Heller«.

Sịnn|kri|se, die: *psychische Krise, in die jmd. geraten ist, weil das Leben nicht mehr als sinnvoll erfährt:* dieser Schicksalsschlag hat bei ihr eine schwere S. hervorgerufen.

sịnn|lich ⟨Adj.⟩ [mhd. sin(ne)lich]: **1.** *zu den Sinnen (1 a) gehörend, durch sie vermittelt; mit den Sinnen (1 a) wahrnehmbar, aufnehmbar:* die -e Wahrnehmung; etw. s. wahrnehmen, erfassen. **2. a)** *auf Sinnengenuss ausgerichtet; dem Sinnengenuss zugeneigt:* den -en *(leiblichen)* Genüssen, Freuden zugetan sein; **b)** *auf den geschlechtlichen Genuss ausgerichtet; begehrlich:* -es Verlangen; ein -er Mensch; ein -er *(Sinnlichkeit ausdrückender)* Mund; jmdn. s. erregen.

Sịnn|lich|keit, die; -, -en [mhd. sin(ne)lîcheit]: **1.** ⟨o. Pl.⟩ *das den Sinnen (1 a) zugewandte Sein:* die S. der Kunst des Barocks. **2.** ⟨o. Pl.⟩ *sinnliches (2) Verlangen:* eine hingebungsvolle, zügellose S. **3.** *etw. sinnlich (1, 2) Wirkendes.*

sịnn|los ⟨Adj.⟩ [mhd., ahd. sinnelōs = wahnsinnig; bewusstlos, von Sinnen]: **1.** *ohne Vernunft, ohne erkennbaren Sinn (5); unsinnig:* ein -er Streit, Krieg, -e Zerstörung, Verschwendung, -es Töten; das ist alles ganz s.; Dann rollte s. hupend im Autobus vorüber (Dürrenmatt, Grieche 21). **2.** *(abwertend) übermäßig, maßlos:* er hatte eine -e Wut; er war s. *(völlig)* betrunken.

Sịnn|lo|sig|keit, die; -, -en: **1.** ⟨o. Pl.⟩ *das Sinnlossein:* die S. des Krieges. **2.** (selten) *sinnlose Handlung:* -en begehen.

sịnn|reich ⟨Adj.⟩ [mhd. sinnerîche = verständig, scharfsinnig]: **1.** *durchdacht u. zweckmäßig:* eine -e Konstruktion, Erfindung. **2.** (seltener) *einen bestimmten Sinn (4) enthaltend; tiefsinnig:* -er Spruch.

Sịnn|spruch, der: *Spruch od. Satz, der eine Lebensregel enthält; Sentenz (1).*

sịnn|stif|tend, Sinn stiftend ⟨Adj.⟩: *so geartet, dass sich ein Sinn (5) ergibt; Sinngebung bewirkend.*

Sịnn|stif|tung, die (geh.): vgl. Sinngebung.

Sịnn|su|che, die: *Suche nach einem Sinn (5):* die religiöse, menschliche S.

sịnn|ver|wandt ⟨Adj.⟩ (Sprachwiss.): *synonym:* -e Wörter.

sịnn|voll ⟨Adj.⟩: **1.** *durchdacht u. zweckmäßig; vernünftig:* eine -e Einrichtung, -en Gebrauch von etw. machen; es ist [nicht, wenig] s., so zu handeln; ⟨subst.:⟩ wenn ich noch irgendwas Sinnvolles tun kann, sag es bitte. **2.** *für jmdn. einen Sinn* (5) *habend, eine Befriedigung bedeutend:* eine -e Aufgabe; ein -es Leben; ⟨subst.:⟩ etwas Sinnvolles tun, zu tun haben. **3.** *einen Sinn* (4) *ergebend:* ein -er Satz.

sinn|vol|ler|wei|se ⟨Adv.⟩: *in einer Art und Weise, die sinnvoll, vernünftig ist:* an dieser Straße wurde s. ein Radweg angelegt.

sinn|wid|rig ⟨Adj.⟩ (geh.): *der Bedeutung, dem Sinn* (4) *von etw. zuwiderlaufend:* ein -es Verhalten.

Sinn|zu|sam|men|hang, der: *Kontext, größerer Zusammenhang, in dem etw., bes. ein Wort, ein Satz, eine Äußerung o. Ä., erst richtig verstanden, gedeutet werden kann:* ein zwar wörtliches, aber aus dem S. gerissenes Zitat.

Si|no|lo|ge, der; -n, -n [↑-loge]: *Wissenschaftler auf dem Gebiet der Sinologie.*

Si|no|lo|gie, die; - [zu griech. Sínai (↑ Sinanthropus u. ↑-logie)]: *Wissenschaft von der chinesischen Sprache u. Kultur.*

Si|no|lo|gin, die; -, -nen: w. Form zu ↑ Sinologe.

sin|te|mal, sin|te|ma|len ⟨Konj.⟩ [mhd. sintemāl, eigtl. = seit der Zeit] (scherzh., veraltet): *weil; zumal.*

Sin|ter, der; -s, - [mhd. sinter, sinder, ahd. sintar = Metallschlacke]: *poröses Gestein (meist Kalkstein), das durch Ablagerung aus fließendem Wasser entstanden ist.*

sin|tern ⟨sw. V.; hat⟩ (Technik): **a)** *(pulverförmige bis körnige Stoffe, bes. Metall) durch Erhitzen [u. Einwirkenlassen von Druck] oberflächlich zum Schmelzen bringen, zusammenwachsen lassen u. verfestigen:* Erze, keramische Rohmasse s.; **b)** *durch Einwirkung von Hitze [u. Druck] oberflächlich schmelzen, zusammenwachsen u. sich verfestigen:* das Erz sintert und bildet Blöcke.

Sin|te|za: ↑ Sintiza.

Sint|flut, die; -, -en [mhd., ahd. sin(t)vluot, unter Einfluss von ↑ Sünde zu mhd. sin(e)-, ahd. sin(a)- = immerwährend; gewaltig u. ↑ Flut]: *(in Mythos u. Sage) große, katastrophale [die ganze Erde überflutende] Überschwemmung als göttliche Bestrafung:* nach biblischer Überlieferung entgingen nur Noah und seine Familie der S.; (emotional übertreibend:) alles stand unter Wasser, es war die reinste S.; R nach uns die S. *(was danach kommt, wie es hinterher aussieht, ist mir gleichgültig;* nach dem Ausspruch der Marquise von Pompadour nach der Schlacht bei Roßbach [1757]: Après nous le déluge).

sint|flut|ar|tig ⟨Adj.⟩: *an eine Sintflut erinnernd:* -e Regenfälle.

Sin|ti: Pl. von ↑ Sinto.

Sin|ti|za, Sinteza ['zɪntɪtsa], die; -, -s: weibliche Formen zu ↑ Sinto (Selbstbezeichnung).

Sin|to, der; -, ...ti ⟨meist Pl.⟩ [viell. nach der Herkunft der Vorfahren der Sinti aus der nordwestind. Region Sindh]: *Angehöriger einer etwa seit Beginn des 15. Jhs in den deutschsprachigen Raum lebenden Gruppe eines ursprünglich aus Südosteuropa stammenden Volkes (das vielfach als diskriminierend empfundene »Zigeuner« ersetzende Selbstbezeichnung): die deutschen Sinti und Roma.*

Si|nus, der; -, - [...us] u. -se [(m)lat. sinus = Krümmung, H. u.]: **1.** (Math.) *im rechtwinkligen Dreieck das Verhältnis von Gegenkathete zu Hypotenuse* (Zeichen: sin). **2.** (Anat.) **a)** *Hohlraum in Geweben u. Organen;* **b)** *Einbuchtung, Vertiefung an Organen u. Körperteilen;* **c)** *Erweiterung von Gefäßen;* **d)** *venöses Blut führender Kanal zwischen den Hirnhäuten.*

Si|nus|haar, das ⟨meist Pl.⟩: *kräftiges, langes, steifes Haar als Tastsinnesorgan bei Säugetieren.*

Si|nu|si|tis, die; -, ...itiden (Med.): *Entzündung im Bereich der Nebenhöhlen.*

Si|nus|kur|ve, die (Math.): *zeichnerische Darstellung des Sinus in einem Koordinatensystem in Form einer Kurve* (1a).

Si|nus|satz, der ⟨o. Pl.⟩ (Math.): *Lehrsatz der Trigonometrie zur Bestimmung von Seiten u. Winkeln in beliebigen Dreiecken.*

Si|oux ['ziːʊks, engl.: suː], der; -, -: *Angehöriger eines nordamerikanischen Indianerstammes.*

Si|phon ['ziːfõ, ugs. auch: 'zɪfɔŋ, österr.: ziˈfoːn], der, auch: das, -s, -s [frz. siphon, eigtl. Heber < lat. sipho < griech. síphōn = (Wasser)röhre, Weinheber, wohl lautm.]: **1.** *Geruchsverschluss:* der S. am Waschbecken ist verstopft, undicht. **2.** *bes. zur Herstellung von Sprudel aus Leitungswasser dienendes Gerät, mittels dessen sich Flüssigkeiten mit Kohlensäure versetzen lassen.*

Si|phon|ver|schluss, der: *Geruchsverschluss.*

Sip|pe, die; -, -n [mhd. sippe, ahd. sipp(e)a, urspr. = eigene Art]: **1. a)** (Völkerkunde) *durch bestimmte Vorschriften u. Bräuche (bes. in religiösen, rechtlichen u. wirtschaftlichen Bereich) verbundene, oft eine Vielzahl von Familien umfassende Gruppe von Menschen mit gemeinsamer Abstammung. -n* in -n leben; **b)** (meist scherzh. od. abwertend) *Gesamtheit der Mitglieder der [weiteren] Familie, der Verwandtschaft:* sie will mit seiner S. möglichst wenig zu tun haben. **2.** (Biol.) *Gruppe von Tieren od. Pflanzen gleicher Abstammung.*

◆¹**Sip|pe**, der; -n, -n [mhd. sippe]: *Verwandter:* ... der ihr als Bruder oder Ohm, als Vetter oder sonst als Sipp' verwandt (Lessing, Nathan IV, 7).

Sip|pen|haft, die: *Haft, Haftstrafe für jmdn., der der Sippenhaftung* (2) *unterworfen wird.*

Sip|pen|haf|tung, die ⟨o. Pl.⟩: **1.** (Völkerkunde) *Verantwortlichkeit einer Sippe* (1a) *für eine Tat, die von einem ihrer Mitglieder begangen wurde.* **2.** (bes. nationalsoz.) *unrechtmäßiges Zur-Rechenschaft-Ziehen der Angehörigen von jmdm., der für etw. bestraft worden ist.*

Sip|pen|kun|de, die ⟨o. Pl.⟩: *Genealogie.*

sip|pen|kund|lich ⟨Adj.⟩: *genealogisch.*

Sipp|schaft, die; -, -en [mhd. sippeschaft = Verwandtschaft(sgrad)]: **1.** (meist abwertend) *Sippe* (1b): sie bringt wieder ihre ganze S. mit. **2.** (abwertend) *üble Gesellschaft; Gesindel,* ²*Pack, Bande:* mit dieser S. wollte er nichts zu schaffen haben.

Sir [sœː], der; -s, -s [engl. sir < frz. sire, ↑ Sire]: **1.** ⟨ohne Art.; ohne Pl.⟩ *englische Anrede für einen Herrn (nicht in Verbindung mit einem Namen):* nehmen Sie Platz, S. **2. a)** ⟨ohne Pl.⟩ *(in Großbritannien) Titel eines Mannes, der dem niederen Adel angehört;* **b)** *Träger des Titels Sir* (2a): er ist S.; S. Edward.

Sire [siːɐ̯; frz. siːr, über das Vlat. < lat. senior, ↑ Senior]: *(in Frankreich) Anrede von Königen u. Kaisern; Majestät.*

Si|re|ne, die; -, -n [mhd. sirēn(e), syrēn(e) < spätlat. Siren(a) < griech. Seirḗn (Pl. Seirḗnes) = eines der weiblichen Fabelwesen der griech. Mythologie, die mit ihrem betörenden Gesang vorüberfahrende Seeleute anlockten, um sie zu töten]: **1.** [frz. sirène] *schöne, verführerische Frau.* **2.** [frz. sirène] *Gerät, das laute, meist lang anhaltende, heulende Töne erzeugt, mit denen Signale bes. zur Warnung bei Gefahr gegeben werden:* die S. der Feuerwehr, des Unfallwagens, des Schiffs, der Fabrik ertönt; es gab Fliegeralarm und die -n heulten. **3.** [nach der ungefähren Ähnlichkeit der weiblichen Tiere mit antiken Darstellungen der Fabelwesen] *Seekuh.*

Si|re|nen|ge|heul, das: *heulende Töne, Signale einer Sirene* (2).

Si|ri|us, der; -: *anderer Name für* ↑ Hundsstern.

sir|ren ⟨sw. V.⟩ [lautm.]: **1.** ⟨hat⟩ *einen feinen, hell klingenden Ton von sich geben:* die Mücken sirren; ein sirrendes Geräusch. **2.** ⟨ist⟩ *sich mit sirrendem* (1) *Ton, Geräusch irgendwohin bewegen:* Mücken sirrten uns um den Kopf.

Sir|ta|ki, der; -[s], -s [ngriech. (mundartl.) syrtáke, zu: syrtós = Rundtanz]: *von Männern getanzter griechischer Volkstanz.*

Si|rup, der; -s, ⟨Sorten:⟩ -e od. -s ⟨Pl. selten⟩ [mhd. sirup, syrop < mlat. siropus, sirupus = süßer Heiltrank < arab. šarāb = Trank]: **a)** *zähflüssige, braune, viel Zucker enthaltende Masse, die bei der Herstellung von Zucker bes. aus Zuckerrüben entsteht:* ein Butterbrot mit S.; **b)** *dickflüssiger, durch Einkochen von Obstsaft mit Zucker hergestellter Saft [der zum Gebrauch mit Wasser verdünnt wird].*

Si|sal, der; -s [nach der mex. Hafenstadt Sisal]: *aus den Blättern der Sisalagave gewonnene, gelblich glänzende Fasern, die bes. zur Herstellung von Schnüren, Seilen, Läufern u. Teppichen verwendet werden.*

Si|sal|aga|ve, die: *Agave mit sehr großen, fleischigen Blättern, aus denen Sisal gewonnen wird.*

sis|tie|ren ⟨sw. V.; hat⟩ [lat. sistere = stehen machen, anhalten]: **1.** (bildungsspr.) *[vorläufig] einstellen, unterbrechen; unterbinden, aufheben:* die Ausführung von etw. s. **2.** (bes. Rechtsspr.) *zur Feststellung der Personalien zur Wache bringen; festnehmen:* den Verdächtigen s.

Si|sy|phus|ar|beit, die ⟨Pl. selten⟩ [nach Sisyphus (Sisyphos), Gestalt der griech. Mythologie, die dazu verurteilt war, einen Felsblock einen steilen Berg hinaufzuwälzen, der kurz vor Erreichen des Gipfels jedes Mal wieder ins Tal rollte] (bildungsspr.): *sinnlose, vergebliche Anstrengung; schwere, nie ans Ziel führende Arbeit.*

Si|tar, der; -[s], -[s] u. die; -, -[s] [Hindi sitār, aus dem Pers.]: *einer Laute od. Gitarre ähnliches indisches Zupfinstrument mit langem Hals u. dreieckigem bis birnenförmigem Körper.*

Sit|com ['sɪtkɔm], die; -, -s [engl. sitcom, kurz für: situation comedy = Situationskomödie] (Fernsehen): *Situationskomödie (bes. als Fernsehserie):* eine tägliche S.; bei einer S. mitspielen.

Site [sajt], die; -, -s [engl. site, ↑ Website] (EDV): *Kurzf. von* Website.

Site|map ['sajtmæp], die; -, -s [engl. site map, aus: site (↑ Website) u. map = Plan, Verzeichnis]: *Inhaltsverzeichnis einer Website.*

Sit-in, Sit|in [sɪt'ɪn], das; -[s], -s [engl. sit-in, zu: to sit in = teilnehmen, anwesend sein]: *Aktion von Demonstrierenden, bei sich die Beteiligten demonstrativ irgendwo, bes. in od. vor einem Gebäude, hinsetzen, um auf Missstände aufmerksam zu machen, gegen etw. zu protestieren o. Ä.*

Sit|te, die; -, -n [mhd. site, ahd. situ, urspr. = Gewohnheit, Brauch, Art u. Weise des Lebens, wahrsch. verw. mit ↑ Seil u. eigtl. = Bindung]: **1.** *für bestimmte Lebensbereiche einer Gemeinschaft geltende, dort übliche, als verbindlich betrachtete Gewohnheit, Gepflogenheit, die im Laufe der Zeit entwickelt, überliefert wurde:* uralte, überlieferte -n; dort herrschen ziemlich raue, wilde -n *(dort ist man nicht zimperlich);* das ist dort [so] S. *(ist dort üblich);* das sind ja ganz neue -n! (ugs.: Ausdruck der Verärgerung, wenn etw. nicht so ist, wie man es gewohnt ist, es erwartet hat). **2.** *ethische, moralische Norm; Grundsatz, Wert, der für das zwischenmenschliche Verhalten einer Gesellschaft grundlegend ist:* Verfall und Verrohung der -n; das verstößt gegen die [guten] -n, gegen die [gute] S.; Mein Mann und ich, selbstverständlich, für uns gab es da nichts, sind aus Tradition, aus guter S. und Anstand ... zur Beerdigung gegangen (Kronauer,

Bogenschütze 283). **3.** ⟨Pl.⟩ *Benehmen, Manieren, Umgangsformen:* feine, vornehme, schlechte -n haben. **4.** ⟨o. Pl.⟩ *(Jargon) Kurzf. von* ↑ Sittenpolizei*:* bei der S. arbeiten.

Sit|ten|apos|tel, der (spött.): *Moralapostel.*

Sit|ten|bild, das: **1.** *Schilderung, Beschreibung der Sitten einer bestimmten Epoche, eines bestimmten Volkes, bestimmter Schichten:* dieser Roman ist zugleich ein S. jener Zeit. **2.** *Genrebild.*

Sit|ten|co|dex: ↑ Sittenkodex.

Sit|ten|de|zer|nat, das: *Abteilung der Kriminalpolizei, die sich bes. mit Sexualdelikten, unerlaubtem Glücksspiel o. Ä. befasst.*

Sit|ten|ge|mäl|de, das: *Sittenbild.*

Sit|ten|ge|schich|te, die: *historische Darstellung der Entwicklung von Sitten eines od. mehrerer Völker.*

Sit|ten|ko|dex, Sittencodex, der: *Vorschriften für das Verhalten u. Handeln, die nach Sitte u. Moral eines Volkes, einer Gesellschaftsschicht, Gruppe o. Ä. als verbindlich gelten:* der bürgerliche, gesellschaftliche S.

Sit|ten|ko|mö|die, die: *als Komödie gestaltetes Sittenstück.*

Sit|ten|leh|re, die: *Ethik* (1 a); *Moralphilosophie.*

sit|ten|los ⟨Adj.⟩: *Anstand u. Sitte* (2) *außer Acht lassend; ohne sittliche, moralische Schranken:* eine -e Gesellschaft.

Sit|ten|po|li|zei, die (volkstüml.): *Sittendezernat.*

Sit|ten|rich|ter, der (oft abwertend): *jmd., der sich [in überheblicher Weise] ein Urteil über die Tugend, Moral anderer anmaßt:* selbst ernannte S.; der S. spielen.

Sit|ten|rich|te|rin, die: w. Form zu ↑ Sittenrichter.

Sit|ten|ro|man, der: *Drama, das meist in moralisierender, kritischer Absicht die Sitten einer Epoche darstellt.*

Sit|ten|schil|de|rung, die: *Schilderung der Sitten* (z. B. *einer Epoche*).

sit|ten|streng ⟨Adj.⟩ (veraltend): *moralisch* (2); *sehr tugendhaft:* ein -er Vater.

Sit|ten|strolch, der (emotional abwertend): *Mann, der Frauen od. Kinder sexuell belästigt.*

Sit|ten|stück, das (Literaturwiss.): *Drama, das meist in moralisierender, kritischer Absicht die Sitten einer Epoche darstellt.*

Sit|ten|ver|fall, der: *Verfall der Sitten* (2): den allgemeinen S. beklagen.

Sit|ten|wäch|ter, der (oft abwertend): *jmd., der über die Einhaltung der Sitten wacht u. sittenwidriges od. unsittliches Verhalten anprangert:* selbst ernannte Sittenwächter; sich als S. aufspielen, gerieren.

Sit|ten|wäch|te|rin, die: w. Form zu ↑ Sittenwächter.

sit|ten|wid|rig ⟨Adj.⟩ (bes. Rechtsspr.): *gegen die in einer Gesellschaft geltenden Sitten* (2) *verstoßend:* der Vertrag ist s.; sich s. verhalten.

Sit|ten|wid|rig|keit, die ⟨o. Pl.⟩ (bes. Rechtsspr.): *das Sittenwidrigsein:* die Klausel ist wegen ihrer S. nichtig.

Sit|tich, der; -s, -e [mhd. (p)sitich < lat. psittacus < griech. ψιττακός = Papagei]: (*in Amerika, Afrika, Südasien u. Australien heimischer) kleiner, meist sehr bunt gefärbter Vogel mit langem, keilförmigem Schwanz.*

sit|tig ⟨Adj.⟩ [mhd. sitec, ahd. sitig, zu ↑ Sitte] (veraltet): *sittsam, tugendhaft; keusch* (b): ein -es Benehmen; s. die Augen niederschlagen; ♦ Sie sah s. vor sich nieder und erwiderte leise den Druck meiner Hand (Chamisso, Schlemihl 33).

sitt|lich ⟨Adj.⟩ [mhd. sitelich, ahd. situlīh]: **1.** *die Sitte* (2) *betreffend, darauf beruhend, dazu gehörend; der Sitte, Moral* (1) *entsprechend:* -e Einwände, Normen; die -e Kraft, der Wert *(die im Hinblick auf Sitte, Moral vorbildhafte Wirkung)* eines Kunstwerks; ihm fehlt die -e Reife.

2. *die Sitte* (2), *Moral genau beachtend; moralisch einwandfrei; sittenstreng:* ein -es Leben führen.

Sitt|lich|keit, die; -, -en: **1.** *Sitte* (2), *Moral* (1 a): die öffentliche S. gefährden. **2.** *sittliches* (2) *Empfinden, Verhalten eines Einzelnen, einer Gruppe; Moral* (1 b), *Moralität* (1): ein Mensch ohne, von hoher S.

Sitt|lich|keits|de|likt, das: *Sexualstraftat.*

Sitt|lich|keits|ver|bre|chen, das: *schwere Sexualstraftat.*

Sitt|lich|keits|ver|bre|cher, der: *jmd., der ein Sittlichkeitsverbrechen begangen hat.*

sitt|sam ⟨Adj.⟩ [spätmhd. sitsam = ruhig, sacht, bedächtig, ahd. situsam = geschickt, passend] (veraltend): **a)** *Sitte* (2) *u. Anstand wahrend; gesittet; wohlerzogen u. bescheiden:* ein -es Benehmen, Betragen; **b)** *schamhaft zurückhaltend; keusch* (b); *züchtig:* s. die Augen niederschlagen.

Sitt|sam|keit, die; - (veraltend): *das Sittsamsein.*

Si|tu|a|ti|on, die; -, -en [frz. situation, zu: situer = in die richtige Lage bringen < lat. situs = Lage, Stellung]: **1. a)** *Verhältnisse, Umstände, in denen sich jmd. [augenblicklich] befindet; jmds. augenblickliche Lage:* eine fatale, kritische, peinliche, brenzlige, gefährliche S.; eine S. erfassen, überblicken; die S. klären, retten, meistern; sie war der S. durchaus gewachsen; er war, blieb Herr der S. *(ließ sich nicht verwirren);* jmdn. in eine unwürdige, kompromittierende S. bringen; er hat sich selbst in eine ausweglose S. manövriert; man hat die beiden in ihren unverfänglichen S. ertappt; **b)** *Verhältnisse, Umstände, die einen allgemeinen Zustand kennzeichnen; allgemeine Lage:* die politische, wirtschaftliche S. hat sich verändert, zugespitzt, entspannt; von der S. her ist in der heutigen S. nicht denkbar. **2.** (Geogr.) *Lageplan.*

si|tu|a|ti|o|nell ⟨Adj.⟩ (bes. Sprachwiss.): *situativ.*

si|tu|a|ti|ons|be|dingt ⟨Adj.⟩: *durch die gegebene Situation bedingt:* ein -es Fehlverhalten.

Si|tu|a|ti|ons|ethik, die ⟨o. Pl.⟩: *Richtung der Ethik* (1 a), *die nicht von allgemeingültigen sittlichen Normen ausgeht, sondern die sittliche Entscheidung an der jeweiligen konkreten Situation orientiert.*

si|tu|a|ti|ons|ge|bun|den ⟨Adj.⟩: *an eine gegebene Situation gebunden, von ihr abhängig.*

si|tu|a|ti|ons|ge|recht ⟨Adj.⟩: *der gegebenen Situation angemessen, gerecht werdend:* ein -es Verhalten.

Si|tu|a|ti|ons|ko|mik, die: *Komik, die durch erheiternde u. zum Lachen reizende Situationen entsteht:* Sinn für S. haben.

Si|tu|a|ti|ons|ko|mö|die, die: *Komödie, deren komische Wirkung bes. durch Verwechslungen, Verkettung überraschender Umstände, Intrigen o. Ä. entsteht.*

si|tu|a|tiv ⟨Adj.⟩ (bildungsspr.): *die jeweilige Situation betreffend, durch sie bedingt, auf ihr beruhend:* ein s. bedingtes Verhalten.

si|tu|ie|ren ⟨sw. V.; hat⟩ [frz. situer, ↑ Situation]: **1. a)** (bes. schweiz., sonst veraltend) *an einem bestimmten Ort errichten, einrichten o. Ä.; platzieren;* **b)** (Sprachwiss.) *in einen Zusammenhang stellen, einbetten:* eine Aussage s. **2.** ⟨meist im 2. Part.⟩ (geh.) *stellen* (11): gut, schlecht situiert *(finanziell od. beruflich gut, schlecht gestellt)* sein.

si|tu|iert ⟨Adj.⟩: **1.** *in bestimmten [wirtschaftlichen] Verhältnissen lebend:* bestens -e Leute; sie ist besser s. als ich. **2.** (österr.) *wohlhabend:* sie hat einen -en Mann geheiratet.

Si|tu|ie|rung, die; -, -en: **a)** (bes. schweiz., sonst veraltend) *räumliche Anordnung, Lage;* **b)** (Sprachwiss.) *Stellung (einer Äußerung) im Kontext.*

Si|tul|la, die; -, Situlen [lat. situla, ↑ Seidel]: *vorgeschichtliches, bes. für die Eisenzeit typisches, meist aus Bronze getriebenes, eimerartiges Gefäß.*

Sit-up, Sit|up [ˈsɪtʌp], der; -s, -s [engl. sit-up, zu: to sit up = sich aufsetzen] (Gymnastik): *gymnastische Übung, bei der man sich aus der Rückenlage heraus ohne Zuhilfenahme der Arme aufsetzt:* ein paar -s machen.

Si|tus, der; -, - [...tu:s] [lat. situs, ↑ Situation]: **1.** (Anat.) *Lage der Organe im Körper, des Fetus in der Gebärmutter.* **2.** (Soziol.) *Funktionsbereich von Personen od. Gruppen mit gleichem Status in der sozialen Hierarchie.*

Sitz, der; -es, -e [mhd., ahd. siz, zu ↑ sitzen]: **1. a)** *etw., was zum Daraufsitzen bestimmt ist, was als Sitzgelegenheit dienen soll* (z. B. *in einem Saal, in od. an einem Fahrzeug, einer Maschine o. Ä.):* sehr schmale, harte, gepolsterte -e; sein S. ist leer [geblieben]; die vorderen -e des Autos sind höhenverstellbar; eine Arena mit ansteigenden -en; * jmdn. [nicht] vom S. reißen/hauen (↑ Stuhl 1); **b)** *Sitzfläche* (1): sie ließ die -e der Stühle neu beziehen. **2.** *Platz mit Berechtigung zur Stimmabgabe:* er hat S. und Stimme in der Hauptversammlung; die Partei erhielt 40 -e im Parlament. **3.** *Ort, an dem sich eine Institution, Regierung, Verwaltung o. Ä. befindet:* der S. der Regierung ist [in] Berlin; die Stadt ist S. eines Amtsgerichts, eines katholischen Bischofs; die Burg war lange Zeit der S. *(die Residenz)* der Grafen von N; am S. der Vereinten Nationen in New York; ein internationales Unternehmen mit S. in Mailand. **4.** ⟨o. Pl.⟩ *sitzende Haltung:* der Reiter hat einen guten, schlechten S.; der S. (Turnen; *das Sitzen*) hinter den Händen, auf einem Schenkel. **5.** ⟨o. Pl.⟩ *Art des Anliegens, Aufliegens von etw., bes. von Kleidungsstücken am Körper:* der S. einer Brille, einer Krawatte, einer Frisur; das Kostüm hat einen guten S. *(sitzt gut);* beim Aufziehen des Reifens ist auf den korrekten S. zu achten. **6.** *Hosenboden:* der S. ist durchgescheuert. **7.** (Technik) *Halterung.*

Sitz|bad, das: *Bad, das man im Sitzen nimmt, wobei nur der untere Teil des Rumpfes u. die Beine ins Wasser getaucht werden.*

Sitz|ba|de|wan|ne, die: *kleinere Badewanne für Sitzbäder.*

Sitz|bank, die ⟨Pl. ...bänke⟩: *Bank als Sitzmöbel.*

Sitz|blo|cka|de, die: *im Sitzen durchgeführte Aktion zur Blockierung einer Durchfahrt, Zufahrt o. Ä.:* eine S. organisieren.

Sitz|brett, das: *Brett, das zum Daraufsitzen bestimmt ist, das einen Sitz darstellt:* das S. einer Kutsche, einer Schaukel.

Sitz|ecke, die: *in einer Zimmerecke aufgestellte Eckbank [mit weiteren dazu passenden Sitzmöbeln u. Tisch].*

sit|zen ⟨unr. V.; hat; südd., österr., schweiz.: ist⟩ [mhd. sitzen, ahd. sizzen, verw. mit lat. sedere = sitzen]: **1. a)** *eine Haltung eingenommen haben, bei der man mit Gesäß u. Oberschenkeln bei aufgerichtetem Oberkörper und unterer Unterlage* (bes. *einem Stuhl o. Ä.) ruht* [u. *die Füße auf den Boden gestellt sind]:* [auf einem Stuhl] bequem, schlecht s.; das Kind kann nicht still, ruhig s.; am Fenster, auf einer Bank, im Gras, in der Sonne, neben jmdm., hinter jmdm., zu jmds. Füßen s.; er kam ans andere Ende des Tisches, neben mich zu s.; er blieb auf seinem Stuhl sitzen; sie ließ ihn auf der Bank sitzen; am Schreibtisch s. (verblasst; *dort arbeiten);* ich habe den ganzen Tag am Steuer gesessen *(bin Auto gefahren);* an, bei, über einer Arbeit s. *(mit einer Arbeit beschäftigt sein);* bei Tisch, beim Essen s. *(beim Essen sein);* auf der Anklagebank s. *(angeklagt sein);* stundenlang beim Friseur s. *(warten*

[müssen]); über den Büchern s. *(eifrig lesen u. studieren, lernen);* den ganzen Tag zu Hause s. *(sich sehr selten nach draußen, unter Menschen begeben);* ⟨mit Dativobjekt:⟩ sie hat dem Künstler [für ein Porträt] gesessen *(hat sich ihm [für eine gewisse Zeit irgendwo sitzend] als Modell für ein Porträt zur Verfügung gestellt);* Ü auf seinem Geld s. (ugs.; *sich nicht davon trennen wollen, es auf keinen Fall hergeben*); sie ist s. geblieben, (ugs. veraltet; *ist unverheiratet geblieben*); **b)** (schweiz.) *sich setzen:* auf eine Bank, an den Tisch, zu jmdm. s.; **c)** *(von Tieren) sich auf etw., an einer bestimmten Stelle aufhalten, niedergelassen haben:* an der Wand sitzt eine Spinne; die Henne sitzt [auf den Eiern] *(brütet);* die Pflanze sitzt voller Blattläuse *(an der Pflanze sitzen viele Blattläuse).* **2. a)** (ugs.) *an einem [entfernten] Ort leben u. tätig sein:* sie sitzt in einem kleinen Dorf bei Kiel; die Firma sitzt *(hat ihren Sitz)* in Berlin; auf der Burg sitzt ein Pächter *(das Gut ist verpachtet);* **b)** *Mitglied in einem Gremium o. Ä. sein:* im Stadtrat, im Aufsichtsrat s.; **c)** (ugs.) *wegen einer Straftat längere Zeit im Gefängnis eingesperrt sein:* im Gefängnis, hinter Gittern, hinter schwedischen Gardinen s. **3.** *sich an einer bestimmten Stelle befinden:* an dem Zweig sitzen mehrere Blüten; der Hut saß ihm schief auf dem Kopf; Ü der Geruch sitzt in den Gardinen; der Schreck, die Angst saß ihm noch in den Gliedern *(wirkte noch in ihm nach);* R sitzt, passt, wackelt und hat Luft (ugs. scherzh.; Kommentar, wenn man etwas genau eingepasst, gut befestigt o. Ä. hat); * **einen s. haben** (salopp; *angetrunken sein);* **etw. [nicht] auf sich s. lassen [können/wollen]** *(etw. [nicht] unwidersprochen lassen [können/wollen]);* **auf jmdm. s. bleiben** *(an jmdm. hängen bleiben).* **4.** *in Schnitt, Form, Größe den Maßen, dem Erscheinungsbild des Trägers entsprechen; passen* (1 a): der Anzug sitzt [gut, tadellos, nicht]; eine gut sitzende Krawatte. **5.** (ugs.) **a)** *so einstudiert, eingeübt sein, dass man das Gelernte perfekt beherrscht [u. richtig anwenden, ausführen kann]:* beim Meister sitzt jeder Handgriff; die Vokabeln müssen einfach s.; **b)** *richtig treffen u. die gewünschte Wirkung erreichen:* der Hieb, die Ohrfeige hat gesessen; Ü das hat gesessen *(diese Bemerkung hat die beabsichtigte [einschüchternde, verletzende o. ä.] Wirkung erreicht).*
sit|zen blei|ben, sit|zen|blei|ben ⟨st. V.; ist⟩: **1.** (ugs.) *nicht in die nächsthöhere Schulklasse versetzt werden:* er ist [während seiner Schulzeit] zweimal sitzen geblieben. **2.** (ugs. veraltet) *als Frau unverheiratet bleiben:* sie ist sitzen geblieben. **3.** (ugs.) *für etw. keinen Abnehmer, Käufer finden:* der Händler ist auf seiner Ware sitzen geblieben. **4.** *an jmdm. hängen bleiben:* der Vorwurf, Makel ist auf ihm sitzen geblieben. **5.** (landsch.) *(vom Teig) beim Backen nicht aufgehen:* der Rührkuchen ist sitzen geblieben.
Sit|zen|blei|ber, der; -s, - (ugs. abwertend): *jmd., der nicht in die nächsthöhere Schulklasse versetzt worden ist.*
Sit|zen|blei|be|rin, die; -, -nen: w. Form zu ↑ Sitzenbleiber.
sit|zen las|sen, sit|zen|las|sen ⟨st. V.; hat⟩: **1. a)** (ugs. veraltet) *[trotz Eheversprechen] schließlich nicht heiraten:* ein Mädchen sitzen lassen; **b)** (ugs.) *im Stich lassen:* sie hat ihren Mann und die Kinder sitzen lassen/(seltener:) sitzen gelassen; jmdm. mit einer Ware sitzen lassen *(sie ihm nicht abnehmen);* **c)** (ugs.) *eine Verabredung nicht einhalten u. jmdn. vergeblich warten lassen:* wir wollten uns heute treffen, aber sie hat mich sitzen lassen/(seltener:) sitzen gelassen; der Klempner, unser Babysitter hat uns sitzen lassen/(seltener:) sitzen gelassen. **2.** *etw. [nicht] unwidersprochen lassen können/*

wollen: sie hat die Rüge [nicht] auf sich sitzen lassen wollen.

-sit|zer, der; -s, -: in Zusb., z. B. Zweisitzer (1. *Fahrzeug, Flugzeug mit zwei Sitzen.* 2. *Sofa für zwei Personen).*

Sitz|flä|che, die: **1.** *der Teil einer Sitzgelegenheit, auf dem man sitzt:* Stühle mit samtenen -n. **2.** (ugs. scherzh.) *Gesäß.*
Sitz|fleisch, das: **1.** (ugs. scherzh.) *[mit geistiger Trägheit verbundene] Ausdauer bei einer sitzenden Tätigkeit:* er ist nur durch S. zu diesem Posten gekommen; * **kein S. haben** (ugs.; *nicht lange still sitzen können; nicht die nötige Ausdauer für eine bestimmte Tätigkeit haben);* **S. haben** (ugs.: 1. *als Gast bei einem Besuch gar nicht ans Aufbrechen denken.* 2. *lange im Wirtshaus sitzen).* **2.** (salopp scherzh.) *Gesäß.*
Sitz|ge|le|gen|heit, die: *etw., worauf sich jmd. setzen kann:* Stühle oder andere -en.
Sitz|grup|pe, die: *zusammen aufgestellte, zweinanderpassende Sitzmöbel* (bes. Sessel, Polstergarnitur).
Sitz|hal|tung, die: *Haltung beim Sitzen:* eine gebückte, aufrechte, schiefe S.
Sitz|hei|zung, die (Kfz-Technik): *Heizung für Autositze.*
Sitz|kis|sen, das: **1.** *Kissen als Auflage auf einer Sitzfläche.* **2.** *hohes Kissen aus festem Material als Sitzgelegenheit.*
Sitz|mö|bel, das ⟨meist Pl.⟩: *zum Sitzen dienendes Möbelstück.*
Sitz|nach|bar, der: *jmd., der (in einem Saal o. Ä.) neben einem sitzt:* ich bat meinen -n, mir meinen Platz frei zu halten.
Sitz|nach|ba|rin, die: w. Form zu ↑ Sitznachbar.
Sitz|ord|nung, die: *festgelegte Reihenfolge, in der die Teilnehmerinnen und Teilnehmer an einer Veranstaltung, Sitzung o. Ä. auf den Plätzen* (3) *sitzen:* eine lockere S.; die S. festlegen, ändern.
Sitz|platz, der: *Platz in Form einer Sitzgelegenheit, besonders Stuhl, Sessel in einem Zuschauerraum, Verkehrsmittel:* jmdm. einen S. anbieten, reservieren; im Saal sind 400 Sitzplätzen.
Sitz|po|si|ti|on, die: *Position, in der jmd. sitzt; Position beim Sitzen:* eine unbequeme S.
Sitz|rei|he, die: *Reihe von Sitzen (z. B. in einem Saal, Fahrzeug o. Ä.):* die Flugzeug hat einen -n.
Sitz|rie|se, der: (ugs. scherzh.): *im Sitzen besonders groß erscheinende Person mit langem Rumpf u. kurzen Beinen.*
Sitz|sack, der: *aus einer mit kleinen Kügelchen aus Styropor o. Ä. gefüllten Hülle aus Leder, Stoff o. Ä. bestehendes Sitzmöbel, das sich in der Form dem Körper der jeweils darauf sitzenden Person anpasst.*
Sitz|stan|ge, die: *(in einem Käfig, Stall) Stange als Sitzgelegenheit für Vögel, Geflügel.*
Sitz|streik, der: *auf öffentlichen Plätzen im Sitzen durchgeführte Aktion von Demonstranten:* zu einem S. aufrufen.
Sit|zung, die; -, -en [im 15. Jh. = das Sichniedersetzen]: **1. a)** *Versammlung, Zusammenkunft einer Vereinigung, eines Gremiums o. Ä., bei der über etw. beraten wird, Beschlüsse gefasst werden:* eine öffentliche, geheime, außerordentliche S.; die S. ist geschlossen; der Vorstand hat morgen S.; eine S. einberufen, leiten, vertagen; die S. eröffnen, schließen, unterbrechen; das hat der Stadtrat in seiner letzten S. beschlossen; sie ist in einer S.; Ü das war eine lange S.! (ugs. scherzh.; *ein langer Aufenthalt auf der Toilette);* **b)** Kurzf. von ↑ Karnevalssitzung. **2. a)** *jeweiliges Sitzen für ein Porträt.* **b)** *jeweilige zahnärztliche, psychotherapeutische o. ä. Behandlung, der jmd. sich unterzieht:* die Behandlung erfordert mehrere -en;

c) *Zusammenkunft einer Gruppe von Leuten, die zu einem bestimmten Zweck regelmäßig zusammenkommen:* das Seminar wird zehn jeweils 90-minütige -en umfassen.
Sit|zungs|be|richt, der: vgl. Sitzungsprotokoll.
Sit|zungs|geld, das (bes. Politik): *Geld, das jmd. für die Teilnahme an einer Sitzung* (1 a) *erhält.*
Sit|zungs|pe|ri|o|de, die: *(bes. im Parlament) Periode, in der Sitzungen abgehalten werden:* die Eröffnung der neuen S.
Sit|zungs|pro|to|koll, das: *Protokoll einer Sitzung* (1 a).
Sit|zungs|saal, der: *Saal, in dem Sitzungen* (1 a, b) *stattfinden.*
Sit|zungs|zim|mer, das: vgl. Sitzungssaal.
Sitz|ver|tei|lung, die: *Verteilung der Sitze* (2) *in einem Parlament, einer Körperschaft o. Ä.:* nach der letzten Hochrechnung ergibt sich folgende S.
Six|days, Six Days [ˈsɪksdeɪz, ˈsɪks ˈdeɪz] ⟨Pl.⟩ [engl., eigtl. = sechs Tage, kurz für: six-day race = Sechstagerennen] (Radsport): **1.** engl. Bez. für: Sechstagerennen. **2.** engl. Bez. für: Sechstagefahrt.
Six|pack [ˈsɪkspɛk], das od. der; -s, -s [engl. six-pack, aus: six = sechs u. pack = Packung]: **1.** *Sechserpack: -s in S. Bier.* **2.** (Jargon) *Waschbrettbauch:* er zeigt stolz seinen S. am Strand.
Six|ty-nine [sɪkstiˈnaɪn], das; - [engl. sixty-nine, eigtl. = neunundsechzig, nach der Stellung der Partner, die mit dem Bild der liegend geschriebenen Zahl 69 verglichen wird] (Jargon): *(von zwei Personen ausgeübter) gleichzeitiger gegenseitiger oraler Geschlechtsverkehr; Soixanteneuf.*
Si|zi|li|a|ner, der; -s, -: Ew. zu ↑ Sizilien.
Si|zi|li|a|ne|rin, die; -, -nen: w. Form zu ↑ Sizilianer.
si|zi|li|a|nisch ⟨Adj.⟩: *Sizilien, die Sizilianer betreffend; von den Sizilianern stammend, zu ihnen gehörend.*
Si|zi|li|en; -s: *süditalienische Insel.*
Si|zi|li|er, der; -s, -: Ew.
Si|zi|li|e|rin, die; -, -nen: w. Form zu ↑ Sizilier.
si|zi|lisch ⟨Adj.⟩: *sizilianisch.*
SJ = Societa[ti]s Jesu.
Ska, der; -[s] [H. u.] (Musik): *in Jamaika aus dem Rhythm and Blues entwickelter Musikstil (Vorläufer des Reggae).*
Ska|ger|rak, das od. der; -s: *Meerenge zwischen Norwegen u. Jütland.*
skål [skoːl] ⟨Interj.⟩ [schwed., dän. skål, eigtl. = Trinkschale]: *dänisch, norwegisch, schwedisch für: prost!, zum Wohl!*
Ska|la, die; -, ...len u. selten -s [ital. scala = Treppe, Leiter < lat. scalae (Pl.), zu: scandere, ↑ skandieren]: **1.** *(aus Strichen u. Zahlen bestehende) Maßeinteilung an Messinstrumenten:* einen Messwert von, auf einer S. ablesen. **2.** *vollständige Reihe zusammengehöriger, sich abstufender Erscheinungen; Stufenleiter:* eine S. von Brauntönen. **3.** (Musik) *Tonleiter:* eine S. von Tönen. **4.** (Druckw. früher) *Zusammenstellung der für einen Mehrfarbendruck notwendigen Farben.*
ska|lar ⟨Adj.⟩ [lat. scalaris = zur Leiter, Treppe gehörend] (Math., Physik): *durch reelle Zahlen bestimmt:* -e Größe (¹Skalar).
¹Ska|lar, der; -s, -e (Math., Physik): *durch einen reellen Zahlenwert bestimmte Größe.*
²Ska|lar, der; -s, -e: *Segelflosser.*
Skal|de, der; -n, -n [aisl. skáld]: *(im MA.) [Hof]dichter u. Sänger in Norwegen u. Island.*
Skal|den|dich|tung, die (Literaturwiss.): *durch kunstvolle metrische Formen u. Verwendung eines eigenen dichterischen Vokabulars gekennzeichnete, im MA. bes. an den norwegischen Höfen vorgetragene altnordische Dichtung, die*

u. a. Preislieder auf historische Personen od. Ereignisse umfasst.

Skal|din, die; -, -nen: w. Form zu ↑ Skalde.

skal|disch ⟨Adj.⟩ (Literaturwiss.): *die Skalden betreffend.*

Ska|le, die; -, -n (Fachspr.): *Skala* (1).

Ska|len|zei|ger, der: *Nadel* (5), *die auf einer Skala den Messwert anzeigt.*

ska|lier|bar ⟨Adj.⟩ (EDV): *sich skalieren* (2a, b) *lassend.*

ska|lie|ren ⟨sw. V.; hat⟩ [zu ↑ Skala] (Psychol., Soziol.): **1.** *(Verhaltensweisen, Leistungen o. Ä.) in einer statistisch verwendbaren Skala von Werten einstufen.* **2.** (EDV) **a)** *die Größe eines Bildes o. Ä. unter Einhaltung der Proportionen ändern;* **b)** *(von Software) an die Leistungsfähigkeit der Hardware anpassen.*

Skalp, der; -s, -e [engl. scalp = Hirnschale, Schädel, wohl aus dem Skand.] (früher): *[bei den Indianern Nordamerikas] die dem [getöteten] Gegner als Siegestrophäe abgezogene Kopfhaut [mit Haaren].*

Skal|pell, das; -s, -e [lat. scalpellum, Vkl. von: scalprum = Messer; Grabstichel, Meißel, zu: scalpere = schneiden; kratzen, ritzen]: *kleines chirurgisches* (c) *Messer mit feststehender Klinge.*

skal|pie|ren ⟨sw. V.; hat⟩ [zu ↑ Skalp]: *den Skalp, die Kopfhaut abziehen:* wenn man mit den Haaren in diese Maschine gerät, kann man regelrecht skalpiert werden.

Skal|pie|rung, die; -, -en: **1.** *das Skalpieren, Skalpiertwerden.* **2.** (Med.) *völliges Abgerissenwerden der Kopfhaut (bei einem Unfall).*

Ska|mu|sik, die ⟨o. Pl.⟩: *Ska.*

Skan|dal, der; -s, -e [frz. scandale < kirchenlat. scandalum = Ärgernis < griech. skándalon, eigtl. = Fallstrick]: **1.** *Geschehnis, das Anstoß u. Aufsehen erregt:* ein aufsehenerregender S.; einen S. vermeiden, vertuschen; in einen S. verwickelt sein; diese Zustände wachsen sich allmählich zu einem S. aus; es ist/das ist ja ein S. *(ist unerhört, skandalös),* wie man ihn behandelt! **2.** (landsch. veraltend) *Lärm, Radau:* es erhob sich ein großer S.

Skan|dal|blatt, das (abwertend): *Zeitung der Skandalpresse.*

Skan|däl|chen, das; -s, -: Vkl. zu ↑ Skandal.

Skan|dal|ge|schich|te, die: *aufsehen- u. Ärgernis erregende Sache, Angelegenheit:* durch -n von sich reden machen.

Skan|dal|nu|del, die (ugs.): *[weibliche] Person, die immer wieder Aufsehen erregt, Ärgernis erregende Affären hat.*

Skan|da|lon, das; -s [griech. skándalon, ↑ Skandal] (bildungsspr.): *etw., was Anstoß, Ärgernis erregt.*

skan|da|lös ⟨Adj.⟩ [frz. scandaleuse, zu: scandale, ↑ Skandal]: *Aufsehen u. Empörung erregend; unerhört:* -e Zustände, Praktiken; sein Benehmen ist einfach s.; man hat ihn s. behandelt.

Skan|dal|pres|se, die ⟨o. Pl.⟩ (abwertend): *niveauloser Teil der Presse, der seine Leser mit reißerischen Berichten über Skandale* (1) *zu interessieren sucht.*

skan|dal|süch|tig ⟨Adj.⟩ (abwertend): *sehr interessiert an Skandalen* (1): ein -es Publikum.

skan|dal|träch|tig ⟨Adj.⟩: *zu einem Skandal zu führen drohend:* eine -e Situation.

skan|dal|um|wit|tert ⟨Adj.⟩: *häufig zu Skandalen* (1) *Anlass gegeben habend u. daher stets im Verdacht, neue heraufzubeschwören:* die -e Diva.

skan|die|ren ⟨sw. V.; hat⟩ [lat. scandere, eigtl. = (stufenweise) emporsteigen] (bildungsspr.): **a)** *Verse mit starker Betonung der Hebungen sprechen:* ein Gedicht s.; **b)** *rhythmisch u. abgehackt, in einzelnen Silben sprechen:* die Demonstranten skandierten: »Nazis raus!«; Ü ... es herrschte ein knapper militärischer Tonfall, ein Jawoll folgte heiser dem anderen, die Hackenschläge skandierten die Stunden (Härtling, Hubert 124).

Skan|di|na|vi|en; -s: Teil Nordeuropas.

Skan|di|na|vi|er, der; -s, -: Ew.

Skan|di|na|vi|e|rin, die; -, -nen: w. Form zu ↑ Skandinavier.

skan|di|na|visch ⟨Adj.⟩: *Skandinavien, die Skandinavier betreffend; von den Skandinaviern stammend, zu ihnen gehörend.*

Skan|di|um: ↑ Scandium.

Ska|phan|der, der; -s, - [zu griech. skáphē = ausgehöhlter Körper u. anḗr (Gen.: andrós) = Mann]: **1.** *Schutzanzug für extreme Druckverhältnisse (z. B. für Raumfahrer).* **2.** (veraltet) *Taucheranzug.*

Ska|ra|bä|us, der; -, -...äen [lat. scarabaeus = Holzkäfer < griech. kárabos]: **1.** (Zool.) *Pillendreher* (1). **2.** *in Stein, Glas od. Metall als Amulett od. Siegel benutzte [altägyptische] Nachbildung des Pillendrehers* (1), *der im alten Ägypten als Sinnbild des Sonnengottes verehrt wurde.*

Skarn, der; -s, -e [schwed. skarn, eigtl. = Schmutz] (Geol.): *aus Kalkstein, Dolomit od. Mergel entstandenes erzhaltiges Gestein.*

skar|tie|ren ⟨sw. V.; hat⟩ [ital. scartare, ↑ Skat] (österr. Amtsspr.): *alte Akten o. Ä. ausscheiden* (3) *u. vernichten.*

Skat, der; -[e]s, -e u. -s [ital. scarto = das Wegwerfen (der Karten); die abgelegten Karten; Ausschuss (3), Makulatur, zu: scartare = Karten wegwerfen, ablegen, zu: carta = Papier; (Spiel)karte < lat. charta, ↑ Karte]: **1.** ⟨Pl. selten⟩ *Kartenspiel für drei Spieler, das mit 32 Karten gespielt wird u. bei dem durch Reizen* (4) *festgestellt wird, welcher Spieler gegen die beiden anderen spielt:* [eine Runde] S. spielen; [einen zünftigen] S. dreschen/klopfen (salopp); Skat spielen). **2.** *(beim Skat* 1) *zwei [zunächst] verdeckt liegende Karten:* den S. aufnehmen, liegen lassen.

Skat|abend, der: *mit Skatspielen verbrachter Abend.*

Skat|blatt, das: *Blatt* (4 c) *für das Skatspiel.*

Skate|board [ˈskeɪtbɔːd]; das; -s, -s [engl. skateboard, aus: to skate = gleiten u. board = Brett]: *als Spiel- u. Sportgerät dienendes Brett auf vier federnd gelagerten Rollen, mit dem man sich stehend [durch Abstoßen] fortbewegt u. das nur durch Gewichtsverlagerung gesteuert wird:* S. fahren.

skate|boar|den ⟨sw. Verb; ist⟩ [engl. to skateboard]: ²skaten (a).

Skate|boar|der, der; -s, - [engl. skateboarder]: *jmd., der Skateboard fährt.*

Skate|boar|de|rin, die; -, -nen: w. Form zu ↑ Skateboarder.

¹**ska|ten** ⟨sw. V.; hat⟩ [zu ↑ Skat] (ugs.): *Skat spielen.*

²**ska|ten** [ˈskeɪtn] ⟨sw. V.; hat/ist⟩ [engl. to skate, ↑ Skateboard]: **a)** *(mit, auf einem) Skateboard* (b) *auf Inlineskates* (1) *laufen.*

Skate|night [ˈskeɪtnaɪt], die; -, -s [zu engl. to skate = ↑ ²skaten u. night = Nacht]: *nächtliche Veranstaltung für Inlineskater in [größeren] Städten.*

Skate|park, der: *größere Anlage zum Skateboardfahren.*

¹**Ska|ter**, der; -s, - (ugs.): *Skatspieler.*

²**Ska|ter** [ˈskeɪtɐ], der; -s, - [engl. skater, zu: to skate, ↑ ²skaten]: **a)** *jmd., der Skateboard fährt;* **b)** *jmd., der auf Inlineskatern* (1) *läuft.*

¹**Ska|te|rin**, die; -, -nen (ugs.): w. Form zu ↑ ¹Skater.

²**Ska|te|rin** [ˈskeɪtərɪn], die; -, -nen: w. Form zu ↑ ²Skater.

Ska|ting [ˈskeɪtɪŋ], das; -s [engl. skating, zu: to skate, ↑ Skateboard]: **1.** *das* ²*Skaten.* **2.** (Skisport) *freie Lauftechnik (bes. beim Langlauf).*

Skat|jar|gon, der: *in der Kommunikation über das Skatspiel unter Skatspielern gebräuchlicher Jargon* (a).

Skat|kar|te, die: **1.** *Spielkarte für das Skatspiel* (1). **2.** ⟨o. Pl.⟩ *vollständiges Spiel von Spielkarten für das Skatspiel.*

Skat|run|de, die: **1.** *kleiner Kreis von Personen, die zusammen Skat spielen:* eine fröhliche S. **2.** *Runde* (3 b) *beim Skatspiel:* für ein paar -n reicht die Zeit noch.

Skat|spiel, das: **1.** ⟨Pl. selten⟩ *Skat* (1): die Regeln des -s. **2.** ⟨o. Pl.⟩ *das Skatspielen:* regelmäßiges S. **3.** *Partie beim Skat:* ein S. machen. **4.** *Skatkarte* (2).

Skat|spie|ler, der: *jmd., der Skat spielt.*

Skat|spie|le|rin, die: w. Form zu ↑ Skatspieler.

Skat|tur|nier, das: *Turnier im Skatspielen.*

Skeet|schie|ßen [ˈskiːt…], das; -s [engl. skeet (shooting), wohl zu anord. skot = Schuss] (Sport): **1.** ⟨o. Pl.⟩ *Wurfscheibenschießen, bei dem die Schützen im Halbkreis um die Wurfmaschinen stehen u. auf jede Scheibe nur einen Schuss abgeben dürfen.* **2.** *Veranstaltung, Wettkampf des Skeetschießens* (1).

Ske|le|ton [ˈskɛlɪtɔn, …letɔn], der; -s, -s [engl. skeleton, eigtl. = Gerippe, Gestell < griech. skeletón, ↑ ¹Skelett] (Sport): *niedriger Rennschlitten, den der Fahrer auf dem Bauch liegend lenkt.*

¹**Ske|lett**, das; -[e]s, -e [griech. skelétón (sōma) = ausgetrocknet(er Körper), Mumie, zu: skeletós = ausgetrocknet, zu: skéllein = austrocknen, dörren; vertrocknen]: **1.** *die Weichteile des Körpers stützendes [bewegliches] Gerüst bes. aus Knochen; Knochengerüst: das menschliche S.;* in der Höhle wurde ein S. *(Gerippe)* gefunden; Ü er ist fast zum S. abgemagert. **2.** (Bauw.) *aus einzelnen Stützen u. Trägern bestehende tragende Konstruktion; Gerüst:* das S. der Bahnhofshalle steht bereits. **3.** (Bot.) *zur Festigung von Pflanzenorganen dienendes Gewebe.*

²**Ske|lett**, die; - (Druckw.): *aus relativ dünnen Strichen bestehende Schrift.*

Ske|lett|bau, der; ⟨Pl. -ten⟩ (Bauw.): **1.** ⟨o. Pl.⟩ *das Bauen in Skelettbauweise.* **2.** *Bauwerk in Skelettbauweise.*

Ske|lett|bau|wei|se, die (Bauw.): *Bauweise, bei der Stützen in der Art eines Gerippes den Bau tragen u. die Zwischenräume mit nicht tragenden Wänden ausgefüllt werden.*

Ske|lett|bo|den, der (Geol.): *Boden mit hohem Anteil an Gestein (bes. in Gebirgen).*

Ske|lett|bürs|te, die: *Haarbürste mit wenigen Borsten, die weit auseinanderstehen.*

ske|lett|tie|ren ⟨sw. V.; hat⟩: **1.** *das* ¹*Skelett* (1) *bloß legen:* Hunderte von Piranhas skelettierten den Kadaver. **2.** (Biol.) *(von Pflanzenschädlingen) ein Blatt bis auf die Rippen abfressen.*

Ske|lett|mus|kel, der (Anat.): *an Teilen des* ¹*Skeletts* (1) *ansetzender Muskel.*

Ske|lett|teil, Skelett-Teil, der od. das: *Teil des eines* ¹*Skeletts* (1).

Ske|ne, die; -, …nai [griech. skēnḗ, ↑ Szene]: **a)** *im antiken Theater ein Ankleideräume enthaltender Holzbau, der das Proszenium* (2) *nach hinten abschließt;* **b)** *zum Proszenium* (2) *hin gelegene Wand der Skene* (a), *vor der die Schauspieler auftreten.*

Skep|sis, die; - [griech. sképsis = Betrachtung; Bedenken, zu: sképtesthai = schauen, spähen; betrachten]: *[durch] kritische Zweifel, Bedenken, Misstrauen [bestimmtes Verhalten]; Zurückhaltung:* er betrachtet die Entwicklung mit einiger, berechtigter, gesunder S.; [einer Sache gegenüber] voller S. sein.

Skep|ti|ker, der; -s, - [griech. Skeptikós = Philosoph einer Schule, deren Anhänger ihre Mei-

Skeptikerin – Sklavenaufstand

nung nur mit Bedenken, Zweifeln äußerten, subst. Adj. skeptikós, ↑ skeptisch]: **1.** *zu einem durch Skepsis bestimmten Denken, Verhalten neigender Mensch:* die S. *(diejenigen, die der Sache skeptisch gegenüberstanden)* sollten leider recht behalten. **2.** (Philos.) *Anhänger des Skeptizismus* (2).

Skep|ti|ke|rin, die; -, -nen: w. Form zu ↑ Skeptiker.

skep|tisch ⟨Adj.⟩ [griech. skeptikós = zum Betrachten, Bedenken gehörig, geneigt]: *zu Skepsis neigend, auf ihr beruhend:* eine -e Miene; ich bin s. *(habe Zweifel, Bedenken),* ob sich der Plan verwirklichen lässt.

Skep|ti|zis|mus, der; -: **1.** *skeptische Haltung:* mit einleuchtenden Argumenten trat er ihrem S. entgegen. **2.** (Philos.) *den Zweifel zum Prinzip des Denkens erhebende, die Möglichkeit einer Erkenntnis der Wirklichkeit u. der Wahrheit infrage stellende Richtung der Philosophie.*

Sketch [skɛtʃ], der; -[e]s, -e [engl. sketch = Skizze, Stegreifstudie < niederl. schets = Entwurf < ital. schizzo, ↑ Skizze]: *(besonders im Kabarett od. Varieté aufgeführte) kurze, effektvolle Szene mit meist witziger Pointierung.*

Ski [ʃiː], Schi, der; -s, -, auch: -er [norw. ski, eigtl. = Scheit < anord. skíð = Scheit; Schneeschuh, verw. mit ↑ Scheit]: *schmales, langes, vorn in eine nach oben gebogene Spitze auslaufendes Brett aus Holz, Kunststoff od. Metall, an dem der Skistiefel mit der Bindung* (2) *befestigt wird, sodass sich jmd. damit [gleitend] über den Schnee fortbewegen kann:* ein Paar S.; S. laufen, fahren; die -er an-, abschnallen, schultern, spannen, wachsen; S. und Rodel gut (Meteorol.; *die Schneeverhältnisse sind so, dass es sich gut Ski laufen u. rodeln lässt*).

Ski|ak|ro|ba|tik, Schiakrobatik, die: *Trickskilaufen.*

Ski|an|zug, Schianzug, der: *Anzug zum Skilaufen.*

Ski|aus|rüs|tung, Schiausrüstung, die: *zum Skifahren benötigte Ausrüstung.*

Ski|bin|dung, Schibindung, die: *in der Mitte des Skis angebrachte Vorrichtung zum Befestigen des Skischuhs.*

Ski|bob, Schibob, der: **1.** *Sportgerät aus einem dem Fahrradrahmen ähnlichen Gestell, das auf zwei hintereinander angeordneten, kurzen Skiern ruht, von denen der vordere mit einem Lenker gesteuert wird.* **2.** *Sportart, bei der der Fahrer mit kurzen Skiern an den Füßen auf einem Skibob* (1) *sitzend einen Hang hinabfährt.*

Ski|bril|le, Schibrille, die: *Schutzbrille für Skiläufer.*

Ski|fah|rer, Schifahrer, der: *Skiläufer.*

Ski|fah|re|rin, Schifahrerin, die: w. Formen zu ↑ Skifahrer, Schifahrer.

Skiff, das; -[e]s, -e u. -s [engl. skiff < frz. esquif < ital. schifo < ahd. scif = Schiff] (Sport): *Einer* (2).

Skif|fle [ˈskɪfl̩], der, auch: das; -s [engl. skiffle, H. u., viell. lautm.]: *Vorform des Jazz, der auf primitiven Instrumenten, z. B. Waschbrett, Kamm u. Jug, gespielt wird.*

Ski|flie|gen, Schifliegen, das; -s: *Skispringen von einer Flugschanze.*

Ski|flug, Schiflug, der: *Skifliegen.*

Ski|fu|ni, Schifuni, der; -, -s [über das Roman. zu lat. funis = Seil] (schweiz.): *großer Schlitten, der von einer seilbahnähnlichen Konstruktion gezogen wird u. Skiläufer bergaufwärts befördert.*

Ski|ge|biet, Schigebiet, das: *für den Skilauf geeignetes Gebiet.*

Ski|gym|nas|tik, Schigymnastik, die: *spezielle Gymnastik, die den Körper für das Skilaufen kräftigt.*

Ski|ha|serl, Schihaserl, das; -s, -[n] (südd., österr. scherzh.): a) *junge Skiläuferin;* b) *Anfängerin im Skilaufen.*

Ski|hüt|te, Schihütte, die: *in den Bergen gelegene Hütte für Bewirtung und Unterkunft von Skifahrern.*

Ski|jö|ring, Schijöring, Skijöring, Schikjöring [ˈʃiːjøːrɪŋ, ...çøː...], das; -s, -s [norw. kjøring = das Fahren, zu: kjøre = fahren]: *Sportart, bei der ein Skiläufer von einem Pferd od. Motorrad gezogen wird.*

Ski|kar|ri|e|re, Schikarriere, die: *Karriere im [professionellen] Skisport.*

Ski|kjö|ring: ↑ Skijöring.

Ski|kurs, Schikurs, **Ski|kur|sus,** Schikursus, der: *Kurs* (3 a) *im Skilaufen.*

Ski|lang|lauf, Schilanglauf, der: *Langlauf.*

Ski|lang|läu|fer, Schilangläufer, der: *jmd., der Skilanglauf betreibt; Langläufer* (1).

Ski|lang|läu|fe|rin, Schilangläuferin, die: w. Formen zu ↑ Skilangläufer, Schilangläufer.

Ski|lauf, Schilauf, der ⟨o. Pl.⟩: *das Sichfortbewegen auf Skiern (als sportliche Disziplin):* nordischer, alpiner S.

Ski|lau|fen, Schilaufen, das; -s: *Skilauf.*

Ski|läu|fer, Schiläufer, der: *jmd., der Ski läuft.*

Ski|läu|fe|rin, Schiläuferin, die: w. Formen zu ↑ Skiläufer, Schiläufer.

Ski|leh|rer, Schilehrer, der: *jmd., der Unterricht im Skilaufen gibt.*

Ski|leh|re|rin, Schilehrerin, die: w. Formen zu ↑ Skilehrer, Schilehrer.

Ski|lift, Schilift, der: *mechanische Vorrichtung, die Skiläufer mit angeschnallten Skiern bergaufwärts befördert.*

Skim|ming, das; -s [engl.] (EDV-Jargon): *illegales, in betrügerischer Absicht erfolgendes Auslesen von Daten, die in Bank- u. Kreditkarten gespeichert sind.*

Skin, der; -s, -s: Kurzf. von ↑ Skinhead.

Skin|head [...hɛd], der; -s, -s [engl. skinhead, eigtl. = Hautkopf, zu: head = Kopf]: *Jugendlicher, der ein bestimmtes Aussehen (sehr kurze Haare od. kahl geschorener Kopf) sowie bestimmte Modemarken bevorzugt und zu einer heterogenen (Jugend)gruppe gehört, von der Teile (!) der Grundlage rechtsradikalen Gedankenguts] zu aggressivem Verhalten neigen, andere als unpolitisch oder linksradikal gelten.*

Skin|ner|box, Skin|ner-Box, die [nach dem amerik. Psychologen B. F. Skinner (1904–1990)] (Psychol., Verhaltensf.): *zur experimentellen Erforschung von Lernvorgängen bei Tieren konstruierter Käfig.*

Ski|pass, Schipass, der: *für die Skilifts eines bestimmten Gebiets gültige Zeitkarte.*

Ski|pis|te, Schipiste, die: *Piste* (1).

Skip|per, der; -s, - [engl. skipper = Kapitän < mniederl. schipper = Schiffer] (Jargon): *Kapitän einer [Segel]jacht.*

Skip|pe|rin, die; -, -nen: w. Form zu ↑ Skipper.

Ski|ren|nen, Schirennen, das: *Wettlauf auf Skiern.*

Ski|schuh, Schischuh, der: *spezieller zum Skilaufen bestimmter Schuh.*

Ski|schu|le, Schischule, die: *Einrichtung, die Skikurse veranstaltet.*

Ski|sport, Schisport, der: *auf Skiern betriebene sportliche Disziplinen.*

Ski|sprin|gen, Schispringen, das: **1.** ⟨o. Pl.⟩ *Sportart, bei der jmd. auf Skiern eine Sprungschanze hinunterfährt u. nach dem Sprung mit den Skiern auf dem Boden aufsetzt.* **2.** *Wettbewerb im Skispringen* (1).

Ski|sprin|ger, Schispringer, der: *jmd., der das Skispringen als sportliche Disziplin betreibt.*

Ski|sprin|ge|rin, Schispringerin, die: w. Formen zu ↑ Skispringer, Schispringer.

Ski|sprung, Schisprung, der: *Skispringen.*

Ski|spur, Schispur, die: *Spur eines Skiläufers im Schnee.*

Ski|stie|fel, Schistiefel, der: *Stiefel* (1 b) *aus Leder od. Kunststoff, der dem Fuß beim Skilaufen besonderen Halt gibt u. mit der Bindung* (2) *befestigt wird.*

Ski|stock, Schistock, der: *einer von zwei Stöcken, die oben mit einer Schlaufe zum Durchstecken der Hand u. einem Griff versehen sind, unten in eine dornenförmige Spitze auslaufen u. die der Skiläufer in den Schnee stößt, um Schwung zu holen u. die Balance zu halten.*

Ski|un|fall, Schiunfall, der: *beim Skilaufen sich ereignender Unfall.*

Ski|ur|laub, Schiurlaub, der: *Urlaub, in dem hauptsächlich Skisport betrieben wird.*

Ski|wachs, Schiwachs, das: *Wachs, mit dem die Lauffläche eines Skis eingerieben wird, damit er besser gleitet.*

Ski|wan|dern, Schiwandern, das; -s: *Wandern auf Skiern.*

Ski|zir|kus, Schizirkus, der (Jargon): **1.** *über ein ganzes Skigebiet verteiltes, in sich geschlossenes System von Skiliften.* **2.** *Gesamtheit von alpinen Skirennen mit allen damit in Zusammenhang stehenden Veranstaltungen der Saison.*

Skiz|ze, die; -, -n [ital. schizzo, eigtl. = Spritzer (mit der Feder), lautm.]: **1.** *mit groben Strichen hingeworfene, sich auf das Wesentliche beschränkende Zeichnung [die als Entwurf dient]:* eine flüchtige S.; eine S. machen; er fertigte eine S. von der Unfallstelle an. **2.** a) *kurzer, stichwortartiger Entwurf; Konzept* (1): die S. einer Rede; b) *kurze, sich auf das Wesentliche beschränkende [literarische] Darstellung, Aufzeichnung:* er hielt die wichtigsten Eindrücke seiner Reise in einer S. fest.

Skiz|zen|block, der ⟨Pl. ...blöcke u. -s⟩: *Block* (5), *der zur Zeichnung von Skizzen* (1) *benutzt wird.*

Skiz|zen|buch, das: *Buch, das zum Zeichnen von Skizzen benutzt wird.*

skiz|zen|haft ⟨Adj.⟩: *in der Art einer Skizze* (1): -e Entwürfe.

skiz|zie|ren ⟨sw. V.; hat⟩ [ital. schizzare, eigtl. = spritzen]: **1.** *in der Art einer Skizze* (1) *zeichnen, darstellen:* der Architekt skizzierte das Gebäude. **2.** a) *etw. in großen Zügen, sich auf das Wesentliche beschränkend darstellen, aufzeichnen:* er skizzierte das Thema des Vortrags; b) *sich für etw. Notizen, ein Konzept* (1) *machen; entwerfen:* er skizzierte den Text für seine Rede.

Skiz|zier|pa|pier, das: *Papier zum Skizzieren.*

Skiz|zie|rung, die; -, -en ⟨Pl. selten⟩: *das Skizzieren.*

Skla|ve, der; -n, -n [spätmhd. sclave, mhd. slave < mlat. s(c)lavus = Unfreier, Leibeigener < mgriech. sklábos = Sklave, eigtl. = Slawe (die ma. Sklaven im Orient waren meist Slawen)]: **1.** (bes. früher) *jmd., der in völliger wirtschaftlicher u. rechtlicher Abhängigkeit von einem anderen Menschen als dessen Eigentum lebt:* ein afrikanischer, griechischer S.; jmdn. wie einen -n behandeln; einem -n die Freiheit geben. **2.** (oft abwertend) *jmd., der (innerlich unfrei) von etw. od. jmdm. sehr abhängig ist:* zum -n seiner Leidenschaften werden; ... und dass die Mathematik die Quelle eines bösen Verstandes bilde, der den Menschen zwar zum Herrn der Erde, aber zum -n der Maschine mache (Musil, Mann 40). **3.** (Jargon) *jmd., der sich Schmerzen zufügen lässt, weil er dadurch sexuell erregt wird.*

Skla|ven|ar|beit, die: **1.** (bes. früher) *von Sklaven* (1) *verrichtete Arbeit.* **2.** (abwertend) *besonders schwere, anstrengende Arbeit.*

Skla|ven|auf|stand, der (bes. früher): *Aufstand von Sklaven gegen ihre Herren.*

Skla|ven|hal|ter, der (bes. früher): *jmd., der Sklaven* (1) *als Eigentum besitzt.*
Skla|ven|hal|ter|ge|sell|schaft, die ⟨o. Pl.⟩ (bes. marx.): *Gesellschaft, in der die Herrschenden sowohl die Produktionsmittel als auch die Produzenten (die Sklaven) als Eigentum besitzen.*
Skla|ven|hal|te|rin, die: w. Form zu ↑ Sklavenhalter.
Skla|ven|han|del, der (bes. früher): *Handel mit Sklaven.*
Skla|ven|händ|ler, der (bes. früher): *jmd., der mit Sklaven* (1) *handelt.*
Skla|ven|händ|le|rin, die: w. Form zu ↑ Sklavenhändler.
Skla|ven|markt, der (bes. früher): *Markt, auf dem Sklaven* (1) *verkauft werden.*
Skla|ven|tum, das; -s (geh.): *Sklaverei.*
Skla|ve|rei, die; -: **1.** (bes. früher) *völlige wirtschaftliche u. rechtliche Abhängigkeit eines Sklaven* (1) *von einem Sklavenhalter: die S. abschaffen.* **2.** (oft abwertend) **a)** *starke Abhängigkeit von jmdm. od. etw.:* ... *und ich wünschte, die Töchter der Arbeiter wären frei und könnten sich Blumen ins Haar winden: frei von Kirche und wirtschaftlicher S.* (Tucholsky, Werke II, 165); **b)** *harte, ermüdende Arbeit: diese Arbeit ist die reinste S.*
Skla|vin, die; -, -nen: w. Form zu ↑ Sklave.
skla|visch ⟨Adj.⟩ (bildungsspr. abwertend): **1.** *blind u. unbedingt gehorsam; unterwürfig; willenlos:* -er *Gehorsam; sich s. unterordnen.* **2.** *[unselbstständig u.] ohne eigene Ideen ein Vorbild nachahmend, nachbildend: sich s. an die Vorlage halten.*
Skle|ra, die; -, ...ren [zu griech. sklērós = spröde, hart] (Anat.): *Lederhaut des Auges; äußere Hülle des Augapfels aus derbem Bindegewebe.*
Skle|r|en|chym, das; -s, -e [zu griech. égchyma = (eingegossene) Flüssigkeit] (Bot.): *festigendes Gewebe in nicht mehr wachsenden Pflanzenteilen.*
Skle|ro|me|ter, das; -s, - [↑-meter (1)]: *Gerät zur Bestimmung der Härte von Mineralien.*
Skle|ro|se, die; -, -n (Med.): *krankhafte Verhärtung von Geweben u. Organen:* multiple *S.* (Med.; *Erkrankung des Gehirns u. Rückenmarks mit Bildung zahlreicher Verhärtungen von Gewebe, Organen od. Organteilen).*
Skle|ro|ti|ker, der; -s, - (Med.): *jmd., der an Sklerose erkrankt ist.*
Skle|ro|ti|ke|rin, die; -, -nen: w. Form zu ↑ Sklerotiker.
skle|ro|tisch ⟨Adj.⟩ (Med.): **1.** *die Sklerose betreffend, von ihr herrührend:* -e *Prozesse.* **2.** *an Sklerose leidend:* -e *Patienten.*
Sko|li|o|se, die; -, -n (Med.): *seitliche Verkrümmung der Wirbelsäule.*
skon|tie|ren ⟨sw. V.; hat⟩ [ital. scontare = abziehen, zu ↑ Skonto] (Kaufmannsspr.): *Skonto gewähren, von etw. abziehen: eine Rechnung s.*
Skon|to, der od. das; -s, ...ti u. -s [ital. sconto, zu: scontare = abrechnen, abziehen, zu: contare = zählen, rechnen < lat. computare = berechnen] (Kaufmannsspr.): *Preisnachlass bei sofortiger Zahlung [in bar] od. Einhaltung einer kurzen Zahlungsfrist: S. verlangen;* 2 *Prozent S. abziehen.*
Skoo|ter [ˈskuːtɐ], der; -s, - [engl. scooter = Roller, zu: to scoot = rasen]: *elektrisch angetriebenes, einem Auto nachgebildetes kleines lenkbares Fahrzeug zum Fahren auf einer großen, meist rechteckigen Bahn: auf dem Jahrmarkt S. fahren.*
Skop|je: *Hauptstadt von Mazedonien.*
Skop|ze, der; -n, -n [russ. skopec = Kastrat]: *Anhänger einer zu Anfang des 19.Jh.s gegründeten schwärmerischen russischen Sekte, die von* ihren Mitgliedern *strenge Enthaltsamkeit verlangt.*
Skop|zin, die; -, -nen: w. Form zu ↑ Skopze.
Skor|but, der; -[e]s [nlat. (16.Jh.) scorbutus, H.u.] (Med.): *auf einem Mangel an Vitamin C beruhende Krankheit, bei der es bes. zu Blutungen vor allem des Zahnfleisches u. der Haut kommt: früher erkrankten vor allem viele Seeleute an S.*
skor|bu|tisch ⟨Adj.⟩ (Med.): **1.** *auf Skorbut beruhend, für Skorbut charakteristisch, mit Skorbut einhergehend:* -e *Symptome.* **2.** *an Skorbut erkrankt:* -e *Patienten.*
Skore [skɔː, skoːɐ̯], das; -s, -s [engl. score, ↑ Score] (Sport schweiz.): *Score.*
sko|ren usw. [auch: ˈskoːrən] (Sport österr., schweiz.): *w.* scoren *usw.*
Skor|pi|on, der; -s, -e [mhd. sc(h)orpiōn, ahd. scorpiōn (Akk.) < lat. scorpio (Gen.: scorpionis) < griech. skorpíos]: **1.** *(in vielen Arten in den Tropen u. Subtropen verbreitetes, zu den Spinnentieren gehörendes) Tier mit zwei kräftigen Scheren am Vorderkörper u. einem Giftstachel am Ende des langen, vielgliedrigen Hinterleibs.* **2.** (Astrol.) **a)** ⟨o. Pl.⟩ *Tierkreiszeichen für die Zeit vom 24. 10. bis 22. 11.;* **b)** *jmd., der im Zeichen Skorpion* (2 a) *geboren ist: sie ist [ein] S.* **3.** ⟨o. Pl.⟩ *Sternbild am südlichen Sternenhimmel.*
♦ **Skor|ta|ti|ons|stra|fe**, die [zu lat. scortari = huren u. eigtl. = Geldbuße für Prostitution]: *Kranzgeld:* ... *und bezahle die S. für seine Dirne* (Schiller, Kabale I, 5).
Sko|te, der; -n, -n: *Angehöriger eines alten irischen Volksstammes in Schottland.*
Sko|tin, die; -, -nen: w. Form zu ↑ Skote.
skr = *schwedische Krone.*
Skri|bent, der; -en, -en [zu lat. scribens (Gen.: scribentis), 1. Part. von: scribere = schreiben] (bildungsspr. abwertend): *Vielschreiber, Schreiberling: ein drittklassiger S.*
Skri|ben|tin, die; -, -nen: w. Form zu ↑ Skribent.
Skript, das; -[e]s, -e[n] u. -s [engl. script < afrz. escript < lat. scriptum = Geschriebenes, 2. Part. von: scribere, ↑ Skribent]: **1.** *Manuskript* (1): *ich habe ein S. gelesen.* **2.** *(bes. der den Juristen) Nachschrift einer Vorlesung.* **3.** ⟨Pl. meist -s⟩ **a)** (Film) *Drehbuch;* **b)** (Rundfunk, Fernsehen) *einer Sendung zugrunde liegende schriftliche Aufzeichnungen.* **4.** (EDV) *kleines Computerprogramm.*
Skrip|ta: Pl. von ↑ Skriptum.
Skrip|ten: Pl. von ↑ Skript, ↑ Skriptum.
Skript|girl, das [engl. script girl, aus: script (↑ Skript) u. girl (↑ Girl)] (Film): *Mitarbeiterin, Sekretärin eines Filmregisseurs, die während der Dreharbeiten alle technischen Daten notiert.*
Skrip|tum, das; -s, ...ten, auch: ...ta [lat. scriptum, ↑ Skript] (österr., sonst veraltend): *Skript* (1, 2).
Skrip|tur, die; -, -en ⟨meist Pl.⟩ [lat. scriptura, zu: scribere, ↑ Skribent] (veraltet): *Schrift, Schriftstück; Handschrift* (4 a): ♦ ... *rings um herum Lottens Kleider und Alberts -en* (Goethe, Werther II, 21. Oktober).
♦ **Skritz|ler** [aus Skrib[b]ler = Vielschreiber (zu: skrib[b]eln = schmieren, schlecht schreiben, mhd. nicht belegt, ahd. scribilōn, zu: scrīban, ↑ schreiben) u. Kritzler], **Skriz|ler**, der; -s, -: *Autor, der viel u. schlecht schreibt: Ich geh letzthin in die Druckerei ... und diktier einem Skrizler, der sonst saß, die leibhafte Bitte von einem Wurmdoktor in die Feder* (Schiller, Räuber II, 3).
Skro|fel, der; -n [lat. scrofulae (Pl.), zu: scrofa = (Zucht)sau; Schweine waren oft mit Drüsenkrankheiten behaftet]: **1.** *Geschwulst an einem Lymphknoten, an der Haut.* **2.** ⟨Pl.⟩ *Skrofulose:* er *hat -n.*
skro|fu|lös ⟨Adj.⟩ (Med.): *an Skrofulose leidend.*
Skro|fu|lo|se, die; -, -n (Med.): *bei Kindern auftretende tuberkulöse Erkrankung, bei der sich an der Haut u. an den Lymphknoten Geschwülste bilden.*
Skro|ta: Pl. von ↑ Skrotum.
skro|tal ⟨Adj.⟩ (Med.): *zum Skrotum gehörend, es betreffend.*
Skro|tum, das; -s, ...ta [lat. scrotum] (Med.): *Hodensack.*
¹**Skru|pel**, der; -s, - ⟨meist Pl.⟩ [lat. scrupulus = stechendes Gefühl der Angst, Unruhe, eigtl. = spitzes Steinchen, Vkl. von: scrupus = spitzer Stein]: *auf moralischen Bedenken beruhende Hemmung (etw. Bestimmtes zu tun), Zweifel, ob ein bestimmtes Handeln mit dem eigenen Gewissen vereinbar ist:* moralische, religiöse *S.; ihn quälten [keine] S.; da hätte ich überhaupt keine S. (das würde ich ohne Weiteres tun).*
²**Skru|pel**, das; -s, - [spätmhd. scropel < lat. scrupulum = kleinster Teil eines Gewichts, ↑ ¹Skrupel] (früher): *Apothekergewicht (etwa 1,25 g).*
skru|pel|los ⟨Adj.⟩ (abwertend): *keine* ¹Skrupel *habend; gewissenlos:* -e *Geschäftemacher;* -er *Machtmissbrauch; s. handeln.*
Skru|pel|lo|sig|keit, die; -, -en: **1.** ⟨o. Pl.⟩ *skrupellose Art, skrupelloses Wesen.* **2.** *skrupelloses Verhalten.*
skru|pu|lös ⟨Adj.⟩ [lat. scrupulosus, eigtl. = voll spitzer Steinchen, rau, zu: scrupulus, ↑ ¹Skrupel] (bildungsspr.): *[übertrieben] gewissenhaft, [ängstlich] darauf bedacht, keinen Fehler zu machen: wenn man als Politiker etwas erreichen will, darf man nicht allzu s. sein.*
Skull, das; -s, -s [engl. scull, H.u.] (Seemannsspr., Rudersport): *mit einer Hand zu führendes (paarweise vorhandenes) Ruder* (1): *ein Paar -s.*
Skull|boot, das (Seemannsspr., Rudersport): *Ruderboot, das mithilfe von Skulls vorwärtsbewegt wird.*
skul|len ⟨sw. V.; hat/ist⟩ [engl. to scull] (Seemannsspr., Rudersport): *mit Skulls rudern.*
Skul|ler, der; -s, - [engl. sculler]: **1.** (Seemannsspr., Rudersport) *Skullboot.* **2.** (Rudersport) *jmd., der das Skullen als Sport betreibt.*
Skul|le|rin, die; -, -nen (Rudersport): w. Form zu ↑ Skuller (2).
Skulp|teur [...ˈtøːɐ̯], der; -s, -e [frz. sculpteur, zu: sculpture < lat. sculptura, ↑ Skulptur] (bildungsspr.): *Künstler, der Skulpturen herstellt.*
Skulp|teu|rin [...ˈtøːrɪn], die; -, -nen: w. Form zu ↑ Skulpteur.
Skulp|tur, die; -, -en [lat. sculptura, zu: sculpere = (durch Graben, Stechen, Schneiden) etw. schnitzen, bilden, meißeln]: **a)** *Werk eines Bildhauers, Plastik;* **b)** ⟨o. Pl.⟩ *Bildhauerkunst.*
skulp|tu|ral ⟨Adj.⟩ (bildungsspr.): *in der Art, der Form einer Skulptur:* -e *Formen.*
Skulp|tu|ren|samm|lung, die; -, -en: *Sammlung von Skulpturen* (a).
Skunk, der; -s, -s u. -e [engl. skunk < Algonkin (nordamerik. Indianerspr.) skunk]: **1.** ⟨Pl. meist -e⟩ *Stinktier.* **2.** ⟨Pl. meist -s⟩ **a)** *Fell eines Skunks* (1); **b)** *aus Skunk* (2 a) *hergestellter Pelz.*
Skunks, der; -es, -e (Pl. selten) (Fachspr.): *Skunk* (2 b). *S. wird meist zu Besätzen verarbeitet.*
Skup|sch|ti|na, die; - [serb. skupština = Versammlung]: *jugoslawisches Parlament; jugoslawische Bundesversammlung.*
skur|ril ⟨Adj.⟩ [lat. scurrilis, zu: scurra = Witzbold, Spaßmacher]: *(in Aussehen od. Wesen) sonderbar, absonderlich anmutend, auf lächerliche od. befremdende Weise eigenwillig; seltsam: eine S. Idee, Geschichte;* ein -er *Plan, Einfall;* er *ist in etwa* -er *Mensch; s. anmuten, aussehen, wirken.*
Skur|ri|li|tät, die; -, -en [lat. scurrilitas, zu: scurrilis, ↑ skurril] (bildungsspr.): **1.** ⟨o. Pl.⟩ *das Skurril-*

S-Kurve – slowenisch

sein, skurrile Art, skurriles Wesen. **2.** *etw. Skurriles, skurrile Äußerung, Handlung o. Ä.*

S-Kur|ve [ˈɛs...], die: *Doppelkurve:* die Straße beschreibt dort eine scharfe S.

¹Skye [skaɪ]: *zu den Inneren Hebriden gehörende schottische Insel.*

²Skye [skaɪ], der; -s, -s: *Kurzf. von ↑ Skyeterrier.*

Skye|ter|ri|er, der *[engl. skye terrier, nach der Insel ¹Skye]: kleiner Hund mit langem, dichtem, bläulich grauem Haar, einem langen Schwanz u. Hänge- od. Stehohren.*

Sky|ja|cker [ˈskaɪdʒɛkɐ], der; -s, - *[engl. skyjacker, eigtl. = Himmelsräuber, zu: sky, ↑ Skylab]* (selten): *Hijacker.*

Sky|ja|cke|rin, die; -, -nen: w. Form zu ↑ Skyjacker.

Sky|lab [ˈskaɪlæb], das; -s *[engl., aus: sky = Himmel u. lab(oratory) = Laboratorium]: Name einer amerikanischen Raumstation.*

Sky|light [ˈskaɪlaɪt], das; -s, -s *[engl. skylight, zu: light = Licht] (Seemannsspr.): Oberlicht (auf Schiffen).*

Sky|line [ˈskaɪlaɪn], die; -, -s *[engl. skyline, eigtl. = Horizont, Silhouette, zu: line = Linie]: [charakteristische] Silhouette einer aus der Ferne gesehenen Stadt:* die berühmte S. von Manhattan; ...und schließlich Moskau, eine S. taucht auf, Wolkenkratzer, Türme von vorher nie gesehener Art (Koeppen, Rußland 88).

Skyl|la: griech. Form von ↑ Szylla.

sky|pen [ˈskaɪpn̩] ⟨sw. V.; hat⟩ [zu: Skype® = Name einer Software] (Jargon): *[mithilfe der Software Skype] über das Internet telefonieren.*

Sky|phos, der; -, ...phoi *[griech. skýphos] (Archäol.): altgriechisches becherartiges Trinkgefäß mit zwei waagerechten Henkeln am oberen Rand.*

Skyth, das; -[s] *[nach den Skythen] (Geol.): unterste Stufe der alpinen Trias.*

Sky|the, der; -n, -n: *Angehöriger eines alten iranischen Nomadenvolkes.*

Sky|thin, die; -, -nen: w. Form zu ↑ Skythe.

sky|thisch ⟨Adj.⟩: *die Skythen betreffend; von den Skythen stammend, zu ihnen gehörend.*

Sky|thisch, das; -[s], (nur mit best. Art.:) **Sky|thi|sche,** das; -n: *(tote) Sprache der Skythen.*

Sky|thi|um, das; -s (Geol.): Skyth.

s. l. = sine loco.

Slack [slɛk, engl.: slæk], der; -s *[engl. slack = Flaute, zu: slack = locker, lose, flau] (Wirtsch.): Überschuss an [finanziellen] Mitteln eines Unternehmens, der sich in Erfolgszeiten ansammelt u. als Reserve für Krisenzeiten dient.*

sla|cken [ˈslɛkn̩] ⟨sw. V.; hat/ist⟩ [zu ↑ Slackline] *auf der Slackline balancieren:* sie haben am ganzen Morgen im Park geslackt.

Sla|cker [ˈslɛkɐ], der; -s, - *[engl.] (Jargon): 1. engl. slacker, zu slack = nachlässig, schlampig; verbummelt, verw. mit lat. laxus, ↑ lax] (Jargon): Jugendlicher od. junger Erwachsener, der das Streben nach [beruflichem] Erfolg ablehnt u. die Lebenshaltung eines Müßiggängers, Versagers zur Schau trägt.*

Sla|cke|rin, die; -, -nen: w. Form zu ↑ Slacker.

Slack|line [ˈslɛklaɪn], die; -, -s *[engl. slack line, aus: slack = locker u. line = (Wäsche)leine]: als Spiel- und Sportgerät dienender, zwischen zwei Befestigungspunkten fixierter Spanngurt zum Balancieren.*

Slack|li|ner, der; -s, - *[engl. slackliner]: jmd., der [als Sport] auf einer Slackline balanciert.*

Slack|li|ne|rin, die; -, -nen: w. Form zu ↑ Slackliner.

Sla|lom, der; -s, -s *[norw. slalåm, eigtl. = leicht abfallende Skispur] (Ski-, Kanusport): Rennen, bei dem vom Start bis zum Ziel eine Anzahl von Toren durchfahren werden muss, die in Schlangen- od. Zickzacklinien aufgestellt sind:* einen S. fahren, gewinnen; Ü der Weg war derart zugeparkt, dass die Radfahrer [regelrecht] S. fahren (ugs.; *die Hindernisse in einer Art Schlangenlinie umfahren*) mussten.

Sla|lom|kurs, der (Ski-, Kanusport): *Kurs (2) eines Slaloms.*

Sla|lom|lauf, der (Skisport): *Slalom.*

Sla|lom|läu|fer, der (Skisport): *Skiläufer, der Slalom fährt.*

Sla|lom|läu|fe|rin, die: w. Form zu ↑ Slalomläufer.

Slam [slɛm], der; -s, -s [engl.]: Kurzf. von ↑ Poetry-Slam.

Slam-Po|e|t|ry, Slam|po|e|t|ry [ˈslɛmpoːətri], die; - [engl.]: *beim Poetry-Slam vorgetragene Dichtung.*

Slang [slɛŋ], der; -s, -s [engl. slang, H. u.]: **a)** (oft abwertend) *nachlässige, oft fehlerhafte, saloppe Ausdrucksweise:* der amerikanische S.; S. sprechen; **b)** *Ausdrucksweise bestimmter sozialer, beruflicher o. ä. Gruppen; [Fach]jargon:* der technische, soziologische S.

Slang|wort, das ⟨Pl. ...wörter⟩: *nur im Slang gebräuchliches Wort.*

Slap|stick [ˈslɛpstɪk, ˈslæpstɪk], der; -s, -s [engl. slapstick, eigtl. = Pritsche (3), zu: slap = Schlag u. stick = Stock]: **a)** *Slapstickkomödie;* **b)** *derbkomische Einlage, grotesk-komischer Gag, wobei meist die Tücke des Objekts als Mittel eingesetzt wird.*

Slap|stick|ko|mö|die, die: *hauptsächlich aus Slapsticks (b) bestehende [Film]komödie.*

Slash [slɛʃ], der; -s, -[e]s [engl. slash, eigtl. = (harter, kurzer) Schlag, Hieb, laut- u. bewegungsnachahmend od. zu afrz. esclachier = (zer)teilen]: *Schrägstrich* (b).

s-Laut [ˈɛs...], der: *im Deutschen durch s, ss, ß wiedergegebener, stimmhaft od. stimmlos gesprochener Laut.*

Sla|we, der; -n, -n: *Angehöriger einer in Ost-, Südost- u. Mitteleuropa verbreiteten Völkergruppe.*

Sla|win, die; -, -nen: w. Form zu ↑ Slawe.

sla|wisch ⟨Adj.⟩: *die Slawen betreffend, zu ihnen gehörend; von ihnen ein Volk; die von den Slawen (die zum Indogermanischen gehörenden Sprachen der slawischen Völker.*

sla|wi|sie|ren ⟨sw. V.; hat⟩ [zum Völkernamen Slawen (Pl.)]: *slawisch machen.*

Sla|wi|sie|rung, die; -: *das Slawisieren.*

Sla|wist, der; -en, -en: *Wissenschaftler auf dem Gebiet der Slawistik.*

Sla|wis|tik, die; -: *Wissenschaft von den slawischen Sprachen, Literaturen [u. Kulturen].*

Sla|wis|tin, die; -, -nen: w. Form zu ↑ Slawist.

sla|wis|tisch ⟨Adj.⟩: *die Slawistik betreffend, zu ihr gehörend.*

s. l. e. a. = sine loco et anno.

Slee|per [ˈsliːpɐ], der; -s, - [engl. sleeper, zu: to sleep = schlafen] (Jargon): **1.** *Liegesitz, bes. in Passagierflugzeugen.* **2.** *(für eine spätere Aufgabe) irgendwo eingeschleuster, aber noch nicht tätiger Spion, Geheimagent o. Ä.*

Sli|bo|witz, Sliwowitz, der; -[es], -e [serbokroat. šljivovica, zu: šljiva = Pflaume]: *Pflaumenschnaps.*

Slice [slaɪs], der; -s, -s [...sɪs] [engl. slice, eigtl. = Schnitte, Scheibe]: **1.** (Golf) **a)** ⟨o. Pl.⟩ *Schlag, bei dem der Ball im Flug nach rechts abbiegt;* **b)** *mit einem Slice (1 a) gespielter Ball:* sein S. verfehlte das Loch. **2.** (Tennis) **a)** ⟨o. Pl.⟩ *Schlag, der mit nach hinten gekippter Schlägerfläche ausgeführt wird, wodurch der Ball einen Rückwärtsdrall erhält:* einen S. schlagen; **b)** *mit einem Slice (2 a) gespielter Ball:* diesen S. konnte er nicht retournieren.

sli|cen [ˈslaɪsn̩] ⟨sw. V.; hat⟩ [engl. to slice, eigtl. = in Scheiben schneiden] (Golf, Tennis): *einen Slice spielen, schlagen.*

Slick, der; -s, -s [engl. slick, zu: slick = schlüpfrig] (Motor- und Radsport): *[breiter] Rennreifen ohne Profil, bei dem die Haftung auf der Straße von Schlüpfrigwerden der erwärmten Lauffläche entsteht:* -s fahren.

Slide|show [ˈslaɪt...], die; -, -s [engl.]: *Diashow* (2).

Sli|ding Tack|ling [ˈslaɪdɪŋ ˈtɛklɪŋ], das; - -s, - -s [zu engl. sliding = gleitend, rutschend u. tackling = das Angreifen (des gegnerischen Spielers)] (Fußball): *Abwehraktion, bei der der Abwehrspieler in die Beine des Angreifers hineingrätscht, um den Ball wegzutreten.*

Slip, der; -s, -s [engl. slip = leicht über- oder anzuziehendes Kleidungsstück, bes. kurzes Damenunterkleid, zu: to slip, ↑ slippen]: **1.** ⟨seltener auch im Pl. mit singularischer Bed.⟩ *kleinerer Schlüpfer für Damen, Herren u. Kinder, der eng anliegt u. dessen Beinteil in der Beuge des Schenkels endet:* sie trug einen schwarzen S. **2.** (Technik) *Unterschied zwischen dem tatsächlich zurückgelegten Weg eines durch Propeller angetriebenen Flugzeugs, Schiffes u. dem aus der Umdrehungszahl des Propellers theoretisch sich ergebenden Weg.* **3.** (Seemannsspr.) *Anlage zum An-Land-Ziehen von Schiffen.* **4.** (Flugw.) *gezielt seitwärtsgesteuerter Gleitflug mit starkem Höhenverlust.* **5.** *[Abrechnungs]beleg bes. bei Bank- u. Börsengeschäften.*

slip|pen ⟨sw. V.; hat⟩ [engl. to slip, eigtl. = gleiten, schlüpfen]: **1.** (Seemannsspr.) *(ein Schiff) auf einem Slip an Land ziehen od. zu Wasser bringen.* **2.** (Seemannsspr.) *(ein Tau, eine Ankerkette o. Ä.) lösen, loslassen.* **3.** (Flugw.) *einen Slip (4) ausführen.*

Slip|per, der; -s, -[s] [engl. slipper = Pantoffel, zu: to slip, ↑ slippen]: **1.** *bequemer, doch elegant wirkender Halbschuh mit flachem Absatz.* **2.** ⟨Pl.: -⟩ (österr.) *lose fallender, sportlich geschnittener Mantel für Männer.*

Sli|wo|witz: ↑ Slibowitz.

Slo|gan [ˈsloːɡn̩, engl.: ˈsloʊɡən], der; -s, -s [engl. slogan, aus gäl. sluaghghairm = Kriegsgeschrei]: *bes. in Werbung u. Politik verwendete Redensart, einprägsame, wirkungsvoll formulierte Redewendung:* ein kurzer, treffender S.; einen neuen S. kreieren.

Sloop [sluːp], die; -, -s [engl. sloop < niederl. sloep = Schaluppe]: *Slup.*

Slot, der; -s, -s [engl. slot, eigtl. = Schlitz, Nut, (längliche) Öffnung; 2: kurz für: time slot = Zeitfenster; 3: zu engl. slot in der übertr. Bed. »freie (Arbeits)stelle, Stellenangebot«]: **1.** (EDV) *Steckplatz.* **2.** (Flugw.) *Zeitfenster für die Starts u. Landungen von Flugzeugen:* begehrte, zugeteilte -s. **3.** (Musik) *[einzelner] Auftritt einer Musikgruppe bei einem Festival.*

Slot|blech, das (EDV): *an einer Steckkarte angebrachter Streifen aus Blech, der den Slot nach außen abdeckt [u. bestimmte Anschlüsse enthält].*

slow [sloː, engl.: sloʊ] ⟨Adv.⟩ [engl. slow = langsam] (Musik): *Tempobezeichnung im Jazz, etwa zwischen adagio u. andante.*

Slo|wa|ke, der; -n, -n: Ew.

Slo|wa|kei, die; -: *Staat in Mitteleuropa.*

Slo|wa|kin, die; -, -nen: w. Form zu ↑ Slowake.

slo|wa|kisch ⟨Adj.⟩: *die Slowakei, die Slowaken betreffend; von den Slowaken stammend, zu ihnen gehörend.*

Slo|wa|kisch, das; -[s], (nur mit best. Art.:) **Slo|wa|ki|sche,** das; -n: *Sprache der Slowaken.*

Slo|we|ne, der; -n, -n: Ew.

Slo|we|ni|en; -s: *Staat in Südosteuropa.*

Slo|we|ni|er, der; -s, -: *Slowene.*

Slo|we|ni|e|rin, die; -, -nen: w. Form zu ↑ Slowenier.

Slo|we|nin, die; -, -nen: w. Form zu ↑ Slowene.

slo|we|nisch ⟨Adj.⟩: *Slowenien, die Slowenen betreffend; von den Slowenen stammend, zu ihnen gehörend.*

Slo|we|nisch, das; -[s], (nur mit best. Art.:) **Slo|we|ni|sche,** das; -n: *Sprache der Slowenen.*

Slow Food, das; - -[s], **Slow|food,** das; -[s] ['sloʊfuːd; Gegenbildung zu Fast Food, aus engl. slow († slow) u. food = Essen, Nahrung]: *auf traditionellen Herstellungsverfahren und der regionalen Küche basierendes, naturbelassenes Essen, das in Ruhe u. mit Bedacht verzehrt wird.*

Slow|fox ['sloː..., 'sloʊ...], der; -[es], -e [aus engl. slow († slow) u. fox, † Fox]: *langsamer Foxtrott.*

Slow Mo|tion [' - 'moʊʃn], die; - - [engl. slow († slow) u. motion = Bewegung]: *Zeitlupe; in Zeitlupe abgespielter Film[ausschnitt].*

Slum [slam, engl.: slʌm], der; -s, -s [engl. slum, eigtl. = kleine, schmutzige Gasse, H. u.]: *Elendsviertel [einer Großstadt];* Dazu: **Slum|be|woh|ner,** der; **Slum|be|woh|ne|rin,** die.

Slup, die; -, -s [eindeutschend für † Sloop] (Seemannsspr.): *einmastige Jacht mit Groß- u. Vorsegel.*

sm = Seemeile.

SM [ɛsˈlɛm], der; -[s]: Sadomasochismus.

S. M. = Seine Majestät.

small [smɔːl] (indekl. Adj.) [engl. small = klein]: *klein* (als Kleidergröße; Abk.: S).

Small Talk, der; - -s, - -s, **Small|talk,** der, auch: das; -s, -s ['smɔːltɔːk; engl. small talk, zu: talk = Gespräch, Unterhaltung] (bildungsspr.): *leichte, beiläufige Konversation:* der übliche S. T. auf Partys war ihm zuwider.

Smal|te: † Schmalte.

Sma|ragd, der; -[e]s, -e [mhd. smaragt, smarāt, ahd. smaragdus < lat. smaragdus < griech. smáragdos, H. u.]: **1.** (Mineral.) *tiefgrün gefärbter Beryll* (wertvoller Edelstein). **2.** *Stück Smaragd (1); aus Smaragd (1) bestehender Schmuckstein:* ein Ring mit einem S.

sma|rag|den ⟨Adj.⟩ [mhd. smaragdīn]: **1.** *aus einem Smaragd, aus Smaragden gearbeitet, mit Smaragden besetzt.* **2.** *(in der Farbe) wie ein Smaragd; smaragdgrün.*

sma|rag|d|grün ⟨Adj.⟩: *von leuchtendem hellerem Grün.*

Sma|ragd|ring, der: *Ring mit einem Smaragd (2).*

smart [smaːɐ̯t, auch: smart, engl.: smɑːt] ⟨Adj.⟩ [engl. smart, zu: to smart = schmerzen, verletzen, also urspr. = schmerzend, schmerzlich, dann auch: scharf, beißend, schneidend]: **1.** *clever, gewitzt:* eine S. Marketingleiterin. **2.** *von modischer u. auffallend erlesener Eleganz; fein:* s. aussehen.

Smart|card, die; -, -s, **Smart Card,** die; - -, - -s [...kaːɐ̯t; engl. smart card, aus: smart = mit künstlicher Intelligenz arbeitend († smart) u. card = (Chip-, Kredit)karte]: *Plastikkarte mit Mikrochip als Zahlungsmittel, Datenträger od. Ausweis.*

Smart|phone, das; -s, -s, **Smart Phone,** das; - -s, - -s [...foʊn; engl. smart phone]: *Mobiltelefon mit zahlreichen zusätzlichen Funktionen wie GPS, Internetzugang, Digitalkamera u. a.*

Smash [smɛʃ], der; -[s], -[s] [engl. smash, zu: to smash = (zer)schmettern] (bes. Tennis, Badminton): *Schmetterschlag, -ball.*

Smi|ley ['smaɪli], das; -s, -s [engl. smiley, zu: smile (ugs.) = lächelnd, zu: to smile = lächeln]: *Emoticon für ein stilisiertes lächelndes Gesichtes (als eigenes Zeichen oder als Kombination von Doppelpunkt, Divis und schließender Klammer).*

Smog [smɔk, engl.: smɔg], der; -[s], -s [engl. smog, zusgez. aus: **sm**oke = Rauch u. f**og** = Nebel]: *mit Abgasen, Rauch u. a. gemischter Dunst od. Nebel über Großstädten, Industriegebieten [wenn kein Luftaustausch mit den oberen Luftschichten stattfindet]*; Dazu: **Smog|alarm,** der.

Smo|king, der; -s, -s österr. auch: -e [kurz für engl. smoking suit, smoking jacket = Rauchanzug, Rauchjackett (urspr. nach dem Essen statt des Fracks zum Rauchen getragen), zu: to smoke = rauchen, verw. mit † schmauchen]: *meist schwarzer Abendanzug mit seidenen ¹Revers für kleinere gesellschaftliche Veranstaltungen;* Dazu: **Smo|king|ja|ckett,** das.

Smoo|thie ['smuːði:], der; -s, -s [engl.-amerik. smoothie, zu smooth = weich, sanft]: *kaltes Mixgetränk aus Obst und Milchprodukten.*

Smör|gås|bord ['smørːɡɔs...], der; -s, -s [schwed. smörgås, eigtl. = Tisch mit Butterbroten, aus: smörgås = Butterbrot; zu: smör = Butter (verw. mit † Schmer) u. bord = Tisch (verw. mit † ¹Bord)] (Kochkunst): *Tisch, Tafel mit vielen verschiedenen, reich kalten Vorspeisen.*

Smör|re|bröd, das; -[s], -s [dän. smørrebrød, eigtl. = Butterbrot, aus: smørre = Butter u. brød = Brot] (Kochkunst): *reich belegtes Brot.*

smor|zan|do ⟨Adv.⟩ [ital. smorzando, zu: smorzare = dämpfen] (Musik): *immer schwächer werdend; verlöschend* (Abk.: smorz.)

¹SMS® [ɛsɛmˈɛs], der; - ⟨meist o. Art.⟩ [Abk. für engl. short message service]: *Kurznachrichtendienst (beim Mobilfunk), über den man Texte auf das Display des Empfängers schicken kann.*

²SMS [ɛsɛmˈɛs], die; -, - ⟨ugs. auch SMSen⟩, bes. österr. u. schweiz. auch: das; -, -: *über das Mobilfunknetz versandte geschriebene Kurznachricht:* jmdm. eine SMS schicken.

SMS-Nach|richt, die: ²*SMS.*

Smut|je, der; -[s], -s [niederd. smutje, eigtl. = Schmutzfink, urspr. abwertende Bez.] (Seemannsspr.): *Schiffskoch.*

Sn = Stannum.

¹Snack (nordd.): † Schnack.

²Snack [snɛk, engl.: snæk], der; -s, -s [engl. snack, zu engl. to snack = schnappen]: *Imbiss (1).*

Snack|bar, die [engl. snack bar, zu: bar, † ¹Bar]: *Imbissstube.*

Snail|mail, Snail-Mail ['snɛɪlmɛɪl], die; -, -s [engl. snail mail, eigtl. = Schneckenpost, aus: snail = Schnecke u. mail = Post(sendung)] (oft scherzh.): *herkömmliche, nicht elektronische Post.*

Snea|ker ['sniːkɐ], der; -s, -s u. - [engl.(-amerik.) sneaker, eigtl. = Schleicher; zu: to sneak = schleichen]: *bes. von Jugendlichen im Alltag getragener, aus dem Turnschuh entwickelter, sportlich wirkender Schuh.*

Sneak|pre|view, Sneak-Pre|view ['sniːk(')priːvjuː], die [engl. sneak preview, aus: sneak = inoffiziell; Überraschungs- (zu: to sneak = heimlich tun; schleichen, † Sneaker) u. preview = Voraufführung]: *Preview eines Films, bei der die Besucher im Voraus nicht wissen, welcher Film gezeigt wird.*

snif|fen ⟨sw. V.; hat⟩ [engl. to sniff, eigtl. = durch die Nase einziehen] (Jargon): *schnüffeln (2).*

Sni|per ['snaɪpɐ], der; -s, - [engl. sniper, zu to snipe = aus dem Hinterhalt schießen < snipe = Schnepfe (von der Jagd auf diese)]: *engl. Bez. für Scharfschütze.*

Snob [snɔp, engl.: snɔb], der; -s, -s [engl. snob, H. u.] (abwertend): *jmd., der sich durch zur Schau getragene Extravaganz den Schein geistiger, kultureller Überlegenheit zu geben sucht u. nach gesellschaftlicher Exklusivität strebt:* er lebte extravagant und galt bei seinen Nachbarn als S.; »Zarathustra« hatte er auf dem Bauch liegend gelesen. S., der er war, hatte er die französische Übersetzung gelesen. »Ainsi parlait Zarathustra« (M. Walser, Pferd 11).

Sno|bis|mus, der; -, ...men [engl. snobism] (abwertend): **1.** ⟨o. Pl.⟩ *Haltung, Einstellung eines Snobs; Blasiertheit, Vornehmtuerei.* **2.** *einzelne, für einen Snob typische Eigenschaft, Handlung, Äußerung:* literarische Snobismen.

sno|bis|tisch ⟨Adj.⟩ (abwertend): *in der Art eines Snobs; von Snobismus (1) geprägt.*

Snoo|ker ['snuːkɐ], das; -s [engl. snooker, H. u.] (Billard): *dem Poolbillard ähnliches, jedoch auf einem größeren Tisch u. mit mehr Kugeln gespieltes Billardspiel.*

Snow|board ['snoʊbɔːd], das; -s, -s [engl. snowboard, aus: snow = Schnee u. board = Brett]: *als Sportgerät dienendes Brett für das Gleiten auf Schnee.*

snow|boar|den ⟨sw. V.; snowboardete, hat/ist gesnowboardet, zu snowboarden⟩: *mit dem Snowboard gleiten.*

Snow|boar|der, der; -s, - [engl. snowboarder]: *jmd., der snowboardet.*

Snow|boar|de|rin, die; -, -nen: w. Form zu † Snowboarder.

Snow|board|fah|rer, der: *Snowboarder.*

Snow|board|fah|re|rin, die: w. Form zu † Snowboardfahrer.

Snow|boar|ding ['snoʊbɔːdɪŋ], das; -s [engl. snowboarding]: *das Snowboarden.*

¹so: † sol.

²so ⟨Adv.⟩ [mhd., ahd. sō; urspr. nur Adv. mit der Bed. »in dieser Weise«]: **1. a)** ⟨meist betont⟩ bezeichnet eine durch Kontext od. Situation näher bestimmte Art, Weise eines Vorgangs, Zustands o. Ä.; *auf diese, solche Art, Weise; in, von dieser, solcher Art, Weise:* so kannst du das nicht machen; so ist es nicht gewesen; so betrachtet/gesehen, hat er recht; die so genannten Schwellenländer; feinste Blutgefäße, so genannte Kapillaren; das israelische Parlament, die so genannte »Knesseth«; (spött.:) so sind denn deine so genannten Freunde?; (als Ausdruck des Sichdistanzierens von einem Sprachgebrauch:) die so genannte Demokratie, freiheitliche Grundordnung, künstlerische Freiheit; das ist, wenn ich so sagen darf, eine Unverfrorenheit; recht so!; gut so!; sie spricht einmal so, ein andermal so, bald so, bald so, erst so, dann so; das kann man so und so, so oder so *(in dieser u. jener, in dieser od. anderer Weise)* deuten; die Sache verhält sich so *(folgendermaßen);* wir können sie so *(in diesem Zustand)* unmöglich allein lassen; mir ist so *(es scheint mir, ich habe den Eindruck),* als hätte ich ihn schon mal irgendwo gesehen; (als Entgegnung) so ist es! *(das stimmt, trifft völlig zu);* (als Korrelat zu »dass:«) er spricht so, dass man ihn gut versteht; * **so oder so** *(in jedem Fall:* du musst das Geld so oder so zurückzahlen); **b)** ⟨unbetont⟩ mit Ellipse des Verbs bei Zitaten od. Quellenangaben; *mit diesen Worten, in diesem Sinne äußer[e] sich ..., steht es in ...:* »Die Verteidigungsausgaben«, so der Minister, »werden von der Etatkürzung nicht betroffen«; man setzt hier ein Komma, so nach dem Duden, wenn ... **2. a)** ⟨meist betont⟩ bezeichnet ein durch Kontext od. Situation näher bestimmtes [verstärktes] Maß o. Ä., in dem eine Eigenschaft, ein Zustand o. Ä. vorhanden, gegeben ist; *in solchem Maße, Grade; dermaßen:* einen so heißen Sommer hatten wir seit Jahren nicht; so einfach ist das gar nicht; sprich bitte nicht so laut; warum kommst du so spät?; er ist nicht so töricht, das zu tun; (mit entsprechender begleitender Geste:) er ist so groß; er versteht nicht so viel *(nicht das Geringste)* davon; wir sind so weit *(im Großen und Ganzen)* zufrieden; alles ging so weit *(bis dahin)* gut, aber dann ...; ⟨oft als Korrelat zu »dass:«⟩ sie war so erschrocken, dass sie kein Wort hervorbringen konnte; er war so begeistert von der Idee, dass er sich sofort bereit erklärte, mitzumachen; Noch nie hatte ich so eine riesige Bühne, eine so kostbare Ausstattung gesehen (Koeppen, Rußland 105); * **so weit sein** (ugs.: **1.** *fertig, bereit sein.* **2.** ⟨unpers.⟩ *[von* *einem erwarteten Zeitpunkt o. Ä.] gekommen sein:* es ist [noch nicht, bald] so weit; es ist [noch nicht, bald, endlich] so weit); **b)** ⟨betont⟩ *im Ausrufesatz od. in einer Art Ausrufesatz; oft in Verbindung mit der Partikel »ja«; überaus, maßlos:* ich bin [ja] so glücklich darüber!; das tut uns [ja] so leid!; ich bin so müde; **c)** ⟨meist unbetont⟩ *kennzeichnet als Korrelat zu der Vergleichspartikel »wie« od. »als« eine Entsprechung; ebenso, genauso:* es kam alles so, wie es vorausgesehen hatte; er ist so groß wie du; er ist so reich wie geizig; so weiß wie Schnee *(schneeweiß);* er hat so viel bekommen wie/(seltener:) als sie; das ist so viel wie gar nichts; das war so viel wie eine Zusage; du darfst nehmen, so viel wie du willst; er kann es so wenig wie du; es gefällt mir so wenig wie dir; er war so wenig dazu bereit wie die anderen; so früh, bald, rasch, oft, gut wie/als möglich *(möglichst früh, bald usw.).* **3. a)** ⟨meist betont⟩ (ugs.) *in der Funktion eines Demonstrativpronomens; weist auf die besondere Beschaffenheit, Art einer Person od. Sache hin; solch, solche:* so ein schönes Lied!; so ein Angebot kann man doch nicht einfach ausschlagen!; das ist auch so eine, einer (abwertend; in Bezug auf jmdn., der in eine bestimmte negative Kategorie eingeordnet wird); *(intensivierend:)* so ein Pech, Zufall! *(das ist wirklich ein großes Pech, ein großer Zufall!);* und so was (ugs. abwertend; *solch einen Menschen/solche Menschen)* nennt man nun seinen Freund/seine Freunde; [na/nein/also] so was! (als Ausruf des Erstaunens, der Verwunderung); **b)** ⟨unbetont⟩ (veraltet, bibl.) *in der Funktion eines Relativpronomens; welcher, welche, welches:* auf dass ich die, so unter dem Gesetz sind, gewinne (1. Korinther 9, 20); ♦ Zu was Ende die Allianzen, so diese Doria schlossen? (Schiller, Fiesco IV, 6). **4.** ⟨betont⟩ (ugs.) *ohne den vorher genannten od. aus der Situation sich ergebenden Umstand, Gegenstand:* ich hatte meine Mitgliedskarte vergessen, da hat man mich so nicht reingelassen; ich habe so *(ohne zusätzliche Arbeit, ohnehin)* schon genug zu tun. **5.** ⟨unbetont⟩ **a)** (ugs.) *relativiert die Genauigkeit einer folgenden Zeit-, Maß- od. Mengenangabe; etwa, schätzungsweise:* so in zwanzig Minuten bin ich fertig; (oft [intensivierend] in Verbindung mit einem bedeutungsgleichen Adv.:) so etwa/gegen 9 Uhr; so an/um die hundert Personen; er hat es so ziemlich *(in etwa)* verstanden; **b)** (ugs.; nachgestellt in Verbindung mit »und« od. »oder«) *als vage Ergänzung od. nachträgliche Relativierung einer genau[er]en Angabe) Ähnliches:* wenn wir Ärger kriegen oder so; eine Stunde oder so kann es schon dauern. **6.** ⟨betont⟩ **a)** *allein stehend od. in isolierter Stellung am Satzanfang;* signalisiert, dass eine Handlung, Rede o. Ä. abgeschlossen ist od. als abgeschlossen erachtet wird; bildet den Auftakt zu einer resümierenden Feststellung od. zu einer Ankündigung; so, das wäre geschafft, erledigt; so, und jetzt will ich dir mal was sagen; so, und nun?; **b)** *allein stehend od. in isolierter Stellung am Satzanfang; drückt als Antwort auf eine Ankündigung, Erklärung Erstaunen, Zweifel aus:* Er will morgen abreisen. – So? *(wirklich?);* So? Das wäre aber sonderbar. **7.** ⟨betont; konsekutiv⟩ **a)** (geh.) *also, deshalb, infolgedessen:* du hast es gewollt, so trage [auch] die Folgen; du warst nicht da, so bin ich allein spazieren gegangen; **b)** *in diesem Falle… [auch]; dann:* ℞ hilf dir selbst, so hilft dir Gott. **8.** ⟨unbetont; temporal⟩ *drückt meist unmittelbare zeitliche Folge aus; und schon; da:* es dauerte gar nicht lange, so kam er.

³**so** ⟨Konj.⟩ *[vgl. so]:* **1.** *in der Fügung »so dass«:* ↑ sodass. **2.** ⟨konditional⟩ (geh.) *falls:* so Gott will, sehen wir uns bald wieder. **3.** ⟨so + Adj.,

Adv.⟩ *konzessiv; oft in Korrelation mit »auch [immer]«; wenn (auch)/obwohl wirklich, sehr:* so leid es mir tut, ich muss absagen. **4.** ⟨so + Adj., Adv. … so + Adj., Adv.⟩ *vergleichend:* so jung sie ist, so unerfahren ist sie.

⁴**so** ⟨Partikel; unbetont⟩: **1.** *drückt in Aussagesätzen eine Bekräftigung, Nachdrücklichkeit aus; wirklich; richtig:* das war so ganz nach meinem Geschmack. **2.** *drückt in Aussage- u. Fragesätzen Unbestimmtheit aus u. verleiht dem Gesagten oft den Charakter der Beiläufigkeit:* er machte sich so eine Gedanken; wie geht es euch [denn] so? **3.** *drückt in einleitender Stellung in Aufforderungssätzen eine gewisse Nachdrücklichkeit aus, oft in Verbindung mit »doch«, »schon«:* so komm doch/schon endlich!; so glaub mir doch, ich konnte nichts tun.

s. o. = siehe oben.
So. = Sonntag.
SO = Südost[en].
Soap [soʊp], die; -, -s: Kurzf. von ↑ Soap-Opera.
Soap-Ope|ra, Soap|ope|ra ['soʊpɔpəra], die; -, -s [engl. soap opera, aus: soap = Seife u. opera = Oper, ↑ Seifenoper]: *Seifenoper.*
so|a|ve ⟨Adv.⟩ [ital. soave < lat. suavis] (Musik): *lieblich, sanft, süß.*
so|bald ⟨Konj.⟩: *in dem Augenblick, da …; gleich wenn:* ich rufe an, s. ich zu Hause bin.
Soc|cer ['sɔkɐ], das, auch: der; -s [engl. soccer, zu einer Kurzform »soc.« aus: **ass**ociation football = Verbandsfußball]: amerik. Bez. für: *Fußball.*
So|cial Me|dia ['soʊʃəl 'miːdɪə] ⟨Pl.⟩ [engl. social media, zu: social = sozial, gemeinschaftlich u. media = Medien] (EDV): *Gesamtheit der digitalen Technologien und Medien wie Weblogs, Wikis, soziale Netzwerke u. Ä., über die Nutzerinnen und Nutzer miteinander kommunizieren und Inhalte austauschen können.*
So|cial Net|work ['soʊʃəl 'netwəːk], das; - -s, - -s [engl. social network, aus social = sozial, gemeinschaftlich u. ↑ Network] (EDV): *Portal im Internet, das Kontakte zwischen Menschen vermittelt u. die Pflege von persönlichen Beziehungen in einem entsprechenden Netzwerk ermöglicht; soziales Netzwerk.*
So|cial Spon|so|ring ['soʊʃəl 'spɔnsərɪŋ], das; - -[s] [↑ Sponsoring] (Jargon): *Sponsoring zugunsten sozialer Einrichtungen o. Ä.*
So|ci|e|tas Je|su, die; - - [nlat. = Gesellschaft Jesu, zu lat. societas, ↑ Sozietät] (kath. Kirche): *Jesuitenorden* (Abk. SJ hinter Personennamen = Societatis Jesu »von der Gesellschaft Jesu«).
♦ **So|ci|e|tät,** die; -, -en [↑ Sozietät]: *Gemeinschaft, Gesellschaft* (2 a): *… besonders aber erinnert man sich dabei der -en, in denen man lebte* (Goethe, Wahlverwandtschaften I, 4).
So|ci|e|ty [sə'saɪəti], die; - [engl. society = Gesellschaft < mfrz. société < afrz. societe < lat. societas, ↑ Sozietät]: *High Society:* der Roman spielt in der Wiener S.
So|ci|e|ty-La|dy, die: *Frau, die zur Society gehört u. häufig auf den entsprechenden gesellschaftlichen Veranstaltungen zu sehen ist.*
Söck|chen, das; -s, -: **1.** Vkl. zu ↑ Socke. **2.** *(von Kindern u. [jungen] Frauen getragener) kurzer Strumpf, der nur bis an od. knapp über den Knöchel reicht.*
So|cke, die; -, -n [mhd. soc, ahd. soc < lat. soccus = leichter Schuh, bes. des Schauspielers in der Komödie, zu griech. sýkhos, sykhís = eine Art Schuh]: *kurzer, bis an die Wade od. in die Mitte der Wade reichender Strumpf:* [ein Paar] dicke, wollene -n; -n stricken, waschen; Ü *laufen, marschieren, bis einem die -n qualmen* (ugs.; *sehr schnell, sehr lange laufen, marschieren);* * **rote S.** (Politikjargon): *jmd., der in der DDR, bes. als Funktionär der SED, dem herrschenden Regime gedient hat);* **jmdm. die -n ausziehen** (ugs.; *jmdm. unerträglich sein:* die Musik zieht mir die -n aus); **sich auf die -n machen** (ugs.; *aufbrechen [um irgendwohin zu gehen]);* **von den -n sein** (ugs.; *verblüfft, erstaunt sein).*
So|ckel, der; -s, - [frz. socle < ital. zoccolo < lat. socculus = kleiner Schuh, Vkl. von: soccus, ↑ Socke]: **1.** *Block aus Stein o. Ä., auf dem etw. steht, bes. eine Säule, Statue:* das Denkmal steht auf einem S. aus Granit; Ü jmdn. vom S. stürzen. **2.** *unterer [abgesetzter] Teil eines Gebäudes, einer Mauer, eines Möbelstücks o. Ä., der bis zu einer bestimmten Höhe reicht:* der S. des Hauses ist aus Sandstein. **3.** (Elektrot.) *Teil der Halterung, der meist gleichzeitig elektrischen Kontakt mit einem anderen Bauteil herstellt:* der S. einer Glühbirne. **4.** (Wirtschaftsjargon) Kurzf. von ↑ Sockelbetrag.
So|ckel|ar|beits|lo|sig|keit, die (Wirtsch.): *Anteil der auch bei konjunkturellem Aufschwung nicht vermittelbaren Arbeitslosen an der Gesamtzahl der Arbeitslosen.*
So|ckel|berg|bau, der (Wirtsch.): *[als Energiereserve] unabhängig von der Wirtschaftlichkeit betriebener, subventionierter Abbau [von Steinkohle] in einem bestimmten Mindestumfang.*
So|ckel|be|trag, der (Wirtsch.): *fester Betrag als Teil einer Lohnerhöhung (der noch um eine prozentuale Erhöhung aufgestockt wird).*
So|cken, der; -s, - (südd., österr., schweiz.): *Socke.*
So|cken|hal|ter, der: *um die Wade geführtes breiteres Gummiband zum Halten der Socke (bei Männern).*
¹**So|da,** die; - u. das; -s [span. soda, ital. soda, H. u.]: *graues bis gelbliches, wasserlösliches Natriumsalz der Kohlensäure; Natriumkarbonat.*
²**So|da,** das; -s: Kurzf. von ↑ Sodawasser: einen Whisky [mit] S., bitte.
So|da|le, der; -n, -n [lat. sodalis = Gefährte, Freund; kameradschaftlich] (kath. Kirche): *Mitglied einer Sodalität.*
So|da|li|tät, die; -, -en [lat. sodalitas = Freundschaft, Verbindung, zu: sodalis, ↑ Sodale] (kath. Kirche): *Bruderschaft od. Kongregation* (1).
so|dann ⟨Adv.⟩ [mhd. sō danne]: **1.** *dann* (1); *darauf, danach:* sie lieh sich Geld, um s. nichts mehr von sich hören zu lassen. **2.** *des Weiteren, außerdem:* zur Grundausstattung gehört s. ein Klappmesser.
so|dass, so dass ⟨Konj.⟩: *mit dem Ergebnis, der Folge; und das hatte zur Folge:* er war krank, s. er absagen musste.
So|da|was|ser, das ⟨Pl. …wässer oder …wasser⟩: *mit Kohlensäure versetztes Mineralwasser.*
Sod|bren|nen, das; -s [zu mhd. sōt(e), zu ↑ sieden]: *sich vom Magen bis in den Rachenraum ausbreitende brennende Empfindung, die von zu viel, seltener auch von zu wenig Magensäure herrührt:* ich habe S.
So|de, die; -, -n [mniederd. sode, H. u.] (landsch., bes. nordd.): **a)** *[abgestochenes] Rasenstück;* **b)** *abgestochenes, getrocknetes Stück Torf.*
So|di|um, das; -s [engl., frz. sodium]: engl. u. frz. Bez. für: *Natrium.*
So|dom, das; - [nach der gleichnamigen bibl. Stadt] (bildungsspr.): *Ort, Stätte der Lasterhaftigkeit u. Verworfenheit:* * **S. und Gomorrha** *(Zustand der Lasterhaftigkeit u. Verworfenheit;* nach 1. Mos. 18 u. 19).
So|do|mie, die; - [spätlat. sodomia, urspr. = Päderastie, Onanie, zu ↑ Sodom]: **1.** *Geschlechtsverkehr mit Tieren.* **2.** (veraltet) *Homosexualität.*
so|do|mi|tisch [auch: …'mɪ…] ⟨Adj.⟩: *Sodomie* (1) *treibend.*
so|eben ⟨Adv.⟩: **a)** *unmittelbar zum gegenwärtigen Zeitpunkt:* ich bin s. dabei, den Fehler zu

korrigieren; **b)** *unmittelbar vor dem gegenwärtigen Zeitpunkt:* s. hat dein Freund angerufen.
Soest [zo:st]: Stadt in Nordrhein-Westfalen.
¹Soes|ter [ˈzoːstɐ], der; -s, - Ew.
²Soes|ter ⟨indekl. Adj.⟩: die S. Börde (Landstrich in Westfalen).
Soes|te|rin [ˈzoːstərɪn], die; -, -nen: w. Form zu ↑¹Soester.
So|fa, das; -s, -s [frz. sofa < arab. ṣuffa^h = Ruhebank]: *gepolstertes Sitzmöbel mit Rückenlehne u. Armlehnen, dessen Sitzfläche für mehrere Personen Platz bietet:* ein bequemes, weich gepolstertes S.; auf dem S. sitzen, liegen, schlafen; sich aufs S. setzen, legen, flegeln; ◆ ⟨auch der; -s, -s:⟩ Ist das der S., wo ich an ihrem Halse in Wonne schwamm (Schiller, Räuber IV, 2).
So|fa|ecke, die: **1.** *Ecke zwischen Rücken- u. Armlehne eines Sofas.* **2.** *mit einem od. mehreren Sofas möblierte Ecke eines Zimmers, Büros o. Ä.* **3.** *aus zwei rechtwinklig verbundenen Teilen bestehendes Sofa.*
So|fa|kis|sen, das: *Kissen für ein Sofa.*
so|fern ⟨Konj.⟩ [vgl. mhd. sō verre = wenn]: *vorausgesetzt, dass:* s. es nicht regnet, fahre ich mit dem Fahrrad.
soff: ↑ saufen.
söf|fe: ↑ saufen.
Söf|fel, Söf|fer, der; -s, - ⟨landsch.⟩: *Trinker:* ◆ Die Tagdiebe, die Söffer, die Faulenzer, ... die stänkern aus langer Weile (Goethe, Egmont II).
Söf|fer: ↑ Söffel.
Sof|fin, SoFFin, der; -[s] [Abk. von **S**onderfonds **Fin**anzmarktstabilisierung] (Wirtsch.): *Bankenrettungsfonds.*
Sof|fit|te, die; -, -n [(frz. soffite <) ital. soffitta, soffitto, über das Vlat. zu lat. suffixum, 2. Part. von: suffigere = oben an etw. befestigen]: **1.** (meist Pl.) (Theater) *vom Schnürboden herabhängende Dekoration, die die Bühne nach oben abschließt.* **2.** Kurzf. von ↑ Soffittenlampe.
Sof|fit|ten|lam|pe, die: *röhrenförmige Glühlampe mit einem Anschluss an jedem Ende.*
So|fi, die; -, -s ⟨ugs.⟩: kurz für ↑ Sonnenfinsternis.
So|fia [auch: ˈzo:...]: *Hauptstadt Bulgariens.*
¹So|fi|a|er, ¹Sofioter, der; -s, -: Ew.
²So|fi|a|er, ²Sofioter ⟨indekl. Adj.⟩: die S. City.
So|fi|a|e|rin, Sofioterin, die; -, -nen: w. Form zu ↑¹Sofiaer.
¹So|fi|o|ter: ↑¹Sofiaer.
So|fi|o|te|rin, die; -, -nen: w. Form zu ↑¹Sofioter.
so|fort ⟨Adv.⟩ [aus dem Niederd., zusger. aus mniederd. (al)so vōrt, zu: vōrt = alsbald, eigtl. = vorwärts (↑ fort)]: **1. a)** *unmittelbar nach einem bestimmten Geschehen:* er musste s. operiert werden, war s. tot; **b)** *ohne zeitliche Verzögerung; unverzüglich:* komm s. her!; du möchtest sie bitte s. anrufen; diese Regelung gilt ab s. (von diesem Zeitpunkt an); der Auftrag muss per s. (Kaufmannsspr.; *unverzüglich*) ausgeliefert werden. **2.** *innerhalb kürzester Frist:* ich bin s. fertig; die Ärztin muss s. kommen.
So|fort|bild|ka|me|ra, die (Fotogr.): *Kamera, die einzelne, unmittelbar nach der Aufnahme fertig entwickelte Fotos auswirft.*
So|fort|hil|fe, die: *unverzüglich durchgeführte, wirksam werdende Hilfe (z. B. für unverschuldet in Not geratene Menschen).*
so|for|tig ⟨Adj.⟩: *unmittelbar, ohne zeitlichen Verzug eintretend:* mit -er Wirkung in Kraft treten.
So|fort|maß|nah|me, die: *sofort ergriffene, sofort zu ergreifende Maßnahme.*
So|fort|pro|gramm, das: vgl. Sofortmaßnahme.
So|fort|ren|te, die: *Rente (1 b), die unabhängig vom Erreichen der gesetzlichen Altersgrenze unmittelbar nach vorheriger Einzahlung eines größeren Geldbetrags (od. als Lotteriegewinn) ausgezahlt wird.*
So|fort|voll|zug, der (Rechtsspr., Verwaltung):

sofortige Ausführung eines behördlichen Beschlusses, noch bevor alle Stufen des Verfahrens abgeschlossen sind.
soft [sɔft, z...] ⟨Adj.⟩ [engl. soft, verw. mit ↑ sanft]: **1.** (Musik, bes. Jazz) *weich:* der neue, -ere Sound. **2.** (ugs.) **a)** *sanft, zärtlich:* eine -e Stimme; **b)** *empfindsam, von behutsamer Art:* ein -er Typ; **c)** *wenig Härte erfordernd:* die etwas -eren Sportarten.
¹Soft|ball, der: *für bestimmte Ballspiele od. als Kinderspielzeug verwendeter, oft aus Schaumstoff hergestellter weicher Ball.*
²Soft|ball [...bɔːl], der; -s [engl.-amerik. softball, zu: ball = ¹Ball]: *Form des Baseballs mit größerem Ball u. kleinerem Feld.*
Soft|co|py, die; -, -s, **Soft Co|py**, die; - -, - -s [...kɔpi; engl. soft copy, eigtl. = weiche (im Sinne von »nicht gegenständliche«) Kopie] (EDV): *Darstellung von Daten auf dem Monitor eines Computers (im Unterschied zur ausgedruckten Hardcopy).*
Soft|co|ver, das [engl., aus soft = weich u. ↑ Cover] (Verlagsw.): *Buch mit weichem, flexiblem Einband.*
Soft|drink, der; -s, -s, **Soft Drink**, der; - -s, - -s [engl. soft drink, eigtl. = weiches Getränk]: *alkoholfreies Getränk.*
Soft|eis, das [nach engl. soft ice-cream]: *sahniges Speiseeis.*
Sof|tie [...ti], der; -s, -s [engl. softie, softy, eigtl. = Trottel] (Jargon): *[jüngerer] Mann von sanftem, zärtlichem, empfindungsfähigem Wesen.*
Soft|por|no, der: *Sexfilm, in dessen Sexszenen keine besonders ausgefallenen Sexualpraktiken dargestellt u. die Vorgänge nicht besonders detailliert gezeigt werden.*
Soft|rock, der; -[s], **Soft Rock**, der; - -[s] [engl. soft rock]: *gemilderte, leisere Form der Rockmusik.*
Soft Skill [auch: ˈ- ˈskɪl], der od. das; - -s - -s ⟨meist Pl.⟩ [engl. soft skills (Pl.), aus: soft = sanft (2) u. skills = Fähigkeiten] (Wirtsch.): *Kompetenz im zwischenmenschlichen Bereich, Fähigkeit im Umgang mit anderen Menschen.*
Soft|ware [...weːɐ̯], die; -, -s ⟨Pl. selten⟩ [engl. software, eigtl. = weiche Ware]: *(im Unterschied zur Hardware) nicht technisch-physikalischer Funktionsbestandteil einer Datenverarbeitungsanlage (wie z. B. Betriebssystem u. andere [Computer]programme).*
Soft|ware|ent|wick|ler, der: *jmd., der im Bereich der Softwareentwicklung arbeitet.*
Soft|ware|ent|wick|le|rin, die: w. Form zu ↑ Softwareentwickler.
Soft|ware|ent|wick|lung, die: *Verbesserung vorhandener od. Erarbeitung neuer Software.*
Soft|ware|haus, das: *Firma, die Software produziert, mit Software handelt.*
Soft|ware|her|stel|ler, der: *Unternehmen, das Software produziert.*
Soft|ware|her|stel|le|rin, die: w. Form zu ↑ Softwarehersteller.
Soft|ware|lö|sung, die: *Lösung eines Problems, Erfüllung einer Anforderung im Rahmen einer Ausstattung mit geeigneter Software.*
Soft|ware|pa|ket, das (EDV): *Gesamtheit von Programmen, die aufeinander abgestimmt sind od. zusammengehören.*
sog. = sogenannt.
Sog, der; -[e]s, -e [aus dem Niederd. < mniederd. soch, eigtl. = das Saugen, zu ↑ saugen]: **1.** *(in der nächsten Umgebung eines Strudels od. Wirbels od. hinter einem sich in Bewegung befindenden Gegenstand, z. B. einem fahrenden Fahrzeug, auftretende) saugende Strömung in Luft od. Wasser:* einen S. erzeugen; in den S. der Schiffsschraube geraten; Ü der S. (*die starke Anzie-*

hungskraft) *der großen Städte;* Wie von einem jähen S. erfasst, flog der Blick auf dieses Fenster zu (Ransmayr, Welt 27). **2.** (Meereskunde) *Strömung, die unter landwärts gerichteten Wellen seewärts zieht.*
so|gar ⟨Adv.⟩ [älter so gar = so vollständig, so sehr (↑²gar)]: **1.** *unterstreicht eine Aussage [u. drückt dadurch eine Überraschung aus]; was gar nicht anzunehmen, zu vermuten war; obendrein; überdies; auch:* das hat s. ihn beeindruckt; sie ging s. selbst hin; das tut sie s. [ausgesprochen] gern. **2.** *zur steigernden Anreihung von Sätzen od. Satzteilen; mehr noch; um nicht zu sagen:* ich schätze sie, ich verehre sie s.; es ist kalt geworden, heute Nacht hat es s. gefroren.
söl|ge: ↑ saugen.
so|ge|nannt, so ge|nannt ⟨Adj.⟩: *wie es genannt wird, heißt; als ... bezeichnet* (Abk.: sog.): die -en Schwellenländer; feinste Blutgefäße, -e Kapillaren; das israelische Parlament, die -e »Knesset«; (spött.:) wo sind denn deine -en Freunde?; (als Ausdruck des Sichdistanzierens von einem Sprachgebrauch:) die -e Demokratie, künstlerische Freiheit.
Sog|kraft, die: *Sogwirkung (2): die S. eines Bildes, eines literarischen Werks.*
so|gleich ⟨Adv.⟩: **a)** *sofort (1 a):* die Gäste wurden nach ihrer Ankunft s. in ihre Zimmer geleitet; **b)** *sofort (1 b):* nehmen Sie bitte s. Ihre Plätze ein!
Sog|wir|kung, die: **1.** *auf einem Sog (1) beruhende Wirkung.* **2.** *Anziehungskraft, beeinflussende Kraft:* die S. der Zinserhöhung in den USA auf den europäischen Finanzmarkt.
so|hin ⟨Adv.⟩ (österr., sonst selten): *somit, also.*
Sohl|bank, die; -, ...bänke (Bauw.): *unterer waagerechter Abschluss der Fensteröffnung in der Mauer.*
Soh|le, die; -, -n [mhd. sole, ahd. sola, über das Vlat. zu lat. solum = Grund(fläche), (Fuß)sohle]: **1. a)** *untere Fläche des Schuhs, auch des Strumpfes:* -n aus Leder, Gummi; dünne, dicke -n sind durchgelaufen; die S. des Bügeleisens *(die Fläche, mit der gebügelt wird)* hat einen Belag; * **eine kesse/heiße S. aufs Parkett legen** (ugs.; *auffallend flott tanzen);* **auf leisen -n** (*ganz unbemerkt, still u. heimlich:* er machte sich auf leisen -n davon); **b)** Kurzf. von ↑ Einlegesohle. **2.** Kurzf. von ↑ Fußsohle: die -n seiner Blasen juckten; * **sich** ⟨Dativ⟩ **die -n nach etw. ablaufen/wund laufen** (↑ Bein 1). **3.** *Boden eines Tals, Flusses, Kanals o. Ä.* **4.** (Bergmannsspr.) **a)** *Boden, untere Begrenzungsfläche einer Strecke, einer Grube:* die S. des Stollens; **b)** *alle auf einer Ebene liegenden Strecken:* der Brand ist auf der vierten S. ausgebrochen. **5.** (Bergbau) *unmittelbar unter einem Flöz liegende Gesteinsschicht.*
soh|len ⟨sw. V.; hat⟩ [niederrhein. (13. Jh.) solen] (selten): *besohlen.*
Soh|len|gän|ger, der; -s, - (Zool.): *Säugetier, das beim Gehen mit der ganzen Fußsohle auftritt.*
söh|lig ⟨Adj.⟩ [zu ↑ Sohle (4 b)] (Bergmannsspr.): *waagerecht.*
Sohn, der; -[e]s, Söhne [mhd. sun, son, ahd. sun(u), eigtl. = der Geborene]: **1.** *männliche Person im Hinblick auf ihre leibliche Abstammung von den Eltern; unmittelbarer männlicher Nachkomme:* ein natürlicher, unehelicher S.; der älteste, jüngste, einzige, erstgeborene S.; er ist ganz der S. seines Vaters *(ist dem Vater im Wesen o. Ä. sehr ähnlich);* Ü ich bin ein echter S. der Berge *(im Gebirge geboren u. aufgewachsen u. von diesem Leben geprägt);* dieser große S. *(berühmte Einwohner)* unserer Stadt; S. Gottes (christl. Rel.; Titel Jesu Christi); Vater, S. (christl. Rel.; Gott in Gestalt Jesu Christi) und Heiliger Geist; S. des Himmels; * **der verlorene S.** (1. geh.: *jmd., der in seinem Tun u. Handeln, sei-*

nen Anschauungen o. Ä. nicht den [moralischen] Vorstellungen, Erwartungen seiner Eltern entspricht u. deshalb für diese eine große Enttäuschung bedeutet. *jmd., von dem man lange keine Nachricht hatte, den man lange nicht gesehen hat:* [nach Luk. 15, 11 ff.] *da kommt ja der verlorene S.!)* **2.** ⟨o. Pl.⟩ (fam.) Anrede an eine jüngere männliche Person: *nun, mein S.*

Söhn|chen, das; -s, -: Vkl. zu ↑ Sohn.

Soh|ne|mann, der; -[e]s, ...männer (fam.): *[kleiner] Sohn* (1).

soi|g|niert [zǫanˈjiːɐ̯t] ⟨Adj.⟩ [frz. soigné, adj. 2. Part. von: soigner = besorgen, pflegen, aus dem Afränk.] (bildungsspr. veraltend): *gepflegt, eine gewisse Vornehmheit u. Reife ausstrahlend:* ein -er älterer Herr.

Soi|ree [sǫaˈreː], die; -, ...reen [frz. soirée, zu: soir = Abend] (geh.): **a)** *exklusive Abendgesellschaft; festlicher Abendempfang:* er wurde zu einer S. im Hause des Botschafters gebeten; **b)** *[aus besonderem Anlass stattfindende] abendliche Veranstaltung, Festaufführung:* ich war gestern bei/in einer S. im Goethe-Institut.

So|ja, die; -, ...jen od. das; -s, ...jen [jap. shōyu = Sojasoße; aus dem Chin.]: **a)** *Sojabohne* (a): *S. anbauen;* **b)** ⟨meist o. Art.⟩ *die Samen der Sojabohne* (a): *Öl aus S. herstellen.*

So|ja|boh|ne, die: **a)** *niedrige, buschige Pflanze, meist mit behaarten Stängeln u. Blättern, kleinen, weißen od. violetten Blüten u. kleinen runden od. nierenförmigen Samen in langen Hülsen;* **b)** *Same der Sojabohne* (a).

So|ja|milch, die ⟨Pl. selten⟩: *aus Sojabohnen gewonnenes Getränk von weißlicher Farbe u. milchiger Konsistenz.*

So|ja|öl, das: *aus Sojabohnen* (b) *gepresstes Öl.*

So|ja|sauce: ↑ Sojasoße.

So|ja|schrot, das (Landwirtsch.): *bei der Gewinnung von Öl aus Soja* (b) *anfallendes Produkt, das bes. als Futtermittel verwendet wird.*

So|ja|so|ße, Sojasauce, die: *würzige, salzige od. süße Soße aus vergorenen Sojabohnen* (b).

So|ja|spross, der ⟨Pl. meist -en; meist Pl.⟩: *für Gemüse, Salat verwendeter Keimling einer Sojabohne.*

So|ko, die; -, -s: kurz für ↑ Sonderkommission.

So|k|ra|tik [österr. auch: ...ˈkrat...], die; - [nach dem griech. Philosophen Sokrates 470–399 v. Chr.)]: *sokratische* (1) *Art des Philosophierens, bei der das vernünftige Begreifen menschlichen Lebens die wesentliche Aufgabe ist:* Dazu: **So|k|ra|ti|ker,** der; -s, -; **So|k|ra|ti|ke|rin,** die; -, -nen.

so|k|ra|tisch [österr. auch: ...ˈkrat...] ⟨Adj.⟩: **1.** *den griechischen Philosophen Sokrates u. seine Lehre betreffend, auf ihr beruhend:* -e Methode *(auf die Gesprächsführung des Sokrates zurückgehende Methode des Lehrenden, durch geschicktes Fragen den Schüler die Antworten u. Einsichten selbst finden zu lassen).* **2.** (bildungsspr.) *in philosophischer Weise abgeklärt, ausgewogen; weise:* eine sehr -e Entscheidung.

sol [ital.]: *Silbe, auf die beim Solmisieren der Ton g gesungen wird.*

¹Sol, das; -s, -e [Kunstwort aus lat. solutio = Lösung] (Chemie): *kolloide Lösung.*

²Sol (röm. Mythol.): *Gott der Sonne.*

So|la|nen: Pl. von ↑ Solanum.

¹sol|lang, ¹solange ⟨Konj.⟩: *für die Dauer der Zeit, während ...:* du kannst bleiben, s. du willst; ⟨bes. verneint oft mit konditionaler Nebenbedeutung:⟩ s. du nicht ohne Fieber bist, darfst du nicht aufstehen; ich muss das erledigen, s. *(innerhalb der Zeit, in der)* ich [noch] Urlaub habe.

²sol|lang, ²solange ⟨Adv.⟩: *währenddessen.*

¹,²so|lan|ge: ↑ ¹,²solang.

So|la|nin, das; -s [zu lat. solanum, ↑ Solanum] (Bot., Chemie): *in zahlreichen Nachtschattengewächsen vorkommendes, stark giftiges Alkaloid.*

So|la|num, das; -s, ...nen [lat. solanum] (Bot.): *Nachtschattengewächs.*

so|lar ⟨Adj.⟩ [lat. solaris, solarius, zu sol = Sonne] (Physik, Astron., Meteorol.): *die Sonne betreffend, zu ihr gehörend, von ihr ausgehend.*

So|lar|an|la|ge, die: *Anlage zur Gewinnung von Solarstrom.*

So|lar|dach, das: *[vollständig] aus Solarzellen od. solarthermischen Elementen bestehendes Dach.*

So|lar|e|ner|gie, die (Physik): *Sonnenenergie.*

So|lar|ge|ne|ra|tor, der (Physik, Elektrot.): *Gerät, das aus Sonnenlicht elektrische Energie erzeugt.*

So|la|ri|en: Pl. von ↑ Solarium.

so|la|risch ⟨Adj.⟩: *älter für ↑ solar.*

So|la|ri|um, das; -s, ...ien [lat. solarium = Sonne ausgesetzter Ort, zu: solarius, ↑ solar]: *Anlage, Gerät mit künstlich ultraviolette Strahlung erzeugenden Lichtquellen zur Bräunung des Körpers.*

So|lar|jahr, das (Astron.): *Sonnenjahr.*

So|lar|kol|lek|tor, der (Energietechnik): *Sonnenkollektor.*

So|lar|kon|s|tan|te ⟨vgl. Konstante⟩ (Meteorol.): *bestimmte Menge der Sonnenstrahlung, die an der Grenze der Atmosphäre* (1 a) *in einer Minute auf einen Quadratzentimeter gestrahlt wird.*

So|lar|kraft|werk, das (Energietechnik): *Sonnenkraftwerk.*

So|lar|mo|bil, das: *mit Solarstrom angetriebenes Fahrzeug.*

So|lar|mo|dul, das (Energietechnik): *Bauteil einer Solaranlage, das die Solarzellen od. solarthermischen Elemente trägt.*

So|lar|park, der: *größere Anlage zur Gewinnung von Solarenergie.*

So|lar|ple|xus [auch: ...ˈpleː...], der [nlat. plexus solaris, 2. Bestandteil zu lat. plectere, ↑ Plexus] (Physiol.): *Sonnengeflecht.*

So|lar|strom, der ⟨o. Pl.⟩: *aus Sonnenenergie gewonnener elektrischer Strom:* Dazu: **So|lar|strom|an|la|ge,** die.

So|lar|tech|nik, die ⟨o. Pl.⟩ (Energietechnik): *Technik, die sich mit der Nutzbarmachung u. den Anwendungsmöglichkeiten der Sonnenenergie befasst.*

so|lar|ter|res|t|risch ⟨Adj.⟩ (Astron., Meteorol., Physik): *die Auswirkungen der Sonne auf die Vorgänge in der Erdatmosphäre u. an der Erdoberfläche betreffend:* -e Physik.

So|lar|teur® [...ˈtøːɐ̯], der; -s, -e: *Fachkraft für den Bau u. die Instandhaltung von Solaranlagen.*

So|lar|teu|rin, die; -, -nen: w. Form zu ↑ Solarteur.

So|lar|ther|mie, die; -, -n ⟨Pl. selten⟩ [zu solar u. griech. thermós = warm, heiß] (Energietechnik): *Energiegewinnung aus Sonnenwärme.*

so|lar|ther|misch ⟨Adj.⟩ (Meteorol., Physik, Energietechnik): *die Sonnenenergie, -wärme betreffend, davon ausgehend, dadurch bewirkt:* -e Kraftwerke.

So|lar|turm, der (Energietechnik): *zu einem solarthermischen Kraftwerk gehörender Turm, an dessen Spitze die von Spiegeln reflektierte Sonnenstrahlung absorbiert wird.*

So|lar|wind, der (Astron.): *Sonnenwind.*

So|lar|zel|le, die (Physik, Elektrot.): *Sonnenzelle.*

Sol|bad, Solebad, das: **1.** *Heilbad* (1) *mit Solquelle.* **2.** *Heilbad* (2) *in Sole.*

solch: ↑ solcher.

sol|che: ↑ solcher.

sol|cher, solche, solches [mhd. solch, ahd. solīh, zu ↑ ²so, ↑ -lich, eigtl. = so gestaltet, so beschaffen], solch ⟨Demonstrativpron.⟩: **1. a)** *weist auf die Art od. Beschaffenheit hin; so geartet, so beschaffen:* [eine] solche Handlungsweise; [ein] solches Vertrauen; ein solcher Glaube; solche Taten; solches Schöne; mit solchen Leuten; die Taten eines solchen Helden/(selten:) die Taten solches Helden; solcher feine-/(selten:) feiner Stoff; bei solchem herrlichen-/(selten:) herrlichem Wetter; bei solcher intensiven/(auch:) intensiver Strahlung; die Hütten solcher Armen; zwei, einige solche/solcher Fehler; **b)** *weist auf den Grad, die Intensität hin: so groß, so stark:* ich habe solchen Hunger; das macht doch solchen Spaß! **2.** ⟨selbstständig⟩ *nimmt Bezug auf etw. in einem vorangegangenen od. folgenden Substantiv od. Satz Genanntes:* solche wie die fallen doch immer auf die Füße; die Sache als solche *(an sich)* wäre schon akzeptabel; R es gibt immer solche und solche (ugs.; *es ist nun einmal so, dass nicht alle gleich [angenehm o. ä.] sind).* **3.** ⟨ungebeugt⟩ (geh.) *so [ein]:* solch ein Tag; bei solch herrlichem Wetter/einem solch herrlichen Wetter/solch einem herrlichen Wetter.

¹sol|cher|art ⟨indekl. Demonstrativpron.⟩: *so geartet:* er kann mit s. Leuten nicht umgehen.

²sol|cher|art ⟨Adv.⟩: *auf solche Art, Weise:* die s. geehrte Künstlerin bedankte sich überschwänglich.

sol|cher|lei ⟨unbest. Gattungsz.; indekl.⟩ [↑ -lei]: **a)** ⟨attr.⟩ *von solcher Art:* s. [kostbarer] Hausrat; **b)** ⟨allein stehend⟩ *solche Dinge, Arten, Eigenschaften:* ich habe s. schon gehört; ich las s. des Öfteren.

sol|cher|ma|ßen ⟨Adv.⟩: ²solcherart.

sol|cher|wei|se ⟨Adv.⟩: ²solcherart.

sol|ches: ↑ solcher.

Sold, der; -[e]s, -e ⟨Pl. selten⟩ [mhd. solt < afrz. solt = Goldmünze < spätlat. solidus (nummus) = gediegene Goldmünze, zu lat. solidus, ↑ Solid]: **1.** *Lohn, Entgelt für Kriegsdienste:* S. zahlen, auszahlen, empfangen; * *in jmds. S. stehen* (geh.; *für jmdn. arbeiten u. dafür bezahlt werden):* er stand im S. mehrerer Abwehrorganisationen). **2.** *[monatliche] Bezahlung der Wehrdienst leistenden Soldaten.*

Sol|dat, der; -en, -en [ital. soldato, eigtl. = der in Sold Genommene, subst. 2. Part. von: soldare = in Sold nehmen, zu: soldo < spätlat. solidus, ↑ Sold]: **1. a)** *Angehöriger der Streitkräfte eines Landes:* ein einfacher, aktiver S.; S. auf Zeit *(Zeitsoldat);* ein gedienter, einziehen; bei den -en (ugs.; *beim Militär)* sein; **b)** [nach russ. soldat] (DDR) *unterster Dienstgrad der Land- u. Luftstreitkräfte.* **2.** *(bei Ameisen u. Termiten) [unfruchtbares] Tier mit besonders großem Kopf u. besonders großen Mandibeln, das in der Regel die Funktion hat, die anderen Tiere des Staats zu verteidigen.*

Sol|da|ten|fried|hof, der: *[große, einheitlich angelegte] Begräbnisstätte gefallener Soldaten.*

Sol|da|ten|spra|che, die: *Jargon* (a) *der Soldaten.*

Sol|da|ten|tum, das: *das Soldatsein.*

Sol|da|ten|zeit, die: *Militärzeit.*

Sol|da|tes|ka, die; -, ...ken [ital. soldatesca, zu: soldatesco = soldatisch, zu: soldato, ↑ Soldat] (abwertend): *gewalttätig u. rücksichtslos vorgehende Soldaten:* eine entfesselte, mordende S.

Sol|da|tin, die; -, -nen: w. Form zu ↑ Soldat.

sol|da|tisch ⟨Adj.⟩: *einem Soldaten* (1) *eigen, angemessen; militärisch* (2): -e Pflicht.

Sold|buch, das: *(bis 1945) Buch, das der Ausweis des Soldaten ist [u. Eintragungen über die Auszahlung des Solds enthält].*

Söld|ner, der; -s, - [mhd. soldenære, soldenier]: *Angehöriger eines Söldnerheeres.*

Söld|ner|ar|mee, die: *Armee aus freiwilligen [fremdländischen] Soldaten.*

Söld|ner|füh|rer, der: *oberster Befehlshaber eines Söldnerheeres.*

Söld|ner|heer, das: *Legion* (2).

Söld|ne|rin, die; -, -nen: w. Form zu ↑ Söldner.
Söld|ner|trup|pe, die: *Truppe aus freiwilligen [fremdländischen] Soldaten.*
So|le, die; -, -n [aus dem Niederd. < mniederd. sole (spätmhd. sul, sol) = Salzbrühe zum Einlegen, verw. mit ↑ Salz]: *[in stärkerem Maße] Kochsalz enthaltendes Wasser.*
So|le|bad: ↑ Solbad.
So|le|lei|tung, die: *[Rohr]leitung für Sole.*
So|le|quel|le: ↑ Solquelle.
So|le|salz: ↑ Solsalz.
So|le|was|ser: ↑ Solwasser.
¹So|li: Pl. von ↑ Solo.
²So|li, der; -s (ugs.): kurz für ↑ Solidaritätszuschlag.
so|lid: ↑ solide.
So|li|dar|bei|trag, der: *Beitrag [in Form einer Abgabe], den eine Gruppe als Teil der Solidargemeinschaft zu leisten hat.*
So|li|dar|ge|mein|schaft, die: *auf dem Solidarismus gründende Gemeinschaft:* die S. der Krankenversicherten.
so|li|da|risch ⟨Adj.⟩ [zu frz. solidaire, zu lat. solidus, ↑ solide] (bildungsspr.): **1.** *mit jmdm. übereinstimmend u. für ihn einstehend, eintretend:* eine -e Haltung; eine -e (*vom Gedanken der Solidarität a bestimmte*) Gesellschaft; s. handeln. **2.** (Rechtsspr.) *gemeinsam verantwortlich; gegenseitig verpflichtet.*
so|li|da|ri|sie|ren ⟨sw. V.; hat⟩ [frz. se solidariser, zu: solidaire, ↑ solidarisch] (bildungsspr.): **a)** ⟨s. + sich⟩ *für jmdn., etw. eintreten, um gemeinsame Interessen u. Ziele zu verfolgen:* sich mit den Streikenden s.; **b)** *zu solidarischem Verhalten bewegen:* er versuchte, auch die restliche Belegschaft zu s.
So|li|da|ri|sie|rung, die; -, -en: *das [Sich]solidarisieren.*
So|li|da|ris|mus, der; - (Philos.): *Lehre von der wechselseitig verpflichtenden Verbundenheit des Einzelnen mit der Gemeinschaft zur Förderung des Gemeinwohls.*
So|li|da|ri|tät, die; -, -en [frz. solidarité, zu: solidaire, ↑ solidarisch] (bildungsspr.): **a)** *unbedingtes Zusammenhalten mit jmdm. aufgrund gleicher Anschauungen u. Ziele:* die S. in unserer Belegschaft wächst; **b)** *(bes. in der Arbeiterbewegung) auf das Zusammengehörigkeitsgefühl u. das Eintreten füreinander sich gründende Unterstützung:* Spenden für die internationale S.
So|li|da|ri|täts|ad|res|se, die: *Solidarität (a) bekundende Adresse (2 b).*
So|li|da|ri|täts|ak|ti|on, die (bes. DDR): *aus Solidarität durchgeführte Aktion, mit der man für jmdn., etw. eintritt.*
So|li|da|ri|täts|be|kun|dung, die: *Ausdruck, Bekundung der Solidarität (mit jmdm., einer Bewegung, Organisation o. Ä.).*
So|li|da|ri|täts|ge|fühl, das: *Gefühl der Solidarität (a).*
So|li|da|ri|täts|zu|schlag, der (Steuerw.): *(zur Beschaffung der durch die deutsche Vereinigung zusätzlich benötigten Mittel erhobener) Zuschlag zur Einkommens- u. Körperschaftsteuer.*
So|li|dar|pakt, der (Politik): *Übereinkommen zwischen Politik, Unternehmensverbänden u. Gewerkschaften zur Finanzierung außergewöhnlicher Vorhaben durch eine möglichst sozial verträgliche Verteilung der Lasten.*
So|li|dar|prin|zip, das: *sozialpolitisches Prinzip, nach dem eine Gemeinschaft den Einzelnen unterstützt:* das S. in der Krankenversicherung.
So|li|dar|zu|schlag, der: *Solidaritätszuschlag.*
so|li|de ⟨Adj.⟩, solid ⟨Adj.⟩ [frz. solide < lat. solidus = gediegen, echt, fest, unerschütterlich; ganz]: **1.** *(in Bezug auf das Material) von fester, massiver, haltbarer Beschaffenheit:* solide Mauern; solides Holz; die Möbel sind s. gearbei-

tet; Das Haus war schön; es war geräumig, es war solide, es war behaglich (Koeppen, Rußland 140). **2.** *gut fundiert:* ein solides Geschäft; ein solides Wissen. **3.** *ohne Ausschweifungen, Extravaganzen u. daher voller Kritik, Skepsis Anlass gebend; anständig* (1 a): ein solider Lebenswandel; ich habe geheiratet und bin s. geworden; Er warf die Karten, die er in der Hand hielt, auf den Tisch, erbebte und erklärte, ein ernsthafter und solider Angestellter sei es nicht gewohnt, bis in alle Nächte hinein Karten zu spielen (R. Walser, Gehülfe 161).
So|li|di|tät, die; - [frz. solidité < lat. soliditas, zu: solidus, ↑ solide]: **1.** *solide* (1, 2) *Beschaffenheit.* **2.** *solide* (3) *Lebensweise.*
So|ling, die; -, -s, auch: -e, auch: der od. das; -s, -s [H. u.] (Segeln): *von drei Personen zu segelndes Kielboot im Rennsegelsport* (Kennzeichen: Ω).
So|lin|gen: *Stadt in Nordrhein-Westfalen.*
¹So|lin|ger, der; -s, -: Ew.
²So|lin|ger ⟨indekl. Adj.⟩.
So|lin|ge|rin, die; -, -nen: w. Form zu ↑ ¹Solinger.
Sol|ip|sis|mus, der; - [zu lat. solus (↑ solo) u. ipse = selbst] (Philos.): *erkenntnistheoretische Lehre, die alle Gegenstände der Außenwelt u. auch sogenannte fremde Ichs nur als Bewusstseinsinhalte eines mit sich identischen existent angesehenen Ichs sieht:* Dazu: **sol|ip|sis|tisch** ⟨Adj.⟩.
So|list, der; -en, -en [frz. soliste, ital. solista, zu ital. solo, ↑ solo]: *jmd., der ein Solo* (1) *singt, spielt od. tanzt:* er tritt als S. auf.
So|lis|ten|kon|zert, das: *Konzert eines Solisten.*
So|lis|tin, die; -, -nen: w. Form zu ↑ Solist.
so|lis|tisch ⟨Adj.⟩: **a)** *den Solisten betreffend;* **b)** *sich als Solist betätigend;* **c)** *für Solo* (1) *komponiert.*
so|li|tär ⟨Adj.⟩ [frz. solitaire = einsam, einzeln < lat. solitarius, zu: solus, ↑ solo] (Zool.): *(von Tieren) einzeln lebend; nicht Staaten bildend.*
¹So|li|tär, der; -s, -e [frz. solitaire]: **1.** *besonders schöner u. großer, einzeln gefasster Brillant.* **2. a)** *einzeln stehendes u. in seiner Umgebung auffälliges [größeres] Gebäude:* das neue Opernhaus war nicht als S. gedacht, sondern sollte sich harmonisch in das Stadtbild einfügen; **b)** (Fachspr.) *[außerhalb des Waldes] einzeln stehender Baum.* **3.** (bildungsspr.) *Einzelgänger[in], einsiedlerischer Mensch:* Seine Miene ist immer häufiger die eines sarkastischen -s, dem alles absurd erscheint und der den gesamten Menschenbetrieb bitter belustigt (Strauß, Niemand 125).
²So|li|tär, das; -s ⟨meist o. Art.⟩: *Brettspiel für eine Person, bei dem bis auf ein leer bleibendes Loch in jedem der 33 kreuzförmig auf dem Brett angeordneten Löcher ein Stift steckt u. die Spielerin bzw. der Spieler versuchen muss, durch Überspringen eines Stiftes mit einem anderen alle bis auf den letzten vom Brett zu entfernen.*
So|li|tude ⟨franz. ausspr.: soli'ty:d⟩, **So|li|tü|de**, die; -, -n [frz. solitude < lat. solitudo = Einsamkeit, zu: solus, ↑ solo]: *Name von Schlössern:* das Lustschloss S.
Sol|jan|ka, die; -, -s [russ. soljanka, zu: sol' = Salz]: *stark gewürzte Suppe mit Fleisch od. Fisch, Gemüse, saurer Gurke u. saurer Sahne.*
¹Soll, das; -s, Sölle [aus dem Niederd., eigtl. = (sumpfiges) Wasserloch] (Geol.): *kleine, oft kreisrunde [mit Wasser gefüllte] Bodensenke (im Bereich von Grund- u. Endmoränen).*
²Soll, das; -[s], -[s] [subst. aus ↑ sollen in der veralteten (kaufmannsspr.) Bed. »schulden«]: **1.** (Kaufmannsspr., Bankw.) *alles, was auf der Sollseite steht:* S. und Haben (Ausgaben u. Einnahmen) einander gegenüberstellen; das Konto ist im S. (weist als Kontostand einen negativen Betrag aus). **2.** (Kaufmannsspr., Bankw.) *Sollseite:* einen Betrag im S. verbuchen. **3.** (Wirtsch.) **a)** *geforderte Arbeitsleistung:* sein

[tägliches] S. erfüllen; hinter dem S. zurückbleiben; **b)** *(in der Produktion) festgelegte, geplante Menge; Plansoll:* ein S. von 500 Autos pro Tag; ein bestimmtes S. festlegen; Ü ich habe heute mein S. nicht erfüllt *(nicht alles geschafft, was ich mir vorgenommen hatte).*
Soll|bruch|stel|le, Soll-Bruch|stel|le, die (Technik): *Stelle in einem Bauteil o. Ä., die so ausgelegt* (1 d) *ist, dass in einem Schadensfall nur hier ein Bruch erfolgt.*
sol|len ⟨unr. V.; hat⟩ [mhd. soln, suln, Vereinfachung der alten germ. Form mit sk-, ahd. sculan (got. skulan) = schuldig sein; sollen, müssen): **1.** ⟨mit Inf. als Modalverb: sollte, hat ... sollen⟩ **a)** *die Aufforderung, Anweisung, den Auftrag haben, etw. Bestimmtes zu tun:* sie sollt sofort kommen; hättest du nicht bei ihm anrufen s.?; der soll mir nur mal kommen! (ugs.; drückt Ärger aus u. eine Art Herausforderung); **b)** *drückt einen Wunsch, eine Absicht, ein Vorhaben aus; mögen:* du sollst dich hier wie zu Hause fühlen; sollen *(wollen)* wir heute ein wenig früher gehen?; das soll uns nicht stören (davon wollen wir uns nicht stören lassen); du sollst alles haben, was du brauchst *(es sei dir zugestanden);* »Der hat vielleicht geflucht!« – »Soll er doch! *(Das ist mir egal)*«; was soll's? (Ausdruck der Gleichgültigkeit gegenüber einer Sache, die sich doch nicht ändern lässt); **c)** ⟨bes. in Fragesätzen⟩ *drückt Unsicherheit, Zweifel, Ratlosigkeit aus:* was soll ich nur machen?; **d)** *drückt aus, dass ein bestimmtes Verhalten geboten ist oder gewünscht wird:* es soll sofort ein Arzt kommen!; man soll eine Kapsel vor den Mahlzeiten einnehmen; **e)** ⟨häufig im 2. Konj.⟩ *drückt aus, dass etw. Bestimmtes eigentlich zu erwarten wäre:* das sollte sie aber [eigentlich] wissen; du solltest dich schämen; **f)** ⟨häufig im 2. Konj.⟩ *drückt aus, dass etw. Bestimmtes wünschenswert, richtig, vorteilhaft o. ä. wäre:* das sollte man verbieten; dieses Buch sollte man gelesen haben; **g)** *drückt etw. (von einem früheren Zeitpunkt aus gesehen) in der Zukunft Liegendes durch eine Form der Vergangenheit aus; jmdm. beschieden sein:* er sollte seine Heimat nicht wiedersehen; es hat nicht sein s./hat nicht sein s. sein; **h)** ⟨im 2. Konj.⟩ *für den Fall, dass:* wenn du sie sehen solltest, [dann] sage ihr das bitte; ich versuche es, und sollte ich dabei alles verlieren (geh.; *selbst auf die Gefahr hin, dass ich dabei alles verliere);* **i)** ⟨im Präs.⟩ *drückt aus, dass der Sprecher sich für die Wahrheit dessen, was er als Nachricht, Information o. Ä. weitergibt, nicht verbürgt:* das Restaurant soll sehr gut sein; sie soll Millionärin sein; **j)** ⟨im 2. Konj.⟩ *dient in Fragen dem Ausdruck des Zweifels, in der Sprecher an etw. Bestimmtem:* sollte das [wirklich] wahr sein?; sollte das ihr Ernst sein? **2.** ⟨Vollverb; sollte, hat gesollt⟩ **a)** *tun, machen sollen:* was sollst du aber; was soll [denn] das? *(welchen Zweck hat das [denn]?);* **b)** *sich irgendwohin begeben sollen; irgendwohin gebracht, gelegt usw. werden sollen:* ich hätte heute eigentlich in die/zur Schule gesollt; die Kühltruhe soll in den Keller; er soll aufs Gymnasium *(soll das Gymnasium besuchen).*
Söl|ler, der; -s, - [mhd. sölre, solre, ahd. solari < lat. solarium, ↑ Solarium]: **1.** (Archit.) *Altan.* **2.** (landsch.) *Dachboden.*
Soll-Ist-Ver|gleich, der (Wirtsch.): *Gegenüberstellung von erwarteten u. tatsächlich entstandenen Kosten u. a. (zum Zweck einer Feststellung der Abweichungen).*
Soll|sei|te, Soll-Sei|te, die (Kaufmannsspr., Bankw.): *linke Seite eines Kontos, auf der Aufwendungen, Vermögenszunahmen u. Schuldenabnahmen verbucht werden.*
Soll|stär|ke, Soll-Stär|ke, die (Militär): *festge-*

Sollwert – sommerlich

legte Zahl von Soldaten einer militärischen Einheit.
Soll|wert, Soll-Wert, der: *Wert, den eine [physikalische] Größe haben soll.*
Soll|zin|sen, Soll-Zin|sen ⟨Pl.⟩: *Zinsen, die von einer Bank od. Sparkasse für geliehenes Geld od. für den Betrag, um den ein Konto überzogen wird, gefordert werden.*
Sol|mi|sa|ti|on, die; - [ital. solmisazione, zu den Tonsilben sol u. mi des von Guido v. Arezzo im 11. Jh. erstmals beschriebenen Tonsystems, dessen Silben aus einem mittelalterlichen lat. Hymnus an Johannes den Täufer stammen] (Musik): *unter Verwendung zum Singen geeigneter Silben entwickeltes System von Tönen (dem das System mit den Bezeichnungen c, d, e, f, g, a, h entspricht): absolute S. (mit den Silben do, re, mi, fa, sol, la, si); relative S. (mit den Silben do, re, mi, fa, so, la, ti).* Dazu: **Sol|mi|sa|ti|ons|sil|be,** die.
sol|mi|sie|ren ⟨sw. V.; hat⟩ (Musik): *die Solmisation, die Silben der Solmisation anwenden, damit arbeiten, danach singen.*
so|lo ⟨indekl. Adj.⟩ [ital. solo < lat. solus = allein]: **1.** (bes. Musik) *als Solist: s. spielen, singen.* **2.** (ugs., oft scherzh.) *allein, ohne Partner, ohne Begleitung: ich bin heute s.*
So|lo, das; -s -s u. Soli: **1.** (bes. Musik) *musikalische od. tänzerische Darbietung eines einzelnen Künstlers, meist zusammen mit anderen [als Begleitung auftretenden] Ensemble: ein virtuoses S.; ein S. singen, tanzen; ein Oratorium für Soli, Chor und Orchester.* **2. a)** (bes. Fußballjargon) *Alleingang* (5): *zu einem S. ansetzen;* **b)** (Kartenspiele) *Spiel eines einzelnen Spielers gegen die übrigen Mitspieler.*
So|lo|al|bum, das: *Langspielplatte od. CD, auf der ein Sänger, Musiker solistisch zu hören ist; (bes. in der Pop-, Rockmusik) unter dem Namen eines einzelnen Musikers, Sängers [der auch einer Band angehört od. angehörte] erschienene Langspielplatte od. CD.*
So|lo|auf|tritt, der: *Auftritt als Solist.*
So|lo-CD, die: vgl. Soloalbum.
So|lo|ge|sang, der: *solistischer Gesang.*
So|lo|in|s|t|ru|ment, das: *für Solospiel eingesetztes, besonders geeignetes Musikinstrument.*
So|lo|kar|ri|e|re, die: **a)** *Karriere als Solist:* mancher Chorsänger träumt von einer S.; **b)** *Karriere als [auch einer Band angehörender od. angehört habender] Pop-, Rockmusiker, der unter eigenem Namen auftritt, von dem Schallplatten erscheinen usw.*
So|lo|lauf, der (bes. Fußball): *Solo* (2 a).
So|lo|ma|schi|ne, die (Motorsport): *einsitziges Motorrad ohne Beiwagen.*
So|lo|part, der: *Part für einen solistisch auftretenden Künstler:* den S. tanzen.
So|lo|pro|gramm, das: *Programm für einen solistisch auftretenden Künstler, eine solistisch auftretende Künstlerin.*
So|lo|spiel, das (o. Pl.): *solistisches Spielen auf einem Musikinstrument.*
So|lo|stim|me, die: *solistisch eingesetzte, für Sologesang geeignete Stimme.*
So|lo|tanz, der: *Tanz eines einzelnen Tänzers, einer einzelnen Tänzerin; solistischer Tanz.* Dazu: **So|lo|tän|zer,** der; **So|lo|tän|ze|rin,** die.
So|lo|tän|ze|rin, die: w. Form zu ↑Solotänzer.
So|lo|thurn: Schweizer Kanton u. Stadt.
¹**So|lo|thur|ner,** der; -s, -: Ew.
²**So|lo|thur|ner** ⟨indekl. Adj.⟩.
So|lo|thur|ne|rin, die; -, -nen: w. Form zu ↑¹Solothurner.
so|lo|thur|nisch ⟨Adj.⟩: *Solothurn, die Solothurner betreffend; von den Solothurnern stammend, zu ihnen gehörend.*
Sol|per, der; -s [spätmhd. solper, H. u., wohl verw.

mit ↑Sole, Salz] (landsch.): **1.** *Salzbrühe für Pökelfleisch.* **2.** *Pökelfleisch.*
Sol|quel|le, Solequelle, die [zu ↑Sole]: *Quelle, in deren Wasser Kochsalz gelöst ist.*
Sol|salz, Solesalz, das: *aus Sole gewonnenes Salz.*
Sol|sti|ti|um, das; -s, ...ien [lat. solstitium, zu: sol = Sonne u. sistere (Stamm stit-) = (still)stehen] (Astron.): *Sonnenwende* (1).
so|lu|bel ⟨Adj.⟩ [lat. solubilis, zu: solvere, ↑solvent] (Chemie): *löslich, auflösbar:* in Fett soluble Stoffe.
So|lu|t|ré|en [zolytre'ɛ̃:], das; -s [nach dem Fundort unterhalb des Felsens Solutré in Frankreich] (Prähist.): *westeuropäische Kulturstufe der Jüngeren Altsteinzeit.*
sol|vent ⟨Adj.⟩ [ital. solvente < lat. solvens (Gen.: solventis), 1. Part. von: solvere (2. Part.: solutum) = (auf)lösen; eine Schuld abtragen] (bes. Wirtsch.): *zahlungsfähig:* ein -er Käufer.
Sol|venz, die; -, -en (bes. Wirtsch.): *Zahlungsfähigkeit:* die S. der Firma, des Interessenten überprüfen.
Sol|was|ser, Solewasser, das ⟨Pl. ...wässer oder ...wasser⟩: **a)** *Wasser einer Solquelle;* **b)** *Wasser, dem Salz zugesetzt wurde.*
So|ma, das; -, -ta [griech. sōma (Gen.: sṓmatos) = Körper]: **1.** (Med., Psychol.) *Körper* (im Gegensatz zu Geist, Seele, Gemüt). **2.** (Biol., Med.) *Gesamtheit der Körperzellen eines Organismus (im Gegensatz zu den Keimzellen, Geschlechtszellen).*
So|ma|lia; -s: Staat in Ostafrika. Dazu: **So|ma|li|er,** der; -s, -; **So|ma|li|e|rin,** die; -, -nen; **so|ma|lisch** ⟨Adj.⟩.
so|ma|tisch [österr. auch: ...'mat...] ⟨Adj.⟩ [zu ↑Soma]: **1.** (Med., Psychol.) *das Soma* (1) *betreffend:* die -en Ursachen der Krankheit; rein s. bedingte Symptome. **2.** (Biol., Med.) *das Soma* (2) *betreffend:* -e Zellen, Proteine.
So|ma|to|lo|gie, die; - [↑-logie]: *(als Teilgebiet der Anthropologie) Wissenschaft, Lehre von den allgemeinen Eigenschaften des menschlichen Körpers.*
Som|b|re|ro, der; -s, -s [span. sombrero = Hut, zu: sombra < lat. umbra = Schatten]: *(in Mittel- u. Südamerika getragener) hoher, kegelförmiger Strohhut mit sehr breitem Rand.*
so|mit [auch: 'zo:...] ⟨Adv.⟩: *wie daraus zu schließen, zu folgern ist; folglich, also, mithin:* es gehört ihr, u. kann sie/und sie kann s. frei darüber verfügen; er war 16 und s. *(damit)* der Jüngste von uns.
Som|me|li|er [sɔmə'li̯e:], der; -s, -s [frz. sommelier, urspr. = Saumtierführer, zu: sommier = Matratze, Sturz(balken), eigtl. = Last-, Saumtier, mlat. sagmarius, zu lat. sagmarius = zum Saumsattel gehörig, zu: sagma = Saumsattel] (Gastron.): *speziell für die Getränke, vor allem den Wein, zuständiger Kellner.*
Som|me|li|er|aus|bil|dung, die: *Ausbildung zum Sommelier.*
Som|me|li|è|re [...'li̯ɛ:rə], die; -, -n: w. Form zu ↑Sommelier.
Som|mer, der; -s, - [mhd. sumer, ahd. sumar]: *Jahreszeit zwischen Frühling u. Herbst als wärmste Zeit des Jahres:* ein verregneter, kühler, heißer S.; es ist S.; der S. kommt, beginnt, neigt sich dem Ende zu; den S., die S. an der See verbringen; im S. macht er Urlaub; er fährt S. wie Winter *(das ganze Jahr über)* Fahrrad; S. über, den ganzen S. war er unterwegs; vor dem nächsten S., vor S. nächsten Jahres wird die Brücke nicht fertig; Ü im S. (dichter.; *auf dem Höhepunkt, in der Mitte*) des Lebens.
Som|mer|abend, der: *Abend im Sommer.*
Som|mer|aka|de|mie, die: *in den Sommerferien stattfindende Lehrveranstaltung zu einem bestimmten Thema.*

Som|mer|an|fang, der: *Anfang, Beginn des Sommers (zwischen 20. u. 23. Juni):* morgen ist S.
Som|mer|blu|me, die: *im Sommer blühende Blume.*
Som|mer|camp, das: *im Sommer stattfindende, einem Ferienlager ähnliche Veranstaltung, meist zur Fortbildung, Förderung von Talenten o. Ä.*
Som|mer|fahr|plan, der: *während des Sommerhalbjahres geltender Fahrplan* (1).
Som|mer|fell, das: *kürzere, weniger dichte u. oft auch andersfarbige Behaarung vieler Säugetiere im Sommer.*
Som|mer|fe|ri|en ⟨Pl.⟩: *(lange) Schulferien im Sommer.*
Som|mer|fest, das: *im Sommer [im Freien] veranstaltetes Fest.*
Som|mer|fes|ti|val, das: vgl. Sommerfest.
Som|mer|flau|te, die: *geschäftliche Flaute in den Sommermonaten.*
♦ **Som|mer|fleck,** der: *Sommersprosse:* Wenn ich ihn nicht herbanne, so sagt: ein altes Weib, das Warzen und -en vertreibt, verstehe mehr von der Sympathie als ich (Goethe, Götz II); ... ein lachendes, kerngesundes, mit unzähligen -en bedecktes Knabengesicht (Raabe, Chronik 105).
Som|mer|flug|plan, der: vgl. Sommerfahrplan.
Som|mer|fri|sche, die ⟨Pl. selten⟩ (veraltend): **a)** *Erholungsaufenthalt im Sommer auf dem Land, an der See od. im Gebirge:* in die S. fahren; sie ist hier zur S.; **b)** *Ort für eine Sommerfrische* (a): eine beliebte S. an der See.
Som|mer|frisch|ler, der; -s, - (veraltend): *jmd., der sich zur Sommerfrische* (a) *an einem Ort aufhält.*
Som|mer|frisch|le|rin, die; -, -nen (veraltend): w. Form zu ↑Sommerfrischler.
Som|mer|frucht, die ⟨o. Pl.⟩: **1.** (Landwirtsch.) *Sommergetreide.* **2.** *im Sommer reifende Frucht* (1 a).
Som|mer|gast, der: *Feriengast in den Sommermonaten.*
Som|mer|ge|trei|de, das (Landwirtsch.): *Getreide, das im Frühjahr gesät u. im Sommer des gleichen Jahres geerntet wird.*
Som|mer|ge|wit|ter, das: *im Sommer auftretendes Gewitter.*
Som|mer|halb|jahr, das: *Frühling u. Sommer umfassende Hälfte des Jahres (in der die Tage länger sind als die Nächte).*
Som|mer|haus, das: *meist leichter gebautes Haus auf dem Land, das dem Aufenthalt bes. während des Sommers dient.*
Som|mer|hit, der: *während des Sommers, der Sommerferien besonders erfolgreicher Hit.*
Som|mer|hit|ze, die: *sommerliche* (a) *Hitze.*
söm|me|rig ⟨Adj.⟩ (landsch.): *(von Fischen) erst einen Sommer alt:* -e Karpfen.
Som|mer|kleid, das: **1. a)** *leichtes Kleid für den Sommer;* **b)** ⟨Pl.⟩ *Sommerkleidung.* **2. a)** *kürzere, weniger dichte u. oft auch andersfarbige Behaarung mancher Säugetiere im Sommer;* **b)** *Gefieder mancher Vogelarten im Sommer im Unterschied zum andersfarbigen Gefieder im Winter:* ein Schneehuhn im S.
Som|mer|klei|dung, die: *leichte, für den Sommer geeignete Kleidung.*
Som|mer|kol|lek|ti|on, die: *Kollektion der Sommermode:* der Modeschöpfer stellte seine neue S. vor.
Som|mer|kon|zert, das: *[regelmäßig] in den Sommermonaten stattfindende Konzertveranstaltung.*
som|mer|lich ⟨Adj.⟩ [mhd. sumerlich, ahd. sumarlih]: **a)** *für den Sommer typisch, in einem für den Sommer typischen Zustand befindlich, vom Sommer bestimmt:* -e Temperaturen; es herrschte -e Wärme, Hitze; ein warmer, [fast] -er

Sommerloch – Sonderaktion

Tag, Abend; eine -e Landschaft; es war s. warm; **b)** *dem Sommer gemäß:* -e Kleidung; sich s. kleiden; **c)** *im Sommer stattfindend, sich ereignend, vorkommend:* ein -es Gewitter.

Som|mer|loch, das (ugs.): bes. *an wichtigen politischen Nachrichten arme Zeit während der sommerlichen Ferienzeit; Saure-Gurken-Zeit.*

Som|mer|man|tel, der: *leichter Mantel für den Sommer.*

Som|mer|mär|chen, das: *in einem Sommer stattfindendes wunderbares, großartiges Ereignis:* die Fußball-WM 2006 war ein deutsches S.

Som|mer|mo|de, die: *Mode für den Sommer:* die neue, diesjährige S.

Som|mer|mo|nat, der: a) ⟨o. Pl.⟩ (veraltet) *Juni;* b) *(ganz od. teilweise) im Sommer liegender Monat:* während der -e, besonders im Juli und August.

Som|mer|mor|gen, der: *Morgen im Sommer.*

som|mern ⟨sw. V.; hat⟩: **1.** ⟨unpers.⟩ [mhd. sumeren] (selten) *Sommer werden:* es sommert schon. **2.** [zu ↑ Sommer] (landsch.) *sömmern* (2).

söm|mern ⟨sw. V.; hat⟩: **1.** (landsch.) *sonnen* (1). **2.** (landsch.) **a)** *(das Vieh) auf die Sommerweide treiben, im Sommer auf der Weide halten;* **b)** *(vom Vieh) im Sommer auf der Weide gehalten werden.* **3.** (Fischereiw.) *(bestimmte Teiche) zur Verbesserung des Bodens trockenlegen:* den Karpfenteich s.

Som|mer|nacht, die: vgl. *Sommerabend:* eine laue, sternklare, helle S.

Som|mer|nachts|fest, das: *an einem Sommerabend bis in die Nacht hinein stattfindende festliche Veranstaltung.*

Som|mer|olym|pi|a|de, die: *im Sommer stattfindende Olympiade.*

Som|mer|pau|se, die: *(bei verschiedenen öffentlichen Einrichtungen eintretende) längere Unterbrechung der Tätigkeit, des Arbeitens in den Sommermonaten:* das Theater hat S.; das Gesetz soll noch vor der S. verabschiedet werden.

Som|mer|pro|gramm, das: *während der Sommermonate gespieltes Programm eines Kinos, Rundfunksenders, Theaters o. Ä.*

Som|mer|quar|tier, das: *Ort, an dem sich bestimmte Tiere während des Sommers aufhalten:* wenn die Störche in ihre europäischen -e zurückkehren.

Som|mer|re|gen, der: *im Sommer fallender, nicht besonders kalter Regen.*

Som|mer|rei|fen, der: *für den Betrieb auf trockener u. regennasser Fahrbahn besonders geeigneter, aber nur bedingt wintertauglicher [Auto]reifen mit feinerem, schärfkantigerem Profil.*

Som|mer|rei|se, die: *Urlaubsreise im Sommer.*

Som|mer|re|si|denz, die: *Residenz eines Fürsten, einer prominenten Persönlichkeit o. Ä. als Aufenthaltsort während des Sommers:* die S. des Königs.

som|mers ⟨Adv.⟩ [mhd. (des) sumers]: *[immer] im Sommer, während des Sommers:* er geht immer zu Fuß, s. wie winters.

Som|mer|saat, die (Landwirtsch.): *Nutzpflanzen, die im Frühjahr gesät u. im Sommer geerntet werden.*

Som|mer|sa|chen ⟨Pl.⟩ (ugs.): *leichte, für den Sommer geeignete Kleidung.*

Som|mer|sai|son, die: *Saison* (a) *während der Sommermonate, des Sommerhalbjahrs.*

Som|mer|schluss|ver|kauf, der: *im Sommer stattfindender Schlussverkauf:* etw. im S. kaufen.

Som|mer|schuh, der: *leichter, für den Sommer geeigneter Schuh.*

Som|mer|se|mes|ter, das: *im Sommerhalbjahr liegendes Semester.*

Som|mer|sitz, der: *von seinem Besitzer, seiner Besitzerin vor allem im Sommer bewohntes Haus.*

Som|mer|smog, der: *(bei durch Schadstoffe stark belasteter Luft) hauptsächlich im Sommer entstehender, unter anderem durch eine Erhöhung der Ozonkonzentration in Bodennähe gekennzeichneter Smog.*

Som|mer|son|ne, die ⟨o. Pl.⟩: *sommerliche Sonne:* die helle, grelle, heiße S.

Som|mer|son|nen|wen|de, die: *Zeitpunkt, an dem die Sonne während ihres jährlichen Laufs ihren höchsten Stand erreicht.*

Som|mer|spie|le ⟨Pl.⟩: **1.** *während der Sommerpause an bestimmten Orten stattfindende Reihe von Theateraufführungen.* **2.** *im Sommer abgehaltene Wettkämpfe der Olympischen Spiele:* die Olympischen S.

Som|mer|spros|se, die (meist Pl.) [2. Bestandteil frühnhd. sprusse, wohl eigtl. = sprießender Hautfleck]: *(im Sommer stärker hervortretender) kleiner, bräunlicher Fleck auf der Haut:* er hat -n.

som|mer|spros|sig ⟨Adj.⟩: *Sommersprossen aufweisend; mit Sommersprossen bedeckt:* sie ist blond und s.

som|mers|über ⟨Adv.⟩: *im Sommer, während des Sommers.*

Som|mers|zeit, die: *Sommerzeit* (1).

Som|mer|tag, die: **a)** *Tag im Sommer:* ein heißer, schwüler, herrlicher S.; **b)** (Meteorol.) *Tag mit sommerlichen Temperaturen.*

Som|mer|the|a|ter, das: **1.** *während der Sommerpause an bestimmten Orten stattfindende Reihe von Theateraufführungen.* **2.** *[politische] Aktivitäten von geringerer Bedeutung, die aber im Sommer wegen mangelnder sonstiger Nachrichten dennoch in die Schlagzeilen kommen.*

Som|mer|tou|ris|mus, der: *während der Sommersaison stattfindender Tourismus.*

Som|mer|trai|ning, das (Sport): *im Sommer stattfindendes Training [für Wintersportarten].*

Som|mer|typ, der (Mode): *jmd., dem kühle Farben u. Pastelltöne gut stehen.*

Söm|me|rung, die; -, -en: **1.** (landsch.) *das Sömmern* (1, 2). **2.** (Fischereiw.) *das Sömmern* (3).

Som|mer|ur|laub, der: *Urlaub im Sommer:* unser S. war leider etwas verregnet.

Som|mer|vo|gel, der (schweiz., sonst landsch.): *Schmetterling.*

Som|mer|weg, der: *unbefestigter u. daher nur bei trockenem Wetter benutzbarer Weg.*

Som|mer|wei|de, die: *Weide, auf der das Vieh den Sommer über bleiben kann.*

Som|mer|wet|ter, das ⟨o. Pl.⟩: *sommerliches* (a) *Wetter:* bei herrlichstem S.

Som|mer|wind, der: *leichter, warmer, lauer Wind, wie er im Sommer weht.*

Som|mer|zeit, die: **1.** *Zeit, in der es Sommer ist:* bald ist die schöne S. schon wieder vorüber. **2.** *gegenüber dem sonst geltenden Normalzeit um meist eine Stunde vorverlegte Zeit während des Sommerhalbjahrs:* die S. beginnt dieses Jahr am 27. März.

◆ **Som|mer|zeug**, das: *Sommerstoff:* ... in einem kurzen polnischen Schnürrocke von grünem -e (Immermann, Münchhausen 332).

som|nam|bul ⟨Adj.⟩ [frz. somnambule, zu lat. somnus = Schlaf u. ambulare = umhergehen]: **a)** (Med.) *schlafwandelnd; mondsüchtig:* ein -es Kind; **b)** (bildungsspr.) *schlafwandlerisch:* mit -er Sicherheit.

Som|nam|bu|le, die/eine Somnambule; der/einer Somnambulen, die Somnambulen/zwei Somnambulen: *Person, die schlafwandelt.*

Som|nam|bu|ler, der/ein Somnambuler; des/eines Somnambulen, die Somnambulen/zwei Somnambule: *jmd., der schlafwandelt.*

Som|nam|bu|lis|mus, der; - [frz. somnambulisme, zu: somnambule, ↑ somnambul] (Med.): *das Schlafwandeln; Noktambulismus.*

som|no|lent ⟨Adj.⟩ [spätlat. somnolentus = schlaftrunken, zu lat. somnus = Schlaf] (Med.): *benommen, krankhaft schläfrig.*

son, sone ⟨Demonstrativpron.⟩ [zusgez. aus: so ein(e)] (salopp): *solch:* son Kerl; sone frechen Gören; bei soner Kälte; R es gibt immer sone und solche (↑ solcher 2).

so|nach ⟨Adv.⟩ (geh.): *demnach.*

So|nant, der; -en, -en [zu lat. sonans (Gen.: sonantis) = tönend; (subst.:) Vokal, adj. 1. Part. von: sonare = tönen] (Sprachwiss.): *Silben bildender Laut (Vokal od. sonantischer Konsonant wie z. B. [l] in Dirndl).*

so|nan|tisch ⟨Adj.⟩ (Sprachwiss.): **a)** *den Sonanten betreffend;* **b)** *Silben bildend.*

So|nar, das; -s, -e [engl. sonar, Kurzwort für: sound navigation ranging] ⟨o. Pl.⟩ *Verfahren zur Ortung von Gegenständen im Raum u. unter Wasser mithilfe ausgesandter Schallimpulse:* den Meeresgrund mit S. absuchen. **2.** *Sonargerät:* ein S. durchs Wasser ziehen.

So|nar|ge|rät, das (Technik): *Gerät, das mithilfe von Sonar* (1) *Gegenstände ortet.*

So|na|ta, die; -, ...te (Musik): ital. Bez. für: Sonate.

So|na|te, die; -, -n [ital. sonata, eigtl. = Klingstück, zu: sonare < lat. sonare, ↑ Sonant] (Musik): *zyklisch angelegte Instrumentalkomposition mit meist mehreren Sätzen (4 b) in kleiner od. solistischer Besetzung.*

So|na|ten|form, die ⟨o. Pl.⟩ (Musik): *Sonatensatz.*

So|na|ten|satz, der (Musik): *formaler Verlauf bes. des ersten Satzes einer Sonate, Sinfonie, eines Kammermusikwerks o. Ä., der sich meist in Exposition, Durchführung, Reprise [u. Coda] gliedert.*

So|na|ti|ne, die; -, -n [ital. sonatina, Vkl. von: sonata, ↑ Sonate] (Musik): *kleinere, leicht spielbare Sonate mit verkürzter Durchführung.*

Son|de, die; -, -n [frz. sonde, H. u.]: **1.** (Med.) *stab-, röhren- od. schlauchförmiges Instrument, das zur Untersuchung od. Behandlung in Körperhöhlen od. Gewebe eingeführt wird:* eine S. in den Magen einführen; einen Patienten mit der S. ernähren. **2.** Kurzf. von ↑ Raumsonde: eine S. zum Mond, zur Venus, zur Sonne schicken; etw. mithilfe einer S. messen, erforschen. **3.** Kurzf. von ↑ Radiosonde: eine S. zur Überwachung der Ozonschicht; eine S. aufsteigen lassen. **4.** (Technik) *Vorrichtung zur Förderung von Erdöl od. Erdgas aus Bohrlöchern.*

son|der ⟨Präp. mit Akk.; meist in Verbindung mit Abstrakta⟩ [mhd. sunder (Adv.), ahd. suntar = abseits, für sich, auseinander, vgl. aind. sanu-tár = abseits] (geh. veraltend): *ohne:* s. allen Zweifel; ◆ Ein Rechtshandel über eines Esels Schatten würde s. Zweifel in jeder Stadt der Welt Aufsehen machen (Wieland, Abderiten IV, 3).

Son|der-: *drückt in Bildungen mit Substantiven aus, dass etw. nicht dem Üblichen entspricht, sondern zusätzlich dazukommt, für einen speziellen Zweck bestimmt ist:* Sonderparteitag, -werkzeug, -zulage.

Son|der|ab|druck, der ⟨Pl. -e⟩: *Sonderdruck.*

Son|der|ab|fall, der: *Sondermüll.*

Son|der|ab|ga|be, die (Finanzw.): *Quasisteuer.*

Son|der|ab|schrei|bung, die (Wirtsch., Steuerw.): *auf besondere steuerliche Vorschriften zurückzuführende Abschreibung.*

Son|der|ak|ti|on, die (bes. Kaufmannsspr.): *Aktion zur Steigerung des Absatzes, des Umsatzes durch Sonderangebote (mit entsprechenden werblichen Maßnahmen):* eine S. machen.

Sonderanfertigung – sondern

Son|der|an|fer|ti|gung, die (bes. Wirtsch.): *auf individuelle Bedürfnisse hin (außerhalb der Serienproduktion) angefertigtes Produkt:* der Schreibtisch war eine S. mit eingebautem Kühlschrank.

Son|der|an|ge|bot, das: *auf eine kurze Zeitspanne beschränktes Angebot einer Ware zum Sonderpreis:* er kauft nur -e (ugs.; *Waren, die zum Sonderpreis angeboten werden*); auf -e achten; das gibt es, das ist zurzeit im S. *(wird zurzeit zum Sonderpreis angeboten).*

Son|der|auf|ga|be, die: *spezielle, zusätzlich gestellte Aufgabe:* ein Teil der Truppe musste militärische -n übernehmen.

Son|der|auf|wen|dung, die ⟨meist Pl.⟩ (Wirtsch.): *zusätzlich aufzubringende Summe [für unvorhergesehene finanzielle Belastungen].*

Son|der|aus|ga|be, die: **1.** *aus bestimmtem Anlass herausgegebene, zusätzliche [einmalige] Ausgabe bes. eines Druckwerks.* **2. a)** ⟨meist Pl.⟩ (Steuerw.) *private Aufwendung, die bei der Ermittlung des [steuerpflichtigen] Einkommens abzuziehen ist;* **b)** Extraausgabe (2).

Son|der|aus|schüt|tung, die (Wirtsch.): *zusätzlich ausgezahlte Dividende.*

Son|der|aus|stat|tung, die (bes. Wirtsch.): *besondere Ausstattung außerhalb der Serienproduktion:* das Modell wird mit attraktiver S. angeboten.

Son|der|aus|stel|lung, die: *zusätzlich [zu den ständig ausgestellten Objekten in einem Museum, einer Galerie] für einen begrenzten Zeitraum [zu einem bestimmten Thema] eingerichtete Ausstellung* (2).

son|der|bar ⟨Adj.⟩ [mhd. sunderbære, -bar = besonder..., ausgezeichnet, spätahd. sundirbær, -bāre = abgesondert]: *vom Üblichen, Gewohnten, Erwarteten abweichend u. deshalb Verwunderung od. Befremden hervorrufend; merkwürdig, eigenartig:* ein -er Mensch, Gast; ein -es Erlebnis, Gefühl; sein Benehmen war s.; ich finde es s., dass du nichts gesagt hast; s. aussehen; es ist so s. still im Haus.

son|der|ba|rer|wei|se ⟨Adv.⟩: *was sonderbar ist, anmutet.*

Son|der|be|auf|trag|te ⟨vgl. Beauftragte⟩: *Beauftragte mit besonderer Mission.*

Son|der|be|auf|trag|ter ⟨vgl. Beauftragter⟩: *Beauftragter mit besonderer Mission.*

Son|der|be|hand|lung, die: **1.** (nationalsoz. verhüll.) *(zur Zeit der nationalsozialistischen Herrschaft) Ermordung, Tötung von Gegnern des nationalsozialistischen Regimes sowie von Angehörigen der als minderwertig erachteten Völker und anderer nicht erwünschter Personengruppen.* **2.** *besondere [jmdn. bevorzugende] Behandlung.*

Son|der|bei|la|ge, die: *einem besonderen Thema gewidmete, einmalige Beilage* (2) *einer Zeitung od. Zeitschrift.*

Son|der|be|las|tung, die (bes. Wirtsch.): *nicht geplantes Ereignis, das zu Sonderausgaben führt.*

Son|der|be|richt|er|stat|ter, der: *Berichterstatter, der über besondere Ereignisse an einem bestimmten Ort berichtet.*

Son|der|be|richt|er|stat|te|rin, die: w. Form zu ↑ Sonderberichterstatter.

Son|der|bot|schaf|ter, der: *Botschafter mit besonderer Mission.*

Son|der|bot|schaf|te|rin, die: w. Form zu ↑ Sonderbotschafter.

Son|der|brief|mar|ke, die: *aus bestimmtem Anlass herausgebrachte Briefmarke [mit darauf Bezug nehmendem Motiv].*

Son|der|bus, der: *für eine Sonderfahrt eingesetzter Bus.*

Son|der|de|po|nie, die: *Deponie für Sondermüll.*

Son|der|druck, der ⟨Pl. -e⟩: **1.** *als selbstständiges Druckwerk veröffentlichter Abdruck eines einzelnen Beitrags aus einem Sammelwerk, einer Zeitung, Zeitschrift o. Ä. od. eines Kapitels o. Ä. aus einer Monografie.* **2.** Sonderausgabe (1).

Son|der|ef|fekt, der (Wirtsch.): *besonderes [unvorhergesehenes] Ereignis, das die wirtschaftliche Situation eines Unternehmens kurzfristig verändert:* -e im zweiten Quartal bescherten der Firma deutlich ansteigende Umsätze.

Son|der|ein|heit, die (bes. Militär): *für besondere Einsätze zusammengestellte Einheit* (3).

Son|der|ein|satz, der: *dienstlicher Einsatz für einen besonderen Zweck.*

Son|der|er|laub|nis, die: *aufgrund besonderer Umstände ausnahmsweise erteilte Erlaubnis.*

Son|der|er|mitt|ler, der: *für einen besonderen Zweck eingesetzter Ermittler.*

Son|der|er|mitt|le|rin, die: w. Form zu ↑ Sonderermittler.

Son|der|fahrt, die: *Fahrt außerhalb des Fahrplans od. eines Programms.*

Son|der|fall, der: *besonderer [eine Ausnahme darstellender]* ¹Fall (2 b): in einem S. wie diesem wollen wir einmal eine Ausnahme machen.

Son|der|fonds, der: *für besondere [zusätzliche] Zwecke eingerichteter Fonds.*

Son|der|form, die: *besondere Form:* die Bank bietet bestimmte -en der Eigenheimfinanzierung an.

Son|der|frie|de, (häufiger:) **Son|der|frie|den**, der: *Separatfrieden.*

Son|der|ge|neh|mi|gung, die: *besondere, eine Ausnahme darstellende Genehmigung.*

Son|der|ge|richt, das: **1.** (nationalsoz.) *(bei einem Oberlandesgericht, zur Verfolgung politischer Gegner gebildetes) Gericht zur raschen Aburteilung als politisch angesehener Straftaten.* **2.** *Gericht, das auf einem bestimmten Sachgebiet anstelle eines sonst zuständigen Gerichts entscheidet* (z. B. Ehrengericht).

Son|der|ge|sand|te ⟨vgl. Gesandte⟩: w. Form zu ↑ Sondergesandter.

Son|der|ge|sand|ter ⟨vgl. Gesandter⟩ (Politik): *für besondere Aufgaben [z. B. in ein Krisengebiet] entsandter Diplomat:* der Sondergesandte der Europäischen Union ist im Nahen Osten eingetroffen.

Son|der|ge|setz, das (Rechtsspr.): *Gesetz, das mit Rücksicht auf die in der Natur der Sache liegende Unterschiede eine Regelung für bestimmte Rechtsverhältnisse schafft, die von allgemein geltenden Regelungen abweicht* (z. B. das Verbraucherkreditgesetz).

Son|der|gip|fel, der (Politik): *zu einem besonderen Zweck [außerplanmäßig] verabredetes Gipfeltreffen.*

son|der|glei|chen ⟨Adv., nur nachgestellt bei Subst.⟩ (emotional verstärkend): *in seiner Art, seinem Ausmaß unvergleichlich, ohne Beispiel; ohnegleichen:* eine Frechheit, Rücksichtslosigkeit s.

Son|der|heft, das: *Heft einer Zeitschrift als Sonderausgabe.*

Son|der|heit, die: -, -en [mhd. sunderheit] (selten): *Besonderheit:* in S. (geh.; *besonders, im Besonderen*).

Son|der|in|te|res|se, das ⟨meist Pl.⟩: *von einer bestimmten Gruppe, von einem Einzelnen verfolgtes spezielles Interesse:* -n haben; auf jmds. -n Rücksicht nehmen.

Son|der|kin|der|gar|ten, der: *Kindergarten für lernbehinderte Kinder.*

Son|der|klas|se, die: **1.** ⟨o. Pl.⟩ (ugs.) *hervorragende Qualität [in Bezug auf jmds. Leistungen]:* ein Festival der S. **2.** (Schule) *Schulklasse für [besonders zu fördernde] Kinder mit bestimmten Merkmalen* (z. B. überdurchschnittliche

Begabung, Zugehörigkeit zu einer bestimmten Bevölkerungsgruppe), *durch die sie sich von den übrigen unterscheiden.*

Son|der|kom|man|do, das: *Kommando* (3 a) *für besondere Einsätze.*

Son|der|kom|mis|si|on, die: *für einen besonderen Zweck eigens zusammengestellte Kommission:* eine S. der Kriminalpolizei; eine S. bilden.

Son|der|kon|di|ti|on, die ⟨meist Pl.⟩ (bes. Kaufmannsspr., Bankw.): *besondere, auf einen besonderen Fall zugeschnittene Kondition* (1).

Son|der|kon|to, das: *für bestimmte [wohltätige] Zwecke eingerichtetes Konto:* ein S. einrichten; etw. auf ein S. einzahlen.

Son|der|kos|ten ⟨Pl.⟩ (Wirtsch.): *aufgrund ihrer Art o. Ä. bei der Kostenrechnung gesondert ausgewiesene Kosten.*

Son|der|leis|tung, die: *besondere, zusätzliche Leistung.*

¹**son|der|lich** ⟨Adj.⟩ [mhd. sunderlich, ahd. suntarlīh = abgesondert; ungewöhnlich]: **1. a)** ⟨meist verneint⟩ *besonders, außergewöhnlich groß, stark o. ä.:* er hatte keine -e Lust dazu; etw. ohne -e Mühe schaffen; ⟨subst.:⟩ das hat nichts Sonderliches (*Besonderes*) zu bedeuten; **b)** ⟨intensivierend bei Adj. u. Verben; meist verneint⟩ *besonders, sehr:* nicht s. überraschendes Ergebnis; sie hat sich nicht s. gefreut; es geht ihm nicht s. *(nicht besonders gut).* **2.** *sonderbar, seltsam:* ein -er Mensch, -e Angewohnheiten; jmdm. wird s. zumute.

²**son|der|lich** ⟨Adv.⟩ (österr., schweiz., sonst veraltet): *insbesondere, besonders, vor allem.*

Son|der|ling, der: -s, -e [zu mhd. sunder = abgesondert]: *jmd., der sich von der Gesellschaft absondert u. durch sein sonderbares, von der Norm stark abweichendes Wesen auffällt:* ein weltfremder, menschenscheuer S.

Son|der|lob, das: *besonderes, zusätzliches Lob:* ein S. des Trainers galt den beiden Nachwuchsspielerinnen.

Son|der|mar|ke, die: Kurzf. von ↑ Sonderbriefmarke.

Son|der|ma|schi|ne, die: *aus besonderem Anlass außerhalb des Flugplans eingesetztes Passagierflugzeug.*

Son|der|mo|dell, das: *Modell* (3 b), *bes. eines Autos, das für eine besondere Käufergruppe, zu einem besonderen Anlass o. Ä. angeboten wird u. eine besondere Ausstattung od. Form hat.*

Son|der|müll, der: *[giftiger] Abfall, der wegen seiner Gefährlichkeit nur in besonderen Anlagen beseitigt od. in besonderen Deponien gelagert wird:* Dazu: **Son|der|müll|de|po|nie**, die.

¹**son|dern** ⟨sw. V.; hat⟩ [mhd. sundern, ahd. suntarōn = trennen, unterscheiden] (geh.): **1.** *von jmdm., etw. trennen, scheiden, entfernen; zwischen bestimmten Personen od. Dingen eine Trennung bewirken:* die kranken Tiere von den gesunden s. **2. a)** *unterscheiden* (1 a); *trennen* (3 a): Willst du sicher gehn, so musst du wissen, Schlangengift und Theriak zu s. (Goethe, Diwan [Buch Hafis, Fetwa]); ... hier ist das Mein und Dein, die Rache von der Schuld nicht mehr zu s. (Schiller, Braut v. Messina 396 f.); **b)** *nach vorhandenen Besonderheiten unterscheiden u. einordnen:* Serlo hingegen sonderte gern und beinah' zu viel; ... ein scharfer Verstand wollte in einem Kunstwerke gewöhnlich nur ein mehr oder weniger unvollkommenes Ganze erkennen (Goethe, Lehrjahre V, 4); Alles verdient Reim und Fleiß, wenn man es recht s. weiß (Goethe, Zahme Xenien V, 1187 f.).

²**son|dern** ⟨Konj.⟩ [spätmhd. (md.) sundern = ohne; außer; aber]: *dient nach einer verneinten Aussage dem Ausdrücken, Hervorheben einer Verbesserung, Berichtigung, einer anderen, gegensätzlichen Aussage; vielmehr; richtiger

gesagt, im Gegenteil: sie zahlte nicht bar, s. überwies den Betrag; nicht er hat es getan, s. sie; das ist nicht grün, s. blau; ⟨in der mehrteiligen Konj. »nicht nur ..., s. [auch] ...«:⟩ ich fahre nicht nur wegen der Tagung nach Köln, s. auch, um einen Freund zu besuchen.

Son|der|num|mer, die: **1.** *Sonderausgabe einer Zeitung, Zeitschrift.* **2.** (Zirkus, Varieté) *zusätzliche, besondere Nummer* (2 a).

Son|der|nut|zung, die (Rechtsspr.): *Nutzung einer öffentlichen Sache, die über den Gemeingebrauch hinausgeht:* Dazu: **Son|der|nutzungs|recht**, das.

Son|der|op|fer, das: *besonderes Opfer* (2), *das jmdm. [zusätzlich] abverlangt wird:* der Finanzminister fordert S. von Rentnern und Beamten.

Son|der|päd|a|go|gik, die: *Heilpädagogik:* Dazu: **son|der|päd|a|go|gisch** ⟨Adj.⟩.

Son|der|par|tei|tag, der: *aus besonderem Anlass einberufener Parteitag.*

Son|der|pos|ten, der (Kaufmannsspr.): *Posten* (3 a), *der im Rahmen eines Sonderverkaufs, einer Sonderaktion abgesetzt wird.*

Son|der|preis, der: *reduzierter Preis:* etw. zu einem, zum S. abgeben, kaufen, anbieten.

Son|der|pro|gramm, das: *zusätzliches, besonderes Programm* (1 a, 3, 5).

Son|der|prü|fung, die: **1.** (Wirtsch.) *besondere, zusätzliche Überprüfung eines Unternehmens [aus einem bestimmten Anlass].* **2.** (Automobilsport) *besondere Aufgabe, die im Rahmen einer Rallye erfüllt werden muss.*

Son|der|ra|ti|on, die: *zusätzliche Ration.*

Son|der|recht, das: *Privileg.*

Son|der|re|ge|lung, die: vgl. Sonderregelung.

Son|der|re|ge|lung, die, (seltener:) **Son|der|reg|lung**, die: *von der üblichen, sonst geltenden Regelung sich unterscheidende besondere Regelung.*

Son|der|rol|le, die: *besondere Rolle* (5 b), *die jmd. od. etwas in einem bestimmten Zusammenhang erfüllt.*

son|ders: in der Verbindung **samt und s.** (↑²samt).

Son|der|schau, die: vgl. Sonderausstellung.

Son|der|schicht, die: *zusätzliche Arbeitsschicht:* -en fahren; eine S. einlegen.

Son|der|schu|le, die: *allgemeinbildende Pflichtschule für Lernbehinderte, für körperlich od. geistig behinderte od. für schwer erziehbare Kinder u. Jugendliche.*

Da das Wort *Sonderschule* zuweilen als abwertend empfunden wird, wird es zunehmend, zum Beispiel in den Schulgesetzen einiger Bundesländer, durch die Bezeichnung *Förderschule* ersetzt.

Son|der|schü|ler, der: *Schüler einer Sonderschule.*

Son|der|schü|le|rin, die: w. Form zu ↑ Sonderschüler.

Son|der|schul|leh|rer, der: *Lehrer an einer Sonderschule.*

Son|der|schul|leh|re|rin, die: w. Form zu ↑ Sonderschullehrer.

Son|der|sei|te, die: *zusätzliche, einem besonderen Thema gewidmete Seite einer Zeitung, Website o. Ä.*

Son|der|sen|dung, die: *aus aktuellem Anlass kurzfristig in das Programm eingeschobene od. an die Stelle einer anderen Sendung gesetzte Rundfunk-, Fernsehsendung:* der Spielfilm begann wegen einer S. zwanzig Minuten später.

Son|der|sit|zung, die: *aus besonderen Anlass außer der Reihe stattfindende Sitzung.*

Son|der|spra|che, die (Sprachwiss.): *sich bes. im Wortschatz von der Gemeinsprache unterscheidende, oft der Abgrenzung, Absonderung dienende Sprache einer sozialen Gruppe.*

Son|der|sta|tus, der: *besonderer rechtlicher, politischer, sozialer Status:* das hing mit dem S. von Berlin zusammen.

Son|der|stel|lung, die (Pl. selten): *besondere [privilegierte] Stellung einer Person, einer Sache innerhalb eines Ganzen:* eine S. haben, einnehmen.

Son|der|stem|pel, der: *Poststempel, der auf eine besondere Veranstaltung hinweist, auf einen bestimmten Anlass Bezug nimmt.*

Son|der|steu|er, die: *zusätzlich zu den allgemeinen Steuern erhobene Steuer.*

Son|der|ta|rif, der: *besonderer [reduzierter] Tarif* (z. B. Nachttarif).

Son|de|rung, die; -, -en [mhd. sunderunge] (bes. fachspr.): *das Sondern; Trennung, Scheidung* (2).

Son|der|ur|laub, der (Militär): *aus besonderem Anlass gewährter zusätzlicher Urlaub.*

Son|der|ver|an|stal|tung, die: *einem besonderen Anlass gewidmete Veranstaltung.*

Son|der|ver|kauf, der: *Verkauf aus besonderem Anlass mit Sonderpreisen* (z. B. Sommerschlussverkauf).

Son|der|ver|mö|gen, das (Rechtsspr.): *Vermögen, dem das Gesetz eine rechtliche Sonderstellung einräumt, ohne dass eine juristische Person mit eigener Rechtsperson besteht* (z. B. Vermögen einer Gesellschaft des bürgerlichen Rechts, einer offenen Handelsgesellschaft).

Son|der|voll|macht, die: *zusätzliche, besondere Vollmacht.*

Son|der|vo|tum, das: *Minderheitsvotum.*

Son|der|weg, der: *besonderer Weg* (4): in der Frage der Studiengebühren wollen einige Bundesländer einen S. beschreiten, gehen.

Son|der|wirt|schafts|zo|ne, die (Wirtsch.): *Gebiet [innerhalb eines Staates], in dem besondere, die wirtschaftlichen Aktivitäten fördernde Regelungen* (z. B. niedrige Steuern, Zölle) *gelten.*

Son|der|wunsch, der ⟨meist Pl.⟩: *zusätzlicher, besonderer Wunsch:* einen S. haben, äußern; nicht alle Sonderwünsche erfüllen, berücksichtigen können.

Son|der|zah|lung, die: *aus einem besonderen Anlass zusätzlich geleistete Zahlung.*

Son|der|zei|chen, das (Druckw., EDV): *Zeichen* (1 c), *das weder Buchstabe noch Ziffer ist.*

Son|der|zie|hungs|recht, das ⟨meist Pl.⟩: *internationale, nur als Rechnungseinheit geführte Währungseinheit (ohne Münzen od. Banknoten), bes. für staatliche Devisenreserven* (Abk.: SZR).

Son|der|zug, der: *aus besonderem Anlass außerhalb des Fahrplans eingesetzter Zug.*

Son|der|zu|la|ge, die: *aus besonderem Anlass gewährte Zulage.*

Son|der|zu|wen|dung, die: *Sonderzulage.*

son|die|ren ⟨sw. V.; hat⟩ [frz. sonder, zu: sonde, ↑ Sonde]: **1.** (bildungsspr.) *etw. [vorsichtig] erkunden, erforschen, um sein eigenes Verhalten, Vorgehen der Situation anpassen zu können, die Möglichkeiten zur Durchführung eines bestimmten Vorhabens abschätzen zu können:* die öffentliche Meinung, das Terrain s.; sondierende Gespräche (Sondierungsgespräche). **2. a)** (Med.) *mit einer Sonde* (1) *medizinisch untersuchen:* eine Wunde, den Magen s.; **b)** *mithilfe technischer Geräte, Sonden o. Ä. untersuchen:* den Boden s. **3.** (Seew.) *loten* (1), *die Wassertiefe messen:* wir sondierten ständig; wir sondierten (maßen) 50 Faden Wassertiefe.

Son|die|rung, die; -, -en: **1.** *das Sondieren.* **2.** ⟨meist Pl.⟩ *Sondierungsgespräch.*

Son|die|rungs|ge|spräch, das: *Gespräch, bei dem die Haltung des Gesprächspartners zu einer bestimmten Frage sondiert werden soll.*

so|ne: ↑ son.

So|nett, das; -[e]s, -e [ital. sonetto, eigtl. = »Klinggedicht«, zu: s(u)ono < lat. sonus = Klang, Ton, zu: sonare, ↑ Sonant] (Dichtkunst): *gereimtes Gedicht, das gewöhnlich aus zwei (aufgrund des Reimschemas eine Einheit bildenden) vierzeiligen u. zwei sich daran anschließenden (ebenfalls eine Einheit bildenden) dreizeiligen Strophen besteht.*

Song [sɔŋ], der; -s, -s [engl. song = Lied, ablautende Bildung zu: to sing = singen]: **1.** (ugs.) *Lied (der Unterhaltungsmusik o. Ä.):* ein S. von Bob Dylan, den Beatles. **2.** (musikalisch u. textlich meist einfaches) einprägsames, oft als Sprechgesang vorgetragenes Lied mit zeitkritischem, sozialkritischem, satirischem o. ä. Inhalt: ein S. von Brecht und Weill, aus der Dreigroschenoper.

Song|book ['sɔŋbʊk], das; -s, -s [engl. songbook = Liederbuch]: *Buch, in dem Lieder eines Einzelinterpreten od. einer Gruppe mit Text u. Noten enthalten sind.*

Song|schrei|ber, der: *Songwriter.*

Song|schrei|be|rin, die: w. Form zu ↑ Songschreiber.

Song|text, der: *Text eines Songs.*

Song|ti|tel, der: *Titel* (2 a) *eines Songs.*

Song|wri|ter ['sɔŋraɪtɐ], der; -s, - [engl. songwriter, eigtl. = Liedschreiber]: *jmd., der Texte [u. Melodien] von Songs schreibt.*

Song|wri|te|rin, die; -, -nen: w. Form zu ↑ Songwriter.

Song|wri|ting ['sɔŋraɪtɪŋ], das; -s [engl. songwriting, aus song = Lied u. writing = das Schreiben]: *das Schreiben von Songtexten [u. Melodien].*

Sonn|abend, der; -s, -e [mhd. sun(nen)ābent, ahd. sunnūnāband, LÜ von aengl. sunnanæfen, eigtl. = Vorabend vor Sonntag, zu: sunnandæg = Sonntag u. æfen = (Vor)abend, verw. mit ↑ Abend] (regional, bes. nordd. u. md.): *sechster Tag der mit Montag beginnenden Woche; Samstag* (vgl. Dienstag; Abk.: Sa.): am ersten S. des Monats.

Sonn|abend|abend [...ˈzɔn...ˈaː...], der (regional, bes. nordd. u. md.): *Abend des Sonnabends.*

sonn|abend|abends ⟨Adv.⟩ (regional, bes. nordd. u. md.): *sonnabends abends.*

Sonn|abend|aus|ga|be, die (regional, bes. nordd. u. md.): *sonnabends erscheinende Ausgabe einer Zeitung o. Ä.*

sonn|abend|lich ⟨Adj.⟩ (regional, bes. nordd. u. md.): **a)** *an einem Sonnabend stattfindend:* der Überraschungsgast unserer -en Party; **b)** *jeden Sonnabend stattfindend, jeden Sonnabend wiederholend:* die -en Fernsehshows.

Sonn|abend|mit|tag [auch: ...ˈzɔn...ˈ...mɪ...], der (regional, bes. nordd. u. md.): *Mittag des Sonnabends.*

sonn|abend|mit|tags ⟨Adv.⟩ (regional, bes. nordd. u. md.): *sonnabends mittags.*

Sonn|abend|mor|gen [auch: ˈzɔn...ˈmɔr...], der (regional, bes. nordd. u. md.): *Morgen des Sonnabends.*

sonn|abend|mor|gens ⟨Adv.⟩ (regional, bes. nordd. u. md.): *sonnabends morgens.*

Sonn|abend|nach|mit|tag [auch: ˈzɔn...ˈnaːx...], der (regional, bes. nordd. u. md.): *Nachmittag des Sonnabends.*

sonn|abend|nach|mit|tags ⟨Adv.⟩ (regional, bes. nordd. u. md.): *sonnabends nachmittags.*

Sonn|abend|nacht [auch: ˈzɔn...ˈnaxt], die (regional, bes. nordd. u. md.): *Nacht von Sonnabend auf Sonntag.*

sonn|abend|nachts ⟨Adv.⟩ (regional, bes. nordd. u. md.): *sonnabends nachts.*

sonn|abends ⟨Adv.⟩ (regional, bes. nordd. u. md.): *an jedem Sonnabend:* s. fahren wir zum Bummeln in die Stadt; s. morgens geht er zum Bäcker Brötchen holen.
Sonn|abend|vor|mit|tag [auch: ˈzɔn...ˈfoːɐ̯...], der (regional, bes. nordd. u. md.): *Vormittag des Sonnabends.*
sonn|abend|vor|mit|tags ⟨Adv.⟩ (regional, bes. nordd. u. md.): *sonnabends vormittags.*
sonn|durch|flu|tet ⟨Adj.⟩ (österr., schweiz.): *sonnendurchflutet.*
Son|ne, die; -, -n [mhd. sunne, ahd. sunna, alte idg. Bez., verw. mit lat. sol = Sonne]: **1.** ⟨o. Pl.⟩ **a)** *als gelb bis glutrot leuchtende Scheibe am Himmel erscheinender, der Erde Licht u. Wärme spendender Himmelskörper:* die aufgehende, untergehende, leuchtende S.; die abendliche, mittägliche, herbstliche, winterliche S.; die goldene S.; die S. geht auf, geht unter; die S. scheint, steht hoch am Himmel, steht im Westen, sinkt hinter den Horizont, brennt vom Himmel herab, bricht durch die Wolken; heute kommt die S. nicht heraus *(die Sonnenscheibe bleibt hinter Wolken od. Nebel verborgen);* die S. hat sich hinter den Wolken versteckt; die S. sticht; die S. lacht *(es herrscht herrliches sonniges Wetter);* die S. im Rücken haben; gegen die S. fahren, spielen, fotografieren; in die S. gucken, blinzeln; die um die S. kreisenden Planeten; sie lebten unter südlicher S. (geh.: *im Süden, in südlichen Breiten);* er ist der glücklichste Mensch unter der S. (geh.: *ist sehr glücklich);* Ü die S. der Freiheit; R es gibt [doch] nichts Neues unter der S. *(auf der Welt;* nach Pred. 1, 9); die S. bringt es an den Tag *(im Unrecht bleibt auf die Dauer nicht verborgen;* Titel und Kehrreim eines Gedichts von A. v. Chamisso [1781–1838]); Spr es ist nichts so fein gesponnen, es kommt doch an das Licht der -n *(auch was man ganz verborgen halten möchte, kommt eines Tages heraus, wird bekannt);* * keine S. sehen (ugs.; *keine Aussicht auf Erfolg haben);* **b)** *Licht [u. Wärme] der Sonne; Sonnenstrahlen; Sonnenschein:* [eine] gleißende, sengende S.; die S. hat sie gebräunt, hat ihr Haar gebleicht; hier kommt die S. den ganzen Tag nicht hin; hier gibt es nicht viel S.; die S. meiden, nicht vertragen können; das Zimmer hat den ganzen Tag über S.; die Pflanzen kriegen hier nicht genug S.; Tomaten brauchen viel S.; geh mir aus der S.! *(geh mir aus dem Licht!);* er legt sich stundenlang in die S.; in der [prallen] S. sitzen; etw. in der S. trocknen lassen; in der S. braten, sich von der/in der S. braten lassen (ugs.; *sich sonnen);* sich vor der, vor zu viel S. schützen; etw. zum Trocknen an die S. legen; * S. im Herzen haben (veraltend; *ein fröhlicher Mensch sein).* **2.** (Astron.) *zentraler Stern eines Sonnensystems.*
son|nen ⟨sw. V.; hat⟩ [mhd. sunnen = der Sonne aussetzen]: **1. a)** ⟨s. + sich⟩ *sich von der Sonne bescheinen lassen, ein Sonnenbad nehmen:* sich [auf dem Balkon] s.; die Katze liegt auf der Fensterbank und sonnt sich; ⟨schweiz. auch ohne »sich«:⟩ im Badeanzug s.; **b)** (landsch.) *etw. der Sonnenbestrahlung aussetzen, an, in die Sonne legen:* die Betten s. **2.** ⟨s. + sich⟩ *etw. selbstgefällig genießen:* sich in seinem Glück, Ruhm, Erfolg s.
Son|nen|ak|ti|vi|tät, die (Astron., Meteorol.): *Gesamtheit der an der äußeren Sphäre u. in der Strahlung der Sonne zu beobachtenden physikalischen Vorgänge (z. B. Sonnenflecken).*
Son|nen|al|ler|gie, die (Med.): *durch Sonnenlicht ausgelöste allergische Reaktion der Haut.*
Son|nen|an|be|ter, der (scherzh.): *jmd., der sich gern u. häufig in der Sonne aufhält, der sich gern u. häufig der Sonne aussetzt (um braun zu werden).*

Son|nen|an|be|te|rin, die: w. Form zu ↑ Sonnenanbeter.
Son|nen|auf|gang, der: *das Aufgehen (1) der Sonne am Morgen:* S. ist morgen um sechs Uhr drei; den S. beobachten; kurz nach, eine Stunde vor S.; bei S.
Son|nen|bad, das: *das Einwirkenlassen des Sonnenlichts auf den [teilweise] unbedeckten Körper:* ein S. nehmen.
son|nen|ba|den ⟨sw. V.; hat; meist nur im Inf. u. 2. Part. gebr.⟩: *ein Sonnenbad, Sonnenbäder nehmen.*
Son|nen|bahn, die (Astron.): *Bahn, auf der sich die Sonne im Laufe eines Jahres durch den Tierkreis bzw. im Laufe eines Tages von Osten nach Westen über das Himmelsgewölbe zu bewegen scheint.*
Son|nen|ball, der (dichter.): *als Kugel gedachte, erscheinende, dargestellte Sonne.*
Son|nen|bank, die ⟨Pl. ...bänke⟩: *die Bräunung des ganzen Körpers bewirkendes, einer ¹Bank (1) ähnliches Gerät mit UV-Strahlung.*
son|nen|be|heizt ⟨Adj.⟩ (Technik): *mithilfe von Sonnenenergie beheizt:* ein -er Pool.
son|nen|be|schie|nen ⟨Adj.⟩ (geh.): *von der Sonne beschienen.*
Son|nen|be|strah|lung, die: *Bestrahlung durch die Sonne (1 a):* das Material darf keiner [direkten, zu starken] S. ausgesetzt werden.
Son|nen|blen|de, die: **1.** *Blende (1), die Sonnenlicht abhält:* der Busfahrer klappte die S. herunter. **2.** (Fotogr.) *Aufsatz auf dem Objektiv einer Kamera zum Abschirmen schräg einfallenden Sonnenlichts; Gegenlichtblende.*
Son|nen|blu|me, die [nach der Gestalt der großen Blütenköpfe u. weil die Pflanze sich immer dem Sonnenlicht zuwendet]: *sehr hoch wachsende Pflanze mit rauen Blättern an einem dicken Stängel und einer großen, scheibenförmigen Blüte, bei der der Samenstand von einem Kranz relativ kleiner, leuchtend gelber Blütenblätter gesäumt ist; Helianthus.*
Son|nen|blu|men|kern, der ⟨meist Pl.⟩: *ölhaltiger Same der Sonnenblume:* -e kauen; die Vögel mit -en füttern.
Son|nen|blu|men|öl, das: *aus Sonnenblumenkernen gepresstes Speiseöl.*
Son|nen|brand, der: **1.** *durch zu starke Einwirkung der Sonne hervorgerufene starke Rötung od. Entzündung der Haut:* einen S. haben, bekommen; sie hat sich heute einen schweren S. geholt. **2.** *Zerstörung von Gewebe an Pflanzen durch übermäßig starke Sonneneinstrahlung.*
Son|nen|bräu|ne, die: *durch Sonnenbestrahlung hervorgerufene braune Färbung der Haut:* eine leichte, natürliche S.; ihre S. ist echt.
Son|nen|bril|le, die: *Brille mit dunkel getönten Gläsern, die die Augen vor zu starker Helligkeit des Sonnenlichts schützen soll.*
Son|nen|creme, Son|nen|crème, die: *Sonnenschutzcreme.*
Son|nen|dach, das: *Sonnensegel (1), Markise.*
Son|nen|deck, das: *oberstes, nicht überdachtes Deck auf Schiffen für Passagiere.*
son|nen|durch|flu|tet ⟨Adj.⟩ (geh.): *von Sonne durchflutet:* ein -er Raum.
son|nen|durch|glüht ⟨Adj.⟩ (geh.): *von Sonne durchglüht, durchglüht.*
Son|nen|ein|strah|lung, die (Meteorol.): *Insolation:* eine hohe S.
Son|nen|ener|gie, die (Physik): *aus dem Innern der Sonne kommende u. von der Sonnenoberfläche abgestrahlte Energie; Solarenergie:* die S. nutzbar machen; S. in elektrische Energie umwandeln; Elektrizität aus S.; das Auto fährt mit S. *(mit aus Sonnenenergie gewonnener elektrischer Energie).*
Son|nen|farm, die (Technik): *Sonnenkraftanlage mit sehr vielen, auf großer Fläche angeordneten Sonnenkollektoren, in der Sonnenenergie in größerem Maße gewonnen wird.*
son|nen|fern ⟨Adj.⟩ (Astron.): *weit von der Sonne entfernt:* die -en Planeten.
Son|nen|fins|ter|nis, die [im 16. Jh. für mhd. sunnenvinster] (Astron.): *Finsternis (2), die eintritt, wenn die Sonne ganz od. teilweise durch den Mond verdeckt ist:* eine totale, partielle, ringförmige S.; eine S. beobachten.
Son|nen|fleck, Son|nen|fle|cken, der ⟨meist Pl.⟩: **1.** (Astron.) *Gebiet auf der Sonnenoberfläche, das sich durch seine dunklere Färbung von der Umgebung abhebt.* **2.** (seltener) *Sommersprosse.* **3.** (geh.) *von der Sonne beschienene Stelle auf einer im Übrigen im Schatten liegenden Fläche.*
son|nen|ge|bräunt ⟨Adj.⟩: *von der Sonne (1 b) gebräunt.*
son|nen|gelb ⟨Adj.⟩: *von leuchtender, kräftiger gelber Farbe.*
son|nen|ge|reift ⟨Adj.⟩ (bes. Werbespr.): *in der Sonne zur Reife gelangt:* -e Früchte, Tomaten.
Son|nen|glut, die: *große Sonnenhitze.*
Son|nen|gott, der (Mythol.): *männliche Gottheit, die in Gestalt der Sonne verehrt wird.*
Son|nen|göt|tin, die: w. Form zu ↑ Sonnengott.
son|nen|hell ⟨Adj.⟩ (dichter.): *hell von Sonnenlicht.*
Son|nen|hit|ze, die ⟨o. Pl.⟩: *Hitze, die durch Sonnenstrahlung entsteht.*
son|nen|hung|rig ⟨Adj.⟩ (emotional): *großes Verlangen nach Sonnenschein, sonnigem Wetter habend:* -e Urlauber.
Son|nen|hut, der: **1.** *leichter Hut mit breiterer Krempe als Schutz gegen die Sonne:* einen S. tragen, aufsetzen. **2.** [nach den breite Blätter aufweisenden großen Blüten] *(zu den Korbblütlern gehörende) hochwachsende Pflanze mit strahlenförmigen, leuchtend gelben bis braunroten, in der Mitte meist tiefbraunen u. kegelförmig aufgewölbten Blüten.*
Son|nen|jahr, das (Astron.): *Zeitraum, innerhalb dessen die Erde alle Jahreszeiten durchläuft; Solarjahr.*
son|nen|klar ⟨Adj.⟩: **1.** [ˈzɔn...] (geh.) *klar u. hell; voll Sonne.* **2.** [ˈzɔnˈklaːɐ̯] (ugs.) *ganz eindeutig, offensichtlich; keinen Zweifel lassend:* ein -er Fall, Beweis; es ist doch s., dass er es war.
Son|nen|kol|lek|tor, der ⟨meist Pl.⟩ (Energietechnik): *Vorrichtung, mit deren Hilfe Sonnenenergie absorbiert wird; Solarkollektor.*
Son|nen|kö|nig, der (Geschichte): **1.** ⟨o. Pl.⟩ *Beiname Ludwigs XIV. von Frankreich.* **2.** *alles überstrahlende, beherrschende Persönlichkeit:* er galt als der S. des Radsports.
Son|nen|kö|ni|gin, die: w. Form zu ↑ Sonnenkönig (2).
Son|nen|kraft|werk, das (Energietechnik): *Anlage, die mithilfe von Sonnenkollektoren o. Ä. Sonnenenergie in Strom umwandelt.*
Son|nen|ku|gel, die: *die Sonne als kugelförmiger Himmelskörper, die Temperatur im Innern der S.*
Son|nen|kult, der (Rel.): *Verehrung der Sonne als göttliches Wesen.*
Son|nen|licht, das ⟨o. Pl.⟩: *von Sonne ausgehendes Licht:* grelles S.
Son|nen|milch, die (Kosmetik): *weißliches flüssiges Sonnenschutzmittel.*
son|nen|nah ⟨Adj.⟩ (Astron.): *der Sonne nah:* im -en Raum; Merkur hat eine extrem -e Bahn; der sonnennächste Punkt der Umlaufbahn.
Son|nen|ober|flä|che, die: *als Oberfläche der Sonnenkugel erscheinende Fotosphäre der Sonne.*
Son|nen|öl, das: *Sonnenschutzöl.*
Son|nen|pro|tu|be|ranz, die ⟨meist Pl.⟩ (Astron.): *Protuberanz (1).*

Son|nen|rad, das (oft geh.): *als Rad gedachte od. dargestellte Sonne.*
son|nen|reich ⟨Adj.⟩: *mit viel Sonne, vielen Sonnentagen:* die -ste Region Deutschlands.
Son|nen|rös|chen, das [die Blüten öffnen sich nur bei Sonnenschein]: *als niedriger Strauch wachsende Pflanze mit kleinen, eiförmigen Blättern u. gelben, weißen od. roten kleineren Blüten, die in der Form der Heckenrose ähnlich sind.*
Son|nen|schei|be, die: *Scheibe, als die die Sonne am Himmel erscheint:* am Rand der S.
Son|nen|schein, der [mhd. sunne(n)schīn]:
1. ⟨o. Pl.⟩ *das Scheinen der Sonne:* Regen und S. wechselten sich ab; draußen ist, herrschte strahlender, schönster S.; bei S.; R es herrscht eitel S. *(es gibt keine Probleme, alle sind glücklich u. zufrieden).* 2. (fam.) *geliebtes Kind:* unser kleiner S.; (auch als Anrede:) mein kleiner S.!
Son|nen|schein|dau|er, die (Meteorol.): *Zeitraum, in dem [an einem bestimmten Tag] die Sonne scheint:* seit vielen Jahrzehnten werden S. und Niederschlagsmengen der Region aufgezeichnet.
Son|nen|schirm, der: *Schirm zum Schutz gegen Sonnenstrahlen:* einen S. mitnehmen.
Son|nen|schutz, der: *etw., was geeignet ist, als Schutz gegen Sonne zu dienen.*
Son|nen|schutz|creme, Son|nen|schutz|crème, die: *Creme zum Einreiben der Haut, die die schädliche Wirkung der Sonnenbestrahlung abschwächt.*
Son|nen|schutz|mit|tel, das: *Mittel (in Form einer Creme, einer Lotion o. Ä.) zum Einreiben der Haut, das die schädliche Wirkung der Sonnenbestrahlung abschwächt.*
Son|nen|schutz|öl, das: *Öl zum Einreiben der Haut, das die schädliche Wirkung der Sonnenbestrahlung abschwächt.*
Son|nen|se|gel, das: 1. *aufspannbares Schutzdach aus Segeltuch zum Schutz gegen die Sonne.* 2. (ugs.) *[als größere Fläche ausklappbares] Solarmodul bei Satelliten, Raumfahrzeugen od. -stationen.* 3. *(bislang nur als Konzept existierende) aus einer dünnen Folie bestehende großflächige segelartige Vorrichtung zur direkten Ausnutzung des von der Sonne ausgehenden Drucks der Strahlung für den Antrieb eines Raumflugkörpers.*
Son|nen|sei|te, die ⟨Pl. selten⟩: *sonnige, zur Sonne hin gelegene, am stärksten der Sonne ausgesetzte Seite von etw.:* Ü die S. *(angenehme, heitere Seite)* des Lebens.
son|nen|si|cher ⟨Adj.⟩: *erfahrungsgemäß überwiegend sonniges Wetter habend:* ein relativ -er Urlaubsort.
Son|nen|stand, der: *Stand der Sonne am Himmel.*
Son|nen|stäub|chen, das ⟨meist Pl.⟩: *in der Luft schwebendes Staubpartikel (das in einem in einen schattigen Bereich fallenden Sonnen- od. Lichtstrahl sichtbar wird).*
Son|nen|stich, der (Med.): *durch starke Sonnenbestrahlung verursachte Reizung der Hirnhaut mit starken Kopfschmerzen, Schwindel, Übelkeit u. a.:* einen S. haben, bekommen; * **einen S. haben** (salopp; ↑ Stich 8: du hast wohl einen S.!)
Son|nen|strahl, der: 1. ⟨Pl.⟩ *von der Sonne ausgehende [wärmende] Strahlen* (3): die auftreffenden -en werden reflektiert, absorbiert. 2. *von der Sonne herrührender Strahl* (1): durch den Türspalt fiel ein S. ins Zimmer.
Son|nen|strah|lung, die ⟨o. Pl.⟩: *von der Sonne ausgehende Strahlung.*
Son|nen|strom, der: *Solarstrom.*
Son|nen|stu|dio, das: *Bräunungsstudio.*
Son|nen|sturm, der (Astron.): *durch den Sonnenwind ausgelöste Störung des Magnetfeldes der Erde.*

Son|nen|sys|tem, das: *von der Sonne u. den sie umkreisenden Himmelskörpern gebildetes System samt dem von ihnen durchmessenen Raum u. der darin befindlichen Materie.*
Son|nen|tag, der: 1. *Tag mit sonnigem Wetter.* 2. (Astron.) *Zeitspanne zwischen zwei aufeinanderfolgenden Durchgängen der Sonne durch den Meridian.*
Son|nen|tau, der [das in der Sonne funkelnde Sekret ähnelt Tautropfen]: *fleischfressende Pflanze, deren in Form einer Rosette angeordnete Blätter ein Sekret ausscheiden, an dem Insekten haften bleiben u. dann verdaut werden.*
Son|nen|ter|ras|se, die: *[zum Sonnenbaden geeignete] direkter Sonneneinstrahlung zugängliche Terrasse.*
Son|nen|tier|chen, das: *Urtierchen von kugeliger Gestalt mit vielen, nach allen Seiten ausstrahlenden Füßen, die dem Beutefang dienen.*
Son|nen|uhr, die: *auf einer waagerechten od. senkrechten Fläche angeordnete Skala, auf der Schatten eines zu ihr gehörenden Stabes die Stunden anzeigt.*
Son|nen|un|ter|gang, der: *Untergang* (1) *der Sonne am Abend.*
son|nen|ver|brannt ⟨Adj.⟩: 1. *stark sonnengebräunt.* 2. *von der Sonne stark ausgetrocknet:* -e Felder, Wiesen.
son|nen|ver|wöhnt ⟨Adj.⟩: *immer mit viel Sonnenschein rechnen könnend:* die -en Regionen Spaniens.
Son|nen|wa|gen, der (Mythol.): *Wagen des Sonnengottes, mit dem er über den Himmel fährt.*
Son|nen|wär|me, die: *Wärme, die von der Sonne ausgeht.*
Son|nen|wär|me|kraft|werk, das (Energietechnik): *Sonnenkraftanlage, in der mithilfe eines durch Sonnenenergie aufgeheizten* ¹*Mediums* (3) *u. angeschlossener Generatoren* (1) *elektrischer Strom erzeugt wird.*
Son|nen|war|te, die: *der Beobachtung der Sonne dienendes Observatorium.*
Son|nen|wen|de, die [mhd. sunne(n)wende = Umkehr der Sonne]: 1. (auch: Sonnwende) *Zeitpunkt, zu dem die Sonne während ihres jährlichen Laufs ihren höchsten bzw. tiefsten Stand erreicht; Solstitium.* 2. ¹*Heliotrop* (1).
Son|nen|wend|fei|er: ↑ Sonnwendfeier.
Son|nen|wend|feu|er: ↑ Sonnwendfeuer.
Son|nen|wind, der (Astron.): *ständig von der Sonne ausgehender Strom von Ionen u. Elektronen; Solarwind.*
Son|nen|zeit, die ⟨o. Pl.⟩: *dem scheinbaren täglichen Umlauf der Sonne um die Erde entsprechende Zeit, deren Maß die (jahreszeitlich unterschiedliche) wahre Länge eines Tages ist:* wahre S.; mittlere S. *(Zeit, die einem mit konstanter Geschwindigkeit in der Äquatorebene gedachten Umlauf der Sonne entspricht u. der Zeiteinteilung des Tages in 24 Stunden zugrunde liegt).*
Son|nen|zel|le, die (Physik, Elektrot.): *Element* (6) *aus bestimmten Halbleitern, das die Energie der Sonnenstrahlen in elektrische Energie umwandelt; Solarzelle.*
son|nig ⟨Adj.⟩ [im 18. Jh. neben sönnig u. älter sonnicht; mhd. dafür sunneclich]: 1. a) *von der Sonne beschienen:* ein -es Plätzchen; eine Parkbank; die Pflanze braucht einen -en Standort; hier ist es mir zu s. *(ist zu viel Sonne);* b) *mit viel Sonnenschein verbunden:* -es Wetter; im -en Süden. 2. *von einer offenen, freundlichen Wesensart; heiter:* ein -er Mensch; ein -es Naturell haben; du hast [vielleicht] ein -es Gemüt! (iron.; *ist dumm, sehr naiv).*
Sonn|sei|te (österr., schweiz.): ↑ Sonnenseite.
Sonn|tag, der; -[e]s, -e [mhd. sun(nen)tac, ahd. sunnūn tag, LÜ von lat. dies Solis; LÜ von

griech. hēmēra Hēlíou = Tag der Sonne]: *siebter Tag der mit Montag beginnenden Woche* (vgl. Dienstag; Abk.: So.): an Sonn- und Feiertagen geschlossen; * **Weißer Sonntag** (*Sonntag nach Ostern [an dem in der katholischen Kirche die Erstkommunion stattfindet];* nach kirchenlat. dominica in albis = Sonntag in der weißen Woche [= Osterwoche]; bis zu diesem Sonntag trugen in der alten Kirche die Ostern Getauften ihr weißes Taufkleid).
Sonn|tag|abend [auch: ˈzɔn...ˈʔa...], der: *Abend des Sonntags:* am, jeden S. treffen wir uns zur Bibelstunde; einen schönen -s.
sonn|tag|abends ⟨Adv.⟩: *sonntags abends.*
Sonn|tag|früh ⟨indekl. Subst. o. Art.⟩ (bes. österr.): *[am] Sonntagmorgen:* S. waren die Plakate wieder verschwunden.
sonn|tä|gig ⟨Adj.⟩: *an einem Sonntag stattfindend:* der -e Auftritt des Künstlers wird verschoben.
sonn|täg|lich ⟨Adj.⟩: 1. *jeden Sonntag stattfindend, sich jeden Sonntag wiederholend:* das -e Essen mit der Familie. 2. *dem Sonntag entsprechend:* eine -e Stille; s. angezogen sein.
Sonn|tag|mit|tag [auch: ˈzɔn...ˈmɪ...], der: *Mittag des Sonntags.*
sonn|tag|mit|tags ⟨Adv.⟩: *sonntags mittags.*
Sonn|tag|mor|gen [auch: ˈzɔn...ˈmɔr...], der: *Morgen des Sonntags.*
sonn|tag|mor|gens ⟨Adv.⟩: *sonntags morgens.*
Sonn|tag|nach|mit|tag [auch: ˈzɔn...ˈna:x], der: *Nachmittag des Sonntags.*
sonn|tag|nach|mit|tags ⟨Adv.⟩: *sonntags nachmittags.*
Sonn|tag|nacht [auch: ˈzɔntaˈkˈnaxt], die: *Nacht von Sonntag auf Montag.*
sonn|tag|nachts ⟨Adv.⟩: *sonntags nachts.*
sonn|tags ⟨Adv.⟩: *an jedem Sonntag:* s. morgens trägt sie Zeitungen aus; wir haben s. geschlossen.

Sonn|tags-: 1. (veraltend od. leicht scherzh.) drückt in Bildungen mit Substantiven aus, dass etw. für besondere Anlässe bestimmt ist und deshalb etwas Besonderes darstellt: Sonntagsbluse, -essen. 2. (häufig abwertend) drückt in Bildungen mit Substantiven (meist Nomina Agentis) aus, dass jmd. eine bestimmte Tätigkeit nur gelegentlich, nicht sehr häufig ausübt und deswegen darin ungeübt ist: Sonntagsdichterin, -gärtner.

Sonn|tags|ar|beit, die ⟨o. Pl.⟩: *sonntags verrichtete Arbeit.*
Sonn|tags|aus|flug, der: *am Sonntag unternommener Ausflug:* ein beliebtes Ziel für Sonntagsausflüge. Dazu: **Sonn|tags|aus|flüg|ler,** der; **Sonn|tags|aus|flüg|le|rin,** die.
Sonn|tags|aus|ga|be, die: *sonntags erscheinende Ausgabe einer Zeitung.*
Sonn|tags|bei|la|ge, die: *meist hauptsächlich der Unterhaltung dienende Beilage zur Wochenendausgabe einer Tageszeitung.*
Sonn|tags|bra|ten, der: *für die Hauptmahlzeit am Sonntag zubereiteter, vorgesehener Braten:* im Backofen brutzelte schon der S.
Sonn|tags|fah|rer, der (abwertend): *Autofahrer, der sein Auto nicht häufig benutzt u. darum wenig Fahrpraxis hat.*
Sonn|tags|fah|re|rin, die: w. Form zu ↑ Sonntagsfahrer.
Sonn|tags|fahr|ver|bot, das: *an Sonntagen geltendes Verbot zu fahren:* das S. für Lastwagen gilt nur bis 22 Uhr.
Sonn|tags|fra|ge, die: *bei Meinungsumfragen gestellte Frage, welche Partei jmd. wählen würde, wenn am nächsten Sonntag Wahlen wären.*

Sonn|tags|got|tes|dienst, der: *sonntäglicher Gottesdienst.*
Sonn|tags|kind, das: **1.** *an einem Sonntag geborener Mensch, der als besonders vom Glück begünstigt gilt:* er, sie ist ein S. **2.** *Glückskind:* du S.!
Sonn|tags|kleid, das *(veraltend):* nur sonntags getragenes Kleid.
Sonn|tags|ku|chen, der: *für den [Nachmittagskaffee am] Sonntag gebackener Kuchen.*
Sonn|tags|öff|nung, die: *Öffnung [der Einzelhandelsgeschäfte] an Sonntagen.*
Sonn|tags|re|de, die (abwertend): *bei feierlichen Anlässen gehaltene schöne Rede [mit großen, der Realität meist nicht standhaltenden Worten].*
Sonn|tags|ru|he, die: **1.** *durch die Arbeitsruhe am Sonntag bedingte Stille auf den Straßen:* es herrscht S. **2.** *an Sonntagen eingehaltene [Arbeits]ruhe:* jmds. S. stören; die S. einhalten, verletzen.
◆ **Sonn|tags|schil|ling**, der: *Schilling (2) als Geldgeschenk, das jmd. (bes. ein Dienstherr) gibt, weil es Sonntag ist:* Mitunter ging auch wohl die ... Frau Senatorn mit ihrer Kaffeetasse in der Hand den Steig hinab, um die Enkelinnen des alten Andreas mit einer Frucht oder einem S. zu erfreuen (Storm, Söhne 7).
Sonn|tags|schu|le, die: *kirchliche, meist religiöser Unterweisung gewidmete schulische Veranstaltung, die sonntags stattfindet.*
Sonn|tags|schuss, der (bes. Fußball): *mit Glück gelungener Schuss ins Tor.*
Sonn|tags|spa|zier|gang, der: *sonntäglicher Spaziergang.*
Sonn|tags|spiel, das (Fußball): *sonntags (statt üblicherweise samstags) stattfindendes Spiel [der Bundesliga].*
Sonn|tags|staat, der ⟨o. Pl.⟩ (scherzh.): *Sonntagskleider.*
Sonn|tags|ver|kauf, der: *Verkauf [in Einzelhandelsgeschäften] am Sonntag.*
Sonn|tags|zei|tung, die: *an Sonntagen erscheinende Zeitung.*
Sonn|tag|vor|mit|tag [auch: ˈzɔntaːkˈlaːbn̩t], der: *Vormittag des Sonntags.*
sonn|tag|vor|mit|tags ⟨Adv.⟩: *sonntags vormittags.*
sonn|ver|brannt ⟨Adj.⟩ (österr., schweiz.): *sonnenverbrannt.*
Sonn|wen|de: ↑ Sonnenwende.
Sonn|wend|fei|er, Sonnenwendfeier, die: *gewöhnlich mit dem Anzünden eines Sonnwendfeuers verbundene Feier der Sonnenwende.*
Sonn|wend|feu|er, Sonnenwendfeuer, das [mhd. sunnewentviur]: *Feuer, das am Tag der Sonnenwende im Freien bes. auf Bergen angezündet wird.*
Son|ny|boy [ˈsʌni, auch: ˈzɔni...], der; -s, -s [engl. sonny boy = (mein) Söhnchen, (mein) Junge (sonny = Kosef. von: son = Sohn)]: *junger Mann, der Charme u. eine unbeschwerte Fröhlichkeit ausstrahlt, dem die Sympathien zufliegen:* er ist ein [richtiger] S.
So|no|gra|fie, **So|no|graphie**, die; -, -n [↑ -grafie] (Med.): *Echografie.*
so|nor ⟨Adj.⟩ [frz. sonore < lat. sonorus = schallend, klangvoll, zu: sonor (Gen.: sonoris) = Klang, Ton, zu: sonare, ↑ Sonant]: **1.** *voll- u. wohltönend, klangvoll:* eine -e Stimme; ein -es Lachen. **2.** (Sprachwiss.) *stimmhaft:* -e Konsonanten.
So|nor, der; -s, -e (Sprachwiss.): *stimmhafter Konsonant (z. B. m, n, l, r).*
So|no|ri|tät, die; - ⟨o. Pl.⟩ (Sprachwiss.): *Klangfülle eines Lautes, Grad der Stimmhaftigkeit.* **2.** (Musik) ¹voller (2 c) *Klang; Klangqualität.*

So|nor|laut, der (Sprachwiss.): *Sonor.*
sonst ⟨Adv.⟩ [mhd. su(n)st, sus(t), ahd. sus = so (aber, nicht); die heutige Bed. seit dem 14. Jh.]: **1. a)** *bei anderen Gelegenheiten, in anderen Fällen:* heute nicht, s. ja; was hast du denn, du bist doch s. nicht so empfindlich!; s. haben sie uns immer geholfen; da müssen sich die s. so klugen Experten wohl geirrt haben; hier ist alles noch wie s. (wie immer); **b)** *damals, früher einmal:* s. stand hier ein Hospiz. **2.** *darüber hinaus; abgesehen vom Genannten:* nur die beiden Regierungschefs, s. niemand; ich trinke nur Mineralwasser, s. nichts; s. ist dort alles unverändert; kommt s. noch jemand, s. noch wer?; darf es s. noch etwas sein?; habt ihr s. noch Fragen, Wünsche, wer oder s. einer/s. jemand/s. wer (ugs.; *jeder Beliebige sonst*) kann das machen; er bildet sich ein, er ist s. jemand/s. was/s. wer (ugs.; *jemand Besonderes*); da hätte ja s. einer/s. jemand/s. was/s. wer (ugs.; oft abwertend; *irgendein übler Mensch*) ins Haus kommen können!; nimm einen Hammer oder s. was (ugs.; *irgendetwas anderes*); ich hätte fast s. was (ugs.; *etwas Schlimmes*) gesagt!; wenn wir früher losgegangen wären, könnten wir jetzt schon s. wo (ugs.; *ganz woanders, ganz weit weg*) sein; s. (weiter) nichts/nichts s.; R s. noch was?/[aber] s. gehts dir gut?/[aber] s. tut dir nichts weh? (salopp; drückt Tadel, Ablehnung eines [als Zumutung empfundenen] Vorschlags, Ansinnens aus). **3.** *im andern Fall, andernfalls:* tu es jetzt, s. ist es zu spät; zieh dich warm an, s. erkältest du dich; wer, was, wie, wo [denn] s.?
sonst ei|ner: ↑ sonst (2).
◆ **sons|ten** [15. Jh.]: bes. md. u. südd. Nebenf. von ↑ sonst: Kennst du noch s. jemand meines Bluts? (Schiller, Braut v. Messina 1827); ... wie eine Frau wie sie zu solchen Dingen kommt, die selbst dem Fürstenstamme verborgen sind und s. männiglich (Wieland, Oberon 4, 42).
sons|tig ⟨Adj.⟩: *sonst noch vorhanden, in Betracht zu ziehen; anderweitig* (1): sein -es Verhalten war gut; -es überflüssiges Gepäck; -er (anderer, andersartiger) angenehmer Zeitvertreib; mit -em unveröffentlichtem/(auch:) unveröffentlichten Material; bei Ausnutzung -er arbeitsfreier/(auch:) arbeitsfreien Tage; ⟨subst.:⟩ Unter »Sonstiges« standen immer die interessantesten Informationen (Kempowski, Tadellöser 308).
sonst je|mand, **sonst was**, **sonst wer**: s. ↑ sonst (2).
so|oft ⟨Konj.⟩: *jedes Mal wenn, immer wenn, wie oft auch immer:* s. sie kam, brachte sie Blumen mit; ich komme, s. du es wünschst; s. ich auch komme, er ist nie zu Hause.
Soor, der; -[e]s, -e [H. u.; viell. zu mniederd. sōr, vgl. engl. sear = verdorrt < aengl. sēar] (Med.): *Pilzinfektion (bes. bei Säuglingen), die sich in grauweißem Belag bes. der Mundschleimhaut äußert.*
So|phis|ma, das; -s, ...men [lat. sophisma < griech. sóphisma, zu: sophízesthai = ausklügeln, aussinnen, zu: sophós = geschickt, klug] (bildungsspr., seltener): *Sophismus.*
So|phis|mus, der; -, ...men (bildungsspr.): *sophistischer* (1) *Gedanke; Täuschung bezweckender Trugschluss, Scheinbeweis.*
So|phist, der; -en, -en [(m)lat. sophista, sophistes < griech. sophistḗs, zu: sophós, ↑ Sophisma]: **1.** (bildungsspr. abwertend) *jmd., der sophistisch* (1) *argumentiert.* **2.** (Philos.) *Vertreter einer Gruppe griechischer Philosophen u. Rhetoren des 5. bis 4. Jhs v. Chr., die als Erste den Menschen in den Mittelpunkt philosophischer Betrachtungen stellten u. als Wanderlehrer Kenntnisse bes. in der Redekunst, der Kunst des Streitgesprächs u. der Kunst des Beweises verbreiteten.*

So|phis|te|rei, die; -, -en [mlat. sophistria (ars) = Kunst betrügerischer, blendender Rede] (bildungsspr. abwertend): *sophistisches Spiel mit Worten u. Begriffen, sophistische Argumentation; Haarspalterei.*
so|phis|ti|ca|ted [səˈfɪstɪkeɪtɪd] ⟨indekl. Adj.⟩ [engl. sophisticated, zu mlat. sophisticatum, 2. Part. von: sophisticare, zu lat. sophisticus, ↑ sophistisch] (bildungsspr.): *weltgewandt, kultiviert; geistreich, intellektuell.*
So|phis|tik, die; - [(m)lat. sophistica (ars) < griech. sophistikḗ (téchnē) = Kunst der Sophisterei, zu: sophistikós, ↑ sophistisch]: **1.** (bildungsspr. abwertend) *sophistische* (1) *Denkart, Argumentationsweise:* politische S. **2.** (Philos.) **a)** *geistesgeschichtliche Strömung, deren Vertreter die Sophisten* (2) *waren;* **b)** *Lehre der Sophisten* (2).
So|phis|tin, die; -, -nen: w. Form zu ↑ Sophist (1).
so|phis|tisch ⟨Adj.⟩ [lat. sophisticus < griech. sophistikós]: **1.** (bildungsspr. abwertend) *spitzfindig, haarspalterisch [argumentierend], Sophismen benutzend, enthaltend:* ein -er Trick; -e Unterscheidungen. **2.** (Philos.) *zur Sophistik* (2) *gehörend, ihr eigentümlich.*
Sol|pot [ˈsɔ...]: poln. Name von ↑ Zoppot.
sol|pra ⟨Adv.⟩ [ital. sopra < lat. supra] (Musik): **1.** *oben* (z. B. in Bezug auf die Hand, die beim [Klavier]spiel übergreifen soll). **2.** *um ein angegebenes Intervall höher.*
Sol|pran, der; -s, -e [ital. soprano (subst. Adj.), eigtl. = darüber befindlich; Oberer < mlat. superanus = darüber befindlich; überlegen, zu lat. super = oben, auf, über] (Musik): **1. a)** *hohe Singstimme; höchste menschliche Stimmlage:* da erklang ihr reiner S.; sie hat einen weichen, klaren S.; S. singen; **b)** ⟨o. Pl.⟩ *die hohen Frauen- od. Kindersingstimmen in einem Chor:* sie singt jetzt im S. mit. **2.** ⟨o. Pl.⟩ **a)** *[solistische] Sopranpartie in einem Musikstück:* den S. übernehmen; **b)** *Sopranstimme* (2) *in einem Chorsatz:* den S. einüben, studieren. **3.** *Sopranistin: ein lyrischer, dramatischer S.;* er ist erkrankt.
So|pra|nist, der; -en, -en: *Sänger (meist Knabe) mit Sopranstimme.*
So|pra|nis|tin, die; -, -nen: *Sängerin mit Sopranstimme; Sopran* (3).
So|pran|la|ge, die: *Stimmlage des Soprans* (1 a).
So|pran|par|tie, die: *für den Sopran* (1 a) *geschriebener Teil eines Musikstücks.*
So|pran|sa|xo|fon, **So|pran|sa|xo|phon**, das: *Saxofon in höherer Stimmlage.*
So|pran|stim|me, die: **1.** *Sopran* (1 a). **2.** *Noten für die Sopranisten, Sopranistinnen [in einem Chor].*
So|ra|bis|tik, die; - [zu nlat. sorabicus = sorbisch]: *Wissenschaft, die die sorbische Sprache u. Literatur zum Gegenstand hat.*
so|ra|bis|tisch ⟨Adj.⟩: *die Sorabistik betreffend.*
Sor|be, der; -n, -n: *Angehöriger einer westslawischen Volksgruppe.*
Sor|bet [zɔrˈbeː, auch: ˈzɔrbɛt], der od. das; -s, -s (selten): **Sor|bett**, der od. das; -[e]s, -e [(frz. sorbet <) ital. sorbetto < türk. șerbet, aus dem Arab.] (Gastron.): **1.** *halbgefrorene [Süß]speise aus Saft, Wein od. Schaumwein [u. Zucker]:* ein erfrischendes S. von der Zitrone wurde als Zwischengang gereicht. **2.** (früher) *eisgekühltes Getränk aus gesüßtem Fruchtsaft od. Wein.*
Sor|bin, die; -, -nen: w. Form zu ↑ Sorbe.
Sor|bin|säu|re, die; -, -n [zu lat. sorbum = Frucht der Eberesche] (Chemie): *bes. als Konservierungsstoff für Lebensmittel dienende organische Säure, die vor allem in Vogelbeeren natürlich vorkommt.*
sor|bisch ⟨Adj.⟩: zu ↑ Sorbe.
Sor|bisch, das; -[s], (nur mit best. Art.:) **Sor|bi|sche**, das; -n: *die sorbische Sprache.*

Sor|bit [auch: ...'bɪt], der; -s [zu lat. sorbum, ↑ Sorbinsäure] (Chemie): *süß schmeckender Alkohol einer in Vogelbeeren, Kirschen u. anderen Früchten vorkommenden Form.*

Sor|di|ne, die; -, -n, **Sor|di|no**, der; -s, -s u. ...ni [ital. sordino, zu lat. surdare = betäuben] (Musik): *Dämpfer* (1).

sor|do ⟨Adv.⟩ [ital. sordo < lat. surdus, ↑ Sordun] (Musik): *gedämpft.*

Sor|dun, der od. das; -s, -e [ital. sordone, zu: sordo < lat. surdus = kaum hörbar, eigtl. = taub]: **1.** *(im 16. u. 17. Jh. gebräuchliches) mit Fagott u. Oboe verwandtes, gedämpft klingendes Blasinstrument mit doppeltem Rohrblatt.* **2.** *dunkel klingendes Orgelregister.*

So|re, die; -, -n [zu jidd. sechore < hebr. sĕḥôr ä = Ware] (Gaunerspr.): *Diebesgut.*

Sor|ge, die; -, -n [mhd. sorge, ahd. sorga, eigtl. = Kummer, Gram]: **1.** *(durch eine unangenehme, schwierige, gefahrvolle Situation hervorgerufene) quälende Gedanken; bedrückendes Gefühl der Unruhe u. Angst:* drückende, ernste -n; wirtschaftliche, gesundheitliche, häusliche -n; mich peinigen schwere -n; auf ihm lastet die bange S. um den Arbeitsplatz; meine S. ist groß, dass er wieder fällt; keine S. *(nur ruhig),* wir schaffen das schon!; ich habe [große] S., ob du das durchhältst; ich habe keine S. *(ich bin zuversichtlich),* dass er die Prüfung besteht; sich um jmdn., etw. S., [keine] -n machen; deine Sorgen macht, bezahlte mir [ernstlich] -n; mach dir darum, darüber, deswegen keine -n; jmds. -n [nicht] teilen; jmds. geheime -n und Nöte kennen; seine -n in Alkohol ertränken; jmdm. die -n vertreiben; seine -n vergessen; diese S. sind wir endlich, wenigstens los; um jmdn., jmds. Gesundheit sehr in S. *(sehr besorgt)* sein; etw. erfüllt jmdn. mit S.; R der hat -n! (ugs. iron.: *er regt sich über belanglose, unwichtige Dinge auf);* deine -n möchte ich haben! (ugs. iron.: *du regst dich über belanglose, unwichtige Dinge auf).* **2.** ⟨o. Pl.⟩ (geh.) *Bemühen um jmds. Wohlergehen, um etw.; Fürsorge:* die S. füreinander; die gegenseitige S.; die Zukunft seiner Kinder war seine größte S.; *(darum muss er sich kümmern); das lass nur meine S. sein;* erfüllt von liebender S.; * **für jmdn., etw.**/ (schweiz. auch:) **jmdm., einer Sache S. tragen** (geh.: *für jmdn., etw. sorgen:* tragen Sie bitte S. dafür, dass das nicht wieder vorkommt).

sor|ge|be|rech|tigt ⟨Adj.⟩ (Amtsspr., Rechtsspr.): *über das Sorgerecht verfügend: ein Elternteil.*

sor|gen ⟨sw. V.; hat⟩ [mhd. sorgen, ahd. sorgēn]: **1.** ⟨s. + sich⟩ *sich Sorgen machen, besorgt, in Sorge sein:* sich sehr, wegen jeder Kleinigkeit s.; sich um jmdn., etw. s.; du brauchst dich nicht zu s., dass mir etwas passiert; ♦ ⟨auch ohne »sich«⟩ Oftmals hab' ich gesorgt, es möchte der Krug dir entstürzen (Goethe, Alexis u. Dora 45); ♦ Wir sorgten, die Herren werden zu viel Ehr' im Leib haben und Nein sagen (Schiller, Räuber I, 2). **2. a)** *sich um jmds. Wohlergehen kümmern, die Pflichten auf sich nehmen, die zur Erhaltung od. zum Gedeihen einer Sache erfüllt werden müssen:* gut, vorbildlich, schlecht für jmdn. s.; sie sorgt liebevoll für ihre Schützlinge; für Kinder und Alte muss besonders gesorgt werden; wer sorgt während unserer Abwesenheit für den Garten?; **b)** *sich bemühen, dass etw. vorhanden ist, erreicht wird:* für das Essen, für eine gute Ausbildung, für jmds. Wohlergehen, für jmds. Unterhalt, für Ruhe und Ordnung s.; es ist für alles [Notwendige] gesorgt; für die Zukunft der Kinder ist gesorgt *(Vorsorge getroffen worden);* ein Conférencier ist für gute Laune s.; **c)** *(verblasst) bewirken, zur Folge haben, hervorrufen:* sein Auftritt sorgte für eine Sensation; Für Verwicklungen war damit reichlich gesorgt (Musil, Mann 614).

Sor|gen|bre|cher, der (ugs. scherzh.): *etw., was die Sorgen vertreibt u. die Stimmung hebt (z. B. Alkohol, bes. Wein).*

Sor|gen|fal|te, die ⟨meist Pl.⟩: *Falte auf der Stirn als Ausdruck von jmds. Sorgen.*

sor|gen|frei ⟨Adj.⟩ [mhd. sorgenvrī]: *frei von Sorgen:* eine -e Zukunft; s. leben.

Sor|gen|kind, das: *Kind, das den Eltern viel Sorge bereitet:* er war von Anfang an ihr S.; Ü die Tochtergesellschaft ist das S. des Unternehmens.

sor|gen|los ⟨Adj.⟩: *ohne Sorgen.*

sor|gen|voll ⟨Adj.⟩: *voller Sorgen, mit großer Sorge:* er beobachtete die Entwicklung s.

Sor|ge|recht, das (Rechtsspr.): *in der Regel den Eltern zustehendes Recht, ein minderjähriges Kind zu erziehen, zu beaufsichtigen, seinen Aufenthalt zu bestimmen u. a.:* das S. für die beiden Kinder wurde der Mutter zugesprochen, ging auf den Vormund über.

Sorg|falt, die; - [rückgeb. aus ↑ sorgfältig]: *Genauigkeit, Gewissenhaftigkeit, große Behutsamkeit [beim Arbeiten, Hantieren]:* hier fehlt es an der nötigen S.; ihr solltet eure Schulaufgaben mit mehr S. erledigen; Ich wurde von einer Frau empfangen, der sehr anmutig, doch von geringer S. in ihrer Rede war (Jahnn, Geschichten 27).

sorg|fäl|tig ⟨Adj.⟩ [spätmhd. sorcveltic = sorgenvoll, eigtl. wohl = mit Sorgenfalten auf der Stirn; die heutige Bed. zuerst im 14. Jh. im Niederd. u. Md.]: *voller Sorgfalt, von Sorgfalt zeugend:* eine -e Arbeit; ein sehr zuverlässiger und -er Mensch; er ist ein sehr -er Arbeiter; ich muss Sie bitten, [dabei] künftig etwas -er zu sein; sie ist, arbeitet, schreibt sehr s.; das muss s. vorbereitet werden; Unterdessen aber ereignet sich, dem Volke s. verschwiegen, am Hofe ein Ärgernis sondergleichen (Th. Mann, Joseph 135).

Sorg|falts|pflicht, die (bes. Rechtsspr.): *Verpflichtung zu besonderer Sorgfalt:* seine S. verletzen.

sorg|lich ⟨Adj.⟩ [mhd. sorclich, ahd. sorglīh, urspr. = Sorge erregend, bedenklich; besorgt] (veraltend): **1.** *fürsorglich.* **2.** *sorgfältig.*

sorg|los ⟨Adj.⟩: **a)** *ohne Sorge[n]; unachtsam:* es ist unverantwortlich, wie s. er mit den kostbaren Gegenständen, mit seiner Gesundheit umgeht; **b)** *unbekümmert, ohne sich Sorgen zu machen:* ein fröhliches, -es Leben; er lebt s. in den Tag hinein.

Sorg|lo|sig|keit, die; -, -en: **1.** ⟨o. Pl.⟩ *das Sorglossein.* **2.** *Nachlässigkeit* (2), *Unachtsamkeit* (2).

sorg|sam ⟨Adj.⟩ [mhd. sorcsam, ahd. sorgsam, urspr. = Sorge erregend, bedenklich; besorgt] (geh.): *sorgfältig u. bedacht:* ein -es Vorgehen; eine -e Betreuung des Kranken; mit Dias s. umgehen.

Sorg|sam|keit, die; -: *das Sorgsamsein.*

So|ro|rat, das; -[e]s [zu lat. soror = Schwester] (Völkerkunde): *Sitte, dass ein Mann nach dem Tode seiner Frau (bei einigen Völkern auch [gleichzeitig]) zu ihren Lebzeiten) deren Schwester[n] heiratet.*

Sorp|ti|on, die; -, -en [gek. aus ↑ Absorption] (Physik, Chemie): *selektive Aufnahme eines Gases od. gelösten Stoffes durch einen porösen festen od. einen flüssigen Stoff.*

sor|ry ⟨Interj.⟩ [engl. sorry] (ugs.): *freundschaftliche Höflichkeitsformel zur Entschuldigung.*

Sor|te, die; -, -n [ital. sorta (wohl < frz. sorte) = Art, Qualität < lat. sors (Gen.: sortis) = Los(stäbchen); Stand, Rang; Art u. Weise; schon mniederd. sorte < mniederl. sorte < frz. sorte]: **1.** *Art, Qualität (einer Ware, einer Züchtung o. Ä.), die sich durch bestimmte Merkmale od. Eigenschaften von anderen Gruppen der gleichen Gattung unterscheidet:* eine edle, gute, schmackhafte, strapazierfähige, wohlschmeckende, billige, minderwertige S.; diese S. [von] Rosen braucht viel Sonne; Stoffe aller -n, in allen -n; bitte auch noch ein Pfund von der anderen S.; bei dieser S. [Zigarren] will ich bleiben; Ü in allen -n und Preislagen; er ist eine seltsame S. [Mensch] (ugs.; *ein seltsamer Mensch);* (ugs.:) In Frankfurt an der Oder ging wieder ein uniformiertes Mädchen durch den Zug, es war wieder ein Mädchen von der netten S. *(ein nettes Mädchen)* ... sie wünschte mir sehr herzlich eine gute Reise (Koeppen, Rußland 83). **2.** ⟨Pl.⟩ *Devisen* (2 b).

Sor|ten|ge|schäft, das, **Sor|ten|han|del**, der (Bankw.): *Geschäft, Handel mit Sorten* (2).

Sor|ten|markt, der (Bankw.): vgl. *Sortenhandel.*

Sor|ten|pro|duk|ti|on, die (Wirtsch.): *Art der Fertigung, bei der verschiedene Sorten eines Erzeugnisses od. verschiedene Waren auf gleicher Grundlage mit den Vorteilen einer Massenproduktion hergestellt u. erst gegen Ende des Prozesses zu einem reichhaltigeren Angebot differenziert werden.*

Sor|ten|ver|zeich|nis, das, **Sor|ten|zet|tel**, der (Kaufmannsspr.): *Liste, auf der die lieferbaren Waren [mit Preisen] verzeichnet sind.*

Sor|ter ['sɔ:tɐ], der; -s, - [engl. sorter, zu: to sort = sortieren]: *Sortiermaschine.*

sor|tie|ren ⟨sw. V.; hat⟩ [ital. sortire < lat. sortiri = (er)losen, auswählen, zu: sors, ↑ Sorte]: *nach Art, Farbe, Größe, Qualität o. Ä. sondern, ordnen:* Waren, Fotos, Bilder, Briefmarken, Briefe s.; die Stücke werden nach der Größe sortiert; etw. alphabetisch, maschinell s.; die Wäsche in den Schrank, das Besteck in die Fächer s. *(einsortieren);* Ü ich muss erst mal meine Gedanken s.

Sor|tie|rer, der; -s, -: **a)** *Arbeiter, der Waren, Werkstücke, Materialien u. Ä. sortiert;* **b)** *Arbeiter an einer Sortiermaschine;* **c)** *Sortiermaschine.*

Sor|tie|re|rin, die; -, -nen: w. Form zu ↑ Sortierer (a, b).

Sor|tier|ma|schi|ne, die: *Maschine zum automatischen Sortieren.*

sor|tiert ⟨Adj.⟩: **1.** *ein entsprechendes [Waren]angebot aufweisend:* ein reich -es Lager; eine gut -e Buchhandlung; der Laden ist schlecht s.; dieses Geschäft ist sehr gut in französischen Rotweinen s. **2.** *erlesen, ausgewählt, hochwertig:* -e Ware; feine Brasilzigarren, s.

Sor|tie|rung, die; -, -en: **1.** ⟨o. Pl.⟩ *das Sortieren:* die S. erfolgt nach der Größe. **2.** *Reichtum an Sorten, Sortiment* (1).

Sor|ti|ment, das; -[e]s, -e [älter ital. sortimento, zu: sortire, ↑ sortieren]: **1.** *Gesamtheit von Waren, die [in einem Geschäft] zur Verfügung stehen; Warenangebot:* ein reiches, vielseitiges S.; wir wollen unser S. [an Lebensmitteln] vergrößern, erweitern. **2. a)** Kurzf. von ↑ Sortimentsbuchhandel; **b)** (seltener) Kurzf. von ↑ Sortimentsbuchhandlung.

Sor|ti|men|ter, der; -s, - (Jargon): *in einem Sortiment* (2) *tätiger Buchhändler.*

Sor|ti|men|te|rin, die; -, -nen: w. Form zu ↑ Sortimenter.

Sor|ti|ments|buch|han|del, der: *Zweig des Buchhandels, in der in Läden für den Käufer ein Sortiment von Büchern aus den verschiedenen Verlagen bereithält.*

Sor|ti|ments|buch|hand|lung, die: *Buchhandlung, in der die Kunde Bücher aus beliebigen Verlagen einzeln aussuchen, kaufen od. bestellen kann.*

SOS [ɛsloːˈʔɛs], das; - [gedeutet als Abk. für engl. *save our ship* (od. *souls*) = rette(t) unser Schiff (od. unsere Seelen)]: *internationales [See]notsignal:* SOS funken.

so|sehr ⟨Konj.⟩: *wie sehr ... auch; wenn ... auch*

noch so: wir müssen die Veranstaltung absagen, s. ich es bedaure.

So|sein, das (Philos.): *Essenz* (1 b).

¹so|so ⟨Gesprächspartikel⟩: **a)** drückt Ironie oder Zweifel aus: s. s., du warst gestern krank; »Wir haben die ganze Nacht nur Musik gehört.« – »Soso, Musik gehört!«; **b)** drückt aus, dass man dem Gesagten relativ gleichgültig gegenübersteht: »Die Kinder haben schön gespielt.« – »Soso, das ist recht.«.

²so|so ⟨Adv.⟩ (ugs.): *nicht [gerade] gut; leidlich, mittelmäßig:* »Wie geht es dir?« – »Soso.«.

SOS-Ruf, der: *Funkspruch, der SOS sendet:* der S. wurde nicht gehört; einen S. aussenden, empfangen.

So|ße [österr.: zo:s], Sauce ['zo:sə, österr.: zo:s], die; -, -n [frz. sauce = Tunke, Brühe < vlat. salsa = gesalzen(e Brühe), zu lat. salsus = gesalzen, zu: sal = Salz; schon mhd. salse < vlat. salsa]: **1.** *flüssige bis sämig gebundene Beigabe zu verschiedenen* ²*Gerichten, Salaten, Nachspeisen o. Ä.:* eine würzige, scharfe S.; Sauce bolognese (Kochkunst: *bes. zu Nudeln servierte, aus Hackfleisch u. weiteren Zutaten zubereitete Soße*); Ü ein Parteiprogramm mit einer ökologischen S. überziehen; draußen ist eine dicke, furchtbare S. (ugs.: *starker Nebel*). **2.** (salopp abwertend) *feuchter, breiiger Schmutz; Schmutzwasser.*

So|ßen|löf|fel, Saucenlöffel, der: *kleinerer Schöpflöffel mit Schnabel* (3).

sost. = sostenuto.

sos|te|nu|to ⟨Adv.⟩ [ital. sostenuto, zu: sostenere = tragen, stützen < lat. sustinere] (Musik): **a)** *(im Hinblick auf das Fortklingenlassen eines Tons) gleichmäßig* (Abk.: sost.); **b)** *(im Hinblick auf das Tempo) etwas langsamer, getragener* (Abk.: sost.): andante s.

so|tan ⟨Adj.⟩ [spätmhd. sōtān, zusgez. aus mhd. sōgetān] (veraltet): *solch; so beschaffen:* ♦ Der Schulmeister, welcher unter -en Umständen sich zum Hausmeister anerbot, bewies ... eine nicht geringe Anstelligkeit (Immermann, Münchhausen 120).

♦ **so|ta|ner|wei|se** ⟨Adv.⟩: *auf solche Weise, solcherart:* In dem nach und nach s. herabgekommenen so genannten Schlosse Schnick-Schnack-Schnurr ... musste sich der alte Baron ... kümmerlich und einsam behelfen (Immermann, Münchhausen 89).

Sol|ter, der; -, -e [lat. soter < griech. sōtḗr = (Er)retter, Heiland, zu: sōzein = (er)retten]: **a)** (christl. Rel.) *Ehrentitel für Jesus Christus;* **b)** *Titel für Herrscher u. Beiname von Göttern der [hellenistischen u. römischen] Antike.*

Sot|schi: *Stadt in Russland.*

sott: ↑ sieden.

söt|te: ↑ sieden.

sot|to [auch: 'sɔto] ⟨Adv.⟩ [ital. sotto = unter < lat. subtus = unten] (Musik): *(beim Klavierspiel mit gekreuzten Händen) unter der anderen Hand zu spielen.*

sot|to vo|ce [-'vo:tʃə, 's... -] ⟨Adv.⟩ [ital. sotto voce, eigtl. = unter der Stimme] (Musik): *mit gedämpftem Ton u. äußerster Zurückhaltung in Dynamik u. Ausdruck [zu singen, zu spielen]* (Abk.: s. v.).

Sou [su], der; -, -s [su] [frz. sou < spätlat. solidus, ↑ Sold]: **a)** (früher) *französische Münze im Wert von 5 Centime;* **b)** (bildungsspr. veraltend) *Münze, Geldstück von geringem Wert:* noch ein paar -s haben; dafür gebe ich keinen S. aus.

Sou|b|ret|te [zu..., auch: su...], die; -, -n [frz. soubrette, eigtl. = verschmitzte Zofe (als Vertraute ihrer Herrin), zu provenz. soubret = geziert, zu lat. superare = übersteigen, zu viel sein] (Musik, Theater): **a)** *naiv-heiteres, komisches Rollenfach für Sopran in Operette, Oper, Singspiel:* die S. übernehmen; **b)** *auf die Soubrette* (a) *spezialisierte Sopranistin.*

Soul|chong ['zu:('ǝ)ʃɔŋ, auch: 'su:...], der; -[s], -s [engl. souchong, zu chin. xiao = klein u. zhong = Sorte]: *chinesischer Tee mit größeren, breiten Blättern.*

Souf|f|lé, Souf|f|lee [zu'fle:, auch: su...], das; -s, -s [frz. soufflé, eigtl. = der Aufgeblasene, zu: souffler, ↑ soufflieren] (Kochkunst): *Auflauf.*

Souf|f|leur [zu'flø:ɐ̯], der; -s, -e [frz. souffleur, zu: souffler, ↑ soufflieren] (Theater): *Mitarbeiter eines Theaters, der während einer Vorstellung im Souffleurkasten sitzt und souffliert* (Berufsbez.).

Souf|f|leur|kas|ten, der (Theater): *in der Mitte der Rampe* (2) *verdeckt eingelassene, halb offene Kabine, in der der Souffleur, die Souffleuse während einer Vorstellung sitzt u. soufliert.*

Souf|f|leu|se [...'flø:zə], die; -, -n [frz. souffleuse]: w. Form zu ↑ Souffleur.

souf|f|lie|ren ⟨sw. V.; hat⟩ [frz. souffler, eigtl. = blasen, flüsternd zuhauchen < lat. sufflare = (an-, hinein)blasen, zu: sub = unter u. flare = wehen, blasen]: **a)** *als Souffleur, Souffleuse tätig sein;* **b)** *einem Schauspieler, einer Schauspielerin den Rollentext flüsternd vorsprechen:* dem Schauspieler beim Monolog, die vergessene Textstelle s.; Ü er soufflierte seinem Nebenmann die Antwort.

Sou|f|la|ki, der; -[s], -[s] [ngriech. soublaki = kleiner Spieß] (Kochkunst): *(in der griechischen Küche) kleiner Fleischspieß.*

Soul [soʊl], der; -[s] [engl. soul, eigtl. = Inbrunst, Seele, verw. mit ↑ Seele]: **a)** *expressiver afroamerikanischer Musikstil als bestimmte Variante des Rhythm and Blues:* die Band spielt Blues und S.; er begeistert das Publikum mit sanftem S.; **b)** *auf Soul* (a) *getanzter Paartanz:* sie tanzten Beat und S.

sou|la|gie|ren [zula'ʒi:rən] ⟨sw. V.; hat⟩ [frz. soulager < afrz. suzlager, über das Vlat. < lat. sublevare] (bildungsspr. veraltet): **a)** *erleichtern, unterstützen;* **b)** ⟨s. + sich⟩ *sich Erleichterung verschaffen:* Er wird sich gleich in eine Pfütze setzen, das ist dar Art, wie er sich soulagiert (Goethe, Faust I, 4172f.).

Soul|mu|sik, die ⟨o. Pl.⟩: *Soul* (a).

Sound [saʊnd], der; -s, -s [engl. sound, eigtl. = Schall < mengl. soun < a)frz. son < lat. sonus = Schall]: *für einen Instrumentalisten, eine Gruppe od. einen Stil charakteristischer Klang, charakteristische Klangfarbe:* ein weicher, harter S.; ich habe die Gruppe sofort am S. erkannt; Ü die Anlage hat einen hervorragenden S. (Klang); Rockmusik im S. (*musikalischen Stil*) *der 70er-Jahre.*

Sound|check ['saʊnd...], der; -s, -s [engl. soundcheck, aus: sound (↑ Sound) u. check = Kontrolle]: *das Ausprobieren der für ein Konzert aufgebauten, angeschlossenen u. eingestellten Verstärkeranlage zur Überprüfung des Klangs bei den gegebenen akustischen Bedingungen.*

Sound|kar|te ['saʊnd...], die [engl. sound card, aus sound (↑ Sound) u. card = (Steck)karte] (EDV): *spezielle Steckkarte, die der Wiedergabe von Tönen bei Computern dient.*

¹so|und|so ⟨Adj.; nachgestellt⟩ (ugs.): *steht anstelle einer genaueren Bezeichnung, eines Namens, eines Zahlworts o. Ä., deren Nennung im gegebenen Zusammenhang nicht wichtig erscheinen od. die aus anderem Grunde nicht mitgeteilt werden: Hausnummer, Paragraf s.; Familienstand, Staatsangehörigkeit s.*

²so|und|so ⟨Adv.⟩: *für einen unbekannten od. aus anderem Grunde nicht genannten Namen, bes. Familiennamen, eingesetztes Element:* ich sollte mich bei einer Frau S. melden.

so|und|so|vielt... ⟨Ordinalz.⟩ (ugs.): *steht anstelle einer genauen Zahl, die im Zusammenhang nicht wichtig erscheint od. die aus anderem Grunde nicht mitgeteilt wird:* am soundsovielten Januar.

Sound|track ['saʊndtrɛk], der; -s, -s [engl. soundtrack, eigtl. = Tonspur] (Jargon): **a)** *Zusammenstellung der für einen Film eingespielten od. zusammengestellten Musikaufnahmen (auf CD o. Ä.):* den S. zu dem Film gibt es zu kaufen; **b)** *Filmmusik.*

Sou|per [zu'pe:, auch: su...], das; -s, -s [frz. souper (subst. Inf.), ↑ soupieren] (geh.): *festliches Abendessen [mit Gästen]:* ein S. geben; jmdn. zum S. einladen.

sou|pie|ren ⟨sw. V.; hat⟩ [frz. souper, eigtl. = eine Suppe zu sich nehmen, zu: soupe = Suppe] (geh.): *ein Souper einnehmen:* bei, mit jmdm. s.

Sou|sa|fon, Sou|sa|phon [zuza'fo:n], das; -s, -e [nach dem amerik. Komponisten J. Ph. Sousa (1854–1932) u. ↑ -fon]: *(in der Jazzmusik verwendetes) Blechblasinstrument mit kreisförmig gewundenem Rohr, das der Spieler um den Oberkörper trägt.*

Sous|chef ['zu:..., auch: 'su:...], der; -s, -s [frz. sous-chef, aus: sous = unter u. chef = Chef, Vorsteher]: **1.** (Gastron.) *Stellvertreter des Küchenchefs.* **2.** (schweiz.) *Stellvertreter des Bahnhofsvorstandes.*

Sous|che|fin, die; -, -nen: w. Form zu ↑ Souschef.

Sou|ta|ne [zu..., auch: su...], die; -, -n [frz. soutane < ital. sottana, eigtl. = Untergewand, zu: sottano = unter, unterst, zu: sotto, ↑ sotto] (früher): *knöchellanges Obergewand des katholischen Geistlichen.*

Sou|ter|rain [zutɛˈrɛ̃:, auch: 'zu:...], das, landsch.: der; -s, -s [frz. souterrain, zu: souterrain = unterirdisch < lat. subterraneus, zu: sub = unter(halb) u. terra = Erde]: *Kellergeschoss.*

South Ca|ro|li|na ['saʊθ kærə'laɪnə]; - -s: *Bundesstaat der USA.*

South Da|ko|ta ['saʊθ də'koʊtə]; - -s: *Bundesstaat der USA.*

Sou|ve|nir [zuvə..., auch: su...], das; -s, -s [frz. souvenir, eigtl. = Erinnerung, zu: se souvenir = sich erinnern < lat. subvenire = einfallen, in den Sinn kommen]: *kleiner Gegenstand, den jmd. zur Erinnerung an eine Reise erwirbt, der jmdm. als Andenken* (2) *geschenkt wird:* eine Miniatur des Eiffelturms als S. aus Paris; [sich] ein S., etw. als S. mitnehmen; Ü die Narbe ist ein S. aus dem Zweiten Weltkrieg (scherzh.: *stammt von einer Verwundung im Zweiten Weltkrieg*).

Sou|ve|nir|la|den, der ⟨Pl. ...läden⟩: *Geschäft, in dem man Souvenirs, Reiseandenken kaufen kann.*

sou|ve|rän [zuvə...] ⟨Adj.⟩ [frz. souverain < mlat. superanus = darüber befindlich, überlegen, zu lat. super = oben, auf, darüber]: **1.** *(auf einen Staat od. dessen Regierung bezogen) die staatlichen Hoheitsrechte ausübend; Souveränität besitzend:* ein -er Staat; das Land ist erst seit wenigen Jahren s. **2.** (veraltend) **a)** *unumschränkt:* die -en Rechte eines Herrschers, Monarchen; **b)** *uneingeschränkt:* die -en Rechte eines Staates. **3.** (geh.) *(aufgrund seiner Fähigkeiten) sicher u. überlegen (im Auftreten u. Handeln):* s. sein; etw. s. beherrschen; die Lage s. meistern.

Sou|ve|rän, der; -s, -e [frz. souverain]: **1.** (veraltend) *unumschränkter Herrscher, Fürst eines*

Landes. **2.** (schweiz.) *Gesamtheit der [eidgenössischen, kantonalen od. kommunalen] Stimmbürger.*

Sou|ve|rä|ni|tät, die; -, -en [frz. souveraineté, zu: souverain, ↑ souverän]: **1.** ⟨o. Pl.⟩ *höchste Gewalt; Oberhoheit des Staates:* die staatliche S. **2.** *Unabhängigkeit eines Staates (vom Einfluss anderer Staaten):* die S. eines Landes verletzen, respektieren; das Land hat seine S. erlangt. **3.** ⟨o. Pl.⟩ (geh.) *das Souveränsein* (3); *Überlegenheit, Sicherheit:* sie hat die schwierige Aufgabe mit großer S. bewältigt.

Sou|ve|rä|ni|täts|an|spruch, der: *Anspruch eines Landes auf Souveränität* (2).

so|viel ⟨Konj.⟩: **1.** *nach dem, was:* s. ich weiß/ mich erinnere, s. mir bekannt ist, kommt er heute; es geht gut voran, s. ich sehe. **2.** *in wie großem Maß auch immer:* s. er sich auch abmüht, er kommt zu keinem Ergebnis.

so viel: ↑ ²so (2 c).

so|viel|mal ⟨Konj.⟩: *so viele Male; sooft:* s. er es auch versuchte, es war vergebens.

so was, so|was ⟨Indefinitpron.⟩ (ugs.): *so etwas:* so w. kann doch jedem passieren; so was hast du schon gesehen!; so w. Dummes! (Ausruf der Verärgerung); er hat sich so w. von *(derartig)* ungeschickt angestellt.

Sow|chos [ˈsɔfxɔs], der od. das; -, ...ose, **Sow|chose** [sɔfˈxo:zə, auch: zɔfˈço:...], die; -, -n [russ. sovhoz, gek. aus: sovetskoe hozjajstvo = Sowjetwirtschaft]: *staatlicher landwirtschaftlicher Großbetrieb in der ehemaligen UdSSR.*

so|weit ⟨Konj.⟩: **1.** *nach dem, was; soviel* (1): s. ich weiß, ist er verreist; er ist wieder gesund, s. mir bekannt ist. **2.** *in dem Maße, wie:* s. ich es beurteilen kann, geht es ihm gut; s. ich dazu in der Lage bin, will ich gern helfen; alle Beteiligten, s. ich sie kenne, waren Fachleute.

so weit: ↑ ²so (2 a).

so|we|nig ⟨Konj.⟩: *in wie geringem Maß auch immer:* s. er auch davon weiß, er will immer mitreden.

so we|nig: ↑ ²so (2 c).

so|wie ⟨Konj.⟩: **1.** *dient der Verknüpfung von Gliedern einer Aufzählung; und [außerdem], und auch, wie auch:* er s. seine Frau war/waren da. **2.** *drückt aus, dass sich ein Geschehen unmittelbar nach oder fast gleichzeitig mit einem anderen vollzieht; gleich, wenn; in dem Augenblick, da ...; sobald:* er wird es dir geben, s. er damit fertig ist; s. sie uns sahen, liefen sie weg.

so|wie|so ⟨Adv.⟩: **a)** *unabhängig davon, auch so, auch ohne das; ohnedies, ohnehin:* das brauchst du ihm nicht zu sagen, das weiß er s. schon; du kannst es mir mitgeben, ich gehe s. dahin; das s.! (ugs.; *das versteht sich von selbst*); **b)** *unvermeidlicherweise, unabänderlicherweise, ohne jeden Zweifel, in jedem Falle:* das versteht er s. nicht; das macht nichts, ich hätte s. keine Zeit gehabt; sie gewinnt, verliert s.

So|wie|so für einen unbekannten od. aus anderem Grunde nicht genannten Personen-, bes. Familiennamen eingesetztes Element: ⟨meist mit vorangestelltem »Frau«, »Herr« usw.⟩: das hat Herr S. bereits erledigt.

So|w|jet [auch: ˈzɔvjet], der; -s, -s [russ. sovet = Rat] (Geschichte): **1.** russ. Bez. für ↑ [Arbeiter- und-Soldaten-]Rat: der Petrograder S. **2.** *(in der Sowjetunion) Behörde od. Organ der Verwaltung:* ein städtischer, ländlicher S.; der Oberste S. *(oberste Volksvertretung der Sowjetunion).* **3.** ⟨Pl.⟩ *Sowjetunion:* 1961 gelang den -s der erste bemannte Raumflug.

Sow|jet|ar|mee, die: *Armee der Sowjetunion.*

Sow|jet|bür|ger, der: Ew. zu ↑ Sowjetunion.

Sow|jet|bür|ge|rin, die: w. Form zu ↑ Sowjetbürger.

so|w|je|tisch ⟨Adj.⟩: zu ↑ Sowjetunion: -es

Hoheitsgebiet; die -e Hauptstadt, Grenze, Regierung.

so|w|je|ti|sie|ren ⟨sw. V.; hat⟩ (oft abwertend): *nach dem Muster der Sowjetunion organisieren, umstrukturieren:* die Landwirtschaft s.

Sow|jet|re|gie|rung, die: *Regierung der Sowjetunion, Sowjetrusslands* (2).

So|w|jet|re|pu|b|lik, die; (Geschichte): **a)** *Gliedstaat der Sowjetunion:* die Kirgisische Sozialistische S.; die zwanzig Autonomen Sozialistischen -en; **b)** *Republik, in der die politische Macht von Sowjets* (1) *ausgeübt wird; Räterepublik:* eine S. ausrufen.

sow|jet|rus|sisch ⟨Adj.⟩: zu ↑ Sowjetrussland.

So|w|jet|russ|land, -s: **a)** (ugs.) *Sowjetunion;* **b)** (Geschichte) *bolschewikisches, kommunistisches Russland (vor Gründung der Sowjetunion).*

So|w|jet|stern, der: *roter Stern mit fünf Zacken als Symbol der Sowjetunion.*

So|w|jet|uni|on, die; -: *Staat in Osteuropa u. Nordasien* (1922–1991) (Abk.: SU).

Sow|jet|zo|ne, die: **a)** *sowjetische Besatzungszone in Deutschland nach dem Zweiten Weltkrieg;* **b)** (veraltet, oft abwertend) *DDR.*

so|wohl ⟨Konj.⟩: nur in der Verbindung *s. ... als/ wie [auch] ... (nicht nur ..., sondern auch;* verbindet nebengeordnete gleichartige Satzteile, Aufzählungsglieder u. betont dabei nachdrücklich, dass jedem von ihnen gleiches Gewicht zukommt: s. er wie [auch] sie waren/ (seltener:) war erschienen; sie spricht s. Englisch [auch] Französisch als [auch] Italienisch; ein Zimmer, in dem das Kind s. schläft als auch spielt als auch seine Schularbeiten macht).

So|zi, der; -s u. -s u. Sozen (ugs., auch abwertend): *Sozialist, Sozialdemokrat, bes. Mitglied einer sozialistischen, sozialdemokratischen Partei.*

So|zia, die; -, -s: **1.** (Wirtsch.) w. Form zu ↑ Sozius (1). **2.** (oft scherzh.) w. Form zu ↑ Sozius (2 b).

so|zi|a|bel ⟨Adj.; ...abler, -ste⟩ [frz. sociable < lat. sociabilis = gesellig, verträglich, zu: socius, ↑ Sozius] (Soziol.): *fähig, willig, sich in die Gesellschaft einzuordnen; umgänglich, gesellig.*

So|zi|a|bi|li|tät, die; - (Soziol.): *soziables Wesen, Verhalten.*

so|zi|al ⟨Adj.⟩ [frz. social < lat. socialis = gesellschaftlich (1); gesellig, zu: socius, ↑ Sozius]: **1. a)** *das (geregelte) Zusammenleben der Menschen in Staat u. Gesellschaft betreffend; auf die menschliche Gemeinschaft bezogen, zu ihr gehörend:* die -e Entwicklung, die -e Lasten; die -en Verhältnisse der Bevölkerung, in diesem Land; -es Recht; -e Freiheit; die -e Idee; **b)** *die Gesellschaft u. bes. ihre ökonomische u. politische Struktur betreffend:* -e Ordnung, Politik, Bewegung; -er Fortschritt; mit -en Missständen aufräumen; die -e Frage *(die Gesamtheit der infolge der industriellen Revolution entstandenen sozialpolitischen Probleme);* **c)** *die Zugehörigkeit des Menschen zu einer der verschiedenen Gruppen innerhalb der Gesellschaft betreffend:* -es Ansehen erlangen; -e Gruppen, Schichten; -e Gegensätze, Schranken, Unterschiede, Konflikte; es besteht ein -es Gefälle; **d)** *dem Gemeinwohl, der Allgemeinheit dienend; die menschlichen Beziehungen in der Gemeinschaft regelnd u. fördernd u. den [wirtschaftlich] Schwächeren schützend:* -e Sicherungen; einen -en Beruf *(Sozialberuf)* ergreifen; -e Leistungen *(Sozialleistungen);* -e *(gemeinnützige)* Einrichtungen; sein Verhalten ist nicht sehr s.; eine sowohl s. wie auch ökologisch verträgliche Lösung; s. denken, handeln, empfinden. **2.** *(von Tieren) gesellig, nicht einzeln lebend; Staaten bildend:* -e Insekten.

So|zi|al|ab|bau, der ⟨o. Pl.⟩: *Abbau* (2) *der Sozialleistungen.*

So|zi|al|ab|ga|be, die ⟨meist Pl.⟩: *(in der Höhe vom Bruttoentgelt des Arbeitnehmers abhängender) Beitrag für die Sozialversicherung.*

so|zi|al|ab|ga|ben|frei ⟨Adj.⟩: *nicht mit der Verpflichtung zur Zahlung von Sozialabgaben verbunden:* die Beiträge zur Pensionskasse sind steuer- und sozialabgabenfrei.

So|zi|al|amt, das: *Behörde, die für die Durchführung aller gesetzlich vorgeschriebenen Maßnahmen der Sozialhilfe zuständig ist.*

So|zi|al|ar|beit, die ⟨o. Pl.⟩: *psychosoziale u. materielle Betreuung bestimmter Personen od. Gruppen, die aufgrund ihres Alters, ihrer sozialen Stellung, ihres körperlichen od. psychischen Befindens der Unterstützung bedürfen.*

So|zi|al|ar|bei|ter, der: *jmd., der in der Sozialarbeit tätig ist (Berufsbez.).*

So|zi|al|ar|bei|te|rin, die: w. Form zu ↑ Sozialarbeiter.

So|zi|al|aus|wahl, die: *Auswahl nach sozialen Gesichtspunkten, die der Arbeitgeber bei einer betriebsbedingten Kündigung von Arbeitnehmern treffen muss.*

So|zi|al|bei|trä|ge ⟨Pl.⟩: Sozialabgaben.

So|zi|al|be|richt, der: *Teil des Geschäftsberichtes einer AG, der über soziale Leistungen und Verhältnisse der AG Auskunft gibt.*

So|zi|al|be|ruf, der: *Beruf, bei dem die Arbeit hilfsbedürftigen Mitmenschen gewidmet ist.*

So|zi|al|bin|dung, die: in der Fügung *S. des Eigentums (Bindung des Eigentums unter dem Gesichtspunkt des Gemeinwohls).*

So|zi|al|dar|wi|nis|mus, der: *soziologische Theorie, die darwinistische Prinzipien auf die menschliche Gesellschaft überträgt u. so bestimmte (von anderen als ungerecht empfundene) soziale Ungleichheiten o. Ä. als naturgegebene gerechtfertigt erscheinen lässt.*

So|zi|al|de|mo|krat, der: **1.** *Vertreter, Anhänger der Sozialdemokratie.* **2.** *Mitglied einer sozialdemokratischen Partei.*

So|zi|al|de|mo|kra|tie, die: *(im 19. Jh. innerhalb der Arbeiterbewegung entstandene) politische Parteirichtung, die die Grundsätze des Sozialismus u. der Demokratie gleichermaßen zu verwirklichen sucht.*

So|zi|al|de|mo|kra|tin, die: w. Form zu ↑ Sozialdemokrat.

so|zi|al|de|mo|kra|tisch ⟨Adj.⟩: *die Sozialdemokratie betreffend, auf ihr beruhend.*

So|zi|al|ein|kom|men, das: *Gesamtheit der vom Staat u. der Sozialversicherung gezahlten Unterstützungen an jmdn., der nicht in der Lage ist, [genügend] Geld zu verdienen (z. B. Arbeitslosengeld, Wohngeld, Subventionen).*

So|zi|al|ein|rich|tung, die: *vom Arbeitgeber getragene soziale Einrichtung (z. B. Kantine, Betriebskindergarten).*

So|zi|al|ethik, die ⟨o. Pl.⟩: *Lehre von den sittlichen Pflichten des Menschen gegenüber der Gesellschaft, gegenüber dem Gemeinschaftsleben.*

So|zi|al|ex|per|te, der (Politik): *Experte für soziale Fragen (z. B. in einer Partei).*

So|zi|al|ex|per|tin, die: w. Form zu ↑ Sozialexperte.

So|zi|al|fall, der: *jmd., der auf Sozialhilfe angewiesen ist:* er ist in S., ist zum S. geworden.

So|zi|al|for|schung, die: *Forschungsgebiet, das sich mit der Erforschung der sozialen Wirklichkeit befasst.*

So|zi|al|ge|richt, das: *Gericht, das in Streitigkeiten der Sozial- u. Arbeitslosenversicherung, der Kriegsopferversorgung o. Ä. entscheidet.*

So|zi|al|ge|richts|bar|keit, die: *Ausübung der Recht sprechenden Gewalt durch Sozialgerichte.*

So|zi|al|ge|schich|te, die: **a)** ⟨o. Pl.⟩ *besonder*

Sozialgesetzgebung – sozialwissenschaftlich

Teil der Geschichtswissenschaft, der sich vor allem mit der Geschichte sozialer Klassen u. Gruppen, Institutionen u. Strukturen befasst; b) Werk, das die Sozialgeschichte (a) zum Thema hat: an einer S. des Handwerks im frühen 19. Jahrhundert schreiben.

So|zi|al|ge|setz|ge|bung, die: Bereich der Gesetzgebung, in dem sozialpolitische Vorstellungen unter den Leitideen sozialer Gerechtigkeit u. sozialer Sicherheit in Rechtsnormen umgesetzt werden.

So|zi|al|hil|fe, die: Gesamtheit der Hilfen, die einem Menschen in einer Notlage die materielle Grundlage für eine menschenwürdige Lebensführung geben soll.

So|zi|al|hil|fe|emp|fän|ger, der: Empfänger von Sozialhilfe.

So|zi|al|hil|fe|emp|fän|ge|rin, die: w. Form zu ↑ Sozialhilfeempfänger.

So|zi|a|li|sa|ti|on, die: - (Psychol., Soziol.): [Prozess der] Einordnung des (heranwachsenden) Individuums in die Gesellschaft u. die damit verbundene Übernahme gesellschaftlich bedingter Verhaltensweisen durch das Individuum: frühkindliche S.

so|zi|a|li|sie|ren (sw. V.; hat): 1. (Wirtsch.) von privatem in gesellschaftlichen, staatlichen Besitz überführen; verstaatlichen, vergesellschaften: Industrien, Wirtschaftszweige s.; sozialisierte Betriebe. 2. (Psychol., Soziol.) jmdn. in die Gemeinschaft einordnen, zum Leben in ihr befähigen.

So|zi|a|li|sie|rung, die; -, -en: 1. (Wirtsch.) das Sozialisieren (1). 2. (selten) Sozialisation.

So|zi|a|lis|mus, der; -, ...men [engl. socialism, frz. socialisme]: 1. ⟨o. Pl.⟩ (nach Karl Marx die dem Kommunismus vorausgehende) Entwicklungsstufe, die auf gesellschaftlichen od. staatlichen Besitz der Produktionsmittel u. eine gerechte Verteilung der Güter an alle Mitglieder der Gemeinschaft hinzielt: der real existierende S. (DDR; der [in den sozialistischen Ländern] verwirklichte Sozialismus); den S. aufbauen; unter dem S. leben. 2. ⟨Pl. selten⟩ politische Richtung, Bewegung, die den gesellschaftlichen Besitz der Produktionsmittel u. die Kontrolle der Warenproduktion u. -verteilung verficht: der demokratische, bürokratische S.

So|zi|a|list, der; -en, -en: a) [engl. socialist, frz. socialiste] Anhänger, Verfechter des Sozialismus; b) Mitglied einer sozialistischen Partei: zum ersten Mal wurde mit ihm ein S. zum Präsidenten gewählt.

So|zi|a|lis|tin, die; -, -nen: w. Form zu ↑ Sozialist.

so|zi|a|lis|tisch ⟨Adj.⟩: 1. den Sozialismus betreffend, zum Sozialismus gehörend; in der Art des Sozialismus: -e Ideale; die -e Revolution; die -in Staaten; als Chile noch s. war; s. regierte Länder. 2. (österr.) sozialdemokratisch: der -e Bundeskanzler.

So|zi|al|kom|pe|tenz, die: Fähigkeit einer Person, in ihrer sozialen Umwelt selbstständig zu handeln.

So|zi|al|kri|tik, die: Gesellschaftskritik.

so|zi|al|kri|tisch ⟨Adj.⟩: die Sozialkritik betreffend, darauf beruhend: -e Anmerkungen, Songs.

So|zi|al|kun|de, die: 1. der politischen Erziehung u. Bildung dienendes Unterrichtsfach, das gesellschaftliche Fragen zusammenhängend darstellt. 2. Lehrbuch o. Ä. zur Sozialkunde.

So|zi|al|las|ten ⟨Pl.⟩: Sozialabgaben u. Sozialleistungen.

So|zi|al|leh|re, die: Sozialethik der christlichen Kirchen: die katholische, evangelische S.

So|zi|al|leis|tung, die: ⟨meist Pl.⟩: von staatlichen u. gesellschaftlichen Institutionen od. vom Arbeitgeber entrichtete Leistung zur Verbesserung der Arbeits- u. Lebensbedingungen u. zur wirtschaftlichen Absicherung des Arbeitnehmers.

so|zi|al|li|be|ral, so|zi|al-li|be|ral ⟨Adj.⟩ (Politik): a) soziale u. liberale Ziele verfolgend: eine -e Politik; b) sozialdemokratisch-freidemokratisch, sozialistisch-liberal: -e Koalition; die s. regierten Bundesländer.

So|zi|al|me|di|zin, die: Teilgebiet der Medizin, das sich mit den durch die gesellschaftlichen Gegebenheiten bedingten Ursachen von Erkrankung, Invalidität u. frühem Tod befasst.

So|zi|al|mi|nis|ter, der: Leiter des Sozialministeriums.

So|zi|al|mi|nis|te|rin, die: w. Form zu ↑ Sozialminister.

So|zi|al|mi|nis|te|ri|um, das: für soziale Angelegenheiten zuständiges Ministerium.

So|zi|al|neid, der: Neid einer sozialen Gruppe gegenüber einer anderen.

So|zi|al|öko|lo|gie, die: Teilgebiet der Ökologie, das sich mit dem Verhältnis zwischen dem sozialen Verhalten des Menschen u. seiner Umwelt befasst.

So|zi|al|öko|no|mie, die ⟨o. Pl.⟩: Wissenschaft, die sich mit der gesamten Wirtschaft einer Gesellschaft befasst; Volkswirtschaftslehre.

So|zi|al|ord|nung, die: soziale Ordnung innerhalb einer bestimmten Gesellschaftsordnung.

So|zi|al|päd|a|go|ge, der: jmd., der in der Sozialpädagogik tätig ist (Berufsbez.).

So|zi|al|päd|a|go|gik, die: Teilgebiet der Pädagogik, das sich mit der Erziehung des Einzelnen zur Gemeinschaft u. zu sozialer Verantwortung außerhalb der Familie u. der Schule befasst.

So|zi|al|päd|a|go|gin, die: w. Form zu ↑ Sozialpädagoge.

so|zi|al|päd|a|go|gisch ⟨Adj.⟩: die Sozialpädagogik betreffend.

So|zi|al|part|ner, der (Politik): (bes. bei Tarifverhandlungen) Arbeitgeber od. -nehmer u. ihre Verbände od. Vertreter.

So|zi|al|part|ner|schaft, die (Politik): Partnerschaft zwischen Arbeitgebern u. Arbeitnehmern.

so|zi|al|part|ner|schaft|lich ⟨Adj.⟩ (Politik): die Sozialpartnerschaft betreffend, zu ihr gehörend: -er Dialog.

So|zi|al|plan, der: soziale (1 c) Fragen betreffender Plan, bes. im Hinblick auf zu vermeidende soziale Härtefälle bei betriebsbedingten Entlassungen.

So|zi|al|po|li|tik, die: Planung u. Durchführung staatlicher Maßnahmen zur Verbesserung der sozialen Verhältnisse der Bevölkerung; Gesellschaftspolitik.

So|zi|al|po|li|ti|ker, der: Politiker, der sich mit Sozialpolitik befasst.

So|zi|al|po|li|ti|ke|rin, die: w. Form zu ↑ Sozialpolitiker.

so|zi|al|po|li|tisch ⟨Adj.⟩: die Sozialpolitik betreffend.

So|zi|al|pres|ti|ge, das: gesellschaftliches Prestige.

So|zi|al|pro|dukt, das (Wirtsch.): (in Geldwert ausgedrückte) Gesamtheit aller Güter, die eine Volkswirtschaft in einem bestimmten Zeitraum gewerbsmäßig herstellt (nach Abzug sämtlicher Vorleistungen).

So|zi|al|psy|cho|lo|gie, die: Teilgebiet sowohl der Soziologie als auch der Psychologie, das sich mit den Erlebnis- u. Verhaltensweisen unter dem Einfluss gesellschaftlicher Faktoren befasst.

So|zi|al|raum, der: sozialen (1 d) Zwecken dienender Raum (z. B. Ruheraum, Wasch- u. Umkleideraum).

So|zi|al|recht, das: 1. ⟨o. Pl.⟩ Bereich des Rechts (1 a), der im Wesentlichen die durch die Sozialgesetzgebung geschaffenen Rechtsnormen umfasst. 2. Recht, das jmdm. im Rahmen der Sozialgesetzgebung zusteht.

so|zi|al|recht|lich ⟨Adj.⟩: das Sozialrecht betreffend: -e Normen.

So|zi|al|re|form, die: Reform der gesellschaftlichen Ordnung zugunsten sozial schwächerer Schichten.

So|zi|al|ren|te, die: von der Sozialversicherung gezahlte Rente.

So|zi|al|rent|ner, der: jmd., der Sozialrente empfängt.

So|zi|al|rent|ne|rin, die: w. Form zu ↑ Sozialrentner.

so|zi|al|re|vo|lu|ti|o|när ⟨Adj.⟩: auf eine soziale Umwälzung abzielend.

So|zi|al|staat, der: demokratischer Staat, der bestrebt ist, die wirtschaftliche Sicherheit seiner Bürger zu gewährleisten u. soziale Gegensätze innerhalb der Gesellschaft auszugleichen.

So|zi|al|sta|ti|on, die: Einrichtung zur ambulanten Kranken-, Alten- u. Familienpflege.

So|zi|al|sta|tis|tik, die: 1. a) Statistik sozialer Sachverhalte u. Vorgänge; b) Statistik der Sozialleistungen. 2. Teilgebiet der Statistik, das soziale Sachverhalte u. Vorgänge erfasst u. beschreibt.

So|zi|al|struk|tur, die: Gesellschaftsform.

So|zi|al|sys|tem, das: System (3), nach dem die soziale Absicherung für die Bevölkerung geregelt ist.

so|zi|al|the|ra|peu|tisch ⟨Adj.⟩: die Sozialtherapie betreffend, zu einer Sozialtherapie gehörend, auf ihr beruhend: -e Einrichtungen.

So|zi|al|the|ra|pie, die: Behandlung psychischer od. geistiger Krankheiten bes. bei sozial benachteiligten od. bes. gefährdeten Gruppen mit dem Ziel, den Patienten in das Familien- od. Berufsleben einzugliedern.

So|zi|al|ver|hal|ten, das: auf andere Mitglieder der Gruppe bezogenes Verhalten eines Menschen od. Tieres; soziales Verhalten.

So|zi|al|ver|mö|gen, das: 1. sozialen Zwecken dienendes Vermögen eines Betriebes. 2. der Allgemeinheit dienende Einrichtung wie Straßen, Brücken o. Ä.

So|zi|al|ver|si|che|rung, die: Versicherung des Arbeitnehmers u. seiner Angehörigen, die seine wirtschaftliche Sicherheit während einer Arbeitslosigkeit u. im Alter sowie die Versorgung im Falle einer Krankheit, einer Invalidität o. Ä. gewährleistet.

So|zi|al|ver|si|che|rungs|bei|trag, der: Beitrag zur Sozialversicherung.

So|zi|al|ver|si|che|rungs|pflicht, die: gesetzliche Verpflichtung zur Mitgliedschaft in der Sozialversicherung.

so|zi|al|ver|si|che|rungs|pflich|tig ⟨Adj.⟩: der Sozialversicherungspflicht unterliegend: die Zahl der s. Beschäftigten ist stabil geblieben.

so|zi|al|ver|träg|lich, so|zi|al-ver|träg|lich ⟨Adj.⟩: mit sozialen Gesichtspunkten verträglich u. sich nicht nachteilig für die Betroffenen auswirkend.

So|zi|al|wahl, die ⟨meist Pl.⟩: Wahl der Interessenvertreter für die Organe der Selbstverwaltung in der Sozialversicherung.

So|zi|al|we|sen, das ⟨o. Pl.⟩: Gesamtheit aller Maßnahmen der Sozialarbeit u. der Sozialpädagogik.

So|zi|al|wis|sen|schaft, die ⟨meist Pl.⟩: Gesellschaftswissenschaft (2).

So|zi|al|wis|sen|schaft|ler, der: Wissenschaftler auf dem Gebiet der Sozialwissenschaft.

So|zi|al|wis|sen|schaft|le|rin, die: w. Form zu ↑ Sozialwissenschaftler.

so|zi|al|wis|sen|schaft|lich ⟨Adj.⟩: die Sozialwissenschaften betreffend, dazu gehörend, darauf beruhend.

So|zi|al|woh|nung, die: *mit öffentlichen Mitteln gebaute Wohnung mit relativ geringen Mietkosten für Mieter mit geringem Einkommen.*

So|zi|e|tät, die; -, -en [frz. société < lat. societas = Gesellschaft, Gemeinschaft, zu: socius, ↑Sozius]: **1. a)** (Soziol.) *Gruppe von Personen, deren Zusammengehörigkeit durch gemeinsame soziale Normen, Interessen u. Ziele, aber nicht durch ein gemeinsames Wohngebiet bestimmt ist;* **b)** (Verhaltensf.) *Verband, Gemeinschaft bei Tieren* (z. B. Vögeln); **c)** (bildungsspr.) *Gemeinschaft, Gesellschaft.* **2.** *Zusammenschluss bes. von Angehörigen freier Berufe zu gemeinschaftlicher Ausübung des Berufs:* sie trat einer S. von Wirtschaftsprüfern und Steuerberatern bei.

so|zi|ie|ren, sich ⟨sw. V.; hat⟩ [lat. sociare = vereinigen, zu: socius, ↑Sozius]: *sich wirtschaftlich vereinigen, assoziieren* (2): die beiden Anwälte haben sich soziiert.

so|zio-, So|zio- [zu lat. socius, ↑Sozius]: Best. in Zus. mit der Bed. *gesellschaftlich, Gesellschafts-; eine soziale Gruppe betreffend* (z. B. soziomorph; Soziopathie).

So|zio|gra|fie, Soziographie, die; -, -n [↑-grafie]: *sozialwissenschaftliche Forschungsrichtung, die die soziale Struktur einer bestimmten Einheit (z. B. eines Dorfes od. einer geografischen Region) empirisch zu untersuchen u. zu beschreiben versucht.*

So|zio|gramm, das; -s, -e [↑-gramm] (Soziol.): *grafische Darstellung sozialer Verhältnisse od. Beziehungen innerhalb einer Gruppe.*

So|zio|gra|phie: ↑Soziografie.

so|zio|kul|tu|rell ⟨Adj.⟩: *die Gesellschaft u. ihre Kultur betreffend; gesellschaftlich-kulturell.*

So|zio|lekt, der; -[e]s, -e [geb. nach ↑Dialekt, ↑Idiolekt] (Sprachwiss.): *Sprachgebrauch einer sozialen Gruppe* (z. B. Berufssprache, Jugendsprache).

So|zio|lin|gu|is|tik, die; -: *Teilgebiet der Sprachwissenschaft, das das Sprachverhalten sozialer Gruppen untersucht.*

so|zio|lin|gu|is|tisch ⟨Adj.⟩: *die Soziolinguistik betreffend.*

So|zio|lo|ge, der; -n, -n [↑-loge]: *Wissenschaftler auf dem Gebiet der Soziologie.*

So|zio|lo|gie, die; -, -n [frz. sociologie, gepr. 1830 von dem frz. Philosophen u. Begründer der Wissenschaft A. Comte (1798–1857), zu lat. socius (↑Sozius) u. griech. lógos, ↑Logos]: *Wissenschaft, Lehre vom Zusammenleben der Menschen in einer Gemeinschaft od. Gesellschaft, von den Erscheinungsformen, Entwicklungen u. Gesetzmäßigkeiten gesellschaftlichen Lebens:* S. studieren.

So|zio|lo|gin, die; -, -nen: w. Form zu ↑Soziologe.

so|zio|lo|gisch ⟨Adj.⟩: *die Soziologie betreffend, zu ihr gehörend, auf ihr beruhend:* -e Phänomene, Untersuchungen; eine -e Betrachtungsweise.

So|zio|me|t|rie, die; - [↑-metrie] (Sozialpsych.): *Testverfahren, durch das die gegenseitigen Kontakte innerhalb einer Gruppe u. die bestehenden Abneigungen u. Zuneigungen ermittelt werden können.*

so|zio|öko|no|misch ⟨Adj.⟩ (Soziol.): *die Gesellschaft wie die Wirtschaft, die [Volks]wirtschaft in ihrer gesellschaftlichen Struktur betreffend:* -e Veränderungen.

So|zi|us, der; -, ...zien, ...zii, auch -se [lat. socius = Gefährte, Genosse, Teilnehmer, wohl zu: sequi = folgen]: **1.** ⟨Pl. ...zien, ...zii⟩ (Wirtsch.) *Teilhaber, [Mit]gesellschafter, bes. in einer Sozietät* (2): er wurde als S. in die Kanzlei aufgenommen. **2.** ⟨Pl. -se⟩ **a)** *Beifahrersitz auf einem Motorrad, -roller o. Ä.;* **b)** *jmd., der auf dem Sozius* (2 a) *mitfährt:* Fahrer und S. wurden bei dem Sturz leicht verletzt. **3.** ⟨Pl. -se⟩ (ugs. scherzh.) *Genosse, Kumpan.*

So|zi|us|sitz, der: *Sozius* (2 a).

so|zu|sa|gen ⟨Adv.⟩: **1.** *wie man es ausdrücken könnte; gleichsam.* **2.** *quasi, ungefähr:* es geschah s. offiziell.

Sp. = Spalte.

SP = Sozialdemokratische Partei der Schweiz.

Spa, das so. der; -[s, -s [engl. Spa, nach dem belgischen Kurort Spa]: *Anlage mit Badeeinrichtungen wie z. B. Sauna, Whirlpool, Schwimmbad usw. [zur therapeutischen Anwendung].*

Space|lab ['speɪslæb], das; -s [engl., aus: space = Weltraum u. lab(oratory) = Laboratorium]: *von ESA u. NASA entwickeltes Raumlabor.*

Space|shut|tle ['speɪsʃʌtl], der od. das; -s, -s [↑Shuttle]: *Raumfähre.*

Spach|tel, der; -s, - od. (österr. nur so:) die; -, -n [(urspr. bayr. Nebenf. von) spätmhd. spatel, ↑Spatel]: **1.** *kleines, aus einem Griff u. einem [trapezförmigen] Blatt* (5) *bestehendes Werkzeug zum Auftragen, Glattstreichen od. Abkratzen von Farbe, Mörtel, Kitt o. Ä.:* einem S. abkratzen; den Gips mit einem S. in die Risse streichen. **2.** *Spachtelmasse:* Unebenheiten mit S. ausgleichen. **3.** (ugs. selten) *Spatel* (1).

Spach|tel|kitt, der: *Kitt* (1).

Spach|tel|mas|se, die: *pastenförmige Masse, die an der Luft nach einiger Zeit hart wird, zum Ausgleichen von Unebenheiten.*

spach|teln ⟨sw. V.; hat⟩: **1. a)** *mit dem Spachtel auftragen:* Gips in die Fugen s.; die Farben sind gespachtelt; **b)** *durch Auftragen von Spachtelmasse glätten:* die Wand s. **2.** (fam.) *mit Freude am Essen u. mit gutem Appetit essen:* die Kinder haben ganz schön gespachtelt.

spa|cig ['speɪsɪç] ⟨Adj.⟩ [engl. spacy = space sound = (Welt)raumschall, aus: space = (Welt)raum u. sound (↑Sound)] (Jargon): *futuristisch, modern, avantgardistisch:* das klingt ganz schön s.

spack ⟨Adj.⟩ [mniederd. spa(c)k, eigtl. = dürr, trocken, verw. mit: spaken = dürre Äste, mhd. spache = dürres (Brenn)holz, ahd. spahha = Reisig] (bes. nordd.): **1.** *mager, dünn u. schmal:* sie ist schrecklich s. geworden; es. aussehen. **2.** *straff, eng:* der Rock sitzt aber s.

Spa|cken, der; -[s], -, **Spa|cko,** der; -s, -s (derb abwertend): *dummer Mensch* (Schimpfwort).

♦ **Spa|di,** der; -s, -s ⟨meist o. Art.⟩ (bes. südd.): *Spadille:* ... das Spiel scheint in seiner Hand zu liegen; aber – er könnte sich verrechnet haben, wir wollen sehen, wie er beschlagen ist, wenn wir – S. anspielen (Hauff, Jud Süß 410).

¹**Spa|gat,** der (österr. nur so) od. das; -[e]s, -e [ital. spaccata, zu: spaccare = spalten] (Ballett, Turnen): *Figur* (6), *bei der die in entgegengesetzte Richtungen ausgestreckten Beine eine (senkrecht zum aufrechten Körper verlaufende) waagerechte Linie bilden:* [einen] S. machen; in den S. gehen.

²**Spa|gat,** der; -[e]s, -e [ital. spaghetto, ↑¹Spaghetti] (bayr., österr.): *Schnur, Bindfaden.*

Spa|get|ti usw.: ↑Spaghetti usw.

¹**Spa|ghet|ti** ['spa'ɡɛti, auch: sp...], die; -, - (ugs. auch -s) ⟨meist Pl.⟩, Spagetti ['spa'ɡɛti, auch: sp...], die; -, - (ugs. auch -s) ⟨meist Pl.⟩, (bes. fachspr.) **Spa|ghet|to** [sp...], der; -[s], Spaghetti ⟨meist Pl.⟩ [ital. spaghetto, Vkl. von: spago = dünne Schnur, H. u.]: *lange, dünne, schnurartige Nudel:* S. mit Tomatensoße; S. bolognese (Kochkunst; Spaghetti mit Soße bolognese).

Spa|ghet|ti|eis, Spagetti|eis, das: *in Form eines Spaghettigerichts servierte Speiseeis.*

Spa|ghet|ti|trä|ger, der: *Spagettiträger (in der Mode) (an Sommerkleidern, Unterröcken o. Ä.) sehr schmaler Träger* (3).

spä|hen ⟨sw. V.; hat⟩ [mhd. spehen, ahd. spehōn, verw. mit lat. specere, ↑Spekulum]: **a)** *forschend, suchend blicken:* aus dem Fenster, um die Ecke, durch die Gardine s.; **b)** *Ausschau halten:* er spähte nach ihr.

Spä|her, der; -s, - [mhd. spehære, ahd. spehāri]: *jmd., der etw. auskundschaften soll; Kundschafter:* S. aussenden, ausschicken; er hatte seine S. überall.

Spä|he|rei, die; -, -en: *[dauerndes] Spähen.*

Spä|he|rin, die; -, -nen: w. Form zu ↑Späher.

Späh|pa|t|rouil|le, die (Militär): **a)** *zur Aufklärung* (4) *durchgeführte Erkundung, Patrouille* (1); **b)** *Patrouille* (2), *die eine Aufklärung* (4) *durchführt.*

Späh|trupp, der (Militär): **a)** *Spähpatrouille* (b): einen S. ausschicken; **b)** *Spähpatrouille* (a).

Spa|ke, die; -, -n [mniederd. spake, urspr. = dürrer Ast, verw. mit ↑spack] (Seew.): **a)** *eine der zapfenförmig über den Rand hinausreichenden Speichen des Steuerrads;* **b)** *als Hebel dienende Holzstange.*

spa|kig ⟨Adj.⟩ [mniederd. spakig, urspr. = (von der Sonne) ausgetrocknet, dürr] (nordd.): *faulig u. angeschimmelt.*

Spa|lett, das; -[e]s, -e [ital. spalletta = Brustwehr, Vkl. von: spalla, ↑Spalier] (österr.): *Fensterladen aus Holz.*

Spa|lier, das; -s, -e [ital. spalliera, eigtl. = Schulterstütze, Rückenlehne, zu: spalla = Schulter < lat. spatula, ↑Spatel]: **1.** *meist gitterartiges Gestell aus Holzlatten od. Draht, an dem Obstbäume, Wein o. Ä. gezogen werden:* Rosen an einem S. ziehen; Wein rankt sich an -en empor. **2.** *größere Anzahl von Menschen, die sich so beiderseits eines Weges o. dgl. aufgestellt haben, dass sie eine Gasse bilden:* ein [dichtes] S. bilden; er fuhr durch ein S. jubelnder Menschen; * S. stehen *(sich zu einem Spalier 2 aufgestellt haben).*

Spa|lier|obst, das: **a)** *Obst von Spalierbäumen;* **b)** *an Spalieren* (1) *wachsende Obstsorte.*

Spa|lier|obst|baum, der: *an einem Spalier* (1) *wachsender Obstbaum.*

Spalt, der; -[e]s, -e [mhd., ahd. spalt, zu ↑spalten]: **a)** *einen Zwischenraum bildende schmale, längliche Öffnung:* ein schmaler, tiefer S.; ein S. im Fels, im Gletschereis; das Fenster einen S. offen lassen; die Augen einen S. weit öffnen; **b)** (vulg.) *Spalte* (4).

spalt|bar ⟨Adj.⟩: **a)** (Kernphysik) *sich spalten lassend:* -es Material; **b)** (Mineral.) *(von Mineralien) sich durch Schlag, Druck in Stücke zerspalten lassend.*

Spalt|bar|keit, die; - (Kernphysik, Kerntechnik, Mineral.): *das Spaltbarsein.*

spalt|breit ⟨Adj.⟩: *so breit wie ein Spalt* (1 a): -e Öffnung.

Spalt|breit, der; -, **Spalt breit,** der; - -: *Breite eines relativ schmalen Spalts als Maßeinheit:* die Tür einen S. öffnen.

Spält|chen, das; -s, -: Vkl. zu Spalt (a), Spalte (1).

Spal|te, die; -, -n [spätmhd. spalte, mhd. (md.) spalde, Nebenf. von ↑Spalt]: **1.** *längerer Riss in einem festen Material:* -n im Fels; im Mauerwerk zeigten sich tiefe, breite -n; Ü Der Geist der Schwere, der Stofflichkeit, des Kleinmuts weiß sich wie Ungeziefer in den geheimsten -n der Seele zu verstecken (Thieß, Reich 227). **2.** (Druckw.) *blockartiger Teil [gleich langer] untereinandergesetzter Zeilen, der mit einem od. mehreren anderen bei einem Umbruch* (2 a) *zu einer Seite zusammengestellt wird* (Abk.: Sp.): die Buchseite hat zwei -n; der Artikel war eine S. lang, ging über drei -n; der Skandal füllte die -n in der Weltpresse (stand in allen Zeitungen); das Zitat steht in der linken S. oben. **3.** *einzelnes halbmondförmiges Stück einer [Zitrus]frucht:*

spalten – spannen

gibst du mir mal eine S. von deiner Orange?; einen Apfel in -n schneiden. **4.** (vulg.) *Scham.* **5.** (ugs.) *Gesäßspalte.*

spal|ten ⟨unr. V.; spaltete, hat gespalten/(*auch:*) gespaltet⟩ [mhd. spalten, ahd. spaltan, urspr. = platzen, bersten; splittern]: **1. a)** *[der Länge nach, entlang der Faser] in zwei od. mehrere Teile zerteilen:* mit einer Axt Holz s.; Frost und Hitze haben den Fels gespalten/gespaltet; ein vom Blitz gespaltener Baum; jmdm. mit dem Schwert den Schädel s.; **b)** ⟨s. + sich⟩ *sich in bestimmter Weise spalten* (1 a) *lassen:* das Holz spaltet sich gut, schlecht; **c)** ⟨s. + sich⟩ *sich teilen, [zer]trennen:* ihre Haare, Fingernägel spalten sich; das Mauerwerk hat sich gespalten; ein gespaltener Gaumen *(Gaumenspalte),* eine gespaltene Oberlippe *(Lippen- und Kieferspalte);* **d)** *bewirken, dass die Einheit von etw. nicht mehr besteht, gegeben ist:* eine Partei s.; der Bürgerkrieg hatte das Land in zwei feindliche Lager gespalten; **e)** ⟨s. + sich⟩ *die Einheit verlieren, aufgeben; sich teilen, trennen:* die Partei, seine Anhängerschaft hat sich gespalten. **2. a)** (Physik) *zur Energiegewinnung durch Einwirkung schneller Neutronen, energiereicher Gammastrahlen o. Ä. zerlegen:* Atomkerne s.; **b)** (Chemie) *(einen Stoff) in weniger komplexe Bestandteile auflösen, zersetzen:* Nährstoffe werden im Darm durch Enzyme gespalten.

Spal|ten|brei|te, die: *Breite einer Spalte* (2).
spal|ten|lang ⟨Adj.⟩: *einige, mehrere Spalten* (2) *lang:* ein -er Artikel.
spal|ten|wei|se ⟨Adv.⟩: *in Spalten* (2): einen Text s. setzen.
Spal|ter, der, -s, - (bes. DDR abwertend): *jmd., der eine Partei o. Ä. durch Uneinigkeit zu spalten versucht od. gespalten hat.*
Spalt|fuß, der: **a)** (Zool.) *scherenähnlich geformter Fuß bei Krebstieren;* **b)** (Med.) *Fehlbildung des Fußes, bei der die beiden äußeren Mittelfußknochen jeweils miteinander verwachsen sind u. der mittlere kaum od. gar nicht ausgebildet ist, sodass der Fuß scherenartig gespalten erscheint.*
Spalt|le|der, das (Gerberei): *durch Abspalten des Narbens hergestelltes Leder.*
Spalt|ma|te|ri|al, das (Kernphysik): *spaltbares Material.*
Spalt|öff|nung, die (Bot.): *(in großer Zahl an den grünen Pflanzenteilen vorhandene) mikroskopisch kleine, längliche, dem Gasaustausch dienende Öffnung.*
Spalt|pilz, der: **1.** *[die Pilze vermehren sich durch Spaltung]* (Biol., Med. veraltet) *Bakterie.* **2.** [scherzh. Übertragung von 1 unter Anlehnung an: spalten (1 d)] (scherzh.) *etw., was die Einheit bedroht, wovon die Gefahr einer Spaltung ausgeht.*
Spalt|pro|dukt, das: **1.** (Kernphysik) *bei der Spaltung von Atomkernen entstehendes, stark radioaktives Material.* **2.** (Chemie) *Produkt der Spaltung einer chemischen Verbindung.*
Spal|tung, die; -, -en [mhd. (zer)spaltunge]: **1.** *das Spalten* (spalten 1d); *das Sichspalten* (spalten 1e); *das Gespaltensein* (spalten 1d,e). *b) des Bewusstseins* (Med. veraltet; *Schizophrenie*). **2.** (Physik, Chemie) *das Spalten* (2).
Spal|tungs|ebe|ne, die (Mineral.): *Ebene* (2), *in der im Mineral gespalten ist, sich spalten lässt.*
Spalt|zo|ne, die (Kernt.): *Teil eines Kernreaktors, in dem die Kernspaltung erfolgt.*
Spam [spæm], der od. das; -s -s od. die; -, -s [engl. spam, eigtl. = Dosen-, Frühstücksfleisch (urspr. Spam®, geb. aus: *spiced ham* = gewürzter Schinken), nach einem Sketch der engl. Comedyserie Monty Python's Flying Circus, in dem jedem Besucher eines Restaurants unaufgefordert Spam® vorgesetzt wird] (EDV):

1. ⟨o. Pl.⟩ *unerwünschte massenhaft per E-Mail od. auf ähnlichem Wege versandte Nachrichten:* ich habe schon wieder jede Menge S. im Postfach. **2.** *Spammail:* es sind schon wieder zig -s eingegangen.
Spam|fil|ter, der, fachspr. meist: das (EDV): *Programm* (4), *mit dem Spammails aus den eingehenden E-Mails herausgefiltert werden.*
Spam|mail, Spam-Mail, die, auch, bes. südd., österr., schweiz.: das (EDV): *in die Kategorie Spam fallende E-Mail.*
Spam|mer, der; -s, - (EDV): *jmd., der Spammails verschickt.*
Spam|me|rin, die; -, -nen: w. Form zu ↑ Spammer.
Span, der; -[e]s, Späne ⟨meist Pl.⟩: **1.** [mhd., ahd. spān, urspr. = langes, flaches Holzstück] *(beim Hobeln, Behauen, Schneiden o. Ä.) kleines, als Abfall entstehendes Stückchen des bearbeiteten Materials:* feine, dünne, grobe Späne; die Späne wegfegen, wegpusten; mit einem trockenen, harzigen S. ein Feuer anzünden; **Spr** *wo gehobelt wird, [da] fallen Späne* (man muss die mehr od. weniger kleinen Nachteile von etw., dessen Ausführung an sich gut u. nützlich ist, eben in Kauf nehmen). **2.** [mhd. span = Zerwürfnis; Spannung, zu ↑ spannen; vgl. widerspenstig] **a)** ** Späne machen* (salopp; *Schwierigkeiten machen; Widerstand leisten*); *mit jmdm. einen S. haben* (landsch.; *mit jmdm. Streit haben*); *einen S. ausgraben* (bes. schweiz.; *Streit suchen*); ◆ **b)** *Zank; Meinungsverschiedenheit:* …in der hohen Häupter S. und Streit sich unberufen … drängen bringt wenig Dank und öfterer Gefahr (Schiller, Braut v. Messina 1778 ff.)
span|ab|he|bend ⟨Adj.⟩ (Technik): *spanend:* -e Fertigung; -e Werkzeuge.
Spän|chen, das; -s, -: Vkl. zu ↑ Span (1).
Span|dril|le, die; -, -n [roman., zu lat. expandere = auseinanderspannen] (Archit.): *Zwickel* (2 b).
spa|nen ⟨sw. V.; hat⟩ [zu ↑ Span] (Technik): *(Material) mit einem geeigneten Werkzeug in Form von Spänen (von einem Werkstück, um es zu formen, um die Oberfläche zu glätten) abtragen:* die Schneiden der Messer können in radialer und axialer Richtung s.; spanende Bearbeitung.
¹spä|nen ⟨sw. V.; hat⟩: *mit Metallspänen abreiben, abziehen* (6): das Parkett s.
²spä|nen ⟨sw. V.; hat⟩ [spätmhd. spänen, mhd. abspenen, ahd. zu: spen, ↑ Spanferkel] (landsch.): *entwöhnen* (1).
Span|fer|kel, das; -s, - [spätmhd. (md.) spenferkel, mhd. spenvarch, spünne mhd. ahd. spen-, spunnifarah, 1. Bestandteil mhd. spen, spünne, ahd. spunni = Mutterbrust, Zitze; Muttermilch]: *junges Ferkel* (1), *das noch gesäugt wird:* ein am Spieß gebratenes S.
Späng|chen, das; -s, -: Vkl. zu ↑ Spange.
Span|ge, die; -, -n [mhd. spange = (Quer)balken, Riegel; Eisenband, -beschlag (an Bauteilen, Waffen), dann: (Haar)spange, ↑ ² Fibel, wohl verw. mit ↑ spannen]: **1.** *aus festem Material bestehender Gegenstand, mit dem mithilfe eines Dorns* (3 a) *eingeklemmt u. zusammengehalten wird [u. der zugleich als Schmuck dient]:* sie trug eine S. im Haar; etw. wird von einer S. [zusammen]gehalten. **2.** *schmaler, über den Spann führender Lederriemen am Schuh zum Knöpfen od. Schnallen.* **3.** Kurzf. von ↑ Zahnspange.
Spän|gel|chen, das; -s, -: Vkl. zu ↑ Spange.
Span|gen|schuh, der: *[Damen]schuh, der mit einer Spange* (2) *geschlossen wird.*
Spa|ni|el ['ʃpanjəl, auch: 'spe…], der; -s, -s [engl. spaniel < afrz. espagneul < span. español = spanisch, also eigtl. = spanischer Hund]: *in verschiedenen Formen gezüchteter Jagd- u. Haushund mit großen Schlappohren u. seidigem Fell.*
Spa|ni|en; -s: *Staat im Südwesten Europas.*

Spa|ni|er, der; -s, -: Ew.
Spa|ni|e|rin, die; -, -nen: w. Form zu ↑ Spanier.
Spa|ni|o|le, der; -n, -n: *Nachkomme der 1492 aus Spanien vertriebenen Juden.*
Spa|ni|o|lin, die; -, -nen: w. Form zu ↑ Spaniole.
spa|nisch ⟨Adj.⟩: *Spanien, die Spanier betreffend; von den Spaniern stammend, zu ihnen gehörend:* -e Sprache, Literatur; ** jmdm. s. vorkommen* (ugs.; *jmdm. seltsam vorkommen*); *für jmdn. -e Dörfer sein* (ugs.; *jmdm. unverständlich sein*).
Spa|nisch, das; -[s]: **a)** *die spanische Sprache;* **b)** *spanische Sprache u. Literatur als Lehrfach:* er unterrichtet S.; sie hat in S. eine Zwei; bei wem habt ihr S.?
Spa|ni|sche, das; -n ⟨nur mit best. Art.⟩: *Spanisch* (a).
Span|korb, der: *aus dünnen Bändern aus Holz geflochtener Korb.*
◆ **Span|licht,** das: *zum Zwecke der Beleuchtung entzündeter Holzspan, Kienspan:* Erst als wir in der Stube waren und das S. brannte … (Rosegger, Waldbauernbub 189).
spann: ↑ spinnen.
Spann, der; -[e]s, -e [zu ↑ spannen]: *(beim Menschen) Oberseite des Fußes zwischen dem Ansatz der Schienbeins u. den Zehen; Fußrücken, Rist* (1 a): einen hohen S. haben.
Spann|be|ton, der (Bauw.): *Beton mit gespannten* (1 a) *Einlagen aus Stahl, die dem Material besondere Stabilität verleihen.*
Spann|bett|tuch, das: *Spannlaken.*
Spann|brei|te, die: **1.** *Bandbreite* (3): die gesamte S. menschlicher Gefühle. **2.** (selten) *Spannweite* (1).
Span|ne, die; -, -n: **1.** *[zwischen zwei Zeitpunkten sich erstreckender (kürzerer)] Zeitraum:* eine kurze S.; die S. der Bewusstlosigkeit des Schlafs; dazwischen lag eine S. von 12 Tagen. **2. a)** (selten) *räumliche Erstreckung; Abstand zwischen zwei Punkten:* das ist ziemliche S.; **b)** [mhd. spanne, ahd. spanna] *altes Längenmaß* (etwa 20–25 cm, d. h. der Abstand von der Spitze des Daumens bis zur Spitze des kleinen Fingers bei gespreizter Hand): eine S. lang, breit, dick, hoch. **3. a)** (Kaufmannsspr.) Kurzf. von ↑ Handelsspanne; **b)** *Preisunterschied.*
spän|ne: ↑ spinnen.
span|nen ⟨sw. V.; hat⟩ [mhd. spannen, ahd. spannan = (sich) dehnen; ziehend befestigen, im Frühnhd. zusammengefallen mit dem Veranlassungswort mhd. spennen = (an)spannen, urspr. = sich ausdehnen; vgl. Gespenst]: **1. a)** *etw. so dehnen, ziehen, dass es straff, glatt ist:* die Saiten einer Geige, Gitarre s.; den Geigenbogen s.; das Fell einer Trommel s.; den Bogen s.; die Katze spannte ihre Muskeln zum Sprung s.; gespanntes Gas (Technik; *unter Druck stehendes Gas*); Ü seine Nerven waren zum Zerreißen gespannt; du darfst deine Erwartungen nicht zu hoch s.; … auch er will nun, wie sein Herr, die Grenzen seiner Macht unablässig dehnen und s. (St. Zweig, Fouché 144); **b)** *spannen* (1 a) *u. befestigen:* eine Wäscheleine, ein Seil s.; ein Netz s.; eine Plane über den Wagen s.; **c)** ⟨s. + sich⟩ *straff, fest werden:* als die Pferde anzogen, spannten sich die Gurte; seine Muskeln spannten sich; ihr Gesicht, ihre Züge spannten sich (sie bekam einen wachsamen, konzentrierten Gesichtsausdruck); seine Hand spannte sich (schloss sich fest) um den Stock, um den Griff seiner Waffe; **d)** *in etw.* (z. B. einer Halterung) *festklemmen, einspannen:* einen Bogen in die Schreibmaschine s.; ein Werkstück in den Schraubstock s.; **e)** *(durch Betätigung einer entsprechenden Vorrichtung) bereit zum Auslösen machen:* den Hahn einer Pistole, ein Gewehr s.; der Fotoapparat war nicht gespannt.

2. *zu eng sein, zu straff [über etw.] sitzen u. dadurch eine unangenehme Empfindung verursachen:* die Jacke spannt [mir]; das Kleid spannt [unter den Armen]; Ü *nach dem Sonnenbad spannte seine Haut.* **3.** *die Gurte eines Zugtieres an einem Fuhrwerk o. Ä. befestigen:* ein Pferd an/vor den Wagen, die Ochsen vor den Pflug s.; Ü *Danach aber habe er alles Volk ohne Ausnahme in die Fron gespannt zum Bau seines Wundergrabes und keinem nur durch dreißig Jahre auch nur ein Stündchen gegönnt zum eigenen Leben* (Th. Mann, Joseph 740). **4.** ‹s. + sich› (geh.) *sich [über etw.] erstrecken, wölben:* die Brücke spannt sich über den Fluss; ein Regenbogen spannte sich über den Himmel. **5.** (Fachspr.) *eine bestimmte Spannweite haben:* der Vogel, der Schmetterling spannt 10 cm; die Tragflächen des Flugzeugs spannen zwanzig Meter. **6.** [eigtl. = mit dem gespannten Bogen lauernd auf eine Beute warten] **a)** (ugs.) *seine ganze Aufmerksamkeit auf jmdn., etw. richten; etw. genau verfolgen, beobachten:* auf die Vorgänge, Gespräche in der Nachbarwohnung s.; die Katze spannt *(lauert)* auf die Maus; er spannt *(wartet ungeduldig)* seit Jahren auf die Erbschaft; die Lage s. *(auskundschaften);* er geht nur an den FKK-Strand, um zu s. *(um seinem Voyeurismus zu frönen);* **b)** (landsch., bes. südd., österr.) *merken; einer Sache gewahr werden:* endlich hat er [es] gespannt, dass du ihn nicht leiden kannst.

span|nend ‹Adj.› [wohl ausgehend vom Bild einer gespannten Stahlfeder od. der gespannten Muskeln; schon mhd. spannen = freudig erregt sein; voller Verlangen sein]: **1.** *Spannung (1 a) erregend; fesselnd:* ein -er Roman, Kriminalfilm; eine -e Wahlnacht, Gerichtsverhandlung, Diskussion; die Geschichte ist sehr s.; das Buch ist s. geschrieben; R *mach es doch nicht so s.!* (rede nicht um die Sache herum, sondern erzähle ohne Umschweife). **2.** *interessant:* eine -e Entwicklung; ja, das ist ein -es Projekt.

Span|ner, der; -s, -: **1. a)** *Vorrichtung zum Spannen (1 a) von etw.:* den Tennisschläger in den S. stecken; **b)** Kurzf. von ↑ Hosenspanner; **c)** Kurzf. von ↑ Schuhspanner. **2.** (in vielen Arten vorkommender) *Schmetterling, der in Ruhestellung seine Flügel flach ausbreitet.* **3.** (salopp) **a)** *Voyeur:* er ist ein alter S.; **b)** *jmd., der bei unerlaubten, ungesetzlichen Handlungen die Aufgabe hat, aufzupassen u. zu warnen, wenn Gefahr besteht, entdeckt zu werden.*

Spann|gar|di|ne, die: *Gardine, die durch oberhalb u. unterhalb der Fensterscheibe angebrachte kleine Stangen gespannt wird.*

Spann|kraft, die ‹o. Pl.›: *Kraft, Energie, über die jmd. im Hinblick auf die Bewältigung größerer Aufgaben, Anforderungen verfügt:* seine S. hat deutlich nachgelassen.

Spann|la|ken, das: *Laken, dessen Ecken so genäht sind, dass sie genau über die Ecken der Matratze passen u. straff über die Matratze gespannt werden können.*

Spann|rah|men, der (Fachspr.): *Rahmen, in den etw. eingespannt od. in dem etw. festgeklemmt wird.*

Spann|tep|pich, der: *an den Rändern am Fußboden befestigter Teppichboden od. ähnlicher teppichartiger Fußbodenbelag.*

Span|nung, die; -, -en: **1. a)** *auf etw. Zukünftiges gerichtete erregte Erwartung, gespannte Neugier:* im Saal herrschte atemlose, eine ungeheure S.; die S. wuchs, stieg, ließ nach, erreichte ihren Höhepunkt; etw. erregt, erweckt, erzeugt S.; das erhöht die S.; er versetzte uns in S.; er hielt die Leute in S.; sie erwarteten ihn mit/voll S.; **b)** *Beschaffenheit, die Spannung (1 a) erregt:* ein Fußballspiel, Film voller S., ohne jede S.; **c)** *Erregung, nervöse Unausgeglichenheit:* psychische -en; ihre S. löste sich allmählich; sich in einem Zustand innerer S. befinden; **d)** *gespanntes Verhältnis; latente Unstimmigkeit, Feindseligkeit:* politische, soziale, wirtschaftliche -en; zwischen ihnen herrscht, besteht eine gewisse S.; die -en zwischen den beiden Staaten sind überwunden. **2.** *Differenz der elektrischen Potenziale zweier Punkte, aufgrund deren zwischen diesen beiden Punkten ein elektrischer Strom fließen kann:* die S. schwankt, sinkt, fällt ab, steigt, beträgt 220 Volt; die S. messen, regeln; die Leitung hat eine hohe, niedrige S., führt S., steht unter S.; S. führende Leitungen. **3. a)** (selten) *das Spannen (1 a, b), Straffziehen;* **b)** *das Gespannt-, Straffsein:* die S. der Saiten hatte nachgelassen; **c)** (Physik) *Kraft im Innern eines elastischen Körpers, die gegen seine durch Einwirkung äußerer Kräfte entstandene Form wirkt:* die S. eines Gewölbes, einer Brücke; die Feder steht unter S.

Span|nung füh|rend, span|nung|füh|rend ‹Adj.› (Elektrot.): *unter Spannung (2) stehend:* Spannung führende Leitungen.

Span|nungs|ab|fall, der (Elektrot.): *Abnahme einer Spannung (2).*

Span|nungs|bo|gen, der: *Abfolge von Ereignissen o. Ä., die Spannung (1 a) erzeugt, zum Anwachsen der Spannung (1 a) führt.*

Span|nungs|feld, das: *Bereich mit unterschiedlichen, gegensätzlichen Kräften, die aufeinander einwirken, sich gegenseitig beeinflussen u. auf diese Weise einen Zustand hervorrufen, der wie mit Spannung (2) geladen zu sein scheint.*

span|nungs|frei ‹Adj.›: *frei von Spannungen (1 d):* ein weitgehend -es Zusammenleben.

span|nungs|füh|rend ‹Adj.› (Elektrot.): *unter Spannung (2) stehend.*

Span|nungs|ge|biet, das: *Gebiet, in dem es wegen vorhandener Spannungen (1 d) leicht zu politischen Krisen, zu kriegerischen Auseinandersetzungen kommen kann.*

Span|nungs|ge|fäl|le, das: *Spannungsabfall.*

Span|nungs|ge|la|den ‹Adj.›: **1.** *voll von Spannungen (1 d):* eine -e Atmosphäre, Stimmung, Situation. **2.** *spannend, spannungsreich.*

Span|nungs|herd, der: *Ausgangspunkt, Quelle ständiger, immer wieder neuer Spannungen (1 d).*

span|nungs|los ‹Adj.›: **1.** *überhaupt nicht spannend:* es war ein total -es Match. **2.** *frei von Spannungen (1 d):* eine weitgehend -e Koexistenz. **3.** *nicht unter Spannung stehend:* eine -e Leitung.

Span|nungs|mes|ser, der (Elektrot.): *Gerät zum Messen der elektrischen Spannung (2); Voltmeter.*

Span|nungs|prü|fer, der (Elektrot.): *Spannungssucher.*

Span|nungs|reg|ler, der (Elektrot.): *Vorrichtung zum Konstanthalten der Spannung (2) in elektrischen Anlagen od. Geräten.*

span|nungs|reich ‹Adj.›: **1.** *voller Spannung (1 b), spannend:* ein -es Fußballspiel. **2.** *voller Spannungen (1 d), spannungsgeladen (1).*

Span|nungs|schwan|kung, die (Elektrot.): *Schwankung der elektrischen Spannung (2).*

Span|nungs|su|cher, der (Elektrot.): *Gerät zum Nachweis von Spannung (2).*

Span|nungs|tei|ler, der (Elektrot.): *Potenziometer.*

Span|nungs|ver|hält|nis, das: *[neue Impulse erzeugendes] Verhältnis von Position u. Gegenposition.*

Span|nungs|ver|lust, der (Elektrot.): *Absinken der Spannung (2).*

span|nungs|voll ‹Adj.›: *spannungsreich (1).*

Span|nungs|zu|stand, der: *durch das Vorhandensein von Spannungen (1 c, d, 2) gekennzeichneter Zustand.*

Spann|vor|rich|tung, die (Technik): *Vorrichtung, die dazu dient, etw. (z. B. den Treibriemen an Maschinen) straff zu spannen:* die S. einer Drahtseilbahn.

Spann|wei|te, die: **1.** *Strecke zwischen den Spitzen der ausgebreiteten Flügel eines Vogels od. Insekts, der Tragflächen eines Flugzeugs o. Ä.:* die S. des Flugzeugs beträgt zwölf Meter; die Flügel des Vogels haben eine S. von einem Meter; Ü *die geistige S. eines Menschen.* **2.** (Bauw.) *Entfernung, Erstreckung (eines Bogens, eines Gewölbes) von einem Pfeiler, einem Ende zum anderen.*

Span|plat|te, die: *Platte aus zusammengepressten u. verleimten Holzspänen.*

Spant, das, Flugw. auch: der; -[e]s, -en ‹meist Pl.› [aus dem Niederd., wohl zu mniederd. span = Spant, zu ↑ spannen] (Schiffbau, Flugw.): *wie eine Rippe geformtes Bauteil zum Verstärken der Außenwand des Rumpfes bei Schiff od. Flugzeug.*

Span|ten|riss, der (Schiffbau): *Konstruktionszeichnung, die einen Querschnitt durch den Schiffsrumpf darstellt.*

Spar|be|trag, der: *gesparter Betrag.*

Spar|bren|ner, der: *Brenner (1), der wenig Brennstoff verbraucht.*

Spar|brief, der (Bankw.): *Urkunde über eine für einen bestimmten Zeitraum zinsgünstig festgelegte Geldsumme:* in -en angelegtes Geld.

Spar|buch, das: *kleineres Heft, Buch, das dem Sparer verbleibt u. in dem Geldinstitut einod. ausgezahlte Sparbeträge u. Zinsguthaben quittiert:* ein S. anlegen, einrichten; sie hat ein S.; auf meinem S. sind zurzeit zweitausend Euro *(mein Sparbuch weist zurzeit ein Guthaben von zweitausend Euro aus).*

Spar|büch|se, die: *Büchse (1 c), in die jmd. durch einen dafür vorgesehenen Schlitz Geld steckt, das er sparen möchte:* hier hast du einen Euro für deine S.

Spar|ein|la|ge, die: *auf das Sparkonto eines Geldinstituts eingezahlte Geldsumme.*

spa|ren ‹sw. V.; hat› [mhd. sparn, ahd. sparēn, sparōn = bewahren, schonen zu ahd. spar = sparsam, knapp, urspr. wohl = weit-, ausreichend]: **1. a)** *Geld nicht ausgeben, sondern [für einen bestimmten Zweck] zurücklegen, auf ein Konto einzahlen:* eifrig, fleißig, viel, wenig s.; je früher du anfängst zu s., desto früher kannst du es dir kaufen; bei einer Bank, Bausparkasse s.; auf, für ein Haus s.; sie sparen für ihre Kinder; ‹mit Akk.-Obj.:› einen größeren Betrag s.; er spart jeden Monat mindestens hundert Euro; wie viel hast du schon gespart? *(zusammengespart);* ♦ *O weh, ein volles Fläschchen echte Rosée d'Aurore rein ausgeleert! Er sparte sie wie Gold* (Mörike, Mozart 214); Spr *spare in der Zeit, so hast du in der Not* (wenn es einem wirtschaftlich gut geht, soll man sich etwas für schlechtere Zeiten zurücklegen); **b)** *sparsam, haushälterisch sein; bestrebt sein, von etw. möglichst wenig zu verbrauchen:* er kann nicht s.; wir müssen s.; sie spart am falschen Ende; er spart sogar am Essen; er spart mit jedem Pfennig (ugs.; *er ist übertrieben sparsam);* beim Essen war an nichts gespart worden *(es war sehr üppig);* ‹mit Akk.-Obj.:› Strom, Gas s.; wir müssen Trinkwasser s.; Recycling spart Rohstoffe *(macht es möglich, dass man mit kleineren Mengen von Rohstoffen auskommt);* Ü *er sparte nicht mit Lob;* ♦ *... ich will mir alle Mühe geben und kein Geld s.; Ihm Seinen Gaul wiederzufinden* (Cl. Brentano, Kasperl 359). **2.** *nicht verwenden, nicht gebrauchen, nicht aufwenden, nicht ausgeben:* wenn wir zu Fuß gehen, sparen wir das Fahrgeld; auf diese Weise können wir viel Geld, Material, Papier, Energie, Wasser s.; er brachte den Brief selbst hin, um das Porto zu s.; Ü Zeit, Kraft, Arbeit, Nerven s. **3. a)** *ersparen* (2): du sparst dir, ihm viel Ärger, wenn du das nicht machst; die Mühe, den Weg hätten wir uns s. können; **b)** ⟨s. + sich⟩ *sich schenken* (3 b): spar dir deine Erklärungen; deine Ratschläge kannst du dir s.; (auch ohne »sich«:) »Spar deine Worte!«, sagte Kurt eisig (Aichinger, Hoffnung 32). **4.** (veraltet) *sich, etw. schonen:* er sparte sich nicht; Brennt die Städte nieder auf den Grund ... Und spart mir nicht die Stadt Bamberg (Hacks, Stücke 20); ♦ Ich spreche von dem einen nur, dem du das Leben spartest (Lessing, Nathan III, 7).

Spa|rer, der; -s, -: *jmd., der spart (bes. bei einer Bank od. Sparkasse):* ein eifriger S.; die kleinen S. *(Sparer kleinerer Geldbeträge).*

Spa|rer|frei|be|trag, der (Steuerw.): *Betrag, der vor der Berechnung der Steuer vom Spargutha-ben, von den Spareinlagen abgezogen werden kann.*

Spare|ribs ['spɛərɪbz] ⟨Pl.⟩ [engl. spare ribs (Pl.), viell. < mniederl. ribbespeer (↑ Rippenspeer) unter Anlehnung an engl. spare = mager, hager, dünn; 2. Bestandteil engl. ribs = Rippen, verw. mit ↑ Rippe] (Kochkunst): *von relativ wenig Fleisch umgebenes Stück vom unteren Ende einer Schweinerippe:* gegrillte S.

Spa|re|rin, die; -, -nen: w. Form zu ↑ Sparer.

Spar|flam|me, die ⟨Pl. selten⟩: *(bes. bei Gasöfen) sehr kleine Flamme, die mit einem Minimum an Brennstoff brennt:* auf S. kochen; Ü er arbeitet auf S. (ugs. scherzh.; *ohne sich anzustrengen, mit geringem Kraftaufwand*).

Spar|för|de|rung, die: *[staatliche] Förderung des Sparens durch günstige Zinssätze, Sparprämien o. Ä.*

Spar|gel, der; -s, -, (schweiz. meist:) -n, (südd., schweiz. auch:) die; -, -n [spätmhd. sparger, über das Roman. (vgl. älter ital. sparago, mlat. spara-gus) < lat. asparagus < griech. asp(h)áragos = Spargel; junger Trieb]: **1.** *(als Staude wach-sende) Pflanze mit wie feine Nadeln erscheinen-den Blättern u. grünlichen Blüten, aus deren Wurzelstock stangenförmige Sprosse hervor-wachsen, die (bevor sie an die Erdoberfläche kommen) abgeschnitten u. als Gemüse gegessen werden.* **2.** *Spross, Sprosse des Spargels* (1) *als Gemüse:* frischer, weißer S.; was kostet der S.?; ein Bund, ein Kilo, fünf Stangen S.; fünf dicke S.; S. anbauen, stechen, schälen, kochen, essen; es gab S. mit Schinken.

Spar|gel|beet, das: *Beet mit Spargel* (1).

Spar|gel|geld, das: *gespartes, auf Sparkonto liegendes Geld:* etw. von seinem S. kaufen.

Spar|gel|ge|mü|se, das ⟨o. Pl.⟩: *als Gemüse zube-reiteter Spargel.*

Spar|gel|grün, das; -s: *das Grün* (2) *des Spar-gels* (1).

Spar|gel|kohl, der: *Brokkoli.*

Spar|gel|kraut, das ⟨o. Pl.⟩: *Spargelgrün.*

Spar|gel|spit|ze, die: *zarte Spitze des Spar-gels* (2).

Spar|gel|sup|pe, die: *aus Spargel* (2) *zubereitete Suppe.*

Spar|gel|tar|zan, der; -s, -e od. -s (ugs. scherzh.): *schmächtiger Junge, Mann:* er ist ein S.

Spar|gel|topf, der: *höherer Topf mit einem Drahtkorb als Einsatz, in dem Stangenspargel zubereitet wird.*

Spar|gro|schen, der (ugs.): *kleinerer Betrag, den jmd. (verbunden mit gewissen Einschränkun-gen) gespart hat.*

Spar|gut|ha|ben, das: *Guthaben auf einem Spar-konto, in einem Sparbuch ausgewiesenes Gutha-ben.*

Spar|kas|se, die: **1.** *[öffentlich-rechtliches] Geld- u. Kreditinstitut (das früher hauptsächlich Spareinlagen betreute):* Banken und -n; Geld auf die S. bringen. **2.** *Sparbüchse:* 2 Euro in die S. stecken, werfen.

Spar|kon|to, das: *Konto, auf dem Spareinlagen verbucht werden.*

Spar|kurs, der (bes. Politikjargon): *auf Sparmaß-nahmen ausgerichteter [politischer] Kurs.*

Spar|lam|pe, die: Kurzf. von ↑ Energiesparlampe.

spär|lich ⟨Adj.⟩ [mhd. sperliche, ahd. sparalīhho (Adv.), zu spar, ↑ sparen]: **a)** *nur in sehr geringem Maße [vorhanden]:* -er Beifall; -e Reste; eine -e Vegetation; ein recht -er Baumbestand; einen -en Haarwuchs haben; die Veranstaltung war nur sehr s. besucht; der Raum war s. beleuchtet; sie war nur s. bekleidet; **b)** *sehr knapp bemes-sen; kärglich; kaum ausreichend:* -e Kost; ein -es Einkommen; die Rationen waren s.

Spar|maß|nah|me, die: *Maßnahme zur Ein-schränkung des Verbrauchs, der Kosten:* das Kabinett hat einschneidende -n beschlossen.

Spar|pa|ket, das (Jargon): *Paket* (4) *von Spar-maßnahmen.*

Spar|pfen|nig, der (ugs.): *Spargroschen:* ♦ Ich selbst werde auch etwa einen S. haben, einen ver-trauten Freundin beizustehen! (Keller, Romeo 61).

Spar|plan, der: **1.** *Plan zur Einschränkung der Kosten, des Konsums:* gegen die Sparpläne der Regierung gibt es massiven Protest. **2.** *vertrag-lich vereinbarter Plan, nach dem ein Kunde über einen festgelegten Zeitraum regelmäßig bestimmte Geldbeträge anspart, die von einem Geldinstitut verzinst werden;* Sparvertrag: ein S. zur privaten Altersvorsorge.

Spar|po|li|tik, die: vgl. Sparmaßnahme.

Spar|prä|mie, die: *Prämie beim Prämiensparen.*

Spar|preis, der: *besonders niedriger Preis.*

Spar|pro|gramm, das: **1.** (Politik) Programm (3) *zur Durchführung von Sparmaßnahmen.* **2.** *Pro-gramm* (1 d) *bei elektrischen Haushaltsgeräten zur Reduzierung des Energieverbrauchs.*

Spar|quo|te, die (Wirtsch.): *Verhältnis zwischen der Ersparnis der Volkswirtschaft u. dem Volks-einkommen.*

spa|ren ⟨sw. V.; hat⟩ [engl. to spar, ↑ ¹Sparring] (Boxen): *zum Training boxen:* mit jmdm. s.

Spar|ren, der; -s, - [mhd. sparre, ahd. sparro, verw. mit ↑ Speer]: **1.** *Dachsparren.* **2.** (Heraldik) *Chevron.* **3.** (ugs.) *etw., was bei anderen als kleine Verrücktheit darstellt; Spleen:* lass ihm doch seinen S.!; einen S. [zu viel, zu wenig, zu viel oder zu wenig] haben (ugs.; *nicht ganz bei Verstand sein*).

spar|rig ⟨Adj.⟩ (Bot.): *seitwärts abstehend:* -e Äste; s. wachsende Triebe.

¹Spar|ring, das; -s, -s [engl. sparring = das Boxen, zu: to spar = boxen, trainieren, H. u.] (Boxen): *das Sparren.*

²Spar|ring, der; -s, -s (Boxen): *kleiner, von Boxern zum Schlagtraining verwendeter Übungsball.*

Spar|rings|part|ner, der: *Partner beim ¹Sparring.*

Spar|rings|part|ne|rin, die: w. Form zu ↑ Spar-ringspartner.

spar|sam ⟨Adj.⟩ [zu ↑ sparen]: **1. a)** *auf möglichst geringe Ausgaben, möglichst geringen Ver-brauch bedacht:* eine -e Hausfrau; eine -e Ver-wendung von Rohstoffen; sie ist sehr s.; mit dem Trinkwasser, dem Heizöl, den Vorräten s. sein, umgehen; s. wirtschaften, leben; etwas s. dosieren; Ü s. mit Worten sein; er machte von der Erlaubnis nur s. *(wenig)* Gebrauch; **b)** *wenig Betriebsstoff, Energie od. dgl. verbrau-chend:* ein besonders -es Auto; dieser Motor ist sehr s.; Waschmaschinen sind heute [im Was-ser- und im Stromverbrauch] wesentlich -er; dieses Waschpulver ist besonders s. *(ergiebig).* **2. a)** *auf das Nötige, Notwendige beschränkt; karg:* eine -e Farbgebung, Ausdrucksweise; er berichtete in -en Sätzen; eine s. ausgestattete Wohnung; **b)** *nur in geringem Maße, in gerin-ger Menge [vorhanden]; wenig:* -er Beifall; ♦ »Geschicklichkeit hat einen ganz besonders stärkenden Reiz, und es ist wahr, ihr Bewusst-sein verschafft einen dauerhafteren und deutli-cheren Genuss ...« – »Glaubt nicht ..., dass ich das Letztere tadle; aber es muss von selbst kommen und nicht gesucht werden. Seine s. *(seltene)* Erscheinung ist wohltätig ...« (Nova-lis, Heinrich 111).

Spar|sam|keit, die; -, -en ⟨Pl. selten⟩: **1.** *das Spar-samsein* (1 a): *die S. grenzt schon an Geiz.* **2.** *sparsame* (2 a) *Beschaffenheit; knappe Bemessenheit:* die S. der Farbgebung, der künstlerischen Mittel, der Gestik.

Spar|schwein, das: *Sparbüchse in der Form eines kleinen Schweins:* ein Geldstück ins S. stecken, werfen; das S. schlachten (ugs. scherzh.; *den Inhalt entnehmen*).

Spar|strumpf, der: *zur Aufbewahrung von Erspartem dienender Strumpf:* seinen S. plün-dern.

Spar|sum|me, die: *gesparte Summe.*

Spart, der od. das; -[e]s, -e: *Esparto.*

Spar|ta ['ʃp..., 'sp...]: altgriechische Stadt.

Spar|ta|ki|a|de [ʃp..., auch: sp...], die; -, -n [in Anlehnung an Olympiade zu: Spartakus, ↑ Spar-takist]: *(aus Arbeitersportfesten hervorgegan-gene, in den osteuropäischen Ländern bis 1990 durchgeführte) sportliche Großveranstaltung mit Wettkämpfen in verschiedenen Disziplinen.*

Spar|ta|kist, der; -en, -en: *Mitglied des Sparta-kusbundes.*

Spar|ta|kis|tin, die; -, -nen: w. Form zu ↑ Sparta-kist.

Spar|ta|kus|bund, der; -[e]s [nach dem römi-schen Sklaven Spartakus, dem Führer des Skla-venaufstandes von 73–71 v. Chr.]: *während des Ersten Weltkriegs entstandene linksradikale Bewegung um Karl Liebknecht u. Rosa Luxem-burg.*

Spar|ta|ner, der; -s, -: Ew. zu ↑ Sparta.

Spar|ta|ne|rin, die; -, -nen: w. Form zu ↑ Spartaner.

spar|ta|nisch ⟨Adj.⟩ [die Spartaner waren wegen ihrer strengen Erziehung u. anspruchslosen Lebensweise bekannt]: **1.** *das alte Sparta betref-fend.* **2. a)** *besondere Anforderungen an jmds. Willen, Energie, Entsagung, Selbstüberwindung stellend:* eine -e Erziehung; **b)** *einfach, sparsam [ausgestattet]; auf das Nötigste beschränkt; anspruchslos:* ein -es Nachtlager; die Ausstat-tung ist sehr s.

Spar|ta|rif, der (bes. Werbespr.): *besonders nied-riger Tarif:* fahren, telefonieren Sie zum S.

Spar|te, die; -, -n [älter = Amt, Aufgabe, viell. nach der nlat. Wendung spartam nancisci = ein Amt erlangen (LÜ von griech. élaches Spártēn kósmei = dir wurde Sparta zugeteilt, [jetzt] ver-walte [es]; aus Euripides' Drama »Telaphos«)]: **1.** *(bes. als Untergliederung eines Geschäfts- od. Wissenszweigs) Teilbereich, Abteilung eines [Fach]gebiets:* eine S. der Wirtschaft, Verwal-tung; die -n Schauspiel, Musiktheater und Bal-lett. **2.** *Spalte, Teil einer Zeitung, in dem [unter einer bestimmten Rubrik] etw. abgehandelt wird:* der für diese S. verantwortliche Redakteur; die Meldung stand unter, in der S. »Vermisch-tes«.

Spar|ten|sen|der, der: *Radio-, Fernsehsender, der auf eine bestimmte Kategorie von Programmen spezialisiert ist.*

Spar|te|rie, die; - [frz. sparterie, zu: sparte < lat. spartum, ↑ Esparto]: *Flechtwerk aus Span od. Bast.*

Spar|ti|at [ʃp..., sp...], der; -en, -en [griech. Spar-tiátēs]: *(im Unterschied zu den Heloten u. Perio-*

ken) voll berechtigter, von den dorischen Gründern abstammender Bürger des antiken Sparta.
Spar|ti|a|tin, die; -, -nen: w. Form zu ↑Spartiat.
spar|tie|ren [ʃp..., sp...] ⟨sw. V.; hat⟩ [ital. spartire, eigtl. = (ein)teilen, zu: partire, ↑Partitur] (Musik): *(ein nur in den einzelnen Stimmen vorhandenes [älteres] Musikwerk) in Partitur setzen.*
◆ **Spa|rung**, die; - [zu ↑sparen (4)]: *Schonung* (1): *... wenn anders dem so ist, - hat er durch S. Eures Lebens ... (Lessing, Nathan II, 7).*
Spar|ver|trag, der: *Vertrag mit einem Geldinstitut, in dem die Bedingungen, zu denen gespart wird, festgelegt sind.*
Spar|ziel, das: *Ziel (3), auf das hin gespart wird.*
Spar|zins, der ⟨Pl. -en⟩: **1.** *Zins auf Sparguthaben:* -en zahlen, bekommen. **2.** *für Sparguthaben geltender Zinssatz:* hohe, niedrige -en.
Spar|zwang, der: *dringende Notwendigkeit zu sparen: in Zeiten allgemeiner Sparzwänge.*
Spas|men: Pl. von ↑Spasmus.
spas|misch, spas|mo|disch [ʃp..., sp...] ⟨Adj.⟩ [griech. spasmódes] (Med.): *(vom Spannungszustand der Muskulatur) krampfartig, krampfhaft, verkrampft:* -e Herzrhythmusstörungen.
spas|mo|gen ⟨Adj.⟩ [↑-gen] (Med.): *Krämpfe erzeugend.*
Spas|mo|ly|ti|kum, das; -s, ...ka [zu griech. lýein = lösen] (Med.): *krampflösendes Mittel.*
spas|mo|ly|tisch ⟨Adj.⟩ (Med.): *krampflösend.*
Spas|mus, der; -, ...men [lat. spasmus < griech. spasmós] (Med.): *Krampf, Verkrampfung.*
Spass usw.: ↑Spaß usw.
Spaß, der; -es, Späße, (österr. auch:) Spass, der; -es, Spässe [älter: Spasso < ital. spasso = Zeitvertreib, Vergnügen, zu: spassare = zerstreuen, unterhalten, über das Vlat. zu lat. expassum, 2. Part. von: expandere = auseinanderspannen, ausbreiten, aus: ex = aus u. pandere = ausspannen, ausbreiten, ausspreizen]: **1.** *ausgelassen-scherzhafte, lustige Äußerung, Handlung o. Ä., die auf Heiterkeit, Gelächter abzielt; Scherz:* ein gelungener, harmloser, alberner, schlechter S.; das war doch nur [ein] S.; dieser S. ging zu weit; sie macht gern S., Späße; hier, da hört [für mich] der S. auf *(das geht [mir] zu weit);* er hat doch nur S. gemacht (ugs.; *hat es nicht [so] ernst gemeint);* keinen S. verstehen *(humorlos sein);* er versteht in Geldangelegenheiten keinen S. *(ist darin ziemlich genau, wenig großzügig);* etw. aus, im, zum S. sagen *(nicht ernst meinen);* Selbst Christian ... war gänzlich ungesprächig und zu keinem -e aufgelegt (Th. Mann, Buddenbrooks 413/414); R S. muss sein! (kommentierend zu etw., was nur als Scherz gedacht war); S. beiseite (nach einer Reihe scherzhafter Bemerkungen als [Selbst]aufforderung, nun das zu sagen, was man im Ernst meint); mach keinen S., keine Späße (ugs.; als Ausruf ungläubigen Staunens); [ganz] ohne S. *([ganz] im Ernst).* **2.** ⟨o. Pl.⟩ *Freude, Vergnügen, das man an einem bestimmten Tun hat:* jmdm. ist der S. vergangen *(jmd. hat die Freude an etw. verloren);* etw. ist ein teurer S. *(ein kostspieliges Vergnügen* 2); etw. macht großen, richtigen, viel, keinen S.; die Arbeit, das Autofahren macht ihm S.; es macht ihm offenbar S., sie zu ärgern; [ich wünsche dir für heute Abend] viel S.!; lass ihm doch seinen S.!; S. an etw. finden, haben; jmdm. den S. verderben; etw. aus, zum S. tun; (ugs.:) Ich steh hier so lang, wie s Ihnen S. macht! (so lange, wie ich will; Schnurre, Ich 99); R [na,] du machst mir [vielleicht] S.! (iron.; als Ausdruck unangenehmen Überraschtseins, ärgerlichen Erstaunens über jmds. Verhalten); * **aus S. an der Freude** (scherzh.; *zum Spaß, zum Vergnügen);* **aus [lauter] S. und Tollerei** (ugs.; *nur so zum Spaß; aus lauter Übermut).*

Spaß|brem|se, die (salopp): *Spielverderber[in], Langweiler[in].*
Späß|chen, das; -s, -: Vkl. zu ↑Spaß.
spa|ßen, spas|sen ⟨sw. V.; hat⟩ [zu ↑Spaß]: **a)** *zum Spaß etwas sagen, was gar nicht ernst gemeint ist:* ich spaße nicht; Sie spaßen wohl!; * **mit jmdm. ist nicht zu s./jmd. lässt nicht mit sich s.** *(bei jmdm. muss man sich vorsehen);* **mit etw. ist nicht zu s., darf man nicht s.** *(mit etw. darf man nicht unvorsichtig, leichtsinnig sein, etw. muss ernst genommen werden):* mit so einer Infektion ist nicht zu s., geh lieber zum Arzt!); **b)** *(mit jmdm.) lustige Späße machen, ausgelassen sein:* mit jmdm., miteinander s.
Spaß|fak|tor, der: **a)** *Umstand, Gesichtspunkt, der zum Spaß an einer Sache beiträgt:* Geschwindigkeit als S.; **b)** *Maß an Vergnügen, Spaß:* der Film garantiert einen hohen S.
Spaß|ge|sell|schaft, die (oft abwertend): *Gesellschaft, die in ihrem Lebensstil hauptsächlich auf persönliches Vergnügen ausgerichtet ist u. sich nicht für das Allgemeinwohl interessiert.*
spaß|haft, (österr. auch:) **spass|haft** ⟨Adj.⟩: *einen Spaß* (1) *enthaltend; Lachen erregend:* -e Redewendungen.
spaß|hal|ber ⟨Adv.⟩ (bes. österr.): *spaßeshalber.*
spa|ßig ⟨Adj.⟩, (österr. auch:) **spas|sig** ⟨Adj.⟩: **1.** *Vergnügen bereitend; zum Lachen reizend; komisch wirkend:* eine -e Geschichte; ich finde das überhaupt nicht s. **2.** *gern scherzend; humorvoll, witzig [veranlagt]:* ein -er Bursche.
Spaß|ma|cher, (österr. auch:) **Spass|ma|cher**, der: *jmd., der andere durch Späße unterhält.*
Spaß|ma|che|rin, (österr. auch:) **Spass|ma|che|rin**, die; -, -nen: w. Formen zu ↑Spaßmacher, Spassmacher.
Spaß|ver|der|ber, (österr. auch:) **Spass|ver|der|ber**, der: *jmd., der bei einem Spaß nicht mitmacht u. dadurch anderen das Vergnügen daran trübt.*
Spaß|ver|der|be|rin, (österr. auch:) **Spass|ver|der|be|rin**, die; -, -nen: w. Formen zu ↑Spaßverderber, Spassverderber.
Spaß|vo|gel, (österr. auch:) **Spass|vo|gel**, der: *jmd., der oft lustige Einfälle hat u. andere [gern] mit seinen Späßen erheitert.*
Spas|ti|ker [ˈʃp..., ˈsp...], der; -s, - [lat. spasticus < griech. spastikós, zu: spasmós, ↑Spasmus]: **1.** (Med.) *an einer spastischen Krankheit Leidender:* er ist S. **2.** (salopp abwertend) *Kretin* (2).
Spas|ti|ke|rin, die; -, -nen: w. Form zu ↑Spastiker.
spas|tisch ⟨Adj.⟩: **1.** (Med.) *mit einer Erhöhung des Muskeltonus einhergehend:* eine -e Verengung der Gefäße; eine -e Lähmung; ein -es Leiden; -e Krämpfe, Anfälle, Zuckungen. **2.** (salopp abwertend) *in der Art eines Spastikers* (2), *wie ein Spastiker geartet.*
¹Spat, der; -[e]s, -e u. Späte [mhd. spät, auch: Splitter, viell. verw. mit ↑Span, ↑Spaten] (Mineral.): *Mineral, das sich beim Brechen blättrig spaltet (z. B. Feld-, Flussspat).*
²Spat, der; -[e]s [mhd. spat, H. u.] (Tiermed.): *(bes. bei Pferden) [zur Erlahmung führende] Entzündung der Knochenhaut am Sprunggelenk.*
spät ⟨Adj.⟩ [mhd. spæte, ahd. spāti, eigtl. = sich hinziehend u. wahrsch. verw. mit ↑sparen]: **1.** *in der Zeit weit fortgeschritten, sich schon [bald] dem Ende zuneigend:* am -en Abend, Vormittag, Nachmittag; bis in die -e Nacht; im Frühling, Sommer, neunzehnten Jahrhundert, Mittelalter, in den Siebzigerjahren; zu -er Stunde (geh.; *spät abends);* ein -es *(zum Spätwerk zählendes)* Werk des Malers; der -e

Goethe *(Goethe als der Autor seines Spätwerks);* wir sind erst ziemlich s. abends angekommen; es ist schon s. am Abend, schon ziemlich s.; gestern [Abend] ist es sehr s. geworden (ugs.; *sind wir erst sehr spät ins Bett gekommen);* wie s. ist es? *(wie viel Uhr ist es?);* R je -er der Abend, desto schöner die Gäste (scherzhafte Begrüßung eines später hinzukommenden Gastes). **2.** *später als erwartet, als normalerweise geschehend, eintretend o. Ä.; verspätet; überfällig:* ein -es Frühjahr; eine -e *(spät reifende)* Sorte Äpfel; ein -es Nachkomme; ein -es Glück; -e Reue, Einsicht, Besinnung; mit einem -eren Zug fahren; Ostern ist, fällt, liegt dieses Jahr s.; s. aufstehen, zu arbeiten anfangen; wir sind eine Station zu s. ausgestiegen; eine sehr s. blühende Sorte; wenig, einige Zeit, ein Jahr, fünf Minuten -er *(danach);* zu s. Kommende ausschließen; wir sind s. dran (ugs.; *wir haben uns verspätet, sind im Rückstand);* mit 40 gilt sie als s. Gebärende *(als Frau, die spät ihre erste Geburt hat).*
spät|abends ⟨Adv.⟩: *spät am Abend:* er war von frühmorgens bis s. unterwegs.
Spät|an|ti|ke, die: *Spätzeit der Antike.*
Spät|aus|sied|ler, der: *Aussiedler, der ab etwa 1980 in die Bundesrepublik Deutschland gekommen ist.*
Spät|aus|sied|le|rin, die; -, -nen: w. Form zu ↑Spätaussiedler.
spät|ba|rock ⟨Adj.⟩: *zum Spätbarock gehörend; aus der Zeit des Spätbarocks stammend.*
Spät|ba|rock, das od. der: *Spätzeit des Barocks.*
Spät|bur|gun|der, der; -s: **a)** *Rebsorte mit schwarzblauen Beeren in kompakten Trauben;* **b)** *Wein der Rebsorte Spätburgunder* (a).
Spa|tel, der; -s, - (österr. nur so) od. die; -, -n [spätmhd. spatel < lat. spat(h)ula, Vkl. von: spatha < griech. spáthē = längliches, flaches (Weber)holz; breites Unterende am Ruder; Schulterblatt; Schwert]: **1.** *(in der Praxis eines Arztes od. in der Apotheke verwendeter) flacher, länglicher, an beiden Enden abgerundeter Gegenstand (aus Holz od. Kunststoff), mit dem z. B. Salbe aufgetragen wird:* der Arzt drückte die Zunge mit einem S. nach unten. **2.** *Spachtel* (1).
Spa|ten, der; -s, - [spätmhd. spat(e), urspr. = langes, flaches Holzstück u. verw. mit ↑Span]: *(zum Umgraben, Abstechen u. Ausheben von Erde o. Ä. bestimmtes) Gerät aus einem viereckigen, unten mit einer Schneide versehenen [Stahl]blatt u. langem [Holz]stiel mit einem als Griff dienenden Querholz am Ende:* er nahm den S. und fing an umzugraben.
Spa|ten|stich, der: *das Einstechen mit dem Spaten [u. das Umwenden der dabei gelockerten Erde]:* er war schon nach wenigen -en in Schweiß gebadet; * **der erste S./**(seltener auch:) **der S.** *([bes. bei öffentlichen Bauvorhaben üblicher] symbolischer Akt in Form eines Spatenstichs od. eines entsprechenden Vorgangs mit einem Bagger o. Ä. zur feierlichen Eröffnung der Bauarbeiten).*
Spät|ent|wick|ler, der: *Kind od. Jugendlicher, bei dem die psychische od. physische Entwicklung zunächst etwas zurückbleibt, sich später aber ausgleicht.*
Spät|ent|wick|le|rin, die: w. Form zu ↑Spätentwickler.
¹spä|ter ⟨Adj.⟩ [Komp. zu ↑spät (1)]: **a)** *(nach unbestimmter Zeit) irgendwann eintretend, nachfolgend; kommend:* in -en Jahren; zu einem -en Zeitpunkt; -e Generationen; **b)** *(bezogen auf einen bestimmten angenommenen, angegebenen Zeitpunkt) nach einer gewissen Zeit eintretend; [zu]künftig:* damals lernte er seine -e Frau kennen.

²spä|ter ⟨Adv.⟩ [zu: ↑¹später]: *nach einer gewissen Zeit; danach:* er soll s. [einmal] die Leitung der Firma übernehmen; er vertröstete ihn auf s.; wir sehen uns s. noch!; bis s.! (Abschiedsformel, wenn man sich im Laufe des Tages wieder treffen, sprechen wird).

spä|ter|hin ⟨Adv.⟩ (geh.): ²*später:* s. verlor er sie aus den Augen.

spä|tes|tens ⟨Adv.⟩: *nicht später als:* wir treffen uns s. morgen, [am] Freitag, in drei Tagen, um 8 Uhr; die Arbeit muss bis s. 12 Uhr fertig sein.

Spät|fol|ge, die: *erst längere Zeit nach einem Ereignis eintretende Folge.*

Spät|frucht, die: *relativ spät im Jahr reifende Frucht.*

Spät|ge|bä|ren|de, die; -n, -n, **spät Ge|bä|ren|de**, - -n, - -n: *Frau, die spät ihre erste od. eine weitere Geburt hat.*

Spät|ge|burt, die: **1.** *erst einige Zeit nach Ablauf der normalen Schwangerschaftsdauer erfolgende Geburt.* **2.** *verspätet geborenes Kind.*

Spät|go|tik, die: vgl. Spätbarock.

spät|go|tisch ⟨Adj.⟩: vgl. spätbarock.

Spa|tha ['sp..., 'ʃp...], die; -, ...then [griech. spáthē, ↑Spatel]: **1.** *(Bot.) meist auffällig gefärbtes, den Blütenstand überragendes Hochblatt bei Palmen- u. Aronstabgewächsen.* **2.** *zweischneidiges germanisches Schwert.*

Spät|heim|keh|rer, der: *Kriegsgefangener, der erst lange nach Kriegsende entlassen wird.*

Spät|herbst, der: *Spätsommer.*

Spät|holz, das ⟨o. Pl.⟩: *(als äußerer Teil des betreffenden Jahresrings sichtbares) im Herbst eines Jahres gebildetes Holz.*

Spa|ti|en: Pl. von ↑Spatium.

spa|ti|ie|ren, spa|ti|o|nie|ren [ʃp..., sp...] ⟨sw. V.; hat⟩ (Druckw.): *mit Spatien (1) versehen.*

Spa|ti|um [ʃp..., sp...], das; -s, ...ien [lat. spatium = Zwischenraum] (Druckw.): **1.** *(bes. zwischen Wörtern, nach Satzzeichen eingefügter) Zwischenraum.* **2.** *Ausschluss (2).*

Spät|jahr, das (seltener): [*Spät*]*herbst:* im S. 1999.

Spät|ka|pi|ta|lis|mus, der: vgl. Spätantike.

Spät|klas|sik, die: vgl. Spätantike.

spät|klas|sisch ⟨Adj.⟩: vgl. spätbarock.

Spät|la|tein, das: *Latein vom 3. bis etwa 6. Jh.*

spät|la|tei|nisch ⟨Adj.⟩: *in Spätlatein* [geschrieben, schreibend].

Spät|le|se, die: **1.** *Lese (1) von vollreifen Weintrauben gegen Ende des Herbstes (nach Abschluss der regulären Weinlese).* **2.** *(zu den Qualitätsweinen mit Prädikat zählender) Wein aus Trauben der Spätlese* (1).

Spät|ling, der; -s, -e: **1. a)** *Nachkömmling;* **b)** (selten) *spätes (2) Kind.* **2.** (selten) *Spätwerk.* **3.** (selten) *spät (1) im Jahr blühende Blume, reifende Frucht.*

Spät|mit|tel|al|ter, das ⟨o. Pl.⟩: vgl. Spätbarock.

spät|mit|tel|al|ter|lich ⟨Adj.⟩: vgl. spätbarock.

Spät|nach|mit|tag, der: *später (1) Nachmittag.*

spät|nach|mit|tags ⟨Adv.⟩: vgl. spätabends.

spät|nachts ⟨Adv.⟩: vgl. spätabends.

Spät|pha|se, die: *Phase gegen Ende eines bestimmten Zeitraums, einer Epoche.*

Spät|pro|gramm, das (bes. Rundfunk, Fernsehen): *spätabends od. nachts gesendetes Programm.*

spät|pu|ber|tär ⟨Adj.⟩ (bildungsspr. abwertend): *(auf Personen im Erwachsenenalter, deren Verhalten bezogen) unreif (2):* ein -es Verhalten.

Spät|re|nais|sance, die: vgl. Spätbarock.

Spät|ro|man|tik, die: vgl. Spätbarock.

Spät|scha|den, der: [*gesundheitlicher*] *Schaden, der als Folge von etw. nicht gleich, sondern erst nach längerer Zeit auftritt:* Spätschäden als Folge einer Operation, einer Krankheit.

Spät|schicht, die: **a)** *Schicht (3 a) am [späten] Abend:* die S. beginnt um 18 Uhr; S. haben; in der S. arbeiten; **b)** *Arbeiter der Spätschicht* (a): die S. macht um drei Uhr Feierabend.

Spät|som|mer, der: *letzte Phase des Sommers.*

spät|som|mer|lich ⟨Adj.⟩: *den Spätsommer betreffend.*

Spät|vor|stel|lung, die: *Vorstellung (3) am späten Abend.*

Spät|werk, das: **1.** *gegen Ende der Schaffensperiode eines Künstlers entstandenes einzelnes Kunstwerk.* **2.** *gegen Ende der Schaffensperiode eines Künstlers entstandener Teil seines Gesamtwerks.*

Spät|wes|tern, der (Film): *(seit den 1960er-Jahren produzierter) Western, in dem auf die Darstellung von Heldentum u. die Verklärung des Wilden Westens verzichtet wird.*

Spatz, der; -en, auch: -es, -en [mhd. spaz, spatze, Kosef. von mhd. spare, ahd. sparo, ↑Sperling]: **1.** *Sperling: ein junger, frecher, dreister S.;* wie ein [junger] S. *(laut u. aufgeregt) schimpfen;* er isst wie ein S. (ugs.; *isst sehr wenig*); **Spr** besser ein S. in der Hand als eine Taube auf dem Dach *(es ist besser, sich mit dem zu begnügen, was man bekommen kann, als etw. Unsicheres anzustreben);* *das pfeifen die -en von den/allen Dächern (ugs.; *das ist längst kein Geheimnis mehr, jeder weiß davon*). **2. a)** (fam.) *kleines, schmächtiges Kind;* **b)** (Kosewort, bes. für Kinder) *Herzchen, Liebling:* komm her, mein [kleiner] S.! **3.** (fam.) *Penis.*

Spätz|chen, das; -s, -: Vkl. zu ↑Spatz.

Spatz|zeit, die: vgl. Spätphase.

Spat|zen|ge|hirn, Spat|zen|hirn, das (salopp abwertend): *wenig, geringer Verstand:* ein S. haben.

Spätz|in, die; -, -nen (selten): w. Form zu ↑Spatz (1, 2).

Spätz|le ⟨Pl.⟩ [mundartl. Vkl. von ↑Spatz] (bes. schwäb.): *kleine, längliche Stücke aus Nudelteig, die in siedendem Salzwasser gekocht werden.*

Spätz|li ⟨Pl.⟩ (schweiz.): *Spätzle.*

Spät|zün|der, der (ugs. scherzh.): **1.** *jmd., der nicht so schnell begreift, Zusammenhänge erkennt.* **2.** *Spätentwickler.*

Spät|zün|de|rin, die; -, -nen: w. Form zu ↑Spätzünder.

Spät|zün|dung, die: **1.** (Technik) *(aufgrund einer fehlerhaften Einstellung eines Verbrennungsmotors) zu spät erfolgende Zündung.* **2.** (ugs. scherzh.) [zu] *spätes Begreifen, [zu] späte Reaktion:* er hatte S.

spa|zie|ren ⟨sw. V.; ist⟩ [mhd. spacieren, spazieren < ital. spaziare < lat. spatiari = einherschreiten, zu: spatium, ↑Spatium]: **1.** *gemächlich [ohne bestimmtes Ziel] gehen; schlendern:* auf und ab, durch die Straßen s.; die Besucher spazierten in den großen Saal, durch die Ausstellung. *** s. gehen (*einen Spaziergang machen:* jeden Tag zwei Stunden s. gehen; wir gehen gerne, viel, oft s.); **s. fahren** *(eine Spazierfahrt machen:* mit dem Auto, dem Fahrrad, der S-Bahn s. fahren); **s. reiten** (selten; *ausreiten* 1 b); **s. gucken** (ugs. scherzh.; *nur zum Zeitvertreib in der Gegend herumgucken*); **jmdn. s. fahren** (*jmdn., z. B. mit dem Auto, zu einer Spazierfahrt mitnehmen, ausfahren* 2 b: ein Baby s. fahren; der Urlaubsgäste s. fahren); **jmdn. s. führen** (*mit jmdm. spazieren gehen u. ihn dabei leiten, geleiten:* einen Kranken, seinen Hund s. führen); **etw. s. führen/tragen** (ugs. scherzh.; *etw. ausführen* 1 d: ein neues Kleid s. führen). **2.** (veraltend) *spazieren gehen:* Dann wimmelt es hier von Leuten, wenn man baden kann. Jetzt ist es noch zu kalt, aber man wird s. können, falls es morgen nicht regnet (Frisch, Montauk 93).

spa|zie|ren fah|ren, spa|zie|ren füh|ren, spa|zie|ren ge|hen usw.: s. spazieren (1).

Spa|zier|fahrt, die: *Fahrt in die Umgebung, die zur Erholung, zum Vergnügen unternommen wird.*

Spa|zier|gang, der: ¹*Gang (2) zur Erholung, zum Vergnügen:* einen ausgedehnten, langen, weiten S. machen; jmdn. auf einem S. begleiten.

Spa|zier|gän|ger, der; -s, -: *jmd., der einen Spaziergang macht.*

Spa|zier|gän|ge|rin, die; -, -nen: w. Form zu ↑Spaziergänger.

Spa|zier|stock, der ⟨Pl. ...stöcke⟩: *Stock mit gekrümmtem Griff, der beim Spaziergehen das Gehen erleichtert.*

Spa|zier|weg, der: *Weg, der sich gut für Spaziergänge eignet:* es gibt dort viele schöne -e.

SPD [espe:'de:], die; -: Sozialdemokratische Partei Deutschlands.

Spea|ker ['spi:kɐ], der; -s, - [engl., eigtl. = Sprecher, zu: to speak = sprechen]: **1.** *Präsident des britischen Unterhauses.* **2.** *Präsident des US-amerikanischen Kongresses.*

Specht, der; -[e]s, -e [mhd., ahd. speht, weitergebildet aus gleichbed. mhd. spech, ahd. speh, H. u.]: *Vogel mit langem, geradem, kräftigem Schnabel, mit dem er, am Baumstamm kletternd, Insekten u. deren Larven aus der Rinde heraushol:* der S. trommelt, hackt, klopft.

spech|teln ⟨sw. V.; hat⟩ (österr. ugs.): *schauen, spähen, spionieren.*

Specht|mei|se, die: *Kleiber.*

Spe|cial ['speʃl], das; -s, -s [engl. special, zu: special = speziell < afrz. especial < lat. specialis, ↑¹speziell]: *Fernseh-, Rundfunksendung, in der eine Persönlichkeit (meist ein Künstler), eine Gruppe od. ein Thema im Mittelpunkt steht.

Spe|cial Ef|fect ['speʃəl ɪ'fekt], der; - -s, - -s ⟨meist Pl.⟩ [engl. special effect, aus: special, ↑Special u. effect = ↑Effekt]: *von Computern erzeugter besonderer Bild- od. Toneffekt (bes. bei Actionfilmen).*

Speck, der; -[e]s, ⟨Sorten:⟩ -e [mhd. spec, ahd. spek, viell. eigtl. = Dickes, Fettes]: **1. a)** *zwischen Haut u. Muskelschicht liegendes Fettgewebe des Schweins (das, durch Räuchern u. Pökeln haltbar gemacht, als Nahrungsmittel dient):* fetter, durchwachsener, geräucherter S.; S. räuchern, braten, in Würfel schneiden, auslassen; Erbsen, Bohnen mit S.; R ran an den S.! (ugs.; *los!, an die Arbeit!*); **Spr** mit S. fängt man Mäuse (*mit einem verlockenden Angebot kann man jmdn. dazu bewegen, etw. zu tun, auf etw. einzugehen*); *** den S. riechen (ugs.; ↑Braten); **b)** *Fettgewebe von Walen u. Robben.* **2.** (ugs. scherzh.) *(in Bezug auf jmds. Beleibtheit) Fettpolster:* sie hat ganz schön S. um den Hüften; S. ansetzen (ugs.; *an Gewicht zunehmen*); [keinen] S. auf den Rippen haben (ugs.; *ganz u. gar nicht] dick sein*).

Speck|bauch, der (ugs., oft scherzh.): *Schmerbauch.*

Speck|gür|tel, der (scherzh.): *(dicht besiedeltes) Umland einer größeren Stadt:* immer mehr Familien ziehen in den S. der Landeshauptstadt.

spe|ckig ⟨Adj.⟩ [zu ↑Speck]: **1. a)** *abgewetzt u. auf fettig-glänzende Weise schmutzig:* ein -er Hut, Kragen, Anzug; ein -es *(abgegriffenes, schmutziges)* Buch; der Polstersessel ist mit den Jahren s. geworden, glänzt s.; **b)** *wie Speck [glänzend].* **2.** (ugs. abwertend) *in unangenehmer Weise dick, fett; feist:* ein -er Nacken; -e Backen; Tulla, blindwütend, war zuerst mit Kieselsteinen, traf auch mehrmals den runden Rücken und -en Hinterkopf Amsels (Grass, Hundejahre 195). **3.** (landsch.) *nicht richtig durchgebacken u. deshalb klebrig-teigig:* -es Brot.

Speck|kä|fer, der: *(in vielen Arten vorkommender) kleiner Käfer, dessen Larven von fetthaltigen Stoffen meist tierischer Herkunft leben.*

Speck|knö|del, der (südd., österr.): *Knödel mit Speckstückchen.*
Speck|ku|chen, der: *mit Speckstückchen belegter Kuchen, der warm gegessen wird.*
Speck|pols|ter, das (ugs.): *Fettpolster.*
Speck|röll|chen, das (ugs. scherzh.): *rund um einen Körperteil verlaufendes Fettpolster.*
Speck|schei|be, die: *Scheibe Speck vom Schwein.*
Speck|schicht, die: *von Speck gebildete Schicht.*
Speck|schwar|te, die: *Schwarte an einem Stück Speck.*
Speck|sei|te, die: *großes Stück Speck vom Schwein.*
Speck|stein, der: *Steatit: Skulpturen aus S.*
Speck|stück, das: *Stück Speck vom Schwein.*
Speck|stück|chen, das: *kleines Speckstück.*
Speck|wür|fel, der: *kleines würfelförmiges Speckstück.*
spe|die|ren ⟨sw. V.; hat⟩ [ital. spedire = versenden < lat. expedire, ↑ expedieren]: *(Frachtgut) befördern, versenden:* Möbel, Güter mit der Bahn, mit einem Lastwagen s.; Ü der Türsteher spedierte ihn ins Freie (ugs. scherzh.; *warf ihn hinaus*).
Spe|di|teur [...'tø:ɐ̯], der; -s, -e [mit französierender Endung zu ↑ spedieren]: *Kaufmann, der gewerbsmäßig die Spedition (a) von Gütern besorgt.*
Spe|di|teu|rin [...'tø:rɪn], die; -, -nen: w. Form zu ↑ Spediteur.
Spe|di|ti|on, die; -, -en [ital. spedizione = Absendung, Beförderung < lat. expeditio, ↑ Expedition]: **a)** *gewerbsmäßige Versendung von Gütern: die Firma übernahm die S. der Waren;* **b)** *Betrieb, der die Spedition (a) von Gütern durchführt; Transportunternehmen;* **c)** Kurzf. von ↑ Speditionsabteilung.
Spe|di|ti|ons|ab|tei|lung, die: *Versand* (2).
Spe|di|ti|ons|fir|ma, die: *Spedition* (b).
Spe|di|ti|ons|ge|schäft, das (Wirtsch.): *Vertrag über den Transport von Gütern.*
Spe|di|ti|ons|kauf|frau, die: vgl. Speditionskaufmann.
Spe|di|ti|ons|kauf|mann, der: *Kaufmann, der im Bereich des Transports u. der Lagerung von Waren tätig ist* (Berufsbez.).
spe|di|tiv ⟨Adj.⟩ [ital. speditivo = hurtig < lat. expeditus = ungehindert, adj. 2. Part. von: expedire, ↑ expedieren] (schweiz.): *rasch vorankommend, zügig.*
Speech [spiːtʃ], der; -es, -e u. -es u. die; -, -e u. -es [...ɪs] [engl. speech] (selten): *Rede, Ansprache:* einen kleinen, eine kleine S. halten.
¹Speed [spiːd], der; -[s], -s [engl. speed = Geschwindigkeit] (Sport): *[hohe] Geschwindigkeit, [hohes] Tempo.*
²Speed, das; -[s] (Jargon): *stimulierende, erregende, aufputschende Droge* (bes. Amphetamin).
Speed|da|ting, Speed-Da|ting [ˈspiːdˌdeɪtɪŋ], das [engl. speed dating, aus speed = Geschwindigkeit u. dating (↑ Dating)]: *Methode der Partnersuche, bei der sich jeweils eine männliche u. eine weibliche Person in einem festgelegten Rahmen treffen, sich kurz unterhalten u. anschließend zur nächsten Person wechseln;* **b)** *Veranstaltung, bei der Speeddating (a) betrieben wird.*
spee|den [ˈspiːdn̩] ⟨sw. V.; hat⟩ [zu ↑ ²Speed] (Jargon): *Rauschgift, Speed konsumieren.*
Speed|gli|ding, Speed-Gli|ding [ˈspiːdˌglaɪdɪŋ], das; -s [aus engl. speed, ↑ ¹Speed u. gliding (↑ Paragliding)]: *Gleitsegeln im Schlepptau eines Motorbootes od. eines anderen Motorfahrzeuges.*
Speed|way-Ren|nen, Speed|way|ren|nen [ˈspiːdweː...], das [engl. speedway, eigtl. = Schnellstraße] (Sport): *Motorradrennen auf einer Aschen-, Sand- od. Eisbahn.*

Speer, der; -[e]s, -e [mhd. sper, spar(e), ahd. sper, eigtl. = Sparren, Stange, verw. mit lat. sparum, sparus = kurzer Jagdspeer]: **a)** *Waffe zum Stoßen od. Werfen in Form eines langen, dünnen, zugespitzten od. mit einer [Metall]spitze versehenen Stabes:* sie jagen noch mit dem S.; jmdn. mit dem S. durchbohren; Ü ... während die Sonne mit glühenden en durch das verwucherte Blattwerk drängte und runde, zitternde Flecke auf das weiche Frühlingsgras warf (Langgässer, Siegel 7); **b)** (Leichtathletik) *Speer* (a) *als Sportgerät zum Werfen.*
Speer|schaft, der; ¹*Schaft* (1 a) *des Speers.*
Speer|schleu|der, die (Völkerkunde): *Schleuder, mit der man Speere abschießt.*
Speer|spit|ze, die: **1.** *Spitze eines Speers:* eine steinzeitliche, bronzene, eiserne S. **2.** *wichtigster Exponent* (1), *Gesamtheit der wichtigsten Exponenten, bes. einer [politischen] Bewegung o. Ä.*
Speer|wer|fen, das; -s (Leichtathletik): *sportliche Disziplin, bei der der Speer* (b) *möglichst weit geworfen werden muss.*
Speer|wer|fer, der (Leichtathletik): *jmd., der das Speerwerfen als sportliche Disziplin betreibt.*
Speer|wer|fe|rin, die: w. Form zu ↑ Speerwerfer.
Speer|wurf, der (Leichtathletik): **a)** ⟨o. Pl.⟩ *das Speerwerfen;* **b)** *einzelner Wurf beim Speerwerfen.*
spei|ben ⟨st. V.; hat⟩ [mhd. spīwen, ahd. spīwan, ↑ speien] (südd., österr.): **a)** *spucken;* **b)** *erbrechen* (2): * **zum Speiben** (emotional; *äußerst abstoßend, unerträglich*).
Spei|che, die; -, -n [mhd. speiche, ahd. speihha, eigtl. wohl = langes, zugespitztes Holzstück, verw. mit ↑ spitz]: **1.** *eines der strahlenförmig angeordneten strebenartigen Teile des Rades, die die Felge mit der Nabe verbinden:* eine S. ist verbogen, gerissen, gebrochen; eine S. ersetzen, einsetzen, einfädeln, einziehen, spannen; ein Lenkrad mit vier -n; * **dem Schicksal, dem Rad der Geschichte** o. Ä. **in die -n greifen/fallen** (geh.; *das Schicksal, den Lauf der Geschichte o. Ä. aufzuhalten suchen*). **2.** [wohl in Anlehnung an lat. radius = Rad-, Armspeiche] (Anat.) *Knochen des Unterarms auf der Seite des Daumens:* Elle und S.; er hat sich bei dem Sturz die S. [des linken Arms] gebrochen.
Spei|chel, der; -s [mhd. speichel, ahd. speihhil(a), zu ↑ speien]: *von den im Mund befindlichen Drüsen abgesonderte Flüssigkeit; Spucke:* der S. rann, floss, lief, troff ihm aus dem Mund; der S. läuft ihr im Mund zusammen.
Spei|chel|drü|se, die: *Drüse, die Speichel absondert.*
Spei|chel|fluss, der (Med.): *[übermäßige] Absonderung von Speichel.*
Spei|chel|le|cker, der (abwertend): *jmd., der durch Unterwürfigkeit jmds. Wohlwollen zu erlangen sucht.*
Spei|chel|le|cke|rei, die; -, -en (abwertend): *Kriecherei, unangenehme Schmeichelei (um Vorteile zu erlangen):* seine S. widert mich an; ich ignoriere seine -en einfach.
Spei|chel|le|cke|rin, die; -, -nen: w. Form zu ↑ Speichellecker.
spei|cheln ⟨sw. V.; hat⟩: *Speichel aus dem Mund austreten lassen:* im Schlaf, beim Reden s.
Spei|chel|pro|be, die: **a)** *meist für einen genetischen Test benötigter Abstrich (2 a) der Mundschleimhaut:* eine S. entnehmen; **b)** *Untersuchung einer Speichelprobe* (a).
Spei|chel|re|flex, der: *in einer vermehrten Speichelabsonderung bestehender Reflex.*
Spei|chel|test, der: *Test, bei dem eine Speichelprobe* (a) *untersucht wird.*
Spei|cher, der; -s, - [mhd. spīcher, ahd. spīhhāri < spätlat. spicarium = Getreidespeicher, zu lat. spica = Ähre]: **1.** *Gebäude zum Aufbewahren von etw.: Getreide, Saatgut, Waren in einem S. lagern;* Schließlich lag die Brigg direkt vor dem S. unseres altgewohnten Getreidekaufmanns Kalander (Fallada, Herr 35). **2.** (bes. westmd., südd.) *Dachboden:* den S. ausbauen; etw. auf den S. bringen. **3.** *Vorrichtung an elektronischen Rechenanlagen zum Speichern von Informationen:* Daten in den S. eingeben. **4.** (Technik) *oberhalb eines Stauwerks gelegenes Gelände, in dem Wasser aufgestaut wird.*
spei|cher|bar ⟨Adj.⟩: *sich speichern lassend.*
Spei|cher|chip, der (EDV): *Chip* (3) *zum Speichern von Daten.*
Spei|cher|ele|ment, das (EDV): *Element eines Speichers* (3) *zur Speicherung der kleinsten Dateneinheit.*
Spei|cher|ge|we|be, das (Bot.): *pflanzliches Gewebe, in dem etw. (z. B. Nährstoffe od. Samen) gespeichert wird.*
Spei|cher|ka|pa|zi|tät, die (bes. EDV): *Fassungsvermögen, Kapazität eines Speichers; Fähigkeit, etw. (bis zu einer bestimmten Höchstmenge) zu speichern:* der Rechner hat eine zu kleine S.; wir müssen unsere S. erweitern.
Spei|cher|kar|te, die (EDV): *kleine einsteckbare Karte für einen PC, eine Digitalkamera o. Ä., auf der Daten gespeichert werden können.*
Spei|cher|kraft|werk, das (Technik): *Kraftwerk, dem ein Speicher (2 a) vorgelagert ist u. das wegen der ständig zur Verfügung stehenden Reserven an Wasser gleichmäßig Energie produzieren kann.*
Spei|cher|me|di|um, das (EDV): *Datenträger.*
spei|chern ⟨sw. V.; hat⟩: **1.** *[in einem Speicher zur späteren Verwendung] aufbewahren, lagern:* Vorräte, Getreide, Futtermittel, Saatgut s.; in dem Stausee wird das Trinkwasser für die Stadt gespeichert; der Kachelofen speichert Wärme für viele Stunden (gibt die Wärme nur langsam ab). **2.** (EDV) *(Daten) in einem elektronischen Speicher aufbewahren:* Daten [auf einer CD, auf der Festplatte] s.
Spei|cher|ofen, der: Kurzf. von ↑ Nachtspeicherofen.
Spei|cher|or|gan, das (Bot.): *Organ mit Speichergewebe bei überwinternden Pflanzen.*
Spei|cher|platz, der (EDV): **1.** ⟨o. Pl.⟩ *Speicherkapazität:* der S. einer CD reicht dafür nicht aus; S. sparen, verschwenden; den S. erweitern. **2.** *Speicherelement.*
Spei|che|rung, die; -, -en: *das Speichern; das Gespeichertwerden.*
Spei|cher|werk, das (EDV): *Teil einer Datenverarbeitungsanlage, in dem die Daten gespeichert werden.*
Spei|cher|zel|le, die (EDV): *Bauteil von Digitalrechnern für die Speicherung von Daten.*
spei|en ⟨st. V.; hat⟩ [mhd. spī(w)en, ahd. spī(w)an, verw. mit lat. spuere, ↑ Sputum] (geh.): **a)** *spucken* (1): Blut s.; auf den Boden, jmdm. ins Gesicht s.; Ü ... denn der Mensch kann nicht immer nur in sich hineinwürgen, er muss auch von sich s. dürfen (A. Zweig, Grischa 217); **b)** *spucken* (3): Ich spei auf den ganzen Krieg, unter solchen Bedingungen (Hacks, Stücke 227); **c)** *sich übergeben:* er wurde seekrank und musste s.; * **zum Speien** (emotional; *äußerst abstoßend, unerträglich*).
Spei|gatt, Spei|gat, das [zu ↑ speien] (Seemannsspr.): *Öffnung im unteren Teil der Reling, durch die Wasser vom Deck ablaufen kann.*
Speik, der; -[e]s, -e [oberdeutsche Form von älter Spieke < lat. spica (↑ Spiegel), mit Ähre ähnlichem Blütenstand]: **1.** *in den Alpen vorkommende Art des Baldrians.* **2.** *Lavendel.* **3.** *in den Alpen vorkommende, blau blühende Primel.*

Speil – Spekulationsgeschäft

Speil, der; -[e]s, -e [niederd. spīl(e) = Splitter, Span; Keil, eigtl. = Abgesplittertes]: *dünnes Holzstäbchen, bes. zum Verschließen des Wurstzipfels.*

spei|len ⟨sw. V.; hat⟩: *(bes. einen Wurstzipfel) mit einem Speil verschließen, zusammenstecken.*

¹Speis, die; -, -en [zu ↑Speise] (südd., österr.): *Speisekammer.*

²Speis, der; -es [wohl gek. aus älter Maurerspeise, zu Glockenspeise = zum Glockenguss verwendete Metalllegierung] (bes. westmd., süd[west]dt.): *Mörtel.*

Spei|se, die; -, -n [mhd. spīse, ahd. spīsa < mlat. spe(n)sa = Ausgaben; Vorrat(sbehälter); Nahrung < lat. expensa (pecunia) = Ausgabe, Aufwand, zu: expensum, 2. Part. von: expendere = ausgeben, bezahlen; vgl. Spesen]: **a)** *zubereitete Nahrung als einzelnes Essen;* **²***Gericht: köstliche, leckere, erlesene, raffinierte zubereitete -n; warme und kalte -n; -n und Getränke sind im Preis inbegriffen;* **b)** (geh.) *feste Nahrung:* nicht ausreichend S. haben; * **Speis und Trank** (geh.; *Essen u. Getränk[e]*); **c)** (bes. nordd.) *Süßspeise, Pudding.*

Spei|se|brei, der (Med.): *mit Verdauungssäften durchsetzte Nahrung im Magen u. im Darm.*

Spei|se|eis, das: *aus Milch, Zucker, Säften, Geschmacksstoffen u. a. bestehende, künstlich gefrorene, cremig schmelzende Masse, die zur Erfrischung verzehrt wird.*

Spei|se|fett, das: *zum Verzehr geeignetes Fett (1).*

Spei|se|fisch, der: vgl. Speisefett.

Spei|se|gast|stät|te, die: *Restaurant:* Bars und -n.

Spei|se|kam|mer, die [mhd. spīsekamer]: *Kammer (1 b) zum Aufbewahren von Lebensmitteln.*

Spei|se|kar|te, die: *Verzeichnis der in einer Gaststätte erhältlichen Speisen auf einer Karte, in einer Mappe o. Ä.*

Spei|se|kar|tof|fel, die: vgl. Speisefett.

Spei|se|lei|tung, die (Technik): *Leitung (3 a), durch die etw. mit Gas, Strom o. Ä. gespeist (3) wird.*

Spei|se|lo|kal, das: *Restaurant.*

spei|sen ⟨sw. V.; hat⟩ [mhd. spīsen]: **1.** ⟨scherzh. auch st. V.: spies, hat gespiesen⟩ (geh.) **a)** *eine Mahlzeit zu sich nehmen, essen (1):* ausgiebig, gut, à la carte, nach der Karte s.; zu Abend s.; ich wünsche, wohl zu s., wohl gespeist zu haben (veraltend; als Wunschformel vor bzw. nach einer Mahlzeit); **b)** (seltener) *essen (2):* was wünschen die Herrschaften zu s.? **2.** (geh.) *[mit etw.] verpflegen:* Hungrige, die Armen s.; Ü Sie werden nicht umhinkönnen, uns von Ihrer Kenntnis zu s. (A. Zweig, Claudia 51). **3.** (schweiz. auch st. V.: spies, hat gespiesen) **a)** *(mit etw. Notwendigem) versorgen:* die Taschenlampe wird aus, von zwei Batterien gespeist; eine aus, von zwei Flüssen gespeister See; Ü Wir lebten in der Finsternis und hatten nichts als unsere Hoffnung. Sie allein spies noch unseren Glauben (Dürrenmatt, Meteor 21); **b)** (Technik) *einspeisen (1):* etw. in etw. (Akk.) s.

Spei|sen|auf|zug, der: *[kleiner] Aufzug, mit dem Speisen befördert werden.*

Spei|sen|fol|ge, die (geh.): *Gesamtheit der* ¹*Gänge (9) einer Mahlzeit; Menü.*

Spei|sen|kar|te: ↑Speisekarte.

Spei|se|öl, das: vgl. Speisefett.

Spei|se|pilz, der: vgl. Speisefett.

Spei|se|plan, der: **a)** *Küchenzettel:* einen S. fürs Wochenende aufstellen; **b)** *in Form einer Liste zusammengefasster Speiseplan* (a): der S. einer Kantine.

Spei|se|raum, der: *Raum, in dem Mahlzeiten eingenommen werden:* der S. des Hotels, der Pension.

Spei|se|rest, der: *Rest einer Speise, vom Essen Übriggebliebenes.*

Spei|se|röh|re, die: *aus Muskeln bestehender, innen mit Schleimhaut versehener Kanal zwischen Schlund (1 a) u. Magen, durch den die Nahrung in den Magen gelangt; Ösophagus.*

Spei|se|saal, der: *Saal, in dem Mahlzeiten eingenommen werden.*

Spei|se|saft, der: *der Verdauung dienende Flüssigkeit in den Lymphgefäßen des Darms.*

Spei|se|salz, das: *zum Würzen von Speisen geeignetes Salz:* jodiertes S.

Spei|se|wa|gen, der: *Wagen für Fernreisezüge, in dem die Reisenden wie in einem Restaurant essen u. trinken können.*

Spei|se|was|ser, das ⟨Pl. ...wässer oder ...wasser⟩ (Technik): *speziell aufbereitetes, zum Speisen (3) von Dampfkesseln dienendes Wasser.*

Spei|se|wür|ze, die: *flüssige Würzmischung aus Soja, Kräutern, Gewürzen, Fleischextrakt o. Ä.*

Spei|se|zet|tel, der: *Speiseplan.*

Spei|se|zim|mer, das: *Esszimmer.*

Spei|sung, die; -, -en [mhd. spīsunge]: **1.** (geh.) *das Speisen (2); das Gespeistwerden:* die S. der Armen. **2.** (Technik) *das Speisen (3):* die zur S. des Geräts erforderliche Kapazität des Akkus.

Spei|täub|ling, der [zu ↑speien]: *ungenießbarer Täubling.*

Spei|teu|fel, der: *Speitäubling.*

spei|übel ⟨Adj.⟩: *zum Erbrechen übel:* mir wurde, ist s.

Spek|ta|bi|li|tät [sp..., ʃp...], die; -, -en [lat. spectabilitas = Würde, Ansehen, zu: spectabilis = ansehnlich, zu: spectare, ↑²Spektakel]: **a)** ⟨o. Pl.⟩ *Titel für einen Dekan an einer Hochschule;* **b)** *Träger des Titels Spektabilität* (a): die -en haben sich geeinigt; Seine S. lässt bitten; (in der Anrede:) Eure, Euer S.

¹Spek|ta|kel [ʃpɛkˈtaːkl̩], der; -s, - ⟨Pl. selten⟩ [urspr. Studentenspr., identisch mit ↑²Spektakel; Genuswechsel wohl unter Einfluss von frz. le spectacle] (ugs.): **1.** *großer Lärm, Krach* (1 a): [einen großen] S. machen; macht doch nicht so einen S., Kinder! **2.** *laute Auseinandersetzung, Krach* (2): es gab einen fürchterlichen S.

²Spek|ta|kel [auch: sp...], das; -s, - [lat. spectaculum = Schauspiel, zu: spectare = schauen, (an)sehen, Iterativbildung zu: specere, ↑Spektrum]: **a)** (veraltet) *[aufsehenerregendes, Schaulust befriedigendes] Theaterstück:* ein billiges, dramatisches, albernes, sentimentales S.; **b)** *aufsehenerregender Vorgang, Anblick; Schauspiel* (2): die Sturmflut, der Start der Rakete war ein beeindruckendes S.; **c)** *große, viele Zuschauer, Besucher anlockende Veranstaltung.*

spek|ta|keln ⟨sw. V.; hat⟩ (selten): ¹*Spektakel, Lärm machen.*

Spek|ta|ku|la: Pl. von ↑Spektakulum.

spek|ta|ku|lär ⟨Adj.⟩ [zu ↑²Spektakel; vgl. frz. spectaculaire, engl. spectacular]: *Staunen, großes Aufsehen erregend:* ein -er Zwischenfall, Auftritt, Abgang, Wahlsieg, Erfolg; -e Kopfballtor; -e Protestaktionen, Landschaften, Filmaufnahmen.

Spek|ta|ku|lum, das; -s, ...la (meist scherzh.): ²*Spektakel.*

Spek|t|ra: Pl. von ↑Spektrum.

spek|t|ral [ʃp..., sp...] ⟨Adj.⟩ [zu ↑Spektrum] (Physik): *das Spektrum (1) betreffend, davon ausgehend.*

Spek|t|ral|ana|ly|se, die: **1.** (Physik, Chemie) *Methode zur chemischen Analyse eines Stoffs durch Auswertung der von ihm ausgestrahlten Spektralfarben.* **2.** (Astron.) *Verfahren zur Feststellung der chemischen u. physikalischen Beschaffenheit von Himmelskörpern durch Beobachtung u. Auswertung der von ihnen ausgestrahlten Spektralfarben.*

Spek|t|ral|ap|pa|rat, der (Physik): *optisches Gerät, mit dem einfallendes Licht in ein Spektrum (1 a) zerlegt werden kann.*

Spek|t|ral|far|be, die ⟨meist Pl.⟩ (Physik): *eine der sieben ungemischten, reinen Farben verschiedener Wellenlänge, die bei der spektralen Zerlegung von Licht entstehen u. die nicht weiter zerlegbar sind.*

Spek|t|ral|klas|se, die (Astron.): *nach der Art ihres Spektrums (1 a) eingeteilte Klasse von Sternen:* der Stern gehört zur selben S. wie die Sonne.

Spek|t|ral|li|nie, die (Physik): *von einem Spektralapparat geliefertes, einfarbiges Bild einer linienförmigen Lichtquelle, die Licht einer bestimmten Wellenlänge ausstrahlt.*

Spek|t|ren: Pl. von ↑Spektrum.

Spek|t|ro|graf, Spektrograph [ʃp..., sp...], der; -en, -en [zu ↑Spektrum u. ↑-graf] (Technik): *Spektralapparat zur fotografischen Aufnahme von Spektren.*

Spek|t|ro|gra|fie, Spektrographie, die; -, -n [↑-grafie] (Physik): **1.** *Aufnahme von Spektren mit einem Spektrografen.* **2.** (Astron.) *Auswertung der festgehaltenen Spektren eines Sterns.*

spek|t|ro|gra|fisch, spektrographisch ⟨Adj.⟩: *mit dem Spektrografen [erfolgend]; die Spektrografie betreffend.*

Spek|t|ro|graph usw.: ↑Spektrograf usw.

Spek|t|ro|me|ter, das; -s, - [↑-meter (1)] (Technik): *Spektralapparat besonderer Ausführung zum genauen Messen von Spektren.*

Spek|t|ro|s|kop, das; -s, -e [zu griech. skopeĩn = schauen] (Technik): *mit einem Fernrohr ausgestatteter Spektralapparat zur Beobachtung u. Bestimmung von Spektren.*

Spek|t|ro|s|ko|pie, die; -, -n (Physik): *Beobachtung u. Bestimmung von Spektren mit dem Spektroskop.*

spek|t|ro|s|ko|pisch ⟨Adj.⟩: *die Spektroskopie betreffend, darauf beruhend.*

Spek|t|rum [ˈʃp..., ˈsp...], das; -s, ...tren, älter: ...tra: **1.** [engl. spectre, spectrum < lat. spectrum = Erscheinung (3), zu: specere (2. Part.: spektum) = sehen, schauen] (Physik) **a)** *Band in den Regenbogenfarben, das entsteht, wenn weißes Licht durch ein gläsernes Prisma fällt u. so in die einzelnen Wellenlängen zerlegt wird, aus denen es sich zusammensetzt;* **b)** *Gesamtheit der Schwingungen elektromagnetischer Wellen eines bestimmten Frequenzbereichs.* **2.** (bildungsspr.) *reiche Vielfalt:* das [ganze, breite] S. der modernen Literatur, der zeitgenössischen Kunst, der elektronischen Medien.

Spe|ku|la: Pl. von ↑Spekulum.

Spe|ku|lant, der; -en, -en [zu lat. speculans (Gen.: speculantis), 1. Part. von: speculari, ↑spekulieren]: *jmd., der spekuliert (2).*

Spe|ku|lan|tin, die; -, -nen: w. Form zu ↑Spekulant.

Spe|ku|la|ti|on, die; -, -en [lat. speculatio = das Auspähen, Auskundschaften; Betrachtung, zu: speculari = spähen, sich umsehen]: **1. a)** *auf bloßen Annahmen, Mutmaßungen beruhende Erwartung, Behauptung, was etw. eintrifft:* wilde, unhaltbare, vage, bloße etw. -en über etw. anstellen; ich möchte mich nicht auf irgendwelche -en einlassen; **b)** (Philos.) *hypothetische, über die erfahrbare Wirklichkeit hinausgehende Gedankenführung:* metaphysische -en. **2.** (Wirtsch.) *Geschäftstätigkeit, die auf Gewinne aus zukünftigen Veränderungen der Preise abzielt:* vorsichtige, waghalsige -en; die S. mit Grundstücken, Aktien, Devisen.

Spe|ku|la|ti|ons|ge|schäft, das (Wirtsch.): *Geschäft aufgrund von Spekulationen (2).*

Spe|ku|la|ti|ons|ge|winn, der (Wirtsch.): *Gewinn aus einem Spekulationsgeschäft.*
Spe|ku|la|ti|ons|kauf, der (Wirtsch.): vgl. Spekulationsgeschäft.
Spe|ku|la|ti|ons|ob|jekt, das (Wirtsch.): *Objekt* (2 a), *das Gegenstand von Spekulationen* (2) *ist.*
Spe|ku|la|ti|ons|pa|pier, das (Wirtsch.): *Wertpapier, dessen Kurs starken Schwankungen unterliegt u. das daher für Spekulationen* (2) *bes. geeignet ist.*
Spe|ku|la|ti|us, der; -o, - [H. u., viell. über das Ostfries. u. Niederrhein. aus gleichbed. älter niederl. speculatie]: *flaches Gebäck aus gewürztem Mürbeteig in Form von Figuren.*
spe|ku|la|tiv ⟨Adj.⟩ [spätlat. speculativus = betrachtend, nachsinnend, zu lat. speculari, ↑ spekulieren]: **1.** *in der Art der Spekulation* (1) *[denkend]:* -e Philosophie; -e Entwürfe. **2.** (Wirtsch.) *die Spekulation* (2) *betreffend, auf ihr beruhend:* -e Betätigung.
spe|ku|lie|ren ⟨sw. V.; hat⟩ [mhd. speculieren = spähen, beobachten < lat. speculari, zu: specere, ↑ Spekulum]: **1.** (ugs.) *etw. zu erreichen, zu erlangen hoffen; auf etw. rechnen:* auf eine Stelle, eine Erbschaft s. **2.** *durch Spekulationen* (2) *Gewinne zu erzielen suchen:* an der Börse s., auf Baisse, auf ein Anhalten der Hausse s.; mit, (Wirtschaftsjargon:) in Kaffee, Weizen, Grundstücken s. **3.** *(über etw.) Spekulationen* (1 a) *anstellen; mutmaßen:* es lohnt sich nicht, über diese Sache lange zu s.; da[rüber] kann man nur s.; Vielleicht hat man Fritz Truczinski oder Axel Mischke von der Ostfront abgezogen und nach Paris versetzt, spekulierte Oskar (Grass, Blechtrommel 408).
Spe|ku|lum [´ʃp..., ´sp...], das; -s, ...la [lat. speculum = Spiegel, zu: specere = (hin-, an)sehen, verw. mit ↑ spähen] (Med.): *meist mit einem Spiegel versehenes röhren- od. trichterförmiges Instrument zum Betrachten u. Untersuchen von Hohlräumen u. -organen (z. B. der Nase).*
Spe|läo|lo|gie, die; - [zu lat. spelaeum < griech. spḗlaion = Höhle u. ↑ -logie]: *Höhlenkunde.*
spe|läo|lo|gisch ⟨Adj.⟩: *die Speläologie betreffend, dazu gehörend.*
Spelt, der; -[e]s, -e [mhd. spelte, spelze, ahd. spelta, spelza]: *Dinkel.*
Spel|lun|ke, die; -, -n [spätmhd. spelunck(e) < lat. spelunca < griech. spḗlygx = Höhle] (abwertend): **a)** *wenig gepflegte, verrufene Gaststätte;* **b)** *unsaubere, elende Behausung, Unterkunft.*
Spelz, der; -es, -e [↑ Spelt]: *Dinkel.*
Spel|ze, die; -, -n [zu ↑ Spelz]: **a)** *dünne, harte, trockene Hülse des Getreidekorns;* **b)** *trockenes Blatt der Grasblüte.*
spel|zig ⟨Adj.⟩: *Spelzen* (a) *enthaltend.*
spen|da|bel ⟨Adj.⟩ [mit romanisierender Endung zu ↑ spenden] (ugs.): *in erfreulicher Weise sich bei bestimmten Anlässen vor allem in Bezug auf Essen u. Trinken großzügig zeigend, andere freihaltend:* ein spendabler Herr; er war heute sehr s. und hat uns alle zum Essen eingeladen.
Spen|de, die; -, -n [mhd. spende, ahd. spenta, spenda, zu ↑ spenden (nach gleichbed. mlat. spenda, spenta)]: *etw., was für Hilfe, Unterstützung, Förderung einer Sache od. Person gegeben wird, beitragen soll:* eine große, großzügige, kleine S.; -n an Geld, Kleidung, Medikamenten, Lebensmitteln; -n für wohltätige Zwecke; es gingen viele -n ein; -n sammeln; um eine S. bitten.
spen|den ⟨sw. V.; hat⟩ [mhd. spenden, ahd. spendōn, spentōn < mlat. spendere = ausgeben, aufwenden, zu lat. expendere = ausgeben, bezahlen]: **a)** *als Spende geben:* Geld, Kleider, Medikamente, Lebensmittel [für die Opfer des Erdbebens] s.; Blut s. *(sich Blut für Bluttransfusionen*

abnehmen lassen); ein Organ s. *(sich für eine Transplantation entnehmen lassen)* ⟨auch ohne Akk.-Obj.:⟩ bereitwillig, großzügig, reichlich, für eine Sammlung, für jmd. s.; Ü Die Bäume spenden Schatten; **b)** *austeilen:* die Sakramente, den Segen, die Taufe s.; Ü Freude s.
Spen|den|af|fä|re, die (Politik): *Affäre* (a) *um unzulässige od. nicht ordnungsgemäß verbuchte Spenden:* die jüngste S. stürzt die Partei in eine weitere Krise.
Spen|den|ak|ti|on, die: *der Sammlung von Spenden dienende Aktion.*
Spen|den|auf|kom|men, das: *Aufkommen aus Spenden.*
Spen|den|auf|ruf, der: *Aufruf zur Beteiligung an einer Spendenaktion.*
Spen|den|be|reit|schaft, die ⟨o. Pl.⟩: *Bereitschaft, für jmdn. od. etw. zu spenden:* die S. für die Erdbebenopfer war sehr groß.
Spen|den|be|schei|ni|gung, die: *Nachweis über Geldspenden in Form einer Bescheinigung.*
Spen|den|geld, das ⟨meist Pl.⟩: *Geld* (2) *aus Spenden:* -er sammeln, veruntreuen.
Spen|den|kon|to, das: *bei einer Bank o. Ä. zeitweilig eingerichtetes Konto, auf das Spenden für einen bestimmten Zweck eingezahlt werden können:* ein S. einrichten.
Spen|den|quit|tung, die: *Spendenbescheinigung.*
Spen|den|samm|ler, der: *jmd., der im Rahmen einer Spendenaktion Spenden sammelt.*
Spen|den|samm|le|rin, die: w. Form zu ↑ Spendensammler.
Spen|den|samm|lung, die: vgl. Spendenaktion: eine S. durchführen.
Spen|den|skan|dal, der (emotional verstärkend): *Spendenaffäre.*
Spen|der, der; -s, - [mhd. spendære, ahd. spentāri]: **a)** *jmd., der etw. spendet:* ein großzügiger, anonymer S.; wer war der edle S.? (scherzh.; *wer hat das spendiert?);* **b)** *Organ-, Blutspender;* **c)** *Behälter, der eine größere Menge od. Anzahl von etw. enthält, was (mithilfe eines Mechanismus o. Ä.) einzeln od. in kleinerer Menge daraus entnommen werden kann:* Rasierklingen, Papiertücher im S.
Spen|de|rin, die; -, -nen: w. Form zu ↑ Spender (a, b).
Spen|der|herz, die (Med.): *von einem Organspender bzw. einer Organspenderin stammendes Herz.*
Spen|der|nie|re, die: vgl. Spenderherz.
Spen|der|or|gan, das: vgl. Spenderherz.
spen|die|ren ⟨sw. V.; hat⟩ [mit romanisierender Endung zu ↑ spenden] (ugs.): *freigebig, großzügig anderen etw. zum Verzehr, Verbrauch zukommen lassen, für andere bezahlen:* [jmdm.] eine Flasche Wein s.; er spendierte den Kindern ein Eis; lass dein Geld mal stecken, das spendiere ich.
spen|dier|freu|dig ⟨Adj.⟩ (ugs.): *gern spendierend; freigebig.*
Spen|dier|ho|sen ⟨Pl.⟩: in Wendungen und Fügungen wie **[die, seine] S. anhaben** (ugs. scherzh.; *sich spendabel zeigen);* **in S.** (ugs. scherzh.; *als spendabler Mensch).*
Spen|dier|lau|ne, die ⟨Pl. selten⟩: vgl. Geberlaune: in S. sein.
spen|geln ⟨sw. V.; hat⟩ (österr.): *Blech bearbeiten.*
Speng|ler, der; -s, - [spätmhd. speng(e)ler, zu mhd. spengel(in) = kleine Spange, zu ↑ Spange; der Spengler verfertigte urspr. Spangen u. Beschläge] (bes. südd., österr., schweiz.): *Klempner.*
Speng|le|rei, die; -, -en (bes. südd., österr., schweiz.): **a)** ⟨o. Pl.⟩ *Handwerk des Spenglers;* **b)** *Werkstatt, Betrieb eines Spenglers.*
Speng|le|rin, die; -, -nen: w. Form zu ↑ Spengler.
Spen|ser: ↑ Spenzer.

Spen|zer, Spen|ser [´spɛnsɐ], der; -s, -: **a)** [engl. spencer, nach dem engl. Grafen G. J. Spencer (1758–1834)] *kurze, eng anliegende Jacke [mit Schößchen]:* ◆ Zu einem leinenen ungefärbten Landrock trug sie einen alten grünseidenen Spenser (Keller, Romeo 26); **b)** *kurzärmeliges, eng anliegendes Unterhemd für Damen.*
Sper|ber, der; -s, - [mhd. sperwære, ahd. sparwāri; wohl Zus. aus mhd. spar, ahd. sparo = Sperling u. mhd. ar, ahd. aro = Aar u. eigtl. = Sperlingsaar, der Vogel jagt häufig Sperlinge]: *einem Habicht ähnlicher, kleinerer Greifvogel mit graubraunem Gefieder.*
sper|bern ⟨sw. V.; hat⟩ (schweiz.): *spähen.*
Spe|renz|chen, Spe|ren|zi|en ⟨Pl.⟩ [unter volksetym. Anlehnung an »sich sperren« zu mlat. sperantia = Hoffnung (dass das Sichzieren Wirkung hat)] (ugs.): **1.** *etw., womit jmd. nach Einschätzung anderer unnötiger- u. ärgerlicherweise eine Sache behindert, verzögert; Schwierigkeiten, Umstände* (2): S. machen; lass die S.! **2.** *kostspielige Vergnügungen od. Gegenstände.*
Sper|ling, der; -s, -e [mhd. (md.) sperlinc, ahd. sperilig, urspr. wohl Bez. für den jungen Sperling, zu mhd. spar(e), sparwe, ahd. sparo = Sperling, verw. mit griech. spérgoulos = kleiner Vogel]: *kleiner, graubraun gefiederter Vogel mit kräftigem, kegelförmigem Schnabel u. kurzen Flügeln:* ein frecher, kleiner, unscheinbarer S.; die -e tschilpen; **Spr** besser ein S. in der Hand als eine Taube auf dem Dach (↑ Spatz 1).
Sper|ma [´ʃp..., ´sp...], das; -s, ...men u. -ta [spätlat. sperma < griech. spérma (Gen.: spérmatos), zu: speírein, ↑ sporadisch] (Biol.): *(bei Mensch u. Tier der Befruchtung der Eizelle dienende) milchige Substanz, die die Spermien u. bestimmte Sekrete enthält; Samenflüssigkeit; Samen* (2).
Sper|ma|to|ge|ne|se, die; -, -n (Biol., Med.): *Bildung u. Reifung der Spermien.*
Sper|ma|to|gramm, das; -s, -e [↑ -gramm]: *Spermiogramm.*
Sper|ma|to|phyt, der; -en, -en [zu griech. phytón = Pflanze] (Bot.): *Blüten-, Samenpflanze.*
Sper|ma|tor|rhö, die; -, -en [zu griech. rhóē = Fließen] (Med.): *Samenfluss.*
Sper|ma|to|zo|on, das; -s, ...zoen [zu griech. zōon = Lebewesen]: *Spermium.*
Sper|ma|zet, das; -[e]s, **Sper|ma|ze|ti,** das; -s [zu lat. cetus < griech. kētos = Wal]: *Walrat.*
Sper|men: Pl. von ↑ Sperma.
Sper|mi|en: Pl. von ↑ Spermium.
Sper|mio|ge|ne|se, die; - (Biol., Med.): *Spermatogenese.*
Sper|mio|gramm, das; -s, -e [↑ -gramm] (Med.): *bei der mikroskopischen Untersuchung der Samenflüssigkeit entstehendes Bild von Art u. Anzahl der Samenfäden sowie ihrer Beweglichkeit.*
Sper|mi|um, das; -s, ...mien (Biol.): *reife männliche Keimzelle (bei Mensch u. Tier), Samenfaden, -zelle.*
Sper|mi|zid, das; -[e]s, -e (Med.): *den männlichen Samen abtötendes Empfängnisverhütungsmittel.*
sperr|an|gel|weit ⟨Adv.⟩ (emotional): *weit offen; so weit geöffnet wie überhaupt möglich:* die Türen standen s. offen.
Sperr|bal|ken, der (seltener): *Sperrbaum.*
Sperr|bal|lon, der (Militär): *Ballon, der der Abriegelung eines Luftraumes dient.*
Sperr|baum, der: *Schlagbaum.*
Sperr|be|zirk, der: **a)** vgl. Sperrgebiet (a); **b)** *Gebiet, in dem bestimmte der Eindämmung u. Bekämpfung von Tierseuchen dienende Verbote gelten;* **c)** *Gebiet in einer Stadt, in dem die Prostitution verboten ist.*

Sperr|druck, der ⟨o. Pl.⟩ (Druckw.): gesperrter ²Druck (1 c): etw. durch S. hervorheben.

Sper|re, die; -, -n: **1. a)** [mhd. sperre = Klammer, Buchverschluss, Riegel] Gegenstand, Vorrichtung, die verhindern soll, dass etw., jmd. hindurchgelangt: eine S. errichten, bauen, entfernen, wegräumen; Ü eine S. haben (ugs.; *begriffsstutzig sein*); **b)** *schmaler Durchgang, an dem man Fahrkarten, Eintrittskarten o. Ä. vorzeigen od. sich ausweisen muss:* die S. öffnen, schließen; er wartete an der S. auf sie; durch die S. gehen. **2.** [zu ↑ sperren] *Maßnahme zum Sperren (2) [von etw.]:* über die Einfuhr von billigem Wein eine S. *(Embargo)* verhängen. **3.** [zu ↑ sperren] (Sport) *Verbot, an (offiziellen) Wettkämpfen, Spielen teilzunehmen:* über jmdn. eine S. [von drei Monaten] verhängen; jmds. S. wieder aufheben; jmdn. mit einer S. belegen.

sper|ren ⟨sw. V.; hat⟩ [mhd. sperren, ahd. sperran, zu ↑ Sparren u. urspr. = mit Sparren versehen; mit Balken abschließen, verrammeln]: **1. a)** *den Zugang, Durchgang, die Zufahrt, Durchfahrt verbieten, verwehren, [mittels einer Barriere o. Ä.] unmöglich machen:* eine Brücke, einen Tunnel, einen Eingang, eine Straße [für den Verkehr] s.; die Straße war wegen einer Baustelle, eines Unfalls [in beiden Richtungen] gesperrt; die Häfen sind gesperrt; die meisten Alpenpässe sind noch gesperrt; **b)** *aufgrund seiner Lage bewirken, dass der Zugang, die Zufahrt zu etw. nicht möglich ist; versperren:* ein quer stehender Lkw sperrt die Straße; der Weg war durch einen umgestürzten Baum gesperrt. **2.** *unterbinden:* die Zufuhr, Einfuhr, den Handel s.; jmdm. die Bezüge, den Urlaub, das Taschengeld s. *(vorenthalten, nicht gewähren).* **3.** *(bes. in Fällen, in denen jmd. seinen [Zahlungs]verpflichtungen nicht nachkommt) die normale Abwicklung, die Benutzung von etw. durch bestimmte Maßnahmen zu verhindern suchen, unmöglich machen:* die Bank hat das Konto, seinen Kredit gesperrt; sie ließ die gestohlenen Schecks, die verlorene Kreditkarte sofort s.; einem säumigen Kunden das Gas, den Strom, das Licht s.; ein gesperrtes Sparbuch. **4.** (Sport) *einen gegnerischen Spieler durch regelwidrige Behinderung den Weg [zum Ball] versperren:* er hat [mit den Armen] gesperrt; ⟨subst.:⟩ Sperren ohne Ball. **5.** (Sport) *einem Spieler, einer Mannschaft verbieten, an (offiziellen) Wettkämpfen, Spielen teilzunehmen:* der Spieler wurde wegen eines schweren Fouls für drei Monate gesperrt; der gesperrte Stürmer saß auf der Tribüne. **6. a)** *(ein Tier) in einen abgeschlossenen Raum bringen, aus dem es nicht von sich aus herauskommen kann:* einen Vogel, Tiger in einen Käfig s.; den Hund in den Zwinger s.; **b)** (emotional) *jmdn. in etw. sperren (6 a):* er wurde ins Gefängnis, in eine Einzelzelle gesperrt. **7.** (s. + sich) *für einen Plan, Vorschlag o. Ä. nicht zugänglich sein; sich einer Sache heftig widersetzen, sich ihr gegenüber verschließen; sich sträuben:* ich sperrte mich gegen dieses Vorhaben, diese Idee, Arbeit; sie sperrt sich gegen alles. **8.** (landsch.) *sich nicht [richtig] schließen lassen, weil etwas klemmt:* die Tür, das Fenster sperrt. **9.** (Druckw.) *spationieren:* diese Wörter sind zu s.; der Name, der Text ist gesperrt gedruckt. **10.** (südd., österr.) **a)** *schließen* (1 b): er hat das Tor hinter sich gesperrt; **b)** *schließen* (7 a, c): das Geschäft, Werk, den Betrieb s.; **c)** *schließen* (8 b): der Schlüssel sperrt nicht. **11.** (Zool.) *(von jungen Vögeln) den Schnabel aufsperren, um gefüttert zu werden.*

Sperr|feu|er, das (Militär): *schlagartig einsetzendes Feuer (4) zur Verhinderung eines feindlichen Angriffs.*

Sperr|frist, die (Rechtsspr.): *Zeitraum, in dem bestimmte Handlungen nicht vorgenommen werden dürfen; Karenzzeit.*

Sperr|ge|biet, das: **a)** *nicht allgemein zugängliches Gebiet:* das Gelände, der Hafen ist militärisches S.; ein fünf Kilometer breiter Grenzstreifen wurde zum S. erklärt; **b)** ↑ *Sperrbezirk* (c).

Sperr|ge|trie|be, das (Technik): *Getriebe mit einer Vorrichtung zum zeitweisen Sperren, Hemmen einer Bewegung (bes. einer Drehbewegung).*

Sperr|gut, das: *sperriges Gut* (3).

Sperr|gut|ha|ben, das: *Guthaben auf einem Sperrkonto.*

Sperr|he|bel, der (Technik): *Hebel, durch den bewirkt wird, dass eine Maschine o. Ä. zum Stillstand gebracht od. etw., bes. ein Rad, arretiert wird.*

Sperr|holz, das ⟨Pl. ...hölzer⟩ [das Material »sperrt« sich gegen Verwerfung]: *(in Form von Platten hergestelltes) Material aus dünnen Schichten Holz, die in quer zueinander verlaufender Faserrichtung aufeinandergeleimt sind.*

Sperr|holz|plat|te, die: *Platte aus Sperrholz.*

sper|rig ⟨Adj.⟩ [mhd. sperric = beschlagnahmt werden könnend, konfiszierbar; widersetzlich]: *aufgrund seiner Form, Größe unverhältnismäßig viel Platz in einem dafür zu engen Raum erfordernd, sich nicht gut irgendwo unterbringen, transportieren lassend:* -e Güter; das Gepäck ist sehr s.

Sperr|ket|te, die: *Kette, mit der etw. abgesperrt (2) wird.*

Sperr|klau|sel, die: *Klausel, durch die etw. ausgeschlossen od. eingeschränkt wird.*

Sperr|kon|to, das (Bankw.): *Konto, über das nicht od. nur beschränkt verfügt werden kann.*

Sperr|kraut, das [viell. entstellt aus »Speerkraut«]: *(als Staude wachsende) Pflanze mit gefiederten Blättern u. glockigen, blauen, violetten od. weißen Blüten.*

Sperr|kreis, der (Elektrot., Rundfunk): *Schaltkreis zur Unterdrückung eines den Empfang störenden Senders.*

Sperr|ling, der; -s, -e (veraltet): *Knebel* (2).

Sperr|li|nie, die (Militär): *Verteidigungslinie mit Sperren (1 a).*

Sperr|mi|no|ri|tät, die (bes. Wirtsch.): *eine Minderheit darstellende Anzahl an Stimmen, die aber gerade ausreicht, um bei Abstimmungen bestimmte Beschlüsse zu verhindern:* wer über eine S. verfügt, kann jede Satzungsänderung verhindern.

Sperr|müll, der: *sperriger Müll (z. B. Möbel), der nicht in die Mülltonne o. Ä. passt (u. in Sonderaktionen zur Mülldeponie gefahren wird):* das Fahrrad habe ich vom S.; heute ist S. (ugs.; *ist Sperrmüllabfuhr.*

Sperr|müll|ab|fuhr, die: *Abfuhr* (1) *von Sperrmüll.*

Sperr|rad, Sperr-Rad, das (Technik): *Zahnrad mit Sperrgetriebe.*

Sperr|rie|gel, Sperr-Rie|gel, das: vgl. *Sperrkette.*

Sperr|sitz, der [die Plätze waren früher abgesperrt u. nur dem Mieter zugänglich]: *Sitzplatz (im Kino in einer der letzten, im Theater od. Zirkus in einer der ersten Sitzreihen):* zweimal S., bitte; wir saßen S.

Sperr|stun|de, die: *gesetzlich festgelegte Uhrzeit, zu der Gaststätten o. Ä. täglich geschlossen werden müssen; Polizeistunde.*

Sper|rung, die; -, -en [spätmhd. sperrunge = Hinderung]: **1.** *das Sperren; das Gesperrtsein:* dringende Reparaturarbeiten machen eine S. des Tunnels erforderlich. **2.** (südd., österr.) *Schließung, Stilllegung (eines Betriebs o. Ä.):* durch die S. des Werks gingen der Region über 400 Arbeitsplätze verloren.

Sperr|ver|merk, der: *einschränkender Vermerk, an etw. hindernde Eintragung in Dokumenten wie Ausweisen o. Ä.:* ein S. im Sparbuch eines Minderjährigen.

Sperr|vor|rich|tung, die: vgl. *Sperrkette.*

sperr|weit ⟨Adv.⟩ (ugs.): *sperrangelweit.*

Sperr|zeit, die: **1.** *Sperrstunde.* **2.** *Sperrfrist.*

Sperr|zoll, der ⟨Pl. ...zölle⟩: *Prohibitivzoll.*

Sperr|zo|ne, die: vgl. *Sperrgebiet* (a).

Spe|sen ⟨Pl.⟩ [ital. spese, Pl. von: spesa = Ausgabe, Aufwand < lat. expensa, ↑ Speise]: *Kosten, bes. bei der Erledigung eines Geschäfts o. Ä. anfallende Unkosten, Auslagen, die vom Arbeitgeber erstattet werden:* hohe S.; S. machen, haben, abrechnen; R außer S. nichts gewesen (scherzh.; *außer der Mühe, den Unkosten ist bei einer bestimmten Unternehmung o. Ä. nichts weiter herausgekommen*).

spe|sen|frei ⟨Adj.⟩: *nicht mit Spesen verbunden.*

Spe|sen|rech|nung, die: *Zusammenstellung von Spesen.*

Spe|sen|rit|ter, der (abwertend): *jmd., der es darauf anlegt, hohe Spesen zu machen u. sich durch Spesen persönliche Vorteile zu verschaffen.*

Spe|sen|rit|te|rin, die: w. Form zu ↑ Spesenritter.

Spes|sart, der; -s: *zwischen Rhön u. Odenwald gelegenes Mittelgebirge.*

spet|ten ⟨sw. V.; hat⟩ [wohl zu schweiz. Spetter = Hilfskraft, Tagelöhner; Spediteur, H. u.] (schweiz. regional): *im Tag- od. Stundenlohn zur Aushilfe arbeiten.*

Spet|ter, der; -s, - (schweiz. regional): *jmd., der spettet.*

Spet|te|rin, die; -, -nen: w. Form zu ↑ Spetter.

Spey|er: *Stadt am Rhein.*

¹**Spey|e|rer,** Speyrer, der; -s, -: Ew.

²**Spey|e|rer,** Speyrer ⟨indekl. Adj.⟩: der S. Dom.

Spey|e|rin, Speyrerin, die; -, -nen: w. Form zu ↑ ¹Speyerer.

spey|e|risch ⟨Adj.⟩: *Speyer, die Speyerer betreffend.*

Spey|rer: ↑ ¹Speyerer.

Spey|rer: ↑ ²Speyerer.

Spey|rer: ↑ ¹,²Speyerer.

Spey|re|rin: ↑ Speyerin.

spey|risch ⟨Adj.⟩: *speyerisch.*

Spe|ze|rei, die; -, -en ⟨meist Pl.⟩ [mhd. specerîe, spezerie < ital. spezieria < mlat. speciaria = Gewürz(handel), zu lat. species, ↑ Spezies]: **1.** (veraltend) *überseeisches Gewürz.* **2.** ⟨Pl.⟩ (österr. veraltend) *Delikatessen.*

♦ **Spe|ze|rei|händ|ler,** der: *jmd., der mit Spezereien* (1) *handelt; Drogist:* Uns gegenüber saß der Sohn des Schultheißen, eines vornehmen -s (C. F. Meyer, Amulett 13).

Spe|ze|rei|wa|ren ⟨Pl.⟩ (veraltet): *Spezereien* (2).

¹**Spe|zi,** der; -s, -[s] [gek. aus älter: Spezial(freund) = vertrauter Freund] (südd., österr. ugs., seltener: schweiz. ugs.): *jmd., mit dem man in einem besonderen, engeren freundschaftlich-kameradschaftlichen Verhältnis steht:* ein langjähriger S. des Bürgermeisters.

²**Spe|zi®,** der od. das; -s, -[s], auch die, -, -s [H. u.]: *Getränk aus Limonade u. Cola.*

spe|zi|al ⟨Adj.⟩ (veraltet): ↑ ¹speziell.

Spe|zi|al-: Best. in Zus. mit der Bed. *speziell, Sonder-* (z. B. Spezialanfertigung, -bulletin, -problem).

Spe|zi|al|an|fer|ti|gung, die: *spezielle Anfertigung außerhalb der Serienproduktion.*

Spe|zi|al|arzt, der (bes. schweiz.): *Facharzt.*

Spe|zi|al|ärz|tin, die; -, -nen: w. Form zu ↑ Spezialarzt.

Spe|zi|al|aus|bil|dung, die: *Ausbildung, durch die besondere Kenntnisse, Fähigkeiten auf*

einem bestimmten Gebiet, für eine bestimmte Aufgabe erworben werden.
Spe|zi|al|aus|druck, der: *Fachterminus.*
Spe|zi|al|aus|füh|rung, die: *spezielle Ausführung* (2 b).
Spe|zi|al|dis|zi|p|lin, die: *spezielle Disziplin* (2) *einer Wissenschaft:* eine juristische, medizinische S.
Spe|zi|al|ef|fekt, der (Film): *besonderer Effekt zur Schaffung von Bildern, die sich durch einfaches Abfotografieren einer Szene nicht herstellen lassen:* pyrotechnische -e.
Spe|zi|al|ein|heit, die: *(bes. beim Militär u. bei der Polizei) für besondere Einsätze zusammengestelltes Team.*
Spe|zi|al|fach, das: vgl. Spezialgebiet.
Spe|zi|al|fahr|zeug, das: *Fahrzeug für einen besonderen Verwendungszweck mit verschiedenen Zusatzeinrichtungen.*
Spe|zi|al|ge|biet, das: *bestimmtes [Fach]gebiet, auf das sich jmd. [beruflich] spezialisiert hat:* ein kleines S. der Archäologie; ein medizinisches, philatelistisches S.; die Halbleitertechnik ist mein S.; auf seinem S. kennt er sich aus.
Spe|zi|al|ge|rät, das: vgl. Spezial-.
Spe|zi|al|ge|schäft, das: *Fachgeschäft.*
Spe|zi|al|glas, das: *(für einen besonderen Verwendungszweck hergestelltes) Glas mit besonderen Eigenschaften:* hochwertige Spezialgläser.
Spe|zi|a|li|sa|ti|on, die; -, -en [frz. spécialisation, zu: (se) spécialiser = sich spezialisieren, zu: spécial, ↑ ¹speziell] (selten): *Spezialisierung.*
spe|zi|a|li|sie|ren ⟨sw. V.; hat⟩: **1.** ⟨s. + sich⟩ [unter Einfluss von frz. se spécialiser] *sich, seine Interessen innerhalb eines größeren Rahmens auf ein bestimmtes Gebiet konzentrieren:* nach dem Studium will er sich s.; die Buchhandlung hat auf medizinische Literatur spezialisiert; stark, hochgradig spezialisierte Betriebe, Verlage; eine auf Messgeräte spezialisierte Firma. **2.** [frz. spécialiser, ↑ Spezialisation] (veraltend) *einzeln, gesondert aufführen; differenzieren:* die Firma hat die diversen Positionen auf der Rechnung spezialisiert.
Spe|zi|a|li|sie|rung, die; -, -en: **1.** *das Sichspezialisieren.* **2.** (veraltend) *das Spezialisieren* (2).
Spe|zi|a|list, der; -en, -en [frz. spécialiste, zu: spécial, ↑ ¹speziell]: **a)** *jmd., der auf einem bestimmten [Fach]gebiet über besondere Kenntnisse, Fähigkeiten verfügt:* ein S. in Finanzsachen; frag doch mal einen -en; Also sei er Journalist geworden. S. für Umweltfragen. Innerhalb der Ökologie ‹a. P. für Ernährungsfragen (M. Walser, Pferd 42); **b)** (volkstüml.) *Facharzt:* zum -en gehen; der Hausarzt hat sie zum -en überwiesen.
Spe|zi|a|lis|ten|tum, das; -s: *das Spezialistsein.*
Spe|zi|a|lis|tin, die; -, -nen: w. Form zu ↑ Spezialist.
Spe|zi|a|li|tät, die; -, -en [(frz. spécialité <) spätlat. specialitas = besondere Beschaffenheit, zu lat. specialis, ↑ ¹speziell]: **a)** *etw., was als etw. Besonderes in Erscheinung tritt, als eine Besonderheit von jmdm., etw. bekannt ist, geschätzt wird:* dieses Gebäck ist eine Mannheimer S., eine S. des Hauses, meiner Großmutter; **b)** *etw., was jmd. bes. gut beherrscht od. gerne tut:* das Restaurieren von Antiquitäten ist ihre S.; solche Recherchen sind seine S.; Eintopf ist seine S. (er kann ihn besonders gut kochen, kocht ihn besonders gern).
Spe|zi|a|li|tä|ten|res|tau|rant, das: *Restaurant, das vor allem Spezialitäten* (a), *besonders zubereitete Gerichte anbietet.*
Spe|zi|al|kli|nik, die: *auf ein bestimmtes Fachgebiet spezialisierte Klinik.*
Spe|zi|al|pa|pier, das: vgl. Spezialglas.
Spe|zi|al|sla|lom, der (Skisport): *als Einzelkonkurrenz ausgetragener Slalomlauf.*

Spe|zi|al|sprung|lauf, der (Skisport): *als Einzelkonkurrenz ausgetragenes Skispringen.*
Spe|zi|al|trai|ning, das (Sport): *gezieltes Training zur Steigerung einer bestimmten sportlichen Leistung.*
Spe|zi|al|trup|pe, die: *[aus speziell ausgebildeten Soldaten zusammengestellte] Truppe für besondere Aufgaben.*
Spe|zi|al|wis|sen, das: *spezielles Wissen (auf einem bestimmten Gebiet).*
¹spe|zi|ell ⟨Adj.⟩ [französierende Umbildung aus älter ↑ spezial < lat. specialis = besonder...; eigentümlich, zu: species, ↑ Spezies]: *von besonderer, eigener Art; in besonderem Maße auf einen bestimmten, konkreten Zusammenhang o. Ä. ausgerichtet; bezogen; nicht allgemein:* -e Wünsche, Fragen, Interessen, Kenntnisse haben; das ist ein [sehr] -es Problem; er ist mein [ganz] -er Freund (iron.; *ich schätze ihn nicht, bin nicht gut auf ihn zu sprechen*); ⟨subst.:⟩ auf dein Spezielles! (ugs.; *auf dein Wohl!*); * **im Speziellen** (bes. schweiz.; *im Besonderen*).
²spe|zi|ell ⟨Adv.⟩ [zu: ↑ ¹speziell]: *besonders* (2 a), *in besonderem Maße, vor allem; eigens:* s. für Kinder angefertigte Möbel; du s./s. du (ugs.; *gerade, erst recht du*) solltest das wissen.
Spe|zi|es ['ʃpe:tsi̯ɛs, 'sp...], die; -, - [...e:s] [lat. species = äußere Erscheinung; Vorstellung, Begriff; Art; Eigenheit, zu: specere = (hin-, an)sehen]: **1.** *besondere, bestimmte Art, Sorte von etw., einer Gattung:* eine besondere S. [von] Mensch. **2.** (Biol.) *Art:* eine ausgestorbene, seltene S.; die S. Mensch, Homo sapiens; unsere S. (*der Mensch*). **3.** (Math. veraltet) *Grundrechenart:* die vier S. **4.** (Rechtsspr.) *Kurzf. von* ↑ Spezieskauf. **5.** (Pharm.) *Teegemisch.*
Spe|zi|e|sis|mus, der; - [engl. speciesism, gepr. von den Psychologen R. D. Ryder (geb. 1940), zu species < lat. species, ↑ Spezies; in Analogie zu Bildungen wie Rassismus, Sexismus]: *Anschauung, nach der der Mensch allen anderen Arten überlegen u. daher berechtigt sei, deren Vertreter nach seinem Gutdünken zu behandeln.*
Spe|zi|es|kauf, der (Rechtsspr.): *Kauf, dessen Gegenstand eine bestimmte individuelle Sache ist; Stückkauf* (z. B. Kauf eines bestimmten Gebrauchtwagens).
Spe|zi|fik [ʃp..., sp...], die; - (bildungsspr.): *Spezifisches einer Sache:* aufgrund der S. der dortigen Wirtschaftsstruktur.
Spe|zi|fi|ka: Pl. von ↑ Spezifikum.
Spe|zi|fi|ka|ti|on, die; -, -en [mlat. specificatio = Auflistung, Verzeichnis]: **1.** (bildungsspr.) *das Spezifizieren.* **2.** (bes. Technik) *Vorgabe* (3), *Gesamtheit von Vorgaben, nach denen etw. produziert werden soll.* **3.** (veraltet) *spezifizierte Verzeichnis, spezifizierte Aufstellung, Liste:* eine S. des Inventars. **4.** (Logik) *Einteilung in Unterabteilungen* (z. B. einer Gattung in Arten). **5.** (Rechtsspr.) *Bearbeitung, Behandlung eines Stoffes in einer Weise, durch der er erheblich verändert wird.*
Spe|zi|fi|kum, das; -s, ...ka [zu spätlat. specificus, ↑ spezifisch]: **1.** *Besonderheit, Eigentümlichkeit; spezifisches Merkmal:* ein S. der Moschee ist das Minarett. **2.** (Med.) *Heilmittel mit sicherer Wirkung gegen eine bestimmte Erkrankung od. Gruppe von Krankheiten.*
spe|zi|fisch ⟨Adj.⟩ [frz. spécifique < spätlat. specificus = arteigen; einer Art eigentümlich, zu lat. species (↑ Spezies) u. facere = machen]: *für jmdn., etw. besonders charakteristisch, typisch, eigentümlich, ganz in der jmdm. eigenen Art o. einer Eigenarten, beschaffenen der Menschenaffen; das -e Gewicht eines Körpers (Physik; *der Quotient aus dem Gewicht eines Körpers u. seinem Volumen*); die -e Wärme eines

Stoffs (Physik; *die Wärme, die erforderlich ist, um 1 kg des Stoffs um 1 °C zu erwärmen*); das ist s. englisch; ein s. weibliches, männliches Verhalten.
-spe|zi|fisch: *drückt in Bildungen mit Substantiven aus, dass die beschriebene Sache typisch, charakteristisch für etw. ist, einer Sache eigentümlich, wesenseigen ist:* alters-, fach-, frauenspezifisch.
Spe|zi|fi|tät, die; -, -en: **1.** (bildungsspr.) *für jmdn., etw. auf spezifischen Merkmalen beruhende Besonderheit.* **2.** (Chemie) *charakteristische Reaktion* (2).
spe|zi|fi|zie|ren ⟨sw. V.; hat⟩ [mlat. specificare] (bildungsspr.): *im Einzelnen darlegen, aufführen; detailliert ausführen, genau[er] bestimmen:* Auslagen, Ausgaben s.; verlangen Sie eine spezifizierte Rechnung; ein spezifiziertes Attribut.
Spe|zi|fi|zie|rung, die; -, -en (bildungsspr.): *das Spezifizieren; Spezifikation.*
Sphä|re, die; -, -n: **1.** [lat. frz. sphère < lat. sphaera, ↑ Sphäre (2)] *Bereich, der jmdn., etw. umgibt:* die private, öffentliche, politische, geistige S. **2.** [lat. sphaera < griech. sphaîra = (Himmels)kugel; schon mhd. sp(h)ère, ahd. in. sphera] *(in antiker Vorstellung) Schicht des kugelig die Erde umgebenden Himmelsgewölbes:* * **in höheren -n schweben** (scherzh.; ↑ Region 2).
Sphä|ren|ge|sang, der (geh.): *als fast überirdisch schön empfundener Gesang.*
Sphä|ren|har|mo|nie, die: *(nach der Lehre des altgriechischen Philosophen Pythagoras) durch die Bewegung der Planeten entstehendes kosmisches, für den Menschen nicht hörbares, harmonisches Tönen.*
sphä|risch ⟨Adj.⟩ [spätlat. sph(a)ericus < griech. sphairikós]: **1.** *die Himmelskugel betreffend:* -e Astronomie. **2.** (Math.) *auf die Kugel, die Fläche einer Kugel bezogen, damit zusammenhängend:* -es Dreieck; -e Trigonometrie.
Sphä|ro|id, das; -[e]s, -e [zu lat. sphaeroides < griech. sphairoeidḗs = kugelförmig]: **1.** *kugelähnlicher Körper (bzw. seine Oberfläche).* **2.** *Rotationsellipsoid* (a): die Erde ist ein S., hat die Form eines -.
sphä|ro|i|disch ⟨Adj.⟩: *die Form eines Sphäroids* (1) *aufweisend.*
Sphä|ro|lith [auch: ...'lıt], der; -s u. -en, -e[n] [↑ -lith] (Mineral.): *kugeliges mineralisches Aggregat* (3) *aus strahlenförmig angeordneten Bestandteilen.*
Sphä|ro|lo|gie, die; - [↑ -logie]: *geometrische Lehre von der Kugel.*
Sphä|ro|me|ter, das; -s - [↑ -meter (1)] (Optik): *Gerät zur Bestimmung des Krümmungsradius von Kugelflächen, bes. von Linsen.*
Sphin|gen: Pl. von ↑ ²Sphinx.
Sphink|ter, der; -s, Sphinktere [griech. sphigktḗr, zu: sphíggein = zuschnüren] (Anat.): *Ring-, Schließmuskel* (1).
¹Sphinx, die; -: *Ungeheuer in Gestalt eines geflügelten Löwen mit Frauenkopf, das jeden Vorüberkommenden verschlingt, der sein ihm aufgegebenes Rätsel nicht lösen kann:* das Rätsel der S.; Ü lächeln wie eine S. (*unergründlich, rätselhaft lächeln*); eine S. (*ein rätselhafter, undurchschaubarer Mensch*).
²Sphinx, die; -, -e, (Archäol. meist:) der; -, -e u. Sphingen [lat. Sphinx < griech. Sphígx, H. u., viell. zu: sphíggein (↑ Sphinkter) in der Bed. »(durch Zauber) festbinden«]: *altägyptisches Steinbild in Löwengestalt, meist mit Männerkopf, als Sinnbild der übermenschlichen Kraft des Königs od. Gottes:* die S. von Gise.
Sphra|gis|tik, die; - [zu griech. sphragistikós = zum Siegeln gehörend, zu: sphragís = Siegel]:

spianato – Spiel

Wissenschaft, die sich mit der rechtlichen Funktion u. Bedeutung des Siegels (1 a) befasst; Siegelkunde.

spi|a|na|to [sp...] ⟨Adv.⟩ [ital. spianato, eigtl. = eben, flach, zu: spianare = (ein)ebnen, glätten] (Musik): *einfach, schlicht.*

spic|ca|to [sp...] ⟨Adv.⟩ [ital. spiccato, zu: spicare = (deutlich) hervortreten] (Musik): *(durch neuen Bogenstrich bei jedem Ton) mit deutlich abgesetzten Tönen [zu spielen]* (Vortragsanweisung).

Spic|ca|to, das; -s, -s u. ...ti (Musik): *die Töne deutlich voneinander absetzendes Spiel bei Streichinstrumenten.*

Spick, der; -[e]s, -e (Schülerspr. landsch.): Spickzettel (a).

Spick|aal, der [zu mniederd. spik = trocken, geräuchert, H. u.] (bes. nordd.): *Räucheraal.*

Spi|ckel, der; -s, - [wohl über das Roman. zu lat. spiculum = Spitze, Stachel, Vkl. von: spica, ↑Speicher] (schweiz.): *Zwickel* (1).

spi|cken ⟨sw. V.; hat⟩: **1.** [mhd. spicken, zu ↑Speck] *etw. an Spicknadeln Angebrachtes (bes. Speckstreifen) in Fleisch vor dem Braten einstechen* (1 b): den Braten s.; ein mit Trüffeln gespickter Rehrücken; Ich hatte die Hammelschulter mit halben Knoblauchzehen gespickt (Grass, Butt 9). **2.** *mit etw. [zu] reichlich versehen, ausstatten:* eine Rede mit Zitaten s.; das Diktat war mit Fehlern gespickt; eine gespickte (ugs.; *mit viel Geld gefüllte*) Brieftasche. **3.** (ugs.) *bestechen* (1). **4.** [viell. übertr. von 2 od. Intensivbildung zu ↑spähen] (Schülerspr.) **a)** *während einer Klassenarbeit, Klausur o. Ä. heimlich Notizen od. andere nicht zulässige Hilfsmittel benutzen;* **b)** *(von einem anderen Schüler) heimlich abschreiben:* bei/von seinem Nachbarn s.; jmdn. bei der Klassenarbeit s. lassen; ⟨subst.:⟩ er ist beim S. erwischt worden.

Spi|cker, der; -s, - (Schülerspr. landsch.): **1.** *jmd., der spickt* (4). **2.** *Spickzettel* (a).

Spi|cke|rin, die; -, -nen: w. Form zu ↑Spicker (1).

◆ **spi|ckig** ⟨Adj.⟩ [Nebenf. von ↑speckig in dessen landsch. Bed. »schmierig« (landsch.): *nicht ganz ausgebacken:* Die Brotlaibe, die schon angefangen hatten aufzuschwellen, fielen in sich zusammen und blieben s. wie ein Klumpen Schmer (Rosegger, Waldbauernbub 148).

Spick|na|del, die [zu ↑nadel (1)]: *mit aufklappbarer Öse versehene nadelartige Gegenstand, mit dem man spickt* (1).

Spick|zet|tel, der [zu ↑spicken (4)]: **a)** (Schülerspr. landsch.) *kleiner Zettel mit Notizen zum Spicken* (4 a) *während einer Klassenarbeit:* für den Test mache ich mir einen S.; **b)** (ugs.) *für eine bevorstehende Situation als Gedächtnisstütze angefertigte Notizen:* der Moderator warf einen kurzen Blick auf seinen S.

Spi|der [′ʃpaɪdɐ, ′sp...], der; -s, - : **1.** [engl. spider = leichter Wagen, eigtl. = Spinne] *Roadster.* **2.** (EDV) *Suchmaschine, die selbstständig Websites durchsucht u. diese in einer Datenbank speichert.*

spie: ↑speien.

spieb: ↑speiben.

Spie|gel, der; -s, - [mhd. spiegel, ahd. spiagal, über das Roman. < lat. speculum, ↑Spekulum]: **1. a)** *Gegenstand aus Glas od. Metall, dessen glatte Fläche das, was sich vor ihr befindet, als Spiegelbild zeigt:* ein runder, ovaler, rechteckiger, gerahmter S.; ein blanker, blinder, trüber, fleckiger, beschlagener S.; in der Garderobe hängt ein großer S. an der Wand; er zog einen kleinen S. aus der Tasche; in den S. sehen, gucken; sich im S. betrachten; sie steht ständig vorm S. *(betrachtet sich aus Eitelkeit häufig im Spiegel);* Ü seine Romane sind ein S. unserer Zeit, des mittelalterlichen Lebens; R der S. lügt nicht *(im Spiegel sieht man sich so, wie man wirklich aussieht);* * jmdm. den S. vorhalten *(jmdn. deutlich auf seine Fehler hinweisen);* sich ⟨Dativ⟩ etw. hinter den S. stecken können (ugs.: *etw. behalten können [weil der Sprecher es nicht haben will, es verächtlich zurückweist]; etw. beherzigen müssen);* sich ⟨Dativ⟩ etw. nicht hinter den S. stecken (ugs.; *durch eine scharfe Kritik o. Ä., bes. in einem Schriftstück, beschämt werden);* nach der verbreiteten Gewohnheit, hübsche Bildchen, liebe Briefe, Postkarten o. Ä. so hinter den Rand des Spiegels zu klemmen, dass man sie täglich vor Augen hat: das Zeugnis, die Rezension wird er sich [wohl, sicher] nicht hinter den S. stecken); **b)** (Med.) *Spekulum.* **2. a)** *Oberfläche eines Gewässers:* der S. des Sees glänzte in der Sonne, kräuselte sich im Wind; **b)** *Wasserstand:* der S. des Sees ist gesunken, ist seit gestern um 20 cm gestiegen; Mächtiger als alles, was sich jemals über den S. des Schwarzen Meeres erhoben hatte, warf dieser Berg seinen Schatten auf die Küste (Ransmayr, Welt 285). **3.** (Med.) *Konzentration eines Stoffs im Blut, im Plasma od. im Serum:* beim Cholesterin sollte der S. zwischen 120 und 250 mg pro 100 ml [Serum] liegen; er trank so viel, dass er am nächsten Morgen noch einen S. von 0,8 Promille [Alkohol im Blut] hatte. **4. a)** *seidener Rockaufschlag:* die S. des Fracks; **b)** *andersfarbiger Besatz auf dem Kragen einer Uniform.* **5.** (Zool.; Jägerspr.) **a)** *(bei bestimmten Tieren, z. B. beim Reh-, Rot- u. Damwild) heller Fleck am After;* **b)** *(bei bestimmten Vögeln, z. B. bei Enten) andersfarbige Zeichnung auf den Flügeln.* **6.** (Schiffbau) *senkrecht od. schräg stehende ebene Platte, die den hinteren Abschluss des Rumpfs eines Schiffs, Boots bildet.* **7.** *schematische Darstellung, Übersicht:* die Zeitschrift veröffentlicht jährlich einen S. der Lebenshaltungskosten, der Mietpreise. **8.** (Druckw.) **a)** *Satzspiegel;* **b)** *Dublüre.* **9. a)** (Archit.) *flaches, häufig mit Fresken o. Ä. verziertes mittleres Feld des Spiegelgewölbes;* **b)** (Tischlerei) *Türfüllung.* **10.** *(im MA.) meist in Prosa verfasstes, moralisch-religiöses, juristisches od. satirisches Werk* (bes. in Titeln): *einer der ersten deutschen S. sind Rechtsbücher.* **11.** *innerstes Feld einer Zielscheibe.* ◆ **12.** *hübsches, jugendlich glattes Gesicht:* Mein Enkel ... sprach der schönen Annerl, wie die Leute wie ihres glatten -s wegen nannten, immer von der Ehre (Cl. Brentano, Kasperl 355).

Spie|gel|bild, das: *von einem Spiegel o. Ä. reflektiertes, seitenverkehrtes Bild:* sie betrachtete ihr S. im Schaufenster; Ü die Literatur als S. gesellschaftlicher Entwicklung.

spie|gel|bild|lich ⟨Adj.⟩: *in der Art eines Spiegelbildes; seitenverkehrt:* eine -e Abbildung.

spie|gel|blank ⟨Adj.⟩: *so blank, dass es spiegelt* (1 a), *sich jmd., etw. darin spiegeln kann:* -e Fenster; das Silber, die Schuhe, den Lack, das Auto s. polieren.

Spie|gel|ei, das [nach dem spiegelnden Glanz des Dotters]: *Ei, das in eine Pfanne geschlagen u. darin gebraten wird, wobei der Dotter ganz bleibt.*

Spie|gel|fech|te|rei, die; -, -en [viell. eigtl. = das Fechten vor dem Spiegel mit seinem eigenen Bilde, also zum Schein] (abwertend): *vom Wesentlichen ablenkendes, heuchlerisches, nur zum Schein od. zur Täuschung gezeigtes Verhalten.*

Spie|gel|ga|le|rie, die: *(bes. in barocken Schlössern) mit vielen Spiegeln ausgestattete Galerie* (2).

Spie|gel|ge|wöl|be, das (Archit.): *Gewölbe* (1) *mit einem Spiegel* (9 a) *als oberem Abschluss.*

Spie|gel|glas, das: **a)** *beidseitig geschliffenes u. poliertes Glas zur Herstellung von Spiegeln;* **b)** (selten) *Spiegel* (1 a).

spie|gel|glatt ⟨Adj.⟩: **a)** *äußerst glatt* (1 b): er war auf der -en Fahrbahn ins Schleudern gekommen; das Parkett war frisch gebohnert und s.; die Straße war s. [gefroren]; **b)** *äußerst glatt* (1 a): eine -e Oberfläche; s. polierte Marmorplatten.

spie|gel|gleich ⟨Adj.⟩ (veraltet): *symmetrisch.*

spie|gel|lig ⟨Adj.⟩ [zu ↑Spiegel] (selten): *eine glänzende, spiegelähnliche Oberfläche habend; Licht (glänzend) widerspiegelnd.*

Spie|gel|ka|bi|nett, das; vgl. Spiegelgalerie.

Spie|gel|karp|fen, der: *Karpfen mit wenigen sehr großen, glänzenden Schuppen.*

spie|geln ⟨sw. V.; hat⟩ [mhd. spiegeln = wie ein Spiegel glänzen; hell wie einen Spiegel machen]: **1. a)** *(wie ein Spiegel Lichtstrahlen zurückwerfend) glänzen:* das Parkett spiegelt [im Licht, vor Sauberkeit]; **b)** *infolge von auftreffendem Licht blenden* (1), *störende Reflexe verursachen:* die Brille, der Bildschirm spiegelt; das Bild war schlecht zu erkennen, weil das Glas spiegelte; Um das Interieur zu erkennen, musste man das Gesicht nahe an die spiegelnde Fensterscheibe halten, die beiden Hände als Scheuklappen (Frisch, Montauk 23). **2. a)** ⟨s. + sich⟩ *sich widerspiegeln, als Spiegelbild erscheinen:* die Bäume spiegeln sich im Fluss, auf dem Wasser; Ü in ihrem Gesicht spiegelte sich Freude, Erleichterung; in seinen Büchern spiegelt sich der Geist der Zeit; **b)** *das Spiegelbild von etw. zurückwerfen:* die Glastür spiegelt die vorüberfahrenden Autos; Ü ihr Gesicht spiegelte Angst. **3.** ⟨s. + sich⟩ (selten) *(auf einer spiegelnden Fläche) sein Spiegelbild betrachten:* sie blieb vor einem Schaufenster stehen, um sich [darin] zu s. **4.** (Med.) *mit dem Spekulum betrachten, untersuchen:* den Kehlkopf, den Darm s. **5.** (Geom.) *eine Spiegelung (2) vornehmen:* ein Dreieck an einer Geraden s.

Spie|gel|re|flex|ka|me|ra, die (Fotogr.): *Kamera mit eingebautem Spiegel, der vom Objektiv erfasste Bild auf eine Mattscheibe wirft, sodass im Sucher ein genaues Abbild dessen erscheint, was das Objektiv einfängt.*

Spie|gel|saal, der: *Saal, dessen Wände mit Spiegeln verkleidet sind.*

Spie|gel|schrank, der: *Schrank mit außen in die Türen eingesetzten Spiegeln.*

Spie|gel|schrift, die: *seitenverkehrte Schrift:* in S. schreiben.

Spie|gel|strich, der [der Strich hat beim Erstellen eines Satzspiegels eine bestimmte drucktechnische Bed.] (Schrift- u. Druckw.): *(einem Gedankenstrich gleichender) der Gliederung dienender waagerechter Strich am Anfang eines eingerückten Absatzes.*

Spie|gel|te|les|kop, das (Optik): *Reflektor* (3).

Spie|gel|tisch, der: *(als Frisiertisch, Schminktisch o. Ä. dienender) Tisch mit einem od. mehreren (zum Teil schwenkbaren) Spiegeln.*

Spie|ge|lung, (selten:) Spieglung, die; -, -en [mhd. spiegelunge]: **a)** *das Spiegeln;* **b)** *das Gespiegeltwerden;* **c)** *Spiegelbild:* was du da gesehen hast, war nur ein S.; **d)** (Geom.) *spiegelbildliches Abbilden eines ebenen od. räumlichen Gebildes beiderseits einer Geraden od. Ebene.*

spie|gel|ver|kehrt ⟨Adj.⟩: *seitenverkehrt:* ein -es Bild, Negativ.

Spieg|lung: ↑Spiegelung.

Spie|ker, der; -s, - [mniederd. spiker, viell. verw. mit lat. spiculum, ↑Spickel] (Schiffbau): *vierkantiger Nagel mit keilförmiger Spitze.*

spie|kern ⟨sw. V.; hat⟩ (Schiffbau): *mit Spiekern [fest]nageln.*

Spiel, das; -[e]s, -e [mhd., ahd. spil, eigtl. wohl = Tanz(bewegung), H. u.]: **1. a)** *Tätigkeit, die ohne bewussten Zweck zum Vergnügen, zur Entspan-*

nung, aus Freude an ihr selbst u. an ihrem Resultat ausgeübt wird; das Spielen (1 a): sie sah dem S. der Kinder, der Kätzchen zu; das Kind war ganz in sein S. [mit den Puppen, den Bauklötzen] vertieft; das schafft sie wie im S. *(mühelos);* seine Eltern sind weg, jetzt hat er freies S. *(kann er tun, was er will);* **b)** Spiel (1 a), *das nach festgelegten Regeln durchgeführt wird; Gesellschaftsspiel:* ein unterhaltsames, lehrreiches, pädagogisch wertvolles, langweiliges S.; -e für Erwachsene und Kinder; das königliche S. *(Schach);* ein S. machen, spielen, gewinnen, verlieren, abbrechen, aufgeben; dieses S. hast du gemacht *(gewonnen);* es sind noch alle im S. *(es ist noch keiner ausgeschieden);* **c)** Spiel (1 b), *bei dem der Erfolg vorwiegend von Zufall abhängt u. bei dem um Geld gespielt wird; Glücksspiel:* ein verbotenes S.; machen Sie Ihr S.! (Roulette; *machen Sie Ihren Einsatz!);* dem S. verfallen, ergeben sein; sein Geld beim, im S. verlieren; Ü ein offenes, ehrliches S.; Spionage ist ein riskantes, gefährliches S.; R das S. ist aus *(die Sache ist verloren, vorbei);* Spr Pech im S., Glück in der Liebe; **d)** *nach bestimmten Regeln erfolgender sportlicher Wettkampf, bei dem zwei Parteien um den Sieg kämpfen:* ein faires, spannendes, hartes, schönes S.; das S. steht, endete 2:0, [1:1] unentschieden; die -e der Bundesliga; ein S. anpfeifen, abbrechen, wiederholen, verschieben, austragen; das S. machen (Sport; *das Spiel bestimmen);* einen Spieler aus dem S. nehmen, ins S. nehmen; **e)** Spiel (1 b), *für dessen Zielerreichung ein Gewinn ausgelobt ist.* **2.** ⟨o. Pl.⟩ *Art zu spielen (3 b); Spielweise:* ein defensives, offensives S. bevorzugen; dem Gegner das eigene S. aufzwingen; kurzes, langes S. (Golf; *das Schlagen kurzer, langer Bälle).* **3.** *einzelner Abschnitt eines längeren Spiels (1 b) (beim Kartenspiel, Billard o. Ä., beim Tennis):* wollen wir noch ein S. machen?; bis jetzt hat jeder zwei -e gewonnen; der ersten beiden -e des ersten Satzes. **4. a)** *Anzahl zusammengehörender, zum Spielen (besonders von Gesellschaftsspielen) bestimmter Gegenstände:* das S. ist nicht mehr vollständig; ein S. aufstellen, aufbauen; ein neues S. [Karten] kaufen; was habt ihr denn für -e?; **b)** (Fachspr.) *Satz* (6): ein S. Stricknadeln *(fünf gleiche Stricknadeln, z. B. zum Stricken von Strümpfen);* ein S. Saiten. **5.** ⟨o. Pl.⟩ **a)** *künstlerische Darbietung, Gestaltung einer Rolle durch einen Schauspieler; das Spielen* (6 a): das gute, schlechte, überzeugende S. des Hauptdarstellers; **b)** *Darbietung, Interpretation eines Musikstücks; das Spielen* (5 a): das gekonnte, temperamentvolle, brillante S. des Pianisten; dem S. der Geigerin lauschen. **6.** *[einfaches] Bühnenstück, Schauspiel:* die geistlichen -e des Mittelalters; ein S. im S. (Literaturwiss.; *in ein Bühnenwerk in Form einer Theateraufführung eingefügte dramatische Handlung od. Szene).* **7.** (schweiz.) *[Militär]musikkapelle, Spielmannszug:* das S. der 3. Division zog an. **8.** ⟨o. Pl.⟩ **a)** *das Spielen* (10a): das S. der Wellen, ihrer Hände, seiner Augen, der Muskeln; Ü das S. der Gedanken, der Fantasie; das freie S. der Kräfte; **b)** (seltener) *das Spielen* (10b). **9.** *Handlungsweise, die etw., was Ernst erfordert, leichtnimmt; das Spielen* (9): das S. mit der Liebe; ein abgekartetes S.; das war ein S. mit dem Leben *(war lebensgefährlich);* ein falsches/doppeltes S. *(eine unehrliche Vorgehensweise);* das S. zu weit treiben *(in einer Sache zu weit gehen);* [s]ein S. mit jmdm./etw. treiben *(mit jmdm., etw. leichtfertig umgehen);* aus dem S. genug ist genug ernst; R genug ist genug -s! (scherzh.; *hören wir auf damit!;* nach Schillers Gedicht »Der Taucher«, wo es heißt: »Lasst, Vater, genug sein das grausame Spiel!«).

10. *Bewegungsfreiheit von zwei ineinandergreifenden od. nebeneinanderliegenden [Maschinen]teilen; Spielraum:* die Lenkung hat zu viel S. **11.** (Jägerspr.) *Schwanz des Birkhahns, Fasans, Auerhahns.* **12.** * *das S. hat sich gewendet* (↑ Blatt 4 a); ein S. mit dem Feuer (1. *gewagtes, gefährliches Tun.* 2. *unverbindliches Flirten, Kokettieren);* bei jmdm. gewonnenes S. haben *(schon im Voraus wissen, dass man bei jmdm. keine Schwierigkeiten im Hinblick auf die Verfolgung seines Zieles haben wird);* [mit jmdm., etw.] ein leichtes S. haben *(mit jmdm., etw. leicht fertigwerden);* das S. verloren geben *(eine Sache als aussichtslos aufgeben);* auf dem S. stehen *(in Gefahr sein, verloren zu gehen, Schaden zu nehmen o. Ä.):* bei dieser Operation steht sein Leben auf dem S.; etw. aufs S. setzen *(etw. [leichtfertig] riskieren, in Gefahr bringen):* seinen guten Ruf aufs S. setzen); jmdn., etw. aus dem S. lassen *(jmdn., etw. nicht in eine Angelegenheit o. Ä. hineinziehen):* lass meine Mutter [dabei] bitte aus dem S.!); aus dem S. bleiben *(nicht einbezogen, nicht berücksichtigt werden);* [mit] im S. sein *(mitwirken);* jmdn., etw. ins S. bringen *(jmdn., etw. [in etw.] mit einbeziehen);* ins S. kommen *(riskieren 2; der Gefahr eines Verlustes* ◆ *auf dem S. haben (riskieren 2; der Gefahr eines Verlustes aussetzen):* ... wir beide haben die Ehre nur einmal auf dem S. [Schiller, Fiesco IV, 12]; ... erklären Sie sich mir, wie viel Sie bei der fernern Weigerung des Majors auf dem S. haben [Schiller, Kabale III, 1]).

Spiel|ab|bruch, der (Sport): *Abbruch eines Spiels* (1 d): in der 70. Minute drohte ein S.
Spiel|abend: ↑ Spieleabend.
Spiel|al|ter, das ⟨o. Pl.⟩: *Alter, in dem ein Kind vorwiegend spielt.*
Spiel|an|teil, der (Sport): *Anteil, den eine Mannschaft am gesamten Geschehen eines Spiels (1 d) hat.*
Spiel|an|wei|sung, die (Musik): *Anweisung des Komponisten an den Musiker, etw. in einer bestimmten Weise zu spielen.*
Spiel|an|zug, der: *Anzug, den ein Kind zum Spielen trägt.*
Spiel|art, die: *(neben anderen existierende u. von ihnen sich [leicht] unterscheidende) Form, Ausprägung von etw.; Variante:* der Jazz in allen seinen -en.
Spiel|au|to|mat, der: *Automat für Glücksspiele, der durch Einwurf einer Münze in Gang gesetzt wird.*
Spiel|ball, der: **1. a)** (Ballspiele) *in einem Spiel benutzter Ball;* **b)** (Billard) *Karambole;* **c)** (Tennis) *zum Gewinn eines Spiels (3) erforderlicher Punkt.* **2.** *Person, Sache, die jmdm. od. einer Sache machtlos ausgeliefert ist:* ein S. der Götter, des Schicksals sein; das Boot war, wurde ein S. der Wellen.
Spiel|bank, die ⟨Pl. -en⟩: *Spielkasino.*
spiel|bar ⟨Adj.⟩: *sich spielen (5 a, 6 a), lassend:* diese Etüde, Rolle ist kaum s.
Spiel|be|ginn, der: *Beginn eines Spiels (1 d):* zu, vor, [kurz, gleich] nach S.
Spiel|bein, das: **a)** (Sport) *Bein, das bei einer sportlichen Übung zum Balltreten, Schwungholen o. Ä. dient;* **b)** (Kunstwiss.) *(im klassischen Kontrapost) den Körper nur leicht stützendes, unbelastetes Bein.*
spiel|be|rech|tigt ⟨Adj.⟩ (Sport): *eine Spielberechtigung habend.*
Spiel|be|rech|ti|gung, die (Sport): *Berechtigung (in einem bestimmten Spiel, Turnier o. Ä.) zu spielen.*
Spiel|be|trieb, der: *organisatorische Abwicklung u. Durchführung von Spielen (1 d) od. Aufführungen (1):* den S. wieder aufnehmen.
Spiel|brett, das: **1.** *(entsprechend markiertes)*

Brett für Brettspiele. **2.** (Basketball) *Brett, an dem der Korb (3 a) hängt.*
Spiel|dau|er, die: *Dauer eines Spiels.*
Spiel|do|se, die: *mechanisches Musikinstrument in Form einer Dose od. eines Kastens, das, wenn es aufgezogen wird, eine od. mehrere Melodien spielt.*
Spie|le|abend, Spielabend, der: *mit gemeinschaftlichem Spielen (von Gesellschaftsspielen, Videospielen o. Ä.) verbrachter Abend.*
Spiel|ecke, die: vgl. Spielzimmer.
Spie|le|in|satz, der: vgl. Einsatz (2 a).
Spie|le|kon|so|le: ↑ Spielkonsole.
spie|len ⟨sw. V.; hat⟩ [mhd. spiln, ahd. spilōn, urspr. = sich lebhaft bewegen, tanzen]: **1. a)** *sich zum Vergnügen, Zeitvertreib u. allein aus Freude an der Sache selbst auf irgendeine Weise betätigen, mit etw. beschäftigen:* die Kinder spielen [miteinander], im Hof, im Sandkasten]; mit einem Ball, der elektrischen Eisenbahn, einer Puppe s.; du darfst noch für eine Stunde s. gehen; er spielt schon wieder mit seinem neuen Computer; die Katze spielt mit einem Wollknäuel, einer Maus; spielende Kinder; **b)** *etw. fortwährend mit den Fingern bewegen; an etw. herumspielen:* sie spielte an ihrem Armband, Ohrring; sie spielte an ihren Brüsten, mit ihrem Haar; Ü der Wind spielte mit ihren Haaren; **c)** *ein bestimmtes Spiel (1 b) zum Vergnügen, Zeitvertreib, aus Freude an der Sache selbst machen:* Halma, Skat, ein Spiel, ein Gesellschaftsspiel s.; [mit jmdm., gegen jmdn.] Schach s.; Verstecken, Fangen, Blindekuh, Indianer, Räuber und Gendarm s.; wollen wir noch eine Partie s.?; **d)** (Kartenspiele) *im Spiel einsetzen, ausspielen:* Herz, Trumpf, den Buben, eine andere Farbe s.; **e)** *ein bestimmtes Spiel (1 b) beherrschen:* spielen sie schon Skat?; sie spielt sehr gut Schach. **2.** *sich an einem Glücksspiel beteiligen:* hoch, niedrig, riskant, vorsichtig, um Geld, mit hohem Einsatz, um hohe Summen s.; im Lotto, Toto s.; er begann zu s. *(wurde ein Spieler);* ⟨auch mit Akk.-Obj.:⟩ Lotto, Toto, Roulette s. **3. a)** *[als Sport] ein bestimmtes Ballspiel o. Ä. spielen:* Fußball, Handball, Hockey, Golf, Billard s.; sie spielt hervorragend Tennis; er kann wegen einer Verletzung zurzeit nicht s.; **b)** *einen sportlichen Wettkampf austragen:* die Mannschaft spielt heute [gut, schlecht, enttäuschend, offensiv, auswärts]; gegen einen starken Gegner s.; es wird in der Halle gespielt; um Punkte, um die Meisterschaft s.; ⟨s. + sich; unpers.⟩ *sich in bestimmter Weise spielen (3 b) lassen:* auf nassem Rasen spielt es sich schlecht; in der Halle spielt es sich besser; **d)** *(einen Ball o. Ä.) im Spiel irgendwohin gelangen lassen:* den Ball, die Scheibe vors Tor s.; die schwarze Kugel über die Bande ins Loch s.; **e)** *(einen Ball o. Ä.) in einer bestimmten Weise im Spiel bewegen:* den Ball hoch, flach, mit Effet s.; **f)** *ein Spiel mit einem bestimmten Ergebnis abschließen, beenden:* unentschieden s.; die deutsche Mannschaft hat 1:0 gespielt; **g)** (Ballspiele, Eishockey) *als Spieler einen bestimmten Posten (2 c) einnehmen:* im Tor, in der Abwehr, halblinks s.; Libero s. *(als Libero spielen).* **4.** ⟨s. + sich⟩ *durch Spielen (1 a, c, 2 b) in einen bestimmten Zustand gelangen:* die Kinder haben sich müde, hungrig gespielt; sich beim Roulette um sein Vermögen s.; sich warm, in Form s. **5. a)** *auf einem Musikinstrument musizieren:* Gitarre s.; er spielt schon seit Jahren Cello; er spielt in einer Band Saxofon; sie spielt [gut, schlecht] Klavier *(kann [gut, schlecht] Klavier spielen);* **b)** *auf einem Musikinstrument darbieten:* eine Melodie, Etüde, Sonate [auf dem Klavier] s.; das Orchester spielte einen Walzer, Jazz, Tanzmusik; sie spielten [Werke von] Haydn und Mozart; Ü das

spielend – Spielpause

Radio spielte *(im Radio hörte man)* eine Symphonie; spiel doch mal eine Schallplatte (ugs.; *lege eine Schallplatte auf)!*; **c)** *musizieren:* auswendig, vom Blatt, nach Noten s.; vierhändig, auf zwei Flügeln s.; gekonnt, routiniert, anmutig, mit Gefühl s.; sie spielt im Schulorchester, in einer Rockband; die Band spielt heute in Köln; das Orchester, die Musik begann zu s.; zum Tanz s.; Ü das Radio spielt *(läuft)* bei ihm den ganzen Tag. **6. a)** *(eine Gestalt in einem Theaterstück, Film) schauspielerisch darstellen:* eine kleine Rolle, die Hauptrolle [in einem Stück] s.; den Hamlet [eindrucksvoll, überzeugend] s.; ⟨auch ohne Akk.-Obj.:⟩ die Hauptdarstellerin spielte manieriert, gut, eindringlich; **b)** *als Darsteller auftreten:* jeden Abend s. müssen; er spielt am Burgtheater *(hat dort ein Engagement als Schauspieler);* **c)** *(ein Bühnenstück) aufführen, (einen Film) vorführen:* eine Komödie, Oper s.; das Staatstheater spielt heute Hamlet; das Kino spielt, im Kino spielen sie schon wieder »Casablanca«; was wird heute im Theater gespielt?; Ü was wird hier gespielt? (ugs.; *was geht hier vor sich?);* **d)** ⟨s. + sich⟩ *durch seine Leistung im Spiel* (1 d, 5 a, b) *in einen bestimmten Rang aufsteigen:* mit dieser Rolle hat er sich ganz nach vorn, in die erste Reihe gespielt; die Mannschaft hat sich an, in die Weltspitze gespielt. **7.** *(von der Handlung eines literarischen Werks o. Ä.) sich irgendwann, irgendwo zutragen:* der Film, Roman spielt im 16. Jh., in Berlin, im Berlin der Zwanzigerjahre; ♦ (landsch. s. + sich; unpers.:) Einmal ... spielte es sich, als sollte in unserem großen Ofen auch Fleisch gebraten werden (Rosegger, Waldbauernbub 150). **8. a)** *etw. Bestimmtes zu sein vorgeben; vortäuschen, vorgeben:* den Überlegenen s.; sie spielte gerne die große Dame; spiel hier nicht den Narren, den Unschuldigen!; ⟨häufig im 2. Part.:⟩ mit gespielter Gleichgültigkeit; gespieltes Interesse; **b)** *eine bestimmte Rolle, Funktion übernehmen:* könntest du nicht mal [den] Mundschenk, [die] Dolmetscherin s.?; sie will nicht den ganzen Tag Hausfrau s.; ich denke ja gar nicht daran, mich schon wieder den Chauffeur zu s. **9.** *leichtfertig, mit launenhafter Willkür mit jmdm., einer Sache umgehen:* mit jmdm., jmds. Gefühlen [nur] s.; [leichtsinnig] mit seinem Leben s. (*leichtsinnig riskieren);* er spielt gern mit Worten (*liebt Wortspiele).* **10.** *[sich] unregelmäßig, ohne bestimmten Zweck, leicht u. daher wie spielerisch [hin u. her] bewegen:* der Wind spielt in den Zweigen, in ihren Haaren; die Wasser spielte um seine Füße; Ü ein Lächeln spielte um ihre Lippen *(ein leichtes Lächeln war auf ihrem Gesicht zu sehen);* **b)** *eine Farbton in einen anderen übergehen:* ihr Haar spielt [etwas] ins Rötliche; der Diamant spielt *(glitzert)* in allen Farben; ein ins Grünliche spielendes Gelb. **11.** *heimlich irgendwohin gelangen lassen; jmdm. unauffällig zuspielen* (2): jmdm. etw. in die Hände s.; Hausmister von Knobelsdorff war es gewesen, der eine erste behutsame Verlautbarung ... in die Tagespresse gespielt hatte (Th. Mann, Hoheit 133). **12.** * *etw. s. lassen/spielenlassen (etw. für eine bestimmte Wirkung einsetzen, wirksam werden lassen:* seine Beziehungen, Verbindungen s. lassen; sie ließ ihren Charme, ihre Reize s.; lass doch mal deine Fantasie s.!); **sich mit etw. s.** (südd., österr.: *etw. nicht ernsthaft betreiben, etw. mühelos bewältigen).* **13.** *(bes. schweiz.) funktionieren, wirksam werden.* ♦ **14. a)** *(von Geschützen) einen Schuss, Schüsse abgeben, das Feuer eröffnen:* Drauf spielte das Geschütz, und Blumensträuße, wohlriechende köstliche Essenzen wurden aus niedlichen Feldstücken abgefeuert (Schiller, Maria Stuart II, 1); ... da ... alle Batterien, die man ... s. ließ, nicht nur ohne Wirkung blieben ... (Wieland, Abderiten IV, 9); **b)** *schießen* (1 c): Um Mitternacht fing das Bombardement an, sowohl von der Batterie auf unserm rechten Ufer als von der einen andern auf dem linken, welche näher gelegen und mit Brandraketen spielend, die stärkste Wirkung hervorbrachte (Goethe, Kampagne in Frankreich 1792, 30. August). **15.** *übertragen, überspielen.*

spie|lend ⟨Adj.⟩: *mühelos:* er löste alle Probleme mit -er Leichtigkeit; etw. s. lernen, schaffen, beherrschen.

Spie|len|de, das: *Ende eines Spiels* (1 d): die Entscheidung fiel kurz vor S.

spie|len las|sen, spie|len|las|sen ⟨st. V.; hat⟩: s. spielen (12).

Spie|ler, der; -s, - [mhd. spilære = (Würfel)spieler, ahd. spilāri = Paukenspieler; Mime]: **a)** *jmd., der an einem Spiel* (1 b, d) *teilnimmt:* ein guter, schlechter, starker, schwacher, fairer S.; der Verein hat zwei neue S. verpflichtet; **b)** *jmd., der vom Glücksspiel nicht lassen kann:* ein leidenschaftlicher, besessener S.; einen S. werden; **c)** (seltener) *jmd., der ein Musikinstrument spielt;* **d)** (selten) Kurzf. von ↑ Schauspieler.

Spie|le|rei, die; -, -en: **1.** ⟨o. Pl.⟩ (abwertend) *[dauerndes] Spielen* (1 b): lass die S., es ist endlich! **2.** *etw., was leicht ist, weiter keine Mühe macht:* ihre Arbeit war in seinen Augen [nichts als] eine S. **3.** (oft abwertend) *etw. Zusätzliches, aber Entbehrliches, für die eigentliche Sache Unwichtiges.*

Spie|ler|frau, die; (ugs.): *Ehefrau eines Profisportlers (meist eines Fußballspielers).*

Spie|le|rin, die; -, -nen: w. Form zu ↑ Spieler.

spie|le|risch ⟨Adj.⟩: **1. a)** *von Freude am Spielen zeugend, absichtslos-gelockert:* mit -er Leichtigkeit; sie schwang s. nach dem Ball; Er boxte halb s., halb ernst auf Helmut ein (M. Walser, Pferd 56); **b)** *ohne rechten Ernst, nicht ernsthaft:* ein -es Leben führen. **2.** *die Technik des Spiels* (2, 5 a, b) *betreffend:* eine ausgezeichnete -e Leistung; eine s. hervorragende Mannschaft.

Spie|ler|stamm, der (Sport): *Bestand an Stammspielern.*

Spiel|feld, das: *abgegrenzte, markierte Fläche für sportliche Spiele.*

Spiel|feld|hälf|te, die: *Hälfte* (a) *eines Spielfeldes:* sie kamen kaum aus der eigenen S. heraus.

Spiel|feld|rand, der: *seitliche Begrenzung eines Spielfelds.*

Spiel|fi|gur, die: *zu einem Brettspiel gehörende Figur:* handgeschnitzte -en; die Dame ist beim Schach die wertvollste S.

Spiel|film, der: *aus inszenierten, gespielten Szenen zusammengesetzter, der Unterhaltung dienender, gewöhnlich abendfüllender [künstlerischer] Film* (3 a), *meist mit einer durchgehenden fiktiven Handlung* (2): sein erster [längerer, abendfüllender] S. war eine Romanverfilmung, einen S. inszenieren, drehen, zeigen, mitschneiden; der neue TV-Kanal bringt nur -e.

Spiel|flä|che, die: *zum Spielen dienende Fläche.*

spiel|frei ⟨Adj.⟩: *ohne Spiel* (1 d, 5 a), *Vorstellung:* ein -er Tag; die Mannschaft ist dieses Wochenende s.; ich habe zwar heute Abend s., aber zur Probe muss ich trotzdem.

Spiel|freu|de, die: *Freude am Spiel:* die S. der Mannschaft, der Band.

spiel|freu|dig ⟨Adj.⟩: *Spielfreude habend, erkennen lassend:* -e Schauspieler, Fußballspieler, Musiker.

Spiel|füh|rer, der (Sport): *Führer, Kapitän, Sprecher einer Mannschaft* (1 a).

Spiel|füh|re|rin, die: w. Form zu ↑ Spielführer.

Spiel|ge|fähr|te, der: *Kind in Bezug auf ein anderes Kind, mit dem es öfter zusammen spielt.*

Spiel|ge|fähr|tin, die: w. Form zu ↑ Spielgefährte.

Spiel|geld, das: **1.** *für bestimmte Spiele als Spieleinsatz imitiertes Geld.* **2.** *Einsatz* (2 a) *beim [Glücks]spiel.*

Spiel|ge|rät, das: *für bestimmte Spiele, ein bestimmtes Spiel erforderliches Hilfsmittel* (z. B. Wippe, Schaukel, Hüpfball, Stelzen): auf dem Spielplatz ist ein neues S. aufgestellt worden.

Spiel|ge|stal|ter, der (Sport): *Spielmacher.*

Spiel|ge|stal|te|rin, die: w. Form zu ↑ Spielgestalter.

Spiel|hahn, der [zu ↑ Spiel (11) od. nach dem Gebaren bei der Balz] (Jägerspr.): *Birkhahn.*

Spiel|hälf|te, die: **1.** *Halbzeit* (1): kurz nach Beginn der zweiten S. **2.** *Spielfeldhälfte.*

Spiel|hal|le, die: *Räumlichkeit, in der zahlreiche verschiedene Spielautomaten dem Besucher die Möglichkeit zu Geschicklichkeitsspielen u. Geldgewinnen gibt.*

Spiel|höl|le, die (abwertend): *Spielbank; Räumlichkeit, in der Glücksspiele gespielt werden.*

Spiel|ka|me|rad, der: *Spielgefährte.*

Spiel|ka|me|ra|din, die: w. Form zu ↑ Spielkamerad.

Spiel|kar|te, die: *(mit Bildern u. Symbolen bedruckte) Karte eines Kartenspiels.*

Spiel|ka|si|no, das: *gewerbliches Unternehmen, in dem um Geld gespielt wird.*

Spiel|klas|se, die (Sport): *Klasse* (4), *in die Mannschaften nach ihrer Leistung eingestuft werden.*

Spiel|kon|so|le, Spielekonsole, die: *Konsole* (3).

Spiel|kreis, der: *Gruppe von Personen, die [in ihrer Freizeit] zusammen musizieren od. Theater spielen.*

Spiel|lei|den|schaft, die: *Leidenschaft für Glücksspiele.*

Spiel|lei|ter, der: **a)** *Regisseur;* **b)** *jmd., der ein Spiel (bes. ein Wettspiel, Quiz im Fernsehen) leitet;* **c)** (Sport) *jmd., der als Schiedsrichter ein Spiel leitet;* **d)** (Sport) *für die Abwicklung des Spielbetriebs Verantwortlicher.*

Spiel|lei|te|rin, die: w. Form zu ↑ Spielleiter.

Spiel|lei|tung, die: **1.** *Regie.* **2. a)** ⟨o. Pl.⟩ *Leitung* (1 a) *eines Spiels;* **b)** *Leitung* (1 b) *eines Spiels.*

Spiel|ma|cher, der (Sportjargon): *Spieler, der das Spiel seiner Mannschaft entscheidend bestimmt.*

Spiel|ma|che|rin, die: w. Form zu ↑ Spielmacher.

Spiel|mann, der ⟨Pl. ...leute⟩ [mhd. spilman, ahd. spiliman, urspr. = Schautänzer, Gaukler]: **1.** (*im MA.) fahrender Sänger, der Musikstücke [u. artistische Kunststücke] darbietet.* **2.** *Mitglied eines Spielmannszuges.*

Spiel|manns|dich|tung, die: **1.** *den Spielleuten zugeschriebene Dichtung.* **2.** (Literaturwiss.) *Gruppe frühhöfischer Epen, die in schwankhafter Weise Begebenheiten bes. der Kreuzzüge erzählen.*

Spiel|manns|zug, der: *bes. aus Trommlern u. Pfeifern bestehende Musikkapelle eines Zuges (einer militärischen Einheit, eines Vereins o. Ä.).*

Spiel|mar|ke, die: *kleine, flache Scheibe aus Pappe, Kunststoff o. Ä., die bei Spielen das Geld ersetzt;* [1]*Fiche* (a); *Jeton* (a).

Spiel|mi|nu|te, die (Sport): *Minute der Spielzeit:* die ersten -n; das Tor fiel in der dreißigsten S.

Spiel|mu|sik, die: *auf die Musik des Barocks zurückgreifende, relativ leicht zu spielende Instrumentalmusik.*

Spiel|oper, die (Musik): *dem Singspiel ähnliche deutsche komische Oper.*

Spie|lo|thek, die; -, -en [geb. nach ↑ Bibliothek]: **1.** *Einrichtung zum Verleih von Spielen.* **2.** *Spielhalle.*

Spiel|pau|se, die: *Pause zwischen zwei Abschnitten eines Spiels.*

Spiel|pfei|fe, die: *Pfeife des Dudelsacks, auf der die Melodie gespielt wird; Schalmei (3).*
Spiel|pha|se, die: *Phase eines Spiels (1 d): in der letzten S. wurde der HSV stärker.*
Spiel|plan, der: **1. a)** *Gesamtheit der für die Spielzeit einer Bühne vorgesehenen Stücke:* eine Oper auf den S. setzen, in den S. aufnehmen, vom S. absetzen; **b)** *über den Spielplan (1 a) eines bestimmten Zeitraumes Auskunft gebendes Programm (2) einer od. mehrerer Bühnen.* **2.** (Sport) *Plan, nach dem die Spiele einer Meisterschaft, eines Pokals, Turniers abgewickelt werden.*
Spiel|platz, der: *[mit Spielgeräten ausgestatteter] Platz im Freien zum Spielen für Kinder:* ein schöner, fantasievoll gestalteter S.; die Straße ist kein S.; die Kinder treffen sich nachmittags auf dem S., kennen sich vom S.
Spiel|pra|xis, die: **1.** ⟨o. Pl.⟩ *durch häufigen Einsatz gewonnene Übung, Erfahrung in einer bestimmten [sportlichen] Disziplin.* **2.** ⟨Pl. selten⟩ *die zur Darbietung eines Musikwerks, Theaterstücks o. Ä. gehörigen Techniken, Regeln u. Ä.*
Spiel|raum, der: **1.** *gewisser freier Raum, der den ungehinderten Ablauf einer Bewegung, das ungehinderte Funktionieren von etw. ermöglicht, gestattet:* keinen, genügend S. haben. **2.** *Möglichkeit, sich frei zu bewegen, sich in seiner Tätigkeit frei zu entfalten:* Spielräume für die schöpferische Fantasie; das Gesetz lässt der Auslegung weiten S.
Spiel|re|gel, die: *Regel, die beim Spielen eines Spiels (1 b, d) beachtet werden muss:* die für Schach, Billard, Hockey geltenden -n; die -n kennen, beachten; das ist gegen die -n; Ü die politischen -n kennen; gegen alle -n der Diplomatie verstoßen.
Spiel|run|de, die: *Runde (3 b) bei einem Spiel.*
Spiel|sa|chen ⟨Pl.⟩: *Spielzeug (a).*
Spiel|schuld, die ⟨meist Pl.⟩: *beim Glücksspiel entstandene Schuld (3):* [bei jmdm.] -en haben.
Spiel|stand, der: *Stand (4 a) bes. eines sportlichen Spiels:* nach der ersten Halbzeit war der S. 1 : 1.
spiel|stark ⟨Adj.⟩ (Sport): *in der spielerischen Leistung stark (6 a).*
Spiel|stär|ke, die (Sport): *starke spielerische Leistung.*
Spiel|stät|te, die (geh.): *Stätte zum Spielen (z. B. zum Theaterspielen, zum Fußballspielen):* der Fußballverein braucht dringend eine eigene S.
Spiel|stein, der: *kleiner, flacher Gegenstand, mit dem man bestimmte [Brett]spiele spielt.*
Spiel|stra|ße, die: *für den Durchgangsverkehr gesperrte Straße, die zum Spielen für Kinder freigegeben ist.*
Spiel|sucht, die: *einer Sucht (1) gleichkommender, unwiderstehlicher Drang, sich dem Glücksspiel zu überlassen.*
spiel|süch|tig ⟨Adj.⟩: *an Spielsucht leidend.*
Spiel|tag, der (Sport): *Tag, an dem ein od. mehrere Spiele für die Meisterschaft ausgetragen werden:* am ersten S. der Bundesliga.
Spiel|teu|fel, der ⟨o. Pl.⟩ (emotional): *große Leidenschaft für Glücksspiele:* vom S. besessen sein.
Spiel|the|ra|pie, die (Psychol.): *Therapie, die (bes. bei Kindern) versucht, im spielerischen Darstellen u. Durchleben psychische Konflikte zu bewältigen.*
Spiel|tisch, der: **1.** *[kleiner] Tisch zum Spielen bes. von Brett- u. Kartenspielen.* **2.** *Teil der Orgel, an dem sich Manuale, Pedale u. Registerknöpfe befinden u. an dem der Spieler sitzt.*
Spiel|trieb, der: *Lust, Freude, Vergnügen am Spiel, an spielerischer Betätigung.*
Spiel|uhr, die: *mit einem Spielwerk ausgestattete Uhr, die die Zeit durch das Spielen einer kleinen Melodie auch akustisch anzeigt.*
Spiel|ver|bot, das (Sport): *Verbot, an einem Spiel (1 d) teilzunehmen.*
Spiel|ver|der|ber, der: *jmd., der durch sein Verhalten, seine Stimmung anderen die Freude an etw. nimmt:* sei [doch] kein S.!
Spiel|ver|der|be|rin, die; -, -nen: w. Form zu ↑Spielverderber.
Spiel|ver|ei|ni|gung, die: *Zusammenschluss von Abteilungen aus verschiedenen Sportvereinen, die die gleiche Sportart betreiben (auch als Name).*
Spiel|ver|lauf, der: *Spiel (1 b, c, d) in seinem Ablauf, Verlauf.*
Spiel|wa|ren ⟨Pl.⟩: *als Waren angebotenes Spielzeug für Kinder:* S. finden Sie im vierten Obergeschoss.
Spiel|wa|ren|ge|schäft, das: *Fachgeschäft für Spielwaren.*
Spiel|wa|ren|in|dus|t|rie, die: *Zweig der Industrie, in dem Spielwaren hergestellt werden.*
Spiel|wei|se, die: *Art und Weise zu spielen (1 c, 3 a, b, 5 a, 6 a).*
Spiel|werk, das: **1.** *mechanisches Musikwerk (wie es sich in Spieldosen u. Spieluhren findet).* ◆ **2.** *Spielzeug:* Die beschäftigte sich, einige -e in Ordnung zu bringen, die sie ihren kleinen Geschwistern zum Christgeschenke zurechtgemacht hatte (Goethe, Werther II, Der Herausgeber an den Leser).
Spiel|wie|se, die: *vgl. Spielplatz: auf die S. dürfen keine Hunde mitgenommen werden;* Ü *die Verkehrssicherheit ist eine S. für Ideologen aller Art.*
Spiel|witz, der ⟨o. Pl.⟩ (Sport, bes. Fußball): *Einfallsreichtum beim Spiel (1 d).*
Spiel|zeit, die: **1. a)** *Zeitabschnitt innerhalb eines Jahres, während dessen in einem Theater Aufführungen stattfinden:* im nächsten Monat beginnt die neue S.; sein Engagement läuft zum Ende der nächsten S. aus; **b)** *Zeit, während deren in einem Kino ein Film auf dem Programm steht:* der Film wurde nach einer S. von nur einer Woche abgesetzt. **2.** (Sport) *Zeit, die zum Austragen eines Spieles vorgeschrieben ist.*
Spiel|zeit|hälf|te, die (Sport): *Hälfte der Spielzeit (2).*
Spiel|zeug, das: **a)** ⟨o. Pl.⟩ *Gesamtheit von Spielzeugen (b):* schönes, pädagogisch wertvolles S.; S. aus Holz; überall lag S. herum; sein S. wegräumen; **b)** *Gegenstand zum Spielen für Kinder:* ihr liebstes S. ist der Teddy; lass das Mikroskop, das ist kein S.!; Ü sie ist für ihn nur ein S.
Spiel|zeug|au|to, das: *vgl. Spielzeugeisenbahn.*
Spiel|zeug|ei|sen|bahn, die: *als Spielzeug dienende kleine Nachbildung einer Eisenbahn.*
Spiel|zeug|pis|to|le, die: *vgl. Spielzeugeisenbahn.*
Spiel|zim|mer, das: *Zimmer zum Spielen.*
Spiel|zug, der: **a)** *das Ziehen eines Steines od. einer Figur bei einem Brettspiel;* **b)** (Sport) *Aktion, bei der sich Spieler einer Mannschaft den Ball zuspielen.*
Spier, der od. das; -[e]s, -e [mniederd. spīr = kleine Spitze] (nordd.): *kleine, zarte Spitze (bes. von gerade aufgehendem Gras, Getreide).*
Spie|re, die; -, -n (Seemannsspr.): *Rundholz, Stange [der Takelage].*
Spieß, der; -es, -e: **1.** [mhd. spieȝ, ahd. spioȝ, H. u.] (früher) *Waffe bes. zum Stoßen in Form einer langen, zugespitzten od. mit einer [Metall]spitze versehenen Stange:* mit -en bewaffnete Landsknechte; er durchbohrte ihn mit dem S.; * **den S. umdrehen/umkehren** (ugs.; *nachdem man angegriffen worden ist, seinerseits [auf dieselbe Weise, mit denselben Mitteln] angreifen*); eigtl. = den Spieß des Gegners gegen ihn selbst wenden); **den S. gegen jmdn. kehren** (veraltend; *jmdn. angreifen*); **brüllen, schreien wie am S.** (ugs.; *sehr laut u. anhaltend brüllen, schreien*). **2.** [mhd., ahd. spiȝ, zu ↑spitz u. eigtl. = Spitze, spitze Stange (der Bratspieß war urspr. ein zugespitzter Holzstab); erst im Nhd. mit Spieß (1) zusammengefallen] **a)** *an einem Ende spitzer Stab [aus Metall], auf den Fleisch zum Braten u. Wenden [über offenem Feuer] aufgespießt wird; Bratspieß:* den S. drehen; ein am S. geröstetes Spanferkel; **b)** *Spießchen;* **c)** *Fleischspieß:* das Kind isst höchstens einen S. **3.** [bezogen auf den Offizierssäbel, den der (Kompanie)feldwebel früher getragen hat] (Soldatenspr.) *Kompaniefeldwebel.* **4.** (Jägerspr.) *(beim jungen Hirsch, Rehbock, Elch) Stange (6), die noch keine Enden hat.* **5.** (Druckw.) *zum Teil hoch stehenden u. deshalb mitdruckenden Ausschluss (2) verursachter schwarzer Fleck zwischen Wörtern u. Zeilen.*
Spieß|bock, der (Jägerspr.): *Rehbock mit Spießen (4).*
Spieß|bür|ger, der [urspr. wohl = mit einem Spieß (1) bewaffneter Bürger (vgl. Schildbürger), dann spöttisch abwertend für den altmodischen Wehrbürger, der noch den Spieß trug statt des moderneren Gewehrs, dann studentenspr. Scheltwort für den konservativen Kleinstädter] (abwertend): *engstirniger Mensch, der sich an den Konventionen der Gesellschaft u. dem Urteil der anderen orientiert.*
Spieß|bür|ge|rin, die; -, -nen: w. Form zu ↑Spießbürger.
spieß|bür|ger|lich ⟨Adj.⟩ (abwertend): *wie ein Spießbürger geartet, von der Art eines Spießbürgers:* in -es Milieu; w. Vorurteile; s. denken.
Spieß|bür|ger|tum, das ⟨o. Pl.⟩ (abwertend): **1.** *Existenz[form] u. Lebenswelt des Spießbürgers.* **2.** *Gesamtheit der Spießbürger.*
Spieß|chen, das; -s, -: *spitzes Stäbchen, auf das ein kleines, mundgerechtes Stück einer festen Speise aufgespießt ist, sodass es bequem vom Teller genommen werden kann:* zum Empfang gab es Sekt und S.
spie|ßen ⟨sw. V.; hat⟩ [vermengt aus spätmhd. spiȝen = aufspießen (zu ↑Spieß 1) u. mhd. spiȝȝen = an den Bratspieß stecken (zu ↑Spieß 2)]: **1.** (selten) **a)** *durchstechen, durchbohren;* **b)** *mit der Spitze stecken, hängen bleiben:* die Feder spießt beim Schreiben [ins Papier]. **2. a)** *mit einem spitzen Gegenstand aufspießen:* ein Stück Fleisch auf die Gabel s.; **b)** *auf einen spitzen Gegenstand stecken:* Zettel, Quittungen auf einen Nagel s.; auf Nadeln gespießte Schmetterlinge; ◆ ... spießte sie wie eine wütende Mutter lief, ihr saugendes Kind an Bajonetten zu (Schiller, Kabale II, 2); **c)** (selten) *mit einem spitzen Gegenstand an, auf etw. befestigen, [fest]stecken:* ein Foto an die Wand s. **3.** *(einen spitzen Gegenstand) in etw. hineinstecken, hineinbohren:* eine Stange in den Boden s. **4.** ⟨s. + sich⟩ (österr.) **a)** *sich verklemmen:* die Schublade spießt sich; in der Tischlade spießt sich etwas, ein Kochlöffel; **b)** (oft unpers.) *nicht in gewünschter Weise vorangehen, stocken.*
Spie|ßer, der; -s, -: **1.** [gek. aus ↑Spießbürger] (ugs. abwertend) *Spießbürger.* **2.** (Jägerspr.) *junger Rehbock, Hirsch, Elch mit Spießen (4).*
spie|ßer|haft, spie|ße|risch ⟨Adj.⟩ (abwertend, seltener): *spießbürgerlich.*
Spie|ße|rin, die; -, -nen: w. Form zu ↑Spießer (1).
Spie|ßer|tum, das; -s (ugs. abwertend): *Spießbürgertum.*
Spieß|ge|sel|le, der [urspr. = Waffengefährte]: **1.** (abwertend) *Helfershelfer.* **2.** (scherzh.) *Kumpan (a):* er saß mit seinen -n am Stammtisch.
spie|ßig ⟨Adj.⟩ [gek. aus ↑spießbürgerlich] (ugs. abwertend): *spießbürgerlich:* ein -er Typ; aus einem -en Elternhaus stammen; sie ist mir zu s.,

Spießigkeit – Spinnlösung

wird von Jahr zu Jahr -er; eine entsetzlich s. eingerichtete Wohnung.

Spieß|ig|keit, die; -, -en ⟨Pl. selten⟩ (ugs. abwertend): *Spießbürgerlichkeit.*

Spieß|ru|te, die [zu ↑ Spieß (1)]: *Rute, Gerte, die beim Spießrutenlaufen verwendet wird:* * **-n laufen** (1. Militär früher; *[zur Strafe] durch eine von Soldaten gebildete Gasse laufen u. dabei Rutenhiebe auf den entblößten Rücken bekommen:* zur Strafe musste er -n laufen. 2. *an vielen [wartenden] Leuten vorbeigehen, die einen neugierig anstarren od. spöttisch, feindlich anblicken).*

Spieß|ru|ten|lauf, der: *Spießrutenlaufen.*

Spieß|ru|ten|lau|fen, das; -s: vgl. Spießrute.

Spike [ʃpaik, spaik], der; -s, -s [engl. spike = langer Nagel, Stachel, Dorn]: **1. a)** *der Rutschfestigkeit dienender spitzer Dorn* (3 a) *aus Metall od. Kunststoff für die Sohlen von Schuhen, bes. Laufschuhen* (b), *für die Lauf flächen von Reifen:* Schuhe, Winterreime mit -s; **b)** *als eine Art Fuß unter Komponenten von Hi-Fi-Anlagen, bes. Lautsprecherboxen, montierter, der Vermeidung od. Verringerung unerwünschter Schwingungen dienender spitzer Stift aus Metall:* die Boxen waren mit je drei -s [vom Fußboden] entkoppelt; **c)** *spitzer Stift aus Metall od. Kunststoff.* **2.** ⟨meist Pl.⟩ [engl. spikes ⟨Pl.⟩] (Leichtathletik) *Laufschuh* (b) *mit Spikes* (1 a). **3.** ⟨Pl.⟩ (Kfz-Technik) *Spikesreifen.*

Spike|rei|fen, Spikes|rei|fen, der (Kfz-Technik): *mit Spikes* (1) *versehener Reifen.*

Spill, das; -[e]s, -e u. -s [mhd. spille, ahd. spilla, Nebenf. von ↑ Spindel] (Seemannsspr.): *einer Winde ähnliche Vorrichtung, von deren Trommel die Leine, [Anker]kette nach mehreren Umdrehungen wieder abläuft.*

Spil|la|ge [ʃpɪˈlaːʒə, sp…], österr. meist: …ʃ], die; -, -n [mit dem frz. Suffix -age geb. zu engl. to spill = verschütten] (Wirtsch.): *durch falsche Verpackung verursachter Gewichtsverlust trocknender Waren.*

Spil|le, die; -, -n [mhd. spille, ↑ Spill] (bes. nordd.): *Spindel* (1).

spil|le|rig, spillrig ⟨Adj.⟩ [zu ↑ Spille] (bes. nordd.): *dürr, schmächtig:* ein -es Mädchen.

Spil|ling, der; -s, -e [spätmhd. spilling, mhd. spinlinc, älter: spenilinch, H. u.]: *Haferpflaume.*

spill|rig: ↑ spillerig.

Spin [spɪn], der; -s, -s [engl. spin, eigtl. = schnelle Drehung, zu: to spin = spinnen; (sich) drehen]: **1.** (Physik) *bei Drehung um die eigene Achse auftretender Drehimpuls, bes. bei Elementarteilchen u. Atomkernen.* **2.** (Sport) *Effet.*

Spi|na [ˈʃp…, ˈsp…], die; -, …ae [lat. spina = Dorn, Stachel; Rückgrat] (Anat., Med.): **1.** *spitzer od. stumpfer, meist knöcherner Vorsprung.* **2.** *Rückgrat.*

spi|nal [ʃp…, sp…] ⟨Adj.⟩ [lat. spinalis, zu: spina, ↑ Spina] (Anat., Med.): *zur Wirbelsäule, zum Rückenmark gehörend, in diesem Bereich liegend, erfolgend:* -e Kinderlähmung.

Spi|nat, der; -[e]s, ⟨Sorten:⟩ -e [mhd. spinat < span. espinaca (angelehnt an: espina = Dorn < lat. spina, wohl wegen der spitz auslaufenden Blätter) < hispanoarab. ispináh < arab. isbānah < pers. ispanáğ]: *Pflanze mit hohen Stängeln u. lang gestielten, dreieckigen, kräftig grünen Blättern, die als Gemüse gegessen werden:* S. pflücken, ernten; es gab Spiegelei[er] mit S.

Spi|nat|wach|tel, die (salopp abwertend): *wunderliche od. komisch aussehende ältere weibliche Person.*

Spind, der od. das; -[e]s, -e [aus dem Niederd. < mniederd. spinde = Schrank < mlat. spinda, spenda = Vorrat(sbehälter), zu: spendere, ↑ spenden]: *einfacher, schmaler Schrank (bes. in Kasernen):* die -e in den Umkleideräumen; Auch stand seine Zahnbürste nicht jeden Tag nach links gerichtet, und an vielen Abenden … räumte Gusti seinen S. ein aus und aus und ein, beaufsichtigt von einem Korporal (Widmer, Kongreß 64).

Spin|del, die; -, -n [mhd. spindel, spinnel, ahd. spin(n)ala, zu ↑ spinnen]: **1.** *in Drehung versetzbarer länglicher od. stabförmiger Körper (bes. an Spinnrad od. Spinnmaschine), auf den der gesponnene Faden aufgewickelt wird.* **2.** (Technik) *mit einem Gewinde versehene Welle zur Übertragung einer Drehbewegung od. zum Umsetzen einer Drehbewegung od. in Längsbewegung od. in Druck.* **3.** (Bauw.) *zylindrischer Mittelteil der Wendeltreppe.* **4.** (Gartenbau) *frei stehendes Formobst* (1) *mit einem kräftigen mittleren Trieb, dessen gleich lange, kurze Seitenäste die Früchte tragen.* **5.** (Biol.) *spindelförmige Anordnung sehr feiner, röhrenartiger Proteinstrukturen innerhalb der in Teilung begriffenen Zelle.* **6.** (bes. Kfz-Technik) *bes. zur Kontrolle des Frostschutzmittels im Kühlwasser von Kraftfahrzeugen, der Dichte der Säure in Batterien* (2 a) *dienendes Aräometer.*

spin|del|dürr ⟨Adj.⟩ [eigtl. = dünn wie eine Spindel (1)]: *sehr dürr, sehr mager:* -e Beine; ein -es Männchen; sie ist s.

spin|del|för|mig ⟨Adj.⟩: *wie eine Spindel* (1) *geformt.*

Spin|del|trep|pe, die (Bauw.): *Wendeltreppe.*

Spin|dok|tor [ˈspɪndɔktoːɐ̯, …dɔktɐ], der [engl. spin doctor, zu engl. spin, ↑ Spin u. doctor = Arzt, Doktor; eigtl. = jmd., der der Darstellung der Ereignisse den »richtigen Dreh« gibt]: **1.** *den Wahlkampf (in den USA) führender Funktionär einer Partei.* **2.** (abwertend) *Verantwortlicher für die Öffentlichkeitsarbeit bes. von Politikern u. Parteien mit der Aufgabe, deren Arbeit in einem möglichst guten Licht darzustellen, Schönredner.*

Spi|nell, der; -s, -e [wohl ital. spinello, Vkl. von: spina < lat. spina, ↑ Spina]: *kubisch kristallisierendes, durchsichtiges Mineral.*

Spi|nett, das; -[e]s, -e [ital. spinetta, viell. nach dem Erfinder, dem Venezianer G. Spinetto (um 1500)]: *Tasteninstrument (des 16. u. 17. Jh.s), bei dem die Saiten spitzwinklig zur Klaviatur angeordnet sind u. zu jeder Taste in der Regel nur eine Saite gehört.*

Spin|na|ker [ˈʃpɪnakɐ], der; -s, - [engl. spinnaker, H. u.] (Segeln): *leichtes, großflächiges Vorsegel auf Sportsegelbooten.*

Spin|na|ker|baum, der (Segeln): *Stange, mit der der Spinnaker auf der dem Wind zugekehrten Seite gehalten wird.*

Spinn|drü|se, die: *Drüse der Spinnen* (1), *mancher Insekten u. Schnecken, deren Absonderung als Faden für ein Netz, einen Kokon od. beim Nestbau dient.*

Spinn|dü|se, die (Textilind.): *bei der Herstellung von Chemiefasern verwendete, mit einer fein gelochten Scheibe versehene Düse.*

Spin|ne, die; -, -n [mhd. spinne, ahd. spinna, eigtl. = die Spinnende, Fadenziehende, zu ↑ spinnen]: **1.** *(zu den Gliederfüßern gehörendes, in zahlreichen Arten vorkommendes) [Spinndrüsen besitzendes] Tier mit einem in Kopf-Brust-Stück u. Hinterleib gegliederten Körper u. vier Beinpaaren, das spinnt, webt ihr Netz; die S. sitzt, lauert im Netz;* Spr *S. am Morgen* [bringt] Kummer und Sorgen, *S. am Abend erquickend und labend* (urspr. auf das Spinnen bezogen, das materielle Not anzeigt, wenn es schon morgens erforderlich ist, abends dagegen ein geselliges Vergnügen bedeutet); * *pfui S.!* (ugs.; Ausruf des Abscheus, Ekels). **2.** (abwertend) *boshafte, hässliche Frau [von dürrer Gestalt].* **3.** (bes. Verkehrsw.) *Stelle, an der fünf od. mehr Wege, Straßen zusammenlaufen.*

spin|ne|feind ⟨indekl. Adj.⟩: in der Wendung *[mit] jmdm. s. sein* (ugs.; *mit jmdm. sehr verfeindet sein;* nach der Beobachtung, dass bestimmte Spinnen zu Kannibalismus neigen: sie waren einander s.).

spin|nen ⟨st. V.; hat⟩ [mhd. spinnen, ahd. spinnan, verw. mit ↑ spannen, bezeichnete wohl das Ausziehen u. Dehnen der Fasern, das dem Drehen des Fadens vorangeht]: **1. a)** *Fasern zu einem Faden drehen:* am Spinnrad sitzen und s.; mit der Hand, maschinell s.; **b)** *durch Spinnen* (1 a) *verarbeiten:* Flachs, Wolle s.; **c)** *durch Spinnen* (1 a) *herstellen:* Garn s.; **d)** *aus einem (von den Spinndrüsen hervorgebrachten) Faden entstehen lassen:* die Spinne spinnt ihr Netz, einen Faden; (auch ohne Akk.-Obj.:) die Spinne spinnt *(baut)* an ihrem Netz; Ü ein Netz von Intrigen s.; **e)** (Textilind.) *(Chemiefasern) aus einer Spinnlösung, Schmelze o. Ä., die durch Spinndüsen gepresst wird, erzeugen:* Perlon s. **2.** [nach dem Schnurren des Spinnrades] (landsch.) *(von der Katze) schnurren.* **3.** [eigtl. = (eigenartige) Gedanken spinnen] (ugs. abwertend) **a)** *nicht recht bei Verstand sein, durch sein absonderliches, skurriles, spleeniges Verhalten auffallen:* du spinnst ja wohl!; der Kerl spinnt doch total!; Ü der Vergaser spinnt *(funktioniert nicht mehr richtig);* **b)** *Unwahres behaupten, vortäuschen:* das ist doch gesponnen *(das stimmt doch nicht).* **4.** [früher gab es Arbeitshäuser, in denen gesponnen werden musste] (ugs. veraltet) *in einer Haftanstalt eine Strafe verbüßen.*

Spin|nen|bein, das: **1.** *Bein der Spinne* (1). **2.** *sehr dünnes, langes Bein.*

Spin|nen|ge|we|be, das (seltener): *Spinngewebe.*

Spin|nen|netz, das: *von einer Spinne* (1) *hergestelltes Netz.*

Spin|nen|tier, das ⟨meist Pl.⟩: *zu den Gliederfüßern gehörendes Tier mit zweiteiligem, in Kopf-Brust-Stück u. Hinterleib gegliedertem Körper u. vier Beinpaaren:* Spinnen, Weberknechte und Skorpione sind -e.

Spin|ner, der; -s, -: **1.** *Facharbeiter in einer Spinnerei (Berufsbez.).* **2.** (ugs. abwertend) *jmd., der wegen seines absonderlichen, skurrilen, spleenigen Verhaltens auffällt, als Außenseiter betrachtet wird:* Er ist ein Aufschneider und Phantast. Im Großsprecher und ein S. (Strauß, Niemand 199). **3.** (Zool. veraltet) *Nachtfalter, dessen Raupen Kokons spinnen.* **4.** [zu ↑ spinnen (3 b)] (Angeln) *zum Fang von Raubfischen dienender, mit Angelhaken versehener metallischer Köder, der sich, wenn er durchs Wasser gezogen wird, um die Längsachse dreht u. so einen kleinen Fisch vortäuscht.*

Spin|ne|rei, die; -, -en: **1. a)** ⟨o. Pl.⟩ *das Spinnen* (1 a–c, e); **b)** *Betrieb, in dem aus Fasern o. Ä. Fäden gesponnen werden.* **2.** (ugs. abwertend) **a)** ⟨o. Pl.⟩ *[gesponnenes] Spinnen* (3 a): das ist doch alles S.; **b)** *absonderliche, skurrile, spleenige Idee, Handlungsweise:* deine -en haben uns schon genug Geld gekostet.

Spin|ne|rin, die; -, -nen: w. Form zu ↑ Spinner (1, 2).

spin|nert ⟨Adj.⟩ (abwertend, bes. südd.): *verrückt, absonderlich, spleenig:* ein [etwas] -er Mensch, Typ; eine [total] -e Idee; ⟨subst.:⟩ so was Spinnertes!

Spinn|fa|den, der: *gesponnener Faden.*

Spinn|fa|ser, die (Textilind.): *Faser, die versponnen wird.*

Spinn|ge|we|be, das: *Spinnennetz.*

◆ **Spinn|haus**, das: *Arbeitshaus bes. für Frauen, in dem gesponnen werden muss:* Wo ist meine Mutter? – Im S. (Schiller, Kabale III, 6).

Spinn|lö|sung, die (Textilind.): *Lösung, aus der sich eine Kunstfaser spinnen lässt.*

Spinn|ma|schi|ne, die: *Maschine zum Spinnen* (1 a, e).
Spinn|rad, das: *einfaches Gerät zum Spinnen* (1 a), *dessen über einen Fußhebel angetriebenes Schwungrad die Spindel dreht:* das S. schnurrt; am S. sitzen.
Spinn|ro|cken, der: *Teil am Spinnrad, auf das das zu verspinnende Material gewickelt wird;* Rocken.
Spinn|stoff, der: vgl. Spinnfaser.
Spinn|stu|be, die (früher): *(in den Dörfern) Raum, in dem an Winterabenden Frauen u. Mädchen zum Spinnen zusammenkommen.*
Spinn|web, das; -s, -e (österr.): Spinnwebe.
Spinn|we|be, die; -, -n [mhd. spinne(n)weppe, ahd. spinnunweppi, 2. Bestandteil mhd. weppe, ahd. weppi = Gewebe(faden), zu ↑ weben]: *Spinnfaden, Spinngewebe, Spinnennetz.*
Spin-off, das od. der; -[s], -s [engl. spin-off, eigtl. = Nebenprodukt, zu: to spin off = von sich werfen, abstoßen]: **1.** *Übernahme von bestimmten technisch innovativen Verfahren od. Produkten (z. B. aus der Raumfahrt) in andere Technikbereiche.* **2.** (Wirtsch.) *Ausgliederung einzelner Geschäftsbereiche aus dem Mutterunternehmen.* **3.** *von Universitätsangehörigen gegründete Firma, die auf den an der Universität geleisteten Forschungen aufbaut.* **4.** *Fernsehproduktion, die aus einer anderen, erfolgreichen Fernsehserie hervorgegangen ist u. bei der Randfiguren der Serie nun die Hauptpersonen sind.*
spin|ti|sie|ren ⟨sw. V.; hat⟩ [H. u., wahrsch. romanisierende Weiterbildung zu dt. ↑ spinnen (3 a)] (abwertend): *eigenartigen, wunderlichen, abwegigen Gedanken nachgehen:* anfangen [über etw.] zu s.
Spin|ti|sie|re|rei, die; -, -en (abwertend): **1.** ⟨o. Pl.⟩ *[dauerndes] Spintisieren.* **2.** (meist Pl.) *eigenartiger, abwegiger Gedankengang.*
Spi|on, der; -s, -e [ital. spione, zu: spia = Späher, Beobachter, zu: spiare = spähen, heimlich erkunden, aus dem Germ., verw. mit ↑ spähen]: **1. a)** *jmd., der für einen Auftraggeber od. Interessenten, bes. eine fremde Macht, militärische, politische od. wirtschaftliche Geheimnisse auskundschaftet:* ein feindlicher S.; als S. für ein westliches Land tätig sein, arbeiten; einen S. enttarnen, verhaften; **b)** *heimlicher Beobachter od. Aufpasser, der etw. zu erkunden sucht:* er hatte seine -e in der Firma. **2. a)** *Guckloch bes. in einer Tür:* durch den S. sehen; **b)** *außen am Fenster angebrachter Spiegel für die Beobachtung der Straße u. des Hauseingangs.*
Spi|o|na|ge [...'naːʒə, österr. meist: ...ʃ], die; - [nach frz. espionnage, zu: espionner, ↑ spionieren]: *Tätigkeit für einen Auftraggeber od. Interessenten, bes. eine fremde Macht, zur Auskundschaftung militärischer, politischer od. wirtschaftlicher Geheimnisse:* [für einen Geheimdienst] S. treiben; in der S. arbeiten.
Spi|o|na|ge|ab|wehr, die: *Abwehrdienst.*
Spi|o|na|ge|fall, der: ¹*Fall* (3) *von Spionage.*
Spi|o|na|ge|netz, das: *über ein Gebiet verbreitetes Netz* (2 d) *von Spionen.*
Spi|o|na|ge|pro|zess, der: *Prozess* (1), *in dem es um einen Spionagefall geht.*
Spi|o|na|ge|ring, der: vgl. Spionagenetz.
Spi|o|na|ge|tä|tig|keit, die: *in Spionage bestehende Tätigkeit.*
Spi|o|na|ge|ver|dacht, der: *Verdacht auf Spionage:* er ist wegen s -s suspendiert, festgenommen worden.
spi|o|nie|ren ⟨sw. V.; hat⟩ [nach frz. espionner, zu: espion = Spion, frz. espier = ausspähen, aus dem Germ.]: **a)** *Spionage treiben, als Spion* (1 a) *tätig sein:* für, gegen eine [feindliche] Macht s.; **b)** (abwertend) *heimlich u. ohne dazu*

berechtigt zu sein, [herum]suchen, aufpassen, Beobachtungen machen od. lauschen, um etw. herauszufinden.
Spi|o|nin, die; -, -nen: w. Form zu ↑ Spion (1).
Spi|ra|le, die; -, -n [nlat. (linea) spiralis = schneckenförmig gewunden(e Linie), zu lat. spira = gewundene Linie < griech. speȋra]: **1. a)** *sich um eine Achse windende Linie:* das Flugzeug fliegt, beschreibt eine S.; Ü die S. *(wechselseitige Steigerung) der Gewalt, der Rüstungsanstrengungen;* Über schwarzgrünen, unbetretbaren Wäldern zogen Galken und Milane ihre -n (Ransmayr, Welt 196); **b)** (bes. Geom.) *gekrümmte Linie, die in immer weiter werdenden Windungen um einen festen Punkt läuft.* **2. a)** *spiralförmiger Gegenstand, spiraliges Gebilde:* eine S. aus Draht; **b)** (ugs.) *spiralförmiges Intrauterinpessar:* wie sicher ist die S.?; sie ließ sich eine S. einsetzen.
Spi|ral|fe|der, die: *spiralförmige Feder* (3).
spi|ral|för|mig ⟨Adj.⟩: *die Form einer Spirale aufweisend.*
spi|ra|lig ⟨Adj.⟩: *spiralförmig; in Spiralwindungen verlaufend.*
Spi|ral|win|dung, die: *Windung einer Spirale* (1).
Spi|rans ['ʃp..., 'sp...], die; -, Spiranten, **Spi|rant** [ʃp..., sp...], der; -en, -en [zu lat. spirans (Gen.: spirantis), 1. Part. von: spirare, ↑ ²Spiritus] (Sprachwiss.): *durch Reibung der ausströmenden Atemluft an Lippen, Zähnen od. dem Gaumen gebildeter Laut; Reibelaut, Frikativ* (z. B. f, sch).
Spi|rit ['spɪrɪt], der; -s, -s [engl. spirit < afrz. esp(e)rit < lat. spiritus, ↑ ²Spiritus]: **1.** (Parapsychol.) ²*Geist* (3). **2.** (Jargon) ¹*Geist* (2), *Grundhaltung einer bestimmten Sache, Epoche o. Ä.:* der S. der 80er-Jahre.
Spi|ri|tis|mus [ʃp..., sp...], der; - [wohl unter Einfluss von engl. spiritism, frz. spiritisme zu lat. spiritus, ↑ ²Spiritus]: *Glaube an Geister, Beschwörung von Geistern [Verstorbener] bzw. der Kontakt mit ihnen durch ein* ¹*Medium* (4 a).
Spi|ri|tist, der; -en, -en: *Anhänger des Spiritismus.*
Spi|ri|tis|tin, die; -, -nen: w. Form zu ↑ Spiritist.
spi|ri|tis|tisch ⟨Adj.⟩: *den Spiritismus betreffend:* eine -e Sitzung.
spi|ri|tu|al ⟨Adj.⟩ [(spät)lat. spirit(u)alis, zu lat. spiritus, ↑ ²Spiritus]: *spirituell.*
¹**Spi|ri|tu|al**, der; -s u. -en, -en [zu ↑ spiritual] (kath. Kirche): *Seelsorger in Priesterseminaren u. Klöstern.*
²**Spi|ri|tu|al** ['spɪrɪtjuəl], das, auch: der; -s, -s [engl. (negro) spiritual, zu: spiritual = geistlich < frz. spirituel, ↑ spirituell]: *geistliches Volkslied der Schwarzen im Süden Nordamerikas.*
Spi|ri|tu|a|lis|mus, der; -: **1.** *philosophische Richtung, die das Wirkliche als geistig od. als Erscheinungsform des Geistes ansieht.* **2.** *religiöse Haltung, die die Erfahrung des göttlichen Geistes, die unmittelbare geistige Verbindung des Menschen mit Gott in den Vordergrund stellt.* **3.** (veraltet) *Spiritismus.*
Spi|ri|tu|a|lis|tisch ⟨Adj.⟩: *den Spiritualismus betreffend.*
Spi|ri|tu|a|li|tät, die; -, -en ⟨Pl. selten⟩ [mlat. spiritualitas] (bildungsspr.): *Geistigkeit; inneres Leben, geistiges Wesen.*
spi|ri|tu|ell ⟨Adj.⟩ [frz. spirituel < lat. spiritualis, ↑ spiritual]: **a)** (bildungsspr.) *geistig:* jmds. -e Entwicklung fördern; **b)** (bildungsspr. selten) *geistlich:* -e Lieder.
spi|ri|tu|os [ʃp...], **spi|ri|tu|ös** ⟨Adj.⟩ [frz. spiritueux, zu alchemistlat. spiritus, ↑ ¹Spiritus] (selten): *Weingeist in starker Konzentration enthaltend, stark alkoholisch.*
Spi|ri|tu|o|se, die; -, -n (meist Pl.) [alchemistlat. spirituosa (Pl.), zu ↑ spirituos]: *stark alkoho-*

lisches Getränk (mit einem Alkoholgehalt von mindestens 20 %, z. B. Branntwein, Likör).
Spi|ri|tu|o|sen|ge|schäft, das: *Fachgeschäft für Spirituosen.*
¹**Spi|ri|tus**, der; -, ⟨Sorten:⟩ -se [alchemistlat. spiritus = destillierter Extrakt < lat. spiritus, ↑ ²Spiritus]: *technischen Zwecken dienender, vergällter (Äthyl)alkohol:* ein Organ in S. legen, in S. konservieren; mit S. *(auf einem Spirituskocher)* kochen.
²**Spi|ri|tus** ['sp...], der; -, - [...tuːs] [lat. spiritus, zu: spirare = blasen; (be)hauchen, atmen; leben] (bildungsspr.): *Hauch, Atem, [Lebens]geist.*
Spi|ri|tus|ko|cher, der: *mit* ¹*Spiritus geheizter Kocher.*
Spi|ri|tus Rec|tor ['sp...], der; - - [lat., zu: rector, ↑ Rektor] (bildungsspr.): *Kopf, treibende Kraft.*
Spi|ri|tus Sanc|tus ['sp...], der; - - [lat., zu: sanctus = heilig] (christl. Rel.): *Heiliger Geist.*
Spi|tal, das, schweiz. ugs. auch: der; -s, Spitäler [mhd. spitāl, spittel, gek. aus mlat. hospitale, ↑ Hospital]: **1.** (österr., schweiz., sonst veraltet, noch landsch.) ²*Krankenhaus.* **2.** (veraltet) **a)** *Hospital* (2); **b)** *Armenhaus.*
Spi|tal|kos|ten ⟨Pl.⟩ (schweiz.): *Kosten eines Krankenhausaufenthalts.*
Spi|tal|pfle|ge, die (schweiz.): *Behandlung in einem Krankenhaus:* der Verunglückte befindet sich in S.
Spi|tals|kos|ten ⟨Pl.⟩ (österr.): *Kosten eines Krankenhausaufenthalts.*
Spi|tals|pfle|ge, die (österr.): *Behandlung in einem Krankenhaus:* jmdn. in S. bringen *(jmdn. ins Krankenhaus einliefern).*
spitz ⟨Adj.⟩ [mhd. spiz, spitze, ahd. spizzi, verw. z. B. mit lat. spica = Ähre (eigtl. = Spitze)]: **1. a)** *in einer [scharfen] Spitze* (1 a) *endend:* ein -er Nagel; der Bleistift ist nicht s. genug; ein Werkzeug s. schleifen; **b)** *schmal zulaufend:* -e Knie, Schuhe; ein Kleid mit -em Ausschnitt; die -en Bogen *(Spitzbogen der Kirche);* **c)** (Geom.) *(von Winkeln) kleiner als 90°:* ein -er Winkel. **2.** *(von Tönen, Geräuschen) heftig, kurz u. hoch:* einen -en Schrei ausstoßen. **3.** (ugs.) *schmal, abgezehrt (im Gesicht):* s. aussehen; sie ist [im Gesicht] s. geworden. **4.** *anzüglich, stichelnd:* -e Bemerkungen; sie kann sehr s. sein. **5.** (ugs.) *vom Sexualtrieb beherrscht; geil; sinnlich:* die Frau ist so s., dass sie mache die Typen s. und lässt sie dann nicht ran. **6.** * *s. auf jmdn., etw. sein* (↑ scharf 20).
Spitz, der; -es, -e. **1.** [wohl subst. Adj. spitz] *Hund mit spitzer Schnauze u. aufrecht stehenden, spitzen Ohren, mit geringeltem Schwanz u. meist langhaarigem, schwarzem od. weißem Fell.* **2.** [eigtl. = Ansatz, Beginn (= Spitze) eines Rausches, vgl. frz. (avoir une) pointe, ↑ Pointe] (landsch.) *leichter Rausch.* **3.** [zu ↑ Spitz (1)] * *mein lieber S.!* (fam.; Anrede, die Verwunderung ausdrückt od. einen mahnenden, drohenden Hinweis beinhaltet). **4. a)** (bayr., österr., schweiz.) *Spitze;* **b)** * *auf S. und Knopf/S. auf Knopf stehen* (südd.; österr.: *auf Messers Schneide stehen; wohl zu ↑ Spitze 1 a = Degen-, Schwertspitze u. Knopf an der Bed.* »Knauf des Degens, Schwertes«). **5.** (österr.) Kurzf. von ↑ Tafelspitz (b). ◆ **6.** (auch -en, -en) *Spitze* (8) *[als Verzierung an Kleidungsstücken]:* Ihr habt einen saubern -en am Kragen, und wie euch die Hosen sitzen! (Schiller, Wallensteins Lager 6).
Spitz|bart, der: **1.** *nach unten spitz zulaufender Kinnbart.* **2.** (ugs.) *Mann mit Spitzbart* (1).
spitz|bär|tig ⟨Adj.⟩: *einen Spitzbart* (1) *tragend.*
spitz|bauch, der: *stark vorstehender Bauch* (1 b).
spitz|be|kom|men ⟨st. V.; hat⟩ (ugs.): *mit einem gewissen Spürsinn merken, erkennen, herausfinden* (2 b), *herausbekommen* (2): ich bekam das schnell spitz.

Spitzbergen – spitzfindig

Spitz|ber|gen; -s: Inselgruppe im Nordpolarmeer.
Spitz|bo|gen, der (Archit.): *nach oben spitz zulaufender Bogen* (2): *der gotische S.*
spitz|bo|gig ⟨Adj.⟩ (Archit.): *mit einem Spitzbogen versehen.*
Spitz|bub (südd., österr., schweiz.), **Spitz|bu|be**, der [urspr. = Falschspieler, zu ↑spitz in der veralteten Bed. »überklug, scharfsinnig«]: **1.** *[gerissener] Dieb, Betrüger, Gauner:* der -e hat ihn übers Ohr gehauen. **2.** *(bezogen auf einen kleinen Jungen) Frechdachs, Schelm.* **3.** [H. u.] (südd., österr.) *Gebäck, das aus zwei bzw. drei mit Marmelade aufeinandergeklebten einzelnen Plätzchen besteht.*
Spitz|bü|bin, die; -, -nen: w. Form zu ↑Spitzbub (1, 2).
spitz|bü|bisch ⟨Adj.⟩: **1.** *verschmitzt, schalkhaft, schelmisch:* s. lächeln, grinsen. **2.** (veraltet abwertend) *diebisch, betrügerisch:* -es Gesindel; Zaza und ich, wir müssen uns dünnemachen, um mich einer -en *(gaunersprachlichen) Redewendung zu bedienen* (Th. Mann, Krull 290).
spit|ze ⟨indekl. Adj.⟩ [zu ↑Spitze (5b)] (ugs.): *großartig, hervorragend u. deshalb Begeisterung, begeisterte Bewunderung o. Ä. hervorrufend, erstklassig:* ein s. Film; ihre Leistung ist einfach s.; ich finde es s., dass du mitkommst; er kann s. kochen; ja, s. hast du das gemacht!
Spit|ze, die; -, -n [mhd. spitze, ahd. spizza, spizzī]: **1. a)** *spitzes, scharfes Ende von etw.:* die S. einer Nadel; die S. war abgebrochen; * *einer Sache die S. abbrechen/nehmen (einer Sache die Schärfe, die Gefährlichkeit nehmen);* **jmdm., einer Sache die S. bieten** (veraltend: *jmdm., einer Sache mutig entgegentreten;* eigtl. = jmdm. die Spitze des Degens, Schwertes entgegenhalten, um ihn zum Zweikampf herauszufordern); **auf S. und Knopf stehen** (↑Spitz 4b); **b)** *Ende eines spitz zulaufenden Teils von etw.:* die S. eines Giebels, eines Dreiecks; **c)** *Ende, vorderster Teil von etw. lang Gestrecktem od. Länglichem:* die -n der Finger; die -n [im vordersten Teil der Schuhsohlen] erneuern lassen; **d)** *oberes Ende von etw. hoch Aufgerichtetem:* die S. des Kirchturms; die S. *(der Gipfel) des Berges;* * **die S. des Eisbergs** *(der offen zutage liegende, kleinere Teil einer üblen, misslichen Sache, die in Wirklichkeit weit größere Ausmaße hat):* das ist nur die S. des Eisbergs). **2. a)** *Anfang, vorderster, anführender Teil:* die S. des Zuges; die S. bilden; an der S. marschieren; sich an die S. setzen, stellen; **b)** (Ballspiele) *in vorderster Position spielender Stürmer:* der Hamburger soll S. spielen, als S. eingesetzt werden. **3.** *vordere, führende Position (bes. in Bezug auf Leistung, Erfolg, Qualität):* die S. [über]nehmen, halten, abgeben; an der S. liegen, stehen; sich an die S. setzen; * **an der S. einer Sache stehen** *(die höchste Position in einem bestimmten Bereich innehaben):* an der S. des Konzerns, der Partei stehen; an der Tabelle stehen [Sport; *Tabellenführer sein*]). **4. a)** *Spitzengruppe (bezüglich Leistung, Erfolg, Qualität):* die S. bilden; **b)** *führende, leitende Gruppe:* die gesamte S. der Partei, des Konzerns ist zurückgetreten; **c)** ⟨Pl.⟩ *führende, einflussreiche Persönlichkeiten:* die -n der Gesellschaft, der Partei, von Kunst und Wissenschaft. **5. a)** *Höchstwert, Höchstmaß, Gipfel:* die Verkaufszahlen erreichten im letzten Jahr die absolute S.; das Auto fährt, macht 180 km S. (ugs.: *als Höchstgeschwindigkeit*) in der S. (Jargon; *Zeit der höchsten Belastung*) brach der Stromversorgung zusammen; * **etw. auf die S. treiben** *(etw. bis zum Äußersten treiben);* **b)** (ugs.) *höchste Güte, Qualität (in Bezug auf besonders hervorragende, Begeisterung o. Ä. Bewunderung hervorrufende Leistungen):* die Musik, die Mannschaft ist [absolute, einsame] S.; im Telefonieren sind wir S. **6.** *bei einer Aufrechnung übrig bleibender Betrag:* die -n beim Umtausch von Aktien; eine S. von 20 Euro. **7.** *gegen jmdn. gerichtete boshafte Bemerkung:* seine Bemerkung war eine S. gegen dich, gegen das Regime; der Redner teilte einige -n aus; eine S. parieren; Diese Feststellung enthielt natürlich eine S., auf mich gerichtet (Hildesheimer, Legenden 119). **8.** [nach den Zacken des Musters] *in unterschiedlichen Techniken aus Fäden hergestelltes Material mit kunstvoll durchbrochenen Mustern:* eine geklöppelte, gehäkelte S.; das Kleid ist mit -n besetzt.
Spit|zel, der; -s, - [urspr. wiener., wohl Vkl. von ↑Spitz (1), also eigtl. = wachsamer kleiner Spitz] (abwertend): *jmd., der in fremdem Auftrag andere heimlich beobachtet, aufpasst, was sie sagen u. tun, und seine Beobachtungen seinem Auftraggeber mitteilt:* er arbeitet als S. für die Polizei, den Verfassungsschutz.
¹**spit|zeln** ⟨sw. V.; hat⟩ (abwertend): *als Spitzel tätig sein:* er soll für die Stasi gespitzelt haben.
²**spit|zeln** ⟨sw. V.; hat⟩ [zu ↑Spitze (1c)] (Fußball): *den Ball leicht mit der Fußspitze irgendwohin stoßen:* den Ball ins Tor s.
spit|zen ⟨sw. V.; hat⟩ [mhd. spitzen = spitzen (1), lauern (b), ahd. in: gispizzan = zuspitzen]: **1.** *mit einer Spitze versehen; anspitzen* (1): einen Bleistift s.; Ü den Mund [zum Pfeifen, zum Kuss] s. *(die Lippen vorschieben u. runden);* der Hund spitzt die Ohren *(stellt die Ohren auf, um zu lauschen);* ◆ So soll es jedem Floh ergehn! – Spitzt die Finger und packt sie fein! (Goethe, Faust I, 2242 f.) **2.** (landsch.) **a)** *aufmerksam od. vorsichtig schauen, lugen:* um die Ecke, durch den Türspalt s.; **b)** *aufmerken:* da spitzt du aber! *(da wirst du aber hellhörig!);* **c)** ⟨s. + sich⟩ *dringlich erhoffen, ungeduldig erwarten:* sich auf das Essen, auf die Einladung s.; ⟨auch ohne »sich«:⟩ er spitzt auf einen besseren Posten; ◆ Unterdessen hat sich doch schon Valer auf sie (= Juliane) gespitzt *(sich Hoffnung gemacht, sie heiraten zu können;* Lessing, Der junge Gelehrte I, 6); ◆ ⟨auch ohne »sich«:⟩ ... wenn es ein Kennerlob s. gilt, das halt nicht eine jeden Sache ist (Mörike, Mozart 236).
Spit|zen|be|satz, der: *Besatz* (1) *aus Spitze* (8).
Spit|zen|club, der: *↑Spitzenklub.*
Spit|zen|deck|chen, das: *Deckchen aus Spitze.*
Spit|zen|er|zeug|nis, das (emotional verstärkend): *Erzeugnis von höchster Qualität.*
Spit|zen|funk|ti|o|när, der: *führender Funktionär.*
Spit|zen|funk|ti|o|nä|rin, die: w. Form zu ↑Spitzenfunktionär.
Spit|zen|ge|schwin|dig|keit, die: *Höchstgeschwindigkeit eines Fahrzeugs.*
Spit|zen|ge|spräch, das (bes. Politik): *wichtige Unterredung, Zusammenkunft von ranghohen Vertretern bestimmter Parteien, Unternehmen o. Ä.:* ein S. im Kanzleramt.
Spit|zen|grup|pe, die (bes. Sport): *zur Spitze* (3) *gehörende, an der Spitze* (3) *stehende Gruppe.*
Spit|zen|häub|chen, das (früher): Vkl. zu ↑Spitzenhaube.
Spit|zen|hau|be, die (früher): *aus Spitze* (8) *bestehende od. mit Spitzen besetzte Haube.*
Spit|zen|kan|di|dat, der: *Kandidat, der an der Spitze* (2a) *einer Wahlliste steht.*
Spit|zen|kan|di|da|tin, die: w. Form zu ↑Spitzenkandidat.
Spit|zen|klas|se, die (emotional verstärkend): **1.** *Klasse der Besten, Leistungsstärksten:* der Rennfahrer gehört zur [internationalen] S. **2.** *höchste Qualität:* getestet wurden fünf Hi-Fi-Camcorder der S.; * **S. sein** (ugs.; *[in der Leistung, Qualität] hervorragend, ausgezeichnet sein:* dieser Sherry ist S.; das Essen, die Musik, die Band war S.).
Spit|zen|klub, Spit|zen|club, der: *zur Spitze* (3) *gehörender, an der Spitze* (3) *stehender Sportverein.*
Spit|zen|kraft, die: *hervorragende Arbeitskraft:* eine hoch bezahlte S.; Spitzenkräfte ausbilden, einstellen, engagieren.
Spit|zen|krau|se, die: vgl. Spitzenhaube.
Spit|zen|leis|tung, die (emotional verstärkend): *hervorragende, ausgezeichnete Leistung.*
Spit|zen|mann|schaft, die (emotional verstärkend): *Mannschaft der Spitzenklasse* (1).
spit|zen|mä|ßig ⟨Adj.⟩ (ugs.): *ausgezeichnet, hervorragend:* die Band hat s. gespielt.
Spit|zen|pa|pier, das: **1.** *am Rand wie Spitzen* (8) *durchbrochenes dekoratives Papier für Tortenplatten o. Ä.* **2.** (Wirtsch. emotional verstärkend) *äußerst lukratives Wertpapier.*
Spit|zen|platz, der: *Platz an der Spitze* (3a): einen S. belegen, erobern.
Spit|zen|po|li|ti|ker, der (emotional verstärkend): vgl. Spitzensportler.
Spit|zen|po|li|ti|ke|rin, die: w. Form zu ↑Spitzenpolitiker.
Spit|zen|po|si|ti|on, die: **1.** *Position an der Spitze* (3). **2.** *führende, leitende Position:* Frauen in -en sind noch die Ausnahme.
Spit|zen|qua|li|tät, die (emotional verstärkend): *beste Qualität.*
Spit|zen|rei|ter, der: *Person, Gruppe, Sache in einer Spitzenposition* (1): der S. der Hitparade, der Rangliste, des Rennens; die Bundesliga hat einen neuen S.
Spit|zen|rei|te|rin, die: w. Form zu ↑Spitzenreiter.
Spit|zen|spiel, das (Sport emotional verstärkend): *Spiel von Spitzenmannschaften gegeneinander.*
Spit|zen|spie|ler, der (Sport emotional verstärkend): vgl. Spitzensportler.
Spit|zen|spie|le|rin, die: w. Form zu ↑Spitzenspieler.
Spit|zen|sport, der (emotional verstärkend): *Leistungssport, der sich durch Spitzenleistungen auszeichnet.*
Spit|zen|sport|ler, der (emotional verstärkend): *Sportler der Spitzenklasse* (1); *Champion, Crack.*
Spit|zen|sport|le|rin, die: w. Form zu ↑Spitzensportler.
Spit|zen|stel|lung, die: vgl. Spitzenposition.
Spit|zen|steu|er|satz, der: *höchster Steuersatz.*
Spit|zen|tanz, der: *(im Ballett) bei gestrecktem Spann auf der äußersten Fußspitze ausgeführter Tanz.*
Spit|zen|tech|no|lo|gie, die (emotional verstärkend): *dem neuesten Stand entsprechende Technologie von höchster Qualität.*
Spit|zen|ver|band, der: *Dachverband.*
Spit|zen|ver|die|ner, der: *jmd., der zu der Gruppe derer gehört, die am meisten Geld verdienen:* [nicht] zu den -n gehören.
Spit|zen|ver|die|ne|rin, die: w. Form zu ↑Spitzenverdiener.
Spit|zen|wert, der: *Höchstwert.*
Spit|zen|zeit, die: **1.** *Zeit der Höchstbelastung, des größten Andrangs, Verkehrs u. a.:* in -en verkehren die Busse im 10-Minuten-Takt. **2.** (Sport) **a)** (seltener) *beste erzielte Zeit eines Laufs, eines Rennens; Bestzeit;* **b)** (emotional verstärkend) *gestoppte Zeit, die eine Spitzenleistung bedeutet:* -en erreichen.
Spit|zer, der; -s, - (ugs.): Kurzf. von ↑Bleistiftspitzer.
spitz|fin|dig ⟨Adj.⟩ [viell. zu ↑spitz in der veralteten Bed. »überklug, scharfsinnig« u. zu mhd. vündec, ↑findig] (abwertend): *in ärgerlicher Weise kleinlich, rabulistisch od. sophistisch in*

der Auslegung, Begründung o. Ä. von etw.: eine -e Unterscheidung; jetzt wirst du [aber ein bisschen sehr] s.; s. argumentieren.

Spitz|fin|dig|keit, die; -, -en (abwertend): **a)** ⟨o. Pl.⟩ *das Spitzfindigsein;* **b)** *einzelne spitzfindige Äußerung o. Ä.:* sich in -en verlieren.

Spitz|fuß, der (Med.): *deformierter Fuß mit hochgezogener Ferse, der nur ein Auftreten mit Ballen u. Zehen zulässt; Pferdefuß* (1 b).

spitz|ha|ben ⟨sw. V.; hat⟩ (ugs.): *spitzgekriegt, herausbekommen haben:* es dauerte eine ganze Weile, bis er es spitzhatte.

Spitz|ha|cke, die: ¹*Hacke mit spitz zulaufendem Blatt;* ¹*Pickel* (a): der Mörder hat sein Opfer mit einer S. erschlagen.

◆ **Spit|zin,** die; -, -nen (landsch.): *weiblicher Spitz* (1): Das ärmste von den armen Tieren der Wegemacherfamilie war aber die alte S. Sie lief nur noch auf drei Beinen (Ebner-Eschenbach, Spitzin 19).

spitz|krie|gen ⟨sw. V.; hat⟩ [aus dem Niederd., urspr. wohl = etw. für einen bestimmten Zweck spitz machen] (ugs.): *bemerken, herausbekommen:* bis die das spitzkriegen, sind wir doch längst über alle Berge; er hat den Schwindel gleich spitzgekriegt *(durchschaut).*

Spitz|na|me, der [zu ↑ spitz (4)]: *scherzhafter od. spöttischer Beiname:* einen -n haben; jmdm. einen -n geben, verpassen; ich kenne sie nur mit [ihrem] -n; mit -n heißt er Django.

◆ **Spitz|re|de,** die: *spitze* (4) *Bemerkung; Spottrede:* Die gewöhnliche Zielscheibe ihrer -n war die arme Schnapper-Elle (Heine, Rabbi 479).

Spitz|säu|le, die (selten): *Obelisk.*

spitz schlei|fen, spitz|schlei|fen ⟨st. V.; hat⟩: *durch Schleifen ein spitzes Ende bei etw. erzeugen.*

Spitz|sen|ker, der [nach dem kegelförmigen Kopf] (Technik): *Krauskopf* (3).

Spitz|we|ge|rich, der: *Wegerich mit schmalen, lanzettförmigen Blättern.*

spitz|win|ke|lig, spitz|wink|lig ⟨Adj.⟩: *mit einem, in einem spitzen Winkel:* ein -es Dreieck ist ein Dreieck mit drei spitzen Winkeln; s. zusammenlaufen.

Splat|ter|mo|vie [ˈsplɛtɐmuːvi], das [engl. splatter movie, aus: splatter = Blutspritzer (zu: to splatter = [be]spritzen, lautm.) u. movie, ↑ Movie] (Jargon): *Horrorfilm mit vielen blutrünstigen Szenen.*

Spleen [ʃpliːn, sp...], der; -s, -e u. -s [engl. spleen, eigtl. = (durch Erkrankung der) Milz hervorgerufene Gemütsstörung] < lat. splen = Milz < griech. splḗn]: *Schrulle, Marotte; Überspanntheit:* etw. ist jmds. S.; sie hatte den S., jeden nach seiner Abstammung zu fragen; Menschenskinder, ihr habt ja 'n S. *(seid ja nicht recht bei Verstand;* H. Mann, Unrat 54).

splee|nig [ˈʃpliːnɪç, seltener: ˈsp...] ⟨Adj.⟩: *einen Spleen habend, darstellend; leicht verrückt:* ein -er Mensch, Einfall.

Spleiß, der; -es, -e [zu ↑ spleißen]: **1.** (Seemannsspr.) *durch Spleißen hergestellte Verbindung zwischen zwei Seil- od. Kabelenden.* **2.** (landsch.) *Splitter.*

splei|ßen ⟨st. u. sw. V.; hat⟩: **1.** [urspr. = ein Tau in Stränge auflösen] (bes. Seemannsspr.) *(Seil-, Kabelenden) durch Verflechten der einzelnen Stränge o. Ä. verbinden:* Seile, Taue s.; ⟨auch ohne Akk.-Obj.:⟩ kannst du s.? **2.** [mhd. (md.) splîʒen = bersten, (sich) spalten, verw. mit ↑ spalten, vgl. Splitt] **a)** *(landsch. veraltend) (Holz o. Ä.) spalten;* **b)** *(früher) schleißen* (1 a).

splen|did [ʃp..., sp...] ⟨Adj.⟩ [älter = glänzend, prächtig, unter Einfluss von ↑ spendieren < lat. splendidus, zu: splendere (= glänzen)]: **1.** (bildungsspr. veraltend) *freigebig, großzügig:* ein -er Mensch; er war in -er Laune; jmdm. s. bewirten.

2. (bildungsspr. veraltend) *kostbar u. prächtig:* -e Dekorationen. **3.** (Druckw.) *weit auseinandergerückt, mit großem Zeilenabstand [auf großem Format mit breiten Rändern]:* -er Satz.

Splen|did Iso|la|tion [ˈsplɛndɪd aɪsəˈleɪʃən], die; - - [engl. splendid isolation, eigtl. = glanzvolles Alleinsein] (bildungsspr.): *freiwillige Bündnislosigkeit eines Landes, einer Partei o. Ä.:* viele Jahrzehnte waren die Schweizer stolz auf ihre S. I.; Ü er lebt in einer S. I. *(hat sich ganz zurückgezogen).*

Spließ, der; -es, -e [spätmhd. splîʒe, zu mhd. (md.) splîʒen, ↑ spleißen] (Bauw.): *[Holz]span, Schindel o. Ä. unter den Dachziegelfugen.*

Splint, der; -[e]s, -e [aus dem Niederd. < mniederd. splinte, eigtl. = Abgespaltener, verw. mit ↑ spleißen, ↑ splitten]: **1.** (Technik) *der Sicherung von Schrauben u. Bolzen dienender gespaltener Stift aus Metall, der durch eine quer gebohrte Öffnung in Schrauben u. Bolzen gesteckt u. durch Auseinanderbiegen seiner Enden befestigt wird.* **2.** ⟨o. Pl.⟩ (Bot., Holzverarb.) *weiches Holz (bes. der äußeren Holzschicht eines Stammes).*

spliss: ↑ spleißen.

Spliss, der; -es, -e [eigtl. = abgespaltenes Stück, Splitter, nord(west)dt. Nebenf. von ↑ Spleiß]: **1.** (Seemannsspr.) *Spleiß* (1). **2.** ⟨o. Pl.⟩ [urspr. landsch. Bez. für: Haarkrankheit, bei der sich die Haarspitzen teilen] *[pinselförmig] gespaltene Haarspitzen:* ein fetthaltiges Präparat gegen S. anwenden.

Split [splɪt]: Stadt in Kroatien.

Splitt, der; -[e]s, ⟨Sorten:⟩ -e [aus dem Niederd., eigtl. = abgeschlagenes Stück, Splitter, zu: splitten, Nebenf. von: splîten = spleißen]: *im Straßenbau u. bei der Herstellung von Beton verwendetes Material aus grobkörnig zerkleinertem Stein.*

split|ten ⟨sw. V.; hat⟩ [engl. to split = spalten, (auf)teilen < mniederd. splitten, verw. mit niederd. splitten, ↑ Splitt]: **1.** (bes. Wirtsch.) *teilen, aufteilen, bes. einem Splitting* (2) *unterziehen:* Aktien s.; einen Auftrag s. **2.** (Politik) *einem Splitting* (2) *unterziehen; aufteilen:* Sie können ihre Stimmen auch s. **3.** (Sprachwiss.) *einem Splitting* (4) *unterziehen:* gesplittete Anredeformen.

Split|ter, der; -s, - [mhd. splitter, mniederd. splittere, zu ↑ spleißen]: **a)** *kleines, flaches spitzes Bruchstück bes. von einem spröden Material:* ein S. aus Holz, Kunststoff, Glas; die S. eines zertrümmerten Knochens; das Glas zersprang in tausend S.; R den S. im fremden Auge, aber den Balken im eigenen nicht sehen *(kleine Fehler anderer kritisieren, aber die eigenen viel größeren nicht erkennen od. sich nicht eingestehen wollen;* nach Matth. 7, 3); **b)** *als Fremdkörper in die Haut eingedrungener winziger Splitter* (a) *aus Holz o. Ä.:* einen S. im Finger haben; sich einen S. einreißen, herausnehmen.

Split|ter|bom|be, die (Militär): *Bombe mit großer Splitterwirkung.*

split|ter|fa|ser|nackt ⟨Adj.⟩ [H. u.] (ugs.): *völlig nackt.*

split|ter|frei ⟨Adj.⟩: *nicht splitternd* (2 a): -es Sicherheitsglas.

Split|ter|grup|pe, die: *kleine (bes. politische, weltanschauliche) Gruppe [die sich von einer größeren abgespaltet hat]:* radikale -n.

split|te|rig, split|trig ⟨Adj.⟩: **1.** *leicht splitternd* (1): -es Holz. **2.** *voller Splitter:* ein ungehobeltes, -es Brett.

split|tern ⟨sw. V.⟩: **1.** ⟨hat⟩ *an der Oberfläche, bes. an den Kanten, Splitter* (a) *bilden* [sehr]. **2. a)** ⟨hat⟩ *die Eigenschaft haben, beim Brechen zu splittern* (2 b): dieser Kunststoff splittert nicht; nicht splitterndes Sicher-

heitsglas; **b)** ⟨ist⟩ *in Splitter zerbrechen; zersplittern:* die Fensterscheibe ist [in tausend Scherben] gesplittert.

split|ter|nackt ⟨Adj.⟩ [mniederd. im 15. Jh. splitternaket, H. u.] (ugs.): *völlig nackt.*

Split|ter|par|tei, die: vgl. Splittergruppe.

split|ter|si|cher ⟨Adj.⟩: **1.** *gegen [Bomben-, Granat]splitter Schutz bietend:* -e Unterstände. **2.** *splitterfrei.*

Split|ter|wir|kung, die: *in der Entstehung von Splittern* (a) *bestehende Wirkung:* diese Geschosse sind vor allem wegen ihrer zerstörerischen S. so gefährlich.

Split|ting [ˈʃp..., ˈsp...], das; -s, -s [engl. splitting, eigtl. = das Spalten, zu: to split, ↑ splitten]: **1.** ⟨o. Pl.⟩ (Steuerw.) *Besteuerung von Ehegatten, die sich bei jedem der beiden Ehegatten auf die Hälfte des Gesamteinkommens erstreckt:* das S., das Verfahren des -s. **2.** (Wirtsch.) *Teilung einer Aktie o. Ä. (wenn der Kurswert sich vervielfacht hat).* **3.** (Politik) *Verteilung der Erst- u. Zweitstimme auf verschiedene Parteien.* **4.** (Sprachwiss.) *Aufteilung einer für beide Geschlechter geltenden maskulinen Personenbezeichnung in eine (ausführliche od. abgekürzte) maskuline und eine feminine Form (z. B. Schüler in: Schülerinnen und Schüler bzw. Schüler(innen) od. Schüler/-innen).*

Split|ting|sys|tem, das (Steuerw.): *Splitting* (1).

split|trig: ↑ splitterig.

SPÖ = Sozialdemokratische Partei Österreichs; (bis 1991:) Sozialistische Partei Österreichs.

Spoi|ler [ˈspɔylɐ, ˈsp...], der; -s, - [engl. spoiler, zu: to spoil = (Luftwiderstand) vermindern, eigtl. = verderben, ruinieren < mengl. spoilen < afrz. espoillier < lat. spoliare, ↑ spoliieren]: **1.** (Kfz-Technik) *die aerodynamischen Verhältnisse günstig beeinflussendes Blech- od. Kunststoffteil an Kraftfahrzeugen, das durch Beeinflussung der Luftströmung z. B. eine bessere Bodenhaftung bewirkt.* **2.** (Flugw.) *Klappe an der Oberseite eines Tragflügels, die eine Verminderung des Auftriebs bewirkt.* **3.** (Ski) *Verlängerung des Skistiefels am Schaft als Stütze bei der Rücklage.*

Spö|ken|kie|ker [ˈsp...], der [niederd., zu: spök = Spuk(gestalt) u. ↑ kieken]: **a)** (nordd.) *Geisterseher; Hellseher:* einen S. als Schwindler entlarven; **b)** (ugs. scherzh. od. spött.) *grüblerischer, spintisierender Mensch.*

Spö|ken|kie|ke|rei, die; -, -en: **a)** (nordd.) *Hellseherei;* **b)** (ugs. scherzh. od. spött.) *Spintisiererei.*

Spö|ken|kie|ke|rin, die; -, -nen: w. Form zu ↑ Spökenkieker.

Spo|li|en [ˈʃp..., ˈsp...] ⟨Pl.⟩: **1.** [lat. spolia (Pl.), eigtl. wohl = Abgezogenes] *(im antiken Rom) Beutestücke, erbeutete Waffen.* **2.** [mlat. spolia] *(früher) Nachlass eines katholischen Geistlichen.* **3.** [übertr. von 1] (Archit.) *aus anderen Bauten stammende, wieder verwendete Bauteile (z. B. Säulen).*

spo|li|ie|ren ⟨sw. V.; hat⟩ [lat. spoliare, zu: spolium = Beute (Pl.: spolia), ↑ Spolien] (veraltet, noch landsch.): *berauben, plündern, stehlen.*

Spom|pa|na|deln, Spom|pa|na|den ⟨Pl.⟩ [älter ital. spampanata = Aufschneidereien, zu: spampanare = aufschneiden]: *Umstände* (2), *ausgefallene, widersetzliche Verhaltensweisen, Sperenzchen.*

Spon|de|us [sp..., ʃp...], der; -, ...deen [lat. spondeus (pes) < griech. spondeîos (poús), zu: spondḗ = (Trank)opfer, nach den hierbei üblichen langsamen Gesängen] (Verslehre): *aus zwei Längen bestehender antiker Versfuß.*

Spon|dy|li|tis [sp..., ʃp...], die; -, ...itiden (Med.): *Entzündung im Bereich der Wirbel.*

Spon|gia [ˈʃp..., ˈsp...], die; -, ...ien [lat. spongia < griech. spoggiá] (Biol.): *Schwamm* (1).

Sponsa–Sportfan

Spon|sa [ʃp..., sp...], die; -, ...sae [...zɛ] [lat. sponsa, zu: spondere, ↑ Sponsalien]: (in Kirchenbüchern) lat. Bez. für: Braut.

Spon|sa|li|en [ʃp..., sp...] ⟨Pl.⟩ [lat. sponsalia, zu: sponsus = Verlobter, zu: spondere (2. Part.: sponsum) = ver-, geloben] (veraltet): **a)** *Verlobungsgeschenke;* ◆ **b)** *Verlobung:* Wer wird überhaupt diesen und dergleichen Sachen kurz vor seinen S. schärfer nachdenken (Jean Paul, Wutz 38).

spon|sern, sponsorte [ʃp..., sp...] ⟨sw. V.; hat⟩ [engl. to sponsor, zu: sponsor, ↑ Sponsor]: *(auf der Basis eines entsprechenden Vertrags) finanziell od. auch durch Sachleistungen od. Dienstleistungen unterstützen, [mit]finanzieren (um dafür werblichen o. ä. Zwecken dienende Gegenleistungen zu erhalten):* einen Sportler, einen Künstler, eine Tournee sponsern/sponsoren; der Rennfahrer wird von einem Kaufhauskonzern gesponsert/gesponsort.

Spon|sor [ʃp..., sp..., engl.: 'spɔnsə], der; -s, ...oren u. *(bei engl. Ausspr.:)* -s [engl. sponsor, eigtl. = Bürge < lat. sponsor, zu: spondere, ↑ Sponsalien]: **a)** *Wirtschaftsunternehmen o. Ä., das jmdn., etw. (z. B. im Sport) sponsert:* mächtige, finanzstarke -en; die -en der Regatta; S. dieses Rennfahrers, Teams ist jetzt eine andere Firma; **b)** (ugs.) *jmd., der jmdn., etw. finanziell unterstützt, fördert:* der junge Künstler hat in dem reichen Bankier einen großzügigen S. gefunden.

spon|so|ren: ↑ sponsern.

Spon|so|ren|geld, das ⟨meist Pl.⟩: *von einem od. mehreren Sponsoren zur Verfügung gestelltes Geld.*

Spon|so|rin [ʃp..., sp...], die; -, -nen: w. Form zu ↑ Sponsor.

Spon|so|ring [ʃp..., sp..., engl.: 'spɔnsərɪŋ], das; -s, -s [engl. sponsoring]: *das Sponsern:* S. betreiben; der Konzern gibt für [das] S. jährlich zehn Millionen aus.

Spon|sor|schaft, die; -, -en: *Förderung durch einen Gönner, Geldgeber:* eine S. für jmdn., etw. übernehmen.

Spon|sor|ship ['ʃpɔnzə:ɡʃɪp, 'sp..., engl.: 'spɔnsəʃɪp], die; - [engl. sponsorship]: *Sponsorschaft.*

Spon|sus [ʃp..., sp...], der; -, ...si [lat. sponsus, ↑ Sponsalien]: (in Kirchenbüchern) lat. Bez. für: Bräutigam.

spon|tan [ʃp..., auch: sp...] ⟨Adj.⟩ [spätlat. spontaneus = freiwillig; frei, zu lat. (sua) sponte = freiwillig, zu: spons (nur im Gen. spontis u. Abl. sponte üblich) = (An)trieb, freier Wille]: **a)** *aus einem plötzlichen Impuls heraus, auf einem plötzlichen Entschluss beruhend, einem plötzlichen inneren Antrieb, Impuls folgend:* ein -er Entschluss; eine *(nicht von außen gesteuerte)* politische Aktion, Demonstration; -e Kontakte mit der Bevölkerung; sie ist [in allen ihren Handlungen, Äußerungen] sehr s.; s. zustimmen, reagieren; **b)** (bildungsspr., Fachspr.) *von selbst, ohne [erkennbaren] äußeren Anlass, Einfluss [ausgelöst]:* eine -e Entwicklung, Heilung, Fehlgeburt; sich s. entwickeln; s. wieder verschwinden.

Spon|ta|ne|i|tät, (seltener:) **Spon|ta|ni|tät,** die; -, -en ⟨Pl. selten⟩ [frz. spontanéité, zu: spontané < spätlat. spontaneus, ↑ spontan; Spontanität direkt zu ↑ spontan] (bildungsspr., Fachspr.): **1.** ⟨o. Pl.⟩ **a)** *spontane Art u. Weise; Impulsivität:* die S. eines Entschlusses; die S. zunichtemachen; an S. verlieren; **b)** *das Vor-sich-Gehen ohne äußeren Anlass od. Einfluss:* die S. von Bewegungen. **2.** *spontane Handlung, Äußerung:* seine -en sind erfrischend.

Spon|ta|ni|tät: ↑ Spontaneität.

Spon|ti [ʃp..., 'sp...], der; -s, -s [zu ↑ spontan; ↑ -i] (Politikjargon): *Angehöriger einer undogmatischen linksgerichteten Gruppe.*

Spon|ton [ʃpɔn'toːn, sp..., spɔ̃'tõː], der; -s, -s [unter Einfluss von frz. esponton < ital. spontone, spuntone, zu: punta = Spitze; Stich(waffe) < lat. puncta = Stich, zu: pungere (2. Part.: punctum) = stechen]: *von den Infanterieoffizieren im 17. u. 18. Jh. getragene, kurze, der Hellebarde ähnliche Pike:* ◆ *... an einer von Rost zerfressenen Helbarte oder S., wie man es nannte* (Keller, Romeo 37).

Spor, der; -[e]s, -e [zu mhd. spoer = trocken, rau, ahd. spōri = mürb, faul, H. u.] (landsch.): *Schimmel[pilz].*

spo|ra|disch [ʃp..., sp...] ⟨Adj.⟩ [frz. sporadique < griech. sporadikós = verstreut, zu: speírein = streuen, säen; sprengen, spritzen]: **a)** *vereinzelt [vorkommend]; verstreut:* dieses Metall findet man nur s.; **b)** *gelegentlich, nur selten:* -e Besuche; er nimmt nur s. am Unterricht teil.

Spo|r|an|gi|um [ʃp..., sp...], das; -s, ...ien [zu ↑ Spore u. griech. aggeîon = Behälter] (Bot.): *Sporenbehälter.*

Spo|re, die; -, -n ⟨meist Pl.⟩ [zu griech. sporá = das Säen, Saat; Same, zu: speírein, ↑ sporadisch]: **1.** (Bot.) *meist dickwandige, der ungeschlechtlichen Fortpflanzung dienende Zelle mit meist nur einem Kern:* die -n bildende Generation der Moose; -n tragende Blätter, Pflanzen; Moose, Farne pflanzen sich durch -n fort. **2.** (Med., Zool.) *gegen thermische, chemische u. andere Einflüsse bes. widerstandsfähige Dauerform einer Bakterie.*

Spo|ren: Pl. von ↑ Spore und ↑ Sporn.

Spo|ren|be|häl|ter, der (Bot.): *(bei niederen Pflanzen) Zelle od. kapselartiges Organ, in dem die Sporen gebildet werden.*

Spo|ren bil|dend, spo|ren|bil|dend ⟨Adj.⟩ (Bot.): *Sporen (1) hervorbringend, ausbildend:* die Sporen bildende Generation der Moose.

Spo|ren|blatt, das (Bot.): *Sporophyll.*

Spo|ren|kap|sel, die (Bot.): *(bei den Moosen) kapselartiger Sporenbehälter.*

Spo|ren|pflan|ze, die: *blütenlose Pflanze, die sich durch Sporen vermehrt.*

Spo|ren|tier|chen, das; -s, - ⟨meist Pl.⟩: *mikroskopisch kleines, einzelliges, parasitisch lebendes Tier; Sporozoon.*

Spo|ren tra|gend, spo|ren|tra|gend ⟨Adj.⟩ (Bot.): *Sporen (1) habend, ausbildend.*

Spo|ren|trä|ger, der (Bot.): *Sporen tragender Teil einer Sporenpflanze.*

Sporn, der; -[e]s, Sporen u. (bes. Fachspr.:) -e [mhd. spor, spore, ahd. sporo, zu einem Verb mit der Bed. »mit den Füßen treten« u. verw. mit ↑ Spur; das -n der mhd. Form stammt aus den flektierten Formen]: **1.** ⟨Pl. Sporen; meist Pl.⟩ *mit einem Bügel am Absatz des Reitstiefels befestigter Dorn od. kleines Rädchen, mit der Reiter das Pferd antreibt:* Sporen tragen; einem Pferd die Sporen geben *(die Sporen in die Seite drücken u. es so antreiben);* * *sich* ⟨Dativ⟩ **die [ersten] Sporen verdienen** *(die ersten, eine Laufbahn eröffnenden Erfolge für sich verbuchen können:* sie ist als junge Anwältin in der Kanzlei ihres Vaters die Sporen verdient). **2.** ⟨Pl. Sporen, Fachspr. auch -e⟩ **a)** *(bei verschiedenen Vögeln) hornige, nach hinten gerichtete Kralle an der Ferse od. am Flügel;* **b)** *(bei verschiedenen Insekten) starre, aber bewegliche Borste am Bein;* **c)** (Med.) *schmerzhafter knöcherner Auswuchs an der Ferse.* **3.** ⟨Pl. -e⟩ (Bot.) *(bei verschiedenen Pflanzen) längliche, spitz zulaufende Ausstülpung der Blumen- u. Kelchblätter.* **4.** ⟨Pl. -e⟩ *zwischen zwei zusammenlaufenden Tälern liegender u. von schwer zugänglicher Bergvorsprung:* die Burg liegt auf einem S. **5.** ⟨Pl. -e⟩ *(früher) [unter Wasser befindlicher] Vorsprung im Bug eines Kriegsschiffes zum Rammen feindlicher Schiffe.* **6.** ⟨Pl. -e⟩ *Metallbügel od. Kufe am Heck leichter Flugzeuge zum Schutz des Rumpfes beim Landen u. Abheben.* **7.** ⟨Pl. -e⟩ (Militär) *Vorrichtung an Geschützen, mit der ein Zurückrollen nach dem Abfeuern verhindert wird.*

spor|nen ⟨sw. V.; hat⟩ [mhd. sporen] (veraltend): *(einem Pferd) die Sporen geben:* sein Pferd s.

sporn|streichs ⟨Adv.⟩ [eigtl. = im schnellen Galopp, adv. Gen. zu veraltet Spor(e)nstreich = Schlag mit dem Sporn]: *(als Reaktion auf etw.) unverzüglich u. ohne lange zu überlegen:* s. zur Polizei eilen.

Spo|ro|zo|on [ʃp..., sp...], das; -s, ...zoen ⟨meist Pl.⟩ [zu griech. zōon = Lebewesen]: *Sporentierchen.*

Sport, der; -[e]s, (Arten:) -e ⟨Pl. selten⟩ [engl. sport, urspr. = Zerstreuung, Vergnügen, Zeitvertreib, Spiel, Kurzf. von: disport = Zerstreuung, Vergnügen < afrz. desport, zu: (se) de(s)porter = (sich) zerstreuen, (sich) vergnügen < lat. deportare = fortbringen (↑ deportieren)]: **1. a)** ⟨o. Pl.⟩ *nach bestimmten Regeln [im Wettkampf] aus Freude an Bewegung u. Spiel, zur körperlichen Ertüchtigung ausgeübte körperliche Betätigung:* S. treiben; die S. treibenden Schüler trafen sich jeden Nachmittag; zum S. gehen; **b)** ⟨o. Pl.⟩ *Sport (1 a) als Fachbereich, Unterrichtsfach o. Ä.:* S. unterrichten, studieren; in der dritten Stunde haben wir S.; **c)** ⟨o. Pl.⟩ *sportliches Geschehen in seiner Gesamtheit:* den S. fördern; das Fernsehen bringt zu viel S. *(zu viele Sportsendungen);* das Sponsoring im S.; **d)** *Sportart:* Fußball ist ein sehr beliebter S.; Schwimmen ist ein gesunder S. **2.** *Liebhaberei, Betätigung zum Vergnügen, zum Zeitvertreib, Hobby:* Fotografieren ist mein S.; er sammelt Briefmarken als, zum S.; * *sich* ⟨Dativ⟩ **einen S. daraus machen, etw. zu tun** (ugs.; *etw. aus Übermut u. einer gewissen Boshaftigkeit heraus [beharrlich u. immer wieder] tun).*

Sport|ab|zei|chen, das: *für bestimmte sportliche Leistungen verliehenes Abzeichen.*

Sport|an|ge|bot, das: *Angebot an Möglichkeiten, sich sportlich zu betätigen.*

Sport|ang|ler, der: *Sportfischer.*

Sport|ang|le|rin, die: w. Form zu ↑ Sportangler.

Sport|an|la|ge, die: *zur Ausübung des Sports u. für Sportveranstaltungen.*

Sport|an|zug, der: vgl. Sportschuh (a, b).

Sport|art, die: *Disziplin (3).*

Sport|ar|ti|kel, der ⟨meist Pl.⟩: *zur Ausübung eines Sports benötigter Artikel (wie Kleidungsstück, Gerät).*

Sport|arzt, der: *Arzt für die Betreuung von Leistungssportlern u. die Behandlung von Sportverletzungen.*

Sport|ärz|tin, die: w. Form zu ↑ Sportarzt.

sport|be|geis|tert ⟨Adj.⟩: *an sportlichen Dingen sehr interessiert.*

Sport|be|richt, der: *Bericht über Sportereignisse.*

Sport|be|richt|er|stat|tung, die: *Berichterstattung über Sportereignisse.*

Sport|boot, das: *Motorboot für den Freizeitsport.*

Sport|bund, der: *Dachorganisation des Sports:* Hamburger S.

Sport|club: ↑ Sportklub.

Sport|di|rek|tor, der: *jmd., der in leitender Funktion für das Management (3) eines Sportvereins, eines Sportverbandes zuständig ist.*

Sport|di|rek|to|rin, die: w. Form zu ↑ Sportdirektor.

Sport|dress, der: *für sportliche Aktivitäten hergestellte, jeweils geeignete Kleidung.*

Sport|er|eig|nis, das: *sportliches Ereignis.*

Sport|fan, der: *jmd., der sich für Sport (1) begeistert.*

Sport|fech|ten, das; -s: *Fechten als sportliche Disziplin.*
Sport|feld, das (veraltend): *repräsentative Wettkampfstätte; Stadion.*
Sport|fest, das: *festliche Veranstaltung einer Schule, eines Vereins o. Ä. mit sportlichen Wettkämpfen u. Darbietungen.*
Sport|fi|schen, das; -s: *Sportfischerei.*
Sport|fi|scher, der: *jmd., der den Angelsport als Liebhaberei u. in Wettbewerben betreibt.*
Sport|fi|sche|rei, die: *als sportliche Freizeitbeschäftigung ausgeübtes Fischen mit der Angel.*
Sport|fi|sche|rin, die: w. Form zu ↑ Sportfischer.
Sport|flit|zer, der: *Flitzer* (1).
Sport|flug|zeug, das: *[einmotoriges] der sportlichen Betätigung dienendes Flugzeug.*
Sport|freund, der: **1.** *Freund, Anhänger des Sports* (1). **2.** *Sportkamerad.*
Sport|freun|din, die: w. Form zu ↑ Sportfreund.
Sport|funk|ti|o|när, der: *Funktionär im Bereich des Sports.*
Sport|funk|ti|o|nä|rin, die: w. Form zu ↑ Sportfunktionär.
Sport|geist: ↑ Sportsgeist.
Sport|ge|mein|schaft, die: *Sportverein* (Abk.: SG).
Sport|ge|rät, das: *Gegenstand, an dem od. mit dem sportliche Übungen ausgeführt werden.*
Sport|ge|richt, das: *von Sportverbänden eingesetztes Schiedsgericht, das bei der Ausübung des Sports entstandene Streitfälle schlichtet u. Geldstrafen od. Sperren verhängen kann.*
Sport|ge|schäft, das: *Geschäft* (2), *das Sportartikel führt.*
Sport|ge|wehr, das: *im Schießsport verwendetes Gewehr.*
Sport|gym|nas|tik, die: *in der Verbindung* **rhythmische S.** *(mit bestimmten Sportgeräten, wie Band, Ball, Reifen u. a., wettkampfmäßig ausgetragene rhythmische Gymnastik für Frauen).*
Sport|hal|le, die: vgl. Sportanlage.
Sport|herz, das (Med.): *Sportlerherz.*
Sport|hil|fe, die: *Organisation, die Leistungssportler bes. finanziell unterstützt.*
Sport|hoch|schu|le, die: *Hochschule für Sportwissenschaft.*
spor|tiv ⟨Adj.⟩ [engl. sportive, frz. sportif]: *vom Sport geprägt, sportlich aussehend, wirkend; sportlich* (2 a): *ein -er Typ, Lebensstil; sich s. kleiden.*
Sport|jar|gon, der: *für die Kommunikation über Themen aus dem Bereich des Sports charakteristischer Jargon* (a).
Sport|jour|na|list, der: *Journalist, der über Sportereignisse berichtet.*
Sport|jour|na|lis|tin, die: w. Form zu ↑ Sportjournalist.
Sport|ka|me|rad, der: *jmd., mit dem jmd. gemeinsam [im gleichen Verein] Sport treibt.*
Sport|ka|me|ra|din, die: w. Form zu Sportkamerad.
Sport|ka|no|ne: ↑ Sportskanone.
Sport|klei|dung, die: *Kleidung für den Sport.*
Sport|klub, Sportclub, der: *Sportverein.*
Sport|leh|rer, der: **a)** *Lehrer [an einer Schule], der Unterricht in Sport erteilt;* **b)** *Coach.*
Sport|leh|re|rin, die: w. Form zu ↑ Sportlehrer.
Sport|ler, der; -s, -: *jmd., der aktiv Sport treibt.*
Sport|ler|herz, das: *Herz eines Sportlers, das sich durch ständiges Training vergrößert u. den gesteigerten Leistungen angepasst hat.*
Sport|le|rin, die; -, -nen: w. Form zu ↑ Sportler.
sport|lich ⟨Adj.⟩: **1. a)** *den Sport betreffend, auf ihm beruhend:* -e Höchstleistungen; -es Können; sich s. betätigen; eine s. hervorragende Leistung; Er stand auf, rannte hinauf und sagte, er möchte mit Sabine einen Waldlauf machen ... Einen ganz milden. Keine -e Tortur (M. Walser,

Pferd 129); **b)** *fair:* -es Benehmen; es war ein ausgesprochen -es Spiel; **c)** *in einer Weise geartet, die dem Sport als imponierender Leistung gleicht, ähnelt:* eine -e Fahrweise; -e Autos, Motoren; er fährt s. **2. a)** *durchtrainiert; wie vom Sport geprägt, voller Spannkraft:* ein -er Typ; einen -en Gang haben; s. aussehen, wirken; Willkommen in solcher Lage ist der Anblick von Festwagen, auf welchen -e Jünglinge Handstände vollführen oder längere Zeit auf dem Kopf stehen (Schädlich, Nähe 14); **b)** *einfach u. zweckmäßig im Schnitt; flott wirkend:* -e Kleidung; eine s. geschnittene Bluse.
sport|lich-ele|gant ⟨Adj.⟩: *(in Bezug auf Kleidung) von sportlicher Eleganz gezeichnet:* -e Kleider.
Sport|lich|keit, die; -, -en: **1.** ⟨o. Pl.⟩ *das Sportlichsein.* **2.** (selten) *etw. Sportliches.*
sport|mä|ßig ⟨Adj.⟩: ↑ sportsmäßig.
Sport|me|di|zin, die ⟨o. Pl.⟩: *Spezialgebiet der Medizin, das sich mit den Wechselwirkungen zwischen Sport u. Gesundheit, den Möglichkeiten u. Grenzen des Hochleistungssports u. der Behandlung von Sportverletzungen befasst.*
Sport|me|di|zi|ner, der: *Arzt, der sich der Sportmedizin widmet.*
Sport|me|di|zi|ne|rin, die: w. Form zu ↑ Sportmediziner.
sport|me|di|zi|nisch ⟨Adj.⟩: *die Sportmedizin betreffend.*
Sport|nach|richt, die: **1.** *Nachricht vom Sport.* **2.** ⟨Pl.⟩ *Sendung, die Nachrichten vom Sport bringt.*
Sport|platz, der: *Sportanlage im Freien.*
Sport|rei|ten, das; -s: *als Sport betriebenes Reiten.*
Sport|re|por|ter, der: vgl. Sportjournalist.
Sport|re|por|te|rin, die: w. Form zu ↑ Sportreporter.
Sport|schie|ßen, das ⟨o. Pl.⟩: *als Sport betriebenes Schießen.*
Sport|schlit|ten, das: *als Sportgerät dienender Schlitten.*
Sport|schuh, der: **a)** *sportlicher* (2 b) *Schuh;* **b)** *Turnschuh.*
Sport|schu|le, die: *Einrichtung* (3), *in der verschiedene Sportarten Unterricht erteilt wird, entsprechende Lehrgänge o. Ä. abgehalten werden.*
Sport|schüt|ze, der: *jmd., der Sportschießen betreibt.*
Sport|schüt|zin, die: w. Form zu ↑ Sportschütze.
Sport|sei|te, die: *Zeitungsseite, auf der Sportnachrichten u. -berichte stehen.*
Sport|sen|dung, die (Rundfunk, Fernsehen): *dem Sport gewidmete Sendung.*
Sports|freund, der: **1.** *Sportfreund.* **2.** *saloppe Anrede an eine männliche Person:* nicht so schüchtern, S.!
Sports|freun|din, die: w. Form zu Sportsfreund (1).
Sports|geist, Sportgeist, der ⟨o. Pl.⟩: *sportliche Gesinnung, Fairness;* [keinen] S. haben; zeigen.
Sports|ka|no|ne, Sportkanone, die (ugs.): *jmd., der mit seinen sportlichen Aktivitäten besonders erfolgreich ist, hohes Ansehen genießt.*
Sports|mann, der ⟨Pl. ...leute, seltener: ...männer⟩ [nach engl. sportsman]: **1.** *Mann, der Sport treibt, dessen Neigungen, Interessen dem Sport gehören.* **2.** *Mann, der sich durch sein sportliches Verhalten auszeichnet:* ein echter S. steht zu seinen Fehlern.
sports|mä|ßig, sportmäßig ⟨Adj.⟩: *dem Sport gemäß:* -es Benehmen.
Sport|spra|che, die: *Fachsprache u. Jargon des Sports.*
Sport|sta|di|on, das: *Stadion.*
Sport|stät|te, die (geh.): *Sportanlage.*

Sport|stu|dent, der: *Student, der das Fach Sport studiert.*
Sport|stu|den|tin, die: w. Form zu ↑ Sportstudent.
Sport|stu|dio, das (ugs.): *Fitnesscenter.*
Sport|stun|de, die: *Unterrichtsstunde im Fach Sport.*
Sports|wear ['spɔːtsweːɐ̯], die; - [engl. sports wear, aus: sports ⟨Pl.⟩ = Sport u. wear = Kleidung] (Mode): *sportliche Tageskleidung, Freizeitkleidung.*
Sport|ta|sche, die: *größere Tasche für Sportartikel.*
Sport|tau|chen, das; -s: *Tauchen mit od. ohne Gerät als sportlicher Wettbewerb od. zur Unterwasserjagd.*
Sport|teil: ↑ Sportseite.
Sport|to|to, das, auch: der: *Glücksspiel, bei dem bestimmte Geschehnisse im Sport (wie z. B. Ergebnisse von Spielen, Wettkämpfen usw.) vorhergesagt werden müssen.*
Sport treibend, sport|trei|bend ⟨Adj.⟩: *regelmäßig Sport betreibend.*
Sport|trei|ben|de, die/eine Sporttreibende; der/einer Sporttreibenden, die Sporttreibenden/zwei Sporttreibende, **Sport Trei|ben|de,** die/eine Sport Treibende; der/einer Sport Treibenden/zwei Sport Treibende: *weibliche Person, die regelmäßig Sport treibt.*
Sport|trei|ben|der, der Sporttreibende/ein Sporttreibender; des/eines Sporttreibenden, die Sporttreibenden/zwei Sporttreibende, **Sport Trei|ben|der,** der Sport Treibende/ein Sport Treibender; des/eines Sport Treibenden, die Sport Treibenden/zwei Sport Treibende: *jmd., der regelmäßig Sport treibt.*
Sport|un|fall, der: *Unfall, der bei der Ausübung eines Sports geschehen ist.*
Sport|un|ter|richt, der: *Unterricht im Fach Sport.*
Sport|ver|an|stal|tung, die: *sportliche Veranstaltung.*
Sport|ver|band, der: *organisatorischer Zusammenschluss mehrerer Sportvereine zur gemeinsamen Vertretung ihrer Interessen.*
Sport|ver|ein, der: *Verein, in dem eine bzw. mehrere Sportarten betrieben werden* (Abk.: SV).
Sport|ver|let|zung, die: *Verletzung, die sich jmd. bei der Ausübung eines Sports zugezogen hat.*
Sport|waf|fe, die: *beim Sportfechten im Schießsport gebrauchte Waffe.*
Sport|wa|gen, der: **1.** *windschnittig gebautes [zweisitziges] Auto mit starkem Motor.* **2.** *Kinderwagen, in dem Kleinkinder, die bereits sitzen können, gefahren werden.*
Sport|wart, der: *jmd., der bei einem Verein, Verband o. Ä. für die Organisation sorgt u. die Instandhaltung von Sportplatz u. Sportgeräten überwacht.*
Sport|war|tin, die: w. Form zu ↑ Sportwart.
Sport|wet|te, die: **1.** *Wette auf Ergebnisse von Sportwettkämpfen.* **2.** *Einrichtung, Firma, die kommerziell Sportwetten* (1) *betreibt.*
Sport|wett|kampf, der: *Kampf um die beste sportliche Leistung.*
Sport|wis|sen|schaft, die: *Wissenschaft vom Sport.*
Sport|zei|tung, die: *Zeitung, die über sportliche Ereignisse berichtet.*
Sport|zen|trum, das: *größere Anlage (mit mehreren Sportplätzen, einer od. mehreren Sporthallen, Schwimmbad u. a.) für Training u. sportliche Veranstaltungen.*
Spot [spɔt, ʃpɔt], der; -s, -s [engl. spot, eigtl. = (kurzer) Auftritt, zu: spot = Fleck, Ort]: **1.** *(das eigentliche Programm im Fernsehen, Funk od. Kino unterbrechender) werblichen, propagandistischen o. ä. Zwecken dienender, meist sehr*

kurzer Film od. Text; kurz eingeblendete Werbung. **2. a)** Kurzf. von ↑ Spotlight; **b)** *(besonders in Wohnräumen verwendete) dreh- u. schwenkbar befestigte Leuchte, die ein stark gebündeltes Licht abgibt.*
Spot|ge|schäft, das 〈Wirtsch.〉: *Geschäft gegen sofortige Lieferung u. Kasse (im internationalen Verkehr).*
Spot|light […laɪt], das; -s, -s [engl. spotlight = Scheinwerfer(licht)] (Bühnentechnik, Fotogr., Film): *Scheinwerfer, der das Licht stark bündelt:* ein S. auf jmdn. richten; im S. *(im Schein eines Spotlights).*
Spot|markt, der 〈Wirtsch.〉: *internationaler Markt, auf dem nicht vertraglich gebundene Mengen von Rohöl den Meistbietenden verkauft werden.*
Spott, der; -[e]s [mhd., ahd. spot]: *Äußerung od. Verhaltensweise, mit der sich jmd. über jmdn., jmds. Gefühle o. Ä. lustig macht, seine Schadenfreude ausdrückt, über jmdn., etw. frohlockt* (1): heimlicher, leichter, scharfer, beißender S.; Hohn und S.; seinen S. mit jmdm., etw. treiben; zum Schaden auch noch den S. haben; dem S. preisgegeben sein; zum S. [der Leute] werden (seltener; *verspottet werden);* nach Ps. 22, 7); Ulrich nahm den S. achselzuckend hin (Musil, Mann 1109).
Spott|bild, das: **a)** (veraltet) *Karikatur* (1 a); **b)** *als Verspottung wirkende bildhafte Vorstellung od. Erscheinung:* er sah aus wie ein S., war ein S. seiner selbst.
spott|bil|lig 〈Adj.〉 (ugs.): *sehr, überraschend billig.*
spöt|teln 〈sw. V.; hat〉 [zu ↑ spotten]: *leicht spöttische Bemerkungen machen, auf versteckte Weise spotten:* über jmdn., etw. s.; »Ich glaube, du spöttelst?« fragte der Alte (Th. Mann, Joseph 692).
spot|ten 〈sw. V.; hat〉 [mhd. spotten, ahd. spot(t)ōn, wohl eigtl. = vor Abscheu ausspucken]: **1.** *(über jmdn., etw.) spöttisch, mit Spott reden, sich lustig machen:* soll er doch, lass ihn doch S. [so viel er will]!; du hast gut, leicht s.; über jmdn., etw./(veraltet:) jmds., einer Sache s.; Der alte Sänger bewegte mit einem müde spottenden Lächeln die Hand (H. Mann, Stadt 238). **2.** (geh.) **a)** *etw. nicht ernst nehmen; der Abschreckung zuwiderhandeln:* er spottete der Gefahr; **b)** *(von Sachen, Vorgängen o. Ä.) sich entziehen* (2 e): das spottet jeder Vorstellung, Beschreibung. **3.** (Zool., Verhaltensf.) *(von Vögeln) Laute aus der Umwelt nachahmen:* gespottete Laute.
Spöt|ter, der; -s, - [mhd. spottære = Spottender, spätmhd. spottari = gewerbsmäßiger Spaßmacher]: **1.** *jmd., der [gern] spottet:* ein böser S.; auf der Bank der S. sitzen (geh.; *ein Spötter sein;* nach Ps. 1, 1). **2.** *Gelbspötter.*
Spöt|te|rei, die; -, -en: **a)** 〈o. Pl.〉 *das Spotten;* **b)** *Spottrede, spöttische Bemerkung:* seine -en lassen mich kalt.
Spott|ge|burt, die 〈geh. abwertend〉: *jmd., etw. Verächtliches:* ◆ …du S. von Dreck und Feuer (Goethe, Faust I, 3536).
Spott|ge|dicht, das: *Gedicht, in dem jmd. od. etw. verspottet wird.*
spöt|tisch 〈Adj.〉 [spätmhd. spöttischen (Adv.)]: **a)** *Spott ausdrückend:* ein -es Lächeln; -e Worte, Bemerkungen; s. grinsen; **b)** *zum Spott neigend, gern spottend:* ein -er Mensch; sei doch nicht so s.! *(lass doch das Spotten!)*
Spott|lied, das: vgl. Spottgedicht.
Spott|lust, die 〈o. Pl.〉: *Lust, Neigung, andere zu verspotten.*
Spott|na|me, der: *jmdm., einer Sache zum Spott beigelegter Name; Spitzname.*

Spott|preis, der (ugs. emotional): *sehr, überraschend niedriger Preis.*
Spott|re|de, die: *spottende, spöttische Rede.*
sprach: ↑ sprechen.
Sprach|at|las, der: *Kartenwerk, das die geografische Verbreitung von [Dialekt]wörtern, Lauten od. anderen sprachlichen Erscheinungen verzeichnet.*
Sprach|bar|ri|e|re, die: *Schwierigkeit in der Verständigung zwischen Angehörigen verschiedener Sprachen.*
sprach|be|gabt 〈Adj.〉: *begabt für das Erlernen von Fremdsprachen.*
Sprach|be|ra|tung, die: *Beratung in grammatischen, rechtschreiblichen od. stilistischen Fragen.*
Spra|che, die; -, -n [mhd. sprāche, ahd. sprāhha, auch: Rede; Beratung, Verhandlung; zu ↑ sprechen]: **1.** 〈o. Pl.〉 *Fähigkeit des Menschen zu sprechen; das Sprechen als Anlage, als Möglichkeit des Menschen sich auszudrücken:* menschliche S.; S. und Denken; * jmdm. bleibt die S. weg/verschlägt es die S. *(jmd. ist sehr überrascht, weiß nicht, was er sagen soll);* jmdm. die S. verschlagen/(geh.:) rauben *(jmdn. sehr überraschen, für jmdn. kaum zu fassen sein).* **2.** 〈o. Pl.〉 *das Sprechen; Rede:* * die S. auf etw. bringen/etw. zur S. bringen *(etw. zum Thema des Gesprächs machen, von etw. zu sprechen beginnen);* mit der S. [nicht] herausrücken/herauswollen *(etw. Bestimmtes gar nicht, nur zögernd sagen, erzählen, eingestehen);* heraus mit der S.! (ugs.; *nun sprich schon!, nun sag es schon!, nun gib es schon zu!);* zur S. kommen *(erörtert werden).* **3. a)** *Art der Sprechens; Stimme, Redeweise:* eine flüssige S.; ihre S. klingt rau; man erkennt ihn an der S.; der S. nach muss er aus Berlin sein; **b)** *Ausdrucksweise, Stil:* eine schlichte, gehobene, bilderreiche, poetische, geschraubte, gezierte, [un]verständliche S.; die S. der Dichtung, der Werbung, der Gegenwart, des vorigen Jahrhunderts; seine S. ist ungehobelt, ungelenk, ordinär; die Jugend hat ihre eigene S.; ein Ausdruck aus der S. der Jäger; * eine deutliche/unmissverständliche S. [mit jmdm.] sprechen/reden *([jmdm.] offen, unverblümt, energisch seine Meinung sagen);* eine deutliche S. sprechen *(von Sachen) etw. meist Negatives, was nicht ohne Weiteres erkennbar, zu sehen ist, offenbar werden lassen).* **4. a)** *(historisch entstandenes u. sich entwickelndes) System von Zeichen u. Regeln, das einer Sprachgemeinschaft zur Verständigungsmittel dient; Sprachsystem:* die lateinische, englische S.; lebende und tote, neuere und ältere -n; die afrikanischen -n; Französisch ist eine schöne, klangvolle S.; Deutsch gilt als schwere S.; mehrere -n sprechen, beherrschen; sie unterhalten sich in englischer S.; in eine andere S. übersetzen; Ü die S. des Herzens, der Liebe, der Leidenschaft; die S. *(Verständigung mithilfe bestimmter Signale)* der Bienen, der Buckelwale; * dieselbe/die gleiche S. sprechen/reden *(dieselbe Grundeinstellung haben u. sich deshalb gut verstehen);* eine andere S. sprechen/reden *(etw. ganz anderes, Gegensätzliches ausdrücken, zeigen);* in sieben -n schweigen (scherzh.; *sich überhaupt nicht äußern; [bei einer Diskussion] stummer Zuhörer sein);* **b)** *System von Zeichen (das der Kommunikation o. Ä. dient):* die S. der [formalen] Logik.
sprä|che: ↑ sprechen.
Sprach|ei|gen|tüm|lich|keit, die: *spezielle, eine Sprache kennzeichnende, für sie typische Besonderheit.*
Spra|chen|fra|ge, die 〈Pl. selten〉: *aus dem Zusammenleben mehrerer ethnischer Gruppen mit verschiedenen Sprachen innerhalb eines Staates herrührende Problematik.*
Spra|chen|ge|wirr, das: *Gewirr* (2) *von verschiedenen (an einem Ort, in einer Gemeinschaft gesprochenen) Sprachen:* im olympischen Dorf herrscht ein buntes S.; * babylonisches S. *(↑ babylonisch).*
Spra|chen|recht, das: **1.** *gesetzliche Regelung über Amts-, Staatssprache, Sprache von Minderheiten o. Ä.* **2.** *(bes. Angehörigen von Sprachminderheiten zukommendes) Recht, die Muttersprache zu gebrauchen.*
Spra|chen|schu|le, die: *Schule, an der Fremdsprachen gelehrt werden.*
Spra|chen|stu|di|um, Sprachstudium, das: *Studium einer od. mehrerer Sprachen.*
Sprach|ent|wick|lung, die: **a)** *das Sichentwickeln der Sprache (beim Kind);* **b)** *die Weiterentwicklung* (1) *der Sprache:* Lassen Sie uns doch mit der Sprachentwicklung entschlossen Schritt halten! (A. Schmidt, Platz 82).
Sprach|er|ken|nung, die 〈EDV〉: *automatisches bzw. maschinelles Erkennen gesprochener Sprache.*
Sprach|er|ken|nungs|pro|gramm, das 〈EDV〉: *Programm* (4), *das die Spracherkennung eines Computers ermöglicht.*
Sprach|er|werb, der (Sprachwiss.): *das Erlernen der Muttersprache.*
Sprach|er|zie|hung, die: *auf den Erwerb der Muttersprache ausgerichtete Sprachförderung.*
Sprach|fä|hig|keit, die 〈Pl. selten〉 (Sprachwiss.): *Fähigkeit zur Kommunikation durch Sprache.*
Sprach|fa|mi|lie, die (Sprachwiss.): *Gruppe verwandter, auf einen gemeinsamen Ursprung zurückzuführender Sprachen.*
Sprach|feh|ler, der: *physisch od. psychisch bedingte Störung in der richtigen Aussprache bestimmter Laute.*
Sprach|fet|zen, der 〈meist Pl.〉: *an jmds. Ohr dringendes Bruchstück von Gesprochenem; Gesprächsfetzen.*
Sprach|för|de|rung, die: *Förderung der sprachlichen Entwicklung, der sprachlichen Fähigkeiten.*
Sprach|for|scher, der: vgl. Sprachwissenschaftler.
Sprach|for|sche|rin, die: w. Form zu ↑ Sprachforscher.
Sprach|for|schung, die: vgl. Sprachwissenschaft.
Sprach|füh|rer, der: *(bes. bei Auslandsreisen zu benutzendes) kleines Buch, das die für den Alltagsgebrauch wichtigsten Wörter u. Wendungen der fremden Sprache mit Ausspracheangaben u. Grundregeln der Grammatik enthält.*
Sprach|ge|biet, das: *Sprachraum.*
Sprach|ge|brauch, der: *in einer Sprache übliche Ausdrucksweise u. Bedeutung:* nach allgemeinem S.
Sprach|ge|fühl, das 〈Pl. selten〉: **a)** *Gefühl, Sinn für das richtige u. (im Sinne einer gültigen Norm) angemessene Sprachgebrauch:* ein gutes, kein S. haben; nach meinem S. ist das falsch; **b)** *Stilgefühl.*
Sprach|ge|mein|schaft, die 〈Sprachwiss.〉: *Gesamtheit aller muttersprachlichen Sprecher einer Sprache.*
Sprach|geo|gra|fie, Sprachgeographie: *Forschungsrichtung der Sprachwissenschaft, die sich mit der räumlichen Verbreitung sprachlicher Erscheinungen (lautlicher, lexikalischer, grammatischer Art) befasst.*
sprach|geo|gra|fisch, sprachgeographisch 〈Adj.〉: *die Sprachgeografie betreffend.*
Sprach|geo|gra|phie usw.: ↑ Sprachgeografie usw.
Sprach|ge|schich|te, die: **1.** 〈o. Pl.〉 **a)** *Geschichte* (1 a) *einer Sprache;* **b)** *Wissenschaft von der Sprachgeschichte* (1 a) *als Teilgebiet der Sprach-*

wissenschaft. **2.** *Werk, das die Sprachgeschichte* (1 a) *zum Thema hat.*
sprach|ge|schicht|lich ⟨Adj.⟩: *die Sprachgeschichte betreffend.*
Sprach|ge|sell|schaft, die: *(im 17. Jh.) gelehrte Vereinigung zur Pflege der deutschen Muttersprache u. der Literatur.*
sprach|ge|stört ⟨Adj.⟩ (Med., Psychol.): *an einer Sprachstörung leidend.*
Sprach|ge|walt, die ⟨o. Pl.⟩: *souveräne u. wirkungsvolle Beherrschung der sprachlichen Ausdrucksmittel.*
sprach|ge|wal|tig ⟨Adj.⟩: *Sprachgewalt habend:* ein -er *Dichter.*
sprach|ge|wandt ⟨Adj.⟩: *gewandt im Ausdruck in der eigenen od. in einer fremden Sprache.*
Sprach|ge|wandt|heit, die: *das Sprachgewandtsein.*
Sprach|gren|ze, die: *Grenze zwischen den Verbreitungsgebieten zweier Sprachen.*
Sprach|gut, das ⟨o. Pl.⟩: *in sprachlicher Form Überliefertes.*
Sprach|heil|kun|de, die: *Logopädie.*
Sprach|in|sel, die: *kleines Gebiet, in dem eine andere Sprache gesprochen wird als in dem umliegenden Bereich.*
Sprach|kennt|nis|se ⟨Pl.⟩: **a)** *Kenntnisse in einer fremden Sprache; Kenntnisse von fremden Sprachen:* gute französische S. haben; der Politiker wird wegen seiner fehlenden S. international belächelt; **b)** *sprachliche Kenntnisse:* seine S. reichen nicht aus, die Textaufgaben zu verstehen.
Sprach|kom|pe|tenz, die (Sprachwiss.): *Kompetenz* (2).
Sprach|kri|tik, die: **1.** (Sprachwiss.) **a)** *kritische Beurteilung der sprachlichen Mittel u. der Leistungsfähigkeit einer Sprache;* **b)** *Sprachpflege.* **2.** (Philos.) *erkenntnistheoretische Untersuchung von Sprache auf ihren Wirklichkeits- u. Wahrheitsgehalt hin.*
Sprach|kul|tur, die: **a)** *Maß, Grad, in dem der Sprachgebrauch den für die jeweilige Sprache geltenden Normen bes. in grammatischer u. stilistischer Hinsicht entspricht;* **b)** *Fähigkeit, die Normen der Sprachkultur* (a) *zu erfüllen;* **c)** (bes. DDR) *Sprachpflege (als Einflussnahme der Gesellschaft auf die Sprache im Hinblick auf die Erreichung eines möglichst hohen sprachlichen Niveaus).*
Sprach|kun|de, die (veraltend): **a)** *Lehre von der Sprache u. ihren Gesetzen;* **b)** *Lehrbuch der Sprachkunde* (a).
sprach|kun|dig ⟨Adj.⟩: *mehrere Sprachen verstehend u. sprechend.*
sprach|kund|lich ⟨Adj.⟩ (veraltet): *die Sprachkunde betreffend.*
Sprach|kurs, Sprach|kur|sus, der: *Kurs in einer Fremdsprache.*
Sprach|laut, der (Sprachwiss.): *artikulierter Laut (als Teil einer sprachlichen Äußerung).*
Sprach|leh|re, die: *Grammatik* (1, 2).
sprach|lich ⟨Adj.⟩: **1.** *die Sprache* (1) *betreffend:* die -e *Entwicklung des Kindes.* **2.** *die Sprache* (3 b), *Ausdrucksweise betreffend:* -e *Feinheiten, Fähigkeiten;* eine -e *Entgleisung;* ein s. *hervorragender Aufsatz.* **3.** *die Sprache* (4 a) *betreffend:* im Ausland hat er -e *Schwierigkeiten;* das ist s. *falsch.*
sprach|los ⟨Adj.⟩ [mhd. *sprāchlos,* ahd. *sprāhha-lōs*]: **a)** *sehr überrascht u. deshalb keine Worte findend;* s. [vor Staunen, Schrecken, Entsetzen, Freude] *sein;* sie sahen einander s. an; **b)** (geh.) *in Schweigen verharrend, zu keiner Äußerung fähig, ohne Worte:* in -em *Einverständnis;* Manchmal passierte es Franziska, dass sie plötzlich ... in eine -e *Gerührtheit ausbrach* (Handke, Frau 29); Nichts ist grausamer als die Entdeckung, im entscheidenden Augenblick ein -er *Philosoph zu sein* (Genazino, Glück 112).

Sprach|lo|sig|keit, die; -, -en: *das Sprachlossein; Unfähigkeit, sich auszudrücken, zu kommunizieren.*
Sprach|me|lo|die, die: *Intonation* (5).
Sprach|norm, die (Sprachwiss.): *sprachliche Norm* (1 a); *Gesamtheit der in einer Sprachgemeinschaft (in Bezug auf Rechtschreibung, Aussprache, Grammatik u. Stil) als üblich u. richtig festgelegten Regeln.*
Sprach|nor|mie|rung, Sprach|nor|mung, die: *das Aufstellen sprachlicher Normen.*
Sprach|pfle|ge, die; -, -n: **a)** ⟨o. Pl.⟩ *Gesamtheit der Maßnahmen, die auf einen normgerechten Sprachgebrauch abzielen; Gesamtheit der Bemühungen um eine Verbesserung der Sprachkenntnisse* (b) *u. einen kultivierten Sprachgebrauch;* **b)** *Lehrwerk der Sprachpflege* (a).
Sprach|phi|lo|so|phie, die: *Teilgebiet der Philosophie, das sich mit dem Ursprung u. Wesen sprachlicher Zeichen, mit Sprache u. Idee, Sprache u. Logik befasst.*
sprach|phi|lo|so|phisch ⟨Adj.⟩: *die Sprachphilosophie betreffend.*
Sprach|pro|blem, das: *Schwierigkeit, die jmd. mit der Sprache* (4 a), *mit dem Sprachsystem hat.*
Sprach|qua|li|tät, die: **1.** (Technik) *akustische Qualität bei Empfang u. Wiedergabe von Sprache.* **2.** (selten) *Qualität der sprachlichen Ausdrucksweise.*
Sprach|raum, der: *Gebiet, in dem eine bestimmte Sprache od. Mundart gesprochen wird:* im deutschen, fränkischen S.
Sprach|re|ge|lung, (selten:) **Sprach|reg|lung,** die (bes. Politik): *einer [offiziellen] Weisung od. Empfehlung entsprechende Formulierung, Darstellung eines bestimmten Sachverhalts in der Öffentlichkeit:* nach der offiziellen S. ist er auf eigenen Wunsch, aus gesundheitlichen Gründen ausgeschieden.
Sprach|rei|se, die: *mit einem Sprachkurs verbundene Auslandsreise.*
Sprach|rohr, das: *trichterförmiges Blechrohr, das – beim Sprechen vor den Mund gehalten – die Stimme verstärkt:* ein Schiff durch das S. anrufen; Ü *der Verband versteht sich als S. der dänischen Minderheit;* das Blatt ist nur das S. der Opposition (spricht in ihrem Namen), hat sich zum S. der Opposition gemacht; sie ist nur das S. ihres Chefs (abwertend; *gibt kritiklos seine Meinung weiter*).
Sprach|schatz, der ⟨Pl. selten⟩: *Wortschatz.*
Sprach|schicht, die: *einer Sprache zugeschriebene Form, die zu einer bestimmten Zeit, Gelegenheit gesprochen wird.*
Sprach|schwie|rig|keit, die ⟨meist Pl.⟩: *Schwierigkeit im Zusammenhang mit einer Sprache.*
Sprach|sil|be, die (Sprachwiss.): *Morphem.*
Sprach|stamm, der (Sprachwiss.): *Gesamtheit mehrerer verwandter, auf einen gemeinsamen Ursprung zurückzuführender Sprachfamilien.*
Sprach|stil, der: *Stil* (1).
Sprach|stö|rung, die: *physisch od. psychisch bedingte Störung im Bereich der Sprache, des Sprechens.*
Sprach|stu|di|um: ↑ *Sprachenstudium.*
Sprach|stu|fe, die (Sprachwiss.): *sprachgeschichtliche Entwicklungsstufe.*
Sprach|sys|tem, das (Sprachwiss.): *System aus den in gleicher Weise immer wieder vorkommenden, sich wiederholenden sprachlichen Elementen u. Relationen, das dem Angehörigen einer bestimmten Sprachgemeinschaft zur Verfügung steht.*
Sprach|teil|ha|ber, der (Sprachwiss.): *Angehöriger einer Sprachgemeinschaft.*

Sprach|teil|ha|be|rin, die: w. Form zu ↑ *Sprachteilhaber.*
Sprach|test, der: *Test, durch den jmds. Sprachkenntnisse* (b) *ermittelt werden sollen.*
Sprach|the|o|rie, die: *auf sprachphilosophischen Reflexionen, Ergebnissen der Sprachwissenschaft beruhende Theorie, deren Gegenstand bes. das Verhältnis von Sprache u. Welt, Sprache u. Denken, Sprache u. Handeln ist.*
Sprach|über|tra|gung, die (Nachrichtent.): *Übertragung des sprachlichen Schalls in einem für die Verständlichkeit ausreichenden Frequenzband.*
Sprach|un|ter|richt, der: *Unterricht in einer Fremdsprache.*
Sprach|ver|ar|bei|tung, die (EDV): *(durch Digitaltechnik ermöglichtes) maschinelles Aufnehmen, Erkennen, Interpretieren u. Erzeugen von Sprachlauten, sprachlichen Signalen.*
Sprach|ver|ste|hen, das; -s (Sprachwiss.): *das Verstehen von Sprache, von Sprachlauten.*
Sprach|ver|wir|rung, die: *durch Mangel an Übereinkunft im Gebrauch von Begriffen o. Ä. entstehende Unsicherheit in der Verständigung.*
Sprach|wan|del, der (Sprachwiss.): *Wandel, dem die Sprache unterliegt.*
Sprach|wis|sen|schaft, die: *Wissenschaft, die eine Sprache, Sprachen in Bezug auf Aufbau u. Funktion beschreibt u. analysiert.*
Sprach|wis|sen|schaft|ler, der: *Wissenschaftler auf dem Gebiet der Sprachwissenschaft.*
Sprach|wis|sen|schaft|le|rin, die: w. Form zu ↑ *Sprachwissenschaftler.*
sprach|wis|sen|schaft|lich ⟨Adj.⟩: *die Sprachwissenschaft betreffend.*
Sprach|zen|t|rum, das (Physiol.): *Teil des Großhirns, dem die Prozesse des Sprechens u. des Sprachverstehens zugeordnet sind.*
sprang, sprän|ge: ↑ *springen.*
Spray [ʃpreː, spreː; engl.: spreɪ], der od. das; -s, -s [engl. spray, ↑ *sprayen*]: *Flüssigkeit, die durch Druck [oft mithilfe eines Treibgases] aus einem Behältnis in feinsten Tröpfchen versprüht wird:* ein S. gegen Insekten; das Deodorant gibt es auch als S.
Spray|do|se, die: *mit einem Zerstäuber versehene, ein Spray [u. eine für dessen Zerstäubung ausreichende Menge Treibgas] enthaltende Dose; Sprühdose.*
spray|en (sw. V.; hat) [engl. to spray, wohl < mniederl. spraeien = spritzen, stieben, verw. mit mhd. spræjen, ↑ *sprayen*]: **a)** *mit einer Spraydose irgendwohin sprühen* (1 a): sie sprayte mir etwas Festiger ins Haar; **b)** *mit einer Spraydose versprühen:* Tränengas [gegen jmdn.] s.; ⟨auch ohne Akk.-Obj.:⟩ gegen Ungeziefer s. [ein Spray einsetzen]; **c)** *mit einer Spraydose sprühen* (1 b): Parolen an Wände s.; gesprayte Graffiti; **d)** *mit Spray besprühen:* jmdn., sich das Haar s.
Spray|er, der; -s, - [engl. sprayer]: *jmd., der sprayt, bes. jmd., der mit Spraydosen Graffiti o. Ä. herstellt.*
Spray|e|rin, die; -, -nen: w. Form zu ↑ *Sprayer.*
Spread [spred], der; -s, -s [engl. spread, eigtl. = *Ausbreitung, Verbreitung,* zu: to spread = *aus-, verbreiten*] (Börsenw.): **1.** *Differenz zwischen zwei Preisen od. Zinssätzen (z. B. zwischen An- u. Verkaufskurs von Devisen).* **2.** *Aufschlag auf einen vereinbarten speziellen Zinssatz.*
Sprea|ding [ˈspredɪŋ], das; -[s] [zu engl. to spread, ↑ *Spread*] (Börsenw.): *gleichzeitiger Kauf u. Verkauf einer gleichen Anzahl von Optionen o. Ä. mit unterschiedlichen Basispreisen, um so z. B. auf einen fallenden od. steigenden Markt zu spekulieren u. das Risiko eines Verlusts zu begrenzen.*
Sprech|akt, der (Sprachwiss.): *Akt sprachlicher Kommunikation.*

◆ **Spre|cha|nis|mus,** der; -, ...men [zu ↑ sprechen u. ↑ Mechanismus] (bes. berlin. scherzh.): *Redegabe:* Er hat einen S., um den ich ihn beneiden könnte (Fontane, Jenny Treibel 16).

Sprech|an|la|ge, die: *elektrische Anlage bes. an Wohnungstüren, über die eine Verständigung mit Personen an der Haustür möglich ist.*

Sprech|bla|se, die: *(bei Comicstrips o. Ä.) vom Mund einer gezeichneten Figur ausgehende, eine Äußerung [meist kreis- od. ellipsenförmig] umschließende Linie:* ein Comic ohne -n; Ü er produzierte nur -n *(machte nichtssagende, klischeehaft wiederkehrende Aussagen).*

Sprech|büh|ne, die: *Theater* (1b), *das gesprochene (nicht gesungene od. getanzte) Bühnenstücke aufführt.*

Sprech|chor, der: a) *gemeinsames, gleichzeitiges Sprechen, Vortragen od. Ausrufen der gleichen Worte;* b) *Gruppe von Menschen, die gemeinsam etw. vortragen.*

spre|chen ⟨st. V.; hat⟩ [mhd. sprechen, ahd. sprehhan, H. u., urspr. viell. lautm.]: **1.** a) *Sprachlaute, Wörter hervorbringen, bilden:* s. lernen; unser Kind kann noch nicht s.; er war so heiser, dass er kaum s. konnte; vor Aufregung nicht s. können; ⟨subst.:⟩ das Sprechen fiel ihr schwer; b) *in bestimmter Weise sprechen* (1a), *sich in bestimmter Weise ausdrücken:* laut, [un]deutlich, flüsternd, durch die Nase s.; ins Mikrofon, vor sich hin, mit verstellter Stimme, in ernstem Ton, mit rollendem R s.; deutsch, englisch s.; mit leichtem Akzent s.; ins Unreine gesprochen *(noch nicht genau formuliert),* möchte ich einmal sagen ...; sie werden bildern in Bildern, Versen; ⟨verblasster Imperativ:⟩ mit der notwendigen Infrastruktur, sprich *(nämlich, also, das heißt)* Kindergärten, Schulen usw.; c) *der menschlichen Sprache ähnliche Laute hervorbringen:* der Papagei kann s. **2.** a) *mündlich, sprechend* (1a) *äußern; sagen:* er hat noch kein Wort gesprochen; das Kind kann schon ein paar einzelne Wörter, ganze Sätze s.; der Richter hat das Urteil gesprochen; ein paar einführende Worte, ein Schlusswort s.; er sprach (geh. veraltend; *sagte*): »So soll es geschehen!«; Und Gott sprach: Es werde Licht! (1. Mose 1, 3); b) *vorlesen, vortragen, rezitieren, aufsagen:* ein Gebet, den Segen, einen Kommentar, einen Zauberformel s.; c) *(eine Sprache) benutzen, beherrschen:* zu Hause spricht er nur Dialekt, Englisch; mehrere Sprachen s.; sprechen Sie Deutsch?; fließend, akzentfrei, ausgezeichnet, schlecht Französisch, Italienisch s.; rheinische Mundart, Slang, Platt, Fachchinesisch, ein völlig unverständliches Kauderwelsch, ein sehr gepflegtes Deutsch s. **3.** *sich äußern, urteilen:* anerkennend, schlecht, in lobenden Worten über jmdn., etw. s., von jmdm., etw. s.; sie weiß, wovon sie spricht (ugs.: *sie kennt das aus eigener Erfahrung);* über sich selbst s.; einige sprechen *(votieren)* für den Vorschlag, andere dagegen; ich spreche hier für die Mehrheit der Bürger *(drücke die Meinung der Mehrheit aus);* * **für, gegen jmdn., etw. s.** *(sich auf die Bewertung, Beurteilung jmds., einer Sache günstig, ungünstig auswirken:* die Umstände sprechen für, gegen den Angeklagten; es spricht eigentlich alles für dieser den Bewerber; für dieses Gerät spricht vor allem der günstige Preis; was spricht eigentlich dagegen, dass wir mit der Bahn fahren?); **für, gegen etw. s.** (*ein Indiz für, gegen die Richtigkeit, das Gegebensein von etw. sein:* das spricht dafür, dagegen, dass es ein Unfall war; diese Tatsache spricht für, gegen seine Annahme); **für sich selbst s.** *(keiner weiteren Erläuterungen bedürfen);* **auf jmdn., etw. schlecht, nicht gut zu s. sein** *(über jmdn., etw. verärgert sein, jmdn., etw. nicht mögen);* **von etw. s.** *(etw. als Bezeichnung zur Benennung, zur*

Charakterisierung einer bestimmten Sache benutzen: von ausgleichender Gerechtigkeit s.). **4.** a) *ein Gespräch führen, sich unterhalten, Worte wechseln:* mit jmdm. s., miteinander, zusammen s.; mit sich selbst s. *(Selbstgespräche führen);* sie spricht gerade, dort wird gerade gesprochen (Telefonie; *bei ihr, dort ist gerade besetzt);* vom Wetter, von den Preisen, über Politik s.; wir haben gerade von dir gesprochen; man kann ruhig darüber s.; wegen der Wohnung sollten wir noch mal mit ihm s.; so *(in diesem Ton)* spricht man nicht mit seiner Mutter!; darüber müssen wir noch s. *(diskutieren);* ich habe noch mit dir zu s. *(etwas zu besprechen);* b) *erzählen, berichten:* sie sprach vom letzten Urlaub; davon, darüber hat sie schon oft gesprochen; darüber darf ich zu niemandem s.; ⟨subst.:⟩ sie verriet nicht, wie sie ihn zum Sprechen brachte; Jemand hat mir von Brasilien gesprochen, mir auch ein Buch mit vielen in diesem übrigens riesigen Land gemachten Aufnahmen geschenkt (Kaschnitz, Wohin 126). **5.** a) *(jmdn.) treffen, [sich] sprechen u.] mit ihm Worte wechseln:* ich habe ihn schon lang nicht mehr gesprochen; wir haben uns gestern [telefonisch] gesprochen; b) *(jmdn.) erreichen; mit jmdm. Verbindung aufnehmen, ins Gespräch kommen:* wann kann ich den Chef s.?; jmdn. in einer privaten Angelegenheit s.; sie ist im Moment leider nicht, für niemanden zu s. **6.** *einen Vortrag, eine Rede halten:* im Rundfunk, über etw., zu einem kleinen Publikum, vor einem großen Hörerkreis s.; der Redner hat sehr gut, viel zu lange gesprochen; zu einem bestimmten Thema s.; wer spricht heute Abend [zu uns]?; worüber hat er denn gesprochen?; frei s. *(vortragen ohne abzulesen).* **7.** (geh.) *erkennbar sein; sich ausdrücken:* aus seinen Worten spricht Hass, Bewunderung; Zahlen [für sich] sprechen lassen; sein Herz s. lassen *(sich nach seinen Gefühlsregungen richten).* **8.** (schweiz. Amtsspr.) *(einen Kredit, einen Betrag aus öffentlichen Mitteln o. Ä.) bewilligen, zusprechen:* [jmdm.] einen Kredit s.

spre|chend ⟨Adj.⟩: a) *anschaulich, deutlich; überzeugend:* ein -es Beispiel; b) *ausdrucksvoll:* -e Augen; ein -er Blick; ... von unten herauf warf ich ihm einen Blick zu, der wohl s. gewesen und seinen Empfänger ins Innere getroffen haben mag (Th. Mann, Krull 115).

spre|chen las|sen, spre|chen|las|sen ⟨st. V.; hat⟩: a) *eine Wirkung von etw. durch die entsprechende Sache selbst erzielen:* Zahlen, Fakten für sich l.; wir wollen unsere Bilder, Produkte s. l.; er ließ seine Taten sprechen; b) *einsetzen:* Blumen, Waffen s. l.; sein Herz, seine Gefühle s. l. *(sich nach seinen eigenen Gefühlsregungen richten).*

Spre|cher, der; -s, - [mhd. sprechære, spätahd. sprehhari]: **1.** a) *jmd., der von einer anderen Gruppe gewählt u. beauftragt ist, ihre Interessen zu vertreten:* der S. einer Bürgerinitiative; b) *Beauftragter einer Regierung, Partei od. hohen Dienststelle, der offizielle Mitteilungen weiterzugeben hat:* der außenpolitische S. der Regierung, der Sozialdemokraten; die Meldung wurde von einem, dem S. des Verteidigungsministeriums dementiert; c) *jmd., der im Rundfunk od. Fernsehen als Ansager arbeitet, Nachrichten o. Ä. liest:* er ist, arbeitet als S. beim Rundfunk, im Fernsehen; d) *jmd., der eine bestimmte Sprache spricht: Mundart spricht:* Tonbandaufnahmen von verschiedenen niederdeutschen -n; die S. des Englischen; der ideale S. (↑ Ideal Speaker) einer Sprache; e) *jmd., dessen Aufgabe es ist, für einen bestimmten Zweck Texte zu sprechen:* professionelle S.; die Personen und ihre S. waren: ...; f) *Urheber einer gesprochenen Äußerung:* der auf dem Tonband zu hörende S. ist mit

dem Angeklagten identisch. **2.** (Jargon) *Begegnung zwischen einem Häftling u. jmdm., der ihn im Gefängnis besucht:* dem Häftling beim S. einen Kassiber zustecken.

Spre|che|rin, die; -, -nen: w. Form zu ↑ Sprecher (1).

Spre|cher/-innen, Spre|cher(innen): Kurzformen für: Sprecherinnen und Sprecher.

spre|che|risch ⟨Adj.⟩ (selten): *das Sprechen betreffend:* eine hervorragende -e Leistung.

Sprech|er|zie|hung, die: *Erziehung zur richtigen Atemtechnik, zur korrekten Aussprache, zum verständlichen Sprechen.*

Sprech|funk, der: *wechselseitiger Funkkontakt mithilfe von Funksprechgeräten über meist relativ kurze Entfernung (im Flugzeug, Auto u. Ä.).*

Sprech|funk|an|la|ge, die: *Anlage* (4) *mit Funksprechgeräten für den Sprechfunk.*

Sprech|ge|sang, der: *in verschiedenen Formen dem Sprechen angenäherter Gesang wie in Parlando, Psalmodie, Rezitativ od. als sehr schnell, in oft synkopisch verschobener Rhythmik gesprochene Darbietung wie in der Popmusik.*

Sprech|ge|schwin|dig|keit, die: *Geschwindigkeit des Sprechens:* eine S. von 90 Wörtern pro Minute.

Sprech|mu|schel, die: *Teil des Telefonhörers, in den hineingesprochen wird:* die S. zuhalten.

Sprech|pau|se, die: *beim Sprechen, Reden eintretende od. eingelegte Pause.*

Sprech|rol|le, die: (Theater): *Rolle, die nur gesprochenen Text enthält (in einem sonst überwiegend gesungenen Stück).*

Sprech|sil|be, die: (Sprachwiss.): *Silbe, die sich aus der natürlichen Aussprache eines Wortes ergibt (im Gegensatz zur Sprachsilbe).*

Sprech|stim|me, die: *menschliche Stimme beim Sprechen:* eine hohe, dunkle, kräftige S. haben.

Sprech|stö|rung, die: *Störung beim Vorgang des Sprechens.*

Sprech|stun|de, die: a) *Zeit, die jmd. für Gespräche zur Verfügung steht:* S. [ab]halten, wann hat der Professor S.?; zur Klassenlehrerin in die S. gehen; b) *Zeit, in der ein Arzt o. Ä. zur Konsultation aufgesucht werden kann u. in der er Behandlungen vornimmt.*

Sprech|stun|den|hil|fe, die (veraltend): *Arzthelferin.*

Sprech|tag, der: *Wochentag, an dem eine Behörde für den Publikumsverkehr geöffnet ist.*

Sprech|the|a|ter, das: *Sprechbühne.*

Sprech|ver|such, der: *Versuch zu sprechen:* das Kind macht seine ersten -e.

Sprech|wei|se, die: *Redeweise.*

Sprech|werk|zeu|ge ⟨Pl.⟩: *Organe, die die Artikulation, das Sprechen ermöglichen.*

Sprech|zeit, die: **1.** *Redezeit.* **2.** *für ein Gespräch zur Verfügung stehende Zeit:* die S. ist beendet. **3.** (selten) *Sprechstunde* (b).

Sprech|zim|mer, das: *Raum, in dem, bes. beim Arzt, Sprechstunden abgehalten werden.*

Spree, die; -: *linker Nebenfluss der Havel.*

Spree-Athen: scherzh. Bez. für: Berlin.

Spree|wald, der; -[e]s: *von vielen Flussarmen der Spree durchzogene Niederung in der Lausitz.*

¹**Spree|wäl|der,** der; -s, -: Ew.

²**Spree|wäl|der** ⟨indekl. Adj.⟩: S. Gurken.

Spree|wäl|de|rin, die; -, -nen: w. Form zu ↑ ¹Spreewälder.

Spree|was|ser, das ⟨o. Pl.⟩: in der Wendung **mit S. getauft sein** (scherzh.; *in Berlin geboren sein).*

sprei|ten ⟨sw. V.; hat⟩ [mhd. spreiten, ahd. spreitan, H. u.] (geh. veraltend): *auseinanderbreiten, ausbreiten:* ◆ ... sobald es Nacht ist, zündet die Hausfrau die Lichter an, spreitet das Tafeltuch über den Tisch (Heine, Rabbi 453).

spreiz|bei|nig ⟨Adj.⟩: *mit gespreizten Beinen [versehen]:* s. dastehen.

Spreiz|dü|bel, der: *spezieller Dübel (1 a) aus Kunststoff, dessen vorderer, gespaltener Teil beim Eindrehen einer passenden Schraube gespreizt wird.*

Spreize, die; -, -n: **1.** [zu ↑ spreizen in der alten Bed. »stützen«] (Bauw.) *waagerecht angebrachte Strebe, mit der [senkrechte] Bauteile abgespreizt werden.* **2.** [zu ↑ spreizen (1 a)] (Turnen) *Stellung, Übung, bei der ein Bein gespreizt wird.*

spreizen ⟨sw. V.; hat⟩ [entrundete Form zu spätmhd. spreutzen, mhd. spriuʒen, spriuzen, ahd. spriuʒan, urspr. = stemmen, stützen, zu ↑ ¹sprießen]: **1. a)** *so weit als möglich [seitwärts] voneinanderwegstrecken:* die Beine, Finger, Zehen s.; der Vogel spreizt die Flügel; ⟨oft im 2. Part.:⟩ mit gespreizten Beinen dastehen; **b)** (Rundfunkt.) *den Frequenzbereich in einem Empfänger auseinanderziehen:* gespreizte Kurzwellenbereiche. **2.** ⟨s. + sich⟩ **a)** *sich zieren, [zum Schein] sträuben, etw. Bestimmtes zu tun:* sie spreizte sich eine Weile, bevor sie einwilligte; **b)** *sich eitel u. eingebildet gebärden; sich aufblähen (2):* sich wichtigtuerisch s.

Spreiz|fuß, der (Med.): *Verbreiterung des vorderen Fußes mit Abflachung der Fußwölbung.*

Spreiz|sprung, der (Turnen): *Sprung mit gespreizten Beinen.*

Spreizung, die; -, -en ⟨Pl. selten⟩: **1.** *das Spreizen* (1). **2.** (Kfz-Technik) *Neigungswinkel der Lenkachse eines Rads quer zur Fahrtrichtung.*

Sprengbom|be, die: *Bombe, die beim Aufschlag eine starke Sprengung auslöst.*

Spren|gel, der; -s, - [mhd. mniederd. sprengel = Weihwasserwedel, zu ↑ sprengen (2 a)]; das Sinnbild der geistlichen Gewalt wurde auf den kirchlichen Amtsbezirk übertragen]: **a)** *Bezirk, der einem Geistlichen untersteht, der ihm zum Ausüben seines Amtes zugeteilt ist;* **b)** (österr., sonst veraltend) *Amts-, Verwaltungsbezirk; Dienstbereich.*

spren|gen ⟨sw. V.⟩ [mhd., ahd. sprengen, Kausativ zu ↑ springen u. eigtl. = springen machen]: **1.** ⟨hat⟩ **a)** *mithilfe von Sprengstoff zerstören, zum Bersten, zum Einsturz bringen:* eine Brücke, einen Felsen s.; die Luftpiraten drohten, das Flugzeug, sich mit den Geiseln in die Luft zu s.; ⟨auch ohne Akk.-Obj.:⟩ im Steinbruch sprengen sie; **b)** *durch Sprengen (1 a) entstehen lassen, schaffen:* ein Loch in eine Felswand s.; sie sprengten einen Tunnel durch den Berg; **c)** *mit Gewalt öffnen, aufbrechen:* eine Tür, ein Schloss, einen Tresor s.; **d)** *durch Druck od. Zug auseinanderreißen, zertrümmern:* seine Fesseln, Ketten s.; das gefrierende Wasser, das Eis sprengt den Felsen; Ü *der Preis sprengt unser Budget;* die Spielbank wurde gesprengt *(zahlungsunfähig gemacht);* einen Spionagering, Rauschgiftring s. *(zerschlagen);* Damals jedoch war die Empfindung von solcher Macht, dass sie zuweilen meine Brust zu s. drohte (Th. Mann, Krull 42); **e)** *durch Sprengen (1 d) entstehen lassen, schaffen:* vom Frost gesprengte Risse im Mauerwerk. **2.** ⟨hat⟩ **a)** [eigtl. = Wasser springen lassen] *mit einem Schlauch od. einem anderen Gerät in einem Strahl, in feinen Strahlen, Tröpfchen über etw. verteilen:* Wasser auf die Wäsche, über die Blumen s.; **b)** *sprengend (2 a) bewässern, anfeuchten; besprengen:* den Rasen, den Hof, die Blumen s. **3.** ⟨ist⟩ [eigtl. = das Pferd, das Wild springen machen] (geh.) *in scharfem Tempo reiten, galoppieren:* er sprengte vom Hof. **4.** ⟨hat⟩ [eigtl. = das Pferd, das Wild springen machen] (Jägerspr.) **a)** *(ein Wild) mithilfe eines Hundes (von irgendwo) aufjagen:* einen Fuchs aus dem Bau s.; **b)** *(von männlichen Rehen, Hirschen, Gämsen) treiben* (6).

Spreng|geschoss [...gəʃɔs], (südd., österr.):

Spreng|geschoß [...gəʃoːs], das: vgl. Sprengbombe.

Spreng|kam|mer, die: *Hohlraum zur Aufnahme einer Sprengladung.*

Spreng|kap|sel, die: *kleine zylindrische Kapsel aus Metall, die Initialsprengstoff enthält.*

Spreng|kopf, der: *vorderer, die Sprengladung enthaltender Teil eines Torpedos, einer Bombe o. Ä.*

Spreng|kör|per, der: *mit Sprengstoff gefüllter Behälter:* konventionelle, nukleare S.

Spreng|kraft, die: *Wirkungskraft einer Sprengladung; Brisanz (1):* ein Torpedo mit gewaltiger S.

Spreng|la|dung, die: ¹*Ladung* (2).

Spreng|meis|ter, der: *Facharbeiter, der Sprengungen verantwortlich leitet (Berufsbez.).*

Spreng|meis|te|rin, die: *w. Form zu ↑ Sprengmeister.*

Spreng|satz, der: *Sprengladung:* ein atomarer S.

Spreng|sel, der od. das; -s, - (ugs.): *Sprenkel.*

Spreng|stoff, der: *Substanz, bei der durch Zündung große Gasmengen mit starker Explosivkraft gebildet werden;* ein pulverförmiger S.: Dynamit ist ein gefährlicher S.; Ü politischer S.

Spreng|stoff|an|schlag, der: *Anschlag, bei dem Sprengstoff verwendet wird.*

Spreng|stoff|at|ten|tat, das: vgl. Sprengstoffanschlag.

Spreng|stoff|gür|tel, der: *Gürtel, der [von Selbstmordattentätern] zur Befestigung von Sprengsätzen benutzt wird.*

Spren|gung, die; -, -en: *das Sprengen (1, 2, 4), das Gesprengtwerden.*

Spreng|wir|kung, die: *Wirkung, Wirkungskraft einer Sprengladung.*

Spren|kel, der; -s, - [mhd. sprinkel, md. sprenkel, nasalierte Form von mhd. spreckel]: *kleiner Fleck (auf einer andersfarbigen Fläche):* ein weißes Kleid mit [kleinen] bunten -n.

spren|keln ⟨sw. V.; hat⟩ [für älter spreckeln, vgl. Sprenkel]: **a)** *mit Sprenkeln, Tropfen, Spritzern versehen:* sein Gesicht war mit Sommersprossen gesprenkelt; **b)** *(eine Flüssigkeit) in Tropfen, Spritzern verteilen:* er sprenkelte Wasser auf die Bügelwäsche, blaue Farbe auf die Leinwand.

♦ **spren|ken:** ↑ *sprenkeln* (a): Das hier ist Kraut und das gesprenkter Kohl (Grillparzer, Weh dem II).

♦ **spret|zeln** ⟨sw. V.; hat⟩ [lautm.] (landsch.): *prasseln, sprühen:* ...das rote Bärtchen, es schien darin zu knistern und zu s. wie Feuer im Tannenbaum (Gotthelf, Spinne 34).

Spreu, die; - [mhd., ahd. spriu, verw. mit ↑ sprühen u. eigtl. = Stiebendes, Sprühendes: *aus Grannen, Hülsen, Spelzen u. Ä. bestehender Abfall des Getreides, der beim Dreschen anfällt:* die S. zusammenfegen; verweht werden wie [die] S. im Wind; Ü *zur S. gehören* (geh.; *zu den vielen unbedeutenden Menschen gehören*); * die S. vom Weizen trennen, sondern (geh.; *Wertlose vom Wertvollen trennen, sondern;* nach Matth. 3, 12).

sprich, sprichst, spricht: ↑ *sprechen.*

Sprich|wort, das ⟨Pl. ...wörter⟩ [mhd. sprichwort = geläufige Redewendung]: *kurzer, einprägsamer Satz, der eine praktische Lebensweisheit enthält:* ein altes, russisches S.

sprich|wört|lich ⟨Adj.⟩: **a)** *fast zu einer Floskel geworden; proverbiell:* eine -e Redensart, Wendung; bei uns ist es allbekannt; häufig zitiert: das ist der -e Tropfen auf den heißen Stein; ihre Unpünktlichkeit ist schon s.

¹**sprie|ßen** ⟨sw. V.; hat⟩ [wohl = ²sprießen, nach spreizen in der alten Bed. »stemmen, stützen«] (Bauw.): *abspreizen* (2).

²**sprie|ßen** ⟨st. V.; ist⟩ [mhd. sprieʒen (ablautend mhd. sprüʒen, vgl. Spross), eigtl. = aufspringen, schnell hervorkommen, verw. mit ↑ sprühen] (geh.): *zu wachsen beginnen, keimen; austreiben:* die Saat sprießt; der Bart beginnt zu s.; ⟨unpers.:⟩ überall sprießt und grünt es; Ü immer neue Vereine sprießen aus dem Boden.

Spring|brun|nen, der: *Brunnen, bei dem das Wasser aus Düsen in kräftigem Strahl in die Höhe steigt u. in ein Becken zurückfällt.*

sprin|gen ⟨st. V.⟩ [mhd. springen, ahd. springan, urspr. = aufspringen, hervorbrechen, verw. mit dem ↑ Spur zugrunde liegenden Verb mit der Bed. »treten; zappeln, zucken«]: **1.** ⟨ist⟩ **a)** *sich [durch kräftiges Sichabstoßen mit den Beinen vom Boden] in die Höhe, nach vorn schnellen:* gut, hoch s. können; mit Anlauf, aus dem Stand s.; nun spring doch endlich!; die Kinder springen mit dem [Spring]seil; die Fische springen *(schnellen sich aus dem Wasser);* Ü wenn man beim Mühlespiel nur noch drei Steine hat, darf man s. *(seine Steine auf jeden beliebigen freien Punkt setzen);* **b)** *sich springend (1 a) irgendwohin, in eine bestimmte Richtung, von einem bestimmten Platz bewegen:* der Hund sprang ihm an die Kehle; die Katze ist auf den Tisch gesprungen; auf, vor einen fahrenden Zug s.; auf die Beine, Füße s. *(mit einer raschen Bewegung aufstehen);* aus dem Fenster, vom Dach s.; aus dem Bett s. *(mit einer raschen, schwungvollen Bewegung aus dem Bett aufstehen);* aus dem Auto, ins Auto s. *(rasch aus dem Auto, ins Auto steigen);* vor Freude in die Höhe s.; hin u. her s.; ins Wasser, über Bord s.; vom Pferd s.; über den Graben, von Stein zu Stein s.; zur Seite s.; Ü er springt von einem Thema zum anderen *(wechselt oft unvermittelt das Thema);* weil mehrere Kollegen krank waren, musste er s. *(je nach Bedarf von einem Arbeitsplatz zum anderen wechseln).* **2.** ⟨ist/hat⟩ (Sport) **a)** *einen Sprung (1 b) ausführen:* jeder darf dreimal s.; **b)** *beim Springen (2 a) (eine bestimmte Leistung) erreichen:* er ist/hat 6,20 m, einen neuen Rekord gesprungen; **c)** *(einen bestimmten Sprung) ausführen:* einen Salto s. **3.** ⟨ist⟩ *sich rasch in großen Sprüngen, in großen Sätzen fortbewegen:* die Kinder sprangen in alle Richtungen; ein Reh sprang über die Lichtung; Ü wenn sie einen Wunsch hat, springt die ganze Familie *(bemüht sich die ganze Familie, ihren Wunsch möglichst schnell zu erfüllen);* die Flammen sprangen von Haus zu Haus; ... sie atmete wahrhaftig tief ein, und ein Lachen sprang über ihr Kindergesicht (A. Zweig, Claudia 118). **4.** ⟨ist⟩ **a)** (südd., schweiz.) *laufen, rennen, eilen:* wenn wir den Bus noch kriegen wollen, müssen wir aber s.; **b)** (landsch.) *[rasch] irgendwohin gehen [um etw. zu besorgen, zu erledigen]:* ich spring nur rasch zum Bäcker, zum Briefkasten. **5.** ⟨ist⟩ **a)** *sich mit einer raschen [ruckartigen] Bewegung irgendwohin bewegen, irgendwohin rücken:* der Zeiger sprang auf die Acht; der Kilometerzähler springt gleich auf 50 000; die Ampel *(das Licht der Ampel)* sprang [von Gelb] auf Rot; **b)** *(aus einer Lage) geschnellt werden:* ein Knopf war ihm von der Jacke gesprungen; der Ball sprang ihm vom Fuß, sprang vom Schläger; Folchert sprang beim Holzhacken ein Scheit ins Auge (Grass, Hundejahre 99); **c)** *sich, einem starken Druck nachgebend, mit einem Ruck aus seiner Lage bewegen:* die Lok ist aus dem Gleis gesprungen; die Straßenbahn sprang aus den Schienen (ist entgleist); * etw. s. lassen/springenlassen (ugs.; *etw. spendieren:* er hat 300 Euro s. lassen). **6.** ⟨ist⟩ **a)** *[aufprallen u.] in die Höhe springen:* der Ball springt nicht mehr; **b)** *sich springend (6 a) irgendwohin bewegen:* der Ball sprang über die Torlinie, ins Aus. **7.** ⟨ist⟩ (geh.) *spritzend, sprudelnd aus etw. hervortreten:* aus dem Stein sprangen Funken. **8.** ⟨ist⟩ **a)** *einen Sprung (3), Sprünge bekommen:* die Vase ist gesprungen; **b)** *zersprungen:* in Scherben, in 1000 Stücke s.; eine Saite ist gesprungen *(gerissen);* **c)** *aufbrechen, platzen:* gesprungene Lippen.

Sprin|gen, das; -s, -: **1.** ⟨o. Pl.⟩ *Vorgang, Tätigkeit des Springens.* **2.** (Sport, bes. Pferdesport) *Wettbewerb in einer Disziplin, bei der gesprungen wird* (z. B. Jagd-, Mächtigkeits-, Skispringen).

sprin|gen las|sen, sprin|gen|las|sen ⟨st. V.; hat⟩: s. springen (5c).

Sprin|ger, der; -s, - [mhd. springer = Tänzer, Gaukler]: **1.** *Sportler, in dessen Disziplin gesprungen wird* (z. B. Fallschirm-, Hoch-, Kunst-, Ski-, Turm-, Weitspringer). **2.** (Zool.) *Tier, das sich [vorwiegend] springend fortbewegt:* Heuschrecken sind S. **3.** *Schachfigur, die ein Feld weit in gerader u. ein Feld weit in schräger Richtung bewegt werden kann; Pferd* (3); *Rössel* (2). **4.** *Arbeitnehmer, der dazu eingestellt ist, je nach Bedarf an verschiedenen Arbeitsplätzen innerhalb eines Betriebes eingesetzt zu werden.* **5.** (Landwirtsch.) *(bei bestimmten Haustieren) männliches Zuchttier.* **6.** **junger S.* (ugs.: *junger, unerfahrener Mensch*). ◆ **7.** *Akrobat:* Eine große Gesellschaft Seiltänzer, S. und Gaukler ... waren mit Weib und Kindern eingezogen (Goethe, Lehrjahre II, 4).

Sprin|ge|rin, die; -, -nen: w. Form zu ↑Springer (1, 2, 4).

Sprin|ger|stie|fel, der: *Schnürstiefel, wie er von Fallschirmspringern* (a) *getragen wird.*

Spring|flut, die: *bei Voll- u. Neumond auftretende, besonders hohe Flut.*

Spring|ins|feld, der; -[e]s, -e ⟨Pl. selten⟩ (scherzh.): *unerfahrener, unreifer junger Mensch von unbekümmerter Wesensart.*

Spring|kraut, das ⟨o. Pl.⟩: *(in vielen Arten vorkommende) Pflanze, deren reife Früchte bei Berührung aufspringen u. die Samen herausschleudern; Impatiens.*

Spring|maus, die: *(in Afrika u. Asien heimisches) kleines Nagetier mit langem, mit einer Quaste versehenem Schwanz u. stark verlängerten Hinterbeinen, auf denen es sich in großen Sprüngen fortbewegt.*

Spring|mes|ser, das: *Schnappmesser.*

Spring|prü|fung, die (Reiten): *Prüfung im Springreiten.*

Spring|rei|ten, das (Reiten): *Jagdspringen.*

Spring|rei|ter, der (Reiten): *jmd., der das Springreiten betreibt.*

Spring|rei|te|rin, die: w. Form zu ↑Springreiter.

Spring|seil, das: *[in der Mitte verdicktes, an den Enden mit Griffen versehenes] Seil zum Seilspringen.*

Spring|tanz, der: *Tanz, bei dem die Schritte vorwiegend springend, hüpfend ausgeführt werden.*

Spring|tur|nier, das (Reiten): *Turnier im Jagdspringen.*

Sprink|ler, der; -s, - [engl. sprinkler, zu: to sprinkle = sprenkeln, Wasser versprengen]: **1.** (Fachspr.) *weißer Nerzpelz mit eingesprengten schwarzen Haaren.* **2. a)** *Rasensprenger;* **b)** *Düse zum Versprühen von Wasser (als Teil einer Sprinkleranlage).*

Sprink|ler|an|la|ge, die: *automatische Feuerlöschanlage, bei der an der Decke eines Raumes Düsen installiert sind, die im Falle eines Brandes automatisch Wasser versprühen.*

Sprint, der; -s, -s [engl. sprint, zu: to sprint, ↑sprinten] (Sport): **1. a)** *Kurzstreckenlauf;* **b)** *Eisschnelllauf über eine kurze Strecke;* **c)** *Fliegerrennen* (1). **2.** *das Sprinten* (1): einen S. einlegen.

sprin|ten ⟨sw. V.⟩ [engl. to sprint, aus dem Nordgerm.]: **1.** ⟨ist/hat⟩ (Sport) *eine kurze Strecke mit größtmöglicher Geschwindigkeit zurücklegen:* auf den letzten 200 m s.; sie sprintete die Strecke in 11 Sekunden. **2.** ⟨ist⟩ (ugs.) **a)** *schnell laufen:*

ihr müsst s.!; **b)** *schnell irgendwohin laufen:* um die Ecke, über die Straße s.

Sprin|ter, der; -s, - [engl. sprinter, zu: to sprint, ↑sprinten] (Sport): **a)** *Läufer, der auf Kurzstreckenlauf spezialisiert ist;* **b)** *Eisschnellläufer über eine kurze Strecke;* **c)** *Flieger* (5b).

Sprin|te|rin, die; -, -nen: w. Form zu ↑Sprinter.

Sprint|stre|cke, die (Sport): *Kurzstrecke* (b).

Sprit, der; -s, ⟨Arten:⟩ -e: **1.** ⟨Pl. selten⟩ (ugs.): *Treibstoff, Benzin:* der S. reicht noch, nicht mehr; S. sparen; eine S. sparende Fahrweise. **2. a)** ⟨Pl. selten⟩ [aus dem Niederd., volkstüml. Umbildung von ↑¹Spiritus; unter Anlehnung an frz. esprit, ↑Esprit] (ugs.) *Branntwein, Schnaps:* er säuft den S. wie Wasser; **b)** ⟨o. Pl.⟩ [aus dem Niederd., volkstüml. Umbildung von ↑¹Spiritus; unter Anlehnung an frz. esprit, ↑Esprit] (Fachspr.) *Äthylalkohol.*

Sprit|fres|ser, der (ugs. abwertend): *übermäßig viel Kraftstoff verbrauchendes Kraftfahrzeug.*

Sprit|preis, der (ugs.): *Benzinpreis.*

Sprit|schlu|cker, der (ugs. abwertend): *übermäßig viel Kraftstoff verbrauchendes Kraftfahrzeug.*

sprit|spa|rend, Sprit spa|rend ⟨Adj.⟩: *wenig Treibstoff verbrauchend:* -e Autos, Fahrweise.

Sprit|ver|brauch, der (ugs.): *Treibstoff-, Benzinverbrauch.*

Spritz|be|ton, der (Bauw.): *mit hohem Druck in die Schalung od. gegen schon vorhandene Bauteile gespritzter Beton.*

Spritz|beu|tel, der (Kochkunst): *Dressiersack.*

Spritz|bild, das (bild. Kunst): *Bild, bei dem die Farbe (mit einer Spritzpistole o. Ä.) auf die Leinwand, aufs Papier gesprüht wird (wobei scharfe Konturen mithilfe von Schablonen erzielt werden).*

Sprit|ze, die; -, -n [mhd. sprütze, sprutze]: **1.** *mit einer Düse, Tülle o. Ä. versehenes Gerät zum Spritzen, Versprühen o. Ä. von Flüssigkeiten od. weichen, pastenartigen Stoffen.* **2. a)** *medizinisches Gerät, mit dem ein Medikament o. Ä. in flüssiger Form injiziert wird:* eine S. aufziehen, sterilisieren; **b)** *das Injizieren:* jmdm. eine S. geben, machen, verpassen; eine S. [in das Gesäß] bekommen; der Fixer hat sich eine S. gesetzt; die S. *(das injizierte Präparat)* wirkt schon; Ü an der S. hängen *(Jargon: von einer Droge abhängig sein, die injiziert wird).* **3. a)** [15. Jh.] *Löschgerät der Feuerwehr; Feuerspritze:* die Feuerwehr rückte mit vier -n an; **b)** *Löschfahrzeug mit eingebauter Spritze;* (ugs.) *Endstück eines Schlauchs, durch das der austretende Wasserstrahl reguliert wird; Strahlrohr:* die S. auf die Flammen richten. **4.** (salopp) *[automatische] Feuerwaffe:* die Gangster ballerten mit ihren -n wild um sich. **5.** (ugs.) *Finanzspritze:* eine S. von zehn Millionen. **6.** (Skatjargon) *Kontra:* S.!; jmdm. eine S. geben, verpassen; mit S. spielen.

sprit|zen ⟨sw. V.⟩ [16. Jh., entrundet aus mhd. sprützen, eigtl. = hervorschießen, verw. mit ↑²sprießen]: **1.** ⟨hat⟩ *(eine Flüssigkeit) in Form von Tropfen, Spritzern irgendwohin gelangen lassen:* jmdm. Wasser ins Gesicht s.; versehentlich Tinte, Farbe auf den Boden s.; ⟨auch ohne Akk.-Obj.:⟩ spritz doch nicht so!; mit Wasser s. **2.** ⟨hat⟩ *durch Druck in Form eines Strahls aus einer engen Öffnung, einer Düse o. Ä. hervorschießen, hervortreten [u. irgendwohin gelangen] lassen:* Wasser, Löschschaum in die Flammen s.; Sahne auf eine Torte s.; ⟨auch ohne Akk.-Obj.:⟩ mit dem Gartenschlauch in die Flammen s. **3.** ⟨hat⟩ (derb) *ejakulieren.* **4.** ⟨hat⟩ **a)** *durch Bespritzen in einen bestimmten Zustand versetzen:* er hat mich ganz nass gespritzt; **b)** (ugs.) *besprühen, nass spritzen:*

Mama, sie spritzt mich immer! **5. a)** ⟨hat⟩ *sich in Form von Spritzern, Tropfen in verschiedenen Richtungen hin verteilen,* gespritzt (1, 2) *werden:* das Fett spritzt; ⟨auch unpers.:⟩ Vorsicht, es spritzt!; Ü die Räder drehten durch, dass der Dreck nur so spritzte; **b)** ⟨ist⟩ *irgendwohin spritzen* (5a): das Wasser spritzte ihm ins Gesicht; Fett spritzte nach allen Seiten; **c)** ⟨unpers.; hat⟩ (ugs.) *leicht regnen:* es spritzt [nur] ein wenig. **6.** ⟨hat⟩ **a)** *durch Spritzen* (2) *befeuchten, bewässern; sprengen:* den Rasen, den Hof s.; der Tennisplatz muss mal wieder gespritzt werden; **b)** *mit einem Pflanzenschutzmittel o. Ä. besprühen:* Reben s.; gespritztes Obst; **c)** *mithilfe einer Spritzpistole o. Ä. mit Farbe, Lack o. Ä. besprühen:* ein Auto [neu] s.; ein gelb gespritztes Fahrzeug. **7.** ⟨hat⟩ *(ein [alkoholisches] Getränk) mit Selterswasser, Limonade o. Ä. verdünnen:* Apfelsaft s.; einen gespritzten Wein. **8.** ⟨hat⟩ **a)** *injizieren:* ein Kontrastmittel, Hormone s.; der Arzt spritzte ihm ein Schmerzmittel [in die Vene]; Ü ... aber jede Spritze bringt Linderung, die ich ummünze in Hoffnung, Spritze um Spritze bis zum viehischen Verrecken in gespritzter Hoffnung (Frisch, Gantenbein 227); **b)** (ugs.) *jmdm. eine Injektion verabreichen:* der Arzt hat ihn gespritzt; der Diabetiker muss sich täglich einmal s.; ⟨auch ohne Akk.-Obj.:⟩ er hatte gespritzt *(sich Rauschgift injiziert).* **9.** ⟨hat⟩ **a)** *durch Spritzen* (2) *erzeugen, herstellen:* eine Eisbahn s.; er spritzte eine Blume aus Sahne auf die Torte; **b)** (Fertigungst.) *im Spritzguss herstellen:* gespritzte Kunststoffartikel. **10.** ⟨ist⟩ (ugs.) **a)** *schnell [irgendwohin] laufen:* zur Seite, um die Ecke s.; Einstweilen spritzt Kantorek hin und her wie ein aufgescheuchtes Wildschwein (Remarque, Westen 127); **b)** *diensteifrig laufen, um jmds. Wünsche zu erfüllen.*

Sprit|zer, der; -s, - [älter = jmd., der spritzt; Spritzgerät]: **1. a)** *kleinere zusammenhängende, durch die Luft fliegende Menge einer Flüssigkeit:* ein paar S. landeten auf ihrer weißen Bluse; **b)** *kleine Menge einer Flüssigkeit, die jmd. in, auf etw. spritzt:* ein S. Zitronensaft; ein paar S. Spülmittel ins Wasser geben; Whisky mit einem S. *(Schuss)* Soda; **c)** *von einem Spritzer* (1a) *hinterlassener Fleck:* du hast noch ein paar S. [Farbe] im Gesicht. **2.** *jmd., der beruflich spritzt* (6c). **3.** (ugs.) *Fixer* (1). **4.** **junger S.* (↑Springer 6).

Spritz|fahrt, die (ugs. veraltend): *Spritztour.*

Spritz|ge|bäck, das, (landsch.:) **Spritz|ge|ba|cke|nes** ⟨vgl. Gebackenes⟩: *aus Rührteig mit einer Teigspritze geformtes Gebäck.*

Spritz|ge|rät, das: *Vorrichtung, Gerät zum Zerstäuben von Flüssigkeit.*

Spritz|guss, der ⟨o. Pl.⟩ (Fertigungst.): *Verfahren zur Verarbeitung von thermoplastischen Stoffen, bei dem das erwärmte Material in eine kalte Form gespritzt wird.*

sprit|zig ⟨Adj.⟩: **a)** *anregend, belebend, prickelnd:* ein -er Wein; Parfüms mit -er Note; **b)** *schwungvoll, fix u. flüssig [dargeboten] u. dadurch unterhaltsam:* eine -e Komödie, Inszenierung; die Musik war sehr s.; eine s. geschriebene Reportage; **c)** *wendig, agil:* ein -er Stürmer; **d)** *hohes Beschleunigungsvermögen aufweisend:* ein -er Motor; der Wagen fährt s.

Sprit|zig|keit, die; -: *das Spritzigsein.*

Spritz|lack, der: *zum Spritzen* (6c) *geeigneter Lack.*

Spritz|pis|to|le, die: *Spritzgerät, bes. zum Lackieren.*

Spritz|schutz, der: *etw., was zum Schutz vor Spritzern, vor Spritzwasser dient.*

Spritz|tour, die [aus der Studentenspr.] (ugs.): *kurze Vergnügungsfahrt, kurzer Ausflug, bes. mit einem privaten Fahrzeug.*

Spritzwasser – Sprung

Spritz|was|ser, das ⟨o. Pl.⟩: spritzendes, in Form von Spritzern irgendwohin gelangtes Wasser.

spröd ⟨Adj.⟩ (seltener), **sprö|de** ⟨Adj.⟩ [spätmhd. spröd, urspr. bes. im Hüttenwesen von Metallen gesagt, viell. eigtl. = leicht springend u. verw. mit ↑ sprühen]: **1. a)** *hart, unelastisch u. leicht brechend od. springend:* sprödes Glas; dieser Kunststoff ist für so einen Zweck zu s.; **b)** *sehr trocken u. daher nicht geschmeidig u. leicht aufspringend od. reißend:* spröde Haare, Nägel, Lippen; zu viel Sonne macht die Haut s. **2.** *rau, hart klingend; brüchig:* eine spröde Stimme. **3. a)** *schwer zu gestalten:* ein sprödes Thema; **b)** *schwer zugänglich, abweisend, verschlossen wirkend:* ein sprödes Wesen haben; sie ist eine spröde Schönheit; eine Landschaft von spröder Schönheit; sich s. geben, zeigen.

Sprö|de, die; - (geh. veraltend): *spröde Beschaffenheit, sprödes Wesen.*

Spröd|heit, Sprö|dig|keit, die; -, -en: **1.** *spröde Beschaffenheit, sprödes Wesen.* **2.** *etw. Sprödes* (2, 3a).

spross: ↑ ²sprießen.

Spross, der; -es, -e u. -en [spätmhd. sproß, spruß, zu mhd. sprüzen, ↑ ²sprießen; eigtl. Nebenf. von ↑ Sprosse u. erst im 18. Jh. von diesem unterschieden]: **1. a)** *[junger] Trieb einer Pflanze; Schössling:* der Baum treibt einen neuen S.; **b)** (Bot.) *meist über der Erde wachsender, Sprossachse u. Blätter einschließender Teil einer Sprosspflanze.* **2.** ⟨Pl. meist -e⟩ (geh.) *Nachkomme, Abkömmling, bes. Sohn [aus vornehmer, adliger Familie]:* der letzte S. eines stolzen Geschlechts; ein S. aus ältestem Adel. **3.** ⟨Pl. nur -en⟩ (Jägerspr.) *Sprosse* (3).

Spross|ach|se, die (Bot.): *Stamm, Stängel (als Blätter tragendes Organ der Sprosspflanzen).*

Spröss|chen, das; -s, -: Vkl. zu ↑ Spross, ↑ Sprosse.

Spros|se, die; -, -n: **1. a)** [mhd. sproȥȥe, ahd. sprozzo, zu ↑ ²sprießen; wohl nach dem Baumstamm mit Aststümpfen als ältester Form der Leiter od. eigtl. = kurze (Quer)stange] *Querholz, -stange einer Leiter:* die oberste S. der Leiter; eine S. fehlt, ist gebrochen; Ü er stand auf der ersten, obersten S. seiner Karriere; **b)** *Querholz, mit dem ein Fenster o. Ä. unterteilt ist.* **2.** (österr.) Kurzf. von ↑ Kohlsprosse. **3.** [wohl eigtl. im Sinne von »Querstange« od. »Zweig«] (Jägerspr.) *Spitze eines [Hirsch]geweihs; Ende* (3). **4.** [vgl. Sommersprosse] (veraltet) *Sommersprosse; kleiner Leberfleck.*

spros|se: ↑ ²sprießen.

spros|sen ⟨sw. V.⟩ [zu ↑ Spross] (selten): **a)** ⟨hat⟩ *(von Pflanzen) neue Triebe hervorbringen, Sprosse treiben:* im Frühling sprossen Bäume und Sträucher; **b)** ⟨ist⟩ *²sprießen:* überall sprossen Blumen [aus der Erde]; Ü der Bart will noch nicht so recht s. (scherzh.; *wachsen*).

Spros|sen|fens|ter, das: *Fenster, das durch Sprossen* (1 b) *unterteilt ist.*

Spros|sen|kohl, der ⟨o. Pl.⟩ (österr.): *Rosenkohl.*

Spros|sen|lei|ter, die: **1.** *Leiter mit Sprossen* (1 a): eine lange S. **2.** (Turnen) *aus gitterartig miteinander verbundenen Sprossen* (1 a) *bestehendes, an Decke u. Boden befestigtes Turngerät.*

Spros|sen|wand, die (Turnen): *an einer Wand befestigte Sprossenleiter* (1).

Spröss|ling, der; -s, -e: **1.** [spätmhd. sproßling] (veraltet) *Spross* (1). **2.** [spätmhd. sprüßling] (ugs. scherzh.) *Kind* (2), *bes. Sohn (bes. im Kindes-, Jugendalter):* unser S. kommt nächstes Jahr ins Gymnasium.

Spross|pflan|ze, die (Bot.): *Kormophyt.*

Spros|sung, die; -, -en ⟨Pl. selten⟩ (geh. veraltend): *das Sprossen; Knospung.*

Sprott, der; -[e]s, -e (landsch., Fachspr.), **Sprot|te,** die; -, -n [aus dem Niederd., viell. verw. mit ↑ Spross u. urspr. = Jungfisch]: *kleiner, heringsähnlicher, im Meer in Schwärmen lebender Fisch, der bes. geräuchert gegessen wird:* geräucherte, marinierte Sprotten; Kieler Sprotten/ (landsch.:) Sprotte *(geräucherte Sprotten [aus der Stadt Kiel]).*

Spruch, der; -[e]s, Sprüche [mhd. spruch, auch = Gesprochenes, zu ↑ sprechen, urspr. = Gesprochenes]: **1. a)** *kurzer, einprägsamer, oft gereimter Satz, der eine Lebensregel, eine Lebensweisheit enthält:* ein kluger, weiser, frommer S.; jmdm. einen S. ins Poesiealbum schreiben; eine S. beherzigen; **b)** *(Zitat)* die Sprüche *(Aussprüche)* Jesu; die Hauswand war mit anarchistischen Sprüchen (ugs.; *Parolen*) *einstrophiges Gedicht, Lied mit oft moralischem, religiösem od. politischem Inhalt (bes. in der mittelhochdeutschen Dichtung, auch im Alten Testament):* die politischen Sprüche Walthers von der Vogelweide; das Buch der Sprüche, die Sprüche Salomos *(Buch des Alten Testaments, das eine König Salomo zugeschriebene Sammlung von Spruchweisheiten enthält).* **2.** ⟨meist Pl.⟩ (ugs. abwertend) *nichtssagende Phrase:* das sind doch alles nur Sprüche!; das ist doch nur so ein dummer S.; Sprüche helfen uns nicht weiter; * **Sprüche machen/klopfen** (ugs. abwertend; *sich groß tönenden Worten äußern, hinter denen nicht viel steckt*). **3.** (ugs.) *etw., was jmd. in einer bestimmten Situation [immer wieder in stets gleicher, oft formelhafter Formulierung] sagt:* der Vertreter leiert an jeder Tür seinen S. herunter; er hat immer denselben S. drauf. **4. a)** *Urteils-, Schiedsspruch o. Ä.:* **b)** *prophetische Äußerung; Orakelspruch:* ein delphischer S.

Spruch|band, das ⟨Pl. ...bänder⟩: **1.** *breites Band aus Stoff, Papier o. Ä., auf dem [politische] Forderungen, Parolen o. Ä. stehen; Transparent* (1). **2.** *(auf Bildern, bes. des MA.s) gemaltes Band mit Erklärungen zu dem jeweiligen Bild, mit den Namen von dargestellten Personen od. Sachen.*

Spruch|dich|ter, der: *Verfasser von Sprüchen* (1 b).

Spruch|dich|te|rin, die: w. Form zu ↑ Spruchdichter.

Sprü|che|klop|fer, der (ugs. abwertend): *jmd., der sich häufig in Sprüchen* (2) *ergeht.*

Sprü|che|klop|fe|rei, die; -, -en (ugs. abwertend): *[dauerndes] Sprücheklopfen.*

Sprü|che|klop|fe|rin, die; -, -nen: w. Form zu ↑ Sprücheklopfer.

Sprü|chel, das; -s, -[n] (österr.), **Sprü|chel|chen,** das; -s, -: Vkl. zu ↑ Spruch.

Spruch|kam|mer, die: **1.** (Sport) *spezielles Schiedsgericht* (1 a) *bei Sportverbänden.* **2.** (Rechtsspr. früher) *Gericht, das über Entnazifizierungen verhandelt.*

Sprüch|lein, das; -s, -: **1.** Vkl. zu ↑ Spruch. **2.** Vkl. zu ↑ Spruch (3): sein S. aufsagen.

spruch|reif ⟨Adj.⟩ [zu ↑ Spruch (4 a)]: *(in Bezug auf eine Sache, einen Sachverhalt) sich in dem Stadium befindend, in dem darüber gesprochen, entschieden werden kann:* die Sache ist noch nicht s.

Spruch|weis|heit, die: *als Spruch* (1 a) *formulierte Weisheit.*

Spru|del, der; -s, - [zu ↑ sprudeln]: **1. a)** *stark kohlensäurehaltiges Mineralwasser:* eine Flasche S.; zwei S. *(zwei Glas Sprudel);* **b)** (österr.) *alkoholfreies Erfrischungsgetränk.* **2.** (veraltet) *Quelle, Fontäne [eines Springbrunnens]; [auf]sprudelndes Wasser.*

spru|deln ⟨sw. V.⟩ [wohl unter Einfluss von prudeln (= landsch. Nebenform von ↑ brodeln) weitergebildet aus ↑ sprühen]: **1.** ⟨ist⟩ **a)** *wallend, wirbelnd, schäumend (aus einer Öffnung) [hervor]strömen, [hervor]quellen:* eine Quelle sprudelte aus der Felswand; Ü die Worte sprudelten nur so über ihre Lippen; die Ideen, die Gewinne s.; **b)** *wallend, schäumend fließen, sich irgendwohin ergießen:* schäumend sprudelte der Champagner ins Glas. **2.** ⟨hat⟩ **a)** *in heftiger, wallender Bewegung sein u. Blasen aufsteigen lassen:* das Wasser begann im Topf zu s.; **b)** *durch viele, rasch aufsteigende u. an der Oberfläche zerplatzende Bläschen in lebhafter Bewegung sein:* der Sekt sprudelt im Glas. **3.** ⟨hat⟩ *in lebhafter Bewegung, lebhaft erregt sein, überschäumen:* vor Begeisterung, guter Laune s.; ein sprudelndes Temperament; Tobten hier Gelage, ereigneten sich Orgien? Es war Kantinenübermut, der hier sprudelte. Es war Herzlichkeit, es war Biederkeit... (Koeppen, Rußland 141). **4.** ⟨hat⟩ (ugs.) *schnell, hastig, überstürzt sprechen.* **5.** ⟨hat⟩ (österr.) *quirlen* (1).

Spru|del|was|ser, das ⟨Pl. ...wässer oder ...wasser⟩: *Sprudel* (a).

Sprüh|do|se, die: *Spraydose.*

sprü|hen ⟨sw. V.⟩ [frühnhd., ablautend zu mhd. spræjen = spritzen, stieben, verw. z. B. mit griech. speírein, ↑ sporadisch]: **1. a)** ⟨hat⟩ *in vielen kleinen, fein verteilten Tröpfchen, in zerstäubter Form an eine bestimmte Stelle gelangen lassen:* Wasser auf die Blätter, über die Pflanzen s.; Pestizide, E 605 s.; (auch ohne Akk.-Obj.:) wieder s. *(ein Schädlingsbekämpfungsmittel versprühen)* müssen; **b)** *durch Sprühen* (1 a) *entstehen lassen, irgendwo anbringen:* Graffiti s.; sie sprühten Parolen an Wände; **c)** ⟨unpers.; hat⟩ *leicht regnen; nieseln:* es sprüht [nur ein bisschen]; **d)** ⟨hat⟩ *in vielen kleinen, fein verteilten Tröpfchen durch die Luft fliegen:* die Gischt sprühte; **e)** ⟨ist⟩ *in vielen kleinen, fein verteilten Tröpfchen irgendwohin fliegen:* Gischt sprühte über das Deck. **2. a)** ⟨hat⟩ *etw. in Form vieler kleiner Teilchen von sich schleudern, fliegen lassen:* der Krater sprüht Funken; Ü ihre grünen Augen sprühten ein gefährliches Feuer; (auch ohne Akk.-Obj.:) ihre Augen sprühten [vor Freude]; er ließ seinen Geist, Witz s.; der Redner sprühte vor Ideen, vor Witz; ⟨häufig im 1. Part.:⟩ sein sprühender *(reger, immer neue Ideen hervorbringender)* Geist; eine sprühende *(ausgelassene)* Laune; ein sprühendes *(besonders lebhaftes)* Temperament; **b)** ⟨hat⟩ *(von kleinen Teilchen) durch die Luft fliegen:* die Funken sprühten; **c)** ⟨ist⟩ *in Form vieler kleiner Teilchen irgendwohin fliegen:* die Funken sind über den Teich gesprüht; **d)** ⟨ist⟩ *funkeln, glitzern:* sprühende Sterne, Brillanten.

Sprüh|ge|rät, das: *Gerät zum Versprühen flüssiger Stoffe, bes. von Schädlingsbekämpfungsmitteln.*

Sprüh|mit|tel, das: *Mittel zum Besprühen von etw.* (z. B. Insektizid).

Sprüh|re|gen, der (bes. Meteorol.): *Nieselregen.*

Sprüh|sah|ne, die: **1.** *mithilfe einer Sprühsahne* (2) *erzeugte Schlagsahne.* **2.** *mit flüssiger Sahne u. einem Treibmittel gefüllte Sprühdose zur schnellen Verfügbarkeit geschlagener Sahne.*

Sprung, der; -[e]s, Sprünge: **1.** [mhd., spätahd. sprunc, zu ↑ springen] **a)** (ugs.) *das Springen; springende Bewegung:* ein hoher, weiter S.; ein S. aus dem Fenster, über einen Graben; einen S. machen, tun; der Hengst vollführte wilde Sprünge; in großen Sprüngen überquerte der Hirsch die Lichtung; die Katze schnappte den Vogel im S.; mit einem gewaltigen S. setzte er über die Mauer; sich durch einen S. zur Seite retten; S. ansetzen; der Tiger duckte sich zum S.; Ü die neue Stelle bedeutet für sie einen großen S. nach vorn *(eine große Verbesserung);* der Schauspieler hat den S. *(das Überwechseln)* zum Film nicht gewagt; sein Herz machte vor Freude

einen S.; der S. auf den zweiten Tabellenplatz; beim Vorlesen einen S. machen *(ein Textstück o. Ä. überspringen);* die Natur macht keinen S., keine Sprünge *(in der Natur entwickelt sich alles langsam u. kontinuierlich);* R S. auf, marsch, marsch! (Militär; Kommando, aus liegender Haltung aufzuspringen u. sich im Laufschritt in Marsch zu setzen); * **ein S. ins kalte Wasser** (ugs.; *Aufnahme einer Tätigkeit, die jmdm. völlig neu, völlig unvertraut ist u. von der er nicht weiß, ob er ihr gewachsen sein wird);* **ein S. ins Dunkle/Ungewisse** *(ein Entschluss, von dem jmd. nicht weiß, wie er sich auf sein weiteres Leben auswirken wird);* **keine großen Sprünge machen können/sich erlauben können** (ugs.; *sich, bes. finanziell, nicht viel leisten können);* **auf einen S.**/(landsch. ohne »auf«:) **einen S.** (ugs.; *für kurze Zeit:* ich gehe [auf] einen S. in die Kneipe; ich komme nur [auf] einen S. vorbei!); **auf dem S. sein**/(seltener:) **stehen** (ugs.; *gerade anfangen wollen, etw. zu tun:* wir sind auf dem S., ins Kino zu gehen); **auf dem S. sein** (ugs.; *in Eile sein, keine Zeit, keine Ruhe haben, sich länger aufzuhalten:* bist du etwa schon wieder auf dem S.?); **b)** *als sportliche Übung o. Ä. ausgeführter Sprung* (1 a): ein S. vom 10-Meter-Turm, über den Kasten; ihm gelang ein S. von 8,25 m. **2.** (ugs.) *geringe Entfernung; Katzensprung* (1): von dort ist es nur ein S. bis zur Grenze; er wohnt nur einen S. von hier. **3.** [eigtl. = aufgesprungener Spalt] *feiner Riss (in einem spröden Material):* in der Scheibe ist ein S., sind Sprünge; die Tasse hat einen S.; * **einen S. in der Schüssel haben** (salopp: *nicht recht bei Verstand sein).* **4.** (Landwirtsch.) *(bei manchen Haustieren) das Bespringen:* der Bulle ist zum S. zugelassen. **5.** (Jägerspr.) *hinteres Bein des Hasen.* **6.** (Jägerspr.) *Gruppe von Rehen:* ein S. Rehe. **7.** (Geol.) *Verwerfung* (2). **8.** (Schiffbau) *geschwungene Linie, geschwungener Verlauf eines Decks (von der Seite gesehen).* **9.** (Weberei) *Fach* (3). **10.** *[diese u. die folgenden Redewendungen gehen wohl von »Sprung« im Sinne von »Springen, rasche Vorwärtsbewegung« aus; möglich ist aber auch eine Anknüpfung an »Sprung« in der jägerspr. Bed. »Spur (bes. eines Hasen)«]* **jmdm. auf die Sprünge helfen** (ugs.; *[durch Hinweise, Zureden o. Ä.] weiterhelfen);* **einer Sache auf die Sprünge helfen** (ugs.; *dafür sorgen, dass etw. wie gewünscht funktioniert:* wir helfen Ihrer Fantasie ein wenig auf die Sprünge); **auf die Sprünge kommen** (ugs.; ↑ Schlich 1).
Sprung|be|cken, das: *Becken* (2 a) *zum Springen (beim Schwimmsport).*
Sprung|bein, das: **1.** *Bein, mit dem ein Springer* (1) *abspringt.* **2.** (Anat.) *zwischen Schien- u. Fersenbein gelegener Fußwurzelknochen.*
Sprung|brett, das: **1.** (Turnen) *Vorrichtung mit einer schrägen [federnden] Fläche, von der abgesprungen wird:* sie hat das S. nicht gut getroffen; Ü ein Amt, einen Posten als S. *(als gute Ausgangsposition)* [für/(seltener:) in einer Karriere] benutzen. **2.** *am Rand eines Schwimmbeckens, Sprungbeckens angebrachtes, langes, stark federndes Brett, von dem aus die Sprünge ins Wasser ausgeführt werden.*
Sprung|fe|der, die: *Spiralfeder aus Stahl (z. B. in Polstermöbeln).*
Sprung|fe|der|ma|t|rat|ze, die: *Matratze, in der sich Sprungfedern befinden.*
Sprung|fe|der|rah|men, der: *aus einem Rahmen mit vielen darin befestigten Sprungfedern bestehender Teil eines Bettes, auf dem die Matratze aufliegt.*
Sprung|ge|lenk, das (Anat.): *Gelenk zwischen den Unterschenkelknochen u. der Fußwurzel.*
sprung|haft ⟨Adj.⟩ **1.** *nicht beständig bei etw.* *bleibend, sondern häufig abrupt, übergangslos zu etw. anderem wechselnd:* ein furchtbar -er Mensch; er hat ein sehr -es Wesen; **-e** *(an Gedankensprüngen reichel)* Gedanken. **2. a)** *abrupt u. übergangslos:* -e Veränderungen. **b)** *rasch zunehmend, emporschnellend* (b): ein -er Preisanstieg; s. zunehmen.
Sprung|haf|tig|keit, die; -, -en: **1.** ⟨o. Pl.⟩ *das Sprunghaftsein* (1). **2.** *Gedankensprung.*
Sprung|kas|ten, der (Turnen): *Kasten* (11).
Sprung|lat|te, die (Leichtathletik): *Latte* (2 b).
Sprung|lauf, der (Ski): *Skisprung (als Teil der nordischen Kombination).*
Sprung|pferd, das (Turnen): *Pferd* (2) *ohne Pauschen.*
Sprung|schan|ze, die (Skisport): *Anlage für das Skispringen mit einer stark abschüssigen Bahn zum Anlaufnehmen; Bakken* (a).
Sprung|seil, das: *Springseil.*
Sprung|tuch, das ⟨Pl. ...tücher⟩: **1.** *(von der Feuerwehr verwendetes) aus festem Tuch bestehendes Rettungsgerät zum Auffangen von Menschen, die sich nur durch einen Sprung aus einem brennenden Gebäude retten können.* **2.** (Sport) *federnd im Rahmen eines Trampolins aufgehängtes, sehr festes Tuch.*
Sprung|turm, der (Sport): *turmartige Konstruktion mit verschieden hohen Plattformen zum Turmspringen.*
◆ **Sprüt|ze,** die; -, -n: *Spritze:* Weckst du ihr süßes Lachen, sieh, so verdienst du dir, die Nymphen nass zu machen, die kleine S. hier (Bürger, Stutzerballade).
◆ **sprüt|zen:** *spritzen:* ... dass mir ... der Gassenkot über und über an die Beinkleider sprützt (Schiller, Kabale I, 6).
Spu|cke, die; - [zu ↑ spucken] (ugs.): *Speichel:* die Briefmarke mit [etwas] S. anfeuchten; * **jmdm. bleibt die S. weg** (ugs.; *jmd. ist vor Überraschung, vor Staunen sprachlos).*
spu|cken ⟨sw. V.; hat⟩ [zu mniederd. Ostmd., wohl Intensivbildung von dem ↑ speien zugrunde liegenden Verb]: **1. a)** *Speichel mit Druck aus dem Mund ausstoßen:* häufig s.; Ü der Motor spuckt *(funktioniert nicht recht ordnungsgemäß);* **b)** *(in Verbindung mit Speichel) aus dem Mund von sich geben:* Blut s.; Kirschkerne s.; Ü der Vulkan spuckt glühende Asche und Lava; **c)** *durch Spucken* (1 a) *Speichel irgendwohin treffen lassen:* auf den Boden, in die Luft, jmdm. ins Gesicht s.; nach jmdm. s.; Ü Männer, die in die Hände spuckten *(die eine Tätigkeit, mit Schwung an die Arbeit gingen);* **d)** *durch Spucken irgendwohin treffen lassen:* einen Kirschkern aus dem Fenster s. **2.** (landsch.) *sich übergeben, erbrechen:* das Kind hat gespuckt; viele Passagiere auf dem Schiff mussten s. **3.** (salopp) *jmdn., etw. voller Verachtung ablehnen, zurückweisen:* auf jmdn., auf jmds. Geld s.
Spuck|napf, der: *zum Hineinspucken aufgestelltes Gefäß.*
Spuk, der; -[e]s, -e ⟨Pl. selten⟩ [aus dem Niederd. < mniederd. spök, spuk, spoek, H. u.]: **1.** *Geistererscheinung:* der S. begann Schlag Mitternacht; der S. war vorbei; nicht an S. glauben. **2. a)** *(abwertend) Geschehen, das so schrecklich u. so ungeheuerlich ist, dass es unwirklich anmutet:* der faschistische S. war endlich vorbei; die Polizei stürmte das Gebäude und machte dem S. ein Ende; **b)** (ugs. veraltend) *Lärm, Trubel:* die Kinder machen ja einen tollen S.!; Ü die Sache lohnt den ganzen S. *(den Aufwand, die Umstände)* nicht; mach doch deswegen nicht so einen S. *(so viel Aufhebens)!*
spu|ken ⟨sw. V.⟩ [aus dem Niederd. < mniederd. spöken]: **a)** ⟨hat⟩ *als Geist, Gespenst irgendwo umgehen:* der Geist des Schlossherrn spukt hier noch heute; ⟨meist unpers.:⟩ in dem Haus spukt es; Ü dieser Aberglaube spukt noch immer in den Köpfen vieler Menschen; **b)** ⟨ist⟩ *sich spukend* (a) *irgendwohin bewegen:* ein Gespenst, der Geist der Ermordeten spukt allnächtlich durch das Schloss; * **bei jmdm. spukt es** (ugs. seltener; *jmd. ist nicht recht bei Verstand).*
Spu|ke|rei, die; -, -en (ugs.): *[dauerndes] Spuken.*
Spuk|geist, der: *Gespenst; spukende Geistererscheinung.*
Spuk|ge|stalt, die: *Gespenst; Geistererscheinung.*
spuk|haft ⟨Adj.⟩ [aus dem Niederd. < mniederd. spökaftich]: **a)** *wie ein Spuk* (1) *auftretend, auf Spuk zurückführbar:* eine -e Gestalt, -e Vorgänge, Erscheinungen; **b)** (seltener) *wie ein Spuk [wirkend], gespenstisch:* eine -e Atmosphäre.
Spuk|schloss, das: *Schloss, in dem es spukt.*
Spül|be|cken, das: **1.** *Becken* (1) *zum Geschirrspülen (in einer Spüle).* **2.** (bes. in Zahnarztpraxen) *kleines Becken* (1) *mit einer Spülvorrichtung, über der der Patient sich den Mund ausspülen kann.*
Spu|le, die; -, -n [mhd. spuol(e), ahd. spuolo, spuola, eigtl. = abgespaltenes Holzstück (zum Aufwickeln der Webfäden) u. wahrsch. verw. mit ↑ spalten]: **1.** *Rolle, auf die etw. aufgewickelt wird:* eine leere, volle S.; Garn auf eine S. wickeln; das Tonband, der Film ist von der S. gelaufen; eine S. Garn *(eine Spule mit darauf aufgewickeltem Garn).* **2.** (Elektrot.) *elektrisches Schaltelement, das aus einem meist langen, dünnen, isolierten [Kupfer]draht besteht, der auf eine Spule* (1) *o. Ä. gewickelt ist [u. einen Eisenkern umschließt].* ◆ **3. a)** (landsch.) *Nabe:* ...durchs ganze Tal hin hatte niemand eine Achse gehört, die sich umgedreht um ihre S. (Gotthelf, Spinne 52); **b)** *unterer Teil des Federkiels:* ...dass er ... einen alten Flederwisch und sich eine harte S. auszog und damit ... schrieb (Jean Paul, Wutz 10).
Spü|le, die; -, -n [zu ↑ spülen]: *schrankartiges Küchenmöbel mit Spülbecken.*
spu|len ⟨sw. V.; hat⟩ [mhd. spuolen, zu ↑ Spule]: **a)** *auf eine Spule wickeln:* mit der Nähmaschine Garn s.; etw. von einer Rolle s. *(abspulen);* das Band an den Anfang s. *(bis zum Anfang umspulen);* **b)** ⟨s. + sich⟩ *automatisch auf eine Spule gewickelt werden.*
spü|len ⟨sw. V.⟩ [mhd. spüelen, ahd. in: irspuoln, H. u.]: **1.** *etw. mit einer Flüssigkeit, durch Bewegen in einer Flüssigkeit von Schmutz, Rückständen o. Ä. befreien, reinigen:* den Pullover nach dem Waschen gut, mit viel Wasser, lauwarm s.; sich die Haare s.; eine Wunde, die Augen mit Borwasser s.; ⟨auch ohne Akk.-Obj.:⟩ die Waschmaschine spült gerade; »Spülen Sie bitte mal« *(auch ohne den Mund aus)«,* sagte der Zahnarzt; **b)** *spülend von irgendwo entfernen, irgendwohin schwemmen:* die Seife aus der Wäsche s.; sich das Shampoo aus dem Haar, die Seife vom Körper s.; er spülte den Schlamm mit einem Gartenschlauch in den Gully; **c)** *mit Wasser [u. einem Reinigungsmittel] säubern, abwaschen* (2): Geschirr s.; die paar Teller spüle ich von Hand; sind die Gläser schon gespült?; ⟨auch ohne Akk.-Obj.:⟩ wenn du spülst, trockne ich ab; ⟨subst.:⟩ soll ich dir beim Spülen helfen? **2.** ⟨hat⟩ *die Wasserspülung der Toilette betätigen:* vergiss nicht zu s.! **3. a)** ⟨hat⟩ *(von Flüssigkeiten, bes. Wasser) mitreißen u. irgendwohin gelangen lassen, schwemmen:* die Flut hat ihre Leiche an den Strand, auf den Strand, an Land gespült; er wurde [von einer übergehenden See] ins Meer, über Bord gespült; der Regen spült die Pestizide in den Boden, ins Grundwasser; Wahrscheinlich spülen die schweren Gewitterregen die Erde von den Hügeln (Wiechert, Jeromin-Kinder 813); **b)** ⟨ist⟩ (selten) *irgendwohin geschwemmt werden:*

Wrackteile spülten auf den Strand. **4.** ⟨ist⟩ *sich [in größerer Menge, in kräftigem Schwall] irgendwohin ergießen:* das Meer spült ans Ufer, über die Deichkrone; ◆ Und wie er erwachst in seliger Lust, da spülen die Wasser ihm um die Brust (Schiller, Tell I, 1); ◆ Der Damm zerreißt, das Feld erbraust, die Fluten spülen, die Fläche saust (Goethe, Johanna Sebus); ◆ ...heim lauern die Hunde am spülenden Teich (Bürger, Neuseeländisches Schlachtlied).

Spül|gang, der: *Phase des in einer Wasch- od. einer Spülmaschine ablaufenden Programms* (1 d), *während deren die Maschine mit klarem Wasser spült* (1 a).

Spül|kas|ten, der: *(bei Toiletten mit Wasserspülung) kastenförmiger Behälter, in dem sich das zum Spülen benötigte Wasser befindet.*

Spül|ma|schi|ne, die: *Kurzf. von* ↑ Geschirrspülmaschine.

spül|ma|schi|nen|fest ⟨Adj.⟩: *(von Geschirr o. Ä.) sich in der Geschirrspülmaschine reinigen lassend, ohne dabei Schaden zu nehmen.*

Spül|mit|tel, das: **1.** *(meist flüssiges) Reinigungsmittel, das dem Spülwasser (2) zugesetzt wird;* Geschirrspülmittel. **2.** *Mittel, das dem Spülwasser* (1) *zugesetzt wird.*

Spül|stein, der (landsch. veraltend): *Spülbecken* (1).

Spül|tuch, das ⟨Pl. ...tücher⟩: *beim Geschirrspülen verwendetes Tuch.*

Spü|lung, die; -, -en: **1. a)** *das Durchspülen von Hohlorganen o. Ä. als therapeutische Maßnahme:* eine S. [der Blase] vornehmen; **b)** *(Technik) das Spülen zur Entfernung unerwünschter Stoffe.* **2. a)** *(Technik) Vorrichtung zum Spülen;* **b)** *Wasserspülung einer Toilette:* die S. rauscht; die S. betätigen. **3.** *Haarspülung.*

Spül|vor|rich|tung, die: *Vorrichtung zum Spülen (z. B. an einer Toilette, einem Spülbecken 2).*

Spül|was|ser, das ⟨Pl. ...wässer oder ...wasser⟩: **1.** (Technik) *Wasser, mit dem etw. gespült wird od. wurde.* **2.** *Wasser, in dem Geschirr gespült wird od. wurde.*

Spul|wurm, der [15. Jh.; zu ↑ Spule, nach der Gestalt]: *Fadenwurm, der als Parasit im Darm, bes. von Säugetieren u. Menschen, lebt.*

Spu|man|te [sp...], der; -[s], -s [ital. spumante, eigtl. = der Schäumende, subst. 1. Part. von: spumare = schäumen]: ital. Bez. für: Schaumwein.

Spund, der; -[e]s, Spünde u. -e: **1.** ⟨Pl. Spünde⟩ [mhd. spunt, über das Roman. von (spät)lat. (ex)punctum = in eine Röhre gebohrte Öffnung] **a)** *[hölzerner] Stöpsel, Zapfen zum Verschließen des Spundlochs:* einen S. einschlagen; **b)** (Tischlerei) *Feder* (4 a). **2.** ⟨Pl. -e⟩ [wohl übertr. von der kleinen Form des Spundes (1)] (ugs.) *jmd., der aufgrund seiner Jugend als unerfahren, nicht kompetent angesehen wird:* was will der junge, unerfahrene S.?

Spund|loch, das: *runde Öffnung in einem Fass zum Füllen u. zum Zapfen.*

Spun|dus, der - [H. u.] (österr. ugs.): *Furcht, Respekt:* sie hatte gehörig S. vor dem Hund.

Spund|wand, die (Bauw.): *aus senkrecht in den Boden gerammten, ineinandergreifenden Spundbohlen zusammengesetzte wasserdichte Wand.*

Spur, die; -, -en [mhd. spur, spor, ahd. spor, eigtl. = Fußabdruck]: **1. a)** *Reihe, Aufeinanderfolge von Abdrücken od. Eindrücken, die jmd., etw. bei der Fortbewegung im Boden hinterlassen hat:* eine alte, frische, tiefe S. im Schnee; die S. eines Schlittens, Pferdes; die S. führt zum, endet am Waldrand, verliert sich; eine S. verfolgen, aufnehmen, der Hund wittert eine S.; die Regen hat die -en verwischt; einer S. folgen, nachgehen; Ü die S. der Diebe führt nach Frankreich; von den gestohlenen Gemälden fehlt jede S.; die Polizei ist auf eine S. gestoßen, ist auf der falschen S.; * **heiße S.** (*wichtiger Anhaltspunkt für die Aufklärung eines Verbrechens o. Ä.*: der Detektiv hat, verfolgt eine heiße S.); **jmdm. auf die S. kommen** (1. *jmdn. als Täter o. Ä. ermitteln.* ↑ 2. *Schlich 1*); **einer Sache auf die S. kommen** (*herausfinden, was es mit einer Sache auf sich hat; etw. aufdecken*); **jmdm. auf der S. sein, bleiben** (*aufgrund sicherer Anhaltspunkte jmdn. [weiterhin] verfolgen*); **einer Sache auf der S. sein, bleiben** (*aufgrund sicherer Anhaltspunkte sich [weiterhin] bemühen, eine Sache zu erforschen, aufzudecken*); **auf jmds. -en wandeln/in jmds. -en treten** (↑ *Fußstapfe*); **b)** (Ski) *Loipe:* die S. legen; **c)** (Jägerspr.) *Reihe, Aufeinanderfolge von Abdrücken der Tritte bestimmter Tiere, bes. des Niederwilds (im Unterschied zu Fährte, Geläuf).* **2.** ⟨meist Pl.⟩ *von einer äußeren Einwirkung zeugende [sichtbare] Veränderung an etw., Anzeichen für einen in der Vergangenheit liegenden Vorgang, Zustand:* -en der Zerstörung, von Gewalt; die -en von etw. tragen, zeigen; [keine] -en hinterlassen; alle -en sorgfältig sichern, verwischen, beseitigen; Ü die -en (*Überreste*) vergangener Kulturen. **3.** (Verkehrsw.) *Fahrspur od. einer Fahrspur ähnlicher abgegrenzter Streifen einer Fahrbahn:* die S. wechseln; die mittlere S.; auf, in der rechten S. fahren. **4. a)** *einen bestimmten Anteil der gesamten Breite eines Magnetbands einnehmender Streifen:* das Bandgerät arbeitet mit vier -en; **b)** (EDV) *abgrenzbarer Bereich auf einem Datenträger, in dem eine einfache Folge von Bits gespeichert werden kann:* Magnetplatten mit mehreren -en. **5.** (Technik) *Spurweite:* Autos mit breiter S. **6.** (Kfz-Technik) *(für das Spurhalten bedeutsame) Stellung von linkem u. rechtem Rad zueinander:* die S. stimmt nicht; die S. kontrollieren, einstellen. **7.** *vom Fahrer mithilfe der Lenkung bestimmte Linie, auf der sich ein Fahrzeug bewegen soll:* das Auto hält gut [die] S. (*bricht nicht seitlich aus*). **8.** *sehr kleine Menge von etw.; ein wenig:* da fehlt noch eine S. Essig; die Suppe ist [um] eine S. zu salzig; -en von Zyankali; Ü ohne die leiseste, geringste S. von Furcht; der Empfang war um eine S. zu kühl; * **nicht die S./keine S.** (ugs.; *überhaupt nichts*).

spür|bar ⟨Adj.⟩: **a)** *[körperlich] wahrnehmbar, fühlbar, deutlich zu merken:* eine -e Abkühlung; [deutlich]; es ist s. kälter geworden; **b)** *sich (in bestimmten Wirkungen) deutlich zeigend; deutlich, merklich:* eine -e Zunahme der Kriminalität; die Gewinne sind s. (*beträchtlich*) gestiegen, zurückgegangen; er war s. (*sichtlich*) erleichtert.

Spur|brei|te, die: **1.** *Breite einer Spur.* **2.** *Spurweite.*

spu|ren ⟨sw. V.; hat⟩: **1.** (ugs.) *tun, was erwartet, befohlen wird:* wer nicht spurt, fliegt. **2.** (selten) *die Spur halten:* der Wagen spurt einwandfrei. **3.** (Ski, Bergsteigen) **a)** *mit einer Spur versehen:* die Loipen ist gespurt; **b)** *sich auf Skiern durch den noch unberührten Schnee bewegen;* seine Spur ziehen: ein spurender Skiläufer.

spü|ren ⟨sw. V.; hat⟩ [mhd. spür(e)n = suchend nachgehen, aufspüren, wahrnehmen, ahd. spurian = eine Spur suchen, verfolgen]: **1.** *körperlich empfinden, wahrnehmen, fühlen: eine Berührung [auf seiner Haut] s.; einen [leichten] Schmerz im Bein s.; die Kälte kaum s.; sie spürte, wie ihr Puls schneller wurde; er spürte Zorn in sich aufsteigen; sein Kreuz s. (ugs.; Kreuzschmerzen haben); du wirst es noch am eigenen Leibe s., zu s. bekommen; den Alkohol s. (die Wirkung des Alkohols als körperlich störend empfinden); er soll die Peitsche zu s. bekommen* (*mit der Peitsche geschlagen werden*). **2. a)** *gefühlsmäßig, instinktiv fühlen, merken:* jmds. Enttäuschung, Verärgerung s.; er spürte sofort, dass etwas nicht stimmte; von Kameradschaft war nichts zu s. (*Kameradschaft gab es nicht*); er ließ mich seinen Ärger nicht s. (*zeigte ihn nicht*); sie ließ ihn [allzu deutlich] s. (*zeigte ihm [allzu deutlich]*), dass sie ihn nicht mochte; **b)** (seltener) *verspüren:* ich spürte keine Lust mitzugehen; ich spürte Müdigkeit. **3.** (Jägerspr.) *[mithilfe des Geruchssinns] einer Spur* (1 c) *nachgehen, folgen:* die Hunde spüren nach Wild (*suchen nach den Spuren von Wild*); der Hund, der Jäger hat einen Fuchs gespürt.

Spu|ren|ele|ment, das (Biochemie): *Element, das für den Organismus zwar unentbehrlich ist, aber nur in sehr geringen Mengen benötigt wird.*

Spu|ren|si|che|rung, die (Polizeiw.): **1.** *das Sichern der Spuren* (2) *im Rahmen polizeilicher Ermittlungen.* **2.** *für die Spurensicherung* (1) *zuständige Abteilung der Polizei.*

Spu|ren|su|che, die ⟨Pl. selten⟩: *(systematische) Suche nach Spuren* (1 a)*: auf S. gehen.*

Spur|hal|tung, die (Kfz-Technik): *das Spurhalten (eines Fahrzeugs):* optimale S. auch beim Bremsen.

Spür|hund, der [mhd. spürhunt, ahd. spurihunt]: *Hund, dazu abgerichtet ist, Fährten, Spuren zu verfolgen od. Dinge aufzufinden:* -e ansetzen.

spur|los ⟨Adj.⟩: **a)** *keinen Anhaltspunkt für den weiteren Verbleib hinterlassend:* das Buch ist s. verschwunden; **b)** *keine Spuren* (2) *hinterlassend, keine bleibenden Auswirkungen habend:* das Ereignis ist s. an ihm vorübergegangen.

Spür|na|se, die (ugs.): **a)** *scharfer Geruchssinn:* er hat eine gute S.; Ü sie hat eine S. (*Gespür, Spürsinn*) dafür; **b)** *jmd., der eine besondere Gabe hat, Dinge herauszufinden:* er ist eine richtige S.

Spür|pan|zer, der: *speziell zum Aufspüren von Strahlungen u. Kampfstoffen ausgerüstetes Panzerfahrzeug.*

Spur|ril|le, die ⟨meist Pl.⟩ (Verkehrsw.): *durch häufiges Befahren einer Fahrbahn entstandene, rinnenartige, in Längsrichtung verlaufende Vertiefung:* Achtung, -n!

Spür|sinn, der ⟨o. Pl.⟩: **1.** *scharfer Geruchssinn eines Tieres.* **2.** *feiner Instinkt, der jmdn. Dinge ahnen, spüren, Situationen intuitiv richtig einschätzen lässt:* kriminalistischer S.; einen feinen S. für etw. haben.

Spurt, der; -[e]s, -s, selten: -e [engl. spurt, zu: to spurt, ↑ spurten]: **1.** (Sport) *das Spurten* (1): einen S. machen, einlegen; zum S. ansetzen; sie gewann das Rennen im S.; Bert nahm mit einem S. die Spitze, und durch Zwischenspurts machte er sie fertig (Lenz, Brot 79). **2.** (ugs.) *schneller Lauf, das Spurten* (2): er schaffte den Zug gerade noch. **3.** (Sport) *Spurtvermögen:* einen guten S. haben.

spur|ten ⟨sw. V.⟩ [engl. to spurt, Nebenf. von: spirt = hervorspritzen, aufspritzen, H. u.]: **1.** ⟨ist/hat⟩ (Sport) *(bei einem Lauf) ein Stück einer Strecke, bes. das letzte Stück vor dem Ziel, mit stark beschleunigtem Tempo zurücklegen:* zu s. anfangen. **2.** ⟨ist⟩ (ugs.) **a)** *schnell laufen:* wir sind ganz schön gespurtet; **b)** *schnell irgendwohin laufen:* über den Hof, ins Haus s.

spurt|schnell ⟨Adj.⟩: **a)** (Sport) *beim Spurten besonders schnell:* eine -e Läuferin; **b)** *ein hohes Beschleunigungsvermögen besitzend:* ein -es Auto.

spurt|stark ⟨Adj.⟩: *spurtschnell.*

Spurt|ver|mö|gen, das ⟨o. Pl.⟩ (bes. Sport): *Fähigkeit zu spurten.*

Spur|wech|sel, der (Verkehrsw.): *das Überwechseln von einer Spur* (3) *in eine andere.*

Spur|wei|te, die: **1.** (Kfz-Technik) *Abstand zwischen linkem u. rechtem Rad eines Fahrzeugs;*

Spur (5). **2.** (Eisenbahn) *Abstand zwischen den inneren Kanten der Schienen* (1).

Spu|ta: Pl. von ↑Sputum.

spu|ten, sich ⟨sw. V.; hat⟩ [aus dem Niederd. < mniederd. spōden; vgl. spätahd. gispuoten = (sich) eilen, zu ahd. spuot = Schnelligkeit] (veraltend, noch landsch.): *sich beeilen im Hinblick auf etw., was schnell, bis zu einem bestimmten Zeitpunkt getan, erreicht werden sollte:* ich muss mich s., um noch rechtzeitig zu erscheinen.

Sput|nik ['ʃp..., 'sp...], der; -s, -s [russ. sputnik = Gefährte]: *Name der ersten künstlichen Erdsatelliten.*

Spu|tum ['ʃp..., 'sp...], das; -s, ...ta [lat. sputum, zu: spuere = (aus)spucken] (Med.): *Auswurf.*

Square|dance ['skweədɑːns, amerik. Ausspr.: ...dæns], der; -, -s [...sɪs] [engl. square dance, aus: square = Quadrat u. dance = Tanz]: *amerikanischer Volkstanz, bei dem jeweils vier Paare, in Form eines Quadrats aufgestellt, nach den Weisungen eines Ansagers gemeinsam verschiedene Figuren ausführen.*

Squash [skvɔʃ], das; -[s]: **1.** [engl. squash, zu: to squash = zerquetschen] *frisch gepresster Fruchtsaft mit Fruchtfleisch [von Zitrusfrüchten].* **2.** [engl. squash = weiche Masse, nach dem weichen Ball] (Sport) *Ballspiel, bei dem ein kleiner Ball gegen eine Wand geschlagen wird u. der Gegner den zurückprallenden Ball seinerseits schlagen muss:* S. spielen [gehen].

Squash|cen|ter, das: *Einrichtung zum Squashspielen.*

Squaw [skwɔː], die; -, -s [engl. squaw < Algonkin (nordamerik. Indianerspr.) squa = Frau]: **1.** *Frau* (1) *nordamerikanisch-indianischer Abstammung:* der Film erzählt die Lovestory zwischen einem Leutnant und einer S. **2.** *(bei den nordamerikanischen Indianern) Ehefrau:* wir saßen zusammen mit Cowboys, Trappern, Indianern und ihren -s.

Sr = Strontium.

Sr. = Seiner.

SR = Saarländischer Rundfunk.

Sri Lan|ka; - -s: Inselstaat im Indischen Ozean.

Sri Lan|ker, der; - -s, - -, **Sri-Lan|ker,** der; -s, -: Ew.

Sri Lan|ke|rin, die; - -, - -nen, **Sri-Lan|ke|rin,** die; -, -nen: w. Formen zu ↑Sri Lanker, Sri-Lanker.

sri-lan|kisch ⟨Adj.⟩: *Sri Lanka, die Sri Lanker betreffend.*

SS [ɛsˈlɛs], die; - (nationalsoz.): Schutzstaffel.

ß [ɛsˈtsɛt], das; -, - [(schon in spätma. Handschriften) in deutscher Frakturschrift entstanden aus ſ, Ligatur von ſ (sog. langem s) u. ʒ (z) für die Varianten der mhd. z-Schreibung (ʒ[ʒ], sz, z)]: *(nur im Wortinnern u. am Wortende vorkommender, in der Praxis nur als Kleinbuchstabe verwendeter) als stimmloses s gesprochener Buchstabe des deutschen Alphabets.*

SS. = Sante, Santi.

SSD [ɛsˈlɛsˈdeː], der; - (DDR): Staatssicherheitsdienst.

SS-Füh|rer, der (nationalsoz.): *Führer in der SS.*

SS-Mann, der ⟨Pl. SS-Männer, seltener: SS-Leute⟩ (nationalsoz.): *Angehöriger der SS.*

SSO = Südsüdost[en].

SSR [ɛsˈlɛsˈlɛr], die; -, -: Sozialistische Sowjetrepublik (bis 1991).

SSW = Südsüdwest[en].

st ⟨Interj.⟩: *Lautäußerung, durch die jmd. auf sich aufmerksam machen will.*

s. t. = sine tempore.

St = Saint.

St. = Sankt; Stück; Stunde.

Staat, der; -[e]s, -en [spätmhd. sta(a)t = Stand; Zustand; Lebensweise; Würde < lat. status = das Stehen; Stand, Stellung; Zustand, Verfassung; Rang, zu: stare (2. Part. statum) = stehen; sich aufhalten; wohnen]: **1. a)** *Gesamtheit der Institutionen, deren Zusammenwirken das dauerhafte u. geordnete Zusammenleben der in einem bestimmten abgegrenzten Territorium lebenden Menschen gewährleisten soll:* ein souveräner, demokratischer S.; der französische S.; der S. Israel; der S. *(Bundesstaat)* Washington; das bezahlt der S. *(eine Institution des Staates);* einen neuen S. aufbauen, gründen; einen S. anerkennen; den S. vor inneren und äußeren Feinden schützen; den S. verteidigen; einem S. angehören *(zum Staatsvolk eines Staates gehören);* im Interesse, zum Wohle des -es; er ist beim S. *(bei einer Institution des Staates)* angestellt; das höchste Amt im -e; Repräsentanten von S. und Kirche; die Trennung von Kirche und S.; Ü ein S. im Staate *(eine mächtige, der Kontrolle des Staates sich entziehende, in bestimmten Bereichen mit ihm konkurrierende Organisation);* * **von -s wegen** *(auf Veranlassung einer Institution des Staates);* **b)** *Territorium, auf das sich die Gebietshoheit eines Staates* (1 a) *erstreckt; Staatsgebiet:* ein kleiner mittelamerikanischer S.; die benachbarten -en; die -en Südamerikas; die Grenze zwischen zwei -en; * **die -en** (ugs.: *die Vereinigten Staaten von Amerika);* **c)** (schweiz.) ²*Kanton* (1): der S. Luzern. **2.** (Zool.) *Insektenstaat:* der S. der Bienen, Ameisen; -en bildende Insekten. **3.** ⟨o. Pl.⟩ **a)** [älter = Vermögen, nach mlat. status = Etat; prunkvolle Hofhaltung (ugs. veraltend) *festliche Kleidung:* sich in S. werfen; er kam in vollem S. *(in offizieller, festlicher Kleidung);* **b)** (veraltet) *Gesamtheit der Personen im Umkreis, im Gefolge einer hochgestellten Persönlichkeit:* Die Stunde der Begegnung ward angesetzt, und da sie erfüllt war, kamen hervor aus dem Osttore Hemor, der Ghetige, mit dem S. seines Hauses (Th. Mann, Joseph 161); **c)** * **ein** [*wahrer*] **S. sein** (↑Pracht); [viel] S. machen *([großen] Aufwand treiben);* [nur] zum S. *(nur zum Repräsentieren, um Eindruck zu machen);* **mit jmdm., etw. [nicht viel/keinen] S. machen können** *(mit jmdm., etw. [nicht viel/keinen] Eindruck machen, [nicht viel/nicht] imponieren können).*

Staa|ten bil|dend, staa|ten|bil|dend ⟨Adj.⟩: *in Staaten* (2) *lebend:* Staaten bildende Insekten, Bienen.

Staa|ten|bund, der: *Konföderation.*

Staa|ten|bünd|nis, das: *Föderation* (1 a).

Staa|ten|ge|mein|schaft, die (bes. DDR): *aus einer Anzahl von Staaten bestehende Gemeinschaft* (3): die sozialistische S.

Staa|ten|len|ker, der (geh.): *einen Staat regierender Politiker.*

Staa|ten|len|ke|rin, die: w. Form zu ↑Staatenlenker.

staa|ten|los ⟨Adj.⟩: *keine Staatsangehörigkeit besitzend:* er ist s.

Staa|ten|lo|se, der u. die; -n, -n (Dekl. ↑Abgeordnete): *männliche/eine Staatenlose, Staatenlosen/zwei Staatenlose: weibliche Person, die keine Staatsangehörigkeit besitzt.*

Staa|ten|lo|ser, der Staatenlose/ein Staatenloser; des/eines Staatenlosen, die Staatenlosen/zwei Staatenlose: *jmd., der keine Staatsangehörigkeit besitzt.*

Staa|ten|sys|tem, das (Politik): *System, Gefüge von [in einer bestimmten Region bestehenden] Staaten.*

Staa|ten|welt, die (Politik): *Gesamtheit der [in einer bestimmten Region bestehenden] Staaten:* die europäische S.

staat|lich ⟨Adj.⟩: **a)** *den Staat* (1 a) *betreffend, zum Staat gehörend:* -e Souveränität; die -e Macht ausüben; -e Interessen vertreten; die -e Anerkennung *(die Anerkennung als Staat)* erlangen; **b)** *dem Staat gehörend, vom Staat unterhalten,* geführt: -e und kirchliche Institutionen; -e Museen; etw. mit -en Mitteln subventionieren; der Betrieb ist s.; **c)** *den Staat vertretend, vom Staat autorisiert:* eine -e Beauftragte; -e Stellen, Behörden; **d)** *vom Staat ausgehend, veranlasst, durchgeführt:* -e Maßnahmen; unter -er Verwaltung stehen; etw. s. subventionieren; ein s. geprüfter, anerkannter Sachverständiger.

staat|li|cher|seits ⟨Adv.⟩ [↑-seits] (Papierdt.): *vonseiten des Staates, vom Staat aus.*

Staat|lich|keit, die; -: *Status eines Staates.*

Staats|af|fä|re, die: *staatsgefährdende od. den Staat betreffende Affäre* (a).

Staats|akt, der: **a)** *Festakt, feierliche Festveranstaltung einer Staatsregierung:* er wurde in einem S. mit dem Großen Verdienstkreuz geehrt; **b)** *staatlicher* ¹*Akt* (1 c).

Staats|ak|ti|on, die: *einschneidende Maßnahme, wichtige Aktion einer Staatsregierung:* * **eine S. aus etw. machen** (↑Haupt- und Staatsaktion).

Staats|amt, das: *hohes staatliches Amt.*

Staats|an|ge|hö|ri|ge ⟨vgl. Angehörige⟩: *weibliche Person, die eine bestimmte Staatsangehörigkeit hat.*

Staats|an|ge|hö|ri|ger ⟨vgl. Angehöriger⟩: *jmd., der eine bestimmte Staatsangehörigkeit hat:* er ist französischer S.

Staats|an|ge|hö|rig|keit, die; -, -en: *juristische Zugehörigkeit zu einem bestimmten Staat, Nationalität* (1 a): seine S. ist deutsch; die schwedische S. annehmen, besitzen; welche S. haben Sie?; sie bemüht sich um die deutsche S., um eine doppelte S.

Staats|an|ge|stell|te ⟨vgl. Angestellte⟩: *Angestellte des Staats.*

Staats|an|ge|stell|ter ⟨vgl. Angestellter⟩: *Angestellter des Staats.*

Staats|an|lei|he, die: **a)** *vom Staat aufgenommene Anleihe;* **b)** *vom Staat ausgestellte Schuldverschreibung.*

Staats|an|teil, der: **a)** *vom Staat finanzierter, zu zahlender Anteil;* **b)** *in staatlichem Besitz befindlicher Anteil von etw.;* **c)** *staatlicher Anteil* (1 b).

Staats|an|walt, der: *Jurist, der die Interessen des Staates wahrnimmt, bes. als Ankläger in Strafverfahren.*

Staats|an|wäl|tin, die: w. Form zu ↑Staatsanwalt.

Staats|an|walt|schaft, die: *staatliche Behörde als Teil der Justiz, zu deren Aufgaben bes. die Durchführung von Ermittlungsverfahren u. die Anklageerhebung in Strafsachen gehören:* die S. hat Anklage erhoben.

staats|an|walt|schaft|lich ⟨Adj.⟩: *die Staatsanwaltschaft betreffend, dazu gehörend; den Staatsanwalt betreffend.*

Staats|ap|pa|rat, der: *Apparat* (2) *eines Staates.*

Staats|ar|chiv, das: *staatliches Archiv.*

Staats|auf|ga|be, die ⟨meist Pl.⟩: *vom Staat zu erfüllende Aufgabe: die für die -n erforderlichen Mittel.*

Staats|auf|sicht, die ⟨Pl. selten⟩: *staatliche Aufsicht:* etw. unter S. stellen.

Staats|aus|ga|be, die ⟨meist Pl.⟩: *vom Staat getätigte Ausgabe.*

Staats|bahn, die: *vom Staat betriebene Eisenbahn.*

Staats|bank, die ⟨Pl. -en⟩: **a)** *öffentlich-rechtliche* ²*Bank* (1 a); **b)** *(in sozialistischen Ländern) Zentralbank.*

Staats|ban|kett, das: *von einer Staatsregierung veranstaltetes Bankett.*

Staats|be|am|ter ⟨vgl. Beamter⟩: *Beamter des Staates.*

Staats|be|am|tin, die: w. Form zu ↑Staatsbeamter.

Staats|be|diens|te|te ⟨vgl. Bedienstete⟩: *im Staatsdienst tätige weibliche Person.*

Staats|be|diens|te|ter ⟨vgl. Bediensteter⟩: *im Staatsdienst tätige Person.*

Staats|be|gräb|nis, das: *von einer Staatsregierung verfügte feierliche Beisetzung als Ehrung einer verstorbenen Persönlichkeit.*

Staats|be|sitz, der ⟨o. Pl.⟩: *staatlicher Besitz* (c).

Staats|be|such, der: *offizieller Besuch eines Staatsmannes in einem anderen Staat.*

Staats|be|trieb, der: *staatlicher Betrieb* (1 a).

Staats|bi|b|lio|thek, die: *staatliche Bibliothek.*

Staats|bud|get, das: vgl. Staatshaushalt.

Staats|bür|ger, der: *Staatsangehöriger; Bürger* (1 a): *ein pflichtbewusster S.; er ist amerikanischer S.;* * *S. in Uniform* (↑ Bürger 1 a).

Staats|bür|ge|rin, die: w. Form zu ↑ Staatsbürger.

Staats|bür|ger|kun|de, die: **1.** *(früher) Gemeinschaftskunde.* **2.** *(DDR) Schulfach, dessen Aufgabe die politisch-ideologische Erziehung der Schüler u. Schülerinnen im Sinne der sozialistischen Weltanschauung ist.*

staats|bür|ger|lich ⟨Adj.⟩: *zum Staatsbürger gehörend, ihn betreffend:* -e *Rechte und Pflichten.*

Staats|bür|ger|schaft, die: *Staatsangehörigkeit:* sie hat die deutsche S.; eine Debatte um die doppelte S.

Staats|chef, der: *Inhaber des höchsten Amtes im Staat:* der libysche S.

Staats|che|fin, die: w. Form zu ↑ Staatschef.

Staats|de|fi|zit, das (Politik, Wirtsch.): *Budgetdefizit.*

Staats|die|ner, der (meist scherzh.): *jmd., der im Staatsdienst tätig ist.*

Staats|die|ne|rin, die: w. Form zu ↑ Staatsdiener.

Staats|dienst, der: *berufliche Tätigkeit als Staatsbeamter, -angestellter o. Ä.:* im S. [tätig] sein; in den S. übernommen werden.

Staats|dok|t|rin, die: *Doktrin, nach der ein Staat seine Politik ausrichtet.*

Staats|du|ma, die: *russisches Parlament.*

staats|ei|gen ⟨Adj.⟩: *in Staatseigentum [befindlich]:* -e *Betriebe.*

Staats|ei|gen|tum, das ⟨o. Pl.⟩: **a)** *Eigentum* (1 b) *des Staates:* etw. in S. überführen; **b)** *etw., was sich in Staatseigentum (a) befindet:* S. sein.

Staats|ein|nah|me, die ⟨meist Pl.⟩: vgl. Staatsausgabe.

Staats|emp|fang, der: vgl. Staatsbankett.

Staats|etat, der: vgl. Staatshaushalt.

Staats|ex|a|men, das: *Staatsprüfung:* sein S. ablegen.

Staats|feind, der: *jmd., der durch seine Aktivitäten dem Staat schadet, den Bestand der staatlichen Ordnung gefährdet:* jmdn. zum S. erklären.

Staats|fein|din, die: w. Form zu ↑ Staatsfeind.

staats|feind|lich ⟨Adj.⟩: *gegen den Staat, die bestehende staatliche Ordnung gerichtet:* eine -e *Partei, Gesinnung;* sich s. äußern.

Staats|fern|se|hen, das: *staatlich gelenktes, unter staatlicher Kontrolle stehendes Fernsehen.*

Staats|fi|nan|zen ⟨Pl.⟩: *Finanzen* (2) *eines Staates.*

Staats|fonds, der (Finanzw.): *Fonds, in dem der Staat Kapital anlegt.*

Staats|form, die: *Form, Aufbau eines Staates:* eine monarchistische S.

Staats|forst, der: *in Staatseigentum befindlicher Forst; Staatswald.*

Staats|frau, die: *hochgestellte Politikerin (von großer Befähigung):* eine große S.

Staats|füh|rung, die: **1.** *Regierung.* **2.** *das Lenken eines Staatswesens.*

Staats|ga|ran|tie, die (Bankw.): *vom Staat gegebene Garantie* (2 b).

Staats|gast, der: *jmd., der dabei ist, einen Staatsbesuch zu machen.*

Staats|ge|biet, das: *Territorium, auf das sich die Gebietshoheit eines Staates erstreckt.*

staats|ge|fähr|dend ⟨Adj.⟩: *den Bestand der staatlichen Ordnung gefährdend:* -e *Umtriebe, Schriften.*

Staats|ge|fäng|nis, das: *staatliches Gefängnis für Schwerverbrecher, politische Gefangene.*

Staats|ge|heim|nis, das: *etw., was aus Gründen der Staatssicherheit geheim gehalten werden muss:* -se verraten; Ü das ist kein S. (ugs.; *das kann man ruhig erzählen*).

Staats|geld, das: *vom Staat stammendes Geld.*

Staats|ge|richts|hof, der: *Landesverfassungsgericht (in einigen Ländern der Bundesrepublik Deutschland).*

Staats|ge|schäft, das ⟨meist Pl.⟩: *mit der Leitung des Staates in Zusammenhang stehendes Geschäft* (3): die -e übernehmen.

Staats|ge|walt, die ⟨o. Pl.⟩: *Herrschaftsgewalt des Staates:* der Monarch übt die gesamte S. aus; **b)** ⟨Pl. selten⟩ *auf einen bestimmten Bereich beschränkte Gewalt* (1) *des Staates:* die richterliche S. *(Judikative);* die gesetzgebende S. *(Legislative);* die vollziehende S. *(Exekutive);* **c)** ⟨o. Pl.⟩ *Exekutive; Polizei als ausführendes Organ der Exekutive:* Widerstand gegen die S.

Staats|gren|ze, die: *das Gebiet eines Staates umschließende Grenze.*

Staats|grund|ge|setz, das (österr.): *Gesetzeswerk mit Grundrechten [als Teil der Verfassung].*

Staats|grün|dung, die: *Gründung eines Staates.*

Staats|gut, das: *Domäne* (1).

Staats|haus|halt, der: *Haushalt* (3), *Etat eines Staates.*

Staats|haus|halts|plan, der: *Haushaltsplan eines Staates.*

Staats|hil|fe, die: *Finanzhilfe vom Staat.*

Staats|kanz|lei, die: **1.** *(in den meisten Ländern der Bundesrepublik Deutschland) vom Ministerpräsidenten geleitete Behörde.* **2.** (schweiz.) *der Bundeskanzlei entsprechende Behörde eines* ²*Kantons* (1).

Staats|ka|pi|ta|lis|mus, der (Wirtsch.): *Wirtschaftssystem, in dem sich der Staat direkt wirtschaftlicher Unternehmen bedient, um bestimmte Ziele zu erreichen.*

Staats|ka|ros|se, die: **1.** *von einem Staatsoberhaupt bei bestimmten Anlässen benutzte Karosse* (1). **2.** (ugs.) *repräsentativer, mit bestimmten sicherheitstechnischen Elementen ausgestatteter Wagen für Staatsoberhäupter.*

Staats|kas|se, die: **a)** *Bestand an Barmitteln, über die ein Staat verfügt:* etw. aus der S. bezahlen; **b)** *Fiskus:* die Kosten des Verfahrens trägt die S.

Staats|kir|che, die: *mit dem Staat eng verbundene Kirche, die gegenüber anderen Religionsgemeinschaften Vorrechte genießt.*

Staats|kir|chen|tum, das, -s: *kirchenpolitisches System, bei dem das Staatsoberhaupt meist gleichzeitig oberster Würdenträger der Staatskirche ist.*

Staats|kne|te, die (salopp): *staatliches Geld (z. B. als Zuwendung an Parteien od. als Unterstützung für Personen):* S. beziehen.

Staats|kom|mis|sar, der: *Kommissar* (1).

Staats|kom|mis|sa|rin, die: w. Form zu ↑ Staatskommissar.

Staats|kon|zern, der: *staatlicher* (b) *Konzern.*

Staats|kos|ten ⟨Pl.⟩: *in der Fügung* **auf S.** (*auf Kosten des Staates*): auf S. studieren.

Staats|kri|se, die: *Krise, die darin besteht, dass die staatliche Ordnung in ihrem Bestand gefährdet ist.*

Staats|kunst, die ⟨o. Pl.⟩ (geh.): *Kunst der Staatsführung* (2): ein Beispiel römischer S.

Staats|kut|sche, die: *Staatskarosse* (1).

Staats|leh|re, die: *Wissenschaft vom Staat, von den Staatsformen.*

Staats|li|ga, die (österr.): *oberste Liga bestimmter Sportarten.*

Staats|macht, die: *vom Staat ausgeübte Macht:* die S. an sich reißen.

Staats|mann, der ⟨Pl. ...männer⟩: *hochgestellter Politiker (von großer Befähigung):* ein großer S.

Staats|män|nin, die: w. Form zu ↑ Staatsmann.

staats|män|nisch ⟨Adj.⟩: *einem guten Staatsmann gemäß:* -e *Weitsicht;* -es *Geschick;* s. handeln.

Staats|meis|ter, der (österr.): *Landesmeister.*

Staats|meis|te|rin, die: w. Form zu ↑ Staatsmeister.

Staats|mi|nis|ter, der: **1.** *(in manchen Staaten, Bundesländern) Minister.* **2.** *Minister, der kein bestimmtes Ressort verwaltet.* **3. a)** ⟨o. Pl.⟩ *(in der Bundesrepublik Deutschland) Titel bestimmter parlamentarischer Staatssekretäre;* **b)** *Träger des Titels Staatsminister* (3 a).

Staats|mi|nis|te|rin, die: w. Form zu ↑ Staatsminister.

Staats|mi|nis|te|ri|um, das: **1.** *(in Baden-Württemberg) vom Ministerpräsidenten geleitete Behörde.* **2.** *(in Bayern u. Sachsen) Ministerium.*

Staats|mo|no|pol, das: *staatliches Monopol:* für die Ausgabe von Banknoten besteht ein S.

Staats|not|stand, der (Staatsrecht): *Notstand* (b) *eines Staates.*

Staats|ober|haupt, das: *oberster Repräsentant eines Staates.*

Staats|oper, die: *staatliche Oper.*

Staats|ord|nung, die: *Art u. Weise, wie ein Staat politisch aufgebaut ist.*

Staats|or|gan, das: *staatliches Organ* (4) *zur Ausübung der Staatsgewalt, zur Erfüllung staatlicher Aufgaben.*

Staats|pa|pier, das ⟨meist Pl.⟩ (Finanzw.): *vom Staat ausgegebene Schuldverschreibung.*

Staats|par|tei, die: *(bes. in Staaten mit Einparteiensystem) Partei, die die Herrschaft im Staat allein ausübt, die alle wichtigen Staatsorgane u. weite Bereiche des öffentlichen Lebens kontrolliert.*

Staats|phi|lo|soph, der: *jmd., der sich mit Staatsphilosophie befasst.*

Staats|phi|lo|so|phie, die: **1.** ⟨o. Pl.⟩ *Wissenschaft, die sich auf philosophischer Grundlage mit Problemen des Staates u. der Gesellschaft beschäftigt.* **2.** *Staatstheorie auf philosophischer Grundlage:* Rousseaus S.

Staats|phi|lo|so|phin, die: w. Form zu ↑ Staatsphilosoph.

staats|phi|lo|so|phisch ⟨Adj.⟩: *die Staatsphilosophie betreffend.*

Staats|plei|te, die (ugs.): *Staatsbankrott.*

Staats|po|li|tik, die: *Politik des Staates.*

staats|po|li|tisch ⟨Adj.⟩: *die Staatspolitik betreffend:* -e *Aufgaben.*

Staats|po|li|zei, die: *politische Polizei.*

Staats|prä|si|dent, der: *Staatsoberhaupt einer Republik.*

Staats|prä|si|den|tin, die: w. Form zu ↑ Staatspräsident.

Staats|preis, der: *vom Staat verliehener Preis* (2 a).

Staats|prü|fung, die: *(bei bestimmten akademischen Berufen) von staatlichen Prüfern durchgeführte Abschlussprüfung; Staatsexamen.*

Staats|quo|te, die (Wirtsch.): *Verhältnis der Staatsausgaben zum Sozialprodukt.*

Staats|rä|son, die: *Grundsatz, nach der der Staat einen Anspruch darauf hat, seine Interessen unter Umständen auch unter Verletzung der Rechte der Einzelnen durchzusetzen, wenn dies im Sinne des Staatswohls für unbedingt notwendig erachtet wird; etw. aus Gründen der S./aus S. tun.*

Staats|rat, der: **1.** kollektives [oberstes] Staatsorgan der Exekutive: in der DDR war der S. das Staatsoberhaupt. **2.** (bes. in einigen Kantonen der Schweiz) Regierung (2). **3. a)** ⟨o. Pl.⟩ Titel bes. der Mitglieder eines Staatsrates; **b)** Träger des Titels Staatsrat.

Staats|rä|tin, die: w. Form zu ↑ Staatsrat (3).

Staats|recht, das: **1.** ⟨Pl. selten⟩ Gesamtheit derjenigen Rechtsnormen, die den Staat, bes. seinen Aufbau, seine Aufgaben u. das Verhältnis, in dem er zur Gesellschaft steht, betreffen. **2.** Recht eines Staates auf Anerkennung durch die Völkergemeinschaft.

Staats|recht|ler, der; -s, -: Fachmann auf dem Gebiet des Staatsrechts.

Staats|recht|le|rin, die; -, -nen: w. Form zu ↑ Staatsrechtler.

staats|recht|lich ⟨Adj.⟩: das Staatsrecht betreffend.

Staats|re|gie|rung, die: **a)** Regierung (2) eines Staates; **b)** Landesregierung (in Bayern, Sachsen).

Staats|re|li|gi|on, die: Religion, die der Staat als einzige anerkennt od. der er eine deutlich bevorzugte Stellung einräumt.

Staats|rund|funk, der: staatlicher Rundfunk.

Staats|sä|ckel, der (scherzh.): Staatskasse.

Staats|schatz, der: staatlicher Vorrat an Devisen u. Gold, auch an Bargeld u. a.

Staats|schuld, die ⟨meist Pl.⟩: Schuld (3) des Staates.

Staats|schutz, der ⟨o. Pl.⟩: Schutz des Staates.

Staats|schutz|de|likt, das (Rechtsspr.): Delikt, das sich gegen den Bestand u. die verfassungsmäßigen Einrichtungen des Staates richtet.

Staats|schüt|zer, der (ugs.): Beamter (bes. der politischen Polizei), dessen Aufgabe der Staatsschutz ist.

Staats|schüt|ze|rin, die: w. Form zu ↑ Staatsschützer.

Staats|se|kre|tär, der: **a)** (in der Bundesrepublik Deutschland) ranghöchster Beamter bes. in einem Ministerium, der den Leiter der jeweiligen Behörde unterstützt u. (in bestimmten Funktionen) vertritt: parlamentarischer S. (einem Bundesminister od. dem Bundeskanzler beigeordneter Bundestagsabgeordneter, der den jeweiligen Minister bzw. den Kanzler entlasten soll); **b)** (DDR) hoher Funktionär des Staates (als Stellvertreter eines Ministers od. als Leiter eines Staatssekretariats).

Staats|se|kre|ta|ri|at, das: **1.** ⟨o. Pl.⟩ als Sekretariat dem Papst unmittelbar zugeordnete oberste Behörde der römischen Kurie. **2.** (DDR) einem Staatssekretär vergleichbares Staatsorgan des Ministerrats. **3.** von einem Staatssekretär geleitete Dienststelle.

Staats|se|kre|tä|rin, die: w. Form zu ↑ Staatssekretär.

Staats|si|cher|heit, die: **1.** ⟨o. Pl.⟩ Sicherheit des Staates: im Interesse der S.; das Ministerium für S. der DDR. **2.** (DDR ugs.) Staatssicherheitsdienst; Stasi.

Staats|si|cher|heits|dienst, der: (in der DDR) politische Geheimpolizei mit geheimdienstlichen Aufgaben (Abk.: SSD; ugs. Kurzwort: Stasi).

Staats|skla|ve, der: (im antiken Sparta) dem Staat gehörender Sklave; Helot.

Staats|so|zi|a|lis|mus, der: wirtschaftliches System, bei dem die Produktionsmittel Staatseigentum sind.

Staats|spit|ze, die: **1.** Spitze (3) des Staates: ein Wechsel an der S. **2. a)** Spitze (4b) des Staates: eine dreiköpfige S.; **b)** ⟨Pl.⟩ führende Persönlichkeiten eines Staates: die -n sind zerstritten.

Staats|spra|che, die: offizielle Sprache eines Staates.

Staats|stra|ße, die: vom Staat angelegte u. unterhaltene Straße.

Staats|streich, der [nach frz. coup d'État]: gewaltsamer Umsturz von etablierte Träger hoher staatlicher Funktionen: der S. ist gelungen; einen S. durchführen, vereiteln.

Staats|sys|tem, das: System, nach dem ein Staat politisch aufgebaut ist.

Staats|ter|ror, der: Terror, der vom Staat gegen die eigenen Bürger verbreitet wird.

Staats|ter|ro|ris|mus, der: Terrorismus, der von einem Staat ausgeht, der von einem Staat unterstützt wird.

Staats|the|a|ter, das: staatliches Theater.

Staats|the|o|re|ti|ker, der: vgl. Staatsphilosoph.

Staats|the|o|re|ti|ke|rin, die: w. Form zu ↑ Staatstheoretiker.

Staats|the|o|rie, die: Theorie über Wesen, Wert u. Zweck des Staates sowie staatlicher Macht.

staats|tra|gend ⟨Adj.⟩: den Bestand des Staates sichernd, die bestehende staatliche Ordnung stützend: die -n Parteien.

Staats|trau|er, die: staatlich angeordnete allgemeine Trauer: eine dreitägige S. anordnen.

Staats|un|ter|neh|men, das: ganz od. überwiegend in Staatseigentum befindliches Wirtschaftsunternehmen.

Staats|ver|bre|chen, das: Staatsschutzdelikt: R das ist doch kein S.! (ist doch nicht so schlimm).

Staats|ver|mö|gen, das: Vermögen des Staates, in Staatseigentum befindlicher Bestand an Vermögenswerten.

Staats|ver|schul|dung, die: vgl. Staatsschuld.

Staats|ver|trag, der: Vertrag zwischen (selbstständigen od. Glied)staaten.

Staats|ver|wal|tung, die: Verwaltung des Staates.

Staats|volk, das: Bevölkerung des zu einem Staat gehörenden Gebiets; Gesamtheit der Staatsangehörigen eines Staates.

Staats|wald, der: Staatsforst.

Staats|wap|pen, das: Wappen eines Staates.

Staats|we|sen, das: Staat als Gemeinwesen: ein demokratisches S.

Staats|wirt|schaft, die: öffentliche Finanzwirtschaft.

Staats|wis|sen|schaft, die: Wissenschaft, die sich mit dem Wesen u. den Aufgaben des Staates befasst.

Staats|wohl, das: Wohl des Staates: parteipolitische Interessen zugunsten des -s hintanstellen.

Staats|ziel, das (Rechtsspr.): Ziel, zu dessen Verfolgung der Staat (aufgrund einer entsprechenden Bestimmung in der Verfassung) verpflichtet ist: Umweltschutz als S. in der Verfassung verankern.

Staats|zu|schuss, der: staatlicher Zuschuss.

Stab, der; -[e]s, Stäbe [mhd. stap, ahd. stab, eigtl. = die Stützende, steif Machende]: **1. a)** im Querschnitt meist runder, glatter, einem Stock ähnlicher Gegenstand aus Holz, Metall o. Ä.: ein langer, dünner, eiserner, elastischer S.; ein S. aus Holz; die eisernen Stäbe des Käfigs, Gitters; * **den S. über jmdn., etw. brechen** (geh.: jmdn., etw. moralisch verurteilen, verdammen; früher wurde über dem Kopf eines zum Tode Verurteilten vom Richter vor der Hinrichtung der sog. Gerichtsstab zerbrochen u. ihm vor die Füße geworfen: Du sollst nicht vorschnell den S. über sie, ihr Verhalten brechen); **b)** (geh.) Taktstock: der Dirigent hob den S.; **c)** Kurzf. von ↑ Staffelstab; **d)** Kurzf. von ↑ Stabhochsprungstab; **e)** Kurzf. von ↑ Zauberstab (1); **f)** Kurzf. von ↑ Marschallstab, ↑ Abtsstab, ↑ Bischofsstab. **2.** [nach dem Befehlsstab (Marschallstab) des Feldherrn] **a)** (Militär) Gruppe von Offizieren o. Ä., die dem Kommandeur eines Verbandes bei der Erfüllung seiner Führungsaufgaben unterstützen: er ist Hauptmann beim/(seltener:) im S.; zum S. gehören; **b)** Gruppe von Mitarbeitern, Experten [um eine leitende Person], die oft für eine bestimmte Aufgabe zusammengestellt wird: der technische S. eines Betriebs; ein S. von Sachverständigen.

Sta|bat Ma|ter ['st... -], das; - -, - - [lat. = (es) stand die (schmerzensreiche) Mutter, nach den ersten Worten des Gesangstextes]: **1.** ⟨o. Pl.⟩ (kath. Kirche) Sequenz (3) im Missale. **2.** Komposition, der der Text des Stabat Mater (1) zugrunde liegt.

Stäb|chen, das; -s, -: **1.** Vkl. zu ↑ Stab (1 a). **2.** ⟨meist Pl.⟩ Kurzf. von ↑ Essstäbchen: kannst du mit S. essen? **3.** (Anat.) lichtempfindliche, spindelförmige Sinneszelle in der Netzhaut des Auges beim Menschen u. den meisten Wirbeltieren. **4.** (Handarb.) Masche beim Häkeln, bei der Faden ein od. mehrere Male um die Häkelnadel geschlungen wird, durch den dann, mit zwei- oder mehrfachem Einstechen, vorhandene Maschen durchgezogen werden: einfache, doppelte S. häkeln. **5.** (ugs.) Zigarette.

sta|ben ⟨sw. V.; hat⟩ (Verslehre): stabreimen.

stab|för|mig ⟨Adj.⟩: die Form eines Stabes (1 a) aufweisend.

Stab|heu|schre|cke, die: stabförmige, meist bräunliche, oft flügellose Heuschrecke.

stab|hoch|sprin|gen ⟨st. V.; meist nur im Inf. u. Part. gebr.⟩ (Sport): Stabhochspringen betreiben.

Stab|hoch|sprin|gen, das (Sport): Sportart, bei der mithilfe eines langen Stabes über eine hoch angebrachte Latte gesprungen wird.

Stab|hoch|sprin|ger, der (Sport): Sportler, der Stabhochsprung (a) betreibt.

Stab|hoch|sprin|ge|rin, die: w. Form zu ↑ Stabhochspringer.

Stab|hoch|sprung, der (Sport): **a)** ⟨o. Pl.⟩ das Stabhochspringen (als Disziplin der Leichtathletik); **b)** einzelner Sprung im Stabhochspringen.

Stab|hoch|sprung|an|la|ge, die (Sport): Anlage für Stabhochsprung.

Stab|hoch|sprung|stab, der (Sport): beim Stabhochsprung verwendete runde, elastische Stange.

sta|bil [auch: st...] ⟨Adj.⟩ [lat. stabilis = fest stehend, standhaft, dauerhaft, zu: stare = stehen]: **1. a)** sehr fest gefügt u. dadurch Beanspruchungen aushaltend: eine -e Stahlkonstruktion; Mountainbikes haben besonders -e Rahmen; ein s. gebautes Gerüst, Fahrzeug; **b)** (bes. Physik, Chemie, Technik) in sich konstant bleibend, gleichbleibend, relativ unveränderlich: in -er Zustand; ein relativ -er Schaum; eine -e Lösung; ein -es Atom (Atom, dessen Kern nicht von selbst zerfällt). **2.** (auch Fachspr.) so beständig, dass nicht leicht eine Störung, Gefährdung möglich ist; Veränderungen, Schwankungen kaum unterworfen: eine -e Wirtschaft, Währung, Regierung, politische Lage; -e Preise, Zinsen, Verhältnisse; eine -e Wetterlage; ein -es Gleichgewicht (Physik; Gleichgewicht, das bei Veränderung der Lage immer wieder erreicht wird); die Personalstärke s. halten. **3.** widerstandsfähig; kräftig; nicht anfällig: eine -e Gesundheit; sie ist im Ganzen nicht sehr s.; sein Kreislauf ist s. geblieben.

Sta|bi|li|sa|ti|on, die; -, -en (seltener): Stabilisierung.

Sta|bi|li|sa|tor, der; -s, ...oren: **1.** (Technik) **a)** Einrichtung, die Schwankungen von elektrischen Spannungen o. Ä. verhindert od. vermindert; **b)** (bes. bei Kraftfahrzeugen) Bauteil, das bei Federung einen Ausgleich bei einseitiger Belastung o. Ä. bewirkt; **c)** Vorrichtung in Schiffen, die dem Schlingern entgegenwirkt. **2. a)** (Chemie)

stabilisieren – Stadt

Substanz, die die Beständigkeit eines leicht zersetzbaren Stoffes erhöht od. eine unerwünschte Reaktion chemischer Verbindungen verhindert od. verlangsamt; **b)** (Med.) gerinnungshemmende Flüssigkeit für die Konservierung des Blutes.
sta|bi|li|sie|ren ⟨sw. V.; hat⟩: **1. a)** stabil (1 a) machen: ein Gerüst durch Stützen s.; **b)** (bes. Physik, Technik) stabil (1 b) machen. **2. a)** stabil (2), beständig machen: die Währung, das Wachstum, die Preise s.; **b)** ⟨s. + sich⟩ stabil (2), beständig, sicher werden: die Beziehungen stabilisierten sich. **3. a)** stabil (3) machen: das Training stabilisiert seine Konstitution; **b)** ⟨s. + sich⟩ stabil (3) werden: ihr Kreislauf hat sich wieder stabilisiert.
Sta|bi|li|sie|rung, die; -, -en: das Stabilisieren; das Stabilisiertwerden.
Sta|bi|li|tät, die; -, -en [lat. stabilitas, zu: stabilis, ↑ stabil]: **1. a)** ⟨o. Pl.⟩ das Stabil-, Haltbar-, Fest-, Konstantsein: die S. einer Konstruktion; **b)** Grad, in dem etw. stabil (1 a) ist. **2. a)** ⟨o. Pl.⟩ das Stabil-, Beständig-, Sicher-, Festgefügtsein: die finanzielle, politische; die S. der Währung, der Preise; die S. der Beziehungen zwischen Staaten sichern; **b)** etw. Stabiles (1 b), Gleichbleibendes. **3.** das Stabil-, Widerstandsfähig-, Kräftigsein: die S. ihrer Konstitution, des Kreislaufs.
Sta|bi|li|täts|kri|te|ri|um, das (Wirtsch.): Konvergenzkriterium zur wirtschaftlichen Stabilität.
Sta|bi|li|täts|pakt, der: Ergänzung des EG-Vertrags, die dazu dient, die öffentlichen Defizite der EU-Staaten dauerhaft zu begrenzen: den S. einhalten, erfüllen, verletzen; gegen den S. verstoßen.
Sta|bi|li|täts|po|li|tik, die: auf wirtschaftliche u. a. Stabilität bedachte Politik.
Sta|bi|li|täts|pro|gramm, das: **1.** (Wirtsch.) Programm zur Förderung der wirtschaftlichen Stabilität. **2.** (Kfz-Technik) System, das das Ausbrechen (5 b) eines Fahrzeugs verhindern soll.
Stab|reim, der [nach der Bez. »Stab« (< anord. staft = Stab, Buchstabe) für die Hebung (4)] (Verslehre): **a)** (in der germanischen Dichtung) besondere Form der Alliteration, die nach bestimmten Regeln u. entsprechend dem germanischen Akzent ausgeprägt ist u. bei der nur die bedeutungsschweren Wörter hervorgehoben werden; **b)** Alliteration.
stab|rei|men ⟨sw. V.; hat; meist nur im Inf. u. 1. Part. gebr.⟩ (Verslehre): **1.** Stabreim, Alliteration zeigen. **2.** einen Stabreim, eine Alliteration bilden, dichten.
Stabs|arzt, der (Militär): **a)** ⟨o. Pl.⟩ dem Hauptmann entsprechender Dienstgrad eines Sanitätsoffiziers; **b)** Träger des Dienstgrads Stabsarzt.
Stabs|ärz|tin, die; w. Form zu ↑ Stabsarzt.
Stabs|boots|frau, die; vgl. Stabsbootsmann.
Stabs|boots|mann, der ⟨Pl. ...leute⟩ (Militär): **a)** ⟨o. Pl.⟩ zweithöchster Dienstgrad in der Rangordnung der Unteroffiziere mit Portepee (bei der Marine); **b)** Träger dieses Dienstgrades.
Stabs|chef, der: Chef eines Stabes (2).
Stabs|che|fin, die; w. Form zu ↑ Stabschef.
Stabs|feld|we|bel, der (Militär): **a)** zweithöchster Dienstgrad in der Rangordnung der Unteroffiziere mit Portepee (bei Heer u. Luftwaffe); **b)** Unteroffizier dieses Dienstgrades.
Stabs|ge|frei|te ⟨vgl. Gefreite⟩: vgl. Stabsgefreiter.
Stabs|ge|frei|ter ⟨vgl. Gefreiter⟩ (Militär): **a)** zweithöchster Mannschaftsdienstgrad (bei Heer, Luftwaffe u. Marine); **b)** Träger dieses Dienstgrades.
Stabs|haupt|frau, die; vgl. Stabshauptmann.
Stabs|haupt|mann, der (Militär): **a)** Dienstgrad zwischen Hauptmann u. Major (bei Heer u. Luftwaffe); **b)** Offizier dieses Dienstgrades.
Stab|sich|tig|keit, die; -, -en (Med.): Astigmatismus.
Stabs|ka|pi|tän|leut|nant, der (Militär): **a)** dem Stabshauptmann entsprechender Dienstgrad (bei der Marine); **b)** Offizier dieses Dienstgrades.
Stabs|of|fi|zier, der (Militär): Träger eines der Dienstgrade Major, Oberstleutnant u. Oberst bzw. Korvettenkapitän, Fregattenkapitän u. Kapitän zur See.
Stabs|of|fi|zie|rin, die; w. Form zu ↑ Stabsoffizier.
Stabs|quar|tier, das (Militär): Sitz der Führung eines Großverbandes.
Stabs|stel|le, die: **1.** (Militär) **a)** Stelle, wo sich ein Stab (2 a) befindet; **b)** Stab (2 a) als organisatorische Einheit. **2. a)** Stelle, wo sich ein Stab (2 b) befindet, sich zusammenfindet; **b)** an einen Stab (2 b) bestehende Leitungsinstanz ohne eigene Entscheidungskompetenz.
Stabs|un|ter|of|fi|zier, der (Militär): **a)** ⟨o. Pl.⟩ höchster Dienstgrad in der Rangordnung der Unteroffiziere ohne Portepee (bei Heer und Luftwaffe); **b)** Träger dieses Dienstgrades.
Stabs|un|ter|of|fi|zie|rin, die; w. Form zu ↑ Stabsunteroffizier.
Stab|wech|sel, der (Leichtathletik): Übergabe des Stabes an den nächsten Läufer, an die nächste Läuferin beim Staffellauf: Ü in der Partei steht ein S. (Führungswechsel) bevor.
Stab|wurz, die: Eberraute.
stacc. = staccato.
stac|ca|to [ʃt..., st...] ⟨Adv.⟩ [ital. staccato, zu staccare = abstoßen (absondern)] (Musik): (von Tönen) so hervorgebracht, dass jeder Ton vom andern deutlich abgesetzt ist (Abk.: stacc.)
Stac|ca|to: ↑ Stakkato.
stach, stä|che: ↑ stechen.
Sta|chel, der; -s, -n [mhd. stachel, spätahd. stachil, ahd. stachilla, eigtl. = Stechendes, Spitzes, verw. mit ↑ Stich]: **1. a)** meist dünner, kleiner spitzer Pflanzenteil: der Kaktus hat -n; sich an den -n der Büsche die Beine zerkratzen; **b)** (Bot.) (bei bestimmten Pflanzen) einzig durch Bildung der äußeren Zellschicht (die im Unterschied zum Dorn 1 b kein umgewandeltes Blatt, Blattteil o. Ä. ist) de »Dornen« der Rose sind im botanischen Sinne -n. **2. a)** (bei bestimmten Tieren) in od. auf der Haut, auf dem Panzer o. Ä. sitzendes, aus Horn, Chitin o. Ä. gebildetes, spitzes, hartes Gebilde: die -n des Igels; lange -n haben; **b)** Kurzf. von ↑ Giftstachel: der S. der Wespe, Hornisse; der giftige S. des Skorpions. **3.** an einem Gegenstand sitzendes, dornartiges, spitzes Metallstück; spitzer, metallener Stift: tödlichen -n seines Morgensterns; ... die andern spulen den Stacheldraht ab. Es ist die ekelhafte Draht mit den gedrehten, langen -n (Remarque, Westen 47); *wider/(auch:) gegen den S. löcken (↑löcken). **4.** (geh.) **a)** etw. Peinigendes, Quälendes; Qual: der S. der Eifersucht; **b)** etw. unablässig Antreibendes, Anreizendes: der S. des Ehrgeizes trieb ihn zu immer höheren Leistungen.
Sta|chel|bee|re, die [nach den an den Trieben der Pflanze sitzenden Stacheln]: **a)** (bes. in den Gärten gezogener) Strauch mit einzeln wachsenden, dickschaligen, oft borstig behaarten, grünlichen bis gelblichen Beeren mit süßlich-herbem Geschmack: mehrere Sträucher -n im Garten haben; **b)** Beere der Stachelbeere (1 a): -n pflücken, einmachen. **2.** *chinesische S. (veraltet; ²Kiwi).
Sta|chel|beer|mar|me|la|de, die: Marmelade aus Stachelbeeren.
Sta|chel|draht, der: (aus mehreren Drähten bestehender) Draht mit scharfen Stacheln (3) in kürzeren Abständen: am/im S. hängen bleiben; *hinter S. (in ein[em] Gefangenen-, Konzentrations-, Internierungslager: jmdn. hinter S. bringen).
Sta|chel|draht|zaun, der: mit Stacheldraht gebauter Zaun.
Sta|chel|häu|ter, der; -s, - (Zool.): (in vielen Arten vorkommendes) im Meer lebendes Tier mit Stacheln aus Kalk auf seiner Oberfläche.
◆ **sta|che|licht,** stachlicht: ↑ stachelig: Doch wer die stachelichten Rätsel nicht auflöst, die seine Frau in den Eh' aufgibt ... (Schiller, Turandot II, 1); ... mag das dunkle, stachlichte Grün des Leidens, des Irrtums noch so vorwaltend sein ... (Raabe, Chronik 154); Schwarz wimmelten da ... der stachlichte Roche, der Klippenfisch (Schiller, Der Taucher).
sta|che|lig ⟨Adj.⟩, stachlig ⟨Adj.⟩: mit Stacheln versehen; voller Stacheln: ein -er Strauch, Fisch; -e Früchte; ein -er (kratziger) Stoppelbart; Ü -e (geh.; spitze, boshafte) Reden.
Sta|che|lig|keit, Stachligkeit, die; -: das Stacheligsein; stachelige Art, Beschaffenheit.
sta|cheln ⟨sw. V.; hat⟩: **1.** (selten) mit Stacheln, wie mit Stacheln stechen, kratzen: das Stroh, sein Bart stachelte ziemlich. **2.** anstacheln, antreiben: etw. stachelt jmds. Begierde, Argwohn, Hass.
Sta|chel|schwein, das [LÜ von mlat. porcus spinosus; das Tier grunzt wie ein Schwein]: großes Nagetier mit gedrungenem Körper, kurzen Beinen u. sehr langen, spitzen, schwarz u. weiß geringelten Stacheln (2 a), bes. auf dem Rücken.
◆ **stach|licht:** ↑ stachelicht.
stach|lig: ↑ stachelig.
Stach|lig|keit: ↑ Stacheligkeit.
Sta|del, der; -s, - u. (schweiz.:) Städel, (österr. auch:) Stadeln [mhd. stadel, ahd. stadal, urspr. = Stand(ort), zu ↑ stehen] (bayr., österr., schweiz.): Heustadel.
Sta|di|en: Pl. von Stadion, ↑ Stadium.
Sta|di|on, das; -s, ...ien [griech. stádion = Rennbahn, Laufbahn, eigtl. = ein Längenmaß (zwischen 179 m u. 213 m); Rennbahn; urspr. Bez. für die 1 stadion lange Rennbahn im altgriech. Olympia: **a)** mit Rängen, Tribünen für die Zuschauer versehene, große Anlage für sportliche Wettkämpfe u. Übungen, bes. in Gestalt eines großen, oft ovalen Sportfeldes: S. für 80 000 Zuschauer, mit 50 000 Sitzplätzen; ins S. gehen; **b)** die Zuschauer in einem Stadion: das [ganze] S. raste vor Begeisterung.
Sta|di|on|spre|cher, der: jmd., der bei einer Veranstaltung in einem Stadion die Ansage (2 a) macht.
Sta|di|on|spre|che|rin, die; w. Form zu ↑ Stadionsprecher.
Sta|di|on|ver|bot, das: Anordnung, die jmdm. das Betreten eines Stadions verbietet.
Sta|di|um, das; -s, ...ien [zuerst in der med. Fachspr. = Abschnitt (im Verlauf einer Krankheit); lat. stadium < griech. stádion, ↑ Stadion]: Zeitraum aus einer gesamten Entwicklung; Entwicklungsstufe, -abschnitt: ein frühes, fortgeschrittenes, vorübergehendes, entscheidendes S.; alle Stadien einer Entwicklung durchlaufen; in ein neues S. eintreten, übergehen; er hatte Krebs im letzten S.
Stadt, die; -, Städte [ˈʃtɛ(ː)tə] [mhd., ahd. stat = Ort, Stelle, Wohnstätte, Siedlung; seit dem 12. Jh. ma. Rechtsbegriff, erst vom 16. Jh. an orthografisch von ↑ Statt unterschieden]:
1. a) größere, dicht geschlossene Siedlung, die mit bestimmten Rechten ausgestattet ist u. den verwaltungsmäßigen, wirtschaftlichen u. kulturellen Mittelpunkt eines Gebietes darstellt; große Ansammlung von Häusern [u. öffentlichen Gebäuden], in der viele Menschen in einer

Stadtammann – Stadtpatrollant

Verwaltungseinheit leben: eine schön gelegene, malerische, blühende, mittelalterliche S.; eine kleine S. am Rhein, bei Lyon, in Mexiko; eine S. mit/von 750 000 Einwohnern; die älteste S. des Landes; eine S. der Künste, der Mode; die S. Wien; eine S. besuchen, besichtigen, gründen, zerstören; die Bürger, Einwohner der S.; am Rande, im Zentrum einer S. wohnen; die Leute aus der S. *(die Städter);* in der S. *(in einer Stadt)* leben; in die S. *(1. in die Innenstadt, ins Einkaufszentrum der Stadt. 2. in eine [bestimmte] in der Nähe gelegene Stadt)* gehen, fahren; * **die Ewige S.** *(Rom;* wohl nach Tibull, Elegien II, 5, 23); **die Heilige S.** *(Jerusalem);* **die Goldene S.** *(Prag);* **in S. und Land** (geh. veraltend; *überall, allenthalben);* **b)** ⟨o. Pl.⟩ *Gesamtheit der Einwohner einer Stadt* (1 a): *die ganze S. war auf den Beinen. 2. Verwaltung einer Stadt:* dafür ist die S. zuständig; er hat die S. verklagt; sie ist, arbeitet bei der S.

Stadt|am|mann, der (schweiz.): **1.** *(in einigen Kantonen der Schweiz) Bürgermeister.* **2.** *(im Kanton Zürich) Vollstreckungsbeamter.*

Stadt|amt, das (österr.): *Verwaltungsbehörde einer Stadt.*

Stadt|an|sicht, die: *Ansicht (2) einer Stadt.*

Stadt|ar|chiv, das: *städtisches Archiv.*

stadt|aus|wärts ⟨Adv.⟩: *aus der Stadt hinaus:* s. fahren.

Stadt|au|to, das: *Auto für Stadtfahrten:* ein besonders als S. geeigneter Kleinwagen.

Stadt|au|to|bahn, die: *Autobahn innerhalb einer Stadt [für den innerstädtischen Verkehr].*

Stadt|bahn, die: *S-Bahn.*

Stadt|bau|rat, der: *Baurat einer städtischen (1) Baubehörde.*

Stadt|bau|rä|tin, die: w. Form zu ↑ Stadtbaurat.

stadt|be|kannt ⟨Adj.⟩: *aufgrund besonderer positiver od. negativer Eigenschaften in einer Stadt allgemein bekannt:* ein -es Spezialitätenrestaurant, Original.

Stadt|be|völ|ke|rung, die: *Bevölkerung von Städten, einer Stadt.*

Stadt|be|woh|ner, der: *Bewohner einer Stadt.*

Stadt|be|woh|ne|rin, die: w. Form zu ↑ Stadtbewohner.

Stadt|be|zirk, der: *aus einem od. mehreren Stadtteilen bestehende Verwaltungseinheit in einer größeren Stadt.*

Stadt|bi|b|lio|thek, die: *städtische Bibliothek.*

Stadt|bild, das: *Ansicht, die eine Stadt im Ganzen bietet:* das neue Hochhaus hat das S. stark verändert, passt nicht ins S.

Stadt|bü|che|rei, die: *städtische Bücherei.*

Stadt|bum|mel, der (ugs.): *Spaziergang innerhalb der Stadt, bei dem man kein festes Ziel hat:* einen S. unternehmen.

Stadt|chef, der (ugs.): *Oberbürgermeister.*

Städt|chen [ˈʃtɛ(ː)tçən], das; -s, -: Vkl. zu ↑ Stadt (1): ein hübsches kleines S.; ein verschlafenes S. in der Provinz; R andere S., andere Mädchen *(wenn man den Aufenthalts-, Wohnort wechselt, ergeben sich dadurch neue Liebesbeziehungen).*

Stadt|di|rek|tor, der: *hauptamtlicher Leiter der Verwaltung in Städten einiger Bundesländer (Amtsbez.).*

Stadt|di|rek|to|rin, die: w. Form zu ↑ Stadtdirektor.

Städ|te|bau, der ⟨o. Pl.⟩: *Planung, Projektierung, Gestaltung beim Bau, bei der Umgestaltung von Städten.*

Städ|te|bau|er, der; -s, -: *jmd., dessen Arbeitsgebiet der Städtebau ist.*

Städ|te|bau|e|rin, die: w. Form zu ↑ Städtebauer.

städ|te|bau|lich ⟨Adj.⟩: *den Städtebau betreffend.*

Städ|te|bund, der: *(im MA.) Zusammenschluss von Städten zum Schutz ihrer Rechte.*

städ|te|i|gen ⟨Adj.⟩: *der Stadt gehörend.*

stadt|ein|wärts ⟨Adv.⟩: *in die Stadt hinein:* s. fahren.

Stadt|ent|wäs|se|rung, die: **1.** *Abwasserbeseitigung, Kanalisation (1 a) einer Stadt.* **2.** *städtische Behörde, die für die Stadtentwässerung (1) zuständig ist.*

Stadt|ent|wick|lung, die (Politik): *Gesamtheit der Maßnahmen zum Städtebau u. zur Flächennutzung.*

Städ|te|part|ner|schaft, die: *Partnerschaft zwischen Verwaltungsbezirken od. Gemeinden, meist Städten, verschiedener Länder.*

Städ|te|pla|ner, der: *Stadtplaner.*

Städ|te|pla|ne|rin, die: w. Form zu ↑ Städteplaner.

städ|te|pla|ne|risch ⟨Adj.⟩: *stadtplanerisch.*

Städ|te|pla|nung, die: *Stadtplanung.*

Städ|ter [ˈʃtɛ(ː)tɐ], der; -s, - [mhd. steter]: **1.** *jmd., der in einer Stadt wohnt.* **2.** *jmd., der [in der Stadt aufgewachsen u.] durch das Leben in der Stadt geprägt ist; Stadtmensch.*

Städ|te|rei|se, die: *Reise, bei der jmd. als Ziel eine Stadt od. mehrere Städte hat.*

Städ|te|rin, die; -, -nen: w. Form zu ↑ Städter.

Städ|te|neu|e|rung, die: *Gesamtheit der Maßnahmen zur Sanierung, Erhaltung o. Ä. im Bereich einer Stadt.*

Städ|te|tag, der: *Zusammenschluss mehrerer Städte zur Wahrnehmung gemeinsamer Interessen.*

Städ|te|tou|ris|mus, der: *Tourismus, bei dem die Reiseziele Städte sind.*

Stadt|far|be, die ⟨meist Pl.⟩: *Farbe (3 a) einer Stadt.*

stadt|fein ⟨Adj.⟩: in der Wendung **sich s. machen** (scherzh.: *sich für den Aufenthalt, das Ausgehen in der Stadt anziehen, zurechtmachen).*

Stadt|fest, das: *Fest, das eine Stadt aus einem bestimmten Anlass begeht:* ein historisches S.

Stadt|flucht, die: *Abwanderung vieler Stadtbewohner aus den Städten in ländliche Gebiete.*

Stadt|füh|rer, der: **1.** *jmd., der Reisenden, bes. Reisegruppen, die Sehenswürdigkeiten einer Stadt zeigt.* **2.** *Buch, das Reisenden für die Besichtigung einer Stadt die nötigen Erläuterungen gibt.*

Stadt|füh|re|rin, die: w. Form zu ↑ Stadtführer (1).

Stadt|füh|rung, die: *Führung (2) durch eine Stadt.*

Stadt|gar|ten, der: vgl. Stadtpark.

Stadt|gas, das ⟨o. Pl.⟩: *meist durch Verkokung aus Kohle gewonnenes, in den Städten verwendetes Brenngas.*

Stadt|ge|biet, das: *zu einer Stadt gehörendes Gebiet.*

Stadt|ge|mein|de, die: *Gemeinde, die als Stadt verwaltet wird, die zu einer Stadt gehört.*

Stadt|ge|richt, das (Geschichte): *(in den Städten des MA.s und der frühen Neuzeit) aus dem Stadtrat bestehendes städtisches Gericht.*

Stadt|ge|schich|te, die: **1.** ⟨o. Pl.⟩ *Geschichte (1 a) einer Stadt.* **2.** *Geschichte (1 c) einer Stadt.*

Stadt|ge|spräch, das: **1.** *in einer Stadt geführtes Ortsgespräch.* **2.** in Wendungen wie **S. sein** *(überall in der Stadt immer wieder als Gesprächsthema aufgegriffen, besprochen, erörtert werden:* die Affäre, der Vorfall, der Unfall, das Ereignis war wochenlang S.).

Stadt|gra|ben, der (früher): *der Befestigung einer Stadt dienender, um die Stadtmauer führender Graben.*

Stadt|gren|ze, die: *Grenze einer Stadt[gemeinde].*

¹**Stadt|gue|ril|la,** die: *(bes. in Lateinamerika) Guerilla (b), die sich in Städten betätigt.*

²**Stadt|gue|ril|la,** der: *(bes. in Lateinamerika)*

²*Guerilla, Guerillero, der sich in Städten betätigt.*

Stadt|hal|le, die: *großer Saal od. ganzes Gebäude mit Sälen für öffentliche Veranstaltungen.*

Stadt|haus, das: **1.** *Gebäude, in dem ein Teil der Verwaltungsbehörden einer Stadt untergebracht ist:* das Amt befindet sich im S. Nord. **2.** *[in seinem Stil im Unterschied zum Landhaus städtischen Erfordernissen entsprechendes] Haus in einer Stadt.*

städ|tisch [ˈʃtɛː..., auch: ˈʃtɛ...] ⟨Adj.⟩: **1.** *eine Stadt, die Stadtverwaltung betreffend, ihr unterstellt, von ihr verwaltet, zu ihr gehörend; kommunal:* -e Bedienstete, Anlagen, Einrichtungen; die -en Bäder, Kindergärten; die -e Müllabfuhr; das Altenheim ist s., wird s. verwaltet. **2.** *einer Stadt entsprechend, in ihr üblich, für sie, das Leben in ihr charakteristisch; in der Art eines Städters; urban:* eine -e Lebensweise; das Wohnen; ihre Kleidung war s.; s. gekleidet sein.

Stadt|ju|bi|lä|um, das: *festlicher Jahrestag der Gründung einer Stadt nach einer bestimmten Anzahl von Jahren.*

Stadt|ju|gend|amt, das: *Jugendamt einer Stadt.*

Stadt|käm|me|rer, der: *(in bestimmten Städten) Leiter der städtischen Finanzverwaltung.*

Stadt|käm|me|rin, die: w. Form zu ↑ Stadtkämmerer.

Stadt|kas|se, die: **1.** *Gesamtheit der Geldmittel einer Stadt für den laufenden Bedarf, für öffentliche Zwecke:* etw. aus der S. finanzieren. **2.** *Stelle, Behörde, die die Stadtkasse (1) verwaltet:* einen Betrag an die S. überweisen.

Stadt|kern, der: *innerer, zentral gelegener Teil einer Stadt.*

Stadt|kind, das: **1.** *in einer Stadt aufwachsendes Kind.* **2.** *jmd., der in einer Stadt aufgewachsen u. vom Leben in der Stadt geprägt ist.*

Stadt|kreis, der: *staatlicher Verwaltungsbezirk, der nur aus einer einzelnen, keinem Landkreis eingegliederten Stadt besteht.*

stadt|kun|dig ⟨Adj.⟩: **a)** *sich in einer Stadt gut auskennend:* eine -e Begleiterin; ◆ **b)** *stadtbekannt:* Eine -e Kokette! (Schiller, Fiesco I, 1).

Stadt|mar|ke|ting, das: *Gesamtheit aller Maßnahmen, die die Lebensqualität u. das Image einer Stadt fördern sollen (z. B. kulturelle od. sportliche Veranstaltungen, Ausbau von Fußgänger- u. Erholungszonen usw.).*

Stadt|mau|er, die (früher): *der Befestigung einer Stadt dienende, sie umgebende, dicke, hohe Mauer.*

Stadt|meis|ter|schaft, die (Sport): *von Teilnehmern aus einer Stadt ausgetragene Meisterschaft (2 a).*

Stadt|mensch, der: **1.** *jmd., der [in einer Stadt aufgewachsen u.] vom Leben in der Stadt geprägt ist.* **2.** (veraltet) *Städter (1).*

Stadt|mit|te, die: *[Stadt]zentrum, Stadtkern.*

Stadt|mu|se|um, das: *Museum, in dem die für eine bestimmte Stadt bes. wichtigen Kunst- u. Kulturgüter gesammelt u. ausgestellt werden.*

Stadt|mu|si|kant, der: *in einer Zunft organisierter Musikant im Dienste einer Stadt:* die Bremer -en *(die Gestalten Esel, Hund, Katze u. Hahn in dem gleichnamigen Tiermärchen, in dem sie beabsichtigen, in Bremen Stadtmusikanten zu werden).*

Stadt|mu|si|kan|tin, die: w. Form zu ↑ Stadtmusikant.

Stadt|ober|haupt, das: *Oberhaupt einer Stadt.*

Stadt|park, der: *öffentlicher Park in einer Stadt.*

Stadt|par|la|ment, das: *Gemeindevertretung, Parlament einer Stadt.*

◆ **Stadt|pa|trol|lant,** der; -en, -en [zu: Stadtpatrolle = Patrouille (2), die in einer Stadt Kontrollgänge macht]: *Angehöriger einer Patrouille (2), die in einer Stadt Kontrollgänge*

Stadt|pfei|fer, der (früher): *in einer Zunft organisierter Musiker im Dienste einer Stadt.*
Stadt|pfei|fe|rin, die: w. Form zu ↑ Stadtpfeifer.
Stadt|plan, der: ²*Plan* (3) *einer Stadt [auf einem zusammenfaltbaren Blatt].*
Stadt|pla|ner, der: *jmd., der [berufsmäßig] auf dem Gebiet der Stadtplanung tätig ist.*
Stadt|pla|ne|rin, die: w. Form zu ↑ Stadtplaner.
stadt|pla|ne|risch ⟨Adj.⟩: *die Stadtplanung betreffend; hinsichtlich der Stadtplanung.*
Stadt|pla|nung, die: *Gesamtheit der Planungen für den Städtebau.*
Stadt|prä|si|dent, der: **1.** (schweiz.) *Stadtoberhaupt.* **2.** *(in einigen Bundesländern) Vorsitzender des Stadtrates.*
Stadt|prä|si|den|tin, die: w. Form zu ↑ Stadtpräsident.
Stadt|rand, der: *Rand, Peripherie der, einer Stadt:* am S. wohnen.
Stadt|rand|er|ho|lung, die; -, -en: *(von kommunalen, kirchlichen o. ä. Institutionen organisierte) Erholung am Rande einer Stadt (bes. für Schulkinder, die während der [Sommer]ferien nicht verreisen können).*
Stadt|rat, der: **1.** *Gemeindevertretung, oberstes Exekutivorgan einer Stadt:* er ist in den S. gewählt worden. **2.** *Mitglied eines Stadtrates* (1).
Stadt|rä|tin, die: w. Form zu ↑ Stadtrat (2).
Stadt|rats|frak|ti|on, die: *Fraktion* (1 a) *im Stadtrat* (1).
Stadt|recht, das: *(vom MA. bis ins 19. Jh.) Gesamtheit der in einer Stadt geltenden Rechte.*
Stadt|re|gi|on, die: *städtisches Ballungsgebiet.*
Stadt|rei|ni|gung, die: *städtische Einrichtung, die für die Sauberhaltung einer Stadt (durch Straßenreinigung, Müllabfuhr o. Ä.) zuständig ist.*
Stadt|rund|fahrt, die: *Besichtigungs-, Rundfahrt* (1) *durch eine Stadt.*
Stadt|rund|gang, der: *Rundgang durch eine Stadt.*
Stadt|sä|ckel, der (scherzh.): *Stadtkasse* (1).
Stadt|sa|nie|rung, die: *das Sanieren* (2 a) *von alten Teilen einer Stadt.*
Stadt|schrei|ber, der: **1.** (früher) *jmd., bes. Geistlicher, Rechtsgelehrter, der in einer Stadt die schriftlichen Arbeiten als Protokollführer, Chronist o. Ä. ausführt.* **2.** *Schriftsteller, dem von einer Stadt dazu eingeladen wird, für eine befristete Zeit in der Stadt zu leben u. [als eine Art Chronist] über sie zu schreiben.*
Stadt|schrei|be|rin, die: w. Form zu ↑ Stadtschreiber (2).
Stadt|staat, der: *Stadt, die ein eigenes Staatswesen mit selbstständiger Verfassung darstellt.*
Stadt|stre|cher, der [Ggb. zu ↑ Landstreicher]: *jmd., der nicht sesshaft ist, sich meist ohne festen Wohnsitz bes. in Großstädten aufhält.*
Stadt|stre|che|rin, die: w. Form zu ↑ Stadtstreicher.
♦ **Stadt|tam|bour,** der: *städtischer* (1) *Ausrufer, der mittels einer Trommel auf sich aufmerksam macht:* ... S. drehte bereits an seiner Spannschraube und tat einzelne Schläge mit dem rechten Schlägel (Keller, Kleider 56).
Stadt|teil, der: **a)** *eine gewisse Einheit darstellender Teil einer Stadt;* **b)** (ugs.) *Gesamtheit der Einwohner eines Stadtteils* (a).
Stadt|teil|fest, das: *Fest, das in einem Stadtteil begangen wird.*
Stadt|teil|po|li|tik, die: *die Belange eines Stadtteils betreffende Politik.*
Stadt|teil|po|li|ti|ker, der: *jmd., der Stadtteilpolitik betreibt.*

Stadt|teil|po|li|ti|ke|rin, die: w. Form zu ↑ Stadtteilpolitiker.
Stadt|the|a|ter, das: *Theater, das von einer Stadt verwaltet, unterhalten wird.*
Stadt|tor, das: (früher): *Tor in einer Stadtmauer.*
Stadt|vä|ter ⟨Pl.⟩ (ugs. scherzh.): *leitende Mitglieder einer Stadtverwaltung, Stadträte.*
Stadt|ver|kehr, der: *Straßenverkehr in einer Stadt:* der ideale Wagen für den S.
Stadt|ver|ord|ne|te, der/die *Stadtverordnete; der/einer Stadtverordneten, die Stadtverordneten/zwei Stadtverordnete.*
Stadt|ver|ord|ne|ten|ver|samm|lung, die: *Versammlung* (1 c) *der Stadtverordneten.*
Stadt|ver|ord|ne|ter, der *Stadtverordnete/ein Stadtverordneter; des/eines Stadtverordneten, die Stadtverordneten/zwei Stadtverordnete: Stadtrat* (2).
Stadt|ver|wal|tung, die: **a)** *Verwaltung* (2 a) *einer Stadt; städtische Verwaltungsbehörde;* **b)** *Räumlichkeiten, Gebäude der Stadtverwaltung* (a); **c)** (ugs.) *Gesamtheit der in der Stadtverwaltung* (a) *beschäftigten Personen.*
Stadt|vier|tel, das: *Stadtteil.*
Stadt|wald, der: *im Besitz einer Stadt befindlicher Wald.*
Stadt|wap|pen, das: *Wappen einer Stadt.*
Stadt|wer|ke ⟨Pl.⟩: *von einer Stadt betriebene wirtschaftliche Unternehmen, die bes. für die Versorgung, den öffentlichen Verkehr o. Ä. der Stadt zuständig sind.*
Stadt|woh|nung, die: vgl. Stadthaus (2).
Stadt|zen|t|rum, das: *Innenstadt; City.*
Sta|fet|te, die; -, -n [ital. staffetta, zu: staffa = Steigbügel, aus dem Germ.] **1. a)** (früher) *reitender Bote [der im Wechsel mit andern Nachrichten überbrachte];* **b)** [ital. staffetta, zu: staffa = Steigbügel, aus dem Germ.] *Gruppe aus mehreren Personen, Kurieren, die, miteinander wechselnd, etw. schnell übermitteln.* **2.** *sich in bestimmter Anordnung, Aufstellung fortbewegende Gruppe von Fahrzeugen, Reitern als Begleitung von jmdm., etw.:* eine S. von Polizisten auf Motorrädern. **3.** (Sport veraltet) **a)** *Staffel* (1 b) *bei* ↑ Staffellauf.
3. Stafette (2): zwei -n Polizei mit Motorrädern eskortierten den Wagen des Präsidenten.
4. (Fernsehen) *aus mehreren Folgen* (2) *bestehende [Produktions]einheit einer Fernsehserie.*
5. *Aufeinanderfolge.* **6.** (südd.) *[Absatz einer*

Treppe: ♦ Der Wirt steht auf der S. und ruft ihm nach … (Hebel, Schatzkästlein 24).
Staf|fe|lei, die; -, -en: *beim Malen, Zeichnen verwendetes Gestell, auf das Bild etwa in Höhe u. Neigung verstellt werden kann.*
Staf|fel|lauf, der, (Leichtathletik, Ski): *Wettkampf, bei dem mehrere Staffeln* (1 b) *gegeneinander laufen [wobei in der Leichtathletik der Läufer einer Staffel nach Durchlaufen seiner Strecke dem jeweils nachfolgenden Läufer den Staffelstab übergeben muss].*
Staf|fel|läu|fer, der, (Leichtathletik, Ski): *Läufer einer Staffel* (1 b).
Staf|fel|läu|fe|rin, die: w. Form zu ↑ Staffelläufer.
Staf|fel|mie|te, die: ¹*Miete, die sich nach Vereinbarung in festen Zeitabständen erhöht.*
staf|feln ⟨sw. V.; hat⟩: **1.** *in einer bestimmten, schräg abgestuften Anordnung aufstellen, aufeinandersetzen, formieren:* Dosen pyramidenartig, zu Pyramiden s.; (Fußball:) die gut, tief, klug gestaffelte Abwehr des Gegners. **2. a)** *nach bestimmten Rängen, Stufungen einteilen:* Preise, Steuern, Gebühren s.; nach bestimmten gestaffelte Gehälter; **b)** ⟨s. + sich⟩ *nach bestimmten Rängen, Stufungen gegliedert, eingeteilt sein:* die Telefongebühren staffeln sich nach der Entfernung.
Staf|fel|stab, der, (Leichtathletik): *Stab aus Holz od. Metall, den beim Staffellauf ein Läufer dem nachfolgenden übergeben muss.*
Staf|fe|lung, Stafflung; die; -, -en: **1.** *das Staffeln.* **2.** *das Gestaffeltsein.*
Staf|fel|wett|be|werb, der, (Sport): *Wettkampf, bei dem Staffeln* (1 b) *gegeneinander antreten.*
staf|fie|ren ⟨sw. V.; hat⟩ [mniederd. stafferen < mniederd. stofferen < afrz. estoffer, ↑ Stoff]: **1.** (selten) *ausstaffieren.* **2.** (österr., sonst veraltend) *schmücken, garnieren:* einen Hut [mit Blumen] s.; ♦ … eine Kommode ganz vergoldet, mit bunten Blumen staffiert und lackiert (Goethe, Italien. Reise 11. 3. 1787 [Neapel]); ♦ … es stand viel köstlicher Hausrat herum an den Wänden, und diese waren samt dem Estrich ganz mit Teppichen staffiert (Mörike, Hutzelmännlein 123). **3.** (Schneiderei) *Stoff auf einen anderen nähen (z. B. Futter in einen Mantel nähen).*
Staf|fie|rung, die; -, -en: *das Staffieren; das Staffiertwerden.*
Staff|lung ↑ Staffelung.
Stag, das; -[e]s, -e[n] [aus dem Niederd. < mniederd. stach, wohl eigtl. = das straff Gespannte] (Seew.): *Drahtseil zum Verspannen u. Abstützen von Masten (in Längsrichtung des Schiffes).*
¹Stage [staːʒ], der; -s, -s […ʒ] u. -s, -s […ʒ] [frz. stage < mlat. stagium = Dienstverpflichtung eines Vasallen, Latinisierung von afrz. estage = Wohnung; Aufenthalt (= frz. étage)] (schweiz.): *Aufenthalt bei einer Firma o. Ä. zur weiterführenden Ausbildung od. als Praktikum.*
²Stage [steɪdʒ], die; -, -s […dʒɪs] [engl. stage < afrz. estage, ↑ ¹Stage] (engl. Bez. für): *Bühne, Konzertbühne (bes. bei Rockkonzerten).*
Stage|di|ving [ˈsteɪdʒdaɪvɪŋ], das; -s, -s [engl. stage diving, aus: stage = Bühne u. diving = (Ein)tauchen]: *(bei Rockkonzerten o. Ä.) Sprung des Sängers o. Ä. von der Konzertbühne in das Publikum.*
Stag|fla|ti|on [ʃt…, st…], die; -, -en [engl. stagflation, zusges. aus: **stagn**ation (↑ Stagnation) u. in**flation**, ↑ Inflation] (Wirtsch.): *Stillstand des Wirtschaftswachstums bei gleichzeitiger Geldentwertung.*
Sta|g|na|ti|on [auch: st…], die; -, -en (bildungsspr.): *Stillstand, Stockung bei einer Entwicklung (bes. auf wirtschaftlichem Gebiet):* die augenblickliche S. überwinden.
sta|g|nie|ren ⟨sw. V.; hat⟩ [lat. stagnare = gestaut, überschwemmt sein, zu: stagnum =

stehendes Gewässer, See, Lache, zu: stare = stehen] (bildungsspr.): *in einer Bewegung, Entwicklung nicht weiterkommen; stillstehen, stocken:* die Wirtschaft [des Landes], die Produktion, der Absatz, der Export stagniert.

stahl: ↑ stehlen.

Stahl, der; -[e]s, Stähle, selten: -e [mhd. stāl, stahel, ahd. stahal, subst. Adj. u. eigtl. = der Feste, Harte]: **1.** *Eisen in einer Legierung, die aufgrund ihrer Festigkeit, Elastizität, chemischen Beständigkeit gut verarbeitet, geformt, gehärtet werden kann:* das Material ist hart wie S.; S. härten, walzen, produzieren; moderne Bauten aus S. und Beton; mit S. armierter Beton; die S. erzeugende, verarbeitende Industrie; Ü Nerven aus S. *(sehr gute Nerven).* **2.** (dichter.) *blanke Waffe, Dolch, Schwert, Messer:* der tödliche S. drang tief in seine Brust ein.

Stahl|ar|bei|ter, der: *in der Stahlindustrie tätiger Arbeiter.*

Stahl|ar|bei|te|rin, die: w. Form zu ↑ Stahlarbeiter.

Stahl|band, das ⟨Pl. …bänder⟩: *stählernes Band.*

Stahl|bau, der: **1.** ⟨o. Pl.⟩ *Bautechnik, bei der wesentliche Bauteile aus Stahl bestehen.* **2.** ⟨Pl. -ten⟩ *Bauwerk, Gebäude, bei dem die tragenden Bauteile aus Stahl bestehen.* **3.** ⟨o. Pl.⟩ *Bereich der Stahl verarbeitenden Bauindustrie* (2).

Stahl|bau|schlos|ser, der: *im Stahlbau* (3) *tätiger Bauschlosser.*

Stahl|bau|schlos|se|rin, die: w. Form zu ↑ Stahlbauschlosser.

Stahl|be|sen, der (Musik): *(beim Schlagzeug) Stiel mit einem (den Borsten eines Besens ähnelnden) Bündel aus Stahldrähten.*

Stahl|be|ton, der (Bauw.): *mit Einlagen aus Stahl versehener Beton; armierter Beton.*

Stahl|be|ton|plat|te, die: *Platte aus Stahlbeton:* Hochhäuser aus vorgefertigten -n.

stahl|blau ⟨Adj.⟩: **1.** *dunkelblau, schwärzlich bis grünlich blau:* eine -e Luxuslimousine. **2.** (oft emotional) *leuchtend blau:* -e Augen.

Stahl|blech, das: *Blech aus Stahl.*

Stahl|draht, der: *Draht aus Stahl.*

stäh|le: ↑ stehlen.

Stahl|ein|la|ge, die: *Einlage aus Stahl (z. B. in Beton).*

stäh|len ⟨sw. V.; hat⟩ [mhd. stehelen, stælen = härten (a), zu ↑ Stahl] (geh.): *sehr stark, kräftig, widerstandsfähig machen:* regelmäßiges Training stählt die Muskeln; er hat sich, seinen Körper durch Sport gestählt; Ü der Lebenskampf hat ihren Willen gestählt.

stäh|lern ⟨Adj.⟩ [älter: stählin, mhd. stehelin]: **1.** *aus Stahl bestehend, hergestellt:* eine -e Brücke, Konstruktion; Ü -e Muskeln *(Muskeln hart wie Stahl).* **2.** (geh.) *stark, fest, unerschütterlich:* er hat -e Grundsätze, Nerven; ihr Wille ist s.

Stahl er|zeu|gend, stahl|er|zeu|gend ⟨Adj.⟩: *sich mit der Stahlerzeugung befassend.*

Stahl|er|zeu|gung, die: *Erzeugung von Stahl.*

Stahl|fe|der, die: **1.** *Schreibfeder aus Stahl.* **2.** *Feder* (3) *aus Stahl.*

Stahl|fla|sche, die: *Flasche aus Stahl.*

stahl|grau ⟨Adj.⟩: *grau wie Stahl.*

stahl|hart ⟨Adj.⟩: *große Härte, die Härte von Stahl aufweisend:* eine -e Legierung; die Masse wird [beim Brennen], ist [nach dem Abbinden] s.; Ü (oft emotional:) ein -er Händedruck.

Stahl|helm, der: *Schutzhelm aus Stahl für Soldaten.*

Stahl|in|dus|t|rie, die: *Industrie, in der Stahl hergestellt, verarbeitet wird.*

Stahl|ko|cher, der ⟨meist Pl.⟩ (Jargon): *Stahlarbeiter; hier Form zu ↑ Stahlkocher.*

Stahl|ko|che|rin, die: w. Form zu ↑ Stahlkocher.

Stahl|kon|s|t|ruk|ti|on, die: *Konstruktion* (1 b) *aus Stahl.*

Stahl|kon|zern, der: *Konzern, dessen wirtschaftlicher Schwerpunkt auf der Erzeugung, der Verarbeitung u. dem Vertrieb von Stahl liegt.*

Stahl|na|del, die: *Nadel aus Stahl.*

Stahl|plat|te, die: *Platte aus Stahl.*

Stahl|pro|duk|ti|on, die: *Stahlerzeugung.*

Stahl|rohr, das: *Rohr aus Stahl.*

Stahl|ross, das (ugs. scherzh.): *Fahrrad.*

Stahl|sai|te, die: *aus Stahl hergestellte Saite für bestimmte Zupf- u. Streichinstrumente.*

Stahl|seil, das: *Drahtseil.*

Stahl|stab, der: *Stab aus Stahl.*

Stahl|stich, der (Grafik): **1.** ⟨o. Pl.⟩ *grafisches Verfahren, bei dem statt einer Kupferplatte (wie beim Kupferstich) eine Stahlplatte verwendet wird.* **2.** *nach dem Stahlstich* (1) *hergestelltes Blatt.*

Stahl|teil, das: *Teil aus Stahl.*

Stahl|trä|ger, der: *Träger* (2) *aus Stahl.*

Stahl|tros|se, die: *Seil aus Stahldrähten.*

Stahl|tür, die: *Tür aus Stahl:* eine feuerfeste S.

Stahl ver|ar|bei|tend, stahl|ver|ar|bei|tend ⟨Adj.⟩: *vgl. Eisen verarbeitend.*

Stahl|werk, das: *Werk, das Stahl produziert.*

Stahl|wer|ker, der; -s, - ⟨meist Pl.⟩ (Jargon): *Stahlarbeiter.*

Stahl|wer|ke|rin, die; -, -nen: w. Form zu ↑ Stahlwerker.

Stahl|wol|le, die: *dünne, gekräuselte, fadenähnliche Gebilde aus Stahl zum Abschleifen u. Reinigen metallener od. hölzerner Flächen.*

stak, stä|ke: ↑ stecken (5, 6, 7).

Sta|ke, die; -, -n, **Sta|ken,** der; -s, - [mniederd. stake, wohl verw. mit ↑ Stecken] (nordd.): *lange Holzstange (bes. zum Abstoßen u. Vorwärtsbewegen eines Bootes od. als Stütze beim Fachwerkbau).*

Stake|hol|der ['steɪkhoʊldə], der; -s, - [engl. stakeholder = interessierte Person] (Wirtsch.): *Person, für die es aufgrund ihrer Interessenlage von Belang ist, wie ein bestimmtes Unternehmen sich verhält* (z. B. Aktionär, Mitarbeiter, Kunde, Lieferant).

sta|ken ⟨sw. V.⟩ [mniederd. staken, zu ↑ Stake(n)] (nordd.): **1. a)** ⟨hat⟩ *(ein Boot o. Ä.) durch Abstoßen u. weiteres Stemmen mit einer langen Stange gegen den Grund od. das Ufer vorwärtsbewegen:* den Kahn, das Boot [durch das Schilf, über den Teich] s.; **b)** ⟨ist⟩ *sich durch Staken* (1 a) *in einem Boot o. Ä. irgendwohin bewegen:* wir stakten ans Ufer. **2.** ⟨ist⟩ (selten) *staksen:* über den Hof s. **3.** ⟨hat⟩ (landsch.) *mit einer Heugabel o. Ä. aufspießen u. irgendwohin befördern.*

Sta|ken: ↑ Stake.

Sta|ke|te, die; -, -n (bes. österr.): *[Zaun]latte.*

◆ **Sta|ket|pfor|te,** die (landsch.): *Pforte, Tür in einem Zaun:* Hier wurde die … Häuserreihe von einem grünen Weißdornzaune und dieser wiederum durch eine breite S. unterbrochen (Storm, Söhne 5).

sta|kig ⟨Adj.⟩: **1.** *staksig:* ◆ …den Beschluss machten ein s. aufgeschossenes Mädchen und ein … Knabe (Storm, Carsten Curator 115). **2.** (selten) *spitz hervorstehend, -ragend, -stehend:* -e Zweige.

Stak|ka|to, Staccato [ſt…, st…], das; -s, -s u. …ti [ital. ↑ staccato] (Musik): *musikalischer Vortrag, bei dem die Töne staccato gespielt werden.*

stak|sen ⟨sw. V.; ist⟩ [Intensivbildung zu ↑ staken (2)] (ugs.): *sich ungelenk, mit steifen Beinen fortbewegen, irgendwohin bewegen:* sie staksten über die feuchte Wiese; mit staksenden Schritten.

stak|sig ⟨Adj.⟩ (ugs.): *ungelenk staksend:* auf -en Beinen; sie hat einen etwas -en Gang.

Sta|lag|mit [auch: st…, …'mɪt], der; -s u. -en, -e[n] [nlat. stalagmites, zu griech. stálagma = Trop-
fen] (Geol.): *säulenähnlicher Tropfstein, der sich vom Boden einer Höhle nach oben aufbaut.*

sta|lag|mi|tisch [auch: …'mɪ…] ⟨Adj.⟩: *wie Stalagmiten gebildet, geformt.*

Sta|lak|tit [auch: st…, …'tɪt], der; -s u. -en, -e[n] [nlat. stalactites, zu griech. stalaktós = tröpfelnd] (Geol.): *einem Eiszapfen ähnlicher Tropfstein, der von der Decke einer Höhle nach unten wächst u. herabhängt.*

sta|lak|ti|tisch ⟨Adj.⟩: *wie Stalaktiten gebildet, geformt.*

◆ **Stal|den,** der; -s, - [mhd. stalde, zu ↑ stellen u. eigtl. wohl = Ort, wo man »gestellt« (= gehemmt) wird] (schweiz.): *Abhang; steile Straße:* … man musste den S. auf durchs Dorf fahren an der Kirche vorbei (Gotthelf, Spinne 51).

Sta|lin|grad: 1925–1961 Name von Wolgograd.

¹**Sta|lin|gra|der,** der; -s, -: Ew.

²**Sta|lin|gra|der** ⟨indekl. Adj.⟩.

Sta|lin|gra|de|rin, die; -, -nen: w. Form zu ↑ ¹Stalingrader.

Sta|li|nis|mus [ſt…, st…], der; -: *von J. W. Stalin (1879–1953) geprägte Interpretation bzw. Variante des Marxismus, die durch autoritär-bürokratische Methoden u. Herrschaftsformen gekennzeichnet ist.*

Sta|li|nist, der; -en, -en: *Anhänger, Vertreter des Stalinismus.*

Sta|li|nis|tin, die; -, -nen: w. Form zu ↑ Stalinist.

sta|li|nis|tisch ⟨Adj.⟩: *den Stalinismus betreffend, zu ihm gehörend, von ihm bestimmt, seine Züge tragend:* das -e System; die -e Ära.

stal|ken [stɔːkn] ⟨sw. V.; hat⟩ [zu engl. to stalk = sich anpirschen, aus dem Germ., verw. mit ↑ stehlen]: *(aufgrund nicht erwiderter Liebe, aus Rache u. a.) jmdn. verfolgen, ihm auflauern u. ihn (durch unablässige Liebesbriefe, Telefonanrufe, Drohungen o. Ä.) terrorisieren.*

Stal|ker ['stɔːkɐ], der; -s, - [engl. stalker, zu: stalk, ↑ stalken]: *jmd., der Stalking betreibt.*

Stal|ke|rin, die; -, -nen: w. Form zu ↑ Stalker.

Stal|king ['stɔːkɪŋ], das; -[s]: *das Stalken.*

Stall, der; -[e]s, Ställe [mhd., ahd. stal, eigtl. = Standort, Stelle, wohl verw. mit ↑ stehen]: **1.** *geschlossener Raum, Gebäude[teil], in dem das Vieh untergebracht ist, gehalten wird:* den S. säubern, ausmisten; die Schweine in den S. bringen, treiben; die Tiere bleiben den Winter über im S.; die Rinder stehen im S. *(werden im S. gehalten);* dort sieht es aus wie in einem S. (ugs. abwertend; *ist es unerträglich unordentlich u. schmutzig);* Ü den S. müssen wir mal tüchtig ausmisten (ugs.; *hier müssen wir Ordnung schaffen);* sie kommt aus einem guten S. (ugs. scherzh.; *aus gutem Haus);* die beiden kommen aus demselben S. (ugs. scherzh.; *entstammen derselben Familie, haben die gleiche Ausbildung, Erziehung genossen);* * **ein ganzer S. voll** (ugs.; *sehr viele:* einen ganzen S. voll Kinder haben). **2.** (Jargon) Kurzf. von ↑ Rennstall.

Ställ|chen, das; -s, -: **1.** Vkl. zu ↑ Stall. **2.** *Laufgitter, Laufstall.*

Stall|dung, der: *im Stall bes. größerer Nutztiere anfallender* ¹*Mist* (1 a).

Stall|dün|ger, der: *Stalldung.*

stal|len ⟨sw. V.; hat⟩: **1.** [mhd. stallen, zu ↑ Stall] (selten) **a)** *im Stall unterbringen, in den Stall bringen [u. versorgen]:* die Pferde s.; **b)** *im Stall stehen, untergebracht sein:* das Pferd stallt. **2.** [spätmhd. stallen, H. u.] *später zusammenfallen mit ↑ stallen* (1)] (landsch.) *(von Pferden) urinieren.*

Stall|ge|bäu|de, das: *Gebäude[teil], in dem der Stall, die Stallungen untergebracht sind.*

Stall|ge|ruch, der: *für einen Stall charakteristischer Geruch:* Ü er bringt den richtigen S. (ugs.

scherzh.; *die Zugehörigkeit zu einem bestimmten Kreis, Milieu*) mit.

◆ **Stall|jun|ge**, der: *Stallbursche: Waser ... sah den Wirt ... die tobenden Hunde an die Kette legen, wozu ihm der S. mit einer Pechfackel leuchtete* (C. F. Meyer, Jürg Jenatsch 18).

Stall|knecht, der (veraltend): *für die Versorgung des Viehs verantwortlicher Knecht* (1).

Stall|la|ter|ne, **Stall-La|ter|ne**, die: *stabile, feuersichere Laterne* (1 a) *für den Stall*.

Stall|magd, die: vgl. Stallknecht.

Stall|meis|ter, der: *jmd., der in einem Gestüt, Reitstall o. Ä. als Aufsicht führende Person, als Reitlehrer tätig ist, Pferde zureitet o. Ä.* (Berufsbez.).

Stall|meis|te|rin, die: w. Form zu ↑ Stallmeister.

Stall|mist, der: *Stalldung*.

Stall|or|der, der; -, -s (Sport, bes. Rennsport): *Anweisung an einen Fahrer od. Jockey, einen Konkurrenten aus dem eigenen Team od. Rennstall taktisch zu begünstigen od. gewinnen zu lassen*.

Stall|pflicht, die (Pl. selten): *Verpflichtung zur Unterbringung bestimmter Haustiere in Ställen*.

Stall|tür, die: *Tür eines Stalls*.

Stall|lung, die; -, -en (meist Pl.) [(spät)mhd. stallunge]: *Stall, Stallgebäude für größere Haustiere:* hinter den -en lag ein großer Reitplatz.

Stall|wäch|ter, der (bes. Politikjargon): *jmd., der während der [Parlaments]ferien die Aufsicht in einer Behörde o. Ä. führt*.

Stall|wäch|te|rin, die: w. Form zu ↑ Stallwächter.

Stamm, der; -[e]s, Stämme [mhd., ahd. stam, wohl im Sinne von »Ständer«, verw. mit ↑ stehen]: **1.** *Baumstamm:* ein dünner, starker, knorriger, bemooster S.; die Stämme zersägen, ins Sägewerk transportieren; In einem kleinen Birkengehölz stand eine Hütte aus rohen Stämmen, vielleicht von Holzfällern oder von Jägern einmal erbaut (Hesse, Narziß 277). **2.** *(bes. bei Naturvölkern) größere Gruppe von Menschen, die sich bes. im Hinblick auf Sprache, Kultur, wirtschaftliche o. ä. Gemeinsamkeiten, gemeinsames Siedlungsgebiet o. Ä. von anderen Gruppen unterscheidet:* nomadisierende, rivalisierende Stämme; ein westafrikanischer S.; (bibl.:) die zwölf Stämme Israels; (bibl.:) der S. Ephraim; der Letzte seines S.; sie sind vom, gehören zum selben S. (haben gemeinsame Vorfahren); * **vom -e Nimm sein** (ugs. scherzh.; *stets auf seinen Vorteil, auf Gewinn bedacht sein; immer alles nehmen, was man bekommen kann*). **3.** (Biol.) **a)** *(im System der Lebewesen, bes. der Tiere) Kategorie mit gemeinsamen, sich von anderen unterscheidenden Merkmalen (zwischen Reich, Unterreich od. Stammesgruppe u. Klasse); Phylum:* der S. der Ringelwürmer umfasst über 8 000 Arten; diese Klasse gehört zum S. der Chordatiere; **b)** *(in der Mikrobiologie) kleinste Einheit von Mikroorganismen:* ein resistenter S.; **c)** *(in der Pflanzenzucht) aus einer einzelnen Pflanze hervorgegangene Nachkommenschaft;* **d)** *(in der Tierzucht) Gruppe von enger verwandten Tieren eines Schlages* (15 b), *die sich durch typische Merkmale via Größe, Farbe, Zeichnung von den anderen unterscheiden;* **e)** *(in der Tierhaltung) zusammengehörender Bestand von bestimmten Tieren:* ein S. Bienen *(ein Bienenvolk)*; ein S. Hühner *(Hennen u. Hahn)*. **a)** (o. Pl.) *Gruppe von Personen als fester Bestand von etw.:* das Haus hat einen [festen] S. von Mitarbeitern, Kunden, Gästen; **b)** *größere Einheit einer Jugendorganisation:* ein S. der Pfadfinder; (nationalsoz.:) drei bis fünf Fähnlein bildeten einen S. **5.** (Sprachwiss.) *zentraler Teil eines Wortes, dem andere Bestandteile (wie Vor-,* Nachsilben, Flexionsendungen) *zugesetzt, angehängt werden*. **6.** (ugs.) *Stammgericht*.

Stamm|ak|tie, die (Wirtsch.): *Aktie, die keine besondere Vorrechte einschließt*.

Stamm|baum, der [LÜ von mlat. arbor consanguinitatis, nach dem bibl. Bild der »Wurzel (o. Ä.) Jesse«, Jes. 11,1]: **1.** *Aufstellung der Verwandtschaftsverhältnisse von Menschen (auch Tieren) zur Beschreibung der Herkunft durch Nachweis möglichst vieler Vorfahren, oft in Form einer grafischen Darstellung od. einer bildlichen Darstellung in Gestalt eines sich verzweigenden Baumes; Ahnentafel, Genealogie* (2): ihr S., der S. ihrer Familie reicht bis ins 17. Jahrhundert; *aufstellen*; der Hund hat einen S. *(einen Nachweis für seine reinrassige Abstammung)*. **2.** *oft als bildliche od. grafische Darstellung veranschaulichte Beschreibung der natürlichen Verwandtschaftsverhältnisse zwischen systematischen Einheiten des Tier- u. Pflanzenreichs*.

Stamm|be|leg|schaft, die: vgl. Stammpersonal.

Stamm|be|set|zung, die: *übliche Besetzung mit einem Stamm von Mitwirkenden*.

Stamm|buch, das: **1.** (veraltend) *Buch, in das sich Gäste, Freunde, Bekannte bes. mit Versen, Sinnsprüchen o. Ä. zur Erinnerung eintragen:* könntest du mir noch etwas in s. schreiben?; * **jmdm. etw. ins S. schreiben** (*jmdn. mit Nachdruck kritisierend auf etw. Tadelnswertes hinweisen*). **2. a)** *Familienstammbuch;* **b)** *Herdbuch*.

Stamm|burg, die: *Burg, von der ein Adelsgeschlecht seinen Ausgang genommen hat*.

Stämm|chen, das; -s, -: Vkl. zu ↑ Stamm.

Stamm|da|ten (Pl.) (EDV): *gespeicherte Daten, die für einen relativ langen Zeitraum gültig bleiben u. mehrmals verarbeitet werden*.

Stamm|ein|la|ge, die (Wirtsch.): *Beteiligung (am Stammkapital), die ein Gesellschafter* (2) *einer GmbH zu entrichten hat*.

stam|meln ⟨sw. V.; hat⟩ [mhd. stammeln, stamelen, ahd. stam(m)alōn, eigtl. = (sprachlich) gehemmt sein]: **1. a)** *(aus Unsicherheit, Verlegenheit, Erregung o. Ä.) stockend, stotternd, unzusammenhängend sprechen:* vor Verlegenheit fing sie an zu s.; Wenn er mit ihr allein war, pries er mit stammelnden Worten die Freuden der Liebe (Böll, Haus 37); **b)** *stammelnd* (1 a) *hervorbringen:* verlegen, errötend eine Entschuldigung s. **2.** (Med.) *bestimmte Laute od. Verbindungen von Lauten nicht od. nicht richtig aussprechen können*.

Stamm|el|tern ⟨Pl.⟩: *Eltern als Begründer eines Stammes, einer Sippe*.

stam|men ⟨sw. V.; hat⟩ [mhd. stammen, zu ↑ Stamm]: **a)** *seinen Ursprung in einem bestimmten räumlichen Bereich haben:* die Tomaten stammen aus Italien; die Kiwi stammt ursprünglich aus China; woher stammt deine Familie?; er war lange in Berlin, stammt aber eigentlich aus Dresden *(ist in Dresden geboren);* **b)** *seine Herkunft, seinen Ursprung in einem bestimmten zeitlichen Bereich haben; aus einer bestimmten Zeit überliefert sein, kommen:* diese Münze stammt aus dem 9. Jahrhundert; von wann, aus welcher Zeit stammt das Fossil?; die Brötchen scheinen uns gestern, von vor drei Tagen zu s.; **c)** *seine Herkunft, seinen Ursprung in einem bestimmten Bereich, in einer bestimmten Gegebenheit, einem bestimmten Umstand haben:* aus einer Handwerkerfamilie, aus einfachen Verhältnissen s.; das Wort stammt aus dem Lateinischen; **d)** *auf jmdn., etw., auf jmds. Arbeit, Tätigkeit, Betätigung zurückgehen; von jmdm. gesagt, gemacht, erarbeitet worden sein:* der Satz stammt aus seiner Feder, von Sokrates; die Flecken auf dem Tischtuch stammen nicht von mir; von wem stammt denn diese Idee?; das Kind stammt nicht von ihm *(er ist nicht der Vater);* **e)** *von irgendwoher genommen, aus etw. Bestimmtem gewonnen worden sein:* die Milch stammt von einer Ziege; das Zitat stammt aus der Bibel; das Holz stammt von skandinavischen Kiefern; der Schmuck stammt von ihrer Mutter *(wurde ihr von ihrer Mutter geschenkt od. vererbt)*.

Stam|mes|füh|rer, der: *Führer, Häuptling eines Stammes* (2).

Stam|mes|füh|re|rin, die: w. Form zu ↑ Stammesführer.

Stam|mes|fürst, der: *Fürst eines Stammes* (2).

Stam|mes|fürs|tin, die: w. Form zu ↑ Stammesfürst.

Stam|mes|ge|schich|te, die: **1.** (Biol.) *Entwicklungsgeschichte der Lebewesen, ihrer Stämme* (3 a) *u. Arten im Laufe der Erdgeschichte*. **2.** (Völkerkunde) **a)** *Entwicklungsgeschichte eines Stammes* (2), *einer Volksgruppe;* **b)** *innerhalb eines Stammes* (2) *überlieferte Geschichte* (2), *Sage*.

stam|mes|ge|schicht|lich ⟨Adj.⟩ (Biol.): *die Stammesgeschichte betreffend*.

Stam|mes|na|me, der: *Name eines Stammes* (2).

Stam|mes|ver|band, der: *Verband* (4), *wie er durch einen Stamm* (2) *gebildet wird*.

Stamm|form, die: **1.** (Sprachwiss.) *Form des Verbs, von der alle anderen Formen der Konjugation abgeleitet werden können:* die -en des Verbs »gehen«. **2.** (Biol.) *Wildform, von der die domestizierten Formen einer Tierart, die Kulturformen einer Pflanzenart abstammen*.

Stamm|gast, der: *häufige Besucherin, häufiger Besucher eines Lokals o. Ä.:* sie ist dort S.

Stamm|ge|richt, das: *preiswertes, meist einfacheres* ²*Gericht, das in einer Gaststätte bes. für die Stammgäste angeboten wird*.

Stamm|ge|schäft, das: *langjähriges zentrales Geschäftsfeld als fester Bestand*.

Stamm|hal|ter, der: *erster männlicher Nachkomme eines Elternpaares, der den Namen der Familie weitererhalten soll*.

Stamm|haus, das: **1.** *Gebäude, in dem ein Unternehmen gegründet wurde [u. das oft Sitz der Zentrale ist]:* unser S. in Düsseldorf. **2.** vgl. Stammburg.

Stamm|hirn, das: *Gehirnstamm*.

Stamm|holz, das ⟨o. Pl.⟩ (Forstwirtsch.): *aus Baumstämmen von einer gewissen Dicke an gewonnenes Holz*.

stäm|mig ⟨Adj.⟩ [eigtl. = wie ein Stamm (1)]: *kräftig, athletisch gebaut u. meist untersetzt, gedrungen:* ein -er Mann; -e *(kräftige)* Beine, Arme; der Täter ist klein u. s. [gebaut].

Stäm|mig|keit, die; -: *das Stämmigsein*.

Stamm|ka|pi|tal, das (Wirtsch.): *Gesamtheit der Stammeinlagen*.

Stamm|knei|pe, die (ugs.): vgl. Stammlokal.

Stamm|kun|de, der: *langjähriger, ständiger Kunde eines Geschäftes, einer Firma o. Ä.*

Stamm|kun|din, die: w. Form zu ↑ Stammkunde.

Stamm|kund|schaft, die: *langjährige, ständige Kundschaft eines Geschäftes, einer Firma o. Ä.*

Stamm|land, das ⟨Pl. ...länder, Geschichte fachspr. -e⟩: *Land, in dem ein Volk, ein Volksstamm, ein Geschlecht o. Ä. beheimatet ist, seinen Ursprung hat:* das S. der Habsburger.

Stamm|lo|kal, das: *Lokal, in dem jmd. Stammgast ist*.

Stamm|mut|ter, **Stamm-Mut|ter**, die ⟨Pl. ...mütter⟩: vgl. Stammeltern.

Stamm|per|so|nal, das: *langjähriges Personal, das einen festen Bestand bildet*.

Stamm|platz, der: *Platz, den jmd. bevorzugt, immer wieder einnimmt:* der Sessel am Fenster ist ihr S.; er saß auf seinem S. am Tresen.

Stammpublikum – Standardkosten

Stamm|pu|bli|kum, das: *Publikum, das immer wieder, regelmäßig an bestimmten Orten anzutreffen ist, bestimmte Veranstaltungen besucht:* das Theater hat sein, ein S.

Stamm|rol|le, die (Militär früher): *Liste der Mannschaften eines Truppenteils, einer Dienststelle des Heeres, der Luftwaffe.*

Stamm|sil|be, die (Sprachwiss.): *Silbe, die der Stamm (5) eines Wortes ist.*

Stamm|sitz, der: **1.** vgl. Stammplatz. **2.** *Stammhaus* (1): der S. einer Firma. **3.** vgl. Stammburg: der S. eines Adelsgeschlechts.

Stamm|spie|ler, der (Sport): *Spieler, der zum Stamm (4 a) einer Mannschaft gehört.*

Stamm|spie|le|rin, die: w. Form zu ↑ Stammspieler.

Stamm|tisch, der: **1.** *(meist größerer) Tisch in einer Gaststätte, an dem ein Kreis von Stammgästen regelmäßig zusammenkommt u. der für diese Gäste meist reserviert ist:* darüber haben wir am S. diskutiert. **2.** *Kreis von Personen, die regelmäßig am Stammtisch* (1) *zusammenkommen:* sein ganzer S. war erschienen. **3.** *regelmäßiges Zusammenkommen, Sichtreffen eines Kreises von Stammgästen am Stammtisch* (1): freitags hat sie S.; zum S. gehen.

Stamm|tisch|bru|der, der (ugs.): *Mann, der zu einem Stammtisch* (2) *gehört.*

Stamm|tisch|po|li|tik, die ⟨o. Pl.⟩ (abwertend): *naive politische Diskussion; unqualifiziertes, unsachliches Politisieren am Stammtisch.*

Stamm|tisch|po|li|ti|ker, der (abwertend): *jmd., der Stammtischpolitik treibt.*

Stamm|tisch|po|li|ti|ke|rin, die: w. Form zu ↑ Stammtischpolitiker.

Stamm|tisch|schwes|ter, die (ugs.): *Frau, die zu einem Stammtisch* (2) *gehört.*

Stamm|ton, der (Musik): *Ton ohne Vorzeichen (von dem ein Ton mit Vorzeichen abgeleitet wird).*

Stamm|ton|art, die (Musik): *(in der altgriechischen Musik) ursprüngliche Tonart, von der die übrigen Tonarten abgeleitet sind.*

Stamm|va|ter, der: vgl. Stammeltern.

Stamm|vo|kal, der (Sprachwiss.): *Vokal der Stammsilbe eines Wortes.*

Stamm|wäh|ler, der: *jmd., der eine Partei, einen Kandidaten immer wieder wählt.*

Stamm|wäh|le|rin, die: w. Form zu ↑ Stammwähler.

Stamm|werk, das: *Werk, von dem ein Unternehmen seinen Ausgang genommen hat [u. das oft Sitz der Zentrale ist].*

Stamm|wort, das ⟨Pl. ...wörter⟩ (Sprachwiss.): *Etymon.*

Stamm|wür|ze, die (Brauerei): *in der Bierwürze vor Eintritt der Gärung enthaltene lösliche Substanz, die bes. aus Extrakten des Malzes besteht:* das Bier hat 15% S.

Stamm|zel|le, die (Med.): *tierische od. menschliche Körperzelle, die sich noch nicht in einen bestimmten Typ ausdifferenziert hat u. sich beliebig oft teilen kann.*

Stamm|zel|len|for|schung, Stamm|zell|forschung, die: *Forschung auf dem Gebiet der Stammzellen.*

Sta|mo|kap, der; -s (Marxismus-Leninismus): Kurzw. für **sta**ats**mo**nopolistischer **Kap**italismus.

Stam|pe, die; -, -n [zu niederd. stampen = stampfen, urspr. = Tanzlokal niederen Ranges]: **1.** (bes. berlin., oft abwertend) *Gaststätte, Kneipe.* ♦ **2.** [vgl. Stamperl] (bes. landsch.) *kleines, massives Trinkglas mit dickem Fuß:* ... kam ein schmuckes Mädchen mit einem großen S. Wein (Eichendorff, Taugenichts 32).

stamp|fen ⟨sw. V.⟩ [mhd. stampfen, ahd. stampfōn, urspr. = mit einem Stoßgerät (ahd. stampf) im Mörser zerkleinern]: **1. a)** ⟨hat⟩ *heftig u. laut den Fuß auf den Boden treten, mit Nachdruck auftreten:* mit dem Fuß auf den Boden/(auch:) den Boden s.; vor Ärger mit den Füßen s.; die Pferde stampften [mit den Hufen]; **b)** ⟨ist⟩ *sich stampfend* (1 a) *fortbewegen, irgendwohin bewegen:* er stampfte [mit schweren Schritten] auf die andere Straßenseite; **c)** ⟨hat⟩ *durch Stampfen* (1 a) *angeben, verdeutlichen:* mit dem Fuß den Takt s.; **d)** ⟨hat⟩ *sich durch Stampfen* (1 a) *von etwas befreien:* den Schnee von den Schuhen s. **2.** ⟨hat⟩ **a)** *durch Stampfen* (1 a), *durch kräftige, von oben nach unten geführte Schläge, Stöße mit einem Gerät zusammendrücken, -pressen, feststampfen:* den lockeren Schnee s.; Sauerkraut s.; ein gestampfter Lehmboden; **b)** *durch kräftige, von oben nach unten geführte Schläge, Stöße mit einem Gerät zerkleinern:* die Kartoffeln [zu Brei] s.; **c)** *durch Stampfen* (2 a) *irgendwohin bewegen, befördern:* Pfähle in den Boden s. **3.** ⟨hat⟩ **a)** *mit wuchtigen Stößen, laut stoßendem, klopfendem Geräusch arbeiten, sich bewegen:* die Motoren, Maschinen stampften; das stampfende Geräusch eines Güterzuges; **b)** (Seemannsspr.) *sich in der Längsrichtung heftig auf u. nieder bewegen:* das Schiff stampft [im heftigen Seegang].

Stamp|fer, der; -s, -. **1.** (Technik) *(als Werkzeug od. Maschine ausgeführtes) Gerät zum Feststampfen von Erde, Straßenbelag o. Ä.* **2.** *zum Zerquetschen, Zerstampfen von bestimmten Speisen, bes. Kartoffeln, dienendes einfaches Küchengerät, das aus einem Stiel mit hölzernem, keulenartig verdicktem od. einem metallenen durchbrochenen Ende besteht.* **3.** (seltener) *Stößel.*

stand: ↑ stehen.

Stand, der; -[e]s, Stände [mhd. stant = das Stehen, Ort des Stehens, ahd. in: firstand = Verstand, urstand = Auferstehung, zu mhd. standen, ahd. stantan = stehen, ↑ stehen]: **1.** ⟨o. Pl.⟩ **a)** *das aufrechte Stehen [auf den Füßen]:* einen, keinen sicheren S. auf der Leiter haben; vom Reck in den S. springen (Turnen; *auf dem Boden in aufrechter Haltung zum Stehen kommen*); Ü keinen guten S. bei jmdm. haben (ugs.; *es schwer bei jmdm. haben*); bei jmdm., gegen jmdn. einen harten, schweren, keinen leichten S. haben (ugs.; *sich nur schwer behaupten, durchsetzen können*); *aus dem S. [heraus] (ugs.;↑ Stegreif);* **b)** *das Stillstehen, das Sich-nicht-Bewegen:* aus dem S. (*ohne Anlauf*) an die Wand springen; aus dem S. spielen (Fußball; *sich den Ball zuspielen, ohne die Position zu ändern*); den Motor in den S. laufen lassen; Ü die neue Partei hat aus dem S. [heraus] (*gleich bei ihrer ersten Teilnahme an einer Wahl*) die Fünfprozenthürde genommen. **2. a)** ⟨Pl. selten⟩ *Platz zum Stehen; Standplatz:* der S. eines Jägers, Beobachters; ein S. für Taxen; **b)** Kurzf. von ↑ Schießstand; **c)** Kurzf. von ↑ Führerstand: den S. bitte nicht betreten. **3. a)** *[für eine begrenzte Zeit] entsprechend her-, eingerichtete Stelle (z. B. mit einem Tisch), an der etw. [zum Verkauf] angeboten wird:* ein S. mit Blumen, Gewürzen; die Händler bauten ihre Stände ab; der Bäcker hat auch einen S. auf dem Markt; kommen Sie auf der Messe zu unserem S., an unseren S.; **b)** *kleiner, abgeteilter Raum eines Stalls; Box.* **4.** ⟨o. Pl.⟩ **a)** *im Ablauf einer Entwicklung zu einem bestimmten Zeitpunkt erreichte Stufe: der damalige S. der Technik, der Forschung; der augenblickliche, jetzige S. der Geschäfte lässt das nicht zu; das Lexikon ist nicht [mehr] auf dem neuesten S.; bei diesem S. der Dinge würde ich davon abraten; jmdn. laufend über den S. der Verhandlungen, des Spiels informieren;* **b)** *Beschaffenheit, Verfassung, Zustand, in dem sich jmd., etw. zu einem bestimmten Zeitpunkt befindet:* das Auto, die Wohnung ist gut im Stand[e]/in gutem Stand[e]; etw. wieder in den alten, in einen ordnungsgemäßen S. [ver]setzen; *außer Stand[e]* (↑ außerstand[e]); *im Stand[e]* (↑ imstande); *in S.* (↑ instand); *in den [heiligen] S. der Ehe treten* (geh.; *heiraten*); *zu Stand[e]* (↑ zustande); **c)** *zu einem bestimmten Zeitpunkt erreichter Wert, gemessene Menge, Größe, Höhe o. Ä.:* der letzte, derzeitige S. des Kontos; der S. der Aktien[kurse], des Dollars ist gut; den S. des Thermometers ablesen; den S. des Motoröls kontrollieren; das Hochwasser hatte seinen höchsten S. noch nicht erreicht; der S. der Sonne [am Himmel]. **5. a)** ⟨o. Pl.⟩ Kurzf. von ↑ Familienstand: bitte Namen und S. angeben; **b)** Kurzf. von ↑ Berufsstand: dem S. der Kaufleute, der Handwerker angehören; **c)** *gegenüber anderen verhältnismäßig abgeschlossene Gruppe, Schicht in einer hierarchisch gegliederten Gesellschaft* (1): der S. des Adels, der Geistlichkeit; der geistliche S.; die unteren, niederen, höheren Stände; Leute gebildeten -es; sie hat unter ihrem S. geheiratet; ein Mann von S. (Adliger); *der dritte S.* (Geschichte; *das Bürgertum neben Adel u. Geistlichkeit; tiers état*); **d)** ⟨Pl.⟩ *Vertreter der Stände* (5 c) *in staatlichen, politischen Körperschaften des Mittelalters u. der frühen Neuzeit.* **6.** (schweiz.) *Kanton.* **7.** (Jägerspr.) *Bestand an Wild im Revier.* **8.** Kurzf. von ↑ Blütenstand.

¹Stan|dard ['ʃt..., auch: 'st...], der; -s, -s [engl. standard, eigtl. = Standarte, Fahne (einer offiziellen Institution) < afrz. estandart, ↑ Standarte]: **1.** *etw., was als mustergültig, modellhaft angesehen wird u. wonach sich anderes richtet; Richtschnur, Maßstab, Norm: verbindliche, international festgelegte -s; neue -s setzen.* **2.** *im allgemeinen Qualitäts- u. Leistungsniveau erreichte Höhe:* ein hoher S. der Technik; der soziale S. der Industriegesellschaft; einen höheren S. erreichen; die Waschmaschine gehört heute zum S. *(zur Grundausrüstung)* eines Haushalts. **3.** (Fachspr.) *Normal* (1). **4.** (Münzkunde) *(gesetzlich festgelegter) Feingehalt einer Münze.*

²Stan|dard ['stændəd], der od. das; -s, -s (Jazzjargon): *immer wieder gern gespieltes Musikstück (einer bestimmten Stilrichtung o. Ä.).*

Stan|dard|ab|wei|chung, die (Statistik): *mittlere Abweichung der Streuung.*

Stan|dard|ak|tie, die (Börsenw.): *Aktie eines großen, bekannten Unternehmens, die die Grundlage für den Aktienindex bildet u. deren Kursentwicklung als repräsentativ für das Börsengeschehen gilt.*

Stan|dard|aus|rüs|tung, die: *allgemein übliche u. gängige Ausrüstung.*

Stan|dard|brief, der: *einer bestimmten Norm entsprechender Brief mit bestimmten Mindest- u. Höchstmaßen u. einem bestimmten Höchstgewicht.*

stan|dard|deutsch ⟨Adj.⟩ (Sprachwiss.): *zum Standarddeutschen gehörend, in der deutschen Standardsprache.*

Stan|dard|deutsch, (nur mit best. Art.:) **Standard|deut|sche,** das (Sprachwiss.): *deutsche Standardsprache.*

stan|dar|di|sie|ren ⟨sw. V.; hat⟩ [engl. to standardize, zu: standard, ↑ ¹Standard]: *[nach einem genormten Muster] vereinheitlichen; normen:* Leistungen s.; standardisierte Bauelemente.

Stan|dar|di|sie|rung, die; -, -en: **1.** *das Standardisieren.* **2.** *das Standardisiertsein.*

Stan|dard|kos|ten ⟨Pl.⟩ (Wirtsch.): *unter bestimmten normierten Gesichtspunkten ermittelte u. in die Plankostenrechnung einbezogene Kosten.*

standardmäßig – Standing Ovations

stan|dard|mä|ßig ⟨Adj.⟩: *zum Standard gehörend, den Standard betreffend:* -e *Funktionen; der Wagen ist s. mit einer Klimaanlage ausgestattet.*

Stan|dard|mo|dell, das: vgl. Standardausrüstung.

Stan|dard|pa|pie|re ⟨Pl.⟩ (Börsenw.): *Aktien der wichtigsten Gesellschaften, die am meisten gehandelt werden.*

Stan|dard|pro|gramm, das: *Programm, das dem* ¹*Standard* (2) *entspricht.*

Stan|dard|qua|li|tät, die: *(von Waren u. Dienstleistungen) allgemein übliches Qualitätsniveau: bei der Auflösung bietet der Drucker nur S.*

Stan|dard|si|tu|a|ti|on, die (Ballspiele, bes. Fußball): *Spielsituation mit standardisiertem Ablauf (z. B. Freistoß, Eckstoß): ein Tor aus einer S. heraus erzielen.*

Stan|dard|soft|ware, die: *nicht an die speziellen Bedürfnisse einzelner Branchen o. Ä. angepasste Anwendungssoftware für Aufgaben, die überall auf gleiche od. sehr ähnliche Weise bewältigt werden müssen.*

Stan|dard|spra|che, die (Sprachwiss.): *über den Mundarten, lokalen Umgangssprachen u. Gruppensprachen stehende, allgemein verbindliche Sprachform; gesprochene u. geschriebene Erscheinungsform der Hochsprache.*

stan|dard|sprach|lich ⟨Adj.⟩ (Sprachwiss.): *zur Standardsprache gehörend, in der Standardsprache:* -e *Wörter; sich s. ausdrücken.*

Stan|dard|tanz, der ⟨meist Pl.⟩: *für den Turniertanz festgelegter Tanz (langsamer Walzer, Tango, Slowfox, Wiener Walzer od. Quickstepp).*

Stan|dard|werk, das: *grundlegendes Werk (eines Fachgebiets).*

Stan|dard|wert, der (Börsenw.): *Aktie eines großen, bekannten Unternehmens.*

Stan|dard|wer|te ⟨Pl.⟩ (Börsenw.): *Standardpapiere.*

Stan|dar|te [ʃt...], die; -, -n [mhd. stanthart < afrz. estandart = Sammelplatz der Soldaten; Feldzeichen, aus dem Germ.]: **1. a)** (Militär früher) *[kleine, viereckige] Fahne einer Truppe;* **b)** *[kleine, viereckige] Fahne als Hoheitszeichen eines Staatsmannes (z. B. am Auto).* **2.** (nationalsoz.) *(in SA u. SS) etwa einem Regiment entsprechende Organisationseinheit.* **3.** (Jägerspr.) *(bei Fuchs u. Wolf) Schwanz.*

Stan|dar|ten|füh|rer, der (nationalsoz.): *Befehlshaber einer Standarte* (2).

Stand|bein, das: **a)** (bes. Sport) *Bein, auf dem jmd. steht;* **b)** (Kunstwiss.) *(im klassischen Kontrapost) die Hauptlast des Körpers tragendes Bein;* Ü *das Unternehmen hat ein weiteres S. (eine Filiale) in Ausland.*

Stand|bild, das: **1.** *Statue.* **2.** (Film) *Standfoto.* **3.** (Elektronik) *(bei der Wiedergabe von Aufzeichnungen auf Videoband) für längere Zeit auf dem Bildschirm bleibendes, nicht bewegtes einzelnes Bild.*

Stand-by, Stand|by [ˈstændbaɪ, stændˈbaɪ], das; -[s], -s [engl. stand-by = Ersatz; Entlastungsflugzeug, zu: to stand by = sich bereithalten]: **1.** *Flugreise (zu verbilligtem Preis) mit Platzvergabe nach einer Warteliste, in die sich die Fluggäste vor der Abflugzeit eintragen.* **2.** (Elektronik) *Schaltung* (1 a), *bei der ein Gerät mit der Fernbedienung anspricht, im Übrigen aber abgeschaltet ist:* den Fernseher auf S. schalten.

Stand-by-Be|trieb, Stand|by|be|trieb, der (Elektronik): *Betriebsart, bei der ein Gerät mit der Fernbedienung anspricht, im Übrigen aber abgeschaltet ist.*

Ständ|chen, das; -s, - [weil im Stehen gespielt od. gesungen wird]: **1.** Vkl. zu ↑ Stand. **2.** *Musik, die jmdm. aus bestimmtem Anlass dargebracht wird, z. B. um ihn zu*

ehren od. ihm eine Freude zu machen: jmdm. ein S. bringen.

stän|de: ↑ stehen.

Stän|de|ge|sell|schaft, die (Geschichte): *Gesellschaftsform (bes. im MA.), die durch die hierarchische Ordnung rechtlich, politisch u. religiös begründeter u. differenzierter Stände* (5 c) *gekennzeichnet ist.*

Stän|del: ↑ Stendel.

Stän|del|wurz: ↑ Stendelwurz.

Stän|de|ord|nung, die (Geschichte): *(im Ständestaat) gesellschaftliche Ordnung nach Ständen.*

Stän|der, der; -s, - [spätmhd. stander, stentner, spätahd. stanter = Stellfass, zu ahd. stantan, ↑ Stand; mniederd. stander, stender = Pfosten]: **1.** *auf verschiedene Art konstruiertes, frei stehendes Gestell; Vorrichtung, die dazu dient, etw. daran aufzuhängen, etw. aufrecht hineinzustellen o. Ä.* (z. B. Kleider-, Notenständer): den Mantel an den S. *(Kleiderständer)* hängen; die Noten liegen auf dem S. *(Notenständer);* das Fahrrad in den S. *(Fahrradständer)* stellen. **2.** (Jägerspr.) *(beim nicht im Wasser lebenden Federwild) Bein u. Fuß.* **3.** (ugs.) *erigierter Penis:* einen S. bekommen, haben. **4.** (Bauw.) *senkrecht stehender Balken [im Fachwerk].* **5.** (Elektrot.) *fest stehender, elektromagnetisch wirksamer Teil einer elektrischen Maschine.*

Stän|de|rat, der (schweiz.): **a)** ⟨o. Pl.⟩ *Vertretung der Kantone in der Bundesversammlung;* **b)** *Mitglied des Ständerats* (a).

Stän|de|rä|tin, die: w. Form zu ↑ Ständerat (b).

Stän|der|pilz, der: *in vielen Arten über die ganze Erde verbreiteter Pilz, der seine Sporen auf speziellen Fruchtkörpern bildet, die auf dafür bestimmten Trägern wachsen.*

Stan|des|amt, das: *Behörde, die Geburten, Eheschließungen, Todesfälle o. Ä. beurkundet.*

stan|des|amt|lich ⟨Adj.⟩: *durch das Standesamt, den Standesbeamten [vollzogen]:* die -e Eheschließung, Trauung findet morgen statt; s. getraut werden.

Stan|des|be|am|ter, der ⟨vgl. Beamter⟩: *Beamter, dem Beurkundungen, Eintragungen o. Ä. auf dem Standesamt obliegen.*

Stan|des|be|am|tin, die: w. Form zu ↑ Standesbeamter.

stan|des|be|wusst ⟨Adj.⟩: *sich der Zugehörigkeit zu einem bestimmten Stand (5 b, c) bewusst u. entsprechend handelnd u. sich verhaltend.*

Stan|des|be|wusst|sein, das: *Gefühl der Zugehörigkeit zu einem Stand (5 b, c).*

Stan|des|dün|kel, der (abwertend): *aufgrund von jmds. Zugehörigkeit zu einem bestimmten Stand (5 c) vorhandener Dünkel.*

Stan|des|eh|re, die (veraltet): *einem bestimmten Stand (5 c) zukommende Ehre.*

stan|des|ge|mäß ⟨Adj.⟩: *dem [höheren] sozialen Stand (5 c), Status entsprechend:* eine -e Heirat; jmds. Zugehörigkeit zu einem bestimmten Stand (5 c), Status entsprechend: eine -e Heirat; jmds.; Blick[en] s. (nicht auweichen).

Stan|des|herr, der (Geschichte): *Angehöriger bestimmter Gruppen des hohen Adels (nach 1806 der mediatisierten Reichsstände mit besonderen Privilegien).*

stan|des|herr|lich ⟨Adj.⟩ (Geschichte): *die Standesherren betreffend, zu ihnen gehörend, ihnen gehörend:* -e *Besitzungen.*

Stan|des|kul|tur, die: *spezifische Kultur eines Standes (5 c).*

Stan|des|or|ga|ni|sa|ti|on, die: *organisierter Zusammenschluss von Angehörigen eines Standes.*

Stan|des|per|son, die: *Person hohen Standes (5 c).*

Stan|des|pflicht, die: *mit der Zugehörigkeit zu einem Stand (5 b, c) verbundene Pflicht.*

Stan|des|pri|vi|leg, das ⟨meist Pl.⟩: *Privileg auf-*

grund der Zugehörigkeit zu einem bestimmten Stand (5 c).

Stan|des|schran|ke, die ⟨meist Pl.⟩: *Schranke, Unterschied zwischen den Ständen (5 c).*

Stän|des|staat, der (Geschichte): *(im späten MA. u. der frühen Neuzeit in Europa) Staatsform, in der die hohen Stände (5 c) unabhängige Herrschaftsgewalt u. politische Rechte innehaben.*

Stan|des|un|ter|schied, der ⟨meist Pl.⟩: *Unterschied zwischen den Ständen (5 c).*

Stan|des|ver|tre|tung, die: *Vertretung (3 a) eines Berufsstandes.*

Stan|des|zu|ge|hö|rig|keit, die: *Zugehörigkeit zu einem Stand (5 b, c).*

stand|fest ⟨Adj.⟩: **1.** *fest, sicher stehend:* eine -e Leiter. **2.** (Technik) *(von Materialien) einer längeren Belastung standhaltend:* -e *Stähle.*

Stand|fes|tig|keit, die: **1.** *fester, sicherer Stand: einer Getreidesorte größere S. anzüchten;* Ü *mit seiner S. ist es nicht weit her* (ugs.; *er verträgt nicht viel Alkohol).* **2.** *Standhaftigkeit.*

Stand|flä|che, die: **1.** *Fläche, auf der etw. steht: für dieses Möbel haben wir keine geeignete S.* **2.** *Fläche, Seite eines Gegenstandes, auf der er steht:* Gläser mit einer kleinen S.

Stand|fo|to, das, schweiz. auch: die (Film): *(bei Filmaufnahmen) Foto, das die Kostümierung u. Arrangement jeder Kameraeinstellung festhält.*

Stand|fuß|ball|spiel, das: *auf dem Boden stehendes Spielgerät, bei dem mit kleinen Figuren, die auf Drehstangen angebracht u. Fußballspielern nachgebildet sind, eine Kugel auf einer Spielfläche so getroffen werden muss, dass sie ins Tor des Gegners rollt.*

Stand|gas, das (Kfz-Technik): *Gas (3 a), das in einem Kraftfahrzeug dem Motor zusätzlich [im Stand] zugeführt wird.*

Stand|ge|bühr, die: *für die Errichtung eines Verkaufsstandes zu entrichtende Gebühr.*

Stand|geld, das: *für die gewerbliche Teilnahme an einem Markt, die Errichtung eines [Verkaufs]standes zu entrichtende Gebühr.*

Stand|ge|richt, das: *rasch einberufenes Militärgericht, das Standrecht ausübt.*

stand|haft ⟨Adj.⟩: *(bes. gegen Anfeindungen, Versuchungen o. Ä.) in seinem Entschluss stehend; in gefährdeter Lage nicht nachgebend; beharrlich im Handeln, Erdulden o. Ä.:* ein -er Mensch; s. bleiben; sich s. weigern [etw. zu tun].

Stand|haf|tig|keit, die; -: *standhaftes Wesen, Verhalten.*

stand|hal|ten ⟨st. V.; hat⟩: **1.** *sich als etw. erweisen, das einer Belastung o. Ä. widerstehen vermag:* die Tür hielt dem Anprall nicht stand; die Deiche haben [der Sturmflut] standgehalten; Ü einer Kritik, einem Vergleich s. **2.** jmdm., einer Sache erfolgreich widerstehen: den Angriffen des Gegners [nur mühsam] s.; sie hielten stand, bis Verstärkung kam; jmds. Blick[en] s. (nicht ausweichen).

Stand|hei|zung, die (Kfz-Technik): *auch bei stehendem Motor funktionierende zusätzliche Heizung für den Betrieb im stehenden Fahrzeug.*

stän|dig ⟨Adj.⟩: **1.** *sehr häufig, regelmäßig od. [fast] ununterbrochen wiederkehrend, andauernd:* ihre -e Nörgelei; in -er Angst leben; wir haben s. Ärger mit ihm; er kommt s. zu spät. **2. a)** *eine bestimmte Tätigkeit dauernd ausübend:* ein Stab -er Mitarbeiter; der -e Ausschuss tagte; **b)** *dauernd, sich nicht ändernd, fest:* unser -er Wohnsitz.

Stan|ding [ˈstændɪŋ], das; -s [engl. standing, zu: to stand = stehen]: *Rang, Ansehen.*

Standing Ovations [ˈstændɪŋ oʊˈveɪʃənz] ⟨Pl.⟩ [engl. standing ovation (Sg.), aus: standing = stehend u. ovation (= Ovation)]: *im Stehen dargebrachte Ovationen:* das Publikum verabschiedete den Dirigenten mit S. O.

ständisch – Stanniol

stän|disch ⟨Adj.⟩: **1.** *die Stände* (5 c) *betreffend; von den Ständen herrührend:* die -e Ordnung, Gesellschaft. **2.** (schweiz.) *aus den Ständen* (6) *kommend, sie betreffend:* -e Kommissionen.

Standl, das; -s, -[n] (bayr., österr.): *Verkaufsstand.*

Stand|lam|pe, die (schweiz.): *Stehlampe.*

Stand|lei|tung, die (bes. Rundfunkt.): *für eine gewisse Zeit od. auf Dauer gemietete Telefonleitung zwischen zwei festen Punkten (z. B. zwei Rundfunkstudios).*

Stand|ler, der; -s, - [zu ↑ Standl] (österr.): *Inhaber eines Verkaufsstandes; Verkäufer an einem Verkaufsstand.*

Stand|le|rin, die; -, -nen: w. Form zu ↑ Standler.

Stand|leuch|te, die: *Parkleuchte.*

Stand|licht, das ⟨Pl. -er⟩: *verhältnismäßig schwache Beleuchtung* (1 a) *eines Kraftfahrzeugs, die beim Parken im Dunkeln eingeschaltet wird.*

Stand|mie|te, die: *Standgeld.*

Stand|ort, der ⟨Pl. -e⟩: **1.** *Ort, Punkt, an dem jmd., etw. steht, sich befindet:* der S. eines Betriebes; seinen S. wechseln; diese Pflanze braucht einen sonnigen S.; Ü jmds. politischen S. kennen. **2.** (Militär) *Ort, in dem Truppenteile, militärische Dienststellen, Einrichtungen u. Anlagen ständig untergebracht sind; Garnison* (1). **3.** (Wirtsch.) *geografischer Ort, Raum (z. B. Stadt, Region, Land), wo od. von wo aus eine bestimmte wirtschaftliche Aktivität stattfindet:* die Firma will den S. Frankfurt aufgeben, sucht einen neuen S.

Stand|ort|be|stim|mung, die: *Bestimmung des Standorts* (1): Ü die Partei nimmt eine S. vor *(legt ihren politischen Standpunkt neu fest).*

Stand|ort|fak|tor, der (Wirtsch.): *Faktor, der für die Wahl eines Standorts* (3) *für einen industriellen Betrieb o. Ä. maßgebend ist.*

Stand|ort|fra|ge, die: *den Standort betreffende Frage* (2).

Stand|ort|kom|man|dant, der (Militär früher): *Standortältester:* ein Befehl des -en.

Stand|ort|nach|teil, der (bes. Wirtsch.): *Nachteil, der sich aus dem Standort* (3), *bes. einer Fabrik o. Ä., ergibt.*

Stand|ort|vor|teil, der (bes. Wirtsch.): vgl. Standortnachteil.

Stand|ort|wech|sel, der: *Wechsel des Standorts* (1): die Pflanze hat den S. gut überstanden; die Firma plant einen S.

Stand|pau|ke, die [ursprl. studentenspr. Verstärkung von Standrede, eigtl. = im Stehen angehörte, kurze (Grab)rede] (ugs.): *Strafpredigt:* jmdm. eine S. halten.

Stand|platz, der: *Stand* (2 a).

Stand|punkt, der: **1.** (selten) *Stand* (2 a): von diesem S. aus hat man einen guten Rundblick; Ü vom wissenschaftlichen, politischen S. aus. **2.** *bestimmte Einstellung, mit der man etw. sieht, beurteilt:* einen vernünftigen, überholten S. vertreten, haben; auf dem S. stehen, sich auf den S. stellen, dass ...; das ist doch kein S.! *(so darf man doch nicht denken!).*

Stand|quar|tier, das: *feste Unterkunft für eine längere Zeit an einem bestimmten Ort, von dem aus Wanderungen, Streifzüge, Fahrten o. Ä. unternommen werden können.*

Stand|recht, das ⟨o. Pl.⟩ [ursprl. Bez. für kurze (eigtl. = im Stehen durchgeführte) Gerichtsverfahren]: *(in bestimmten Situationen vom Militär wahrgenommenes) Recht, nach vereinfachtem Strafverfahren Urteile (bes. das Todesurteil) zu verhängen u. zu vollstrecken.*

stand|recht|lich ⟨Adj.⟩: *gemäß dem Standrecht:* eine -e Exekution; jmdn. s. erschießen.

Stand|seil|bahn, die: *Seilbahn, deren Wagen auf Schienen am Boden laufen.*

stand|si|cher ⟨Adj.⟩: *standfest* (1).

Stand|si|cher|heit, die ⟨o. Pl.⟩: *das Standsichersein.*

Stand|spur, die: *durch eine Markierung gekennzeichneter Teil einer Fahrbahn neben der Fahrspur zum Halten im Notfall.*

Stand|strei|fen, der: *Standspur.*

Stand|uhr, die: *Penderuhr in einem hohen, schmalen, auf dem Boden stehenden Gehäuse.*

Stand-up [ˈstændˌlap, auch: ...ˈlap], das; -s, -s [engl. stand-up, zu: to stand up = im Stehen, Steh-, zu: to stand up = (auf)stehen]: *Form der Unterhaltung, bei der jmd. [improvisierte] lustige Geschichten, Scherze, Gags u. Ä., auf einer Bühne stehend, vor Publikum vorträgt.*

¹**Stand-up-Co|me|di|an** [...kəmiːdɪən], der; -s, -s [engl. stand-up-comedian]: *Alleinunterhalter; Unterhaltungskünstler, der im Bereich des Stand-ups tätig ist.*

²**Stand-up-Co|me|di|an** [...kəmiːdɪən], die; -, -s: *Alleinunterhalterin; Unterhaltungskünstlerin, die im Bereich des Stand-ups tätig ist.*

Stand-up-Pad|deln [stɛndap...], das; -s [zu: engl. stand-up = im Stehen, Steh-, zu: to stand up = (auf)stehen) (Wassersport): *Stehpaddeln.*

Stand|ver|mö|gen, das: *Stehvermögen* (b): er hat als Politiker zu wenig S.

Stand|waa|ge, die (Gymnastik, Turnen): *Übung, bei der man auf einem gestreckten Bein steht, während man den Oberkörper nach vorn beugt u. das andere Bein gestreckt nach hinten anhebt, bis dieses zusammen mit den Armen eine waagerechte Linie bildet:* in die S. gehen.

Stand|zeit, die: **1.** (Technik) *Zeitdauer, während deren man mit einem Werkzeug o. Ä. arbeiten kann, ohne dass erhebliche Verschleißerscheinungen auftreten:* der Bohrer, die Trennscheibe, das Sägeblatt hat eine hohe, hervorragende S. **2.** *Zeit, in der eine Maschine, ein Fahrzeug o. Ä. nicht arbeitet, nicht läuft, stillsteht:* Steigerung der Produktivität durch Verkürzung der -en.

Stan|ge, die; -, -n [mhd. stange, ahd. stanga, eigtl. = die Stechende; Spitze]: **1. a)** *langes, meist rundes Stück Holz, Metall o. Ä., das im Verhältnis zu seiner Länge relativ dünn ist:* eine S. aus Eisen; sie saßen da wie die Hühner auf der S.; *** jmdn. die S. halten (1. *jmdn. nicht im Stich lassen, sondern für ihn eintreten u. fest zu ihm stehen; im MA. konnte im gerichtlichen Zweikampf der Unterlegene vom Kampfrichter mit einer Stange geschützt werden. bes. schweiz.; es jmdm. gleichtun); [die nächsten beiden Wendungen beziehen sich wohl auf das Fechten mit Spießen* (= Stangen), *bei dem die Waffe des Gegners durch geschicktes Parieren gleichsam festgehalten wurde od. man den eigenen Spieß mit dem des Gegners hielt]* **jmdn. bei der S. halten** *(bewirken, dass jmd. eine [begonnene] Sache zu Ende führt);* **bei der S. bleiben** *(eine [begonnene] Sache nicht aufgeben, zu Ende führen);* **von der S.** (ugs.; *nicht nach Maß gearbeitet, sondern als fertige [Konfektions-, Massen]ware produziert; nach den Stangen, an denen in Bekleidungsgeschäften die Textilien hängen):* ein Anzug von der S.); **b)** *in bestimmter Höhe waagerecht an der Wand [eines Übungsraums] angebrachte Stange* (1 a) *für gymnastische Übungen;* **c)** *senkrecht innerhalb eines Raumes [auf einer Art Bühne] (einer Bar, eines Fitnessstudios o. Ä.) angebrachte Stange* (1 a) *für tänzerische Vorführungen od. gymnastische, akrobatische Übungen.* **2. a)** *in seiner Form einer Stange* (1 a) *ähnliches Stück von etw.:* eine S. Zimt; eine S. (*eine bestimmte Anzahl aneinandergereihter u. so verpackter Schachteln) Zigaretten;* * **eine [ganze/hübsche/schöne] S.** (ugs.; *sehr viel; bezog sich ursprl. auf Geld und geht von den in länglichen Rollen verpackten Münzen aus:* das kostet wieder 'ne ganze S./eine schöne S. Geld); **eine S. angeben** (ugs.; *sehr prahlen, großtun*); **eine S. [Wasser] in die Ecke stellen** (salopp; [*von Männern*] *urinieren;* ursprl. wohl Soldatenspr.); **b)** (landsch.) *zylindrisches Glas (für Altbier u. Kölsch).* **3.** (bes. landsch.) *Deichsel:* *** **dem Pferd die -n geben** (*Trabrennen; dem Pferd im Finish freien Lauf lassen*). **4.** *im Maul des Tieres liegender Teil der Kandare.* **5.** (derb) *erigierter Penis.* **6.** ⟨meist Pl.⟩ (Jägerspr.) *Geweihstange.*

Stän|gel, der; -s, - [mhd. stengel, ahd. stengil, zu ↑ Stange]: **1.** (bei Pflanzen) *von der Wurzel an aufwärtswachsender schlanker Teil, der die Blätter u. die Blüten trägt:* der S. einer Tulpe; Ü ich bin fast vom S. gefallen (ugs.; *ich bin sehr überrascht gewesen*); fall [mir] nicht vom S.! (ugs.; *fall nicht herunter, fall nicht um!*) **2.** (derb) *Penis.*

Stän|gel|blatt, das (Bot.): *am Stängel sitzendes, ihn umschließendes Blatt.*

Stän|gel|chen, das; -s, -: Vkl. zu ↑ Stange.

stän|gel|los ⟨Adj.⟩: *keinen sichtbaren Stängel* (1) *aufweisend.*

Stan|gen|boh|ne, die: *Gartenbohne, die an Stangen rankend wächst.*

Stan|gen|brot, das: *Brot in Form einer Stange* (1 a).

stan|gen|för|mig ⟨Adj.⟩: *die Form einer Stange habend.*

Stan|gen|ge|rüst, das: *aus Holzstangen errichtetes Gerüst.*

Stan|gen|holz, das ⟨Pl. ...hölzer⟩: **1.** (Fachspr.) *dünnes Langholz.* **2.** (Forstwirtsch.) *dem Jungholz folgende Entwicklungsstufe des Baumbestands, in der die einzelnen Stämme einen bestimmten Durchmesser haben u. die unteren Äste bereits entfernt sind.*

Stan|gen|spar|gel, der: *nicht in Stücke geschnittener, nicht zerkleinerter Spargel* (2).

Stan|gen|weiß|brot, das: *vgl. Stangenbrot.*

Stäng|lein, das; -s, -: Vkl. zu ↑ Stange.

Sta|nit|zel, Sta|nitzl, das; -s, -[n] (mundartl. Entstellung von veraltet bayr.-österr. Scharmützel (unter Einfluss von tschech. kornout = Tüte) < ital. scartoccio, Nebenf. von: cartoccio, ↑ Kartusche] (bes. österr.): *spitze Tüte.*

stank: ↑ stinken.

Stank, der; -[e]s [mhd., ahd. stanc, ↑ Gestank]: **1.** (ugs.) *Zank, Ärger:* S. machen; es gibt S. **2.** (selten) *Gestank:* ◆ ... sie brennen drüben Kalk in der Grube, und S. im Winde weit umher (Immermann, Münchhausen 332).

stän|ke: ↑ stinken.

Stän|ker, der; -s, - [ursprl. = Gestankmacher, zu mhd. stenken, ahd. stenchen (↑ stänkern) od. zu ↑ Stank]: **1.** (ugs. abwertend seltener) *Stänkerer:* so ein S.! **2.** (Jägerspr.) *Iltis.*

Stän|ke|rei, die; -, -en (ugs. abwertend): *[dauerndes] Stänkern.*

Stän|ke|rer, der; -s, - (ugs. abwertend): *jmd., der [dauernd] stänkert.*

Stän|ke|rin, die; -, -nen: w. Form zu ↑ Stänkerer.

stän|kern ⟨sw. V.; hat⟩ [eigtl. = Gestank machen, Weiterbildung von mhd. stenken, ahd. stenchen = stinken machen] (ugs. abwertend): **1.** *mit jmdm., etw. nicht einverstanden sein u. daher – mehr auf versteckte, nicht offene Art gegen ihn, dagegen opponieren:* mit jmdm. s.; sie stänkert im Betrieb [gegen den Chef]. **2.** *die Luft mit Gestank verpesten:* mit billigen Zigarren s.

Stan|ley|mes|ser® [ˈstɛnli...], das; -s, - [engl. Stanley knife, nach einer amerik. Firma, die von Frederick Trent Stanley (1802–1883) gegründet wurde] (bes. österr.): *Teppichmesser, Cutter* (2).

Stan|ni|ol, das; -s, -e [älter ital. stagnolo = Blattzinn, zu: stagno < lat. stagnum, stannum,

↑Stannum]: *dünne, meist silbrig glänzende Folie aus Zinn od. Aluminium.*

Stan|ni|ol|fo|lie, die: *Stanniol.*

Stan|ni|ol|pa|pier, das: **1.** *Stanniol.* **2.** *mit Aluminium kaschiertes Papier.*

Stan|num ['ʃt..., 'st...], das; -s [lat. stannum = Mischung aus Blei u. Silber, Zinn]: lat. Bez. für ↑Zinn.

stan|te pe|de ['st...; lat. = stehenden Fußes] (ugs. scherzh.): *sofort, auf der Stelle:* Nehmen Sie Ihren Mantel. ... Sie kehren mit mir s. p. in die Klinik zurück (Dürrenmatt, Meteor 60).

¹**Stan|ze**, die; -, -n [ital. stanza, eigtl. = Wohnraum (übertr.: »Wohnraum poetischer Gedanken«) < mlat. stantia, zu lat. stans (Gen.: stantis), 1. Part. von: stare, ↑Staat]: **1.** *(Verslehre) Strophe aus acht elfsilbigen jambischen Versen; Oktave* (2); *Ottaverime.* **2.** ⟨Pl.⟩ *(bild. Kunst) von Raffael u. seinen Schülern ausgemalte Wohnräume des Papstes Julius II. im Vatikan.*

²**Stan|ze**, die; -, -n: **1.** *Gerät, Maschine zum Stanzen.* **2.** *Prägestempel.*

stan|zen ⟨sw. V.; hat⟩ [landsch. stanzen, stenzen = stoßen, schlagen; hart aufsetzen, H. u.]: **1.** *(maschinell) unter Druck in eine bestimmte Form pressen; durch Pressen in einer bestimmten Form abtrennen, herausschneiden.* **2.** *etw. auf, in ein Material prägen.* **3.** *durch Stanzen* (1) *hervorbringen, erzeugen.*

Sta|pel, der; -s, - [aus dem Niederd. < mniederd. stapel = (Platz für) gestapelte Ware, niederd. Form von ↑Staffel, zu ↑Stab u. urspr. = Pfosten, Block, Stütze, Säule]: **1. a)** *⟨ordentlich⟩ aufgeschichteter Stoß, Haufen einer Menge gleicher Dinge; Menge ⟨ordentlich⟩ übereinandergelegter gleicher Dinge:* ein hoher S. Holz, Wäsche, Bücher; **b)** *Platz od. Gebäude für die Stapelung von Waren:* Ü ♦ Eure Hofstatt ist der Sitz der Minne, sagt man, und der Markt, wo alles Schöne muss den S. halten *(sich den Blicken der Betrachter darbietete;* Schiller, Jungfrau III, 3). **2.** *(Schiffbau) Unterlage aus Balken, Holzklötzen od. -keilen, auf der das Schiff während des Baus ruht:* * *(ein Schiff)* auf S. legen *(↑²Kiel* a)*;* vom S. laufen *(⟨von Schiffen⟩ nach Fertigstellung ins Wasser gleiten);* vom S. lassen *(*1*. ⟨ein Schiff⟩ nach Fertigstellung ins Wasser gleiten lassen.* ugs. abwertend; *etw. von sich geben [was (bei anderen) auf ⟨spöttische⟩ Ablehnung stößt]).* **3.** *(Textilind.) Länge der Faser eines noch zu spinnenden Materials.* **4.** *(im Fell von Schafen) mehrere bes. durch die Kräuselung des Fells verbundene Haarbüschel.*

sta|pel|bar ⟨Adj.⟩: *sich stapeln lassend:* die Stühle, Gläser sind s.

Sta|pel|be|trieb, der; ⟨o. Pl.⟩ (EDV): *Batchprocessing.*

Sta|pel|holz, das; ⟨Pl. ...hölzer⟩: *Holz, das gespaltet u. in Klafter gestapelt ist.*

Sta|pe|lia, Sta|pe|lie, die; -, ...ien [nach dem niederl. Arzt u. Botaniker J. B. van Stapel, gest. 1636]: *(in Afrika vorkommende, zu den Sukkulenten gehörende) Pflanze mit großen, sternförmigen Blüten von rotbrauner Färbung u. aasartigem Geruch.*

Sta|pel|lauf, der: *das Herabgleiten eines neu gebauten Schiffs vom Stapel* (2), *von der Helling ins Wasser.*

sta|peln ⟨sw. V.; hat⟩: **1.** *zu einem Stapel* (1 a) *schichten, aufeinanderlegen:* Holz s.; Ü Reichtümer s. *(anhäufen).* **2.** ⟨s. + sich⟩ *sich in großer Menge zu Stapeln* (1 a) *aufhäufen:* in der Ecke stapelten sich die Akten.

Sta|pel|platz, der: *Platz für das Stapeln von Waren.*

Sta|pel|ver|ar|bei|tung, die (EDV): *Batchprocessing.*

Sta|pel|wa|re, die ⟨meist Pl.⟩: **1.** *stapelbare Ware.* **2.** (Textilind.) *Kleidungsstück o. Ä., das nicht der Mode unterworfen ist u. deshalb in großen Mengen gefertigt u. gestapelt wird.*

sta|pel|wei|se ⟨Adv.⟩: *in großer Menge, in Stapeln.*

Stap|fe, die; -, -n, **Stap|fen**, der; -s, - [mhd. stapfe, ahd. stapfo]: *Kurzf. von ↑Fußstapfe, ↑Fußstapfen.*

stap|fen ⟨sw. V.; ist⟩ [mhd. stapfen, ahd. stapfōn, verw. mit ↑Stab]: *mit festen Schritten gehen u. dabei die Beine höher anheben u. kräftig auftreten [sodass der Fuß in weichem Untergrund einsinkt]:* durch den Schnee, Schlamm s.

Sta|phy|lo|kok|kus [ʃt..., st...], der; -, ...kken ⟨meist Pl.⟩ [↑Kokke] (Med.): *traubenförmig zusammenstehende, kugelige Bakterie.*

Stap|ler, der; -s, -: *Kurzf. von ↑Gabelstapler.*

¹**Star**, der; -[e]s, -e, schweiz.: -en [mhd. star, ahd. stara, wohl lautm.]: *größerer Singvogel mit schillerndem, schwarzem Gefieder, kurzem Hals u. langem, spitzem Schnabel.*

²**Star** [st..., auch: ʃt...], der; -s, -s [engl. star, eigtl. = Stern]: **1. a)** *(Theater, Film) gefeierter, berühmter Künstler; gefeierte, berühmte Künstlerin:* ein großer S.; Ü sie war der S. des Abends *(stand im Mittelpunkt des Interesses);* **b)** *jmd., der auf einem bestimmten Gebiet Berühmtheit erlangt hat.* **2.** [nach der Kennzeichnung mit einem (roten) Stern] *Kurzf. von ↑Starboot.*

³**Star**, der; -[e]s, -e ⟨Pl. selten⟩ [verselbstständigt aus mhd. starblint, ahd. staraplint; 1. Bestandteil wohl verw. mit mhd. star(e)n, ahd. starēn, ↑starren] (volkstüml.): *Erkrankung der Augenlinse:* grauer S. *(²Katarakt);* grüner S. *(Glaukom);* * jmdm. den S. stechen (ugs.; *jmdn. aufklären, wie sich etw. in Wirklichkeit verhält;* nach den früher zur Beseitigung des ³Stars üblichen Praktiken).

Star|al|lü|ren ⟨Pl.⟩ (abwertend): *eitles, launenhaftes Benehmen, Allüren eines ²Stars* (1).

Star|an|walt, der: *Anwalt, der auf seinem Gebiet ein ²Star* (1 b) *ist.*

Star|an|wäl|tin, die: w. Form zu ↑Staranwalt.

Star|auf|ge|bot, das: *Aufgebot an ²Stars* (1).

starb: ↑sterben.

Star|be|set|zung, die: *aus ²Stars* (1) *bestehende ²Besetzung* (2 b).

Star|boot, das [zu ↑²Star] (Segeln): *von zwei Personen zu segelndes Boot mit Kiel für den Rennsegelsport* (Kennzeichen: roter Stern).

Star|di|ri|gent, der: vgl. Staranwalt.

Star|di|ri|gen|tin, die: w. Form zu ↑Stardirigent.

Sta|ren|kas|ten, der: *Nistkasten für ¹Stare.*

Star|gast, der: *jmd., der als ²Star* (1) *Gast bei einer Veranstaltung o. Ä. ist.*

stark ⟨Adj.; stärker, stärkste⟩ [mhd. starc, ahd. star(a)ch, verw. mit ↑starren, urspr. wohl = steif, starr]: **1. a)** *viel Kraft besitzend, über große Kräfte verfügend; von viel Kraft zeugend; kräftig:* ein -er Mann; ein -er Arme; ein -er (selten; *fester, kräftiger) Händedruck;* er ist s. wie ein Bär; ⟨subst.:⟩ das Recht des Stärkeren; Ü ein -er Staat; sie hat einen -en Willen *(ist willensstark);* ein -er *(unerschütterlicher) Glaube;* sie ist s. *(charakterfest, willensstark)* genug, mit diesem Schlag fertigzuwerden; jetzt heißt es s. bleiben *(nicht schwankend werden, nicht nachgeben);* in *Bezug auf seine Funktion) sehr leistungsfähig, widerstandsfähig:* ein -es Herz; -e Nerven. **2. a)** *dick, stabil, fest u. daher sehr belastbar:* -e Mauern, Äste; dazu ist das Garn nicht s. genug; **b)** (bes. Werbespr. verhüll.) *dick, beleibt:* Kleider für stärkere Damen; **c)** *eine bestimmte Dicke, einen bestimmten Umfang aufweisend:* eine 20 cm -e Wand; das Buch ist mehrere Hundert Seiten s. **3. a)** *zahlenmäßig nicht gering; zahlreich:* beide Vorstellungen waren s. besucht; **b)** *eine große Anzahl von Teilnehmern, Angehörigen,* Mitgliedern o. Ä. *aufweisend:* ein -es Heer, Aufgebot; die Präsidentin wird von der stärksten Partei gestellt *(von der Partei mit den meisten Sitzen im Parlament);* **c)** *eine bestimmte Anzahl habend:* eine etwa 20 Mann -e Bande; **d)** (selten) *gut* (3 b): wir werden zwei -e Stunden brauchen. **4.** *eine hohe Konzentration aufweisend; sehr gehaltvoll, -reich:* -er Kaffee; diese Zigaretten sind mir zu s.; Ü -e *(kräftige, intensive)* Farben. **5.** *hohe Leistung bringend; einen hohen Grad von Wirksamkeit besitzend; leistungsstark:* hast du eine stärkere Glühbirne?; das Unternehmen ist finanziell recht s. **6. a)** *gute Leistungen erbringend; tüchtig:* ein -er Spieler; die Schülerin ist in Mathematik s.; **b)** *(als Ergebnis einer geistigen od. körperlichen Leistung) sehr gut, ausgezeichnet:* die Mannschaft bot eine -e Leistung. **7.** *sehr ausgeprägt; in hohem Maße vorhanden, wirkend; von großem Ausmaß; sehr intensiv; sehr kräftig:* es setzte -er Frost ein; -e Schneefälle behinderten den Verkehr; er spürte einen -en Druck auf den Ohren; -er Verkehr; einen -en Eindruck machen; das ist eine -e Übertreibung, -en Hunger, -e Schmerzen haben; -e *(gut erkennbare, deutliche)* Zeichen einer Besserung; er ist ein -er Esser, Raucher *(isst, raucht viel);* ein -er *(heftiger)* Wind; die Nachfrage war diesmal besonders s.; s. beschäftigt, verschuldet sein; s. wirkendes Mittel; eine s. betonte Silbe; ein s. behaarter Körper; ein s. bevölkertes Land; es erinnert ihn s. an seine Mutter; die Blumen duften s.; s. erkältet sein; ich habe den s. im Verdacht, das veranlasst zu haben; es geht s. auf Mitternacht *(ist bald Mitternacht);* das war aber wirklich zu s., ja wohl s.! (ugs.; *das war unerhört, eine Frechheit!).* **8.** (ugs.) *großartig, hervorragend, ausgezeichnet u. deshalb jmdn. tief beeindruckend, ihm sehr gefallend:* ein -er Film; ich hörte den Typ unerhört s.; sie kann unheimlich s. singen; s.! **9.** (Sprachwiss.) **a)** *(in Bezug auf Verben) durch einen sich ändernden Stammvokal u.* (beim 2. Partizip) *durch das Vorhandensein der Endung -en gekennzeichnet:* die -e Konjugation; -e *(stark konjugierte)* Verben; **b)** *(in Bezug auf Substantive) in den Formen des Maskulina u. Neutra durch das Vorhandensein der Endung -[e]s im Genitiv Singular gekennzeichnet:* die -e Deklination, -e *(stark deklinierte)* Substantive.

-stark: 1. drückt in Bildungen mit Substantiven aus, dass die beschriebene Person oder Sache etw. in hohem Maße hat, aufweist: charakter-, energie-, umsatzstark. **2.** drückt in Bildungen mit Substantiven oder Verben (Verbstämmen) aus, dass die beschriebene Person od. Sache in etw. besonders leistungsfähig ist, große Qualitäten bei etw. hat: kopfball-, saugstark.

Star|kas|ten, der: *Starenkasten.*

stark be|haart, stark|be|haart ⟨Adj.⟩: *sehr behaart, mit dichtem Haarwuchs.*

stark be|völ|kert, stark|be|völ|kert ⟨Adj.⟩: *sehr, in hohem Maße bevölkert.*

Stark|bier, das: *Bier mit einem hohen Gehalt an Stammwürze; Doppelbier.*

Stär|ke, die; -, -n [mhd. sterke, ahd. starchī, sterchī]: **1.** ⟨o. Pl.⟩ **a)** *körperliche Kraft:* die S. eines Bären; Ü jmds. charakterliche S.; **b)** *Macht:* die militärische S. eines Landes; die USA demonstrieren s.; **c)** *Funktionsfähigkeit, Leistungsfähigkeit:* die S. der Nerven. **2.** *Stabilität bewirkende Dicke, Festigkeit:* Bretter von verschiedener S. **3.** *zahlenmäßige Größe; Anzahl:* die S. einer Armee. **4.** ⟨o. Pl.⟩ *Grad des Gehalts; Konzentration* (4): die S. des Kaffees, Giftes. **5.** *Grad an Leistungskraft, Wirksamkeit:* die S. eines

Motors, einer Glühlampe; Er trug eine Brille mittlerer S., deren Aussehen erinnerte an die Zeiten, da es nichts gab (Johnson, Achim 42). **6. a)** *Vorhandensein besonderer Fähigkeiten, besonderer Begabung [auf einem bestimmten Gebiet], durch die jmd. eine außergewöhnliche, hohe Leistung erbringt:* darin liegt, zeigt sich seine S.; Mathematik war niemals meine S.; Das war schon immer meine S.: hinterdreinzockeln, neugierig sein, zuhören (Grass, Hundejahre 286); **b)** *etw., was bei jmdm., einer Sache als besonders vorteilhaft empfunden wird; vorteilhafte Eigenschaft, Vorzug:* eine entscheidende S. des Systems. **7.** *Ausmaß, Größe, Grad der Intensität:* die S. des Verkehrs, der Schmerzen nahm zu. **8.** *[rückgeb. aus ↑ stärken (3), schon mhd.* sterke = Stärkmehl u. sterechlei = Stärkkleie] *aus verschiedenen Pflanzen (z. B. Reis, Kartoffeln) gewonnene, weiße, pulvrige Substanz, die u. a. in der Nahrungsmittelindustrie u. zum Stärken von Wäsche verwendet wird.*
Stär|ke|ge|halt, der: ¹*Gehalt* (2) *an Stärke* (8).
stär|ke|hal|tig ⟨Adj.⟩: *Stärke* (8) *enthaltend.*
Stär|ke|mehl, das: *Stärke* (8).
stär|ken ⟨sw. V.; hat⟩ [mhd. sterken, ahd. sterchen]: **1. a)** *stark* (1) *machen; kräftigen; die körperlichen Kräfte wiederherstellen:* Training stärkt den Körper, die Gesundheit; ein stärkendes Mittel nehmen; Ü jmds. Zuversicht, Selbstvertrauen s.; **b)** ⟨s. + sich⟩ *sich mit Speisen, Getränken erfrischen:* nach dem langen Marsch stärkten sie sich [durch einen, mit einem Imbiss]; stärkt euch erst einmal! **2.** *die Wirksamkeit von etw. verbessern; wirkungsvoller machen:* jmds. Prestige, Position s. **3.** *(Wäsche) mit Stärke* (8) *steif machen:* den Kragen am Oberhemd s.
stär|ker: Komp. zu ↑ stark.
Stär|ke|zu|cker, der: *Traubenzucker.*
stark|kno|chig ⟨Adj.⟩: *einen festen, starken Knochenbau aufweisend.*
stark|lei|big ⟨Adj.⟩: *beleibt.*
¹**stark|ma|chen,** sich ⟨sw. V.; hat⟩: *sich (für jmdn., etw.) einsetzen, (jmdn., etw.) befürworten, unterstützen:* sie hat sich für den Plan, für ihre Kollegin starkgemacht.
stark ma|chen, ²**stark|ma|chen** ⟨sw. V.; hat⟩: *bewirken, dass jmd., etw. stark wird:* taktische Fehler hatten den Gegner stark gemacht.
Stark|re|gen, der (bes. Meteorol.): *bes. heftiger Regen.*
stärks|te: Sup. zu ↑ stark.
Stark|strom, der ⟨o. Pl.⟩ (Elektrot.): *elektrischer Strom mit hoher Stromstärke u. meist hoher Spannung.*
Stark|strom|lei|tung, die: *Leitung für Starkstrom.*
Stark|strom|tech|nik, die ⟨o. Pl.⟩: *Teilgebiet der Elektrotechnik, das sich mit der Erzeugung u. Verwendung von Starkstrom befasst.*
Stark|ton, der (Sprachwiss.): *Hauptakzent.*
Star|kult, der (abwertend): *Kult* (2), *der mit einem* ²*Star* (1a) *getrieben wird.*
Stär|kung, die; -, -en: **1. a)** *das Stärken* (1a), *Kräftigen; das Gestärkt-, Gekräftigtsein;* **b)** *etw., womit man sich stärkt* (1b), *erfrischt; Essen, Trinken, das dazu dient, [wieder] zu Kräften zu kommen:* eine kleine S. zu sich nehmen. **2.** *das Stärken* (2); *das Gestärktsein; Anhebung, Verbesserung der Wirksamkeit:* Ziel war die S. der Demokratie.
Stär|kungs|mit|tel, das (Med.): *der Stärkung* (1a) *dienendes [Arznei]mittel.*
Star|let, Star|lett ['stɑː..., 'ʃt...], das; -s, -s [engl. starlet, eigtl. = Sternchen, zu: star, ↑²Star] (spött. abwertend): *Nachwuchsfilmschauspielerin, die gern ein* ²*Star* (1a) *werden möchte, sich wie ein Star fühlt, benimmt.*

Starn|ber|ger See, der; - -s: See im bayrischen Alpenvorland.
Star|ope|ra|ti|on, die: *operative Entfernung eines* ³*Stars.*
Star|pa|ra|de, die: *das Auftreten mehrerer* ²*Stars* (1) *in einer Veranstaltung o. Ä.*
starr ⟨Adj.⟩ [rückgeb. aus mhd. starren, ↑ starren]: **1. a)** *steif; nicht beweglich; nicht elastisch:* meine Finger sind s. vor Kälte; sie saß, stand s. *(konnte sich nicht bewegen)* vor Schreck; **b)** *ohne bewegliches Gelenk; fest [stehend]:* -e Achsen. **2.** *regungs- u. bewegungslos; ohne Lebendigkeit u. Ausdruckskraft:* ihr Lächeln, ihre Miene war s.; er schaute s. geradeaus. **3. a)** *nicht abwandelbar:* ein -es Prinzip; **b)** *starrköpfig, unnachgiebig, streng; rigid* (2): sein -er Sinn; s. an etw. festhalten.
Star|re, die; -: *das Starrsein.*
star|ren ⟨sw. V.; hat⟩ [in der nhd. Form sind zusammengefallen mhd. starren = steif sein, ablautend u. mhd. storrēn = steif hervorstehen u. mhd. star(e)n, ahd. starēn = unbeweglich blicken]: **1.** *starr* (2) *blicken:* alle starrten erstaunt, [wie] gebannt auf den Fremden; Seine staubgrauen Augen starrten leblos gegen die hohe Hallenwand (Borchert, Geranien 79). **2. a)** *von etw. voll, ganz bedeckt sein [u. deshalb* starr (1a), *steif wirken]:* er, seine Kleidung, das Zimmer starrt vor/von Schmutz; **b)** *sehr viel von etw. aufweisen, sodass kaum noch etw. anderes zu sehen ist; strotzen:* von Waffen s. **3.** *starr [in die Höhe] ragen:* Der Zaun ist verwüstet, die Schienen der Feldbahn drüben sind aufgerissen, sie starren hochgebogen in die Luft (Remarque, Westen 55/56). ◆ **4. a)** *starr* (1a), *steif sein:* ... ein hohes Gedeck mit starrenden Ledervorhängen (Mörike, Mozart 213); **b)** *erstarren:* Schon starrt das Leben, und vorm Ruhebette wie vor dem Grabe scheut der Fuß (Goethe, Egmont V); Die Deinen, heiß gedrängt von Meroe, weichen! – Dass sie zu Felsen starrten! (Kleist, Penthesilea 15); ... die Tinte starrt *(trocknet ein),* vergilbt ist das Papier (Goethe, Faust II, 6574); **c)** *steif, starr* (1a) *dastehen:* Die rohe Menge hast du nie gekannt, sie starrt *(steht untätig da)* und staunt und zaudert, lässt geschehn (Goethe, Die natürliche Tochter IV, 4); Er soll mir zappeln, s., kleben (Goethe, Faust I, 1862).
Starr|heit, die; -: *das Starrsein.*
Starr|kopf, der (abwertend): *jmd., der starrköpfig ist.*
starr|köp|fig ⟨Adj.⟩ (abwertend): *eigensinnig auf einer Meinung (die unverständlich, töricht, lächerlich o. ä. erscheint) beharrend.*
Starr|krampf, der: Kurzf. von ↑ Wundstarrkrampf.
Starr|sinn, der (o. Pl.) (abwertend): *starrköpfiges Verhalten.*
starr|sin|nig ⟨Adj.⟩ (abwertend): *starrköpfig.*
Star|rum|mel, der (ugs.): *Rummel* (1), *der um einen* ²*Star* (1a) *veranstaltet wird.*
Stars and Stripes ['stɑːz ənd 'straɪps] ⟨Pl.⟩ [engl. = Sterne u. Streifen; nach den die Bundesstaaten der USA symbolisierenden Sternen u. den (die 13 Gründungsstaaten symbolisierenden) Längsstreifen]: *Nationalflagge der USA, Sternenbanner.*
Start, der; -[e]s, -s, selten: -e [engl. start, zu: to start, ↑ starten]: **1. a)** *Beginn eines Wettlaufs, -rennens, -schwimmens o. Ä.:* den S. freigeben *(einen Wettkampf beginnen lassen);* * *fliegender S.* (Motorsport, Radsport; *Start, bei dem die Teilnehmer [mit höher Geschwindigkeit] der Startlinie nähern u. das Rennen beginnt, wenn die Startlinie überfahren wird);* **stehender S.** (Motorsport, Radsport; *Start, bei dem die Teilnehmer des* *Rennens an der Startlinie aufstellen);* **b)** *Stelle, an der ein Start* (1a) *stattfindet:* die Läufer gehen zum S.; **c)** *das Starten* (1c); *Teilnahme an einem Wettkampf:* für offizielle -s gesperrt sein. **2. a)** *Beginn eines Fluges:* der S. der Rakete ist missglückt; den S. der Maschine freigeben (Flugw.; *den Abflug des Flugzeugs genehmigen);* ein Flugzeug zum S. freigeben; **b)** *Startplatz:* das Flugzeug rollt langsam zum S. **3.** *das Starten* (3): beim S. des Programms. **4. a)** *das Aufbrechen, das Sich-in-Bewegung-Setzen im Hinblick auf ein Ziel:* den S. ins Berufsleben; **b)** *die Anfangszeit, das Anlaufen einer Unternehmung, der Beginn einer Entwicklung, eines Vorhabens o. Ä.:* sie hatte bei ihrer Arbeit einen schlechten S.
Start|auf|la|ge, die (bes. Verlagsw.): *erste Auflagenhöhe; Anzahl, mit der eine Serienproduktion gestartet* (4a) *wird.*
Start|bahn, die: *für den Start von Flugzeugen eingerichtete Bahn, Piste auf Flugplätzen.*
Start|be|rech|ti|gung, die: *Starterlaubnis* (2).
start|be|reit ⟨Adj.⟩: *ganz darauf eingestellt, vorbereitet, sofort eingesetzt zu werden, zu starten.*
Start|block, der ⟨Pl. ...blöcke⟩: **1.** ⟨Pl.⟩ (Leichtathletik) *auf dem Boden befestigte Vorrichtung mit einer schrägen Fläche, von der sich die Läufer beim Start mit dem Fuß abdrücken können.* **2.** (Schwimmen) *einem Podest ähnliche Erhöhung am Rande des Schwimmbeckens, von der die Schwimmer beim Startzeichen ins Wasser springen.*
Start|elf, die (Sport): *Fußballmannschaft, die ein Spiel beginnt.*
star|ten ⟨sw. V.⟩ [engl. to start = fort-, losgehen, -fahren]: **1. a)** ⟨hat⟩ *einen Wettkampf (Wettlauf, -rennen, -schwimmen o. Ä.) beginnen lassen:* das Autorennen s.; **b)** ⟨ist⟩ *(auf ein akustisches, auch optisches Signal hin) einen Wettkampf (Wettlauf, -rennen, -schwimmen o. Ä.) beginnen:* zur letzten Etappe s.; Ü der Außen war schneller gestartet *(schneller losgelaufen)* als der Verteidiger; ⟨subst.:⟩ Auf der Aschenbahn übten Hundertmeterläufer das Starten (Grass, Katz 5); **c)** ⟨ist⟩ *an einem Wettkampf aktiv teilnehmen:* bei einem Wettkampf s. **2. a)** ⟨hat⟩ *bewirken, dass etw. auf ein Ziel hin in Bewegung gesetzt wird:* eine Rakete s.; **b)** ⟨ist⟩ *sich (irgendwohin) in Bewegung setzen:* das Flugzeug ist pünktlich gestartet. **3. a)** ⟨hat⟩ *(durch Betätigung einer Taste, des Anlassers o. Ä.) in Gang setzen, in Betrieb nehmen:* den Motor, das Auto s.; **b)** *(durch Betätigung einer Taste, des Anlassers o. Ä.) in Gang gesetzt werden, in Betrieb genommen werden:* der Computer startet. **4. a)** ⟨hat⟩ *(eine Unternehmung, ein Vorhaben o. Ä.) beginnen lassen:* eine große Aktion s.; **b)** ⟨ist⟩ *aufbrechen, um eine Unternehmung, ein Vorhaben o. Ä. durchzuführen:* sie sind gestern [in den Urlaub, zu ihrer Expedition] gestartet; **c)** ⟨ist, selten: hat⟩ *anlaufen, seinen Anfang nehmen, beginnen:* die Tournee startet in Hamburg.
Star|ter, der; -s, - [engl. starter, zu: to start, ↑ starten]: **1.** *jmd., der das Startsignal zu einem Wettkampf gibt.* **2.** *jmd., der an einem Wettkampf teilnimmt.* **3.** *Anlasser.*
Star|te|rin, die; -, -nen: w. Form zu ↑ Starter (1, 2).
Star|ter|klap|pe, die: *Choke.*
Start|er|laub|nis, die: **1.** *(vom zuständigen Verband erteilte) Erlaubnis, an offiziellen Wettkämpfen teilzunehmen.* **2.** *Erlaubnis für ein Flugzeug, von einem Flugplatz zu starten.*
Start|flag|ge, die: *Flagge, mit der (durch deren Heben od. Senken) das Zeichen zum Start gegeben wird.*
Start|geld, das: **1.** *Geldbetrag, der vom Wettkampfteilnehmer (für die Deckung der Veranstaltungskosten) entrichtet werden muss.*

2. *(meist bei Wettkämpfen mit Berufssportlern) Geldbetrag, den der Veranstalter an den Sportler zahlt, damit dieser teilnimmt.*

Start|hil|fe, die: **1.** *[finanzielle] Hilfe, die jmdm. den Start (4) bei etw. erleichtern soll.* **2. a)** *das Anschließen einer intakten [Auto]batterie an eine entladene, um das Starten des Motors zu ermöglichen;* **b)** *Vorrichtung zur kurzfristigen Erhöhung der Benzinzufuhr als Hilfe beim Kaltstart.* **3.** *Rakete zur Beschleunigung beim Start von Flugzeugen u. -körpern.*

Start|hil|fe|ka|bel, das: *bei der Starthilfe (2 a) benutztes Kabel, mit dem die intakte Batterie an die entladene angeschlossen wird.*

Start|ka|pi|tal, das: *Anfangskapital.*

start|klar ⟨Adj.⟩: *startbereit.*

Start|kom|man|do, das: *Kommando für den Start eines Wettlaufs o. Ä.*

Start|läu|fer, der: *erster Läufer beim Staffellauf.*

Start|läu|fe|rin, die: w. Form zu ↑ Startläufer.

Start|li|nie, die: *markierte Linie, von der aus der Start (1 a) erfolgt.*

Start|loch, das (Leichtathletik früher): *Vertiefung im Boden, aus der sich der Läufer beim Start mit dem Fuß abdrücken konnte:* * **in den Startlöchern sitzen** (ugs.; *bereit sein, sofort zu beginnen*).

Start|me|nü, das (EDV): *Menü (2), mit dem etw. gestartet werden kann.*

Start|num|mer, die: **a)** (Sport) *Nummer, die ein Teilnehmer an einem Sportwettkampf erhält u. die an seiner Sportkleidung anzubringen ist;* **b)** *Nummer, die angibt, an welcher Stelle ein Teilnehmer an einem Wettkampf startet.*

Start|pha|se, die: *Anfangsphase.*

Start|pis|to|le, die: *Pistole für den Startschuss.*

Start|platz, der: *Start (1 b).*

Start|punkt, der: *Stelle, von der aus jmd., etw. startet.*

Start|ram|pe, die: *Vorrichtung, von der aus Raketen gestartet werden.*

Start|recht, das ⟨o. Pl.⟩: vgl. *Starterlaubnis.*

Start|schuss, der: *Schuss als akustisches Startsignal:* Ü (ugs.:) der S. zum Bau der neuen Brücke.

Start|schwie|rig|keit, die ⟨meist Pl.⟩: *Schwierigkeit, die sich am bzw. vor dem Beginn von etw. für jmdn., etw. ergibt:* anfangs gab es -en bei dem Projekt.

Start|sei|te, die (EDV): *Homepage* (a).

Start|si|gnal, das: **1.** *optisches od. akustisches Signal, mit dem ein Rennen gestartet wird.* **2.** *Zeichen, mit dem etw. gestartet wird, in Gang gebracht wird; Startzeichen, -schuss.*

Start|ter|min, der: *Termin, an dem etw. gestartet wird, an dem jmd., etw. startet:* S. ist 13 Uhr.

Start-und-Lan|de-Bahn, die: *für Start u. Landung von Flugzeugen eingerichtete Bahn, Piste auf Flugplätzen; Runway.*

Start-up ['stɑː.ɐtʌp, auch: ....'lap], das, selten: der; -s, -s [engl. start-up, zu: to start up = gründen]: *neu gegründetes Wirtschaftsunternehmen.*

Start-up-Un|ter|neh|men, das: *Start-up.*

Start|ver|bot, das: vgl. *Starterlaubnis.*

Start|zei|chen, das: *Startsignal.*

Start|zeit, die: **1.** *Zeitpunkt, zu dem etw. gestartet wird, an dem etw. startet:* S. ist 13 Uhr. **2.** (EDV, Sport) *Zeitdauer, die jmd., etw. für den Start benötigt:* die S. verbessern.

Start-Ziel-Sieg, der: *Sieg eines Teilnehmers an einem Sportwettkampf, der vom Start an der Spitze liegt.*

¹Sta|si, die; -, seltener: der; -[s] (ugs.): *kurz für* ↑ Staatssicherheitsdienst.

²Sta|si, der; -s, -s (ugs.): *Angehöriger des Staatssicherheitsdienstes.*

Sta|si|ak|te, die: *(in der DDR) Akte des Staatssicherheitsdienstes.*

Sta|si|mit|ar|bei|ter, der: *(in der DDR) Mitarbeiter des Staatssicherheitsdienstes.*

Sta|si|mit|ar|bei|te|rin, die: w. Form zu ↑ Stasimitarbeiter.

Sta|si|un|ter|la|gen ⟨Pl.⟩: *(in der DDR) Unterlagen des Staatssicherheitsdienstes.*

stät (schweiz.): ↑ stet.

State De|part|ment ['steɪt dɪˈpɑːtmənt], das; -[s]: *Außenministerium der USA.*

State|ment ['steɪtmənt, ...ment], das; -s, -s [engl. statement, zu: to state = festsetzen, erklären, zu: state, über das Afrz. < lat. status, ↑ Staat]: **1.** *öffentliche [politische] Erklärung, Verlautbarung:* ein S. abgeben, herausgeben. **2.** (EDV) *Anweisung, Befehl (für den Computer).*

Sta|tik [auch: 'st...], die; -, -en [griech. statikḗ (téchnē) = Kunst des Wägens, zu: statikós = zum Stillstehen bringend, wägend, zu: statós = (still)stehend]: **1.** ⟨o. Pl.⟩ (Physik) **a)** *Teilgebiet der Mechanik für die Untersuchung von Kräften an ruhenden Körpern;* **b)** *Lehre vom Gleichgewicht der Kräfte an ruhenden Körpern.* **2.** (Bauw.) *Stabilität bewirkendes Verhältnis der auf ruhende Körper, bes. auf Bauwerke, wirkenden Kräfte:* die S. eines Hauses berechnen. **3.** (bildungsspr.) *statischer (3) Zustand.*

Sta|ti|ker, der; -s, -: *Bauingenieur mit speziellen Kenntnissen auf dem Gebiet statischer Berechnungen von Bauwerken.*

Sta|ti|ke|rin, die; -, -nen: w. Form zu ↑ Statiker.

Sta|ti|on [ʃt...], die; -, -en [lat. statio = das (Still)stehen, Stand-, Aufenthaltsort, zu: stare, ↑ Staat]: **1.** *Haltestelle (eines öffentlichen Verkehrsmittels); [kleiner] Bahnhof:* an, auf, bei der nächsten S. aussteigen. **2. a)** *Aufenthalt[sort], Rast[platz] (während einer Fahrt):* die -en seiner Reise waren Wien, Rom und Brüssel; * **freie S.** (veraltend: *unentgeltliche Unterkunft u. Verpflegung*); S. machen (*eine Fahrt, Reise für einen Aufenthalt unterbrechen*); **b)** (kath. Kirche) *[geweihte] Stelle des Kreuzweges u. der Wallfahrt, an der die Gläubigen verweilen.* **3.** *wichtiger, markanter Punkt innerhalb eines Zeitlaufs, eines Vorgangs, einer Entwicklung:* die einzelnen -en ihrer Karriere. **4.** *Abteilung eines Krankenhauses:* die chirurgische S.; der Patient wird auf [die] S. gebracht; der Arzt ist auf S. (*tut Dienst*). **5. a)** *[Stützpunkt mit einer] Anlage für wissenschaftliche, militärische o. ä. Beobachtungen u. Untersuchungen:* eine meteorologische S.; **b)** (selten) *Sender (1):* eine S. suchen, empfangen; **c)** (EDV selten) *Kurzf. von* ↑ Workstation.

sta|ti|o|när ⟨Adj.⟩ [frz. stationnaire < spätlat. stationarius = stillstehend, am Standort bleibend, zu: lat. statio, ↑ Station]: **1.** (bes. Fachspr.) **a)** *an einen festen Standort gebunden:* ein -es Laboratorium; **b)** *örtlich u. zeitlich nicht verändert: (bes. im Hinblick auf Ort u. Zeit) unverändert.* **2.** (Med.) *an eine Krankenhausaufnahme gebunden; die Behandlung in einer Klinik betreffend; nicht ambulant:* -e Behandlung.

sta|ti|o|nie|ren ⟨sw. V.; hat⟩: **1. a)** *jmdn. (bes. Soldaten) an einen bestimmten Ort bringen, ihn für einen Ort bestimmen, an dem er sich eine Zeit lang aufhalten soll:* Truppen in einem Land s.; **b)** *(für einige Zeit) an einen bestimmten Ort bringen, stellen:* Länder, auf deren Boden Atomwaffen stationiert sind. **2.** (veraltet) *sich hin-, aufstellen; parken.*

Sta|ti|o|nie|rung, die; -, -en: *das Stationieren; das Stationiertwerden.*

Sta|ti|ons|arzt, der: *Arzt, dem die Leitung u. Beaufsichtigung einer Station (4) anvertraut ist.*

Sta|ti|ons|ärz|tin, die: w. Form zu ↑ Stationsarzt.

Sta|ti|ons|dienst, der: *Dienst in einer Station (4, 5 a).*

◆ **Sta|ti|ons|dorf,** das: *Dorf, in dem sich eine Post- od. Relaisstation (2) befindet:* Die Postpferde waren in dem ... -e erst nach ein paar Stunden bestellt (Eichendorff, Taugenichts 42).

Sta|ti|ons|hil|fe, die: *Hilfsschwester o. Ä. auf einer Station (4).*

Sta|ti|ons|pfle|ger, der: vgl. *Stationsschwester.*

Sta|ti|ons|schwes|ter, die: *leitende Krankenschwester einer Station (4).*

Sta|ti|ons|vor|stand (österr., sonst landsch.), **Sta|ti|ons|vor|ste|her,** der: *für die Belange des Betriebs (Zugablauf usw.) u. Verkehrs (Fahrkartenverkauf usw.) auf einem Bahnhof verantwortlicher leitender Bahnbeamter; Bahnhofsvorsteher.*

Sta|ti|ons|vor|ste|he|rin, die: w. Form zu ↑ Stationsvorsteher.

sta|tisch [auch: 'st...] ⟨Adj.⟩ [zu ↑ Statik]: **1.** (Physik) *das von Kräften erzeugte Gleichgewicht betreffend:* -e Gesetze. **2.** (Bauw.) *die Statik (2) betreffend:* -e Berechnungen. **3.** (bildungsspr.) *keine Bewegung, Entwicklung aufweisend:* eine -e Gesellschaftsordnung.

Sta|tist, der; -en, -en [zu lat. statum, ↑ Staat]: **1.** (Theater, Film) *Darsteller, der als stumme Figur mitwirkt.* **2.** *unbedeutende Person, Rand-, Nebenfigur:* nur S. sein.

Sta|tis|ten|rol|le, die: *Rolle (5 a) als Statist.*

Sta|tis|te|rie, die; -, -n: *Komparserie.*

Sta|tis|tik, die; -, -en [zu ↑ statistisch]: **1.** ⟨o. Pl.⟩ *Wissenschaft von der zahlenmäßigen Erfassung, Untersuchung u. Auswertung von Massenerscheinungen.* **2.** *schriftlich fixierte Zusammenstellung, Aufstellung der Ergebnisse von Massenuntersuchungen, meist in Form von Tabellen od. grafischen Darstellungen:* amtliche -en; eine S. über etw. erstellen.

Sta|tis|ti|ker, der; -s, -: **1.** *jmd., der sich wissenschaftlich mit den Grundlagen u. Anwendungsmöglichkeiten der Statistik (1) befasst.* **2.** *jmd., der eine Statistik (2) bearbeitet u. auswertet.*

Sta|tis|ti|ke|rin, die; -, -nen: w. Form zu ↑ Statistiker.

Sta|tis|tin, die; -, -nen: w. Form zu ↑ Statist.

sta|tis|tisch ⟨Adj.⟩ [wohl zu nlat. statisticus = staatswissenschaftlich, eigtl. = staatswissenschaftlich, (auf bestimmten Daten beruhende) Staatenbeschreibung, zu lat. status, ↑ Staat]: **1.** *die Statistik (1) betreffend.* **2.** *auf Ergebnissen der Statistik (2) beruhend; durch Zahlen belegt.*

Sta|tiv [ʃt...], das; -s, -e [zu lat. stativus = (fest)stehend, zu: stare, ↑ Staat]: *meist dreibeiniger, gestellartiger Gegenstand für bestimmte feinmechanische Apparate (z. B. Kameras), der zusammengeschoben, zusammengelegt werden kann u. auf dem die Geräte befestigt werden können.*

¹statt ⟨Konj.⟩ [verkürzt aus ↑ ¹anstatt]: *anstatt, anstelle von:* er faulenzte, s. zu arbeiten, (veraltend:) s. dass er arbeitete; Statt das, was er suchte, fand er ein paar alte Schaftstiefel (R. Walser, Gehülfe 119).

²statt ⟨Präp. mit Gen.⟩ [vgl. ↑ ¹statt]: *anstelle:* s. des Geldes gab sie ihm ihren Schmuck; ⟨mit Dativ, wenn der Genitiv formal nicht zu erkennen ist:⟩ s. Worten will ich Taten sehen.

³statt: in den Fügungen **an jmds. s.** (*anstelle von jmdm.*); **an Eides s.** (↑ Eid); **an Kindes s.** (↑ Kind 2); **an Zahlungs s.** (↑ Zahlung).

Statt, die; - [mhd., ahd. stat, eigtl. = das Stehen; vgl. ↑ Stadt] (geh.): *Ort, Platz, Stelle:* nirgends eine bleibende S. (*Ort, wo man leben kann;* nach Hebr. 13, 14, eigtl. = Stadt) haben, finden.

statt|des|sen ⟨Adv.⟩: *ersatzweise, anstelle (dieser Sache, dieses Geschehens, Ereignisses o. Ä.):* Die Party fällt aus – wollen wir s. ins Kino gehen?

Stät|te, die; -, -n [spätmhd. stete, entstanden aus den flektierten Formen von mhd. stat, ↑ Statt] (geh.): *Stelle, Platz (im Hinblick auf einen*

stattfinden – stauen

bestimmten Zweck); Ort [als Schauplatz wichtiger Begebenheiten, feierlicher Handlungen o. Ä.], dem eine besondere Bedeutung zukommt od. der einem außerordentlichen Zweck dient: eine historische S.

statt|fin|den ⟨st. V.; hat⟩: (als Geplantes, Veranstaltetes) geschehen, vor sich gehen: die Aufführung findet heute, in der Aula statt.

statt|ge|ben ⟨st. V.; hat⟩ (Amtsspr.): einer (als Antrag, Gesuch o. Ä. formulierten) Bitte, Forderung o. Ä. entsprechen.

statt|ha|ben ⟨unr. V.; hat⟩ (geh.): stattfinden.

statt|haft ⟨Adj.⟩ (geh.): von einer Institution zugestanden, durch eine Verfügung erlaubt, zulässig: es ist nicht s., hier zu rauchen.

Statt|hal|ter, der [spätmhd. stathalter, LÜ von mlat. locumtenens, ↑ Leutnant]: **1.** (früher) Vertreter des Staatsoberhauptes od. der Regierung in einem Teil des Landes. **2.** (schweiz.) **a)** oberster Beamter eines Bezirks; **b)** Stellvertreter des regierenden Landammanns; **c)** Bürgermeister.

Statt|hal|te|rin, die: w. Form zu ↑ Statthalter.

Statt|hal|ter|schaft, die: Ausübung des Amtes als Statthalter (1).

♦ **stät|tig** (südd., alemann.): ↑ stätig: ...je mehr er schalt und fluchte, umso größer ward der Unstern, umso -er das Vieh (Gotthelf, Spinne 39).

statt|lich ⟨Adj.⟩ [aus dem Niederd. < mniederd. statelik = ansehnlich, zu ↑ Staat (3)]: **1.** von beeindruckender großer u. kräftiger Statur: ein -er Mann. **2.** (in Hinsicht auf äußere Vorzüge) ansehnlich, bemerkenswert: ein -es Gebäude.

sta|tu|a|risch ⟨Adj.⟩ [lat. statuarius, zu: statua, ↑ Statue]: auf die Bildhauerkunst od. eine Statue bezogen; standbildhaft.

Sta|tue [...tu̯ə, auch: ˈst...], die; -, -n [lat. statua, zu: statuere (2. Part.: statutum) = aufstellen, zu: stare (2. Part.: statum) = stehen]: frei stehende ¹Plastik (1), die einen Menschen od. ein Tier in ganzer Gestalt darstellt: eine S. aus Marmor, Bronze; er stand unbewegt wie eine S.

Sta|tu|et|te, die; -, -n [frz. statuette, Vkl. von: statue < lat. statua, ↑ Statue]: kleine Statue.

sta|tu|ie|ren ⟨sw. V.; hat⟩ [lat. statuere, ↑ Statue] (bildungsspr.): aufstellen, festsetzen; bestimmen: der Notarzt konnte nur noch den Tod des Mannes s.; * ein Exempel s. (↑ Exempel 1).

Sta|tur [ʃt...], die; -, -en ⟨Pl. selten⟩ [lat. statura, zu: stare = stehen]: körperliches Erscheinungsbild, Körperbau, Wuchs: sie ist zierlich von S.

Sta|tus [ʃt..., auch: st...], der; -, - [...tuːs] [lat. status, ↑ Statue]: **1.** (bildungsspr.) Lage, Situation: der wirtschaftliche S. eines Landes. **2. a)** Stand, Stellung in der Gesellschaft, innerhalb einer Gruppe: der gesellschaftliche S.; **b)** (Rechtsspr.) Rechtsstellung. **3.** (Med.) Zustand, Befinden. **4.** (Med.) durch die Anlage (6) bedingte Neigung zu einer bestimmten Krankheit.

Sta|tus quo, der; - - [lat. = Zustand, in dem...] (bes. Rechtsspr.): gegenwärtiger Zustand.

Sta|tus quo an|te, der; - - - [lat., zu ante = vorher] (bildungsspr.): Stand vor dem infrage kommenden Tatbestand od. Ereignis.

Sta|tus|sym|bol, das: etw., was jmds. gehobenen Status (2) dokumentieren soll.

Sta|tut, das; -[e]s, -en [mhd. statut < lat. statutum = Bestimmung, subst. 2. Part. von: statuere, ↑ Statue]: Satzung, Festgelegtes, Festgesetztes (z. B. bezüglich der Organisation eines Vereins); in etw. aufstellen.

sta|tu|ta|risch [auch: st...] ⟨Adj.⟩: auf einem Statut beruhend; satzungsgemäß.

Stau, der; -[e]s, -s u. -e ⟨rückgeb. aus ↑ stauen⟩: **1. a)** ⟨Pl. selten⟩ durch Behinderung des Fließens, Strömens o. Ä. bewirkte Ansammlung: ein S. der Eisschollen an der Brücke; **b)** ⟨Pl. meist -s⟩ Ansammlung von Fahrzeugen in einer langen Reihe durch Behinderung, Stillstand des Verkehrs: in einen S. geraten; im S. stehen; **c)** ⟨Pl. selten⟩ (Meteorol.) Ansammlung (u. Aufsteigen) von Luftmassen vor einem Gebirge, die zu Wolkenbildung u. Niederschlägen führt. **2.** (selten) Stauwerk.

Staub, der; -[e]s, ⟨Fachspr.:⟩ -e u. Stäube [mhd., ahd. stoup, zu ↑ stieben]: **1.** etw., was aus feinsten Teilen (z. B. von Sand) besteht, in der Luft schwebt, sich als [dünne] Schicht auf die Oberfläche od. Gegenstände legt: feiner S.; radioaktive Stäube; S. [von den Möbeln] wischen; S. saugen; ich habe gestern S. gesaugt; S. abweisende Materialien; * **S. aufwirbeln** (ugs.: Aufregung, Unruhe verursachen sowie Kritik u. Empörung hervorrufen); **den S. (einer Stadt o. Ä.) von den Füßen schütteln** (geh.; einen Ort, ein Land verlassen; für immer fortgehen; nach Matth. 10, 14); **sich aus dem Staub[e] machen** (ugs.; sich [rasch u. unbemerkt] entfernen; eigtl. = sich in einer Staubwolke heimlich aus dem Schlachtgetümmel entfernen); **jmdn., etw. durch/in den S. ziehen, zerren** (geh.; ↑ Schmutz); **vor jmdm. im Staub[e] kriechen**; **sich vor jmdm. in den S. werfen** (geh. veraltet; sich in demütigender Weise jmdm. unterwerfen [müssen]); **[wieder] zu S. werden** (geh. verhüll.; sterben; nach Prediger Salomo 3, 20). **2.** (Mineral.) fein verteilte feste Einschlüsse in durchsichtigen Schmuckstein.

Staub ab|wei|send, staub|ab|wei|send ⟨Adj.⟩: Staub nicht od. nur schwer annehmend, haften lassend: Staub abweisendes Gewebe.

staub|be|deckt ⟨Adj.⟩: von Staub bedeckt.

Staub|be|sen, der: Handbesen mit langen, weichen Haaren zum Abstauben.

Staub|beu|tel, der (Bot.): Teil des Staubblatts, der die Pollensäcke enthält.

Staub|blatt, das (Bot.): Teil der Blüte, der den Blütenstaub enthält.

Stäub|chen, das; -s, -: einzelnes Staubteilchen.

Stäu|be: Pl. von ↑ Staub.

Stau|be|cken, das: Becken für gestautes Wasser.

stäu|ben ⟨sw. V.; hat⟩ [mhd. stöuben, ahd. stouben, ↑ stauben] **a)** = stieben machen]: **1. a)** Staub absondern, von sich geben: das Kissen staubt (unpers.:) beim Fegen staubt es sehr (gibt es viel Staub); **b)** Staub aufwirbeln, herumwirbeln: du sollst beim Fegen nicht so s. **2.** (landsch.) mit Mehl bestäuben. **3.** (selten) Staub, Schmutzteilchen o. Ä. von etw. entfernen.

stäu|ben ⟨sw. V.; hat⟩ [mhd. stöuben, ahd. stouben, ↑ stauben]: **1.** (selten) Staub absondern, stauben (1 a). **2.** Staub, Schmutzteilchen o. Ä. von etw. entfernen; stauben (3). **3.** in kleinste Teilchen zerstieben; wie Staub umherwirbeln. **4.** (etw. Pulveriges) fein verteilen, streuen. **5.** (Jägerspr.) (vom Federwild) Kot fallen lassen.

Stau|be|ra|ter, der: von einem Automobilklub eingesetzter Motorradfahrer, der im Stau steckenden Autofahrern Rat und kleinere Hilfeleistungen anbietet.

Stau|be|ra|te|rin, die: w. Form zu ↑ Stauberater.

Staub|ex|plo|si|on, die: durch eine Mischung von brennbaren Stäuben mit Luft entstehende Explosion.

Staub|fa|den, der ⟨meist Pl.⟩ (Bot.): einem Faden ähnlicher Teil in der Blüte, der den Staubbeutel trägt; Filament (1).

Staub|fän|ger, der (abwertend): Gegenstand aus Stoff o. Ä. mit vielen Verzierungen, der Zierde einer Wohnung dienender Gegenstand, in dem man nur etw. sieht, worauf sich Staub absetzt.

staub|fein ⟨Adj.⟩: fein wie Staub.

Staub|fil|ter, der, Fachspr. meist: das (Technik): Filter (1 b), mit dem Staub aus der Luft gefiltert wird.

staub|frei ⟨Adj.⟩: frei von Staub.

Staub|ge|fäß, das: Staubblatt.

♦ **Staub|hemd**, das (bes. südd.): kittelähnliches leinenes Kleidungsstück, das zum Schutz gegen Straßenstaub bei langen Wanderungen über der Kleidung getragen wird: ... sie standen ... vor der Haustüre ..., in lange braune Röcke gekleidet mit alten, verwaschenen -en darüber (Keller, Kammacher 233).

♦ **stau|bicht**: ↑ staubig: ... in alten, -en Urkunden nachzuschlagen (Droste-Hülshoff, Judenbuche 4); ... aber die Seelen versetzen sich aus dem -en Kerker und treffen sich im Paradiese der Liebe (Schiller, Räuber IV, 4).

stau|big ⟨Adj.⟩ [mhd. stoubec]: **1.** voll Staub; mit Staub bedeckt: -e Straßen; Staubig und verlassen lagen die Plätze im weißen Licht (Ransmayr, Welt 203). **2.** (landsch. scherzh.) betrunken.

♦ **stau|bigt**: ↑ staubig: ... in einer engen -en Studierstube (Lessing, Freigeist II, 2).

Staub|kamm, der: Kamm mit feinen, sehr eng stehenden Zinken.

Staub|korn, das ⟨Pl. ...körner⟩: einzelner, kleiner Teil des Staubs.

Staub|lap|pen, der: weicher Lappen zum Abstauben.

Staub|la|wi|ne, die: Lawine aus Pulverschnee, bei deren Abgehen der Schnee hoch aufstaubt.

Stäub|ling, der; -s, -e: Bofist.

Staub|lun|ge, die (Med.): durch beständiges Einatmen von Staub hervorgerufene Erkrankung der Lunge; Pneumokoniose.

Staub|man|tel, der [ursp. = leichter Mantel, der beim Wandern die Kleidung vor dem Straßenstaub schützen sollte]: leichter [heller] Mantel aus Popeline: der S. ist meist sandfarben.

Staub|par|ti|kel, das, auch: die: Staubkorn.

staub|sau|gen ⟨sw. V.⟩: staubsaugte, hat gestaubsaugt: saugen (2 a).

Staub|sau|ger, der: elektrisches Gerät, mit dem man Staub, Schmutz o. Ä. von etw. absaugt.

Staub|schicht, die: aus Staub gebildete Schicht.

Staub|schutz, der: Vorrichtung [an technischen Geräten] zum Schutz vor Staub: das Kameragehäuse ist mit einem S. ausgestattet.

Staub|teil|chen, das: Staubkorn.

staub|tro|cken ⟨Adj.⟩: **1.** [ˈʃtaʊ̯pˌtrɔkn̩] (meist abwertend) überaus trocken. **2.** [ˈʃtaʊ̯pˌtrɔkn̩] (Fachspr.) (von Lack) so weit getrocknet, dass sich kein Staub mehr festsetzt.

Staub|tuch, das ⟨Pl. ...tücher⟩: weiches Tuch zum Abstauben.

Staub|we|del, der: Wedel (1) mit weichen, langen Haaren zum Abstauben.

Staub|wol|ke, die: wie eine Wolke aufgewirbelter Staub.

Staub|zu|cker, der: Puderzucker.

stau|chen ⟨sw. V.; hat⟩ [H. u., vgl. (m)niederd. stūken = stoßen, stūke = aufgeschichteter Haufen]: **1.** heftig auf, gegen etw. stoßen: den Stock auf den Boden s. **2.** gegen etw. dadurch zusammendrücken, verbiegen [kürzer u. dicker machen]: ein Gestänge s. **3.** (Technik) ein Werkstück (z. B. Nieten, Bolzen) durch Druck mit einem Stempel formen. **4.** (selten) verstauchen: ich stürzte und stauchte mir den Fuß.

Stau|chung, die; -, -en: das Stauchen (1–4).

Stau|damm, der: Damm zum Stauen von Wasser.

Stau|de, der; -, -n [mhd. stūde, ahd. stūda, wohl zu ↑ stauen]: **1.** (Bot.) [große] Pflanze mit mehreren, aus einer Wurzel wachsenden kräftigen Stängeln, die im Herbst absterben u. im Frühjahr wieder neu austreiben. **2.** (landsch., bes. südd.) Strauch. **3.** (landsch.) Kopf (5 b).

Stau|den|ge|wächs, das: Staude (1).

Stau|den|sel|le|rie, die: als Staude (1) wachsender Sellerie, dessen lange, fleischige Stängel als Salat u. Gemüse verzehrt werden.

stau|en ⟨sw. V.; hat⟩ [aus dem Niederd. < mniederd. stouwen, eigtl. = stehen machen, stellen, zu ↑ stehen]: **1.** *(etw. Fließendes, Strömendes o. Ä.) zum Stillstand bringen [u. dadurch ein Ansammeln bewirken]:* einen Bach s. **2.** ⟨s. + sich⟩ **a)** *(von etw. Fließendem, Strömendem o. Ä.) zum Stillstand kommen u. sich ansammeln:* das Blut staut sich in den Venen; **b)** *sich an einem Ort (vor einem Hindernis o. Ä.) ansammeln:* Autos stauten sich an der Unfallstelle; Ü der Ärger hatte sich in ihm gestaut. **3.** *(Seemannsspr.) (auf einem Schiff) sachgemäß unterbringen, verladen:* Schüttgut, Säcke s.

Stau|en|de, das: *Ende eines Staus* (1 b).

Stau|er, der; -s, -: *jmd., der Frachtschiffe be- u. entlädt* (Berufsbez.).

Stau|e|rin, die; -, -nen: w. Form zu ↑ Stauer.

Stau|mau|er, die: *hohe [gewölbte] Mauer eines Stauwerks zum Stauen.*

stau|nen ⟨sw. V.; hat⟩ [im 18. Jh. aus dem Schweiz. in die Standardspr. gelangt, schweiz. stünen (Anfang 16. Jh.), eigtl. = erstarren, wohl zu ↑ stauen]: **1. a)** *mit großer Verwunderung wahrnehmen:* er staunte, dass sie schon da war; man höre und staune!; **b)** *über etw. sehr verwundert sein:* über jmds. Anwesenheit s.; ich staune [darüber], wie schnell du das geschafft hast; da staunst du [wohl]!; ich werde s., wenn ihr seht, wen sie mitgebracht hat; er staunte nicht schlecht (ugs.; *war sehr verwundert*), als seine Frau aufkreuzte. **2.** *sich beeindruckt zeigen u. Bewunderung ausdrücken:* über jmds. Einfallsreichtum s. ♦ **3.** *Staunen hervorrufen:* ⟨meist im 1. Part.:⟩ ... er fuhr aus dem staunenden Traum auf (Siebe, Hermann u. Dorothea 7, 8).

Stau|nen, das; -s: **1.** *starke Verwunderung:* jmdn. in S. [ver]setzen. **2.** *staunende Bewunderung:* eine S. erregende Leistung.

stau|nen|er|re|gend, Stau|nen er|re|gend ⟨Adj.⟩: *geeignet, Staunen zu erregen:* eine äußerst -e Leistung.

stau|nens|wert ⟨Adj.⟩ (geh.): *so, dass man es bewundern muss:* mit -em Fleiß.

Stau|pe, die; -, -n [aus dem Md.; vgl. mniederl. stuype = krampfartiger Anfall]: *(durch einen Virus hervorgerufene) Tier-, bes. Hundekrankheit.*

stäu|pen ⟨sw. V.; hat⟩ [zu ↑ Staupe] (früher): *an einem Schandpfahl mit Ruten öffentlich auspeitschen:* ♦ ... es sollte in dem Schlosshofe die Exekution vorgehen und ein Knabe gestäupt werden (Goethe, Lehrjahre III, 9).

Stau|raum, der: **1.** (Seemannsspr.) *Platz, an dem etw. gestaut* (3) *werden kann.* **2.** (DDR) *durch Sperrlinien markierter Teil der Fahrbahn auf Kreuzungen, auf dem Fahrzeuge halten, solange die Fahrtrichtung gesperrt ist.* **3.** (Fachspr.) *Raum für das aufgestaute Wasser eines Stauwerks.* **4.** *Platz, an dem man etw. unterbringen kann:* ein Schrank mit wenig S.

Stau|see, der: *durch Stauen eines Flusses entstandener See.*

Stau|stu|fe, die: *mit einer Schleuse versehene Stauanlage als Teil gleichartiger Anlagen, die in Abständen in den Fluss gebaut, dessen Schiffbarkeit ermöglichen.*

Stau|ung, die; -, -en: **1.** *das Stauen* (1). **2.** *Stau* (1).

Stau|was|ser, das; ⟨Pl. ...wasser⟩ (Fachspr.): *(in einer Tide) Wasser fast ohne Strömung (wenn sich die Strömung in umgekehrter Richtung zu bewegen beginnt).*

Stau|wehr, das: ²*Wehr.*

Stau|werk, das (Fachspr.): *quer durch einen Fluss od. ein Flusstal gebaute Anlage zum Stauen* (1).

Std. = Stunde.

Stdn. = Stunden.

Stea|di|cam® ['stedikem], die; -, -s [engl. Steadicam®, zu: steady = standfest u. cam, ugs. Kurzform von: camera = Kamera]: *[Handkamera mit] Tragevorrichtung, die das Verwackeln des Bildes verhindert.*

Steak [ste:k, ʃte:k, auch: steɪk], das; -s, -s [engl. steak < aisl. steik = Braten, zu: steikja = braten, urspr. = an den Bratspieß stecken]: *nur kurz gebratene od. zu bratende Fleischscheibe aus der Lende (bes. von Rind od. Kalb):* Klaus Buch und seine Frau aßen nur S. und Salat, und den Salat aßen sie vor dem S. (M. Walser, Pferd 30).

Steak|haus, das [engl. steak-house]: *Restaurant, das bes. auf die Zubereitung von Steaks spezialisiert ist.*

Steak|let ['ste:klɛt, 'ʃt...], das; -s, -s: *flach gedrückter, kurz gebratener Kloß aus feinem Hackfleisch.*

Ste|a|rin [auch: st...], das; -s, -e [frz. stéarine, zu griech. stéar (Gen.: stéatos) = Fett, Talg]: *(zur Kerzenherstellung u. für kosmetische Produkte verwendetes) festes, weißes, bei höheren Temperaturen flüssig werdendes Gemisch aus Stearin- u. Palmitinsäure.*

Ste|a|rin|ker|ze, die: *Kerze aus Stearin.*

Ste|a|rin|säu|re, die: (Chemie): *an Glyzerin gebundene gesättigte Fettsäure in vielen tierischen u. pflanzlichen Fetten.*

Ste|a|tit [auch: st..., ...'tɪt], der; -s, -e [zu griech. stéar, ↑ Stearin] (Mineral.): *Talk in besonders dichter Form; Speckstein.*

Stech|ap|fel, der: *(zu den Nachtschattengewächsen gehörende) hochwachsende Pflanze mit großen Blättern, großen, weißen, trichterförmigen Blüten u. stacheligen Kapselfrüchten.*

ste|chen ⟨st. V.; hat⟩ [mhd. stechen, ahd. stehhan]: **1.** *spitz sein, mit Spitzen o. Ä. versehen sein u. daher eine unangenehme Empfindung auf der Haut verursachen bzw. die Haut verletzen:* Dornen, Tannennadeln, Disteln, Borsten stechen; die Wolle sticht [auf der Haut] *(ist sehr rau, kratzt);* dein Bart sticht *(kratzt).* **2.** *(mit einem spitzen Gegenstand) einen Stich* (1 b) *beibringen;* an, *mit einem spitzen Gegenstand verletzen:* sich an den Dornen der Rose s.; ich habe mir/mich [versehentlich] in den Finger gestochen. **3. a)** *(von bestimmten Insekten) einen Stechrüssel bzw. einen Stachel* (2 b) *ausgesetzt sein; die Fähigkeit haben, sich durch Stiche zu wehren od. anzugreifen, Blut zu saugen:* Wespen, Bienen stechen; **b)** *(von bestimmten Insekten) mit dem Stechrüssel bzw. dem Stachel* (2 b) *einen Stich beibringen:* eine Wespe hatte ihn [am Hals] gestochen; bist du gestochen worden?; das Insekt hat ihm/ihn ins Bein gestochen. **4. a)** *(ein spitzer Gegenstand, ein spitzes od. scharfes Werkzeug, eine Stichwaffe o. Ä.) irgendwohin stoßen, mit dem eindringen lassen:* die Nadel in die Haut, jmdm. ein Messer in den Rücken, in den Bauch s.; die Ahle in das Leder s.; den Spaten in die Erde, in den Boden s.; **b)** *(mit einem spitzen Gegenstand, einem spitzen, scharfen Werkzeug, einer Stichwaffe o. Ä.) einen Stich in einer bestimmten Richtung ausführen:* mit einer Nadel durch das Leder, in den Stoff s.; er hatte ihm/ihn mit dem Messer in die Brust gestochen. **5.** *durch Einstechen* (1) *in einem Material o. Ä. hervorrufen:* Löcher in das Leder s.; ... und in die Zeitung hat er mit einer Stecknadel Löchlein gestochen, damit er versteckt dem Treiben der Menschen zusehen kann (Seghers, Transit 161). **6.** (Fischerei) *mit einem gabelähnlichen Gerät fangen:* Aale s. **7.** *(bestimmte Schlachttiere) durch Abstechen* (1) *töten:* Schweine s. **8.** *mit einem entsprechenden Gerät von der Oberfläche des Bodens ab-, aus dem Boden herauslösen:* Torf, Rasen s. **9.** *durch Abschneiden über der Wurzel ernten:* Feldsalat s. Spargel s. *(mit einem dafür vorgesehenen Gerät aus dem Boden stechen);* frisch gestochene Champignons. **10.** (Jargon) *tätowieren.* **11.** ⟨unpers.⟩ *in einer Weise schmerzen, die ähnlich wie Nadelstiche wirkt:* es sticht mich [im Rücken]; ein stechender Schmerz. **12.** (bes. in eine Metallplatte) *mit dem Stichel eingraben, gravieren* (1): etw. in Kupfer, in Stahl s.; ein Wappen s.; Es müsste sich um einen Prozess volkstümlicher Art handeln, und ich würde ein Bulletin herausgeben oder besser ein Flugblatt davon s. lassen (Hacks, Stücke 261). **13.** [vgl. ausstechen (3)] (Kartenspiele) **a)** *(von einer Farbe) die anderen Farben an Wert übertreffen;* **b)** *(eine Karte) mithilfe einer höherwertigen Karte an sich bringen:* einen König mit dem Buben s. **14.** (Jägerspr.) *das Stechschloss spannen:* die Büchse s. **15.** (Jägerspr.) *(von bestimmten Tieren) der Schnauze im Boden graben:* der Dachs sticht nach Würmern. **16.** [vgl. ausstechen (3)] (Sport, bes. Reiten) *(bei Punktgleichheit in einem Wettkampf) durch Wiederholung eine Entscheidung herbeiführen:* beim Jagdspringen wird gestochen. **17.** *die Stechuhr betätigen:* er hat zu s. vergessen; bis 9 Uhr muss man gestochen haben. **18.** *(von der Sonne) unangenehm grell sein; heiß brennen:* die Sonne sticht heute; die Sonne stach ihr in die Augen *(blendete sie).* **19.** *jmdn. sehr reizen, in Unruhe versetzen:* die Neugier sticht ihn; Ihn stach nicht der Ehrgeiz, es den Freiluftgecken und Schicksportlern gleichzutun (Th. Mann, Zauberberg 654). **20.** *vor einem Hintergrund hervortreten; hervorragen o. Ä.* **21.** *(von den Augen, dem Blick) in unangenehmer Weise starr u. durchbohrend sein:* er hat stechende Augen, einen stechenden Blick. **22.** *einen Übergang in einen bestimmten anderen Farbton aufweisen; einen Stich in etw. haben:* ihr Haar sticht ins Rötliche. **23.** (vom Stechpaddel) *eintauchen:* die Paddel stechen ins Wasser. ♦ **24.** (landsch.) *fälschlich für* stecken (5 a): In der einen Hand hatte sie die schwarzen Schnüre eines ... Wartsäckleins, in welchem ... eine große Zupfe stach, ein Geschenk für die Kindbetterin (Gotthelf, Spinne 8).

Ste|chen: **1.** ⟨das; -s⟩ [zu ↑ stechen (11)] *stechender Schmerz:* er hatte in der Seite ein starkes S. **2.** ⟨das; -s, -⟩ [zu ↑ stechen (16)] (Sport, bes. Reiten) *bei Punktgleichheit in einem Wettkampf durch Wiederholung herbeigeführte Entscheidung.*

ste|chend ⟨Adj.⟩: *(von Gerüchen) scharf u. durchdringend:* ein -er Geruch.

Ste|cher, der; -s, - [mhd. stechære = Mörder; Turnierkämpfer; Stichwaffe]: **1.** Kurzf. von Kupferstecher; Graveur. **2.** (abwertend) Kurzf. von ↑ Messerstecher. **3.** *Vorrichtung an Jagdgewehren, die es ermöglicht, den Abzug so einzustellen, dass bei leichtester Berührung der Schuss ausgelöst wird.* **4.** (Jägerspr.) *Schnabel der Schnepfe.*

Ste|che|rei, die; -, -en (abwertend): Kurzf. von ↑ Messerstecherei.

Ste|che|rin, die; -, -nen: w. Form zu ↑ Stecher (1, 2).

Stech|flie|ge, die: *der Stubenfliege ähnliche Fliege mit einem Stechrüssel.*

Stech|kahn, der: *Kahn, der in flachem Wasser mit einer Stange fortbewegt wird.*

Stech|kar|te, die: *Kontrollkarte der Stechuhr.*

Stech|mü|cke, die: *(in vielen Arten vorkommende) Mücke mit einem Stechrüssel, die als Blutsauger bei Tieren u. Menschen auftritt u. oft Krankheiten überträgt.*

Stech|pad|del, das: *Paddel mit nur einem Blatt [mit dem ein Kanadier* (2) *fortbewegt wird].*

Stech|pal|me, die: *Baum od. Strauch mit glänzenden, immergrünen, häufig dornigen Blättern; Ilex.*

Stechrüssel – stehen

Stech|rüs|sel, der: *Rüssel bestimmter Insekten, mit dem sie zu stechen u. zu saugen vermögen.*

Stech|schritt, der (Militär): *Paradeschritt.*

Stech|uhr, die: **1.** *mit einem Uhrwerk gekoppeltes Gerät zur Aufzeichnung bes. von Arbeitsbeginn u. -ende.* **2.** *Wächterkontrolluhr.*

Stech|vieh, das (österr.): *Vieh, das bei der Schlachtung gestochen wird.*

Steck|brief, der [eigtl. = Urkunde, die eine Behörde veranlasst, einen gesuchten Verbrecher »ins Gefängnis zu stecken«]: **1.** (Rechtsspr.) *[auf einem Plakat öffentlich bekannt gemachte, an einem Bild versehene] Beschreibung eines einer kriminellen Tat Verdächtigten, durch die die Öffentlichkeit zur Mithilfe bei seiner Ergreifung aufgefordert wird.* **2.** (Jargon) **a)** *kurze Personenbeschreibung in Daten:* -e der einzelnen Teilnehmer; **b)** *kurze Information über eine Sache, ein [technisches] Produkt.*

steck|brief|lich ⟨Adj.⟩: *in Form, mithilfe eines Steckbriefs* (1): jmdn. s. verfolgen, suchen.

Steck|do|se, die: *[in die Wand eingelassene] Vorrichtung zur Herstellung eines Kontaktes zwischen Stromkabel u. elektrischem Gerät mithilfe eines Steckers:* den Stecker in die S. stecken.

ste|cken ⟨sw., bei intr. Gebrauch im Prät. geh. auch unr. V.⟩ [mhd. stecken, in der mhd. Form sind zusammengefallen ahd. stecchēn = festhaften, stecken bleiben u. stecchen = stechend befestigen, Kausativ zu: stehhan, ↑ stechen]: **1.** ⟨hat⟩ **a)** *[durch eine Öffnung hindurchführen u.] an eine bestimmte Stelle tun (schieben, stellen, legen); hineinstecken:* den Brief in den Umschlag s.; er steckte die Papiere zu sich *(steckte sie ein, nahm sie an sich);* die Hand durch das Gitter s. *(durchstecken);* Ü das Kind ins Bett s. (fam.; *dafür sorgen, dass es ins Bett kommt);* die Oma in ein Heim s. (ugs.; *in einem Seniorenheim unterbringen);* jmdn. ins Gefängnis s. (ugs.; *mit Gefängnis bestrafen);* er wurde in eine Uniform gesteckt (ugs.; *er musste eine Uniform anziehen);* sie hat viel, ihr ganzes Vermögen, ihre ganze Kraft in das Unternehmen gesteckt *(hineingesteckt, investiert);* sich hinter jmdn. s. (ugs.; *jmdn. zur Mithilfe bei etw. zu gewinnen suchen; jmdn. anstacheln, ihn bei etw. zu unterstützen);* sich hinter etw. s. (ugs.; *sich mit Eifer an etw., an eine Arbeit machen);* **b)** *an einer bestimmten [dafür vorgesehenen] Stelle einpassen; aufstecken; feststecken:* einen Ring an den Finger s.; Kerzen auf den Leuchter s. **2.** ⟨hat⟩ *an, auf, in etw. befestigen, [mithilfe von Nadeln] anheften, anstecken:* ein Abzeichen ans Revers s.; sich das Haar zu einem Knoten s. *(aufstecken);* ⟨auch ohne Raumergänzung:⟩ der Saum ist nur gesteckt. **3.** ⟨hat⟩ (landsch. (bes. von Knollen, Zwiebeln o. Ä.) *an der dafür bestimmten Stelle in die Erde bringen; setzen, legen.* Zwiebeln s. **4.** ⟨hat⟩ (ugs.) *jmdm. heimlich mitteilen, zur Kenntnis bringen:* dem Chef etw. s.; * es jmdm. s. (ugs.; *jmdm. unverblümt die Meinung sagen; wohl nach der Sitte der Femegerichte, Verurteilungen mit einem Dolch an die Tür des zu Ladenden zu heften).* **5.** ⟨hat, südd., österr., schweiz. auch: ist⟩ **a)** *sich an einer bestimmten Stelle, an die etw. getan (geschoben, gestellt, gelegt) worden ist, befinden:* er hat immer die Hände in den Taschen s.; der Pfahl steckt [fest] in der Erde; Gräten können leicht im Hals s. bleiben; die Radfahrer sind im Schlamm s. geblieben; du kannst dein Geld s. lassen (ugs.; *ich bezahle für dich mit);* Ü wo hast du denn gesteckt? (ugs.; *wo warst du denn?);* ich habe eine Erkältung, in mir steckt eine Erkältung (ugs.; *ich habe eine leichte noch nicht richtig zum Ausbruch gekommene Erkältung);* mein Freund steckt (ugs.; *befindet sich)* in Schwierigkeiten; erst in den Anfängen s.

(noch nicht weit gediehen sein); in jmdm. steckt etwas (ugs.; *jmd. ist begabt, befähigt);* der Schreck stak ihm noch in den Gliedern; Die Wahrheit zu sagen, unter all meiner guten Kinderstube steckte ein Großteil Schüchternheit (Fallada, Herr 10); * *hinter etw. s.* (ugs.; *die Triebfeder, der Veranlasser von etw., einer bestimmten Handlung o. Ä. sein);* **b)** *an einer bestimmten [dafür vorgesehenen] Stelle eingepasst, auf etw. aufgesteckt, an etw. festgesteckt sein:* der Schlüssel steckt im Schloss; ⟨auch ohne Raumergänzung:⟩ der Schlüssel steckt, wurde stecken gelassen (ugs.; *ist nicht abgezogen).* **6.** ⟨hat, südd., österr., schweiz. auch: ist⟩ *an, auf, in etw. befestigt, [mithilfe von Nadeln] angeheftet, angesteckt sein:* das Abzeichen steckt an seinem Revers. **7.** ⟨hat, südd., österr., schweiz. auch: ist⟩ *viel, eine Menge, ein großes Maß von etw. aufweisen:* er steckt voller Einfälle. **8.** ⟨hat⟩ (ugs.) *aufgeben* (7): die Reise können wir s.

Ste|cken, der; -s, - [mhd. stecke, ahd. stecko, verw. mit mhd. stake = langer Stock, Stange od. zu ↑ Stich] (landsch.): ^{1}*Stock* (1): * *den S. nehmen müssen* (↑ ^{1}Hut 1).

ste|cken blei|ben, ste|cken|blei|ben ⟨st. V.; ist⟩: **1.** *sich nicht weiterentwickeln; ins Stocken geraten:* die Verhandlungen sind [in den Anfängen] stecken geblieben. **2.** (ugs.) *(beim Sprechen) den Faden verlieren, ins Stocken geraten:* sie ist während des Vortrags stecken geblieben.

ste|cken las|sen, ste|cken|las|sen ⟨st. V.; hat⟩: *unverändert lassen; etw. dort belassen, wo es sich befindet:* du kannst dein Geld stecken lassen.

Ste|cken|pferd, das: **1.** *Kinderspielzeug aus einem [hölzernen] Pferdekopf mit daran befestigtem Stock.* **2.** *[nach engl. hobby-horse] von Außenstehenden leicht als [liebenswürdige] Schrulle belächelte Liebhaberei, der jmd. seine freie Zeit widmet:* * *sein S. reiten* (scherzh.; *sich seiner Liebhaberei widmen; über ein Lieblingsthema immer wieder sprechen).*

Ste|cker, der; -s, - *mit Kontaktstiften versehene Vorrichtung, die in die Steckdose gesteckt wird:* den S. herausziehen.

ste|cker|fer|tig ⟨Adj.⟩ (Elektrot.): *mit einem Stecker, bes. einem Netzstecker, ausgestattet:* -e Kühlgeräte.

Steck|kar|te, die (EDV): *an einem Steckplatz angebrachte Platte aus Kunststoff od. Hartpapier, die in einem Computer als Platine für elektronische Bauteile dient.*

◆ **Steck|lein|sprin|ger**, der; -s, - [1. Bestandteil = Vkl. von ↑ Stecken; 2. Bestandteil = Geschäftemacher, der mit seinem Spazierstock scheinbar geschäftig über Land geht] (landsch.): *Agent* (2 a): Ganz so meine ich auch und habe dem s. eine ähnliche Antwort gegeben (Keller, Romeo 6).

Steck|ling, der; -s, -e: *von einer Pflanze abgetrennter Trieb, der zur Bewurzelung in die Erde gesteckt wird u. aus dem sich eine neue Pflanze entwickelt:* -e von Geranien in Töpfe setzen.

Steck|mu|schel, die: *im Mittelmeer vorkommende Muschel, die mit der Spitze im Meeresboden steckt.*

Steck|na|del, die: *kleine, zum Heften von Stoff o. Ä. verwendete Nadel mit einem Kopf aus Metall od. buntem Glas:* es ist so still, dass man eine S. fallen hören könnte (*dass nicht das Geringste zu hören ist);* * *etw., jmdn. suchen wie eine S.* (ugs.; *lange, überall nach etw., jmd. schwer Auffindbarem suchen);* * *S. im Heuhaufen/Heuschober suchen* (ugs.; *etw. ohne od. nur mit geringen Erfolgsaussichten suchen).*

Steck|na|del|kopf, der: *Kopf* (5 a) *der Stecknadel.*

Steck|platz, der (EDV): *normierte Anschlussstelle an einem Computer zur Anbringung einer Steckkarte; Slot.*

Steck|rü|be, die (landsch.): *Kohlrübe* (1).

Steck|schach, das: *kleines Schachspiel, bei dem die Figuren in das Brett gesteckt werden.*

Steck|schloss, das: *länglicher, zylindrischer Stift, der zur Sicherung gegen Einbruch in ein Kastenschloss eingesetzt werden kann.*

Steck|schlüs|sel, der: *aus einem Stahlrohr bestehender Schraubenschlüssel, dessen Kopfende bei seiner Benutzung auf die Schraubenmutter aufgesteckt wird.*

Steck|tuch, das ⟨Pl. ...tücher⟩: *Einstecktuch.*

Steck|va|se, die: *mit einer Spitze am unteren Ende versehene Vase zum Einstecken in die Erde.*

Steck|ver|bin|dung, die (Elektrot.): *zur Verbindung elektrischer Leitungen dienende Steckvorrichtung, die den leichten Austausch elektrischer bzw. elektronischer Bausteine ermöglicht.*

Steck|zwie|bel, die: *junge Zwiebel, die zum Wachsen in die Erde gesteckt wird.*

Steg, der; -[e]s, -e [mhd. stec, ahd. steg, zu ↑ steigen u. urspr. = schmaler, erhöhter Übergang über ein Gewässer, auf den man meist hinaufsteigen musste]: **1. a)** *kleine, schmale Brücke über einen Bach, einen Graben o. Ä.;* **b)** *als Überführung dienende schmale Brücke für Fußgänger.* **2. a)** *Kurzf. von ↑ Bootssteg:* Am S. hinter dem Hangar lag ein kleines, sauberes Schiff (Seghers, Transit 274); **b)** *Brett, das eine Verbindung bes. zwischen einem Schiff u. dem Ufer herstellt.* **3.** (veraltet) *schmaler Pfad.* **4.** *(bei Saiteninstrumenten) senkrecht stehendes kleines Holzbrettchen auf der Oberseite des Instruments, auf dem die Saiten aufliegen.* **5.** *Teil des Brillengestells, durch den die Brille auf der Nase festgehalten wird.* **6.** *(an Steghosen) seitlich am unteren Ende des Hosenbeins angebrachtes, unter der Fußsohle verlaufendes, das Hinaufrutschen des Hosenbeins verhinderndes Gummiband.* **7.** *Teil des Schuhs, der sich zwischen der Lauffläche der Schuhsohle u. dem Absatz befindet.* **8.** *waagerechtes Verbindungsteil zwischen zwei Schuhbeinen od. Tischbeinen.* **9.** (Technik) *(der (im Querschnitt) vertikale Teil eines Trägers, einer Schiene o. Ä. aus Stahl.* **10.** (Druckw.) **a)** *(beim Bleisatz) Material zum Ausfüllen von größeren Flächen einer Kolumne, die ohne Schrift sind;* **b)** *rechtwinklige Leiste aus Eisen zur Bildung der Druckform; Formatsteg;* **c)** *freier Raum an einer Druckform.*

Steg|ho|se, die: *[Ski]hose mit einem Steg* (6), *mit dessen Hilfe die Hosenbeine einen straffen Sitz bekommen.*

Steg|reif: nur in der Fügung *aus dem S.* (*ohne Vorbereitung; improvisiert;* mhd. steg[e]reif, ahd. stegareif = Steigbügel, 1. Bestandteil zu ↑ steigen, 2. Bestandteil zu ↑ ^{2}Reif in der entsprechenden Bed. »Strick« [u. wohl urspr. = Seil- od. Riemenschlinge am Sattel], eigtl. = ohne vom Pferd abzusteigen: etw. aus dem S. vortragen).

Steg|reif|ko|mö|die, die: *Komödie, bei der die Schauspieler die Möglichkeit freier Improvisation haben.*

Steh|auf|man|derl (österr.), **Steh|auf|männ|chen** [auch: ˈʃteː...], das: *kleine Spielzeugfigur, die aus jeder Lage in die Senkrechte zurückkehrt:* Ü sie ist ein S. (ugs.; *ein Mensch, der sich nicht unterkriegen lässt).*

Steh|bünd|chen, das: *Abschluss am Hals (bes. bei Blusen u. Kleidern) in Form eines geraden, hochstehenden Stoffstreifens, der mehr od. weniger dicht am Hals anliegt.*

Steh|ca|fé, das: *einfacheres [an eine Bäckerei angegliedertes] Café mit Stehtischen.*

Steh|emp|fang, der: *Empfang* (3b), *bei dem die Gäste stehen.*

ste|hen ⟨unr. V.; hat; südd., österr., schweiz.: ist⟩ [mhd., ahd. stān, stēn]: **1. a)** *sich in aufrechter Körperhaltung befinden; aufgerichtet sein, mit* *seinem Körpergewicht auf den Füßen ruhen:* aufrecht, gerade, krumm, schief, gebückt, breitbeinig, still, auf den Zehenspitzen, wie angewurzelt s.; sie standen dicht gedrängt, in Reih und Glied; der Zug war so voll, dass sie s. mussten *(keinen Sitzplatz bekamen);* sie konnte kaum noch s. *(war sehr erschöpft);* das Baby kann schon s. *(kann schon eine aufrechte Körperhaltung einnehmen);* er arbeitet stehend; der Boxer war stehend k. o; sie schießen stehend freihändig *(ohne das Gewehr auf einer Unterlage abzustützen);* ⟨subst.:⟩ er trinkt den Kaffee im Stehen; * **stehend freihändig** (ugs.; *mühelos);* **b)** *sich stehend* (1 a) *an einem bestimmten Ort, einer bestimmten Stelle befinden:* am Fenster, neben jmdm., einer Sache s.; mit den Füßen im Wasser s.; die Pferde stehen im Stall; ⟨als Beteuerungsformel:⟩ so wahr ich hier stehe, ...; vor dem Schaufenster stehen bleiben *(nicht weitergehen); (verblasst:)* am Herd s. *(mit Kochen beschäftigt sein);* als wir ihn abholen wollten, stand er noch im Hemd (ugs.; *war er noch nicht angezogen);* die Mutter steht zwischen ihnen *(verhindert, dass sie ein besseres Verhältnis haben);* im Rentenalter s. *(das Rentenalter erreicht haben);* vor einer Frage, einer Entscheidung s. *(mit einer Frage, Entscheidung konfrontiert sein);* erst am Beginn einer Entwicklung s.; er ließ sie einfach s. *(wandte sich von ihr ab u. entfernte sich);* Ü die Zeit schien s. zu bleiben; das Kind ist in der Entwicklung s. geblieben; wo sind wir s. geblieben?; R hier stehe ich, ich kann nicht anders (nach Luthers angeblichen Schlussworten auf dem Reichstag zu Worms 1521); **c)** (schweiz.) *sich stellen:* er befahl dem Kind, in die Ecke zu s.; **d)** *(von Sachen) sich [in aufrechter Stellung] an einem bestimmten Ort, einer bestimmten Stelle befinden, dort [vorfindbar] sein:* hoch, schief s.; das Haus steht direkt an der Straße; die Teller stehen schon auf dem Tisch; die Suppe s. lassen *(nicht [ganz] aufessen);* Blumen standen in der Vase; das Buch steht im Regal; die Sachen stehen vergessen in der Ecke *(werden nicht mehr beachtet);* sie haben einen Barockschrank im Zimmer s.; er hat die Leiter am Baum s. lassen/(seltener:) s. gelassen; wir sind dafür, das Unkraut s. zu lassen; sie mussten alles s. und liegen lassen *(sie mussten überstürzt aufbrechen);* ich will, dass der Gartenzwerg hier s. bleibt *(an diesem Platz belassen wird);* der Koffer blieb s. *(wurde zurückgelassen, vergessen);* den Koffer s. lassen *(zurücklassen, vergessen); (verblasst:)* die Sonne steht hoch am Himmel; das Wasser stand im Keller; dichter Rauch stand im Raum; Schweißperlen standen auf seiner Stirn; er lässt sich einen Bart s. *(lässt sich einen Bart wachsen);* * **mit jmdm., etw. s. und fallen** *(von jmdm., etw. entscheidend abhängig sein);* **jmdm. bis zum Hals[e], bis oben/bis hier[hin] s.** (ugs.; *zum Überdruss werden, von jmdm. nicht mehr ertragen werden;* meist von einer Handbewegung zum Hals begleitet, womit angedeutet wird, dass man kurz davor ist, sich vor Widerwillen zu erbrechen: Schmeißen Sie mich nur raus, Frau Direktor. Mir steht der Laden sowieso bis hier [Grass, Hundejahre 348]). **2. a)** *(auf einer [Wert]skala, innerhalb eines Systems o. Ä.) eine bestimmte Stellung haben:* das Barometer steht hoch, tief, steht auf Regen; das Thermometer steht auf 10°; die Ampel steht auf Rot; in Mathematik gut, schlecht s.; der Franc, die Aktie steht gut, schlecht; der Dollar stand bei 0,79 EUR; **b)** (Sport) *einen bestimmten Spielstand aufweisen:* das Fußballspiel steht 1 : 1; im zweiten Satz steht es 5 : 3. **3.** *(von Kulturpflanzen) in einem bestimmten Stand des Wachstums, Gedeihens sein:* der Weizen steht gut, schlecht. **4.** *(von Gebäuden) als Bauwerk vorhanden sein:* das Haus steht seit 20 Jahren, steht noch, schon lange nicht mehr; nur wenige Gebäude sind bei dem Bombenangriff s. geblieben *(der Zerstörung entgangen);* von der Burg stehen nur noch ein paar Mauerreste. **5.** *(von Fischen) ruhig (im Wasser) verharren, sich nicht fortbewegen.* **6.** (Jägerspr.) *(von Schalenwild) in einem bestimmten Revier seinen ständigen Aufenthalt haben.* **7.** (Ski, Eislauf) *einen Sprung stehend, ohne Sturz zu Ende führen:* einen dreifachen Rittberger sicher s.; der weiteste gestandene Sprung. **8.** *nicht [mehr] fahren, nicht [mehr] in Bewegung, in Funktion sein:* auf einen stehenden Zug auffahren; das Auto ist vor der Ampel s. geblieben; ⟨subst.:⟩ der Triebwagen kam in letzter Sekunde zum Stehen; Ü einen Angriff zum Stehen bringen *(aufhalten);* die Uhr, der Motor steht, ist s. geblieben; das Herz ist ihr vor Schreck fast s. geblieben *(sie war sehr erschrocken).* **9.** *an einer bestimmten Stelle in schriftlicher od. gedruckter Form vorhanden sein:* die Nachricht steht in der Zeitung; auf der Marmortafel steht geschrieben (geh. veraltend; *kann man lesen),* dass ...; unter dem Schriftstück steht sein Name; (verblasst:) das Gericht steht nicht mehr auf der Speisekarte *(ist dort nicht mehr aufgeführt);* etw. steht auf dem Programm, auf der Tagesordnung *(ist im Programm, in der Tagesordnung vorgesehen);* das Zitat steht bei Schiller *(stammt aus einem Werk Schillers);* das Geld steht auf dem Konto, auf dem Sparbuch *(ist als Haben auf dem Konto, im Sparbuch verzeichnet);* die Fehler blieben s. *(wurden nicht korrigiert);* einen Fehler s. lassen *(nicht korrigieren);* R wo steht denn das geschrieben? *(es gibt keine Vorschrift, die dem eigenen Handeln entgegensteht);* nach Martin Luthers jeweils erläuternder Frage für die biblische Begründung seiner Erklärungen zu Taufe, Abendmahl u. Sündenvergebung im »Kleinen Katechismus«). **10.** ⟨s. + sich⟩ (ugs.) *in bestimmten (bes. finanziellen) Verhältnissen leben:* er steht sich gut, nicht schlecht, besser als vorher; er steht sich auf 3 000 Euro monatlich *(verdient monatlich 3 000 Euro).* **11.** *ein bestimmtes Verhältnis zu jmdm. haben:* schlecht mit jmdm. s.; ⟨ugs. auch s. + sich:⟩ sich gut mit jmdm. s. **12.** *von jmds. Entscheidung abhängen:* es, die Entscheidung steht [ganz] bei dir, ob und wann mit der Sache begonnen wird. **13.** (ugs.) *(im Hinblick auf die Vorbereitung o. Ä. von etw.) fertig, abgeschlossen sein:* der Plan, seine Rede steht *(ist fertiggestellt);* die Mannschaft steht *(ist zusammengestellt).* **14. a)** *für etw. einstehen, Gewähr bieten:* die Marke steht für Qualität; **b)** *stellvertretend sein:* dieses Beispiel, sein Name steht für viele. **15.** *sich zu etw. bekennen:* zu seinem Wort, seinem Versprechen s.; er steht zu dem, was er getan hat *(steht dafür ein);* wie stehst du zu der Angelegenheit? *(was für eine Meinung hast du dazu?).* **16.** *jmdm. beistehen, zu jmdm. halten:* hinter jmdm., zu jmdm. s. **17.** *(in Bezug auf eine Straftat) mit einem bestimmten Strafmaß geahndet werden:* auf Diebstahl, auf eine solche Straftat steht Gefängnis. **18.** *in einem bestimmten [Entwicklungs]zustand sein:* die Sache steht gut; die Aussichten, Chancen stehen fifty-fifty; ⟨auch unpers.:⟩ mit seiner Gesundheit steht es schlimm, nicht zum Besten; *(Frage nach jmds. Ergehen:)* [wie gehts] wie stehts?; ... schon das verhehlte Gesicht der Haushälterin sagte mir, dass es schlecht um den alten Herrn stand (Fallada, Herr 70/71). **19.** ⟨unpers. mit Inf. mit »müssen« gebildeten Passiv⟩: es steht *(ist)* zu erwarten, zu befürchten, zu hoffen, dass ... **20.** *(von Kleidungsstücken) zu jmdm. in bestimmter Weise passen; jmdm. kleiden* (1 b): der Hut, das Kleid, die Farbe steht dir gut, steht dir nicht. **21.** (landsch.) *leben* (3), *angestellt, beschäftigt sein:* er steht als Lehrer im Westerwald. **22.** (ugs., bes. Jugendspr.) *von jmdm., einer Sache besonders angetan sein, eine besondere Vorliebe für jmdn., etw. haben:* auf jmdn., auf etw. s. **23.** (Seemannsspr.) *(in Bezug auf den Wind) in einer bestimmten Richtung, in bestimmter Weise wehen:* der Wind steht nach Norden, steht günstig. **24.** (ugs.) *erigiert sein.* ◆ **25.** (Prät. stund) Sie stund auf, packte die Säcklein aus (Gotthelf, Spinne 11); ... die Tränen stunden ihm in den Augen (Goethe, Götz V).

ste|hen blei|ben, ste|hen|blei|ben ⟨st. V.; ist⟩: **1.** *sich nicht weiter verändern, entwickeln; bei einer Tätigkeit o. Ä. nicht fortfahren:* das Kind ist in der Entwicklung stehen geblieben; die Zeit schien stehen zu bleiben. **2.** *nicht weiterlaufen, nicht weiter in Funktion, Tätigkeit sein:* die Uhr, der Motor ist stehen geblieben. **3.** *vergessen, zurückgelassen werden:* ihr Koffer blieb stehen. **4.** *unverändert belassen werden:* die Fehler sollten tatsächlich stehen bleiben.

ste|hen las|sen, ste|hen|las|sen ⟨st. V.; hat⟩: **1. a)** *zurücklassen, nicht mit-, zu sich nehmen:* sie haben ihn am Bahnhof stehen lassen; **b)** *unbeabsichtigt zurücklassen, mitzunehmen vergessen:* den Koffer stehen lassen. **2.** *nicht länger beachten, sich von jmdm. abwenden:* sie hat ihren Freund stehen lassen. **3.** *wachsen lassen:* er will sich einen Bart stehen lassen. **4.** *nicht [auf] essen:* die Suppe stehen lassen. **5.** *(einen Fehler) unkorrigiert lassen, übersehen:* einen Fehler stehen lassen.

Steh|im|biss, der: *einfache Schnellgaststätte, in der man im Stehen isst u. trinkt.*

Steh|kra|gen, der: **a)** *an Kleidungsstücken Kragen ohne Umschlag, der so geschnitten ist, dass er am Hals hochsteht;* **b)** (früher) *steifer, nicht umgelegter Hemdkragen für Herrenhemden;* Ü bis an den/bis zum S. in Schulden stecken (ugs.; *völlig verschuldet sein).*

Steh|lam|pe, die: *Lampe mit Fuß u. meist größerem Schirm, die auf dem Boden steht.*

Steh|lei|ter, die: *Leiter mit einem stützenden Teil, die frei zu stehen vermag.*

steh|len ⟨st. V.; hat⟩ [mhd. steln, ahd. stelan, H. u.]: **1.** *fremdes Eigentum, etw., was einem nicht gehört, heimlich, unbemerkt an sich nehmen, in seinen Besitz bringen:* er stiehlt; er hat [ihm] das Portemonnaie gestohlen; das Geld für die Sachen hast du [dir] gestohlen; Ü jmdm. den Schlaf, die Zeit s. *(rauben, ihn darum bringen);* für den Besuch musste sie sich die Zeit s. *(sich die Zeit nehmen, die sie eigentlich nicht hatte);* der Komponist hat [einem anderen, bei/von einem anderen] ein Motiv gestohlen (ugs.; *hat ein Plagiat begangen);* Ich schwöre dir, Madeleine - ich habe Thibaut nicht ganz unschuldig. Ich, ich habe ihn ein paar Küsse gestohlen *(habe sie geküsst),* ganz gegen ihren Willen (Fallada, Herr 15); R woher nehmen und nicht s.? (in Bezug auf etwas, was man nicht u. nicht beschaffen kann); * **jmdm. gestohlen bleiben können/**(seltener) **werden können** (ugs.; *jmdm. gleichgültig, für jmdn. vollkommen unwichtig sein).* **2.** ⟨s. + sich⟩ *sich heimlich, unbemerkt von einem Ort weg- od. irgendwohin schleichen:* sich aus dem Haus s.; Ü ein Lächeln stahl sich auf ihr Gesicht (geh.; *erschien auf ihrem Gesicht).*

Steh|ohr, das: *(bei bestimmten Tieren) aufrecht stehendes Ohr.*

Steh|pad|deln, das; -s (Wassersport): *auf einer Art Surfbrett stehend ausgeführtes Paddeln mit einem Stechpaddel:* beim S. kommt es auf ein gutes Gleichgewichtsgefühl an.

Stehparty–steilrecht

Steh|par|ty, die: *Party, bei der man nicht an Tischen sitzt.*
Steh|platz, der: *keine Sitzgelegenheit bietender, nur zum Stehen vorgesehener Platz (in einem Stadion, Theater, Verkehrsmittel o. Ä.).*
Steh|pult, das: *hohes Pult, an dem man stehend arbeitet.*
Steh|rol|ler, der: *elektrisch angetriebenes Fahrzeug mit zwei parallel angeordneten Rädern, zwischen denen ein Brett zum Stehen und eine Lenkstange angebracht sind.*
Steh|tisch, der: *(in einem Lokal o. Ä.) hoher Tisch, an dem man steht.*
Steh|ver|mö|gen, das ⟨o. Pl.⟩: **a)** *Fähigkeit (aufgrund guter körperlicher Verfassung), eine Anstrengung, eine [sportliche] Anforderung o. Ä. gut zu bestehen;* **b)** *charakterliche Eigenschaft, einer Sache, die sich nicht leicht bewältigen od. im eigenen Sinne lenken lässt o. Ä., mit Zähigkeit od. Unerschütterlichkeit zu begegnen; Durchhaltevermögen.*
Stei|e|rin, die; -, -nen: w. Form zu ↑ Steirer.
Stei|er|mark, die; -: österreichisches Bundesland.
¹Stei|er|mär|ker, der; -s, -: Ew.; vgl. auch Steirer.
²Stei|er|mär|ker ⟨indekl. Adj.⟩.
Stei|er|mär|ke|rin, die; -, -nen: w. Form zu ↑ ¹Steiermärker.
stei|er|mär|kisch ⟨Adj.⟩: *die Steiermark, die Steiermärker betreffend; von den Steiermärkern stammend, zu ihnen gehörend.*
steif ⟨Adj.⟩ [mhd. (md.) stîf, eigtl. = (bes. von Holzpfählen) unbiegsam, starr; aufrecht]: **1.** *nicht weich, wenig biegsam, von einer gewissen Festigkeit u. Starre:* -er Karton; -e Pappe; ein -er (gestärkter od. versteifter) Kragen; die Wäsche war s. gefroren, war s. wie ein Brett (ugs.; *ganz starr geworden*). **2.** *(bes. von Körperteilen, Gelenken, Gliedmaßen) von verminderter od. [vorübergehend] nicht mehr bestehender Beweglichkeit:* ein -er Hals, Nacken; er hat ein -es Bein *(sein Kniegelenk ist unbeweglich geworden);* s. in den Gelenken sein; sie ist ganz s. geworden *(hat ihre körperliche Elastizität eingebüßt).* **3.** (ugs.) erigiert: ein -es Glied.
4. *(in seiner Haltung, seinen Bewegungen o. Ä.) ohne Anmut; unelastisch; ungelenk; verkrampft wirkend:* ein -er Gang; eine -e Haltung; sich s. bewegen. **5.** *förmlich u. unpersönlich; leicht gezwungen wirkend:* ein -er Empfang; er ist ein sehr -er Mensch; »Ich bin erst neunundzwanzig, Papa«, bemerkte das Fräulein s. (Langgässer, Siegel 413). **6.** *(in Bezug auf bestimmte, in ihrem Ausgangsstadium mehr od. weniger flüssige Nahrungsmittel) [schaumig u.] fest:* Eiweiß s. schlagen. **7.** (Seemannsspr.) *von ziemlicher Heftigkeit, Stärke:* ein -er Wind; eine -e *(stark bewegte)* See; der Wind steht s. aus Südost. **8.** (ugs.) *stark, kräftig* (3): ein -er Grog. ◆ **9.** *unverwandt:* Sehen Sie mich an! Aug' in Auge (Lessing, Emilia Galotti IV, 5). **10. * s. und fest** (ugs.; *mit großer Bestimmtheit, unbeirrbar, unerschütterlich:* etw. s. und fest behaupten, glauben).
steif|bei|nig ⟨Adj.⟩ (ugs.): *mit ungelenken, steifen Beinen.*
steif|hal|ten ⟨st. V.; hat⟩: *nur in den Wendungen* **die Ohren s.** (↑ Ohr); **den Nacken s.** (↑ Nacken).
Steif|heit, die; -, -en: *das Steifsein* (steif 1–8).
Stei|fig|keit, die; -: *steife* (1–8) *Beschaffenheit.*
steif schla|gen, steif|schla|gen ⟨st. V.; hat⟩: *durch Schlagen* (11) *in einen festen Zustand bringen:* Sahne steif schlagen.
Steig, der; -[e]s, -e [mhd. stîc, ahd. stîg]: *schmaler, steiler Weg; Gebirgspfad.*
Steig|bü|gel, der; **1.** *Fußstütze für den Reiter, die in Höhe der Füße seitlich vom Sattel herabhängt:* * **jmdm. den S. halten** (geh. abwertend; *jmdm. bei seinem Aufstieg, seiner Karriere behilflich sein).* **2.** (Anat.) *Gehörknöchelchen, das einem Steigbügel* (1) *ähnelt.*
Steig|bü|gel|hal|ter, der (abwertend): *jmd., der einem anderen bei seinem Aufstieg* (2 a) *Hilfestellung gibt.*
Steig|bü|gel|hal|te|rin, die: w. Form zu ↑ Steigbügelhalter.
Stei|ge, die; -, -n: **1. a)** [mhd. steige, zu: steigen = steigen machen; sich erheben, Kausativ zu: steigen, ↑ steigen] (bes. südd., österr.) *steile Fahrstraße;* **b)** (landsch.) *kleine Treppe; Stiege.*
2. (bes. südd., österr.) *flache Lattenkiste (in der Obst od. Gemüse zum Verkauf angeboten wird).*
3. [mhd. stîge, urspr. wohl = Ort, an dem etwas zusammengedrängt wird] (südd., österr.) *Lattenverschlag; Stall (für Kleintiere).*
Stei|gei|sen, das: **1.** (Bergsteigen) *unter den Schuhsohlen befestigtes, mit Zacken versehenes Eisen, das den Bergsteiger (im Eis) gegen Abrutschen sichern soll.* **2.** *Bügel aus Metall, der in größerer Zahl in die Wand von Schächten, Kaminen o. Ä. eingelassen, das Hoch- bzw. Hinuntersteigen ermöglicht.* **3.** *an die Schuhe anschnallbarer Bügel aus Metall, der das Erklettern hölzerner Leitungsmasten ermöglicht.*
stei|gen ⟨st. V.; ist⟩ [mhd. stîgen, ahd. stîgan, eigtl. = (hinauf)schreiten]: **1.** *sich aufwärts-, in die Höhe bewegen; hochsteigen* (2): der Nebel steigt. **2. a)** *sich gehend an einen höher od. tiefer liegenden Ort, eine höher od. tiefer liegende Stelle begeben:* auf einen Turm, ins Tal s.; **b)** *sich mit einem Schritt, einem Satz [schwungvoll] an einen höher od. tiefer liegenden Platz bewegen:* auf einen Stuhl, aufs Fahrrad s.; aus dem Auto s.; in den Bus, über die Mauer s.; Ü in die Kleider s. (ugs.; *sich anziehen).* **3. a)** *im Niveau höher werden, ansteigen* (2 a): das Fieber ist auf 40° gestiegen; Ü Unruhe und Spannung waren gestiegen; **b)** *sich erhöhen, größer werden, zunehmen (an Umfang, Wert o. Ä.):* der Preis ist gestiegen; etw. steigt im Preis, im Wert; **c)** *zunehmen an Bedeutung, Wichtigkeit), sich mehren:* die Ansprüche steigen.
4. (ugs.) *stattfinden:* eine Party, ein Coup steigt. **5.** *(von Pferden) sich nach der Hinterhand aufbäumen.*
Stei|ger, der; -s, - [eigtl. wohl = jmd., der häufig *(zu Kontrollen o. Ä.)* in Bergwerk steigt; mhd. stîger = Kletterer, Bergsteiger, Besteiger einer Sturmleiter]: **1.** (Bergbau) *Ingenieur (Techniker), der als Aufsichtsperson unter Tage arbeitet (Berufsbez.).* **2.** *Anlegebrücke der Personenschifffahrt.* **3.** (selten) Kurzf. von ↑ Bergsteiger.
Stei|ge|rer, der; -s, -: *jmd., der auf einer Versteigerung bietet.*
Stei|ge|rin, die; -, -nen: **1.** w. Form zu ↑ Steiger (3). **2.** w. Form zu ↑ Steigerer.
stei|gern ⟨sw. V.; hat⟩ [spätmhd. steigern, zu mhd. steigen, ↑ Steige]: **1. a)** *erhöhen, vergrößern in Wert, die Produktion s.;* eine gesteigerte *(zunehmende)* Nachfrage; **b)** *etw. zunehmen, sich verstärken lassen:* etw. steigert jmds. Spannung; der Läufer steigert das Tempo. **2.** ⟨s. + sich⟩ **a)** *zunehmen, stärker werden, sich intensivieren:* die Erregung steigerte sich; etw. steigert sich ins Maßlose; seine Leistungen haben sich gesteigert *(verbessert);* die Schmerzen steigerten sich mehr und mehr; **b)** (bes. Sport) *sich in seinen Leistungen verbessern.*
3. ⟨s. + sich⟩ *sich in etw. (eine bestimmten Gemütszustand) versetzen, hineinsteigern.*
4. *bei einer Versteigerung erwerben, ersteigern:* einen Barockschrank s. **5.** (Sprachwiss.) *(bei einem Adjektiv) die Vergleichsformen bilden:* ein Adjektiv s.
Stei|ge|rung, die; -, -en [spätmhd. steigerunge]:
1. *das Steigern* (1). **2.** (bes. Sport) *Verbesserung der Leistung.* **3.** (Sprachwiss.) *das Steigern* (5); Komparation.
stei|ge|rungs|fä|hig ⟨Adj.⟩: **1.** *sich steigern* (1 a) *lassend:* eine -e Produktion. **2.** (Sprachwiss.) *Vergleichsformen bildend.*
Stei|ge|rungs|form, die (Sprachwiss.): seltener für ↑ Vergleichsform.
Stei|ge|rungs|grad, der: *Grad der Steigerung.*
Stei|ge|rungs|ra|te, die (bes. Wirtsch.): *Rate, Umfang die Steigerung in einem bestimmten Zeitraum.*
Stei|ge|rungs|stu|fe, die (Sprachwiss.): *erste bzw. zweite Stufe der Komparation; Komparativ bzw. Superlativ.*
Steig|fä|hig|keit, die (Kfz-Technik): *Leistung eines Motors im Hinblick auf das Befahren von Steigungen.*
Steig|fell, das (Ski): *auf der Laufsohle der Skier befestigter, das Abrutschen verhindernder Fellstreifen.*
Steig|flug, der (Flugw.): *Flug, bei dem ein Flugzeug o. Ä. in die Höhe steigt.*
◆ **Steig|har|ke,** die [zu ↑ Steig] (landsch.): *kleine Harke für die Gartenwege:* Am Eingang empfing sie die alte Andreas, die S. in der Hand (Storm, Söhne 54).
Steig|lei|ter, die: *fest angebrachte, senkrechte Leiter.*
Steig|rie|men, der: *Riemen am Sattel, in dem der Steigbügel hängt.*
◆ **Steig|stein,** der [zu ↑ Steig] (landsch.): *steinerne Begrenzung am Rande eines Weges:* Der Großvater stieg über den S., indem er seinen Stock und seinen Rock nach sich zog und mir, der ihn zu klein war, hinüberhalf (Stifter, Granit 25).
Stei|gung, die; -, -en: **1. a)** *das Ansteigen eines Geländes, einer Straße o. Ä.:* eine starke, geringe, sanfte S.; die S. beträgt 12%; **b)** *ansteigende Strecke; Anstieg:* eine S. *(einen Höhenunterschied)* überwinden/(Sportjargon) nehmen.
2. (Technik) *Weg, um den sich die Schraubenmutter bei einer vollen Umdrehung auf dem Schraubenbolzen verschiebt.*
steil ⟨Adj.⟩ [spätmhd., mniederd. steil, zugesz. aus mhd. steigel, ahd. steigal, ablautend zu: stîgan (↑ steigen) u. eigtl. = (auf- od. ab)steigend]: **1.** *stark ansteigend od. abfallend:* ein -er Weg, Abhang; ein -es Dach *(Dach mit starker Neigung);* eine -e Handschrift *(Handschrift, bei der die Buchstaben groß u. nicht nach einer Seite hin geneigt sind);* das Flugzeug stieg s. in die Höhe; Ü eine -e *(schnelle u. in ein hohes Amt führende)* Karriere. **2.** (ugs., bes. Jugendspr.) *imponierend; beeindruckend; auffallend.*
3. (Ballspiele, bes. Fußball) *über eine größere Distanz nach vorn [gespielt]:* eine -e Vorlage; der Pass war zu s.
Steil|ab|fahrt, die (bes. Skisport): *steile Abfahrt, Gefällstrecke.*
Steil|dach, das: *Dach mit starker Neigung.*
Steil|feu|er|ge|schütz, das (Militär): *Geschütz mit kurzem Rohr u. meist großem Kaliber, dessen Geschosse in einem steilen Winkel auftreffen.*
Steil|hang, der: *steil abfallender Hang* (1).
Steil|heit, die; -, -en: *das Steilsein* (1, 3).
Steil|kur|ve, die: *(bei Rennbahnen o. Ä.) stark überhöhte Kurve.*
Steil|küs|te, die: *steil abfallende Küste* (a).
Steil|pass, der (Fußball): *steil nach vorn gespielter Pass* (3).
◆ **steil|recht** ⟨Adj.⟩ (landsch.): *senkrecht* (1 b): Im Innern war es trocken, da der -e Schneefall keine einzige Flocke hineingetragen hatte (Stifter, Bergkristall 43); ... alle Bergfelder ... sind dann weiß ... selbst die -en Wände, die die Bewohner Mauern heißen, sind mit einem

Steil|ufer, das: *steil abfallendes Ufer.*
Steil|vor|la|ge, die (Fußball): *Steilpass:* Ü in Wahrheit lieferte sie eine publizistische S.
Steil|wand, die: *steile Felswand.*
Steil|wand|fah|rer, der: *Artist, der auf einem Motorrad mit sehr großer Geschwindigkeit auf einer senkrechten kreisförmigen Bahn fährt.*
Steil|wand|fah|re|rin, die: w. Form zu ↑ Steilwandfahrer.
Stein, der; -[e]s, -e u. (als Maß- u. Mengenangabe:) - [mhd., ahd. stein, wohl eigtl. = der Harte]: **1. a)** ⟨o. Pl.⟩ *feste mineralische Masse (die einen Teil der Erdkruste ausmacht):* hart wie S.; ein Denkmal aus S.; etw. in S. meißeln, hauen; Ü er hat ein Herz aus S. (geh.; *ist hartherzig, mitleidlos*); ihr Gesicht war zu S. geworden, zu S. erstarrt (geh.; *hatte einen starren Ausdruck angenommen*); **b)** *mehr od. weniger großes Stück Stein* (1 a), *Gesteinsstück, das sich in großer Zahl in u. auf der Erdoberfläche befindet:* runde, flache, spitze, dicke -e; -e auflesen, sammeln; mit -en werfen; etw. mit einem S. beschweren; nach dem langen Marsch schlief er wie ein S. (ugs. emotional; *sehr fest*); R man könnte ebenso gut -e predigen (*alle Worte, Ermahnungen o. Ä. treffen auf taube Ohren*); * *der S. der Weisen* (geh.; *die Lösung aller Rätsel, Probleme;* alchemistenlat. lapis philosophorum [= arab. al-iksīr, ↑ Elixier], *die wichtigste magische Substanz der ma. Alchemie, die Unedles edel machen sollte*); **der S. des Anstoßes** (geh.; *die Ursache der Verärgerung;* nach Jes. 8, 14 u. a.; vgl. Anstoß 4); **jmdm. fällt ein S. vom Herzen** (*jmd. ist sehr erleichtert über etw.*); **der S. kommt ins Rollen** (ugs.; *eine [schon längere Zeit schwelende] Angelegenheit kommt in Gang*); **es friert S. und Bein** (ugs.; *es herrscht strenger Frost;* zu ↑ Bein 5, eigtl. wohl = es friert so sehr, dass der Frost sogar in Steine u. Knochen eindringt); **S. und Bein schwören** (ugs.; *etw. nachdrücklich versichern;* zu ↑ Bein 5, viell. urspr. = beim steinernen Altar u. den Knochen eines Heiligen schwören); **den S. ins Rollen bringen** (ugs.; *eine [schon längere Zeit schwelende] Angelegenheit in Gang bringen*); **jmdm. [die] -e aus dem Weg räumen** (*für jmdn. die Schwierigkeiten ausräumen*); **jmdm. -e in den Weg legen** (*jmdn. bei einem Vorhaben o. Ä. Schwierigkeiten machen*); **jmdm. -e geben statt Brot** (geh.; *jmdm. mit leeren [Trost]worten abspeisen, statt ihm wirklich zu helfen;* nach Matth. 7, 9); **weinen, dass es einen S. erweichen könnte** (*[laut] heftig weinen*); **den ersten S. auf jmdn. werfen** (*damit beginnen, einen anderen öffentlich anzuklagen, zu beschuldigen o. Ä.;* nach Joh. 8, 7). **2.** *Baustein (verschiedener Art):* Steine (*Ziegelsteine*) brennen; -e (*Bruchsteine*) brechen; eine M. als Maßangabe:) eine zwei S. starke Wand; * **kein S. bleibt auf dem anderen** (*alles wird völlig zerstört;* nach Matth. 24, 2); **keinen S. auf dem anderen lassen** (*etw. völlig zerstören*). **3.** Kurzf. von ↑ Schmuckstein (b), ↑ Edelstein: *ein echter S.; die Uhr läuft auf 12 -en (Rubinen in den Lagern); * jmdm. fällt kein S. aus der Krone* (↑ Perle 1 a). **4.** Kurzf. von ↑ Grabstein. **5.** Kurzf. von ↑ Spielstein: * **bei jmdm. einen S. im Brett haben** (ugs.; *jmds. besondere Gunst genießen;* urspr. wohl = einen Spielstein bei bestimmten Brettspielen auf dem Felde des Gegners stehen haben [u. durch einen entsprechend geschickten Spielzug die Anerkennung des Gegners finden]). **6.** *hartschaliger Kern der Steinfrucht.* **7.** (Rasenkraftsport) *Quader aus Metall, mit dem beim Steinstoßen gestoßen wird.* **8.** *Konkrement* (z. B. Gallenstein, Nierenstein). **9.** (landsch.) *Bierkrug.*

stein- (emotional verstärkend) *drückt in Bildungen mit Adjektiven eine Verstärkung aus; sehr:* steinmüde, -schwer, -unglücklich.

Stein|ad|ler, der: *großer, im Hochgebirge vorkommender Adler mit vorwiegend dunkelbraunem, am Hinterkopf goldgelbem Gefieder; Königsadler.*
stein|alt ⟨Adj.⟩ (emotional verstärkend): *(von Menschen) sehr alt.*
stein|ar|tig ⟨Adj.⟩: *wie Stein geartet.*
Stein|axt, die: *einer Axt ähnliches Gerät, Waffe aus Stein, wie sie in der Steinzeit verwendet wurde.*
Stein|bau, der; ⟨Pl. -ten⟩: *Gebäude, das ganz od. in der Hauptsache aus Stein gebaut ist.*
Stein|bei|ßer, der: **1.** *(zu den Schmerlen gehörender) im Süßwasser lebender Fisch mit grünlich braunem Körper u. dunklen Flecken auf dem Rücken, der sich bei Gefahr in den Sand einbohrt.* **2.** *Seewolf.*
Stein|block, der; ⟨Pl. ...blöcke⟩: *großer, massiger Stein.*
Stein|bock, der [mhd. steinboc]: **1.** *im Hochgebirge lebendes, gewandt kletterndes u. springendes, einer Gämse ähnliches Tier mit langen, kräftigen, nach hinten gebogenen Hörnern.* **2.** (Astrol.) **a)** ⟨o. Pl.⟩ *Tierkreiszeichen für die Zeit vom 22. 12. bis 20. 1.;* **b)** *jmd., der im Zeichen Steinbock* (2 a) *geboren ist:* sie ist [ein] S. **3.** ⟨o. Pl.⟩ *Sternbild am südlichen Sternenhimmel.*
Stein|bo|den, der: **1.** *steiniger Boden.* **2.** *mit Steinen, Steinplatten belegter [Fuß]boden.*
Stein|brech, der; -[e]s, -e [mhd. steinbreche, LÜ von lat. saxifraga, nach der früheren Verwendung als Heilpflanze gegen Blasen- u. Nierensteine]: *überwiegend im Hochgebirge vorkommende Pflanze mit ledrigen od. fleischigen Blättern u. weißen, gelben od. rötlichen Blüten.*
Stein|bre|cher, der: **1.** *Maschine, die Steine zerkleinert.* **2.** *auf das Brechen u. Rohbearbeiten von Gestein spezialisierter Facharbeiter* (Berufsbez.).
Stein|brech|ge|wächs, das (Bot.): *Kraut, Strauch od. auch Baum mit einfachen od. zusammengesetzten Blättern u. Blüten in verschiedenartigen Blütenständen.*
Stein|bro|cken, der: *Brocken aus Stein.*
Stein|bruch, der: *Stelle, Bereich im Gelände, in dem nutzbares Gestein im Tagebau gebrochen, abgebaut wird:* in einem S. arbeiten; das ist die Arbeit wie im S. (ugs.; *eine äußerst schwere [körperliche] Arbeit*).
Stein|butt, der [nach den steinartigen, knöchernen Höckern in der Haut]: *Plattfisch mit fast kreisrundem Umriss des Körpers mit schuppenloser Haut. gelblich grauer Färbung der Oberseite.*
Stein|damm, der: *aus Steinen aufgeschütteter Damm.*
Stein|druck, der; ⟨Pl. -e⟩: **1.** ⟨o. Pl.⟩ *Verfahren des Flachdrucks, bei dem ein geschliffener Stein als Druckform dient; Lithografie* (1 a). **2.** *im Steindruck* (1) *hergestellte Grafik; Lithografie* (2 a).
Stein|ei|che, die: *(im Mittelmeerraum heimischer) immergrüner Baum mit ledrigen, elliptischen bis eiförmigen dunkelgrünen Blättern.*
stei|nern ⟨Adj.⟩ [dafür mhd., ahd. steinīn]: **1.** *aus Stein* (1 a) *[bestehend]:* ein -es Portal; Ü von -er (geh.; *unerschütterlicher*) Ruhe. **2.** *erstarrt, wie versteinert, hart:* ein -es Herz haben; mit -er Miene.
Stein|er|wei|chen: *in der Fügung* **zum S.** *(heftig, herzzerreißend):* zum S. weinen.
Stein|flie|se, die: *Fliese aus Stein[gut].*
Stein|frucht, die (Bot.): *fleischige Frucht, deren Samen eine harte Schale besitzt.*

Stein|fuß|bo|den, der: *Steinboden* (2).
Stein|gar|ten, der: *gärtnerische Anlage, die bes. mit niedrigen alpinen [Polster]pflanzen bepflanzt u. in den Zwischenräumen mit größeren Steinen belegt ist.*
stein|ge|wor|den ⟨Adj.⟩ (geh.): *in einem steinernen Bauwerk, Kunstwerk verewigt, dadurch symbolisiert o. Ä.:* das Barockschloss ist -er Geist seiner Zeit.
Stein|grab, das: *vorgeschichtliches, aus großen Steinen weitläufig angelegtes, ursprünglich von einem Steinhügel bedecktes Grab.*
stein|grau ⟨Adj.⟩: *von einem blassen Silbergrau:* ein -er Himmel.
Stein|gut, das ⟨Arten: -e⟩: **1.** *Ton u. ähnliche Erden, aus denen Steingut* (2) *hergestellt wird.* **2.** *aus Steingut* (1) *Hergestelltes; weiße, glasierte Irdenware.*
Stein|ha|gel, der: *Hagel von herabstürzendem Felsgestein.*
Stein|hal|de, die: *durch herabgestürztes Gestein entstandene Art Halde.*
stein|hart ⟨Adj.⟩ (emotional verstärkend, häufig abwertend): *sehr hart; hart wie Stein:* -e Plätzchen.
Stein|hau|fen, der: *Haufen, Anhäufung von Steinen.*
Stein|haus, das: *Haus, das ganz od. in der Hauptsache aus Stein gebaut ist.*
Stein|holz, das; -es, ...hölzer ⟨Pl. selten⟩: *unter Verwendung von zermahlenem Gestein hergestellter wärmedämmender Werkstoff.*
Stein|hu|der Meer, das; - -[e]s: *See zwischen Weser u. Leine.*
◆ **stei|nicht:** ↑ steinig: Wir konnten nur langsam fahren in den engen -en Schluchten (Eichendorff, Taugenichts 48).
stei|nig ⟨Adj.⟩ [mhd. steinec, ahd. steinag]: *mit vielen Steinen* (1 b) *bedeckt:* -es Gelände; Ü der Weg zum Ziel war s. (geh.; *mühevoll*).
stei|ni|gen ⟨sw. V.; hat⟩ [dafür mhd. steinen, ahd. steinōn]: *mit Steinwürfen töten.*
Stei|ni|gung, die; -, -en: *das Steinigen.*
Stein|kauz, der: *kleiner Kauz mit braun-weißem Gefieder, der in Baumhöhlen u. Mauerlöchern brütet.*
Stein|kern, der (Bot.): *Stein* (6).
Stein|klee, der [nach dem Standort]: *Klee mit lang gestielten Blättern u. weißen, in Trauben wachsenden Blüten.*
Stein|koh|le, die: **a)** ⟨o. Pl.⟩ *harte, schwarze, fettig glänzende Kohle mit hohem Anteil an Kohlenstoff:* S. fördern, verheizen, veredeln; **b)** ⟨häufig Pl.⟩ *als Heiz-, Brennmaterial verwendete Steinkohle* (a): -[n] feuern, einkellern; mit -[n] heizen.
Stein|koh|len|berg|bau, der: *Bergbau zur Förderung von Steinkohle.*
Stein|koh|len|berg|werk, das: *Bergwerk zur Förderung von Steinkohle.*
Stein|koh|len|för|de|rung, die: *Förderung von Steinkohle.*
Stein|koh|len|teer, der: *bei der Verkokung von Steinkohle anfallender Teer.*
Stein|ko|ral|le, die: *Koralle, die mit ihrer Kalkausscheidung große Riffe bildet.*
Stein|la|wi|ne, die: *Masse herabstürzenden Felsgesteins.*
Stein|mandl, das; -s, -[n] [↑ Mandl] (bayr., österr.): *Wegzeichen aus Steinen.*
Stein|mau|er, die: *Mauer aus Stein.*
Stein|mehl, das: *sehr fein gemahlenes Gestein.*
Stein|metz, der; -en, -e[n] [mhd. steinmetze, ahd. steinmezzo; 2. Bestandteil ist das Gallorroman. < vlat. macio = Steinmetz, aus dem Germ.]: *Handwerker, der Steine behaut u. bearbeitet.*
Stein|met|zin, die; -, -nen: w. Form zu ↑ Steinmetz.

Steinobst – stellen

Stein|obst, das: *Obst mit hartschaligem Kern.*
Stein|pflas|ter, das: *Straßenpflaster aus Steinen* (1 b).
Stein|pilz, der [nach dem festen Fleisch od. dem einem Stein ähnlichen Aussehen der jungen Pilze]: *großer Röhrenpilz mit fleischigem, halb kugeligem, dunkelbraunem Hut u. knolligem, weißem bis bräunlichem Stiel.*
Stein|plas|tik, die: *Plastik aus Stein.*
Stein|plat|te, die: *Platte aus Stein.*
Stein|qua|der, der: *Quader* (a).
stein|reich ⟨Adj.⟩: **1.** [ˈʃtaɪn...] (selten) *reich an Steinen; steinig.* **2.** [ˈʃtaɪnˈraɪç; spätmhd. steinrîche = reich an Edelsteinen] (emotional verstärkend) *sehr, ungewöhnlich reich.*
Stein|salz, das: *im Bergbau gewonnenes Natriumchlorid, das u. a. zu Speisesalz aufgearbeitet wird.*
Stein|schlag, der (Fachspr.): **1.** *das Herabstürzen von durch Verwitterung losgelösten Steinen (im Bereich von Felsen, Felsformationen).* **2.** ⟨o. Pl.⟩ (seltener) *Schotter.*
Stein|schleu|der, die: *Schleuder* (1).
Stein|schnei|de|kunst, die ⟨o. Pl.⟩: *Kunst des Gravierens von erhabenen od. vertieften Reliefs in Schmucksteinen.*
Stein|schnei|der, der: *Facharbeiter, der [Edel]steine schneidet* (3 c); *Graveur* (Berufsbez.).
Stein|schnei|de|rin, die: w. Form zu ↑ Steinschneider.
Stein|set|zer, der: *Pflasterer* (Berufsbez.).
Stein|set|ze|rin, die: w. Form zu ↑ Steinsetzer.
Stein|sto|ßen, das; -s (Rasenkraftsport): *Disziplin, bei der ein Quader von bestimmtem Gewicht mit einem Arm möglichst weit gestoßen werden muss.*
Stein|topf, der: *Topf aus Steingut.*
Stein|wall, der: *aus Steinen aufgeschütteter Wall.*
Stein|werk, das: *Steinbruch[groß]betrieb.*
Stein|wurf, der: *das Werfen, der Wurf eines Steines;* * **[nur] einen S. weit [entfernt]** (veraltend; *in nur geringer Entfernung*).
Stein|wüs|te, die (Geogr.): *Wüste, die mit Geröll bedeckt ist; Hammada.*
Stein|zeit, die: *erste frühgeschichtliche Kulturperiode, in der Waffen u. Werkzeuge hauptsächlich aus Steinen hergestellt wurden:* * **seit -en** (*seit sehr langer Zeit*).
stein|zeit|lich ⟨Adj.⟩: *zur Steinzeit gehörend:* Ü *eine -e* (ugs. abwertend; *völlig veraltete*) *Methode.*
Stein|zeug, das: *glasiertes keramisches Erzeugnis, das hart, nicht durchscheinend u. meist von grauer od. bräunlicher Farbe ist:* *rheinisches, Westerwälder S.*
Stei|rer, der; -s, -: *Bewohner der Steiermark.*
Stei|re|rin, die: w. Form zu ↑ Steirer.
stei|risch ⟨Adj.⟩: *steiermärkisch.*
Steiß, der; -es, -e [entrundet aus älter steuß, mhd., ahd. stiuʒ, eigtl. = gestutzter (Körper)teil, zu ↑ stoßen]: **1. a)** *Steißbein;* **b)** *Gesäß.* **2.** (Jägerspr.) *(bei Federwild mit sehr kurzen Schwanzfedern) Schwanz.*
Steiß|bein, das [zu ↑ Bein (5)] (Anat.): *kleiner, keilförmiger Knochen am unteren Ende der Wirbelsäule.*
Steiß|ge|burt, die (Med.): *Geburt eines Kindes in Steißlage.*
Steiß|la|ge, die (Med.): *Beckenendlage, bei der der Steiß des Kindes bei der Geburt zuerst erscheint.*
Stek [stɛ:k, ʃtɛ:k], der; -s, -s [(m)niederd. stek(e) = Stich, Stechen] (Seemannsspr.): *[Schiffer]knoten.*

-stel: ↑ ²-tel.

Stel|le [ˈstɛl..., ˈʃt...], die; -, -n [griech. stḗlē] (Kunstwiss.): (Kunstwiss.) *frei stehende, mit Relief od. Inschrift versehene Platte od. Säule (bes. als Grabstein).*
Stell|la|ge [...ˈlaːʒə, österr. meist: ...ʃ], die; -, -n [(m)niederd. stellage, mit französierender Endung zu: stellen = dt. stellen]: **1.** *Aufbau aus Stangen u. Brettern o. Ä.* [zum Abstellen, Aufbewahren von etw.]; *Gestell:* *Auf eigens gezimmerten -n, die von vier Personen getragen werden, nähern sich hoch über den Köpfen die Porträts bärtiger Männer* (Schädlich, Nähe 11). **2.** [*der Verkäufer muss bei diesem Geschäft »stillhalten«, die Entscheidung, zu kaufen od. zu verkaufen, liegt nur beim Käufer*] (Börsenw.) *Form des Prämiengeschäftes der Terminbörse.*
stel|lar [ʃt..., st...] ⟨Adj.⟩ [spätlat. stellaris, zu: stella = Stern] (Astron.): *die Fixsterne u. Sternsysteme betreffend.*
Stel|lar|as|t|ro|no|mie, die: *Wissenschaft von den Eigenschaften der einzelnen Sterne sowie dem Aufbau der Sternsysteme.*
Stell|dich|ein, das; -[s], -[s] [LÜ von frz. rendezvous, ↑ Rendezvous] (veraltend): *verabredetes [heimliches] Treffen von zwei Verliebten; Rendezvous:* *ein S.* [mit jmdm.] *haben; zu einem S. gehen;* * **sich ein S. geben** (*zusammentreffen, sich versammeln*).
Stel|le, die; -, -n [wohl frühnhd. Rückbildung aus ↑ stellen, urspr. = Ort, wo etw. steht, hingestellt wurde (für gleichbed. mhd. stal, ↑ Stall)]: **1. a)** *Ort, Platz, Punkt innerhalb eines Raumes, Geländes o. Ä., an dem sich jmd., etw. befindet bzw. befunden hat, an dem sich etw. ereignet [hat]:* *eine schöne S. zum Campen; eine S., wo Pilze wachsen; sich an der vereinbarten S. treffen; stell den Stuhl wieder an seine S.* (*an den Platz, wo er üblicherweise steht*)*!; sich nicht von der S. rühren* (*am gleichen Platz stehen od. sitzen bleiben*); Ü *sie ist an die S. ihrer Kollegin getreten* (*hat ihren Platz eingenommen*); *ich an deiner S. würde das nicht machen* (*wenn ich du wäre, würde ich das nicht machen*); *ich möchte nicht an seiner S. sein/stehen* (*möchte nicht in seiner Lage sein*); *etw. an die S. von etw. setzen* (*etw. durch etw. anderes ersetzen*); * **an S.** (↑ ²anstelle); **auf der S.** (*noch in demselben Augenblick; sofort, unverzüglich, augenblicklich:* *lass ihn auf der S. los!; die Verunglückte war auf der S. tot; ich könnte auf der S. einschlafen; wenn ich dich noch einmal dabei erwische, fliegst du auf der S.*); **auf der S. treten** (ugs.; *in einer bestimmten Angelegenheit nicht vorankommen* [*in Bezug auf die Entwicklung von etw.*] *keine Fortschritte machen*); **nicht von der S. kommen** (↑ Fleck 3); **zur S. sein** (*im rechten Moment [für etw.] dasein, sich an einem bestimmten Ort einfinden*); **sich zur S. melden** (bes. Militär; *seine Anwesenheit melden*); **b)** *lokalisierbarer Bereich am Körper, an einem Gegenstand, der sich durch seine Beschaffenheit von der Umgebung deutlich abhebt:* *eine entzündete S. auf der Haut; eine schadhafte S. im Gewebe; eine kahle S. am Kopf; die Äpfel haben -n* (*Druckstellen*)*;* Ü *das ist seine empfindliche, verwundbare S.* (*in dieser Beziehung ist er sehr empfindlich, leicht verwundbar*)*; ihre Argumentation hat eine schwache S.* (*ist in einem Punkt nicht stichhaltig*). **2. a)** [*kürzeres*] *Teilstück eines Textes, Vortrags,* [Musik]*stücks o. Ä.; Abschnitt, Absatz, Passage, Passus:* *die bedeutsamsten S. des Beschlusses lautet:; eine S. aus dem Buch herausschreiben, zitieren; In seinen Reden gibt es viele Wiederholungen* (Thieß, Reich 407); **b)** *Punkt im Ablauf einer Rede o. Ä.:* *etw. an passender, unpassender S. bemerken.* **3. a)** *Position* (1 b) (*innerhalb einer hierarchischen Ordnung*)*; Platz, den jmd., etw. in einer Rangordnung, Reihenfolge einnimmt:* *etw. steht, kommt an oberster, vorderster, erster S.; in einem Wettkampf an achter S. liegen; er steht in der Wirtschaft an führender S.;* **b)** (Math.) (*bei der Schreibung einer Zahl*) *Platz vor od. hinter dem Komma, an dem eine Ziffer steht:* *die erste S. hinter, nach dem Komma; eine Zahl mit vier -n.* **4.** *Arbeitsstelle, Posten, Beschäftigung:* *eine freie, offene S.; seine S. aufgeben, wechseln, verlieren; eine S. ausschreiben; eine S. finden, bekommen, antreten, suchen; sich um eine S. bewerben; Frieda hatte ihre S. verloren und saß nun fast immer zu Hause* (Schnurre, Bart 33). **5.** *Kurzf. von* ↑ Dienststelle: *eine amtliche S.; sich an die vorgesetzte S. wenden; sich bei höherer S. beschweren.*
stel|len ⟨sw. V.; hat⟩ [mhd., ahd. stellen, zu ↑ Stall u. eigtl. = an einen Standort bringen, aufstellen]: **1. a)** ⟨s. + sich⟩ *sich an einen bestimmten Platz, eine bestimmte Stelle begeben u. dort für eine gewisse Zeit stehen bleiben:* *sich ans Fenster, an den Eingang, an die Theke, vor die Tür s.; sie stellte sich zum Fensterputzen auf die Leiter; stell dich neben mich, ans Ende der Schlange, in die Reihe!; er stellte sich ihr in den Weg* (*suchte sie am Weitergehen zu hindern*); *sich auf die Zehenspitzen s.* (*sich auf die Zehenspitzen in die Höhe recken*); *ich stelle mich lieber* (landsch.; *stehe lieber/bleibe lieber stehen*), *sonst kann ich nichts sehen;* Ü *sich gegen jmdn., etw. s.* (*jmdm. in seinem Vorhaben, seinen Plänen o. Ä. die Unterstützung versagen* [u. *ihm entgegenhandeln*]; *sich mit etw. nicht einverstanden erklären u. es zu verhindern suchen*); *sich hinter jmdn., etw. s.* (*für jmdn., etw. Partei ergreifen, jmdn., etw. unterstützen*); *sich* [*schützend*] *vor jmdn.,* (seltener:) *etw. s.* (*für jmdn., etw. eintreten, jmdn., etw. beschützen, verteidigen*); **b)** *an einen bestimmten Platz, eine bestimmte Stelle bringen u. dort für eine gewisse Zeit in stehender Haltung lassen; an einer bestimmten Stelle in stehende Haltung bringen:* *ein Kind ins Laufgitter s.; jmdn., der hingefallen ist, wieder auf die Füße s.;* Ü *jmdn. vor eine Entscheidung, vor ein Problem s.* (*ihn mit einer Entscheidung, mit einem Problem konfrontieren*); * **auf sich [selbst] gestellt sein** ([*finanziell*] *auf sich selbst angewiesen sein*). **2.** *etw. an einen bestimmten Platz, eine bestimmte Stelle bringen, tun [so dass es dort steht]:* *das Geschirr auf den Tisch, in den Schrank s.; das Buch ins Regal s.; die Blumen in die Vase, ins Wasser s.; die Stühle um den Tisch, die Pantoffeln unters Bett s.; den Topf auf den Herd s.; wie sollen wir die Möbel s.?;* *Südweinflaschen s., nicht legen; etw. nicht s. können* (*nicht ausreichend Platz dafür haben*); *hier lässt sich nicht viel, nichts mehr s.;* Ü *eine Frage in den Mittelpunkt der Diskussion s.; eine Sache über eine andere s.* (*mehr als eine andere Sache schätzen, sie bevorzugen*); *Auf diesen Satz haben die Schüler Rabbi Elisers die Lehre gestellt* (*aufgebaut;* Schnurre, Schattenfotograf 131). **3.** (*von Fanggeräten*) *aufstellen:* *Fallen, [im seichten Wasser] Netze s.* **4.** (*von technischen Einrichtungen, Geräten*) *in die richtige od. gewünschte Stellung, auf den richtigen od. gewünschten Wert o. Ä. bringen, so regulieren, dass sie zweck-, wunschgemäß funktionieren:* *die Weichen s.; die Uhr s.* (*die Zeiger auf die richtige Stelle rücken*); *den Hebel schräg s.; das Radio lauter, leiser, auf leise s.; die Heizung höher, niedriger s.; den Schalter auf Null s.; die Waage muss erst gestellt werden.* **5.** *dafür sorgen, dass jmd., etw. zur Stelle ist; bereitstellen:* *einen Ersatzmann, Bürgen, Zeugen s.; die Gemeinde stellte für die Bergungsarbeiten, für die Suchaktion 50 Mann; Wagen, Pferde s.; eine*

Kaution s.; er stellte *(spendierte)* den Wein für die Feier; die Firma stellt ihr Wagen und Chauffeur. **6.** ⟨s. + sich⟩ *einen bestimmten Zustand vortäuschen:* sich krank, schlafend, taub, unwissend s.; sie stellte sich dumm (ugs.; *tat so, als ob sie von nichts wüsste, als ob sie die Anspielung o. Ä. nicht verstünde);* »... Geschwisterliebe?«, fragte Agathe und stellte sich erstaunt, als hörte sie das Wort zum ersten Mal (Musil, Mann 1152). **7.** *(von Speisen, Getränken) etw. an einen dafür geeigneten Platz stellen, damit es eine bestimmte Temperatur behält od. bekommt:* sie hat das Essen warm gestellt; das Kompott, den Sekt kalt s. **8.** *zum Stehenbleiben zwingen u. dadurch in seine Gewalt bekommen:* die Polizei stellte die Verbrecher nach einer aufregenden Verfolgungsjagd; der Hund hat das Wild gestellt. **9.** ⟨s. + sich⟩ **a)** *(von jmdm., der gesucht wird, der eine Straftat begangen hat) sich freiwillig zur Polizei o. Ä. begeben, sich dort melden:* der Täter hat sich [der Polizei] gestellt; **b)** *um einer Pflicht nachzukommen, sich bei einer militärischen Dienststelle einfinden, melden:* er muss sich am 1. Januar s. *(wird einberufen);* **c)** *einer Herausforderung o. Ä. nicht ausweichen; bereit sein, etw. auszutragen:* sich einer Diskussion s.; der Politiker stellt sich der Presse; der Europameister will sich dem Herausforderer s.; Er flüchtete sich nach der asiatischen Küste und stellte sich bei Chrysopolis dem nachdrängenden Feinde zu einer letzten Schlacht (Thieß, Reich 272); **d)** *(selten) (zu einem Marsch, Umzug o. Ä.) sich an einer bestimmten Stelle versammeln:* die Mitglieder der Gruppe stellten sich um 10 Uhr am Marktplatz. **10.** ⟨s. + sich⟩ **a)** *sich in bestimmter Weise jmdm., einer Sache gegenüber verhalten; in Bezug auf jmdn., etw. eine bestimmte Position beziehen, Einstellung haben:* sich positiv, negativ zu jmdm., zu einer Sache s.; sich mit jmdm. gut s. *(mit jmdm. gut auszukommen, seine Sympathie zu gewinnen suchen);* wie stellst du dich zu diesem Problem, der neuen Kollegin, ihrer Kandidatur?; ♦ **b)** *sich verstellen* (4b): Keinem Menschen hätte sie geglaubt, ... dass so eine reiche Müllerstochter sich so s. könne, aber dass sie nicht ihr Lebtag Magd gewesen, das hätte sie ihr doch gleich anfangs angesehen (Gotthelf, Elsi 134); Ich soll mich s., ... soll Fallen legen (Lessing, Nathan IV, 4). **11.** *jmdm. ein bestimmtes Auskommen verschaffen:* die Firma hat sich geweigert, ihn anders zu s.; ⟨meist im 2. Part.:⟩ gut, schlecht gestellt sein *(sich in guten, schlechten finanziellen Verhältnissen befinden).* **12.** ⟨s. + sich⟩ *(Kaufmannsspr., bes. österr.) einen bestimmten Preis stellen, eine bestimmte Summe kosten:* der Teppich stellt sich auf 4 000 Euro; der Preis stellt sich höher als erwartet. **13.** *(in Bezug auf die Stellungen u. Bewegungen der Personen [auf der Bühne]) festlegen; arrangieren* (1b): eine Szene s.; das Ballett wird mit der Musik gestellt; dieses Familienfoto wirkt gestellt *(unnatürlich, gezwungen).* **14.** *steif in die Höhe richten, aufstellen:* das Pferd stellt die Ohren; die Katze stellt den Schwanz. **15.** *aufgrund bestimmter Merkmale, Daten o. Ä. erstellen, aufstellen:* eine Diagnose, eine Prognose s.; sie ließ sich, ihm das Horoskop s.; jmdm. eine hohe Rechnung s. (landsch.; *ausstellen*). **16.** in verblasster Bedeutung in Verbindung mit bestimmten Substantiven: [jmdm.] ein Thema, eine Aufgabe s. *(geben);* Bedingungen s. *(geltend machen);* sich auf den Standpunkt s. *(den Standpunkt vertreten),* dass ...; Forderungen s. *(etw. fordern);* eine Bitte s. *(um etw. bitten);* eine Frage s. *(etw. fragen);* einen Antrag s. *(etw. beantragen);* etw. in Zweifel s. *(bezweifeln);* etw. in Rechnung s. *(berechnen);* etw. unter Denkmalschutz, Natur-

schutz s.; etw. unter Beweis s. *(beweisen);* jmdn. unter Aufsicht s. *(beaufsichtigen lassen),* unter Anklage s. *(anklagen);* jmdn. vor Gericht s. *(anklagen);* sich zur Wahl s. *(sich bereit erklären, sich bei einer Wahl aufstellen zu lassen);* etw. zur Verfügung s. (↑ Verfügung 2).

Stel|len|ab|bau, der: *Abbau* (4) *von Stellen.*

Stel|len|an|ge|bot, das: *Angebot einer freien Stelle* (4), *an freien Stellen.*

Stel|len|an|zei|ge, die: *Anzeige einer freien Stelle* (4).

Stel|len|aus|schrei|bung, die: *Ausschreibung einer freien Stelle* (4).

Stel|len|be|set|zung, die: *Besetzung einer freien Stelle* (4).

Stel|len|be|wer|ber, der: *jmd., der sich um eine Stelle* (4) *bewirbt.*

Stel|len|be|wer|be|rin, die: w. Form zu ↑ Stellenbewerber.

Stel|len|bör|se, die: *[virtuelles] Forum für Stellenangebote und -gesuche.*

Stel|len|ge|such, das: *Gesuch, Bewerbung um eine Stelle* (4).

Stel|len|in|ha|ber, der: *jmd., mit dem eine Stelle* (4) *besetzt ist.*

Stel|len|in|ha|be|rin, die: w. Form zu ↑ Stelleninhaber.

stel|len|los ⟨Adj.⟩: *ohne Anstellung, stellungslos.*

Stel|len|lo|se, die/eine Stellenlose; der/einer Stellenlosen, die Stellenlosen/zwei Stellenlose: *Stellungslose.*

Stel|len|lo|ser, der Stellenlose/ein Stellenloser; des/eines Stellenlosen, die Stellenlosen/zwei Stellenlose: *Stellungsloser.*

Stel|len|markt, der: *Arbeitsmarkt.*

Stel|len|nach|weis, der: *Arbeitsnachweis.*

Stel|len|rück|gang, der: *Rückgang der Anzahl vorhandener Stellen* (4).

Stel|len|strei|chung, die: *Kürzung, Streichung von Stellen; Stellenabbau.*

Stel|len|su|che, die: *Suche nach einer Stellung, [beruflichen] Beschäftigung:* S. und Bewerbung im Internet.

Stel|len|su|chen|de, die/eine Stellensuchende; der/einer Stellensuchenden, die Stellensuchenden/zwei Stellensuchende: *Stellungsuchende.*

Stel|len|su|chen|der, der Stellensuchende/ein Stellensuchender; des/eines Stellensuchenden, die Stellensuchenden/zwei Stellensuchende: *Stellungsuchender.*

Stel|len|ver|mitt|lung, die: *Arbeitsvermittlung.*

Stel|len|wech|sel, der: *Wechsel der Arbeitsstelle.*

stel|len|wei|se ⟨Adv.⟩: *an manchen Stellen* (1a, 2a).

Stel|len|wert, der: **a)** (Math.) *Wert einer Ziffer, der von ihrer Stellung innerhalb der Zahl abhängt;* **b)** *Bedeutung einer Person, Sache in einem bestimmten Bezugssystem:* einen hohen S. haben, besitzen.

Stell|flä|che, die: *Fläche zum Stellen* (2) *von Einrichtungsgegenständen, Geräten o. Ä.*

stel|lig ⟨Adv.⟩: in der Verbindung **jmdn. s. machen** (österr.; *ausfindig machen*).

Stel|ling, die; -, -e, auch: -s [mniederd. stellinge = (Bau)gerüst, Stellung] (Seemannsspr.): *an Seilen herabhängendes Brett, Bretter gerüst zum Arbeiten an der Bordwand eines Schiffes.*

Stell|ma|cher, der [zu mhd. stelle = Gestell]: *Handwerker, der hölzerne Wagen[teile] anfertigt u. repariert; Wagenbauer, -macher* (Berufsbez.).

Stell|ma|che|rin, die: w. Form zu ↑ Stellmacher.

Stell|netz, das: *Fischernetz, das auf dem Grund eines Gewässers wie ein Maschenzaun aufgestellt wird.*

Stell|platz, der: **1.** *Platz zum Auf-, Hinstellen o. Ä. von etw.:* ein Campingplatz, Parkplatz mit 250 Stellplätzen. **2.** *Stelle, wo sich jmd. od. eine*

Gruppe von Personen zu einem bestimmten Zweck hinstellt, aufstellt, versammelt.

Stell|pro|be, die (Theater): *Probe, bei der die Stellungen der Schauspieler auf der Bühne, ihre Auftritte u. Abgänge festgelegt werden.*

Stell|rad, das: *kleineres Rad an Messgeräten (z. B. Uhren) zum [Ein]stellen, Regulieren.*

Stell|schrau|be, die: *Schraube zum [Ein]stellen, Regulieren.*

Stell|ta|fel, die: *Tafel* (1 a) *zum Aufstellen:* in Wahlkampfzeiten ist das Straßenbild der Städte von Plakaten und S. beherrscht.

Stel|lung, die; -, -en [spätmhd. stellung]: **1. a)** *bestimmte Körperhaltung, die jmd. einnimmt:* in gebückter, kniender S. verharren; eine hockende, kauernde S. einnehmen; Namentlich, dass es nachts nun auf dem Bauch liegen musste, eine S., in der ich nie habe schlafen können, war sehr unangenehm (Fallada, Trinker 197); **b)** *bestimmte Körperhaltung, die die Partner beim Geschlechtsverkehr einnehmen:* eine neue S. ausprobieren; S. neunundsechzig *(Sixtynine).* **2.** *Art u. Weise, in der etw. steht, eingestellt, angeordnet ist; Stand, Position* (2): die S. der Planeten [zur Sonne]; die S. eines Wortes im Satz; die Hebel müssen alle in gleicher S. sein. **3.** *Platz, den man beruflich einnimmt; Amt, Posten:* eine einflussreiche S.; eine S. suchen, finden, verlieren; die S. wechseln; eine hohe S. einnehmen, innehaben; in eine leitende S. aufrücken, aufsteigen; sich nach einer neuen S. umsehen; sie ist seit einiger Zeit [bei uns] in S. *(veraltend; [bei uns] als Hausgehilfin eingestellt).* **4.** ⟨o. Pl.⟩ *Grad des Ansehens, der Bedeutung von jmdm., etw. innerhalb einer vorgegebenen Ordnung o. Ä.; Rang, Position* (1b): seine S. als führender Politiker ist erschüttert; sich in exponierter S. befinden; In der Spätzeit Griechenlands wie Roms hat die Frau sich eine bemerkenswerte gesellschaftliche S. zu erringen gewusst (Thieß, Reich 364). **5.** ⟨o. Pl.⟩ *Einstellung (zu jmdm., etw.);* eine kritische S. zu jmdm., etw. haben; * **zu etw. S. nehmen** *(seine Meinung zu etw. äußern);* **für, gegen jmdn., etw. S. nehmen** *(sich für, gegen jmdn., etw. aussprechen; für jmdn., etw. eintreten, sich gegen jmdn., etw. stellen).* **6.** *ausgebauter u. befestigter Punkt, Abschnitt im Gelände, der militärischen Einheiten zur Verteidigung dient:* die feindlichen -en; die S. verlassen, wechseln, stürmen; neue -en beziehen; in S. gehen *(seine Stellung beziehen);* das Bataillon lag in vorderster S.; Ü geh nur, ich halte die S. *(bleibe hier in passe auf);* * **S. beziehen** *(in Bezug auf etw. einen bestimmten Standpunkt einnehmen).* **7.** (österr.) *Musterung (Wehrpflichtiger):* S. müssen.

Stel|lung|nah|me, die; -, -n: **a)** ⟨o. Pl.⟩ *das Äußern seiner Meinung, Ansicht zu etw.:* eine klare S. zu/gegen etw.; eine S. abgeben; jmdn. um [eine/seine] S. bitten; **b)** *geäußerte Meinung, Ansicht:* die S. des Ministers liegt vor, wurde verlesen.

Stel|lungs|be|fehl, der (Militär): *Einberufungsbefehl.*

Stel|lungs|kampf, der: *Kampf, der von befestigten Stellungen* (6) *aus geführt wird.*

Stel|lungs|kom|mis|si|on, die (österr.): *für die Musterung, Stellung* (7) *zuständige Kommission.*

Stel|lungs|krieg, der: *Krieg, der von befestigten Stellungen* (6) *aus geführt wird.*

stel|lungs|los ⟨Adj.⟩: *ohne Anstellung; arbeitslos.*

Stel|lungs|lo|se, die/eine Stellungslose; der/einer Stellungslosen, die Stellungslosen/zwei Stellungslose: *weibliche Person, die stellungslos ist.*

Stel|lungs|lo|ser, der Stellungslose/ein Stellungsloser; des/eines Stellungslosen, die Stellungslosen/zwei Stellungslose: *jmd., der stellungslos ist.*

stellungspflichtig – stenografieren

Stel|lungs|pflich|tig ⟨Adj.⟩ (österr. Amtsspr.): verpflichtet, sich zur Musterung (2) einzufinden.

Stel|lungs|spiel, das (Fußball): (bes. vom Torwart bei seinem Spiel im Tor) das Einnehmen der jeweils richtigen Position.

Stel|lungs|su|che usw.: ↑ Stellungsuche usw.

Stel|lung|su|che, die ⟨Pl. selten⟩: Suche nach einer [An]stellung, Arbeit: auf S. sein.

Stel|lung|su|chen|de, die/eine Stellungsuchende; der/einer Stellungsuchenden, die Stellungsuchenden/zwei Stellungsuchende: weibliche Person, die eine [An]stellung, Arbeit sucht.

Stel|lung|su|chen|der, der Stellungsuchende/ein Stellungsuchender; des/eines Stellungsuchenden, die Stellungsuchenden/zwei Stellungsuchende: jmd., der eine [An]stellung, Arbeit sucht.

Stel|lungs|wech|sel, der: Wechsel der Stellung (1–3, 6).

stell|ver|tre|tend ⟨Adj.⟩: den Posten eines Stellvertreters innehabend; an jmds. Stelle [handelnd] (Abk.: stv.): der -e Minister; er leitete s. die Sitzung; s. für die anderen gratulieren.

Stell|ver|tre|ter, der: **1.** jmd., der einen anderen vertritt: der S. des Direktors; einen S. ernennen; (kath. Rel.:) der Papst als S. Gottes/Christi auf Erden. **2.** (Sprachwiss.) Pronomen, das ein Substantiv oder eine Nominalphrase vertritt.

Stell|ver|tre|te|rin, die: w. Form zu ↑ Stellvertreter (1).

Stell|ver|tre|ter|krieg, der: bewaffnete Auseinandersetzung zwischen kleineren Staaten, die zum Einflussbereich jeweils verschiedener Großmächte gehören u. gleichsam stellvertretend für diese die Auseinandersetzung führen.

Stell|ver|tre|tung, die: Vertretung eines anderen; das Handeln im Namen eines anderen.

Stell|wand, die: bewegliche Trennwand (in Großraumbüros, Ausstellungsräumen usw.).

Stell|werk, das (Eisenbahn): Anlage zur Fernbedienung von Weichen u. Signalen für Eisenbahnen.

Stell|werks|meis|ter, der (Eisenbahn): Leiter eines Stellwerks.

Stell|werks|meis|te|rin, die: w. Form zu ↑ Stellwerksmeister.

St.-Elms-Feu|er: ↑ Elmsfeuer.

Stelz|baum, Stelzenbaum, der: Baum mit Stelzwurzeln (z. B. Mangrove).

Stel|ze, die; -, -n [mhd. stelze, ahd. stelza = Holzbein, Krücke, eigtl. = Pfahl, Stütze, zu ↑ stellen]: **1.** (meist Pl.) in ihrer unteren Hälfte mit einem kurzen Querholz o. Ä. als Tritt für den Fuß versehene Stange, die paarweise (bes. von Kindern zum Spielen) benutzt wird, um in erhöhter Stellung zu gehen: Kinder laufen gerne -n; kannst du auf -n gehen, laufen?; wie auf -n gehen (einen staksigen Gang haben). **2.** am Boden lebender, zierlicher, hochbeiniger Singvogel mit langem, wippendem Schwanz, der schnell in trippelnden Schritten läuft. **3.** Beinprothese in Form eines einfachen Stocks, der an einer dem Amputationsstumpf angepassten lederner Hülle befestigt ist; Holzbein. **4.** ⟨meist Pl.⟩ **a)** (salopp) Bein: nimm deine -n aus dem Weg!; **b)** (salopp emotional) langes, dünnes Bein: sie hat richtige -n. **5.** (österr.) Kurzf. von ↑ Kalbsstelze, ↑ Schweinsstelze.

stel|zen ⟨sw. V.; ist⟩ [spätmhd. stelzen = auf einem Holzbein gehen]: **1.** auf Stelzen gehen: Wir stelzten mit Holzstelzen über die feuchten Wege (Kempowski, Tadellöser 305). **2.** sich mit steifen, großen Schritten irgendwohin bewegen: der Reiher stelzt durch das Wasser; ⟨oft im 2. Part.:⟩ ein gestelzter Gang; Ü eine gestelzte (abwertend; gespreizte) Ausdrucksweise.

Stel|zen|baum: ↑ Stelzbaum.

Stel|zen|gang: ↑ Stelzgang.

Stel|zen|läu|fer, der: **1.** jmd., der [auf] Stelzen (1) läuft. **2.** (bes. in den [Sub]tropen) an Meeresküsten u. flachen Seeufern lebender Watvogel mit langen, dünnen, roten Beinen.

Stel|zen|läu|fe|rin, die: w. Form zu ↑ Stelzenläufer (1).

Stelz|fuß, der [spätmhd. stelzervuoʒ]: **1.** Stelze (3). **2.** (ugs.) jmd., der einen Stelzfuß (1) hat. **3.** (Fachspr.) gerade Stellung der Fessel (beim Pferd).

stelz|fü|ßig ⟨Adj.⟩: **1.** (ugs.) mit einem Stelzfuß (1), Holzbein. **2.** mit steifen Schritten, wie ein Stelzfuß: s. auf und ab gehen; Ü eine -e (geh. abwertend; steife, gespreizte) Ausdrucksweise. **3.** (Fachspr.) mit einem Stelzfuß (3).

Stelz|gang, Stelzengang, der; -[e]s (abwertend): gestelzter Gang.

Stelz|vo|gel, der: großer Vogel mit sehr langen Beinen u. langem Hals; Schreitvogel (z. B. Storch, Reiher).

Stelz|wur|zel, die (Bot.): über die Wasseroberfläche hinauswachsende Wurzel (bestimmter Bäume in Sumpfgebieten).

Stemm|bo|gen, der (Ski): durch Gewichtsverlagerung bei gleichzeitigem Stemmen (2b) des einen Skis gefahrener halber Bogen zur Richtungsänderung.

Stemm|ei|sen, das: Beitel.

stem|men ⟨sw. V.; hat⟩ [mhd. stemmen = zum Stehen bringen, hemmen; steif machen, verw. mit ↑ stammeln u. ↑ stumm, viell. auch mit ↑ stehen]: **1.** indem man die Arme langsam durchstreckt, mit großem Kraftaufwand über den Kopf bringen, in die Höhe drücken: Gewichte, Hanteln s. **2. a)** mit großem Kraftaufwand sich, einen bestimmten Körperteil in steifer Haltung fest gegen etw. drücken (um sich abzustützen, einen Widerstand zu überwinden o. Ä.): sich [mit dem Rücken] gegen die Tür s.; die Arme, Hände in die Seite, die Hüften s. (oft als Gebärde der Herausforderung: die Hände fest über den Hüften auflegen, wobei die Ellbogen nach auswärts stehen); er hatte die Ellbogen auf den Tisch gestemmt (fest aufgestützt); **b)** (Ski) (die Skier) schräg auswärtsstellen, sodass die Kanten in den Schnee greifen; **c)** ⟨s. + sich⟩ sich stemmend (2 a) in eine bestimmte Körperhaltung bringen, sich aufrichten: sich stemmend in die Höhe. **3. a)** ⟨s. + sich⟩ einer Sache od. Person energischen Widerstand entgegensetzen: sich gegen ein Vorgehen s.; (etwas Großes, Schwieriges) bewältigen; erfolgreich durchführen: ein Projekt, eine Finanzierung s. **4.** mit einem Stemmeisen o. Ä. hervorbringen: ein Loch [in die Wand, Mauer] s. **5.** (salopp) von einem alkoholischen Getränk (bes. von Bier) eine gewisse, meist größere Menge zu sich nehmen; etw. Alkoholisches trinken: ein Glas, einen Humpen s. **6.** (salopp) (meist Sachen, die einem größeres Gewicht haben) stehlen: eine Stange Zigaretten s. **7.** (salopp) koitieren.

Stemm|mei|ßel, Stemm-Mei|ßel, der: Stemmeisen.

Stem|pel, der; -s, - [in niederd. Lautung standardspr. geworden, mniederd. stempel, mhd. stempfel = Stößel, (Münz)prägestock, ahd. stemphil = Stößel, zu ↑ stampfen]: **1.** Gerät meist in Form eines mit knaufartigem Griff versehenen, kleineren [Holz]klotzes, an dessen Unterseite, spiegelbildlich in Gummi, Kunststoff od. Metall geschnitten, eine kurze Angabe, ein Siegel o. Ä. angebracht ist, das eingefärbt auf Papier o. Ä. gedruckt wird: einen S. anfertigen, schneiden [lassen]; den S. auf die Quittung drücken; *jmdm., einer Sache seinen/den S. aufdrücken (jmdn., etw. so beeinflussen, dass seine Mitwirkung deutlich erkennbar ist; jmdm., einer Sache sein eigenes charakteristisches Gepräge verleihen). **2.** Abdruck eines Stempels (1): der S. einer Behörde; der S. ist verwischt, schlecht leserlich; auf dem Formular fehlt noch der S.; der Brief trägt den S. vom 2. Januar 2009, des heutigen Tages; das Dokument ist mit Unterschrift und S. versehen; *den S. von jmdm., etw. tragen (jmds. Handschrift 2 tragen; von etw. in unverkennbarer Weise geprägt sein). **3.** (Technik) [mit einem spiegelbildlichen Relief versehener] stählerner Teil einer Maschine zum Prägen von Formen od. Stanzen von Löchern. **4.** auf Waren bes. aus Edelmetall geprägtes Zeichen, das den Feingehalt anzeigt od. Auskunft über die Herkunft, den Verfertiger, Hersteller, Besitzer o. Ä. gibt: der Goldring hat, trägt einen S. **5.** [nach der Form] (Bot.) aus Fruchtknoten, Griffel u. Narbe bestehender mittlerer Teil einer Blüte. **6.** [aus der mhd. Bergmannsspr.] (Bauw., Bergbau) kräftiger Stützpfosten [aus Holz]: die Decke des Stollens ist durch S. abgestützt; Ü sie hat S. (salopp; auffallend dicke Beine).

Stem|pel|far|be, die: Lösung von stark färbenden Farbstoffen zum Durchtränken des Stempelkissens.

Stem|pel|geld, das (ugs. veraltend): Arbeitslosengeld, -hilfe.

Stem|pel|kar|te, die (ugs. früher): Karte für Arbeitslose, die jeweils bei Auszahlung des Arbeitslosengeldes abgestempelt wurde.

Stem|pel|kis|sen, das: meist in ein flaches Kästchen eingelegtes Stück Filz, das mit Stempelfarbe für den Stempel durchtränkt ist.

Stem|pel|ma|schi|ne, die: Maschine zum Abstempeln u. Entwerten von Briefmarken.

stem|peln ⟨sw. V.; hat⟩ [mniederd. stempeln]: **1.** etw. mit einem Stempel versehen, um es dadurch in bestimmter Weise zu kennzeichnen, für gültig od. ungültig zu erklären: Briefe s.; die Briefmarken sind gestempelt (durch einen Poststempel entwertet). **2.** durch Aufdruck eines Stempels hervorbringen, erscheinen lassen: Name und Anschrift auf den Briefumschlag s. **3.** mit einem Stempel (4) versehen. **4.** in negativer Weise als etw. Bestimmtes kennzeichnen, in eine bestimmte Kategorie fest einordnen: jmdn. zum Lügner s.; dieser Misserfolg stempelt ihn zum Versager. **5.** [seit etwa 1930, eigtl. = aufgrund eines amtl. Stempels Arbeitslosenunterstützung beziehen] (ugs. veraltend) Arbeitslosengeld, -hilfe beziehen: s. gehen.

stem|pel|pflich|tig ⟨Adj.⟩ (österr.): gebührenpflichtig.

Stem|pe|lung, die; -, -en: das Stempeln (1–4).

Sten|del, der; -s, -, Ständel, der; -s, -, **Sten|del|wurz,** die, Ständelwurz, die [zu ↑ Ständer]: **1.** (zu den Orchideen gehörende) Pflanze mit meist nur zwei Blättern u. weißen Blüten mit langem Sporn; Waldhyazinthe. **2.** (landsch.) Knabenkraut.

Sten|gel usw.: frühere Schreibung für ↑ Stängel usw.

¹Ste|no, die; - ⟨meist o. Art.⟩ (ugs.): kurz für ↑ Stenografie: S. schreiben; ein Diktat in S. aufnehmen.

²Ste|no, das; -s, -s (ugs.): kurz für ↑ Stenogramm.

Ste|no|block, der ⟨Pl. ...blöcke u. -s⟩: Stenogrammblock.

Ste|no|graf, Stenograph, der; -en, -en [zu griech. gráphein = schreiben]: jmd., der [beruflich] Stenografie schreibt.

Ste|no|gra|fie, Stenographie, die; -, -n [engl. stenography, zu griech. stenós = eng, schmal u. ↑ -grafie]: Schrift mit verkürzten Schriftzeichen, die ein schnelles [Mit]schreiben ermöglicht; Kurzschrift.

ste|no|gra|fie|ren, stenographieren ⟨sw. V.; hat⟩:

1. *Stenografie schreiben:* sie kann [gut] s. **2.** *in Stenografie [mit]schreiben:* eine Rede s.

Ste|no|gra|fin, Stenographin, die; -, -nen: w. Form zu ↑ Stenograf.

ste|no|gra|fisch, stenographisch 〈Adj.〉: **1.** *die Stenografie betreffend:* -e Zeichen. **2.** *in Stenografie geschrieben:* -e Notizen.

Ste|no|gramm, das; -s, -e [zu griech. stenós (↑ Stenografie) u. ↑-gramm]: *Text [den jmd. gesprochen hat] in Stenografie:* ein S. in die Schreibmaschine übertragen; ein S. aufnehmen *(ein Diktat in Stenografie schreiben);* Ü Der Dialogteil von »Medeamaterial« ist das S. eines Ehestreits im letzten Stadium oder in der Krise einer Beziehung (Heiner Müller, Krieg 319).

Ste|no|gramm|block, der 〈Pl. ...blöcke u. -s〉: *Block mit liniertem Papier für Stenogramme.*

Ste|no|graph: ↑ Stenograf.

Ste|no|kar|die [ʃt..., st...], die; -, -n [zu griech. kardía = Herz] (Med.): *Herzbeklemmung.*

Ste|no|kurs, der (ugs.): *Kurs in Stenografie.*

Ste|no|stift, der: *sehr weicher Bleistift zum Stenografieren.*

Ste|no|ty|pie, die; -, -n [↑ Type]: *Abdruck stenografischer Schrift.*

ste|no|ty|pie|ren [ʃt...] 〈sw. V.; hat〉 (selten): *in Stenografie [mit]schreiben u. in die Schreibmaschine übertragen.*

Ste|no|ty|pist, der; -en, -en [zusgez. aus: Stenograf-Typist, geb. von dem dt. Stenografen F. Schrey (1850–1938) mit engl. typist »Maschinenschreiber« (zu engl. type »Druckbuchstabe«, typewriter »Schreibmaschine«)]: *jmd., der Stenografie u. Maschinenschreiben beherrscht.*

Ste|no|ty|pis|tin, die; -, -nen: w. Form zu ↑ Stenotypist.

Stenz, der; -es, -e [zu landsch. veraltet stenzen = flanieren, bummeln, eigtl. = schlagen, stoßen, vgl. stanzen] (ugs. abwertend): **1.** *selbstgefälliger, geckenhafter junger Mann.* **2.** (selten) *Zuhälter.*

Step, Step|eisen: frühere Schreibungen für ↑ Stepp, ↑ Steppeisen.

Ste|pha|ni|tag: ↑ Stephanstag.

Ste|phans|tag, der: *Fest des heiligen Stephan* (26. Dezember).

Stepp [ʃtɛp, st...], der; -s, -s [engl. step, eigtl. = Schritt, Tritt]: **1.** *Tanzart, bei der die mit Steppeisen beschlagenen Spitzen u. Absätze der Schuhe in schnellem, stark akzentuiertem Bewegungswechsel auf den Boden gesetzt werden, sodass der Rhythmus hörbar wird.* **2.** (Leichtathletik) *zweiter Sprung beim Dreisprung.*

Stepp|ae|ro|bic, das; -s, auch: die; 〈meist o. Art.〉 [aus ↑ Stepp u. ↑ Aerobic] (Sport): *Aerobic unter Zuhilfenahme einer stufenartigen Vorrichtung.*

Stepp|de|cke, die: *mit Daunen od. synthetischem Material gefüllte Bettdecke (1), die durch Steppnähte in [rautenförmige] Felder gegliedert ist.*

Step|pe, die; -, -n [russ. step', H. u.]: *weite, meist baumlose, mit Gras od. Sträuchern [spärlich] bewachsene Ebene* (z. B. Pampa, Prärie, Puszta).

Stepp|ei|sen, das: *Plättchen aus Eisen als Beschlag für Schuhspitze u. -absatz zum* ²*Steppen.*

¹**step|pen** 〈sw. V.; hat〉 [mhd. steppen, aus dem Md., Niederd., vgl. asächs. steppōn = (Vieh) durch Einstiche kennzeichnen, urspr. = stechen]: *beim Nähen von etw. die Stiche so setzen, dass sie sich auf beiden Seiten des Stoffes lückenlos aneinanderreihen:* Nähte, einen Saum s.; eine gesteppte Jacke.

²**step|pen** [ʃt..., 'st...] 〈sw. V.; hat〉 [engl. to step = treten]: **1.** *Stepp tanzen.* **2.** *auf einem Stepper (2) trainieren.*

Step|pen|be|woh|ner, der: *Bewohner der Steppe.*

Step|pen|be|woh|ne|rin, die: w. Form zu ↑ Steppenbewohner.

Step|pen|brand, der: *Brand der Steppe.*

Step|pen|fuchs, der: *(in den Steppen Zentralasiens heimischer) kleinerer Fuchs mit im Sommer rötlichem, im Winter weißem Fell.*

Step|pen|gras, das: *Gras der Steppe.*

Step|pen|huhn, das: *in asiatischen Steppen lebendes, sandfarbenes Flughuhn mit schwarz gefiedertem Bauch.*

Step|pen|schwarz|er|de, die (Geol.): *schwarzbraune, humusreiche Erde der Grassteppe; Schwarzerde* (a).

Step|pen|wolf, der: *Präriewolf:* Ü als einsamer S. streifte er durch das großstädtische Nachtleben.

Step|pen|wöl|fin, die: w. Form zu ↑ Steppenwolf.

Step|per ['ʃt..., 'st...], der; -s, - [zu ²steppen]: **1.** *Stepptänzer.* **2.** *Trainings-, Fitnessgerät bes. zum Herz-Kreislauf-Training.*

Step|pe|rei, die; -, -en [zu ¹steppen]: *Verzierung mit Steppnähten:* ein Popelinmantel mit dezenter S.

¹**Step|pe|rin,** die; -, -nen [zu ↑ ¹steppen]: *Näherin von Steppdecken o. Ä.*

²**Step|pe|rin** ['ʃt..., 'st...], die; -, -nen [zu ↑ ²steppen]: w. Form zu Stepper (1).

Stepp|fut|ter, das: *Futterstoff, auf dessen Innenseite eine Lage Watte, Vlies o. Ä. gesteppt ist.*

Stepp|ja|cke, die: *mit Daunen od. synthetischem Material gefüllte Jacke, deren Oberfläche durch Steppnähte in [rautenförmige] Felder gegliedert ist.*

Stepp|ke, der; -[s], -s [niederd. Vkl. von ↑ Stopfen] (ugs., bes. berlin.): **a)** *kleiner Junge, Knirps;* **b)** *kleines Kind.*

Stepp|man|tel, der: *mit Daunen od. synthetischem Material gefüllter Mantel, dessen Oberfläche durch Steppnähte in [rautenförmige] Felder gegliedert ist.*

Stepp|ma|schi|ne, die: *Maschine zum Steppen.*

Stepp|naht, die: [Zier]naht aus Steppstichen.

Stepp|schritt, der: *zum Stepp (1) gehörender Tanzschritt.*

Stepp|stich, der: *gesteppter [Zier]stich.*

Stepp|tanz, der: *Stepp (1).*

Stepp|tän|zer, der: *Tänzer, der Stepp tanzt.*

Stepp|tän|ze|rin, die: w. Form zu ↑ Stepptänzer.

Ster, der; -s, -e u. -s 〈aber: 5 Ster〉 [frz. stère, zu griech. stereós = räumlich]: *Raummeter.*

Ste|ra|di|ant [ʃt..., st...], der; -en, -en [zu griech. stereós (↑ Ster) u. ↑ Radiant] (Math.): *Winkel, der als gedachter Kreiskegel, der seine Spitze im Mittelpunkt einer Kugel mit dem Halbmesser 1 m hat, aus der Oberfläche dieser Kugel eine Kalotte mit einer Fläche von 1 m² ausschneidet* (Einheit des räumlichen Winkels; Zeichen: sr).

Ster|be|ab|lass, der (kath. Kirche): *vollkommener Ablass in der Sterbestunde.*

Ster|be|amt, das (kath. Kirche): *Totenmesse* (a).

Ster|be|be|glei|ter, der: *jmd., der einem Sterbenden beisteht.*

Ster|be|be|glei|te|rin, die: w. Form zu ↑ Sterbebegleiter.

Ster|be|be|glei|tung, die: *Betreuung u. Unterstützung todkranker Menschen während ihres Sterbens:* der Bedarf an professioneller S. steigt.

Ster|be|bett, das: *Bett, in dem ein Sterbender liegt:* an jmds. S. sitzen, gerufen werden; auf dem S. liegen *(im Sterben liegen).*

Ster|be|buch, das: *Personenstandsbuch, in dem Sterbefälle beurkundet werden.*

Ster|be|da|tum, das: *Todesdatum.*

Ster|be|fall, der: *Todesfall.*

Ster|be|ge|bet, das: *Gebet für einen Sterbenden.*

Ster|be|ge|läut, Ster|be|ge|läu|te, das 〈o. Pl.〉: *Geläut der Sterbeglocke.*

Ster|be|geld, das: *von einer Versicherung an den, die Hinterbliebenen gezahltes Geld für Beerdigungskosten.*

Ster|be|glo|cke, die: *Glocke, die bei jmds. Tod od. Begräbnis geläutet wird.*

Ster|be|hel|fer, der: *jmd., der Sterbehilfe (1) leistet.*

Ster|be|hel|fe|rin, die: w. Form zu ↑ Sterbehelfer.

Ster|be|hemd, das: *weißes Hemd (2), das dem Toten angezogen wird; Totenhemd.*

Ster|be|hil|fe, die: **1.** *Euthanasie* (1 b). **2.** *Sterbegeld.*

Ster|be|jahr, das: *Todesjahr.*

Ster|be|kas|se, die: *kleinerer Versicherungsverein für Sterbegeld.*

Ster|be|kli|nik, die: *Klinik, deren Ziel es ist, Menschen im Endstadium einer unheilbaren Krankheit ohne künstliche Verlängerung des Lebens psychische Sterbehilfe zu geben.*

Ster|be|la|ger, das 〈Pl. ...lager〉 (geh.): *Sterbebett.*

Ster|be|ma|t|ri|kel, die (österr. Amtsspr.): *Totenverzeichnis.*

Ster|be|mes|se, die: *Sterbeamt.*

ster|ben 〈st. V.; hat〉 [mhd. sterben, ahd. sterban, eigtl. (verhüll.) = erstarren, steif werden, zu ↑ starren]: **a)** *aufhören zu leben, sein Leben beschließen:* jung, im hohen Alter, im Alter von 78 Jahren, mit 78 Jahren, plötzlich, unerwartet s.; unsere Katze ist heute gestorben; eines sanften Todes s.; er starb als gläubiger Christ, an Altersschwäche, an einem Herzschlag, an den Folgen eines Unfalls; sie starb aus Gram über den Tod ihres Kindes; auf dem Schafott, durch Mörderhand, im Krankenhaus, zu Hause, auf dem Schlachtfeld *(im Kampf);* in den Armen seiner Frau s.; er starb unter schrecklichen Qualen; sie starb über ihrer Arbeit; Karl Seitz, gestorben (Abk.: gest., Zeichen: †) 1966; *(formelhafter Schluss von Märchen:)* und wenn sie nicht gestorben sind, dann leben sie noch heute; 〈subst.〉 (in Bezug auf einen Schwerkranken, Altersschwachen) im Sterben liegen *(kurz vorm Tode sein);* Ü Der Wald stirbt *(geht zugrunde);* seine Hoffnung, Liebe ist gestorben (geh.; *erloschen);* vor Angst, Scham, Langeweile, Neugier s. (ugs.; *sich überaus ängstigen usw.);* 〈subst.:〉 dann kam, begann das große Sterben *(Massensterben);* Damals wurde noch oft zu Haus gestorben. Es war für den Jungen etwas Natürliches und ohne Schrecken (Krolow, Nacht-Leben 47); R daran, davon stirbt man nicht gleich (ugs.; *das ist nicht so schlimm, nicht so gefährlich);* ***** zum Sterben langweilig, müde, einsam o. Ä. (emotional; *sehr, überaus in Bezug auf einen negativen Zustand):* obwohl sie zum Sterben müde war, lief sie weiter); **für jmdn. gestorben sein** *(von jmdm. völlig ignoriert werden, für ihn nicht mehr existieren, weil man seine Erwartungen o. Ä. in hohem Maße enttäuscht hat);* **gestorben [sein]** (1. salopp; *[in Bezug auf etw. Geplantes o. Ä.] nicht zustande gekommen [sein], nicht ausgeführt, in die Wirklichkeit umgesetzt worden [sein] u. deshalb [vorläufig] nicht mehr zur Diskussion stehend.* 2. Film-, Fernsehjargon; *[in Bezug auf die Dreharbeit für eine bestimmte Szene] abgebrochen, abgeschlossen:* »Gestorben!«); **b)** 〈mit Akk. des Inhalts〉 *einen bestimmten Tod erleiden:* einen Helden-, Soldaten-, Hungertod s.; einen leichten, schweren, qualvollen Tod s.; ... sie starben trostlos einen absurden Tod (Andersch, Sansibar 108); **c)** *(für etw., jmdn.) sein Leben lassen:* für seinen Glauben, seine Überzeugung s.; für das Vaterland, seinen Freund s.; **d)** *(jmdm.) durch den Tod genommen werden:* ihr ist der Mann gestorben; ◆ **e)** 〈Prät. sturb〉 ... bei allen sterblichen Seufzern derer, die jemals durch eure Dolche sturben (Schiller, Räuber IV, 5).

-sterben, das; -s: drückt in Bildungen mit Substantiven aus, dass etw. [langsam] zugrunde geht, immer weniger wird: Baum-, Fisch-, Zeitungssterben.

Ster|bens|angst, die (emotional verstärkend): *sehr große Angst.*

ster|bens|elend ⟨Adj.⟩ (emotional verstärkend): *sich sehr elend, unwohl, übel fühlend, so elend, dass man glaubt, sterben zu müssen:* ihm ist, er fühlt sich s.

ster|bens|krank ⟨Adj.⟩: a) (emotional verstärkend) *sterbenselend;* b) *sehr schwer krank, todkrank.*

ster|bens|lang|wei|lig ⟨Adj.⟩ (emotional verstärkend): *äußerst langweilig, uninteressant.*

ster|bens|mü|de ⟨Adj.⟩ (geh., emotional verstärkend): *sehr müde, todmüde.*

Ster|bens|see|le: in der Fügung **keine/nicht eine S.** (*überhaupt niemand:* davon darf keine S. etwas erfahren).

ster|bens|übel ⟨Adj.⟩ (emotional verstärkend): *sich sehr unwohl, übel fühlend, so übel, dass man glaubt, sterben zu müssen.*

Ster|bens|wort, Ster|bens|wört|chen, das: in der Fügung **kein/nicht ein Sterbenswort/-wörtchen** (*kein einziges Wort, überhaupt nichts;* zusgez. aus »kein sterbendes [= schwaches, kaum hörbares] Wörtchen«: nicht ein S. sagen).

Ster|be|ort, der: *Ort, in dem jmd. gestorben ist.*

Ster|be|ra|te, die: *Mortalität.*

Ster|be|sa|kra|men|te ⟨Pl.⟩ (kath. Kirche): *Sakramente der Buße, der Eucharistie u. der Krankensalbung für Schwerkranke u. Sterbende:* die S. empfangen.

Ster|be|stun|de, die: *Todesstunde.*

Ster|be|ta|fel, die: *(in der Bevölkerungsstatistik) Tabelle, die (getrennt nach Geschlechtern) angibt, wie viel Personen des gleichen Alters das nächsthöhere Alter wahrscheinlich erleben u. (daraus abgeleitet) wie viel Personen dieses Alters sterben.*

Ster|be|tag, der: *Todestag.*

Ster|be|tou|ris|mus, der (abwertend): *Reisetätigkeit von Menschen, die verreisen, um am Zielort Sterbehilfe in Anspruch zu nehmen.*

Ster|be|ur|kun|de, die: *standesamtliche Urkunde über Ort, Tag u. Stunde des Todes einer Person.*

Ster|be|zif|fer, die: *Mortalität.*

Ster|be|zim|mer, das: *Zimmer, in dem jmd. gestorben ist.*

sterb|lich ⟨Adj.⟩ [mhd. sterblich]: **1.** *seiner natürlichen Beschaffenheit nach dem Sterben unterworfen; vergänglich:* alle Lebewesen sind s. **2.** (emotional verstärkend) *sehr, überaus:* sich s. blamieren; s. verliebt.

Sterb|li|che, die/eine Sterbliche; der/einer Sterblichen, die Sterblichen/zwei Sterbliche (dichter.): *sterblicher Mensch weiblichen Geschlechts.*

Sterb|li|cher, der Sterbliche/ein Sterblicher; des/eines Sterblichen, die Sterblichen/zwei Sterbliche (dichter.): *sterblicher Mensch:* * **ein gewöhnlicher o. ä. S.** (*ein gewöhnlicher Mensch, Durchschnittsmensch*).

Sterb|lich|keit, die; -, -en [spätmhd. sterblich-heit]: **1.** ⟨o. Pl.⟩ *sterbliche (1) Beschaffenheit; das Sterblichsein.* **2.** *durchschnittliche Anzahl der Sterbefälle:* die S. bei Kreislauferkrankungen ist gestiegen, zurückgegangen.

Sterb|lich|keits|ra|te, Sterb|lich|keits|zif|fer, die: *Mortalität.*

ste|reo [auch: 'st...] ⟨Adj.⟩: **1.** Kurzf. von ↑ stereofon. **2.** (Jargon) *bisexuell.*

Ste|reo, das; -s, -s: **1.** ⟨o. Pl.⟩ kurz für ↑ Stereofonie: ein Konzert in S. aufnehmen, senden. **2.** Kurzf. von ↑ Stereotypieplatte.

ste|reo-, Ste|reo- [auch: st...; griech. stereós]: Best. in Zus. mit der Bed. *starr, fest, massiv; räumlich, körperlich* (z. B. stereotyp, Stereoskop).

Ste|reo|an|la|ge, die: *aus einzelnen Geräten (z. B. Plattenspieler, Radio) bestehende kompakte Anlage (4) für den stereofonen Empfang u. die stereofone Wiedergabe von Musik o. Ä.*

Ste|reo|box, die: *[quaderartiger] Resonanzkasten mit eingebauten Stereolautsprechern.*

Ste|reo|emp|fang, der ⟨o. Pl.⟩: *stereofoner Empfang.*

ste|reo|fon, stereophon ⟨Adj.⟩ [nach engl. stereophonic, zu griech. stereós = räumlich u. phōnḗ = Klang, Stimme, Ton] (Akustik, Rundfunkt.): *(von Schallübertragungen) über zwei od. mehr Kanäle laufend, räumlich klingend:* eine -e Übertragung, Wiedergabe eines Konzertes; die Oper ist s. aufgenommen; eine Sendung s. empfangen.

Ste|reo|fo|nie, Stereophonie, die; - [engl. stereophony, zu: stereophonic, ↑ stereofon]: *elektroakustische Schallübertragung über zwei od. mehr Kanäle, die einen räumlichen Klangeffekt entstehen lässt.*

ste|reo|fo|nisch, stereophonisch ⟨Adj.⟩: *stereofon.*

Ste|reo|ka|me|ra, die: *Kamera mit zwei gleichen Objektiven in Augenabstand zur Aufnahme von Teilbildern für Raumbildverfahren.*

Ste|reo|laut|spre|cher, der: *einer von zwei zusammengehörigen Lautsprechern für die stereofone Wiedergabe von Musik o. Ä.*

Ste|reo|me|t|rie, die; - [griech. stereometría] (Math.): *Lehre von der Berechnung der geometrischen Körper.*

ste|reo|me|t|risch ⟨Adj.⟩: *die Stereometrie betreffend.*

ste|reo|phon: ↑ stereofon.

Ste|reo|plat|te, die: *Schallplatte, die stereofon abgespielt werden kann.*

Ste|reo|rund|funk|ge|rät, das: *Rundfunkgerät für die stereofone Wiedergabe von Musik, Gesprochenem o. Ä.*

Ste|reo|sen|dung, die: *stereofon ausgestrahlte Sendung.*

Ste|reo|s|kop, das; -s, -e: *optisches Gerät zur Betrachtung von Raumbildern.*

ste|reo|s|ko|pisch ⟨Adj.⟩: *räumlich erscheinend, dreidimensional wiedergegeben.*

Ste|reo|ton, der: *stereofoner Ton.*

Ste|reo|turm, der: *höheres, schmaleres, mit mehreren Böden versehenes Gehäuse, in dem die einzelnen Geräte einer Stereoanlage übereinander angeordnet sind.*

ste|reo|typ ⟨Adj.⟩ [frz. stéréotype, eigtl. = mit gegossenen feststehenden Typen gedruckt, zu griech. stereós = starr, fest u. týpos = Schlag; Eindruck; Muster, Modell]: **1.** (bildungsspr.) *(meist von menschlichen Aussage-, Verhaltensweisen o. Ä.) immer wieder in der gleichen Form [auftretend], in derselben Weise ständig, formelhaft, klischeehaft wiederkehrend:* eine -e Antwort; -e Redensarten; ein -es (*uneut, maskenhaft wirkendes*) Lächeln; etw. s. wiederholen. **2.** (Druckw.) *mit feststehenden Schrifttypen gedruckt.*

Ste|reo|typ, das; -s, -e: **1.** (Sozialpsychol., Psychol.) *vereinfachendes, verallgemeinerndes, stereotypes Urteil, [ungerechtfertigtes] Vorurteil über sich od. andere od. eine Sache; festes, klischeehaftes Bild.* **2.** (Psychiatrie, Med.) *stereotype (1) sprachliche Äußerung od. motorische Bewegung.*

Ste|reo|ty|pie, die; -, -n: **1.** (Druckw.) **a)** ⟨o. Pl.⟩ *Verfahren zur Abformung von Druckplatten für den* ²*Hochdruck (1);* **b)** *Stereotypieplatte.*

2. ⟨o. Pl.⟩ (Psychiatrie, Med.) *[krankhaftes] Wiederholen von sprachlichen Äußerungen od. motorischen Abläufen.*

Ste|reo|ty|pie|plat|te, die (Druckw.): *Abguss einer Mater in Form einer festen Druckplatte.*

ste|reo|ty|pisch ⟨Adj.⟩: *stereotyp.*

ste|ril [auch: st...] ⟨Adj.⟩ [frz. stérile < lat. sterilis = unfruchtbar, ertraglos]: **1.** *keimfrei:* ein -er Verband; die Injektionsnadel ist nicht s. **2.** (Biol., Med.) *unfruchtbar, fortpflanzungsunfähig.* **3.** (bildungsspr. abwertend) **a)** *geistig unfruchtbar, unschöpferisch:* -e Ansichten; **b)** *kalt, nüchtern wirkend; ohne eigene Note.*

Ste|ri|li|sa|ti|on, die; -, -en [frz. stérilisation, zu: stériliser, ↑ sterilisieren]: *das Sterilisieren (1, 2).*

ste|ri|li|sie|ren ⟨sw. V.; hat⟩ [frz. stériliser, zu: stérile, ↑ steril] **1.** *keimfrei, steril (1) machen:* medizinische Instrumente, Milch s. **2.** (Med.) *unfruchtbar, zeugungsunfähig, steril (2) machen:* sich die Eileiter s. lassen.

Ste|ri|li|sie|rung, die; -, -en: *Sterilisation.*

Ste|ri|li|tät, die; - [frz. stérilité < lat. sterilitas = Unfruchtbarkeit, zu: sterilis, ↑ steril]: **1.** *sterile (1) Beschaffenheit; Keimfreiheit.* **2.** (Biol., Med.) *Unfruchtbarkeit, Zeugungsunfähigkeit.*

Ste|rin [ʃt..., st...], das; -s, -e [zu griech. stereós = räumlich, körperlich] (Biochemie): *zu den Steroiden gehörende, in tierischen u. pflanzlichen Zellen vorhandene Kohlenstoffverbindung.*

Ster|ling [ˈʃtɐr..., ˈstɐr..., engl.: ˈstɑːlɪŋ], der; -s, -e ⟨aber: 5 Pfund Sterling⟩ [engl. sterling < afrz. esterlin, über das Fränk. u. Vlat. zu spätlat. stater < griech. statḗr = ein Gewicht; eine Silbermünze; schon mhd. sterlinc = eine Münze]: *Währungseinheit in Großbritannien; Pfund Sterling* (1 Sterling = 100 New Pence; Zeichen: £, £Stg).

Ster|ling|block, der ⟨o. Pl.⟩: *Länder, deren Währung mit dem englischen Pfund Sterling zu gemeinsamer Währungspolitik verbunden ist.*

Ster|ling|sil|ber, das: *Silberlegierung mit einem hohen Feingehalt (mindestens 925 Teile Silber auf 1000 Teile der Legierung).*

¹**Stern,** der; -s, -e [engl. stern < anord. stjorn = Steuer(ruder)] (Seemannsspr.): *Heck.*

²**Stern,** der; -[e]s, -e [mhd. stern(e), ahd. sterno, viell. zu ↑ Strahl u. eigtl. = am Himmel Ausgestreuter]: **1. a)** *als silbrig weißer, funkelnder Punkt bes. am nächtlichen Himmel sichtbares Gestirn:* viele, funkelnde S.; Sonne, Mond und -e; die -e stehen am Himmel, blinken, flimmern, leuchten; unter fremden -en (dichter.; *in der Fremde*) leben; Ü mit jmdm. geht ein neuer S. auf (*jmd. tritt als großer Könner auf seinem Gebiet hervor*); * **-e/Sternchen sehen** (ugs.; *durch einen Schlag, Aufprall o. Ä. ein Flimmern vor den Augen haben u. einer Ohnmacht nahe sein*); **die -e vom Himmel holen wollen** (geh.; *Unmögliches zu erreichen suchen*); **jmdm./für jmdn. die -e vom Himmel holen** (*alles für jmdn. tun; Äußerung, mit der man jmdm. gegenüber seine große Liebe zum Ausdruck bringen will*); **nach den -en greifen** (geh.; *etwas Unerreichbares haben wollen*); **b)** *Gestirn im Hinblick auf seine schicksalhafte Beziehung zum Menschen:* die -e stehen günstig (Astrol.; *ihre Konstellation kündet für jmdn. Glück o. Ä. an*); die -e befragen, in den -en lesen (*durch Sterndeutung die Zukunft vorherzusagen suchen*); ein glücklicher S., sein guter S. (geh.; *freundliches Geschick, Glücksstern*) hat ihn geleitet, hat sie zusammengeführt, hat sie verlassen; jmds. S. geht auf, ist im Aufgehen (geh.; *jmd. ist zunehmend erfolgreich, ist auf dem Weg, bekannt, berühmt zu werden*); jmds. S. sinkt, ist im Sinken, ist untergegangen, erloschen (geh.; *jmds. Glück, Erfolg, Ruhm lässt nach, ist dahin*); jmd. ist unter einem/keinem

guten, glücklichen S. geboren, zur Welt gekommen (geh.: *jmd. hat [kein] Glück im Leben);* * **in den -en [geschrieben] stehen** *(noch ganz ungewiss sein, sich noch nicht voraussagen lassen);* **unter einem guten, glücklichen, [un]günstigen** o. ä. **S. stehen** (geh.; *in Bezug auf Unternehmungen o. Ä. [un]günstige Voraussetzungen haben, einen guten, glücklichen, [un]günstigen Verlauf nehmen);* **c)** *Himmelskörper [als Objekt wissenschaftlicher Untersuchung]:* ein S. erster, zweiter, dritter Größe; auf diesem S. (dichter.; *auf der Erde).* **2. a)** *Figur, Gegenstand, um dessen kreisförmige Mitte [gleich große] Zacken symmetrisch angeordnet sind, sodass er einem* ²*Stern (1 a) ähnlich ist:* ein sechszackiger S.; **b)** ²*Stern (2 a) als Rangabzeichen, Orden, Hoheitszeichen:* goldene -e auf den Schulterstücken; **c)** *sternförmiges Zeichen zur qualitativen Einstufung von etw.* (bes. von Hotels, Restaurants): ein Hotel, ein Kognak mit fünf -en; **d)** *sternförmiges Kennzeichen in Texten, grafischen Darstellungen o. Ä. als Verweis auf eine Anmerkung, Fußnote.* **3.** *(bei Pferden u. Rindern)* weißer Fleck auf der Stirn. **4.** (Jägerspr.) *(beim Wild) Iris.* **5.** (Kosew.) *geliebte Person, Liebling:* du bist mein S.

Stern|anis, der: **a)** *(in Südchina u. Hinterindien heimischer) kleiner, immergrüner Baum mit sternförmigen Fruchtkapseln, deren ölhaltige, stark nach Anis duftende Samen als Gewürz verwendet werden;* **b)** *Frucht des Sternanis* (a).
Stern|bild, das: *als Figur gedeutete Gruppe hellerer Sterne am Himmel:* das S. des Kleinen, Großen Bären.
Stern|blu|me, die: *Blume mit sternförmiger Blüte* (z. B. Aster).
Stern|chen|nu|del, die ⟨meist Pl.⟩: *kleine, sternförmige Nudel (als Suppeneinlage).*
Stern|deu|ter, der: *Astrologe.*
Stern|deu|te|rin, die: w. Form zu ↑Sterndeuter.
Stern|deu|tung, die: *Astrologie.*
Ster|ne|koch, der *[nach der grafischen Darstellung eines Sterns, die der Restaurantführer Guide Michelin als Bewertung vergibt]: mit einem od. mehreren Sternen ausgezeichneter Koch:* Hamburg – die Hochburg der Sterneköche.
Ster|ne|köl|chin, die: w. Form zu ↑Sternekoch.
Ster|nen|ban|ner, das: *Stars and Stripes.*
ster|nen|hell: ↑sternhell.
Ster|nen|him|mel, der ⟨Pl. selten⟩: **1.** *nächtlicher Himmel, an dem Sterne sichtbar sind, sternklarer Himmel:* wir hatten einen herrlichen S. **2.** *Himmel mit den (zu bestimmten Zeiten an bestimmten Punkten beobachtbaren) Sternen, Planeten u. anderen Himmelskörpern:* der nördliche, winterliche S.
ster|nen|klar: ↑sternklar.
ster|nen|los: ↑sternlos.
Ster|nen|nacht, die (geh.): *sternklare Nacht.*
Ster|nen|zelt, das ⟨o. Pl.⟩ (dichter.): *Sternenhimmel.*
Stern|fahrt, die: *[sportliche Wett]fahrt bes. mit dem Auto od. Motorrad, die von verschiedenen Ausgangspunkten zum gleichen Ziel führt.*
stern|för|mig ⟨Adj.⟩: *in der Form eines* ²*Sternes (2 a).*
Stern|for|scher, der: *jmd., der die* ²*Sterne (1 c) erforscht; Astronom.*
Stern|for|sche|rin, die: w. Form zu ↑Sternforscher.
Stern|gu|cker, der (ugs. scherzh.): *Himmelsgucker.*
Stern|gu|cke|rin, die: w. Form zu ↑Sterngucker.
stern|ha|gel|be|sof|fen ⟨Adj.⟩ (derb): *völlig, sinnlos betrunken.*
stern|ha|gel|voll ⟨Adj.⟩ (salopp): *völlig, sinnlos betrunken.*

Stern|hau|fen, der (Astron.): *Anhäufung einer größeren Zahl von Sternen (die in der Zusammensetzung, Farbe u. Ä. einander ähnlich sind).*
Stern|haus, das (Archit.): *Hochhaus, bei dem mehrere Wohnflügel sternförmig um ein zentrales Treppenhaus angeordnet sind.*
stern|hell, sternenhell ⟨Adj.⟩: *von Sternen erhellt:* eine -e Nacht.
Stern|him|mel, der ⟨Pl. selten⟩: *Sternenhimmel.*
Stern|holz, das ⟨o. Pl.⟩: *Sperrholz mit sternförmig gegeneinander versetzten Furnierlagen.*
Stern|jahr, das: *Zeit zwischen zwei aufeinanderfolgenden gleichen Stellungen der Sonne zu einem bestimmten Fixstern, Umlaufzeit der Erde um die Sonne; siderisches Jahr.*
Stern|kar|te, die: *kartografische Darstellung des Sternenhimmels, Himmelskarte.*
stern|klar, sternenklar ⟨Adj.⟩: *so klar, dass man die Sterne deutlich sehen kann:* eine -e Nacht.
Stern|kun|de, die ⟨Pl. selten⟩: *Wissenschaft von den Himmelskörpern; Himmelskunde, Astronomie.*
stern|los, sternenlos ⟨Adj.⟩: *keine* ²*Sterne (1 a) aufweisend:* eine -e Nacht.
Stern|marsch, der: *Marsch, der von verschiedenen Ausgangspunkten zum gleichen Ziel führt:* einen S. planen.
Stern|mie|re, die: *Miere mit weißen, sternförmigen Blüten.*
Stern|schnup|pe, die *[man hielt die Meteore früher für »Putzabfälle« (↑Schnuppe) von Sternen]: mit bloßem Auge sichtbarer Meteor.*
Stern|sin|gen, das; -s ⟨landsch.⟩: *das nach altem Brauch dargebotene Singen bestimmter Lieder zum Dreikönigsfest von Kindern, die als Heilige Drei Könige verkleidet von Haus zu Haus ziehen u. dabei einen* ²*Stern (2 a) mit sich führen.*
Stern|sin|ger, der; -s, - (landsch.): *Kind od. Jugendlicher, der am Sternsingen teilnimmt.*
Stern|sin|ge|rin, die; -, -nen: w. Form zu ↑Sternsinger.
Stern|stun|de, die (geh.): *Zeitpunkt, kürzerer Zeitabschnitt, der in jmds. Leben in Bezug auf die Entwicklung von etw. einen Höhepunkt od. glückhaften Wendepunkt bildet; glückliche, schicksalhafte Stunde:* eine S. der/für die Wissenschaft.
Stern|sys|tem, das (Astron.): *ausgedehnte Ansammlung von vielen Sternen, die ihrer Entwicklung u. Bewegung nach eine Einheit bilden.*
Stern|war|te, die: *Observatorium.*
Stern|zei|chen, das: *Tierkreiszeichen* (1).
Ste|ro|id, das; -[e]s, -e ⟨meist Pl.⟩: *biologisch wichtige organische Verbindung* (z. B. Gallensäure und Geschlechtshormone).
Ste|ro|i|de [ʃt..., st...] ⟨Pl.⟩ [zu *Sterin* u. griech. -oeidḗs = ähnlich] (Biochemie): *Gruppe biologisch wichtiger organischer Verbindungen.*
Ste|ro|id|hor|mon, das ⟨meist Pl.⟩ (Biochemie): *Hormon von der spezifischen Struktur der Steroide.*
¹**Sterz**, der; -es, -e [zu mundartl. *sterzen* = steif sein] (bayr., österr.): *Speise aus einem mit [Mais]mehl, Grieß o. Ä. zubereiteten Teig, der in Fett gebacken od. in heißem Wasser gegart u. dann in kleine Stücke zerteilt wird.*
²**Sterz**, der; -es, -e [mhd., ahd. *sterz*, eigtl. = Starres, Steifes, zu ↑*starren*]: *Schwanz, Bürzel.*
stet ⟨Adj.⟩ [mhd. *stæt(e)*, ahd. *stāti* = beständig, zu ↑*stehen*] (geh.): **a)** *über eine relativ lange Zeit gleichbleibend, keine Schwankungen aufweisend:* des Wohlwollens seines Chefs haben; (als Briefschluss:) in -em Gedenken, -er Treue; **b)** *ständig, andauernd:* sie ist den -en Streit mit ihrem Mann leid.
Ste|thos|kop [ʃt..., st...], das; -s, -e [zu griech. *stēthos* = Brust u. *skopeīn* = betrachten]

(Med.): *medizinisches Instrument zum Auskultieren; Hörrohr* (1).
ste|tig ⟨Adj.⟩ [mhd. *stætec*, ahd. *stātig*, zu ↑*stet*]: *über eine relativ lange Zeit gleichmäßig, ohne Unterbrechung sich fortsetzend, [be]ständig, kontinuierlich:* die Geburtenrate ist s. gesunken; Der milde, -e Wind, der manchmal zum Orkan anschwoll, löste auch die mächtigsten Regenfronten immer wieder auf (Ransmayr, Welt 254).
Ste|tig|keit, die; -, -en [mhd. *stætecheit*, ahd. *stātekheit*]: *stetige Art, Beschaffenheit; Beständigkeit; Grad, in dem etw. stetig ist.*
Stetl: ↑ Schtetl.
stets ⟨Adv.⟩ [mhd. *stætes*, erstarrter Gen. von: *stæt(e)*, ↑*stet*]: *immer, jederzeit:* sie ist s. freundlich; er ist s. zufrieden; s. und ständig (verstärkend; *immerzu).*
Stet|son® [ˈstɛtsn̩], der; -s, -s [engl. *stetson*, nach dem Namen des amerik. Hutfabrikanten J. B. Stetson (1830–1906)]: *weicher Filzhut mit breiter Krempe; Cowboyhut.*
Stet|tin: *Stadt an der Oder; vgl. Szczecin.*
¹**Steu|er**, das; -s, - [aus dem Niederd. < mniederd. *stur(e)* = Steuerruder, urspr. = lange Stange zum Staken u. Lenken eines Schiffes, eigtl. = Stütze, Pfahl, zu ↑*stauen*, verw. mit ²↑*Steuer*]: **a)** *Vorrichtung in einem Fahrzeug zum* ¹*Steuern (1 a) in Form eines Rades, Hebels o. Ä.:* das S. herumreißen, herumwerfen; das S. übernehmen *(jmdn. beim Steuern ablösen);* am/hinter dem S. sitzen, stehen; Ü er hat das S. *(die Führung der Partei)* übernommen, fest in der Hand; **b)** *Ruder* (2): das S. halten, führen.
²**Steu|er**, die; -, -n [mhd. *stiure*, ahd. *stiura* = Stütze, Unterstützung, ↑*Steuer*, eigtl. = Stütze, Pfahl, zu ↑*stauen*, verw. mit ¹↑*Steuer*]: **1.** *bestimmter Teil des Lohns, Einkommens od. Vermögens, der an den Staat abgeführt werden muss:* hohe -n; direkte -n (Wirtsch.; *Steuern, die derjenige, sie schuldet, direkt an den Staat zu zahlen hat);* indirekte -n (Wirtsch.; *Steuern, die im Preis bestimmter Waren, bes. bei Genussu. Lebensmitteln, Mineralöl o. Ä., enthalten sind);* -n [be]zahlen, erheben, hinterziehen, eintreiben, erhöhen; Steuern S. unterliegen; etw. mit einer S. belegen; die Unkosten von der S. absetzen. **2.** ⟨o. Pl.⟩ (ugs.) *Kurzf. von* Steuerbehörde.
Steu|er|ab|zug, der (Steuerw.): *indirekter Steuereinzug durch Einbehaltung an der Einkunftsquelle.*
Steu|er|am|nes|tie, die (Rechtsspr.): *Gewährung von Straffreiheit bei Selbstanzeige des Steuerhinterziehers.*
Steu|er|an|ge|le|gen|heit, die ⟨meist Pl.⟩: *das, was die Steuern betrifft:* in -en.
Steu|er|auf|kom|men, das: *Gesamtheit der Einnahmen des Fiskus aus Steuern innerhalb eines bestimmten Zeitraums.*
Steu|er|auf|sicht, die ⟨Pl. selten⟩: *Kontrolle der Steuerpflichtigen durch die Finanzbehörden.*
Steu|er|aus|fall, der: *(den Staat, die Kommunen betreffender) Ausfall von Steuern.*
¹**steu|er|bar** ⟨Adj.⟩: *sich steuern lassend:* ein -er Flugkörper.
²**steu|er|bar** ⟨Adj.⟩ (Amtsspr.): *steuerpflichtig; zu versteuern:* -es Einkommen.
Steu|er|be|am|ter (vgl. Beamter) (veraltend): *Finanzbeamter.*
Steu|er|be|am|tin, die: w. Form zu ↑Steuerbeamter.
Steu|er|be|fehl, der (EDV): *Befehl* (1 b).
Steu|er|be|frei|ung, die: *Befreiung von der Steuerpflicht.*
steu|er|be|güns|tigt ⟨Adj.⟩ (Steuerw.): *[zum Teil] von der Steuer absetzbar (als Teil eines Förderungsprogramms):* -e Wertpapiere.
Steu|er|be|hör|de, die: *Finanzbehörde.*

Steuerbelastung – Steuerpflichtige

Steu|er|be|las|tung, die: *das Belastetsein durch Steuern:* Haushalte mit hoher, geringer S.
Steu|er|be|leg, der: *Beleg für die Steuererklärung.*
Steu|er|be|mes|sungs|grund|la|ge, die (Steuerw.): *bestimmter Betrag, Wert, der bei der Ermittlung der Höhe der zu entrichtenden Steuern zugrunde liegt.*
Steu|er|be|ra|ter, der: *staatlich zugelassener Berater u. Vertreter in Steuerangelegenheiten* (Berufsbez.).
Steu|er|be|ra|te|rin, die: w. Form zu ↑ Steuerberater.
Steu|er|be|ra|tung, die: *Beratung in Steuerangelegenheiten.*
Steu|er|be|scheid, der (Steuerw.): *Bescheid des Finanzamts über die Höhe der zu entrichtenden Steuer.*
Steu|er|be|trag, der: *Betrag an Steuer[n].*
Steu|er|be|trug, der (Steuerw.): *Betrug durch Angabe von fingierten steuerlichen Daten.*
Steu|er|be|voll|mäch|tig|te ⟨vgl. Bevollmächtigte⟩: *staatlich zugelassene Vertreterin in Steuerangelegenheiten* (Berufsbez.).
Steu|er|be|voll|mäch|tig|ter ⟨vgl. Bevollmächtigter⟩: *staatlich zugelassener Vertreter in Steuerangelegenheiten* (Berufsbez.).
Steu|er|bi|lanz, die (Steuerw.): *Bilanz, die zur Ermittlung der Höhe des zu besteuernden Gewinns aufgestellt wird.*
steu|er|bord, steuerbords ⟨Adv.⟩ (Seew., Flugw.): *rechts, auf der rechten Schiffs- od. Flugzeugseite.*
Steu|er|bord, das, österr. auch: der ⟨Pl. selten⟩ [nach dem urspr. rechts angebrachten Steuerruder] (Seew., Flugw.): *rechte Seite eines Schiffes (in Fahrtrichtung gesehen) od. Luftfahrzeugs (in Flugrichtung gesehen):* nach S. gehen.
steu|er|bords: ↑ steuerbord.
Steu|er|do|mi|zil, das (schweiz.): *der für die Bestimmung, an welchen Kanton Steuern zu zahlen sind, maßgebliche Wohnsitz.*
Steu|er|ein|heit, die: **1.** [nach gleichbed. engl. (central) processing unit, aus: processing = (Daten)verarbeitung u. unit = Einheit] (EDV) *zentraler Bestandteil des Computers, in dem Rechenoperationen ablaufen u. der weitere Funktionen steuert.* **2.** [zu ↑ ²Steuer (1)] *Teil der Steuerbemessungsgrundlage, nach dem die Zuordnung zu einem bestimmten Steuertarif bestimmt wird.*
Steu|er|ein|nah|me, die ⟨meist Pl.⟩ (Steuerw.): *Einnahme aus Steuern.*
Steu|er|ent|las|tung, die: *Entlastung von Steuern.*
Steu|er|er|hö|hung, die: *Erhöhung von Steuern.*
Steu|er|er|klä|rung, die (Steuerw.): *Angaben eines Steuerpflichtigen über sein Vermögen, Einkommen, Gehalt o. Ä., die dem Finanzamt zur Ermittlung der Höhe der zu entrichtenden Steuern vorgelegt werden müssen:* die S. abgeben.
Steu|er|er|lass, der (Steuerw.): *[teilweiser] Erlass von Steuern.*
Steu|er|er|leich|te|rung, die: *Verringerung der steuerlichen Belastung.*
Steu|er|er|mä|ßi|gung, die: *Ermäßigung der Steuerschuld.*
Steu|er|er|spar|nis, die: *Entlastung durch das Zahlen von weniger Steuern:* keine S. mit Luftbuchungen.
Steu|er|er|stat|tung, die (Steuerw.): *Rückzahlung von zu viel gezahlten Steuern.*
Steu|er|ex|per|te, der: *Experte in steuerlichen Fragen.*
Steu|er|ex|per|tin, die: w. Form zu ↑ Steuerexperte.

Steu|er|fach|ge|hil|fe, der: *bei einem Steuerberater angestellter Gehilfe* (1) (Berufsbez.).
Steu|er|fach|ge|hil|fin, die: w. Form zu ↑ Steuerfachgehilfe.
Steu|er|fahn|der, der: *Beamter, der für die Steuerfahndung zuständig ist.*
Steu|er|fahn|de|rin, die: w. Form zu ↑ Steuerfahnder.
Steu|er|fahn|dung, die (Steuerw.): **a)** *staatliche Überprüfung der Bücher eines Betriebs bei Verdacht eines Steuervergehens;* **b)** *für die Steuerfahndung zuständige Beamte.*
Steu|er|fest|set|zung, die: *Festsetzung der Steuer.*
steu|er|fi|nan|ziert ⟨Adj.⟩: *aus Steuereinnahmen finanziert:* -e Sozialversicherungssysteme, eine -e Grundrente; es wurde heftig diskutiert, welche bislang beitragsfinanzierten Leistungen in Zukunft s. werden sollten.
Steu|er|flucht, die (Steuerw.): **a)** *Umgehung der Steuerpflicht durch das Verbringen von Kapital, Vermögen o. Ä. ins Ausland;* **b)** *Umgehung der Steuerpflicht durch Verlegen des Wohn- od. Unternehmenssitzes ins Ausland.*
Steu|er|flücht|ling: *jmd., der Steuerflucht* (b) *begeht:* Monaco gilt immer noch als Paradies für -e.
Steu|er|for|de|rung, die: *das Fordern steuerlicher Zahlungen.*
Steu|er|fra|ge, die: *die Steuern betreffende Frage.*
Steu|er|frau, die: *weibliche Person, die ein Boot steuert.*
steu|er|frei ⟨Adj.⟩: *von der Steuer nicht erfasst; nicht besteuert, versteuert:* -e Beträge.
Steu|er|frei|be|trag, der (Steuerw.): *steuerfreier Betrag.*
Steu|er|frei|heit, die: *das Befreitsein von der Steuerpflicht.*
Steu|er|fuß, der (schweiz.): *jährlich festgelegter Steuersatz.*
Steu|er|ge|heim|nis, das: *Geheimhaltungspflicht aller Staats-, Steuerbeamten im Hinblick auf Vermögensverhältnisse, Steuerangelegenheiten anderer.*
Steu|er|geld, das ⟨meist Pl.⟩: *Geld, das aus Steuern stammt.*
Steu|er|ge|rät, das: **a)** (Rundfunkt.) *Receiver;* **b)** (Elektrot.) *Gerät zur automatischen Steuerung von Anlagen, Abläufen, Vorgängen o. Ä.:* elektronische -e.
Steu|er|ge|rech|tig|keit, die ⟨o. Pl.⟩: *Gerechtigkeit in Bezug auf die zu zahlenden Steuern, wobei die Höhe der Steuern so [gestaffelt] festgelegt wird, dass sie in einem gerechten Verhältnis zur tatsächlichen finanziellen Leistungskraft des Steuerzahlers steht.*
Steu|er|ge|schenk, das: *Geschenk durch geringere steuerliche Belastung:* S. für Banken und Versicherungen.
Steu|er|ge|setz, das: *bes. die Erhebung von Steuern betreffendes steuerrechtliches Gesetz.*
Steu|er|ge|setz|ge|bung, die: *die Steuern betreffende Gesetzgebung.*
Steu|er|gro|schen, der ⟨meist Pl.⟩ (ugs.): *Steuergeld.*
Steu|er|he|bel, der (bes. Flugw.): *Steuerknüppel.*
Steu|er|hin|ter|zie|hung, die (Steuerw.): *Hinterziehung von Steuern.*
Steu|er|ho|heit, die (Steuerw.): *Recht einer staatlichen Körperschaft, Steuern zu erheben.*
Steu|er|iden|ti|fi|ka|ti|ons|num|mer, die: *lebenslang gültige Nummer, die jedem Staatsbürger zur Abwicklung seiner Steuerangelegenheiten zugeordnet ist.*
Steu|er|kar|te, die: *Lohnsteuerkarte.*
Steu|er|klas|se, die: *nach Familienstand u. Anzahl der Kinder festgelegte, innerhalb des Steuertarifs gestaffelte Steuerbemessungsgrundlage für die Einkommens- u. Lohnsteuer.*
Steu|er|knüp|pel, der (bes. Flugw.): ¹*Steuer* (a) *in Form eines Knüppels.*
Steu|er|last, die (Steuerw.): *Belastung durch Steuern.*
steu|er|lich ⟨Adj.⟩ (Steuerw.): *die* ²*Steuer* (1) *betreffend; auf die* ²*Steuer* (1) *bezogen:* -e Vergünstigungen.
steu|er|los ⟨Adj.⟩: **a)** *ohne Steuerung;* **b)** *ohne jmdn., der steuert:* das Schiff treibt s. auf dem Meer.
Steu|er|mann, der ⟨Pl. ...leute, seltener: ...männer⟩: **1.** (Seew. früher) *Seeoffizier (höchster Offizier nach dem Kapitän), der für die Navigation verantwortlich ist.* **2.** (Seew.) *Bootsmann* (2). **3.** (Rudersport) *jmd., der ein Boot steuert:* Vierer mit, ohne S. **4.** (Elektrot.) *jmd., der ein Steuerpult bedient.*
Steu|er|mar|ke, die: *Marke als Quittung für bezahlte Steuern, bes. Hundemarke.*
steu|er|min|dernd ⟨Adj.⟩ (Steuerw.): *eine zu zahlende Steuer in ihrer Höhe verringernd:* etw. s. geltend machen.
Steu|er|mit|tel ⟨Pl.⟩: *Steuergeld.*
Steu|er|mo|ral, die: *Einstellung des Bürgers zu Steuern u. zur Besteuerung:* Maßnahmen zur Hebung der S. ergreifen.
¹**steu|ern** ⟨sw. V.⟩ [mhd. stiuren, ahd. stiur(r)en]: **1.** ⟨hat⟩ **a)** *das* ¹*Steuer* (a) *eines Fahrzeugs bedienen u. dadurch die Fahrtrichtung bestimmen; durch Bedienen des* ¹*Steuers* (a) *in eine bestimmte Richtung bewegen:* ein Boot s.; das Schiff [sicher] in den Hafen s.; einen Ferrari s. *([im Rennen] fahren);* ⟨auch ohne Akk.-Obj.:⟩ nach rechts, zur Seite s.; **b)** (Seew., Flugw.) ¹*steuernd* (1 a) *einhalten:* Westkurs s. **2.** ⟨ist⟩ **a)** *irgendwohin Kurs nehmen; eine bestimmte Richtung einschlagen:* das Schiff, das Flugzeug steuert nach Norden; Ü wohin steuert unsere Politik?; **b)** (ugs.) *sich zielstrebig in eine bestimmte Richtung bewegen:* an die Theke s.; Ü er steuert in sein Unglück. **3.** ⟨hat⟩ **a)** (Technik) *(bei Geräten, Anlagen, Maschinen) den beabsichtigten Gang, Ablauf, das beabsichtigte Programm* (4) *o. Ä. auslösen:* einen Rechenautomaten, die Geschwindigkeit eines Fließbands s.; **b)** *für einen bestimmten Ablauf, Vorgang sorgen; so beeinflussen, dass sich jmd. in beabsichtigter Weise verhält, dass etw. in beabsichtigter Weise abläuft, vor sich geht; lenken:* den Produktionsprozess s.; ein Gespräch geschickt [in die gewünschte Richtung] s. **4.** ⟨hat⟩ (geh.) *einer Sache, Entwicklung, einem bestimmten Verhalten von jmdm. entgegenwirken:* dem Unheil, der Not s.; In der Schule versuchte man, dem Hunger mit Hilfe der Amerikaner zu s. (Heym, Nachruf 15).
²**steu|ern** ⟨sw. V.; hat⟩ [mhd. stiuren = beschenken, eigtl. = ¹steuern] (schweiz., sonst veraltet): *Steuern zahlen.*
Steu|er|nach|lass, der: *Nachlass von Steuern.*
Steu|er|nach|zah|lung, die: *Nachzahlung von Steuern.*
Steu|er|oa|se, die (ugs.): *Staat, Kanton o. Ä., der keine od. nur sehr niedrige Steuern erhebt [u. daher für Steuerflucht begehende Ausländer attraktiv ist].*
Steu|er|pa|ket, das (Jargon): *Paket von steuerlichen Maßnahmen:* ein S. verabschieden.
Steu|er|pa|ra|dies, das (ugs.): *Steueroase.*
Steu|er|pflicht, die (Steuerw.): *gesetzliche Verpflichtung, Steuern zu entrichten.*
steu|er|pflich|tig ⟨Adj.⟩ (Steuerw.): **1.** *gesetzlich verpflichtet, Steuern zu entrichten.* **2.** *der Steuerpflicht unterliegend:* -es Einkommen.
Steu|er|pflich|ti|ge, die/eine Steuerpflichtige;

der/einer Steuerpflichtigen, die Steuerpflichtigen/zwei Steuerpflichtigen (Steuerw.): *weibliche Person, die steuerpflichtig ist.*

Steu|er|pflich|ti|ger, der Steuerpflichtige/ein Steuerpflichtiger; des/eines Steuerpflichtigen, die Steuerpflichtigen/zwei Steuerpflichtige (Steuerw.): *jmd., der steuerpflichtig ist.*

Steu|er|po|li|tik, die: *Gesamtheit der Maßnahmen der Finanzpolitik im steuerlichen Bereich.*

steu|er|po|li|tisch ⟨Adj.⟩: *die Steuerpolitik betreffend.*

Steu|er|pri|vi|leg, das: *Vorrecht, das die steuerliche Behandlung betrifft:* S. *für Lebensversicherungen und Dienstwagen.*

Steu|er|pro|gramm, das (EDV): *Programm (4), das den Ablauf anderer Programme (4) organisiert u. überwacht.*

Steu|er|pro|gres|si|on, die: *progressive steuerliche Mehrbelastung höherer Einkommen.*

Steu|er|prü|fer, der: *Buch-, Wirtschaftsprüfer.*

Steu|er|prü|fe|rin, die: w. Form zu ↑ Steuerprüfer.

Steu|er|pult, das (Elektrot.): *Schaltpult.*

Steu|er|quo|te, die: *Quote (a), die die Steuer ausmacht; Steueranteil.*

Steu|er|rad, das: a) *Steuerknüppel; Lenkrad;* b) (Seew.) *Rad des Ruders* (2).

Steu|er|recht, das: *gesetzliche Regelung des Steuerwesens.*

steu|er|recht|lich ⟨Adj.⟩: *das Steuerrecht betreffend.*

Steu|er|re|form, die: *Reform des* ²*Steuersystems.*

Steu|er|ru|der, das (Seew.): *Ruder* (2).

Steu|er|satz, der (Steuerw.): *Betrag, der einer bestimmten Steuereinheit entspricht.*

Steu|er|schal|ter, der (Technik): *Schalter zur Betätigung einer Steuerung.*

Steu|er|schät|zung, die: *Schätzung der zu erwartenden Steuereinnahmen.*

Steu|er|schlupf|loch, das: *gesetzlich zulässige, vom Gesetzgeber jedoch nicht beabsichtigte Möglichkeit für den Steuerzahler, Steuern (zum Nachteil des Staates) zu sparen.*

Steu|er|schrau|be, die: in den Wendungen **die S. anziehen, überdrehen/an der S. drehen** (ugs.; *die Steuern [drastisch] erhöhen*).

Steu|er|schuld, die (Steuerw.): a) *Steuer, die noch gezahlt werden muss;* b) *Verpflichtung, eine bestimmte Steuer zu zahlen.*

Steu|er|sen|kung, die: *Senkung von Steuern.*

Steu|er|spa|ren, das: *Nutzung legaler Möglichkeiten zur Reduzierung der Steuerbelastung: der Traum vom S. durch Immobilienerwerb in Ostdeutschland ist für manchen zum Albtraum geworden.*

Steu|er|straf|recht, das ⟨o. Pl.⟩: *Verstöße gegen die Steuer- u. Zollgesetze betreffendes Strafrecht.*

Steu|er|sün|der, der (ugs.): *jmd., der seiner Steuerpflicht nicht od. nur z. T. nachkommt.*

Steu|er|sün|de|rin, die (ugs.): w. Form zu ↑ Steuersünder.

¹**Steu|er|sys|tem,** das (Technik): *Steuerung (1): das S. eines Raumschiffs.*

²**Steu|er|sys|tem,** das (Steuerw.): *System der Besteuerung.*

Steu|er|ta|bel|le, die (Steuerw.): *Tabelle zur Bestimmung von Steuerbeträgen.*

Steu|er|ta|rif, der (Steuerw.): *Zusammenstellung der Steuerklassen u. Steuersätze.*

Steu|e|rung, die; -, -en [zu ↑ ¹steuern]: 1. (Technik) a) *Gesamtheit der technischen Bestandteile eines Fahrzeugs, die zum* ¹*Steuern* (1 a) *notwendig sind: die S. war blockiert;* b) *Steuergerät* (b): *die [automatische] S. einschalten, betätigen.* 2. ⟨o. Pl.⟩ (bes. von Schiffen, Flugzeugen) *das* ¹*Steuern* (1 a). 3. ⟨o. Pl.⟩ *das* ¹*Steuern* (3 a): *die S. einer Heizungsanlage;* b) *das* ¹*Steuern* (3 b): *die S. von Prozessen.*

Steu|e|rungs|an|la|ge, die (Technik): *technische Anlage zur Steuerung von etw.*

Steu|e|rungs|com|pu|ter, der (Elektronik): *Computer zur Steuerung technischer Anlagen, Maschinen o. Ä.*

Steu|e|rungs|me|tho|de, die: *Methode der Steuerung.*

Steu|er|ven|til, das (Technik): *Ventil zur Steuerung von Kraftmaschinen.*

Steu|er|ver|an|la|gung, die (Steuerw.): *Feststellung, ob u. in welcher Höhe eine Steuerschuld* (b) *besteht.*

Steu|er|ver|ge|hen, das (Steuerw.): *Verstoß gegen die Steuergesetze.*

Steu|er|ver|güns|ti|gung, die (Steuerw.): *Steuererleichterung als staatliche Förderungsmaßnahme.*

Steu|er|ver|güns|ti|gungs|ab|bau|ge|setz, das (Politik): *Gesetz zum Abbau von Steuervergünstigungen.*

Steu|er|ver|gü|tung, die (Steuerw.): (*bes. bei Warenausfuhr gewährte) staatliche Vergütung aufgrund gezahlter Steuer.*

Steu|er|vo|r|aus|zah|lung, die (Steuerw.): 1. *Vorauszahlung auf die endgültige Steuerschuld.* 2. *als Steuervorauszahlung* (1) *gezahlter Geldbetrag.*

Steu|er|vor|teil, der: *steuerlicher Vorteil.*

Steu|er|werk, das (EDV): *Teil einer Datenverarbeitungsanlage, der der Abrufung der Steuerbefehle, der Steuerung u. Überwachung der Anlage dient.*

Steu|er|we|sen, das ⟨o. Pl.⟩: *alles mit den* ²*Steuern* (1) *Zusammenhängende, einschl. Funktion, Organisation u. Verwaltung.*

Steu|er|zah|ler, der: *jmd., der zur Zahlung von Steuern verpflichtet ist.*

Steu|er|zah|le|rin, die: w. Form zu ↑ Steuerzahler.

Steu|er|zei|chen, das: *Zeichen an Packungen (bes. bei Tabakwaren), durch das die Erhebung der Verbrauchssteuer gekennzeichnet wird.*

Steu|er|zet|tel, der (ugs.): *Steuerbescheid.*

Steu|er|zu|schlag, der (Steuerw.): *Säumniszuschlag.*

Ste|ven [...vn̩], der; -s, - [mniederd. steven, eigtl. wohl = Stock, Stütze] (Schiffbau): *ein Schiff nach vorn u. hinten begrenzendes Bauteil, das den Kiel nach oben fortsetzt.*

Ste|ward ['stjuːɐt], der; -s, -s [engl. steward < aengl. stigweard = Verwalter]: 1. *Betreuer der Passagiere an Bord von Schiffen (Berufsbez.).* 2. (veraltend) *Flugbegleiter.*

Ste|war|dess ['stjuːɐdɛs, auch: ...'dɛs], die; -, -en [engl. stewardess, zu: steward, ↑ Steward]: 1. w. Form zu ↑ Steward (2). 2. w. Form zu ↑ Steward (1).

Ste|ward|ship ['stjuːədʃɪp], die; -; - [engl. stewardship, eigtl. = Verwaltung]: (*in der protestantischen Kirche der USA) Dienst der Gemeindemitglieder, die einen Teil ihrer Zeit, ihrer Fähigkeiten u. ihres Geldes der Gemeinde zur Verfügung stellen.*

StGB = Strafgesetzbuch.

sti|bit|zen ⟨sw. V.; hat⟩ [urspr. Studentenspr., H. u.] (fam.): *auf listige Weise entwenden, sich bringen: Schokolade s.*

Sti|bi|um ['ʃtiː..., 'st...], das; -s [lat. stibi(um) < griech. stíbi]: *Antimon (Zeichen: Sb).*

stich: ↑ stechen.

Stich, der; -[e]s, -e: 1. [mhd. stich, ahd. stih] a) *das Eindringen einer Stichwaffe o. Ä. [in jmds. Körper]: S. mit dem Messer;* Ü *ein S. [von hinten] (versteckte spitze, gehässige Bemerkung,* boshafte Bemerkung); b) *[schmerzhaftes] Eindringen eines Stachels, Dorns o. Ä. [in die Haut]: das Stechen (der S. einer Biene);* c) (selten) *Einstechen, Einstich: Schmerzhaft war die S. in das* beängstigend weit zurückgewichene Zahnfleisch (Böll, Haus 35). 2. a) *Verletzung, die jmdm. durch einen Stich* (1 a, b) *zugefügt wird, durch einen Stich* (1 a, b) *entstanden ist: der S. eitert, juckt noch;* b) (seltener) *Einstich[stelle].* 3. (Fechten) *Stoß, der mit dem Florett od. Degen geführt wird.* 4. a) *das Einstechen mit der Nadel u. das Durchziehen des Fadens (beim Nähen, Sticken): sie heftete das Futter mit ein paar -en an;* b) *der Faden zwischen den jeweiligen Einstichen: ein paar -e sind aufgegangen.* 5. *stechender Schmerz; Schmerz, der wie ein Stich* (1) *empfunden wird: -e in der Herzgegend haben, verspüren.* 6. Kurzf. von ↑ Kupferstich (2), ↑ Stahlstich): *ein wertvoller S.* 7. ⟨o. Pl.⟩ *leichter Farbschimmer, der in einer anderen Farbton mitspielt, ihn wie ein getönter Schleier überzieht: das Foto hat einen S. ins Blaue;* Ü *einen S. (ein bisschen) zu korrekt; sie hat einen S. ins Ordinäre.* 8. * **einen [leichten] S. haben** (1. ugs.; *[von Speisen, Getränken] nicht mehr ganz einwandfrei, leicht verdorben sein:* die Wurst hat einen S. 2. salopp; *nicht recht bei Verstand, verrückt sein:* du hast ja 'n S.! landsch.; *betrunken sein*). 9. (landsch.) (*bes. von Speisefett) kleinere Menge, die mit einem Messer o. Ä. herausgestochen worden ist: einen S. Butter dazugeben.* 10. (Kartenspiele) *Karten, die ein Spieler mit einer höherwertigen Karte durch Stechen an sich bringt; Point* (1 a): *alle -e machen; nicht einen S. bekommen.* 11. * **jmdn. im S. lassen** (1. *sich um jmdn., der in eine Notlage geraten ist, sich in einer kritischen Situation befindet, nicht mehr kümmern; jmdn., mit dem man verbunden war, verlassen;* jmd. den Dienst versagen: sein Gedächtnis ließ ihn im S.); **etw. im S. lassen** (*etw. aufgeben, zurücklassen*); **S. halten** (*einer Nachprüfung standhalten, sich als richtig erweisen; wohl eigtl. = dem Stich des Gegners im Kampf standhalten: ihr Alibi hielt* S.). 12. [mhd. stich] (landsch.) *jäher Anstieg einer Straße.* 13. (Hüttenw.) *[einmaliger] Durchgang des Walzgutes durch die Walzen.* 14. [gek. aus: Stichentscheid] (schweiz.) *Wettschießen.*

Stich|blatt, das: 1. (Fechten) *Glocke* (6): ♦ ...*und hat den alten Hieber und sein ungeheures* S., *worauf er ein Frühstück zu verzehren pflegte, mit dem Paradedegen eines herzoglich württembergischen Leutnants vertauscht* (Hauff, Jud Süß 385). ♦ 2. *Zielscheibe bei Fechtübungen für Stiche* (3): Ü *Das Bekenntnis willst du noch haben, dass die ganze geheime Weisheit unsers Geschlechts (= der Frauen) nur eine armselige Vorkehrung ist, unsere tödliche Seite nicht entsetzen, ... dass alle unsre weiblichen Künste einzig für dieses wehrlose* S. *fechten* (Schiller, Fiesco IV, 12); ... *und ich das* S. *der unendlichen Bubenstücke* (Schiller, Fiesco V, 13).

Sti|chel, der; -s, - [mhd. stichel, ahd. stihhil]: Kurzf. von ↑ Grabstichel.

Sti|che|lei, die; -, -en (ugs. abwertend): 1. a) ⟨o. Pl.⟩ *[dauerndes] Sticheln* (1): jmds. *ständige* S. *satthaben;* b) *einzelne stichelnde* (1) *Bemerkung: die fortwährenden -en ärgerten sie.* 2. ⟨o. Pl.⟩ *[dauerndes] Sticheln* (2).

sti|cheln ⟨sw. V.; hat⟩ [Intensiv-Iterativ-Bildung zu ↑ stechen]: 1. *versteckte spitze Bemerkungen, boshafte Anspielungen machen; mit spitzen Bemerkungen, boshaften Anspielungen reizen od. kränken: sie muss ständig s.* 2. *emsig mit der Nadel hantieren, [mit kleinen Stichen] nähen, sticken: sie stichelten eifrig an ihren Handarbeiten.*

Stich|ent|scheid, der [zu ↑ stechen (16)]: 1. *Entscheidung durch einen Stich* (10) *in einem Stichkampf o. Ä.* 2. (schweiz.) *Entscheidung durch die Stimme des Präsidenten bei Stimmengleichheit.*

stich|fest ⟨Adj.⟩: 1. ↑ hieb- und stichfest. 2. *sich*

mit einem Löffel abstechen (2) lassend: ein -er Joghurt.

Stich|flam|me, die: *(bei Explosionen o. Ä.) plötzlich aufschießende, lange, spitze Flamme:* eine S. schoss empor.

Stich|fra|ge, die: *Frage, die bei Punktegleichheit von Kandidaten (z. B. bei einem Quiz) zusätzlich gestellt wird u. deren richtige Beantwortung entscheidend für den Sieg ist.*

stich|hal|tig ⟨Adj.⟩, (österr.:) **stich|häl|tig** ⟨Adj.⟩ [urspr. = einem Stich mit der Waffe standhaltend]: *einleuchtend u. so gut begründet, dass es allen Gegenargumenten standhält; zwingend, unwiderlegbar:* ein -es Argument; Der eine hatte den Vortrag... als scharfsinnig, der andere als schwachsinnig bezeichnet und ihre Behauptung tatsächlich und s. begründen können (Bernhard, Stimmenimitator 54).

Stich|hal|tig|keit, (österr.:) **Stich|häl|tig|keit,** die; -: *das Stichhaltigsein.*

sti|chig ⟨Adj.⟩ [zu ↑ Stich] (landsch.): *(von Speisen, Getränken) nicht mehr ganz einwandfrei, leicht verdorben.*

-sti|chig: in Zusb., z. B. blaustichig *(einen Stich ins Blaue, eine bläuliche Farbschattierung aufweisend).*

Stich|jahr, das: *bestimmtes Jahr als festgesetzter Termin, der für Berechnungen, Erhebungen o. Ä. maßgeblich ist.*

Stich|kampf, der [zu ↑ stechen (16)] (Sport): *Kampf um die Entscheidung, den Sieg zwischen Wettkämpfern mit gleicher Leistung.*

Stich|ka|nal, der: **1.** (Wasserbau) *Durchstich zwischen zwei größeren Kanälen.* **2.** (Hüttenw.) *Rinne, in die nach dem Anstich eines Hochofens das geschmolzene Erz fließt.*

Stich|ler, der; -s, - [zu ↑ sticheln] (abwertend): *jmd., der stichelt (1).*

Stich|le|rin, die; -, -nen: w. Form zu ↑ Stichler.

Stich|ling, der; -s, -e [mhd. stichelinc, nach den Stacheln]: *(zu den Raubfischen gehörender) kleiner, schuppenloser Fisch mit Stacheln vor der Rückenflosse.*

Sti|cho|my|thie [ʃt..., st...], die; -, -n [griech. stichomythia = das Zeile-für-Zeile-Hersagen] (Literaturwiss.): *schnelle, versweise wechselnde Rede u. Gegenrede in einem Versdrama als Ausdrucksmittel für ein lebhaftes Gespräch, ein heftigen Wortwechsel o. Ä.*

Stich|pro|be, die [urspr. = beim Abstich des Hochofens entnommene Probe des flüssigen Metalls]: **1.** *Teil einer Gesamtheit, nach einem bestimmten Auswahlverfahren zustande gekommen ist:* eine S. gewinnen, ziehen. **2.** *Überprüfung, Untersuchung, Kontrolle einer Stichprobe (1), um daraus auf das Ganze zu schließen:* -n machen, vornehmen.

stich|pro|ben|ar|tig ⟨Adj.⟩: *in der Art einer Stichprobe, die Taschen s. kontrollieren.*

stich|pro|ben|wei|se ⟨Adv.⟩: *in Form, mithilfe von Stichproben.*

Stich|punkt, der ⟨meist Pl.⟩: *Stichwort (3).*

stichst: ↑ stechen.

Stich|stra|ße, die: *größere Sackgasse [mit Wendeplatz].*

sticht: ↑ stechen.

Stich|tag, der: *bestimmter Tag als [amtlich] festgesetzter Termin, der für [behördliche] Maßnahmen, bes. Berechnungen, Erhebungen o. Ä. maßgeblich ist:* S. ist der 10. 1.

Stich|tags|re|ge|lung, die: *Regelung, deren Ausführung an einen bestimmten Stichtag gebunden ist od. wird.*

Stich|ver|let|zung, die: *Verletzung durch einen Stich, durch Stiche (1 a).*

Stich|waf|fe, die: *Waffe (mit einer Spitze, einer spitzen Klinge), mit der jmdm. ein Stich beigebracht werden kann* (z. B. Dolch).

Stich|wahl, die [zu ↑ stechen (16)]: *(nach Wahlgängen, die nicht die erforderliche Mehrheit erbracht haben) letzter Wahlgang, der die Entscheidung zwischen den [beiden] Kandidaten mit den bisher meisten Stimmen herbeiführt.*

Stich|wort, das [urspr. = verletzendes Wort]: **1.** ⟨Pl. ...wörter⟩ **a)** *Wort, das in einem Lexikon, Wörterbuch o. Ä. behandelt wird [u. in alphabetischer Reihenfolge zu finden ist]: das Wörterbuch enthält über hunderttausend Stichwörter;* **b)** *einzelnes Wort eines Stichwortregisters, das* S. verweist auf Raumforschung. **2.** ⟨Pl. -e⟩ **a)** (Theater) *Wort, mit dem ein Schauspieler seinem Partner das Zeichen zum Auftreten od. zum Einsatz seiner Rede gibt:* das S. geben; **b)** *Bemerkung, Äußerung o. Ä., die bestimmte Reaktionen, Handlungen auslöst:* die Rede des Ministers gab das S. zu Reformen. **3.** ⟨Pl. -e; meist Pl.⟩ *einzelnes Wort, das man sich als Gedächtnisstütze od. als Grundlage für weitere Ausführungen notiert:* sich -e machen; etw. in -en festhalten.

stich|wort|ar|tig ⟨Adj.⟩: *in Stichworten.*

Stich|wort|re|gis|ter, Stich|wort|ver|zeich|nis, das: *Verzeichnis von Wörtern, Sachbegriffen, die in einem Buch, Text [vorkommen u.] behandelt werden.*

Stich|wun|de, die: *durch einen Stich, durch Stiche (1 a) verursachte Wunde.*

Stick [stɪk, auch: ʃtɪk], der; -s, -s [engl. stick, eigtl. = Stängel, Stock, Stecken]: **1.** ⟨meist Pl.⟩ *kleine, dünne Salzstange.* **2.** *Stift als Kosmetikartikel* (z. B. Deodorantstick). **3.** (EDV) *Kurzf. von* ↑ USB-Stick.

Stick|ar|beit, die (Handarb.): *gesticktе Arbeit, Stickerei* (2 b).

Sti|ckel, der; -s, - [mhd. stickel] (südd., schweiz.): *Stange, Pfahl als Stütze für Pflanzen, bes. junge Bäume.*

sti|cken ⟨sw. V.; hat⟩ [mhd., ahd. sticken = fest zusammenstecken zu ↑ Stich u. eigtl. = stechen] (Handarb.): **1.** *[durch bestimmte Stiche (4 b) mit [farbigem] Garn, [farbiger] Wolle o. Ä. Verzierungen, Muster auf Stoff o. Ä. anbringen:* sie stickt gern. **2. a)** *durch Sticken (1) hervorbringen, anfertigen:* Monogramme [auf Taschentücher, in die Tischdecken] s.; **b)** *mit einer Stickerei (2 a) versehen* ⟨meist im 2. Part.:⟩ eine gestickte Bluse.

¹**Sti|cker,** der; -s, -: *jmd., der Textilien o. Ä. mit Stickereien (2 a) versieht* (Berufsbez.).

²**Sti|cker** (auch: ˈst...], der; -s, - [engl. sticker, zu: to stick = kleben, befestigen, verw. mit ↑ stechen]: *Aufkleber:* ein S. mit dem Aufdruck »Nr. 1« ist auf das Cover geklebt.

Sti|cke|rei, die; -, -en: **1.** ⟨o. Pl.⟩ *[dauerndes] Sticken (1).* **2.** (Handarb.) **a)** *gesticktes Muster, gestickte Verzierung:* eine durchbrochene S.; **b)** *etw., was mit Stickereien (2 a) versehen ist; Stickarbeit:* -en herstellen.

Sti|cke|rin, die; -, -nen: w. Form zu ↑ ¹Sticker.

Stick|garn, das: *Garn zum Sticken.*

sti|ckig ⟨Adj.⟩ [zu veraltet sticken = ersticken]: *(von Luft, bes. in Räumen) so schlecht, verbraucht, dass das Atmen beklemmend unangenehm ist:* -e Luft; in einem Raum (ein Raum mit verbrauchter Luft); im Saal war es furchtbar s.

Sti|ckig|keit, die; -: *stickiger Zustand:* die S. des Zimmers; Ü vor der S. des Provinzlebens fliehen.

Stick|mus|ter, das (Handarb.): *Muster zum Sticken.*

Stick|na|del, die (Handarb.): *dicke Nadel zum Sticken.*

Stick|oxid, Stick|oxyd, das: *Stickstoffoxid.*

Stick|rah|men, der: *Rahmen zum Einspannen des zu bestickenden Stoffes.*

Stick|stoff, der [1. Bestandteil zu veraltet sticken (↑ stickig), das Gas »erstickt« brennende Flammen]: *farb- u. geruchloses Gas, das in vielen Verbindungen vorkommt* (chemisches Element; Zeichen: N; vgl. Nitrogen[ium]).

stick|stoff|frei ⟨Adj.⟩ (Fachspr.): *frei von Stickstoff:* -e Verbindungen.

stick|stoff|hal|tig ⟨Adj.⟩ (Fachspr.): *Stickstoff enthaltend.*

Stick|stoff|oxid, Stick|stoff|oxyd, das: *Verbindung des Stickstoffs mit Sauerstoff.*

Stick|stoff|ver|bin|dung, die: *stickstoffhaltige Verbindung.*

stie|ben ⟨st., seltener sw. V.⟩ [mhd. stieben, ahd. stioban, H. u.]: **1. a)** ⟨ist/hat⟩ *(wie Staub) in Teilchen auseinanderwirbeln:* beim Abschwingen stob/stiebte der Schnee; ⟨unpers.:⟩ sie rannten davon, dass es nur so stob; Eisen schmettert auf Eisen, von der Richtplatte stieben Funken (Zwerenz, Kopf 27); **b)** ⟨ist⟩ *sich stiebend (1 a) irgendwohin bewegen:* die Funken waren zum Himmel gestoben. **2.** ⟨ist⟩ *rasch [u. panikartig] irgendwohin davonlaufen, auseinanderlaufen, davonfahren:* alles stob mit Gekreisch von dannen; die Hühner sind nach allen Seiten gestiebt/gestoben.

Stief|bru|der, der [1. Bestandteil (in Zus.) mhd. stief-, ahd. stiof-, eigtl. wohl = abgestutzt, beraubt, verwaist, wohl zu ↑ stoßen]: **a)** *Bruder, der mit einem Geschwisterteil nur einen Elternteil gemeinsam hat; Halbbruder;* **b)** vgl. Stiefgeschwister (b).

Stie|fel, der; -s, - [mhd. stivel, stival, ahd. stival, vgl. ital. stivale, älter span. estival, afrz. estival]: **1. a)** *Schuh mit hohem Schaft, der meist bis zu den Knien reicht:* hohe, gefütterte S.; das zieht einem [ja] die S. aus (↑ Hemd); [das sind] lauter linke S. (ugs.; *[das ist] alles unbrauchbar*); Ü Einmal will ich den italienischen S. (*Italien nach der Form auf der Landkarte*) lang runterreisen (Grass, Unkenrufe 180); * **spanischer S.** (*früher: aus zwei schweren Eisenplatten mit Schrauben bestehendes Foltergerät, das die Beine, Füße des Gefolterten zusammenquetschte; das Foltergerät wurde bes. während der span. Inquisition angewandt*); **zwei Paar/zwei verschiedene/zweierlei S. sein** (ugs.; *[zwei] ganz verschiedene, nicht miteinander vergleichbare Dinge sein*); **jmdm. die S. lecken** (*sich jmdm. gegenüber unterwürfig verhalten, sich kriecherisch anbiedern*); **jmdn. aus den -n hauen** (ugs.; *jmdn. sehr überraschen, sprachlos machen*); **fester [Schnür]schuh, der bis über den Knöchel reicht.** **2.** *sehr großes Bierglas in Form eines Stiefels (1 a):* einen S. [Bier] trinken; * **einen [tüchtigen/gehörigen/guten o. ä.] S. vertragen/trinken [können]** (ugs.; *viel Alkohol vertragen [können]*); **sich** ⟨Dativ⟩ **einen S. einbilden** (veraltend; *sehr eingebildet sein*). **3.** * [die folgenden Wendungen gehen von der [monotonen] Arbeit des Schuhmachers aus, der immer wieder Stiefel macht; aus der Vorstellung des »Routinemäßigen« entwickelte sich der Begriff des »Schlechten«] **einen S. [zusammen]reden, [zusammen]schreiben, [zusammen]spielen** usw. (ugs.; *schlecht, in unsinniger Weise reden, schreiben, spielen, arbeiten usw.*); **seinen [alten] S./im alten S. weitermachen** (ugs.; *in gewohnter Weise weitermachen; immer weiter in der gewohnten Weise vor sich hin arbeiten*); **einen S. arbeiten, fahren** usw. (ugs. abwertend; *schlecht arbeiten, fahren usw.*)

Stie|fel|ab|satz, der: *Absatz des Stiefels.*

Stie|fe|let|te, die; -, -n [mit französierendem Verkleinerungssuffix geb.]: *[eleganter] halbhoher Damen-, Herrenstiefel.*

Stie|fel|knecht, der: *Gerät zum leichteren Ausziehen der Stiefel (1 a).*

Stie|fel|le|cker, der (abwertend veraltend): Speichellecker.
Stie|fel|le|cke|rin, die: w. Form zu ↑ Stiefellecker.
stie|feln ⟨sw. V.; ist⟩: (ugs.) [mit weit ausgreifenden (u. schweren) Schritten] gehen: zum Bahnhof s.
Stie|fel|schaft, der: Schaft des Stiefels.
Stief|el|tern ⟨Pl.⟩ [vgl. Stiefbruder]: Elternpaar, bei dem der Stiefvater bzw. die Stiefmutter wieder geheiratet hat, sodass das Kind mit keinem Elternteil mehr blutsverwandt ist.
Stief|ge|schwis|ter ⟨Pl.⟩ [vgl. Stiefbruder]: a) Geschwister, die nur einen Elternteil gemeinsam haben; Halbgeschwister; b) Kinder in einer Ehe, die weder denselben Vater noch dieselbe Mutter haben, sondern von den jeweiligen Elternteilen mit in die Ehe gebracht worden sind.
Stief|kind, das [mhd. stiefkint, ahd. stiufchint]: Kind aus einer früheren Ehe, Liebesbeziehung des Ehepartners: sie behandelt ihre -er wie ihre leiblichen Kinder; Ü sie ist ein S. des Glücks (hat wenig Glück, hat selten Glück); der Umweltschutz ist ein S. der Regierung (wird von ihr vernachlässigt).
Stief|mut|ter, die [mhd., ahd. stiefmuoter]: a) Frau, die mit dem leiblichen Vater eines Kindes verheiratet ist u. die Stelle der Mutter einnimmt; b) weiblicher Teil der Pflegeeltern.
Stief|müt|ter|chen, das [H.u.]: (früh blühende) kleine Pflanze mit dunkelgrünen, gezähnten Blättern u. zahlreichen, in ihrer Form dem Veilchen ähnlichen Blüten.
stief|müt|ter|lich ⟨Adj.⟩: sich so auswirkend, dass jmd., etw. vernachlässigt, zurückgesetzt wird; schlecht; lieblos: eine -e Behandlung erfahren; s. behandelt werden.
Stief|schwes|ter, die: Schwester, die mit einem Geschwisterteil nur einen Elternteil gemeinsam hat; Halbschwester.
Stief|sohn, der: nicht leiblicher Sohn aus einer früheren Ehe, Liebesbeziehung des Ehepartners.
Stief|toch|ter, die: nicht leibliche Tochter aus einer früheren Ehe, Liebesbeziehung des Ehepartners.
Stief|va|ter, der: a) Mann, der mit der leiblichen Mutter eines Kindes verheiratet ist u. die Stelle des Vaters einnimmt; b) männlicher Teil der Pflegeeltern.
stieg: ↑ steigen.
♦ **Stieg,** der; -[e]s, -e: ↑ Stiege: ... sie waren um mindestens ein halb S. Fuß im Vorteil (hatten beim Boßeln einen Vorsprung von mindestens 10 Fuß; Storm, Schimmelreiter 44).
Stie|ge, die; -, -n [mhd. stiege, ahd. stiega, zu ↑ steigen]: 1. a) steilere, enge Holztreppe; Steige (1 b); b) [mhd. stiege, ahd. stiega, zu ↑ steigen] (südd., österr.) Treppe. 2. Steige (2): eine S. Äpfel, Milch kaufen.
Stie|gen|ge|län|der, das (südd., österr.): Treppengeländer.
Stie|gen|haus, das (südd., österr.): Treppenhaus.
Stieg|litz, der; -es, -e [mhd. stigeliz, aus dem Slaw., wohl lautm.]: Distelfink.
stiehl, stiehlst, stiehlt: ↑ stehlen.
stie|kum ⟨Adv.⟩ [zu jidd. stieke = ruhig, zu hebr. šataq = schweigen] (ugs.): ganz heimlich; leise.
Stiel, der; -[e]s, -e [mhd., ahd. stil, verw. mit lat. stilus (↑ Stil) od. aus diesem entlehnt]: 1. a) [längeres] meist stab- od. stangenförmiges Stück Holz, Metall o. Ä. als Teil eines [Haushalts]geräts od. Werkzeugs, an dem man es anfasst: der S. der Pfanne ist abgebrochen, hat sich gelockert; b) kleineres, stabförmiges Stück aus festem Material, auf dessen eines Ende eine Süßigkeit o. Ä. gesteckt ist: Eis am S.; c) längliches, dünnes Verbindungsstück zwischen Fuß u. Kelch eines [Wein-, Sekt]glases: Gläser mit kurzem, langem S., ohne S. 2. a) (bes. von Blumen) Stängel: ein kurzer, kräftiger S.; Rosen mit langen -en; b) von einem Zweig, Stängel o. Ä. abzweigender, kürzerer, länglicher, dünnerer Teil von Blättern, Früchten, Blüten o. Ä.: die -e der Äpfel entfernen. 3. a) umwickelte Fäden in Form eines kurzen Stiels, mit denen ein Knopf angenäht ist; b) (Med.) strangförmige Verbindung zwischen Geweben, Organen o. Ä.

Stiel|au|ge, das: (bei manchen Krebsarten) auf einer stielförmigen Erhebung sitzendes Facettenauge: * -n machen, bekommen, kriegen (ugs. scherzh.; auf etw. nicht für möglich Gehaltenes od. sehr Erstrebenswertes in deutlich sichtbarer Weise mit Überraschung, Neugierde, Begehrlichkeit blicken).
Stiel|be|sen, der: Handbesen mit längerem [geschwungenem] Stiel.
Stiel|bürs|te, die: Bürste mit einem Stiel.
stiel|för|mig ⟨Adj.⟩: von der Form eines Stiels.
Stiel|glas, das ⟨Pl. ...gläser⟩: Glas mit Stiel.
Stiel|kamm, der: Kamm, der an einem Ende in einen Stiel (1 a) übergeht.
stiel|los ⟨Adj.⟩: ohne Stiel.
Stiel|stich, der (Handarb.): Zierstich, der von links nach rechts gearbeitet wird u. bei mehreren Stichen eine einem Stiel ähnliche Linie ergibt.

stie|men ⟨sw. V.; hat⟩ [mniederd. stīmen = lärmen, tosen, zu: stīme = Lärm, Getöse, urspr. wohl = Gewirr] (nordd.): 1. ⟨unpers.⟩ in kleinen, dichten Flocken stark schneien. 2. qualmen.

stier ⟨Adj.⟩: 1. [wahrsch. unter Einfluss von ↑ Stier umgebildet aus mniederd. stūr, ↑ stur] (vom Augenausdruck) glasig, starr, ausdruckslos [ins Leere] blickend: mit -em Blick; s. blicken; Er sah den Kommissar mit -en Augen an (Fallada, Jeder 156). 2. [H. u.] (österr., schweiz. ugs.) a) ohne Geld; finanziell am Ende: bis zum nächsten Freitag waren wir völlig s.; b) flau (c); wie ausgestorben.

Stier, der; -[e]s, -e [mhd. stier, ahd. stior, eigtl. = Stierkalb, H. u.]: 1. geschlechtsreifes männliches Rind; Bulle: er ging wie ein S. auf einen Gegner los (ugs.; griff ihn wild an); Ede brüllt wie ein S. (schreit laut); * den S. bei den Hörnern packen/fassen (in einer prekären Lage, Situation entschlossen, ohne Zögern handeln). 2. (Astrol.) a) ⟨o. Pl.⟩ Tierkreiszeichen für die Zeit vom 21. 4. bis 20. 5.; b) jmd., der im Zeichen Stier (2 a) geboren ist: sie, er ist [ein] S. 3. ⟨o. Pl.⟩ Sternbild am nördlichen Sternenhimmel.

¹stie|ren ⟨sw. V.; hat⟩ [zu ↑ Stier]: rindern.
²stie|ren ⟨sw. V.; hat⟩ [zu ↑ stier]: mit stieren Augen blicken: vor sich hin, zu Boden, an die Decke s.
³stie|ren ⟨sw. V.; hat⟩ (bayr., österr.): [herum]stöbern, stochern, in Abfällen s.

Stie|ren|au|ge, das (schweiz.): Spiegelei: sie briet mir aus einigen Eiern -n.
Stier|kalb, das: Bullenkalb.
Stier|kampf, der: bes. in Spanien u. Südamerika beliebte Darbietung (in einer Arena), bei der nach bestimmten Regeln ein Stierkämpfer [od. eine Stierkämpferin] einen Kampfstier zum Angriff reizt [u. ihn dann tötet]; Corrida.
Stier|kampf|are|na, die: Arena für Stierkämpfe.
Stier|kämp|fer, der: jmd., der Stierkampf betreibt.
Stier|kämp|fe|rin, die: w. Form zu ↑ Stierkämpfer.
Stier|kult, der (Völkerkunde): kultische Verehrung des Stiers (als Symbol von Gottheiten).
Stier|na|cken, der (oft abwertend): feister, starker Nacken eines Menschen.
Stie|ßel, Stießel, der; -s, - [wohl landsch. umgebildet aus ↑ Stößel, zu mhd. stiezen = stoßen] (ugs. abwertend): Mann, der sich in Ärger hervorrufender Weise unhöflich, unfreundlich, flegelig benimmt, verhält: dieser S. grüßt nie.
stieß: ↑ stoßen.

Stie|ßel: ↑ Stiesel.
¹Stift, der; -[e]s, -e [mhd. stift, steft, ahd. steft = Stachel, Dorn, wohl zu ↑ steif]: 1. a) dünneres, längliches, an einem Ende zugespitztes Stück aus Metall od. Holz, das zur Befestigung, zum Verbinden von etw. in etw. hineingetrieben wird; b) (Technik) zylindrisches od. kegelförmiges Maschinenelement, das Maschinenteile verbindet, zentriert od. vor dem Sichlösen sichert. 2. Kurzf. von ↑ Zeichenstift, ↑ Buntstift, ↑ Bleistift, ↑ Farbstift, ↑ Schreibstift: ein weicher, harter, langer, farbiger S.; der S. ist abgebrochen. 3. [eigtl. = etwas Kleines, Geringwertiges] (ugs.) a) [jüngster] Lehrling: der S. muss Bier holen; b) kleiner Junge; Knirps. 4. ⟨Pl.⟩ (Imkerspr.) Eier der Bienenkönigin.

²Stift, das; -[e]s, -e, selten: -er [mhd. stift, zu ↑ ¹stiften]: 1. a) (christl. Kirche) mit einer Stiftung (meist Grundbesitz) ausgestattete geistliche Körperschaft von Mitgliedern eines ²Stifts (1 a) geleitete kirchliche Institution [als theologisch-philosophische Ausbildungsstätte]; ²Konvikt (1); c) Baulichkeiten, die einem ²Stift (1 a) gehören (1) (österr.) [größeres] Kloster. 2. (veraltend) a) auf einer Stiftung beruhende konfessionelle Privatschule für Mädchen; b) Altenheim, das durch eine Stiftung finanziert wird.

¹stif|ten ⟨sw. V.; hat⟩ [mhd., ahd. stiften = gründen; einrichten, H. u.]: 1. a) größere finanzielle Mittel zur Gründung u. Förderung von etw. zur Verfügung stellen: ein Kloster, ein Krankenhaus s.; einen Preis s.; b) (seltener) gründen (1): einen Verein s. 2. a) als Spende [über]geben: Geld, Bücher, Kleidung s.; b) für einen bestimmten Zweck zur Verfügung stellen, spendieren: den Wein [für die Feier] s.; Denn unter Miss Spoelmanns Waren hatten sich drei oder vier alte Gläser befunden, die ihr Vater selbst aus seiner Kollektion für den Bazar gestiftet hatte (Th. Mann, Hoheit 151). 3. bewirken, herbeiführen, schaffen: Frieden, Unruhe s.

²stif|ten: in der Verbindung s. gehen (ugs.; sich heimlich, schnell u. unauffällig entfernen, um sich einer Verantwortung zu entziehen od. weil die Situation bedrohlich erscheint: er würde jetzt wohl am liebsten s. gehen).

Stif|ter, der; -s, - [mhd. stiftære]: jmd., der etw. ¹stiftet (1, 2), gestiftet hat.
Stif|ter|fi|gur, die (bild. Kunst): Darstellung desjenigen, der eine Kirche o. Ä. gestiftet hat od. der Kirche ein Kunstwerk vermacht hat (in oder an dem gestifteten [Bau]werk).
Stif|te|rin, die; -, -nen: w. Form zu ↑ Stifter.
stif|tisch ⟨Adj.⟩ (veraltet): zu einem ²Stift (1) gehörend.

Stifts|da|me, die: 1. (früher) [adliges] weibliches Mitglied eines ²Stifts (1 a), eines Kapitels (2); Kanonisse. 2. (veraltend) Bewohnerin, Mitglied eines Heims für [alte] alleinstehende [adlige] Frauen.
Stifts|fräu|lein, das (früher): 1. Stiftsdame. 2. junge Frau, die in einem ²Stift (2 a) erzogen wurde.
Stifts|herr, der: Chorherr (1, 2).
Stifts|hüt|te, die (israelitische Rel.): Tempel für das Heiligtum in Form eines Zeltes (auf dem Zug durch die Wüste).
Stifts|kir|che, die: zu einem ²Stift (1 a) gehörende Kirche.
Stifts|vor|ste|he|rin, die: Vorsteherin eines ²Stifts (1 a, b).
Stif|tung, die; -, -en [mhd. stiftunge, ahd. stiftunga]: 1. a) (Rechtsspr.) Schenkung, die an einen bestimmten Zweck gebunden ist, durch die etw. gestiftet, gefördert wird: eine private, öffentliche, staatliche, wohltätige S.; eine S. an jmdn. machen; er erhält Geld aus einer S.;

Stiftzahn – stillschweigend

b) *Institution, Anstalt o. Ä., die durch eine Stiftung* (1 a) *finanziert, unterhalten wird:* eine geistliche S.; eine S. errichten, verwalten. **2.** *das* ²*Stiften* (2 a).

Stift|zahn, der (Zahnmed.): *mit einem* ¹*Stift* (1 a) *in der Zahnwurzel befestigter künstlicher Zahn.*

Stig|ma ['st..., 'ʃt...], das; -s, ...men u. -ta [lat. stigma < griech. stígma = Zeichen; Brandmal, eigtl. = Stich]: **1.** (bildungsspr.) *etw., wodurch etw. od. jmd. deutlich sichtbar in einer bestimmten, meist negativen Weise gekennzeichnet ist u. sich dadurch von anderem unterscheidet:* das S. des Verfalls, des Verbrechens tragen; er war mit dem S., ein Agent zu sein, behaftet. **2.** (kath. Kirche) *Wundmal von Stigmatisierten.* **3.** (früher) *Sklaven zur Strafe bei schweren Vergehen eingebranntes Brandmal.* **4.** (Bot.) *Narbe* (3). **5.** (Biol.) *Augenfleck.* **6.** (Zool.) *Atemöffnung bei Insekten, Spinnen, Tausendfüßlern.*

Stig|ma|ta: Pl. von ↑ Stigma.

Stig|ma|ti|sa|ti|on, die; -, -en: **1.** (kath. Kirche) *Auftreten der [fünf] Wundmale Jesu Christi bei einem Menschen.* **2.** *Brandmarkung der Sklaven im Altertum.* **3.** (Med.) *das Auftreten von Hautblutungen u. anderen psychogen bedingten Veränderungen.*

stig|ma|ti|sie|ren (sw. V.; hat) [mlat. stigmatizare] (bildungsspr., Soziol.): *mit einem Stigma* (1) *belegen; brandmarken:* sie war allein durch ihre Schwerhörigkeit stigmatisiert; er ist als Hochstapler stigmatisiert worden.

stig|ma|ti|siert ⟨Adj.⟩ (kath. Kirche): *mit den Wundmalen Jesu Christi gezeichnet.*

Stig|ma|ti|sier|te, die/eine Stigmatisierte; der/einer Stigmatisierten, die Stigmatisierten/zwei Stigmatisierte (kath. Kirche): *weibliche Person, bei der die [fünf] Wundmale Jesu Christi erscheinen.*

Stig|ma|ti|sier|ter, der Stigmatisierte/ein Stigmatisierter; des/eines Stigmatisierten, die Stigmatisierten/zwei Stigmatisierte (kath. Kirche): *jmd., bei dem die [fünf] Wundmale Jesu Christi erscheinen.*

Stig|ma|ti|sie|rung, die; -, -en (bildungsspr., Soziol.): *das Stigmatisieren; das Stigmatisiertwerden:* S. der Nutzer(innen) öffentlicher Verkehrsmittel.

Stig|men: Pl. von ↑ Stigma.

Stil [ʃtiːl, stiːl], der; -[e]s, -e [lat. stilus, eigtl. = spitzer Pfahl; Schreibgerät, Griffel, Stiel]: **1.** *[durch Besonderheiten geprägte] Art u. Weise, etw. mündlich od. schriftlich auszudrücken, zu formulieren:* ihr S. ist elegant, geschraubt; er hat, schreibt einen flüssigen, steifen S. **2.** *(von Baukunst, bildender Kunst, Musik, Literatur o. Ä.) das, was im Hinblick auf Ausdrucksform, Gestaltungsweise, formale u. inhaltliche Tendenz o. Ä. wesentlich, charakteristisch, typisch ist:* die romanische, gotische S.; die -e des 19. Jahrhunderts; die Räume haben S.; das Haus ist im S. der Gründerzeit gebaut. **3.** ⟨o. Pl.⟩ *Art u. Weise des Sichverhaltens, des Vorgehens:* das ist schlechter politischer S.; er schrie: »Scheiße, Mist, verflucht ...«, und als S. ging es weiter; das ist nicht mein S. *(so etwas mache ich nicht);* *im großen S./großen -s (in großem Ausmaß/ großen Ausmaßes:* er macht Geschäfte im großen S.). **4.** *Art u. Weise, wie eine bestimmte Technik in der Ausübung einer Sportart ausgeübt wird; bestimmte Technik in der Ausübung einer Sportart:* die verschiedenen -e des Schwimmens; er fährt einen eleganten S. **5.** *alten* -s *(Zeitrechnung nach dem julianischen Kalender; Abk.: a. St.); neuen* -s *(Zeitrechnung nach dem gregorianischen Kalender; Abk.: n. St.)*

stil|bil|dend ⟨Adj.⟩: *zur Ausprägung eines neuen Stils führend, beitragend:* sein Werk wirkte s. für die Epoche.

Stil|blü|te, die: *Äußerung, Formulierung, die durch ungeschickte, falsche od. doppelsinnige Verknüpfung von Redeteilen ungewollt komisch wirkt.*

Stil|bruch, der: *Kombination, Verwendung von verschiedenen Stilen, Stilmitteln, die nicht zueinanderpassen.*

Stil|ebe|ne, die: *einem Stil* (1), *bes. einem Sprachstil, zugeschriebenes bestimmtes Niveau.*

stil|echt ⟨Adj.⟩: *einem Stil* (2) *tatsächlich entsprechend:* -e Möbel.

Stil|ele|ment, das: *für einen Stil charakteristisches Element:* klassizistische -e verwenden.

Stil|emp|fin|den, das: *Stilgefühl:* ein sicheres S.

Stil|epo|che, die: *durch einen bestimmten Stil* (2) *geprägte Epoche.*

Stillett, das; -s, -e [ital. stiletto, Vkl. von: stilo = Dolch, Griffel < lat. stilus, ↑ Stil]: *kleiner Dolch mit dreikantiger Klinge.*

Stillet|to, das; -s, -s [engl. stiletto, eigtl. = kleiner Dolch < ital. stiletto, ↑ Stilett]: *Damenschuh mit Stilettoabsatz.*

Stillet|to|ab|satz, der: *sehr spitzer hoher Absatz am Damenschuh.*

Stil|feh|ler, der: *Fehler im Bereich der Stilistik* (1).

Stil|fi|gur, die (Sprachwiss.): *Figur* (8).

Stil|fra|ge, die: *den Stil betreffende Frage* (2).

Stil|ge|fühl, das ⟨o. Pl.⟩: *Gefühl für Stil.*

stil|ge|recht ⟨Adj.⟩: *dem (jeweiligen) Stil entsprechend.*

stil|ge|treu ⟨Adj.⟩: *einem bestimmten Stil entsprechend:* das Haus wurde s. renoviert.

sti|li|sie|ren [ʃt..., st...] ⟨sw. V.; hat⟩ (bildungsspr.): *von dem Erscheinungsbild, wie es in der Natur, Wirklichkeit vorkommt, abstrahieren u. nur in seinen wesentlichen Grundstrukturen darstellen:* eine Pflanze s.; eine stilisierende Darstellungsart; (oft im 2. Part.:) stilisierte Figuren.

Sti|li|sie|rung, die; -, -en: **1.** *das Stilisieren.* **2.** *Stilisiertes.*

Sti|list, der; -en, -en (bildungsspr.): **1.** *jmd., der die sprachlichen Ausdrucksmittel beherrscht:* der Autor ist ein glänzender S. **2.** *jmd., der den Stil* (4) *beherrscht:* die Weltmeister im Eiskunstlauf sind große -en.

Sti|lis|tik, die; -, -en: **1.** ⟨o. Pl.⟩ *Lehre von der Gestaltung des sprachlichen Ausdrucks, vom Stil* (1). **2.** *Lehrbuch der Stilistik* (1).

Sti|lis|tin, die; -, -nen: w. Form zu ↑ Stilist.

sti|lis|tisch ⟨Adj.⟩: *den Stil* (1, 2) *betreffend.*

Stil|kun|de, die: **1.** ⟨o. Pl.⟩ *Stilistik* (1). **2.** *Stilistik* (2).

still ⟨Adj.⟩ [mhd. still(e), ahd. stilli, zu ↑ stellen, eigtl. = stehend, unbeweglich]: **1.** *so, dass kein od. kaum ein Geräusch, Laut zu hören ist:* es war plötzlich ganz s. im Haus; der Lautsprecher blieb s. *(gab keinen Ton von sich);* s. vor sich hin weinen. **2. a)** ¹*ruhig* (2 a), *frei von Lärm [u. störender Betriebsamkeit]:* ein -es Dorf; **b)** ¹*ruhig* (2 b), *leise:* sie ist eine -e Mieterin; er verhielt sich s.; sie ist doch [endlich] s.!; Ü es ist s. um jmdn. geworden *(jmd. wird [von der Öffentlichkeit] nicht mehr so beachtet wie früher).* **3.** ¹*ruhig* (1), *[fast] unbewegt, reglos:* die Luft ist s.; s. [da]liegen; die Hände s. halten; das Kind kann nicht lange s. sitzen. **4. a)** ¹*ruhig* (3 a), *frei von Spannungen u. Aufregungen:* überleg dir in einer -en Stunde; **b)** ¹*ruhig* (3 b), *frei von Hektik:* ein -es *(geruhsames)* Leben führen. **5.** *zurückhaltend, nicht sehr gesprächig; in sich gekehrt:* er ist ein -er, bescheidener Junge; du bist ja heute so s.; s. in der Ecke sitzen. **6. a)** *ohne sich [laut] zu äußern; wortlos:* ein -er Vorwurf; (formelhaft in Todesanzeigen:) in -er Trauer; sie ging s. neben ihm her; **b)** *vor anderen verborgen, heimlich:* sie ist seine -e Liebe; sie hat die -e Hoffnung, dass ...; in -em Einvernehmen; *im*

Stillen (1. *von anderen nicht bemerkt:* er hat seine Flucht im Stillen vorbereitet. 2. *ohne es zu sagen; bei sich selbst:* im Stillen fluchte ich).

stil|le ⟨Adj.⟩ (landsch.): ↑ still.

Stil|le, die; - [mhd. stille, ahd. stillī]: **1. a)** *durch kein lärmendes, unangenehmes Geräusch gestörter [wohltuender] Zustand:* es herrschte friedliche, sonntägliche S.; S. lag über dem Land; **b)** *Zustand, der dadurch geprägt ist, dass [plötzlich] kein lautes Geräusch, kein Ton mehr zu hören ist, alles schweigt:* eine lähmende, furchtbare S. trat ein, erfüllte den Raum, breitete sich aus; es entstand, herrschte eine peinliche, erwartungsvolle S.; in die S. fiel ein Ruf, ein Schuss; * **gefräßige S./gefräßiges Schweigen** (scherzh.; *Verstummen der Unterhaltung während des Essens od. danach*). **2.** *Zustand des Ruhigseins:* die S. des Meeres, der Luft; die S. vor dem Sturm (↑ Ruhe 1 b). **3.** * **in aller S.** (*im engsten Familien-, Freundeskreis; ohne alles Aufheben:* die Beerdigung findet in aller S. statt).

Still|leh|re, die: **1.** ⟨o. Pl.⟩ *Stilistik* (1). **2.** *Stilistik* (2).

stil|len ⟨sw. V.; hat⟩ [mhd., ahd. stillen = still machen, beruhigen]: **1. a)** *(einen Säugling) an der Brust Muttermilch trinken lassen:* ein Kind s.; **b)** *einen Säugling durch regelmäßiges Stillen* (1 a) *ernähren:* sie stillt; stillende Mütter. **2.** *(ein Bedürfnis) befriedigen, zum Aufhören bringen:* seinen Hunger s.; den Durst mit einem Glas Bier s.; seine Rache, Neugier, seine Begierden s.; jmds. Lesehunger s. **3.** *etw. zum Stillstand bringen, eindämmen:* das Blut, jmds. Tränen, den Husten s.; die Schmerzen konnten nicht gestillt werden.

Still|hal|te|ab|kom|men, das: **a)** (Bankw.) *Übereinkunft zwischen Gläubigern u. Schuldnern über die Stundung von Krediten;* **b)** *Übereinkunft zwischen Parteien, die entgegengesetzte Interessen vertreten, für einen bestimmten Zeitraum auf Auseinandersetzungen zu verzichten.*

still|hal|ten ⟨st. V.; hat⟩: *etw. geduldig hinnehmen, nicht reagieren, sich nicht wehren.*

Still|le|ben, Still-Le|ben, das [von engl. still life beeinflusste LÜ von niederl. stilleven]: **1.** *bildliche Darstellung von Dingen, bes. Blumen, Früchten, erlegten Tieren u. Gegenständen des alltäglichen Lebens, in künstlerischer Anordnung:* ein S. malen. **2.** *Bild, Kunstblatt mit einem Stillleben* (1): ein S. kaufen.

still|le|gen ⟨sw. V.; hat⟩: *außer Betrieb setzen; den Betrieb von etw. einstellen:* eine Zeche, Eisenbahnlinie s.; die Fabrik wurde stillgelegt.

Still|le|gung, Still-Le|gung, die; -, -en: *das Stilllegen; das Stillgelegtwerden.*

still|lie|gen ⟨st. V.; hat; südd., österr., schweiz. auch: ist⟩: *außer Betrieb sein:* die Fabrik hat stillgelegen.

still|los ⟨Adj.⟩: **a)** *ohne eigentlichen, ausgeprägten Stil* (2): ein -es Hochhaus; **b)** *einen Verstoß gegen den Stil, das Stilgefühl bedeutend:* Wein aus Biergläsern zu trinken ist s.

Still|lo|sig|keit, die; -, -en: **1.** ⟨o. Pl.⟩ *das Stilllossein.* **2.** *etwas Stilloses.*

still|schwei|gen ⟨st. V.; hat⟩ (intensivierend): **a)** *schweigen;* **b)** *äußerste Diskretion (a) bewahren:* obwohl man sie bedrängte, hat sie stillgeschwiegen.

Still|schwei|gen, das: **a)** (intensivierend) *Schweigen:* über etw. mit S. hinweggehen, etw. mit S. übergehen; * **sich in S. hüllen** (↑ Schweigen); **b)** *äußerste Diskretion (a):* S. bewahren, geloben, vereinbaren; jmdm. S. auferlegen.

still|schwei|gend ⟨Adj.⟩: **a)** *ohne ein Wort zu sagen; etw. s. hinnehmen;* **b)** *ohne förmliche, offizielle Abmachung; ohne dass darüber geredet worden wäre:* eine -e Übereinkunft; etw. s. zu den Akten legen.

still sit|zen, still|sit|zen ⟨unr. V.; hat⟩: *sitzen, ohne sich zu beschäftigen; konzentriert sein:* die Kleine kann nicht lange still sitzen.

Still|stand, der: **a)** ⟨o. Pl.⟩ *Zustand, in dem etw. stillsteht, nicht [mehr] läuft, nicht [mehr] in Betrieb ist:* den Motor zum S. bringen; Judith sah zu, wie die Breitseite des Schiffes sich an die Kaimauer heranschob, sie hörte das Aufrauschen des Wassers in dem Wirbel, den die Schraube erzeugte, ehe sie zum S. kam (Andersch, Sansibar 67); **b)** *das Aufhören einer Tätigkeit; Zustand, in dem eine Tätigkeit unterbrochen, eingestellt ist:* der S. des Herzens; die Blutung ist zum S. gekommen; **c)** *Zustand, in dem etw. aufhört, sich zu entwickeln, in dem etw. nicht vorankommt, in seiner Entwicklung eingedämmt, unterbrochen wird:* in den Verhandlungen gab es einen S., ist ein S. eingetreten.

still|ste|hen ⟨unr. V.; hat; südd., österr., schweiz. auch: ist⟩: **1.** *nicht mehr in Bewegung, Betrieb sein; in seiner Bewegung, Funktion, Tätigkeit unterbrochen sein:* alle Maschinen stehen seit gestern still; der Verkehr steht still; Herz und Atmung standen still; Ü sein Herz stand vor Schreck, Angst still (*er war vor Schreck, Angst wie gelähmt*); ihr Mundwerk steht nie still (*sie redet ununterbrochen*); die Zeit schien stillzustehen. **2.** (Militär) *in strammer Haltung u. unbewegt stehen:* die Soldaten s. lassen; (als Kommando:) stillgestanden!

Still|lung, die; -: *das Stillen; das Gestilltwerden.*

still|ver|gnügt ⟨Adj.⟩: *in einer nach außen kaum sichtbaren Weise vergnügt:* sie lächelte s.

Still|zeit, die: *Zeit des Stillens* (1 b).

Stil|merk|mal, das: *für einen bestimmten Stil charakteristisches Merkmal.*

Stil|mit|tel, das (bild. Kunst, Musik, Sprachwiss.): *einen Stil kennzeichnendes Ausdrucksmittel:* die S. der badischen Kirchenmusik untersuchen.

Stil|mix, der: *Kombination von unterschiedlichen* ↑ *Stilen* (2): blaue Haare, chinesisches Kleid und Badeschlappen - auch auf dem Laufsteg dominiert der S.; ein bunter S. aus Hip-Hop und Reggae.

Stil|mö|bel, das: *als Imitation eines früheren Stils hergestelltes Möbelstück.*

Stil|rich|tung, die: *Richtung* (2) *eines Stils.*

Stil|schicht, die: **1.** (Sprachwiss.) *einem Sprachstil zugeschriebene Stilebene.* **2.** (Musik) *bestimmte Stilart der Musik.*

stil|si|cher ⟨Adj.⟩: *mit sicherem Gefühl für Stil; eine große Sicherheit im Bezug auf Stil zeigend.*

Stil|si|cher|heit, die ⟨o. Pl.⟩: *das Stilsichersein.*

Stil|ton ['stɪltn], der; -[s], -s [nach dem gleichnamigen engl. Ort]: *fetter Weichkäse mit grünem Schimmelbelag.*

Stil|treue, die ⟨o. Pl.⟩: *stilgetreuer Charakter; stilgetreue Beschaffenheit.*

Stil|übung, die (Stilkunde): *Übung zur Verbesserung des sprachlichen Stils.*

stil|voll ⟨Adj.⟩: **a)** *in angemessenem Stil; Stil aufweisend:* -e Möbel; **b)** *von gutem Geschmack, von Gefühl für Stil zeugend:* die Wohnung s. einrichten; sie kleidet sich äußerst s.

stil|wid|rig ⟨Adj.⟩: *einem bestimmten Stil zuwiderlaufend, nicht entsprechend.*

Stimm|ab|ga|be, die: *Abgabe der Stimmen* (6 a) *bei einer Wahl.*

Stimm|auf|wand, der: *Aufwand an Stimmkraft:* etw. mit großem S. verlesen.

Stimm|band, das ⟨meist Pl.⟩: *paariges stimmbildendes Organ in Form eines elastischen Bandes im Kehlkopf.*

Stimm|band|ent|zün|dung, die: *Entzündung an den Stimmbändern.*

stimm|be|rech|tigt ⟨Adj.⟩: *berechtigt, bei einer Wahl od. Abstimmung seine Stimme abzugeben:* alle -en Bürgerinnen und Bürger; die Gastdelegierten sind nicht s.

Stimm|be|rech|tig|te ⟨vgl. Berechtigte⟩: *weibliche Person, die stimmberechtigt ist.*

Stimm|be|rech|tig|ter ⟨vgl. Berechtigter⟩: *jmd., der stimmberechtigt ist.*

Stimm|be|tei|li|gung, die: *Anteil von Stimmberechtigten, die ihre Stimme bei einer Abstimmung abgeben.*

Stimm|be|zirk, der: *Wahlbezirk.*

stimm|bil|dend ⟨Adj.⟩: *die Stimmbildung* (1, 2) *betreffend, zu ihr gehörend.*

Stimm|bil|dung, die: **1.** *Bildung der Stimme im Kehlkopf; Phonation.* **2.** *systematische Schulung der Stimme (z. B. Atmung, Resonanz, Tonbildung), die der Herausbildung einer klangschönen, belastbaren Stimme dient.*

Stimm|bruch, der: *Stimmwechsel bei männlichen Jugendlichen in der Pubertät, der sich in einer zwischen hoher u. tiefer unkontrolliert schwankenden, leicht überschnappenden Stimme ausdrückt u. zu einem allmählichen Tieferwerden der Stimme führt:* im S. sein.

Stimm|bür|ger, der (schweiz.): *wahlberechtigter Bürger; Wähler.*

Stimm|bür|ge|rin, die: w. Form zu ↑ Stimmbürger.

Stimm|chen, das; -s, -: Vkl. zu ↑ Stimme (2).

Stim|me, die; -, -n [mhd. stimme, ahd. stimma, stimna, H. u.]: **1.** *Fähigkeit, Vermögen, Laute, Töne zu erzeugen:* Fische haben keine S. **2. a)** *das, was mit einer bestimmten [charakteristischen] Klangfarbe an Lauten, Tönen erzeugt wird, [beim Sprechen, Singen o. Ä.] zu hören ist:* eine tiefe, dunkle, angenehme, laute, kräftige S.; verdächtige -n drangen an ihr Ohr; seine S. überschlägt sich, schnappt über; die S. versagte ihm (*er konnte nicht mehr weitersprechen*); ein furchtbares Schluchzen erstickte ihre S.; seine S. erheben (geh.; *zu sprechen beginnen*); die S. heben (*lauter sprechen*), senken (*leiser sprechen*), in ihrer S. schwang, klang Ärger mit; -n hören (*aufgrund von Sinnestäuschungen od. Wahnvorstellungen hören*); Ü eine innere S. (*ein sicheres Gefühl, eine Vorahnung*) warnte sie; der S. des Herzens, der Vernunft, des Gewissens folgen, gehorchen (*ihr gemäß handeln*); der S. der Natur folgen (*seinen sinnlichen Trieben nachgeben*); **b)** *bestimmter [charakteristischer] Klang, Tonfall einer Stimme* (2 a): eine männliche, kindliche S. haben; seine S. verstellen; mit schwacher, zitternder, belegter (*heiserer*) S. sprechen; **c)** *Stimme* (2 a) *des Menschen beim Singen; Singstimme:* eine volle, tragfähige S.; sie ließ ihre S. ausbilden (*nahm Gesangunterricht*); seine S. verlieren (*nicht mehr so gut singen können wie früher*); die Arie in der Probe mit halber S. singen (*nicht voll aussingen*); der hat S.! (*der kann singen!*); die neue Sopranistin hat keine S. (*kann nicht gut singen*); [nicht/gut] bei S. sein (*beim Singen [nicht] gut disponiert sein*). **3.** (Musik) **a)** *Stimmlage* (b): ein Chor für vier [gemischte] -n; **b)** *Partie, Tonfolge in einer mehrstimmigen Komposition, die von Instrumenten od. Vokalstimmen solistisch od. von mehreren im Orchester, Chor o. Ä. gespielt, gesungen wird:* die erste, zweite S. singen. **4.** (Musik) **a)** *Stimmstock.* **b)** *Register* (3 a). **5.** *jmds. Auffassung, Meinung, Position* (1 d) *[die in die Öffentlichkeit dringt]:* die -n des Protests mehren sich; die S. (*der Wille*) des Volkes; die -n in der Presse waren kritisch: -n werden laut, erheben sich, die fordern, dass ... **6. a)** *jmds. Entscheidung für jmdn., etw. bei einer Wahl, Abstimmung;* [un]gültige -n; sie hat die meisten -n erhalten, auf sich vereinigt; die abgegebenen -n auszählen; eine S. haben (*an der Wahl, Abstimmung teilnehmen können*); jmdm. seine S. geben (*jmdn. wählen*); seine S. abgeben (*mit abstimmen, wählen*), -n (*Wählerinnen u. Wähler*) gewinnen, verlieren; der Antrag wurde mit 25 -n angenommen; sich der S. enthalten; **b)** *Stimmrecht:* keine S., Sitz und S. im Parlament haben.

stim|men ⟨sw. V.; hat⟩ [mhd. stimmen = rufen; benennen; gleichstimmig machen, zu ↑ Stimme]: **1. a)** *den Tatsachen entsprechen; zutreffend sein:* ihre Angabe, die Behauptung stimmt; meine Vermutungen stimmten nicht; seine Informationen stimmen meistens; die Adresse stimmt nicht mehr; stimmt es, dass du morgen kündigst?; das stimmt nicht unmöglich s.!; [das] stimmt [haargenau]!; stimmt auffallend! (iron.; *das hast du richtig erfasst*); R stimmts oder hab ich recht? (ugs. scherzh.; *verhält es sich etwa nicht so, wie ich behaupte?*); **b)** *in Ordnung sein; keinen Anlass zu Beanstandungen geben:* die Rechnung, die Kasse stimmt [nicht]; trotz der Niederlage stimmte die Moral; die Chemie stimmt zwischen ihnen; die Kasse stimmt bei ihm immer (ugs.; *er hat immer genügend Geld*); Hauptsache, die Kohle stimmt (ugs.; *die Bezahlung, der Lohn o. Ä. ist zufriedenstellend*); der Preis muss s. (*im angemessenen Verhältnis zum Erworbenen stehen*); bei diesem Auto stimmt einfach alles (*entspricht alles völlig den Erwartungen*); (als Aufforderung, das eigentlich herauszugebende* (3 a) *wäre, [als Trinkgeld] zu behalten*) stimmt so!; hier stimmt etwas nicht!; in ihrer Ehe stimmt etwas nicht; mit meinen Nieren muss etwas nicht s.; bei ihm stimmt es/etwas nicht (salopp; *er ist nicht ganz bei Verstand; sein Verhalten entspricht nicht den üblichen Vorstellungen*). **2.** (seltener) *auf jmdn., zu jmdm., etw. passen* (1): *die Beschreibung stimmt auf die Gesuchte; das Blau stimmt nicht zur Tapete.* **3. a)** *in eine bestimmte Stimmung versetzen:* das stimmt mich zuversichtlich, misstrauisch, nachdenklich, bedenklich, wehmütig, traurig; sie hat ihn mit ihren Worten wieder versöhnlich gestimmt; sie schienen jeden von uns fröhlich, festlich, sentimental, zum Feiern gestimmt sein; ♦ **b)** *beeinflussen:* Saladin hat's über sich genommen, ihn zu s. (Lessing, Nathan V, 3). **4.** *eine Stimme* (6 a) *abgeben:* für, gegen den Kandidaten, Vorschlag s.; wie viele Delegierte haben mit Ja gestimmt? **5.** *einem Instrument die richtige Tonhöhe geben; auf die Höhe des Kammertons bringen:* die Geige s.; die Saiten höher, tiefer s.; das Klavier s. lassen; ⟨auch ohne Akk.-Obj.:⟩ das Orchester stimmt.

Stim|men|an|teil, der: *Anteil an Stimmen* (6 a).

Stim|men|aus|zäh|lung, die: *Auszählung der abgegebenen Stimmen* (6 a).

Stim|men|ein|bruch, der (salopp): *starker Verlust von Stimmen* (6 a) *bei einer Wahl.*

Stim|men|fang, der ⟨o. Pl.⟩ (abwertend): *das Gewinnen von Stimmen* (6 a) *durch attraktive Darstellung der Ziele des Kandidaten od. der Partei, durch Versprechungen usw.*

Stim|men|ge|winn, der: *Gewinn an Stimmen* (6 a) *bei einer Wahl (im Vergleich zu den vorigen Wahlen).*

Stim|men|ge|wirr, das: *Gewirr menschlicher Stimmen* (2 a): aus dem S. über die Folgen der Gesetzesänderung schälten sich erst langsam einzelne Stimmen heraus.

Stim|men|gleich|heit, die: *Gleichheit der Zahl der für jede der zur Wahl stehenden Alternativen abgegebenen Stimmen* (6 a).

Stim|men|kauf, der: *das Kaufen von Stimmen* (6 a) *durch Bestechung o. Ä.:* die Wahl wurde wegen S. für ungültig erklärt.

Stim|men|mehr|heit, die: *Mehrheit der abgegebenen Stimmen* (6 a).

Stimm|ent|hal|tung, die: **a)** (selten) *Verzicht auf die Stimmabgabe:* S. üben; **b)** *Stimmabgabe,* durch die zum Ausdruck gebracht wird, dass weder mit Ja noch mit Nein gestimmt wird.

Stim|men|ver|lust, der: *Verlust von Stimmen* (6a) *bei einer Wahl (im Vergleich zu den vorigen Wahlen).*

Stim|men|zu|wachs, der: *Zuwachs an Stimmen* (6a) *bei einer Wahl.*

Stim|mer, der; -s, - [zu ↑stimmen (5)]: *jmd., der berufsmäßig Instrumente stimmt.*

Stim|me|rin, die; -, -nen: w. Form zu ↑Stimmer.

Stimm|füh|rung, die: **1.** (Musik) **a)** *in einer mehrstimmigen Komposition das Fortschreiten, der Verlauf der einzelnen Stimmen* (3a) *u. ihr Verhältnis zueinander;* **b)** *Art u. Weise der technischen u. musikalischen Gestaltung der Stimmen* (3a) *beim Spielen einer mehrstimmigen Komposition.* **2.** (Sprachwiss.) *Tonfall, Satzmelodie.*

Stimm|ga|bel, die (Musik): *mit Griff versehener Gegenstand aus Stahl in länglicher U-Form, mit dem man durch Anschlagen* (5b) *eine bestimmte Tonhöhe, bes. die des Kammertons, erzeugen kann.*

Stimm|ge|walt, die: *große Stimmkraft.*

stimm|ge|wal|tig ⟨Adj.⟩: *(von der [menschlichen] Stimme) sehr laut u. kräftig; mit großem Volumen:* ein -er Sänger; mit -em Bass singen.

stimm|haft ⟨Adj.⟩ (Sprachwiss.): *(von Lauten) weich auszusprechen; mit Schwingung der Stimmbänder gebildet:* -e Konsonanten wie b, d, g.

Stimm|haf|tig|keit, die; - (Sprachwiss.): *das Stimmhaftsein.*

stim|mig ⟨Adj.⟩: *[harmonisch] übereinstimmend, zusammenpassend:* die Illusion einer -en Welt; ihre Argumentation war in sich s.

-stim|mig: in Zusb., z. B. fünfstimmig *(mit fünf Stimmen* 3a *[singend, spielend]).*

Stim|mig|keit, die; -, -en: *das Stimmigsein; Harmonie.*

Stimm|kraft, die: *Kraft* (1) *einer Stimme* (2a).

Stimm|la|ge, die: **a)** *durch eine bestimmte Höhe od. Tiefe unterschiedene Lage, Färbung einer Stimme* (2a): seine S. verändern; **b)** (Musik) *Bereich einer Vokal- od. Instrumentalstimme, der durch einen bestimmten Umfang der Tonhöhe gekennzeichnet ist* (z. B. Sopran, Alt, Tenor).

stimm|lich ⟨Adj.⟩: *die Stimme* (2, 3) *betreffend:* s. begabt sein.

stimm|los ⟨Adj.⟩: **a)** *kaum vernehmbar [sprechend]; tonlos:* mit -er Stimme sprechen; **b)** (Sprachwiss.) *(von Lauten) hart auszusprechen; ohne Schwingung der Stimmbänder gebildet:* -e Konsonanten wie p, t, k.

Stimm|lo|sig|keit, die; -: *das Stimmlossein.*

Stimm|or|gan, das: *der Stimmbildung* (1) *dienendes Organ.*

Stimm|recht, das: *Recht, an einer Abstimmung od. an Wahlen teilzunehmen.*

Stimm|rit|ze, die (Anat.): *Ritze zwischen den Stimmbändern; Glottis* (1).

Stimm|schlüs|sel, der (Musik): *Instrument* (1) *zum Stimmen von Saiteninstrumenten, deren Wirbel keinen Griff haben.*

Stimm|stock, der (Musik): **1.** *rundes Holzstäbchen, das im Resonanzkörper eines Streichinstruments zwischen Decke u. Boden in der Höhe der rechten Seite des Stegs steht und bei Schwingungen der Saiten den vollen Klang des Instruments bewirkt; Seele* (7). **2.** *Bauteil des Klaviers, in dem die Wirbel* (5) *befestigt sind.*

Stimm|ton, der (Musik): *Kammerton.*

Stimm|um|fang, der: *Umfang einer Singstimme:* einen großen S. haben.

Stim|mung, die; -, -en: **1. a)** *bestimmte augenblickliche Gemütsverfassung:* seine düstere S. hellte sich auf; ihre fröhliche S. verflog; seine miese S. an jmdm. auslassen; etw. trübt, hebt jmds. S.; jmdm. die S. *(die gute Stimmung, Laune)* verderben; jmdn. in S. versetzen *(animieren);* in bester, aufgeräumter, gedrückter, nachdenklicher, gereizter S. sein; in S. *(in guter Laune, Stimmung)* sein; der Conférencier brachte alle gleich in S. *(in gute, ausgelassene Stimmung);* nicht in der [rechten] S. sein, etw. zu tun; **b)** *augenblickliche, von bestimmten Gefühlen, Emotionen geprägte Art u. Weise des Zusammenseins von [mehreren] Menschen; bestimmte Atmosphäre in einer Gruppe o. Ä.:* es herrschte eine fröhliche, ausgelassene, feierliche, feindselige, deprimierte S.; die S. schlug plötzlich um; für [gute] S. im Saal sorgen; Er gab Carla ein Zeichen, nickte Uwe beschwichtigend zu, und es gelang ihm, die S. zu glätten (Lenz, Brot 105); **c)** ⟨Pl.⟩ *wechselnde Gemütsverfassung:* -en unterworfen sein. **2.** *[ästhetischer] Eindruck, Wirkung, die von etw. ausgeht u. in bestimmter Weise auf jmds. Empfindungen wirkt; Atmosphäre* (2a): die merkwürdige S. vor einem Gewitter; eine feierliche S. umfängt die Besucher; der Maler hat die S. des Sonnenaufgangs sehr gut eingefangen, getroffen; das Bild strahlt S. aus. **3.** *vorherrschende [öffentliche] Meinung, Einstellung, die für od. gegen jmdn., etw. Partei ergreift:* die S. war gegen ihn; für, gegen jmdn., etw. S. machen *(versuchen, andere für, gegen jmdn., etw. einzunehmen).* **4.** (Musik) **a)** *das als verbindliche Norm geltende Festgelegtsein der Tonhöhe eines Instrumentes:* die reine, temperierte S.; die S. auf Kammerton; **b)** *das Gestimmtsein eines Instruments:* die S. der Geige ist unsauber, zu hoch.

stim|mungs|an|fäl|lig ⟨Adj.⟩: *leicht Stimmungen unterworfen:* wechselhaft und s. wie sie war, fielen ihr endgültige Entscheidungen immer sehr schwer.

stim|mungs|auf|hel|lend ⟨Adj.⟩: *eine negative Stimmung* (1a) *verbessernd; antidepressiv wirkend.*

Stim|mungs|auf|hel|ler, der: *Antidepressivum:* Ü Bücher als S.

Stim|mungs|ba|ro|me|ter, das, landsch., österr., schweiz. auch: der (ugs.): *Stimmung* (1b): ihr S. schwankt beträchtlich; das S. steht auf null, auf »Tief« *(die Stimmung ist sehr schlecht).*

Stim|mungs|bild, das: *bildhafte Schilderung, Darstellung einer Stimmung* (1a) *oder einer Situation, einem Ereignis o. Ä. zugrunde liegt.*

Stim|mungs|ka|no|ne, die (ugs. scherzh.): *jmd., der [als Unterhalter, Unterhalterin] für Stimmung* (1b) *sorgt:* sie ist eine [richtige] S.

Stim|mungs|la|ge, die: *bestehende Situation, augenblickliche Lage in Bezug auf die [jeweilige, allgemeine] Stimmung:* die Rezession hat vor allem mit Psychologie und der S. der Verbraucher zu tun.

Stim|mungs|ma|che, die (abwertend): *Versuch, mit unlauteren Mitteln die [öffentliche] Meinung für od. gegen jmdn., etw. zu beeinflussen.*

Stim|mungs|ma|cher, der: **1.** (abwertend) *jmd., der Stimmungsmache betreibt.* **2.** (seltener) *Stimmungskanone.*

Stim|mungs|ma|che|rin, die: w. Form zu ↑Stimmungsmacher.

Stim|mungs|mu|sik, die: *einfache Unterhaltungsmusik, die geeignet ist, ein Publikum in heitere Stimmung* (1b) *zu versetzen.*

Stim|mungs|um|schwung, der: *Umschwung der Stimmung* (3).

stim|mungs|voll ⟨Adj.⟩: *das Gemüt ansprechend; voller Stimmung* (2): -e Lieder, Gedichte; etw. s. vortragen.

Stim|mungs|wan|del, der: *Wandel der Stimmung* (1, 3).

Stim|mungs|wech|sel, der: *Wechsel der Stimmung* (1, 3).

Stimm|vieh, das (abwertend): *stimmberechtigte Personen, die nur unter dem Aspekt der Stimmabgabe für jmd. od. eine Partei gesehen werden.*

Stimm|volk, das (schweiz.): *Gesamtheit der Stimmberechtigten.*

Stimm|vo|lu|men, das: *Stimmumfang.*

Stimm|wech|sel, der: *(in der Pubertät erfolgende) Veränderung der Stimmlage; Mutation* (2).

Stimm|zet|tel, der: *Zettel, Formular für eine schriftliche Stimmabgabe:* die S. abgeben, auszählen.

Sti|mu|lans [ˈʃt..., ˈst...], das; -, ...anzien u. ...antia [zu lat. stimulans (Gen.: stimulantis), 1. Part. von: stimulare, ↑stimulieren] (bildungsspr.): *das Nervensystem, den Kreislauf u. Stoffwechsel anregendes Mittel:* Koffein als S. gebrauchen.

Sti|mu|lanz [ʃt..., st...], die; -, -en (bildungsspr.): *Anreiz, Antrieb.*

Sti|mu|la|ti|on, die; -, -en [mlat. stimulatio]: *das Stimulieren; das Stimuliertwerden.*

Sti|mu|li: Pl. von ↑Stimulus.

sti|mu|lie|ren ⟨sw. V.; hat⟩ [lat. stimulare, eigtl. = mit einem Stachel stechen, anstacheln, zu: stimulus, ↑Stimulus]: *zu größerer Aktivität anregen, steigern, anspornen:* der Erfolg stimulierte sie zu immer besseren Leistungen; das Publikum, der Szenenapplaus stimulierte die Schauspieler; das Präparat stimuliert die Magensekretion, den Geschlechtstrieb, hat stimulierende Wirkung; stimulierende Musik; sexuell stimulierend wirken.

Sti|mu|lie|rung, die; -, -en: *das Stimulieren; das Stimuliertwerden.*

Sti|mu|lus [ˈʃt..., ˈst...], der; -, ...li [lat. stimulus, eigtl. = Stachel]: **1.** (Psychol.) *(eine unwillkürliche Reaktion auslösender) Reiz.* **2.** (bildungsspr.) *Anreiz:* etw. ist ein S. für etw., ein S., etw. zu tun.

stink- (salopp emotional verstärkend): *drückt in Bildungen mit Adjektiven eine Verstärkung aus; sehr:* stinkbürgerlich, -gemütlich.

stink|be|sof|fen ⟨Adj.⟩ (salopp emotional verstärkend): *stark betrunken.*

Stink|bom|be, die: *mit einer penetrant riechenden Flüssigkeit gefüllte kleine Kapsel aus Glas, deren Inhalt beim Zerplatzen frei wird:* -n werfen.

Stink|drü|se, die: *(bei bestimmten Tieren) unter der Haut liegende Drüse, die zur Abwehr ein übel riechendes Sekret absondert.*

Stin|ke|fin|ger, der (ugs.): *hochgestreckter Mittelfinger, der einer Person – mit dem Handrücken auf sie zu – gezeigt wird, um auszudrücken, dass man sie verachtet, von ihr in Ruhe gelassen werden will.*

stin|ken ⟨st. V.; hat⟩ [mhd. stinken, ahd. stincan, eigtl. = stoßen, puffen, dann: dampfen, ausdünsten, H. u.]: **1.** (abwertend) *üblen Geruch von sich geben:* Karbid, Jauche stinkt; aus dem Mund s.; nach Fusel, Fisch s. *(deren üblen Geruch von sich geben);* stinkende Abgase; ⟨auch unpers.:⟩ es stank wie nach Chemikalien. **2.** (ugs.) *eine negative Eigenschaft in hohem Grade besitzen:* er stinkt vor Faulheit; s. stinkt vor Geld *(hat sehr viel Geld);* ⟨im 1. Part.:⟩ stinkend (salopp abwertend); *äußerst) faul sein.* **3.** (ugs.) *eine bestimmte Vermutung, einen Verdacht nahelegen:* das stinkt nach Verrat; nach Geld s. *(allem Anschein nach sehr reich sein);* die Sache/⟨unpers.:⟩ es stinkt *(die Sache* *erscheint verdächtig);* an dieser Sache stinkt etwas *(ist offenbar etwas nicht in Ordnung).* **4.** (salopp) *jmds. Missfallen, Widerwillen erregen:* die Arbeit stinkt mir; ⟨auch unpers.:⟩ mir stinkt's.

Stin|ker, der; -s, - (salopp abwertend): **1.** *jmd., der stinkt* (1). **2.** *jmd., der durch etw. das Missfallen des Sprechers hervorruft:* er ist ein reicher S.

Stin|ke|rin, die; -, -nen: w. Form zu ↑ Stinker.

stink|faul ⟨Adj.⟩ (salopp emotional verstärkend): *sehr faul.*

stink|fein ⟨Adj.⟩ (salopp emotional verstärkend): *äußerst fein, vornehm.*

stin|kig ⟨Adj.⟩ [spätmhd. stinkic] (salopp abwertend): **1.** *in belästigender Weise stinkend:* eine -e Zigarre. **2. a)** *das Missfallen des Sprechers hervorrufend; übel, widerwärtig:* eine -e Sache; -e Parolen; ein -er Spießer, Nörgler; **b)** *über etw. verärgert, wütend; sauer* (3 b): ich bin echt ganz schön s.

Stink|kä|se, der (emotional): *stark u. unangenehm riechender Käse.*

stink|lang|wei|lig ⟨Adj.⟩ (salopp emotional verstärkend): *äußerst langweilig.*

Stink|lau|ne, die ⟨Pl. selten⟩ (salopp): *sehr schlechte Laune.*

Stink|mor|chel, die: *eigenartig riechender, dickstieliger Pilz mit fingerhutähnlichem, dunkelolivfarbenem Hut.*

stink|nor|mal ⟨Adj.⟩ (salopp emotional verstärkend): *einer Norm völlig entsprechend und daher unauffällig.*

stink|reich ⟨Adj.⟩ (salopp emotional verstärkend): *sehr reich.*

stink|sau|er ⟨Adj.⟩ (salopp emotional verstärkend): *sehr sauer* (3 b).

Stink|stie|fel, der (derb abwertend): *[missgelaunter, unhöflicher] Mann, über den man sich ärgert.*

Stink|tier, das: **1.** *(in Amerika heimischer) Marder mit plumpem Körper, buschigem Schwanz, kleinem, spitzem Kopf u. schwarzem, weiß gestreiftem od. weiß geflecktem Fell, der aus Stinkdrüsen am After ein übel riechendes Sekret auf Angreifer spritzt; Skunk* (1). **2.** (derb abwertend) *Person, die man nicht ausstehen kann.*

stink|vor|nehm ⟨Adj.⟩ (salopp emotional verstärkend): *äußerst vornehm:* -e Leute; ein -es Hotel.

Stink|wut, die (salopp): *große Wut:* eine S. [auf jmdn.] haben; sie hat eine S. im Leibe.

Stint, der; -[e]s, -e [aus dem Niederd. < mniederd. stint, wohl eigtl. = »Kurzer, Gestutzter«]: **1.** *kleiner, silberglänzender, zu den Lachsen gehörender Fisch, der zur Trangewinnung gefangen wird.* **2.** (nordd.) *Junge, junger Mensch:* * sich freuen wie ein S. *(sich sehr freuen).*

Sti|pen|di|at, der; -en, -en: *jmd., der ein Stipendium erhält, mithilfe eines Stipendiums Forschung betreibt o. Ä.*

Sti|pen|di|a|tin, die; -, -nen: w. Form zu ↑ Stipendiat.

Sti|pen|di|en|ver|ga|be, die: *Vergabe von Stipendien.*

Sti|pen|di|um, das; -s, ...ien [lat. stipendium = Steuer; Sold; Unterstützung, zu: stips = Geldbeitrag, Spende (zu: stipare = zusammendrängen, -pressen; füllen) u. pendere = (zu)wägen, also eigtl. = das Geldzuwägen]: *Studierenden, jungen Wissenschaftler[inne]n, Künstler[inne]n vom Staat, von Stiftungen, der Kirche o. Ä. gewährte Unterstützung zur Finanzierung von Studium, Forschung, künstlerischen Arbeiten:* ein S. bekommen, beantragen, erhalten; jmdm. ein S. geben, gewähren.

Stipp, der; -[e]s, -e: **1.** ↑ Stippe. **2.** * **auf den S.** (landsch., bes. nordd.: *sofort*).

Stip|pe, die; -, -n [mniederd. stip(pe) = Punkt, Stich, zu ↑ stippen] (bes. nordd.): **1. a)** *aus ausgebratenem Speck mit Mehl u. Wasser od. Milch od. mit Essig, Zwiebeln, Quark o. Ä. zubereitete breiige Soße;* **b)** *[pikante] Soße, Tunke.* **2.** *Pustel.* **3.** *Kleinigkeit.*

stip|pen ⟨sw. V.; hat⟩ [mniederd. stippen, Nebenf. von ↑ ¹steppen] (bes. nordd.): **1. a)** *kurz eintauchen, eintunken, tauchen* (2 a): Zwieback in den Kaffee s.; **b)** *stippend* (1 a) *aus etw. herausholen:* das Fett mit einem Stück Brot aus der Pfanne s. **2. a)** *antippen,* ¹*tippen* (1): jmdn. an die Schulter s.; **b)** *leicht stoßen:* gegen jmds. Arm s.; **c)** *leicht stoßend rücken:* etw. zur Seite s.

Stipp|vi|si|te, die (ugs.): *kurzer Besuch:* [bei jmdm.] eine S. machen.

stirb, stirbst, stirbt: ↑ sterben.

Stirn, die; -, -en [mhd. stirn(e), ahd. stirna, eigtl. = ausgebreitete Fläche, zu ↑ Strahl]: **1.** *(beim Menschen u. bei bestimmten Wirbeltieren) obere Gesichtspartie; [sich vorwölbender] Teil des Vorderkopfes über den Augen u. zwischen den Schläfen:* eine hohe, niedrige, flache, breite, gewölbte, fliehende, glatte, zerfurchte S.; ihre S. verfinsterte sich, umwölkte sich; die S. runzeln, in Falten ziehen, legen; sich die S. wischen, trocknen, kühlen; sich an die S. greifen, tippen; die Schweißtropfen, Schweißperlen standen ihm auf der S.; über jmdn., etw. die S. runzeln *(etw. an jmdm. missbilligen, es [moralisch] beanstanden);* man konnte ihm ansehen, was hinter seiner S. vorging *(was er dachte);* sich das Haar aus der, in die S. kämmen; * **jmdm., einer Sache die S. bieten** *(jmdm., einer Sache furchtlos entgegentreten);* **die S. haben, etw. zu tun** *(die Unverschämtheit, Dreistigkeit besitzen, etw. zu tun;* verkürzt aus älter *»eine eherne Stirn haben«* [= unbeugsam sein], nach Jes. 48, 4); **sich** ⟨Dativ⟩ **an die S. fassen/greifen** (ugs.; ↑ Kopf 1); **jmdm. an der/auf der S. geschrieben stehen** *(deutlich an jmds. Gesicht abzulesen, jmds. sogleich anzumerken sein);* **jmdm. etw. an der S. ablesen** *(an seinem Gesicht merken, was in ihm vorgeht, was er denkt);* **mit eiserner S.** (1. *unerschütterlich:* mit eiserner S. standhalten; nach Jes. 48, 4. 2. *dreist, unverschämt:* mit eiserner S. leugnen). **2.** (Geol.) *unterster Rand eines Gletschers.*

Stirn|band, das ⟨Pl. ...bänder⟩: *um Stirn u. Hinterkopf od. Stirn u. Nacken (als Schmuck, als Schutz vor Kälte od. beim Sport) getragenes* ¹*Band* (1).

Stirn|bein, das (Anat.): *den vorderen Teil des Schädeldachs bildender Knochen.*

◆ **Stirn|blatt,** das: *Stirn* (1), *Stirnbein:* ... und häuptlings mit dem S. schmettr' ich auf den Ofen hin (Kleist, Krug 1).

Stirn|fal|te, die: *Falte* (2) *auf der Stirn.*

Stirn|glat|ze, die: *(bei Männern) Glatze oberhalb der Stirn.*

Stirn|haar, das: *Haar oberhalb der Stirn.*

Stirn|höh|le, die: *im Innern des Stirnbeins gelegene, in den mittleren Nasengang mündende Nebenhöhle.*

Stirn|höh|len|ent|zün|dung, die: *Entzündung in der Stirnhöhle.*

Stirn|lo|cke, die: *in die Stirn fallende Locke.*

Stirn|run|zeln, das; -s: *Runzeln der Stirn [als Ausdruck der Missbilligung o. Ä.]:* ihre Äußerungen riefen S. hervor.

stirn|run|zelnd ⟨Adj.⟩: *[missbilligend] die Stirn runzelnd:* s. ein Schreiben lesen.

Stirn|sei|te, die: *Vorderseite, Front[seite]:* die S. eines Gebäudes, eines Tisches.

Stirn|wand, die: *vordere Wand.*

St. Lu|cia [sŋt 'luːʃa]; - -s: *Inselstaat im Bereich der Westindischen Inseln.*

Stoa ['stoːa, auch: 'ʃt...], die; - [griech. Stoá, nach der stoà poikílē, einer mit Bildern geschmückten Säulenhalle im antiken Athen, in der sich die von Zenon von Kition (etwa 335–263 v. Chr.) gegründete Schule versammelte: *griechische Philosophenschule von 300 v. Chr. bis 250 n. Chr., deren oberste Maxime der Ethik darin bestand, in Übereinstimmung mit sich selbst u. mit der Natur zu leben u. Neigungen u. Affekte als der Einsicht hinderlich zu bekämpfen.*

stob, stö|be: ↑ stieben.

◆ **Stö|ber,** der; -s, - [Ü von Stöber, ↑ stöbern]: *Spion, Spitzel:* ...der Laienbruder, des sich der Patriarch so gern zum S. bedient (Lessing, Nathan V, 5).

Stö|ber|hund, der (Jägerspr.): *Jagdhund zum Aufstöbern des Wildes.*

stö|bern ⟨sw. V.⟩: **1.** ⟨hat⟩ [Abl. von älter Stöber = Stöberhund, zu niederd. stöben = aufscheuchen] (ugs.) *nach etw. suchen [u. dabei Unordnung verursachen], [wühlend] herumsuchen:* in Archiven, in Illustrierten s.; im Sperrmüll nach etw. s. **2.** [Iterativbildung zu niederd. stöwen, stöben = stieben] (landsch.) **a)** ⟨unpers.; hat⟩ *schneien:* es begann zu s.; es hat richtig gestöbert; **b)** ⟨hat⟩ *in wirbelnder Bewegung herumfliegen:* wirbelnde Schneeflocken; **c)** ⟨ist⟩ *stöbernd* (2 a) *irgendwohin eilen:* der Wind stöberte durch die Straßen, über den Platz. **3.** ⟨hat⟩ [wohl eigtl. = Staub aufwirbeln, zu ↑ stöbern (2 a)] (südd.) *gründlich sauber machen:* den Speicher s.

Sto|chas|tik [st..., ʃt...], die; - [griech. stochastikḗ (téchnē) = zum Erraten gehörend(e Kunst)] (Statistik): *Teilgebiet der Statistik, das sich mit der Untersuchung vom Zufall abhängiger Ereignisse u. Prozesse befasst.*

sto|chas|tisch ⟨Adj.⟩ [griech. stochastikós = mutmaßend] (Statistik): *vom Zufall abhängig:* -e Prozesse, die Nutzung -er Methoden; eine s. verteilte Größe.

sto|chern ⟨sw. V.; hat⟩ [Iterativbildung zu veraltet stochen, mniederd. stöken = schüren, eigtl. = stoßen, stechen, wohl zu ↑ stoßen]: *mit einem [stangenförmigen, spitzen] Gegenstand, Gerät wiederholt in etw. stechen:* mit dem Feuerhaken in der Glut s.; sich mit einem Streichholz [nach Speiseresten] in den Zähnen s.; lustlos [mit der Gabel] im Essen s.

Stö|chio|me|t|rie [st..., ʃt...], die; - [zu griech. stoicheía (Pl.) = Grundstoff u. ↑-metrie]: *Lehre von der mengenmäßigen Zusammensetzung chemischer Verbindungen u. der mathematischen Berechnung chemischer Umsetzungen.*

stö|chio|me|t|risch ⟨Adj.⟩: *die Stöchiometrie betreffend.*

¹**Stock,** der; -[e]s, Stöcke [mhd., ahd. stoc = Baumstumpf, Klotz, Knüppel; urspr. wahrsch. = abgeschlagener Stamm od. Ast, zu ↑ stoßen]: **1. a)** *von einem Baum od. Strauch abgeschnittener, meist gerade gewachsener dünner Ast od. Teil eines Astes, der bes. als Stütze beim Gehen, zum Schlagen o. Ä. benutzt wird:* ein langer, dünner, dicker, knotiger S.; [steif] wie ein S. *(in unnatürlich steifer Haltung)* dastehen; den S. zu spüren bekommen *(Prügel bekommen);* er geht, als wenn er einen S. verschluckt hätte *(scherzh.; er hat einen sehr aufrechten u. dabei steifen Gang);* am S. *(Krückstock)* gehen; sich auf seinen S. *(Spazierstock)* stützen; mit einem S. in etw. herumrühren; jmdm. mit [s]einem S. drohen; etw. mit dem S. *(Zeigestock)* auf der Landkarte zeigen; ein Blinder mit S. *(Blindenstock);* der Dirigent klopft mit dem S. *(Taktstock)* ab; * **am S. gehen** (ugs.: 1. *in einer schlechten körperlichen Verfassung sein, sehr krank sein.* 2. *in einer schlechten finanziellen Lage sein; kein Geld haben);* **b)** *Kurzf. von* Stöcke einsetzen. **2.** *strauchartige Pflanze:* bei den Rosen sind einige Stöcke erfroren. **3.** *Baum-*

Stock – Stoffballen

stumpf mit Wurzeln: Stöcke roden; ** über S. und Stein (über alle Hindernisse des Erdbodens hinweg).* **4.** Kurzf. von ↑Bienenstock. **5.** *(im MA.) Gestell aus Holzblöcken od. Metall, in das ein Verurteilter an Händen, Füßen [u. Hals] eingeschlossen wird:* im S. sitzen; jmdn. in den S. legen. **6.** (landsch., bes. südd.) *dicker Holzklotz als Unterlage [zum Holzhacken].* **7.** (südd.) *Gebirgsmassiv.* **8.** (südd., österr.) Kurzf. von ↑Opferstock. **9.** Kurzf. von ↑Kartenstock. **10.** (Eishockey, Hockey, Rollhockey) *Schläger:* * *hoher S.* (Eishockey; *regelwidriges Heben des Stocks über normale Schulterhöhe; Stockfehler* 1). **11.** [eigtl. = ¹Stock (3), Wurzelstock] *Bestand an Waren; Vorrat, Warenlager.*

²**Stock**, der; -[e]s, - 〈Pl. nur in Verbindung mit Zahlenangaben〉 [mhd. stoc, eigtl. = Balkenwerk]: *Geschoss* (2), *das höher liegt als das Erdgeschoss; Etage, Obergeschoss, Stockwerk:* sie wohnen einen S. tiefer; das Haus hat vier S., sie wohnt im vierten S.; in welchem S. wohnt ihr?; im S. unter ihr.

³**Stock** [stɔk], der; -s, -s [engl. stock, eigtl. = Wurzelstock, (Holz)klotz, verw. mit ↑¹Stock] (Wirtsch.): *Grundkapital, Kapitalbestand.*

stock- (ugs. emotional verstärkend): drückt in Bildungen mit Adjektiven eine Verstärkung aus; *von Grund auf, durch und durch:* stockblind, -bürgerlich, -reaktionär.

stock|be|sof|fen (salopp emotional verstärkend), **stock|be|trun|ken** (ugs. emotional verstärkend) 〈Adj.〉: *stark betrunken.*
Stock|bett, das: *Etagenbett.*
Stock|car ['stɔka], der; -s, -s [engl. stockcar, aus: stock = Serie u. car = Wagen] (Automobilsport): *mit starkem Motor ausgestatteter, sich äußerlich oft nicht von Serienfahrzeugen unterscheidender Wagen, mit dem auf geschlossenen Rennstrecken Rennen gefahren werden.*
Stöck|chen, das; -s, -: Vkl. zu ¹Stock.
stock|dumm 〈Adj.〉 (ugs.): *äußerst dumm.*
stock|dun|kel, stock|dus|ter 〈Adj.〉 (ugs. emotional verstärkend): *völlig dunkel* (1 a).
Stö|cke: Pl. von ↑¹Stock.
Stö|ckel, der; -s, - (ugs.): Kurzf. von ↑Stöckelabsatz.
Stö|ckel|ab|satz, der: *hoher, spitzer Absatz (bes. am Pumps).*
stö|ckeln 〈sw. V.; ist〉 (ugs.): a) *auf Stöckelabsätzen in kleinen Schritten ruckartig u. steif gehen;* b) *sich stöckelnd* 〈a〉 *über etw., zu etw. hin bewegen:* über den Flur, durchs Büro s.
Stö|ckel|schuh, der: *Schuh mit Stöckelabsatz.*
sto|cken 〈sw. V.〉 [urspr. = fest, dickflüssig werden, gerinnen, wohl zu ↑¹Stock, eigtl. = steif wie ein Stock werden]: **1.** 〈hat〉 a) *(von Körperfunktionen o. Ä.) [vorübergehend] stillstehen, aussetzen:* jmdm. stockt der Atem, der Puls, das Herz [vor Entsetzen]; das Blut stockte ihr in den Adern; b) *nicht zügig weitergehen; in seinem normalen Ablauf zeitweise unterbrochen sein:* der Verkehr, das Gespräch stockte; die Produktion, Fahrt stockte immer wieder; die Antwort kam stockend *(zögernd)*; 〈subst.:〉 die Arbeiten gerieten ins Stocken; Und das Licht zuckt, und die Tür klemmt, und der Lift stockt (Herta Müller, Niederungen 136). **2.** 〈hat〉 *im Sprechen, in einer Bewegung, Tätigkeit aus Angst o. Ä. innehalten:* sie stockte beim Lesen, in ihrer Erzählung [kein einziges Mal]; stockend etw. fragen; er sprach ein wenig stockend *(nicht flüssig).* **3.** 〈hat/ist〉 [eigtl. = unter der Einwirkung stockender Dünste faulen] (landsch., bes. südd., österr., schweiz.) *gerinnen, dickflüssig, sauer* (1 b) *werden:* die Milch hat/ist gestockt;

…dieser unheimliche Nebel, der die Toten von uns beschleicht und ihnen das letzte, verkrochene Leben aussaugt. Morgen werden sie bleich und grün sein und ihr Blut gestockt und schwarz (Remarque, Westen 91). **4.** 〈hat〉 *Stockflecke bekommen:* die alten Bücher haben gestockt.
Stock|en|te, die [wohl zu Stock in der alten Bed. »Baumstumpf, Ast«, nach den häufigen Nistplätzen in ufernahen Gehölzen]: *Ente mit braunem Gefieder, beim Männchen mit dunkelgrünem Kopf u. gelbem Schnabel.*
Sto|ckerl, das; -s, -[n] (südd., österr.): *Hocker.*
Sto|ckerl|platz, der (bayr., österr.): *Siegerplatzierung, Podestplatz.*
Stock|feh|ler, der: **1.** (Eishockey) *hoher ¹Stock* (3). **2.** (Hockey) *unerlaubtes Anheben des ¹Stocks* (10) *vor u. nach dem Schlag über Schulterhöhe sowie Schlagen u. Stoppen des Balls mit der abgerundeten Seite des Stocks.* **3.** (Sportjargon) *vermeidbarer Fehler, Leichtsinnsfehler:* die Mannschaft leistete sich etliche S.
stock|fins|ter 〈Adj.〉 (ugs. emotional verstärkend): *stockdunkel.*
Stock|fisch, der [spätmhd. stocvisch < mniederd. stokvisch, wohl nach dem Trocknen auf Stangengerüsten]: **1.** *im Freien auf Holzgerüsten getrockneter Dorsch o. Ä.* **2.** (ugs. abwertend) *langweiliger, in keiner Weise gesprächiger Mensch.*
Stock|fleck, der: *durch Schimmelpilze auf Textilien, Papier, Holz entstehender heller, bräunlicher od. grauschwarzer, muffig riechender Fleck.*
stock|hei|ser 〈Adj.〉 (ugs. emotional verstärkend): *sehr heiser.*
Stock|holm [auch: …'hɔlm, (')st…]: *Hauptstadt von Schweden.*
¹**Stock|hol|mer**, der; -s, -: Ew.
²**Stock|hol|mer** 〈indekl. Adj.〉: *der S. Hafen.*
Stock|hol|me|rin, die; -, -nen: w. Form zu ↑¹Stockholmer.
sto|ckig 〈Adj.〉: **1.** [zu ↑stocken (3)] ¹*muffig* (3): s. riechendes Obst. **2.** [zu ↑stocken (4)] *Stockflecke aufweisend:* -e Kartoffeln, Bücher; s. gewordene Bettbezüge.

-stö|ckig [zu ↑²Stock]: in Zusb., z. B. zwölfstöckig *(12 Stockwerke aufweisend).*

◆ **Stock|ju|de**, der: *äußerst strenggläubiger u. konservativer Jude:* So ganz S. sein zu wollen geht schon nicht (Lessing, Nathan III, 6).
stock|ka|tho|lisch 〈Adj.〉 (ugs. emotional verstärkend): *durch u. durch katholisch.*
stock|kon|ser|va|tiv 〈Adj.〉 (ugs. emotional verstärkend): *äußerst konservativ* (1 a, 2).
Stöckl, das; -s, -[n] (österr.): *Nebengebäude.*
Stöck|li, das; -[s], -[s] (schweiz.): a) *Nebengebäude eines Bauernhofs;* b) *Altenteil;* c) *kleine Kammer des Parlaments; Ständerat.*
Stock|na|gel, der: *kleine Plakette aus Metall mit Namen od. auch Bild eines Wanderziels, die auf einen Wanderstock genagelt wird.*
stock|nüch|tern 〈Adj.〉 (ugs. emotional verstärkend): *völlig nüchtern* (1).
Stock-Op|ti|on, die; -, -en engl. Ausspr. -s 〈meist Pl.〉, **Stock|op|ti|on**, die; -, -en, *bei engl. Ausspr.* -s 〈meist Pl.〉 ['stɔkɔpʃn̩, auch: …-ɔptsjo:n; engl. stock option = stock (³Stock) u. option = Option] (Wirtsch.): *Form der Mitarbeiterbeteiligung, bei der die Mitarbeiter(innen) berechtigt werden, Aktien des Unternehmens zu erwerben.*
Stock|ro|se, die: *Malve.*
stock|sau|er 〈Adj.〉 (salopp emotional verstärkend): *äußerst sauer* (3 b).

Stock|schirm, der: a) *Spazierstock mit eingearbeitetem Regenschirm;* b) *in der Länge nicht zusammenschiebbarer [Regen]schirm.*
Stock|schlag, der: *Schlag mit einem Stock.*
Stock|schla|gen, das; -s (Eishockey): *regelwidriges Schlagen mit dem ¹Stock* (10).
Stock|schnup|fen, der 〈o. Pl.〉: *Schnupfen mit starker Schwellung der Nasenschleimhaut, bei dem die Atmung durch die Nase sehr behindert ist.*
Stock|spit|ze, die: *[mit Metall beschlagene] Spitze eines Spazierstocks.*
stock|steif 〈Adj.〉 (ugs. emotional verstärkend): *von, in sehr gerader u. dabei steifer Haltung:* ein -er Gang; s. dasitzen; Ü -e Hamburger.
stock|taub 〈Adj.〉 (ugs. emotional verstärkend): *nicht das geringste Hörvermögen besitzend:* Beethoven war s.
Sto|ckung, die; -, -en: *das Stocken* (1, 2, 3).
Stock|werk, das: **1.** ²*Stock:* die oberen -e brannten aus. **2.** (Bergmannsspr.) *Gesamtheit aller in einer Ebene gelegenen Grubenbaue.*
Stock|zahn, der (bayr., österr., schweiz.): *Backenzahn:* * ◆ *auf den Stockzähnen lächeln (heimlich lächeln:* …mit den Augen blinzelnd und auf den Stockzähnen lächelnd [Keller, Kleider 13]).
Stoff, der; -[e]s, -e [wohl über das Niederl. aus afrz. estoffe (= frz. étoffe) = Gewebe; Tuch, Zeug, zu: estoffer (= frz. étoffer) = mit etw. versehen; ausstaffieren]: **1.** *aus Garn gewebtes, gewirktes, gestricktes, in Bahnen aufgerollt im Handel kommendes Erzeugnis, das bes. für Kleidung, [Haushalts]wäsche u. Innenausstattung verarbeitet wird:* ein [rein]wollener, [rein]seidener S.; ein leichter, schwerer, dicker, knitterfreier, weicher, gemusterter, karierter S.; ein S. aus Baumwolle; S. für ein Kleid, zu einem Kostüm; der S. liegt 90 breit; einen S. bedrucken, zuschneiden, weben, wirken; ein Anzug aus einem teuren S.; etw. mit S. bespannen, auskleiden, überziehen. **2.** a) *in chemisch einheitlicher Form vorliegende, durch charakteristische physikalische u. chemische Eigenschaften gekennzeichnete Materie; Substanz:* pflanzliche, synthetische, wasserlösliche, radioaktive, mineralische, ätzende, reine S.; Ü aus einem anderen, aus dem gleichen, aus härterem, edlerem S. gemacht, gebildet sein *(von anderer usw. Art sein);* R der S., aus dem die Träume sind (nach engl. We are such stuff as dreams are made on; [Shakespeare, Der Sturm IV, 1]); b) 〈o. Pl.〉 (Philos.) *Materie* (2 a); *Hyle.* **3.** 〈o. Pl.〉 (salopp) a) *Alkohol* (2 b): unser S. geht aus; wir haben keinen S. mehr; b) *Rauschgift:* jmdm. einen S. besorgen; c) *Benzin, Kraftstoff:* bleifreier S.; S.! *(schneller!; gib Gas!).* **4.** a) *etw., was die thematische Grundlage für eine künstlerische Gestaltung, wissenschaftliche Darstellung, Behandlung abgibt:* ein erzählerischer, dramatischer, frei erfundener, wissenschaftlicher S.; ein S. für eine/(selten:) zu einer Tragödie; als S. für ein Buch dienen; einen S. gestalten, bearbeiten, verfilmen; S. für einen neuen Roman sammeln; einen S. *(Unterrichtsstoff)* in der Schule durchnehmen; Es gibt Schriftsteller, die von einem S. gepackt werden (Musil, Mann 1606); b) *etw., worüber jmd. berichten, nachdenken kann, worüber man sich unterhalten kann:* der S. *(Gesprächsstoff)* ging ihnen aus; einer Illustrierten S. liefern; jmdm. viel S. zum Nachdenken geben.
Stoff|aus|tausch, der (Physik, Chemie): *Vorgang, bei dem Materie* (1 b) *zwischen verschiedenen Systemen, Aggregatzuständen o. Ä. ausgetauscht wird.*
Stoff|bahn, die: *Bahn* (4) *eines Stoffes* (1).
Stoff|bal|len, der: *zu einem Ballen aufgerollte Stoffbahn.*

Stoff|be|zeich|nung, die (Sprachwiss.): *Bezeichnung für einen Stoff (2a), eine Masse, ein Material.*

Stoff|druck, der ⟨o. Pl.⟩: *Druckverfahren, bei dem Farben auf Stoff (1) aufgebracht werden.*

Stof|fel, der; -s, - [eigtl. = Kosef. des m. Vorn. Christoph (die Legendengestalt wandelte sich im Volksglauben von einer riesigen zu einer ungeschlachten Gestalt)] (ugs. abwertend): *ungehobelte, etwas tölpelhafte männliche Person.*

stof|fe|lig, *stofflig* ⟨Adj.⟩ (ugs. abwertend): *ungehobelt.*

Stoff|fet|zen, Stoff-Fet|zen, der: *Fetzen (1a) aus Stoff.*

Stoff|fül|le, Stoff-Fül|le, die: **a)** *Fülle (1) von zu bewältigendem Lehr-, Unterrichtsstoff;* **b)** *Fülle, Reichtum des Themas, des Materials.*

Stoff|ge|biet, das: *einen bestimmten Lehrstoff umfassendes Gebiet.*

Stoff|ge|misch, das: *Gemisch (1).*

Stoff|hül|le, die: *Hülle (1a) aus Stoff (1).*

stoff|lich ⟨Adj.⟩: **1.** *den Stoff (4a) betreffend:* die -e Fülle war kaum zu bewältigen. **2.** *materiell (1):* die -e Seele. **3.** *den Stoff (1) betreffend:* -e Überreste.

Stoff|lich|keit, die; -, -en: **1.** ⟨o. Pl.⟩ *das Bestehen aus einer stofflichen Substanz, aus Materie* (1a). **2.** *stoffliche (1, 2) Beschaffenheit; etw. Materielles.*

stoff|lig: ↑ *stoffelig.*

Stoff|mus|ter, das: **1.** *Muster (3) auf einem Stoff* (1). **2.** *Muster (4) eines Stoffes (1).*

Stoff|pup|pe, die: *Puppe (1a) aus textilem Material.*

Stoff|rest, der ⟨Pl. -e, Kaufmannsspr. auch: -er u. (schweiz.:) -en⟩: *Rest eines Stoffballens; beim Zuschneiden übrig gebliebenes Stück Stoff (1).*

Stoff|samm|lung, die: *Sammlung von Stoff (4a).*

Stoff|ser|vi|et|te, die: *Serviette aus Stoff (1).*

Stoff|tier, das: *(als Kinderspielzeug hergestellte) Nachbildung eines Tieres aus textilem Material.*

Stoff|wech|sel, der ⟨Pl. selten⟩: *Gesamtheit der biochemischen Vorgänge in einem lebenden Organismus, in denen dieser zur Aufrechterhaltung seiner Funktionen Stoffe aufnimmt, chemisch umsetzt u. abbaut.*

Stoff|wech|sel|krank|heit, die: *auf Störungen des Stoffwechsels beruhende Krankheit.*

Stoff|wech|sel|pro|dukt, das ⟨meist Pl.⟩: *beim Stoffwechsel entstandener Stoff.*

Stoff|wech|sel|stö|rung, die: *Störung (2b) des Stoffwechsels.*

stöh|le: ↑ *stehlen.*

stöh|nen ⟨sw. V.; hat⟩ [mhd. (md.), mniederd. stenen = mühsam atmen, ächzen]: **a)** *bei Schmerzen, bei plötzlicher, starker seelischer Belastung od. bei Wohlbehagen o. Ä. mit einem tiefen, lang gezogenen Laut schwer ausatmen:* laut, leise, wohlig, vor Schmerz, Lust, Wut s.; sich stöhnend aufrichten; sie stöhnt bei ihm nur wenig; Ü alle stöhnen unter der Hitze *(leiden darunter u. klagen darüber);* **b)** *stöhnend (a) äußern:* etw. ins Mikrofon s.; »Muss das sein?«, stöhnte sie.

Sto|i|ker [auch: ˈst...], der; -s, - [lat. Stoicus < griech. Stoikós, zu: stoá, ↑ Stoa (1)]: **1.** *Angehöriger der Stoa.* **2.** *Vertreter des Stoizismus (1).* **3.** (bildungsspr.) *Mensch von stoischer Haltung:* der neue Trainer ist ein S.

Sto|i|ke|rin [auch: ˈst...], die; -, -nen: w. Form zu ↑ *Stoiker (2, 3).*

sto|isch [auch: ˈst...] ⟨Adj.⟩ [spätmhd. stoysch < griech. stōikós, zu: stoá, ↑ Stoiker]: **1. a)** *die Stoa betreffend, dazu gehörend:* die -e Philosophie; **b)** *den Stoizismus betreffend, dazu gehörend.* **2.** (bildungsspr.) *unerschütterlich;* gleichmütig, gelassen: eine -e Haltung, Ruhe; er ertrug alles s., mit -er Gelassenheit.

Sto|i|zis|mus [auch: st...], der; -: **1.** *von der Stoa ausgehende Philosophie u. Geisteshaltung, die bes. durch Gelassenheit, Freiheit von Neigungen u. Affekten, durch Rationalismus u. Determinismus gekennzeichnet ist.* **2.** (bildungsspr.) *unerschütterliche, gelassene Haltung; Gleichmut.*

Sto|la [ˈʃt..., ˈst...], die; -, ...len: **1.** *über einem Kleid o. Ä. getragenes, breites, schalartiges Gebilde, das um Schultern u. Arme gelegt wird:* eine S. aus Pelz tragen. **2.** *über der Tunika getragenes langes Gewand der römischen Matrone, das aus einem langen, in Falten um den Körper drapierten u. von Spangen zusammengehaltenen Stoffstreifen besteht.* **3.** [(mhd. stôl[e], ahd. stola <) lat. stola < griech. stolḗ = Rüstung, Kleidung, zu: stéllein = (mit Kleidern, Waffen) ausrüsten; fertig machen] (bes. kath. Kirche) *von Priester u. Diakon getragener Teil der liturgischen Bekleidung in Form eines langen, schmalen, mit Ornamenten versehenen Stoffstreifens.*

Stol|le, die; -, -n [mhd. stolle, ahd. stollo, eigtl. = Pfosten, Stütze, wohl zu ↑ *stellen*] (seltener): *Stollen (1).*

stol|len ⟨sw. V.; hat⟩ (Gerberei): *Leder nach der Gerbung u. Trocknung weich u. geschmeidig machen.*

Stol|len, der; -s, - [↑ *Stolle*]: **1.** *länglich geformtes Gebäck aus Hefeteig mit Rosinen, Mandeln, Zitronat u. Gewürzen od. einer Füllung aus Marzipan, Mohn o. Ä., das für die Weihnachtszeit gebacken wird:* einen S. backen. **2. a)** *unterirdischer Gang:* einen S. anlegen, ausmauern; einen S. in den Fels treiben; **b)** [schon mhd., viell. nach der Abstützung mit Pfosten] (Bergbau) *leicht ansteigender, von einem Hang in den Berg vorgetriebener Grubenbau.* **3. a)** *hochstehender, zapfenförmiger Teil des Hufeisens, der ein Ausgleiten verhindern soll;* **b)** *rundes Klötzchen, stöpselförmiger Teil aus Leichtmetall, Leder o. Ä. an der Sohle von Sportschuhen, der ein Ausgleiten verhindern soll:* neue S. einschrauben; die S. wechseln; Schuhe mit S. **4.** [die zweite Hälfte »stützt« den Abgesang] (Verslehre) *(im Meistersang) einer der beiden gleich gebauten Strophen des Aufgesangs.*

Stol|len|gang, der: *Stollen (2).*

stol|pern ⟨sw. V.; ist⟩ [Iterativbildung zu gleichbed. älter stolpen, stölpen, eigtl. = steif sein, gehen]: **1. a)** *beim Gehen, Laufen mit dem Fuß an eine Unebenheit, ein Hindernis stoßen, dadurch den freien Halt verlieren u. zu fallen drohen:* das Kind stolperte; über eine Schwelle, jmds. ausgestreckte Beine s.; über seine eigenen Füße *(mit einem Fuß über den anderen)* s.; **b)** *sich stolpernd (1a), ungeschickt, mit ungleichmäßigen Schritten irgendwohin bewegen:* sie stolperten durch die Dunkelheit; Ü durch die Welt s.; von einem Unglück ins nächste s.; Er stolperte von Entschluss zu Entschluss, bald so, bald anders (Frisch, Stiller 272). **2. a)** *über jmdn., etw. zu Fall kommen; an jmdm., etw. scheitern:* über eine Affäre s., über einen Paragrafen s.; die Mannschaft ist in der ersten Runde gestolpert; **b)** *etw. nicht verstehen u. deshalb länger als beabsichtigt dabei verweilen;* an etw. Anstoß nehmen: über einen Fachausdruck, eine Bemerkung s.; **c)** (ugs.) *jmdm. unvermutet begegnen, auf jmdn. stoßen:* im Urlaub stolperte ich über eine alte Bekannte.

Stol|per|stein, der: *Schwierigkeit, an der etw., jmd. leicht scheitern kann:* manchen S. aus dem Weg räumen.

stolz ⟨Adj.⟩ [mhd. stolz = prächtig; hochgemut, spätahd. stolz = hochmütig, urspr. wohl = steif aufgerichtet]: **1. a)** *von Selbstbewusstsein u. Freude über einen Besitz, eine [eigene] Leistung erfüllt; ein entsprechendes Gefühl zum Ausdruck bringend od. hervorrufend:* die -en Eltern; mit -er Freude; das war der -este Augenblick seines Lebens; auf einen Erfolg, auf seine Kinder s. sein; sie ist s., dass sie ihr Ziel erreicht hat; s. wie ein Pfau/wie ein Spanier *(in sehr aufrechter Haltung, selbstsicher u. hochgestimmt)* ging er an uns vorbei; **b)** *in seinem Selbstbewusstsein überheblich u. abweisend:* eine ganz s., ein -er Gang, Blick; er war zu s., um Hilfe anzunehmen; warum so s.? **2. a)** *imposant, stattlich:* ein -es Gebäude, Schiff, Schloss; Er kam an den Villen mit ihren verschnörkelten Eingängen vorbei. Hinter den alten, stabilen Mauern bemühten sich die Insassen um den Vollzug eines glücklichen Lebens, wie es der -en Aufmachung ihrer Häuser entsprach (Kronauer, Bogenschütze 189); **b)** (ugs.) *(im Hinblick auf Anzahl, Menge, Ausmaß) erheblich, beträchtlich; als ziemlich hoch empfunden; beeindruckend:* eine -e Summe, -e Zahl; ein -er Preis; -e 21 Prozent Gewinn.

Stolz, der; -es [zu ↑ *stolz*]: **a)** *ausgeprägtes, jmdm. von Natur mitgegebenes Selbstwertgefühl:* unbändiger, maßloser, beleidigter S.; sein [männlicher] S. verbietet ihm das; jmds. S. verletzen, brechen; einem gewissen S. besitzen; man hat eben auch seinen S. *(man ist sich für bestimmte Dinge zu schade);* überhaupt keinen S. haben, besitzen *(alles hinnehmen, mit sich machen lassen);* seinen [ganzen] S. darein setzen *(sich unter allen Umständen um etw. bemühen);* sich in seinem S. gekränkt fühlen; aus falschem S. *(Stolz am falschen Platz)* etw. ablehnen; **b)** *Selbstbewusstsein u. Freude über einen Besitz, eine [eigene] Leistung:* in ihm regte sich väterlicher, berechtigter S. auf seinen Sohn; jmds. [ganzer] S. sein, [ganzer] S. ausmachen *(das sein, darstellen, worauf jmd. besonders stolz ist);* etw. erfüllt jmdn. mit S.; etw. mit S., voller S. verkünden; von S. geschwellt sein.

stolz|ge|schwellt ⟨Adj.⟩: *von Stolz geschwellt:* mit -er Brust.

stol|zie|ren ⟨sw. V.; ist⟩ [mhd. stolzieren (stolzen) = stolz sein od. gehen]: *sich sehr wichtig nehmend einhergehen, gravitätisch irgendwohin gehen:* auf und ab s.; wie ein Hahn, Gockel s.

Sto|ma|to|lo|gie, die; - [↑-*logie*] (Med.): *Wissenschaft von den Krankheiten der Mundhöhle.*

Stomp [auch: st...], der; -[s] [engl. stomp, eigtl. = das Stampfen]: **1.** *afroamerikanischer Tanz.* **2.** *(im Jazz) melodisch-rhythmische Technik, bei der der fortlaufenden Melodie eine rhythmische Formel zugrunde gelegt wird.*

stoned [stoʊnd] ⟨Adj.⟩ [engl. stoned, zu: to stone = (sich) benebeln, gefühllos machen, zu: stone = Stein] (Jargon): *unter der Wirkung von Rauschmitteln stehend; durch Drogen im Rauschzustand:* die Stars waren alle s.

stone|washed [ˈstoʊnwɔʃt] ⟨Adj.⟩ [zu engl. stone = Stein u. to wash = waschen]: *(von Stoffen) mit kleinen Steinen vorgewaschen, damit Farbe u. Material so aussehen, als sei das Kleidungsstück nicht mehr neu:* s. Jeans.

stop [ʃt..., st...] ⟨Interj.⟩ [engl., zu: to stop, ↑ stoppen]: *halt!* (z. B. auf Verkehrsschildern, Drucktasten).

Stop-and-go-Ver|kehr [ˈstɔpənd goʊ...], der ⟨o. Pl.⟩ [engl. stop-and-go = (an)fahrend, dann wieder (an)haltend]: *Verkehr, der durch das nur langsame Vorwärtskommen der Fahrzeuge, die noch dazu häufig anhalten müssen, gekennzeichnet ist.*

Stopf|ei, das: *beim Stopfen (1) verwendete eiförmige, hölzerne Unterlage.*

stop|fen ⟨sw. V.; hat⟩ [mhd. stopfen, ahd. (bi-, ver)stopfōn = verschließen, wohl < mlat. stuppare = mit Werg verstopfen, zu lat. stuppa =

Werg, z. T. unter Einfluss von mhd. stopfen, ahd. stopfōn = stechen]: **1.** *ein Loch in einem Gewebe o. Ä. mit Nadel u. Faden ausbessern, indem es mit gitterartig verspannten Längs- u. Querfäden dicht ausgefüllt wird:* ein Loch in der Hose s.; die Socken waren schon an mehreren Stellen gestopft; gestopfte Strümpfe. **2.** *etw. [ohne besondere Sorgfalt] schiebend in etw. hineinstecken:* Sachen im den Koffer s.; er stopfte das Hemd in die Hose; sich Watte in die Ohren s.; das Kind stopft sich alles in den Mund; Ü die Kinder ins Auto s. **3. a)** *stopfend* (2) *mit einer Füllung versehen:* ein Kissen mit Daunen s.; ich stopfte mir eine Pfeife; Ü sich den leeren Bauch s.; der Saal war gestopft voll (ugs.; *war bis auf den letzten Platz gefüllt);* **b)** (Musik) *die Faust od. einen trichterförmigen Dämpfer in die Schallöffnung einführen, dadurch die Tonstärke vermindern u. zugleich die Tonhöhe heraufsetzen:* eine gestopfte Trompete. **4.** *eine Lücke o. Ä. mit etw. ausfüllen u. dadurch schließen; zustopfen:* ein Loch im Zaun, ein Leck mit Werg s.; Ü ein Loch im Etat s. *(ein Defizit beseitigen).* **5.** (Kochkunst) *(Geflügel, bes. Gänse) mit Mais o. Ä. zwangsweise mästen:* Geflügel s.; Ü sie wurde mit Eiern und Schinken gestopft. **6.** (fam.) ²*schlingen* (a): stopf nicht so! **7.** *die Verdauung hemmen:* Kakao stopft. **8.** (ugs.) *sättigend wirken, satt machen:* Brei stopft.
Stop|fen, der; -s, - (landsch.): **Stöpsel, Pfropfen.**
Stopf|garn, das: *Garn zum Stopfen* (1).
Stopf|na|del, die: *dickere Nadel zum Stopfen* (1).
Stopf|pilz, der: *beim Stopfen* (1) *verwendete pilzförmige, hölzerne Unterlage.*
Stop|over, Stop-over [ˈstɔpǀoʊvɐ, ...ǀoʊvɐ], der; -s, -s ‹engl. stopover›: *Zwischenlandung, Zwischenaufenthalt.*
stopp ‹Interj.› [Imperativ von ↑ stoppen] (ugs.): *halt!:* »Stopp!«, rief der Posten; s. [mal] *(Moment [mal]), das geht nicht!*
Stopp, der; -s, -s [Subst. von ↑ stopp]: **1. a)** *das Anhalten aus der Bewegung heraus:* beim S. an der Box einen Reifen wechseln; **b)** *Unterbrechung, vorläufige Einstellung:* ein S. für den Import von Butter. **2.** (Badminton, Tischtennis) *Stoppball.*
Stopp|ball, der (Badminton, Tennis, Tischtennis): *Ball, der so gespielt wird, dass er unmittelbar hinter dem Netz aufkommt* [u. *kaum springt*].
¹**Stop|pel,** die; -, -n [aus dem Niederd. < mniederd.-md. stoppel, wohl < spätlat. stupula < lat. stipula = (Stroh)halm]: **1.** ‹meist Pl.› *nach dem Mähen stehen gebliebener Rest des [Getreide]halms:* die -n umpflügen. **2.** ‹o. Pl.› (selten) *Gesamtheit der Stoppeln; Stoppelfeld.* **3.** ‹meist Pl.› (ugs.) *Bartstoppel:* die -n kratzen.
²**Stop|pel,** der; -s, -[u] ‹mundartl. Vkl. von ↑ Stopfen› (österr.): *Stöpsel* (1).
Stop|pel|acker, der: *Stoppelfeld.*
Stop|pel|bart, der (ugs.): *nachwachsende Bartstoppeln.*
stop|pel|bär|tig ‹Adj.›: *einen Stoppelbart tragend; unrasiert:* ein -er Mann; ein -es Kinn.
Stop|pel|feld, das: *abgemähtes [Getreide]feld mit stehen gebliebenen Stoppeln.*
Stop|pel|haar, das ‹o. Pl.›: *sehr kurz geschnittenes Haar* (2 a).
stop|pel|haa|rig ‹Adj.›: *sehr kurzhaarig* (b): ein -er Junge.
stop|pe|lig ‹Adj.›, **stopplig** ‹Adj.›: *mit Stoppelhaaren bedeckt:* ein -es Kinn.
stop|peln ‹sw. V.; hat›: **1.** [eigtl. = auf einem Stoppelfeld Ähren auflesen] (landsch.) *auf abgeernteten Feldern übrig gebliebene Früchte, bes. Kartoffeln, auflesen:* Sirup aus selbst gestoppelten Kartoffeln kochen. **2.** (seltener) *zusammen-*

stoppeln. **3.** (österr.) *nach Kork riechen [beim Wein].*
Stop|pel|zie|her, der; -s, - (österr.): *Korkenzieher.*
stop|pen ‹sw. V.; hat› [aus dem Niederd., Md. < mniederd. stoppen, niederd. Form von ↑ stopfen; beeinflusst von engl. to stop = anhalten]: **1. a)** *anhalten* (1 a) *[u. am Weiterfahren hindern]:* ein Auto, ein Schiff s.; die Maschinen wurden gestoppt *(zum Stillstand gebracht, abgestellt);* eine Reisegruppe an der Grenze s.; sie konnten die Verfolger, den Feind s.; einen Spieler s. (Sport; *am Angreifen, Durchbrechen hindern);* den Ball, die Scheibe s. (Fußball, [Eis]hockey; *annehmen u. unter Kontrolle bringen, sodass der Ball, die Scheibe nicht wegspringt);* Ü er war nicht zu s. *(in seinem Redefluss zu bremsen);* **b)** *dafür sorgen, dass etw. aufhört, nicht weitergeht; zum Stillstand kommen lassen; einen Fortgang, eine Weiterentwicklung aufhalten:* der Polizist stoppt den Verkehr; seine Zahlungen, die Produktion s.; eine alarmierende Entwicklung s. **2.** *in seiner Vorwärtsbewegung innehalten; seine Fahrt o. Ä. unterbrechen, nicht fortsetzen; anhalten:* das Auto stoppte an der Kreuzung; der Fahrer konnte nicht mehr s.; Ü stopp mal! (ugs.; *halte einen Augenblick inne!);* der Angriff stoppte *(kam nicht voran).* **3. a)** *mit der Stoppuhr, mit einem elektronischen Zeitmesser messen:* die Zeit s.; **b)** *mithilfe einer Stoppuhr, eines elektronischen Zeitmessers die Geschwindigkeit (mit der sich etw., jmd. bewegt, die der etw. vor sich geht) ermitteln:* einen Lauf, einen Läufer s.; **c)** *als Ergebnis eines Stoppens* (3 a, b) *erhalten:* ich habe 11 Sekunden gestoppt.
Stop|per, der; -s, -: **1.** (Fußball) *Spieler, der in der Mitte der Abwehr spielt.* **2.** (Seew.) *Haltevorrichtung für ein Tau, eine Ankerkette.* **3.** *(vorne am Rollschuh angebrachte) Platte, runder Klotz aus Hartgummi o. Ä., der zum Stoppen dient.*
Stop|pe|rin, die; -, -nen: w. Form zu ↑ Stopper (1).
Stop|ping [ˈstɔpɪŋ], das; -s, -s [engl. stopping, eigtl. = das Anhalten, zu: to stop, ↑ stoppen] (Pferdesport): *unerlaubtes Verabreichen von Mitteln, die das Leistungsvermögen von Rennpferden herabmindern.*
Stopp|licht, das ‹Pl. ...lichter›: *Bremslicht.*
stopp|lig: ↑ stoppelig.
Stopp|schild, das: *Verkehrsschild mit der Aufschrift »STOP«, das das Halten von Fahrzeugen an einer Kreuzung, Einmündung vor der Weiterfahrt vorschreibt.*
Stopp|sig|nal, das: *Signal, das das Stoppen des Fahrzeugs fordert.*
Stopp|straße, die: *Straße, an deren Einmündung in eine andere bevorrechtigte Straße Fahrzeuge vor der Weiterfahrt halten müssen.*
Stopp|uhr, die ‹LÜ von engl. stopwatch›: *Uhr, deren Uhrwerk durch Druck auf einen Knopf in Bewegung u. zum Halten gebracht wird, wobei kürzeste Zeiten gemessen werden können.*
Stöp|sel, der; -s, - [aus dem Niederd., Substantivbildung zu ↑ stoppen]: **1.** *runder od. zylinderförmiger Gegenstand aus härterem Material zum Verschließen einer Öffnung:* der S. sitzt fest; den S. aus der Wanne, dem Waschbecken ziehen; ...Flakons und Tiegelchen aus Kristall mit geschliffenen -n aus Bernstein... (Süskind, Parfum 61). **2.** (Elektrot.) *[Bananen]stecker:* den S. in die Buchse stecken. **3.** (ugs. scherzh.) *kleiner [dicker] Junge:* ein frecher S.
stöp|seln ‹sw. V.; hat›: **1. a)** *mit einem Stöpsel* (1) *verschließen:* den Abfluss s.; **b)** *wie einen Stöpsel in etw. hineinstecken:* den Schlüssel in das Zündschloss s.; den Stecker in die Dose s. **2.** (Elektrot. früher) *(eine Telefonverbindung) durch Handvermittlung herstellen.*

Stop|time [...taɪm], die; - ‹engl. stop time, aus stop = das Halten u. time = Zeit; Takt]: *rhythmische Technik, die im plötzlichen Abbruch des Beat besteht (in der afroamerikanischen Musik).*
Stör, der; -[e]s, -e [mhd. stör(e), stür(e), ahd. stur(i)o, H. u.]: *(vorwiegend im Atlantik u. seinen Nebenmeeren lebender, zum Laichen in die Flüsse aufsteigender) größer, auf dem Rücken blaugrau, auf der Unterseite weißlich gefärbter Fisch.*
Stör|ak|ti|on, die: *einen normalen Ablauf störende Aktion* (1).
stör|an|fäl|lig ‹Adj.›: *(als Erzeugnis der Technik) gegen Störungen anfällig; sehr empfindlich reagierend u. aufgrund von Mängeln öfter nicht mehr funktionstüchtig:* ein -es Gerät; die -e Elektronik; Ü die Wirtschaft des Landes erweist sich als s.
Stör|an|fäl|lig|keit, die: *das Störanfälligsein:* die S. von Atomkraftwerken.
Sto|rax: ↑ Styrax.
Storch, der; -[e]s, Störche [mhd. storch(e), storc, ahd. stor(a)h, eigtl. = der Stelzer, nach dem steifen Gang]: *(bes. in ebenen, feuchten Gegenden lebender) größerer, schwarz u. weiß gefiederter Stelzvogel mit langem Hals, sehr langem, rotem Schnabel u. langen, roten Beinen, der oft auf Hausdächern nistet:* ein schwarzer, weißer S.; der S. klappert mit dem Schnabel; bei ihnen war der S. (fam. scherzh.; ↑ Klapperstorch); der S. (Klapperstorch) bringt die Kinder; *wie ein S. im Salat [gehen o. Ä.] (ugs. scherzh.; steifbeinig, ungelenk [gehen o. Ä.]);* **der S. hat sie ins Bein gebissen** (fam. scherzh. veraltend: 1. *sie erwartet ein Kind.* 2. *sie hat ein Kind bekommen);* **da/jetzt brat mir einer einen S.!** (ugs. Ausdruck der Verwunderung).
Storch|bein, das (ugs. scherzh.): *langes, sehr dünnes Bein.*
storch|bei|nig ‹Adj.›: *den Beinen eines Storchs ähnlich; Storchbeine habend:* ein -es Kind; s. gehen.
stor|chen ‹sw. V.; ist› (ugs. scherzh.): *steifbeinig mit langen Schritten gehen:* über den Gang s.
Stor|chen|biss, der: *angeborenes blassrotes od. bläuliches Mal im Nacken von Neugeborenen.*
Stor|chen|gang, der: *der Gangart eines Storchs ähnlicher, stelzender Gang mit hochgezogenen Beinen u. langen Schritten.*
Stor|chen|nest: ↑ Storchnest.
Stor|chen|paar, das: *ein Paar* (1 b) *Störche:* auf dem Schornstein nistet ein S.
Stor|chen|schna|bel, der: *Storchschnabel* (1).
Stör|chin, die; -, -nen: w. Form zu ↑ Storch.
Störch|lein, das; -s, -: Vkl. zu ↑ Storch.
Storch|nest, das, **Storchennest,** das: *Nest des Storchs.*
Storch|schna|bel, der: **1.** *Schnabel des Storchs.* **2.** [mhd. storcksnabel, ahd. storkessnabul] *(in vielen Arten vorkommende) Pflanze mit meist handförmigen Blättern, bläulichen od. rötlichen, strahligen Blüten u. Früchten, die dem Schnabel eines Storchs erinnern.* **3.** *Gerät zum Vergrößern od. Verkleinern von Zeichnungen.*
Stör|dienst, der: *für Störungen zuständiger Dienst* (2), *zuständige Dienststelle.*
Store [ʃtoːɐ̯, sto:ɐ̯, schweiz.: ˈʃtoːrə], der; -s, -s, schweiz. meist: die; -, -n [frz. store = Rollvorhang < ital. stuora, stuoia < lat. storea = Matte]: *die Fensterfläche in ganzer Breite bedeckender, durchscheinender Vorhang:* ein weißer, duftiger S.; die -s vor-, zuziehen.
Sto|ren, der; -s, - (schweiz.): **1.** *Store; Rouleau, Jalousette.* **2.** *aufrollbares schräges Sonnendach; Markise.*
stö|ren ‹sw. V.; hat› [mhd. stœren, ahd. stōr(r)en, urspr. = verwirren, zerstreuen, vernichten, H. u.]: **1.** *jmdn. aus seiner Ruhe od. aus einer*

Tätigkeit herausreißen, einen gewünschten Zustand od. Fortgang unterbrechen: einen Schlafenden s.; jmdn. bei der Arbeit, in einem Vorhaben s.; jmds. Ruhe, den Unterricht s.; sich nicht [durch etw.] s. lassen; vor Tagesanbruch nicht gestört werden wollen; sich durch jmdn., etw. [in seiner Ruhe] gestört fühlen; durch das ständige Kommen und Gehen dauernd gestört werden; bitte, lassen Sie sich nicht s. *(durch meine Anwesenheit irgendwie irritieren);* ⟨auch ohne Akk.-Obj.:⟩ störe ich [sehr]?; ich weiß nicht, ob wir jetzt s. dürfen; entschuldigen Sie bitte, dass/wenn ich störe. **2.** *nachhaltig beeinträchtigen, zu zerstören, zunichtezumachen drohen:* die Leitung, den Empfang s.; das würde unser Vertrauensverhältnis, die Harmonie nur s.; die guten Beziehungen zu den Nachbarländern sollten nicht gestört werden; Sicherheit und Ordnung wurden dadurch gestört. **3.** *jmds. Vorstellungen, Wünschen o. Ä. zuwiderlaufen u. ihm deshalb missfallen:* die Enge des Raumes störte ihn; es störte sie sehr, dass/wenn man die Form nicht wahrte; das soll mich nicht weiter s. *(beunruhigen, kümmern).* **4.** ⟨s. + sich⟩ (ugs.) *sich an etw. stoßen; an etw. Anstoß nehmen:* sich an jmds. Anwesenheit, an den Autos s.

Stö|ren|fried, der; -[e]s, -e [Satzwort, eigtl. = (ich) störe den Fried(en)]: *jmd., der die Eintracht, die Ruhe u. Ordnung stört:* einen S. hinauswerfen, verscheuchen, loswerden.

Stö|rer, der; -s, -: *jmd., der stört* (1, 2).

Stö|re|rei, die; -, -en (abwertend): *[dauerndes] Stören* (1, 2).

Stö|re|rin, die; -, -nen: w. Form zu ↑ Störer.

Stör|fak|tor, der: *Faktor, durch den jmd., etw. gestört wird:* ein ständiger S.

Stör|fall, der: *Störung in einem Atomkraftwerk.*

Stör|feu|er, das (Militär): *unregelmäßiges Artilleriefeuer, durch das der Gegner in seinen militärischen Handlungen gestört werden soll:* Ü der Rede wurde als S. angesehen.

Stör|fre|quenz, die: *ein Störgeräusch o. Ä. verursachende Frequenz.*

Stör|ge|räusch, das: *den Empfang störendes Geräusch in einer Leitung, einem Rundfunkgerät o. Ä.*

Stör|ma|nö|ver, das: *der Störung dienendes Manöver.*

Stor|ni: Pl. von ↑ Storno.

stor|nie|ren [ʃt..., st...] ⟨sw. V.; hat⟩ [ital. stornare = rückgängig machen]: (Kaufmannsspr., Bankw.) *eine unrichtige Buchung durch Einsetzen des Betrags auf der Gegenseite aufheben, rückbuchen:* die Bank hat die irrtümliche Gutschrift storniert. **2.** (Kaufmannsspr.) *einen Auftrag rückgängig machen:* eine Bestellung s.

Stor|nie|rung, die; -, -en (Kaufmannsspr., Bankw.): **1.** *das Stornieren* (1); *Stornobuchung.* **2.** *das Stornieren* (2): die S. von Aufträgen.

Stor|no, der od. das; -s, ...ni [ital. storno, eigtl. = Ablenkung, zu: stornare, ↑ stornieren] (Kaufmannsspr., Bankw.): *Stornobuchung.*

Stor|no|bu|chung, die; -, -en (Kaufmannsspr., Bankw.): *das Stornieren* (1); *Rückbuchung.*

stör|risch ⟨Adj.⟩ [zu mundartl. Storren = Baumstumpf, mhd. storre, ahd. storro, zu ↑ starren, also eigtl. = starr wie ein Baumstumpf]: *sich eigensinnig, starrsinnig widersetzend od. eine entsprechende Haltung erkennen lassend:* ein -es Kind; ihre Haare sind s.; -e Wolle; wie ein [Maul]esel (ugs. *sehr störrisch);* s. schweigen.

Stör|risch|keit, die; -, -en: *störrische Art; störrisches Verhalten.*

Stör|sen|der, der: *Sender, der systematisch den Empfang anderer Rundfunksender stört.*

stör|si|cher ⟨Adj.⟩: *sicher vor Störungen:* -e Relais.

Stör|si|g|nal, das (Nachrichtent.): *Signal, das die Erkennbarkeit einer Nachricht beeinträchtigt.*

Stör|trupp, der: *Gruppe von Personen, die Störaktionen durchführt.*

Stö|rung, die; -, -en [mhd. stœrunge]: **1.** *das Stören* (1); *das Gestörtwerden* (1): eine kurze, kleine, nächtliche S.; häufige -en bei der Arbeit; bitte entschuldigen Sie die S.! **2.** a) *das Stören* (2); *das Gestörtwerden* (2): eine S. des Gleichgewichts; die S. von Ruhe und Ordnung; die Sache verlief ohne S.; b) *das Gestörtsein* (2) *u. dadurch beeinträchtigte Funktionstüchtigkeit:* gesundheitliche, nervöse -en; eine technische S. beheben, beseitigen; die Sendung fiel infolge einer S. aus; c) (Meteorol.) *[wanderndes] Tiefdruckgebiet:* atmosphärische -en; die -en greifen auf Osteuropa über.

stö|rungs|frei ⟨Adj.⟩ (bes. Technik): *frei von Störungen* (2 b): s. funktionieren.

Stö|rungs|stel|le, die: *für Störungen im Fernsprechverkehr zuständige Abteilung einer Telefongesellschaft.*

Sto|ry ['stɔːri, 'stɔri], die; -, -s [engl. story < afrz. estoire < lat. historia, ↑ Historie]: **1.** *den Inhalt eines Films, Romans o. Ä. ausmachende Geschichte:* eine spannende, romantische, effektvoll arrangierte S.; der Film hat keine S.; Und mir schien es auch noch an anderen Beispielen, dass meine Gesprächspartner Bücher etwas danach beurteilten, ob ihnen ihre S. sympathisch war (Koeppen, Rußland 104). **2.** (ugs.) a) *ungewöhnliche Geschichte, die sich zugetragen haben soll:* eine tolle S.; glaubst du diese S. etwa?; b) *Bericht, Report:* eine S. über einen Parteitag schreiben; der Reporter sucht eine S. *(etw., worüber er schreiben kann).*

Sto|ry|board ['stɔːribɔːd], das; -s, -s [engl. storyboard, eigtl. = Storytafel, zu: board = Brett, Tafel]: *Darstellung der Abfolge eines Films in Einzelbildern zur Erläuterung des Drehbuchs.*

Stoß, der; -es, Stöße [mhd., ahd. stoz, zu ↑ stoßen]: **1.** a) *[gezielte] schnelle Bewegung, die in heftigem Anprall auf jmdn., etw. trifft:* ein leichter, heftiger, kräftiger S. mit dem Kopf; jmdm. einen S. in die Seite, vor den Magen, gegen die Schulter geben; dem Reifen einen S. mit dem Fuß versetzen; ***jmdm. einen S. versetzen** *(jmdn. plötzlich stark erschüttern u. unsicher machen);* b) (Leichtathletik) *das Stoßen der Kugel:* er hat noch zwei Stöße; die Britin tritt zu ihrem letzten S. an. **2.** *Schlag, Stich mit einer Waffe:* einen S. parieren, auffangen; den ersten, den entscheidenden S. führen. **3.** *ruckhaft ausgeführte Bewegung beim Schwimmen, Rudern, sodass S. schwimmen; mit kräftigen Stößen rudern. **4.** a) *stoßartige, rhythmische Bewegung:* die Stöße der Wellen; in tiefen, flachen, keuchenden Stößen atmen; b) Kurzf. von ↑ Erdstoß. **5.** *aufgeschichtete Menge; Stapel:* ein S. [von] Zeitungen, Akten, Karten; sie schichteten das Brennholz in Stößen zu einem S. auf. **6.** (Militär) *einzelne offensive Kampfhandlung:* den S. des Feindes auffangen.

stoß|ar|tig ⟨Adj.⟩: *von, in der Art eines Stoßes* (1 a) *ausgeführt.*

Stoß|be|trieb, der (o. Pl.): vgl. Stoßverkehr.

Stöß|chen, das; -s, -: Vkl. zu ↑ Stoß.

Stoß|dämp|fer, der (Kfz-Technik): *Vorrichtung, die die durch Bodenunebenheiten entstehenden Schwingungen dämpfen soll.*

Stö|ßel, der; -s, - [mhd. stœʒel, ahd. stōʒil]: **1.** *kleiner, stabähnlicher, unten verdickter u. abgerundeter Gegenstand zum Zerstoßen, Zerreiben von Substanzen (z. B. im Mörser).* **2.** (Technik) *zylinderförmiges Bauteil zur Übertragung von stoßartigen Bewegungen von einem Maschinenelement auf ein anderes.*

stoß|emp|find|lich ⟨Adj.⟩: *empfindlich gegen Stöße:* ein -es Messgerät.

sto|ßen ⟨st. V.⟩ [mhd. stōʒen, ahd. stōʒan]: **1.** ⟨hat⟩ a) *in [gezielter] schneller Bewegung [mit etw.] auf jmdn., etw. auftreffen:* jmdm. mit dem Fuß s.; jmdn./jmdm. in die Seite s.; er stieß mit der Faust an, gegen die Scheibe; der Stier stieß mit den Hörnern nach ihm; b) *mit kurzer, heftiger Bewegung eindringen lassen; mit kurzer, heftiger Bewegung in etw. stecken, hineintreiben:* jmdm. ein Messer in die Rippen s.; sie stieß sich einen Dolch in die Brust; Bohnenstangen in die Erde s.; c) *durch Stoßen* (1 a) *in etw. hervorbringen:* ein Loch in die Scheibe s.; d) *mit einem Stoß* (1 a) *von einer Stelle weg-, irgendwohin bewegen:* jmdn. aus dem Zug, ins Wasser, von der Leiter, zur Seite s.; sie stieß ihn von sich; die Kugel mit dem Queue s.; er hat die Kugel 20 Meter [weit] gestoßen; Ü jmdn. aus der Gemeinschaft s.; man hat ihn vom Thron gestoßen *(ihn abgesetzt);* die Eltern haben den Sohn von sich gestoßen (geh.; *haben ihn verstoßen);* jmdn. auf etw. s. *(deutlich auf etw. hinweisen);* Und nun wollte er den gewalttätige Bischof von Chur ihres Wittums berauben und sie und die armen Waisen in Not und Elend s. (Feuchtwanger, Herzogin 35). **2.** a) ⟨ist⟩ *in einer schnellen Bewegung unbeabsichtigt kurz u. heftig auf jmdn., etw. auftreffen, mit jmdm., etw. in Berührung kommen:* gegen jmdn. s.; mit dem Kopf an die Decke s.; b) ⟨s. + sich; hat⟩ *in einer schnellen Bewegung unbeabsichtigt mit einem Körperteil kurz u. heftig auf jmdn., etw. auftreffen, sodass es schmerzt:* pass auf, dass du dich nicht stößt!; sich an der Tischkante s.; ich habe mich [am Kopf] gestoßen; ich habe mir im Dunkeln an der Tür den Kopf [blutig] gestoßen; sich an der Stirn eine Beule s. *(sich die Stirn stoßen u. eine Beule bekommen).* **3.** ⟨ist⟩ a) *jmdm. unvermutet begegnen:* auf alte Bekannte s.; b) *unvermutet finden, entdecken, auf etw. treffen:* auf Erdöl s.; beim Aufräumen auf alte Fotos s.; die Polizei stieß auf eine heiße Spur; Ü ihr Plan stieß auf Interesse; sie stieß mit ihrem Plan auf Ablehnung, Kritik, Unverständnis. **4.** ⟨ist⟩ *sich anschließen, sich mit etw. vereinigen:* zur Gruppe, zu den Rebellen s. **5.** ⟨ist⟩ *direkt auf etw. zuführen:* die Straße stößt auf den Marktplatz. **6.** ⟨hat⟩ *an etw. angrenzen:* sein Zimmer stößt an das der Eltern; das Grundstück stößt unmittelbar an den Wald. **7.** ⟨s. + sich; hat⟩ *etw. als unangebracht od. unangemessen empfinden u. Unwillen darüber verspüren; an etw. Anstoß nehmen:* sich an jmds. Sprache, Benehmen s. **8.** ⟨ist⟩ (Jägerspr.) *sich in steil nach unten gerichtetem Flug auf ein Tier stürzen:* der Habicht stößt auf seine Beute. **9.** ⟨hat⟩ *eine körnige o. ä. Substanz zerstoßen, zerkleinern:* Zimt [zu Pulver] s.; gestoßener Pfeffer. **10.** ⟨hat⟩ a) *sich als Fahrzeug unter ständiger Erschütterung fortbewegen:* der Wagen stößt auf der schlechten Wegstrecke; b) *in Stößen* (4 a) *erfolgen:* der Wind stößt (weht in Stößen); mit stoßendem Atem sprechen. **11.** ⟨hat⟩ *jmdn. [stoßweise] heftig erfassen:* in Schluchzen stieß sie. **12.** ⟨hat⟩ (veraltend) *kurz u. kräftig in etw. blasen:* der Wächter stieß dreimal ins Horn. **13.** ⟨hat⟩ (ugs.) *jmdm. etw. unmissverständlich zu verstehen geben:* ich habe ihr das gestern gestoßen. **14.** ⟨hat⟩ (salopp) *(vom Mann) koitieren:* die Freundin s. **15.** ⟨hat⟩ a) (schweiz.) *(ein Fahrzeug, z. B. Fahrrad) schieben;* b) (schweiz.) *(ein Auto) anschieben;* c) (Aufschrift an Türen): Bitte s.!

sto|ßend ⟨Adj.⟩ (schweiz.): *Anstoß, Unwillen erregend, das Gerechtigkeitsempfinden verletzend:* -e Unterschiede; eine Verurteilung wäre s. gewesen.

Stoßfänger – strafen

Stoß|fän|ger, der (Kfz-Technik): Stoßstange.
stoß|fest ⟨Adj.⟩: *unempfindlich gegen Stöße* (1 a): *eine -e Lackierung; das Gehäuse ist s.*
Stoß|ge|bet, das: *(bei plötzlich auftretender Gefahr) eilig hervorgestoßenes kurzes Gebet:* ein S. zum Himmel senden, schicken.
Stoß|ge|schäft, das ⟨Pl. selten⟩: vgl. Stoßverkehr.
♦ **Stoß|klin|ge**, die: *Stoßdegen:* Ich führe die S. ..., wie wenige und kenne die hohe Fechtschule aus dem Fundament (C. F. Meyer, Amulett 9).
Stoß|kraft, die: **1.** *Kraft eines Stoßes* (1 a): Stoßkräfte auffangen. **2.** ⟨o. Pl.⟩ *vorwärtsdrängende Kraft:* eine starke politische S.; die S. einer Idee; neue S. entwickeln, gewinnen.
stoß|lüf|ten ⟨sw. V.; nur im Inf. und Part. II gebr.⟩: *kräftiges Lüften durch weites Öffnen von Fenstern [und Türen] für kurze Zeit:* um Schimmel zu vermeiden, sollte mehrmals täglich stoßgelüftet werden; ⟨subst.:⟩ Stoßlüften ist besser als Dauerlüften.
Stoß|rich|tung, die: *Richtung, in die ein Angriff, gegnerisches Vorgehen zielt:* die S. beinahe aller Kritiken war, dass der Film zu lang sei; Ü die S. *(Zielsetzung)* einer Kampagne, Reform.
Stoß|seuf|zer, der: *seufzend hervorgebrachte Äußerung, die eine Klage, ein Bedauern, einen vergeblichen Wunsch o. Ä. ausdrückt:* einen S. von sich geben; ♦ Du hast jetzt noch Zeit, für deine Rettung viele Ave Maria zu sprechen ... überwiede dich ... Nur einen S. *(ein Stoßgebet?)* vor dem Einschlafen (C. F. Meyer, Amulett 47).
stoß|si|cher ⟨Adj.⟩ (bes. Technik): stoßfest.
Stoß|stan|ge, die: *an einem Kraftfahrzeug vorn u. hinten angebrachtes Kunststoff-, früher Blechteil zum Schutz der Karosserie bei leichten Stößen* (1 a): S. an S. *(ganz eng)* stehen.
stößt: ↑ stoßen.
Stoß|trupp, der (Militär): *besonders ausgerüstete kleine Kampfgruppe für die Durchführung von Sonderaufgaben:* einen S. bilden, zusammenstellen.
Stoß|ver|kehr, der ⟨o. Pl.⟩: *sehr starker Verkehr zu einer bestimmten [Tages]zeit.*
Stoß|waf|fe, die: *Waffe, die stoßend geführt wird* (z. B. Florett, Degen, Säbel).
stoß|wei|se ⟨Adv.⟩: **1.** *in Stößen* (4 a); *in Abständen ruckartig einsetzend u. nach kurzer Zeit wieder abebbend, schwächer werdend:* ihr Atem ging s.; s. auftretende Schmerzen; ⟨mit Verbalsubstantiven auch attr.:⟩ eine s. Atmung. **2.** *in Stößen* (5): im Keller lagen s. alte Zeitungen; sie trugen die Wäsche s. hinaus; ⟨mit Verbalsubstantiv auch attr.:⟩ die s. Abarbeitung der Akten.
Stoß|wel|le, die (Physik): *sich räumlich ausbreitende, abrupte, aber stetige Veränderung von Dichte, Druck u. Temperatur bes. in Gasen.*
Stoß|zahn, der: *starker, oft leicht geschwungener, nach oben od. unten gerichteter Schneidezahn (bes. im Oberkiefer von Rüsseltieren):* die Stoßzähne des Elefanten.
Stoß|zeit, die: **a)** *Zeit des Stoßverkehrs; Hauptverkehrszeit, Rushhour;* **b)** *Zeit des Stoßbetriebs:* -en in den Postfilialen.
Stot|te|rei, die; -, -en: **1.** ⟨o. Pl.⟩ *[dauerndes] Stottern.* **2.** *gestotterte, stockend vorgebrachte Äußerung.*
Stot|te|rer, Stottrer, der; -s, -: *jmd., der stottert.*
stot|te|rig, stottrig ⟨Adj.⟩: *stotternd, stockend.*
Stot|te|rin, die; -, -nen: w. Form zu ↑ Stotterer.
stot|tern ⟨sw. V.; hat⟩ [aus dem Niederd. < mniederd. stoter(e)n, Iterativbildung zu stöten = stoßen, eigtl. = wiederholt mit der Zunge beim Sprechen anstoßen]: **a)** *stockend u. unter häufiger, krampfartiger Wiederholung einzelner Laute u. Silben sprechen:* stark s.; vor Aufregung, Verlegenheit s.; ⟨subst.:⟩ ins Stottern kommen; Ü der Motor stottert (ugs.; *läuft ungleichmäßig*); * **auf Stottern** (ugs.; *auf Raten*); **b)** *(aus*

Verlegenheit o. Ä.) stockend vorbringen, sagen; stammeln: eine Ausrede, Entschuldigung, Lüge s.; er stotterte, es tue ihm leid.
Stott|rer, der: ↑ Stotterer.
stott|rig ⟨Adj.⟩: ↑ stotterig.
Stotz, der; -es, -e (landsch.): **1.** [spätmhd. stotze, verw. mit ↑¹Stock] *[Baum]stumpf.* **2.** [eigtl. = aus einem Stotz (1) gearbeitetes Gefäß] *Bottich, Waschtrog.*
Stot|zen, der; -s, - (schweiz.): *Hinterschenkel des geschlachteten Tieres; Keule.*
stot|zig ⟨Adj.⟩ [alemann. stotzig = steil, zu: Stotz[e] = Hügel, Abhang] (bes. südwestd., schweiz.): *steil:* der Weg war s.
Stout [staʊt], der; -[s], -s [engl. stout, aus dem Germ.]: engl. Bez. für ein stark gehopftes, dunkles, obergäriges Bier mit hohem Alkoholgehalt.
Stöv|chen, (seltener:) **Stov|chen**, das; -s, - [Vkl. von mniederd. stove, eigtl. = (beheizte) Badestube]: *kleiner Untersatz mit einer Kerze, auf dem etw. warm gehalten werden kann.*
StPO = Strafprozessordnung.
Str. = Straße.
stra|ban|zen usw.: ↑ strawanzen usw.
Stra|bis|mus [ʃt..., st...], der; - [griech. strabismós, zu: strabízein = schielen, zu: strabós = schielend] (Med.): *das Schielen* (1).
¹**Strac|cia|tel|la** [stratʃaˈtɛla], die; - [-s] [ital. stracciatella, zu: stracciare = zerreißen, zerfetzen]: *Milcheis mit Schokoladestückchen.*
²**Strac|cia|tel|la**, die; -, ...le: *italienische Suppe mit einer aus Eiern, Mehl u. Wasser hergestellten Einlage* (3).
strack ⟨Adj.⟩ [mhd., ahd. strac]: **1.** (landsch.) *gerade, straff, steif:* -es Haar; s. gehen. **2.** (westmd.) *faul, bequem:* sei nicht so s., hilf mir lieber! **3.** (landsch. ugs.) *stark betrunken.*
♦ **sträck|lich** ⟨Adv.⟩: **a)** *geradewegs:* Fleuch Lanze, voran! Fleuch s. (Bürger, Neuseeländisches Schlachtlied); **b)** *sofort; unbedingt; schleunigst:* ... es geht ihr auf, dass sie nur ... einige Hauptmaximen ... ernst und s. befolgen müsse (Goethe, Wanderjahre II, 7).
♦ **sträck|lings** ⟨Adv.⟩: *auf dem kürzesten Wege, schnurstracks:* ... ich flog s. dem Orte zu, wo ein so alter Anfänger mit einiger Schicklichkeit seine ersten Übungen anstellen konnte (Goethe, Dichtung u. Wahrheit 6).
stracks ⟨Adv.⟩ [mhd. strackes, erstarrter Genitiv von: strac, ↑ strack]: **a)** *geradewegs; auf dem kürzesten, schnellsten Weg, ohne Umweg, direkt:* s. zur obersten Kneipe eilen; **b)** *sofort, ohne Verzug, Verzögerung:* s. melden.
Strad|dle [ˈstrɛdl], der; -[s], -s [engl. straddle = das Spreizen] (Leichtathletik): *Wälzsprung.*
Stra|di|va|ri [st...], die; -, -[s]: *Geige aus der Werkstatt des italienischen Geigenbauers A. Stradivari (etwa 1644–1737).*
Straf|ak|ti|on, die: *Aktion* (1), *mit der jmd. bestraft werden soll.*
Straf|an|dro|hung, die: *Androhung einer Strafe.*
Straf|an|stalt, die: *Gefängnis* (1).
Straf|an|trag, der: **1.** *Antrag auf Einleitung eines Strafverfahrens:* S. wegen Einbruchs stellen. **2.** *in einem Strafprozess von der Staatsanwaltschaft gestellter, das Strafmaß betreffender Antrag.*
Straf|an|zei|ge, die: *Mitteilung einer Straftat an die Polizei od. Staatsanwaltschaft:* [eine] S. erstatten.
Straf|ar|beit, die: *zusätzliche [Haus]arbeit, die einem Schüler, einer Schülerin zur Strafe aufgeben wird.*
Straf|auf|schub, der: *Aufschub des Strafvollzugs.*
Straf|aus|set|zung, das: *die Aussetzen* (5b) *einer Strafe.*
Straf|bank, die ⟨Pl. ...bänke⟩ (Eishockey, Handball): *Bank, Sitze für Spieler, die wegen einer*

Regelwidrigkeit vorübergehend vom Spielfeld verwiesen worden sind: auf der S. sitzen.
straf|bar ⟨Adj.⟩ [spätmhd. strafbar]: **a)** *gegen das Gesetz verstoßend u. unter Strafe gestellt:* -e Handlungen; sich s. machen *(eine strafbare Handlung begehen);* ♦ **b)** *Strafe verdienend, strafwürdig:* ... ich wäre höchst s., wenn ich Ihnen das geringste artige Wörtchen, die geringste galante Tändelei vorsagte (Lessing, Die alte Jungfer II, 3); Ich fühle, dass ich s. bin (Schiller, Don Carlos I, 6).
Straf|bar|keit, die; -, -en: **1.** *das Strafbarsein; Beurteilung einer Handlung als strafbar* (a). **2.** *strafbare Handlung.*
Straf|be|fehl, der (Rechtsspr.): *auf Antrag der Staatsanwaltschaft vom Gericht ohne Verhandlung verhängte Strafe für geringfügige Delikte.*
straf|be|wehrt ⟨Adj.⟩ [zu ↑ bewehren in der veralteten Bed. »zum Schutz (gegen etwas) mit etwas versehen«] (Rechtsspr.): *mit Strafe bedroht:* eine -e Tat; die -e Vermummung; Diebstahl ist s.
Straf|dau|er, die: *Dauer einer Strafe.*
Stra|fe, die; -, -n [mhd. strâfe = Tadel; Züchtigung]: **a)** *etw., womit jmd. bestraft wird, was jmdm. zur Vergeltung, zur Sühne für ein begangenes Unrecht, eine unüberlegte Tat (in Form des Zwangs, etw. Unangenehmes zu tun od. zu erdulden) auferlegt wird:* eine schwere, abschreckende, exemplarische, drakonische, strenge, [un]gerechte, empfindliche, grausame, [un]verdiente, leichte, milde S.; eine gerichtliche, disziplinarische S.; eine körperliche S. *(Züchtigung);* die S. fiel glimpflich aus; auf dieses Delikt steht eine hohe S. *(es wird hart bestraft);* jmdm. eine S. auferlegen; sie bekamen eine S. aufgebrummt (ugs.; *wurden bestraft);* man hat ihr die S. teilweise erlassen; eine S. aufheben, aufschieben, verschärfen, mildern, vollstrecken, vollziehen; eine S. aussprechen, [über jmdn.] verhängen; S. verdient haben; er hat seine S. bekommen, weg (ugs.; *ist bestraft worden).* S. nicht entgehen; er wird seiner [gerechten] S. nicht entgehen; sie empfand diese Arbeit als S. *(sie fiel ihr sehr schwer);* etw. ist bei S. verboten (Amtsspr.; *wird bestraft);* etw. steht unter S. *(wird bestraft);* etw. unter S. stellen *(drohen, etw. zu bestrafen);* zu einer S. verurteilt werden; zur S. *(als Strafe)* durfte sie nicht mit ins Kino; Ü die S. folgt auf dem Fuß[e] *(war die Folge eines nicht gebilligten Verhaltens zu erwarten);* das ist die S. für deine Gutmütigkeit, deinen Leichtsinn! *(deine Gutmütigkeit, dein Leichtsinn ist dafür bestraft worden!);* es ist eine S. *(es ist schwer zu ertragen),* mit ihm arbeiten zu müssen; R S. muss sein!; das ist die S. [dafür]! *(das kommt davon!);* das ist ja eine S. Gottes!; **b)** *Freiheitsstrafe:* S. antreten, verbüßen, absitzen; das Gericht setzte die S. zur Bewährung aus; **c)** *Geldbuße:* S. [be]zahlen müssen; zu schnelles Fahren kostet S.
Straf|ecke, die (Hockey): *Freischlag von der Torlinie* (1) *aus.*
stra|fen ⟨sw. V.; hat⟩ [mhd. strâfen, urspr. = tadelnd zurechtweisen, H. u.]: **a)** *jmdm. eine Strafe auferlegen; bestrafen* (a): jmdn. hart, schwer, empfindlich, unbarmherzig [für etw.] s.; jmdn. körperlich s. *(ihn züchtigen);* sie wurde noch für jede Kleinigkeit mit dem Stock gestraft *(geschlagen);* ein strafender Blick; strafende Worte; sie sah ihn strafend an; Ü er ist gestraft genug (ugs.; *das, was geschehen ist, ist schlimm genug für ihn, er braucht nicht mehr gestraft zu werden);* das Schicksal hat ihn schwer gestraft *(er hat ein schweres Schicksal zu tragen);* Er war ein Peintre maudit, wurde im Streit erstochen, die Kunstgeschichte straft ihn lange mit Nichtachtung *(beachtete ihn lange nicht;* Koeppen, Rußland 193); R Gott strafe mich, wenn ich lüge; * **mit jmdm., etw. gestraft sein** *(mit jmdm., etw. gro-*

ßen Kummer haben: mit dieser Arbeit ist sie wirklich gestraft); **b)** (selten) *bestrafen* (b): *ein Unrecht s.*; **c)** (Rechtsspr. veraltend) *eine Strafe an jmdm., an jmds. Eigentum wirksam werden lassen:* jmdn. an seinem Vermögen, an Leib und Leben s.

Straf|ent|las|se|ne, die/eine Strafentlassene; der/einer Strafentlassenen, die Strafentlassenen/zwei Strafentlassene: *weibliche Person, die nach Verbüßung einer Freiheitsstrafe aus der Haft entlassen worden ist.*

Straf|ent|las|se|ner, der Strafentlassene/ein Strafentlassener; des/eines Strafentlassenen, die Strafentlassenen/zwei Strafentlassene: *jmd., der nach Verbüßung einer Freiheitsstrafe aus der Haft entlassen worden ist.*

Straf|er|lass, der: *Erlass* (2) *einer verhängten Strafe.*

Straf|ex|pe|di|ti|on, die: *[militärische] Aktion gegen Menschen, die sich in irgendeiner Weise widersetzen, gegen ein Land in der Interessensphäre einer [Kolonial]macht.*

straff ⟨Adj.⟩ [spätmhd. straf = streng, hart]: **1.** *glatt, fest [an]gespannt od. gedehnt, nicht locker od. schlaff [hängend]:* ein -es Seil; sie hat eine -e Haut; eine -e Haltung; das Gummiband ist s.; die Saiten sind s. gespannt; die Zügel s. [an]ziehen; die Reifen s. aufpumpen; sie trug ihr Haar s. zurückgekämmt, s. gescheitelt. **2.** *[gut durchorganisiert u.] keinen Raum für Nachlässigkeiten, Abschweifungen, Überflüssiges o. Ä. lassend:* ein -es Kostenmanagement; der Zeitplan war s.; der Betrieb ist s. organisiert.

Straf|fall, der: ¹*Fall* (3), *der Gegenstand eines Strafprozesses ist.*

straf|fäl|lig ⟨Adj.⟩: *einer Straftat schuldig:* -e Jugendliche; s. werden *(eine Straftat begehen).*

Straf|fäl|lig|keit, die; -: *das Straffälligsein.*

straf|fen ⟨sw. V.; hat⟩: **1. a)** *straff* (1) *machen, spannen:* das Seil, die Leine, die Zügel s.; der Wind straffte die Segel; diese Creme strafft die Haut *(wirkt straffend auf die Haut);* **b)** ⟨s. + sich⟩ *straff* (1) *werden:* die Leinen strafften sich; er, sein Körper, seine Gestalt straffte sich; ihre Züge strafften sich wieder; Jetzt straffte sich unter einem Anflug von Zorn und Ungeduld ihre Stirn (Strauß, Niemand 158). **2.** *straff* (2) *gestalten:* die Leitung, die Führung eines Betriebes s.; eine gestraffte Ordnung, Organisation; den Essay, das Programm s. *(durch Beschränkung auf Wesentliches kürzen).*

Straff|heit, die; -: *das Straffsein; straffe Beschaffenheit.*

straf|frei ⟨Adj.⟩: *ohne Strafe; frei von Strafe:* -es Fahren ohne Fahrerlaubnis; s. davonkommen.

Straf|frei|heit, die ⟨o. Pl.⟩: *das Straffreisein:* jmdm. S. zusichern.

Straf|fung, die; -, -en: *das Straffen; das Gestrafftwerden.*

straff|zie|hen ⟨unr. V.; hat⟩: s. straff (1).

Straf|ge|fan|ge|ne ⟨vgl. Gefangene⟩: *weibliche Person, die wegen einer Straftat eine Freiheitsstrafe verbüßt.*

Straf|ge|fan|ge|ner ⟨vgl. Gefangener⟩: *jmd., der wegen einer Straftat eine Freiheitsstrafe verbüßt.*

Straf|ge|richt, das: **1.** (Rechtsspr.) *für Strafprozesse zuständiges Gericht.* **2.** *Bestrafung Schuldiger:* ein S. des Himmels; ein grausames S. abhalten.

Straf|ge|richts|bar|keit, die: *Gerichtsbarkeit im Bereich des Strafrechts.*

Straf|ge|richts|hof, der: *Strafgericht* (1) *höherer Instanz* (2): der Internationale S. In Den Haag *(für schwere strafbare Verstöße gegen das Völkerrecht zuständiges internationales Gericht).*

Straf|ge|setz, das: *Gesetz, das bestimmte Handlungen für strafbar erklärt u. ihre Bestrafung regelt.*

Straf|ge|setz|buch, das: *Sammlung der Strafgesetze* (Abk.: StGB).

Straf|ge|setz|ge|bung, die: *strafrechtliche Gesetzgebung.*

Straf|haft, die: ¹*Haft.*

Straf|jus|tiz, die: *mit Strafsachen befasste Justiz.*

Straf|kam|mer, die (Rechtsspr.): *für Strafsachen zuständige Kammer* (8 b).

Straf|ko|lo|nie, die: *Arbeitslager an einem entlegenen Ort für Strafgefangene.*

Straf|kom|pa|nie, die (Militär): *(im Krieg) Kompanie, in die Soldaten zur Bestrafung versetzt werden u. die bes. unangenehme od. gefährliche Aufgaben durchführen muss.*

Straf|la|ger, das ⟨Pl. ...lager⟩: *Lager* (1), *in dem Freiheitsstrafen verbüßt werden.*

sträf|lich ⟨Adj.⟩ [mhd. stræflich = tadelnswert]: *so, dass es eigentlich bestraft werden sollte; unverzeihlich, verantwortungslos:* -er Leichtsinn; eine -e Nachlässigkeit; die Kinder s. vernachlässigen.

Sträf|ling, der; -s, -e (meist emotional abwertend): *Strafgefangene bzw. Strafgefangener.*

Sträf|lings|an|zug, der: *(im Schnitt an einen Pyjama erinnernder) lose hängender, gestreifter Anzug für Sträflinge.*

straf|los ⟨Adj.⟩: vgl. straffrei: etw. ist, bleibt s.

Straf|lo|sig|keit, die; -: vgl. Straffreiheit.

Straf|man|dat, das: *gebührenpflichtige polizeiliche Verwarnung für einfache Übertretungen (bes. im Straßenverkehr):* ein S. für falsches Parken bekommen.

Straf|maß, das: *Höhe [u. Art] einer Strafe:* das S. für Fahnenflucht; das S. auf 20 Jahre festsetzen.

straf|mil|dernd ⟨Adj.⟩: *das Strafmaß aus bestimmten Gründen mindernd:* -e Umstände; etw. als s. berücksichtigen.

Straf|mil|de|rung, die: *Milderung des Strafmaßes.*

Straf|mi|nu|te, die (Sport): **a)** (bes. Eishockey, Handball) *Minute, für die ein Spieler wegen einer Regelwidrigkeit vom Spielfeld verwiesen wird;* **b)** *Minute, die (wegen eines Regelverstoßes o. Ä.) zu der bei einem Wettkampf erzielten Zeit hinzugerechnet wird.*

straf|mün|dig ⟨Adj.⟩ (Rechtsspr.): *alt genug, um für strafbare Handlungen belangt werden zu können.*

Straf|mün|dig|keit, die (Rechtsspr.): *das Strafmündigsein.*

Straf|nach|lass, der: *aus bestimmten Gründen gewährter Erlass auf einen Teil der festgesetzten Strafe:* der Verdächtige kann mit S. rechnen, wenn er mit der Justiz zusammenarbeitet.

Straf|por|to, das: *Nachgebühr.*

Straf|pre|digt, die (ugs.): *Vorhaltungen in strafendem Ton:* jmdm. eine S. halten.

Straf|pro|zess, der: *Prozess* (1), *in dem entschieden wird, ob eine strafbare Handlung vorliegt, u. in dem gegebenenfalls eine Strafe festgesetzt wird.*

Straf|pro|zess|ord|nung, die (Rechtsspr.): *einen Strafprozess regelnde Rechtsvorschriften* (Abk.: StPO).

Straf|pro|zess|recht [auch: ...'tses...], das ⟨Pl. selten⟩ (Rechtsspr.): *Strafprozessordnung; Verfahrensrecht* (1) *im Strafprozess.*

straf|pro|zes|su|al ⟨Adj.⟩ (Rechtsspr.): *die Strafprozessordnung betreffend, auf ihr beruhend.*

Straf|punkt, der: *Minuspunkt (für nicht erbrachte Leistungen in einem [sportlichen] Wettkampf).*

Straf|rah|men, der (Rechtsspr.): *(im Strafgesetzbuch eingeräumter) Spielraum für die Strafzumessung:* für einige Delikte wurde der S. erweitert und reicht nun bis zu fünf Jahren Haft.

Straf|raum, der (bes. Fußball): *abgegrenzter Raum um das Tor, in dem der Torwart besondere Rechte zur Abwehr hat u. Regelwidrigkeiten der verteidigenden Mannschaft bes. streng geahndet werden sollen.*

Straf|recht, das ⟨Pl. selten⟩: *Gesamtheit der Rechtsnormen, die bestimmen, für das gesellschaftliche Zusammenleben als schädlich angesehene Handlungen unter Strafe stellen u. die Höhe der jeweiligen Strafe bestimmen.*

Straf|recht|ler, der; -s, -: *Jurist, der auf Strafrecht spezialisiert ist.*

Straf|recht|le|rin, die; -, -nen: w. Form zu ↑ Strafrechtler.

straf|recht|lich ⟨Adj.⟩: *das Strafrecht betreffend:* -e Ermittlungen; s. liegt nichts gegen sie vor.

Straf|rechts|re|form, die: *Reform des Strafrechts.*

Straf|re|gis|ter, das: *amtlich geführtes Verzeichnis aller gerichtlich bestraften Personen.*

Straf|rich|ter, der (Rechtsspr.): *Richter in Strafprozessen.*

Straf|rich|te|rin, die: w. Form zu ↑ Strafrichter.

Straf|run|de, die (Sport, bes. Biathlon): *zusätzliche Strecke, die im Training od. im Wettkampf nach einer Fehlleistung zurückgelegt werden muss:* wer über das Tor hinausschießt, läuft eine S. um den Fußballplatz; sie traf alle Ziele und gewann den Biathlon mit null -n.

Straf|sa|che, die: ↑ *Sache* (2 b), *die Gegenstand eines Strafprozesses ist:* die Verhandlung in der S. Meier *(gegen Meier).*

Straf|se|nat, der: *für Strafsachen zuständiger Senat* (5).

Straf|stoß, der (Ballspiele, Eishockey): *nach bestimmten schweren Regelverstößen verhängte Strafe, bei der der Ball od. Puck direkt u. ungehindert auf das Tor geschossen werden darf (z. B. Elfmeter, Siebenmeter, Penalty).*

Straf|tat, die: *strafbare Handlung, Delikt:* eine S. begehen.

Straf|tat|be|stand, der (Rechtsspr.): *(gesetzlich festgelegte) Merkmale für die Strafwürdigkeit einer Handlung.*

Straf|tä|ter, der: *jmd., der eine Straftat begangen hat:* jugendliche, rückfällige S.

Straf|tä|te|rin, die: w. Form zu ↑ Straftäter.

Straf|um|wand|lung, die (Rechtsspr.): *Umwandlung einer Strafe in eine andere.*

Straf|ver|ei|te|lung, die (Rechtsspr.): *vorsätzliche Verhinderung der Bestrafung eines Straftäters.*

Straf|ver|fah|ren, das: vgl. Strafprozess.

Straf|ver|fol|ger, der: *in der Strafverfolgung tätiger Staatsanwalt.*

Straf|ver|fol|ge|rin, die: w. Form zu ↑ Strafverfolger.

Straf|ver|fol|gung, die (Rechtsspr.): *bei Verdacht auf eine Straftat von der Staatsanwaltschaft veranlasste Ermittlungen.*

Straf|ver|fol|gungs|be|hör|de, die: *mit der Verfolgung von Straftaten befasste Behörde.*

straf|ver|schär|fend ⟨Adj.⟩ (Rechtsspr.): *eine Erhöhung des Strafmaßes bewirkend:* -e Umstände; das kam s. noch hinzu.

Straf|ver|schär|fung, die (Rechtsspr.): *Verschärfung einer Strafe.*

straf|ver|set|zen ⟨sw. V.; hat; nur im Inf. u. Part. gebr.⟩: *als Strafe jmdm. (bes. einen Beamten od. Soldaten) auf einen anderen [ungünstigeren] Posten, an einen anderen Ort versetzen:* man hat ihn kurzerhand strafversetzt.

Straf|ver|set|zung, die: *das Strafversetzen; das Strafversetztwerden.*

Straf|ver|tei|di|ger, der (Rechtsspr.): *Rechtsanwalt, der als Verteidiger* (3) *in Strafprozessen auftritt.*

Straf|ver|tei|di|ge|rin, die: w. Form zu ↑ Strafverteidiger.

Straf|voll|zug, der: *Vollzug einer Verurteilung zu einer Freiheitsstrafe in einem Gefängnis.*
Straf|voll|zugs|an|stalt, die (Rechtsspr.): *Gefängnis.*
Straf|voll|zugs|be|am|ter ⟨vgl. Beamter⟩: *Beamter im Strafvollzug; Beamter, der Häftlinge beaufsichtigt.*
Straf|voll|zugs|be|am|tin, die: w. Form zu ↑Strafvollzugsbeamter.
straf|wei|se ⟨Adv.⟩: *aus Gründen der Bestrafung [vorgenommen]:* jmdn. s. ausschließen; ⟨mit Verbalsubstantiv auch attr.:⟩ s. Versetzung.
straf|wür|dig ⟨Adj.⟩ (Rechtsspr.): *eine [gerichtliche] Strafe verdienend:* ein -es Verhalten.
Straf|zeit, die: vgl. Strafminute (a).
Straf|zet|tel, der (ugs.): *Strafmandat:* einen S. bekommen.
Straf|zoll, der: ¹*Zoll* (1 a), *der [zum Zweck des Handelsboykotts gegenüber einem Land od. wegen ethischer Bedenken gegenüber einem Rohstoff, einem Produkt] bei der Einfuhr bestimmter Waren erhoben wird:* ein Produkt mit einem S. belegen; Strafzölle gegen ein Land verhängen.
Straf|zu|mes|sung, die (Rechtsspr.): *Festsetzung des Strafmaßes.*
Strahl, der; -[e]s, -en ⟨älter auch = Pfeil, mhd. strāl(e), ahd. strāla, eigtl. = Streifen, Strich⟩: **1.** *von einer Lichtquelle in gerader Linie ausgehendes Licht, das dem Auge als schmaler, heller Streifen erscheint; Lichtschein:* die sengenden, glühenden -en der Sonne; ein S. fiel durch den Türspalt, auf sein Gesicht; er richtete den S. der Taschenlampe nach draußen; der Wald lag im ersten S. (geh.; *Licht*) der Sonne; die warmen -en der Sonne (*der wärmende Sonnenschein*); Ü ein S. der Hoffnung lag auf ihrem Gesicht. **2.** ⟨Pl. selten⟩ *aus einer engen Öffnung in Form eines Strahls* (1) *hervorschießende Flüssigkeit:* ein dicker, dünner, kräftiger, scharfer S.; den S. des Gartenschlauchs auf das Beet richten. **3.** ⟨Pl.⟩ (Physik) *sich in einer Richtung geradlinig bewegender Strom materieller Teilchen od. elektromagnetischer Wellen:* radioaktive, ultraviolette, -en; die -en brechen sich, werden reflektiert, gebündelt, absorbiert; Radium sendet -en aus. **4.** (Math.) *von einem Punkt ausgehende, ins Unendliche laufende gerade Linie.*
Strah|le|mann, der ⟨Pl. ...männer⟩ (ugs., oft abwertend): *jmd., der gewohnheitsmäßig ein [übertrieben] strahlendes Lächeln zeigt [um sympathisch auf sein Publikum zu wirken].*
strah|len ⟨sw. V.; hat⟩ [urspr. vom Blitz gesagt]: **1. a)** *Lichtstrahlen aussenden; große Helligkeit verbreiten; leuchten:* das Licht strahlt [hell]; die Sterne strahlen; die Sonne strahlt am, vom Himmel; ein strahlend heller Tag; strahlendes (*sonniges*) Wetter; das ganze Haus strahlt vor Sauberkeit; ⟨1. Part.:⟩ sie ist eine strahlende Schönheit, der strahlende Mittelpunkt; **b)** *glänzen, funkeln:* der Diamant strahlt; ihre Augen strahlten vor Begeisterung. **2.** *sehr froh u. glücklich aussehen:* da strahlte er; vor Freude, Stolz s.; über das ganze Gesicht, über beide Ohren s.; ⟨1. Part.:⟩ mit strahlendem Gesicht. **3.** *Strahlen* (3) *aussenden:* radioaktives Material strahlt; strahlende Materie.
sträh|len ⟨sw. V.; hat⟩ [mhd. strælen, ahd. strāljan] (landsch., schweiz. mundartl., sonst veraltet): *(langes Haar) kämmen:* ich strähle [mir] mein Haar; Ü ⟨2. Part.:⟩ besser gestrählte (schweiz.; *wohlhabende*) Leute.
Strah|len|be|hand|lung, die: *Behandlung von Krankheiten durch Bestrahlung, bes. mit ionisierenden Strahlen.*

Strah|len|be|las|tung, die (Med.): *Belastung des Organismus durch Einwirkung ionisierender Strahlen.*
Strah|len|bio|lo|gie, die: *wissenschaftliche Forschungsrichtung, die sich mit den Wirkungen ionisierender Strahlen (z. B. der Röntgenstrahlen) auf Zellen, Gewebe, Organe, Organismus beschäftigt.*
Strah|len|bün|del, das: **1.** (Optik) *Gesamtheit von Lichtstrahlen, die durch eine Blende* (2) *fallen.* **2.** (Math.) *alle von einem Punkt ausgehenden Geraden.*
Strah|len|do|sis, die (Med.): *Dosis ionisierender Strahlen.*
strah|len|för|mig ⟨Adj.⟩: *geradlinig von einem [zentralen] Punkt ausgehend:* die Wege führen s. vom Schloss weg.
Strah|len|kranz, der: *Kranz von Strahlen:* der S. der Sonne.
Strah|len|quel|le, die (Physik): *Substanz, von der ionisierende Strahlen ausgehen.*
Strah|len|scha|den, der, **Strah|len|schä|di|gung**, die (Physik, Med.): *durch Einwirkung ionisierender Strahlen bes. an lebenden Organismen hervorgerufener Schaden.*
Strah|len|schutz, der ⟨o. Pl.⟩: *Vorrichtungen u. Maßnahmen zum Schutz gegen Strahlenschäden.*
Strah|len|the|ra|pie, die (Med.): *therapeutische Anwendung ionisierender Strahlen.*
Strah|len|tier|chen, das: *(in vielen Arten u. Formen vorkommender) mikroskopisch kleiner Einzeller.*
Strah|len|tod, der: *Tod durch Einwirkung ionisierender Strahlen.*
Strah|len|un|fall, der: *Unfall, bei dem Menschen erhöhter radioaktiver Strahlung ausgesetzt sind.*
strah|len|ver|seucht ⟨Adj.⟩: *durch Einwirkung ionisierender Strahlen verseucht.*
Strah|ler, der; -s, -: **1. a)** *Gerät, das Strahlen aussendet;* **b)** Kurzf. von ↑UV-Strahler, ↑Infrarotstrahler. **2.** (Physik) **a)** *Strahlen aussendet; Strahlenquelle;* **b)** *Körper* (3 a), *der [Licht]strahlen reflektiert.* **3.** Kurzf. von ↑Heizstrahler. **4.** (schweiz.) *jmd., der Mineralien sucht [u. verkauft].*
Strah|le|rin, die; -, -nen: w. Form zu ↑Strahler (4).
strah|lig ⟨Adj.⟩: *strahlenförmig angeordnet, verlaufend; radiär:* -e Blüten.
Strahl|kraft, die (geh.): *Ausstrahlung* (b): eine Persönlichkeit von großer S.
Strahl|rohr, das: *rohrförmiges Endstück eines Schlauchs, mit dem Stärke u. Geschwindigkeit des austretenden Wasserstrahls eingestellt werden können.*
Strahl|stär|ke, die: *Stärke einer Strahlung.*
Strahl|trieb|werk, das (Technik): *Triebwerk, bei dem die Antriebskraft durch Ausstoßen eines Strahls von Abgas erzeugt wird; Düsentriebwerk, ugs. auch für:* Strahlflugzeug.
Strah|lung, die; -, -en: **1.** (Physik) **a)** *Ausbreitung von Energie od. Materie in Form von Strahlen, die von einer Strahlenquelle ausgehen:* radioaktive, kosmische, atomare S.; **b)** *von einer Strahlenquelle ausgehende Energie od. Materie:* die S. messen. **2.** ⟨Pl. selten⟩ (seltener) *Wirkung, Ausstrahlung.*
Strah|lungs|ener|gie, die (Physik): *in Form von Strahlung ausgesandte, übertragene od. aufgefangene Energie.*
Strah|lungs|fluss, der (Physik): *Menge der je Zeiteinheit von einer Strahlenquelle ausgesandten Strahlungsenergie.*
Strah|lungs|gür|tel, der (Physik): *gürtelförmig um die Erde liegende Zone mit starker ionisierender Strahlung.*
Strah|lungs|hei|zung, die (Fachspr.): *Heizung, bei der die Abgabe von Wärme in einen Raum

durch Beheizen der den Raum umgebenden Flächen erfolgt (z. B. Fußboden-, Wandheizung).*
Strah|lungs|in|ten|si|tät, die (Physik): *Intensität einer Strahlung:* die S. messen.
Sträh|ne, der; -[e]s, -e (österr.): *Strähne* (3).
Strähn|chen ⟨Pl.⟩: *einzelne blondierte, getönte od. gefärbte Strähnen* (1): morgen lasse ich mir S. machen.
Sträh|ne, die; -, -n [mhd. stren(e), ahd. streno, eigtl. = Streifen od. Flechte von Haar, Garn o. Ä., zu ↑Strahl]: **1.** *eine meist größere Anzahl glatter, streifenähnlich liegender od. hängender Haare:* eine graue, blonde, lockige S.; ein paar -n fielen ihr in die Stirn; sie ließ sich eine S. heller tönen. **2.** *Reihe von Ereignissen, die für jmdn. alle günstig od. ungünstig sind; Phase:* eine gute, glückliche, unglückliche S. haben. **3.** (landsch.) *zu einem Bündel abgepackte Wolle; Strang* (2 a): fünf -n Wolle.
sträh|nen ⟨sw. V.; hat⟩ (selten): *in Strähnen* (1) *legen, zu Strähnen formen:* jmdm., sich die Haare s.; vom Wasser gesträhntes Haar.
sträh|nig ⟨Adj.⟩: *(besonders von jmds. Haar) Strähnen bildend, in Form von Strähnen [herabhängend]:* -es Haar.
straight [streit] ⟨Adj.⟩ ⟨engl., eigtl. = gerade, aufrecht⟩: **1.** (Jargon) *heterosexuell.* **2.** *geradlinig, konsequent:* er ist -er als ich. **3.** *(eine Melodie) notengetreu, ohne Variation od. Improvisation spielend.*
Stral|sund [auch: ...'zʊnt]: *Hafenstadt an der Ostsee.*
¹**Stral|sun|der** [auch: ...'zʊn...], der; -s, -: Ew.
²**Stral|sun|der** [auch: ...'zʊn...] ⟨indekl. Adj.⟩: der S. Hafen.
Stra|min, der; -s, ⟨Arten:⟩ -e [aus dem Niederd. < niederl. stramien < mniederl. st(r)amijn < afrz. estamin(e), zu lat. stamineus = faserig; eigtl. = grobes Gespinst]: *appretiertes Gittergewebe für [Kreuz]stickerei.*
stramm ⟨Adj.⟩ [aus dem Niederd. < mniederd. stram = gespannt, steif, aufrecht, wohl zu ↑starren]: **1.** *etw., bes. den Körper, fest umschließend; straff:* ein -es Gummiband; den Gürtel s. ziehen; das Hemd, die Hose sitzt [zu] s. **2.** *kräftig gebaut u. gesund, kraftvoll aussehend:* ein -er Junge, ein -es Kind; einen -en Körper, -e Beine, Waden haben. **3.** *mit kraftvoll angespannten Muskeln gerade aufgerichtet:* eine -e Haltung annehmen; eine -e (*zackige*) Kehrtwendung machen; Und wirklich meldete sich nach einer kurzen Weile, s. vor dem russischen Offizier salutierend, in dessen Dienstzimmer ich warten durfte, ein Hauptwachtmeister Liebstöckel zur Stelle (Heym, Schwarzenberg 178). **4.** *energisch u. forsch; nicht nachgiebig; streng:* hier herrscht -e Disziplin; ein -er (ugs.; *engagierter u. linientreuer*) Marxist; ein -er (ugs.; *strenggläubiger*) Katholik; s. rechts sein. **5.** (ugs.) *tüchtig; zügig u. ohne zu rasten:* -er (*kräftiger u. anhaltender*) Applaus; s. zu tun haben; s. marschieren.
stram|men ⟨sw. V.; hat⟩: **1.** *stramm machen, fest spannen:* eine Brise strammte den Fallschirm. **2.** ⟨s. + sich⟩ (veraltend) *stramm* (3) *werden, sich aufrichten.*
stramm|ste|hen ⟨unr. V.; hat; südd., österr., schweiz. auch: ist⟩: *(bes. von Soldaten) in strammer* (3) *Haltung stehen:* vor dem Major s.; Ü vor seiner Frau muss er s.
stramm zie|hen, stramm|zie|hen ⟨unr. V.; hat⟩: **1.** *in den Fügungen jmdm. die Hosen/den Hosenboden stramm ziehen/strammziehen* (↑Hose 1 a, Hosenboden). **2.** s. stramm (1).
Stram|pel|an|zug, der: *Strampelhose mit langärmligem Oberteil.*
Stram|pel|hös|chen, das, **Stram|pel|ho|se**, die: *Hose für ein Baby mit Beinlingen u. einem Ober-*

teil, das über den Schultern mit Trägern geschlossen wird.

stram|peln ⟨sw. V.⟩ [wohl Iterativbildung zu mniederd. strampen = mit den Füßen stampfen, H. u.]: **1.** ⟨hat⟩ *mit den Beinen heftige, zappelnde, lebhafte Bewegungen machen:* im Schlaf s.; das Baby strampelt [vor Vergnügen]. **2.** ⟨ist⟩ (ugs.) *(mit dem Rad) fahren:* jeden Tag 20 km s.; durch die Gegend, nach Süden, zur Arbeit s.; bergauf mussten sie ganz schön s.; Radler strampeln *(demonstrieren radfahrenderweise)* heute für mehr Radwege. **3.** ⟨hat⟩ (ugs.) *sich sehr anstrengen, bemühen (um zu einem bestimmten Ziel, Erfolg zu gelangen):* ganz schön s. müssen; wir hatten noch sehr zu s., bis uns der Sieg sicher war.

Stram|pel|sack, der: *durchgehendes, aus einem jackenartigen Oberteil u. einem wie ein Sack geschnittenen Unterteil bestehendes Kleidungsstück für ein Baby.*

stramp|fen ⟨sw. V.; hat⟩ [H. u.] (österr.): *(mit dem Fuß) stampfen:* den Schmutz von den Schuhen s.

Stramp|ler, der; -s, -: *Strampelanzug, -hose.*

Strand, der; -[e]s, Strände [mhd., mniederd. strant, eigtl. wohl = Streifen, zu ↑Strahl]: *flacher, sandiger od. kiesiger Rand eines Gewässers, bes. des Meeres (der je nach Wasserstand von Wasser bedeckt sein kann):* ein breiter, schmaler, steiniger S.; sonnige, überfüllte, verschmutzte Strände; der S. der Ostsee; sie gehen an den S. *(Badestrand);* am S. in der Sonne liegen; die Boote liegen am, auf dem S.; das Schiff ist auf [den] S. gelaufen, geraten; (Seemannsspr.:) der Kapitän setzte das leckgeschlagene Schiff auf [den] S.

Strand|an|zug, der: *leichter, luftiger Anzug aus speziellem Material, der im Sommer am Strand getragen wird.*

Strand|bad, das: *an einem Fluss od. einem See gelegene Badeanstalt mit Badestrand.*

Strand|burg, die: *am Strand gebauter kreisförmiger Wall aus Sand:* eine S. bauen; in der S. liegen und sich sonnen.

Strand|ca|fé, das: *am Strand gelegenes Café.*

stran|den ⟨sw. V.; ist⟩: **1.** [spätmhd. stranden] *auf Grund laufen u. festsitzen:* der Tanker ist vor der Küste gestrandet; Ü Auf irgendeine Weise war Ujlacki in Brünn gestrandet (Härtling, Hubert 348). **2.** (geh.) *mit etw. keinen Erfolg haben, scheitern:* in einem Beruf s.; die Regierung ist mit ihrer Politik gestrandet.

Strand|gras|nel|ke, die: *an Meeresstränden wachsende Grasnelke mit kleinen lila od. rosa Blüten.*

Strand|gut, das ⟨Pl. selten⟩: *vom Meer an den Strand gespülte Gegenstände (meist von gestrandeten Schiffen).*

Strand|ha|fer, der: *(zu den Süßgräsern gehörendes) weißlich grünes Gras mit steifen Stängeln, seitlich eingerollten Blättern u. gelben Ähren, das häufig zur Befestigung von Dünen angepflanzt wird.*

Strand|hau|bit|ze: in der Wendung **voll/betrunken/blau wie eine S. sein** (ugs.; *völlig betrunken sein*).

Strand|ho|tel, das: *am Strand gelegenes Hotel.*

Strand|kleid, das: vgl. Strandanzug.

Strand|korb, der: *nach oben u. allen Seiten geschlossene u. nur nach vorn offene, mit einem bankartigen Teil versehene Sitzgelegenheit aus Korbgeflecht, die am Strand aufgestellt wird u. in die sich jmd. zum Schutz gegen Wind od. Sonne hineinsetzen kann.*

Strand|läu|fer, der: **1.** *(in vielen Arten an Meeresstränden vorkommende) kurzbeinige Schnepfe mit oberseits grauem od. braunem, unterseits weißlichem Gefieder.* **2. a)** *jmd., der am Strand*

spazieren geht; **b)** *jmd., der am Strand lebt, dort seine Geschäfte betreibt.*

Strand|läu|fe|rin, die: w. Form zu ↑Strandläufer (2).

Strand|le|ben, das: *das Treiben im Sommer am Badestrand.*

Strand|mu|schel, die: *bes. am Strand verwendeter, aus Gestängen und leichten Kunstfaserstoffen schnell auf- und abzubauender Wind- und Sonnenschutz in Form eines nach vorn offenen, hüfthohen Igluzeltes.*

Strand|pro|me|na|de, die: *am Strand entlangführende Promenade (1).*

Strand|räu|ber, der: *jmd., der Strandgut raubt.*

Strand|räu|be|rin, die: w. Form zu ↑Strandräuber.

Strand|see, der: *im Küstengebiet liegender See, der durch eine völlige Abschnürung eines Haffs vom offenen Meer entstanden ist.*

Strand|se|geln, das; -s ⟨Sport⟩: *Segeln auf dem Sandstrand mit einem bootsähnlichen Fahrzeug mit drei od. vier Rädern.*

Stran|dung, die; -, -en: *das Stranden.*

Strand|wa|che, die: *Wache am Strand bei drohender Sturmflut.*

Strang, der; -[e]s, Stränge [mhd., ahd. stranc, eigtl. = der Zusammengedrehte]: **1. a)** *Seil, Strick:* die Glocke wird noch mit einem S. geläutet; jmdn. zum Tode durch den S. (geh.: *zum Tode durch Erhängen*) verurteilen; **b)** *Leine (als Teil des Geschirrs von Zugtieren), an der das Tier den Wagen zieht:* die Pferde legten sich mächtig in die Stränge *(begannen kräftig zu ziehen);* * **wenn alle Stränge reißen** (ugs.; *im Notfall, wenn es keine andere Möglichkeit gibt:* wenn alle Stränge reißen, kommen Sie zu mir); **an einem/am gleichen/an demselben S. ziehen** (*das gleiche Ziel verfolgen);* **über die Stränge schlagen/hauen** (ugs.; *die Grenze des Üblichen u. Erlaubten auf übermütige, forsche, unbekümmerte Weise überschreiten;* urspr. vom Ausschlagen eines unruhigen Pferdes über den Zugstrang hinaus). **2. a)** *Bündel von [ineinander verschlungenen] Fäden o. Ä.:* 4 Stränge Garn; **b)** *in der Art eines Strangs (1 a) Zusammengedrehtes, Zusammengepresstes o. Ä.:* verschiedene Stränge der Muskeln, Sehnen, Nerven; zwei dünne Stränge Hefeteig; **c)** (Elektrot.) *Teil der Wicklung einer elektrischen Maschine.* **3.** *etw., was sich linienartig in gewisser Länge über etw. hin erstreckt (z. B. Schienen, eine Rohrleitung):* in diesem Tunnel liegt ein S. der Untergrundbahn; ein toter S. *(ein nicht befahrenes Gleis);* Ü der wichtigste S. des Dramas, des Romans; die Handlung des Films besteht aus mehreren Strängen.

strange [streɪndʒ] ⟨Adj.⟩ [engl. strange = seltsam < afrz. estrange < lat. extraneus = fremd; (von) außen (kommend)]: *sonderbar, merkwürdig, befremdlich:* ein bisschen s. fand sie sein Verhalten schon.

Stran|ge, die; -, -n (schweiz.): ↑Strang (2 a): eine S. Wolle.

strang|för|mig ⟨Adj.⟩: *in der Form eines Strangs.*

Stran|gu|la|ti|on, die; -, -en [lat. strangulatio, zu: strangulare, ↑strangulieren]: **1.** *das Strangulieren, das Stranguliertwerden:* Tod durch S. **2.** (Med.) *Einschnürung, Abklemmung von Abschnitten des Darms.*

stran|gu|lie|ren ⟨sw. V.; hat⟩ [lat. strangulare < griech. stragɡaláein, eine Nebf. zu ↑Strang): *durch Zuschnüren, Zudrücken der Luftröhre töten; erdrosseln:* die Frau war mit einem Kabel stranguliert worden; das Kind hätte sich an den Gitterstäben fast strangulieren.

Stran|gu|lie|rung, die; -, -en: *Strangulation* (1, 2).

Stra|pa|ze, die; -, -n [ital. strapazzo, zu: strapazare, ↑strapazieren]: *große [körperliche], über*

einige Zeit sich erstreckende Anstrengung: die -n der letzten Nacht, des Krieges; es ist eine S. *(es ist anstrengend),* ihr zuhören zu müssen; große -n aushalten, auf sich nehmen, ertragen, überstehen; keine S. scheuen; ein einer solchen Reise nicht mehr gewachsen sein; sich von den -n erholen.

stra|paz|fä|hig ⟨Adj.⟩ (österr.): *strapazierfähig.*

Stra|paz|fä|hig|keit, die ⟨o. Pl.⟩ (österr.): *Strapazierfähigkeit.*

stra|pa|zier|bar ⟨Adj.⟩: *sich strapazieren (1, 2 a) lassend:* ein -er Stoff.

Stra|pa|zier|bar|keit, die; -: *das Strapazierbarsein.*

stra|pa|zie|ren ⟨sw. V.; hat⟩ [ital. strapazzare = überanstrengen, H. u.]: **1.** *stark beanspruchen, (bei der Benutzung) nicht schonen; abnutzen:* seine Kleider, seine Schuhe [stark] s.; bei dieser Rallye werden die Autos sehr strapaziert; die tägliche Rasur strapaziert die Haut; Ü strapazierte *(immer wieder verwendete)* Parolen; diese Ausrede ist schon zu oft strapaziert *(benutzt)* worden. **2. a)** *auf anstrengende Weise in Anspruch nehmen:* die Kinder strapazieren die Mutter, die Nerven des Vaters; diese Reise würde ihn zu sehr s.; Ü jmds. Geduld s. (ugs.; *auf eine harte Probe stellen);* **b)** ⟨s. + sich⟩ *sich [körperlich] anstrengen, sich nicht schonen:* ich habe mich so strapaziert, dass ich krank geworden bin.

stra|pa|zier|fä|hig ⟨Adj.⟩: *für strapazierende Benutzung geeignet; starke Beanspruchung vertragend:* -es Material, -e Hosen, Schuhe.

stra|pa|zier|fä|hig|keit, die ⟨o. Pl.⟩: *das Strapazierfähigsein.*

Stra|pa|zie|rung, die; -, -en: *das Strapazieren.*

stra|pa|zi|ös ⟨Adj.⟩ [geb. mit französierender Endung]: *mit Strapazen verbunden; anstrengend, beschwerlich:* eine -e Wanderung, Arbeit; sie hat einen -en Alltag; die beiden sind sehr s. *(anstrengend).*

Straps [ʃt..., st..., st...], der; -es, -e [engl. straps, Pl. von: strap = Riemen, Gurt, Nebenf. von: strop = (Streich)riemen]: **a)** *Strumpfhalter:* Strumpfhalter mit -en; **b)** *[schmaler] Hüftgürtel mit Strapsen* (a).

Stras|bourg [stras'buːr]: frz. Form von ↑Straßburg.

Strass, der; - u. -es, -e [nach dem frz. Juwelier G. F. Stras (1700–1773)]: **a)** ⟨o. Pl.⟩ *aus bleihaltigem Glas mit starker Lichtbrechung hergestelltes glitzerndes Material bes. für Nachbildungen von Edelsteinen:* Knöpfe aus S.; **b)** *aus Strass* (a) *hergestellte Nachbildung eines Edelsteins:* eine Jacke mit -en besticken.

straß|ab ⟨Adv.⟩: vgl. straßauf.

straß|auf ⟨Adv.⟩: in der Verbindung **s., straßab/s. und straßab** (geh.; *überall in den Straßen, durch viele Straßen:* ich bin s., straßab gelaufen, um dich zu finden).

Straß|burg: frz. Stadt am Rhein.

¹**Straß|bur|ger**, der; -s, -: Ew.

²**Straß|bur|ger** ⟨indekl. Adj.⟩: *das S. Münster.*

Straß|bur|ge|rin, die; -, -nen: w. Form zu ↑¹Straßburger.

Sträß|chen, das; -s, -: Vkl. zu ↑Straße.

Stra|ße, die; -, -n [mhd. strāʒe, ahd. strāʒ(3)a < spätlat. strata (via) = gepflaster(er Weg), zu lat. stratum, 2. Part. von: sternere = ausbreiten; bedecken; ebnen]: **1.** (bes. in Städten, Ortschaften gewöhnlich aus Asphalt od. Beton bestehender) *befestigter Verkehrsweg für Fahrzeuge u. (bes. in Städten, Ortschaften) Fußgänger:* eine schmale, breite, belebte, laute, holprige, gepflasterte, kurvenreiche, gut ausgebaute, verstopfte, wenig befahrene, regennasse S.; die S. vom Bahnhof zum Hotel, von Potsdam nach Berlin; die S. ist glatt, ansteigend, abschüssig, schwarz von Menschen, menschenleer; die S. wurde nach einer Ehrenbürgerin benannt; diese S. kreuzt eine andere; die S. führt über den Pass, zum Rathaus, nach Cottbus, zum Strand; die S. schlängelt sich durch das Tal; die S. biegt links ab; die S. überqueren, sperren, fegen, kehren; die S. entlanggehen; links der S. standen Bäume; auf die S. laufen, treten; durch die -n bummeln, schlendern, gehen; in einer ruhigen S. wohnen; das Hotel liegt, ist in der Berliner S.; bei Rot über die S. gehen; er notierte S. und Hausnummer; das Haus liegt dicht an der S.; auf offener S. *(vor den Augen aller, die sich auf einer Straße befinden);* er darf nicht unrasiert und in der Jogginghose auf die S. *(nach draußen, in die Öffentlichkeit);* bei Dunkelheit trauten sie sich nicht mehr auf die S. *(nach draußen);* das Fenster, Zimmer geht auf die, zur S. *(liegt zur Straßenseite);* mit dem Auto auf der S. liegen bleiben *(eine Panne haben);* Verkauf [auch] über die S. *(zum Verzehr außerhalb des Lokals o. Ä.);* der Umstieg von der S. auf die Schiene *(vom Straßen- auf den Schienenverkehr);* er wurde von der S. weg *(als er sich auf der Straße befand)* verhaftet; dem Druck der S. *(der in Demonstrationen, Protestaktionen sich artikulierenden Meinung)* nachgeben; den Ausdruck hast du wohl auf der S. *(von Leuten, die sich draußen herumtreiben u. sich derb ausdrücken)* gelernt; Jugendliche von der S. holen *(dafür sorgen, dass sie sich nicht mehr draußen herumtreiben)* Ü auf der S. des Glücks, des Erfolgs; Herr Proboscide nickte trübe und sagte, da sei es denn nötig, die lange S. der Geduld zu gehen, den Dornenweg in die Welt hinein (Thieß, Legende 118); * **mit jmdm., etw. die S. pflastern können** (ugs.; *in viel zu großer Zahl, überreichlich vorhanden sein);* **jmdn. auf die S. setzen/werfen** (ugs.; *jmdn. [nach dessen Meinung unberechtigterweise] aus seiner Stellung entlassen. jmdm. [nach dessen Meinung unberechtigterweise] sein Wohnung, sein Zimmer kündigen);* **auf der S. liegen/sitzen/stehen** (ugs.: 1. *ohne Stellung, arbeitslos sein.* 2. *ohne Wohnung sein, keine Bleibe mehr haben);* **auf die S. gehen** (ugs.: *demonstrieren; für seine Überzeugungen auf die S. gehen);* **jmdn. auf die S. schicken** (ugs.; *der Straßenprostitution nachgehen lassen).* **2.** ⟨o. Pl.⟩ *Menschen, die in einer Straße wohnen:* die ganze S. hat Angst. **3.** *Meerenge:* die S. von Gibraltar.

Stra|ßen|ab|schnitt, der: *Teilstück einer Straße.*

Stra|ßen|an|zug, der: *in der Öffentlichkeit zu tragender Herrenanzug für den Alltag.*

Stra|ßen|ar|beit, die: **1.** ⟨Pl.⟩ *[Ausbesserungs]arbeiten an einer Straße, an Straßen:* die Durchfahrt ist wegen -en gesperrt. **2.** *Streetwork.*

Stra|ßen|ar|bei|ter, der: **1.** *jmd., der Straßenarbeiten durchführt.* **2.** *Streetworker.*

Stra|ßen|ar|bei|te|rin, die: w. Form zu ↑ Straßenarbeiter.

Stra|ßen|bahn, die: *schienengebundenes, mit elektrischer Energie betriebenes Verkehrsmittel für den Stadtverkehr:* die S. nehmen; auf die S. warten; in die S. steigen; mit der S. fahren.

Stra|ßen|bahn|de|pot, das: *Depot* (4); *Sammelstelle für Straßenbahnen.*

Stra|ßen|bahn|fah|rer, der: **1.** *Führer einer Straßenbahn.* **2.** *jmd., der die Straßenbahn benutzt.*

Stra|ßen|bahn|fah|re|rin, die: w. Form zu ↑ Straßenbahnfahrer.

Stra|ßen|bahn|hal|te|stel|le, die: *Haltestelle für Straßenbahnen.*

Stra|ßen|bahn|li|nie, die: **a)** *von einer Straßenbahn befahrene Verkehrsverbindung:* eine neue S. soll von der Innenstadt bis zum Stadion führen; **b)** *Fahrzeug einer bestimmten Straßenbahnlinie* (a): steigen Sie in die S. 24 ein und fahren Sie bis zum Hauptbahnhof.

Stra|ßen|bahn|wa|gen, der: *Wagen der Straßenbahn.*

Stra|ßen|ban|kett, das: ²*Bankett.*

Stra|ßen|bau, der ⟨Pl. -ten⟩: **1.** ⟨o. Pl.⟩ *das Bauen von Straßen.* **2.** *Bauprojekt im Straßenbau* (1).

Stra|ßen|bau|amt, das: *für den Straßenbau zuständiges Amt.*

Stra|ßen|bau|er, der; -s, -: *jmd., der beim Straßenbau arbeitet.*

Stra|ßen|bau|e|rin, die; -, -nen: w. Form zu ↑ Straßenbauer.

Stra|ßen|be|kannt|schaft, die: *Person, die jmd. auf der Straße kennengelernt hat.*

Stra|ßen|be|lag, der: *Material (z. B. Teer, Schotter) als Bestandteil der Oberfläche einer Straße.*

Stra|ßen|be|leuch|tung, die: *Beleuchtung einer Straße.*

Stra|ßen|be|nut|zungs|ge|bühr, die: *Straßenzoll.*

Stra|ßen|bild, das: *Bild* (2), *das die Straße bietet, wie es sich in gewohnter, charakteristischer Weise darstellt:* etw. belebt das S., passt nicht ins S., gehört zum S.

Stra|ßen|blo|cka|de, die: **a)** ⟨meist Pl.⟩ *Blockade* (2) *von Verkehrswegen, mit der die Demonstrierende ihren Protest äußern:* -n errichten, [gewaltsam] auflösen; **b)** *Blockade* (1) *von Verkehrswegen durch Militär od. Polizei.*

Stra|ßen|bord, das (schweiz.): *Straßenrand.*

Stra|ßen|bö|schung, die: *Böschung seitlich einer Straße.*

Stra|ßen|ca|fé, das: *Café an einer Straße, in einer Fußgängerzone, bei dem der Gast auch draußen sitzen kann.*

Stra|ßen|dea|ler, der: *(häufig drogenabhängiger) Dealer, der Rauschgift auf der Straße, an öffentlichen Plätzen verkauft.*

Stra|ßen|dea|le|rin, die: w. Form zu ↑ Straßendealer.

Stra|ßen|de|cke, die: vgl. Straßenbelag.

Stra|ßen|dorf, das: *lang gestrecktes Dorf, dessen [ältere] Häuser alle an derselben Straße liegen;* vgl. Reihendorf.

Stra|ßen|dreck, der (ugs.): *Straßenschmutz.*

Stra|ßen|ecke, die: *von zwei sich schneidenden Straßen [u. zwei einen Winkel formenden Häuserzeilen] gebildete Ecke:* an der S. warten, stehen; das gibt es an jeder S.! (ugs. emotional verstärkend; *überall*).

Stra|ßen|fah|rer, der (Radsport): *Radfahrer, der Straßenrennen fährt.*

Stra|ßen|fah|re|rin, die: w. Form zu ↑ Straßenfahrer.

Stra|ßen|fe|ger, der: **1.** (regional) *jmd., der beruflich der Straßen u. Plätze reiner Stand sauber hält.* **2.** (ugs. scherzh.) *Fernsehsendung, die so beliebt ist, dass während der Sendezeit kaum jemand unterwegs ist, die Straßen wie leer gefegt sind.*

Stra|ßen|fe|ge|rin, die; -, -nen: w. Form zu ↑ Straßenfeger (1).

Stra|ßen|fest, das: *auf Straßen u. Plätzen gefeiertes Fest.*

Stra|ßen|füh|rung, die: *(durch Planung festgelegter) Verlauf einer Straße.*

Stra|ßen|fuß|ball, der ⟨o. Pl.⟩: *auf der Straße gespielter Fußball.*

Stra|ßen|glät|te, die: *(bes. durch Eis, Schnee, Reif) auf der Straße entstandene Glätte:* Vorsicht, S.!; erhöhte Gefahr von S.

Stra|ßen|gra|ben, der: *entlang der Straße verlaufender Graben:* in den S. fahren; das Auto landet im S.

Stra|ßen|han|del, der: *auf öffentlichen Straßen u. Plätzen stattfindender Handel.*

Stra|ßen|händ|ler, der: *jmd., der Straßenhandel treibt.*

Stra|ßen|händ|le|rin, die: w. Form zu ↑ Straßenhändler.

Stra|ßen|jun|ge, der (oft abwertend): *sich viel auf der Straße aufhaltender Junge; Gassenjunge.*

Stra|ßen|kampf, der ⟨oft im Plural⟩: *auf Straßen u. Plätzen ausgetragener Kampf:* Straßenkämpfe zwischen der Polizei und Demonstranten.

Stra|ßen|kar|ne|val, der: *Karnevalstreiben auf den Straßen.*

Stra|ßen|kar|te, die: *Landkarte, die über [Land]straßen u. Autobahnen orientiert.*

Stra|ßen|keh|rer, der; -s, - (bes. südd.): *Straßenfeger* (1).

Stra|ßen|keh|re|rin, die; -, -nen: w. Form zu ↑ Straßenkehrer.

Stra|ßen|kind, das: **1.** ⟨meist Pl.⟩ *(bes. in der 3. Welt) auf den Straßen einer Großstadt lebendes Kind, das kein Zuhause hat u. sich von Betteln, Diebstählen, kleineren Dienstleistungen u. Ä. ernährt.* **2.** (oft abwertend) vgl. Straßenjunge.

Stra|ßen|kö|ter, der (abwertend): *Hund, der auf der Straße umherstreunt.*

Stra|ßen|kreu|zer, der (ugs.): *besonders großer, breiter Personenkraftwagen.*

Stra|ßen|kreu|zung, die: *Kreuzung zweier od. mehrerer Straßen.*

Stra|ßen|kri|mi|na|li|tät, die: *Gesamtheit der Straftaten, die in der Öffentlichkeit, auf der Straße (d. h. in einem jedermann zugänglichen Bereich) begangen werden.*

Stra|ßen|kunst, die: *auf öffentlichen Straßen u. Plätzen von Pflastermalern, Straßenmusikanten, Artisten o. Ä. dargebotene Kunst.*

Stra|ßen|künst|ler, der: *jmd., der Straßenkunst betreibt.*

Stra|ßen|künst|le|rin, die: w. Form zu ↑ Straßenkünstler.

Stra|ßen|la|ge, die: *Fahreigenschaften eines Kraftfahrzeugs, bes. in Kurven u. auf schlechter Strecke.*

Stra|ßen|lam|pe, die: *(an einem Pfahl, einer Hauswand o. Ä. fest angebrachte) Lampe zur Beleuchtung der Straße bei Dunkelheit.*

Stra|ßen|lärm, der: *durch den Straßenverkehr verursachter Lärm.*

Stra|ßen|la|ter|ne, die: *Laterne zur Beleuchtung der Straße bei Dunkelheit.*

Stra|ßen|mäd|chen, das (ugs., oft abwertend): *junge Frau, die der Straßenprostitution nachgeht.*

Stra|ßen|meis|ter, der: *Vorsteher einer Straßenmeisterei.*

Stra|ßen|meis|te|rei, die: *Dienststelle, die für die Erhaltung u. Erneuerung der Straßen zuständig ist.*

Stra|ßen|meis|te|rin, die: w. Form zu ↑ Straßenmeister.

Stra|ßen|mu|si|kant, der: *jmd., der auf der Straße musiziert [um dadurch Geld zu verdienen].*

Stra|ßen|mu|si|kan|tin, die: w. Form zu ↑ Straßenmusikant.

Stra|ßen|na|me, der: *Name einer Straße in einer Stadt, Ortschaft.*

Stra|ßen|netz, das: *Gesamtheit der Straßen eines Gebietes.*

Stra|ßen|ni|veau, das: *Niveau* (1), *auf dem eine Straße verläuft.*

Stra|ßen|pas|sant, der: *Passant* (1).

Stra|ßen|pas|san|tin, die: w. Form zu ↑ Straßenpassant.

Stra|ßen|pflas|ter, das: *Pflaster einer Straße.*

Stra|ßen|pros|ti|tu|ti|on, die: *Form der Prostitution, bei der Prostituierte sich auf der Straße anbieten.*

Stra|ßen|put|zer, der (schweiz.): *Straßenkehrer.*

Stra|ßen|put|ze|rin, die: w. Form zu ↑ Straßenputzer.
Stra|ßen|rand, der: *Rand einer Straße:* am S. halten, stehen.
Stra|ßen|raub, der: *Raub auf offener Straße.*
Stra|ßen|räu|ber, der: *jmd., der Straßenraub verübt.*
Stra|ßen|räu|be|rin, die: w. Form zu ↑ Straßenräuber.
Stra|ßen|rei|ni|gung, die: **1.** *das Reinigen öffentlicher Straßen u. Plätze, bes. in Städten u. Ortschaften.* **2.** *für die Straßenreinigung* (1) *zuständige Dienststelle.*
Stra|ßen|ren|nen, das (bes. Radsport): *auf der Straße stattfindendes [Rad]rennen.*
Stra|ßen|samm|lung, die: *auf der Straße durchgeführte Sammlung* (1).
Stra|ßen|schild, das: **a)** *[an Straßenecken angebrachtes] Schild mit dem Namen der Straße;* **b)** (ugs.) *Wegweiser [mit Entfernungsangabe];* **c)** (ugs.) *Verkehrszeichen.*
Stra|ßen|schlacht, die: *auf Straßen u. Plätzen ausgetragener, heftiger, längere Zeit anhaltender Kampf.*
Stra|ßen|schlucht, die: *von einer Straße mit lückenlos aneinandergereihten Hochhäusern o. Ä. gebildeter Einschnitt; Häuserschlucht.*
Stra|ßen|schmutz, der: *auf der Straße befindlicher, von der Straße stammender Schmutz.*
Stra|ßen|schuh, der: *zum Gehen auf der Straße geeigneter Schuh.*
Stra|ßen|sei|te, die: **a)** *Seite* (2 a) *einer Straße:* auf der anderen S.; **b)** *zur Straße gelegene Seite eines Gebäudes:* das Fenster ging zur S.
Stra|ßen|si|g|nal, das (schweiz.): *Verkehrszeichen.*
Stra|ßen|sper|re, die: *auf der Straße aufgestelltes Hindernis:* eine S. errichten, durchbrechen.
Stra|ßen|sper|rung, die: *das Sperren, Gesperrtsein einer Straße.*
Stra|ßen|staub, der: vgl. Straßenschmutz.
Stra|ßen|strich, der (salopp): Strich (9 a).
Stra|ßen|the|a|ter, das: **a)** ⟨o. Pl.⟩ *(oft politisch engagiertes) auf Straßen u. Plätzen aufgeführtes Theater;* **b)** *Truppe, die Straßentheater* (a) *macht.*
Stra|ßen|tun|nel, der: *Tunnel, durch den eine Straße verläuft:* der S. am Gotthard.
Stra|ßen|ver|bin|dung, die: vgl. Verkehrsverbindung.
Stra|ßen|ver|hält|nis|se ⟨Pl.⟩: *die Straße betreffende Verhältnisse* (4): trotz schlechter S.
Stra|ßen|ver|kauf, der: **1.** *vgl. Straßenhandel.* **2.** *Verkauf über die Straße.*
Stra|ßen|ver|käu|fer, der: *jmd., der Straßenverkauf* (1) *betreibt.*
Stra|ßen|ver|käu|fe|rin, die: w. Form zu ↑ Straßenverkäufer.
Stra|ßen|ver|kehr, der: *Verkehr auf den Straßen:* auf den S. achten.
Stra|ßen|ver|kehrs|ord|nung, die: *Gesamtheit der Verordnungen, die das Verhalten der Verkehrsteilnehmer auf öffentlichen Straßen regeln* (Abk.: StVO).
Stra|ßen|ver|kehrs|recht, das ⟨o. Pl.⟩: *Gesamtheit der Vorschriften, die die Benutzung der öffentlichen Straßen, Wege u. Plätze durch Fahrzeuge u. Fußgänger regeln.*
Stra|ßen|wal|ze, die: *im Straßenbau verwendete Baumaschine zum Walzen der Straßendecke.*
stra|ßen|wei|se ⟨Adv.⟩: *nach Straßen [geordnet], Straße für Straße:* die Müllabfuhr erfolgt s.
Stra|ßen|wi|scher, der (schweiz.): *Straßenfeger* (1).
Stra|ßen|wi|sche|rin, die; -, -nen: w. Form zu ↑ Straßenwischer.
Stra|ßen|zoll, der: *für die Benutzung einer Straße* (z. B. Passstraße) *zu entrichtende Gebühr; Maut* (a).
Stra|ßen|zug, der: *Straße mit Häuserreihen: ganze Straßenzüge werden saniert.*
Stra|ßen|zu|stand, der: *Zustand der Straßen im Hinblick auf ihre Befahrbarkeit (z. B. bei winterlicher Witterung).*
Stra|ßen|zu|stands|be|richt, der: vgl. Wetterbericht.
Sträß|lein, das; -s, -: Vkl. zu ↑ Straße.
Stra|te|ge [ʃt..., st...], der; -n, -n [frz. stratège < griech. stratēgós, zu: stratós = Heer u. ágein = führen]: *jmd., der nach einer bestimmten Strategie, strategisch vorgeht.*
Stra|te|gie, die; -, -n [frz. stratégie < griech. stratēgía]: *genauer Plan des eigenen Vorgehens, der dazu dient, ein militärisches, politisches, psychologisches, wirtschaftliches o. ä. Ziel zu erreichen, u. in dem diejenigen Faktoren, die in die eigene Aktion hineinspielen könnten, von vornherein einzukalkulieren versucht:* die richtige, falsche S. anwenden; eine S. des Überlebens, zur Lärmbekämpfung entwickeln.
Stra|te|gie|dis|kus|si|on, die: *Diskussion über die zu wählende Strategie.*
Stra|te|gie|pa|pier, das: *Papier* (2), *das eine Strategie darlegt.*
Stra|te|gin, die; -, -nen: w. Form zu ↑ Stratege.
stra|te|gisch ⟨Adj.⟩ [frz. stratégique < griech. stratēgikós]: *die Strategie betreffend, auf ihr beruhend:* -e Fragen; eine s. wichtige Brücke; unter -en Gesichtspunkten; -e (Wirtsch.; *langfristige, im Groben festgelegte*) Planung; s. handeln; -e Waffen (Militär; *Waffen von größerer Sprengkraft u. Reichweite*); -e Güter (Wirtsch.; *für militärische, industrielle u. zivile Bedürfnisse notwendige Güter, die in einem Land nicht [in ausreichenden Maße] vorhanden sind*).
Stra|to|sphä|re, die; - (Meteorol.): *mittlere Schicht der Erdatmosphäre (etwa zwischen 11 u. 50 km Höhe).*
stra|to|sphä|risch ⟨Adj.⟩: *zur Stratosphäre gehörend, in ihr befindlich, vorgehend.*
Strau|be, die; -, -n [spätmhd. strübe, eigtl. = Backwerk mit rauer Oberfläche] (bayr., österr.): *aus Hefe- od. Brandteig hergestelltes Schmalzgebäck mit unregelmäßiger, teils gezackter Oberfläche.*
sträu|ben ⟨sw. V.; hat⟩ [mhd. strüben, ahd. strūbēn = rau machen, zu mhd. strūp = emporstarrend, rau]: **1. a)** *(von Fell, Gefieder o. Ä.) machen, dass es nach allen Seiten aufstellt:* die Federn s.; der Hund sträubt das Fell; **b)** ⟨s. + sich⟩ *(von Fell, Gefieder o. Ä.) sich aufrichten:* das Fell, das Gefieder sträubt sich der Katze; vor Angst sträubten sich ihr die Haare; bei diesen Geschichten sträuben sich einem die Haare (*ist man entsetzt*). **2.** ⟨s. + sich⟩ *sich [einer Sache] widersetzen, sich [gegen etw.] wehren:* sich lange, heftig s.; sich mit allen Mitteln, mit Händen und Füßen gegen etw. s.; Ü die Feder sträubt sich, das zu beschreiben; ... das sträubt sich bei ihr alles, jetzt noch aufzubrechen, nach Haus zu fahren und sich zur Mutter in die stickige Wohnung zu setzen (Strauß, Niemand 17).
Strauch, der; -[e]s, Sträucher [mhd. (md.) strūch, H. u., viell. verw. mit ↑ starren u. eigtl. wohl = Emporstarrendes]: *Pflanze mit mehreren aus der Wurzel wachsenden, holzigen Zweigen; Busch.*
strauch|ar|tig ⟨Adj.⟩: *einem Strauch ähnlich.*
Strauch|dieb, der (veraltet abwertend, noch als Schimpfwort gebr.): *herumstreifender, oft in Gebüschen versteckt haltender Dieb:* du siehst ja aus wie ein S. (ugs.; *abgerissen, zerlumpt*); wir wurden als Betrüger und -e beschimpft.
Strauch|die|bin, die: w. Form zu ↑ Strauchdieb.
strau|cheln ⟨sw. V.; ist⟩ [spätmhd. (md.) strūcheln, wahrsch. Intensivbildung zu mhd. strūchen, ahd. strūchōn = anstoßen, stolpern, viell. eigtl. = über einen Strauch, die Wurzeln eines Strauchs fallen]: **1.** (geh.) *im Gehen mit dem Fuß unabsichtlich an etw. anstoßen u. in Gefahr kommen zu fallen:* er strauchelte auf die Fahrbahn; Ü ... weil auch er, ich spreche von M. S., zu stammeln, zu stottern begonnen hatte, seine Zunge strauchelte über ein Wort (Mayröcker, Herzzerreißende 161). **2. a)** *scheitern, sein Ziel nicht erreichen:* die Mannschaft ist gegen einen Außenseiter gestrauchelt; die Partei strauchelte an der 5 %-Hürde; **b)** *auf die schiefe Bahn geraten:* in der Großstadt s.; gestrauchelte Jugendliche.
strau|chig ⟨Adj.⟩: **1.** *mit Sträuchern bestanden:* ein -er Abhang. **2.** *in Form eines Strauches [wachsend]:* ein -es Gewächs.
Sträuch|lein, das; -s, -: Vkl. zu ↑ Strauch.
Strauch|werk, das: **a)** *Gesträuch* (a); **b)** *von Sträuchern abgeschlagene Zweige, Äste; Gesträuch* (b).
¹Strauß, der; -es, Sträuße [urspr. = Federbusch (bei Vögeln u. auf Helmen), wahrsch. eigtl. = Hervorstarrendes, verw. mit ↑ strotzen]: *zusammengebundene od. -gestellte abgeschnittene od. gepflückte Blumen, Zweige o. Ä.:* ein frischer, verwelkter, duftender, bunter S.; den S. [Veilchen] in die Vase stellen; jmdm. einen S. weißen Flieder/(geh.:) weißen Flieders schicken, überreichen.
²Strauß, der; -es, -e [mhd. strūʒ(e), ahd. strūʒ < spätlat. struthio < griech. strouthíon, für: strouthos (mégas) = (großer) Vogel, ²Strauß, H. u.]: *(in den Steppen Afrikas u. Vorderasiens lebender) großer, flugunfähiger Laufvogel mit langem, nacktem Hals, kräftigem Rumpf, hohen Beinen u. schwarz-weißem bis graubraunem Gefieder:* er steckt den Kopf in den Sand wie der Vogel S. (*verschließt seine Augen vor etw. Unangenehmem*).
³Strauß, der; -es, Sträuße [mhd. strūʒ, verw. mit: striuʒen, zu strūben = sträuben, spreizen]: **1.** (veraltet) *Kampf.* **2.** (veraltend) *Auseinandersetzung, Streit, Kontroverse, die einen harten S. liefern; einen S. mit jmdm. ausfechten.*
Sträuß|chen, das; -s, -: Vkl. zu ¹,³Strauß.
Sträu|ße: Pl. von ¹,³Strauß.
strau|ßen|ähn|lich ⟨Adj.⟩: *einem ²Strauß ähnlich.*
Strau|ßen|ei, das: *Ei eines ²Straußes.*
Strau|ßen|farm, die: *Farm, auf der (zur Gewinnung von Straußenfedern, Fleisch u. a.) ²Straußen gehalten, gezüchtet werden.*
Strau|ßen|fe|der, die: *(z. B. zur Dekoration von Hüten, zur Herstellung von Federboas verwendete) Schwungfeder des ²Straußes.*
Strauß|wirt|schaft, die [nach dem zur Kennzeichnung des Ausschanks über der Eingangstür hängenden ¹Strauß] (landsch., bes. südd.): *vorübergehend betriebener Ausschank, in dem eigener [neuer] Wein ausgeschenkt wird.*
stra|wan|zen ⟨sw. V.; hat⟩ [H. u.], strabanzen (bayr., österr.): *umherstreifen, sich herumtreiben:* er strawanzt den ganzen Tag, statt zu arbeiten.
Stra|wan|zer, Strabanzer, der; -s, - (bayr., österr.): *jmd., der strawanzt.*
Stra|wan|ze|rin, die; -, -nen: w. Form zu ↑ Strawanzer.
strea|men [ˈstriːmən] ⟨sw. V.; hat⟩ [zu: engl. to stream = strömen] (EDV): *durch Streaming übertragen:* Videos, Programme streamen.
Strea|mer [ˈstriːmɐ], der; -s, - [engl. streamer, zu: to stream = strömen]: **1.** *(beim Angeln von Lachs verwendeter) größerer, mit Federn versehener Haken, der einer Fliege ähnlich sieht.* **2.** (EDV) *peripheres* (3) *Gerät eines Datenverar-*

beitungssystems zur Sicherung von Daten bes. bei Festplatten.
Strea|ming [ˈstriːmɪŋ], das; -[s], -s 〈engl. streaming, zu: to stream = strömen〉 (EDV): **1.** 〈o. Pl.〉 Datenübertragungsverfahren, bei dem die Daten bereits während der Übertragung angesehen od. angehört werden können [und nicht erst nach der vollständigen Übertragung der Daten]. **2.** Datenübertragung durch Streaming (1).
Stream of Con|scious|ness [ˈstriːm əv ˈkɔnʃəsnɪs], der; - - - 〈engl. = Bewusstseinsstrom, zu: stream = Strom u. consciousness = Bewusstsein]〉 (Literaturwiss.): Erzähltechnik, bei der an die Stelle eines äußeren, in sich geschlossenen Geschehens eine assoziative Folge von Vorstellungen, Gedanken o. Ä. einer Romanfigur tritt.
Stre|be, die; -, -n [zu ↑ streben]: schräg nach oben verlaufende Stütze in Gestalt eines Balkens, Pfostens, einer Stange o. Ä.: starke, dicke, dünne -n; die Wand musste mit -n gestützt werden.
Stre|be|bal|ken, der: als Strebe dienender Balken.
Stre|be|bo|gen, der (Archit.): Bogen (2) im Strebewerk.
stre|ben 〈sw. V.〉 [mhd. streben, ahd. strebēn, eigtl. = sich (angestrengt) bewegen, kämpfen, älter auch: steif sein, sich strecken, viell. verw. mit ↑ starren]: **1.** 〈ist〉 sich energisch, zielbewusst, unbeirrt, zügig irgendwohin, zu einem bestimmten Ziel bewegen: zur Tür, ins Freie, nach vorne s.; die Pflanzen streben (geh.; strecken sich) nach dem/zum Licht; Ü zum Himmel strebende (geh.; in den Himmel ragende) Türme; die Partei strebt mit aller Energie zur/an die Macht (geh.; möchte an die Macht kommen). **2.** 〈hat〉 sich sehr, mit aller Kraft, unbeirrt um etw. bemühen; danach trachten, etw. Bestimmtes zu erreichen: nach Reichtum, Erfolg s.; sie strebte stets (war stets bestrebt), sich zu verbessern; 〈subst.:〉 des Menschen Streben nach Glück; sein Streben geht dahin, ist darauf gerichtet, etwas zu ändern.
Stre|ber, der; -s, - (abwertend): jmd., der sich ehrgeizig u. in egoistischer Weise um sein Fortkommen in Schule od. Beruf bemüht: er galt in seiner Klasse, bei seinen Kollegen als S.; Von Anfang an war ich fleißig, aber kein S. und dennoch Klassenbester (Grass, Hundejahre 268).
stre|ber|haft 〈Adj.〉 (meist abwertend): ehrgeizig u. egoistisch um das Fortkommen in Schule od. Beruf bemüht; die unangenehmen Eigenschaften eines Strebers aufweisend.
Stre|be|rin, die; -, -nen: w. Form zu ↑ Streber.
stre|be|risch 〈Adj.〉 (abwertend selten): streberhaft: ein -er Einzelkämpfer.
Stre|be|werk, das (Archit.): Gesamtheit der aus Bogen (2) u. Pfeilern (1) bestehenden Konstruktion, die bei gewölbten Bauten die vom Gewölbe aus wirkenden Kräfte ableitet u. auf die Fundamente überträgt.
streb|sam 〈Adj.〉: eifrig bemüht, sein Fortkommen in Schule od. Beruf mit Fleiß u. Zielstrebigkeit zu fördern; -e Schüler; sie ist sehr s.
Streb|sam|keit, die; -: das Strebsamsein; strebsames Verhalten.
Stre|bung, die; -, -en 〈meist Pl.〉 [zu ↑ streben (2)] (geh.): das Streben (2): politische, kulturelle -en.
Streck|bank, die 〈Pl. ...bänke〉: Folterbank.
streck|bar 〈Adj.〉: sich strecken lassend; geeignet, gestreckt zu werden.
Streck|bett, das (Med.): der Geradestellung einer verkrümmten Wirbelsäule dienendes Bett, in dem ein Patient durch Vorrichtungen, die einen Zug ausüben, behandelt wird.
Stre|cke, die; -, -n [zu ↑ strecken; mhd. in: zilstrecke = Strecke Wegs]: **1. a)** Stück, Abschnitt eines [zurückzulegenden] Weges von bestimmter od. unbestimmter Entfernung: eine lange, weite,

kurze, kleine S.; es ist eine ziemliche, ordentliche, beträchtliche, ungeheure S. bis dorthin; eine schwierige S., eine S. von 20 km bewältigen, zurücklegen; jmdn. eine S. [Weges] begleiten; die S. bis zur Grenze schaffen wir in einer Stunde; die Pilotin fliegt diese S. (Route) öfter; das Land war über weite -n [hin] (war weithin, zu großen Teilen) überschwemmt; Ü das Buch war über einige -n (in einigen Passagen) ziemlich langweilig; * **auf der S. bleiben** (ugs.: 1. nicht mehr weiterkönnen, aufgeben müssen; scheitern: bei dem scharfen Konkurrenzkampf ist er auf der S. geblieben. 2. verloren gehen, vereitelt werden, zunichtewerden: die Reformen sind auf der S. geblieben); **b)** Abschnitt, Teil einer Eisenbahnlinie, einer Gleisanlage zwischen zwei Stationen: die S. Saarbrücken–Paris, zwischen Saarbrücken und Paris fährt sie öfter; eine S. ausbauen; eine S. (die Gleise eines bestimmten Abschnitts) kontrollieren, begehen, abgehen; der Zug hielt auf freier/offener S. (außerhalb eines Bahnhofs); **c)** (Sport) für einen Wettkampf festgelegte Entfernung, genau abgemessener Weg, den ein Sportler bei einem Rennen o. Ä. zurücklegen muss: sie läuft, schwimmt nur die kurzen -n; viele Zuschauer säumten die S., waren an der S. auf die S. gehen (starten); die Läuferinnen sind noch auf der S. (unterwegs). **2.** (Geom.) durch zwei Punkte begrenzte gerade Linie: die S. auf der Geraden abtragen. **3.** (Bergbau) (der Zu- u. Abfuhr von Materialien dienender) horizontaler Grubenbau. **4.** (Jägerspr.) Gesamtheit des bei einer Jagd erlegten [nach der Jagd geordnet auf der Erde niedergelegten] Wildes: eine ansehnliche S. von fünfzig Hasen; Die Schüsse im Spätherbst aber galten eher den Wildtauben, von denen ganze vom Himmel geballerte -n, wolkengraublau, auf der Marmorplatte des einen Fleischers auslagen (Handke, Niemandsbucht 972); * **etw.** (ein Tier) **zur S. bringen** (Jägerspr.; ein Tier erlegen, auf der Jagd töten); **jmdn. zur S. bringen** (1. jmdn. [nach langer Verfolgung] überwältigen, verhaften, töten. jmdn. zu Fall bringen, erledigen).
stre|cken 〈sw. V.; hat〉 [mhd. strecken, ahd. strecchen, eigtl. = gerade, strack machen, zu ↑ strack]: **1. a)** (einen Körperteil) in eine gerade, ausgestreckte Haltung bringen; ausstrecken, ausgestreckt halten: die Arme, Beine, den Körper s.; die Schüler strecken den Finger (landsch.; halten den ausgestreckten Zeigefinger hoch, um sich zu melden); Ü das Bein s. (in einen Streckverband legen); 〈2. Part.:〉 in gestrecktem Galopp (in raschem Galopp mit gestreckten, weit ausgreifenden Beinen des Pferdes) davoneilen; ein gestreckter (Math.; 180° aufweisender) Winkel; **b)** (sich, einen Körperteil) dehnend ausstrecken, recken: sich dehnen und [auf dem Sofa] s.; er streckte seine Glieder auf dem weichen Sofa aus; sie reckte und streckte sich, ehe sie sich erhob; der Hund streckte sich behaglich in der Sonne; sie mussten die Hälse s., um etwas zu sehen; die Torhüterin musste sich gewaltig s. (musste einen Hechtsprung machen), um den Schuss über die Latte zu lenken; Ü der Weg dahin streckt sich (fam.; ist weiter als erwartet); **c)** (einen Körperteil) ausgestreckt in eine bestimmte Richtung halten; irgendwohin recken: den Kopf aus dem Fenster, durch den Türspalt, in die Höhe, nach vorn s.; die Füße unter den Tisch s., von sich s.; **d)** 〈s. + sich〉 sich irgendwo der Länge nach hinstrecken, ausgestreckt hinlegen: sich behaglich aufs Sofa, ins Gras s.; sie streckte sich unter die Decke und schlief ein; **e)** 〈s. + sich〉 (seltener) sich räumlich erstrecken; eine bestimmte Ausdehnung haben: der Wald streckt sich mehrere Kilometer in die Länge; **f)** 〈s. + sich〉 (fam.) größer werden, wach-

sen: die Kinder haben sich mächtig gestreckt. **2.** durch entsprechende Behandlung, Bearbeitung größer, länger, breiter, weiter machen: sie hat die Schuhe s. lassen; Ü der Schnitt des Kleides streckt sie, ihre Figur (lässt sie, ihre Figur schlanker u. größer erscheinen). **3. a)** durch Verdünnen, Vermischen mit Zusätzen in der Menge vermehren, ergiebiger machen: die Soße, die Suppe [mit Wasser] s.; Wir mischen Eichel- und Erbsmehl unter, um unseren Brotteig zu s. (Grass, Butt 370); **b)** durch Rationieren, Einteilen in kleinere Portionen länger ausreichen lassen: Holz und Kohle s.; die Vorräte lassen sich nicht mehr lange s. **4.** (Jägerspr.) erlegen.
Stre|cken|ab|schnitt, der: Abschnitt einer Strecke (1): ein gefährlicher S.
Stre|cken|ar|bei|ter, der: Arbeiter, der beim Bau, bei der Unterhaltung, Reparatur von Gleisanlagen mit Einzelarbeiten beschäftigt ist.
Stre|cken|ar|bei|te|rin, die: w. Form zu ↑ Streckenarbeiter.
Stre|cken|füh|rung, die: Verlauf einer Renn-, Bahn-, Flugstrecke.
Stre|cken|netz, das: vgl. Straßennetz: das S. ausbauen.
Stre|cken|pos|ten, der (Sport): an einer Rennstrecke eingesetzter Posten (1 b).
Stre|cken|re|kord, der: für eine bestimmte Strecke (1 c) geltender Rekord.
stre|cken|wei|se 〈Adv.〉: über einige, bestimmte Strecken (1 a) hin; an einzelnen, bestimmten Stellen: die Straße ist s. gesperrt; 〈mit Verbalsubstantiven auch attr.:〉 eine s. Versteppung; Ü ein s. (in einigen Passagen) sehr lesenswertes Buch; die Mannschaft spielte s. (zeitweise, in einigen Abschnitten) hervorragend.
Stre|cker, der; -s, - (Anat.): Streckmuskel.
Streck|hang, der (Turnen): Hang (3) mit gestreckten Armen: ein S. am Reck, an den Ringen.
Streck|mus|kel, der (Anat.): Muskel, der dazu dient, ein Glied o. Ä. zu strecken.
Streck|sitz, der (Turnen): das Sitzen mit gestreckten Beinen.
Stre|ckung, die; -, -en: das Strecken; Beugung und S. der Muskeln.
Streck|ver|band, der (Med.): Verband, der durch Schienen o. Ä. eine Streckung bewirkt u. so eine Verkürzung des Knochens bei der Heilung verhindert.
Street|ball [ˈstriːtbɔːl], der; -s [zu engl. street = Straße u. (basket)ball = (Basket)ball]: auf Plätzen, Höfen o. Ä. gespielte Variante des Basketballs mit drei Spielern in einer Mannschaft.
Street|bal|ler [ˈstriːtbɔːlɐ], der; -s, -: jmd., der Streetball spielt.
Street|bal|le|rin, die; -, -nen: w. Form zu ↑ Streetballer.
Street|ho|ckey [ˈstriːthɔke, auch: ...hɔki], das: auf Plätzen, Höfen o. Ä. gespieltes, dem Eishockey ähnliches Ballspiel.
Street|work [ˈstriːtwəːk], die; - [zu engl. work = Arbeit]: Sozialarbeit, bei der Drogenabhängigen, gefährdeten u. straffällig gewordenen Jugendlichen u. a. innerhalb ihrem Wohnbereichs od. Milieus von Streetworkern geholfen bzw. Beratung angeboten wird.
Street|wor|ker [ˈstriːtwəːkɐ], der; -s, - [engl. street worker, zu: worker = Arbeiter(in)]: Sozialarbeiter, der Streetwork betreibt.
Street|wor|ke|rin, die; -, -nen: w. Form zu ↑ Streetworker.
Streich, der; -[e]s, -e [mhd. streich, zu ↑ streichen in dessen veralteter Bed. »schlagen«]: **1.** (geh.) Schlag, Hieb; ein leichter S.; einen S. gegen jmdn. führen; Es ist die Lehre dessen, der uns geraten hat, die linke Backe hinzuhalten, wenn wir einen S. auf die rechte empfangen haben (Musil, Mann 1169); **Spr** von einem/vom ersten -e fällt keine

Eiche *(jedes Ding braucht seine Zeit);* * **auf einen S.** *(veraltend; gleichzeitig, auf einmal);* [mit etw.] zu S. kommen *(veraltend, noch landsch.; mit etw. zurechtkommen, Erfolg haben;* zu Streich in der alten Bed. »Schlag«, hier im Sinne von »Zuschlag« bei einer Versteigerung). **2.** *meist aus Übermut, Mutwillen, Spaß ausgeführte Handlung, mit der andere geneckt, getäuscht, hereingelegt werden:* ein übermütiger, lustiger, dummer S.; tolle -e ausführen, verüben, vollführen; einen S. aushecken; zu albernen, verrückten -en aufgelegt sein; *jmdm. einen S. spielen (1. *jmdm. mit einem Streich necken, hereinlegen:* die Kinder haben dem Lehrer einen S. gespielt. *jmdm. übel mitspielen, ihn täuschen, narren, im Stich lassen:* mein Gedächtnis, das Schicksal hat mir einen S. gespielt).

Streich|blech, das: **1.** *Blech hinter der Pflugschar.* ◆ **2.** *flacher, länglicher Gegenstand aus Blech, mit dem das überschüssige Getreide vom Hohlmaß abgestrichen wird:* ... in seiner Rechten hielt er ein silbernes gehenkeltes Gemäß und ein S. in der Linken (Goethe, Dichtung u. Wahrheit 5).

Strei|chel|ein|heit, die ⟨meist Pl.⟩ (Psychologiejargon, auch scherzh.): *gewisses Maß freundlicher Zuwendung in Form von Lob, Zärtlichkeit o. Ä., das jmd. braucht, jmdm. zuteilwird:* seine -en bekommen.

strei|cheln ⟨sw. V.; hat⟩ [frühnhd. Weiterbildung aus dem sw. V. mhd. streichen, ahd. streihhōn = streicheln, zu ↑streichen]: *mit leichten, gleitenden Bewegungen der Hand sanft, liebkosend berühren; leicht, sanft über etw. streichen, hinfahren:* jmdn. zärtlich, liebevoll s.; er streichelte ihr Haar, ihr das Haar, ihr übers Haar; sie streichelte das Fell des Hundes, den Hund am Kopf; Ü ein leichter Wind streichelte ihren Körper.

Strei|chel|zoo, der: *Tiergarten od. Gehege, in dem Kinder Tiere, die sie sonst nur aus der Ferne sehen, beobachten u. auch streicheln können.*

strei|chen ⟨st. V.⟩ [mhd. strīchen, ahd. strīhhan, verw. mit ↑Strahl]: **1.** ⟨hat⟩ **a)** *mit einer gleitenden Bewegung [leicht, ebnend, glättend] über etw. hinfahren (3), hinstreichen:* jmdn. freundlich, zärtlich, liebevoll durch die Haare, über den Kopf, das Gesicht s.; sie strich mehrmals mit der Hand über die Decke; er strich sich nachdenklich über den Bart/*(auch:)* strich sich den Bart; er streicht die Geige (veraltend; *er spielt auf der Geige*); das Maß sollte gestrichen voll (*genau bis zum Rand gefüllt*) sein; ⟨nur mit 2. Part.:⟩ ein gestrichener (*bis zum Rand gefüllter, aber nicht gehäufter*) Esslöffel Mehl; der Aschenbecher ist mal wieder gestrichen (ugs.; *übermäßig*) voll; Ü ◆ ... wie eine Katze schnurrt, wenn man sich mit ihr einlässt, ihr den Balg streicht (*streichelt*; Gotthelf, Spinne 94); **b)** *mit einer raschen Bewegung irgendwohin befördern:* mit einer raschen Bewegung strich sie die Krümel zur Seite, vom Tisch; ich strich ihm das Haar, eine Strähne aus der Stirn; mit einem Spachtel Kitt in die Fugen s.; die gekochten Tomaten durch ein Sieb s. (Kochkunst; *durchschlagen, passieren*). **2.** ⟨hat⟩ *mit streichenden* (1 a) *Bewegungen [mithilfe eines Gerätes] in einer Schicht über etw. verteilen, irgendwo auftragen:* Butter, Marmelade [dick] aufs Brot s.; er strich mit dem Spachtel Salbe auf die Wunde; **b)** *durch Streichen* (2 a) *mit einem Brotaufstrich versehen; bestreichen:* ein Brötchen mit Leberwurst, Honig, Marmelade s.; der Vater streicht den Kindern die Brote; **c)** *mithilfe eines Pinsels o. Ä. mit einem Anstrich* (1 b) *versehen; anstreichen:* die Decke, die Wände s.; sie hat die Türen, die Gartenmöbel mit Ölfarbe gestrichen; ein mit

grüner Ölfarbe gestrichener Zaun; Vorsicht, frisch gestrichen! **3.** ⟨hat⟩ *(etw. Geschriebenes, Gedrucktes, Aufgezeichnetes) durch einen od. mehrere Striche ungültig machen, tilgen; ausstreichen:* einen Satz [aus einem Manuskript, in einem Text] s.; er hat einige Passagen der Rede, einige Szenen des Theaterstückes gestrichen; du kannst sie, ihren Namen aus der Liste s.; Nichtzutreffendes bitte s.!; Ü du musst diese Angelegenheit aus deinem Gedächtnis s. (*musst sie vergessen, darfst nicht mehr daran denken*); der Auftrag wurde ihm gestrichen *(nicht erteilt);* Zuschüsse, Subventionen s. *(nicht länger gewähren, abschaffen);* dem Häftling sind alle Vergünstigungen gestrichen worden *(werden ihm nicht länger gewährt);* deinen Urlaub, diese Pläne kannst du s. (ugs.; *aufgeben, fallen lassen*). **4.** ⟨ist⟩ **a)** *ohne erkennbares Ziel, ohne eine bestimmte Richtung umhergehen; sich irgendwo umherbewegen:* durch Wälder und Felder s.; abends streicht sie durch die Straßen, um ihr Haus; die Katze streicht *(bewegt sich mit leichten, gleitenden Bewegungen)* mir um die Beine; (bes. Jägerspr.) *in ruhigem Flug [in geringer Höhe] fliegen, irgendwo umherfliegen:* ein paar Enten, Wasservögel streichen aus dem Wasser; **c)** *gleichmäßig, nicht sehr heftig wehen:* ein leichter Wind streicht durch die Kronen der Bäume, über die Felder, um die Mauern. **5.** (in den Vergangenheitsformen ungebr.) **a)** (Geol.) *(von schräg verlaufenden Schichten) in bestimmtem Winkel eine gedachte horizontale Linie schneiden;* **b)** (Geogr.) *(von Gebirgen) in einer bestimmten Richtung verlaufen, sich erstrecken:* das Gebirge streicht nach Norden, entlang der Küste. **6.** ⟨hat⟩ (Rudern) *(das Ruder) entgegen der Fahrtrichtung nehmen, um zu bremsen od. rückwärtszufahren:* sie haben die Riemen gestrichen. **7.** ⟨hat⟩ (Seemannsspr. veraltet) *herunterlassen, einziehen, einholen:* die Segel, die Stenge s. **8.** ⟨hat⟩ (landsch.) melken (1). ◆ **9.** ⟨hat⟩ *verprügeln; züchtigen; schlagen:* Wenn die Burschen schwimmen und ich seh einen nackten Buckel, gleich fallen sie mir zu Dutzenden ein, ich hab es mit Ruten s. sehn (Goethe, Egmont II); ... die Mutter ... nahm mich und strich mich eine lange Zeit mit der Rute (Rosegger, Waldbauernbub 178).

Strei|chen, das: -s ⟨Reiten⟩ *Fehler beim Gehen eines Pferdes, bei dem ein Huf die Innenseite des anderen Fußes streift.*

Strei|cher, der: -s, - (Musik): *jmd., der im Orchester ein Streichinstrument spielt.*

Strei|che|rin, die: -, -nen: w. Form zu ↑Streicher.

streich|fä|hig ⟨Adj.⟩: *so beschaffen, so weich, geschmeidig, dass ein Streichen* (2) *leicht möglich ist:* ein -er Käse, -e Wurst; diese Butter bleibt auch gekühlt s.

streich|fer|tig ⟨Adj.⟩: *gebrauchsfertig zum Streichen* (2): -e Farben.

Streich|garn, das: **1.** *weiches Garn, dessen raue Oberfläche dadurch entsteht, dass es aus ungleichmäßig kurzen Fasern besteht u. nur schwach gedreht ist.* **2.** *lockeres, weiches Gewebe aus Streichgarn* (1).

Streich|holz, das ⟨Pl. ...hölzer⟩: *kleines Stäbchen aus Holz, Pappe o. Ä. mit einem Kopf aus leicht entzündlichen Masse, der durch Reiben an einer rauen Fläche zum Brennen gebracht wird:* ein S. anreißen, anzünden, ausblasen; ein brennendes S. an die Zigarre halten; ein abgebranntes S. wegschnippen.

Streich|holz|län|ge, die: *Länge eines Streichholzes.*

Streich|holz|schach|tel, die: *kleine Schachtel mit einer od. zwei Reibflächen, in der Streichhölzer verpackt u. aufbewahrt werden.*

Streich|in|s|t|ru|ment, das: *Saiteninstrument, dessen Saiten durch Streichen mit einem Bogen* (5) *zum Tönen gebracht werden* (z. B. Geige).

Streich|kä|se, der: *streichfähiger, als Brotaufstrich verwendeter Käse.*

Streich|kon|zert, das: *Konzert* (1 a) *für Streichorchester.*

Streich|lis|te, die (bes. Wirtsch., Politikjargon): *Liste von Sparmaßnahmen:* das Unternehmen hat eine rigorose S. beschlossen; auf der S. stehen Kindergeld und Wohnzuschüsse.

Streich|or|ches|ter, das: *Orchester, in dem nur Streicher spielen.*

Streich|quar|tett, das: **a)** *mit zwei Geigen, einer Bratsche u. einem Cello besetztes Quartett* (1 a); **b)** *Komposition für ein Streichquartett* (a).

Streich|quin|tett, das: **a)** *mit zwei Geigen, einer Bratsche u. einem Cello sowie einer weiteren Bratsche od. einem weiteren Cello besetztes Quintett* (b); **b)** *Komposition für ein Streichquintett* (a).

Streich|trio, das: **a)** *meist mit einer Geige, einer Bratsche u. einem Cello besetztes Trio* (2); **b)** *Komposition für ein Streichtrio* (a).

Strei|chung, die: -, -en: **a)** *das Streichen* (3); *Kürzung:* einige -en im Drehbuch vornehmen; eine S. rückgängig machen; Ü die S. von Subventionen; die ersatzlose S. *(Abschaffung)* des § 218 fordern; **b)** *gestrichene Stelle in einem Text:* -en kenntlich machen.

Streich|wurst, die: *streichfähige, als Brotaufstrich verwendete Wurst* (z. B. Teewurst).

Streif, der; -[e]s, -e (mhd. strife, verw. mit ↑streifen]: **1.** (geh.) *Streifen* (1 a): ein heller, silberner S. am Himmel. ◆ **2.** *Streife* (1, 2): ... wenn er Mannschaft nötig habe zum S. (Hebel, Schatzkästlein 58).

Streif|band, das ⟨Pl. ...bänder⟩ (Postw., Bankw.): *zum Versand od. zur Aufbewahrung um eine Drucksache, gebündelte Geldscheine o. Ä. herumgelegter breiter Papierstreifen.*

Streif|chen, das; -s, -: Vkl. zu ↑Streifen (1).

Strei|fe, die; -, -n [zu ↑streifen]: **1.** *kleine Gruppe von Personen, kleine Einheit bei Polizei od. Militär, die Gänge od. Fahrten zur Kontrolle, Erkundung durchführt; Patrouille* (2): eine S. des Bundesgrenzschutzes; sie wurde von einer S. festgenommen. **2.** *von einer Streife* (1) *zur Kontrolle, Erkundung durchgeführter Gang, durchgeführte Fahrt; Patrouille* (1): eine S. machen, durchführen; sie sind, müssen, gehen auf S.; S. fahren (den Streifendienst a [in einem Polizeiwagen] versehen).

strei|fen ⟨sw. V.⟩ [mhd. streifen]: **1.** ⟨hat⟩ [*mit gleitender Bewegung] leicht, nicht sehr heftig berühren:* jmdn. am Arm s.; mit dem Wagen einen Baum s.; der Schuss hat ihn nur gestreift *(oberflächlich verletzt);* Ü sie streifte mich mit einem Blick *(sah mich kurz an);* Rom haben wir nur gestreift *(flüchtig gesehen);* Sie fühlten beide, dass es hart ans Komische streifte *(ans Komische grenzte, fast komisch war;* Musil, Mann 1364). **2.** ⟨hat⟩ *nur oberflächlich, nebenbei behandeln; kurz erwähnen:* eine Frage, ein Problem s.; das Thema nur kurz s. **3.** ⟨hat⟩ **a)** *mit einer streifenden* (1), *leicht gleitenden Bewegung irgendwohin bringen; über etw. ziehen, von etw. wegziehen; abstreifen:* den Ring auf den, vom Finger s.; den Ärmel in die Höhe, nach oben s.; sich das Kleid, den Pullover über den Kopf s. *(ziehen);* sich die Strümpfe von den Beinen s.; **b)** *mit einer streifenden* (1), *leicht gleitenden Bewegung von etw. ablösen, entfernen:* die Beeren von den Rispen, die Asche von der Zigarre s.; Er streifte schweigend die Asche von der Zigarre (A. Zweig, Claudia 23). **4.** ⟨ist⟩ **a)** *ohne erkennbares Ziel, ohne eine bestimmte*

Streifen – Streitschrift

Richtung einzuhalten wandern, ziehen; irgendwo umherwandern, -ziehen: durch die Wälder, die Straßen s.; **b)** (selten) *auf Streife* (2) *sein:* streifende Soldaten.

Strei|fen, der; -s, - [mhd. strīfe; 2. gek. aus ↑ Filmstreifen]: **1. a)** *farblich von seiner Umgebung abgehobener langer, schmaler Abschnitt einer Fläche:* ein silberner, heller S. am Horizont; das Kleid hat breite, schmale S.; den weißen S. auf der Fahrbahn überfahren; **b)** *langer, schmaler abgegrenzter Teil, Abschnitt von etw.:* ein schmaler S. Land/(geh.:) Landes; **c)** *langes, schmales, bandartiges Stück von etw.:* bunte S. Stoff; Fleisch in S. schneiden; * *sich für jmdn. in S. schneiden lassen* (ugs.; ↑ Stück 1 a). **2.** (ugs.) *Film* (3 a): ein amüsanter S.

Strei|fen|be|am|ter (vgl. Beamter): *Polizeibeamter, der Dienst als Streife* (1) *versieht.*

Strei|fen|be|am|tin, die: w. Form zu ↑ Streifenbeamter.

Strei|fen|dienst, der: **a)** *Dienst, den eine Streife* (1) *versieht:* S. haben; sie wurde zum S. abkommandiert; **b)** *Gruppe von Personen, die den Streifendienst* (a) *versieht.*

strei|fen|för|mig ⟨Adj.⟩: *die Form eines Streifens besitzend.*

Strei|fen|hörn|chen, das: *(in Nordamerika heimisches) Nagetier, dessen bräunliches Fell auf dem Rücken schwarze, weiße u. graue Längsstreifen aufweist.*

Strei|fen|mus|ter, das: *aus Streifen* (1 a) *bestehendes Muster:* ein Kleid mit S.

Strei|fen|po|li|zist, der: *Streifenbeamter.*

Strei|fen|po|li|zis|tin, die: w. Form zu ↑ Streifenpolizist.

Strei|fen|wa|gen, der: *Wagen für die Durchführung von Streifen* (2).

strei|fig ⟨Adj.⟩ [dafür mhd. strīfeht, ahd. strīphat]: *[unregelmäßige] Streifen* (1) *aufweisend; in, mit Streifen:* -e Wolken, Schatten; der Stoff wurde nach der Wäsche s. *(hat Streifen bekommen).*

Streif|licht, das ⟨Pl. -er⟩: **1.** (selten) *Licht, das [als schmaler Streifen] nur kurz irgendwo sichtbar wird, irgendwo auftrifft, über etw. hinhuscht:* die -er vorüberfahrender Autos. **2.** *kurze, erhellende Darlegung:* ein paar -er auf etw. werfen, fallen lassen *(etw. kurz charakterisieren).*

♦ **Streif|par|tie,** die: *Streife* (1): ... dass dieser Marsch nicht ganz sicher sei, wegen -n, welche vom Argonner Wald herunter zu befürchten waren (Goethe, Kampagne in Frankreich 1792, 1. Oktober).

Streif|schuss, der: **a)** *Schuss, bei dem das Geschoss den Körper oberflächlich verwundet;* **b)** *durch einen Streifschuss* (a) *verursachte Verletzung:* der Arzt untersuchte den S.

Streif|zug, der: **1.** *Wanderung, Fahrt, bei der ein Gebiet durchstreift, etw. erkundet wird:* einen S., Streifzüge durch die Gegend; von nächtlichen S. zurückkehren. **2.** *kursorische, hier u. da Schwerpunkte setzende Darlegung, Erörterung:* literarische Streifzüge; ein S. durch die Geschichte Europas.

Streik, der; -[e]s, -s, selten: -e [engl. strike, zu: to strike, ↑ streiken]: *gemeinsame, meist gewerkschaftlich organisierte Arbeitsniederlegung von Arbeitnehmern zur Durchsetzung bestimmter wirtschaftlicher, sozialer, die Arbeit betreffender Forderungen; Ausstand* (1): ein langer, spontaner, wilder Streik; ein S. für höhere Löhne, gegen die Beschlüsse der Arbeitgeber, der S. der Ärzte *(die Weigerung der Ärzte, geplante Behandlungen durchzuführen);* einen S. ausrufen, durchführen, [mit Gewalt] niederschlagen, -werfen; einen Betrieb durch S. stilllegen; im S. stehen; in [den] S. treten; Ü die Gefangenen wollen ihren S. fortsetzen.

Streik|ak|ti|on, die: *Aktion* (1) *bei einem Streik.*

Streik|auf|ruf, der: *Aufruf zum Streik.*

Streik|be|reit|schaft, die ⟨o. Pl.⟩: *Bereitschaft zum Streiken* (1).

Streik|bre|cher, der: *jmd., der während eines Streiks in dem bestreikten Betrieb arbeitet.*

Streik|bre|che|rin, die: -, -nen: w. Form zu ↑ Streikbrecher.

Streik|dro|hung, die: *Androhung eines Streiks:* mithilfe von -en Forderungen durchsetzen.

strei|ken ⟨sw. V.; hat⟩ [engl. to strike, eigtl. = streichen, schlagen; abbrechen]: **1.** *einen Streik durchführen, sich im Streik befinden:* wochenlang s.; sie streiken für höhere Löhne, gegen die Beschlüsse der Arbeitgeber; ⟨subst. 1. Part.:⟩ die Streikenden wurden ausgesperrt. **2.** (ugs.) **a)** *bei etw. nicht mehr mitmachen, sich nicht mehr beteiligen; etw. aufgeben;* **b)** *plötzlich versagen, nicht mehr funktionieren:* die Pumpe streikte; bei dem hohen Wellengang streikte ihr Magen *(wurde es ihr schlecht, musste sie sich übergeben).*

Streik|geld, das: *während eines Streiks von Gewerkschaften an ihre streikenden Mitglieder als Ersatz für den Ausfall des Lohns gezahltes Geld.*

Streik|kas|se, die: *von den Gewerkschaften für die Unterstützung eines Streiks, die Zahlung des Streikgeldes angelegte Kasse.*

Streik|lo|kal, das: *Lokal od. Versammlungsort, in dem sich die Streikenden treffen, ihre Versammlungen abhalten usw.*

Streik|pos|ten, der: **1.** *vor einem bestreikten Betrieb bes. gegen Streikbrecher aufgestellter Posten;* S. zogen auf. **2.** *Posten* (1 a) *eines Streikpostens:* S. beziehen.

Streik|recht, das: *rechtlich festgelegter Anspruch auf Streik.*

Streik|ver|bot, das: *Verbot, einen Streik durchzuführen.*

Streik|wel|le, die: *Welle von Streiks.*

Streit, der; -[e]s, -e ⟨Pl. selten⟩ [mhd., ahd. strīt, wohl eigtl. = Widerstreben, Aufruhr]: **1.** *heftiges Sichauseinandersetzen, Zanken [mit einem persönlichen Gegner] in oft erregten Erörterungen, hitzigen Wortwechseln, oft auch in Handgreiflichkeiten in erbitterter, ernsthafter S.; ein wissenschaftlicher, gelehrter S.; der S. der Konfessionen; der S. mit der Schwägerin; es war ein S. um Worte; ein S. über Form und Inhalt; ein S. unter den Kindern, zwischen zwei Parteien; ein S. bricht aus, entbrennt, entsteht; an etw. entzündet sich ein S.; die beiden haben, bekommen oft S. [miteinander]; es gab einen heftigen S.; einen S. anzetteln, entfachen, anfangen, austragen; immer S. suchen (zum Streiten aufgelegt sein); den S. beilegen, beenden, begraben; wir sind in S. geraten, liegen im S., sind im S. auseinandergegangen; Der Kriegszustand zwischen ihm und dem Seher hatte sich viele Jahre hingezogen, und der Streit war aus seinen Äußersten entbrannt (Buber, Gog 227); * ein S. um des Kaisers Bart* (↑ Kaiser 2). **2.** (veraltet) *Waffengang, Kampf:* den S. rüsten.

Streit|axt, die [spätmhd. strītax] (früher): *als Hieb- od. Wurfwaffe verwendete Axt:* * *die S. begraben* (↑ Kriegsbeil).

streit|bar ⟨Adj.⟩ (geh.): **1.** *[ständig] bereit, den Willen besitzend, sich mit jmdm. um etw. zu streiten, sich mit etw. kritisch, aktiv auseinanderzusetzen, für od. um etw. zu kämpfen, sich für jmdn., etw., auch jmdferisch: ein -er Charakter; eine -e Politikerin.* **2.** [mhd. strītbære] (veraltend) *zum Kampf bereit; kriegerisch, tapfer:* ein -er Ritter.

Streit|bar|keit, die; -: *das Streitbarsein.*

strei|ten ⟨st. V.; hat⟩ [mhd. strīten, ahd. strītan]:
1. *mit jmdm. Streit* (1) *haben, in Streit geraten; sich mit jmdm. in oft hitzigen Wortwechseln, oft auch in Handgreiflichkeiten heftig auseinandersetzen; sich zanken:* müsst ihr immer gleich s.?; ⟨häufig s. + sich:⟩ sich mit seinem Bruder [um nichts, wegen Kleinigkeiten] s.; die streitenden Parteien *(die Gegner)* in einem Prozess; ⟨subst. 1. Part.:⟩ die Streitenden trennen. **2.** *heftig über etw. diskutieren u. dabei die unterschiedlichen, entgegengesetzten Meinungen gegeneinander vertreten wollen:* über wissenschaftliche Fragen s.; sie stritten [miteinander] darüber, ob die Sache vertretbar sei; darüber kann man, lässt sich s. *(kann man verschiedener Meinung sein);* ⟨auch s. + sich:⟩ sie stritten sich über den Zweck der Rede, um Grundsätzliches. **3. a)** (geh.) *kämpfen* (4): *für die Freiheit, für den Glauben s.; gegen [die] Unterdrückung s.;* **b)** (veraltet) *eine kriegerische Auseinandersetzung führen.*

Strei|ter, der; -s, - [mhd. strīter, ahd. strītare]: **a)** (geh.) ¹*Kämpfer* (4): ein S. für die Freiheit, gegen soziale Missstände; **b)** (veraltet) *jmd., der in einer kriegerischen Auseinandersetzung, in einem Kampf streitet* (3 b): tapfere S.

Strei|te|rei, die; -, -en (abwertend): *[dauerndes] Streiten* (1, 2).

Strei|te|rin, die; -, -nen: w. Form zu ↑ Streiter.

Streit|fall, der: *strittiges, nicht gelöstes Problem, umstrittene Frage:* einen S. schlichten; im S. *(wenn ein Streitfall auftritt, im Falle eines Konflikts).*

Streit|fra|ge, die: *Streitfall.*

Streit|ge|gen|stand, der: **1.** *Gegenstand* (2 b) *eines Streites, einer Auseinandersetzung.* **2.** (Rechtsspr.) *Gegenstand* (2 b) *eines Rechtsstreits im Zivilprozess.*

Streit|ge|spräch, das: *längeres, kontrovers geführtes Gespräch; Diskussion um ein strittiges Thema; Disput:* ein politisches S. zwischen dem Außenminister und dem Oppositionsführer; Kandidaten im S.

Streit|hahn (ugs., oft scherzh.), **Streit|ham|mel** (fam., oft scherzh.), **Streit|hansl** (südd., österr. ugs.), der: *Kampfhahn* (2).

strei|tig ⟨Adj.⟩ [mhd. strītec, ahd. strītig = kampflustig; starrsinnig]: **1.** (seltener) *strittig, umstritten:* -e Fragen; * *jmdm. jmdn., etw. s. machen (jmdm. das Anrecht auf jmdn., etw. bestreiten, jmdn., etw. für sich beanspruchen:* den Engländern die Vorherrschaft auf dem Meer s. machen). **2.** (Rechtsspr.) *den Gegenstand eines Rechtsstreites darstellend:* -e Tatsachen, Ansprüche.

Strei|tig|keit, die; -, -en (meist Pl.): *[dauerndes] Streiten* (1, 2); *heftige Auseinandersetzung.*

Streit|kraft, die (meist Pl.): *Gesamtheit der militärischen Organe eines Landes, mehrerer zusammengehörender, verbündeter Länder; Truppen:* die feindliche S.; nationale Streitkräfte; der Oberbefehl über die Streitkräfte.

Streit|kul|tur, die: *Kultur* (2 a) *des Streitens, der verbalen Auseinandersetzung:* eine demokratische, politische, gesunde S.

Streit|lust, die ⟨o. Pl.⟩: *[ständige] Bereitschaft, sich mit jmdm. zu streiten.*

streit|lus|tig ⟨Adj.⟩: *[ständig] bereit, sich mit jmdm. zu streiten, einen Streit zu beginnen:* sie blickte ihn s. an.

Streit|macht, die: *zur Verfügung stehende, kampfbereite Truppe[n].*

Streit|ob|jekt, das: vgl. *Streitgegenstand* (1).

Streit|punkt, der: vgl. *Streitgegenstand* (1).

Streit|sa|che, die: **1.** vgl. *Streitfall:* in die S. der beiden wollte sie sich nicht einmischen. **2.** (Rechtsspr.) *Rechtsstreit.*

Streit|schrift, die: *Schrift, in der engagiert, oft polemisch wissenschaftliche, religiöse, politische od. ähnliche Fragen erörtert werden; Pamphlet.*

Streit|sucht, die ⟨o. Pl.⟩: *stark ausgeprägte Neigung, mit jmdm. einen Streit anzufangen.*
streit|süch|tig ⟨Adj.⟩: *[ständig] auf Streit aus [seiend].*
Streit|teil, der (österr.): *Partei (2).*
Streit|wa|gen, der: *(in Altertum u. Antike im Kampf, auf der Jagd u. bei Wettkämpfen verwendeter) mit Pferden bespannter, hinten offener, zwei- od. vierrädriger Wagen, den der Lenker stehend lenkt.*
Streit|wert, der (Rechtsspr.): *in einer Geldsumme ausgedrückter Wert des Streitgegenstandes (2).*
streng ⟨Adj.⟩ [mhd. strenge, ahd. strengi = stark, tapfer, tatkräftig, eigtl. wohl = fest gedreht, straff]: **1.** *nicht durch Nachsichtigkeit, Milde, Freundlichkeit gekennzeichnet, sondern eine gewisse Härte, Unerbittlichkeit zeigend; unnachsichtig auf Ordnung u. Disziplin bedacht:* ein -er Lehrer, Vater, Richter; -e Strafen; eine -e Erziehung; ein -er Verweis, Tadel; sie steht unter -er (verschärfter) Aufsicht; er sah sie mit -em Blick, -er Miene an; sie ist sehr s. [mit/zu den Kindern]; er zensiert zu s.; jmdn. s. zurechtweisen; jmdn. s. ansehen; ⟨subst.:⟩ etw. wird aufs/auf das Strengste/strengste bestraft. **2. a)** *keine Einschränkung, Abweichung, Ausnahme duldend; in höchstem Maß an Unbedingtheit, Diszipliniertheit, Konsequenz, Exaktheit verlangend; sehr korrekt, genau, exakt; unbedingt, strikt:* -ste Pünktlichkeit, Diskretion, Verschwiegenheit; -stes Stillschweigen bewahren; er hatte die -e Weisung, niemanden einzulassen; -e Bettruhe, eine -e Diät verordnen; ein -er (strenggläubiger) Katholik; im -en Sinne (streng genommen, eigentlich); Anweisungen s. befolgen; sich s. an die Regeln halten; Rauchen ist hier s. verboten; du brauchst dies nicht so s. (seltener: *so genau, so ernst*) zu nehmen; etw. s. voneinander trennen; s. genommen *(eigentlich)* dürfte sie an dem Spiel nicht teilnehmen; er ging s. methodisch, wissenschaftlich vor; **b)** *in der Ausführung, Gestaltung, Linienführung, Bearbeitung ein bestimmtes Prinzip genau, konsequent, schnörkellos befolgend:* der -e Aufbau eines Dramas; der -e Stil eines romanischen Bauwerks; der -e Schnitt eines Kostüms; ein sehr s. geschnittenes Kleid; ...oben die Akropolis der Zapoteken, eine weite und umfängliche Tempelstätte in -er Geometrie (Frisch, Montauk 104). **3.** *keine Anmut, Lieblichkeit aufweisend; nicht weich, zart, sondern von einer gewissen Härte, Verschlossenheit zeugend; herb:* -e Züge; diese Frisur macht ihr Gesicht zu s. **4.** *durchdringend auf den Geschmacks- od. Geruchssinn wirkend; herb u. etwas bitter:* -er Geschmack des Käses; s. im Geschmack sein; s. riechen. **5.** *durch sehr niedrige Temperaturen gekennzeichnet; rau:* ein -er Winter; -er (*starker*) Frost. **6.** (bes. südd., schweiz.) *anstrengend, mühevoll, beschwerlich, hart:* eine -e Woche, Zeit; der Dienst war ziemlich s.; s. arbeiten.
Stren|ge, die; - [mhd. strenge, ahd. strengī]: **1.** *strenge (1) Haltung, Einstellung, Beschaffenheit; das Strengsein; Härte, Unerbittlichkeit:* unnachsichtige, äußerste S.; die S. eines Blicks; S. walten lassen; üben; Kinder mit großer S. erziehen; mit drakonischer S. gegen jmdn. vorgehen. **2. a)** *strenge (2 a) Art, Genauigkeit, Exaktheit, Striktheit:* die S. ihrer Lebensführung; **b)** *strenge (2 b) Gestaltung, Ausführung; straffe, schnörkellose Linienführung:* die klassische S. eines Bauwerks. **3.** *strenges (3) Aussehen, Herbheit:* die S. ihres Mundes. **4.** *strenge (4) Art (des Geschmacks, Geruchs):* die S. durch Hinzufügen von Sahne mildern; ein Geruch von beißender S. **5.** *strenge (5) Art, Beschaffenheit, Schärfe, Rauheit (der Witterung):* die S. des Frosts; der Winter kam noch einmal mit großer S.
streng ge|nom|men, strenggenommen ⟨Adj.⟩: *nach strengen Maßstäben beurteilt, eigentlich:* s. g. müsste das heute erledigt werden.
streng|gläu|big ⟨Adj.⟩: *streng nach den Grundsätzen des Glaubens lebend, ausgerichtet; die religiösen Vorschriften genau beachtend; sehr fromm; orthodox (1):* ein -er Christ, Moslem.
Streng|gläu|big|keit, die: *das Strenggläubigsein.*
strengs|tens ⟨Adv.⟩: *sehr streng (2 a), ohne jede Einschränkung, Ausnahme:* sich s. an die Regeln halten; s. untersagt, verboten sein.
Strep|to|kok|ke, die; -, -n, **Strep|to|kok|kus,** der; -, ...kken ⟨meist Pl.⟩ [ʃt...; zu griech. streptós = gedreht, gekrümmt u. ↑ Kokke]: *kugelförmige Bakterie, die sich mit anderen ihrer Art in Ketten anordnet u. als Eitererreger für verschiedene Krankheiten verantwortlich ist.*
Stre|se|mann, der; -s [nach dem dt. Politiker G. Stresemann (1878–1929)]: *Gesellschaftsanzug, der aus einem dunklen, einfarbigen, ein- od. zweireihigen Sakko, grauer Weste u. schwarz u. grau gestreifter Hose ohne Umschlag besteht.*
Stress [ʃt..., auch: st...], der; -es, -e ⟨Pl. selten⟩ [1936 gepr. von dem österr.-kanad. Biochemiker H. Selye (1907–1982)]: **1.** *erhöhte Beanspruchung, Belastung physischer od. psychischer Art:* der S. einer Reise, beim Autofahren; das erzeugt körperlichen, psychischen S.; im S. sein; im/unter S. stehen. **2.** (ugs.) *Ärger:* S. mit den Eltern; S. machen.
stres|sen [ˈʃt..., auch: ˈst...] ⟨sw. V.; hat⟩ (ugs.): *als Stress auf jmdn. wirken; körperlich, psychisch überbeanspruchen:* dieser Lärm stresst mich; ⟨oft im 2. Part.:⟩ von der Arbeit gestresst sein; gestresste Kollegen.
Stress|fak|tor, der: *Stressor.*
stress|frei ⟨Adj.⟩ (ugs.): *ohne Stress ablaufend; keinen Stress verursachend:* eine -e Atmosphäre.
stress|ge|plagt ⟨Adj.⟩ (ugs.): *von Stress geplagt:* -e Managerinnen, Väter.
Stress|hor|mon, das: *Hormon (z. B. Adrenalin), das in Stresssituationen ausgeschüttet wird.*
stres|sig ⟨Adj.⟩ (ugs.): *starken Stress bewirkend; aufreibend, anstrengend:* eine -e Woche; die Fahrt, diese Frau war sehr s.
Stres|sor, der; -s, ...oren [engl. stressor]: *Mittel, das Stress bewirkt; Faktor, der Stress auslöst.*
Stress|re|ak|ti|on, die: *durch Stress ausgelöste Reaktion.*
stress|re|sis|tent ⟨Adj.⟩: *widerstandsfähig gegenüber Stress:* -e Menschen; sie erwies sich als äußerst s.
Stress|si|tu|a|ti|on, die: *Situation, die für jmdn. Stress bedeutet.*
Stress|test, der: *Test, bei dem Reaktionen auf Stress (1) gemessen werden:* Ü nicht alle Lebensversicherungen haben an dem S. durch die Finanzaufsicht bestanden.
Stretch [stretʃ], der; -[e]s, -es [ˈstretʃɪs] [zu engl. to stretch = dehnen]: *sehr elastisches Gewebe.*
Stret|ching [ˈstretʃɪŋ], das; -s: *aus Dehnungsübungen bestehende Gymnastik.*
Stretch|li|mo [ˈstretʃ...], die; -, -s (ugs.): *kurz für* ↑ Stretchlimousine.
Stretch|li|mou|si|ne [ˈstretʃlimuˌ...], die [engl. stretch limousine, aus: stretch = dehnbar, Stretch-, zu to stretch, ↑ Stretch u. limousine, ↑ Limousine]: *Limousine mit bes. langem Fahrgastteil.*
Streu, die; -, - ⟨Pl. selten⟩ [mhd. strewe, ströu(we), zu ↑ streuen]: *Stroh, auch Laub o. Ä., das in einer dickeren Schicht verteilt als Belag auf dem Boden z. B. für das Vieh im Stall dient.*
Streu|ar|ti|kel, der (Werbespr.): *in breiter Streuung verteiltes [kleines] Werbegeschenk.*
Streu|be|sitz, der ⟨o. Pl.⟩ (Börsenw.): *auf mehrere, meist kleinere Anleger (2) verteilter Besitz (c) von Aktien.*
Streu|bom|be, die: *Bombe (1), die aus Hunderten kleinerer Sprengkörper besteht:* ein weltweites Verbot von -n.
Streu|büch|se, die: *kleineres, geschlossenes Gefäß, dessen Deckel od. obere Fläche mit Löchern zum Ausstreuen eines pulvrigen od. feinkörnigen Inhalts versehen ist.*
Streu|dienst, der: *Gruppe von Personen, die zum Streuen von Straßen, Wegen u. Plätzen bei Glatteis od. Schneeglätte eingesetzt wird.*
Streu|do|se, die: *Streubüchse.*
Streue, die; -, -n ⟨Pl. selten⟩ (schweiz.): *Streu.*
streu|en ⟨sw. V.; hat⟩ [mhd. streuwen, ströuwen, strouwen, ahd. strewen, strouwen, eigtl. = übereinander-, nebeneinanderbreiten; aufschichten]: **1. a)** *[mit leichtem Schwung] werfen od. fallen lassen u. dabei über eine Fläche verteilen:* Salz auf/über die Kartoffeln s.; Mist auf den Acker s.; Sand, Asche [auf das Glatteis] s.; die Kinder streuten in der Kirche Blumen; sie haben den Vögeln/für die Vögel Futter gestreut *(hat es ihnen hingestreut);* Ü die Aufträge s. *(an mehrere Personen, Firmen vergeben);* die Zeitung wird weit gestreut *(über ein weites Gebiet verstreut)* verkauft; **b)** *auf Straßen, Wegen, Plätzen ein Streugut gegen Glatteis, Schneeglätte verteilen:* die Straßen [mit Salz] s.; wenn es friert, müssen wir den Bürgersteig s.; ⟨auch ohne Akk.-Obj.:⟩ die Hausbesitzer sind verpflichtet zu s. **2.** *die Fähigkeit, Eigenschaft haben, etw. [in bestimmter Weise] zu streuen (1 a), herausrinnen zu lassen:* der Salzstreuer streut nicht mehr; die Tüte streut *(hat ein Loch u. lässt den Inhalt herausrinnen).* **3.** (Schießen) *die Eigenschaft haben, sich zerplatzend, explodierend in einem weiten Umkreis zu verteilen:* diese Geschosse streuen nur wenig. **4. a)** *bewirken, dass ein Geschoss vom eigentlichen Ziel abweicht; ungenau treffen:* die Waffe streut stark; **b)** (Fachspr.) *(von Licht-, Röntgenstrahlen, von Teilchen wie Ionen u. a.) von der eigentlichen Richtung, von der geraden Linie nach verschiedenen Seiten abweichen;* **c)** (Statistik) *von einem errechneten Mittelwert, einem angenommenen Durchschnittswert abweichen:* die Messwerte sollten nicht zu sehr s. **5.** (Med.) *die Ausbreitung eines krankhaften Prozesses in Teile des Körpers bzw. im ganzen Organismus verursachen, bewirken:* der Krankheitsherd streut. **6.** (ugs.) *(Informationen, Behauptungen o. Ä.) [aus einer bestimmten Absicht heraus] verbreiten:* Gerüchte [unter die Leute] s.; die Geschäftsleitung ließ s., das Unternehmen würde verkauft.
Streu|er, der; -s, -: *Streubüchse.*
Streu|fahr|zeug, das: *vgl. Streuwagen.*
Streu|gut, das ⟨o. Pl.⟩: *Material (Sand, Salz) zum Streuen (1 b) von Straßen, Wegen u. Plätzen.*
Streu|licht, das ⟨o. Pl.⟩ (Optik): *Licht, das (bes. durch kleine Teilchen wie Staubpartikel o. Ä.) aus seiner ursprünglichen Richtung abgelenkt wird.*
streu|nen ⟨sw. V.; ist/selten: hat⟩ [mhd. striunen = neugierig, argwöhnisch nach etw. suchen, H. u.] (oft abwertend): *ohne erkennbares Ziel irgendwo herumlaufen, -ziehen, bald hier, bald dort auftauchen; sich herumtreiben:* durch die Stadt s.; er ist/(selten:) hat den ganzen Tag gestreunt; der Hund streunt [über die Felder]; streunende Katzen.
Streu|ner, der; -s, - (oft abwertend): *jmd., der [herum]streunt, keinen festen Wohnsitz hat, ziellos von Ort zu Ort zieht.*
Streu|ne|rin, die; -, -nen: *w. Form zu* ↑ Streuner.
Streu|obst|wie|se, die: *mit Obstbäumen bestandene Wiese.*

Streupflicht – Strickreiter

Streu|pflicht, die: *Pflicht (einer Gemeinde, eines Hausbesitzers), im Winter bei Glätte zu streuen* (1 b).

Streu|salz, das: *in bestimmter Weise präpariertes, zum Streuen* (1 b) *bestimmtes Salz.*

Streu|sand, der: **1.** vgl. Streusalz. **2.** (früher) *feiner Sand, der zum Trocknen der Tinte auf ein Schriftstück gestreut wurde.*

Streu|sand|büch|se, die (früher): *Büchse für den Streusand* (2).

Streu|sel, der od. das; -s, - ⟨meist Pl.⟩ [urspr. u. noch mundartl. identisch mit ↑Streu]: *aus Butter, Zucker u. ein wenig Mehl zubereitetes Klümpchen od. Bröckchen zum Bestreuen von Kuchen:* ein Apfelkuchen mit -n.

Streu|sel|ku|chen, der: *mit Streuseln bedeckter Hefekuchen.*

Streu|ung, die; -, -en: **1.** *in einer gewissen Proportionalität, Gleichmäßigkeit erfolgende Verteilung, Verbreitung:* eine breite S. der Werbung. **2.** *das Streuen* (3). **3. a)** *das Abweichen vom eigentlichen Ziel:* die S. einer Waffe; **b)** (Fachspr.) *das Streuen* (4 b), *das Abweichen von der geraden Linie:* die S. des Lichts; **c)** (Statistik) *das Streuen* (4 c), *das Abweichen von einem Mittelwert:* die S. der Werte. **4.** (Med.) *das Streuen* (5).

Streu|wa|gen, der: *speziell für das Streuen* (1 b) *ausgerüsteter Wagen.*

Streu|wie|se, die (Landwirtsch.): *durch Artenreichtum gekennzeichnete feuchte Wiese, deren Gräser u. Kräuter als Einstreu verwendet werden.*

Streu|zu|cker, der: *weißer, körniger Zucker.*

strich: ↑streichen.

Strich, der; -[e]s, -e [mhd. strich, ahd. strich, ablautend zu ↑streichen]: **1. a)** *mit einem Schreibgerät o. Ä. gezogene, meist gerade verlaufende, nicht allzu lange Linie:* ein dünner, dicker, breiter, langer, kurzer, waagerechter, senkrechter, gerader S.; einen S. mit dem Lineal ziehen; sie macht beim Lesen oft -e an den Rand; sie hat die Skizze S. für S. nachgezeichnet; etw. in schnellen großen -en (*schnell u. skizzenhaft*) zeichnen; die Fehler waren mit dicken roten -en unterstrichen; mit einem einzigen S. quer über die Seite machte er alles ungültig; ihre Lippen wurden zu einem schmalen S. *(sie presste die Lippen so aufeinander, dass sie nur noch als schmale Linie sichtbar waren);* Ü er ist nur noch ein S. (ugs.; *ist sehr dünn geworden*); in wenigen -en, in einigen groben -en *(mit wenigen, andeutenden Worten)* umriss er seine Pläne; * keinen S. [tun/machen u. a.] (ugs.; *überhaupt nichts [tun, machen]*); einen [dicken] S. unter etw. machen/ziehen *(etw. als beendet, erledigt betrachten);* **jmdm.** einen S. durch die Rechnung/(auch:) durch etw. machen (ugs.; *jmdm. ein Vorhaben unmöglich machen, es durchkreuzen, zunichtemachen*); noch auf dem S. gehen können *(noch nicht so betrunken sein, dass man nicht mehr geradeaus gehen kann);* unter dem/unterm S. *(als Ergebnis nach Berücksichtigung aller positiven u. negativen Punkte, aller Vor- u. Nachteile);* unter dem S. sein (ugs.; *sehr schlecht, von geringem Niveau sein;* viell. nach dem Bild eines Eichstrichs); unter dem S. stehen (Jargon; *im Unterhaltungsteil, im Feuilleton einer Zeitung stehen*); **b)** *(verschiedenen Zwecken dienendes) Zeichen in Form eines kleinen geraden Striches* (1 a): die -e auf der Skala eines Thermometers, einer Waage; der Kompass hat 32 -e; der S. steht für einen langen Ton; das Morsealphabet setzt sich aus Punkten und -en zusammen; *jmdm. auf den S. haben (ugs.;↑Kieker 2; wohl nach dem Zielstrich bei Zielfernrohren). **2.** ⟨o. Pl.⟩ *Art u. Weise der Führung, Handhabung des Zeichenstiftes, Pinsels o. Ä. beim Zeichnen, Malen o. Ä.:* eine mit feinem, elegantem S. hingeworfene Skizze. **3.** ⟨meist Pl.⟩ *durch Anstreichen, Weglassen bestimmter Stellen, Passagen in einem Text erreichte Kürzung; Streichung:* er hat im Drehbuch einige -e vorgenommen; der Text wurde nach ein paar geringfügigen -en und Änderungen gutgeheißen. **4. a)** *das Streichen* (1 a) *[über etw. hin]:* einige -e mit der Bürste; ... während mit ihm schon geübten -en mein Messer über Wangen, Lippe und Kinn führte ... (Th. Mann, Krull 162); **b)** ⟨o. Pl.⟩ *Bogenführung:* der kräftige, weiche, zarte, klare, saubere S. des Geigers, der Cellistin. **5.** ⟨o. Pl.⟩ *Richtung, in der die Haare bei Menschen od. Tieren liegen, die Fasern bestimmter Gewebe verlaufen:* die Haare, das Fell, den Samt gegen den S., mit dem S. bürsten; * **etw. gegen den S. bürsten** (ugs.; *etw. ganz anders als bisher [und dadurch richtiger] darstellen:* in dem Buch wird das traditionelle Bild Luthers gründlich gegen den S. gebürstet); **jmdm. gegen/**(auch:)**wider den S. gehen** (ugs.; *jmdm. zuwider sein, nicht passen, missfallen*); **nach S. und Faden** (ugs.; *gehörig, gründlich;* aus der Webersprache, eigtl. = *bei der Prüfung eines Gesellenstücks den gewebten Faden u. den Strich prüfen:* er hat ihn nach S. und Faden betrogen, ausgefragt, verprügelt). **6.** (selten) *streifenartiger, schmaler Teil eines bestimmten Gebietes:* ein sumpfiger, bewaldeter S.; ein S. fruchtbaren Landes; ♦ Ich ... musste manchmal, um über einen S., wo die Sonne schien, zu kommen, stundenlang darauf warten, dass mir keines Menschen Auge den Durchgang verbot (Chamisso, Schlemihl 69). **7.** (südd., schweiz.) *lang gestreckte Zitze bei Haustieren, die gemolken werden.* **8.** ⟨Pl. selten⟩ (bes. Jägerspr.) **a)** *ruhiger Flug [in geringer Höhe]:* der S. der Schwalben, Stare, Schnepfen; **b)** *größere Anzahl, Schwarm dahinfliegender Vögel einer Art:* ein S. Enten zog vorbei. **9.** [wohl übertr. von 8] (salopp) **a)** ⟨o. Pl.⟩ *Prostitution, bei der sich Frauen od. Männer auf der Straße [in bestimmten Gegenden] um bezahlten sexuellen Verkehr bemühen:* der S. hat sie kaputtgemacht; * **auf den S. gehen** (salopp; *der Prostitution auf der Straße nachgehen*); **jmdn. auf den S. schicken** (salopp; *jmdn. veranlassen, zwingen, der Prostitution auf der Straße nachzugehen*); **b)** *Straße, Gegend, in der sich Frauen od. Männer aufhalten, um sich zur Prostitution anzubieten:* im Bahnhofsviertel ist der S.

Strich|code, Strichkode, der: *Verschlüsselung der Angaben über Hersteller, Warenart u. a. in Form unterschiedlich dicker, parallel angeordneter gleich langer Striche, die elektronisch gelesen werden können; EAN-Code.*

Stri|chel|chen, das; -s, -: Vkl. zu ↑ Strich (1 a).

stri|cheln ⟨sw. V.; hat⟩: **1.** *mit kleinen, voneinander abgesetzten Strichen zeichnen, darstellen:* die Umrisse von etw. s.; eine gestrichelte Linie. **2.** *mit kleinen, voneinander abgesetzten od. längeren, durchgezogenen, parallel verlaufenden Strichen bedecken, schraffieren:* ein Dreieck s.; ein gestricheltes Quadrat.

Stri|cher, der; -s, - (salopp, oft abwertend): *Strichjunge.*

Stri|che|rin, die; -, -nen: w. Form zu ↑Stricher.

Strich|jun|ge, der (salopp, oft abwertend): *junger Mann, der der Straßenprostitution nachgeht.*

Strich|kode: ↑Strichcode.

Strich|lein, das; -s, -: Vkl. zu ↑Strich.

strich|lie|ren ⟨sw. V.; hat⟩ (österr.): *stricheln.*

Strich|lis|te, die: *Aufzeichnung* (2 a), *bei der mithilfe von kurzen Strichen die Anzahl, die Häufigkeit des Auftretens von etw. festgehalten wird.*

Strich|mäd|chen, das (salopp, oft abwertend): *junge Frau, die der Straßenprostitution nachgeht.*

Strich|männ|chen, das: *mit einfachen Strichen schematisch dargestellte kleine Figur eines Menschen.*

Strich|punkt, der: *Semikolon.*

strich|wei|se ⟨Adv.⟩ (bes. Meteorol.): *in einzelnen, oft nur schmalen Gebietsteilen:* s. regnen; morgens s. Nebel; ⟨mit Verbalsubstantiven auch attr.:⟩ eine s. Abkühlung.

Strich|zeich|nung, die: *nur mit [einfachen] Strichen u. Linien ohne Halbtöne* (2) *gefertigte Zeichnung.*

¹**Strick,** der; -[e]s, -e [mhd. stric = Schlinge, Fessel, H. u.]: **1.** *aus Hanf, Kokosfasern o. Ä. geflochtenes, gedrehtes, meist dickeres Seil, dicke Schnur, bes. zum Anbinden, Festbinden von etw.:* ein kurzer, dicker S.; der S. reißt, löst sich, hält; einen S. um etw. binden, schlingen; der Esel war mit einem S. an den Baum gebunden; * **wenn alle -e reißen** (ugs.; ↑Strang 1 b); **jmdm. aus etw. einen S. drehen** *(eine Verfehlung, eine unvorsichtige, unbedachte Äußerung o. Ä. eines anderen dazu benutzen, ihn zu belasten);* bezogen auf die Todesstrafe durch Hängen); **den S. nicht wert sein** (veraltend; *ganz und gar unwürdig, verkommen, verdorben sein*); **den, einen S. nehmen/**(geh.) **zum S. greifen** *(sich erhängen);* **sich [gleich] einen S. nehmen können/kaufen können** (ugs.; *in eine aussichtslose Lage geraten*); **an einem/am gleichen/an demselben S. ziehen** (↑Strang 1 b). **2.** (fam., wohlwollend) *durchtriebener Bursche, Kerl; Galgenstrick* (b): so ein S.!

²**Strick,** das; -[e]s ⟨meist o. Art.⟩ [zu ↑stricken] (bes. Mode): *Gestrick; gestricktes Teil an einem Kleidungsstück, gestrickter Stoff:* ein Pullover aus/in rustikalem S.

stri|cken ⟨sw. V.; hat⟩ [mhd. stricken, ahd. striccen, zu ↑¹Strick]: **a)** *einen Faden mit Stricknadeln od. einer Strickmaschine zu einer Art (einem Gewebe ähnelnden) Geflecht aus Maschen verschlingen:* sie strickt wie mit Fernsehen; sie strickt zwei links, zwei rechts, glatt rechts, glatt links; an einem Pullover s.; **b)** *strickend* (a) *anfertigen, herstellen:* Strümpfe, einen Pullover s.; Ü eine ziemlich grob gestrickte Geschichte, Theorie.

Stri|cker, der; -s, -: *jmd., der an einer Strickmaschine arbeitet, Strickwaren herstellt* (Berufsbez.).

Stri|cke|rei, die; -, -en: *Betrieb, in dem maschinell Strickwaren hergestellt werden.*

Stri|cke|rin, die; -, -nen: w. Form zu ↑Stricker.

Strick|garn, das: *Garn zum Stricken.*

Strick|ja|cke, die: *gestrickte Jacke.*

Strick|kleid, das: vgl. Strickjacke.

Strick|lei|ter, die: *aus ¹Stricken* (1) *gefertigte Leiter mit Sprossen aus Holz od. Kunststoff, mit deren Hilfe bes. das Hinauf- u. Herabklettern an Schiffs- od. Häuserwänden bewerkstelligt wird.*

Strick|ma|schi|ne, die: *Maschine zum Herstellen von Strickwaren.*

Strick|mo|de, die: *gestrickte Kleidungsstücke betreffende Mode.*

Strick|mus|ter, das: **a)** *unterschiedliche Kombination verschieden gestrickter Maschen zu einem bestimmten Muster:* ein Pullover mit einem einfachen S.; **b)** *Vorlage für ein Strickmuster* (a): eine Mütze nach einem S. stricken; Ü hier geht alles nach dem gleichen/nach demselben S. (ugs.; *wird alles nach ein u. derselben Methode erledigt*).

Strick|na|del, die: *lange, relativ dicke Nadel zum Stricken.*

♦ **Strick|rei|ter,** der [wohl weil die Strickreiter ihre Gefangenen mit Stricken an das Pferd binden]: *berittener Häscher; berittener Landpolizist:* ... kamen die S. ... und holten den Zundel-

Strickware–strohtrocken

heiner und den Zundelfrieder in den Turm und in das Zuchthaus (Hebel, Schatzkästlein 28).
Strick|wa|re, die ⟨meist Pl.⟩: *als Handarbeit od. mit der Strickmaschine gestrickte Kleidung o. Ä.*
Strick|wes|te, die: vgl. Strickjacke.
Strick|zeug, das: 1. *Handarbeit, an der jmd. strickt.* 2. *alles, was zum Stricken benötigt wird.*
Strie|gel, der; -s, -: a) [mhd. strigel, ahd. strigil < lat. strigilis = Schabeisen] *mit Zacken, Zähnen besetztes Gerät, harte Bürste zum Reinigen, Pflegen des Fells bestimmter Haustiere, bes. der Pferde;* (vgl. schniegeln). 2. (ugs.) *[in kleinlicher, böswilliger Weise] hart herannehmen; schikanieren: es macht ihm Spaß, seine Leute zu s.*
strie|geln ⟨sw. V.; hat⟩: 1. [mhd. strigelen] *mit einem Striegel (a) behandeln, reinigen:* die Pferde s.; Ü *ich striegelte (kämmte, bürstete) mir die Haare;* * *geschniegelt und gestriegelt* (↑ schniegeln). 2. (ugs.) *[in kleinlicher, böswilliger Weise] hart herannehmen; schikanieren: es macht ihm Spaß, seine Leute zu s.*
Strie|me, die; -, -n (seltener): *Striemen.*
Strie|men, der; -s, - [mhd. strieme, eigtl. = Streifen, Strich, zu ↑ Strahl]: *sich durch dunklere Färbung abhebender, oft blutunterlaufener, angeschwollener Streifen in der Haut, der meist durch Schläge (mit einer Peitsche, Rute o. Ä.) entsteht: breite, dicke, bereits vernarbte, blutige S. auf dem Rücken.*
strie|mig ⟨Adj.⟩: *Striemen aufweisend, mit Striemen bedeckt.*
Strie|zel, der; -s, - (landsch.): 1. [mhd. strützel, wohl verw. mit ↑¹Strauß] *[kleineres] längliches, meist geflochtenes Hefegebäck.* 2. [H. u., urspr. viell. übertr. von 1] *frecher Bursche, Lausbub.*
Strike [straik], der; -s, -s [engl. strike, eigtl. = Schlag, Treffer, ↑ Streik]: 1. (Bowling) *das Abräumen* (1 a) *mit dem ersten Wurf.* 2. (Baseball) *ordnungsgemäß geworfener Ball, der verfehlt, außerhalb des Feldes geschlagen od. nicht angenommen wird.*
strikt [ʃt..., st...] ⟨Adj.⟩ [lat. strictus = zusammengeschnürt; straff, eng; streng, adj. 2. Part. von: stringere = (zusammen)schnüren]: *keine Einschränkung, Abweichung, keinen Widerspruch duldend; peinlich, genau; sehr streng* (2 a): *ein -er Befehl; eine -e Weisung, Anordnung; -e Geheimhaltung; ein -es Verbot; -en Gehorsam fordern; das -e (genaue) Gegenteil; etw. s. befolgen, vermeiden; ein Verbot s. beachten; eine s. gehandhabte Nachweispflicht; Doch mied Helene s. das Zimmer, wo er seine Jagdwaffen aufbewahrte (Zwerenz, Quadriga 25).*
Strikt|heit, die; -: *das Striktsein; strikte Art, Beschaffenheit, Einstellung.*
String [st...], der; -s, -s [engl. string, eigtl. = Schnur]: 1. (EDV) *Zeichenkette.* 2. (ugs.) Kurzf. von ↑ Stringtanga.
strin|gent [ʃt..., st...] ⟨Adj.⟩ [zu lat. stringens (Gen.: stringentis), 1. Part. von: stringere, ↑ strikt] (bildungsspr.): *aufgrund der Folgerichtigkeit sehr einleuchtend, überzeugend; logisch zwingend, schlüssig: eine -e Beweisführung, Argumentation; ein -er Schluss; etw. s. nachweisen.*
Strin|genz, die; - (bildungsspr.): *das Stringentsein; logische Richtigkeit, Schlüssigkeit.*
String|tan|ga [st...], der [aus engl. string = Schnur, Kordel u. ↑ Tanga]: *Tanga[slip], dessen rückwärtiger Teil aus einem schmalen, schnurförmigen Stück Stoff o. Ä. besteht.*
Strip [ʃt..., st...], der; -s, -s: 1. [engl. strip] Kurzf. von ↑ Striptease. 2. [engl. strip = Streifen] *als einzelner Streifen gebrauchsfertig verpackstes Wundpflaster.*
Strip|lo|kal, das; (ugs.): Kurzf. von ↑ Stripteaselokal.
Strip|pe, die; -, -n [aus dem Niederd., niederd.

Form von mhd. strupfe = Lederschlinge, wohl < lat. struppus, stroppus < griech. stróphos = Seil, zu: stréphein, ↑ Strophe]: 1. (landsch.) *Schnur, Bindfaden, Kordel:* ein Stück S. 2. (ugs.) *Telefonleitung:* -n ziehen; an der S. hängen *([eifrig, ausgiebig] telefonieren);* wer war denn an der S. (am Telefon)?; jmdn. an die S. bekommen, kriegen *(jmdn. als Gesprächspartner ans Telefon bekommen);* sich an die S. hängen *([eifrig, ausgiebig] zu telefonieren beginnen).*
strip|pen [ˈʃt..., ˈst...] ⟨sw. V.; hat⟩ [zu ↑ Strip] (ugs.): *Striptease vorführen; als Stripteasetänzer[in] arbeiten: sie strippt in einem miesen Lokal.*
Strip|pen|zie|her, der; -s, - [zu ↑ Strippe] (ugs.): 1. *Elektriker.* 2. *Drahtzieher* (2).
Strip|pen|zie|he|rin, die; -, -nen: w. Form zu ↑ Strippenzieher (1, 2).
Strip|per [ˈʃt..., ˈst...], der; -s, - [engl. stripper, eigtl. = Abstreifer, zu: to strip, ↑ strippen]: 1. (ugs.) *Stripteasetänzer.* 2. (Med.) *Instrument zum Entfernen eines Pfropfs von Blut od. einer krankhaft veränderten Vene.*
Strip|pe|rin [ˈʃt..., ˈst...], die; -, -nen: w. Form zu Stripper (1).
Strip-Po|ker, Strip|po|ker [ʃt..., st...], das u. der; -s [engl. strip poker, aus: strip (↑ Strip) u. poker, ↑ Poker]: *Poker, bei dem der/die Verlierer[in] ein Kleidungsstück ablegen muss.*
Strip|tease [ˈʃtripti:s, ˈst..., auch: das; -, -s [...ti:zəs] [engl. strip-tease, aus: to strip = sich ausziehen u. to tease = necken, reizen]: *(in Nachtlokalen, Varietés) Vorführung von erotisch stimulierenden Tänzen, kleinen Szenen o. Ä., bei denen sich die Akteure nach u. nach entkleiden:* einen S. hinlegen.
Strip|tease|lo|kal, das: *Nachtlokal, in dem Striptease vorgeführt wird.*
Strip|tease|tän|zer, der: *jmd., der einen Striptease vorführt.*
Strip|tease|tän|ze|rin, die: w. Form zu ↑ Stripteasetänzer.
stritt: ↑ streiten.
Stritt, der; -[e]s [zu ↑ streiten] (bayr.): *Streit.*
strit|tig ⟨Adj.⟩ [zu bayr. Stritt = Streit]: *noch nicht geklärt, noch nicht entschieden; verschieden deutbar; umstritten:* ein -es Problem, Thema; -e Fälle, Punkte; die Sache ist [noch] s.
Striz|zi, der; -s, -s [H. u.] (bes. bayr., österr. ugs.): 1. *Zuhälter.* 2. *leichtsinniger, leichtfertiger, durchtriebener Bursche.*
Stro|bo|light [ˈstrowbaləit, ˈstrowbə...], das; -s [engl. strobolight, gek. aus: stroboscopic light]: *Stroboskoplicht.*
Stro|bo|s|kop [ʃt..., st...], das; -s, -e [zu griech. stróbos = das Im-Kreise-Drehen u. skopeīn = betrachten] (Physik, Technik): *Vorrichtung zur periodischen Unterbrechung eines Lichtstrahls od. zur Erzeugung seiner Intensität.*
Stro|bo|s|kop|licht, das: *mit einem Stroboskop erzeugtes, mit hoher Frequenz gleichmäßig aufblitzendes Licht.*
Stro|ga|noff, das; -s, -s (Kochkunst): *Bœuf Stroganoff.*
Stroh, das; -[e]s [mhd. strō, ahd. strao, strō, zu ↑ streuen u. eigtl. = Aus-, Hingestreutes]: *trockene Halme von ausgedroschenem Getreide:* frisches, trockenes, feuchtes S.; ein Ballen S.; S. aufschütten, binden, flechten; auf S., im S. schlafen; das Dach ist mit S. gedeckt; das Haus brannte wie S. *(lichterloh);* etw. brennt wie nasses S. *(schlecht);* das Essen schmeckt wie S. (ugs.; *ist trocken, ohne Würze);* * *S. im Kopf haben* (ugs.; *dumm sein); leeres S. dreschen* (ugs.; *viel Unnötiges, Belangloses reden:* bei der Diskussion wurde viel leeres S. gedroschen).
Stroh|bal|len, der: *Ballen Stroh.*
stroh|blond ⟨Adj.⟩: *flachsblond.*

Stroh|blu|me, die: 1. *Immortelle.* 2. *(zu den Korbblütlern gehörende) Pflanze meist mit großem Körbchen u. zahlreichen kleinen, pergamentenen Blütenblättern in leuchtenden Farben, die als Trockenblume Verwendung findet.*
Stroh|bund, das ⟨Pl. -e⟩: vgl. Strohballen.
Stroh|bün|del, das: vgl. Strohballen.
Stroh|dach, das: *mit Stroh gedecktes Dach.*
stroh|dumm ⟨Adj.⟩: (emotional verstärkend): *sehr dumm.*
stro|hen (seltener), **stro|hern** ⟨Adj.⟩ [für mhd. strœwīn]: a) *aus Stroh bestehend:* eine -e Puppe; b) *[trocken] wie Stroh:* die Orange ist s.
stroh|far|ben, stroh|far|big ⟨Adj.⟩: *gelblich wie Stroh.*
Stroh|feu|er, das: *von leicht brennbarem Stroh genährtes, stark, hell u. hoch aufflackerndes Feuer, das schnell verlischt:* Ü das S. der ersten Begeisterung.
Stroh|frau, die: 1. *Strohpuppe.* 2. *weibliche Person, die als Strohmann* (2) *vorgeschoben wird.* 3. (Kartenspiele) *Ersatz für eine fehlende Spielerin.*
stroh|ge|deckt ⟨Adj.⟩: *mit Stroh gedeckt:* -e Häuser.
Stroh|ge|flecht, das: *Geflecht aus Stroh.*
stroh|gelb ⟨Adj.⟩: *strohfarben.*
Stroh|ge|wicht, das (Boxen): 1. ⟨o. Pl.⟩ *unterste Körpergewichtsklasse.* 2. *Sportler der Körpergewichtsklasse Strohgewicht.*
Stroh|halm, der: a) *trockener Getreidehalm ohne Körner:* der Sturm hat die Bäume wie -e geknickt; * *sich [wie ein Ertrinkender] an einen S. klammern* (in der kleinsten sich bietenden Möglichkeit doch noch einen Hoffnungsschimmer sehen); *nach dem rettenden S. greifen* (eine letzte, wenn auch wenig aussichtsreiche Chance, die aus einer schwierigen, bedrückenden Lage heraushelfen könnte, wahrnehmen, ausnutzen); b) *Trinkhalm.*
Stroh|hut, der: ¹*Hut* (1) *aus einem Strohgeflecht.*
Stroh|hüt|te, die: *Hütte aus Stroh.*
stro|hig ⟨Adj.⟩: a) *wie Stroh [aussehend, wirkend]:* -es Haar; b) *wie Stroh [beschaffen], hart, trocken u. ohne Geschmack:* -er Zwieback; s. schmecken.
Stroh|kopf, der (ugs. abwertend): *Dummkopf.*
Stroh|la|ger, das ⟨Pl. ...lager⟩: *Lager* (2 a) *aus Stroh.*
◆ **stroh|lum|pen** ⟨Adj.⟩: *aus Stroh u. Lumpen [bestehend]:* ... also so ein Schelmenfabrikant (= der Inquisitor) ... sich endlich einen -en Vogelscheu zusammenkünstelt, um wenigstens seinen Inquisiten in effigie hängen zu können (Goethe, Egmont IV).
Stroh|mann, der: 1. *Strohpuppe.* 2. [LÜ von frz. homme de paille] *jmd., der von einem andern vorgeschickt wird, um in dessen Auftrag u. Interesse ein Geschäft zu machen, einen Vertrag abzuschließen usw.:* den S. abgeben, machen; sie ließ die Aktien durch Strohmänner aufkaufen. 3. (Kartenspiele) *Ersatz für einen fehlenden Spieler.*
◆ **4.** *Strohkopf:* Schafft mir diese Strohmänner vom Halse (Goethe, Werther I, 30. Julius).
Stroh|mat|te, die: *Matte aus einem Strohgeflecht.*
Stroh|pup|pe, die: *aus Stroh gefertigte Figur.*
Stroh|sack, der: *mit Stroh gefüllter Sack als einfache Matratze:* auf Strohsäcken schlafen; * **[ach, du] heiliger/gerechter S.!** (salopp; Ausruf der Verwunderung, der unangenehmen Überraschung, des Erschreckens).
Stroh|stern, der: *aus sternförmig gelegten [in Streifen geschnittenen] Strohhalmen gebasteltet Weihnachts[baum]schmuck.*
stroh|tro|cken ⟨Adj.⟩ (emotional): a) *zu wenig od. keine Feuchtigkeit enthaltend; sehr trocken:* -e

Pflaumen; **b)** *sehr trocken* (3a), *nüchtern:* die -e Amtssprache.

Stroh|wein, der: *Süßwein aus reifen Trauben, die nach der Ernte (auf Strohmatten od. Horden) fast zu Rosinen getrocknet werden:* ♦ *...bei Gerhardi ist ein S. angekommen – ein Wein – ach!* (Iffland, Die Hagestolzen I, 7).

Stroh|wit|we, die *[wohl eigtl. = Frau, die nachts allein auf dem Strohsack liegen muss]* (ugs. scherzh.): *Ehefrau, die vorübergehend ohne ihren Mann ist.*

Stroh|wit|wer, der: vgl. Strohwitwe.

Stroke-Unit ['stroʊkjuːnɪt], die; -, -s [engl. stroke unit, aus: stroke = Schlaganfall u. unit = Spezialabteilung, ↑Unit] (Med.): *Krankenstation mit spezieller Ausrichtung auf die Behandlung und Pflege von Schlaganfallpatienten.*

Strolch, der; -[e]s, -e [urspr. oberdeutsch, H. u.]: **1.** (abwertend) *jmd., der verwahrlost aussieht, betrügerisch handelt, durchtrieben, gewalttätig ist:* sie wurde von zwei -en angefallen. **2.** (fam. scherzh.) *wilder kleiner Junge, Schlingel:* komm her, du S.!

strol|chen (sw. V.; ist): *untätig, ziellos herumstreifen:* durch die Straßen s.

Strol|chen|fahrt, die (schweiz.): *Fahrt mit einem entwendeten Fahrzeug.*

Strom, der; -[e]s, Ströme [mhd. strōm, stroum, ahd. stroum, eigtl. = der Fließende]: **1. a)** *großer (meist ins Meer mündender) Fluss:* ein breiter, langer, mächtiger, reißender S.; das Unwetter hat die Bäche in reißende Ströme verwandelt; Ü der S. der Zeit, der Ereignisse; der S. der Rede versiegte; aus dem S. des Vergessens/der Vergessenheit trinken (dichter.); *das Vergangene völlig vergessen);* **b)** *strömende, in größeren Mengen fließende, aus etw. herauskommende Flüssigkeit:* ein S. von Wasser ergoss sich über den Fußboden; * **in Strömen** (*in großen Mengen, sehr reichlich u. heftig*): es regnet in Strömen; bei dem Fest flossen Wein und Sekt in Strömen); **c)** *größere, sich langsam in einer Richtung fortbewegende Menge:* ein S. von Menschen, von Fahrzeugen; Ströme von Auswanderern; der S. der Besucher wälzt sich durch die Hallen. **2.** *Strömung:* sie schwimmt mit dem S., versucht, gegen den S. anzuschwimmen; * **mit dem S. schwimmen** (*sich [immer] der herrschenden Meinung anschließen, sich anpassen*); **gegen/wider den S. schwimmen** (*sich der herrschenden Meinung widersetzen, sich nicht anpassen;* nach Sir. 4, 31). **3.** [nach der Vorstellung einer Strömung] *fließende Elektrizität, in einer (gleichbleibenden od. periodisch wechselnden) Richtung sich bewegende elektrische Ladung:* elektrischer S.; ein S. von zwölf Ampere; galvanischer S.; starker, schwacher S.; S. aus Kernkraftwerken; dieses Gerät verbraucht viel S.; eine S. führende (*unter Strom stehende*) Leitung; eine S. sparende (*wenig Strom verbrauchende*) Glühbirne; man hat ihm den S. gesperrt; das Gehäuse des Geräts stand unter S.; Ü er stand noch immer unter S. (*war noch immer sehr angespannt*); Wasserkraft in S. verwandeln.

Stro|ma, das; -s, -ta [griech. strōma = Streu; Lager; Decke]: **1.** (Med.) *Gerüst aus Bindegewebe in drüsigen Organen u. Geschwülsten, Stützgerüst eines Organs.* **2.** (Bot.) **a)** *bei einigen Schlauchpilzen dichtes, mehrere Fruchtkörper umschließendes Geflecht;* **b)** *Grundmasse der Chloroplasten.*

strom|ab 〈Adv.〉: vgl. flussab.

Strom|ab|le|ser, der: *jmd., der von den Zählern den Verbrauch an Strom* (3) *abliest [u. das Geld dafür kassiert].*

Strom|ab|le|se|rin, die: w. Form zu ↑Stromableser.

Strom|ab|neh|mer, der: **1.** *Stromverbraucher* (1). **2.** (Technik) *(bei elektrischen Bahnen, Obussen) der Entnahme von Strom* (3) *(aus einer Oberleitung o. Ä.) dienende Vorrichtung.*

Strom|ab|neh|me|rin, die: w. Form zu ↑Stromabnehmer (1).

strom|ab|wärts 〈Adv.〉: stromab.

strom|an 〈Adv.〉: stromauf.

Strom|an|bie|ter, der: *Unternehmen, das Strom* (3) *[von unterschiedlichen Stromerzeugern* (2)*] verkauft.*

strom|auf 〈Adv.〉: vgl. flussauf.

Strom|aus|fall, der: *Ausfall der Stromversorgung:* bei S. schaltet sich ein Notstromaggregat ein.

Strom|au|to|bahn, die: *Überlandleitung für große Entfernungen und große Mengen von elektrischem Strom.*

¹Strom|bo|li ['st...]; -s: *eine der Liparischen Inseln.*

²Strom|bo|li, der; -: *Vulkan auf* ¹Stromboli.

strö|men (sw. V.; ist) [zu ↑Strom]: **a)** *breit, gleichmäßig [aber mit großer Gewalt] dahinfließen:* im Tal strömte ein mächtiger Fluss; **b)** *(von Flüssigkeiten od. Luft) sich von einem Ausgangspunkt her od. in eine bestimmte Richtung [fort-, hinunter]bewegen:* die Flut strömte über den Deich; Regen strömt ihr ins Gesicht; Blut strömt aus der Wunde, durch die Adern, zum Herzen; aus der defekten Leitung ist Gas geströmt; bei, in strömendem (*starkem*) Regen; Ü ... so schwebte sie über seinem aufsaugenden Antlitz wie die Göttin eines Brunnens; und aus ihren Augen strömte Liebe (A. Zweig, Claudia 134); **c)** *(von Menschen) sich in Massen in eine bestimmte Richtung fortbewegen:* Menschen strömten auf die Straße, aus der Stadt, durch die Türen, ins Theater, zum Stadion; das Publikum strömt (*kommt in Scharen*).

Strö|mer, der; -s, -: **1.** [mhd. (Gaunerspr.) strōmer, wohl zu: strōmen = stürmend einherziehen] (ugs. abwertend) *Landstreicher:* Ü wo hat der kleine S. (fam.; *Herumtreiber*) denn wieder gesteckt? **2.** 〈meist Pl.〉 (Jargon) *Stromerzeuger, jmd., der mit der Stromerzeugung befasst ist.*

Strö|me|rin, die; -, -nen: w. Form zu ↑Stromer.

stro|mern 〈sw. V.〉 (ugs.): **a)** 〈ist〉 *streifend umherziehen, ziellos wandern:* sie stromern durch die Gegend; **b)** 〈hat〉 (abwertend) *sich herumtreiben* (2): statt zu arbeiten, stromert er.

Strom|er|zeu|ger, der: **1.** *Anlage od. Unternehmen zur Stromerzeugung.* **2.** *Strom erzeugendes Unternehmen.*

Strom|er|zeu|gung, die: *Erzeugung von elektrischem Strom.*

strom|füh|rend 〈Adj.〉: *unter Strom stehend:* eine -e Leitung.

Strom|ge|win|nung, die: *Stromerzeugung.*

Strom|ka|bel, das: *Kabel, in dem elektrischer Strom weitergeleitet wird.*

Strom|kon|zern, der: *Konzern der Stromwirtschaft.*

Strom|kos|ten 〈Pl.〉: *Kosten für elektrischen Strom.*

Strom|kreis, der: *geschlossener, mit einer Stromquelle verbundener Kreis von elektrischen Leitern, in dem Strom fließt.*

Strom|kun|de, der: *Stromverbraucher* (1).

Strom|kun|din, die: w. Form zu Stromkunde.

Strom|lei|tung, die: vgl. Leitung (3b).

Strom|li|nie, die (bes. Physik): *Linie, die den Verlauf einer Strömung anzeigt.*

Strom|li|ni|en|form, die (bes. Physik, Technik): *(längliche, nach vorn etwas zugespitzte) Gestalt eines Fahrzeugs o. Ä., die der Strömung angepasst ist, dass sich der Widerstand der Luft od. des Wassers bei der Fortbewegung verringert.*

strom|li|ni|en|för|mig 〈Adj.〉: *Stromlinienform aufweisend:* ein -es Fahrzeug; Ü ein (abwertend; *allzu glatter, angepasster, opportunistischer*) Typ; er machte Karriere, und zwar s. (leicht abwertend; *in glatten Bahnen, ohne Widerstände*).

Strom|markt, der: *Elektrizitätsmarkt.*

Strom|mast, der: ¹*Mast* (2), *der eine oberirdische Stromleitung trägt.*

Strom|men|ge, die: *Menge an elektrischem Strom.*

Strom|netz, das: vgl. Netz (2a).

Strom|preis, der: *Preis für elektrischen Strom.*

Strom|pro|du|zent, der: *Strom produzierendes Unternehmen der Stromwirtschaft.*

Strom|quel|le, die: *Ausgangspunkt einer elektrischen Spannung:* als S. dient ein Akku.

Strom|rech|nung, die: *Rechnung für gelieferte elektrische Energie.*

Strom|rich|ter, der (Elektrot.): *Gerät zur Umwandlung von Gleichstrom in Wechselstrom u. umgekehrt od. zur Veränderung der Spannung.*

Strom|schlag, der: *Schlag* (3b).

Strom|schnel|le, die [vgl. Schnelle (2)]: *Strecke, an der ein Fluss plötzlich schneller, reißend fließt;* ¹*Katarakt* (1): *gefährliche -n.*

Strom|span|nung, die: *Spannung* (2).

Strom spa|rend, strom|spa|rend 〈Adj.〉: *wenig Strom verbrauchend:* eine Strom sparende Lampe.

Strom|spei|cher, der: *Gerät, Anlage zur Speicherung von elektrischem Strom.*

Strom|sper|re, die: *[befristete] Abschaltung des elektrischen Stroms für ein größeres Gebiet:* nächtliche S.; wir hatten S.

Strom|stär|ke, die: *Menge des in einer bestimmten Zeit durch einen Leiter fließenden Stromes.*

Strom|stoß, der: *als kurzer Stoß auftretender elektrischer Strom; Impuls* (2a).

Strö|mung, die; -, -en: **1.** *das Strömen; strömende, fließende Bewegung (von Wasser od. Luft), Strom* (2): *eine warme, kalte, schwache, starke, reißende S.; gefährliche -en; die -en der Luft; eine S. erfasste ihn, riss ihn um; das Wasser hat hier tückische -en; gegen die S., mit der S. schwimmen; das Boot wurde von der S. abgetrieben.* **2.** *geistige Bewegung, Richtung, Tendenz:* eine politische, literarische S.; die -en der Zeit; nostalgische -en in der Mode.

Strö|mungs|ge|schwin|dig|keit, die: *Geschwindigkeit einer Strömung* (1).

Strö|mungs|leh|re, die 〈Pl. selten〉 (Physik): *Lehre von der Bewegung u. vom Verhalten flüssiger u. gasförmiger Stoffe.*

Strom|ver|brauch, der: **1.** *Nutzung elektrischer Energie:* den S. einschränken. **2.** *Menge der genutzten elektrischen Energie:* ein hoher monatlicher S.

Strom|ver|brau|cher, der: **1.** *jmd., der Strom verbraucht:* die privaten S. **2.** *Gerät o. Ä., das Strom verbraucht.*

Strom|ver|brau|che|rin, die: w. Form zu ↑Stromverbraucher (1).

Strom|ver|sor|ger, der: *[lokaler] Stromanbieter.*

Strom|ver|sor|gung, die: *Elektrizitätsversorgung:* eine flächendeckende S.; die S. sichern, ausbauen.

Strom|wirt|schaft, die: vgl. Energiewirtschaft.

Strom|zäh|ler, der: *Gerät, das die Menge der gelieferten elektrischen Energie (gewöhnlich in Kilowattstunden) misst u. anzeigt.*

Stron|ti|um ['st..., 'ʃt...], das; -s [engl. strontium]: *silberweißes, sehr reaktionsfähiges Leichtmetall* (chemisches Element; Zeichen: Sr).

Stro|phan|thin [ʃt..., st...], das; -s, -e: *(als Herzmittel verwendeter) hochwirksamer Extrakt aus den Samen des Strophanthus.*

Stro|phan|thus, der; -, - [zu griech. strophḗ (↑ Strophe) u. ánthos = Blüte, nach den gedrehten Fortsätzen der Blätter mancher Arten]: *(in den Tropen vorkommende) meist kletternde Pflanze mit farbigen Blüten, von deren Blättern oft lange Fortsätze herabhängen.*

Stro|phe ['ʃt...], die; -, -n [lat. stropha < griech. strophḗ, eigtl. = das Drehen, die Wendung]: *aus mehreren rhythmisch gegliederten [u. gereimten] Verszeilen bestehender [in gleicher Form sich wiederholender] Abschnitt eines Liedes, Gedichtes od. Verspos:* kurze, lange, vielzeilige, kunstvoll gebaute -n; die erste und die letzte S.; wir singen S. 1 und 5/die -n 1 und 5.

Stro|phen|an|fang, der: *Anfang einer Strophe.*

Stro|phen|en|de, das: *Ende einer Strophe.*

Stro|phen|form, die: **1.** *Form einer Strophe.* **2.** *strophische Form.*

Stro|phen|ge|dicht, das: *strophisches Gedicht.*

-stro|phig: in Zusb., z. B. dreistrophig, mehrstrophig *(aus drei, mehreren Strophen [bestehend]).*

stro|phisch ⟨Adj.⟩: **1.** *in Strophen [abgefasst].* **2.** *(von einer [Lied]strophe) mit der gleichen Melodie zu singen.*

strot|zen (sw. V.; hat) [mhd. strotzen, stroʒʒen, eigtl. = steif emporragen, von etw. starren, zu ↑ starren]: **a)** *über eine Eigenschaft, Fähigkeit so uneingeschränkt verfügen, dass sie auffallend zutage tritt:* sie strotzt von/vor Gesundheit, Energie; vor Selbstbewusstsein s. *(äußerst selbstbewusst sein);* **b)** *etw. in großer Menge, Zahl aufweisen:* du strotzt/strotzest *(starrst)* vor Dreck!; das Diktat strotzt *(wimmelt)* von/ vor Fehlern.

strub|be|lig ⟨Adj.⟩, strubblig ⟨Adj.⟩ [spätmhd. strubbelich, strobelecht, zu mhd. strobelen = struppig sein, machen]: *(von Haaren) zerzaust, wirr; struppig:* -e Haare; ein -es Fell; s. aussehen.

Strub|bel|kopf, der: **1.** **a)** *zerzaustes, wirres Haar;* **b)** *jmd., der einen Strubbelkopf* (1 a) *hat.* **2.** *graubrauner, mit groben Schuppen besetzter Röhrenpilz mit beringtem Stiel.*

strubb|lig: ↑ strubbelig.

Stru|del, der; -s, - [spätmhd. strudel, strodel, zu ahd. stredan, ↑ strudeln]: **1.** *Stelle in einem Gewässer, wo das Wasser eine schnelle Drehbewegung macht u. dabei meist zu einem Mittelpunkt hin nach unten zieht, sodass an der Oberfläche eine trichterförmige Vertiefung entsteht; Wasserwirbel:* ein gefährlicher, tückischer S. zog die Schwimmerin in die Tiefe; in einen S. geraten; von einem S. erfasst werden; Ü in den S. der Ereignisse hineingerissen werden. **2.** [nach dem spiraligen Muster der aus der Teigrolle geschnittenen Stücke] (bes. südd., österr.) *Speise aus einem sehr dünn auseinandergezogenen Teig, der mit Apfelstückchen u. Rosinen od. einer anderen Füllung belegt, zusammengerollt u. gebacken od. gekocht wird.*

stru|deln ⟨sw. V.⟩ [spätmhd. strudeln, strodeln = sieden, brodeln, zu ahd. stredan = wallen, (leidenschaftlich) glühen]: **a)** ⟨hat⟩ *Strudel bilden, in wirbelnder Bewegung sein:* das Wasser strudelt hier; eine strudelnde Schiffsschraube; **b)** ⟨ist⟩ *sich in wirbelnder Bewegung irgendwohin bewegen:* die Menschenmenge ist in die U-Bahn gestrudelt.

Stru|del|wurm, der: *(in vielen Arten im Meer u. im Süßwasser verbreiteter) Plattwurm, dessen Körper dicht mit Wimpern bedeckt ist, mit deren Hilfe er sich schwimmend fortbewegt.*

Struk|tur [ʃt..., st...], die; -, -en [lat. structura = Zusammenfügung, Ordnung; Bau, zu: structum, 2. Part. von: struere = aufbauen, aneinanderfügen]: **1.** *Anordnung der Teile eines Ganzen zueinander; gegliederter Aufbau, innere Gliederung:* eine komplizierte S.; die S. eines Atoms, eines Kristalls; ererbte -en von Zellen; die politische, gesellschaftliche, wirtschaftliche S. eines Landes; die S. sichtbar machen; etw. in seiner S. verändern. **2.** *Gefüge, das aus Teilen besteht, die wechselseitig voneinander abhängen; in sich strukturiertes Ganzes:* diese grammatische S. *(diesen Satzbau)* erwerben die meisten Kinder schon früh; geologische -en *(Bauformen, Gebilde).* **3.** (Textilind.) *reliefartig gestaltete Oberfläche von Stoffen.*

struk|tu|ral ⟨Adj.⟩ (bes. Sprachwiss.): *sich auf die Struktur von etw. beziehend, in Bezug auf die Struktur:* -e Sprachbeschreibung.

Struk|tu|ra|lis|mus, der; - [frz. structuralisme]: **1.** (Sprachwiss.) *wissenschaftliche Richtung, die Sprache als ein geschlossenes Zeichensystem versteht u. die Struktur dieses Systems erfassen will.* **2.** *Forschungsmethode in der Völkerkunde, die eine Beziehung zwischen der Struktur der Sprache u. der Kultur einer Gesellschaft herstellt u. die allé jetzt sichtbaren Strukturen auf geschichtslose Grundstrukturen zurückführt.* **3.** *Wissenschaftstheorie, die von einer synchronen Betrachtungsweise ausgeht u. die allem zugrunde liegende, unwandelbare Grundstrukturen erforschen will.*

struk|tu|ra|lis|tisch ⟨Adj.⟩: *den Strukturalismus betreffend, vom Strukturalismus ausgehend.*

Struk|tur|ana|ly|se, die (Fachspr.): *Analyse der Strukturelemente von etw. (z. B. in der Chemie, Wirtschafts-, Literaturwissenschaft).*

Struk|tur|än|de|rung, die: *Änderung der Struktur* (1, 2) *von etw.*

Struk|tur|an|pas|sung, die (Wirtsch., meist verhüll.): *(meist mit Verkleinerung, Verringerung der Belegschaft o. Ä. verbundene) Anpassung der Strukturen* (1) *eines Betriebes, einer Firma o. Ä. an bestimmte wirtschaftliche Bedingungen.*

Struk|tur|ele|ment, das: *einzelnes Element, Glied einer komplexen Struktur* (1, 2).

struk|tu|rell ⟨Adj.⟩ [frz. structurel]: **a)** *eine bestimmte Struktur aufweisend, von der Struktur her:* -e Unterschiede; **b)** *strukturall:* die -e Grammatik.

Struk|tur|fonds, der (Politik): *Fonds (bes. der Europäischen Union) zur Förderung strukturschwacher Regionen o. Ä.*

Struk|tur|for|mel, die (Chemie): *formelhafte grafische Darstellung vom Aufbau einer Verbindung.*

struk|tu|rie|ren (sw. V.; hat): **a)** *mit einer bestimmten Struktur* (1) *versehen, einer bestimmten Struktur entsprechend aufbauen, organisieren, gliedern:* die Wirtschaft völlig neu s.; sie versuchte, ihre Rede anders zu s.; ⟨meist im 2. Part.:⟩ ein strukturiertes Ganzes; die Gruppen sind sehr unterschiedlich strukturiert; **b)** ⟨s. + sich⟩ *sich gliedern, mit einer bestimmten Struktur* (1) *versehen sein:* die Gesellschaft strukturiert sich durch solche Gruppen.

struk|tu|riert ⟨Adj.⟩ (Textilind.): *mit einer bestimmten Struktur versehen:* [stark, grob] -es Gewebe.

Struk|tu|riert|heit, die; -, -en: **1.** ⟨o. Pl.⟩ *das Strukturiertsein.* **2.** (bildungsspr. selten) *Struktur* (1).

Struk|tu|rie|rung, die; -, -en: **a)** *das Strukturieren;* **b)** *das Vorhandensein einer Struktur.*

struk|tur|kon|ser|va|tiv ⟨Adj.⟩: *konservativ* (1 a) *im Hinblick auf eine bestimmte Struktur, Organisation od. Ordnung:* eine -e Politik.

Struk|tur|kri|se, die (Wirtsch.): *Krise, die durch einen lang andauernden Rückgang der Nachfrage u. damit der Produktion u. der Arbeitsmöglichkeiten in einer Branche, in einer Region ausgelöst wird.*

Struk|tur|plan, der (Wirtsch., Politik, Kultur): *Plan für Veränderungen der Struktur u. eine Umorganisation auf einem größeren Gebiet.*

Struk|tur|po|li|tik, die: *aus wirtschaftspolitischen Maßnahmen zur Verbesserung der wirtschaftlichen Struktur bestehende Politik des Staates.*

struk|tur|po|li|tisch ⟨Adj.⟩: *die Strukturpolitik betreffend, auf ihr beruhend.*

Struk|tur|pro|blem, das: **a)** (bes. Wirtsch.) *langfristig bestehendes Problem, das auf die wirtschaftliche Struktur eines Bereiches, eines Marktes* (3 a) *zurückzuführen ist:* die Renten- und Krankenkassen haben mit dem S. Überalterung zu kämpfen, in den -en dieses kleinen Landes gehört der Mangel an Ausbildungsplätzen; **b)** (bildungsspr.) *in (gesellschaftlichen, gedanklichen, ästhetischen) Strukturen* (1) *begründetes tief greifendes Problem:* das S. der westlichen Logik ist der Satz vom ausgeschlossenen Dritten.

Struk|tur|re|form, die: *Reform der wirtschaftlichen, gesellschaftlichen o. ä. Struktur* (1).

struk|tur|schwach ⟨Adj.⟩ (Wirtsch.): *wenig Arbeitsmöglichkeiten bietend, industriell nicht entwickelt:* -e Gebiete.

Struk|tur|ta|pe|te, die: *Tapete mit Struktur.*

Struk|tur|wan|del, der: *Wandel, Änderung, Umgestaltung der wirtschaftlichen, gesellschaftlichen o. ä. Struktur* (1).

strul|len ⟨sw. V.; hat⟩ [mniederd. strullen, zu ↑ strudeln] (bes. nordd., md. salopp): *in kräftigem Strahl, geräuschvoll] urinieren.*

Strumpf, der; -[e]s, Strümpfe [mhd. strumpf, eigtl. = (Baum)stumpf, Rumpf(stück), viell. im Sinne von »Steifes, Festes« zu ↑ starren; die heutige Bed. entstand im 16. Jh., als die ursprünglich als Ganzes gearbeitete Bekleidung der unteren Körperhälfte (Hose) in (Knie)hose u. Strumpf (= Reststück, Stumpf der Hose) aufgeteilt wurde]: **1.** *gewirkter od. gestrickter Teil der Kleidung, der den Fuß u. das [ganze] Bein bedeckt:* kurze, lange, dicke, dünne, nahtlose, wollene Strümpfe; Strümpfe aus Perlon; ein S. mit Naht; Strümpfe stricken, stopfen; die Strümpfe anziehen, ausziehen; sie trägt keine Strümpfe; er kam auf Strümpfen *(ohne Schuhe)* ins Zimmer; ein Loch, eine Laufmasche im S. haben; er geht am liebsten ohne Strümpfe; *jmds. Strümpfe ziehen Wasser* (ugs.; *die Strümpfe rutschen herunter u. bilden dadurch Falten;* wohl nach der Vorstellung, dass die Strümpfe sich mit Wasser voll gesogen haben u. nicht mehr am Bein halten); dicke/doppelte/ wollene Strümpfe anhaben (ugs. veraltend; *nicht hören [wollen]:* nun gebt schon, ihr habt wohl dicke Strümpfe an!); *sich auf die Strümpfe machen* (ugs.; ↑ Socke). **2.** Kurzf. von Glühstrumpf. ◆ **3.** *mit S. und Stiel* (↑ Stumpf).

Strumpf|band, das; -[e]s, ...bänder): **1.** *breiteres, zum Festhalten ringförmig um einen [Knie]strumpf zu legendes Gummiband.* **2.** *Strumpfhalter.*

Strümpf|chen, das; -s, -: Vkl. zu ↑ Strumpf.

Strumpf|hal|ter, der: *paarweise für jedes Bein an einem Hüfthalter o. Ä. angebrachtes [breites] Gummiband mit kleiner Schließe zum Befestigen der Strümpfe.*

Strumpf|hal|ter|gür|tel, der: *Hüftgürtel.*

Strumpf|ho|se, die: *eng an Fuß, Bein u. Unterleib anliegende, gewirkte od. gestrickte Hose (bes. für Frauen u. Kinder), die wie ein Strumpf angezogen wird.*

Strumpf|mas|ke, die: *zur Tarnung [bei Raubüberfällen] über den Kopf u. vor das Gesicht gezogener Strumpf.*

Strumpf|naht, die: *an der hinteren Seite eines Damenstrumpfes verlaufende Naht.*

Strumpfware – Stück

Strumpf|wa|re, die ⟨meist Pl.⟩: *alle Arten von Strümpfen, die als Ware verkauft werden.*

Strunk, der; -[e]s, Strünke [spätmhd. (md.) strunk, vielleicht eigtl. = der Gestutzte, Verstümmelte, zu ↑ starren]: **a)** *stiel-, stängelähnlicher kurzer, dicker, fleischiger od. holziger Teil bestimmter Pflanzen [der als Rest übrig geblieben ist, wenn der verzehrbare Teil entfernt ist]:* den S. herausschneiden; der Kohl war bis auf die Strünke abgefressen; **b)** *dürrer Stamm od. Stumpf eines abgestorbenen Baumes:* das Feuer hatte nur kahle Strünke zurückgelassen.

Strünk|chen, das; -s, -: Vkl. zu ↑ Strunk.

strunz|dumm ⟨Adj.⟩ [zu ↑¹strunzen, eigtl. = durch ständige Großmäuligkeit seine Dummheit zeigend] (salopp): *sehr dumm.*

¹strun|zen ⟨sw. V.; hat⟩ [urspr. = umherschweifen, H. u.] (bes. [süd]westd.): *prahlen:* mit dem neuen Fahrrad s.

²strun|zen ⟨sw. V.; hat⟩ [wohl lautm.] (salopp, bes. westmd.): *urinieren.*

◆ **Strupp,** der od. das; -[e]s [wohl rückgeb. aus ↑ Gestrüpp]: *Gestrüpp:* ... hat den S. weggeschlagen, hat Gräben gemacht, hat Steine ausgegraben (Rosegger, Waldbauernbub 79).

strup|pig ⟨Adj.⟩ [aus dem Niederd. < mniederd. strubbick, verw. mit ↑ sträuben]: *(von Haaren, vom Fell) borstig, zerzaust in alle Richtungen stehend:* -e Haare; ein -er Bart; ein -er Hund *(ein Hund mit struppigem Fell);* s. aussehen; Ü -es *(wirres)* Gebüsch; Ihre Zahnbürste war s. *(die Borsten standen nicht mehr aufrecht, waren niedergebogen;* H. Lenz, Tintenfisch 47).

Strup|pig|keit, die; -: *struppiges Aussehen.*

struw|wellig ⟨Adj.⟩ (landsch.): *strubbelig.*

Struw|wel|kopf, der (landsch.): *Strubbelkopf* (1).

Struw|wel|pe|ter, der [älter auch: *Struppelpeter,* bes. bekannt geworden durch die Titelgestalt des 1845 erschienenen Kinderbuches von H. Hoffmann] (ugs.): *Kind mit struppeligem Haar.*

Strych|nin [ʃt..., st...], das; -s [frz. strychnine, zu lat. strychnos < griech. strýchnos = ein Pflanzenname]: *farbloses, in Wasser schwer lösliche Kristalle bildendes, giftiges Alkaloid aus den Samen eines indischen Baumes.*

Stu|art|kra|gen, der [nach der schottischen Königin Maria Stuart (1542–1587)]: *steifer, breiter, nach hinten hochstehender [Spitzen]kragen.*

Stüb|chen, das; -s, -: Vkl. zu ↑ Stube.

Stu|be, die; -, -n [mhd. stube, ahd. stuba = heizbarer (Bade)raum, H. u.]: **1.** (landsch., sonst veraltend) *Zimmer, Wohnraum:* eine große, helle, geräumige, niedrige, wohnliche S. in der warmen S. sitzen; ... und in Barth, bei der Stiefmutter meiner Mutter, wurde mir das winzige Haus am Wall mit seinen dunklen -n zum Gefängnis, weil ich keinen Schritt allein tun durfte (Bruyn, Zwischenbilanz 89); R [nur immer] rein in die gute S.! (ugs. scherzh.; Aufforderung zum Eintreten); * **gute S.** (1. veraltend; *nur bei besonderen Anlässen benutztes u. dafür eingerichtetes Zimmer:* Großmutters gute S. scherzh.; *schöner, gepflegter, ein vorzeigbar geltender Teil eines Ortes o. Ä.).* **2. a)** *größerer gemeinschaftlicher Wohn- u. Schlafraum für eine Gruppe von Soldaten, Touristen, Schülern eines Internats o. Ä.;* **b)** *Bewohner, Mannschaft einer Stube* (2a).

Stu|ben|äl|tes|te ⟨vgl. Älteste⟩: *weibliche Person, die darauf zu achten hat, dass in einer Stube* (2a) *Ordnung, Sauberkeit, Disziplin herrschen.*

Stu|ben|äl|tes|ter ⟨vgl. Ältester⟩: *jmd., der darauf zu achten hat, dass in einer Stube* (2a) *Ordnung, Sauberkeit, Disziplin herrschen.*

Stu|ben|ar|rest, der (ugs.): *(als Strafe ausgesprochenes) Verbot (für ein Kind), sein Zimmer od. die Wohnung zu verlassen. [zum Spielen] nach draußen zu gehen:* S. haben, bekommen.

Stu|ben|dienst, der: **a)** *Ordnungsdienst für eine Stube* (2a): wer hat heute S.?; **b)** *die mit dem Stubendienst* (a) *beauftragte[n] Person[en].*

Stu|ben|flie|ge, die: *vor allem in Wohnräumen vorkommende Fliege.*

Stu|ben|ge|lehr|sam|keit, die (geh. abwertend): *weltfremde, nur aus Büchern gewonnene Gelehrsamkeit.*

Stu|ben|ge|lehr|te ⟨vgl. Gelehrte⟩ (abwertend): *weibliche Person, die ohne Verbindung zum Leben u. zur Praxis wissenschaftlich arbeitet:* sie ist alles andere als eine S.

Stu|ben|ge|lehr|ter ⟨vgl. Gelehrter⟩ (abwertend): *jmd., der ohne Verbindung zum Leben u. zur Praxis wissenschaftlich arbeitet.*

Stu|ben|ge|nos|se, der: *Stubenkamerad.*

Stu|ben|ge|nos|sin, die: w. Form zu ↑ Stubengenosse.

Stu|ben|ho|cker, der (ugs. abwertend): *jmd., der kaum aus dem Zimmer, aus der Wohnung geht u. sich lieber zu Hause beschäftigt.*

Stu|ben|ho|cke|rei, die; -, -en (ugs. abwertend): *Verhalten, Lebensweise eines Stubenhockers.*

Stu|ben|ho|cke|rin, die: w. Form zu ↑ Stubenhocker.

Stu|ben|ka|me|rad, der: *jmd., der zur gleichen Stube* (2a) *gehört.*

Stu|ben|ka|me|ra|din, die: w. Form zu ↑ Stubenkamerad.

Stu|ben|kü|ken, (österr.:) Stubenkückens, das (Kochkunst): *sechs bis acht Wochen altes, gemästetes Küken.*

Stu|ben|mäd|chen, das (veraltend): **a)** *Hausangestellte, die die Zimmer sauber zu halten hat;* **b)** *Zimmermädchen im Hotel.*

stu|ben|rein ⟨Adj.⟩: **a)** *(von Hunden u. Katzen) so zur Sauberkeit erzogen, dass die Notdurft nur im Freien verrichtet wird:* das Tier ist s.; **b)** (scherzh.) *nicht unanständig, nicht anstößig, moralisch sauber:* der Witz ist s.

Stu|ben|til|ger, der (scherzh.): *Katze.*

Stu|ben|wa|gen, der: *nur für das Zimmer bestimmter Korbwagen, in dem Säuglinge in den ersten Wochen schlafen.*

◆**Stü|ber,** der; -s, - [niederl. stuiver, H. u.]: *(bis zum ersten Viertel des 19. Jh.s geprägte) rheinisch-westfälische Münze von geringem Wert:* Aber in Seldwyla ließ er nicht einen S. zurück, sei es aus Undank oder aus Rache (Keller, Kleider 58).

Stüb|lein, das; -s, -: *Stübchen.*

Stuck, der; -[e]s [ital. stucco, aus dem Langob., verw. mit ahd. stucki (↑ Stück) in der Bed. »Rinde; feste, überkleidende Decke«]: **a)** *Gemisch aus Gips, Kalk, Sand u. Wasser zur Formung von Plastiken u. Ornamenten:* Formen aus S.; die Decke ist in S. gearbeitet; **b)** *Verzierung od. Plastik aus Stuck* (a): eine Altbauwohnung mit hoher Decke und S.

Stück, das; -[e]s, -e *(als Maßangabe auch: Stück)* [mhd. stücke, ahd. stucki, urspr. = Abgeschlagenes, (Bruch)stück, zu ↑ stoßen]: **1. a)** *abgetrennter od. abzutrennender Teil eines Ganzen:* ein kleines, rundes, quadratisches, dickes, schmales, unregelmäßiges S.; ein S. Bindfaden, Draht, Stoff, Papier; einzelne -e bröckeln ab; aus vielen kleinen -en wieder ein Ganzes machen; er musste die -e *(Teile)* mühsam zusammensuchen; der Kleinste hat mal wieder das größte S. erwischt; Papier in -e reißen; vor Wut hat sie alles in -e geschlagen; die Scheibe zerbrach in tausend -e; wir müssen die Scherben S. für S. einsammeln; * **nur ein S. Papier sein** *(zwar schriftlich festgelegt, aber keineswegs eingelöst sein, sich daran nicht auch daran hält);* **sich** ⟨Dativ⟩ **von jmdm., etw. ein S. abschneiden [können]** (↑¹Scheibe 2); **sich für jmdn. in -e reißen lassen** (ugs.; *alles für jmdn. tun, sich immer u. überall für ihn einsetzen, aufopfern*); **in vielen, in allen -en** *(in vieler, in jeder Hinsicht);* **b)** *einzelner, eine Einheit bildender Teil eines Ganzen:* den Kuchen in -e schneiden; ein [halbes] S. Torte, zwei S./-e Kuchen essen; aus einem Text ein S. *(einen Absatz, Abschnitt)* vorlesen; er kann ganze -e *(Passagen)* aus dem »Faust« auswendig; jmdn. ein S., (geh.:) ein S. Weg[e]s *(eine gewisse Strecke eines Weges)* begleiten; Ü ein hartes S. *(viel)* Arbeit; wir sind [mit der Arbeit] ein gutes S. vorangekommen; ein S. Wahrheit, Hoffnung; das hat ein schönes S. *(ziemlich viel)* Geld gekostet; * **im/am S.** (landsch.; *nicht in Einzelteile zerlegt, nicht aufgeschnitten o. Ä.:* Käse am S. kaufen); **ein S.** (ugs.; *ununterbrochen, ohne aufzuhören, ohne Unterbrechung:* es gießt in einem S.). **2.** *bestimmte Menge eines Stoffes, Materials o. Ä., die [in handelsüblicher Form, Abmessung] ein in sich begrenztes Ganzes bildet:* ein S. Seife, Butter; zwei S., - e Zucker; ein S. *(eine begrenzte Fläche)* Land kaufen; hast du mal ein S. *(ein Blatt, einen Bogen)* Papier für mich? **3. a)** *einzelner Gegenstand, einzelnes Tier, einzelne Pflanze o. Ä. aus einer größeren Menge von Gleichartigem, aus einer Gattung:* drei S. Gepäck; zwanzig S. Vieh; bitte fünf S. von den Eiern da; die Eier kosten das S. 25 Cent/25 Cent das S.; die Bilder wurden S. für S. nummeriert; diese Arbeit wird nach S. bezahlt; die Produktion von Waschmaschinen wurde um 50 000 S. erhöht; ⟨vorangestellt vor ungenauen Mengenangaben; Pl. -er:⟩ es sind noch -er dreißig (ugs.; *etwa dreißig Stück*) am Lager; * **kein S.** (ugs.; *kein bisschen, keine Spur; nichts dergleichen:* Bist du damit nicht zu weit gegangen? – Kein S.; daran ist kein S. wahr); **b)** *[in seiner Besonderheit auffallendes] Exemplar von etw.:* dieser Ring, Schrank ist ein seltenes, besonders schönes S.; die ältesten -e stammten aus der Barockzeit; pass auf, dass das gute S. (leicht spött.) in Bezug auf etw., was von einem anderen hoch geschätzt wird) nicht zerbricht!; Ü du bist [u. bleibst] unser bestes S. (ugs. scherzh.; *für uns der beste, von uns am meisten geliebte Mensch*); ... sämtliche Arten von Jungs, die in den USA herumlaufen: Die einen reden nur über die Größe ihres besten -s *(ihres Penis);* * **große S. auf jmdn. halten** (ugs.; *jmdn. sehr schätzen, viel von jmds. Fähigkeiten überzeugt sein;* wahrsch. nach der Vorstellung eines hohen Wetteinsatzes in Form großer, wertvoller Münzen). **4.** (Pl. selten) *Tat, Streich:* da hat er sich aber ein S. geleistet!; * **ein starkes** o. ä. **S. sein** (ugs.; *unerhört, eine Unverschämtheit sein;* viell. bezogen auf eine zu große Portion, die sich jmd. beim Essen nimmt); **ein S. aus dem Tollhaus** *(ein unglaubliches, groteskes, irrwitziges Geschehen, Vorkommnis).* **5.** (ugs. abwertend) *jmd., der [vom Sprecher] im Hinblick auf seine Art, seinen Charakter abgelehnt, abgewertet wird:* sie ist ein raffiniertes, mieses, faules S.!; du verdammtes S.!; * **S. Malheur** (emotional; *unmoralischer, verwahrloster Mensch).* **6. a)** *Theaterstück, Schauspiel:* ein modernes, klassisches, lustiges, langweiliges, unterhaltsames S.; ein S. schreiben, inszenieren; das Theater hat sein neues S. angenommen, abgelehnt; wer spielt in dem S. die Hauptrolle?; **b)** *Musikstück:* ein S. für Cello und Klavier; er spielt drei -e von Chopin; das S. muss ich erst üben. **7.** * **aus/**(älter:) **von freien -en** *(freiwillig; unaufgefordert;* H. u.). ◆ **8.** *Geschütz, Kanone:* Deswegen nahm ich die Lunte, ... richtete die -e dahin, wo ich es nützlich glaubte, erlegte viele Feinde (Goethe, Benvenuto Cellini I, 1, 7); Nun bricht der ganze Jubel aus. -e werden auf dem Platz gelöst *(abgefeuert;* C. F. Meyer, Page 140). ◆ **9.** Kurzf. von ↑ Stücklohn, ↑ Stückar-

Stuckarbeit – Studienhalbjahr

beit (1): ◆ »... So viel haben Sie bei dem Alten verdient? ...« – »Ich hab es vom S. ...« (Keller, Der grüne Heinrich IV, 5).

Stuck|ar|beit, die: *plastische Verzierung aus Stuck* (a).

Stück|ar|beit, die: **1.** ⟨o. Pl.⟩ *Arbeit nach Stückzahlen, Akkordarbeit.* **2.** (ugs.) *ungenügende, unvollständige Arbeit; Flickwerk.*

Stu|cka|teur [...'tø:ɐ̯], der; -s, -e [frz. stucateur < ital. stuccatore, zu stucco, ↑ Stuck]: *Handwerker, der Stuckarbeiten ausführt.*

Stu|cka|teu|rin [...'tø:rɪn], die; -, -nen: w. Form zu ↑ Stuckateur.

Stück|chen, das; -s, -: *kleines Stück* (1, 2).

stück|chen|wei|se ⟨Adv.⟩: *stückweise.*

Stuck|de|cke, die: *mit Stuck* (b) *verzierte Decke eines Raumes.*

stü|ckeln ⟨sw. V.; hat⟩ [spätmhd. stückeln]: *aus kleinen Stücken zusammensetzen:* ich muss den Bezug s.; der Rock ist gestückelt.

Stü|cke|lung, (selten:) **Stücklung,** die; -, -en: **1.** *das Stückeln.* **2.** (Bankw.) *Aufteilung von Geld, Wertpapieren u. Ä. in Stücke von verschiedenem [Nenn]wert.*

stu|cken ⟨sw. V.; hat⟩ [eigtl. = nachdenklich werden, wohl Nebenf. von ↑ stocken] (ugs. landsch.): *büffeln.*

stü|cken ⟨sw. V.; hat⟩ [mhd. stücken]: *stückeln.*

Stü|cker (ugs.): ↑ Stück (3 a).

Stü|cke|schrei|ber, der: *jmd., der Theaterstücke o. Ä. verfasst.*

Stü|cke|schrei|be|rin, die: w. Form zu ↑ Stückeschreiber.

Stück|gut, das: *als Einzelstück zu beförderndes Gut* (3).

Stück|kos|ten ⟨Pl.⟩ (Wirtsch.): *für ein Stück od. eine Einheit berechnete durchschnittliche Herstellungskosten.*

Stück|lohn, der (Wirtsch.): *nach der Menge der gefertigten Stücke od. der erbrachten zählbaren Leistungen berechneter Lohn; Akkordlohn:* im S. arbeiten.

Stück|lung: ↑ Stückelung.

Stück|preis, der: *Preis für ein Einzelstück* (a).

stuck|ver|ziert ⟨Adj.⟩: *mit Stuck verziert.*

Stück|wa|re, die ⟨Pl. selten⟩: *nach Stück* (2) *verkaufte Ware.*

stück|wei|se ⟨Adv.⟩: *in einzelnen Stücken, Stück für Stück.*

Stück|werk, das ⟨Pl. selten⟩: *meist in der Verbindung* **S. sein, bleiben** *(recht unvollkommen u. daher unbefriedigend sein, bleiben).*

Stück|zahl, die (Wirtsch.): *Anzahl der zu produzierenden od. produzierten Stücke einer Ware innerhalb einer bestimmten Zeit.*

stud. [ʃtuːt, ʃtʊt] = studiosus; vgl. Student (a).

Stu|dent, der; -en, -en [mhd. studente = Lernender, Schüler < mlat. studens (Gen.: studentis), 1. Part. von lat. studere, ↑ studieren]: **a)** *jmd., der an einer Hochschule studiert; Studierender* (Abk.: stud., z. B. stud. med.): er ist S. der Theologie, an der Musikhochschule, im dritten Semester; **b)** (veraltet) *Schüler einer höheren Schule.*

Stu|den|ten|aus|tausch, der: vgl. Schüleraustausch.

Stu|den|ten|aus|weis, der: *von einer Hochschule ausgestellter Ausweis für Studierende.*

Stu|den|ten|be|we|gung, die: *von Studierenden ausgehende u. getragene Protestbewegung:* die S. der 60er-Jahre; die -en in China.

Stu|den|ten|blu|me, die [nach dem Vergleich der Blütenköpfe mit den früher üblichen bunten Studentenmützen]: **a)** *Tagetes;* **b)** *Calendula.*

Stu|den|ten|bu|de, die (ugs.): *von einem Studierenden bewohntes möbliertes Zimmer.*

Stu|den|ten|ehe, die: *Ehe, bei der die Eheleute noch studieren.*

Stu|den|ten|fut|ter, das: *Mischung aus Nüssen, Mandeln u. Rosinen zum Knabbern.*

Stu|den|ten|ge|mein|de, die: *Zusammenschluss evangelischer od. katholischer Studierender einer Hochschule unter Leitung eines Studentenpfarrers.*

Stu|den|ten|heim, das: *Studentenwohnheim.*

Stu|den|ten|lied, das: *aus studentischen Traditionen überliefertes u. gemeinschaftlich gesungenes Lied.*

Stu|den|ten|müt|ze, die: *von Verbindungsstudenten getragene Mütze in den Farben ihrer Verbindung.*

Stu|den|ten|par|la|ment, das: *innerhalb einer studentischen Selbstverwaltung gewählte Vertretung der Studierenden.*

Stu|den|ten|pfar|rer, der: *mit der seelsorgerischen Arbeit an u. mit Studierenden in einer Studentengemeinde beauftragter Pfarrer.*

Stu|den|ten|pfar|re|rin, die: w. Form zu ↑ Studentenpfarrer.

Stu|den|ten|pro|test, der ⟨meist Pl.⟩: vgl. Studentenbewegung.

Stu|den|ten|re|vol|te, die: *Revolte, in der Studierende gegen bestimmte Verhältnisse aufbegehren:* die S. der 60er Jahre; vgl. Studentenbewegung, -protest.

Stu|den|ten|schaft, die; -, -en ⟨Pl. selten⟩: *Gesamtheit der immatrikulierten Studentinnen u. Studenten [einer Hochschule].*

Stu|den|ten|spra|che, die (Sprachwiss.): *Sondersprache der Studierenden.*

Stu|den|ten|stadt, die: *Stadt, deren kulturelles u. soziales Leben besonders von Studierenden geprägt ist:* süddeutsche Studentenstädte wie Freiburg, Tübingen oder Heidelberg.

Stu|den|ten|un|ru|hen ⟨Pl.⟩: vgl. Studentenbewegung.

Stu|den|ten|ver|bin|dung, die: *Bund von Studenten, in dem bestimmte Bräuche u. Ziele weitergeführt werden u. dem auch die ehemals Aktiven weiter angehören; Korporation* (2).

Stu|den|ten|ver|tre|ter, der: *Mitglied einer Studentenvertretung.*

Stu|den|ten|ver|tre|te|rin, die: w. Form zu ↑ Studentenvertreter.

Stu|den|ten|ver|tre|tung, die: *Studentenparlament.*

Stu|den|ten|werk, das: *Einrichtung an Hochschulen zur sozialen Betreuung der Studierenden.*

Stu|den|ten|wohn|heim, das: *Wohnheim für Studentinnen u. Studenten.*

Stu|den|ten|zahl, die: *Anzahl der Studierenden.*

Stu|den|ten|zeit, die: *Zeitdauer, während der jmd. studiert:* in n., nach der S.; in alten -en.

Stu|den|tin, die; -, -nen: w. Form zu ↑ Student.

Stu|dent(inn)en: Kurzf. für: Studentinnen und Studenten.

stu|den|tisch ⟨Adj.⟩: *Studenten, Studentinnen betreffend, zu ihnen gehörend, von ihnen ausgehend:* -e Hilfskräfte (Studierende, die einer bezahlten Nebentätigkeit an einer Hochschule nachgehen); die -e Studentengemeinde.

¹**Stu|di,** der; -s, -s [↑ -i] (Jargon): *Student.*

²**Stu|di,** die; -, -s (Jargon): *Studentin.*

Stu|die, die; -, -n [rückgeb. aus ↑ Studien, Pl. von ↑ Studium]: **1.** *Entwurf, skizzenhafte Vorarbeit zu einem größeren Werk bes. der Kunst:* der Maler hat zuerst verschiedene -n einzelner Figuren angefertigt. **2.** *wissenschaftliche Untersuchung über eine Einzelfrage:* eine S. über die Studentenbewegung der 60er-Jahre; Ü das Stück ist eine psychologische S. Heinrichs.

Stu|di|en: Pl. von ↑ Studium, Studie.

Stu|di|en|ab|bre|cher, der: *jmd., der ohne Examen sein Studium aufgibt.*

Stu|di|en|ab|bre|che|rin, die: w. Form zu ↑ Studienabbrecher.

Stu|di|en|ab|schluss, der: *Abschluss eines Studiums durch ein Examen.*

Stu|di|en|an|fän|ger, der: *jmd., der sein Studium beginnt.*

Stu|di|en|an|fän|ge|rin, die: w. Form zu ↑ Studienanfänger.

Stu|di|en|an|ge|bot, das: *Angebot* (1 b) *[einer Hochschule] an Studiengängen und Kursen* (3 a).

Stu|di|en|auf|ent|halt, der: *längerer Aufenthalt an einem Ort, bes. im Ausland, um dort zu studieren.*

Stu|di|en|aus|ga|be, die: *preiswerte Ausgabe eines Buches zu Studienzwecken.*

Stu|di|en|be|din|gung, die: **1. a)** (Fachspr.) *Bedingung* (1, 2) *bei einer [wissenschaftlichen] Studie* (2): das Alter der Probanden war die einzige S., die sich problemlos kontrollieren ließ; **b)** ⟨Pl.⟩ (Med.) *Umstand* (1), *der für Studien* (2) *charakteristisch ist:* unter -en wirkte die Behandlung besser als im Alltag. **2.** ⟨meist Pl.⟩ *Bedingung* (2), *die das Lernen od. das soziale Leben an einer Hochschule bestimmt:* die -en an dieser Uni sind nicht ideal: Die Kurse sind überfüllt, das Sportangebot ist mäßig, und die Verkehrsanbindung ist miserabel.

stu|di|en|be|glei|tend ⟨Adj.⟩: *neben dem Studium absolviert werdend:* -e Sprachkurse, Praktika.

Stu|di|en|be|ra|ter, der: *jmd., der in der Studienberatung tätig ist.*

Stu|di|en|be|ra|te|rin, die: w. Form zu ↑ Studienberater.

Stu|di|en|be|ra|tung, die: *(an Hochschulen eingerichtete) Beratung, die Studierende über die Studiengänge informiert u. ihnen Hilfe bei fachlichen od. persönlichen Problemen anbietet.*

Stu|di|en|be|wer|ber, der: *Bewerber um einen Studienplatz.*

Stu|di|en|be|wer|be|rin, die: w. Form zu ↑ Studienbewerber.

Stu|di|en|buch, das: *Heft [mit Formblättern], das dem Nachweis der Immatrikulation* (1) *dient u. in das die besuchten Vorlesungen, Seminare o. Ä. eingetragen werden.*

Stu|di|en|di|rek|tor, der: *um einen Rang beförderter Oberstudienrat [als Stellvertreter des Direktors].*

Stu|di|en|di|rek|to|rin, die: w. Form zu ↑ Studiendirektor.

Stu|di|en|er|geb|nis, das: *Ergebnis* (b), *statistische Auswertung einer [wissenschaftlichen] Studie* (2): die -se waren verdächtig günstig für den Auftraggeber der Studie.

Stu|di|en|fach, das: *Fachgebiet, auf dem ein Studium durchgeführt wird od. wurde.*

Stu|di|en|fahrt, die: vgl. Studienaufenthalt.

Stu|di|en|för|de|rung, die: vgl. Ausbildungsförderung.

Stu|di|en|freund, der: *Freund aus der Zeit des Studiums* (1).

Stu|di|en|freun|din, die: w. Form zu ↑ Studienfreund.

Stu|di|en|gang, der: *[vorgeschriebene] Abfolge von Vorlesungen, Seminaren, Übungen, Praktika im Verlauf eines Studiums bis zum Examen.*

Stu|di|en|ge|bühr, die: *Gebühr, die [semesterweise] für ein Studium an die Hochschule zu zahlen ist.*

Stu|di|en|grup|pe, die: *Gruppe, die gemeinsam etw. erforscht, studiert.*

stu|di|en|hal|ber ⟨Adv.⟩: **1.** *um sich einen Einblick zu verschaffen, um sich ein Urteil bilden zu können.* **2.** *wegen des Studiums:* sie lebt zurzeit s. in Göttingen.

Stu|di|en|halb|jahr, das: *Zeitraum eines Halbjahres* (b), *in dem [an einer Hochschule] Lehrveranstaltungen abgeschlossen und Prüfungen abgelegt werden; Semester* (a).

Stu|di|en|jahr, das: *Zeitraum von einem Jahr während eines Studiums.*
Stu|di|en|kol|leg, das: *Vorbereitungskurs an einer Hochschule, bes. für ausländische Studierende.*
Stu|di|en|kol|le|ge, der: *Kommilitone.*
Stu|di|en|kol|le|gin, die: w. Form zu ↑ Studienkollege.
Stu|di|en|ob|jekt, das: *etw., woran jmd. etw. studieren kann.*
Stu|di|en|ord|nung, die: *vom Staat od. einer Hochschule erlassene Bestimmungen über die Abfolge eines Studiums bis zur Prüfung.*
Stu|di|en|platz, der: *Platz (4) für ein Universitätsstudium:* keinen S. bekommen.
Stu|di|en|platz|ver|ga|be, die: *Vergabe der Studienplätze [durch die Zentralstelle für die Vergabe von Studienplätzen].*
Stu|di|en|pro|fes|sor, der: *Gymnasiallehrer, der Studienreferendare in Fachdidaktik ausbildet.*
Stu|di|en|pro|fes|so|rin, die: w. Form zu ↑ Studienprofessor.
Stu|di|en|rat, der: **1.** *beamteter Lehrer an einer höheren Schule.* **2.** *(DDR) Ehrentitel für einen Lehrer.*
Stu|di|en|rä|tin, die: w. Form zu ↑ Studienrat.
Stu|di|en|re|fe|ren|dar, der: *Anwärter auf das höhere Lehramt nach der ersten Staatsprüfung.*
Stu|di|en|re|fe|ren|da|rin, die: w. Form zu ↑ Studienreferendar.
Stu|di|en|re|form, die: *Reform der Studiengänge, Studienziele, Studien- u. Prüfungsordnungen.*
Stu|di|en|rei|se, die: *Reise zu Studienzwecken.*
Stu|di|en|rich|tung, die: *spezielle Ausrichtung eines bestimmten Studienfaches.*
Stu|di|en|zeit, die: *Zeit, Jahre des Studiums (1).*
Stu|di|en|zweck, der ⟨meist Pl.⟩: *auf das Studium (1, 2 a) ausgerichteter Zweck, zu dem man etw. Bestimmtes tut:* zu -en in London sein.
stu|die|ren ⟨sw. V.; hat⟩ [mhd. studi(e)ren < mlat. studiare < lat. studere = sich wissenschaftlich betätigen, etw. eifrig betreiben]: **1. a)** *eine Hochschule besuchen:* sein Sohn studiert; sie studiert jetzt im dritten Semester, hat schon Semester studiert; **b)** *an einer Hochschule Wissen, Kenntnisse auf einem bestimmten Fachgebiet erwerben:* Jura s.; sie studiert Gesang bei Prof. N; ⟨auch ohne Akk.-Obj.:⟩ sie studiert in Bonn, an der TU; **c)** (veraltet) *eine höhere Schule besuchen.* **2. a)** *genau untersuchen, beobachten, erforschen:* die Verhältnisse an Ort und Stelle, die Sitten fremder Völker s.; sie studierte ihren Gegner, sein Mienenspiel s.; **b)** *genau, prüfend durchlesen, durchsehen:* die Akten s.; (ugs.:) die Speisekarte s.; **c)** *einüben, einstudieren:* eine Rolle fürs Theater s.; die Artisten studieren eine neue Nummer; Seine Rolle konnte er nach wenigen Tagen auswendig, die Gesangspartie hatte er trefflich studiert (Thieß, Legende 14).
Stu|die|ren|de, der/die/eine Studierende; der/einer Studierenden, die Studierenden/zwei Studierende: *Studentin.*

Als geschlechtsneutrale Bezeichnung oder als Ausweichform für die Doppelnennung Studentinnen und Studenten *setzt sich der Plural* Studierende *immer mehr durch.*

Stu|die|ren|den|par|la|ment, das: *innerhalb einer studentischen Selbstverwaltung gewählte Vertretung der Studentinnen und Studenten.*
Stu|die|ren|den|schaft, die: *Gesamtheit der Studentinnen und Studenten.*
Stu|die|ren|den|ver|tre|tung: *Studierendenparlament.*
Stu|die|ren|den|zahl, die: *Anzahl der Studierenden; Studentenzahl.*
Stu|die|ren|der, der Studierende/ein Studierender; des/eines Studierenden, die Studierenden/zwei Studierende: *Student.*

Als geschlechtsneutrale Bezeichnung oder als Ausweichform für die Doppelnennung Studentinnen und Studenten *setzt sich der Plural* Studierende *immer mehr durch.*

Stu|dier|stu|be, die (veraltend): *Arbeitszimmer eines Wissenschaftlers, eines Studenten.*
stu|diert ⟨Adj.⟩ (ugs.): *an einer Hochschule wissenschaftlich ausgebildet:* sie hat drei -e Kinder.
Stu|dier|te, die/eine Studierte; der/einer Studierten, die Studierten/zwei Studierte (ugs.): *weibliche Person, die studiert hat.*
Stu|dier|ter, der Studierte/ein Studierter; des/eines Studierten, die Studierten/zwei Studierte (ugs.): *jmd., der studiert hat.*
Stu|di|ker, der; -s, - (ugs. scherzh., sonst veraltend): *Student.*
Stu|dio, das; -s, -s [ital. studio, eigtl. = Studium, Studie < (m)lat. studium, ↑ Studium]: **1.** *Künstlerwerkstatt, Atelier (z. B. eines Malers).* **2.** *Produktionsstätte für Rundfunk-, Fernsehsendungen, Kinofilme, Musikaufnahmen usw.* **3.** *kleines [Zimmer]theater od. Kino, in dem bes. experimentelle Stücke, Filme od. Inszenierungen gebracht werden.* **4. a)** *Übungsraum für Tänzer;* **b)** Kurzf. von ↑ Fitnessstudio. **5.** *abgeschlossene Einzimmerwohnung.*
Stu|dio|büh|ne, die: vgl. Studio (3).
Stu|dio|gast, der: *jmd., der als Gast zu einer Talkshow o. Ä. in ein Studio (2) eingeladen ist.*
Stu|dio|mu|si|ker, der: *Musiker (a) im Bereich der Unterhaltungsmusik, der für Plattenaufnahmen anderer Künstler engagiert wird.*
Stu|dio|mu|si|ke|rin, die: w. Form zu ↑ Studiomusiker.
Stu|dio|qua|li|tät, die: *hohe technische Qualität, wie sie nur im Studio (2) erreicht wird.*
Stu|dio|sus, der; -, ...si [zu lat. studiosus = eifrig, wissbegierig] (ugs. scherzh.): *Student.*
Stu|di|um, das; -s, ...ien [spätmhd. studium < (m)lat. studium = eifriges Streben, wissenschaftliche Betätigung]: **1.** ⟨o. Pl.⟩ *das Studieren (1); akademische Ausbildung an einer Hochschule:* das medizinische S.; das S. der Theologie; dieses S. dauert mindestens sechs Semester; das S. [an einer Universität] aufnehmen, [mit dem Staatsexamen] abschließen; sein S. abbrechen, beenden; er hat sein S. erfolgreich absolviert. **2. a)** *eingehende [wissenschaftliche] Beschäftigung mit etw.:* das S. an der Leiche; sich dem S. (der Erforschung) antiker Münzen widmen; umfangreiche Studien treiben; dabei kann man so ein Studien machen (aufschlussreiche Beobachtungen anstellen); **b)** ⟨o. Pl.⟩ *kritische Prüfung [eines Textes], kritisches Durchlesen:* beim S. der Akten; (ugs.:) ins S. der Zeitung vertieft sein; **c)** ⟨o. Pl.⟩ *Einstudierung (1):* das S. einer Rolle.
Stu|di|um ge|ne|ra|le, das; - - [mlat. studium generale, eigtl. = allgemeines Studium]: **1.** *(im Mittelalter) mit Privilegien (z. B. Promotionsrecht, Gerichtsbarkeit) ausgestattete, allen Nationen zugängliche Hochschule.* **2.** *Vorlesungen u. Seminare allgemeinbildender Art für Studierende aller Fachrichtungen.*
Stu|fe, die; -, -n: **1. a)** [mhd. stuofe, ahd. stuof(f)a, eigtl. wohl = Tritt, Spur] *einzelne Trittfläche einer Treppe bzw. Treppenleiter:* die unterste, oberste S.; - n aus Stein; die Treppe hat hohe -n; die -n knarren; die -n hinuntergehen; drei -n auf einmal nehmen; Vorsicht, S.!, Achtung, S.!; **b)** *aus festem Untergrund (Fels, Eis o. Ä.) herausgearbeiteter Halt für die Füße:* -n in den Gletscher schlagen. **2. a)** *Niveau (3); Stadium der Entwicklung o. Ä.; Rangstufe:* in der sozialen Rangordnung die höchste S. einnehmen; auf bestimmten -n der Entwicklung; bei der dritten S. der Gesundheitsreform; *auf einer S. [mit jmdm., etw.]/auf der gleichen S. [wie jmd., etw.] stehen (*den gleichen [geistigen, menschlichen] Rang haben; gleichwertig sein*); jmdn., etw. auf eine S. [mit jmdm., etw.]/auf die gleiche S. [wie jmd., etw.] stellen (*jmdn., etw. als im Rang gleichwertig beurteilen, darstellen, im Niveau, im Rang einander gleichstellen*); sich mit jmdm. auf eine/auf die gleiche S. stellen (*sich jmdm. gleichstellen*); **b)** *Grad (1 a), Ausmaß von etw.:* die höchste S. des Glücks; Es gibt viele -n des Verlassens und Verlassenwerdens, und jede ist schmerzlich, und viele sind wie der Tod (Remarque, Obelisk 159); **c)** (seltener) *Abstufung (2), Schattierung von etw.:* Farbtöne in vielen -n. **3.** (Technik) **a)** *(bei mehrstufigen Maschinen, Apparaten o. Ä.) einzelne, auf einem bestimmten Niveau verlaufende Phase des Arbeitens:* die verschiedenen -n eines Schalters; Ü das Konzept zur Sanierung sieht zwei -n vor; **b)** *(bei mehrstufigen Raketen) Teil der Rakete mit einer bestimmten Antriebskraft; Raketenstufe:* die erste S. absprengen. **4.** (Geol.) *nächstfolgende Untergliederung einer Abteilung (2 d).* **5.** (Mineral.) *Gruppe von frei stehenden u. gut kristallisierten Mineralien.* **6.** Kurzf. von ↑ Vegetationsstufe: eine alpine S. **7.** (Geogr.) *stärker geneigter Bereich einer Bodenfläche, der flachere Teile voneinander trennt.* **8.** (Musik) *bestimmte Stelle, die ein Ton innerhalb einer Tonleiter einnimmt:* in der C-Dur-Tonleiter ist c die erste S. **9.** (Schneiderei) *waagerecht abgenähte Falte an einem Kleidungsstück.* **10.** ⟨meist Pl.⟩ (Fachspr.) *(im Gegensatz zur Franse eine klar abgesetzte Linie in der Frisur erzeugender) Unterschied in der Haarlänge.*
stu|fen ⟨sw. V.; hat⟩: **1.** *stufen-, treppenartig aufgliedern, anlegen, ausbilden:* einen Hang s.; ⟨meist im 2. Part.:⟩ gestufte Giebel. **2.** *nach dem Grad, dem Wert, der Bedeutung o. Ä. staffeln (2 a), abstufen:* die Preise s.
stu|fen|ar|tig ⟨Adj.⟩: *in der Art von Stufen (1); [ähnlich] wie Stufen.*
Stu|fen|bar|ren, der (Turnen): ¹*Barren (2) mit verschiedenen hohen* ¹Holmen *(1 a).*
Stu|fen|brei|te, die: *Breite einer Treppenstufe.*
Stu|fen|dach, das: *Dach aus mehreren stufenartig angeordneten kleineren Dächern (z. B. bei einer Pagode).*
Stu|fen|fol|ge, die: **a)** *hierarchisch geordnete Aufeinanderfolge von Rangstufen;* **b)** *Aufeinanderfolge einer in einzelnen Stufen (2 a) verlaufenden Entwicklung.*
stu|fen|för|mig ⟨Adj.⟩: *die Form einer Stufe (1) aufweisend.*
Stu|fen|füh|rer|schein, der: *stufenweise zu erwerbender Führerschein für ein Motorrad.*
Stu|fen|gang, der: *[längerer] Gang, der über einzelne Stufen führt.*
Stu|fen|heck, das: *stufenförmig abfallendes Heck bei einem Pkw.*
Stu|fen|lei|ter, die: *stufenartig aufgebaute Hierarchie (a):* auf der gesellschaftlichen S. unten stehen.
stu|fen|los ⟨Adj.⟩ (Technik): *keine Stufen (3 a) aufweisend.*
Stu|fen|plan, der: *Plan für eine Entwicklung o. Ä. in einzelnen Stufen (2 a).*
Stu|fen|py|ra|mi|de, die (Kunstwiss.): *Pyramide mit gestuften Flächen.*
Stu|fen|rock, der: *Damenrock aus waagerecht aneinandergesetzten Stoffbahnen.*
Stu|fen|schnitt, der: *stufiger (2) Haarschnitt.*
stu|fen|wei|se ⟨Adv.⟩: *allmählich; [methodisch] in einzelnen aufeinanderfolgenden Stufen; gra-*

stufig–Stunde

duell (2): etw. s. ausbauen; ⟨mit Verbalsubstantiven auch attr.:⟩ -r Abbau von Zöllen.

stu|fig ⟨Adj.⟩: **1.** (Geogr.) Stufen (7) aufweisend: diese Landschaft ist s. [gegliedert]. **2.** stufenartig; gestuft: das Haar s. schneiden.

Stu|fung, die; -, -en: **1.** das Stufen. **2.** das Gestuftsein.

Stuhl, der; -[e]s, Stühle [mhd., ahd. stuol, eigtl. = Gestell, verw. mit ↑stehen]: **1.** mit vier Beinen, einer Rückenlehne u. gelegentlich Armlehnen versehenes Sitzmöbel für eine Person: ein wackliger S.; ein S. mit hoher Lehne; Stühle stehen um den Tisch; die Stühle aufstellen, auf den Tisch stellen; jmdm. einen S. anbieten (ihn zum Sitzen auffordern); auf einem S. setzen; auf dem S. sitzen, hin und her rutschen; vom S. aufstehen, aufspringen; Ü ihr S. (ihr Arbeitsplatz) war inzwischen anderweitig besetzt; *elektrischer S. (einem Stuhl ähnliche Vorrichtung, auf der sitzend ein zum Tode Verurteilter durch Starkstrom hingerichtet wird; LÜ von engl. electric chair); heißer S. [Jugendspr. verdend; schweres] Motorrad, Moped o. Ä.); jmdn. den S. vor die Tür setzen (1. jmdn. aus seinem Haus weisen. jmdm. [in spektakulärer Form] kündigen); [fast] vom S. fallen (ugs.; sehr überrascht, entsetzt über etw. sein); jmdn. [nicht] vom S. reißen/hauen (ugs.; jmdn. [nicht] sehr erstaunen, begeistern); sich zwischen zwei/alle Stühle setzen (sich zwei bzw. mehrere Möglichkeiten o. Ä. gleichermaßen verscherzen); zwischen zwei/allen Stühlen sitzen (in der unangenehmen Lage sein, sich zwei bzw. mehrere Möglichkeiten o. Ä. gleichermaßen verscherzt zu haben). **2.** Kurzf. von ↑Behandlungsstuhl: der gynäkologische S. **3.** (kath. Kirche) nur in bestimmten Fügungen: der Apostolische, Heilige S., der S. Petri (Bez. für das Amt des Papstes, den Papst als Träger des Amtes u. die päpstlichen Behörden); der bischöfliche S. (Bischofssitz). **4.** [spätmhd., aus der mhd. Wendung »ze stuole gān = zum Nachtstuhl gehen«, vgl. Stuhlgang] **a)** Kurzf. von ↑Stuhlgang (a); **b)** Kot (1) vom Menschen.

Stuhl|bein, das: einzelnes Bein eines Stuhls (1).
Stühl|chen, das; -s, -: Vkl. zu ↑Stuhl.
Stuhl|ent|lee|rung, die (Med.): das Ausscheiden von Stuhl (4 b).
Stüh|le|rü|cken, das; -s: **1.** hörbares Rücken, Zurückschieben der Stühle bes. beim Aufstehen bzw. beim allgemeinen Aufbruch. **2.** Wechsel in den [Führungs]positionen einer Firma, Institution: ein großes S. setzte ein.
Stuhl|gang, der [⟨o. Pl.⟩ spätmhd. stuolganc, eigtl. = Gang zum (Nacht)stuhl, vgl. Stuhl (4 a)]: **a)** Stuhlentleerung: [keinen, regelmäßig] S. haben; **b)** Stuhl (4 b).
Stuhl|kis|sen, das: flaches, quadratisches Kissen für den Stuhl (1).
Stuhl|leh|ne, die: **a)** Rückenlehne am Stuhl (1); **b)** (seltener) Armlehne am Stuhl (1).
Stuhl|rei|he, die: vgl. Sitzreihe.
Stuhl|schieds|rich|ter, der (Tennis): Schiedsrichter.
Stuhl|schieds|rich|te|rin, die: w. Form zu ↑Stuhlschiedsrichter.
Stuhl|ver|stop|fung, die: erschwerte od. verminderte Stuhlentleerung; Obstipation.
Stuk|ka|teur usw.: frühere Schreibung für Stuckateur usw.
Stul|le, die; -, -n [wohl < südniederl., ostfries. stul = Brocken, Klumpen u. eigtl. = dickes Stück od. viell. Nebenf. von ↑Stolle(n)] (nordd., bes. berlin.): [bestrichene, belegte] Scheibe Brot; -n schmieren.
Stul|pe, die; -, -n [aus dem Niederl., wohl rückgeb. aus ↑stülpen]: **1.** breiter, sich nach oben trichterförmig erweiternder Aufschlag an

Ärmeln, Handschuhen u. Stiefeln. **2.** röhrenförmiges Kleidungsstück zum Wärmen der Arme oder Beine.

stül|pen ⟨sw. V.; hat⟩ [wahrsch. aus dem Niederd. < mniederd. stulpen = umstürzen, verw. mit ↑stellen]: **a)** etw. (was in der Form dem zu bedeckenden Gegenstand entspricht) auf, über etw. decken: den Kaffeewärmer über die Kanne s.; **b)** (besonders in Bezug auf eine Kopfbedeckung) rasch, nachlässig aufsetzen, über den Kopf ziehen: [sich] eine Mütze auf den Kopf s.; **c)** das Innere von etw. nach außen, etw. von innen nach außen kehren: die Taschen nach außen s.; die Lippen nach vorn s.; **d)** durch Umdrehen, Umstülpen des Behältnisses o. Ä. (den Inhalt) an eine bestimmte Stelle bringen: Hundefutter aus der Dose auf den Teller s.

Stul|pen|stie|fel, der: Stiefel mit Stulpen (1).

stumm ⟨Adj.⟩ [mhd., ahd. stum, eigtl. = (sprachlich) gehemmt, zu ↑stemmen in dessen urspr. Bed. »hemmen«]: **1.** unfähig, nicht die Fähigkeit habend, [Sprach]laute hervorzubringen: ein -es Kind; von Geburt an s. sein; sich s. stellen (sich aus einem bestimmten Grund absichtlich nicht zu etw. äußern); er war s. vor Schreck (konnte vor Schreck nichts sagen); Ü zerbombte Städte, -e Zeugen des Krieges; Spr besser s. als dumm. **2. a)** schweigsam; sich nicht durch Sprache, durch Laute äußernd: ein -er Zuhörer; alle blieben s. (sprachen nicht); warum bist du so s.? (sprichst du so wenig?); Ü ein -er Laut (Sprachwiss.; Buchstabe, der nicht gesprochen wird [z. B. das stumme »h« im Französischen]); das Radio blieb s. (funktionierte nicht mehr); *jmdn. s. machen (salopp; jmdn. umbringen);* **b)** nicht von Sprechen begleitet; wortlos: eine -e Klage; ein -er Gruß; sie sahen sich s. an; s. [und starr] dasitzen; Früher hatte ich gedacht, ihn (= den kleinen Sohn) die Welt lehren zu müssen. Seit den -en Zwiesprachen mit ihm war ich irregeworden und anders belehrt (Bachmann, Erzählungen 116).

Stum|me, die/eine Stumme; der/einer Stummen, die Stummen/zwei Stumme: weibliche Person, die stumm ist.

Stum|mel, der; -s, - [mhd. stumbel, zu ahd. stumbal = verstümmelt, verw. mit ↑Stumpf]: übrig gebliebenes kurzes Stück (von einem kleineren länglichen Gegenstand): die Kerzen sind bis auf kurze S. heruntergebrannt; mit dem S. eines Bleistifts schreiben; der Aschenbecher ist voller S. (Zigarettenstummel).

Stum|mel|chen, Stüm|mel|chen, das; -s, -: Vkl. zu ↑Stummel.

Stum|mel|schwanz, der: (bes. bei einem Hund) kurzer [gestutzter] Schwanz.

Stum|mer, der Stumme/ein Stummer; des/eines Stummen, die Stummen/zwei Stumme: jmd., der stumm (1) ist.

Stumm|film, der; (früher): Spielfilm ohne Ton (bei dem lediglich eingeblendete Zwischentexte den Gang der Handlung kurz zusammenfassen).

Stumm|heit, die; -: das Stummsein (1, 2).

Stum|pen, der; -s, - [mhd. stumpe, Nebenv. von ↑Stumpf]: **1.** (landsch.) [Baum]stumpf. **2.** stumpf abgeschnittene, kurze Zigarre: S. rauchen. **3.** grob vorgeformter Filz o. Ä., der zu einem Hut verarbeitet wird.

Stüm|per, der; -s, - [aus dem Niederd., Md. < mniederd. stumper, stumper, zu: stump = Stumpf, urspr. = schwächlicher, armseliger Mensch] (abwertend): jmd., der sein Fach nicht beherrscht: hier waren S. am Werk; Nur -n ist die Kunst heilig. Sie sind in ihre Theorie verbohrt, weil Sie nichts können (Dürrenmatt, Meteor 46).

Stüm|pe|rei, die; -, -en (abwertend): **1.** ⟨o. Pl.⟩ stümperhaftes Arbeiten. **2.** einzelne stümperhafte Arbeit, Leistung.

stüm|per|haft ⟨Adj.⟩ (abwertend): ohne Könnerschaft; unvollkommen, schlecht: eine -e Arbeit; etw. ist sehr s. [ausgeführt].

Stüm|pe|rin, die; -, -nen: w. Form zu ↑Stümper.

stüm|pern ⟨sw. V.; hat⟩ (abwertend): stümperhaft arbeiten.

stumpf ⟨Adj.⟩ [mhd. stumpf, spätahd. stumph, urspr. = verkürzt, verstümmelt, verw. mit ↑Stumpf]: **1. a)** (von Schneidwerkzeugen) nicht [mehr] gut schneidend; nicht scharf (1 a): ein -es Messer; **b)** (von einem länglichen Gegenstand) nicht in eine Spitze auslaufend; nicht [mehr] spitz: eine -e Nadel. **2.** an einem Ende abgestumpft, ohne Spitze (1 b): ein -er Kegel. **3.** (in Bezug auf die Oberfläche von etw.) nicht rau; nicht glatt u. ohne Glanz: -es Metall; der Schnee ist s. (nass, klebrig; ohne die erwünschte Glätte); ihr Haar war von der Sonne ganz s. (glanzlos) geworden. **4.** (besonders von Farben) matt, glanzlos: ein -es Rot; die Farbe ist s. geworden. **5.** [nach lat. angulus obtusus = stumpfer Winkel] (Geom.) (von Winkeln) zwischen 90° u. 180° betragend: ein -er Winkel. **6.** (Med.) (von Verletzungen) keine blutende Wunde hinterlassend: eine -e Verletzung. **7.** (Verslehre) (vom Reim) männlich (4 b). **8. a)** ohne geistige Aktivität, ohne Lebendigkeit; ohne Empfindungsfähigkeit: ein ganz -er Mensch; s. dahinleben; **b)** abgestumpft u. teilnahmslos, fast leblos: ein -er Blick; gegen Schmerzen/gegenüber Schmerzen völlig s. werden; s. vor sich hin starren; ...denn dem -en Auge entgeht nichts leichter als das Außergewöhnliche (Langgässer, Siegel 93).

Stumpf, der; -[e]s, Stümpfe [mhd. stumpf(e), ahd. stumph, eigtl. = verstümmelter Rest (eines Baumes od. Körperteils)]: nach Abtrennung, Abnutzung, Verbrauch von etw. (seiner Form nach lang Gestrecktem) verbliebenes kurzes Stück: der S. einer Kerze; seine Zähne waren nur noch Stümpfe; Voran fährt er einem kleinen Rollwagen der S. eines Körpers mit einem Kopf. Arme und Beine fehlen (Remarque, Obelisk 218); *mit S. und Stiel (ganz und gar, bis aus letzten Rest).

Stümpf|chen, das; -s, -: Vkl. zu ↑Stumpf.

stümp|fen ⟨sw. V.; hat⟩ [zu ↑stumpf] (selten): stumpf machen: ◆ Auch so willst du den Stachel des Verlusts nur s. (abmildern; Lessing, Nathan II, 1).

Stumpf|heit, die; -, -en [mhd. stump(f)heit]: **1.** ⟨o. Pl.⟩ das Stumpfsein (1 – 4). **2. a)** ⟨o. Pl.⟩ das Stumpfsein (8); Stumpfsinn (1); **b)** etw. Stumpfes (8), Stumpfsinniges (2, 3).

Stumpf|sinn, der ⟨o. Pl.⟩ [rückgeb. aus ↑stumpfsinnig]: **1.** Teilnahmslosigkeit, Dumpfheit u. geistige Trägheit: in S. verfallen, versinken. **2.** Stupidität (1 b): der S. einer Arbeit. **3.** (selten) Unsinn (2): er redet lauter S.

stumpf|sin|nig ⟨Adj.⟩: **1.** in Stumpfsinn (1) versunken; teilnahmslos: ein -es Leben; s. vor sich hin starren. **2.** stupid (b): eine -e Arbeit. **3.** (selten) unsinnig (1).

Stumpf|sin|nig|keit, die; -: das Stumpfsinnigsein.

stumpf|win|ke|lig, stumpf|wink|lig ⟨Adj.⟩ (Geom.): einen stumpfen Winkel bildend.

Ständ|chen, das; -s, - (fam.): ungefähr eine Stunde (1) (die sich Zeit nimmt für etw., jmdn.): sie wollte nur auf ein S., für ein S. kommen. *jmds. letztes S. ist gekommen/hat geschlagen (1).

Stun|de, die; -, -n [mhd. stunde, stunt = Zeit(abschnitt, -punkt); Gelegenheit; Frist, ahd. stunta = Zeit(punkt), eigtl. = das Stehen]: **1.** Zeitraum von sechzig Minuten; der vierundzwanzigste Teil eines Tages (Abk.: Std., Pl.: Stdn., Zeichen: st, h, Astron.: ʰ): eine halbe, viertel, ganze, volle, gute, knappe S.; anderthalb -n; eine S. früher, vor dem Essen, es ist noch keine

stünde – stürmen

vergangen; die -n dehnten sich endlos; drei -n (Weg-, Autostunden o. Ä.) von hier entfernt; eine S. Zeit haben; eine geschlagene S., über eine S. warten; er hat -n und -n/-n und Tage (sehr lange) dazu gebraucht; die -n bis zur Rückkehr zählen (ihr mit Ungeduld entgegensehen); eine S. [lang] telefonieren; um diese S. ist es passiert; 100 km in der S., pro S. fahren; in drei viertel -n; sie bekommt 45 Euro für die S., in der S., pro S. (pro Arbeitsstunde); von S. zu S. (zunehmend im Ablauf der Stunden) wurden sie ruhiger; von einer S. zur anderen hatte sich alles geändert; R besser eine S. zu früh als eine Minute zu spät; * jmds. letzte S. hat geschlagen/ist gekommen (↑ Stündlein); wissen, was die S. geschlagen hat (wissen, wie die Lage wirklich ist); ein Mann o. Ä. der ersten S. (jmd., der von Anbeginn bei etw. dabei ist, dabei war, mitwirkt, mitgewirkt hat). **2.** (geh.) **a)** Zeit, Zeitspanne von kürzerer Dauer (in der etw. Bestimmtes geschieht): eine glückliche S.; die morgendlichen -n; sie haben schöne -n miteinander verlebt); in der Not; in guten und bösen -n zusammenstehen; * jmds. schwere S. (dichter.; die Zeit von jmds. Niederkunft); blaue S. (dichter.; Zeit der Dämmerung); **b)** Augenblick; Zeitpunkt: die S. der Rache ist gekommen; die Gunst der S. (den günstigen Augenblick) nutzen; etw. ist das Gebot der S. (geh.; ist in diesem Augenblick zu tun geboten); ihre [große] S. (der Augenblick, wo sie ihre Fähigkeiten o. Ä. zeigen konnte) war gekommen; er kam noch zu später, vorgerückter S. (geh.; spät am Abend); sich zur gewohnten S. (geh.; zur gewohnten Zeit) treffen; zur S. (geh.; im gegenwärtigen Augenblick) ist nichts bekannt; O Himmel! Die S. des Essens ist versäumt, der Großvater wird mich suchen, was tun? (H. Mann, Stadt 253); * die S. der Wahrheit (der Augenblick, wo sich etw. beweisen, sich jmd., etw. bewähren muss); die S. null (durch ein einschneidendes [historisches] Ereignis bedingter Zeitpunkt, an dem aus dem Nichts od. unter ganz neuen Voraussetzungen etw. völlig neu beginnt); von Stund an (geh. veraltend; von diesem Augenblick an). **3. a)** Schulstunde, Unterrichtsstunde (in der Schule): wie viele -n habt ihr heute?; die letzte S. fällt aus; **b)** (ugs.) als Privat-, Nachhilfestunde o. Ä. erteilter Unterricht: Eine S. kostet 40 Euro, dauert 45 Minuten; -n [in Englisch] erteilen, nehmen, geben.

stünde: ↑ stehen.

stun|den ⟨sw. V.; hat⟩: prolongieren: jmdm. die fällige Rate s.

Stun|den|buch, das: Horarium.

Stun|den|de|pu|tat, das: Anzahl der von einer Lehrkraft zu gebenden Unterrichtsstunden.

Stun|den|ge|bet, das: Hora (b).

Stun|den|ge|schwin|dig|keit, die: Geschwindigkeit, die (von einem Fahrzeug) durchschnittlich in einer Stunde erreicht wird.

Stun|den|halt, der (schweiz.): [stündliche] Marschpause.

Stun|den|ho|tel, das (verhüll.): Hotel, in dem Paare stundenweise ein Zimmer mieten, um geschlechtlich zu verkehren.

Stun|den|ki|lo|me|ter, der ⟨meist Pl.⟩ (ugs.): (als Maß für die Geschwindigkeit von Verkehrsmitteln) Kilometer pro Stunde (Abk.: km/h, km/st): er fuhr mit fast 200 -n

Die in der Allgemeinsprache gängige Bezeichnung »Stundenkilometer« wird in der Fachsprache der Physik und Technik abgelehnt, da die sprachliche Aneinanderreihung von Einheiten dort deren Multiplikation bedeutet (vgl. Kilowattstunde), mit »Stundenkilometer« aber eine Division (Kilometer pro Stunde) gemeint ist. Fachsprachlich ist daher »Kilometer pro Stunde« oder »km/h« korrekt.

stun|den|lang ⟨Adj.⟩: **a)** einige, mehrere Stunden lang; einige, mehrere Stunden dauernd: -e Wanderungen; sich s. mit etw. beschäftigen; **b)** (emotional übertreibend) [in ärgerlicher Weise] sehr lang, übermäßig lang: s. telefonieren; ich kann nicht s. auf dich warten!

Stun|den|lohn, der: Lohn, der nach Arbeitsstunden bemessen wird.

Stun|den|mit|tel, das ⟨Pl. selten⟩: innerhalb einer Stunde erzielter Durchschnittswert (z. B. von Schadstoffen in der Luft).

Stun|den|plan, der: **a)** festgelegte Abfolge von Schul-, Arbeitsstunden o. Ä.; **b)** nach Wochentagen u. Stunden (1) in Kästchen unterteiltes Blatt Papier [in Form eines Vordrucks], auf dem der Stundenplan (a) eingetragen wird.

Stun|den|satz, der: festgelegter Stundenlohn, Satz (5) pro Stunde.

Stun|den|takt, der ⟨o. Pl.⟩: regelmäßig im zeitlichen Abstand von einer Stunde wiederkehrender Ablauf o. Ä. von etw.: die Züge verkehren im S.

Stun|den|wei|se ⟨Adv.⟩: (nur) für einzelne Stunden (1), nicht dauernd: s. arbeiten; ⟨mit Verbalsubstantiven auch attr.:⟩ eine s. Belegung.

Stun|den|weit ⟨Adj.⟩: über eine Entfernung von einigen Wegstunden: -e Spaziergänge; sie musste n s. laufen; ♦ Drum stank auch die Luft so nach Schwefel s. (Schiller, Räuber II, 3).

Stun|den|zahl, die: Anzahl der Unterrichts-, Arbeitsstunden o. Ä.

Stun|den|zei|ger, der: kleinerer der beiden Zeiger der Uhr, der die Stunden anzeigt.

♦ **Stün|di|gung,** die; -, -en: Stundung: ... sie wäre sogar gerne zärtlich geworden, um S. zu erhalten (Gotthelf, Spinne 44).

Stünd|lein, das; -s, -: Vkl. zu ↑ Stunde (1): * letztes S. (veraltend, noch scherzh.: Sterbestunde); jmds. letztes S. hat geschlagen/ist gekommen (veraltend, noch scherzh.; jmds. Tod, Ende steht bevor, naht).

stünd|lich ⟨Adj.⟩ [spätmhd. stundelich]: **a)** jede Stunde (1), alle Stunde [erfolgend]: ein -er Wechsel; der Zug verkehrt, fährt s.; **b)** in der allernächsten Zeit; jeden Augenblick: ihr Tod kann s. eintreten; **c)** (seltener) ständig, dauernd; immerzu; zu jeder Stunde (1): Die Frage, die mich s. quält, kann nur ein Priester mir beantworten (Hochhuth, Stellvertreter 68).

Stun|dung, die; -, -en: das Stunden; Prolongation.

Stunk, der; -s [urspr. berlin., obersächs., zu ↑ stinken] ⟨o. Pl.⟩ (ugs. abwertend): Streit; Ärger: S. anfangen; S. machen; mit jmdm. S. haben.

Stunt [stʌnt], der; -s, -s [engl. stunt = Kunststück, Trick, H. u.]: gefährliches, akrobatisches Kunststück [als Szene eines Films]: spektakuläre -s.

Stunt|frau, die: vgl. Stuntman.

Stunt|girl, das [aus ↑ Stunt u. ↑ Girl]: Stuntfrau.

Stunt|man [...mən, ...men], der; -s, ...men [...mən] [engl. stunt man, aus ↑ Stunt u. engl. man = Mann] (Film): Mann, der sich auf Stunts spezialisiert hat u. in entsprechenden Filmszenen anstelle der eigentlichen Darstellers eingesetzt wird.

Stu|pa [ˈʃtuːpa, ˈst...], der; -s, -s [sanskr. stupah]: buddhistischer Kultbau (in Indien).

stu|pend [ʃt..., st...] ⟨Adj.⟩ [spätlat. stupendus, zu lat. stupere, ↑ stupid] (bildungsspr.): (bes. aufgrund seines Ausmaßes o. Ä.) erstaunlich; verblüffend: -e Kenntnisse; ihre Virtuosität ist s.

stu|pid [ʃtu..., st...], **stu|pi|de** [ʃt..., st...] ⟨Adj.⟩ [frz. stupide < lat. stupidus, zu: stupere = betäubt, erstarrt sein; verblüfft, überrascht sein] (bildungsspr. abwertend): **a)** beschränkt; geistlos; ohne geistige Beweglichkeit od. Interessen: ein stupider Mensch; s. in den Tag dösen; **b)** langweilig, monoton, stumpfsinnig: eine stupide Arbeit; der Kritiker fand die Aufführung s.

Stu|pi|di|tät, die; -, -en [lat. stupiditas, zu: stupidus, ↑ stupid] (bildungsspr. abwertend): **1.** ⟨o. Pl.⟩ **a)** Beschränktheit; Geistlosigkeit; **b)** Langeweile, Monotonie; Stumpfsinn. **2.** von Geistlosigkeit, Dummheit zeugende Äußerung, Handlung, Verhaltensweise.

Stups, der; -es, -e [zu ↑ stupsen] (ugs.): Schubs.

stup|sen ⟨sw. V.; hat⟩ [niederd., md.] (ugs.): schubsen: jmdn. mit dem Ellenbogen s.

Stup|ser, der; -s, - (ugs.): Stups.

Stups|näs|chen, das: Vkl. zu ↑ Stupsnase.

Stups|na|se, die: kleine, leicht aufwärtsgebogene Nase.

stups|na|sig ⟨Adj.⟩: mit Stupsnase.

stur ⟨Adj.⟩ [aus dem Niederd. < mniederd. stür, eigtl. = standfest; dick, breit, zu ↑ stehen] (ugs. emotional abwertend): **a)** nicht imstande, nicht willens, sich auf jmdn., etw. einzustellen, etw. einzusehen; eigensinnig an seinen Vorstellungen o. Ä. festhaltend: ein s. Beamter; furchtbar s./s. wie ein Panzer sein (sich jedem Einwand o. Ä. gegenüber sperren); s. an etw. festhalten, auf etw. bestehen; er bleibt s. [bei seiner Meinung]; auf s. schalten (ugs.: auf keinen Einwand, keine Bitte o. Ä. eingehen); **b)** ohne von etw. abzuweichen, geradeaus gehen; s. nach Vorschrift arbeiten; **c)** (seltener) stupide (b).

stür|be: ↑ sterben.

Stur|heit, die; -, -en (ugs. abwertend): das Stursein.

Stur|kopf, der (ugs. emotional abwertend): jmd., der stur (a) ist.

stur|köp|fig ⟨Adj.⟩ (ugs. emotional abwertend): stur (a).

Sturm, der; -[e]s, Stürme [mhd., ahd. sturm]: **1.** sehr heftiger, starker Wind: ein heftiger, verheerender S.; der S. wütet, tobt, wühlt das Meer auf, hat viele Bäume entwurzelt, Dächer abgedeckt, hat sich gelegt, flaut ab; der S. erreichte Orkanstärke; eisige Stürme heulten, pfiffen um das Haus; bei/in S. und Regen draußen sein; Ü in S. der Begeisterung; in S. der Gefühle; ... aber schon 1778 hat jener soziale S. in Frankreich begonnen, der selbst über die Klostermauern schlägt (St. Zweig, Fouché 7); * S. im Wasserglas (große Aufregung um eine ganz nichtige Sache; nach frz. tempête dans un verre d'eau, einem Ausspruch des frz. Staatstheoretikers Montesquieu [1689–1755]). **2.** heftiger, schnell vorgetragener Angriff mit dem Ziel, den [völlig unvorbereiteten] Gegner zu überraschen, seine Verteidigung zu durchbrechen: eine Festung im S. nehmen; den Befehl zum S. auf die Stadt geben; zum S. blasen; Ü im S. (Ansturm) auf die Geschäfte; eine Frau, das Herz einer Frau im S. erobern; * S. läuten/klingeln/schellen (mehrmals hintereinander laut klingeln b; ugs.); = die Sturmglocke läuten); gegen etw. S. laufen (gegen etw. Geplantes heftig protestieren, ankämpfen). **3. a)** (Sport) Gesamtheit der Stürmer: der S. der Nationalelf; **b)** das Stürmen (4 b); Angriffsspiel vor dem gegnerischen Tor: im S. zu drucklos spielen. **4.** ⟨o. Pl.⟩ (österr.) in Gärung übergegangener Weinmost; Federweißer.

Sturm|ab|tei|lung, die (nationalsoz.): uniformierte u. bewaffnete Kampftruppe als Gliederung der NSDAP (Abk.: SA).

Sturm|an|griff, der: Sturm (2).

Sturm|bann, der (nationalsoz.): Gliederung, Einheit der SS.

Sturm|bö, die: sehr heftige Bö.

Sturm|bö|e, die: seltener für ↑ Sturmbö.

Sturm|bruch, der: durch heftigen Sturm verursachter Schaden im Wald.

stür|men ⟨sw. V.⟩ [mhd. stürmen, ahd. sturmen, zu ↑ Sturm]: **1. a)** ⟨unpers.; hat⟩ (vom Wind) mit

großer Heftigkeit, mit Sturmstärke wehen): es stürmte heftig, die ganze Nacht; **b)** ⟨ist⟩ *(vom Wind) heftig, mit Sturmstärke irgendwohin wehen:* der Wind stürmt über die Felder; ein Orkan stürmt ums Haus. **2.** ⟨ist⟩ *ohne sich von etw. aufhalten zu lassen, sich wild rennend, laufend von einem Ort weg- od. zu ihm hinbegeben:* aus dem Haus, auf den Schulhof, zum Ausgang s.; der Chef stürmte ins Büro. **3.** ⟨hat⟩ (bes. Militär) **a)** *etw. im Sturm (2) nehmen:* eine Stadt, Festung, Stellung s.; Ü die Kassen s. *(in großer Zahl zu ihnen drängen);* die Zuschauer stürmten die Bühne; **b)** *einen Sturmangriff führen:* die Infanterie hat gestürmt; stürmende Einheiten. **4.** ⟨hat⟩ (Sport) **a)** *als Stürmer, im Sturm (3) spielen:* am linken Flügel, für den HSV s.; **b)** *offensiv, auf Angriff spielen:* pausenlos s.
Stür|mer, der; -s, - [mhd. sturmære = Kämpfer]: **1.** (Sport) *im Angriffsspiel spielender Spieler mit der besonderen Aufgabe, Tore zu erzielen:* S. spielen. **2.** *Federweißer.*
Stür|mer|foul, das (Sport): *(im Angriffsspiel bes. beim Handball) von einem Spieler der anstürmenden Mannschaft begangenes Foul.*
Stür|me|rin, die; w. Form zu ↑ Stürmer (1).
Stür|mer und Drän|ger, der; -s - -s, - - - (Literaturwiss.): *Dichter des Sturm und Drangs.*
Sturm|feu|er|zeug, das: *mit Benzin betriebenes Feuerzeug, das auch bei stärkerem Wind funktionstüchtig ist.*
Sturm|flut, die: **1.** *(oft schwere Schäden verursachendes) durch auflandigen Sturm bewirktes, außergewöhnlich hohes Ansteigen des Wassers an Meeresküsten u. in Flussmündungen.* **2.** (Fachspr.) *erheblich über dem mittleren Hochwasser (1) liegende Flut (1).*
sturm|frei ⟨Adj.⟩: **1.** [aus der Studentenspr., übertr. von 2] (scherzh.) *die Möglichkeit bietend, ungehindert Besuch zu empfangen:* eine -e Bude. **2.** (Militär veraltet) *(von einer Stellung o. Ä.) uneinnehmbar.*
Sturm|füh|rer, der (nationalsoz.): *Führer eines SA-Sturms.*
Sturm|ge|läut, Sturm|ge|läu|te, das (geh.): *das Läuten der Sturmglocke.*
sturm|ge|peitscht ⟨Adj.⟩ (geh.): *vom Sturm gepeitscht:* die -e See.
Sturm|glo|cke, die (früher): *Glocke, die bei Gefahr, Aufruhr, Feuer o. Ä. geläutet wurde.*
Sturm|hau|be, die (früher): *Helm, der vom Fußvolk getragen wurde.*
stür|misch ⟨Adj.⟩ [mhd. stürmische (Adv.)]: **1. a)** *mit Sturm (1), stark windig:* -es Wetter; die Überfahrt war sehr s. *(dabei herrschte stürmisches Wetter);* Ü sehr unruhige -e *(ereignisreiche, turbulente)* Tage; **b)** *von Sturm (1) bewegt; sehr unruhig:* das -e Meer; die See war sehr s. **2. a)** *ungestüm, leidenschaftlich:* ein -er Liebhaber; eine -e Begrüßung; nicht so s.!; **b)** *vehement; mit Verve, mit Schärfe; mit einer ungezügelten Gefühlsäußerung:* ein -er Protest; -er *(sehr großer, frenetischer)* Beifall; Herr Belfontaine lachte s. heraus (Langgässer, Siegel 179). **3.** *mit großer Schnelligkeit ablaufend, sich vollziehend; rasant (1 c):* eine -e Entwicklung; der Aufschwung war, verlief, vollzog sich sehr s.
Sturm|lauf, der [urspr. zu ↑ Sturm (2)]: **1.** *Ansturm auf etw.:* ein S. auf das gegnerische Tor. **2.** *rascher Lauf:* im S. durchquerten sie das Gelände.
Sturm|läu|ten, das; -s (früher): *das Läuten der Sturmglocke.*
Sturm|lei|ter, die: **1.** (früher) *Leiter, die zum Erstürmen von Festungsmauern o. Ä. verwendet wird.* **2.** (Seemannsspr.) *Jakobsleiter (2).*
Sturm|pan|zer, der (Militär): *stark gepanzertes, mit Steilfeuerwaffen ausgerüstetes Fahrzeug.*

Sturm|scha|den, der ⟨meist Pl.⟩: *Schaden, der durch Einwirkung von Sturm (1) entstanden ist.*
Sturm|schritt, der: *in der Fügung* **im S.** *(mit großen Schritten; schnell, eilig;* zu ↑ Sturm 2).
Sturm|spit|ze, die (bes. Fußball): *weit vorgeschobener, in vorderster Position spielender Stürmer (1).*
Sturm|stär|ke, die: *Windstärke, die einem Sturm entspricht.*
Sturm|ti|de, die (Seew.): *durch Wind beeinflusste Tide (a).*
Sturm|tief, das (Meteorol.): *Tiefdruckgebiet mit sehr niedrigem Luftdruck u. hohen Windgeschwindigkeiten.*
Sturm und Drạng, der; - - -[e]s u. - - - [nach dem neuen Titel des Dramas »Wirrwarr« des dt. Dramatikers F. M. Klinger (1752–1831)] (Literaturwiss.): *gegen die einseitig verstandesmäßige Haltung der Aufklärung revoltierende, durch Gefühlsüberschwang, Naturgefühl (1) u. Freiheitsgefühl gekennzeichnete literarische Strömung in Deutschland in der Zeit etwa 1767 bis 1785.*
Sturm-und-Drạng-Pe|ri|o|de, Sturm-und-Drạng-Zeit, die ⟨o. Pl.⟩ (Literaturwiss.): *Zeit, Periode des Sturm und Drangs:* Ü in seiner S. *(scherzh.; in seiner Jugendzeit).*
Sturm|vo|gel, der (Zool.): *auf dem offenen Meer lebender, gewandt fliegender u. segelnder Vogel (z. B. Albatros).*
Sturm|war|nung, die (Seew.): *(der Schifffahrt gegebene) Warnung vor Sturm.*
Sturm|war|nungs|zei|chen, das (Seew.): *optisches Zeichen, das die Schifffahrt auf einen herannahenden Sturm aufmerksam machen soll.*
Sturm|zei|chen, das: *Sturmwarnungszeichen.*
sturm|zer|zaust ⟨Adj.⟩: *vom Sturm zerzaust:* -e Bäume.
Stur|schä|del, der (ugs.): **1.** *sturer Mensch:* er, sie ist ein S. **2.** *sture Haltung; Sturheit:* einen S. haben.
Sturz, der; -es, Stürze u. -e [mhd., ahd. sturz, zu ↑²stürzen]: **1.** ⟨Pl. Stürze⟩ **a)** *das Stürzen (1 a):* ein S. aus dem Fenster, in die Tiefe; bei einem S. vom Pferd hat er sich verletzt; S. (*plötzliches starkes Absinken) der Temperatur;* **b)** *das Hinstürzen aus aufrechter Haltung:* ein S. auf dem Eis, mit dem Fahrrad; bei der Abfahrt gab es schwere Stürze. **2.** ⟨Pl. Stürze⟩ *[durch Misstrauensvotum] erzwungenes Abtreten einer Regierung, eines Regierenden, Ministers o. Ä.:* den S. der Regierung, eines Ministers vorbereiten, herbeiführen; den S. *(die Abschaffung)* der Monarchie erzwingen; etw. führt zum S. eines Regimes. **3.** ⟨Pl. Stürze⟩ (Kfz-Technik) Kurzf. von ↑ Achssturz: *ein negativer (oben nach innen geneigter), positiver (oben nach außen geneigter)* S. **4.** ⟨Pl. -e u. Stürze⟩ (Bauw.) *[waagerechter] oberer Abschluss einer Maueröffnung in Form eines Trägers aus Holz, Stein od. Stahl:* ein bogenförmiger S.; einen S. einbauen. **5.** ⟨Pl. Stürze⟩ (südd., österr., schweiz.) Kurzf. von ↑ Glassturz: einen S. über etw. stülpen. **6.** ⟨Pl. -e u. Stürze⟩ [eigtl. = Emporragendes, -starrendes, verw. mit ↑ ²Sterz] (westmd.) *Baumstumpf.*
Sturz|bach, der: *Gießbach;* Ü es regnete in Sturzbächen *(in seiner Jugendzeit).*
sturz|be|sof|fen (derb), **sturz|be|trun|ken** (ugs.) ⟨Adj.⟩: *völlig betrunken u. nicht mehr in der Lage, [aufrecht] zu gehen.*
Stür|zel, der; -s, -n [mhd. stürze]: **1.** (landsch.) *Deckel eines Gefäßes, bes. eines Topfs.* **2.** (Musik) *Schalltrichter von Blechblasinstrumenten.*
Stụr|zel, Stụ̈r|zel, der; -s, - (landsch.): **1.** *Stürze (1).* **2.** (Vkl. von ↑ Sturz (6)) *stumpfes Ende; [Baum]stumpf.*
stụ̈r|zen ⟨sw. V.⟩ [mhd. stürzen, sturzen, ahd. stur-

zen = umstoßen; fallen, herabstürzen verw. mit mhd. sterzen = steif emporragen u. mit ↑ ²Sterz, zu ↑ starren u. eigtl. = auf den Kopf stellen od. gestellt werden]: **1.** ⟨ist⟩ **a)** *aus mehr od. weniger großer Höhe jäh in die Tiefe fallen:* aus dem Fenster, in die Tiefe s.; er ist vom Dach, Baugerüst gestürzt *(heruntergestürzt);* Ü die Preise stürzen *(fallen rapide innerhalb kurzer Zeit);* die Kurse sind gestürzt *(sind innerhalb kurzer Zeit stark zurückgegangen);* Täglich, wenn er sie wiedersah..., stürzte er in Verwirrung, fühlte ein Wegschmelzen seiner Kräfte (Musil, Mann 510); **b)** *mit Wucht hinfallen, zu Boden fallen:* schwer, unglücklich, nach hinten s.; er ist auf der Straße, beim Rollschuhlaufen, mit dem Fahrrad gestürzt; **c)** (geh.) *zusammenbrechen:* die Mauern stürzten. **2.** ⟨ist⟩ **a)** *unvermittelt, ungestüm, mit großen Sätzen auf eine Stelle zu-, von ihr wegeilen:* an die Tür, aus dem Zimmer, ins Haus, zum Ausgang s.; jmdm., sich in die Arme s. *(jmdn., einander ungestüm umarmen);* **b)** *(von Wasser o. Ä.) mit Vehemenz hervorbrechen, heraus-, herabfließen:* das Wasser stürzt über die Felsen zu Tal; Regen stürzte vom Himmel; ... er hatte mich unter sich gebracht und mir ins Gesicht gestürzt, dass sofort Blut zu Nase und Mund stürzte (Fallada, Trinker 121); **c)** (geh.) *steil abfallen (4):* die Felsen s. steil ins Meer. **3.** ⟨s. + sich; hat⟩ *wild, ungestüm über jmdn. herfallen, jmdn. angreifen, anfallen:* der Löwe stürzt sich auf das Zebra; Ü die Kinder stürzten sich auf die Süßigkeiten *(machten sich gierig darüber her).* **4.** ⟨hat⟩ *[in zerstörerischer, (selbst)mörderischer Absicht] aus einer gewissen Höhe hinunterstürzen:* jmdn., sich in die Tiefe, von der Brücke, aus dem Fenster s.; Ü eine Maßlosigkeit hat ihn ins Verderben, ins Unglück; das Land in einen Bürgerkrieg s. **5.** ⟨s. + sich; hat⟩ *sich mit Leidenschaft, Eifer o. Ä. einer Sache verschreiben:* sich in die Arbeit s.; sich ins Vergnügen, ins Nachtleben s. *(intensiv daran teilnehmen).* **6.** ⟨hat⟩ **a)** *(ein Gefäß) umkippen, umdrehen (sodass der Inhalt sich herauslöst od. herausfällt):* die Kuchenform, den Topf s.; [bitte] nicht s.!; **b)** *durch Stürzen (6 a) aus einer Form herauslösen:* den Kuchen s. **7. a)** ⟨hat⟩ *[gewaltsam] aus dem Amt entfernen, aus der Regierungsgewalt entfernen:* einen Minister s.; eine Regierung, die Republik s.; **b)** ⟨ist⟩ (selten) *aus bestimmtem Anlass gestürzt (7 a) werden:* darüber wird der Minister vermutlich s. **8.** ⟨hat⟩ (landsch.) *ein abgeerntetes Feld umpflügen.*
Sturz|flug, der: *fast senkrecht nach unten gehender Flug:* im S. stießen die Möwen hinunter; der Pilot setzte zum S. an.
Sturz|flut, die: *herabstürzende Wassermassen.*
Sturz|ge|burt, die (Med.): *extrem schnell verlaufende Geburt (1 a).*
Sturz|helm, der: *(von Motorradfahrern u. a. getragene) über Ohren u. Nacken reichende, gepolsterte, helmartige Kopfbedeckung aus Kunststoff od. Leichtmetall, die bei einem Sturz Kopf u. Genick schützen soll.*
Sturz|kap|pe, die: *(bes. im Pferdesport u. im Radsport übliche) helmartige Kopfbedeckung mit dicker Polsterung.*
◆ **Sturz|kar|re,** die (landsch.): *Schubkarre:* ... unablässig fuhren die -n von dem Vorlande an die Deichlinie (Storm, Schimmelreiter 94).
Sturz|re|gen, der: *heftig fallender Regen.*
Sturz|see, die: *Brecher (1).*
Stuss, der; -es [jidd. stuss < hebr. šetût = Unsinn, Torheit] (ugs. abwertend): **1.** *(in ärgerlicher Weise) unsinnige Äußerung, Handlung; Unsinn:* so ein S.!; S. reden, verzapfen. ◆ **2.** [mundartl. Nebenf. von gleichbed. ↑ Stoß] (landsch.) *Streit, Zwist, Hader:* Wir haben einen S. miteinander

Stute–s.u.

gehabt, das ist ja wieder gut (Mörike, Hutzelmännlein 158).

Stu|te, die; -, -n [mhd., ahd. stuot, urspr. = Herde von (Zucht)pferden, wahrsch. zu ↑ stehen u. eigtl. = Stand, zusammenstehende Herde od. Standort (einer Herde); seit Anfang des 15. Jh.s zur Bez. des einzelnen weiblichen Zuchtpferdes (die Herden bestanden überwiegend aus weiblichen Tieren)]: **a)** *weibliches Pferd;* **b)** *(von Eseln, Kamelen, Zebras) weibliches Tier.*

Stu|ten, der; -s, - [mniederd. stute(n), urspr. = stüt = dicker Teil des Oberschenkels, nach der Form] (landsch.): **a)** *Rosinenbrot;* **b)** *Gebäckstück aus Hefeteig.*

Stu|ten|biss, der (ugs. abwertend): *aggressives Verhalten, aggressive Einstellung einer Frau gegenüber anderen (als Konkurrentinnen angesehenen) Frauen.*

stu|ten|bis|sig ⟨Adj.⟩ (salopp abwertend): *als Frau anderen (als Konkurrentinnen angesehenen) Frauen gegenüber aggressiv, streitbar.*

Stu|ten|milch, die: *Milch von Stuten* (a).

Stu|te|rei, die; -, -en (veraltet): *Gestüt:* ♦ *Herr Konrad bauete bei dessen Garten eine S. – daher nachmals die Stadt Stuttgarten hieß* (Mörike, Hutzelmännlein 165).

Stutt|gart: *Landeshauptstadt von Baden-Württemberg.*

¹Stutt|gar|ter, der; -s, -: *Ew.*

²Stutt|gar|ter ⟨indekl. Adj.⟩: *der S. Hauptbahnhof.*

Stutt|gar|te|rin, die; -, -nen: *w. Form zu ↑ ¹Stuttgarter.*

¹Stutz, der; -es, -e u. Stütze [vgl. Stutzen (vgl.]
1. (landsch.) *plötzlicher, heftiger Stoß:* * *auf den S.* (landsch.; *plötzlich, unversehens).*
2. (landsch.) **a)** *etw., was gestutzt, gekürzt ist; kurzer Gegenstand;* **b)** *Stutzen* (1). **3.** (landsch.) *Wandbrett.* **4.** (schweiz.) *abschüssige Stelle, steiler Abhang.*

²Stutz, der; -es, Stütze (doch auch: 5 Stutz) (schweiz. salopp): ²*Franken.*

Stütz, der; -es, -e [zu ↑ stützen (2 a); von dem dt. Erzieher F. L. Jahn (1778–1852) in die Turnerspr. eingef.] (Turnen): *Grundhaltung, bei der der Körper entweder mit gestreckten od. mit gebeugten Armen auf dem Gerät aufgestützt wird:* ein Sprung in den S.

Stütz|bal|ken, der: *Balken mit stützender Funktion.*

Stüt|ze, die; -, -n [mhd. stütze, zu ↑ stützen]:
1. (Bauw.) *senkrecht stehender, tragender Bauteil* (z. B. Pfosten, Säule): -n aus Holz, Stahlbeton. **2.** *Gegenstand, Vorrichtung verschiedener Art, die die Aufgabe hat, etw., jmdn. zu stützen:* Sitze mit -n für Kopf u. Füße; der Apfelbaum brauchen -n; ein Stock diente ihm nach seinem Unfall als S. **3.** *jmd., der für einen anderen Halt, Hilfe, Beistand bedeutet:* an jmdm. eine [treue, wertvolle] S. haben; für jmdn. eine S. sein. **4.** (veraltend) *Haushaltshilfe.* **5.** (ugs.) *Arbeitslosengeld, Sozialhilfe:* seine S. abholen; er lebt jetzt von der/(selten) auf S.

¹stut|zen ⟨sw. V.; hat⟩ [spätmhd. stutzen = zurückschrecken, eigtl. = anstoßen, gehemmt werden; Intensivbildung zu mhd. stōʒen, ↑ stoßen]: **1.** *plötzlich verwundert, irritiert aufmerken u. in einer Tätigkeit o. Ä. innehalten:* einen Augenblick lang s. **2. a)** (bes. Jägerspr.) *(bes. von Schalenwild) plötzlich stehen bleiben u. Witterung aufnehmen* (landsch.) *scheuen* (2): das Pferd stutzte bei dem Geräusch, vor den Bahngleisen.

²stut|zen ⟨sw. V.; hat⟩ [wohl zu ↑ Stutzen]: **a)** *kürzer schneiden* [u. in eine bestimmte Form bringen]; *beschneiden* (1 a): Bäume s.; Ü jms. Machtfülle, die Vergünstigungen s. *(beschneiden)* wollen;
b) *kupieren* (1 a): einem Pferd, einem Hund den Schwanz s.; Hühner mit gestutzten Flügeln;
c) (scherzh.) *(bes. in Bezug auf Kopf- u. Barthaar) kürzer, kurz schneiden:* jmdm., sich den Bart, die Haare s.

Stut|zen, der; -s, - [mhd. stutz(e), stotze, mit verschiedenen Bedeutungen zu ↑ stoßen]: **1.** *Jagdgewehr mit kurzem Lauf.* **2.** (Technik) *kurzes Rohrstück, das an ein anderes angesetzt od. angeschraubt wird.* **3.** (Technik) *größere Schraubzwinge.* **4.** ⟨meist Pl.⟩ **a)** *kurzer Wadenstrumpf* (2); **b)** *bis zum Knie reichender Strumpf [mit Steg].*

stüt|zen ⟨sw. V.; hat⟩ [mhd. in: be-, uf-, understützen, ahd. in: er-, untarstuzzen, zu einem Subst. mit der Bed. »Stütze, Pfosten« u. eigtl. = Stützen unter etw. setzen, von unten halten]:
1. *durch eine Stütze* (1, 2) *Halt geben; von der Seite od. von unten her abstützen, unterstützen (um etw. in seiner Lage zu halten):* eine Mauer, einen Ast s.; das Gewölbe wird von Säulen gestützt; der Verletzte wurde von zwei Personen gestützt (sie fassten ihn beim Gehen unter); Ü ein Regime s. **2. a)** ⟨s. + sich⟩ *etw., jmdn. als Stütze* (2) *brauchen, benutzen; sich aufstützen:* sich auf jmdn., auf einen Stock s.; sich [mit den Händen, den Ellenbogen] auf den Tisch s.; sich auf die Ellenbogen s.; Ü er kann sich auf reiche Erfahrungen s.; **b)** *etw. auf etw. aufstützen; etw. abstützen:* die Hände in die Seiten s.; den Kopf in die Hände s.; Ü zahlreiche Beweise stützten die Anklage auf seine Erkenntnis, dass es keinen Menschen gibt, ohne den man nicht leben könne, zeigte er ihr jederzeit, dass er ohne sie kein Leben habe (Frisch, Gantenbein 367). **3.** ⟨s. + sich⟩ *auf etw. beruhen; etw. zur Grundlage haben:* das Urteil stützt sich auf Indizien; etw. stützt sich auf Fakten, auf bloße Vermutungen. **4. a)** (Bankw., Börsenw.) *durch bestimmte Maßnahmen (z. B. Stützungskäufe) einen Wertverlust von etw. verhindern:* eine Währung, den Kurs einer Aktie s.; **b)** (Wirtsch.) *durch bestimmte Maßnahmen (z. B. Zuschüsse) die Preise von Konsumgütern niedrig halten:* staatlich gestützte Preise.

Stüt|zen|kon|s|truk|ti|on, die (Bauw.): *Konstruktion mit Stützen.*

Stut|zer, der; -s, -: **1.** [zu ↑ ¹stutzen in der veralteten Bed. »(in modischer Kleidung) umherstolzieren«, eigtl. wohl = steif aufgerichtet einhergehen] (veraltend abwertend) *eitler, auf modische Kleidung Wert legender Mann.* **2.** [zu ↑ ²stutzen] *knielanger, zweireihiger Herrenmantel.* **3.** (schweiz.) *Stutzen* (1).

stut|zer|haft ⟨Adj.⟩ (veraltend abwertend): *wie ein Stutzer* (1): *ein -er Aufzug; sich s. kleiden.*

Stutz|flü|gel, der: *kurz gebauter Flügel* (5).

Stütz|griff, der (Turnen): *Griff, mit dem die Hilfestellung* (1 b) *den Übenden am Oberarm fasst, um ihn zu stützen.*

stut|zig ⟨Adj.⟩ [zu ↑ ¹stutzen]: **1.** * *s. werden* (*¹stutzen* 1, misstrauisch werden); *jmdn. s. machen* (jmdn. befremdlich erscheinen; jmdn. Verdacht schöpfen lassen). ♦ **2.** *befremdet, erstaunt:* ... nachdem der Schweizer in seinem Gaste, den das zerstörte Gebäude einigermaßen s. anblickte, zuvor eröffnet hatte ... (Immermann, Münchhausen 119).

Stütz|keh|re, die (Turnen): *aus dem Stütz heraus geführter Schwung mit einer Kehre zurück in den Stütz.*

Stütz|kor|sett, das: *orthopädisches Korsett zur Stützung bes. der Wirbelsäule od. der Hüfte.*

Stütz|kurs, der: *für schwache Schüler eingerichteter Kurs* (3a).

Stütz|mau|er, die: *Mauer, die einen von der Seite einwirkenden Druck von Erdmassen aufnehmen soll.*

Stütz|pfei|ler, der: *Pfeiler mit stützender Funktion.*

Stütz|pfos|ten, der: *Pfosten mit stützender Funktion.*

Stütz|punkt, der: **1.** *als Ausgangspunkt für bestimmte [strategisch, taktisch wichtige] Unternehmungen dienender, entsprechend ausgebauter Ort; Basis* (4): militärische -e; einen S. beziehen, errichten. **2.** *Punkt, an dem eine Last auf etw. ruht.*

Stütz|rad, das: *[kleines] Rad, das eine stützende Funktion hat* (z. B. ein Kinderfahrrad gegen Umkippen absichert).

Stütz|sprung, der (Turnen): *Sprung über ein Gerät, bei dem sich der Turner auf dem Gerät abstützt.*

Stütz|strumpf, der: *Strumpf aus elastischem Gewebe, der die Gefahr drohender Blutstauungen in den Beinen verringern u. den Rücktransport des Blutes zum Herz fördern soll.*

Stutz|uhr, die [zu ↑ ²stutzen]: *(auf die Kommode o. Ä. zu stellende) kleine Standuhr mit Gehäuse:* Als die S. wieder zum Schlag ausholte, erhob sich Fräulein Hortense (Langgässer, Siegel 443).

Stüt|zung, die; -, -en: *das Stützen.*

Stüt|zungs|kauf, der ⟨meist Pl.⟩ (Bankw., Börsenw.): *umfangreicher Ankauf von Devisen (durch die Zentralbank) in der Absicht, deren Kurs zu stützen* (4 a): *Stützungskäufe vornehmen.*

Stütz|ver|band, der (Med.): *Verband, der stützende* (1) *Funktion hat.*

StVO = *Straßenverkehrsordnung.*

Style [staɪl], der; -s, -s [engl. style, über das Afrz. zu lat. stilus, ↑ Stil] (Jargon): *Stil.*

Style|guide ['staɪlgaɪd], der; -s, -s [Style u. ↑ Guide]: *Leitfaden für Fragen des Stils.*

sty|len ['staɪlən] ⟨sw. V.; hat⟩ [engl. to style, zu: style < mengl. stile < afrz. style < lat. stilus, ↑ Stil] (Jargon): **1.** *das Styling von etw. entwerfen, gestalten:* eine neue Karosserie s.; ⟨meist im 2. Part.:⟩ allzu gestylte Gebrauchsgegenstände. **2.** *zurechtmachen* (2): das Model war perfekt gestylt.

Sty|ling ['staɪlɪŋ], das; -s, -s [engl. styling = das Gestalten, zu: to style, ↑ stylen]: **1.** *Formgebung, Design, Gestaltung:* den Möbeln ein modernes S. geben. **2.** *durch Frisur, Kleidung, Kosmetik u. Ä. bestimmte Aufmachung eines Menschen.*

sty|lisch ['staɪlɪʃ] ⟨Adj.⟩: *stylish.*

sty|lish ['staɪlɪʃ] ⟨Adj.⟩ [engl. stylish, zu: style = Stil]: *besonders schick, modern:* dein neues Handy sieht aber s. aus!

Sty|list [staɪ'lɪst], der; -en, -en [engl. stylist, zu: style, ↑ stylen]: *jmd., der das Styling entwirft* (Berufsbez.).

Sty|lis|tin, die; -, -nen: *w. Form zu ↑ Stylist.*

Sty|lit [st..., ʃt..., auch: ...'lɪt], der; -en, -en [spätgriech. stylítēs = zu einer Säule gehörig, zu griech. stŷlos = Säule] (christl. Rel.): *frühchristlicher Säulenheiliger.*

Sty|rax ['sty:..., 'ʃt...], Storax ['sto:..., 'ʃt...], der; -[es], -e [lat. styrax (spätlat. storax) < griech. stýrax]: **1.** *Styraxbaum.* **2.** ⟨o. Pl.⟩ *(früher aus dem Styraxbaum gewonnener) aromatisch riechender Balsam, der für Heilzwecke sowie in der Parfümindustrie verwendet wird.*

Sty|rol [ʃt..., st...], das; -s [zu ↑ Styrax u. ↑ Alkohol] (Chemie): *zu den Kohlenwasserstoffen gehörende, farblose, benzolartig riechende Flüssigkeit, die zur Herstellung von Kunststoffen verwendet wird.*

Sty|ro|por® [ʃt..., st...], das; -s [zu ↑ Styrol u. ↑ porös]: *weißer, sehr leichter, aus kleinen zusammengepressten Kügelchen bestehender, schaumstoffartiger Kunststoff (als Dämmstoff u. Verpackungsmaterial).*

Styx [ʃt..., st...], der; - (griech. Mythol.): *Fluss der Unterwelt.*

s.u. = *sieh[e] unten!*

SU = Sowjetunion.

Su|a|da, (selten:) **Su|a|de**, die; -, ...den [zu lat. suadus = zu-, überredend, zu: suadere = überreden, zu: suavis = süß] (bildungsspr., oft abwertend): **1.** *wortreiche Rede, ununterbrochener Redefluss, Redeschwall.* **2.** *Beredsamkeit, Überredungskunst.*

¹Su|a|he|li, Swahili, der; -[s], -[s] u. die; -, -[s]: *Afrikaner[in] mit ²Suahelis als Muttersprache.*

²Su|a|he|li, Swahili, das; -[s]: *zu den Bantusprachen gehörende, in weiten Teilen Ostafrikas gesprochene Sprache.*

¹Sub, das; -s, -s (Skat): *Supra.*

²Sub [zap, engl.: sʌb], der; -s, -s [Kurzf. von engl. subculture = Subkultur, aus: sub- (< lat. sub = unter) u. culture = Kultur] (Jargon): **1.** *Lokalität, Wirkungsbereich, Treffpunkt o. Ä. einer subkulturellen Gruppe.* **2.** *Angehöriger einer subkulturellen Gruppe:* er fühlt sich nicht als S.

³Sub, die; - (Jargon): Kurzf. von ↑Subkultur: zur Hamburger S. gehören.

sub-, Sub- [lat. sub = unter(halb)]: bedeutet in Bildungen mit Substantiven, Adjektiven und Verben *unter, sich unterhalb befindend, niedriger als ...* (in räumlicher und hierarchischer Hinsicht): Subdirigent; subimperialistisch; subdifferenzieren.

sub|al|pin, sub|al|pi|nisch ⟨Adj.⟩ [zu lat. sub = unter(halb) u. ↑alpin] (Geogr.): *zum Bereich zwischen der oberen Grenze des Bergwalds u. der Baumgrenze gehörend.*

sub|al|tern ⟨Adj.⟩ [spätlat. subalternus = untergeordnet, aus lat. sub = unter(halb) u. alternus, ↑¹Alternative]: **1. a)** *nur einen untergeordneten Rang einnehmend, nur beschränkte Entscheidungsbefugnisse habend:* ein -er Beamter; ◆ ...dass er ... eins der -en *(niedrigeren)* Ämter übernehmen ... wolle (Goethe, Dichtung u. Wahrheit 2); **b)** (bildungsspr. abwertend) *geistig unselbstständig, auf einem niedrigen geistigen Niveau stehend.* **2.** (bildungsspr. abwertend) *in beflissener Weise unterwürfig, untertänig, devot.*

Sub|al|ter|ne, die/eine Subalterne; der/einer Subalternen, die Subalternen/zwei Subalterne: *weibliche Person, die subaltern (1 a) ist.*

Sub|al|ter|ner, der Subalterne/ein Subalterner; des/eines Subalternen, die Subalternen/zwei Subalterne: *jmd., der subaltern (1 a) ist.*

Sub|al|ter|ni|tät, die; -: *das Subalternsein.*

Sub|bot|nik, der; -[s], -s [russ. subbotnik, zu: subbota = Sonnabend; die Arbeit wurde urspr. nur sonnabends geleistet] (DDR): *in einem besonderen Einsatz freiwillig u. unentgeltlich geleistete Arbeit.*

Sub|di|a|kon, der; -s, -e [zu lat. sub = unter(halb) u. ↑Diakon] (kath. Kirche früher): *Geistlicher, der unter einem Diakon steht.*

Sub|do|mi|nant|ak|kord, der; -[e]s, -e, **Sub|do|mi|nant|drei|klang**, der; -[e]s, ...klänge (Musik): *Subdominante (b).*

Sub|do|mi|nan|te [auch: ...'nan...], die; -, -n [zu lat. sub = unter u. ↑Dominante] (Musik): **a)** *vierte Stufe (8) einer diatonischen Tonleiter;* **b)** *auf einer Subdominante (a) aufgebauter Dreiklang.*

sub|gla|zi|al ⟨Adj.⟩ [zu lat. sub = unter u. ↑glazial] (Geol.): *unter dem Gletscher[eis] befindlich, vor sich gehend.*

sub has|ta [lat. sub hasta (vendere) = unter der Lanze (versteigern); die aufgesteckte Lanze galt als Symbol der Amtsgewalt] (Amtsspr. veraltet): *unter dem Hammer:* Ü ◆ Es hat den Griechen nichts geholfen, die besten Dichter, Bildhauer und Maler zu sein ...: die eisernen Männer Roms klopften an, stellten die griechische Bildung s. h., spielten Würfel auf den Gemälden (Raabe, Chronik 169).

su|bi|to ⟨Adv.⟩ [ital. subito < lat. subito, Adv. von: subitus = plötzlich; dringend, eilig, zu: subire = unter etw. gehen; sich heranschleichen; überfallen, erfassen, aus: sub = unter u. ire = gehen]: **1.** (Musik) *schnell, sofort anschließend.* **2.** (ugs.) *schnell, sofort:* verschwinde, aber s.!

Sub|jekt, das; -[e]s, -e: **1.** (Philos.) *mit Bewusstsein ausgestattetes, denkendes, erkennendes, handelndes Wesen; Ich:* zu einem verantwortungsvollen S. heranwachsen; Sozialisationsprozesse bilden die Systemmitglieder zu sprach- und handlungsfähigen -en heran (Habermas, Spätkapitalismus 20). **2.** [auch: 'zʊp...; spätlat. subiectum, eigtl. = das (einer Aussage od. Erörterung) Zugrundeliegende, subst. 2. Part. von lat. subicere = darunterwerfen, unter etw. legen, zu: sub = unter u. iacere = werfen] (Sprachwiss.) *Satzglied, in dem dasjenige (z. B. eine Person, ein Sachverhalt) genannt ist, worüber im Prädikat eine Aussage gemacht wird; Satzgegenstand:* grammatisches, logisches S.; das S. steht im Nominativ. **3.** (abwertend) *verachtenswerter Mensch:* ein übles, verkommenes S.; kriminelle -e. **4.** (Musik) *Thema einer kontrapunktischen Komposition, bes. einer Fuge.*

sub|jek|tiv [auch: 'zʊp...] ⟨Adj.⟩ (bildungsspr.): **1.** [spätlat. subiectivus = dem Subjectus = unter etw. liegend; untergeben, adj. 2. Part. von: subicere, ↑Subjekt] *zu einem Subjekt (1) gehörend, von einem Subjekt ausgehend, abhängig:* das -e Bewusstsein; er ist sich s. keiner Schuld bewusst. **2.** [zu Subjekt (1)] *von persönlichen Gefühlen, Interessen, von Vorurteilen bestimmt; voreingenommen, befangen, unsachlich:* ein allzu -es Urteil; etw. (za) s. beurteilen.

sub|jek|ti|vie|ren ⟨sw. V.; hat⟩ (bildungsspr.): *dem persönlichen, subjektiven (1) Bewusstsein gemäß betrachten, beurteilen, interpretieren.*

Sub|jek|ti|vis|mus, der; -, ...men: **1.** ⟨o. Pl.⟩ (Philos.) *philosophische Anschauung, nach der es keine objektive Erkenntnis gibt, sondern alle Erkenntnis in Wahrheit Schöpfungen des subjektiven Bewusstseins sind.* **2.** (bildungsspr.) *subjektivistische (2) Haltung; Ichbezogenheit.*

sub|jek|ti|vis|tisch ⟨Adj.⟩: **1.** (Philos.) *zum Subjektivismus (1) gehörend, ihn betreffend, von ihm geprägt.* **2.** (bildungsspr.) *ichbezogen:* eine sehr -e Sicht; er betrachtet die Dinge zu s.

Sub|jek|ti|vi|tät, die; -: **1.** (bes. Philos.) *subjektives (1) Wesen (einer Sache); das Subjektivsein:* die S. jeder Wahrnehmung. **2.** (bildungsspr.) *subjektive (2) Haltung; das Subjektivsein:* jmdm. S. vorwerfen; Wer Lyrik sagt und es entschieden sagt, der sagt zwangsläufig auch S. (Rühmkorf, Fahrtwind 169).

Sub|junk|ti|on, die; -, -en [lat. subiunctio = Anfügung, zu: subiunctum, 2. Part. von: subiungere = hinzufügen, verbinden] (Sprachwiss.): **1.** *Verknüpfung von Aussagen zu einer neuen Aussage derselben Grundstufe mit der logischen Partikel der Bedingung »wenn – dann«.* **2.** (Sprachwiss.) *Hypotaxe.* **3.** *Konjunktion* (1).

Sub|ka|te|go|rie, die; -, -n [zu lat. sub = unter u. ↑Kategorie] (bes. Sprachwiss.): *Unterordnung, Untergruppe einer Kategorie.*

sub|ka|te|go|ri|sie|ren ⟨sw. V.; hat⟩ (Fachspr., bes. Sprachwiss.): *in Subkategorien einteilen.*

sub|klas|si|fi|zie|ren ⟨sw. V.; hat⟩ [zu lat. sub = unter u. ↑klassifizieren] (Fachspr., bes. Sprachwiss.): *subkategorisieren.*

Sub|kon|ti|nent, der; -[e]s, -e [zu lat. sub = unter u. ↑Kontinent] (Geogr.): *Teil eines Kontinents, der aufgrund seiner Größe u. Gestalt eine gewisse Eigenständigkeit hat:* der indische S.

Sub|kul|tur, die; -, -en [zu lat. sub = unter u. ↑Kultur] (Soziol.): *innerhalb eines Kulturbereichs, einer Gesellschaft bestehende, von einer bestimmten gesellschaftlichen, ethnischen o. ä. Gruppe getragene Kultur mit eigenen Normen u. Werten.*

sub|kul|tu|rell ⟨Adj.⟩: *zu einer Subkultur gehörend, sie betreffend.*

sub|ku|tan ⟨Adj.⟩ [spätlat. subcutaneus, zu lat. sub = unter(halb) u. cutis = Haut]: **a)** (Anat.) *unter der Haut befindlich:* -es Gewebe; **b)** (Med.) *unter die Haut [appliziert]:* eine -e Injektion; [ein Mittel] s. spritzen.

su|b|lim ⟨Adj.⟩ [lat. sublimis = in die Höhe gehoben; erhaben, zu: sub = unter(halb) u. limen = Schwelle] (bildungsspr.): **a)** *nur mit großer Feinsinnigkeit wahrnehmbar, verständlich; nur einem sehr feinen Verständnis, Empfinden zugänglich:* -er Witz; die -e Schönheit der Kunstwerke; **b)** *von Feinsinnigkeit, einem feinen Verständnis, Empfinden zeugend:* eine -e Interpretation.

Su|b|li|ma|ti|on, die; -, -en: **1.** (Chemie) *das Sublimieren* (2 a). **2.** (bildungsspr., Psychol.) *Sublimierung* (1).

◆ **Sub|li|mat|pil|le**, die [zu ↑Sublimat]: *in Pillenform als Mittel gegen Syphilis verwendetes Quecksilberchlorid:* (hier als Schimpfwort:) Du Kuppelpelz, du runzliche S., du wurmstichiger Sündenapfel! ... Du Hurenbett, in jeder Runzel deines Leibes nistet Unzucht (Büchner, Dantons Tod I, 2).

su|b|li|mie|ren ⟨sw. V.⟩ [lat. sublimare = erhöhen, zu: sublimis, ↑sublim]: **1.** ⟨hat⟩ **a)** (bildungsspr.) *auf eine höhere Ebene erheben, ins Erhabene steigern; verfeinern, veredeln:* ein Gefühl s.; **b)** (bildungsspr., Psychol.) *(einen Trieb) in künstlerische, kulturelle Leistung o. Ä. umsetzen:* seine Begierden s. **2.** (Chemie) **a)** ⟨ist⟩ *vom festen unmittelbar in den gasförmigen Aggregatzustand übergehen (od. umgekehrt):* das Eis sublimiert; ⟨auch s. + sich⟩ das Eis sublimiert sich; **b)** ⟨hat⟩ *etw. vom festen unmittelbar in den gasförmigen Aggregatzustand überführen (od. umgekehrt):* einen Stoff s.

Su|b|li|mie|rung, die; -, -en: **1.** (bildungsspr., Psychol.) *das Sublimieren* (1). **2.** (Chemie) *das Sublimieren* (2).

Su|b|li|mi|tät, die; - [lat. sublimitas = Erhabenheit, zu: sublimis, ↑sublim] (bildungsspr.): *das Sublimsein, sublime Art.*

sub|ma|rin ⟨Adj.⟩ [zu lat. sub = unter u. ↑marin] (Fachspr.): *unterseeisch.*

Sub|mer|genz, die; - [zu lat. submergere, ↑submers] (Geol.): *Submersion* (1).

sub|mers ⟨Adj.⟩ [lat. submersum, 2. Part. von: submergere = untertauchen, aus: sub = unter(halb) u. mergere = (ein)tauchen] (Biol.): *(von Wasserpflanzen) unter der Wasseroberfläche befindlich, lebend.*

Sub|mer|si|on, die; -, -en [spätlat. submersio = das Untertauchen, zu lat. submersum, ↑submers]: **1.** (Geol.) *Untertauchen des Festlandes unter den Meeresspiegel.* **2.** (veraltet) *Überschwemmung.* **3.** (Theol.) *Hineintauchen des Täuflings ins Wasser.*

sub|mi|kros|ko|pisch ⟨Adj.⟩ (Fachspr.): *unter einem optischen Mikroskop nicht mehr erkennbar.*

Sub|mis|si|on, die; -, -en [unter Einfluss von gleichbed. frz. soumission zu lat. submittere, aus: sub = unter(halb) u. mittere = schicken, senden]: **1.** (Wirtsch.) **a)** *öffentliche Ausschreibung eines zu vergebenden Auftrags;* **b)** *Vergabe eines öffentlich ausgeschriebenen Auftrags [an denjenigen, der das günstigste Angebot macht];* **c)** (DDR) *Kaufhandlung;* **d)** (DDR) *Musterausstellung der Herstellerbetriebe zur Entgegennahme von Aufträgen des Handels.* **2.** (bildungs-

spr. veraltet) a) *Untertänigkeit;* b) *das Sichunterwerfen.*
sub|mit|tie|ren ⟨sw. V.; hat⟩ [lat. submittere, ↑ Submission] (Wirtsch.): *sich auf eine Submission* (1 a) *hin bewerben.*
Sub|note|book ['sʌbnoutbʊk], das; -s, -s: *besonders kleinformatiges und leichtes Notebook.*
sub|op|ti|mal ⟨Adj.⟩ [engl. suboptimal = unter dem höchsten Qualitäts- oder Leistungsniveau, aus: sub- < lat. sub (↑ sub-, Sub-) u. optimal, zu lat. optimus (↑ Optimum)] (bes. Fachspr.): *weniger gut, nicht optimal:* ein -es Habitat; die Versorgung war s.
sub|or|bi|tal ⟨Adj.⟩ [engl. suborbital] (Raumfahrt): *nicht in eine Umlaufbahn gelangend.*
Sub|or|di|na|ti|on, die; -, -en [mlat. subordinatio, aus lat. sub = unter u. ordinatio, ↑ Ordination]: **1.** (Sprachwiss.) *Hypotaxe.* **2.** (bildungsspr.) *das Unterordnen (einer Sache unter eine andere):* die S. der Teile unter das Ganze. **3.** (veraltend) a) *Unterordnung, das Sichunterordnen; [unterwürfiger] Gehorsam, bes. gegenüber einem militärischen Vorgesetzten:* S. unter den Willen des anderen; b) *untergeordnete, abhängige Stellung.*
sub|or|di|nie|ren ⟨sw. V.; hat⟩ [mlat. subordinare, aus: lat. sub = unter u. ordinare, ↑ ordinieren]: **1.** ⟨meist im 1. od. 2. Part.⟩ (Sprachwiss.) *(einen Satz)* [1] *unterordnen* (2) *bilden:* ein subordinierter Satz; subordinierende (unterordnende) Konjunktion. **2.** (veraltend, noch bildungsspr.) *unterordnen* (3 a).
Sub|prime|kre|dit ['sʌb'praɪm...], der; -[e]s, -e (Wirtsch., Bankw.): *Hypothekenkredit von Schuldnern mit geringer Bonität.*
Sub|pri|or, der; -s, ...oren [zu lat. sub = unter(halb) u. ↑ Prior]: *Stellvertreter eines Priors.*
Sub|pro|le|ta|ri|at, das; -[e]s, -e [zu lat. sub = unter u. ↑ Proletariat]: *Gruppe, die in einer Gesellschaft wirtschaftlich [u. kulturell] unter den schlechtesten Bedingungen* (2) *lebt [u. dadurch eine gesellschaftliche Randstellung einnimmt].*
sub ro|sa [lat., eigtl. = unter der Rose (= ma. Symbol der Verschwiegenheit bes. an Beichtstühlen)] (bildungsspr.): *unter dem Siegel der Verschwiegenheit;* ♦ ...die scharfsinnigen Deduktionen seiner Klage- und Replikrezesse, welche – ganz s. r. – denn doch über den Horizont des ehrenwerten Magistrats hinausgingen (Storm, Söhne 56).
sub|si|di|är ⟨Adj.⟩ [frz. subsidiaire < lat. subsidiarius = als Aushilfe dienend, zu: subsidium, ↑ Subsidium] (bildungsspr., Fachspr.): a) *unterstützend, Hilfe leistend:* die -e Mitfinanzierung durch die Gemeinde; b) *behelfsmäßig, als Behelf dienend.*
sub|si|di|a|risch ⟨Adj.⟩ (bildungsspr. veraltend): *subsidiär.*
Sub|si|di|a|ri|tät, die; -, -en: **1.** a) ⟨o. Pl.⟩ (Politik, Soziol.) *gesellschaftspolitisches Prinzip, nach dem übergeordnete gesellschaftliche Einheiten (bes. der Staat) nur solche Aufgaben an sich ziehen dürfen, zu deren Wahrnehmung eine untergeordnete Einheiten (bes. die Familie) nicht in der Lage sind;* b) *Verpflichtung, die aus dem Prinzip der Subsidiarität* (1 a) *erwächst.* **2.** (Rechtsspr.) *die Nachrangigkeit einer subsidiären* (b) *Rechtsnorm gegenüber einer anderen, auf den Einzelfall genauer zutreffenden Norm.*
Sub|si|di|a|ri|täts|prin|zip, das; -s ⟨o. Pl.⟩ (Politik, Soziol.): *Subsidiarität* (1): nach dem S. muss der Staat hier eingreifen.
Sub|si|di|en: Pl. von ↑ Subsidium.
Sub|si|di|en|ver|trag, der (Politik): *Vertrag über Subsidien* (1 a).
Sub|si|di|um, das; -s, ...ien [lat. subsidium = Hilfe, Beistand u. subsidia (Pl.) = Hilfsmittel]: **1.** ⟨Pl.⟩ (Politik) a) *einem Krieg führenden Staat von einem Verbündeten [aufgrund eines Subsidienvertrags] zur Verfügung gestellte Hilfsgelder (od. materielle Hilfen):* der Staat wollte nur Subsidien zahlen, aber nicht direkt in den Krieg eingreifen; b) *staatliche Beihilfen* (1). **2.** (veraltet) *Beistand, Unterstützung.*

Sub|sis|tenz, die; -, -en [spätlat. subsistentia = Bestand, zu lat. subsistere, ↑ subsistieren]: **1.** ⟨o. Pl.⟩ (Philos.) *(in der Scholastik) das Bestehen durch sich selbst, das Substanzsein.* **2.** (bildungsspr. veraltet) a) *Lebensunterhalt, materielle Lebensgrundlage;* b) ⟨o. Pl.⟩ *materielle Existenz.*
Sub|sis|tenz|wirt|schaft, die (Wirtsch.): *Wirtschaftsform, die darin besteht, dass eine kleine wirtschaftliche Einheit (z. B. ein Bauernhof) alle für den eigenen Verbrauch benötigten Güter selbst produziert u. deshalb vom Markt unabhängig ist.*
sub|sis|tie|ren ⟨sw. V.; hat⟩ [lat. subsistere = stillstehen, standhalten]: **1.** (Philos.) *für sich, unabhängig von anderem bestehen.* **2.** (bildungsspr.) *seinen Lebensunterhalt haben.*
Sub|skri|bent, der; -en, -en [zu lat. subscribens (Gen.: subscribentis), 1. Part. von: subscribere, ↑ subskribieren] (Verlagsw.): *jmd., der etw. subskribiert.*
Sub|skri|ben|tin, die; -, -nen: w. Form zu ↑ Subskribent.
sub|skri|bie|ren ⟨sw. V.; hat⟩ [lat. subscribere = unterschreiben, aus: sub = unter u. scribere (2. Part.: scriptum) = schreiben] (Verlagsw.): *sich verpflichten, ein noch nicht [vollständig] erschienenes Druck-Erzeugnis zu einem späteren Zeitpunkt abzunehmen:* ein Lexikon s.
Sub|skrip|ti|on, die; -, -en [lat. subscriptio = Unterschrift, zu: subscribere, ↑ subskribieren]: **1.** (Verlagsw.) *das Subskribieren;* etw. durch S. bestellen, kaufen. **2.** *am Schluss einer antiken Handschrift stehende Angabe über Inhalt, Verfasser usw.* **3.** (Börsenw.) *schriftliche Verpflichtung, eine Anzahl emittierter Wertpapiere zu kaufen.*
Sub|skrip|ti|ons|preis, der: *[ermäßigter] Preis, zu dem ein Buch bei Subskription abgegeben wird.*
Sub|spe|zi|es, die; -, - [zu lat. sub = unter u. ↑ Spezies] (Biol.): *Unterart.*
sub|stan|ti|al usw.: ↑ substanzial usw.
sub|stan|ti|ell usw.: ↑ substanziell usw.
sub|stan|ti|ie|ren: ↑ substanziieren.
Sub|stan|tiv [auch: ...'ti:f], das; -s, -e spätlat. (nomen) substantivum, eigtl. = für sich allein (be)steht, zu lat. substantia, ↑ Substanz] (Sprachwiss.): *Wort, das ein Ding, ein Lebewesen, einen Begriff, einen Sachverhalt o. Ä. bezeichnet; Nomen* (1), *Haupt-, Ding-, Nennwort:* ein S. deklinieren.
sub|stan|ti|vie|ren ⟨sw. V.; hat⟩ (Sprachwiss.): *zu einem Substantiv machen, als Substantiv gebrauchen:* ein Adjektiv s.; ⟨oft im 2. Part.:⟩ ein substantiviertes Verb.
Sub|stan|ti|vie|rung, die; -, -en (Sprachwiss.): **1.** ⟨o. Pl.⟩ *das Substantivieren.* **2.** *substantivisch gebrauchtes Wort (einer anderen Wortart).*
sub|stan|ti|visch [auch: ...'ti:...] ⟨Adj.⟩ (Sprachwiss.): *als Substantiv, wie ein Substantiv [gebraucht], durch ein Substantiv [ausgedrückt]; hauptwörtlich; nominal* (1 b): eine -e Ableitung; eine verbale Konstruktion s. übersetzen; -er Stil *(Nominalstil).*
Sub|stanz, die; -, -en [mhd. substancie < lat. substantia = Bestand, Wesenheit, Inbegriff, zu: substare = in, unter etw. vorhanden sein, aus: sub = unter u. stare = stehen]: **1.** *Stoff, Materie:* eine flüssige, gasförmige, chemische S. **2.** ⟨Pl. selten⟩ *das [als Grundstock] Vorhandene, [fester] Bestand:* die Erhaltung der baulichen S. (der Bausubstanz); die Firma lebt von der S. (vom *Vermögen, Kapital);* * etw. geht [jmdm.] an die S. (ugs.; *etw. zehrt an jmds. körperlichen od. seelischen Kräften).* **3.** ⟨o. Pl.⟩ (bildungsspr.) *etw., was den Wert, den Gehalt ausmacht; das Wesentliche; Kern:* die geistige S. einer Nation; in die S. eingreifende Veränderungen. **4.** (Philos.) a) *für sich Seiendes, unabhängig (von anderem) Seiendes;* b) *das eigentliche Wesen der Dinge.*
sub|stan|zi|al, substantial ⟨Adj.⟩ [spätlat. substantialis = wesentlich, zu lat. substantia, ↑ Substanz]: *substanziell.*
sub|stan|zi|ell, substantiell ⟨Adj.⟩ [frz. substantiel < spätlat. substantialis, ↑ substanzial]: **1.** (bildungsspr.) *die Substanz* (1) *betreffend, stofflich, materiell.* **2.** *die Substanz* (2) *betreffend, zu ihr gehörend, sie [mit] ausmachend:* ein -er Gewinn, Zuwachs. **3.** (bildungsspr.) *die Substanz* (3) *einer Sache betreffend; wesentlich:* -e Verbesserungen; eine s. neue Politik. **4.** (veraltend) *nahrhaft, gehaltvoll:* eine -e Mahlzeit. **5.** (Philos.) *wesenhaft.*
sub|stan|zi|ie|ren, substantiieren ⟨sw. V.; hat⟩ [zu ↑ Substanz u. ↑ ...ieren] (bildungsspr.): *mit Substanz* (3) *erfüllen, [durch Tatsachen] belegen, begründen; fundieren.*
sub|stanz|los ⟨Adj.⟩ (bildungsspr.): *keine od. wenig Substanz* (3) *habend.*
Sub|stanz|ver|lust, der (bildungsspr.): *Verlust an Substanz* (2, 3).
Sub|stanz|wert, der (Wirtsch.): *durch die Bewertung des Vermögens u. der Schulden ermittelter Wert eines Unternehmens, der angibt, welcher Betrag aufgewendet werden müsste, um ein vergleichbares Unternehmen mit gleicher Leistungsfähigkeit zu errichten.*
Sub|sti|tu|ent, der; -en, -en [zu lat. substituens (Gen.: substituentis), 1. Part. von: ↑ substituieren] (Chemie): *ein od. mehrere Atome, die in einem Molekül an die Stelle eines od. mehrerer anderer Atome treten können, ohne dass sich dadurch die Struktur des Moleküls grundlegend verändert.*
sub|sti|tu|ie|ren ⟨sw. V.; hat⟩ [lat. substituere, zu: sub = unter u. statuere = stellen]: **1.** *an die Stelle von jmdm., etw. setzen, gegen etw. austauschen, ersetzen:* Phosphate in Waschmitteln s.; ein Substantiv durch ein Personalpronomen s. ♦ **2.** *(in der Rechtsspr.) als* [2]*Substituten* (1) *zuordnen, beigeben:* Doktor Lanbek, leiblicher Sohn des berühmten Landschaftskonsulenten Lanbek, welchem er als Aktuarius substituiert ist (Hauff, Jud Süß 386).
[1]**Sub|sti|tut,** das; -[e]s, -e [zu lat. substitutum, 2. Part. von: substituere, ↑ substituieren] (bildungsspr.): *etw., was als Ersatz dient; Surrogat.*
[2]**Sub|sti|tut,** der; -en, -en [lat. substitutus = Stellvertreter]: **1.** *Assistent od. Vertreter eines Abteilungsleiters im Einzelhandel* (Berufsbez.). **2.** a) (bildungsspr. veraltend) *Stellvertreter, Ersatzmann;* b) (Rechtsspr.) *[Unter]bevollmächtigter.*
Sub|sti|tu|tin, die; -, -nen: w. Form zu ↑ [2]Substitut.
Sub|sti|tu|ti|on, die; -, -en [lat. substitutio, zu: substituere, ↑ substituieren] (bildungsspr., Fachspr.): *das Substituieren.*
Sub|sti|tu|ti|ons|the|ra|pie, die (Med.): a) *medikamentöser Ersatz eines dem Körper fehlenden lebensnotwendigen Stoffes (z. B. von Insulin bei Zuckerkrankheit);* b) *medikamentöser Ersatz einer Droge durch eine nicht abhängig machende Ersatzdroge (z. B. von Heroin durch Methadon) im Rahmen einer ambulanten Therapie.*
Sub|s|trat, das; -[e]s, -e [mlat. substratum = Unterlage, subst. 2. Part. von lat. substernere = unterlegen]: **1.** (bildungsspr.; Fachspr.) *das einer*

Sache Zugrundeliegende; [materielle] Grundlage; Basis. **2.** (Philos.) *Substanz* (4 b) *als Träger von Eigenschaften.* **3.** (Biol.) *Nährboden bes. für Mikroorganismen:* ein S. zur Züchtung von Viren. **4.** (Sprachwiss.) **a)** *Sprache eines [besiegten] Volkes im Hinblick auf den Niederschlag, den sie in der übernommenen od. aufgezwungenen Sprache [des Siegervolkes] gefunden hat;* **b)** *aus einem Substrat* (4 a) *stammendes Sprachgut einer Sprache.* **5.** (Biochemie) *bei einer Fermentation abgebaute Substanz:* organische -e.

sub|su|mie|ren ⟨sw. V.; hat⟩ [aus lat. sub = unter u. sumere (2. Part.: sumptum) = nehmen]: **1.** (bildungsspr.) *einem Oberbegriff unterordnen, unter einer Kategorie einordnen; unter einem Thema zusammenfassen:* einen Begriff einem anderen s.; etw. unter eine/unter einer Überschrift s. **2.** (Rechtsspr.) *einen konkreten Sachverhalt dem Tatbestand* (2) *einer Rechtsnorm unterordnen; prüfen, ob ein konkreter Sachverhalt den Merkmalen einer bestimmten Rechtsnorm entspricht.*

Sub|sump|ti|on (selten), **Sub|sum|ti|on**, die; -, -en: **1.** (bildungsspr.) *das Subsumieren* (1). **2.** (Rechtsspr.) *Unterordnung eines Sachverhalts unter den Tatbestand einer Rechtsnorm.*

Sub|sys|tem, das; -s, -e [zu lat. sub = unter u. ↑ System] (Fachspr., bes. Sprachwiss., Soziol.): *Bereich innerhalb eines Systems, der selbst Merkmale eines Systems aufweist.*

Sub|text, der; -[e]s, -e (Literaturwiss., Kunstwiss.): *Gehalt, Aussage* (3) *eines Kunstwerkes:* der Roman besitzt einen antifaschistischen S.

sub|til ⟨Adj.⟩ [mhd. subtil < afrz. subtil < lat. subtilis, eigtl. = fein gewebt] (bildungsspr.): **a)** *mit viel Feingefühl, mit großer Sorgfalt, Genauigkeit vorgehend od. ausgeführt; in die Feinheiten gehend; nuanciert, differenziert:* eine -e Beschreibung der Atmosphäre; an die Stelle der Folter sind -ere *(feiner ausgeklügelte, verfeinerte)* Methoden getreten; **b)** *fein strukturiert [u. daher schwer zu durchschauen, zu verstehen]; schwierig, kompliziert:* ein -es Problem, System.

Sub|ti|li|tät, die; -, -en [lat. subtilitas, zu: subtilis, ↑ subtil] (bildungsspr.): **1.** ⟨o. Pl.⟩ *das Subtilsein.* **2.** *etw. Subtiles; Feinheit* (2). ◆ **3.** *Spitzfindigkeit:* Wollt Ihr denn ihr ohnedem schon überspanntes Hirn dorch solcherlei -en ganz zersprengen (Lessing, Nathan I, 2).

sub|tra|hie|ren ⟨sw. V.; hat⟩ [lat. subtrahere = unter etw. hervorziehen; entziehen, wegnehmen, aus: sub = unter u. trahere (2. Part.: tractum) = ziehen, schleppen] (Math.): *abziehen* (4): 7 von 18 s.

Sub|trak|ti|on, die; -, -en [spätlat. subtractio = das Sichentziehen, Abweichen, zu: lat. subtrahere, ↑ subtrahieren] (Math.): *das Subtrahieren: Gleichungen durch S. umformen.*

Sub|tro|pen ⟨Pl.⟩ [zu lat. sub = unter u. ↑ ²Tropen] (Geogr.): *zwischen den Tropen u. der gemäßigten Zone gelegene Klimazone.*

sub|tro|pisch [auch: ...'tro:...] ⟨Adj.⟩ (Geogr.): *die Subtropen betreffend, für sie kennzeichnend:* eine -e Flora; der -e Regenwald.

Sub|un|ter|neh|men, das [zu lat. sub = unter u. ↑ Unternehmen] (Wirtsch.): *von einem Subunternehmer betriebenes Unternehmen:* eine Firma als S. beschäftigen.

Sub|un|ter|neh|mer, der (Wirtsch.): *Unternehmer, der von anderen Unternehmer od. Unternehmen, das einen Auftrag übernommen hat, damit betraut wird, einen Teil dieses Auftrags auf dessen Rechnung auszuführen.*

Sub|un|ter|neh|me|rin, die: w. Form zu ↑ Subunternehmer.

Sub|urb ['sʌbəːb], die; -, -s [engl. suburb, ↑ Suburbia]: engl. Bez. für: Vorstadt.

Sub|ur|ba|ni|sa|ti|on [zʊpǀʊr...], die; - [engl. suburbanization]: *Ausdehnung der Großstädte durch Angliederung von Vororten u. Trabantenstädten.*

Sub|ur|bia [səˈbəː.bɪə], die; - [engl. suburbia = (Bewohner der) Vorstädte < lat. suburbia, Pl. von: suburbium, aus: sub = nahe bei u. urbs = Stadt] (bes. Soziol.): *Gesamtheit der um die großen Industriestädte wachsenden Trabanten- u. Schlafstädte (in Bezug auf ihr Bild u. die für sie typischen Lebensformen).*

Sub|ven|ti|on, die; -, -en ⟨meist Pl.⟩ [lat. subventio = Hilfeleistung, zu lat. subvenire aus: sub = unter u. venire = kommen] (Wirtsch.): *zweckgebundener, von der öffentlichen Hand gewährter Zuschuss zur Unterstützung bestimmter Wirtschaftszweige, einzelner Unternehmen:* hohe -en erhalten.

sub|ven|ti|o|nie|ren ⟨sw. V.; hat⟩ (Wirtsch.): *durch Subventionen unterstützen, fördern:* das Theater wird staatlich subventioniert.

Sub|ven|ti|o|nie|rung, die; -, -en: *das Subventionieren.*

Sub|ver|si|on, die; -, -en [spätlat. subversio, zu lat. subversum, 2. Part. von: subvertere = (um)stürzen, aus: sub = unter u. vertere = (um)kehren, -wenden, -drehen] (bildungsspr.): *meist im Verborgenen betriebene, auf die Untergrabung, den Umsturz der bestehenden staatlichen Ordnung zielende Tätigkeit.*

sub|ver|siv ⟨Adj.⟩ [engl. subversive < lat. subversum, ↑ Subversion] (bildungsspr.): *Subversion betreibend; umstürzlerisch:* -e Elemente, Pläne; sich s. betätigen; Ü Theater soll s. sein.

Sub|way ['sʌbweɪ], die; -, -s [engl. subway, aus: sub = unter u. way = Weg]: *Untergrundbahn.*

Sub|woo|fer ['sʌbwʊfə], der; -s, - [engl. subwoofer, aus: sub = unter u. woofer = Tieftonlautsprecher] (Elektronik): *(in Verbindung mit zwei kleineren Satellitenboxen zur stereofonen Wiedergabe verwendete) große Lautsprecherbox für die tiefen Frequenzen beider Kanäle.*

◆ **Suc|cess** [syk'ses], der; -es, -e [frz. succès < lat. successus = Erfolg, glücklicher Fortgang, eigtl. = das Herangehen, zu: succedere, ↑ sukzedieren]: *Erfolg:* Vorsichtiger und bedingter waren die wohlwollenden Stimmen anderer, die ... einen allgemeinen und großen S. kaum hofften (Mörike, Mozart 223).

Such|ak|ti|on, die; [groß angelegte] organisierte Suche:* eine polizeiliche S.

Such|an|fra|ge, die; -, -n **1.** (EDV) *an eine Datenverarbeitungsanlage gegebener Auftrag, eine Information zu suchen.* **2.** *Anfrage im Rahmen einer Suche, bes. bei einem Suchdienst* (1).

Such|an|zei|ge, die; **1.** *Anzeige der Polizei, durch die diese veranlasst wird, jmdn., etw. zu suchen.* **2.** *Anzeige in einer Zeitung, durch die jmd. nach etw., jmdm. sucht.*

Such|baum, der (EDV): *Baum* (3) *mit einer hierarchischen Struktur, in den Daten leicht u. schnell eingeordnet in dem sie leicht u. schnell wieder gefunden werden können.*

Such|be|griff, der: *Begriff, nach dem (z. B. in einem Nachschlagewerk, einer Datenbank, einem Computernetzwerk usw.) gesucht wird.*

Such|bild, das: *Vexierbild* (a).

Such|dienst, der: **1.** *Organisation, die sich mit Nachforschungen über den Verbleib vermisster Personen befasst:* S. des Roten Kreuzes. **2.** (EDV) **a)** *Suchmaschine;* **b)** *Dienstleister, der für jmdn. im Internet Nachforschungen durchführt.*

dem Sinn des Lebens sein *(einen Job, eine Frau, den Sinn des Lebens suchen);* auf die S. gehen, sich auf die S. [nach jmdm., etw.] machen *(aufbrechen, um jmdn., etw. zu suchen);* auf die S. [nach jmdm., etw.] schicken *(jmdn. ausschicken, jmdn., etw. zu suchen).* **2.** (Jägerspr.) *Jagd (bes. auf Niederwild), bei der das Wild von Hunden gesucht u. aufgescheucht wird.*

su|chen ⟨sw. V.; hat⟩ [mhd. suochen, ahd. suohhen, eigtl. = suchend nachgehen, nachspüren, urspr. wohl auf den Jagdhund bezogen]: **1. a)** *sich bemühen, jmdn., etw. Verlorenes, Verstecktes zu finden:* jmdn., etw. nach jmdm., etw. s.; jmdn., etw. fieberhaft, krampfhaft, verzweifelt, überall s.; eine Stelle in einem Buch, einen Ort auf einer Landkarte s.; im Wald Pilze, Beeren s. *(sammeln);* wir haben dich schon überall gesucht!; jmdn. polizeilich, steckbrieflich s.; die Polizei sucht noch nach dem Täter, nach Spuren; solche Leute muss man schon s. (ugs.; *solche Leute sind äußerst selten);* ⟨auch ohne Obj.:⟩ ich habe überall, stundenlang [vergeblich] gesucht; da kannst du lange s. (ugs.; *dein Suchen ist zwecklos);* sich suchend umsehen; such, such! (Aufforderung an einen Hund, eine Spur aufzunehmen); Ü seine Hand suchte im Dunkeln nach dem Lichtschalter *(tastete danach);* er verließ die Heimat, um sein Glück in der Fremde zu s.; R wer sucht, der findet (nach Matth. 7, 7); * **seinesgleichen s.** *(nicht zu übertreffen, einmalig sein:* seine Einsatzbereitschaft sucht ihresgleichen; **Suchen spielen** (landsch.; *Versteck spielen);* **b)** *sich bemühen, etw. Bestimmtes, was man braucht, zu erlangen, erwerben:* einen Job, eine Wohnung s.; er sucht eine Frau *(möchte gern heiraten u. versucht, eine ihm passende Frau kennenzulernen);* die Polizei sucht Zeugen; (in Anzeigen:) Verkäuferin gesucht; Bungalow [zu kaufen, zu mieten] gesucht; Ü der angestaute Ärger sucht sich ein Ventil; R da haben sich zwei gesucht und gefunden (ugs.; *die beiden passen gut zueinander);* **c)** *bemüht sein, durch Überlegen, Nachdenken etw. herauszufinden, zu entdecken, zu erkennen:* einen Ausweg s.; nach dem Fehler in der Rechnung, nach Gründen s.; nach dem Sinn des Lebens, nach der Wahrheit s.; er sucht nach Worten *(bemüht sich, die passenden Worte zu finden);* er sucht *(vermutet, argwöhnt)* hinter allem etwas Schlechtes; die Gründe dafür sind in seiner Vergangenheit zu s. *(liegen in seiner Vergangenheit).* **2. a)** *bemüht, bestrebt sein, eine bestimmte Absicht zu erreichen; sich die Realisierung, Erfüllung von etw. wünschen* (oft verblasst): seinen Vorteil s.; [jmds./bei jmdm.] Schutz, Rat s.; Ruhe, Vergessen s.; jmds. Gesellschaft, Nähe s.; er sucht das Gespräch mit der Jugend; Streit s.; sein Recht s.; was sucht denn der Kerl hier? (ugs.; *was will er hier, warum ist er hier?);* * **irgendwo nichts zu s. haben** (ugs.; *irgendwo nicht hingehören, nicht sein dürfen:* du hast hier überhaupt nichts zu s.); **b)** *auf etw. zu-, irgendwohin streben:* Pflanzen suchen stets das Licht; die Küken suchen die Wärme der Henne. **3.** ⟨mit Inf. + zu⟩ (geh.) *versuchen, trachten, bemüht sein:* jmdm. zu helfen s.; etw. zu vergessen s.; Silvi wimmerte und suchte mit abgebrochenen Worten zu rechtfertigen (R. Walser, Gehülfe 79).

Su|cher, der; -s, -: **1.** [mhd. suochære, ahd. suochari] (selten) *jmd., der sucht.* **2.** (Fotogr.) *optische Einrichtung an Kameras, mit deren Hilfe der vom Objektiv erfasste Bildausschnitt erkennbar gemacht wird.*

Such|er|geb|nis, das: *Ergebnis einer Suche, bes. einer Suchanfrage* (1): diese Suchmaschine liefert die besten -se.

Su|che|rin, die; -, -nen: w. Form zu ↑ Sucher (1).

Suchfrage – südlich

Such|fra|ge, die (EDV): Suchanfrage.
Such|funk|ti|on, die (EDV): Funktion (1 d) eines EDV-Programmes, Suchen zu bearbeiten: eine erweiterte, optimierte S.
Such|hund, der: Spürhund.
Such|mann|schaft, die: Suchtrupp.
Such|ma|schi|ne, die: auf einen bestimmten Namen lautendes Programm im Internet, das mithilfe umfangreicher, aus Internetadressen bestehender Datenbanken die gezielte Suche nach Informationen im Internet ermöglicht: eine Homepage mit einer S. finden.
Such|ma|schi|nen|op|ti|mie|rung, die (EDV): Gesamtheit von Maßnahmen, die dazu dienen, dass eine Webseite in den Trefferlisten von Internetsuchmaschinen möglichst weit oben erscheint; SEO.
Such|mel|dung, die: Meldung (2) über eine gesuchte Person.
Sucht, die; -, Süchte, selten Suchten [mhd., ahd. suht = Krankheit, ablautende Bildung zu ↑ siechen]: **1.** krankhafte Abhängigkeit von einem bestimmten Genuss- od. Rauschmittel o. Ä.: die S. nach Alkohol; eine S. bekämpfen; an einer S. leiden; jmdn. von einer S. heilen; das Tablettenschlucken ist bei ihr zur S. geworden. **2.** übersteigertes Verlangen nach etw., einem bestimmten Tun; Manie (1): seine S. nach Vergnügungen; ihn trieb die S. nach Geld. **3.** (veraltet) Krankheit: die fallende S. (Epilepsie).
Sucht|ge|fahr, die: Gefahr, dass eine Sucht (1) entsteht: bei Glücksspielen besteht eine hohe S.
sucht|ge|fähr|det ⟨Adj.⟩: gefährdet, süchtig (1) zu werden: Jugendliche sind besonders s.
Sucht|gift, das (österr.): Rauschgift, Drogen.
süch|tig ⟨Adj.⟩ [mhd. sühtec, ahd. suhtig = krank]: **1.** an einer Sucht (1) leidend: s. [nach etw.] sein, werden; von etw. s. werden. **2.** ein übersteigertes Verlangen, eine Sucht (2) habend; versessen; begierig: ein nach Sensationen -es Publikum.

-süch|tig: drückt in Bildungen mit Substantiven – seltener mit Verben (Verbstämmen) – aus, dass die beschriebene Person einen übermäßig starken Hang zu etw. hat, auf etw. versessen, nach etw. begierig ist: fernseh-, fortschritts-, profitsüchtig.

Süch|ti|ge, die/eine Süchtige; der/einer Süchtigen, die Süchtigen/zwei Süchtige: suchtkranke weibliche Person.
Süch|ti|ger, der Süchtige/ein Süchtiger; des/eines Süchtigen, die Süchtigen/zwei Süchtige: suchtkranke männliche Person.
Sucht|kli|nik, die: Klinik für Suchtkranke.
sucht|krank ⟨Adj.⟩: an einer Sucht (1) leidend.
Sucht|kran|ke ⟨vgl. Kranke⟩: weibliche Person, die suchtkrank ist.
Sucht|kran|ker ⟨vgl. Kranker⟩: jmd., der suchtkrank ist.
Sucht|mit|tel, das: Arznei-, Rauschmittel, das süchtig (1) macht.
Sucht|prä|ven|ti|on, die: Prävention einer Suchterkrankung: S. muss bereits im Kindergarten ansetzen.
Such|trupp, der: Gruppe von Personen, die eine Suchaktion durchführen.
Sucht|ver|hal|ten, das (Fachspr.): durch eine Sucht bedingtes Verhalten: das S. Alkoholabhängiger.
Such|wort, das ⟨Pl. ...wörter⟩ (EDV): Wort, das bei einer Suchanfrage (1) eingegeben wird.
su|ckeln ⟨sw. V.; hat⟩ [Intensivbildung zu ↑ saugen] (landsch.): **a)** in rasch aufeinanderfolgenden, kurzen Zügen saugen: das Kind suckelt an seiner Flasche; **b)** suckelnd (a) trinken: Limonade mit dem Strohhalm s.

Su|c|re ['sukre]: Hauptstadt von Bolivien.
Sud, der; -[e]s, -e [mhd. sut, ablautende Bildung zu ↑ sieden]: **a)** Flüssigkeit, in der etw. gekocht, gebraten wird u. die danach zurückbleibt: den S. abgießen; den Braten aus dem S. (Bratensaft) nehmen; **b)** (meist Fachspr.) durch Auskochen entstandene Flüssigkeit: ein S. aus Kräutern gegen Erkältung; **c)** im Sudhaus erhitzte Bierwürze.
¹Süd ⟨o. Pl.; unflekt.; o. Art.⟩ [mhd. süd = Süd(wind), zu mniederl. suut = im, nach Süden (seit dem 15. Jh. in der Form süd unter Anlehnung an die niederl. mundartl. ü-Aussprache), H. u., viell. eigtl. = nach oben (= in der Richtung der aufsteigenden Sonnenbahn)]: **a)** (bes. Seemannsspr., Meteorol.) Süden (1) (gewöhnlich in Verbindung mit einer Präp.): der Wind kommt aus/von S.; **b)** ⟨⟨nachgestellte nähere Bestimmung bei geografischen Namen o. Ä.⟩⟩ als Bez. des südlichen Teils od. zur Kennzeichnung der südlichen Lage, Richtung (Abk.: S): Frankfurt-S; Fabriktor S.
²Süd, der; -[e]s, -e ⟨Pl. selten⟩ (Seemannsspr., dichter.): Südwind: es wehte ein warmer S.
Süd|af|ri|ka, -s: **1.** südlicher Teil Afrikas. **2.** Staat im Süden Afrikas.
Süd|af|ri|ka|ner, der: Ew.
Süd|af|ri|ka|ne|rin, die: w. Form zu ↑ Südafrikaner.
süd|af|ri|ka|nisch ⟨Adj.⟩: Südafrika betreffend, aus Südafrika stammend, zu Südafrika gehörend.
Süd|ame|ri|ka, -s: südlicher Teil Amerikas.
Süd|ame|ri|ka|ner, der: Ew.
Süd|ame|ri|ka|ne|rin, die: w. Form zu ↑ Südamerikaner.
süd|ame|ri|ka|nisch ⟨Adj.⟩: Südamerika, die Südamerikaner betreffend; aus Südamerika stammend.
Su|dan; -s, ⟨auch:⟩ der; -s: Staat im nordöstlichen Afrika: der Anteil -s an der Libyschen Wüste; in den S. reisen.
Su|da|ner, der; -s, -: Ew.
Su|da|ne|rin, die; -, -nen: w. Form zu ↑ Sudaner.
Su|da|ne|se, der; -n, -n: Ew.
Su|da|ne|sin, die; -, -nen: w. Form zu ↑ Sudanese.
su|da|ne|sisch ⟨Adj.⟩: den Sudan, die Sudaner betreffend; aus dem Sudan stammend.
Süd|asi|en; -s: südlicher Teil Asiens.
Sud|den Death ['sadn 'deθ], der; --, -- [engl. sudden death = plötzlicher Tod] (Sport, bes. Eishockey): bei unentschiedenem Stand in einem zusätzlichen Spielabschnitt durch den ersten Treffer herbeigeführte Entscheidung.
süd|deutsch ⟨Adj.⟩: **a)** zu Süddeutschland gehörend, aus Süddeutschland stammend: die -e Bevölkerung, Landschaft; -e Mundarten; **b)** für Süddeutschland, die Süddeutschen charakteristisch: mit -em Akzent sprechen.
Süd|deutsch|land; -s: südlicher Teil Deutschlands.
Su|del, der; -s, - [zu mniederl. sudde = Sumpf]: **1.** (schweiz.) Kladde (2). **2.** (landsch.) **a)** ⟨o. Pl.⟩ Schmutz; **b)** Pfütze.
Su|del|heft, das (landsch.): Kladde (1 a).
su|deln ⟨sw. V.; hat⟩ [in dem Verb sind zwei gleichlautende frühnhd. Verben zusammengefallen, das erste ist verw. mit ↑ sieden u. bedeutete »sieden, kochen«, das zweite gehört zu ↑ Sudel u. bedeutete »beschmutzen, im Schmutz wühlen«] (ugs. abwertend): **1.** mit etw. Flüssigem, Breiigem, Nassem so umgehen, dass Schmutz entsteht, Dinge beschmutzt werden: das Kind hat beim Essen gesudelt. **2. a)** unsauber schreiben; schmieren (3 a); **b)** nachlässig u. liederlich arbeiten; pfuschen (1 a).
Su|del|wet|ter, das ⟨o. Pl.⟩ (landsch. abwertend): unfreundliches, nasses Wetter.

Sü|den, der; -s [spätmhd. süden (vom Mniederl. lautlich beeinflusst), mhd. süden, sunden, ahd. sundan]: **1.** ⟨meist ohne Art.⟩ dem Norden entgegengesetzte Himmelsrichtung, in der die Sonne am Mittag ihren höchsten Stand erreicht (gewöhnlich in Verbindung mit einer Präp.; Abk.: S): der Wind kommt von S. **2. a)** gegen Süden (1), im Süden gelegener Bereich, Teil (eines Landes, Gebiets o. Ä.): im S. Frankreichs; **b)** das Gebiet der südlichen Länder; südlicher Bereich der Erde, bes. Südeuropa: der sonnige S.; wir fahren in den Ferien in den S.; Es war die Härte des -s, die viele ganz verkennen, in der Vorstellung befangen, der S. sei schmeichlerisch süß und weich und die Härte im Norden zu suchen (Th. Mann, Krull 333).
Su|de|ten ⟨Pl.⟩: Gebirge in Mitteleuropa.
su|de|ten|deutsch ⟨Adj.⟩: das Sudetenland, die Sudetendeutschen betreffend; aus dem Sudetenland stammend.
Su|de|ten|deut|sche ⟨vgl. ¹Deutsche⟩: aus dem Sudetenland stammende ethnische Deutsche.
Su|de|ten|deut|scher ⟨vgl. Deutscher⟩: aus dem Sudetenland stammender ethnischer Deutscher.
Su|de|ten|land, das; -[e]s: ehemaliges deutsches Siedlungsgebiet in der Tschechischen Republik.
su|de|tisch ⟨Adj.⟩: zu ↑ Sudeten.
Süd|eu|ro|pa; -s: südlicher Teil Europas.
süd|eu|ro|pä|isch ⟨Adj.⟩: Südeuropa betreffend, aus Südeuropa stammend, zu Südeuropa gehörend.
Süd|fens|ter, das: an der Südseite eines Gebäudes gelegenes Fenster.
Süd|flan|ke, die: **a)** vgl. Südseite; **b)** (bes. Militär) südlicher Rand: die S. des Heeres; die S. der NATO, Russlands.
Süd|flü|gel, der: **a)** südlicher Flügel (4) eines Gebäudes; **b)** südlicher Flügel (3 a) einer Armee o. Ä.
Süd|frucht, die ⟨meist Pl.⟩: aus den Tropen od. Subtropen importierte Frucht (1 a): Apfelsinen, Bananen und andere Südfrüchte.
Süd|gren|ze, die: Grenze im Süden.
Süd|halb|ku|gel, die: südliche Halbkugel, bes. der Erde.
Süd|hang, der: südlicher Hang.
Süd|haus, das [zu ↑ Sud]: Gebäude[teil] einer Brauerei, in dem die Bierwürze bereitet wird.
Süd|ko|rea; -s: Staat im südlichen Teil der Halbinsel Korea (amtlich: Republik Korea).
Süd|ko|re|a|ner, der: Ew.
Süd|ko|re|a|ne|rin, die: w. Form zu ↑ Südkoreaner.
süd|ko|re|a|nisch ⟨Adj.⟩: Südkorea, die Südkoreaner betreffend; aus Südkorea stammend.
Süd|küs|te, die: südliche Küste: die S. Australiens, des Schwarzen Meers.
Süd|land, das ⟨Pl. ...länder; meist Pl.⟩: südliches, am Mittelmeer liegendes Land; Gebiet im Süden.
Süd|län|der, der; -s, -: jmd., der aus einem südlichen, am Mittelmeer liegenden Land stammt.
Süd|län|de|rin, die; -, -nen: w. Form zu ↑ Südländer.
süd|län|disch ⟨Adj.⟩: zu den südlichen Ländern gehörend, von dort stammend, für sie charakteristisch: das -e Flair eines Ortes.
südl. Br. = südlicher Breite.
¹süd|lich ⟨Adj.⟩ [mniederl. sutlich, mniederl. zuydelijk]: **1.** im Süden (1) gelegen: die -ste Stadt Europas; das -e Afrika (der südliche Teil Afrikas); das ist schon sehr weit s. **2. a)** nach Süden (1) gerichtet, dem Süden zugewandt: in -er Richtung; **b)** aus Süden (1) kommend: -e Winde. **3. a)** zum Süden (2 b) gehörend, aus ihm stammend: die -en Länder, Völker; ein -es Klima; **b)** für den Süden (2 b), seine Bewohner charakteristisch: sein -es Temperament.

²**süd|lich** ⟨Präp. mit Gen.⟩ [zu: ↑¹südlich]: *südlich von; weiter im, gegen Süden [gelegen] als*: s. *des Flusses*; s. *Kölns* (selten; *südlich von Köln*).

³**süd|lich** ⟨Adv.⟩: *im Süden*: s. *von Köln*.

Süd|licht, das ⟨Pl. -er⟩: *im Süden auftretendes Polarlicht*.

Su|do|ku [ˈsuː..., auch: zuˈdoːku], das; -[s], -s [jap., aus: su = Nummer u. doku = einzeln]: *Zahlenrätsel, das aus einem großen Quadrat besteht, das in neun kleinere Quadrate unterteilt ist, die ihrerseits jeweils drei mal drei Kästchen enthalten, in die teilweise Ziffern eingegeben sind u. deren leere Felder so auszufüllen sind, dass in jeder waagrechten Zeile u. jeder senkrechten Spalte des einzelnen Quadrats sowie innerhalb der neun kleineren Quadrate alle Ziffern von 1 bis 9 nur einmal vorkommen*.

¹**Süd|ost** ⟨o. Pl.; unflekt.; o. Art.⟩: **a)** (bes. Seemannsspr., Meteorol.) *Südosten* (1) (gewöhnlich in Verbindung mit einer Präp.); **b)** (als nachgestellte nähere Bestimmung bes. bei geografischen Namen; vgl. ¹Süd b) (Abk.: SO).

²**Süd|ost**, der ⟨Pl. selten⟩ (Seemannsspr., dichter.): *Südostwind*.

Süd|os|ten, der; **1.** ⟨meist ohne Art.⟩ *Richtung zwischen Süden u. Osten* (Abk.: SO). **2.** vgl. Süden (2 a).

¹**süd|öst|lich** ⟨Adj.⟩: vgl. ¹südlich (1, 2).

²**süd|öst|lich** ⟨Präp. mit Gen.⟩: vgl. ²südlich.

³**süd|öst|lich** ⟨Adv.⟩: vgl. ³südlich.

Süd|ost|wind, der: vgl. Südwind.

Süd|pol, der: **1.** *südlicher Pol eines Planeten (bes. der Erde) u. der Himmelskugel*. **2.** *Pol eines Magneten, der das natürliche Bestreben hat, sich nach Süden auszurichten*.

Süd|see, die; -: *Pazifischer Ozean, bes. sein südlicher Teil*.

Süd|sei|te, die: *nach Süden gelegene Seite eines Gebäudes o. Ä.*

Süd|spit|ze, die: *südliche Spitze (bes. einer Insel)*.

Süd|staat, der: **a)** *im Süden gelegener Teilstaat eines Bundesstaates*: *die -en der USA*; **b)** ⟨Pl.⟩ (Geschichte) *die konföderierten Staaten im Süden der USA im amerikanischen Bürgerkrieg*: *gegen die -en in den Krieg ziehen*; **c)** ⟨meist Pl.⟩ *Staat im südlichen Teil eines Kontinents*: *die -en Europas*.

Süd|staat|ler, der; -s, -: Ew.

Süd|staat|le|rin, die; -, -nen: w. Form zu ↑Südstaatler.

Süd|sudan; -s, (*auch*:) der; -s: *Staat im östlichen Afrika*.

¹**Süd|süd|ost** ⟨o. Pl.; unflekt.; o. Art.⟩ (Seemannsspr., Meteorol.): *Südsüdosten* (gewöhnlich in Verbindung mit einer Präp.; Abk.: SSO).

²**Süd|süd|ost**, der ⟨Pl. selten⟩ (Seemannsspr.): *von Südsüdosten wehender Wind*.

Süd|süd|os|ten, der ⟨meist o. Art.⟩: *Richtung zwischen Süden u. Südosten* (Abk.: SSO).

süd|süd|öst|lich ⟨Adj.⟩: vgl. ¹östlich, ²östlich, ³östlich.

¹**Süd|süd|west** ⟨o. Pl.; unflekt.; o. Art.⟩ (Seemannsspr., Meteorol.): *Südsüdwesten* (gewöhnlich in Verbindung mit einer Präp.; Abk.: SSW).

²**Süd|süd|west**, der ⟨Pl. selten⟩ (Seemannsspr.): *von Südsüdwesten wehender Wind*.

Süd|süd|wes|ten, der ⟨meist o. Art.⟩: *Richtung zwischen Süden u. Südwesten* (Abk.: SSW).

süd|süd|west|lich ⟨Adj.⟩: vgl. ¹westlich, ²westlich, ³westlich.

Süd|ti|rol; -s: **1.** *südlich des Brenners gelegener Teil Tirols, Gebiet der Provinz Bozen in der norditalienischen Region Trentino-Südtirol*. **2.** (Geschichte) *(seit 1919 zu Italien gehörender) Teil des österreichischen Kronlandes Tirol*.

¹**Süd|ti|ro|ler**, der; -s, -: Ew.

²**Süd|ti|ro|ler** ⟨indekl. Adj.⟩: *ein S. Speckkuchen*.

Süd|ti|ro|le|rin, die; -, -nen: w. Form zu ↑¹Südtiroler.

Süd|ufer, das: *südliches Ufer*.

Süd|vi|et|nam; -s: *südlicher Teil Vietnams*.

süd|wärts ⟨Adv.⟩ [↑-wärts]: **a)** *in südliche[r] Richtung, nach Süden*: s. *fahren, blicken*; **b)** (selten) *im Süden*: s. *zog ein Gewitter auf*.

¹**Süd|west** ⟨o. Pl.; unflekt.; o. Art.⟩: **a)** (bes. Seemannsspr., Meteorol.) *Südwesten* (1) (gewöhnlich in Verbindung mit einer Präp.; Abk.: SW); **b)** (als nachgestellte nähere Bestimmung bes. bei geografischen Namen vgl. ¹Süd b).

²**Süd|west**, der ⟨Pl. selten⟩ (Seemannsspr., dichter.): *Südwestwind*.

Süd|west|afri|ka; -s: *früherer Name von ↑Namibia*.

Süd|wes|ten, der: **1.** ⟨meist ohne Art.⟩ *Richtung zwischen Süden u. Westen* (gewöhnlich in Verbindung mit einer Präp.; Abk.: SW). **2.** vgl. Süden (2 a).

Süd|wes|ter, der; -s, -: *von Seeleuten getragener Hut aus Wasser abweisendem Material mit breiter Krempe, die hinten bis über den Nacken reicht u. vorne hochgeschlagen wird*.

¹**süd|west|lich** ⟨Adj.⟩: vgl. ¹südlich (1, 2).

²**süd|west|lich** ⟨Präp. mit Gen.⟩: vgl. ²südlich.

³**süd|west|lich** ⟨Adv.⟩: vgl. ³südlich.

Süd|west|wind, der: vgl. Südwind.

Süd|wind, der: *von Süden wehender Wind*.

Su|es: *ägyptische Stadt*.

Su|es|ka|nal, der; -s: *Kanal zwischen Mittelmeer u. dem Golf von Sues*.

Su|ez usw.: ↑Sues usw.

Suff, der; -[e]s [zu ↑saufen, urspr. = guter Schluck, Zug] (salopp): **1.** *Betrunkenheit*: *im S. hat er einen Unfall verursacht*. **2. a)** *Trunksucht*: *dem S. verfallen, sich dem S. ergeben*; **b)** *das Trinken von Alkohol in großen Mengen*: *der S. ruiniert den Menschen, macht den Menschen kaputt*.

süf|feln ⟨sw. V.; hat⟩ (ugs.): **a)** *(besonders ein alkoholisches Getränk) genüsslich trinken*: *Wein s.*; **b)** *trinken* (3 a): *Reinhold süffelt leicht, täglich immer ein paar Schnäpschen* (Döblin, Alexanderplatz 253).

süf|fig ⟨Adj.⟩ (ugs.): *(bes. von Wein) angenehm schmeckend u. gut trinkbar*: *-es Bier*; *ein -er Wein*.

Süf|fig|keit, die; -: *das Süffigsein*.

◆**Suf|fi|sance** [zyfiˈsãːs]: ↑Süffisance: *Du hättest sie hören sollen ... mit welcher S. sie von »kleinen Verhältnissen« sprach* (Fontane, Jenny Treibel 85).

suf|fi|sant ⟨Adj.⟩ [frz. suffisant, eigtl. = (sich selbst) genügend, 1. Part. von: suffire = genügen < lat. sufficere; ↑suffizient] (bildungsspr. abwertend): *ein Gefühl von [geistiger] Überlegenheit genüsslich zur Schau tragend, selbstgefällig, spöttisch-überheblich*: *mit -er Miene s. lächeln*.

Süf|fi|sanz, die; -: *süffisantes Wesen, süffisante Art*.

Suf|fix [auch: ˈ...fɪks], das; -es, -e [zu lat. suffixum, subst. 2. Part. von: lat. suffigere, eigtl. = unten anheften, zu: sub = unten u. figere = anheften] (Sprachwiss.): *an ein Wort, einen Wortstamm angehängte Ableitungssilbe; Nachsilbe (z. B. -ung, -heit, -chen)*.

suf|fi|zi|ent ⟨Adj.⟩ [lat. sufficiens (Gen.: sufficientis), adj. 1. Part. von: sufficere, ↑süffisant]: **1.** (bildungsspr. selten) *aus-, zureichend*. **2.** (Med.) *(von der Funktion, Leistungsfähigkeit eines Organs) ausreichend*.

Suf|fi|zi|enz, die; -, -en [spätlat. sufficientia, zu lat. sufficiens, ↑suffizient]: **1.** (bildungsspr.) *Zulänglichkeit, Können*. **2.** (Med.) *ausreichende Funktionstüchtigkeit, Leistungsfähigkeit (eines Organs)*.

Suf|fra|gan, der; -s, -e [mlat. suffraganeus, zu spätlat. suffragium = Hilfe < lat. suffragium, ↑Suffragium] (kath. Kirche): *einem Erzbischof unterstellter, einer Diözese vorstehender Bischof*.

Suf|f|ra|get|te, die; -, -n [(frz. suffragette <) engl. suffragette, zu: suffrage = (Wahl)stimme < lat. suffragium, ↑Suffragan]: **a)** *radikale Frauenrechtlerin in Großbritannien vor 1914*; **b)** (veraltend abwertend) *Frauenrechtlerin*.

Suf|f|ra|gi|um, das; -s, ...ien [lat. suffragium]: **1. a)** *politisches Stimmrecht*; **b)** *Abstimmung*. **2.** *Gebet zu den Heiligen um ihre Fürbitte*.

Su|fi, der; -[s], -s [arab. ṣūfī, zu: ṣūf = grober Wollstoff, nach der Kleidung]: *Anhänger, Vertreter des Sufismus*.

Su|fis|mus, der; -: *eine asketisch-mystische Richtung im Islam*.

Su|fist, der; -en, -en: Sufi.

su|fis|tisch ⟨Adj.⟩: *den Sufismus betreffend*.

Su|gar|dad|dy, **Su|gar-Dad|dy** [ˈʃʊgədɛdi], der [engl. sugar daddy]: *reicher älterer Mann, der (als Gegenleistung für [sexuelles] Entgegenkommen) junge Frauen übermäßig beschenkt, für sie aufkommt*.

sug|ge|rie|ren ⟨sw. V.; hat⟩ [lat. suggerere = von unten herantragen; eingeben, einflüstern, zu: sub = unter u. gerere (2. Part.: gestum) = tragen, bringen; zur Schau tragen] (bildungsspr.): **1.** *jmdm. etw. [ohne dass ihm dies bewusst wird] einreden od. auf andere Weise eingeben [um dadurch seine Meinung, sein Verhalten o. Ä. zu beeinflussen]; einflüstern* (2): *sie suggerierte ihm, dass er störte*. **2.** *darauf abzielen, einen bestimmten [den Tatsachen nicht entsprechenden] Eindruck entstehen zu lassen*: *der Artikel suggeriert den Lesern, das Urteil sei zu milde*.

Sug|ges|ti|on, die; -, -en [(frz. suggestion <) (spät)lat. suggestio = Eingebung, Einflüsterung, zu lat. suggerere, ↑suggerieren] (bildungsspr.): **1. a)** ⟨o. Pl.⟩ *geistig-psychische Beeinflussung eines Menschen [mit dem Ziel, ihn zu einem bestimmten Verhalten zu veranlassen]*: *jmds. Meinung durch S. manipulieren*; **b)** *etw., was jmdm. suggeriert wird*. **2.** ⟨o. Pl.⟩ *suggestive* (b) *Wirkung, Kraft*.

Sug|ges|ti|ons|kraft, die (bildungsspr.): *suggestive Kraft*.

sug|ges|tiv ⟨Adj.⟩ [wohl nach engl. suggestive, frz. suggestif] (bildungsspr.): **a)** *darauf abzielend, jmdm. etw. zu suggerieren; auf Suggestion beruhend*: *die -e Wirkung der Werbung*; *eine -e Frage (Suggestivfrage)*; **b)** *eine starke psychische, emotionale Wirkung ausübend; andere Menschen [stark] beeinflussend*: *die -e Wirkung dieses Romans*; s. *(beschwörend) sprechen*.

Sug|ges|tiv|fra|ge, die (bildungsspr.): *Frage, die so gestellt ist, dass eine bestimmte Antwort besonders nahe liegt*.

Sug|ges|tiv|kraft, die (bildungsspr.): *suggestive Kraft*.

Sug|ges|to|päd|ie, die; - [zu griech. paideía = Erziehung, Unterricht]: *ursprünglich für den Fremdsprachenunterricht entwickelte ganzheitliche Methode, in der körperliche Entspannung, Musik u. bestimmte spielerische Elemente eine Rolle spielen u. durch die Lernprozesse erheblich beschleunigt werden sollen*.

Suh|le, die; -, -n [rückgeb. aus ↑suhlen] (bes. Jägerspr.): *kleiner Tümpel, schlammige, morastige Stelle im Boden (wo sich Tiere suhlen)*.

suh|len, sich ⟨sw. V.; hat⟩ [spätmhd. süln, suln, ahd. sullen, verw. mit ↑¹Soll] (bes. Jägerspr.): **1.** *(vom Rot- u. Schwarzwild) sich in einer Suhle wälzen*. **2.** (ugs.) *sich einem [negativen] Gefühl o. Ä. genussvoll überlassen, sich darin ergehen*: *er suhlt sich in seinem Weltschmerz*.

Süh|ne, die; -, -n ⟨Pl. selten⟩ [mhd. süene, suone, ahd. suona, H. u., viell. eigtl. = Beschwichti-

Sühnegeld – summieren

gung, Beruhigung] (geh.): *etw., was jmd. auf sich nimmt, was jmd. tut, um ein begangenes Unrecht, eine Schuld zu sühnen* (a); *Buße:* S. [für etw.] leisten; jmdm. eine S. auferlegen; [von jmdm.] S. verlangen, erhalten.

Süh|ne|geld, das (veraltet): *als Schadenersatz gezahltes Geld.*

Süh|ne|kreuz, das: *zum Andenken an Ermordete od. durch Unglücksfälle zu Tode Gekommene errichtetes Kreuz aus Stein.*

süh|nen ⟨sw. V.; hat⟩ [mhd. süenen, ahd. suonan, viell. eigtl. = beschwichtigen, still machen] (geh.): **a)** *eine Schuld abbüßen, für ein begangenes Unrecht eine Strafe, Buße auf sich nehmen:* eine Schuld, ein Verbrechen s.; er hat seine Tat/ für seine Tat mit dem Leben, mit dem Tode gesühnt; **b)** (selten) *ein begangenes Unrecht bestrafen, um es den Schuldigen sühnen* (a) *zu lassen:* das Gericht hat das Verbrechen durch eine hohe Strafe gesühnt; Majestätsbeleidigungen wurden noch mit Festungshaft gesühnt (Remarque, Obelisk 263).

Süh|ne|op|fer, das (Rel.): *Sühnopfer.*

Süh|ne|ver|such, der (Rechtsspr.): *förmlicher Versuch des Gerichts o. Ä. zur gütlichen Beilegung eines Prozesses.*

Sühn|op|fer, das (Rel.): *als Sühne für eine begangene Sünde dargebrachtes Opfer.*

Süh|nung, die; -, -en ⟨Pl. selten⟩ (geh.): *das Sühnen.*

sui ge|ne|ris ⟨als nachgestelltes Attribut⟩ [lat. = seiner eigenen Art] (bildungsspr.): *nur durch sich selbst eine Klasse bildend; einzig, besonders, [von] eigener Art.*

Suit|case ['sju:tkeɪs], das od. der; -, -s [...sɪz] [engl. suitcase, aus: suit = Anzug, Kostüm u. case = Koffer]: *kleiner Handkoffer.*

Sui|te ['svi:t(ə), auch: 'sui:tə], die; -, -n [frz. suite, eigtl. = Folge, zu: suivre < lat. sequi = folgen]: **1.** ²*Flucht* (2) *von [luxuriösen] Räumen, bes. Zimmerflucht in einem Hotel:* eine S. bewohnen, mieten. **2.** (Musik) *aus einer Folge von in sich geschlossenen, nur lose verbundenen Sätzen (oft Tänzen) bestehende Komposition.*

Su|i|zid, der od. das; -[e]s, -e [zu lat. sui = seiner u. -cidere = töten, eigtl. = das Töten seiner selbst] (bildungsspr.): *Selbstmord.*

su|i|zi|dal ⟨Adj.⟩ (bildungsspr., Fachspr.): **a)** *den Suizid betreffend, zum Suizid neigend;* **b)** (selten) *durch Suizid [erfolgt]:* -e Todesfälle.

Su|i|zi|da|li|tät, die; - (Fachspr.): *Neigung zum Suizid.*

Su|i|zid|bom|ber, der: *jmd., der bei der Ausführung eines Sprengstoffattentats bewusst den eigenen Tod in Kauf nimmt.*

Su|i|zid|bom|be|rin, die: w. Form zu ↑ Suizidbomber.

su|i|zid|ge|fähr|det ⟨Adj.⟩: *selbstmordgefährdet.*

Su|jet [zy'ʒe:, frz.: sy'ʒɛ], das; -s, -s [frz. sujet < spätlat. subiectum, ↑ Subjekt] (bildungsspr.): *Gegenstand, Motiv* (3), *Thema einer [künstlerischen] Gestaltung:* er bevorzugt die alltäglichen -s.

Suk, der; -[s], -s [arab. sūq]: *Basar* (1).

Suk|ka|de, die; -, -n [aus dem Roman., vgl. ital. zuccata = kandierter Kürbis, zu: zucca = Kürbis]: *kandierte Schale von Zitrusfrüchten.*

suk|ku|lent ⟨Adj.⟩: **1.** [spätlat. succulentus, zu lat. succus, zu: sugere = saugen] (Bot.) *(von pflanzlichen Organen) saftreich u. fleischig.* **2.** (Anat.) *(von Geweben) flüssigkeitsreich.*

Suk|ku|len|te, die; -, -n ⟨meist Pl.⟩ (Bot.): *Fettpflanze.*

Suk|kurs, der; -es, -e (schweiz., sonst veraltet): **a)** [mlat. succursus, zu lat. succursum, 2. Part. von: succurrere = helfen] *Hilfe, Unterstützung, Verstärkung;* **b)** *Gruppe von Personen, Einheit, die als Verstärkung, zur Unterstützung einge-* setzt ist: ♦ Bin hinauf bis nach Temeswar gekommen mit den Bagagewagen, ... zog mit dem S. vor Mantua (Schiller, Wallensteins Lager 5).

suk|ze|die|ren ⟨sw. V.; hat⟩ [lat. succedere, eigtl. = von unten nachrücken, zu: sub = unter u. cedere = einhergehen; vonstattengehen] (veraltet): *nachfolgen, in jmds. Rechte eintreten:* ♦ Der Fürst konnte seine Tochter nicht auffinden und war also ohne Sukzession. – Hier sukzediere ich (Cl. Brentano, Musikanten 3).

Suk|zes|si|on, die; -, -en [lat. successio = Nachfolge, zu: successum, 2. Part. von: succedere, ↑ sukzedieren]: **1.** *Erbfolge* (a, b). **2.** * *apostolische S.* (kath. Rel.) *nach katholischer Lehre die Fortführung der Nachfolge der Apostel darstellende Amtsnachfolge der Priester).* **3.** (Ökol.) *zeitliche Aufeinanderfolge der an einem Standort einander ablösenden Pflanzen- u. Tiergesellschaften.* **4.** *Übernahme der Rechte u. Pflichten eines Staates durch einen anderen.*

suk|zes|siv ⟨Adj.⟩ [spätlat. successivus = nachfolgend, zu lat. successum, ↑ sukzedieren] (bildungsspr.): *allmählich, nach u. nach, schrittweise [eintretend, erfolgend]:* ein -er Aufwärtstrend.

suk|zes|si|ve ⟨Adv.⟩ [mlat. successive] (bildungsspr.): *allmählich, nach u. nach:* s. werden wir uns die ganze Ausrüstung anschaffen.

Suk|zes|sor, der; -s ...oren [lat. successor, zu: succedere, ↑ sukzedieren] (veraltet): *[Rechts]nachfolger.*

Su|la|we|si [zula'veːzi]: *drittgrößte der Großen Sundainseln.*

Sul|fat, das; -[e]s, -e [zu ↑ Sulfur] (Chemie): *Salz der Schwefelsäure.*

Sul|fid, das; -[e]s, -e (Chemie): *salzartige Verbindung des Schwefelwasserstoffs.*

sul|fi|disch ⟨Adj.⟩ (Chemie): *Schwefel enthaltend.*

Sul|fit [auch: ...'fɪt], das; -s, -e (Chemie): *Salz der schwefligen Säure.*

Sul|fo|nie|rung, die; -, -en (Chemie): *chemische Reaktion zur Einführung einer bestimmten Schwefelverbindung in organische Moleküle.*

Sul|fur, das; -s, -e [lat. sulfur]: *chem. Elementzeichen für Schwefel.*

Sul|ky ['zʊlki, engl.: 'sʌlkɪ], der, auch das; -s, -s [engl. sulky, H. u.] (Pferdesport): *bei Trabrennen verwendetes zweirädriges Gefährt.*

Sul|tan, der; -s, -e [arab. sulṭān = Herrscher, urspr. = Herrschaft; schon mhd. soldân < älter ital. soldano = Sultan]: **1. a)** ⟨o. Pl.⟩ *Titel islamischer Herrscher;* **b)** *Träger des Titels Sultan* (1 a). **2.** *türkischer Teppich aus stark glänzender Wolle.*

Sul|ta|nat, das; -[e]s, -e: **1.** *Herrschaftsgebiet eines Sultans.* **2.** *Herrschaft eines Sultans.*

Sul|ta|nin, die; -, -nen: *Frau eines Sultans.*

Sul|ta|ni|ne, die; -, -n [eigtl. wohl = »fürstliche« Rosine, nach der Größe]: *große, helle, kernlose Rosine.*

Sül|ze, die; -, -n [mhd. (md.) sülze, sulz(e), ahd. sulza, sulcia = Salzwasser, Gallert, zu ↑ Salz]: **1. a)** *aus kleinen Stückchen Fleisch, Fisch o. Ä. in Aspik bestehende Speise:* eine Scheibe S.; * **S. im Kopf haben** (landsch. ugs.; ↑ Stroh); **aus jmdm. S. machen** (ugs.; ↑ Hackfleisch); **b)** *Aspik:* Hering in S. **2.** (Jägerspr.) *Salzlecke.*

süllen ⟨sw. V.; hat⟩ (südd., österr.): *sülzen* (1).

sül|zen ⟨sw. V.; hat⟩: **1.** [spätmhd. sülzen] **a)** *zu Sülze* (1 a) *verarbeiten:* gesülzter Schweinskopf; **b)** *zu Sülze* (1 b) *erstarren:* etw. s. lassen. **2.** (salopp abwertend) **a)** *viel u. töricht reden;* **b)** *übertrieben gefühlvoll, schmeichlerisch reden oder singen:* er sülzte ein paar alte Schlager.

sul|zig ⟨Adj.⟩: **a)** (selten) *gallertig, gallertartig;* **b)** *(von Schnee) angeschmolzen u. breiig.*

Sülz|ko|te|lett, das: *Kotelett in Sülze* (1 b).

Sulz|schnee, der: *breiiger Altschnee.*

Sülz|wurst, die: *in einen Darm gefüllte Sülze* (1 a).

Su|mat|ra [auch: 'zuː...]; -s: *zweitgrößte der Großen Sundainseln.*

Su|mer; -s: *das alte Mittel- u. Südbabylonien.*

Su|me|rer, der; -s, -: *Ew.*

Su|me|re|rin, die; -, -nen: *w. Form zu ↑ Sumerer.*

su|me|risch ⟨Adj.⟩: *die Sumerer betreffend; von den Sumerern stammend, zu ihnen gehörend.*

summ ⟨Interj.⟩: *lautm. für das Geräusch fliegender Insekten, bes. Bienen.*

Sum|ma, die; -, Summen [lat. summa, eigtl. = oberste Zahl (als Ergebnis einer von unten nach oben ausgeführten Addition), zu: summus = oberster, höchster]: **1.** (veraltet) *Summe* (1) (Abk.: Sa.) **2.** (A) *auf der scholastischen Methode aufbauende, systematische Gesamtdarstellung eines Wissensstoffes (bes. der Theologie u. der Philosophie).*

sum|ma cum lau|de [lat. = mit höchstem Lob]: *mit Auszeichnung (bestes Prädikat bei der Doktorprüfung).*

Sum|mand, der; -en, -en [lat. (numerus) summandus, Gerundivum von: summare, ↑ summieren] (Math.): *Zahl, die hinzuzuzählen ist, addiert wird.*

sum|ma|risch ⟨Adj.⟩ [mlat. summarius]: *mehreres gerafft zusammenfassend [u. dabei wichtige Einzelheiten außer Acht lassend]:* ein -er Überblick; Einwände s. abtun; Er ist s. verfahren und hat mir zur Übersicht über mehrere untereinander verwandte Gegenstände auf einmal Vortrag gehalten (Th. Mann, Hoheit 99).

Sum|ma|ry ['sʌməri], das; -s, -s [engl. summary < lat. summarium = kurze Inhaltsangabe, zu: summa, ↑ Summa]: *Zusammenfassung eines Artikels, Buches o. Ä.*

sum|ma sum|ma|rum [lat. = Summe der Summen]: *alles zusammengerechnet; alles in allem; insgesamt:* s. s. kostet uns die Reise 3 000 Euro.

Sümm|chen, das; -s, - [Vkl. von ↑ Summe (2)] (ugs. iron.): *Summe (2) von gewisser Höhe; ins Gewicht fallende, nicht unbedeutende Summe:* das kostet ein hübsches S.

Sum|me, die; -, -n [mhd. summe < lat. summa, ↑ Summa]: **1.** (bes. Math.) *Ergebnis einer Addition:* die S. von 20 und 4 ist, beträgt 24; eine S. errechnen, herausbekommen; die Zahlenreihe ergibt folgende S.; Ü eine vorläufige S. (Bestandsaufnahme) unseres Wissens. **2.** *Geldbetrag in bestimmter Höhe:* eine kleine, größere, beträchtliche, erhebliche, stattliche S.; eine S. von 40 Euro; die volle S. zahlen; Freilich konnte ich diese unermesslich hohe S. nicht aufbringen (Roth, Beichte 145). **3.** (selten) *Summa* (2).

¹sum|men ⟨sw. V.; hat⟩ (veraltet): **1.** *summieren* (1 a). **2.** ⟨s. + sich⟩ *sich summieren* (2).

²sum|men ⟨sw. V.⟩ [spätmhd. summen, lautm.]: **1. a)** ⟨hat⟩ *einen leisen, etwas dumpfen, gleichmäßig vibrierenden Ton von sich geben, vernehmen lassen:* die Bienen summen; die Kamera, der Ventilator summt; es summt im Hörer; ⟨subst.:⟩ das Summen der Insekten, des Motors; Über dem See summte das Boot mit ihrem Verkehr (Frisch, Stiller 336); **b)** ⟨ist⟩ *²summend* (1 a) *irgendwohin fliegen:* Mücken summen um die Lampe. **2.** ⟨hat⟩ *(Töne, eine Melodie) mit geschlossenen Lippen* ²*summend* (1 a) *singen:* ein Lied, eine Melodie, einen Ton s.; ⟨auch ohne Akk.-Obj.:⟩ er summte leise vor sich hin.

Sum|men|aus|druck, der (Math.): *Bezeichnung für eine Summe od. für den Grenzwert einer Summe mit unendlich vielen Gliedern.*

Sum|mer, der; -s, - [zu ²↑ summen (1 a)]: *Vorrichtung, die einen Summton erzeugt:* als der S. ertönte, drückte sie gegen die Tür.

sum|mie|ren ⟨sw. V.; hat⟩ [mhd. summieren < mlat. summare < spätlat. summare = auf den Höhepunkt bringen, zu lat. summus,

↑Summa]: **1. a)** *zu einer Summe zusammenzählen:* Beträge s.; **b)** *zusammenfassen, vereinigen:* Fakten s. **2.** ⟨s. + sich⟩ *mit der Zeit immer mehr werden, anwachsen, indem etw. zu etw. Vorhandenem hinzukommt, u. sich dabei in bestimmter Weise auswirken:* die Ausgaben summieren sich.

Summ|ton, der; -[e]s, ...töne: ²*summender* (1 a) *Ton*.

Su|mo, das; - [jap. sumō, zu: sumafu = sich wehren]: *japanische Form des Ringkampfs*.

Su|mo|kampf, der: *sportlicher Kampf im Sumo*.

Su|mo|rin|ger, der: *Sportler, der Sumo betreibt:* er hat die große und schwere Statur eines -s.

Sumpf, der; -[e]s, Sümpfe [mhd. sumpf, ablautend verw. mit ↑Schwamm]: *ständig feuchtes Gelände [mit stehendem Wasser] bes. in Flussniederungen u. an Seeufern:* Sümpfe entwässern, trockenlegen, austrocknen; Ü ein S. von Korruption; * *sich am eigenen Schopf/Zopf/sich an den eigenen Haaren aus dem S. ziehen* (sich ohne fremde Hilfe aus einer fast ausweglosen Lage befreien, retten; nach einer Lügenerzählung des Freiherrn K. F. H. von Münchhausen).

Sumpf|bi|ber, der: ¹*Nutria*.

Sumpf|blü|te, die (ugs. abwertend): *Auswuchs, negative Erscheinung an einem Ort, in einem Bereich moralischen Verfalls*.

Sumpf|dot|ter|blu|me, die: *(bes. auf sumpfigen Wiesen wachsende) Pflanze mit dickem, hohlem Stängel, herz- bis nierenförmigen, dunkelgrünen, glänzenden Blättern u. glänzend dottergelben Blüten*.

sump|fen ⟨sw. V.; hat⟩: **1.** (veraltet) *sumpfig werden; versumpfen*. **2.** [aus der Studentenspr.] (salopp) *bis spät in die Nacht hinein zechen u. sich vergnügen:* nächtelang s. **3.** (Fachspr.) ¹*Ton vor der Bearbeitung in Wasser legen*.

sümp|fen ⟨sw. V.; hat⟩ (Bergbau): *entwässern* (1 a).

Sumpf|fie|ber, das: *Malaria*.

Sumpf|gas, das: *bei Fäulnis bes. in Sümpfen entstehendes Gas mit hohem Gehalt an Methan*.

Sumpf|ge|biet, das: *sumpfiges Gebiet*.

Sumpf|huhn, das: **1.** *(in Sumpfgebieten lebende) Ralle mit schwarzbrauner, oft weiß getüpfelter Oberseite u. heller, schwarz u. weiß gestreifter Unterseite*. **2.** (salopp scherzh.) *jmd., der sumpft* (2).

sump|fig ⟨Adj.⟩: *(in der Art eines Sumpfes) ständig von Wasser durchtränkt:* eine -e Stelle, Wiese.

Sumpf|land, das ⟨o. Pl.⟩: *sumpfiges Gebiet*.

Sumpf|ot|ter, der: *Nerz* (1).

Sumpf|pflan|ze, die: *auf sumpfigem Boden wachsende Pflanze (deren Wurzeln sich meist ständig im Wasser befinden)*.

Sumpf|wald, der: *Wald, dessen Boden unter Wasser steht, jedoch regelmäßig od. alle paar Jahre trockenfällt* (2).

Sums, der; -es (ugs.): *unnötiges Gerede:* [(k)einen] großen S. machen, viel, wenig S. um etw. machen.

sum|sen ⟨sw. V.; hat; noch landsch.⟩: **1.** ⟨hat⟩ ²*summen* (1 a, 2). **2.** ⟨ist⟩ ²*summen* (1 b).

Sun|belt, Sun-Belt [ˈsanbɛlt], der; -s [engl.-amerik. sunbelt, eigtl. = Sonnengürtel]: *südliches Gebiet der USA, das klimatisch begünstigt ist*.

Sun|blo|cker [ˈsan...], der; -s, - [engl. sunblock, aus: sun = Sonne u. to block = hindern, ↑blockieren]: *Sonnenschutzmittel mit hohem Lichtschutzfaktor*.

Sund, der; -[e]s, -e [mniederd. sund, H. u.]: *Meerenge*.

Sun|da|in|seln ⟨Pl.⟩: *südostasiatische Inselgruppe:* die Großen, die Kleinen S.

Sün|de, die; -, -n [mhd. sünde, sunde, ahd. sunt(e)a, H. u.]: **a)** *Übertretung eines göttlichen Gebots:* eine schwere, lässliche S.; eine S. begehen; seine -n beichten, bekennen, bereuen; jmdm. seine Sünden vergeben; Aber die ärgeren -n des Hochmuts, des Zorns, des Unglaubens und der Gedankenfinsternis hat er auf sich geladen (Bergengruen, Rittmeisterin 136); * **faul wie die S.** (emotional; *sehr faul*); *etw. wie die S. fliehen/meiden* (emotional; *sich ängstlich von etw. zurückhalten*); **eine S. wert sein** (scherzh.; *äußerst begehrenswert sein, sodass die Sünde, sich dadurch verführen zu lassen, als gerechtfertigt gilt*); **b)** ⟨o. Pl.⟩ *Zustand, in dem sich jmd. durch eine Sünde (a) durch die Erbsünde befindet:* die Menschheit ist in S. geraten; die beiden leben in S. (veraltet; *leben unverheiratet zusammen*); **eine S.** (veraltet; *Handlung der Vernunft, die nicht zu verantworten ist; Verfehlung gegen bestehende [moralische] Normen:* architektonische -n; es wäre eine [wahre] S. *(eine Dummheit)*, wenn ...; sie hat ihm seine Sünden *(Fehltritte)* verziehen.

Sün|den|ba|bel, das (abwertend): *Ort, Stätte moralischer Verworfenheit, wüster Ausschweifung, des Lasters*.

Sün|den|be|kennt|nis, das: *Bekenntnis seiner Sünden* (a): das S. beim Abendmahl.

Sün|den|bock, der [urspr. = der mit den Sünden des jüdischen Volkes beladene u. in die Wüste gejagte Bock (nach 3. Mos. 16, 21 f.)] (ugs.): *jmd., auf den man seine Schuld abwälzt, dem man die Schuld an etw. zuschiebt:* einen S. brauchen, gefunden haben; jmdn. zum S. für etw. machen.

Sün|den|er|lass, der: *Erlass von Sünden*.

Sün|den|fall, der [mhd. sündenval = sündiges Vergehen; seit dem 17. Jh. für den »Fall« Adams u. Evas] (christl. Rel.): *das Sündigwerden des Menschen, sein Abfall von Gott durch die Sünde Adams u. Evas* (1. Mos. 2, 8–3, 24): der S. und die Vertreibung aus dem Paradies.

Sün|den|lohn, der ⟨o. Pl.⟩ (geh.): **1.** *Strafe für jmds. Sünden*. **2.** *Geld, das jmd.* (z. B. ein Mörder) *für sein verwerfliches Tun erhält*.

Sün|den|pfuhl, der (abwertend): *Sündenbabel*.

Sün|den|re|gis|ter, das: **a)** (ugs. scherzh.) *Anzahl von Sünden* (c), *die jmd. begangen hat:* sein S. ist ziemlich lang (er hat sich ziemlich viel zuschulden kommen lassen); **b)** (kath. Kirche früher) *Verzeichnis einzelner Sünden für die Beichte*.

Sün|den|schuld, die ⟨o. Pl.⟩: *auf jmdm. lastende, von ihm als Schuld empfundene Sünden*.

Sün|den|stra|fe, die: *Sündenlohn* (1).

Sün|den|ver|ge|bung, die ⟨Pl. selten⟩: *Vergebung der Sünden* (a).

Sün|der, der; -s, - [mhd. sündære, sünder, ahd. sundāre]: *jmd., der eine Sünde* (a) *begangen hat, der sündigt* (a): wir sind allzumal S., wir sind alle [arme] S. *(sündige Menschen;* nach Röm. 3, 23); ein reuiger S.

Sün|de|rin, die; -, -nen [mhd. sündærinne, sünderinne]: w. Form zu ↑Sünder.

Sün|der|mie|ne, die; -, -n (selten): *schuldbewusster Gesichtsausdruck*.

Sünd|flut, die [spätmhd. sündvluot, volkstüml. Umdeutung]: ↑Sintflut.

sünd|haft ⟨Adj.⟩: **1.** [mhd. sündehaft, ahd. sunt(a)haft] **a)** (geh.) *mit Sünde behaftet; eine Sünde (a) bedeutend:* -e -n im Leben; gedanken; s. handeln; **b)** *eine Sünde* (c) *bedeutend:* mit dem Geld so um sich zu werfen ist s. (scherzh.; *unverzeihlich*). **2.** (ugs.) **a)** *überaus hoch:* das ist ein -er Preis; für -es Geld mieteten wir uns einen Wagen; **c)** *(intensivierend bei Adj.) sehr, überaus:* s. schön sein; das Kleid war s. teuer.

Sünd|haf|tig|keit, die; -: *das Sündhaftsein* (1 a).

sün|dig ⟨Adj.⟩ [mhd. sündec, ahd. suntig]: **a)** *gegen göttliche Gebote verstoßend:* die -e Welt; -er Hochmut; sich als -er Mensch (sich im Zustand der Sünde b) fühlen; **b)** *gegen Sitte u. Moral verstoßend; verworfen, lasterhaft:* diese Straße ist die -ste Meile der Stadt.

sün|di|gen ⟨sw. V.; hat⟩ [mhd. sundigen, weitergeb. zu: sünden, sunden unter Einfluss von: sündec, ↑sündig]: **a)** *gegen göttliche Gebote verstoßen:* ich habe gesündigt; (bibl.:) an Gott, gegen Gott s.; in Gedanken, mit Worten s.; **b)** *gegen bestehende [Verhaltens]normen verstoßen; etw. tun, was man eigentlich nicht tun dürfte:* gegen die Natur, auf dem Gebiet des Städtebaus s.; ich habe gestern gesündigt *(zu viel getrunken)*, und jetzt habe ich Kopfschmerzen.

sünd|lich ⟨Adj.⟩ (landsch. veraltend): *sündig*:
◆ Euch rettet's nur noch, wenn Ihr Eure Ehe für eine -e erklärt (Hebbel, Agnes Bernauer V, 2).

sünd|teu|er ⟨Adj.⟩ (ugs.): *sehr, überaus teuer*.

Sun|na, die; - [arab. sunnah^h, eigtl. = Brauch; Satzung]: *Gesamtheit der überlieferten Aussprüche, Verhaltens- u. Handlungsweisen des Propheten Mohammed als Richtschnur muslimischer Lebensweise*.

Sun|nis|mus, der; -: *traditionelle Richtung des Islams*.

Sun|nit, der; -en, -en: *Anhänger der orthodoxen Hauptrichtung des Islams, die sich auf die Sunna stützt*.

Sun|ni|tin, die; -, -nen: w. Form zu ↑Sunnit.

sun|ni|tisch [auch: ...ˈnɪ...] ⟨Adj.⟩: *die Sunna, die Sunniten betreffend*.

su|per ⟨indekl. Adj.⟩ [lat. super = oben, (dar)über; über – hinaus] (ugs.): *sehr gut, großartig, hervorragend:* eine s. Sendung; ich habe es zu einem s. Preis gekriegt; das Restaurant ist s.; seine Freundin, tanzt s.

Su|per, das; -s ⟨meist o. Art.⟩: Kurzf. von ↑Superbenzin: S. E10 *(Superbenzin mit einem bis zu 10-prozentigem Anteil Bioethanol)*.

su|per-, Su|per- (ugs. emotional verstärkend): **1.** drückt in Bildungen mit Adjektiven eine Verstärkung aus; *sehr, äußerst:* superbequem, -geheim, -weich. **2.** drückt in Bildungen mit Substantiven aus, dass jmd. oder etw. als ausgezeichnet, hervorragend angesehen wird: Superauto, -hotel, -wetter. **3.** drückt in Bildungen mit Substantiven einen besonders hohen Grad, ein besonders hohes Ausmaß von etw. aus: Supergage, -stuss, -talent.

su|perb, sü|perb ⟨Adj.⟩ [frz. superbe < lat. superbus] (bildungsspr.): *ausgezeichnet, vorzüglich:* das Diner war, schmeckte s.

Su|per|ben|zin, das; -s, -e: *Benzin von hoher Klopffestigkeit, mit hoher Oktanzahl*.

Su|per|cup, der; -s, -s [Fußball früher]: **1.** *Pokalwettbewerb zwischen den Europapokalgewinnern, dem Landesmeister u. dem Pokalsieger*. **2.** *Siegestrophäe beim Supercup* (1).

su|per|fein ⟨Adj.⟩ (ugs. emotional verstärkend): *sehr, überaus fein*.

su|per|fi|zi|ell ⟨Adj.⟩ [spätlat. superficialis, zu lat. superficies, ↑Superfizies] (Fachspr., bildungsspr.): *an der Oberfläche liegend, oberflächlich*.

Su|per|fi|zi|es, die; -, - [...ˈtsi̯eːs] [lat. superficies = Erbpacht, eigtl. = (Ober)fläche; Gebäude, zu: super = oben, (dar)über u. facies = äußere Beschaffenheit, Aussehen] (Rechtsspr. veraltet): *Baurecht*.

Su|per|frau, die; -, -en (ugs. emotional verstärkend): vgl. Supermann (a).

Su|per-G [...ˈdʒiː], der; -[s], -[s] ⟨Pl. selten⟩ [engl., wohl kurz für: supergiant = riesengroß, Riesen-]: *Superriesenslalom*.

Su|per-GAU, der; -s, -s (ugs. emotional verstärkend): *Katastrophe unvorstellbaren Ausmaßes*

Superheld – Supplementband

(z. B. Reaktorunfall mit anschließender atomarer Verseuchung): der S. von Tschernobyl.

Su|per|held, der: *mit übernatürlichen Kräften ausgestatteter Held* (1b, 3) *(in Filmen und Comics).*

Su|per|hel|din, die: w. Form zu ↑ Superheld.

Su|per|hirn, das (ugs.): **a)** *zu überdurchschnittlichen Leistungen fähiges Gehirn* (2): sein S. speichert alle Informationen ab; **b)** *überdurchschnittlich intelligenter Mensch:* sie ist das S. des Teams.

Su|per|hit, der (ugs. emotional verstärkend): *überaus publikumswirksamer Hit.*

Su|per|in|ten|dent [auch: ˈzuː...], der; -en, -en [kirchenlat. superintendens (Gen.: superintendentis), subst. 1. Part. von: superintendere = die Aufsicht haben, zu lat. intendere, ↑ intendieren]: *(in einigen evangelischen Landeskirchen) geistlicher Amtsträger, der einem Dekanat* (1) *vorsteht.*

Su|per|in|ten|den|tur, die; -, -en: **a)** *Amt eines Superintendenten;* **b)** *Amtssitz eines Superintendenten.*

su|pe|ri|or ⟨Adj.⟩ [lat. superior, Komp. von: superus = ober ...] (bildungsspr.): *überlegen.*

Su|pe|ri|or, der; -s, ...oren [lat. superior = der Obere] (kath. Kirche): *Vorsteher eines Klosters od. Ordens.*

Su|pe|ri|o|rin, die; -, -nen (kath. Kirche): w. Form zu ↑ Superior.

Su|pe|ri|o|ri|tät, die; - [mlat. superioritas, zu (m)lat. superior, ↑ superior] (bildungsspr.): *Überlegenheit.*

su|per|klug ⟨Adj.⟩ (ugs. iron.): **a)** *sich für besonders klug haltend;* **b)** *für besonders klug geltend.*

Su|per|la|tiv, der; -s, -e: **1.** [spätlat. (gradus superlativus] (Sprachwiss.) *zweite Steigerungsstufe in der Komparation* (2), *Höchststufe* (z. B. schönste, am besten). **2.** (bildungsspr.) **a)** ⟨meist Pl.⟩ *etw., was zum Besten gehört u. nicht zu überbieten ist:* eine Veranstaltung, ein Fest, ein Land der -e; **b)** *Ausdruck höchsten Wertes, Lobes:* von jmdm., etw. in -en sprechen.

Su|per|lear|ning [ˈsjuːpəːləˌnɪŋ], das; -s [zu ↑ super-, Super- u. engl. learning = das Lernen]: *Lernmethode für Fremdsprachen, die darin besteht, durch gezielte Entspannungsübungen eine bessere Aufnahmefähigkeit zu erreichen.*

su|per|leicht ⟨Adj.⟩ (ugs. emotional verstärkend): *sehr, überaus* ¹*leicht* (1 a, 2 a).

Su|per|leicht|ge|wicht, das (Schwerathletik): **a)** ⟨o. Pl.⟩ *Körpergewichtsklasse im Judo u. im Boxen;* **b)** *Sportler der Körpergewichtsklasse Superleichtgewicht* (a).

Su|per|macht, die; ...mächte (ugs. emotional verstärkend): *dominierende Großmacht.*

Su|per|mann, der; -[e]s, ...männer (ugs. emotional verstärkend): **a)** *Mann, der große Leistungen vollbringt;* **b)** *besonders männlich wirkender Mann.*

Su|per|markt, der; -[e]s, ...märkte [engl. supermarket, aus: super- = über u. market = Markt]: *großer Selbstbedienungsladen od. entsprechende Abteilung in einem Kaufhaus bes. für Lebensmittel, die in umfangreichem Sortiment (zu niedrigen Preisen) angeboten werden:* im S. an der Kasse anstehen.

Su|per|mi|nis|ter, der; -s, -: *Minister, der für mehr als ein Ressort verantwortlich ist (z. B. Wirtschaft und Arbeit).*

Su|per|mi|nis|te|rin, die: w. Form zu ↑ Superminister.

su|per|mo|dern ⟨Adj.⟩ (ugs. emotional verstärkend): *überaus modern, dem neuesten Stand, Trend entsprechend:* ein -es Faxgerät.

Su|per|no|va, die (Astron.): *besonders lichtstarke Nova.*

Su|per|oxid, das; -[e]s, -e [zu lat. super = oben, (dar)über u. ↑ Oxid] (Chemie): *Peroxid.*

Su|per|oxyd, das; -[e]s, -e [zu lat. super = oben, (dar)über u. ↑ Oxid] (Chemie).

Su|per|preis, der; -es, -e (ugs. emotional verstärkend): **a)** *besonders günstiger Preis* (1); **b)** *besonders attraktiver Preis* (2).

su|per|reich ⟨Adj.⟩ (ugs.): *sehr reich:* ein -er IT-Unternehmer.

Su|per|rie|sen|sla|lom, der (Ski): *(zu den alpinen Wettbewerben gehörender) Riesenslalom, der dem Abfahrtslauf angenähert ist; Super-G.*

su|per|schlank ⟨Adj.⟩ (ugs. emotional verstärkend): *sehr, überaus schlank.*

su|per|schlau ⟨Adj.⟩ (ugs. iron.): *sich für besonders schlau haltend.*

su|per|schnell ⟨Adj.⟩ (ugs. emotional verstärkend): *sehr, überaus schnell.*

Su|per|schwer|ge|wicht, das (Schwerathletik): **a)** ⟨o. Pl.⟩ *Körpergewichtsklasse im Boxen, im Gewichtheben u. im Ringen;* **b)** *Sportler der Körpergewichtsklasse Superschwergewicht* (a).

su|per|so|nisch ⟨Adj.⟩ [engl. supersonic, zu lat. super = über u. sonus = Schall, Ton]: *über der Schallgeschwindigkeit; schneller als der Schall.*

Su|per|star, der; -s, -s (ugs. emotional verstärkend): *überragender* ²*Star* (1 a).

Su|per|strat, der; -[e]s, -e [frz. superstrat, geb. mit dem frz. Präfix super- (< lat. super = über) nach: substrat = Substrat] (Sprachwiss.): *Sprache eines Eroberervolkes im Hinblick auf den Niederschlag, den sie in der Sprache der Besiegten gefunden hat.*

Su|per|tan|ker, der; -s, - (ugs. emotional verstärkend): *besonders großer Tanker.*

Su|per|vi|si|on [ˈsjuːpəˈvɪʒn], die; - [engl. supervision = Aufsicht, zu: supervisum, ↑ Supervisor]: **a)** *(in einem Betrieb, einer Organisation o. Ä.) zur Klärung von Konflikten, Problemen innerhalb eines Teams, einer Abteilung o. Ä. zur Erhöhung der Arbeits- und Leistungsfähigkeit eingesetzte Methode;* **b)** *(in der psychoanalytischen Praxis) Beratung u. Beaufsichtigung von Psychotherapeuten.*

Su|per|vi|sor [engl.: ˈs(j)uːpəˌvaɪzə], der; -s, ...oren u. *(bei engl. Ausspr.:)* -s [engl. supervisor < mlat. supervisor = Beobachter, zu: supervisum, 2. Part. von: supervidere = beobachten, kontrollieren]: **1.** [auch engl.: ˈsjuːpəvaɪzə] (Wirtsch.) *Person, die innerhalb eines Betriebes Aufseher- u. Kontrollfunktionen wahrnimmt:* der S. bemängelte die schlechte Organisation. **2. a)** *psychologisch ausgebildete männliche Person, die berufsmäßig Supervision* (a) *betreibt:* der S. ließ alle Berater ihre Erwartungen aussprechen; **b)** *(in der psychoanalytischen Praxis) Psychoanalytiker, Psychotherapeut, Psychologe, der Supervision* (b) *betreibt.* **3.** [auch engl.: ˈsjuːpəvaɪzə] (EDV) *Systemadministrator:* der S. kann die elektronische Kontrolle von Telefongesprächen übernehmen.

Su|per|vi|so|rin, die; -, -nen: w. Form zu ↑ Supervisor (1, 2).

su|per|wich|tig ⟨Adj.⟩ (ugs. emotional verstärkend): *sehr, überaus wichtig.*

Su|per|zahl, die: *letzte Ziffer der Losnummer (beim Lottospiel):* er hatte 6 Richtige und die S. richtig getippt.

Su|per-8-Film [zupɛˈlaxt...], der: *(8 mm breiter) Schmalfilm.*

Su|per-8-Ka|me|ra, die: *Kamera für Super-8-Filme.*

su|pi ⟨indekl. Adj.⟩ [gek. aus ↑ super; ↑ -i (2 a)] (ugs. emotional): *super:* das ist s.; es hat s. funktioniert.

Süpp|chen, das; -s, -: Vkl. zu ↑ Suppe; * *sein eigenes S. kochen* (ugs.; *in einer Gemeinschaft nur für sich leben, seine eigenen Ziele verfolgen*).

Sup|pe, die; -, -n [mhd. suppe, soppe, urspr. = flüssige Speise mit Einlage od. eingetunkte Schnitte, unter Einfluss von (a)frz. soupe = Fleischbrühe mit Brot als Einlage (aus dem Germ.), verw. mit ↑ saufen od. unmittelbar zu mhd. sufen; vgl. mhd. supfen, mniederd. suppen = schlürfen, trinken, Intensivbildungen zu ↑ saufen]: *warme od. kalte flüssige Speise [mit Einlage], die vor dem Hauptgericht od. als selbstständiges Gericht serviert wird:* eine warme, klare, legierte, dicke, dünne S.; eine S. mit Einlage, mit Nudeln, Reis, Knödeln; eine S. kochen, löffeln; die S. auftun; ein Teller, Schlag S.; Ü draußen ist eine furchtbare S. (ugs.; *starker Nebel*); mir läuft die S. (ugs.; *der Schweiß*) am Körper runter; * *die S. auslöffeln [die man sich, die jmd. jmdm. eingebrockt hat]* (ugs.; *die Folgen eines Tuns tragen*); *jmdm., sich eine schöne S. einbrocken* (ugs.; *jmdm., sich in eine unangenehme Lage bringen*); *jmdm. die S. versalzen* (ugs.; *jmds. Pläne durchkreuzen;* jmdm. die Freude an etw. verderben); *jmdm. in die S. spucken* (salopp; *jmdm. eine Sache verderben*).

sup|pen (sw. V.; hat) [eigtl. = triefen, tröpfeln, urspr. lautm. nach dem Geräusch, das nasse, klebige Masse von sich gibt, wenn man in sie tritt] (landsch.): *Flüssigkeit absondern:* die Wunde suppt.

Sup|pen|ein|la|ge, die: *Einlage* (3).

Sup|pen|ex|trakt, der, auch: das: *kochfertiger Extrakt zur Herstellung einer Suppe.*

Sup|pen|fleisch, das: *Rindfleisch zum Kochen, das zur Herstellung einer Suppe verwendet wird.*

Sup|pen|ge|mü|se, das: *für Suppen verwendetes Gemüse* (z. B. Mohrrüben, Sellerie).

Sup|pen|ge|würz, das: *Mischung aus getrockneten Küchenkräutern zum Würzen von Suppen.*

Sup|pen|grün, das; -s: *aus Mohrrüben, Sellerie, Porree u. Petersilie bestehendes frisches Suppengemüse, das in einer Suppe mitgekocht wird.*

Sup|pen|huhn, das: *Huhn zum Kochen, das zur Herstellung einer Suppe verwendet wird.*

Sup|pen|kas|per, der [nach der Gestalt des Suppenkaspar aus dem Kinderbuch »Der Struwwelpeter«, ↑ Struwwelpeter] (ugs.): *jmd., bes. Kind, das keine Suppe od. das allgemein wenig isst.*

Sup|pen|kel|le, die: *Kelle* (1), *mit der Suppe auf den Teller o. Ä. geschöpft wird.*

Sup|pen|kü|che, die: *öffentliche, karitative Einrichtung, die warme Mahlzeiten für Bedürftige anbietet.*

Sup|pen|löf|fel, der: *Esslöffel für die Suppe.*

Sup|pen|schüs|sel, die: *Schüssel, in der Suppe aufgetragen wird.*

Sup|pen|tas|se, die: *meist an beiden Seiten mit einem Henkel versehene Tasse für Suppe.*

Sup|pen|tel|ler, der: *tiefer Teller für Suppe.*

Sup|pen|wür|fel, der: *zu einem Würfel gepresste, kochfertige Mischung, die mit [heißem] Wasser zubereitet, eine Suppe ergibt.*

Sup|per [ˈzapɐ, engl.: ˈsʌpə], das; -[s], - [engl. supper < (a)frz. souper, ↑ Souper]: engl. Bez. für: *Abendessen.*

sup|pig ⟨Adj.⟩: **a)** *flüssig wie Suppe;* **b)** *schlammig, morastig.*

Sup|ple|ant, der; -en, -en [frz. suppléant, zu: suppléer < lat. supplere = ergänzen] (schweiz.): *Ersatzmann [in einer Behörde].*

Sup|ple|an|tin, die; -, -nen: w. Form zu ↑ Suppleant.

Sup|ple|ment, das; -[e]s, -e [lat. supplementum = Ergänzung, zu: supplere, ↑ Suppleant]: **1.** *Ergänzungsband; Beiheft.* **2.** Kurzf. von ↑ Supplementwinkel.

sup|ple|men|tär ⟨Adj.⟩: *ergänzend.*

Sup|ple|ment|band, der ⟨Pl. ...bände⟩ (Verlagsw.): *Ergänzungsband.*

Sup|ple|ment|win|kel, der (Math.): *Winkel, der einen gegebenen Winkel zu 180° ergänzt.*

sup|ple|to|risch ⟨Adj.⟩ (veraltet): *ergänzend, nachträglich; stellvertretend.*

sup|plie|ren ⟨sw. V.; hat⟩ [zu lat. supplere, ↑ Suppleant]: **a)** (veraltet) *ergänzen, hinzufügen:* ♦ Wenn man die Höhe der Felsenwände erstiegen hat ..., findet man zwei Gipfel durch ein Halbrund verbunden ... die Kunst hat nachgeholfen und daraus den amphitheatralischen Halbzirkel für Zuschauer gebildet; Mauern und andere Angebäude von Ziegelsteinen sich anschließend, supplierten die nötigen Gänge und Hallen (Goethe, Italien. Reise 3. 5. 1787 [Sizilien]); **b)** *vertreten.*

Sup|pli|kant, der; -en, -en [zu lat. supplicans (Gen.: supplicantis), 1. Part. von: supplicare = bitten, flehen] (veraltet): *Bittsteller.*

Sup|pli|kan|tin, die; -, -nen: w. Form zu ↑ Supplikant: ♦ Die schöne S. ist Preises genug (Schiller, Kabale III, 6).

Sup|pli|ka|ti|on, die; -, -en [lat. supplicatio = öffentliche Demütigung vor Gott, zu: supplicare, ↑ Supplikant] (veraltet): *Bittgesuch, Bitte.*

sup|po|nie|ren ⟨sw. V.; hat⟩ [lat. supponere = unterlegen, unterstellen, zu: sub = unter u. ponere = setzen, stellen, legen] (bildungsspr.): *voraussetzen, unterstellen, annehmen.*

Sup|port, der; -[e]s, -e: **1.** [auch: səˈpɔːt; engl. support < frz. support] (EDV) **a)** *Hilfe, Unterstützung bei Hardware- und Softwareproblemen;* **b)** *Abteilung in einer Behörde, Firma o. Ä., die für Support (1 a) zuständig ist.* **2.** [frz. support, zu: supporter < kirchenlat. supportare = unterstützen] (Technik) *verstellbarer Schlitten (4) an Werkzeugmaschinen, der das Werkstück od. das Werkzeug trägt.*

Sup|po|si|ti|on, die; -, -en [lat. suppositio = Unterlegung, Unterstellung, zu: supponere, ↑ supponieren]: **1.** (bildungsspr.) *Voraussetzung, Annahme.* **2.** (Philos.) *Verwendung ein u. desselben Wortes zur Bezeichnung von Verschiedenem.*

Sup|po|si|to|ri|um, das; -s, ...ien [spätlat. suppositorium = das Untergesetzte] (Med.): *Zäpfchen (2).*

Sup|pres|si|on, die; -, -en [lat. suppressio, zu: suppressum, 2. Part. von: supprimere, ↑ supprimieren] (Fachspr.): *Unterdrückung, Zurückdrängung.*

sup|pres|siv ⟨Adj.⟩ (Fachspr., bildungsspr.): *unterdrückend, hemmend.*

sup|pri|mie|ren ⟨sw. V.; hat⟩ [lat. supprimere, zu: sub = unter u. premere = drücken] (Fachspr., bildungsspr.): *unterdrücken, hemmen, zurückdrängen.*

Su|p|ra, das; -s, -s [lat. supra = darüber] (Skat): *Erwiderung auf ein Re; Sub.*

su|p|ra|lei|tend ⟨Adj.⟩ [zu lat. supra = über; oberhalb] (Elektrot.): *völlig widerstandslos Strom leitend.*

Su|p|ra|lei|ter, der (Elektrot.): *elektrischer Leiter, der bei Unterschreiten einer bestimmten Temperatur völlig widerstandslos Strom leitet.*

su|p|ra|na|ti|o|nal ⟨Adj.⟩ [aus lat. supra = über – hinaus u. ↑ national]: *überstaatlich, übernational:* die Vereinigung ist s. organisiert.

su|p|ra|na|tu|ral ⟨Adj.⟩ [zu lat. supra = über – hinaus u. naturalis = natürlich] (Philos.): *übernatürlich.*

Su|p|ra|na|tu|ra|lis|mus, der; -: **1.** (Philos.) *Glaube an das Übernatürliche, an die nicht erfahrbaren Dinge bestimmendes übernatürliches Prinzip.* **2.** (ev. Theol.) *dem Rationalismus entgegengesetzte Richtung in der evangelischen Theologie des 18./19. Jh.s.*

su|p|ra|seg|men|tal ⟨Adj.⟩ [aus lat. supra = über – hinaus u. ↑ segmental] (Sprachwiss.): *nicht von der Segmentierung (2) erfassbar (z. B. der Akzent).*

Su|p|re|mat, der od. das; -[e]s, -e [zu lat. supremus = der oberste, Sup. von: superus = der obere] (bildungsspr.): *Oberhoheit, Vorrang[stellung].*

Su|p|re|ma|tie, die; -, -n (bildungsspr.): *das Übergeordnetsein über eine andere Macht o. Ä.; Vorrang.*

Su|p|reme Court [sjʊˈpriːm ˈkɔːt], der; - -s, - -s [engl., aus: supreme = höchst... u. court = Gericht]: *oberster Gerichtshof (bzw. oberste Instanz) in einigen Staaten mit angloamerikanischem Recht.*

Sur, die; -, -en [zu ↑ sauer] (bayr., österr.): *Pökel.*

Sur|di|tas, die; - [zu lat. surditas, zu: surdus = taub] (Med.): *Taubheit.*

Sur|do|mu|ti|tas, die; - [geb. aus ↑ Surditas u. fachspr. Mutitas, vgl. Mutität, Mutismus] (Med.): *Taubstummheit.*

Su|re, die; -, -n [arab. sūraʰ]: *Kapitel des Korans.*

su|ren ⟨sw. V.; hat⟩ (bayr., österr.): *pökeln.*

Surf|board [ˈsəːf...], das; -s, -s [engl. surfboard, zu: to surf (↑ surfen) u. board = Brett]: *Surfbrett.*

Surf|brett [ˈsəːf...], das; -[e]s, -er: *flaches, stromlinienförmiges Brett aus Holz od. Kunststoff, das beim Surfing verwendet wird.*

sur|fen [ˈsəːfn] ⟨sw. V.⟩ [engl. to surf, zu: surf = Brandung, H. u.]: **1.** ⟨hat/ist⟩ *Surfing betreiben.* **2. a)** ⟨hat/ist⟩ *Windsurfing betreiben:* sie lernt s.; **b)** ⟨ist⟩ *surfend (2 a) irgendwohin gelangen:* ans andere Ufer, über den See s. **3.** ⟨hat/ist⟩ (EDV-Jargon) *(im Internet) wahllos od. gezielt nach Informationen suchen, indem durch das Anklicken von Links nacheinander verschiedene Seiten (11) aufgerufen werden:* im Internet s.

Sur|fer [ˈsəːfɐ], der; -s, - [engl. surfer]: **1.** *jmd., der Surfing (1) betreibt.* **2.** *Windsurfer.* **3.** (EDV) *jmd., der surft (3):* die S. können im Internet inzwischen beinahe alles käuflich erwerben.

Sur|fe|rin, die; -, -nen: w. Form zu ↑ Surfer.

Sur|fing [ˈsəːfɪŋ], das; -s [engl. surfing, zu: surf, ↑ surfen]: **1.** *Wassersport, bei dem man sich, auf einem Surfbrett stehend, von den Brandungswellen ans Ufer tragen lässt.* **2.** *Windsurfing.*

Surf|stick, der; -s, -s (EDV-Jargon): *spezieller USB-Stick, der über Mobilfunk die Verbindung zum Internet ermöglicht.*

Su|ri|mi, das; -[s] [jap.]: *aus minderwertigem Fisch o. Ä. hergestelltes Krebsfleischimitat.*

Su|ri|nam: ↑ ¹Suriname, ²Suriname.

¹Su|ri|na|me [sy...], Surinam, -s: *Staat im Nordosten Südamerikas.*

²Su|ri|na|me [sy...], Surinam, der; -[s]: *Fluss in* ¹Suriname.

Su|ri|na|mer, der; -s, -: Ew.

Su|ri|na|me|rin, die; -, -nen: w. Form zu ↑ Surinamer.

su|ri|na|misch ⟨Adj.⟩: *Suriname, die Surinamer betreffend; von den Surinamern stammend, zu ihnen gehörend.*

Sur|plus [ˈsəːpləs], das; -, - [engl. surplus < mengl. surplus < afrz. sourplus < mlat. superplus = Rest] (Wirtsch.): *Überschuss, Gewinn.*

Sur|prise|par|ty, Sur|prise-Par|ty [səˈpraɪz...], die; -, -s [engl. surprise party, aus: surprise = Überraschung u. party, ↑ Party]: *Party, mit der man jmdn. überrascht u. die ohne sein Wissen arrangiert wurde.*

sur|re|al [auch: zyr...] ⟨Adj.⟩ (bildungsspr.): *traumhaft-unwirklich: dieses peinliche Erlebnis kam ihr v. vor.*

Sur|re|a|lis|mus, der; - [frz. surréalisme, aus: sur (< lat. super) = über u. réalisme = Realismus] *(nach dem Ersten Weltkrieg in Paris entstandene) Richtung moderner Kunst u. Literatur, die das Unbewusste, Träume, Visionen u. Ä. als Ausgangsbasis künstlerischer Produktion ansieht.*

Sur|re|a|list, der; -en, -en [frz. surréaliste]: *Vertreter des Surrealismus.*

Sur|re|a|lis|tin, die; -, -nen: w. Form zu ↑ Surrealist.

sur|re|a|lis|tisch ⟨Adj.⟩: *den Surrealismus betreffend, dafür typisch.*

sur|ren ⟨sw. V.⟩ [lautm.]: **a)** ⟨hat⟩ *ein dunkel tönendes, mit schneller Bewegung verbundenes Geräusch von sich geben, vernehmen lassen:* der Ventilator surrt; die Maschinen, die Rädchen surrten; es surrte in der Leitung; **b)** ⟨ist⟩ *sich surrend (a) irgendwohin bewegen, fahren o. Ä.:* Fliegen, Käfer surren über das Gras; der Lift surrte nach oben.

Sur|ro|gat, das; -[e]s, -e [zu lat. surrogatum, 2. Part. von: surrogare = jmdn. an die Stelle eines anderen wählen lassen, zu: sub = unter u. rogare = bitten, also eigtl. = als einen von unten Nachfolgenden bitten]: **1.** (Fachspr.) *Stoff, Mittel o. Ä. als behelfsmäßiger, nicht vollwertiger Ersatz.* **2.** (Rechtsspr.) *Ersatz für einen Gegenstand, Wert.*

Sur|round|sys|tem [səˈraʊnt...], das; -s, -e: *Mehrkanalsystem, mit dem ein gleichmäßig verteilter Raumklang erzeugt wird.*

Sur|vey [ˈsəːveɪ], der; -[s], -s [engl. survey, eigtl. = Überblick, zu: to survey = überblicken, -schauen < afrz. surveier, aus sur (< lat. super) = über u. veier (= frz. voir) < lat. videre = sehen]: **1.** *(in der Markt- u. Meinungsforschung) Erhebung, Ermittlung, Befragung.* **2.** (Wirtsch.) *Gutachten eines Sachverständigen in der Warenhandel.*

Sur|vi|val|trai|ning, Sur|vi|val-Trai|ning [səˈvaɪvl...], das [engl. survival training, aus: survival = Überleben, Überlebens- u. ↑ Training]: *Überlebenstraining.*

Su|se, die; -, -n [Kurzf. des w. Vorn. Susanne; vgl. Heulliese] (ugs. abwertend): *[weibliche] Person, die auf nichts achtet u. sich alles gefallen lässt.*

Su|shi [ˈzuːʃi], das; -[s], -[s] [jap.]: *aus rohem Fisch [Fleisch, Krustentieren, Gemüse, Pilzen u. a.] auf einer Unterlage aus Reis bestehendes Gericht.*

su|s|pekt ⟨Adj.⟩ [lat. suspectus, adj. 2. Part. von: suspicere = (be)argwöhnen, zu: sub = unten u. spicere, specere = sehen, also eigtl. = von unten her ansehen] (bildungsspr.): *von einer Art, dass sich bei jmdm. Zweifel hinsichtlich der Qualität, Nützlichkeit, Echtheit o. Ä. einstellen; verdächtig, fragwürdig, zweifelhaft: ein -es Unternehmen; er war mir äußerst s.*

sus|pen|die|ren ⟨sw. V.; hat⟩ [spätmhd. suspendieren < lat. suspendere = aufhängen; in der Schwebe lassen; beseitigen, zu: sub = unter u. pendere = hängen]: **1. a)** *[einstweilen] des Dienstes entheben; aus einer Stellung entlassen:* einen Beamten vom Dienst s.; **b)** *von einer Verpflichtung befreien:* jmdn. vom Wehrdienst s. **2.** *zeitweilig aufheben:* die diplomatischen Beziehungen zu einem Land s. **3.** (Chemie) *Teilchen eines festen Stoffes in einer Flüssigkeit so fein verteilen, dass sie schweben.* **4.** (Med.) *(Glieder) aufrichten, hochhängen, hochlagern.*

Sus|pen|die|rung, die; -, -en: *das Suspendieren (1, 2).*

Sus|pense [səsˈpɛns], die od. der; - [engl. suspense, wohl über das lat. suspensum, ↑ Suspensorium] (Film): *Spannung.*

Sus|pen|si|on, die; -, -en [spätmhd. suspension < (spät)lat. suspensio = Unterbrechung, zu lat. suspendere, ↑ suspendieren]: **1.** *das Suspendieren (1, 2).* **2.** (Chemie) *feinste Verteilung sehr kleiner Teilchen eines festen Stoffes in einer Flüssigkeit, sodass sie darin schweben.* **3.** (Med.)

(von Körperteilen) das Anheben, Aufhängen, Hochlagern.
sus|pen|siv ⟨Adj.⟩: *(von Sachen) etw. suspendierend (2); von suspendierender Wirkung:* ein -es Veto[recht].
Sus|pen|siv|ef|fekt, der (Rechtsspr.): *aufschiebende Wirkung durch Einlegen eines Rechtsbehelfs.*
Sus|pen|so|ri|um, das; -s, ...ien [zu lat. suspensum, 2. Part. von: suspendere, ↑ suspendieren]: **1.** (Med.) *beutelförmige Tragevorrichtung für erschlaffte, zu schwer herabhängende Glieder (z. B. die weibliche Brust).* **2.** (Sport) *beutelförmiger Schutz für die männlichen Geschlechtsteile.*
süß ⟨Adj.⟩ [mhd. süeʒe, ahd. suoʒi; urspr. wohl den Geschmack süßer Fruchtsäfte bezeichnend; vgl. lat. suavis = lieblich, angenehm]: **1. a)** *in der Geschmacksrichtung von Zucker od. Honig liegend u. meist angenehm schmeckend; nicht sauer, bitter:* -e Trauben; -er Wein; süße *(nicht gesäuerte)* Milch; er isst gern -e Sachen *(Süßigkeiten, Kuchen o. Ä.);* ⟨subst.:⟩ sie essen gern Süßes; **b)** *in seinem Geruch süßem Geschmack entsprechend:* die Blüten haben einen -en Duft; Er kam in ein kleines Zimmer, das duftete stark nach Pelz und nach -em Parfüm (Hesse, Narziß 321). **2. a)** (geh.) *zart, lieblich klingend u. eine angenehme Empfindung hervorrufend:* eine -e Stimme; (emotional) *[hübsch u.] Entzücken hervorrufend:* ein -es Gesicht; ein -es Kind; ⟨subst.:⟩ na, mein Süßer?; **c)** (emotional, oft geh.) *eine angenehme Empfindung auslösend:* ein -er Schmerz; -es Nichtstun; träum 's.! **3.** *[übertrieben] freundlich, liebenswürdig:* ein -es Lächeln; jmdn. mit -en Reden einlullen.
Sü|ße, die; - [mhd. süeʒe, ahd. suoʒi]: *das Süßsein; süße (1–3) Art.*
sü|ßen ⟨sw. V.; hat⟩ [mhd. süeʒen, ahd. suoʒen = angenehm machen]: *süß (1 a) machen: [etw.]* mit Zucker, Honig s.; Süßstoff süßt stärker als Zucker.
Süß|gras, das ⟨meist Pl.⟩: *Gras (1).*
Süß|holz, das; -es, ...hölzer ⟨Pl. selten⟩ [spätmhd. süezholz]: *süß schmeckende Wurzeln eines Süßholzstrauches, die bes. zur Gewinnung von Lakritze dienen:* * S. raspeln (ugs.; *jmdm. in auffallender Weise schmeicheln, schöntun, unter Anlehnung an ↑ süß 3 bezogen auf das früher übliche Gewinnen von Süßstoffen durch Zerreiben von Süßholz).*
Süß|holz|rasp|ler, der; -s, - (ugs.): *jmd., der in auffallender Weise jmdm. schmeichelt, schöntut.*
Süß|holz|rasp|le|rin, die; -, -nen: w. Form zu ↑ Süßholzraspler.
Süß|holz|saft, der: *eingedickter Saft aus Süßholz zur Gewinnung von Lakritze.*
Süß|holz|strauch, der: *(in mehreren Arten bes. im Mittelmeergebiet u. in Asien verbreitete, zu den Schmetterlingsblütlern gehörende) kraut- od. strauchartige Pflanze mit gefiederten Blättern u. weißen, gelben, blauen od. violetten Blüten.*
Sü|ßig|keit, die; -, -en [mhd. süeʒecheit = Süße, zu: süeʒec = süß]: **1.** ⟨meist Pl.⟩ *etw. Süßes in Form von Schokolade, Praline, Bonbon o. Ä.:* -en essen, knabbern; Agathe beschäftigte ihre Finger mit einer eingewickelten S. (Musil, Mann 1027). **2.** ⟨Pl. selten⟩ (geh.) *das Süßsein; süße (2, 3) Art.*
Süß|kar|tof|fel, die: *Batate (b).*
Süß|kir|sche, die: **1.** *größere, dunkelrote bis gelbe, süß schmeckende Kirsche.* **2.** *Kirschbaum mit Süßkirschen als Früchten.*
süß|lich ⟨Adj.⟩ [mhd. süeʒlich, ahd. suoʒlih = süß, freundlich]: **1.** *[auf unangenehme Weise] leicht süß (1):* ein -er [Bei]geschmack, Geruch; die

erfrorenen Kartoffeln schmecken s. **2.** (abwertend) *weichlich-gefühlvoll u. ins Kitschige abgleitend:* ein -es Gedicht. **3.** (abwertend) *übertrieben u. geheuchelt freundlich, liebenswürdig:* ein -es Lächeln; mit -er Miene.
Süß|lich|keit, die; -, -en: **1.** *das Süßlichsein; süßliche (1–3) Art.* **2.** *etw. Süßliches (2).*
Süß|mit|tel, das: *Mittel zum Süßen.*
Süß|most, der: *Most (2).*
Süß|rahm, der: *ungesäuerter Rahm.*
Süß|rahm|but|ter, die: *Butter aus Süßrahm.*
süß|sau|er ⟨Adj.⟩: **1.** *sauersüß (1):* eine süßsaure Soße; sie essen die Bohnensuppe meist s. [zubereitet]. **2.** (ugs.) *sauersüß (2):* er lächelte s.
Süß|spei|se, die: *süße Speise [als Nachtisch].*
Süß|stoff, der: *synthetische od. natürliche Verbindung, die ohne entsprechenden Nährwert stärker als Zucker süßt (z. B. Saccharin).*
Süß|wa|re, die ⟨meist Pl.⟩: *Nahrungs- u. Genussmittel, das einen hohen Gehalt an Zucker hat.*
Süß|wa|ren|ge|schäft, das: *Spezialgeschäft für Süßwaren.*
Süß|wa|ren|in|dus|t|rie, die: *Industriezweig, der Süßwaren herstellt.*
Süß|was|ser, das ⟨Pl. ...wasser u. ...wässer⟩: *Wasser von Flüssen, Binnenseen im Unterschied zum salzigen Meerwasser.*
Süß|was|ser|fisch, der: *in Süßwasser lebender Fisch.*
Süß|was|ser|po|lyp, der: *in Süßwasser einzeln lebendes Nesseltier, das sich vorwiegend durch Knospung fortpflanzt.*
Süß|weich|sel, die: *bes. in Südosteuropa angepflanzte Sauerkirsche.*
Süß|wein, der: *Wein, dessen Geschmack durch die Süße bestimmt wird.*
sus|zep|ti|bel ⟨Adj.; ...bler, -ste⟩ [spätlat. susceptibilis = fähig (etw. aufzunehmen)] (bildungsspr. veraltet): *empfindlich, reizbar.*
Sus|zep|ti|bi|li|tät, die; -, -en: **1.** ⟨Pl. selten⟩ (bildungsspr. veraltet) *Empfindlichkeit, Reizbarkeit.* **2.** (Physik) **a)** ** [di]elektrische S. (Verhältnis zwischen dielektrischer Polarisation u. elektrischer Feldstärke);* **b)** ** magnetische S. (Verhältnis zwischen Magnetisierung u. magnetischer Feldstärke).*
Süt|ter|lin|schrift, die; - [nach dem dt. Grafiker L. Sütterlin (1865–1917)]: *deutsche Schreibschrift (die von 1915 bis 1940 an deutschen Schulen verwendet wurde).*
Su|tur, die; -, -en [lat. sutura = Naht]: **1.** (Anat.) *starre Verbindung zwischen Knochen in Form einer sehr dünnen Schicht faserigen Bindegewebes.* **2.** (Med.) *Naht (1 b).* **3.** (Geol.) *zackige Naht in Kalksteinen, die durch Lösung unter Druck entsteht.*
su|um cu|i|que [lat.] (bildungsspr.): *jedem das Seine.*
SUV, die; -, -en [lat. sutura = Naht]: sport utility vehicle]: *Geländewagen.*
SUVA, Su|va = Schweizerische Unfallversicherungsanstalt.
su|ze|rän ⟨Adj.⟩ [frz. suzerain, geb. nach: souverain (↑ souverän) zu älter: sus = darüber < lat. susum = nach oben] (selten): *(von einem Staat) die Oberhoheit über einen anderen Staat ausübend.*
SV = Sportverein; Schülervertretung.
sva. = so viel als.
SVP = Schweizerische Volkspartei; Südtiroler Volkspartei.
svw. = so viel wie.
SW = Südwest[en].
Swa|hi|li: ↑¹Suaheli, ↑²Suaheli.
Swap [svɔp, swɔp], der; -s [zu engl. to swap = (aus)tauschen] (Bankw., Börsenw.): **1.** *Austausch bestimmter Rechte, Pflichten o. Ä.* **2.** *Dif-*

ferenz zwischen dem Kassakurs u. dem Terminkurs.
Swap|ge|schäft ['svɔp..., 'swɔp...], das [engl. swap, zu: to swap, ↑ Swap] (Bankw., Börsenw.): *[von den Zentralbanken] meist zum Zweck der Sicherung von Devisenkursen vorgenommener Austausch von Währungen in einer Verbindung von Kassageschäft (1) u. Termingeschäft.*
SWAPO, die; - [Abk. für engl. South West African People's Organization]: *Befreiungsbewegung in Namibia.*
Swap|per ['swɔpɐ], der; -s, - [engl. swapper, zu: to swap, ↑ Swap] (Jargon): *jmd., der Partnertausch betreibt.*
Swap|pe|rin, die; -, -nen: w. Form zu ↑ Swapper.
¹Swa|si, der; -, -: *Bewohner von Swasiland.*
²Swa|si, die; -, -: *Bewohnerin von Swasiland.*
Swa|si|land, -s: *Staat im südlichen Afrika.*
Swa|si|län|der, der; -s, - (österr.): *Swasi.*
Swa|si|län|de|rin, die; -, -nen: w. Form zu ↑ Swasiländer.
swa|si|län|disch ⟨Adj.⟩: *Swasiland, die Swasi betreffend; von den Swasi stammend, zu ihnen gehörend.*
Swea|ter ['svetɐ, 'svɛtɐ], der; -s, - [engl. sweater, eigtl. = Schwitzer, zu: to sweat = schwitzen (lassen, machen)]: **1.** *Pullover.* **2.** *Vermittler zwischen Arbeitgeber u. Arbeiter im Sweatingsystem.*
Swea|ting|sys|tem ['svɛ:tɪŋ...], das; -s, -e [engl. sweating system, eigtl. = Schwitzsystem]: *Arbeitsverhältnis, bei dem zwischen Unternehmer u. Arbeiter ein Vermittler tritt, der die Aufträge in möglichst niedrigen Lohnsätzen an die Arbeiter vergibt.*
Sweat|shirt ['swɛtʃə:t], das; -s, -s [engl. sweatshirt, zu: shirt, ↑ Shirt]: *weit geschnittener Sportpullover (meist aus gewirkter Baumwolle).*
Sweep|s|take ['swi:psteɪk], das od. der; -s, -s [engl. sweepstake, aus: to sweep = einstreichen (2) u. stake = Wetteinsatz]: **1.** *zu Werbezwecken durchgeführte Verlosung, bei der die Gewinnlose vor der Verlosung festgelegt werden.* **2.** *Wettbewerb [im Pferderennsport], bei dem die ausgesetzte Prämie aus den Eintrittsgeldern besteht.*
Sweet [swi:t], der; - [engl. sweet = süß; sentimental; verw. mit ↑ süß]: *dem Jazz nachgebildete Unterhaltungsmusik.*
Sweet|heart ['swi:thɑ:t], der; -s, -s [engl. sweetheart, aus: sweet = lieblich u. heart = Herz]: *engl. Bez. für: Liebste, Liebster:* sein S. hat ihn verlassen.
Swim|ming|pool [swɪmɪŋpu:l], der; -s, -s [engl. swimming pool, zu: to swim = schwimmen u. pool = Teich, Pfütze]: *(auf einem Privatgrundstück befindliches) Schwimmbecken innerhalb od. außerhalb eines Gebäudes.*
¹Swing [auch: swɪŋ], der; -[s], -s [engl. swing, eigtl. = das Schwingen, zu: to swing = schwingen]: **1.** ⟨o. Pl.⟩ **a)** *rhythmische Qualität des Jazz, die durch die Spannung zwischen dem Grundrhythmus u. den melodisch-rhythmischen Akzenten sowie durch Überlagerungen verschiedener Rhythmen entsteht;* **b)** *(bes. 1930–1945) Jazzstil, bei dem die afroamerikanischen Elemente hinter europäischen Klangvorstellungen zurücktreten.* **2.** *Kurzf. von ↑ Swingfox.*
²Swing, der; -[s] [engl. swing, eigtl. = das Schwingen, ↑ ¹Swing] (Wirtsch.): *(bei zweiseitigen Handelsverträgen) Betrag, bis zu dem ein Land, das mit der Lieferung im Verzug ist, vom Handelspartner Kredit erhält.*
swin|gen ⟨sw. V.; hat⟩ [engl. to swing]: **1. a)** *in der Art des ¹Swing (1 a) ein Musikstück spielen, Musik machen;* **b)** *zur Musik des ¹Swing (1 b) tanzen;* **c)** *[in der Art des ¹Swing (1 a)] schwungvoll, lebhaft o. Ä. sein:* die Musik swingt; swin-

Swinger – sympathisch

gende Melodien, Rhythmen. **2.** (Jargon verhüll.) *Gruppensex betreiben.*

Swin|ger, der; -s, - [engl. swinger = jmd., der hin und her schwingt]: **1.** (Mode) *Kurzmantel in schwingender Weite.* **2.** (Jargon verhüll.) *jmd., der swingt* (2).

Swin|ger|klub, Swingerclub, der: *Lokal, in dem Personen Gelegenheit zu Gruppensex, Partnertausch u. dgl. geboten wird.*

Swing|fox, der; -[es], -e: *aus dem Foxtrott entwickelter Gesellschaftstanz.*

swin|ging ⟨indekl. Adj.⟩ [engl. swinging]: *schwungvoll, aufregend* (meist in Verbindung mit Städtenamen).

Swin|ging, das; -s [engl. swinging = das Hin- und her-Schwingen] (Jargon verhüll.): *Gruppensex.*

Swiss, die; -: Luftfahrtgesellschaft der Schweiz.

Swiss|air [...sɛːɐ̯], die; -: ehem. Luftfahrtgesellschaft der Schweiz.

swit|chen [ˈswɪtʃn] ⟨sw. V.; hat⟩ [engl. to switch = umschalten, umleiten]: **1.** (Wirtsch.) *ein Switchgeschäft tätigen.* **2.** (ugs.) *mithilfe der Fernbedienung von einem zum anderen Fernsehkanal schalten; zappen:* sie switchen durch alle Kanäle. **3.** (Jargon) *[hin u. her] wechseln:* vom Festnetz aufs Handy s.

Switch|ge|schäft [ˈswɪtʃ...], das; -[e]s, -e [engl. switch = Umleitung (von Kapital)] (Wirtsch.): *über ein Drittland abgewickeltes Außenhandelsgeschäft.*

SWR =: Südwestrundfunk.

Syd|ney [ˈsɪdnɪ]: Stadt in Australien.

syl|la|bisch ⟨Adj.⟩ [spätlat. syllabicus < griech. syllabikós, zu: syllabḗ = Silbe]: **1.** (bildungsspr.) *silbenweise.* **2.** (Musik) *silbenweise komponiert, sodass jeder Silbe des Textes eine Note zugehörig ist.*

Syl|lep|se, Syl|lep|sis, die; -, ...epsen [spätlat. syllepsis < griech. sýllēpsis = das Zusammennehmen] (Rhet.): *Ellipse* (2), *bei der ein Satzteil anderen in Person, Numerus od. Genus verschiedenen Satzteilen zugeordnet wird* (z. B. ich gehe meinen Weg, ihr den eurigen).

Syl|lo|gis|mus, der; -, ...men [lat. syllogismus < griech. syllogismós, eigtl. = das Zusammenrechnen] (Philos.): *aus zwei Prämissen gezogener logischer Schluss vom Allgemeinen auf das Besondere.*

Syl|lo|gis|tik, die; - (Philos.): *Lehre von den Syllogismen.*

syl|lo|gis|tisch ⟨Adj.⟩ [lat. syllogisticus < griech. syllogistikós] (Philos.): *den Syllogismus, die Syllogistik betreffend.*

Sym|bi|ont, der; -en, -en [zu griech. symbiōn (Gen.: symbioūntos), 1. Part. von: symbioũn = zusammenleben] (Biol.): *Lebewesen, das mit Lebewesen anderer Art in Symbiose lebt.*

sym|bi|on|tisch ⟨Adj.⟩: *symbiotisch.*

Sym|bi|o|se, die; -, -n [griech. symbíōsis = das Zusammenleben] (Biol.): *das Zusammenleben von Lebewesen verschiedener Art zu gegenseitigem Nutzen:* in S. leben; Ü *die mitterlalterliche S. zwischen Staat und Kirche.*

sym|bi|o|tisch ⟨Adj.⟩ (Biol.): *eine Symbiose darstellend:* Ü *eine -e Mutter-Kind-Beziehung.*

Sym|bol, das; -s, -e [lat. symbolum < griech. sýmbolon = (Kenn)zeichen, eigtl. = Zusammengefügtes; nach dem zwischen verschiedenen Personen vereinbarten Erkennungszeichen, bestehend aus Bruchstücken (z. B. eines Ringes), die zusammengefügt ein Ganzes ergeben, zu: symbállein = zusammenwerfen; zusammenfügen, zu: sýn = zusammen u. bállein = werfen]: **1.** *Sinnbild:* ein religiöses, christliches S.; die Taube als S. des Friedens. **2.** (Fachspr.) *Formelzeichen; Zeichen:* ein mathematisches, chemisches, logisches S. **3.** *(in der Antike) durch Boten überbrachtes Erkennungszeichen zwischen Freunden, Vertragspartnern o. Ä.* **4.** *christliches Tauf- od. Glaubensbekenntnis.*

Sym|bol|cha|rak|ter, der ⟨o. Pl.⟩: *symbolhafte Bedeutung:* etw. bekommt S.

Sym|bol|fi|gur, die: *Figur* (5a), *Person, die ein Symbol darstellt:* sie wurde zur S. für den Kampf gegen Unterdrückung.

Sym|bol|ge|halt, der: *symbolhafter Gehalt:* diese Tradition besitzt einen hohen S.

sym|bol|haft ⟨Adj.⟩: *in der Art eines Symbols [wirkend].*

Sym|bol|haf|tig|keit, die; -, -en ⟨Pl. selten⟩: *das Wirken in der Art eines Symbols.*

Sym|bo|lik, die; -: **1. a)** *symbolische Bedeutung, symbolischer Gehalt:* die S. der Wanderschaft in diesem Roman; **b)** *symbolische Darstellung.* **2. a)** *Verwendung von Symbolen:* die S. der Rose in der Kunst; **b)** *Wissenschaft von den Symbolen u. ihrer Verwendung.* **3.** *Lehre von den christlichen Bekenntnissen.*

sym|bo|lisch ⟨Adj.⟩ [spätlat. symbolicus < griech. symbolikós]: **a)** *als Symbol für etw. anderes stehend; ein Symbol darstellend:* eine -e Geste, Handlung; **b)** *sich des Symbols bedienend:* eine -e Bedeutung; eine -e Ausdrucksweise.

sym|bo|li|sie|ren ⟨sw. V.; hat⟩ [frz. symboliser < mlat. symbolizare = in Einklang bringen]: **a)** *symbolisch darstellen:* der Fisch symbolisiert das Christentum; Terracotta- und Marmorafeln künden vergessene Namen. Ein vom Fisch ausgespiener Jonas symbolisiert die Unsterblichkeit (Koeppen, Rußland 198); **b)** ⟨s. + sich⟩ *sich symbolisch darstellen* (5a).

Sym|bo|lis|mus, der; -: **1.** [frz. symbolisme, zu: symbole = Symbol < lat. symbolum, ↑ Symbol] *(von Frankreich Ende des 19. Jh.s ausgehende) Kunstrichtung, die in Abkehr von Realismus u. Naturalismus den künstlerischen Inhalt in Symbolen wiederzugeben versucht.* **2.** (Fachspr. selten) *System von Formelzeichen.*

Sym|bo|list, der; -en, -en [frz. symboliste, zu: symbolisme, ↑ Symbolismus]: *Vertreter des Symbolismus* (1).

Sym|bo|lis|tin, die; -, -nen: w. Form zu ↑ Symbolist.

sym|bo|lis|tisch ⟨Adj.⟩: *den Symbolismus* (1) *betreffend.*

Sym|bol|kraft, die ⟨o. Pl.⟩: *Kraft, als Symbol zu wirken:* der S. historischer Erinnerungen.

sym|bol|kräf|tig ⟨Adj.⟩: *Symbolkraft besitzend:* eine -e Handlung.

Sym|bol|kun|de, die ⟨o. Pl.⟩: *Ikonologie.*

Sym|bol|leis|te, die (EDV): *Leiste am oberen Rand der Benutzeroberfläche, auf der Symbole der verschiedenen Menüs aufgeführt sind.*

Sym|bol|spra|che, die: **1.** (EDV) *Assembler* (1). **2.** *eine dichte Symbolik* (2a) *aufweisende Sprache:* die S. der romantischen Lyrik.

sym|bol|träch|tig ⟨Adj.⟩: *beladen mit Symbolik.*

Sym|bol|wert, der: *symbolhafter Wert* (1a, 2): das Treffen der beiden Politiker besitzt einen hohen S.

Sym|me|t|rie, die; -, -n [lat. symmetria < griech. symmetría = Ebenmaß, zu: sýmmetros = gleichmäßig, zu: sýn = zusammen u. métron = Maß]: **1.** *Eigenschaft eines ebenen od. räumlichen Gebildes, beiderseits einer [gedachten] Achse ein Spiegelbild zu ergeben; spiegelbildliche Gleichheit:* die S. zweier geometrischer Figuren; die S. eines Gesichts. **2.** (Musik, Literaturwiss.) *wechselseitige Entsprechung von Teilen in Bezug auf die Größe, die Form od. die Anordnung.*

Sym|me|t|rie|ach|se, die (bes. Geom.): *[gedachte] Linie durch die Mitte eines Körpers, Achse einer räumlichen Drehung od. einer Spiegelung in einer Ebene.*

Sym|me|t|rie|ebe|ne, die (bes. Geom.): *[gedachte] Ebene, zu deren beiden Seiten sich alle Erscheinungen spiegelbildlich gleichen.*

sym|me|t|risch ⟨Adj.⟩: **1.** *gleich-, ebenmäßig.* **2.** (Math.) *auf beiden Seiten einer [gedachten] Achse ein Spiegelbild ergebend:* eine -e geometrische Figur. **3.** (Med.) *auf beiden Körperseiten gleichmäßig auftretend.* **4.** (Musik, Literaturwiss.) *wechselseitige Entsprechungen in Bezug auf die Form, Größe od. Anordnung von Teilen aufweisend.*

sym|pa|the|tisch ⟨Adj.⟩ [mlat. sympatheticus < spätgriech. sympathētikós = mitempfindend, zu griech. sympátheia, ↑ Sympathie]: **1.** (bildungsspr.) *eine geheimnisvolle Wirkung ausübend.* **2.** (veraltet) *Sympathie empfindend, auf Sympathie beruhend:* -er Dativ (Sprachwiss.; *Dativ des Zuwendens, Mitfühlens,* z. B. *dem Freund die Hand schütteln);* ♦ *... ein geheimer -er Zug hatte mich hier so oft gehalten* (Goethe, Werther I, 10. September); ♦ *... dass sein Herz nicht s. schlägt* (Goethe, Werther II, 29. Julius).

Sym|pa|thie, die; -, -n [lat. sympathia < griech. sympátheia = Mitleiden, Mitgefühl, zu: sympathḗs = mitleidend, mitfühlend, zu: sýn = mit, zusammen u. páthos = Leid, Schmerz]: **1.** *aufgrund gewisser Übereinstimmung, Affinität positive gefühlsmäßige Einstellung zu jmdm., einer Sache:* S. für jmdn. empfinden; wenig, große S. für jmdn. haben; bei aller S. (*bei allem Wohlwollen*), so geht das nicht. **2.** (Naturphilos.) *Verbundenheit aller Teile des Ganzen, sodass, wenn ein Teil betroffen ist, auch alle anderen Teile betroffen sind.* **3.** *(im Volksglauben) Vorstellung von einer geheimen gegenseitigen Einwirkung aller Wesen u. Dinge aufeinander.*

Sym|pa|thie|be|kun|dung, die: *das Bekunden von Sympathie (für jmdn., eine Sache).*

Sym|pa|thie|bo|nus, der: *Vorteil, Vorsprung aufgrund der Sympathie, die jmdm. entgegengebracht wird.*

♦**Sym|pa|thie|mit|tel,** das [zu ↑ Sympathie in der älteren Bed. »auf den geheimnisvollen Wirkungszusammenhängen von Gegenständen u. Erscheinungen der Natur beruhendes (Wunder)heilmittel«]: *(in der Volksmedizin angewendetes) [Natur]heilmittel mit geheimnisvoller Wirkkraft:* Was aber das Zahnweh für ein Elend ist! ... Alles haben wir schon angewendet: heiße Tücher aufgelegt, ... die Füße ins Ofenloch gesteckt und sonst allerhand S. angewendet (Rosegger, Waldbauernbub 161).

Sym|pa|thie|streik, der: *Streik zur Unterstützung anderer Streikender.*

Sym|pa|thie|trä|ger, der: *jmd., der bei anderen Sympathie erweckt.*

Sym|pa|thie|trä|ge|rin, die; -, -nen: w. Form zu ↑ Sympathieträger.

Sym|pa|thi|kus, der; - [nlat. (nervus) sympathicus, ↑ sympathisch (3)] (Anat., Physiol.): *Teil des vegetativen Nervensystems, der bes. die Eingeweide versorgt.*

Sym|pa|thi|sant, der; -en, -en [zu ↑ sympathisieren]: *jmd., der mit einer [extremen] politischen od. gesellschaftlichen Gruppe (seltener einer Einzelperson), Anschauung sympathisiert, sie unterstützt:* ein S. dieser Partei, der RAF.

Sym|pa|thi|san|ten|tum, das; -s: **1.** *Gesamtheit der Sympathisanten.* **2.** *das Sympathisantsein; Verhalten, Denken eines Sympathisanten.*

Sym|pa|thi|san|tin, die; -, -nen: w. Form zu ↑ Sympathisant.

sym|pa|thisch ⟨Adj.⟩ [frz. sympathique]: **1.** *Sympathie erweckend:* ein -er Mensch; eine -e

sympathisieren – Synekdoche

Stimme; er ist mir s.; das allein schon machte ihn [uns] s.; jmdn. s. finden; s. aussehen; Ü seine Rede war s. *(angenehm)* kurz. **2.** (veraltet) *mitfühlend; aufgrund innerer Verbundenheit gleich gestimmt:* sie nahmen s. an ihrer Trauer teil. **3.** [mlat., eigtl. = gleichzeitig betroffen] (Physiol.) *zum vegetativen Nervensystem gehörend; den Sympathikus betreffend:* das -e Nervensystem.

sym|pa|thi|sie|ren ⟨sw. V.; hat⟩: *die Anschauungen einer Gruppe, einer Einzelperson teilen, ihnen zuneigen, sie unterstützen:* sie sympathisiert mit den Demonstranten.

Sym|pho|nie usw.: ↑ Sinfonie usw.

Sym|pi, der; -s, -s [↑ -i] (Jargon): *Sympathisant.*

Sym|po|si|on [auch: ...'po:...], das; -s, ...ien: **1.** [(beeinflusst von engl. symposium < spätlat. symposium <) griech. sympósion, eigtl. = gemeinsames Trinken, zu: sympínein = gemeinsam trinken, zu: sýn = zusammen u. pínein = trinken] *Zusammenkunft von Wissenschaftlern, Fachleuten, bei der bestimmte fachbezogene Themen (in Vorträgen u. Diskussionen) erörtert werden:* ein internationales S. **2.** *(im antiken Griechenland) Trinkgelage, bei dem das [philosophische] Gespräch im Vordergrund stand.* **3.** *Sammelband mit Beiträgen verschiedener Autoren zu einem Thema:* ein S. herausgeben.

Sym|po|si|um [auch: ...'po:...], das; -s, ...ien: lat. Form von ↑ Symposion: die Akademie veranstaltete ein S. über Sprachwandel.

Sym|p|tom, das; -s, -e [spätlat. symptoma < griech. symptõma (Gen.: symptõmatos) = vorübergehende Eigentümlichkeit, zufallsbedingter Umstand, zu: sympíptein = zusammenfallen, -treffen, sich zufällig ereignen, zu: sýn = zusammen u. píptein = fallen]: **a)** (Med.) *Anzeichen einer Krankheit; für eine bestimmte Krankheit charakteristische Erscheinung:* klinische -e; ein S. für Gelbsucht; die -e von Diphtherie; **b)** *Bildungsspr.] Anzeichen einer [negativen] Entwicklung; Kennzeichen:* die -e dieser Entwicklung sind Gier und Egoismus.

Sym|p|to|ma|tik (österr. auch: ...'mat...], die; - (Med.): **1.** *Gesamtheit von Symptomen:* die typische S. einer Krankheit. **2.** *Symptomatologie.*

sym|p|to|ma|tisch (österr. auch: ...'mat...] ⟨Adj.⟩ [griech. symptōmatikós = zufällig]: **1.** (bildungsspr.) *bezeichnend für etw.:* ein -er Fall; die Wiederentdeckung des Manierismus war s. für die moderne Lyrik. **2.** (Med.) *die Symptome betreffend; nur auf die Symptome, nicht auf die Ursache einer Krankheit einwirkend:* eine -e Behandlung.

Sym|p|to|ma|to|lo|gie, die; - [↑-logie] (Med.): *Lehre von den Symptomen* (a); *Semiologie* (2), *Semiotik* (2).

Sym|p|to|men|kom|plex, der; -es, -e (Med.): *Zusammentreffen mehrerer charakteristischer Symptome* (a).

syn-, Syn- [griech. sýn = zusammen, mit]: *drückt in Bildungen mit Substantiven, Adjektiven und Verben ein Miteinander, ein Zusammenwirken aus:* Synorganisation; synoptisch; synchronisieren.

Sy|n|a|go|ge, die; -, -n [mhd. sinagōgē < kirchenlat. synagoga < griech. synagōgē = Versammlung, zu: synágein = zusammenführen, aus: sýn = zusammen u. ágein = (führen]: **1. a)** *Gebäude, Raum, in dem sich die jüdische Gemeinde zu Gebet u. Belehrung versammelt;* **b)** *sich versammelnde jüdische Gemeinde.* **2.** (bild. Kunst) *zusammen mit der Ecclesia* (2) *dargestellte weibliche Figur (mit einer Binde über den Augen u. einem zerbrochenen Stab in der Hand) als Allegorie des Alten Testamentes.*

Sy|n|al|gie, die; -, -n [zu griech. sýn = zugleich, zusammen (mit) u. álgos = Schmerz] (Med.): *das Mitempfinden von Schmerzen in einem nicht erkrankten Körperteil.*

Sy|n|ap|se, die; -, -n [griech. sýnapsis = Verbindung] (Biol., Med.): *der Übertragung von Reizen dienende Verbindung zwischen einer Nervenod. Sinneszelle u. einer anderen Nervenzelle od. einem Muskel.*

Sy|n|ap|sis, die; - [griech. sýnapsis, ↑ Synapse] (Biol.): *Paarung der sich entsprechenden Chromosomen während der ersten Phase der Reduktionsteilung.*

sy|n|ap|tisch ⟨Adj.⟩: *die Synapse betreffend, von ihr verursacht, zu ihr gehörend.*

Sy|n|äs|the|sie, die; -, -n [griech. synaísthēsis = Mitempfindung]: **a)** (Med.) *Reizempfindung eines Sinnesorgans bei Reizung eines andern (wie etwa das Auftreten von Farbempfindungen beim Hören bestimmter Töne);* **b)** (Literaturwiss.) *(bes. in der Dichtung der Romantik u. des Symbolismus) sprachlich ausgedrückte Verschmelzung mehrerer Sinneseindrücke (z. B. schreiendes Rot).*

sy|n|äs|the|tisch ⟨Adj.⟩: **a)** *die Synästhesie betreffend;* **b)** *durch einen nichtspezifischen Reiz erzeugt:* -e Sinneswahrnehmungen.

Sy|n|a|xis, die; -, ...xen [mgriech. sýnaxis, zu griech. synágein, ↑ Synagoge]: *Gottesdienst in der griechisch-orthodoxen Kirche.*

syn|chron ⟨Adj.⟩: [zu griech. sýn = zusammen, zugleich u. chrónos = Zeit]: **1.** (Fachspr.) *gleichzeitig; mit gleicher Geschwindigkeit [ab]laufend:* alle Bewegungen verlaufen s. **2.** (Sprachwiss.) **a)** *als sprachliche Gegebenheit in einem bestimmten Zeitraum geltend, anzutreffen:* die Erforschung der -en Sprachzustandes; **b)** *synchronisch* (a): eine -e Sprachbetrachtung.

Syn|chron|ge|trie|be, das (Technik): *synchronisiertes* (2) *Getriebe* (1).

Syn|chro|nie, die; - [frz. synchronie, zu: synchrone = synchron] (Sprachwiss.): **a)** *Zustand einer Sprache in einem bestimmten Zeitraum (im Gegensatz zu ihrer geschichtlichen Entwicklung);* **b)** *Beschreibung sprachlicher Phänomene, sprachlicher Zustände innerhalb eines bestimmten Zeitraums.*

Syn|chro|ni|sa|ti|on, die; -, -en [engl. synchronization]: **1.** *Synchronisierung.* **2.** *Ergebnis einer Synchronisation* (1).

syn|chro|nisch ⟨Adj.⟩ (Sprachwiss.): **a)** [frz. synchronique] *die Synchronie betreffend:* die -e Sprachwissenschaft; -e Wörterbücher; **b)** *synchron* (2 a): -e Funktionszusammenhänge.

syn|chro|ni|sie|ren ⟨sw. V.; hat⟩ [vgl. engl. synchronize, frz. synchroniser]: **1.** (bes. Film) **a)** *Bild u. Ton in zeitliche Übereinstimmung bringen;* **b)** *zu den Bildern eines fremdsprachigen Films, Fernsehspiels die entsprechenden Worte der eigenen Sprache sprechen, die so aufgenommen werden, dass die Lippenbewegungen der Schauspieler (im Film) in etwa mit den gesprochenen Worten übereinstimmen:* einen Film s.; die synchronisierte Fassung eines Films. **2.** (Technik) *den Gleichlauf zwischen zwei Vorgängen, Maschinen od. Geräte[teile]n herstellen.* **3.** *zeitlich aufeinander abstimmen:* die Arbeit von zwei Teams s.

Syn|chro|ni|sie|rung, die; -, -en: *das Synchronisieren.*

Syn|chro|nis|mus, der; -, ...men: **1.** ⟨o. Pl.⟩ (Technik) *Gleichlauf.* **2.** *(für die geschichtliche Datierung wichtiges) zeitliches Zusammentreffen von Ereignissen.* **3.** (Film, Fernsehen) *zeitliches Übereinstimmen von Bild, Sprechton u. Musik.*

syn|chro|nis|tisch ⟨Adj.⟩: **1.** (Technik) *den Synchronismus* (1) *betreffend.* **2.** *Gleichzeitiges zusammenstellend.*

Syn|chro|ni|zi|tät, die; -, -en: **1.** ⟨o. Pl.⟩ *das Synchronsein.* **2.** (Film, Fernsehen) *Synchronismus.* **3.** (Psychol.) *(nach C. G. Jung) Gleichzeitigkeit, zeitliches Zusammentreffen von psychischen u. physischen Vorgängen, das kausal nicht erklärbar ist (z. B. bei der Telepathie).*

Syn|chro|n|op|se, die; -, -n [zu griech. ópsis = das Sehen]: *Gegenüberstellung von Ereignissen (die zur gleichen Zeit, aber in verschiedenen Bereichen od. Ländern eintraten) in tabellarischer Form.*

syn|chro|n|op|tisch ⟨Adj.⟩: *die Synchronopse betreffend.*

Syn|chron|schwim|men, das: *meist von Mädchen od. Frauen als Solo, im Duett od. in Gruppen betriebenes Wettkampfschwimmen, bei dem eine Harmonie von Bewegungsrhythmus u. Rhythmus der Musik angestrebt wird; Kunstschwimmen.*

Syn|chron|spre|cher, der: *Sprecher, der einen fremdsprachigen Film synchronisiert* (1 b).

Syn|chron|spre|che|rin, die: w. Form zu ↑ Synchronsprecher.

Syn|chron|stim|me, die: *Stimme eines Synchronsprechers, einer Synchronsprecherin.*

Syn|chron|ver|schluss, der (Fotogr.): *Kameraverschluss, der einen elektrischen Kontakt zur Auslösung eines Blitzlichtes schließt.*

Syn|co|pa|ted Mu|sic [ˈsɪŋkəpeɪtɪd ˈmjuːzɪk], die; - - [engl., aus: syncopated = synkopiert u. music = Musik]: *Jazzmusik.*

Syn|det, das; -s, -s [geb. aus engl. synthetic detergents = synthetische Detergenzien]: **1.** ⟨Pl.⟩ (Fachspr.) *synthetische Tenside.* **2.** (Kosmetik) *Kurzf. von* ↑ Syndetseife.

syn|de|tisch ⟨Adj.⟩ [griech. sýndetos = zusammengebunden] (Sprachwiss.): *durch eine Konjunktion verbunden.*

Syn|det|sei|fe, die (Kosmetik): *Seife für besonders empfindliche Haut, die auf der Basis von synthetischen Tensiden hergestellt ist.*

Syn|di|ka, die; -: w. Form zu ↑ Syndikus.

Syn|di|ka|lis|mus, der; - [frz. syndicalisme, zu: syndic < lat. syndicus, ↑ Syndikus]: *gegen Ende des 19. Jh.s in der Arbeiterbewegung entstandene Richtung, die in den gewerkschaftlichen Zusammenschlüssen der Lohnarbeiter u. nicht in einer politischen Partei den Träger revolutionärer Bestrebungen sah.*

Syn|di|ka|list, der; -en, -en [frz. syndicaliste]: *Anhänger des Syndikalismus.*

Syn|di|ka|lis|tin, die; -, -nen: w. Form zu ↑ Syndikalist.

Syn|di|kat, das; -[e]s, -e: **1.** [wohl frz. syndicat, zu: syndic, ↑ Syndikalismus] (Wirtsch.) *Kartell, bei dem die Mitglieder ihre Erzeugnisse über eine gemeinsame Verkaufsorganisation absetzen müssen.* **2.** [engl. syndicate] *als geschäftliches Unternehmen getarnter Zusammenschluss von Verbrechern.* **3.** [mlat. syndicatus] *Amt eines Syndikus.*

Syn|di|kus, der; -, ...izi u. -se [lat. syndicus < griech. sýndikos = Sachverwalter, Anwalt, zu: sýn = zusammen u. díkē = Weise, Sitte; Recht; Rechtssache] (Rechtsspr.): *ständiger Rechtsbeistand eines großen Unternehmens, eines Verbandes, einer Handelskammer.*

Syn|drom, das; -s, -e [griech. syndromḗ = das Zusammenlaufen, Zusammenkommen, aus: sýn = zusammen u. dromḗ = Lauf] (Med.): *Krankheitsbild, das aus einem Symptomenkomplex besteht:* an einem S. leiden.

Sy|n|ek|do|che [...xe], die; -, ...ochen [lat. synekdoche < griech. synekdoché, eigtl. = das Mitverstehen] (Rhet.): *das Ersetzen eines Begriffs durch einen engeren od. weiteren (z. B. »Dach« für »Haus«).*

syn|ek|do|chisch ⟨Adj.⟩ (Rhet.): *die Synekdoche betreffend.*

Syn|er|get, der; -en, -en ⟨meist Pl.⟩ [griech. synergétēs = Mitarbeiter, zu: synergeĩn, ↑ Synergie]: *Synergist.*

Syn|er|ge|tik, die; - [zu ↑ synergetisch]: *interdisziplinäres Forschungsgebiet zur Beschreibung komplexer Systeme, die aus vielen miteinander kooperierenden Untersystemen bestehen.*

syn|er|ge|tisch ⟨Adj.⟩ [griech. synergētikós, zu: synergētḗs, ↑ Synerget] (Fachspr.): *zusammen-, mitwirkend.*

Syn|er|gie, die; -, -n [griech. synergía = Mitarbeit, zu: synergeĩn = zusammenarbeiten]: **1.** (Psychol.) *Energie, die für den Zusammenhalt u. die gemeinsame Erfüllung von Aufgaben zur Verfügung steht: so kann man -n bei der Zusammenarbeit nutzen.* **2.** ⟨o. Pl.⟩ (Chemie, Pharm., Physiol.) *Synergismus* (1).

Syn|er|gie|ef|fekt, der ⟨meist Pl.⟩: *positive Wirkung, die sich aus dem Zusammenschluss od. der Zusammenarbeit zweier Unternehmen o. Ä. ergibt.*

Syn|er|gis|mus, der; -: **1.** (Chemie, Pharm., Physiol.) *Zusammenwirken von Substanzen od. Faktoren, die sich fördern.* **2.** (christl. Theol.) *Heilslehre, nach der der Mensch neben der Gnade Gottes ursächlich am eigenen Heil mitwirken kann.*

Syn|er|gist, der; -en, -en ⟨meist Pl.⟩: **1.** (Med.) *gleichsinnig zusammenwirkendes Organ.* **2.** ⟨Pl.⟩ (Med.) *Arzneimittel, die sich in additiver od. potenzierender Weise ergänzen.* **3.** *Anhänger des Synergismus* (2).

Syn|er|gis|tin, die; -, -nen: w. Form zu ↑ Synergist (3).

Syn|ka|ry|on, das; -s, ...rya u. ...ryen [aus griech. sýn = zusammen u. káryon = Nuss; Kern] (Biol.): *durch die Vereinigung zweier Kerne entstandener diploider Zellkern.*

Syn|ki|ne|se, die; -, -n [griech. sygkínēsis] (Med.): *unwillkürliche Mitbewegung (von Muskeln).*

Syn|ko|pe, die; -, ...open [spätlat. syncope < griech. sygkopḗ, zu: sygkóptein = zusammenschlagen]: **1.** [zynˈkoːpə] (Musik) *rhythmische Verschiebung durch Bindung eines unbetonten Wertes an den folgenden betonten.* **2.** [ˈzʏnkope] **a)** (Sprachwiss.) *Ausfall eines unbetonten Vokals zwischen zwei Konsonanten im Wortinnern;* **b)** (Verslehre) *Ausfall einer Senkung im Vers.* **3.** [ˈzʏnkope] (Med.) *plötzliche, kurzzeitige Ohnmacht infolge einer Störung der Gehirndurchblutung.*

syn|ko|pie|ren ⟨sw. V.; hat⟩: **1.** (Musik) *durch eine Synkope* (1), *durch Synkopen rhythmisch verschieben.* **2. a)** (Sprachwiss.) *einen unbetonten Vokal zwischen zwei Konsonanten ausfallen lassen;* **b)** (Verslehre) *eine Senkung im Vers ausfallen lassen.*

syn|ko|pisch ⟨Adj.⟩: **1.** (Musik) *in Synkopen* (1) *ablaufend; eine Synkope, Synkopen aufweisend.* **2.** (Sprachwiss., Verslehre) *die Synkope* (2) *betreffend.*

Syn|kre|tis|mus, der; - [spätgriech. sygkrētismós = Vereinigung zweier Streitender gegen einen Dritten] (bildungsspr.): *Vermischung verschiedener Religionen, philosophischer Lehren o. Ä.:* Dazu: **Syn|kre|tist**, der; -en, -en; **Syn|kre|tis|tin**, die; -, -nen; **syn|kre|tis|tisch** ⟨Adj.⟩.

Syn|od, der; -s, -e [russ. sinod < griech. sýnodos, ↑ Synode]: *höchstes Gremium der orthodoxen Kirchen:* der Heilige S.

syn|o|dal ⟨Adj.⟩ [spätlat. synodalis, zu lat. synodus, ↑ Synode]: *die Synode betreffend.*

Syn|o|dal|le, die/eine Synodale; der/einer Synodalen, die Synodalen/zwei Synodale: *weibliche Person, die Mitglied einer Synode ist.*

Syn|o|da|ler, der Synodale/ein Synodaler; des/eines Synodalen, die Synodalen/zwei Synodale: *jmd., der Mitglied einer Synode ist.*

Syn|o|dal|prä|si|dent, der: *Präsident einer Synode* (1).

Syn|o|dal|prä|si|den|tin, die: w. Form zu ↑ Synodalpräsident.

Syn|o|dal|ver|fas|sung, die: *Verfassung der evangelischen Landeskirchen, bei der die rechtliche Gewalt von der Synode* (1) *ausgeht.*

Syn|o|dal|ver|samm|lung, die: *Synode.*

Syn|o|de, die; -, -n [lat. synodus < griech. sýnodos = gemeinsamer Weg; Zusammenkunft, aus: sýn = zusammen u. hodós = Weg]: **1.** (ev. Kirche) *aus Beauftragten (Geistlichen u. Laien) der Gemeinden bestehende Versammlung, die Fragen der Lehre u. kirchlichen Ordnung regelt u. [unter bischöflicher Leitung] Trägerin kirchlicher Selbstverwaltung ist.* **2.** (kath. Kirche) *beratende, beschließende u. gesetzgebende Versammlung von Bischöfen in einem Konzil [unter Vorsitz des Papstes].*

syn|o|disch ⟨Adj.⟩: **1.** [spätlat. synodicus] (selten) *synodal.* **2.** (Astron.) *auf die Stellung von Himmelskörpern zueinander bezogen.*

syn|o|nym ⟨Adj.⟩ [spätlat. synonymos < griech. synṓnymos] (Sprachwiss.): *mit einem anderen Wort (od. einer Reihe von Wörtern von gleicher od. ähnlicher Bedeutung, sodass beide in einem bestimmten Zusammenhang austauschbar sind; sinnverwandt:* -e Redewendungen; einen Ausdruck mit einem anderen s. gebrauchen; viele verwenden den Begriff Integration s. zu Assimilation.

Syn|o|nym, das; -s, -e, auch: Synonyma [lat. (verbum) synonymum < griech. (rhḗma) synṓnymon, zu: sýn = zusammen u. ónoma (ónyma) = Name, Begriff] (Sprachwiss.): *synonymes Wort:* »Antlitz« und »Visage« sind -e von »Gesicht«; Ü das Auto, das bisherige S. für individuelle Bewegungsfreiheit *(das bisher für individuelle Bewegungsfreiheit stand).*

Syn|o|ny|mie, die; -, -n [spätlat. synonymia < griech. synōnymía] (Sprachwiss.): *inhaltliche Übereinstimmung von verschiedenen Wörtern od. Konstruktionen in derselben Sprache.*

Syn|o|ny|mik, die; -, -en: **1.** ⟨o. Pl.⟩ *Teilgebiet der Sprachwissenschaft, das sich mit der Synonymie befasst.* **2.** *Synonymwörterbuch.*

syn|o|ny|misch ⟨Adj.⟩ (Sprachwiss.): **1.** *die Synonymie betreffend:* die -e Konkurrenz zwischen -bar und -lich. **2.** (veraltend) *synonym.*

Syn|o|nym|wör|ter|buch, das: *Wörterbuch, in dem Synonyme in Gruppen zusammengestellt sind.*

Syn|op|se, Syn|op|sis [auch: ...ˈnɔp...], die; -, Synopsen [spätlat. synopsis = Entwurf, Verzeichnis < griech. sýnopsis = Übersicht, Überblick]: **1.** (Fachspr.) **a)** *vergleichende Gegenüberstellung von Texten;* **b)** *Anordnung der Texte der Synoptiker in parallelen Spalten.* **2.** (bildungsspr.) *Zusammenschau:* das Werk ist eine großartige Synopsis dieser Fachrichtung.

Syn|op|ti|ker, der; -s, - ⟨meist Pl.⟩: *einer der drei Evangelisten (Matthäus, Markus, Lukas), deren Texte beim Vergleich weitgehend übereinstimmen.*

Syn|tag|ma, das; -s, ...men u. -ta [griech. sýntagma = Zusammengestelltes, zu: syntássein, ↑ Syntax] (Sprachwiss.): *Verknüpfung von Wör-*

tern zu Wortgruppen, Wortverbindungen (z. B. von »in« u. »Eile« zu »in Eile«).

syn|tag|ma|tisch ⟨Adj.⟩ (Sprachwiss.): *die Beziehung, die zwischen ein Syntagma bildenden Einheiten besteht, betreffend.*

Syn|tak|tik, die; - (Sprachwiss.): *Teilgebiet der Semiologie* (1), *das sich mit der Untersuchung der formalen Beziehungen zwischen den Zeichen einer Sprache befasst.*

syn|tak|tisch ⟨Adj.⟩ (Sprachwiss.): *die Syntax (a, b) betreffend.*

Syn|tax, die; -, -en [lat. syntaxis < griech. sýntaxis, eigtl. = Zusammenstellung, aus: sýn = zusammen u. táxis = Ordnung] (Sprachwiss.): **a)** *in einer Sprache übliche Verbindung von Wörtern zu Wortgruppen u. Sätzen; korrekte Verknüpfung sprachlicher Einheiten im Satz:* die S. *(syntaktische Verwendung)* einer Partikel; **b)** *Lehre vom Bau des Satzes als Teilgebiet der Grammatik; Satzlehre;* **c)** *wissenschaftliche Darstellung der Syntax* (b).

Syn|the|se, die; -, -n [spätlat. synthesis < griech. sýnthesis, zu: syntithénai = zusammen, -stellen, -fügen, aus: sýn = zusammen u. tithénai = setzen, stellen, legen]: **1.** (Philos.) **a)** *Vereinigung verschiedener [gegensätzlicher] geistiger Elemente, von These* (2) *u. Antithese* (1) *zu einem neuen [höheren] Ganzen:* eine S. der beiden Weltanschauungen; **b)** *Verfahren, von elementaren zu komplexen Begriffen zu gelangen.* **2.** (Chemie) *Aufbau einer Substanz aus einfacheren Stoffen.*

Syn|the|se|gas, das: *zur Synthese* (2) *bes. von Kohlenwasserstoffen, Alkoholen verwendetes Gasgemisch.*

Syn|the|sis, die; -, ...thesen (selten): *Synthese* (1).

Syn|the|si|zer [ˈzʏntəsaɪ̯zɐ, engl.: ˈsɪnθəsaɪzə], der; -s, - [engl. synthesizer, zu: to synthesize = synthetisch zusammensetzen]: *elektronisches Musikinstrument, das aus einer Kombination aufeinander abgestimmter elektronischer Bauelemente (zur Erzeugung von Klängen u. Geräuschen) besteht.*

Syn|the|tics ⟨Pl.⟩ [engl. synthetics, zu: synthetic = synthetisch (2)]: **a)** *auf chemischem Wege gewonnene Textilfasern; Gewebe aus Kunstfasern;* **b)** *Textilien aus Synthetics* (a).

Syn|the|tik, die; -s ⟨meist o. Art.⟩: *[Gewebe aus] Kunstfaser, Chemiefaser.*

syn|the|tisch ⟨Adj.⟩: **1.** [zu ↑ Synthese (1), nach griech. synthetikós = zum Zusammenstellen geeignet, zu: sýnthetos = zusammengesetzt, zu: syntithénai (↑ Synthese)] (bildungsspr.) *auf Synthese* (1) *beruhend; zu einer Einheit zusammenfügend, verknüpfend; zusammensetzend:* eine -e Methode; -e Sprachen *(Sprachen, bei denen syntaktische Beziehungen am Wort selbst u. nicht durch selbstständige Wörter ausgedrückt werden);* -es Urteil (Philos.; *Urteil, das die Erkenntnis erweitert u. etw. notwendig Wahres, was nicht bereits in dem Begriff des betreffenden Gegenstandes enthalten ist).* **2.** [zu ↑ Synthese (2)] (Chemie) *die Synthese* (2) *betreffend:* -e Fasern; ein -er (*künstlicher*) Edelstein; einen Stoff s. herstellen; die Bonbons schmecken s. *(künstlich).*

syn|the|ti|sie|ren ⟨sw. V.; hat⟩ (Chemie): *durch Synthese* (2) *herstellen.*

Syph, die; - u. der; -s (salopp): *kurz für ↑ Syphilis.*

Sy|phi|lis, die; - [nach dem Titel eines lat. Lehrgedichts des 16. Jh.s, in dem die Geschichte eines geschlechtskranken Hirten namens Syphilus erzählt wird]: *chronisch verlaufende Geschlechtskrankheit, die mit Schädigungen der Haut, der inneren Organe, Knochen, des Gehirns u. Rückenmarks einhergeht.*

Sy|phi|li|ti|ker, der; -s, -: *jmd., der an Syphilis leidet.*

Sy|phi|li|ti|ke|rin, die; -, -nen: w. Form zu ↑ Syphilitiker.

sy|phi|li|tisch [auch: ...'li...] ⟨Adj.⟩: *die Syphilis betreffend.*

Sy|rah, der; -[s] [frz. syrah, viell. nach der Stadt Syrakus]: **1.** *eine rote, ursprünglich in Frankreich im Tal der Rhone kultivierte Rebsorte.* **2.** *Wein aus Syrah* (1).

Sy|ra|kus: Stadt auf Sizilien.

Sy|rer, der; -s, -: Ew. zu ↑ Syrien.

Sy|re|rin, die; -, -nen: w. Form zu ↑ Syrer.

Sy|ri|en; -s: Staat im Vorderen Orient.

Sy|rinx, die; -, ...ingen [lat. syrinx < griech. sỹrigx (Gen.: sýriggos), eigtl. = Rohr, Röhre]: **1.** (Musik) *Panflöte.* **2.** (Zool.) *unterer Kehlkopf der Vögel, der die Laute bzw. Töne erzeugt.*

sy|risch ⟨Adj.⟩: *Syrien, die Syrer betreffend; von den Syrern stammend, zu ihnen gehörend.*

Sy|ro|lo|gie, die; - [↑ -logie]: *Wissenschaft von den Sprachen, der Geschichte u. den Altertümern Syriens.*

Sys|tem, das; -s, -e [spätlat. systema < griech. sýstēma = aus mehreren Teilen zusammengesetztes u. gegliedertes Ganzes, zu: synistánai = zusammenstellen; verknüpfen, zu: sýn = zusammen u. histánai = (hin)stellen, aufstellen]: **1.** *wissenschaftliches Schema, Lehrgebäude:* ein philosophisches S.; Erkenntnisse in ein S. bringen. **2.** *Prinzip, nach dem etw. gegliedert, geordnet wird:* ein ausgeklügeltes S.; dahinter steckt S. *(dahinter verbirgt sich eine bestimmte Absicht);* ein S. haben; S. in etw. bringen *(etw. nach einem Ordnungsprinzip einrichten, ablaufen o. Ä. lassen);* nach einem S. vorgehen. **3.** *Form der staatlichen, wirtschaftlichen, gesellschaftlichen Organisation; Regierungsform, Regime:* ein faschistisches, parlamentarisches S.; das bestehende gesellschaftliche S. *(die bestehende Gesellschaftsordnung).* **4.** (Naturwiss., bes. Physik, Biol.) *Gesamtheit von Objekten, die sich in einem ganzheitlichen Zusammenhang befinden u. durch die Wechselbeziehungen untereinander gegenüber ihrer Umgebung abzugrenzen sind:* [an]organische -e; ein geschlossenes ökologisches S. **5.** *Einheit aus technischen Anlagen, Bauelementen, die eine gemeinsame Funktion haben:* technische -e; ein S. von Kanälen; ein S. *(einheitliches Gefüge)* von außen liegenden Strebebögen und Pfeilern trägt das Dach. **6. a)** (Sprachwiss.) *Menge von Elementen, zwischen denen bestimmte Beziehungen bestehen:* semiotische, sprachliche -e; **b)** *in festgelegter Weise zusammengeordnete Linien o. Ä. zur Eintragung u. Festlegung von etw.:* das geometrische S. der Koordinaten; ein S. von Notenlinien; **c)** (bes. Logik) *Menge von Zeichen, die nach bestimmten Regeln zu verwenden sind:* das S. der Notenschrift, des Alphabets. **7. a)** (Biol.) *nach dem Grad verwandtschaftlicher Zusammengehörigkeit gegliederte Zusammenstellung von Tieren, Pflanzen;* **b)** * *periodisches S.* (Chemie; *Periodensystem*).

Sys|tem|ab|sturz, der (EDV): *das Abstürzen (3) eines Betriebssystems.*

Sys|tem|ad|mi|nis|t|ra|ti|on, die (EDV): **1.** *Betreuung einer Datenverarbeitungsanlage.* **2.** *Abteilung einer Firma, Institution o. Ä., die für die Betreuung der Datenverarbeitungsanlage[n] zuständig ist.*

Sys|tem|ad|mi|nis|t|ra|tor, der (EDV): *jmd., der für die Betreuung einer Datenverarbeitungsanlage zuständig ist.*

Sys|tem|ad|mi|nis|t|ra|to|rin, die: w. Form zu ↑ Systemadministrator.

Sys|tem|ana|ly|se, die (Fachspr.): *Analyse von Systemen (3, 5).*

Sys|tem|ana|ly|ti|ker, der: *jmd., der mit den Methoden der betriebswirtschaftlichen Systemanalyse u. a. Arbeitsabläufe in Betrieben untersucht u. den Einsatz von Datenverarbeitungsanlagen organisiert* (Berufsbez.).

Sys|tem|ana|ly|ti|ke|rin, die: w. Form zu ↑ Systemanalytiker.

Sys|tem|an|bie|ter, der: *Unternehmen, das ganze Systeme (5) eines Produktbereichs anbietet.*

Sys|tem|an|bie|te|rin, die: w. Form zu ↑ Systemanbieter.

Sys|tem|an|for|de|rung, die ⟨meist Pl.⟩: *technische Voraussetzung, die ein System (5) (z. B. ein PC) erfüllen muss, um mit einer bestimmten Software arbeiten zu können.*

Sys|te|ma|tik [österr. auch: ...'mat...], die; -, -en: **1.** (bildungsspr.) *planmäßige, einheitliche Darstellung, Gestaltung nach bestimmten Ordnungsprinzipien:* nach einer bestimmten S. vorgehen. **2.** ⟨o. Pl.⟩ (Biol.) *Wissenschaft von der Vielfalt der Organismen mit ihrer Erfassung in einem System (7 a):* Begründer der S. ist C. von Linné.

Sys|te|ma|ti|ker [österr. auch: ...'mat...], der; -s, -: **1.** *jmd., der systematisch vorgeht.* **2.** *Wissenschaftler auf dem Gebiet der Systematik (2).*

Sys|te|ma|ti|ke|rin, die; -, -nen: w. Form zu ↑ Systematiker (1,2).

sys|te|ma|tisch [österr. auch: ...'mat...] ⟨Adj.⟩ [spätlat. systematicus < griech. systēmatikós = zusammenfassend; ein System bildend, zu: sýstēma, ↑ System]: **1.** *nach einem System (2) vorgehend, einem System folgend; planmäßig u. konsequent:* die -e Verfolgung von Minderheiten; wichtig ist ein -es Vorgehen; man hat uns s. in unseren Ermittlungen behindert. **2.** (Fachspr.) *einem bestimmten System entsprechend:* ein -er Katalog.

sys|te|ma|ti|sie|ren ⟨sw. V.; hat⟩: *in ein System bringen, in einem System darstellen:* Dazu: **Sys|te|ma|ti|sie|rung,** die; -, -en.

Sys|tem|bau|wei|se, die: *Bauweise, bei der vorgefertigte Bauteile eines kompletten Programms am Bestimmungsort zusammengefügt werden.*

sys|tem|be|dingt ⟨Adj.⟩: *durch das betreffende System (3, 5) bedingt:* -e Mängel.

Sys|tem|da|tei, die (EDV): *Datei, die für das Betriebssystem eines Computers notwendige Programme enthält.*

sys|tem|ei|gen ⟨Adj.⟩: *systemimmanent.*

sys|tem|er|hal|tend ⟨Adj.⟩: *durch sein Vorhandensein das bestehende System (3) erhaltend.*

Sys|tem|feh|ler, der: **1.** *Fehler in einem System (3).* **2.** (EDV) *Fehler in einem System (5).*

sys|tem|feind|lich ⟨Adj.⟩: *nicht systemkonform.*

sys|tem|fremd ⟨Adj.⟩: *dem betreffenden System (1, 3) nicht, kaum vereinen lassend.*

Sys|tem|gas|t|ro|no|mie, die (Fachspr.): *Gastronomie, die in Ketten (2 d) organisiert ist.*

Sys|tem|geg|ner, der: *Gegner eines herrschenden politischen Systems.*

Sys|tem|geg|ne|rin, die: w. Form zu ↑ Systemgegner.

Sys|tem|haus, das: *Unternehmen, das Computersysteme entwickelt u. vertreibt.*

sys|tem|im|ma|nent ⟨Adj.⟩: *einem System (1, 3) innewohnend; in den Rahmen eines Systems (1, 3) gehörend.*

Sys|tem|in|te|g|ra|ti|on, die (EDV): *das Einführen u. Anpassen von Soft- u. Hardware [bei Unternehmen]:* Dazu: **Sys|tem|in|te|g|ra|tor,** der; -s, -en; **Sys|tem|in|te|g|ra|to|rin,** die; -, -nen.

sys|te|misch ⟨Adj.⟩: **1.** (Biol., Med.) *den gesamten Organismus betreffend:* -e Insektizide, Mittel *(Pflanzenschutzmittel, die von der Pflanze über die Blätter od. die Wurzeln aufgenommen werden u. einen wirksamen Schutz gegen Viren u. Insekten bieten, ohne die Pflanze selbst zu schädigen).* **2.** (bildungsspr., Fachspr.) *ein bestimmtes System (als Ganzes) betreffend:* -e Risiken der Finanzmärkte; -e *(ganzheitliche)* Therapie.

Sys|tem|kom|po|nen|te, die: *ein einzelner der Bestandteile, die ein System (3, 5) bilden.*

sys|tem|kon|form ⟨Adj.⟩: *mit einem bestehenden politischen System (3) im Einklang:* das Regime verlangt -es Verhalten.

Sys|tem|kri|tik, die: *Kritik an der wirtschaftlichen, sozialen od. politischen Ordnung eines Systems (3).*

Sys|tem|kri|ti|ker, der: *jmd., der Systemkritik vorbringt:* der S. wurde politisch verfolgt.

Sys|tem|kri|ti|ke|rin, die: w. Form zu ↑ Systemkritiker.

sys|tem|kri|tisch ⟨Adj.⟩: *Systemkritik übend:* sie wurde wegen -er Äußerungen inhaftiert.

Sys|tem|lö|sung, die (Wirtsch., EDV): *Dienstleistung, die (bes. im Bereich IT) die [kompletten] erforderlichen Systemkomponenten u. deren Integration zur Lösung eines Problems od. Erfüllung eines Kundenwunsches umfasst.*

Sys|tem|ma|nage|ment (bes. EDV): *[Überwachung u.] Verwaltung eines Systems (5).*

sys|tem|nah ⟨Adj.⟩ (EDV): *zu einer umfassenden Software gehörend, aber nicht unmittelbar das Betriebssystem betreffend:* -e Software, Programmierung.

Sys|tem|soft|ware, die (EDV): *Gesamtheit der Computerprogramme, die vom Hersteller mitgeliefert werden u. die Anlage betriebsbereit machen.*

sys|tem|spe|zi|fisch ⟨Adj.⟩: *für ein bestimmtes System spezifisch.*

Sys|tem|start, der (EDV): *Start eines Betriebssystems.*

Sys|tem|steu|e|rung, die: **1.** (EDV) *Programm zur individuellen Einstellung von Funktionen eines Betriebssystems.* **2.** (Technik) *elektronische Einrichtung, die die Abläufe eines Systems (5) steuert.*

Sys|tem|tech|nik, die (bes. EDV): *technischer Rahmen, technische Handhabung eines Systems (5).*

sys|tem|the|o|re|tisch ⟨Adj.⟩: *die Systemtheorie betreffend.*

Sys|tem|the|o|rie, die: *formale Theorie der Beziehungen zwischen den Elementen eines Systems (1, 3, 4), des Zusammenhangs zwischen Struktur u. Funktionsweise von gekoppelten Systemen als Teilgebiet der Kybernetik.*

sys|tem|über|grei|fend ⟨Adj.⟩: *nicht an ein einzelnes System gebunden; mehrere Systeme einbeziehend.*

Sys|tem|um|ge|bung, die (EDV): *mit einem bestimmten Betriebssystem arbeitende Gesamtheit von Systemkomponenten:* eine in verschiedenen -en einsetzbare Software.

Sys|tem|ver|än|de|rung, die: *[revolutionäre] Veränderung eines Systems (3).*

Sys|tem|ver|wal|ter, der (EDV): *Systemadministrator.*

Sys|tem|ver|wal|te|rin, die: w. Form zu ↑ Systemverwalter.

Sys|tem|ver|wal|tung, die: *Systemadministration.*

Sys|tem|wech|sel, der: **1.** (Politik) *Wechsel von einem System (3) zu einem anderen.* **2.** (bes. EDV) *Wechsel von einem System (5) zu einem anderen.*

sys|tem|weit ⟨Adj.⟩ (EDV): *in einem System (5) für alle Komponenten geltend.*

Sys|tem|wet|te, die: *(im Lotto) Wette nach einem bestimmten System (2).*

Sys|tem|zwang, der: *einschneidende Beschränkung in der Handlungsfreiheit, die durch das*

Eingebundensein in ein System (2, 3) verursacht ist.

Sy|s|to|le [auch: 'zʏstole], die; -, ...olen [griech. systolé = Zusammenziehung, Kürzung]: **1.** (Med.) *mit der Diastole rhythmisch abwechselnde Zusammenziehung des Herzmuskels.* **2.** (antike Metrik) *Kürzung eines langen Vokals od. eines Diphthongs.*

sy|s|to|lisch ⟨Adj.⟩ (Med.): *die Systole (1) betreffend:* -er Blutdruck *(Blutdruck im Augenblick der Zusammenziehung des Herzmuskels).*

Szcze|cin ['ʃtʃɛtʃin]: poln. Name von ↑ Stettin.

Sze|na|rio, das; -s, -s u. ...rien [ital. scenario < spätlat. scaenarium, ↑ Szenarium]: **1.** (Film) *szenisch gegliederter Entwurf eines Films [als Entwicklungsstufe zwischen Exposé u. Drehbuch].* **2.** (Theater) *Szenarium (1).* **3.** (Fachspr.) *(in der öffentlichen u. industriellen Planung) hypothetische Aufeinanderfolge von Ereignissen, die zur Beachtung kausaler Zusammenhänge konstruiert wird:* bei der Ausschaltung sämtlicher Risiken muss dieses S. in Betracht gezogen werden. **4.** *Beschreibung, Entwurf, Modell der Abfolge von möglichen Ereignissen od. der hypothetischen Durchführung einer Sache:* der Politiker entwarf ein düsteres S. der wirtschaftlichen Entwicklung.

Sze|na|ri|um, das; -s, ...ien [spätlat. scaenarium = Ort, wo die Bühne errichtet wird, zu: scaenarius = zur Bühne gehörig, zu lat. scaena, ↑ Szene]: **1.** (Theater) *für die Regie u. das technische Personal erstellte Übersicht mit Angaben über Szenenfolge, auftretende Personen, Requisiten, Verwandlungen des Bühnenbildes o. Ä.* **2.** (Film) *Szenario (1):* sie hatte für diese Serie das S. geschrieben. **3.** (Fachspr.) *Szenario (3).* **4.** *Szenario (4):* ein düsteres S. der Zukunft. **5.** (bildungsspr.) *Schauplatz, Szenerie (2):* das Gebäude ist ein wunderbares S. für die Ausstellung.

Sze|ne, die; -, -n [(frz. scène <) lat. scaena, scena < griech. skēnḗ, eigtl. = Zelt; Hütte]: **1.** *kleinere Einheit eines Aktes (2), Hörspiels, Films, die an einem speziellen Ort spielt u. durch das Auf- od. Abtreten einer od. mehrerer Personen begrenzt ist:* eine gestellte S.; erster Akt, dritte S.; die S. spielt im Kerker, ist abgedreht, aufgenommen; eine S. proben, wiederholen, drehen. **2.** *Schauplatz einer Szene (1); Ort der Handlung:* die S. stellte ein Hotelzimmer dar; es gab Beifall auf offener S. *(Szenenapplaus);* Ü dann betrat der Parteivorsitzende die S. *(erschien der Parteivorsitzende);* * **die S. beherrschen** *(dominieren, in den Vordergrund treten, in einem Kreis die Aufmerksamkeit auf sich ziehen)* (bes. südd., österr., schweiz.: 1. *zur Aufführung gelangen.* 2. *veranstaltet werden);* **etw. in S. setzen** (1. *etw. inszenieren, aufführen. etw. arrangieren:* ein Programm Punkt für Punkt, einen Staatsstreich in S. setzen); **sich in S. setzen** *(die eigene Person herausstellen, effektvoll zur Geltung bringen).* **3. a)** *auffallender Vorgang, Vorfall, der sich zwischen Personen [vor andern] abspielt:* eine rührende, traurige S.; **b)** *[theatralische] Auseinandersetzung; heftige Vorwürfe, die jmdm. gemacht werden:* jmdm. -n/eine S. machen. **4.** ⟨Pl. selten⟩ [nach engl. scene, ↑ Scene] *charakteristischer Bereich für bestimmte Aktivitäten:* die literarische S.; die Berliner [politische] S.; die Attentäter sind der rechten S. zuzuordnen.

-sze|ne, die; - (ugs.): *bezeichnet einen für etw. charakteristischen Bereich:* Bücher-, Jazz-, Rauschgift-, Sex-, Techno-, Theaterszene.

Sze|ne|gän|ger, der; -s, - (ugs.): *jmd., der zu einer Szene (4) gehört:* die S. lassen sich in dieser Bar nicht mehr blicken.

Sze|ne|gän|ge|rin, die; -, -nen: w. Form zu ↑ Szenegänger.

Sze|ne|knei|pe, die (ugs.): *kleines Lokal, in dem vor allem diejenigen verkehren, die zu einer Szene (4) gehören.*

Sze|nen|ap|plaus, der: *Applaus, den ein Darsteller auf der Bühne als unmittelbare Reaktion auf eine besondere Leistung erhält.*

Sze|nen|bild, das: **a)** (Theater) *[meist] auf einer Bühne [mit Kulissen u. a.] aufgebauter Ort, an dem eine Szene (1) spielt;* **b)** (Film, Fernsehen) *Darstellung der Szene (2).*

Sze|nen|fol|ge, die: *Folge von Szenen (1, 3 a), Darstellungen.*

Sze|nen|wech|sel, der: **1.** (Theater, Film, Fernsehen) *Wechsel der Szene (2) [mit Veränderung der Kulissen].* **2.** *Ortswechsel:* wenn die Musik im Lokal zu laut wird, empfiehlt sich ein S.

Sze|ne|rie, die; -, -n [zu ↑ Szene]: **1.** (Theater) *Bühnendekoration, -bild einer Szene (1, 2);* die S. einer Gelehrtenstube. **2.** *Schauplatz eines Geschehens, einer Handlung; Rahmen, in dem sich etw. abspielt:* die -n des Romans; sie waren überwältigt von dieser S. *(landschaftlichen Kulisse).*

Sze|ne|treff, der (ugs.): *Ort, an dem sich diejenigen treffen, die zu einer Szene (4) gehören.*

Sze|ne|vier|tel, das: *von Angehörigen der Szene (4) bevorzugter Stadtteil.*

sze|nisch ⟨Adj.⟩: **a)** *die Szene (1) betreffend; in der Art einer Szene [dargestellt]:* eine -e Erzählweise; -e Lesungen; **b)** *die Inszenierung betreffend:* eine s. einfallsreiche Aufführung; **c)** *die Szene (2) betreffend:* sie hat eine Professur für -e Bühnengestaltung.

Sze|no|gra|fie, Sze|no|gra|phie, die; -, -n [griech. skēnographía = Kulissenmalerei]: **1.** *Entwurf u. Herstellung der Dekoration u. der Bauten für Filme.* **2.** *dramaturgische Gestaltung von Räumen, insbes. für Ausstellungen, Filme u. Theater.*

Szep|ter, das; -s, - (österr.): ↑ Zepter.

szi|en|ti|fisch [stsjɛ̯...] ⟨Adj.⟩ [spätlat. scientificus, zu lat. scientia = Wissen(schaft), zu: scire = wissen] (Fachspr.): *wissenschaftlich.*

Szi|en|tis|mus, der; - [zu lat. scientia, ↑ szientifisch] (Fachspr.): *Wissenschaftstheorie, nach der die Methoden der exakten [Natur]wissenschaften auch die Geistes- u. Sozialwissenschaften übertragen werden sollen; auf strenger Wissenschaftlichkeit gründende Haltung.*

Szin|ti|gra|fie, Szintigraphie, die; -, -n [zu lat. scintillare = ↑ -grafie] (Med.): *Untersuchung u. Darstellung innerer Organe mithilfe von Szintigrammen.*

Szin|ti|gramm, das; -s, -e [↑ -gramm] (Med.): *durch die Einwirkung der Strahlung radioaktiver Stoffe auf eine fluoreszierende Schicht erzeugtes Bild.*

Szin|ti|gra|phie: ↑ Szintigrafie.

szin|til|lie|ren ⟨sw. V.; hat⟩ [lat. scintillare, zu: scintilla = Funke] (Physik, Astron.): *funkeln, leuchten, flimmern.*

Szis|si|on, die; -, -en [spätlat. scissio, zu lat. scissum, 2. Part. von: scindere = spalten] (veraltet): *Spaltung, [Ab]trennung.*

Szyl|la, (griech.:) Skylla: in der Wendung **zwischen S. und Charybdis** (bildungsspr.: *in einer Situation, in der nur zwischen zwei Übeln zu wählen ist;* nach dem sechsköpfigen Seeungeheuer der griechischen Mythologie, das in einem Felsenriff in der Straße von Messina gegenüber der Charybdis, einem gefährlichen Meeresstrudel, auf vorbeifahrende Seeleute lauerte).

t, T [teː], das; - (ugs.: -s), - (ugs.: -s) [mhd., ahd. t]: *zwanzigster Buchstabe des Alphabets; ein Konsonantenbuchstabe:* ein kleines t, ein großes T schreiben.

t = Tonne.
T = Tesla; Tritium.
ϑ, Θ: ↑ Theta.
τ, T: ↑ ³Tau.
Ta = Tara.

¹Tab [auch: tɛp], der od. das; -s, -e [engl. tab, H. u.]: **1.** (Bürow.) *der Kenntlichmachung bestimmter Merkmale dienender, vorspringender Teil am oberen Rand einer Karteikarte.* **2.** (EDV) *Registerkarte.*

²Tab, das; -s, -s ⟨meist Pl.⟩ [Kurzf. von ↑ Tablette]: *in [größere] Tablettenform gepresstes Spül-, Wasch- od. sonstiges Reinigungsmittel.*

◆ **Ta|ba|gie** [...ʒiː], die; -, -n [frz. tabagie = Ort, an dem man zusammenkommt, um Tabak zu rauchen, eigtl. = Festessen, Gelage, aus dem Algonkin (nordamerik. Indianerspr.), später angelehnt an: tabac, ↑ Tabak]: *kleines Lokal, in dem Tabak geraucht u. Alkohol getrunken werden kann:* Wie wär's, wenn wir ihm des Abends, wenn er aus der T. kömmt, aufpassten und ihn brav durchprügelten? (Lessing, Minna I, 12).

Ta|bak [auch: 'taːbak, bes. österr.: ta'bak], der; -s, (Sorten:) -e [span. tabaco, viell. aus einer Indianerspr. der Karibik]: **1. a)** *(zu den Nachtschattengewächsen gehörende) nikotinhaltige Pflanze mit großen, behaarten Blättern u. in Trauben od. Rispen stehenden weißen, gelben od. rosa, oft stark duftenden Blüten:* T. anbauen, pflanzen, ernten, brechen; **b)** *Tabakblätter:* T. fermentieren, beizen. **2. a)** *aus getrockneten u. durch Fermentierung geschmacklich veredelten Blättern der Tabakpflanze hergestelltes Produkt zum Rauchen* (2 a): ein leichter, milder, starker T.; [eine Pfeife] T. rauchen; * **starker T.** (↑ Tobak); **b)** Kurzf. von ↑ Kautabak; **c)** Kurzf. von ↑ Schnupftabak: T. schnupfen.

Ta|bak|an|bau, Ta|bak|bau, der ⟨o. Pl.⟩: *Anbau von Tabak (1 a).*

Ta|bak|beu|tel: ↑ Tabaksbeutel.

Ta|bak|blatt, das: *Blatt der Tabakpflanze.*

Ta|bak|do|se: ↑ Tabaksdose.

Ta|bak|ge|schäft, das: *Geschäft in dem Tabakwaren verkauft werden.*

Ta|bak|in|dus|t|rie, die: *Tabakwaren erzeugende Industrie.*

Ta|bak|kä|fer, der: *an trockenen pflanzlichen Stoffen, bes. Tabakwaren, als Schädling auftretender, braunschwarzer od. braunroter Käfer.*

Ta|bak|kon|sum, der; -s: *Konsum von Tabak.*

Ta|bak|kon|zern, der: *Konzern der Tabakindustrie.*

Ta|bak|la|den, der: *Tabakgeschäft.*

Ta|bak|pfei|fe: ↑ Tabakspfeife.

Ta|bak|pflan|ze, die: *Tabak* (1 a).

Ta|bak|pflan|zer, der: *jmd., der Tabak (1 a) anbaut.*

Ta|bak|pflan|ze|rin, die: w. Form zu ↑ Tabakpflanzer.

Ta|bak|pflan|zung, die: *Tabakplantage.*

Tabakplantage – Tabula rasa

Ta|bak|plan|ta|ge, die: *Plantage, auf der Tabak angebaut wird.*

Ta|bak|rauch, der: *Rauch von Tabak* (2 a).

Ta|baks|beu|tel, Tabakbeutel, der: *kleiner Beutel für Pfeifentabak.*

Ta|bak|schnup|fen, das; -s: *das Schnupfen von Schnupftabak.*

Ta|baks|do|se, Tabakdose, die: vgl. Tabaksbeutel.

Ta|baks|kol|le|gi|um, das (Geschichte): *fast täglich zusammenkommende Abendgesellschaft König Friedrich Wilhelms I. von Preußen.*

Ta|baks|pfei|fe, Tabakpfeife, die: *Pfeife* (2).

Ta|baks|rauch, der (selten): *Tabakrauch.*

Ta|bak|steu|er, die: *Verbrauchssteuer auf Tabakwaren.*

Ta|bak|tra|fik, die (österr.): *kleines Geschäft, in dem man Tabakwaren, Briefmarken, Zeitschriften u. Ä. kaufen kann.*

Ta|bak|wa|re, die ⟨meist Pl.⟩: *aus Tabak* (1 b) *hergestelltes Produkt.*

Ta|bak|wer|be|ver|bot, das: *Verbot, für Tabakwaren [generell od. in bestimmten Medien] zu werben.*

Ta|bak|wer|bung: *Werbung für Tabakwaren.*

Ta|bas|co®, der; -s, **Ta|bas|co|so|ße,** die, **Ta|bas|co|sau|ce,** die [nach dem mex. Bundesstaat Tabasco]: *aus roten Chillies hergestellte, sehr scharfe Würzsoße.*

Ta|ba|ti|e|re, die; -, -n [frz. tabatière (älter: tabaquière), zu: tabac < span. tabaco, ↑ Tabak]: **1.** (veraltet) *Schnupftabakdose.* **2.** (österr. veraltet) a) *Tabaksdose;* b) *Zigarettenetui.*

Tabbed Brow|sing [ˈtɛbt ˈbrauzɪŋ], das; - -[s] (EDV): *Browsen mit Registerkarten (als Feature eines Browsers).*

Tab|bou|leh: ↑ Taboulé.

ta|bel|la|risch ⟨Adj.⟩ [zu lat. tabellarius = zu den (Stimm)tafeln o. Ä. gehörend, zu: tabella, ↑ Tabelle]: *in Tabellenform:* eine -e Übersicht.

ta|bel|la|ri|sie|ren ⟨sw. V.; hat⟩ (Fachspr.): *in Tabellenform bringen:* Ergebnisse t.

Ta|bel|le, die; -, -n [lat. tabella = Stimm-, Merk-, Rechentafel, Vkl. von: tabula, ↑ Tafel]: **1.** *listenförmige Zusammenstellung, Übersicht; [Zahlen]tafel:* eine T. der wichtigsten Ereignisse; eine T. mit statistischen Daten. **2.** (Sport) *Tabelle* (1), *die die Rangfolge von Mannschaften, Sportlern (einer Spielrunde, eines Wettbewerbs) entsprechend den von ihnen erzielten Ergebnissen wiedergibt:* die T. anführen; der Verein belegt einen guten Platz in der T.

Ta|bel|len|drit|te, die/eine Tabellendritte; der/einer Tabellendritten, die Tabellendritten/zwei Tabellendritte (Sport): *Mannschaft od. Sportlerin an dritter Stelle der Tabelle.*

Ta|bel|len|drit|ter, der Tabellendritte/ein Tabellendritter; des/eines Tabellendritten, die Tabellendritten/zwei Tabellendritte (Sport): *Verein, Mannschaft od. Sportler an dritter Stelle der Tabelle.*

Ta|bel|len|en|de, das (Sport): *Ende der Tabelle* (2): am T. stehen.

Ta|bel|len|ers|te, die/eine Tabellenerste; der/einer Tabellenersten, die Tabellenersten/zwei Tabellenerste (Sport): *Tabellenführerin.*

Ta|bel|len|ers|ter, der Tabellenerste/ein Tabellenerster; des/eines Tabellenersten, die Tabellenersten/zwei Tabellenerste (Sport): *Tabellenführer.*

Ta|bel|len|form, die: *Form einer Tabelle* (1).

Ta|bel|len|füh|rer, der (Sport): *Verein, Mannschaft od. Sportler an der Spitze der Tabelle* (2): Bayern München ist T.

Ta|bel|len|füh|re|rin, die: w. Form zu ↑ Tabellenführer.

Ta|bel|len|füh|rung, die (Sport): *Führung in der Tabelle* (2): die T. verteidigen.

Ta|bel|len|kal|ku|la|ti|on, die (EDV, Wirtsch.): *mithilfe eines speziellen Programms* (4) *erfolgende Kalkulation* (1), *bei der die Daten tabellarisch auf dem Bildschirm angeordnet sind u. jede Änderung eines Parameters zur automatischen Anpassung aller davon abhängigen Werte führt.*

Ta|bel|len|kel|ler, der (Sportjargon): *Tabellenende.*

Ta|bel|len|letz|te, die/eine Tabellenletzte; der/einer Tabellenletzten, die Tabellenletzten/zwei Tabellenletzte (Sport): *Mannschaft od. Sportlerin am Ende der Tabelle.*

Ta|bel|len|letz|ter, der Tabellenletzte/ein Tabellenletzter; des/eines Tabellenletzten, die Tabellenletzten/zwei Tabellenletzte (Sport): *Verein, Mannschaft od. Sportler am Ende der Tabelle.*

Ta|bel|len|platz, der (Sport): *Platz in der Tabelle* (2).

Ta|bel|len|rang, der (Sport): *Tabellenplatz:* die unteren Tabellenränge verlassen haben.

Ta|bel|len|spit|ze, die (Sport): *Tabellenführung.*

Ta|bel|len|stand, der ⟨o. Pl.⟩ (Sport): *Stand der Tabelle* (2).

Ta|bel|len|zwei|te, die/eine Tabellenzweite; der/einer Tabellenzweiten, die Tabellenzweiten/zwei Tabellenzweite (Sport): *Mannschaft od. Sportlerin an zweiter Stelle der Tabelle.*

Ta|bel|len|zwei|ter, der Tabellenzweite/ein Tabellenzweiter; des/eines Tabellenzweiten, die Tabellenzweiten/zwei Tabellenzweite (Sport): *Mannschaft, Verein od. Sportler an zweiter Stelle der Tabelle.*

ta|bel|lie|ren ⟨sw. V.; hat⟩ (Fachspr.): *Angaben auf maschinellem Wege in Tabellenform darstellen:* tabellierte Werte.

Ta|ber|na|kel, das, auch (bes. kath. Kirche) der; -s, - [mhd. tabernakel < mlat. tabernaculum = »Sakramentshäuschen« < lat. tabernaculum = Zelt, Hütte, Vkl. von: taberna, ↑ Taverne]: **1.** (kath. Kirche) *kunstvoll gestalteter Schrein in der Kirche (bes. auf dem Altar), worin die geweihten Hostien aufbewahrt werden.* **2.** (Archit.) *Baldachin* (3).

Ta|bes […es], die; - [lat. tabes, zu: tabere = schmelzen, schwinden, abnehmen] (Med.): *[Rückenmarks]schwindsucht.*

Tab|la, die; -, - s od. der; -s, -s [Urdu tabla < arab. tabl = Trommel] (Musik): *asymmetrisches Paar kleiner, mit den bloßen Händen geschlagener Kesselpauken in Indien, Pakistan u. Bangladesch.*

Tab|leau [taˈbloː], das; -s, -s [frz. tableau, zu: table = Tisch; Tafel, Brett < lat. tabula, ↑ Tafel]: **1.** a) (Theater, Film) *wirkungsvoll gruppiertes Bild (auf der Bühne od. Leinwand);* b) (veraltet) *Gemälde.* **2.** (bes. Literaturwiss.) *breit ausgeführte, personenreiche Schilderung:* das antike T. der Odyssee. **3.** (österr.) a) *Schautafel;* b) *Tabelle, Rangliste.* **4.** (österr. veraltet) *Mieterverzeichnis im Flur eines Mietshauses.*

Tab|le|dance, Tab|le-Dance [ˈtɛɪbldaːns], der; - [engl. table dance, zu table = Tisch und dance = Tanz]: *in Nachtlokalen von einer Frau od. einem Mann in spärlicher Bekleidung vorgeführter erotischer Tanz [auf einem Tisch od. einer erhöhten Plattform].*

Tab|let [ˈtɛblət], das; -s, -s (EDV): kurz für ↑ Tablet-PC.

Tab|let-PC [ˈtɛblɛt...], der; -[s], -[s] [zu amerik. tablet, eigtl. = Notizblock < engl. tablet = Schreibtafel]: *tragbarer flacher Computer in der Form eines Schreibblocks, der mithilfe eines (digitalen) Stifts od. durch Berühren des Bildschirms mit dem Finger bedient wird.*

Tab|lett, das; -[e]s, -s, auch: -e [frz. tablette, Vkl. von: table, ↑ Tableau]: *Brett mit erhöhtem Rand zum Servieren:* ein volles T.; ein T. mit dampfendem Kaffee, Toast und Marmelade; das T. absetzen, hinaustragen; etwas auf einem T. servieren; *jmdm. etw. auf einem silbernen T. servieren/anbieten o. Ä. (jmdm. etw. so präsentieren, dass er nur noch zuzugreifen braucht, sich nicht mehr selbst darum bemühen muss).

Tab|let|te, die; -, -n [frz. tablette, identisch mit: tablette, ↑ Tablett]: *bes. Arzneimittel von der Form eines kleinen runden, mehr od. weniger flachen Scheibchens (zum Einnehmen):* -n gegen Kopfschmerzen; jmdm. -n verschreiben; -n [ein]nehmen, schlucken, in Wasser auflösen; Kraftczek handelte die kleinen gelben -n, die vor Malaria schützen sollten, gegen Rosinen ein (Strittmatter, Wundertäter 485).

ta|blet|ten|ab|hän|gig ⟨Adj.⟩: vgl. drogenabhängig.

Tab|let|ten|form, die ⟨Pl. selten⟩: *Form (eines Gegenstandes), die der von Tabletten ähnlich ist:* ein Arzneimittel in T.

Tab|let|ten|miss|brauch, der: *Missbrauch* (1 b) *von Tabletten.*

Tab|let|ten|sucht, die ⟨o. Pl.⟩: *Sucht nach Tabletten.*

tab|let|ten|süch|tig ⟨Adj.⟩: *süchtig nach Tabletten.*

Tab|loid [ˈtablɔyd], das; -, -s [engl. tabloid, urspr. Markenname eines in Tablettenform verkauften Medikaments, zu tablet = Tablette, bildlich gebr. im Sinne von »konzentriert, leicht konsumierbar«] (Zeitungsw.): **1.** *kleineres handliches Format für Zeitungen.* **2.** *Zeitung im Format Tabloid* (1). **3.** *(bes. britische) Boulevardzeitung.*

¹**Ta|bor,** der; -[s]: *Berg in Israel.*

²**Ta|bor:** *tschechische Stadt.*

Ta|bou|lé, Tabbouleh […buˈleː], das; -[s], -[s], auch: die; -, -[s] [frz. taboulé < arab. tabbūla = (die) gewürzte, pikante Speise o. Ä.)]: *aus dem Libanon stammender Salat aus geschrotetem Weizen, Tomaten, Zwiebeln, Minze u. a.

◆ **Ta|bou|ret** [tabuˈreː]: ↑ Taburett: Die meisten stehn, auf -s andere sitzen (Heine, Romanzero [Marie Antoinette]).

Täb|ris, der; -, - [nach der iran. Stadt Täbris]: *feiner, kurz geschorener Teppich aus Wolle od. Seide, meist mit Medaillonmusterung.

Tab|tas|te, die; -, -n (EDV-Jargon): kurz für ↑ Tabulatortaste (1).

ta|bu ⟨indekl. Adj.⟩ [engl. taboo, tabu < Tonga (polynes. Sprache) tabu, tapu, wohl = geheiligt]: *einem Tabu* (2) *unterliegend:* dieses Thema ist t.; Ü in diesem Restaurant sind Jeans t. (ugs.; *nicht erlaubt, verpönt).

Ta|bu, das; -s, -s: **1.** (Völkerkunde) *Verbot, bestimmte Handlungen auszuführen, bes. geheiligte Personen od. Gegenstände zu berühren, anzublicken, zu nennen, bestimmte Speisen zu genießen:* etw. ist mit [einem] T. belegt, durch [ein] T. geschützt. **2.** (bildungsspr.) *ungeschriebenes Gesetz, das aufgrund bestimmter Anschauungen innerhalb einer Gesellschaft verbietet, bestimmte Dinge zu tun:* ein gesellschaftliches T.; ein T. errichten, aufrichten, verletzen, brechen; an/ein T. rühren; gegen ein T. verstoßen.

Ta|bu|bruch, der: *[bewusste] Missachtung, Verletzung eines Tabus.*

ta|bu|ie|ren (selten): ↑ tabuisieren usw.

ta|bu|i|sie|ren ⟨sw. V.; hat⟩ (bildungsspr., Fachspr.): *zum Tabu* (2) *machen:* tabuisierte Themen.

Ta|bu|i|sie|rung, die; -, -en (bildungsspr., Fachspr.): *das Tabuisieren:* die T. von Tod und Sterben in den modernen Gesellschaften.

Ta|bu|la gra|tu|la|to|ria, die; -, ...lae ...ri̯e] [lat., zu: tabula (↑ Tafel) u. gratulatorius = Glück wünschend] (bildungsspr.): *Liste der Gratulanten (in Fest-, Jubiläumsschriften o. Ä.).

Ta|bu|la ra|sa, die; - - [(unter engl. u. frz. Einfluss

<) mlat. tabula rasa = abgeschabte (u. wieder beschreibbare) Schreibtafel, aus lat. tabula (↑ Tafel) u. rasa, w. 2. Part. von: radere, ↑ rasieren]: **1.** (Philos.) *ursprünglicher Zustand der Seele (vor ihrem Geprägtwerden durch Eindrücke, Erfahrungen).* **2.** (bildungsspr.) *etw., was durch nichts [mehr] vorgeprägt ist, [einen Neubeginn ermöglicht].* **3.** in der Verbindung [mit etw.] **T. r. machen** *[mit etw.] unnachsichtig aufräumen, rücksichtslos Ordnung, Klarheit schaffen;* nach frz. faire table rase).

Ta|bu|la|tor, der; -s, ...oren [engl. tabulator, zu: to tabulate = in Tabellenform anlegen < spätlat. tabulare = mit Brettern belegen, beschlagen, zu lat. tabula, ↑ Tafel] (Technik, Bürow.): *Vorrichtung an Schreib-, Rechenmaschinen o. Ä. für das Weiterrücken des Wagens (4) auf vorher eingestellte Stellen beim Schreiben von Tabellen o. Ä.*

Ta|bu|la|tor|tas|te, die: **1.** *(EDV) Taste einer Computertastatur für das Weiterrücken des Cursors auf vorher eingestellte Stellen.* **2.** *Taste zur Betätigung des Tabulators einer Schreibmaschine.*

ta|bu|los ⟨Adj.⟩: *kein Tabu (2) kennend, durch kein Tabu eingeschränkt:* -er Sex.

Ta|bun, das; -s [Kunstwort]: *ein tödliches, zuerst im Zweiten Weltkrieg als Kampfmittel produziertes Nervengift.*

Ta|bu|the|ma, das: *tabuisiertes Thema:* Gewalt in der Ehe war lange Zeit ein absolutes T.

Ta|bu|ver|let|zung, die: *Verletzung eines Tabus.*

Ta|bu|wort, das (Sprachwiss., Psychol.): *Wort, Name, der ein Tabu (1) berührt, den man deshalb meidet u. durch einen anderen ersetzt* (z. B. »der Leibhaftige« anstelle von »Teufel«).

Ta|bu|zo|ne, die: *Tabubereich.*

Ta|ches [jidd. tachles = Ziel, Zweck < hebr. taklīt] in der Wendung **T. reden** (ugs.: *unverhüllt, ohne falsche Rücksichtnahme seine Meinung sagen, ganz offen die Sachlage darstellen;* urspr. = Zweckmäßiges reden; zur Sache kommen).

ta|chi|nie|ren ⟨sw. V.; hat⟩ [H. u.] (österr. ugs.): **1.** *[während der Arbeitszeit] untätig herumstehen, faulenzen.* **2.** *[Arbeitsunfähigkeit] simulieren, krankfeiern.*

Ta|chi|nie|rer, der; -s, - (österr. ugs.): *Faulenzer, Drückeberger.*

Ta|chi|nie|re|rin, die; -, -nen: w. Form zu ↑ Tachinierer.

Ta|chis|mus [ta'ʃɪsmʊs], der; - [frz. tachisme, zu: tache = (Farb)fleck, wohl über das Vlat. < got. taikn(s) = Zeichen]: *Richtung der abstrakten Malerei, die Empfindungen durch spontanes Auftragen von Farbe auf die Leinwand auszudrücken sucht.*

Ta|chis|to|s|kop, das; -s, -e [zu griech. táxistos, Sup. von: tachýs (↑ tachy-, Tachy-) u. skopeîn = betrachten] (Psychol.): *Apparat zur Darbietung verschiedener optischer Reize bei psychologischen Tests zur Prüfung der Aufmerksamkeit.*

Ta|cho, der; -s, -s (ugs.): Kurzf. von ↑ Tachometer (1).

ta|cho-, Ta|cho- [griech. táchos = Geschwindigkeit]: Best. in Zus. mit der Bed. *schnell; Geschwindigkeits-* (vgl. tachy-, Tachy-): Tachometer.

Ta|cho|graf, Ta|cho|graph, der; -en, -en [↑ -graf]: *Fahrtenschreiber.*

Ta|cho|me|ter, der, auch: das; -s, - [engl. tachometer, geb. von dem brit. Ingenieur B. Donkin (1768–1855), zu griech. taxýs = schnell, táchos = Geschwindigkeit u. métron, ↑ -meter (1)]: **1.** *Messgerät, das die Fahrgeschwindigkeit eines Fahrzeugs anzeigt; Geschwindigkeitsmesser.* **2.** *Drehzahlmesser.*

Ta|cho|me|ter|na|del, die: *Nadel (5) eines Tachometers:* die T. zeigt 100 Stundenkilometer [an].

Ta|cho|me|ter|stand, der: *(auf dem Tachometer erscheinender) Kilometerstand:* ein T. von 11 000 km.

Ta|cho|na|del, die (ugs.): *Tachometernadel:* die T. stand auf 200.

Ta|cho|stand, der (ugs.): *Tachometerstand.*

ta|chy-, Ta|chy- [griech. tachýs = schnell]: Best. in Zus. mit der Bed. *schnell; Geschwindigkeits-* (z. B. Tachygraf, tachygrafisch).

Ta|chy|gra|fie, Ta|chy|gra|phie, die; -, -n [zu spätgriech. tachygrapheîn = schnell schreiben]: *Kurzschriftsystem des griechischen Altertums.*

ta|chy|kard ⟨Adj.⟩ (Med.): *Tachykardie zeigend, mit stark beschleunigter Herztätigkeit.*

Ta|chy|kar|die, die; -, -n [zu griech. kardía = Herz] (Med.): *stark beschleunigter Herzschlag; Herzjagen.*

ta|cken ⟨sw. V.; hat⟩ [lautm.]: *kurze, harte, [schnell u.] regelmäßig aufeinanderfolgende Geräusche von sich geben:* ein Maschinengewehr tackt.

Ta|cker, der; -s, - [engl. tacker, zu: to tack = anheften] (Fachspr.): *Gerät, mit dem etw. geheftet werden kann.*

ta|ckern ⟨sw. V.; hat⟩ (ugs.): *mit dem Tacker heften.*

Tack|ling ['tɛklɪŋ], das; -s, -s [engl. tackling = das Angreifen] (Fußball): Kurzf. von ↑ Sliding Tackling: ein faires, erfolgreiches T.

Ta|co [...k...], die; -, -s [span. (mex.) taco, eigtl. = Zapfen, Pflock (nach der Form)]: *gerollte u. unterschiedlich gefüllte Maistortilla.*

Ta|del, der; -s, -: **1.** [unter Einfluss von ↑ tadeln] **a)** *[in scharfer Weise vorgebrachte] missbilligende Äußerung, die sich auf jmds. Tun, Verhalten bezieht:* ein scharfer, schwerer T.; einen T. aussprechen, [einen] T. verdienen; sie trifft kein T. (sie hat keine Schuld); einen T. erhalten; jmdm. einen T. erteilen; die Worte enthielten einen versteckten T.; etw. gibt zu T. Anlass; * **öffentlicher T.** (DDR Rechtsspr.): *gerichtliche Strafe, durch die jmd. wegen eines Vergehens öffentlich getadelt wird);* **b)** (früher) *Eintragung ins Klassenbuch, mit der ein Tadel (1 a) vom Lehrer (für das Zeugnis) festgehalten wurde:* einen T. eintragen. **2.** [mhd., mniederd. tadel = Fehler, Mangel, Gebrechen, H. u.] (geh.) *Makel* (meist in Verbindung mit einer Verneinung o. Ä.): an ihr, ihrem Leben war kein T.; seine Kleidung ist ohne T.

ta|del|frei ⟨Adj.⟩: *ohne Tadel (2) seiend:* ein -er Ruf.

ta|del|los ⟨Adj.⟩ (emotional): *in bewundernswerter Weise gut, einwandfrei:* -e Kleidung; ein -es Verhalten; er antwortete in einem -em Französisch; sich t. benehmen; etw. ist t. in Schuss.

ta|deln ⟨sw. V.; hat⟩ [spätmhd. tadelen = verunglimpfen, zu ↑ Tadel (2)]: *[in scharfer Weise] jmdm. sein Missfallen o. Ä. über ihn selbst, sein Verhalten, Tun o. Ä. zum Ausdruck bringen:* jmdn. [wegen seines Verhaltens, für sein Verhalten] streng, scharf t.; jmds. Arbeit t.; ⟨auch ohne Akk.-Obj.:⟩ ich tadle, tadele nicht gern; tadelnde Worte.

ta|delns|wert ⟨Adj.⟩: *Tadel verdienend:* -es Verhalten.

ta|dels|frei: ↑ tadelfrei.

Ta|dels|sucht, die ⟨o. Pl.⟩ (geh. abwertend): *besonderer Hang zu tadeln:* Dazu: **ta|del|süch|tig** ⟨Adj.⟩.

Ta|d|schi|ke, der; -n, -n: Angehöriger eines iranischen Volkes in Mittelasien.

Ta|d|schi|kin, die; -, -nen: w. Form zu ↑ Tadschike.

ta|d|schi|kisch ⟨Adj.⟩: *Tadschikistan, die Tadschiken betreffend; von den Tadschiken stammend, zu ihnen gehörend.*

Tad|schi|kisch, das; -[s], (nur mit best. Art.:) **Tad|schi|ki|sche,** das; -n: *die tadschikische Sprache.*

Ta|d|schi|ki|s|tan; -s: Staat im Südosten Mittelasiens.

Tae|k|won|do [tɛ...], das; -[s] [korean. taekwondo, aus: tae = Fuß(technik), kwon = Hand(technik) u. do = hervorragender Weg]: *dem Karate ähnlicher koreanischer Kampfsport.*

Ta|fel, die; -, -n [mhd. tavel(e), ahd. taval, über das Roman. (vgl. ital. tavola) < lat. tabula = Brett, (Schreib)tafel]: **1. a)** *[größere] Platte, die zum Beschreiben, Beschriften, Bemalen od. zum Anbringen von Mitteilungen dient* (z. B. Gedenk-, Hinweis-, Schiefer-, Wandtafel): eine hölzerne, steinerne T.; -n mit Hinweiszeichen; der Lehrer schreibt etw. an die T. **b)** (österr., schweiz.) *Verkehrsschild;* **c)** Kurzf. von ↑ Schalttafel; **d)** *[kleineres] plattenförmiges Stück:* eine T. Schokolade; ein -n mit der Wandverkleidung, Leim in -n; **e)** (Geol.) *Teil der Erdkruste aus ungefalteten, überwiegend flach liegenden Schichten.* **2. a)** *Tabelle:* eine T. der natürlichen Logarithmen; **b)** (Druckw.) *ganzseitige Illustration, Übersicht o. Ä.* (bes. in einem Buch): dieses Tier ist auf T. 18 abgebildet. **3.** (geh.) **a)** [nach den (im MA.) auf Gestelle gelegten Tischplatten] *großer, für eine festliche Mahlzeit gedeckter Tisch:* eine festlich geschmückte T.; die T. [ab]decken; an jmds. T. *(bei jmdm.)* speisen; **b)** ⟨o. Pl.⟩ *das Speisen [an der Tafel]; [festliche] Mahlzeit:* vor, während, nach der T.; [jmdn.] zur T. *(zu Tisch)* bitten; * **die T. aufheben** *(die gemeinsame Mahlzeit beenden [u. vom Tisch aufstehen];* urspr. = nach dem Essen die Tischplatte[n] aufheben u. wegtragen [wie es im MA. üblich war]). **4.** *für Bedürftige eingerichtete kostenlose od. preisgünstige Versorgung mit im Handel nicht mehr verkauften, aber noch gut erhaltenen Lebensmitteln od. daraus zubereiteten Mahlzeiten:* viele ehrenamtliche Helferinnen engagieren sich bei der Mannheimer T.

Ta|fel|an|schrieb, der; -[e]s, -e: *das, was (bes. in der Schule) an eine Wandtafel geschrieben wird.*

Ta|fel|ap|fel, der; vgl. Tafelobst.

ta|fel|ar|tig ⟨Adj.⟩: *in der Art, Form einer Tafel.*

Ta|fel|auf|satz, der: *Gegenstand, der bes. als Tischschmuck auf die festliche Tafel (3 a) gestellt wird.*

Ta|fel|berg, der (Geol.): *Berg von vorwiegend flacher Gesteinsschichtung, dessen oberer Teil ein Plateau (2) bildet.*

Ta|fel|be|steck, das: *wertvolleres Essbesteck.*

Ta|fel|bild, das (bild. Kunst): *auf eine [Holz]tafel, auf versteifte Leinwand o. Ä. gemaltes Bild.*

Tä|fel|chen, das; -s, -: Vkl. zu ↑ Tafel (1 a, d).

ta|fel|fer|tig ⟨Adj.⟩: *(von konservierten Gerichten o. Ä.) fertig zubereitet [u. vor dem Verzehr nur noch zu erwärmen].*

ta|fel|för|mig ⟨Adj.⟩: *von der Form einer Tafel* (1 a, d).

Ta|fel|freu|den ⟨Pl.⟩ (geh.): *Vergnügen beim genussvollen Verzehren von Speisen u. Getränken einer ausgiebigen [festlichen] Mahlzeit.*

Ta|fel|ge|bir|ge, das (Geol.): *Gebirge von vorwiegend flacher Gesteinsschichtung, dessen oberer Teil ein Plateau (2) bildet.*

Ta|fel|ge|schirr, das: *wertvolleres, zum Decken einer Tafel (3 a) benötigtes Geschirr.*

Ta|fel|kul|tur, die ⟨o. Pl.⟩ (geh.): vgl. Esskultur.

Ta|fel|leuch|ter, der: *Leuchter für die festlich gedeckte Tafel (3 a).*

Ta|fel|ma|le|rei, die: vgl. Tafelbild.

Ta|fel|mu|sik, die (früher): *während einer festlichen Mahlzeit gespielte Musik.*

tafeln – Tagebucheintrag

ta|feln ⟨sw. V.; hat⟩ [mhd. tavelen] (geh.): *genussvoll, ausgedehnt essen u. trinken.*

tä|feln ⟨sw. V.; hat⟩ [mhd. tevelen, ahd. tavalōn]: *(Wände, Decken) mit [Holz]tafeln verkleiden: ein getäfelter Raum.*

Ta|fel|obst, das (Kaufmannsspr.): *Obst einer für den unmittelbaren Verzehr geeigneten Sorte.*

Ta|fel|run|de, die (geh.): **1.** [mhd. tavelrunde < afrz. table ronde = Tafelrunde des Königs Artus, eigtl. = runde Tafel; 2. Bestandteil heute angelehnt an ↑ Runde (1 a)] *zum Essen u. Trinken um die Tafel* (3 a) *versammelte Runde:* eine fröhliche T. **2.** *geselliges Beisammensein einer Tafelrunde* (1): zu einer T. einladen.

Ta|fel|salz, das: *Speisesalz.*

Ta|fel|schwamm, der: *Schwamm zum Säubern der [Wand]tafel.*

Ta|fel|ser|vice, das: a) *wertvolleres, zum Decken einer Tafel* (3 a) *benötigtes* ¹*Service;* b) (Fachspr.) ¹*Service für die Hauptmahlzeiten.*

Ta|fel|sil|ber, das: *Tafelbesteck aus Silber.*

Ta|fel|spitz, der; -es, -e (österr., Kochkunst): **a)** *spitz zulaufendes Stück Fleisch aus dem sich an die Hüfte des Rindes anschließenden Schwanzstück;* **b)** *Gericht aus am Stück in Suppe gekochtem u. dann in Scheiben geschnittenem Tafelspitz* (a) *od. anderem geeignetem Rindfleisch.*

Tä|fe|lung, die; -, -en: **1.** *das Täfeln.* **2.** *Wand-, Deckenverkleidung aus Holz.*

Ta|fel|wa|gen, der: *Wagen mit offener, tafelförmiger Ladefläche ohne feste Seitenwände; Rollwagen.*

Ta|fel|was|ser, das ⟨Pl. ...wässer oder ...wasser⟩: *Mineralwasser in Flaschen.*

Ta|fel|wein, der: **1.** *Tischwein.* **2.** (früher) *(nach dem deutschen Weingesetz) Wein der untersten Güteklasse [bis 2009].*

◆ **Ta|fel|zeug**, das ⟨o. Pl.⟩: *Tafeltücher:* Die Seldwyler fanden zuerst ihre natürliche Heiterkeit wieder, und zwar durch die Bewunderung des reichen -es (Keller, Dietegen 92).

Ta|ferl, das; -s, -[n] (österr.): *Schild, [kleine] Tafel.*

Ta|ferl|klas|se, die; -, -n [Taferl = südd., österr. Vkl. von: (Schiefer)tafel] (österr. scherzh.): *erste Volksschulklasse.*

◆ **Ta|fer|ner**, der; -s, - [15. Jh., zu: Taferne = Schenke, Wirtshaus, mhd. taverne < ital. taverna, ↑ Taverne] *Gastwirt:* ... der Kirchenwirt, der die Standplätze zu vergeben hatte ... Der T. tat ein süßes Lächeln, ... dann schlug er ihr den gegenüberliegenden Platz vor (Rosegger, Waldbauernbub 137).

taff: ↑ tough.

◆ **Taf|fet:** ↑ Taft: ... eine Büchse aus durchbrochenem und mit rotem T. unterlegten Elfenbein (Keller, Kammacher 216).

◆ **Taf|fet|kleid:** ↑ Taftkleid: Kätter Ambach trat herein in flottem -e (Keller, Liebesbriefe 49).

Täf|lung (seltener): ↑ Täfelung.

Taft, der; -[e]s, -e [älter: Taffet < ital. taffettà < pers. tāftaʰ, eigtl. = Gewebtes, zu: tāftan = drehen, winden, weben]: *steifer (vielfach zum Abfüttern von Kleidungsstücken verwendeter) Stoff aus Seide od. Kunstseide:* das Kleid ist ganz auf T. gearbeitet (Schneiderei; *mit Taft gefüttert*).

Taft|bin|dung, die (Textilind.): *Leinwandbindung bei [Kunst]seidengeweben o. Ä.*

Taft|kleid, das: *[festliches] Kleid aus Taft.*

¹**Tag**, der; -[e]s, -e [mhd. tac, ahd. tag, wahrsch. zu einem Verb mit der Bed. »brennen« u. eigtl. = (Tages)zeit, wo die Sonne brennt]: **1.** *Zeitraum etwa zwischen Sonnenaufgang u. Sonnenuntergang, zwischen Beginn der Morgendämmerung u. Einbruch der Dunkelheit:* ein trüber, regnerischer T.; die -e werden kürzer, länger, nehmen ab; der T. bricht an, graut, erwacht (geh.; *die Morgendämmerung tritt ein*); der T. neigt sich, sinkt (geh.; *die Abenddämmerung tritt ein*); es wird, ist T.; wir müssen fertig werden, solange es noch T. (*hell*) ist; T. und Nacht (*ständig*); ein Unterschied wie T. und Nacht (*ein krasser Unterschied*); des -[e]s (geh.; *tags* 1); am -e; bei Tag[e] (*bei Tageslicht*) sieht der Stoff ganz anders aus; wir kamen noch bei T. nach Hause; bis in den T. hinein schlafen; [drei Stunden] vor T. (geh.; *vor Tagesanbruch*); R es ist noch nicht aller -e Abend (*es kann sich noch vielerlei ändern*); jetzt wird's T.! (*jetzt verstehe ich!*); Spr man soll den T. nicht vor dem Abend loben (*man soll erst den Ausgang von etw. abwarten, bevor man [positiv] urteilt, sich zu früh freut*); *Guten/guten T./(ugs.:) T. (Grußformel: [zu] jmdm. Guten/guten T. sagen; jmdm. einen guten T. wünschen); [bei] jmdm. Guten/guten T. sagen (ugs.; *bei jmdm. einen kurzen Besuch machen*); etw. an den T. legen (*überraschend erkennen lassen, zeigen*): er legte einen verdächtigen Eifer an den T.; etw. an den T. bringen/ziehen (*aufdecken, enthüllen*); an den T. kommen (*bekannt werden, sich herausstellen*); bei -e besehen (*genauer betrachtet*); unter -s (*während des Tages, tagsüber*); über, unter Tag[e] (Bergmannsspr.; *über, unter der Erdoberfläche*): über -e arbeiten; zu -e (vgl. zutage). **2. a)** *Zeitraum von Mitternacht bis Mitternacht, Zeitraum von 24 Stunden, in dem sich die Erde einmal ganz um ihre Achse dreht;* der neue T.; ein halber T.; ein freier (*arbeitsfreier*) T.; ein schwarzer T. (*Unglückstag*); heute war ein rabenschwarzer T. für sie; die sieben -e der Woche; T. der Abreise naht; heute ist sein [großer] T. (*ein bedeutender Tag für ihn*); der T. hat 24 Stunden; der T. jährt sich heute zum zweiten Mal; T. und Stunde (*Datum u. Uhrzeit*) des Treffens stehen fest; sie hat heute ihren/einen guten, schlechten T. (*sie ist heute gut, schlecht gestimmt*); welchen T. (*welches Datum*) haben wir heute?; sich ein paar schöne -e machen (*sich ein paar Tage lang etw. gönnen*); wir verbrachten die T. am Meer, einige -e in den Bergen; der Brief muss, sollte in den nächsten -en, heute in, vor drei -en; heute über acht -e (*in acht Tagen*); den T. über, den T. (*tagsüber*); sie denken nicht über den gegenwärtigen Augenblick hinaus); einen T. um den anderen (*jeden zweiten Tag*); es ging von T. zu T. (*stetig*) aufwärts; von einem T. auf den andern (*plötzlich*); jmdn. von einem T. auf den andern (*fortlaufend*) vertrösten; Ü tun, was der T. (*die tägliche Pflicht*) fordert; etw. ist nur für den T. geschrieben (*ein schriftstellerisches Erzeugnis von nur aktueller Bedeutung*); jmdm. einen T. (*Zeit*) stehlen; sich ⟨Dativ⟩ einen guten, faulen T. machen (ugs.; *es sich gut gehen lassen, faulenzen*); keinen guten T. bei jmdm. haben (geh.; *es nicht gut bei jmdm. haben*); er faulenzt den lieben langen T. (*während des ganzen Tages*); R morgen ist auch noch ein T. (*es hat noch Zeit, hat keine Eile*); heute ist nicht mein T.! (*heute geht alles schief, klappt nichts!*); *der Jüngste T. (Rel.; *der Tag des Jüngsten Gerichts*; eigtl. = allerletzter Tag); acht -e (*eine Woche*); der T. des Herrn (geh. veraltend; *Sonntag*); T. der offenen Tür (*Tag, an dem Betriebe, Verwaltungsstellen usw. vom Bürger besichtigt werden können*); viel reden, wenn der T. lang ist (ugs.; *[viele] Dinge sagen, die man nicht ernst nehmen muss, auf die kein Verlass ist*); der T. X (*noch unbestimmter Tag, an dem etw. Entscheidendes geschehen wird, durchgeführt werden soll*); eines -es (*an irgendeinem Tage, irgendwann einmal*); eines schönen -es (*künftig irgendwann einmal*); dieser -e (1. *in den nächsten Tagen.* 2. *in den letzten Tagen, neulich*); auf meine, deine usw. alten -e (*in meinem, deinem usw. Alter noch*); in den T. hinein leben (*sorglos dahinleben*); **b)** *Ehren-, Gedenktag:* der T. des Kindes; **c)** ⟨Pl.⟩ (geh.) *Zeit, die jmd. durchlebt, erlebt:* die -e der Jugend; es kommen auch wieder bessere -e (*Zeiten*); er hat schon bessere -e gesehen (*früher ging es ihm besser*); seine -e (*sein Leben*) in Muße verbringen; seine -e beschließen (geh.; *sterben*); Erinnerungen aus fernen -en (*aus ferner Vergangenheit*); noch bis in unsere -e (*bis in unsere Gegenwart*); er treibt noch Sport wie in seinen jungen -en (*wie in seiner Jugend*); *jmds. -e sind gezählt (*jmd. wird nicht mehr lange leben*); jmds. -e als etw./irgendwo sind gezählt (*jmd. wird etw./irgendwo nicht mehr lange sein, bleiben können*): seine -e als Kanzler, in der Firma sind gezählt; die -e von etw. sind gezählt (*etw. wird nicht mehr lange andauern, existieren*); **d)** ⟨Pl.⟩ (ugs. verhüll.) *[Tage der] Menstruation:* sie hat ihre -e; ◆ **e)** *Gerichtstag:* ... es sollen kaiserliche Kommissarien ernannt und ein T. ausgesetzt werden, wo die Sache dann verglichen werden mag (Goethe, Götz I).

²**Tag** [tæg], der; -, -s [engl. tag, eigtl. = Schild, Etikett, (Kenn)zeichen; Anhänger, Anhängsel] (Musik): *angehängter kurzer Schlussteil bei Jazzstücken.*

³**Tag** [tæg], das; -s, -s [engl. tag, ↑²Tag] (EDV): *auf dem Bildschirm eines Computers dargestelltes sichtbares Zeichen zur Strukturierung z. B. eines Textes.*

tag|ak|tiv ⟨Adj.⟩ (Zool.): *(von bestimmten Tieren) während des Tages die zum Leben notwendigen Aktivitäten entwickelnd u. nachts schlafend.*

tag|aus ⟨Adv.⟩: in den Fügungen **t., tagein/tag|ein, t.** (*jeden Tag; alle Tage hindurch*).

Tag|bau, der ⟨Pl. -e⟩ (südd., österr., schweiz.): *Tagebau.*

Tag|blatt, das (südd., österr., schweiz.): *Tageblatt.*

Tag|chen [Vkl. zu ↑¹Tag] (landsch.): *Guten Tag!*

Tag-Cloud ['tægklaʊd], **Tag|cloud** ['tægklaʊd], die; -, -s [engl. tag cloud, aus tag (↑²Tag) u. cloud = Wolke] (EDV): *auf einer Fläche angezeigte, in einem lockeren Neben-, Unter- u. Übereinander angeordnete Wörter, deren Gewichtung als Schlagwörter o. Ä. (z. B. durch unterschiedliche Schriftgröße) optisch verdeutlicht wird.*

Tag|dieb, der (südd., österr., schweiz.): *Tagedieb.*

◆ Wie die -e ihre Pflicht bestehlen! (Schiller, Tell I, 3).

Tag|die|bin, die: w. Form zu ↑ Tagdieb.

Tag|dienst, der (bes. österr.): *Tagesdienst.*

Ta|ge|bau, der ⟨Pl. -e⟩ (Bergbau): **1.** ⟨o. Pl.⟩ *Bergbau über Tage:* Kohle im T. abbauen. **2.** *Anlage für den Tagebau* (1): einen T. besichtigen.

Ta|ge|blatt, das (veraltend): *Tageszeitung (noch in Namen von Tageszeitungen).*

Ta|ge|buch, das: **1.** *Buch, Heft für tägliche Eintragungen persönlicher Erlebnisse u. Gedanken:* ein T. führen. **2.** *Buch, Heft für tägliche Eintragungen dienstlicher Vorgänge.* **3.** (Buchf.) *Buch, Heft für laufende Eintragungen von Buchungen zur späteren Übertragung ins Hauptbuch.*

Ta|ge|buch|auf|zeich|nung, die: *Aufzeichnung in einem Tagebuch* (1).

Ta|ge|buch|ein|trag, der: **a)** *Tagebuchaufzeichnung;* **b)** *Eintrag ins Tagebuch* (2, 3).

Ta|ge|buch|no|tiz, die: Tagebuchaufzeichnung.
Ta|ge|dieb, der [eigtl. = wer dem lieben Gott den Tag stiehlt] (abwertend): Nichtstuer, Müßiggänger.
Ta|ge|die|bin, die: w. Form zu ↑ Tagedieb.
Ta|ge|geld, das: **1. a)** Pauschbetrag, der für Verpflegungskosten bei Dienstreisen abgerechnet werden kann; **b)** ⟨Pl.⟩ Aufwandsentschädigung, Diäten. **2.** [von der Krankenversicherung bei Krankenhausaufenthalt gezahlte] Vergütung für einen Tag.
tag|ein ⟨Adv.⟩: ↑ tagaus.
ta|ge|lang ⟨Adj.⟩: mehrere Tage dauernd: ein -er Kampf; t. warten müssen.
Ta|ge|lohn, der: (bes. in der Land- u. Forstwirtschaft) nach Arbeitstagen berechneter [u. täglich ausbezahlter] Lohn: im T. (als Tagelöhner) stehen, arbeiten.
Ta|ge|löh|ner, der; -s, -: [Land]arbeiter im Tagelohn.
Ta|ge|löh|ne|rin, die; -, -nen: w. Form zu ↑ Tagelöhner.
ta|gen ⟨sw. V.; hat⟩: **1.** [mhd. tagen = Gericht halten; (vor Gericht) verhandeln, zu: tac (↑¹Tag) = Verhandlung(stag)] eine Tagung, Sitzung abhalten: das Gericht tagt; ein Kongress, das Parlament tagt; Ü wir haben noch bis in den frühen Morgen hinein getagt (waren fröhlich beisammen). **2.** ⟨unpers.⟩ [mhd. tagen, ahd. tagēn] (geh.) dämmern (1 a): es fängt schon an zu t.
Ta|ge|rei|se, die (früher): **1.** einen Tag dauernde Reise (bes. mit Pferd u. Wagen): nach Wien sind es 10 -n. **2.** Strecke, die man in einer Tagereise (1) zurücklegt: der Ort liegt 3 -n entfernt.
Ta|ges|ab|lauf, der: Ablauf eines Tages: ein geregelter T.
Ta|ges|ak|tu|a|li|tät, die: **1.** vgl. Tagesereignis. **2.** ⟨o. Pl.⟩ das Tagesaktuellsein: die auf T. bedachten Journalisten.
ta|ges|ak|tu|ell ⟨Adj.⟩: von diesem Tag stammend u. daher ganz aktuell: es müssen jeweils die -en Aufgaben bewältigt werden.
Ta|ges|an|bruch, der: Anbruch des Tages: bei, vor T.
Ta|ges|ar|beit, die: **1.** Arbeit eines Tages: das ist eine T. **2.** tägliche Arbeit, Aufgabe: die T. erledigen.
Ta|ges|aus|flug, der: sich über einen Tag erstreckender Ausflug.
Ta|ges|be|darf, der: täglicher Bedarf.
Ta|ges|be|richt, der: Bericht über die Ereignisse des Tages.
Ta|ges|be|treu|ung, die: tagsüber stattfindende Betreuung von Kindern, Kranken o. Ä.
Ta|ges|creme, **Ta|ges|crème**, die: Gesichtscreme für den Tag.
Ta|ges|de|cke, die: Zierdecke, die am Tage über das Bett gebreitet wird.
Ta|ges|dienst, der: am Tag zu versehender Dienst (bes. im Unterschied zum Nachtdienst).
Ta|ges|ein|nah|me, die: Einnahme (1) eines Tages.
Ta|ges|ein|rich|tung, die (Verwaltung): Einrichtung zur Tagesbetreuung od. -pflege.
Ta|ges|ein|tei|lung, die: zeitliche Einteilung des Tages für einzelne Vorhaben o. Ä.: eine vernünftige T.
Ta|ges|er|eig|nis, das: Ereignis des Tages.
Ta|ges|fahrt, die: Fahrt, die einen Tag dauert u. wieder zum Ausgangspunkt zurückführt.
Ta|ges|form, die (Sport): Kondition, in der sich eine Mannschaft, ein Wettkampfteilnehmer (an einem bestimmten Tag) befindet: die T. entscheidet über den Sieg.
Ta|ges|gast, der (Touristik): [Ferien]gast, Tourist, der nur einen Tag an einem Ort bleibt u. dort nicht übernachtet.
Ta|ges|geld, das (Bankw.): **1.** Kredit, der zur Überbrückung von kurzfristigen Liquiditätsengpässen aufgenommen wird u. am nächsten Tag zurückgezahlt werden muss. **2.** auf ein Tagesgeldkonto eingezahltes Geld.
Ta|ges|geld|kon|to, das (Bankw.): [variabel] verzinstes Konto, über dessen Geldeinlage täglich frei verfügt werden kann.
Ta|ges|geld|satz, der (Bankw.): Zinssatz für Tagesgelder.
Ta|ges|ge|richt, das: ²Gericht, das auf der Tageskarte eines Restaurants steht.
Ta|ges|ge|schäft, das: **1.** tägliche Arbeit: das T. ist von einem festen Ablauf bestimmt. **2.** (Wirtsch.) Bar- od. Kreditgeschäft, bei dem der Gegenstand des Geschäfts sofort zu liefern ist.
Ta|ges|ge|sche|hen, das: Geschehen des Tages; aktuelles Geschehen: ein Bericht vom T.
Ta|ges|ge|spräch, das: hauptsächliches Gesprächsthema eines bestimmten Tages: dieses Ereignis war [das] T.
Ta|ges|ge|winn, der (Börsenw.): an einem bestimmten Tag erzielter Kursgewinn.
Ta|ges|ge|win|ner, der: **1.** (Börsenw.) Aktie mit dem höchsten Kursgewinn des Tages. **2.** Gewinner an einem bestimmten Tag bei einem Gewinnspiel mit täglicher Auslosung.
Ta|ges|ge|win|ne|rin, die: w. Form zu ↑ Tagesgewinner (2).
Ta|ges|hälf|te, die: Hälfte eines [Arbeits]tages: in der zweiten T.
Ta|ges|heim, das: Heim, in dem Kinder tagsüber untergebracht werden können.
Ta|ges|hell (selten): ↑ taghell.
Ta|ges|hoch, das (Börsenw.): Höchststand des Kurses an einem bestimmten Tag.
Ta|ges|höchst|tem|pe|ra|tur, die (Meteorol.): höchste an einem bestimmten Tag gemessene od. erwartete Temperatur: die T. beträgt im Westen 25 Grad.
Ta|ges|höchst|wert, der (bes. Meteorol.): höchster an einem bestimmten Tag beobachteter od. zu erwartender Wert.
Ta|ges|kar|te, die: **1.** für den jeweiligen Tag geltende Speisekarte mit Gerichten, die schon zubereitet, für diesen Tag vorbereitet sind. **2.** Fahr- od. Eintrittskarte, die einen Tag lang gültig ist.
Ta|ges|kas|se, die: **1.** tagsüber zu bestimmten Zeiten geöffnete Kasse. **2.** vgl. Tageseinnahme: die T. abrechnen.
Ta|ges|kli|nik, die: Klinik, in der die Patienten nur am Tag verweilen, tagsüber behandelt werden.
Ta|ges|krip|pe, die: vgl. Tagesheim.
Ta|ges|kurs, der: **1.** (Börsenw.) für die Abrechnung bei Wertpapier[ver]käufen o. Ä. gültiger Kurs des Tages: Devisen zum T. kaufen.
Ta|ges|leis|tung, die: Leistung, die an einem Tag erbracht wird, zu erbringen ist.
Ta|ges|licht, das ⟨o. Pl.⟩: Licht, Helligkeit des Tages: helles, künstliches T.; durch das Kellerfenster fällt T.; das Zimmer hat kein T.; noch bei T. (bevor es Abend wird) zurückkehren; *das T. scheuen (↑ Licht 1 b); etw. ans T. bringen/ziehen/zerren/holen (↑ Licht 1 b); ans T. kommen (↑ Licht 1 b).
Ta|ges|licht|pro|jek|tor, der: Overheadprojektor.
Ta|ges|lo|sung, die: **1.** Losung für den Tag: die T. bekannt geben. **2.** (österr.) Tageseinnahme.
Ta|ges|markt|an|teil, der (Fernsehen, Wirtsch.): an einem bestimmten Tag erreichter Marktanteil eines Fernsehsenders.
Ta|ges|marsch, der: **1.** Marsch, der einen Tag dauert. **2.** Strecke, die jmd. an einem Tag marschiert: drei Tagesmärsche von hier.
Ta|ges|mit|tel|wert, der (Fachspr.): für den Verlauf eines Tages errechneter durchschnittlicher Messwert.
Ta|ges|mut|ter, die ⟨Pl. ...mütter⟩: Frau, die kleinere Kinder bes. von berufstätigen Müttern tagsüber, meist zusammen mit eigenen, in ihrer Wohnung gegen Bezahlung betreut.
◆ **Ta|ges|öff|nung**, die: (in der alten Bergmannsspr.) Pinge: ... er beschrieb die große T. mit den schwarzbraunen Wänden (E. T. A. Hoffmann, Bergwerke 11).
Ta|ges|ord|nung, die [LÜ von frz. ordre du jour, dieses LÜ von engl. order of the day]: Programm (1 b) einer Sitzung; etw. auf die T. setzen, von der T. absetzen; etw. steht auf der T.; zur T. übergehen (die Beratung beginnen); zur T.! (Mahnung, beim Thema der Tagesordnung zu bleiben bzw. dazu zurückzukehren); *an der T. sein (häufig vorkommen; in Bezug auf etw., was als negativ empfunden wird: Raubüberfälle waren an der T.); über etw. zur T. übergehen (über etw. hinweggehen, etw. nicht weiter beachten).
Ta|ges|ord|nungs|punkt, der: Punkt (4 a) einer Tagesordnung (Abk.: TOP).
Ta|ges|pfle|ge, die: **1. a)** tagsüber stattfindende Pflege für Kranke, alte Menschen o. Ä.; **b)** Einrichtung, in der die Tagespflege (1 a) stattfindet. **2.** (Kosmetik) tagsüber anzuwendendes kosmetisches Mittel zur Pflege der Haut.
Ta|ges|plan, der: für den jeweiligen Tag aufgestellter Arbeitsplan.
Ta|ges|po|li|tik, die: Politik, die auf die aktuellen, rasch wechselnden Fragen des Tages bezogen ist: Dazu: **ta|ges|po|li|tisch** ⟨Adj.⟩.
Ta|ges|pres|se, die ⟨o. Pl.⟩: Tageszeitungen eines bestimmten Tages: die T. lesen.
Ta|ges|pro|duk|ti|on, die: vgl. Tagesleistung.
Ta|ges|pro|gramm, das: vgl. Tagesplan.
Ta|ges|ra|ti|on, die: Ration für einen Tag: er hatte bereits seine ganze T. vertilgt.
Ta|ges|raum, der: (in Kliniken, Heimen o. Ä.) Aufenthaltsraum.
Ta|ges|reich|wei|te, die (Rundfunk): Zahl der Personen, die im Verlauf eines Tages eine bestimmte Zeitspanne lang ein Rundfunkprogramm gehört haben.
Ta|ges|rei|se, die: Tagereise.
Ta|ges|rhyth|mus, der: Gliederung des Tages in bestimmte Aktivitäten.
Ta|ges|satz, der: **1.** (Rechtsspr.) nach dem täglichen Nettoeinkommen u. den übrigen wirtschaftlichen Verhältnissen ermittelte Einheit, in der Geldstrafen festgesetzt werden kann: die Täterin wurde zu zehn Tagessätzen verurteilt. **2.** festgesetzte tägliche Kosten für Unterbringung [u. Behandlung] eines Patienten im Krankenhaus o. Ä.
Ta|ges|schau®, die: [älteste] Nachrichtensendung des Ersten Deutschen Fernsehens.
Ta|ges|schu|le, die: Ganztagsschule.
Ta|ges|sieg, der: Sieg bei einer an einem Tag zurückzulegenden Etappe eines mehrtägigen Wettbewerbs: er gewann seinen ersten T. bei der Tour de France. Dazu: **Ta|ges|sie|ger**, der; **Ta|ges|sie|ge|rin**, die.
Ta|ges|stät|te, die: Kindertagesstätte.
Ta|ges|sup|pe, die: vgl. Tagesgericht.
Ta|ges|tel|ler, der (bes. österr., schweiz.): nur aus einem Hauptgang bestehendes Tagesmenü.
Ta|ges|tem|pe|ra|tur, die (Meteorol.): Temperatur am Tage.
Ta|ges|the|ma, das: die (öffentliche) Aufmerksamkeit am meisten erregendes, Diskussionen u. Berichte bestimmendes Thema an einem bestimmten Tag.
Ta|ges|tief, das (Börsenw.): niedrigster Stand des Kurses an einem bestimmten Tag.
Ta|ges|tour, die; vgl. Tagesfahrt.

Tagestourist – Takeover

Ta|ges|tou|rist, der: *Tourist* (1) *für die Dauer eines Tages.*

Ta|ges|tou|ris|tin, die: w. Form zu ↑ Tagestourist.

Ta|ges|um|satz, der: *Umsatz eines Tages.*

Ta|ges|ver|lauf, der: *Verlauf* (2) *eines Tages:* die Aktie verlor im T. zehn Prozent ihres Wertes; im späteren T. muss mit Regen gerechnet werden.

Ta|ges|ver|lie|rer, der (Börsenw.): *Aktie mit dem höchsten Kursverlust des Tages.*

Ta|ges|ver|lie|re|rin, die: w. Form zu ↑ Tagesverlierer.

Ta|ges|ver|lust, der (Börsenw.): *an einem bestimmten Tag erlittener Kursverlust.*

Ta|ges|wan|de|rung, die: vgl. Tagesfahrt.

Ta|ges|wert, der (Wirtsch.): *Tagespreis.*

Ta|ges|zeit, die: *bestimmte Zeit am Tage:* um diese T. ist wenig Betrieb; zu allen -en; * zu jeder Tageszeit/Tages- und Nachtzeit *(immer, zeitlich ohne Einschränkung).*

Ta|ges|zei|tung, die: *Zeitung, die jeden [Wochen]tag erscheint.*

Ta|ge|tes, die; -, - [spätlat. tagetes; nach Tages, einem schönen Jüngling]: *(zu den Korbblütlern gehörende) Pflanze mit gelben bis braunen, oft gefüllten Blüten u. strengem Duft.*

ta|ge|wei|se ⟨Adv.⟩: *an einzelnen Tagen:* t. aushelfen.

Ta|ge|werk, das: **1.** ⟨o. Pl.⟩ (früher, noch geh.) *tägliche Arbeit, Aufgabe:* sein T. vollbracht haben; seinem T. nachgehen. **2.** [mhd. tagewerc, ahd. tagawerch] (früher) *Arbeit eines Tages:* jedes T. einzeln bezahlen. **3.** (früher) *altes (meist einem Morgen od. Joch entsprechendes) Feldmaß.*

Tag|fahr|leuch|te, die (Kfz-Technik): *Leuchte* (1 a) *für Tagfahrlicht.*

Tag|fahr|licht, das (Kfz-Technik): *spezielle Beleuchtung für Kraftfahrzeuge, die bei Fahrten bei Tageslicht eingeschaltet wird.*

Tag|fal|ter, der: *bei Tage fliegender Schmetterling.*

Tag|geld, das (südd., österr., schweiz.): *Tagegeld.*

tag|gen ['tɛgn̩] ⟨sw. V.; hat⟩ [engl. to tag, eigtl. = mit einem Anhänger, Schild o. Ä. versehen] (EDV): *(einen Text) mithilfe von ³Tags strukturieren.*

Tag|ging ['tɛgɪŋ], das; -s, -s [engl. tagging; vgl. taggen] (EDV): *das Taggen, Strukturieren.*

tag|gleich ⟨Adj.⟩ (Fachspr.): *[noch] am selben Tag erfolgend:* -e Postzustellung; die -e Wertstellung einer Überweisung.

tag|hell ⟨Adj.⟩: **1.** *völlig hell durch das Tageslicht:* es war sonst t. **2.** *hell wie am Tage:* das Gelände ist nachts t. erleuchtet.

Ta|gine: ↑ Tajine.

Ta|gli|a|tel|le [talja...] ⟨Pl.⟩ [ital. tagliatelle (Pl.), eigtl. = (Ab)geschnittene]: *dünne, italienische Bandnudeln.*

täg|lich ⟨Adj.⟩ [mhd. tagelich, ahd. tagalīh]: *jeden Tag (vor sich gehend, wiederkehrend):* die -e Arbeit; der -e Bedarf, Gebrauch; unser -es Brot gib uns heute; t. Sport treiben; t. acht Stunden arbeiten; die Tabletten sind dreimal t. zu nehmen.

Tag|li|lie, die (Bot.): *in vielen Gärten u. Parks angepflanzte Blume mit trichterförmig angeordneten, spitz zulaufenden u. oft nach außen gebogenen, meist gelbroten od. gelben Blütenblättern.*

Tag|lohn usw. (südd., österr., schweiz.): ↑ Tagelohn usw.

Tag|pfau|en|au|ge, das: *Tagfalter mit je einem großen blau, gelb u. schwarz gezeichneten runden Fleck auf den rotbraunen Flügeln.*

Tag|raum (südd., österr., schweiz.): *Tagesraum.*

tags ⟨Adv.⟩ [mhd. tages, ahd. dages, erstarrter Gen. Sg. von ↑ ¹Tag]: **1.** *am Tage, während des Tages:* er arbeitet t. im Garten. **2.** * t. zuvor/da-

vor *(am vorhergehenden Tag);* **t. darauf** *(am darauffolgenden Tag).*

Tag|satz, der (südd., österr., schweiz.): *Tagessatz.*

Tag|sat|zung, die (österr. Rechtsspr.): *Gerichtstermin.*

Tag|schicht, die: **1.** *Schichtarbeit während des Tages.* **2.** *Gesamtheit der in der Tagschicht* (1) *Arbeitenden eines Betriebes.*

Tag|sei|te, die: *der Sonne zugewandte Seite der Erde:* die T. der Erde; Ü sie lebt auf der T. *(der hellen, freundlichen Seite)* des Lebens.

tags|über ⟨Adv.⟩: *den [ganzen] Tag über, während des Tages:* t. ist niemand zu Hause.

tag|täg|lich ⟨Adj.⟩: *jeden Tag ohne Ausnahme:* die -e Erfahrung, Arbeit; es war t. dasselbe.

Tag|traum, der: *Wachtraum:* sich in Tagträumen verlieren.

Tag|träu|mer, der: *jmd., der Tagträumen nachhängt.*

Tag|träu|me|rei, die; -, -en: *das Tagträumen.*

Tag|träu|me|rin, die: w. Form zu ↑ Tagträumer.

Tag|und|nacht|glei|che, die; - (selten -n), -n: *Äquinoktium.*

Ta|gung, die; -, -en [zu mhd. tagen, ↑ tagen (1)]: *dem Gedanken-, Informationsaustausch o. Ä. dienende, ein- od. mehrtägige Zusammenkunft der Mitglieder von Institutionen, Fachverbänden usw.; Kongress* (1)*:* eine T. veranstalten, abhalten; an einer T. teilnehmen; auf einer T. sprechen.

Ta|gungs|bü|ro, das: *Büro, das die organisatorische Arbeit während einer Tagung übernimmt.*

Ta|gungs|ge|bäu|de, das: vgl. Tagungsort.

Ta|gungs|ho|tel, das: *bes. für Tagungen eingerichtetes Hotel.*

Ta|gungs|ort, der ⟨Pl. -e⟩: *Ort, an dem eine Tagung stattfindet.*

Ta|gungs|raum, der: *für Tagungen besonders eingerichteter Raum in einem Hotel, einem Institutsgebäude o. Ä.*

Ta|gungs|teil|neh|mer, der: *jmd., der an einer Tagung teilnimmt.*

Ta|gungs|teil|neh|me|rin, die: w. Form zu ↑ Tagungsteilnehmer.

Ta|gungs|zen|t|rum, das: *größeres, für Tagungen genutztes Gebäude.*

Tag|werk (bes. südd., österr.): ↑ Tagewerk.

♦ **tag|wer|ken** ⟨sw. V.; hat⟩: *im Tagelohn arbeiten:* Der ... mag wohl am Turm zu Babel schon getagwerkt haben (Storm, Söhne 29).

♦ **Tag|wer|ker,** der: *Taglöhner:* ...da kamen schon Holzknechte und T. in ihrem Sonntagsstaat daher (Rosegger, Waldbauernbub 137).

Ta|hi|ti, -s: *größte Insel der Gesellschaftsinseln.*

Tai: ↑ ¹Thai, ²Thai, ³Thai.

Tai-Chi, das; -, -[s]: **1.** [chin. tàijí (Pinyin), aus: tài = äußerst, extrem u. jí = Grenze] *(in der chinesischen Philosophie) Urgrund des Seins, aus dem alles entsteht.* **2.** [kurz für chin. tàijí quán, zu: quán (Pinyin), zu: quan = Faust, eigtl. = die Faust den höchsten Letzten] *(aus einer chinesischen Technik der Selbstverteidigung hervorgegangene) Abfolge von Übungen mit langsamen, fließenden Bewegungen mit meditativem Charakter; Schattenboxen.*

Tai-Chi-Chu|an [...tʃiˈtʃu̯an], das; -[s] [chin. taiji quan (Pinyin), ↑ Tai-Chi (2)]: *Tai-Chi* (2).

Tai|fun, der; -s, -e [engl. typhoon (unter Einfluss von älter engl. typhon = Wirbelwind) < chin. (kantonesisch) tai fung, eigtl. = großer Wind]: *tropischer Wirbelsturm (bes. in Ostasien).*

Tai|ga, die; -, -s ⟨Pl. selten⟩ [russ. tajga]: *großes, von Sümpfen durchzogenes Waldgebiet (bes. in Sibirien).*

Tai|ko|naut, der; -en, -en [engl. taikonaut, zu chin. taikong = Luftraum, Kosmos, geb. nach ↑ Astronaut]: *chinesischer Weltraumfahrer.*

Tai|ko|nau|tin, die; -, -nen: w. Form zu ↑ Taikonaut.

Taille ['taljə, österr.: 'tai̯ljə], die; -, -n [frz. taille = (Körper)schnitt, Wuchs, zu: tailler = (zer)schneiden < spätlat. taliare, ↑ Teller]: **1.** *zwischen Hüfte u. Brustkorb gelegener schmalster Abschnitt des Rumpfes* (1)*; Gürtellinie* (a)*:* eine schlanke T.; auf T. *(in der Taille eng anliegend)* sitzen, gearbeitet sein; das Kleid wird in der T. von einem Gürtel zusammengehalten; jmdn. um die T. fassen; Frauen mit T. 63 *(mit 63 cm Taillenweite).* **2.** *mehr od. weniger eng anliegender, die Taille bedeckender Teil von Kleidungsstücken:* ein Kleid in der T. enger machen; Sie trägt einen langen Rock, bis auf die Schuhe herunter. Einen Rock mit hoher T. (Nossack, Begegnung 398). **3.** (veraltet) *Mieder* (2)*:* * **per T.** (bes. berlin.; *ohne Mantel:* per T. gehen). **4.** [frz. taille, eigtl. = Zuteilung] *(in Frankreich von 1439 bis 1789) von den nicht privilegierten Ständen erhobene Steuer.*

tail|len|be|tont ⟨Adj.⟩ (Mode): *mit betonter Taille:* eine -e Jacke.

Tail|len|hö|he, die (Schneiderei): *Höhe der Taille* (2) *(beim stehenden Menschen vom Boden aus gemessen):* in bis zur T.

Tail|len|um|fang, der: *Taillenweite.*

Tail|len|wei|te, die (Schneiderei): *Weite (eines Kleidungsstücks) in der Taille* (2).

tail|lie|ren [ta(l)'ji:rən] ⟨sw. V.; hat⟩ [frz. tailler, ↑ Taille] (Schneiderei): *auf Taille arbeiten:* ein tailliertes Kleid.

Tai|peh [auch: tai̯'pe:]: *Hauptstadt Taiwans.*

Tai|wan, -s: *(nur von einigen wenigen Staaten anerkannter) Inselstaat in Ostasien.*

Tai|wa|ner, der; -s, -: Ew.

Tai|wa|ne|rin, die; -, -nen: w. Form zu ↑ Taiwaner.

Tai|wa|ne|se, der; -n, -n: *Taiwaner.*

Tai|wa|ne|sin, die; -, -nen: w. Form zu ↑ Taiwanese.

tai|wa|ne|sisch ⟨Adj.⟩: *taiwanisch.*

tai|wa|nisch ⟨Adj.⟩: *Taiwan, die Taiwaner betreffend; von den Taiwanern stammend, zu ihnen gehörend.*

Ta|jine, Tagine [taˈdʒi:n], die; -, -s od. der; -s, -s: **1.** *bes. zum Schmoren geeignetes aus einer flachen Schale mit hohem kegelförmigem Deckel bestehendes marokkanisches Kochgerät aus Ton.* **2.** *in einer Tajine* (1) *zubereitete Speise.*

Take [teɪk, teːk], der od. das; -s, -s [engl. take, zu: to take = ein-, aufnehmen]: (Film, Fernsehen) **a)** *Einstellung* (3)*;* **b)** *(für die Synchronisation zu verwendender) zur wiederholten Abspielung zusammengeklebter Filmstreifen:* -s drehen.

Take-away, Take|away ['teɪkəˌweɪ, auch: ...ˈweɪ], das od. der; -s, -s [engl. takeaway, zu: to take away = zum Mitnehmen]: *Imbisslokal od. Restaurant, in dem Speisen u. Getränke [auch] zum Mitnehmen angeboten werden.*

Ta|kel, das; -s, - [mniederd. takel = (Schiffs)ausrüstung, H. u.] (Seemannsspr.): **1.** *schwere Talje.* **2.** *Takelage.*

Ta|ke|la|ge [...ˈlaːʒə, österr. meist: ...ʃ], die; -, -n [mit französierender Endung zu ↑ Takel]: *Gesamtheit der Vorrichtungen, die die Segel eines Schiffs tragen (bes. Masten, Spieren, Taue); Takel-, Segelwerk.*

ta|keln ⟨sw. V.; hat⟩ (Seemannsspr.): *(ein Schiff) mit Takelage versehen.*

Ta|ke|lung, Taklung, die; -, -en (Seemannsspr.): **1.** *das [Auf]takeln.* **2.** *[Art der] Tagelage.*

Ta|kel|werk, das ⟨Pl. selten⟩: *Takelage.*

Take-off, Take|off ['teɪkˌɔf, auch: ...ˈɔf], das od. der; -[s], -s [engl. take-off, zu: to take off = abheben]: *Start eines Raketen, eines Flugzeugs:* der T. glückte; fertig zum T. sein; Ü das T. einer Show.

Take-over, Take|over ['teɪkˌoʊvɐ, auch: ...ˈoʊvɐ], das od. der; -s, -s [engl. take-over, zu: to

Tak|lung: ↑ Takelung.

Takt, der; -[e]s, -e: **1.** ⟨o. Pl.⟩ [eigtl. = Taktschlag, (stoßende) Berührung < lat. tactus = Berührung; Gefühl, zu: tactum, 2. Part. von: tangere, ↑ tangieren] *Einteilung eines musikalischen, bes. eines rhythmischen Ablaufs in gleiche Einheiten mit jeweils einem Hauptakzent am Anfang u. festliegender Untergliederung:* der T. eines Walzers; den T. angeben, wechseln, [ein]halten, schlagen, klopfen; aus dem T. kommen; im T. bleiben, singen; Ü *jmdn. aus dem T.* bringen *(aus dem Konzept bringen, stören, verwirren);* * **den T. angeben** *(zu bestimmen haben);* **jmdn. aus dem T. bringen** *(jmdn. aus dem Konzept bringen, stören, verwirren);* **aus dem T. kommen** *(aus dem Konzept gebracht, gestört, verwirrt werden).* **2. a)** *betont beginnende, je nach Taktart in zwei od. mehr Teile gleicher Zeitdauer untergliederte Einheit des Taktes* (1): ein halber, ganzer T. [Pause]; ein paar -e eines Liedes singen; mitten im T. abbrechen; * **ein paar -e** (ugs.; *etwas, ein wenig:* du brauchst jetzt ein paar -e Ruhe); **mit jmdm. ein paar -e reden** (ugs.; *mit jmdm. ein ernstes Wort reden, jmdn. zur Rechenschaft ziehen);* **b)** (Verslehre) *Abstand von Hebung* (4) *zu Hebung bei akzentuierenden Versen.* **3. a)** ⟨o. Pl.⟩ *rhythmisch gegliederter Ablauf von Bewegungsphasen:* der T. der Hämmer; im T., gegen den T. rudern; im T. bleiben, aus dem T. kommen; **b)** (Technik) [¹]Hub (2); **c)** (EDV) *kleinste Phase im Rhythmus synchronisierter Vorgänge;* **d)** (Technik) *Produktions-, Arbeitsabschnitt bei der automatischen Fertigung bzw. bei der Fertigung in Fließarbeit;* **e)** *gleichmäßiger Rhythmus, in dem etw. abläuft, in den etw. zeitlich gegliedert ist.* **4.** ⟨o. Pl.⟩ [frz. tact < lat. tactus] *Feingefühl (im Umgang mit anderen Menschen):* [viel, wenig, keinen] T. haben; die Ausführung dieses Plans fordert, verlangt T.; es an T. fehlen lassen; etw. mit großem, feinem T. behandeln.

Takt|art, die (Musik): *Art des Taktes* (1), *Metrums.*

tak|ten ⟨sw. V.; hat⟩: **a)** (Technik) *in Arbeitstakten* (2) *[be]arbeiten;* **b)** (Technik) *in Takten* (3 b) *arbeiten lassen, laufen lassen;* **c)** (EDV) *in Takten* (3 c) *arbeiten lassen:* der Rechner ist mit 1,5 GHz getaktet; **d)** *in einem bestimmten zeitlichen Takt* (3 e) *ablaufen lassen:* gut getaktete Verkehrsverbindungen.

Takt|fahr|plan, der (Eisenbahn): *Fahrplan für in regelmäßigem zeitlichem Takt* (3 e) *verkehrende Züge.*

Takt|feh|ler, der: *Verstoß gegen den Takt* (4).

takt|fest ⟨Adj.⟩: **a)** *den Takt* (1) *genau einhaltend, sicher im Takt:* t. sein, singen; **b)** *in festem, gleichbleibendem Takt* (2 a): t. marschieren.

Takt|fre|quenz, die; -, -en (EDV): *Anzahl der Impulse pro Sekunde, die einem Mikroprozessor od. einer anderen elektronischen Komponente von einem Taktgeber zugeführt werden.*

Takt|ge|ber, der; -s, -: **1.** (EDV) *elektronisches Bauteil, das ein regelmäßiges Signal* (3) *erzeugt.* **2.** *die [zeitliche] Entwicklung, den Ablauf von etw. bestimmende Person od. Sache:* China wird allmählich zum T. für die Weltwirtschaft.

Takt|ge|fühl, das ⟨Pl. selten⟩: *[Gefühl für] Takt* (4): T., kein T. haben; ein Mensch ohne T.

Takt|ge|schwin|dig|keit, die; -, -en (EDV): *Taktfrequenz.*

¹tak|tie|ren ⟨sw. V.; hat⟩: *den Takt* (1) *schlagen, angeben:* der Musiklehrer taktierte mit den Händen.

²tak|tie|ren ⟨sw. V.; hat⟩ [zu ↑ Taktik]: *taktisch vorgehen, sich taktisch klug verhalten: geschickt, klug t.;* Er taktierte und finassierte, gab zu bedenken und ließ durchblicken (Muschg, Gegenzauber 72).

Tak|tie|rer, der; -s, -: *jmd., der ²taktiert:* er ist ein geschickter T.

Tak|tie|re|rei, die; -, -en (ugs.): *das ²Taktieren.*

Tak|tie|re|rin, die; -, -nen: w. Form zu ↑ Taktierer.

Tak|tik, die; -, -en [frz. tactique < griech. taktikḗ (téchnē) = die Kunst der Anordnung u. Aufstellung, zu: taktikós = zum (An)ordnen gehörig, geschickt, zu: tássein, táttein = anordnen, aufstellen]: *aufgrund von Überlegungen im Hinblick auf Zweckmäßigkeit u. Erfolg festgelegtes Vorgehen:* eine wirksame, verfehlte T.; die T. des Hinhaltens; eine T. verfolgen, einschlagen, entwickeln, aufgeben; nach einer bestimmten T. vorgehen.

Tak|ti|ker, der; -s, -: *jmd., der taktisch klug vorgeht.*

Tak|ti|ke|rin, die; -, -nen: w. Form zu ↑ Taktiker.

tak|til ⟨Adj.⟩ [lat. tactilis = berührbar, zu: tactum, ↑ Takt] (Biol.): *das Tasten, die Berührung, den Tastsinn betreffend, mithilfe des Tastsinns [erfolgend]:* -e Reize.

tak|tisch ⟨Adj.⟩: *die Taktik betreffend, auf [einer] Taktik beruhend; klug, berechnend, planvoll:* -e Überlegungen; ein -er Fehler; -e Manöver; -e Anweisungen; etw. ist t. klug, falsch; t. vorgehen; -e Waffen (Militär; *Waffen von geringerer Sprengkraft u. Reichweite*); -e Zeichen (Militär; *Zeichen [auf Karten usw.], die auf militärische Einrichtungen, Anlagen o. Ä. hinweisen*); -es Foul (Sport, bes. Fußball; *aus taktischen Gründen bewusst verübtes Foul*).

takt|los ⟨Adj.⟩: *ohne Takt* (4); *verletzend; indiskret; indezent:* ein -er Mensch; es war t. [von dir], darauf anzuspielen; sich t. verhalten.

Takt|lo|sig|keit, die; -, -en: **1.** ⟨o. Pl.⟩ *taktlose Art, Verhaltensweise:* er ist bekannt für seine T. **2.** *taktlose Handlung, Äußerung; Indiskretion* (2): grobe -en begehen; sich eine T. zuschulden kommen lassen.

Takt|maß, das (Musik): *Metrum* (2 a).

takt|mä|ßig ⟨Adj.⟩: *im gleichen, festen Takt* (3).

Takt|mes|ser, der (selten): *Metronom.*

Takt|ra|te, die; -, -n (EDV): *Taktfrequenz.*

Takt|stock, der: *dünner, kurzer Stock, mit dem der Dirigent den Takt* (1) *angibt:* den T. heben, führen; den T. schwingen (scherzh.; *dirigieren*).

Takt|teil, der (Musik): *Teil des Taktes* (2 a): betonter, unbetonter T.

Tak|tung, die; -, -en (Fachspr.): *Festlegung eines Taktes* (3).

Takt|ver|dich|tung, die (Verkehrsw.): *Verringerung des Zeittaktes* (2).

takt|voll ⟨Adj.⟩: *Takt* (4) *zeigend, mit Takt[gefühl]:* eine wenig -e Bemerkung; sich t. benehmen; t. über etw. hinweggehen.

Takt|zeit, die: **1.** (Technik) *Zeitspanne eines Arbeitstaktes* (2). **2.** (Telefonie) *Abschnitt des Zeittaktes* (1). **3.** (bes. Verkehrsw.) *Abschnitt des Zeittaktes* (2).

Tal, das; -[e]s, Täler, (dichter.:) -e [mhd. tal, ahd. tal, eigtl. = Biegung, Vertiefung, Senke]: **1.** *(in der Regel durch einen Wasserlauf hervorgerufener) tiefer Einschnitt in der Erdoberfläche mit mehr od. weniger großer Längenausdehnung:* ein enges, tiefes T.; das T. verengt sich, öffnet sich; über Berg und T.; das Vieh ins T./zu T. treiben; Ü die Wirtschaft befindet sich in einem T. (*hat schlechte Konjunktur*); * **T. der Tränen** (geh.; *die Welt mit ihrem Leiden).* **2.** ⟨o. Pl.⟩ *Gesamtheit der Bewohner eines Tals* (1): das ganze T. war da.

tal|ab (seltener), **tal|ab|wärts** ⟨Adv.⟩: *das Tal hinunter, abwärts:* wir fahren jetzt t.

Tal|ab|fahrt, die: *Fahrt mit dem Ski vom Berghang bis ins Tal hinunter.*

Ta|lar, der; -s, -e [ital. talare < lat. talaris (vestis) = knöchellanges (Gewand), zu: talus = Knöchel]: *Amtstracht von Geistlichen, Richtern u. (bei besonderen Anlässen) Hochschullehrern in Form eines langen, weiten Obergewands mit weiten Ärmeln.*

Tal|aue, die: *bes. aus Wiesen bestehender Teil der Talsohle.*

tal|auf (seltener), **tal|auf|wärts** ⟨Adv.⟩: *das Tal hinauf, aufwärts.*

tal|aus (seltener), **tal|aus|wärts** ⟨Adv.⟩: *aus dem Tal hinaus:* t. tut sich die weite Ebene auf.

Tal|aus|gang, der: *Ausgang, Ende eines Tals.*

Tal|brü|cke, die: *Straßen- od. Eisenbahnbrücke, die über ein Tal hinwegführt.*

Täl|chen, das; -s, -: Vkl. zu ↑ Tal.

tal|ein, **tal|ein|wärts** ⟨Adv.⟩: *in das Tal hinein:* sie fuhren 3 Kilometer t.; das Haus liegt weiter t. (*weiter oben im Tal*).

Tal|en|ge, die: *Verengung eines Tals, Schlucht.*

Ta|lent, das; -[e]s, -e: **1.** (anvertrautes) *materielles Gut,* dann: *(angeborene) Fähigkeit, identisch mit* 2] **a)** *Begabung, die jmdn. zu ungewöhnlichen bzw. überdurchschnittlichen Leistungen auf einem bestimmten, bes. auf künstlerischem Gebiet befähigt:* sie hat ein T. zur Schauspielerei; musikalisches, pädagogisches T.; T. für Sprachen haben, besitzen; außergewöhnliche -e entwickeln; ein T. verkümmern lassen; nicht ohne T. (*recht talentiert*) sein; **b)** *jmd., der Talent* (1 a) *hat:* er, sie ist ein aufstrebendes, vielversprechendes T.; junge -e fördern; neue -e entdecken. **2.** [lat. talentum < griech. tálanton = (einem bestimmten Gewicht entsprechende) Geldsumme, eigtl. = Waage; Gewogenes] *altgriechische Gewichts- u. Münzeinheit.*

Ta|lent|för|de|rung, die: *Förderung von Talenten.*

ta|lent|frei ⟨Adj.⟩: *kein Talent [für etw.] besitzend:* eine -e Schauspielerin; einen Text t. vortragen.

ta|len|tiert ⟨Adj.⟩: *Talent* (1 a) *besitzend, begabt:* eine -e Nachwuchsspielerin; für Mathematik ist er wenig t.

ta|lent|los ⟨Adj.⟩: *ohne Talent* (1 a).

Ta|lent|schmie|de, die (Jargon): *Ausbildungsstätte für begabten Nachwuchs (bes. in der Musik u. im Sport):* dieser Verein ist eine T. für junge Fußballer.

Ta|lent|schup|pen, der [nach dem Namen einer früheren Fernsehsendung] (Jargon): *Talentschmiede.*

Ta|lent|scout, der (Jargon): *Scout* (2 a), *der für Vereine, Firmen o. Ä. talentierten Nachwuchs sucht.*

Ta|lent|show, die (bes. Fernsehen): *als unterhaltsame Show dargebotener Talentwettbewerb.*

Ta|lent|su|che, die: *Suche nach Talenten* (1 b): auf T. gehen. Dazu: **Ta|lent|su|cher,** der; **Ta|lent|su|che|rin,** die.

Ta|lent|wett|be|werb, der: *Wettbewerb* (1) *für den künstlerisch talentierten Nachwuchs u. noch nicht entdeckte Talente.*

Ta|ler, der; -s, - [im 16. Jh. gek. aus »Joachimstaler«, nach St. Joachimsthal in Böhmen (heute Jáchymov, Tschechische Republik)]: **a)** *Silbermünze in Deutschland bis in die Mitte des 18. Jh.s;* **b)** *Silbermünze im Wert von drei Reichsmark.*

Tä|ler: Pl. von ↑ Tal.

Tal|fahrt, die: **1. a)** (Schifffahrt) *stromabwärts gehende Fahrt;* **b)** *abwärtsführende Fahrt auf einer Straße o. Ä.:* eine gefährliche T. **2.** *Niedergang:* die T. *(der Kursrückgang)* des Dollars; die

Talg – Tandem

T. der Poesie; die T. von etw. wird gestoppt, setzt sich weiter fort, hält an.

Talg, der; -[e]s, ⟨Sorten:⟩ -e [aus dem Niederd. < mniederd. talch, viell. eigtl. = das fest Gewordene]: **1.** *(aus dem Fettgewebe bes. der Nieren von Rindern od. Schafen gewonnenes) festes, gelbliches Fett.* **2.** *Fett, das von den Drüsen der Haarbälge abgesondert wird.*

Talg|drü|se, die: *in den oberen Teil der Haarbälge mündende Drüse (bei Menschen u. Säugetieren), die Talg absondert u. dadurch Haut u. Haare geschmeidig erhält.*

talg|gig ⟨Adj.⟩: **a)** *von Talg [herrührend]:* -e Flecken auf dem Tischtuch; **b)** *wie Talg.*

Talg|ker|ze, die: *Talglicht.*

Talg|licht, das ⟨Pl. -er⟩: *Kerze aus Talg:* * jmdm. geht ein T. auf (↑ Licht 2b).

Ta|li|ban, der; -[s], ⟨meist Pl.⟩ [Paschtu, eigtl. = die, die Erkenntnis suchen]: *Angehöriger einer radikalen islamischen Miliz in Afghanistan [u. angrenzenden Gebieten]:* Dazu: **Ta|li|ban|herr|schaft,** die; **Ta|li|ban|kämp|fer,** der.

Ta|lis|man, der; -s, -e [span. talismán, ital. talismano < arab. ṭilasm = Zauberbild < mgriech. télesma = geweihter Gegenstand, zu griech. teleīn = vollenden, vollbringen; weihen, zu: télos = Ende, Ziel]: *kleiner Gegenstand, Erinnerungsstück, dem jmd. eine zauberkräftige, Glück bringende Wirkung zuschreibt:* einen T. um den Hals tragen.

Tal|je, die; -, -n [mniederd. tallige, (m)niederl. talie < ital. taglia < lat. talea, ↑ Teller] (Seemannsspr.): *Flaschenzug.*

¹Talk, der; -[e]s [frz. talc < span. talque < arab. ṭalq]: *mattweiß, gelblich bis braun schimmerndes, sich fettig anfühlendes, weiches Mineral (das sich leicht zu Pulver zermahlen lässt).*

²Talk [tɔːk], der; -s, -s [engl. talk, zu: to talk, ↑ talken] (Jargon): *Plauderei, Unterhaltung, [öffentliches] Gespräch:* der T. ist zum festen Bestandteil des Fernsehprogramms geworden.

talk|ar|tig ⟨Adj.⟩: *in der Art von* ¹Talk.

tal|ken [ˈtɔːkŋ̍] ⟨sw. V.; hat⟩ [engl. to talk = reden, sprechen] (Jargon): **1.** *eine Talkshow durchführen.* **2.** *sich unterhalten, Konversation machen:* der Showmaster talkt mit Studiogästen.

Tal|ker [ˈtɔːkɐ], der; -s, - [engl. talker = Sprecher, zu: to talk, ↑ talken]: **1.** (EDV) *Gerät, das Daten sendet.* **2.** (Jargon) *Talkmaster:* als beliebtester T. im Fernsehen hat er eine zweite Show erhalten.

Talker|de, die; -, -n ⟨Pl. selten⟩ [↑ ¹Talk] (veraltet): *Magnesia.*

Tal|ke|rin, die; -, -nen: w. Form zu ↑ Talker 2).

Talk|kes|sel, der: *Kessel* (3).

Talk|gast [ˈtɔːk...], der: ¹*Gast* (3 a) *in einer Talkshow.*

Talk|mas|ter [ˈtɔːk...], der; -s, - [geb. nach ↑ Showmaster]: *jmd., der eine Talkshow leitet.*

Talk|mas|te|rin, die; -, -nen: w. Form zu ↑ Talkmaster.

◆ **Tal|krüm|me,** die: *[Weg]biegung im Tal:* In den -n gingen jetzt an den Berghängen die Lichter der Laternen hin (Stifter, Bergkristall 49).

Talk|run|de [ˈtɔːk...], die: *Runde von Personen, die an einem* ²*Talk teilnehmen:* eine T. moderieren.

Talk|show [ˈtɔːk...], die; -, -s [engl. talk show, aus: talk (↑ ²Talk) u. show, ↑ Show] (Fernsehen): *Unterhaltungssendung, in der ein Gesprächsleiter [bekannte] Personen durch Fragen zu Äußerungen über private, berufliche u. allgemein interessierende Dinge anregt:* eine T. mit mehreren Teilnehmern; eine T. moderieren.

Tal|kum, das; -s: *pulverisierter weißer* ¹*Talk, der u. a. zur Herstellung von Pudern verwendet wird.*

Tal|kum|pu|der, der, auch: das: *Talkum.*

Tal|la|ge, die; -: **1.** *Lage (eines Grundstücks, Hauses usw.) in einem Tal.* **2.** ⟨meist Pl.⟩ *Gebiet in einem Tal:* Schnee bis in die -n hinein; auch in den -n der Mittelgebirge ist mit Nachtfrost zu rechnen.

Tal|linn: Hauptstadt von Estland.

Tal|mi, das; -s [gek. aus älter Talmigold, H. u.]: *etw. (Schmuck o. Ä.), was keinen besonderen Wert hat, nicht echt ist.*

Tal|mi|gold, das: *goldfarbene Metalllegierung.*

Tal|mud, der; -[e]s u. -, -e [hebr. talmûd, eigtl. = Lehre]: **1.** ⟨o. Pl.⟩ *Sammlung der Gesetze u. religiösen Überlieferung des Judentums nach der Babylonischen Gefangenschaft:* im T. lesen. **2.** *Exemplar des Talmuds* (1).

Tal|mu|dis|mus, der; -: *aus dem Talmud geschöpfte Lehre u. Weltanschauung.*

Tal|mul|de, die (Geogr.): *flaches, muldenförmiges Tal.*

Ta|lon [taˈlõː, österr.: taˈloːn], der; -s, -s [frz. talon, eigtl. Rest < vlat. talo < lat. talus, ↑ Talar]: **1. a)** *Kontrollabschnitt [einer Eintrittskarte, Wertmarke o. Ä.];* **b)** (schweiz.) *Coupon* (1 b). **2. a)** (Kartenspiele) *Kartenrest (beim Geben);* **b)** (Spiele) *Stoß von [verdeckten] Karten im Glücksspiel; Kartenstock:* * etw. im T. haben (österr.; etw. in Reserve, in der Hinterhand haben); **c)** ([Brett]spiele) *noch nicht verteilte, verdeckt liegende Steine, von denen sich die Spielenden der Reihe nach bedienen.* **3.** (Musik) *Frosch* (3).

Tal|schaft, die; -, -en: **1.** (schweiz., westösterr.) *Gesamtheit der Bewohner eines Tales.* **2.** (Geogr.) *(in den Alpen u. a. Hochgebirgen) Tal in seiner Gesamtheit (mit seinen Nebentälern).*

Tal|schi: ↑ Talski.

Tal|sei|te, die: *die talabwärts gerichtete Seite (einer am Hang verlaufenden Straße o. Ä.).*

tal|sei|tig ⟨Adj.⟩: *an der Talseite [liegend], zur Talseite [gerichtet].*

Tal|sen|ke, die (Geogr.): *Senke eines Tals:* in der T. sprudelt ein Bach.

Tal|ski, Talschi, der: *der bei der Fahrt am Hang talseitig geführte, belastete Ski.*

Tal|soh|le, die: **1.** *Tiefpunkt einer (wirtschaftlichen) Entwicklung:* die Branche hat die T. durchschritten. **2.** (Geogr.) *Talboden:* die Höhe der Brücke ist 50 m über der T.

Tal|sper|re, die: *Anlage, die aus einem Gebirgstal absperrenden Staudamm, dem dahinter aufgestauten See u. einem Kraftwerk besteht.*

Tal|sta|ti|on, die: *unterer Haltepunkt einer Bergbahn.*

tal|wärts ⟨Adv.⟩ [↑ -wärts]: *in Richtung zum Tal:* der Weg führt t.

Ta|ma|got|chi [...tʃi], das, auch: der; -s, -s [aus jap. tamago = Ei u. engl. watch = (Armband-/Taschen)uhr]: **1.** *kleines, eiförmiges elektronisches Gerät, auf dessen Display* (2) *eine kleine Fantasiegestalt erscheint, die wie ein Lebewesen versorgt werden kann:* mit dem T. spielen. **2.** *kleine Fantasiegestalt auf dem Display* (2) *eines Tamagotchis* (1).

Ta|ma|rin|de, die; -, -n [mlat. tamarinda < arab. tamr hindī, eigtl. = indische Dattel]: **1.** *tropischer Baum mit paarig gefiederten, immergrünen Blättern, gelblichen Blüten u. essbaren Früchten.* **2.** *Frucht der Tamarinde.*

Ta|ma|ris|ke, die; -, -n [vlat. tamariscus < lat. tamarix]: *(als Strauch wachsende) Pflanze mit kleinen, schuppenartigen Blättern u. rosafarbenen, in Trauben stehenden Blüten.*

Tam|bour [ˈtambuːɐ̯, auch: ...ˈbuːɐ̯], der; -s, -e u. (schweiz.:) -en [frz. tambour = Trommel < afrz. tabour, tambor < pers. tabīr; Nasalierung im Roman. wohl unter Einfluss von arab. tanbūr, ↑ Tanbur]: **1.** (veraltend) *Trommler (bes. beim Militär).* **2.** (Archit.) *[mit Fenstern versehener] zylindrischer Bauteil, auf dem die Kuppel eines Bauwerks aufsitzt.* **3.** (Spinnerei) *mit stählernen Zähnen besetzte Trommel an einer Karde* (2). **4.** (Papierherstellung) *Trommel zum Aufrollen von Papier.*

Tam|bou|rin [tãbuˈrɛ̃ː, ˈtamburiːn], das; -s, -s [frz. tambourin, zu: tambour, ↑ Tambour]: *bes. in der Provence gespielte längliche, zylindrische Trommel, die mit zwei Fellen bespannt ist.*

Tam|bour|ma|jor, der: *Leiter eines Spielmannszuges.*

Tam|bour|ma|jo|rin: w. Form zu ↑ Tambourmajor.

Tam|bur: ↑ Tanbur.

Tam|bu|rin [auch: ˈtam...], das; -s, -e [frz. tambourin, ↑ Tambourin]: **1.** *Schellentrommel.* **2.** *leichtes trommelartiges, mit der Hand zu schlagendes, unten offenes Gerät, mit dem z. B. bei gymnastischen Übungen der Takt geschlagen wird.*

Ta|mil, das; -[s]: *Sprache der Tamilen.*

Ta|mi|le, der; -n, -n: *Angehöriger eines vorderindischen Volkes.*

Ta|mi|lin, die; -, -nen: w. Form zu ↑ Tamile.

ta|mi|lisch ⟨Adj.⟩: *die Tamilen betreffend, von ihnen stammend, zu ihnen gehörend.*

Tam|pen, der; -s, - [niederl. tamp] (Seemannsspr.): **a)** *Endstück eines Taus, einer Leine:* der T. ist durchgescheuert; **b)** *[kurzes] Stück Tau:* den T. befestigen, kappen.

Tam|pon [auch: tãˈpõː, österr. nur: ...ˈpoːn], der; -s, -s [frz. tampon < mfrz. ta(m)pon = Pflock, Stöpsel, Zapfen, aus dem Germ.]: **1. a)** (Med.) *Bausch aus Watte, Mull o. Ä. bes. zum Aufsaugen, Abtupfen von Flüssigkeiten, zum Verbinden od. Ausstopfen von Wunden, zum Stillen von Blutungen;* **b)** *Tampon* (1 a) *von länglicher Form, der von Frauen während der Menstruation benutzt wird.* **2.** (bild. Kunst) *mit Stoff, Filz o. Ä. bespanntes Gerät, mit dem gestochene Platten für den Druck eingeschwärzt werden:* die Farbe mit einem T. auftragen.

tam|po|nie|ren ⟨sw. V.; hat⟩ [frz. tamponner, zu: tampon, ↑ Tampon] (Med.): *mit Tampons* (1 a) *ausstopfen:* eine Wunde t.

Tam|tam [auch: ˈtam...], das, -s, -s: **1.** [frz. tamtam, aus dem Kreol. über das Engl. < Hindi ṭam-ṭam, lautm.] **a)** *asiatisches, mit einem Klöppel geschlagenes Becken; Gong;* **b)** *afrikanische Holztrommel.* **2.** ⟨o. Pl.⟩ (ugs. abwertend) *laute Betriebsamkeit, mit der auf etw. aufmerksam gemacht werden soll:* großes, viel T. [um jmdn., etw.] machen, veranstalten.

tan = Tangens.

TAN, die; -, -s [Abk. für Transaktionsnummer]: *nur dem Nutzer bekannte, einmalig gültige Codenummer, die beim Onlinebanking o. Ä. für jede Buchung zusätzlich zur PIN anzugeben ist.*

Tan|bur, Tambur [auch: ...ˈbuːɐ̯], der; -s, -e u. -s [arab. ṭanbūr, wohl aus dem Pers.] (Musik): *arabische Laute mit kleinem Resonanzkörper u. langem Hals, drei bis vier Stahlsaiten u. vielen Bünden.*

Tand, der; -[e]s [mhd. tant = leeres Geschwätz, Possen, H. u., viell. über die roman. Kaufmannsspr. (vgl. span. tanto = Kaufpreis, Spielgeld) zu lat. tantum = so viel] (veraltend): *wertloses Zeug:* billiger T.

Tän|de|lei, die; -, -en: **a)** *das Tändeln* (a); **b)** (veraltend) *das Tändeln* (b).

Tan|del|markt (österr.), **Tän|del|markt** (landsch.), der: *Trödelmarkt, Flohmarkt.*

tän|deln ⟨sw. V.; hat⟩ [Iterativbildung zu spätmhd. tenten = possen treiben, zu ↑ Tand]: **a)** *mehr in spielerisch-leichter als in ernsthafter Weise tun, ausführen:* mit dem Ball t., statt aufs Tor zu schießen; **b)** (veraltend) *schäkern, flirten.*

Tan|dem [...ɛm], das; -s, -s [engl. tandem < lat.

tandem = auf die Dauer, schließlich; mlat. = der Länge nach (hintereinander)]: *Fahrrad für zwei Personen mit zwei hintereinander angeordneten Sitzen u. Tretlagern:* [auf, mit einem] *T. fahren;* Ü *die beiden Spieler sind ein eingespieltes T.; das T. Schmidt – Müller.*

Tandller, der; -s, - [zu ↑ Tand] (südd., österr., schweiz.): *Trödler* (2).

Tandllelrin, die; -, -nen: w. Form zu ↑ Tandler.

tang = Tangens.

Tang, der; -[e]s, -e [dän., norw. tang, schwed. tång, wahrsch. = dichte Masse]: *Seetang.*

Tanlga, der; -s, -s [port. tanga < Tupi (südamerik. Indianerspr.) tanga = Lendenschurz]: **1.** *sehr knapper Bikini, dessen Höschen aus zwei durch Bänder miteinander verbundenen schmalen Stoffdreiecken besteht.* **2.** *sehr knapper, aus zwei schmalen, mit Bändern verbundenen Stoffdreiecken bestehender Slip* (1) *für Damen u. Herren.*

Tanlgalhöslchen, das: *Tangaslip.*

Tanlgalslip, der: *Minislip.*

Tanlgens [...gens], der; -, - [zu lat. tangens, ↑ Tangente] (Math.): *in rechtwinkligen Dreieck das Verhältnis von Gegenkathete zu Ankathete* (Zeichen: tan, tang, tg).

Tanlgenlte, die; -, -n: **1.** [nlat. linea tangens, aus lat. linea (↑ Linie) u. tangens, 1. Part. von: tangere, ↑ tangieren] (Math.) *Gerade, die eine Kurve in einem Punkt berührt:* eine T. ziehen. **2.** *Autostraße, die am Rande eines Ortes vorbeiführt.*

Tanlgenltenlvierleck, das (Math.): *aus vier an einen Kreis gelegten Tangenten* (1) *gebildetes Viereck.*

tanlgenltilal ⟨Adj.⟩ (Math.): *eine gekrümmte Fläche od. Linie berührend:* eine -e Fläche.

Tanlger: *marokkanische Hafenstadt.*

Tanlgelrilne, die; -, -n [nach der marokkanischen Stadt Tanger]: *kleine, kernlose mandarinenähnliche Zitrusfrucht.*

tanlgielren ⟨sw. V.; hat⟩ [lat. tangere = berühren]: **1.** (bildungsspr.) *jmdn. in bestimmter Weise [innerlich] berühren, im Denken od. Handeln beeinflussen:* das tangiert mich, meine Interessen nicht; Ü *das Projekt wird von den Sparmaßnahmen nicht tangiert (nicht betroffen, nicht beeinträchtigt).* **2.** (Math.) *(von Geraden od. Kurven) eine gekrümmte Linie od. Fläche in einem Punkt berühren:* der Kreis wird von der Geraden im Punkt P tangiert.

Tanlgo, der; -s, -s [span. tango, H. u.]: *aus Südamerika stammender Gesellschaftstanz in langsamem $^2/_4$- od. $^4/_8$-Takt mit synkopiertem Rhythmus;* Dazu: **Tanlgoltänlzer**, der; **Tanlgoltänlzelrin**, die.

Tanlgram, das; -s [engl. tangram, H. u., viell. aus dem Chin.]: *Spiel, bei dem aus Dreiecken, Quadraten o. Ä. Figuren gelegt werden.*

Tank, der; -s, -s, seltener: -e [engl. tank, H. u.]: **1.** *größerer Behälter zum Aufbewahren von bes. Flüssigkeiten:* der T. ist voll, leer, fasst 70 Liter [Wasser, Benzin]; den T. füllen. **2.** [urspr. Deckname für die ersten engl. Panzerwagen] (veraltend) *Panzer* (4).

Tanklanlzeilge, die: *Instrument, bes. in Kraftfahrzeugen, das anzeigt, wie viel Kraftstoff o. Ä. noch im Tank ist.*

Tanklde|ckel, der: *Tankverschluss.*

Tanlke, die; -, -n (ugs.): *Tankstelle.*

tanlken ⟨sw. V.; hat⟩ [engl. to tank]: *(Treibstoff als Vorratsmenge) in den dafür vorgesehenen Tank* (1) *füllen:* Benzin t.; sie tankte dreißig Liter [Super]; ⟨auch ohne Akk.-Obj.:⟩ hast du schon getankt?; Ü frische Luft, Sonne, Schlaf t.; er hatte reichlich getankt (salopp; *Alkohol getrunken*).

Tanlker, der; -s, - [engl. tanker]: *mit großen Tanks* (1) *ausgerüstetes Schiff für den Transport bes. von Erdöl:* ein riesiger, schwerfälliger T.

Tanlkerlflotlte, die: *Flotte von Tankern.*

Tanklfahrlzeug, das: *Fahrzeug mit großem Tank zum Transport von flüssigen Stoffen [bes. Benzin, Heizöl].*

Tanklflugzeug, das: *für die Betankung anderer Flugzeuge in der Luft ausgerüstetes Flugzeug.*

Tanklfüllung, die: *Flüssigkeitsmenge, die einen Tank* (1) *füllt.*

Tanklinlhalt, der: **a)** *Rauminhalt eines Tanks* (1); **b)** *die [noch] im Tank befindliche Menge an Treibstoff o. Ä.*

Tanlkilni, der; -s, -s [engl. tankini, geb. aus: tank top = enges ärmelloses Oberteil u. bikini = Bikini]: *zweiteiliger Badeanzug für Frauen mit einem Oberteil, das den Bauch mehr oder weniger bedeckt.*

Tankllalger, das: *Vorratsstelle für Benzin, Öl o. Ä.*

Tankllastlwalgen, der: *Tankwagen.*

Tankllastlzug, der: *großer Tankwagen.*

Tanklsäulle, die: *Zapfsäule.*

Tanklschiff, das: *Tanker.*

Tanklschloss, das: *abschließbarer Tankverschluss.*

Tanklstellle, die: *Anlage mit Zapfsäulen, wo man Fahrzeuge mit Treibstoff u. Öl versorgen kann:* eine freie (*nicht einem Mineralölkonzern gehörende*) T.

Tanklstelllenlnetz, das: *Gesamtheit der planmäßig über ein Gebiet verteilten Tankstellen.*

Tanklstelllenlshop, der: *einer Tankstelle angegliedertes Ladengeschäft, bes. für Erfrischungen u. anderen Reisebedarf.*

Tanklstopp, der (ugs.): *das Anhalten zum Zweck des Auftankens:* einen T. machen.

Tanklstutlzen, der: *Einfüllstutzen an einem Tank* (1).

Tankltop ['tɛŋktɔp], das; -s, -s [engl. tank top, zu tank, kurz für swimming tank (ältere engl. Bez. für Swimmingpool, nach der Ähnlichkeit des Kleidungsstücks mit dem oberen Teil eines Badeanzuges), und top (↑ ¹Top)]: *ärmelloses T-Shirt.*

Tanklulhr, die: *Tankanzeige.*

Tanklverlschluss, der: *Verschluss eines Tankstutzens, bes. für den [Benzin]tank des Autos.*

Tanklwalgen, der: *Tankfahrzeug.*

Tanklwart, der: *Angestellter od. Pächter einer Tankstelle (Berufsbez.).*

Tanklwarltin, die; -, -nen: w. Form zu ↑ Tankwart.

Tanklzug, der: *Tanklastzug.*

Tann, der; -[e]s, -e [mhd. tan(n) = Wald] (dichter.): *[Tannen]wald:* im finstern T.

Tannlast, der (schweiz.): *Ast einer Tanne.*

Tännlchen, das; -s, -: Vkl. zu ↑ Tanne (1).

Tanlne, die; -, -n [mhd. tanne, ahd. tanna, wohl eigtl. = Bogen (aus Tannenholz)]: **1.** *hoher, immergrüner Nadelbaum mit vorne abgestumpften, oberseits dunkelgrünen, unterseits zwei weiße Streifen aufweisenden Nadeln u. aufrecht stehenden Zapfen:* die T. als Weihnachtsbaum schmücken; sie ist schlank wie eine T. (*sehr schlank*). **2.** *Tannenholz:* der Fußboden ist aus T.

tanlnen ⟨Adj.⟩ [mhd. tennen, tennīn]: *aus Tannenholz bestehend:* -e Pfähle.

Tanlnenlbaum, der: **a)** (ugs.) *Tanne* (1 a); **b)** *Weihnachtsbaum:* den T. schmücken.

Tanlnenlduft, der: *Duft* (1) *nach Tannen[grün].*

Tanlnenlgrün, das: *abgeschnittene Tannenzweige:* die Tische waren mit T. geschmückt.

Tanlnenlholz, das ⟨Pl. ...hölzer⟩: *Holz der Tanne* (1 a).

Tanlnenlholnig, der: *Honig aus den Sekreten bestimmter auf Tannen lebender Insekten.*

Tanlnenlnaldel, die: *Nadel* (6) *der Tanne.*

Tanlnenlreilsig, das: *Reisig von Tannen* (1).

Tanlnenlwald, der: *Wald aus Tannen.*

Tanlnenlzaplfen, der: vgl. *Fichtenzapfen.*

Tanlnenlzweig, der: *[abgeschnittener] Zweig einer Tanne od. Fichte.*

Tanlnin, das; -s, ⟨Sorten:⟩ -e [frz. tan(n)in, zu: tan = Gerberlohe, wohl aus dem Kelt.]: *aus Holz, Rinden, Blättern, bes. aber aus ² Gallen* (2) *verschiedener Pflanzen gewonnene Gerbsäure.*

Tannlzaplfen, der (schweiz., sonst landsch.): ↑ *Tannenzapfen.*

Tanlsalnia [auch: ...'za:nja]; -s: *Staat in Afrika;* Dazu: **Tanlsalniler**, der; -s, -; **Tanlsalnilelrin**, die; -, -nen; **tanlsalnisch** ⟨Adj.⟩.

Tanlse, die; -, -n [ablautend zu schweiz. mundartl. dinsen = auf die Schulter (weg)tragen, mhd. dinsen, ahd. dinsan = ziehen, schleppen] (schweiz.): *[auf dem Rücken zu tragende] Bütte aus Holz od. Metall, für Trauben, Milch, Wasser o. Ä.*

Tanltal, das; -s [nach dem griech. Sagenkönig Tantalus, ↑ Tantalusqualen]: *grau glänzendes, sehr dehnbares Schwermetall, das u. a. für die Herstellung chirurgischer Instrumente u. chemischer Geräte verwendet wird.*

Tanltallus (griech. Mythol.): *in der griech. Sage König in Phrygien, der zur Strafe für seine Freveltaten in der Unterwelt bis zum Kinn im Wasser stehen musste, jedoch keinen Durst nicht daran stillen konnte, da es vor ihm zurückwich, wenn er davon trinken wollte; auch von den über seinem Kopf wachsenden Früchten konnte er nicht essen, da der Wind sie wegblies, sobald er nach ihnen greifen wollte.*

Tanltallus|qualen ⟨Pl.⟩ [nach dem griech. Sagenkönig ↑ Tantalus] (bildungsspr.): *Qualen, die dadurch entstehen, dass etwas Ersehntes zwar in greifbarer Nähe, aber doch nicht zu erlangen ist:* T. leiden.

Tantlchen, das; -s, -: Kosef. zu ↑ Tante (1).

Tanlte, die; -, -n [frz. tante (urspr. Kinderspr.) tante < afrz. ante < lat. amita = Vaterschwester, Tante]: **1.** *Schwester od. Schwägerin der Mutter od. des Vaters:* unsere T. [Anna]; (fam. auch als Eigenname:) T. hat angerufen; -s Hund hat mich gebissen. **2. a)** (Kinderspr.) *[bekannte] weibliche Erwachsene:* sag der T. Guten Tag!; **b)** (ugs. abwertend) *Frau:* eine alte, blöde, alberne, komische T. **3.** (salopp, meist abwertend) *Tunte* (2).

-tanlte, die; -, -n [zu Tante (2 b)] (ugs. abwertend): *kennzeichnet in Bildungen mit Substantiven eine weibliche Person, die sehr allgemein durch etw. charakterisiert ist:* Kuchen-, Moral-, Quiz-, Ratgeber-, Schlagertante.

Tanlte-Emlma-Lalden, der; -s, Tante-Emma-Läden: *kleines Einzelhandelsgeschäft alten Stils.*

tanltenlhaft ⟨Adj.⟩ (abwertend): *betulich.*

Tanltilelme [auch: tã...], die; -, -n [frz. tantième, zu: tant = so(undso) viel < lat. tantus = so viel]: **a)** *Gewinnbeteiligung an einem Unternehmen:* T. beziehen; **b)** ⟨meist Pl.⟩ *an einen Autor, Musiker u. a. gezahlte Vergütung für Aufführung od. Wiedergabe seines musikalischen od. literarischen Werkes.*

Tanltra, das; -[s], -s, selten: ...en [sanskr. tan tra = Gewebe; System; Lehre]: **1.** ⟨o. Pl.⟩ *Lehrsystem des Tantrismus.* **2.** *Schrift des Tantrismus.*

tanltrisch ⟨Adj.⟩: *das Tantra betreffend.*

Tantlrislmus, der; -: *religiöse Strömung in Indien seit dem 1. Jh. n. Chr., die mit magisch-mystischen Mitteln Befreiung vom Irdischen sucht.*

Tanz, der; -es, Tänze [mhd. tanz, mniederd. dans, wohl über das afrz. Mniederl. (=) afrz. danse, zu: danser, ↑ tanzen]: **1.** *[geordnete] Abfolge von Körperbewegungen, die nach einem durch Musik od. eine andere akustische Äußerung*

Tanzabend – Tapeziertisch

(wie Schlagen, Stampfen o. Ä.) hervorgebrachten Rhythmus ausgeführt wird: alte, moderne, kultische Tänze; ein langsamer, schreitender, wilder T.; lateinamerikanische Tänze; er hat keinen T. ausgelassen *(immer getanzt);* ein Tänzchen wagen (scherzh.; *sich aufschwingen, zu tanzen);* darf ich [Sie] um den nächsten T. bitten?; jmdn. zum T. auffordern; zum T. aufspielen; * **ein T. auf dem Vulkan** *(ausgelassene Lustigkeit in gefahrvoller Zeit, Situation;* nach frz. Nous dansons sur un volcan); **der T. ums Goldene Kalb** *(das Streben, die Gier nach Geld u. Besitz;* ↑ Kalb 1 a). **2.** *Musikstück, zu dem getanzt werden kann.* **3.** ⟨o. Pl.⟩ *Veranstaltung, auf der getanzt wird:* heute ist in dem Café T.; zum T. gehen. **4.** (ugs.) *heftige, durch Verbissenheit gekennzeichnete Auseinandersetzung, in die jmd. einen anderen aus Verärgerung o. Ä. verwickelt:* wenn ich ihn zu spät komme, gibt es wieder einen T.

Tanz|abend, der: *Abendveranstaltung, bei der getanzt wird.*

tanz|bar ⟨Adj.⟩: *(von Musik) zum Tanzen geeignet.*

Tanz|bar, die: ³*Bar, in der auch getanzt wird.*

Tanz|bär, der: *dressierter Bär, der [auf Jahrmärkten] tänzerische Bewegungen ausführt.*

Tanz|bein, das: in der Wendung **das T. schwingen** (ugs. scherzh.: *[ausgelassen, ausdauernd] tanzen).*

Tanz|bo|den, der: *[erhöhte] Tanzfläche.*

Tanz|ca|fé, das: *Café, in dem eine Tanzkapelle spielt.*

Tänz|chen, das; -s, -: Vkl. zu ↑ Tanz.

Tanz|ein|la|ge, die: *in ein Programm, ein Theaterstück o. Ä. eingeschlossene tänzerische Darbietung.*

tän|zeln ⟨sw. V.⟩: **a)** ⟨hat⟩ *sich mit leichten, federnden od. hüpfenden Schritten bewegen:* das Pferd tänzelt nervös; sie entschwand tänzelnd; er hat einen tänzelnden Gang; **b)** ⟨ist⟩ *sich tänzelnd fortbewegen:* sie tänzelte durchs Zimmer; Unter der Straßenlaterne sieht man eine Frau aussteigen und in das Haus t. (Kempowski, Zeit 272).

tan|zen ⟨sw. V.⟩ [mhd. tanzen, mniederd. dansen < (a)frz. danser, viell. aus dem Germ. u. eigtl. = sich hin u. her bewegen]: **1.** ⟨hat⟩ **a)** *einen Tanz (1), Tänze ausführen:* gut t.; t. gehen; er kann nicht t.; mit jmdm. t.; nach den Klängen einer Zigeunerkapelle t.; Ü über den Wasser tanzen die Mücken; das Schiff tanzt auf den Wellen; die Buchstaben tanzten *(verschwammen)* vor seinen Augen; sie schlug auf den Tisch, dass die Gläser tanzten *(hochhüpften);* **b)** ⟨t. + sich⟩ *durch Tanzen in einen bestimmten Zustand geraten:* sich müde, in Ekstase t. **2. a)** *tanzend* (1 a) *ausführen, darstellen:* [einen] Walzer, Tango t.; Ballett t.; sie tanzt klassische Rollen; eine getanzte Oper; ein getanztes *(durch Tanz dargestelltes)* Märchen. **3.** ⟨ist⟩ *sich tanzend od. mit hüpfenden Schritten fortbewegen:* durch den Saal t.; vor Freude von einem Bein auf das andere t.

Tän|zer, der; -s, - [mhd. tenzer, tanzer]: **1.** *jmd., der tanzt:* er ist ein guter T. **2.** *jmd., der den künstlerischen Tanz ausübt, Balletttänzer* (Berufsbez.).

Tan|ze|rei, die; -, -en: **1.** (ugs.) *kleines Tanzfest:* zu einer T. gehen. **2.** (oft abwertend) *[dauerndes] Tanzen.*

Tän|ze|rin, die; -, -nen [mhd. tenzerinne]: w. Form zu ↑ Tänzer.

tän|ze|risch ⟨Adj.⟩: **a)** *in der Art des Tanzes:* -e Bewegungen; **b)** *in Bezug auf den Tanz:* die Aufführung war t. schwach.

Tanz|fest, das: *Tanzvergnügen.*

Tanz|fes|ti|val, das: *dem Tanz gewidmetes Festival.*

Tanz|fi|gur, die: *Figur* (2).

Tanz|film, der: **a)** *Film, in dem [vorwiegend] getanzt wird;* **b)** *Film, in dem das Tanzen zentrales Thema ist:* der klassische T. »Dirty Dancing«.

Tanz|flä|che, die: *zum Tanzen vorgesehene Fläche.*

Tanz|gar|de, die: *Garde* (3), *deren Aufgabe es ist zu tanzen.*

Tanz|grup|pe, die: *Gruppe von Personen, die Tänze vorführt.*

Tanz|haus, das: **1.** *als Zentrum für künstlerischen Tanz dienendes Haus.* ◆ **2.** *Haus für öffentliche Tanzveranstaltungen:* Heute Abend auf dem T. – das versteht sich! (Hebbel, Agnes Bernauer I, 13).

Tanz|ka|pel|le, die: ²*Kapelle* (2).

Tanz|kunst, die: **1.** ⟨o. Pl.⟩ *Ausdruckstanz, Ballett als Kunstgattung.* **2.** *tänzerisches Können:* seine Tanzkünste sind kläglich.

Tanz|kurs, Tanz|kur|sus, der: **a)** *Lehrgang für das Tanzen;* **b)** *Gesamtheit der Teilnehmer eines Tanzkurses* (a).

Tanz|leh|rer, der: *Lehrer, der Tanzunterricht erteilt.*

Tanz|leh|re|rin, die: w. Form zu ↑ Tanzlehrer.

Tanz|lied, das: *Lied, das beim [Volks]tanz gesungen wird.*

Tanz|lo|kal, das: vgl. Tanzbar.

Tanz|ma|rie|chen, das; -s, - [vgl. Funkenmariechen]: *zu einer Karnevalsgesellschaft gehörende junge Frau, die mit anderen zusammen tanzt.*

Tanz|maus, die: *Maus, die sich durch krankhafte Veränderung in den Gleichgewichtsorganen ständig gleichsam tanzend im Kreis bewegt.*

Tanz|mu|sik, die: *Musik, nach der getanzt* (2 a) *wird.*

Tanz|or|ches|ter, das: *Orchester, das Tanzmusik spielt.*

Tanz|paar, das: *miteinander tanzendes Paar.*

Tanz|part|ner, der: *Partner beim Tanz.*

Tanz|part|ne|rin, die: w. Form zu ↑ Tanzpartner.

Tanz|per|for|mance, die (Kunstwiss.): *Performance* (1), *bei der [hauptsächlich] getanzt wird.*

Tanz|saal, der: *Saal, in dem getanzt wird.*

Tanz|schritt, der: *zu dem jeweiligen Tanz gehörender, charakteristischer Schritt; Pas.*

Tanz|schuh, der: **a)** *Damenschuh zum Tanzen;* **b)** *Schuh für künstlerischen Tanz, bes. Ballett.*

Tanz|schu|le, die: *private Einrichtung, in der Gesellschaftstanz gelehrt wird.*

Tanz|show, die: *aus tänzerischen Darbietungen bestehende Show.*

Tanz|sport, der: *als Sport betriebener Gesellschaftstanz.*

Tanz|stil, der: *Stil des Tanzens.*

Tanz|stück, das: *Ballett* (1 b).

Tanz|stun|de, die: *Unterrichtsstunde im Tanzen [in einer Tanzschule]:* -n geben, nehmen; in die T. gehen *(einen Tanzkurs besuchen).*

Tanz|sze|ne, die: *Szene in einem Film, Theaterstück o. Ä., in der getanzt wird.*

Tanz|tee, der: *nachmittägliche Tanzveranstaltung.*

Tanz|the|a|ter, das: *modernes choreografisches Theater* (2), *im Unterschied zum klassischen Ballett.*

Tanz|tur|nier, das: *Wettkampf im Tanzsport.*

Tanz|un|ter|richt, der: *Unterricht im Tanzen.*

Tanz|ver|an|stal|tung, die: *Tanz* (3).

Tanz|ver|gnü|gen, das: **1.** *Tanz* (3). **2.** *Vergnügen am Tanz.*

Tao, das; - [chin. tao = Weg, Einsicht]: *allem zugrunde liegendes, alles durchdringendes Prinzip im Taoismus.*

Tao|is|mus [auch: tau...], der; -: *Richtung der chinesischen Philosophie, als deren Begründer Laotse gilt.*

tao|is|tisch ⟨Adj.⟩: *den Taoismus betreffend.*

Ta|pa, die; -, -s od. der; -s, -s ⟨meist Pl.⟩ [span. tapa, eigtl. = Deckel, aus dem Germ. u. verw. mit ↑ Zapfen; früher wurde in Gaststätten zum Wein immer ein Imbiss auf einem kleinen Teller serviert u. dieser wie ein Deckel auf das Glas gelegt]: *kleiner, pikanter Happen, der (in Spanien in Bars und Cafés) als Snack serviert wird.*

Ta|pas|bar, die: *kleineres Lokal, in dem v. a. Tapas angeboten werden.*

Tape [te:p, teɪp], das, auch: der; -[s], -s [engl. tape, eigtl. = Band, Streifen, H. u.]: **1.** *Magnetband, bes. Tonband.* **2.** *Klebeband.*

Tape|deck, das: *Tonbandgerät zum Anschluss an einen externen Verstärker (z. B. als Baustein einer Stereoanlage).*

ta|pen ['teɪpn] ⟨sw. V.; hat⟩ [↑ Tapeverband] (Jargon): *einen Tapeverband anlegen.*

ta|pe|rig, taprig ⟨Adj.⟩ [zu ↑ tapern] (landsch., bes. nordd.): *tatterig.*

ta|pern ⟨sw. V.; ist⟩ [zu mniederd. tapen = tappen] (nordd.): *sich unbeholfen, unsicher fortbewegen.*

Ta|pet, das [urspr. (Decke auf einem) Konferenztisch < lat. tapetum, ↑ Tapete]: nur in den Wendungen **aufs T. kommen** (ugs.; *zur Sprache kommen;* eigtl. = auf den Konferenztisch gelegt werden); **etw. aufs T. bringen** (ugs.; *etw. zur Sprache bringen;* nach frz. mettre [une affaire] sur le tapis).

Ta|pe|te, die; -, -n [mlat. tapeta = Wandverkleidung < (vulgär)lat. tap(p)eta, Neutr. Pl. von: tap(p)etum, ↑ Teppich]: **1.** *meist mit Mustern bedrucktes, zu Rollen gewickeltes Papier o. Ä., das in Bahnen an die Wände geklebt wird, um einem Raum ein schöneres Aussehen zu geben:* eine geblümte, abwaschbare, vergilbte T.; 2 Rollen T., -n; * **die T., -n wechseln** (ugs.: 1. *umziehen.* 2. *den Arbeitsplatz wechseln.* 3. *Urlaub machen).* ◆ **2.** *frei hängender Wandbehang, Gobelin:* ...da raschelte es hinter der T. (C. F. Meyer, Amulett 41); Sie sollen sich hinter der T. verstecken (Schiller, Fiesco IV, 11).

Ta|pe|ten|bahn, die: *Bahn* (4) *einer Tapete.*

Ta|pe|ten|kleis|ter, der: *Klebstoff, mit dem Tapeten geklebt werden.*

Ta|pe|ten|mus|ter, das: *Muster* (3), *mit dem eine Tapete bedruckt ist.*

Ta|pe|ten|tür, die: *Tür, die in einer Wandfläche liegt u. mit der gleichen Tapete tapeziert ist wie die Wand.*

Ta|pe|ten|wech|sel, der (ugs.): *(vorübergehende od. dauernde) Veränderung der gewohnten Umgebung (durch Reise, Umzug, Wechsel der Arbeitsstelle o. Ä.):* er hat einen T. dringend nötig.

Tape|ver|band ['te:p..., 'teɪp...], der; -[e]s, ...verbände [zu engl. tape = Klebeband, -streifen, ↑ Tape]: *Verband aus klebenden Binden od. Pflastern zur Vorbeugung od. bei Quetschungen u. Verstauchungen.*

Ta|pe|zier, der; -s, -e (südd.): *Tapezierer.*

Ta|pe|zier|ar|beit, die: *Arbeit des Tapezierers.*

Ta|pe|zier|bürs|te, die: *breite Bürste mit langen, weichen Borsten, die beim Tapezieren verwendet wird.*

ta|pe|zie|ren ⟨sw. V.; hat⟩ [ital. tappezzare]: **1.** *(Wände) mit Tapeten bekleben, verkleiden:* eine Wand, ein Zimmer [neu] t.; kannst du t.?; ein dunkel tapezierter Raum; Ü die Wand war mit Fotos tapeziert. **2.** (österr.) *(Polstermöbel) mit Stoff beziehen.*

Ta|pe|zie|rer, der; -s, -: *Handwerker, der Tapezierarbeiten durchführt.*

Ta|pe|zie|re|rin, die; -, -nen: w. Form zu ↑ Tapezierer.

Ta|pe|zier|tisch, der: *zusammenlegbarer Tisch mit einer langen Platte zum Auflegen u. Bestreichen der einzelnen Tapetenbahnen.*

Ta|pe|zie|rung, die; -, -en: a) *das Tapezieren;* b) *fertig angebrachte Tapeten; Verkleidung mit Tapeten.*

tap|fer ⟨Adj.⟩ [mhd. tapfer = fest, gedrungen; schwer, (ge)wichtig; ansehnlich; streitbar, ahd. tapfar = schwer, gewichtig, H. u.]: **1. a)** *sich furchtlos u. zum Widerstand bereit mit Gefahren u. Schwierigkeiten auseinandersetzend:* ein -er Kämpfer; eine -e Soldatin; -en Widerstand leisten; sich t. verteidigen; **b)** *beherrscht, Schmerzen u. seelische Regungen, Gefühle nicht sichtbar werden lassend; ohne zu klagen, seine Angst unterdrückend* (bezieht sich oft auf das Verhalten von Kindern): beim Zahnarzt war der Kleine sehr t.; sie haben sich t. gehalten *(waren standhaft);* **c)** t. unterdrückte er die Tränen. **2.** (ugs. veraltend) *tüchtig* (3b): es ist genug Kuchen da, greift nur t. zu!; Er schien den Abend vorher t. gezecht zu haben (R. Walser, Gehülfe 90).

Tap|fer|keit, die; -, -en [spätmhd. tapfer(ig)keit = (Ge)wichtigkeit]: **a)** *unerschrockenes, mutiges Verhalten im Augenblick der Gefahr:* T. beweisen; wegen T. vor dem Feind belobigt werden; **b)** ⟨o. Pl.⟩ *das Tapfersein* (1 b): sie haben ihre Schmerzen mit beispielloser T. ertragen.

Tap|fer|keits|me|dail|le, die; -, -n: *militärische Auszeichnung für Tapferkeit vor dem Feind.*

Ta|pi|o|ka, die; -, **Ta|pi|o|ka|stär|ke,** die [Tupi (südamerik. Indianerspr.) tipioc(a), eigtl. = Rückstand]: *Stärkemehl aus den Knollen des Manioks.*

Ta|pir ['ta:pi:ɐ, österr.: ta'pi:ɐ], der; -s, -e [frz. tapir < Tupi (südamerik. Indianerspr.) tapira]: *mittelgroßes Säugetier in den tropischen Wäldern Amerikas u. Asiens mit kurzem, dichtem Fell u. einem kurzen Rüssel.*

Ta|pis|se|rie, die; -, -n [frz. tapisserie, zu: tapis = Teppich]: **a)** *Wandteppich;* **b)** *Stickerei auf gitterartigem Grund.*

tapp ⟨Interj.⟩: lautm. für das Geräusch auftretender [nackter] Füße.

◆ **Tap|pe,** die; -, -n [mhd. tāpe, ↑ tappen]: *Fußabdruck:* ... so dass hinter jedem meiner Tritte eine starke T. auf dem Boden blieb (Stifter, Granit 17).

tap|pen ⟨sw. V.⟩ [zu frühnhd. tappe, mhd. tāpe = Tatze, Pfote, H. u.]: **a)** ⟨ist⟩ *sich mit leisen, dumpf klingenden Tritten [unsicher u. tastend] vorwärtsbewegen:* barfuß durchs Zimmer t.; im Dunkeln in eine Pfütze t.; Ü in eine Falle t.; Du bist ein Unglückshuhn, du hast ein unglaubliches Talent, in die schlimmsten Geschichten zu t. (Fallada, Jeder 117); **b)** ⟨hat/ist⟩ *(von Füßen, Schritten) ein dumpfes Geräusch verursachen:* er ging mit tappenden Schritten; **c)** ⟨hat⟩ (veraltend) *unsicher tastend nach etw. greifen:* nach dem Schalter t.

täp|pisch ⟨Adj.⟩ [mhd. tæpisch] (meist abwertend): *ungeschickt, unbeholfen; linkisch:* ein -er Bursche; -e Bewegungen; wie kann man nur so t. sein!

tap|rig: ↑ taperig.

Taps, der; -es, -e (ugs. abwertend): *ungeschickter Mensch:* du T.!

tap|sen ⟨sw. V.; hat/ist⟩ (ugs.): *tappen* (a, b).

Tap|ser, der; -s, - (ugs.): *von Mensch od. Tier hinterlassene Spur:* auf dem Küchenboden waren die T. einer Katze zu sehen.

tap|sig ⟨Adj.⟩ (ugs.): *plump u. schwerfällig [u. dabei drollig wirkend]:* ein -es Bärchen; t. gehen.

Tap|sig|keit, die; -, -en: **a)** ⟨o. Pl.⟩ *das Tapsigsein;* **b)** *tapsige Handlung.*

Ta|ra, die; -, ...ren [ital. tara, eigtl. = Abzug für Verpackung < arab. ṭarḥ = Abzug, zu: ṭaraḥa = entfernen, beseitigen] (Kaufmannsspr.): **1.** *Gewicht der Verpackung einer Ware.* **2.** *Verpackung einer Ware* (Abk.: T, Ta).

Ta|ran|tel, die; -, -n [ital. tarantola, wohl nach der Stadt Taranto = Tarent, weil dort die Spinne bes. häufig vorkommt]: *(im Mittelmeergebiet heimische) in Erdlöchern lebende, große giftige Spinne, deren Biss schmerzhaft ist:* * **wie von der/einer T. gestochen/gebissen** (ugs.; *in plötzlicher Erregung sich wild gebärdend, wie besessen*).

Ta|ran|tel|la, die; -, -s u. ...llen [ital. tarantella, wohl nach Taranto, ↑ Tarantel]: *mit Kastagnetten u. Schellentrommel getanzter, süditalienischer [Volks]tanz in schnellem, sich steigerndem $^3/_8$- od. $^6/_8$-Takt.*

Ta|ren: Pl. von ↑ Tara.

Tar|get [auch: 'ta:ɐɡɪt], das; -s, -s [engl. target, eigtl. = Zielscheibe]: **1.** (Kernphysik) *Substanz, auf die energiereiche Strahlung geschickt wird, um in ihr Kernreaktionen zu erzielen.* **2.** (Med., Pharm.) *Substanz im Körper, an der ein medizinischer Wirkstoff seine Wirkung entfalten soll.*

Tar|gi, der; -[s], Tuareg: *Angehöriger eines berberischen Volksstammes.*

ta|rie|ren ⟨sw. V.; hat⟩ [zu frz. tarif < ital. tariffa < arab. ta'rīf = Bekanntmachung, zu: 'arafa = wissen]: **1.** (Wirtsch.) *die Tara (einer verpackten Ware) bestimmen.* **2.** (Physik) *das Gewicht auf einer Waage durch Gegengewichte ausgleichen.*

Ta|rif, der; -[e]s, -e [frz. tarif < ital. tariffa < arab. ta'rīf = Bekanntmachung, zu: 'arafa = wissen]: **1. a)** *festgesetzter Preis; Entgelt, Gebühr für etw. (z. B. für die Inanspruchnahme von Dienstleistungen):* die -e der Bahn, der Post; für Großkunden gilt ein besonderer, verbilligter T.; **b)** *Verzeichnis der Tarife* (1 a): ein Auszug aus dem amtlichen T. **2.** *ausgehandelte u. vertraglich festgelegte Höhe u. Staffelung von Löhnen, Gehältern:* die -e kündigen; neue -e aushandeln; nach, über T. bezahlt werden; Unter T. kann er ja nicht zahlen. Und der Berliner T. wird schon nicht schlecht sein (Fallada, Mann 101).

Ta|rif|ab|schluss, der: *Abschluss eines Tarifs* (2).

Ta|rif|an|ge|stell|te, ⟨vgl. Angestellte⟩: *Angestellte, die unter einen bestimmten Tarif* (2) *fällt.*

Ta|rif|an|ge|stell|ter, ⟨vgl. Angestellter⟩: *Angestellter, der unter einen bestimmten Tarif* (2) *fällt.*

Ta|rif|aus|ei|n|an|der|set|zung, die: *Auseinandersetzung* (2 a) *zwischen den Tarifparteien um neue Tarife* (2).

Ta|rif|au|to|no|mie, die: *Recht der Sozialpartner, ohne staatliche Einmischung Tarifverträge auszuhandeln u. zu kündigen.*

Ta|rif|be|reich, der: *Bereich, für den ein Tarif* (2) *Gültigkeit hat.*

Ta|rif|be|zirk, der: vgl. Tarifbereich.

Ta|rif|bin|dung, die: *Bindung* (1 a) *an einen von den Tarifparteien ausgehandelten Tarif.*

Ta|rif|dschun|gel, der (abwertend): *tarifliche Regelung (z. B. bei Bahn od. Telefon) von großer Unübersichtlichkeit u. Kompliziertheit.*

Ta|rif|ei|ni|gung, die: *Einigung in einer Tarifauseinandersetzung.*

Ta|rif|er|hö|hung, die: *Erhöhung von Tarifen* (1 a).

ta|rif|fä|hig ⟨Adj.⟩: *berechtigt, Tarifverhandlungen zu führen.*

Ta|rif|fä|hig|keit, die; ⟨o. Pl.⟩: *das Tariffähigsein.*

Ta|rif|fonds, der: *tariflich abgesicherter, aus Beiträgen von Arbeitnehmern u. Arbeitgebern gespeister Fonds zur besseren Altersversorgung.*

Ta|rif|for|de|rung, die: *in einer Tarifauseinandersetzung aufgestellte Forderung.*

Ta|rif|ge|biet, das: *Tarifbereich.*

ta|rif|ge|bun|den ⟨Adj.⟩: *an einen Tarif gebunden:* -e Betriebe.

Ta|rif|ge|mein|schaft, die: *Zusammenschluss mehrerer Arbeitgeber für eine gemeinsame Verhandlung mit den Gewerkschaften bei Tarifauseinandersetzungen.*

Ta|rif|ge|spräch, das: *Tarifverhandlung.*

Ta|rif|grup|pe, die: vgl. Lohngruppe.

Ta|rif|ho|heit, die: *[staatliches] Recht zur Festlegung von Gebühren u. Tarifen* (1 a).

ta|ri|fie|ren ⟨sw. V.; hat⟩: *die Höhe einer Leistung tariflich festlegen, in einen Tarif einordnen:* Zahnersatzleistungen t. Dazu: **Ta|ri|fie|rung,** die; -, -en.

Ta|rif|kom|mis|si|on, die: *vom jeweiligen Tarifpartner zur Verhandlung u. zum Abschluss eines [neuen] Tarifvertrages bevollmächtigtes Gremium.*

Ta|rif|kon|flikt, der: *die Tarife* (2) *betreffender Konflikt zwischen Tarifpartnern.*

Ta|rif|kun|de, der: *(privater) ^{1}Kunde* (1), *der Strom zu einem anderen Tarif als Großkunden bezieht.*

Ta|rif|kun|din, die: w. Form zu ↑ Tarifkunde.

ta|rif|lich ⟨Adj.⟩: **1.** *den Tarif[vertrag] betreffend:* die -e Eingruppierung von Mitarbeitern. **2.** *den Tarif* (1 a) *betreffend:* -e Änderungen, Konditionen.

Ta|rif|lohn, der: *dem Tarif* (2) *entsprechender Lohn.*

ta|rif|los ⟨Adj.⟩: *keinen geltenden Tarif* (2) *habend:* ein -er Zustand.

Ta|rif|par|tei, die: *einer der beiden jeweiligen Tarifpartner.*

Ta|rif|part|ner, der ⟨meist Pl.⟩: *Vertragspartner eines Tarifvertrags.*

Ta|rif|part|ne|rin, die: w. Form zu ↑ Tarifpartner.

Ta|rif|po|li|tik, die: *Gesamtheit der Überlegungen u. Maßnahmen in Zusammenhang mit Tarifverträgen.*

ta|rif|po|li|tisch ⟨Adj.⟩: *die Tarifpolitik betreffend.*

Ta|rif|recht, das: **1.** *für Abschluss u. Einhaltung von Tarifverträgen geltende Rechtsbestimmungen.* **2.** *tariflich zugesicherter Rechtsanspruch.*

ta|rif|recht|lich ⟨Adj.⟩: *das Tarifrecht betreffend, darauf beruhend.*

Ta|rif|run|de, die (Jargon): *Gesamtheit der (meist einmal im Jahr stattfindenden) Tarifverhandlungen in allen Branchen.*

Ta|rif|streit, der: *Tarifauseinandersetzung.*

Ta|rif|strei|tig|keit, die ⟨meist Pl.⟩: *Streit um Tarife unter den Tarifpartnern.*

Ta|rif|struk|tur, die: *Struktur eines Tarifs* (2).

Ta|rif|sys|tem, das: *System, nach dem Preise od. Löhne gestaffelt sind:* das T. der Deutschen Bahn.

Ta|rif|ver|ein|ba|rung, die: *Vereinbarung über die Höhe der Tarife* (2).

Ta|rif|ver|hand|lung, die ⟨meist Pl.⟩: *Tarife betreffende Verhandlung der Tarifpartner.*

Ta|rif|ver|trag, der: *Vertrag zwischen Arbeitgeber[n] u. Gewerkschaft über Löhne u. Gehälter sowie über Arbeitsbedingungen.*

ta|rif|ver|trag|lich ⟨Adj.⟩: *einen Tarifvertrag betreffend:* -e Regelungen; etw. t. festlegen, absichern.

Ta|rif|ver|trags|par|tei, die: *Tarifpartei.*

Ta|rif|zo|ne, die: *Zone, für die ein bestimmter Tarif gilt (z. B. im öffentlichen Nahverkehr, beim Telefonieren, im Versicherungswesen).*

Tarn|an|strich, der (Militär): *Anstrich, der zur Tarnung dienen soll.*

Tarn|an|zug, der (Militär): *Kampfanzug in Tarnfarben.*

tar|nen ⟨sw. V.; hat⟩ [mhd. tarnen, ahd. tarnan, zu: tarni = heimlich, verborgen]: *jmdn., etw. vor dem Erkannt-, Gesehenwerden schützen, indem man ihn, es verhüllt od. der Umgebung angleicht:* eine Stellung, ein Geschütz t.; sich mit etw. t.; der Spitzel hat sich als Reporter getarnt; eine gut getarnte Radarfalle.

Tarn|far|be, die: *Farbe, die Tarnung bewirken soll.*

tarn|far|ben ⟨Adj.⟩: *mit einer Tarnfarbe versehen:* -e Zelte, Fahrzeuge, Kampfanzüge.

Tarn|fär|bung, die (Zool.): *Schutzfärbung.*

Tarn|fir|ma, die: vgl. Tarnorganisation.

Tarn|kap|pe, die [mhd. tarnkappe = Tarnmantel, zu: kappe, ↑ Kappe] (Mythol.): *Kappe, die den Träger unsichtbar macht; Nebelkappe:* eine T. tragen.

Tarn|kap|pen|bom|ber, der (Militärjargon): *Bombenflugzeug, das durch eine besondere Technik gegen Ortung geschützt ist bzw. dessen Ortung erschwert ist.*

Tarn|na|me, der: *Name, mit dem jmd. od. etw. unter Eingeweihten bezeichnet wird, sodass andere nicht wissen können, von wem oder wovon die Rede ist.*

Tarn|netz, das (Militär): *zur Tarnung von etw. verwendetes Netz:* Geschütze mit -en abdecken.

Tarn|or|ga|ni|sa|ti|on, die: *Organisation (Partei, Verein o. Ä.) mit vorgeschobenen Zielen, durch die anderweitige [illegale] Aktivitäten verdeckt werden sollen.*

Tar|nung, die; -, -en: **a)** ⟨o. Pl.⟩ *das Tarnen:* Zweige dienten zur T.; **b)** *etw., was dem Tarnen dient:* unter einer T. liegen.

Ta|rock, das (österr. nur so) od. der; -s, -s [ital. tarocco, H. u.]: **a)** *in verschiedenen Formen gespieltes, altüberliefertes Kartenspiel zu dritt:* T. spielen; **b)** ⟨nur: der⟩ *eine der 21 zum alten Tarockspiel gehörenden Sonderkarten.*

Ta|rock|spiel, das: **1.** ⟨o. Pl.⟩ *das Tarock* (a). **2.** *das Tarockspielen.*

Ta|rot [ta'ro:], das od. der; -s, -s [engl. tarot, frz. tarot < ital. tarocco, ↑ Tarock]: *dem Tarock verwandtes Kartenspiel, dessen Karten bes. spekulativen symbolischen Deutungen dienen.*

¹**Tar|tan** ['tartan, engl.: 'tɑ:t(ə)n], der; -[s], -s [engl. tartan]: *für einen Clan* (1) *spezifische Musterung des Kilts* (1).

²**Tar|tan**® ['tartan], der; -s [Kunstwort]: *(aus Kunstharzen hergestellter) wetterfester Belag für Laufbahnen.*

Tar|tan|bahn, die: *Laufbahn aus* ² Tartan.

Tar|te ['tart(ə)], die; -, -n od. -s (Kochkunst): *aus einem Mürbeteig in einer runden Form gebackener, mit Obst, Gemüse od. anderem belegter Kuchen.*

Tar|tüf|fe|rie, die; -, -n [frz. tartuf(f)erie] (bildungsspr.): *Heuchelei.*

Tar|tu|fo, das; -s, -s [ital. tartufo = Trüffel (↑ Kartoffel), nach Farbe und Form]: *mit Schokolade, Kakao o. Ä. überzogene Halbkugel aus Speiseeis.*

Tar|zan, der; -[s], -e [nach der gleichnamigen Hauptfigur der Abenteuerromane des amerikanischen Schriftstellers E. R. Burroughs (1875–1950)]: *muskulöser, schöner Mann.*

Täsch|chen, das; -s, -: Vkl. zu ↑ Tasche.

Ta|sche, die; -, -n [mhd. tasche, ahd. tasca, H. u.]: **1.** *etw., was meist aus flexiblem Material hergestellt ist, meist einen od. zwei Henkel od. einen Tragegriff hat u. zum Unterbringen von Dingen bestimmt ist, die jmd. bei sich tragen möchte:* eine lederne T.; eine T. aus Leder, zum Umhängen, für die Einkäufe. **2. a)** *ein-, aufgenähter Teil in einem Kleidungsstück (zum Hineinstecken von kleineren Gegenständen):* eine aufgesetzte, große, tiefe T.; etw. aus der T. holen, ziehen; die Hände in die -n stecken; [sich] etw. in die T. stecken; Er zog ein Päckchen Zigaretten hervor und kramte in seinen -n nach Streichhölzern (Remarque, Triomphe 6); * **sich** ⟨Dativ⟩ **die eigenen -n füllen** (ugs.; *sich bereichern*); **jmdm. auf der T. liegen** (ugs.; *sich von jmdm. unterhalten lassen*); **etw. aus eigener/der eigenen T. bezahlen** (*etw. selbst bezahlen*); **[für etw. tief] in die T. greifen [müssen]** (ugs.; *für etw. viel zahlen [müssen]*); **in die eigene T. arbeiten, wirtschaften** (ugs.; *auf betrügerische Weise Profit machen*); **jmdn. in die T. stecken** (ugs.; *jmdm. weit überlegen sein*); **sich selbst in die/sich in die [eigene] T. lügen** (ugs.; *sich etw. vormachen*); **etw. [schon] in der T. haben** (ugs.; *[schon] die Gewissheit haben, etw. zu bekommen*); **b)** *in od. an einem Koffer, einer Akten-, Bücher-, Reisetasche, einem Rucksack od. dgl. befindliches Fach, in dem sich kleinere Dinge verstauen lassen:* der Rucksack hat außen zwei -n.

Ta|schen|aus|ga|be, die: *kleine, handliche Ausgabe eines Buches.*

Ta|schen|buch, das: *broschiertes, gelumbecktes Buch in einem handlichen Format.*

Ta|schen|dieb, der: *Dieb, der andere bestiehlt, indem er ihnen Wertgegenstände, das Portemonnaie u. a. aus der Tasche entwendet.*

Ta|schen|die|bin, die: w. Form zu ↑ Taschendieb.

Ta|schen|dieb|stahl, der: *Diebstahl von Wertgegenständen, Portemonnaies u. a. aus Taschen.*

Ta|schen|fei|tel, der (südd., österr. ugs.): *Taschenmesser.*

Ta|schen|for|mat, das: *kleines, handliches Format von etw.:* ein Wörterbuch im T.; Ü (ugs. scherzh.:) ein Casanova im T.

Ta|schen|geld, das: *kleinerer Geldbetrag, der jmdm., der selbst kein eigenes Geld hat (bes. einem Kind) regelmäßig gegeben wird:* das Kind bekommt 10 Euro T.

Ta|schen|geld|ent|zug, der: *Entzug des Taschengeldes (aus pädagogischen Gründen).*

Ta|schen|in|halt, der: *Inhalt einer Tasche.*

Ta|schen|ka|len|der, der: *Kalender im Taschenformat.*

Ta|schen|kamm, der: *Kamm im Taschenformat.*

Ta|schen|klap|pe, die: *Patte.*

Ta|schen|krebs, der: *große, meist rotbraune Krabbe mit glattem Panzer u. kräftigen Scheren.*

Ta|schen|lam|pe, die: *handliche, von einer Batterie gespeiste Lampe, die man bei sich führen kann.*

Ta|schen|le|xi|kon, das: *Lexikon im Taschenformat.*

Ta|schen|mes|ser, das [mhd. taschenmeʒʒer]: *Messer, dessen Klinge sich in eine dafür vorgesehene Vertiefung im Griff klappen lässt, sodass es in der Tasche mitgeführt werden kann.*

Ta|schen|rech|ner, der: *kleiner elektronischer Rechner, der in der Tasche mitgeführt werden kann.*

Ta|schen|schirm, der: *zusammenschiebbarer Regenschirm, der in einer Handtasche, Aktentasche o. Ä. untergebracht werden kann.*

Ta|schen|spie|gel, der: *Spiegel im Taschenformat.*

Ta|schen|spie|ler, der (veraltend): *jmd., der Taschenspielerkunststücke vorführt.*

Ta|schen|spie|le|rei, die: *Taschenspielerkunststück.*

Ta|schen|spie|le|rin, die: w. Form zu ↑ Taschenspieler.

Ta|schen|spie|ler|kunst|stück, das: *große Fingerfertigkeit erfordernder Zaubertrick, bei dem jmd. wie durch Magie Gegenstände auftauchen u. verschwinden lässt.*

Ta|schen|spie|ler|trick, der (abwertend): *Trick, durch den jmd. getäuscht, jmdm. etw. vorgespiegelt werden soll:* er hat sich das Geld mit allerlei -s ergaunert.

Ta|schen|tuch, das ⟨Pl. ...tücher⟩: *kleines viereckiges Tuch, das in der Tasche mitgeführt wird, zum Naseputzen o. Ä.*

Ta|schen|uhr, die: *kleine Uhr, die [an einer Kette befestigt] in der Tasche* (2), *bes. der Westentasche, getragen wird.*

Ta|schen|wör|ter|buch, das: *Wörterbuch im Taschenformat.*

Ta|scherl, das; -s, -[n] (Kochkunst österr.): *mit Marmelade o. Ä. gefüllte Teigtasche.*

Tasch|kent: Hauptstadt von Usbekistan.

Tasch|ner, der; -s, - [spätmhd. tasch(e)ner] (südd., österr.): *Täschner.*

Täsch|ner, der; -s, -: *jmd., der Lederwaren wie Handtaschen, Brieftaschen, Aktentaschen u. a. herstellt (Berufsbez.).*

Täsch|ne|rei, die; -, -en: vgl. Sattlerei.

Tasch|ne|rin, die; -, -nen: w. Form zu ↑ Taschner.

Täsch|ne|rin, die; -, -nen: w. Form zu ↑ Täschner.

Ta|ser ['te:zɐ], der; -s, - [engl.] (Fachspr.): *(als eine Art Waffe zu benutzendes) Gerät, mit dem Elektroschocks verabreicht werden.*

Task, der; -[e]s, -s [engl. task = Aufgabe < mengl. taske < afrz. tasche, über das Vlat. < mlat. taxa, ↑ Taxe] (EDV): *in sich geschlossene Aufgabe, dargestellt durch einen Teil eines Programms od. ein ganzes Programm.*

Task|force, Task-Force [...fɔrs, ...fo:ɐ̯s], die; -, -s [...sɪs] [engl. task force, zu: force = Kolonne, Trupp, Einheit]: *für eine begrenzte Zeit gebildete Arbeitsgruppe [mit umfassenden Entscheidungskompetenzen] zur Lösung komplexer Probleme.*

Task|leis|te, die (EDV): *Bereich am Rand des Bildschirms, in dem die jeweils laufenden Programme angezeigt werden.*

Tas|ma|ni|en; -s: australische Insel u. Bundesstaat Australiens.

Tas|ma|ni|er, der; -s, -: Ew.

Tas|ma|ni|e|rin, die; -, -nen: w. Form zu ↑ Tasmanier.

tas|ma|nisch ⟨Adj.⟩: *Tasmanien, die Tasmanier betreffend; von den Tasmaniern stammend, zu ihnen gehörend.*

TASS, die; - [Abk. für russ. Telegrafnoe Agenstvo Sovetskogo Sojuza]: Nachrichtenagentur der UdSSR.

Täss|chen, das; -s, -: Vkl. zu ↑ Tasse.

Tas|se, die; -, -n [frz. tasse < arab. tās(aʰ) < pers. tašt = Becken, Untertasse]: **1. a)** *kleines Trinkgefäß von unterschiedlicher Form mit einem Henkel an der Seite:* eine T. aus Porzellan; ⟨als Maß:⟩ zwei Tassen starker Kaffee/(geh.:) starken Kaffees; trink deine T. aus!; die Kanne fasst sechs -n; eine T. Grieß; jmdn. zu einer T. Tee *(zum Teetrinken)* einladen; R hoch die -n! (ugs.; *lasst uns trinken, anstoßen!*); * **trübe T.** (ugs. abwertend; *langweiliger, temperament-, schwungloser Mensch*); **b)** *Tasse* (1 a) *mit dazugehöriger Untertasse:* * **nicht alle -n im Schrank/** ⟨auch:⟩ **Spind haben** (ugs.; *nicht recht bei Verstand sein*); **c)** (österr. veraltend) *Untertasse.* **2.** (österr.) *flaches, schüsselförmiges od. rechteckiges Behältnis aus Styropor o. Ä. als Verpackung im Handel.*

tas|sen|fer|tig ⟨Adj.⟩: *(von Instantgetränken, -suppen o. Ä.) so vorbereitet, dass es nach Übergießen mit heißem Wasser sofort getrunken, verzehrt werden kann.*

Tast|al|pha|bet, das; -s, -e: *spezielle Form der Kommunikation, bei der die einzelnen Buchstaben des Alphabets als Punkte u. Striche in der Handinnenfläche symbolisiert werden.*

Tas|ta|tur, die; -, -en [älter ital. tastatura, zu: tasto, ↑ Taste]: **a)** *Klaviatur* (1); ¹Manual (1), auch Pedal (5 a) *einer Orgel;* **b)** *größere Anzahl von in bestimmter Weise (meist in mehreren übereinanderliegenden Reihen) angeordneten Tasten* (2); **c)** (EDV) *Gerät mit in Feldern angeordneten Tasten zur Eingabe von Daten od. zum Auslösen bestimmter Funktionen.*

tast|bar ⟨Adj.⟩: *mit dem Tastsinn wahrnehmbar.*

Tas|te, die; -, -n [ital. tasto, eigtl. = das (Werkzeug zum) Tasten, zu: tastare, über das Vlat. < lat. taxare, ↑ taxieren]: **1. a)** *länglicher, rechteckiger Teil an bestimmten Musikinstrumenten, der* beim Spielen mit einem Finger niedergedrückt wird, um einen bestimmten Ton hervorzubringen: sie haut in die/haut, hämmert auf die -n; *in die -n greifen (Klavier o. Ä. spielen); b) (zu einem Pedal 5a gehörender) Fußhebel; Fußtaste, Pedal (5b). **2.** einem Druckknopf (2) ähnlicher, oft viereckiger Teil bestimmter Geräte, Maschinen, der bei der Benutzung, bei der Bedienung des jeweiligen Geräts mit dem Finger niedergedrückt wird: die -n des Telefons, des Taschenrechners, der Schreibmaschine.

Tast|emp|fin|dung, die: Wahrnehmung durch den Tastsinn.

tas|ten ⟨sw. V.; hat⟩ [mhd. tasten, aus dem Roman. (vgl. ital. tastare, ↑ Taste)]: **1. a)** (bes. mit den ausgestreckten Händen) vorsichtig fühlende, suchende Bewegungen ausführen, um Berührung mit etw. zu finden: der Blinde tastete mit einem Stock; sie bewegte sich tastend zur Tür; in erster tastender Versuch; tastende (vorfühlende) Fragen; **b)** tastend (1 a) nach etw. suchen: nach dem Lichtschalter t.; seine rechte Hand tastete nach der Brieftasche; **c)** tastend (1 a) wahrnehmen, feststellen: man kann die Geschwulst [mit den Fingern] t. **2.** ⟨t. + sich⟩ sich tastend (1 a) irgendwohin bewegen: sie tastete sich zum Lichtschalter, über den dunklen Flur. **3.** (bes. Fachspr.) **a)** eine mit einer Tastatur (b) ausgestattete Maschine bedienen; **b)** (einen Text, Daten o. Ä.) mithilfe einer Tastatur (b), einer Taste (2) übertragen, übermitteln, eingeben o. Ä.: einen Funkspruch t.

Tas|ten|druck, der ⟨Pl. ...drücke⟩: vgl. Knopfdruck.

Tas|ten|in|s|t|ru|ment, das: Musikinstrument mit Tasten (1 a).

Tas|ten|kom|bi|na|ti|on, die (EDV): Kombination von Tasten, die gleichzeitig gedrückt eine bestimmte Funktion auslösen.

Tas|ten|te|le|fon, das: Telefon mit Tastatur (b).

Tas|ter, der; -s, -: **1.** (Fachspr.) jmd., der mittels einer Tastatur eine Maschine bedient. **2.** tastenartiger Druckknopf, Drucktaste (b).

Tast|haar, das: **a)** (Zool.) (bei Säugetieren) als Tastsinnesorgan fungierendes langes, steifes Haar; **b)** (Bot.) (bei bestimmten Pflanzen) Haar (3), das dazu dient, Berührungen zu registrieren.

Tast|or|gan, das: vgl. Tastsinnesorgan.

Tast|schrei|ben, das; -s: das Schreiben mit der Tastatur; Zehnfinger-Blindschreibemethode.

Tast|sinn, der ⟨o. Pl.⟩: Fähigkeit von Lebewesen, mithilfe bestimmter Organe Berührungen wahrzunehmen.

Tast|sin|nes|or|gan, das: dem Tasten dienendes Sinnesorgan.

Tast|ver|such, der: vorsichtig tastender Versuch, mit dem jmd. an etw. herangeht.

tat: ↑ ¹tun, ²tun.

Tat, die; -, -en [mhd., ahd. tāt, zu ↑ ¹tun]: **1. a)** etw., was jmd. tut, getan hat; Handlung: eine edle, selbstlose, kluge, böse T.; große, kühne, feige, ruchlose, verbrecherische -en; das ist die T. eines Wahnsinnigen; im Mann der T. (jmd., der entschlossen handelt); einen Entschluss in die T. umsetzen; zur T. schreiten (tätig werden, etwas tun); sie steht zu ihrer T.; **b)** Verbrechen, Straftat o. Ä.: der Angeklagte hat die T. gestanden; *jmdn. auf frischer T. ertappen o. Ä. (jmdn. bei der Ausführung einer verbotenen Handlung ertappen). **2.** *in der T. (tatsächlich: das ist in der T., du hast recht!)

Ta|ta|mi, die; -, -s [jap. tatami, eigtl. Bez. für ein Flächenmaß (etwa 1,65 m²), dann übertr. auf eine Matte in dieser Größe]: mit Stroh gefüllte Matte, die z. B. als Unterlage für Futons dient.

¹Ta|tar, der; -en, -en (Geschichte): Angehöriger eines Volks in Südrussland, der Ukraine u. Westsibirien.

²Ta|tar, das; -s, -[s] [nach den Tataren, die auf Kriegszügen angeblich das Fleisch für ihre Mahlzeiten unter dem Sattel weich ritten]: mageres Hackfleisch vom Rind, das (mit Zwiebeln, Pfeffer u. Salz vermischt) roh gegessen wird.

Ta|ta|ren|mel|dung, die [nach der von einem tatarischen Reiter in osmanischen Diensten 1854 nach Bukarest gebrachten Falschmeldung von der Einnahme Sewastopols, die nachhaltig das Geschehen in der Politik u. an der Börse beeinflusste] (veraltend): nicht sehr glaubhafte [Schreckens]nachricht.

Ta|ta|rin, die; -, -nen: w. Form zu ↑ ¹Tatar.

ta|ta|risch ⟨Adj.⟩: die Tataren betreffend.

Tat|aus|gleich, der (österr. Rechtsspr.): Wiedergutmachung ohne gerichtliches Urteil.

Tat|be|stand, der: **1.** Gesamtheit der unter einem bestimmten Gesichtspunkt bedeutsamen Tatsachen, Gegebenheiten; Sachverhalt: einen T. feststellen, verschleiern; der nackte T., Messieurs, ist folgender: Ein vierzehnjähriges Mädchen von niederer Herkunft und nicht einmal durchschnittlicher Verstandeskraft behauptet von sich, übersinnliche Erscheinungen zu haben (Werfel, Bernadette 135). **2.** (Rechtsspr.) (gesetzlich festgelegte) Merkmale für eine bestimmte Handlung od. für einen bestimmten Sachverhalt: mit dieser Äußerung ist der T. der Beleidigung erfüllt.

tat|be|stand|lich ⟨Adj.⟩ (Rechtsspr.): den Tatbestand (2) betreffend.

Tat|be|stands|merk|mal, das (Rechtsspr.): Merkmal eines Tatbestands (2).

Tat|be|tei|li|gung, die (Rechtsspr.): Beteiligung an einer Straftat.

Tat|be|weis, der (Rechtsspr.): Beweis für eine Straftat: den T. antreten.

tä|te: ↑ ¹tun.

Tat|ein|heit, die ⟨o. Pl.⟩ (Rechtsspr.): Verletzung mehrerer Strafgesetze durch eine Handlung: Mord in T. mit Raub.

Ta|ten|drang, der ⟨o. Pl.⟩: Drang, sich zu betätigen, etw. zu leisten: er war voller T.

ta|ten|durs|tig ⟨Adj.⟩ (geh.): voller Tatendurst.

ta|ten|los ⟨Adj.⟩: nicht handelnd, in ein Geschehen nicht eingreifend: t. zusehen, herumstehen. Dazu: **Ta|ten|lo|sig|keit,** die.

Tä|ter, der; -s, - [mhd. (in Zus.) -tæter, eigtl. zu ↑ ¹Tat, heute zu ↑ ¹tun gestellt]: jmd., der eine Tat (1b) begeht, begangen hat: der mutmaßliche T. wurde festgenommen; die Polizei hat von den -n noch keine Spur.

Tä|ter|be|schrei|bung, die: Personenbeschreibung eines Täters.

Tä|ter|grup|pe, die: vgl. Täterkreis.

Tä|te|rin, die; -, -nen: w. Form zu ↑ Täter.

Tä|ter|kreis, der: Kreis von Personen, die an einer Straftat beteiligt waren.

Tä|ter|schaft, die; -, -en: **1.** ⟨o. Pl.⟩ das Tätersein: es gibt keinen Beweis für seine T. **2.** (schweiz.) Gesamtheit der an einer Straftat beteiligten Täter.

Tat|fahr|zeug, das: vgl. Tatwaffe.

Tat|form, die (Sprachwiss.): ¹Aktiv.

◆ **Tat|hand|lung,** die: Tätlichkeit: Haben sie ihm nicht feierlich zugesagt, keine -en mehr zu unternehmen wie bei Weinsberg? (Goethe, Götz V, 9).

Tat|her|gang, der: Hergang einer Tat (1 b).

tä|tig ⟨Adj.⟩ [frühnhd.; mhd. -tætec, ahd. -tātīg nur in Zus.]: **1. a)** beschäftigt, beruflich arbeitend sein; **b)** sich betätigend: Vater ist in der Küche t.; Ü der Vulkan ist noch t. (nicht erloschen); *t. werden (bes. Amtsspr.; in Aktion treten; eingreifen). **2.** rührig, aktiv (1 a): ein -er Mensch; unentwegt t. sein. **3.** in Taten, Handlungen sich zeigend, wirksam werdend: -e Anteilnahme, Nächstenliebe.

tä|ti|gen ⟨sw. V.; hat⟩ (Papierdt.): ausführen, vollziehen: einen Kauf, ein Geschäft, Einkäufe, Investitionen, einen Anruf, eine Überweisung t.

Tä|tig|keit, die; -, -en: **1. a)** das Tätigsein, das Sichbeschäftigen mit etw.: seine geschäftliche, ärztliche, verlegerische T. aufgeben; nach zweijähriger T. als Lehrer, für die Partei; **b)** Gesamtheit derjenigen Verrichtungen, mit denen jmd. in Ausübung seines Berufs zu tun hat; Arbeit: eine interessante, gut bezahlte T.; die aufreibende T. eines Organisators. **2.** ⟨o. Pl.⟩ das In-Betrieb-Sein, In-Funktion-Sein: die T. des Herzens; das Aggregat tritt automatisch in T.

Tä|tig|keits|be|reich, der: Bereich (b), in dem jmd. tätig ist.

Tä|tig|keits|be|richt, der: Bericht über die Arbeit einer Organisation, eines Gremiums o. Ä. während eines bestimmten Zeitraums.

Tä|tig|keits|be|schrei|bung, die: Beschreibung u. Aufzählung der Tätigkeitsmerkmale für eine bestimmte berufliche Tätigkeit.

Tä|tig|keits|feld, das: vgl. Tätigkeitsbereich.

Tä|tig|keits|ge|biet, das: vgl. Tätigkeitsbereich.

Tä|tig|keits|merk|mal, das ⟨meist Pl.⟩: für eine bestimmte berufliche Tätigkeit charakteristisches Merkmal.

Tä|tig|keits|pro|fil, das: vgl. Tätigkeitsbeschreibung.

Tä|tig|keits|wort, das (Sprachwiss.): Verb.

Tä|ti|gung, die; -, -en ⟨Pl. selten⟩ (Papierdt.): das Tätigen.

Tat|kraft, die: zum Handeln erforderliche Energie u. Einsatzbereitschaft: etw. mit großer T. vorantreiben.

tat|kräf|tig ⟨Adj.⟩: **a)** Tatkraft besitzend, erkennen lassend: ein -er Mensch; **b)** mit Tatkraft geschehend: -e Mithilfe; sich t. für etw. einsetzen.

tät|lich ⟨Adj.⟩ [vgl. mniederd. dātlīk]: körperliche Gewalt einsetzend; handgreiflich: -e Auseinandersetzungen; t. werden; jmdn. t. angreifen.

Tät|lich|keit, die; -, -en ⟨meist Pl.⟩: tätliche Auseinandersetzung: es kam zu -en.

Tat|mehr|heit, die (Rechtsspr.): Verletzung mehrerer Strafgesetze durch verschiedene Handlungen: Diebstahl in T. mit Hehlerei.

Tat|mensch, der: jmd., der zu raschem, entschlossenem Handeln neigt.

Tat|mo|tiv, das: Motiv für eine Tat (1 b).

Tat|ort, der ⟨Pl. -e⟩: Ort, an dem sich eine Tat (1 b) zugetragen hat: etw. am T. zurücklassen.

tä|to|wie|ren ⟨sw. V.; hat⟩ [engl. to tattoo, frz. tatouer, zu tahit. tatau = (eintätowiertes) Zeichen]: **a)** durch Einbringen von Farbstoffen in die eingeritzte Haut eine farbige Musterung, bildliche Darstellung o. Ä. schaffen, die nicht wieder verschwindet; **b)** mit einer Tätowierung versehen: jmdn., jmds. Hand t.; sich [an den Armen] t. lassen; tätowierte Arme; **c)** durch Tätowieren (a) hervorbringen, entstehen lassen: jmdm. eine Rose auf den Arm t.; Ravic betrachtete den Arm des Kellners, auf den eine nackte Frau tätowiert war (Remarque, Triomphe 8).

Tä|to|wie|rer, der; -s, -: jmd., der das Tätowieren [gewerbsmäßig] ausübt.

Tä|to|wie|re|rin, die; -, -nen: w. Form zu ↑ Tätowierer.

Tä|to|wie|rung, die; -, -en: **1.** das Tätowieren. **2.** durch Tätowieren entstandenes Bild o. Ä.

Tat|sa|che, die [nach engl. matter of fact]: wirklicher, gegebener Umstand; Faktum: eine historische, unleugbare, unabänderliche, traurige, bedauerliche T.; es ist [eine] T., dass er trinkt; T.! (ugs.; wirklich!, das ist wahr!); die -n verdrehen, entstellen, verfälschen; das entspricht [nicht] den -n *(der Wahrheit);* eine Vorspiegelung, Vortäuschung falscher -n; * **vollendete -n schaffen** *(nicht mehr rückgängig zu machende Umstände herbeiführen);* **den -n ins Auge sehen** *(die gegebenen Umstände nicht ignorieren);* **jmdn. vor die vollendete T./vor vollendete -n stellen** *(jmdn. mit einem eigenmächtig geschaffenen Sachverhalt konfrontieren);* **vor vollendeten -n stehen** *(sich mit einem Sachverhalt konfrontiert sehen, den ein anderer eigenmächtig geschaffen hat).*

Tat|sa|chen|be|haup|tung, die (Rechtsspr.): *Behauptung, in der etw. als Tatsache hingestellt wird.*

Tat|sa|chen|be|richt, der: *den Tatsachen entsprechender Bericht über ein Geschehen.*

Tat|sa|chen|ent|schei|dung, die (Sport): *von einem Schieds- od. Kampfrichter gefällte Entscheidung über bestimmte Vorgänge, bes. Regelverstöße, während eines Spiels, Wettkampfes.*

Tat|sa|chen|ro|man, der (Literaturwiss.): *Roman, der auf wirklichen Geschehnissen beruht, in dem wirkliche Personen u. Zustände dargestellt werden.*

¹tat|säch|lich [auch: ...'zɛç...] ⟨Adj.⟩: *als Tatsache vorhanden; wirklich, real, faktisch:* vermeintliche und -e Vorzüge; die -en Umstände; sein -er (ugs.; *richtiger*) Name ist Karl.

²tat|säch|lich [auch: ...'zɛç...] ⟨Adv.⟩: *wirklich; in der Tat:* so etwas gibt es t.; ist das t. wahr?; sie ist es t.; »Man fühlt sich besser in einem neuen Anzug«, erwidere ich. »Ich habe das selbst erfahren.« »Tatsächlich?« »Tatsächlich« (Remarque, Obelisk 319).

Tat|säch|lich|keit [auch: ...'zɛç...], die; -, -en: **1.** *tatsächliche, reale Beschaffenheit, Existenz.* **2.** *Tatsache.*

tät|scheln ⟨sw. V.; hat⟩ [weitergebildet aus mhd. tetschen = klatschen, patschen, lautm.]: *(als eine Art Liebkosung) wiederholt mit der Hand [auf jmds. bloße Haut] leicht schlagen:* jmds. Hand t.; dem Pferd den Hals t.

tat|schen ⟨sw. V.; hat⟩ [auch: tätschen, mhd. tetschen, ↑ tätscheln] (ugs. abwertend): *in plumper Art u. Weise irgendwohin fassen* (2): an die Scheiben, auf den Käse t.

Tat|ter|greis, der [1. Bestandteil zu ↑ tattern] (ugs. abwertend): *zittriger, seniler alter Mann.*

Tat|ter|grei|sin, die: w. Form zu ↑ Tattergreis.

Tat|te|rich, der; -s [aus der Studentenspr., urspr. = das Zittern der Hände nach starkem Alkoholgenuss] (ugs.): *[krankhaftes] Zittern der Finger, Hände:* den T. haben, kriegen.

tat|te|rig, tattrig ⟨Adj.⟩ (ugs.): **a)** *zitterig:* mit -en Fingern; **b)** *aufgrund hohen Alters zitterig u. unsicher:* ein -er Greis.

Tat|te|rig|keit, Tattrigkeit, die; - (ugs.): *das Tatterigsein.*

tat|tern ⟨sw. V.; hat⟩ [urspr. = schwatzen, stottern, wohl lautm.] (ugs.): *(bes. mit den Fingern, auch am ganzen Körper) zittern.*

Tat|ter|sall ['tatɛzal, engl.: 'tætəsɔːl], der; -s, -s [nach engl. Tattersalls (horse market) = Londoner Pferdebörse u. Reitschule des engl. Stallmeisters R. Tattersall (1724–1795)]: **a)** *kommerzielles Unternehmen, das Reitpferde vermietet, Reitturniere durchführt u. Ä.;* **b)** *Reitbahn, -halle.*

Tat|too [tɛ'tuː], der od. das; -s, -s [engl. tattoo < tahit. tatau, ↑Tatowierung]: *Tätowierung.*

tatt|rig usw.: ↑ tatterig usw.

Tat|um|stand, der ⟨meist Pl.⟩: *in Zusammenhang mit einer Straftat stehender Umstand.*

ta|tü|ta|ta ⟨Interj.⟩: *lautm. für den Klang eines Martin-Horns o. Ä.*

Ta|tü|ta|ta, das; -[s], -[s] (ugs.): *Klang des Martin-Horns o. Ä.:* mit Blaulicht und T.

Tat|ver|dacht, der: *Verdacht auf jmds. Täterschaft:* unter T. stehen.

tat|ver|däch|tig ⟨Adj.⟩: *unter Tatverdacht stehend.*

Tat|ver|däch|ti|ge ⟨vgl. Verdächtige⟩: *weibliche Person, die einer Tat verdächtigt wird.*

Tat|ver|däch|ti|ger ⟨vgl. Verdächtiger⟩: *jmd., der einer Tat verdächtigt wird.*

Tat|vor|wurf, der (Rechtsspr.): *Vorwurf, jmd. habe eine bestimmte Straftat begangen.*

Tat|waf|fe, die: *Waffe, mit der eine Straftat begangen wurde.*

Tätz|chen, das; -s, -: Vkl. zu ↑ Tatze.

Tat|ze, die; -, -n [mhd. tatze, H. u.; viell. Lallwort der Kinderspr. od. lautm.]: **1.** *Fuß, Pfote eines größeren Raubtieres (bes. eines Bären):* der Bär, der Tiger hob seine T. **2.** (salopp, oft abwertend) *[große, kräftige] Hand:* nimm deine T. da weg!; Dann nahm er die kalte Hand Anna Carusos in seine kräftige, behaarte T., hob sie langsam an seine Lippen und küsste sie (Thieß, Legende 103). **3.** (landsch.) *Schlag [mit einem Stock] auf die Hand (als Strafe):* Zehn Tage lang, zu lang für jedes Gewissen, segnete mein Vater die ausgestreckten, vier Jahre alten Handflächen seines Kindes mit scharfem Stöckchen. Sieben -n täglich auf jede Hand (Meckel, Suchbild 59).

Tat|zeit, die: *Zeit, zu der eine bestimmte Tat* (1 b) *stattgefunden hat.*

Tat|zeit|punkt, der: *Zeitpunkt, zu dem eine bestimmte Tat* (1 b) *stattgefunden hat.*

Tat|zeu|ge, der: *Zeuge einer Straftat.*

Tat|zeu|gin, die: w. Form zu ↑ Tatzeuge.

Tätz|lein, das; -s, -: Vkl. zu ↑ Tatze.

¹Tau, der; -[e]s [mhd., ahd. tou, verw. mit ↑ Dunst]: *Feuchtigkeit der Luft, die sich im Allgemeinen in den frühen Morgenstunden in Form von Tröpfchen auf dem Boden, an Pflanzen u. a. niederschlägt:* es ist T. gefallen; mit T. bedeckte Wiesen.

²Tau, das; -[e]s, -e [aus dem Niederd. < mniederd. tou(we) = Werkzeug, (Schiffs)gerät, Tau, zu: touwen (mhd., ahd. zouwen) = ausrüsten, bereiten, zustande bringen, also urspr. = Werkzeug, mit dem etw. gemacht wird]: *starkes Seil (bes. zum Festmachen von Schiffen o. Ä.):* ein kräftiges, dickes, starkes T.

³Tau, das; -[s], -s [griech. taũ]: *neunzehnter Buchstabe des griechischen Alphabets* (T, τ).

taub ⟨Adj.⟩ [mhd. toup, ahd. toub, urspr. = empfindungslos, stumpf(sinnig), eigtl. = benebelt, verwirrt, betäubt, verw. mit ↑ Dunst]: **1.** *ohne die Fähigkeit, etw. akustisch wahrnehmen zu können; gehörlos:* ein -es Kind; ihr linkes Ohr ist t.; bist du denn t.? (ugs.; *hörst du denn nichts?*); Ü sie setzt sich t. *(geht auf etwas Bestimmtes nicht ein);* er war t. für, gegen alle Bitten *(ging nicht auf sie ein).* **2.** *(in Bezug auf Körperteile) ohne Empfindung; wie abgestorben:* vor Kälte -e Finger; ein -es Gefühl in den Armen. **3.** *einen bestimmten, für die jeweilige Sache eigentlich charakteristischen Bestandteil, eine bestimmte, eigentlich charakteristische Eigenschaft nicht habend:* eine *(keinen Kern enthaltende)* Nuss; -es (Bergmannsspr.: *kein Erz enthaltendes*) Gestein.

taub|blind ⟨Adj.⟩: *taub u. blind zugleich.*

Taub|blin|de ⟨vgl. Blinde⟩: *weibliche Person, die weder hören noch sehen kann.*

Taub|blin|der ⟨vgl. Blinder⟩: *jmd., der weder hören noch sehen kann.*

Taub|blind|heit, die: *das Taubblindsein.*

Täub|chen, das; -s, -: **1.** Vkl. zu ↑ ¹Taube. **2.** *Kosewort, bes. für eine Geliebte:* mein T.!

¹Tau|be, die; -, -n [mhd. tübe, ahd. tūba, H. u., viell. lautm. od. zu ↑ Dunst u. eigtl. = die Dunkle (nach dem Gefieder)]: **1.** *mittelgroßer Vogel mit gedrungenem Körper, kleinem Kopf, kurzem,* leicht gekrümmtem Schnabel u. niedrigen Beinen *(der auch gezüchtet u. als Haustier gehalten wird):* die -n girren, gurren, rucksen, schnäbeln [sich]; die -n im Park füttern. **2.** (Politikjargon) *jmd., der für eine gemäßigte, nicht militante, nicht radikale Politik eintritt, der kompromissbereit ist.*

²Tau|be, die/eine Taube; der/einer Tauben, die Tauben/zwei Taube: *weibliche Person, die taub ist.*

tau|ben|blau ⟨Adj.⟩: *blass graublau.*

Tau|ben|dreck, der (ugs.): *Taubenkot.*

Tau|ben|ei, das: *Ei einer Taube.*

tau|ben|ei|groß ⟨Adj.⟩: *etwa von der Größe eines Taubeneis:* -e Hagelkörner.

tau|ben|grau ⟨Adj.⟩: *blass blaugrau.*

Tau|ben|haus, das: *Taubenschlag.*

Tau|ben|ko|bel, der (südd., österr.): *Taubenschlag.*

Tau|ben|kot, der: *Kot von Tauben.*

Tau|ben|nest, das: *Nest von Tauben.*

Tau|ben|schlag, der: *(oft auf einem hohen Pfahl stehendes) kleines Häuschen, Verschlag, in dem Tauben gehalten werden:* * **es geht zu wie im T.** (ugs.; *es herrscht ein ständiges Kommen u. Gehen*).

Tau|ben|züch|ter, der: *jmd., der Tauben züchtet.*

Tau|ben|züch|te|rin, die: w. Form zu ↑ Taubenzüchter.

Täu|ber: ↑ ²Tauber.

¹Tau|ber, der/ein Tauber; des/eines Tauben, die Tauben/zwei Taube: *jmd., der taub* (1) *ist.*

²Tau|ber, Täu|ber, der; -s, - [mhd. tüber]: *männliche Taube.*

Tau|be|rich, Täu|berich: ↑ ²Tauber.

Taub|heit, die; -: *das Taubsein.*

Täu|bin, die; -, -nen: *weibliche Taube.*

Täub|lein, das; -s, -: Vkl. zu ↑ ¹Taube.

Täub|ling, der; -s, -e [viell. zu ↑ ¹Taube (nach der graublauen Farbe mancher Arten) od. zu ↑ taub (3)]: *Blätterpilz mit trockenem, mürbem, leicht brechendem Fleisch u. oft lebhaft gefärbtem Hut.*

Taub|nes|sel, die [mhd. toupnezzel, 1. Bestandteil zu ↑ taub (3)]: *(zu den Lippenblütlern gehörende) Pflanze mit weißen, gelben od. roten Blüten u. Blättern, die denen der Brennnessel ähnlich sind, aber keine brennenden Hautreizungen verursachen.*

taub|stumm ⟨Adj.⟩: *aufgrund angeborener Gehörlosigkeit unfähig, artikuliert zu sprechen.*

> Die früher übliche Bezeichnung *taubstumm* sollte nicht mehr verwendet und auf Wunsch der Betroffenen durch *gehörlos* ersetzt werden. Durch den Wortbestandteil *stumm* wird fälschlicherweise die Unfähigkeit zu sprechen unterstellt. Dieses kann jedoch spätestens seit Anerkennung der Gebärdensprache als eigenständige Sprache nicht mehr als Bezeichnungskriterium verwendet werden; auch die Bezeichnung *Taubstummensprache* ist dadurch heute kaum mehr gebräuchlich.

Taub|stum|men|spra|che, die (veraltet): *Gebärdensprache gehörloser Menschen.*

Tauch|boot, das: *Unterseeboot, das nur für kurze Zeit getaucht bleiben kann.*

tau|chen ⟨sw. V.⟩ [mhd. tuchen, ahd. in: intūhhan, H. u.]: **1. a)** ⟨hat, auch: ist⟩ *mit dem Kopf od. dem ganzen Körper unter die Wasseroberfläche gehen:* die Ente taucht; er taucht nicht gern; **b)** ⟨ist⟩ *sich [als Taucherin od. Taucher] unter Wasser [in größere Tiefen] begeben:* sie tauchte in die Fluten, drei Meter tief; das U-Boot ist auf den Grund getaucht; Ü ins Dunkel t.; die Sonne taucht ins Meer; **c)** ⟨hat, auch: ist⟩ *tauchend* (1 a) *nach etw. suchen, etw. zu erreichen, zu finden suchen:* nach Schwämmen t.; **d)** ⟨hat, auch: ist⟩

unter Wasser verschwinden [u. unter Wasser bleiben]: das U-Boot taucht, hat mehrere Stunden getaucht; er kann zwei Minuten [lang] t.; **e)** ⟨ist⟩ *auftauchen* (1): *aus dem Wasser, an die Oberfläche t.* **2.** ⟨hat⟩ **a)** *in Wasser, in eine Flüssigkeit stecken, halten, senken:* den Pinsel in die Farbe, die Hand ins Wasser t.; Ü der Raum war in gleißendes Licht getaucht (geh.; *von gleißendem Licht erfüllt*); **b)** *unter Gewaltanwendung mit dem Kopf od. ganz unter Wasser bringen:* jmdn. t.

Tau|cher, der; -s, -: *jmd., der taucht* (1).

Tau|cher|an|zug, der: *wasserdichter Anzug zum Tauchen.*

Tau|cher|bril|le, die: *eng am Gesicht anliegende Schutzbrille für Taucher.*

Tau|cher|glo|cke, die: *unten offene Stahlkonstruktion, in deren großem, mit Druckluft wasserfrei gehaltenem Innenraum Arbeiten unter Wasser ausgeführt werden können.*

Tau|che|rin, die; -, -nen: w. Form zu ↑ Taucher.

Tau|cher|krank|heit, die: *Caissonkrankheit.*

Tauch|fahrt, die: *das Fahren (eines U-Bootes) unter Wasser.*

Tauch|gang, der: *Aktion des Tauchens u. Wiederauftauchens (eines Tauchers):* ein T. auf 1000 m Tiefe.

Tauch|ge|rät, das: *Gerät, das es einem Menschen ermöglicht, sich längere Zeit unter Wasser aufzuhalten.*

Tauch|ku|gel, die: *von einem Schiff aus an einem Kabel herablassbares kugelförmiges Tauchgerät für große Tiefen.*

Tauch|sie|der, der: *elektrisches Gerät zum schnellen Erhitzen von Wasser, dessen spiralförmiger Teil in das zu erhitzende Wasser getaucht wird.*

Tauch|sport, der: vgl. Schwimmsport.

Tauch|sta|ti|on, die: in der Wendung **auf T. gehen** (ugs.; *sich zurückziehen, sodass man von anderen nicht so leicht erreicht werden kann*).

¹**tau|en** ⟨sw. V.; hat; unpers.⟩ [mhd. touwen, ahd. touwōn] (seltener; *von Luftfeuchtigkeit*) *sich als* ¹*Tau niederschlagen:* es hat [stark] getaut.

²**tau|en** ⟨sw. V.⟩ [mhd. touwen, ahd. douwen, eigtl. = schmelzen, sich auflösen, dahingehen, bereits im Mhd. angelehnt an ↑¹Tau]: **1. a)** ⟨unpers.; hat⟩ *als Tauwetter gegenwärtig sein:* seit gestern taut es; **b)** ⟨ist⟩ *(von Gefrorenem) durch den Einfluss von Wärme weich werden:* der Schnee ist [von den Dächern] getaut. **2.** ⟨hat⟩ *zum* ²*Tauen* (1 b) *bringen:* die Sonne taut den Schnee.

Tauf|be|cken, das: *Taufstein.*

Tauf|buch, das: *Taufregister.*

Tau|fe, die; -, -n [mhd. toufe, ahd. toufi(n)]: **1.** (christl. Rel.) **a)** ⟨o. Pl.⟩ *Sakrament, durch das man in die Gemeinschaft der Christen aufgenommen wird:* die T. spenden, empfangen; **b)** *Ritual, bei dem ein Geistlicher die Taufe* (1 a) *spendet, indem er den Kopf des Täuflings mit [geweihtem] Wasser besprengt od. begießt od. den Täufling in Wasser untertaucht:* eine T. vornehmen; * **etw. aus der T. heben** (ugs.; *etw. gründen, begründen, ins Leben rufen*). **2.** *feierliche Namensgebung, besonders Schiffstaufe:* bei der T. der »Bremen«.

tau|fen ⟨sw. V.; hat⟩ [mhd. toufen, ahd. toufan, zu ↑ tief u. eigtl. = tief machen (= tief [ins Wasser] ein-, untertauchen)]: **1.** *an jmdm. die Taufe* (1 b) *vollziehen:* jmdn. t.; sie ist [nicht, evangelisch] getauft; ein getaufter (*zum Christentum konvertierter*) Jude. **2. a)** *einem Täufling im Rahmen seiner Taufe* (1 b) *einen Namen geben:* der Pfarrer taufte ihn auf den Namen Karl; er wurde nach seinem Großvater [Otto] getauft; **b)** *jmdm., einem Tier, einer Sache einen Namen geben; nennen:* seinen Hund »Waldi« t.; wie willst du dein Boot t.?; **c)** *einer Sache in einem feierlichen Akt einen Namen geben:* eine Glocke t.; das Schiff wurde auf den Namen »Bremen« getauft.

Täu|fer, der; -s, - [mhd. toufære, ahd. toufāri]: *jmd., der jmdn. tauft* (1).

Täu|fe|rin, die; -, -nen: w. Form zu ↑ Täufer.

Tauf|ge|schenk, das: *Geschenk für ein Kind aus Anlass seiner Taufe.*

Tauf|ka|pel|le, die: ¹*Kapelle* (2) *für Taufen* (1 b).

Tauf|kir|che, die: *(in frühchristlicher Zeit üblicher) zur Durchführung von Taufen* (1 b) *[neben einer Kirche] errichteter sakraler Bau; Baptisterium* (2).

Tauf|kis|sen, das: *Steckkissen, in dem ein Säugling bei der Taufe* (1 b) *getragen wird.*

Tauf|kleid, das: *häufig reich verziertes, weißes Kleidchen mit einer schleppenartigen Verlängerung, das dem Säugling zur Taufe angezogen wird.*

Tau|flie|ge, die [nach dem nlat. zool. Namen Drosophilidae, zu griech. drósos = Tau, Feuchte u. phileīn = lieben]: *kleine Fliege, die sich besonders in der Nähe faulender Früchte aufhält.*

Täuf|ling, der; -s, -e: *jmd., der getauft wird.*

Tauf|ma|tri|kel, die (österr. Amtsspr.): *Taufregister.*

Tauf|na|me, der: *Name, auf den man getauft worden ist.*

Tauf|pa|te, der: ¹*Pate* (1).

Tauf|pa|tin, die: w. Form zu ↑ Taufpate.

Tauf|re|gis|ter, das: *von der Kirchengemeinde geführtes Buch für urkundliche Eintragungen über vollzogene Taufen* (1 b).

tau|frisch ⟨Adj.⟩: **a)** *noch feucht von morgendlichem Tau:* -e Wiesen; **b)** *sehr frisch, ganz frisch:* ein Strauß -er Blumen; Ü das Hemd ist noch t.; sie ist nicht mehr ganz t. (*sieht nicht mehr ganz jung aus*).

Tauf|ri|tu|al, das: *bei einer Taufe* (1 a) *vollzogenes Ritual.*

Tauf|ri|tus, der: vgl. Taufritual.

Tauf|schale, die: vgl. Taufstein.

Tauf|schein, der: *Urkunde, in der jmds. Taufe* (1 b) *bescheinigt wird.*

Tauf|stein, der: *(in einer Kirche aufgestelltes) oft in Stein gehauenes od. in Stein eingelassenes, meist auf einem hohen Fuß o. Ä. ruhendes Becken, das zum Taufen verwendete Wasser; Baptisterium* (1).

◆ **Tauf|tuch**, das ⟨Pl. ...tücher⟩: *Tuch, Decke, die man über den Säugling breitet, wenn er zur Taufe getragen wird:* …die Hebamme legte das schöne, weiße T. mit den schwarzen Quasten in den Ecken über das Kind (Gotthelf, Spinne 13).

◆ **Tauf|zet|tel**, der: *Taufschein:* Sie hatte den Brief in seiner kleinen lackierten Lade liegen, wo sie auch … ihren T., ihren Konfirmationsschein … bewahrte (Keller, Kammacher 216).

Tauf|zeu|ge, der: vgl. ¹Pate (1).

Tauf|zeu|gin, die: w. Form zu ↑ Taufzeuge.

tau|gen ⟨sw. V.; hat⟩ [mhd. tougen, tugen, zu flektierten ahd. Formen, z. B. toug = es taugt, nützt]: **a)** *sich für einen bestimmten Zweck, eine bestimmte Aufgabe eignen; geeignet, brauchbar sein* (meist verneint): das Messer taugt nicht zum Brotschneiden; er taugt nicht zu schwerer Arbeit; das Buch taugt nicht für Kinder; Es hat sich nichts gebessert. Ich tauge nicht zum Krankenpfleger (Remarque, Obelisk 254); **b)** *eine (bestimmte) Güte, einen (bestimmten) Wert, Nutzen haben* (meist verneint): das Messer taugt nichts, nicht viel; **c)** (österr., auch südd.) *gefallen:* er, seine Art taugt mir [nicht].

Tau|ge|nichts, der; -[es], -e [urspr. substantivierter Satz (3. Pers. Sg.) = (er) taugt nichts; mniederd. döge-, dögenicht[s]) (veraltend abwertend): *nichtsnutziger Mensch.*

taug|lich ⟨Adj.⟩: **a)** *(zu etw.) taugend; geeignet:* ein nicht -es Werkzeug; er ist zu schwerer Arbeit, dafür, als Pilot nicht t.; **b)** *wehrdiensttauglich:* er ist [beschränkt, voll] t.; … als ich, wie man weiß, die Vorrechte der gebildeten Klasse nicht errungen hatte und, zum Dienste t. befunden, als gemeiner Rekrut in die Kaserne einzurücken hatte (Th. Mann, Krull 86).

-taug|lich: drückt in Bildungen mit Substantiven aus, dass etw. *für die beschriebene Sache geeignet ist:* alltags-, höhentauglich.

Taug|lich|keit, die; -, -en: **1.** ⟨o. Pl.⟩ *das Tauglichsein.* **2.** *Fähigkeit.*

Tau|mel, der; -s [rückgeb. aus ↑ taumeln]: **a)** *Schwindel[gefühl], Gefühl des Taumelns:* ein [leichter] T. befiel, überkam sie; **b)** *rauschhafter Gemütszustand, innere Erregung; Begeisterung, Überschwang:* ein T. der Freude ergriff sie; er geriet in einen [wahren] T. des Glücks.

tau|me|lig, taumlig ⟨Adj.⟩: **1. a)** *benommen:* mir ist, wird ganz t.; **b)** *von einem Taumel* (b) *erfasst:* ihm wurde ganz t. vor Glück. **2.** *taumelnd, schwankend:* in -em Flug dahingleiten.

tau|meln ⟨sw. V.⟩ [mhd. tūmeln, ahd. tūmilōn, Iterativbildung zu mhd. tūmen, ahd. tūmōn = sich ↑ Dunst]: **a)** ⟨ist/hat⟩ *wie benommen hin u. her schwanken [u. zu fallen drohen]:* vor Müdigkeit, Schwäche t.; das Flugzeug begann zu t.; **b)** ⟨ist⟩ *taumelnd [irgendwohin] gehen, fallen, fliegen o. Ä.:* hin und her, gegen die Wand t.; ein Blatt taumelte zu Boden.

taum|lig: ↑ taumelig.

tau|nass ⟨Adj.⟩: *nass von Tau:* -e Wiesen.

Tau|nus, der; -: *Teil des Rheinischen Schiefergebirges.*

Tau|punkt, der, (Physik): *Temperatur, bei der in einem Gemisch aus Gas u. Dampf das Gas mit der vorhandenen Menge des Dampfes gerade gesättigt ist.*

Tau|ro|ma|chie, die; -, -n [span. tauromaquia, zu griech. taûros = Stier u. máchesthai = kämpfen]: **1.** ⟨o. Pl.⟩ *Technik des Stierkampfs.* **2.** *Stierkampf.*

Tau|rus, der; -: *Gebirge in Kleinasien.*

Tau|salz, das [zu ↑²tauen]: *Streusalz.*

Tausch, der; -[e]s, -e u. Täusche ⟨Pl. selten⟩ [rückgeb. aus ↑ tauschen]: *Vorgang des Tauschens; Tauschgeschäft:* ein guter, schlechter T.; einen T. machen; etw. im T. für etw. erhalten.

Tausch|bör|se, die: *Einrichtung, Veranstaltung [im Internet], in der Tausch angeboten bzw. durch Tausch erworben werden kann.*

tau|schen ⟨sw. V.; hat⟩ [mhd. tūschen = (be)lügen, anführen; Nebenf. von: tiuschen (↑ täuschen), eigtl. = in betrügerischer Absicht aufschwatzen]: **a)** *jmdm. eine Sache od. Person überlassen u. dafür als Gegenleistung etw., jmdn. anderes von ihm erhalten: etw. gegen etw. t.;* Briefmarken t.; die Plätze, die Partner t.; sie hat das Zimmer mit ihm getauscht; ⟨auch ohne Akk.-Obj.:⟩ wollen wir [mit den Plätzen] t.?; Ü Blicke t. (*sich kurz gegenseitig ansehen*); Zärtlichkeiten t. (*sich liebkosen*); **b)** *jmdn. [vorübergehend] an seine Stelle treten lassen, sich vertreten lassen u. dafür seinerseits [zu einer anderen Zeit] den anderen vertreten:* sie hat mit einer Kollegin getauscht; ich möchte mit ihm nicht t. (*ich möchte nicht an seiner Stelle sein*).

täu|schen ⟨sw. V.; hat⟩ [mhd. tiuschen = unwahr reden, anführen, aus dem Niederd. (vgl. mniederd. tüschen = anführen, betrügen), H. u.]: **1. a)** *jmdm. absichtlich einen falschen Eindruck vermitteln; jmdn. irreführen:* jmdn. t.; lass dich [von ihr] nicht t.!; ich sehe mich in meinen Erwartungen getäuscht (*meine Erwartungen haben sich nicht erfüllt*); wenn mich nicht alles

täuschend – Taxon

täuscht, ... *(wenn ich mich nicht sehr irre, ...);* ⟨auch ohne Akk.:⟩ er hat in der Klausur getäuscht *(mit unerlaubten Mitteln gearbeitet);* **b)** *einen falschen Eindruck entstehen lassen:* das Neonlicht täuscht; das Haus ist nicht so hoch, das täuscht; **c)** *(bes. Sport) einen Gegner zu einer bestimmten Reaktion, Bewegung verleiten, die man dann zum eigenen Vorteil ausnutzen kann:* sie täuschte geschickt. **2.** ⟨t. + sich⟩ *sich irren:* wenn ich mich nicht täusche, hat es eben geklingelt; da täuschst du dich!; ich habe mich in ihr getäuscht.
täu|schend ⟨Adj.⟩: *eine Verwechslung (mit etw. sehr Ähnlichem) nahelegend; zum Verwechseln:* eine -e Ähnlichkeit; sie sind sich t. ähnlich.
Täu|scher, der; -s, - [mhd. tiuschære]: **1.** *jmd., der andere täuscht, irreführt.* ♦ **2.** Kurzf. von ↑ Rosstäuscher (1): Der T., hochvergnügt, die Ware (= das Pferd) loszuschlagen, schlägt hurtig ein (Schiller, Pegasus im Joche).
Tau|sche|rei, die; -, -en (ugs.): *[dauerndes] Tauschen.*
Täu|sche|rei, die; -, -en (ugs. abwertend): *[dauerndes] Täuschen* (1 a, c).
Täu|sche|rin, die; -, -nen: w. Form zu ↑ Täuscher.
Tausch|ge|schäft, das: *Geschäft, das darin besteht, dass etw. gegen etw. anderes getauscht wird.*
Tausch|han|del, der: **1.** *Tauschgeschäft.* **2.** ⟨o. Pl.⟩ (Wirtsch.): *im Tausch von Waren bestehender Handel.*
Tau|schie|rung, die; -, -en [zu mfrz. tauchie < älter ital. tausia < arab. taušiyyaʰ = Verzierung]: *(aus edlerem Metall hergestellte) Einlegearbeit in Metall.*
Tausch|ob|jekt, das: *etw., was getauscht wird.*
Tausch|part|ner, der: *Partner bei einem Tauschgeschäft.*
Tausch|part|ne|rin, die: w. Form zu ↑ Tauschpartner.
Täu|schung, die; -, -en: **1.** *das Täuschen* (1): *eine plumpe, raffinierte, arglistige, versuchte T.; auf eine T. hereinfallen.* **2.** *das Sichtäuschen; das Getäuschtsein:* einer T. erliegen; gib dich darüber keiner T. hin; optische T. *(optische Wahrnehmung, die mit der Wirklichkeit nicht übereinstimmt).*
Täu|schungs|ab|sicht, die: *Absicht, jmdn. zu täuschen.*
Täu|schungs|ma|nö|ver, das: *Manöver* (3), *mit dem jmd. getäuscht werden soll.*
Täu|schungs|ver|such, der: *Versuch, jmdn. zu täuschen.*
Tausch|weg, der ⟨o. Pl.⟩: *Tausch als Art u. Weise, etw. zu erwerben:* auf dem, im T.
Tausch|wert, der: *Wert, den etw. als Tauschobjekt hat.*
tau|send ⟨Kardinalz.⟩ [mhd. tūsunt, ahd. dūsunt, wahrsch. verdunkelte Zus. u. eigtl. = vielhundert, 2. Bestandteil zu ↑ hundert, 1. Bestandteil zu einem Wort mit der Bed. »schwellen«] (in Ziffern: 1 000): **a)** t. Kilometer; ich wette t. zu/gegen eins (ugs.; *ich bin ganz sicher),* dass ...; **b)** (ugs. emotional) *unübersehbar viele, sehr viele, ungezählte:* ich muss t. Sachen erledigen; t. Ängste ausstehen *(sehr große Angst haben);* ein paar t. Männer, Wünsche haben; t. Grüße; t. Küsse; t. Dank; t. und abertausend Ameisen.
¹Tau|send, die; -, -en: *Zahl* 1 000.
²Tau|send, das; -s, -e u. -: **1.** ⟨Pl.: -⟩ vgl. ¹Hundert (1) (Abk.: Tsd.): vom T. *(Promille;* Abk.: v. T.; Zeichen: ‰). **2.** ⟨Pl. -e⟩ vgl. ¹Hundert (2).
tau|send|ein ⟨Zahladj.⟩, **tau|send|eins** ⟨Kardinalz.⟩ (in Ziffern: 1 001): vgl. hundertein.
Tau|sen|der, der; -s, -: **1.** *Geldschein (einer bestimmten Währung) mit dem Nennwert tausend:* kannst du mir einen T. wechseln?; das kostet einen T. *(tausend Euro, Franken usw.).* **2.** (Math.) vgl. Hunderter (2). **3.** vgl. Achttausender.
tau|sen|der|lei ⟨unbest. Gattungsz.; indekl.⟩ [↑ -lei] (ugs.): *hunderterlei.*
Tau|sen|der|stel|le, die (Math.): vgl. Hunderterstelle.
tau|send|fach ⟨Vervielfältigungsz.⟩ (mit Ziffern: 1 000-fach, 1 000fach): **a)** vgl. achtfach; **b)** (ugs.) *ungezählte Male:* eine t. bewährte Methode.
Tau|send|fa|ches, das *Tausendfache/ein Tausendfaches; des/eines Tausendfachen (mit Ziffern: 1 000-Faches, 1 000faches):* vgl. Achtfaches.
Tau|send|fü|ßer, Tau|send|füß|ler, der; -s, - [LÜ von lat. millepeda < griech. chiliópous]: *(zu den Gliederfüßern gehörendes) Tier mit einem in viele Segmente gegliederten Körper u. sehr vielen Beinen.*
Tau|send|jahr|fei|er, die (mit Ziffern: 1 000-Jahr-Feier): vgl. Hundertjahrfeier.
tau|send|jäh|rig ⟨Adj.⟩ (mit Ziffern: 1 000-jährig): vgl. hundertjährig.
Tau|send|künst|ler, der [eigtl. = jmd., der tausend Künste kann] (ugs. scherzh.): *jmd., der vielseitig begabt, bes. handwerklich sehr geschickt ist.*
Tau|send|künst|le|rin, die: w. Form zu ↑ Tausendkünstler.
tau|send|mal ⟨Wiederholungsz., Adv.⟩: **a)** vgl. achtmal; **b)** (ugs.) *sehr viel, sehr oft, unzählige Male.*
tau|send|ma|lig ⟨Adj.⟩ (mit Ziffern: 1 000-malig): vgl. achtmalig.
Tau|send|mark|schein, der (mit Ziffern: 1 000-Mark-Schein): *Geldschein mit dem Nennwert tausend Mark.*
tau|send|pro|zen|tig ⟨Adj.⟩ [Verstärkung zu ↑ hundertprozentig] (ugs. emotional): vgl. hundertfünfzigprozentig.
Tau|send|sas|sa, Tau|send|sa|sa, der; -s, -[s] [eigtl. Substantivierung der verstärkten alten Interjektion sa!, ↑ heisa] (emotional): *vielseitig begabter Mensch, den man bewundert:* der T. hat es selbst repariert.
Tau|send|schön, das; -s, -e, **Tau|send|schön|chen,** das; -s, - [eigtl. = über alle Maßen schöne Blume]: *(zu den Korbblütlern gehörende) kleine, im frühen Frühjahr blühende Pflanze, meist mit gefüllten weißen od. roten Blüten.*
tau|sendst... ⟨Ordinalz. zu ↑ tausend⟩ (in Ziffern: 1 000.): vgl. acht...
tau|sends|tel ⟨Bruchz.⟩ (in Ziffern: /₁₀₀₀): vgl. achtel.
¹Tau|sends|tel, das, schweiz. meist: der; -s, -: vgl. ¹Achtel.
²Tau|sends|tel, die; - (ugs.): Kurzf. von ↑ Tausendstelsekunde: mit einer T. fotografieren.
Tau|sends|tel|se|kun|de, die: *der tausendste Teil einer Sekunde.*
tau|send|und|ein ⟨Zahladj.⟩ (in Ziffern: 1 001): *tausendein:* -e Idee; Märchen aus Tausendundeiner Nacht.
tau|send|und|eins ⟨Kardinalz.⟩ (in Ziffern: 1 001): *tausendeins.*
Tau|to|lo|gie, die; -, -n [lat. tautologia < griech. tautología, eigtl. = das Dasselbesagen, zu: tautó, zusgez. aus tò autó = dasselbe u. lógos, ↑ Logos] (Rhet., Stilkunde): **a)** *Fügung, die einen Sachverhalt doppelt wiedergibt* (z. B. nackt und bloß); **b)** (seltener) *Pleonasmus.*
tau|to|lo|gisch ⟨Adj.⟩ (Rhet., Stilkunde): *eine Tautologie darstellend, durch eine Tautologie ausgedrückt.*
Tau|trop|fen, der: *Tropfen von Tau.*
Tau|was|ser, das ⟨Pl. -⟩: *Schmelzwasser.*
Tau|werk, das (Pl. selten): ²Tau *(als Material, im Hinblick auf seine Beschaffenheit):* schweres T.
Tau|wet|ter, das: *(auf Frost folgende) wärmere Witterung, bei der Schnee u. Eis schmelzen:* Ü ein T. *(eine entspannte Atmosphäre)* in den Beziehungen der Staaten.
Tau|zie|hen, das; -s: *Spiel, bei dem zwei Mannschaften an den beiden Enden eines ²Taus ziehen, wobei es gilt, die gegnerische Mannschaft auf die eigene Seite herüberzuziehen:* ein Wettkampf im T.; Ü ein T. *(Hin und Her)* um die Besetzung des höchsten Staatsamtes.
Ta|ver|ne, die; -, -n [ital. taverna < lat. taberna]: *italienisches Wirtshaus.*
Ta|xa: Pl. von ↑ Taxon.
Ta|xa|me|ter, das od. der; -s, - [zu mlat. taxa (↑ Taxe). u. ↑ -meter (1)]: *Fahrpreisanzeiger.*
ta|xa|tiv ⟨Adj.⟩ (österr.): *vollständig, erschöpfend.*
Ta|xa|tor, der; -s, ...oren [mlat. taxator] (Wirtsch.): *als Schätzer tätiger Sachverständiger.*
Ta|xa|to|rin, die; -, -nen: w. Form zu ↑ Taxator.
Ta|xe, die; -, -n [mlat. taxa = geschätzter Preis; Steuer, zu lat. taxare, ↑ taxieren]: **1.** *Gebühr,* [amtlich] *festgesetzter Preis.* **2.** *[durch einen Taxator] geschätzter, ermittelter Preis.* **3.** *Taxi.*
ta|xen (sw. V.; hat): *taxieren* (1).
Ta|xi, das, schweiz. auch: der; -s, -s [frz. taxi, gek. aus: taximètre, unter Einfluss von: taxe = Gebühr, zu griech. táxis = Ordnung u. frz. -mètre < griech. métron = Maß]: *(von einem Berufsfahrer gelenktes) Auto, mit dem man sich (bes. innerhalb einer Stadt) befördern lassen kann:* ein T. rufen, bestellen, nehmen; in den Semesterferien fährt er T. *(arbeitet er als Taxifahrer);* er fährt sehr viel T. *(nimmt sich oft ein Taxi).*
Ta|xi|der|mie, die; - [zu griech. táxis = Ordnung u. derma = Haut, Fell] (Fachspr.): *Präparation von Tieren.*
Ta|xi|der|mist, der; -en, -en (Fachspr.): *jmd., der Tiere präpariert* (1 a).
Ta|xi|der|mis|tin, die; -, -nen: w. Form zu ↑ Taxidermist.
ta|xier|bar ⟨Adj.⟩: *sich taxieren lassend.*
ta|xie|ren (sw. V.; hat) [frz. taxer < lat. taxare = prüfend betasten, (ab)schätzen, Iterativbildung zu: tangere, ↑ tangieren]: **1. a)** (ugs.) *schätzen* (1 a): den Wert, die Größe von etw. t.; die Entfernung auf 200 Meter, zu kurz, falsch t.; ich taxiere ihn *(sein Alter)* auf etwa 45; **b)** *(als Sachverständiger) den [Zeit-, Markt]wert von etw. ermitteln, bestimmen; schätzen* (1 b): ein Grundstück, ein Haus t., t. lassen; das Gemälde wurde auf 7 000 Euro taxiert. **2.** (ugs.) *prüfend, kritisch betrachten, um sich ein Urteil zu bilden:* etw. mit Kennerblick t. **3.** (bildungsspr.) *einschätzen.*
Ta|xie|rung, die; -, -en: *das Taxieren.*
Ta|xi|fah|rer, der: *(berufsmäßiger) Fahrer eines Taxis.*
Ta|xi|fah|re|rin, die: w. Form zu ↑ Taxifahrer.
Ta|xi|fahrt, die: *Fahrt mit einem Taxi.*
Ta|xi|len|ker, der (österr.): *Taxifahrer.*
Ta|xi|len|ke|rin, die: w. Form zu ↑ Taxilenker.
Ta|xi|stand, der: *Standplatz von Taxis.*
Ta|xi|stand|platz, der: *Standplatz von Taxis.*
Ta|xi|un|ter|neh|men, das: *Unternehmen, das Taxis unterhält.*
Ta|xi|un|ter|neh|mer, der: *Inhaber eines Taxiunternehmens.*
Ta|xi|un|ter|neh|me|rin, die: w. Form zu ↑ Taxiunternehmer.
Ta|xi|way ['tæksɪweɪ], der; -s, -s [engl. taxiway, zu: to taxi = rollen u. way = Weg]: *Piste, die zur od. von der Start-und-Lande-Bahn führt.*
Ta|xi|zen|tra|le, die: *Zentrale von Taxiunternehmen, von der aus die einzelnen Wagen eingesetzt werden.*
Tax|ler, der; -s, - (bes. österr. ugs.): *Taxifahrer.*
Tax|le|rin, die; -, -nen: w. Form zu ↑ Taxler.
Ta|xon, das; -s, Taxa [zu griech. táxis = Ordnung] (Biol.): *Gruppe von Lebewesen (z. B. Stamm, Art*

Taxonomie – Technologiezentrum

als Einheit innerhalb der biologischen Systematik.
Ta|xo|no|mie, die; -, -n [zu griech. táxis = Ordnung u. nomos = Gesetz]: **1.** (Bot., Zool.) *Zweig der Systematik, der sich mit der Einordnung der Lebewesen in systematische Kategorien befasst.* **2.** (Sprachwiss.) *Teilgebiet der Linguistik, auf dem man durch Segmentierung u. Klassifikation sprachlicher Einheiten den Aufbau eines Sprachsystems beschreiben will.* **3.** *Einordnung in ein bestimmtes System.*
ta|xo|no|misch ⟨Adj.⟩: *die Taxonomie betreffend.*
Ta|xus, der; -, - [lat. taxus]: *Eibe.*
Ta|xus|he|cke, die: *Hecke aus Taxus.*
Tax|wert, der: *Schätzwert.*
Tb, Tbc, die; -: *Tuberkulose.*
Tbc-krank [teˑbeːˈt͜seː...], **Tb-krank** [teːˈbeː...] ⟨Adj.⟩: *an Tuberkulose leidend.*
Tbc-Kran|ke, Tb-Kranke ⟨vgl. Kranke⟩: *weibliche Person, die an Tuberkulose leidet.*
Tbc-Kran|ker, Tb-Kranker ⟨vgl. Kranker⟩: *jmd., der an Tuberkulose leidet.*
Tb-krank usw.: ↑ Tbc-krank usw.
T-Bone-Steak [ˈtiːboʊn..], das; -s, -s [engl. T-bone steak, eigtl. = Steak mit T-förmigem Knochen]: *Steak aus dem Rippenstück des Rinds.*
T-Car [ˈtiːkɑː], das; -s, -s [engl. T-car, Kurzwort aus training car = Trainingswagen]: *Rennwagen (der Formel-1-Klasse), der nur zum Training od. als Ersatzfahrzeug eingesetzt wird.*
Teach-in, Teach|in [tiːtʃˈɪn], das; -s, -s [engl. teach-in, zu: to teach = lehren, geb. nach ↑ Go-in u. a.] (Jargon): *(bes. an Hochschulen) [demonstrative] Zusammenkunft zu einer politischen Diskussion, bei der bestimmte Missstände o. Ä. aufgedeckt werden sollen.*
Teak [tiːk], das; -s [engl. teak < port. teca < Malayalam tekka]: Kurzf. von ↑ Teakholz.
Teak|holz, das: *hartes gelbes bis dunkelgoldbraunes Holz eines tropischen Baumes.*
Team [tiːm], das; -s, -s [engl. team < aengl. tēam = Nachkommenschaft, Familie; Gespann]: **1.** *Gruppe von Personen, die gemeinsam an einer Aufgabe arbeiten:* ein T. von Fachleuten, von Ärztinnen; in T. bilden; in einem T. arbeiten. **2.** *Mannschaft* (1).
Team|ar|beit, die: **1.** *Gemeinschaftsarbeit* (a). **2.** *Gemeinschaftsarbeit* (b).
Team|be|werb, der (österr.): *Mannschaftswettbewerb.*
Team|chef, der (Sport): *Betreuer, Trainer einer Mannschaft* (1 a).
Team|che|fin, die: w. Form zu ↑ Teamchef.
team|fä|hig ⟨Adj.⟩: *in der Lage, in einem Team* (1) *zu arbeiten.*
Team|fä|hig|keit, die: *Fähigkeit, in einem Team* (1) *zu arbeiten:* dem Parteivorsitzenden wird mangelnde T. vorgeworfen; von den Bewerbern werden soziale Kompetenzen und T. erwartet.
Team|geist, der ⟨o. Pl.⟩: *Zusammengehörigkeitsgefühl, partnerschaftliches, kameradschaftliches Verhalten innerhalb einer Gruppe, eines Teams:* der T. im Kader ist gut; die Mannschaft besticht durch Schnelligkeit, Kampfstärke und T.
Team|kol|le|ge, der: *jmd., mit dem man im selben Team ist.*
Team|kol|le|gin, die: w. Form zu ↑ Teamkollege.
Team|lei|ter, der: *Leiter eines Teams.*
Team|lei|te|rin, die: w. Form zu ↑ Teamleiter.
Team|ma|na|ger, der: vgl. Teamchef.
Team|ma|na|ge|rin, die: w. Form zu ↑ Teammanager.
Team|mit|glied, das: *Mitglied eines Teams.*
Team|tea|ching, Team-Tea|ching [...tiːtʃɪŋ]; das; -[s] [engl. team-teaching, zu: teaching = das Unterrichten]: *Unterrichtsorganisationsform, in der Lehrer, Dozenten u. Hilfskräfte Lernstrategien, Vorlesungen o. Ä. gemeinsam planen, durchführen u. auswerten.*
Team|work [...wəːk], das; -s, -s [engl. team-work, zu: work = Arbeit]: *Gemeinschaftsarbeit* (a).
Tea|room [ˈtiːruːm], der, schweiz. auch: das; -s, -s [engl. tea-room, aus: tea = Tee u. room = Raum] (schweiz.): *Café, in dem keine alkoholischen Getränke serviert werden.*
Tea|ser [ˈtiːzɐ], der; -s, - [engl. teaser, zu: to tease = necken, reizen]: **a)** (Werbespr.) *Werbemittel, Werbeelement, das durch seine ungewöhnliche, originelle Aufmachung o. Ä. Neugier erweckt;* **b)** (EDV) *als Blickfang auf einer Webseite verwendetes grafisches Element.*
Tech|ni|co|lor®, das; -s [amerik. Technicolor, zu: technical = technisch u. color = Farbe] (Film früher): *Verfahren zum Entwickeln eines Farbfilms, bei dem drei Schwarz-Weiß-Filme belichtet, eingefärbt u. anschließend auf einen einzigen Streifen umgedruckt werden.*
tech|ni|fi|zie|ren ⟨sw. V.; hat⟩ [zu ↑ Technik u. lat. facere = machen]: *Errungenschaften der Technik auf etw. anwenden:* Dazu: **Tech|ni|fi|zie|rung,** die; -, -en.
Tech|nik, die; -, -en [nlat. technica = Kunstwesen, Anweisung zur Ausübung einer Kunst od. Wissenschaft, zu nlat. technicus < griech. technikós = kunstvoll; sachverständig, fachmännisch, zu: téchnē = Handwerk, Kunst(werk, -fertigkeit); Wissenschaft]: **1.** ⟨o. Pl.⟩ *Gesamtheit der Maßnahmen, Einrichtungen u. Verfahren, die dazu dienen, die Erkenntnisse der Naturwissenschaften für den Menschen praktisch nutzbar zu machen:* die moderne T.; ein Wunder der T.; auf dem neuesten Stand der T. **2.** *besondere, in bestimmter Weise festgelegte Art, Methode des Vorgehens, der Ausführung von etw.:* die virtuose, brillante, saubere T. der Pianistin; eine T. erlernen, beherrschen; Er war gekommen, weil er wusste, dass es auf den einen der Duftgewinnung besser zu lernen gab (Süskind, Parfum 211). **3.** ⟨o. Pl.⟩ *technische Ausrüstung, Einrichtung für die Produktion:* eine Werkstatt mit modernster T.; unsere T. ist veraltet. **4.** ⟨o. Pl.⟩ *technische Beschaffenheit eines Geräts, einer Maschine o. Ä.:* mit der T. einer Maschine vertraut sein. **5.** ⟨o. Pl.⟩ *Stab von Technikern:* unsere T. hat ein Problem. **6.** (österr.) *technische Hochschule.*
Tech|ni|ka, Tech|ni|ken: Pl. von ↑ Technikum.
Tech|ni|ker, der; -s, - [älter: Technikus < lat. technicus < griech. technikós = in der Kunst Erfahrener; Lehrer]: **1.** *Fachmann auf dem Gebiet der Technik.* **2.** *jmd., der die Technik* (2) *eines bestimmten Gebiets beherrscht:* er ist kein, ein guter T.
Tech|ni|ke|rin, die; -, -nen: w. Form zu ↑ Techniker.
tech|nik|feind|lich ⟨Adj.⟩: *der Technik* (1) *gegenüber nicht aufgeschlossen:* Dazu: **Tech|nik|feind|lich|keit,** die ⟨o. Pl.⟩.
Tech|nik|fol|gen|ab|schät|zung, die: *interdisziplinäre Forschungsrichtung, die Chancen u. Risiken sowie die gesellschaftlichen Folgen technischer Neuerungen untersucht.*
tech|nik|gläu|big ⟨Adj.⟩: *der Technik* (1) *naiv vertrauend, sie nicht infrage stellend.*
Tech|nik|jar|gon, der: *Fachjargon der Technik.*
Tech|ni|kum, das; -s, ...ka, auch: ...ken: *technische Fachschule.*
tech|nisch ⟨Adj.⟩ [nlat. technicus, ↑ Technik]: **1.** *die Technik* (1) *betreffend, zu ihr gehörend:* -e Berufe; -e Hochschulen; -e Probleme. **2.** *die Technik* (2) *betreffend:* -es Können; ein T. brillanter Musiker.

-tech|nisch: kennzeichnet in Bildungen mit Substantiven – seltener mit Verben (Verbstämmen) – die Zugehörigkeit zu diesen/ etw. betreffend, in Bezug auf etw.: abfall-, angebots-, lern-, versicherungstechnisch.

tech|ni|sie|ren ⟨sw. V.; hat⟩: *mit technischen Geräten ausrüsten:* Dazu: **Tech|ni|sie|rung,** die; -, -en.
Tech|no [ˈtɛkno], das od. der; -[s] [engl. techno, zu: techno, kurz für: technological = technisch (die Musik wird synthetisch erzeugt)]: *elektronische, von besonders schnellem Rhythmus bestimmte Tanzmusik (bes. in Diskotheken).*
tech|no|id ⟨Adj.⟩: **1.** [zu ↑ Technik u. griech. -eidḗs = gestaltig, -gestaltet] *durch die Technik* (1) *bedingt, verursacht.* **2.** [zu ↑ Techno u. ↑ -oid] *Merkmale der elektronischen Musik, bes. der Technomusik aufweisend.*
Tech|no|krat, der; -en, -en [engl. technocrat]: **1.** *Vertreter, Anhänger der Technokratie.* **2.** *jmd., der auf technokratische* (2) *Weise handelt, entscheidet.*
Tech|no|kra|tie, die; -, -n [engl. technocracy, zu griech. téchnē (↑ Technik) u. engl. -cracy = -herrschaft, zu griech. krateîn = herrschen]: *Beherrschung der Produktions- u. anderer Abläufe mithilfe der Technik u. Verwaltung.*
Tech|no|kra|tin, die; -, -nen: w. Form zu ↑ Technokrat.
tech|no|kra|tisch ⟨Adj.⟩ [engl. technocratic]: **1.** *die Technokratie betreffend.* **2.** (abwertend) *allein von Gesichtspunkten der Technik u. Verwaltung bestimmt u. auf das Funktionieren gerichtet.*
Tech|no|lo|ge, der; -n, -n [↑ -loge]: *Fachmann, Wissenschaftler auf dem Gebiet der Technologie.*
Tech|no|lo|gie, die; -, -n [älter = Lehre von den Fachwörtern; Systematik der Fachwörter < nlat. technologia < spätgriech. technología = einer Kunst gemäße Abhandlung, zu griech. téchnē (↑ Technik) u. lógos, ↑ Logos]: **1.** *Wissenschaft von der Umwandlung von Roh- u. Werkstoffen in fertige Produkte u. Gebrauchsartikel, indem naturwissenschaftliche u. technische Erkenntnisse angewendet werden.* **2.** *Gesamtheit der zur Gewinnung od. Bearbeitung von Stoffen nötigen Prozesse u. Arbeitsgänge; Produktionstechnik:* moderne, neue -n einführen, anwenden.
Tech|no|lo|gie|bör|se, die (Börsenw.): *Börse, an der Technologiewerte gehandelt werden.*
Tech|no|lo|gie|för|de|rung, die: vgl. Technologiepolitik.
Tech|no|lo|gie|kon|zern, der: *Konzern von Technologieunternehmen.*
tech|no|lo|gie|las|tig ⟨Adj.⟩ (Börsenw.): *überwiegend auf Technologiewerten basierend.*
Tech|no|lo|gie|park, der: *Gelände, auf dem Firmen moderne Technologien entwickeln.*
Tech|no|lo|gie|po|li|tik, die: *Gesamtheit aller staatlichen Maßnahmen, die darauf gerichtet sind, die Umsetzung von technischen Erfindungen in marktfähige Produkte zu unterstützen.*
Tech|no|lo|gie|sek|tor, der (Wirtsch.): *Bereich der Technologie* (2).
Tech|no|lo|gie|ti|tel, der (Börsenw.): *Technologiewert.*
Tech|no|lo|gie|trans|fer, der (Fachspr.): *Weitergabe von wissenschaftlichen u. technischen Kenntnissen u. Verfahren.*
Tech|no|lo|gie|un|ter|neh|men, das: *Unternehmen, das sich mit moderner Technologie befasst.*
Tech|no|lo|gie|wert, der (Börsenw.): *Wertpapier eines Technologieunternehmens.*
Tech|no|lo|gie|zen|t|rum, das: vgl. Technologiepark.

Tech|no|lo|gin, die; -, -nen: w. Form zu ↑ Technologe.

tech|no|lo|gisch ⟨Adj.⟩: *die Technologie betreffend, zu ihr gehörend, auf ihr beruhend:* die -e Entwicklung.

Tech|no|mu|sik, die: vgl. Techno.

Tech|tel|mech|tel [auch: ˈtɛç...], das; -s, - [H. u.] (ugs.): *Flirt* (b): ein T. mit jmdm. haben.

Te|ckel, der; -s, - [niederd.] (Fachspr.): *Dackel.*

TED, der; -s [Kurzwort aus: Tele*dialog*]: *Computer, der telefonische Stimmabgaben, bes. bei Fernsehsendungen, registriert u. hochrechnet.*

Ted|dy [...di], der; -s, -s [Kosef. des engl. m. Vorn. Theodore; nach dem Spitznamen des amerik. Präsidenten Theodore Roosevelt (1858–1919)]: **1.** Kurzf. von ↑ Teddybär. **2.** Kurzf. von ↑ Teddyfutter.

Ted|dy|bär, der [engl. teddy bear]: *einem* ¹*Bären nachgebildetes Stofftier für Kinder.*

Ted|dy|fut|ter, das: ²*Futter aus Plüsch o. Ä.*

Te|de|um, das; -s [nach den lat. Anfangsworten des Hymnus »Te deum (laudamus) = Dich, Gott (loben wir)«] (kath. Kirche): *Hymnus der lateinischen Liturgie.*

¹**Tee,** der; -s, (Sorten:) -s [älter: Thee (< niederl. thee) < malai. te(h) < chin. (Dialekt von Fukien) tˈeˑ]: **1.** *Teesträucher:* T. anbauen, [an]pflanzen. **2. a)** *getrocknete [u. fermentierte] junge Blätter u. Blattknospen des Teestrauchs:* schwarzer, aromatisierter, grüner, chinesischer, indischer T.; ein Päckchen, eine Dose T.; **b)** *angeregendes, im Allgemeinen heiß getrunkenes Getränk von meist goldbrauner bis dunkelbrauner Farbe aus mit kochendem Wasser übergossenen* ¹*Tee* (2 a): starker, dünner T.; T. mit Rum, mit Zitrone; der T. muss ziehen; T. trinken; zwei T. *(Tassen, Gläser Tee)* bitte; Er nahm seinen T. (geh.; *trank seinen Tee*) auf der Terrasse (Th. Mann, Tod 25). **3. a)** *zur Bereitung von* ¹*Tee* (3 b) *bestimmte getrocknete Pflanzenteile;* **b)** *als Getränk [mit heilender od. schmerzlindernder Wirkung] bereiteter Aufguss von dazu geeigneten Pflanzenteilen:* ein T. aus Lindenblüten. **4.** *gesellige Zusammenkunft [am Nachmittag], bei der Tee u. dazu oft Gebäck gereicht wird:* jmdn. zum T. einladen.

²**Tee** [tiː], das; -s, -s [engl. tee, H. u.] (Golf): **1.** *kleiner Stift aus Holz od. Kunststoff, der in den Boden gedrückt u. auf den der Golfball geschlagen wird.* **2.** *kleine Fläche, von der aus der Golfball geschlagen wird.*

Tee|bä|cke|rei, die (österr.): *Teegebäck.*

Tee|beu|tel, der: *kleiner mit* ¹*Tee* (2 a, 3 a) *gefüllter Beutel, den man zur Bereitung von* ¹*Tee* (2 b, 3 b) *mit kochendem Wasser übergießt.*

Tee|blatt, das ⟨meist Pl.⟩: *[getrocknetes] Blatt des Teestrauchs.*

Tee|but|ter, die (österr.): *Markenbutter.*

Tee-Ei, Teelei, das: *eiförmiger, mit vielen feinen Löchern versehener Behälter [aus Metall], in den man Teeblätter füllt, um Tee aufzubrühen.*

Tee|ge|bäck, das: *Gebäck, das man zum Tee isst.*

Tee|ge|schirr, das: vgl. Kaffeegeschirr.

Tee|glas, das ⟨Pl. ...gläser⟩: ¹*Glas, aus dem man Tee trinkt.*

Tee|haus, das: **1. a)** vgl. Kaffeehaus; **b)** *Fachgeschäft für Tee.* **2.** *asiatischer Pavillon für die Teezeremonie.*

Tee|hy|bri|de, die, auch: der: *aus der Teerose gezüchtete Rose mit großen gefüllten Blüten.*

Tee|in: ↑ Tein.

Tee|kan|ne, die: *bauchige Kanne* (1 a), *in der Tee zubereitet u. serviert wird.*

Tee|kes|sel, der: **1.** *Wasserkessel bes. für die Bereitung von* ¹*Tee* (2 b, 3 b). **2.** *Gesellschaftsspiel, bei dem gleichlautende Wörter (z. B.* ¹*Ball u.* ²*Ball) erraten werden müssen.*

Tee|kü|che, die: *kleine Küche, in der man Tee, Kaffee, einen Imbiss o. Ä. bereiten kann.*

Tee|licht, das ⟨Pl. -er u. -e⟩: *kleine Kerze für ein Stövchen.*

Tee|löf|fel, der: *(in der Größe zur Tee- od. Kaffeetasse passender) kleinerer Löffel* (1 a).

Tee|ma|schi|ne, die: *elektrisches Haushaltsgerät zum Zubereiten von Tee.*

Teen [tiːn], der; -s, -s ⟨meist Pl.⟩ [engl. teen], **Teen|ager** [ˈtiːnˌeɪdʒɐ], der; -s, - [engl. teenager, zu: -teen = -zehn (in: thirteen usw.) u. age = Alter]: *Jugendliche[r] im Alter etwa zwischen 13 u. 19 Jahren:* kichernde, verwöhnte T.

Tee|nie, Tee|ny [ˈtiːni], der; -s, -s [zu ↑ Teen unter Einfluss von engl. teeny = winzig] (Jargon): *jüngerer Teen.*

Tee|pflü|cker, der: *Arbeiter, der in einer Teeplantage Tee pflückt.*

Tee|pflü|cke|rin, die; -, -nen: w. Form zu ↑ Teepflücker.

Tee|plan|ta|ge, die: *Plantage, auf der* ¹*Tee* (1) *angebaut wird.*

Teer, der; -[e]s, (Arten:) -e [aus dem Niederd. < mniederd. ter(e), eigtl. = der zum Baum Gehörende]: *(durch Schwelung, Verkokung od. Vergasung organischer Substanzen, z. B. Kohle, Holz, entstehender) zähflüssiger, brauner bis tiefschwarzer, stechend riechender Stoff:* die Fugen wurden mit T. abgedichtet; Ein Hauch von T., von Salz, von Seewind kam herein (Zuckmayer, Herr 152).

Teer|de|cke, die: *Straßenbelag mit Teer als Bindemittel.*

tee|ren ⟨sw. V.; hat⟩: **1.** *mit Teer [be]streichen:* Planken t. **2.** *mit einer Teerdecke versehen:* geteerte Straßen.

Teer|fle|cken, der: *durch Teer verursachter Flecken.*

teer|hal|tig ⟨Adj.⟩: *Teer enthaltend.*

Teer|pap|pe, die: *mit Teer getränkte Dachpappe.*

Teer|sal|be, die: *teerhaltige Salbe.*

Teer|stra|ße, die: *geteerte Straße.*

Tee|schale, die: *Teetasse ohne Henkel.*

Tee|ser|vice, das: vgl. Kaffeeservice.

Tee|sor|te, die: *Sorte Tee.*

Tee|strauch, der: *(in den Tropen beheimatete) als Strauch wachsende Pflanze mit immergrünen, ledrigen Blättern, aus denen* ¹*Tee* (2 a) *hergestellt wird.*

Tee|stu|be, die: *Tearoom.*

Tee|tas|se, die: *flache, weite Tasse, aus der man Tee trinkt.*

Tee|wa|gen, der: *Servierwagen.*

Tee|wurst, die: *geräucherte feine Mettwurst.*

Tee|ze|re|mo|nie, die: *(bes. in China u. Japan) Zeremonie des Zubereitens u. Trinkens von Tee.*

Te|flon® [auch: tɛfˈloːn], das; -s [Kunstwort]: *Kunststoff, der gegen Hitze u. die meisten Chemikalien beständig ist u. bes. zum Beschichten von Pfannen o. Ä. verwendet wird.*

Te|gu|ci|gal|pa [...si...]: *Hauptstadt von Honduras.*

Te|he|ran [auch: ...ˈraːn]: *Hauptstadt von Iran.*

Teich, der; -[e]s, -e [mhd. tîch, aus dem Ostniederd., urspr. identisch mit ↑ Deich]: *kleineres stehendes Gewässer; kleiner See:* ein kleiner, künstlicher T.; einen T. anlegen; * **der Große T.** (ugs. scherzh.; *der Atlantische Ozean*).

Teich|molch, der: *in Tümpeln u. Wassergräben lebender, braun bis olivgrün gefärbter Molch mit runden braunen Flecken.*

Teich|rohr|sän|ger, der: *Rohrsänger mit brauner Oberseite u. weißlicher Unterseite, der bes. im Schilfrohr nistet.*

Teich|ro|se, die: *in Teichen u. Tümpeln wachsende Wasserpflanze, deren herzförmige Blätter auf dem Wasser schwimmen u. deren kleine, kugelige, gelbe Blüten auf langen Stängeln über die Wasseroberfläche hinausragen; Mummel.*

Teich|wirt|schaft, die (Fachspr.): *Wirtschaftszweig, der Fischwirtschaft u. Fischzucht in Teichen betreibt.*

Teig, der; -[e]s, -e [mhd. teic, ahd. teig, eigtl. = Geknetetes]: *(aus Mehl u. Wasser, Milch u. anderen Zutaten bereitete) weiche, zähe [knetbare] Masse, aus der Brot, Kuchen o. Ä. hergestellt wird:* den T. ansetzen, ausrollen, zu Brezeln formen, gehen lassen, kneten, rühren.

teig|ar|tig ⟨Adj.⟩: *wie Teig beschaffen.*

Teig|fla|den, der: *Fladen* (2).

tei|gig ⟨Adj.⟩: **1.** *nicht richtig durchgebacken, nicht ganz ausgebacken:* der Kuchen ist innen t. **2. a)** *in Aussehen u. Beschaffenheit wie Teig:* eine -e Masse; **b)** *blass u. schwammig:* -e Haut. **3.** *voller Teig:* -e Hände.

Teig|ling, der; -s, -e (Fachspr.): *fertiger, schon zu Gebäck, Brötchen o. Ä. geformter Teig, der (z. B. in der Filiale einer Bäckerei) nur noch gebacken werden muss.*

Teig|mas|se, die: *Teig.*

Teig|räd|chen, das: *kleines, mit einem Stiel verbundenes Rädchen, mit dessen Hilfe ausgerollter Teig geschnitten werden kann.*

Teig|rol|le, die: **1.** *aus Teig geformte Rolle* (1 a). **2.** *Nudelholz.*

Teig|sprit|ze, die: vgl. Dressiersack.

Teig|ta|sche, die: *zwei kleine Vierecke aus Teig, die an den Rändern zusammengeklebt u. mit einer Füllung versehen sind.*

Teig|wa|re, die ⟨meist Pl.⟩: *Nahrungsmittel von verschiedener Form aus Mehl od. Grieß [u. Eiern] als Beilage* (3) *od. als Einlage* (3): Spaghetti, Spätzle und andere -n.

Teil [mhd. ...eil, ahd. t. H. u.]: **1.** der; -[e]s, -e⟩ **a)** *etw., was mit anderem zusammen ein Ganzes bildet, ausmacht:* der hintere, obere, untere, vordere T. von etw.; der erste T. des Romans; der fünfte T. (*ein Fünftel*) von einem Kilo; * **die edlen -e** (scherzh.; *die männlichen Geschlechtsteile*); **b)** *zu einem größeren Ganzen gehörende Menge, Masse o. Ä.; Teilbereich:* weite -e des Landes sind verwüstet; ein wesentlicher T. ihrer Rede, der größte T. der Arbeit steht noch aus; ich habe das Buch zum großen, zum größten T. gelesen; dies war zum T. *(teils)* Missgeschick, zum T. *(teils)* eigene Schuld; es waren zum T. *(teilweise)* sehr schöne Verse. **2.** ⟨der od. das; -[e]s, -e⟩ **a)** *etw., was jmd. von einem Ganzen hat; Anteil:* seinen, sein T. abbekommen; sie erbten zu gleichen -en; ich für mein[en] T. *(was mich betrifft);* * **sich** ⟨Dativ⟩ **sein T. denken** *(sich seine eigenen Gedanken zu etw. machen, ohne sie jedoch als Kritik laut werden zu lassen);* **ein gut T.** *(ein nicht geringes Maß: dazu gehört ein gut T. Dreistigkeit);* **b)** *etw., was jmd. zu einem Ganzen beiträgt; Beitrag:* ich will gern mein[en] T. dazu beisteuern, tun. **3.** ⟨der; -[e]s, -e⟩ **a)** *Person od. Gruppe von Personen, die in bestimmter Beziehung zu einer anderen Person od. Gruppe von Personen steht:* sie war immer der aktive T. dieser Partnerschaft; diese Auseinandersetzung ist für beide, alle -e peinlich; ...ich habe Ihnen da von einem Konflikt mit meinen Eltern gesprochen, einem für beide -er schmerzlichen (Th. Mann, Krull 278); **b)** (Rechtsspr.) *Partei* (2): die klagende, schuldige T.; beide -e anhören. **4.** ⟨das; -[e]s, -e⟩ *[einzelnes kleines] Stück, das zwar auch zu einem Ganzen gehört, dem aber eine gewisse Selbstständigkeit zukommt:* ein defektes T. ersetzen; sie prüft jedes T. sorgfältig; etw. in seine -e *(Einzelteile)* zerlegen. **5.** ⟨das; -[e]s, -e⟩ (bes. Jugendspr.) *Ding, Sache:* was hat das T. denn gekostet?

Teil|ab|schnitt, der: vgl. Bauabschnitt (2): der erste T. der neuen Autobahn ist fertig.
Teil|an|sicht, die: Ansicht, die nur einen Teil von etw. zeigt.
Teil|as|pekt, der: Aspekt, der nur einen Teil von etw. berücksichtigt.
Teil|auf|la|ge, die: Auflage eines Buches für einen bestimmten Zweck als Teil einer Gesamtauflage.
teil|bar ⟨Adj.⟩: sich teilen lassend: durch drei -e Zahlen. Dazu: **Teil|bar|keit,** die; -.
Teil|be|reich, der, selten des: Bereich, der Teil eines umfassenderen Bereichs ist.
Teil|be|trag, der: Betrag, der Teil eines Gesamtbetrages ist.
Teil|chen, das; -s, -: **1.** Vkl. zu ↑ Teil (4). **2.** sehr kleiner Körper (einer Materie, eines Stoffs o. Ä.); ²Partikel. **3.** (landsch.) Gebäckstück: ein paar T. zum Kaffee holen.
Teil|chen|be|schleu|ni|ger, der (Kernt.): Vorrichtung zur Beschleunigung von Elementarteilchen.
Teil|chen|strah|lung, die (Physik): Korpuskularstrahlung.
tei|len ⟨sw. V.; hat⟩ [mhd., ahd. teilen]: **1. a)** ein Ganzes in Teile zerlegen: etw. in zwei, in viele, in gleiche Teile t.; ein geteiltes Land; **b)** eine Zahl in eine bestimmte Anzahl gleich großer Teile zerlegen; dividieren: eine Zahl durch zehn t.; **c)** ⟨t. + sich⟩ sich aufspalten, in Teile zerfallen: die Zelle teilt sich. **2. a)** ⟨unter mehreren Personen⟩ aufteilen: wir teilten den Gewinn [unter uns]; wir haben redlich, brüderlich geteilt; sie haben [sich] immer alles geteilt; **b)** etw., was man besitzt, zu einem Teil einem anderen überlassen: teil [dir] die Kirschen mit Fritz; ⟨auch ohne Akk.-Obj.:⟩ sie teilt nicht gern. **3.** ein Ganzes in zwei Teile zerteilen: der Vorhang teilt das Zimmer. **4. a)** gemeinsam (mit einem anderen) nutzen, benutzen, gebrauchen: das Zimmer, das Bett mit jmdm. t.; **b)** gemeinschaftlich mit einem anderen von etw. betroffen werden; an einer Sache im gleichen Maße wie ein anderer teilhaben: jmds. Schicksal, Los t.; jmds. Trauer, Freude t. (innerlich mitempfindend anteilnehmen); jmds. Ansicht t. (der gleichen Ansicht sein). **5.** ⟨t. + sich⟩ (geh.) zu gleichen Teilen sich an etw. beteiligen, an etw. teilhaben: wir teilen uns in den Gewinn, in den Besitz des Grundstücks. **6.** ⟨t. + sich⟩ nach verschiedenen Richtungen auseinandergehen: nach der Biegung teilt sich der Weg; Ü hier teilen sich unsere Ansichten; geteilter Meinung sein.
Tei|ler, der; -s, - (Math.): Divisor.
Teil|er|folg, der: auf einen bestimmten Bereich beschränkter Erfolg.
Teil|er|geb|nis, das: vgl. Teilerfolg.
Teil|fa|b|ri|kat, das: vgl. Halbfabrikat.
Teil|fra|ge, die: Frage (2), die Teil eines größeren Fragenkomplexes ist.
Teil|ge|biet, das: Fachrichtung innerhalb eines größeren Faches in der Wissenschaft.
Teil|ge|ständ|nis, das: Geständnis, mit dem jmd. nur einen Teil einer Schuld o. Ä. gesteht.
Teil|ha|be, die: das Teilhaben: T. an etw.
teil|ha|ben ⟨unr. V.; hat⟩ [mhd. teil haben, ahd. teil habēn]: beteiligt sein; teilnehmen; partizipieren: an den Freuden, am Glück, am Erfolg der anderen t.
Teil|ha|ber, der; -s, -: jmd., der mit einem Geschäftsanteil an einer Personengesellschaft beteiligt ist; Sozius (1); Kompagnon; Partner (2): er ist mein T.; Er habe auch einen Schönheitssalon, als stiller T. (als Teilhaber, der nicht aktiv mitarbeitet); Wiechert, Jeromin-Kinder 171).
Teil|ha|be|rin, die; -, -nen: w. Form zu ↑Teilhaber.
Teil|ha|ber|schaft, die; -, -en: **1.** ⟨o. Pl.⟩ Eigenschaft des Teilhaberseins. **2.** Geschäftsanteil, Beteiligung an einem Unternehmen.
teil|haf|tig ⟨Adj.⟩ [mhd. teilhaft(ic)]: in der Verbindung einer Sache ⟨Gen.⟩ t. werden/sein (geh. veraltend; in den Besitz od. Genuss einer Sache gelangen, gelangt sein): einer Ehre t. werden).
Teil|kas|ko, die; - (ugs.): Kurzf. von ↑Teilkaskoversicherung.
teil|kas|ko|ver|si|chern ⟨sw. V.; hat; meist nur im Inf. u. 2. Part. gebr.⟩: (ein Kraftfahrzeug) gegen Diebstahl u. Schäden durch Brand, Naturgewalten o. Ä. versichern.
Teil|kas|ko|ver|si|che|rung, die: Kraftfahrzeugversicherung, durch die ein Fahrzeug teilkaskoversichert ist.
Teil|leis|tung, die (Wirtsch.): das Erfüllen eines Teils einer Verbindlichkeit (z. B. Abschlagszahlung).
Teil|lö|sung, die: Lösung eines Teils eines Problems.
Teil|markt, der (Wirtsch.): Markt für eine bestimmte Warengruppe o. Ä.
Teil|men|ge, die (Math.): Menge (2), die in einer anderen als Teil enthalten ist.
teil|mö|b|liert ⟨Adj.⟩: zum Teil möbliert.
Teil|nah|me, die; -, -n: **1.** das Teilnehmen (1), Mitmachen: die T. an dem Kurs ist freiwillig. **2. a)** innere [geistige] Beteiligung; Interesse; Anteilnahme: ohne besondere T.; Ich rede mit ihnen, was sie angeht; ich zeige T. für alles (Nossack, Begegnung 104); **b)** (geh.) durch eine innere Regung angesichts des Schmerzes, der Not anderer hervorgerufenes Mitgefühl: jmds. T. erwecken; jmdm. seine aufrichtige, herzliche T. (sein Beileid) aussprechen.
Teil|nah|me|be|din|gung, die: Bedingung, unter der man an etw. Bestimmten teilnehmen kann.
teil|nah|me|be|rech|tigt ⟨Adj.⟩: zur Teilnahme berechtigt.
Teil|nah|me|be|rech|tig|te (vgl. Berechtigte): weibliche Person, die zur Teilnahme (1) berechtigt ist.
Teil|nah|me|be|rech|tig|ter ⟨vgl. Berechtigter⟩: jmd., der zur Teilnahme (1) berechtigt ist.
Teil|nah|me|be|schei|ni|gung, die: Bescheinigung, durch die bestätigt wird, dass eine bestimmte Person an einer bestimmten Veranstaltung teilgenommen hat.
Teil|nah|me|ge|bühr, die: für die Teilnahme an etw. zu entrichtende Gebühr.
Teil|nah|me|kar|te, die: Karte (1), mit der jmd. an einem bestimmten Preisausschreiben teilnehmen kann.
teil|nahms|los ⟨Adj.⟩: innere Abwesenheit verratend: ein -es Gesicht; t. dabeisitzen. Dazu: **Teil|nahms|lo|sig|keit,** die; -.
teil|nahms|voll ⟨Adj.⟩: Teilnahme (2) zeigend.
teil|neh|men ⟨st. V.; hat⟩ [mhd. teil nemen, ahd. teil neman]: **1. a)** bei etw. (einer Handlung, einem Ablauf, einem Geschehen) dabei sein; beiwohnen: am Gottesdienst t.; **b)** aktiver Teilnehmer an einer bestimmten Unternehmung, Veranstaltung sein: an einem Betriebsausflug, einer Demonstration, einem Wettbewerb, einem Preisausschreiben t.; **c)** (als Lernender) bei etw. mitmachen: am Unterricht, an einem Seminar t.; Die Bäuerin hatte den Kleinen neben sich, sie nahm nicht am Gespräch teil (beteiligte sich nicht daran, schwieg; Hesse, Narziß 127). **2.** Anteil nehmen, teilhaben; bei etw. mitfühlen: an jmds. Glück, Freude, Leid t.; ⟨im 1. Part.:⟩ teilnehmende Worte.
Teil|neh|mer, der; -s, -: jmd., der an etw. teilnimmt (1).
Teil|neh|mer|feld, das (Sport): Gesamtheit aller an einem Wettbewerb teilnehmenden Sportler.

Teil|neh|me|rin, die; -, -nen: w. Form zu ↑Teilnehmer.

Um ein gehäuftes Auftreten der Doppelform Teilnehmerinnen und Teilnehmer zu vermeiden, kann die Ausweichform Teilnehmende gewählt werden.

Teil|neh|mer|kreis, der: Gesamtheit aller an einer Sache teilnehmenden Personen.
Teil|neh|mer|land, das ⟨Pl. ...länder⟩: Land, das (mit einer Abordnung o. Ä.) an einer internationalen Veranstaltung teilnimmt.
Teil|neh|mer|lis|te, die: Liste, in der die Teilnehmer aufgeführt sind.
Teil|neh|mer|staat, der: an etw. Bestimmtem teilnehmender Staat.
Teil|neh|mer|zahl, die: Zahl der Teilnehmer.
◆ **Teil|neh|mung,** die; -: Anteilnahme: ...weil er von ihnen Uneigennutz, T. an seinem Schicksal hoffen kann (Goethe, Egmont IV).
Teil|pri|va|ti|sie|rung, die (Wirtsch.): teilweise Privatisierung.
Teil|pro|blem, das: vgl. Teilfrage.
teil|rechts|fä|hig ⟨Adj.⟩ (österr.): zum Teil rechtsfähig.
Teil|ren|te, die: **1.** Altersrente, bei der der Empfänger nur einen Teil der vollen Rente bezieht u. dafür noch mit einer verringerten Stundenzahl weiter in seinem Beruf arbeitet. **2.** (in der Unfallversicherung) Teil der vollen Rente, den jmd. wegen einer durch Unfall bedingten Minderung seiner Erwerbsfähigkeit bekommt.
Teil|re|pu|b|lik, die: als Gliedstaat zu einem Bundesstaat gehörende Republik.
teils ⟨Adv.⟩ [ursprl. adv. Gen.]: zum Teil: Unfallopfer mit t. lebensgefährlichen Verletzungen; wir hatten t. Regen, t. Sonnenschein; »War es schön im Urlaub?« – »Teils, t. (zum Teil ja, zum Teil nicht)«.
Teil|sieg, der: vgl. Teilerfolg.
Teil|staat, der: zu einem Bundesstaat gehörender Staat.
teil|sta|ti|o|när ⟨Adj.⟩: teils stationär (2), teils zu Hause ablaufend.
Teil|stre|cke, die: Teil einer Strecke (1, 2).
Teil|streit|kraft, die: Teil der gesamten Streitkräfte (z. B. Marine).
Teil|strich, der: einzelner Strich einer Maßeinteilung.
Teil|stück, das: einzelnes Stück, das Teil von einem Ganzen ist.
Tei|lung, die; -, -en [mhd. teilunge, ahd. teilunga]: **a)** das Teilen der Gewalten (Gewaltenteilung); **b)** das Geteiltsein: die T. Koreas in zwei Staaten.
Teil|ver|kauf, der (Wirtsch.): teilweiser Verkauf, Verkauf eines Teils eines Ganzen.
Teil|ver|staat|li|chung, die: nicht vollständige Verstaatlichung einer Firma.
teil|wei|se ⟨Adv.⟩: zum Teil: t. zerstört werden; sie sind t. gefahren und t. zu Fuß gelaufen.
Teil|wert, der (Wirtsch.): Wert eines einzelnen Gegenstandes (z. B. einer Maschine) im Rahmen eines gesamten Kaufpreises für einen ganzen Betrieb.
Teil|zah|lung, die: Zahlung in Raten.
Teil|zah|lungs|kre|dit, der: Kredit, der in festgesetzten Raten zurückgezahlt wird.
Teil|zah|lungs|preis, der (Wirtsch.): (bei Abzahlungskäufen) Preis, der aus dem Gesamtbetrag von Anzahlung u. allen vom Käufer zu entrichtenden Raten zuzüglich Zinsen u. sonstiger Kosten besteht.
Teil|zeit, die: **1.** ⟨o. Pl.⟩ Kurzf. von ↑Teilzeitbeschäftigung: in T. arbeiten. **2.** (Sport) beim Zurücklegen einer Teilstrecke gemessene Zeit (3 c).
Teil|zeit|ar|beit, die: Teilzeitbeschäftigung.

teil|zeit|be|schäf|tigt ⟨Adj.⟩: *nur stundenweise beschäftigt; Teilzeitarbeit verrichtend.*
Teil|zeit|be|schäf|tig|te ⟨vgl. Beschäftigte⟩: *weibliche Person, die eine Teilzeitbeschäftigung hat.*
Teil|zeit|be|schäf|tig|ter ⟨vgl. Beschäftigter⟩: *jmd., der eine Teilzeitbeschäftigung hat.*
Teil|zeit|be|schäf|ti|gung, die: *Beschäftigung* (1 b), *die keinen vollen Arbeitstag bzw. nicht alle Tage der Woche umfasst.*
Teil|zeit|job, der (ugs.): *Teilzeitbeschäftigung.*
Teil|zeit|kraft, die: *Teilzeitbeschäftigte[r].*
Teil|zeit|stel|le, die: vgl. *Teilzeitbeschäftigung.*
Te|in, Teein, Thein, das; -s [frz. théine, zu: thé = Tee]: *in den Blättern des Teestrauches enthaltenes Koffein.*
Teint [tɛ̃:, auch: tɛŋ], der; -s, -s [frz. teint, eigtl. = Färbung, Tönung, subst. 2. Part. von: teindre < lat. tingere, ↑ Tinte]: **a)** *Gesichtsfarbe, Hauttönung:* ein blasser, unreiner T.; **b)** *Gesichtshaut:* einen unreinen T. haben.
T-Ei|sen, das: *Profilstahl mit T-förmigem Querschnitt.*
Tekk|no, das od. der; -[s] [die kk-Schreibung für das als k ausgesprochene ch in ↑ Techno soll die akustische Härte veranschaulichen]: *minimalistische Variante des Techno.*
Tek|to|nik, die; - [zu griech. tektonikós = die Baukunst betreffend, zu téktōn = Baumeister] (Geol.): *Teilgebiet der Geologie, das sich mit dem Bau der Erdkruste u. ihren inneren Bewegungen befasst.*
tek|to|nisch ⟨Adj.⟩: **1.** *die Tektonik betreffend.* **2.** (Geol.) *durch Bewegung der Erdkruste hervorgerufen, auf sie bezogen:* -es Beben.
-tel [entstanden aus ↑ Teil, vgl. mhd. dritteil = Drittel]: *bildet mit Zahlwörtern die entsprechenden Bruchzahlen:* neuntel; ⟨mit Fugen-s:⟩ hundertstel; ⟨subst.:⟩ Sechstel.
Te|le, das; -[s], -[s] ⟨Pl. selten⟩ (Jargon): *Kurzf. von* ↑ Teleobjektiv.
tele-, Tele- [griech. tēle (Adv.) = fern, weit, unklare Bildung zu: télos = Ende; Ziel, Zweck]: **1.** Best. in Zus. mit der Bed. *fern, weit, in der/die Ferne* (z. B. Teleobjektiv, telekinetisch). **2.** steht in Bildungen mit Substantiven für *Fernsehen:* Teleshow.
Te|le|ar|beit, die; - [zu ↑ tele-, Tele-]: *Heimarbeit* (a), *bei der der Arbeitnehmer über ein elektronisches Kommunikationsnetz mit dem jeweiligen Arbeitgeber verbunden ist.*
Te|le|ar|beits|platz, der; -es, ...plätze: vgl. *Telearbeit.*
Te|le|ban|king, das; -[s] (Bankw.): *Abwicklung von Bankgeschäften über Post od. Telekommunikation.*
Te|le|brief, der; -[e]s, -e: *Brief, der über Fernsprechkabel od. [Satelliten]funk übermittelt wird.*
Te|le|dienst, der; -[e]s, -e: *über elektronische Netzwerke angebotene Dienstleistung.*
Te|le|fax, das; -, -e [engl. telefax, gek. aus: telefacsimile = Fernkopie (↑ tele-, Tele-, ↑ Faksimile); das x steht vereinfachend für die Aussprache des -cs-]: *Fax.*
Te|le|fax|num|mer, die: *Faxnummer.*
Te|le|fon [auch: teːlɔfɔːn], das; -s, -e [zu griech. tēle (Adv.) = fern, weit, unklare Bildung zu: télos = Ende; Ziel, Zweck u. phōné = Stimme]: **1.** *Apparat (mit Handapparat u. Wählscheibe od. Drucktasten), der über eine Drahtleitung od. über eine Funkverbindung Gespräche über beliebig große Entfernungen möglich macht:* das T. klingelt; T. *(ein Anruf)* für dich; ein schnurloses, mobiles T.; ans T. gehen; sich ans T. hängen (ugs.: *jmdn. anrufen*). **2.** *Telefonanschluss:* er hat kein T.
Te|le|fon|ak|ti|on, die: *über Telefon laufende Aktion* (1).
Te|le|fon|an|la|ge, die: *Anlage, die alle zu einem Telefonanschluss gehörenden Einrichtungen umfasst.*
Te|le|fon|an|ruf, der: *Anruf* (2).
Te|le|fon|an|sa|ge|dienst, der: *Einrichtung einer Telefongesellschaft, die es ermöglicht, telefonisch bestimmte (auf Tonband gesprochene) Informationen, wie Sportergebnisse, Kino- u. Theaterprogramme, Uhrzeit o. Ä., abzurufen.*
Te|le|fon|an|schluss, der: *Anschluss an ein Telefonnetz.*
Te|le|fon|ap|pa|rat, der: *Telefon* (1).
Te|le|fo|nat, das; -[e]s, -e: *Telefongespräch:* ein T. führen.
Te|le|fon|auf|trags|dienst, der: *Einrichtung einer Telefongesellschaft, durch die bestimmte telefonisch zu erledigende Aufträge von Telefonkunden ausgeführt werden.*
Te|le|fon|aus|kunft, die: vgl. *Auskunft* (2).
Te|le|fon|ban|king, das: *Erledigung von Bankangelegenheiten per Telefon.*
Te|le|fon|be|ant|wor|ter, der (schweiz.): *Anrufbeantworter.*
Te|le|fon|buch, das: *[amtliches] Verzeichnis der Inhaber eines Telefonanschlusses in einem bestimmten Bezirk.*
Te|le|fon|dienst, der: **1.** ⟨o. Pl.⟩ *Tätigkeit, die darin besteht, Anrufe* (2) *anzunehmen u. weiterzuleiten od. zu beantworten.* **2.** *Angebot einer Telefongesellschaft* (z. B. Telefonansagedienst).
Te|le|fon|ge|bühr, die ⟨meist Pl.⟩: *Entgelt, das für die Inanspruchnahme eines Telefonanschlusses, eines Telefondienstes* (2) *od. für ein Telefonat o. Ä. zu entrichten ist.*
Te|le|fon|ge|sell|schaft, die: *Gesellschaft* (4 b), *die ein Telefonnetz betreibt u. telefonische Dienstleistungen anbietet.*
Te|le|fon|ge|spräch, das: *Gespräch, das man mit jmdm. über Telefon führt.*
Te|le|fon|han|del, der: **1.** (Börsenw.) *Handel mit Wertpapieren zwischen Banken außerhalb der Börsen.* **2.** (Wirtsch.) *Telefonverkauf.*
Te|le|fon|häus|chen, das: *Telefonzelle.*
Te|le|fon|hö|rer, der: *Handapparat* (1): zum T. greifen *(jmdn. anrufen).*
Te|le|fon|hot|line, die: *Hotline.*
Te|le|fo|nie, die; -: **1.** *Sprechfunk.* **2.** *Kommunikation mithilfe des Telefons.*
te|le|fo|nie|ren ⟨sw. V.; hat⟩: **1.** *(mit jmdm.) mithilfe eines Telefons* (1) *sprechen:* mit jmdm., nach England t.; nach einem Taxi t. *(telefonisch ein Taxi bestellen).* **2.** (bes. schweiz.) *anrufen* (3): jmdm. t.
Te|le|fo|nie|re|rei, die; -, -en (abwertend): *[dauerndes] Telefonieren.*
Te|le|fon|in|ter|view, das: *telefonisch geführtes Interview.*
te|le|fo|nisch ⟨Adj.⟩: **1.** *per Telefon; fernmündlich:* eine -e Anfrage, Mitteilung; etw. t. erledigen. **2.** *das Telefon betreffend, auf ihm beruhend:* eine -e Hotline, Verbindung.
Te|le|fo|nist, der; -en, -en: *jmd., dessen Aufgabe es ist, ein Telefon zu bedienen, telefonische Gespräche zu vermitteln.*
Te|le|fo|nis|tin, die; -, -nen: w. Form zu ↑ Telefonist.
Te|le|fon|jo|ker [...'dʒoːkɐ], der: *Joker* (2), *bei dem der Spielende eine Person seiner Wahl telefonisch um Rat fragen darf.*
Te|le|fon|ka|bel, das: *Kabel für die Telefonleitung.*
Te|le|fon|kar|te, die: *kleine Karte, auf der ein bestimmtes Guthaben gespeichert ist und die anstelle von Münzen zum Telefonieren in öffentlichen Telefonzellen verwendet wird.*
Te|le|fon|kon|fe|renz, die: *Konferenz, bei der die Teilnehmer mithilfe von zusammengeschalteten [Bild]telefonen kommunizieren.*
Te|le|fon|kon|zern, der: vgl. *Telefongesellschaft.*
Te|le|fon|kos|ten ⟨Pl.⟩: *durch Telefonieren entstehende Kosten.*
Te|le|fon|kun|de, der: *Kunde einer Telefongesellschaft.*
Te|le|fon|kun|din, die: w. Form zu ↑ Telefonkunde.
Te|le|fon|lei|tung, die: *Leitung* (3 c), *über die Telefongespräche geführt werden.*
Te|le|fon|mar|ke|ting, das: *Gewinnung u. Betreuung von Kunden über telefonische Kontakte.*
Te|le|fon|ne|ben|stel|le, die: *an einen Telefonanschluss gekoppelter zweiter Anschluss ohne eigene Telefonnummer.*
Te|le|fon|netz, das: *zum Telefonieren genutztes Telekommunikationsnetz.*
Te|le|fon|num|mer, die: *Nummer, die gewählt werden muss, um mit einem bestimmten Telefonanschluss eine Verbindung herzustellen:* hast du meine T.?
Te|le|fon|rech|nung, die: *Rechnung über in einem bestimmten Zeitraum angefallene Telefongebühren.*
Te|le|fon|schnur, die: *Kabel am Telefon* (1).
Te|le|fon|seel|sor|ge, die; -, -n: *überkonfessionelle Einrichtung, die Menschen, die Hilfe, Rat od. Zuspruch suchen, die Möglichkeit gibt, telefonisch u. auch anonym ein seelsorgerliches Gespräch zu führen.*
Te|le|fon|sex, der (ugs.): *auf sexuelle Stimulation zielender telefonischer Kontakt, den jmd. gegen Bezahlung mit einer meist weiblichen Person herstellt.*
Te|le|fon|stim|me, die: *im Telefon in bestimmter Weise klingende Stimme:* er, sie hat eine angenehme T.
Te|le|fon|ter|ror, der: *durch [anonyme] Anrufe mit Drohungen o. Ä. ausgeübter Terror.*
Te|le|fon|über|wa|chung, die: *systematisches Abhören von Telefongesprächen.*
Te|le|fon|ver|bin|dung, die: *Verbindung* (4 b) *durch Telefon.*
Te|le|fon|ver|kauf, der (Wirtsch.): *Form des Verkaufs, bei der man sich durch telefonische Kontakte um Geschäftsabschlüsse bemüht.*
Te|le|fon|ver|kehr, der: *telefonische Kommunikation.*
Te|le|fon|ver|zeich|nis, das: vgl. *Telefonbuch.*
Te|le|fon|wert|kar|te, die (österr.): *Telefonkarte.*
Te|le|fon|zel|le, die: *Kabine* (2 b), *in der ein Telefon installiert ist.*
Te|le|fon|zen|tra|le, die: *Stelle, von der aus Telefongespräche vermittelt werden.*
te|le|gen ⟨Adj.⟩: engl. telegenic, geb. nach: photogenic (↑ fotogen), zu: tele(vision) = Fernsehen]: *für Fernsehaufnahmen besonders geeignet, in Fernsehaufnahmen besonders wirkungsvoll zur Geltung kommend* (bes. von Personen).
Te|le|graf, Telegraph, der; -en, -en [frz. télégraphe, zu griech. tēle (↑ tele-, Tele-) u. gráphein = schreiben]: *Einrichtung zur Übermittlung von Nachrichten durch elektrische Signale.*
Te|le|gra|fen|al|pha|bet, Telegraphenalphabet, das: *Gesamtheit der zum Telegrafieren verwendeten Codes u. Zeichen.*
Te|le|gra|fen|amt, Telegraphenamt, das (früher): *für die Telegrafie zuständige Dienststelle der Post.*
Te|le|gra|fen|lei|tung, Telegraphenleitung, die: *elektrische Leitung für telegrafische Nachrichtenübermittlung.*

Te|le|gra|fen|mast, Telegrafenmast, der: *Mast, über den die Telegrafenleitungen laufen.*

Te|le|gra|fen|stan|ge, Telegraphenstange, die: vgl. Telegrafenmast.

Te|le|gra|fie, Telegraphie, die; - [frz. télégraphie, zu: télégraphe, ↑ Telegraf]: *Übermittlung von Nachrichten mithilfe eines Telegrafen.*

te|le|gra|fie|ren, telegraphieren ⟨sw. V.; hat⟩ [frz. télégraphier, zu: télégraphe, ↑ Telegrafie]: *eine Nachricht telegrafisch übermitteln:* [jmdm.] etw. t.

te|le|gra|fisch, telegraphisch ⟨Adj.⟩ [frz. télégraphique, zu: télégraphe, ↑ Telegraf]: *durch ein Telegramm [übermittelt]: eine -e Mitteilung;* Geld t. anweisen.

Te|le|gramm, das; -s, -e [frz. télégramme, engl. telegram, zu griech. tēle (↑ tele-, Tele-) u. gráphein = schreiben]: **1.** *per Telegraf übermittelte Nachricht:* ein T. aufgeben, schicken. **2.** *Formular, auf dem der Text eines Telegramms (1) ausgedruckt ist.*

Te|le|gramm|ad|res|se, die: *beim Verschicken von Telegrammen als Anschrift verwendbares Kürzel.*

Te|le|gramm|bo|te, der (früher): *Postbote, der Telegramme zum Empfänger bringt.*

Te|le|gramm|bo|tin, die: w. Form zu ↑ Telegrammbote.

Te|le|gramm|stil, der ⟨o. Pl.⟩: *knappe, nur stichwortartig formulierende Ausdrucksweise:* im T.

Te|le|graph usw.: ↑ Telegraf usw.

Te|le|kar|te, die; -, -n: *kleine Karte, die von einer Telefongesellschaft ausgegeben wird u. die zum Telefonieren von Telefonzellen od. Handys aus verwendet wird, wobei die Gebühren über eine Rechnung abgerechnet werden.*

Te|le|ki|ne|se, die; - [zu ↑ tele-, Tele- u. griech. kínēsis = Bewegung] (Parapsychol.): *das Bewegtwerden von Gegenständen durch okkulte Kräfte.*

te|le|ki|ne|tisch ⟨Adj.⟩: *die Telekinese betreffend, auf ihr beruhend.*

Te|le|kol|leg, das; -s, -s u. -ien [zu ↑ tele-, Tele- u. ↑ Kolleg]: *Vorlesungsreihe im Fernsehen mit einem Schlusskolloquium als staatlich anerkannter Prüfung am Ende jedes Semesters.*

Te|le|kom, die; - [Kurzf. von ↑ Telekommunikation; kurz für: Deutsche Telekom AG]: *Dienstleistungsunternehmen, das mit Telekommunikation befasst ist.*

Te|le|kom|mu|ni|ka|ti|on, die; - [zu ↑ tele-, Tele-]: *Kommunikation, Austausch von Informationen u. Nachrichten mithilfe der Nachrichtentechnik, bes. der neuen elektronischen Medien.*

Te|le|kom|mu|ni|ka|ti|ons|an|bie|ter, der (Wirtsch.): *Netzbetreiber in der Telekommunikationsbranche.*

Te|le|kom|mu|ni|ka|ti|ons|an|bie|te|rin, die: w. Form zu ↑ Telekommunikationsanbieter.

Te|le|kom|mu|ni|ka|ti|ons|bran|che, die (Wirtsch.): *Branche, die sich mit der Telekommunikation befasst.*

Te|le|kom|mu|ni|ka|ti|ons|dienst, der: *der Telekommunikation dienende Einrichtung* (z. B. Telefonansage-, Telefonauskunftsdienst).

Te|le|kom|mu|ni|ka|ti|ons|kon|zern, der (Wirtsch.): *Konzern der Telekommunikationsbranche.*

Te|le|kom|mu|ni|ka|ti|ons|markt, der (Wirtsch.): *Markt für von der Telekommunikationsbranche angebotene Leistungen.*

Te|le|kom|mu|ni|ka|ti|ons|netz, das (Wirtsch.): *Gesamtheit der Vermittlungs- u. Übertragungseinrichtungen, die die Telekommunikation ermöglichen.*

Te|le|kom|mu|ni|ka|ti|ons|un|ter|neh|men, das (Wirtsch.): *Unternehmen der Telekommunikationsbranche.*

Te|le|ko|pie, die; -, -n: *durch Telekopierer übermittelter Text.*

Te|le|ko|pie|rer, der; -s, - [zu ↑ tele-, Tele-]: *Gerät, das zu fotokopierendes Material aufnimmt u. per Telefonleitung an ein anderes Gerät weiterleitet, das in kurzer Zeit eine Fotokopie der Vorlage liefert.*

Te|le|kra|tie, die; -, -n [zu ↑ tele-, Tele- u. ↑ -kratie] (bildungsspr., oft abwertend od. scherzh.): *Vorherrschaft, übermäßiger Einfluss des Fernsehens.*

Te|le|lear|ning [...lə:nɪŋ], das; -s [zu ↑ tele-, Tele- u. engl. learning = das Lernen]: *das Lernen mithilfe eines Kommunikationssystems* (z. B. des Internets).

Te|le|mark, der; -s, -s [nach der gleichnamigen norw. Landschaft]: **1.** (Ski früher) *Schwung quer zum Hang.* **2.** (Skispringen) *Stellung des Springers beim Aufsetzen mit einem nach vorn geschobenen Bein.*

Te|le|mar|ke|ting, das; -[s] [zu ↑ tele-, Tele- u. ↑ Marketing] (Wirtsch.): *Telefonmarketing.*

Te|le|ma|tik [österr. auch: ...'mat...], die; - [Kurzwort aus ↑ Telekommunikation u. ↑ Informatik]: **1.** *Forschungsbereich, in dem man sich mit der wechselseitigen Beeinflussung u. Verflechtung verschiedener nachrichtentechnischer Disziplinen befasst.* **2.** *Einsatz von Mitteln der Telekommunikation für bestimmte Zwecke* (z. B. Steuerung von Systemen, Gestaltung von Unterricht usw.).

te|le|ma|tisch [österr. auch: ...'mat...] ⟨Adj.⟩: *die Telematik (2) betreffend, auf ihr beruhend.*

Te|le|me|di|zin, die [zu ↑ tele-, Tele- u. ↑ Medizin]: *Einsatz von Mitteln der Telekommunikation zu medizinischen Zwecken* (z. B. Diagnostik).

Te|le|no|vel|la, die; -, -s [urspr. aus Lateinamerika stammend; span. telenovela, port. telenovela, eigtl. = Fernsehroman]: *Fernsehserie, die in einer festgelegten Anzahl von täglich ausgestrahlten Folgen eine in sich abgeschlossene [rührselige] Handlung erzählt.*

Te|le|ob|jek|tiv, das; -s, -e [zu ↑ tele-, Tele- u. ↑ Objektiv] (Fotogr.): *Objektiv, mit dem man Detailaufnahmen od. Großaufnahmen von relativ weit entfernten Objekten machen kann.*

Te|leo|lo|gie, die; - [zu griech. télos = Ende; Ziel, Zweck u. ↑ -logie] (Philos.): *Auffassung, nach der Ereignisse od. Entwicklungen durch bestimmte Zwecke od. ideale Endzustände im Voraus bestimmt sind u. sich darauf zubewegen.*

te|leo|lo|gisch ⟨Adj.⟩: *die Teleologie betreffend, auf ihr beruhend.*

Te|le|pa|thie, die; - [engl. telepathy, zu ↑ tele-, Tele- u. griech. páthos, ↑ Pathos] (Parapsychol.): *Wahrnehmung von Gedanken, Gefühlen o. Ä. einer anderen Person ohne Vermittlung der Sinne.*

te|le|pa|thisch ⟨Adj.⟩ [wohl nach engl. telepathic] (Parapsychol.): *die Telepathie betreffend; auf dem Weg der Telepathie.*

Te|le|promp|ter®, der; -s, - [engl. teleprompter, aus: tele- < griech. tēle (↑ tele-, Tele-) u. prompter = Souffleur] (Jargon): *Vorrichtung, die es bes. dem Moderator od. Ansager im Fernsehen ermöglicht, seinen vorzutragenden Text von einem Monitor abzulesen, ohne dass er den Blick senken muss.*

Te|le|shop|ping, das; -s [engl. teleshopping, aus: tele- < griech. tēle (↑ tele-, Tele-) u. shopping, ↑ Shopping]: *Einkauf, bei dem der Käufer die Waren am Bildschirm sieht u. sie telefonisch od. über das Internet bestellt.*

Te|le|skop, das; -s, -e [nlat. telescopium, zu griech. tēleskópos = weit schauend, zu: tēle (↑ tele-, Tele-) u. skopeĩn = beobachten, betrachten]: *(bes. zur Beobachtung der Gestirne verwendetes) optisches, mit stark vergrößernden Linsen, Prismen, Spiegeln ausgestattetes Gerät mit ineinanderzuschiebenden Teilen; Fernrohr.*

Te|les|kop|an|ten|ne, die: *Antenne aus dünnen Metallrohren, die ineinandergeschoben werden können.*

te|les|ko|pisch ⟨Adj.⟩: **a)** *zu einem Teleskop gehörend;* **b)** *mithilfe eines Teleskops.*

Te|le|spiel, das [zu ↑ tele-, Tele- u. ↑ Spiel]: **1.** *Spiel, das mithilfe eines an ein Fernsehgerät anzuschließenden Geräts gespielt wird, wobei der Bildschirm als Spielfeld od. -brett dient u. der Spieler den Spielablauf von Hand steuert.* **2.** *Gerät, mit dem man Telespiele (1) spielt.*

Te|le|sta|ti|on, die: *schlanke Säule aus Edelstahl mit eingelassenem öffentlichem Fernsprecher.*

Te|le|text, der; -[e]s [engl. teletext, aus: tele- < griech. tēle (↑ tele-, Tele-) u. text = Text]: *System zur elektronischen Übermittlung von Texten u. ihrer Darstellung auf dem Bildschirm eines Fernsehgeräts.*

Te|le|vi|si|on [engl.: 'tɛlɪvɪʒ(ə)n], die; - [engl. television, aus: tele- < griech. tēle (↑ tele-, Tele-) u. vision < (a)frz. vision < lat. visio, ↑ Vision]: *Fernsehen* (Abk.: TV).

Te|lex, das; österr. u. schweiz.: der; -, -e [Kurzwort aus engl. **tele**printer **ex**change = Fernschreiber-Austausch]: **1.** *Fernschreiben.* **2. a)** *Fernschreiber;* **b)** ⟨o. Pl.⟩ *Fernschreibnetz.*

te|le|xen ⟨sw. V.; hat⟩: *[als] ein Fernschreiben übermitteln.*

Tel|ler, der; -s, - [mhd. tel[l]er, telier, aus dem Roman., im Sinne von »Vorlegeteller zum Zerteilen des Fleisches« zu spätlat. taliare = spalten, schneiden, zerlegen, zu lat. talea = abgeschnittenes Stück]: **1.** *Teil des Geschirrs (1 a) von runder (flacher od. tieferer) Form, von dem Speisen gegessen werden:* ein tiefer, flacher, vorgewärmter, leerer T.; ein T. [voll] Suppe; seinen T. leer essen. **2.** (Ski) *kleine, runde, durchbrochene Scheibe (aus Kunststoff), die den Skistock wenige Zentimeter über seinem unteren Ende umgibt.* **3.** ⟨meist Pl.⟩ (Jägerspr.) *Ohr des Schwarzwildes.* **4.** *Plattenteller.*

Tel|ler|ei|sen, das (Jagdw.): *aus zwei Bügeln u. einer tellerförmigen Platte bestehendes Fangeisen.*

Tel|ler|fleisch, das (bes. österr.): *gekochtes u. in Stücke geschnittenes Rind- od. Schweinefleisch, das in der Suppe serviert wird.*

tel|ler|för|mig ⟨Adj.⟩: *von der Form eines flachen Tellers (1).*

Tel|ler|ge|richt, das: *(in Gaststätten) einfaches ²Gericht, das auf dem Teller serviert wird.*

Tel|ler|mi|ne, die: *tellerförmige ¹Mine (2).*

Tel|ler|rand, der: *Rand des Tellers (1):* * **über den T. blicken/schauen** o. Ä. *(etw. von einer höheren Warte aus betrachten; den sonst eingeschränkten Gesichtskreis hinausblicken, um etw. richtig einzuschätzen).*

Tel|ler|samm|lung, die: *Sammlung besonders wertvoller od. schöner Teller.*

Tel|ler|tuch, das ⟨Pl. ...tücher⟩: **1.** (landsch.) *Handtuch zum Abtrocknen bes. von Tellern.* ♦ **2.** *(nach altem Volksglauben) Tischtuch, das sich selbst mit allen Gerichten deckt, die von ihm verlangt werden:* ... überlasse ich ihm die Wahl unter allen Kleinodien, die ich in der Tasche bei mir führe: die echte Springwurzel, die Alraunwurzel, Wechselpfennige, Raubtaler, das T. von Rolands Knappen (Chamisso, Schlemihl 23).

Tel|ler|wä|scher, der: *jmd., der in einem Lokal (1) gegen Bezahlung Geschirr spült.*

Tel|ler|wä|sche|rin, die: w. Form zu ↑ Tellerwäscher.

Te|lo|mer, das; -s, -e [zu griech. méros = Teil]: **1.** (Biochemie) *Endabschnitt eines Chromosoms.* **2.** (Chemie) *Produkt der Telomerisation.*

Telomerisation – Tendenzdichtung

Te|lo|me|ri|sa|ti|on, die; -, -en [Analogiebildung zu ↑ Polymerisation] (Chemie): *Polymerisation, bei der relativ kurze Molekülketten entstehen.*

Te̲|los [auch: 'te:...], das; - [griech. télos] (Philos.): *Ziel, [End]zweck.*

Tẹm|pel, der; -s, - [mhd. tempel, ahd. tempal < lat. templum, eigtl. = vom Augur mit dem Stab am Himmel u. auf der Erde zur Beobachtung u. Deutung des Vogelflugs abgegrenzter Beobachtungsbezirk, H. u.]: **1.** *[geweihtes] Gebäude als Kultstätte einer nicht christlichen Glaubensgemeinschaft:* ein indischer, antiker T.; der T. des Zeus. **2.** *einem Tempel od. Pavillon ähnliches Gebäude, meist mit Säulen, die das Dach tragen.*

Tẹm|pel|an|la|ge, die: *aus einem od. mehreren Tempeln [u. dazugehörenden Gebäuden od. sonstigen Einrichtungen] bestehende Anlage.*

Tẹm|pel|bau, der ⟨Pl. -ten⟩: **1.** ⟨o. Pl.⟩ vgl. Kirchenbau (1, 2). **2.** *Tempel.*

Tẹm|pel|die|ner, der: vgl. Kirchendiener.

Tẹm|pel|die|ne|rin, die: w. Form zu ↑ Tempeldiener.

Tẹm|pel|herr, der: *Templer.*

Tẹm|pel|rit|ter, der: *Templer.*

Tẹm|pe|ra, die; -, -s [ital. tempera, zu: temperare = mischen < lat. temperare, ↑ temperieren]: *Kurzf. von* ↑ *Temperafarbe.*

Tẹm|pe|ra|far|be, die: *aus anorganischen Pigmenten, einer Emulsion aus bestimmten Ölen u. einem Bindemittel hergestellte Farbe, die auf Papier einen matten u. deckenden Effekt hervorruft.*

Tẹm|pe|ra|ma|le|rei, die: **1.** ⟨o. Pl.⟩ *Technik des Malens mit Temperafarben.* **2.** *mit Temperafarben gemaltes Bild.*

Tẹm|pe|ra|ment, das; -[e]s, -e [lat. temperamentum = richtiges Verhältnis bestimmter Dinge, gehörige Mischung; rechtes Maß, zu: temperare, ↑ temperieren]: **1.** *für ein Individuum spezifische, relativ konstante Weise des Fühlens, Erlebens, Handelns u. Reagierens:* ein sanguinisches, cholerisches, melancholisches, phlegmatisches T.; sie hat ein aufbrausendes, kühles, ausgeglichenes T. **2.** ⟨o. Pl.⟩ *lebhafte, leicht erregbare Wesensart; Schwung; Feuer:* das T. geht oft mit mir durch; sie hat [kein, wenig] T.

Tẹm|pe|ra|ment|bol|zen: ↑ Temperamentsbolzen.

tem|pe|ra|ment|ge|la|den ⟨Adj.⟩: *voller Temperament* (2): -e *Musik.*

tem|pe|ra|ment|los ⟨Adj.⟩: *ohne Temperament* (2): Dazu: **Tem|pe|ra|ment|lo|sig|keit,** die; -.

Tẹm|pe|ra|ments|aus|bruch, der: *Ausbruch* (3) *des Temperaments* (2).

Tẹm|pe|ra|ments|bol|zen, Temperamentbolzen, der (ugs.): *Mensch, der viel Temperament hat:* er/sie ist ein T.

Tẹm|pe|ra|ments|sa|che, die: in der Wendung T. *sein (vom Temperament abhängen).*

tem|pe|ra|ment|voll ⟨Adj.⟩: *[sehr] lebhaft, lebendig; voller Temperament* (2): ein -er Mensch; Ü ein -es *(schnelles, spritziges) Fahrzeug.*

Tẹm|pe|ra|tur, die; -, -en [lat. temperatura = gehörige Mischung, Beschaffenheit, zu: temperare, ↑ temperieren]: **1.** *Wärmegrad eines Stoffes; gemessene Wärme von etw., bes. der Luft:* mittlere, gleichbleibende, ansteigende, sinkende -en; die höchste, die niedrigste T.; eine angenehme, unerträgliche T.; die T. des Wassers, der Luft; der Wein hat die richtige T.; die T. steigt, fällt, sinkt [unter Null, unter den Nullpunkt], geht zurück; -en bis zu 40 °C; die T. messen, kontrollieren. **2.** (Med.) *ein wenig über dem Normalen liegende Körpertemperatur:* T., erhöhte T. *(leichtes Fieber)* haben.

Tem|pe|ra|tur|ab|fall, der: *das [schnelle] Abfallen, Sinken der Temperatur* (1).

tem|pe|ra|tur|ab|hän|gig ⟨Adj.⟩: *von der Temperatur* (1) *abhängend:* Dazu: **Tem|pe|ra|tur|ab|hän|gig|keit,** die ⟨o. Pl.⟩.

Tem|pe|ra|tur|ab|nah|me, die: *das Abnehmen der Temperatur* (1).

Tem|pe|ra|tur|an|stieg, der: *das Ansteigen der Temperatur* (1).

Tem|pe|ra|tur|aus|gleich, der: *Ausgleich zwischen unterschiedlichen Temperaturen* (1).

tem|pe|ra|tur|be|rei|nigt ⟨Adj.⟩ (Amtsspr.): *unter Vernachlässigung der Temperatur- bzw. Witterungseinflüsse [errechnet]:* der Energieverbrauch ist im letzten Jahr t. zurückgegangen.

tem|pe|ra|tur|be|stän|dig ⟨Adj.⟩: *widerstandsfähig, unempfindlich gegenüber der Einwirkung bestimmter Temperaturen* (1) *od. gegenüber Temperaturschwankungen.*

Tem|pe|ra|tur|dif|fe|renz, die: *Temperaturunterschied.*

tem|pe|ra|tur|emp|find|lich ⟨Adj.⟩: *empfindlich gegenüber bestimmten Temperaturen.*

Tem|pe|ra|tur|er|hö|hung, die: *Erhöhung der Temperatur.*

Tem|pe|ra|tur|ge|fäl|le, das: *Gefälle* (2) *der Temperatur* (1).

Tem|pe|ra|tur|kur|ve, die: *grafische Darstellung der über einen bestimmten Zeitraum gemessenen Temperaturen* (1, 2).

Tem|pe|ra|tur|reg|ler, der: *Vorrichtung, die das Einhalten einer bestimmten Temperatur* (1) *bewirkt; Thermostat.*

Tem|pe|ra|tur|rück|gang, der: vgl. Temperaturanstieg.

Tem|pe|ra|tur|schwan|kung, die ⟨meist Pl.⟩: vgl. Temperaturanstieg.

Tem|pe|ra|tur|ska|la, die (Physik): *Skala zur Messung od. zur Einstellung einer Temperatur.*

Tem|pe|ra|tur|sturz, der ⟨Plural ...stürze⟩: *plötzlicher starker Temperaturrückgang.*

Tem|pe|ra|tur|un|ter|schied, der ⟨häufig Pl.⟩: *Unterschied in der Temperatur* (1).

Tem|pe|ra|tur|wech|sel, der: vgl. Temperaturanstieg.

Tem|pe|renz, die; - [engl. temperance < lat. temperantia, zu: temperans (Gen.: temperantis), adj. 1. Part. von: temperare, ↑ temperieren] (bildungsspr.): *Enthaltsamkeit, Mäßigkeit im Alkoholgenuss.*

tem|pe|rie|ren ⟨sw. V.; hat⟩ [lat. temperare = sich mäßigen; in das gehörige Maß setzen, in das richtige (Mischungs)verhältnis bringen]: **1.** *auf eine mäßig warme, auf den Bedarf gut abgestimmte Temperatur bringen:* den Wein t.; das Badewasser ist gut temperiert; Sie bestellen eine Flasche Gruaud Larose bei ihr, die Hans Castorp noch einmal fortschickte, um sie besser t. zu lassen (Th. Mann, Zauberberg 26). **2.** (geh.) *(auf Leidenschaften o. Ä.) mäßigend einwirken:* seine Gefühle t. **3.** (Musik) *(die Oktave) in zwölf gleiche Halbtonschritte einteilen:* temperierte Stimmung.

Tem|pe|rie|rung, die; -, -en: *das Temperieren.*

Tẹm|pi: Pl. von ↑ Tempo.

Tem|plate ['templɛit], das; -s, -s [engl. template (EDV): *[Dokument]vorlage.*

Tẹmp|ler, der; -s, - [(a)frz. templier, zu: temple < lat. templum, ↑ Tempel] (Geschichte): *Angehöriger eines geistlichen Ritterordens im Mittelalter, der zum Schutz der Jerusalempilger verpflichtet ist; Tempelherr.*

Tẹmp|ler|or|den, der ⟨o. Pl.⟩ (Geschichte): *Orden der Templer.*

tẹm|po [ital. tempo = Zeit(maß, -raum) < lat. tempus, ↑ Tempus] (Musik): *in bestimmten Fügungen:* t. di marcia [- di ˈmartʃa] *(im Marschtempo);* t. giusto [- ˈdʒusto] *(in angemessener Bewegung);* t. primo *(im früheren, anfänglichen Tempo);* t. rubato (↑ rubato).

Tẹm|po, das; -s, -s u. Tempi [ital. tempo, ↑ tempo]: **1.** ⟨Pl. -s⟩ *Geschwindigkeit, mit der etw., bes. eine Handlung, eine Bewegung abläuft:* hier ist, gilt T. 30 (ugs.; *hier darf nur mit 30 km/h gefahren werden);* ein zügiges T., ein bestimmtes T. vorlegen; das T. erhöhen; sie nahm die Kurve in/mit hohem T.; sie hat T. draufhaben (ugs.; *schnell fahren, arbeiten o. Ä.);* T. [T.]! (ugs.; *los, beeilt euch!, beeile dich!)* **2.** ⟨Pl. meist Tempi⟩ (Musik) *(für den Vortrag geeignetes, den Besonderheiten eines Werkes angemessenes) musikalisches Zeitmaß.* **3.** ⟨Pl. -s⟩ (ugs.) Kurzf. von ↑ Tempotaschentuch.

Tẹm|po|li|mit, das (Verkehrsw.): *Geschwindigkeitsbeschränkung:* ein T. einführen, beachten.

Tẹm|po|ma|cher, der (Leichtathletik): *Schrittmacher* (3).

Tẹm|po|ma|che|rin, die: w. Form zu ↑ Tempomacher.

Tẹm|po|mat®, der; -[e]s u. -en, -e u. -en [zu ↑ Tempo u. ↑ Automat] (Kfz-Technik): *automatischer Regler der Fahrgeschwindigkeit bei Kraftfahrzeugen, der die Geschwindigkeit auf einem bestimmten Wert hält bzw. nach oben begrenzt.*

Tẹm|po|mus: Pl. von Tempus.

tem|po|ral ⟨Adj.⟩ [lat. temporalis, zu ↑ Tempus] (Sprachw.): *zeitlich:* eine -e Konjunktion.

Tem|po|rạl|ad|verb, das (Sprachw.): *Adverb der Zeit* (z. B. heute, neulich).

Tem|po|rạl|be|stim|mung, die (Sprachw.): *Adverbialbestimmung der Zeit.*

Tem|po|rạl|satz, der (Sprachw.): *Adverbialsatz der Zeit.*

tem|po|rär ⟨Adj.⟩ [frz. temporaire < lat. temporarius, zu: tempus, ↑ Tempus] (bildungsspr.): *zeitweilig [auftretend]; vorübergehend:* eine -e Beschäftigung.

tem|po|reich ⟨Adj.⟩ (bes. Sport): *mit Tempo gespielt:* eine -e Partie.

Tem|po|sün|der, der: *jmd., der eine Geschwindigkeitsbeschränkung nicht einhält.*

Tem|po|sün|de|rin, die: w. Form zu ↑ Temposünder.

Tem|po|ta|schen|tuch, das [Tempo®] (ugs.): *Papiertaschentuch.*

Tẹm|po|wech|sel, der: *Wechsel der Geschwindigkeit, des Tempos.*

Tẹm|po-30-Zo|ne, die (Verkehrsw.): *Zone* (1 a), *in der eine Höchstgeschwindigkeit von 30 km/h gilt.*

Tẹm|pus, das; -, Tempora [lat. tempus = Zeit, urspr. viell. = (Zeit)spanne u. zu einem Verb mit der Bed. »spannen; dehnen« (Sprachw.): *Zeitform.*

ten. = tenuto.

Ten|dẹnz, die; -, -en [wohl unter Einfluss von älter engl. tendence, frz. tandance, zu lat. tendere = spannen, (sich aus)strecken]: **1. a)** *sich abzeichnende Entwicklung, jmdm. od. einer Sache innewohnende Entwicklung:* eine T. zeichnet sich ab, hält an, setzt sich fort, kehrt sich um, ist rückläufig; es herrscht die T., die T. geht dahin, ..; die Preise haben eine steigende T.; die T. *(Grundstimmung)* an der Börse ist fallend, steigend, lustlos; **b)** ⟨meist Pl.⟩ *Strömung* (2), *Richtung:* neue -en in der Musik. **2. a)** *Hang, Neigung:* sie hat T., alles negativ zu beurteilen; **b)** (oft abwertend) *Darstellungsweise, mit der ein bestimmtes (meist politisches) Ziel erreicht werden soll:* diese Zeitung hat, verfolgt eine T.; ein Roman mit T.

Ten|dẹnz|be|trieb, der: *Betrieb, der bestimmten ideellen (z. B. politischen, pädagogischen, religiösen) Zielsetzungen dient.*

Ten|dẹnz|dich|tung, die (oft abwertend): *Dichtung, die eine Tendenz* (2 b) *verfolgt.*

ten|den|zi|ell ⟨Adj.⟩: *einer allgemeinen Entwicklung, Tendenz entsprechend, sich auf sie beziehend:* etw. nimmt t. zu, ab.

ten|den|zi|ös ⟨Adj.⟩ [frz. tendancieux, zu: tendance, ↑ Tendenz] (abwertend): *von einer weltanschaulichen, politischen Tendenz beeinflusst u. daher nicht objektiv:* -e Presseberichte; sie schreibt t.

Ten|denz|li|te|ra|tur, die ⟨Pl. selten⟩ (oft abwertend): vgl. Tendenzdichtung.

Ten|denz|un|ter|neh|men, das: vgl. Tendenzbetrieb.

Ten|denz|wen|de, die: *Wende, Umkehr in der Tendenz* (1 a): eine T. herbeiführen; eine T. am Arbeitsmarkt, in der Politik.

Ten|der, der; -s, - [engl. tender, gek. aus: attender = Pfleger, zu: to attend = pflegen, aufwarten, über das Afrz. < lat. attendere = hinspannen, hinstrecken; aufmerksam beachten, zu: tendere, ↑ Tendenz]: *Anhänger der Dampflokomotive, in dem Brennmaterial u. Wasser mitgeführt werden.*

ten|die|ren ⟨sw. V.; hat⟩ [rückgeb. aus ↑ Tendenz] (bildungsspr.): *zu etw. hinneigen, auf etw. gerichtet sein:* die Partei tendiert nach links, rechts; gegen null, nach oben, nach unten t.; die Aktien tendieren schwächer, uneinheitlich (Börsenw.; *entwickeln sich im Kurs schwächer, uneinheitlich*).

Te|ne|rif|fa; -s: eine der Kanarischen Inseln.

Tenn, das; -s, -e (schweiz.): *Tenne.*

Ten|ne, die; -, -n [mhd. tenne, ahd. tenni, H. u.]: *festgestampfter od. gepflasterter Platz [in der Scheune] bes. zum Dreschen* (1).

¹**Ten|nes|see** [...'si:, auch: 'tɛnəsi], der; -[s]: *linker Nebenfluss des Ohio.*

²**Ten|nes|see;** -s: *Bundesstaat der USA.*

Ten|nis, das; - [engl. tennis < mengl. tenes, tenetz, zu (a)frz. tenez! = nehmt, haltet (den Ball)!, Imperativ Pl. von: tenir = halten < lat. tenere, wohl Zuruf des Aufschlägers an seinen Mitspieler]: *Ballspiel, bei dem ein kleiner Ball von zwei Spielern (od. Paaren von Spielern) nach bestimmten Regeln mit Schlägern über ein Netz hin- u. zurückgeschlagen wird.*

Ten|nis|arm, der: vgl. Tennisellbogen.

Ten|nis|ball, der: *kleiner, fester, mit weißem, gelbem od. rosa Filz überzogener Ball, der beim Tennis verwendet wird.*

Ten|nis|club: ↑ Tennisklub.

Ten|nis|court, der: *Court.*

Ten|nis|crack, der ⟨Jargon⟩: ¹*Crack* (1) *im Tennis.*

Ten|nis|dress, der: *beim Tennis getragener Dress.*

Ten|nis|ell|bo|gen, Ten|nis|el|len|bo|gen, der (Med.): *(durch Überanstrengung des Arms [beim Tennisspielen] auftretende) Entzündung bestimmter Teile des Ellbogengelenks.*

Ten|nis|hemd, das: vgl. Tennishose.

Ten|nis|ho|se, die: *[kurze] weiße, beim Tennisspielen getragene Hose.*

Ten|nis|kleid, das: vgl. Tennishose.

Ten|nis|klei|dung, die: vgl. Tennisdress.

Ten|nis|klub, Tennisclub, der: vgl. Sportklub.

Ten|nis|match, das, schweiz.: der: *Match im Tennis.*

Ten|nis|meis|ter|schaft, die: *Meisterschaft im Tennis.*

Ten|nis|part|ner, der: *Partner* (1 d) *beim Tennis.*

Ten|nis|part|ne|rin, die: w. Form zu ↑ Tennispartner.

Ten|nis|platz, der: **1.** *Spielfeld für das Tennisspiel.* **2.** *Anlage mit mehreren Spielfeldern für das Tennisspiel.*

Ten|nis|pro|fi, der: *Profi im Tennis.*

Ten|nis|schlä|ger, der: *(zum Tennisspiel benutzter) Schläger* (3) *in Form eines meist ovalen Rahmens mit in der Art eines Gitters gespannten Saiten u. langem Griff.*

Ten|nis|schuh, der: *(beim Tennis getragener) flexibler, meist weißer Sportschuh.*

Ten|nis|spiel, das: vgl. Skatspiel (1-3).

Ten|nis|spie|len, das; -s: *das Ausüben der Sportart Tennis.*

Ten|nis|spie|ler, der: *jmd., der Tennis spielt.*

Ten|nis|spie|le|rin, die: w. Form zu ↑ Tennisspieler.

Ten|nis|star, der: ²*Star* (1 b) *im Tennis.*

Ten|nis|tur|nier, das: *Turnier im Tennis.*

Ten|nis|zir|kus, der: vgl. Skizirkus (2).

Ten|no, der; -[s], -s [jap. tennō, eigtl. = himmlischer (Herrscher)]: **a)** ⟨o. Pl.⟩ *Titel des japanischen Herrschers;* **b)** *Träger des Titels Tenno* (a).

¹**Te|nor,** der; -s, Tenöre, österr. auch: -e [ital. tenore, eigtl. = (die Melodie) haltende (Hauptstimme) < lat. tenor, ↑ ²Tenor] (Musik): **1.** *hohe Männersingstimme:* T. singen; er hat einen strahlenden, hohen, hellen T. **2.** ⟨o. Pl.⟩ *solistische Tenorpartie in einem Musikstück:* den T. singen. **3.** *Sänger mit Tenorstimme:* ein berühmter T. **4.** ⟨o. Pl.⟩ *Gesamtheit der Sänger mit Tenorstimme in einem [gemischten] Chor:* der erste, zweite T.; der T. setzte ein.

²**Te|nor,** der; -s [lat. tenor = ununterbrochener Lauf; Fortgang; Ton(höhe) einer Silbe; Zusammenhang, Sinn, Inhalt, zu: tenere = (gespannt) halten]: *grundlegender Gehalt, Sinn (einer Äußerung o. Ä.); grundsätzliche Einstellung:* alle seine Äußerungen hatten den gleichen T.

te|no|ral ⟨Adj.⟩ (Musik): *die Tenorlage betreffend.*

Te|no|re, Te|nö|re: Pl. von ↑ ¹Tenor.

Te|nor|horn, das: *Blechblasinstrument in Tenorlage.*

Te|nor|la|ge, die: *Stimmlage des* ¹*Tenors* (1).

Te|nor|par|tie, die: *für den* ¹*Tenor* (1) *geschriebener Teil eines Musikwerks.*

Te|nor|sän|ger, der: *Sänger mit einer Tenorstimme.*

Te|nor|sa|xo|fon, Te|nor|sa|xo|phon, das: *Saxofon in mittlerer Stimmlage.*

Te|nor|schlüs|sel, der: *auf der 4. Linie des Notensystems liegender C-Schlüssel.*

Te|nor|stim|me, die: **1.** *hohe Männersingstimme.* **2.** *Noten für den* ¹*Tenor* (1).

Ten|sid, das; -[e]s, -e ⟨meist Pl.⟩ [zu lat. tensum, 2. Part. von: tendere, ↑ Tendenz] (Chemie): *in Wasch- u. Reinigungsmitteln enthaltene Substanz.*

Ten|ta|kel, der od. das; -s, - ⟨meist Pl.⟩ [zu lat. tentare, Nebenf. von: temptare = (prüfend) betasten]: **1.** *Fangarm.* **2.** (Bot.) *haarähnliches, ein klebriges Sekret absonderndes Gebilde auf der Blattoberfläche fleischfressender Pflanzen.*

ten|ta|tiv ⟨Adj.⟩ [frz. tentatif, engl. tentative] (bildungsspr.): *versuchsweise, probeweise.*

Te|nue, Te|nü [tə'ny:], das; -s, -s [frz. tenue, eigtl. subst. 2. Part. von: tenir = sich halten (2 b)] (schweiz.): *vorgeschriebene Art der Kleidung; Uniform; Anzug.*

te|nu|to ⟨Adv.⟩ [ital. tenuto, 2. Part. von: tenere = halten < lat. tenere] (Musik): *ausgehalten, getragen* (Abk.: t, ten.).

Tepp, der; -en, -en (landsch., österr.): *Depp.*

tep|pert ⟨Adj.⟩ (österr.): *deppert.*

Tep|pich, der; -s, -e [mhd. tep[p]ich, ahd. tep[p]ih, über das Roman. (vgl. afrz. tapiz) < lat. tap(p)etum, tapete, tapes < griech. tápēs, tápis, viell. aus dem Pers.]: *geknüpfter, gewebter od. gewirkter rechteckiger od. runder Fußbodenbelag:* ein echter, alter, wertvoller, teurer, orientalischer T.; der T. ist abgetreten; für den Staatsbesuch wurde ein roter T. ausgerollt; einen T. knüpfen, weben, wirken; den T. klopfen, saugen, zusammenrollen; ein Zimmer mit -en auslegen; Ü ein T. aus Moos; * *jmdm./für jmdn. den roten T. ausrollen/auslegen* (jmdn. hofieren); *auf dem T. bleiben* (ugs.; *sachlich, im angemessenen Rahmen bleiben*); **etw. unter den T. kehren** (ugs.; *etw. vertuschen, nicht offen austragen*).

Tep|pich|bo|den, der: *den Boden eines Raumes von Wand zu Wand bedeckender textiler Fußbodenbelag.*

Tep|pich|flie|se, die: *viereckige, aus textilem Fußbodenbelag zugeschnittene Platte zum Auslegen eines Raumes.*

Tep|pich|händ|ler, der: *jmd., der mit Teppichen handelt.*

Tep|pich|händ|le|rin, die: w. Form zu ↑ Teppichhändler.

Tep|pich|keh|rer, der; -s, -: *flacher, unten offener Kasten mit langem Stiel u. beim Schieben sich drehenden, walzenförmigen Bürsten zum Reinigen von Teppichen.*

Tep|pich|kehr|ma|schi|ne, die: *elektrisch angetriebener Teppichkehrer.*

Tep|pich|klop|fer, der: *zum Ausklopfen von Teppichen dienendes, meist aus geflochtenem Rohr* (1 a) *bestehendes Haushaltsgerät.*

Tep|pich|knüp|fer, der: *jmd., der Teppiche knüpft.*

Tep|pich|knüp|fe|rin, die; -, -nen: w. Form zu ↑ Teppichknüpfer.

Tep|pich|mes|ser, das: *u. a. zum Schneiden von Teppichböden bestimmtes sehr scharfes Messer mit auswechselbarer Klinge.*

Tep|pich|stan|ge, die: *waagerecht befestigte Stange, über die Teppiche zum Klopfen gelegt werden.*

Te|qui|la [te'kiːla], der; -[s], -[s] [nach der mex. Stadt Tequila]: *mexikanischer Branntwein aus Pulque.*

Te|ra- [zu griech. téras (Gen.: tératos) = etw. ungewöhnlich Großes]: Best. in Zus. mit der Bed. *das 10^{12}-Fache einer [physikalischen] Einheit* (Zeichen: T).

Te|ra|byte [...'bait], das; -[s], -[s] (EDV): *Einheit für sehr große Speicherkapazitäten;* 2^{40} *Byte* (Zeichen: TB, TByte).

Te|ra|me|ter, das; -s, -: *eine Billion Meter.*

Term, der; -s, -e [frz. terme, eigtl. = Grenze, Begrenzung < (m)lat. terminus, ↑ Termin]: **1.** (Math., Logik) *[Reihe von] Zeichen in einer formalisierten Theorie, mit der u. dem. das einzelne der in der Theorie betrachteten Objekte dargestellt wird.* **2.** (Physik) *Zahlenwert der Energie eines mikrophysikalischen Systems (eines Atoms, Moleküls od. Ions).*

Ter|min, der; -[e]s, -e [mhd. termin < mlat. terminus = Zahlungsfrist, Termin; inhaltlich abgegrenzter Begriff < lat. terminus = Ziel, Ende, eigtl. = Grenzzeichen, Grenze]: **1. a)** *(für etw. Bestimmtes) festgelegter Zeitpunkt; Tag, bis zu dem od. an dem etw. geschehen soll:* der festgesetzte T. rückte heran; der letzte, äußerste T. für die Zahlung ist der 1. Mai; einen T. festsetzen, vereinbaren, bestimmen, einhalten, überschreiten, versäumen; einen T. [beim Arzt] haben (angemeldet sein); einen T. geben lassen; etw. auf einen späteren T. verschieben; **b)** *das Treffen zu einem Termin* (1 a): sie hat in der nächsten Zeit viele -e; von T. zu T. hasten. **2.** (Rechtsspr.) *vom Gericht festgesetzter Zeitpunkt bes. für eine Gerichtsverhandlung:* heute ist T. in Sachen ...; einen gerichtlichen T. anberaumen, aufheben, wahrnehmen, versäumen, vertagen, verlegen.

¹**Ter|mi|nal** ['tøːɐ̯mɪnl̩, 'tœr..., engl.: 'tɜːmɪnl], der, auch: das; -s, -s [engl. terminal (station), zu: terminal = das Ende bildend, End- < lat. terminalis = zur Grenze gehörend, Grenz-, zu: terminus, ↑ Termin]: **a)** *Halle auf einem Flughafen, in der die Fluggäste abgefertigt werden;* **b)** *Anlage zum*

Be- und Entladen in einem Bahnhof od. einem Hafen.

²Ter|mi|nal ['tø:ɐ̯mɪn], 'tœr..., engl.: 'tə:mɪnl], das; -s, -s [zu ↑¹Terminal] (EDV): *Vorrichtung für die Ein- u. Ausgabe von Daten an einer Datenverarbeitungsanlage.*

Ter|min|än|de|rung, die: *Änderung eines Termins.*

Ter|min|ar|beit, die: *Arbeit, die zu einem bestimmten Termin fertiggestellt sein muss.*

Ter|mi|na|ti|on, die; -, -en [lat. terminatio, zu: terminare = beendigen] (selten): *Begrenzung, Beendigung, Terminierung.*

Ter|mi|na|tor, der; -s, ...oren [spätlat. terminator = Abgrenzer, zu lat. terminare = abgrenzen] (Astron.): *Grenzlinie zwischen dem beleuchteten u. dem unbeleuchteten Teil des Mondes od. eines Planeten.*

Ter|min|bör|se, die (Börsenw.): *Markt der Termingeschäfte an der Börse.*

Ter|min|druck, der ⟨o. Pl.⟩: *Zeitdruck: unter T. stehen.*

♦ **Ter|mi|nei,** die; -, -en [spätmhd. (md.) termine < mlat. terminia, zu lat. terminus, ↑Termin]: *abgegrenztes Gebiet, abgegrenzter Bereich, Bezirk: Du magst versprechen, nicht aus deiner T. zu gehen (Goethe, Götz IV).*

Ter|min|ein|la|ge, die (Bankw.): *Einlage (bei einer Bank o. Ä.) mit fester Laufzeit od. Kündigungsfrist.*

ter|min|ge|bun|den ⟨Adj.⟩: *(im Hinblick auf die Fertigstellung o. Ä.) an einen festen Termin gebunden: -e Arbeiten.*

Ter|min|geld, das (Bankw.): *Termineinlage.*

ter|min|ge|mäß ⟨Adj.⟩: *gemäß einem Termin: -e Fertigstellung; eine Arbeit t. einreichen.*

ter|min|ge|recht ⟨Adj.⟩: *einem Termin gerecht.*

Ter|min|ge|schäft, das (Börsenw.): *Börsengeschäft, das zum Tageskurs abgeschlossen wird, dessen Erfüllung jedoch zu einem vereinbarten späteren Termin erfolgt.*

Ter|mi|ni: Pl. von ↑Terminus.

ter|mi|nie|ren ⟨sw. V.; hat⟩ [zu ↑Termin; schon mhd. terminieren = begrenzen < lat. terminare]: **1.** *befristen, in den Prozess auf 20 Verhandlungstage t.* **2.** *zeitlich festsetzen: eine Veranstaltung fest, auf den 10. Januar t.*

Ter|mi|nie|rung, die; -, -en: *das Terminieren.*

ter|mi|nie|ren ⟨sw. V.; hat⟩ (österr.): *terminieren (2).*

Ter|mi|ni tech|ni|ci: Pl. von ↑Terminus technicus.

Ter|min|ka|len|der, der: *Kalender (1) zum Notieren von Terminen: etw. in seinem T. notieren; sie hat einen vollen T. (ist überaus eingespannt).*

Ter|min|kurs, der (Börsenw.): *Börsenkurs für Termingeschäfte.*

ter|min|lich ⟨Adj.⟩: *den Termin betreffend: etw. t. festlegen, vereinbaren, einplanen.*

Ter|min|markt, der (Börsenw.): *Markt der Wertpapiere, die nur im Termingeschäft gehandelt werden.*

Ter|min|not, die: vgl. Zeitnot.

Ter|mi|no|lo|gie, die; -, -n [zu ↑Terminus u. ↑-logie]: *Gesamtheit der in einem Fachgebiet üblichen Fachwörter u. -ausdrücke; Nomenklatur (1 a).*

ter|mi|no|lo|gisch ⟨Adj.⟩: *die Terminologie betreffend.*

Ter|min|plan, der: *Plan über einzuhaltende Termine.*

Ter|min|pla|nung, die: *Planung von Terminen.*

Ter|min|schwie|rig|kei|ten ⟨Pl.⟩: *Schwierigkeiten bei der Findung, der Koordination von Terminen: T. haben.*

Ter|min|stau, der: *[außergewöhnliche] Häufung von Terminen (1), die eine kurzfristige Planung neuer Termine verhindert: in vielen Arztpraxen herrscht durch die Grippewelle akuter T.*

Ter|min|über|schrei|tung, die: *Überschreitung eines gesetzten Termins.*

Ter|mi|nus, der; -, Termini [mlat. terminus < lat. terminus, ↑Termin]: *festgelegte Bezeichnung, Fachausdruck.*

Ter|mi|nus tech|ni|cus, der; - -, Termini technici [nlat.]: *Fachausdruck.*

Ter|min|ver|schie|bung, die: *Verschiebung eines Termins.*

Ter|mi|te, die; -, -n [zu spätlat. termes (Gen.: termitis) = Holzwurm]: *den Schaben ähnliches Staaten bildendes Insekt bes. der Tropen u. Subtropen.*

Ter|mi|ten|hü|gel, der: *kegelförmiger Bau der Termiten.*

Ter|mi|ten|staat, der: *Staat (2) von Termiten.*

ter|när ⟨Adj.⟩ [frz. ternaire < spätlat. ternarius, zu lat. terni = je drei] (Chemie): *aus drei Elementen aufgebaut.*

Ter|no, der; -s, -s [ital. terno] (österr.): *Reihe von drei gesetzten od. gewonnenen Nummern im Lotto.*

Ter|pen, das; -s, -e [gek. aus ↑Terpentin] (Chemie): *als Hauptbestandteil ätherischer Öle vorkommende organische Verbindung.*

Ter|pen|tin, das, österr. meist: der; -s, -e [spätlat. (resina) terebentina = Harz der Terebinthe (eine Pistazienart), zu lat. terebinthinus < griech. terebínthinos = zur Terebinthe gehörend]: **a)** *Harz verschiedener Nadelbäume (z. B. der Kiefer);* **b)** (ugs.) Kurzf. von ↑Terpentinöl.

Ter|pen|tin|öl, das: *Öl aus Terpentin (a), das als Lösungsmittel für Harze u. Lacke dient.*

Terp|si|cho|re [...çore] (griech. Mythol.): *Muse des Tanzes u. des Chorgesangs.*

Ter|ra, die; - (Geogr.): *Erde, Land.*

Ter|ra|cot|ta usw.: ↑Terrakotta usw.

Ter|rain [tɛ'rɛ̃:], das, -s, -s: *Gelände:* das T. erkunden; Ü an T. gewinnen, verlieren; sich [mit etw.] auf ein gefährliches T. begeben.

Ter|ra in|co|g|ni|ta, die; - - [lat.] (bildungsspr.): *unbekanntes, unerforschtes Gebiet.*

Ter|ra|kot|ta, die; -, ...tten (österr. nur so), Terrakotta, die; -, ...tten (österr. nur so) [ital. terracotta, aus: terra = Erde < lat. terra u. cotto = gebrannt, 2. Part von: cuocere < lat. coquere, ↑kochen]: **1.** ⟨o. Pl.⟩ *ohne Glasur gebrannter ¹Ton, der beim Brennen eine weiße, gelbe, braune od. rote Färbung annimmt.* **2.** *Gefäß od. Plastik aus Terrakotta (1).*

ter|ra|kot|ta|far|ben, terracottafarben ⟨Adj.⟩: *rötlich braun wie Terrakotta.*

Ter|ra|kot|te: ↑Terrakotta.

Ter|ra|ri|en|kun|de, die ⟨Pl. selten⟩: *Lehre von der Haltung u. Zucht von Tieren im Terrarium.*

Ter|ra|ri|um, das; -s, ...ien [geb. nach ↑Aquarium zu lat. terra = Erde]: **1.** *[Glas]behälter zur Haltung, Zucht u. Beobachtung von Lurchen u. Kriechtieren.* **2.** *Gebäude [in einem zoologischen Garten], in dem Lurche u. Kriechtiere gehalten werden.*

Ter|ras|se, die; -, -n [frz. terrasse, eigtl. = Erdaufhäufung, über das Aprovenz. zu lat. terra, ↑Terra]: **1.** *größere Fläche an einem Haus für den Aufenthalt im Freien: eine glasgedeckte, sonnige T.; auf der T. frühstücken.* **2.** *stufenartiger Absatz (4), das Gefälle eines Hanges unterbrechende ebene Fläche: -n für den Weinbau anlegen.*

ter|ras|sen|ar|tig ⟨Adj.⟩: *in der Art von Terrassen (2).*

Ter|ras|sen|feld|bau, der: *Anbau von Nutzpflanzen an Hängen, die in Terrassen (2) angelegt sind.*

Ter|ras|sen|för|mig ⟨Adj.⟩: *die Form von Terrassen (2) aufweisend: -e Weinberge.*

Ter|ras|sen|gar|ten, der: *in Terrassen (2) angelegter Garten.*

Ter|ras|sen|haus, das: *[an einen Hang gebautes] Haus, bei dem jedes Stockwerk gegenüber dem darunterliegenden um einige Meter zurückgesetzt ist, sodass jede Wohnung eine eigene Terrasse (1) hat.*

Ter|ras|sen|tür, die: *Tür, die auf eine Terrasse (1) führt.*

ter|ras|sie|ren ⟨sw. V.; hat⟩ [frz. terrasser]: *einen Hang terrassenförmig anlegen: terrassierte Gärten.*

Ter|ras|sie|rung, die; -, -en: **a)** *das Terrassieren;* **b)** *das Terrassiertsein.*

Ter|raz|zo, der; -[s], ...zzi [ital. terrazzo, eigtl. = Terrasse]: *aus Zement u. verschieden getönten Steinchen hergestellter Werkstoff, der für Fußböden, Spülsteine usw. verwendet wird.*

ter|res|t|risch ⟨Adj.⟩: **1.** [lat. terrestris, zu: terra, ↑Terra] (bildungsspr., Fachspr.) *die Erde betreffend, zur Erde gehörend:* -e *Strahlung;* -er *Rundfunk (im Unterschied zum Satellitenrundfunk).* **2. a)** (Geol.) *(von Ablagerungen u. geologischen Vorgängen) auf dem Festland gebildet, geschehend:* ein -es Beben; **b)** (Biol.) *auf dem Land lebend, auftretend:* -e Tiere.

♦ **Ter|reur** [tɛ'rœ:r], die; - [frz. terreur < lat. terror, ↑Terror]: *Phase während der Französischen Revolution 1793/94, während der sich der von den Jakobinern geführte Nationalkonvent zur Schreckensherrschaft als politischem Prinzip bekannte: Legendre ... Ich glaube, ... er ist ganz aus der T. herausgekommen, die Kinder zupfen ihn auf der Gasse am Rock (Büchner, Dantons Tod I, 5).*

ter|ri|bel ⟨Adj.; ...bler, -ste⟩ [frz. terrible < lat. terribilis, zu: terrere, ↑Terror] (veraltet): *schrecklich (1, 2): terrible Zustände.*

Ter|ri|er, der; -s, - [engl. terrier (dog), eigtl. = Erdhund < afrz. (chien) terrier, zu spätlat. terrarius = den Erdboden betreffend, zu lat. terra, ↑Terra; nach der Eignung als Jagdhund für die Jagd auf Wild, das in Bauen lebt]: *in vielen Rassen gezüchteter, kleiner bis mittelgroßer Hund.*

Ter|ri|ne, die; -, -n [frz. terrine, eigtl. = irden(e) Schüssel) < afrz. terin, über das Vlat. < lat. terrenus = irden, zu: terra, ↑Terra]: *große, runde od. ovale, nach unten [in einem Fuß] schmal zulaufende Schüssel [mit Deckel]: eine T. mit Suppe.*

ter|ri|to|ri|al ⟨Adj.⟩ [(frz. territorial <) spätlat. territorialis, zu lat. territorium, ↑Territorium]: *ein Territorium (2) betreffend, zu ihm gehörend: die -e Integrität eines Staates; -e Ansprüche.*

Ter|ri|to|ri|al|ar|mee, die (Militär): *(bes. in England u. Frankreich) örtliche [aus Freiwilligen bestehende] Truppe zur Unterstützung des aktiven Heeres im Kriegsfall; Landwehr, Miliz (1 b).*

Ter|ri|to|ri|al|ge|wäs|ser, das: *Hoheitsgewässer.*

Ter|ri|to|ri|al|heer, das (Militär): *größtenteils aus Reservisten bestehender, im Falle einer Mobilmachung die Verteidigung des eigenen Territoriums übernehmender Teil des Heeres.*

Ter|ri|to|ri|a|li|tät, die; -: *Zugehörigkeit zu einem Territorium (2).*

Ter|ri|to|ri|a|li|täts|prin|zip, das ⟨o. Pl.⟩ (Rechtsspr.): *Grundsatz, nach dem bei Geltung u. Anwendung des Rechts das Hoheitsgebiet eines Staates ausschlaggebend ist.*

Ter|ri|to|ri|al|staat, der (Geschichte): *(in der Zeit des Feudalismus) der kaiserlichen Zentralgewalt nicht unterworfener Staat (Fürstentum).*

Ter|ri|to|ri|al|ver|tei|di|gung, die (Militär): *vom Territorialheer der Bundeswehr unter nationalem Kommando wahrzunehmende militärische Aufgabe, die darin besteht, das reibungslose Operieren der Verbände von NATO auf dem Territorium der Bundesrepublik Deutschland zu gewährleisten u. die Zivilverteidigung zu unterstützen.*

Ter|ri|to|ri|um, das; -s, ...ien [lat. territorium =

zu einer Stadt gehörendes Ackerland, Stadtgebiet, zu: terra, ↑ Terra]: **1.** *Gebiet, Land, Bezirk; Grund u. Boden:* ein unbesiedeltes, unerforschtes T. **2.** *Hoheitsgebiet eines Staates, Herrschaftsbereich:* deutsches, Schweizer T.

Ter|roir [tɛˈʀoa:ɐ̯], das; -s, -s [frz. terroir, über das Vlat. zu lat. territorium, ↑ Territorium]: *Gesamtheit natürlicher Faktoren (Rebe, Boden, Klima u. a.) u. kultureller Einflüsse, die einem Wein o. Ä. seinen Charakter verleihen.*

Ter|ror, der; -s [(frz. terreur <) lat. terror = Schrecken (bereitendes Geschehen), zu: terrere = in Schrecken setzen]: **1.** *[systematische] Verbreitung von Angst u. Schrecken durch Gewaltakten (bes. zur Erreichung politischer Ziele):* blutiger T. **2.** *Zwang, Druck [durch Gewaltanwendung]:* die Geheimpolizei übte T. aus. **3.** *große Angst:* T. verbreiten. **4.** (ugs.) **a)** *Zank u. Streit:* bei denen zu Hause ist, herrscht immer T.; **b)** *großes Aufheben um Geringfügigkeiten:* wegen jeder Kleinigkeit T. machen.

Ter|ror|akt, der: vgl. Terroranschlag.
Ter|ror|ak|ti|on, die: vgl. Terroranschlag.
Ter|ror|an|griff, der: Terroranschlag.
Ter|ror|an|schlag, der: *terroristischer Anschlag.*
Ter|ror|at|ta|cke, der: Terroranschlag.
Ter|ror|ban|de, die: ¹Bande (1), *die Terrorakte verübt.*
Ter|ror|be|kämp|fung, die: *Bekämpfung des Terrors, des Terrorismus.*
Ter|ror|ge|fahr, die: *Gefahr terroristischer Akte.*
Ter|ror|grup|pe, die: vgl. Terrorbande.
Ter|ror|herr|schaft, die: *Terror verbreitende Herrschaft* (1).
ter|ro|ri|sie|ren ⟨sw. V.; hat⟩ [frz. terroriser, zu: terreur, ↑ Terror]: **1.** *durch Gewaltaktionen in Angst u. Schrecken halten, durch Terror* (1) *einschüchtern, unterdrücken:* die Bevölkerung t. **2.** (abwertend) *mit hartnäckiger Aufdringlichkeit belästigen, unter Druck setzen:* mit seinem ewigen Nörgeln terrorisiert er mich.
Ter|ro|ri|sie|rung, die; -, -en: *das Terrorisieren; das Terrorisiertwerden.*
Ter|ro|ris|mus, der; -, ...men ⟨Pl. selten⟩ [frz. terrorisme, zu: terreur, ↑ Terror]: **1.** *Einstellung u. Verhaltensweise, die darauf abzielt, [politische] Ziele durch Terror* (1) *durchzusetzen:* den T. bekämpfen. **2.** *Gesamtheit der Personen, die Terrorakte verüben:* der internationale T.
Ter|ro|ris|mus|be|kämp|fung, die: *Bekämpfung des Terrorismus.*
Ter|ro|rist, der; -en, -en [frz. terroriste, zu terreur, ↑ Terror]: *Anhänger des Terrorismus* (1); *jmd., der Terrorakte verübt.*
Ter|ro|ris|tin, die; -, -nen: w. Form zu ↑ Terrorist.
ter|ro|ris|tisch ⟨Adj.⟩: *sich des Terrors bedienend; Terror ausübend, verbreitend:* -e Vereinigungen, Anschläge.
Ter|ror|jus|tiz, die: *bes. gegen politisch missliebige Personen willkürlich verfahrende, zu unverhältnismäßig hohen Strafen verurteilende Justiz* (2).
Ter|ror|maß|nah|me, die: *terroristische Maßnahme.*
Ter|ror|netz|werk, das: *Netz* (2 d) *verschiedener terroristischer Organisationen, Gruppierungen o. Ä.*
Ter|ror|or|ga|ni|sa|ti|on, die: *Organisation, deren Zweck es ist, Terrormaßnahmen zu planen und durchzuführen.*
Ter|ror|pro|zess, der: *Prozess, in dem es um eine od. mehrere terroristische Taten geht.*
Ter|ror|re|gime, das: vgl. Terrorherrschaft.
Ter|ror|sze|ne, die: *Bereich, in dem die Terrorakte planen u. ausführen.*
Ter|ror|trup|pe, die: *Truppe, deren Aufgabe die Ausführung von Terrormaßnahmen ist.*

ter|ror|ver|däch|tig ⟨Adj.⟩: *des Terrors* (1), *des Terrorismus* (1) *verdächtig.*
Ter|ror|ver|däch|ti|ge ⟨vgl. Verdächtige⟩: *weibliche Person, die des Terrors* (1), *des Terrorismus* (1) *verdächtig ist.*
Ter|ror|ver|däch|ti|ger ⟨vgl. Verdächtiger⟩: *jmd., der des Terrors* (1), *des Terrorismus* (1) *verdächtig ist.*
Ter|ror|war|nung, die: *Warnung* (2 a) *vor einem möglichen Terroranschlag.*
Ter|ror|wel|le, die: *gehäuftes Vorkommen von Terrorakten.*
Ter|ror|zel|le, die: *Zelle* (6), *die durch die Ausübung von Terror* (1) *[politische] Ziele zu erreichen sucht.*
Ter|tia, die; -, ...ien [nlat. tertia (classis) = dritte Klasse, zu lat. tertius = dritter; vgl. Prima (a)]: **a)** (veraltend) *die vierte u. fünfte Klasse eines Gymnasiums;* **b)** (österr.) *dritte Klasse eines Gymnasiums.*
Ter|ti|al, das; -s, -e [zu lat. tertius (↑ Tertia), geb. nach ↑ Quartal] (Med., sonst veraltet): *ein drittel Jahr.*
Ter|ti|a|ner, der; -s, -: *Schüler einer Tertia* (1).
Ter|ti|a|ne|rin, die; -, -nen: w. Form zu ↑ Tertianer.
ter|ti|är ⟨Adj.⟩: **1.** [frz. tertiaire < lat. tertiarius = das Drittel enthaltend, zu: tertius, ↑ Tertia] (bildungsspr.) **a)** *die dritte Stelle in einer Reihe einnehmend;* **b)** *drittrangig.* **2.** [zu ↑ Tertiär] (Geol.) *das Tertiär betreffend.*
Ter|ti|är, das; -s [eigtl. = die dritte (Formation), nach der älteren Zählung des Paläozoikums als Primär] (Geol.): *ältere Periode der Erdneuzeit, des Känozoikums.*
◆ **Ter|tie,** die; -, -n [nlat. pars minuta tertia = dritter verminderter Teil; vgl. ↑ Sekunde, Minute]: *sechzigster Teil einer Sekunde:* ...der Schmerz hat ein feineres Zeitmaß, er zerlegt eine T. (Büchner, Dantons Tod III, 5).
Ter|ti|um Com|pa|ra|ti|o|nis, das; - -, ...ia - - [lat. = das Dritte der Vergleichung] (bildungsspr.): *das Gemeinsame, in dem zwei verschiedene Gegenstände od. Sachverhalte übereinstimmen.*
◆ **Ter|ti|us,** der; -, ...tii [lat. tertius, ↑ Tertia]: *(nach der Rangordnung) dritter Lehrer an einer Schule:* ...eine Dorfschule ... als Lehrer der unteren Klasse sand darin angestellt der Schulmeisterin, ... ihr Sohn als T. (Jean Paul, Wutz 21).
Terz, die; -, -en: **1.** [zu lat. tertia (vox) = die dritte (Stimme)] (Musik) **a)** *dritter Ton einer diatonischen Tonleiter;* **b)** *Intervall von drei diatonischen Tonstufen.* **2.** [eigtl. = dritte Fechtbewegung, zu lat. tertius = der Dritte] (Fechten) *Klingenlage, bei der die Spitze der Klinge, vom Fechter aus gesehen, nach rechts oben zeigt u. in Höhe des Ohrs des Gegners steht.* **3.** [(kirchen)lat. tertia (hora) = die 3. Stunde] (kath. Kirche) *Hora der Stundengebets (um 9 Uhr).*
Ter|zett, das; -[e]s, -e [ital. terzetto, zu: terzo < lat. tertius = Dritter]: **1.** (Musik) **a)** *Komposition für drei Singstimmen [mit Instrumentalbegleitung]:* ein T. singen; **b)** *dreistimmiger musikalischer Vortrag:* [im] T. singen; **c)** *drei gemeinsam singende Solisten.* **2.** (oft scherzh.) *Gruppe von drei Personen, die häufig gemeinsam in Erscheinung treten od. gemeinsam eine Handlung durchführen:* ein berüchtigtes T. **3.** (Dichtkunst) *eine der beiden dreizeiligen Strophen des Sonetts.*
Terz|quart|ak|kord, der (Musik): *zweite Umkehrung des Septimenakkords mit der Quint als Basston u. der darüberliegenden Terz u. Quart.*
Te|sa|film®, der [Kunstwort]: *durchsichtiges Klebeband.*
Tes|la, das; -, - [nach dem amerik. Physiker kroat. Herkunft N. Tesla (1856–1943)]: *gesetzliche Einheit der magnetischen Induktion (Zeichen: T).*

Tes|sin, das; -s: *Schweizer Kanton.*
¹**Tes|si|ner,** der; -s, -: Ew.
²**Tes|si|ner** ⟨indekl. Adj.⟩.
Tes|si|ne|rin, die; -, -nen: w. Form zu ↑ ¹Tessiner.
tes|si|nisch ⟨Adj.⟩: *das Tessin, die ¹Tessiner betreffend; aus dem Tessin stammend.*
Test, der; -[e]s, -s, auch: -e [engl. test < afrz. test (> mhd. test) = Topf für alchemistische Versuche) < lat. testum, zu: testa = Platte, Deckel; (Ton)schale, Scherbe]: *nach einer genau durchdachten Methode vorgenommener Versuch, Prüfung zur Feststellung der Eignung, der Eigenschaften, der Leistung o. Ä. einer Person od. Sache:* ein wissenschaftlicher, klinischer, psychologischer T.; einen T. aus-, erarbeiten; Werkstoffe gründlichen -s unterziehen.
Tes|ta|ment, das; -[e]s, -e [mhd. testament = Vertrag, Bündnis; Urkunde; Testament < lat. testamentum, zu: testari = Zeuge sein, zu: testis = Zeuge]: **1.** *letztwillige schriftliche Erklärung, in der jmd. die Verteilung seines Vermögens nach seinem Tode festlegt:* ein handgeschriebenes T.; sein T. machen, aufsetzen, ändern; ein T. anfechten; der Anwalt eröffnete das T.; jmdn. in seinem T. bedenken. **2.** (kirchenlat. testamentum für entspr. griech. diathḗke, dies für hebr. berît] * **Altes T.** (christl. Rel.): *älterer Teil der Bibel;* Abk. A. T.); **Neues T.** (christl. Rel.; *jüngerer Teil der Bibel;* Abk. N. T.)
tes|ta|men|ta|risch ⟨Adj.⟩: *durch ein Testament* (1) *festgelegt; letztwillig:* ein -es Vermächtnis; etw. t. verfügen.
Tes|ta|ments|er|öff|nung, die (Rechtsspr.): *das Eröffnen* (2 b) *des Testaments nach dem Tod des Erblassers.*
Tes|ta|ments|er|rich|tung, die (Rechtsspr.): *das Errichten* (2 b) *eines Testaments.*
Tes|ta|ments|voll|stre|cker, der (Rechtsspr.): *vom Erblasser testamentarisch eingesetzte Person, die für die Erfüllung der im Testament festgelegten Bestimmungen zu sorgen hat.*
Tes|ta|ments|voll|stre|cke|rin, die: w. Form zu ↑ Testamentsvollstrecker.
Tes|ta|ments|voll|stre|ckung, die (Rechtsspr.): *das Vollstrecken* (1) *eines Testaments.*
Tes|tat, das; -[e]s, -e [zu lat. testatum = bezeugt, 2. Part. von: testari, ↑ testieren]: *Bescheinigung, Beglaubigung.*
Test|be|richt, der: *Bericht über einen Test, seinen Verlauf, sein Ergebnis.*
Test|be|trieb, der: *der Testung dienender Betrieb, Probebetrieb.*
Test|bild, das (Fernsehen): *außerhalb des Programms ausgestrahltes Bild (meist einer geometrischen Figur), an dem die Qualität des Empfangs festgestellt werden kann.*
Test|bo|gen, der: *Bogen* (6), *auf dem Testfragen aufgelistet sind:* die T. auswerten.
tes|ten ⟨sw. V.; hat⟩ [engl. to test, zu: test, ↑ Test]: *einem Test unterziehen:* jmdn. [auf seine Intelligenz] t.; einen Werkstoff [auf seine Festigkeit] t.; Sie können selbst t. (ausprobieren), ob diese Stühle geeignet sind.
Tes|ter, der; -s, -: *jmd., der jmdn. od. etw. testet.*
Test|er|geb|nis, das: *Ergebnis* (b) *eines Tests.*
Tes|te|rin, die; -, -nen: w. Form zu ↑ Tester.
Tes|tes|ser, der: *jmd., der als Tester in einem Restaurant o. Ä. Mahlzeiten einnimmt.*
Tes|tes|se|rin, die: w. Form zu ↑ Testesser.
Test|fah|rer, der: *Berufsfahrer, der neue Kraftfahrzeuge auf ihre Fahreigenschaften prüft.*
Test|fah|re|rin, die: w. Form zu ↑ Testfahrer.
Test|fahrt, die: vgl. Testflug.
Test|fall, der: *erstmals eintretender ¹Fall* (2 b), *der als Beispiel, Probe für einen gleichartigen Fall gewertet wird.*
Test|feld, das: **1.** *Gesamtheit der Dinge, die in*

einem Vergleichstest getestet werden. **2.** Testzwecken dienendes Feld, Gelände o. Ä.

Tẹst|flug, der: Flug, bei dem ein Flugzeug erprobt wird.

Tẹst|fra|ge, die: Frage, mit der jmd. getestet werden soll.

Tẹst|gel|län|de, das: Gelände, das für bestimmte Tests verwendet wird, auf dem bestimmte Tests durchgeführt werden.

Tẹst|ge|rät, das: **1.** zu testendes, getestetes Gerät. **2.** Gerät, mit dessen Hilfe etw. getestet wird.

tes|tie|ren ⟨sw. V.; hat⟩ [lat. testari = bezeugen, Zeuge sein, zu: testis = Zeuge] (Rechtsspr.): ein Testament errichten.

tes|tier|fä|hig ⟨Adj.⟩ (Rechtsspr.): rechtlich in der Lage, ein Testament zu errichten.

Tes|ti|kel, der; -s, - [lat. testiculus, Vkl. von: testis = Hode] (Med.): Hoden.

Tes|ti|mo|ni|al [testɪ'moʊnjəl], das; -s, -s [engl. testimonial = Zeugnis, Referenz, zu spätlat. testimonialis = zum Zeugnis dienend, zu lat. testimonium, zu: testis = Zeuge]: zu Werbezwecken (in einer Anzeige, einem Prospekt o. Ä.) verwendetes Empfehlungsschreiben eines zufriedenen Kunden, bes. eines Prominenten.

Tes|ti|mo|ni|um, das; -s, ...ia [lat. testimonium, zu: testis = Zeuge] (Rechtsspr. veraltet): Zeugnis; ♦ Ich kann euch von jeder Spitzbubenzunft ein T. aufweisen, von der untersten bis zur höchsten (Schiller, Fiesco I, 9).

Tẹst|kan|di|dat, der: jmd., etw. zu Testendes.

Tẹst|kan|di|da|tin, die: w. Form zu ↑ Testkandidat.

Tẹst|lauf, der (Technik): Probelauf.

Tẹst|markt, der: Markt (3 b), auf dem ein Produkt, eine Ware o. Ä. getestet, zu Versuchszwecken angeboten, eingeführt wird.

Tẹst|me|tho|de, die: bei einem Test angewandte Methode.

Tẹst|ob|jekt, das: etw., was getestet wird, woran etw. getestet wird: als T. dienen.

Tes|tos|te|ron, das; -s [zu lat. testis, ↑ Testikel u. ↑ Steroide] (Med.): männliches Keimdrüsenhormon.

Tẹst|per|son, die: jmd., an dem od. mit dem etw. getestet wird.

Tẹst|pha|se, die: Phase des Testens, der Erprobung.

Tẹst|pi|lot, der: ¹Pilot, der Testflüge durchführt.

Tẹst|pi|lo|tin, die: w. Form zu ↑ Testpilot.

Tẹst|rei|he, die: Reihe von Tests.

Tẹst|se|rie, die: **1.** vgl. Testreihe. **2.** Serie eines Produkts, an der die Qualität dieses Produkts getestet wird.

Tẹst|sie|ger, der: Produkt o. Ä., das in einem Vergleichstest das beste Ergebnis erzielt.

Tẹst|spiel, das (Sport): Spiel, in dem eine Mannschaft, die Leistung der Spieler getestet wird.

Tẹst|stopp, der: Stopp von Atomtests.

Tẹst|stopp|ab|kom|men, das: Abkommen über einen Teststopp.

Tẹst|stre|cke, die: Strecke, auf der Kraftfahrzeuge o. Ä. getestet werden.

Tẹst|strei|fen, der: mit chemischen Reagenzien präparierter Papier- od. Kunststoffstreifen zum Nachweis bestimmter Stoffe in Lösungen.

Tẹs|tung, die; -, -en: das Testen; das Getestetwerden.

Tẹst|ver|fah|ren, das: vgl. Testmethode.

Tẹst|ver|si|on, die (bes. EDV): Testzwecken dienende Version (z. B. einer Software).

Tẹst|wahl, die: Wahl (2 a), die, bes. im Hinblick auf kommende Wahlen, in ihrem Ergebnis einen bestimmten Trend erkennen lässt.

Tẹst|zweck, der (meist Pl.): Zweck des Testens, im Testen bestehender Zweck.

Te|ta|nus [auch: 'tɛ...], der; - [lat. tetanus = Genickstarre < griech. tétanos = krankhafte Verzerrung, Starre (von Körperteilen), eigtl. = Spannung, zu: teínein = spannen, ausdehnen] (Med.): nach Infektion einer Wunde auftretende Krankheit, die sich durch Muskelkrämpfe, Fieber u. a. äußert; [Wund]starrkrampf.

Te|ta|nus|ba|zil|lus, der: Erreger des Tetanus.

Te|ta|nus|imp|fung, Te|ta|nus|schutz|imp|fung, die: Schutzimpfung gegen Tetanus.

Te|ta|nus|se|rum, das: bei der Tetanusschutzimpfung verwendetes Serum.

Te|ta|nus|sprit|ze, die: Injektion (1) eines Tetanusserums.

tête-à-tête [tɛta'tɛːt] ⟨Adv.⟩ [frz. (en) tête à tête, eigtl. = Kopf an Kopf] (veraltet): unter vier Augen; vertraulich.

Tête-à-Tête, Tete-a-Tete [tɛta'tɛːt], das; -[s], -s [frz. tête-à-tête]: **a)** (veraltend, noch scherzh.) zärtliches Beisammensein; Schäferstündchen; **b)** (veraltet) Gespräch unter vier Augen.

te|tr-, Te|tr-: ↑ tetra-, Tetra-.

Tẹ|tra, der; -[s], -s **1.** ⟨o. Pl.⟩ (Chemie) kurz für ↑ Tetrachlorkohlenstoff. **2.** (Zool.) kurz für ↑ Tetragonopterus.

te|tra-, Te|tra-, (vor Vokalen auch:) tetr-, Tetr- [griech. tetra- = vier-, zu: téttares = vier]: vier (z. B. Tetrachord, tetragonal).

Te|tra|chlor|äthy|len, (chem. fachspr.:) **Te|tra|chlor|ethy|len,** das; -s (Chemie): Perchloräthylen.

Te|tra|chlor|koh|len|stoff, der; -[e]s [die Wasserstoffatome sind durch vier Chloratome ersetzt] (Chemie): farblose, nicht brennbare, hochgiftige Verbindung des Methans, die vorwiegend als Lösungsmittel verwendet wird.

Te|tra|eder, das; -s, - [zu griech. hédra = Fläche] (Geom.): von vier gleichseitigen Dreiecken begrenzter Körper; dreiseitige Pyramide.

Te|tra|gon, das; -s, -e [spätlat. tetragonum < griech. tetrágōnon, zu: gōnía = Winkel, Ecke] (Geom.): Viereck.

te|tra|go|nal ⟨Adj.⟩ [spätlat. tetragonalis] (Geom., Mineral.): viereckig.

Te|tra|go|no|pte|rus, der; -, ...ri [zu griech. pterón = Flügel] (Zool.): farbenprächtiger Aquarienfisch.

Te|tra|lo|gie, die; -, -n [griech. tetralogía, zu: lógos, ↑ Logos]: Folge von vier selbstständigen, aber thematisch zusammengehörenden Werken (bes. der Literatur u. Musik).

te|tra|mer ⟨Adj.⟩ [zu griech. méros = Teil] (Bot.): (von Wirteln 2) viergliederig.

Tẹ|tra|pak®, der; --s, --s: **Tẹ|tra Pak®,** der; - -s, - -s: Karton in Form eines Tetraeders od. häufiger eines Quaders zum Verpacken bes. von Getränken.

teu|er ⟨Adj.; teurer, -ste⟩ [mhd. tiure, ahd. tiuri, H. u.]: **1.** einen hohen Preis habend, viel Geld kostend, hohe Preise verlangend, mit hohen Kosten verbunden: teure Waren, Klamotten, Autos, Reisen; eine teure [Miet]wohnung; ein teurer Sport; ein teures Vergnügen; in teurer Laden; das Kleid, das Restaurant, der Schneider ist mir zu t.; t. wohnen; Ü er hat seinen Leichtsinn t. bezahlt (sein Leichtsinn hat schlimme Folgen für ihn gehabt); er wird sein Leben so t. wie möglich verkaufen (wird sich bis aufs Äußerste verteidigen); ein t. (mit hohen eigenen Verlusten) erkaufter Sieg; *jmdn./ (auch:) jmdm. t. zu stehen kommen (üble Folgen für jmdn. haben).* **2.** (geh.) jmds. Wertschätzung besitzend; sehr geschätzt: mein teurer Freund; sein Auto ist ihm lieb und t.; ⟨subst.:⟩ meine Teure, Teuerste (scherzh. Anrede; meine Liebe).

Teu|e|rung, die; -, -en [spätmhd. tiurung, urspr. = Preis]: das Teurerwerden; Preisanstieg.

Teu|e|rungs|ra|te, die: Rate der Teuerung in einem bestimmten Zeitraum.

Teu|e|rungs|wel|le, die: innerhalb eines kurzen Zeitraums auftretende Reihe von Teuerungen.

Teu|e|rungs|zu|la|ge, die: wegen des Anstiegs der Lebenshaltungskosten gezahlte Zulage zum Lohn od. Gehalt.

Teu|e|rungs|zu|schlag, der: vgl. Teuerungszulage.

Teu|fel, der; -s, - [mhd. tiuvel, tievel, ahd. tiufal, wahrsch. über das Got. < kirchenlat. diabolus, ↑ Diabolos]: **a)** ⟨o. Pl.⟩ Widersacher Gottes, dessen Reich die Hölle ist; Gestalt, die das Böse verkörpert; Satan: der leibhaftige T.; den T. austreiben, verjagen, bannen; Faust verkaufte, verschrieb seine Seele dem T., schloss einen Pakt mit dem T.; Ü der Kerl ist ein T. [in Menschengestalt] (ist höchst böse, grausam); ein armer T. (ein bedauernswerter, unglücklicher Mensch; jmd., der völlig mittellos ist); R der T. steckt im Detail (Kleinigkeiten bereiten die meisten Probleme); das/es müsste doch mit dem T. zugehen, wenn ... (ugs.; es ist ganz unwahrscheinlich, dass ...); wenn man vom T. spricht, ist er nicht weit (scherzh. Ausruf, wenn jemand, von dem man gerade gesprochen hat, unerwartet auftaucht); *der T. ist los (ugs.; es gibt Streit, Aufregung, Lärm o. Ä.; nach Offenb. 20, 2 ff.: ist in der Firma ist der T. los); jmdn. reitet der T. (ugs.; jmd. treibt Unfug, stellt mutwillig etw. an; nach altem Volksglauben setzt sich der Teufel denen, die er in sine Gewalt bekommen will, den Rücken u. reitet auf ihnen); hole/hol dich usw. der T./der T. soll dich usw. holen (salopp; Ausrufe der Verwünschung); T. auch!/T., T.! (salopp; Ausrufe der Bewunderung, des Staunens); pfui T.! (ugs.; Ausruf der Abscheu); [das] weiß der T. (salopp; ↑ Kuckuck 1); etw. fürchten/scheuen o. Ä. wie der T. das Weihwasser (ugs.; etw. sehr scheuen); hinter etw. her sein wie der T. hinter der armen Seele (ugs.; gierig, ganz versessen auf etw. sein, etw. unbedingt haben wollen); den T. (salopp; gar nicht[s]; nicht im Geringsten); den T. werde ich tun [mich zu entschuldigen]!; er kümmert sich den T. um sie); den T. an die Wand malen (ugs.; ein Unglück dadurch heraufbeschwören, dass man davon spricht; nach einer bei der Beschwörung des Teufels üblichen Praktik); des -s sein (ugs.; etw. völlig Unvernünftiges tun, im Sinn haben; eigtl. = dem Teufel gehören [= vom Teufel besessen sein]); auf T. komm raus (ugs.; aus Leibeskräften; so stark, heftig, schnell o. ä. wie möglich; um jeden Preis); in + Küche kommen (ugs.; in eine äußerst schwierige Lage geraten; im Mittelalter stellte man sich die Hölle als eine Art Hexenküche, als eine Küche des Teufels vor, wo die Sünder über dem Feuer gebraten werden, also eigtl. = in die Hölle kommen); wie der T. (ugs.; außerordentlich stark, intensiv, heftig, schnell: er ist gerannt, gefahren wie der T.); zum T. gehen/sich zum T. scheren (salopp; ↑ Henker); zum/beim T. sein (salopp; verloren, defekt o. Ä. sein); jmdn. zum T. wünschen (salopp; jmdn. weit fort wünschen);* **b)** Dämon, böser Geist der Hölle.

Teu|fe|lei, die; -, -en (abwertend): sehr bösartige, niederträchtige Handlung.

Teu|fe|lin, die; -, -nen [mhd. tiuvelin(ne)] (abwertend): sehr böse, grausame Frau.

♦ **teu|fel|mä|ßig** ⟨Adj.⟩ [mhd. tiuvelmæʒic]: wie ein Teufel, teuflisch (1): ... da ist er dir in seinem Element und haust t., als wenn jede Faser an ihm eine Furie wäre (Schiller, Räuber II, 3).

Teu|fels|an|be|tung, die: Anbetung (a) des Teufels.

Teu|fels|aus|trei|bung, die: *Exorzismus.*
Teu|fels|bra|ten, der (ugs.): a) (scherzh. wohlwollend) *jmd., der etw. Tollkühnes o. Ä. getan hat;* b) (abwertend) *Tunichtgut; boshafter, durchtriebener Mensch.*
Teu|fels|frat|ze, die: ¹*Fratze* (1 a), *wie sie dem Teufel zugeschrieben wird.*
Teu|fels|glau|be, der: *Glaube an die Existenz des Teufels.*
Teu|fels|kerl, der (ugs.): *Mann, der wegen seiner Tollkühnheit, seines Draufgängertums bewundert wird.*
Teu|fels|kreis, der: *ausweglos scheinende Lage, die durch eine nicht endende Folge unangenehmer, einander bedingender Geschehnisse, Faktoren herbeigeführt wird; Circulus vitiosus* (2): *den T. durchbrechen; in einen T. geraten.*
Teu|fels|mes|se, die: *der* ¹*Messe* (1) *nachgebildete orgiastische Feier zu Ehren des Teufels od. einer Hexe.*
Teu|fels|ver|eh|rung, die: *Verehrung* (a) *des Teufels; Satanismus.*
Teu|fels|weib, das (ugs.): *Teufelin.*
Teu|fels|werk, das (veraltend): *vermeintliches Werk des Teufels.*
Teu|fels|zeug, das ⟨o. Pl.⟩ (ugs. abwertend): *für gefährlich gehaltene Sache:* dieser Schnaps ist vielleicht ein T.
teuf|lisch ⟨Adj.⟩ [mhd. tiuvelisch]: **1.** *äußerst bösartig u. grausam; den Schaden, das Leid eines anderen bewusst, boshaft herbeiführend u. sich daran freuend; diabolisch; satanisch:* ein -er Plan; eine -e Fratze; ein -es Spiel; etw. macht jmdm. -en Spaß; t. grinsen. **2.** (ugs.) **a)** *sehr groß, stark, mächtig:* eine -e Ähnlichkeit; ein -er Durst; **b)** ⟨intensivierend bei Adjektiven u. Verben⟩ *sehr, überaus:* es ist t. kalt; man muss t. aufpassen.
Teu|ro, der; -[s], -s [zusgez. aus **t**euer u. **Euro**] (ugs. scherzh.): *Euro im Hinblick auf die mit seiner Einführung verbundene empfundene Preiserhöhung.*
Teu|to|ne, der; -n, -n [lat. Teutoni (Pl.) = zusammenfassende Bez. aller germ. Stämme, eigtl. = Volk im Norden Germaniens] (abwertend, auch scherzh.): *[typischer] Deutscher.*
Teu|to|nen|grill, der (ugs. scherzh.): *Strand in einem südlichen Urlaubsland, an dem sich massenhaft deutsche Touristen sonnen.*
Teu|to|nin, die; -, -nen: w. Form zu ↑ Teutone.
teu|to|nisch ⟨Adj.⟩ [lat. Teutonicus = germanisch] (abwertend, auch scherzh.): *[typisch] deutsch:* -e Tugenden.
tex = Tex.
Tex, das; -, - [zu ↑ textil]: *Maßeinheit für das Gewicht textiler Garne von je 1 000 m Länge.*
Te|xa|ner, der; -s, -: Ew.
Te|xa|ne|rin, die; -, -nen: w. Form zu ↑ Texaner.
te|xa|nisch ⟨Adj.⟩: *Texas, die Texaner betreffend; von den Texanern stammend, zu ihnen gehörend.*
Te|xas; Texas': Bundesstaat der USA.
Text, der; -[e]s, -e [spätmhd. text < spätlat. textus = Inhalt, Text, eigtl. = Gewebe der Rede < lat. textus = Gewebe, zu: textum, 2. Part. von: texere = weben, flechten; kunstvoll zusammenfügen]: **1. a)** *[schriftlich fixierte] im Wortlaut festgelegte, inhaltlich zusammenhängende Folge von Aussagen:* ein literarischer T.; der T. lautet wörtlich:...; einen T. entwerfen, abfassen, kommentieren, interpretieren, korrigieren, verändern, verfälschen, auswendig lernen, übersetzen; der Schauspieler kann seinen T. *(Rollentext)* noch nicht richtig; sich auf euren T. *(euer Buch mit dem Text)* auf!; ein Buch mit vielen Bildern und wenig T.; * **weiter im T.!** (ugs.; Aufforderung, fortzufahren); ◆ **tief in [den] T. kommen** *(sich weitschweifig auslassen):* ...bei diesem Anlass kam er sehr tief in T. [Goethe, Werther I, 12. August]); **b)** *Stück Text* (1 a), *Auszug aus einem Buch o. Ä.:* der Lehrer teilte die -e aus. **2.** *zu einem Musikstück gehörende Worte:* der T. des Liedes ist von Luther. **3.** *(als Grundlage einer Predigt dienende) Bibelstelle:* über einen T. predigen. **4.** *Unterschrift zu einer Illustration, Abbildung.*
Text|ana|ly|se, die (bes. Sprachwiss.): *Analyse* (1) *eines Textes.*
Text|auf|ga|be, die (Math.): *in einen Text eingekleidete Aufgabe* (2 d).
Text|aus|ga|be, die: *Ausgabe* (4 a) *eines [literarischen] Textes.*
Text|bau|stein, der: *Textpassage, deren Wortlaut bei der Erstellung von Texten immer wieder vorkommt u. die mithilfe eines Textverarbeitungsprogramms auf einfache Weise in den jeweiligen Text eingefügt werden kann.*
Text|buch, das: *Buch, das den Text eines musikalischen Werks enthält; Libretto.*
Text|chef, der: *für die in einer Zeitschrift o. Ä. veröffentlichten Texte verantwortlicher Journalist.*
Text|che|fin, die: w. Form zu ↑ Textchef.
Text|da|tei, die (EDV): *Datei, die weitgehend unformatierten Text enthält.*
Text|dich|ter, der: *Dichter des Textes zu einem Musikstück od. Musikwerk.*
Text|dich|te|rin, die: w. Form zu ↑ Textdichter.
tex|ten ⟨sw. V.; hat⟩: *Werbe- od. Schlagertexte verfassen.*
Tex|ter, der; -s, -: *jmd., der [berufsmäßig] textet.*
Text|er|fas|sung, die (Fachspr.): *das [maschinelle] Erfassen von Texten.*
Tex|te|rin, die; -, -nen: w. Form zu ↑ Texter.
Text|fas|sung, die: *Fassung* (2 b) *eines Textes.*
tex|til ⟨Adj.⟩ [frz. textile < lat. textilis = gewebt, gewirkt, zu: textum, ↑ Text]: **1.** *aus verspinnbarem Material [hergestellt]; gewebt, gewirkt:* -es Material. **2.** *die Textilindustrie, die Textiltechnik betreffend:* -es Arbeiten, Gestalten.
Tex|til, das; -s: **1.** (seltener) *Kleidungsstück.* **2.** ⟨meist ohne Art.⟩ *textiles Material.*
Tex|til|ar|bei|ter, der: *Arbeiter in der Textilindustrie.*
Tex|til|ar|bei|te|rin, die: w. Form zu ↑ Textilarbeiter.
Tex|til|be|trieb, der: *Betrieb der Textilindustrie.*
Tex|til|che|mie, die: *Teilgebiet der Chemie, das sich mit der Gewinnung, Herstellung u. Verarbeitung textiler Rohstoffe befasst.*
Tex|til|druck, der ⟨o. Pl.⟩: *Stoffdruck.*
Tex|til|er|zeug|nis, das: *Erzeugnis der Textilindustrie.*
Tex|til|fa|b|rik, die: *Fabrik der Textilindustrie.*
Tex|til|fa|b|ri|kant, der: *Besitzer einer Textilfabrik; jmd., der Textilerzeugnisse herstellt.*
Tex|til|fa|b|ri|kan|tin, die: w. Form zu ↑ Textilfabrikant.
Tex|til|fa|ser, die: *textile Faser.*
tex|til|frei ⟨Adj.⟩ (ugs. scherzh.): *ohne Bekleidung, nackt:* -er Strand *(Nacktbadestrand).*
Tex|til|ge|schäft, das (ugs.): *Textilwarengeschäft.*
Tex|ti|lie, die; -, -n: **1.** ⟨meist Pl.⟩ *textiles Material.* **2.** *Gegenstand, bes. Kleidungsstück aus textilem Material.*
Tex|til|in|dus|t|rie, die: *Industriezweig, der Waren aus Textilien herstellt.*
Tex|til|in|ge|ni|eur, der: *für die Fabrikation von Textilerzeugnissen ausgebildeter Ingenieur* (Berufsbez.).
Tex|til|in|ge|ni|eu|rin, die: w. Form zu ↑ Textilingenieur.
Tex|til|kenn|zeich|nung, die: *Angabe [auf einem Etikett] an Textilien über die Art des Stoffes u. seine Zusammensetzung.*
Tex|til|kunst, die ⟨o. Pl.⟩: *Kunstgewerbe, das sich mit der künstlerischen Gestaltung von Textilien befasst.*
Tex|til|strand, der (ugs. scherzh.): *Strand, an dem (im Gegensatz zum Nacktbadestrand) Badeanzüge od. -hosen getragen werden.*
Tex|til|tech|nik, die: **1.** ⟨o. Pl.⟩ *technische Einrichtungen zur Herstellung von Textilien.* **2.** *Verfahren zur Herstellung von Textilien.*
tex|til|ver|ar|bei|tend ⟨Adj.⟩: *Textilien verarbeitend:* die -e Industrie.
Tex|til|ver|ede|lung, Tex|til|ver|ed|lung, die (Textilind.): *Gesamtheit aller Verfahren (wie Färben, Appretieren o. Ä.), durch die Textilerzeugnisse im Hinblick auf Gebrauch, Schönheit o. Ä. verbessert werden.*
Tex|til|wa|ren ⟨Pl.⟩: *Textilien.*
Tex|til|wa|ren|ge|schäft, das, **Tex|til|wa|ren|la|den,** der: *Geschäft, Laden für Textilwaren.*
Text|in|ter|pre|ta|ti|on, die: vgl. Textanalyse.
Text|kri|tik, die ⟨Pl. selten⟩ (Fachspr.): *philologisches Verfahren zur möglichst wortgetreuen Erschließung eines nicht erhaltenen ursprünglichen Textes mithilfe später überlieferter Fassungen.*
text|kri|tisch ⟨Adj.⟩: *mit den Methoden der Textkritik [erstellt].*
text|lich ⟨Adj.⟩: *den Text betreffend; hinsichtlich des Textes:* die -e Gestaltung.
Text|lin|gu|is|tik, die: *Zweig der Linguistik, der sich mit den über den einzelnen Satz hinausgehenden Regularitäten, mit dem Aufbau u. Zusammenhang von Texten u. mit Textsorten befasst.*
text|lin|gu|is|tisch ⟨Adj.⟩: *die Textlinguistik betreffend, auf ihr beruhend.*
Text|mar|ker, der: *Marker* (4).
Text|pas|sa|ge, die: *Passage* (4) *eines Textes.*
Text|sor|te, die (bes. Sprachwiss.): *Sorte, Typus von Texten (z. B. Gespräch, Erzählung, Werbespruch).*
Text|stel|le, die: *Stelle* (2 a) *in einem Text:* eine schwierige T. erklären.
Text|teil, der: *Teil einer wissenschaftlichen Arbeit, eines schriftstellerischen Werkes o. Ä., der nur aus dem fortlaufenden Text (ohne Anmerkungen, Register usw.) besteht.*
Tex|tur, die; -, -en [lat. textura = Gewebe, zu: texere, ↑ Text]: **1.** (bildungsspr.) *[innerer] Aufbau, Zusammenhang: die dramaturgische T. des Stücks.* **2.** (Geol.) *räumliche Anordnung u. Verteilung der Teile, aus denen sich das Gemenge eines Gesteins zusammensetzt.* **3.** (Chemie, Technik) *gesetzmäßige Anordnung der Kristallite in Faserstoffen u. technischen Werkstücken.* **4.** (Bot.) *Struktur, Gefüge der pflanzlichen Zellwand.* **5.** (Computergrafik) *Oberflächenstruktur eines grafisch dargestellten Objekts.*
Text|ver|ar|bei|tung, die (Bürow., EDV): *Verfahren zur Rationalisierung des Formulierens, Diktierens, Schreibens, Vervielfältigens o. Ä. von Texten.*
Text|ver|ar|bei|tungs|pro|gramm, das (Bürow., EDV): *Computerprogramm, das zur Erstellung, Änderung u. Speicherung von Texten dient.*
Text|ver|ar|bei|tungs|sys|tem, das (Bürow., EDV): *Computer, mit dem in Verbindung mit geeigneter Software die Textverarbeitung elektronisch erfolgt.*
Text|zei|le, die: *Zeile eines Textes.*
T-för|mig ['te:...] ⟨Adj.⟩: *in der Form eines lateinischen T.*
TFT [te:|ɛfˈteː], der; -[s], -[s] [Abk. für engl. thin-film transistor, aus: thin-film = mit flacher, dünner Fläche o. Ä. u. transistor, ↑ Transistor]; **TFT-Bild|schirm,** der, **TFT-Dis|play,** das: *Flachbildschirm.*
tg = Tangens.
TGV [teʒeˈve:], der; -[s], -[s] [frz. T. G. V., Abk. für

train à grande vitesse]: *ein französischer Hochgeschwindigkeitszug.*
Th = Thorium.
TH = technische Hochschule.
¹Thai, Tai, der; -[s], -[s]: **1.** (ugs.) *Thailänder.* **2.** Angehöriger einer Völkergruppe in Südostasien.
²Thai, Tai, die; -, -[s]: **1.** (ugs.) *Thailänderin.* **2.** Angehörige einer Völkergruppe in Südostasien.
³Thai, Tai, das; -: *(bes. in Thailand gesprochene) südostasiatische Sprache.*
Thai|land, -s: *Staat in Hinterindien.*
Thai|län|der, der; -s, -: *Ew.*
Thai|län|de|rin, die; -, -nen: w. Form zu ↑ Thailänder.
thai|län|disch ⟨Adj.⟩: *Thailand, die Thailänder betreffend; von den Thailändern stammend, zu ihnen gehörend.*
Tha|la|mus, der; -, ...mi [griech. thálamos = Kammer] (Anat.): *Hauptteil des Zwischenhirns.*
Thal|las|so|the|ra|pie [auch: ˈtaːlaso...], die; -, -n (Med.): *die Heilwirkung von Seebädern u. Meeresluft nutzende Therapie.*
Thal|lia (griech. Mythol.): *Muse der heiteren Dichtkunst.*
Thal|li|um, das; -s [zu griech. thallós = Spross, grüner Zweig (nach der grünen Linie im Spektrum)]: *bläulich weiß glänzendes, sehr weiches Schwermetall (chemisches Element; Zeichen: Tl).*
Tha|na|to|lo|ge, der; -n, -n [↑ -loge]: *Forscher, Wissenschaftler auf dem Gebiet der Thanatologie.*
Tha|na|to|lo|gie, die; - [↑ -logie]: *Forschungsrichtung, die sich mit den Problemen des Sterbens u. des Todes befasst.*
Tha|na|to|lo|gin, die; -, -nen: w. Form zu ↑ Thanatologe.
tha|na|to|lo|gisch ⟨Adj.⟩: *die Thanatologie betreffend.*
Tha|na|tos, der; - [griech. thánatos] (griech. Mythol.): *Tod.*
Thanks|gi|ving Day [θæŋksˈgɪvɪŋ deɪ], der; --[s], --s [engl., aus: thanksgiving = Dankbarkeit u. day = Tag]: *Erntedanktag in den USA.*
THB = *internationaler Währungscode für: Baht.*
The|a|ter, das; -s, - [älter: Theatrum, eingedeutscht nach frz. théâtre < lat. theatrum < griech. théatron, zu: théa = das Anschauen, die Schau; Schauspiel]: **1. a)** *zur Aufführung von Bühnenwerken bestimmtes Gebäude: ein kleines, modernes T.; das T. war leer, gut besetzt; sie trafen sich vor dem T.;* **b)** *Theater (1 a) als kulturelle Institution: beim T. abonniert sein; am, beim T. sein* (ugs.: *bes. als Schauspieler[in] am Theater tätig sein*); **c)** ⟨o. Pl.⟩ *Aufführung im Theater (1 a); Vorstellung: das T. beginnt um 20 Uhr; nach dem T. gehen wir in ein Restaurant; die Kinder spielen T. (führen etw. auf);* *** T. spielen** (ugs.; *etw., bes. ein Leiden o. Ä., nur vortäuschen*); **d)** ⟨o. Pl.⟩ *Theaterpublikum: das ganze T. lachte;* **e)** *Ensemble, Mitglieder eines Theaters (1 b): das T. geht auf Tournee.* **2.** ⟨o. Pl.⟩ *darstellende Kunst [eines bestimmten Volkes, einer bestimmten Epoche, Richtung] mit allen Erscheinungen: das antike T.* (Literaturwiss.; *Form des Dramas, die durch absurde Handlungen u. absurde Dialoge die Situation des Menschen in einer sinnentleerten Welt, die Verkümmerung der zwischenmenschlichen Kommunikation enthüllen will); episches T.* (Literaturwiss.; *[im Sinne der marxistischen Kunsttheorie des sozialistischen Realismus von Bertolt Brecht theoretisch begründete u. ausgebildete] demonstrierend erzählende Form des Dramas, deren Ziel es ist, mithilfe des Verfremdungseffekts den Zuschauer zum rationalen Betrachter des Vorgangs auf der Bühne zu machen u. zu kritischer Stellungnahme zu zwingen); das Ensemble zeigte vorzügliches T.; T. machen* ([*bes. als Regisseur*] *Theaterarbeit machen*). **3.** ⟨o. Pl.⟩ (ugs. abwertend) *Unruhe, Verwirrung, Aufregung, als unecht od. übertrieben empfundenes Tun: es gab viel T. in, wegen dieser Sache; so ein T.!; ein furchtbares T. um/wegen etw. machen, aufführen.*
The|a|ter|abend, der: *Abend (2) mit einer Theatervorstellung.*
The|a|ter|abon|ne|ment, das: *Abonnement auf eine bestimmte Anzahl von Aufführungen bei einem Theater während einer Spielzeit.*
The|a|ter|agen|tur, die: *Agentur, die Schauspielern, Regisseuren o. Ä. Engagements vermittelt.*
The|a|ter|ar|beit, die: *künstlerisches Arbeiten, künstlerische Arbeit am Theater.*
The|a|ter|auf|füh|rung, die: *Aufführung eines Bühnenstückes.*
The|a|ter|bau, der ⟨Pl. -ten⟩: *Theater (1 a).*
The|a|ter|be|such, der: *Besuch einer Theateraufführung.*
The|a|ter|be|su|cher, der: *Besucher einer Theateraufführung.*
The|a|ter|be|su|che|rin, die: w. Form zu ↑ Theaterbesucher.
The|a|ter|büh|ne, die: *Bühne (1 a).*
The|a|ter|di|rek|tor, der (veraltend): *Direktor (1 b) eines Theaters (1 b); Intendant.*
The|a|ter|di|rek|to|rin, die: w. Form zu ↑ Theaterdirektor.
The|a|ter|don|ner, der (spött.): *großartige Ankündigung von etw., was sich in Wirklichkeit aber als ohne große Wirkung, Bedeutung erweist: das war alles nur T.*
The|a|ter|en|sem|b|le, das: *Ensemble (1 a) eines Theaters (1 b).*
The|a|ter|fes|ti|val, das: *Festival, bei dem Theaterstücke aufgeführt werden.*
The|a|ter|fo|yer, das: *Wandelhalle im Theater.*
The|a|ter|frau, die: w. Form zu ↑ Theatermann.
The|a|ter|gar|de|ro|be, die: *Garderobe (3, 4).*
The|a|ter|ge|mein|de, die: *Theaterring.*
The|a|ter|ge|schich|te, die: **1.** ⟨o. Pl.⟩ **a)** *geschichtliche Entwicklung des Theaters (1 b, 2);* **b)** *Teilgebiet der Theaterwissenschaft, das sich mit der Theatergeschichte (1 a) befasst.* **2.** *Darstellung der Theatergeschichte (1 a) zum Thema hat.*
The|a|ter|glas, das: *Opernglas.*
The|a|ter|grup|pe, die: *¹Gruppe (2), Kreis von Menschen, die zum Theaterspielen zusammengeschlossen haben.*
The|a|ter|jar|gon, der: *in vom Theater u. der Theaterarbeit bestimmten Kreisen gebräuchlicher Jargon (a).*
The|a|ter|kar|te, die: *Eintrittskarte für eine Theatervorstellung.*
The|a|ter|kas|se, die: *Kasse (4 c) in einem Theater (1 a).*
The|a|ter|kri|tik, die: **a)** ⟨o. Pl.⟩ *kritische publizistische Auseinandersetzung mit aufgeführten Bühnenwerken, bes. im Hinblick auf die Art, Angemessenheit, Qualität ihrer Aufführungen;* **b)** *kritische Besprechung eines Bühnenwerks u. seiner Aufführung.*
The|a|ter|kri|ti|ker, der: *Kritiker (2), der sich vorwiegend mit Theateraufführungen befasst.*
The|a|ter|kri|ti|ke|rin, die: w. Form zu ↑ Theaterkritiker.
The|a|ter|leu|te ⟨Pl.⟩ (Jargon): **1.** *Menschen, die beruflich mit dem Theater zu tun haben.* **2.** Pl. von ↑ Theatermann.
The|a|ter|lo|ge, die: ↑ *Loge (1 a) im Theater.*
The|a|ter|ma|cher, der (Jargon): *jmd., der als Regisseur am Theater, bes. am Schauspiel, arbeitet.*
The|a|ter|ma|che|rin, die: w. Form zu ↑ Theatermacher.
The|a|ter|mann, der ⟨Pl. ...leute⟩ (Jargon): *erfahrener Fachmann auf dem Gebiet des Theaters (1 b), der Schauspielkunst u. der dramatischen Dichtung.*
The|a|ter|pre|mi|e|re, die: *Ur- od. Erstaufführung eines Bühnenstücks (auch einer Neuinszenierung).*
The|a|ter|pro|be, die: *Probe (3) für eine Theateraufführung.*
The|a|ter|pro|gramm, das: **1.** *Programm (2), das über eine Theateraufführung informiert.* **2.** *Gesamtheit der (für einen bestimmten Zeitraum, einen bestimmten Ort) vorgesehenen Theatervorstellungen.*
The|a|ter|pro|jekt, das: *Projekt einer Theateraufführung.*
The|a|ter|pu|b|li|kum, das: **a)** *Publikum, das [öfter] ins Theater geht, [regelmäßig] Theateraufführungen besucht;* **b)** *Publikum einer Theateraufführung.*
The|a|ter|raum, der: *in Bühnen-, Orchester- u. Zuschauerraum gegliederter Saal im Theater (1 a).*
The|a|ter|re|gie, die: *verantwortliche künstlerische Leitung bei der Gestaltung eines Werkes für eine Aufführung am Theater.*
The|a|ter|re|gis|seur, der: *Regisseur an einem Theater.*
The|a|ter|re|gis|seu|rin, die: w. Form zu ↑ Theaterregisseur.
The|a|ter|ring, der: *Organisation zum regelmäßigen [verbilligten] Besuch von Theatervorstellungen.*
The|a|ter|saal, der: *Saal, in dem Theateraufführungen stattfinden.*
The|a|ter|sai|son, die: *Spielzeit (1 a).*
The|a|ter|schaf|fen|de, die/eine Theaterschaffende; der/einer Theaterschaffenden, die Theaterschaffenden/zwei Theaterschaffende: *Bühnenschaffende.*
The|a|ter|schaf|fen|der, der Theaterschaffende/ein Theaterschaffender; des/eines Theaterschaffenden, die Theaterschaffenden/zwei Theaterschaffende: *Bühnenschaffender.*
The|a|ter|schau|spie|ler, der: *Schauspieler, der am Theater spielt.*
The|a|ter|schau|spie|le|rin, die: w. Form zu ↑ Theaterschauspieler.
The|a|ter|skan|dal, der: *Skandal anlässlich einer Theateraufführung.*
The|a|ter|star, der: *Theaterschauspielerin od. -schauspieler von größerer Bekanntheit.*
The|a|ter|stück, das: *für das Theater geschriebenes dramatisches Werk.*
The|a|ter|sze|ne, die: **1.** *Szene (4) derer, die beruflich mit dem Theater zu tun haben.* **2.** *zu einem Theaterstück gehörende Szene.*
The|a|ter|tech|nik, die: *Bühnentechnik.*
The|a|ter|tech|ni|ker, der: *Techniker, Fachmann auf dem Gebiet der Theatertechnik.*
The|a|ter|tech|ni|ke|rin, die: w. Form zu ↑ Theatertechniker.
The|a|ter|vor|stel|lung, die: vgl. *Theateraufführung.*
The|a|ter|welt, die ⟨o. Pl.⟩: *Gesamtheit der am Theater (1 b) künstlerisch Tätigen im Hinblick auf ihre Rolle in der Gesellschaft.*
The|a|ter|wis|sen|schaft, die: *Wissenschaft vom Theater u. seiner Geschichte.*
The|a|ter|wis|sen|schaft|ler, der: *Wissenschaftler auf dem Gebiet der Theaterwissenschaft.*
The|a|ter|wis|sen|schaft|le|rin, die: w. Form zu ↑ Theaterwissenschaftler.
the|a|ter|wis|sen|schaft|lich ⟨Adj.⟩: *die Theaterwissenschaft betreffend, zu ihr gehörend.*
The|a|ti|ner, der; -s, - [aus nlat. Theatinus, nach

der ital. Bischofsstadt Theate (Nebenform von Teate, heute Chieti)]: *Angehöriger eines italienischen Ordens* (Abk.: OTheat).

The|a|ti|ne|rin, die; -, -nen: w. Form zu ↑ Theatiner.

the|a|tral ⟨Adj.⟩ (bildungsspr.): *theatralisch* (1): *filmische und -e Elemente.*

The|a|tra|lik, die; - (bildungsspr.): *theatralische* (2) *Art, theatralisches Wesen.*

the|a|tra|lisch ⟨Adj.⟩ [lat. theatralis, zu: theatrum, ↑ Theater] (bildungsspr.): **1.** *das Theater* (1 b, 2), *die Schauspielkunst betreffend:* ◆ ... *er erfuhr, dass ein alter -er (als Schauspieler beim Theater auftretender) Freund ... vorbeireise* (Goethe, Wanderjahre II, 3). **2.** *in seinem Gehaben, seinen Äußerungen gespreizt-feierlich, pathetisch:* -e Gebärden.

the|a|tra|li|sie|ren ⟨sw. V.; hat⟩ (bildungsspr.): *dramatisieren* (1).

The|in: ↑ Tein.

The|is|mus, der; - [zu griech. theós = Gott] (Philos., Rel.): *Lehre von einem persönlichen Gott als Schöpfer u. Lenker der Welt.*

-thek, die; -, -en [zu griech. thḗkē = Behältnis, geb. nach ↑ Bibliothek u. a.]: bezeichnet in Bildungen mit Substantivableitungen eine Zusammenstellung, Sammlung von [zum Verleih bestimmten] Dingen oder die diese enthaltenden Räumlichkeiten: Artothek, Diathek, Fotothek, Kartothek.

The|ke, die; -, -n [lat. theca = Hülle, Büchse < griech. thḗkē = Abstellplatz, Kiste, zu: thénai = setzen, stellen, legen]: **a)** *in einem Lokal o. Ä. mit einer Art Tischplatte versehener, langer, höherer, kastenförmiger Einrichtungsgegenstand, an dem die Getränke ausgeschenkt werden;* Schanktisch: *an der T. stehen, sitzen;* hinter *der T. stehen;* **b)** *mit einer Art Tischplatte [u. einem gläsernen Aufbau für Waren] versehener, langer, höherer, kastenförmiger Einrichtungsgegenstand in Geschäften o. Ä.,* an dem Kunden, Gäste bedient werden: *sie reichte ihm die Brötchen über die T.;* über 1 000 Karten sind im Vorverkauf bereits über die T. gegangen (*verkauft worden*); ** unter der T.* (↑ Ladentisch).

The|ma, das; -s, ...men u. (bildungsspr. veraltend:) -ta [lat. thema < griech. théma = Satz, abzuhandelnder Gegenstand, eigtl. = das (Auf)gesetzte, zu: tithénai = setzen, stellen, legen]: **1.** *Gegenstand einer wissenschaftlichen Untersuchung, künstlerischen Darstellung, eines Gesprächs o. Ä.:* ein interessantes, beliebtes, heikles, aktuelles, politisches, literarisches T.; *dieses T. ist tabu, ist erschöpft;* das ist für mich kein T. (*das steht nicht zur Diskussion*); *ein T. berühren,* [eingehend] behandeln, aufgreifen, anschneiden, fallen lassen; das T. wechseln; im Aufsatz das T. verfehlen; vom T. abkommen, abschweifen; *das gehört nicht zum T.;* zum eigentlichen T. zurückkommen; ** [das ist] kein T.* (ugs.; *das ist selbstverständlich, klar, darüber muss nicht weiter geredet werden*). **2.** (Musik) *Melodie, die den musikalischen Grundgedanken einer Komposition od. eines Teils derselben bildet:* das T. einer Fuge.

The|ma|tik [österr. auch: ...'mat...], die; -, -en ⟨Pl. selten⟩: **1.** *Thema* (1), bes. im Hinblick auf seine Komplexität, die Vielfältigkeit seiner Aspekte. **2.** (Musik) *Art od. Kunst der Einführung u. Ausführung, Verarbeitung eines Themas* (2).

the|ma|tisch [österr. auch: ...'mat...] ⟨Adj.⟩: **1.** *ein Thema* (1) *betreffend, ihm entsprechend:* etw. nach -en Gesichtspunkten ordnen; *der Film ist t.* sehr aktuell, interessant. **2.** (Musik) *ein Thema* (2) *aufweisend, betreffend, ihm entsprechend:* eine Fülle -er Einfälle.

the|ma|ti|sie|ren ⟨sw. V.; hat⟩ (bildungsspr.): *zum Thema* (1) *von etw. machen, als Thema diskutieren:* die Angst t.; Probleme t. Dazu: **The|ma|ti|sie|rung,** die; -, -en.

The|ma|wech|sel, der: *Wechsel des Themas* (1) *in einem Gespräch o. Ä.*

The|men: Pl. von ↑ Thema.

The|men|abend, der (Rundfunk, Fernsehen): *aus mehreren nacheinander ausgestrahlten Sendungen zu einem bestimmten Thema bestehendes Abendprogramm.*

The|men|be|reich, der: *Bereich, zu dem bestimmte Themen gehören.*

The|men|feld, das: *Themenbereich.*

The|men|ge|biet, das: *Themenbereich.*

The|men|ka|ta|log, der: *Verzeichnis, Aufstellung von Themen o. Ä.*

The|men|kom|plex, der: *Themenkreis.*

The|men|kreis, der: *Gruppe zusammengehörender Themen* (1).

The|men|park, der: *Park, bes. Freizeitpark o. Ä., mit Attraktionen zu einem bestimmten Thema od. Themenbereich.*

The|men|schwer|punkt, der: *thematischer Schwerpunkt.*

The|men|spek|t|rum, das: *Spektrum* (2) *von Themen.*

The|men|stel|lung, die: *bestimmte Art, in der ein Thema* (1) *gestellt, formuliert ist.*

The|men|wahl, die: *Wahl* (1) *eines Themas* (1).

The|men|wech|sel, der: *Themawechsel.*

Them|se, die; -: englischer Fluss.

theo-, Theo- [griech. theós = Gott]: Best. in Zus. mit der Bed. Gottes-, Götter-; göttlich (z. B. theokratisch, Theologie).

Theo|krat, der; -en, -en (bildungsspr.): *Vertreter, Anhänger der Theokratie.*

Theo|kra|tie, die; -, -n [spätgriech. teokratía, zu griech. krátos = Stärke, Gewalt; Herrschaft] (bildungsspr.): *Herrschaftsform, bei der die Staatsgewalt allein religiös legitimiert u. von einer als Gott bzw. Stellvertreter Gottes auf Erden angesehenen Einzelperson od. von der Priesterschaft ausgeübt wird.*

theo|kra|tisch ⟨Adj.⟩ (bildungsspr.): *die Theokratie betreffend; in der Art einer Theokratie.*

Theo|lo|ge, der; -n, -n [lat. theologus < griech. theólogos = Gottesgelehrter, eigtl. = von Gott Redender, zu: lógos, ↑ Logos]: *jmd., der Theologie studiert, studiert hat u. auf diesem Gebiet beruflich, wissenschaftlich tätig ist.*

Theo|lo|gie, die; -, -n [spätlat. theologia < griech. theología = Lehre von den Göttern, zu: theológos, ↑ Theologe]: *wissenschaftliche Lehre von einer auf ihren vorausgesetzten [christlichen] Religion, ihrer Offenbarung, Überlieferung u. Geschichte; Glaubenslehre:* katholische, evangelische, jüdische T. studieren.

Theo|lo|gie|pro|fes|sor, der: *Professor der Theologie.*

Theo|lo|gie|pro|fes|so|rin, die: w. Form zu ↑ Theologieprofessor.

Theo|lo|gie|stu|dent, der: *Student der Theologie.*

Theo|lo|gie|stu|den|tin, die: w. Form zu ↑ Theologiestudent.

Theo|lo|gie|stu|di|um, das: *Studium der Theologie.*

Theo|lo|gin, die; -, -nen: w. Form zu ↑ Theologe.

theo|lo|gisch ⟨Adj.⟩: *die Theologie betreffend, zu ihr gehörend, auf ihr beruhend.*

theo|lo|gi|sie|ren ⟨sw. V.; hat⟩: *etw. unter theologischem Aspekt erörtern:* Dazu: **Theo|lo|gi|sie|rung,** die; -, -en.

Theo|rem, das; -s, -e [lat. theorema < griech. theṓrēma, eigtl. = das Angeschaute, zu: theoreĩn, ↑ Theorie] (bildungsspr.): *aus Axiomen einer wissenschaftlichen Theorie gewonnener Satz* (2); *Lehrsatz.*

Theo|re|ti|ker, der; -s, -: *jmd., bes. ein Wissenschaftler, der die theoretischen Grundlagen für etw. erarbeitet, der sich mit der Theorie eines [Fach]gebietes auseinandersetzt.*

Theo|re|ti|ke|rin, die; -, -nen: w. Form zu ↑ Theoretiker.

theo|re|tisch ⟨Adj.⟩ [spätlat. theoreticus < griech. theōrētikós = beschauend, untersuchend, zu: theoreĩn, ↑ Theorie]: **1.** *die Theorie von etw. betreffend:* -e Kenntnisse; die Fahrprüfung; -e Chemie, Physik; etw. t. begründen. **2.** *[nur] gedanklich, die Wirklichkeit nicht [genügend] berücksichtigend:* -e Fälle, Möglichkeiten; das ist mir alles zu t.; was du sagst, ist t. richtig, aber in der Praxis kaum durchzuführen.

theo|re|ti|sie|ren ⟨sw. V.; hat⟩ (bildungsspr.): *theoretische Überlegungen anstellen.*

Theo|rie, die; -, -n [spätlat. theoria < griech. theōría = das Zuschauen; Betrachtung, Untersuchung, zu: theoreĩn = zuschauen, zu: theōrós = Zuschauer (zu: théā = das Anschauen; Schau) u. horãn = sehen]: **1. a)** *System wissenschaftlich begründeter Aussagen zur Erklärung bestimmter Tatsachen od. Erscheinungen u. der ihnen zugrunde liegenden Gesetzlichkeiten:* eine unbeweisbare, kühne T.; die zahlreichen -n über die, zur Entstehung der Erde; eine T. entwickeln, vertreten, ausbauen, beweisen; **b)** *Lehre über die allgemeinen Begriffe, Gesetze, Prinzipien eines bestimmten Bereichs der Wissenschaft, Kunst, Technik:* die T. des Romans. **2. a)** ⟨o. Pl.⟩ *rein begriffliche, abstrakte [nicht praxisorientierte od. -bezogene] Betrachtung[sweise], Erfassung von etw.:* das ist alles reine T.; die T. in die Praxis umsetzen, mit der Praxis verbinden; ** graue T.* sein (bildungsspr.; *nicht der Wirklichkeit entsprechen, sich in der Praxis nicht durchführen lassen*); **b)** ⟨meist Pl.⟩ *wirklichkeitsfremde Vorstellung; bloße Vermutung:* sich in -n verstiegen.

Theo|ri|en|streit, der: *aus unterschiedlichen Positionen in Bezug auf bestimmte Theorien erwachsende Auseinandersetzung.*

Theo|soph, der; -en, -en [mlat. theosophus < spätgriech. theósophos = in göttlichen Dingen erfahren, zu: theós = Gott u. sophós = klug]: *Anhänger der Theosophie.*

Theo|so|phie, die; -, -n [spätgriech. theosophía]: *religiöse Lehre, nach der eine höhere Einsicht in den Sinn aller Dinge nur in der mystischen Schau Gottes gewonnen werden kann.*

Theo|so|phin, die; -, -nen: w. Form zu ↑ Theosoph.

theo|so|phisch ⟨Adj.⟩: *die Theosophie betreffend.*

The|ra|peut, der; -en, -en [griech. therapeutḗs = Diener, Pfleger, zu: therapeúein, ↑ Therapie] (Med., Psychol.): *Arzt im Hinblick auf seine Aufgabe, gegen Krankheiten bestimmte Therapien anzuwenden.*

The|ra|peu|tik, die; -, -en (Med.): *Lehre von der Behandlung der Krankheiten.*

The|ra|peu|ti|kum, das; -s, ...ka (Med., Psychol.): *Heilmittel.*

The|ra|peu|tin, die; -, -nen: w. Form zu ↑ Therapeut.

the|ra|peu|tisch ⟨Adj.⟩: *die Therapie betreffend, zu einer Therapie gehörend:* -e Mittel, Maßnahmen; t. angewandte Antibiotika.

The|ra|pie, die; -, -n [griech. therapeía, eigtl. = das Dienen; Dienst, zu: therapeúein = dienen] (Med., Psychol.): *Heilbehandlung:* eine gezielte, erfolgreiche, medikamentöse T.; eine T. anwenden.

The|ra|pie|form, die: *Form, Art der Therapie.*

The|ra|pie|grup|pe, die (Med., Psychol.): *Gruppe von Patienten, die sich einer Gruppentherapie unterziehen.*

The|ra|pie|platz, der: *Platz (4) für die Teilnahme an einer Therapie.*
the|ra|pier|bar ⟨Adj.⟩: *sich therapieren lassend; heilbar.*
the|ra|pie|ren ⟨sw. V.; hat⟩ (Med., Psychol.): *einer Therapie unterziehen:* einen Patienten, ein Leiden t.
the|ra|pie|re|sis|tent ⟨Adj.⟩: *keiner Therapie zugänglich:* -e Krankheiten.
The|ra|pie|rung, die; -, -en: *das Therapieren; das Therapiertwerden.*
The|re|min ['teremi:n], das; -s, -s, auch: der; -s, -e [nach dem russ.-sowjet. Physikprofessor Leon Theremin, eigtl. Lev S. Termen (1896–1993)]: *elektronisches Musikinstrument, bei dem Tonhöhe und Lautstärke durch die Veränderung des Abstandes der Hände zu zwei Antennen bestimmt werden.*

therm-, Therm-: ↑ Thermo-, thermo-.

ther|mal ⟨Adj.⟩ [(engl., frz. thermal) zu griech. thérmē, ↑ Therme] (selten): **1.** *durch Wärme bewirkt, die Wärme betreffend:* das -e Spektrum. **2.** *auf warme Quellen bezogen, mithilfe warmer Quellen.*
Ther|mal|bad, das: **1.** *Heilbad (1) mit Thermalquelle.* **2.** *Heilbad (2) in Wasser von einer Thermalquelle.* **3.** *Thermalschwimmbad.*
Ther|mal|quel|le, die: *warme Heilquelle.*
Ther|mal|schwimm|bad, das: *von einer Thermalquelle gespeistes Frei- od. Hallenbad.*
Ther|mal|was|ser, das ⟨Pl. ...wässer oder ...wasser⟩: *Wasser von einer Thermalquelle.*
Ther|me, die; -, -n [lat. thermae (Pl.) < griech. thérmai = heiße Quellen, Pl. von: thérmē = Wärme, zu: thermós = warm]: **1.** *Thermalquelle.* **2.** ⟨Pl.⟩ *Badeanlage der römischen Antike.*
Ther|mik, die; -, -en (Meteorol.): *durch starke Erwärmung des Bodens u. der darüberliegenden Luftschichten hervorgerufener Aufwind.*
ther|misch ⟨Adj.⟩ (Fachspr.): *die Wärme betreffend, durch Wärme verursacht, auf ihr beruhend:* -e Energie.

ther|mo-, Ther|mo-, ⟨vor Vokalen auch:⟩ therm-, Therm- [zu griech. thermós = warm, heiß od. thérmē, ↑ Therme]: Best. in Zus. mit der Bed. *Wärme, Hitze; Wärmeenergie; Temperatur* (z. B. thermoelektrisch, Thermometer).

Ther|mo|an|zug, der; -[e]s, ...anzüge: vgl. Thermomantel.
Ther|mo|be|häl|ter, der; -s, -: vgl. Thermosflasche.
Ther|mo|druck, der; -[e]s, -e (EDV): *Verfahren zum Herstellen von farbigen Ausdrucken aus dem Datenbestand eines Computersystems.*
Ther|mo|dy|na|mik, die; -: *Untersuchung des Verhaltens physikalischer Systeme bei Temperaturänderungen, bes. beim Zu- und Abführen von Wärme.*
ther|mo|dy|na|misch ⟨Adj.⟩: *die Thermodynamik betreffend.*
ther|mo|elek|t|risch ⟨Adj.⟩: *die Thermoelektrizität betreffend, auf ihr beruhend, durch sie betrieben, bewirkt.*
Ther|mo|elek|t|ri|zi|tät, die; -: *Gesamtheit der Erscheinungen in elektrisch leitenden Stoffen, bei denen Temperaturunterschiede elektrische Spannungen bzw. Ströme hervorrufen u. umgekehrt.*
Ther|mo|fens|ter, das; -s, -: *Fenster mit Isolierglas.*
Ther|mo|gra|fie, Ther|mo|gra|phie, die; - [↑ -grafie]: *Verfahren zur Aufnahme von Objekten mittels ihrer an verschiedenen Stellen unterschiedlichen Wärmestrahlung.*
Ther|mo|ho|se, die; -, -n: vgl. Thermomantel.
Ther|mo|ly|se, die; - [↑ Lyse] (Chemie): *durch Erhitzen bewirkte Spaltung chemischer Verbindungen; thermische Dissoziation.*
Ther|mo|man|tel, der; -s, ...mäntel: *in besonderer Weise gefütterter, meist mit einem Vlies (2), einer Art Wattierung versehener, warmer, aber relativ leichter Mantel.*
Ther|mo|me|ter, das, österr., schweiz. auch: der; -s, - [↑ -meter (1)]: *Gerät zum Messen der Temperatur:* das T. zeigt 5 Grad über null, fällt, klettert [auf 10 Grad].
ther|mo|nu|k|le|ar ⟨Adj.⟩ [↑ nuklear] (Physik): *auf Kernfusion beruhend, sie betreffend.*
Ther|mo|pane® [...'pe:n, ...'peɪn], das; - [zu engl. pane = Fensterscheibe]: *aus zwei od. mehreren Scheiben bestehendes Fensterglas (a), das wegen eines Vakuums zwischen den Scheiben isolierende Wirkung hat.*
Ther|mo|pane|fens|ter, das: *Fenster mit Thermopane.*
Ther|mo|pa|pier, das; -s, -e: *für ein bestimmtes Druckverfahren benötigtes Spezialpapier mit einer Schicht, die sich unter Wärmeeinwirkung verfärbt (z. B. für Faxgeräte).*
Ther|mo|pau|se, die; - [zu griech. paûsis = Ende] (Meteorol.): *obere Grenze der Thermosphäre.*
ther|mo|phil ⟨Adj.⟩ [zu griech. phileīn = lieben] (Biol.): *(bes. von Mikroorganismen) warme Temperaturen bevorzugend.*
Ther|mo|plast, der; -[e]s, -e (Chemie): *thermoplastischer Kunststoff.*
ther|mo|plas|tisch ⟨Adj.⟩ [↑ plastisch] (Chemie): *bei höheren Temperaturen ohne chemische Veränderung erweichbar u. verformbar:* -e Kunststoffe.
Ther|mos|fla|sche®, die; -, -n: *doppelwandiges flaschenähnliches Gefäß zum Warm- bzw. Kühlhalten bes. von Getränken.*
Ther|mos|kan|ne®, die; -, -n: vgl. Thermosflasche.
Ther|mo|sphä|re, die; - (Meteorol.): *oberhalb der Mesosphäre gelegene Schicht der Erdatmosphäre, in die Temperatur mit der Höhe stark ansteigt.*
Ther|mo|s|tat, der; -[e]s u. -en, -e[n] u. das; -[e]s, -e [zu griech. statós = stehend, gestellt]: *[automatischer] Temperaturregler.*
Ther|mo|the|ra|pie [auch: ...'pi:], die; -, -n (Med.): *Heilbehandlung durch Anwendung von Wärme.*
the|sau|rie|ren ⟨sw. V.; hat⟩ [zu ↑ Thesaurus] (Wirtsch.): **a)** *(Geld, Wertsachen, Edelmetalle) anhäufen, horten;* **b)** *(Gewinne eines Unternehmens) nicht ausschütten, sondern im Unternehmen belassen:* Gewinne t.; **c)** *(Erträge aus Geldanlagen) wieder anlegen:* Zinsen, Kapitalerträge thesaurieren; thesaurierende Fonds (Investmentfonds, deren Gewinne thesauriert werden).
The|sau|rie|rung, die; -, -en (Wirtsch.): *das Thesaurieren.*
The|sau|rus, der; -, ...ren u. ...ri: **1.** [lat. thesaurus < griech. thēsaurós] *(in der Antike) Gebäude in einem Heiligtum (a) zur Aufbewahrung kostbarer Weihegaben; Schatzhaus.* **2.** *Titel wissenschaftlicher Sammelwerke, bes. großer Wörterbücher der alten Sprachen.* **3.** *alphabetisch u. systematisch geordnete Sammlung von Wörtern eines bestimmten [Fach]bereichs.* **4.** [engl. thesaurus; vgl. 1.] *(bes. EDV) [allgemeinsprachliches] Wörterbuch der sinn- und sachverwandten Wörter.*
The|se, die; -, -n [lat. thesis < griech. thésis, eigtl. = das Setzen, Stellen, zu: tithénai = setzen, stellen]: **1.** *(bildungsspr.) behauptend aufgestellter Satz (2), der als Ausgangspunkt für die weitere Argumentation dient:* eine kühne, überzeugende, fragwürdige, wissenschaftliche, politische, theologische T.; eine T. aufstellen, entwickeln, formulieren, verfechten, widerlegen. **2.** (Philos.) *(in der dialektischen Argumentation) Behauptung, der eine Antithese (1) gegenübergestellt wird.*
the|sen|haft ⟨Adj.⟩: *in der Art einer These (1).*
The|sen|pa|pier, das: *Papier (2), in dem Thesen zu einem bestimmten Thema aufgelistet sind.*
Thes|pis|kar|ren, der; -s, - [nach dem Tragödiendichter Thespis (6. Jh. v. Chr.), dem Begründer der altgriech. Tragödie] (bildungsspr. scherzh.): *Wanderbühne.*
Thes|sa|lo|ni|ki: *griechische Form von:* Saloniki.
The|ta, das; -[s], -s [griech. thêta, aus dem Semit.]: *achter Buchstabe des griech. Alphabets* (Θ, ϑ).

Thi-: ↑ Thio-.

Thi|a|min, das; -s, -e [zu ↑ Thio- u. ↑ Amin; Vitamin B_1 geht bei der Oxidation in einen schwefelgelben Farbstoff über]: *chem. Bez. für:* Vitamin B_1.
Thing, das; -[e]s, -e [nhd. historisierend für ↑ ²Ding]: *(bei den Germanen) Volks-, Heeres- u. Gerichtsversammlung, auf der alle Rechtsangelegenheiten eines Stammes behandelt wurden:* ein T. einberufen, abhalten.
Thing|platz, der, Thing|stät|te, die: *Platz für die Thinge.*
Think|tank, Think-Tank ['θɪŋktæŋk], der; -s, -s [engl. think tank, ↑ Denkfabrik]: *Denkfabrik.*

Thio-, ⟨vor Vokalen auch:⟩ Thi- [griech. theîon] (Chemie): Best. in Zus. mit der Bed. *Schwefel* (z. B. Thiosäure, Thiamin).

Tho|mas [nach dem Apostel Thomas, vgl. Joh. 20, 24–29]: *in der Fügung* **ungläubiger T.** *(Mensch, der nicht bereit ist, etw. zu glauben, wovon er sich nicht selbst überzeugt hat).*
Thon, der; -s, -s, auch: -e [frz. thon < lat. thunnus, ↑ Thunfisch] (schweiz.): *Thunfisch.*
Thor (germ. Mythol.): *Gott des Donners.*
Tho|ra [auch: 'to:ra], die; - [hebr. tôrā] (jüd. Rel.): *die fünf Bücher Mosis; mosaisches Gesetz.*
tho|ra|kal ⟨Adj.⟩ (Med.): *den Thorax (1) betreffend, an ihm gelegen.*
Tho|ra|rol|le, die: *[Pergament]rolle mit dem Text der Thora.*
Tho|ra|schrein, der: *zur Aufbewahrung der Thorarolle dienender Schrein in der Synagoge.*
Tho|rax, der; -[es], -e, Fachspr. ...aces [...'tse:s] [lat. thorax < griech. thórax (Gen.: thórakos) = Brust(panzer)] (Anat.): **1.** *Brustkorb.* **2.** *(bei Gliederfüßern) mittleres, zwischen Kopf u. Hinterleib liegendes Segment (3 a).*
Tho|ri|um, das; -s [nach dem Gott ↑ Thor]: *radioaktives, weiches, silberglänzendes Schwermetall* (chemisches Element; Zeichen: Th).
Thread [θrɛt], der; -[s], -s [engl. thread, eigtl. = (Gesprächs)faden, aus dem Germ., verw. mit ↑ Draht] (EDV): *Folge von Nachrichten zu einem Thema in einer Newsgroup.*
Thrill [θrɪl], der; -s, -s [engl. thrill, zu: to thrill, ↑ Thriller]: *Nervenkitzel.*
Thril|ler ['θrɪlɐ], der; -s, - [engl. thriller, zu: to thrill = zittern machen; packen, fesseln, eigtl. = durchbohren, durchstoßen]: *Film, auch Theaterstück od. Roman, der Spannung u. Nervenkitzel erzeugt:* ein psychologischer, politischer T.; einen T. schreiben, lesen; sich einen T. ansehen.
Throm|ben: Pl. von ↑ Thrombus.
Throm|bo|ly|se, die; -, -n [↑ Lyse] (Med.): *meist medikamentöse Auflösung eines Thrombus.*
Throm|bo|se, die; -, -n [griech. thrómbōsis, eigtl. = das Gerinnen(machen), zu: thrómbos = Klumpen, Pfropf] (Med.): *völliger od. teilweiser*

Verschluss eines Blutgefäßes durch Blutgerinnsel.

Throm|bo|se|nei|gung, die: *das Anfälligsein für Thrombosen.*

throm|bo|tisch 〈Adj.〉 (Med.): *die Thrombose betreffend; auf einer Thrombose beruhend.*

Throm|bo|zyt, der; -en, -en [zu griech. kýtos = Wölbung] (Med.): *Blutplättchen.*

Throm|bus, der; -, ...ben [nlat., zu griech. thrómbos, ↑ Thrombose] (Med.): *zu einer Thrombose führendes Blutgerinnsel.*

Thron, der; -[e]s, -e [mhd. t(h)rōn < afrz. tron < lat. thronus < griech. thrónos]: **1. a)** *[erhöht aufgestellter] meist reich verzierter Sessel eines Monarchen für feierliche Anlässe:* ein prächtiger, goldener T.; den T. besteigen *(die monarchische Herrschaft antreten);* jmdm. auf den T. folgen *(jmds. Thronfolge antreten);* jmdn. vom T. stoßen *(als Monarchen entmachten);* * **jmds. T. wackelt** (ugs.; *jmds. einflussreiche, führende Stellung ist bedroht);* **b)** *monarchische Herrschaft, Regierung:* auf den T. verzichten. **2.** (fam. scherzh.) *Nachttopf, Toilette:* das Baby sitzt schon allein auf dem T.

Thron|an|wär|ter, der: *Anwärter auf die monarchische Herrschaft.*

Thron|an|wär|te|rin, die: w. Form zu ↑ Thronanwärter.

Thron|be|stei|gung, die: *Antritt der monarchischen Herrschaft.*

Thrön|chen, das; -s, - (fam. scherzh.): Vkl. zu ↑ Thron.

thro|nen 〈sw. V.; hat〉 [zu ↑ Thron]: *auf erhöhtem od. exponiertem Platz sitzen u. dadurch herausragen, die Szene beherrschen:* er thronte am oberen Ende der Tafel.

Thron|er|be, der: *gesetzmäßiger Erbe der Rechte eines Herrschers; Kronerbe.*

Thron|er|bin, die: w. Form zu ↑ Thronerbe.

Thron|er|he|bung, die: *feierliche Einsetzung eines Herrschers; Inthronisation.*

Thron|fol|ge, die: *Nachfolge in der monarchischen Herrschaft:* die T. antreten.

Thron|fol|ger, der; -s, -: *jmd., der die Thronfolge antritt.*

Thron|fol|ge|rin, die; -, -nen: w. Form zu ↑ Thronfolger.

Thron|prä|ten|dent, der: *jmd., der Anspruch auf einen Thron (1 b) erhebt; Kronprätendent.*

Thron|prä|ten|den|tin, die: w. Form zu ↑ Thronprätendent.

Thron|räu|ber, der: *Usurpator.*

Thron|räu|be|rin, die: w. Form zu ↑ Thronräuber.

Thron|re|de, die: *Rede, mit der ein konstitutioneller Monarch die Sitzungsperiode des Parlaments eröffnet.*

Thron|saal, der: *Saal, in dem der Thron (1 a) steht.*

Thu|ja, Thu|je, die; -, ...jen [griech. thyía] (Bot.): *Lebensbaum* (1).

Thun|fisch, Tunfisch, der; -[e]s, -e [lat. thunnus, thynnus < griech. thýnnos]: (*bes. im Atlantik u. Mittelmeer lebender) großer Fisch mit blauschwarzem Rücken, silbrig grauen Seiten, weißlichem Bauch u. mondsichelförmiger Schwanzflosse.*

Thur|gau, der; -[e]s: Schweizer Kanton.

Thü|rin|gen; -s: deutsches Bundesland.

¹Thü|rin|ger, der; -s, -: Ew.

²Thü|rin|ger 〈indekl. Adj.〉: T. Wald; T. Bratwurst.

Thü|rin|ge|rin, die; -, -nen: w. Form zu ↑ ¹Thüringer.

thü|rin|gisch 〈Adj.〉: *Thüringen, die Thüringer betreffend.*

Thus|nel|da, Tusnelda, die; -, -s [nach Thusnelda, der Gattin des Cheruskerfürsten Arminius, die 15 n. Chr. den Römern ausgeliefert wurde; in den Dichtungen von Klopstock u. Kleist vorbildhaft als germanische Heldin dargestellt, spielte ihr Name im 19. Jh. bei der Namengebung eine gewisse Rolle; seit dem Anfang des 20. Jh.s in der Schüler- u. Studentenspr. abwertend gebr.] (salopp abwertend): *weibliche Person [als zu einem Mann gehörende Partnerin].*

THW = Technisches Hilfswerk.

Thy|mi|an, der; -s, -e [mhd. thimean, tymian, spätahd. timiām, unter Einfluss von lat. thymiama = Räucherwerk, zu lat. thymum < griech. thýmon = Thymian]: **a)** *in kleinen Sträuchern wachsende Pflanze mit würzig duftenden, kleinen, dunkelgrünen, auf der Unterseite silbrig weißen Blättern u. meist hellroten bis violetten Blüten, die als Gewürz u. a. Heilzwecken verwendet wird;* **b)** 〈o. Pl.〉 *Gewürz aus getrockneten u. klein geschnittenen od. pulverisierten Blättern des Thymians* (a).

Thy|mol, der; -s, -e [Thymian u. ↑ Alkohol]: *stark antiseptisch wirkender Bestandteil der ätherischen Öle des Thymians.*

Thy|mus, der; -, ...mi [griech. thýmos = Brustdrüse neugeborener Kälber] (Anat.): *hinter dem Brustbein gelegenes drüsenartiges Gebilde, das sich nach der Geschlechtsreife zurückbildet.*

Thy|mus|drü|se, die: Thymus.

Ti = Titan.

Ti|a|ra, die; -, -s u. ...ren [(m)lat. tiara = (Bischofs)mütze, Tiara (1) < griech. tiára = **1.** *kegelförmige, mit goldener Spitze od. mit einem Diademreif versehene Kopfbedeckung altpersischer u. assyrischer Könige.* **2.** *(heute nicht mehr getragene) hohe, aus drei übereinandergesetzten Kronen bestehende Kopfbedeckung des Papstes als Zeichen seiner weltlichen Macht.*

Ti|ber, der; -s: italienischer Fluss.

¹Ti|bet [...et], der; -[e]s, -e (Textilind.): **1.** [nach ²Tibet] *Mohair.* **2.** [nach 1, wegen der größeren Qualität gegenüber anderer Reißwolle] *Reißwolle aus neuen Stoffen.*

²Ti|bet [auch: ...'be:t]; -s: **1.** *autonome Region in der Volksrepublik China.* **2.** *Hochland in Zentralasien.*

Ti|be|ta|ner, der; -s, -: Tibeter.

Ti|be|ta|ne|rin, die; -, -nen: w. Form zu ↑ Tibetaner.

ti|be|ta|nisch 〈Adj.〉: tibetisch.

Ti|be|ter, der; -s, -: Ew.

Ti|be|te|rin, die; -, -nen: w. Form zu ↑ Tibeter.

ti|be|tisch 〈Adj.〉: *²Tibet, die Tibeter betreffend; von den Tibetern stammend, zu ihnen gehörend.*

Ti|be|tisch, das; -[s], (nur mit best. Art.:) **Ti|be|ti|sche,** das; -n: *die tibetische Sprache.*

Tic, der; -s, -s [frz. tic, wohl lautn. u. bewegungsnachahmend] (Med.): *in kurzen Abständen wiederkehrende, unwillkürliche, nervöse Muskelzuckung (bes. im Gesicht).*

tick 〈Interj.〉: lautm. für ein tickendes (1 a) Geräusch t. machen.

Tick, der; -s, -s: **1.** [eindeutschend für ↑ Tic; wohl beeinflusst von älter, noch landsch. ticken = ¹tippen] (ugs.) *lächerlich od. befremdend wirkende Eigenheit, Angewohnheit; sonderbare Einbildung, die in jmd. lebt:* einen kleinen T. haben; Und dazu hatte T., immer zu früh auf dem Bahnsteig zu sein (Wohmann, Absicht 184). **2.** Tic. **3.** (ugs.) *Nuance* (2): er ist einen T. besser als du.

ti|cken 〈sw. V.; hat〉: **1.** [lautm. zu ↑ tick] **a)** *in [schneller] gleichmäßiger Aufeinanderfolge einen kurzen, hellen [metallisch klingenden] Ton hören lassen:* die Uhr tickt; der Holzwurm tickt im Gebälk; Ü da tickt eine Zeitbombe *(das droht sich eines Tages sehr verhängnisvoll auszuwirken);* eine tickende Zeitbombe *(etw., was sich eines Tages sehr verhängnisvoll auszuwirken droht);* **b)** *ein tickendes* (1 a) *Geräusch verursachen.* **2.** [übertr. von 1] (ugs.) *denken und handeln:* etwas langsam t.; du tickst wohl/bei dir tickt es wohl nicht [ganz] richtig *(du bist wohl nicht recht bei Verstand).* **3.** [viell. unter Einfluss von ↑ tickern nach engl. to tick (off) = abhaken] (salopp) *begreifen, verstehen:* hast du das endlich getickt? **4.** [wohl zu älter, noch landsch. Tick (zu ↑ tick) = tickender (1 a) Schlag, kurze Berührung] (selten) ¹tippen. **5.** [wohl übertr. von 4] (Jargon) *zusammenschlagen [u. berauben].*

Ti|cker, der; -s, -: **1.** [engl. ticker, zu: to tick = ticken (1)] (Jargon) *vollautomatischer Fernschreiber zum Empfang von [Börsen]nachrichten.* **2.** [zu ticken (1)] (Medizinjargon) *Gerät zur Überwachung der Pulsfrequenz.* **3.** [zu ↑ Tick (2)] *jmd., der an einem Tick (2) leidet.* **4.** [zu ↑ ticken] (Jargon) *jmd., der jmdn. zusammenschlägt [u. beraubt].*

Ti|cke|rin, die: w. Form zu ↑ Ticker (4).

ti|ckern 〈sw. V.〉 (Jargon): **a)** 〈hat〉 *durch den Ticker* (1) *übermitteln:* dpa hat die Meldung aus Südamerika getickert; **b)** 〈ist〉 *durch den Ticker* (1) *übermittelt werden:* die Nachricht ist über den Fernschreiber getickert.

Ti|cket, das; -s, -s [engl. ticket, eigtl. = Zettel < afrz. e(s)tiquet(te) = frz. étiquette, ↑ ¹Etikette]: **1. a)** *Fahrschein (bes. für eine Schiffsreise) od. Flugschein:* Ü bei dem heutigen Spiel geht es um das T. zur WM (Sportjargon; *um die Qualifikation zur WM);* **b)** *Eintrittskarte;* **c)** (ugs.) *Strafmandat:* ein T. bekommen, kriegen. **2.** (selten) *Partei-, Wahlprogramm.*

Ti|cket|hot|line, die: *Hotline, über die man Tickets bestellen kann.*

Ti|cke|ting, das; -[s] [engl. ticketing, zu: to ticket (1)] = *eine Fahrkarte, ein Ticket o. Ä. verkaufen; zu: ticket, ↑ Ticket]: Verkauf von Tickets* (1 a, 1 b).

Ti|cket|preis, der: *Preis eines Tickets.*

tick|tack 〈Interj.〉: lautm. für das Ticken (1 a) (bes. einer Uhr).

Tick|tack, die; -, -s (Kinderspr.): *Uhr.*

Ti|de, die; -, -n [mniederd. tide, getide = (Flut)zeit, zu: tīde = Zeit] (nordd., bes. Seemannsspr.): **a)** *Steigen u. Fallen des Wassers im Ablauf der Gezeiten;* **b)** 〈Pl.〉 *Gezeiten* (a).

Ti|de|ha|fen, der: *Hafen, dessen Wasserstand von Ebbe u. Flut abhängt.*

Ti|de|hub, (häufiger:) **Ti|den|hub,** der: *Unterschied des Wasserstandes zwischen Hochwasser* (1) *u. Niedrigwasser* (b).

Tie|break, Tie-Break ['taıbreık], der od. das; -s, -s [aus engl. tie = unentschiedenes Spiel u. break, Break (1 b)] (bes. Tennis): *besondere Zählweise, durch die ein Spiel, Satz o. Ä. bei unentschiedenem Stand schneller zum Abschluss gebracht wird.*

tief 〈Adj.〉 [mhd. tief, ahd. tiuf, urspr. = eingesunken, hohl]: **1. a)** *von beträchtlicher Ausdehnung senkrecht nach unten; weit nach unten reichend:* ein t-er Abgrund; -e Wurzeln; -er Schnee *(Schnee, der so hoch liegt, dass man darin einsinkt);* das Wasser, der Brunnen ist [sehr] t.; t. im Schnee einsinken; t. verschneite *(mit viel Schnee bedeckte)* Wälder; Ü t. in Gedanken [versunken] sein; sie steckt t. in Schulden; er ist t. gefallen, gesunken *(moralisch verkommen);* **b)** 〈in Verbindung mit Maßangaben nachgestellt〉 *eine bestimmte Ausdehnung nach unten aufweisend; in einer bestimmten Weite, Ausdehnung nach unten reichend:* eine fünf Meter -e Grube; **c)** *sich in geringer Entfernung vom [Erd]boden befindend; niedrig* (1 b): -e Wolken; t. hängende Zweige; das Flugzeug fliegt t.; die t. stehende Sonne; **d)** *[weit] nach unten (zum [Erd]boden), zur unteren Begrenzung von etw. hin) gehend,*

reichend: eine -e Verbeugung machen; sich t. bücken; ein t. ausgeschnittenes Kleid; **e)** *in niedriger Lage [befindlich]:* das Haus liegt -er als die Straße; eine Etage -er *(weiter unten)* befinden sich Ladenräume; die -er *(weiter unten am Berg)* liegenden Wälder; t. *(weit)* unten im Tal; **f)** *auf einer Skala, innerhalb einer Werte-, Rangordnung im unteren Bereich sich befindend; niedrig:* -e Temperaturen; das Barometer steht t. *(zeigt niedrigen Luftdruck an);* -er liegende Messwerte; Ü ein moralisch t. stehender Mensch; **g)** *(von Geschirr o. Ä.) nicht flach, sondern [zur Mitte hin] vertieft:* ein -er Teller. **2. a)** *von beträchtlicher Ausdehnung nach hinten; von der vorderen Grenze eines Raumes, Geländes [relativ] weit in den Hintergrund reichend:* ein -er Wald; die Bühne ist sehr t.; **b)** *(in Verbindung mit Maßangaben nachgestellt) eine bestimmte Ausdehnung nach hinten aufweisend:* ein 30 cm -es Regal. **3. a)** *von beträchtlicher Ausdehnung nach innen; [relativ] weit ins Innere von etw. [reichend, gerichtet]:* eine -e Wunde; t. in den Finger schneiden; die Höhle erstreckt sich t. in den Berg hinein; der Feind drang t. ins Land ein; t. *(kräftig)* [ein-, aus]atmen; * **bei jmdm. nicht t. gehen** *(jmdn. nur wenig beeindrucken, berühren);* **b)** *(in Verbindung mit Maßangaben nachgestellt) eine bestimmte Ausdehnung nach innen aufweisend:* eine 10 cm -e Stichwunde; **c)** *weit innen, im Innern von etw. [befindlich]:* im -en, -sten Afrika; er hat t. liegende Augen. **4. a)** *zeitlich weit vorgeschritten; weit (in einen bestimmten Zeitraum hineinreichend); spät:* bis t. in die Nacht, den Herbst [hinein]; **b)** *zeitlich auf dem Höhepunkt stehend; (in Bezug auf einen bestimmten Zeitraum) mitten (darin):* im -en Winter; t. in der Nacht. **5. a)** *(als solches) intensiv vorhanden, gegeben, stark ausgeprägt:* -er Schlaf; -e Freude; in -er Bewusstlosigkeit liegen; t. nachdenken; **b)** *(intensivierend bei Adjektiven u. Verben) sehr, zuinnerst:* jmdn. t. beeindrucken, beschämen; etw. t. bedauern; t. beleidigt, betroffen, betrübt, erschüttert sein; sie war t. gekränkt; er sprach mit t. bewegter Stimme; jmdm. sein t. empfundenes Beileid aussprechen; eine t. gefühlte Verbundenheit; sie waren t., aufs Tiefste/(auch:) tiefste empört. **6.** *nicht oberflächlich, vordergründig, sondern zum Wesentlichen vordringend:* eine -e Einsicht; eine t. blickende, dringende Analyse; t. reichende Fragen stellen; eine t. gehende, t. greifende Umgestaltung der Gesellschaft; was ist der -ere *(eigentliche)* Sinn dieser Maßnahmen? **7. a)** *im Farbton sehr intensiv; kräftig, voll, dunkel:* ein -es Blau; Da und dort stand einzelnes Buschwerk wie von inwärts durchglüht bei einfallenden Strahlen der Sonne; das Grün leuchtete t. (Doderer, Abenteuer 99); **b)** *(von der Stimme, von Tönen) dunkel klingend:* eine -e Stimme.
Tief, das; -s, -s **1.** (Meteorol.) *Tiefdruckgebiet; Depression* (3): ein ausgedehntes T.; das T. rückt näher, zieht vorbei, zieht ab; Ü seelische -s *(Depressionen* 1). **2.** (Seemannsspr.) *[Fahr]rinne im Wattenmeer, meist zwischen Sandbänken.*
Tief|aus|läu|fer, der (Meteorol.): *Ausläufer eines Tiefdruckgebiets.*
Tief|bau, der: **1. a)** ⟨o. Pl.⟩ *Teilgebiet des Bauwesens, das die Planung u. Errichtung von Bauten umfasst, die an od. unter der Erdoberfläche liegen* (z. B. Straßenbau, Kanalisation); **b)** ⟨Pl. -ten⟩ (Fachspr.) *Bau an od. unter der Erdoberfläche.* **2.** ⟨Pl. -e⟩ *Untertagebau.*
Tief|bau|amt, das: *Bauamt im Tiefbau* (1 a).
Tief|bau|in|ge|ni|eur, der: *im Tiefbau* (1 a) *tätiger Ingenieur.*
Tief|bau|in|ge|ni|eu|rin, die: w. Form zu ↑ *Tiefbauingenieur.*

tief be|lei|digt, tief|be|lei|digt ⟨Adj.⟩: *sehr, äußerst beleidigt.*
tief be|trof|fen, tief|be|trof|fen ⟨Adj.⟩: *sehr, äußerst betroffen.*
tief be|trübt, tief|be|trübt ⟨Adj.⟩: *sehr, äußerst betrübt.*
tief be|wegt, tief|be|wegt ⟨Adj.⟩: *innerlich sehr, äußerst bewegt.*
tief|blau ⟨Adj.⟩: *von tiefem* (7 a) *Blau [gekennzeichnet].*
tief bli|ckend, tief|bli|ckend ⟨Adj.⟩: *das Wesentliche sehend.*
tief|boh|ren ⟨sw. V.; hat⟩ (Fachspr.): *(zur Exploration u. Förderung von Erdöl u. Erdgas) Bohrlöcher bis in große Tiefe bohren.*
Tief|boh|rung, die: *das Tiefbohren.*
tief|braun ⟨Adj.⟩: vgl. *tiefblau.*
tief drin|gend, tief|drin|gend ⟨Adj.⟩: *zum Wesentlichen vordringend.*
¹**Tief|druck,** der ⟨o. Pl.⟩ (Meteorol.): *niedriger Luftdruck.*
²**Tief|druck,** der ⟨Pl. -e⟩ **a)** ⟨o. Pl.⟩ *Druckverfahren, bei dem die in der Druckform gravierten, gestochenen o. ä. u. druckenden Teile der Druckform tiefer liegen als die nicht druckenden;* **b)** *im* ²*Tiefdruck* (a) *hergestelltes Erzeugnis.*
Tief|druck|ge|biet, das (Meteorol.): *Gebiet mit niedrigem Luftdruck;* ¹*Tief* (1).
tief|dun|kel ⟨Adj.⟩: *völlig dunkel.*
Tie|fe, die; -, -n [mhd. tiefe, ahd. tiufi]: **1.** *Ausdehnung senkrecht nach unten; [große] Entfernung unter der Erdoberfläche od. dem Meeresspiegel:* der Brunnen hat eine T. von zehn Metern; aus der T. des Wassers emportauchen; in die T. blicken, stürzen; den Sarg in die T. *(in das Grab)* lassen; in einer T. von 30 Metern; Ü das Jahr verlauft ohne Höhen und -n; Philomena, hieß es damals, musste wohl durch einen dieser schwarz aufklaffenden Risse am Grund der Schlucht in unerreichbare -n hinabgestürzt sein (Ransmayr, Welt 275). **2. a)** *Ausdehnung nach hinten, innen:* die T. der Bühne, des Schrankes, einer Wunde; **b)** *[weit] hinten gelegener Teil, Bereich eines Raumes, Geländes; Inneres* (1): aus der T. des Parks drang leise Musik; Ü die verborgensten -n des menschlichen Herzens. **3.** ⟨o. Pl.⟩ *Tiefgründigkeit, wesentlicher, geistiger Gehalt:* die philosophische T. seiner Gedanken. **4.** ⟨o. Pl.⟩ *(von Gefühlen, Empfindungen) das Tiefsein* (5); *großes Ausmaß, Heftigkeit:* die T. ihres Schmerzes, ihrer Liebe. **5.** ⟨o. Pl.⟩ *(von Farben) sehr dunkle Tönung:* die T. des Blaus. **6.** ⟨o. Pl.⟩ *(von der Stimme, von Tönen) tiefer* (7 b) *Klang.*
Tief|ebe|ne, die (Geogr.): *Tiefland mit sehr geringen Niveauunterschieden.*
tief emp|fun|den, tief|emp|fun|den ⟨Adj.⟩: *stark empfunden, gefühlt.*
Tie|fen|be|strah|lung, die (Med.): *(im Unterschied zur Oberflächenbehandlung) Strahlenbehandlung von tiefer liegenden Krankheitsherden* (z. B. einer Krebsgeschwulst).
Tie|fen|ge|stein, das (Geol.): *Intrusivgestein; plutonisches Gestein.*
Tie|fen|grab, das: *Tiefgrab.*
Tie|fen|li|nie, die: *(auf geografischen o. ä. Karten eingezeichnete) Verbindungslinie zwischen benachbarten Punkten, die in gleicher Tiefe unter einer Bezugsfläche liegen.*
Tie|fen|psy|cho|lo|gie, die: *Forschungsrichtung der Psychologie u. Psychiatrie, die die Bedeutung der Vor- u. Unbewussten für das Seelenleben u. Verhalten des Menschen zu erkennen sucht.*
tie|fen|psy|cho|lo|gisch ⟨Adj.⟩: *die Tiefenpsychologie betreffend.*
Tie|fen|rausch, der (Med.): *beim Tieftauchen auftretende, einem Alkoholrausch ähnliche Erscheinung, die zu Bewusstlosigkeit u. zum Tod führen kann.*
tie|fen|scharf ⟨Adj.⟩ (Optik, Fotogr.): *Tiefenschärfe besitzend; mit Tiefenschärfe:* ein -es Bild.
Tie|fen|schär|fe, die (Fotogr.): *Schärfentiefe.*
Tie|fen|se|hen, das; -s (Med.): *Fähigkeit, die Entfernung der Gegenstände im Raum richtig einzuschätzen; räumliches Sehen.*
Tie|fen|strö|mung, die (Geogr.): *Wasserströmung in den größeren Tiefen der Ozeane (die für den Austausch polarer u. tropischer Wassermassen sorgt).*
Tie|fen|wir|kung, die: **1.** *sich nicht nur an der Oberfläche, sondern gezielt in den tieferen Schichten von etw. (z. B. der Haut) entfaltende Wirkung:* die T. eines Kosmetikums. **2.** *Effekt räumlicher Tiefe* (2 a): die T. eines Gemäldes.
Tie|fen|zo|ne, die (Geol.): *Bereich in bestimmter Tiefe* (1) *unter der Erdoberfläche.*
tie|fer|le|gen ⟨sw. V.; hat⟩ (Kfz-Technik): *(ein Auto) so modifizieren, dass der Bodenfreiheit verringert wird:* ein tiefergelegter Sportwagen.
tief|ernst ⟨Adj.⟩: *sehr, äußerst ernst* (1).
tief er|schüt|tert, tief|er|schüt|tert ⟨Adj.⟩: *innerlich sehr, äußerst erschüttert:* eine tief erschütterte Trauergemeinde.
Tief|flie|ger, der: *Flugzeug, das im Tiefflug fliegt [um Ziele auf dem Boden anzugreifen].*
Tief|flug, der: *Flug eines Flugzeuges in geringer Höhe.*
Tief|gang, der ⟨Pl. selten⟩ (Schiffbau): *senkrechter Abstand von der Wasserlinie bis zur unteren Kante des Kiels eines Schiffes:* das Schiff hat nur geringen T.; Ü [keinen] geistigen T. haben.
Tief|ga|ra|ge, die: *unterirdische Garage.*
tief|ge|frie|ren ⟨st. V.; hat⟩: *[zur Konservierung] bei tiefer Temperatur schnell einfrieren:* Lebensmittel t.; tiefgefrorenes Fleisch.
tief|ge|fros|tet ⟨Adj.⟩: *tiefgekühlt, tiefgefroren.*
tief ge|fühlt, tief|ge|fühlt ⟨Adj.⟩: *tief* (5 a) *empfunden.*
tief ge|hend, tief|ge|hend ⟨Adj.⟩: *den Kern, die [geistige] Grundlage, Basis von etw. betreffend [u. deshalb von entscheidender, einschneidender Bedeutung].*
tief ge|kränkt, tief|ge|kränkt ⟨Adj.⟩: *sehr, äußerst gekränkt.*
tief|ge|kühlt ⟨Adj.⟩: ↑ *tiefkühlen.*
Tief|ge|schoss [...ɡəʃɔs], (südd., österr.:) **Tief|ge|schoß** [...ɡəʃoːs], das: *Kellergeschoss.*
tief|gläu|big ⟨Adj.⟩: *von tiefem Glauben erfüllt.*
Tief|grab, das: *Gräbstatte mit zwei übereinanderliegenden Plätzen für Bestattungen.*
tief grei|fend, tief|grei|fend ⟨Adj.⟩: *den Kern, die [geistige] Grundlage, Basis von etw. betreffend [u. deshalb von entscheidender, einschneidender Bedeutung].*
tief|grün ⟨Adj.⟩: vgl. *tiefblau.*
tief|grün|dig ⟨Adj.⟩: **1.** *von Gedankentiefe zeugend; zum Wesen von etw. vordringend, es erfassend:* -e Betrachtungen. **2.** (Landwirtsch.) *(in Bezug auf den Boden) nicht von verhärteten Schichten, Gestein o. Ä. durchsetzt, sodass die Wurzeln tief in die Erde dringen können:* ein -er Boden.
Tief|grün|dig|keit, die: *das Tiefgründigsein.*
tief hän|gend, tief|hän|gend ⟨Adj.⟩: *weit nach unten hängend.*
tief|küh|len ⟨sw. V.; hat⟩: *tiefgefrieren:* zubereitete Gerichte t.; tiefgekühlte Fertiggerichte.
Tief|kühl|fach, das: *Gefrierfach.*
Tief|kühl|kost, die: *durch Tiefkühlung konservierte Nahrungsmittel.*
Tief|kühl|schrank, der: *Gefrierschrank.*
Tief|kühl|tru|he, die: *Gefriertruhe.*
Tief|küh|lung, die: *das Tiefgefrieren.*

Tief|la|der, der: *Anhänger für Schwertransporte mit tief liegender Ladefläche.*

Tief|land, das ⟨Pl. ...länder, auch: -e⟩: *in geringer Höhe (unter 200 m) über dem Meeresspiegel gelegenes Flachland.*

tief lie|gend, tief|lie|gend ⟨Adj.⟩: *weit unten liegend.*

Tief|punkt, der: *tiefster Punkt, negativster od. bes. negativer Abschnitt einer Entwicklung, eines Ablaufs o. Ä.:* die Stimmung hatte ihren T. erreicht; einen seelischen T. haben *(sehr deprimiert sein).*

tief rei|chend, tief|rei|chend ⟨Adj.⟩: *den Kern, die [geistige] Grundlage, Basis von etw. betreffend [u. deshalb von entscheidender, einschneidender Bedeutung].*

tief|re|li|gi|ös ⟨Adj.⟩: *von tiefer Religiosität [erfüllt, zeugend].*

tief|rot ⟨Adj.⟩: vgl. tiefblau.

Tief|schlaf, der: *besonders tiefer Schlaf; Stadium des tiefsten Schlafes.*

Tief|schlag, der (Boxen): *(verbotener) Schlag, der unterhalb der Gürtellinie auftrifft.*

Tief|schnee, der: *tiefer [pulvriger] Schnee.*

tief|schür|fend ⟨Adj.⟩: *tief in ein Problem, Thema eindringend.*

tief|schwarz ⟨Adj.⟩: vgl. tiefblau.

Tief|see, die ⟨o. Pl.⟩ (Geogr.): *Bereich des Weltmeeres, der tiefer als 1 000 m unter dem Meeresspiegel liegt.*

Tief|see|tau|cher, der: *Taucher, der in der Tiefsee taucht.*

Tief|see|tau|che|rin, die: w. Form zu ↑ Tiefseetaucher.

Tief|sinn, der ⟨o. Pl.⟩ [rückgeb. aus ↑ tiefsinnig]: a) *Neigung, tief in das Wesen der Dinge einzudringen; grüblerisches Nachdenken:* in T. verfallen *(schwermütig werden);* b) *tiefere, hintergründige Bedeutung.*

tief|sin|nig ⟨Adj.⟩ [urspr. = scharfsinnig, schlau]: 1. *Tiefsinn (b) habend, davon zeugend:* -e Betrachtungen anstellen. 2. (veraltend) *trübsinnig, gemütskrank, schwermütig.*

tief sit|zend, tief|sit|zend ⟨Adj.⟩: *tief im Innern (eines Menschen) vorhanden, wirksam:* eine tief sitzende Abneigung.

Tief|stand, der: *[bes.] tiefer (1 f) Stand (innerhalb einer Entwicklung).*

Tief|sta|pe|lei, die; -, -en: a) ⟨o. Pl.⟩ *das Tiefstapeln;* b) *tiefstapelnde Äußerung o. Ä.*

tief|sta|peln ⟨sw. V.; hat⟩: *den Wert, die Fähigkeiten, Leistungen o. Ä. bes. der eigenen Person bewusst als geringer hinstellen, als sie in Wirklichkeit sind; untertreiben.*

Tief|stap|ler, der: *jmd., der tiefstapelt.*

Tief|stap|le|rin, die; -, -nen: w. Form zu ↑ Tiefstapler.

tief ste|hend, tief|ste|hend ⟨Adj.⟩: *(in Bezug auf eine Wert-, Rangordnung) auf niedriger Stufe stehend.*

Tiefst|kurs, der (Bank-, Börsenw.): *niedrigster notierter Stand eines Kurses (4).*

Tiefst|preis, der: *[dem knbar] niedrigster Preis:* etw. zum T., zu -en verkaufen.

Tief|strah|ler, der: *(für Straßen, große Hallen, Fußballplätze o. Ä.) starke Lampe für direkte Beleuchtung von oben.*

Tiefst|stand, der; -[e]s, ...stände: *tiefster (1 f) Stand (innerhalb einer Entwicklung).*

Tiefst|tem|pe|ra|tur, die: *tiefst[mögliche] Temperatur:* die nächtliche T. lag bei minus 3 Grad.

Tiefst|wert, der: vgl. Tiefsttemperatur.

tief|trau|rig ⟨Adj.⟩ (oft emotional): *sehr, überaus traurig.*

tief ver|schneit, tief|ver|schneit ⟨Adj.⟩: *mit viel Schnee bedeckt.*

Tie|gel, der; -s, - [mhd. tegel, tigel, ahd. tegel = irdener Topf, H. u., viell. zu ↑ Teig u. eigtl. = aus

Ton geformtes Gefäß]: *oft feuerfestes, meist flacheres rundes Gefäß zum Erhitzen, Schmelzen, auch zum Aufbewahren bestimmter Stoffe:* ein irdener, metallener T.

Tier, das; -[e]s, -e [mhd. tier, ahd. tior, urspr. Bez. für das wild lebende Tier im Gegensatz zum Haustier, wahrsch. eigtl. = atmendes Wesen]: 1. *mit Sinnes- u. Atmungsorganen ausgestattetes, sich von anderen tierischen bzw. pflanzlichen Organismen ernährendes, in der Regel frei bewegliches Lebewesen, das nicht mit der Fähigkeit zu logischem Denken u. zum Sprechen befähigt ist:* wilde, zahme -e; ein männliches, kastriertes T.; die niederen -e; das T. ist verendet; -e halten, füttern, züchten, dressieren, abrichten; -e beobachten; er benahm sich wie ein [wildes] T.; Ü er ist ein T. *(er ist ein roher, brutaler, triebhafter Mensch);* sie ist ein gutes T. (salopp; *sie ist gutmütig u. ein bisschen beschränkt);* das T. *(die Rohheit, Triebhaftigkeit)* brach in ihm durch; wenn sie ihm das antut, wird er zum T. *(wird er gewalttätig);* R jedem Tierchen sein Pläsierchen (ugs. scherzh.; *zum Ausdruck dafür, dass man jedem seinen Willen, seine Gewohnheiten lassen muss);* Spr quäle nie ein T. zum Scherz, denn es fühlt wie du den Schmerz; * ein hohes/großes T. (ugs.; *eine Person von großem Ansehen, hohem Rang*). 2. (Jägerspr.) *weibliches Tier beim Rot-, Dam- u. Elchwild.*

Tier|art, die (Zool.): *(in der zoologischen Systematik) Kategorie von Tieren, die in ihren hauptsächlichsten Merkmalen übereinstimmen u. sich untereinander fortpflanzen können.*

Tier|arzt, der: *Arzt, der auf die Behandlung von kranken Tieren, auf die Bekämpfung von Tierseuchen, auch auf die Untersuchung u. Überwachung bei der Herstellung, Lagerung o. Ä. von Fleisch u. anderen tierischen Produkten spezialisiert ist; Veterinär.*

Tier|ärz|tin, die: w. Form zu ↑ Tierarzt.

tier|ärzt|lich ⟨Adj.⟩: *vom Tierarzt ausgehend; sich auf den Tierarzt beziehend.*

Tier|bild, das: *Bild, auf dem ein od. mehrere Tiere dargestellt sind.*

Tier|buch, das: *Buch, bei dem ein od. mehrere Tiere im Mittelpunkt stehen.*

Tier|ex|pe|ri|ment, das: *Tierversuch.*

Tier|fa|bel, die: *Fabel (1).*

Tier|fang, der ⟨o. Pl.⟩: *Fang (1 a) von Tieren.*

Tier|film, der: *dokumentarischer Film über Tiere.*

Tier|fil|mer, der: *jmd., der Tierfilme dreht.*

Tier|fil|me|rin, die: w. Form zu ↑ Tierfilmer.

Tier|freund, der: *jmd., der gern mit Tieren umgeht.*

Tier|freun|din, die: w. Form zu ↑ Tierfreund.

Tier|fut|ter, das: *Futter für Tiere.*

Tier|gar|ten, der [mhd. tiergarte]: *[meist kleinerer] Zoo.*

Tier|gat|tung, die (Zool.): *Gattung von Tieren.*

Tier|ge|he|ge, das: *Gehege (1).*

Tier|geo|gra|fie, Tiergeographie, die: *Geozoologie.*

tier|geo|gra|fisch, tiergeographisch ⟨Adj.⟩: *die Tiergeografie betreffend.*

Tier|geo|gra|phie usw.: ↑ Tiergeografie usw.

tier|ge|recht ⟨Adj.⟩: *dem Wesen eines Tiers gemäß, angemessen.*

Tier|ge|schich|te, die: vgl. Tierbuch.

Tier|ge|sell|schaft, die (Biol.): *mehrere Tiere einer od. verschiedener Arten, die zu einem Verband zusammengeschlossen sind.*

Tier|haar, das: *Haar eines Tieres.*

tier|haft ⟨Adj.⟩ (seltener): *einem Tier ähnlich; in der Art eines Tieres; animalisch (b).*

Tier|hal|ter, der: *jmd., der ein od. mehrere Haustiere hält.*

Tier|hal|te|rin, die: w. Form zu ↑ Tierhalter.

Tier|hal|tung, die: 1. a) ⟨o. Pl.⟩ *das Halten eines*

od. mehrerer Tiere; b) *Art, Methode, Tiere zu halten.* 2. *Betrieb, in dem Tiere gehalten werden; Einrichtung, in der Tiere auf eine bestimmte Art und Weise gehalten werden.*

Tier|hand|lung, die: *Geschäft, in dem meist kleinere Tiere verkauft werden.*

Tier|haut, die: *Haut (1 b).*

Tier|heil|kun|de, die: *Tiermedizin.*

Tier|heim, das: a) *Einrichtung zur Unterbringung kleinerer [herrenloser] Haustiere, bes. von Hunden u. Katzen;* b) *Gebäude, in dem ein Tierheim untergebracht ist.*

tie|risch ⟨Adj.⟩ [für mhd. tierlich]: 1. a) *ein Tier, Tiere betreffend; einem Tier, Tieren eigen; für Tiere charakteristisch:* -e Organismen, Parasiten; b) *von einem Tier, von Tieren stammend, herrührend; animalisch (a):* -es Fett. 2. (oft abwertend) *nicht dem Wesen, den Vorstellungen von einem Menschen entsprechend; dumpf, triebhaft; roh, grausam:* -es Verlangen; Ü das ist ja wirklich t. *(unverschämt, frech);* sein Benehmen war t. 3. (salopp) a) *sehr groß, sehr stark; mächtig:* -en Durst, Hunger haben; b) ⟨intensivierend bei Adjektiven u. Verben⟩ *sehr, ungeheuer, in starkem Maße:* hier ist es t. kalt.

Tier|ka|da|ver, der: *Kadaver (1).*

Tier|kli|nik, die: *Klinik, in der Tiere mit bestimmten schweren Erkrankungen od. Verletzungen behandelt werden.*

Tier|kör|per, der: *Körper eines Tieres:* Als ich Kind war, hingen in den Metzgereien der Länge nach geöffnete T., aus denen unten das Blut heraustropfte (Genazino, Glück 134).

Tier|kreis, der ⟨o. Pl.⟩ [für älter: Tierzirkel, LÜ von lat. zodiacus < griech. zōdiakós (kýklos), zu: zṓdion = Sternbild des Tierkreises, eigtl. = kleines Gebilde, Vkl. von: zōon = Lebewesen, Tier] (Astron., Astrol.): *die Sphäre des Himmels umspannende Zone von zwölf Sternbildern entlang der Ekliptik, die von der Sonne auf ihrer scheinbaren Bahn einmal jährlich durchlaufen wird.*

Tier|kreis|stern|bild, das (Astron., Astrol.): *im Tierkreis liegendes Sternbild; Himmels-, Sternzeichen.*

Tier|kreis|zei|chen, das (Astron., Astrol.): 1. *Tierkreissternbild.* 2. *Abschnitt der Ekliptik, der den Namen eines der zwölf Tierkreissternbilder trägt.*

Tier|kun|de, die: 1. *Zoologie.* 2. *Lehrwerk der Zoologie.*

Tier|laut, der: *Laut, den ein Tier (in einer für seine Art charakteristischen Weise) hervorbringt.*

Tier|lei|che, die: *Leiche eines Tiers; Kadaver.*

tier|lich ⟨Adj.⟩ (selten): *tierisch (1).*

tier|lieb ⟨Adj.⟩: *sich gern mit Tieren befassend, gern mit ihnen umgehend.*

Tier|lie|be, die: *ausgeprägte Neigung, sich mit Tieren zu befassen, mit ihnen umzugehen; besondere Zuneigung zu Tieren.*

Tier|mär|chen, das: vgl. Tierbuch.

Tier|me|di|zin, die ⟨o. Pl.⟩: *Wissenschaft vom gesunden u. kranken Organismus der Tiere, von Krankheiten der Tiere, ihrer Verhütung u. Heilung; Tierheilkunde, Veterinärmedizin.*

tier|me|di|zi|nisch ⟨Adj.⟩: *die Tiermedizin betreffend, darauf beruhend.*

Tier|mehl, das: *aus toten Tierkörpern hergestelltes mehlartiges Tierfutter.*

Tier|park, der: *oft großflächig angelegter zoologischer Garten.*

Tier|pfle|ger, der: *jmd., der mit Pflege, Aufzucht o. Ä. von Tieren beschäftigt ist (Berufsbez.).*

Tier|pfle|ge|rin, die: w. Form zu ↑ Tierpfleger.

Tier|psy|cho|lo|gie, die: *Teilgebiet der Zoologie, das sich mit der vergleichenden Untersuchung tierischen Verhaltens befasst.*

Tier|quä|ler, der: *jmd., der Tierquälerei betreibt.*
Tier|quä|le|rei, die: *unnötiges Quälen, rohes Misshandeln von Tieren:* T. ist strafbar.
Tier|quä|le|rin, die: w. Form zu ↑ Tierquäler.
tier|reich ⟨Adj.⟩: *viele Tiere, eine Vielfalt von Tieren, Tierarten aufweisend:* eine -e Gegend, Wildnis.
Tier|reich, das ⟨Pl. selten⟩: *Bereich, Gesamtheit der Tiere in ihrer Verschiedenartigkeit.*
Tier|schau, die: *häufig von einem Zirkus veranstaltete Schau, Ausstellung lebender, bes. exotischer Tiere.*
Tier|schutz, der ⟨o. Pl.⟩: *Gesamtheit der gesetzlichen Maßnahmen zum Schutz von Tieren vor Quälerei, Aussetzung, Tötung ohne einsichtigen Grund o. Ä.*
Tier|schüt|zer, der: *jmd., der sich beim Tierschutz engagiert, betätigt.*
Tier|schüt|ze|rin, die: w. Form zu ↑ Tierschützer.
Tier|schutz|ge|biet, das: *Reservat* (1) *für bestimmte Tiere.*
Tier|schutz|ge|setz, das: *Gesetz, das die mit dem Tierschutz zusammenhängenden Rechtsfragen regelt.*
Tier|schutz|ver|ein, der: *Verein, der sich dem Tierschutz widmet.*
Tier|seu|che, die: *bei Haustieren u. wild lebenden Tieren auftretende Seuche.*
Tier|stim|me, die: *für ein bestimmtes Tier charakteristische Stimme, Lautäußerung.*
Tier|trai|ner, der: *jmd., der Tiere abrichtet, dressiert.*
Tier|trai|ne|rin, die: w. Form zu ↑ Tiertrainer.
Tier|trans|port, der: *Transport von Tieren.*
Tier|ver|such, der: *wissenschaftliches Experiment an od. mit lebenden Tieren.*
Tier|welt, die: *Gesamtheit der Tiere (bes. im Hinblick auf ihr Vorkommen in einem bestimmten Bereich); Fauna.*
Tier|zucht, die: **1.** ⟨o. Pl.⟩ *das Züchten von Tieren bes. unter wirtschaftlichen Aspekt.* **2.** *der Tierzucht* (1) *dienende Anlage.*
Tif|fa|ny|lam|pe ['tɪfəni...], die: -, -n [nach dem Namen des amerik. Malers u. Künstlers L. C. Tiffany (1848–1933), eines wichtigen Vertreters des Jugendstils bes. auf dem Gebiet der Glaskunst]: *Lampe mit einem aus bunten Glasstücken in bestimmter Technik zusammengefügten Schirm.*
Ti|fo|so, der; -, ...si ⟨meist Pl.⟩ [ital. tifoso, zu: tifo = Sportleidenschaft, eigtl. = Typhus]: *italienische Bez. für: Fan.*
tif|teln ⟨sw. V.; hat⟩: *tüfteln.*
Ti|ger, der; -s, - [verdeutlichend mhd. tigertier, ahd. tigritior < lat. tigris < griech. tígris]: **1.** *(in Asien heimisches, zu den Großkatzen gehörendes) sehr kräftiges, einzeln lebendes Raubtier von blass rötlich gelber bis rotbrauner Färbung mit schwarzen Querstreifen.* **2.** (ugs.) *Katze mit Tigerfärbung; getigerte Katze.*
Ti|ger|au|ge, das [nach der Färbung]: *(als Schmuckstein verwendetes) goldgelbes bis goldbraunes, an den Bruchstellen seidigen Glanz aufweisendes Mineral.*
Ti|ger|fär|bung, die: *der Zeichnung u. Farbe eines Tigerfells ähnliche Färbung.*
Ti|ger|fell, das: *Fell eines Tigers.*
Ti|ge|rin, die; -, -nen: w. Form zu ↑ Tiger.
Ti|ger|kat|ze, die: *(in Süd- u. Mittelamerika heimisches) Raubtier mit gelbem, meist schwarz geflecktem Fell.*
Ti|ger|land, das ⟨Pl. ...länder⟩ [wohl nach der wirtschaftlichen Kraft, Dynamik dieser Länder]: *Entwicklungsland in Ost- u. Südostasien, das sich durch seinen technischen Fortschritt u. ein hohes Wirtschaftswachstum relativ schnell dem Stand eines Industriestaates nähert.*
ti|gern ⟨sw. V.⟩: **1.** ⟨hat⟩ (selten) *mit einer von ein*

Tigerfell erinnernden Musterung versehen. **2.** ⟨ist⟩ (ugs.) *irgendwohin, zu einem oft weiter entfernten Ziel gehen, marschieren:* durch die Straßen t.
Ti|ger|staat, der: *Tigerland.*
Tight [taɪt], die; -, -s [engl. tight = eng]: *eng anliegende Sporthose.*
Ti|g|ris, der; -: *Strom in Vorderasien.*
Ti|la|pia, der; -s, -s od. ...ien: *zu einer Gattung der Buntbarsche gehörender, in einigen Arten als Speisefisch genutzter Fisch.*
Til|de, die; -, -n [span. tilde < katal. titlla, title < lat. titulus, ↑ Titel]: **1.** *diakritisches Zeichen in Gestalt einer kleinen liegenden Schlangenlinie, das im Spanischen über einem n die Palatalisierung, im Portugiesischen über einem Vokal die Nasalierung angibt* (z. B. span. ñ [nj] in Señor, port. ã [ã] in São Paulo). **2.** *(in Wörterbüchern) Zeichen in Gestalt einer kleinen liegenden Schlangenlinie auf der Mitte der Zeile, das die Wiederholung eines Wortes od. eines Teiles davon angibt.*
til|gen ⟨sw. V.; hat⟩ [mhd. til(i)gen, ahd. tīligōn < angelsächs. dīlegian < lat. delere = vernichten; (Geschriebenes) auslöschen]: **1.** (geh.) *als fehlerhaft, nicht mehr gültig, als unerwünscht gänzlich beseitigen; auslöschen, ausmerzen:* eine Aktennotiz t.; die Spuren seiner Tat t.; Ü eine Schmach t.; jmdn. aus der Erinnerung t. **2.** (Wirtsch., Bankw.) *durch Zurückzahlen beseitigen, ausgleichen, aufheben:* ein Darlehen [durch monatliche Ratenzahlungen nach und nach] t.
Til|gung, die; -, -en: *das Tilgen; das Getilgtwerden.*
til|len ⟨sw. V.; ist⟩ [zu engl. tilt = Schräglage (zu: tilt = kippen, H. u., viell. aus dem Skand.), hinweis beim Flipper, der anzeigt, dass das Spiel wegen Stoßens, Rüttelns o. Ä. sofort beendet wird] (salopp): *die Beherrschung verlieren, durchdrehen.*
Til|si|ter, der; -s, -, **Til|si|ter Kä|se**, der; - -s, - - [nach der Stadt Tilsit im ehemaligen Ostpreußen, heute: Sowjetsk]: *hellgelber Schnittkäse mit kleinen Löchern u. mit kräftigem Geschmack.*
Tim|b|re ['tɛ̃:brə, auch: 'tɛ̃:bɐ], das; -s, -s [frz. timbre = Klang, Schall, älter = eine Art Trommel < mgriech. týmbanon < griech. týmpanon, ↑ Tympanon] (bes. Musik): *charakteristische Klangfarbe eines Instruments, einer Stimme, bes. einer Gesangsstimme:* ein dunkles T.; sein T. ist unverwechselbar.
tim|b|rie|ren [tɛ̃...] ⟨sw. V.; hat⟩ (Musik): *mit einer bestimmten Klangfarbe versehen; einer Sache ein bestimmtes Timbre verleihen:* sie versuchte, ihre Stimme heller zu t.
Time|lag ['taɪmlæɡ], der od. das; -[s], -s [engl. time lag = Zeitspanne, -differenz, aus: time = Zeit u. lag, ↑ Lag] (Wirtsch.): *Zeitspanne zwischen der Veränderung einer wirtschaftlichen Größe u. der Auswirkung dieser Veränderung auf eine andere Größe (z. B. zwischen Rezession und dadurch bedingtem Arbeitsplatzabbau).*
ti|men ['taɪmən] ⟨sw. V.; hat⟩ [engl. to time, zu: time = Zeit]: **1.** (seltener) *die Zeit von etw. [mit der Stoppuhr] messen; stoppen, abstoppen:* den gesamten Ablauf von etw. t. **2.** *für etw. den geeigneten, passenden Zeitpunkt bestimmen, benutzen u. dadurch einen gut koordinierten Ablauf herbeiführen:* die Termine waren gut, genau, exakt, schlecht getimt; die Aktionen müssen in Zukunft besser getimt werden; (Sport:) einen Ball genau t.; eine gut getimte Flanke.
Time-out ['taɪmaʊt, auch: (ˈ)taɪm'aʊt], das; -[s], -s [engl. time-out, zu: out = aus] (Basketball, Volleyball): *Auszeit.*
Ti|mer ['taɪmɐ], der; -s, - [engl. timer, zu: time, ↑ timen]: **1.** *elektronischer Zeitmesser, der zeit-*

lich gebundene Vorgänge (z. B. in Videorekordern u. zur Vorprogrammierung) exakt regelt. **2.** *Terminkalender.*
Time|sha|ring ['taɪmʃɛːrɪŋ], das; -[s] [engl. timesharing, eigtl. = Zeitzuteilung, zu: to share = teilen, beteiligen]: **1.** *Miteigentum an einer Ferienwohnung o. Ä., die für festgelegte Zeiten des Jahres den einzelnen Miteigentümern zur Verfügung steht.* **2.** (EDV früher) *Verfahren zur koordinierten, gleichzeitigen Benutzung von Großrechenanlagen mit vielen Benutzern.*
ti|mid, ti|mi|de ⟨Adj.⟩ [frz. timide < lat. timidus] (bildungsspr.): *schüchtern; ängstlich.*
Ti|mi|di|tät, die; - [frz. timidité < lat. timiditas, zu: timidus, ↑ timid] (bildungsspr.): *Schüchternheit, Furchtsamkeit.*
Ti|ming ['taɪmɪŋ], das; -s, -s [engl. timing, zu: to time, ↑ timen]: *das Timen, Aufeinanderabstimmen der Abläufe:* ein genaues, exaktes, schlechtes T.; (Sport:) das T. seiner Pässe, Bälle ist hervorragend.
Ti|mor, -s: *zu den Sundainseln gehörende Insel.*
Ti|mo|rer, der; -s, -: Ew.
Ti|mo|re|rin, die; -, -nen: w. Form zu Timorer.
ti|mo|re|sisch ⟨Adj.⟩: *Timor, die Timorer betreffend; von den Timorern stammend, zu ihnen gehörend.*
Ti|mor-Les|te, -s: *Staat in Südostasien.*
Tin|ge|lei, die; -, -en [Jargon, oft abwertend]: *[dauerndes] Tingeln:* sie hatte die T. satt.
tin|geln ⟨sw. V.⟩ [rückgeb. aus ↑ Tingeltangel] (Jargon): **a)** ⟨hat⟩ *als Akteur im Schaugeschäft abwechselnd an verschiedenen Orten bei Veranstaltungen unterschiedlicher Art auftreten:* in Diskotheken t.; **b)** ⟨ist⟩ *tingelnd* (a) *umherziehen, -reisen:* er tingelte durch Kasinos und Kneipen.
Tin|gel|tan|gel [auch: ...taŋ...], das (österr. nur so), auch: der; -s, - [urspr. berlin. für Café chantant (frz. veraltet = Café mit Musik-, Gesangsdarbietungen); lautm. für die hier gespielte Musik (veraltend abwertend)]: **1.** *als niveaulos, billig empfundene Unterhaltungs-, Tanzmusik:* das T. der Musikautomaten. **2.** *Lokal, in dem verschiedenerlei Unterhaltung ohne besonderes Niveau geboten wird:* sie arbeitete als Tänzerin in einem T. **3.** *Unterhaltung, wie sie in einem Tingeltangel* (2) *geboten wird.*
Tink|tur, die; -, -en [lat. tinctura = Färbung, zu: tinctum, ↑ Tinte]: **1.** *dünnflüssiger, meist alkoholischer Auszug aus pflanzlichen od. tierischen Stoffen.* **2.** (veraltet) *Färbung.*
Tin|nef, der; -s [jidd. tinnef = Schmutz, Kot < hebr. ṭinnûf] (ugs. abwertend): **1.** *wertloses Zeug, Kram, Plunder:* es gibt da nur T. zu kaufen. **2.** *Unsinn:* red keinen T.!
Tin|ni|tus, der; -, - [lat. tinnitus = das Klingeln, Geklingel] (Med.): *(bes. bei Erkrankungen des Innenohrs) subjektiv wahrgenommenes Rauschen, Klingeln od. Pfeifen in den Ohren.*
Tin|te, die; -, -n [mhd. tin(c)te, ahd. tincta < mlat. tincta (aqua) = gefärbt(e Flüssigkeit); Tinktur, zu lat. tinctum, 2. Part. von: tingere = färben]: **1.** *intensiv gefärbte Flüssigkeit zum Schreiben, Zeichnen:* blaue, rote T.; *sympathetische T. (Geheimtinte);* die T. kleckst, trocknet rasch ab, ist eingetrocknet; die T. *(das mit Tinte Geschriebene)* muss erst trocknen; mit T. schreiben; Ü über dieses Thema ist schon viel T. verspritzt, verschwendet worden *(ist schon viel Überflüssiges geschrieben worden);* * klar wie dicke T. sein (↑ Kloßbrühe); [in den folgenden Wendungen steht »Tinte« für undurchsichtige, dunkle Flüssigkeit] in der T. sitzen (ugs.; *in einer sehr misslichen, ausweglosen Situation sein*); in die T. geraten (ugs.; *in eine sehr missliche, ausweglose Situation geraten*). **2.** (geh.) *Färbung, Farbe:* ...man... hatte die Augen durch die Bäume im

Himmel, am Schirm vorbei in den grauen -n des Himmels (Muschg, Sommer 270).

tin|ten|blau ⟨Adj.⟩: *tiefblau, dunkelblau.*

Tịn|ten|dru|cker, der (EDV): *Drucker (2), der mit Tinte arbeitet.*

Tịn|ten|fass, das: *kleines, Tinte enthaltendes Gefäß, das bes. beim Schreiben mit Feder u. Tinte benutzt wird.*

Tịn|ten|fisch, der: *Kopffüßer.*

Tịn|ten|fleck, der: *durch Tinte hervorgerufener Fleck.*

Tịn|ten|gum|mi, der, ugs. auch das: *Radiergummi zum Radieren von Tinte.*

Tịn|ten|kil|ler, der (Schülerspr.): *Tintenlöscher (2).*

Tịn|ten|klecks, der: *großer Tintenfleck (bes. auf Papier).*

Tịn|ten|kleck|ser, der (ugs. abwertend): *Schreiberling.*

Tịn|ten|kleck|se|rin, die: w. Form zu ↑ Tintenkleckser.

Tịn|ten|ku|li, der: *Kugelschreiber, der anstelle einer Mine mit Farbe ein Röhrchen mit Tinte besitzt.*

Tịn|ten|lö|scher, der: **1.** *Löschwiege.* **2.** *einem Filzschreiber ähnliches Gerät, mit dessen Spitze etw. mit blauer Tinte Geschriebenes nachgezeichnet u. so gelöscht werden kann.*

Tịn|ten|pilz, der: *größerer Tintling mit weißen, später rosa u. schließlich schwarzen Lamellen, die nach der Sporenreife tintenartig zerfließen.*

tin|ten|schwarz ⟨Adj.⟩: *tiefschwarz.*

Tịn|ten|stift, der: *Kopierstift.*

Tịn|ten|strahl|dru|cker, der [LÜ von engl. ink-jet printer] (EDV): *Drucker (2), bei dem Tinte durch Düsen gepresst wird u. in Form feinster Tröpfchen auf das zu bedruckende Material auftrifft.*

Tịn|ten|tod, der (Schülerspr.): *Tintenlöscher (2).*

Tịn|ten|wi|scher, der (früher): *kleines Bündel an einem Ende zusammengehefteter Läppchen, bes. aus weichem Leder, zum Reinigen der Schreibfeder.*

tịn|tig ⟨Adj.⟩: **1.** *mit Tinte beschmiert, voller Tinte:* du hast -e Finger. **2.** *die Farbe dunkler Tinte aufweisend, wie dunkle Tinte wirkend.*

Tịnt|ling, der; -s, -e: *weißer, grauer bis brauner Blätterpilz mit schwarzbraunen Sporen, dessen faltig zerfurchter Hut manchmal im Alter zu einer dunklen Masse zerfließt.*

Tip: *frühere Schreibung für ↑ Tipp.*

Ti|pi, das; -s, -s [Dakota (nordamerik. Indianerspr.) tipí]: *(bei den Prärieindianern Nordamerikas) kegelförmiges, mit Rinde, Matten, Fellen gedecktes od. mit Stoff bespanntes Zelt.*

Tipp, der; -s, -s [engl. tip = Anstoß, Andeutung; (Gewinn)hinweis, wohl zu: to tip = leicht berühren, anstoßen]: **1.** (ugs.) *nützlicher Hinweis, guter Rat, der jmdm. bei etw. hilft; Fingerzeig, Wink:* ein nützlicher, wertvoller T.; jmdm. einen guten T., einen in paar -s geben; er hatte einen sicheren T. für die Börse. **2.** *(bei Toto, Lotto, in Wettbüros o. Ä.) schriftlich festgehaltene Vorhersage von Siegern bei sportlichen Wettkämpfen, von Zahlen bei Gewinnspielen, die bei Richtigkeit einen Gewinn bringt:* wie sieht dein T. aus?; seinen T. (ugs.; Tippschein) abgeben.

Tịp|pel, der; -s, -: **1.** [zu ↑ ¹tippen] (nordd.) *Tüpfel.* **2.** (österr. ugs.) *Dippel (2).*

Tịp|pel|bru|der, der [zu ↑ tippeln]: **1.** (ugs.) *Landstreicher.* **2.** (veraltet) *wandernder Handwerksbursche.*

tịp|peln ⟨sw. V.; ist⟩ [urspr. Gaunerspr., zu ↑ ¹tippen] (ugs.): **1.** *[einen weiten, lästigen Weg] zu Fuß gehen, wandern:* die letzte Bahn war weg, und wir mussten t.; nach Hause t. **2.** (seltener) *trippeln.*

Tịp|pel|schwes|ter, die (meist scherzh.): *Landstreicherin.*

¹tịp|pen ⟨sw. V.; hat⟩: **1.** [aus dem Md., Niederd., urspr. wohl lautm., vermischt mit niederd. tippen = tupfen] *etw. mit der Finger-, Fußspitze, einem dünnen Gegenstand irgendwo leicht u. kurz berühren, leicht anstoßen:* an, gegen die Scheibe t.; er tippte grüßend an seine Mütze; sie hat ihm/(auch:) ihn auf die Schulter getippt; er tippte kurz aufs Gaspedal; Ü im Gespräch an etw. t. *(vorsichtig auf etw. zu sprechen kommen);* daran ist nicht zu t. (ugs.; *das ist einwandfrei*). **2.** (landsch.) *Tippen spielen.* **3.** (ugs.) **a)** [unter Einfluss von 1 nach engl. to typewrite, engl. typewriter = Schreibmaschine] *Maschine schreiben, auf einer Tastatur schreiben:* ich kann nur mit zwei Fingern t.; **b)** [unter Einfluss von 1 nach engl. to typewrite, engl. typewriter = Schreibmaschine] *auf der Schreibmaschine, mithilfe einer Tastatur schreibend verfertigen:* einen Brief, eine E-Mail, eine SMS, ein Manuskript t.; ein ordentlich getippter Brief; **c)** *(Daten) mithilfe einer Tastatur eingeben:* einen Text in den Computer, eine Nummer ins Handy, die PIN in den Geldautomaten t.

²tịp|pen ⟨sw. V.; hat⟩ [zu ↑ Tipp, wohl nach engl. to tip = einen (Gewinn)hinweis geben]: **1.** (ugs.) *für etw. eine Voraussage machen; etw. für sehr wahrscheinlich halten:* du hast richtig, gut, falsch getippt; auf jmds. Sieg t.; ich tippe darauf, dass sie kommt; Er taxiert den Mann ab. Rentner, tippt er; Totogewinn oder Dachschaden (Schnurre, Fall 21). **2. a)** *im Toto od. Lotto wetten, Tipps (2) abgeben:* er tippt jede Woche; **b)** *in einem Tipp (2) vorhersagen:* sechs Richtige t.

Tịp|pen, das; -s [zu ↑ ¹tippen; wer das Spiel aufnehmen soll, »tippt« mit dem Finger auf den Tisch] (landsch.): *dem Mauscheln ähnliches Kartenspiel.*

Tịp|per, der; -s, -: *jmd., der ²tippt (2 a).*

Tịp|pe|rin, die; -, -nen: w. Form zu ↑ Tipper.

Tịpp|feh|ler, der: *Fehler, der beim Maschineschreiben entsteht.*

Tịpp|ge|mein|schaft, die: *Gruppe von Personen, die bei Toto od. Lotto gemeinsame Tipps (2) abgeben.*

Tịpp|schein, der: *vorgedruckter Schein, in den die Tipps (2) eingetragen werden.*

Tịpp|se, die; -, -n [zu ↑ ¹tippen (3)] (ugs. abwertend): *Maschinenschreiberin; Schreibkraft; Sekretärin.*

tipp, tapp ⟨Interj.⟩: *lautm. für das Geräusch leichter, kleiner Schritte.*

tipp|topp ⟨Adj.⟩ [engl. tiptop, eigtl. = Höhepunkt, »Spitze der Spitze«, verstärkende Zus. aus: tip = Spitze u. top, ↑ top] (ugs.): *sehr gut, tadellos, ausgezeichnet:* ein -es Mädchen; sie ist immer t. gekleidet.

Tịpp|zet|tel, der: *Tippschein.*

Ti|ra|de, die; -, -n [frz. tirade, eigtl. = länger anhaltendes Ziehen, zu: tirer = ziehen, abziehen (s) od. < vlat. tirata = Zug, zu: tirare = ziehen]: **1.** (bildungsspr. abwertend) *wortreiche, geschwätzige [nichtssagende] Äußerung; Wortschwall:* sich in langen, endlosen -n ergehen. **2.** (Musik) *Lauf von schnell aufeinanderfolgenden Tönen als Verzierung zwischen zwei Tönen einer Melodie.*

Ti|ra|mi|su, das; -s, -s [ital. tirami su, eigtl. = zieh mich hoch (im Sinne von »mach mich munter«, wohl in Anspielung auf den Kaffee u. den Alkohol)]: *aus Mascarpone, Eigelb, Eiweiß u. in etwas Alkoholischem u. Kaffee getränkten Biskuits hergestellte schaumige, kalt servierte Süßspeise.*

Ti|ra|na: *Hauptstadt von Albanien.*

ti|ri|li ⟨Interj.⟩: *lautm. für das hohe Singen, Zwitschern von Vögeln.*

Ti|ri|li, das; -s: *das Tirilieren:* das T. der Lerchen.

ti|ri|lie|ren ⟨sw. V.; hat⟩: *(von Vögeln, bes. Lerchen) in hohen Tönen singen, zwitschern:* eine Lerche tiriliert; Ü In Paris stürmt das Volk die Bastille und köpft dann seinen König. In Deutschland tiriliert der Untertan seines Schillers »Sire, geben Sie Gedankenfreiheit!« vor sich hin (Biermann, Klartexte 159).

ti|ro ⟨Interj.⟩ [frz. tire haut! = schieß hoch!, zu: tirer (↑ Tirade) u. haut = hoch] (Jägerspr.): *Zuruf bei Treibjagden, auf vorbeistreichendes Federwild zu schießen.*

Ti|rol; -s: *österreichisches Bundesland.*

¹Ti|ro|ler, der; -s, -: Ew.

²Ti|ro|ler ⟨indekl. Adj.⟩.

Ti|ro|le|rin, die; -, -nen: w. Form zu ↑ ¹Tiroler.

ti|ro|le|risch ⟨Adj.⟩ (bes. österr.): *tirolisch.*

Ti|ro|li|enne, Tyrolienne [tiro'ljɛn], die; -, -n […nən] [frz. tyrolienne, zu: Tyrol = frz. Schreibung von Tirol]: *einem Ländler ähnlicher Rundtanz im ³/₄-Takt.*

ti|ro|lisch ⟨Adj.⟩: *Tirol, die ¹Tiroler betreffend; von den ¹Tirolern stammend, zu ihnen gehörend.*

Tisch, der; -[e]s, -e [mhd. tisch, ahd. tisc = Tisch; Schüssel < lat. discus < griech. dískos = Wurfscheibe, flache Schüssel, Platte < griech. dískos = Wurfscheibe (↑ Diskus); der Bedeutungswandel von »flache Schüssel« zu »Tisch« erklärt sich daraus, dass in alter Zeit zu den Mahlzeiten jede einzelne Person ihren eigenen Esstisch, der zugleich Essschüssel war, vorgesetzt bekam (für germ. Verhältnisse von dem röm. Historiker Tacitus überliefert)]: **1. a)** *Möbelstück, das aus einer waagerecht auf einer Stütze, in der Regel auf vier Beinen, ruhenden Platte besteht, an der gegessen, gearbeitet, auf die etw. gestellt, gelegt werden kann:* ein großer, kleiner, viereckiger, runder, ovaler, niedriger, schmaler, schwerer, eichener, ausziehbarer, fahrbarer T.; ein gedeckter T.; der T. war reich gedeckt *(es gab reichlich u. gut zu essen);* der T. wackelt; der T. im Lokal war noch frei; den T. ausziehen, decken, abdecken, abwischen; ein paar -e zusammenrücken; jmdm. einen T. [im Restaurant] reservieren; der Ober wies Ihnen den T. an; am T. sitzen, arbeiten; sich [miteinander] an einen T. setzen; ein paar Stühle an den T. rücken; etw. auf den T. stellen, legen; die Ellenbogen auf den T. stützen; das Essen steht auf dem T.; wir saßen alle um einen großen T.; er versuchte, seine langen Beine unter dem T. unterzubringen; die Teller vom T. nehmen; vom T. aufstehen; ***runder T.*** *(Kreis, Gremium von gleichberechtigten Partnern:* etw. an runden T. verhandeln); **[mit etw.] reinen T. machen** (ugs.; *klare Verhältnisse schaffen;* wohl bezogen auf den Schreib- oder Arbeitstisch, auf dem bei Schluss der täglichen Arbeit keine Rechnungen, Schriftstücke usw. od. Werkzeuge liegen sollen); **am grünen T., vom grünen T. aus** *(ganz theoretisch, bürokratisch; ohne Kenntnis der wirklichen Sachlage;* die Beratungstische der Behörden waren früher häufig grün bezogen): eine solche Entscheidung darf auf keinen Fall am grünen T., vom grünen T. aus gefällt werden); **jmdn. an einen T. bringen** *(zwei od. mehrere Parteien zu Verhandlungen zusammenführen):* schließlich gelang es doch, die beiden Streithähne an einen T. zu bringen); **sich mit jmdm. an einen T. setzen** *(mit jmdm. Verhandlungen führen, reden);* **etw. auf den Tisch [des Hauses] legen** *(etw. [offiziell] zur Kenntnis bringen, vorlegen;* wohl eigtl. = dem Parlament [= neben dem Haus] etw. vortragen); **bar auf den T. des Hauses** (ugs.; *in bar*); **jmdn. über den T. ziehen** (ugs.; *jmdn. übervorteilen, hereinlegen*); **unter den T. fallen** (ugs.; *nicht berücksichtigt, getan werden, nicht stattfinden:* das Projekt ist unter den T. gefallen); **unter den T. fallen lassen** (ugs.; *nicht berücksichtigen, beachten, durchführen; nicht stattfinden las-*

sen); **von T. und Bett getrennt sein, leben** *(nicht mehr in ehelicher Gemeinschaft leben)*; **vom T. sein** (ugs.; *erledigt, bewerkstelligt sein*); **vom T. müssen** (ugs.; *erledigt werden müssen*: die Sache muss heute noch vom T.); **etw. vom T. bringen** (ugs.; *etw. erledigen, bewerkstelligen*); **zum T. des Herrn gehen** (geh.; *am Abendmahl teilnehmen, zur Kommunion gehen*); **auf den T. hauen/schlagen** (ugs.; *sich anderen gegenüber energisch einsetzen, durchsetzen*); **etw. vom T. wischen/fegen** (ugs.; *etw. als unwichtig abtun, als unangenehm beiseiteschieben*); **jmdn. unter den T. trinken/**(salopp:) **saufen** (ugs.; *sich beim gemeinsamen Trinken mit jmdm. als derjenige erweisen, der trinkfester ist*); **b)** Gesamtheit von Personen, die an einem Tisch (1 a) sitzen: der ganze T. brach in Gelächter aus. **2.** ⟨o. Art.; in Verbindung mit bestimmten Präp.⟩ *Mahlzeit, Essen*: sie sind, sitzen bei T.; nach T. pflegt er zu ruhen; vor T. noch einen Spaziergang machen; darf ich zu T. bitten?; bitte, zu T.!; sich zu T. setzen; Diesmal wusste er, wie viel es bedeute und welch seltene Gunst es sei, vom Meister zu T. geladen zu werden (Hesse, Narziß 233); ♦ Über (landsch.; *bei*) T. war Lenz wieder in guter Stimmung (Büchner, Lenz 89).

Tisch|abend|mahl, das (christl. Rel.): *gemeinsames Essen nach einem Gottesdienst.*
Tisch|bein, das: *Bein eines Tisches.*
Tisch|be|sen, der: *kleinere [einem Besen ähnliche] Bürste zum Entfernen der Krümel vom Tisch.*
Tisch|blatt, das (fachspr. u. schweiz.): *Tischplatte.*
Tisch|chen, das; -s, -: Vkl. zu ↑Tisch (1 a).
Tisch|com|pu|ter, der: *Heimcomputer; Personal Computer.*
Tisch|da|me, die: *weibliche Person, die bei einem Essen an der rechten Seite einer bestimmten männlichen Person sitzt.*
Tisch|de|cke, die: *Decke (1), mit der ein Tisch zum Schutz, zur Zierde o. Ä. bedeckt wird.*
Tisch|de|ko|ra|ti|on, die: *Dekoration (3) eines zum Essen gedeckten Tisches.*
Tisch|ecke, die: *Ecke (1 a) einer Tischplatte.*
ti|schen ⟨sw. V.; hat⟩ [zu ↑Tisch] (veraltet, noch schweiz.): *den Tisch für das Essen vorbereiten, decken:* ♦ Löwen und Leoparde füttern ihre Jungen, Raben tischen ihren Kleinen auf dem Aas (Schiller, Räuber I, 2).
Tisch|en|de, das: *Ende (2 a) eines Tischs*: am oberen, unteren T. sitzen.
♦**Ti|scher**, der; -s, - (bes. landsch.): *Tischler*: Gute eichene Bretter ... zu besitzen, war deswegen meines Vaters große Sorgfalt, indem er wohl wusste, dass die leichtsinnigern Künstler sich gerade in dieser wichtigen Sache auf den T. verließen (Goethe, Dichtung u. Wahrheit 4).
tisch|fer|tig ⟨Adj.⟩: *zum Servieren bearbeitet u. vorbereitet*: -e Gerichte.
Tisch|feu|er|zeug, das: *großes, meist schweres Feuerzeug, das seinen Platz auf einem Tisch hat.*
Tisch|fuß|ball, der, **Tisch|fuß|ball|spiel**, das: **1.** *Standfußballspiel*. **2.** *auf den Tisch zu stellendes Spielgerät, bei dem mit kleinen Figuren ein Fußballspiel simuliert wird.*
Tisch|ge|bet, das: *vor od. nach dem Essen gesprochenes Gebet.*
Tisch|ge|sell|schaft, die: *Gruppe von Personen, die [zum Essen] um einen Tisch versammelt sind.*
Tisch|ge|spräch, das: *Gespräch, das beim Essen geführt wird.*
Tisch|glo|cke, die: *kleine Glocke mit einem Stiel, die ihren Platz auf einem Tisch hat u. mit der jmd. herbeigerufen wird, mit der sich jmd. Gehör verschaffen o. Ä. kann.*

Tisch|grill, der: *kleinerer Grill (1), der auf einen Esstisch gestellt u. dort bedient werden kann.*
Tisch|herr, der: vgl. Tischdame.
Tisch|kan|te, die: *Kante einer Tischplatte.*
Tisch|kar|te, die: *mit dem Namen einer Person versehene kleine Karte, die an den Platz eines gedeckten Tisches gelegt, gestellt wird, an dem die Person sitzen soll.*
Tisch|kul|tur, die: *kultivierte Art des Essens u. Trinkens bei Tisch.*
Tisch|lam|pe, die: *kleinere Lampe, die auf den Tisch gestellt wird.*
Tisch|läu|fer, der: *schmale, lange Tischdecke, die die Tischplatte nicht ganz bedeckt.*
Tisch|lein|deck|dich, das; - [nach dem grimmschen Märchen »Tischlein, deck dich!«, in dem ein Tischlergeselle nach abgeschlossener Lehrzeit von seinem Meister mit einem Tisch belohnt wird, der sich auf Geheiß mit den köstlichsten Speisen u. Getränken deckt] (meist scherzh.): *Möglichkeit, gut u. sorglos leben zu können, ohne eigenes Bemühen gut versorgt zu werden*: das Mietshaus ist ein [richtiges, wahres] T. für ihn.
Tisch|ler, der; -s, - [spätmhd. tischler, tischer, eigtl. = Tischmacher]: *Handwerker, der Holz (u. auch Kunststoff) verarbeitet, bestimmte Gegenstände, bes. Möbel, daraus herstellt od. bearbeitet, einbaut o. Ä.; Schreiner* (Berufsbez.).
Tisch|ler|ar|beit, die: *Arbeit (1 a, 4 a) eines Tischlers.*
Tisch|le|rei, die; -, -en: **1.** *Werkstatt eines Tischlers.* **2.** ⟨o. Pl.⟩ **a)** *das Tischlern*: die T. macht ihm keinen Spaß; **b)** *Handwerk des Tischlers*: die T. erlernen.
Tisch|ler|hand|werk, das: *Tischlerei (2 b).*
Tisch|le|rin, die; -, -nen: w. Form zu ↑Tischler.
tisch|lern ⟨sw. V.; hat⟩: **a)** *[gelegentlich u. ohne eigentliche Ausbildung] Tischlerarbeiten verrichten*: er tischlert gelegentlich; **b)** *durch Tischlern* ⟨a⟩ *herstellen, anfertigen*: Regale t.
Tisch|ler|werk|statt, die: *Tischlerei (1).*
Tisch|ma|nie|ren ⟨Pl.⟩: *Manieren bei Tisch (2).*
Tisch|nach|bar, der: *jmd., der an einem Tisch, bes. beim Essen, unmittelbar neben einem andern sitzt.*
Tisch|nach|ba|rin, die: w. Form zu ↑Tischnachbar.
Tisch|ord|nung, die: *Sitzordnung an einem Tisch.*
Tisch|plat|te, die: *Platte eines Tischs.*
Tisch|rech|ner, der: *kleiner Rechner (2), der seinen Platz auf einem Tisch hat.*
Tisch|re|de, die: *Rede, die bei einem festlichen Essen gehalten wird.*
Tisch|ri, der; - [hebr. Tišrī]: *erster, 30 Tage zählender Monat des jüdischen Kalenders (September/Oktober).*
Tisch|run|de, die: *Tischgesellschaft.*
Tisch|schmuck, der: *Tischdekoration.*
Tisch|sit|te, die ⟨Pl.⟩: *Tischmanieren*: gute, schlechte -n. **2.** *in bestimmten Bereichen, Gemeinschaften übliche Sitte (1) beim Essen*: fremde -n; eine orientalische T.
Tisch|te|le|fon, das: *auf den Tischen eines Nacht-, Tanzlokals o. Ä. stehendes Telefon, mit dessen Hilfe Kontakt zu Personen an anderen Tischen aufgenommen werden kann.*
Tisch|ten|nis, das: *dem Tennis ähnliches Spiel, bei dem ein Ball aus Zelluloid auf einer auf einem Gestell ruhenden, durch ein Netz in zwei Hälften geteilten Platte von einem mithilfe eines Schlägers möglichst so gespielt wird, dass er für den gegnerischen Spieler schwer zurückzuschlagen ist.*
Tisch|ten|nis|ball, der: *kleiner Ball aus Zelluloid für das Tischtennisspiel.*
Tisch|ten|nis|plat|te, die: *Platte für das Tischtennisspiel.*

Tisch|ten|nis|schlä|ger, der: *Schläger aus Holz für das Tischtennisspiel, dessen Blatt (5) auf beiden Seiten einen Belag aus Gummi od. Kunststoff hat.*
Tisch|ten|nis|spiel, das: *Tischtennis.*
Tisch|ten|nis|spie|ler, der: *jmd., der Tischtennis spielt.*
Tisch|ten|nis|spie|le|rin, die: w. Form zu ↑Tischtennisspieler.
Tisch|tuch, das ⟨Pl. ...tücher⟩: *bes. bei den Mahlzeiten verwendete Tischdecke*: ein weißes T.; ϋ das T. zwischen uns ist zerschnitten *(unsere Beziehung, Verbindung, Freundschaft ist endgültig beendet).*
Tisch|vor|la|ge, die: *Handout.*
Tisch|wä|sche, die ⟨Sorten: -n⟩: *Gesamtheit der bes. bei den Mahlzeiten verwendeten Tischdecken u. Servietten aus Stoff.*
Tisch|wein, der: *leichter, eher herber Wein, der bes. geeignet ist, bei den Mahlzeiten getrunken zu werden; Tafelwein (1).*
Tisch|zeit, die: *Zeit, in der die Mittagsmahlzeit eingenommen wird*: wir haben in der Firma eine halbe Stunde T.
Tit. = Titel.
¹**Ti|tan**, Titane, der; ...nen, ...nen [lat. Titan(us) < griech. Titán]: **1.** (griech. Mythol.) *Angehöriger eines Geschlechts riesenhafter Götter, die von Zeus gestürzt wurden.* **2.** (bildungsspr.) *jmd., der durch außergewöhnlich große Leistungen, durch große Machtfülle o. Ä. beeindruckt*: die Titanen der Musik.
²**Ti|tan**, das; -s [aus älterem Titanium, zu ↑¹Titan]: *silberweißes, hartes Leichtmetall, das sich an der Luft mit einer fest haftenden Oxidschicht überzieht (chemisches Element; Zeichen: Ti).*
-ti|tan, der; -en, -en (emotional): *kennzeichnet in Verbindung mit Substantiven eine Person, die außergewöhnliche Fähigkeiten auf einem bestimmten Gebiet besitzt, allen vergleichbaren Personen darin überlegen ist*: Filzball-, Geistes-, Kabarett-, Klavier-, Poptitan.
Ti|ta|ne: ↑¹Titan.
Ti|tan|erz, das: ²Titan *enthaltendes Erz.*
ti|ta|nisch ⟨Adj.⟩: **1.** (selten) **a)** *die ¹Titanen (1) betreffend, zu ihnen gehörend*; **b)** *von den ¹Titanen (1) stammend, herrührend*. **2.** (bildungsspr.) *von, in der Art eines ¹Titanen (2); gewaltig*: eine -e Tat, Leistung.
Ti|ta|ni|um, das; -s: ²Titan.
Ti|tel [auch: ˈtɪtl], der; -s, - [mhd. tit(t)el, ahd. titul(o) < lat. titulus]: **1. a)** *jmds. Rang, Stand, Amt, Würde kennzeichnende Bezeichnung, die als Zusatz vor den Namen gestellt werden kann* (Abk.: Tit.): *einen akademischen T., den T. eines Professors haben; jmdm. einen T. verleihen, aberkennen; einen T. erwerben, erlangen; sich einen [falschen, hochtrabenden] T. beilegen; jmdn. mit seinem T. anreden; er machte keinen Gebrauch von seinem T.*; **b)** *im sportlichen Wettkampf errungene Bezeichnung eines bestimmten Ranges, einer bestimmten Würde*: den T. eines Weltmeisters haben, tragen, halten, abgeben müssen, verlieren; sie hat sich mit dieser Übung den T. im Bodenturnen gesichert, geholt. **2. a)** *kennzeichnender Name eines Buches, einer Schrift, eines Kunstwerks o. Ä.*: *ein kurzer, langatmiger, irreführender, einprägsamer, reißerischer T.; der T. eines Romans, eines Films, eines Schlagers; das Buch hat, trägt einen vielversprechenden T.; das Fernsehspiel wird jetzt unter einem anderen T. gezeigt*; **b)** *unter einem bestimmten Titel (2 a) bes. als Buch, Schallplatte o. Ä. veröffentlichtes Werk*: diese beiden T. sind vergriffen; der Verlag T. des Sängers wurde ein riesiger Erfolg; **c)** *Kurzf. von ↑Titelblatt (a)*: den T. künstlerisch gestalten. **3.** (Wirtsch.) *in einem Haushalt (3) Anzahl von Ausgaben, Beträgen,*

die unter einem bestimmten Gesichtspunkt zu einer Gruppe zusammengefasst sind: für diesen T. des Etats sind mehrere Millionen Euro angesetzt. **4.** (Rechtsspr.) **a)** Abschnitt eines Gesetzes- od. Vertragswerks; **b)** Kurzf. von ↑ Vollstreckungstitel; **c)** Kurzf. von ↑ Rechtstitel.

Ti|tel|an|wär|ter, der: Anwärter auf einen Titel (1 b).

Ti|tel|an|wär|te|rin, die: w. Form zu ↑ Titelanwärter.

Ti|tel|as|pi|rant, der: Titelanwärter.

Ti|tel|as|pi|ran|tin, die: w. Form zu ↑ Titelaspirant.

Ti|tel|bild, das: **a)** dem eigentlichen Titelblatt gegenüberstehende, meist mit einem Kupferstich geschmückte zweite Titelseite; **b)** Abbildung auf dem Titelblatt von Zeitschriften.

Ti|tel|blatt, das: **a)** (Verlagsw.) erstes od. zweites Blatt eines Buches, das die bibliografischen Angaben, wie Titel (2 a), Name des Verfassers, Auflage, Verlag, Erscheinungsort o. Ä., enthält; **b)** Titelseite (a).

Ti|tel|lei, die; -, -en (Verlagsw.): dem eigentlichen Text eines Druckwerks vorangehende Anzahl von Seiten, die Titelblatt, Vorwort, Inhaltsverzeichnis o. Ä. enthalten u. oft mit gesonderten Seitenzahlen versehen sind.

Ti|tel|fa|vo|rit, der: Titelanwärter.

Ti|tel|fa|vo|ri|tin, die: w. Form zu ↑ Titelfavorit.

Ti|tel|fi|gur, der: vgl. Titelgestalt.

Ti|tel|fo|to, das, schweiz. auch: die: vgl. Titelbild (b).

ti|tel|ge|bend ⟨Adj.⟩: den Titel (2 a), einen Teil des Titels bildend, ausmachend.

Ti|tel|ge|schich|te, die: größerer Beitrag in einer Zeitschrift o. Ä., auf den die Titelseite, meist mit einem entsprechenden Bild, Bezug nimmt.

Ti|tel|ge|stalt, die: Gestalt eines literarischen o. ä. Werkes, deren Name auch den Titel des Werkes bildet.

Ti|tel|ge|winn, der: das Erringen eines Titels (1 b).

Ti|tel|hal|ter, der: Inhaber eines bestimmten Titels (1 b).

Ti|tel|hal|te|rin, die: w. Form zu ↑ Titelhalter.

Ti|tel|held, der: vgl. Titelgestalt.

Ti|tel|hel|din, die: w. Form zu ↑ Titelheld.

Ti|tel|kampf, der: sportlicher Wettkampf, bei dem es um einen Titel (1 b) geht.

Ti|tel|kir|che, die (kath. Kirche): Kirche in der Stadt Rom, die einem Kardinal zugewiesen ist.

ti|tel|los ⟨Adj.⟩: keinen Titel (1 b) aufweisend.

Ti|tel|mäd|chen [auch: ˈtɪtl̩...], das: Covergirl.

Ti|tel|me|lo|die, die: Melodie, die zu Beginn einer Fernseh-, Rundfunksendung, eines Films erklingt [u. den gleichen Titel trägt wie diese].

Ti|tel|mu|sik, die: vgl. Titelmelodie.

ti|teln [auch: ˈtɪtl̩n] ⟨sw. V.; hat⟩ [spätmhd. titeln]: **a)** (seltener) betiteln (1 a); **b)** (Zeitungsw.) zum Titel (2 a), zur Titelzeile einer Schrift, eines Artikels in einer Zeitung od. Zeitschrift machen.

Ti|tel|ren|nen, das (Sportjargon): Wettkampf um einen Titel (1 b).

Ti|tel|rol|le, die: Rolle der Titelgestalt in einem Schauspiel, Film o. Ä.

Ti|tel|schutz, der ⟨o. Pl.⟩ (Rechtsspr.): rechtlicher Schutz des Titels einer Publikation od. eines Kunstwerks.

Ti|tel|sei|te, die: **a)** erste, äußere Seite einer Zeitung, Zeitschrift, die den Titel (2 a) enthält; **b)** Titelblatt (a).

Ti|tel|song, der: Lied aus einem Film, einem Musical, einer CD, dessen Titel (2 a) dem entsprechenden Werk den Namen gibt.

Ti|tel|sto|ry, die: Titelgeschichte.

Ti|tel|trä|ger, der: jmd., der einen Titel (1) innehat, besitzt.

Ti|tel|trä|ge|rin, die: w. Form zu ↑ Titelträger.

Ti|tel|ver|tei|di|ger, der: Sportler, der seinen Titel (1 b) in einem Wettkampf verteidigt.

Ti|tel|ver|tei|di|ge|rin, die: w. Form zu ↑ Titelverteidiger.

Ti|tel|ver|tei|di|gung, die: das Verteidigen (4 b) eines Titels.

Ti|tel|zei|le, die: den Titel (2 a) enthaltende, gedruckte Zeile.

Ti|ter, der; -s, - [frz. titre, eigtl. = Angabe eines (Mischungs)verhältnisses < afrz. titre, title < lat. titulus, ↑ Titel]: **1.** (Chemie) Gehalt an aufgelöster Substanz in einer Lösung. **2.** (Textilind.) Maß für die Feinheit von Fäden.

Ti|ti|ca|ca|see, der; -s: See in Südamerika.

Ti|to|is|mus, der; -: (von dem Staatspräsidenten J. Tito [1892–1980] entwickelter) Nationalkommunismus im ehemaligen Jugoslawien.

Ti|t|ra|ti|on, die; -, -en [zu ↑ titrieren] (Chemie): Ausführung einer Maßanalyse, Bestimmung des Titers (1).

ti|t|rie|ren ⟨sw. V.; hat⟩ [frz. titrer, zu: titre, ↑ Titer] (Chemie): den Titer (1) bestimmen.

Tit|te, die; -, -n [aus dem Niederd. < mniederd. titte, niederd. Form von ↑ Zitze] (derb): weibliche Brust.

Ti|tu|lar|bi|schof, der; -s, ...bischöfe (kath. Kirche): Bischof, der die Weihe eines Bischofs hat, aber keine Diözese leitet.

ti|tu|lie|ren ⟨sw. V.; hat⟩ [spätlat. titulare, zu lat. titulus, ↑ Titel]: **1.** (veraltend) mit dem Titel (1 a) anreden: sie mussten ihn [als/mit] Herr Doktor t. **2.** mit einem meist negativen Begriff als jmdn., etw. bezeichnen: sie hat ihn [als/mit] »Flasche« tituliert. **3.** (selten) betiteln (1 a).

Ti|tu|lie|rung, die; -, -en: das Titulieren; das Tituliertwerden.

ti|zi|an ⟨indekl. Adj.⟩ [nach dem ital. Maler Tizian (um 1477–1576)]: **a)** Kurzf. von ↑ tizianblond; **b)** Kurzf. von ↑ tizianrot.

ti|zi|an|blond ⟨Adj.⟩: rotblond.

ti|zi|an|rot ⟨Adj.⟩: (vom Haar) ein leuchtendes goldenes bis braunes Rot aufweisend.

tja [tja(:)] ⟨Interj.⟩ (ugs.): drückt Nachdenklichkeit, Bedenken, eine zögernde Haltung, auch Verlegenheit od. Resignation aus: t., nun ist es zu spät.

tkm = Tonnenkilometer.

Tl = Thallium.

TL = ²Lira.

TM = Trademark.

To, die; -, -s, **Tö,** die; -, - s od. das; -s, -s (ugs. verhüll.): Toilette (2 a).

Toast [toːst], der; -[e]s, -e u. -s [engl. toast, zu: to toast, ↑ toasten]: **1. a)** geröstetes Weißbrot in Scheiben: eine Scheibe T.; **b)** einzelne Scheibe geröstetes Weißbrot mit Butter bestreichen; **c)** zum Toasten geeignetes, dafür vorgesehenes Weißbrot [in Scheiben]; Toastbrot ein Paket T. kaufen. **2.** [nach dem früheren engl. Brauch, vor einem Trinkspruch ein Stück Toast in das Glas zu tauchen] Trinkspruch: einen T. ausbringen; Sie sah deutlich vor sich das Gesicht Martins, wie er mit spitzbübischem Ernst dem mühsamen T. zuhörte, bis der Bürgermeister auf ihn ausbrachte (Feuchtwanger, Erfolg 92).

Toast|brot, das: **a)** Toast (1 c); **b)** Toast (1 b).

toas|ten ⟨sw. V.; hat⟩ [engl. to toast < afrz. toster = rösten < spätlat. tostare, zu lat. tostum, 2. Part. von: torrere = dörren, trocknen]: **1.** (bes. von Weißbrot) in Scheiben rösten (1 a): soll ich noch eine Scheibe t.? **2.** einen Trinkspruch (auf jmdn., etw.) ausbringen.

Toas|ter, der; -s, - [engl. toaster, zu: to toast, ↑ toasten]: Röster (1).

To|ba|go: ↑ Trinidad und Tobago.

To|bak, der; -[e]s, -e (veraltet): Tabak (2 a): * starker T. (ugs., oft scherzh.; etw., was von jmdm. als unerhört, als Zumutung, Unverschämtheit empfunden wird).

To|bel, der (österr. nur so) od. das (schweiz. nur so); -s, - [mhd. tobel, wohl eigtl. = Senke] (Geogr.; südd., österr., schweiz.): enge Schlucht, bes. im Wald.

to|ben ⟨sw. V.⟩ [mhd. toben, ahd. tobōn, tobēn, zu ↑ taub u. eigtl. = taub, dumm, von Sinnen sein]: **1.** ⟨hat⟩ sich wild, wie wahnsinnig gebärden; rasen, wüten: vor Eifersucht t.; als er das erfuhr, hat er getobt wie ein Wilder; das Publikum tobte [vor Begeisterung]; Ü sein Herz tobte. **2. a)** ⟨hat⟩ wild u. ausgelassen, laut u. fröhlich lärmend, schreiend irgendwo umherlaufen; herumtollen: die Kinder haben den ganzen Nachmittag im Garten getobt; hört endlich auf zu t.!; **b)** ⟨ist⟩ sich tobend (2 a) irgendwohin bewegen: die Kinder tobten durch die Straßen. **3. a)** ⟨hat⟩ in wilder Bewegung, entfesselt (u. zerstörerischer Wirkung) sein: das Meer, ein Gewitter tobt; der Kampf hat bis in die Nacht hinein getobt; Ü die Verzweiflung tobte in ihm; **b)** ⟨ist⟩ sich tobend (3 a) irgendwohin bewegen: der Krieg tobte durchs Land.

To|be|rei, die; -, -en (abwertend): [dauerndes] Toben (1, 2).

Tob|sucht, die ⟨o. Pl.⟩ [mhd. tobesuht]: ungezügelte, sich wild u. ziellos austobende Wut, Zustand höchster Erregung, der sich in unbeherrschter, oft zielloser Aggressivität u. Zerstörungswut äußert.

tob|süch|tig ⟨Adj.⟩ [mhd. tobesühtic]: an Tobsucht leidend, zur Tobsucht neigend, von Tobsucht erfüllt: ein t. er Mensch, Kranker.

Tob|suchts|an|fall, der: Anfall von Tobsucht: einen T. erleiden, bekommen.

Toc|ca|ta, Tokkata, die; -, ...ten [ital. toccata, eigtl. = das Schlagen (des Instrumentes), zu: toccare = (an)schlagen, lautm.] (Musik): (ursprünglich nur präludierendes) [virtuoses] Musikstück [in freier Improvisation] für Tasteninstrumente, das häufig durch freien Wechsel zwischen Akkorden u. Läufen gekennzeichnet ist.

Toch|ter, die; -, Töchter [mhd., ahd. tohter]: **1.** weibliche Person im Hinblick auf ihre leibliche Abstammung von den Eltern; unmittelbarer weiblicher Nachkomme: die kleine, erwachsene T.; sie ist ganz die T. ihres Vaters (ist, sieht ihm sehr ähnlich); die T. des Hauses (die erwachsene Tochter der Familie); Ihre Frau T.; Ihr Fräulein T.; Ü die große T. (berühmte Einwohnerin) unserer Stadt; sich unter den Töchtern des Landes (scherzh.; den Mädchen in der Gegend) umsehen; höhere Töchter (veraltet, noch scherzh.; Mädchen aus gutbürgerlichem Hause). **2.** ⟨o. Pl.⟩ (veraltend) Anrede an eine jüngere weibliche Person: nun, meine T.? **3.** (schweiz. veraltend) erwachsene, unverheiratete weibliche Person, Mädchen, bes. als Angestellte in einer Gaststätte od. einem privaten Haushalt. **4.** (Jargon) Kurzf. von ↑ Tochtergesellschaft.

Töch|ter|chen, das; -s, -: Vkl. zu ↑ Tochter.

Toch|ter|fir|ma, die: vgl. Tochtergesellschaft.

Toch|ter|ge|schwulst, die, auch: das: Metastase.

Toch|ter|ge|sell|schaft, die (Wirtsch.): Kapitalgesellschaft, die [innerhalb eines Konzerns] von einer Muttergesellschaft abhängt.

Toch|ter|kir|che, die: Filialkirche.

töch|ter|lich ⟨Adj.⟩: **1.** die Tochter betreffend, ihr zugehörend, von ihr stammend: die -en Warnungen. **2.** einer Tochter entsprechend, gemäß, wie eine Tochter: -e Liebe.

Toch|ter|un|ter|neh|men, das: vgl. Tochtergesellschaft.

Toch|ter|zel|le, die (Biol.): durch Teilung einer Zelle entstandene neue Zelle.

Tod, der; -[e]s, -e ⟨Pl. selten⟩ [mhd. tōd, ahd. tōt,

tod- – Todsünde

subst. Bildung zu dem unter ↑ tot genannten Verb]: **1.** *Aufhören, Ende des Lebens; Augenblick des Aufhörens aller Lebensfunktionen eines Lebewesens:* ein plötzlicher T.; ein langer, qualvoller T. *(eine lange, qualvolle Zeitspanne bis zum Eintritt des Todes);* der T. ist durch Ersticken eingetreten; der T. kam, trat um 18 Uhr ein; dieser Verlust war sein T. *(führte dazu, dass er starb);* auf den Schlachtfeldern wurden Millionen -e gestorben (dichter.; kamen Millionen Menschen ums Leben); den T. eines Gerechten sterben; den T. fürchten, nicht scheuen; einen schweren, leichten T. haben; jmdm. den T. wünschen; eines natürlichen, gewaltsamen -es sterben; jmdm. die Treue halten bis in den/bis zum T.; jmdn. in den T. treiben; für seine Überzeugung in den T. gehen (geh.; *sein Leben opfern);* er hat seinen Leichtsinn mit dem T./-e bezahlen müssen; jmdn. vom T./-e erretten; ein Tier zu -e schinden *(so schinden, dass es stirbt);* er wurde zum -e verurteilt; diese Krankheit führt zum T.; er ist zu -e erkrankt *(so sehr erkrankt, dass er dabei sterben könnte);* Ü mangelndes Vertrauen ist der T. *(bedeutet das Ende)* jeder näheren menschlichen Beziehung; Kinder, kommt rein, ihr holt euch noch den T. *(ihr werdet auf den Tod krank;* Kempowski, Tadellöser 114); R umsonst ist [nur] der T. [und der kostet das Leben] *(es gibt nichts umsonst, für alles muss bezahlt werden);* * *der Schwarze/ schwarze T. (die Pest);* der Weiße/weiße T. *(der Tod durch Lawinen, durch Erfrieren im Schnee);* den T. finden (geh.; *ums Leben kommen);* tausend -e sterben (emotional übertreibend; *voller Angst, Zweifel, Unruhe sein);* des -es sein (geh. veraltend; *sterben müssen);* auf den T. (geh.; *in einer Weise, die das Leben bedroht, die lebensgefährlich ist:* auf den T. krank, erkältet sein); auf/(seltener:) für den T. (ugs. emotional übertreibend; *in äußerstem Maße, ganz und gar, überhaupt:* er konnte ihn auf den/für den T. nicht ausstehen); zu -e (emotional übertreibend; *sehr, aufs Äußerste, schrecklich:* sich zu -e langweilen; er war zu -e erschrocken); zu -e kommen (geh.; *den Tod finden);* etw. zu -e reiten *(etw. bis zum Überdruss wiederholen; so oft behandeln o. Ä., dass es seiner Wirkung beraubt wird).* **2.** (oft dichter. od. geh.) *in der Vorstellung als meist schaurige, düstere, grausame Gestalt gedachte Verkörperung des Todes (1); die Endlichkeit des Lebens versinnbildlichende Gestalt:* der T. klopft an, kam zuletzt auf der Straße, nahm ihm die Feder aus der Hand; der T. als Sensenmann; er sah aus wie der leibhaftige T.; dem T. entfliehen, trotzen; * **T. und Teufel** *(alles Mögliche, alle möglichen Leute);* **T. und Teufel!** (Fluch); **weder T. noch Teufel/sich nicht vor T. und Teufel fürchten** *(sich vor nichts fürchten);* **dem T. ins Auge schauen/sehen** *(in Lebensgefahr sein);* **dem T. von der Schaufel/**(häufiger:) **Schippe gesprungen sein** (scherzh.; *einer tödlichen Gefahr gerade noch entronnen sein);* **mit dem T./-e ringen** *(lebensgefährlich erkrankt, verletzt, dem Sterben nahe sein).*

tod- (emotional verstärkend): drückt in Bildungen mit Adjektiven eine Verstärkung aus; *sehr:* todfroh, -hungrig.

♦ **Tod|bett,** das [mhd. tōtbette]: Sterbebett: Woher weißt du, dass ich nicht böse Träume habe oder auf dem T. nicht werde blass werden? (Schiller, Räuber III, 2).

tod|bleich ⟨Adj.⟩: *totenbleich.*

tod|brin|gend ⟨Adj.⟩: *den Tod herbeiführend:* -e Krankheiten, Gifte.

Tod|dy [...di], der; -[s], -s [engl. toddy < Hindi tārī = Palmensaft]: **1.** *Palmwein.* **2.** *Mixgetränk mit Arrak.*

tod|elend ⟨Adj.⟩ (emotional verstärkend): *sehr elend;* er fühlte sich t.

tod|ernst ⟨Adj.⟩ (emotional verstärkend): *sehr ernst, ganz und gar ernst:* mit -er Miene.

To|des|ah|nung, die: *Ahnung* (1) *des nahen Todes.*

To|des|angst, die: **1.** *Angst vor dem [nahen] Tod.* **2.** (emotional verstärkend) *sehr große Angst:* ich stehe immer Todesängste aus, wenn meine Kinder mit dem Motorrad unterwegs sind.

To|des|an|zei|ge, die: *Anzeige* (2), *in der jmds. Tod mitgeteilt wird.*

To|des|art, die: *Art u. Weise, in der jmd. zu Tode kommt, stirbt.*

To|des|da|tum, das: vgl. Todesjahr.

To|des|dro|hung, die: *Drohung, jmdn. zu töten.*

To|des|en|gel, der: *den Tod verkündender Engel; Engel des Todes.*

To|des|er|klä|rung, die: *amtliches Schriftstück, durch das eine verschollene Person für tot erklärt wird.*

To|des|fall, der: *Tod eines Menschen in einer Gemeinschaft, bes. innerhalb der Familie:* das Geschäft ist wegen -[e]s geschlossen.

To|des|fol|ge, die (bes. Rechtsspr.): *Folge eines Ereignisses od. einer Handlung, die darin besteht, dass jmd. stirbt:* Körperverletzung, Raub, Vergewaltigung mit T.

To|des|furcht, die (geh.): vgl. Todesangst.

To|des|ge|fahr, die (seltener): *Lebensgefahr.*

To|des|jahr, das: *Jahr, in dem jmd. gestorben ist.*

To|des|kampf, der: *das Ringen eines Sterbenden mit dem Tod; Agonie:* ein langer, schwerer T.

To|des|kan|di|dat, der: *jmd., dem der Tod nahe bevorsteht.*

To|des|kan|di|da|tin, die: w. Form zu ↑ Todeskandidat.

To|des|la|ger, das ⟨Pl. ...lager⟩: [Konzentrations]lager, in dem Häftlinge in großer Zahl sterben od. getötet werden.

To|des|mut, der: *großer Mut in gefährlichen Situationen, bei denen auch das Leben auf dem Spiel stehen kann.*

to|des|mu|tig ⟨Adj.⟩: *Todesmut beweisend; sehr mutig.*

To|des|nach|richt, die: *Nachricht vom Tode eines Menschen.*

To|des|not, die (geh.): *äußerste Not* (1), *bei der Todesgefahr für jmdn. besteht:* in T., in Todesnöten sein.

To|des|op|fer, das: *Mensch, der bei einem Unglück, einer Katastrophe o. Ä. umgekommen ist:* der Verkehrsunfall forderte drei T.

To|des|qual, die (geh.): *mit Todesangst verbundene Qual.*

To|des|ra|te, die: *Rate* (2), *statistisch ermittelte Anzahl von Todesfällen.*

To|des|schrei, der: *vom Menschen od. Tier in Todesnot ausgestoßener Schrei.*

To|des|schuss, der: *[gezielter] Schuss, durch den jmd. getötet wird.*

To|des|schüt|ze, der: *jmd., der einen Menschen erschossen hat.*

To|des|schüt|zin, die: w. Form zu ↑ Todesschütze.

To|des|schwa|d|ron, die: *paramilitärisch organisierte Gruppe, die mit tödlichen, terroristischen Gewaltaktionen ihr Ziel verfolgt.*

To|des|sehn|sucht, die: *Sehnsucht nach dem Tod; Wunsch zu sterben.*

To|des|spi|ra|le, die (Eiskunstlauf, Rollkunstlauf): *Figur im Paarlauf, bei der die Partnerin fast horizontal zum Boden auf einem Bein fahrend um die Achse des Partners gezogen wird.*

To|des|stoß, der: *mit einer Stichwaffe ausgeführter Stoß, durch den Tod eines [bereits dem Tode nahen] Menschen od. Tieres herbeigeführt wird:* einem verletzten Tier den T. geben, versetzen.

To|des|stra|fe, die: *Strafe, bei der eine Tat mit dem Tod geahndet wird:* etw. bei T. verbieten.

To|des|strei|fen, der: *Todeszone.*

To|des|stun|de, die: *Stunde, die jmdm. den Tod bringt, in der jmd. stirbt.*

To|des|tag, der: vgl. Todesjahr.

To|des|trakt, der: *Trakt* (1 a) *eines Gefängnisses, in dem zum Tode verurteilte Insassen inhaftiert sind.*

To|des|ur|sa|che, die: *Ursache für den Tod eines Menschen od. eines Tieres:* die T. feststellen.

To|des|ur|teil, das: *gerichtliches Urteil, mit dem über jmdn. die Todesstrafe verhängt wird:* das T. an jmdm. vollstrecken, vollziehen.

To|des|ver|ach|tung, die: *Nichtachtung des Todes in einer gefährlichen Lage, Situation; Furchtlosigkeit bei Todesgefahr:* * **etw. mit T. tun** (scherzh.; *etw. mit großer Überwindung u. ohne sich dabei etw. anmerken zu lassen tun).*

To|des|zeit, die: *Zeitpunkt, zu dem jmd. gestorben ist.*

To|des|zel|le, die: *Gefängniszelle für Häftlinge, die zum Tode verurteilt sind.*

To|des|zo|ne, die: *Gebiet, Bezirk, in dessen Grenzen der unerlaubte Aufenthalt tödliche Gefahren bringt.*

tod|feind, in der Wendung **jmdm. t. sein** (geh. veraltend; *jmdm. äußerst feindlich gegenüberstehen:* die beiden waren sich, einander t.).

Tod|feind, der [mhd. tōtvīent] (emotional verstärkend): *hasserfüllter, unversöhnlicher Feind, Gegner:* jmds. T. sein.

Tod|fein|din, die: w. Form zu ↑ Todfeind.

tod|ge|weiht ⟨Adj.⟩ (geh.): *dem Tod nicht mehr entgehen könnend:* -e Häftlinge.

tod|krank ⟨Adj.⟩: *sehr schwer krank [u. dem Tode nahe]:* er ist ein -er Mann.

tod|lang|wei|lig ⟨Adj.⟩ (emotional verstärkend): *sehr, äußerst langweilig:* ein -er Abend, Vortrag.

töd|lich ⟨Adj.⟩ [mhd. tōtlich, ahd. tōdlīh]: **1.** *den Tod verursachend, herbeiführend, zur Folge habend; mit dem Tod als Folge:* ein -er Unfall; (bes. Rechtsspr.:) *Körperverletzung mit -em Ausgang;* er ist t. verunglückt; eine -e *(lebensbedrohende)* Gefahr; Ü solche Äußerungen in seiner Gegenwart können t. sein (emotional übertreibend; *können gefährlich sein, sehr unangenehme, üble Folgen haben);* ein -er (Sportjargon; *unmittelbar zum erfolgreichen Torschuss führender)* Pass. **2.** (emotional übertreibend) **a)** *sehr groß, stark, ausgeprägt:* -er Hass; etw. mit -er *(absoluter)* Sicherheit erraten; **b)** ⟨intensivierend bei Verben u. Adjektiven⟩ *sehr, über-aus, in höchstem Maße:* sich t. langweilen.

tod|mü|de ⟨Adj.⟩ (emotional verstärkend): *sehr, äußerst müde:* sie sank t. ins Bett.

tod|schick ⟨Adj.⟩ (ugs. emotional verstärkend): *sehr, außerordentlich schick:* eine -e Frau; sie kleidet sich immer t.

¹tod|si|cher ⟨Adj.⟩ (ugs. emotional verstärkend): *ganz und gar ¹sicher* (2, 5), *völlig zuverlässig, gewiss, gesichert; ohne den geringsten Zweifel eintretend, bestehend:* ein -er Tipp; eine -e Sache.

²tod|si|cher ⟨Adv.⟩ (ugs. emotional verstärkend): *mit größter Wahrscheinlichkeit, Sicherheit; ganz ohne Zweifel:* er kommt t., hat sich t. verspätet.

tod|still ⟨Adj.⟩ (emotional verstärkend, seltener): *totenstill.*

Tod|sün|de, die [mhd. tōtsünde] (kath. Kirche): *schwere, im Unterschied zur lässlichen Sünde den Verlust der übernatürlichen Gnade u. der ewigen Seligkeit bewirkende Sünde:* eine T. begehen.

tod|trau|rig ⟨Adj.⟩ (emotional verstärkend): *sehr, außerordentlich traurig.*

tod|un|glück|lich ⟨Adj.⟩ (emotional verstärkend): *sehr, äußerst unglücklich.*

Toe|loop, Toe-Loop ['tu:lu:p, 'to:lu:p, engl.: 'toʊluːp], der; -[s], -s [engl. toe loop (jump), aus: toe = Schuhspitze, Zeh u. loop, ↑ Looping] (Eiskunstlauf, Rollkunstlauf): *vorwärts eingeleiteter Sprung, bei dem nach dem Anlauf mit der Zacke des Schlittschuhs ins Eis eingestochen u. nach einer Drehung in der Luft auf dem Fuß, mit dem abgesprungen wurde, gelandet wird.*

töff ⟨Interj.⟩ (Kinderspr.): lautm. für das Geräusch des Motors, einer Hupe o. Ä.

Töff, der; -s, -[s] (schweiz. mundartl.): *Motorrad.*

Tof|fee [auch: ...fi], das; -s, -s [↑ töff] (engl. toffee, H. u.]: *weicher Sahnebonbon.*

Töff|töff, das; -s, -s [↑ töff] (Kinderspr.): **1.** *Auto.* **2.** *Motorrad, -roller.*

To|fu, der; -[s] [jap. tōfu, aus dem Chin.]: *aus Sojabohnen gewonnenes käseähnliches geschmacksneutrales Nahrungsmittel.*

To|ga, die; -, ...gen [lat. toga, eigtl. = Bedeckung]: *weites Obergewand der [vornehmen] Römer.*

to go [tə'goʊ, tu'goː; engl.] (Werbespr.): *zum Mitnehmen:* Pizza to go.

To|go; -s: Staat in Westafrika.

To|go|er, der; -s, -: Ew.

To|go|e|rin, die; -, -nen: w. Form zu ↑ Togoer.

to|go|isch ⟨Adj.⟩: *Togo, die Togoer betreffend; von den Togoern stammend, zu ihnen gehörend.*

To|go|le|se, der; -n, -n: Ew.

To|go|le|sin, die; -, -nen: w. Form zu ↑ Togolese.

to|go|le|sisch ⟨Adj.⟩: togoisch.

To|hu|wa|bo|hu, das; -[s], -s [hebr. tohû wa vohû = Wüste u. Öde, nach der lutherischen Übersetzung des Anfangs der Genesis (1. Mos. 1, 2)]: *völliges Durcheinander; Wirrwarr, Chaos:* in der Wohnung herrschte ein großes T.

To|i|let|te [tǫa...], die; -, -n [frz. toilette, eigtl. = Vkl. von: toile (↑ Toile), urspr. = Tuch, worauf man das Waschzeug legt]: **1. a)** ⟨o. Pl.⟩ (geh.) *das Sichankleiden, Sichzurechtmachen:* die morgendliche T. beenden; T. machen (*sich ankleiden, frisieren, zurechtmachen*); **b)** (geh. veraltend) *Damenkleidung, bes. für festliche Anlässe:* man sah die Damen viele kostbare, herrliche -n; die Damen erschienen in großer T. **2. a)** [frz. cabinet de toilette] *meist kleinerer Raum mit einem Toilettenbecken [u. Waschgelegenheit]:* eine öffentliche T.; auf die, in die, zur T. gehen [müssen]; **b)** *Klosettbecken in einer Toilette:* etw. in die T. werfen; Irgendwem hab ich auch gesagt, dass sie ins Bad kommt, wenn ich mich rasiere, und sich auf die T. setzt ... und lospinkelt (Schädlich, Nähe 46).

To|i|let|te|ar|ti|kel usw. (österr., sonst selten): ↑ Toilettenartikel usw.

To|i|let|ten|ar|ti|kel, der: *Artikel (3) für die Toilette* (1a), *für die Körperpflege.*

To|i|let|ten|be|cken, das: *Klosettbecken, Toilette* (2b).

To|i|let|ten|bürs|te, die: *Klosettbürste.*

To|i|let|ten|fens|ter, das: *Fenster einer Toilette* (2a).

To|i|let|ten|frau, die: *Frau, die öffentliche Toiletten (2a) reinigt u. in Ordnung hält.*

To|i|let|ten|häus|chen, das: *im Freien, meist in der Nähe einer öffentlichen Anlage aufgestellte Toilette (2a) für die Benutzung durch Teilnehmende einer Veranstaltung o. Ä.*

To|i|let|ten|mann, der ⟨Pl. ...männer⟩: vgl. Toilettenfrau.

To|i|let|ten|pa|pier, das: *Papier zur Säuberung nach der Toilettenbenutzung.*

To|i|let|ten|schüs|sel, die: *Toilettenbecken.*

To|i|let|ten|sitz, der: *auf dem Toilettenbecken befestigter [hochklappbarer], ringförmiger Sitz aus Plastik od. Holz.*

To|i|let|ten|spie|gel, der: *großer Spiegel, bes. als Teil einer Frisiertoilette.*

To|i|let|ten|spruch, der: *etw., meist Anzügliches, was jmd. an die Wand einer öffentlichen Toilette geschrieben hat; Klospruch.*

To|i|let|ten|tisch, der: *Frisierkommode.*

To|i|let|ten|tür, die: *Tür einer Toilette* (2a).

To|i|let|ten|wa|gen, der: *meist von einer Zugmaschine gezogener großer Wagen, in dem Toiletten (2a) installiert sind u. der bei Jahrmärkten, Großveranstaltungen im Freien o. Ä. eingesetzt wird.*

To|i|let|ten|was|ser, das ⟨Pl. ...wässer⟩: *Eau de Toilette.*

toi, toi, toi [lautm. für dreimaliges Ausspucken] (ugs.): **1.** drückt aus, dass man jmdm. für ein Vorhaben, bes. für einen künstlerischen Auftritt, Glück, Erfolg wünscht: t., t., t. für deine Prüfung! **2.** (häufig zusammen mit »unberufen!« dieses verstärkend) drückt aus, dass man etw. nicht ¹berufen (4) will: bisher bin ich, [unberufen] t., t., t., ohne jeden Verlust davongekommen.

To|kai|er, Tokajer [to'kaje, to'kaiɐ], der; -s, - [nach der ung. Stadt Tokaj]: *süßer, aus Ungarn stammender Dessertwein von hellbrauner Farbe.*

To|kai|er|wein, der: *Tokaier.*

To|ka|jer: ↑ Tokaier.

To|ka|jer|wein, der: *Tokaier.*

To|ken ['toʊkən], das od. der; -s,-[s] [engl. token = Zeichen, Marke] (bes. EDV): **1.** ⟨das⟩ *Folge zusammengehöriger Zeichen od. Folge von Bits.* **2.** ⟨der⟩ (EDV) *Erkennungsmarke in einem Kommunikationsnetz, die die Sendeberechtigung enthält.*

To|kio: Hauptstadt Japans.

¹To|kio|er, der; -, -: Ew.

²To|kio|er ⟨indekl. Adj.⟩.

To|kio|e|rin, die; -, -nen: w. Form zu ↑ ¹Tokioer.

¹To|kio|ter, der; -s, -: Ew.

²To|kio|ter ⟨indekl. Adj.⟩.

To|kio|te|rin, die; -, -nen: w. Form zu ↑ ¹Tokioter.

Tok|ka|ta: ↑ Toccata.

To|kyo usw.: ↑ Tokio usw.

to|le|ra|bel ⟨Adj.; ...abler, -ste⟩ [lat. tolerabilis zu: tolerare, ↑ tolerieren] (bildungsspr.): *geeignet, toleriert, gebilligt zu werden; annehmbar, erträglich.*

to|le|rant ⟨Adj.⟩ [(frz. tolérant <) lat. tolerans (Gen.: tolerantis) = duldend, ausdauernd, adj. 1. Part. von: tolerare, ↑ tolerieren]: **1.** *(in Fragen der religiösen, politischen o. a. Überzeugung, der Lebensführung anderer) bereit, eine andere Anschauung, Einstellung, andere Sitten, Gewohnheiten u. a. gelten zu lassen:* ein -er Mensch; keine -e Einstellung; t. sein gegen andere/gegenüber anderen; Ihre Religion spielt keine Rolle. Wir Deutschen sind t. – jeder kann beten, wie er mag (Hochhuth, Stellvertreter 138). **2.** (ugs. verhüll.) *in sexueller Hinsicht großzügig; den verschiedenen sexuellen Praktiken gegenüber aufgeschlossen* (bes. in Inseraten übliche Ausdrucksweise).

To|le|ranz, die; -, -en: **1.** ⟨o. Pl.⟩ [lat. tolerantia, zu: tolerare, ↑ tolerieren] (bildungsspr.): *das Tolerantsein* (1); *Duldsamkeit:* keine, null T. an den Tag legen; T. gegenüber jmdm./gegen jmdn. üben, zeigen. **2.** (Med.) *begrenzte Widerstandsfähigkeit des Organismus gegenüber [schädlichen] äußeren Einwirkungen (bes. gegenüber Giftstoffen od. Strahlen).* **3.** (bes. Technik) *zulässige Differenz zwischen dem angestrebten Norm u. den tatsächlichen Maßen, Größen, Mengen o. Ä.:* maximale, enge -en.

To|le|ranz|be|reich, der (bes. Technik): *Bereich,* innerhalb dessen eine Abweichung von der Norm noch zulässig ist.

To|le|ranz|gren|ze, die: *Grenze des Tolerierbaren.*

To|le|ranz|schwel|le, die: *Toleranzgrenze.*

to|le|rier|bar ⟨Adj.⟩: *tolerabel.*

to|le|rie|ren ⟨sw. V.; hat⟩ [lat. tolerare = (er)dulden]: **1.** (bildungsspr.) *dulden, zulassen, gelten lassen (obwohl es nicht den eigenen Vorstellungen o. Ä. entspricht):* jmdn. t.; der Staat toleriert diese Aktivitäten. **2.** (bes. Technik) *eine Toleranz (3) in bestimmten Grenzen zulassen.*

To|le|rie|rung, die; -, -en: *das Tolerieren; das Toliertwerden.*

toll ⟨Adj.⟩ [mhd. tol, dol, ahd. tol = dumm, töricht, eigtl. = getrübt, umnebelt, verwirrt, zu ↑ Dunst]: **1. a)** *ungewöhnlich, unglaublich:* eine -e Geschichte; **b)** (ugs.) *großartig, prächtig:* eine -e Figur haben; eine -e Frau; der Film war t.; die Mannschaft hat t. gespielt; **c)** (ugs.) *sehr groß, stark:* eine -e Hitze; **d)** (intensivierend bei Verben u. Adjektiven) (ugs.) *sehr:* sich t. freuen; t. verliebt sein; **e)** (ugs.) *schlimm:* sie trieben -e Streiche; **f)** (ugs.) *ausgelassen u. wild:* in -er Fahrt ging es bergab; Sie stürzten. Sie hatten es zu t. getrieben und fielen hin (Th. Mann, Hoheit 71). **2.** (veraltet) *tollwütig.* **3.** (veraltet) *sich aufgrund einer Psychose auffällig benehmend.*

toll|dreist ⟨Adj.⟩ (veraltend): *sehr dreist:* -e Geschichten.

Tol|le, die; -, -n [md.; niederd. Nebenf. von mhd. tolde, ↑ Dolde]: *Haartolle.*

◆ **Toll|ei|sen,** das: *Brennschere:* Das Auffallendste war wieder die Haube, deren Rüschen eben aus dem T. zu kommen schienen (Fontane, Jenny Treibel 145).

tol|len ⟨sw. V.⟩ [spätmhd. tollen, zu ↑ toll]: **a)** ⟨hat⟩ *(von Kindern u. spielenden Hunden, Katzen) wild, ausgelassen spielend u. lärmend herumspringen:* die Kinder tollen im Garten; **b)** ⟨ist⟩ *sich tollend (a) irgendwohin bewegen:* durch die Wiesen t.

Tol|le|rei, die; -, -en (ugs.): *das Herumtollen.*

Toll|haus, das (früher): *Haus, in dem psychotische Menschen von der Gesellschaft abgesondert leben:* das Stadion ein T. *(in eine Stätte, wo Leute sich wild gebärden, ausgelassen feiern)* verwandeln.

Toll|heit, die; -, -en [mhd. tolheit]: **a)** ⟨o. Pl.⟩ *das Tollsein; Verrücktheit, Unsinnigkeit;* **b)** *verrückte, überspannte, närrische Handlung:* ich hab genug von deinen -en!

Tol|li|tät, die; -, -en [zu ↑ toll u. ↑ Majestät] (scherzh.): *Faschingsprinz, -prinzessin.*

Toll|kir|sche, die [die in den Beeren enthaltenen Alkaloide bewirken Erregungs- u. Verwirrtheitszustände]: *(zu den Nachtschattengewächsen gehörende) als hohe Staude wachsende Pflanze mit eiförmigen Blättern, rötlich violetten Blüten u. schwarzen, sehr giftigen Beeren als Früchten; Belladonna (a).*

toll|kühn ⟨Adj.⟩ (leicht abwertend): *von einem Wagemut [zeugend], der Gefahr nicht achtet; sehr waghalsig:* ein -es Unternehmen; Ich war begehrig und ohne Scheu und wagte, was der Verstand als t. verworfen hätte (Jahnn, Geschichten 30).

Toll|kühn|heit, die: **1.** ⟨o. Pl.⟩ *das Tollkühnsein.* **2.** *tollkühne Tat, Handlung.*

Toll|patsch, der; -[e]s, -e [älter: Tolbatz, wohl unter Einfluss von ↑ toll u. ↑ patschen < älter ung. talpas = breiter Fuß; breitfüßig; urspr. Neckname für den ung. Infanteristen]: *sehr ungeschickter Mensch.*

toll|pat|schig ⟨Adj.⟩: *ungeschickt, unbeholfen (in seinen Bewegungen, in seinem Verhalten o. Ä.):* ein -er Mensch; sich t. anstellen.

Toll|wut, die [zusger. aus älter: tolle Wut] (Med.):

tollwütig – tönen

(bei Haus- u. Wildtieren vorkommende) gefährliche, einen Zustand von Übererregtheit hervorrufende Viruskrankheit, die durch den Speichel kranker Tiere auch auf den Menschen übertragen werden kann.

toll|wü|tig ⟨Adj.⟩: *von Tollwut befallen.*

Tol|patsch usw.: *frühere Schreibung für ↑ Tollpatsch usw.*

Töl|pel, der; -s, -: **1.** [frühnhd., älter auch: dörpel, törpel, H. u.] (abwertend) *ungeschickter, unbeholfener, einfältiger Mensch: so ein T.!* **2.** [nach den unbeholfen wirkenden Bewegungen des Vogels auf dem Land] *(zu den Ruderfüßern gehörender) großer Meeresvogel mit schwarzweißem Gefieder.*

töl|pel|haft ⟨Adj.⟩ (abwertend): *ungeschickt, unbeholfen; von, in der Art eines Tölpels* (1).

Tölt, der; -s [isländ. tölt] (Reiten): *Gangart zwischen Schritt u. Trab mit sehr rascher Fußfolge.*

töl|ten ⟨sw. V.⟩ [zu ↑ Tölt] (Reiten): **a)** ⟨hat, seltener: ist⟩ *(bes. von Islandponys) im Tölt laufen: die Pferde haben [auf der Bahn] getöltet; ich bin noch nie so lange am Stück getöltet;* **b)** ⟨ist⟩ *eine Strecke im Tölt zurücklegen: die Reiterin ist über die Bahn getöltet.*

To|lu|ol, das; -s [zu der Stadt Tolú in Kolumbien u. ↑ Alkohol; nach dem starken Geruch] (Chemie): *als Lösungsmittel für Lacke, Öle o. Ä. verwendeter, farbloser, benzolartig riechender Kohlenwasserstoff.*

To|ma|hawk [...ha:k], der; -s, -s [engl. tomahawk < Algonkin (nordamerik. Indianerspr.) tomahak]: *Streitaxt der nordamerikanischen Indianer.*

To|ma|te, die; -, -n [frz. tomate < span. tomate < Nahuatl (mittelamerik. Indianerspr.) tomatl]: **a)** *(zu den Nachtschattengewächsen gehörende) als Gemüsepflanze angebaute Pflanze mit Fiederblättern, gelben, sternförmigen Blüten u. runden, [orange]roten, fleischigen Früchten;* **b)** *Frucht der Tomate* (a): *reife -n; sie bewarfen den Redner mit faulen -n; rot werden wie eine T.* (ugs. scherzh.; *heftig erröten*); * **[eine] treulose T.** (ugs. scherzh.; *jmd., den man einem anderen versetzt, im Stich lässt;* H. u.); **-n auf den Augen haben** (salopp abwertend; *etw., jmdn. aus Unachtsamkeit übersehen*).

To|ma|ten|ket|chup, To|ma|ten|ket|schup, der od. das: *pikante dickflüssige Tomatensoße.*

To|ma|ten|mark, das: *eingedicktes Fruchtfleisch reifer Tomaten.*

To|ma|ten|pü|ree, das (schweiz.): *Tomatenmark.*

To|ma|ten|saft, der: *aus Tomaten hergestellter Saft.*

To|ma|ten|sa|lat, der: *aus in Scheiben geschnittenen Tomaten zubereiteter Salat.*

To|ma|ten|sau|ce: ↑ *Tomatensoße.*

To|ma|ten|so|ße, Tomatensauce, die: *aus Tomatenmark od. gekochten, passierten* (3) *Tomaten zubereitete Soße.*

To|ma|ten|sup|pe, die: *aus gekochten, passierten* (3) *Tomaten zubereitete, hergestellte Suppe.*

♦ **Tom|bak|schnal|le**, die: *Schnalle* (1) *aus Tombak: ... eine schwarze Sammetschärpe mit einer T.* (Keller, Kammerherr 233).

Tom|bo|la, die; -, -s, selten: ...len [ital. tombola, zu: tombolare = purzeln, nach dem »Purzeln« der Lose in der Lostrommel]: *Verlosung von [gestifteten] Gegenständen, meist anlässlich von Festen: eine T. veranstalten.*

Tom|my [...mi], der; -[s], -s [engl., kurz für: Tommy (= Thomas) Atkins = Bez. für »einfacher Soldat« (nach den früher auf Formularen vorgedruckten Namen)]: *Spitzname für den britischen Soldaten im Ersten u. Zweiten Weltkrieg.*

To|mo|fel, die; -, -n [zusgez. aus **Tom**ate u. Kar**toffel**]: *durch Kreuzung zwischen Kartoffel u. Tomate mithilfe der Gentechnik entwickelte Pflanze.*

To|mo|gra|fie, To|mo|gra|phie, die; -, -n [zu griech. tomé = Schnitt u. ↑-grafie]: **1.** *bildgebendes Verfahren zur Darstellung von Strukturen des menschlichen Körpers (bes. Computertomografie).* **2.** *mithilfe der Tomografie* (1) *erstelltes Bild.*

¹**Ton**, der; -[e]s, ⟨Arten:⟩ -e [Verdumpfung von frühnhd. tahen, tran, mhd. tāhe, dāhe, ahd. dāha, eigtl. = (beim Austrocknen) Dichterwerdendes]: *bes. zur Herstellung von Töpferwaren verwendetes lockeres, feinkörniges Sediment von gelblicher bis grauer Farbe: T. formen, brennen; Gefäße aus T.*

²**Ton**, der; -[e]s, Töne [mhd. tōn, dōn = Lied; Laut, Ton, ahd. tonus < lat. tonus = das (An)spannen (der Saiten); Ton, Klang < griech. tónos, zu: teínein = (an)spannen, dehnen]: **1. a)** *vom Gehör wahrgenommene gleichmäßige Schwingung der Luft, die (im Unterschied zum Klang) keine Obertöne aufweist: ein hoher, tiefer T.; der T. verklingt; einen T., Töne hervorbringen;* **b)** *(aus einer Reihe harmonischer ² Töne 1 a zusammengesetzter) Klang* (1): *ein klarer, runder T.; ein ganzer, halber T.* (Musik: *Abstand eines Tones vom nächsten innerhalb einer Tonleiter*); *den T.* (Musik: *die Tonstufe*) *a auf dem Klavier anschlagen; Ü man hört den falschen T., die falschen Töne in seinen Äußerungen (man hört, dass das, was er sagt, nicht ehrlich gemeint ist);* [den Sängerinnen und Sängern] *den T.* (*die Tonhöhe*) *angeben; R der T. macht die Musik* (*es kommt auf die ¹Tonart 2 an, in der jmd. etwas sagt, vorbringt);* * **den T. angeben** (*tonangebend sein*); **jmdn., etw. in den höchsten Tönen loben** (*jmdn., etw. überschwänglich loben*); **c)** (Rundfunk, Film, Fernsehen) *Tonaufnahme:* den T. steuern, aussteuern; einen Film T. unterlegen; der T. ab! – T. läuft! *(Kommando u. Bestätigung des Kommandos bei der Aufnahmearbeit).* **2. a)** ⟨meist Sg.⟩ *Rede-, Sprech-, Schreibweise, Tonfall* (2): bei ihnen herrscht ein ungezwungener, rauer T. *(Umgangston);* nicht den richtigen T. finden; einen überheblichen T. anschlagen; ich wittere mir diesen T.!; sich einen anderen T. ausbitten; etw. in einem freundlichen T. sagen; sich im T. vergreifen; * **einen [furchtbaren o. ä.] T. am Leib haben** (ugs. abwertend; *in ungebührlicher Weise sprechen, sich äußern*); **einen anderen, schärferen o. ä. T. anschlagen** (*von nun an größere Strenge walten lassen*); **b)** (ugs.) *Wort; Äußerung:* keinen T. reden, verlauten lassen; er konnte vor Überraschung, Heiserkeit keinen T. heraus-, hervorbringen; er hätte nur einen T. zu sagen brauchen; ich möchte keinen T. mehr hören (ugs.; *Aufforderung bes. an ein Kind, keine Widerrede mehr zu geben);* R hast du/haste/hat der Mensch Töne? (salopp; *hat man dafür noch Worte?*); * **große/dicke Töne reden/schwingen/spucken** (ugs. abwertend; *großspurig, angeberisch reden*); **der gute/** (seltener:) **feine T.** (*Regeln des Umgangs;* nach A. v. Knigge, ↑ Knigge: den guten T. verletzen; etw. gehört zum guten T.). **3.** *Betonung* (1), *Akzent* (1 a): die zweite Silbe trägt den T. **4.** [Literaturwiss.] *(in der Lyrik des MA.s u. im Meistersang) sich gegenseitig bedingende Strophenform u. Melodie; Einheit von rhythmisch-metrischer Gestalt u. Melodie.* **5.** [wohl nach frz. ton < lat. tonus] *Kurzf. von ↑ Farbton* (1, 2): kräftige, warme, matte Töne; Polstermöbel und Tapeten sind im T. aufeinander abgestimmt; die Farbe ist einen T. (ugs.; *eine Nuance*) zu grell; * **T. in T.** (*[in Bezug auf zwei od. mehrere Farbtöne] nur in Nuancen voneinander abweichend u. einen harmonischen Zusammenklang darstellend*).

Ton|ab|neh|mer, der: *Kurzf. von ↑ Tonabnehmersystem.*

Ton|ab|neh|mer|sys|tem, das: *(beim Plattenspieler) am vorderen Ende des Tonarms befestigter Teil (in dem sich die Grammofonnadel befindet) mit der Aufgabe, die mechanischen Schwingungen in elektrische Wechselspannung umzuwandeln.*

to|nal ⟨Adj.⟩ [wohl frz. tonal, zu: ton < lat. tonus, ↑ ²Ton] (Musik): *auf die Tonika der Tonart bezogen, in der ein Musikstück steht.*

To|na|li|tät, die; -, -en [wohl frz. tonalité, zu: tonal, ↑ tonal] (Musik): **1. a)** *gesetzmäßige Beziehung zwischen Tönen, Klängen u. Akkorden;* **b)** ⟨Pl. selten⟩ *Bezogenheit von Tönen, Klängen u. Akkorden auf die Tonika der Tonart, in der ein Musikstück steht.* **2.** (bildungsspr.) *Zusammenspiel von Farbtönen* (1).

ton|an|ge|bend ⟨Adj.⟩: *als nachzuahmendes Vorbild geltend; eine maßgebliche Rolle spielend:* die -en Kreise; t. sein.

Ton|arm, der: *(beim Plattenspieler) schwenkbarer Arm* (2), *dessen vorderes Ende das Tonabnehmersystem trägt.*

¹**Ton|art**, die: **1.** (Musik) *Stufenfolge von Tönen, die auf einen bestimmten Grundton bezogen ist u. gleichzeitig ein bestimmtes Tongeschlecht aufweist: die Sonate steht in der T. C-Dur, a-Moll.* **2.** *Art u. Weise, in der jmd. spricht, etw. äußert; Tonfall* (2): eine respektlose T.; * **eine andere, schärfere o. ä. T. anschlagen** (↑ ²Ton 2 a).

²**Ton|art**, die: *bestimmte Art ¹Ton.*

ton|ar|tig ⟨Adj.⟩: *dem ¹Ton ähnlich.*

Ton|auf|nah|me, die: *Tonaufzeichnung.*

Ton|auf|nah|me|ge|rät, das: *Gerät, das akustische Vorgänge auf Tonband, Tonspur od. Schallplatte aufzunehmen vermag.*

Ton|auf|zeich|nung, die (Rundfunk, Fernsehen): *das Aufzeichnen* (2) *von akustischen Vorgängen mithilfe von Tonaufnahmegeräten.*

Ton|aus|fall, der (Rundfunk, Fernsehen): *Ausfallen des ²Tones* (1) *in einer Sendung.*

Ton|band, das ⟨Pl. ...bänder⟩: **1.** *schmales, auf einer Spule aufgewickeltes, mit einer magnetisierbaren Schicht versehenes Kunststoffband, das zur magnetischen Speicherung bes. von Musik u. Sprache dient: etw. auf T. [auf]nehmen; [etw.] auf T. sprechen.* **2.** (ugs.) *Kurzf. von ↑ Tonbandgerät.*

Ton|band|auf|nah|me, die: *elektroakustische Tonaufnahme auf ein Tonband.*

Ton|band|ge|rät, das: *Gerät zur magnetischen Aufzeichnung u. Wiedergabe bes. von Musik u. Sprache.*

Ton|band|pro|to|koll, das: *auf Tonband aufgenommenes Protokoll.*

Ton|be|zeich|nung, die (Musik): *Bezeichnung der einzelnen ²Töne* (1 b) *eines Tonsystems (z. B. durch Buchstaben).*

Ton|bild, das: *Lichtbild, Dia mit gleichzeitig laufendem, synchronisiertem ²Ton* (1).

Ton|bo|den, der: *tonhaltiger Boden.*

Ton|buch|sta|be, der: *zur Tonbezeichnung verwendeter Buchstabe des Alphabets.*

Ton|dau|er, die: *Zeitdauer, in der ein ²Ton* (1 b) *gehalten wird.*

Ton|dich|tung, die (Musik): *zur Programmmusik gehörende [Form der] Orchestermusik.*

Tö|ne: Pl. von ↑²Ton.

tö|nen ⟨sw. V.; hat⟩: **1.** [mhd. doenen, toenen] *als ²Ton* (1) *od. Schall hörbar sein: hell, laut, dumpf t.; aus der Bar tönte Musik.* **2. a)** (ugs. abwertend) *prahlerisch, angeberisch reden:* er tönte mal wieder; von seinen Erfolgen t.; »Meine Mannschaft wird gewinnen«, tönte *(verkündete großspurig)* der Trainer; **b)** (schweiz.) klin-

gen (2a): *Ihr Lachen tönt ziemlich schrill* (Frisch, Montauk 88). **3.** [zu ↑²Ton (5)] *in der Färbung abschattieren, um Nuancen verändern; mit einer bestimmten Färbung versehen: die Wände beige t.; sie hat ihr Haar [rötlich] getönt; getönte Brillengläser.*

To|ner, der; -s, - [engl. toner, zu: tone = Ton; Farbgebung, Schattierung < (a)frz. ton < lat. tonus, ↑²Ton] (Druckw.): *Farbpulver als Druckfarbe für Kopiergeräte, Drucker o. Ä.*

Ton|er|de, die: **1.** (seltener) ¹*Ton.* **2.** (Chemie) *Oxid des Aluminiums.* **3.** * **essigsaure T.** (**1.** *weißes, teilweise in Wasser lösliches Pulver, das in der Farbenindustrie Verwendung findet.* volkstüml.: *wässrige Lösung der essigsauren Tonerde, die in der Medizin für Umschläge u. a. verwendet wird*).

tö|nern ⟨Adj.⟩: *aus* ¹*Ton bestehend.*

Ton|fall, der ⟨Pl. selten⟩: **1.** *Art des Sprechens im Hinblick auf Sprachmelodie, Intonation, die Eigenart des Klanges der Sprache eines Sprechenden: sie hat einen schwäbischen T.; er sprach mit singendem T.* **2.** ¹*Tonart* (2).

Ton|film, der: *Spielfilm, bei dem (im Unterschied zum Stummfilm) auch der* ²*Ton* (1) *aufgezeichnet ist (u. synchron mit der Bildfolge abläuft).*

Ton|fol|ge, die: *Aufeinanderfolge von* ²*Tönen* (1).

Ton|ga; -s: *Inselstaat im südlichen Pazifischen Ozean.*

¹**Ton|ga|er,** der; -s, -: *Ew.*

²**Ton|ga|er** ⟨indekl. Adj.⟩.

Ton|ga|e|rin, die; -, -nen: w. Form zu ↑*Tongaer.*

Ton|ga|in|seln ⟨Pl.⟩: *Inselgruppe im südlichen Pazifischen Ozean.*

ton|ga|isch ⟨Adj.⟩: *Tonga, die* ¹*Tongaer betreffend; von den* ¹*Tongaern stammend, zu ihnen gehörend.*

Ton|ga|spra|che, die ⟨o. Pl.⟩: *polynesische Sprache der* ¹*Tongaer.*

Ton|ge|bung, die: **1.** (Musik) *Intonation* (3). **2.** (Sprachwiss.) *Intonation* (5).

Ton|ge|fäß, das: *tönernes Gefäß.*

Ton|ge|schirr, das: *tönernes Geschirr.*

Ton|ge|schlecht, das (Musik): *nach Dur u. Moll unterschiedener Charakter einer* ¹*Tonart* (1).

Ton|gut, das ⟨o. Pl.⟩: *keramisches Gut* (3).

ton|hal|tig, (österr.:) **ton|häl|tig** ⟨Adj.⟩: ¹*Ton enthaltend:* -*e Erde.*

Ton|hö|he, die: *Höhe eines* ²*Tons* (1a).

To|ni: Pl. von ↑*Tonus.*

To|nic, das; -[s], -s [engl. tonic (water), zu: tonic = stärkend, belebend < frz. tonique < griech. tonikós, ↑*Tonikum*]: **1.** *mit Kohlensäure u. Chinin versetzte, leicht bitter schmeckende Limonade [zum Verdünnen von hochprozentigen alkoholischen Getränken].* **2.:** *Gesichtswasser, Haarwasser.*

To|nic|wal|ter [...wɔːtɐ], das; -[s], -[s]: *Tonic.*

to|nig ⟨Adj.⟩: ¹*Ton enthaltend:* -*e Erde.*

¹**To|ni|ka,** die; -, ...ken [ital. (vocale) tonica, zu: tonico = betont, zu: tono < lat. tonus, ↑²Ton] (Musik): **a)** *Grundton einer Tonleiter;* **b)** *Grundton eines Musikstücks;* **c)** *Dreiklang auf der ersten Stufe* (Zeichen: T).

²**To|ni|ka:** Pl. von ↑*Tonikum.*

To|ni|kum, das; -s, ...ka [nlat., zu griech. tonikós = gespannt; Spannkraft bewirkend, zu: tónos, ↑²Ton] (Pharm.): *kräftigendes Mittel.*

Ton|in|ge|ni|eur, der (Film, Rundfunk, Fernsehen): *für die Tonaufnahme u. ihre Wiedergabe verantwortlicher Techniker.*

Ton|in|ge|ni|eu|rin, die: w. Form zu ↑*Toningenieur.*

¹**to|nisch** ⟨Adj.⟩ (Musik): *die* ¹*Tonika* (c) *betreffend: ein* -*er Dreiklang.*

²**to|nisch** ⟨Adj.⟩ (Med.): **a)** *den Tonus* (1) *betreffend;* **b)** *(von Muskeln) angespannt, sehr stark*

kontrahiert: -*e Krämpfe;* **c)** *kräftigend; stärkend:* -*e Medikamente.*

Ton|ka|me|ra, die (Film): **1.** *Apparat, der Tonaufnahmen macht.* **2.** *Filmkamera, die gleichzeitig Tonaufnahmen machen kann.*

Ton|kopf, der: *Tonabnehmer.*

ton|kräf|tig ⟨Adj.⟩ (schweiz.): *eine intensive Farbe aufweisend.*

Ton|krug, der: vgl. *Tongefäß.*

Ton|kunst, die (geh.): *Musik (als Kunstgattung).*

Ton|künst|ler, der (geh.): *Komponist.*

Ton|künst|le|rin, die: w. Form zu ↑*Tonkünstler.*

Ton|la|ge, die (Musik): vgl. *Tonhöhe: eine hohe, tiefe T.*

Ton|lei|ter, die (Musik): *Abfolge von* ²*Tönen* (1 b) *(im Abstand von Ganz- u. Halbtönen) innerhalb einer Oktave.*

Ton|loch, das: *Griffloch.*

ton|los ⟨Adj.⟩: *keinen Klang, Ausdruck aufweisend: mit* -*er Stimme sprechen.*

Ton|ma|le|rei, die (Musik): *Wiedergabe von Vorgängen der Umwelt durch Tonfolgen, Klänge, Klangeffekte.*

ton|ma|le|risch ⟨Adj.⟩ (Musik): *die Tonmalerei betreffend, mit ihren Mitteln.*

Ton|meis|ter, der (Film, Rundfunk, Fernsehen): *Toningenieur.*

Ton|meis|te|rin, die: w. Form zu ↑*Tonmeister.*

Ton|mi|ne|ral, das (Chemie): *wasserhaltiges Silikat des Aluminiums.*

Ton|mi|scher, der (Film, Rundfunk, Fernsehen): **1.** *Mischpult.* **2.** *jmd., der am Mischpult arbeitet.*

Ton|mi|sche|rin, die: w. Form zu ↑*Tonmischer* (2).

Ton|na|ge [tɔˈnaːʒə, österr. meist: ...ʃ], die; -, -n [frz. tonnage, zu: tonne = Tonne < mlat. tunna, ↑*Tonne* (Seew.): **1.** *in Bruttoregistertonnen angegebener Rauminhalt eines Schiffes.* **2.** *gesamte Flotte (einer Reederei, eines Staates).*

Tönn|chen, das; -s, -: **1.** Vkl. zu ↑*Tonne* (1). **2.** (ugs. scherzh.) *kleiner dicker Mensch: sie ist ein [richtiges kleines] T.*

Ton|ne, die; -, -n: **1.** [mhd. tonne, tunne, ahd. tunna < mlat. tunna = Fass, wohl aus dem Kelt.] *großer, aus Metall bestehender [geschlossener u. nur mit einem Spundloch versehener] zylindrischer Behälter zum Aufnehmen, Transportieren o. Ä. bes. von flüssigen Stoffen: eine T. mit Öl, Benzin; etw. in -n transportieren; er ist dick wie eine T. (sehr dick);* * **für die T.** (ugs.; *umsonst; verdorben; verloren, kaputt*). **2.** Kurzf. von ↑*Bruttoregistertonne.* **3.** *Maßeinheit von tausend Kilogramm: eine T. Kohlen; eine T. kanadischer Weizen/* (geh.:) *kanadischen Weizens; eine Maschine mit einem Gewicht von 5* -*n.* **4.** (früher) *Hohlmaß bes. für Wein u. Bier (100 bis 700 l).* **5.** (Seew.) *einer Tonne* (1) *ähnliches, schwimmendes, verankertes Seezeichen (mit verschiedenen Funktionen).* **6.** (ugs.) *großer, dicker Mensch: er ist eine [richtige] T.*

Ton|nen|ge|wöl|be, das (Archit.): *Gewölbe, dessen Querschnitt einen Halbkreis darstellt.*

Ton|nen|ki|lo|me|ter, der (Transportwesen): *Einheit für die Berechnung von Transportkosten im Güterverkehr je Tonne u. Kilometer* (Abk.: tkm).

ton|nen|schwer ⟨Adj.⟩: vgl. *zentnerschwer.*

ton|nen|wei|se ⟨Adv.⟩: *in der Menge, im Gewicht von Tonnen* (3): *die Kirschen verfaulten t.;* ⟨mit Verbalsubstantiven auch attr.:⟩ *die t. Vernichtung von Lebensmitteln.*

Ton|pfei|fe, die: *Pfeife* (2) *aus* ¹*Ton.*

Ton|qua|li|tät, die: *akustische Qualität eines* ²*Tones* (1 c) *od. einer musikalischen Wiedergabe.*

Ton|satz, der (Musik): **1.** *mehrstimmige musikalische Komposition.* **2.** ⟨o. Pl.⟩ *Harmonielehre u. Kontrapunkt (als Grundlage für das Komponieren).*

Ton|scher|be, die: *Scherbe eines Gegenstands aus* ¹*Ton.*

Ton|schicht, die: *aus* ¹*Ton bestehende Bodenschicht.*

Ton|schie|fer, der (Geol.): *meist bläulich graues, schiefriges Sedimentgestein.*

Ton|spra|che, die: **1.** (Sprachwiss.) *Sprache, bei der unterschiedliche Intonation* (5) *zur Unterscheidung lexikalischer u. grammatischer Bedeutungen verwendet wird.* **2.** *Art u. Weise des musikalischen Ausdrucks, der Melodik* (2).

Ton|spur, die: **1.** (Film) *schmaler, die Tonaufzeichnung enthaltender Teil eines Films* (2). **2.** *Spur* (4b) *für Klang-, akustische Signale.*

Ton|stär|ke, die: ²*Lautstärke* (a) *eines* ²*Tons* (1).

Ton|stö|rung, die (Rundfunk, Film, Fernsehen): *Störung bei der Wiedergabe des* ²*Tons* (1).

Ton|stück, das (veraltend): *Musikstück.*

Ton|stu|dio, das (bes. Rundfunk, Film, Fernsehen): *Raum für die Tonaufnahme.*

Ton|stu|fe, die (Musik): *Stelle, die ein bestimmter* ²*Ton* (1b) *innerhalb der Tonleiter einnimmt.*

Ton|sur, die; -, -en [mlat. tonsura < lat. tonsura = das ¹*Scheren; Schur, zu: tonsum, 2. Part. von: tondere = ³scheren* (1 a)] (kath. Kirche früher): *kreisrund kahl geschorene Stelle auf dem Kopf von Geistlichen, bes. Mönchen.*

Ton|sys|tem, das (Musik): *systematische Ordnung des Bestandes an* ²*Tönen* (1b).

Ton|ta|fel, die (Archäol.): *Tafel aus* ¹*Ton mit eingebrannten Schriftzeichen.*

Ton|tau|be, die (früher): *Scheibe aus* ¹*Ton als Ziel beim Tontaubenschießen.*

Ton|tau|ben|schie|ßen, das (früher): *Wurftaubenschießen.*

Ton|tech|ni|ker, der: *vor allem beim Rundfunk, Film od. Fernsehen tätiger Techniker, der für die Tonaufnahme u. -wiedergabe verantwortlich ist.*

Ton|tech|ni|ke|rin, die: w. Form zu ↑*Tontechniker.*

Ton|trä|ger, der (Fachspr.): *Vorrichtung zur Aufnahme u. Speicherung akustischer Vorgänge (wie Schallplatte, CD, Kassette).*

Tö|nung, die; -, -en: **1.** *das* ²*Tönen* (3). **2.** *das Getöntsein.*

To|nus, der; -, Toni [lat. tonus < griech. tónos, ↑²Ton]: **1.** (Physiol.) *Muskeltonus.* **2.** (Musik) *Ganzton.*

Ton|wa|re, die ⟨meist Pl.⟩: *Gegenstand, bes. Gefäß aus gebranntem* ¹*Ton.*

Ton|wert, der (Fotogr.): *Abstufung von Grau in einem Schwarz-Weiß-Bild.*

Ton|wie|der|ga|be, die (bes. Rundfunk, Fernsehen, Film): *Wiedergabe des* ²*Tons* (1 c), *einer Tonaufzeichnung.*

To|ny [engl.: ˈtoʊni], der; -s, -s [amerik., nach dem Spitznamen Tony der amerik. Schauspielerin u. Produzentin Antoinette Perry (1886–1946)]: *jährlich verliehener amerikanischer Preis* (2a) *für herausragende, bemerkenswerte Theateraufführungen.*

Ton|zei|chen, das: *Note* (1a).

Tool [tuːl], das; -s, -s [engl. tool = Werkzeug] (EDV): *Programm, das bestimmte zusätzliche Aufgaben innerhalb eines anderen Programms übernimmt.*

top ⟨indekl. Adj.⟩ [engl. top = oberst..., höchst..., zu ↑¹*Top*] (ugs. emotional verstärkend): *von höchster Güte, hervorragend; auf dem aktuellsten Stand, hochmodern: er ist immer t. gekleidet.*

¹**Top,** das; -s, -s [engl. top = Oberteil] (Textilind.): *einem T-Shirt ähnliches, ärmelloses Oberteil [mit weitem Ausschnitt] für Frauen u. Mädchen.*

²**Top,** der; -s, -s [engl. top] (Golf): *Schlag, bei dem der Ball oberhalb seines Zentrums getroffen wird.*

TOP – Topspin

TOP, der; -[s], -[s] [Kurzwort] = Tagesordnungspunkt: die TOPs 1 bis 3.

¹top-, ¹Top- [zu ↑ top] (ugs. emotional verstärkend): **1.** drückt in Bildungen mit Adjektiven eine Verstärkung aus; *sehr, in hohem Maße:* topgepflegt, topinnovativ, topqualifiziert. **2.** drückt in Bildungen mit Substantiven eine Verstärkung aus: Topflop, Topterroristin. **3.** drückt in Bildungen mit Substantiven aus, dass etw. als ausgezeichnet, hervorragend angesehen wird: Topagentur, Topangebot, Toplage, Topveranstaltung. **4.** drückt in Bildungen mit Substantiven aus, dass jmd. oder etw. als besonders gut, höchstrangig, als [qualitativ] erstklassig angesehen wird: Topathlet, Topausbildung, Topmaterial.

²top-, ²Top-: ↑ topo-, Topo-.

Top Act [ˈtɔp |ɛkt], der; - -s, - -s, **Top|act,** der; -s, -s [aus engl. top (↑ top) u. act, ↑ Act]: *Hauptattraktion:* T. A. der Veranstaltung ist der Auftritt des weltberühmten Sängers.

top|ak|tu|ell ⟨Adj.⟩ (emotional verstärkend): *hochaktuell:* -e Frisuren.

To|pas [österr. meist: ˈtoːpas], der; -es, -e [mhd. topâze < lat. topazus < griech. tópazos]: *farbloses bzw. in vielen hellen Farben vorkommendes, durchsichtiges, glänzendes Mineral, das als Schmuckstein verwendet wird.*

Top-down-Me|tho|de [ˈtɔpˌdaʊn...], die [aus engl. top = Spitze, down = hinunter u. ↑ Methode]: **1.** (Fachspr.) *Methode, bei der man schrittweise von allgemeinen, umfassenden Strukturen zu immer spezielleren Details übergeht.* **2.** (Politik, Soziol., Wirtsch.) *organisatorische Methode, bei der hierarchisch übergeordnete Personen das Handeln einer ¹Gruppe (2) wesentlich bestimmen od. beeinflussen.*

Topf, der; -[e]s, Töpfe [aus Ostmd., mhd. (md.) topf, H. u., viell. zu ↑ tief u. eigtl. = trichterförmige Vertiefung]: **1.** *aus feuerfestem Material bestehendes, [beidseitig] mit einem Henkel versehenes, zylindrisches Gefäß [mit Deckel], in dem Speisen gekocht werden; Kochtopf:* ein gusseiserner T.; ein T. [mit, voll] Suppe; einen T. Kartoffeln [mit einem Kartoffeln gefüllten Topf] aufsetzen; ℝ jeder T. findet seinen Deckel *(jeder, alles findet das ihm gemäße, zu ihm passende Gegenstück);* *wie T. und Deckel zusammenpassen (ugs.; *sehr gut zusammenpassen*);* seine Nase in alle Töpfe stecken (ugs. abwertend; *sehr neugierig sein*); jmdm. in die Töpfe gucken (ugs.; *sich neugierig um jmds. Angelegenheiten kümmern*); alles in einen T. werfen (ugs.; *alles, alle gleich [schlecht] beurteilen, ohne die bestehenden Unterschiede zu berücksichtigen*). **2. a)** *offenes [bauchiges] Gefäß mit Henkel u. Tülle zur Aufnahme von Flüssigkeiten, bes. von Milch:* ein T. [mit, voll] Milch; **b)** *mehr od. weniger hohes, zylindrisches od. bauchiges Gefäß (bes. aus Keramik od. Porzellan) meist ohne Deckel für die Aufnahme von Nahrungsmitteln:* ein T. aus Steingut; ein T. [mit] Schmalz; Ü die Einkünfte gingen alle in den gemeinsamen, in einen großen T. *(wurden Gemeinschaftseigentum)*; **c)** Kurzf. von *Nachttopf:* auf dem T. sitzen; er muss mal auf den T. (ugs. scherzh.; *auf die Toilette gehen*); **d)** *meist sich nach oben erweiterndes Gefäß mit kreisförmiger Grundfläche (bes. aus Ton) zum Einpflanzen, Halten von Topfpflanzen:* Geranien in Töpfe pflanzen.

Top|fa|vo|rit, der: *Teilnehmer [an einem sportlichen Wettkampf], Kandidat mit den größten Siegeschancen.*

Top|fa|vo|ri|tin, die: w. Form zu ↑ Topfavorit.

Topf|blu|me, die: *blühende Pflanze, die im Topf (2 d) gezogen wird.*

Töpf|chen, das; -s, -: Vkl. zu ↑ Topf.

Topf|de|ckel, der: *Deckel eines Topfs (1).*

Töp|fe: Pl. von ↑ Topf.

topf|eben ⟨Adj.⟩: *(von einem Terrain o. Ä.) ganz flach; völlig eben.*

Top|fen, der; -s: **1.** [spätmhd. topfe, H. u., viell. eigtl. = zu kleinen Klumpen (spätmhd. topf, ↑ Tupf) geronnene Milch] (bayr., österr.) ¹*Quark* (1). **2.** (österr. ugs. abwertend) *Unsinn.*

Töp|fer, der; -s, - [mhd. töpfer]: **1.** *jmd., der Töpferwaren aus ¹Ton herstellt* (Berufsbez.). **2.** *Ofensetzer.*

Töp|fe|rei, die; -, -en: **1.** *Betrieb od. Werkstatt eines Töpfers* (1). **2.** ⟨o. Pl.⟩ **a)** *Töpferhandwerk:* die T. erlernen; **b)** *Gegenstand aus ¹Ton od. Keramik; Töpferware.*

Töp|fer|hand|werk, das ⟨o. Pl.⟩: *Handwerk des Töpfers* (1), *das Töpfern.*

Töp|fe|rin, die; -, -nen: w. Form zu ↑ Töpfer.

töp|fern ⟨sw. V.; hat⟩: **a)** *Gegenstände aus ¹Ton, Keramik herstellen:* in der Freizeit töpfert er gern; **b)** *durch Töpfern (a) herstellen:* Krüge, Vasen t.; getöpferte Teller.

Töp|fer|schei|be, die: *horizontal sich drehende Scheibe, auf der man beim Töpfern Gefäße formt; Drehscheibe* (2).

Töp|fer|ton, der ⟨Pl. -e⟩: ¹*Ton für die Töpferei.*

Töp|fer|wa|re, die ⟨meist Pl.⟩: *getöpferte Tonware.*

Topf|gu|cker, der (scherzh.): **a)** *jmd., der neugierig in die Kochtöpfe guckt, um zu sehen, was es zu essen gibt;* **b)** *jmd., der sich neugierig um Angelegenheiten anderer kümmert.*

Topf|gu|cke|rin, die: w. Form zu ↑ Topfgucker.

topf|fit ⟨Adj.⟩ [↑ ¹top-, ¹Top-] (ugs. emotional verstärkend): *in bester Verfassung, Form (2); äußerst fit.*

Topf|krat|zer, der: *einem kleinen Schwamm ähnlicher Topfreiniger aus Stahlwolle od. Kunststoff.*

Topf|ku|chen, der: *Napfkuchen.*

Topf|lap|pen, der: *kleiner, meist quadratischer [aus mehreren Stofflagen bestehender od. gehäkelter] Lappen zum Anfassen heißer Kochtöpfe, Kuchenbleche o. Ä.*

Top|form, die [↑ ¹top-, ¹Top-] (ugs. emotional verstärkend, bes. Sport): *Bestform.*

Topf|pflan|ze, die: *Zierpflanze, die im Zimmer im Topf (2 d) gehalten wird.*

Topf|rei|ni|ger, der: *zum Säubern von Kochtöpfen bestimmter Gegenstand.*

Topf|schla|gen, das; -s: *Spiel, bei dem jmd. mit verbundenen Augen einen auf dem Boden aufgestellten Kochtopf, unter dem eine kleine Belohnung versteckt ist, tastend finden u. mit einem Löffel o. Ä. auf ihn schlagen muss.*

topf|ge|setzt ⟨Adj.⟩ [zu engl. top, ↑ top] (Sport, bes. abwertend): *als Nummer eins gesetzt* (3 i).

Top|la|der, der [zu engl. top, ↑ ¹Top]: **1.** *Waschmaschine, in die die Wäsche von oben eingefüllt wird.* **2.** *Kassetten- od. Videorekorder, dessen Kassettenfach u. Bedienelemente sich im Unterschied zum Frontlader 3) auf der Oberseite des Gerätes befinden.*

Top|leis|tung, die [↑ ¹top-, ¹Top-] (ugs. emotional verstärkend): *Spitzenleistung:* im Endspiel bot die Mannschaft eine T.

top|less ⟨Adj.⟩ [engl., eigtl. = ohne Oberteil, aus engl. top (↑ ¹Top) u. -less = ohne, -los]: *mit unbedecktem Busen, busenfrei;* »oben ohne«.

Top|ma|nage|ment, das [zu engl. top management] (Wirtsch.): *oberste Leitung eines Großunternehmens o. Ä.*

Top|ma|na|ger, der (Wirtsch.): *jmd., der zum Topmanagement gehört.*

Top|ma|na|ge|rin, die: w. Form zu ↑ Topmanager.

Top|mann|schaft, die [↑ ¹top-, ¹Top-] (emotional verstärkend): *Spitzenmannschaft.*

Top|mo|del, das: *zu den Großverdienerinnen gehörendes ²Model mit einem gewissen Bekanntheitsgrad auch außerhalb der Modebranche.*

Top|mo|dell, das: *technisch bes. aufwendig, luxuriös ausgestattetes Modell* (3 a,b).

top|mo|disch ⟨Adj.⟩ [↑ ¹top-, ¹Top-] (ugs. emotional verstärkend): *modisch sehr aktuell:* -e Kleidung.

to|po-, To|po-, (vor Vokalen auch:) top-, Top- [griech. tópos]: Best. in Zus. mit der Bed. *Ort, Stelle, Gegend, Gebäude* (z. B. topografisch, Topologie, Toponymik).

To|po|gra|fie, Topographie, die; -, -n [spätlat. topographia < griech. topographía]: **1.** (Geogr.) *Beschreibung u. Darstellung geografischer Örtlichkeiten.* **2.** (Meteorol.) *kartografische Darstellung der Erdatmosphäre.* **3.** (Anat.) *Beschreibung der Körperregionen u. der Lage der einzelnen Organe zueinander; topografische Anatomie.*

to|po|gra|fisch, topographisch ⟨Adj.⟩: *die Topografie betreffend.*

To|po|gra|phie: ↑ Topografie.

To|poi: Pl. von ↑ Topos.

To|po|lo|gie, die; - [aus ↑ topo- u. ↑ -logie] (Math.): *Lehre von der Lage u. Anordnung geometrischer Gebilde im Raum.*

to|po|lo|gisch ⟨Adj.⟩ (Math.): *die Topologie (1) betreffend, auf ihr beruhend.*

To|pos, der; -, Topoi [griech. tópos, eigtl. = Ort, Stelle] (Literaturwiss.): *festes Schema, feste Formel, feststehendes Bild o. Ä.*

topp ⟨Interj.⟩ [aus der niederd. Rechtsspr., Bez. des (Hand)schlags (bei Rechtsgeschäften), H. u.] (veraltend): *Ausruf der Bekräftigung nach einer vorausgegangenen [mit einem Handschlag besiegelten] Abmachung o. Ä.; einverstanden!:* t., die Wette gilt!; * ♦ **t. machen** (*sich einigen:* Hat man's nur erst so weit im Reinen, dass die Gemüter t. machen [Schiller, Kabale I, 1]).

Topp, der; -s, -e[n] u. -s [mniederd. top = Spitze, niederd. Form von ↑ Zopf]: **1.** (Seemannsspr.) *Spitze eines Mastes:* eine Flagge im T. führen. **2.** (scherzh.) *oberster Rang im Theater.*

top|pen ⟨sw. V.; hat⟩: **1.** [zu ↑ Topp (1)] (Seemannsspr.) *eine Rah od. einen Baum zur Mastspitze ziehen.* **2.** [engl. to top, zu: top, ↑ ¹Top] (Chemie) *(bei der Destillation von Erdöl) die niedrig siedenden Bestandteile abdestillieren.* **3.** [engl. to top, zu: top, ↑ ¹Top] (Golf) *den Ball beim Schlagen oberhalb des Zentrums treffen.* **4.** [engl. to top, zu: top, ↑ ¹Top] (ugs.) *jmdn., etw. [bei einer Sache] übertreffen.*

Top|po|si|ti|on, die [↑ ¹top-, ¹Top-] (ugs. verstärkend): *Spitzenposition.*

Topp|se|gel, das [zu ↑ Topp] (Seew.): *oberstes Segel.*

Top|qua|li|tät, die [↑ ¹top-, ¹Top-] (emotional verstärkend): *beste Qualität, Spitzenqualität.*

Top|sco|rer, der (Sportjargon): *bester Scorer (2) einer Mannschaft, eines Wettbewerbs o. Ä.*

Top|sco|re|rin, die: w. Form zu ↑ Topscorer.

top|se|cret [ˈtɔpˈsiːkrɪt] ⟨Adj.⟩ [engl., aus: top (↑ top) u. secret = geheim]: *streng geheim:* die Sache ist t.

Top|spiel, das [↑ ¹top-, ¹Top-] (Sport emotional verstärkend): *Spitzenspiel.*

Top|spin, der; -s, -s [engl. top spin, eigtl. = Kreiseldrall, aus: top (↑ top) u. spin = Drall, eigtl. = von oben gegebener Drall] (bes. Golf, Tennis, Tischtennis): **a)** *starke Drehung des Balles um seine horizontale Achse in Flugrichtung;* **b)** *Schlag, bei dem der Ball so angeschnitten od.*

überrissen wird, dass er einen Topspin (a) voll-
führt.
Top|star, der [↑¹top-, ¹Top-] (emotional verstär-
kend): ²*Star* (1) *der Spitzenklasse.*
Top|team ['tɔpti:m], das (ugs. emotional verstär-
kend): *Team der Spitzenklasse* (1).
Top Ten ⟨Pl. od. die; - -, - -s⟩ [engl. top ten, aus: top
(↑Top) u. ten = zehn] (Jargon): *die ersten zehn
Personen, Titel, Werke o. Ä. einer Hitliste; aus
zehn Personen, Titeln, Werken o. Ä. bestehende
Hitliste.*
Top|the|ma, das: *zentrales Thema.*
Top|zu|schlag, der (Sport): *Zuschlag, den der
Veranstalter bei einem Spitzenspiel bes. im Fußball erhebt.*
¹Tor, das; -[e]s, -e [mhd., ahd. tor, zu ↑Tür]:
1. a) *[große] Öffnung in einer Mauer, in einem
Zaun o. Ä.; breiter Eingang, breite Einfahrt:* die
Stadtmauer hat zwei -e; durch das T. fahren;
b) *[ein- od. zweiflügelige] Vorrichtung aus Holz,
Metall o. Ä., die [in Angeln drehbar] ein*
¹Tor (1 a) *verschließt;* die -e der Schleuse; das T. der Garage öffnet sich
automatisch; das T. öffnen, schließen; ans T.
klopfen; * **vor den -en ...** (geh.; *[in Bezug auf ein
Gebäude, eine Stadt] außerhalb; in unmittelbarer Nähe*): sie haben ein Haus vor den -en der
Stadt; **c)** *selbstständiger Torbau mit Durchgang
(meist in Verbindung mit Namen):* das Branden-
burger T. **2.** *[Eis]hockey, Fußball, Handball
u. a.)* **a)** *durch zwei Pfosten u. eine sie verbindende Querlatte (2) markiertes Ziel, in das der
Ball zu spielen ist:* das T. verfehlen; das T. hüten
(Torhüter sein); am T. vorbeischießen; auf ein T.
spielen (Jargon; *das Spiel so überlegen führen,
dass der Gegner nicht dazu kommt, Angriffe zu
starten*); aufs, ins T. schießen; der Ball landete
im T.; wer steht im T.? *(wer ist Torhüter[in]?)*;
übers T. köpfen, vors T. flanken; * **ins eigene T.
schießen** (ugs.; *etw. tun, womit man sich selbst
schadet*); **b)** *Treffer mit dem Ball in das*
¹Tor (2 a): ein T. schießen, erzielen; bisher sind
zwei -e gefallen; mit 2 : 1 -en siegen; T.! (Ausruf
bei einem gefallenen Tor). **3.** (Ski) *durch zwei in
den Schnee gesteckte Stangen markierter
Durchgang, der bes. beim Slalom passiert werden muss:* eng gesteckte -e; -e abstecken, aus-
flaggen.
²Tor, der; -en, -en [mhd. tōre, eigtl. = der Umnebelte, Verwirrte, zu ↑Dunst] (geh. veraltend):
*jmd., der töricht, unklug handelt, weil er Men-
schen, Umstände nicht richtig einzuschätzen
vermag; weltfremder Mensch:* ein gutmütiger,
reiner, tumber T.
Tor|aus, das ⟨o. Pl.⟩ (Ballspiele): *Raum hinter den
Torlinien des Spielfeldes.*
Tor|aus|li|nie, die (Ballspiele): *Torlinie* (1).
Tor|bau, der ⟨Pl. -ten⟩ (Archit.): *selbstständiges
Gebäude od. Teil eines größeren Komplexes, der
von einem ¹Tor* (1 a) *durchbrochen ist.*
Tor|bo|gen, der: *Bogen* (2) *eines ¹Tores* (1 a).
Tor|chan|ce, die (Sport): *Chance, ein ¹Tor* (2 b) *zu
erzielen.*
tor|die|ren ⟨sw. V.; hat⟩ [frz. tordre, über das Vlat.
zu lat. tortum, 2. Part. von: torquere, ↑Tortur]
(bes. Physik, Technik): *verdrehen* (1); *²verwin-
den.*
Tor|dif|fe|renz, die (Ballspiele): *Differenz zwi-
schen der Zahl der eigenen u. der gegnerischen
¹Tore* (2 b).
To|re|a|dor, der; -s u. -en, -e[n] [span. toreador,
zu: torear = mit dem Stier kämpfen; toro <
lat. taurus = Stier]: *[berittener] Stierkämpfer.*
Tor|ecke, die (Ballspiele): *Eck* (2 a).
Tor|ein|fahrt, die: *von einem ¹Tor* (1 a) *gebildete
Einfahrt* (2 a).
To|re|ra, die; -, -s: w. Form zu ↑Torero.
Tor|er|folg, der (Ballspiele): *erzieltes ¹Tor* (2 b).

To|re|ro, der; -[s], -s [span. torero < lat. taurarius,
zu: taurus, ↑Toreador]: *Stierkämpfer.*
To|res|schluss: in der Fügung **[kurz] vor T.**
(im letzten Augenblick): kurz vor T. kamen sie
an).
Torf, der; -[e]s, (Arten:) -e [aus dem Niederd. <
mniederd. torf, zu einem Verb mit der Bed.
»spalten, reißen« u. eigtl. = der Abgestochene,
Losgelöste]: **1.** *(im Moor) durch Zersetzung von
pflanzlichen Substanzen entstandener dunkelbrauner bis schwarzer Boden mit faseriger
Beschaffenheit, der getrocknet auch als Brenn-
stoff verwendet werden kann:* T. stechen; den T.
trocknen, pressen. **2.** ⟨o. Pl.⟩ *aus Torf* (1) *bestehender Moorboden; Moor.*
torf|ar|tig ⟨Adj.⟩: *ähnlich wie Torf* (1), *in der Art
von Torf* (1).
Torf|bo|den, der: *Torf* (2).
Torf|er|de, die: *Torf* (1) *enthaltende Erde.*
tor|fig ⟨Adj.⟩: *aus Torf* (1) *bestehend; Torf* (1) *ent-
haltend:* -er Boden.
Torf|moor, das: *Torfboden aufweisendes Moor.*
Torf|moos, das ⟨Pl. -e⟩: *(bes. in Mooren vorkom-
mendes) häufig rot od. braun gefärbtes Laub-
moos.*
Torf|mull, der: *getrockneter Torf* (1), *der (im Gar-
ten) zur Verbesserung des Bodens verwendet
wird.*
Tor|fol|ge, die (Sport): *Reihenfolge der erzielten
Tore.*
Tor|frau, die (Ballspiele): *Torwartin.*
Torf|ste|cher, der: *jmd., der Torf* (1) *sticht.*
Torf|ste|che|rin, die: w. Form zu ↑Torfstecher.
Torf|stich, der: **1.** *Gewinnung von Torf* (1) *durch
Abstechen* (2). **2.** *Stelle, an der Torf* (1) *gestochen
wird.*
tor|ge|fähr|lich ⟨Adj.⟩ (Sport): *häufig erfolgreich
aufs ¹Tor* (2 a) *schießend, werfend:* ein -er Stürmer, Angriff.
Tor|ge|fähr|lich|keit, die (Sport): *das Torgefähr-
lichsein:* er fand zu alter T. zurück.
Tor|ge|le|gen|heit, die (Ballspiele): *Torchance.*
Tor|heit, die; -, -en [mhd. tōrheit, zu ↑²Tor] (geh.):
1. ⟨o. Pl.⟩ *mangelnde Klugheit; Dummheit* (1),
Unvernunft; etw. zeugt von jmds. T. **2.** *töricht-
te*(a) *Handlung:* eine große T. begehen.
Tor|hü|ter, der: **1.** (Sport) *Torwart* (1). **2.** *(früher)
Torwart* (2).
Tor|hü|te|rin, die: w. Form zu ↑Torhüter (1).
tö|richt ⟨Adj.⟩ [mhd. tōreht, zu ↑²Tor] (abwer-
tend): **a)** *unklug, unvernünftig:* ein -es Verhalten; es wäre sehr t., das zu tun; **b)** *dümmlich;
einfältig:* ein -er Mensch; t. lächeln, fragen;
c) *unsinnig; ohne Sinn; vergeblich:* eine -e Hoffnung; **d)** (seltener) *lächerlich; albern.*
tö|rich|ter|wei|se ⟨Adv.⟩ (abwertend): *in töricht-
ter* (a) *Weise:* ich habe mich t. nicht vorher infor-
miert.
To|ries: Pl. von ↑Tory.
◆ **tö|rig** ⟨Adj.⟩ [im 15. Jh. torig]: *töricht:* Und nie-
mand hat Erwünschtes fest in Armen, der sich
nicht nach Erwünschterm t. sehnte (Goethe,
Faust I, 5373 f.); ⟨subst.:⟩ »Was machen Sie, Töri-
ger?« flüsterte er mir zu (Cl. Brentano, Kasperl
371).
Tö|rin, die; -, -nen [mhd. tœrinne]: w. Form zu
↑²Tor.
To|ri|no: italienische Form von ↑Turin.
tö|risch ⟨Adj.⟩ [mhd. tœrisch = in der Art eines
²Toren, töricht] (bayr., österr.): *taub; schwerhö-
rig.*
Tor|jä|ger, der (Ballspiele Jargon): *Spieler, der
viele ¹Tore* (2 b) *erzielt.*
Tor|jä|ge|rin, die: w. Form zu ↑Torjäger.
¹Tor|kel, der; -s, - od. die; -, -n [mhd. torkel, ahd.
torcula < mlat. torcula, lat. torculum, zu: torquere, ↑Tortur] (landsch.): *Weinpresse, -kelter
aus Holz.*

²Tor|kel, der; -s, - [zu ↑torkeln] (landsch. ugs.):
1. ⟨o. Pl.⟩ *Taumel; Schwindel; Rausch.* **2.** ***T.
haben*** *(unverdientes Glück haben).* **3.** *Toll-
patsch.*
tor|ke|lig, torklig ⟨Adj.⟩ (landsch. ugs.): *schwind-
lig u. daher unsicher auf den Beinen.*
tor|keln ⟨sw. V.⟩ [spätmhd. torkeln < mlat. torcu-
lare = keltern; zu: torcula (↑¹Torkel), also
eigtl. = sich wie eine Kelter (ungleichmäßig)
bewegen] (ugs.): **a)** ⟨ist/hat⟩ *(bes. bei Trunken-
heit od. aufgrund eines Schwächezustandes
o. Ä.) taumeln; schwankend gehen:* als er aufstand, torkelte er; **b)** ⟨ist⟩ *sich torkelnd* (a) *an
einen bestimmten Ort, an eine bestimmte Stelle
bewegen:* auf die Straße t.
tork|lig: ↑torkelig.
Törl, das; -s, -[n] (österr.): *wie ein Tor geformte
Öffnung im Fels od. an einem Gletscher.*
Tor|lat|te, die: *waagerechte obere Begrenzung
des ¹Tores* (2 a).
Tor|lauf, der (bes. österr.): *Slalom.*
Tor|li|nie, die (Ballspiele): **1.** *Begrenzungslinie
eines Spielfeldes, auf der sich eines der Tore
befindet.* **2.** *zwischen den Pfosten des
¹Tores* (2 a) *markierte Linie.*
tor|los ⟨Adj.⟩ (Ballspiele): *ohne ¹Tor* (2 b) *beendet:*
eine -e erste Halbzeit.
Tor|mann, der ⟨Pl. ...männer, auch: ...leute⟩: *Tor-
wart* (1).
Tor|mög|lich|keit, die (Ballspiele): *Torchance.*
Törn, der; -s, -s [engl. turn < afrz. torn, to(u)r,
↑Tour]: **1.** (Seemannsspr.) *Fahrt mit einem
Segelboot.* **2.** (Seemannsspr.) *Zeitspanne, Turnus für eine bestimmte, abwechselnd ausgeführte Arbeit an Bord* (z. B. Wachtörn). **3.** (Seemannsspr.) *(nicht beabsichtigte) Schlinge in
einer Leine.* **4.** (Jargon) *Turn* (2).
Tor|na|do, der; -s, -s [span. tornado, zu: tornar
< lat. tornare = drehen] *(in Nordamerika auf-
tretender) heftiger Wirbelsturm.* **2.** (Segeln) *von
zwei Personen zu segelnder Katamaran* (1) *für
den Rennsegelsport* (Kennzeichen: τ).
tör|nen ⟨sw. V.; hat⟩ (Jargon): *²turnen.*
Tor|netz, das (Ballspiele): *¹Netz* (1 a) *eines
¹Tores* (2 a).
Tor|nis|ter, der; -s, - [umgebildet aus älter ostmd.
Tanister, aus dem Slaw.; vgl. poln., tschech.
mundartl. tanistra < kspätgr. tágistron = Futtersack]: **a)** *auf dem Rücken getrage-
ner größerer Ranzen der Soldaten;* **b)** (landsch.)
Schulranzen: ... dann läuft er im Trab nach
Hause, und im T. klötert der Griffelkasten
(Kempowski, Zeit 39).
To|ro, der; -s, -s [span. toro < lat. taurus]: span.
Bez. für: Stier.
To|ron|to: kanadische Stadt.
tor|pe|die|ren ⟨sw. V.; hat⟩: **1.** (Militär) *(ein Schiff)
mit Torpedos beschießen, versenken.* **2.** *in
gezielter Weise bekämpfen u. dadurch stören,
verhindern:* Pläne, ein Vorhaben t.
Tor|pe|do, der; -s, -s [nach lat. torpedo = Zitter-
rochen (der seinen Gegner bei Berührung durch
elektrische Schläge »lähmt«), eigtl. = Erstar-
rung, Lähmung, zu: torpere = betäubt, erstarrt
sein]: *großes, zigarrenförmiges Geschoss (mit
einer Sprengladung), das von Schiffen, bes.
U-Booten, od. Flugzeugen gegen feindliche
Schiffe abgeschossen wird u. sich mit eigenem
Antrieb selbsttätig unter Wasser auf das Ziel
zubewegt:* einen T. abschießen.
Tor|pfos|ten, der: *Pfosten eines ¹Tores* (2 a).
Tor|pos|ten, der: *Posten* (1 b), *der ein ¹Tor* (1 a)
bewacht.
Tor|raum, der (Ballspiele): *abgegrenzter Raum
vor dem ¹Tor* (2 a).
Tor|raum|li|nie, die (Handball): *den Torraum
begrenzende halbkreisförmige Linie.*
tor|reich ⟨Adj.⟩ (Ballspiele): *durch viele erzielte*

¹**Tore** (2b) *gekennzeichnet:* -e *Spiele, Begegnungen.*

tor|reif ⟨Adj.⟩ (Ballspiele, bes. Fußball): *so geartet, dass ein* ¹*Tor* (2b) *erzielt werden kann:* eine -e *Situation; ein Spiel mit vielen* -en *Szenen.*

Tor|schluss (seltener): ↑ Toresschluss.

Tor|schluss|pa|nik, die ⟨Pl. selten⟩: *Angst, etw. Entscheidendes zu versäumen:* T. *bekommen, haben; aus* T. *(aus Furcht, keinen Partner/keine Partnerin mehr zu finden) heiraten.*

Tor|schuss, der (Ballspiele): *Schuss aufs od. ins* ¹*Tor* (2a).

Tor|schüt|ze, der (Ballspiele): *Spieler, der ein* ¹*Tor* (2b) *geschossen hat.*

Tor|schüt|zen|kö|nig, der (Jargon): *Spieler, der die meisten Tore geschossen hat.*

Tor|schüt|zen|kö|ni|gin, die: w. Form zu ↑ Torschützenkönig.

Tor|schüt|zin, die: w. Form zu ↑ Torschütze.

Tor|se|lett, das; -s, -s [zu ↑ Torso, geb. nach ↑ Korselett]: *(zur Damenunterwäsche gehörendes) einem Unterhemd ähnliches Wäschestück mit Strapsen.*

Tor|si: Pl. von ↑ Torso.

Tor|si|on, die; -, -en [zu spätlat. torsum, Nebenf. des lat. 2. Part. tortum, ↑ Tortur]: **1.** (Physik, Technik) *schraubenförmige Verdrehung lang gestreckter elastischer Körper durch entgegengesetzt gerichtete Drehmomente.* **2.** (Math.) *Verdrehung einer Raumkurve.* **3.** (Med.) *Drehung eines Organs.*

Tor|si|ons|fes|tig|keit, die (Physik, Technik): *Widerstand eines Körpers gegen eine auf ihn einwirkende Torsion* (1).

Tor|so, der; -s, -s od. ...si [ital. torso, eigtl. = Kohlstrunk; Fruchtkern < spätlat. tursus für lat. thyrsus = Stängel (eines Gewächses), Strunk < griech. thýrsos = Bacchusstab]: **1.** (Kunstwiss.) *(unvollständig erhaltene od. gestaltete) Statue mit fehlenden Gliedmaßen [u. fehlendem Kopf].* **2.** (bildungsspr.) *etw., was nur [noch] als Bruchstück, als unvollständiges Ganzes vorhanden ist:* der Roman blieb ein T.

Tor|stan|ge, die: **1.** (Ballspiele) *Torpfosten.* **2.** (Ski) *eine von zwei Stangen, mit denen ein* ¹*Tor* (3) *bes. beim Slalom markiert wird.*

Tor|ste|her, der (Ballspiele): *Torwart.*

Tor|ste|he|rin, die: w. Form zu ↑ Torsteher.

Tort, der; -[e]s [frz. tort = Unrecht < spätlat. tortum, zu lat. tortus = gedreht, gewunden, adj. 2. Part. von: torquere, ↑ Tortur] (veraltend): *Kränkung, Verdruss:* jmdm. einen T. antun, zufügen; den T. tue ich mir nicht an *(dieser Mühe unterziehe ich mich nicht).*

Tört|chen, das; -s, - [Vkl. zu ↑ Torte (1)]: *kleines [rundes] Gebäckstück mit einer Füllung od. belegt mit Obst [das mit Guss (3) überzogen ist].*

Tor|te, die; -, -n [ital. torta < spätlat. torta = rundes Brot, Brotgebäck, H. u.]: **1.** *feiner, meist aus mehreren Schichten bestehender, mit Creme o. Ä. gefüllter od. mit Obst belegter u. in verschiedener Weise verzierter Kuchen von meist kreisrunder Form:* eine T. backen; die T. anschneiden. **2.** (Jugendspr. veraltend) *Mädchen.*

Tor|te|lett, das; -s, -s, **Tor|te|let|te,** die; -, -n [französierende Bildungen zu ↑ Torte]: *kleiner Tortenboden, der mit Obst belegt, mit Creme gefüllt od. auch mit pikanten Füllungen versehen werden kann.*

Tor|tel|li|ni, der; -, - (ugs. auch -s) ⟨meist Pl.⟩, (bes. fachspr.:) **Tor|tel|li|no,** der; -, Tortellini ⟨meist Pl.⟩ [ital. tortellini, Vkl. von: tortello = gefüllte Nudel, kleine Pastete, Vkl. von: torta, ↑ Torte]: *kleiner, mit Fleisch, Gemüse o. Ä. gefüllter Ring aus Nudelteig.*

Tor|tel|lo|ne, der; -, ...ni ⟨meist Pl.⟩ [ital. tortellone, zu: tortello, ↑ Tortellino]: *größerer Tortellino.*

Tor|ten|bo|den, der: *in flacher, runder Form (mit erhöhtem Rand) gebackener Mürbe- od. Biskuitteig, der mit Obst belegt wird.*

Tor|ten|di|a|gramm, das: *Diagramm in Form eines in Sektoren aufgeteilten Kreises zur Veranschaulichung von Größenverhältnissen.*

Tor|ten|guss, der: **a)** *gelatinehaltiges Pulver zum Zubereiten eines Tortengusses* (b); **b)** *gelierende Masse, die mit Fruchtsaft od. Wasser u. Zucker aufgekochtem Tortenguss* (a) *die über eine Obsttorte gegossen wird.*

Tor|ten|he|ber, der: *einer Kelle* (3) *ähnliches Küchengerät, das zum Abheben eines Tortenstücks von der Tortenplatte dient.*

Tor|ten|plat|te, die: *flache, runde Platte, auf die eine Torte gelegt wird.*

Tor|ten|schau|fel, die: *Tortenheber.*

Tor|ten|sprit|ze, die: *Spritze* (1 a) *zum Verzieren von Torten.*

Tor|ten|stück, das: *Stück* (1 b) *einer Torte.*

Tor|til|la [tɔr'tɪlja], die; -, -s [span. tortilla, Vkl. von: torta < spätlat. torta, ↑ Torte]: **1.** *(in Lateinamerika) aus Maismehl hergestelltes Fladenbrot.* **2.** *(in Spanien) Omelette.*

Tört|lein, das; -s, - [Vkl. zu ↑ Torte (1)]: *Törtchen.*

Tor|tur, die; -, -en [mlat. tortura = Folter < lat. tortura = Krümmung; das Grimmen; Verrenkung, zu: tortum, 2. Part. von: torquere = (ver)drehen; martern]: **1. a)** (früher) *Folter* (1); ♦ **b)** *Folter* (2): Man wird dich auf die T. schrauben. Den ersten Grad stehst du aus (Schiller, Fiesco II, 10). **2.** *Qual, Quälerei, Strapaze:* die Behandlung beim Zahnarzt war eine T.; der weite Weg wurde ihr zur T.

Tor|ver|hält|nis, das: vgl. Tordifferenz.

Tor|wa|che, die (früher): *Wache* (2) *an einem Stadttor.*

Tor|wäch|ter, der: **1.** vgl. Torwache. **2.** (Ballspiele Jargon) *Torwart* (1).

Tor|wäch|te|rin, die: w. Form zu ↑ Torwächter (2).

Tor|wand, die (Sport): *ein Fußballtor darstellende, mit mehreren kreisrunden Löchern versehene [frei stehende] Wand* (1 a), *die [zu Übungszwecken] als Ziel für Schüsse mit einem Fußball dient.*

Tor|wart, der: **1.** *Spieler, der im* ¹*Tor* (2a) *steht, um den Ball, Puck* (2) *o. Ä. abzuwehren.* **2.** (früher) *Torwache.*

Tor|war|tin, die: w. Form zu ↑ Torwart (1).

Tor|weg, der: *Durchgang, Durchfahrt durch ein* ¹*Tor* (1 a) *(meist an Häusern).*

To|ry ['tɔri, engl.: 'tɔ:ri], der; -s, -s u. Tories ['tɔri:s, engl.: 'tɔ:riz] [engl. Tory, aus dem Ir., eigtl. = Verfolger, Räuber (Bez. für irische Geächtete des 16. u. 17. Jh.s), zu: tóir = verfolgen]: **a)** (früher) *Angehöriger einer britischen Partei, aus der im 19. Jh. die Konservative Partei hervorging;* **b)** *Vertreter der konservativen Politik in Großbritannien.*

to|sen ⟨sw. V.⟩ [mhd. dōsen, ahd. dōsōn, eigtl. = schwellen, anschwellend rauschen]: **1. a)** ⟨hat⟩ *in heftiger, wilder Bewegung sein u. dabei ein brausendes, dröhnendes Geräusch hervorbringen:* der Sturm, die Brandung, der Gießbach tost; Es bleibt doch immer ein wenig Urszene der Erde, wenn das Wetter tost (Strauß, Niemand 190); **b)** ⟨ist⟩ *sich tosend* (1 a) *fortbewegen:* ein Frühjahrssturm ist durch das Tal getost. **2.** ⟨hat⟩ (veraltet) *tollen, toben.*

to|send ⟨Adj.⟩: *stürmisch* (2 b), *rauschend:* -er Applaus, Beifall, Lärm.

Tos|ka|na, die; -: *mittelitalienische Region.*

¹**Tos|ka|ner,** der; -s, -: *Ew.*

²**Tos|ka|ner** ⟨indekl. Adj.⟩.

Tos|ka|ne|rin, die; -, -nen: w. Form zu ↑ Toskaner.

tos|ka|nisch ⟨Adj.⟩: *die Toskana, die* ¹*Toskaner betreffend; von den* ¹*Toskanern stammend, zu ihnen gehörend.*

tot ⟨Adj.⟩ [mhd., ahd. tōt, urspr. Part. zu einem germ. Verb mit der Bed. »sterben«, also eigtl. = gestorben]: **1. a)** *in einem Zustand, in dem die Lebensfunktionen erloschen sind; nicht mehr lebend, ohne Leben:* -e *Soldaten;* ein -es *Tier;* der Käfer stellte sich t. *(gab durch regungsloses Verharren vor, tot zu sein);* wenn du das tust, bist du ein -er *Mann!* (salopp; als übertreibende Drohung); sofort, auf der Stelle t. sein; sie lag [wie] t. im Bett; ein t. geborenes Baby; der geglaubte Ehemann; er konnte nur noch t. geborgen werden; t. umfallen, zusammenbrechen; klinisch t. sein; Ü die Leitung [des Telefons] ist t. *(funktioniert nicht [mehr], ist unterbrochen);* R lieber t. als rot (abwertend; *es ist besser, tot zu sein, als in einer kommunistischen Gesellschaft zu leben);* * **mehr t. als lebendig [sein]** *(am Ende seiner Kräfte, völlig erschöpft, übel zugerichtet [sein]);* **halb t. vor Angst, Furcht, Schrecken** o. Ä. **sein** (ugs.; *vor Angst, Furcht, Schrecken o. Ä. völlig gelähmt, nicht mehr [re]aktionsfähig sein);* **b)** *als Mensch, Lebewesen nicht mehr existierend; gestorben:* als t. gelten; den Vermissten für t. erklären [lassen]; Ü ihre Liebe war t.; für mich ist dieser Kerl t. *(ich beachte, kenne ihn nicht mehr);* * **t. und begraben** (ugs.; *längst in Vergessenheit geraten);* **c)** *organisch nicht mehr belebt, abgestorben:* ein -er *Baum;* -es *Gewebe;* ein -es *Gewässer;* Ü eine -e *(nicht mehr gesprochene) Sprache;* -es *(nicht anwendbares, nicht produktiv nutzbares) Wissen;* **d)** *sich als Körper nicht aus sich heraus entwickeln könnend; anorganisch:* -e *Materie;* die -e *Natur;* -es *Gestein* (1. Fels. 2. Bergbau; *Schichten ohne Kohle od. Erzgehalt).* **2. a)** *keine [natürliche] Frische u. Lebendigkeit aufweisend:* mit -en *Augen ins Leere blicken;* ein -es *Grau;* **b)** *ohne Anzeichen, Spuren von Leben, Bewegung; leb-, bewegungslos; ausgestorben, unbelebt:* t. und grau lag das Meer vor uns; die Gegend wirkt t.; Ü er war geistig t.; **c)** *(für den Verkehr o. Ä.) nicht nutzbar, nicht genutzt:* der -e *Arm eines Flusses;* ein -es *Gleis;* die Strecke ist t. *(stillgelegt);* -es *Kapital (Kapital, das keinen Ertrag abwirft);* **d)** *nicht mehr brauchbar, erledigt, am Ende stehend; ausgedient habend, nicht mehr zur Diskussion stehend:* die geplante neue Umgehungsstraße ist heute politisch t.

to|tal ⟨Adj.⟩ [frz. total < mlat. totalis = gänzlich, zu lat. totus = ganz; gänzlich]: **1. a)** *in einem bestimmten Bereich, Gebiet, Zustand o. Ä. ohne Ausnahme alles umfassend; in vollem Umfang; vollständig:* ein -er *Misserfolg;* der -e *Krieg;* bis zur -en *Erschöpfung;* eine -e *Mondfinsternis;* -es *(den Zuschauer in das dramatische Geschehen auf der Bühne einbeziehendes) Theater;* **b)** (intensivierend bei Adjektiven u. Verben) (ugs.) *völlig, ganz und gar, durch u. durch:* t. übermüdet, pleite, verrückt sein; er machte alles t. verkehrt; etw. t. vergessen; das ist t. (salopp; *außerordentlich, sehr) gut, klasse, schlecht.* **2.** (bildungsspr. selten) *totalitär:* der -e *Staat.* **3.** (schweiz.) *insgesamt, gesamt.*

To|tal, das; -s, -e [frz. total, ↑ total] (schweiz.): *Gesamtheit; Gesamtsumme.*

To|tal|an|sicht, die: *Gesamtansicht.*

To|tal|aus|fall, der: *totaler* (1) *Ausfall* (2).

To|tal|ver|kauf, der: *vollständiger Ausverkauf:* T. wegen Geschäftsaufgabe.

To|ta|le, die; -, -n (Film, Fotogr.): **a)** *Kameraeinstellung, die das Ganze einer Szene erfasst:* von der Großaufnahme in die T. gehen, fahren, überleiten, wechseln; **b)** *Gesamtsicht:* die T. der Hochhäuser.

To|ta|li|sa|tor, der; -s, ...oren. **1.** [latinis. aus frz. totalisateur = Zählwerk, Registriermaschine, zu: totaliser = alles addieren, zu: total, ↑total] *staatliche Einrichtung zum Abschluss von Wetten auf Rennpferde* (Kurzwort: ↑Toto a). **2.** (Meteorol.) *Sammelgefäß für Niederschläge.*

To|ta|li|sie|rung, die; -: **1.** *Ausweitung eines bestimmten Bereichs, Zustands bis ins Extrem:* die T. des Krieges, des kapitalistischen Systems. **2.** (Politik) *Ausbildung totalitärer Machtverhältnisse:* eine T. des Staates.

to|ta|li|tär ⟨Adj.⟩ [geb. mit französierender Endung]: **a)** (Politik abwertend) *mit diktatorischen Methoden jegliche Demokratie unterdrückend, das gesamte politische, gesellschaftliche, kulturelle Leben [nach dem Führerprinzip] sich total unterwerfend und mit Gewalt reglementierend:* ein -er Staat, -es Regime; **b)** (bildungsspr. selten) *die Gesamtheit umfassend.*

To|ta|li|ta|ris|mus, der; - (Politik abwertend): *totalitäres System; totalitäre Machtausübung.*

to|ta|li|ta|ris|tisch ⟨Adj.⟩ (bildungsspr., Politik): *einen Totalitätsanspruch (a) erhebend; totalitär:* eine -e Bewegung.

To|ta|li|tät, die; -, -en [frz. totalité, zu: total, ↑total]: **1.** ⟨Pl. selten⟩ **a)** (Philos.) *universeller Zusammenhang aller Dinge u. Erscheinungen in Natur u. Gesellschaft;* **b)** (bildungsspr.) *Ganzheit; Vollständigkeit.* **2.** ⟨Pl. selten⟩ (bildungsspr.) *totale Machtausübung; totaler Machtanspruch:* die T. des Staates, der Partei angreifen. **3.** (Astron.) *totale Sonnen-, Mondfinsternis.*

To|ta|li|täts|an|spruch, der (bildungsspr.): **a)** *totaler Herrschafts-, Machtanspruch;* **b)** *Anspruch auf Totalität* (1 b).

to|ta|li|ter ⟨Adv.⟩ [mlat. totaliter] (bildungsspr.): *ganz und gar.*

To|tal|ope|ra|ti|on, die (Med.): *vollständige operative Entfernung eines Organs, bes. der Gebärmutter u. der Eierstöcke.*

To|tal|re|vi|si|on, die (bes. schweiz.): *umfassende, grundlegende Revision (3 b), Neufassung (eines Gesetzes o. Ä.).*

To|tal|scha|den, der: *(bes. von Kraftfahrzeugen) Schaden, der so groß ist, dass eine Reparatur nicht mehr möglich od. wirtschaftlich vertretbar ist:* an beiden Wagen entstand T.; sein Wagen hat T.; Ü *er hat einen T.* (salopp: *ist völlig verrückt*).

To|tal|ver|lust, der: *vollständiger Verlust.*

tot|ar|bei|ten, sich ⟨sw. V.; hat⟩ (ugs. emotional): *sich bei einer Arbeit bis zur Erschöpfung verausgaben.*

tot|är|gern, sich ⟨sw. V.; hat⟩ (ugs. emotional): *sich maßlos ärgern.*

tot|bei|ßen ⟨st. V.; hat⟩: *durch Beißen (2 a) töten.*

To|te, die/eine Tote; der/einer Toten, die Toten / zwei Tote [↑Toter]: *weibliche Person, die tot, gestorben ist.*

To|tem [...em], das; -s, -s [engl. totem < Algonkin (nordamerik. Indianerspr.) ototeman] (Völkerkunde): *(bei Naturvölkern) tierisches, pflanzliches Wesen od. Ding, das als Ahne od. Verwandter bes. eines Klans (a) gilt, als zauberkräftiger Helfer verehrt wird u. nicht getötet od. verletzt werden darf* [u. in bildlicher o. ä. Form als Zeichen des Klans gilt].

To|te|mis|mus, der; - (Völkerkunde): *Glaube an die übernatürliche Kraft eines Totems u. seine Verehrung.*

To|tem|pfahl, der: *(bei den Indianern Nordwestamerikas) hoher geschnitzter u. bemalter Pfahl mit Darstellung des Totemtiers u. einer menschlichen Ahnenreihe.*

To|tem|tier, das: **a)** *als Totem verehrtes Tier;* **b)** *Figur (2) eines Totemtiers (a).*

tö|ten ⟨sw. V.; hat⟩ [mhd. tœten, ahd. tōden, zu ↑tot, also eigtl. = totmachen]: **1. a)** *den Tod von jmdm., etw. herbeiführen, verursachen, verschulden:* jmdn. vorsätzlich, brutal, grausam, heimtückisch, durch Genickschuss, mit Gift t.; bei dem Unfall wurden drei Menschen getötet; ⟨auch ohne Akk.-Obj.⟩ (bibl.:) du sollst nicht t.; **b)** ⟨t. + sich⟩ *Selbstmord begehen.* **2.** (ugs.) *bewirken, dass etw. zerstört, vernichtet wird:* Bakterien t.; den Nerv eines Zahns t.; Ü *Gefühle t.; die Zeit t. (totschlagen);* ein paar Flaschen Bier t. *(leer trinken);* ... und außerdem schmerzte ihr Leib, und der Schmerz tötete alle Empfänglichkeit für äußere Sinneseindrücke (schaltete sie aus; Süskind, Parfum 7).

to|ten|ähn|lich ⟨Adj.⟩: *ähnlich wie bei einem Toten:* in einen -en Schlaf fallen.

To|ten|amt, das (kath. Kirche): *Totenmesse* (a).

To|ten|bah|re, die [mhd. tōtenbāre]: *Gestell, auf dem der Sarg während der Trauerfeier steht.*

To|ten|be|schau, die (österr.): *Leichenschau.*

To|ten|be|schwö|rung, die: *Beschwörung von [Geistern der] Toten.*

To|ten|bett, das [mhd. tōt(en)bette]: *Sterbebett:* am T. des Vaters; jmdm. auf dem T. (der im Sterben liegt) ein Versprechen abnehmen.

to|ten|blass ⟨Adj.⟩ (emotional verstärkend): *leichenblass.*

to|ten|bleich ⟨Adj.⟩ (emotional verstärkend): *totenblass.*

To|ten|eh|rung, die: *Ehrung eines Toten, von Toten in offiziellem Rahmen.*

To|ten|fei|er, die: *Feier zum ehrenden Gedenken eines, von Toten.*

To|ten|fest, das: **a)** (Rel.) *in den verschiedensten Riten begangenes Fest zu Ehren der Toten;* **b)** (ev. Kirche) *Ewigkeitssonntag;* **c)** (kath. Kirche) *Allerseelen.*

To|ten|fleck, der ⟨meist Pl.⟩ (Med.): *nach dem Tod eintretende Verfärbung der Haut.*

To|ten|ge|dächt|nis, das (Rel.): *Brauch, an bestimmten Tagen der Verstorbenen in der Liturgie zu gedenken.*

To|ten|ge|läut, To|ten|ge|läu|te, das: *Geläut der Totenglocke.*

To|ten|ge|leit, das (geh.): *Teilnahme an jmds. [feierlicher] Beerdigung.*

To|ten|ge|richt, das (Rel.): **a)** *[göttliches] Gericht im Jenseits über einen Verstorbenen;* **b)** *[göttliches] Gericht am Weltende.*

To|ten|glo|cke, die: *Glocke, die bei Beerdigungen geläutet wird.*

To|ten|grä|ber, der: **1.** *Aaskäfer, der kleine Tierkadaver als Nahrung für seine Brut vergräbt.* **2.** *jmd., der [auf einem Friedhof] Gräber aushebt:* Ü *die T. (Zerstörer) der Demokratie.*

To|ten|grä|be|rin, die: w. Form zu ↑Totengräber (2).

To|ten|hemd, das: *Sterbehemd.*

To|ten|kla|ge, die: **a)** *Klage um einen Toten;* **b)** (Literaturwiss.) *Gedicht, das Schmerz u. Trauer um einen Toten ausdrückt.*

To|ten|kopf, der: **1.** *Schädel (1) eines Toten.* **2.** *Zeichen in Form eines stilisierten Totenkopfes (1): ein Schild, Etikett mit einem T. (als Hinweis, dass etw. lebensgefährlich [giftig] ist).* **3.** *Totenkopfschwärmer.*

To|ten|kopf|äff|chen, das: *(in Mittel- u. Südamerika vorkommender) kleiner Kapuzineraffe mit auffallend markanter Gesichtszeichnung.*

To|ten|kopf|schwär|mer, der: *großer Schmetterling mit einer einem Totenkopf ähnlichen Zeichnung auf dem Rücken.*

To|ten|kult, der (Völkerkunde): *kultische Verehrung von Verstorbenen.*

To|ten|la|ger, das ⟨Pl. ...lager⟩ (geh.): *Totenbett.*

To|ten|mahl, das (österr., sonst geh.): *¹Mahl (2) der Trauergäste zu Ehren eines Verstorbenen.*

To|ten|mas|ke, die: *Abguss aus Gips, Wachs o. Ä. vom Gesicht eines Toten.*

To|ten|mes|se, die (kath. Kirche): **a)** *meist am Tage der Beisetzung gehaltene ¹Messe (1) für einen Verstorbenen; Toten-, Sterbeamt; Requiem (1);* **b)** *¹Messe (1) für Verstorbene.*

To|ten|op|fer, das (Völkerkunde): *Opfer, das einem Verstorbenen dargebracht wird.*

To|ten|reich, das ⟨Pl. selten⟩ (Mythol.): *(in der Vorstellung alter Kulturvölker existierendes) Reich, in das die Verstorbenen eingehen.*

To|ten|ru|he, die: *einem Verstorbenen rechtlich gewährter Schutz vor Übergriffen auf den Leichnam od. seine Ruhestätte.*

To|ten|schä|del, der: *Totenkopf (1).*

To|ten|schein, der: *ärztliche Bescheinigung, durch die jmds. Tod offiziell bestätigt u. die Todesursache angegeben wird.*

To|ten|sonn|tag, der (ev. Kirche): *Ewigkeitssonntag.*

To|ten|stadt, die (Völkerkunde): *Nekropole.*

To|ten|star|re, die: *einige Stunden nach Eintreten des Todes beginnende Erstarrung der Muskulatur; Leichenstarre.*

to|ten|still ⟨Adj.⟩ (emotional verstärkend): *[in beklemmender Weise] so still, dass überhaupt kein Geräusch zu hören ist.*

To|ten|stil|le, die: *tiefe [beklemmende] Stille.*

To|ten|tanz, der: **a)** (bild. Kunst) *[spätmittelalterliche] allegorische Darstellung eines Reigens, den der Tod (2) mit Menschen jeden Alters u. Standes tanzt;* **b)** (Musik) *meist mehrteilige Komposition, die Dialog u. Tanz des Todes (2) mit den Menschen zum Thema hat.*

To|ten|vo|gel, der [der Ruf der Vögel galt als Vorbote des Todes] (volkstüml.): *Stein-, Waldkauz, Schleiereule.*

To|ten|wa|che, die: *Wache am Bett od. Sarg eines Verstorbenen bis zu seiner Beerdigung:* die T. halten.

To|ter, der Tote/ein Toter; des/eines Toten, die Toten/zwei Tote [mhd. tōte, ahd. tōto]: *jmd., der tot, gestorben ist:* die Toten begraben; bei dem Unfall gab es zwei Tote *(Todesopfer);* sie gedachten den Toten, trauerten um die Toten; wie ein T. (ugs.: *fest [und lange]*) schlafen; das ist ja ein Lärm, um Tote aufzuwecken *(das ist ein ungeheurer Lärm);* na, bist du von den Toten auferstanden? (ugs. scherzh. zu jmdm., der sich wegen Krankheit, einer Reise o. Ä. lange nicht hat sehen lassen; *lebst du noch?; gibt es dich noch/wieder?*); R *die Toten soll man ruhen lassen (man soll nichts Nachteiliges über sie sagen).*

To|tes Meer, das Tote Meer, des Toten Meer[e]s: *stark salzhaltiger See in Palästina.*

tot|fah|ren ⟨st. V.; hat⟩: *durch An-, Überfahren töten:* er hat ihn totgefahren.

tot ge|bo|ren, tot|ge|bo|ren ⟨Adj.⟩: *bei der Geburt nicht mehr lebend.*

Tot|ge|bo|re|ne, die/eine Totgeborene; der/einer Totgeborenen, die Totgeborenen/zwei Totgeborene ⟨meist Pl.⟩, **tot Ge|bo|re|ne,** die/eine tot Geborene; der/einer tot Geborenen/zwei tot Geborene ⟨meist Pl.⟩ (Amtsspr.): *tot geborener Säugling weiblichen Geschlechts.*

Tot|ge|bo|re|ner, der Totgeborene/ein Totgeborener; des/eines Totgeborenen, die Totgeborenen/zwei Totgeborene ⟨meist Pl.⟩, **tot Ge|bo|re|ner,** der tot Geborene/ein tot Geborener; des/eines tot Geborenen, die tot Geborenen/zwei tot Geborene ⟨meist Pl.⟩ (Amtsspr.): *tot geborener Säugling männlichen Geschlechts.*

Tot|ge|burt, die: **a)** *Geburt eines toten Kindes, Tieres:* eine T. haben; **b)** *tot geborenes Kind, Junges.*

tot ge|glaubt, tot|ge|glaubt ⟨Adj.⟩: *für tot gehalten.*

Tot|ge|glaub|te, die/eine Totgeglaubte; der/einer Totgeglaubten, die Totgeglaubten/zwei Totgeglaubte, **tot Ge|glaub|te,** die/eine tot

Geglaubte; der/einer tot Geglaubten, die tot Geglaubten/zwei tot Geglaubte: *Verschollene, die fälschlicherweise für tot gehalten wurde.*

Tot|ge|glaub|ter, der Totgeglaubte/ein Totgeglaubter; des/eines Totgeglaubten, die Totgeglaubten/zwei Totgeglaubte, **tot Ge|glaub|ter**, der tot Geglaubte/ein tot Geglaubter; des/eines tot Geglaubten, die tot Geglaubten/zwei tot Geglaubte: *Verschollener, der fälschlicherweise für tot gehalten wurde.*

Tot|ge|sag|te, die/eine Totgesagte; der/einer Totgesagten, die Totgesagten/zwei Totgesagte: *weibliche Person, die totgesagt wurde.*

Tot|ge|sag|ter, der Totgesagte/ein Totgesagter; des/eines Totgesagten, die Totgesagten/zwei Totgesagte: *jmd., der totgesagt wurde:* R Totgesagte leben länger.

tot|krie|gen ⟨sw. V.; hat⟩ (ugs.): *es fertigbringen, dass etw. vernichtet wird, jmd. zugrunde geht:* mit deiner übertriebenen Gießerei wirst du die Pflanzen noch t.; * **nicht totzukriegen sein** (scherzh.: 1. *so viel Energie, Elan haben, dass man auch bei großer Anstrengung nicht aufgibt, ermüdet o. Ä.:* der Conférencier war einfach nicht totzukriegen. 2. *unverwüstlich, unzerstörbar sein:* diese Legende ist nicht totzukriegen).

tot|la|chen, sich ⟨sw. V.; hat⟩ (ugs. emotional): *sehr lachen [müssen]:* seine Komik ist unnachahmlich, wir haben uns alle totgelacht; * **zum Totlachen [sein]** (*sehr komisch, lustig, drollig [sein]*).

tot|lau|fen, sich ⟨st. V.; hat⟩ (ugs.): *(im Laufe der Zeit) an Wirkung, Kraft o. Ä. verlieren u. schließlich aufhören:* die Verhandlungen liefen sich tot.

tot|ma|chen ⟨sw. V.; hat⟩ (ugs.): **1.** *[mutwillig, vorsätzlich] töten* (1 a): warum hast du den schönen Schmetterling totgemacht?; Ü die Konkurrenz t. **2.** ⟨t. + sich⟩ (emotional) *seine Gesundheit, Nerven ruinieren:* sich für jmdn., etw. t.

To|to, das, auch: der; -s, -s [geb. unter lautlicher Anlehnung an ↑ Lotto]: **a)** *kurz für:* Totalisator (1); **b)** *Kurzf. von* ↑ Fußballtoto, ↑ Sporttoto: im T. tippen.

To|to-An|nah|me|stel|le, To|to|an|nah|me|stelle, die: vgl. Lotto-Annahmestelle.

To|to|block, der ⟨Pl. ...blöcke⟩: *Zusammenschluss mehrerer regionaler Gesellschaften, die eine Konzession für Totospiele haben.*

To|to|schein, der: *Wettschein mit vorgedruckten Zahlenreihen, in denen man das vermutete Ergebnis bestimmter Fußballspiele ankreuzt.*

To|to|spiel, das: *Toto* (b).

To|to|zet|tel, der: Totoschein.

Tot|punkt, der (Technik): *Stellung eines Mechanismus, die bei einer seiner Glieder durch Richtungswechsel kurzzeitig in Ruhe ist.*

tot|re|den ⟨sw. V.; hat⟩ (ugs. emotional): **1.** *durch zu pessimistisches od. [zu] vieles Reden zum Scheitern, Verschwinden bringen:* ein Projekt, eine geplante Aktion t. **2.** *nicht zu Wort kommen lassen.*

tot|rei|ten ⟨st. V.; hat⟩ (ugs.): *bis zum Überdruss behandeln, bereden, über etw. diskutieren:* ein Thema t.

tot|sa|gen ⟨sw. V.; hat⟩: **1.** *von jmdm. fälschlicherweise behaupten, dass er tot ist:* der totgesagte Rebellenführer. **2.** *von etw. fälschlicherweise behaupten, dass es nicht mehr existiere:* Latein hat man schon oft totgesagt.

tot|sau|fen, sich ⟨st. V.; hat⟩ (salopp emotional): *sich durch ständigen übermäßigen Alkoholkonsum zugrunde richten.*

tot|schie|ßen ⟨st. V.; hat⟩ (ugs.): *mit einer Schusswaffe töten.*

Tot|schlag, der ⟨o. Pl.⟩: **a)** (Rechtsspr.) *Tötung eines Menschen, für das das Gericht im Unterschied zum Mord keine niedrigen Beweggründe geltend macht;* **b)** (österr. Rechtsspr.) *Tötung eines Menschen, die aber im Unterschied zum Mord im Affekt erfolgt ist.*

tot|schla|gen ⟨st. V.; hat⟩: *durch einen Schlag, durch Schläge töten:* eine Ratte mit einem Stock t.; Ü die Zeit, den Tag t. (ugs.; *sich langweilen u. versuchen, mit irgendeiner Beschäftigung die Zeit, den Tag vergehen zu lassen*); R dafür lasse ich mich [auf der Stelle] t. (ugs. emotional; *das ist ganz bestimmt so*); du kannst mich t./und wenn du mich totschlägst ... (ugs. emotional; *du kannst machen, was du willst, es hilft alles nichts*); lieber/eher lasse ich mich t., als dass ich das tue (ugs. emotional; *nichts u. niemand kann mich dazu bringen, das zu tun*); ich weiß nichts davon.

Tot|schlä|ger, der: **1.** (abwertend) *jmd., Verbrecher, der einen Totschlag, Totschläge begangen hat.* **2.** *[mit Stoff, Leder o. Ä. überzogene] stählerne Spirale od. an seinem oberen Ende mit einer Bleikugel versehener Stock als Mordwaffe.*

Tot|schlä|ge|rin, die: w. Form zu ↑ Totschläger (1).

tot|schwei|gen ⟨st. V.; hat⟩: *etw. nicht erwähnen, um den Eindruck zu erwecken, es sei gar nicht existent; dafür sorgen, dass jmd., etw. in der Öffentlichkeit nicht genannt, bekannt wird.*

tot|stür|zen, sich ⟨sw. V.; hat⟩: *sich zu Tode stürzen.*

tot|tram|peln ⟨sw. V.; hat⟩ (ugs.): vgl. tottreten.

tot|tre|ten ⟨st. V.; hat⟩: *durch [Darauf]treten töten.*

To|tum, das; -s, Tota [lat. totum, zu: totus, ↑ total] (bildungsspr.): *das Ganze; Gesamtbestand.*

Tö|tung, die; -, -en ⟨Pl. selten⟩: *das Töten* (1 a, 2); *das Getötetwerden.*

Tö|tungs|ab|sicht, die (Rechtsspr.): *Absicht, jmdn. zu töten.*

Tö|tungs|de|likt, das (Rechtsspr.): *Straftat, durch die ein Mensch zu Tode kommt.*

Tö|tungs|ver|such, der (Rechtsspr.): *Versuch, jmdn. zu töten.*

Touch [tatʃ], der; -s, -s [engl. touch, zu: to touch = berühren < afrz. touchier, ↑ touchieren] (ugs.): *etw., was jmdm., einer Sache als leicht angedeutete Eigenschaft ein besonderes Fluidum gibt.*

Touch|bild|schirm ['tatʃ...], der (EDV): *Bildschirm, der auf Antippen mit dem Finger bzw. mit einem Stift reagiert.*

tou|chie|ren [tu'ʃi:...,tu'...] ⟨sw. V.; hat⟩ [frz. toucher = berühren < afrz. touchier, urspr. lautm.]: **1.** (bes. Sport) *berühren* (1): ein Hindernis t.; den Gegner mit der Klinge, die Billardkugel mit dem Queue t. **2.** (Med.) *(von außen zugängliche Körperhöhlen) zu diagnostischen Zwecken austasten:* die Mundhöhle, das Rektum t. **3.** (Med.) *mit dem Ätzstift abätzen.*

Touch|pad ['tatʃpɛd], das [engl. touch pad, aus: touch = Berührung (↑ Touch) u. pad, ↑ Pad] (EDV): *auf Fingerdruck reagierendes integriertes Zeigegerät anstelle einer Maus.*

Touch|screen ['tatʃskri:n], der [engl. touch screen, zu: screen, ↑ Screen] (EDV): *Touchbildschirm.*

tough [taf; engl. tough, verw. mit ↑ zäh], taff [jidd. toff < hebr. tôv = gut] ⟨Adj.⟩ (salopp): *robust; nicht empfindlich; durchsetzungsfähig:* er ist ein -er Typ.

Tou|pet [tu'pe:], das; -s, -s [frz. toupet, zu afrz. to(u)p = Haarbüschel, aus dem Germ., verw. mit ↑ Topp]: **1.** *(früher) Haartracht, bei der das Haar über der Stirn toupiert war.* **2.** *(bes. für Herren) Haarteil, das als Ersatz für teilweise fehlendes eigenes Haar getragen wird.*

tou|pie|ren ⟨sw. V.; hat⟩ [zu ↑ Toupet]: *das Haar strähnenweise in Richtung des Haaransatzes mit schnellen u. kurzen Bewegungen kämmen, um es fülliger erscheinen zu lassen.*

Tour [tu:ɐ̯], die; -, -en [frz. tour, eigtl. = Drehsinn; Drehung < afrz. tor(n) < lat. tornus, ↑ Turnus]: **1.** *Ausflug* (1), *[Rund]fahrt:* eine schöne T. in die Berge, eine T. durch Europa; auf einer T. sein. **2.** *bestimmte Strecke:* er macht, fährt heute die T. Frankfurt–Mannheim; er musste die ganze T. zurücklaufen; eine T. mit dem Bus fahren. **3.** (Jargon) *Tournee* (1): auf T. gehen, sein; Ü er ist viel auf T. (*ist viel unterwegs, reist viel*). **4.** ⟨Pl. selten⟩ **a)** (ugs., oft abwertend) *Art u. Weise, mit Tricks, Täuschungsmanövern o. Ä. etw. zu erreichen:* immer dieselbe T.!; die T. zieht bei mir nicht!; eine neue T. ausprobieren; etw. auf die sanfte, naive, gemütliche T. machen; nun wird er es mit einer anderen T. versuchen; * **auf die dumme** o. ä. **T. reisen/reiten** (*etw. auf scheinbar naive, dummdreiste o. ä. Weise zu erreichen suchen*); **seine T. kriegen, haben** (*einen Anfall von schlechter Laune bekommen, haben*); **b)** (ugs.) *Vorhaben, Unternehmen [das nicht ganz korrekt, rechtmäßig ist]:* die T. ist schiefgegangen; jmdm. die T. vermasseln; sich auf üble, nicht ganz saubere en einlassen; für dich ist die T. gelaufen (*du hast Pech gehabt*). **5.** ⟨meist Pl.⟩ (Technik) *Umdrehung, Umlauf eines rotierenden Körpers, bes. einer Welle:* der Motor läuft auf vollen, höchsten -en; die Maschine kam schnell auf -en; der günstigste Drehzahlbereich liegt zwischen 5 500 und 7 500 -en (*Umdrehungen pro Minute*); eine Schallplatte mit 45 -en; * **in einer T.** (ugs.; *ohne Unterbrechung, andauernd, ständig:* mit den neuen Mietern gibt es in einer T. Ärger); **jmdn. auf -en bringen** (ugs.: 1. *erregen, in Schwung, Stimmung bringen.* jmdn. wütend machen); **auf -en kommen, sein** (ugs.: 1. *in Erregung, Stimmung, Schwung geraten, sein:* am frühen Morgen komme ich nie so recht auf T.; *wütend werden, sein:* du musst das Thema nur ansprechen, und er kommt sofort auf -en. 3. *in Gang kommen, zu funktionieren beginnen*); **auf vollen/höchsten -en laufen** (ugs.: *äußerst intensiv betrieben werden:* sicher können wir erst sein, wenn die Produktion auf vollen -en läuft). **6.** *in sich geschlossener Abschnitt einer Bewegung:* bei der dritten T. der Quadrille brach die Musik plötzlich ab; zwei -en *(Reihen)* links, zwei -en rechts stricken. **7.** (Reiten, bes. österr.) *einzelne Lektion* (1 d) *im Dressurreiten.*

Tour|da|ten ⟨Pl.⟩: *Zeit, Ort u. Ä. einer Tournee betreffende Angaben.*

Tour de Force [turdə'fɔrs], die; - - -, -s - - [turdə'fɔrs] [frz. tour de force, zu: force = Kraft, Stärke, Gewalt] (bildungsspr.): *Gewaltaktion; mit Mühe, Anstrengung verbundenes Handeln.*

Tour de France [turdə'frã:s], die; - - -, -s - - [turdə'frã:s] [frz.]: *alljährlich in Frankreich von berufsmäßigen Radfahrern ausgetragenes Straßenrennen, das über zahlreiche Etappen führt u. als schwerstes Straßenrennen der Welt gilt.*

Tour d'Ho|ri|zon [turdɔri'zõ:], die, auch: der; - -s - [turdɔri'zõ:] [frz. tour d'horizon, zu: horizon = Horizont; Blickfeld, Gesichtskreis] (bildungsspr.): *informativer Überblick (über zur Diskussion stehende Themen).*

tou|ren ['tu:rən] ⟨sw. V.; hat/ist⟩: **1.** (Jargon) *auf Tournee gehen, sein.* **2.** *auf Tour* (1) *gehen, sein:* wir sind durch Asien getourt.

Tou|ren|ge|her, der (südd., österr., schweiz.): *jmd., der den Bergtour macht, eine Tour auf Skiern unternimmt.*

Tou|ren|ge|he|rin, die: w. Form zu ↑ Tourengeher.

Tou|ren|rad, das: *stabileres Fahrrad für längere Fahrten.*

Tou|ren|wa|gen, der (Motorsport): *(in beschränkter Serie hergestellter) Wagen für Rallyes.*

Tou|ren|zahl, die (Technik): *Drehzahl.*

Tou|ren|zäh|ler, der (Technik): Drehzahlmesser.
Tou|ret|te|syn|drom, Tou|rette-Syn|drom [tuˈrɛt...], das; -s [nach dem frz. Arzt G. Gilles de la Tourette (1857–1904)] (Med.): *Erkrankung mit unwillkürlichen Zuckungen (bes. im Gesicht) u. anderen Zwangshandlungen.*
Tou|ris|mus, der; - [zu ↑Tourist]: *das Reisen, der Reiseverkehr [in organisierter Form] zum Kennenlernen fremder Orte u. Länder u. zur Erholung:* den T. fördern, bremsen.
Tou|ris|mus|bran|che, die: *den Bereich des Tourismus umfassende Branche.*
Tou|ris|mus|in|dus|t|rie, die: *Gesamtheit der Einrichtungen, Dienstleistungen u. Ä., die dem Tourismus dienen.*
Tou|rist, der; -en, -en [wohl < engl. tourist, zu tour = Ausflug < frz. tour, ↑Tour]: **1.** *[Urlaubs]reisender; jmd., der reist, um fremde Orte u. Länder kennenzulernen.* **2.** (veraltet) *Ausflügler, Wanderer, Bergsteiger.*
Tou|ris|ten|at|trak|ti|on, die: *etw., was eine besondere Attraktion für Touristen darstellt.*
Tou|ris|ten|füh|rer, der: *Fremdenführer.*
Tou|ris|ten|füh|re|rin, die; w. Form zu ↑Touristenführer.
Tou|ris|ten|klas|se, die: *billigere Klasse (7 a) mit geringerem Komfort für Touristen.*
Tou|ris|ten|rum|mel, der (ugs. abwertend): *durch zahlreiches, übermäßiges Auftreten von Touristen verursachter ²Rummel (1).*
Tou|ris|ten|strom, der: *starker Andrang, Vielzahl reisender Touristen.*
Tou|ris|ten|zen|t|rum, das: **1.** *Ferienzentrum.* **2.** *bei Touristen bes. beliebter Ort:* Heidelberg ist ein richtiges T.
Tou|ris|tik [tu...], die; -: **1.** *organisierter Reise-, Fremdenverkehr; mit dem Tourismus Zusammenhängendes.* **2.** (veraltet) *das Wandern, Bergsteigen.*
Tou|ris|tik|bör|se, die: *Messe, Ausstellung von Reiseveranstaltern o. Ä.*
Tou|ris|ti|ker, der; -s, - (Jargon): *auf dem Gebiet des Tourismus ausgebildeter Fachmann.*
Tou|ris|ti|ke|rin, die; -, -nen: w. Form zu ↑Touristiker.
Tou|ris|tik|kon|zern, der: *Konzern der Tourismusbranche.*
Tou|ris|tin, die; -, -nen: w. Form zu ↑Tourist.
tou|ris|tisch ⟨Adj.⟩: *die Touristik, den Tourismus betreffend; für den Tourismus charakteristisch, zum Tourismus gehörend.*
Tour|ne|dos [tʊrnaˈdo:], das; - [...ˈdo:(s)], - [...ˈdo:s] [frz. tournedos, zu: tourner (↑Tournee) u. dos = Rücken] (Kochkunst): *wie ein Steak zubereitete runde Lendenschnitte von der Filetspitze des Rinds.*
Tour|nee, die; -, -s u. ...een [frz. tournée, subst. w. 2. Part. von: tourner = (um)drehen, (sich) wenden, rund formen < lat. tornare, ↑¹turnen]: **1.** *Gastspielreise von Künstler[inne]n, Artist[inn]en:* eine T. starten, machen; der Konzertveranstalter hat für diese Künstlerin schon mehrere -n organisiert; auf T. sein, gehen. ◆ **2.** *Rundreise:* Die ganze T. hatte so ziemlich zwei Wochen gedauert (Fontane, Effi Briest 53).
Tour|nee|the|a|ter, das: *Theater (1 b), das Tourneen (1) veranstaltet.*
tour|nie|ren ⟨sw. V.; hat⟩ [frz. tourner, ↑Tournee]: **1.** (Kochkunst) *(z. B. Butter) in einer bestimmten gewünschten Form ausstechen.* **2.** (Kartenspiele) *die Spielkarten wenden, aufdecken.*
To|wer [ˈtaʊɐ], der; -s, - [engl. (control) tower < (a)frz. tour < lat. turris = Turm]: *turmartiges Gebäude auf Flugplätzen zur Überwachung des Flugverkehrs; Kontrollturm.*
Town|ship [ˈtaʊnʃɪp], die; -, -s [engl. township, zu: town = Stadt]: *von Farbigen bewohnte städtische Siedlung in Südafrika.*

to|xi-, To|xi-, (vor Vokalen auch:) tox-, Tox- [gek. aus ↑toxiko-, Toxiko-]: Best. in Zus. mit der Bed. *Gift* (z. B. toxigen, Toxikose, Toxalbumin).

to|xi|gen, toxogen ⟨Adj.⟩ [↑-gen] (Biol., Med.): **1.** *Giftstoffe erzeugend (z. B. von Bakterien).* **2.** *durch eine Vergiftung entstanden, verursacht.*

to|xik-, To|xik-: ↑toxiko-, Toxiko-.

To|xi|ka: Pl. von ↑Toxikum.

to|xi|ko-, To|xi|ko-, (vor Vokalen auch:) toxik-, Toxik- [griech. toxikón (phármakon) = Pfeilgift, zu: tóxon = Bogen (4 a)]: Best. in Zus. mit der Bed. *Gift* (z. B. toxikologisch, Toxikämie).

To|xi|ko|lo|ge, der; -n, -n [↑-loge] (Biol., Med.): *Wissenschaftler auf dem Gebiet der Toxikologie.*
To|xi|ko|lo|gie, die; - [↑-logie] (Biol., Med.): *Lehre von den Giften u. ihren Einwirkungen auf den Organismus.*
To|xi|ko|lo|gin, die; -, -nen: w. Form zu ↑Toxikologe.
to|xi|ko|lo|gisch ⟨Adj.⟩ (Biol., Med.): *die Toxikologie betreffend, darauf beruhend.*
To|xi|kum, das; -s, ...ka [lat. toxicum < griech. toxikón, ↑toxiko-, Toxiko-] (Med.): *Gift[stoff].*
To|xin, das; -s, -e (Biol., Med.): *von Bakterien, Pflanzen od. Tieren abgeschiedener od. beim Zerfall von Bakterien entstandener organischer Giftstoff.*
to|xisch ⟨Adj.⟩ (Biol., Med.): **1.** *giftig.* **2.** *durch Gift verursacht, auf einer Vergiftung beruhend:* -e Krankheiten, Schädigungen.
To|xi|zi|tät, die; - (Biol., Med.): *Giftigkeit einer Substanz (bezogen auf ihre Wirkung auf den lebenden Organismus).*

to|xo|gen: ↑toxigen.

TP = Triangulationspunkt, trigonometrischer Punkt.

Trab, der; -[e]s [mhd. drap, rückgeb. aus: draben, ↑traben]: *mittelschnelle Gangart zwischen Schritt u. Galopp von Vierfüßern, bes. von Pferden:* in flottem, langsamem, lockerem, leichtem, schärfstem, schnellem T. reiten; das Pferd in T. setzen; in T. fallen; Ü er setzte sich in T. (ugs.; begann zu laufen); mach ein bisschen T. dahinter! (ugs.; beschleunige die Sache etwas!); [nun aber] ein bisschen T.! (ugs.; beeil dich!); *jmdn. auf T. bringen (ugs.: jmdn. zu schnellerem Handeln bewegen, zu einer Tätigkeit antreiben);* **auf T. kommen** (ugs.; *rasch vorankommen*); **auf T. sein** (ugs.; *in Eile sein; viel zu tun haben*); *jmdn. in T. halten* (ugs.: *jmdn. nicht zur Ruhe kommen lassen*).
Tra|bant, der; -en, -en [spätmhd. (ostmd.) drabant = (hussitischer) Landsknecht, H. u.]: **1. a)** (Astron.) *Satellit (1): der Mond ist ein T. der Erde;* **b)** (Raumfahrt) *Satellit (2).* **2. a)** (früher) *Leibwächter einer vornehmen Standesperson;* **b)** (früher) *ständiger Begleiter einer vornehmen Standesperson; Gefolgsmann; Diener;* **c)** (abwertend) *jmd., der von einer einflussreichen Person völlig abhängig, ihr bedingungslos ergeben ist.* **3.** ⟨Pl.⟩ (ugs. scherzh.) *jmds. (kleine) Kinder:* wo habt ihr eure -en gelassen? **4.** (Elektronik) *zusätzlicher elektronischer Impuls zur Synchronisierung von Fernsehbildern.*
Tra|ban|ten|stadt, die: *Satellitenstadt; Wohnstadt.*
tra|ben ⟨sw. V.⟩ [mhd. draben < mniederd., mniederl. draven, aus der altflämischen Rittersprache, urspr. wohl lautm.]: **1.** ⟨hat/ist⟩ *im Trab laufen, reiten.* **2.** ⟨ist⟩ (ugs.) *in mäßigem Tempo*

irgendwohin laufen (1 a): der Junge trabte zur Schule.
Tra|ber, der; -s, - (Pferdesport): *für Trabrennen gezüchtetes Pferd.*
Tra|ber|bahn, die: *Trabrennbahn.*
Tra|ber|krank|heit, die [nach dem bei der Krankheit auftretenden schleppenden Gang] (Tiermed.): *bes. bei Schafen auftretende tödliche Viruskrankheit; Scrapie.*
Tra|ber|pferd, das: *Traber.*
Tra|ber|wa|gen, der: *Sulky.*
Trab|renn|bahn, die: *Rennbahn für Trabrennen.*
Trab|ren|nen, das: *Pferderennen, bei dem die Pferde nur im Trab rennen dürfen u. bei dem der Jockey im Sulky sitzt.*
Trace [treɪs], das; -, -s [ˈtreɪsɪs] [engl. trace, eigtl. = Spur] (EDV): **1.** *Aufzeichnung des Ablaufs eines Programms (4).* **2.** *Protokoll über den Ablauf eines Programms (4).*
Tra|chea [auch: ˈtraxea], die; -, ...een [zu griech. tracheĩa, w. Form von: trachýs = rau, nach dem Aussehen] (Med.): *Luftröhre.*
tra|che|al ⟨Adj.⟩ (Med.): *zur Luftröhre gehörend, damit zusammenhängend.*
Tra|chee, die; -, -n [zu ↑Trachea]: **1.** (Zool.) *Atmungsorgan der meisten Gliedertiere.* **2.** (Bot.) *Gefäß (2 b).*
Tra|che|en: Pl. von ↑Trachea, Trachee.
Tra|che|i|de, die; -, -n [zu griech. -(o)eidḗs = ähnlich, zu: eĩdos = Aussehen, Form] (Bot.): *dem Transport von Wasser u. der Festigung dienende, lang gestreckte pflanzliche Zelle.*
Tra|che|o|to|mie, die; -, -n [zu griech. tomḗ = Schnitt] (Med.): *Luftröhrenschnitt.*
Tracht, die; -, -en [mhd. traht(e), ahd. draht(a), zu ↑tragen, eigtl. = das Tragen, Getragenwerden; das, was getragen wird]: **1.** *für eine bestimmte Volksgruppe o. Ä. od. bestimmte Berufsgruppe typische Kleidung:* bunte, bäuerliche, ländliche Tiroler -en. **2.** (Imkerspr.) *von den Bienen eingetragene Nahrung, bes. Nektar, Pollen, Honigtau.* **3.** (Landwirtsch.) *Stellung einer Fruchtart im Anbaufolge [u. deren Ertrag].* **4.** (landsch. veraltend) *Traggestell für die Schultern zum Tragen von Körben u. Eimern.* **5.** (veraltet, noch landsch.) *Last (die jmd., etw. trägt):* eine T. Holz, Heu, Stroh; * **eine T. Prügel** (ugs.; *Schläge;* zu »Tracht« in der älteren Bed. »aufgetragene Speise«; Prügel, die man jmdm. verabreicht, wurden früher oft mit Gerichten, die man jmdm. serviert, verglichen): eine T. Prügel/ (auch:) eine T. bekommen, kriegen; jmdm. eine [gehörige] T. Prügel verpassen). ◆ **6.** *Erscheinungsbild, Habitus:* Jetzt begann ein neues Leben für ihn. Er zog bei dem Pachter ein und ward zu dessen Familie gerechnet; ... mit seinem Stande veränderte er auch seine T. Er war so gut, so dienstfertig (Tieck, Runenberg 37).
trach|ten ⟨sw. V.; hat⟩ [mhd. trahten, ahd. trahtōn < lat. tractare] (geh.): *bemüht sein, etw. Bestimmtes zu erreichen, zu erlangen:* nach Ehre, Ruhm t.; einen Plan zu verhindern t.; danach t., etw. zu verändern; ⟨subst.:⟩ Dann habe ich sich diese Geschäftsfrau doch herbeigefunden ... Eine Frau, von der man habe annehmen müssen, dass ihr Sinnen und Trachten nur aufs Geldverdienen ausgerichtet sei (Kempowski, Tadellöser 250); ◆ Die Frage scheint mir klein für einen, der ..., weit entfernt von allem Schein, nur in dem Wesen Tiefe trachtet (Goethe, Faust I, 1327 ff.).
Trach|ten|an|zug, der: *dem Stil einer bestimmten Volkstracht nachempfundener Anzug.*
Trach|ten|fest, das: *Fest, bei dem die Teilnehmenden in Trachten erscheinen.*
Trach|ten|grup|pe, die: *Gruppe, die bei bestimmten Veranstaltungen in Trachten Volkstänze o. Ä. aufführt.*

Trach|ten|ho|se, die: vgl. Trachtenanzug.
Trach|ten|hut, der: vgl. Trachtenanzug.
Trach|ten|ja|cke, die: vgl. Trachtenanzug.
Trach|ten|ka|pel|le, die: *in Tracht auftretende, Volksmusik spielende Kapelle.*
Trach|ten|kleid, das: vgl. Trachtenanzug.
Trach|ten|kos|tüm, das: vgl. Trachtenanzug.
Trach|ten|look, der: *Mode, Moderichtung, bei der die Kleidung an bestimmten Trachten orientiert, ihnen nachempfunden ist, Anklänge an bestimmte Trachten aufweist.*
Trach|ten|ver|ein, der: *Verein, bei dem Pflege u. Bewahrung alter Volkstrachten u. des damit zusammenhängenden Brauchtums im Mittelpunkt stehen.*
trächt|ig ⟨Adj.⟩ [mhd. trehtec, zu: tracht = Leibesfrucht (↑ Tracht)]: **1.** *(von Säugetieren) ein Junges, Junge tragend:* eine -e Stute. **2.** (geh.) *von etw. erfüllt, mit etw. angefüllt:* ein von, mit Gedanken -es Werk.

-träch|tig: drückt in Bildungen mit Substantiven aus, dass die beschriebene Person oder Sache in beträchtlichem Maße von etw. erfüllt ist oder etw. in sich trägt, birgt: erfolgs-, fehler-, kosten-, profit-, skandalträchtig.

Trächt|ig|keit, die; -, -en: **1.** *das Trächtigsein (1); Zustand eines weiblichen Säugetiers von der Befruchtung bis zur Geburt des od. der Jungen.* **2.** ⟨o. Pl.⟩ (geh.) *das Trächtigsein (2).*
Tracht|ler, der; -s, - (landsch.): *Teilnehmer an einem Trachtenfest.*
Tracht|le|rin, die; -, -nen: w. Form zu ↑ Trachtler.
Track [trɛk], der; -s, -s [engl. track, eigtl. = Spur, Bahn]: **1.** (Schifffahrt) *übliche Schiffsroute zwischen zwei Häfen.* **2.** *der Übertragung von Zugkräften dienendes Element (wie Seil, Kette, Riemen).* **3.** (Jargon) *Musikstück, Nummer (bes. auf einer CD od. LP).* **4.** (EDV) *Spur (4 b).*
Track|ball [ˈtrɛkbɔːl], der; -s, -s [zu engl. ball = Kugel] (EDV): *Rollkugel.*
Trade|mark [ˈtreɪdmɑːk], die; -, -s [engl. trademark, eigtl. = Handelsmarke]: englische Bez. für: Warenzeichen (Abk.: TM).
tra|den [ˈtreɪdn̩] ⟨sw. V.; hat⟩ [engl. to trade = Handel treiben] (Wirtsch., Börsenwesen): *[spekulierend] an der Börse handeln:* ⟨subst.:⟩ kurzfristiges Traden.
Tra|der [ˈtreɪdɐ], der; -s, - [engl. trader, eigtl. = Händler, zu: to trade = handeln] (Börsenw.): *Anleger mit überwiegend spekulativem Interesse.*
Tra|de|rin, die; -, -nen: w. Form zu ↑ Trader.
Trade-Uni|on, Trade-uni|on [ˈtreɪd(ˈ)juːnjən], die; -, -s [engl. trade union, aus: trade = Genossenschaft u. union = Union]: englische Bez. für: Gewerkschaft.
tra|die|ren ⟨sw. V.; hat⟩ [lat. tradere (2. Part.: traditum), zu: trans = über – hin u. dare = geben] (bildungsspr.): *überliefern; etw. Überliefertes weiterführen, weitergeben:* Rechtsnormen t.
tra|diert ⟨Adj.⟩ (bildungsspr.): *überliefert, überkommen, traditionell:* -e Vorstellungen, Sehgewohnheiten.
Tra|ding [ˈtreɪdɪŋ], das; -s [engl. trading, zu: to trade = Handel treiben]: **1.** (Wirtsch.) *Handel.* **2.** (Börsenw.) *das Ausnutzen kurzfristiger Kursschwankungen durch häufige Käufe u. Verkäufe von Wertpapieren.*
Tra|di|ti|on, die; -, -en [lat. traditio, zu: tradere, ↑ tradieren]: **a)** *etw., was im Hinblick auf Verhaltensweisen, Ideen, Kultur o. Ä. in der Geschichte, von Generation zu Generation [innerhalb einer bestimmten Gruppe] entwickelt u. weitergegeben wurde [u. weiterhin Bestand hat]:* eine alte, bäuerliche T.; demokratische -en pflegen; eine T.

bewahren, hochhalten, fortsetzen; an der T. festhalten; mit der T. brechen; die Strandrennen sind hier schon T. *(feste Gewohnheit, Brauch)* geworden; Das Duftwesen hatte alte T. in Montpellier (Süskind, Parfum 189); **b)** (selten) *das Tradieren:* die T. dieser Werte ist unsere Pflicht.
Tra|di|ti|o|na|lis|mus, der; - [frz. traditionalisme, zu: tradition < lat. traditio, ↑ Tradition] (bildungsspr.): *geistige Haltung, die bewusst an der Tradition festhält, sich ihr verbunden fühlt.*
Tra|di|ti|o|na|list, der; -en, -en (bildungsspr.): *Vertreter, Anhänger des Traditionalismus.*
Tra|di|ti|o|na|lis|tin, die; -, -nen: w. Form zu ↑ Traditionalist.
tra|di|ti|o|na|lis|tisch ⟨Adj.⟩ (bildungsspr.): *den Traditionalismus [in übertriebener Weise] vertretend, auf ihm beruhend.*
Tra|di|ti|o|nal Jazz [trəˈdɪʃənəl ˈdʒæz], der; - - [engl.] (Musik): *traditioneller Jazz (ältere Stilrichtungen bis etwa 1940).*
tra|di|ti|o|nell ⟨Adj.⟩ [frz. traditionnel, zu: tradition, ↑ Traditionalismus]: *einer Tradition entsprechend, auf ihr beruhend; herkömmlich:* die -e Familie; etw. ist schon t. geworden.
tra|di|ti|ons|be|wusst ⟨Adj.⟩: *der Tradition verbunden, sich ihr verpflichtet fühlend:* ein -es Volk.
Tra|di|ti|ons|be|wusst|sein, das: *traditionsbewusste Lebens-, Denkungsart.*
tra|di|ti|ons|ge|bun|den ⟨Adj.⟩: *von der Tradition bestimmt, ihr verhaftet:* ein -es Denken.
tra|di|ti|ons|ge|mäß ⟨Adj.⟩: *der Tradition, dem Brauch gemäß:* das Familientreffen findet t. am 15. Mai statt.
Tra|di|ti|ons|haus, das: vgl. Traditionsverein.
Tra|di|ti|ons|mar|ke, die: *Marke (2 a) mit einer langen Tradition.*
Tra|di|ti|ons|pfle|ge, die: *Pflege (1 c) von Traditionen.*
tra|di|ti|ons|reich ⟨Adj.⟩: *reich an Traditionen.*
Tra|di|ti|ons|un|ter|neh|men, das: vgl. Traditionsverein.
Tra|di|ti|ons|ver|ein, der: *Verein, der auf eine lange Tradition zurückblicken kann.*
traf: ↑ treffen.
träf ⟨Adj.⟩ (schweiz.): *treffend:* ein -er Ausdruck.
trä|fe: ↑ treffen.
Traf|fic, der; -s [engl. traffic = Verkehr] (EDV): **a)** *Gesamtheit der übertragenen Daten in einem Computernetzwerk;* **b)** *Zugriffe auf eine Website.*
Tra|fik, die; -, -en [(frz. trafic <) ital. traffico = Handel, Verkehr, H. u.] (österr.): *Laden für Tabakwaren, Zeitungen u. Ä.:* in der T. Zeitungen kaufen.
Tra|fi|kant, der; -en, -en [älter frz. trafiquant] (österr.): *Inhaber einer Trafik.*
Tra|fi|kan|tin, die; -, -nen: w. Form zu ↑ Trafikant.
Tra|fo [auch: ˈtrafo], der; -[s], -s: kurz für Transformator.
Tra|fo|häus|chen, das, **Tra|fo|sta|ti|on,** die: *Transformatorenhäuschen.*
träg: ↑ träge.
Tra|gant, der; -[e]s, -e [mhd. dragant < spätlat. tragantum, tragacantha < griech. tragákantha]: **1.** *(zu den Schmetterlingsblütlern gehörende) Pflanze, meist mit gefiederten Blättern, deren Spitzen häufig zu Dornen umgebildet sind, u. Blüten verschiedener Farbe in Trauben, Ähren od. Köpfchen.* **2.** *aus verschiedenen Arten des Tragants (1) gewonnene gallertartige, quellbare Substanz, bes. zur Herstellung von Klebstoffen verwendet wird.*
Trag|bah|re, die: *einem Feldbett ähnliches Gestell zum Transport von Kranken, Verletzten od. Toten.*
trag|bar ⟨Adj.⟩: **1.** *sich [gut, ohne große Mühe] tragen lassend:* -e Radios, Fernseher. **2.** *(von*

Kleidung) sich gut tragen lassend: eine Kollektion von durchaus, sehr -en Kleidern und Mänteln; diese Mode ist nicht t. **3. a)** *für jmdn. keine [zu] große [finanzielle] Belastung darstellend: wirtschaftlich, finanziell [nicht mehr] t. sein;* ⟨subst.:⟩ bei der Steuererhöhung bis an die Grenze des Tragbaren gehen; **b)** *erträglich* (a) (in verneinenden od. einschränkenden Kontexten): dieser Zustand ist kaum noch t.; der Minister ist für die Partei nicht mehr t. *(sein Verhalten o. Ä. kann von der Partei nicht mehr hingenommen werden).*
Tra|ge, die; -, -n: *Tragbahre, -gestell.*
trä|ge, träg ⟨Adj.⟩ [mhd. træge, ahd. trāgi, ablautende Bildung zu aisl. tregr = unwillig, langsam]: **1.** *lustlos u. ohne Schwung; nur widerstrebend sich bewegend, aktiv werdend:* ein träger Mensch; das politisch träge Bürgertum; der Wein, die Hitze hat mich ganz t. gemacht; er war zu t. *(faul)*, um mitzuspielen; geistig t. sein; Ü mit trägen *(schwerfälligen, langsamen)* Bewegungen, Schritten; Sie blickt durch ihr Fenster auf den Kurgarten und den schmalen trägen Fluss, der träg *(langsam)* durch den Ort zieht (Strauß, Niemand 15). **2.** (Physik) *im Zustand der Trägheit (2):* eine träge Masse.
Tra|ge|ei|gen|schaft, die: *Eigenschaft, die ein Kleidungsstück beim Tragen zeigt.*
Tra|ge|griff, der: *Griff, an dem etw. getragen werden kann, der das Tragen von etw. erleichtert.*
Tra|ge|gurt, der, Traggurt, der: *Gurt zum Tragen, Transportieren von jmdm., etw.*
Tra|ge|kom|fort, der (Werbespr.): *Komfort, den ein Kleidungsstück beim Tragen zeigt.*
Tra|ge|korb, Tragkorb, der: *[größerer] Korb zum Tragen, Transportieren von Lasten, bes. auf dem Rücken.*
tra|gen ⟨st. V.; hat⟩ [mhd. tragen, ahd. tragan, H. u.]: **1. a)** *jmdn., etw. mit seiner Körperkraft halten, stützen u. so fortbewegen, irgendwohin bringen:* ein Kind auf dem Arm, in den Armen, huckepack t.; den Sack auf dem Rücken, einen Korb auf dem Kopf t.; einen Koffer, jmdm. die Tasche t.; eine Einkaufstüte in der Hand, über der Schulter t.; ein Paket zur Post t.; der Hund trug eine Ratte im Maul; die Sanitäter trugen den Verletzten [auf einer Trage] zum Krankenwagen; ⟨auch ohne Akk.-Obj.:⟩ jmdm. t. helfen; wir hatten schwer zu t. *(waren schwer bepackt);* Ü das Pferd trägt den Reiter *(auf ihm sitzt der Reiter);* meine Beine, Knie tragen mich kaum noch *(ich kann kaum noch laufen);* das Auto wurde aus der Kurve getragen *(kam in der Kurve von der Fahrbahn ab);* ⟨auch ohne Akk.-Obj.:⟩ laufen, so schnell die Füße tragen; * **[schwer] an etw. zu t. haben** *(etw. als Last, Bürde empfinden; schwer unter etw. leiden);* **b)** ⟨t. + sich⟩ *sich in bestimmter Weise tragen (1 a) lassen:* der Koffer trägt sich leicht, gut; das Gepäck trägt sich am besten auf der Schulter t. **2. a)** *[das volle Gewicht von] etw. von unten stützen:* das Dach wird von [starken] Säulen getragen; tragende Balken, Konstruktionen; Ü die Regierung wird nicht vom Vertrauen des Volkes getragen; das Unternehmen trägt sich selbst *(braucht keine Zuschüsse);* die tragende *(grundlegende)* Idee eines Werkes; eine tragende Rolle *(Hauptrolle)* spielen; **b)** *ein bestimmtes Gewicht, eine bestimmte Last aushalten [können]:* die Brücke trägt auch schwere Lastwagen; ⟨auch ohne Akk.-Obj.:⟩ das Eis trägt schon; * **zum Tragen kommen** *(wirksam werden, Anwendung finden [von etw., was zur Anwendung bereitliegt]);* **c)** *(vom Wasser, von der Luft) jmdn., etw. tragend (2 a) [fort]bewegen, ohne dass jmd., etw. untergeht:* Salzwasser trägt; sich von den Wellen t. lassen; Ü Die Tanzenden gleiten dahin, von der Musik getragen

(Remarque, Obelisk 56). **3. a)** *[in bestimmter Weise] etw. ertragen:* sie trägt ihr Leiden mit Geduld; etw. mit Fassung t.; er hat ein schweres Los zu tragen; **b)** *etw. auf sich nehmen, übernehmen [müssen]:* keine Verantwortung t. wollen; die Folgen t.; das Risiko trägst du!; Sturmschäden – bei uns paar kaputte Scheiben – trug die Versicherung (Grass, Butt 511). **4. a)** *einen Körperteil in einer bestimmten Stellung halten:* dabei trug der Hund seinen Schwanz hoch; den Kopf schief, aufrecht, gesenkt t.; **b)** *einen Körperteil mithilfe von etw. stützend halten:* den Arm in einer Schlinge, Schiene t. **5. a)** *mit etw. Bestimmtem bekleidet sein; etw. angezogen, aufgesetzt o. Ä. haben:* ein ausgeschnittenes Kleid, Jeans t.; [eine] Tracht, Uniform t.; sie trägt Trauer, Schwarz; diese Farbe kann ich nicht t. *(sie steht mir nicht);* das trägt man [heute] nicht mehr *(das ist unmodern);* man trägt wieder kurz *(kurze Röcke sind wieder modern);* getragene *(bereits gebrauchte)* Schuhe; **b)** *etw. als [Gebrauchs]gegenstand, Schmuck o. Ä. an, auf einem Körperteil an sich haben:* eine Maske, Perücke t.; eine Brille t. *(Brillenträger[in] sein);* [einen] Bart t. *(Bartträger sein);* einen Ring [am Finger], eine Kette [um den Hals] t.; eine Blume im Haar t.; **c)** ⟨t. + sich⟩ *(seltener) in bestimmter Weise gekleidet sein:* sich nach der letzten Mode t.; …außerdem war er etwa zwei Jahre älter als der Rest der Klasse und trug sich wie ein Erwachsener, mit weißem Hemd und gemusterter Krawatte und Anzug mit langen Hosen (Heym, Nachruf 26); **d)** *in bestimmter Weise frisiert sein:* sie trägt ihr Haar offen, lang, glatt, in einem Knoten; einen Mittelscheitel t.; **e)** ⟨t. + sich⟩ *eine bestimmte Trageeigenschaft haben:* der Stoff trägt sich sehr angenehm. **6.** *[für einen bestimmten Zweck] bei sich haben:* er trägt einen Revolver; immer einen Pass bei sich t. **7.** (geh.) *haben:* den Doktortitel, einen berühmten Namen t.; das Buch trägt diesen Titel; der Grabstein trägt keine Inschrift. **8.** *(Früchte o. Ä.) hervorbringen:* der Acker trägt Roggen; ⟨auch ohne Akk.-Obj.⟩: der Baum trägt gut, wenig, noch nicht; Ü das Kapital trägt Zinsen. **9.** *(von weiblichen Säugetieren) trächtig sein:* die Kuh trägt [ein Kalb]; ein tragendes Muttertier. **10.** *eine bestimmte Reichweite haben:* das Gewehr trägt nicht weit; eine tragende *(kräftige, über eine größere Entfernung noch gut hörbare)* Stimme haben. **11.** *(verblasst in Verbindung mit Abstrakta)* drückt das Vorhandensein von etw. bei jmdm. aus: Bedenken t. *(haben),* etw. zu tun; nach jmdm. Verlangen, an etw. die Schuld t.; für jmdn., etw./(schweiz. auch:) jmdm., einer Sache Sorge t. (geh.: *für jmdn., etw. sorgen).* **12.** ⟨t. + sich⟩ *sich innerlich mit etw. beschäftigen, es in Erwägung ziehen:* er trägt sich mit dem Plan, mit dem Gedanken, sein Haus zu verkaufen.

Träǀger, der; -s, - [spätmhd. treger, mhd. trager, ahd. tragari]: **1. a)** *jmd., der Lasten trägt:* für eine Expedition T. anwerben; **b)** *Kurzf. von* ↑Gepäckträger (1); **c)** *jmd., der Kranke, Verletzte o. Ä. transportiert:* eine Ambulanz mit zwei -n. **2. a)** (Bauw.) *tragendes Bauteil:* T. aus Stahl; T. [in die Decke] einziehen; **b)** (bes. Technik) *etw., was etw. anderes trägt, hält, stützt, mit sich führt o. Ä.* **3.** *Stoffstück, das in Form eines Streifens paarweise an bestimmten Kleidungsstücken angebracht ist u. über die Schulter geführt wird:* ein Kleid mit breiten -n. **4. a)** *jmd., der etw. innehat, etw. ausübt:* T. mehrerer Preise sein; T. der Staatsgewalt sein; **b)** *jmd., der etw. stützt, der die treibende Kraft von etw. ist:* der T. einer Entwicklung sein; **c)** *Körperschaft, Einrichtung, die [offiziell] für etw. verantwortlich ist u.

dafür aufkommen muss:* T. des Kindergartens ist die Kirche. **5.** (Technik) *Trägerwelle.* **6.** *jmd., etw., dem etw. Bestimmtes innewohnt u. durch den bzw. das es in Erscheinung tritt:* die psychischen Erscheinungen und ihr T., der Mensch als Ich.

-träǀger, der; -s, -: **1.** drückt in Bildungen mit Substantiven aus, dass eine Person etw. [bekommen] hat, mit etw. versehen ist: Bart-, Preis-, Ordensträger. **2.** drückt in Bildungen mit Substantiven aus, dass eine Person oder Sache etw. mit sich führt, transportiert, liefert: Eiweiß-, Virus-, Wärmeträger. **3.** drückt in Bildungen mit Substantiven aus, dass eine Person oder Sache etw. darstellt oder auslöst: Angst-, Bedeutungs-, Hoffnungs-, Sympathieträger.

Träǀgerǀflugǀzeug, das: *Flugzeug, das auf einem Flugzeugträger stationiert ist.*
Träǀgeǀrin, die; -, -nen: w. Form zu ↑Träger (1, 4, 6).
Träǀgerǀkleid, das: *Kleid mit Trägern (3).*
Träǀgerǀkoǀlonǀne, die: *Kolonne von Austrägern.*
Traǀgerl, das; -s, -[n] (bayr., österr.): **a)** *zusammenfaltbarer Behälter aus Pappe zum Transport von [Bier]flaschen;* **b)** *Traggestell für Säuglinge, Kleinkinder.*
träǀgerǀlos ⟨Adj.⟩: *ohne Träger (3); keine Träger aufweisend:* ein -es Sommerkleid.
Träǀgerǀmaǀteǀriǀal, das (bes. Technik): *als Träger (2 b) dienendes Material (1).*
Träǀgerǀraǀkeǀte, die: *mehrstufige Rakete (1 b).*
Träǀgerǀrock, der: *Rock mit angeschnittenem ärmellosem Oberteil aus dem gleichen Stoff.*
Träǀgerǀschaft, die; -, -en: **a)** *Gesamtheit der Trägerinnen u. Träger (4 c):* die Anstalt wird unter einer erweiterten T. weitergeführt; **b)** *Eigenschaft, Trägerin, Träger (4 c) zu sein.*
Träǀgerǀschürǀze, die: *vgl. Trägerrock.*
Träǀgerǀverǀein, der: *die Trägerschaft (b) ausübender Verein.*
Träǀgerǀwelǀle, die (Funkt.): *elektromagnetische Welle, die zur Übertragung von Nachrichten moduliert werden kann.*
Traǀgeǀtaǀsche, Tragtasche, die: **a)** *[größere] mit Riemen od. Bügeln versehene [Einkaufs]tasche, die mit der Hand getragen wird;* **b)** *Kurzf. von* ↑Plastiktragetasche.
Traǀgeǀtuch, das ⟨Pl. …tücher⟩: *Tuch (1), das um Hals u. Hüfte geschlungen wird, sodass ein Baby darin gehalten, befördert werden kann.*
Traǀgeǀzeit, Tragzeit, die: *Zeit der Trächtigkeit (1).*
tragǀfäǀhig ⟨Adj.⟩: **1.** *so konstruiert, gebaut, dass eine bestimmte Last getragen, eine bestimmte Belastung (1) ausgehalten werden kann:* -es Eis; die Überdachung ist nicht t. **2. a)** *sich von allen mittragen (2) lassend:* ein -er Kompromiss; **b)** *sich tragend; so beschaffen, dass keine finanzielle Hilfe, Unterstützung nötig ist:* ein -es Geschäftsmodell.
Tragǀfäǀhigǀkeit, die ⟨o. Pl.⟩: *tragfähige Beschaffenheit.*
Tragǀfläǀche, die (Flugw.): *eine der beiden (dem dynamischen Auftrieb dienenden) rechteckigen od. trapezförmigen Flächen, die sich seitlich am Rumpf eines Flugzeugs befinden.*
Tragǀfläǀchenǀboot, das: *Motorboot, unter dessen Rumpf sich Flächen befinden, die den Tragflächen des Flugzeugs ähnlich sind u. den Rumpf des Motorboots mit zunehmender Geschwindigkeit über das Wasser heben; Gleitboot.*
Tragǀflüǀgel, der: *Tragfläche.*
Tragǀflüǀgelǀboot, das: *Tragflächenboot.*
Tragǀgeǀrüst, das: *tragendes Gerüst, tragende Konstruktion:* das T. eines Daches.

Tragǀgeǀstell, das: *Gestell zum Tragen, Transportieren von jmdm., etw.*
Tragǀgurt: ↑Tragegurt.
Trägǀheit, die; -, -en ⟨o. Pl. selten⟩: **1.** [mhd., ahd. trāgheit] *das Trägesein:* geistige T.; zur T. neigen. **2.** (Physik) *Eigenschaft der Masse, ihren Bewegungszustand beizubehalten, solange keine äußere Kraft einwirkt, die diesen Zustand ändert; Beharrungsvermögen.*
Trägǀheitsǀgeǀsetz, das ⟨Pl. selten⟩ (Physik): *Gesetz (2), nach dem jeder Körper im Zustand der Ruhe od. in einer gleichförmigen Bewegung verharrt, solange keine äußere Kraft auf ihn einwirkt.*
Trägǀheitsǀmoǀment, das (Physik): *Größe des Widerstands, den ein rotierender Körper einer Änderung seiner Geschwindigkeit entgegensetzt.*
Tragǀholz, das ⟨Pl. …hölzer⟩: *Fruchtholz.*
Traǀgik, die; - [zu ↑tragisch]: **1.** *schweres, schicksalhaftes, von Trauer u. Mitempfinden begleitetes Leid:* darin lag die T. [seines Lebens, in seinem Leben, dieses Unfalls]. **2.** (Literaturwiss.) *das Tragische (in einer Tragödie).*
Traǀgiǀkoǀmik [auch: ˈtraː…], die; - (bildungsspr.): *Verbindung von Tragik u. Komik, deren Wirkung darin besteht, dass das Tragische komische Elemente u. das Komische tragische Elemente enthält.*
traǀgiǀkoǀmisch [auch: ˈtraː…] ⟨Adj.⟩ (bildungsspr.): *die Tragikomik betreffend, auf ihr beruhend, Tragikomik ausdrückend.*
Traǀgiǀkoǀmöǀdie [auch: ˈtraː…], die; -, -n [lat. tragicomoedia, zu: tragicus (↑tragisch) u. comoedia, ↑Komödie] (Literaturwiss.): *tragikomisches Drama.*
traǀgisch ⟨Adj.⟩ [lat. tragicus < griech. tragikós, eigtl. = bocksartig, vgl. Tragödie]. **1.** *auf verhängnisvolle Weise eintretend u. schicksalhaft im den Untergang führend u. daher menschliche Erschütterung auslösend:* ein -es Ereignis, Erlebnis; ein -er Unfall; auf -e Weise ums Leben kommen; der Film endet t.; das ist alles nicht, halb so t. (ugs.; *schlimm);* nimm nicht alles gleich so t. (ugs.; *ernst).* **2.** (Literaturwiss., Theater) *zur Tragödie gehörend, auf sie bezogen; Tragik ausdrückend:* eine -e Rolle spielen; die -e Heldin eines Dramas; ein -er Dichter.
Tragǀkonǀstrukǀtiǀon, die (Technik): *tragende Konstruktion.*
Tragǀkorb: ↑Tragekorb.
Tragǀkraft, die (bes. Technik, Bauw.): *Tragfähigkeit.*
Tragǀlast, die: *Last (1 a).*
Traǀgöǀdie, die; -, -n [lat. tragoedia < griech. tragṓidía = tragisches Drama, Trauerspiel, eigtl. = Bocksgesang, zu: trágos = Ziegenbock u. ōidḗ = Gesang; viell. nach den mit Bocksfellen als Satyrn verkleideten Chorsängern in der griech. Tragödie]: **1. a)** ⟨o. Pl.⟩ *dramatische Gattung, in der Tragik (2) dargestellt wird:* die antike, klassische T.; **b)** *Tragödie (1 a) als einzelnes Drama:* eine T. in/mit fünf Akten. **2. a)** *tragisches Geschehen, schrecklicher Vorfall:* Zeuge einer T. werden; **b)** (ugs. emotional übertreibend) *etw., was als schlimm, katastrophal empfunden wird:* diese Niederlage ist keine T.; mach doch keine, nicht gleich eine T. daraus! *(nimm es nicht schwerer, als es ist!).*
Traǀgöǀdiǀenǀdichǀter, der: *Dichter von Tragödien, Trauerspielen.*
Traǀgöǀdiǀenǀdichǀteǀrin, die: w. Form zu ↑Tragödiendichter.
Tragǀrieǀmen, der: *Riemen, mit dem eine Last [auf der Schulter] getragen wird.*
Tragǀrolǀle, die (Technik): *Rolle an einem Förderband, die dessen Gurt trägt u. führt.*

Trag|schicht, die (Straßenbau): Schicht unter der Decke (4) einer Straße, Fahrbahn.
Trag|seil, das (bes. Technik, Bauw.): Seil, das die Last trägt (im Unterschied zum Zugseil).
Trag|ses|sel, der: Sessel, der an Griffen getragen werden kann.
trägst: ↑ tragen.
trägt: ↑ tragen.
Trag|tier, das (selten): Lasttier.
Trag|wei|te, die ⟨Pl. selten⟩: **1.** Ausmaß, in dem sich etw. [ziemlich weitreichend] auswirkt: sich der T. von etw. bewusst sein; etw. in seiner ganzen T. erkennen; ein Ereignis von großer T. **2.** Schussweite einer Waffe. **3.** (Seew.) Entfernung, aus der ein Leuchtfeuer od. die Lichter eines Schiffes bei normaler Sicht noch eindeutig zu erkennen sind.
Trag|werk, das: **1.** (Flugw.) Gesamtheit von Tragflügeln, Querruder u. Landeklappen eines Flugzeugs. **2.** (Bauw.) lastentragender Bauteil.
Trai|ler ['treɪlɐ], der; -s, - [engl. trailer, zu: to trail = ziehen, (nach)schleppen < mfrz. traill(i)er, über das Vlat. < lat. trahere, ↑ traktieren]: **1. a)** Anhänger (2); **b)** (bes. in den USA) Fertighaus, das sich – im Ganzen od. in mehreren Teilen – transportieren lässt. **2. a)** (Film, Fernsehen) werbende Ankündigung eines Films, einer Fernsehserie o. Ä. durch einen Spot aus zusammengestellten Szenen; **b)** (Film) nicht belichteter Filmstreifen am inneren Ende einer Filmrolle.
Trai|nee [trɛˈniː], der; -s, -s [engl. trainee, zu: to train, ↑ trainieren] (Wirtsch.): jmd. (bes. Hochschulabsolvent[in]), der innerhalb eines Unternehmens eine praktische Ausbildung in allen Abteilungen erhält u. dadurch für seine spätere Tätigkeit vorbereitet wird.
Trai|nee|pro|gramm, das: die Ausbildung von Trainees beinhaltendes Programm: ein T. absolvieren.
Trai|ner ['trɛːnɐ, 'trɛːnɐ], der; -s, - [engl. trainer, zu: to train, ↑ trainieren]: **1. a)** (Sport) jmd., der bes. Sportler(innen) trainiert: den T. entlassen, wechseln; **b)** Tiertrainer. **2.** (österr., schweiz.) Trainingsanzug.
Trai|ner|bank, die ⟨Pl. ...bänke⟩: ¹Bank (1) am Rand eines Spielfelds, auf der die Trainerin bzw. der Trainer (1 a) u. die Auswechselspieler(innen) sitzen.
Trai|ner|fuchs, der (salopp): sehr erfahrener, schlauer Trainer.
Trai|ne|rin, die; -, -nen: w. Form zu ↑ Trainer (1).
Trai|ner|li|zenz, die: Lizenz für die Tätigkeit als Trainer, als Trainerin.
Trai|ner|schein, der: Trainerlizenz.
Trai|ner|stab, der: Gruppe von für eine bestimmte Aufgabe zusammengestellten Trainern.
Trai|ner|wech|sel, der: Wechsel (1 c) des Trainers.
trai|nie|ren ⟨sw. V.; hat⟩ [engl. to train, eigtl. = erziehen; ziehen, (nach)schleppen < frz. traîner = (nach)ziehen, zur Arbeit anhalten < lat. trahere, ↑ traktieren]: **a)** durch systematisches Training auf etw., bes. auf einen Wettkampf vorbereiten, in gute Kondition bringen: eine Fußballmannschaft, ein Pferd t.; einen trainierten Körper haben; auf etw. trainiert sein (genau vorbereitet sein); **b)** Training betreiben: er trainiert hart, eisern [für die nächste Spiele]; **c)** (bestimmte Übungen, Fertigkeiten) durch Training technisch vervollkommnen: den doppelten Rittberger t.; Ü sein Gedächtnis t.; sich im Rechnen t. **d)** (ugs.) einüben (1 a): Rollschuhfahren t.
Trai|ning ['trɛːnɪŋ, 'trɛːnɪŋ], das; -s, -s [engl. training, zu: to train, ↑ trainieren]: planmäßige Durchführung eines Programms von vielfältigen Übungen zur Ausbildung von Können, Stärkung der Kondition u. Steigerung der Leistungsfähigkeit: ein hartes T.; das T. abbrechen, aufnehmen; Ü geistiges T.; autogenes T.; nicht mehr im T. sein (nicht mehr in der Übung sein).

Trai|ning on the Job ['treɪnɪŋ ɔn ðə 'dʒɔb], das; -s ---, -s --- [engl., zu ↑ Job] (bes. Wirtsch.): Gesamtheit der Methoden zur Ausbildung, zur Vermittlung u. Erprobung praktischer Kenntnisse u. Fähigkeiten direkt am Arbeitsplatz.
Trai|nings|an|zug, der: aus langärmeligem Blouson u. langer Hose bestehender Sportanzug aus speziellem Material zum Warmhalten des Körpers.
Trai|nings|camp, das (Sport): Camp, in dem bestimmte Trainings durchgeführt werden.
Trai|nings|dress, der: beim Trainieren zu tragende Sportkleidung.
Trai|nings|ein|heit, die (Sport): kleinster Abschnitt der Phasen, Perioden, in die das gesamte Training einer Sportlerin, eines Sportlers, einer Mannschaft eingeteilt ist.
Trai|nings|ge|län|de, das: Gelände, das nur für das Training (u. nicht für Wettkämpfe) genutzt wird.
Trai|nings|ho|se, die: zum Trainingsanzug gehörende Hose.
Trai|nings|ja|cke, die: vgl. Trainingshose.
Trai|nings|kon|t|rol|le, die: Dopingkontrolle beim Training.
Trai|nings|la|ger, das ⟨Pl. ...lager⟩: Lager, in dem [Spitzen]sportler[innen] trainieren: ein T. beziehen; ins T. fahren.
Trai|nings|me|tho|de, die: Methode, nach der trainiert wird.
Trai|nings|mög|lich|keit, die: **1.** Möglichkeit, irgendwo zu trainieren: keine T. haben. **2.** mögliche Übung für das Training [in einer Sportart]: viele -en testen.
Trai|nings|part|ner, der: Partner (1 a) beim Trainieren (a).
Trai|nings|part|ne|rin, die: w. Form zu ↑ Trainingspartner.
Trai|nings|plan, der: Plan, nach dem ein Training aufgebaut ist.
Trai|nings|platz, der: Übungsplatz (2).
Trai|nings|pro|gramm, das: ²Programm (3), ²Plan (1 a), nach dem ein Training aufgebaut ist.
Trai|nings|rück|stand, der: Abstand, mit dem jmd. hinter den Anforderungen des Trainings zurückgeblieben ist.
Trai|nings|schuh, der: meist leichterer, beim Trainieren (a) getragener Schuh.
Trai|nings|zeit, die (Sport): im Training gefahrene, gelaufene Zeit.
Trai|nings|zen|t|rum, das: Leistungszentrum.
Trai|teur [trɛˈtøːɐ̯], der; -s, -e [frz. traiteur, zu: traiter = be-, verhandeln < lat. tractare, ↑ traktieren]: **1.** (selten) Leiter einer Großküche. **2.** (schweiz.) Hersteller, Verkäufer u. Lieferant von Fertiggerichten.
Trai|teu|rin [...ˈtøːrɪn], die; -, -nen: w. Form zu ↑ Traiteur.
Trai|teur|stand, der (schweiz.): Verkaufsstand einer Traiteurin, eines Traiteurs (2).
Tra|keh|ner, der; -s, - [nach dem Ort Trakehnen im ehemaligen Ostpreußen]: Pferd einer edlen Rasse des deutschen Warmbluts.
Trakt, der; -[e]s, -e [lat. tractus = das (Sich)ziehen, Ausdehnung; Lage; Gegend, zu: tractum, 2. Part. von: trahere, ↑ traktieren]: **1. a)** größerer, in die Breite sich ausdehnender Teil eines Gebäudes, auch Teil eines großen Schiffes: der südliche T. des Schlosses; **b)** Gesamtheit der Bewohner, Insassen eines Trakts (1 a): der südliche T. des Gefängnisses rebellierte. **2.** (Med.) Ausdehnung in die Länge, Strecke, Strang. **3.** Landstrich.
Trak|ta|ment, das; -s, -e [mlat. tractamentum = (Art der) Behandlung, zu lat. tractare, ↑ traktieren]: **1.** (landsch.) Verpflegung, Bewirtung: ◆ In meinem Gebiet soll's so weit kommen, dass Kartoffeln und Dünnbier im T. für Festtage werden (Schiller, Räuber II, 2). **2.** (bildungsspr. veraltend) Art, mit jmdm., einer Sache umzugehen; Behandlung[sweise]. **3.** (Militär veraltend) Sold.
Trak|tan|den|lis|te, die; -, -n [zu ↑ Traktandum] (schweiz.): Tagesordnung.
trak|tan|die|ren ⟨sw. V.; hat⟩ (schweiz.): auf die Tagesordnung setzen.
Trak|tan|dum, das; -s, ...den [lat. tractandum = was behandelt werden soll, Gerundiv von: tractare, ↑ traktieren] (schweiz.): Verhandlungsgegenstand.
Trak|tat, das od. der; -[e]s, -e [lat. tractatus = Abhandlung, Erörterung, zu: tractare, ↑ traktieren]: **1.** (bildungsspr.) **a)** (veraltend) Abhandlung: theologische, wissenschaftliche, politische -e; **b)** Flug-, Streit-, Schmähschrift. **2.** (veraltet) (Staats)vertrag.
Trak|tät|chen, das; -s, - (bildungsspr. abwertend): religiöse [Erbauungs]schrift.
trak|tie|ren ⟨sw. V.; hat⟩ [lat. tractare = herumzerren, bearbeiten, behandeln, Intensivbildung zu: trahere (2. Part.: tractum) = (nach)ziehen, beziehen (auf)]: **1.** mit etw. Unangenehmem, als unangenehm Empfundenem auf jmdn., etw. einwirken: jmdn. mit Vorwürfen t.; hat sie dich auch mit ihren Geschichten traktiert?; jmdn. mit dem Stock, mit Schlägen t. (jmdn. schlagen, verprügeln). **2.** (veraltend) jmdm. etw. in reichlicher Menge anbieten: jmdn. mit Süßigkeiten t. ◆ **3.** bewirten, freihalten: Jetter, den Schuss handl' ich euch ab, teile den Gewinst, traktiere die Herren (Goethe, Egmont I); Der neckische Mann ... bewirtete ihn aufs Beste und lud die Herrschaft ein, der er gleichfalls zu t. versprach (Goethe, Kampagne in Frankreich 1792, 10. Oktober). ◆ **4.** verhandeln (1 a): Sieht man doch, dass ich immer nur für mich gekuppelt habe, und da ist's nicht übel, gerade und ohne Umschweife zu t. (Goethe, Jery u. Bätely); ... man kann von einem jungen Mädchen nicht verlangen, dass es eine ernsthafte Sache mit ernsthaften Leuten traktiere (Lessing, Minna II, 2).
Trak|ti|on, die; -, -en [zu lat. tractum, ↑ Trakt]: **1.** (Physik, Technik) das Ziehen; ¹Zug (3), Zugkraft. **2.** (Eisenbahn) Art des Antriebs von Zügen [durch Triebfahrzeuge].
Trak|tor, der; -s, ...oren [engl. tractor, zu lat. tractum, ↑ Trakt]: **1.** speziell zum Ziehen von angehängten Lasten, bes. von landwirtschaftlichen Maschinen, Geräten, dienendes Kraftfahrzeug. **2.** (EDV) Vorrichtung am Drucker (2), die zur Bewegung bzw. zur Positionierung von Endlospapier dient.
Trak|to|ren|bau, der ⟨o. Pl.⟩: Industriezweig, der Traktoren (1) herstellt.
Trak|tor|fah|rer, der: jmd., der [berufsmäßig] Traktor (1) fährt.
Trak|tor|fah|re|rin, die: w. Form zu ↑ Traktorfahrer.
Trak|tur, die; -, -en [spätlat. tractura = das Ziehen] (Musik): Vorrichtung bei der Orgel, die den Tastendruck von Manual od. Pedal weiterleitet.
tral|la, tral|la|la [trala'la:, 'tralala], **tral|la|la|la** [tralala'la:, 'tralalala] ⟨Interj.⟩ [lautm.]: (oft am Anfang od. Ende eines Liedes stehend) als Ausdruck fröhlichen Singens ohne Text.
tral|lern ⟨sw. V.; hat⟩ [eigtl. = tralla singen]: **a)** (ein Lied, eine Melodie) ohne Text, ohne genaue Artikulation der Wörter munter vor sich hin singen: sie trällert vergnügt bei der Arbeit; **b)** trällernd (a) ertönen lassen: ein kleines Lied t.
¹**Tram,** der; -[e]s, -e u. Träme [mhd. (md.) trām(e)] (österr.): Tramen.

²**Tram**, die; -, -s, (schweiz.:) das; -s, -s [engl. tram, Kurzf. von: tramway = Straßenbahn(linie), eigtl. = Schienenweg, aus: tram = (Holz)schiene; Schienenstrecke; Wagen (unterschiedlichster Art) < mniederl., mniederl. trame (dafür mhd. träm[e], dräm[e] = (Quer)balken, die ältesten Schienen bestanden aus Holzbalken) u. way = Weg] (südd., österr. veraltend, schweiz.): *Straßenbahn.*
Tram|bahn, die (südd.): *Straßenbahn.*
Trä|me: Pl. von ¹Tram.
Tra|men, der; -s, - [↑¹Tram] (südd.): *Balken.*
Tra|mi|ner, der; -s, - [nach dem Weinort Tramin in Südtirol]: **1.** *in Südtirol angebauter Rotwein, Tiroler Landwein (verschiedener Rebsorten).* **2. a)** ⟨o. Pl.⟩ *Rebsorte mit mittelgroßen, erst spät reifen Trauben;* **b)** *aus Traminer (2 a) hergestellter vollmundiger Weißwein von sehr geringer Säure.*
Tram|li|nie, die (südd.): *Straßenbahnlinie.*
Tra|mon|ta|na, Tra|mon|ta|ne, die; -, ...nen [ital. tramontana, zu: tramontano = (von) jenseits der Berge < lat. transmontanus]: *kalter Nordwind in Italien.*
Tramp [tremp, älter: tramp], der; -s, -s [engl. tramp, zu: to tramp, ↑Trampen]: **1.** *Landstreicher, umherziehender Gelegenheitsarbeiter, bes. in Nordamerika.* **2.** *Trampschiff.* **3.** *Fußwanderung.*
Tram|pel, der (österr. nur so), auch: das; -s, - [zu ↑trampeln] (ugs. abwertend): *ungeschicktschwerfälliger Mensch:* so ein alter T.!
tram|peln ⟨sw. V.⟩ [spätmhd. (md.) trampeln, Iterativbildung zu mniederd. trampen = derb auftreten, wandern, nasalierte Nebenf. von ↑trappen]: **1.** ⟨hat⟩ *mehrmals mit den Füßen heftig aufstampfen:* sie trampeln vor Ungeduld; Beifall t. *(durch Trampeln seinen Beifall zu erkennen geben);* trampelnde Hufe; Ü ⟨subst.:⟩ die Hinterachse kommt auf unebener Straße leicht ins Trampeln (Kfz-Technik-Jargon; *die eine schlechte Straßenlage u. bewirkt die Empfindung, dass das Wagenheck nach der Seite hin wegspringt).* **2.** ⟨hat⟩ **a)** *durch Trampeln (1) in einen bestimmten Zustand bringen:* er wurde von der Menge zu Tode getrampelt; **b)** *durch Trampeln (1) entfernen:* du musst [dir] den Schnee, Schmutz von den Schuhen t.; **c)** *durch Trampeln (1) herstellen:* einen Pfad [durch den Schnee] t. **3.** ⟨ist⟩ (abwertend) *schwerfällig, ohne Rücksicht zu nehmen irgendwo gehen, sich fortbewegen, irgendwohin treten:* warum bist du durch, auf das frische Beet getrampelt?
Tram|pel|pfad, der: *durch häufiges Darüberlaufen entstandener schmaler Weg.*
Tram|pel|tier, das: **1.** *[nach dem plumpen Gang] (bes. in Innerasien heimisches) zweihöckriges Kamel.* **2.** (salopp abwertend) *unbeholfener, ungeschickter Mensch:* pass doch auf, du T.!
tram|pen [ˈtrɛmpn̩, älter: ˈtram...] ⟨sw. V.; ist⟩ [engl. to tramp, eigtl. = stampfend auftreten, verw. mit ↑trampeln]: **1.** *(durch Winken o. Ä.) Autos anhalten u. sich mitnehmen lassen u. auf diese Weise irgendwohin fahren, reisen; per Anhalter fahren:* nach Paris, durch ganz Europa t. **2.** (veraltend) *als Tramp (1) umherziehen.*
Tram|per [ˈtrɛmpɐ], der; -s, -: *jmd., der trampt (1).*
Tram|pe|rin, die; -, -nen: w. Form zu ↑Tramper.
Tram|po|lin [...liːn, auch: ˈ...liːn], das; -s, -e [ital. trampolino, wohl zu: trampolo = Stelze, viell. verw. mit ↑trampeln]: *Gerät (für Sport od. Artistik) mit stark federndem, an einem Rahmen befestigtem Teil, einem Sprungtuch (2) o. Ä. zur Ausführung von Sprüngen.*
Tram|po|lin|sprin|gen, das: *das Springen auf dem Trampolin:* er hat sich beim T. verletzt.
Tram|po|lin|sprung, der: *Sprung auf dem Trampolin.*

Tramp|schiff, das (Schifffahrt): *[Fracht]schiff, das nach Bedarf u. nicht auf festen Routen verkehrt.*
Tram|way [ˈtramvai̯], die; -, -s [engl. tramway, ↑²Tram] (österr., bes. wiener.): *Straßenbahn.*
Tran, der; -[e]s, (Arten:) -e [aus dem Niederd. < mniederd. trān, niederd. Entsprechung von mhd. tran (↑Träne) u. eigtl. = (durch Auslassen von Fischfett gewonnener) Tropfen]: **1.** *aus dem Speck von Walen u. Robben od. von bestimmten Seefischen gewonnenes Öl:* T. sieden. **2.** [wohl nach einer mundartl. Bed. »Tropfen Alkohol«] *im T.* (ugs.: **1.** *[durch Alkoholgenuss, Schläfrigkeit o. Ä.] völlig benommen.* **2.** *[bei einer zur Gewohnheit, Routine gewordenen Tätigkeit] zerstreut, geistesabwesend:* etw. im T. vergessen).
Tran|ce [ˈtrãːs(ə), selten: trãːns], die; -, -n [...sn̩] [engl. trance < afrz. transe = das Hinübergehen (in den Tod), zu: transir = hinübergehen; verscheiden < lat. transire, ↑¹Transit]: *(bes. durch Hypnose erreichter) dem Schlaf ähnlicher Dämmerzustand:* in T. fallen; jmdn. in T. versetzen; sich in einer leichten, tiefen T. befinden; aus einer T. erwachen.
tran|ce|ar|tig ⟨Adj.⟩: *einer Trance ähnlich, wie in Trance.*
Tran|ce|zu|stand, der: *Trance.*
Tran|che [ˈtrãːʃ(ə)], die; -, -n [...ʃn̩] [frz. tranche, zu: trancher, ↑tranchieren]: **1.** (Kochkunst) *fingerdicke Scheibe von Fleisch od. Fisch.* **2.** (Wirtsch.) *Teilbetrag einer Emission (von Wertpapieren, Briefmarken o. Ä.).*
◆ **Tran|chee** [trãːˈʃeː], die; -, ...cheen [frz. tranchée, subst. 2. Part. Fem. von: trancher, ↑tranchieren] (Militär): *Lauf-, Schützengraben:* Als man die neulich missglückte Eröffnung der T. unter den Sachverständigen besprach, wollte sich finden, dass man viel zu weit von der Festung mit der Anlage (= dem Graben) geblieben sei (Goethe, Belagerung von Mainz, 18. Juni).
Tran|chen, das; -s, -: Vkl. zu ↑Tranche.
Tran|chier|be|steck [trãˈʃiː..., tran...], das: *aus einer großen Gabel mit Griff u. zwei festen langen Zinken [u. einem aufklappbaren Bügel als Handschutz] sowie einem breiten, vorn zugespitzten, sehr scharfen Messer zum Tranchieren von Braten u. Ä. bestehendes Besteck.*
Tran|chier|brett, das: *großes Holzbrett mit einer am Rand umlaufenden Rille zum Auffangen des Bratensaftes.*
tran|chie|ren [trãˈʃiː...] ⟨sw. V.; hat⟩ [frz. trancher = ab-, zerschneiden, zerlegen, H. u.] (Kochkunst): *(einen Braten, Wild, Geflügel) kunstgerecht zerteilen, [in Scheiben] aufschneiden:* die Gans fachgerecht t.
Trä|ne, die; -, -n [mhd. trēne, eigtl. = umgelauteter, als Sg. aufgefasster Pl. von: trān = Träne, Tropfen, zusges. aus: trahen, ahd. trahan, H. u.; vgl. Tran]: **1.** *(bei starker Gemütsbewegung od. durch äußeren Reiz) im Auge entstehende u. als Tropfen heraustretende klare Flüssigkeit:* eine heimliche, verstohlene T.; salzige -n; -n der Rührung, des Schmerzes; jmdm. treten [die] -n in die Augen, stehen -n in den Augen; -n liefen ihr über die Wangen; bei ihr sitzen die -n locker *(sie weint leicht);* jmdm. kommen leicht [die] -n; mit Mühe die -n verdrücken/(auch:) zerdrücken *(verstohlen ein wenig weinen);* sich die -n *(das Weinen)* verbeißen; bittere -n weinen; sie hat keine T. vergossen; sie verschlisssene alte Stück ist keine T. wert *(es lohnt sich nicht, ihm nachzutrauern);* sie ist in -n aufgelöst, zerfließt in -n *(weint sehr heftig);* mit den -n kämpfen *(dem Weinen nahe sein);* mit von -n erstickter Stimme; etw. rührt jmdn. zu -n; *jmdm., einer Sache keine T. nachweinen (jmdm., einer Sache nicht nachtrauern);* *mit einer T. im Knopfloch* (ugs. scherzh.; *gerührt;* scherzh. Umdrehung von »mit einer Blume im Knopfloch u. einer Träne im Auge«). **2.** (salopp abwertend) *unangenehmer [langweiliger] Mensch:* er ist eine ganz müde, trübe T.
trä|nen ⟨sw. V.; hat⟩ [mhd. trahenen, trēnen]: *Tränen hervor-, heraustreten lassen, absondern:* ihre Augen begannen zu t.
Trä|nen|bein, das (Anat.): *zur Augenhöhle gehörender kleiner, plättchenartiger Knochen bei Vögeln, Säugetieren u. beim Menschen.*
Trä|nen|drü|se, die (meist Pl.): *(in den Augenwinkeln beim Menschen u. vielen Tieren liegende) Drüse, die die Tränenflüssigkeit absondert:* *auf die -n drücken* (salopp abwertend; *mit etw. durch die Art der Darstellung Rührung, Sentimentalität hervorrufen wollen):* er drückte mit seiner Rede auf die -n; der Film drückte gewaltig auf die -n).
trä|nen|er|stickt ⟨Adj.⟩ (geh.): *(von der Stimme) durch mühevoll zurückgedrängtes Weinen stockend u. nicht klar:* mit -er Stimme sprechen.
trä|nen|feucht ⟨Adj.⟩: *(von den Augen) feucht von Tränen.*
Trä|nen|fluss, der ⟨Pl. selten⟩: *(über eine gewisse Zeit) unaufhaltsames Fließen der Tränen; heftiges Weinen.*
Trä|nen|flüs|sig|keit, die: *von den Tränendrüsen abgesonderte Flüssigkeit.*
Trä|nen|gas, das: *gasförmige chemische Substanz, die auf die Tränendrüsen wirkt u. sie zu starker Flüssigkeitsabsonderung reizt, sodass ein Betroffener nichts mehr sehen kann.*
Trä|nen|na|sen|gang, der (Anat.): *in der unteren Nasengang mündender Gang, der die Tränenflüssigkeit ableitet.*
trä|nen|nass ⟨Adj.⟩: *nass von Tränen.*
trä|nen|reich ⟨Adj.⟩: *mit vielen Tränen erfolgend:* ein -er Abschied.
Trä|nen|sack, der: **1.** *Sack (3).* **2.** (Anat.) *in einer Ausbuchtung des Tränenbeins gelegene, erweiterte obere Verlängerung des Tränennasenganges.*
Trä|nen|schlei|er, der: *durch Tränen hervorgerufene Trübung der Sicht.*
trä|nen|se|lig ⟨Adj.⟩ (leicht abwertend): *gefühlvoll, sentimental, in Tränen schwelgend, seinen Tränen rückhaltlos hingegeben:* in -er Stimmung sein.
Trä|nen|tier, das (salopp abwertend): **1.** *jmd., der leicht weint.* **2.** *unangenehmer [langweiliger] Mensch.*
trä|nen|über|strömt ⟨Adj.⟩: *von Tränen überströmt.*
Tran|fun|zel, (selten:) **Tran|fun|sel**, die (ugs. abwertend): **1.** *sehr schwache, trübe Lampe.* **2.** *[langweiliger] langsamer, [geistig] schwerfälliger Mensch.*
tra|nig ⟨Adj.⟩: **1. a)** *voll von Tran;* **b)** *ähnlich wie Tran:* das Öl schmeckt t. **2.** (ugs. abwertend) *langweilig; langsam:* sei nicht so t.!
trank: ↑trinken.
Trank, der; -[e]s, Tränke ⟨Pl. selten⟩ [mhd. tranc, ahd. trank, zu ↑trinken] (geh.): *Getränk:* ein bitterer, köstlicher T.; man hatte ihr einen heilenden T. gebraucht.
Trän|ke: ↑tränken.
¹**Trän|ke**: Pl. von ↑Trank.
²**Trän|ke**, die; -, -n [mhd. trenke, ahd. trenka, zu ↑tränken]: *Stelle an einem Gewässer, wo Tiere trinken können, getränkt werden:* das Vieh zur T. treiben.
trän|ken ⟨sw. V.; hat⟩ [mhd. trenken, ahd. trenkan, Kausativ zu ↑trinken u. eigtl. = trinken

machen]: **1.** *(Tieren) zu trinken geben:* die Pferde t.; Ü der Regen tränkt die Erde. **2.** *sich mit einer Flüssigkeit vollsaugen lassen:* einen Wattebausch in Alkohol t.; mit Öl getränktes Leder; Ü der Boden war von Blut getränkt.

Tränk|lein, das; -s, -: Vkl. zu ↑ Trank.

Trank|op|fer, das: **a)** *das Opfern (1) eines Getränkes (bes. Wein);* **b)** *Getränk (bes. Wein) als Opfergabe.*

Trank|sa|me, die; - [aus ↑ Trank u. dem Suffix -same (zu mhd. samen, ↑ zusammen)] (schweiz.): *Getränk.*

Tran|lam|pe, die: **1.** (früher) *Lampe, die durch einen mit Tran getränkten Docht brennt.* **2.** (ugs. abwertend) *Tranfunzel.*

Tran|quil|li|zer ['træŋkwɪlaɪzɐ], der; -s, ‹meist Pl.› [engl. tranquillizer, zu: to tranquillize = beruhigen, zu: tranquil < lat. tranquillus = ruhig] (Med., Psychol.): *beruhigendes Medikament gegen Depressionen, Angst- u. Spannungszustände o. Ä.*

trans-, Trans- [lat. trans]: bedeutet in Bildungen mit Verben od. Substantiven *hindurch, quer durch, hinüber, jenseits, über ... hinaus* (lokal, temporal u. übertragen): *transportieren; Transaktion.*

Trans|ak|ti|on, die; -, -en [spätlat. transactio = Vollendung, Abschluss, Übereinkunft, zu lat. transactum, 2. Part. von: transigere = (ein Geschäft) durchführen, zu: trans = hinüber, hindurch u. agere, ↑ agieren]: **1.** *größere [riskante] finanzielle Unternehmung, über die üblichen Gepflogenheiten hinausgehendes Geldgeschäft (wie Fusion, Kapitalerhöhung, Verkauf von Anteilen).* **2.** (Psychol.) *[wechselseitige] Beziehung.*

trans|al|pin [aus lat. trans = jenseits u. ↑ alpin], **trans|al|pi|nisch** ‹Adj.›: *[von Rom aus gesehen] jenseits der Alpen [gelegen].*

trans|at|lan|tisch ‹Adj.› [aus lat. trans = jenseits u. ↑ atlantisch]: *jenseits des Atlantiks [gelegen], überseeisch.*

Trans|bai|ka|li|en, -s: Landschaft östlich vom Baikalsee.

Trans|da|nu|bi|en, -s: **1.** (österr. ugs.) nördlicher Teil Wiens. **2.** ungarische Region an der Donau.

Tran|se, die; -, -n (Jargon): *Transvestit.*

Trans|fer, der; -s, -s [engl. transfer, eigtl. = Übertragung, Überführung, zu: to transfer, ↑ transferieren]: **1.** (Wirtsch.) *Wertübertragung im zwischenstaatlichen Zahlungsverkehr; Zahlung in ein anderes Land in dessen Währung.* **2.** *Überführung, Weitertransport im internationalen Reiseverkehr:* T. mit Sonderbus vom Flughafen zum Hotel. **3.** (Berufssport, bes. Fußball) *mit der Zahlung einer Ablösesumme verbundener Wechsel eines Lizenzspielers von einem Verein zum andern.* **4.** (bildungsspr. veraltend) *Übersiedlung, Umsiedlung in ein anderes Land.* **5. a)** (Psychol., Päd.) *Übertragung der im Zusammenhang mit einer bestimmten Aufgabe erlernten Vorgänge auf eine andere Aufgabe;* **b)** (Sprachwiss.) *[positiver] Einfluss der Muttersprache auf das Erlernen einer Fremdsprache.* **6.** (Genetik) Kurzf. von ↑ Gentransfer. **7.** (bildungsspr.) *Übermittlung, Weitergabe:* der T. von Informationen, Daten, Know-how.

trans|fe|ra|bel ‹Adj.; ...bler, -ste› [engl. transferable, zu: to transfer, ↑ transferieren] (Wirtsch.): *zum Umwechseln od. Übertragen in eine fremde Währung geeignet.*

Trans|fer|ab|kom|men, das (Wirtsch.): *zwischenstaatliches Abkommen über die Abwicklung des internationalen Zahlungsverkehrs.*

Trans|fer|be|fehl, der (EDV): *Transportbefehl.*

trans|fe|rie|ren ‹sw. V.; hat› [engl. to transfer < lat. transferre = hinüberbringen, aus: trans = hinüber u. ferre = tragen, bringen]: **1.** (Wirtsch.) **a)** *einen Transfer (1) durchführen;* **b)** *überweisen* (1): eine Summe auf ein Konto t. **2.** (Berufssport, bes. Fußball) *(einen Berufsspieler) von Verein zu Verein gegen eine Ablösesumme übernehmen od. abgeben.* **3.** (österr. Amtsspr.) *versetzen* (1 b).

Trans|fer|leis|tung, die (Wirtsch.): *vom Staat gewährte Geld- od. Sachleistung.*

Trans|fer|lis|te, die (Berufssport, bes. Fußball): *Liste für einen Transfer* (3) *zur Verfügung stehenden Spieler.*

Trans|fer|markt, der (Berufssport, bes. Fußball): *durch spezielle Regelungen für den Transfer von Spielern bestimmter Markt* (3 a).

Trans|fer|ra|te, die (EDV): *Rate, die angibt, wie viele Daten innerhalb einer bestimmten Zeit übertragen werden.*

Trans|fer|stra|ße, die (Technik): *Fertigungsstraße, bei der Bearbeitung u. Weitertransport automatisch erfolgen.*

Trans|fer|sum|me, die (Berufssport, bes. Fußball): *Ablösesumme.*

Trans|fi|gu|ra|ti|on, die; -, -en [lat. transfiguratio = Umwandlung, zu: transfigurare = verwandeln, umbilden]: **a)** ‹o. Pl.› (Rel.) *Verklärung Christi u. Verwandlung seiner Gestalt in die Daseinsweise himmlischer Wesen;* **b)** (bild. Kunst) *Darstellung der Transfiguration* (a).

Trans|for|ma|ti|on, die; -, -en [spätlat. transformatio, zu lat. transformare, ↑ transformieren] (Fachspr.; bildungsspr.): *das Transformieren; das Transformiertwerden.*

trans|for|ma|ti|o|nell ‹Adj.›: *die Transformation betreffend.*

Trans|for|ma|ti|ons|pro|zess, der (bildungsspr.): *Umwandlungsprozess.*

Trans|for|ma|tor, der; -s, ...oren [nach frz. transformateur, zu: transformateur = umwandelnd, zu: transformer < lat. transformare, ↑ transformieren]: *elektrische Maschine, mit der die Spannung eines Stromes erhöht od. vermindert werden kann.*

Trans|for|ma|to|ren|häus|chen, das: *im Freien errichtete Anlage in Form eines [flachen] kleinen Hauses, in der ein Transformator installiert ist.*

trans|for|mie|ren ‹sw. V.; hat›: **1.** [lat. transformare, aus: trans = hinüber u. formare, ↑ formieren] (Fachspr.; bildungsspr.) *umwandeln, umformen, umgestalten.* **2.** (Physik) *mithilfe eines Transformators elektrischen Strom umspannen.*

Trans|for|mie|rung, die; -, -en (Fachspr.; bildungsspr.): *Transformation.*

Trans|fu|si|on, die; -, -en [lat. transfusio = das Hinübergießen, zu: transfusum, 2. Part. von: transfundere = hinübergießen, aus: trans = hinüber u. fundere = gießen, fließen lassen] (Med.): *Bluttransfusion:* eine T. vornehmen.

trans|gen ‹Adj.› [zu lat. trans = hinüber, hindurch u. ↑ Gen] (Gentechnik): *(in Bezug auf Pflanzen u. Tiere) ein zusätzliches, eingeschleustes Gen von einer anderen Art in sich tragend:* -e Pflanzen, Tiere.

Trans|gen|der [trans'dʒɛndɐ], der; -s, - [engl. transgender, aus lat. trans = darüber hinaus u. gender, ↑ Gender]: *jmd., der ihm aufgrund seines biologischen Geschlechts zugewiesene Geschlechtsrolle nicht akzeptiert.*

Tran|si, der; -s, -s [↑ -i] (Jargon): kurz für ↑ Transvestit.

Tran|sis|tor, der; -s, ...oren [engl. transistor, Kurzwort aus **trans**fer = Übertragung (zu lat. transferre, ↑ transferieren) u. re**sistor** = elektrischer Widerstand (zu lat. resistere, ↑ resistieren), also eigtl. = Übertragungswiderstand]: **1.** (Elektro-

nik) *als Verstärker, Gleichrichter, Schalter dienendes elektrisches Bauelement aus einem kristallinen Halbleiter mit mindestens drei Elektroden.* **2.** Kurzf. von ↑ Transistorradio.

Tran|sis|tor|ge|rät, das (Technik): *Transistorradio.*

Tran|sis|tor|ra|dio, das: *Rundfunkgerät mit Transistoren (statt Röhren).*

¹**Tran|sit** [auch: ...'zɪt, 'tranzɪt], der; -s, -e [ital. transito < lat. transitus = Übergang, Durchgang, zu: transire = hinübergehen, aus: trans = hinüber, hindurch u. ire = gehen] (bes. Wirtsch.): *Durchfuhr von Waren od. Durchreise von Personen durch ein Drittland:* diese Straße ist hauptsächlich für den T.

²**Tran|sit,** das; -s, -s: Kurzf. von ↑ Transitvisum.

Tran|sit|ab|kom|men, das: *zwischenstaatliches Abkommen über den Transitverkehr.*

Tran|sit|gut, das (meist Pl.): *Gut* (3), *das seinen Bestimmungsort im* ¹Transit *erreicht.*

Tran|sit|hal|le, die: *Transitraum.*

Tran|sit|han|del, der: *Handel zwischen zwei Ländern, wobei die Waren ein drittes Land transitieren müssen.*

tran|si|tie|ren ‹sw. V.; hat› [zu ↑ ¹Transit] (Wirtsch.): *(von Waren od. Personen) durchfahren, durchlaufen, passieren:* die Sendung muss mehrere Länder t.

tran|si|tiv ‹Adj.› [spätlat. transitivus = (in ein Objekt) hinübergehend (bezogen auf das im Verb ausgedrückte Geschehen), adj. 2. Part. von lat. transire, ↑ ¹Transit] (Sprachwiss.): *(in Bezug auf Verben) ein Akkusativobjekt nach sich ziehend u. ein persönliches Passiv bildend; zielend:* -e Verben.

Tran|sit|land, das ‹Pl. ...länder›: *Durchfuhrland.*

tran|si|to|risch ‹Adj.› [(spät)lat. transitorius = vorübergehend, zu: transire, ↑ ¹Transit] (bes. Wirtsch.): *vorübergehend, nur kurz andauernd; später wegfallend:* -e Züge aufweisen.

Tran|sit|raum, der: *Aufenthaltsraum für Transitreisende auf einem Flughafen.*

Tran|sit|rei|sen|de ‹vgl. Reisende›: *Reisende im Transitverkehr.*

Tran|sit|rei|sen|der ‹vgl. Reisender›: *Reisender im Transitverkehr.*

Tran|sit|stra|ße, die: vgl. Transitstrecke.

Tran|sit|stre|cke, die: *Strecke für den Transitverkehr.*

Tran|sit|ver|bot, das (bes. Wirtsch.): *Verbot des* ¹Transits.

Tran|sit|ver|kehr, der: *Durchgangsverkehr von Personen, Waren durch das Hoheitsgebiet eines Staates.*

Tran|sit|vi|sum, das: *Visum für Transitreisende.*

Tran|sit|wa|re, die: *Ware als Gegenstand des Transithandels.*

Tran|sit|weg, der: vgl. Transitstrecke.

Tran|sit|zoll, der: *Zoll für Transitwaren.*

Trans|jor|da|ni|en; -s: 1920–1946 Name des östlich des Jordans gelegenen britischen Mandatsgebiets.

Trans|kau|ka|si|en, -s: Teil Kaukasiens südlich des Großen Kaukasus.

Trans|kei, die; -: 1976–1994 formal unabhängiges Gebiet innerhalb der Republik Südafrika.

trans|kon|ti|nen|tal ‹Adj.› [aus lat. trans = hinüber u. ↑ kontinental]: *einen Kontinent überquerend, sich über einen ganzen Kontinent erstreckend.*

tran|skri|bie|ren ‹sw. V.; hat› [lat. transcribere = schriftlich übertragen, zu: trans = hinüber u. scribere = schreiben]: **1.** (Sprachwiss.) **a)** *in eine andere Schrift übertragen, eine Sprache mit nicht lateinischer Schrift od. Buchstaben mit diakritischen Zeichen mit lautlich ungefähr entsprechenden Zeichen des lateinischen Alphabets wiedergeben;* **b)** *in eine phone-*

tische Umschrift übertragen. **2.** (Musik) *die Originalfassung eines Musikstücks für ein anderes od. für mehrere Instrumente umschreiben.*

Tran|skript, das; -[e]s, -e: *transkribierter Text.*

Tran|skrip|ti|on, die; -, -en [spätlat. transcriptio = Übertragung (2), zu: lat. transcribere, ↑ transkribieren]: *das Transkribieren; das Transkribiertwerden.*

Trans|la|ti|on, die; -, -en: **1.** [lat. translatio = das Versetzen, die Übersetzung, zu: translatum, 2. Part. von transferre = hinüberbringen] (bildungsspr., Fachspr.) *Übertragung, Übersetzung.* **2.** (Physik) **a)** *geradlinig fortschreitende Bewegung eines Körpers, bei der alle seine Punkte parallele Bahnen in gleicher Richtung durchlaufen;* **b)** *Parallelverschiebung (z. B. von Kristallgittern).* **3.** [frz. translation < lat. translatio] (Sprachwiss.) *Übertragung eines Wortes einer bestimmten Wortart in die syntaktische Position einer anderen.* **4.** (kath. Kirche) *Überführung der Reliquien eines Heiligen an einen anderen Ort.*

Trans|li|te|ra|ti|on, die; -, -en [zu lat. trans = hinüber u. littera = Buchstabe] (Sprachwiss.): *buchstabengetreue Umsetzung eines nicht in lateinischen Buchstaben geschriebenen Wortes in lateinische Schrift [unter Verwendung diakritischer Zeichen].*

Trans|lo|ka|ti|on, die; -, -en [aus lat. trans = hinüber u. ↑ Lokation]: **1.** (veraltet) *Ortsveränderung.* **2.** (Genetik) *Verlagerung von Chromosomensegmenten innerhalb desselben Chromosoms od. von einem zu einem anderen, wodurch eine Mutation hervorgerufen wird.*

Trans|mis|si|on, die; -, -en [(spät)lat. transmissio = Übersendung, Übertragung, zu: transmissum, 2. Part. von: transmittere, ↑ transmittieren]: **1.** (Technik früher) *Vorrichtung zur Kraftübertragung von einem Antriebssystem auf mehrere Arbeitsmaschinen.* **2.** (Physik) *Durchgang von Strahlen (Licht) durch ein ¹Medium* (3) *ohne Änderung der Frequenz.*

Trans|mis|si|ons|rie|men, der (Technik früher): *bei einer Transmission* (1) *verwendeter breiter Riemen.*

Trans|mit|ter, der; -s, - [engl. transmitter, eigtl. = Übermittler, zu: to transmit < lat. transmittere, ↑ transmittieren]: **1.** (Messtechnik) *Transformator zur Umwandlung einer zu messenden elektrischen Größe.* **2.** (Med., Physiol.) *Stoff, Substanz zur Weitergabe, Übertragung von Erregungen im Nervensystem.*

Trans|mit|ter|sub|s|tanz, die (Med., Physiol.): *Transmitter* (2).

trans|mit|tie|ren ⟨sw. V.; hat⟩ [lat. transmittere, aus: trans = hinüber u. mittere = schicken, senden] (Fachspr.; bildungsspr.): *übertragen, übersenden.*

trans|mu|tie|ren ⟨sw. V.; hat⟩ [lat. transmutare, aus: trans = hinüber u. mutare, ↑ mutieren] (Fachspr.; bildungsspr.): *um-, verwandeln.*

trans|na|ti|o|nal ⟨Adj.⟩ [aus lat. trans = (hin)über u. ↑ national] (Politik, Wirtsch.): *übernational, mehrere Nationen umfassend, übergreifend.*

trans|o|ze|a|nisch ⟨Adj.⟩ [aus lat. trans = über – hinaus, jenseits u. ↑ ozeanisch]: *jenseits des Ozeans [liegend]:* -e Kulturen.

trans|pa|rent ⟨Adj.⟩: **1.** [frz. transparent < mlat. transparens (Gen.: transparentis), 1. Part. von: transparere = durchscheinen, aus lat. trans = hindurch u. parere, ²parieren] *durchsichtig, durchscheinend, Licht durchlassend:* -es Papier; -e Stoffe, Vorhänge. **2.** *deutlich, durchschaubar, nachvollziehbar:* ein -es Abrechnungssystem; Entscheidungsgrundlagen t. machen.

Trans|pa|rent, das; -[e]s, -e: **1.** *Spruchband* (1). **2.** *Bild aus Glas, durchscheinendem Papier, Stoff o. Ä., das von hinten beleuchtet wird.*

Trans|pa|rent|pa|pier, das: *durchscheinendes [buntes] Seiden- od. Pergamentpapier.*

Trans|pa|renz, die; -, -en: **1.** (bildungsspr.) *das Durchscheinen; Durchsichtigkeit, [Licht]durchlässigkeit:* Farben von leuchtender T. **2.** (Optik) *[Maß für die] Lichtdurchlässigkeit (als Kehrwert der Opazität).* **3.** *Durchschaubarkeit, Nachvollziehbarkeit:* T. bezüglich der Ertragslage; T. schaffen.

Trans|pi|ra|ti|on, die; - [frz. transpiration, zu: transpirer, ↑ transpirieren]: **1.** (bildungsspr.) *Absonderung von Schweiß durch die Haut:* der Tee soll die T. anregen. **2.** (Bot.) *Abgabe von Wasserdampf durch die Spaltöffnungen der Pflanzen.*

trans|pi|rie|ren ⟨sw. V.; hat⟩ [frz. transpirer < mlat. transpirare, zu lat. trans = hindurch u. spirare, ↑ ²Spiritus] (Fachspr., sonst geh., meist scherzh.): *schwitzen* (1 a): stark t.; er transpirierte in den Achselhöhlen.

Trans|plan|tat, das; -[e]s, -e [zu spätlat. transplantare, ↑ transplantieren] (Med.): *transplantiertes od. zu transplantierendes Gewebe od. Organ.*

Trans|plan|ta|ti|on, die; -, -en: **1.** (Med.) *das Transplantieren eines Gewebes od. eines Organs auf einen anderen Körperteil od. einen anderen Menschen:* eine T. vornehmen, durchführen. **2.** (Bot.) *Veredlung durch Aufpfropfen eines Edelreises.*

Trans|plan|ta|ti|ons|chi|r|ur|gie, die ⟨o. Pl.⟩: *Teilbereich der Chirurgie* (1), *der sich mit Organtransplantationen befasst.*

Trans|plan|ta|ti|ons|me|di|zin, die ⟨o. Pl.⟩: vgl. Transplantationschirurgie.

Trans|plan|teur […ˈtøːɐ̯], der; -s, -e: *Arzt, der eine Transplantation* (1) *durchführt.*

Trans|plan|teu|rin […ˈtøːrɪn], die; -, -nen: w. Form zu ↑ Transplanteur.

trans|plan|tie|ren ⟨sw. V.; hat⟩ [spätlat. transplantare = verpflanzen, versetzen, zu lat. plantare, ↑ Plantage] (Med.): *lebendes Gewebe, Organe operativ in einen lebenden Organismus einsetzen:* jmdm. eine fremde Niere t.; man hat ihm Haut von seinem Oberschenkel ins Gesicht transplantiert.

Trans|pon|der, der; -s, - [engl. transponder, zusgez. aus: *transmitter* (↑ Transmitter) u. *responder* = Antwortgerät] (Nachrichtent.): *Gerät, das Funksignale empfängt u. automatisch beantwortet.*

trans|po|nie|ren ⟨sw. V.; hat⟩ [lat. transponere = versetzen, umsetzen, aus: trans = hinüber u. ponere, ↑ Position]: **1.** (Musik) *ein Tonstück in eine andere Tonart übertragen:* die Arie musste für ihre Stimme tiefer transponiert werden. **2.** (bildungsspr.) *(in einen anderen Bereich) übertragen; versetzen, verschieben.* **3.** (Sprachwiss.) *in eine andere Wortart überführen.*

Trans|port, der; -[e]s, -e [frz. transport, zu: transporter, ↑ transportieren]: **1.** *das Transportieren; das Transportiertwerden; Beförderung von Dingen od. Lebewesen:* der T. von Gütern auf der Straße, mit der Bahn, auf/mit Lastwagen, mit Containern, per Schiff, Flugzeug; der Verletzte hat den T. ins Krankenhaus überstanden; ein schwieriger, teurer T.; die Ware muss so verpackt sein, dass sie auf dem T. beim T. nicht beschädigt wird. **2.** *für den Transport* (1) *zusammengestellte Menge von Waren, vorgesehene Anzahl von Tieren od. Personen:* ein T. Pferde, Autos, Soldaten; ein T. mit Lebensmitteln; einen T. von Gefangenen überwachen, beaufsichtigen. **3.** (veraltet) *Übertrag in der Buchhaltung* (Abk.: Transp.): ◆ …das Rechnen wollte mir nun erst gar nicht mehr von der Hand, und ich hatte, wenn der Sonnenschein durch den Kastanienbaum vor dem Fenster grüngolden auf die Ziffern fiel und so fix vom T. bis zum Latus und wieder hinauf und hinab addierte, gar seltsame Gedanken dabei (Eichendorff, Taugenichts 17).

trans|por|ta|bel ⟨Adj.⟩ [frz. transportable, zu: transporter, ↑ transportieren]: *sich leicht transportieren* (1 a), *an einen anderen Ort schaffen lassend:* ein transportables Fernsehgerät *(Portable);* die ganze Anlage ist t.

Trans|port|an|la|ge, die: *Förderanlage.*

Trans|port|ar|bei|ter, der: *beim Be- u. Entladen in einer Spedition o. Ä. beschäftigter Arbeiter.*

Trans|port|ar|bei|te|rin, die: w. Form zu ↑ Transportarbeiter.

Trans|port|band, das ⟨Pl. …bänder⟩: *Förderband.*

Trans|port|be|fehl, der (EDV): *Befehl* (1 b), *der bewirkt, dass der Inhalt eines Speicherplatzes in einen anderen Speicherplatz kopiert wird.*

Trans|port|be|häl|ter, der: *Container* (1).

Trans|por|ter, der; -s, - [engl. transporter, zu: to transport < (m)frz. transporter, ↑ transportieren]: *Auto, Schiff od. Flugzeug mit viel Laderaum für [Fern]transporte:* die Waren wurden in einen T. geladen.

Trans|por|teur […ˈtøːɐ̯], der; -s, -e [frz. transporteur, zu: transporter, ↑ transportieren]: **1.** *jmd., der etw. transportiert* (1). **2.** (Math. veraltend) *Winkelmesser.* **3.** *gezahnte Vorrichtung an der Nähmaschine, mit der der Stoff Stich für Stich weitergeschoben wird.*

Trans|por|teu|rin […ˈtøːrɪn], die; -, -nen: w. Form zu ↑ Transporteur (1).

trans|port|fä|hig ⟨Adj.⟩: *einen Transport* (1) *erlaubend, für einen Transport* (1) *geeignet:* -e Patienten.

Trans|port|fä|hig|keit, die: *das Transportfähigsein.*

Trans|port|fahr|zeug, das: vgl. Transporter.

Trans|port|flug|zeug, das: vgl. Transporter.

Trans|port|füh|rer, der: *jmd., der für einen Transport* (2) *verantwortlich ist.*

Trans|port|füh|re|rin, die: w. Form zu ↑ Transportführer.

Trans|port|ge|fähr|dung, die (Rechtsspr.): *Handlung, durch die die Sicherheit des Verkehrs (auf der Straße od. Schiene, auf dem Wasser od. in der Luft) gefährdet wird.*

Trans|port|ge|wer|be, das: *Gewerbe im Transportwesen.*

trans|por|tie|ren ⟨sw. V.; hat⟩ [frz. transporter < lat. transportare = hinüberschaffen, -bringen, aus: trans = hinüber u. portare = tragen, bringen]: **a)** *an einen anderen Ort bringen, befördern:* Güter auf Lastwagen, mit der Bahn, per Schiff, im Flugzeug t.; Ü Nerven transportieren Impulse ins Gehirn; Wörter transportieren Bedeutungen *(vermitteln sie, geben sie weiter);* **b)** (Technik) *mechanisch bewegen, weiterschieben:* ein kleines Zahnrad transportiert den Film im Apparat; ⟨auch ohne Akk.-Obj.:⟩ die Kamera transportiert nicht richtig.

Trans|por|tie|rung, die; -, -en: *das Transportieren; das Transportiertwerden.*

Trans|port|kis|te, die: *Kiste für den Transport* (1) *von Gegenständen od. Tieren.*

Trans|port|kos|ten ⟨Pl.⟩: *Kosten für einen Transport* (1).

Trans|port|ma|schi|ne, die: *Transportflugzeug.*

Trans|port|mit|tel, das: *zum Transportieren* (a) *von Gütern u. Personen dienendes Kraft-, Schienen-, Luft- od. Wasserfahrzeug; Transporter.*

Trans|port|schiff, das: vgl. Transporter.

Trans|port|sys|tem, das: **1.** *System, mit dem jmd., etw. transportiert wird:* das öffentliche T. in Südafrika; das T. besteht aus mehreren Enzymen, mit denen Fettsäuren weitergeleitet werden. **2.** *System für den Transport von etw.:* das T. der Rohrleitungen.

Trans|port|un|ter|neh|men, das: *Spedition* (b).
Trans|port|un|ter|neh|mer, der: *Spediteur.*
Trans|port|un|ter|neh|me|rin, die: w. Form zu ↑ Transportunternehmer.
Trans|port|ver|si|che|rung, die: *Versicherung gegen Schäden od. Verlust während des Transports* (1).
Trans|port|weg, der: **1.** *Weg* (1), *auf dem etw. transportiert wird:* der T. führt durch Aserbaidschan. **2.** *Weg* (2 a) *für den Transport von etw.:* kurze, lange, alternative -e. **3.** *Einrichtung, Vorrichtung, Mittel für den Transport von etw.:* die Donau als T.; Blutgefäße als -e; ob Bahn oder Lkw, dem Kunden ist der T. egal.
Trans|port|we|sen, das ⟨o. Pl.⟩: *Gesamtheit der Einrichtungen u. Vorgänge, die den Transport* (1) *betreffen.*
Trans|po|si|ti|on, die; -, -en [zu lat. transpositum, 2. Part. von: transponere, ↑ transponieren] (Musik, Sprachwiss.): *das Transponieren* (1, 3); *das Transponiertwerden.*
Trans|pu|ter [...ʹpjuːtɐ], der; -s, - [engl. transputer, zusgez. aus: **transmitter** (↑ Transmitter) u. **computer,** ↑ Computer] (EDV): *sehr leistungsfähiger Mikrocomputer mit vielen Prozessoren.*
Trans|ra|pid®, der; -[s] [Kunstwort aus lat. trans = hinüber u. ↑ rapid]: *Magnetschwebebahn.*
Trans|se|xu|a|lis|mus, der; - [zu lat. trans = hinüber u. ↑ sexual] (Med., Psychol.): *psychische Identifizierung eines Menschen mit dem Geschlecht, das seinem eigenen körperlichen Geschlecht entgegengesetzt ist, häufig mit dem Wunsch nach Geschlechtsumwandlung.*
Trans|se|xu|a|li|tät, die (Med., Psychol.): *Transsexualismus.*
trans|se|xu|ell ⟨Adj.⟩ (Med., Psychol.): *sich dem entgegengesetzten Geschlecht zugehörig fühlend u. häufig Geschlechtsumwandlung durch eine Operation erstrebend od. erreicht habend.*
Trans|se|xu|el|le, die/eine Transsexuelle; der/einer Transsexuellen, die Transsexuellen/zwei Transsexuelle: *Person, die transsexuell ist, empfindet.*
Trans|se|xu|el|ler, der Transsexuelle/ein Transsexueller; des/eines Transsexuellen, die Transsexuellen/zwei Transsexuelle: *jmd., der transsexuell ist, empfindet.*
trans|si|bi|risch ⟨Adj.⟩ [aus lat. trans = hindurch u. ↑ sibirisch]: *Sibirien durchquerend.*
Trans|sil|va|ni|en; -s: alter Name von ↑ Siebenbürgen.
Trans|sub|stan|ti|a|ti|on, die; -, -en [mlat. transsubstantiatio = Wesensverwandlung, zu lat. trans = hinüber u. substantia, ↑ Substanz] (kath. Kirche): *durch die Konsekration* (2) *im Messopfer sich vollziehende Verwandlung von Brot u. Wein in Leib u. Blut Jesu Christi.*
Trans|syl|va|ni|en: ↑ Transsilvanien.
Trans|uran, das ⟨meist Pl.⟩ [aus lat. trans = überhinaus u. ↑ Uran] (Chemie): *künstlich erzeugtes, radioaktives chemisches Element mit höherem Atomgewicht als Uran.*
trans|ura|nisch ⟨Adj.⟩ (Chemie): *im periodischen System der Elemente hinter dem Uran stehend.*
Tran|su|se, die [↑ Suse] (ugs. abwertend): *[langweilige], langsame, [geistig] schwerfällige Person.*
trans|ver|sal ⟨Adj.⟩ [mlat. transversalis, zu lat. transversus = quer liegend, adj. 2. Part. von: transvertere = hinüberwenden, aus: trans = hinüber u. vertere = drehen, wenden] (Fachspr.): *quer verlaufend, schräg, senkrecht zur Hauptachse od. Richtung der Ausbreitung [stehend, schwingend].*
Trans|ver|sal|schwin|gung, die ⟨meist Pl.⟩ (Physik): *Schwingung, die senkrecht zu der Richtung verläuft, in der sich eine Welle ausbreitet.*

trans|ves|tie|ren ⟨sw. V.; hat⟩ (Med., Psychol.): *mittels Kleidung, Schminke u. Gestik die Rolle des anderen Geschlechts annehmen wollen.*
Trans|ves|tis|mus, Transvestitismus, der; - [zu lat. trans = hin- u. vestis, ↑ Weste] (Med., Psychol.): *Bedürfnis* (1), *z. B. mittels Kleidung, Schminke u. Gestik die Rolle des anderen Geschlechts anzunehmen.*
Trans|ves|tit, der; -en, -en: *Mann, der sich zum Lustgewinn wie eine Frau kleidet.*
Trans|ves|ti|tin, die; -, -nen: w. Form von Transvestit.
trans|ves|ti|tisch [auch: ...ʹtɪ...] ⟨Adj.⟩: *die Transvestiten, den Transvestismus betreffend.*
Trans|ves|ti|tis|mus: ↑ Transvestismus.
tran|s|zen|dent ⟨Adj.⟩ [zu lat. transcendens (Gen.: transcendentis), 1. Part. von: transcendere, ↑ transzendieren]: **1.** (Philos.) *die Grenzen der Erfahrung u. der sinnlich erkennbaren Welt überschreitend; übersinnlich, übernatürlich.* **2.** (Math.) *über das Algebraische hinausgehend:* -e Funktionen, Gleichungen.
tran|s|zen|den|tal ⟨Adj.⟩ [mlat. transcendentalis = übersinnlich] (Philos.): **a)** *transzendent* (1); **b)** *vor jeder subjektiven Erfahrung liegend u. die Erkenntnis der Gegenstände an sich erst ermöglichend.*
Tran|s|zen|den|tal|phi|lo|so|phie, die ⟨o. Pl.⟩ (Philos.): *(nach Kant) Wissenschaft von den transzendentalen* (b) *Bedingungen.*
Tran|s|zen|denz, die; - [spätlat. transcendentia = das Überschreiten]: **a)** ⟨o. Pl.⟩ (bildungsspr.) *jenseits der Erfahrung, des Gegenständlichen Liegendes:* die T. Gottes; **b)** (Philos.) *das Überschreiten der Grenzen von Erfahrung u. Bewusstsein, des Diesseits.*
tran|s|zen|die|ren ⟨sw. V.; hat⟩ [lat. transcendere = hinübergehen, -steigen; überschreiten, zu: trans = hinüber u. scandere = (be)steigen] (bildungsspr.): *die Grenzen eines Bereichs überschreiten.*
Trap, der; -s, -s [engl. trap, eigtl. = Falle, H. u.] (Fachspr.): *Geruchsverschluss.*
Tra|pez, das; -es, -e [spätlat. trapezium < griech. trapézion, eigtl. = Tischchen, Vkl. von: trápeza = Tisch]: **1.** (Geom.) *Viereck mit zwei parallelen, aber ungleich langen Seiten.* **2.** *an zwei frei hängenden Seilen befestigte kurze Holzstange für turnerische, artistische Schwungübungen:* am, auf dem T. turnen; am T. hängen.
Tra|pez|akt, der: *am Trapez ausgeführte Zirkusnummer.*
tra|pez|för|mig ⟨Adj.⟩: *die Form eines Trapezes* (1) *aufweisend.*
Tra|pez|künst|ler, der: *Artist, der Übungen am Trapez vorführt.*
Tra|pez|künst|le|rin, die: w. Form zu ↑ Trapezkünstler.
Tra|pe|zo|id, das; -[e]s, -e [zu griech. -oeidés = ähnlich, zu: eĩdos = Aussehen, Form] (Geom.): *Viereck, das keine zueinander parallelen Seiten hat.*
trapp ⟨Interj.⟩: lautm. für das Geräusch trappelnder Schritte od. Pferdehufe od. den rhythmischen Gleichklang beim Marschieren.
Trapp, der; -[e]s, -e [schwed. trapp, zu: trappa = Treppe] (Geol.): *großflächig in mehreren treppenartig verschobenen Lagen übereinander liegender Basalt* (Geol.).
Trap|pe, die; -, -n, (Jägerspr. auch:) der; -n, -n [mhd. trappe, H. u., viell. aus dem Slaw.]: *(in mehreren Arten vorkommender, dem Kranich verwandter) größerer brauner Vogel mit weißem Bauch, schwarz gebändertem Schwanz u. bartartigen Federn an der Unterseite des Halses.*
trap|peln ⟨sw. V.⟩ [zu ↑ trappen] **a)** ⟨ist⟩ *mit kleinen, schnellen u. hörbaren Schritten gehen:* hin-

ter ihm trappelten die Kinder; **b)** ⟨hat⟩ *in schnellem Wechsel kurz u. hörbar auf den Boden treten:* man hörte Hufe t.
trap|pen ⟨sw. V.; ist⟩ [aus dem Niederd. < mniederd. trappen, urspr. lautm.]: *mit kurzen u. hörbaren Schritten gehen.*
Trap|per, der; -s, - [engl. trapper, eigtl. = Fallensteller, zu: trap, ↑ Trap] (früher): *Pelztierjäger in Nordamerika.*
♦ **Trapp|gang,** der: ¹*Gang* (8) *im Trapp:* ... und hat er von einem herrlichen -e gesprochen, so ist es gewiss, dass dort eine reiche Eisenader befindlich (E. T. A. Hoffmann, Bergwerke 29).
Trap|pist, der; -en, -en [frz. trappiste, nach der Abtei La Trappe in der Normandie]: *Angehöriger des Trappistenordens* (Abk.: OCR; OCSO).
Trap|pis|ten|or|den, der ⟨o. Pl.⟩: *(von reformerischen Zisterziensern gegründeter) in strengster Askese u. absolutem Schweigegebot lebender Orden.*
Trap|pis|tin, die; -, -nen: *Angehörige des weiblichen Zweiges des Trappistenordens.*
Trap|schie|ßen, das [zu engl. trap (↑ Trap) = Wurfmaschine beim Trapschießen]: **1.** ⟨o. Pl.⟩ *Wurftauben- od. Tontaubenschießen, bei dem die Schützen in einer Linie parallel vor den Wurfmaschinen stehen u. jeweils zwei Schüsse auf die in wechselnden Richtungen geworfenen Tauben abgeben dürfen.* **2.** *Veranstaltung, Wettkampf des Trapschießens* (1).
trap|sen ⟨sw. V.; ist/hat⟩ [zu ↑ trappen] (landsch. ugs.): *schwerfällig, stampfend gehen:* traps nicht so!
tra|ra ⟨Interj.⟩ [lautm.]: ein fröhliches Horn- od. Trompetensignal nachahmender Ausruf.
Tra|ra, das; -s: **a)** *Hornsignal;* **b)** (ugs. abwertend) *großes Aufsehen, Lärm, Umstände:* viel, großes T. [um etw.] machen; es gab wieder allerhand T.
Trash [træʃ], der; -[s] [engl. trash, H. u.]: **1.** *Schund, Ramsch o. Ä.* **2.** *Richtung in Musik, Literatur u. Film, für die bewusst banal, trivial od. primitiv wirkende Inhalte u. eine billige Machart typisch sind.*
tra|shig [træʃɪç] ⟨Adj.⟩: **a)** (ugs.) *kitschig, geschmacklos;* **b)** *Stilelemente des Trashs enthaltend, aufweisend.*
Trash|kul|tur, die: *Hang zum Billigen, Schrillen, Geschmacklosen o. Ä., der in Kleidung, Ernährung, äußerer Erscheinung u. Sprache zum Ausdruck kommt.*
Trass, der; -es, -e [niederl. tras, älter: terras < frz. terrasse, ↑ Terrasse] (Geol.): *vulkanischer Tuff.*
Tras|sant, der; -en, -en [zu ↑ Trassat] (Wirtsch.): *Aussteller einer Tratte.*
Tras|san|tin, die; -, -nen: w. Form zu ↑ Trassant.
Tras|sat, der; -en, -en [ital. trassato, zu: trarre (Perf.: trassi), ↑ Tratte] (Wirtsch.): *zur Bezahlung eines Wechsels Verpflichteter.*
Tras|sa|tin, die; -, -nen: w. Form zu ↑ Trassat.
Tras|se, die; -, -n [frz. tracé = Spur, Umriss, zu: tracer, ↑ trassieren]: **a)** *geplante, im Gelände abgesteckte Linienführung eines Verkehrsweges, einer Versorgungsleitung o. Ä.:* eine T. führen; **b)** *Bahnkörper; Damm, auf dem eine Straße od. Gleise verlaufen.*
Tras|see, das; -s, -s [frz. tracé, ↑ Trasse] (schweiz.): *Trasse.*
Tras|sen|füh|rung, die, **Tras|sen|ver|lauf,** der: *Verlauf einer Trasse.*
tras|sie|ren ⟨sw. V.; hat⟩: **1.** [frz. tracer = vorzeichnen, entwerfen < afrz. tracier = eine Spur ziehen, über das Vlat. zu lat. tractum, 2. Part. von: trahere, ↑ traktieren] *eine Trasse zeichnen, im Gelände festlegen, abstecken, anlegen:* die neue Strecke t. **2.** [zu ↑ Tratte] (Wirtsch.) *einen Wechsel [auf jmdn.] ziehen od. ausstellen.*
trat, trä|te: ↑ treten.

Tratsch [österr.: tratʃ], der; -[e]s [zu ↑tratschen] (ugs. abwertend): *Klatsch* (2 a).
Trat|sche, die; -, -n (ugs. abwertend): *jmd., der tratscht:* er ist eine ganz schöne T.
trat|schen ⟨sw. V.; hat⟩ [urspr. lautm.] (ugs. abwertend): **[**gehässig**]** *klatschen* (4 a): ständig im Treppenhaus stehen und t.
♦ **trät|schen** ⟨sw. V.; hat⟩ (landsch.): *tratschen:* ...und nun fügte sie noch dazu, was weiter würde geträtscht werden (Goethe, Werther II, 16. März); Willst du mir hier von einem andern t. (Kleist, Krug 9).
Trat|sche|rei, die; -, -en (ugs. abwertend): *das Tratschen:* die T. wollte kein Ende nehmen.
Trat|te, die; -, -n [ital. tratta, eigtl. = die Gezogene, 2. Part. von: trarre = ziehen < lat. trahere, ↑traktieren] (Bankw.): *gezogener Wechsel (aufgrund dessen der od. die Bezogene am Fälligkeitstag die Wechselsumme dem Remittenten zu zahlen hat).*
Trat|to|ria, die; -, ...ien [ital. trattoria, zu: trattore = Gastwirt, zu: trattare = verpflegen, beköstigen < lat. tractare, ↑traktieren]: *einfaches Speiselokal [in Italien].*
Trau|al|tar, der: meist in den Wendungen **[mit jmdm.] vor den T. treten** (geh.; *sich [mit jmdm.] kirchlich trauen lassen);* **jmdn. zum T. führen** (geh.; *eine Frau heiraten).*
Träub|chen, das; -s, -: Vkl. zu ↑Traube (1, 2).
Trau|be, die; -, -n [mhd. trūbe, ahd. thrūbo, H. u., viell. eigtl. = Klumpen]: **1.** (Bot.) *Blütenstand, bei dem jede Blüte einzeln an einem kleinen, von der Hauptachse abgehenden Stiel hängt:* die -n des Goldregens. **2. a)** *traubig an den Stiel angeordnete Beeren, bes. des Weinstocks:* eine volle, dicke, schöne T.; die Johannisbeeren hingen in dichten, roten -n am Strauch; **b)** ⟨meist Pl.⟩ Kurzf. von ↑Weintraube: grüne, blaue, süße, säuerliche -n; -n ernten; ein Kilo -n kaufen; * **jmdm. hängen die -n zu hoch/sind die -n zu sauer** *(jmd. tut so, als wollte er etw. eigentlich Begehrenswertes gar nicht haben, um nicht zugeben zu müssen, dass ihm die Sache zu mühsam ist od. seine Fähigkeiten dazu nicht ausreichen;* nach einer äsopischen Fabel). **3.** *dicht gedrängte (auf einen bestimmten Punkt fixierte) Menge (bes. von Menschen):* eine T. summender Bienen; sie hingen in -n an der Straßenbahn.
trau|ben|för|mig ⟨Adj.⟩: *die Form einer Traube (1, 2 a) aufweisend.*
Trau|ben|hy|a|zin|the, die: *(zu den Zwiebelpflanzen gehörende) im frühen Frühjahr blühende, kleine Pflanze mit blauen, in Trauben (1) stehenden Blüten u. bläulich grünen, schmalen Blättern.*
Trau|ben|kur, die: *Diätkur mit Weintrauben.*
Trau|ben|le|se, die: *das Ernten von Weintrauben.*
Trau|ben|saft, der: *aus Weintrauben hergestellter Saft.*
Trau|ben|säu|re, die (Chemie): *in Weinbeeren enthaltene Form der Weinsäure.*
Trau|ben|wick|ler, der: *Schmetterling, dessen Raupen Blüten u. Beeren der Weinreben anfressen.*
Trau|ben|zu|cker, der: *natürlicher Zucker, der bes. in Pflanzensäften, Früchten u. im Honig vorkommt; Glukose; Stärkezucker.*
trau|big ⟨Adj.⟩ (Bot.): *einer Traube (1) ähnlich, in Trauben:* t. angeordnete Blüten.
trau|en ⟨sw. V.; hat⟩ [mhd. trūwen, ahd. trū(w)ēn, eigtl. = fest werden, verw. mit ↑treu, urspr. = glauben, hoffen, zutrauen]: **1.** *Vertrauen zu jmdm., etw. haben; einer Sache Glauben schenken; nichts Böses hinter jmdm., etw. vermuten:* dieser Frau kann man t.; t. und glauben; seinen Worten nicht [recht], seinen Versprechungen ist nicht zu t.; **Spr** trau, schau, wem! *(man soll sich einen Menschen erst genau ansehen, ehe man ihm vertraut).* **2.** ⟨t. + sich⟩ **a)** *etw. zu tun wagen, sich getrauen (meist verneint od. fragend):* ich traue mich/⟨selten, landsch.:⟩ mir nicht, auf den Baum zu klettern; ⟨auch ohne Inf.:⟩ du traust dich ja nicht *(hast keinen Mut)!;* Ob auch mal spielen dürfe, traute ich mich nicht zu fragen (Kempowski, Tadellöser 217); **b)** *sich an eine Stelle od. von der Stelle wagen (meist verneint od. fragend):* traust du dich allein in die Stadt, aus dem Haus?; Die Verkäuferin sagte: »Ich traue mich nicht in seine Nähe, mit meinem Schnupfen« (Handke, Frau 110). **3.** [schon mhd., eigtl. = (dem Manne) anvertrauen] *von Amts wegen in einer staatlichen od. kirchlichen Zeremonie ehelich verbinden:* der Standesbeamte, Pfarrer hat das Paar getraut; sich t. lassen.
Trau|er, der; - [mhd. trūre, zu ↑trauern]: **1. a)** *[tiefer] seelischer Schmerz über einen Verlust od. ein Unglück:* T. erfüllte ihn, überkam ihn; die T. über den Verlust war groß; T. um jmds. Tod empfinden; sie hat T., ist in T. *(trauert um einen Toten);* etw. versetzt jmdn. in tiefste T.; voll/voller T. [über etw.] sein; (formelhaft in Todesanzeigen:) in stiller T.; in tiefer T.; **b)** *[offizielle] Zeit des Trauerns nach einem Todesfall:* bis zum Begräbnis wurden drei Tage T. angeordnet; er hat schon vor Ablauf der T. *(des Trauerjahres)* wieder geheiratet. **2.** *Trauerkleidung:* T. tragen; eine Dame in T.
Trau|er|akt, der: *offizielle Trauerfeier.*
Trau|er|an|zei|ge, die: *Todesanzeige.*
Trau|er|ar|beit, die; ⟨Pl. selten⟩ (Psychoanalyse): *(nach S. Freud) psychische Verarbeitung der Trauer (1 a), die jmd. über den Verlust einer Bezugsperson empfindet.*
Trau|er|be|flag|gung, die: *Beflaggung zum Zeichen der [Staats]trauer.*
Trau|er|bin|de, die: *Trauerflor.*
Trau|er|brief, der: *Brief mit Trauerrand.*
Trau|er|fah|ne, die: *Fahne mit Trauerflor.*
Trau|er|fall, der: *Todesfall; bes. in der Familie.*
Trau|er|fa|mi|lie, die (bes. schweiz.): *Gesamtheit der Familienangehörigen eines Verstorbenen.*
Trau|er|fei|er, die: *[kirchliche] Feier anlässlich des Todes eines od. mehrerer Menschen.*
Trau|er|fei|er|lich|keit, die ⟨meist Pl.⟩: *Trauerfeier.*
Trau|er|flor, der: *schwarzes Band [aus feinem, florartigem Gewebe], das als Zeichen der Trauer am Ärmel, in einem Knopfloch od. um den Hut getragen od. an eine Fahne geknüpft wird.*
Trau|er|gast, der ⟨meist Pl.⟩: *Teilnehmer[in] an einer Trauerfeier [u. beim anschließenden Zusammensein mit der Familie].*
Trau|er|ge|leit, das: *Gesamtheit derjenigen, die in einem Trauerzug mitgehen.*
Trau|er|ge|mein|de, die (geh.): *Gesamtheit der Teilnehmer u. Teilnehmerinnen an einer Trauerfeier.*
Trau|er|ge|sell|schaft, die: *Gesamtheit der Trauergäste, bes. der nach der Feier noch [im Trauerhaus] versammelten Familienangehörigen u. Freunde.*
Trau|er|got|tes|dienst, der: vgl. Trauerfeier.
Trau|er|haus, das: *Haus o. Ä., in dem sich ein Trauerfall ereignet hat, die Angehörigen eines Verstorbenen, einer Verstorbenen in Trauer sind.*
Trau|er|hil|fe, die: *seelischer Beistand u. Hilfe, die jmd. einem Hinterbliebenen angedeihen lässt.*
Trau|er|jahr, das: *Zeitraum von einem Jahr nach dem Tod eines nahen Angehörigen.*
Trau|er|kar|te, die: vgl. Trauerbrief.
Trau|er|klei|dung, die: *schwarze Kleidung als Zeichen der Trauer.*
Trau|er|man|tel, der: *Tagfalter mit samtig braunschwarzen, gelb od. weiß geränderten Flügeln.*
Trau|er|marsch, der (Musik): *(als Begleitmusik für einen Trauerzug gedachter) langsamer, getragener Marsch.*
Trau|er|mie|ne, die (ugs.): *bekümmerter Gesichtsausdruck:* eine T. aufsetzen.
Trau|er|mu|sik, die: *Musik für Trauerfeierlichkeiten.*
trau|ern ⟨sw. V.; hat⟩ [mhd. trūren, ahd. trūrēn, wahrsch. eigtl. = den Kopf sinken lassen od. die Augen niederschlagen (als Zeichen der Trauer)]: **1.** *seelischen Schmerz empfinden, betrübt sein u. entsprechendes Verhalten zeigen:* um einen lieben Menschen, um jmds. Tod t.; die trauernden Hinterbliebenen. **2.** *Trauerkleidung tragen:* sie hat lange getrauert.
Trau|er|nach|richt, die: *Trauer auslösende Nachricht, bes. von einem Todesfall.*
Trau|er|rand, der: *schwarzer Rand bei Trauerbriefen, -karten, -anzeigen:* sie bevorzugte bei Kondolenzbriefen Papier ohne T.; Ü seine Fingernägel weisen einen T. auf (ugs. scherzh.; *sind unter dem Nagel schmutzig).*
Trau|er|re|de, die: *Rede, die zur Würdigung der Verstorbenen bei einer Trauerfeier gehalten wird.*
Trau|er|schlei|er, der: *von Frauen in Trauer (bes. Witwen) getragener Schleier.*
Trau|er|spiel, das [für »Tragödie«]: **1.** *Theaterstück mit tragischem Ausgang.* **2.** (ugs.) etw. *Schlimmes, Beklagenswertes:* es ist ein T., dass man sich das gefallen lassen muss.
Trau|er|tag, der: *Tag der Trauer.*
Trau|er|wei|de, die: *Weide mit hängenden Zweigen.*
Trau|er|zeit, die: *Trauer* (1 b).
Trau|er|zug, der: *Zug von Trauernden, die jmdm. das letzte Geleit geben.*
Trauf, der; -s, -e [landsch. Form von ↑Traufe] (Forstwirtsch.): *Waldmantel.*
Trau|fe, die; -, -n [mhd. trouf(e), ahd. trouf, zu ↑triefen, also eigtl. = die Triefende]: *Dachtraufe.*
träu|feln ⟨sw. V.⟩ [Iterativbildung zu ↑träufen]: **1.** ⟨hat⟩ *in etlichen kleinen Tropfen (auf, in etw.) fallen lassen:* Benzin in das Feuerzeug t.; ein Medikament in die Augen, ins Ohr t.; Bolda selbst trank heiße Milch, in die sie Honig träufelte (Böll, Haus 115). **2.** ⟨ist⟩ (veraltend) *in zahlreichen kleineren Tropfen fallen, herausfließen, heraustreten.*
träu|fen ⟨sw. V.; hat/ist⟩ [mhd. tröufen, ahd. troufan, Kausativ zu ↑triefen] (veraltet): *träufeln.*
Trau|for|mel, die: *vom Standesbeamten bzw. vom Geistlichen beim Vollziehen einer Trauung gesprochene Formel.*
Trau|ge|spräch, das: *vorbereitendes Gespräch zwischen Brautleuten u. Pfarrer über Bedeutung u. Wesen der Ehe.*
trau|lich ⟨Adj.⟩ [wohl geb. nach vertraulich/vertraut zu dem unverwandten ↑traut]: **a)** *den Eindruck von Gemütlichkeit u. Geborgenheit erweckend; heimelig:* in -er Zimmer; bei -em Schein der Lampe; **b)** (seltener) *vertraulich, vertraut:* in -er Runde; Ein französisches Restaurant, Zweiertisch neben Zweiertisch; kein Ort für -es Gespräch (Frisch, Montauk 204).
Traum, der; -[e]s, Träume [mhd., ahd. troum, H. u.]: **1.** *im Schlaf auftretende Abfolge von Vorstellungen, Bildern, Ereignissen, Erlebnissen:* ein schöner, schlechter, wilde, schreckliche Träume; es war [doch] nur ein T.; wenn Träume in Erfüllung gingen!; Träume auslegen, deuten; aus einem T. gerissen werden, aufschrecken; er redet im T.; das ist mir im T. erschienen; das Kind lebt noch im Reich der Träume; es ist mir wie ein T.; **Spr** Träume sind Schäume *(was uns im Traum erscheint, ist belanglos, besagt*

nichts); * *nicht im T. (nicht im Entferntesten:* nicht im T. hätte ich an eine solche Möglichkeit gedacht). **2. a)** *sehnlicher, unerfüllter Wunsch:* der T. vom Glück; Fliegen war schon immer sein T.; es ist ihr T., Schauspielerin zu werden; sein T. hat sich endlich erfüllt; das ist der T. meines Lebens *(mein sehnlichster Wunsch);* das habe ich in meinen kühnsten Träumen nicht zu hoffen gewagt!; der T. [vom eigenen Haus] ist ausgeträumt, ist vorbei; aus [ist] der T.! (ugs.; *es besteht keine Hoffnung mehr, dass der Wunsch in Erfüllung geht);* * **der amerikanische T.** *(das Ideal von einer wohlhabenden demokratischen Gesellschaft in Amerika als dem Land der unbegrenzten Möglichkeiten;* LÜ von engl. the American dream); **b)** (ugs.) *etw. traumhaft Schönes; Person, Sache, die wie die Erfüllung geheimer Wünsche erscheint:* das ist ja ein T. von einem Haus!; dort kommt sie ein blonder T. *(ein hübsches, blondes Mädchen [von dem er schwärmt]);* die Braut in einem T. *(wunderschönen Kleid)* aus weißer Seide.

Traum- (emotional): drückt in Bildungen mit Substantiven aus, dass jmd. oder etw. so ideal ist, wie man es sich immer erträumt [hat]: Traumauto, -hochzeit, -reise.

Trau|ma, das; -s, ...men u. -ta [griech. traûma (Gen.: traúmatos) = Wunde]: **1.** (Med., Psychol.) *starke psychische Erschütterung, die [im Unterbewusstsein] noch lange wirksam ist:* ein T. haben, erleiden; das Erlebnis führte bei ihm zu einem T./wurde zum T. für ihn. **2.** (Med.) *durch Gewalteinwirkung entstandene Verletzung des Organismus.*

trau|ma|tisch [österr. auch: ...'mat...] ⟨Adj.⟩ [griech. traumatikós = zur Wunde gehörend, zu: trauma, ↑ Trauma]: **1.** (Med., Psychol.) *das Trauma* (1) *betreffend, darauf beruhend, dadurch entstanden:* -e Erlebnisse; sein Leiden ist t. bedingt. **2.** (Med.) *durch Gewalteinwirkung [entstanden].*

trau|ma|ti|sie|ren ⟨sw. V.; hat⟩ (Med., Psychol.): *[seelisch] verletzen.*

trau|ma|ti|siert ⟨Adj.⟩ (Med., Psychol.): *an einem Trauma* (1) *leidend:* -e Soldaten, Kriegsopfer; das Kind ist schwer t.

Trau|ma|ti|sie|rung, die; -, -en (Med., Psychol.): *das Traumatisieren, Traumatisiertwerden, Traumatisiertsein.*

Trau|ma|to|lo|gie, die; - [↑ -logie] (Med.): *Wissenschaft u. Lehre von der Wundbehandlung u. -versorgung.*

Traum|be|ruf, der (emotional): *idealer Beruf; Beruf, wie er ersehnt, erträumt wird.*

Traum|bild, das: **1.** *im Traum* (1) *erscheinendes Bild.* **2.** *Wunschbild, Fantasievorstellung.*

Traum|buch, das. *Buch mit Traumdeutungen.*

Traum|deu|ter, der: *jmd., der Träume zu erklären versucht.*

Traum|deu|te|rin, die: w. Form zu ↑ Traumdeuter.

Traum|deu|tung, die: *Deutung von Träumen [in Bezug auf ihre psychischen Hintergründe].*

Trau|men: Pl. von ↑ Trauma.

träu|men ⟨sw. V.; hat⟩ [mhd. tröumen, troumen, ahd. troumen, zu ↑ Traum]: **1. a)** *einen bestimmten Traum* (1) *haben:* schlecht, unruhig t.; sie hat von ihrem Vater geträumt; [schlaf gut und] träum süß!; **b)** *etw. Bestimmtes im Traum* (1) *erleben:* etwas Schreckliches t., er träumte/(geh.:) ihm träumte, er sei in einem fernen Land; das hast du doch nur geträumt!; * **sich** ⟨Dativ⟩ **etw. nicht/nie t. lassen** *(die Möglichkeit von etw. überhaupt nicht denken).* **2. a)** *seine Gedanken schweifen lassen; unaufmerksam, nicht bei der Sache sein u. sich stattdessen Fantasien hingeben:* in den Tag hinein t.; mit offenen Augen t.; träum nicht! *(pass auf!);* der Fahrer muss geträumt haben; Ü der Waldsee lag träumend da; R du träumst wohl! (ugs.; *das ist ja wohl absurd!);* **b)** *etw. wünschen, ersehnen, erhoffen:* sie träumte von einer großen Karriere.

Träu|mer, der; -s, - [mhd. troumære]: **1.** *Mensch, der gern träumt* (2 a), *seinen Gedanken nachhängt u. mit der Wirklichkeit nicht recht fertig wird.* **2.** *jmd., der gerade träumt* (1 a); *Träumender:* die Glocke riss die T. aus dem Schlaf.

Träu|me|rei, die; -, -en: *etw., was sich jmd. erträumt; Wunsch-, Fantasievorstellung:* sich seinen -en hingeben.

Trau|mer|geb|nis, das (emotional): *sehr positives, höchst erfreuliches Ergebnis* (a), *wie es ersehnt, erträumt wird, aber nicht erwartet werden kann.*

Träu|me|rin, die; -, -nen: w. Form zu ↑ Träumer.

träu|me|risch ⟨Adj.⟩: *verträumt:* -e Augen.

Traum|fa|b|rik, die [LÜ von engl. dream-factory]: *(bes. in Bezug auf Hollywood) Produktionsstätte für Filme, die durch Darstellung einer glänzenden Scheinwelt dem Wunschträumen des Publikums entgegenzukommen sucht.*

Traum|fän|ger, der: *(ursprünglich bei einigen indianischen Völkern) einem Mobile ähnelnder Gegenstand, der am Schlafplatz eines Menschen aufgehängt wird, um böse Träume zu verhindern.*

Traum|frau, die (ugs. emotional): *ideale Frau; Frau, wie sie ersehnt, erträumt wird.*

Traum|ge|sicht, das ⟨Pl. -e⟩ (geh.): *Traumbild.*

traum|haft ⟨Adj.⟩: **a)** *ähnlich wie in einem Traum:* -e Vorstellungen; mit -er Sicherheit; **b)** (ugs.) *überaus schön:* eine -e Landschaft; das Kleid ist t. [schön].

Traum|haus, das (emotional): vgl. Traumberuf.

Traum|in|halt, der: *Inhalt* (2 a) *eines Traums* (1).

Traum|job, der (ugs. emotional): *Traumberuf.*

Traum|land, das ⟨Pl. ...länder⟩: **1.** ⟨o. Pl.⟩ *Welt der Fantasie:* im T. leben. **2.** (emotional) vgl. Traumberuf.

traum|los ⟨Adj.⟩: *keine Träume erlebend, habend:* tief und t. schlafen.

Traum|mann, der ⟨Pl. ...männer⟩ (ugs. emotional): vgl. Traumfrau.

Traum|no|te, die (emotional): *höchste erreichbare Punktzahl für eine Übung, einen Wettkampf, eine Kür o. Ä.*

Traum|paar, das (emotional): *ideales Paar* (1 a).

Traum|tän|zer, der (abwertend): *wirklichkeitsfremder, kaum erreichbaren Idealen nachhängender Träumer.*

Traum|tän|ze|rin, die: w. Form zu ↑ Traumtänzer.

traum|ver|lo|ren ⟨Adj.⟩: *in Gedanken versunken, vor sich hin träumend:* t. dasitzen.

traum|wan|deln ⟨sw. V.; hat/(auch:) ist⟩: *schlafwandeln.*

Traum|wand|ler, der: *Schlafwandler.*

Traum|wand|le|rin, die; -, -nen: w. Form zu ↑ Traumwandler.

traum|wand|le|risch ⟨Adj.⟩: *schlafwandlerisch.*

Traum|welt, die: *nur in den eigenen Träumen existierende Welt.*

Traum|ziel, das (emotional): *sehnlichst angestrebtes, erwünschtes Ziel* (3).

traun ⟨Adv.⟩ [mhd. in triuwen, entriuwen = in Treue, in Wahrheit, eigtl. Dativ Pl. von: triuwe, ↑ Treue] (veraltet): *fürwahr;* ◆ *Der freut sich t. so läppisch* (Goethe, Götz III).

Trau|ner, der; -s, - [eigtl. = Schiff auf der Traun (Nebenfluss der Donau)] (österr.): *flaches Lastschiff.*

◆ **Trau|pfen|nig,** der (landsch.): *Gebühr für die Trauung:* ...denn keimende Ehen – und um eine solche schien es ihr sich denn doch hier zu handeln – schon um des daneben keimenden -s für ihren Mann, den Pastor, pflegte sie nicht zu stören (Storm, Schimmelreiter 58).

trau|rig ⟨Adj.⟩ [mhd. trūrec, ahd. trūrac, zu ↑ trauern]: **1.** *Trauer empfindend, ausdrückend, bekümmert, betrübt; in niedergedrückter Stimmung:* ein -es Kind; ein -es Gesicht machen; jmdn. mit großen, -en Augen anblicken; sie hat uns einen sehr -en Brief geschrieben; worüber bist du so t.?; sie ist, wirkt [sehr] t.; dass du fortgehst, macht mich sehr t. **2. a)** *Trauer, Kummer, Betrübnis hervorrufend, verursachend; schmerzlich, beklagenswert:* eine -e Nachricht; das ist ein sehr -er Fall, ein -es Kapitel; sie kamen zu der -en Erkenntnis, dass sie sich besser trennen sollten; eine -e *(freudlose)* Jugend haben; [es ist] t., dass man nichts ändern kann; **b)** *kümmerlich, erbärmlich:* es ist nur noch ein -er Rest vorhanden; in -en Verhältnissen leben; Jetzt war er bemitleidenswert geworden, eine -e Gestalt (Kronauer, Bogenschütze 408).

Trau|rig|keit, die; -, -en [mhd. trūrecheit, ahd. trūragheit]: **a)** ⟨o. Pl.⟩ *das Traurigsein* (1): *eine große T. erfüllte ihr Herz; jmdn. überkommt, befällt tiefe T.;* **b)** *trauriges Ereignis:* reden wir nicht von solchen -en.

Trau|ring, der: *meist glatter, steinloser Ring als Zeichen des Ehestands; Ehering.*

Trau|schein, der: *Urkunde über die vollzogene Trauung.*

Trau|spruch, der (ev. Kirche): *Spruch, den sich ein Brautpaar anlässlich seiner Trauung als Losung aussucht.*

traut ⟨Adj.⟩ [mhd., ahd. trūt, H. u.] (geh. veraltend, oft scherzh.): **a)** *anheimelnd, den Eindruck von Geborgenheit erweckend:* das -e Heim; der Traum vom -en Familienglück; **b)** *vertraut:* im -en Familienkreis, Freundeskreis; (dichter. veraltend:) ein -er *(lieber, geliebter)* Freund.

Trau|te, die; - [zu ↑ trauen] (ugs.): *innere Bereitschaft zum Entschluss, etw. zu tun, was Überwindung kostet:* er möchte etw. sagen, aber ihm fehlt die T.; keine/nicht die rechte T. [zu etw.] haben.

Trau|to|ni|um®, das; -s, ...ien [unter Anlehnung an ↑ Harmonium nach dem Erfinder F. Trautwein (1889–1956)]: *elektroakustisches Musikinstrument mit Lautsprecher u. kleinem Spieltisch, auf dem statt einer Klaviatur an verschiedenen Stellen niederzudrückende Drähte gespannt sind, die durch Schließung eines Stromkreises alle Töne u. Obertöne im Klang der verschiedensten Instrumente hervorbringen können.*

◆ **traut|sam** ⟨Adj.⟩ [von Rosegger geb.]: *traut:* ...die Ofenbank war mir die -ste Mittelpunkt des heimatlichen Nestes (Rosegger, Waldbauernbub 147).

Trau|ung, die; -, -en [zu ↑ trauen (3); spätmhd. trūunge = Vertrauen]: *[mit einer Feier verbundener] Akt des Trauens* (3): *eine kirchliche, standesamtliche T.; eine T. vollziehen.*

Trau|zeu|ge, der: *jmd., der eine Trauung bezeugt:* wer sind eure -n?

Trau|zeu|gin, die: w. Form zu ↑ Trauzeuge.

Tra|vel|ler ['trɛvəlɐ], der; -s, -[s] [engl. traveller, zu: to travel = sich bewegen; reisen]: *Reisender.*

Tra|vel|ler|scheck, der [nach engl. traveller's cheque]: *Reisescheck.*

tra|vers ⟨Adj.⟩ [frz. en travers = quer < lat. transversus = quer liegend, schief, adj. 2. Part. von: transvertere, ↑ traversieren] (Textilind.): *quer gestreift.*

Tra|vers [tra'vɛːɐ̯, ...'vɛrs], der; - [...vɛːɐ̯(s)] (Dressurreiten): *Seitengang, bei dem das äußere Hinterbein des Pferdes dem inneren Vorderbein folgt.*

Tra|ver|sa|le, die; -, -n (Dressurreiten): *diagonale Vorwärtsbewegung, bei der der Körper des Pfer-*

des weitgehend parallel zu den Begrenzungslinien der Bahn ausgerichtet bleibt.

Tra|ver|se, die; -, -n [frz. traverse, über das Vlat. zu lat. transversus, ↑ travers]: **1.** (Archit., Technik) *Querbalken* (a), *quer verlaufender Träger.* **2.** (Wasserbau) *(in größerer Zahl) senkrecht zur Strömung in den Fluss gebaute Buhne, die eine Verlandung der eingeschlossenen Flächen beschleunigen soll.* **3.** (Technik) *quer verlaufendes Verbindungsstück zweier fester od. parallel beweglicher Maschinenteile.* **4.** (Fechten) *Bewegung seitwärts, mit der ein Fechter dem gegnerischen Angriff ausweicht.* **5.** (Bergsteigen) *Quergang.*

tra|ver|sie|ren ⟨sw. V.⟩ [frz. traverser = durchqueren, über das Vlat. < lat. transvertere = umwenden, aus: trans = hinüber u. vertere = drehen, wenden]: **1.** ⟨hat⟩ (bildungsspr. veraltend) *durchkreuzen; verhindern.* **2.** ⟨hat/ist⟩ (Dressurreiten) *die Reitbahn im Travers durchreiten.* **3.** ⟨hat/ist⟩ (Fechten) *durch eine Traverse (4) dem gegnerischen Angriff ausweichen.* **4.** ⟨hat/ist⟩ (Bergsteigen, Ski) *(eine Wand, einen Hang o. Ä.) in horizontaler Richtung überqueren.*

Tra|ver|tin, der; -s, -e [ital. travertino, älter auch: tiburtino < lat. lapis Tiburtinus = Stein aus Tibur (heute Tivoli bei Rom)]: *Kalksinter, Kalktuff, der zur Verkleidung von Fassaden, als Bodenbelag o. Ä. verwendet wird.*

Tra|ves|tie, die; -, -n [engl. travesty, eigtl. = Umkleidung, zu frz. travesti = verkleidet, adj. 2. Part. von: (se) travestir, ↑ travestieren]: **1.** (Literaturwiss.) **a)** ⟨o. Pl.⟩ *komisch-satirische literarische Gattung, die bekannte Stoffe der Dichtung ins Lächerliche zieht, indem sie sie in eine ihnen nicht angemessene Form überträgt;* **b)** *Werk der Gattung Travestie* (1 a). **2.** ⟨o. Pl.⟩ *Gesamtheit dessen, was mit der Travestieshow, der weiblichen Kostümierung von Männern zusammenhängt.*

tra|ves|tie|ren ⟨sw. V.; hat⟩ [frz. (se) travestir, eigtl. = (sich) verkleiden < ital. travestire, aus: tra- = hinüber, hindurch (< lat. trans) u. vestire = (be)kleiden (< lat. vestire)]: **1.** (Literaturwiss.) *in die Form einer Travestie* (1 a) *bringen.* **2.** (bildungsspr.) *ins Lächerliche ziehen.*

Tra|ves|tie|show, die: *Show, bei der vorwiegend Männer in Frauenkleidung auftreten.*

Trawl [trɔːl], das; -s, -s [engl. trawl, H. u.] (Fischereiw.): *Grund[schlepp]netz.*

Trawl|er ['trɔːlɐ], der; -s, - [engl. trawler] (Fischereiw.): *mit einem Grund[schlepp]netz arbeitendes Fangschiff.*

Trax, der; -[es], -e [gek. aus amerik. Traxcavator®, wohl geb. aus engl. track (Pl.: tracks) = Spur, Gleis bzw. tractor = Zugmaschine u. excavator = Exkavator (2)] (schweiz.): **a)** *fahrbarer Bagger;* **b)** *Schaufellader.*

Treat|ment ['triːmənt, ...mɛnt], das; -s, -s [engl. treatment, eigtl. = Behandlung, zu to treat = behandeln] (Film, Fernsehen): *erste schriftliche Fixierung des Handlungsablaufs, der Schauplätze u. der Charaktere der Personen eines Films.*

Tre|be, die; - [H. u., viell. zu ↑ treife im Sinne von »verbotenes Tun«] (ugs.): in den Wendungen **auf [der] T. sein/sich auf [der] T. befinden** *(sich [als Ausreißer] herumtreiben);* **auf [die] T. gehen** *(aus einem Heim, aus der Familie davonlaufen u. sich über längere Zeit herumtreiben).*

Tre|bel|gän|ge|rei, die; - (ugs.): *Herumtreiberei von jugendlichen Ausreißern.*

Tre|ber ⟨Pl.⟩ [mhd. treber (Pl.), ahd. trebir (Pl.), zu ↑ trübe] (Fachspr.): **a)** *bei der Bierherstellung anfallende Rückstände von Malz;* **b)** (seltener) *Trester.*

Tre|cen|to [tre'tʃɛnto], das; -[s] [ital. trecento = 14. Jahrhundert, kurz für: mille trecento = 1300]

(Kunstwissenschaft, Literaturwiss.): *italienische Frührenaissance* (14. Jh.).

Treck, der; -s, -s [mniederd. trek = (Kriegs)zug; Prozession, zu ↑ trecken]: *Zug von Menschen, die sich mit ihrer auf Wagen, meist Fuhrwerke, geladenen Habe gemeinsam aus ihrer Heimat wegbegeben (bes. als Flüchtlinge, Siedler o. Ä.):* einen T. bilden, zusammenstellen.

tre|cken ⟨sw. V.⟩ [mhd. trecken, mniederd. trecken, Intensivbildung zu mhd. trechen = ziehen, H. u.]: **1.** ⟨ist⟩ *mit einem Treck wegziehen.* **2.** ⟨hat⟩ (landsch.) *ziehen:* treck fest, sonst rollt der Wagen zurück. **3.** ⟨ist⟩ ↑ trekken.

Tre|cker, der; -s, -: *Traktor, Schlepper.*

Tre|cking usw.: ↑ Trekking usw.

♦ **Treck|schui|te** [niederl.: ...sxγtə]: ↑ Treckschute: *... als sie wildfremd mit der T. zu Amsterdam ankam* (Heine, Rabbi 488).

¹**Treff**, das; -s, -s [älter: Trefle < frz. trèfle, eigtl. = Kleeblatt < griech. tríphyllon]: *Kreuz* (6).

²**Treff**, der; -s, -s (ugs.): **a)** *Zusammenkunft, Treffen:* einen T. vereinbaren, mit jmdm. haben; **b)** *Ort einer Zusammenkunft, eines Treffens; Treffpunkt:* ihr T. ist ein Lokal in der Altstadt.

Treff|ass, Treff-Ass [auch: 'trɛf...], das [zu ↑¹Treff] (Kartenspiele): *Kreuzass.*

tref|fen ⟨st. V.⟩ [mhd. treffen, ahd. tref(f)an, urspr. = schlagen, stoßen]: **1.** ⟨hat⟩ **a)** *(von einem Geschoss, einem Schuss, Schlag o. Ä.) jmdn., etw. erreichen u. mit mehr od. weniger großer Wucht berühren [u. dabei verletzen, beschädigen]:* der Pfeil, der Stein hat ihn getroffen; der Schuss traf ihn am Kopf, in den Rücken; der Faustschlag traf ihn im Gesicht/ins Gesicht; von einer Kugel tödlich getroffen, sank er zu Boden; ⟨auch ohne Akk.-Obj.:⟩ der erste Schuss traf [nicht] *(war ein, kein Treffer);* Ü er fühlte sich von den Vorwürfen nicht getroffen *(bezog sie nicht auf sich);* jmdn. trifft keine Schuld *(jmd. ist für etw. nicht verantwortlich zu machen);* **b)** *(mit einem Schlag, Stoß, Wurf, Schuss) erreichen u. mit mehr od. weniger großer Wucht berühren [u. dabei verletzen, beschädigen]:* ein Ziel, die Zielscheibe t.; ins Tor t.; [beim ersten Schuss] ins Schwarze t.; der Jäger traf das Reh [in den Rücken]; ⟨auch ohne Akk.-Obj.:⟩ er hat [gut, schlecht, nicht] getroffen. **2.** ⟨hat⟩ **a)** *jmdm. Bekannten zufällig begegnen:* einen Kollegen zufällig, unterwegs, auf der Straße t.; was meinst du, wen ich gestern getroffen habe?; Ü ihre Blicke hatten sich getroffen *(sie hatten sich auf einmal gesehen);* **b)** *jmdm. aufgrund einer Verabredung zusammenkommen:* er trifft seine Freunde jede Woche; die beiden treffen sich/(geh.:) einander häufig; ⟨t. + sich; unpers.:⟩ hier habe ich heute mit meinen Freunden. **3.** ⟨ist⟩ **a)** *jmdm. unvermutet begegnen, auf jmdn. stoßen* (3 a): am Bahnhof traf sie auf einen alten Bekannten; **b)** *etw. unvermutet entdecken, antreffen; auf etw. stoßen* (3 b): auf merkwürdige Dinge t.; Missstände dieser Art trifft man hier vielerorts; Ü auf Widerstand, Ablehnung, Schwierigkeiten t.; **c)** *(Sport)* **die Welle traf das Ufer. 4.** ⟨ist⟩ *(Sport)* (bei einem Wettkampf) jmdn. als Gegner [zu erwarten] haben. **5.** ⟨hat⟩ *(in Bezug auf etw., wofür Kenntnisse od. ein sicherer Instinkt o. Ä. nötig sind) [heraus]finden, erkennen, erraten; den richtigen Ton [im Umgang mit jmdm.] t.;* mit dem Geschenk hast du ihren Geschmack getroffen; du hast genau das Richtige getroffen; auf dem Foto ist er nicht gut getroffen *(es zeigt ihn [nicht] so, wie man ihn kennt);* (freudiger Ausruf der Bestätigung) getroffen! *(richtig [geraten]!)* **6.** ⟨hat⟩ *(im Innersten) ergreifen, bewegen:* jmdn. tief, schwer t.; die Todesnachricht hat ihn furchtbar getroffen; jmdn. in seinem Stolz, bis ins Innerste t. **7.** ⟨hat⟩ *jmdm., einer Sache*

[bewusst, absichtlich] Schaden zufügen: mit dem Boykott versucht man die Wirtschaft des Landes zu t.; eine Missernte hat die Bauern hart getroffen. **8.** ⟨in Verbindung mit »es«; hat⟩ *in bestimmter Weise vorfinden:* es gut, schlecht t.; sie haben es im Urlaub mit dem Wetter bestens getroffen; du triffst es heute gut *(die Gelegenheit ist günstig).* **9.** ⟨t. + sich; unpers.; hat⟩ *sich in bestimmter Weise fügen:* es trifft sich gut, ausgezeichnet, dass du gerade kommst; R wie es sich so trifft! *(wie es so kommt, geschieht; wie es der Zufall will).* **10.** ⟨hat; meist in Verbindung mit einem Verbalsubstantiv⟩ *ausführen, realisieren:* Anordnungen, Verfügungen, Vorbereitungen t.; eine Vereinbarung, Entscheidung t.; eine Wahl, Absprache t.

Tref|fen, das; -s, -: **1.** *geplante [private od. offizielle] Begegnung, Zusammenkunft:* regelmäßige T. von T. der Schulkameraden, der Staatschefs; ein T. verabreden, vereinbaren, veranstalten; zu einem T. kommen. **2.** *(Sport) Wettkampf:* ein faires, spannendes T.; das T. endete, ging unentschieden aus. **3.** *[zu mhd. treffen = dem Feind begegnen] (Militär veraltet) kleineres Gefecht:* *etw. ins T. führen* (geh.; *etw. als Argument für od. gegen etw. vorbringen).*

tref|fend ⟨Adj.⟩: *der Sache völlig angemessen, entsprechend; vollkommen passend, genau richtig:* ein -er Vergleich; ein -es Urteil; etw. t. charakterisieren.

Tref|fer, der; -s, -: **1. a)** *Schuss, Schlag, Wurf o. Ä., der trifft:* das Schiff bekam, erhielt einen T. *(wurde von einem Geschoss getroffen);* auf 10 Schüsse 8 T. haben; **b)** *(Ballspiele) Tor:* ein T. fällt; einen T. erzielen, markieren, landen; **c)** *(Boxen) Schlag, mit dem der Gegner getroffen wird:* einen T. landen, markieren; **d)** *(Fechten) Berührung des Gegners mit der Waffe:* einen sauberen, ungültigen, gültigen T.; einen T. erhalten, verhindern, landen. **2.** *Gewinn (in einer Lotterie o. Ä.):* auf viele Nieten kommt ein T.; einen T. haben (ugs.; *Glück haben*), landen (ugs.; *erfolgreich sein, gefallen*). **3.** *(EDV) als Ergebnis der Durchsuchung einer Datei, eines Datenspeichers od. bes. des Internets Gefundenes (z. B. ein Wort, eine Datei, eine Internetseite):* die Volltextsuche nach »Quastenflosser« ergab zwei T.; sie landete keinen T.

Tref|fer|an|zei|ge, die: *Gerät, das einen Treffer anzeigt.*

Tref|fer|lis|te, die: *(EDV) Liste von Treffern* (3) *(bes. die Ergebnisse von Abfragen in Internetmaschinen).*

Tref|fer|quo|te, die: *Quote* (a) *der erzielten Treffer.*

Tref|fer|zahl, die: *Anzahl von erzielten Treffern.*

treff|lich ⟨Adj.⟩ [für mhd. treffe(n)lich, zu ↑ treffen] (veraltend): **a)** *durch große innere Vorzüge, durch menschliche Qualität ausgezeichnet (u. daher Anerkennung verdienend):* ein -er Mensch, Wissenschaftler; **b)** *sehr gut, ausgezeichnet; vorzüglich, vortrefflich:* ein -er Wein; sie ist eine -e Beobachterin; sich t. auf etw. verstehen; ⟨subst.:⟩ er hat Treffliches geleistet.

Treff|punkt, der: **1. a)** *Ort, an dem sich Personen (einer Abmachung, Vereinbarung folgend) treffen:* die Kneipe galt als T. der Unterwelt; einen T. vereinbaren; sie kam nicht zu dem T.; **b)** *Ort, der zu einer Art Zentrum geworden ist:* Paris, T. der Mode. **2.** *(Geom.) Berührungs-, Schnittpunkt von Geraden.*

treff|si|cher ⟨Adj.⟩: **a)** *ein Ziel sicher treffend:* ein -er Schütze, Spieler; Ü eine -e Ausdrucksweise, Sprache *(eine Sprache, die einen Sachverhalt präzise wiedergibt);* **b)** *sicher in der Beurteilung, Einschätzung z. B. von etw.:* ein -es Urteilsvermögen haben.

Treff|si|cher|heit, die: *treffsichere Art.*

Treg|gings, Treg|gins ⟨Pl.⟩ [zusgez. aus engl. trousers = Hosen u. leggings, ↑ Leggings] (Textilind.): *sehr eng anliegende Hosen aus elastischem Material.*

Treib|ar|beit, die: **a)** ⟨o. Pl.⟩ *Technik des Treibens* (8 a) *von Metallblech zu [künstlerischen] Gegenständen, Gefäßen u. Ä.;* **b)** *einzelner in der Technik der Treibarbeit* (a) *hergestellter [künstlerischer] Gegenstand.*

Treib|ball, der: **1.** ⟨o. Pl.⟩ *Spiel zwischen zwei Parteien, bei dem jede Partei versucht, den Ball möglichst weit auf die gegnerische Seite zu werfen u. damit die Gegenpartei entsprechend weit von der Mittellinie wegzutreiben.* **2.** (Badminton) *Schlag, bei dem der Ball in Schulterhöhe sehr flach geschlagen wird.*

Treib|ball|spiel, das: *Treibball* (1).

Treib|eis, das: *auf dem Wasser treibende Eisschollen.*

trei|ben ⟨st. V.⟩ [mhd. trīben, ahd. trīban, H. u.]: **1.** ⟨hat⟩ *jmdn., ein Tier, etw. (durch Antreiben, Vor-sich-her-Treiben o. Ä.) dazu bringen, sich in eine bestimmte Richtung zu bewegen, an einen bestimmten Ort zu begeben:* die Kühe auf die Weide t.; Gefangene in ein Lager t.; er ließ sich von der Strömung t.; der Wind treibt das Laub durch die Alleen *(weht es vor sich her);* den Ball vor das Tor t. *(durch wiederholtes Anstoßen vor das Tor spielen);* Wild, Hasen t. (Jägerspr.); *bei einer Treibjagd den Schützen zutreiben);* Ü er lässt sich zu sehr t. *(verhält sich zu passiv im Leben);* der ewige Streit in der Familie hat die Kinder aus dem Haus getrieben *(sie zum Verlassen des Elternhauses veranlasst);* der Schmerz trieb ihr die Tränen in die Augen; der Boom hat die Preise in die Höhe, nach oben getrieben *(eine Preissteigerung zur Folge gehabt).* **2.** ⟨hat⟩ *jmdn. (durch sein Verhalten o. Ä.) in einen extremen Seelenzustand versetzen, dazu bringen, etw. Bestimmtes (Unkontrolliertes) zu tun:* jmdn. in den Tod, in den, [bis] zum Selbstmord, in den Wahnsinn, zur Raserei, zum Äußersten t. **3.** ⟨hat⟩ *jmdn. ungeduldig, durch Drängen zu etw. veranlassen:* jmdn. zur Eile, zum Aufbruch t.; er trieb die Männer zur schnellen Erledigung der Arbeit; muss man dich immer t., damit du etwas tust?; treib [ihn] nicht immer so!; *(auch unpers.:)* es trieb ihn, ihr zu danken; Ü seine Eifersucht trieb ihn zu dieser Tat getrieben. **4.** ⟨hat⟩ *antreiben* (2): das Wasser treibt die Räder; die Maschine wird von Wasserkraft getrieben. **5. a)** ⟨ist/hat⟩ *von einer Strömung [fort]bewegt werden:* etw. treibt auf dem, im Wasser; das Schiff treibt steuerlos auf dem Meer; Eisschollen treiben auf dem Fluss; Treibgut war/hatte auf dem Fluss getrieben; Nebelschwaden treiben in der Luft; treibende *(am Himmel dahinziehende)* Wolken; Ü er hat die Dinge zu lange t. lassen *(sich selbst überlassen);* **b)** ⟨ist⟩ *in eine bestimmte Richtung, auf ein Ziel zu bewegt werden:* der Ballon treibt landeinwärts; Treibgut war ans Ufer getrieben; Ü man weiß nicht, wohin die Dinge treiben *(wie sie sich entwickeln).* **6.** ⟨hat⟩ (Jägerspr.) *(von männlichen Tieren in der Paarungszeit) (von männlichen Tieren in der Paarungszeit) das weibliche Tier verfolgen, vor sich hertreiben:* die Böcke treiben die Ricken. **7. a)** *(durch Schläge mit einem Werkzeug o. Ä.) in etw. eindringen lassen; hineintreiben, einschlagen:* einen Keil in den Baumstamm, Pflöcke in den Boden t.; **b)** *(von Hohlräumen bestimmter Art) durch Bohrung o. Ä. irgendwo herstellen, schaffen:* einen Schacht [in die Erde] t.; einen Tunnel durch den Berg, in den Fels t.; **c)** *zum Zerkleinern o. Ä. durch eine bestimmte Maschine, ein Gerät durchpressen:* etw. durch ein Sieb, durch den Fleischwolf t. **8.** ⟨hat⟩ **a)** *(zu Platten dünn ausgewalztes Metall) in kaltem Zustand mit dem Hammer, der Punze formen, gestalten:* Silber, Messing t.; eine Schale aus getriebenem Gold; **b)** *durch Treiben* (8 a) *herstellen:* ein Gefäß [aus, in Silber] t. **9.** ⟨hat⟩ (ugs.) *harntreibend, schweißtreibend sein, wirken:* Bier, Lindenblütentee treibt; ein treibendes Medikament. **10.** ⟨hat⟩ **a)** *sich mit etw. zu Erlernendem o. Ä. kontinuierlich befassen:* Französisch, Philosophie t.; sie treibt neuerdings wieder mit großem Eifer ihre Studien; **b)** (ugs.) *sich mit etw. beschäftigen; etw. machen, tun:* Unfug t.; was habt ihr bei dem schlechten Wetter, den ganzen Tag getrieben?; **c)** *sich mit etw. zum Zwecke des Erwerbs befassen:* Handel, ein Gewerbe, ein Handwerk t.; Ackerbau und Viehzucht t.; **d)** *(in verblasster Bed. in Verbindung mit Substantiven) drückt aus, dass etw. mit bestimmter Konsequenz betrieben, verfolgt wird:* Spionage t. *(spionieren);* Verschwendung, Luxus, Aufwand t. *(verschwenderisch, luxuriös, aufwendig leben);* seinen Spott mit jmdm. t.; Missbrauch mit etw. t. **11.** ⟨in Verbindung mit »es«; hat⟩ **a)** (ugs. abwertend) *etw. in einem Kritik herausfordernden Übermaß tun:* es toll, zu bunt, zu arg t.; er hat es zu weit getrieben *(in seinem Verhalten den Bogen überspannt);* **b)** *mit jmdm. in einer Kritik herausfordernder Art umgehen:* sie haben es übel mit den Flüchtlingen getrieben; * es [mit jmdm.] t. (ugs. verhüll.; *[mit jmdm.] geschlechtlich verkehren).* **12.** ⟨hat⟩ (seltener) *(bes. von Hefe od. entsprechend versetztem Teig) aufgehen* (4): die Hefe, der Hefeteig muss noch t.; das Backpulver treibt den Teig *(lässt ihn aufgehen).* **13.** ⟨hat⟩ **a)** *austreiben* (4 a), *ausschlagen* (9): die Bäume, Sträucher beginnen zu t.; **b)** *austreiben* (4 b): Sträucher und Bäume treiben Blüten. **14.** ⟨hat⟩ (Gartenbau) *im Treibhaus o. Ä. unter besonderen Bedingungen züchten, heranziehen:* Maiglöckchen, Flieder, Paprika in Gewächshäusern t.; im Frühbeet getriebener Salat.

Trei|ben, das; -s, -: **1.** ⟨o. Pl.⟩ **a)** *[geschäftiges] Durcheinanderlaufen, gleichzeitiges Sichtummeln o. Ä. (einer größeren Zahl von Menschen):* es herrschte ein lebhaftes, buntes T.; das ausgelassene T. der spielenden Kinder; sie stürzten sich in das närrische T. *(das Faschingstreiben);* **b)** *jmds. Tun, Handeln:* jmds. heimliches, schändliches, wüstes T.; jmds. T. *(seiner Machenschaften)* ein Ende machen. **2.** (Jägerspr.) **a)** *Treibjagd;* **b)** *Gelände, Bereich, in dem ein Treiben* (2 a) *stattfindet.* **3.** (Bergbau) *Auf- u. Abwärtsbewegen von Fördergefäßen od. Körben im Schacht.*

Trei|ber, der; -s, - [mhd. trīber, ahd. trīpāri]: **1.** (Jägerspr.) *jmd., der (zusammen mit anderen) bei einer Treibjagd den Schützen das Wild zutreibt.* **2.** *jmd., der bes. Lasttiere führt, Vieh [auf die Weide] treibt; Viehtreiber:* T. brachten die Tiere zum Markt. **3.** (abwertend) *Antreiber.* **4.** (Segeln) *kleiner Besan* **a)** *einer zweimastigen Jacht.* **5.** [LÜ von engl. driver] (EDV) *Programm* (4), *mit dem ein peripheres* (3) *Gerät gesteuert wird* (z. B. Druckertreiber).

Trei|be|rin, die; -, -nen: w. Form zu ↑ Treiber (1, 2, 3).

Treib|gas, das: **1.** *brennbares Gas, meist Flüssiggas, das als Kraftstoff zum Antrieb von Verbrennungsmotoren verwendet wird.* **2.** *in Spraydosen u. a. verwendetes, unter Druck stehendes Gas.*

Treib|gut, das ⟨Pl. selten⟩: *etw., was als herrenloses Gut auf dem Wasser, bes. auf dem Meer, treibt.*

Treib|haus, das: *heizbares Gewächshaus, in dem Pflanzen gezüchtet bzw. unter bestimmten (im Freien nicht gegebenen) Bedingungen gehalten werden.*

Treib|haus|ef|fekt, der ⟨Pl. selten⟩: *Einfluss der Erdatmosphäre auf den Wärmehaushalt der Erde, der der Wirkung des Daches eines Treibhauses ähnelt.*

Treib|haus|gas, das: *Gas, das zum Treibhauseffekt beiträgt, z. B. Kohlendioxid:* T. nagt am Ozon.

Treib|haus|kul|tur, die: *Kultur* (3 b) *von Pflanzen im Treibhaus.*

Treib|holz, das; -es, ...hölzer ⟨Pl. selten⟩: *auf dem Wasser treibendes Holz, bes. auf dem Meer treibende od. an den Strand angeschwemmte Trümmer aus Holz.*

Treib|jagd, die (Jägerspr.): *Jagd, bei der das Wild durch Treiber* (1) *aufgescheucht u. den Schützen zugetrieben wird:* eine T. veranstalten; Ü sie machten eine T. auf die versprengten politischen Gegner.

Treib|la|dung, die: *Mittel (z. B. Pulver), das durch seine Explosionskraft ein Geschoss in Bewegung setzt.*

Treib|mit|tel, das: **1.** (Chemie) *gasförmiger od. Gas entwickelnder Stoff, der bestimmten festen Stoffen (z. B. Schaumstoff, Beton) zugesetzt wird, um sie porös zu machen.* **2.** (Kochkunst) *dem Teig beigegebener Stoff (z. B. Backpulver, Hefe), der ein Aufgehen* (4) *bewirkt.* **3.** (Chemie) *Treibgas* (2).

Treib|netz, das: *(von der Hochseefischerei verwendetes, ab 1992 offiziell verbotenes) Fangnetz, das (entsprechend beschwert) senkrecht im Wasser hängt u. mit dem Fangschiff in der Strömung treibt:* es wurden viele illegale -e im Mittelmeer eingesetzt.

Treib|öl, das: *ölförmiger Kraftstoff für Dieselmotoren [auf Schiffen].*

Treib|rad, das (Technik): *von einem Motor angetriebenes Rad eines Fahrzeugs, einer Maschine, das seinerseits eine [Fort]bewegung in Gang setzt bzw. hält.*

Treib|rie|men, der (Technik): *breiter Riemen aus Leder, Gummi od. Kunststoff, der (als Teil einer Transmission) die Drehbewegung überträgt.*

Treib|sand, der ⟨Pl. ...sande⟩: *Mahlsand.*

Treib|satz, der (Technik): *Gemisch von chemischen Substanzen, das aus Raketen, Feuerwerkskörper o. Ä. vorantreibende Energie entfaltet.*

Treib|schlag, der (Badminton, Golf, Tennis, Tischtennis): *harter Schlag, mit dem der Ball weit gespielt wird; Drive* (3).

Treib|stoff, der: *Kraftstoff:* fester, flüssiger, gasförmiger T.

Treib|stoff|kos|ten ⟨Pl.⟩: *Kosten für Treibstoff:* gestiegene, explodierende T.; den Fluggesellschaften machen die hohen T. zu schaffen.

Treib|stoff|preis, der: *Preis für Treibstoff.*

Treib|stoff|tank, der: *Tank für Treibstoff.*

Treib|stoff|ver|brauch, der: *Verbrauch an Treibstoff.*

Treib|stoff|zu|schlag, der (Flugw.): *mit gestiegenen Treibstoffkosten begründeter Preiszuschlag bei einem [Flug]ticket:* Kreuzfahrtreederei muss T. begründen.

Trei|del, der; -s, -n (früher): *Seil, Tau zum Treideln.*

trei|deln ⟨sw. V.; hat⟩ [aus dem Niederd., zu mniederd. treilen, mniederl. treylen < mengl. to trailen (= engl. to trail, ↑ Trailer)] (früher): *einen Lastkahn vom Treidelpfad aus (mit Menschenkraft bzw. mithilfe von Zugtieren) stromaufwärts ziehen, schleppen.*

Trei|del|pfad, der: *schmaler, am Ufer eines Flusses od. Kanals entlangführender Weg für das Treideln.*

trei|fe ⟨Adj.⟩ [jidd. tre(i)fe, trebe < hebr. ṭaref]: *den jüdischen Speisegesetzen nicht gemäß; nicht koscher* (1).

trek|ken, trecken ⟨sw. V.; ist⟩: *Trekking betreiben.*

Trek|kie, der; -[s], -s [engl. Trekkie, nach dem Namen der Serie] (Jargon): *Fan, Anhänger der Science-Fiction-Serie »Star Trek«.*

Trek|king, Trecking, das; -s, -s [engl. trekking = das Wandern, Trecken, zu: to trek < afrikaans (= niederl.) trekken, ↑ trecken]: *[von einem Reiseunternehmen organisierte] mehrtägige Wanderung in einer kleineren Gruppe mit Führung durch oft unwegsames Gebiet im Hochgebirge.*

Trek|king|bike, Treckingbike [...baik], das; -s, -s [aus ↑ Trekking u. engl. bike = Fahrrad]: *Fahrrad, das bes. für längere Touren mit Gepäck geeignet ist.*

Tre|ma, das; -s, -s od. -ta [griech. trēma (Gen.: trēmatos) = die Punkte, Löcher des Würfels, eigtl. = Öffnung, Durchbohrtes]: **1.** *(Sprachwiss.)* *diakritisches Zeichen in Form von zwei Punkten, z. B. über dem einen von zwei nebeneinanderstehenden, getrennt zu sprechenden Vokalen.* **2.** *(Med.)* *Lücke zwischen den mittleren Schneidezähnen.*

tre|mo|lan|do ⟨Adv.⟩ [ital. tremolando, zu: tremolare, ↑ tremolieren] (Musik): *mit Tremolo* (1) *auszuführen* (Abk.: trem.]

tre|mo|lie|ren, tremulieren ⟨sw. V.; hat⟩ [ital. tremolare, eigtl. = zittern, beben < vlat. tremulare, zu lat. tremulus, ↑ Tremolo] (Musik): **1.** *mit Tremolo* (1) *spielen.* **2.** *mit Tremolo* (2) *singen.*

Tre|mo|lo, das; -s, -s od. ...li [ital. tremolo, zu lat. tremulus = zitternd, zu: tremere = zittern, beben] (Musik): **1.** *(bei Tasten-, Streich- od. Blasinstrumenten) rasche, in kurzen Abständen erfolgende Wiederholung eines Tones od. Intervalls:* *den letzten Ton könnte man mit einem leichten T. ausklingen lassen.* **2.** *(beim Gesang) das starke (als unnatürlich empfundene) Bebenlassen der Stimme:* *sie sang mit einem unerträglichen T.*

Tre|mor, der; -s, ...ores [...e:s] [lat. tremor = das Zittern] (Med.): *durch rhythmisches Zucken bestimmter Muskeln hervorgerufene rasche Bewegungen einzelner Körperteile.*

Tre|mu|lant, der; -en, -en [zu vlat. tremulare, ↑ tremolieren]: *Mechanismus an der Orgel, mit dem das Beben der Töne bewirkt wird.*

tre|mu|lie|ren: ↑ tremolieren.

Trench [trɛntʃ], der; -s, -s: *Kurzf. von* ↑ Trenchcoat.

Trench|coat ['trɛntʃkoʊt], der; -[s], -s [engl. trench coat, eigtl. = Schützengrabenmantel, aus: trench = (Schützen)graben u. coat, ↑ Coat]: *zweireihiger [Regen]mantel (aus Gabardine, Popeline) mit lose aufliegendem, passenartigem Schulterstück, Schulterklappen u. Gürtel.*

Trend, der; -s, -s [engl. trend, zu: to trend = sich neigen, sich erstrecken, in einer bestimmten Richtung verlaufen]: *(über einen gewissen Zeitraum bereits zu beobachtende, statistisch erfassbare) Entwicklung[stendenz]:* *der neue, vorherrschende, modische T.; der T. geht hin zu Vereinfachungen, geht in die andere Richtung; der T. hält an, setzt sich fort; damit liegt er voll im T.* (ugs.; *entspricht er ganz dem Zeitgeschmack*).

Trend|for|scher, der: *jmd., der sich wissenschaftlich mit den zu erwartenden Trends auf technischem, wirtschaftlichem und sozialem Gebiet beschäftigt.*

Trend|for|sche|rin, die: w. Form zu ↑ Trendforscher.

Trend|for|schung, die: *wissenschaftliche Beschäftigung mit den zu erwartenden Trends auf technischem, wirtschaftlichem und sozialem Gebiet.*

tren|dig ⟨Adj.⟩ (ugs.): *modern, dem vorherrschenden Trend entsprechend, ihm folgend: eine -e Bar; für -e Frauen gilt ...*

Trend|mel|dung, die: *[durch Funk od. Fernsehen verbreitete] Meldung* (2), *die einen Trend bes. bei gerade abgeschlossenen Wahlen* (2 a) *anzeigt.*

Trend|scout [...skaʊt], der [zu engl. scout = Kundschafter]: *jmd., der Trends nachspürt.*

Trend|set|ter [...sɛtɐ], der [engl. trend-setter, 2. Bestandteil engl. setter = Anstifter] (Jargon): **a)** *jmd., der (weil man ihn als maßgebend ansieht o. Ä.) etw. Bestimmtes allgemein in Mode bringt, der einen Trend auslöst;* **b)** *Produkt, dessen Erscheinen auf dem Markt einen neuen Trend auslöst.*

Trend|set|te|rin, die: w. Form zu ↑ Trendsetter (a).

Trend|sport, der, **Trend|sport|art**, die: *neue, noch nicht etablierte und zunehmend beliebte Sportart.*

Trend|um|kehr, die: *Trendwende.*

Trend|wen|de, die: *Wende im Trend.*

tren|dy ⟨indekl. Adj.⟩ [engl. trendy, zu: trend, ↑ Trend] (Jargon): *trendig:* t. *Unterwäsche; Handy ist t.; Sushi gilt als t.*

trenn|bar ⟨Adj.⟩: *sich [voneinander] trennen lassend.*

Trenn|di|ät, die ⟨o. Pl.⟩: *Diät [für eine Schlankheitskur], bei der alternierend nur eiweißhaltige bzw. nur kohlenhydrathaltige Speisen gegessen werden dürfen.*

tren|nen ⟨sw. V.; hat⟩ [mhd. trennen, ahd. in: en-, intrennen, eigtl. = [ab]spalten]: **1. a)** *(durch Zerschneiden der verbindenden Teile) von etw. lösen; abtrennen* (1): *das Futter aus der Jacke t.; die Knöpfe vom Mantel, den Kragen vom Kleid t.; bei dem Unfall wurde ihm der Kopf vom Rumpf getrennt;* **b)** *auftrennen* (1): *ein Kleid, eine Naht t.* **2. a)** *etw. Zusammengesetztes, Zusammenliegendes o. Ä. in seine Bestandteile zerlegen: ein Stoffgemisch t.; etw. chemisch, durch Kondensation t.;* **b)** *die Verbindung (eines Stoffes o. Ä. mit einem anderen) auflösen; isolieren* (1 b): *das Erz vom Gestein t.; das Eigelb vom Eiweiß t.;* **c)** *(Technik) zerteilen: das Material lässt sich mit Spezialsägen t.;* ⟨subst.:⟩ *Verfahren zum Trennen duroplastischer Kunststoffe.* **3. a)** *(Personen, Sachen) in eine räumliche Distanz voneinander bringen, auseinanderreißen, ihre Verbindung aufheben: die beiden Waisen sollten nicht getrennt werden; der Krieg hatte die Familie getrennt; nichts konnte die Liebenden t.; sie waren lange voneinander getrennt gewesen;* **b)** *absondern, von [einem] anderen scheiden; isolieren* (1 a): *das Kind von der Mutter, Mann und Frau voneinander t.; die männlichen Tiere wurden von den weiblichen getrennt.* **4.** ⟨t. + sich⟩ **a)** *von einer bestimmten Stelle an einem gemeinsamen Weg o. Ä. nicht weiter fortsetzen; auseinandergehen: sie trennten sich an der Straßenecke, vor der Haustür; nach zwei Stunden Diskussion trennte man sich;* Ü *die Mannschaften trennten sich 0 : 0* (Sport; *erzielten mit dem Ergebnis 0 : 0 ein Unentschieden*); *die Firma hat sich von diesem Mitarbeiter getrennt* (verhüll.; *hat ihn entlassen*); **b)** *eine Gemeinschaft, Partnerschaft auflösen, aufgeben: sich freundschaftlich, in Güte t.; das Paar hat sich getrennt; die Teilhaber des Unternehmens haben sich getrennt* (*ihr gemeinsames Unternehmen aufgelöst*); *sie hat sich von ihrem Mann getrennt; getrennt* (*nicht gemeinsam*) *leben, schlafen, wohnen; getrennte Schlafzimmer, getrennte Kasse haben;* **c)** *etw. hergeben, weggeben, nicht länger behalten (obgleich es einem schwerfällt, es zu entbehren): sich von Erinnerungsstücken nur ungern t., nicht t. können; er ist ein guter Spieler, aber er kann sich nicht vom Ball t.* (Fußballjargon; *spielt zu spät ab, ist zu ballverliebt*); Ü *sich von einem Gedanken, einer Vorstellung t.; sich von einem Anblick nicht t. können.* **5.** *unterscheiden, auseinanderhalten: Begriffe klar, sauber t.; man muss die Person von der Sache t.; ... geht von der Überzeugung aus, dass zwischen dem Zustand des Fühlens, seinen Ursachen und seinen Wirkungen deutlich getrennt werden könne* (Musil, Mann 1255). **6.** *zwischen einzelnen Personen od. Gruppen eine Kluft bilden: die verschiedene Herkunft trennte sie; uns trennen ganze Welten* (*wir sind auf unüberbrückbare Weise verschieden*); ⟨subst.:⟩ *zwischen ihnen gibt es mehr Trennendes als Verbindendes.* **7. a)** *eine Grenze [zu einem benachbarten Bereich] bilden, darstellen: ein Zaun, eine hohe Hecke trennte die Grundstücke;* **b)** *sich zwischen verschiedenen Bereichen o. Ä. befinden; etw. gegen etw. abgrenzen: der Kanal trennt England vom Kontinent; nur ein Graben trennte die Besucher des Zoos von den Tieren;* Ü *nur noch wenige Tage trennen uns von den Ferien.* **8.** *(eine telefonische od. Funkverbindung) unterbrechen: die Verbindung wurde getrennt; wir waren eben kurz getrennt* (*unsere Verbindung war eben kurz unterbrochen*). **9.** (Rundfunkt., Funkw.) *eine bestimmte Trennschärfe besitzen: das Rundfunkgerät trennt gut, scharf, nicht genügend.* **10.** *nach den Regeln der Silbentrennung zerlegen, abteilen: ein Wort t.;* ⟨auch ohne Akk.-Obj.:⟩ »st« *durfte früher nicht getrennt werden;* ⟨auch ohne Akk.-Obj.:⟩ *richtig, falsch t.*

Trenn|kost, die: *Trenndiät.*

Trenn|li|nie, die: *einer Trennung dienende Linie, Grenze.*

Trenn|mes|ser, das: *kleines scharfes Messer zum Trennen von Nähten.*

trenn|scharf ⟨Adj.⟩: **1.** (Rundfunkt., Funkw.) *gute Trennschärfe besitzend; selektiv: ein -er Empfänger.* **2.** (bes. Philos., Statistik) *exakt unterscheidend, abgrenzend.*

Trenn|schär|fe, die: **1.** (Rundfunkt., Funkw.) *Eigenschaft eines Empfangsgeräts, der eingestellten Frequenz benachbarte (störende) Frequenzen zu unterdrücken.* **2.** (bes. Philos., Statistik) *Exaktheit des Unterscheidens, Abgrenzens.*

Trenn|schei|be, die: **1.** *[dicke] Glasscheibe, die bestimmte Bereiche voneinander abtrennt: eine Kabine mit kugelsicherer T.* **2.** (Technik) *Schleifscheibe zum Trennen* (2 c).

trenn|schlei|fen ⟨st. V.; hat⟩: *mit einer Trennscheibe* (2) *zertrennen; flexen.*

Tren|nung, die; -, -en: **1.** *das Trennen* (2): *die T. eines Stoffgemischs.* **2.** *das Trennen* (3 a); *das Getrenntsein: die lange T. hatte unsere Beziehungen erkalten lassen.* **3.** *das Trennen* (4 b); *das Getrenntsein: die T. von Tisch und Bett* (kath. Kirchenrecht; *Aufhebung, das Aufgehobensein der ehelichen Lebensgemeinschaft, wodurch jedoch die Ehe selbst nicht aufgehoben ist*); *in T. ([von Ehepartnern] getrennt) leben.* **4.** *das Trennen* (5); *das Getrenntsein: eine saubere T. der Begriffe.* **5.** *das Trennen* (8); *das Getrenntsein: die T. der telefonischen Verbindung.* **6.** *das Trennen* (10); *Silbentrennung.*

Tren|nungs|angst, die (Psychol.): (bes. bei Kindern) *Angst vor dem Verlust einer Bezugsperson.*

Tren|nungs|ent|schä|di|gung, die: *Ausgleichszahlung für Mehrkosten, die einem Arbeitnehmer dadurch entstehen, dass er aus dienstlichen Gründen nicht bei seiner Familie wohnen kann.*

Tren|nungs|li|nie, die: *Linie, die (bes. im abstrakten Sinne) etw. trennt, abgrenzt.*

Tren|nungs|schmerz, der: *Schmerz über die Trennung von einem Menschen.*

Tren|nungs|strich, der: **1.** (Sprachwiss.) *kurzer waagerechter Strich, der bei der Silbentrennung gesetzt wird.* **2.** *Trennlinie:* * *einen T. ziehen/* (seltener:) **machen** (*den Abstand, die Grenze*

Trennungszeichen–treten

zwischen zwei Bereichen o. Ä. deutlich herausstellen).

Tren|nungs|zei|chen, das (Sprachwiss.): *Zeichen, das bei der Silbentrennung verwendet wird.*

Trenn|wand, die: *Wand, die bestimmte Bereiche voneinander abtrennt, Innenräume abteilt:* eine T. einziehen, errichten.

Tren|se, der; -, -n [älter niederl. trensse < span. trenza = Geflecht, Tresse]: **1. a)** *aus einem [in der Mitte mit einem Gelenk versehenen] schmalen Eisenteil bestehendes Gebiss* (3) *(am Pferdezaum), an dessen Enden sich je ein bzw. zwei Ringe bes. für die Befestigung der Zügel befinden;* **b)** *Trensenzaum:* einem Pferd die T. anlegen. **2.** (landsch.) *Schnur; Litze.*

Tren|sen|ring, der: *an den Enden der Trense* (1 a) *angebrachter Ring für die Befestigung bes. der Zügel.*

Tren|sen|zaum, der (Reiten): *Zaumzeug mit einer Trense* (1 a).

Trente-et-qua|rante [trãteka'ra:t], das; - [frz. trente-et-quarante, eigtl. = dreißig u. vierzig]: *Glücksspiel mit Karten.*

tren|teln, ↑ trendeln; ◆ … soll ich euch Bein' machen! Wie sie zaudern und trenteln, die Esel (Goethe, Götz V).

Tren|ti|no-Süd|ti|rol, -s: *amtliche deutsche Benennung für die das Trentino und Südtirol* (1) *umfassende norditalienische Region.*

tren|zen ⟨sw. V.; hat⟩ [wohl lautm.]: **1.** (Jägerspr.) *(vom Rothirsch in der Brunft) eine rasche Folge von abgebrochenen, nicht lauten Tönen von sich geben.* **2.** (bayr., österr. ugs.) **a)** *weinen, jammern;* **b)** *speicheln, sabbern.*

Tre|pang, der; -s, -e od. -s [engl. trepang < malai. teripang]: *(in China als Nahrungsmittel verwendete) getrocknete Seegurke.*

trepp|ab ⟨Adv.⟩: *die Treppe hinunter, abwärts:* t. laufen, springen.

trepp|auf ⟨Adv.⟩: *die Treppe hinauf, aufwärts:* t. steigen; (oft in dem Wortpaar:) t., treppab; sie war den ganzen Tag t., treppab *(häufig Treppen laufend)* unterwegs.

Trepp|chen, das; -s, -: **1.** Vkl. zu ↑ Treppe. **2.** (Sportjargon) *Siegerpodest:* sie stand bereits zum zweiten Mal ganz oben auf dem T. *(war zum zweiten Mal Siegerin).*

Trep|pe, die; -, -n [mhd. treppe, mniederd. treppe, eigtl. = Tritt, verw. mit ↑ trappen]: *von Stufen gebildeter Aufgang* (2 a), *der unterschiedlich hoch liegende Ebenen innerhalb u. außerhalb von Gebäuden im Gelände angelegt ist:* eine breite, steile, steinerne, hölzerne T.; eine T. aus Marmor; die alte T. knarrt; die T. führt, geht in den Keller; die T. ist frisch gebohnert; die T. hinaufgehen, hinuntergehen, herunterkommen, herunterfallen; bis zur Plattform des Turms sind es mehrere -n, geht es mehrere -n hinauf; die T. aufwischen, reinigen, putzen; sie macht gerade die T. *(macht gerade die Treppe sauber);* sie wohnen eine T. *(ein Stockwerk)* höher, tiefer; Schmitt, drei -n (ugs.; *3. Stock*); * die T. hinauf-, rauffallen/hochfallen (ugs.; *[beruflich] unerwartetermaßen in eine bessere Position gelangen*); **die T. hinunter-, runtergefallen sein** (ugs. scherzh.; *die Haare [schlecht, zu kurz] geschnitten bekommen haben*).

Trep|pen|ab|satz, der: *ebene Fläche, die [an einer Biegung] die Stufenfolge einer Treppe unterbricht.*

trep|pen|ar|tig ⟨Adj.⟩: *einer Treppe ähnelnd.*

Trep|pen|auf|gang, der: *Aufgang* (2 a).

trep|pen|för|mig ⟨Adj.⟩: *die Form einer Treppe aufweisend.*

Trep|pen|ge|län|der, das: *Geländer an einer Treppe.*

Trep|pen|haus, das: *abgeschlossener [mit Fenstern versehener] Teil eines Hauses, in dem sich die Treppe befindet.*

Trep|pen|läu|fer, der: *auf einer Treppe ausgelegter Läufer* (2).

Trep|pen|lei|ter, die: *Stehleiter mit mehreren Stufen.*

Trep|pen|stei|gen, das; -s: *das Treppenhinaufgehen:* das T. fällt ihr sehr schwer.

Trep|pen|stu|fe, die: *Stufe einer Treppe.*

Trep|pen|turm, der (Archit.): *turmartiger selbstständiger Bauteil an einem Gebäude, der eine [Wendel]treppe aufnimmt.*

Trep|pen|witz, der [LÜ von frz. esprit d'escalier, eigtl. = Einfall, den man erst beim Weggang (auf der Treppe) hat] (iron.): *Vorfall, der wie ein schlechter Scherz wirkt.*

Tre|sen, der; -s, - [älter = Ladenkasse (unter der Theke), mniederd., mhd. tresen = Schatz(kammer), ahd. treso < lat. thesaurus, ↑ Tresor] (bes. nordd.): **1.** *Theke* **(a):** am T. stehen. **2.** *Ladentisch.*

Tre|sor, der; -s, -e [frz. trésor < lat. thesaurus = Schatz(kammer) < griech. thēsaurós; vgl. auch mhd. tresor, trisor = Schatz(kammer) < a(frz.) trésor]: **1.** *Panzerschrank, in dem Geld, Wertgegenstände, Dokumente o. Ä. aufbewahrt werden:* Schmuck in den T. legen, im T. aufbewahren; einen T. aufschweißen, knacken, aufbrechen. **2.** *Tresorraum einer Bank.*

Tre|sor|raum, der: *besonders gesicherter Raum, Gewölbe einer Bank, in dem Tresore* (1) *aufgestellt sind.*

Tre|sor|schlüs|sel, der: *Schlüssel zu einem Tresor.*

Tres|pe, die; -, -n [mhd. tresp(e), H. u.]: *(in zahlreichen Arten vorkommendes) Gras mit vielblütigen, in Rispen wachsenden Ährchen* (2).

tres|pig ⟨Adj.⟩: *(bes. von ausgesätem Getreide) mit Trespen durchsetzt; voller Trespen.*

Tres|se, die; -, -n ⟨meist Pl.⟩ [frz. tresse, H. u.]: *als schmückender Besatz an Kleidungsstücken, Livreen od. zur Rangbezeichnung an Uniformen dienende, meist mit Metallfäden durchzogene, schmale, flache Borte.*

◆ **Tres|sen|hut,** der: *(bes. während der Alamodezeit von Männern getragener) mit Tressen verzierter Hut:* Warum trägst du den T. und den Säbel? (Goethe, Jery u. Bätely).

tres|sie|ren ⟨sw. V.; hat⟩ [frz. tresser = flechten, zu: tresse, ↑ Tresse]: *(beim Herstellen von Perücken) kurze Haare mit Fäden aneinanderknüpfen.*

Tres|ter, der; -s, - [mhd. trester, ahd. trestir, zu ↑ trübe u. eigtl. = mit trübem Bodensatz Versehenes]: **1.** (österr., sonst landsch.) *Branntwein aus Trester* (2 b); *Obstwasser.* **2.** ⟨Pl. od. Sg.⟩ (Fachspr.) **a)** *bei der Kelterung von Trauben anfallende feste Rückstände;* **b)** *bei der Herstellung von Obst- u. Gemüsesäften anfallende feste Rückstände.*

Tres|ter|brannt|wein, der: *aus Trestern (bes. von Trauben) gewonnener Branntwein.*

Tret|au|to, das: *Auto* (2) *für Kinder, das durch Betätigen einer Tretkurbel fortbewegt wird.*

Tret|balg, der: *(bei Harmonium od. Orgel) mit einem Fußhebel zu betätigender Blasebalg.*

Tret|boot, das: *kleines Boot, das durch Betätigen einer Tretkurbel fortbewegt wird:* T. fahren.

Tret|ei|mer, der: *Mülleimer, dessen Deckel sich durch Betätigen eines Fußhebels öffnen lässt.*

tre|ten ⟨st. V.⟩ [mhd. treten, ahd. tretan, H. u.]: **1.** ⟨ist⟩ *einen Schritt, ein paar Schritte in eine bestimmte Richtung machen; sich mit einem Schritt, einigen Schritten an eine bestimmte Stelle bewegen:* treten Sie näher!; ans Fenster, an die Rampe t.; auf den Balkon, auf den Flur aus dem Haus t.; durch die Tür t.; hinter einen Pfeiler t.; ins Zimmer, in einen Laden t.; ins Leere t. *(mit dem Fuß an eine Stelle geraten, wo es keinen Halt gibt);* nach vorn, nach hinten t.; neben jmdn. t.; über die Schwelle t.; unter das Vordach t.; von einem Fuß auf den anderen t. *(das Körpergewicht ständig verlagern);* vor die Tür t.; vor den Spiegel t.; er trat leise zu ihm; zur Seite t. *(einen Schritt zur Seite tun [um Platz zu machen]);* er trat zwischen die Streithähne; Ü an jmds. Stelle t. *(jmds. Platz einnehmen);* er war in dem Streit auf ihre Seite getreten *(hatte ihre Partei ergriffen);* in jmds. Bewusstsein t. *(jmdm. bewusst werden);* der Schweiß war ihr auf die Stirn getreten *(verschwand [vorübergehend] dahinter);* der Fluss ist über die Ufer getreten; … und sich in Schlamm verwandelte, der aus den ummauerten Nestern der Gärten und Felder trat und ans Meer hinabkroch (Ransmayr, Welt 213); ◆ Endlich trat er an mich *(trat er zu mir)* und fragte mich leise … (Rosegger, Waldbauernbub 207). **2. a)** ⟨ist/seltener: hat⟩ *(unabsichtlich, durch ein Missgeschick o. Ä.) seinen Fuß auf, in etw. setzen:* er ist auf einen Regenwurm, auf seine Brille getreten; in eine Pfütze, in Kot t.; in, auf einen Nagel t.; ich bin/habe ihm auf den Fuß getreten; er war/hatte dem Hund auf den Schwanz getreten; ich bin/habe mir in den Kleidersaum getreten; du bist/hast in etwas (verhüll.; *in Kot, der an den Schuhen hängen geblieben ist*) getreten; **b)** ⟨hat⟩ *mit Absicht [trampelnd, stampfend] seinen Fuß auf, in etw. setzen:* sie traten auf die brennenden Zweige; er trat voller Sadismus auf meine Finger. **3.** ⟨hat⟩ **a)** *jmdm., einer Sache einen Tritt* (3) *versetzen:* er hat den Hund getreten; hat der Schlägerei hatte er den Mann (mit dem Fuß, dem Stiefel) getreten; den Ball, das Leder t. (Fußballjargon; *Fußball spielen*); ⟨auch ohne Akk.-Obj.:⟩ das Pferd, der Esel tritt *(schlägt oft aus);* Ü man muss ihn immer t. (ugs.; *ihn drängen*), damit er etwas tut; Als ich aus der Army entlassen wurde, hab ich mir geschworen, mich nie wieder von jemand t. *(schikanieren, quälen)* zu lassen; **b)** *jmdn., etw. mit einem Tritt* (3) *an einer bestimmten Stelle treffen; einen Tritt* (3) *in eine bestimmte Richtung ausführen:* jmdm./(seltener:) jmdn. in den Bauch t.; er hat ihm/(seltener:) ihn ans, gegen das Schienbein getreten; er trat gegen die Tür t.; Ü nach unten t. (ugs. abwertend; *die durch Vorgesetzte erzeugten Frustrationen an den Abhängigen abreagieren*); **c)** (bes. Fußball) *durch einen Tritt* (3) *an eine bestimmte Stelle gelangen lassen:* den Ball ins Tor, ins Aus t. **4.** ⟨hat⟩ *einem mit dem Fuß, den Füßen zu bedienenden Mechanismus o. Ä. durch [wiederholtes] Niederdrücken in Gang setzen bzw. halten:* die Pedale t.; den Blasebalg der Orgel t.; die Bremse t., die Kupplung t.; ⟨mit Präpositional-Obj.:⟩ auf das Gas [pedal], auf die Kupplung t. *(Gas geben, kuppeln);* die Radfahrer traten kräftig in die Pedale. **5.** ⟨hat⟩ *durch Tritte* (1), *durch wiederholtes Betreten in etw.) bahnen:* einen Pfad [durch den Schnee, durch das hohe Gras] t. **6.** ⟨hat⟩ (Fußball) *durch einen Schuss* (2 a) *ausführen:* eine Ecke, einen Freistoß, einen Elfmeter t. **7.** ⟨hat⟩ **a)** *durch Darauftreten an eine bestimmte Stelle gelangen lassen:* den Grassamen in die Erde t.; sich einen Nagel in den Schuh, einen Dorn in den Fuß t.; **b)** *durch heftiges Auftreten (von etw.) entfernen:* sich den Lehm von den Schuhen t.; **c)** *durch Treten* (2) *in einen bestimmten Zustand versetzen, zu etw. Bestimmtem machen:* ihr tretet ja die Beete ganz platt!; ein zu Mus, zu Matsch getretener fauler Apfel; **d)** *durch Treten* (3 a) *(an einer bestimmten Sache) entstehen lassen, hervorbringen:* [jmdm.] eine Delle ins Auto t.; **e)** *(etw. an den Füßen od. Schuhen Haftendes) unabsichtlich irgendwohin befördern:* ihr tretet mir ja den ganzen Dreck in die Wohnung. **8.** ⟨verblasst in Verbindung mit Substantiven; drückt den Beginn einer Handlung o. Ä. aus; ist) in jmds. Dienste, in den Staatsdienst t.; in Verhandlungen t.; in Aktion t.; in den Hungerstreik t.; in Kontakt, in Verbindung, in den Ehestand, den Ruhestand t.; sie ist in ihr 50. Jahr getreten. **9.** ⟨ist⟩ (seltener) *eintreten* (5): *das Raumschiff ist in seine Umlaufbahn getreten.* **10.** ⟨hat⟩ *(von Geflügel u. größerem Federwild) begatten:* der Hahn tritt die Henne.

Tre|ter, der; -s, -: **1.** ⟨meist Pl.⟩ (ugs., öfter abwertend) *[flacher, bequemer, ausgetretener] Schuh.* **2.** (Fußballjargon) *Fußballspieler, der besonders unfair spielt.*

Tre|te|rei, die; -, -en (ugs.): *[dauerndes] Treten.*

Tre|te|rin, die; -, -nen: w. Form zu ↑ Treter (2).

Tret|kur|bel, die: *mit dem Fuß, den Füßen zu betätigende Kurbel (z. B. am Fahrrad).*

Tret|mi|ne, die: *Mine, die dicht unter der Erdoberfläche verlegt wird u. beim Darauftreten, Darüberfahren o. Ä. explodiert.*

Tret|müh|le, die: **1.** (früher) *Tretwerk.* **2.** (ugs. abwertend) *gleichförmiger, ermüdender [Berufs]alltag:* aus der T. herauswollen.

Tret|rad, das: *Kraft übertragender Teil eines Tretwerks in Form eines einer Mühlrad ähnlichen Rades, das durch Menschen od. Tiere in ständiger Bewegung gehalten wird.*

Tret|rol|ler, der: *Roller* (1), *der mithilfe eines Fußhebels fortbewegt wird.*

Tret|werk, das: *Vorrichtung, die mithilfe eines Tretrades Antriebskraft für einfache Maschinen erzeugt.*

treu ⟨Adj.⟩ [mhd. triuwe für älter mhd. getriuwe, ahd. gitriuwi, wohl zu dem ↑ Teer zugrunde liegenden idg. Wort für »Baum« u. eigtl. = stark, fest wie ein Baum]: **1. a)** *zuverlässig, beständig in seiner Gesinnung ([einem] anderen, einer Sache gegenüber):* ein -er Freund, Gefährte; er hat ein -es Herz; sie ist eine -e Seele (fam.; *ein Mensch von großer Verlässlichkeit u. Anhänglichkeit*); (in Briefschlüssen:) dein -er Sohn; in -em Gedenken, -er Liebe dein[e]...; er war t. bis in den Tod; t. zu jmdm. stehen; jmdn. t. lieben; jmdm. t. ergeben sein; (veraltend; in Briefschlüssen:) Ihr t. ergebener [Freund] Hans Mayer; ein besonders t. gesinnter Freund, Genosse; ein äußerst t. sorgender (*um das Wohlergehen seiner Familie sehr besorgter*) Familienvater; Ü sie ist immer sich selbst t. geblieben (*hat ihre Gesinnung, ihr innerstes Wesen nicht verleugnet*); seinem Glauben, seinen Grundsätzen t. sein/bleiben (*sie nicht verleugnen*); das Glück, der Erfolg ist ihm t. geblieben (*hat ihn bisher nicht verlassen*); **b)** *(von einem [Ehe]partner) keine anderen sexuellen Beziehungen eingehend, den anderen nicht durch Ehebruch o. Ä. betrügend:* ein -er Ehemann; er, sie ist nicht t., kann nicht t. sein (*hat immer wieder andere Sexualpartner*); jmdm., einander t. sein, bleiben; **c)** (ugs.) *unbeirrt, unerschütterlich an jmdm., einer Sache festhaltend; anhänglich:* ein -er Anhänger der Monarchie; sie ist eine -e Kundin von uns (*kauft immer hier*); **d)** *zuverlässig, beständig [an einer einmal eingegangenen Bindung festhaltend]:* ein -er Mitarbeiter, Verbündeter, Partner; eine -e Dienste geleistet haben; er wurde geehrt für 25 Jahre -e/-er Mitarbeit; jmdm. t. dienen; t. seine Pflicht erfüllen. **2.** (ugs.) *treuherzig; ein wenig naiv, von kindlichem Gemüt [zeugend]:* sie hat eine -e Hand, -e Augen; jmdn. t. ansehen; t. und brav, t. und bieder (*gläubig, ohne zu zögern*) tat er alles, was man von ihm verlangte. **3.** (geh.) ¹*getreu* (2).

-treu: 1. drückt in Bildungen mit Substantiven aus, dass die beschriebene Person oder Sache mit etw. übereinstimmt, etw. genau wiedergibt, einer Sache genau entspricht: längen-, text-, vertragstreu. **2.** drückt in Bildungen mit Substantiven aus, dass die beschriebene Person fest zu jmdm., etw. steht, jmdm., etw. treu ergeben ist: arafat-, moskautreu; NATO-treu. **3.** drückt in Bildungen mit Substantiven aus, dass die beschriebene Sache in etw. beständig, konstant ist: form-, mischungstreu.

treu|deutsch ⟨Adj.⟩ (ugs., meist abwertend): *typisch deutsch.*

treu|doof ⟨Adj.⟩ (ugs. abwertend): *treuherzig u. naiv; ein wenig dümmlich:* ein -er Gesichtsausdruck.

Treue, die; - [mhd. triuwe, ahd. triuwa]: **1. a)** *das Treusein* (1 a): ewige, unwandelbare, unverbrüchliche T.; jmdm. T. schwören, geloben; jmdm., einander die T. halten, bewahren; er hat [dem Freund] die T. gebrochen *(ist [dem Freund] untreu geworden);* an jmds. T. glauben, zweifeln; (in Briefschlüssen:) in alter T. Ihr, Dein[e]/dein[e]...; *****meiner Treu! (veraltet; Ausruf der Bewunderung); **Treu und Glauben** (Rechtsspr.; *Rechtsgrundsatz, nach dem der Recht Sprechende nicht starr einem Gesetz folgen darf, wenn das Ergebnis eines solchen Vorgehens gegen das Rechtsempfinden verstößt bzw. als unbillig empfunden wird);* **auf/**(seltener:) **in Treu und Glauben** (*im Vertrauen auf die Redlichkeit, Richtigkeit o. Ä.:* jmdm. etw. auf Treu und Glauben überlassen; in Treu und Glauben handeln); **b)** *das Treusein* (1 b): die eheliche T.; **c)** *das Treusein* (1 d): in T. (*treulich*) zu jmdm. stehen, halten. **2.** *(in Bezug auf die Vorlage, die Wiedergabe, die Dokumentation von etw.) Genauigkeit, Zuverlässigkeit:* die historische, sachliche, dokumentarische T. von etw. bemängeln; die höchstmögliche T. der Tonwiedergabe anstreben.

Treue|eid: ↑ Treueid.

Treue|ge|löb|nis, das: *Gelöbnis, durch das sich jmd. zur Treue verpflichtet.*

Treu|eid, Treueeid, der: **1.** *Eid, mit dem jmd. Treue schwört.* **2.** (Geschichte) *Lehnseid.*

Treue|pflicht, die, (selten:) **Treupflicht,** die ⟨Pl. selten⟩ (Rechtsspr.): *Verpflichtung beider Parteien eines Arbeitsvertrages, die Interessen des Vertragspartners wahrzunehmen, im engeren Sinn die Verpflichtung des Arbeitnehmers, die Interessen des Arbeitgebers wahrzunehmen.*

Treue|prä|mie, die: *zusätzliches Arbeitsentgelt, das einem Arbeitnehmer nach längerer Betriebszugehörigkeit gewährt wird.*

treu er|ge|ben, treu|er|ge|ben ⟨Adj.⟩ (veraltend): *sehr ergeben* (bes. in Briefschlüssen in Verbindung mit einem Namen): ein mir treu ergebener Freund.

Treue|schwur, der: *Schwur, mit dem jmd. Treue schwört.*

Treue|ver|spre|chen, das: *Versprechen, durch das sich jmd. zur Treue verpflichtet.*

treu ge|sinnt, treu|ge|sinnt ⟨Adj.⟩: *in seiner Gesinnung zuverlässig, beständig:* ein treu ergebener Freund.

Treu|hand, die ⟨o. Pl.⟩ (Rechtsspr.): **1.** *Treuhandschaft.* **2.** Kurzf. von ↑ Treuhandanstalt.

Treu|hand|an|stalt, die ⟨o. Pl.⟩: *(von 1990 bis 1994) Bundesbehörde, die mit der Sanierung, Privatisierung durch Verkauf od. Schließung von Betrieben, Immobilien u. Ä. der DDR beauftragt war.*

Treu|hän|der, der; -s, - (Rechtsspr.): *jmd., eine Treuhandschaft für einen anderen ausübt; Fiduziar:* jmdn. als T. einsetzen.

Treu|hän|de|rin, die; -, -nen: w. Form zu ↑ Treuhänder. **2.** *Gesellschaft, die eine Treuhandschaft ausübt.*

treu|hän|de|risch ⟨Adj.⟩: *in Treuhandschaft [erfolgend]; fiduziarisch:* etw. t. verwalten.

Treu|hand|ge|sell|schaft, die (Rechtsspr.): *Kapital- od. Personalgesellschaft, die Treuhandschaften ausübt.*

treu|hän|disch ⟨Adj.⟩ (österr.): *treuhänderisch.*

Treu|hand|kon|to, das (Bankw.): *von einem Treuhänder wegen einer dritten Person unterhaltenes Konto.*

Treu|hand|schaft, die; -, -en: *Ausübung od. Verwaltung fremder Rechte durch eine dazu bevollmächtigte Person.*

treu|her|zig ⟨Adj.⟩: *von einer naiven Arglosigkeit, Offenheit, Gutgläubigkeit, Harmlosigkeit [zeugend]:* ein -er Mensch; jmdn. t. anschauen.

Treu|her|zig|keit, die; -, -en: *treuherziges Wesen, Verhalten.*

treu|lich ⟨Adj.⟩ (veraltend): *getreulich* (2): eine -e Wiedergabe; etw. t. ausführen, aufbewahren.

treu|los ⟨Adj.⟩: **a)** *ohne Treue* (1 a), *ohne Verlässlichkeit; unzuverlässig:* -e Freunde; t. gegen jmdn. handeln; **b)** (seltener) *nicht treu* (1 b); *untreu* (b): ein -er Liebhaber, Ehemann; sie war t.

Treu|lo|sig|keit, die; -, -en: *treuloses Wesen; treuloses Verhalten:* er ist die T. in Person.

Treu|pflicht: ↑ Treuepflicht.

treu sor|gend, treu|sor|gend ⟨Adj.⟩: *(um jmds. Wohlergehen) sehr besorgt:* ein treu sorgender Vater.

Tre|vi|ra®, das; -[s] [Kunstwort]: *bes. für synthetische Gewebe verwendete Faser aus Polyester.*

Tri, das; - (Jargon): *Trichloräthylen.*

Tri|a|de, die; -, -n: **1.** [spätlat. trias (Gen.: triados) < griech. triás, zu: tría, Neutr. von: treîs = drei] (bildungsspr.) *Dreizahl, Dreiheit.* **2.** (Rel.) *Gruppe von drei Gottheiten.* **3.** (Verslehre) *Gruppe aus drei Strophen, die sich aus Strophe, Antistrophe u. Epode (2) zusammensetzt (bes. in der griechischen Tragödie).* **4.** (Math.) *Größe, die sich bei der dyadischen Multiplikation von drei Vektoren ergibt.* **5.** (Chemie) *Gruppe von drei besonders nahe verwandten Elementen, die in der historischen Entwicklung des Periodensystems der chemischen Elemente eine Rolle spielt.* **6.** [nach engl. triad, urspr. kurz für einzelne Gruppierungen der Triad Society, LÜ des chin. Bez. mit der Bed. »Gesellschaft der dreifachen Einheit (= von Himmel, Erde u. Mensch)«, Name einer im 18. Jh. in China gegründeten Geheimgesellschaft, die angeblich den Mandschu-Dynastie stürzen wollte] *von Chinesen außerhalb Chinas getragene, bes. im Rauschgifthandel tätige kriminelle Geheimorganisation.* **7.** ⟨o. Pl.⟩ (Wirtsch.) *Gruppe der drei wichtigsten Wirtschaftsregionen der Erde (Nordamerika, EU u. Ostasien).*

Tri|age [tri̯aːʒə, auch: triˈaːʒ], die; -, -n [frz. triage, zu: trier, ↑ Trieur]: **1.** (Kaufmannsspr.) *Ausschuss [bei Kaffeebohnen].* **2.** (Med.) *Einteilung der Verletzten (bei einer Katastrophe) nach der Schwere der Verletzungen.*

Tri|a|kis|do|de|ka|eder, das; -s, - [zu griech. triákis dōdeka = drei mal zwölf u. hédra = Fläche] (Geom.): *Körper, der von 36 Flächen begrenzt wird; Sechsunddreißigflach.*

Tri|a|kis|ok|ta|eder, das; -s, - [zu griech. triákis októ = drei mal acht u. hédra = Fläche] (Geom.): *Körper, der von 24 Flächen begrenzt wird; Vierundzwanzigflach.*

Tri|al ['traɪ̯əl], das; -s, -s [engl. trial, eigtl. = Probe, Versuch]: *Geschicklichkeitsprüfung für Motorradfahrer.*

Tri|al-and-Er|ror-Me|tho|de ['traɪ̯əlˈɛndˈɛrɐ...], die; - [zu gleichbed. engl. trial and error, eigtl. = Versuch u. Irrtum]: *(in der Kybernetik)*

Methode, den besten Weg zur Lösung eines Problems zu finden, indem man verschiedene Wege beschreitet u. so nach u. nach Fehler u. Fehlerquellen ausschaltet.

Tri|an|gel [österr.: tri'aŋl], der; -s, - od. die; -, -n, österr.: das; -s, - [lat. triangulum = Dreieck, zu: tres, tria = drei u. angulus = Winkel, Ecke]: *Schlaginstrument, das aus einem runden Stahlstab besteht, der zu einem an einer Seite offenen gleichseitigen Dreieck gebogen ist, u. das – frei hängend – mit einem Metallstäbchen angeschlagen wird.*

Tri|an|gu|la|ti|on, die; -, -en [zu mlat. triangulare = dreieckig machen]: **1.** (Geodäsie) *das Triangulieren.* **2.** (Archit.) *Verwendung des gleichseitigen, auch des spitzwinkligen Dreiecks als Grundlage für Maße u. Verhältnisse innerhalb eines Bauwerks (bes. in der Gotik).* **3.** *bestimmte Veredelungsart bei Gehölzen.*

Tri|an|gu|la|ti|ons|punkt, der (Geodäsie): *durch Triangulation (1) bestimmter u. im Gelände markierter Punkt (Abk.: TP).*

tri|an|gu|lie|ren ⟨sw. V.; hat⟩ (Geodäsie): *ein Netz von trigonometrischen Punkten herstellen.*

Tri|as, die; -, -: **1.** [spätlat. trias, ↑ Triade] (bildungsspr., Fachspr.) *Dreizahl, Dreiheit.* **2.** (o. Pl.) *[nach der Dreiteilung in untere, mittlere u. obere Trias]* (Geol.) *älteste Formation des Mesozoikums.*

Tri|as|for|ma|ti|on, die ⟨o. Pl.⟩ (Geol.): *Trias (2).*

tri|as|sisch ⟨Adj.⟩ (Geol.): *zur Trias (2) gehörend, die Trias (2) betreffend.*

Tri|ath|let, der; -en, -en (Sport): *jmd., der Triathlon betreibt.*

Tri|ath|le|tin, die; -, -nen: w. Form zu ↑ Triathlet.

Tri|ath|lon, der u. das; -s, -s [aus griech. tri- = drei- u. áthlon (↑ Athlet), geb. nach Biathlon] (Sport): **1.** *drei lange, an einem Tag in Folge zu absolvierende Strecken im Schwimmen, Radfahren u. Laufen umfassende sportliche Disziplin.* **2.** *Kombination aus Skilanglauf, Scheibenschießen u. Riesenslalom als wintersportliche Disziplin.* **3.** *einzelner Wettkampf im Triathlon (1).*

Tri|ba|li|sie|rung, die; -, -en [zu ↑ Tribalismus]: **1.** *(von Bevölkerungsgruppen in einem Mehrvölkerstaat) bewusstes Sichabgrenzen durch stärkere Orientierung auf das kulturelle, politische u. gesellschaftliche Bewusstsein der eigenen ethnischen Gruppe.* **2.** (Soziol.) *(bes. von Jugendlichen) das [oft nur kurzfristige] Sichzusammenschließen in Gemeinschaften mit gleichen gruppenspezifischen Verhaltensnormen, eigenen Zeichen- u. Sprachcodes, eigener Kleiderordnung u. Ä. (als Ersatz für andere fehlende soziale Gefüge).*

Tri|ba|lis|mus, der; - [zu lat. tribus, ↑ Tribus]: *stärkeres Orientiertsein des kulturellen, politischen u. gesellschaftlichen Bewusstseins auf den eigenen Stamm in afrikanischen Staaten.*

Tri|band-Han|dy, Tri|band|han|dy, das [aus lat. tri- = drei-, engl. band = (Frequenz)band u. Handy] (Fachspr.): *Handy, das in drei unterschiedlichen Frequenzbereichen verwendet werden kann:* in den USA und Kanada kann man nur mit einem Triband-Handy telefonieren.

Tri|bo|lo|gie, die; - [↑-logie]: *Wissenschaft von Reibung, Verschleiß u. Schmierung gegeneinander bewegter Körper.*

Tri|bo|lu|mi|nes|zenz, die; -, -en (Physik): *beim Zerbrechen von Kristallen auftretende schwache Leuchterscheinung.*

Tri|bo|tech|nik, die; -: *Teilbereich der Technik, der sich mit den technischen Aspekten der Tribologie befasst.*

Tri|bra|chys, der; -, - [lat. tribrachys < griech. tríbrachys, eigtl. = dreifach kurz] (antike Verslehre): *Versfuß aus drei Kürzen.*

Tri|bun, der; -s od. -en, -e[n] [lat. tribunus, zu: tribus, ↑ Tribus]: **1.** *Volkstribun.* **2.** *zweithöchster Offizier einer altrömischen Legion.*

Tri|bu|nal, das; -s, -e [frz. tribunal < lat. tribunal = Tribunal (1); schon mhd. tribunal = (erhöhter) Richterstuhl < lat. tribunal]: **1.** *(im antiken Rom u. a. der Rechtsprechung dienender) erhöhter Platz auf dem Forum Romanum.* **2.** (geh.) *[hohes] Gericht; [hoher] Gerichtshof:* vor ein T. kommen, gestellt werden; vor dem T. stehen. **3.** *Forum, das in einer öffentlichen Untersuchung gegen behauptete Rechtsverstöße von Staaten o. Ä. protestiert:* ein T. abhalten. ◆**4.** ⟨auch der⟩ [nach frz. le tribunal] *Ein innerer T., den Ihr nimmermehr durch skeptische Grübeleien bestechen könnt, wird ... Gericht über euch halten* (Schiller, Räuber V, 1).

Tri|bu|nat, das; -[e]s, -e [lat. tribunatus, zu: tribunus, ↑ Tribun]: *Amt, Würde eines Tribuns (1).*

Tri|bü|ne, die; -, -n [frz. tribune < ital. tribuna < lat. tribunal, ↑ Tribunal]: **1.** *Rednertribüne.* **2. a)** *großes [hölzernes] Gerüst od. fester, meist überdachter Bau [als Teil einer Arena o. Ä.] mit ansteigenden Sitzreihen für Zuschauer, Zuhörer (von unter freiem Himmel stattfindenden Veranstaltungen):* eine T. errichten; auf der T. sitzen; sie spielten vor vollen -n; **b)** *Gesamtheit der Zuschauer, Zuhörer auf einer Tribüne (2 a):* die [ganze] T. pfiff, klatschte Beifall.

Tri|bü|nen|platz, der: *Platz auf einer Tribüne.*

tri|bu|ni|zisch ⟨Adj.⟩ [lat. tribunicius, zu: tribunus, ↑ Tribun]: *einen Tribunen betreffend, zu ihm gehörend, ihm eigen:* -e Gewalt *(Machtbefugnis eines Tribuns).*

Tri|bus, der; -, [...bu:s]: **1.** [lat. tribus, eigtl. = einer der drei ältesten Stämme des antiken Rom (1. Bestandteil zu: tri = drei-)] *Wahlbezirk im antiken Rom.* **2.** (Bot., Zool. veraltend) *zwischen Gattung u. Familie stehende Kategorie.*

Tri|but, der; -[e]s, -e [lat. tributum, eigtl. = dem Tribus (1) auferlegte Steuerleistung, zu: tributum, 2. Part. von: tribuere = zuteilen, zu: tribus, ↑ Tribus (1)]: *Geld- od. Sachleistung, Abgabe, die bes. ein besiegtes Volk dem Sieger zu erbringen hat:* einen T. fordern, nehmen, zahlen, leisten, entrichten; einen T. auferlegen; Ü der Bau der Eisenbahnstrecke forderte einen hohen T. [an Menschenleben] *(viele Opfer);* Hans fluchte über den Weg, er musste ihn, als einzigen T. an das kostenlose Wohnen, jeden Samstag harken (Kronauer, Bogenschütze 56); *einer Sache [seinen] T. zollen *(etw. berücksichtigen, anerkennen; sich einer Sache beugen).*

tri|but|pflich|tig ⟨Adj.⟩: *zur Zahlung von Tribut verpflichtet.*

Tri|chi|ne, die; -, -n [engl. trichina, eigtl. = Haarwurm, zu griech. tríchinos = aus Haaren bestehend, zu: thríx (Gen.: trichós) = Haar]: *parasitischer Fadenwurm, der sich im Muskelgewebe von Säugetieren einkapselt (u. durch den Verzehr von trichinösem Fleisch auch auf den Menschen übertragen werden kann).*

tri|chi|nen|hal|tig ⟨Adj.⟩: *trichinös.*

Tri|chi|nen|schau, die: *Untersuchung des zum Verzehr bestimmten Fleisches auf Trichinen.*

tri|chi|nös ⟨Adj.⟩: *von Trichinen befallen.*

Tri|chi|no|se, die; -, -n (Med.): *durch Trichinen hervorgerufene Krankheit.*

Tri|chlor|äthen, (chem. fachspr.:) **Tri|chlor|ethen, Tri|chlor|äthy|len,** (chem. fachspr.:) **Tri|chlor|ethy|len,** das; -s [zu lat. tri- = drei-]: *Derivat des Ethens, das durch drei Chloratome substituiert ist: (bes. in der Metallindustrie als Reinigungsmittel verwendetes) farbloses, nicht brennbares Lösungsmittel (das bei Inhalation narkotisch wirkt).*

Tri|chlor|ethen: ↑ Trichloräthen.

Tri|chlor|ethy|len: ↑ Trichloräthylen.

Tri|cho|to|mie, die; -, -n [spätgriech. trichotomía = Dreiteilung, zu griech. trícha = dreifach u. tomḗ = Schnitt]: **1.** (Philos.) *Anschauung von der Dreigeteiltheit des Menschen in Leib, Seele u. Geist.* **2.** (Rechtsspr.) *Einteilung der Straftaten nach dem Grad ihrer Schwere in Übertretungen, Vergehen u. Verbrechen.*

tri|cho|to|misch ⟨Adj.⟩ (bildungsspr.): *dreigeteilt.*

Trich|ter, der; -s, - [mhd. trihter, trahter, trehter, spätahd. trahtare, trahter, træhter < lat. traiectorium, eigtl. = Gerät zum Hinüberschütten, zu: traiectum, 2. Part. von: traicere = hinüberwerfen; hinüberbringen; hinüberschütten, -gießen, zu: trans = hinüber u. iacere = werfen, schleudern]: **1.** *(zum Abfüllen, Eingießen von Flüssigkeiten od. rieselnden Stoffen in Flaschen od. andere Gefäße mit enger Öffnung bestimmtes) Gerät von konischer Form, das an seinem unteren Ende in ein enges Rohr übergeht:* ein T. aus Glas; etw. durch einen T. gießen, mit einem T. einfüllen; * **der Nürnberger T.** *(Lernmethode, bei der sich der Lernende nicht anzustrengen braucht, bei der ihm der Lernstoff mehr od. weniger mechanisch eingetrichtert wird;* nach dem Titel des in Nürnberg erschienenen Buches »Poetischer Trichter, die Teutsche Dicht- u. Reimkunst ... in sechs Stunden einzugießen« von G. Ph. Harsdörffer [1607–1658]); **auf den [richtigen] T. kommen** (ugs.; *merken, erkennen, wie etw. funktioniert, wie etw. zu machen, anzufassen ist, was zu tun ist u. Ä.*); **jmdn. auf den [richtigen] T. bringen** (ugs.; *jmdn. auf den Einfall, die Idee bringen, wie etw. auszuführen, ein Problem zu lösen ist u. Ä.*). **2. a)** Kurzf. von ↑ Schalltrichter; **b)** Schallbecher (1). **3.** Kurzf. von ↑ Bombentrichter. **4.** (Geogr.) *Krater eines Vulkans.*

trich|ter|för|mig ⟨Adj.⟩: *in der Form einem Trichter ähnlich.*

Trich|ter|ling, der; -s, -e: *(zu den Blätterpilzen gehörender) Pilz mit zuerst flachem, später trichterförmigem Hut.*

Trich|ter|mün|dung, die (Geogr.): *trichterförmige Mündung (eines Flusses).*

Trick, der; -s, -s [engl. trick < frz. (norm.) trique = Betrug, Kniff, zu: trekier (= frz. tricher) = beim Spiel betrügen, H. u.]: **a)** *listig ausgedachtes, geschicktes Vorgehen; [unerlaubter] Kunstgriff, Manöver, mit dem jmd. getäuscht, betrogen wird:* ein raffinierter, billiger, übler T.; er kennt alle, jede Menge -s; sie ist auf einen gemeinen T. eines Gauners hereingefallen; Ü (Sport, bes. Ballspiele) mit einem gekonnten T. hat er seinen Gegner ausgespielt; **b)** *oft einfache, aber wirksame Methode, Handhabung von etw. zur Erleichterung einer Arbeit, Lösung einer Aufgabe o. Ä.; Kniff, Finesse: technische -s anwenden;* es gibt einen ganz simplen T., wie man sich die Arbeit erleichtern kann; * **T. siebzehn** (ugs.; *die ganz richtige Methode, der passende Kunstgriff, Kniff;* H. u.: Wie hast du das bloß hingekriegt? – T. siebzehn!); **c)** *bei einer artistischen Vorführung ausgeführte, verblüffende Aktion; eingeübter, wirkungsvoller Kunstgriff von Artisten o. Ä.:* der T. eines Zauberers, Akrobaten; sensationelle -s zeigen, vorführen.

Trick|auf|nah|me, die: *mit bestimmten technischen Verfahren hergestellte Film- od. Tonaufnahme, mit der eine besondere, oft verblüffende Wirkung erzielt wird.*

Trick|be|trug, der: *mithilfe eines Tricks (a) durchgeführter Betrug.*

Trick|be|trü|ger, der: *jmd., der einen Trickbetrug begangen hat, der Trickbetrug begeht.*

Trick|be|trü|ge|rin, die: w. Form zu ↑ Trickbetrüger.

Trick|dieb, der: *jmd., der einen Trickdiebstahl begangen hat, der Trickdiebstähle begeht.*

Trick|die|bin, die: w. Form zu ↑ Trickdieb.
Trick|dieb|stahl, der: *mithilfe eines Tricks begangener Diebstahl.*
Trick|film, der: *Film aus einer Folge gefilmter Einzelbilder.*
Trick|kis|te, die (ugs.): *Gesamtheit der Tricks* (a, b), *über die jmd. verfügt:* der Europameister musste [tief] in die T. greifen *(sehr geschickt, trickreich spielen),* um die gefährliche Situation zu überstehen.
trick|reich ⟨Adj.⟩: *über vielerlei Tricks* (a, b) *verfügend; sehr häufig anwendend; finessenreich:* ein -er Politiker, Unterhändler; sie war die -ste Spielerin auf dem Platz.
1,2Trick|schi usw.: ↑ ¹Trickski, ²Trickski usw.
trick|sen ⟨sw. V.; hat⟩ (ugs.): **a)** *sich eines Tricks bedienen, mit allerlei Tricks arbeiten:* er kann gut t.; **b)** *mithilfe von Tricks, eines Tricks bewerkstelligen:* irgendwie werden wir das, die Sache schon t.
Trick|ser, der; -s, - (ugs.): *jmd., der [in einer bestimmten Weise] trickst, zu tricksen versteht.*
Trick|se|rei, die; -, -en (ugs. abwertend): *[unschönes] Tricksen.*
Trick|se|rin, die; -, -nen: w. Form zu ↑ Trickser.
¹Trick|ski, ¹Trickschi, der: *spezieller, besonders elastischer Ski zum Trickskilaufen.*
²Trick|ski, ²Trickschi, das; -s (ugs.): Kurzf. von ↑ Trickskilaufen.
Trick|ski|lau|fen, Trickschilaufen, das; -s: *Sportart, bei der auf Trickskiern besonders kunstvolle, artistische Schwünge, Drehungen, Sprünge o. Ä. ausgeführt werden.*
Trick|track, das; -s, -s [frz. trictrac, urspr. lautm.]: ⁴Puff.
tri|cky ⟨indekl. Adj.⟩ [engl. tricky, zu: trick, ↑ Trick] (ugs.): *trickreich.*
1,2Tri|cot: ↑ ¹Trikot, ²Trikot.
Tri|dent, der; -[e]s, -e [lat. tridens (Gen.: tridentis), eigtl. = drei Zähne habend, zu: tri- = drei- u. dens = Zahn] (bildungsspr.): *Dreizack.*
¹Tri|den|ti|ner, der; -s, -: Ew. zu ↑ Trient.
²Tri|den|ti|ner ⟨indekl. Adj.⟩: die T. Stadtansicht.
Tri|den|ti|ne|rin, die; -, -nen: w. Form zu ↑ ¹Tridentiner.
tri|den|ti|nisch ⟨Adj.⟩: zu ↑ Trient: das Tridentinische Konzil *(Tridentinum).*
Tri|den|ti|num, das; -s: das Konzil von Trient (1545–1563).
Tri|du|um, das; -s, ...duen [lat. triduum, zu: tri- = drei- u. dies = Tag] (bildungsspr.): *Zeitraum von drei Tagen.*
trieb: ↑ treiben.
Trieb, der; -[e]s, -e [mhd. trīp, zu: trīben, ↑ treiben u. eigtl. = das Treiben]: **1. a)** *(oft vom Instinkt gesteuerter) innerer Antrieb, der auf die Befriedigung starker, oft lebensnotwendiger Bedürfnisse zielt:* ein heftiger, unwiderstehlicher, unbezähmbarer, blinder, tierischer T.; ein edler, natürlicher, mütterlicher T.; sexuelle, verdrängte, sadistische -e; einen T. *(starken Hang)* zum Verbrechen haben; sie spürte den T. in sich, sich schöpferisch zu betätigen; seine -e zügeln, bezähmen, beherrschen, verdrängen, befriedigen; seinen -en nachgeben, freien Lauf lassen; er lässt sich ganz von seinen -en leiten, ist von seinen -en beherrscht, bestimmt; **b)** ⟨o. Pl.⟩ (veraltend) *Lust, Verlangen, etw. zu tun:* nicht den leisesten, keinen besonderen T. zu etw. haben; Na, vielleicht hat's wirklich geholfen, vielleicht hast du nun wirklich T. zur Arbeit (Fallada, Jeder 84). **2.** *junger, sich gerade bildender Teil einer Pflanze, der später Blätter entwickelt u. oft verholzt; junger Spross* (1 a): ein kräftiger T.; die Pflanze hat einen jungen, frische -e entwickelt; die -e an einem Obstbaum be-, zurückschneiden. **3.** (Technik) **a)** *Übertragung einer Kraft, eines Drehmoments;* **b)** *Vorrichtung zur Übertragung einer Kraft, eines Drehmoments.* **4.** (Technik) *Zahnrad mit einer nur geringen Anzahl von Zähnen.*

trieb|be|dingt ⟨Adj.⟩: *mit einem Trieb* (1 a) *zusammenhängend, durch ihn verursacht:* -e Verhaltensweisen.
Trieb|be|frie|di|gung, die: *Befriedigung eines Triebs* (1 a), *bes. des Geschlechtstriebs.*
Trieb|fe|der, die: *Feder* (3), *die den Antrieb* (1) *von etw. bewirkt:* die T. eines Uhrwerks; Ü Hass war die eigentliche T. *(der eigentliche Beweggrund)* seines Verbrechens.
trieb|ge|steu|ert ⟨Adj.⟩: *von Trieben* (1 a) *gesteuert:* ein -er Mensch, Macho.
trieb|haft ⟨Adj.⟩: *von einem Trieb* (1 a) *bes. dem Geschlechtstrieb, bestimmt, darauf beruhend; einem Trieb folgend [u. daher nicht vom Verstand kontrolliert]:* ein -er Mensch; -e Handlungen; er ist, handelt t.
Trieb|haf|tig|keit, die; -, -en: *triebhaftes Wesen; triebhafter Wesenszug.*
Trieb|hand|lung, die: *von einem Trieb* (1 a), *Instinkt ausgelöste, gesteuerte Handlung, Verhaltensweise.*
Trieb|kopf, der (Eisenbahn): *stromlinienförmig verkleidete elektrische Lok eines Hochgeschwindigkeitszugs.*
Trieb|kraft, die: **1.** (seltener) *Kraft, die etw. (eine Maschine o. Ä.) antreibt, in Bewegung setzt, hält.* **2. a)** *Fähigkeit, einen Teig aufgehen* (4) *zu lassen:* die T. von Hefe, Backpulver; **b)** (Bot.) *Fähigkeit, durch die Erde hindurch nach oben zu wachsen:* die T. des Saatguts. **3.** (bes. Soziol.) *Faktor, der als Ursache, Motiv o. Ä. die Entstehung, Entwicklung von etw. vorantreibt:* Ehrgeiz, Eifersucht, Liebe war die T. seines Handelns.
Trieb|le|ben, das ⟨o. Pl.⟩: *Gesamtheit der Handlungen, Verhaltensweisen, Lebensäußerungen, die durch Triebe* (1 a), *bes. durch den Geschlechtstrieb, bedingt sind:* ein normales, ausgeprägtes T. haben.
trieb|mä|ßig ⟨Adj.⟩: *auf den Trieb* (1 a) *bezogen.*
Trieb|rad, das (Technik): *Treibrad.*
Trieb|sand, der ⟨Pl. -e u. ...sände⟩ (Seemannsspr.): *Mahlsand.*
Trieb|stoff, der (schweiz.): *Treibstoff.*
Trieb|tä|ter, der: *jmd., der aus dem Drang zur Befriedigung eines Triebes* (1 a), *bes. des Geschlechtstriebs, eine Straftat begeht.*
Trieb|tä|te|rin, die: w. Form zu ↑ Triebtäter.
Trieb|ver|bre|chen, das: *aus dem Drang zur Befriedigung eines Triebes* (1 a), *bes. des Geschlechtstriebs, als Triebhandlung begangenes Verbrechen.*
Trieb|wa|gen, der: *Schienenfahrzeug (der Eisenbahn, Straßenbahn, U-Bahn o. Ä.) mit eigenem Antrieb durch Elektro- od. Dieselmotor.*
Trieb|werk, das: *Vorrichtung, Maschine, die zum Antrieb (z. B. eines Flugzeugs) erforderliche Energie liefert.*
Trief|au|ge, das: *[ständig] triefendes Auge.*
trief|äu|gig ⟨Adj.⟩ (ugs.): *Triefaugen habend.*
trie|fen ⟨st. u. sw. V.; trieffte/(geh.:) troff, getrieft/(selten:) getroffen⟩ [mhd. triefen, ahd. triufan, H. u.]: **1.** ⟨ist⟩ *in zahlreichen, großen Tropfen od. kleinen Rinnsalen* (b) *irgendwohin fließen; der Regen trieft; aus der Wunde troff Blut; Regenwasser triefte vom Dach, von den Ästen, ihm ist der Schweiß von der Stirn getrieft.* **2.** ⟨hat⟩ *tropfend nass sein; so nass sein, dass Wasser, Flüssigkeit in großer Menge heruntertropft, -rinnt, -fließt, austritt:* wir, unsere Kleider trieften vom Regen; sein Mantel hat von/vor Nässe getrieft; die Wurst trieffte von/vor Fett; sie war erkältet, sodass ihre Nase ständig triefte *(Schleim absonderte);* mit triefenden Kleidern, Haaren; wir waren triefend nass *(völlig, durch u.*

durch nass); Ü seine Hände triefen von Blut (geh.; *er hat viele Menschen umgebracht);* er trieft nur so von/vor Überheblichkeit, Sarkasmus, Boshaftigkeit (abwertend; *ist außerordentlich überheblich, sarkastisch, boshaft).*
trief|nass ⟨Adj.⟩: *triefend nass, vor Nässe triefend:* die Wäsche war noch t.
¹Triel, der; -[e]s, -e [H. u., wohl lautm.]: *schnepfenähnlicher Vogel.*
²Triel, der; -[e]s, -e [mhd. triel, eigtl. = der Gespaltene; Spalte] (südd.): **1.** *Mund, Maul.* **2.** *Wamme.*
trie|len ⟨sw. V.; hat⟩ (südd.): *sabbern.*
Trie|ler, der; -s, - (südd.): **1.** *jmd., der sabbert.* **2.** *Sabberlätzchen.*
Trie|le|rin, die; -, -nen: w. Form zu ↑ Trieler (1).
Tri|en|na|le, die; -, -n: *alle drei Jahre stattfindende Ausstellung, Schau, Veranstaltung bes. in der bildenden Kunst u. im Film.*
Tri|en|ni|um, das; -s, ...ien [lat. triennium, zu: tri- = drei- u. annus = Jahr] (bildungsspr.): *Zeitraum von drei Jahren.*
Trient: Stadt in Italien.
¹Tri|en|ter, der; -s, -: Ew.
²Tri|en|ter ⟨indekl. Adj.⟩: das T. Rathaus.
Tri|en|te|rin, die; -, -nen: w. Form zu ↑ ¹Trienter.
Trier: Stadt an der Mosel.
¹Tri|e|rer, der; -s, -: Ew. zu ↑ Trier.
²Tri|e|rer ⟨indekl. Adj.⟩: die T. Altstadt.
Tri|e|re|rin, die; -, -nen: w. Form zu ↑ ¹Trierer.
tri|e|risch ⟨Adj.⟩: *Trier, die Trierer betreffend; zu den Trierern gehörend.*
Tri|est: Stadt in Italien.
¹Tri|es|ter, der; -s, -: Ew.
²Tri|es|ter ⟨indekl. Adj.⟩: der T. Wein.
Tri|es|te|rin, die; -, -nen: w. Form zu ↑ ¹Triester.
Tri|eur [tri'ø:ɐ̯], der; -s, -e [frz. trieur = Sortierer, zu: trier = (aus)sortieren]: *Maschine zum Trennen u. Sortieren von Getreidekörnern u. Sämereien.*
trie|zen ⟨sw. V.; hat⟩ [aus dem Niederd., mniederd. tritzen = an Seilen auf- u. niederziehen, zu: tritze = Winde, Rolle; früher wurde häufig auf Segelschiffen als Strafe für ein Vergehen der Verurteilte an einem unter den Armen durchgeschlungenen Seil an der Rahe hochgezogen] (ugs.): *jmdn. peinigen, mit etw. ärgern, quälen, ihm damit heftig zusetzen:* die Kinder haben die Mutter so lange getriezt, bis sie nachgab.
triff, trifffst, trifft: ↑ treffen.
Tri|fle [traɪfl], das; -s, -s [engl. trifle, eigtl. = Kleinigkeit]: *kuchenartige englische Süßspeise.*
Tri|fo|kal|bril|le, die; -, -n [aus lat. tri- = drei-, ↑ fokal u. ↑ Brille]: *Brille mit Trifokalgläsern.*
Tri|fo|kal|glas, das; -es, ...gläser: *Brillenglas aus drei verschieden geschliffenen Teilen für drei Entfernungen.*
Trift, die; -, -en [mhd. trift, zu ↑ treiben u. eigtl. = das Treiben]: **1.** *Drift.* **2.** (landsch.) **a)** *Hutung;* **b)** *vom Vieh benutzter Weg mit spärlicher Grasnarbe zwischen der Weide u. dem Stall, der Tränke o. dem Platz zum Melken.*
trif|ten ⟨sw. V.; hat⟩: *flößen* (1 a).
¹trif|tig ⟨Adj.⟩ [mniederd. driftich] (Seemannsspr.): *herrenlos, hilflos im Meer treibend.*
²trif|tig ⟨Adj.⟩ [spätmhd. triftic, eigtl. = (zu)treffend, zu ↑ treffen]: *sehr überzeugend, einleuchtend, schwerwiegend; zwingend, stichhaltig:* -e Gründe, Argumente, Motive; eine -e Entschuldigung; etw. t. begründen; ♦ Da beweis' ich nun durch -e *(rechtlich bedeutsame)* Dokumente, Herodes, der Vierfürst, sei mein Großvater gewesen (Schiller, Räuber I, 2).
♦ **Trift|raum,** der [zu ↑ Trift (2 a)]: ²*Weide; große Wiesenfläche:* ... was nur alles erdacht werden kann, um auf einem großen T. eine Menge Menschen verschiedentlichst und gleichmäßig zu beschäftigen und zu erlustigen (Goethe, Wanderjahre I, 8).

Triga – trinken

Tri|ga, die; -, -s u. ...gen [lat. triga, zu: tri- = drei- u. iugum = Joch] (bildungsspr.): *Dreigespann.*

Tri|ge|mi|nus, der; -, ...ni [nlat. (Nervus) trigeminus = dreifacher Nerv] (Anat., Physiol.): *im Mittelhirn entspringender Hirnnerv, der sich in drei Äste gabelt [und u. a. die Gesichtshaut u. die Kaumuskeln versorgt].*

Tri|ge|mi|nus|neu|r|al|gie, die (Med.): *mit äußerst heftigen Schmerzen verbundene Neuralgie im Bereich eines od. mehrerer Äste des Trigeminus.*

Trig|ger, der; -s, - [engl. trigger, älter: tricker < niederl. trekker = Abzug, Drücker, eigtl. = Zieher, zu: trekken = ziehen]: **1.** (Elektrot.) *[elektronisches] Bauelement zum Auslösen eines [Schalt]vorgangs.* **2.** (Elektrot.) *einen [Schalt]vorgang auslösender Impuls.* **3.** (Physiol.) *[einen Anfall] auslösender Reiz.*

trig|gern ⟨sw. V.; hat⟩ [engl. to trigger]: **1. a)** (Elektrot.) *einen [Schalt]vorgang mittels eines Triggers auslösen;* **b)** (EDV) *aktivieren.* **2.** *auslösen, erzeugen:* Musik triggert Erinnerungen.

Tri|glyph, der; -s, -e, **Tri|gly|phe,** die; -, -n [lat. triglyphus < griech. tríglyphos, eigtl. = Dreischlitz, zu: tri- = drei- u. glýphein = aushöhlen, schnitzen] (Archit.): *am Fries des dorischen Tempels mit Metopen abwechselndes dreiteiliges Feld.*

tri|go|nal ⟨Adj.⟩ [spätlat. trigonalis, zu lat. trigonium < griech. trígōnon = Dreieck] (Math.): *dreieckig.*

Tri|go|no|me|t|rie, die; - [↑trigonal u. ↑-metrie]: *Teilgebiet der Mathematik, das sich mit der Berechnung von Dreiecken unter Benutzung der trigonometrischen Funktionen befasst.*

tri|go|no|me|t|risch ⟨Adj.⟩: *die Trigonometrie betreffend, darauf beruhend:* -e Berechnungen; -e Funktion *(Winkelfunktion als Hilfsmittel bei der Berechnung von Seiten u. Winkeln eines Dreiecks);* -er Punkt *(Geodäsie; Triangulationspunkt).*

tri|klin, tri|kli|nisch ⟨Adj.⟩ [zu lat. tri- = drei- u. griech. klínein = neigen]: *eine Kristallform betreffend, bei der sich drei verschieden lange Achsen schiefwinklig schneiden.*

tri|ko|lor ⟨Adj.⟩ [spätlat. tricolor, zu lat. tri- = drei- u. color = Farbe] (selten): *dreifarbig.*

Tri|ko|lo|re, die; -, -n [frz. (drapeau) tricolore]: *dreifarbige Fahne [Frankreichs].*

Tri|kom|po|si|tum, das; -s, ...ta [aus lat. tri- = drei- u. ↑Kompositum] (Sprachwiss.): *dreigliedrige Zusammensetzung (z. B. Einzimmerwohnung).*

¹**Tri|kot,** der, (schweiz. auch:) ¹Tricot [triˈkoː, auch: ˈtriko], der, selten auch: das; -s, -s [frz. tricot, zu: tricoter = stricken, H. u.]: *auf einer Maschine gestricktes, gewirktes elastisches, dehnbares Gewebe:* Unterwäsche aus T.

²**Tri|kot,** (schweiz. auch:) ²Tricot, das; -s, -s: *meist eng anliegendes Kleidungsstück, das sich am Körper dehnt u. bes. bei sportlichen Betätigungen getragen wird:* die Balletttänzer trugen schwarze -s; das T. anziehen, wechseln; das Gelbe/gelbe T. (Radsport; *Trikot in gelber Farbe, das während eines Etappenrennens derjenige trägt, der die jeweils beste Gesamtleistung aufweist).*

Tri|ko|ta|ge [...ˈtaːʒə, österr. meist: -...ʃ], die; -, -n ⟨meist Pl.⟩ [frz. tricotage, zu: tricoter, ↑¹Trikot]: *auf der Maschine gestricktes, gewirktes Material; aus* ¹*Trikot gefertigte Ware: ein Geschäft für Miederwaren und -n.*

Tri|kot|hemd, das: *aus* ¹*Trikot gefertigtes Hemd* (1).

Tri|kot|wer|bung, die: *Werbung auf den Trikots von Sportlern.*

tri|la|te|ral ⟨Adj.⟩ [aus lat. tri- = drei- u. ↑lateral] (Politik, Fachspr.): *dreiseitig, von drei Seiten ausgehend, drei Seiten betreffend:* -e Verträge.

◆ **tril|len:** ↑drillen: ... trillt *(drillt* 5 b) den saubern Kerl herum (Schiller, Bacchus im Triller).

Tril|ler, der; -s, - [ital. trillo, wohl lautm.]: *rascher, mehrmaliger Wechsel zweier Töne (bes. eines Tones mit einem benachbarten Halb- od. Ganzton als musikalische Verzierung einer Melodie):* einen T. spielen, singen, exakt ausführen, nur andeuten; die T. einer Nachtigall; * **einen T. haben** (salopp; *nicht recht bei Verstand sein).*

◆¹**Tril|ler,** der; -s, -: *auf einem öffentlichen Platz aufgestellter drehbarer Holzkäfig, in dem jmd. als eine für eine als straf-, verabscheuungswürdig empfundene Tat stehen muss, um ihn so der allgemeinen Verachtung auszusetzen:* ... soll dich nicht der T. treiben, lass die Narrenspossen bleiben (Schiller, Bacchus im Triller).

tril|lern ⟨sw. V.; hat⟩: **1. a)** *mit Trillern, Trillern ähnlichen Tönen, tremolierend singen od. pfeifen:* sie singt und trillert den ganzen Tag; **b)** *trillernd* (1 a) *hervorbringen, ertönen lassen:* sie trillerte und trällerte ein Lied nach dem andern; im Gebüsch trillerte eine Nachtigall ihr Lied. **2. a)** *auf einer Trillerpfeife pfeifen:* er trillerte einmal kurz; **b)** *trillernd* (2 a) *hervorbringen, ertönen lassen:* ein Signal t. **3.** * **einen t.** (ugs.; *ein alkoholisches Getränk trinken).*

Tril|ler|pfei|fe, die: *Pfeife* (1 d), *mit der ein dem Triller ähnlicher Ton erzeugt wird.*

Tril|li|ar|de, die; -, -n [zu lat. tri- = drei- u. ↑Milliarde]: *tausend Trillionen* (= 10^{21}).

Tril|li|on, die; -, -en [frz. trillion, zu: tri- (< lat. tri-) = drei- u. million < ital. mil(l)ione, ↑Million]: *eine Million Billionen* (= 10^{18}).

Tri|lo|gie, die; -, -n [griech. trilogía, zu: tri- = drei- u. lógos, ↑Logos]: *Folge von drei selbstständigen, aber thematisch zusammengehörenden, eine innere Einheit bildenden Werken (bes. der Literatur, auch der Musik, des Films).*

Tri|ma|ran, der; -s, -e [zu lat. tri- = drei- u. ↑Katamaran u. eigtl. = Dreirumpfboot]: *Segelboot mit breitem mittlerem Rumpf u. zwei schmalen, wie Ausleger* (3 b) *gebauten seitlichen Rümpfen.*

tri|mer ⟨Adj.⟩ [griech. trimerḗs, zu: tri- = drei- u. méros = Teil] (Fachspr.): *dreiteilig.*

Tri|mer, das; -s, -e (Chemie): *aus drei gleichartigen Molekülen aufgebaute chemische Verbindung.*

Tri|mes|ter, das; -s, - [zu lat. trimestris = dreimonatig, zu: tri- = drei- u. mensis = Monat; vgl. ↑Semester]: **1.** *Zeitraum von drei Monaten.* **2.** *Drittel eines Schul- od. Studienjahres.*

Tri|me|ter, der; -s, - [lat. trimeter, zu griech. trímetros = drei Takte enthaltend, zu: tri- = drei- u. métron, ↑Meter]: *(in der griech. Metrik) aus drei metrischen Einheiten bestehender Vers.*

Trimm, der; -[e]s [engl. trim, zu: to trim, ↑trimmen] (Seemannsspr.): **1.** *Lage eines Schiffes bezüglich Tiefgang u. Schwerpunkt.* **2.** *gepflegter Zustand eines Schiffes.*

Trimm-dich-Pfad, der [zu ↑trimmen (1)]: *häufig durch einen Wald führender, meist als Rundstrecke angelegter Weg mit verschiedenartigen Geräten u. Anweisungen für Übungen, die der körperlichen Ertüchtigung dienen.*

trim|men ⟨sw. V.; hat⟩ [engl. to trim < aengl. tryman = in Ordnung bringen; festmachen, zu: trum = fest, stark]: **1.** *durch sportliche Betätigung, körperliche Übungen leistungsfähig machen:* er trimmt seine Schützlinge; sich täglich durch Waldläufe t.; Ü sie hat ihren Sohn für die Klassenarbeit getrimmt. **2.** *(durch wiederholte Anstrengungen) zu einem bestimmten Aussehen, zu einer bestimmten Verhaltensweise, in einen bestimmten Zustand bringen, in bestimmter Weise zurechtmachen, bestimmte Eigenschaften geben:* seine Kinder auf Höflichkeit, auf Ordnung t.; das Lokal ist auf antik getrimmt. **3. a)** *(einem Hund) durch Scheren od.* Ausdünnen des Fells das für seine Rasse übliche, der Mode entsprechende Aussehen verleihen: einen Pudel t.; **b)** *durch Bürsten des Fells von abgestorbenen Haaren befreien.* **4. a)** (Seew., Flugw.) *durch zweckmäßige Beladung, Verteilung des Ballasts (bei Flugzeugen auch mithilfe spezieller Vorrichtungen) in die richtige Lage bringen (u. dadurch eine optimale Steuerung ermöglichen):* ein Schiff, Flugzeug t.; ein recht gut, schlecht getrimmtes Boot; das Ruder t. *(so einstellen, dass eine optimale Fluglage entsteht);* **b)** (Seew.) *(die Ladung eines Schiffs) zweckmäßig an Bord verteilen, verstauen:* die Fässer t.; die Ladung muss ordnungsgemäß getrimmt werden; Kohlen t. *(das Schiff mit Kohlen beladen);* **c)** (Seew. früher) *Kohlen von den Bunkern zur Feuerung schaffen.* **5.** (Funkt., Elektronik) *[mithilfe von Trimmern* (3)] *auf die gewünschte Frequenz einstellen, abgleichen* (3): die Schwingkreise t. **6.** (Kerntt.) *bei Kernreaktoren kleine Abweichungen vom kritischen Zustand ausgleichen.*

Trim|mer, der; -s, -: **1.** (ugs.) *jmd., der sich durch Trimmen* (1) *körperlich fit hält, der sich trimmt.* **2.** (Funkt., Elektronik) *kleiner, verstellbarer Drehkondensator zum Trimmen* (5), *Abgleichen* (3) *von Schwingkreisen.*

Trim|me|rin, die; -, -nen: w. Form zu ↑Trimmer (1).

Trimm|trab, der: *Dauerlauf, durch den sich jmd. trimmt* (1).

Trim|mung, die; -, -en (Seew., Flugw.): **a)** ⟨o. Pl.⟩ *das Trimmen* (4 a, b); **b)** *durch Trimmen* (4 a, b) *erreichte Lage.*

tri|morph ⟨Adj.⟩ [griech. trímorphos, zu: tri- = drei- u. morphḗ = Gestalt, Form] (Fachspr., bes. Mineral., Biol.): *in dreierlei Gestalt, Form vorkommend:* -e Pflanzen, Kristalle.

tri|när ⟨Adj.⟩ [spätlat. trinarius, zu lat. trini, Pl. von: trinus = je drei; dreifach, zu: tres = drei] (Fachspr.): *drei Einheiten, Glieder enthaltend; dreiteilig:* -e Nomenklatur (Biol.; *wissenschaftliche Benennung von Unterarten von Pflanzen u. Tieren durch den Namen der Gattung, der Art u. der Unterart).*

Tri|ne, die; -, -n [Kurzf. des w. Vorn. Katharina]: **1.** (ugs. abwertend) *meist als träge, ungeschickt, unansehnlich o. Ä. angesehene weibliche Person:* sie ist eine dumme, langweilige, faule T. **2.** (salopp abwertend) *Tunte* (2).

Tri|ni|dad: *Insel vor der Nordküste Südamerikas.*

Tri|ni|dad und To|ba|go; - - -s: *Inselstaat vor der Nordküste Südamerikas.*

Tri|ni|ta|ri|er, der; -s, - [zu ↑Trinität]: **1.** *Angehöriger eines katholischen Bettelordens.* **2.** *Anhänger der Lehre von der Trinität.*

tri|ni|ta|risch ⟨Adj.⟩ (christl. Rel.): *die [Lehre von der] Trinität betreffend.*

Tri|ni|tät, die; - [mlat. trinitas = Heilige Dreifaltigkeit < lat. trinitas (Gen.: trinitatis) = Dreizahl, zu: trinus, ↑trinär] (christl. Theol.): *Dreiheit der Personen (Vater, Sohn u. Heiliger Geist) in Gott; Dreieinigkeit, Dreifaltigkeit:* die christliche Lehre von der T. Gottes.

Tri|ni|ta|tis, das; - ⟨meist o. Art.⟩, **Tri|ni|ta|tis|fest,** das: *Dreifaltigkeitssonntag.*

trink|bar ⟨Adj.⟩: *zum Trinken, als Getränk geeignet:* -es Wasser; die Milch hat einen Stich, ist aber noch t.; der Wein ist durchaus t. (ugs.; *schmeckt nicht schlecht);* ⟨subst.:⟩ hast du was Trinkbares im Haus?

Trink|be|cher, der: *Becher, aus dem man trinken kann.*

trin|ken ⟨st. V.; hat⟩ [mhd. trinken, trinkan, H. u., viell. zu einem Verb mit der Bed. »ziehen« u. eigtl. = einen Zug tun]: **1. a)** *Flüssigkeit, ein Getränk zu sich nehmen:* langsam, genussvoll, schnell, hastig, gierig t.; sie isst und trinkt gerne;

aus der Flasche t.; in/mit kleinen Schlucken, in großen Zügen t.; lass mich mal [von dem Saft] t.; die Mutter gibt dem Kind [von der Milch] zu t.; **b)** ⟨t. + sich⟩ *sich in bestimmter Weise trinken* (2) *lassen: der Wein trinkt sich gut (schmeckt gut);* ⟨unpers.:⟩ *Aus dem Glas trinkt es sich so schlecht im Bett* (Borchert, Geranien 16); **c)** *durch Trinken* (1 a) *in einen bestimmten Zustand bringen:* das Baby hat sich satt getrunken; du hast dein Glas noch nicht leer getrunken *(hast noch nicht ausgetrunken).* **2.** *als Flüssigkeit, als Getränk zu sich nehmen; trinkend* (1 a) *verzehren:* Wasser, Milch, Tee, Kaffee, Bier, Wein t.; sie trinkt am liebsten Mineralwasser; sie trinkt keinen Alkohol; ein Bier, eine Tasse Kaffee, einen Schluck Wasser, eine Flasche Bier, ein Glas Wein t.; trinkst du noch ein Glas?; er trinkt keinen Tropfen *(überhaupt keinen Alkohol);* der Kognak lässt sich t., ist zu t., denn Kognak kann man t. (ugs.: *der Kognak schmeckt gut);* Ü die ausgedörrte Erde trank den Regen (dichter.; saugte ihn auf); die Schönheit, das Leben t. (dichter.; *voll in sich aufnehmen);* * **einen t.** (ugs.: *ein alkoholisches Getränk trinken):* er geht öfter einen t.); *sich* ⟨Dativ⟩ **einen t.** (ugs.: ↑ saufen 3 b.) **3. a)** *Alkohol, ein alkoholisches Getränk zu sich nehmen:* in der Kneipe sitzen und t.; man merkte, dass sie alle getrunken hatten; **b)** *einen Schluck eines alkoholischen Getränks mit guten Wünschen für jmdn., etw. zu sich nehmen:* auf jmdn.; jmds. Wohl, Glück, Gesundheit t.; lasst uns nun alle auf ein gutes Gelingen, auf eine glückliche Zukunft t.!; **c)** ⟨t. + sich⟩ *sich durch den Genuss alkoholischer Getränke in einen bestimmten Zustand, in bestimmte Umstände bringen:* sich krank, arm, um den Verstand t.; **d)** *gewohnheitsmäßig alkoholische Getränke in zu großer Menge zu sich nehmen; alkoholsüchtig sein:* aus Verzweiflung, aus Kummer t.; sie hat angefangen zu t.; er trinkt; ⟨subst.:⟩ er kann das Trinken nicht mehr lassen.

Trin|ken, das; -s (ugs.): *Getränk, Getränke:* für Essen und T. sorgen.

Trin|ker, der; -s, - [mhd. trinker, ahd. trinkari]: *jmd., der trinkt* (3 d): *Alkoholiker:* ein notorischer, chronischer, heimlicher, starker T.; zum T. werden.

Trin|ke|rei, die; -, -en: **1.** ⟨Pl. selten⟩ (meist abwertend) *[dauerndes] Trinken* (1 a). **2.** (abwertend) *das Trinken* (3 d): die T. hat ihn, seine Leber ruiniert; das kommt von der T. **3.** (ugs.) *Trinkgelage.*

Trin|ke|rin, die; -, -nen: w. Form zu ↑ Trinker.

trink|fer|tig ⟨Adj.⟩: *sich gleich (ohne vorherige Zubereitung o. Ä.) trinken lassend:* -e Mixgetränke, Kakaogetränke; -er Eistee, Branntwein; ein Liter Konzentrat ergibt fünf Liter -en Saft.

trink|fest ⟨Adj.⟩: *imstande, große Mengen von alkoholischen Getränken zu sich zu nehmen, ohne erkennbar betrunken zu werden.*

Trink|fes|tig|keit, die: *das Trinkfestsein.*

Trink|fla|sche, die: *speziell zum Mitnehmen geschaffene, wieder zu verschließende kleinere Flasche, aus der getrunken werden kann.*

trink|freu|dig ⟨Adj.⟩: *stets u. gern bereit, alkoholische Getränke zu sich zu nehmen.*

Trink|ge|fäß, das: *meist mit einem Henkel versehenes Gefäß, aus dem man trinken kann.*

Trink|ge|la|ge, das (oft scherzh.): *geselliges Beisammensein, bei dem sehr viel Alkohol getrunken wird.*

Trink|geld, das [das Geld war urspr. zum Vertrinken bestimmt]: *[kleinere] Geldsumme, die jmdm. für einen erwiesenen Dienst [über einen zu entrichtenden Preis hinaus] gegeben wird:* ein hohes, großes, reichliches, fürstliches, anständiges, geringes, kleines, mageres T.; ein gutes T., grundsätzlich kein T. geben;

viele -er, keinen Cent T. bekommen; kein T. annehmen; jmdm. ein T. zustecken, in die Hand drücken.

Trink|ge|wohn|heit, die ⟨meist Pl.⟩: *das Trinken (bes. von alkoholischen Getränken) betreffende Gewohnheit, Sitte eines Menschen, einer bestimmten Gruppe, eines Volkes.*

Trink|glas, das ⟨Pl. ...gläser⟩: *Glas, aus dem man trinken kann.*

Trink|hal|le, die: **1.** *Halle in einem Heilbad, in der das Wasser von Heilquellen entnommen u. getrunken werden kann.* **2.** *Kiosk, an dem es vor allem Getränke zu kaufen gibt.*

Trink|halm, der: *zurechtgeschnittener Strohhalm od. langes, dünnes Röhrchen aus Kunststoff, mit dessen Hilfe ein Getränk eingesaugt u. getrunken werden kann:* man sollte Bier nicht mit einem T. trinken.

Trink|krug, der: *Krug, aus dem man trinken kann.*

Trink|kur, die: *Kur, bei der eine bestimmte Menge einer Flüssigkeit, bes. Mineralwasser, regelmäßig getrunken wird.*

Trink|lied, das (veraltend): *Lied, das bes. bei einem geselligen Beisammensein gemeinsam gesungen wird u. in dem das Trinken u. der Alkohol, meist der Wein, besungen wird.*

Trink|schale, die: *schalenförmiges Trinkgefäß.*

Trink|scho|ko|la|de, die: **a)** *Schokolade zum Herstellen von Getränken, bes. Kakao;* **b)** *aus Trinkschokolade* **a** *hergestelltes Getränk.*

Trink|sit|te, die ⟨meist Pl.⟩: *das Trinken (bes. von alkoholischen Getränken) betreffende Sitte, Gewohnheit eines Menschen, einer bestimmten Gruppe, eines Volkes.*

Trink|spruch, der: *bei festlichen Gelegenheiten, oft bei einem Festessen, gehaltene kleine Rede, vorgebrachter Spruch o. Ä., verbunden mit der Aufforderung, die Gläser zu erheben u. gemeinsam zu trinken; Toast* (2): einen T. auf jmdn., etw. halten, ausbringen; jmdn. in, mit einem T. würdigen, hochleben lassen.

Trink|was|ser, das ⟨Pl. ...wässer, seltener ...wasser⟩: *[durch Trinkwasseraufbereitung gewonnenes] für den menschlichen Genuss geeignetes Wasser.*

Trink|was|ser|auf|be|rei|tung, die: *der Gewinnung von Trinkwasser dienende Aufbereitung von Wasser.*

Trink|was|ser|qua|li|tät, die: *von Trinkwasser verlangte Qualität.*

Trink|was|ser|sprud|ler, der; -s, -: *Gerät zum Versetzen* (7) *mit Kohlensäure.*

Trink|was|ser|ver|sor|gung, die: *Versorgung mit Trinkwasser.*

Tri|nom, das; -s, -e [zu lat. tri- = drei-, geb. nach ↑ Binom] (Math.): *aus drei durch Plus- od. Minuszeichen verbundenen Gliedern bestehender mathematischer Ausdruck.*

tri|no|misch ⟨Adj.⟩ (Math.): *ein Trinom betreffend; dreigliedrig.*

Trio, das; -s, -e [ital. trio, zu: tri- < lat. tri- = drei-]: **1.** (Musik) **a)** *Komposition für drei solistische Instrumente, seltener auch für Singstimmen;* **b)** *in eine Komposition, bes. in Sätze wie Menuett od. Scherzo, eingeschobener Teil, der durch eine kleinere Besetzung, anderes Thema u. ruhigeres Tempo gekennzeichnet ist.* **2.** *Ensemble von drei Instrumental-, seltener auch Vokalsolisten.* **3.** (oft scherzh.) *Gruppe von drei Personen, die häufig gemeinsam in Erscheinung treten od. gemeinsam eine [strafbare] Handlung durchführen, zusammenarbeiten o. Ä.*

Tri|o|de, die; -, -n [zu griech. tri- = drei-, geb. nach ↑ Diode] (Elektrot.): *Röhre* (4 a) *mit drei Elektroden.*

Tri|o|le, die; -, -n [zu lat. tri- = drei-]: **1.** (Musik) *Folge von drei gleichen Noten, die zusammen*

die gleiche Zeitdauer haben wie zwei, seltener auch vier Noten gleicher Gestalt. **2.** (bildungsspr.) *Triolismus.*

Tri|o|lett, das; -[e]s, -e [frz. triolet] (Literaturwiss.): *achtzeilige Gedichtform mit zwei Reimen, bei der die erste Zeile als vierte u. die ersten beiden als letzte Zeilen wiederholt werden.*

Tri|o|lis|mus, der; - (bildungsspr.): *Geschlechtsverkehr zwischen drei Partnern.*

Trip, der; -s, -s [engl. trip, zu: to trip = trippeln]: **1.** (ugs.) *[kurzfristig, ohne große Vorbereitung unternommene] Reise, Fahrt; Ausflug:* einen kleinen, kurzen, längeren T. unternehmen; einen T. nach Venedig machen; (oft untertreibend:) er ist von seinem T. in die Staaten wieder zurück. **2.** (Jargon) **a)** *mit Halluzinationen o. Ä. verbundener Rauschzustand nach dem Genuss von Rauschgift, Drogen:* der T. war vorbei; auf dem T. *(im Rauschzustand) sein;* **b)** *Dosis einer halluzinogenen Droge, bes. LSD, die einen Rauschzustand herbeiführt:* einen T. [ein]werfen, [ein]schmeißen (Jargon; nehmen). **3.** (Jargon, oft abwertend) *Phase, in der sich jmd. mit etw. Bestimmtem besonders intensiv beschäftigt, in der ihn eine Sache besonders stark interessiert, begeistert:* ist er immer noch auf seinem religiösen T.?

¹Tri|pel, das; -s, - [frz. triple = dreifach < lat. triplus, zu: tri- = drei-, zum 2. Bestandteil vgl. ↑ doppelt] (Math.): *mathematische Größe aus drei Elementen.*

²Tri|pel, der; -s, - (Sport): *dreifacher Gewinn durch dieselbe Mannschaft in einem Jahr.*

Tri|pel|al|li|anz, die (Völkerrecht): *Allianz dreier Staaten.*

Tri|pel|kon|zert, das (Musik): *Konzert für drei Soloinstrumente u. Orchester.*

Tri|ph|thong, der; -[e]s, -e [zu griech. tri- = drei-, geb. nach ↑ Diphthong] (Sprachwiss.): *aus drei nebeneinanderstehenden, eine Silbe bildenden Vokalen bestehender Laut; Dreilaut (z. B. ital. miei = meine).*

Tri|p|lett, das; -s, -e u. -s [frz. triplet, zu: triple < lat. triplus, ↑ ²Tripel]: **1.** (Physik) *Gesamtheit von drei miteinander verbundenen Serien eines Linienspektrums.* **2.** (Biol.) *Gesamtheit von drei aufeinanderfolgenden Basen einer Nukleinsäure, die den Schlüssel für eine Aminosäure darstellen.* **3.** (Optik) *aus drei Linsen bestehendes optisches System.*

Tri|p|li|kat, das; -[e]s, -e [zu lat. triplicatum, 2. Part. zu: triplicare = verdreifachen, zu: triplex = dreifach, aus: tri- = drei- u. -plex, wohl zu: plaga (< griech. pláx) = Fläche] (selten): *dritte Ausfertigung eines Schreibens, eines Schriftstücks.*

Tri|p|li|zi|tät, die; - [spätlat. triplicitas, zu: triplex, ↑ Triplikat] (Fachspr., bildungsspr. selten): *dreifaches Vorkommen, Auftreten.*

tri|p|lo|id ⟨Adj.⟩ [zu griech. tri- = drei-, geb. nach ↑ haploid] (Genetik): *(von Zellkernen) einen dreifachen Chromosomensatz enthaltend.*

Trip|ma|dam, die; - [frz. tripe-madame, H. u.] (zu den Fetthennen gehörende) *Pflanze mit graugrünen, fleischigen Blättern u. gelben o. weißen Blüten.*

Tri|po|den: Pl. von ↑ Tripus.

Tri|po|lis: Hauptstadt von Libyen.

trip|peln ⟨sw. V.; ist⟩ [spätmhd. trippeln, lautm.]: **a)** *kleine, schnelle Schritte machen:* das Mädchen trippelte; trippelnde (kleine, schnelle) Schritte; **b)** *sich trippelnd o.) irgendwohin bewegen:* das Kind trippelte durch das Zimmer.

Trip|pel|schritt, der: *kleiner, schneller, leichter Schritt:* sie lief mit geschäftigen -en durchs Zimmer.

Trip|per, der; -s, - [zu niederd. drippen = tropfen, also eigtl. = Tropfer (nach dem eitrigen Ausfluss aus der Harnröhre)]: *Gonorrhö:* [den, einen] T. haben; sich den T. holen.

Trip|tik: ↑ Triptyk.

Trip|ty|chon, das; -s, ...chen u. ...cha [zu griech. tríptychos = dreifach, aus drei Schichten, Lagen übereinander bestehend, zu: trís = dreimal u. ptýx, ptýchē = Falte, Schicht, Lage od. ptýssein = mehrfach übereinanderlegen, falten] (Kunstwiss.): *aus einem mittleren Bild u. zwei beweglichen, meist je halb so breiten Flügeln bestehende bildliche Darstellung, bes. gemalter od. geschnitzter dreiteiliger Flügelaltar.*

Trip|tyk, Triptik, das; -s, -s [engl. triptique < frz. triptyque, zu griech. tríptychos, ↑ Triptychon]: *dreiteilige Bescheinigung zum Grenzübertritt von Wasserfahrzeugen u. Wohnanhängern.*

Tri|pus [...u:s], der; -, ...poden [griech. trípous, eigtl. = dreibeinig, -füßig, zu: tri- = drei- u. poús (Gen.: podós) = Fuß]: *altgriechisches dreifüßiges Gestell (als Weihegeschenk u. Siegespreis).*

Tri|so|mie, die; -, ...ien [zu lat., griech. tri- = drei u. ↑ Chromosom] (Med.): *Auftreten eines überzähligen Chromosoms, das im diploiden Chromosomensatz nicht zweimal, sondern dreimal vorkommt:* T. 21 *(Downsyndrom).*

trist ⟨Adj.⟩ [mhd. triste < (a)frz. triste < lat. tristis] (bildungsspr.): *durch Öde, Leere, Trostlosigkeit, Eintönigkeit gekennzeichnet; trostlos; freudlos:* ein -er Anblick; eine -e Häuserfront, Gegend; es war ein -er Regentag; ein -es Leben, Dasein; hier sieht es aber t. aus.

Tris|tesse [...'tɛs], die; -, -n [...sn̩] ⟨Pl. selten⟩ [frz. tristesse < lat. tristitia, zu: tristis, ↑ trist] (bildungsspr.): *Traurigkeit, Melancholie, Schwermut; Trostlosigkeit, Freudlosigkeit.*

Tri|s|ti|chon, das; -s, ...chen [zu griech. trístichos = aus drei Reihen, Zeilen, Versen bestehend, aus: tri- = drei- u. stíchos = Reihe, Ordnung, Glied] (Verslehre): *Gedicht, Vers, Strophe aus drei Zeilen.*

tri|syl|la|bisch ⟨Adj.⟩ (Sprachwiss.): *dreisilbig.*

Tri|syl|la|bum, das; -s, ...ba [spätlat. trisyllabum, zu: trisyllabus = dreisilbig < griech. trisýllabos, zu: tri- = drei- u. syllabé = Silbe] (Sprachwiss.): *dreisilbiges Wort.*

Tri|ta|go|nist, der; -en, -en [griech. tritagōnistḗs, zu: trítos = der Dritte u. agōnistḗs, ↑ Agonist]: *(im altgriechischen Drama) dritter Schauspieler.*

Tri|ti|um, das; -s [zu griech. trítos = Dritter, nach der Massenzahl 3]: *radioaktives Isotop des Wasserstoffs; überschwerer Wasserstoff* (Zeichen: T od. ³H).

¹Tri|ton, das; -s, ...onen [zu griech. trítos = der Dritte]: *Atomkern des Tritiums.*

²Tri|ton (griech. Mythol.): *fischleibiger Meergott (Sohn Poseidons).*

³Tri|ton, der; ...onen, ...onen (griech. Mythol.): *Meergott im Gefolge Poseidons.*

Tri|to|nus, der; - [zu griech. trítonos = mit drei Tönen, aus: tri- = drei- u. tónos, ↑ ²Ton] (Musik): *Intervall von drei Ganztönen; übermäßige Quarte; verminderte Quinte.*

tritt: ↑ treten.

Tritt, der; -[e]s, -e [mhd. trit, zu ↑ treten]: **1.** *(bes. beim Gehen) das einmalige Aufsetzen eines Fußes:* leichte, leise, schwere, kräftige -e; sie hat einen falschen T. gemacht und sich dabei den Fuß verstaucht; die Dielen knarrten bei jedem T., unter seinen -en; ein kräftiger, leichter T. aufs Gaspedal; Ü *der T. auf die Kostenbremse (die drastische Senkung der Kosten).* **2.** ⟨o. Pl.⟩ *Art u. Weise, wie jmd. seine Schritte setzt:* einen leichten, federnden T. haben; man erkennt sie an ihrem T.; sie näherten sich mit festem T.; **b)** ⟨o. Pl.⟩ *Gehen, Laufen, Marschieren in einem bestimmten gleichmäßigen Rhythmus, mit bestimmter gleicher Schrittlänge:* den gleichen T. haben; er hatte den falschen T. *(marschierte nicht im gleichen Schritt mit den andern);* beim Marschieren aus dem T. geraten, kommen; im T. *(im Gleichschritt)* marschieren; * *T. fassen* (1. bes. Soldatenspr.; *den Gleichschritt aufnehmen.* 2. *[wieder] in geregelte, feste Bahnen kommen; sich stabilisieren u. die gewohnte Leistung erbringen);* [den, seinen] T. finden *(eine Möglichkeit finden, den aus der Situation sich ergebenden Anforderungen gerecht zu werden);* **c)** *das Betätigen der Tretkurbel beim Radfahren:* einen runden T. haben. **3.** *Fußtritt* (1 a): jmdm. einen kräftigen T. [in den Hintern] geben, versetzen; einen T. in den Bauch bekommen; * *einen T. bekommen/kriegen* (ugs.; *entlassen, fortgejagt werden).* **4. a)** *Trittbrett; Stufe* (1 a): den T. an einer Kutsche herunterklappen; **b)** *Stufe* (1 b): -e in den Gletscher schlagen. **5. a)** *einer kleinen Treppe ähnliches transportables Gestell mit zwei od. drei Stufen:* auf den T. steigen; **b)** (veraltend) *kleineres Podest, Podium, erhöhter Platz in einem Raum.* **6.** (Jägerspr.) **a)** *einzelner Abdruck des Fußes bes. von Hochwild;* **b)** (meist Pl.) *Fuß von Hühnern, Tauben, kleineren Vögeln.*

Tritt|brett, das: *vor der Tür eines Fahrzeugs angebrachte Stufe, Fläche, die das Ein- u. Aussteigen erleichtert.*

Tritt|brett|fah|rer, der (abwertend): *jmd., der an Unternehmungen anderer Anteil hat, davon zu profitieren versucht, ohne selbst etw. dafür zu tun:* mehrere T. wollten aus der Entführung Kapital schlagen.

Tritt|brett|fah|re|rin, die: w. Form zu ↑ Trittbrettfahrer.

tritt|fest ⟨Adj.⟩: **1.** *so beschaffen, dass beim Betreten, Besteigen, Daraufstehen ein fester Stand gewährleistet ist:* ein -er Untergrund; die Leiter ist nicht t. **2.** *so beschaffen, dass sich etw., bes. die Oberfläche von etw., auch durch häufiges Darauftreten nicht schnell abnutzt:* ein besonders -er Teppichboden.

Tritt|flä|che, die: *Fläche zum Darauftreten, zum Daraufsetzen des Fußes:* die T. einer Treppenstufe.

Tritt|lei|ter, die: *kleinere Stehleiter mit meist breiteren, stufenartigen Sprossen.*

Tritt|rol|ler, der (österr.): *Tretroller.*

Tritt|sche|mel, der: *Schemel, auf den getreten werden kann.*

tritt|si|cher ⟨Adj.⟩: **1.** *so beschaffen, dass beim Betreten, Besteigen, Daraufstehen ein fester Stand gewährleistet ist:* -e Sohlen. **2.** *Sicherheit beim Darauftreten zeigen; sicher im Betreten, Besteigen, Daraufstehen o. Ä. sein:* auf diesem Steig sollte man t. sein.

Tritt|si|cher|heit, die: *das Trittsicherstein; trittsichere Beschaffenheit, trittsicheres Verhalten.*

trittst: ↑ treten.

Tri|umph, der; -[e]s, -e [lat. triumphus = feierlicher Einzug des Feldherrn; Siegeszug; Sieg]: **1. a)** *großer, mit großer Genugtuung, Freude erlebter Sieg, Erfolg:* ein beispielloser, riesiger, ungeheurer, unerhörter T.; der T. eines Politikers, Schauspielers, einer Sportlerin, einer Mannschaft; ein T. der Technik, der Wissenschaft; einen T. errringen, erleben; sie genoss den T.; alle gönnten ihr den, ihren T.; die Sängerin feierte einen großen T., feierte -e *(hatte sehr großen Erfolg)* bei ihrem Gastspiel; **b)** *große Genugtuung, Befriedigung, Freude über einen errungenen Erfolg, Sieg o. Ä.:* der Abschluss dieses Unternehmens war für ihn ein großer T.; T. spiegelte sich, zeigte sich in seiner Miene, in seiner Stimme; die siegreiche Mannschaft wurde im T. *(mit großem Jubel, großer Begeisterung)* durch die Straßen geleitet. **2.** *Triumphzug.*

tri|um|phal ⟨Adj.⟩ [lat. triumphalis, zu: triumphus, ↑ Triumph]: **a)** *einen Triumph* (1) *darstellend, durch seine Großartigkeit begeisterte Anerkennung findend, auslösend:* der -e Erfolg der Theateraufführung; das Debüt des Bundestrainers war t.; **b)** *von begeistertem Jubel begleitet; mit großem Jubel, großer Begeisterung:* jmdm. einen -en Empfang bereiten; einen -en Einzug halten; die Sieger wurden t. gefeiert, empfangen.

Tri|um|pha|tor, der; -s, ...oren [lat. triumphator, zu: triumphare, ↑ triumphieren]: **1.** *(in der römischen Antike) in einem Triumphzug einziehender siegreicher Feldherr.* **2.** (bildungsspr.) *jmd., der einen großen Sieg, große Erfolge errungen hat.*

Tri|umph|bo|gen, der (Archit.): **1.** *(bes. in der Antike) meist aus Anlass eines Sieges, zur Ehrung eines Feldherrn od. Kaisers errichtetes Bauwerk in Gestalt eines großen, frei stehenden Tores mit einem od. mehreren bogenförmigen Durchgängen.* **2.** *(bes. in mittelalterlichen Kirchen) Bogen* (2) *vor der Apsis od. dem Querschiff, der häufig mit einer Darstellung des Triumphes Christi od. der Kirche geschmückt ist.*

Tri|umph|ge|schrei, das: *großer, lauter Jubel über einen Triumph* (1 a), *Sieg, Erfolg.*

tri|um|phie|ren ⟨sw. V.; hat⟩ [spätmhd. triumphieren < lat. triumphare, zu: triumphus, ↑ Triumph]: **a)** *Triumph* (1 b) *empfinden:* endlich t. können; er hatte leider zu früh triumphiert; heimlich triumphierte sie wegen seiner Schlappe; triumphierend lachen; etw. mit triumphierender Miene sagen; **b)** *einen vollständigen Sieg über jmdn., etw. erringen; sich gegenüber jmdm., etw. als siegreich, sehr erfolgreich erweisen:* über seine Gegner, Rivalen, Feinde t.; der Mensch hat über diese Krankheit triumphiert; Ü *der Geist triumphiert über die Natur.*

Tri|umph|marsch, der: *triumphaler Marsch, Zug.*

Tri|umph|wa|gen, der: *(in der römischen Antike) Wagen, bes. Quadriga, für den Triumphator.*

Tri|umph|zug, der: *(in der römischen Antike) prunkvoller Festzug für einen siegreichen Feldherrn u. sein Heer:* der T. führte zum Kapitol; Ü *die siegreichen Sportler wurden im T. (begleitet von einer jubelnden Menge) durch die Stadt gefahren.*

Tri|um|vir, der; -s u. -n, -n [lat. triumvir (Pl. triumviri), zu: tres (Gen.: trium) = drei u. vir = Mann]: *(in der römischen Antike) Mitglied eines Triumvirats.*

Tri|um|vi|rat, das; -[e]s, -e [lat. triumviratus, zu: triumvir, ↑ Triumvir]: *(in der römischen Antike) ¹Bund* (1 a) *dreier Männer (als eine Art Kommission zur Erledigung bestimmter Staatsgeschäfte):* ein T. schließen, einsetzen.

tri|va|lent ⟨Adj.⟩ [zu lat. tri- = drei-, geb. nach ↑ bivalent] (Fachspr.): *dreiwertig.*

Tri|via ⟨Pl.⟩ [zu lat. trivialis = jedermann zugänglich, allgemein bekannt, zu: trivium, ↑ Trivium]: *[weniger bedeutsames] Allgemeinwissen; Wissenswertes: Informationen, Nachrichten, T. –* das holt sich keiner mehr aus dem Radio.

tri|vi|al ⟨Adj.⟩ [frz. trivial < lat. trivialis = jedermann zugänglich, allgemein bekannt, zu: trivium, ↑ Trivium] (bildungsspr.): **a)** *im Ideengehalt, gedanklich, künstlerisch recht unbedeutend, durchschnittlich; platt, abgedroschen:* -e Gedanken, Bemerkungen, Worte, Weisheiten, Thesen; etw. t. finden; **b)** *alltäglich, gewöhnlich; nichts Auffälliges aufweisend:* ein ganz -es Menü; eine Beamtenlaufbahn einzuschlagen erschien ihr allzu t.

Tri|vi|a|li|tät, die; -, -en [frz. trivialité, zu: trivial, ↑ trivial] (bildungsspr.): **1.** ⟨o. Pl.⟩ *das Trivialsein:* die T. seiner Gedanken, ihres Lebens. **2.** *triviale Äußerung, Idee:* in diesem Text stehen nur -en.

Tri|vi|al|li|te|ra|tur, die ⟨Pl. selten⟩: *der Unterhaltung dienende, inhaltlich unkomplizierte u. mit einfacheren sprachlichen Mitteln arbeitende Literatur.*

Tri|vi|al|na|me, der: *volkstümlicher Name einer Tier-, Pflanzenart, einer Chemikalie.*

Tri|vi|al|ro|man, der: *der Unterhaltung dienender, inhaltlich unkomplizierter u. mit einfacheren sprachlichen Mitteln verfasster Roman.*

◆ **Tri|vi|al|schu|le,** die [älter = Vorbereitungsanstalt für höhere Lateinschulen, LÜ von mlat. schola trivialis = Lehranstalt, in der (im Unterschied zur Universität) nur das Trivium gelehrt wird]: *Elementar-, Volksschule:* Sie halfen sich durch, indem sie für die Advokaten schrieben, Kinder der geringeren Klasse durch Hausunterricht etwas weiter brachten, als es in -n zu geschehen pflegt (Goethe, Dichtung u. Wahrheit 5).

Tri|vi|um, das; -s [lat. trivium = Kreuzung dreier Wege, zu: tri- = drei- u. via = Weg, Straße]: *Gesamtheit der drei unteren Fächer (Grammatik, Rhetorik, Dialektik) im mittelalterlichen Universitätswesen.*

Tri|zeps, der; -[es], -e [zu lat. triceps = dreiköpfig, zu: tri- = drei- u. caput = Haupt, Kopf] (Anat.): *an einem Ende in drei Teile auslaufender Muskel.*

tro|chä|isch ⟨Adj.⟩ [lat. trochaicus < griech. trochaïkós] (Verslehre): *aus Trochäen bestehend, nach der Art des Trochäus, in Trochäen:* -e Verse.

Tro|chä|us, der; -, ...äen [lat. trochaeus < griech. trochaîos, eigtl. = schnell] (Verslehre): *Versfuß aus einer langen (betonten) u. einer kurzen (unbetonten) Silbe.*

tro|cken ⟨Adj.⟩ [mhd. trucken, ahd. truckan, H. u.]: **1. a)** *nicht von Feuchtigkeit (bes. Wasser) durchdrungen od. von außen, an der Oberfläche damit benetzt, bedeckt; frei von Feuchtigkeit, Nässe:* -e Wäsche, Schuhe; sie soll das -e Geschirr in den Schrank stellen; -e Erde; -er Boden; -e Straßen; -e Luft; -e Kälte *(kalte Witterung mit geringer Luftfeuchtigkeit);* sie hörte alles mit -en Auges (geh.; *ohne weinen zu müssen, ohne Rührung)* an; sich t. *(mit einem elektrischen Rasierapparat)* rasieren; -e Bohrungen (Jargon; *ergebnislose Bohrungen nach Erdöl);* die Farben, die Haare sind noch nicht t.; bitte das Geschirr sorgfältig t. reiben; ich muss die Wäsche noch t. schleudern; er hat den Boden nicht richtig t. gewischt; etw. t. *(in trockenem Zustand)* bügeln, reinigen; wir sind noch t. *(bevor es regnete)* nach Hause gekommen; wenigstens sitzen wir hier t. *(im Trockenen);* ⟨subst.:⟩ sie war froh, im Trock[e]nen *(auf trockenem, festem Boden stand, an Land)* war; im Trock[e]nen *(an einem trockenen, vor dem Regen geschützten Platz);* *** auf dem Trock[e]nen sitzen** /(auch:) **sein** (ugs.: 1. *nicht mehr weiterkommen, festsitzen u. keine Lösung finden, bes. aus finanziellen Gründen in Verlegenheit, handlungsunfähig sein.* scherzh.; *vor einem leeren Glas sitzen, nichts mehr zu trinken haben;* urspr. wohl bezogen auf ein Schiff, das auf Grund gelaufen ist od. bei Ebbe festliegt); **b)** *keine, nur wenige Niederschläge aufweisend; niederschlags-, regenarm:* -es Klima; ein -er Sommer, Herbst; es war im Ganzen ein sehr -es Jahr; bei -em Wetter *(wenn es nicht regnet)* ins Freie gehen; einen draußen; **c)** *die ursprünglich vorhandene [erwünschte] Feuchtigkeit verloren, abgegeben habend; ausgetrocknet, ausgedorrt:* -es Holz, Laub, Heu; -e Zweige; er mag kein -es *(altbackenes, nicht mehr frisches)* Brot; sie hatte einen ganz -en Hals; ihre Lippen waren t.; das Brot ist t. geworden; **d)** *einen geringen, nicht genügenden Gehalt an feuchter, bes. fettiger Substanz aufweisend:* eine -e Haut haben; das Fleisch dieser Tiere ist im Allgemeinen ziemlich t.; der Braten ist fast zu t. geworden; **e)** *ohne Aufstrich, Belag, ohne Beilage, [flüssige] Zutat:* -es Brot an die Hühner verfüttern; sie isst lieber -en Kuchen als Obstkuchen; wir mussten die Kartoffeln, das Fleisch t. *(ohne Soße)* essen; **f)** (Jargon) *Als Alkoholkranke[r] auf den Genuss jeglicher alkoholischer Getränke verzichtend:* -e Alkoholiker; er ist seit 20 Jahren t.; **g)** (ugs.) *(von einem Kleinkind)* nicht mehr einnässend: unsere Kleine ist noch nicht, war schon mit 2 Jahren t. **2.** *(von Weinen o. Ä.) wenig unvergorenen Zucker enthaltend:* sie bevorzugt -e Weine; der Sekt, Sherry ist mir zu t., ist extra t. **3. a)** *sehr nüchtern, allzu sachlich, ohne Ausschmückung, Fantasie u. daher oft ziemlich langweilig; nicht anregend, nicht unterhaltsam:* eine -e Abhandlung, Arbeit; ein -er Bericht; ein -er Beruf; die -en Zahlen einer statistischen Erhebung; er ist ein ziemlich -er *(nüchterner u. langweiliger)* Mensch; das Thema ist mir zu t.; **b)** *sich schlicht, nüchtern auf die reine Information beschränkend; ohne Umschweife:* eine -e Antwort, Bemerkung, Äußerung; sein Ton, seine Ausdrucksweise ist immer ziemlich t.; sie hat es ihr ganz t. ins Gesicht gesagt; Nein, sagt Herr de Bonsac, und er sagt es kurz und t. (Kempowski, Zeit 311); **c)** *in seiner Sachlichkeit, Ungerührtheit, Unverblümtheit erheiternd, witzig wirkend:* alle lachten über ihre -en Bemerkungen, Einwürfe, Zwischenrufe; einen -en Humor haben. **4.** *dem Klang nach spröde, hart, scharf [u. kurz]:* der -e Knall eines Gewehrs; ein -es Lachen, Husten; die Boxen bringen die Bässe schön t.; der Ton des Instruments klingt, ist sehr t.; die Akustik in diesem Saal ist t. *(es gibt wenig Nachhall).* **5. a)** (Sportjargon, bes. Boxen, Fußball) *in der Ausführung hart u. genau, dabei meist ohne große Vorbereitung durchgeführt u. für den Gegner überraschend:* ein -er Schuss aus 17 Metern; **b)** (Kfz-Technik-Jargon) *stramm, straff; nicht locker oder weich:* eine -e Federung.

Tro|cken|an|la|ge, die: *Anlage zum Trocknen.*

Tro|cken|bat|te|rie, die (Elektrot.): *aus Trockenelementen gebildete Batterie.*

Tro|cken|bee|re, die (Bot.): *Beerenfrucht mit bei der Reife eintrocknender Fruchtwand.*

Tro|cken|bee|ren|aus|le|se, die: **1.** *Beerenauslese (1) aus rosinenartig geschrumpften, edelfaulen, einzeln ausgelesenen Trauben.* **2.** *aus Trockenbeerenauslese (1) gewonnener feinster Wein.*

Tro|cken|blu|me, die: *(dekorativen Zwecken dienende) getrocknete Blume (z. B. Strohblume).*

Tro|cken|bo|den, der: *Boden (7) zum Trocknen der Wäsche.*

Tro|cken|dock, das: *Dock (1), das nach Einfahrt des zu dockenden Schiffs mit einem Tor verschlossen u. leer gepumpt wird.*

Tro|cken|ei, das ⟨o. Pl.⟩: *Eipulver.*

Tro|cken|eis, das: *Kühlmittel aus Kohlendioxid, das durch starke Abkühlung in einen festen bzw. schneeartigen Zustand gebracht worden ist.*

Tro|cken|ele|ment, das (Elektrot.): *galvanisches Element (6), bes. zur Herstellung bestimmter Batterien, bei dem der ursprünglich flüssige Elektrolyt durch Zusatz geeigneter Substanzen pastenartig verdickt worden ist.*

tro|cken|fal|len ⟨st. V.; ist⟩ (Fachspr.): **a)** *(von überfluteten Flächen, bes. vom Watt) durch Abfließen des Wassers zum Vorschein kommen:* das Watt fällt zweimal täglich trocken; **b)** *(von schwimmenden Objekten) sich mit dem Absinken des Wasserspiegels auf eine trockenfallende Fläche senken:* die Boote im Tidehafen fallen bei Ebbe trocken.

Tro|cken|fäu|le, die: *Pflanzenkrankheit, bei der das pflanzliche Gewebe (bes. von Früchten, Wurzeln u. Knollen) verhärtet, morsch wird.*

Tro|cken|fleisch, das: *(zur Haltbarmachung) getrocknetes Fleisch.*

Tro|cken|fut|ter, das (bes. Landwirtsch.): *getrocknetes, aus trockenen Bestandteilen bestehendes Futter (bes. im Unterschied zu Grünfutter).*

Tro|cken|füt|te|rung, die (Landwirtsch.): *Fütterung mit Trockenfutter.*

Tro|cken|ge|biet, das (Geogr.): *Gebiet der Erde (wie Wüste, Steppe, Savanne) mit wenig Regen u. starker Verdunstung.*

Tro|cken|ge|stell, das: *Gestell, auf das etw. zum Trocknen gehängt wird.*

Tro|cken|ge|wicht, das (Kaufmannsspr.): *Gewicht einer Ware in trockenem Zustand, nach einem Vorgang des Trocknens.*

Tro|cken|hau|be, die: *elektrisches Heißluftgerät zum Trocknen der Haare, bei dem ein glockenartiger, an eine Haube (1a) erinnernder Teil, dem die Heißluft entströmt, über den Kopf gestülpt wird:* sie saß gerade unter der T.

Tro|cken|heit, die; -, -en: **1.** ⟨o. Pl.⟩ *das Trockensein; trockene Beschaffenheit, trockener Zustand.* **2.** ⟨Pl. selten⟩ *Dürreperiode.*

Tro|cken|kurs, der: *die realen Bedingungen noch ausschließender, vorbereitender Kurs zum Erlernen u. Einüben der Grundlagen von etw.*

tro|cken|le|gen ⟨sw. V.; hat⟩: **1.** *einem Baby die nassen Windeln entfernen u. durch frische ersetzen:* das Baby muss trockengelegt werden. **2.** *durch Kanalisieren, Dränage, Dammbau o. Ä. entwässern:* ein Moor t. **3.** (Jargon) *eine[n] Suchtkranke[n], bes. eine[n] Alkoholkranke[n], von seiner bzw. ihrer körperlichen Abhängigkeit befreien.*

Tro|cken|le|gung, die; -, -en: *das Trockenlegen.*

Tro|cken|mas|se, die: *Substanz einer gesamten Masse ohne den Anteil an Wasser:* der Fettgehalt von Käse wird auf die T. bezogen; 30% in der T. (Abk.: i. Tr.)

Tro|cken|milch, die: *durch Entzug von Wasser haltbar gemachte Milch in Form eines weißen Pulvers; Milchpulver.*

Tro|cken|mit|tel, das (Chemie): *Substanz, die leicht Wasser aufnimmt u. zum Trocknen von Gasen, Flüssigkeiten u. Feststoffen verwendet wird.*

Tro|cken|obst, das: *Dörrobst, Backobst.*

Tro|cken|pe|ri|o|de, die: *Trockenzeit.*

Tro|cken|platz, der: *zum Trocknen der Wäsche vorgesehener Platz im Freien.*

Tro|cken|pres|se, die (Fotogr.): *elektrisch beheizte, gewölbte Metallplatte zum Trocknen der Fotografien nach dem Entwickeln u. Wässern.*

Tro|cken|ra|sie|rer, der (ugs.): **1.** *elektrischer Rasierapparat.* **2.** *jmd., der sich mit einem elektrischen Rasierapparat rasiert.*

Tro|cken|ra|sur, die: *Rasur mit einem elektrischen Rasierapparat.*

Tro|cken|raum, der: *zum Trocknen von Wäsche, Kleidern vorgesehener Raum.*

tro|cken rei|ben, tro|cken|rei|ben ⟨st. V.; hat⟩: *durch Reiben mit einem Tuch o. Ä. trocknen:* das Geschirr trocken reiben.

Tro|cken|schleu|der, die: *Wäscheschleuder.*

tro|cken schleu|dern, tro|cken|schleu|dern ⟨sw. V.; hat⟩: *mithilfe einer Trockenschleuder trocknen:* die Wäsche noch trocken schleudern.

tro|cken|sit|zen ⟨unr. V.; hat; südd., österr., schweiz.: ist⟩ (ugs.): *nichts zu trinken haben:* wenn wir hier noch länger t., gehen wir.

Tro|cken|spi|ri|tus, der ⟨o. Pl.⟩: *weiße, feste Substanz in Form von Tabletten, kleinen Tafeln o. Ä., die wie Spiritus brennt.*

Tro|cken|star|re, die (Zool.): *(bei manchen Tieren wie Fröschen, Krokodilen o. Ä.) Zustand der Starre, der bei großer Trockenheit, bes. während der Trockenzeit, eintritt.*

tro|cken|ste|hen ⟨unr. V.; hat, südd., österr. u. schweiz.: ist⟩ (Landwirtsch.): *aufgrund des Trächtigseins keine Milch geben.*

Tro|cken|sub|s|tanz, die: *Trockenmasse.*

Tro|cken|übung, die (Sport): *das eigentliche Erlernen u. Einüben einer bestimmten Tätigkeit vorbereitende Übung, wobei noch keine realen Bedingungen herrschen.*

Tro|cken|wä|sche, die: *Wäsche in trockenem Zustand: die Waschmaschine fasst 5 kg T.*

tro|cken wi|schen, tro|cken|wi|schen ⟨sw. V.; hat⟩: *durch Wischen mit einem Tuch o. Ä. trocknen: du musst den Boden noch trocken wischen.*

Tro|cken|zeit, die: *(in tropischen u. subtropischen Regionen) zwischen den Regenzeiten liegende Periode ohne od. mit nur geringen Niederschlägen.*

trock|nen ⟨sw. V.⟩ [aus mhd. truckenen, ahd. trucканēn = trocken werden u. mhd. trücke(ne)n, ahd. trucknen = trocken machen]: **1.** ⟨ist/(auch:) hat⟩ *trocken* (1 a, c) *werden, nach u. nach seine Feuchtigkeit, Nässe verlieren: etw. trocknet schnell, leicht, gut, nur langsam, schlecht; die Wäsche trocknet an der Luft, auf der Leine, im Wind; die aufgehängten Netze sind schon/ haben schon getrocknet; er ließ sich [in der Sonne] t.;* ⟨subst.:⟩ *Er legt seine gewaschenen Socken zum Trocknen aufs Gras* (Remarque, Westen 34). **2.** ⟨hat⟩ **a)** *trocken* (1 a) *machen, werden lassen: die Wäsche auf dem Balkon t.; die Haare mit einem Föhn t.; der Wind hatte ihre Kleider schon wieder getrocknet; seine Stirn, seine Augen mit einem Taschentuch t.; sie trocknete dem Kind den Kopf; ich trockne mir die Hände an der Schürze;* **b)** *trocknend* (2 a) *beseitigen, entfernen, zum Verschwinden bringen: sie versuchte rasch, den ausgelaufenen Wein, den Fleck zu t.;* **c)** *einer Sache Feuchtigkeit, Wasser entziehen, um sie haltbar zu machen; dörren: Äpfel, Pflaumen, Pilze, Gemüse t.; das Fleisch wird an der Luft getrocknet; getrocknete Erbsen.*

Trock|ner, der; -s, -: **1.** *(meist in öffentlichen Toiletten u. Ä.) Gerät zum Trocknen der Hände mit Heißluft.* **2.** Kurzf. von ↑ Wäschetrockner (1).

◆ **Trock|nis,** die; -: *Trockenheit: Alles andere, was zur Sicherheit und T. des Gebäudes dienen konnte, ward beraten und ausgeführt* (Goethe, Tag- und Jahreshefte 1818).

Trock|nung, die; -, -en: *das Trocknen* (1, 2 a, c).

Trock|nungs|raum, der (schweiz.): *Trockenraum.*

Trod|del, die; -, -n [spätmhd. tradel, zu ahd. trādo = Franse, Quaste, H. u.]: *kleinere Quaste, die meist an einer Schnur o. Ä. irgendwo herunterhängt: die -n an einem Lampenschirm; eine Wollmütze mit einer T.*

Trod|del|blu|me, die: *(in den Alpen heimische) Pflanze mit runden Rosettenblättern u. blauvioletten od. rosafarbenen, glockenförmigen, nickenden Blüten.*

Trö|del, der; -s [spätmhd. in: tredelmarkt, H. u.]: **1.** (ugs., oft abwertend) *alte, als wertlos, unnütz angesehene Gegenstände (bes. Kleider, Möbel, Hausrat); alter, unnützer Kram: den ganzen T. kannst du wegwerfen.* **2.** Kurzf. von ↑ Trödelmarkt.

Trö|de|lei, die; -, -en (ugs. abwertend): *als lästig, störend, hinderlich empfundenes Trödeln* (1).

Trö|del|kram, der (ugs. abwertend): *Trödel* (1).

Trö|del|la|den, der ⟨Pl. ...läden⟩ (ugs.): *Laden eines Trödlers* (2).

Trö|del|markt, der: *Flohmarkt.*

trö|deln ⟨sw. V.⟩: **1.** [H. u.] **a)** ⟨hat⟩ (ugs., oft abwertend) *beim Arbeiten, Tätigsein, Gehen langsam sein, nicht zügig vorankommen, die Zeit verschwenden: auf dem Nachhauseweg, bei der Arbeit t.;* **b)** ⟨ist⟩ (ugs.) *sich langsam [ohne festes Ziel] irgendwohin bewegen, schlendern: durch die Stadt, nach Hause t.* **2.** ⟨hat⟩ [zu ↑ Trödel] (seltener) *mit Trödel* (1) *handeln.*

Tröd|ler, der; -s, -: **1.** [zu ↑ trödeln (1 a)] (ugs. abwertend) *jmd., der [ständig] trödelt* (1 a). **2.** [zu ↑ trödeln (2)] (ugs.) *jmd., der mit Trödel* (1) *handelt; Gebraucht-, Altwarenhändler.*

Tröd|le|rin, die; -, -nen: w. Form zu ↑ Trödler.

Tro|er, der; -s, - (Fachspr.): *Trojaner.*

Tro|e|rin, die; -, -nen: w. Form zu ↑ Troer.

troff, tröf|fe: ↑ triefen.

trog: ↑ trügen.

Trog, der; -[e]s, Tröge [mhd. troc, ahd. trog, zu ↑ Teer in dessen eigtl. Bed. »Baum, Eiche« u. eigtl. = hölzernes Gefäß; (ausgehöhlter) Baumstamm]: **1.** *großes, längliches, offenes Gefäß, das je nach Verwendungszweck meist aus Holz od. Stein gefertigt ist: ein großer, hölzerner T.; der T. eines Brunnens; den Teig in einem T. (Backtrog) kneten; den Schweinen das Futter in die Tröge schütten.* **2.** (Geol.) *lang gestrecktes, durch Senkung entstandenes Becken, das mit Sedimenten angefüllt ist.* **3.** (Meteorol.) *Gebiet tiefen Luftdrucks innerhalb der Strömung auf der Rückseite eines sich abbauenden Tiefdruckgebiets.*

trö|ge: ↑ trügen.

Trog|tal, das ⟨Pl. ...täler⟩ [zu ↑ Trog (2)] (Geogr.): *von Gletschern umgeformtes, wannenförmiges Tal.*

Troi|er: ↑ Troyer.

Troi|ka [auch: 'tro:ika], die; -, -s [russ. trojka, zu: troe = drei]: *russisches Dreigespann;* Ü *an der Spitze des Staates stand eine T. (drei gemeinsam regierende Politiker).*

tro|isch ⟨Adj.⟩ (Fachspr.): *trojanisch.*

Tro|ja: *antike Stadt in Kleinasien.*

Tro|ja|ner, der; -s, -: **1.** [zu ↑ Troja] Ew. **2.** [engl. Trojan, kurz für: Trojan Horse = trojanisches Pferd] (EDV-Jargon) *trojanisches Pferd.*

Tro|ja|ne|rin, die; -, -nen: w. Form zu ↑ Trojaner (1).

tro|ja|nisch ⟨Adj.⟩: *Troja, die Trojaner betreffend; von den Trojanern stammend, zu ihnen gehörend.*

Troll, der; -[e]s, -e [aus dem Skand. (vgl. schwed. troll), vermischt mit älter Troll, mhd. troll (wohl zu ↑ Tolpel) = grober, ungeschlachter Kerl] (bes. nord. Mythol.): *dämonisches Wesen, das männlich od. weiblich sein, die Gestalt eines Riesen od. eines Zwergs haben kann.*

Troll|blu|me, die [wohl zu veraltet trollen = rollen, wälzen, nach den kugeligen Blüten]: *(zu den Hahnenfußgewächsen gehörende) Pflanze mit handförmig geteilten Blättern u. leuchtend gelben, kugeligen Blüten.*

trol|len ⟨sw. V.⟩ [mhd. trollen, H. u.; vgl. veraltet trollen = rollen, wälzen] (ugs.): **a)** ⟨t. + sich; hat⟩ *[langsam, kleinlaut, beschämt, ein wenig unwillig] weggehen:* troll dich!; *sie trollte sich in ihr Zimmer;* **b)** ⟨ist⟩ *langsam, gemächlich irgendwohin gehen, sich fortbewegen: nach Hause, durch die Straßen t.*

Trol|ley ['trɔli], der; -s, -s [engl. trolley = Einkaufswagen, Kofferkuli, wohl urspr. mundartl. u. zu: to troll = laufen, gehen, vgl. ↑ trollen]: *mit Rollen u. einem ausziehbaren Griff zum Hintersich-Herziehen versehener Koffer.*

Trol|ley|bus ['trɔli...], der; ...busses, ...busse [engl. trolleybus, aus: trolley = Kontaktrolle an der Oberleitung u. bus = Bus] (bes. schweiz.): *Oberleitungsomnibus.*

Trol|lin|ger, der; -s, - [wohl entstellt aus »Tirolinger«, nach der urspr. Herkunft aus Südtirol]: **a)** ⟨o. Pl.⟩ *spät reifende Rebsorte mit großen, rotbis tiefblauen Beeren;* **b)** *leichter, herzhafter Rotwein aus Trollinger* (1).

Trom|be, die; -, -n [frz. trombe < ital. tromba, eigtl. = Trompete] (Meteorol.): *Wind-, Wasserhose.*

Trom|mel, die; -, -n [mhd. trumel, zu: tru(m)me = Schlaginstrument, lautm.]: **1.** *Schlaginstrument, bei dem über eine zylindrische Zarge aus Holz od. Metall an beiden Öffnungen ein [Kalb]fell gespannt ist u. auf dem mit Trommelstöcken ein dumpfer Ton unbestimmter Höhe erzeugt wird: eine große, kleine T.; die -n dröhnten dumpf; die T. schlagen, rühren;* * **die T. für jmdn., etw. rühren** (ugs.: *für jmdn., etw. eifrig Werbung treiben, Propaganda machen*); ◆ **vor der T. heiraten** (*[von einem Soldaten] sich im Felde trauen lassen; diese Trauungen wurden vor einer als Altar dienenden Trommel vollzogen*): *Mit fünfzehn zu den Schweden durchgegangen, mit siebzehn eine Fünfzehnjährige vor der T. geheiratet* [C. F. Meyer, Page 142]). **2. a)** *zylindrischer Behälter [als Teil eines Geräts o. Ä.] zur Aufnahme von etw.: die T. des Revolvers, Maschinengewehrs; die T. der Waschmaschine, Betonmischmaschine; ein Los aus der T. nehmen;* **b)** *zylindrischer Gegenstand zum Aufwickeln eines Kabels, Seils o. Ä.;* **c)** Kurzf. von ↑ Bremstrommel.

Trom|mel|brem|se, die (Kfz-Technik): *Bremse, bei der die Bremsbacken gegen die Innenwand einer Trommel (2 c) gedrückt werden.*

Trom|me|lei, die; -, -en (oft abwertend): *[dauerndes] Trommeln.*

Trom|mel|fell, das: **1.** *über eine Trommel* (1) *gespanntes [Kalb]fell.* **2. *elastische Membran* (2), *die das Mittelohr zum äußeren Gehörgang hin schließt u. die akustischen Schwingungen auf die Gehörknöchelchen überträgt: ihr war das T. geplatzt; bei dem Lärm platzt einem ja das T.!*

Trom|mel|feu|er, das (Militär): *anhaltendes, starkes Artilleriefeuer [zur Vorbereitung eines Angriffs]: unter T. liegen;* Ü *sie war dem T. der Fragen von Journalisten ausgesetzt.*

trom|meln ⟨sw. V.; hat⟩ [spätmhd. trumelen]: **1. a)** *die Trommel* (1) *schlagen: laut t.;* **b)** *trommelnd* (1 a) *spielen: einen Marsch t.* **2. a)** *in kurzen [rhythmischen] Abständen [heftig] (an, auf, gegen etw.) schlagen, klopfen: [mit den Fingern] auf den/(selten:) dem Tisch t.; er trommelt mit den Fäusten gegen/(selten:) an der Tür, auf die Theke;* **b)** *durch Trommeln* (1 a, 2 a) *erreichen, dass jmd. [aufwacht u.] herauskommt: jmdn. aus dem Bett, aus dem Schlaf t.;* **c)** *etw. durch Trommeln* (2 a) *hören, vernehmen lassen: den Rhythmus [auf die Tische] t.;* **d)** *mit einem Geräusch wie beim Trommeln* (1 a) *auftreffen: der Regen trommelt auf das Verdeck des Wagens, auf das/(selten:) dem [Blech]dach, an das Fenster;* **e)** *heftig klopfen* (2): *sie spürte ihr Herz t.;* ⟨auch unpers.:⟩ *es trommelt in meinem Schädel.* **3.** (Jägerspr.) *heftig mit den Vorderläufen schlagen: der Hase trommelt.*

Trom|mel|re|vol|ver, der: *Revolver* (1).

Trom|mel|schlag, der: *Schlag auf eine Trommel* (1).

Trom|mel|stock, der: ¹*Stock* (1) *zum Trommeln* (1).

Trom|mel|wasch|ma|schi|ne, die: *Waschmaschine, bei der die Wäsche in einer Trommel* (2 b) *gewaschen wird.*

Trom|mel|wir|bel, der: *schnelle Aufeinanderfolge kurzer Trommelschläge.*

Tromm|ler, der; -s, -: *jmd., der trommelt* (1 a).

Tromm|le|rin, die; -, -nen: w. Form zu ↑ Trommler.

Trom|pe, die; -, -n [(a)frz. trompe (↑ Trompete), eigtl. = Trompete (nach der Form)] (Archit.): *(in* *der Baukunst des Orients u. des europäischen MA.s)* Kehle (3) *in Form eines nach unten geöffneten Trichters, mit der ein quadratischer Raum in einen achteckigen übergeführt wird.*

Trompe-l'Œil [trõp'lœj], das, auch: der; -[s] [frz., eigtl. = Augentäuschung] (bild. Kunst): **1.** *(bes. im Manierismus u. im Barock) Vortäuschung realer Gegenständlichkeit mit malerischen Mitteln.* **2.** *(in der Innenarchitektur der 1980er-Jahre) Raumgestaltung mit Effekten des Trompe-l'Œil.*

Trom|pe|te, die; -, -n [mhd. trum(p)et < mfrz. trompette, Vkl. von afrz. trompe = Trompete, wahrsch. aus dem Germ.]: *Blechblasinstrument mit kesselförmigem Mundstück* (1), *drei Ventilen* (2 a) *u. gerader, gebogener od. gewundener zylindrisch-konischer Röhre:* eine gestopfte T.; die -n schmetterten; [auf der] T. blasen.

trom|pe|ten ⟨sw. V.; hat⟩ [spätmhd. trometen]: **1. a)** *Trompete blasen:* im Straßenmusikant trompetete; **b)** *etw. auf der Trompete blasen:* einen Tusch, Marsch t. **2. a)** *Laute hervorbringen, die denen einer Trompete ähnlich sind:* die Elefanten trompeteten; sie trompetet (ugs. scherzh.; *schnäuzt sich laut*); **b)** *lautstark äußern, schmetternd verkünden:* eine Nachricht, Neuigkeit [durch das ganze Quartier] t.

Trom|pe|ten|baum, der [nach der Form der Blüten]: *(in Nordamerika u. Ostasien heimischer) Baum mit sehr großen Blättern, kleinen, weißen, trichterförmigen Blüten in Rispen od. Trauben u. langen Schotenfrüchten.*

Trom|pe|ten|sig|nal, das: *auf einer Trompete geblasenes Signal.*

Trom|pe|ten|stoß, der: *kurzes, rasches Blasen in eine Trompete.*

Trom|pe|ten|tier|chen, das: *trichterförmiges Wimpertierchen.*

Trom|pe|ter, der; -s, - [spätmhd. trumpter]: *jmd., der [berufsmäßig] Trompete spielt.*

Trom|pe|te|rin, die; -, -nen: w. Form zu ↑ Trompeter.

◆ **Trom|pe|ter|tisch,** der [urspr. = Tisch abseits der Festtafel für die Musiker]: *kleiner, abseits [einer Festtafel] stehender Tisch: ... ein durchaus willkommener Gast, vorausgesetzt, dass er nichts dagegen hat, in der Küche sozusagen am T. Platz zu nehmen* (Fontane, Jenny Treibel 71).

Tro|pa|ri|um, das; -s, ...ien: **1.** [zu ↑²Tropen, geb. nach ↑ Aquarium] *Anlage, Haus (in Zoos) mit tropischem Klima zur Haltung bestimmter Pflanzen u. Tiere.* **2.** [zu ↑ Tropus] *Buch der römisch-katholischen Kirche, das Tropen* (2 b) *enthält.*

Tro|pe, die; -, -n [griech. tropé, eigtl. = (Hin)wendung, Richtung, zu: trépein = wenden] (Stilkunde): *bildlicher Ausdruck, Wort (Wortgruppe), das nicht im eigentlichen, sondern im übertragenen Sinne gebraucht wird (z. B. Bacchus für Wein).*

¹**Tro|pen:** Pl. von ↑ Trope, ↑ Tropus.

²**Tro|pen** ⟨Pl.⟩ [eigtl. = Wendekreise, griech. tropaí (hēliou) = Sonnenwende, Pl. von: tropé, ↑ Trope]: *Gebiete beiderseits des Äquators (zwischen den Wendekreisen) mit ständig hohen Temperaturen:* sie war lange in den T.

Tro|pen|an|zug, der: *leichter Anzug für heiße Klimazonen.*

Tro|pen|fie|ber, das: *schwere Form der Malaria.*

Tro|pen|helm, der: *als Kopfbedeckung in heißen Ländern getragener flacher Helm aus Kork mit Stoffüberzug.*

Tro|pen|holz, das ⟨Pl. selten⟩: *Holz aus den ²Tropen:* T. aus ökologischem Waldbau.

Tro|pen|ins|ti|tut, das: *der Erforschung, Bekämpfung u. Heilung von Tropenkrankheiten dienendes Institut.*

Tro|pen|kli|ma, das: *tropisches Klima.*

Tro|pen|kol|ler, der ⟨Pl. selten⟩: *starker Erregungszustand, der bei Bewohnern gemäßigter Zonen beim Aufenthalt in den ²Tropen auftreten kann.*

Tro|pen|krank|heit, die: *speziell in den ²Tropen od. Subtropen auftretende Krankheit (z. B. Malaria).*

Tro|pen|me|di|zin, die: *Teilgebiet der Medizin, das sich mit Erforschung u. Behandlung der Tropenkrankheiten befasst.*

Tro|pen|pflan|ze, die: *in den ²Tropen heimische Pflanze.*

Tro|pen|sturm, der: *tropischer Wirbelsturm:* T. erneut zum Hurrikan hochgestuft.

tro|pen|taug|lich ⟨Adj.⟩: *aufgrund seiner Konstitution fähig, in den ²Tropen zu leben u. zu arbeiten.*

¹**Tropf,** der; -[e]s, Tröpfe [im 13. Jh. tropf(e), zu ↑ triefen; nach der Vorstellung »nichtig, unbedeutend wie ein Tropfen«] (oft abwertend): *jmd., der als einfältig, bedauernswert angesehen wird:* ein armer, aufgeblasener T.

²**Tropf,** der; -[e]s, -e [zu ↑ tropfen] (Med.): *Vorrichtung, bei der aus einer Flasche o. Ä. Flüssigkeit, bes. eine Nährstofflösung, durch einen Schlauch [ständig] in die Vene des Patienten tropft:* einen T. anlegen; am T. hängen; Ü am finanziellen T. des Staates hängen.

tropf|bar ⟨Adj.⟩: *(von Flüssigkeiten) fähig, Tropfen zu bilden; nicht zähflüssig.*

Tröpf|chen, das; -s, -: Vkl. zu ↑ Tropfen (1 a).

Tröpf|chen|in|fek|ti|on, die (Med.): *Infektion, bei der Krankheitserreger (z. B. von Grippe) über feinste Speichel- od. Schleimtröpfchen beim Sprechen, Husten u. Niesen übertragen werden.*

Tröpf|chen|mo|dell, das ⟨o. Pl.⟩ (Kernphysik): *anschauliches Kernmodell, in dem der Atomkern als Tröpfchen einer Flüssigkeit aus Protonen u. Neutronen behandelt wird.*

tröpf|chen|wei|se ⟨Adv.⟩: **1.** *in kleinen Tropfen:* Medizin t. verabreichen; (mit Verbalsubstantiven auch attr.:) eine t. Verabreichung. **2.** (ugs.) *in kleinen, [zögernd] aufeinanderfolgenden Teilen; nach u. nach:* ein Manuskript t. abliefern.

tröp|feln ⟨sw. V.⟩ [spätmhd. trepfeln, Weiterbildung zu ↑ tropfen]: **1.** ⟨ist⟩ *in kleinen Tropfen schwach [u. langsam] niederfallen od. an etw. herabrinnen:* Blut tröpfelt auf die Erde, aus der Wunde. **2.** ⟨hat⟩ *(irgendwohin) tröpfeln* (1) *lassen:* die Medizin mit dem Löffel, auf ein Stück Zucker t. **3.** ⟨unpers.; hat⟩ (ugs.) *in vereinzelten kleinen Tropfen regnen:* es tröpfelt schon, nur.

trop|fen ⟨sw. V.⟩ [mhd. tropfen, ahd. tropfōn, zu ↑ Tropfen]: **1.** ⟨ist⟩ *(von einer Flüssigkeit) in einzelnen Tropfen herabfallen od. auf etw. herunterrollen:* der Regen tropft vom Dach; Schweiß tropfte ihnen von der Stirn; Tränen tropften aus ihren Augen, auf den Brief; ⟨unpers.; hat⟩ *einzelne Tropfen von sich geben, an sich herunterrollen lassen:* der [undichte, nicht richtig zugedrehte] Wasserhahn tropft; die Kerze tropft; ihm tropft die Nase. **3.** ⟨hat⟩ *(irgendwohin) tropfen* (1) *lassen; träufeln:* [jmdm. sich] eine Tinktur auf die Wunde, in die Augen t.

Trop|fen, der; -s, - [mhd. tropfe, ahd. tropfo, zu ↑ triefen]: **1. a)** *kleine Flüssigkeitsmenge von kugeliger od. länglich runder Form:* ein großer, ein T. Wasser, Öl, Blut; dreimal täglich 15 T. von etw. einnehmen; die ersten T. fallen (*es fängt an zu regnen*); es regnet dicke T.; der Schweiß stand ihm in feinen, dicken T. auf der Stirn; Ü ein bitterer T.; ein Wermut in ihrer Freude; Auch hier ist, wie in jedem Mythos, ein T. Wahrheit (Thieß, Reich 478); Spr steter T. höhlt den Stein (*durch ständige Wiederholung von etw. erreicht man schließlich [bei jmdm.] sein Ziel;* nach lat. gutta cavat lapidem); **b)** *sehr kleine Menge einer Flüssigkeit:* ein paar T. Parfüm, Sonnenöl; einige T. bittere/(geh.:) bitterer Medizin; es ist kein T. Milch mehr im Hause; er hat keinen T. Alkohol zu sich genommen; die Gläser bis auf den letzten T. (*völlig*) leeren; er hat keinen T. [Alkohol] getrunken; * **ein T. auf den heißen Stein sein** (ugs.; *angesichts des bestehenden Bedarfs viel zu wenig, eine zu vernachlässigend kleine u. daher wirkungslose Menge sein*). **2.** ⟨Pl.⟩ *Medizin, die in Tropfen* (1 a) *eingenommen wird:* jmdm. T. verschreiben; seine T. [ein]nehmen. **3.** * **ein guter/edler T.** (emotional; *guter Wein, Branntwein*).

Tropf|fen|fän|ger, der: *an einem Gefäß, bes. an der Tülle einer [Kaffee]kanne, angebrachter kleiner Schwamm zum Auffangen restlicher Tropfen nach dem Ausschenken.*

trop|fen|för|mig ⟨Adj.⟩: *Tropfenform aufweisend.*

trop|fen|wei|se ⟨Adv.⟩: **1.** *in aufeinanderfolgenden Tropfen od. sehr kleinen Mengen einer Flüssigkeit:* eine Medizin t. einnehmen. **2.** (ugs.) *tröpfchenweise* (2): ein Geständnis t. ablegen.

Tropf|fla|sche, die: *kleine Flasche zum Einträufeln von Medizin.*

Tropf|in|fu|si|on, die (Med.): *über einen ²Tropf erfolgende Infusion.*

tropf|nass ⟨Adj.⟩: *triefend nass:* -e Kleider; die Kinder waren t.; Wäsche t. (*ohne sie auszuwringen*) aufhängen.

Tropf|stein, der: *Absonderung von Kalkstein aus tropfendem Wasser als Stalagmit od. Stalaktit.*

Tropf|stein|höh|le, die: *Höhle, in der sich Tropfstein gebildet hat.*

Tro|phäe, die; -, -n [(frz. trophée <) (spät)lat. trop(h)aeum < griech. trópaion = Siegeszeichen, zu: tropé = Wendung (des Feindes), Flucht (↑ Trope)]: **1.** *erbeutete Fahne, Waffe o. Ä. als Zeichen des Sieges über den Feind:* -n aus dem Dreißigjährigen Krieg; -n erbeuten. **2.** Kurzf. von ↑ Jagdtrophäe. **3.** *aus einem bestimmten Gegenstand bestehender Preis für den Sieger in einem [sportlichen] Wettbewerb:* sie hat die T. errungen.

tro|phisch ⟨Adj.⟩ [zu griech. trophé = Nahrung, Ernährung] (Med.): *die Ernährung [der Gewebe] betreffend.*

Tro|pho|lo|ge, der; -n, -n [↑ -loge]: *Wissenschaftler auf dem Gebiet der Trophologie.*

Tro|pho|lo|gie, die; - [↑ -logie]: *Ernährungswissenschaft.*

Tro|pho|lo|gin, die; -, -nen: w. Form zu ↑ Trophologe.

tro|pho|lo|gisch ⟨Adj.⟩: *die Trophologie betreffend.*

Tro|pi|ka, die; - [nlat. Malaria tropica] (Med.): *besonders schwere Form der Malaria.*

tro|pisch ⟨Adj.⟩: **1.** *die ²Tropen betreffend, dazu gehörend, dafür charakteristisch:* der -e Regenwald, Urwald; das -e Afrika; -e Pflanzen[arten]. **2.** *durch seine Art Vorstellungen von den ²Tropen weckend:* -e Temperaturen; -es Sommerwetter.

Tro|pis|mus, der; -, ...men [zu griech. tropé (↑ Trope), trópos = Wendung, Richtung] (Biol.): *durch äußere Reize verursachte Bewegung von Teilen festgewachsener Pflanzen od. festsitzender Tiere auf die Reizquelle hin od. von dort weg.*

Tro|po|pau|se [auch: 'tro:po...], die; - [zu griech. paũsis = Ende] (Meteorol.): *zwischen Troposphäre u. Stratosphäre liegende atmosphärische Schicht.*

Tro|po|sphä|re, die; - (Meteorol.): *unterste Schicht der Erdatmosphäre, in der sich die Wettervorgänge abspielen.*

trop|po: ↑ ma non troppo.

Tro|pus, der; -, Tropen: **1.** [lat. tropus < griech.

trópos = Wendung, Richtung; Art u. Weise] Trope. **2.** [mlat. tropus < spätlat. tropus = Gesang(sweise)] (ma. Musik) **a)** *Kirchentonart;* **b)** *textliche [u. musikalische] Ausschmückung, Erweiterung liturgischer Gesänge.*

Tross, der; -es, -e [spätmhd. trosse = Gepäck(stück) < (a)frz. trousse = Bündel, zu: trousser = aufladen (u. festschnüren), über das Vlat. < lat. torquere = winden, drehen, ↑ Tortur (Lasten wurden urspr. auf Tragtieren mit Seilen umwunden u. so gesichert)]: **1.** (Militär, bes. früher) *die Truppe mit Verpflegung u. Munition versorgender Wagenpark:* der T. lag in einem anderen Dorf; beim T. sein. **2.** *Gefolge* (a): die Königin mit ihrem T.; Ü viele marschierten im T. der Nationalsozialisten *(waren deren Mitläufer).* **3.** *Zug von gemeinsam (sich irgendwohin begebenden Personen:* der Betriebsrat und ein T. von jungen Arbeitnehmern; dann setzt sich der T. der Demonstranten in Bewegung.

Tros|se, die; -, -n [aus dem Niederd. < mniederd. trosse, über das Mniederl. < (a)frz. trousse (↑ Tross) od. < frz. drosse = Ruder-, Steuertau (über das Roman. viell. < lat. tradux = Weinranke, ²Reis)]: *starkes Tau aus Hanf, Draht o. Ä., das bes. zum Befestigen des Schiffes am Kai u. zum Schleppen verwendet wird:* die -n loswerfen.

Trost, der; -[e]s [mhd., ahd. trōst, zu ↑ treu u. eigtl. = (innere) Festigkeit]: *etw., was jmdn. in seinem Leid, seiner Niedergeschlagenheit aufrichtet:* ein wahrer, rechter, süßer T.; die Kinder sind ihr ganzer, einziger T.; ihre Worte waren ihm ein T.; es war ihr ein gewisser T., zu wissen, dass ihr Konkurrent auch keinen Erfolg hatte; das ist ein schwacher, magerer T. (iron.; *das hilft mir hierbei gar nicht);* ein T. *(nur gut),* dass es bald vorbei ist; jmdm. T. spenden; bei Gott, in etw. T. suchen, finden; aus etw. T. schöpfen; etw. gibt, bringt jmdm. T.; nur geringen T. bringende Worte; als T. *(Trostpflaster)* bekommst du eine Tafel Schokolade; des -es bedürfen; nach geistlichem T. *(nach Trost durch Gottes Wort)* verlangen; zum T. kann ich Ihnen sagen, dass Sie nicht vollkommen umsonst hierhergekommen sind; ** nicht [ganz/recht] bei T./(auch:) -e sein* (ugs.; *nicht recht bei Verstand sein;* H. u.).

trost|be|dürf|tig ⟨Adj.⟩: *Trost benötigend.*

Trost brin|gend, trost|brin|gend ⟨Adj.⟩: *tröstend, jmdm. Trost bringend:* ein Trost bringender Brief.

trös|ten ⟨sw. V.; hat⟩ [mhd. trœsten, ahd. trōsten, zu ↑ Trost]: **1. a)** *durch Teilnahme u. Zuspruch jmds. Leid lindern:* jmdn. [in seinem Leid, Kummer, Schmerz, Unglück] t.; jmdn. mit teilnehmenden Worten [über einen Verlust] t.; wir trösteten uns gegenseitig damit, dass wir ja bald in Urlaub gehen würden; sie wollte sich nicht t. lassen *(war untröstlich);* tröstende Worte; tröstend den Arm um jmdn. legen; Warum muss ich immer der Stärkere und der Gefasstere sein, ich möchte doch auch einmal weinen und getröstet werden (Remarque, Westen 131); **b)** *einen Trost für jmdn. bedeuten:* dieser Gedanke tröstete sie. **2.** ⟨t. + sich⟩ **a)** *sich über etw. Negatives mit etw. beruhigen:* sich mit dem Gedanken, damit t., dass es nicht unbedingt perfekt sein muss; **b)** *sich für einen Verlust o. Ä. mit jmdm., etw. einen Ersatz schaffen:* über die Niederlage hatte er sich mit einem Kognak getröstet; sich mit einer anderen Frau t.

Trös|ter, der; -s, - [mhd. trœster, trœstære = Tröster; Helfer; Bürge; Heiliger Geist]: *jmd., der jmdn. tröstet:* er war ihr T. in schweren Stunden; Ü die Arbeit, Musik, der Alkohol war oft ihr T.

Trös|te|rin, die; -, -nen [mhd. trœstærinne, trœsterinne]: w. Form zu ↑ Tröster.

tröst|lich ⟨Adj.⟩ [mhd. trœstelich]: *Trost bringend:* -e Worte; ein -er Brief; es ist t. *(beruhigend)* zu wissen, dass es noch mitfühlende Menschen gibt; das klingt t.; ⟨subst.:⟩ diese Vorstellung, dieser Gedanke hatte etwas Tröstliches für sie.

trost|los ⟨Adj.⟩ [mhd. trōst(e)lōs, ahd. drōstolōs]: **a)** *in seinem Leid, seiner ausweglosen Lage o. Ä. ohne einen Trost:* mir war t. zumute; sich trost- und hilflos fühlen; **b)** *auf deprimierende Art schlecht:* -e Verhältnisse; ein -es Einerlei; das Wetter war t.; um seine Frau war es t. bestellt; **c)** *(von einer Landschaft, Örtlichkeit o. Ä.) öde, ohne jeden Reiz, hässlich:* eine -e Gegend; -e Fassaden; einen -en Eindruck machen; dieser Anblick ist t.

Trost|lo|sig|keit, die; -, -en: **1.** *das Trostlossein; trostloses Wesen, trostlose Art.* **2.** *etw. trostlos Wirkendes.*

Trost|pflas|ter, das (scherzh.): *kleinere Entschädigung für einen Verlust, eine Benachteiligung, einen Misserfolg o. Ä.*

Trost|preis, der: *(bei einem [Rate]wettbewerb) kleine Entschädigung für jmdn., der keinen Preis gewonnen hat:* einen T. erhalten.

trost|reich ⟨Adj.⟩: *jmdm. Trost bringend; zu trösten vermögend:* -e Worte; die Antwort war nicht sehr t.

Trost|spruch, der: *tröstender Spruch.*

Trös|tung, die; -, -en [mhd. trœstunge]: *Trost, der jmdm. von irgendwoher zuteilwird:* religiöse -en; er starb, versehen mit den -en der Kirche (kath., orthodoxe Kirche; *nach Empfang der Sterbesakramente).*

trost|voll ⟨Adj.⟩: *Trost enthaltend:* es ist t., zu wissen, dass ich mich immer noch auf dich verlassen kann.

Trost|wort, das ⟨Pl. -e⟩: *tröstendes Wort:* jmdm. ein paar -e sagen.

Trö|te, die; -, -n [zu ↑ tröten] (landsch.): **1.** *kleines trompetenartiges Blasinstrument, bes. für Kinder, mit dem einzelne laute Töne erzeugt werden können.* **2.** (scherzh.) *Megafon.*

trö|ten ⟨sw. V.; hat⟩ [lautm.] (landsch.): *blasen* (2 a).

Trott, der; -[e]s, -e ⟨Pl. selten⟩ [wohl aus dem Roman., vgl. ital. trotto, frz. trot = Trab, zu ital. trottare = traben bzw. frz. trotter = traben, viell. verw. mit ↑ treten]: **1. a)** *langsame [schwerfällige] Gangart [von Pferden]:* die Pferde gehen im T.; ♦ **b)** *Trab:* Nun geht's im schärfsten T., dass Ross und Reiter keichen (Wieland, Oberon 4, 34). **2.** (leicht abwertend) *immer gleicher, eintöniger Ablauf des alltäglichen T.; es geht alles seinen gewohnten T.; in den alten T. verfallen, zurückfallen (die alten Gewohnheiten annehmen).*

Trot|tel, der; -s, - [zu ↑ trotten, trotteln, wahrsch. eigtl. = Mensch mit täppischem Gang] (ugs. abwertend): *jmd., der als einfältig, ungeschickt, willenlos angesehen wird, als jmd., der nicht bemerkt, was um ihn herum vorgeht:* ein harmloser, alter T.; ich bin doch kein, nicht dein T.!; jmdn. als T. behandeln; Und zugleich hielt er ihn für einen ausgemachten T., da Grenouille, wie er glaubte, nicht das geringste Kapital aus seiner Begabung schlug (Süskind, Parfum 229).

trot|tel|haft ⟨Adj.⟩ (ugs. abwertend): *in der Art eines Trottels, an einen Trottel erinnernd:* sein Benehmen war t.

trot|te|lig ⟨Adj.⟩ (ugs. abwertend): *sich wie ein Trottel verhaltend, trottelhaft:* ein -er Alter; bist du denn schon so t.?

Trot|te|lig|keit, die; - (ugs. abwertend): *das Trotteligsein.*

trot|teln ⟨sw. V.; ist⟩ [zu ↑ trotten] (ugs.): *mit kleinen, unregelmäßigen Schritten langsam u. unaufmerksam gehen:* das kleine Mädchen trottelte hinter den Erwachsenen.

trot|ten ⟨sw. V.; ist⟩ [zu ↑ Trott]: *langsam, schwerfällig, stumpfsinnig irgendwohin gehen, sich fortbewegen:* durch die Stadt, zur Schule, nach Hause t.; die Kühe trotten in den Stall.

Trot|teur [...'tøːɐ̯], der; -s, -s [frz. trotteur, eigtl. = der zum schnellen Gang Geeignete, zu: trotter = traben, trotten, wohl aus dem Germ.] **1.** *eleganter, bequemer Laufschuh mit flachem od. mittlerem Absatz.* **2.** [zu frz. trotter im Sinne von »flanieren«] (veraltend) *kleiner Hut für Damen.*

Trot|toir [...'toa̯ːɐ̯], das; -s, -e u. -s [frz. trottoir, zu: trotter, ↑ Trotteur] (schweiz., sonst veraltend od. landsch.): *Bürgersteig:* Den Gebäuden zu beiden Seiten der Allee sind breite -s vorgelagert (Schädlich, Nähe 165).

trotz ⟨Präp. mit Gen., seltener mit Dativ⟩ [aus formelhaften Wendungen wie »Trotz sei ...«, »zu(m) Trotz«] **1.** *obwohl eine Person od. Sache einem bestimmten Vorgang, Tatbestand o. Ä. entgegensteht, ihn eigentlich unmöglich machen sollte; ungeachtet; ohne Rücksicht auf:* t. aller Bemühungen; t. heftiger Schmerzen; t. Beweisen; sie traten die Reise t. dichten Nebels/t. dichtem Nebel an; t. Frosts und Schnees/t. Frost und Schnee; t. des Regens gingen wir spazieren; t. allem/alledem blieben sie Freunde; t. der/den Strapazen ihrer Tournee waren die Akteure quicklebendig. ♦ **2.** *** **t. einem** *(besser, mehr als ein anderer;* aus älter: jmdm., einer Sache im Trotze = besser, mehr als jmd., etw.; vgl. auch älter trotzen = es jmdm. gleichtun können, jmdm. gewachsen sein).

Trotz, der; -es [mhd. traz, (md.) tratz, H. u.]: *hartnäckiger [eigensinniger] Widerstand gegen eine Autorität aus dem Gefühl heraus, im Recht zu sein:* kindlicher, kindischer, unbändiger, hartnäckiger T.; wogegen richtet sich ihr T.?; dem Kind den T. auszutreiben versuchen; T. bieten; etw. aus T., mit stillem, geheimem, bewusstem T. tun; in wütendem T. mit dem Fuß aufstampfen; Ü diese Krankheit bietet der Medizin immer noch T.; ** jmdm., einer Sache zum T. (trotz, entgegen):* den Kritikern zum T.; allen Warnungen zum T.).

Trotz|al|ter, das ⟨o. Pl.⟩: *Phase in der Entwicklung des Kindes, in der es den eigenen Willen erfährt u. durchzusetzen versucht.*

¹trotz|dem ['tr̥ɔts..., auch: ˌtr̥ɔts'deːm] ⟨Adv.⟩: *ohne Rücksicht darauf zu nehmen, dessen ungeachtet:* sie wusste, dass es verboten war, aber sie tat es t.; es ging ihm schlecht, t. erledigte er seine Arbeit.

²trotz|dem ⟨Konj.⟩ [entstanden aus: trotz dem, dass ...] (ugs.): *obwohl, obgleich:* er kam, t. (standardspr.: *obwohl)* er krank war.

trot|zen ⟨sw. V.; hat⟩ [mhd. tratzen, trutzen, zu ↑ Trotz]: **1.** (geh.) *in festem Vertrauen auf seine Kraft, sein Recht einer Person od. Sache, die eine Bedrohung darstellt, Widerstand leisten, der Herausforderung durch sie standhalten:* den Gefahren, den Stürmen, der Kälte, dem Hungertod, dem Schicksal t.; er wagte es, dem Chef zu t.; Ü diese Krankheit scheint jeder Behandlung zu t. **2. a)** *aus einem bestimmten Anlass trotzig* (1) *sein:* das Kind trotzte ihn; **b)** *trotzend* (2 a) *äußern, sagen;* **c)** (landsch.) *jmdm. böse sein:* mit jmdm. t.

Trot|zer, der; -s, - (Bot.): *zweijährige Pflanze, die im 2. Jahr keine Blüten bildet.*

trot|zig ⟨Adj.⟩ [mhd. tratzic, (md.) trotzic]: **1.** *(bes. von Kindern) hartnäckig bestrebt, seinen eigenen Willen durchzusetzen; sich dem Eingriff eines fremden Willens widersetzend od. ein entsprechendes Verhalten ausdrückend:* ein -es Kind; ein -es Gesicht machen; eine -e Antwort geben; t. schweigen. **2.** *Trotz bietend; trotzend* (1): ein -es Lachen.

Trotz|kis|mus, der; -: *von dem russischen Revolutionär u. Politiker L. D. Trotzki (1879–1940) u. seinen Anhängern vertretene Variante des Kommunismus mit der Forderung der unmittelbaren Verwirklichung der Weltrevolution.*

Trotz|kist, der; -en, -en: *Anhänger des Trotzkismus.*

Trotz|kis|tin, die; -, -nen: w. Form zu ↑ Trotzkist.

trotz|kis|tisch ⟨Adj.⟩: *den Trotzkismus betreffend, zu ihm gehörend, ihm anhängend.*

Trotz|kopf, der: *jmd., der trotzig ist; trotziges Kind:* ein kleiner T.

trotz|köp|fig ⟨Adj.⟩: *trotzig, sich wie ein Trotzkopf verhaltend:* ein -es Kind.

Trotz|pha|se, die (Psychol.): *Trotzalter.*

Trotz|re|ak|ti|on, die: *aus Trotz heraus erfolgende Reaktion.*

Trou|ba|dour [ˈtruːbaduːɐ̯, auch: …ˈduːɐ̯], der; -s, -e u. -s [frz. troubadour < aprovenz. trobador = Dichter, zu: trobar = dichten]: *provenzalischer Dichter u. Sänger des 12. u. 13. Jh.s als Vertreter einer höfischen Liebeslyrik, in deren Mittelpunkt die Frauenverehrung stand.* Ü *eine alte Langspielplatte des bretonischen T.s* (bildungsspr. scherzh. od. iron.: *Chanson-, Schlagersängers*).

Trou|ble [ˈtrʌbl̩], der; -s [engl. trouble, zu: to trouble < a)frz. troubler, ↑ Trubel] (ugs.): *Ärger, Unannehmlichkeit[en]:* er hat T. mit seiner Frau; es gibt T., wenn ich zu spät komme; sie sorgt mal wieder für ganz großen T.

Trou|ble|shoo|ter [ˈtrʌblʃuːtɐ], der; -s, - [engl. trouble-shooter, zu: shooter = jmd., der schießt]: *jmd., der sich bemüht, Konflikte auszuräumen, Probleme aus der Welt zu schaffen.*

Trou|ble|shoo|te|rin, die; -, -nen: w. Form zu ↑ Troubleshooter.

Trou|pi|er [truˈpi̯eː], der; -s [frz. troupier, zu: troupe, ↑ Truppe] (veraltend): *altgedienter, erfahrener Soldat.*

Trou|vail|le [truˈvaːjə], die; -, -n [frz. trouvaille, zu: trouver = finden] (bildungsspr.): *von Kunstgegenständen, -werken, Sammelobjekten o. Ä.) glücklicher Fund, wertvolle Entdeckung.*

Trou|vère [truˈvɛːr], der; -[s], -s [frz. trouvère, zu: trouver (= finden) in der alten Bed. »Verse erfinden, dichten« (vgl. Troubadour)]: *nordfranzösischer Dichter u. Sänger des 12. u. 13. Jh.s.*

Troy|er, Troier, der; -s, - [mniederd. troye = Jacke, Wams; mhd. treie, troie, wohl nach dem Namen der frz. Stadt Troyes]: **a)** (Seemannsspr.) *wollenes Unterhemd od. Strickjacke der Matrosen;* **b)** *grobmaschiger dickerer Rollkragenpullover, dessen Rollkragen sich mit einem Reißverschluss öffnen u. umlegen lässt.*

Troyes [trɔa]: *Stadt in Frankreich.*

Troy|ge|wicht, das; -[e]s, -e [engl. troy weight, nach der frz. Stadt Troyes]: *in Großbritannien u. den USA verwendetes Gewicht für Edelmetalle u. Edelsteine.*

Trub, der; -[e]s [zu ↑ trübe] (Fachspr.): *bei der Bier- u. Weinherstellung nach der Gärung im Filter od. in den Fässern auftretender Niederschlag.*

trub: ↑ trübe.

trü|be, (seltener:) trüb ⟨Adj.⟩ [mhd. trüebe, ahd. truobi, wahrsch. rückgeb. aus mhd. trüeben, ahd. truoben (↑ trüben u. eigtl. wohl = aufgewühlt, aufgerührt)]: **1. a)** *(bes. von etw. Flüssigem) [durch aufgerührte, schwebende od. abgelagerte Teilchen] nicht durchsichtig klar, sauber:* eine trübe Flüssigkeit, Pfütze; trübes Glas; trübe Fensterscheiben; die Kranke hat trübe *(glanzlose)* Augen; der Wein, der Saft, der Spiegel ist t.; * **im Trüben fischen** (ugs.: *unklare Zustände zum eigenen Vorteil ausnutzen;* wohl nach der früheren Gewohnheit der Fischer, den Schlamm am Ufer aufzuwühlen, um Fische auf-

zuscheuchen u. in ihre Netze zu treiben); **b)** *nicht hell leuchtend, kein volles Licht verbreitend:* trübes Licht; eine trübe Funzel, Glühbirne; Er ging zurück zu seinem Schreibtisch, setzte sich und knipste die nur trüb leuchtende Lampe an (Heym, Schwarzenberg 81); **c)** *nicht von der Sonne erhellt u. verhältnismäßig dunkel; [dunstig u.] nach Regen aussehend, verhangen, regnerisch:* trübes Wetter; ein trüber Himmel, Tag, Morgen; heute ist es t.; **d)** *(von Farben) nicht hell u. leuchtend:* ein trübes Gelb. **2. a)** *gedrückt, von traurigen od. düsteren Gedanken erfüllt u. eine entsprechende Verfassung hindeutend:* eine trübe Stimmung; es waren trübe Stunden, Tage; er sprach mit trüber Stimme; t. blicken; **b)** *von zweifelhafter Qualität u. unerfreulich:* trübe Erfahrungen; das ist eine trübe Sache; die Quellen, aus denen diese Nachricht stammt, sind t. *(fragwürdig).*

Trü|be, die; -, -n: **1.** ⟨o. Pl.⟩ *trübe* (1, 2) *Beschaffenheit, Art.* **2.** (Fachspr.) *Aufschlämmung fester Stoffe in Wasser od. einer anderen Flüssigkeit.*

Tru|bel, der; -s [frz. trouble = Verwirrung; Unruhe, zu: troubler = trüben; verwirren, beunruhigen, über das Vlat. zu lat. turba = Verwirrung; Lärm, Schar, Haufe]: *[mit Gewühl* (2) *verbundenes] lebhaftes geschäftiges od. lustiges Treiben:* in der Stadt herrschte [ein] großer T.; sie wollten dem T. des Festtags entgehen; in dem allgemeinen T. waren die Kinder verloren gegangen; sie stürzten sich in den dicksten T.; aus ihm nicht herauskommen *(nicht zur Ruhe kommen);* Ü im T. der Ereignisse.

trü|ben ⟨sw. V.; hat⟩ [mhd. trüeben = trüb machen, ahd. truoben = verwirren, in Unruhe bringen, eigtl. = den Bodensatz aufrühren]: **1. a)** *trübe* (1 a) *machen u. verunreinigen:* der chemische Zusatz trübt die Flüssigkeit; der Tintenfisch trübt das Wasser; die Scheiben sind bis zur Undurchsichtigkeit getrübt; **b)** ⟨t. + sich⟩ *trübe* (1 a) *werden:* die Flüssigkeit, der Saft, das Wasser trübt sich; ihre Augen haben sich getrübt *(sind glanzlos geworden).* **2.** (selten) **a)** *trübe* (1 c)*, dunkler machen:* der Himmel war von keiner Wolke getrübt; **b)** ⟨t. + sich⟩ *trübe* (1 c) *werden:* der Himmel trübte sich. **3. a)** *eine gute Gemütsverfassung, gute Beziehungen, einen guten Zustand o. Ä. beeinträchtigen:* jmds. Glück, Freude; seit dem Zwischenfall war ihr gutes Verhältnis getrübt; **b)** ⟨t. + sich⟩ *durch etw. in seinem guten Zustand o. Ä. beeinträchtigt werden, sich verschlechtern:* ihr gutes Einvernehmen trübte sich erst, als er erneut undurchsichtige Entscheidungen fällte. **4. a)** *die Klarheit des Bewusstseins, des Urteils, einer Vorstellung o. Ä. beeinträchtigen, unsicher darin machen:* etw. trübt jmds. Blick [für etw.], Urteil; **b)** ⟨t. + sich⟩ *durch etw. unklar werden, sich verwirren:* ihr Bewusstsein, ihre Erinnerung hatte sich getrübt.

Trüb|glas, das ⟨o. Pl.⟩ (Fachspr.): *[durch Zusatz bestimmter Stoffe] undurchsichtig gemachtes Glas* (z. B. Milch-, Opalglas).

Trüb|sal, die; -, -e [mhd. trüebesal, ahd. truobisal] (geh.): **1.** *Leiden, die jmdn. bedrücken:* viel, große T., viele -e erdulden müssen. **2.** ⟨o. Pl.⟩ *tiefe Betrübnis:* sich der T. hingeben; jmdn. in seiner T. trösten; sie waren voller T.; * **T. blasen** (ugs.; *betrübt sein u. seinem Kummer nachhängen, ohne etw. machen zu können;* viell. eigtl. = »Trauer(musik) blasen«).

trüb|se|lig ⟨Adj.⟩: **1.** *durch seine Beschaffenheit (z. B. Ärmlichkeit, Öde) von niederdrückender Wirkung auf das Gemüt:* eine -e Gegend, Baracke; -e *(triste)* Farben. **2.** *traurigen Gedanken nachhängend od. eine entsprechende Gemütsverfassung ausdrückend:* -e Gedanken; eine -e

Stimmung; sie machte ein -es Gesicht; t. in einer Ecke sitzen.

Trüb|se|lig|keit, die; -, -en: **1.** ⟨o. Pl.⟩ *trübselige Art.* **2.** *etw. trübselig Wirkendes.*

Trüb|sinn, der ⟨o. Pl.⟩: *trübselige Gemütsverfassung; düstere, trübe Stimmung.*

trüb|sin|nig ⟨Adj.⟩: *trübe gestimmt, niedergeschlagen; Trübsinn ausdrückend:* ein -er Mensch; t. dasitzen.

Trub|stoff, der ⟨meist Pl.⟩ (Fachspr.): *Trub.*

Trü|bung, die; -, -en: **1.** *das Getrübtsein, Verunreinigtsein:* eine trübe, starke T.; eine T. ist eingetreten, verschwindet wieder; eine T. der Augen, der Linse feststellen. **2. a)** *Beeinträchtigung eines guten Zustandes o. Ä.:* eine T. ihrer Freundschaft; **b)** *Beeinträchtigung des klaren Bewusstseins, Urteils o. Ä.* **3.** *Verringerung der Lichtdurchlässigkeit, bes. der Erdatmosphäre, durch Dunst:* eine T. der Luft.

◆ **Tru|che**, die; -, -n [mhd. truche, ahd. trucha] (schwäb.): Nebenf. von ↑ Truhe: … sah er auf seiner leeren T. ein fremdes Männlein sitzen (Mörike, Hutzelmännlein 116).

Truch|sess, der; -es u. ⟨älter:⟩ -en, -e [mhd. truh(t)sæze, ahd. truh(t)sāʒ(3)o, wohl zu: truht = Trupp, Schar u. sāʒo (↑ Sass), also eigtl. = Vorsitzender einer Schar]: (im MA.) *Vorsteher der Hofverwaltung, der u. a. mit der Aufsicht über die Tafel beauftragt war.*

Truck [trʌk], der; -s, -s [engl. truck, H. u.]: engl. Bez. für: *Lastwagen.*

Tru|cker [ˈtrʌkɐ], der; -s, - [engl. trucker, zu: truck = Lastkraftwagen]: engl. Bez. für: *Lastwagenfahrer.*

Tru|cke|rin, die; -, -nen: w. Form zu ↑ Trucker.

Truck|sys|tem, das [engl. truck system, zu: truck = Tausch, H. u.] (früher): *Entlohnung von Arbeitern durch Waren.*

tru|deln ⟨sw. V.⟩ [H. u.]: **1.** ⟨ist⟩ *langsam u. ungleichmäßig irgendwohin rollen; sich um sich selbst drehend fallen, sich nach unten bewegen:* der Ball, die Kugel trudelt; die welken Blätter trudeln auf die Erde; ⟨subst.:⟩ das Flugzeug geriet ins Trudeln. **2.** ⟨ist⟩ (ugs. scherzh.) *langsam irgendwohin gehen, fahren:* durch die Gegend t. **3.** ⟨hat⟩ (bei »trudelnde« Bewegung des rollenden Würfels) (landsch.) *würfeln:* im Wirtshaus sitzen und t.

◆ **Tru|del|kreuz**, das; -es, -e [Trude = Nebenf. von ↑ Drude]: *Drudenfuß:* Ein Blitz … wäre etliche Male hin- und hergezuckt, hätte ein T. auf den Himmel geschrieben (Rosegger, Waldbauernbub 78).

Trüf|fel, die; -, -n, ugs. meist: der; -s, - [frz. truffle, Nebenf. von: truffe, über das Ital. od. Aprovenz. < vlat. tufera < lat. tuber, eigtl. = Höcker, Beule, Geschwulst; Wurzelknolle]: **1.** *(unter der Erde wachsender) knolliger Schlauchpilz mit rauer, dunkler Oberfläche, der als Speise- u. Gewürzpilz verwendet wird:* Leberwurst mit -n. **2.** *kugelförmige Praline aus schokoladenartiger, oft mit Rum aromatisierter u. in Kakaopulver gewälzter Masse.*

Trüf|fel|le|ber|pas|te|te, die: *Leberpastete mit Trüffeln* (1).

trüf|feln ⟨sw. V.; hat⟩: *mit Trüffeln* (1) *würzen.*

Trüf|fel|schwein, das: *Schwein, das für die Suche nach Trüffeln* (1) *abgerichtet ist.*

trug: ↑ tragen.

Trug, der; -[e]s [für mhd. trüge, ahd. trugī, zu ↑ trügen] (geh.): **a)** *das Trügen; Betrug, Täuschung:* * **Lug und T.** (↑ Lug); **b)** *von etw. ausgehende Täuschung; Vorspiegelung:* ein T. der Sinne, der Fantasie.

Trug|bild, das [mhd. trugebilde = Teufelsbild, Gespenst, ahd. trugibilde = täuschendes Bild]: *auf einer Sinnestäuschung beruhende Erscheinung; Bild der Fantasie:* ein T. narrte ihn.

Trug|dol|de, die (Bot.): *Blütenstand, dessen Blüten ungefähr in einer Ebene liegen, wobei die Blütenstiele im Unterschied zur Dolde aber nicht von einem einzigen Punkt ausgehen; Scheindolde, -blüte* (1).

trü|ge: ↑ tragen.

trü|gen ⟨st. V.; hat⟩ [mhd. triegen, ahd. triugan, verw. mit ↑ Traum]: *jmds. Erwartungen unerfüllt lassen; zu falschen Vorstellungen verleiten; täuschen, irreführen:* dieses Gefühl trog sie; meine Ahnungen, Hoffnungen hatten mich nicht getrogen *(wenn ich mich richtig erinnere),* war das vor zwei Jahren; ⟨häufig ohne Akk.-Obj.:⟩ der [äußere] Schein trügt; dieses Gefühl trog.

trü|ge|risch ⟨Adj.⟩ [zu veraltet Trüger = Betrüger]: **a)** *auf einer (möglicherweise verhängnisvollen) Fehleinschätzung der Lage beruhend:* ein -es Gefühl [der Sicherheit]; sich in einer -en *(nur scheinbar bestehenden)* Sicherheit wiegen; **b)** *geeignet, zu einer falschen Fehleinschätzung der Lage zu verleiten:* -er Schein, Glanz; die augenblickliche Ruhe ist t.; das Eis ist t. *(trägt nicht);* **c)** *(veraltend) jmdn. täuschend, ihm etw. vorgaukelnd:* sie spielt ein -es Spiel; seine Behauptungen erwiesen sich als t.

Trug|schluss, der: **1.** [zu ↑ Schluss (2)] **a)** *naheliegender, auf den ersten Blick richtig erscheinender falscher Schluss:* ein verhängnisvoller T.; dass teure Waren immer besser sind als billigere, ist ein T.; **b)** *(Logik) zur Täuschung des Gesprächspartners angewandter Fehlschluss.* **2.** [zu ↑ Schluss (4)] *(Musik) Form der Kadenz, bei der nach der Dominante nicht die zu erwartende Tonika, sondern ein anderer, meist mit der Tonika verwandter Akkord eintritt.*

Tru|he, die; -, -n [mhd. truhe, truche, ahd. truha, trucha, eigtl. = Gefäß, Gerät aus Holz, verw. mit ↑ Trog, zu ↑ Teer in dessen eigtl. Bed. »Baum, Eiche«]: *mit aufklappbarem Deckel versehenes kastenartiges Möbelstück, in dem Wäsche, Kleidung, Wertsachen o. Ä. aufbewahrt werden:* eine eichene, geschnitzte, bemalte T.

Tru|hen|de|ckel, der: *Deckel einer Truhe.*

Trul|lo, der; -s, Trulli [ital. trullo]: *(für Apulien typisches) rundes Wohnhaus mit konischem Dach.*

Trum, der od. das; -[e]s, -e u. Trümer [Nebenf. von ↑²Trumm]: **1.** *(Bergbau) a) Teil einer Fördereinrichtung od. -anlage;* **b)** *kleiner Gang.* **2.** *(Maschinenbau) frei laufender Teil des Förderbandes od. des Treibriemens.*

¹Trumm, der od. das; -[e]s, -e u. Trümmer: *Trum.*

²Trumm, das; -[e]s, Trümmer [mhd., ahd. drum = Endstück, Splitter, H. u.] *(österr. ugs., sonst landsch.): großes Stück, Exemplar von etw.:* ein schweres T.; ein T. von [einem] Buch; ein T. von einem Mannsbild/(selten:) ein T. Mannsbild; ♦ »Magst ein T. Brot, Peter?«, fragte der Steffel (Roseggar, Waldbauernbub 185).

Trüm|mer ⟨Pl.⟩ [spätmhd. trümer, drümer, Pl. von: drum, ↑²Trumm]: *Bruchstücke, Überreste eines zerstörten größeren Ganzen, bes. von etw. Gebautem;* rauchende, verstreut liegende T.; die T. eines Flugzeugs; T. beseitigen, wegräumen; die Stadt lag in -n *(war völlig zerstört),* war in T. gesunken *(geh.; war zerstört worden);* der Betrunkene hat alles in T. geschlagen *(entzweigeschlagen);* bei der Explosion sind alle Fensterscheiben in T. gegangen *(entzweigegangen);* etw. in T. legen *(völlig zerstören);* viele waren unter den -n begraben; Ü er stand vor den -n seines Lebens.

♦**Trüm|mer,** der; -, -n [↑ Trümmer]: *Bruchstück, Überrest:* Wenig Lebendes durchklimmt bekümmert neu entstande Hügel, und jede T. deutet auf ein Grab (Goethe, Die natürliche Tochter V, 8); Wir tragen die -n ins Nichts hinüber (Goethe, Faust I, 1613f.).

Trüm|mer|feld, das: *mit Trümmern bedeckte Fläche, bedecktes Gelände:* die Stadt war [nur noch] ein einziges T.

Trüm|mer|frak|tur, die (Med.): *Knochenbruch, bei dem [zahlreiche] Knochensplitter entstehen.*

Trüm|mer|frau, die (früher): *Frau, die (nach dem Zweiten Weltkrieg) mit der Beseitigung der Trümmer und dem Wiederaufbau der zerstörten Städte beschäftigt ist.*

Trüm|mer|grund|stück, das: *Grundstück mit den Trümmern des früheren Hauses.*

trüm|mer|haft ⟨Adj.⟩ (seltener): *fragmentarisch:* -e Erinnerungen.

Trüm|mer|hau|fen, der: *Haufen von Trümmern.*

Trüm|mer|land|schaft, die: *mit Trümmern bedeckte Landschaft, bedecktes Gelände.*

Trumpf, der; -[e]s, Trümpfe [urspr. volkstüml. Vereinfachung von ↑ Triumph unter Einfluss von frz. triomphe in der Bed. »Trumpf«]: **1.** *eine der [wahlweise] höchsten Karten bei Kartenspielen, mit der andere Karten gestochen werden können:* ein hoher, niedriger T.; was ist T. ?; Pik ist T.; lauter T./Trümpfe haben; [einen] T. an-, ausspielen, ziehen, spielen, bedienen; seinen T. behalten; die Hand voller Trümpfe, nur noch T. auf/in der Hand haben; R T. ist das Beste des Spiels (das Ausspielen eines Trumpfes ist eine begleitende Floskel). **2.** *entscheidendes Argument od. Mittel, das jmd. einsetzt, um sich einen Vorteil zu verschaffen, um etw. anderes od. andere zu übertreffen:* alle Trümpfe waren aufseiten der Opposition; * *T. sein ([gerade] von größter Wichtigkeit sein, [zurzeit] sehr geschätzt werden:* hier waren Kraft und Schnelligkeit T.); **wissen, zeigen, was T. ist** (ugs.: *wissen, zeigen, wie sich die Sache verhält, wie etw. zuzugehen hat);* **einen T. in der [Hinter]hand/im Ärmel haben** (*ein Erfolg versprechendes Mittel in Reserve haben);* **einen T. aus dem Ärmel ziehen** (*ein Erfolg versprechendes Mittel zum Einsatz bringen);* **alle Trümpfe in der Hand/in [den] Händen haben** (*die stärkere Position innehaben);* **jmdm. die Trümpfe aus den Händen nehmen** (*jmds. Vorteil zunichtemachen);* **einen T./alle Trümpfe aus der Hand geben** (*auf einen Vorteil/alle Vorteile verzichten);* **einen T. ausspielen** (*ein Erfolg versprechendes Mittel zum Einsatz bringen; auftrumpfend vorbringen).*

Trumpf|ass, Trumpf-Ass [auch: …ˈlas], das: *Ass der Trumpffarbe:* Trumpfass ist unser Trumpfass *(unser bester Mann).*

trump|fen ⟨sw. V.; hat⟩: **a)** (*mit einem Trumpf* 1) *stechen* (13b): das Kreuzass, den vierten Stich t.; **b)** *(als Trumpf) ausspielen:* mit Herzass t.; Ü der Kaffee trumpft mit einem außergewöhnlichen Aroma.

Trumpf|far|be, die: *Farbe, die Trumpf ist.*

Trumpf|kar|te, die: *Karte der Trumpffarbe.*

Trunk, der; -[e]s, Trünke ⟨Pl. selten⟩ [mhd. trunc, ahd. trunk, zu ↑ trinken] (geh.): **1.** *etw., was jmd. gerade trinkt; Getränk:* ein erfrischender, labender T. **2.** *das Trinken* (3 d): er ist dem T. verfallen, hat sich dem T. ergeben.

Trünk|chen, das; -s, -: Vkl. zu Trunk.

trun|ken ⟨Adj.⟩ [mhd. trunken, ahd. trunchan, trunkan, zu ↑ trinken] (geh.): **1.** *sich durch die Wirkung alkoholischer Getränke in einem Rauschzustand befindend; berauscht, betrunken:* sie waren t. von vom Wein; jmdn. [mit Schnaps] t. machen; … bis zum Abend, als die Taufgesellschaft schon satt und t. mit Ellenbogen den langen Tisch belastete … (Grass, Hundejahre 35). **2.** *in einen Rausch* (2) *versetzt od. einen entsprechenden Gemütszustand erkennen lassend:* -er Übermut; -e Freude, -e Tage; t. von/ vor Freude, Begeisterung, Glück; von einer Idee t. sein; der Sieg, die Musik machte sie t.

Trun|ken|bold, der; -[e]s, -e [mhd. trunkenbolt; zum 2. Bestandteil vgl. Witzbold] (abwertend): *Trinker, Alkoholiker:* sein Vater war ein T.

Trun|ken|heit, die; - [mhd. trunkenheit, ahd. drunkanheit]: **1.** *das Trunkensein* (1); *Betrunkenheit:* T. am Steuer; er befand sich im Zustand völliger T. **2.** (geh.) *das Trunkensein* (2): *eine leichte T. überkam sie.*

Trun|ken|heits|fahrt, die: *Fahrt eines unter Alkoholeinfluss stehenden Fahrers mit einem Kraftfahrzeug.*

trun|kie|ren ⟨sw. V.; hat⟩ [engl. to truncate = stutzen, kürzen, zu lat. truncatum, 2. Part. von: truncare = beschneiden] (EDV): **a)** *(eine Zeichenfolge) [teilweise] durch einen Platzhalter ersetzen:* einen Suchbegriff t.; **b)** (*in einer Zeichenfolge) einen Platzhalter verwenden:* es ist möglich, mitten im Wort zu t.

Trunk|sucht, die; -: *Sucht nach Alkoholgenuss; suchtartige Gewöhnung an Alkoholgenuss.*

trunk|süch|tig ⟨Adj.⟩: *an Trunksucht leidend; der Trunksucht verfallen.*

Trupp, der; -s, -s [frz. troupe, ↑ Truppe]: *kleine, meist in Bewegung befindliche Gruppe von Soldaten od. anderen zusammengehörigen Personen, die gemeinsam ein Vorhaben ausführen:* ein T. Emigranten; ein T. [berittener/(seltener:) berittene] Polizisten; ein T. Soldaten zog/(seltener:) zogen durch die Straßen; sie marschierten in einzelnen -s; Drüben im Arkadengang, nicht weit entfernt, verschnaufte ein T. ermatteter Nachzügler (Strauß, Niemand 66).

Trüpp|chen, das; -s, -: Vkl. zu ↑ Trupp.

Trup|pe, die; -, -n [frz. troupe, H. u., wohl aus dem Germ.]: **1. a)** *militärischer Verband:* eine motorisierte T.; reguläre, alliierte, eigene, feindliche, flüchtende, meuternde -n; die T. war angetreten; seine -n zusammenziehen, abziehen, in Marsch setzen; * **von der schnellen T. sein** (ugs.: *etw. sehr, allzu schnell erledigen);* **b)** ⟨o. Pl.⟩ *an der Front kämpfende Gesamtheit des Streitkräfte:* eine schlecht ausgerüstete T.; die kämpfende T.; die Schlagkraft, die Moral der T. verbessern; er wurde wegen Entfernung von der T. bestraft; Hans Sepp hatte sich aus der Kaserne entfernt und war nicht zum Dienst erschienen, obgleich er aus dem Spital nicht zur T. zurückversetzt worden war (Musil, Mann 1514). **2.** *Gruppe zusammen auftretender Schauspieler, Artisten, Sportler o. Ä.:* eine T. von Artisten.

Trup|pen|ab|bau, der: *Reduzierung der Truppenstärke.*

Trup|pen|ab|zug, der: *Abzug von Truppen.*

Trup|pen|be|treu|ung, die: *kulturelle Betreuung einer Truppe* (1).

Trup|pen|be|we|gung, die ⟨meist Pl.⟩: *Veränderung des Standorts von Truppen* (1).

Trup|pen|ein|heit, die: *Einheit* (3) *der Truppe.*

Trup|pen|gat|tung, die: *Zusammenfassung einzelner nach militärischem Auftrag, nach Ausrüstung u. Bewaffnung unterschiedener Truppen des Heeres.*

Trup|pen|kon|tin|gent, das: *von einem Land zur Verfügung gestellte Menge an Truppen* (1).

Trup|pen|pa|ra|de, die: *Truppenschau.*

Trup|pen|re|du|zie|rung, die: *Truppenabbau.*

Trup|pen|schau, die: *öffentliche Vorführung von Truppen u. Ausrüstungsgegenständen; Parade* (1).

Trup|pen|stär|ke, die: *zahlenmäßige Stärke einer Truppe:* die T. verringern.

Trup|pen|teil, der: *Einheit* (3).

Trup|pen|trans|port, der: *Transport von Truppen, Soldaten.*

Trup|pen|trans|por|ter, der: *Schiff, Flugzeug zum Truppentransporte.*

Trup|pen|übung, die: *militärische Übung, Manöver* (1) *von Truppen.*
Trup|pen|übungs|platz, der: *Gelände mit Unterkünften u. Anlagen für die Gefechtsausbildung von Truppen.*
trupp|wei|se ⟨Adv.⟩: *in Trupps:* die Pioniere gingen t. vor; ⟨mit Verbalsubstantiven auch attr.:⟩ das t. Vorgehen.
Trü|sche, die; -, -n [H. u.]: *Aalquappe.*
Trust [trast, tr∧st, selten: trʊst], der; -[e]s, -s, auch: -e [engl. trust, kurz für trust company, aus: trust = Treuhand u. company = Gesellschaft] (Wirtsch.): *Zusammenschluss mehrerer Unternehmen unter einer Dachgesellschaft, meist unter Aufgabe ihrer rechtlichen u. wirtschaftlichen Selbstständigkeit, zum Zwecke der Monopolisierung.*
trust|ar|tig ⟨Adj.⟩: *einem Trust ähnlich:* ein -er Zusammenschluss von Unternehmen.
Trus|tee [tras'tiː], der; -s, -s [engl. trustee, zu: to trust = (ver)trauen]: engl. Bez. für: *Treuhänder.*
trust|frei ⟨Adj.⟩: *nicht an einen Trust gebunden.*
Trut|hahn, der; -[e]s, ...hähne [1. Bestandteil zu einem älteren Verb, das sich in mniederd. »droten« (= drohen) erhalten hat und sich auf die Drohgebärde des Hahns bezieht]: *männliches Truthuhn; Puter.*
Trut|hen|ne, die; -, -n: *weibliches Truthuhn; Pute* (1).
Trut|huhn, das; -[e]s, ...hühner: **1.** *großer Hühnervogel mit rötlich violettem, nacktem Kopf u. Hals mit Karunkeln, der wegen seines Fleisches als Haustier gehalten wird.* **2.** *Truthenne.*
trut|schig ⟨Adj.⟩ [md., südd. auch: trutsch(e)lig = plump, schwerfällig (daherkommend), eigtl. = dicklich, rundlich, wohl zu älter: tru(n)tschen, ablautend: tra(n)tschen = latschen (1 a), wohl laut- u. bewegungsnachahmend] (salopp, meist abwertend): *altmodisch, bieder, unmodern:* eine -e Frisur; ein herrlich trutschiger Tante-Emma-Laden; die Werbung wirkt ziemlich t.
♦ **trutz:** † trotz: Das Mädchen ist hübsch, und t. allen Teufeln muss sich sie brauchen (Schiller, Fiesco I, 5).
Trutz, der; -es [mhd. (md.) trutz, Nebenf. von † Trotz] (veraltet): *Gegenwehr, Widerstand:* jmdm. T. bieten; ⟨meist in dem Wortpaar:⟩ zu Schutz und T.
Trutz|burg, die; (früher): *Burg, die zur Belagerung einer gegnerischen Burg erbaut wurde.*
trut|zen ⟨sw. V.; hat⟩ [mhd. (md.) trutzen] (veraltet): *trotzen* (1).
trut|zig ⟨Adj.⟩ [mhd. trutzig, Nebenf. von † trotzig] (geh. veraltend): *den Eindruck von Gegenwehr, Widerstand erweckend:* eine -e Burg, Stadtmauer.
♦ **trut|zig|lich** ⟨Adj.⟩: *drohend:* »... Ich werd' mich unterstehn, Euch das zu wehren.« Dies sagend, ritt er t. von dannen (Schiller, Tell I, 2).
Try|pa|no|so|ma, das; -s, ...men [zu griech. trýpanon = Bohrer u. sõma = Körper]: *als Krankheitserreger bei Menschen, Haustieren auftretendes Geißeltierchen.*
Tryp|sin, das; -s [wohl zu griech. thrýptein = zerbrechen u. † Pepsin] (Med.): *Eiweiß spaltendes Enzym der Bauchspeicheldrüse.*
Tryp|to|phan, das; -s [zu griech. phaínesthai = erscheinen] (Biochemie): *in den meisten Eiweißstoffen enthaltene Aminosäure.*
Tsa|t|si|ki: † *Zaziki.*
Tschad, -s, *(auch:)* der; -[s]: *Staat in Zentralafrika:* die Bevölkerung des T./des -s. Dazu: **Tscha|der,** der; -s, -; **Tscha|de|rin,** die; -, -nen; **tscha|disch** ⟨Adj.⟩.
Tscha|dor [auch: ...'doːɐ], der; -s, -s [pers. čādur]: *(von persischen Frauen getragener) langer, den Kopf u. teilweise das Gesicht u. den Körper bedeckender Schleier.*

Tschad|see, der; -s: *See in Zentralafrika.*
tschak|ka ⟨Interj.⟩ [Fantasiewort (in eingedeutschter Schreibweise), Titel des 1998 erschienenen Buchs »Tsjakkaa!« des niederl. Motivationstrainers E. Ratelband]: *Ausruf zur Selbstmotivation:* t., du schaffst es!
Tscha|ko, der; -s, -s [ung. csákó = Husarenhelm]: *(früher) im Heer u. (nach 1918) von der Polizei getragene zylinder-, helmartige Kopfbedeckung.*
Tschan|du, das; -s [engl. chandoo < Hindi caṇḍū]: *zum Rauchen zubereitetes Opium.*
Tschap|ka, die; -, -s [poln. czapka] (früher): *Kopfbedeckung der Ulanen, bei der auf einem runden Helm ein viereckiges Oberteil mit nach vorn weisender Spitze sitzt.*
Tschar|dasch: *frühere Schreibung für* † *Csardas.*
tschau, ciao [ital., zu venez. scia(v)o, Nebenf. von ital. schiavo = Sklave (< mlat. sclavus, † Sklave), also eigtl. = (Ihr) Diener] (ugs.): *freundschaftlicher Gruß zum Abschied, zur Begrüßung.*
Tsche|che, der; -n, -n; Ew.: zu † *Tschechische Republik.*
Tsche|chi|en; -s: kurz für † *Tschechische Republik.*
Tsche|chin, die; -, -nen: w. Form zu † *Tscheche.*
tsche|chisch ⟨Adj.⟩: **a)** *die Tschechische Republik, die Tschechen betreffend; von den Tschechen stammend, zu ihnen gehörend;* **b)** *in der Sprache der Tschechen.*
Tsche|chisch, das; -[s], (nur mit best. Art.:) **Tsche|chi|sche,** das; -n: *die tschechische Sprache.*
Tsche|chi|sche Re|pu|b|lik [auch, österr. nur: ...'blɪk], die; -n -: *Staat in Mitteleuropa.*
Tsche|cho|slo|wa|ke, der; -n, -n (früher): Ew. zu † *Tschechoslowakei.*
Tsche|cho|slo|wa|kei, die; -: ehem. *Staat in Mitteleuropa.*
Tsche|cho|slo|wa|kin, die; -, -nen: w. Form zu † *Tschechoslowake.*
tsche|cho|slo|wa|kisch ⟨Adj.⟩ (früher): *die Tschechoslowakei, die Tschechoslowaken betreffend.*
Tsche|ka, die; - [russ. čeka]: *(von 1917 bis 1922) politische Polizei in der Sowjetunion.*
tschen|t|schen ⟨sw. V.; hat⟩ [aus dem Rätoroman., vgl. z. B. lat. tschantschar = reden, sprechen, urspr. wohl lautm.] (südösterr. ugs.): *raunzen, nörgeln, weinerlich jammern.*
Tscher|kes|se, der; -n, -n: *Angehöriger einer Gruppe kaukasischer Volksstämme.*
Tscher|kes|sin, die; -, -nen: w. Form zu † *Tscherkesse.*
tscher|kes|sisch ⟨Adj.⟩: *die Tscherkessen betreffend, von ihnen stammend, zu ihnen gehörend.*
Tscher|no|sem, Tscher|no|s|jom [...'sjɔm], das; -[s] [russ. černozëm]: *Steppenschwarzerde.*
Tschet|nik, der; -s, -s [zu serbokroat. četa = Schar, Bande, Truppe; Kompanie (1)]: **a)** (Geschichte) *Angehöriger einer Truppe königstreuer serbischer Partisanen im Zweiten Weltkrieg;* **b)** *Angehöriger einer politisch motivierten, bewaffneten serbischen Einheit.*
Tschet|sche|ne, der; -n, -n: Ew. zu † *Tschetschenien.*
Tschet|sche|ni|en; -s: *Republik in der Russischen Föderation.*
Tschet|sche|nin, die; -, -nen: w. Form zu † *Tschetschene.*
tschet|sche|nisch ⟨Adj.⟩: *Tschetschenien, die Tschetschenen betreffend; aus Tschetschenien stammend.*
Tschi|buk [auch: 'tʃiː...], der; -s, -s [türk. çubuk]: *irdene, lange türkische Tabakspfeife mit kleinem, deckellosem Kopf.*
tschil|pen ⟨sw. V.; hat⟩ [lautm.]: *(vom Sperling) kurze, helle Laute von sich geben.*
tsching ⟨Interj.⟩: *lautm. für den Klang eines Beckens.*
tsching|bum, tsching|de|ras|sa|bum, tsching-

de|ras|sas|sa ⟨Interj.⟩: *lautm. für den Klang von Becken u. Trommel.*
tschüs [auch: tʃʏs], tschüss [älter: atschüs, Nebenf. von niederd. adjüs, wohl < span. adiós < lat. ad deum, † ade] (ugs.): *auf Wiedersehen!* (Abschiedsgruß bes. unter Verwandten u. guten Bekannten): t., alter Junge!; wir wollen dir nur noch t. sagen (*uns bei dir verabschieden*).
Tschüs [auch: tʃʏs], Tschüss, das; -, -(ugs.): *Abschiedsgruß bes. unter Verwandten u. guten Bekannten:* jmdm. ein fröhliches T. zurufen; wir wollen dir nur noch T. sagen (*uns bei dir verabschieden*).
tschüss: † *tschüs.*
Tschüss: † *Tschüs.*
Tsd. = ²*Tausend.*
Tse|t|se|flie|ge ['tseː.tseː..., auch: 'tsɛtsɛ...], die; -, -n [Bantu (afrik. Eingeborenenspr.) tsetse (lautm.)]: *(im tropischen Afrika heimische) Stechfliege, die auch Erreger von Krankheiten, bes. die Schlafkrankheit, überträgt.*
T-Shirt ['tiːʃəːt], das; -s, -s [engl. T-shirt, wohl nach dem T-förmigen Schnitt]: *kurzärmliges Oberteil aus Trikot.*
Tshwa|ne ['tsvaːnə]: *vorgeschlagener neuer Name für Pretoria.*
Tsu|ga, die; -, -s u. ...gen [jap.]: *Hemlocktanne.*
Tsu|na|mi, der; -s, -[s] od. die; -, -[s] [jap. tsunami, eigtl. = Hochwasser]: *überwiegend durch Seebeben ausgelöste, sich mit hoher Geschwindigkeit ausbreitende Flutwelle (mit verheerenden Auswirkungen an den Küsten).*
Tsu|na|mi|früh|warn|sys|tem [auch: ...'fryː...], das: *Frühwarnsystem* (2) *für Tsunamis:* ein T. im Indischen Ozean hätte zahlreiche Leben retten können.
Tsu|na|mi|ka|tas|t|ro|phe, die: *durch einen Tsunami ausgelöste Flutkatastrophe:* die Spendenbereitschaft nach der T. Ende 2004 war enorm.
T-Träger ['teː...], der (Bauw.): *T-förmiger Stahlträger.*
TU [teː'uː], die; -, -s: *technische Universität.*
Tu|a|reg [auch: tuˈaːrɛk] ⟨Pl. v. † Targi⟩: *Berber in den Gebirgen der westlichen Zentralsahara u. den sich südlich anschließenden Sahel.*
tua res agi|tur [lat.] (bildungsspr.): *es geht um deine Sache!*
¹**Tu|ba,** die; -, ...ben u. -s [lat. tuba, eigtl. = Röhre]: **1.** *tiefstes Blechblasinstrument mit oval gewundenem Rohr, nach oben gerichtetem Schalltrichter, meist vier Ventilen* (2 a) *u. seitlich hervorgendem Mundstück.* **2.** *altrömisches Blasinstrument (Vorläufer der Trompete).*
²**Tu|ba,** die; -, ...ben [lat. tuba, eigtl. = Röhre]: (Anat.) *Tube* (2).
♦ **tu|ba|ken** ⟨sw. V.; hat⟩ [zu: Tubak, mundartl. Nebenf. von † Tabak] (bes. schweiz.): *Tabak, Pfeife rauchen:* die heutigen Buben ...; ... was um der lieben Welt willen ist dann mit diesen? Tubaken, im Wirtshaus sitzen, ... das können sie (Gotthelf, Spinne 24).
Tu|ba|spie|ler, der: *jmd., der Tuba spielt.*
Tu|ba|spie|le|rin, die: w. Form zu † *Tubaspieler.*
Tüb|bing, der; -s, -s u. -e od. -e [aus dem Niederd. zu (m)niederd. tubbe = Röhre] (Bergbau): *Segment eines Rings aus Gusseisen, Stahlbeton o. Ä. zum Ausbau wasserdichter Schächte od. Tunnel.*
Tu|be, die; -, -n [engl. tube < frz. tube < lat. tubus = Röhre]: **1.** *aus biegsamem Metall od. elastischem Kunststoff gefertigter, kleiner, röhrenförmiger Behälter mit Schraubverschluss für pastenartige Stoffe, die zur Entnahme in gewünschter Menge herausgedrückt werden:* eine T. Zahnpasta, Hautcreme, Senf; eine T. aufschrauben, verschließen, zusammendrücken, zudrehen; Farbe aus der T. drücken; * **auf die T. drücken** (salopp; *die Geschwindigkeit steigern; etw. beschleunigen*): in der zweiten Halbzeit

tubeless – Tuffstein

drückte der Meister stärker auf die T.). **2.** (Anat.) **a)** *röhrenförmige Verbindung zwischen der Paukenhöhle des Ohrs u. dem Rachen;* **b)** *Eileiter.*
tube|less ['tjuːbləs] ⟨Adj.⟩: engl. Bez. für: *schlauchlos (auf Autoreifen).*
Tu|ben: Pl. von ↑²Tuba, Tubus.
Tu|ben|schwan|ger|schaft, die (Med.): *Eileiterschwangerschaft.*
Tu|ber|kel, der; -s, -, österr. auch: die; -, -n [lat. tuberculum = Höckerchen, Vkl. von: tuber, ↑Trüffel]: **1.** (Med.) *knötchenförmige Geschwulst, bes. bei Tuberkulose.* **2.** (Anat.) *kleiner Höcker, Vorsprung (bes. an Knochen).*
Tu|ber|kel|bak|te|rie, die, **Tu|ber|kel|ba|zil|lus,** der (Med.): *Erreger der Tuberkulose.*
tu|ber|ku|lar ⟨Adj.⟩ (Med.): *mit der Bildung von Tuberkeln einhergehend; knotig.*
tu|ber|ku|lös, (österr. veraltend auch:) **tu|ber|ku|los** ⟨Adj.⟩ [frz. tuberculeux, zu: tubercule = Tuberkel < lat. tuberculum, ↑Tuberkel] (Med.): **a)** *die Tuberkulose betreffend, damit zusammenhängend:* -e Hirnhautentzündung; **b)** *an Tuberkulose leidend; schwindsüchtig.*
Tu|ber|ku|lo|se, die; -, -n: *meist chronisch verlaufende Infektionskrankheit mit Tuberkeln in den befallenen Organen (z. B. Lunge, Knochen): latente, verkapselte T.; offene T. (Stadium der Lungentuberkulose mit bröckeligem [blutigem] Auswurf, sodass die Ansteckungsgefahr besonders groß ist).*
tu|ber|ku|lo|se|frei ⟨Adj.⟩: *frei von Tuberkulose.*
tu|ber|ku|lo|se|krank ⟨Adj.⟩: *an Tuberkulose erkrankt, leidend.*
tu|be|ros, tu|be|rös ⟨Adj.⟩ [lat. tuberosus = voller Höcker, Knoten, zu: tuber, ↑Trüffel] (Med.): *höckerig, knotenartig, geschwulstartig.*
Tu|be|ro|se, die; -, -n [zu lat. tuberosus (↑tuberös), eigtl. = die Knollenreiche]: *(in Mexiko heimische, zu den Liliengewächsen gehörende) Pflanze mit weißen, in Trauben wachsenden, stark duftenden Blüten.*
Tü|bin|gen: Stadt am Neckar.
¹Tü|bin|ger, der; -s, -: Ew.
²Tü|bin|ger ⟨indekl. Adj.⟩: *das T. Rathaus.*
Tü|bin|ge|rin, die; -, -nen: w. Form zu ↑¹Tübinger.
Tu|bist, der; -en, -en: *Tubaspieler.*
Tu|bis|tin, die; -, -nen: w. Form zu ↑Tubist.
tu|bu|lär ⟨Adj.⟩ [zu lat. tubula, Vkl. von: tuba, ↑²Tuba] (Anat., Med.): *röhren-, schlauchförmig.*
Tu|bu|lus, der; -, ...li [lat. tubulus = kleine Röhre, Vkl. von: tubus, ↑Tube] (Anat.): *kleiner, röhrenförmiger Kanal.*
Tu|bus, der; -, ...ben u. -se [lat. tubus, ↑Tube]: **1.** (Optik) *Rohr an optischen Geräten, das die Linsen aufnimmt.* **2.** (Fachspr.) *Rohransatz an Glasgeräten.* **3.** (Med.) *Kanüle (2), die [für Narkosezwecke] in die Luftröhre eingeführt wird.*
Tuch, das; -[e]s, Tücher u. -e [mhd., ahd. tuoch, H. u.]: **1.** ⟨Pl. Tücher⟩ *[viereckiges, gesäumtes] Stück Stoff o. Ä. für bestimmte Zwecke:* ein wollenes, seidenes, buntes T.; flatternde, wehende Tücher; jmdm., sich ein T. um den Kopf binden; ein T. umnehmen, um die Schultern legen, über die Schultern nehmen; ein T. im Halsausschnitt, unter dem Mantel tragen; ein T. über den Patienten decken; zum Zeichen der Kapitulation hängten sie weiße Tücher aus den Fenstern; etw. in ein T. wickeln, einschlagen; etw. mit einem T., mit Tüchern abdecken; der Torero reizt den Stier mit dem roten T. *(mit der Muleta, einem an einem Stab befestigten scharlachroten Tuch);* * **ein rotes/das rote T. für jmdn. sein/wie ein rotes T. auf jmdn. wirken** (ugs.; *durch sein Vorhandensein, seine Art von vornherein jmds. Widerwillen u. Zorn hervorrufen; nach dem beim Stierkampf verwendeten roten Tuch);* **in trockenen Tüchern sein** (*[nach längeren Verhandlungen o. Ä.] glücklich erledigt, abgeschlossen sein); etw.* **in trockene Tücher bringen** *(ein Vorhaben zu einem erfolgreichen Abschluss bringen).* **2.** ⟨Pl. -e⟩ **a)** *Streichgarn- od. Kammgarngewebe in Tuch- od. Köperbindung mit einer filzartigen Oberfläche:* feines, leichtes, festes, glattes T.; ein Stück, 3 m, ein Ballen T.; T. weben, rauen, walken, scheren; sie trug einen Mantel aus englischem T.; **b)** (Seemannsspr.) *Kurzf. von* ↑Segeltuch.
Tuch|an|zug, der: *Anzug aus Tuch (2a).*
tuch|ar|tig ⟨Adj.⟩: *wie Tuch (2a) geartet.*
Tuch|bin|dung, die (Textilind.): *Leinwandbindung.*
Tü|chel|chen, das; -s, -: Vkl. zu ↑Tuch (1).
tu|chen ⟨Adj.⟩: *aus Tuch (2a) bestehend.*
Tu|chent, die; -, -en [H. u., viell. aus dem Slaw.] (österr.): *Federbett.*
Tuch|fa|b|rik, die: *Textilfabrik bes. für Tuche, Wollstoffe.*
Tuch|fa|b|ri|kant, der: *Fabrikant (b) bes. von Tuchen, Wollstoffen; Besitzer einer Tuchfabrik.*
Tuch|fa|b|ri|kan|tin, die: w. Form zu ↑Tuchfabrikant.
Tuch|füh|lung, die ⟨o. Pl.⟩ [urspr. Soldatenspr.] (scherzh.): *enger Abstand zum Nebenmann, sodass dieser leicht berührt wird:* T. mit jmdm. haben; T. zu jmdm. halten; auf T. sitzen; Ü keine T. *(keine Kontakte, Beziehungen zu andern)* mehr haben; die T. verlieren; wir bleiben auf T. *(in Verbindung);* wir kamen schnell auf T. *(kamen uns schnell näher).*
Tuch|hal|le, die: *Gewandhaus.*
Tuch|han|del, der: *Handel mit Tuchen (2a).*
Tuch|händ|ler, der: *jmd., der Tuchhandel betreibt.*
Tuch|händ|le|rin, die: w. Form zu ↑Tuchhändler.
Tüch|lein, das; -s, -: Vkl. zu ↑Tuch (1).
Tuch|ma|cher, der (früher): *Handwerker, der Tuche (2a) o. Ä. herstellt; Facharbeiter der Textilindustrie (Berufsbez.).*
Tuch|ma|che|rin, die: w. Form zu ↑Tuchmacher.
♦ **Tuch|sche|rer,** der; -s, -: *Handwerker, der nach dem Karden die langen, ungleichen Wollfasern vom Wollgewebe abschneidet:* Dieser Seldwyler, obgleich er im T. war (Keller, Liebesbriefe 54).
Tuch|sei|te, die: *rechte Seite, Oberseite eines Tuchs (2a), Wollstoffs.*
tüch|tig ⟨Adj.⟩ [mhd. tühtic, zu mhd., ahd. tuht = Tüchtigkeit, Tapferkeit, Gewalt, zu ↑taugen]: **1.** *seine Aufgabe mit Können u. Fleiß erfüllend:* ein -er [Mit]arbeiter; eine -e Frau, Kraft; sie ist sehr t. [in ihrem Fach]; ⟨subst.:⟩ *der Tüchtige schafft es;* ℞ freie Bahn dem Tüchtigen! **2.** *Leistung von guter Qualität; im Hinblick auf etw. sehr brauchbar:* das ist eine -e Arbeit, Leistung; (iron.:), t.!; ⟨subst.:⟩ *der Junge sollte etwas Tüchtiges lernen.* **3.** (ugs.) **a)** *hinreichend in Menge, Ausmaß, Intensität:* ein -es Stück Arbeit; eine -e Tracht Prügel, Portion Optimismus, ein -er Schrecken fuhr ihr in die Glieder; noch einen -en Schluck nehmen; sie ist ein -er Esser *(nimmt reichlich vom Essen);* **b)** ⟨intensivierend bei Verben u. Adjektiven⟩ *so sehr, hinreichend viel:* es ist t. kalt; t. essen, zu tun haben; sie wurde t. ausgelacht; über Nacht hat es t. geschneit.

-**tüch|tig:** *drückt in Bildungen mit Substantiven – seltener mit Verben (Verbstämmen) – aus, dass die beschriebene Person oder Sache für etw. gut geeignet ist, die für etw. erforderlichen Voraussetzungen besitzt:* flug-, hochsee-, verkehrstüchtig.

Tüch|tig|keit, die; -, -en [mhd. tühtecheit]: **1.** ⟨o. Pl.⟩ *das Tüchtigsein (1): sportliche T.; seine T. im Beruf.* **2.** *gute Tauglichkeit in bestimmter Hinsicht:* körperliche T.

Tu|cke, die; -, -n [wohl zu veraltet Tuck (mhd. tuc, ↑Tücke) = bösartiger Charakter]: **1.** (ugs. abwertend) *[erwachsene, ältere] weibliche Person, die nicht geschätzt wird, die jmdm. lästig ist.* **2.** (salopp abwertend) *[femininer] Homosexueller.*
Tü|cke, die; -, -n [mhd. tücke, tucke, eigtl. = Handlungsweise, Tun, entweder Pl. od. feminine Bildung von mhd. tuc = Schlag, Stoß; (arglistige) Handlung(sweise)]: **1.** ⟨o. Pl.⟩ *hinterhältig-heimtückische Boshaftigkeit:* jmds. T. fürchten; sie ist, steckt voller T.; Ü er fürchtete die T. des Schicksals; * **die T. des Objekts** *(ärgerliche Schwierigkeit, die sich unvermutet beim Gebrauch von etw. zeigt;* erstmals im Roman »Auch einer« von F. Th. Vischer [1807–1887]). **2.** ⟨meist Pl.⟩ *heimtückische Handlung:* es gibt keine T., zu der sie nicht fähig wäre; Ü er war allen -n des Meeres ausgesetzt; * ♦ **jmdm. eine T. spielen** *(jmdm. übel mitspielen, jmdn. täuschen, narren):* Meine Einbildungskraft hatte mir eine T. gespielt [C. F. Meyer, Amulett 28]). **3.** ⟨meist Pl.⟩ *nicht ohne Weiteres erkennbare, verborgene Eigenschaft (einer Sache), die einen in ärgerliche, gefährliche Situationen bringen kann:* der Motor hat [seine] -n.
tu|ckern ⟨sw. V.⟩ [aus dem Niederd., urspr. lautm.]: **1. a)** ⟨hat⟩ *gleichmäßig aufeinanderfolgende klopfende, stumpf-harte Laute von sich geben:* der Motor tuckert; ein tuckerndes Geräusch; **b)** ⟨ist⟩ *sich mit tuckerndem Geräusch langsam (irgendwohin) fortbewegen:* ein Lastkahn tuckerte gemächlich stromauf.
2. ⟨hat⟩ (landsch.) *[schmerzhaft] pochen, klopfen, zucken:* der kranke Zahn tuckerte immer stärker.
tü|ckisch ⟨Adj.⟩ [spätmhd. tückisch, zu mhd. tuc, ↑Tücke]: **a)** *durch Tücke (1) gekennzeichnet, voller Tücke (1) steckend; von Tücke zeugend:* ein tückischer Mensch, Plan; Die Schweinsäuglein hinter dem Kneifer blinzeln t. (Zwerenz, Kopf 25); **b)** *nicht gleich erkennbare, verborgene Gefahren in sich bergend, durch Unberechenbarkeit gefährlich:* eine -e Krankheit; ein -es Klima; der Torwart konnte den -en Aufsetzer gerade noch abwehren; die Kurve ist bei solchem Wetter besonders t.; **c)** *eine unbestimmte Gefahr andeutend, signalisierend.*
tuck!tuck! ⟨Interj.⟩ [lautm.]: *Lockruf für Hühner.*
tü|de|lig ⟨Adj.⟩ *zu* landsch. tüdeln = zaudern, zögern (nordd.): *(infolge höheren Alters) leicht einfältig u. unbeholfen:* Opa ist schon ein bisschen t.
Tü|der, der; -s, - [mniederd. tud(d)er] (nordd.): *Seil zum Anbinden eines weidenden Tiers.*
tü|dern ⟨sw. V.; hat⟩ (nord[ost]dt.): **1.** *zu* ↑Tüder **a)** *ein Tier auf der Weide anbinden, anpflocken:* Sonst war er immer der Erste bei der Feldarbeit gewesen, und jetzt wollte er nicht mal die Kuh auf der Weide t. (Fallada, Jeder 403); **b)** *[unordentlich, nachlässig] binden (3).* **2.** [viell. sekundär vermischt mit 1] *in Unordnung bringen.*
Tu|dor|bo|gen ['tjuːdɐ..., auch: 'tuːdɔr..., ...doːɐ̯...], der; -s, - (bes. südd., österr. u. schweiz.) ...bögen [nach dem engl. Königshaus der Tudors] (Archit.): *der für den Tudorstil charakteristischer flacher Spitzbogen.*
Tu|dor|stil, der; -[e]s (Archit.): *spätgotischer Baustil in England.*
Tuff, der; -[e]s, ⟨Arten:⟩ -e [ital. tufo < lat. tofus] (Geol.): **1.** *lockeres, poröses, aus verfestigtem vulkanischem Material bestehendes Gestein.* **2.** *Sinter.*
Tuff|fels, Tuff-Fels, Tuff|fel|sen, Tuff-Fel|sen, der: *Felsen aus Tuff.*
Tuff|stein, der [spätmhd. tuf(t)stein, spätahd. tufstein]: **1.** *Tuff.* **2.** *Baustein aus Tuff (1).*

Tüf|tel|ar|beit, die; -, -en (ugs.): *tüftelige Arbeit.*
Tüf|te|lei, die; -, -en (ugs.): **1.** ⟨o. Pl.⟩ *das Tüfteln.* **2.** *Tüftelarbeit.*
Tüf|te|le|rin, die; -, -nen: w. Form zu ↑ Tüfteler.
tüf|te|lig, tüftlig ⟨Adj.⟩ (ugs.): **1.** *viel Tüftelei, langes Tüfteln erfordernd, mit Tüftelei verbunden:* eine -e Arbeit. **2.** (oft abwertend) *einen [übermäßig] ausgeprägten Hang zum Tüfteln habend, zu übertriebener Sorgfalt, Genauigkeit neigend:* ein -er Mensch.
tüf|teln ⟨sw. V.; hat⟩ [H. u.] (ugs.): *sich mit viel Geduld u. Ausdauer mit etw. Schwierigem, Kniffligem in seinen Einzelheiten beschäftigen:* sie tüftelte so lange an der Maschine, bis sie wieder lief.
Tuf|ting|ver|fah|ren ['taftɪŋ...], das ⟨o. Pl.⟩ [engl. tufting = das Anordnen in Büscheln, zu: to tuft = in Büscheln anordnen]: *Verfahren zur Herstellung von Teppichen u. Auslegeware, bei dem der Flor erzeugt wird, indem kleine Schlingen in ein Grundgewebe eingenäht u. dann aufgeschnitten werden.*
Tüft|ler, Tüfteler, der; -s, - (ugs.): *jmd., der gern tüftelt.*
Tüft|le|rin, die; -, -nen: w. Form zu ↑ Tüftler.
tüft|lig: ↑ tüftelig.
Tu|gend, die; -, -en [mhd. tugent, ahd. tugund, zu ↑ taugen u. eigtl. = Tauglichkeit, Kraft]: **1.** ⟨o. Pl.⟩ *Tugendhaftigkeit:* T. üben; niemand zweifelt an seiner T.; sie ist ein Ausbund an/von T. **2.** *sittlich wertvolle Eigenschaft (eines Menschen):* die T. der Gerechtigkeit, Aufrichtigkeit, Bescheidenheit; die christlichen, sozialistischen -en; weibliche, männliche, preußische, militärische -en; jeder Mensch hat seine -en und seine Fehler; Aber du solltest wissen, dass Diskretion die erste T. (*wichtigste Eigenschaft*) eines Hotelangestellten ist (Remarque, Triomphe 59). **3.** ⟨o. Pl.⟩ (veraltet) **a)** *Keuschheit;* **b)** *Jungfräulichkeit* (1).
Tu|gend|bold, der; -[e]s, -e [zum 2. Bestandteil vgl. Witzbold] (iron.): *jmd., der sich besonders tugendhaft gibt.*
tu|gend|haft ⟨Adj.⟩ [mhd. tugenthaft = tüchtig, gewaltig; edel, fein gesittet]: *den geltenden sittlichen Normen gemäß lebend, sich verhaltend; sittlich einwandfrei; moralisch untadelig, vorbildlich:* -es Verhalten.
Tu|gend|haf|tig|keit, die; -: *Tugendhaftsein.*
tu|gend|los ⟨Adj.⟩ (veraltend): *sittenlos; zuchtlos; ohne Tugend* (1).
tu|gend|reich ⟨Adj.⟩ (veraltend): *tugendhaft.*
tu|gend|sam ⟨Adj.⟩ [mhd. tugentsam] (veraltet): *tugendhaft.*
Tu|gend|wäch|ter, der (oft abwertend): *jmd., der über die Tugend anderer wacht.*
Tu|gend|wäch|te|rin, die: w. Form zu ↑ Tugendwächter.
Tu|kan [auch: tu'ka:n], der; -s, -e [span. tucán < Tupi u. Guaraní (südamerik. Indianersprachen) tuka(no)]: *(in Süd- u. Mittelamerika heimischer) größerer, in Baumhöhlen nistender Vogel mit farbenprächtigem Gefieder u. sehr großem, leuchtend farbigem Schnabel.*
Tu|la|rä|mie, die; -, -n [zum Namen der County Tulare (Kalifornien, USA), wo die Krankheit erstmals beobachtet wurde, u. zu griech. haĩma = Blut] (Med.): *Seuche bei wild lebenden Nagetieren, die auch auf den Menschen übertragen werden kann; Hasenpest.*
Tu|li|pan, der; -[e]s, -e, **Tu|li|pa|ne,** die; -, -n (veraltet): *Tulpe.*
Tüll, der; -s, (Arten:) -e [frz. tulle, nach der frz. Stadt Tulle]: *bes. für Gardinen verwendetes, lockeres, netzartiges Gewebe (aus Baumwolle, Seide, Chemiefasern):* Florentiner T. (*feiner, mit Rankenmustern bestickter Tüll*).
Tüll|är|mel, der: *Ärmel aus Tüll.*

tüll|ar|tig ⟨Adj.⟩: *wie Tüll geartet:* ein -es Gewebe.
Tül|le, die; -, -n [mhd. tülle, ahd. tulli = röhrenförmige Verlängerung der Pfeil- od. Speerspitze] (landsch.): **1.** *Schnabel* (3): die T. einer Kaffeekanne. **2.** *röhrenartiger Teil eines Werkzeugs o. Ä., in den etw., z. B. ein Stiel, hineingesteckt wird.*
Tüll|gar|di|ne, die: *Gardine aus Tüll.*
Tul|pe, die; -, -n [älter: Tulipa(n) (↑ Tulipan), in der heutigen Form < niederl. tulp < türk. tülbent, tülbant, pers. tülband = Turban, nach dem turbanförmigen Blütenkelch]: **1.** *(zu den Liliengewächsen gehörende, in vielen Züchtungen existierende) im Frühjahr blühende Pflanze mit meist aufrecht auf einem hohen Stängel sitzender, großer, kelchförmiger Blüte.* **2.** *[Bier]glas mit einem Stiel, das in der Form einer Tulpenblüte ähnelt.* **3.** (salopp) *sonderbarer Mensch:* er ist eine seltsame T.; du bist mir vielleicht eine T.!
Tul|pen|baum, der: *(zu den Magnoliengewächsen gehörender) Baum mit tulpenähnlichen, einzeln stehenden Blüten u. großen, schildförmigen Blättern, der oft in Parkanlagen angepflanzt wird.*
Tul|pen|blü|te, die; -, -n: **1.** *Blüte einer Tulpe* (1). **2.** *das Blühen der Tulpen:* wir fahren zur T. (*um die Tulpenblüte zu sehen*) nach Holland.
Tul|pen|zwie|bel, die: *Zwiebel* (1 a) *einer Tulpe.*

-tum, das; -s [mhd., ahd. -tuom, zum Suffix erstarrtes Subst. mhd., ahd. tuom = Macht; Würde, Besitz; Urteil, zu ↑ ¹tun]: **1.** bezeichnet in Bildungen mit Substantiven einen Zustand, eine Beschaffenheit, Eigenschaft oder ein Verhalten von jmdm.: Chaotentum, Erpressertum, Profitum. **2.** bezeichnet in Bildungen mit Substantiven eine Personengruppe: Bürgertum. **3.** bezeichnet in Bildungen mit Substantiven das Territorium von jmdm.: Herzogtum, Scheichtum.

tumb ⟨Adj.⟩ [mhd. tump, ↑ dumm] (leicht spött.): *arglos-unbekümmert, einfältig-naiv:* er ist ein -er Tor.
¹Tum|ba, die; -, Tumben: **1.** [spätlat. tumba < griech. týmba] *sarkophagähnliches Grabmal, dessen Deckplatte meist mit einem in Stein gehauenen Bildnis des Beigesetzten geschmückt ist.* **2.** (kath. Kirche) *Attrappe eines auf einer Totenbahre stehenden Sarges, zur Totenmesse in der Kirche aufgestellt wird.*
²Tum|ba, die; -, -s [span. tumba, zu: retumbar = ertönen]: *Conga* (2).
Tum|ben: Pl. von ↑ ¹Tumba.
Tumb|heit, die; - [mhd. tumbheit] (leicht spött.): *das Tumbsein.*
Tumb|ler ['tamblɐ], der; -s, - [engl. tumbler, gek. aus: tumble-drier, aus: to tumble = schleudern u. drier, zu: to dry = trocknen]: (schweiz.) *elektrischer Wäschetrockner.*
tum|meln, sich ⟨sw. V.; hat⟩ [mhd., ahd. tumelen, Nebenf. von ↑ taumeln]: **1.** *sich irgendwo lebhaft, ausgelassen hin u. her bewegen:* die Kinder tummeln sich im Garten, im Wasser; Ü in meinem Kopf tummelten sich die Gedanken (Th. Mann, Krull 283). **2.** ⟨t. + sich; hat⟩ (österr., sonst landsch.) *sich beeilen* (1): jetzt müssen wir uns aber t.!
Tum|mel|platz, der [urspr. = Reitbahn, Kampfplatz]: *Ort, an dem Menschen einer bestimmten Kategorie sich besonders gern aufhalten, an dem sie sich wohlfühlen, sich frei entfalten, sich ihren Bedürfnissen entsprechend verhalten können:* Schwabing, ein T. exzentrischer Originale.
Tumm|ler, der; -s, - [eigtl. = »Taumler«]: **1.** *(vom 16. bis 18. Jahrhundert beliebtes) becherartiges Trinkgefäß mit abgerundetem Boden, das sich (nach dem Prinzip des Stehaufmännchens) aus*

jeder Schräglage heraus von selbst in die senkrechte Lage bewegt. **2.** *(auf Jahrmärkten o. Ä. betriebenes) karussellartiges Gerät, das sich im Kreis dreht u. gleichzeitig eine Auf-und-ab-Bewegung beschreibt u. in dem die Karussellfahrenden mit dem Rücken nach außen u. gegen ein sicherndes Gitter gelehnt sitzen.*
Tümm|ler, der; -s, -: **1.** [nach den lebhaften Bewegungen] *dem Delfin ähnliches, meist gesellig lebendes Meeressäugetier.* **2.** [eigtl. = Taube mit taumelndem Flug] *in vielen Rassen vorkommende Haustaube, die besonders hoch u. lange fliegen kann.*
Tu|mor [ugs. auch: tu'mo:ɐ̯], der; -s, ...oren, ugs. auch: ...ore [lat. tumor = Schwellung, zu: tumere = geschwollen sein] (Med.): **1.** *Geschwulst:* gutartige, bösartige -en/(ugs. auch:) -e. **2.** *krankhafte Anschwellung eines Organs od. eines Teils eines Organs.*
Tu|mor|er|kran|kung, die (Med.): *Erkrankung, die durch einen Tumor hervorgerufen wird:* Fragestunde zum Thema T.
Tu|mor|ge|we|be, das (Med.): *Gewebe des Tumors.*
Tu|mor|mar|ker, der (Med.): *von Tumorzellen herrührende Substanz, anhand deren Konzentration in Körperflüssigkeiten die Ausdehnung u. der Grad der Bösartigkeit einer Geschwulst bestimmt werden können.*
Tu|mor|the|ra|pie, die (Med.): *Behandlung eines Tumors.*
Tu|mor|vi|rus, das, *außerhalb der Fachspr. auch:* der (meist Pl.): *Virus, das einen Tumor od. Tumoren erzeugt.*
Tu|mor|wachs|tum, das (Med.): *Wachstum eines Tumors.*
Tu|mor|zel|le, die (Med.): *zu einem Tumor gehörende Körperzelle.*
Tüm|pel, der; -s, - [aus dem Md., älter nhd. Tümpfel, mhd. tümpfel, ahd. tumphilo, eigtl. = Vertiefung, zu ↑ tief]: *Ansammlung von Wasser in einer kleineren Senke, Vertiefung im Boden:* ein kleiner T. schlammigen Wassers.
Tu|mu|li: Pl. von ↑ Tumulus.
Tu|mult, der; -[e]s, -e [lat. tumultus, verw. mit tumere, ↑ Tumor]: **a)** *verwirrendes, lärmendes Durcheinander aufgeregter Menschen:* ein heftiger, riesiger, unglaublicher T. erhob sich, entstand; der T. hat sich etwas gelegt; ihre Worte gingen im allgemeinen T. unter; **b)** *Auflauf lärmender u. aufgeregter Menschen; Aufruhr:* bei der Demonstration kam es zu schweren -en.
tu|mult|ar|tig ⟨Adj.⟩: *tumultuarisch:* -e Szenen, eine -e Versammlung.
Tu|mul|tu|ant, der; -en, -en [zu lat. tumultuare = lärmen, zu: tumultus, ↑ Tumult] (bildungsspr.): *Unruhestifter, Ruhestörer; Aufrührer.*
Tu|mul|tu|an|tin, die; -, -nen: w. Form zu ↑ Tumultuant.
tu|mul|tu|a|risch ⟨Adj.⟩ [lat. tumultuarius, zu: tumultus, ↑ Tumult] (bildungsspr.): *mit Lärm, Erregung, Tumult verbunden, einhergehend:* -e Szenen im Parlament.
tu|mul|tu|ie|ren ⟨sw. V.; hat⟩ [lat. tumultuari, ↑ Tumult]: *lärmen; einen Auflauf erregen:* ♦ ⟨subst.:⟩ Das war ein Jubilieren und Tumultuieren von den Unsrigen (Goethe, Götz V).
tu|mul|tu|ös (seltener), **tu|mul|tu|ös** (bildungsspr.) ⟨Adj.⟩ [frz. tumultueux < lat. tumultuosus, ↑ Tumult]: *tumultuarisch:* -e Ereignisse.
tu|mul|tu|o|so ⟨Adv.⟩ [ital. tumultuoso < lat. tumultuosus, zu: tumultus, ↑ Tumult] (Musik): *stürmisch, heftig, lärmend.*
Tu|mu|lus, der; -, ...li [lat. tumulus = (Grab)hügel, zu: tumere, ↑ Tumor] (Archäol.): *[vorgeschichtliches] Hügelgrab.*
¹tun ⟨unr. V.; hat⟩ [mhd., ahd. tuon, eigtl. = setzen,

stellen, legen]: **1. a)** *eine Handlung ausführen; sich mit etw. beschäftigen:* etw. ungern, gern, selbst, allein, auf eigene Verantwortung, von sich aus, unaufgefordert, freiwillig t.; so etwas tut er nicht; sie hat viel Gutes getan; sie hat genau das Richtige, Falsche getan *(sich richtig, falsch verhalten);* er tat, was/wie ihm befohlen; wenn du nichts [Besseres] zu t. hast, komm doch mit!; ich habe anderes, Besseres, Wichtigeres zu t., als hier herumzusitzen; sie tut nichts als meckern (ugs.; *meckert ständig*); ich möchte einmal gar nichts t. *(faulenzen);* was willst du nach dem Examen t.? *(was sind deine Pläne?);* ich weiß nicht, was ich t. soll *(wie ich mich verhalten soll; womit ich mich beschäftigen soll);* so etwas tut man nicht *(so etwas gehört sich nicht);* so tu doch etwas! *(greif ein!; handle!);* er hat sein Möglichstes, Bestes getan *(sich nach Kräften bemüht);* man sollte das eine t. und das andere nicht lassen *(beides tun);* du kannst t. und lassen, was du willst *(niemand macht dir Vorschriften);* tu, was du willst! *(es ist mir gleichgültig, wie du handelst, dich verhältst);* sie hat getan, was sie konnte *(sich nach Kräften bemüht);* er hat alles [Erdenkliche] getan *(alle seine Möglichkeiten ausgeschöpft),* um das zu verhindern; was tust du hier? *(was willst du hier, warum bist du hier?);* was kann ich für dich t.? *(wie kann ich dir behilflich sein?);* kann ich etwas für dich t.? *(dir helfen?);* du musst etwas für deine Gesundheit, dein Herz, deine Haut t. *(etw. tun, was deiner Gesundheit, deiner Haut, dir guttut);* die Regierung sollte mehr für die Rentner t. *(stärker in ihrem Interesse handeln);* dagegen muss man etwas, kann man nichts t. *(dagegen muss man, kann man nicht angehen);* was wirst du mit dem Geld t.? *(wie wirst du es verwenden?);* du kannst damit t., was du willst *(darüber frei verfügen);* was tust du *(hast du vor)* mit dem Messer?; dafür, dass das auch in Zukunft so bleibt, müssen wir etwas t. *(uns einsetzen);* es hat sich so ergeben, ohne dass ich etwas dazu getan hätte *(ohne mein Dazutun);* sie hatte nichts Eiligeres zu t., als es weiterzuerzählen *(erzählte es sofort weiter);* tu langsam! (landsch.; *nicht so schnell!);* was t.? *(was soll man in dieser Situation machen?);* Ü was tut denn die tote Fliege in meiner Suppe? *(sie gehört doch hier nicht hinein!);* R was tut, was man kann *(man bemüht sich nach Kräften);* ich will sehen, was sich t. lässt *(ich werde mein Möglichstes tun);* was tut man nicht alles! *(man versucht, dem anderen einen Gefallen zu tun, obgleich es einem nicht leichtfällt);* **b)** *(etw. Bestimmtes) verrichten, erledigen, vollbringen:* sie tut ihre Arbeit, Pflicht; ich habe noch etwas Wichtiges zu t.; es bleibt nur noch eines zu t.; wer hat das getan? *(wer ist der Schuldige?);* was hat sie denn getan? *(sich zuschulden kommen lassen?);* der Tischler hat viel zu t. *(viele Aufträge);* tus doch! *(mach deine Drohung doch wahr!);* du tust es ja doch nicht *(ich glaube dir nicht, dass du es wirklich tust);* ⟨auch ohne Akk.-Obj.:⟩ ich habe zu t. *(muss arbeiten);* nach getaner Arbeit; ich hatte dort [geschäftlich] zu t. *(war dort, um etwas [Geschäftliches] zu erledigen);* Mutter hatte noch in der Küche zu t.; * **mit etw. ist es [nicht] getan** *(etw. genügt [nicht]):* mit ein paar netten Worten ist es nicht getan; **es nicht unter etw. t.** (ugs.; ↑ machen 1 c); **es t.** (ugs. verhüll.; *koitieren*); **c)** nimmt die Aussage eines vorher im Kontext gebrauchten Verbs auf: ich riet ihr zu verschwinden, was sie auch schleunigst tat; ⟨unpers.:⟩ es sollte am nächsten Tag regnen, und das tat es dann auch; **d)** *ausführen, machen:* einen Blick aus dem Fenster, einen Sprung, einen Schritt t.; eine Äußerung, einer Sache Erwähnung t.; ⟨unpers.:⟩ plötzlich tat es einen furchtbaren Knall; **e)** *hervor-, zustande bringen, bewirken:* ein Wunder t.; (verblasst:) seine Wirkung t. *(wirken);* R was tuts? (ugs.; *na und?; was solls?*); was tut das schon? (ugs.; *was macht das schon?*); das hat nichts *(das ist unerheblich, spielt keine Rolle);* **f)** *zuteilwerden lassen; zufügen, antun; in einer bestimmten Weise an jmdm. handeln:* jmdm. [etw.] Gutes t.; jmdm. einen Gefallen t.; du hast dir was an der Stirn getan *(dich verletzt);* er hat viel an ihr getan (ugs.; *hat ihr viel Gutes getan);* warum hast du mir das getan *(angetan)?;* er tut dir nichts *(fügt dir kein Leid zu);* ⟨auch ohne Dativobjekt:⟩ der Hund tut nichts *(beißt nicht).* **2.** * **es t.** (1. ugs.; den gewünschten Zweck erfüllen; genügen, ausreichen:* das billige Papier tut es auch; Sahne wäre besser, aber Milch tut es auch; die Schuhe tun es noch einen Winter. 2. *funktionieren, gehen:* das Auto tuts noch einigermaßen, tuts nicht mehr so recht). **3.** (landsch. ugs.) *funktionieren, gehen:* das Radio tut nicht [richtig]. **4.** (ugs.) *irgendwohin bringen, befördern, setzen, stellen, legen:* tu es an seinen Platz, in den Müll, in den Schrank; Salz an, in die Suppe t.; das Geld tu auf die Bank; den Kleinen tun wir zur Oma *(geben wir in ihre Obhut);* sie taten (ugs.; *schickten*) die Tochter aufs Gymnasium; Der Seiler, der auch an Frosttagen barfuß war und seine grauen Füße nur zu besonderen Anlässen in Schuhe tat …, er trug in diesen Tagen Schuhe (Ransmayr, Welt 9/10). **5.** *durch sein Verhalten einen bestimmten Anschein erwecken; sich geben, sich stellen:* freundlich, vornehm, geheimnisvoll, überrascht t.; sie tat dümmer, als sie war; er tut [so], als ob/als wenn/wie wenn er nichts wüsste, als wüsste er nichts, als sei nichts gewesen; ⟨elliptisch:⟩ sie tut nur so [als ob] *(sie gibt das nur vor, verstellt sich nur);* tu doch nicht so! *(verstell dich doch nicht so!).* **6.** ⟨t. + sich⟩ *sich ereignen; vorgehen, geschehen; im Gange sein; sich verändern:* in der Politik, im Lande tut sich etwas, einiges; es tut sich immer noch nichts. **7.** * **es mit jmdm., etw. zu t. haben** *(jmdn., etw. von bestimmter Art vor sich haben):* wir haben es hier mit einem gefährlichen Verbrecher, Virus zu t.; Sie scheinen nicht zu wissen, mit wem Sie es zu t. haben (als Zurechtweisung); **[es] mit etw. zu t. haben** (ugs.; *an etw. leiden; mit etw. Schwierigkeiten haben:* sie hat mit einer Grippe zu t.; er hat es mit dem Herzen zu t.); **[es] mit jmdm., etw. zu t. bekommen/** (ugs.:) **kriegen** *(von jmdm. zur Rechenschaft gezogen werden o. Ä.:* sonst kriegst du es mit mir zu t.!); **mit sich [selbst] zu t. haben** *(persönliche Probleme haben, die einen beschäftigen);* **mit jmdm., etw. zu t. haben** *(mit etw., jmdm. umgehen, in Berührung kommen; sich mit etw., jmdm. befassen, auseinandersetzen müssen:* in ihrem Beruf hat sie viel mit Büchern zu t.; er hat noch nie [etwas] mit der Polizei zu t. gehabt); **mit etw. zu t. haben** (1. *mit etw. zusammenhängen, mit etw. in [ursächlichem] Zusammenhang stehen:* das hat vielleicht etwas mit dem Wetter zu t.; *etw. Bestimmtes darstellen, sein; als etw. Bestimmtes bezeichnet werden können:* mit Kunst hat das wohl kaum etwas zu t.); **mit etw. nichts zu t. haben** (1. *für etw. nicht zuständig, verantwortlich sein; mit etw. nicht befasst sein:* mit dem Binden der Bücher haben wir nichts zu t. 2. *nicht als [Mit]schuldiger für etw. [mit]verantwortlich sein:* er hat mit dem Mord nichts zu t.); **mit jmdm., etw. nichts zu t. haben wollen** *(jmdn., etw. meiden; sich aus etw. heraushalten);* **jmdm. ist [es] um jmdn., etw. zu t.** (geh.; *jmdm. geht es um jmdn., etw.:* es ist mir um dich, deine Gesundheit zu t.). **²tun** (Hilfsverb) [zu: ↑¹tun]: **1.** ⟨mit vorangestelltem, ugs. auch nachgestelltem Infinitiv⟩ dient zur Betonung des Vollverbs: singen tut sie gerne; (ugs.:) ich tu bloß noch schnell die Blumen gießen; (scherzh.:) t. tut keiner was. **2.** ⟨mit Infinitiv⟩ (landsch.) dient zur Umschreibung des Konjunktivs: das täte *(würde)* mich schon interessieren.

Tun, das; -s: *jmds. Ausführung einer Handlung, Beschäftigung mit etw.:* ein sinnvolles T.; * **jmds. T. und Treiben** (geh.; *das, was jmd. tut, treibt*); **jmds. T. und Lassen** (geh.; *jmds. Handlungsweise*).

Tün|che, die; -, ⟨Arten:⟩ -n [frühnhd. tünche, mhd. tuniche, ahd. tunicha, rückgeb. aus ↑ tünchen]: **1.** *weiße od. getönte Kalkfarbe, Kalkmilch od. Leimfarbe zum Streichen von Wänden.* **2.** ⟨o. Pl.⟩ (abwertend) *etw., was das wahre Wesen verdecken, verdecken soll:* ihre Höflichkeit ist nur T.

tün|chen ⟨sw. V.; hat⟩ [mhd. tünchen, ahd. (mit kalke) tunihhōn, eigtl. = be-, verkleiden, zu: tunihha < lat. tunica, ↑ Tunika]: *mit Tünche* (1) *anstreichen:* eine Wand t.

Tün|cher, der; -s, - (landsch.): *Maler* (2).

Tün|che|rin, die; -, -nen: w. Form zu ↑ Tüncher.

Tun|d|ra, die; -, ...dren [russ. tundra]: *baumlose Steppe nördlich der polaren Waldgrenze; Kältesteppe.*

Tu|nell, das; -s, -e (südd., österr., schweiz.): *Tunnel.*

tu|nen ['tjuːnən] ⟨sw. V.; hat⟩ [engl. to tune] (Kfz-Technik): *frisieren* (2 b): ein getunter Motor, Wagen.

Tu|ner ['tjuːnɐ], der; -s, - [engl. tuner, zu: to tune, ↑ tunen]: **1.** (Elektronik) *Gerät (meist als Teil einer Stereoanlage) zum Empfang von Hörfunksendungen.* **2.** (Elektronik) *Teil eines Rundfunk- od. Fernsehgerätes, mit dessen Hilfe das Gerät auf eine bestimmte Frequenz, einen bestimmten Kanal eingestellt wird.* **3.** (Kfz-Technik-Jargon) *Spezialist für Tuning.*

Tu|ne|rin ['tjuːnərɪn], die; -, -nen: w. Form zu ↑ Tuner (3).

¹Tu|ne|ser: ↑ Tunesier.

²Tu|ne|ser ⟨indekl. Adj.⟩: T. Seidenstoffe.

Tu|ne|se|rin, die; -, -nen: w. Form zu ↑ ¹Tuneser.

Tu|ne|si|en, -s: Staat in Nordafrika.

Tu|ne|si|er, der; -s, -: *Einwohner von Tunesien.*

Tu|ne|si|e|rin, die; -, -nen: w. Form zu ↑ Tunesier.

tu|ne|sisch ⟨Adj.⟩: *Tunesien, die Tunesier betreffend; von den Tunesiern stammend, zu ihnen gehörend.*

Tun|fisch: ↑ Thunfisch.

Tun|gu|se, der; -n, -n: *Angehöriger eines sibirischen Volksstammes; Ewenke.*

Tun|gu|sin, die; -, -nen: w. Form zu ↑ Tunguse.

Tu|nicht|gut, die; -. - [e]s, -e [eigtl. = (ich) tu nicht gut]: *jmd., der Unfug treibt, Schlimmes anrichtet.*

Tu|ni|ka, die; -, ...ken [lat. tunica, aus dem Semit.]: **1.** *(im antiken Rom von Männern u. Frauen getragenes) [ärmelloses] [Unter]gewand.* **2.** *ärmelloses, vorne offenes Übergewand, das mit Gürtel über einem festlichen Kleid aus dem gleichen Stoff getragen wird.* **3.** (Mode) *über Rock oder Hose getragenes blusenartiges Kleidungsstück.*

Tu|ning ['tjuːnɪŋ], das; -s, -s [engl. tuning, zu: tune, ↑ tunen] (Kfz-Technik): *das Tunen.*

Tu|nis: Hauptstadt von Tunesien.

¹Tu|ni|ser, der; -s, -: Ew.

²Tu|ni|ser ⟨indekl. Adj.⟩: die T. Altstadt.

Tu|ni|se|rin, die; -, -nen: w. Form zu ↑ ¹Tuniser.

tu|ni|sisch ⟨Adj.⟩: *Tunis, die Tuniser betreffend; von den Tunisern stammend, zu ihnen gehörend.*

Tun|ke, die; -, -n [zu ↑ tunken] (Kochkunst): *[kalte] Soße:* Heringsfilets in pikanter T.; * **in der T. sitzen** (ugs. seltener; ↑ Tinte 1).

tun|ken ⟨sw. V.; hat⟩ [mhd. tunken, ahd. thunkōn,

tunlich–turbinengetrieben

eigtl. = benetzen, anfeuchten] (landsch.): *eintauchen* (1): *Brot in die Soße, in den Kaffee t.*
tun|lich ⟨Adj.⟩ [zu ↑¹tun] (veraltend): **1.** *ratsam; angebracht: ein Umweg wäre -er.* **2.** *möglich* (1): *etw. so rasch wie nur t. erledigen.*
tun|lichst ⟨Adv.⟩: **1. a)** *möglichst* (1 b): *Lärm soll t. vermieden werden;* **b)** *möglichst* (2): *man hoffte auf eine Beteiligung in t. großer Zahl; Mir offen ins Gesicht bekundet Sie, dass Sie zeit Ihres Lebens nur der Begattung gefrönt haben, und zwar t. mit der Frau eines Stadtrats?* (Benn, Stimme 49). **2.** *auf jeden Fall, unbedingt:* Autofahrer sollten t. auf Alkohol verzichten.
Tun|nel, der; -s, -, seltener: -s [engl. tunnel < afrz. ton(n)el = Tonnengewölbe, Fass, zu: tonne < mlat. tunna, ↑Tonne]: **a)** *unterirdisches röhrenförmiges Bauwerk, bes. als Verkehrsweg durch einen Berg, unter einem Gewässer hindurch o. Ä.:* der T. ist für Gefahrguttransport gesperrt; einen T. bauen; der Zug fährt durch einen T.; Ü Eine der typischen Chausseen, die beiderseits von Linden und Kastanien bestanden sind und im Sommer einen tiefgrünen T. bilden, ist den Kröten zur Falle geworden (Grass, Unkenrufe 159); **b)** *unterirdischer Gang:* einen T. graben; **c)** (Rugby) *(bei einem Gedränge* 3) *freier Raum zwischen den Spielern.*
tun|nel|ähn|lich ⟨Adj.⟩: *einem Tunnel ähnlich.*
Tun|nel|bau, der; ⟨Pl. -ten⟩: **1.** ⟨o. Pl.⟩ *das Bauen eines Tunnels* (a). **2.** *Tunnel.*
Tun|nel|bau|er, der; -s, - ⟨Pl.⟩: *jmd., der einen Tunnel* (a, b) *baut.*
Tun|nel|bau|e|rin, die; -, -nen: w. Form zu ↑Tunnelbauer.
Tun|nel|blick, der ⟨Pl. selten⟩: **1.** [bei einer Fahrt durch einen Tunnel liegen die Seitenbereiche des Gesichtsfelds im Dunkeln, nur das Tunnelende ist als helle Fläche deutlich sichtbar] **a)** ⟨o. Pl.⟩ *infolge eines Rauschzustandes od. beim Fahren mit sehr großer Geschwindigkeit auftretendes eingeschränktes Sehen, bei dem nur die unmittelbar im Zentrum des Gesichtsfeldes befindlichen Objekte richtig wahrgenommen werden;* **b)** *geradeaus gerichteter stierer Blick (wie er für den Tunnelblick* (1 a) *kennzeichnend ist):* den, einen T. haben; Ü *ohne jeden musikalischen T. sucht die Künstlerin überall nach Klängen, die sie beflügeln.* **2.** (übertr. von 1) *eingeengte Sichtweise.*
Tun|nel|bund, der (Mode): ¹*Bund* (2), *durch den ein Gürtel gezogen werden kann.*
Tun|nel|gurt, Tun|nel|gür|tel, der (Mode): *besonderer, zum Einziehen in einen Tunnelbund bestimmter Gürtel.*
tun|ne|lie|ren ⟨sw. V.; hat⟩ (österr.): *(durch etw. hindurch) einen Tunnel bauen:* einen Berg t.
Tun|ne|lie|rung, die; -, -en (österr.): *das Tunnelieren; Tunnelbau.*
tun|neln ⟨sw. V.; hat⟩ (Sportjargon): *jmdm., bes. dem Tormann, den Ball zwischen den Beinen hindurchspielen:* er tunnelte den Torwart.
Tun|nel|röh|re, die: *röhrenartiges Gebilde, das den Tunnel bildet.*
Tun|nel|zug, der (Mode): *teilweise od. ganz in den Stoff eingezogenes Band o. Ä. an Kleidungsstücken:* eine Jacke mit T. in der Taille.
Tun|te, die; -, -n: **1.** [aus dem Niederd., urspr. wohl lautm. für das Sprechen eines Geisteskranken] (ugs. abwertend) *Tante* (2 b). **2.** [übertr. von 1] (salopp, auch abwertend) *Homosexueller mit femininen Gebaren.*
tun|ten|haft ⟨Adj.⟩: **1.** (ugs. abwertend) *tantenhaft.* **2.** (salopp, meist abwertend) *von, in der Art einer Tunte* (2).
tun|tig ⟨Adj.⟩ (ugs. abwertend): **1.** *tuntenhaft* (1): -e Betulichkeit. **2.** (salopp, meist abwertend) *tuntenhaft* (2).

Tun|tig|keit, die; - (salopp, meist abwertend): *tuntenhaftes* (2) *Verhalten.*
Tun|wort: ↑Tuwort.
Tu|pa|ma|ra, die; -, -s: w. Form zu ↑Tupamaro.
Tu|pa|ma|ro, der; -s, -s [span. tupamaro, nach dem peruanischen Indianerführer Tupac Amaru II. (1743–1781)]: ²*Stadtguerilla* (b) *einer uruguayischen* ¹*Guerilla* (b).
Tupf, der; -[e]s, -e [mhd. topfe, ahd. topho, eigtl. = (leichter) Stoß, Schlag, zu ↑stoßen, im Nhd. an ↑tupfen angelehnt] (südd., österr., schweiz.): *Tupfen.*
Tüpf|chen, das; -s, -: Vkl. zu ↑Tupfen.
Tüp|fel, das od. der; -s, - [spätmhd. dippfel, Vkl. von ↑Tupf] (selten): *Tüpfelchen.*
Tüp|fel|chen, das; -s, - [Vkl. von ↑Tüpfel]: *kleiner Tupfen:* du hast ein schwarzes T. auf der Backe; Ü nicht ein T. *(nicht das Geringste)* an etw. ändern; * *das T. auf dem i (die Zutat, die einer Sache noch die letzte Abrundung gibt).*
Tüp|fel|farn, der [nach den als Tüpfel erscheinenden Sporenhäufchen]: *immergrüner Farn mit einfach gefiederten, derben, dunkelgrünen Blättern.*
tüp|fe|lig, tüpflig ⟨Adj.⟩: **1.** (selten) *getupft, gesprenkelt.* **2.** (landsch.) *pingelig.*
tüp|feln ⟨sw. V.; hat⟩: *mit Tupfen, Tüpfeln versehen:* etw. blau t.; ⟨meist im 2. Part.:⟩ ein getüpfeltes Fell.
tup|fen ⟨sw. V.; hat⟩: **1.** [mhd. nicht belegt, ahd. tupfan, zu ↑tief u. eigtl. = tief machen, eintauchen] **a)** *leicht an, auf etw. stoßen,* ¹*tippen* (1): jmdm. auf die Schulter t.; **b)** *tupfend* (1 a) *berühren:* er tupfte sich den Mund mit der Serviette, die Stirn mit einem Taschentuch; **c)** *(etw.) tupfend* (1 a) *entfernen od. aufbringen:* sich [mit einem Tuch] den Schweiß von der Stirn t.; Madame tupfte vorsichtig mit dem Mundtuch den Burgunder von ihren rougierten Lippen (Langgässer, Siegel 510). **2.** [zu ↑Tupf] *mit Tupfen versehen:* einen Stoff t.; ⟨meist im 2. Part.:⟩ ein [blau] getupftes Kleid.
Tup|fen, der; -s, -: **1.** (ugs.) *Tupfen:* eine Krawatte mit lustigen n.; Ü Blumen als bunte T. im Krankenhaus. **2.** *Stück locker gefalteter Verbandsmull zum Betupfen von Wunden (zur Blutstillung, Reinigung u. a.).*
tüpf|lig: ↑tüpfelig.
¹**Tu|pi,** der; -[s], -[s]: Angehöriger einer südamerikanischen Sprachfamilie im tropischen Waldgebiet.
²**Tu|pi,** das; -: *Indianersprache in Südamerika.*
Tür, die; -, -en [mhd. tür, ahd. turi]: **1. a)** *Vorrichtung in Form einer in Scharnieren hängenden, meist rechteckigen Platte zum Verschließen eines Durchgangs, eines Einstiegs o. Ä.:* die T. quietscht, klemmt, knarrt, schließt nicht richtig, ist geschlossen; eine T. [ab]schließen, aushängen, anlehnen; die T. hinter sich zumachen; er hörte, wie die T. ging (geöffnet od. geschlossen wurde); an der T. klopfen; ein Auto mit vier -en; einen Brief unter der T. durchschieben; sie wohnt eine T. weiter (nebenan); sie wohnen T. an T. *(unmittelbar nebeneinander);* Ü das wird dir so manche T. öffnen *(manche Möglichkeit eröffnen);* ihr stehen alle -en offen *(ihre [beruflichen] Möglichkeiten sind sehr vielfältig);* er fand nur verschlossene -en *(er stieß überall auf Ablehnung; niemand unterstützte ihn);* wir dürfen die T. nicht zuschlagen/müssen die T. offen halten *(wir müssen die Möglichkeit zu verhandeln, uns zu einigen, erhalten);* sie sind/waren uns eine offene T. *(sie war überall willkommen, fand überall Unterstützung);* R mach die T. von außen zu! (ugs.; *geh hinaus!)*; [ach] du kriegst die T. nicht zu! (ugs.; *ach du meine Güte!);* * jmdm. die T. einlaufen/einrennen (ugs.; ↑Bude 2 b); jmdm. die T. vor der Nase zuschlagen (ugs.: 1. *im letzten Augenblick vor jmdm. die Tür zumachen.* jmdn. *schroff zurückweisen);* [bei jmdm.] offene -en einrennen (ugs.; *bei jmdm. mit großem Engagement für etw. eintreten, was dieser ohnehin befürwortet);* einer Sache T. und Tor öffnen *(einer Sache Vorschub leisten; etw. unbeschränkt ermöglichen:* dadurch wird dem Missbrauch T. und Tor geöffnet); hinter verschlossenen -en *(ohne die Anwesenheit von Außenstehenden, ohne Außenstehende zuzulassen; geheim:* sie verhandeln hinter verschlossenen -en); mit der T. ins Haus fallen (ugs.; *sein Anliegen ohne Umschweife, [allzu] unvermittelt vorbringen);* vor verschlossener T. stehen *(niemanden zu Hause antreffen);* zwischen T. und Angel (ugs.; *in Eile, ohne genügend Zeit dafür zu haben; im Weggehen);* **b)** *als Eingang o. Ä. dienende, meist rechteckige Öffnung in einer Wand [die mit einer Tür (1 a) verschlossen wird]; Türöffnung:* die T. geht ins Freie; eine T. zumauern; aus der T. treten; sie steckte ihren Kopf durch die T.; der Schrank geht nicht durch die T.; sie stand in/unter der T.; er hatte den Fuß bereits in der T.; R da ist die T.! (ugs.; *nachdrückliche Aufforderung an jmdn., den Raum zu verlassen);* * jmdm. die T. weisen (geh.: *jmdn. mit Nachdruck auffordern, den Raum zu verlassen;* jmdn. *abweisen);* vor die T. (*ins Freie, nach draußen):* vor die T. gehen); jmdn. vor die T. setzen (ugs.: *jmdn. hinausweisen.* jmdn. *entlassen;* jmdm. *kündigen);* vor seiner eigenen T. kehren (ugs.; *sich um seine eigenen Angelegenheiten kümmern);* vor der T. stehen *(nach dem Kalender bald eintreten, gefeiert, begangen werden können; unmittelbar bevorstehen:* Ostern steht vor der T.). **2. a)** *einer Tür (1 a) ähnliche, meist jedoch kleinere Vorrichtung zum Verschließen einer Öffnung:* die T. eines Ofens, Vogelkäfigs, Schrankes; **b)** *mit einer Tür (2 a) verschließbare Öffnung:* sie griff durch die T. des Käfigs nach dem Hamster.
Tür|an|gel, die: *Angel (2) zum Einhängen einer Tür.*
Tur|ba, die; -, Turbae [lat. turba = ¹*Schar*] (Musik): *Chor* (1 a) *in Passionen* (2 c) *u. Ä.*
Tur|ban, der; -s, -e [älter Turband, Tulban(t) < türk. tülbent < pers. dulband]: **1.** *aus einem in bestimmter Weise [über einer kleinen Kappe] um den Kopf gewundenen langen, schmalen Tuch bestehende Kopfbedeckung (bes. der Muslime u. Hindus).* **2.** *um den Kopf drapierter Schal als modische Kopfbedeckung für Damen.*
Tür|be, die; -, -n [türk. türbe, aus dem Arab.]: *islamischer, bes. türkischer, turmförmiger Grabbau mit kegel- od. kuppelförmigem Dach.*
Tur|bel|la|rie, die; -, -n ⟨meist Pl.⟩ [zu lat. turbo, ↑Turbine]: *Strudelwurm.*
Tür|be|schlag, der: *Beschlag (1 a) an einer Tür.*
Tur|bi|ne, die; -, -n [frz. turbine, zu lat. turbo (Gen.: turbinis) = Wirbel, Kreisel, verw. mit lat. turba, ↑turbulent] (Technik): *Kraftmaschine, die die Energie strömenden Gases, Dampfes od. Wassers mithilfe eines Schaufelrades in eine Rotationsbewegung umsetzt.*
Tur|bi|nen|an|trieb, der: *Antrieb durch eine Turbine.*
Tur|bi|nen|bau|er, der; -s, - (ugs.): *jmd., der Turbinen baut.*
Tur|bi|nen|bau|e|rin, die; -, -nen: w. Form zu ↑Turbinenbauer.
Tur|bi|nen|flug|zeug, das: *Flugzeug mit Turbinenantrieb.*
tur|bi|nen|ge|trie|ben ⟨Adj.⟩ (Technik): *von einer Turbine angetrieben:* ein -er Generator.

Turbinenhaus – türmen

Tur|bi|nen|haus, das: *Gebäude, in dem sich die Turbinen (z. B. eines Wasserkraftwerks) befinden.*

Tur|bi|nen|schiff, das: *Schiff mit Turbinenantrieb.*

Tür|blatt, das (Fachspr.): *Türflügel.*

Tur|bo, der; -s, -s [zu ↑ Turbine, geb. mit dem Wortbildungselement -o (wie z. B. Chemo-, Techno-)] (Kfz-Technikjargon): **1.** Kurzf. von ↑ Turbomotor (1), ↑ Turbolader: Ü den T. einschalten (ugs.; *sich mehr anstrengen, mehr leisten*). **2.** *Auto mit Turbomotor (1).*

tur|bo|elek|t|risch ⟨Adj.⟩ (Technik): *mit von einem Turbogenerator geliefertem Strom arbeitend.*

Tur|bo|ge|ne|ra|tor, der (Technik): *durch eine Turbine angetriebener Generator.*

Tur|bo|ka|pi|ta|lis|mus, der (abwertend): *rücksichtsloser, unverhüllt ausschließlich auf Profitmaximierung ausgerichteter Kapitalismus:* der neoliberale, globale, entfesselte T.

Tur|bo|la|der, der: *mit einer Abgasturbine arbeitende Vorrichtung zum Auflagen (3) eines Motors.*

Tur|bo|mo|tor, der; -s, -en, auch: -e: **1.** *Motor mit einem Turbolader.* **2.** *mit einer Gasturbine arbeitendes Triebwerk (z. B. bei Hubschraubern).*

Tur|bo-Prop-Flug|zeug, das [zu ↑ Turbo u. ↑ Propeller]: *Flugzeug mit Turbo-Prop-Triebwerk[en].*

Tur|bo-Prop-Trieb|werk, das (Technik): *Triebwerk (für Flugzeuge), bei dem eine Turbine einen Propeller antreibt.*

tur|bu|lent ⟨Adj.⟩ [lat. turbulentus = unruhig, stürmisch, zu: turba = Verwirrung, Lärm]: **1.** *durch großes Durcheinander, große [sich in Lärm äußernde] Lebhaftigkeit, allgemeine Erregung, Aufregung, Unruhe gekennzeichnet; sehr unruhig, ungeordnet:* ein -es Wochenende; -e Szenen spielten sich im Parlament, im Gerichtssaal ab; die Sitzung verlief äußerst t. **2.** (Physik, Astron., Meteorol.) *durch das Auftreten von Wirbeln gekennzeichnet, ungeordnet:* -e Strömungen.

Tur|bu|lenz, die; -, -en [lat. turbulentia, zu: turbulentus, ↑ turbulent]: **1.** *sehr unruhiger Verlauf, turbulentes Geschehen:* die T. der letzten Wochen; die -en meistern; in finanzielle -en (*Schwierigkeiten*) geraten. **2.** (Physik, Astron., Meteorol.) *turbulente (2) Strömung; Wirbel:* die T. des Wassers; an den Tragflächen bilden sich -en; Ü die Partei durchfliegt zurzeit -en (*ist zurzeit in Schwierigkeiten*).

Tür|drü|cker, der: **1.** *Türöffner.* **2.** *Klinke* (1).

Tü|re, die; -, -n (bes. landsch.): *Tür.*

Turf [tɔrf, engl.: tə:f], der; -s [engl. turf = Rasen, verw. mit ↑ Torf] (Pferdesportjargon): *Pferderennbahn (als Schauplatz von Pferderennen als gesellschaftlichem Ereignis).*

Tür|fal|le, die (schweiz.): *Türklinke.*

Tür|flü|gel, der: *zu öffnender, beweglicher Teil der Tür:* eine Doppeltür hat zwei Türflügel.

Tür|fül|lung, die: *Füllung* (3).

Tür|glo|cke, die (veraltend): *Türklingel.*

Tur|gor, der; -s [spätlat. turgor = das Geschwollensein, zu lat. turgere = angeschwollen sein]: **1.** (Med.) *Druck der in einem Gewebe enthaltenen Flüssigkeit.* **2.** (Bot.) *Druck der in den Zellen einer Pflanze enthaltenen Flüssigkeit auf die Zellwände.*

Tür|griff, der: *Klinke* (1).

Tür|he|ber, der: *Vorrichtung, durch die eine Tür beim Öffnen automatisch leicht angehoben wird.*

Tür|hü|ter, der (veraltet): *jmd., der vor einer Tür steht u. darüber wacht, dass kein Unerwünschter, Unbefugter o. Ä. eintritt.*

Tür|hü|te|rin, die: w. Form zu ↑ Türhüter.

Tu|rin: italienische Stadt.
¹Tu|ri|ner, der; -s, -: Ew.
²Tu|ri|ner ⟨indekl. Adj.⟩: die T. Autofabriken.
Tu|ri|ne|rin, die; -, -nen: w. Form zu ↑ ¹Turiner.
tu|ri|nisch ⟨Adj.⟩: *Turin, die Turiner betreffend; von den Turinern stammend, zu ihnen gehörend.*

Tür|ke, der; -n, -n: **1.** Ew.: wir hatten Hunger und beschlossen, zum -n (ugs.; *in ein türkisches Restaurant*) zu gehen. **2.** [viell. nach älter Türke = eingedrillte Gefechtsübung, dann: staatliche Maßnahme, die in der österreichisch-ungarischen Monarchie unter Ausnutzung der Furcht vor der Türkeneinfällen getroffen wurde] (oft als diskriminierend empfunden) **a)** *etw., was dazu dient, etwas nicht Vorhandenes, einen nicht existierenden Sachverhalt vorzuspiegeln; ein grandioser T.;* * **einen -n bauen**/(veraltend:) **stellen** (*etw. in der Absicht, jmdn. zu täuschen, als wirklich, als echt hinstellen*); **b)** *wie eine dokumentarische Aufnahme präsentierte, in Wahrheit aber nachgestellte Aufnahme:* die Szene war ein T.

Tür|kei, die; -: *Staat in Vorderasien u. Südosteuropa.*

tür|ken ⟨sw. V.; hat⟩ (salopp): *fingieren, fälschen:* ein Interview t.; getürkte Autounfälle.

Auch wenn die Herkunft des Verbs *türken* unklar ist, verbindet es sich doch im Bewusstsein der meisten Menschen mit der entsprechenden Nationalbezeichnung. Es wird besonders von türkischstämmigen Mitbürger(inne)n als diskriminierend empfunden und sollte deshalb im öffentlichen Sprachgebrauch unbedingt vermieden werden.

Tür|ken|sä|bel, der: *Säbel mit gekrümmter Klinge.*

Tür|ken|sterz, der [zu ↑ Türken] (Kochkunst österr.): *in Fett geröstete Speise aus Mais.*

Tür|ken|tau|be, die [nach der urspr. Herkunftsland]: *der Lachtaube ähnliche, graubraune Taube mit einem schwarzen, weiß geränderten Band über dem Nacken.*

Tür|ket|te, die: *Sicherheitskette* (a).

Tur|key [ˈtaːki], der; -s [engl. cold turkey, eigtl. = kalter Truthahn(aufschnitt), H. u.] (Jargon): *mit qualvollen Entzugserscheinungen einhergehender Zustand, in den ein [Heroin]süchtiger gerät, wenn er seine Droge nicht bekommt:* auf [den] T. kommen; auf [dem] T. sein.

Tür|kin, die; -, -nen: w. Form zu ↑ Türke (1).
tür|kis ⟨Adj.⟩: *grünblau; blaugrün:* ein t./-es Tuch; ein t./-es Kleid.

¹Tür|kis, der; -es, -e [mhd. turkîs, turkoys < (m)frz. turquoise, nach afrz. turquois = türkisch, also eigtl. = türkischer (Edelstein), nach dem ersten Fundorten]: **1.** *sehr feinkörniges, undurchsichtiges, blaues, blaugrünes od. grünes Mineral: nie wird T. gewonnen.* **2.** *aus ¹Türkis* (1) *bestehende Schmuckstein:* ein erbsengroßer T.

²Tür|kis, das; -: *türkis Farbton:* ein helles T.
tür|kis|blau ⟨Adj.⟩: *grünblau:* -es Wasser, das -e Meer.

tür|kisch ⟨Adj.⟩: **a)** *die Türkei, die Türken betreffend; von den Türken stammend, zu ihnen gehörend:* ein -es Restaurant, Bad; **b)** *in der Sprache der Türken [verfasst].*

Tür|kisch, das; -[s], (nur mit best. Art.:) **Tür|ki|sche**, das; -n: *die türkische Sprache.*

tür|kisch|stäm|mig ⟨Adj.⟩: *aus der Türkei stammend:* die erste -e Abgeordnete im Deutschen Bundestag.

tür|ki|sie|ren ⟨Adj.⟩: *türkis.*
tür|kis|far|ben, tür|kis|far|big ⟨Adj.⟩: *türkis.*
tür|kis|grün ⟨Adj.⟩: *blaugrün.*
tur|ki|sie|ren ⟨sw. V.; hat⟩: *türkisch machen; der*

türkischen Sprache, den türkischen Verhältnissen angleichen.

Tür|klin|gel, die: *elektrische Klingel, die außen an der Haustür betätigt wird (für Besucher).*

Tür|klin|ke, die: *Klinke* (1).

Tür|klop|fer, der: *aus einem massiven, an einer waagerechten Achse hängenden, oft kunstvoll gestalteten Metallstück bestehende Vorrichtung zum Anklopfen (bes. an schweren, alten Türen).*

Turk|me|ne, der; -n, -n: **1.** *Angehöriger eines Turkvolkes.* **2.** Ew. zu ↑ Turkmenistan. **3.** *turkmenischer Orientteppich.*

Turk|me|nil, -s (veraltend): *Turkmenistan.*

Turk|me|nin, die; -, -nen: w. Form zu ↑ Turkmene (1, 2).

turk|me|nisch ⟨Adj.⟩: *Turkmenistan, die Turkmenen betreffend; von den Turkmenen stammend, zu ihnen gehörend.*

Turk|me|nis|tan; -s: *Staat im Südwesten Mittelasiens.*

Tür|knauf, der: *Knauf einer Tür.*

Tur|ko|lo|ge, der; -n, -n [↑ -loge]: *jmd., der sich mit Turkologie befasst.*

Tur|ko|lo|gie, die; - [zu ital. turco = Türke u. ↑ -logie]: *Wissenschaft von Sprache, Literatur u. Kultur der Turkvölker.*

Tur|ko|lo|gin, die; -, -nen: w. Form zu ↑ Turkologe.

Turk|spra|che, Türk|spra|che, die (Sprachwiss.): *von einem Turkvolk gesprochene Sprache (z. B. das Türkische).*

Turk|volk, Türk|volk, das: *Volk einer Gruppe in Südost- u. Osteuropa, in Mittel-, Nord- u. Kleinasien beheimateter Völker mit einander ähnlichen Sprachen.*

Turm, der; -[e]s, Türme [mhd. turn, turm, spätahd., torn, über das Afrz. < lat. turris]: **1. a)** *hoch aufragendes, auf verhältnismäßig kleiner Grundfläche stehendes Bauwerk, das oft Teil eines größeren Bauwerks ist:* der T. einer Kirche; ein frei stehender T.; einen T. besteigen; auf einen T. steigen; eine Kathedrale mit zwei gotischen Türmen; Ü auf ihrem Schreibtisch stapeln sich Akten zu Türmen; * **elfenbeinerner T.** (bildungsspr.; ↑ Elfenbeinturm); **b)** (früher) *Schuldturm; Hungerturm; in einem Turm gelegenes Verlies, Gefängnis:* jmdn. in den T. werfen, stecken. **2.** *Schachfigur, die (beliebig weit) gerade zieht:* Übrigens mogelt er beim Schachspiel. Er hat mir einen T. geklaut und es mit eiserner Stirn abgestritten (Fallada, Herr 181). **3.** (Fachspr.) *frei stehende Felsnadel.* **4.** *Geschützturm:* der T. eines Panzers. **5.** *turmartiger Aufbau eines Unterseebootes.* **6.** Kurzf. von ↑ Sprungturm. **7.** (Technik) *senkrechter Teil eines Turmdrehkrans, in dem sich das Führerhaus befindet u. an dem der Ausleger befestigt ist.* **8.** Kurzf. von ↑ Stereoturm.

Tur|ma|lin, der; -s, -e [(frz., engl. tourmaline <) singhal. turamalli]: **1.** *in verschiedenen Farben vorkommendes Mineral, das zur Herstellung von Schmuck u. in der Technik verwendet wird.* **2.** *Edelstein aus Turmalin* (1).

Turm|bau, der ⟨Pl. -ten⟩: **1.** (o. Pl.) *das Bauen eines Turms:* der T. zu Babel. **2.** *Turm* (1 a).

Turm|bla|sen, das; -s: *Veranstaltung, bei der auf einem [Kirch]turm postierte Bläser spielen (an bestimmten Feiertagen od. zu ähnlichen Anlässen).*

Turm|blä|ser, der: *jmd., der das Turmblasen vornimmt.*

Turm|blä|se|rin, die: w. Form zu ↑ Turmbläser.

Türm|chen, das; -s, -: Vkl. zu ↑ Turm (1 a).

Turm|dach, das: *Dach eines Turmes.*

Turm|dreh|kran, der (Technik): *hoch aufragender fahrbarer Drehkran.*

¹tür|men ⟨sw. V.; hat⟩ [mhd. türnen, turmen = mit einem Turm versehen]: **1.** *etw. an eine Stelle bringen u. so aufschichten, dass dabei ein hoher*

Stapel, Haufen o. Ä. entsteht; auftürmen (a): sie türmte die Bücher auf den Tisch. **2.** ⟨t. + sich⟩ **a)** *sich auftürmen: auf dem Schreibtisch türmen sich die Akten [zu Bergen];* **b)** (geh.) *aufragen: vor uns türmt sich das Gebirge.* ♦ **3.** *turmhoch aufragen, sich auftürmen: ...die stolze Stadt ... sie lag, so weit sie die Gefilde deckte, so hoch sie türmte, gehüllt in ... Dämmrung da* (Klopstock, Messias 9, 54 ff.); ⟨häufig im 1. Part.:⟩ *...eine Mauer aus meinen eignen Werken baut sich auf, die mir die Umkehr türmend hemmt* (Schiller, Wallensteins Tod I, 4).

²**tür|men** ⟨sw. V.; ist⟩ [H. u., wohl aus der Gaunerspr.] (salopp): *sich aus einer unangenehmen Situation durch eilige Flucht befreien: die Jungen türmten, als der Besitzer kam; aus dem Knast t.; über die Grenze t.*

Tür|mer, der [mhd. türner, turner]: **1.** (früher) *in einem Turm wohnender Turmwächter od. Glöckner.* **2.** *jmd., der [als Attraktion für Touristen] in einem Turm wohnt, Eintritt kassiert u. Auskünfte über die Geschichte der Stadt u. seinen Beruf gibt.*

Tür|me|rin, die; -, -nen: w. Form zu Türmer (2): *ein Gespräch mit der T. der Stadt Bad Wimpfen.*

Turm|fal|ke, der: *Falke mit auf dem Rücken rotbraunem, beim Männchen dunkel geflecktem, beim Weibchen dunkel gestreiftem Gefieder, der bes. in Mauernischen von Gebäuden, Türmen nistet.*

Turm|fri|sur, die (seltener): *Hochfrisur.*

Turm|hahn, der: *Wetterhahn auf einer Turmspitze.*

Turm|hau|be, die: *oberster Teil, Dach, Helm eines Turms.*

Turm|haus, das (Archit.): **1.** *Wohnturm.* **2.** *turmartiges Hochhaus.*

Turm|helm, der (Archit.): ¹*Helm* (3).

turm|hoch ⟨Adj.⟩ (emotional): *haushoch:* turmhohe Wellen.

Turm|mu|sik, die (Musik): **1.** ⟨o. Pl.⟩ *Musik, wie sie im MA. von Türmern od. Stadtpfeifern zu bestimmten Stunden von einem Turm herab auf einem Horn o. Ä. gespielt wurde.* **2.** *als Turmmusik* (1) *geschriebene Komposition:* -en von Beethoven und Hindemith.

Turm|spit|ze, die: *Spitze* (1 d) *eines Turms.*

Turm|sprin|gen, das ⟨o. Pl.⟩: *Disziplin des Schwimmsports, in der Sprünge von einem Sprungturm ausgeführt werden.*

Turm|sprin|ger, der: *jmd., der Turmspringen betreibt.*

Turm|sprin|ge|rin, die: w. Form zu ↑Turmspringer.

Turm|uhr, die: *Uhr in einem Turm mit einem großen, außen angebrachten Zifferblatt (meist mit einem Schlagwerk): die T. schlägt* [vier].

Turm|wäch|ter, der (früher): *Wächter auf einem Turm, der die Aufgabe hat, das Ausbrechen von Feuer, das Herannahen von Feinden o. Ä. zu melden.*

Turm|zim|mer, das: *Zimmer im Turm eines Schlosses o. Ä.*

Turn [tə:n], der; -s, -s [engl. turn, zu: to turn = drehen (über das Afrz.) ˂ lat. tornare, ↑ ¹turnen]: **1.** (Flugw. Jargon) *Kurve.* **2.** (Jargon) *bes. durch Haschisch, Marihuana bewirkter Rauschzustand:* einen T. haben; auf dem T. sein.

♦²**Turn:** ↑ Turm: *Euch in den Turn zu werfen* (Goethe, Goetz IV).

Turn|an|zug, der: *beim Turnen getragener Dress.*

Tur|n|a|round ['tə:nəraund], der; -[s], -s [engl. turnaround, zu: to turn around = umdrehen, umkehren] (bes. Wirtsch.): *Umschwung bes. in der wirtschaftlichen Situation eines Unternehmens; Überwindung einer Krise.*

Turn|beu|tel, der: *Beutel* (1 a) *für das Turnzeug.*

¹**tur|nen** ⟨sw. V.⟩ [mhd. nicht belegt, ahd. turnēn =

drehen, wenden ˂ lat. tornare = runden (1 a), drechseln, zu: tornus, ↑ Turnus; als angeblich »urdeutsches« Wort von F. L. Jahn (1778–1852) in die Turnerspr. eingef.]: **1.** ⟨hat⟩ (Sport) **a)** *sich unter Benutzung besonderer Geräte (Barren, Reck, Pferd u. a.) sportlich betätigen:* sie kann gut t.; am Barren t.; wir turnen heute draußen (ugs.: *unser Turnunterricht findet heute im Freien statt*); **b)** *turnend ausführen:* eine Kür, einen Flickflack t. **2.** (ugs.) **a)** ⟨ist⟩ *sich mit gewandten, flinken Bewegungen kletternd, krabbelnd, hüpfend irgendwohin bewegen:* sie ist geschickt über die gefällten Stämme geturnt; **b)** ⟨hat⟩ *herumturnen* (2).

²**tur|nen** ['tø:ɐ̯nən, 'tœr...] ⟨sw. V.; hat⟩ [rückgeb. aus ↑²anturnen] (Jargon): **1.** *sich durch Drogen, bes. Haschisch o. Ä., in einen Rauschzustand versetzen:* du brauchst dich nicht zu verstecken, wenn du turnst. **2.** *(von Drogen) eine berauschende Wirkung haben:* der Stoff turnt [nicht besonders]; Ü *die Musik turnt wahnsinnig.*

Tur|nen, das; -s: *Sportart, Unterrichtsfach* ¹*Turnen* (1): sie hat in/im T. eine Eins.

Tur|nen, der; -s, -: *jmd., der* ¹*turnt* (1 a): *die deutschen T. errangen mehrere Medaillen.*

♦ **Tür|ner:** ↑ Türmer: Der T. bläst 's Liedel (Goethe, Götz IV).

Tur|ne|rei, die; -, -en (ugs., oft abwertend): **1.** ⟨o. Pl.⟩ *[dauerndes] Turnen.* **2.** *[waghalsige] Kletterei:* lass diese -en!

Tur|ne|rin, die; -, -nen: w. Form zu ↑ Turner.

tur|ne|risch ⟨Adj.⟩: *das* ¹*Turnen* (1) *betreffend:* eine überragende -e Leistung.

Tur|ner|kreuz, das: *aus vier symmetrisch in der Form eines Kreuzes angeordneten großen F (den Anfangsbuchstaben von »frisch, fromm, fröhlich, frei«, dem Wahlspruch der Turner) bestehendes Zeichen der Turner.*

Tur|ner|schaft, die; -, -en: *Gesamtheit von Turnerinnen u. Turnern.*

Tur|ner|spra|che, die: *Fachsprache der Turner[innen].*

Turn|fest, das: *festliche Veranstaltung, bei der Wettkämpfe u. Darbietungen im Turnen stattfinden.*

Turn|ge|rät, das: *Vorrichtung, an dem Übungen im Turnen ausgeführt werden.*

Turn|hal|le, die: *größeres Gebäude, das für den Turnunterricht, für Turnen, sportliche Betätigung errichtet u. dementsprechend ausgerüstet ist.*

Turn|hemd, das: *zum Turnen zu tragendes Trikothemd.*

Turn|ho|se, die: *zum Turnen zu tragende kurze [schwarze] Hose.*

Tur|nier, das; -s, -e [mhd. turnier, turnīr, zu: turnieren ˂ afrz. tourn(o)ier = Drehungen, Bewegungen machen; die Pferde bewegen, im Kreis laufen lassen; am Turnier teilnehmen, zu: torn = Drehung; Drehen ˂ lat. tornus, ↑ Turnus]: **1.** (im MA.) *festliche Veranstaltung, bei der Ritterkampfspiele durchgeführt wurden.* **2.** *[über einen längeren Zeitraum sich erstreckende sportliche Veranstaltung, bei der in vielen einzelnen Wettkämpfen aus einer größeren Anzahl von Teilnehmern, Mannschaften ein Sieger ermittelt wird:* ein T. veranstalten, austragen, ausrichten; an einem T. teilnehmen; sie ist beim T. um die Europameisterschaft [im Tennis, Schach] Zweite geworden.

Tur|nier|pferd, das: *bei Turnieren eingesetztes Reitpferd.*

Tur|nier|platz, der: *Anlage für Turniere im Pferdesport.*

Tur|nier|rei|ter, der: *an Turnieren teilnehmender Reiter.*

Tur|nier|rei|te|rin, die: w. Form zu ↑ Turnierreiter.

Tur|nier|sieg, der: *Sieg in einem Turnier.*

Tur|nier|sie|ger, der: *jmd., der den Turniersieg errungen hat.*

Tur|nier|sie|ge|rin, die: w. Form zu ↑ Turniersieger.

Tur|nier|spie|ler, der: *an Turnieren teilnehmender Spieler* (a): er ist ein guter T. (*ein Spieler, dessen Fähigkeiten bes. bei Turnieren zur Wirkung kommen*).

Tur|nier|spie|le|rin, die: w. Form zu ↑ Turnierspieler.

Tur|nier|tanz, der: **1.** ⟨o. Pl.⟩ *Tanzsport.* **2.** *für Tanzturniere zugelassener Tanz.*

Tur|nier|tän|zer, der: *an Turnieren teilnehmender Tänzer.*

Tur|nier|tän|ze|rin, die: w. Form zu ↑ Turniertänzer.

Turn|leh|rer, der: *Lehrer [an einer Schule, im Verein], der Unterricht in Turnen erteilt.*

Turn|leh|re|rin, die: w. Form zu ↑ Turnlehrer.

Turn|mat|te, die: *beim Turnen verwendete* ¹*Matte* (b).

Turn|saal, der (bes. österr.): *Turnhalle.*

Turn|sa|chen ⟨Pl.⟩ (ugs.): *Sachen* (1), *bes. Kleidung, zum Turnen.*

Turn|schuh, der: *absatzloser Schuh [aus flexiblem Material], der beim Ausüben bestimmter Sportarten getragen wird:* * fit wie ein T. (ugs.; *sehr fit*).

Turn|schuh|ge|ne|ra|ti|on, die ⟨o. Pl.⟩: *Generation von Jugendlichen (bes. der 80-er Jahre), deren Unbekümmertheit in der Kleidung in der Bevorzugung von Turnschuhen als ständig getragenem Schuhwerk zum Ausdruck kommt.*

Turn|stun|de, die: *Unterrichtsstunde im Turnen.*

Turn|übung, die: *einzelne Übung im Turnen.*

Turn|un|ter|richt, der: *Schulunterricht im Turnen.*

Tur|nus, der; - (österr. auch -ses), -se [mlat. turnus ˂ lat. tornus = Dreheisen ˂ griech. tórnos]: **1.** *[im Voraus] festgelegte Wiederkehr, Reihenfolge; regelmäßiger Wechsel, regelmäßige Abfolge von sich stets wiederholenden Ereignissen, Vorgängen:* ein starrer T.; einen T. unterbrechen; die Meisterschaften finden im T. von 4 Jahren statt; sie lösen sich im T. ab; er führt das Amt im T. mit seiner Kollegin. **2.** *Durchgang* (2 a): dies ist der letzte T. der Versuchsreihe. **3.** (österr.) *Schicht* (3).

tur|nus|ge|mäß ⟨Adj.⟩: *einem gegebenen Turnus* (1) *gemäß:* sie wird den Vorsitz t. am ersten Januar übernehmen.

tur|nus|mä|ßig ⟨Adj.⟩: *sich in einem bestimmten Turnus* (1) *wiederholend:* diese Kongresse finden t. statt.

Turn|ver|ein, der: *Verein von Turnerinnen u. Turnern* (Abk.: TV).

Turn|zeug, das: *Turnsachen.*

Tür|öff|ner, der: *elektrische Anlage, mit deren Hilfe ein Haustürschloss von innen durch Knopfdruck zum Öffnen freigegeben wird.*

Tür|öff|nung, die: *für eine Tür bestimmte, als Tür dienende Öffnung in einer Wand.*

Tür|pfos|ten, der: *einer der beiden Pfosten der Tür.*

Tür|rah|men, der: *in der Mauer verankerter äußerer Rahmen, an dem die Türflügel befestigt sind.*

Tür|rie|gel, der: *Riegel einer [Haus-, Wohnungs]tür.*

Tür|rit|ze, die: *Ritze zwischen Tür* (1 a) *u. Türpfosten.*

Tür|schild, das: *außen an einer Tür befestigtes (Namens-, Firmen)schild.*

Tür|schlie|ßer, der: **1.** *jmd., der die Aufgabe hat, die Tür[en] eines Raums zu schließen [u. zu öffnen] (z. B. im Kino, Theater).* **2.** *mechanische*

Vorrichtung, die bewirkt, dass eine Tür sich automatisch schließt.
Tür|schlie|ße|rin, die: w. Form zu ↑ Türschließer (1).
Tür|schlitz, der: *Schlitz* (1) *zwischen Tür u. Türpfosten.*
Tür|schloss, das: *Schloss einer Tür.*
Tür|schnal|le, die (österr.): *Türklinke.*
Tür|schwel|le, die: *Schwelle* (1).
Tür|spalt, der: *Spalt zwischen einer ein wenig offen stehenden Tür u. dem Türpfosten:* durch den T. gucken.
Tür|spi|on, der: *Spion* (2 a).
Tür|staf|fel, der; -s, - u. die; -, -n (österr. veraltend): *Schwelle* (1).
Tür|ste|her, der: *jmd., der vor einer Tür steht u. darüber wacht, dass kein Unerwünschter, Unbefugter eintritt.*
Tür|ste|he|rin, die: w. Form zu ↑ Türsteher.
Tür|stock, der; -[e]s, ...stöcke): **1.** (bayr., österr.) *Türrahmen.* **2.** (Bergmannsspr.) *senkrechtes, an der Wand eines Stollens stehendes starkes Holz, das eine Kappe* (2 c) *trägt.*
Tür|sturz, der (Pl. -e u. ...stürze) (Bauw.): *Sturz* (4) *einer Tür.*
tur|teln ⟨sw. V.; hat⟩: **1.** (scherzh.) *sich auffallend zärtlich-verliebt jmdm. gegenüber verhalten:* die beiden turteln heftig [miteinander]. **2.** [lautm.] (veraltet) *gurren:* oben turtelte eine Taube.
Tur|tel|tau|be, die [mhd. turteltûbe, ahd. turtul(a)tûba < lat. turtur, lautm.]: *kleine Taube mit grauem, an Brust u. Hals rötlichem Gefieder u. einem großen, schwarz-weiß gestreiften Fleck auf jeder Seite des Halses:* Ü das sind die reinsten -n! (ugs. scherzh.; *die beiden turteln ständig*).
Tür|ver|klei|dung, die: **1.** *Türbekleidung.* **2.** *innere Verkleidung einer Tür (z. B. eines Autos).*
Tür|vor|hang, der: *(anstelle einer Tür* 1 a) *in einer Türöffnung hängender Vorhang.*
Tür|vor|la|ge, die (schweiz.): *Türvorleger.*
Tür|vor|le|ger, der: *vor einer (Haus-, Wohnungs)tür liegender Vorleger.*
TuS = Turn- und Sportverein.
¹Tusch, der; -[e]s, -e u. -s [wohl unter Einfluss von frz. touche = Anschlag (5 a) zu mundartl. tuschen = stoßen, schlagen; stoßartig dröhnen, lautm.]: **1.** *von einer Kapelle [mit Blasinstrumenten] schmetternd gespielte, kurze, markante Folge von Tönen (z. B. zur Begleitung u. Unterstreichung eines Hochrufs):* die Kapelle spielte einen kräftigen T. **2.** (österr.) *Knall.*
²Tusch, der; -[e]s, -e (österr. ugs.): *Tusche.*
Tu|sche, die; -, -n [rückgeb. aus ↑¹tuschen]: **1.** *intensiv gefärbte Flüssigkeit mit Bindemitteln, die bes. zum Beschriften u. Zeichnen verwendet wird.* **2.** (landsch.) *Wasserfarbe.* **3.** Kurzf. von ↑ *Wimperntusche.*
Tu|sche|lei, die; -, -en (oft abwertend): **1.** ⟨o. Pl.⟩ *[dauerndes] Tuscheln.* **2.** *tuschelnde Äußerung.*
¹tu|scheln ⟨sw. V.; hat⟩ [zu landsch. tuschen = zum Schweigen bringen] (oft abwertend): **a)** *in flüsterndem Ton [u. darauf bedacht, dass niemand mithört] zu jmdm. hingewendet sprechen:* mit jmdm. t.; sie tuscheln hinter seinem Rücken (*klatschen* 4 a) *über sein Verhältnis mit der Nachbarin;* **b)** *tuschelnd sagen:* jmdm. etw. ins Ohr t.
¹tu|schen ⟨sw. V.; hat⟩ [frz. toucher, ↑ touchieren]: **1. a)** *mit Tusche malen:* eine Landschaft t.; zart getuschte Wolken; Es focht ihn nicht an, dass Naphta ihn ins Chinesische heimschicken wollte, ... wo man Generalfeldmarschall werde, wenn man alle vierzigtausend Wortzeichen t. könne (Th. Mann, Zauberberg 724); **b)** *mit Tusche ausgestalten:* ein Aquarell mit getuschten Konturen. **2.** *mit Wimperntusche einstreichen:* jmdm., sich die Wimpern t.
♦ **tü|schen:** ↑²tuschen: Man stritt, man überwarf sich ... Die Frauen versuchten vergebens, das Feuer zu t. (Goethe, Dichtung u. Wahrheit 2).
²tu|schen ⟨sw. V.; hat⟩ [mhd. tuschen, wohl lautm.] (landsch.): **a)** *(durch einen Befehl) zum Schweigen bringen;* ♦ **b)** *dämpfen, unterdrücken:* Die Gegenwart des Amtmannes und seine Anstalten tuschten einen Auflauf (Goethe, Werther II, Der Herausgeber an den Leser).
Tusch|kas|ten, der (landsch.): *Malkasten:* Ü die ist ja der reinste T. (abwertend; *viel zu stark geschminkt*).
Tusch|ma|le|rei, die: **1.** ⟨o. Pl.⟩ *(bes. in Ostasien verbreitete) Malerei mit schwarzer Tusche* (1) *(auf Seide od. Papier).* **2.** *Werk der Tuschmalerei* (1).
Tusch|zeich|nung, die: **1.** *mit Tusche* (1) *ausgeführte Zeichnung.* **2.** (landsch.) *mit Wasserfarben gemaltes Bild.*
Tus|nel|da: ↑ Thusnelda.
Tus|se: ↑ Tussi.
Tus|si, die; -, -s, (seltener:) Tusse, die; -, -n [mit ↑ -i od. -e geb. Kosef. zu ↑ T(h)usnelda] (salopp, oft abwertend): **a)** *weibliche Person:* was will die T. ?; **b)** *weibliche Person, mit der ein Mann befreundet ist; Freundin:* er und seine T.
tut ⟨Interj.⟩ (Kinderspr.): lautm. für den Klang eines Horns, einer Hupe o. Ä.
Tu|tand, der; -en, -en [zu lat. tutandus = der zu Schützende, zu: tutari = schützen, Intensivbildung zu: tueri, ↑ Tutor] (Päd.): *jmd., der von einem Tutor* (1 b) *betreut wird.*
Tu|tan|din, die; -, -nen: w. Form zu ↑ Tutand.
Tüt|chen, das; -s, - Vkl. zu ↑ Tüte.
Tu|te, die; -, -n [eigtl. = Trichterförmiges, nicht umgelautete Form von ↑ Tüte, angelehnt an ↑ tuten]: **1.** (ugs.) *Signalhorn.* **2.** (landsch.) *Tüte.*
Tü|te, die; -, -n [aus dem Niederd. < mniederd. tute = Trichterförmiges, H. u.]: **1. a)** *meist aus festerem Papier bestehendes, trichterförmiges od. rechteckiges Verpackungsmittel:* eine spitze T.; eine T. [voll/mit] Bonbons, Zucker; eine T. Milch *(Milchtüte mit Milch);* * angeben wie eine T. voll Mücken (salopp; *mächtig angeben*); nicht in die T. kommen (ugs.; *nicht infrage kommen*); **b)** Kurzf. von ↑ Eistüte; **c)** (ugs.) Kurzf. von ↑ Lohntüte; **d)** (ugs.) Kurzf. von ↑ Plastiktüte. **2.** (Jargon) *beutelartiges Gerät, mit dem ein polizeilicher Alkoholtest bei einem Autofahrer durchgeführt wird:* in die T. blasen *(sich einem Alkoholtest unterziehen).* **3.** (salopp) *Person, die jmd. abschätzig od. verwundert betrachtet:* verschwinde, du T.!; er ist eine lustige T.
tu|ten ⟨sw. V.; hat⟩ [aus dem Niederd. < mniederd. tûten, lautm.]: **a)** *(von einem Horn, einer Hupe o. Ä.) [mehrmals] einen gleichförmigen [lang gezogenen, lauten, dunklen] Ton hören lassen;* **b)** *mit einem Horn, einer Hupe o. Ä.) einen tutenden* (a) *Ton ertönen lassen:* der Dampfer tutete [dreimal]; * **von Tuten und Blasen keine Ahnung haben** (salopp; *keine Kenntnisse auf einem bestimmten Gebiet haben; nichts von etw. verstehen*): Ich habe das Gefühl, hier will sich wer dicktun, der von Tuten und Blasen keine Ahnung hat (Hacks, Stücke 331).
Tü|ten|sup|pe, die (ugs.): *in einer Tüte abgepackte Instantsuppe.*
tü|ten|wei|se ⟨Adv.⟩: **a)** *in einer Tüte verpackt:* die Bonbons t. verkaufen; **b)** *in großer, in Tüten gemessener Menge:* t. überschüttet mit Prospekten.
Tu|tor, der; -s, ...oren: **1.** [⟨engl. tutor <⟩ lat. tutor, zu: tueri = schützen] (Päd.) **a)** *jmd., der Tutorien abhält;* **b)** *[Lehrer und] Ratgeber, Betreuer von Studierenden, Schüler[inne]n;* **c)** *Mentor* (b). **2.** (röm. Recht) *Erzieher, Vormund.*
Tu|to|rat, das; -s,-e: (bes. schweiz.) *Tutorium.*
Tu|to|rin, die; -, -nen: w. Form zu ↑ Tutor.
Tu|to|ri|um, das; -s, ...rien (Päd.): *meist in einer kleineren Gruppe abgehaltene, von Dozenten od. älteren, graduierten Studierenden geleitete, oft ein Seminar begleitende, ergänzende Übung an einer Hochschule.*
¹Tut|si, der; -[s], -[s]: *Angehöriger eines afrikanischen Volkes.*
²Tut|si, die; -, -[s]: *Angehörige eines afrikanischen Volkes.*
Tut|ti, das; -[s], -[s] (Musik): **a)** *gleichzeitiges Erklingen aller Stimmen, Instrumente;* **b)** *tutti zu spielende Stelle, Partie.*
Tut|ti|frut|ti, das; -[s], -[s] [ital. tutti frutti = alle Früchte]: **1.** *Süßspeise aus, mit verschiedenerlei Früchten.* **2.** (veraltet) *Allerlei.*
Tu|tu [ty'ty:], das; -[s], -s [frz. tutu, eigtl. Lallwort der Kinderspr.]: *von Balletttänzerinnen getragenes kurzes Röckchen.*
TÜV® [tʏf], der; -, -[s] [Kurzwort für: Technischer Überwachungs-Verein]: *Institution, die u. a. die vorgeschriebenen regelmäßigen technischen Überprüfungen von Kraftfahrzeugen vornimmt:* einen Wagen durch den T., über den T. bringen, kriegen (ugs.; *die technische Überprüfung des Wagens ohne Beanstandung durchlaufen*); über den T. kommen.
Tu|va|lu; -s: Inselstaat im Pazifischen Ozean.
TÜV-ge|prüft ⟨Adj.⟩: *vom TÜV überprüft.*
Tu|wort (Schule veraltend), Tunwort (im Schulgebrauch unterer Klassen), das ⟨Pl. ...wörter⟩: *Verb.*
TV [te:'faʊ, auch: tiːˈviː], das; -[s], -s [Abk. für: Television]: **1.** ⟨o. Pl.⟩ *Fernsehen.* **2.** (ugs.) *Fernsehgerät.*
TV = Turnverein.
TV-Auf|tritt, der: *Fernsehauftritt.*
TV-Du|ell, das: *Fernsehduell: das erste T. der US-Präsidentschaftskandidaten.*
TV-For|mat [te:'faʊ...], das: *Fernsehformat.*
TV-Ge|rät, das: *Fernsehgerät.*
TV-Ka|nal, der: *Fernsehkanal: eigener T. für kulinarische Sendungen.*
TV-Mo|de|ra|tor, der: *Fernsehmoderator.*
TV-Mo|de|ra|to|rin, die: w. Form zu ↑ TV-Moderator.
TVöD = Tarifvertrag für den öffentlichen Dienst.
TV-Pre|mi|e|re, die: *erstmalige Ausstrahlung (bes. eines Kinofilms) im Fernsehen.*
TV-Pro|duk|ti|on, die: *Fernsehproduktion.*
TV-Pro|gramm, das: *Fernsehprogramm: das ganze T. auf Ihrem PC.*
TV-Re|ch|te ⟨Pl.⟩: *Fernsehrechte:* es gab Streit um die T. der Bundesliga.
TV-Sen|der, der: *Fernsehsender.*
TV-Se|rie, die: *Fernsehserie.*
TV-Spot, der: *Fernsehspot:* T. gegen rechte Gewalt.
TV-Star, der: *durch das Fernsehen bekannt gewordener* ²Star (1).
TV-Wer|bung, die: *Fernsehwerbung:* Wirbel um regionale T.
♦ **twatsch** ⟨Adj.⟩ [mniederd. dwatsch, eigtl. = querköpfig, zu: dwer, ↑ dwars] (nordd.): *einfältig, töricht: ...der kleine Bucklichte, der immer so -e Einfälle hat (Hebbel, Agnes Bernauer III, 6); Ein -es Kind. Ihr seht's. Gut, aber t. (Kleist, Krug 9).*
Tweed [tvi:t, engl.: twi:d], der; -s, -e [engl. tweed, nach dem schottischen Fluss Tweed, der durch das Gebiet, wo der Stoff hergestellt wird, fließt] (Textilind.): *meist klein gemusterter od. melierter, aus grobem Garn gewebter Stoff.*
Tweet [tvi:t], der od. das; -s, -s [engl. tweet, eigtl. = das Zwitschern] (EDV): *beim Twittern gesendete Nachricht.*
Twen, der; -[s], -s [zu engl. twenty = zwanzig]: *junger Mensch in den Zwanzigern.*
Twe|te, Twie|te, die; -, -n [mniederd. twiete, eigtl.

wohl = Einschnitt] (nordd.): *schmaler Durchgang, schmale Gasse.*

Twig|gy [...gi], die; -, -s [nach dem gleichnamigen magersüchtigen Mannequin der 1960er-Jahre]: *extrem schlanke junge Frau (als Schönheitsideal).*

Twill, der; -s, -s u. -e [engl. twill, verw. mit ↑ Zwillich] (Textilind.): **a)** (veraltend) *Gewebe aus Baumwolle od. Zellwolle (z. B. für Taschenfutter);* **b)** *Gewebe aus Seide od. Chemiefasern (bes. für leichte Kleider).*

◆ **Twing,** der; -[e]s, -e [mhd. twinc = Gerichtsbarkeit; rechtlicher Zwang, den der Herr einer Zwingburg ausüben kann, zu: twingen, ↑ zwingen]: *Zwingburg: Das ist doch hart, dass wir die Steine selbst zu unserm T. und Kerker sollen fahren* (Schiller, Tell I, 39).

◆ **Twing|hof,** der [mhd. twinchof]: *[befestigter] Herrenhof, dem Güter von Hörigen unterstellt sind: ... seit Menschendenken war kein T. hier, und fest war keine Wohnung als das Grab* (Schiller, Tell I, 4).

Twin|set, das, auch: der; -[s], -s [engl. twinset, aus: twin = Zwilling u. set, ↑ ¹Set] (Mode): *Pullover u. Jacke aus gleichem Material u. in gleicher Farbe.*

¹Twist, der; -[e]s, -e [engl. twist, zu: to twist = (zusammen)drehen; winden; verrenken]: *[Stopf]garn aus mehreren zusammengedrehten Baumwollfäden.*

²Twist, der; -s, -s [engl. twist, eigtl. = Drehung; das Verrenken (der Glieder), zu: to twist, ↑ ¹Twist]: **1.** *Tanz im ⁴/₄-Takt, bei dem die Tänzer mit hin- u. herdrehenden Bewegungen auf den Fußspitzen getrennt tanzen.* **2.** (Tennis) **a)** *Drall eines geschlagenen Balles;* **b)** *mit ²Twist* (2a) *gespielter Ball.* **3.** *Schraube* (3a).

twis|ten ⟨sw. V.; hat⟩ [engl. to twist]: *Twist tanzen.*

Twit|ter® ⟨ohne Artikel gebraucht⟩ [zu engl. to twitter = zwitschern]: *System zur Versendung von Kurznachrichten [an eine große Zahl von Empfängern] über das Internet.*

twit|tern ⟨sw. V.; hat⟩ [nach dem Dienstleistungsprogramm Twitter®, zu engl. to twitter = zwitschern]: *Kurznachrichten über das Internet senden u. empfangen: heute schon getwittert?*

Two|beat ['tu:bi:t], der; - [engl. two-beat, eigtl. = »Zweischlag«] (Jazz): *traditioneller od. archaischer Jazz, für den kennzeichnend ist, dass jeweils zwei von vier Taktteilen betont werden.*

Two|stepp ['tu:stɛp], der; -s, -s [engl. two-step, eigtl. = Zweischritt]: *schneller Tanz im Dreivierteltakt.*

Ty|coon [taɪˈkuːn], der; -s, -s [engl. tycoon < jap. taikun, eigtl. = großer Herrscher] (bildungsspr.): **1.** *Magnat.* **2.** *mächtiger Führer (z. B. einer Partei).*

Tym|pa|na: Pl. von ↑ Tympanon, ↑ Tympanum.

Tym|pa|non, das; -s, ...na [griech. týmpanon, eigtl. = Handtrommel, nach der (halbrunden) Form]: **1.** (Archit.) **a)** *oft mit Skulpturen, Reliefs geschmücktes Giebelfeld (bei antiken Tempeln);* **b)** *(bes. im Kirchenbau des MA.s) oft mit Reliefs geschmücktes nach oben bogenförmig abschließendes Feld über dem Türsturz eines Portals.* **2.** (Musik) *Hackbrett* (2).

Tym|pa|num, das; -s, ...na [lat. tympanum < griech. týmpanon]: **1.** (Archit.) ↑ *Tympanon* (1). **2.** *(in der Antike) Handtrommel, kleine Pauke.*

Typ, der; -s, -en [lat. typus < griech. týpos = Gepräge, Schlag, zu: týptein = schlagen, hauen]: **1. a)** *durch bestimmte charakteristische Merkmale gekennzeichnete Kategorie, Art (von Dingen od. Personen); Typus* (1a): *der T. des Spießbürgers;* *die er von der Reformation; er ist nicht der T., so etwas zu tun, der so etwas tut (es ist nicht seine Art, so etwas zu tun);* *kein T. für schnelle Entscheidungen sein;* *ich bin nicht der T. dafür,*

dazu; *sie ist genau mein T.* (ugs.; *gehört zu jenem Typ Frauen, der auf mich besonders anziehend wirkt*); *dein T. wird verlangt* (salopp; *jmd. möchte dich sprechen*); *eine Partei neuen -s; dein T. ist hier nicht gefragt* (salopp; *du bist hier unerwünscht*); *sie sind sich vom T.* [her] *sehr ähnlich; Fehler dieses -s; sie gehört zu jenem T.* [von] *Frauen, der leicht aufgibt;* **b)** *Individuum, das einem bestimmten Typ* (1a), *Menschenschlag zuzuordnen ist; Typus* (1b): *ein hagerer, cholerischer, ruhiger, stiller, ängstlicher T.; er ist ein ganz anderer T. als sein Bruder.* **2.** (auch: -en, -en) (ugs.) *[junge] männliche Person, zu der eine irgendwie persönlich geartete Beziehung besteht, hergestellt wird: ein dufter, beknackter, netter, mieser T.;* *den T.* (Freund) *wartet; einen T., einen -en kennenlernen.* **3.** ⟨o. Pl.⟩ (bes. Philos.) ↑ *Typus* (2). **4.** (Technik) *Modell, Bauart: der T. ist serienmäßig mit Gürtelreifen ausgestattet; eine Maschine des -s, vom T. Boeing 707; ein Fertighaus älteren, gleichen Typs.* **5.** (Literaturwiss.) ↑ *Typus* (3).

Ty|pe, die; -, -n [nach frz. type rückgeb. aus: Typen (Pl.)]: **1.** (Druckw.) *Druckyype.* **2.** *einer Drucktype ähnliches, kleines Teil einer Schreibmaschine, das beim Drücken der entsprechenden Taste auf das Farbband u. das dahinter eingespannte Papier schlägt.* **3.** (bes. österr.) *Typ* (4). **4.** (ugs.) *durch seine besondere, ungewöhnliche Art auffallender Mensch; eigenartiger, sonderbarer, schrulliger Mensch: eine originelle, merkwürdige, ulkige T.*

ty|pen ⟨sw. V.; hat⟩ [zu ↑ Typ (4)] (Fachspr.): *(industrielle Artikel zum Zwecke der Rationalisierung) nur in bestimmten Ausführungen u. Größen herstellen: getypte Maschinenteile.*

Ty|pen|bau, der ⟨Pl. -ten⟩ (Bauw.): *Gebäude aus Typenelementen.*

Ty|pen|be|zeich|nung, die: *Bezeichnung für einen Typ* (4).

Ty|pen|ele|ment, das (Bauw.): *getyptes Bauelement.*

Ty|pen|haus, das (Bauw.): *Haus aus Typenelementen.*

Ty|pen|ko|mö|die, die (Literaturwiss.): *Komödie, deren komische Wirkung auf dem Handeln bestimmter stehender Typen* (1b) *beruht.*

Ty|pen|leh|re, die ⟨o. Pl.⟩ (bes. Psych.): *Typologie* (1).

Ty|pen|rad, das: *scheibenförmiges, typentragendes Teil einer elektrischen Schreibmaschine.*

Ty|pen|schild, das ⟨Pl. -er⟩: *an einem technischen Gerät o. Ä. befestigtes Schild [aus Blech] mit Angaben über den Typ* (4).

Ty|phus, der; - [griech. týphos = Rauch; Umnebelung, zu: týphein = dampfen]: *gefährliche, mit Hautausschlag, Durchfällen, Darmgeschwüren, starken Bauchschmerzen u. schweren Bewusstseinsstörungen verbundene fieberhafte Infektionskrankheit.*

Ty|phus|er|kran|kung, die: *Erkrankung an Typhus.*

Ty|phus|er|re|ger, der: *Erreger von Typhus.*

Ty|pik, die; -, -en [zu ↑ Typ]: **1.** (Psychol.) *Wissenschaft von den psychologischen Typen; Typenlehre.* **2.** (veraltet) *Typologie* (4).

Ty|pin, die; -, -nen (Jargon scherzh.): w. Form zu ↑ Typ (2).

ty|pisch ⟨Adj.; spätlat. typicus < griech. typikós = figürlich, bildlich]: **1. a)** *einen [bestimmten] Typ* (1a) *verkörpernd, dessen charakteristische Merkmale in ausgeprägter Form aufweisend: er ist ein -er, ein -es Berliner; ein -es Beispiel, Produkt; dieser Fall ist t. für die ganze Branche;* **b)** *für einen bestimmten Typ* (1a), *für etw., jmdn. Bestimmtes charakteristisch, kennzeichnend, bezeichnend: -e Merkmale, Symptome, Eigenarten; die -e gebeugte Haltung; -e*

Werke des Manierismus; *eine t. deutsche Eigenart;* t. Frau, Mann, Karin (ugs., *oft leicht abwertend; das ist charakteristisch für Frauen, Männer, für Karin*); *[das war mal wieder] t.!* (ugs. abwertend; *es war nichts anderes [von ihm, ihr usw.] zu erwarten*); *sie hat ganz t. reagiert.* **2.** (veraltet) *als Muster geltend.*

ty|pi|scher|wei|se ⟨Adv.⟩: *in einer Art u. Weise, die typisch, charakteristisch ist: sie hat es t. wieder vergessen.*

ty|pi|sie|ren ⟨sw. V.; hat⟩ (bildungsspr., Fachspr.): **1.** *nach Typen* (1a) *einteilen; einem Typ zuordnen.* **2.** *(bei der Darstellung, Gestaltung bes. in Kunst u. Literatur) die typischen Züge, das Typische einer Person, Sache hervorheben; als Typus* (3) *darstellen, gestalten.*

Ty|pi|sie|rung, die; -, -en (bildungsspr., Fachspr.): *das Typisieren.*

Ty|po|gra|fie, Typographie, die; -, -n [frz. typographie] (Druckw.): **1.** ⟨o. Pl.⟩ *Kunst der Gestaltung von Druck-Erzeugnissen nach ästhetischen Gesichtspunkten; Buchdruckerkunst.* **2.** *typografische Gestaltung (eines Druck-Erzeugnisses).*

ty|po|gra|fisch, typographisch ⟨Adj.⟩ [frz. typographique] (Druckw.): *zur Typografie gehörend, die Typografie betreffend.*

Ty|po|gra|phie usw.: ↑ *Typografie* usw.

Ty|po|lo|gie, die; -, -n [↑-logie]: **1.** ⟨o. Pl.⟩ (Psychol.) *Wissenschaft, Lehre von den [psychologischen] Typen* (1b); *Typenlehre.* **2.** (bes. Psychol.) *System von [psychologischen] Typen: unterschiedliche -n der Wissenschaftler.* **3.** (bes. Psychol.) *Gesamtheit typischer Merkmale:* die T. des Bankräubers. **4.** (Theol.) *Wissenschaft, Lehre von der Vorbildlichkeit alttestamentlicher Personen u. Ereignisse für das Neue Testament u. die christliche Kirche.*

ty|po|lo|gisch ⟨Adj.⟩: *die Typologie betreffend, zur Typologie gehörend.*

Ty|po|skript, das; -[e]s, -e: *maschinengeschriebenes Manuskript* (1).

Ty|pus, der; -, Typen [lat. typus < griech. týpos, ↑ Typ]: **1.** (bildungsspr.) **a)** *Typ* (1a): *eine Partei neuen T.;* **b)** *Typ* (1b): *er ist der T. eines erfolgreichen Managers.* **2.** (bes. Philos.) *Urgestalt, Grundform, Urbild, das ähnlichen od. verwandten Dingen od. Individuen zugrunde liegt.* **3.** (bild. Kunst, Literaturwiss.) *als klassischer Vertreter einer bestimmten Kategorie von Menschen gestaltete, stark stilisierte, keine individuellen Züge aufweisende Figur.*

Ty|r|a|min, das; -s, -e [zu griech. tyrós = Käse u. ↑ Amin] (Biochemie): *biogenes Amin, das als Gewebshormon u. a. blutdrucksteigernd wirkt u. in Käse, Räucherfleisch, Wurst u. a. enthalten ist.*

Ty|rann, der; -en, -en [mhd. tyranne < lat. tyrannus < griech. týrannos]: **1. a)** *Gewaltherrscher, Despot:* der T. Stalin; **b)** *(im antiken Griechenland) ohne gesetzliche Bindungen herrschender Alleinherrscher;* *[grausamer] Gewaltherrscher:* der T. Peisistratos. **2.** (abwertend) *autoritäre Person, die ihre Stellung, Macht dazu missbraucht, andere, bes. Abhängige, Untergebene, zu tyrannisieren; Despot* (2): *ihr Chef, ihr Mann ist ein T.; unser Jüngster ist ein kleiner T.* (scherzh.; *er tyrannisiert uns ständig*); *Er war bestimmt ein freundlicher Vater, ein guter Gatte – aber im Moment, wo er sein Büro betrat, verwandelte er sich in einen -en* (Remarque, Triomphe 189).

Ty|ran|nei, die; -, -en ⟨Pl. selten⟩ [spätmhd. thiranney, mniederl. tirannie, unter Einfluss von afrz. tyrannie < lat. tyrannis < griech. tyrannís]: **a)** *Gewalt-, Willkür-, Schreckensherrschaft;* die T. des Königs; Ü *die T. der Presse;* **b)** (bildungsspr.) *tyrannisches, willkürliches Verhalten: unter der T. des Vaters leiden.*

Tyrannenherrschaft – über

Ty|ran|nen|herr|schaft, die: *Tyrannei* (a).
Ty|ran|nen|mord, der: *Tötung, Ermordung eines Tyrannen.*
Ty|ran|nen|mör|der, der: *jmd., der einen Tyrannenmord begangen hat.*
Ty|ran|nen|mör|de|rin, die: w. Form zu ↑ *Tyrannenmörder.*
Ty|ran|nin, die; -, -nen: w. Form zu ↑ *Tyrann.*
Ty|ran|nis, die; - [griech. tyrannís]: **1.** *von einem Tyrannen* (1 b) *ausgeübte Herrschaft:* sie lebten unter der T. des Peisistratos. **2.** (bildungsspr.) *Tyrannei* (a).
ty|ran|nisch ⟨Adj.⟩ [lat. tyrannicus < griech. tyrannikós] (abwertend): *herrschsüchtig, despotisch; rücksichtslos [u. grausam] die eigene Stärke, Macht einsetzend:* ein -er Herrscher, Vater.
ty|ran|ni|sie|ren ⟨sw. V.; hat⟩ [frz. tyranniser, zu: tyran = Tyrann < lat. tyrannus, ↑ Tyrann] (abwertend): *in tyrannischer Art u. Weise behandeln, rücksichtslos [be]herrschen, jmdm. seinen Willen aufzwingen:* seine Umgebung, seine Familie t.
Ty|ran|no|sau|rus, der; -, ...rier [zu griech. saûros, ↑ Saurier]: *riesiger, auf den Hinterbeinen sich fortbewegender fleischfressender Dinosaurier.*
Ty|ran|no|sau|rus Rex, der; - - [zu lat. rex, ↑ ¹Rex]: *zu den Tyrannosauriern gehörender Saurier.*
Ty|ro|sin, das; -s (Biochemie): *in den meisten Eiweißstoffen enthaltene Aminosäure.*
Tyr|rhe|ni|sches Meer, das Tyrrhenische Meer; des Tyrrhenischen Meer[e]s [zu lat. Tyrrhenus = etruskisch, zu: Tyrrheni = Tyrrhener (Stammvolk Etruriens)]: *Teil des Mittelländischen Meeres zwischen Apenninenhalbinsel, Korsika, Sardinien und Sizilien.*

u, U [u:], das; - (ugs.: -s), - (ugs.: -s) [mhd., ahd. u]: *einundzwanzigster Buchstabe des Alphabets:* ein kleines u, ein großes U schreiben.
ü, Ü [y:], das; - (ugs.: -s), - (ugs.: -s) [mhd. ü(e)]: *Buchstabe, der für den Umlaut aus u steht.*
u., (in Firmennamen auch:) **&** = und.
U = Unterseeboot; Uran.
u. a. = und and[e]re, und and[e]res, unter and[e]rm, unter and[e]rn.
u. ä. = und ähnlich.
u. Ä. = und Ähnliche[s].
UAH = internationaler Währungscode für: Griwna.
u. a. m. = und and[e]re mehr, und and[e]res mehr.
U-Aus|schuss, der: kurz für ↑ Untersuchungsausschuss.
U-Bahn, die; -, -en: kurz für ↑ Untergrundbahn.
U-Bahn-Bau, der ⟨o. Pl.⟩: *das Bauen einer U-Bahn-Strecke.*
U-Bahn-Hal|te|stel|le, die: *U-Bahn-Station.*
U-Bahn|hof, der: *Bahnhof der U-Bahn.*
U-Bahn-Li|nie, die: *Linie* (6 a) *in einem U-Bahn-Netz.*
U-Bahn-Netz, das: *Netz* (2 b), *in dem die Züge der U-Bahn fahren.*
U-Bahn-Schacht, der: vgl. U-Bahn-Tunnel.
U-Bahn-Sta|ti|on, die: *U-Bahnhof.*
U-Bahn-Stre|cke, die: *Fahrstrecke einer U-Bahn.*

U-Bahn-Tun|nel, der: *Tunnel, in dem die Züge der U-Bahn fahren.*
übel ⟨Adj.; übler, übelste⟩ [mhd. übel, ubel, ahd. ubil]: **1.** *ein unangenehmes Gefühl hervorrufend; dem Empfinden sehr unangenehm, zuwider; mit Widerwillen wahrgenommen:* übler Fusel; ü. schmecken; eine ü. riechende Flüssigkeit; nicht ü. (ugs.; *eigentlich recht gut*). **2.** *nicht so, wie es dem Wunsch, der Absicht entsprochen hätte; sich zum Nachteil entwickelnd; mit Widrigkeiten, Beschwernissen verbunden:* übles Wetter; eine üble Situation; das kann ü. ausgehen; ein ü. beleumundeter, übelbeleumdeter Zeitgenosse; ein ü. gesinnter (*nicht wohlwollend gesinnter*) Nachbar; das ist ihr ü. bekommen; er hat dies ü. vermerkt (*war ärgerlich, böse darüber*); jmdm. etw. ü. nehmen (*verübeln, mit Verärgerung od. gekränkt aufnehmen*); er hat deine Bemerkung sehr, ernstlich ü. genommen; sie ist wirklich ü. dran (*befindet sich in einer misslichen Lage*); jmdm. ü. mitspielen; ... ich merkte nur, wie mir die Knie zitterten, und nahm an, dass es Wolfram und dem Mädchen, die beide in noch übler erschöpfter Verfassung waren als ich, nicht besser erging (Heym, Schwarzenberg 165/166). **3.** *Unbehaglichkeit, Unwohlsein ausdrückend; nicht heiter u. angenehm:* eine üble Laune; ein ü. gelaunter Kollege; jmdm. ist, wird ü. (*jmd. hat das Gefühl, sich übergeben zu müssen*). **4. a)** (in Bezug auf sittlich-moralische Werte) *schlecht; sehr fragwürdig, anrüchig:* ein übler Ruf; in üble Gesellschaft geraten; eine üble Spelunke; Ich bin durch und durch ü., verdorben und unerträglich gewesen (Strauß, Niemand 30); **b)** (*dem Grad nach*) *schlimm, arg:* jmdm. ü. mitspielen; ü. zugerichtet werden.
Übel, das; -s, - [mhd. übel, ahd. ubil] (meist geh.): **1.** *etw., was als übel, unangenehm betrachtet wird, was übel ist:* das Ü. der Arbeitslosigkeit; *ein notwendiges Ü.* (*etw. Unangenehmes, was aber unbedingt erforderlich u. nicht zu umgehen ist, sich nicht vermeiden lässt*); *das kleinere Ü., das kleinere von zwei -n* (*etw., was weniger unangenehme Folgen hat, weniger Nachteile mit sich bringt als etw. Vergleichbares*); *zu allem Ü.* (*noch obendrein* [*zu allen ungünstigen Umständen*]): zu allem Ü. fing es nun an zu regnen. **2.** *Leiden, Krankheit:* die Symptome eines alten -s. **3.** ⟨o. Pl.⟩ *das Böse:* der Grund, die Wurzel allen -s; erlöse uns von dem Ü.; *von/vom Ü. sein* (*schlecht, schlimm sein, sich unheilvoll auswirken*; nach Matth. 5, 37).
◆ **übel|be|rüch|tigt** ⟨Adj.⟩: *übel beleumundet:* ... dass man in diesem Tale hundertmal lieber ein armes Taglöhnermädchen wollte als eines von -er Familie her (Gotthelf, Elsi 127).
übel ge|launt, übel|ge|launt ⟨Adj.⟩: *nicht gut gelaunt.*
übel ge|sinnt, übel|ge|sinnt ⟨Adj.⟩: *nicht freundlich gesinnt.*
Übel|keit, die; -, -en: **1.** ⟨o. Pl.⟩ *Gefühl des Unwohlseins:* Da erblicke ich meine blutige Hand und fühle jähe Ü. (Remarque, Westen 154). **2.** *Zustand, in dem jmdm. übel ist.*
übel|lau|nig ⟨Adj.⟩: *verärgert u. besonders schlecht gelaunt:* ein -er Chef. Dazu: **Übel|lau|nig|keit,** die; -, -en.
Übel|lau|nig|keit, die; -, -en: *das Übellaunigsein.*
übel neh|men, übel|neh|men ⟨st. V.; hat⟩: *verübeln, mit Verärgerung od. gekränkt aufnehmen* (vgl. übel 2).
übel rie|chend, übel|rie|chend ⟨Adj.⟩: *schlecht u. unangenehm riechend:* eine übel riechende Flüssigkeit.
Übel|sein, das: *Unwohlsein, Unpässlichkeit.*
Übel|stand, der (veraltend): *Übel* (1); *Kalamität* (1).

Übel|tat, die [mhd. übeltât, ahd. ubitât] (geh.): *üble* (1) [*gesetzwidrige*] *Tat.*
Übel|tä|ter, der [mhd. übeltæter]: *jmd., der etw. Schlechtes, Verbotenes getan hat.*
Übel|tä|te|rin, die: w. Form zu ↑ Übeltäter.
übel|wol|len ⟨unr. V.; hat⟩: *jmdm. übel* (1), *unfreundlich gesinnt sein:* er hat mir immer übelgewollt.
üben ⟨sw. V.; hat⟩ [mhd. üeben, uoben = bebauen, pflegen; ins Werk setzen, ahd. uoben = Landbau treiben; pflegen]: **1.** *(in einem bestimmten Tätigkeitsbereich) sich für eine spezielle Aufgabe, Funktion intensiv ausbilden:* jeden Tag, stundenlang ü.; die Turnerin übt (*trainiert*) am Stufenbarren. **2.** *etw. sehr oft* [*nach gewissen Regeln*] *wiederholen, um es dadurch zu lernen:* heute üben wir einparken/[das] Einparken; mit einigen geübten Griffen. **3.** *durch systematische Tätigkeit eine Fähigkeit erwerben, zu voller Entfaltung bringen, besonders leistungsfähig machen:* durch Auswendiglernen das Gedächtnis ü.; mit geübtem Blick. **4.** ⟨ü. + sich⟩ *möglichst große Geschicklichkeit in etw. zu erwerben, sich in etw. geschickt zu machen, zu vervollkommnen suchen:* sich am Klavier ü.; geübt im Reiten sein; Ü sich in Geduld ü. **5. a)** (*ein Musikinstrument*) *beherrschen lernen:* sie übt [täglich zwei Stunden] Orgel; **b)** *auf einem Musikinstrument spielen lernen:* einen Marsch, eine Etüde ü.; sie übten [Werke von] Haydn. **6.** (verblasst) **a)** *jmdm. gegenüber sich in seinem Verhalten, Urteilen einer bestimmten Tugend befleißigen:* Milde, Gnade, Gerechtigkeit, Geduld, Nachsicht ü. (*milde, gnädig, gerecht, geduldig, nachsichtig sein*); Man umzingelte sein Haus, zündete es an, holte ihn heraus, doch nicht, um an ihm christliche Milde zu ü., sondern um ihn im Triumph durch die Straßen zu schleppen (Thieß, Reich 323); **b)** *etw. durch ein entsprechendes Tun zur Ausführung kommen lassen:* Einfluss, Kritik, Rache, Solidarität, Vergeltung ü.
¹über ⟨Präp. mit Dativ u. Akk.⟩ [mhd. über (Adv., Präp.), ahd. ubar (Adv.: ubiri), zu ↑ ¹auf]: **1.** ⟨räumlich⟩ **a)** ⟨mit Dativ⟩ *kennzeichnet die Lage in der Höhe u. in bestimmtem Abstand von der oberen Seite von jmdm., etw., etw.:* die Lampe hängt ü. dem Tisch; das Haus, ü. dem eine Fahne weht; sie wohnt ü. uns (*ein Stockwerk höher*); der Ort liegt fünfhundert Meter ü. dem Meer; **b)** ⟨mit Akk.⟩ *kennzeichnet die Bewegung in Richtung einer höher als jmd., etw. gelegenen Stelle:* das Bild ü. das Sofa hängen; **c)** ⟨mit Dativ⟩ *drückt aus, dass sich etw. unmittelbar auf etw. anderem befindet, etw. umgibt, es ganz od. teilweise bedeckt, einhüllt:* sie trägt einen Mantel ü. dem Kleid; Nebel liegt ü. der Wiese; **d)** ⟨mit Akk.⟩ *drückt aus, dass etw. unmittelbar auf etw. anderem zu liegen kommt u. bedeckend, verdeckend wirkt:* eine Decke ü. den Tisch breiten; du solltest doch eine Pullover ü. die Bluse ziehen; er legte eine Jacke ü. den Stuhl, nahm sie ü. die Schulter; **e)** ⟨mit Akk.⟩ *kennzeichnet einen Ort od. eine Stelle, die von jmdm. od. etw. überquert wird:* ü. die Straße, den Platz gehen; sie fuhr ü. die Brücke; sie entkamen ü. die Grenze; er schwamm ü. den See; er sprang ü. den Zaun; ein Flug ü. die Alpen; **f)** ⟨mit Akk.⟩ *kennzeichnet einen Ort od. eine Stelle, auf der sich etw. in unmittelbarer Berührung in eine Richtung bewegt:* seine Hand strich ü. ihr Haar; fuhr sich mit der Hand ü. die Stirn; der Wind strich ü. die Felder; ein Schauer lief mir ü. den Rücken; Tränen liefen ihm ü. das Gesicht; **g)** ⟨mit Dativ⟩ (seltener) *kennzeichnet eine Lage auf der anderen Seite von etw.:* sie wohnen ü. der Straße; ü. den Bergen leben; **h)** ⟨mit Akk.⟩ *kennzeichnet eine Erstreckung, Ausdehnung von unten nach oben od. von oben nach*

über – überbauen

unten, zu einem bestimmten höher bzw. tiefer gelegenen Punkt, der dabei überschritten wird: das Wasser reicht ü. die Stiefel; bis ü. die Knöchel im Schlamm versinken; der Rock reicht ü. das Knie *(er bedeckt das Knie);* der Fluss tritt ü. die Ufer; der Sekt läuft ü. den Rand des Glases; die Sopranistin kommt nicht ü. das hohe C hinaus; **i)** ⟨mit Akk.⟩ bezeichnet eine Fortbewegung in horizontaler Richtung, wobei ein bestimmter Punkt, eine bestimmte Stelle überschritten wird: unser Spaziergang führte uns ü. die Altstadt hinaus; **j)** ⟨mit Akk.⟩ drückt aus, dass ein bestimmter Ort, Bereich passiert wird, um irgendwohin zu gelangen: wir sind ü. die Dörfer gefahren; ü. Karlsruhe nach Stuttgart fahren; dieser Zug fährt nicht ü. Rostock; Gefrees ü. Bayreuth (früher; Angabe bei Anschriften für die Beförderung durch die Post). **2.** ⟨zeitlich⟩ **a)** ⟨mit Akk.⟩ drückt eine Zeitdauer, eine zeitliche Erstreckung aus; *während:* er kommt ü. Mittag nach Hause; ich will ü. das Wochenende segeln; ü. den Winter in Italien sein; ⟨nachgestellt:⟩ den ganzen Tag ü. fleißig lernen; ◆ Über (landsch.; *bei*) Tisch war Lenz wieder in guter Stimmung (Büchner, Lenz 89); **b)** ⟨mit Akk.⟩ (landsch.) drückt den Ablauf einer Frist aus: heute ü. (*in*) drei Wochen; fragen Sie bitte ü. acht Tage (*in 8 Tagen*) wieder nach; **c)** ⟨mit Dativ⟩ drückt aus, dass etwas während eines anderen Vorgangs erfolgt; *bei:* sie ist ü. der Arbeit, ü. den Büchern *(beim Lesen der Bücher)* eingeschlafen; seine Mutter ist ü. *(während)* seiner langen Reise gestorben; **d)** drückt aus, dass ein bestimmter Zeitraum abgelaufen ist, dass eine bestimmte zeitliche Grenze überschritten ist: du solltest ü. dieses Alter hinaus sein; er ist ü. die besten Jahre hinaus; es ist zwei Stunden ü. die Zeit. **3. a)** ⟨mit Dativ⟩ zur Angabe einer Reihen- od. Rangfolge: der Major steht ü. dem Hauptmann; mit seiner Leistung ü. dem Durchschnitt liegen; was ihr Können anbelangt, so steht sie hoch ü. ihm; niemanden ü. sich anerkennen; er steht ü. mir *(er ist mir geistig überlegen);* seine Frau steht ü. ihm *(ist seine Vorgesetzte);* **b)** ⟨mit Dativ⟩ bezeichnet einen Wert o. Ä., der überschritten wird: eine Temperatur ü. null, ü. dem Gefrierpunkt; etw. liegt ü. dem Mittelwert; **c)** ⟨mit Akk.⟩ drückt die höchste Stufe einer Rangordnung o. Ä. aus: nichts geht ihm ü. alles; es geht doch nichts ü. ein gutes Essen; **d)** ⟨mit Akk.⟩ drückt ein Abhängigkeitsverhältnis aus: ü. jmdn. herrschen; ü. etw. verfügen; [keine] Macht ü. jmdn., etw. haben; er spielte sich zum Herrn ü. Leben und Tod auf. **4.** ⟨mit Akk.⟩ (emotional verstärkend) in Verbindung mit zwei gleichen Substantiven als Ausdruck einer Häufung, des Überhandnehmens von etw.: Schulden ü. Schulden; Fehler ü. Fehler. **5.** ⟨mit Dativ⟩ drückt eine Folge von etwas aus; *infolge:* ü. dem Streit ging ihre Freundschaft in die Brüche; die Kinder sind ü. dem Lärm aufgewacht. **6.** ⟨mit Akk.⟩ drückt aus, dass das Ausmaß von etw. eine bestimmte Grenze überschreitet: etw. geht ü. jmds. Kraft, Verstand; er wurde ü. jedes vernünftige Maß hinaus bestraft. **7.** ⟨mit Akk.⟩ bezeichnet Inhalt od. Thema einer mündlichen od. schriftlichen Äußerung: ein Essay ü. Schiller; einen Bericht ü. eine Reise verfassen; erzähl nicht solchen Blödsinn ü. mich! **8.** ⟨mit Akk.⟩ bezeichnet die Höhe eines Betrages, einen Wert; *in Höhe von, im Wert von:* eine Rechnung ü. 500 Euro; einen Scheck ü. 300 Euro ausstellen. **9.** ⟨mit Akk.⟩ bezeichnet das Mittel, die Mittelsperson o. Ä. bei der Durchführung von etw.: eine Anfrage ü. Fernsprecher übermitteln; einen Aufruf ü. alle Sender bringen: sie bekam die Anschrift ü. einen Freund *(durch die Vermittlung eines Freundes),* die Telefonnummer ü. die Auskunft. **10.** ⟨mit Akk.⟩ (geh.) bezeichnet bei Verwünschungen die Person od. Sache als Ziel dieser Verwünschung: die Pest ü. die Mörder!; Fluch ü. dich und dein Haus! **11.** ⟨mit Akk.⟩ in Abhängigkeit von bestimmten Verben: ü. etw. weinen, lachen, sprechen, entsetzt sein; ü. jmdn. (landsch.; *nach jmdm.*) rufen; sich ü. etw. freuen, aufregen; sich ü. etw. einigen; ü. was hat sie sich geärgert, dass sie so schnell abgereist ist? **12.** ⟨mit Akk.⟩ kennzeichnet in Verbindung mit Kardinalzahlen das Überschreiten einer bestimmten Anzahl; *von mehr als:* Kinder ü. 10 Jahre; in Mengen ü. 100 Exemplare.

²**über** ⟨Adv.⟩ [zu: † ¹über]: **1. a)** bezeichnet das Überschreiten einer Quantität, Qualität, Intensität o. Ä.; *mehr als:* der Stoff ist ü. einen Meter breit; ü. 10 Pfund schwer, ü. 18 Jahre [alt] sein; Gemeinden von ü. 10 000 Einwohnern; die ü. Siebzigjährigen; ü. eine Woche [lang] dauern; 80 Gäste sind eingeladen; **b)** * **ü. und ü.** *(völlig; von oben bis unten:* er war ü. und ü. mit Schmutz bedeckt). **2.** drückt aus, dass etw. über etw. getan, gelegt, genommen wird: Segel ü.!; (militär. Kommando:) Gewehr ü.! **3.** ⟨als abgetrennter Teil von Adverbien wie »darüber«⟩ (landsch.): da habe ich noch gar nicht ü. nachgedacht.

³**über** ⟨Adj.⟩ (ugs.): **1.** *übrig:* vier Euro ü.; es ist noch Kaffee ü.; dafür habe ich immer was ü. **2. a)** *überlegen:* kräftemäßig ist er mir ü.; sie ist ihm geistig um einiges ü.; **b)** *zu viel, sodass jmd. einer Sache überdrüssig ist:* es ist mir ü., ihn immer wieder darum zu bitten.

über-: 1. ⟨verstärkend⟩ drückt in Bildungen mit Adjektiven eine Verstärkung aus; *sehr, überaus:* überdeutlich, -glücklich. **2.** drückt in Bildungen mit Adjektiven aus, dass eine Eigenschaft über etw. hinausgeht: überindividuell, -national. **3.** drückt in Bildungen mit Adjektiven oder Verben aus, dass das übliche Maß überschritten wird, dass etw. zu sehr ausgeprägt ist, dass jmd. etw. zu viel, zu sehr tut: überbuchen, -würzen; überehrgeizig, -elegant. **4.** drückt in Bildungen mit Verben aus, dass jmd. einer Sache überdrüssig ist, sie nicht mehr mag: überessen, -haben. **5.** drückt in Bildungen mit Verben ein Bedecken, ein Sicherstrecken aus: überfluten, -pudern. **6.** drückt in Bildungen mit Substantiven und einer Endung aus, dass eine Sache oben oder an der Oberseite mit etw. versehen wird: überdachen, -golden. **7.** drückt in Bildungen mit Verben ein Wechseln (von einer Stelle o. Ä. auf eine andere) aus: übersiedeln, -springen.

Über-: 1. kennzeichnet in Bildungen mit Substantiven ein Zuviel an, von etw.: Überkontrolle, -subventionierung. **2.** kennzeichnet in Bildungen mit Substantiven etw. Übergeordnetes: Überministerium. **3.** kennzeichnet in Bildungen mit Substantiven jmdn. oder etw. als über allem stehende, alles beherrschende [ideale] Figur oder Sache: Überdoktor, -film.

über|ak|tiv ⟨Adj.⟩: *übermäßig aktiv, ruhelos:* -e Kinder können im Unterricht ein Problem sein.
Dazu: Über|ak|ti|vi|tät, die; -, -en.

über|all [auch: …'lal] ⟨Adv.⟩ [mhd. überal, ahd. uberal]: **a)** *an jeder Stelle, an allen Orten; in jedem Bereich:* ich habe dich ü. gesucht; sich ü. auskennen; von ü. her kommen; ü. auf der Erde; ü. und nirgends zu Hause sein; er ist ü. *(bei allen Leuten)* beliebt; Seveso ist ü. *(die Möglichkeit, dass es zu einem Giftunglück wie dem in Seveso kommt, besteht überall);* **b)** *bei jeder Gelegenheit:* sie drängt sich ü. vor; ◆ **c)** *überhaupt:* … wie dies ü. in so kurzer Zeit möglich sei (Kleist, Kohlhaas 100); … nur unter der Bedingung kann ich mich ü. damit befassen (Schiller, Piccolomini III, 3).

über|all|her ⟨Adv.⟩: *von allen Orten; aus allen Richtungen:* die Tiere kamen plötzlich ü.
über|all|hin ⟨Adv.⟩: *an alle Stellen; in alle Richtungen:* jmdm. ü. folgen.
über|al|tert ⟨Adj.⟩: **1.** *einen relativ hohen, sehr hohen Anteil alter Menschen aufweisend:* eine -e Führung. **2. a)** *nicht mehr dem gegenwärtigen Stand der [technischen] Entwicklung entsprechend; überholt:* -e Waffen; **b)** *nicht mehr der gegenwärtigen Zeit entsprechend; überholt:* eine -e Moral.
Über|al|te|rung, die; -, -en ⟨Pl. selten⟩ (bes. Statistik): *das Überaltertsein.*
Über|an|ge|bot, das; -[e]s, -e: *Angebot, das [wesentlich] höher ist als die Nachfrage, das die Nachfrage [bei Weitem] übersteigt:* ein Ü an Äpfeln, an Fachkräften.
über|ängst|lich ⟨Adj.⟩: *übermäßig ängstlich.*
über|an|stren|gen ⟨sw. V.; hat⟩: *sich eine zu große körperliche od. geistige Anstrengung zumuten (u. dadurch gesundheitlich schaden):* sie hat sich, ihre Kräfte, ihr Herz überanstrengt.
Über|an|stren|gung, die; -, -en: *zu große Anstrengung:* -en meiden.
über|ant|wor|ten ⟨sw. V.; hat⟩ (geh.): **1.** *jmdm., etw. in jmds. Obhut u. Verantwortung geben, jmdm. anvertrauen:* ein Kind Pflegeeltern ü.; Funde dem Museum ü. **2.** *jmdn., einer Sache ausliefern:* einen Verbrecher dem Gericht, der Gerechtigkeit ü.
Über|ant|wor|tung, die; -, -en ⟨Pl. selten⟩: *das Überantworten.*
über|ar|bei|ten ⟨sw. V.; hat⟩: **1.** *bearbeiten, durcharbeiten u. dabei verbessern [u. ergänzen]; eine nahezu neue Fassung (von etw.) erarbeiten:* einen Text ü.; das Drama ist vom Autor noch einmal überarbeitet worden. **2.** ⟨ü. + sich⟩ *sich durch zu viel Arbeit überanstrengen:* sie hat sich überarbeitet; ⟨oft im 2. Part.:⟩ er ist total überarbeitet; Ich bin unausstehlich, wenn ich überarbeitet bin, und man ist meistens überarbeitet (Frisch, Homo 91).
Über|ar|bei|tung, die; -, -en: **1. a)** *das Überarbeiten* (1): *bei der Ü. des Dramas; was überarbeitet* (1) *wurde, überarbeitete Fassung von etw.:* die Ü. des Romans vom gleichen Autor. **2.** ⟨o. Pl.⟩ *das Überarbeitetsein* (2).
über|aus ⟨Adv.⟩ (geh.): *in ungewöhnlich hohem Grade, Maße:* sie ist ü. geschickt, misstrauisch; das irritiert ihn ü.
¹**über|ba|cken** ⟨unr. V.; überbäckt/überbackt, überbackte/ ⟨veraltend:⟩ überbuk, hat überbacken⟩: *bei großer Hitze kurz backen (sodass nur an der Oberfläche eine [leichte] Bräunung entsteht):* etw. mit Käse ü.
²**über|ba|cken** ⟨Adj.⟩: *durch ¹Überbacken mit einer braunen Kruste überzogen:* -e Schnitzel.
Über|bau, der; -[e]s, -e u. -ten. **1.** ⟨Pl. -e; selten⟩ (marx.) *Gesamtheit der politischen, juristischen, religiösen, weltanschaulichen o. ä. Vorstellungen u. die ihnen entsprechenden Institutionen in dialektischer Wechselwirkung mit der materiellen Basis (z. B. soziale u. wirtschaftliche Verhältnisse):* der ideologische Ü. **2.** [mhd. überbū] (Bauw.) **a)** *Teil eines Bau[werk]s, der über etw. hinausragt;* **b)** *auf Stützpfeilern liegender Teil (einer Brücke).*
¹**über|bau|en** ⟨sw. V.; hat⟩ (Rechtsspr.): *über die Grenze [eines Grundstücks] bauen.*
²**über|bau|en** ⟨sw. V.; hat⟩: *mit einem Dach [als Schutz], einem darüber errichteten Bauwerk o. Ä. versehen:* einen Innenhof ü.; die überbaute Fläche einer Großstadt.

überbaut–überdosieren

über|baut ⟨Adj.⟩ (Fachspr.): *(von Pferden) mit einer Kruppe, die höher als der Widerrist liegt.*

Über|bau|ung, die; -, -en: **1.** *das ²Überbauen.* **2.** *über etw. errichtetes Dach, Bauwerk o. Ä.*

über|be|an|spru|chen ⟨sw. V.; hat⟩: *zu stark beanspruchen:* du überbeanspruchst das Kind; überbeanspruchte Böden. Dazu: **Über|be|an|spru|chung**, die; -, -en.

Über|be|griff, der (seltener): *Oberbegriff, Sammelbegriff.*

über|be|hü|ten ⟨sw. V.; hat; oft im 2. Part.⟩: *allzu sehr behüten* (a): Eltern sollen ihre Kinder nicht ü.; ein überbehütetes Kind.

Über|bein, das; -[e]s, -e [mhd. überbein, zu ↑Bein (5)]: *knotenförmige Geschwulst (bes. an Hand- u. Fußrücken); Ganglion* (2).

über|be|kom|men ⟨st. V.; hat⟩: **1.** (ugs.) *jmds., einer Sache überdrüssig werden:* das Gerede ü. **2.** **einen/eins, ein paar ü.* (ugs.; *einen Schlag, Schläge bekommen*).

über|be|las|ten ⟨sw. V.; hat⟩: *zu stark belasten:* Dazu: **Über|be|las|tung**, die; -, -en.

über|be|le|gen ⟨sw. V.; hat⟩: *(in einem Krankenhaus, Hotel o. Ä.) zu viele Personen unterbringen:* Arrestzellen ü.; überbelegte Hotels. Dazu: **Über|be|le|gung**, die; -, -en.

über|be|lich|ten ⟨sw. V.; hat⟩ (Fotogr.): *zu lange belichten* (a): sie überbelichtete die Filme manchmal; vermeiden, Filme überzubelichten. Dazu: **Über|be|lich|tung**, die; -, -en.

Über|be|schäf|ti|gung, die; -, -en ⟨Pl. selten⟩ (Wirtsch.): *Zustand der Wirtschaft, bei dem das Angebot an Beschäftigungsmöglichkeiten größer ist als die Zahl der Arbeitsuchenden.*

über|be|setzt ⟨Adj.⟩: *mit zu vielen Personen besetzt:* ein -er Bus; Ü der Markt für Fachzeitschriften ist völlig ü. *(es gibt viel zu viele Anbieter).*

über|be|to|nen ⟨sw. V.; hat⟩: *zu stark betonen:* wir sollten vermeiden, dies Mängel überzubetonen. Dazu: **Über|be|to|nung**, die; -, -en.

über|be|trieb|lich ⟨Adj.⟩: *über den [einzelnen] Betrieb hinausgehend:* -e Zulagen; diese Einrichtung wird ü. genutzt.

über|be|völ|kert ⟨Adj.⟩: *übervölkert.* Dazu: **Über|be|völ|ke|rung**, die; -, -en ⟨Pl. selten⟩.

über|be|wer|ten ⟨sw. V.; hat⟩: *zu hoch bewerten:* sie überbewertete ihre Rolle, Leistung; man versucht, dies nicht überzubewerten. Dazu: **Über|be|wer|tung**, die; -, -en.

über|be|zah|len ⟨sw. V.; hat⟩: *zu hoch, zu viel bezahlen* (1 b): er wird überbezahlt. Dazu: **Über|be|zah|lung**, die; -, -en.

über|biet|bar ⟨Adj.⟩: *sich überbieten lassend; zum Überbieten geeignet:* ein kaum -es Beispiel für Intoleranz.

über|bie|ten ⟨st. V.; hat⟩: **1.** *mehr bieten (als ein anderer Interessent):* jmdn. bei einer Auktion beträchtlich, um einige Hundert Euro ü. **2.** *übertreffen* (a); *besser sein als jmd. od. etw.; in noch größerem Ausmaß vorhanden sein:* er hat den Rekord [beim Kugelstoßen] um zwei Zentimeter überboten; ihre Frechheit wird nur noch von ihrer Dummheit überboten; sie überboten einander, sich [gegenseitig] an Eifer; diese Anmaßung ist kaum zu ü. Dazu: **Über|bie|tung**, die; -, -en: *das Überbieten.*

über|bin|den ⟨st. V.; hat⟩ (schweiz.): *[eine Verpflichtung] auferlegen:* jmdm. Pflichten ü.; die Kosten des Verfahrens wurden den Klägern überbunden.

Über|biss, der; -es, -e (ugs.): *das Überstehen der oberen Schneidezähne über die unteren bei normaler Stellung der Kiefer.*

über|bla|sen ⟨st. V.; hat⟩ (Musik): *(bei Holz- u. Blechblasinstrumenten) durch stärkeres Blasen statt des Grundtons die höheren Teiltöne hervorbringen.*

über|blät|tern ⟨sw. V.; hat⟩: *(Seiten, Kapitel o. Ä.) beim Blättern* (1) *überspringen:* das Vorwort kannst du ruhig ü.

über|blei|ben ⟨st. V.; ist⟩ (landsch.): *übrig bleiben:* von der Farbe ist nichts übergeblieben.

Über|bleib|sel, das; -s, - (ugs.): *[Über]rest; Relikt* (1).

über|blen|den ⟨sw. V.; hat⟩: **1.** (Film, Rundfunk, Fernsehen) *Bild, Ton einer Einstellung allmählich abblenden mit gleichzeitigem Aufblenden eines neuen Bildes, Tons.* **2.** (geh.) *überlagern* (2): Erinnerungen ü. einander.

Über|blen|dung, die; -, -en: *das Überblenden.*

Über|blick, der; -[e]s, -e: **1.** *Blick von einem erhöhten Standort, von dem aus etw. zu übersehen ist:* von der Burg aus hat man einen guten Ü. über die Stadt. **2.** *Übersicht* (1): ihr fehlt der Ü.; er hat völlig den Ü. verloren; sich einen genauen Ü. über etw. verschaffen. **3.** *Übersicht* (2): das Werk bietet einen Ü. über den Stand der Forschung; Archäologie im Ü.

über|bli|cken ⟨sw. V.; hat⟩: **1. a)** *²übersehen* (1): ein Gelände schlecht ü. können; Ü ...und wenn wir heute sagen, dass es schief ausgehen musste, so ist das eine der vielen nachträglichen Prophezeiungen, die so leicht sind, wenn man von einem tausendvierhundert Jahre später liegenden Zeitpunkt aus die Dinge überblickt (Thieß, Reich 541); **b)** *(durch seine Lage) einen Blick auf etw. ermöglichen:* das Hotel überblickt den Park. **2.** *²übersehen* (2): *eine Situation, Lage rasch ü.;* sie überblickt noch nicht *(kann noch nicht absehen),* wann alles fertig ist; Kurz, sie konnte alle die Geschäfte allein nicht mehr ü. (Brecht, Mensch 54).

Über|blicks|ar|ti|kel, der: *Artikel* (1), *der einen Überblick zu einem bestimmten Thema geben soll.*

über|bor|den ⟨sw. V.⟩ [zu ↑³Bord]: **1.** ⟨ist⟩ *über die Ufer treten.* **2. a)** ⟨ist⟩ *über das normale [u. erträgliche] Maß hinausgehen:* die Defizite überborden allmählich; ⟨oft im 1. Part.:⟩ ein überbordendes Temperament, eine überbordende Fantasie haben; **b)** ⟨hat⟩ (geh.) *über gesetzte Grenzen hinausgehen:* die Aufführung überbordete den engen Rahmen des Theaters.

über|bra|ten ⟨st. V.; hat⟩: *in der Wendung* **jmdm. einen/eins, ein paar ü.** (ugs.; *jmdm. einen Schlag, Schläge versetzen. jmdn. derb zurechtweisen, scharf kritisieren [u. bloßstellen]. jmdm. eine [vernichtende] Niederlage beibringen).*

über|breit ⟨Adj.⟩: *besonders, außergewöhnlich breit* (1 a).

Über|brei|te, die; -, -n: vgl. Überlänge (2): Reifen mit Ü.

über|bren|nen ⟨unr. V.; hat⟩: *in der Wendung* **jmdm. einen/eins, ein paar ü.** (ugs.; *jmdm. einen Schlag, Schläge versetzen. jmdn. anschießen).*

über|brin|gen ⟨unr. V.; hat⟩ (geh.): *jmdm. etw. bringen, zustellen:* jmdm. einen Brief, eine Nachricht ü.; jmds. Glückwünsche/von jmdm. Glückwünsche ü. *(in jmds. Namen gratulieren).* Dazu: **Über|brin|ger**, der; -s, -, **Über|brin|ge|rin**, die; -, -nen; **Über|brin|gung**, die; -, -en ⟨Pl. selten⟩.

über|brück|bar ⟨Adj.⟩: *sich überbrücken lassend:* kaum -e Gegensätze.

über|brü|cken ⟨sw. V.; hat⟩: **1. a)** *eine schwierige Situation, eine in ihrer Dauer absehbare schwierige Zeitspanne überstehen:* wir überbrückten die Finanzierungslücke mit einem Kredit; **b)** *eine schwierige, durch Gegensätze geprägte Situation, Gegebenheit o. Ä. [ausgleichend] überwinden:* Differenzen, Verständigungsprobleme ü.; ...es bedürfe nur der Liebe, nur der aufrichtigen Hingabe um aus zweien zu machen, um Unterschiede auszulöschen und Gegensätze zu ü. *(auszugleichen;* Hesse, Narziß 41); **c)** *(eine zeitliche Distanz) ausgleichen, füllen:* eine Pause im Programm ü.; die Wartezeit überbrückt sie mit Zeitungslektüre; **d)** *(eine räumliche Distanz) überwinden; eine räumliche Verbindung herstellen:* stärkere Sender können Entfernungen bis zu 200 km ü. **2.** *eine Brücke über etw. bauen:* das Tal ü.

Über|brü|ckung, die; -, -en: *das Überbrücken; Überbrücktwerden.*

Über|brü|ckungs|bei|hil|fe, die: *Überbrückungshilfe.*

Über|brü|ckungs|geld, das: *Überbrückungsbeihilfe.*

Über|brü|ckungs|hil|fe, die: *finanzielle Hilfe zur Überbrückung bestimmter Notsituationen.*

Über|brü|ckungs|kre|dit, der (Bankw.): *Kredit, der einen vorübergehenden Mangel an finanziellen Mitteln überbrückt.*

über|brü|hen ⟨sw. V.; hat⟩: *mit kochendem Wasser übergießen:* Tomaten ü. u. schälen.

über|bu|chen ⟨sw. V.; hat⟩: *Buchungen* (2) *über die vorhandene Kapazität hinaus vornehmen:* einen Flug ü.; ⟨oft im 2. Part.:⟩ überbuchte Flüge, Hotels; überbucht sein. Dazu: **Über|bu|chung**, die; -, -en.

über|bür|den ⟨sw. V.; hat⟩ (schweiz.): *aufbürden.*

Über|bür|dung, die; -, -en (Rechtsspr.): *Belastung [mit Kosten].*

Über|dach, das; -[e]s, ...dächer: *[als Schutz] über etw. errichtetes Dach.*

über|da|chen ⟨sw. V.; hat⟩: *ein Dach [als Schutz] über etw. anbringen, mit einem Dach versehen:* ⟨oft im 2. Part.:⟩ eine überdachte Tribüne.

Über|da|chung, die; -, -en: **1.** *das Überdachen.* **2.** *Überdach:* eine provisorische Ü.

über|dau|ern ⟨sw. V.; hat⟩: **a)** *(ohne zu vergehen, ohne zerstört zu werden) überstehen:* dieses Bauwerk hat alle Kriege überdauert; **b)** *hinter sich bringen, lebend überstehen; überleben* (1): die Larven überdauern den Winter in der Erde.

Über|de|cke, die; -, -n: *Decke, die [als Schutz] über etw. (z. B. ein Bett) gelegt wird.*

¹über|de|cken ⟨sw. V.; hat⟩ (ugs.): *[etw. zudeckend] eine Decke überlegen:* jmdm. ein Leintuch überdecken.

²über|de|cken ⟨sw. V.; hat⟩: **1. a)** *bedecken* (2) *u. dadurch [weitgehend] unsichtbar machen:* ein Mantel überdeckt den Körper; Ü der Fischgeruch konnte nicht überdeckt werden; **b)** *bedecken* (1), *verdecken* (b): Mitesser mit Make-up ü.; Ü Schwächen ü. **2.** *bedecken:* ein von einem Glasdach überdeckter Saal.

Über|de|ckung, die; -, -en: **1.** *das Überdecken.* **2.** *Überdachung* (2).

über|deh|nen ⟨sw. V.; hat⟩: *zu stark dehnen:* einen Muskel ü. Dazu: **Über|deh|nung**, die; -, -en.

über|den|ken ⟨unr. V.; hat⟩: *über etw. [intensiv, prüfend] nachdenken:* er wollte die Sache, Lage, den Fall [noch einmal] ü.

über|deut|lich ⟨Adj.⟩: **1.** *allzu deutlich.* **2.** *sehr, überaus deutlich:* das Problem ü. erkennen. Dazu: **Über|deut|lich|keit**, die; -, -: *sehr betonte Deutlichkeit* (a).

über|dies ⟨auch: 'y:...⟩ ⟨Adv.⟩: *über dieses, über das alles hinaus; obendrein, außerdem:* ich habe keine Zeit, und ü. fehlt mir das Geld.

über|di|men|si|o|nal ⟨Adj.⟩: *übermäßig groß, riesig:* sie trägt gern -e Brillen.

über|di|men|si|o|nie|ren ⟨sw. V.; hat⟩ (bes. Fachspr., Technik): *so dimensionieren, auslegen, dass das angemessene, richtige, vernünftige Maß überschritten wird:* ⟨meist im 2. Part.:⟩ überdimensionierte Lautsprecher. Dazu: **Über|di|men|si|o|nie|rung**, die; -, -en.

über|do|sie|ren ⟨sw. V.; hat⟩: *zu hoch dosieren:* um [ein Waschmittel] nicht überzudosieren.

Über|do|sie|rung, die; -, -en: **1.** *das Überdosieren.* **2.** *zu hohe Dosierung* (2); *Überdosis.*

Über|do|sis, die; -, ...dosen: *zu große Dosis:* eine Ü. Schlaftabletten schlucken; der Fixer war an einer Ü. [Heroin] gestorben.

über|dre|hen ⟨sw. V.; hat⟩: **1.** *[an] etw. zu fest, zu stark drehen:* eine Schraube, Feder ü. **2.** *einen Motor mit zu hoher Drehzahl laufen lassen.* **3.** *bei einem Sprung den Körper zu stark drehen:* den Axel ü. **4.** (Film) *den Film schneller als normal durch die Kamera laufen lassen.*

über|dreht ⟨Adj.⟩ (ugs.): **1.** *durch starke [seelische] Belastung, Übermüdung unnatürlich wach, munter:* nach dem Film waren die Kinder völlig ü. **2.** *überspannt, verrückt:* eine -e Komödie.

Über|dreht|heit, die; -, -en: **1.** ⟨o. Pl.⟩ *Überspanntheit* (1). **2.** *Überspanntheit* (2).

Über|druck, der ⟨Pl. ...drücke u. -e⟩: **1.** (Physik) *Druck, der den normalen Atmosphärendruck übersteigt.* **2.** ⟨o. Pl.⟩ *übermäßig starker* ¹*Druck* (3): hormoneller, kreativer, emotionaler Ü.

über|dru|cken ⟨sw. V.; hat⟩: *etw. Gedrucktes nachträglich bedrucken:* ein mit schwarzen Balken überdrucktes Aktfoto.

Über|druck|ven|til, das; vgl. Sicherheitsventil.

Über|druss, der; -es [mhd. überdrōʒ, zu: überdrieʒen, ahd. überdruʒan, vgl. verdrießen]: *Widerwille, Abneigung gegen etw., womit jmd. [ungewollt] sehr lange eingehend befasst war:* aus Ü. am Leben; bis zum Ü. *(endlos, bis zur Erschöpfung)* streiten; Er gab Zeichen eines grenzenlosen -es und äußerte sich ... wiederholt dahin, dass er »des Ganzen« – also wohl seines fürstlichen Daseins, seiner hohen und zur Schau gestellten Lebensführt – sterbensmüde sei (Th. Mann, Hoheit 84).

über|drüs|sig ⟨Adj.⟩: in der Verbindung **jmds., einer Sache** ⟨selten:⟩ **jmdm., etw. ü. sein, werden** (*Widerwillen, Abneigung gegen jmdn., etw. empfinden, zu empfinden beginnen:* er ist ihrer Lügen, des Lebens ü.).

über|dün|gen ⟨sw. V.; hat⟩: **1.** *zu viel düngen:* den Boden ü.; das Gemüse war überdüngt. **2.** (Ökol.) *mit zu vielen Nährstoffen belasten:* Tenside überdüngen die Gewässer. ⟨oft im 2. Part.:⟩ ein überdüngter See.

Über|dün|gung, die; -, -en: **1.** *zu starkes Düngen, Gedüngtsein.* **2.** (Ökol.) *Belastung mit zu vielen Nährstoffen.*

über|durch|schnitt|lich ⟨Adj.⟩: *über dem Durchschnitt liegend:* -e Leistungen; ihre Intelligenz ist ü.; ü. verdienen.

über|eck ⟨Adv.⟩ [aus ↑¹über u. ↑Eck]: *quer vor eine Ecke einer Wand zur anderen:* den Schreibtisch ü. stellen; die beiden saßen ü. *(sodass eine Ecke des Tischs, an dem sie saßen, zwischen ihnen lag).*

◆ **über|ecke** ⟨Adv.⟩: *übereck:* Ü Es geht bunt alles ü. mir. Ist nicht auch heut Gerichtstag? (Kleist, Krug 3).

Über|ei|fer, der; -s (oft abwertend): *allzu großer falscher Eifer:* etw. aus Ü. tun; etw. im Ü. vergessen.

über|eif|rig ⟨Adj.⟩ (oft abwertend): *allzu eifrig, mit Übereifer:* ein -er Polizist.

über|eig|nen ⟨sw. V.; hat⟩: *als Eigentum auf jmdn. übertragen:* sie hatte alles dem Tierschutzverein übereignet. Dazu: **Über|eig|nung**, die; -, -en.

Über|ei|le, die; -: *zu große Eile:* in ihrer Ü. hat sie das Wichtigste vergessen.

über|ei|len ⟨sw. V.; hat⟩: **1. a)** *etw. zu rasch u. ohne die Folgen genügend bedacht zu tun, auszuführen, vornehmen:* ich möchte nichts ü.; ⟨oft im 2. Part.:⟩ eine übereilte Tat, Flucht, Heirat; der Entschluss war wohl etwas übereilt; **b)** ⟨ü. + sich⟩ (veraltend) *in einer Sache zu rasch u. ohne Überlegung vorgehen:* du solltest dich damit nicht ü. **2.** (Jägerspr.) *(vom jungen Hirsch) beim Ziehen die Hinterläufe vor die Vorderläufe setzen.* ◆ **3.** *etw. von jmdm., der unvorbereitet, überrascht ist (u. deshalb nicht reagieren kann), gegen dessen Willen erlangen:* Nun fing er an, schwatzte allerlei verkehrtes Zeug, das darauf hinausging: Ihr hättet ihn übereilt, er sei auch keine Pflicht schuldig und wolle nichts mit euch zu tun haben (Goethe, Götz II).

Über|ei|lung, die; -, -en: *das Übereilen.*

über|ei|n|an|der ⟨Adv.⟩: **1.** *einer, eine, eines über dem, der anderen; einer über den anderen, eine über die andere, eines über das andere:* die Dosen ü. aufstellen; ü. angeordnet sein; ü. wohnen; sie trug zwei Pullover ü. **2.** *über sich [gegenseitig]:* ü. reden, schimpfen; ü. herfallen, stolpern; sich ü. ärgern.

über|ei|n|an|der|le|gen ⟨sw. V.; hat⟩: *eines über das andere legen:* die Bretter ü.

über|ei|n|an|der|lie|gen ⟨st. V.; hat; südd., österr., schweiz. auch: ist⟩: *eines über dem anderen liegen:* es soll alles geordnet ü.

über|ei|n|an|der|schich|ten ⟨sw. V.; hat⟩: *eines über das andere schichten:* sie hat die Holzscheite übereinandergeschichtet.

über|ei|n|an|der|schla|gen ⟨st. V.; hat⟩: *eines über das andere schlagen:* sie hat ihre Beine übereinandergeschlagen; übereinandergeschlagene Beine.

über|ei|n|an|der|set|zen ⟨sw. V.; hat⟩: *eines über das andere setzen.*

über|ei|n|an|der|sit|zen ⟨unr. V.; hat; südd., österr., schweiz. auch: ist⟩: vgl. übereinanderliegen.

über|ei|n|an|der|sta|peln ⟨sw. V.; hat⟩: *eines über das andere stapeln.*

über|ei|n|an|der|ste|hen ⟨unr. V.; hat; südd., österr., schweiz. auch: ist⟩: vgl. übereinanderliegen.

über|ei|n|an|der|stel|len ⟨sw. V.; hat⟩: *eines über das andere stellen:* sie hat die Stühle übereinandergestellt.

über|ein|kom|men ⟨st. V.; ist⟩ (geh.): *sich mit jmdm. über etw. einigen:* wir sind übereingekommen, nichts verlauten zu lassen.

Über|ein|kom|men, das; -s, -: *Einigung, Abmachung hinsichtlich bestimmter Punkte, Bedingungen o. Ä.:* ein stillschweigendes Ü. verletzt haben; ein Ü. treffen, erzielen; zu einem Ü. gelangen.

Über|ein|kunft, die; -, ...künfte: *Übereinkommen:* eine stille Ü. zwischen den beiden Gegnern.

über|ein|stim|men ⟨sw. V.; hat⟩: **1.** *die gleiche Meinung mit jmdm. haben:* wir stimmen mit Ihnen [darin] ü. einigen^, dass etwas unternommen werden muss. **2.** *in seiner Art, seinem Wesen o. Ä. einer Sache gleichen, mit ihr im Einklang stehen:* die Farbe der Vorhänge stimmt mit dem Ton der Tapeten überein; ihre Aussagen, Aufzeichnungen stimmten überein.

über|ein|stim|mend ⟨Adj.⟩: *konform; die gleiche Meinung, denselben Sachverhalt ausdrückend:* -e Ansichten, Fakten; ü. feststellen.

Über|ein|stim|mung, die; -, -en: **1.** *das Übereinstimmen* (1): keine Ü. erzielen. **2.** *das Übereinstimmen* (2): [mit etw.] in Ü. stehen; frappante -en zwischen einzelnen Gedichten.

über|emp|find|lich ⟨Adj.⟩: **1.** *übertrieben empfindlich; sensitiv:* -e Nerven; bei diesem Thema ist er immer ü. **2.** (Med.) *allergisch gegen etw.* sein; ü. reagieren.

Über|emp|find|lich|keit, die; -, -en: **1.** *das Überempfindlichsein; überempfindliche Art.* **2.** (Med.) *Allergie.*

Über|emp|find|lich|keits|re|ak|ti|on, die (Med.): *allergische Reaktion.*

über|er|fül|len ⟨sw. V.; hat⟩ [LÜ von russ. perevypolnit']: *über das gesteckte Planziel hinaus produzieren:* das Soll ü.; sie übererfüllen die Norm. Dazu: **Über|er|fül|lung**, die; -, -en.

Über|er|näh|rung, die; -, -en: *Nahrungsaufnahme, die das notwendige Maß, den notwendigen Bedarf übersteigt.*

über|er|reg|bar ⟨Adj.⟩: *allzu leicht erregbar:* Dazu: **Über|er|reg|bar|keit**, die; -, -.

¹**über|es|sen** ⟨unr. V.; hat⟩: *häufig u. viel von etw. essen u. dadurch die Lust darauf verlieren, es nicht mehr mögen:* ich habe mir Nugat übergegessen.

²**über|es|sen**, sich ⟨unr. V.; hat⟩: *mehr essen, als verträglich ist:* ich habe mich an dem/mit Marzipan übergessen.

über|fach|lich ⟨Adj.⟩: *über das eigene Fachgebiet hinausreichend, nicht fachbezogen:* -e Aspekte.

¹**über|fah|ren** ⟨st. V.⟩ (veraltend): **1.** ⟨hat⟩ *von einem Ufer ans andere befördern:* der Fährmann hat uns übergefahren; ich ließ mich von einem Fischer auf die Insel ü. **2.** ⟨ist⟩ *von einem Ufer ans andere fahren:* wir sind mit der Fähre übergefahren.

²**über|fah|ren** ⟨st. V.; hat⟩: **1.** *mit einem Fahrzeug über jmdn., ein Tier hinwegfahren u. ihn, es dabei [tödlich] verletzen:* einen Fußgänger ü.; unsere Katze ist überfahren worden. **2.** *als Fahrer etw. übersehen u. daran vorbeifahren; an etw. vorbeifahren, ohne es zu beachten:* eine rote Ampel, ein Stoppschild ü. **3.** *über etw. hinfahren; darüberfahren:* eine Kreuzung, die durchgehende Linie darf nicht überfahren werden. **4.** (ugs.) *von jmdm., der unvorbereitet ist u. keine Zeit zum Überlegen od. zu Gegenmaßnahmen hat, etw. gegen dessen eigentliches Wollen erlangen:* lass dich von ihr nicht ü.; ich fühle mich dadurch überfahren; Es gibt Menschen, die leicht zu überreden, man muss schon sagen, zu ü. sind, weil es ihnen an der nötigen Übersicht und Geistesgegenwart fehlt (Kaschnitz, Wohin 16). **5.** (Sportjargon) *hoch, eindeutig besiegen.*

Über|fahrt, die; -, -en: *Fahrt mit dem Schiff von einem Ufer zum anderen, von einer Küste zur anderen:* eine stille, stürmische Ü.

Über|fall, der; -[e]s, ...fälle: *plötzlicher, unvermuteter Angriff, bei dem jmd., etw. überfallen* (1) *wird:* ein dreister, nächtlicher Ü.; Ü. auf ein Liebespaar, auf die Bank; Ü Mutters Überfälle (ugs. scherzh.; *überraschende Besuche*).

über|fall|ar|tig, ⟨österr.:⟩ überfallsartig ⟨Adj.⟩: *in der Art eines Überfalls für sich gehend:* ein -er Angriff; Die Hustenattacken wurden schwerer, jetzt packten sie ü. zu, nicht nur beim Essen (Jirgl, Stille 489).

über|fal|len ⟨st. V.; hat⟩: **1.** *unvermutet, plötzlich anfallen, angreifen, über jmdn., etw. herfallen:* jmdn. nachts, hinterrücks, auf der Straße ü.; eine Bank, einen Geldboten, eine Postkutsche, ein Land [ohne Kriegserklärung] ü.; Ü sie wurde von den Journalisten mit Fragen überfallen; die Kinder überfielen *(bestürmten)* mich mit tausenderlei Wünschen; entschuldige, dass ich dich überfalle (scherzh.; *unangemeldet besuche*). **2.** *(von Gedanken, Gefühls-, körperlichen Zuständen) jmdn. plötzlich u. mit großer Intensität ergreifen:* Heimweh, ein Schauder überfiel uns; eine plötzliche Müdigkeit, großer Hunger hat ihn überfallen.

über|fal|lend ⟨Adj.⟩ (Mode): *in weitem Schnitt über einen Bund o. Ä. fallend:* -e Manschetten, Hosen.

Über|fall|ho|se, die: *Kniebundhose mit Hosenbeinen, deren Stoff weit über die Kniebinde fällt.*

über|fäl|lig ⟨Adj.⟩: **1.** [eigtl. = über die Fälligkeit hinaus] (bes. von Flugzeugen, Schiffen o. Ä.) *zur erwarteten, fälligen Zeit nicht eingetroffen; über den planmäßigen Zeitpunkt des Eintreffens hin-

Überfallkommando – Übergang

aus ausbleibend: die Maschine ist schon lange ü.; das Schiff ist seit gestern ü. **2.** [eigtl. = überaus fällig] *längst fällig:* ein [längst] -er Besuch, Schritt; seine deutlichen Worte waren ü.

Über|fall|kom|man|do, (österr.:) Überfallkommando, das (ugs.): *alarmbereiter motorisierter Einsatzdienst der Polizei.*

über|falls|ar|tig: ↑ überfallartig.

Über|falls|kom|man|do: ↑ Überfallkommando.

über|fan|gen ⟨st. V.; hat⟩ (Fachspr.): *mit einem Überfang versehen:* die Vase ist blau überfangen.

über|fär|ben ⟨sw. V.; hat⟩: *mit einer Färbung versehen, die eine vorhandene überdeckt:* sie hat ihre naturblonden Haare rot überfärbt.

über|fein ⟨Adj.⟩: *allzu fein; im Übermaß fein; übersteigert fein.*

über|fei|nern ⟨sw. V.; hat⟩: *im Übermaß verfeinern:* ⟨meist im 2. Part.:⟩ eine überfeinerte Kultur. Dazu: **Über|fei|ne|rung,** die; -, -en ⟨Pl. selten⟩.

über|fet|tet ⟨Adj.⟩: **a)** *zu viel Fett enthaltend:* -e Milchprodukte; **b)** *zu fett, an Überfettung leidend:* -e Haustiere.

Über|fet|tung, die; -: *durch zu viel Körperfett bewirktes seines Übergewicht.*

über|fi|schen ⟨sw. V.; hat⟩: **a)** *durch zu vieles Fischen [zu] stark reduzieren:* einen Fischbestand ü.; **b)** *durch zu vieles Fischen im Fischbestand [zu] stark reduzieren:* einen See ü.; überfischte Gewässer.

Über|fi|schung, die; -, -en: *das Überfischen; das Überfischtwerden, Überfischtsein.*

über|flie|gen ⟨st. V.; hat⟩: **1.** *über jmdn., etw. hinwegfliegen:* die Alpen [in 10 000 m Höhe] ü.; der Satellit überfliegt Europa zweimal täglich. **2.** *mit den Augen schnell über etw. hingehen u. dabei bestrebt sein, das Wesentliche zu erfassen:* einen Text rasch ü.; ich habe das Flugblatt, den Brief nur kurz überflogen. **3.** *rasch u. fast unmerklich über ein Gesicht o. Ä. hinweggehen:* ein Lächeln, eine leichte Röte überflog ihr Gesicht.

Über|flie|ger, der; -s, - [zu ↑ überfliegen in der veralteten Bed. »übertreffen, überwinden«]: *jmd., der begabter, intelligenter, tüchtiger [u. dadurch viel schneller erfolgreich] ist als der Durchschnitt.*

Über|flie|ge|rin, die; -, -nen: w. Form zu ↑ Überflieger.

¹über|flie|ßen ⟨st. V.; ist⟩ [mhd. übervliezen, ahd. ubarvliozan]: (geh.) **a)** *überlaufen* (1 a): *das Benzin ist [aus dem Tank] übergeflossen;* **b)** *¹überlaufen* (1 b): die Wanne ist übergeflossen; Ü ein Herz floss über von Mitleid.

²über|flie|ßen ⟨st. V.; hat⟩ (geh.): *(von Flüssigkeiten) über etw. hinwegfließen:* von Rinnsalen überflossene Wege.

Über|flug, der; -[e]s, ...flüge: *das Überfliegen* (1).

über|flü|geln ⟨sw. V.; hat⟩ [urspr. Soldatenspr., eigtl. = die eigenen Flügel (3 a) an den feindlichen vorbeischieben]: *andere [ohne große Anstrengungen] in ihren Leistungen übertreffen u. so den Vorrang vor ihnen bekommen:* die Konkurrenz [in etw.] ü. Dazu: **Über|flü|ge|lung,** (seltener:) **Über|flüg|lung,** die; -, -en ⟨Pl. selten⟩.

Über|flug|recht, (seltener:) **Über|flugs|recht,** das: *Recht, ein bestimmtes Gebiet zu überfliegen* (1).

Über|flug|ver|bot, das: *Verbot, ein bestimmtes Gebiet zu überfliegen* (1).

Über|fluss, der; -es [mhd. übervluz, LÜ von mlat. superfluitas od. lat. abundantia (↑ Abundanz), eigtl. = das Überlaufen, -strömen]: *übergroße, über den eigentlichen Bedarf hinausgehende Menge:* ein Ü. an Nahrungsmitteln; etw. ist im Ü. vorhanden, steht im Ü.; etw. im Ü. zur Verfügung; im Ü. leben, etw. im Ü. besitzen; zu allem

Ü., zum Ü. *(obendrein, zu allem, was ohnehin schon ausreichend gewesen wäre)* hatten wir dann auch noch eine Panne.

Über|fluss|ge|sell|schaft, die [Lehnübertragung von engl. affluent society] (abwertend): *Gesellschaft* (1) *mit unverhältnismäßig hohem Wohlstand breiter Bevölkerungskreise.*

über|flüs|sig ⟨Adj.⟩ [mhd. übervlüʒʒec = überströmend; überreichlich, LÜ von spätlat. superfluus]: *für einen Zweck nicht erforderlich u. ihm nicht dienlich, daher überzählig u. unnütz:* eine Warnung, -e Worte machen; -e Pfunde abspecken; es ist ganz ü., ich halte es für ü., dass du dich sorgst; ich komme mir hier [ziemlich, total] ü. vor; Der Schriftsteller engagiert sich oder wird ü. (Dürrenmatt, Meteor 69).

über|flüs|si|ger|wei|se ⟨Adv.⟩: *obgleich überflüssig, unnötigerweise:* der Kommentar, den er ü. dazu abgegeben hat.

Über|flüs|sig|keit, die; -, -en: **1.** ⟨o. Pl.⟩ *das Überflüssigsein.* **2.** *etw. Überflüssiges.*

über|flu|ten ⟨sw. V.; hat⟩: **1.** *in einer großen Welle über etw. hinwegströmen u. überschwemmen* (1): die See überflutete den Polder; das linke Ufer war sofort überflutet; sie ü. Gefühl der Scham überflutete sie; eine Welle der Gewalt überflutet das Land. **2.** *überschwemmen* (2): der Markt wird mit Neuheiten geradezu überflutet.

Über|flu|tung, die; -, -en: *das Überfluten; Überflutetwerden.*

Über|flu|tungs|flä|che, die: *Gebiet am Ufer von Flüssen, das bei Hochwasser überflutet wird.*

über|for|dern ⟨sw. V.; hat⟩: *zu hohe Anforderungen an jmdn., sich, etw. stellen:* ein Kind mit Aufgaben ü.; das Herz, den Kreislauf ü.; ⟨oft im 2. Part.:⟩ sich überfordert fühlen; die Eltern waren mit der Erziehung ihres Kindes überfordert; Den folgenreichsten Ereignissen und Entdeckungen unserer Zeit ist gemeinsam, dass sie die menschliche Vorstellungskraft überfordern (Hochhuth, Stellvertreter 178). Dazu: **Über|for|de|rung,** die; -, -en.

über|for|men ⟨sw. V.; hat⟩ (geh.): *mit einer neuen Form überdecken, verändern:* eine industriell überformte Landschaft. Dazu: **Über|for|mung,** die; -, -en.

über|frach|ten ⟨sw. V.; hat⟩ (veraltend): **1.** *¹überladen:* ein Schiff ü. **2.** (geh.) *mit zu viel von etw. versehen:* der Roman ist mit Psychologie überfrachtet.

Über|frach|tung, die; -, -en: *das Überfrachten; das Überfrachtetwerden.*

über|fra|gen ⟨sw. V.; hat⟩: *jmdm. Fragen stellen, die er nicht beantworten kann, auf die zu antworten sein Wissen nicht ausreicht:* ⟨meist im 2. Part.:⟩ da bin ich überfragt; damit war er sichtlich überfragt.

über|frem|den ⟨sw. V.; hat⟩ (abwertend): *mit fremden Einflüssen durchsetzen; als fremder Einfluss in etw. beherrschend werden:* ein Land ü.; ⟨meist im 2. Part.:⟩ eine überfremdete Kultur.

Über|frem|dung, die; -, -en (abwertend): *das Überfremden; das Überfremdetsein:* die Furcht vor Ü. *(vor der Anwesenheit zu vieler dauernd hier lebender Ausländer)* ist unbegründet.

über|fres|sen, sich ⟨st. V.; hat⟩: *zu viel fressen* (1 a): Tiere in freier Wildbahn überfressen sich nicht; (salopp, meist abwertend von Menschen:) ich habe mich überfressen.

über|frie|ren ⟨st. V.; ist⟩: *an der Oberfläche leicht frieren* (2 b): die nasse Straße überfror, war überfroren; Glätte durch überfrierende Nässe. Dazu: **Über|frie|rung,** die; -, -en.

Über|fuhr, die; -, -en (österr.): *Fähre:* mit der Ü. die Donau überqueren; *die Ü. versäumen/verpassen (nicht rechtzeitig Maßnahmen treffen, etw. Bestimmtes so lange hinauszögern, bis es nicht mehr möglich ist).*

¹über|füh|ren, ²über|füh|ren ⟨sw. V.; hat⟩: **1.** *(mithilfe eines Transportmittels) von einem Ort an einen anderen bringen:* die Leiche wurde nach Moskau übergeführt/überführt; der Wagen muss übergeführt/überführt werden. **2.** *etw. von einem Zustand in einen anderen bringen:* eine Flüssigkeit wird in den gasförmigen Zustand übergeführt/überführt.

³über|füh|ren ⟨sw. V.; hat⟩: *jmdm. eine Schuld, eine Verfehlung o. Ä. nachweisen:* jmdn. eines Verbrechens, des Mordes ü.; er war [als Täter] überführt.

Über|füh|rung, die; -, -en: **1. a)** *das Transportieren von einem Ort an einen anderen:* die Kosten für die Ü. des Verletzten [in die Spezialklinik]; **b)** *das ¹Überführen* (2). **2.** *das Erbringen des Nachweises von jmds. Schuld o. Ä.:* die Indizien reichen zur Ü. des Verdächtigen nicht aus. **3.** *Brücke, die einen Verkehrsweg über etw. hinwegführt:* an der ersten Kreuzung nach der Ü. links abbiegen.

Über|füh|rungs|kos|ten ⟨Pl.⟩: *Kosten für eine Überführung* (1): die Ü. übernimmt die Versicherung.

Über|fül|le, die; -: *allzu große Menge, Vielfalt:* die Ü. des Angebots wirkt erdrückend.

über|fül|len ⟨sw. V.; hat⟩: *übermäßig, über das Normalmaß füllen:* die Verwundeten überfüllten das Lazarett.

über|füllt ⟨Adj.⟩: *mit zu vielen Menschen besetzt:* -e Bahnen, Flughäfen; der Saal, der Zug war restlos ü.; die Hotels sind mit Flüchtlingen ü.

Über|fül|lung, die; -, -en ⟨Pl. selten⟩: *das Überfülltsein:* das Bad, Museum musste zeitweise wegen Ü. geschlossen werden.

Über|funk|ti|on, die; -, -en (Med.): *[krankhaft] übersteigerte Tätigkeit eines Organs:* an einer Ü. der Schilddrüse leiden.

über|füt|tern ⟨sw. V.; hat⟩: **a)** *einem Tier zu viel Futter geben:* einen Hund ü.; Ü die Schüler wurden mit Lernstoff überfüttert; **b)** (fam.) *jmdm. (meist einem Kind) mehr zu essen geben, als es zur Ernährung braucht.*

Über|füt|te|rung, die; -, -en ⟨Pl. selten⟩: *das Überfüttern; das Überfüttertwerden.*

Über|ga|be, die; -, -n [mhd. übergabe]: **1.** *das Übergeben* (1 a): die Ü. der Schlüssel an den Nachmieter. **2.** *das Übergeben* (3): die Ü. der Stadt.

Über|ga|be|ver|hand|lun|gen: *Verhandlungen über eine Übergabe.*

Über|ga|be|ver|trag, (österr. auch:) **Über|gabs|ver|trag,** der (Rechtsspr.): *Vertrag, in dem vereinbart wird, dass einer der Erben zu Lebzeiten des bisherigen Eigentümers dessen Bauernhof übernimmt mit der Verpflichtung, den bisherigen Eigentümer zu unterhalten u. die anderen Erben abzufinden.*

Über|gang, der; -[e]s, ...gänge [mhd. überganc, ahd. ubarkanc]: **1. a)** *das Überqueren, Überschreiten, Hinübergehen:* beim Ü. über die Pyrenäen; **b)** *Stelle, Einrichtung zum Überqueren, Passieren:* ein Ü. für Fußgänger; Fritz wusste einen Ü. über den Fluss (Böll, Haus 112). **2.** *Wechsel zu etw. anderem, Neuem, in ein anderes Stadium:* allmähliche, kontinuierliche, unvermittelte Übergänge; der Ü. vom Wachen zum Schlafen; der Ü. *(die Überleitung zu einem anderen Thema)* war gelungen; beim Ü. vom Handbetrieb auf maschinelle Fertigung; eine Farbkomposition mit zarten Übergängen *(Abstufungen);* ohne jeden Ü. *(ganz unvermittelt, abrupt).* **3.** ⟨o. Pl.⟩ *Zwischenlösung:* dieses kleine Apartment ist ein Ü., dient nur als Ü. **4.** *Wechsel des Besitzers:* der Ü. des Eigentums auf den Staat.

Über|gangs|bei|hil|fe, die: *finanzielle Unterstützung für die Übergangszeit, in der ein bisheriges Einkommen nicht mehr [u. ein künftiges noch nicht] zur Verfügung steht, bes. die bei der Entlassung aus der Bundeswehr geleistete Zahlung an Soldaten.*

Über|gangs|be|stim|mung, die: *vorläufige Bestimmung, die den Übergang von einem alten Rechtszustand in einen neuen regelt.*

Über|gangs|er|schei|nung, die: *durch eine fortschreitende Entwicklung bedingte, zwischen zwei Entwicklungsstadien auftretende Erscheinungsform.*

Über|gangs|form, die: *Übergangserscheinung.*

Über|gangs|frist, die: *Frist, die für den Übergang von einer bestehenden Regelung zu einer neuen zur Verfügung steht.*

Über|gangs|geld, das: *finanzielle Unterstützung, die für einen bestimmten Zeitraum von der Sozialversicherung geleistet wird, z. B., wenn ein Arbeitnehmer durch einen Arbeitsunfall od. eine Berufskrankheit arbeitsunfähig geworden ist.*

Über|gangs|ge|sell|schaft, die: **1.** *Gesellschaft im Übergang zu einer neuen Entwicklungsstufe.* **2.** (marx.) *Gesellschaft der Übergangsperiode* (2).

Über|gangs|heim, das: *vorübergehende Unterkunft, z. B. für Flüchtlinge, Aussiedler, Asylbewerber od. zur Wiedereingliederung von psychisch Kranken ins allgemeine gesellschaftliche Leben.*

über|gangs|los ⟨Adj.⟩: *ohne Übergang* (2).

Über|gangs|lö|sung, die: *vorläufige, provisorische Lösung (eines Problems), die möglichst bald durch eine dauerhaftere abgelöst werden soll.*

Über|gangs|man|tel, der: *leichter Mantel für die Übergangszeit* (2).

Über|gangs|pe|ri|o|de, die: **1.** vgl. Übergangszeit (1). **2.** (marx.) *Stadium zwischen Kapitalismus u. Kommunismus, in dem sich die revolutionäre Umwandlung der Gesellschaftsordnung u. des menschlichen Bewusstseins vollzieht.*

Über|gangs|pha|se, die: vgl. Übergangszeit (1).

Über|gangs|re|ge|lung, die: *vorläufige Regelung für den Übergang von einem alten [Rechts]zustand in einen neuen.*

Über|gangs|re|gie|rung, die: *vorläufige, provisorisch eingesetzte Regierung.*

Über|gangs|ri|tus, der (Völkerkunde): *Initiationsritus.*

Über|gangs|sta|di|um, das: vgl. Übergangszeit (1).

Über|gangs|vor|schrift, die (Rechtsspr.): *Vorschrift, die beim Erlass eines Gesetzes o. Ä. den Übergang vom alten Recht zum neuen regelt.*

über|gangs|wei|se ⟨Adv.⟩: *als Übergang* (3) *[dienend], für eine Übergangszeit [geltend]: bis zur Scheidung konnte er ü. bei einem Freund wohnen;* ⟨mit Verbalsubstantiven auch attr.:⟩ *die ü. Freistellung vom Dienst wurde nicht genehmigt.*

Über|gangs|zeit, die: **1.** *Zeit zwischen zwei Entwicklungsphasen, Epochen o. Ä.; Zeit des Übergangs zwischen zwei Ereignissen o. Ä.* **2.** *Jahreszeit zwischen Sommer u. Winter od. Winter u. Sommer: ein Mantel für die Ü.*

Über|gar|di|ne, die, -, -n: *über den Store zu ziehende Gardine:* die -n zuziehen.

über|ge|ben ⟨unr. V.; hat⟩ [mhd. übergeben]: **1. a)** *dem zuständigen Empfänger etw. aushändigen u. ihn damit in den Besitz von etw. bringen:* jmdm. einen Brief, das Geld ü.; dem Staffelstab an den nächsten Läufer ü.; dem Eigentümer die Schlüssel ü.; **b)** *jmdm. etw. zum Aufbewahren geben, anvertrauen:* den Schlüssel einem Nachbarn; jmdm. etw. zu treuen Händen ü.; *etw. übereignen,* ¹übertragen (5b): er hat sein Geschäft dem Sohn übergeben; Ü das Papier den Flammen ü. (geh.; *verbrennen*). **2. a)** *jmdn., etw. einer Instanz o. Ä. zur Bearbeitung des entsprechenden Falles überlassen:* der Dieb wurde der Polizei übergeben; ich werde die Angelegenheit meinem Anwalt ü.; das Beweismaterial dem Gericht ü.; **b)** *jmdm. eine Aufgabe übertragen, die Weiterführung einer bestimmten Arbeit o. Ä. überlassen:* sein Amt ü.; jmdm., an jmdn. die Führung ü. **3.** *aufgrund einer Kapitulation dem Gegner die Verfügungsgewalt über eine Stadt, Festung o. Ä. übertragen:* die Stadt wurde nach schweren Kämpfen [an den Feind] übergeben; Vielleicht wird man auch nicht kämpfen. Das Land so ü. (Remarque, Triomphe 457). **4.** *etw. zur Nutzung freigeben:* eine Straße dem Verkehr ü.; das Gebäude seiner Bestimmung ü. **5.** ⟨ü. + sich⟩ *sich erbrechen:* die Passagiere mussten sich mehrmals ü.

¹**über|ge|hen** ⟨unr. V.; ist⟩ [mhd. übergān, übergēn, ahd. ubargān]: **1.** *Besitz eines anderen werden:* das Grundstück wird in den Besitz der Gemeinde, in fremde Hände, vom Vater auf den Sohn ü. **2.** *mit etw. aufhören u. etw. anderes beginnen; überwechseln* (2b): zur Tagesordnung, zu einem anderen Punkt, Thema ü.; zum Angriff ü.; sie gehen immer mehr dazu über, online zu buchen. **3.** *überwechseln* (2a); ¹*überlaufen* (2): ins feindliche Lager, auf die andere Seite ü. **4.** *allmählich in ein anderes Stadium kommen:* in Gärung ü.; bald wird der Schnee in Regen ü.; die Leiche war schon in Verwesung übergegangen. **5.** *sich ohne sichtbare Grenze vermischen:* das Meer schien in den Himmel überzugehen; ... aus Schwarzenberg kamen sie, aus Bermsgrün, aus Raschau, aus Beierfeld, die Ortschaften sind in der Stadt übergegangen (Heym, Schwarzenberg 33). **6.** (Seemannsspr.) *über etw. hinwegschlagen:* schwere Seen gingen über; er wurde von einem übergehenden Brecher über Bord gespült. **7.** (Seemannsspr.) *(von Ladung) auf eine Seite rutschen:* die Ladung geht leicht über. **8.** (Jägerspr.) *(vom weiblichen Schalenwild) kein Kalb od. Kitz haben.*

²**über|ge|hen** ⟨unr. V.; hat⟩: **1. a)** *über etw. hinweggehen* (1); *etw. absichtlich nicht wahrnehmen:* er überging unsere Einwände, Bitten, Wünsche; **b)** *etw. auslassen, überspringen:* ich übergehe diesen Punkt zunächst; **c)** *(bestimmte Bedürfnisse) nicht beachten:* den Hunger, die Müdigkeit ü. **2. a)** *jmdn. nicht beachten:* sie überging ihn; **b)** *jmdn. nicht berücksichtigen:* jmdn. bei der Gehaltserhöhung, im Testament ü.; er fühlt sich übergangen.

Über|ge|hung, die: -, -en: *das* ²*Übergehen* (1, 2); *das Übergangenwerden.*

über|ge|meind|lich ⟨Adj.⟩: vgl. überstaatlich.

über|ge|nau ⟨Adj.⟩ (oft abwertend): *allzu* ¹*genau* (a, b).

über|ge|nug ⟨Adv.⟩ (oft abwertend): *mehr als genug:* ü. Whisky getrunken haben.

über|ge|ord|net ⟨Adj.⟩: *in seiner Bedeutung, Funktion wichtiger, umfassender als etw. anderes:* ein -es Problem, Ziel; Fragen von -er Bedeutung.

Über|ge|päck, das; -[e]s (Flugw.): *Gepäck mit Übergewicht:* ich hatte [fünf Kilo] Ü.

über|ge|scheit ⟨Adj.⟩ (iron.): *überklug.*

über|ge|schnappt ⟨Adj.⟩: ¹übergeschnappt.

über|ge|setz|lich ⟨Adj.⟩: *außerhalb der geltenden Gesetze stehend:* ein -er Notstand.

Über|ge|wicht, das; -[e]s, -e. **1. a)** ⟨o. Pl.⟩ *(von Personen) über dem Normalgewicht liegendes* ¹*Gewicht* (1 a): [fünf Kilo] Ü. haben; das lästige Ü. abtrainieren; **b)** ⟨Pl. selten⟩ *(von Briefen, Paketen o. Ä.)* ¹*Gewicht* (1 a), *das die für die Beförderung zulässige Grenze übersteigt:* der Brief hat [zehn Gramm] Ü. **2.** * [das] Ü. bekommen/kriegen (ugs.; *das Gleichgewicht verlieren u. überkippen, [hinunter]fallen:* du kriegst gleich Ü.!) **3. a)** ⟨o. Pl.⟩ *Vormachtstellung, Vorherrschaft:* das wirtschaftliche Ü. [über jmdn., etw.] haben, gewinnen, behaupten; **b)** ⟨Pl. selten⟩ *größere, zu große Bedeutung; größeres, zu großes* ¹*Gewicht* (3): im Lehrplan haben die naturwissenschaftlichen Fächer ein klares Ü.

über|ge|wich|ten ⟨sw. V.; hat⟩ (Börsenw.): *in einem Fonds (wegen hoher Renditeerwartungen) überproportional berücksichtigen:* Aktien aus Osteuropa im Portfolio ü.

über|ge|wich|tig ⟨Adj.⟩: *Übergewicht* (1 a) *habend:* -e Patienten; u. sein.

¹**über|gie|ßen** ⟨st. V.; hat⟩: **1.** *Flüssigkeit über jmdn., etw. gießen:* man hat mir einen Eimer Wasser übergegossen. **2.** *verschütten:* sie zitterte und goss die Milch über.

²**über|gie|ßen** ⟨st. V.; hat⟩: *über jmdn., sich, etw. eine Flüssigkeit gießen:* die Teeblätter mit kochendem Wasser ü.; er übergoss sich mit Benzin und verbrannte sich; Ü die Verlierer wurden mit Hohn und Spott übergossen.

über|gla|sen ⟨sw. V.; hat⟩: *mit Glas decken* (1 b); *mit einem Glasdach versehen:* den Balkon ü. [lassen]; die Halle wurde überglast; ein überglaster Innenhof. Dazu: **Über|gla|sung,** die; -, -en.

über|glück|lich ⟨Adj.⟩: *sehr, außerordentlich* ¹*glücklich* (2): das macht ihn ü.

¹**über|grei|fen** ⟨st. V.; hat⟩: **1.** *(bes. beim Klavierspielen, Geräteturnen) mit der einen Hand über die andere greifen.* **2.** *sich auf etw. anderes ausdehnen; etw. od. (seltener) jmdn. anderes erfassen:* das Feuer griff rasch auf die umliegenden Gebäude über; die Epidemie, der Streik hat auf andere Gebiete übergegriffen. **3.** *unzulässigerweise in einen fremden Bereich eingreifen:* in den Bereich der Justiz ü.

über|grei|fend ⟨Adj.⟩: *[von übergeordneter Bedeutung, Wichtigkeit, Gültigkeit u. deshalb] auch andere Bereiche erfassend, innerhalb eines bestimmten Bereichs alles bestimmend:* etw. ü. für Europa regeln.

Über|griff, der; -[e]s, -e: *unrechtmäßiger Eingriff in die Angelegenheiten, den Bereich o. Ä. eines anderen:* ein feindlicher, militärischer Ü.; -e des Staates.

über|groß ⟨Adj.⟩: *übermäßig, ungewöhnlich groß* (1 a, 4, 5).

Über|grö|ße, die; -, -n: *Größe (bes. in der Konfektion), die durchschnittliche Maße überschreitet.*

über|grü|nen ⟨sw. V.; hat⟩: *mit Grün* (2) *überdecken.*

über|ha|ben ⟨unr. V.; hat⟩ (ugs.): **1.** *(ein bestimmtes Kleidungsstück) [lose] über ein anderes angezogen haben:* sie hatte einen Mantel über. **2.** *einer Sache überdrüssig sein:* ich habe ihre Nörgelei, die Warterei, deine Freunde über. **3.** (landsch.) *[als Rest] übrig haben:* ein paar Euro [vom Lohn] ü. **4.** (österr.) *für etw. zuständig sein:* die Finanzierung des Projekts ü.

Über|ham|mer, der (bes. österr. ugs.): *Hit; tolle Sache.*

Über|hand, die; - (seltener): ↑Oberhand.

Über|hand|nah|me, die; -: *das Überhandnehmen.*

über|hand|neh|men ⟨st. V.; hat⟩: *[in Bezug auf etw. Negatives] in übermächtiger Weise an Zahl, Stärke zunehmen; stark anwachsen, sich stark vermehren:* das Ungeziefer, der Verkehrslärm nimmt allmählich überhand.

Über|hang, der; -[e]s, ...hänge [mhd. überhanc = Umhang; überhängende Zweige u. Früchte von Obstbäumen; Übergewicht]: **1. a)** (bes. Archit.) *etw., was über die eigene Grundfläche hinausragt; auskragender (a) Teil, bes. eines Fachwerk-*

überhängen – überkochen

baus; **b)** ¹*überhängende* (b) *Felswand;* **c)** *etw., was* ¹*überhängt* (c); ¹*überhängende* (c) *Zweige o. Ä.:* den Ü. abschneiden. **2.** *über ein bestimmtes Maß, die [augenblickliche] Nachfrage hinausgehende Menge von etw.:* ein Ü. von Wohnungen; Überhänge an Waren haben.

¹**über|hän|gen** ⟨st. V.; hat⟩: **a)** (bes. Archit.) *über die eigene Grundfläche hinausragen, auskragen* (a): ⟨oft im 1. Part.:⟩ das überhängende Obergeschoss; **b)** *stärker als die Senkrechte, als ein rechter Winkel geneigt sein;* ¹*hängen* (2 b): die Felswand hängt über; ⟨oft im 1. Part.:⟩ eine überhängende Wand; **c)** *herabhängend über etw. hinausreichen; über ein Grundstück hinaus auf das angrenzende* ¹*hängen:* ⟨oft im 1. Part.:⟩ ein überhängender Ast.

²**über|hän|gen** ⟨sw. V.; hat⟩: *über die Schulter[n]* ²*hängen; umhängen:* jmdm. einen Mantel ü.; ich hängte [mir] das Gewehr über.

³**über|hän|gen** ⟨st. V.; hat⟩ (seltener): *auf etw. herunterhängen u. es dadurch [teilweise] bedecken:* die Mauer war von Efeu überhangen.

Über|hang|man|dat, das (Politik): *Direktmandat, das eine Partei über die ihr nach dem Verhältniswahlrecht zustehenden Parlamentssitze hinaus gewinnt.*

über|happs, über|haps ⟨Adv.⟩ [mundartl. Entstellung von ¹*überhaupt* in der veralteten (landsch.) Bed. »Kleinigkeiten nicht beachtend, oberflächlich«] (österr. ugs.): **1.** *ungefähr; annäherungsweise.* **2.** *übereilt.*

über|hart ⟨Adj.⟩: *sehr, ungewöhnlich hart* (4): die ü. spielende Mannschaft.

über|has|ten ⟨sw. V.; hat⟩: **a)** *zu hastig ausführen:* nur nichts ü.!; überhastet handeln, urteilen; ⟨oft im 2. Part.:⟩ ein überhasteter Schritt; **b)** ⟨ü. + sich⟩ *(in seinem Handeln, Reden) sich keine Zeit zum Überlegen lassen; wegen zu großer Hast unüberlegt sein.*

Über|has|tung, die; -, -en: *das [Sich]überhasten.*

über|häu|fen ⟨sw. V.; hat⟩: **a)** *jmdm. etw. im Übermaß zukommen, zuteilwerden lassen:* jmdn. mit Geschenken, Ehren, Lob, Komplimenten, Wohltaten, guten Ratschlägen, Vorwürfen ü.; mit Arbeit überhäuft sein; Er überhäufte Joseph mit Beleidigungen, zuerst heftigen, dann immer schwächeren, bis der Ton der Wut gänzlich in Klage und Schmerz übergegangen war (R. Walser, Gehülfe 182); **b)** *etw. in so großer Anzahl irgendwo hinstellen, hinlegen, dass es die ganze Fläche bedeckt, sich dort stapelt:* den Schreibtisch mit Akten ü.; ein mit Blumen überhäuftes Grab.

Über|häu|fung, die; -, -en: *das Überhäufen; das Überhäuftwerden.*

¹**über|haupt** ⟨Adv.⟩ [spätmhd. über houbet = über das Haupt, die Häupter (der Tiere) hin, d. h. ohne (sie) zu zählen]: **1.** drückt eine Verallgemeinerung aus; *insgesamt [gesehen]:* eines der erfolgreichsten Spiele ü.; ich bin ü. selten zu Hause. **2.** ⟨verstärkend bei Verneinungen⟩ *[ganz und] gar:* das stimmt ü. nicht; das war ü. nicht vorgesehen, möglich; davon kann ü. keine Rede sein. **3. a)** in Verbindung mit »und«; *abgesehen davon, überdies:* und ü., auf den Einzelnen kam es nicht an; **b)** *und schon gar; besonders:* man ü. in seinem Alter, nachlässiger.

²**über|haupt** ⟨Partikel; unbetont⟩: ³*eigentlich:* wie ist das ü. passiert?; was willst du ü.?

über|he|ben ⟨st. V.; hat⟩: **1.** (veraltend) *entheben* (1): das überhebt uns allen weiteren Nachdenkens; das überhebt dich nicht einer Antwort. **2.** ⟨ü. + sich⟩ *anmaßend sein, sich überheblich zeigen:* ich will mich nicht ü. **3.** ⟨ü. + sich⟩ (landsch.) *sich verheben:* überheb dich [an der schweren Kiste] bloß nicht!; Ü an dieser Inszenierung sie sich überhoben *(übernommen).*

über|heb|lich ⟨Adj.⟩: *sich selbst überschätzend, in selbstgefälliger, dünkelhafter Weise auf andere herabsehend:* ein -er Mensch, Ton; ü. lachen.

Über|heb|lich|keit, die; -, -en: **a)** ⟨o. Pl.⟩ *das Überheblichsein; überhebliche Art:* sie sagte das ohne jede Ü.; **b)** *überhebliches Verhalten, überhebliche Äußerung.*

Über|he|bung, die (veraltend): *Überheblichkeit* (a).

über|hei|zen ⟨sw. V.; hat⟩: *zu stark heizen* (1 b): die Wohnung ü.; überheizte Räume.

über|hell ⟨Adj.⟩: *äußerst, allzu hell.*

über|hit|zen ⟨sw. V.; hat⟩: **a)** *über das Normalmaß erhitzen* (1): das Wasser ü.; **b)** ⟨ü. + sich⟩ *zu heiß werden:* der Motor hatte sich überhitzt; ⟨meist im 2. Part.:⟩ die Bremsen sind überhitzt; Ü überhitzte *(übermäßig erregte)* Gemüter; eine überhitzte *(übersteigerte)* Konjunktur.

Über|hit|zung, die; -, -en: *das Überhitzen; das Überhitztwerden.*

über|hö|hen ⟨sw. V.; hat⟩: **1.** *[einen Teil von etw.] höher machen, bauen; erhöhen* (1): einen Damm ü.; ⟨meist im 2. Part.:⟩ überhöhte Kurven. **2.** *übermäßig erhöhen* (3), *hochstilisieren, verklären:* ⟨meist im 2. Part.:⟩ der zur Lichtgestalt überhöhte Präsident.

über|höht ⟨Adj.⟩: *die normale Höhe übersteigend; zu stark erhöht* (2 a); *zu* ¹*hoch* (2): -e Mieten; mit -er Geschwindigkeit fahren; die Preise waren ü.

Über|hö|hung, die; -, -en: **1.** *das Überhöhen* (1). **2.** *das Überhöhen* (2).

¹**über|hol|len** ⟨sw. V.; hat⟩ [nach engl. to overhaul]: **1.** *an das andere Ufer befördern:* hol über! (früher; Ruf nach dem Fährmann). **2.** (Seemannsspr.) *(von Schiffen) sich unter dem Druck des Windes auf die Seite legen:* das Schiff hat [nach Backbord] übergeholt. **3.** (Seemannsspr.) *(Segel) auf die andere Seite holen* (5): hol über! (Kommandoruf).

²**über|ho|len** ⟨sw. V.; hat⟩: **1. a)** *durch größere Geschwindigkeit eine Person od. Sache einholen u. an ihr vorbeifahren, vorbeilaufen:* einen Radfahrer ü.; kurz vor dem Ziel wurde er doch noch überholt; ⟨auch ohne Akk.-Obj.:⟩ links ü.; Ü die Alten haben die Jungen zahlenmäßig überholt; (subst.:) zum Überholen ansetzen; **b)** *leistungsmäßig jmdn. gegenüber einen Vorsprung gewinnen:* er hat seine Mitschüler überholt; die USA wurden wirtschaftlich, in der Rangliste überholt. **2.** *auf [technische] Mängel überprüfen u. reparieren, wieder völlig instand setzen:* einen Wagen, einen Motor, eine Maschine, ein Gerät [gründlich] ü.

Über|hol|ma|nö|ver, das (bes. Verkehrsw.): *im Überholen eines anderen Verkehrsteilnehmers bestehendes Manöver* (2): ein riskantes, misslungenes Ü.

Über|hol|spur, die (Verkehrsw.): *Fahrspur, die beim Überholen zu benutzen ist:* auf die Ü. wechseln, gehen; Ü ein Leben auf der Ü. (ein hektisches, rasantes, rastloses Leben).

über|holt ⟨Adj.⟩: *nicht mehr der gegenwärtigen Zeit, dem augenblicklichen Stand der Entwicklung entsprechend:* eine [technisch] längst -e Anlage; -e Ansichten, Statistiken; diese Begriffe sind ü.; das Verfahren ist durch die technische Entwicklung ü.

Über|ho|lung, die; -, -en: *das* ²*Überholen* (2): der Wagen muss zur Ü. in die Werkstatt.

über|ho|lungs|be|dürf|tig ⟨Adj.⟩: *in einem Zustand, der eine Überholung erforderlich macht:* der Motor ist ü.; Ü ihr Bild von Deutschland ist ü.

Über|hol|ver|bot, das (Verkehrsw.): *Verbot, ein anderes Kraftfahrzeug zu überholen:* ist hier immer noch Ü.?; an der Steige besteht, gilt ein Ü. für Lkw.

Über|hol|ver|such, der (bes. Verkehrsw.): *Versuch zu* ²*überholen* (1 a).

Über|hol|vor|gang, der (bes. Verkehrsw.): *Vorgang des* ²*Überholens* (1 a).

¹**über|hö|ren,** sich ⟨sw. V.; hat⟩ (ugs.): *zu oft hören, anhören* (1 b) *u. deshalb kein Gefallen mehr daran finden:* ich habe mir diesen Song übergehört.

²**über|hö|ren** ⟨sw. V.; hat⟩ [mhd. überhœren = aufsagen lassen, lesen lassen, befragen]: *nicht hören; nicht befolgen:* **a)** *aus Mangel an Aufmerksamkeit o. Ä. nicht hören* (1 b): das Telefon, das Klingeln ü.; Er überhörte nicht (*er bemerkte durchaus*) die Hoffnung in ihrer Stimme, das Gegenteil zu vernehmen (A. Zweig, Claudia 107); **b)** *auf eine Äußerung o. Ä. absichtlich nicht reagieren, darüber einfach hinweggehen:* eine Anspielung, einen Vorwurf [geflissentlich] ü.; das möchte ich [lieber] überhört haben!

Über-Ich, Über|Ich, das; -[s], -s, selten - (Psychol.): *durch die Erziehung entwickelte u. als eine Art Richtschnur der Kontrolle dienende, regulierende Instanz der Persönlichkeit.*

über|in|di|vi|du|ell ⟨Adj.⟩: *über das Individuum* (1, 3) *hinausgehend.*

Über|in|ter|pre|ta|ti|on, die; -, -en: *das Überinterpretieren, Überinterpretiertwerden.*

über|in|ter|pre|tie|ren ⟨sw. V.; hat⟩: *bei der Interpretation von etw. mehr u. anderes an Bedeutung herauslesen, als tatsächlich darin enthalten ist:* eine Textstelle, eine Äußerung, ein Verhalten ü.

über|ir|disch ⟨Adj.⟩: **1.** *sich den irdischen Maßstäben entziehend, der Erde entrückt:* ein -es Wesen; ü. von -er Schönheit. **2.** *oberirdisch:* die Strecke der U-Bahn wird hier ü. geführt.

über|käm|men ⟨sw. V.; hat⟩ (ugs.): **1.** *flüchtig noch einmal kämmen* (1 a): [sich] das Haar kurz ü. **2.** *durch Kämmen* (1 a) *mit Haar bedecken:* eine Halbglatze ü.

über|kan|di|delt ⟨Adj.⟩ [zu niederd. kandidel = heiter, lustig, wohl zu lat. candidus = heiter, ↑ Kandidat] (ugs.): *in exaltierter od. leicht verrückter Weise überspannt:* eine -e Person; sie ist ziemlich, ein bisschen ü.

Über|ka|pa|zi|tät, die; -, -en ⟨meist Pl.⟩ (Wirtsch.): *(auf längere Sicht nicht auszunutzende) zu große Kapazität* (2 b): -en abbauen.

über|kauft ⟨Adj.⟩ (Börsenw.): *von nicht besonders starker Nachfrage u. entsprechend gestiegenen Kursen gekennzeichnet, aber einen baldigen Kursrückgang erwarten lassend:* ein -er Aktienmarkt.

über|kip|pen ⟨sw. V.; ist⟩: *auf einer Seite zu schwer werden u. über sie kippen, umfallen:* das Tablett kippte über; die Leiter ist nach vorne übergekippt; Ü ihre Stimme kippte [vor Wut] über *(klang plötzlich sehr hoch u. schrill).*

über|kle|ben ⟨sw. V.; hat⟩: *etw. auf etw. kleben u. es dadurch verdecken:* Plakate ü. Dazu: **Über|kle|bung,** die; -, -en.

Über|kleid, das; -[e]s, -er (veraltend): *Kleidungsstück, das über anderen Kleidungsstücken getragen wird.*

über|klei|den ⟨sw. V.; hat⟩ (geh. veraltend): *überdecken, verkleiden* (2).

Über|klei|dung, die; -, -en (geh. veraltend): **1.** *das Überkleiden.* **2.** *etw., was zum Überkleiden von etw. dient.*

über|klet|tern ⟨sw. V.; hat⟩: *über etw. klettern:* sie überkletterten die Mauer, den Zaun.

über|klug ⟨Adj.⟩ (iron.): *bestrebt, überaus klug zu sein.*

über|knö|cheln ⟨sw. V.; hat⟩ (österr. ugs.): *sich den Fuß verstauchen, verrenken:* ich habe mir den Fuß überknöchelt.

¹**über|ko|chen** ⟨sw. V.; ist⟩: *(von Flüssigkeiten) so stark kochen* (3 a), *dass die Flüssigkeit über den*

Rand des Gefäßes fließt: die Milch ist übergekocht; Ü Jetzt kochte ich vor Wut bald über! Die Art, wie sich Bessy in meine Angelegenheiten mischte, ging mir doch etwas zu weit! (Fallada, Herr 38).

²**über|ko|chen** ⟨sw. V.; hat⟩ (Kochkunst): *aufkochen* (2): die Marmelade muss [noch mal] kurz überkocht werden.

¹**über|kom|men** ⟨st. V.; ist⟩ (Seemannsspr.): *(von Seewasser) an Deck spülen, spritzen:* schwere Brecher kamen über, waren übergekommen.

²**über|kom|men** ⟨st. V.; hat⟩ [mhd. über komen, ahd. ubarqueman]: **1.** *(von Empfindungen, Gefühlen) plötzlich u. mit großer Intensität ergreifen:* Mitleid, Angst, Ekel, Zorn überkam sie [bei diesem Anblick]; bei diesem Gedanken überkam es uns heiß, kalt *(schauderte uns).* **2.** (veraltend) *als Erbanlage o. Ä. erhalten, überliefert bekommen, erben* (2): die Lethargie hat sie von der Mutter überkommen; Des Gefühlsmenschen weiche Unbeherrschtheit war das Erbe, das Joseph vom Vater überkommen hatte (Th. Mann, Joseph 84).

³**über|kom|men** ⟨Adj. [2. Part. von ↑²überkommen (2)]⟩ (geh.): *hergebracht, schon seit Langem bestehend, einer früheren Epoche entstammend u. überliefert:* -e Bräuche, Konventionen.

Über|kom|pen|sa|ti|on, die; -, -en ⟨Fachspr.⟩: *übersteigerte Kompensation.*

über|kom|pen|sie|ren ⟨sw. V.; hat⟩: (Fachspr.) *in übersteigertem Maße kompensieren:* seine Minderwertigkeitsgefühle mit betonter Männlichkeit ü.

über|kon|fes|si|o|nell ⟨Adj.⟩: *die Konfessionen* (2) *übergreifend, nicht von ihnen abhängend.*

Über|kopf|ball, der (Tennis): *über dem Kopf geschlagener Ball.*

über|kor|rekt ⟨Adj.⟩: *übertrieben korrekt.*

Über|kreuz|be|tei|li|gung, die (Wirtsch.): *wechselseitiger Besitz von Firmenanteilen zweier Firmen untereinander:* die beiden Konzerne haben ihre -en von je 30 % auf je 5 % reduziert.

über|kreu|zen ⟨sw. V.; hat⟩: **1.** *kreuzen* (1): die Arme ü.; ⟨oft im 2. Part.:⟩ mit überkreuzten Beinen dasitzen. **2.** *kreuzen* (3), *überschneiden:* etw. überkreuzt etw.; zwei sich/(geh.:) einander überkreuzende Linien. **3.** ⟨ü. + sich⟩ *sich kreuzen* (4): ihre Meinungen, Interessen überkreuzen sich.

über|krie|gen ⟨sw. V.; hat⟩ (ugs.): **1.** *überbekommen:* ich kriege ihn, sein Gerede langsam über. **2.** *abbekommen* (2b), bes. etw. *übergeschüttet bekommen:* einen Eimer kaltes Wasser ü.; * **einen/eins, ein paar ü.** *(einen Schlag, Schläge bekommen).*

über|kro|nen ⟨sw. V.; hat⟩ (Zahnmed.): *mit einer Zahnkrone versehen:* einen Zahn ü.

Über|kro|nung, die; -, -en (Zahnmed.): **1.** *das Überkronen; das Überkrontwerden.* **2.** *Zahnkrone.*

über|krus|ten ⟨sw. V.; hat⟩: **1.** (Kochkunst) *gratinieren.* **2.** *mit einer Kruste* (b) *bedecken:* der Wagen war mit Eis überkrustet.

über|ku|geln, sich ⟨sw. V.; hat⟩ (bes. österr.): *sich kugelnd* (2), *wälzend überschlagen:* die kleinen Bären überkugelten sich.

über|küh|len ⟨sw. V.; hat⟩ (Kochkunst österr.): *[ein wenig] abkühlen lassen:* die Krapfen ü.

¹**über|la|den** ⟨sw. V.; hat⟩ (selten): *umladen* (1).

²**über|la|den** ⟨st. V.; hat⟩: **1.** *zu sehr, zu schwer beladen:* einen Wagen, ein Schiff ü.; Ü den Magen ü. *(zu viel essen);* mit Arbeit überladen sein *(durch zu viel Arbeit überlastet sein).* **2.** *übermäßig* ¹*laden* (5): den Akku nicht ü. dürfen.

³**über|la|den** ⟨Adj.⟩: *so überreich mit etw., bes. Schmuck, Zierrat, versehen, dass es erdrückend wirkt, das Einzelne gar nicht mehr zur Geltung kommt; barock* (a): ein -er Stil; die Fassade ist ü. mit Ornamenten.

Über|la|den|heit, die; -: *das Überladensein.*

Über|la|dung, die; -, -en: *das* ¹*Überladen.*

über|la|gern ⟨sw. V.; hat⟩: **1.** *sich über etw. lagern* (2 c): von Lava überlagertes Gestein. **2.** *in bestimmten Bereichen überschneiden; teilweise überdecken:* der Sender wird von einem anderen überlagert; diese Ereignisse haben sich in ihrer Erinnerung überlagert. **3.** *zu lange lagern* (3 a) *u. dadurch an Qualität verlieren:* Batterien überlagern sie nie; ⟨meist im 2. Part.:⟩ überlagerte Medikamente.

Über|la|ge|rung, die; -, -en: **a)** *das Überlagern, das Überlagertwerden; das Überlagertsein;* **b)** (Physik) *Interferenz* (1).

Über|land|bahn [auch: ...'lant...], die: *zwischen Städten u. Nachbarorten verkehrende Klein- od. Straßenbahn.*

Über|land|bus, der: *Bus, der über den Stadtbereich hinaus verkehrt u. bes. in ländlichen Gegenden die Verbindung zwischen benachbarten Ortschaften herstellt.*

Über|land|fahrt, die: *über mehrere Ortschaften führende Fahrt* (2 a) *in ländlichen Gegenden.*

Über|land|lei|tung, die: *Leitung* (3 b) *eines Kraftwerks, die größere Gebiet versorgt.*

Über|land|ver|kehr, der: *Verkehr zwischen benachbarten Ortschaften, bes. in ländlichen Gegenden.*

Über|land|werk, das: *Kraftwerk zur Versorgung eines größeren Gebiets.*

über|lang ⟨Adj.⟩: **a)** *besonders, außergewöhnlich* ¹*lang* (1 a): ein -er Rock; **b)** (ugs.) *ungewöhnlich groß, hochgewachsen:* ein -er Kerl; **c)** *besonders, außerordentlich* ¹*lang* (1 d), *ausführlich:* ein -er Aufsatz; **d)** *besonders, außerordentlich, übermäßig* ¹*lang* (1 e): ein -er Vortrag.

Über|län|ge, die; -, -n: **1.** *über das Normalmaß hinausgehende Länge* (1 a): die Ladung hat Ü.; Hosen in Ü. **2.** *die übliche Dauer überschreitende Länge* (3 a) *von etw.:* ein Film mit Ü.; viele Produktionen haben Ü.

über|lap|pen ⟨sw. V.; hat⟩: **a)** *in bestimmten Bereichen teilweise überdecken, überlagern:* ein Teil überlappt den anderen; Ü die Klänge überlappen sich oft; **b)** *sich überschneiden:* [sich] überlappende Termine.

Über|lap|pung, die; -, -en: **1.** *das Überlappen* (a), *Überlapptwerden.* **2.** *überlappte Stelle o. Ä.*

¹**über|las|sen** ⟨st. V.; hat⟩ (landsch.): *übrig lassen:* kannst du mir bitte ein Stück Kuchen ü.?

²**über|las|sen** ⟨st. V.; hat⟩: **1.** *auf etw., den Gebrauch, Nutzen von etw. zugunsten einer anderen Person [vorübergehend] verzichten, es ihr zur Verfügung stellen:* jmdm. etw. bereitwillig, nur ungern, leihweise ü.; die Stadt dem Feind kampflos, als Pfand ü.; sie überließen ihnen während ihres Urlaubs ihre Wohnung; er hat mir sein Auto, für tausend Euro überlassen *(verkauft);* ... der von einer freundlichen, mir wohlgeneigten älteren Witib, die die Hälfte der zweiten Etage, ein Appartement von vier Zimmern, bewohnte. Eines davon hatte sie mir für ein mäßiges Monatsgeld überlassen *(vermietet;* Th. Mann, Krull 264). **2.** *in jmds. Obhut geben:* sie überließ die Kinder der Fürsorge der Großmutter; jmdn. sich selbst ü. *(allein, ohne Aufsicht o. Ä. lassen);* Du hast dich mir bloß ohne Misstrauen zu ü. *(anzuvertrauen),* so wirst du die ganze Wahrheit wissen (Musil, Mann 1127). **3.** *jmdn. etw. nach dessen eigenem Urteil tun, entscheiden lassen, sich selbst dabei nicht einmischen:* jmdm. eine Aufgabe, die Wahl, die Entscheidung ü.; überlasst mir das gefälligst! *(misch dich hier nicht ein!);* wir überließen nichts dem Zufall; Sie taten gut daran, mein Herr, die Sorge für das Ansehen meines Hauses mir selbst zu ü. (Th. Mann, Buddenbrooks 155). **4. a)** *jmdn. einem bestimmten Zustand, in dem er Hilfe o. Ä. braucht, preisgeben:* jmdn. dem Elend, seiner Verzweiflung ü.; Ü das Haus dem Verfall ü.; **b)** ⟨ü. + sich⟩ *sich von Empfindungen o. Ä. ganz beherrschen lassen, sich ihnen hingeben:* sich [ganz] seinem Schmerz, dem Heimweh ü.; sich seinen Träumen ü.

Über|las|sung, die; -, -en: *das* ²*Überlassen* (1).

Über|last, die; -, -en: **1.** *zu große Last* (1), *zu schwere Ladung.* **2.** (Elektrot.) *über ein bestimmtes Maß hinausgehende Last* (3). **3.** *Überbelastung:* die Ü. der Hochschulen abbauen.

über|las|ten ⟨sw. V.; hat⟩: **a)** *zu schwer belasten* (1 a): einen Aufzug, ein Boot ü.; **b)** *über die gegebenen Möglichkeiten hinaus beanspruchen u. dadurch in seiner Funktionsfähigkeit beeinträchtigen:* ein Telefonnetz, einen Server ü.; ⟨meist im 2. Part.:⟩ die Autobahn ist total überlastet; **c)** *allzu sehr belasten* (2): das Herz, den Kreislauf ü.; jmdn. beruflich ü.; ⟨oft im 2. Part.:⟩ die Gerichte sind mit Bagatelldelikten überlastet; die überlastete Justiz.

Über|las|tung, die; -, -en: *das Überlasten; das Überlastetwerden.*

Über|lauf, der; -[e]s, ...läufe: **1.** *Anlage, Vorrichtung zum Abfluss von überschüssigem Wasser:* der Ü. der Badewanne; am Ü. der Talsperre. **2.** (Fachspr.) *das Überschreiten eines Zahlenbereichs (z. B. der höchsten Ziffernstelle bei einem Taschenrechner).*

Über|lauf|be|cken, das: *Becken, in dem beim Überlauf* (1) *das Wasser aufgefangen wird.*

¹**über|lau|fen** ⟨st. V.; ist⟩ [mhd. überloufen]: **1. a)** *über den Rand eines Gefäßes, Behältnisses fließen:* Benzin ist [aus dem Tank] übergelaufen; übergelaufene Milch; **b)** *so sehr mit Flüssigkeit gefüllt sein, dass diese* ¹*überfließt:* die Wanne läuft gleich über!; der Tank, Topf ist übergelaufen. **2.** *auf die andere, gegnerische Seite überwechseln:* Hunderte von Soldaten sind [zu den Rebellen, zum Feind] übergelaufen.

²**über|lau|fen** ⟨st. V.; hat⟩: **1.** *als unangenehme, bedrohliche Empfindung über jmdn. kommen:* ein Frösteln überlief sie; es überläuft mich [eis]kalt *(es schaudert mich),* wenn ich das höre; Ganz plötzlich überlief Macheath eine heiße Welle des Misstrauens (Brecht, Groschen 210). **2.** (bes. Sport) **a)** *über jmdn., etw. hinauslaufen:* eine Markierung ü.; der Staffelläufer überlief beim Wechsel seinen Kameraden; **b)** *über etw. laufend hinwegsetzen:* über etw. die Hürden technisch perfekt ü.; **c)** *laufend durchbrechen, umspielen:* die Abwehr ü. **3.** *(in Bezug auf Farben, Farbtöne) die Oberfläche von etw. leicht überziehen:* ⟨meist im 2. Part.:⟩ rötlich überlaufene Blüten. **4.** (Seemannsspr.) *über etw. hinwegfahren.* **5.** (schweiz.) ¹*überlaufen* (1 b): im Frühjahr überläuft der See.

³**über|lau|fen** ⟨Adj.⟩: *von zu vielen Menschen aufgesucht, in Anspruch genommen o. Ä.:* ein -er Skiort; der Arzt, die Praxis ist furchtbar ü.; einige Kurse für Fremdsprachen sind stark ü.

Über|läu|fer, der; -s, - [mhd. überloufer]: *Soldat, der zum Gegner* ¹*überläuft* (2).

Über|läu|fe|rin, die; -, -nen: w. Form zu ↑ Überläufer.

über|laut ⟨Adj.⟩: *übermäßig, zu* ¹*laut:* -e Musik.

über|le|ben ⟨sw. V.; hat⟩ [mhd. überleben]: **1.** *etw. (Schweres, Gefahrvolles) lebend überstehen:* eine Katastrophe, einen Anschlag, einen Unfall, ein Attentat, den Krieg ü.; ich überleb ich nicht! (emotional; *das ist mehr, als ich ertragen kann!);* er überlebt es, wirst es wohl ü.! (oft iron.; Ausdruck der Beschwichtigung); ⟨auch ohne Akk.-Obj.:⟩ in Gefangenschaft ü.; die kräftigsten Organismen überleben; Ü das Theater-

Überlebende – Übermaß

stück überlebte die Premiere nur um ein halbes Jahr; ⟨subst.:⟩ die Firma kämpft ums Überleben; dem Verein geht es nur ums Überleben in der ersten Liga (Sport; *um den Erhalt der Spielklasse*). **2.** *über jmds. Tod hinaus leben:* sie sollte ihren Mann [um fünf Jahre] ü.; Ü seine Lehre überlebte ihn nicht lange. **3.** ⟨ü. + sich⟩ *nicht mehr in die gegenwärtige Zeit passen; veraltet sein:* diese Mode wird sich bald ü.; diese Ansichten hatten sich nach kurzer Zeit überlebt; überlebte Vorstellungen.

Über|le|ben|de, die/eine Überlebende; der/einer Überlebenden, die Überlebenden/zwei Überlebende: *weibliche Person, die ein Unglück o. Ä. überlebt* (1) *hat.*

Über|le|ben|der, der Überlebende/ein Überlebender; des/eines Überlebenden, die Überlebenden/zwei Überlebende: *jmd., der ein Unglück o. Ä. überlebt* (1) *hat:* die Überlebenden der Katastrophe; die Rettungsmannschaften suchen nach Überlebenden.

Über|le|bens|chan|ce, die: *Möglichkeit, [etw.] zu überleben* (1).

über|le|bens|fä|hig ⟨Adj.⟩: *fähig zu überleben, den Existenzkampf zu bestehen:* Dazu: **Über|le|bens|fä|hig|keit**, die.

Über|le|bens|fra|ge, die: *Frage, Angelegenheit, von der das Überleben abhängt:* die regelmäßige Versorgung mit dem Medikament ist für viele Patienten eine Ü.

über|le|bens|groß ⟨Adj.⟩: *die natürliche, wirkliche Größe übersteigend; größer als lebensgroß:* eine -e Büste, Statue.

Über|le|bens|grö|ße, die ⟨Pl. selten⟩: *Größe, die die natürliche, wirkliche Größe übersteigt:* Skulpturen und Bilder in Ü.

Über|le|bens|hil|fe, die: *Hilfe zur Sicherung des Überlebens.*

Über|le|bens|kampf, der: *Kampf ums Überleben.*

Über|le|bens|künst|ler, der: *jmd., der alle Widrigkeiten übersteht, ohne unterzugehen:* ein politischer Ü., dem kein Skandal auf Dauer geschadet hat.

Über|le|bens|künst|le|rin, die: w. Form zu ↑ Überlebenskünstler.

über|le|bens|not|wen|dig ⟨Adj.⟩: *für das Überleben* (1) *notwendig:* Zugang zu sauberem Wasser ist für die Menschen ü.

Über|le|bens|ra|te, die (bes. Med.): *Verhältnis der Zahl der Fälle, in denen ein Individuum überlebt, zur Zahl der statistisch berücksichtigten Individuen.*

Über|le|bens|stra|te|gie, die: *Strategie zur Sicherung des Überlebens.*

Über|le|bens|trai|ning, das [nach engl. survival training]: *Training, systematische Ausbildung zur Erlernung von Fähigkeiten u. Fertigkeiten, um in Notsituationen zu überleben.*

über|le|bens|wich|tig ⟨Adj.⟩: *für das Überleben* (1) *wichtig, unerlässlich:* -e Medikamente; im arktischen Winter sind beheizte Unterkünfte ü.

Über|le|bens|wil|le, (seltener:) **Über|le|bens|wil|len**, der: *starker Wille, nicht aufzugeben, alle Widrigkeiten [lebend] zu überstehen.*

Über|le|bens|zeit, die (Med.): *Zeitraum, den jmd. nach einer Erkrankung [u. deren Therapie] noch lebt.*

¹**über|le|gen** ⟨sw. V.; hat⟩: **1.** *über jmdn., etw. legen:* ich habe ihr [noch] eine Decke übergelegt. **2.** ⟨ü. + sich⟩ *sich über etw. beugen; sich zur Seite neigen:* er legte sich so weit über, dass er beinahe vom Balkon gestürzt wäre; das Schiff hat sich [hart nach Steuerbord] übergelegt.

²**über|le|gen** ⟨sw. V.; hat⟩ [mhd. überlegen = bedecken, überziehen; überrechnen; die heutige Bed. wohl aus »(in Gedanken immer wieder) umdrehen«]: **1.** *sich in Gedanken mit etw. beschäftigen, um zu einem bestimmten Ergebnis, Entschluss zu kommen:* etw. gründlich, reiflich, genau ü.; das muss alles gut, in Ruhe überlegt sein; es ist, wäre zu ü., ob sich das wirklich lohnt; [lange] hin und her ü.; nun überleg doch mal *(bedenke)*, wie sich das auswirkt!; Überlegen wir doch einmal ganz nüchtern, da wir schon davon sprechen, was hätte tun lassen (Nossack, Begegnung 411). **2.** ⟨ü. + sich⟩ **a)** *über etw. nachdenken, etw. abwägen:* ich muss mir die Sache noch einmal ü.; ich muss mir noch sehr ü. *(es ist sehr fraglich),* ob ich annehme; ich habe mir meine Worte genau überlegt *(ich bin mir durchaus bewusst, was ich damit sage);* wir haben es uns anders überlegt *(haben unseren Entschluss geändert);* **b)** *ersinnen, sich ausdenken:* wenn das nicht klappt, muss ich mir etwas anderes ü.

³**über|le|gen** ⟨2. Part. von frühnhd. überliegen = überwinden, mhd. überligen = im Ringkampf oben zu liegen kommen]: **a)** *in Bezug auf bestimmte Fähigkeiten, auf Stärke od. Anzahl andere weit übertreffend:* ein -er Geist, Kopf; ein -er (*klarer*) Sieg; jmdm. an Intelligenz, Kraft, Ausdauer [weit, haushoch] ü. sein; sie waren uns kräftemäßig, zahlenmäßig ü.; sich [in etw.] ü. zeigen; die Mannschaft hat 3 : 0 *(mit einem klaren Sieg von 3 : 0)* gewonnen; Ü die -e römische Zivilisation; **b)** *[in herablassender Weise] das Gefühl geistiger Überlegenheit zum Ausdruck bringend:* eine -e Miene aufsetzen; ü. lächeln.

Über|le|ge|ne, die/eine Überlegene; der/einer Überlegenen, die Überlegenen/zwei Überlegene: *weibliche Person, die jmdm. überlegen ist.*

Über|le|ge|ner, der Überlegene/ein Überlegener; des/eines Überlegenen, die Überlegenen/zwei Überlegene: *jmd., der jmdm. überlegen ist.*

Über|le|gen|heit, die; -, -en ⟨Pl. selten⟩: *das* ³Überlegensein (a), *überlegene Eigenschaft:* geistige, körperliche, zahlenmäßige Ü.; die wirtschaftliche, militärische Ü. eines Staates; -en im Detail wirkten sich entscheidend aus. Dazu: **Über|le|gen|heits|ge|fühl**, das.

über|le|gens|wert ⟨Adj.⟩: *wert, überlegt, erwogen zu werden:* ein -er Plan, Gedanke; deine Idee ist durchaus ü.

über|legt ⟨Adj.⟩: *sorgfältig abwägend, durchdacht:* eine [sehr] -e Antwort; ü. handeln.

Über|le|gung, die; -, -en: **a)** ⟨o. Pl.⟩ *das* ²Überlegen (1): das ist die Ü., einer [kurzen] Ü. wert; bei ruhiger, sorgfältiger Ü.; mit [wenig] ohne Ü. nach reiflicher Ü. stimmten sie zu; **b)** ⟨meist Pl.⟩ *Folge von Gedanken, durch die sich jmd. vor einer Entscheidung o. Ä. über etw. klar zu werden versucht:* etw. in seine -en [mit] einbeziehen.

◆**Über|leid**, das, ⟨o. Pl.⟩ [mhd. überleit = höchstes Leid]: *Überdruss:* Als der Zundelfrieder bald alle listigen Diebsstreiche durchgemacht und fast ein Ü. daran bekommen hatte … (Hebel, Schatzkästlein 54).

über|lei|ten ⟨sw. V.; hat⟩: *zu etw. Neuem hinführen, einen Übergang herstellen:* zu einem neuen Thema ü.

Über|lei|tung, die; -, -en: **1.** *das Überleiten.* **2.** *etw., was der Überleitung* (1) *dient:* sie las mit frei gesprochenen -en eine Auswahl ihrer Gedichte vor.

über|le|sen ⟨st. V.; hat⟩: **1.** *beim Lesen übersehen:* bei der Korrektur Fehler ü. **2.** *[nur] rasch u. nicht sehr genau lesen, um den Inhalt des Textes erst einmal ganz allgemein beurteilen zu können:* einen Brief [noch einmal] ü.

Über|licht|ge|schwin|dig|keit, die: *Geschwindigkeit, die höher ist als die Lichtgeschwindigkeit.*

über|lie|fern ⟨sw. V.; hat⟩: **1.** *(Informationen, Ideen, Erfahrungen, Bräuche, religiöse Inhalte o. Ä.) einer späteren Generation weitergeben:* ⟨oft im 2. Part.:⟩ überlieferte Bräuche, Sitten, Regeln; etw. ist mündlich, schriftlich überliefert; der Name des Künstlers ist nicht überliefert. **2.** (geh. veraltend) *in jmds. Gewalt übergeben, ausliefern:* jmdn. der Justiz, der Gerechtigkeit, dem Gericht, dem Feind ü.; Ü ◆ Korinna, von ein paar grimmigen schwedischen Pikenieren begleitet, welche sie dem Pagen, der im Vorzimmer ... saß, überlieferten (C. F. Meyer, Page 151). ◆**3.** *aushändigen, übergeben:* … und ging mit dem Pferdehändler nach dem Stalle, um ihm das Pferd zu ü. (Immermann, Münchhausen 164).

Über|lie|fe|rung, die; -, -en: **1. a)** ⟨o. Pl.⟩ *das Überliefern* (1): die mündliche Ü. von Mythen, Sagen; **b)** *etw., was überliefert* (1) *worden ist:* die jüdische, religiöse Ü.; wenn man der Ü. glauben darf; Ich kann natürlich nicht wissen, wie es früher war; auf die Ü. ist ja kein Verlass; jeder erzählt davon, wie es ihm passt (Nossack, Begegnung 317). **2.** *überkommener Brauch; Tradition:* alte -en pflegen; an der Ü. festhalten.

über|lis|ten ⟨sw. V.; hat⟩: *sich durch List jmdm. gegenüber einen Vorteil verschaffen:* die Verfolger ü.; die gegnerische Abwehr, den Torwart ü.; Ü Viren haben das Immunsystem überlistet.

Über|lis|tung, die; -, -en ⟨Pl. selten⟩: *das Überlisten; das Überlistetwerden.*

über|lup|fen ⟨sw. V.; hat⟩ (Fußball): *den Ball im sanften Bogen über jmdn. spielen:* er überlupfte geschickt den Torwart, traf aber nur den Pfosten.

überm ⟨Präp. + Art.⟩ (ugs.): *über dem.*

Über|macht, die; -, -en ⟨Pl. selten⟩ [wohl rückgeb. aus ↑ übermächtig]: *in Anzahl od. Stärke [weit] überlegene Macht:* die militärische Ü. der USA; die Ü. besitzen; vor der feindlichen Ü. zurückweichen; in der Ü. sein *(die Übermacht haben).*

über|mäch|tig ⟨Adj.⟩ [spätmhd. übermehtic]: **1.** *allzu mächtig* (1 a): ein -er Gegner; eine -e Konkurrenz. **2.** *als Gefühl o. Ä. sehr stark u. daher ganz davon beherrscht:* ein -es Verlangen; sein Verlangen wurde ü.

¹**über|ma|len** ⟨sw. V.; hat⟩ (ugs.): *über den Rand, die vorgezeichneten Umrisse von etw. malen:* er hat beim Ausmalen ein paarmal übergemalt.

²**über|ma|len** ⟨sw. V.; hat⟩: *[nochmals] über etw. malen u. es dadurch verdecken:* die Fresken wurden übermalt.

Über|ma|lung, die; -, -en: **1.** *das* ²Übermalen. **2.** *an einem Gemälde o. Ä. später hinzugefügte Malerei:* -en entfernen.

über|man|nen ⟨sw. V.; hat⟩ [urspr. wohl = mit sehr vielen »Mannen« angreifen]: **1.** *(von Gefühlen, körperlichen Zuständen) mit solcher Intensität auf jmdn. einwirken, dass er sich dagegen nicht wehren kann:* der Schmerz, der Schlaf, Verzweiflung übermannte ihn. **2.** (veraltet) *überwältigen* (1): die Wachen wurden übermannt.

Über|mann|schaft, die; -, -en (Sport): *allen Wettbewerbern hoch überlegene Mannschaft.*

über|manns|hoch ⟨Adj.⟩: *höher als mannshoch:* eine übermannshohe Mauer; das Gebüsch war ü.

Über|man|tel, der; -s, ...mäntel (veraltend): *Überwurf* (1).

über|mar|chen ⟨sw. V.; hat⟩ (schweiz., sonst veraltet): *eine festgesetzte Grenze, ein Limit überschreiten:* Dazu: **Über|mar|chung**, die.

Über|maß, das; -es, -e [mhd. übermāʒ]: **1.** ⟨o. Pl.⟩ *über das Normale hinausgehendes* ¹*Maß* (3); *ungewöhnlich große [nicht mehr erträgliche od. zuträgliche] Menge, Intensität von etw.:* ein Ü. an Arbeit, Belastungen; ein Ü. an, von Leid; etw. im Ü. haben, besitzen, genießen; das strapazierte uns bis zum, im Ü. **2.** *im Verhältnis zum*

Üblichen besonders großes ¹Maß (2): trotz der -e seines Körpers war er ein guter Sportler.

über|mä|ßig ⟨Adj.⟩ [mhd. übermæʒec]: **a)** *über das normale od. erträgliche, zuträgliche ¹Maß (3) hinausgehend:* eine -e Hitze, Belastung; -er Alkoholgenuss; nicht ü. trinken; **b)** ⟨intensivierend bei Adjektiven u. Verben⟩ *sehr, über die Maßen, mit hohen Kosten;* sich ü. anstrengen; ich mag sie nicht ü.

Über|maß|ver|bot, das ⟨o. Pl.⟩ (Rechtsspr.): *Verbot für die öffentliche Verwaltung, solche Maßnahmen zu ergreifen, die zur Erreichung eines bestimmten Zwecks nicht unbedingt erforderlich sind u. zu dem angestrebten Ergebnis in keinem vernünftigen Verhältnis stehen.*

Über|mensch, der; -en, -en [rückgeb. aus ↑ übermenschlich, urspr. = Mensch, der sich zu Höherem berufen fühlt; zum Schlagwort geworden durch Nietzsches Zarathustra (1883–85)]: **1.** (Philos.) *dem gewöhnlichen Menschen weit überlegener [u. daher zum Herrschen bestimmter], die Grenzen der menschlichen Natur übersteigender, gottähnlicher Mensch.* **2.** (ugs.) *besonderer, zu außerordentlichen Leistungen befähigter Mensch.*

über|mensch|lich ⟨Adj.⟩: **1.** *über die Grenzen der menschlichen Natur hinausgehend:* eine [geradezu] -e Leistung. **2.** (selten) *übernatürlich:* ein -es Wesen; auf -e Hilfe hoffen.

über|mit|teln ⟨sw. V.; hat⟩: *(mithilfe von etw.) zukommen, an jmdn. gelangen lassen; (als Mittler) überbringen:* jmdm. [seine] Grüße ü.; jmdm. eine Nachricht, einen Text, Glückwünsche [telefonisch] ü.

Über|mit|te|lung, (häufiger:) **Über|mitt|lung**, die; -, -en ⟨Pl. selten⟩: *das Übermitteln; das Übermitteltwerden.*

Über|mitt|lungs|feh|ler, der: *bei der Übermittlung von Daten, Texten o. Ä. auftretender Fehler:* wegen eines -s gingen wir von falschen Zahlen aus.

Über|mitt|lungs|weg, der: *Weg, auf dem etw., bes. eine Nachricht, übermittelt wird.*

über|mor|gen ⟨Adv.⟩ [mhd. ubermorgen, ahd. ubar morgan]: *in zwei Tagen; an dem auf den morgigen Tag folgenden Tag:* wir treffen uns ü. [Mittag, um acht Uhr].

über|mü|det ⟨Adj.⟩: *(durch eine große Anstrengung, durch Schlafentzug o. Ä.) übermäßig ermüdet, erschöpft:* völlig -e Flüchtlinge; ich war total ü.

Über|mü|dung, die; -, -en ⟨Pl. selten⟩: *das Übermüdetsein:* vor Ü. weinen.

Über|mut, der; -[e]s [mhd. übermuot, ahd. ubermuot]: **1.** *ausgelassene Fröhlichkeit, die sich in leichtsinnigem, mutwilligem Verhalten ausdrückt:* jmds. Ü. dämpfen; etw. aus purem, lauter Ü. tun; er hat es im Ü. getan; ... besonders, da ich bei meinem unter dem Einfluss des Weines zunehmenden Ü. immer mehr die dankbare Teilnahme der fürstlichen Heliodora und der Gräfin Feldheim buchen konnte. Man lachte viel... (Hauptmann, Schuß 35). **2.** (veraltend) *Selbstüberschätzung zum Nachteil anderer:* Spr Ü. tut selten gut.

über|mü|tig ⟨Adj.⟩ [mhd. übermüetec, ahd. ubarmuotîg]: **1.** *voller Übermut (1); von Übermut (1) zeugend:* ein -er Streich; ü. herumtollen; werdet nicht ü., Kinder! **2.** (veraltend) *stolz, überheblich.*

Über|mut|ter, die; -, ...mütter: **1.** *weibliche Person, die in einem bestimmten Bereich die beherrschende Figur ist, zu der die anderen respektvoll aufschauen:* die Queen ist die Ü. der Nation. **2.** (ugs.) *besonders mütterliche ¹Mutter (1 a):* die ihr Kind bis zum Vorschulalter stillende Ü.

übern ⟨Präp. + Art.⟩ (ugs.): *über den.*

über|nächst... ⟨Adj.⟩: *dem nächsten (2), der nächsten folgend:* übernächstes Jahr.

über|nach|ten ⟨sw. V.; hat⟩: *(bes. auf Reisen) ruhend, schlafend (irgendwo) die Nacht verbringen:* bei Freunden, im Hotel, im Zelt, im Freien ü.; auf der Rückreise haben wir in Lyon übernachtet.

über|näch|tig ⟨Adj.⟩ (bes. österr., schweiz.): *übernächtigt:* Dazu: **Über|näch|tig|keit**, die; -.

über|näch|tigt ⟨Adj.⟩: *durch allzu langes Wachsein angegriffen [u. die Spuren der Übermüdung deutlich im Gesicht tragend]:* wir waren alle völlig ü.; blass und ü. aussehen.

Über|näch|t|le|rin, die; -, -nen: w. Form zu ↑ Übernächtler: ◆ *Auf der Bäuerin Geheiß musste das Weibervolk auf dem Vorstuhl sich zusammenziehen, und zuunterst auf demselben setzte sich die Ü.* (Gotthelf, Elsi 120).

Über|nach|tung, die; -, -en: *das Übernachten:* die Zahl der -en; nur Ü. mit Frühstück buchen.

Über|nach|tungs|mög|lich|keit, die: *Unterkunft, in der man vorübergehend übernachten kann:* im Dorf gab es wenig -en für Touristen.

Über|nach|tungs|zahl, die (Touristik): *Anzahl der Übernachtungen von Feriengästen o. Ä. an einem Ort in einem bestimmten Zeitraum.*

Über|nah|me, die; -, -n: ⟨Pl. selten⟩ *das ²Übernehmen (1 a) von etw. jmdm.* **2.** *etw., was ²übernommen (3) worden ist:* wörtliche -n aus einem Werk.

Über|nah|me|an|ge|bot, das (Wirtsch.): *Angebot einer Firma, die Aktienmehrheit einer anderen Firma zu erwerben.*

Über|nah|me|kan|di|dat, der (Wirtsch.): *Unternehmen, das von einem anderen ²übernommen (1 b) werden könnte.*

Über|nah|me|kan|di|da|tin: w. Form zu ↑ Übernahmekandidat.

Über|nah|me|of|fer|te, die (Wirtsch.): *Übernahmeangebot.*

Über|nah|me|schlacht, die (emotional): *[heftiger] Kampf um die Aktienmehrheit eines ²übernehmenden (1 b) Konzerns:* eine erbitterte, harte, heiße, spektakuläre, verlorene Ü.; eine Ü. zwischen zwei Unternehmen; um die Firma tobt eine Ü.

Über|nah|me|stel|le, die (österr.): *Annahmestelle* (z. B. für Abfälle).

Über|na|me, der; -ns, -n [mhd. übername, LÜ von mlat. supernomen] (Sprachwiss.): *Beiname; Spitzname.*

über|na|ti|o|nal ⟨Adj.⟩: *über den einzelnen Staat hinausgehend, nicht national begrenzt:* eine -e Instanz.

über|na|tür|lich ⟨Adj.⟩: **1.** *über die Gesetze der Natur hinausgehend u. mit dem Verstand nicht zu erklären:* -e Erscheinungen, Fähigkeiten. **2.** *über das ¹natürliche (1 c) Maß hinausgehend:* Statuen in -er Größe.

¹über|neh|men ⟨sw. V.; hat⟩: **1.** (ugs.) *sich über die Schulter[n] hängen:* sie hat die Tasche übergenommen. **2.** (Seemannsspr.) **a)** *(Wasser) infolge hohen Seegangs an Deck bekommen;* das Schiff nahm haushohe Seen über; **b)** (seltener) *an Bord nehmen,* ²*übernehmen (2 b):* wir nahmen die Fracht über.

²über|neh|men ⟨st. V.; hat⟩: **1. a)** *etw., was jmdm. übergeben wird, entgegennehmen:* den Staffelstab ü.; Waren ü.; **b)** *als Nachfolger in Besitz, Verwaltung nehmen, weiterführen:* sie hat das Geschäft [ihres Vaters] von ihm übernommen; den Hof in eigene Bewirtschaftung; die Küche haben wir vom Vormieter übernommen; *den Konkurrenten feindlich ü. (ihn gegen den Willen durch Kauf der Aktienmehrheit o. Ä. in seinen Besitz bringen);* **c)** *etw., was jmdm. angetragen, übertragen wird, annehmen u. sich bereit erklären, die damit verbundenen Aufga-*

ben zu erfüllen: eine Aufgabe [freiwillig, nur ungern, notgedrungen] ü.; der Kopilot übernahm das Steuer; ein Amt, einen Auftrag, die Aufsicht [über etw.], den Vorsitz, die Leitung, das Kommando, eine Patenschaft, eine Vertretung, die Titelrolle ü.; das Innenministerium ü. *(Innenminister werden);* Regierungsverantwortung ü. *(sich an der Regierung beteiligen);* die Kosten für etw. ü. *(dafür aufkommen);* ich übernehme es, die Eintrittskarten zu besorgen; ⟨häufig verblasst:⟩ die Haftung für etw. ü. *(für etw. haften);* die Garantie für etw. ü. *(etw. garantieren);* die Bürgschaft für etw., jmdn. ü. *(für etw., jmdn. bürgen);* die Verantwortung für etw. ü. *(etw. verantworten);* die Verpflichtung für etw. ü. *(sich zu etw. verpflichten).* **2. a)** *von einer anderen Stelle zu sich nehmen u. bei sich [in einer bestimmten Funktion] eingliedern, einstellen; als neues Mitglied aufnehmen:* Lehrerinnen in den Schuldienst ü.; die Angestellten werden von der neuen Firma übernommen; **b)** (Seemannsspr.) *an Bord nehmen:* Passagiere, Proviant ü. **3.** *etw. von jmd. anderem verwenden:* Ideen, Methoden [von jmdm.] ü.; eine Textstelle wörtlich ü. **4.** ⟨ü. + sich⟩ *sich zu viel zumuten; sich überanstrengen:* sieh zu, dass sich der Klettertour übernommen; übernimm dich nur nicht!; sich mit etw. finanziell ü. *(seine Mittel überziehen).* **5.** (österr. ugs.) *übertölpeln.*

Über|neh|mer, der; -s, -: *jmd., der etw. übernimmt.*

Über|neh|me|rin, die; -, -nen: w. Form zu ↑ Übernehmer.

über|ner|vös ⟨Adj.⟩: *übermäßig, allzu nervös.*

über|nut|zen, über|nüt|zen ⟨sw. V.; hat⟩: *zu stark nutzen u. dadurch gefährden, schädigen:* den Wald, das Grundwasser, die Meere, die Fischbestände, die natürlichen Ressourcen ü. Dazu: **Über|nut|zung**, die; -, -en.

über|ob|li|ga|to|risch ⟨Adj.⟩ (bes. Rechtsspr.): *über das obligatorisch Festgelegte hinausgehend:* -e Altersvorsorge.

über|ord|nen ⟨sw. V.; hat⟩: **1.** *einer Sache den Vorrang geben u. etw. anderes dagegen zurückstellen:* den Beruf der Familie ü. **2. a)** *mit Weisungsbefugten, eine weisungsbefugte Institution o. Ä. über jmdn., etw. stellen:* jmdn. jmdm. ü.; ⟨meist im 2. Part.:⟩ er ist ihr übergeordnet; sich an eine übergeordnete Instanz wenden; **b)** *etw. in ein allgemeines System als umfassendere Größe, Kategorie einordnen:* übergeordnete Begriffe.

Über|ord|nung, die; -, -en: *das Überordnen, Übergeordnetsein.*

Über|or|ga|ni|sa|ti|on, die; -, -en: *Übermaß an Organisation (1, 2):* Dazu: **über|or|ga|ni|siert** ⟨Adj.⟩.

über|ört|lich ⟨Adj.⟩ (Amtsspr.): *nicht örtlich (2) begrenzt:* auf -er Ebene.

über|par|tei|lich ⟨Adj.⟩: *in seinen Ansichten über den Parteien (1 a) stehend, von ihnen unabhängig:* eine -e Zeitung; das Rote Kreuz ist ü. Dazu: **Über|par|tei|lich|keit**, die; -.

über|pin|seln ⟨sw. V.; hat⟩ (ugs.): *²übermalen, überstreichen:* einen Flecken an der Tapete [mit etwas Wandfarbe] ü.

über|pla|nen ⟨sw. V.; hat⟩ (Fachspr.): *(für ein bestimmtes Gebiet) einen Bebauungsplan aufstellen:* ein Areal, Gelände ü.

über|plan|mä|ßig ⟨Adj.⟩ (Wirtsch.): *über das geplante Maß, über den ²Plan (1 b) hinausgehend:* -e Ausgaben.

Über|po|pu|la|ti|on, die; -, -en (bes. Biol., Ökol.): *für den vorhandenen Lebensraum zu große Anzahl von Tieren [einer bestimmten Art].*

über|pri|vi|le|giert ⟨Adj.⟩: *übermäßig privilegiert.*

Über|pro|duk|ti|on, die; -, -en (Wirtsch.):

überproportional – überrepräsentiert

a) ⟨o. Pl.⟩ *das normale Maß übersteigende Produktion* (1 a): *die Ü. von Autos;* **b)** *überschüssige Produktion* (1 b): *der Betrieb ist auf seiner Ü. sitzen geblieben.*

über|pro|por|ti|o|nal ⟨Adj.⟩: *(in Zahl, Ausmaß o. Ä.) das richtige Maß überschreitend; unverhältnismäßig hoch, zahlreich:* ü. steigende Kosten; Beamte sind im Bundestag ü. vertreten.

über|prüf|bar ⟨Adj.⟩: *sich überprüfen* (a) *lassend:* -e Thesen; die Telefonrechnung ist für den Kunden praktisch nicht ü. Dazu: **Über|prüf|bar|keit,** die; -.

über|prü|fen ⟨sw. V.; hat⟩: **a)** *nochmals prüfen, ob etw. in Ordnung ist, seine Richtigkeit hat, funktioniert:* eine Rechnung, ein Alibi, jmds. Papiere, jmds. Angaben kritisch ü.; eine Anlage auf ihre Funktionsfähigkeit ü.; jmdn. politisch ü. *(feststellen, ob jmd. die gewünschte politische Einstellung hat)*; den Kassenbestand ü. *(revidieren)*; bei der Kontrolle überprüfte *(kontrollierte)* die Polizei nahezu alle Fahrzeuge; **b)** *noch einmal überdenken, durchdenken:* eine Entscheidung, seine Anschauungen ü.; eine Position, Haltung, Theorie ü.

Über|prü|fung, die; -, -en: *das Überprüfen, das Überprüftwerden:* Dazu: **Über|prü|fungs|ver|fah|ren,** das.

über|pu|dern ⟨sw. V.; hat⟩: *mit Puder, einer pudrigen Schicht bedecken:* sie war damit beschäftigt, sich das Gesicht zu ü.; den Kuchen mit Zucker und Zimt ü.

über|pünkt|lich ⟨Adj.⟩: *sehr, allzu pünktlich:* er kam, war ü.

Über|qua|li|fi|ka|ti|on, die; -, -en ⟨Pl. selten⟩: *Qualifikation* (2 a), *die im Verhältnis zu den Anforderungen zu hoch ist.*

über|qua|li|fi|ziert ⟨Adj.⟩: *eine Überqualifikation aufweisend.*

über|quel|len ⟨st. V.; ist⟩: **a)** *über den Rand eines Gefäßes, Behältnisses* ¹*quellen* (1 a): der Teig quoll über, ist übergequollen; **b)** *so voll sein, dass der Inhalt überquillt* (a); *übervoll sein:* der Papierkorb quillt über; die Altstadt quoll von Menschen über; ⟨oft im 1. Part.:⟩ ein überquellender Briefkasten; Ü mit überquellender Pracht; überquellend von spätromantischer Melodik.

über|quer ⟨Adv.⟩ (österr., sonst veraltend): *über Kreuz; quer über etw.:* Holzscheite zum Trocknen ü. legen; * **mit jmdm. ü. kommen/liegen** (ugs.; *mit jmdm. uneins werden/sein*).

über|que|ren ⟨sw. V.; hat⟩: *in Querrichtung über etw., eine Fläche hinwegbewegen:* die Ziellinie, die Kreuzung, den Ozean ü. Dazu: **Über|que|rung,** die; -, -en.

¹**über|ra|gen** ⟨sw. V.; hat⟩: *in horizontaler Richtung über die Grundfläche von etw. hinausragen:* der Balken ragt [ein wenig] über; ein überragender *(vorspringender)* Giebel.

²**über|ra|gen** ⟨sw. V.; hat⟩: **1.** *durch seine Größe, Höhe [in bestimmtem Maß] über jmdn., etw. hinausragen:* er überragt seinen Vater um Hauptteslänge; das Hochhaus überragt die umliegenden Häuser beträchtlich. **2.** *in auffallendem Maße, weit übertreffen:* jmdn. an Geist, Kultiviertheit ü.; ⟨auch ohne Akk.-Obj.:⟩ nur die Torfrau überragte (Sportjargon; *zeigte eine überragende Leistung*).

über|ra|gend ⟨Adj.⟩: *jmdn., etw. Vergleichbares an Bedeutung weit übertreffend:* eine -e Persönlichkeit, Leistung; ein -er Erfolg; ein -er Denker, Künstler; er spielte an diesem Tag ü.

über|ra|schen ⟨sw. V.; hat⟩ [zu ↑ *rasch*, urspr. = plötzlich über jmdn. herfallen, (im Krieg) überfallen]: **1.** *anders als erwartet sein, unerwartet kommen, etw. Unerwartetes tun u. deshalb in Erstaunen versetzen:* ihre Absage, die Entscheidung hat mich überrascht; er überraschte mich mit einer Frage; ⟨auch ohne Akk.-Obj.:⟩ es überrascht nicht, dass so wenig Leute kamen; Immerhin bist du hier unter deinem richtigen Namen abgestiegen. Was mich eigentlich überrascht hat (Fallada, Herr 230). **2.** *mit etw. nicht Erwartetem erfreuen:* jmdn. mit einem Geschenk, mit seinem Besuch ü.; R lassen wir uns ü. *(warten wir es ab)*; ich lasse mich [gern] ü. (oft iron.: *wir werden es ja sehen*). **3.** *bei einem heimlichen od. verbotenen Tun völlig unerwartet antreffen:* die Einbrecher wurden [von der Polizei] überrascht; er überraschte die beiden in flagranti. **4.** *jmdn. ganz unvorbereitet treffen, über ihn hereinbrechen:* das Erdbeben überraschte die Menschen im Schlaf; vom Regen überrascht werden.

über|ra|schend ⟨Adj.⟩: *jmdn. unvorbereitet treffend [u. deshalb in Erstaunen versetzend]:* ein -er Angriff, Vorstoß; ein -er Erfolg, Wahlsieg; diese Wendung war für mich ü.; das Angebot kam [völlig] ü.; das ging ja ü. schnell.

über|ra|schen|der|wei|se ⟨Adv.⟩: *zu jmds. Überraschung* (1): ü. kam sie sogar pünktlich.

♦ **über|rasch|lich** ⟨Adj.⟩: *überraschend:* ... zwei alte Damen, die ... mit ... -em Respekt behandelt wurden (Fontane, Jenny Treibel 21).

über|rascht ⟨Adj.⟩: *unvorbereitet getroffen [u. deshalb in Erstaunen versetzt]:* von etw. [un]angenehm, nicht weiter, nicht im Geringsten ü. sein; wir waren über den herzlichen Empfang ü.; sich ü. von etw. zeigen; ü. aufblicken.

Über|ra|schung, die; -, -en: **1.** ⟨o. Pl.⟩ *das Überraschtsein* (1): die Ü. war groß; etw. löst Ü. aus; in der ersten Ü. konnte sie nicht antworten; für eine Ü. sorgen; Mühe haben, seine Ü. zu verbergen; vor/(seltener:) aus Ü. ließ sie die Gabel fallen; zu meiner [großen, nicht geringen] Ü. musste ich erleben, wie er versuchte; zur allgemeinen Ü. konnte sie sich durchsetzen. **2. a)** *etw., was jmdn. überrascht* (1): das war eine erfreuliche, schöne, unangenehme, schlimme, böse Ü.; eine Ü. erleben; jmdm. eine Ü. bereiten; Nichts besonderes. Leichte Temperatur. Aber bei einem zweijährigen Kinde muss man immer auf gefährliche Ü. en gefasst sein (Werfel, Bernadette 347); **b)** *etw. Schönes, womit jmd. nicht gerechnet hat:* das ist aber eine Ü.!; mein Besuch sollte eine Ü. sein; für jmdn. eine kleine Ü. *(ein kleines Geschenk)* haben.

Über|ra|schungs|an|griff, der: *unerwarteter, überraschender Angriff:* der Feind plante einen Ü.

Über|ra|schungs|be|such, der: *unerwarteter, überraschender Besuch.*

Über|ra|schungs|coup, der: *unerwarteter, überraschender Coup.*

Über|ra|schungs|ef|fekt, der: *auf einem Überraschungsmoment beruhender Effekt* (1) *von etw.:* mit etw. einen Ü. auslösen.

Über|ra|schungs|ei®, das: *in Stanniolpapier eingewickeltes hohles Schokoladenei, in dessen Innerem sich eine kleine Figur aus Kunststoff [oft in Form von zusammensetzbaren Einzelteilen] befindet.*

Über|ra|schungs|er|folg, der: *unerwarteter, überraschender Erfolg.*

Über|ra|schungs|gast, der: *überraschend erscheinender Gast, bes. jmd., der als [namentlich] nicht angekündigter Gast in einer Fernsehshow o. Ä. mitwirkt.*

Über|ra|schungs|mann|schaft, die (Sportjargon): *Mannschaft, die durch ihr unerwartet gutes Spiel überrascht.*

Über|ra|schungs|mo|ment, das: *in jmds. Überraschung* (1) *bestehendes* ²*Moment* (1): *das Ü. war ein entscheidender Vorteil.*

Über|ra|schungs|sieg, der: *unerwarteter, überraschender Sieg.*

Über|ra|schungs|sie|ger, der: *jmd., der einen Überraschungssieg errungen hat.*

Über|ra|schungs|sie|ge|rin, die: w. Form zu ↑ Überraschungssieger.

Über|re|agie|ren ⟨sw. V.; hat⟩: *eine Überreaktion zeigen:* die Ministerin hat überreagiert.

Über|re|ak|ti|on, die; -, -en: *unverhältnismäßige, unangemessen heftige Reaktion.*

über|re|den ⟨sw. V.; hat⟩ [mhd. überreden, eigtl. = mit Rede überwinden]: *durch [eindringliches Zu]reden dazu bringen, dass jmd. etw. tut, was er ursprünglich nicht wollte:* jmdn. zum Mitmachen, zum Kauf, zu einem Schnaps ü.

Über|re|dung, die; -, -en ⟨Pl. selten⟩: *das Überreden:* es kostete uns einige Ü., bis er einwilligte.

Über|re|dungs|kraft, die (seltener): vgl. Überredungskunst.

Über|re|dungs|kunst, die: *Kunst* (2), *jmdn. zu etw. zu überreden:* seine ganze Ü. aufbieten.

über|re|gi|o|nal ⟨Adj.⟩: *nicht regional* (1) *begrenzt:* -e Zeitungen.

über|re|gle|men|tie|ren ⟨sw. V.; hat⟩: *stärker als nötig reglementieren:* Dazu: **Über|re|gle|men|tie|rung,** die; -, -en.

über|re|gu|lie|ren ⟨sw. V.; hat⟩: *stärker regulieren* (2 a) *als notwendig:* dem Markt, die Gesellschaft, einen Bereich ü.; man ist vom Zubetonieren und Überregulieren der Flüsse abgekommen.

Über|re|gu|lie|rung, die; -, -en: *das Überregulieren; das Überreguliertwerden:* sich gegen behördliche, bürokratische, staatliche Ü. zur Wehr setzen.

über|reich ⟨Adj.⟩: *überaus reich* (2): im ü. geschmückten Prunksaal des Schlosses.

über|rei|chen ⟨sw. V.; hat⟩: *[bes. auf förmliche od. feierliche Weise] übergeben:* jmdm. ein Geschenk, einen Scheck, einen Blumenstrauß, eine Urkunde ü.

über|reich|lich ⟨Adj.⟩: *überaus reichlich* (a): ein -es Angebot an Blumen und Obst.

Über|rei|chung, die; -, -en: *[förmliche, feierliche] Übergabe.*

Über|reich|wei|te, die; -, -n (Nachrichtent.): *unter besonderen atmosphärischen Bedingungen vorkommende ungewöhnlich große Reichweite eines Funksenders.*

über|reif ⟨Adj.⟩: *den Zustand der vollen Reife* (1) *überschritten habend, zu reif* (1): -es Obst; die Tomaten sind schon ü. Dazu: **Über|rei|fe,** die; -.

über|rei|ßen ⟨st. V.; hat⟩: **1.** (Tennis, Tischtennis) *durch Hochreißen des Schlägers einen Ball mit Ausfahren eines Schlages mit einem Drall versehen:* einen Ball ü.; ein überrissener, überrissen gespielter Lob. **2.** (südd., österr. ugs.) *merken, erkennen, begreifen:* er hat absolut nichts überrissen.

über|rei|zen ⟨sw. V.; hat⟩: **1.** *durch zu starke od. viele Reize* (1), *zu große Belastung übermäßig erregen, angreifen:* die Nerven ü.; ⟨meist im 2. Part.:⟩ in überreiztem Zustand; sie war überreizt. **2.** (Kartenspiele, bes. Skat) **a)** ⟨ü. + sich⟩ *höher reizen* (4), *als es die Werte, die sich aus den eigenen Karten ergeben, zulassen:* ich habe mich [bei diesem Spiel] überreizt; **b)** *sich in Bezug auf eine bestimmte Spielkarte überreizen* (2 a): er hat seine Karte überreizt.

Über|reizt|heit, die; -, -en ⟨Pl. selten⟩: *überreizter Zustand.*

Über|rei|zung, die; -, -en: **a)** *das Überreizen* (1); **b)** *Überreiztheit.*

über|ren|nen ⟨unr. V.; hat⟩: *in einem Sturmangriff besetzen [u. weiter vorrücken]:* die feindlichen Stellungen ü.; die Mannschaft wurde in der zweiten Halbzeit praktisch überrannt.

Über|re|prä|sen|ta|ti|on, die; -, -en: *unangemessen starke Repräsentation* (1).

über|re|prä|sen|tiert ⟨Adj.⟩: *unverhältnismäßig*

stark repräsentiert, vertreten: Lehrer sind im Bundestag ü.

Über|rest, der; -[e]s, -e ⟨meist Pl.⟩: *etw., was [verstreut, wahllos od. ungeordnet] von einem ursprünglich Ganzen als Letztes zurückgeblieben ist:* ein trauriger, kläglicher Ü. einer alten Festung; die -e der griechischen Kultur; * **die sterblichen -e** (geh. verhüll.; *der Leichnam*).

über|ri|sen ⟨Adj.⟩ (schweiz.): *zu hoch angesetzt, übertrieben:* -e Forderungen.

Über|rock, der; -[e]s, ...röcke (veraltet): 1. *Überzieher* (1). 2. *Gehrock.*

Über|roll|bü|gel, der: *(bes. bei Sport- od. Rennwagen) über dem Sitz verlaufender breiter Bügel aus Stahl, der dem Fahrer Schutz bieten soll, falls sich der Wagen bei einem Unfall überschlägt.*

¹**über|rol|len** ⟨sw. V.; hat⟩: *abrollend überstreifen:* sich, dem Partner ein Kondom ü.

²**über|rol|len** ⟨sw. V.; hat⟩: 1. a) *mit Kampffahrzeugen erobern, bezwingen:* feindliche Stellungen ü.; b) (ugs.) ²*überfahren* (4): die Opposition ließ sich nicht ü.; c) *sich großflächig über etw. ausbreiten:* der Markt wird von billigen Produkten überrollt. 2. (selten) *über eine Person od. Sache rollen* (1 b, d) *u. sie umwerfen od. mitreißen:* sie, das Auto wurde von einem Panzer überrollt.

über|rum|peln ⟨sw. V.; hat⟩ [zu ↑¹*rumpeln,* eigtl. = mit Getöse überfallen]: *jmdn., der völlig unvorbereitet ist, mit etw. überraschen, sodass er sich nicht wehren od. nicht ausweichen kann:* den Gegner ü.; lass dich von dem Vertreter bloß nicht ü.; er hat sie mit seiner Frage, seiner Einladung überrumpelt. Dazu: **Über|rum|pe|lung, Über|rump|lung,** die; -, -en.

über|run|den ⟨sw. V.; hat⟩: 1. *(bei Wettbewerben im Laufen od. Fahren um eine ganze Runde) mit einer ganzen Runde Vorsprung überholen:* der Titelverteidiger wurde zuletzt sogar überrundet. 2. *durch bessere Leistungen, Ergebnisse o. Ä. übertreffen:* die Firma hat die Konkurrenz längst überrundet.

Über|run|dung, die; -, -en: *das Überrunden; das Überrundetwerden.*

übers ⟨Präp. + Art.⟩ (bes. ugs.): *über das:* ü. Wetter reden.

über|sä|en ⟨sw. V.; hat⟩: *(eine Fläche) mit etw. versehen, indem eine große Anzahl darüber verteilt wird:* das Land mit einem dichten Netz von Autobahnen ü.

über|sät ⟨Adj.⟩: *über die ganze Fläche hin dicht mit etw. [Gleichartigem] bedeckt:* mein Gesicht war mit/von Pickeln ü.

über|satt ⟨Adj.⟩: *mehr als satt, allzu satt.*

über|sät|ti|gen ⟨sw. V.; hat⟩: *über den Sättigungsgrad hinaus sättigen* (3): den Fernsehzuschauer mit Talkshows ü.; übersättigte Lösung (Chemie; *Lösung, die von dem gelösten Stoff eine die Löslichkeit übersteigende Menge enthält*).

über|sät|tigt ⟨Adj.⟩: *von etw. so viel habend, dass jmd. nicht mehr in der Lage ist, es zu schätzen od. zu genießen:* -e Wohlstandsbürger; mit Sensationen ü. sein.

Über|sät|ti|gung, die; -, -en: *das Übersättigtsein.*

über|säu|ern ⟨sw. V.; hat⟩: a) *mit zu viel Säure (2) anreichern, belasten:* saurer Regen übersäuert die Böden; ⟨meist im 2. Part.:⟩ einen übersäuerten Magen haben; b) *(bes. Sportmedizin) übersäuert werden:* die Muskeln sollen nicht ü.

Über|säu|e|rung, die; -, -en ⟨Pl. selten⟩: *das Übersäuern; Übersäuertsein.*

Über|schall|be|reich, die: *Geschwindigkeitsbereich, der oberhalb der Schallgeschwindigkeit liegt.*

Über|schall|flug, der; -[e]s, ...flüge: *Flug* (1, 2) *mit Überschallgeschwindigkeit.*

Über|schall|flug|zeug, das; -[e]s, -e: *Flugzeug, das Überschallgeschwindigkeit erreichen kann.*

Über|schall|ge|schwin|dig|keit: *Geschwindigkeit, die höher ist als die Schallgeschwindigkeit:* mit Ü. fliegen.

Über|schall|knall, der; -[e]s, -e: *lauter, zweimaliger Knall, den zu hören ist, wenn ein Flugzeug mit Überschallgeschwindigkeit vorbeifliegt.*

über|scharf ⟨Adj.⟩: 1. *sehr, zu scharf* (9): eine -e Kritik. 2. *besonders scharf* (5): -e Bilder.

über|schat|ten ⟨sw. V.; hat⟩: a) *beschatten* (1): Eichen überschatten den Platz; b) *mit Unbehagen erfüllen, die Freude an etw. dämpfen:* der Unfall, die traurige Nachricht überschattete das Fest.

Über|schat|tung, die; -, -en: *das Überschatten.*

über|schät|zen ⟨sw. V.; hat⟩: *zu hoch einschätzen* (1); jmds., seine [eigenen] Kräfte ü.; die Wirkung der Lehre ist kaum zu ü.; wenn du dich da mal nicht überschätzt!

Über|schät|zung, die; -, -en: *das Überschätzen:* Alkohol kann leicht zu der Ü. der eigenen Fähigkeiten führen.

Über|schau, die; - (seltener): *Übersicht.*

über|schau|bar ⟨Adj.⟩: a) *in seiner Anlage, seinem Aufbau klar u. mit einem Blick zu erfassen; übersichtlich:* den Text -er gestalten; Ü ein -es Leben; b) *in seinem Umfang begrenzt u. so eine konkrete Vorstellung von etw. ermöglichend:* eine [gerade noch] -e Menge, Anzahl; ein -er Zeitraum; das Risiko blieb ü.

Über|schau|bar|keit, die; -, -en: 1. ⟨o. Pl.⟩ *das Überschaubarsein.* 2. *etw. Überschaubares.*

über|schau|en ⟨sw. V.; hat⟩: 1. ²*übersehen* (1): von hier kann man das Gelände gut ü. 2. ²*übersehen* (2): die Folgen seines Tuns nicht ü. können.

über|schäu|men ⟨sw. V.; ist⟩: a) *schäumend über den Rand eines Gefäßes fließen:* das Bier schäumt über; b) *den Inhalt überschäumen lassen:* das Glas so voll, dass es überschäumte; Ü vor Temperament [geradezu] ü.; eine überschäumende *(unbändige)* Freude.

¹**über|schie|ßen** ⟨st. V.; ist⟩: (bes. Wirtsch.) *über ein bestimmtes noch akzeptables, gesundes Maß hinausgehen:* der Markt könnte ü.; ⟨oft im 1. Part.:⟩ überschießende Fantasie.

²**über|schie|ßen** ⟨st. V.; hat⟩: (Jägerspr.) *über etw. hinwegschießen:* ein Wild ü.

♦ **über|schif|fen** ⟨sw. V.; hat⟩: *mit dem Schiff überqueren:* ... die Weser ... zu ü. (Kleist, Hermannsschlacht IV, 1).

über|schla|fen ⟨sw. V.; hat⟩: *(eine Angelegenheit, die eine Entscheidung verlangt) überdenken u. sich dafür wenigstens bis zum nächsten Tage Zeit lassen:* alles noch einmal ü. wollen.

Über|schlag, der; -[e]s, ...schläge: 1. *schnelle Berechnung der ungefähren Größe einer Summe od. Anzahl:* ein Ü. 2. *ganze Drehung um die eigene Querachse:* einen Ü. am Barren machen. 3. (Kunstfliegen) *Looping.* 4. *elektrische Entladung zwischen zwei spannungsführenden Teilen in Form eines Funkens od. Lichtbogens.*

¹**über|schla|gen** ⟨st. V.; hat⟩: 1. ⟨hat⟩ *übereinanderschlagen:* die Beine ü.; ⟨oft im 2. Part.:⟩ mit übereinandergeschlagenen Beinen dasitzen. 2. ⟨ist⟩ *sich [schnell mit Heftigkeit] über etw. hinausbewegen:* die Wellen schlugen über; Funken sind übergeschlagen *(übergesprungen)*. b) *(von Gemütsbewegungen o. Ä.) sich steigernd in ein Extrem übergehen:* die Begeisterung ist in Fanatismus übergeschlagen. 4. ⟨ist⟩ (seltener) ²*überschlagen* (4): ihre Stimme schlägt über; mit überschlagender Stimme.

²**über|schla|gen** ⟨st. V.; hat⟩ [mhd. überslahen, ahd. ubirslahan]: 1. *in einer Reihenfolge auslassen:* beim Lesen ein paar Seiten ü.; mit Mehrzeit ü. 2. a) [wohl nach dem Umwenden u. Betrachten mehrerer (Buch)seiten] *(die ungefähre Größe einer Summe od. Zahl) schnell berechnen:* die Zahl der Teilnehmer ü.; sie überschlug, was die Reise kosten würde; b) [wohl nach dem Umwenden u. Betrachten mehrerer (Buch)seiten]; vgl. ¹*überlegen*⟩ *sich nochmals vergegenwärtigen:* Er saß dort, um allein zu sein, um sich zu erinnern, die Eindrücke und Abenteuer so vieler Monate zu ü. und alles zu bedenken (Th. Mann, Zauberberg 537). 3. ⟨ü. + sich⟩ *nach vorne od. hinten überkippen u. sich um die eigene Querachse drehen:* der Wagen überschlug sich zweimal; die Wellen überschlugen sich; Ü der Verkäufer überschlug sich fast (ugs.; *war überaus beflissen*); sich vor Liebenswürdigkeit ü. (ugs.; *überaus liebenswürdig sein*). 4. ⟨ü. + sich⟩ *(von der Stimme) plötzlich in eine sehr hohe, schrill klingende Tonlage umschlagen:* meine Stimme überschlägt sich. 5. ⟨ü. + sich⟩ *so dicht aufeinanderfolgen, dass man [fast] den Überblick verliert:* die Ereignisse, Nachrichten überschlugen sich.

³**über|schla|gen** ⟨Adj.⟩ [urspr. 2. Part. zu landsch. überschlagen = lau werden] (landsch.): *lauwarm:* das Wasser soll ü. sein.

über|schlä|gig ⟨Adj.⟩: *durch einen Überschlag* (1), *durch Überschlagen erfolgend:* die -en *(überschlägig berechneten)* Kosten; etw. ü. berechnen.

Über|schlags|rech|nung, die: *überschlägige Berechnung.*

über|schlank ⟨Adj.⟩: *übermäßig schlank:* eine -e Tänzerin; Ü -e Türme.

über|schnap|pen ⟨sw. V.; ist⟩ [nach einem älteren Gebrauch des Wortes in Bezug auf schlecht funktionierende Türschlösser]: 1. (salopp) *nicht länger fähig sein, vernünftig zu denken u. zu handeln; den Verstand verlieren:* er schnappt langsam über; du bist wohl übergeschnappt! 2. ¹*überschlagen* (2).

über|schnei|den ⟨unr. V.; hat⟩ [mhd. übersnīden = übertreffen]: 1. *teilweise überdecken:* die Flächen überschneiden sich/(geh.:) einander; der Kreis überschneidet das Dreieck; Ü die beiden Themenkreise überschneiden sich. 2. ⟨ü. + sich⟩ *[teilweise] zur gleichen Zeit stattfinden:* die beiden Sendungen überschneiden sich; der Kongress überschneidet sich teilweise mit der Auktion.

Über|schnei|dung, die; -, -en: *das Sichüberschneiden.*

über|schnei|en ⟨sw. V.; hat⟩: *mit Schnee bedecken:* ⟨meist im 2. Part.:⟩ überschneite Gräber.

über|schnell ⟨Adj.⟩: *übermäßig schnell.*

über|schnit|ten ⟨Adj.⟩ (Schneiderei): *(von Ärmeln) unterhalb der Schulter angesetzt:* -e Ärmel; die Ärmel sind ü.

über|schrei|ben ⟨st. V.; hat⟩: 1. *mit einer Überschrift versehen:* das Kapitel ist mit »Gerda« überschrieben. 2. *jmdm. schriftlich, notariell als Eigentum übertragen:* er hat das Haus auf den Namen seiner Frau/auf seine Frau überschrieben. 3. (Kaufmannsspr. veraltend) *durch Wechsel o. Ä. anweisen:* die Forderung ist noch nicht überschrieben.

Über|schrei|bung, die; -, -en: 1. *das Überschreiben* (2). 2. (Kaufmannsspr. veraltend) *das Überschreiben* (3).

über|schrei|en ⟨st. V.⟩: 1. *durch Schreien übertönen:* einen Redner ü. 2. ⟨ü. + sich⟩ *so laut schreien, dass einem [fast] die Stimme versagt:* sich im, vor Zorn ü.

über|schrei|ten ⟨st. V.; hat⟩ [mhd. überschrīten]: 1. *über etw. hinweg-, hinausgehen:* die Schwelle, den Rhein, die Grenze ü.; ⟨subst.:⟩ Überschreiten der Gleise verboten!; Ü etw. überschreitet jmds. Fähigkeiten; eine gewisse Größe ü; sie hat die siebzig bereits überschritten *(ist bereits über siebzig Jahre alt)*. 2. *sich nicht an das Festgelegte halten, darüber hinausgehen:* seine Befug-

Überschreitung – übersieden

nisse ü.; er hat das Tempolimit um mindestens 50 km/h überschritten.

Über|schrei|tung, die; -, -en: *das Überschreiten* (2); *das Überschrittenwerden.*

Über|schrift, die; -, -en: *etw., was zur Kennzeichnung des Inhalts über einem Text geschrieben steht:* eine kurze, fett gedruckte Ü.; wie lautet die Ü. des Artikels?; unter der Ü. »Hinweise für Benutzer« finden Sie die Erklärung; Ü unter der Ü. der Sozialverträglichkeit Stellen abbauen.

Über|schuh, der; -[e]s, -e: *wasserdichter Schuh aus Gummi o. Ä., der zum Schutz über den Schuh gezogen wird.*

über|schul|det ⟨Adj.⟩: *übermäßig verschuldet, mit Schulden belastet:* die -en Länder der Dritten Welt; das Anwesen ist ü.

Über|schul|dung, die; -, -en: *das Überschuldetsein.*

Über|schuss, der; -es, ...schüsse [urspr. Kaufmannsspr.; mhd. überschuʒ = über etw. Hinausragendes]: **1.** *Ertrag von etw. nach Abzug der Unkosten; Reingewinn; Plus* (1): hohe Überschüsse erzielen, haben. **2.** *über den eigentlichen Bedarf, über ein bestimmtes Maß hinausgehende Menge von etw.:* es besteht ein Ü. an Fachkräften; seinen Ü. an Temperament loswerden; Allein der Gedanke an Abschied erzeugt in ihm einen Ü. an Wärme und Zuwendung (Strauß, Niemand 96).

über|schüs|sig ⟨Adj.⟩: *über den eigentlichen Bedarf hinausgehend:* -es Wasser, Fett; -e Energie, Kräfte.

¹über|schüt|ten ⟨sw. V.; hat⟩ (ugs.): **1.** *über jmdn. schütten:* jmdm. einen Eimer kaltes Wasser ü. **2.** *verschütten:* sie hat ihren Kaffee übergeschüttet.

²über|schüt|ten ⟨sw. V.; hat⟩: *über jmdn., etw. schütten u. ihn, es so bedecken:* jmdn., etw. mit Säure, Jauche, Konfetti ü.; Ü jmdn. mit Reklame, Geschenken, Vorwürfen, Lob, Liebe ü.

Über|schüt|tung, die; -, -en: *das Überschütten; das Überschüttetwerden.*

Über|schwang, der; -[e]s, Überschwänge ⟨Pl. selten⟩ [mhd. überswanc = Überfließen; Verzückung, zu: überswingen = überwallen]: **1.** *Übermaß an Gefühl, Begeisterung:* etw. in jugendlichem Ü. tun; im Ü. der Freude, der Begeisterung umarmten sich; Wie um sich selbst zog er zwischen allen Dingen Grenzen. Vermischungen und Verbrüderungen, Überflüssen wie Überschwängen misstraute er (Canetti, Augenspiel 179). **2.** (veraltend) *[überströmende] Fülle:* der Ü. winziger Ornamente.

über|schwäng|lich ⟨Adj.⟩ [mhd. überswenclich = übermäßig groß, zu ↑ Überschwang]: *von [übermäßig] heftigen Gefühlsäußerungen begleitet, auf exaltierte Weise [vorgebracht]:* -e Freude, Begeisterung; -es Lob; jmdn. ü. feiern, loben.

Über|schwäng|lich|keit, die; -, -en ⟨o. Pl.⟩: *überschwängliches Wesen, Verhalten.* **2.** *überschwängliche Handlung, Äußerung.*

über|schwap|pen ⟨sw. V.; ist⟩ (ugs.): **a)** *über den Rand des Gefäßes schwappen:* pass auf, dass nichts überschwappt!; **b)** *mit etw. so angefüllt sein, dass der Inhalt überschwappt* (a): der Eimer schwappte über.

über|schwem|men ⟨sw. V.; hat⟩: **1.** *über etw. strömen u. es unter Wasser setzen:* der Fluss hat den Weg überschwemmt; Ü das Land wurde von Touristen überschwemmt. **2.** *in übermäßigem Maß mit etw. versehen:* der Markt wurde mit billigen Produkten überschwemmt; mit Informationen überschwemmt werden.

Über|schwem|mung, die; -, -en: **a)** *das Überschwemmen:* die Ü. richtete große Schäden an; **b)** *Ergebnis einer Überschwemmung:* das Hochwasser hat zu verheerenden -en geführt; Ü du

hast im Bad eine Ü. angerichtet (ugs.; *hast viel Wasser verspritzt*).

Über|schwem|mungs|ge|biet, das: *Gebiet, das überschwemmt ist od. war.*

Über|schwem|mungs|ka|ta|s|t|ro|phe, die: vgl. *Brandkatastrophe.*

über|schwer ⟨Adj.⟩: *übermäßig schwer.*

Über|schwung, der; -[e]s, ...schwünge (österr.): ¹*Koppel* (a).

Über|see [aus: über See]: *in präpositionalen Fügungen wie* aus, in, nach, von Ü. (*aus, in, nach, von Gebieten, die jenseits des Meeres, des Ozeans liegen:* Touristen aus Ü.; Freunde, Verwandte in Ü. haben).

Über|see|damp|fer, der: *im Überseeverkehr eingesetzter Dampfer.*

Über|see|ha|fen, der: *Hafen für den Überseeverkehr.*

Über|see|han|del, der: *Handel nach u. von Übersee.*

über|see|isch ⟨Adj.⟩: *aus, in, nach Übersee:* -e Gebiete.

Über|see|ter|ri|to|ri|um, das: *unter französischer Hoheit stehendes Gebiet mit beschränkter Selbstverwaltung.*

Über|see|ver|kehr, der: vgl. *Überseehandel.*

über|seh|bar ⟨Adj.⟩: **1.** *sich [in einer bestimmten Weise] ²übersehen* (1) *lassend:* ein gut -es Gelände. **2.** *sich [in einer bestimmten Weise] ²übersehen* (2) *lassend:* die Folgen der Katastrophe sind noch nicht ü.

¹über|se|hen ⟨st. V.; hat⟩ (ugs.): *etw. allzu oft sehen u. es deshalb nicht mehr sehen mögen:* ich habe mir das Bild übergesehen; die Tapete sieht man sich schnell über.

²über|se|hen ⟨st. V.; hat⟩: **1.** *frei, ungehindert über etw. hinwegsehen können:* von dieser Stelle aus kann man die ganze Bucht ü. **2.** *in seinen Zusammenhängen erfassen, verstehen:* das Ausmaß von etw. ü.; die Folgen lassen sich noch nicht ü.; Niemand übersah die Ereignisse besser, niemand weiß klarer die Weltlage darzustellen, alles durchdringt und alles sieht ... dieser überlegene Geist (St. Zweig, Fouché 189). **3. a)** *versehentlich nicht sehen:* einen Fehler, einen Hinweis, ein Stoppschild ü.; der Defekt war bei der Inspektion übersehen worden; mit ihren roten Haaren ist sie nicht zu ü.; Ü hast du übersehen, dass wir verabredet sind?; Wir haben den Krieg verloren, Herr Schulz, haben Sie das übersehen? (Remarque, Obelisk 213); **b)** *absichtlich nicht sehen, bemerken:* sie übersah seine obszöne Geste; jmdn. geflissentlich ü.

über|sen|den ⟨unr. V.; hat⟩: übersandte/(auch:) übersendete, übersandt/(auch:) übersendet: *zusenden, schicken:* wir senden Ihnen die Ware umgehend; als Anlage/in der Anlage übersenden wir Ihnen die Unterlagen.

Über|sen|dung, die; -, -en: *das Übersenden:* um die Ü. der Dokumente bitten.

über|sen|si|bel ⟨Adj.⟩: *übermäßig sensibel; hypersensibel.*

über|setz|bar ⟨Adj.⟩: *sich in eine andere Sprache übersetzen lassend:* dieses Wortspiel ist nicht ü.

Über|setz|bar|keit, die; -, -en ⟨Pl. selten⟩: *das Übersetzbarsein; Hinsicht, in der etw. übersetzbar ist.*

¹über|set|zen ⟨sw. V.⟩: **1. a)** ⟨hat⟩ [mhd. übersetzen, ahd. ubarsezzen] *von einem Ufer ans andere befördern:* der Fährmann hat uns ans andere Ufer, auf die Insel übergesetzt; **b)** ⟨hat/ist⟩ *von einem Ufer ans andere fahren:* die Truppen setzten zum anderen Ufer, ans/aufs Festland über. **2.** ⟨hat⟩ *bei diesem Tanz muss der Fuß übergesetzt werden;* ⟨subst.:⟩ *das Übersetzen üben* (Musik; *beim Klavierspielen mit einem Finger über den Daumen greifen*).

²über|set|zen ⟨sw. V.; hat⟩ [17. Jh., wohl nach lat. traducere, transferre]: **1.** *(schriftlich od. mündlich) in einer anderen Sprache [wortgetreu] wiedergeben:* einen Text wörtlich, Wort für Wort, frei, sinngemäß ü.; bei einem Interview [die Antworten aus dem/vom Englischen ins Deutsche] ü.; kannst du mir diesen Brief ü.?; der Roman ist in viele Sprachen übersetzt worden. **2.** *(eine Sache in eine andere) umwandeln:* Geräusche in Musik ü.

Über|set|zer, der; -s, -: **a)** *jmd., der berufsmäßig ²Übersetzungen* (1 b) *anfertigt:* er will Ü. werden; **b)** *jmd., der einen bestimmten Text, das Werk eines bestimmten Autors ²überś etzt* (1) *hat:* wer ist der Ü. [des Buches]?; eine Anmerkung des -s.

Über|set|ze|rin, die; -, -nen: w. Form zu ↑ Übersetzer.

über|setzt ⟨Adj.⟩: **a)** (schweiz.; sonst landsch.) *überhöht:* -e Preise, Gebühren; **b)** (Fachspr.) *zu viel von etw. aufweisend; überlastet:* der Markt ist ü.; **c)** (Technik) *durch eine bestimmte Übersetzung* (2) *gekennzeichnet:* das Motorrad war nicht gut ü.

Über|set|zung, die; -, -en: **1. a)** ⟨Pl. selten⟩ *das ²Übersetzen* (1): für die Ü. des Textes [aus dem/vom Spanischen ins Deutsche] hat er drei Stunden gebraucht; **b)** *²Übersetzer* (1) *Text:* eine wörtliche, kongeniale, freie, moderne Ü.; die Ü. ist miserabel; eine Ü. von etw. machen, anfertigen, liefern; die Bibel in der Ü. von Luther; einen Roman in der Ü. lesen. **2.** (Technik) *Verhältnis der Drehzahlen zweier über ein Getriebe gekoppelter Wellen; Stufe der mechanischen Bewegungsübertragung:* eine andere Ü. wählen; er fuhr mit einer größeren Ü.

Über|set|zungs|ar|beit, die: *im Übersetzen bestehende Arbeit:* -en übernehmen.

Über|set|zungs|bü|ro, das: *Büro, in dem (gegen Bezahlung) Übersetzungen* (1 b) *angefertigt werden:* ein Ü. beauftragen.

Über|set|zungs|feh|ler, der: *Fehler beim ²Übersetzen* (1): gravierende Ü.

Über|set|zungs|ver|hält|nis, das (Technik): *Übersetzung* (2).

Über|sicht, die; -, -en: **1.** ⟨o. Pl.⟩ *[Fähigkeit zum] Verständnis bestimmter Zusammenhänge; Überblick:* jmdm. fehlt die Ü.; [eine] klare Ü. [über etw.] haben; sich die nötige Ü. über die Lage verschaffen; die Ü. verlieren. **2.** *bestimmte Zusammenhänge wiedergebende, knappe [tabellenartige] Darstellung:* eine kurze Ü. über den Lehrstoff; eine Ü. über die anstehenden Fragen geben.

über|sicht|lich ⟨Adj.⟩: **1.** *gut zu überblicken:* ein einigermaßen -es Gelände; die Straßenkreuzung ist sehr ü. [angelegt]. **2.** *aufgrund seiner Anlage gut u. schnell lesbar; erfassbar:* ein sehr schön -er Stadtplan; das Buch ist sehr ü. [gestaltet, gegliedert].

Über|sicht|lich|keit, die; -, -en: **1.** ⟨o. Pl.⟩ *das Übersichtlichsein.* **2.** *etw. klar, übersichtlich* (1) *Erscheinendes.*

Über|sichts|kar|te, die: *Landkarte mit kleinem Maßstab, die (unter Verzicht auf Details) ein großes Gebiet darstellt.*

¹über|sie|deln ⟨sw. V.; ist⟩: *seinen [Wohn]sitz an einen anderen Ort verlegen:* wir sind, die Firma ist [von Mainz] nach Köln übergesiedelt; Ü der Tourismus siedelt von Wien nach Budapest über (*er verlagert sich von Wien nach Budapest*).

²über|sie|deln ⟨sw. V.; ist⟩: ¹*übersiedeln:* wir sind, die Firma ist [von Mainz] nach Köln übersiedelt; die Messe ist nach Bozen übersiedelt (*verlegt worden*).

¹Über|sie|de|lung, die: ↑ ¹*Übersiedlung.*

²Über|sie|de|lung, die: ↑ ²*Übersiedlung.*

über|sie|den ⟨unr. u. sw. V.; sott/(auch:) siedete

über, ist übergesotten/(auch:) übergesiedet): überkochen.

Über|sied|ler, der; -s, -: *jmd., der irgendwohin übergesiedelt ist*.

Über|sied|le|rin, die; -, -nen: w. Form zu ↑ Übersiedler.

¹Über|sied|lung, ¹Übersiedelung, die; -, -en: *das ¹Übersiedeln*.

²Über|sied|lung, ²Übersiedelung, die; -, -en: *¹Übersiedlung*.

über|sinn|lich ⟨Adj.⟩: *über das sinnlich Erfahrbare hinausgehend*: -e Kräfte besitzen.

Über|sinn|lich|keit, die; -: *übersinnliche Art*.

Über|soll, das; -[s], -[s]: *über das geforderte ²Soll (3) hinausgehende Leistung*: ein Ü. erfüllen.

über|som|mern, (schweiz.:) **über|söm|mern** ⟨sw. V.; hat⟩: **1. a)** *den Sommer verbringen*: das Vieh übersommert auf der Alp; **b)** *den Sommer über aufbewahrt werden, seinen Platz haben*: Winterreifen übersommern am besten liegend; ⟨subst.:⟩ die Ski zum Übersommern in den Keller bringen. **2. a)** *(Kürschnerei) (Pelze) fachgerecht den Sommer über aufbewahren*: die Pelze werden von einem Fachgeschäft übersommert; **b)** *übersommern (1 a) lassen*: sie übersommern ihr Vieh in den Bergen.

über|sonnt ⟨Adj.⟩ (geh.): *von der Sonne beschienen*: -e Hänge.

über|span|nen ⟨sw. V.; hat⟩: **1.** *in einem weiten Bogen über ihn. hinwegführen, sich über etw. spannen*: eine Hängebrücke überspannt [in 50 m Höhe] das Tal. **2. a)** *bespannen*: die Tischplatte mit Wachstuch ü.; **b)** *eng anliegend bedecken*: ein Bolero überspannt die Bluse. **3.** *zu stark spannen*: eine Saite, eine Feder ü.

über|spannt ⟨Adj.⟩: **a)** *über das Maß des Vernünftigen hinausgehend*: -e Erwartungen, Hoffnungen; -e Forderungen; **b)** *übermäßig erregt, lebhaft u. dabei verschroben; exaltiert (2); exzentrisch (2)*: ein -es Wesen haben; -e Ansichten, Ideen; sie ist ziemlich ü.; ich finde ihr Verhalten etwas ü.

Über|spannt|heit, die; -, -en: **1.** ⟨o. Pl.⟩ *überspanntes Wesen*: das Ergebnis ihrer Ü. **2.** *überspannte Handlung, Äußerung*.

Über|span|nung, die; -, -en: **1.** *zu starke Spannung (von Saiten, Federn o. Ä.)*. **2. a)** ⟨o. Pl.⟩ *das Überspannen (1, 2)*; **b)** *Material, mit dem etw. überspannt (1, 2) ist*. **3.** *das Überspannen (3)*.

über|spie|len ⟨sw. V.; hat⟩: **1.** *etw. Negatives zu verdecken suchen, indem jmd. schnell darüber hinweggeht, davon ablenkt, damit es anderen nicht bewusst wird*: eine peinliche Situation [mit Humor, geschickt] ü.; seine Nervosität, Ängstlichkeit, Verlegenheit ü. **2. a)** *(einen Film, Musik od. ein Video) zur Herstellung einer Kopie übertragen*: eine Platte [auf eine Kassette] ü.; kann ich mir die CD, das Video, den Film mal ü.?; **b)** *(ein Band, eine auf einem Band vorhandene Aufnahme) durch erneutes Bespielen des Bandes löschen*: den Film überspiele ich später wieder; **c)** *(EDV) Daten von einem Speichermedium übertragen*: Dateien vom Notebook auf den PC ü.; **d)** *(bes. einen Film od. eine akustische Aufnahme) per Funk, Telefon o. Ä. an einen anderen Ort übermitteln*: den folgenden Bericht, Film hat uns unser Korrespondent soeben aus Kairo überspielt. **3.** *(Sport) ausspielen (3)*: die gesamte gegnerische Abwehr ü.

Über|spiel|ka|bel, das: *zum Überspielen (2 a) benutztes Kabel, mit dem Wiedergabe- und Aufnahmegerät verbunden werden*.

über|spielt ⟨Adj.⟩: **a)** *(Sport) durch allzu häufiges Spielen überanstrengt*: ein -er Libero; **b)** *(österr.) abgespielt*: ein altes -es Instrument; das Klavier ist ü.

Über|spie|lung, die; -, -en: **a)** *das Überspielen*;
b) *(Funkw., Fernsehen) überspielte Sendung, Aufnahme*.

über|spin|nen ⟨st. V.; hat⟩: *mit Spinnweben überziehen*.

über|spit|zen ⟨sw. V.; hat⟩: *auf die Spitze, zu weit treiben; übertreiben*: eine Forderung ü.; ⟨oft im 2. Part.:⟩ eine etwas überspitzte Formulierung; das ist überspitzt ausgedrückt.

Über|spitzt|heit, die; -, -en: **1.** ⟨o. Pl.⟩ *überspitzte Art*. **2.** *überspitzte Darstellung, Äußerung*.

Über|spit|zung, die; -, -en: *das Überspitzen*: zur Ü. neigende Journalisten.

über|spre|chen ⟨st. V.; hat⟩ (Funkw., Fernsehen): *in eine aufgenommene [fremdsprachige] Rede einen anderen Text od. eine Übersetzung hineinsprechen*.

¹über|sprin|gen ⟨st. V.; ist⟩: **1.** *sich schnell, wie mit einem Sprung an eine andere Stelle bewegen*: der [elektrische] Funke ist übergesprungen; Ü ihre Fröhlichkeit sprang auf alle über. **2.** *schnell, unvermittelt zu etw. anderem übergehen*: der Redner sprang auf ein anderes Thema über.

²über|sprin|gen ⟨st. V.; hat⟩ [mhd. überspringen, ahd. ubarspringan]: **1.** *mit einem Sprung überwinden*: einen Graben, ein Hindernis ü.; sie hat im Hochsprung 1,90 m übersprungen; Ü das überspringt die Grenze des Erträglichen. **2.** *(einen Teil von etw.) auslassen*: ein Kapitel, einige Seiten, den Sportteil ü.; solche Erbanlagen überspringen manchmal einige Generationen; eine Klasse ü. (*in die übernächste Klasse versetzt werden*).

Über|sprin|gung, die; -, -en: *das ²Überspringen*.

über|spru|deln ⟨sw. V.; ist⟩: *über den Rand des Gefäßes sprudeln*: das kochende Wasser sprudelt über, ist übergesprudelt; Ü sein Temperament ist übergesprudelt; vor/von Witz, Einfällen ü.

¹über|sprü|hen ⟨sw. V.⟩: **1.** ⟨ist⟩ *von etw. ganz erfüllt sein u. dem temperamentvoll Ausdruck geben*: vor Freude, Begeisterung ü. **2.** ⟨hat⟩ *über jmdn. sprühen*: sie hatte sich sofort das neue Parfüm übergesprüht.

²über|sprü|hen ⟨sw. V.; hat⟩: **1.** *besprühen*: den Rasen mit Wasser ü.; sich die Frisur mit Haarspray ü.; die Pflanzen waren mit Pestiziden übersprüht worden. **2.** *sprühend überdecken*: alte Graffiti [mit neuen] ü.; übersprühte Parolen.

Über|sprung|hand|lung, die; -, -en (Verhaltensf.): *(bei Mensch u. Tier) in einer Konfliktsituation auftretende Handlung od. Verhaltensweise ohne sinnvollen Bezug zu dieser Situation*.

über|spü|len ⟨sw. V.; hat⟩: *über etw. hinwegfließen, sich über etw. ergießen*: die Wellen überspülen den Strand; der Fluss hat die Uferstraße überspült.

über|spur|ten ⟨sw. V.; hat⟩ (Sport): *spurtend überholen*: sie überspurtete leicht die vor ihr laufende Spitzengruppe.

über|staat|lich ⟨Adj.⟩: *über den einzelnen Staat hinausgehend*: eine -e Organisation.

über|stän|dig ⟨Adj.⟩: **1.** *(Landwirtsch.) trotz ausreichender Reife, genügenden Wachstums o. Ä. noch nicht gemäht, geschlagen, geschlachtet*: -es Getreide; ein -er Baum; die Hühner waren ü. **2.** *(veraltet) längst überholt, veraltet*: nach -em Brauch. **3.** *(veraltend) übrig geblieben*: ein -er Rest.

über|stark ⟨Adj.⟩: *übermäßig stark*.

¹über|ste|chen ⟨st. V.; hat⟩ (Kartenspiele): *eine höhere Trumpfkarte ausspielen*: er hat übergestochen.

²über|ste|chen ⟨st. V.; hat⟩ (Kartenspiele): *beim Stechen mit einer höheren Trumpfkarte übertreffen*: jmdn. ü.

¹über|ste|hen ⟨unr. V.; hat; südd., österr. schweiz.
auch: ist⟩: *über etw. hinausragen; vorspringen*: das oberste Geschoss steht [um] einen Meter über; der Rand hat übergestanden.

²über|ste|hen ⟨unr. V.; hat⟩: *etw. Mühe-, Gefahrvolles hinter sich bringen*: eine Gefahr, eine Krise, eine Krankheit ü.; der Dom überstand den Krieg ohne größere Schäden; der Patient hat die Operation gut überstanden; das Schlimmste ist überstanden; nachdem die Anfangsschwierigkeiten überstanden waren; das hätten wir, das wäre überstanden! (Ausruf der Erleichterung); der Großvater hat es überstanden (verhüll.; *ist gestorben*).

¹über|stei|gen ⟨st. V.; ist⟩: *hinübersteigen*: die Gangster sind vom Nachbarhaus [aus] übergestiegen.

²über|stei|gen ⟨st. V.; hat⟩: **1.** *durch Hinübersteigen überwinden*: einen Zaun, eine Mauer ü.; ... und schließlich entdeckte Ulrich noch, dass er auch in der Wissenschaft einem Manne glich, der eine Bergkette nach der anderen überstiegen hat, ohne ein Ziel zu sehen (Musil, Mann 47). **2.** *über etw. hinausgehen, größer sein als etw.*: das übersteigt unsere [finanziellen] Möglichkeiten; die Kosten übersteigen den Voranschlag [um etwa 300 Euro]; das übersteigt (*übertrifft*) unsere Erwartungen [bei Weitem]; diese Frechheit übersteigt jedes Maß, alles bisher Dagewesene.

über|stei|gern ⟨sw. V.; hat⟩: **1.** *über jedes normale Maß hinaus steigern*: seine Forderungen ü.; ⟨oft im 2. Part.:⟩ ein übersteigertes Geltungsbedürfnis, Selbstbewusstsein. **2.** ⟨ü. + sich⟩ *sich übermäßig steigern*: er übersteigerte sich in seinem Zorn.

Über|stei|ge|rung, die; -, -en: *das Übersteigern*.

Über|stei|gung, die; -, -en: *das Übersteigen*.

über|stel|len ⟨sw. V.; hat⟩ (Amtsspr.): *(bes. eine Gefangenen) weisungsgemäß einer anderen Stelle übergeben*: die beiden GIs wurden der amerikanischen Militärpolizei überstellt.

Über|stel|lung, die; -, -en (Amtsspr.): *das Überstellen*.

über|stem|peln ⟨sw. V.; hat⟩: *etw. durch Stempeln [absichtlich] unkenntlich machen*: alte Postleitzahlen ü.

Über|sterb|lich|keit, die; -, -en: *erhöhte Sterblichkeit (2)*: die Ü. der Männer.

über|steu|ern ⟨sw. V.; hat⟩: **1.** (Elektrot.) *(einen Verstärker) mit zu hoher Spannung überlasten, sodass bei der Wiedergabe Verzerrungen im Klang auftreten*: ⟨oft im 2. Part.:⟩ die Aufnahme ist übersteuert; eine übersteuerte Gitarre. **2.** *(Kfz-Technik) bei normalem Ausschlag der Räder verhältnismäßig stark in die Kurve gehen*: der Wagen übersteuert sehr.

Über|steu|e|rung, die; -, -en: *das Übersteuern*.

über|stim|men ⟨sw. V.; hat⟩: **1.** *in einer Abstimmung besiegen*: den Vorsitzenden ü.; er ist überstimmt (ugs.; *dein Vorschlag o. Ä. ist abgelehnt*). **2.** *mit Stimmenmehrheit ablehnen*: der Antrag wurde überstimmt.

Über|stim|mung, die; -, -en: *das Überstimmen*.

über|strah|len ⟨sw. V.; hat⟩: **1. a)** (geh.) *Strahlen über etw. werfen*: die Sonne überstrahlt das Tal; Ü die Freude überstrahlte ihr Gesicht; **b)** *durch seine größere Helligkeit etw. anderes weniger hell, unsichtbar machen*. **2.** *eine so starke Wirkung ausüben, dass etw. anderes daneben verblasst*: ihr Charme überstrahlte alles.

über|stra|pa|zie|ren ⟨sw. V.; hat⟩: *allzu sehr strapazieren*: den Wagen, den Motor ü.; das überstrapazierte Herz; Ü ein Argument, jmds. Geduld ü.

¹über|strei|chen ⟨st. V.; hat⟩: *indem ein vorhandener alter Anstrich überstrichen wird, neu streichen*: die Wände werden nicht neu tapeziert, sondern einfach übergestrichen.

²**über|strei|chen** ⟨st. V.; hat⟩: **1.** *(auf der ganzen Oberfläche) bestreichen:* etw. grün ü.; die Flecken, die Graffiti [mit weißer Farbe] ü. **2.** (Fachspr.) *(einen bestimmten [Mess]bereich) umfassen, abdecken.*

über|strei|fen ⟨sw. V.; hat⟩: **a)** *über einen Körperteil streifen:* [jmdm., sich] einen Ring, ein Kondom ü.; **b)** *(ein Kleidungsstück) rasch, ohne besondere Sorgfalt anziehen:* ich streife [mir] noch schnell einen Pullover, Handschuhe über; Ü das Nationaltrikot ü. *(in der Nationalmannschaft spielen).*

über|streu|en ⟨sw. V.; hat⟩: *(auf der ganzen Oberfläche) bestreuen:* den Kuchen mit Zucker ü.; die Ölspur wurde sorgfältig mit Sägemehl überstreut.

¹**über|strö|men** ⟨sw. V.; ist⟩ (geh.): **1. a)** *über den Rand (eines Gefäßes) strömen:* das Wasser ist übergeströmt; Ü *vor* überströmender *(sehr großer)* Herzlichkeit, Dankbarkeit; **b)** ¹*überlaufen* (1 b): Ü vor Seligkeit, Glück ü. **2.** *auf jmdn. übergehen:* seine gute Laune ist auf alle übergeströmt.

²**über|strö|men** ⟨sw. V.; hat⟩: *über eine Fläche strömen u. sich darauf ausbreiten:* der Fluss überströmte die Wiesen; sein Körper war von Schweiß, Blut überströmt; Tränen überströmten ihr Gesicht.

Über|strumpf, der; -[e]s, ...strümpfe (veraltend): *[den Fuß frei lassender] Strumpf zum Überziehen über einen anderen.*

über|stül|pen ⟨sw. V.; hat⟩: *eine Sache über eine andere, über jmdn. (bes. jmds. Kopf) stülpen* (a): meine Schwester stülpte mir den Fahrradhelm über.

über|stumpf ⟨Adj.⟩ (Geom.): *(von Winkeln) größer als 180° u. kleiner als 360°:* ein -er Winkel.

Über|stun|de, die; -, -n: *Stunde, die zusätzlich zu den festgelegten täglichen Arbeitsstunden gearbeitet wird:* [un]bezahlte -n; -n machen *(über die festgesetzte Zeit hinaus arbeiten).*

Über|stun|den|zu|schlag, der: *Zuschlag, der für Überstunden bezahlt wird.*

über|stür|zen ⟨sw. V.; hat⟩: **1. a)** *übereilt, in Hast u. ohne genügend Überlegung tun:* eine Entscheidung ü.; man soll nichts ü.; ⟨oft im 2. Part.:⟩ eine überstürzte Flucht; bei ihrer überstürzten Abreise; überstürzt handeln, reagieren; ...und die Bereitschaft, alles auf einmal zu verändern, wenn auch nicht wild, nicht überstürzt. Dazu war sie zu ängstlich (Strauß, Niemand 115); **b)** ⟨ü. + sich⟩ (selten) *sich übermäßig beeilen:* sich beim Essen, Sprechen **2.** ⟨ü. + sich⟩ **a)** (veraltend) ¹*überschlagen* (5): die Wogen überstürzten sich; **b)** *[allzu] rasch aufeinanderfolgen:* die Ereignisse, die Nachrichten überstürzten sich; sich überstürzender *(rapide sich beschleunigender)* Prozess.

Über|stür|zung, die; -, -en ⟨Pl. selten⟩: *das Überstürzen;* etw. ohne Ü. erledigen.

über|ta|keln ⟨sw. V.; hat⟩ (Seemannsspr.): *(im Verhältnis zur Größe des Schiffs u. zu den herrschenden Windverhältnissen) zu viele Segel setzen.*

über|ta|rif|lich ⟨Adj.⟩: *über dem Tarif* (2) *liegend:* -e Leistungen, Zulagen; ein ü. entlohnter Angestellter.

♦**über|tä|tig** ⟨Adj.⟩: *eifrig u. viel arbeitend, überaus beschäftigt:* Ein durch die Schuld der Hausfrau sich verspätendes Mittagessen machte mich nicht ungeduldig (Goethe, Wanderjahre II, 11).

über|täu|ben ⟨sw. V.; hat⟩: *durch seine starke Wirkung etw. anderes (bes. eine Empfindung) weniger wirksam machen:* das Kopfweh übertäubte die Zahnschmerzen.

Über|täu|bung, die; -, -en ⟨Pl. selten⟩: *das Übertäuben.*

über|tau|chen ⟨sw. V.; hat⟩ (österr.): *(eine Krankheit, Krise) ohne Weiteres überstehen:* eine Grippe ü.

über|tech|ni|siert ⟨Adj.⟩: *allzu sehr technisiert:* eine -e Medizin.

über|teu|ern ⟨sw. V.; hat⟩: *übermäßig teuer machen:* Produkte ü.; ⟨meist im 2. Part.:⟩ überteuerte Waren; etw. überteuert verkaufen.

Über|teu|e|rung, die; -, -en: *das Überteuern; das Überteuertsein.*

über|tip|pen ⟨sw. V.; hat⟩: *einen Tippfehler ausbessern, indem der falsche Buchstabe o. Ä. durch [mehrmaliges] Anschlagen einer anderen Taste unleserlich gemacht wird.*

Über|ti|tel, der; -s, - ⟨meist Pl.⟩ (Theater): *auf einer Art elektronischer Anzeigetafel oberhalb der Bühne gezeigter deutscher Text bei der Aufführung fremdsprachiger Bühnenwerke.*

über|ti|teln ⟨sw. V.; hat⟩: **1.** *betiteln* (a). **2.** (Theater) *mit Übertiteln versehen.*

Über|ti|te|lung, die; -, -en (Theater): *das Übertiteltsein; Gesamtheit der Übertitel.*

über|töl|peln ⟨sw. V.; hat⟩ [wohl zu ↑ Tölpel u. eigtl. = zum Tölpel machen]: *(jmdn., der in einer bestimmten Situation nicht gut aufpasst) in plumper, dummdreister Weise überlisten:* lass dich [von ihm] nicht ü.!; sie hat versucht, mich zu ü.

Über|töl|pe|lung, Über|tölp|lung, die; -, -en: *das Übertölpeln; das Übertölpeltwerden.*

über|tö|nen ⟨sw. V.; hat⟩: **a)** *lauter sein als eine Person od. Sache u. dadurch bewirken, dass diese nicht gehört wird:* der Chor übertönte die Solistin; Ü der Weihrauch wurde von anderen Gerüchen übertönt; Tschanz gab lebhafter Auskunft als sonst, aufatmend, dass man wieder redete, und weil er seine sonderbare Erregung ü. wollte (Dürrenmatt, Richter 54); **b)** (selten) ¹*übertragen* (6a).

Über|tö|nung, die; -, -en: *das Übertönen.*

Über|topf, der; -[e]s, ...töpfe: *(als Schmuck dienender) Blumentopf aus Keramik, Porzellan o. Ä., in den ein einfacher Blumentopf eingetopfte Pflanze gestellt wird.*

über|tou|ren ⟨sw. V.; hat⟩ (Technik): *überdrehen* (2).

über|tou|rig ⟨Adj.⟩ (Technik): *zu hochtourig:* einen Wagen ü. fahren.

Über|trag, der; -[e]s, ...träge (bes. Buchf.): *Summe von Posten einer Rechnung o. Ä., die auf die nächste Seite, in eine andere Unterlage* (2) *übernommen wird.*

über|trag|bar ⟨Adj.⟩: **1.** *sich* ¹*übertragen* (4) *lassend:* diese Methode ist [nicht ohne Weiteres] auf andere Gebiete ü. **2.** *sich, ohne seine Gültigkeit zu verlieren, vom Inhaber an jmdn. anderes weitergeben lassend:* eine -e Zeitkarte; dieser Ausweis ist nicht ü. **3.** *sich [in einer bestimmten Weise]* ¹*übertragen* (6a) *lassend; infektiös, ansteckend:* eine [durch Tröpfcheninfektion] -e Krankheit; den V!ren sind auch auf den Menschen ü. **4.** *sich* ¹*übertragen* (1 c) *lassend.*

Über|trag|bar|keit, die; -, -en: *das Übertragbarsein; Grad, in dem etw.* ¹*übertragen* (2, 4, 5, 6) *werden kann.*

¹**über|tra|gen** ⟨st. V.; hat⟩: **1. a)** *als Übertragung* (1) *senden:* das Fußballspiel [live, direkt] aus dem Stadion ü.; **b)** *auf einem Ton- od. Datenträger aufnehmen:* eine Aufnahme auf [eine] DVD ü.; **c)** (Nachrichtent., EDV) *(Signale, Informationen, Daten) zu einem anderen Gerät, auf einen anderen Datenträger, in einen anderen Speicher od. dgl. transportieren:* Daten, Bilder [per Datenleitung, übers Internet, über Satellit] ü.; Signale digital ü. **2. a)** (geh.) *einen [literarischen] Text schriftlich in eine andere, oft neue auch in der Übersetzung eine gültige sprachliche Gestalt hat:* sie hat den Roman vom/aus dem Spanischen ins Russische übertragen; **b)** *in eine andere Form bringen; umwandeln:* die Daten auf Lochkarten ü. **3.** *an anderer Stelle nochmals hinschreiben, zeichnen od. dgl.:* einen Aufsatz ins Heft ü.; die Zwischensumme auf die nächste Seite ü.; das Muster auf den Stoff ü. **4.** *auf etw. anderes, ein anderes Gebiet anwenden:* man kann diese Maßstäbe nicht auf die dortige Situation ü.; in einem Wort übertragen, in übertragener *(nicht wörtlich zu verstehender, sondern sinnbildlicher)* Bedeutung gebrauchen. **5. a)** (bes. Technik) *(Kräfte o. Ä.) weitergeben, -leiten:* die Antriebswellen übertragen die Kraft des Motors auf die Räder; **b)** *(bes. ein Amt, eine Aufgabe) übergeben:* jmdm. die Leitung eines Projekts ü.; den Gerichten die Wahrnehmung bestimmter Funktionen ü.; **c)** *abgeben, abtreten:* bestimmte Rechte auf die Tochtergesellschaft ü.; **d)** (bes. Med.) *anderswohin bringen, gelangen lassen:* ein fremdes Gen auf, in eine befruchtete Eizelle ü.; jmdm. Blut ü.; **e)** *(Geld) transferieren:* den Gewinn auf ein Schweizer Konto ü. **6. a)** *eine Krankheit weitergeben; jmdn. anstecken:* diese Insekten übertragen die Krankheit [auf den Menschen]; **b)** ⟨ü. + sich⟩ *jmdn. befallen:* die Krankheit überträgt sich nur auf anfällige Personen. **7. a)** ⟨ü. + sich⟩ *auf jmdn. einwirken u. ihn dadurch in der gleichen Weise beeinflussen:* ihre Nervosität, Stimmung übertrug sich auf die Kinder; **b)** *bei jmdm. wirksam werden lassen:* sie konnte ihre Begeisterung sogar auf absolut nüchterne Menschen ü. **8.** (Med.) *(ein Kind) zu lange austragen* (2): sie hat ihn um drei Wochen übertragen; ⟨meist im 2. Part.:⟩ ein übertragenes Kind.

²**über|tra|gen** ⟨Adj.⟩ (österr.): *abgetragen; gebraucht:* -e Kleidung; etw. ü. kaufen.

Über|trä|ger, der; -s, - (Med.): *Lebewesen, das eine Krankheit überträgt:* die Tsetsefliege ist der Ü. der Schlafkrankheit.

Über|trä|ge|rin, die; -, -nen: w. Form zu ↑ Überträger.

Über|tra|gung, die; -, -en: **1.** *Sendung* (3) *direkt vom Ort des Geschehens:* das Fernsehen bringt, sendet eine Ü. aus dem Konzertsaal, des Fußballspiels; by means of ¹*Übertragen* (1 b); **c)** (Nachrichtent., EDV) *das* ¹*Übertragen* (1 c): die Ü. der Daten erfolgt über das Internet. **2. a)** *Übersetzung* (1): Shakespeares Dramen in der Ü. von Schlegel und Tieck; **b)** ¹*Umwandlung:* die Ü. des Prosatextes in Verse. **3.** *Anwendung:* die Ü. dieses Prinzips auf andere Bereiche. **4.** ⟨o. Pl.⟩ **a)** (bes. Technik) *das* ¹*Übertragen* (5 a): die Ü. der Kraft auf den Nachfolger. **5.** *das* ¹*Übertragen* (6 a), *Ansteckung, Infektion:* die Ü. dieser Krankheit erfolgt durch Insekten. **6.** (Med.) *zu lange andauernde Schwangerschaft.*

Über|tra|gungs|ge|schwin|dig|keit, die: *Maß für die Menge an Daten o. Ä., die in einem bestimmten Zeitraum übertragen werden.*

Über|tra|gungs|ka|nal, der (Nachrichtent.): *Einrichtung (z. B. Leitung) od. Medium (z. B. Atmosphäre), das Signale von einem Sender zu einem Empfänger transportiert.*

Über|tra|gungs|rech|te ⟨Pl.⟩: *Befugnis, etw. (z. B. im Fernsehen) zu zeigen, zur Übertragung.*

Über|tra|gungs|tech|nik, die: **1.** (Nachrichtent.) *Technik der Übertragungssysteme.* **2.** *Nachrichtentechnik.*

Über|tra|gungs|wa|gen, der: *Wagen, in dem die technischen Einrichtungen zur Übertragung von Fernseh- und Rundfunksendungen eingebaut sind.*

Über|tra|gungs|weg, der: **1.** *System, Leitung od. Kanal, auf dem Daten, Nachrichten o. Ä. übertragen werden.* **2.** (Med.) *Weg, auf dem eine Krankheit übertragen wird.*

über|trai|nie|ren ⟨sw. V.; hat⟩ (Sport): *im Training zu stark beanspruchen:* ⟨oft im 2. Part.:⟩ er macht einen übertrainierten Eindruck, wirkt übertrainiert.

über|tref|fen ⟨st. V.; hat⟩ [mhd. übertreffen, ahd. ubartreffan]: **a)** *(auf einem bestimmten Gebiet, in bestimmter Hinsicht) besser sein als jmd.:* jmdn. in der Leistung, leistungsmäßig ü.; jmdn. an Ausdauer, Fleiß, Mut [weit, bei Weitem, um vieles] ü.; im Schach ist er kaum zu ü.; sie hat sich selbst übertroffen *(hat mehr geleistet, als von ihr erwartet wurde)*; **b)** *bestimmte Eigenschaften in größerem Maße besitzen:* diese Kirche übertrifft alle anderen an Schönheit; **c)** *über etw. hinausgehen:* das Ergebnis übertraf alle Erwartungen, die schlimmsten Befürchtungen.

über|trei|ben ⟨st. V.; hat⟩ [mhd. übertrîben = zu weit treiben]: **a)** *in aufbauschender Weise darstellen:* er muss immer furchtbar, maßlos ü.; ich übertreibe nicht, wenn ich sage, dass er zu den größten Poeten seiner Zeit gehörte; Es ist alles gar nicht so schlimm da. Wird viel übertrieben (Remarque, Triomphe 230); **b)** *(etw. an sich Positives, Vernünftiges o. Ä.) zu weit treiben, in übersteigertem Maße tun:* seine Ansprüche, die Sauberkeit, die Sparsamkeit ü.; übertreib es nicht mit dem Training!; R man kann alles ü.

Über|trei|bung, die; -, -en: **1. a)** *das Übertreiben* (a): man kann dies ohne Ü. sagen; **b)** *das Übertreiben* (b). **2. a)** *übertreibende* (a) *Schilderung:* er neigt zu -en; **b)** *Handlung, mit der man etw. übertreibt* (b): sich vor -en hüten.

¹über|tre|ten ⟨st. V.; ist⟩ **1.** (hat/ist) (Sport) *über eine Markierung treten.* **2.** ⟨ist⟩ *über die Ufer treten:* der Fluss ist nach den Regenfällen übergetreten. **3.** ⟨ist⟩ *irgendwohin gelangen.* **4.** ⟨ist⟩ (bes. österr.) *in eine andere Phase, einen anderen Lebensabschnitt o. Ä. eintreten:* in den Ruhestand ü. **5.** ⟨ist⟩ *sich einer anderen (weltanschaulichen) Gemeinschaft, einer anderen Anschauung, Konfession anschließen:* zum Katholizismus, zum Islam ü.

²über|tre|ten ⟨st. V.; hat⟩ [mhd. übertreten = darniedertreten, überwinden]: **1.** ⟨ü. + sich⟩ *sich vertreten* (4): sie übertrat sich den Fuß. **2.** *gehend überqueren, überschreiten:* eine Demarkationslinie, Grenze ü. **3.** *gegen ein Gebot o. Ä. verstoßen:* ein Gebot, ein Gesetz, eine Vorschrift ü.

Über|tre|tung, die; -, -en: **a)** *das ²Übertreten* (2): eine leichte, schwere Ü.; **b)** (Rechtsspr. früher, noch schweiz.) *Straftat geringerer Schwere:* eine Ü. begehen.

Über|tre|tungs|fall: in der Fügung **im Übertretungsfall[e]** (Amtsspr.; *im Falle der Übertretung* a).

über|trie|ben ⟨Adj.⟩: *unangemessen weitgehend, übermäßig:* -e Höflichkeit, Genauigkeit, Pünktlichkeit; solche aufwendigen Geschenke [zu machen] finde ich [etwas, reichlich] ü.; ü. misstrauisch, vorsichtig sein.

Über|trie|ben|heit, die; -, -en: **1.** ⟨o. Pl.⟩ *das Übertriebensein.* **2.** (selten) *Übertreibung* (2 b).

Über|tritt, der; -[e]s, -e [mhd. übertrit = Fehltritt, Vergehen; Lossagung, Abfall]: **1.** *das ¹Übertreten* (5): die Zahl der Ü. aus dieser Partei nimmt zu. **2.** *das ¹Übertreten* (3). **3.** (bes. österr.) *¹Übertreten* (4): Ü. aufs Gymnasium.

über|trock|nen ⟨sw. V.; ist⟩ (österr., sonst landsch.): *an der Oberfläche trocknen:* die in Scheiben geschnittenen Kartoffeln ü. lassen.

über|trump|fen ⟨sw. V.; hat⟩: **1.** (Kartenspiele) *durch Ausspielen eines Trumpfs besiegen:* jmdn., jmds. Karte ü. **2.** *weit übertreffen:* jmdn., jmds. Leistung ü.

¹über|tun ⟨unr. V.; hat⟩ (ugs.): *umlegen, umhängen:* tu dir lieber noch eine Jacke über.

²über|tun, sich ⟨unr. V.; hat⟩ (selten): *sich ²übernehmen* (4): übertu dich nicht!

über|tün|chen ⟨sw. V.; hat⟩: *mit Tünche überstreichen:* die Parolen ü.; Ü die eigene Ideenlosigkeit mit nichtssagenden Worten ü.

Über|tün|chung, die; -, -en: *das Übertünchen; das Übertünchtwerden.*

über|über|mor|gen ⟨Adv.⟩ (ugs.): *am Tag nach übermorgen:* wir bleiben noch bis ü.

Über|va|ter, der; -s, ...väter: *männliche Person, die in einem bestimmten Bereich die beherrschende Figur ist, zu der die anderen respektvoll aufschauen:* der Ü. Freud; der Ü. der Partei.

über|ver|si|chern ⟨sw. V.; hat⟩: *(für jmdn., sich, etw.) eine Überversicherung* (2) *abschließen:* ⟨meist im 2. Part.:⟩ der Versicherte, der Hausrat war überversichert.

Über|ver|si|che|rung, die; -, -en: **1.** ⟨o. Pl.⟩ *das [Sich]überversichern.* **2.** *Versicherung, deren Summe den Wert des Versicherten übersteigt.*

über|ver|sor|gen ⟨sw. V.; hat⟩: *im Übermaß versorgen:* ⟨meist im 2. Part.:⟩ die Region ist medizinisch, mit Zahnärzten überversorgt.

Über|ver|sor|gung, die; -, -en: *das Überversorgen; das Überversorgtsein.*

über|ver|tre|ten ⟨Adj.⟩ (schweiz.): *überrepräsentiert.*

über|völ|kern ⟨sw. V.; hat⟩: *in zu großer Anzahl bevölkern* (1 b): Touristen übervölkern den Ort.

über|völ|kert ⟨Adj.⟩: *zu dicht bewohnt, besiedelt:* die Region, die Erde ist ü.; Ü er hat vor lauter Badegästen die See war nicht so ü. wie andere.

Über|völ|ke|rung, die; -, ⟨Pl. selten⟩: *das Übervölkern; das Übervölkertsein.*

über|voll ⟨Adj.⟩: **a)** *übermäßig voll:* der Koffer war ü.; **b)** *völlig überfüllt:* ein -er Bus.

über|vor|sich|tig ⟨Adj.⟩: *übertrieben vorsichtig.*

über|vor|tei|len [auch: ...'fo:ɐ̯...] ⟨sw. V.; hat⟩: *sich auf Kosten eines anderen einen Vorteil verschaffen durch Ausnutzung seiner Unwissenheit, Unaufmerksamkeit:* seine Kunden ü.; sich [von jmdm.] übervorteilt fühlen.

Über|vor|tei|lung [auch: ...'fo:ɐ̯...], die; -, -en: *das Übervorteilen; das Übervorteiltwerden.*

über|wach ⟨Adj.⟩: *hellwach u. angespannt:* -e Augen, Sinne.

über|wa|chen ⟨sw. V.; hat⟩: **1.** *genau verfolgen, was jmd. (der verdächtigt ist) tut; jmdn., etw. durch ständiges Beobachten kontrollieren* (1): einen Verdächtigen ständig, auf Schritt und Tritt, scharf ü.; vom Verfassungsschutz, von der Geheimpolizei überwacht werden; jmds. Wohnung, Telefon ü. **2.** *beobachtend, kontrollierend für den richtigen Ablauf einer Sache sorgen; darauf achten, dass in einem bestimmten Bereich alles mit rechten Dingen zugeht:* die Ausführung eines Befehls ü.; der Supermarkt wird mit Videokameras überwacht; die Polizei überwacht den Verkehr; Genauer als Druot es je vermocht hätte, mit seiner Nase nämlich, verfolgte und überwachte Grenouille die Wanderung der Düfte (Süskind, Parfum 226).

Über|wa|cher, der; -s, -: *¹jmd., der jmdn., etw. überwacht.* **2.** (EDV) *Programm* (4), *das den Ablauf von Programmen* (4) *protokolliert.*

Über|wa|che|rin, die; -, -nen: w. Form zu ↑ Überwacher (1).

über|wach|sen ⟨st. V.; hat⟩: **1.** *durch Wachsen die Oberfläche von etw. bedecken:* das Moos hat den Pfad überwachsen; ⟨meist im 2. Part.:⟩ die Grabplatte ist [mit, von Efeu] überwachsen. **2.** (selten) *durch Wachsen an Größe übertreffen:* das Gebüsch hat den Zaun überwachsen; ♦ ... einen tüchtigen Kerl, nur weil er uns Hauptesslänge überwachsen war *(intellektuell überlegen war)*, zum Spuk und Nachtgespenst zu machen – das geht noch alle Tage (Storm, Schimmelreiter 144).

♦ **über|wacht** ⟨Adj.⟩: *übernächtigt:* ... was ganz Vortreffliches; stark, lieblich gesund. Das kann einen -en Magen wieder in Ordnung bringen (Lessing, Minna I, 2).

Über|wa|chung, die; -, -en: **1.** *das Überwachen* (1), *Überwachtwerden:* die Ü. des Tatverdächtigen, seines Telefons [durch die Geheimpolizei] war illegal. **2.** *das Überwachen* (2), *Überwachtwerden:* die Ü. des Straßenverkehrs durch die Polizei.

Über|wa|chungs|dienst, der: *Dienst* (2), *dessen Aufgabe es ist, jmdn., etw. zu überwachen:* ein politischer, technischer Ü.

Über|wa|chungs|ka|me|ra, die: *an öffentlichen Plätzen, in Supermärkten, Banken o. Ä. angebrachte, automatisch schwenkbare Kamera zur Videoüberwachung.*

Über|wa|chungs|staat, der (abwertend): *Staat, der seine Bürger bis ins Kleinste überwacht.*

Über|wa|chungs|sys|tem, das: *System, das dazu dient, jmdn., etw. zu überwachen:* ein elektronisches Ü.

über|wal|len ⟨sw. V.; ist⟩: *beim Kochen Blasen werfend über den Rand des Gefäßes laufen:* die Milch ist übergewallt; Ü vor Glück, Zorn ü. (geh.; *Glück, Zorn besonders intensiv empfinden u. dem lebhaft Ausdruck verleihen*).

über|wäl|ti|gen ⟨sw. V.; hat⟩ [zu ↑ Gewalt]: **1.** *mit körperlicher Gewalt bezwingen u. wehrlos machen:* der Angreifer wurde überwältigt. **2.** *mit solcher Intensität auf jmdn. einwirken, dass er sich dieser Wirkung nicht entziehen kann:* Angst, Neugier, Freude überwältigte sie; ⟨oft im 2. Part.:⟩ sie war von dem Anblick überwältigt.

über|wäl|ti|gend ⟨Adj.⟩: **1.** *in höchstem Maße beeindruckend, großartig [u. bewegend]:* ein -es Erlebnis; ein -er Anblick; von -er Pracht sein; ihre Leistungen sind nicht [gerade] ü. (oft spött.: *sind [kaum] mittelmäßig*); ü. schön. **2.** *sehr groß:* mit -er Mehrheit gewählt werden.

Über|wäl|ti|gung, die; -, -en: *das Überwältigen; das Überwältigtwerden.*

über|wäl|zen ⟨sw. V.; hat⟩ (bes. Wirtsch.): *(Kosten o. Ä.) an einen anderen weitergeben, ihm aufbürden:* eine Preiserhöhung [auf die Verbraucher] ü.

Über|wäl|zung, die; -, -en (bes. Wirtsch.): **1.** *das Überwälzen; das Überwälztwerden.* **2.** *überwälzter Betrag, Anteil.*

Über|wär|mung, die; -, -en ⟨Pl. selten⟩ (Med.): *[zu therapeutischen Zwecken künstlich herbeigeführte] Hyperthermie.*

über|wech|seln ⟨sw. V.; ist⟩: **1.** *von einer Stelle zu einer anderen wechseln, sich an eine andere Stelle bewegen:* von der linken auf die rechte Fahrspur ü.; bei der nächsten Brücke wechseln wir aufs andere Ufer ü.; bestimmte Viren wechseln vom Menschen auf ein Tier über; Ü er wechselte von »Sie« in »Du« über. **2. a)** *sich einer anderen Gemeinschaft o. Ä. anschließen:* zu einer anderen Partei, Firma, Konfession ü.; er ist ins feindliche Lager, auf die Realschule übergewechselt; **b)** *mit etw. anderem beginnen:* zu einem anderen Thema ü.

Über|weg, der: **1.** Kurzf. von ↑ Fußgängerüberweg. **2.** Bahnübergang. **3.** *zum Überqueren, Hinüberwechseln geeignete, vorgesehene Stelle:* gesicherte -e an allen Kreuzungen. **4.** *Brücke, Überführung o. Ä.*

über|we|hen ⟨sw. V.; hat⟩ (geh.): *wehend über etw. hinweggehen.*

über|wei|den ⟨sw. V.; hat⟩: *zu intensiv als Weide nutzen:* die Hänge überweidet haben.

Über|wei|dung, die; -, -en ⟨Pl. selten⟩: *das Überweiden; das Überweidetwerden.*

über|wei|sen ⟨st. V.; hat⟩ [mniederd. overwîsen =

(Geld) überweisen]: **1.** *(einen Geldbetrag) zulasten eines Kontos einem bestimmten anderen Konto gutschreiben lassen*: die Miete [per Dauerauftrag] ü.; das Stipendium bekommt er auf sein Girokonto überwiesen; die Bank hat das Geld überwiesen *(hat den Überweisungsauftrag bearbeitet).* **2.** *einen Patienten zur weiteren Behandlung mit einem Überweisungsschein zu einem anderen Arzt schicken*: sie wurde [vom Hausarzt] zu einem/an einen Facharzt überwiesen. **3.** *zur Erledigung, Bearbeitung o. Ä. zuweisen*: eine Akte einer anderen/an eine andere Behörde ü.; Mitleidlos lässt er die Liste zusammenstreichen, bis nur vier Dutzend Namen übrig bleiben, und überweist Fouché das peinliche Geschäft, diese Todes- und Verbannungsurteile zu unterfertigen (St. Zweig, Fouché 212). **4. a)** (österr. selten, sonst veraltet) ¹*überführen* (1): ♦ ... *dass es mir nicht schwer werden kann, euch jeder Lüge, die ihr waget, zu ü.* (Hauff, Jud Süß 404); ♦ **b)** *belehren; überzeugen*: ... *dass ihr euch niemals mit ihnen gezankt noch euch Mühe gegeben habt, sie eines Bessern zu ü.* (Goethe, Brief des Pastors).

Über|wei|sung, die; -, -en: **1. a)** *das Überweisen* (1), *Überweisenlassen*: die Bank mit der Ü. der Summe beauftragen; eine Rechnung per Ü. bezahlen; **b)** *überwiesener Geldbetrag*: die Ü. ist noch nicht [auf meinem Konto] eingegangen; **c)** *[Formular mit einem] Überweisungsauftrag*: ich habe die Ü. bei der Bank abgegeben. **2. a)** *das Überweisen* (2); **b)** Kurzf. von ↑ Überweisungsschein: haben Sie eine Ü.?

Über|wei|sungs|auf|trag, der (Bankw.): **1.** *Auftrag eines Bankkunden an seine Bank, zulasten seines Kontos einen Geldbetrag zu überweisen*: einen Ü. erteilen. **2.** *Überweisungsformular*: einen Ü. ausfüllen, erstellen.

Über|wei|sungs|for|mu|lar, das: *vorgedrucktes Formular für einen Überweisungsauftrag* (1).

Über|wei|sungs|schein, der: *vom behandelnden Arzt ausgestellter Schein zur Überweisung des Patienten an einen Facharzt.*

über|weit (Adj.): *übermäßig weit.*

Über|wei|te, die; -, -n: vgl. Übergröße.

Über|welt, die; -, -en: *transzendenter Bereich außerhalb der sinnlich erfassbaren Welt.*

über|welt|lich (Adj.): *über die Welt hinaus.*

über|wend|lich (Adj.) (vgl. ↑ ¹winden) (Handarb.): *so [gearbeitet], dass die Stiche über die [aneinandergelegten] Kante[n] des Stoffs hinweggehen*: eine -e Naht; ü. nähen.

¹über|wer|fen ⟨st. V.; hat⟩ [mhd. überwerfen, ahd. ubarwerfan]: *(ein Kleidungsstück) lose über die Schultern legen, mit einer schnellen Bewegung umhängen*: jmdm., sich eine Jacke ü.

²über|wer|fen, sich ⟨st. V.; hat⟩ [eigtl. = sich (im Spiel od. Kampf) am Boden rollen]: *mit jmdm. in Streit geraten [und daher den Kontakt zu ihm abbrechen]*: sie hatten sich wegen der Erbschaft überworfen.

Über|wer|fung, die; -, -en: **1.** *das Sichüberwerfen.* **2.** (Eisenbahn) *Überführung, auf der ein od. mehrere Bahngleise in od. mehrere andere Bahngleise kreuzen.*

über|wer|tig (Adj.): *zu viel Gewicht, Bedeutung habend*: -e Ideen (Psychol.; *Ideen, von denen das Denken übermäßig beherrscht wird*).

Über|we|sen, das; -s, - (selten): *übermenschliches Wesen*: ein Ü. malen; Ü unseren Staat als Ü. ansehen.

¹über|wie|gen ⟨st. V.; hat⟩ (ugs. selten): *zu viel wiegen*: der Brief wiegt über.

²über|wie|gen ⟨st. V.; hat⟩: **1.** *die größte Bedeutung, das stärkste ¹Gewicht* (3) *haben u. daher das Bild, den Charakter von etw. bestimmen*: im Süden des Landes überwiegen Laubwälder; es überwog die Meinung, dass wir etwas unternehmen sollten; das religiöse Element überwiegt; ⟨oft im 1. Part.:⟩ der überwiegende *(größere)* Teil der Bevölkerung; die überwiegende Mehrzahl (die im Weitem meisten). **2.** *stärker, einflussreicher, bedeutender sein als etw. anderes*: das Interesse überwog den Abscheu.

über|wie|gend [ˈyː...] ⟨Adv.⟩: *vor allem, hauptsächlich*: ein ü. von Deutschen bewohntes Gebiet; morgen soll es ü. heiter werden; eine ü. katholische Gegend.

über|wind|bar ⟨Adj.⟩: **1.** *sich überwinden* (1) *lassend*: der Gegner ist ü. **2. a)** *sich überwinden* (2 a) *lassend*: ein nur schwer -er Zaun; Ü nicht oder nur schwer -e Ängste; **b)** *sich überwinden* (2 b) *lassend*: das traditionelle Feindbild ist durchaus ü. **4.** *sich überwinden* (4) *lassend*: ein -es Trauma.

über|win|den ⟨st. V.; hat⟩ [mhd. überwinden, überwinnen, ahd. ubarwintan, ubarwinnan]: **1.** (geh.) *besiegen*: er hat seinen Gegner nach hartem Kampf überwunden; der Stürmer überwand den gegnerischen Torhüter (Ballspiele Jargon; *erzielte gegen ihn ein Tor*); Ü eine Krankheit ü. **2. a)** *durch eigene Anstrengung mit etw., was ein Hindernis darstellt, was Schwierigkeiten bietet, fertigwerden; meistern*: eine Mauer, eine Barriere, eine Hürde, ein Hindernis ü.; mit einem Mountainbike kannst du praktisch jede Steigung ü.; Ü Schwierigkeiten, Probleme ü.; seinen Widerwillen, seine Angst, Schüchternheit, seine Bedenken, Hemmungen, sein Misstrauen ü.; **b)** *im Laufe einer Entwicklung hinter sich lassen*: ein überlebtes System, die Teilung des Landes, die Apartheid, den Imperialismus ü.; den Kubismus ü.; die Krise ist jetzt überwunden; längst überwundene Standpunkte. **3.** ⟨ü. + sich⟩ *etw., was einem widerstrebt, schwerfällt, schließlich doch tun*: sich [dazu] ü., die Steuererklärung zu machen; zu einer Entschuldigung konnte sie sich nicht ü. **4.** *(mit einer seelischen Belastung, Erschütterung o. Ä.) fertigwerden; verarbeiten, verkraften*: sie musste erst einmal den Schock ü.; er hat den Tod seiner Frau nie ganz überwunden.

Über|win|der, der; -s, -: *jmd., der jmdn., etw. überwindet, überwunden hat.*

Über|win|de|rin, die; -, -nen: w. Form zu ↑ Überwinder.

Über|win|dung, die; -, -en [mhd. überwindunge]: **1.** *das Überwinden* (1, 2, 4); *das Überwundenwerden, Überwundensein.* **2.** *das Sichüberwinden, Selbstüberwindung*: es kostet [einige, kaum, viel] Ü., das zu tun.

über|win|tern ⟨sw. V.; hat⟩: **1.** *den Winter [in Sicherheit vor den mit ihm einhergehenden Bedrohungen u. Widrigkeit] verbringen*: diese Vögel überwintern in Afrika; wir wollen auf Mallorca ü.; Ü unsere Blumenkästen überwintern im Keller. **2.** *(bes. Pflanzen) den Winter über [vor Frost geschützt] aufbewahren*: die Geranien müssen an einem kühlen, dunklen Ort überwintert werden.

Über|win|te|rung, die; -, -en: *das Überwintern; das Überwintertwerden.*

über|wöl|ben ⟨sw. V.; hat⟩: **1.** *sich über etw. wölben*: eine Kuppel überwölbt den Saal. **2.** *mit einem Gewölbe, einer Kuppel o. Ä. versehen; überdecken*: eine Halle ü.

Über|wöl|bung, die; -, -en: **1.** *das Überwölben.* **2.** *Gewölbe.*

über|wu|chern ⟨sw. V.; hat⟩: *wuchernd bedecken*: das Gestrüpp hat das Beet völlig überwuchert; ⟨oft im 2. Part.:⟩ eine von Efeu [dicht] überwucherte Mauer.

Über|wu|che|rung, die; -, -en: *das Überwuchern.*

Über|wurf, der; -[e]s, ...würfe: **1.** *loser Umhang, Mantel; loses Gewand, das über anderer Kleidung getragen wird.* **2.** (österr. u. schweiz., sonst landsch.) *Decke, die als Zierde über Betten o. Ä. gelegt wird.* **3.** (Ringen) *Griff, bei dem der Gegner ausgehoben* (6) *u. über die eigene Schulter od. den eigenen Kopf nach hinten zu Boden geworfen wird.*

über|wür|zen ⟨sw. V.; hat⟩: *zu stark würzen*: ⟨oft im 2. Part.:⟩ die Suppe ist überwürzt; überwürzte Speisen.

Über|zahl, die; -: **a)** *Mehrzahl, Mehrheit*: die Ü. der Vorschläge war unbrauchbar; in diesem Beruf sind Frauen in der Ü.; **b)** (selten) *allzu große Anzahl*: die Ü. der Arbeitslosen stellt ein gefährliches Potenzial dar.

über|zah|len ⟨sw. V.; hat⟩: *zu hoch bezahlen; überbezahlen*: mit 10 Euro ist diese Dienstleistung überzahlt.

über|zäh|len ⟨sw. V.; hat⟩: *[noch einmal, schnell] nachzählen*: sie überzählte ihr Geld.

über|zäh|lig ⟨Adj.⟩: *eine bestimmte Anzahl (die für etw. gebraucht wird) übersteigend*: -e Exemplare.

über|zeich|nen ⟨sw. V.; hat⟩: **1.** (Börsenw.) *Anteile (eines Wertpapiers o. Ä.) in einem das Angebot übersteigenden Maße vorbestellen*: die Anleihe ist um 20 % überzeichnet worden. **2.** *in zu stark vereinfachender, zugespitzter Weise darstellen*: der Autor hat die Figur des Vaters [stark] überzeichnet; ⟨oft im 2. Part.:⟩ die Story ist zu sehr überzeichnet.

Über|zeich|nung, die; -, -en: *das Überzeichnen.*

Über|zeit, die; -, -en (schweiz.): *Zeit, die zusätzlich zu den festgelegten täglichen Arbeitsstunden gearbeitet wird; Überstunden.*

Über|zeit|ar|beit, die ⟨Pl. selten⟩ (schweiz.): *in Überstunden geleistete Arbeit.*

über|zeit|lich ⟨Adj.⟩: *für alle Zeit Geltung habend, nicht zeitgebunden*: ein Kunstwerk mit -er Aussage.

über|zeu|gen ⟨sw. V.; hat⟩ [mhd. überziugen, urspr. = jmdn. vor Gericht durch Zeugen überführen]: **1. a)** *(einen anderen) durch einleuchtende Gründe, Beweise dazu bringen, etw. als wahr, richtig, notwendig anzuerkennen*: jmdn. von der Richtigkeit einer Handlungsweise, von der Wahrheit ü.; sie war von ihrer Unschuld überzeugt; wir konnten ihn nicht [davon] ü./er war nur schwer [davon] zu ü./ließ sich nicht [davon] ü., dass er unrecht hatte; ihre Ausführungen haben mich nicht überzeugt; **b)** *in seinen Leistungen den Erwartungen voll u. ganz entsprechen*: im Rückspiel wusste die Mannschaft zu ü.; ⟨oft im 1. Part.:⟩ überzeugende *(einleuchtende, glaubhafte)* Gründe, Argumente, Beweise; eine Aufgabe überzeugend *(voll u. ganz befriedigend)* lösen; eine Rolle überzeugend spielen, verkörpern; was er sagt, klingt [für mich] [recht, nicht ganz] überzeugend. **2.** ⟨ü. + sich⟩ *sich durch eigenes Nachprüfen vergewissern*: sich persönlich, mit eigenen Augen von etw. ü.; du kannst dich selbst davon ü., dass es so ist; bitte überzeugen Sie sich selbst!; ⟨oft im 2. Part.:⟩ [felsen]fest, hundertprozentig von der Unschuld des Jungen überzeugt sein; ich bin davon überzeugt, dass er der Täter ist, dass er lügt; ich bin von ihr, ihren Leistungen nicht überzeugt *(habe keine allzu gute Meinung von ihr, ihren Leistungen)*; er ist sehr von sich selbst überzeugt *(ist allzu selbstbewusst, recht eingebildet).*

über|zeugt ⟨Adj.⟩: *fest an etw. Bestimmtes glaubend; sehr ein Verfechter der Marktwirtschaft; er ist [ein] -er Katholik.*

Über|zeugt|heit, die; -, -en ⟨Pl. selten⟩: *das Überzeugtsein.*

Über|zeu|gung, die; -, -en: **1.** ⟨o. Pl.⟩ (seltener) *das Überzeugen* (1): schließlich gelang ihr die Ü. der Zweifelnden. **2.** *feste, unerschütterliche [durch Nachprüfen eines Sachverhalts, durch Erfah-*

rung gewonnene] Meinung; fester Glaube: jmds. religiöse, weltanschauliche, politische Ü.; es war seine ehrliche Ü., dass sie sich ändern würde; seine Ü. klar, fest vertreten; die Ü. gewinnen/haben, dass ihr nicht zu helfen ist; der Ü. sein, dass das Richtige getan wurde; etw. aus [innerer] Ü., mit Ü. tun; für seine Ü. eintreten; meiner Ü. nach/nach meiner Ü. ist er der Täter; sich von seiner Ü. nicht abbringen lassen; zu der Ü. kommen/gelangen, dass etwas getan werden muss; sich offen zu seiner Ü. bekennen.

Über|zeu|gungs|ar|beit, die ⟨Pl. selten⟩: *Bemühungen, die darauf abzielen, andere (bes. im politischen Bereich) von etw. zu überzeugen:* ehe dieses Konzept mehrheitsfähig werden kann, ist noch viel Ü. nötig, zu leisten.

Über|zeu|gungs|kraft, die: *Fähigkeit zu überzeugen:* den Argumenten fehlt es an Ü.

Über|zeu|gungs|tä|ter, der (Rechtsspr.): *jmd., der eine Straftat begangen hat od. begeht, weil er sich dazu aufgrund seiner religiösen, politischen o. ä. Überzeugung berechtigt od. verpflichtet fühlt.*

Über|zeu|gungs|tä|te|rin, die; -, -nen: w. Form zu ↑ Überzeugungstäter.

¹über|zie|hen ⟨unr. V.; hat⟩: **1.** *ein Kleidungsstück über den Körper od. eine Körperteil ziehen; [über etw. anderes] anziehen:* ich zog [mir] eine warme Jacke über; zieh dir was über, es ist kalt draußen; Sie können die Hose auch zum Anprobieren ü. *(anprobieren).* **2.** * *jmdm.* **einen/eins, ein paar ü.** *(jmdm. einen Schlag, Schläge versetzen).*

²über|zie|hen ⟨unr. V.; hat⟩ [mhd. überziehen = über etw. ziehen; bedecken; überfallen]: **1. a)** *mit einer [dünnen] Schicht von etw. bedecken od. umhüllen, als [dünne] Schicht von etw. auf der Oberfläche von etw. vorhanden sein:* die Torte mit Guss ü.; etw. mit Lack, einem Schutzfilm ü.; ⟨oft im 2. Part.:⟩ von/mit etw. überzogen sein; **b)** *beziehen* (1 a): etw. mit Leder, Stoff ü.; die Betten müssen frisch überzogen werden. **2. a)** *nach u. nach bedecken:* kalter Schweiß überzog ihr Gesicht; **b)** ⟨ü. + sich⟩ *sich nach u. nach mit etw. bedecken:* der Himmel überzog sich mit Wolken. **3. a)** (bes. Bankw.) *Lehnbedeutung nach engl. to overdraw] von etw. (was einem zusteht) zu viel in Anspruch nehmen:* den Etat ü.; sein Konto [um 300 Euro] ü. *([300 Euro] mehr abheben, als auf dem Konto gutgeschrieben ist);* die Pause, die Sendezeit ü.; ⟨auch ohne Akk.-Obj.:⟩ der Moderator hat schon wieder überzogen; **b)** *übertreiben, zu weit treiben:* man sollte seine Kritik nicht ü.; ⟨oft im 2. Part.:⟩ der Kommentar war im Ton überzogen; eine überzogene Reaktion, Lohnforderung. **4.** (bes. Tennis, Tischtennis) *mit Topspin spielen:* der Spieler überzog die hohen Bälle. **5.** (Fliegerspr.) *zu steil hochziehen:* er überzog die Maschine. **6.** *(mit etw.) heimsuchen* (2): sie überzogen das Land mit Krieg; jmdm. mit einer Klage, mit Klagen ü. (Rechtsspr.; gegen jmdn. klagen).

Über|zie|her, der; -s, -: **1.** *[leichter] Herrenmantel.* **2.** (salopp) *Kondom.*

Über|zie|hung, die; -, -en: **1.** *das Überziehen; Überzogenwerden.* **2.** *Betrag, um den etw. überzogen wird.*

Über|zie|hungs|kre|dit, der (Bankw.): *Dispositionskredit.*

über|züch|tet ⟨Adj.⟩: *(von Tieren u. Pflanzen) durch einseitige od. übertriebene Züchtung bestimmte Mängel aufweisend, nicht mehr gesund u. widerstandsfähig:* -e Rassen, Sorten; Ü der Motor ist völlig ü.

Über|züch|tung, die; -, -en: *das Überzüchtetsein.*

über|zu|ckern ⟨sw. V.; hat⟩: **1.** *mit Zucker, Zuckerguss bedecken:* den Kuchen ü. **2.** *(von Schnee) wie mit Puderzucker bedecken:* Schnee überzuckerte die Altstadt. **3.** *zu stark zuckern:* überzuckerter Saft. **4.** *mit zu viel Glukose belasten:* bei einem Mangel an Insulin wird der Organismus überzuckert.

Über|zug, der; -[e]s, ...züge: **1.** *Schicht, mit der etw.* ²überzogen (1 a) *ist:* die Torte hat einen Ü. aus Schokolade; Draht mit einem Ü. aus Kunststoff. **2.** *auswechselbare Hülle, Bezug:* Überzüge für die Polster nähen.

¹über|zwerch [auch: ...'tsvɛrç] ⟨Adv.⟩ [mhd. überwerch, über twerch, zu ↑ zwerch] (landsch., bes. südd., österr.): *quer; über Kreuz:* die Beine ü. legen.

²über|zwerch [auch: ...'tsvɛrç] ⟨Adj.⟩ [zu: ↑ überzwerch] (landsch., bes. südd., österr.): **1.** *verschroben; mürrisch:* ein -er Kerl. **2.** *übermütig:* die Kinder sind heute ganz ü.

Ubi|er, der; -s, -: *Angehöriger eines germanischen Volksstammes.*

Ubi|e|rin, die; -, -nen: w. Form zu ↑ Ubier.

ubi|qui|tär ⟨Adj.⟩ (bildungsspr., Fachspr.): *überall verbreitet:* -e Bakterien.

Ubi|qui|tät, die; -, -en: **1.** ⟨o. Pl.⟩ (bes. Biol.) *das Nichtgebundensein an einen Standort.* **2.** ⟨o. Pl.⟩ (bes. Theol.) *Allgegenwart.* **3.** (Wirtsch.) *überall (in jeder Menge) erhältliches Gut.*

üb|lich ⟨Adj.⟩ [zu ↑ üben, eigtl. = was geübt wird]: *den allgemeinen Gewohnheiten, Gebräuchen entsprechend; in dieser Art immer wieder vorkommend:* die -en Ausreden, Entschuldigungen; wir verfahren nach der üblichen Methode; das ist hier so, ist längst nicht mehr, ist allgemein ü.; sie kam wie ü. (wie man es von ihr gewohnt ist) zu spät; Draußen an einem Tisch aus Granit, wie sie im Tessin ü. sind (Frisch, Montauk 191).

üb|li|cher|wei|se ⟨Adv.⟩: *gewöhnlich:* eine ü. tödlich verlaufende Krankheit.

Üb|lich|keit, die; -, -en: **a)** ⟨o. Pl.⟩ *das Üblichsein:* die Höhe des Honorars, des Trinkgelds richtet sich nach der Ü.; **b)** *etw., was üblich ist.*

U-Boot, (militärisch fachspr. auch:) **Uboot,** das: kurz für ↑ Unterseeboot.

U-Boot-Be|sat|zung, die: *Besatzung eines U-Boots.*

U-Boot-Ha|fen, der: *Hafen für U-Boote.*

U-Boot-Krieg, der: *Krieg, bei dem der Einsatz von U-Booten eine herausragende Rolle spielt.*

üb|rig ⟨Adj.⟩ [mhd. überec, zu ↑ ¹über]: **1.** *als Rest noch vorhanden; verbleibend; restlich:* die -en Sachen; von den (anderen) Gäste sind bereits gegangen; von der Suppe ist noch etwas ü.; von der Torte ist nichts, sind zwei Stücke ü. geblieben; von der anfänglichen Begeisterung ist nicht viel ü. geblieben; ich habe noch Geld ü.; falls du [noch etwas] Farbe ü. behältst, bewahre sie gut auf; die Geier ließen von dem Kadaver nicht viel ü.; lasst mir etwas davon ü.! (hebt mir etw. davon auf!); ein -es (seltener: noch ein) Mal; er, sie kann es auch nicht besser als die Übrigen (anderen); das, alles Übrige (Weitere) ist erst später; * **ein Übriges tun** (etw. tun, was zusätzlich noch getan werden kann); jmdm. bleibt nichts [anderes/weiter] ü. [als ...] (jmd. kann nichts anderes tun, hat keine andere Wahl [als ...]: es bleibt ihr ja auch gar nichts anderes ü. [als es zu tun]); **nichts zu wünschen ü. lassen** (den Erwartungen voll und ganz entsprechen); der Service ließ nichts zu wünschen ü.; [sehr, einiges usw.] **zu wünschen ü. lassen** (den Erwartungen [überhaupt] nicht entsprechen: die Bedienung ließ einiges, viel, sehr zu wünschen ü.; ihre Aussprache lässt zu wünschen ü.); **im Übrigen** (abgesehen von diesem einen Fall; ansonsten, außerdem, zudem; [und] im Übrigen will ich damit nichts zu tun haben). **2.** (selten) *überflüssig:* er ist hier völlig ü.

üb|rig blei|ben, üb|rig|blei|ben ⟨st. V.; ist⟩: *als Rest bleiben; überschüssig sein.*

üb|ri|gens ⟨Adv.⟩ [zu ↑ übrig, wohl geb. nach ↑ erstens usw.]: *nebenbei bemerkt:* du könntest mir ü. einen Gefallen tun; ü., hast du davon schon gehört?

üb|rig|ha|ben ⟨unr. V.; hat⟩: in der Wendung **für jmdn., etw. etwas, nichts usw. ü.** (*jmdn., etw. mögen, nicht mögen usw.:* für Sport hat er etwas, nichts, wenig, eine Menge übrig).

üb|rig las|sen, üb|rig|las|sen ⟨st. V.; hat⟩: *als Rest lassen; nicht aufbrauchen.*

Übung, die; -, -en [mhd. üebunge, ahd. uobunga]: **1.** ⟨o. Pl.⟩ **a)** *das Üben:* das macht die Ü., das ist alles nur Ü. (Übungssache); das erfordert [viel] Ü.; etw. zur Ü. tun; Dabei leistete mir eine lange spielerische Ü., die Handschrift meines Vaters nachzuahmen, vorzügliche Dienste (Th. Mann, Krull 42); Spr Ü. macht den Meister; **b)** *durch häufiges Wiederholen einer bestimmten Handlung erworbene Fertigkeit; praktische Erfahrung:* keine, nicht genügend Ü. haben; ich bin aus der, außer Ü.; in der Ü. sein, bleiben. **2. a)** *Material u. Anleitung zum Üben von im Unterricht Gelerntem; Übungsaufgabe, Übungsstück* ⟨a⟩: -en zur Rechtschreibung, zur Bruchrechnung; ein Lehrbuch mit -en; **b)** *Übungsstück* (b): -en für Flöte; eine Ü. viele wiederholen. **3.** (bes. Sport) *[zum Training häufig wiederholte] Folge bestimmter Bewegungen:* eine Ü. am Reck; eine gymnastische Ü. zur Entspannung der Wirbelsäule; er trainiert mit einem doppelten Salto. **4.** *als Probe für den Ernstfall durchgeführte Unternehmung:* an einer militärischen Ü. teilnehmen; die Feuerwehr rückt zu einer Ü. aus. **5.** *Lehrveranstaltung an der Hochschule, in der bes. das Anwenden von Grundkenntnissen, von den Studierenden geübt wird:* eine Ü. in Althochdeutsch, über Goethes Lyrik abhalten, ansetzen; an einer Ü. teilnehmen. **6.** (kath. Rel.) *der inneren Einkehr dienende Betrachtung, Meditation* (2) *als Teil der Exerzitien:* der Mönch unterzieht sich den täglichen geistlichen -en. **7. a)** (landsch., bes. südd., österr., schweiz.) *Brauch, Sitte, Gewohnheit:* nach alter Ü.; **b)** (bes. Rechtsspr.) *Art und Weise, etw. Bestimmtes regelmäßig zu handhaben, Gepflogenheit, Praxis* (1 b). **8.** (bes. schweiz.) *Unternehmen* (1), *Unterfangen:* die Kosten der Ü. werden unterschätzt.

Übungs|ar|beit, die: *[Klassen]arbeit, die der Einübung des Gelernten dient [u. nicht zensiert wird].*

Übungs|auf|ga|be, die: *Aufgabe zur Einübung des Gelernten:* das Buch enthält zahlreiche -n.

Übungs|buch, das: *Lehrbuch, das hauptsächlich Übungen* (2 a), *Übungsaufgaben, Übungsstücke* (a) *enthält.*

Übungs|fir|ma, die: *(imaginäre) Firma für Ausbildungszwecke.*

Übungs|flug, der (bes. Militär): *der Übung, dem Training dienender Flug:* einen Ü. absolvieren; zu einem Ü. starten.

Übungs|ge|län|de, das: *Gelände für militärische Übungen.*

Übungs|ge|rät, das (Turnen): *Turngerät, an dem nur im Training geturnt wird.*

übungs|hal|ber ⟨Adv.⟩: *zur Übung* (1 a): ü. die Handschrift nachahmen.

Übungs|hang, der (Ski): *nicht zu steiler Hang, an dem das Skifahren erlernt u. geübt wird.*

Übungs|kurs, der: *Kurs, in dem erworbene Fertigkeiten geübt werden.*

Übungs|lei|ter, der: *jmd., der in einer Organisation in leitender Funktion für den Bereich des Übens, für das Training o. Ä. zuständig ist:* die -s des Sportvereins.

Übungs|lei|te|rin, die: w. Form zu ↑ Übungsleiter.

Übungs|mu|ni|ti|on, die: *Munition, bes. Patronen* (1), *bei der das Geschoss durch eine ent-*

Übungsplatz – Ukelei

sprechende Nachbildung aus Kunststoff ersetzt ist; Platzpatronen.

Übungs|platz, der: **1.** Platz zum Üben. **2.** Sportplatz, der nur für das Training (u. nicht für Wettkämpfe) genutzt wird.

Übungs|sa|che: in der Wendung **[reine] Ü. sein** (durch Übung (1 a) erlernt, beherrscht werden können: das Programmieren des Rekorders ist Ü.).

Übungs|schie|ßen, das: [militärische] Übung, bei der das Schießen gelernt, geübt, trainiert wird.

Übungs|stück, das: **a)** kurzer Text für Schüler zum Übersetzen u. Einüben des im Sprachunterricht Gelernten; **b)** (Musik) kurzes Musikstück, anhand dessen das Spielen auf einem Instrument geübt wird; Etüde.

Übungs|teil, der (Sport): Teil einer Übung (3): ein schwieriger Ü.

Übungs|zweck, der: in der Einübung einer bestimmten Fertigkeit bestehender Zweck: die Puppen werden für -e hergestellt; zu -en auf Kohlköpfe schießen.

Ucker|mark, die; -: Landschaft in Nordostdeutschland.

ucker|mär|kisch ⟨Adj.⟩: die Uckermark, die Uckermärker betreffend; von den Uckermärkern stammend, zu ihnen gehörend: -e Spezialitäten.

Ud, Oud [u:t], die; -, -s [arab. ʿūd, eigtl. = Holz]: (in der arab. Musik) Laute mit 4 bis 7 Saitenpaaren.

u. desgl. [m.] = und desgleichen [mehr].

u. dgl. [m.] = und dergleichen [mehr].

u. d. M. = unter dem Meeresspiegel.

ü. d. M. = über dem Meeresspiegel.

UdSSR, die; - [Abk. für Union der Sozialistischen Sowjetrepubliken]: Abk. des amtlichen Namens der Sowjetunion (1922–1991).

u. E. = unseres Erachtens.

UEFA, die; - [Kurzwort für frz. Union Européenne de Football Association]: Europäischer Fußballverband.

UFA®, die; - [Kurzwort für Universum- Film-AG]: deutsches Filmunternehmen.

Ufer, das; -s, - [mhd. uover, mniederd. över, wahrsch. alte Komparativbildung zu ↑ ab u. eigtl. = weiter rückwärts gelegener Teil (vom Binnenland aus gesehen)]: Bereich, in dem der Spiegel (2 a) eines Gewässers, bes. eines Binnengewässers, an höher gelegene Land grenzt: ein steiles, flaches, hohes U.; das gesamte U. des Sees befindet sich in Privatbesitz, ist bewaldet; das gegenüberliegende, jenseitige, diesseitige U. [des Flusses, des Sees]; das westliche, linke U. des Rheins; das U., die U. befestigen; das [sichere] U. erreichen; ans U. schwimmen; wir ließen uns an andere U. [des Flusses] rudern; der Fluss ist über die U. getreten (hat das umliegende Land überflutet); *** vom anderen U. sein** (veraltend abwertend; homosexuell sein); **zu neuen -n** (neuen Zielen, einem neuen Leben entgegen).

Ufer|be|fes|ti|gung, die: **1.** das Befestigen eines Ufers. **2.** feste Anlage od. Bepflanzung, die das Ufer gegen Abspülungen durch das Wasser schützen soll.

Ufer|bö|schung, die: Böschung an einem Ufer: eine steile, mit Büschen bewachsene U.

Ufer|fil|trat, das (Fachspr.): aus einem Gewässer in den Boden der Uferregion gelangtes Wasser: Trinkwasser aus U.

Ufer|li|nie, die: Begrenzungslinie eines Gewässers [bei einem bestimmten Wasserstand].

ufer|los ⟨Adj.⟩ (emotional): ohne Maß u. ohne Ende; grenzenlos [ausufernd]: -e Korruption; u. ansteigende Ausgaben; *** ins Uferlose wachsen, steigen, wachsen** usw. (ausufern: die Aktienkurse steigen ins Uferlose; ins Uferlose wachsende Personalkosten).

Ufer|lo|sig|keit, die: das Uferlossein.

Ufer|pro|me|na|de, die: vgl. Strandpromenade.

Ufer|re|gi|on, die: Region, Bereich am Ufer eines Gewässers.

Ufer|schnep|fe, die: bes. an Ufern von Flüssen u. Seen lebender, auf rostbraunem Grund schwarz u. grau gezeichneter Schnepfenvogel.

Ufer|schutz, der: Uferbefestigung (2).

Ufer|stra|ße, die: an einem Gewässer, am Ufer entlangführende Straße; Quai (b).

Ufer|strei|fen, der: am Ufer sich entlangziehender Streifen Land.

Ufer|weg, der: am Ufer entlangführender Weg.

Ufer|zo|ne, die: vgl. Uferregion.

uff ⟨Interj.⟩: [abschließend-bekräftigende] Äußerung in Zusammenhang mit einer Anstrengung, Belastung: u., das war schwer!

Uffz. = Unteroffizier.

Ufo, UFO, das; -[s], -s, selten - [Kurzwort aus engl. unidentified flying object]: [für ein außerirdisches Raumfahrzeug gehaltenes] unbekanntes u. nicht identifiziertes Flugobjekt: er will ein U. gesehen, gesichtet, beobachtet haben.

Ufo|lo|ge, der; -n, -n: Anhänger der Ufologie.

Ufo|lo|gie, die; - [engl. ufology]: (in den USA entstandene) Heilslehre, nach der außerirdische Wesen auf die Erde kommen, um sie zu erretten.

Ufo|lo|gin, die; -, -nen: w. Form zu ↑ Ufologe.

u-för|mig, U-för|mig ⟨Adj.⟩: die Form eines U aufweisend: ein u-förmiges Rohr; der Magnet ist u-förmig.

UG [uːˈgeː], das; -s, -s: Untergeschoss: im UG sind zwei schöne neue Geschäfte.

Ugan|da; -s: Staat in Afrika.

Ugan|der, der; -s, -: Ew.

Ugan|de|rin, die; -, -nen: w. Form zu ↑ Ugander.

ugan|disch ⟨Adj.⟩: Uganda, die Ugander betreffend; von den Ugandern stammend, zu ihnen gehörend.

uh ⟨Interj.⟩: Ausruf des Widerwillens, Abscheus, Grauens: uh, wie kalt!

U-Haft, die; -: kurz für ↑ Untersuchungshaft: in U. sitzen; jmdn. in U. nehmen.

U-Häk|chen, das; -s, -, **U-Ha|ken,** der; -s, -: kleiner, nach oben offener Bogen, der in der [deutschen] Schreibschrift zur Unterscheidung vom n über das kleine u gesetzt wird.

Uhr, die; -, -en [mhd. ūr(e), (h)ōre < mniederd. ūr(e) = Stunde < afrz. hōre < lat. hōra, ↑ ¹Hora]: **1.** Instrument (1), mit dem die Zeit durch Zeiger auf einem Zifferblatt od. unmittelbar durch Ziffern angegeben wird: eine mechanische, elektrische, automatische, wasserdichte, goldene, genau gehende, quarzgesteuerte U.; die U. tickt, geht vor, ist stehen geblieben, zeigt halb zwölf, schlägt Mittag; die U. aufziehen, [richtig] stellen; auf die U. sehen; auf, nach meiner U. ist es halb sieben; Ü eine innere U. (ugs.; ein ziemlich genaues Zeitgefühl); sie fühlt, dass ihre biologische U. tickt (dass das Alter, in dem sie keine Kinder mehr bekommen kann, näher rückt); *** jmds. U. ist abgelaufen** (1. jmd. muss sterben. jmd. muss abtreten 2 a); irgendwo gehen/ticken die -en anders (irgendwo gelten andere Maßstäbe, ist das [öffentliche] Leben anders geregelt); **wissen, was die U. geschlagen hat** (wissen, wie die Lage wirklich ist); **rund um die U.** (ugs.; durchgehend im 24-Stunden-Betrieb, Tag und Nacht: die Raststätten sind rund um die U. geöffnet; rund um die U. erreichbar sein). **2.** bestimmte Stunde der Uhrzeit (Zeichen: [h]): fünf U. ist mir zu früh; es ist genau/Punkt acht U.; wie viel U. ist es? (welche Uhrzeit haben wir?); es geschah gegen drei U. morgens, nachts, früh; der Zug fährt [um] elf U. sieben/11:07 U.; um wie viel U. (zu welcher Uhrzeit) seid ihr verabredet?; Sprechstunde von 16 bis 19 U.

Uhr|arm|band, Uhr|band, Uhrenarmband, das ⟨Pl. ...bänder⟩: Armband, mit dem eine Armbanduhr am Handgelenk gehalten wird.

Uhr|chen, das; -s, -: Vkl. zu ↑ Uhr.

Uhr|en|arm|band: ↑ Uhrarmband.

Uh|ren|bau|er, der; -s, -: **a)** Unternehmen der Uhrenindustrie; **b)** Beschäftigter in der Uhrenindustrie; **c)** jmd., der in handwerklicher Arbeit Uhren herstellt.

Uh|ren|baue|rin, die; w. Form zu ↑ Uhrenbauer.

Uh|ren|fa|brik, die: Fabrik, in der Uhren hergestellt werden.

Uh|ren|ge|häu|se, das: Uhrgehäuse.

Uh|ren|ge|schäft, das: Fachgeschäft für Uhren.

Uh|ren|in|dus|t|rie, die: Uhren herstellende Industrie.

Uh|ren|la|den, der: Uhrengeschäft.

Uh|ren|ra|dio, das: Radio, das mit einer Uhr kombiniert ist, bei dem als Wecker funktioniert u. zur eingestellten Zeit das Radio einschaltet.

Uhr|ge|häu|se, das: Gehäuse (1) einer Uhr.

Uhr|glas, das: Glas über dem Zifferblatt einer Uhr.

Uhr|kas|ten, der: kastenartiges Gehäuse (1) einer (Stand-, Wand)uhr.

Uhr|ket|te, die: Kette zum Befestigen einer Taschenuhr an der Kleidung.

Uhr|ma|cher, der: **a)** Handwerker, der Uhren verkauft u. repariert (Berufsbez.); **b)** jmd., der Uhren konstruiert, entwickelt, baut.

Uhr|ma|che|rei, die; -, -en: **1.** ⟨o. Pl.⟩ Handwerk des Uhrmachers, der Uhrmacherin: die U. erlernen. **2.** Werkstatt eines Uhrmachers, einer Uhrmacherin.

Uhr|ma|cher|hand|werk, das: Handwerk des Uhrmachers; Uhrmacherei.

Uhr|ma|che|rin, die: w. Form zu ↑ Uhrmacher.

Uhr|ma|cher|meis|ter, der: Meister im Uhrmacherhandwerk.

Uhr|ma|cher|meis|te|rin, die: w. Form zu ↑ Uhrmachermeister.

Uhr|pen|del, das: Pendel einer Uhr; Perpendikel.

Uhr|ta|sche, die: kleine Tasche (im Anzug, in der Weste) für eine Taschenuhr.

Uhr|werk, das: Werk (6) der Uhr: *** wie ein U.** (mit größter Präzision, reibungslos, perfekt: der Motor läuft wie ein U.; die Aktion lief wie ein U. ab).

Uhr|zei|ger, der: in der Mitte des Zifferblatts angebrachter u. um dieses sich drehender Zeiger einer Uhr, der die Stunden bzw. Minuten anzeigt.

Uhr|zei|ger|rich|tung, die (seltener): Uhrzeigersinn.

Uhr|zei|ger|sinn, der ⟨o. Pl.⟩: Richtung, in der die Zeiger einer Uhr umlaufen: sich entgegen dem U. drehen; den Bauch im U. massieren; im U. laufen.

Uhr|zeit, die: durch die Uhr angezeigte Zeit: kannst du mir die genaue U. sagen?; um welche U. warst du gestern dort?; jeden Tag zur gleichen U.

Uhr|zeit|an|ga|be, die: Angabe einer Uhrzeit.

UHT-Milch [uːhaːˈteː...], die [kurz für: Ultra-high-Temperature-Milch] (schweiz.): H-Milch.

Uhu, der; -s, -s [aus dem Ostmd., lautm.]: (zu den Eulen gehörender) großer, in der Dämmerung jagender Vogel mit gelbbraunem, dunkelbraun geflecktem Gefieder, großen, orangeroten Augen, dickem, rundem Kopf u. langen Federn an den Ohren.

ui ⟨Interj.⟩: Ausruf staunender Bewunderung.

ui je ⟨Interj.⟩ (österr.): oje.

Ukas, der; -ses, -se [russ. ukaz, zu: ukazatʼ = auf etw. hinweisen; befehlen] (scherzh.): Anordnung, Erlass: ein U. der Regierung; einen ministeriellen U. erlassen, befolgen.

Uke|lei, der; -s, -e u. -s [aus dem Slaw.]: silberglän-

zender Karpfenfisch mit blaugrünem Rücken; ²**Laube.**
UKG = Ultraschallkardiografie.
Uk|ra|i̱|ne [auch: ...'krai̯...], die; -: Staat im Südwesten Osteuropas.
Uk|ra|i̱|ner [auch: ...'krai̯...], der; -s, -: Ew.
Uk|ra|i̱|ne|rin [auch: ...'krai̯...], die; -, -nen: w. Form zu ↑ Ukrainer.
uk|ra|i̱|nisch [auch: ...'krai̯...] ⟨Adj.⟩: *die Ukraine, die Ukrainer betreffend; von den Ukrainern stammend, zu ihnen gehörend.*
Uk|ra|i̱|nisch, das; -[s], (nur mit best. Art.:) **Uk|ra|i̱|ni|sche,** das; -n [auch: ...'krai̯...]: *Sprache der Ukrainer.*
Uku|le̱|le, die, od. das; -, -n [hawaiisch ukulele, eigtl. = hüpfender Floh]: *kleine Gitarre mit vier Stahlsaiten.*
UKW [u:ka:'ve:] ⟨o. Art.⟩ = Ultrakurzwelle: UKW einstellen; auf UKW senden.
UKW-Emp|fän|ger, der: *Rundfunkempfänger für Ultrakurzwelle.*
UKW-Sen|der, der: vgl. UKW-Empfänger.
Ul, die; -, -en [mniederd. ule] (nordd.): **1.** *Eule* (1): Spr was dem einen sin Ul, ist dem andern sin Nachtigall, wat den eenen sin Ul, is den annern sin Nachtigall *(was der eine überhaupt nicht mag, kann für den andern höchst erstrebenswert sein).* **2.** *Eule* (3).
Ulan, der; -en, -en [poln. ułan < türk. oğlan = Knabe, Bursche] (früher): *mit einer Lanze bewaffneter Reiter.*
Ulan-Ba̱|tor: Hauptstadt der Mongolei.
Ul|cus, das; -, ...cera: med.-fachspr. für ↑ Ulkus.
Ule̱|ma, der; -s, -s [arab. ūlamā']: *islamischer Rechts- u. Religionsgelehrter.*
Ulk, der; -[e]s, -e ⟨Pl. selten⟩ [urspr. Studentenspr., aus dem Niederd. < mniederd. ulk = Lärm, Unruhe, Händel, lautm.]: *Spaß, lustiger Unfug; Jux:* einen U. machen; [seinen] U. mit jmdm. treiben; er hat es nur aus U. getan.
uḻ|ken ⟨sw. V.; hat⟩: *[mit jmdm.] Ulk machen:* mit jmdm. u.; du ulkst ja bloß!
Ul|ke|rei̱, die; -, -en: **a)** ⟨o. Pl.⟩ *das Ulken:* seine ewige U. geht mir langsam auf die Nerven; **b)** *Spaß, Ulk:* Insgeheim neidete sie den anderen, wie unbesorgt ihr Gelächter gewesen war, wie unbedenklich die -en über die Verhältnisse im Krankenhaus (Johnson, Ansichten 201).
uḻ|kig ⟨Adj.⟩ (ugs.): **a)** *spaßig, komisch, lustig:* -e Zeichnungen, Verse, Geschichten; mit der Pappnase sah er wirklich u. aus; **b)** *seltsam, absonderlich:* er ist ein -er Mensch, Vogel; ein -es Gefühl, Benehmen; es ist doch irgendwie u., dass er sich überhaupt nicht mehr blicken lässt.
Ulk|na|me, der: *Spitzname.*
Ulk|nu̱|del, die (ugs.): *ulkige* (a) *Nudel* (5).
Ul|kus, der; -, Ulzera [lat. ulcus (Gen.: ulceris)] (Med.): *Geschwür, schlecht heilende Wunde in der Haut od. Schleimhaut.*
Ulm: süddeutsche Stadt an der Donau.
Ul|me, die; -, -n [spätmhd. ulme, mhd. ulmboum, entlehnt aus od. urverw. mit lat. ulmus, eigtl. = die Rötliche, Bräunliche, nach der Farbe des Holzes]: **1.** *Laubbaum mit eiförmigen, gesägten Blättern u. büschelig angeordneten Blüten u. Früchten.* **2.** *Holz der Ulme:* ein Tisch aus massiver U.
Ul|men|blatt, das: *Blatt der Ulme.*
¹**Ul|mer,** der; -s, -: Ew.
²**Ul|mer** ⟨indekl. Adj.⟩: das U. Münster.
Ul|me|rin, die; -, -nen: w. Form zu ↑ ¹Ulmer.
Uls|ter [auch: 'alstə], der; -s, - [engl. ulster, nach der früheren nordir. Provinz Ulster, wo der Stoff zuerst hergestellt wurde u. Mäntel daraus gefertigt wurden]: **1.** *loser, zweireihiger Mantel aus Ulster* (2) *[für Herren] mit Rückengürtel u. breitem* ¹*Revers.* **2.** *aus grobem Streichgarn hergestellter, grauter Stoff.*

ult. = ultimo.
Ul|ti|ma Ra̱|tio, die; - - [zu lat. ultimus = der Äußerste, Letzte u. ratio, ↑ Ratio] (geh.): *letztes geeignetes Mittel, letztmöglicher Weg:* Gewalt ist die U. R.
ul|ti|ma̱|tiv ⟨Adj.⟩: **1.** [zu ↑ Ultimatum] *mit Nachdruck [fordernd]; in der Art eines Ultimatums [erfolgend]:* -e Drohungen, Forderungen; jmdn. u. zum Rücktritt auffordern. **2.** [zu lat. ultimus = der Äußerste, Letzte] (bes. Werbespr.) *sich nicht mehr verbessern lassend, das höchste Stadium einer Entwicklung darstellend:* die -e Videokamera; das -e Angebot.
Ul|ti|ma̱|tum, das; -s, ...ten [mlat. ultimatum, subst. 2. Part. von kirchenlat. ultimare = zu Ende gehen, zum Ende kommen, im letzten Stadium sein < lat. ultimare, zu: ultimus = der Äußerste, Letzte] (bildungsspr.): *[auf diplomatischem Wege erfolgende] Aufforderung, eine schwebende Angelegenheit befriedigend zu lösen unter Androhung harter Gegenmaßnahmen, falls der andere nicht Folge leistet:* das U. ist auf sechs Monate befristet; [jmdm.] ein U. stellen; das U. *(die in dem Ultimatum gesetzte Frist)* läuft morgen ab; ein U. ablehnen, erfüllen.
uḻ|ti|mo ⟨Adv.⟩: *am Letzten [des Monats]* (Abk.: ult.): u. Mai; *bis ultimo/Ultimo (ugs.: *bis zu einem unbestimmten, jedoch sehr späten Zeitpunkt:* er hat gestern wieder bis ultimo/Ultimo gearbeitet).
Uḻ|ti|mo, der; -s, -s [ital. (a dì) ultimo = am letzten (Tag) < lat. ultimo (mense Junio) = am letzten Tag (des Monats Juni), zu: ultimus = der Äußerste, Letzte] (Kaufmannsspr.): *letzter Tag [des Monats]:* Zahlungsfrist bis [zum] U.
Uḻ|tra, der; -s, -s [frz. ultra(-royaliste) < lat. ultra, ↑ ultra-, Ultra-] (Jargon): **1.** *besonders radikaler Vertreter einer politischen Richtung, Extremist:* linke, rechte -s. **2.** *[rechtsradikaler] Hooligan (bes. in Spanien u. Italien).*

u̱ḻ|tra-, U̱ḻ|tra- [lat. ultra = jenseits; über ... hinaus, erstarrter Ablativ Fem. von: ulter = jenseitig, zu: uls = jenseits]: **1.** drückt in Bildungen mit Adjektiven eine Verstärkung aus; *in höchstem Maße, extrem, äußerst:* ultrakonservativ, -modern, -radikal. **2.** bedeutet in Bildungen mit Adjektiven od. Substantiven *jenseits von..., über... hinaus, hinausgehend über:* ultrarot; Ultraschall.

ul|tra|cool (salopp, bes. Jugendspr.): *ganz besonders, in höchstem Maße cool:* sie hat einen -en Typen kennengelernt; sie ist, wirkt, verhält sich u.; den Strafstoß hat er u. verwandelt.
uḻ|tra|hart ⟨Adj.⟩ (Physik, Med.): *(von Strahlen) sehr kurzwellig u. energiereich mit der Fähigkeit tiefen Eindringens:* -e Strahlen.
Uḻ|tra|kurz|wel|le, die; -, -n: **a)** (Physik, Funkt.) *Rundfunk) elektromagnetische Welle mit besonders kleiner Wellenlänge;* **b)** (Rundfunk) *Wellenbereich der Ultrakurzwellen* (a) (Abk.: UKW): auf U. schalten; das Programm wird nur auf U. ausgestrahlt.
Uḻ|tra|kurz|wel|len|emp|fän|ger, der: *UKW-Empfänger.*
Uḻ|tra|kurz|wel|len|sen|der, der: *UKW-Sender.*
Uḻ|tra|leicht|flug|zeug, das: *meist sehr einfach konstruiertes, extrem leichtes, ein- od. zweisitziges, von einem kleinen Motor angetriebenes Luftfahrzeug.*
uḻ|tra|ma|rin ⟨Adj.⟩: *tiefblau in leuchtendem, reinem Farbton.*
Uḻ|tra|ma|rin, das; -s [zu mlat. ultramarinus = überseeisch, zu lat. ultra marinum (↑ marin) der Stein, aus der Farbe urspr. gewonnen wurde, kam aus Übersee]: *leuchtend blaue Farbe.*
Uḻ|tra|mon|ta|nis|mus, der; -: *auch auf das poli-*

tische Denken einwirkende streng päpstliche Gesinnung, Gesamtheit der diese Gesinnung teilenden Kräfte.
uḻ|tra po̱s|se ne̱|mo ob|li|ga̱|tur [lat.]: *Unmögliches zu leisten, kann niemand verpflichtet werden* (Grundsatz des röm. Rechts).
uḻ|tra|rot ⟨Adj.⟩ (Physik): *infrarot.*
Uḻ|tra|rot, das ⟨o. Pl.⟩ (Physik): *Infrarot.*
Uḻ|tra|schall, der (Physik): **1.** ⟨Pl. selten⟩ *Schall, dessen Frequenz oberhalb der menschlichen Hörgrenze liegt.* **2.** (ugs.) Kurzf. von ↑ Ultraschallbehandlung, ↑ Ultraschalluntersuchung: zum U. gehen.
Uḻ|tra|schall|be|hand|lung, die (Med., Technik): *Behandlung mit Ultraschall.*
Uḻ|tra|schall|di|a|g|nos|tik, die (Med.): *Sonografie.*
Uḻ|tra|schall|kar|dio|gra|fie, Uḻ|tra|schall|kar|dio|gra|phie, die; -, -n (Med.): *Echokardiografie* (Abk.: UKG).
Uḻ|tra|schall|prü|fung, die (Technik): *Materialprüfung mithilfe von Ultraschall u. Echolot.*
Uḻ|tra|schall|schwei|ßung, die (Technik): *Verfahren zum Verschweißen bes. von Kunststoffteilen mit Ultraschallwellen.*
Uḻ|tra|schall|un|ter|su|chung, die (Med., Technik): *Untersuchung mithilfe von Ultraschallwellen.*
Uḻ|tra|schall|wel|le, die: *Welle* (4 a) *des Ultraschalls.*
Uḻ|tra|strah|lung, die; -, -en: *Höhenstrahlung.*
uḻ|tra|vi|o|lett ⟨Adj.⟩ (Physik): *im Spektrum an Violett anschließend; zum Bereich des Ultravioletts gehörend* (Abk.: UV): *-e Strahlung.*
Uḻ|tra|vi|o|lett, das ⟨o. Pl.⟩ (Physik): *unsichtbare, im Spektrum an Violett anschließende Strahlen mit kurzer Wellenlänge, die chemisch u. biologisch stark wirksam sind* (Abk.: UV).
Uḻ|tra|zen|tri|fu|ge, die (Technik): *mit sehr hohen Drehzahlen laufende Zentrifuge für Laboruntersuchungen.*
Uḻ|ze|ra: Pl. von ↑ Ulkus.
¹**um** ⟨Präp. mit Akk.⟩ [mhd. umbe, ahd. umbi, urspr. = um – herum, zu beiden Seiten]: **1. a)** ⟨räumlich, oft in Korrelation mit »herum«⟩ bezeichnet eine [kreisförmige] Bewegung im Hinblick auf einen in der Mitte liegenden Bezugspunkt: um das Haus [herum] gehen; um die Sonne kreisen; um die Welt segeln, reisen; um ein Kap herumsegeln; um ein Hindernis herumfahren; sich um seine eigene Achse, um sich selbst drehen; um die Ecke biegen, fahren, kommen; der Laden ist gleich um die Ecke *(an einem Ort, den man gleich erreicht, wenn man um die Ecke geht);* Ü es riecht doch alles um das Ruhrgebiet herum nach Geld; **b)** ⟨räumlich, oft in Korrelation mit »herum«⟩ drückt aus, dass etw. eine Lage hat od. erhält, aufgrund deren es eine Mitte, ein Inneres umschließt; umgibt: sie trug eine Kette um den Hals; er band dem Tier einen Strick um den Hals; sie saßen um den Kamin; sie setzten sich um einen Tisch; er hat schwarze Ringe um die Augen, eine Binde um den Arm; um den Platz herum stehen Bäume; die Gegend um Kiel [herum]; der Zaun um den Garten; eine Mauer um etw. bauen; um die Burg läuft ein Graben; Ü die Clique um seinen Bruder Klaus; **c)** ⟨räumlich, oft in Korrelation mit »herum«⟩ ⟨um (betont) + sich⟩ bezeichnet ein von einem Mittelpunkt ausgehendes Tun od. Denken, einen nach allen Seiten ausstrahlenden Einfluss: er schlug wie wild um sich; die Seuche hat immer weiter um sich gegriffen; er wirft mit Schimpfworten nur so um sich. **2. a)** bezeichnet einen genauen Zeitpunkt: um sieben [Uhr] bin ich wieder da; der Zug geht um sechs Uhr neun; **b)** bezeichnet (oft in Korrelation mit »herum«)

einen ungefähren Zeitpunkt o. Ä.: um Weihnachten, um die Mittagszeit [herum]; so um den 15. Mai [herum]; **c)** *vorüber, zu Ende:* die Pause ist um; wenn die nächsten zehn Minuten um sind. **3. a)** drückt einen regelmäßigen Wechsel aus: einen Tag um den anderen *(jeden zweiten Tag);* **b)** ⟨Subst. + um + gleiches Subst.⟩ drückt eine kontinuierliche Folge aus: Tag um Tag verging, ohne dass er etwas unternahm; Schritt um Schritt geht es vorwärts. **4.** bezeichnet [in Verbindung mit einem Komp.] einen Differenzbetrag o. Ä.: einen Preis um die Hälfte, um zehn Euro reduzieren; den Rock um 5 cm kürzen; er ist um einen Kopf größer als ich; er hat sich um einen Meter verschätzt, um eine Minute verspätet. **5.** (landsch.) dient zur Angabe eines Kaufpreises, Gegenwertes; *für;* ◆ Eh will ich mit meiner Geig auf den Bettel herumziehen und das Konzert um was Warmes geben (Schiller, Kabale I, 1). **6.** stellt in Abhängigkeit von bestimmten Wörtern eine Beziehung zu einem Objekt od. einem Attribut her: jmdn. um etw. beneiden, betrügen; er kämpft um sie; der Kampf um die Weltmeisterschaft; um Verständnis bitten; hier sind die Papiere und die Unterlagen, um die Sie mich gebeten hatten; um etw. losen, würfeln, wetten; jmdn. um seinen Lohn, Schlaf bringen; um jmdn. trauern, weinen, werben; mit der Bitte um Stellungnahme; die Sorge um die Kinder; das Wissen um diese Tat; der Skandal um die infizierten Blutkonserven; ich bin eigentlich ganz froh um diese Verzögerung; um was (ugs.; *worum*) geht es denn?; ich weiß nicht, um was (ugs.; *worum*) er sich Sorgen macht; ich werde mich gar nicht um (nordd. ugs.; *darum kümmere ich mich gar nicht);* ◆ »... lassen Sie ihn rufen, haben Sie die Güte.« »Ich geh um ihn *(gehe ihn holen)!«* schrie Peter (Ebner-Eschenbach, Gemeindekind 96).

²**um** ⟨Adv.⟩ [zu ↑¹um]: **1.** *ungefähr, etwa:* das Gerät wird [so] um zweitausend Euro wert sein; das Haus dürfte um eine Million [herum] wert sein; (oft mit folgendem »die«:) es waren um die hundert Leute; es hat so um die hundert Euro gekostet; sie kam mit um die zwanzig Freunden. **2.** * **um und um** (landsch.; *ganz, rundherum, völlig:* die Sache ist um und um faul).

³**um** ⟨Konj.⟩: **a)** ⟨um zu + Inf.⟩ leitet (manchmal weglassbar) einen finalen Infinitiv od. Infinitivsatz ein: sie fuhr in die Stadt, um einzukaufen; ich lief, um den Bus nicht zu verpassen; sie trug eine Sonnenbrille, um nicht erkannt zu werden; ich kenne nur eine Methode, um das Problem zu lösen; ⟨nach bestimmten Verben auch mit Bezug auf das Objekt des übergeordneten Satzes:⟩ ich schickte ihn zum Bäcker geschickt, um Brötchen zu holen; ⟨nicht standardspr. ohne Bezug auf das Subjekt des übergeordneten Satzes:⟩ er wird gelobt, um ihn zu motivieren; **b)** leitet (manchmal weglassbar) einen konsekutiven Inf. od. Infinitivsatz ein: um gewählt zu werden, braucht sie mindestens 287 Stimmen; er war [gerade noch] schnell genug, um es zu schaffen; er war naiv genug, um es naiv, um es zu glauben; der Proviant reicht aus, um das Ziel zu erreichen *(ist so reichlich bemessen, dass das Ziel damit erreicht werden kann);* er ist reich genug, um es zu kaufen *(so reich, dass er es kaufen kann);* ich hatte nicht die/nicht genug/zu wenig Zeit, um ihn zu besuchen *(nicht so viel Zeit, dass ich ihn hätte besuchen können);* das Kind ist. war noch zu klein, um das zu verstehen *(als dass es das verstehen könnte, hätte verstehen können);* er ist zu krank, um zu verreisen *(als dass er verreisen könnte, wollte, dürfte);* sie war glücklich, um in die Luft zu springen *(dass sie in die Luft hätte springen mögen);* es ist, um aus der Haut zu fahren *(zum Aus-der-Haut-Fahren);* **c)** leitet einen weiterführenden Inf. od. Infinitivsatz ein: das Licht wurde immer schwächer, um schließlich ganz zu erlöschen; er wachte kurz auf, um gleich wieder einzuschlafen; ⟨nicht standardspr., wenn »um zu« als final missdeutet werden kann:⟩ er hat als Lyriker begonnen, um erst im Alter Romane zu schreiben; sie ging morgens aus dem Haus, um zu stolpern und sich ein Bein zu brechen.

um|ackern ⟨sw. V.; hat⟩: *umpflügen.*

um|ad|res|sie|ren ⟨sw. V.; hat⟩: *(eine Postsendung) mit einer anderen Adresse versehen:* die Post der Urlauber u.

uma|mi ⟨indekl. Adj.⟩ [jap. umami, eigtl. = Köstlichkeit]: *in einer Geschmacksrichtung liegend, die weder süß noch sauer, bitter od. salzig ist:* Fleisch u. Fisch schmecken u.

um|än|dern ⟨sw. V.; hat⟩: *ändern, verändern:* ein Kleid, einen alten Anzug u.; sie musste den Text u.

Um|än|de|rung, die; -, -en: *das Umändern.*

um|ar|bei|ten ⟨sw. V.; hat⟩: *in wesentlichen Merkmalen verändern, umgestalten:* ein Kostüm [nach neuester Mode] u.; er arbeitete das Drama in ein Hörspiel um.

Um|ar|bei|tung, die; -, -en: **a)** *das Umarbeiten;* **b)** *das Umgearbeitete:* das Hörspiel ist die U. eines Theaterstücks.

um|ar|men ⟨sw. V.; hat⟩: *die Arme um jmdn. legen, jmdn. mit den Armen umschließen [u. an sich drücken]:* jmdn. zärtlich, liebevoll u.; sie umarmten sich [gegenseitig]/(geh.:) einander [leidenschaftlich, zum Abschied, beim Wiedersehen]; Ü er war so glücklich, dass er am liebsten die ganze Welt umarmt hätte.

Um|ar|mung, die; -, -en: *das [Sich]umarmen; das Umarmtwerden, -sein:* sich aus der, jmds. U. lösen.

Um|bau, der; -[e]s, -e u. -ten: **1. a)** *das Umbauen:* der U. [des Gebäudes] hat über eine Million Euro gekostet; unser Geschäft bleibt wegen U./-s bis zum 10. Mai geschlossen; Ü der ökologische U. der Wirtschaft; **b)** *das Umgebaute.* **2.** *etw. um ein Bauwerk, Möbelstück o. Ä. Herumgebautes;* *Umkleidung:* ein U. aus Holz, Kunststoff.

Um|bau|ar|beit, die ⟨meist Pl.⟩: *dem Umbau dienende Arbeit:* die -en werden voraussichtlich etwa vier Monate dauern; für die Dauer der -en.

¹**um|bau|en** ⟨sw. V.; hat⟩: *baulich, in seiner Struktur verändern:* ein Haus, ein Geschäft, einen Bahnhof u.; die Bühne u. *(Kulissen u. Versatzstücke umstellen);* das Schiff soll zu einem schwimmenden Hotel umgebaut werden; ⟨auch ohne Akk.-Obj.:⟩ wir bauen um; Ü die Verwaltung, eine Organisation, das Wirtschaftssystem, die Gesellschaftsordnung u.

²**um|bau|en** ⟨sw. V.; hat⟩: *mit Bauwerken, Mauern, Versatzstücken o. Ä. umgeben, einfassen:* einen Platz mit Wohnhäusern u.; 20000 m³ umbauter (Fachspr.; *von Wänden, Decken u. a. eines Gebäudes umschlossener)* Raum.

um|be|hal|ten ⟨sw. V.; hat⟩ (ugs.): *umgelegt, umgebunden usw. behalten:* den Schal, die Schürze u.

um|be|nen|nen ⟨unr. V.; hat⟩: *anders benennen:* eine Firma, eine Straße u.; das ehemalige Leningrad ist wieder in St. Petersburg umbenannt worden.

Um|be|nen|nung, die; -, -en: *das Umbenennen.*

Um|ber, der; -s, -n: **1.** ⟨o. Pl.⟩ Umbra (2). **2.** [lat. umbra (↑Umbra), vielL. nach der dunklen Färbung] *(im Mittelmeer heimischer) großer, dem Barsch ähnlicher Fisch von bunter Färbung, der trommelnde Laute hervorbringt.*

um|be|schrei|ben ⟨st. V.; hat⟩ (Geom.): *(ein Vieleck) so um einen Kreis herum zeichnen, dass alle Seiten den Kreis berühren; (einen Kreis) als Umkreis eines Vielecks zeichnen:* jedem Dreieck lässt sich ein Kreis u.; wir beschreiben dem Kreis k ein Quadrat um; ⟨meist im 2. Part.:⟩ ein umbeschriebener Kreis.

um|be|set|zen ⟨sw. V.; hat⟩: *einer anderen als der ursprünglich vorgesehenen Person zuteilen, an jmdn. anderes vergeben:* eine Rolle u.; Ämter, Posten u.

Um|be|set|zung, die; -, -en: *das Umbesetzen:* eine U. vornehmen.

um|be|sin|nen, sich ⟨sw. V.; hat⟩: *sich anders besinnen.*

Um|be|sin|nung, die; -, -en: *das Sichumbesinnen; Wandel im Bewusstsein.*

um|be|stel|len ⟨sw. V.; hat⟩: **1.** *zu einer anderen Zeit od. an einen anderen Ort bestellen:* ich werde das Taxi [zu deiner Wohnung, auf 18 Uhr] u. **2.** *eine Bestellung (1 a) ändern:* Herr Ober, ich würde [den Wein] gerne noch einmal u.

um|bet|ten ⟨sw. V.; hat⟩: **1.** *in ein anderes Bett legen:* zwei Schwestern betteten den Schwerkranken um. **2.** *von einem Grab in ein anderes bringen:* jmdn., jmds. Gebeine, einen Leichnam [in einen Sarkophag] u.

Um|bet|tung, die; -, -en: *das Umbetten.*

um|bie|gen ⟨st. V.⟩: **1.** ⟨hat⟩ **a)** *nach einer Seite biegen:* den Draht u.; **b)** (ugs.) *abwenden, verhindern.* **2.** ⟨ist⟩ **a)** *in eine ganz andere Richtung gehen, fahren:* dort musst du [scharf] nach links u.; **b)** *eine Biegung in eine ganz andere Richtung machen:* der Weg bog nach Süden um.

um|bil|den ⟨sw. V.; hat⟩: **a)** *in seiner Form od. Zusammensetzung [ver]ändern, umgestalten:* die Regierung, das Kabinett u.; **b)** ⟨u. + sich⟩ *sich in seiner Form od. Zusammensetzung [ver]ändern:* die Laubblätter bilden sich teilweise zu Ranken um.

Um|bil|dung, die; -, -en: *das [Sich]umbilden; das Umgebildetwerden.*

¹**um|bin|den** ⟨st. V.; hat⟩: **1.** *durch Binden bewirken, dass sich etw. um etw., jmdn. befindet:* einem Kind ein Lätzchen u.; er band [sich] einen Schlips, einen Schal, eine Schürze, ein Beffchen um. **2.** *(ein Buch) anders einbinden, neu binden.*

²**um|bin|den** ⟨st. V.; hat⟩: vgl. ²umwickeln.

¹**um|bla|sen** ⟨st. V.; hat⟩: **a)** *durch Blasen umwerfen:* ein Kartenhaus u.; Ü der Wind hat den Mast, den Radfahrer glatt umgeblasen; **b)** (ugs.) ¹*umlegen* (4 b).

²**um|bla|sen** ⟨st. V.; hat⟩: *um jmdn., etw. herum blasen, wehen:* ein kalter Wind umblies ihn; ⟨oft im 2. Part.:⟩ auf dem vom eisigen Ost umblasenen Gipfel.

Um|blatt, das; -[e]s, Umblätter: *den feinen Tabak einhüllendes, unter dem äußeren Deckblatt liegendes Blatt einer Zigarre.*

um|blät|tern ⟨sw. V.; hat⟩: *(in einem Buch, Heft o. A.) ein Blatt auf die andere Seite wenden:* die Seiten [eines Buches] u.; ⟨auch ohne Akk.-Obj.:⟩ kann ich u.?; könntest du mir [beim Klavierspielen] u.?

Um|blick, der; -[e]s, -e: *das Sichumblicken.*

um|bli|cken, sich ⟨sw. V.; hat⟩: **a)** *nach allen Seiten, in die Runde blicken, seine Umgebung in Augenschein nehmen:* sich nach allen Seiten u.; **b)** *den Kopf drehen u. nach hinten, zur Seite blicken:* er ging weg, ohne sich noch einmal [nach uns] umzublicken.

Um|b|ra, die; -, ...ren [lat. umbra = Schatten (roman. auch = braune Erdfarbe)]: **1.** (Astron.) *dunkler Kern eines Sonnenflecks.* **2.** ⟨o. Pl.⟩ **a)** *erdbraune Malerfarbe aus eisen- u. manganhaltigem Ton;* **b)** *erdbraune Farbe.*

Um|b|ral|glas®, das; -es, ...gläser: *getöntes Brillenglas, das ultraviolette u. ultrarote Strahlen nicht durchlässt.*

um|bran|den ⟨sw. V.; hat⟩ (geh.): *brandend umspülen.*

um|brau|sen ⟨sw. V.; hat⟩: *sich brausend um*

jmdn., etw. herum bewegen: der Sturm umbrauste uns, den Turm.

¹um|bre|chen ⟨st. V.⟩: **1.** ⟨hat⟩ **a)** *knicken u. nieder-, umwerfen:* der Sturm hat etliche Bäume umgebrochen; **b)** *[erstmals] umpflügen.* **2.** ⟨ist⟩ *herunterbrechen, um-, niederfallen:* die Baumkronen sind unter der Schneelast umgebrochen.

²um|bre|chen ⟨st. V.; hat⟩ (Druckw.): *(den Text eines Buches, einer Zeitung o. Ä.) in Seiten, Spalten einteilen.*

Um|bri|en; -s: Region in Mittelitalien.

um|brin|gen ⟨unr. V.; hat⟩ [mhd. umbebringen]: *gewaltsam ums Leben bringen, töten:* jmdn. mit Gift, auf bestialische Weise u.; er hat sich [selbst] umgebracht; Ü die Arbeit bringt einen halb um; sich für jmdn. fast u. *(für jmdn. alles nur Mögliche tun);* das Material ist nicht umzubringen (ugs.; *ist sehr haltbar*); R was mich nicht umbringt, macht mich nur stärker (nach Friedrich Nietzsches »Götzen-Dämmerung oder Wie man mit dem Hammer philosophiert« [1888]).

um|brisch ⟨Adj.⟩: *Umbrien, die Umbrier betreffend; von den Umbriern stammend, zu ihnen gehörend.*

Um|bruch, der; -[e]s, Umbrüche: **1.** *grundlegende Änderung, Umwandlung, bes. im politischen Bereich:* politische, gesellschaftliche Umbrüche; sich im U. befinden; im U. sein. **2.** ⟨o. Pl.⟩ (Druckw.) **a)** *das Umbrechen:* die U. machen, vornehmen; **b)** *umbrochener Satz* (3 b): den U. lesen. **3.** (Landwirtsch.) *das Umbrechen der Ackerkrume.* **4.** (Bergbau) *um einen Schacht herumgeführte Strecke.*

Um|bruch|pha|se, die: *Zeitabschnitt, in dem viele Umbrüche* (1) *stattfinden:* eine schwierige U.; sich in einer U. befinden.

um|bu|chen ⟨sw. V.; hat⟩: **1.** (Wirtsch.) *an einer anderen Stelle im Konto od. auf ein anderes Konto buchen:* einen Betrag u. **2.** *etw. anderes buchen, eine Buchung* (2) *ändern:* eine Reise, einen Flug u.

Um|bu|chung, die; -, -en: **1.** (Wirtsch.) *das Umbuchen* (1). **2.** *das Umbuchen* (2): *das Reisebüro hat für die U. [des Flugs] eine Gebühr berechnet.*

Um|ckal|lo|a|bo®, das; -[s] [wohl geb. aus Wörtern der Zulusprache, die eine Krankheit mit Fieber und Husten (wahrsch. Lungentuberkulose) u. ein Heilmittel dagegen bezeichnen: *aus den Wurzeln einer Pelargonienart gewonnenes, in Form von Tropfen zu verabreichendes Heilmittel, das die Viren bekämpfen u. das Immunsystem stärken soll.*

um|da|tie|ren ⟨sw. V.; hat⟩: **1.** *neu, anders datieren* (2): neue Erkenntnisse haben die Archäologen veranlasst, den Fund [um rund hundert Jahre, ins dritte Jahrhundert, auf 1070] umzudatieren. **2.** *mit einem anderen Datum versehen:* einen Brief u.

um|de|cken ⟨sw. V.; hat⟩: *(einen gedeckten Tisch) anders decken:* den Tisch u.; ⟨auch ohne Akk.-Obj.:⟩ dann muss ich noch einmal u.

um|de|fi|nie|ren ⟨sw. V.; hat⟩: *anders, neu definieren:* etw. von etw. anderem u.; etw. so u., dass es zu den veränderten Bedingungen passt; eine Beziehung u.

um|de|ko|rie|ren ⟨sw. V.; hat⟩: *anders, neu dekorieren:* das Schaufenster, den Saal u.

um|den|ken ⟨unr. V.; hat⟩: **1.** *sich eine neue Denkweise, eine neue Einstellung zu bestimmten Dingen zu eigen machen:* wenn wir die globale Umweltkatastrophe noch verhindern wollen, müssen wir radikal u.; es ist an der Zeit umzudenken; allmählich fängt man auch hierzulande an umzudenken; ⟨oft subst.:⟩ auch bei der Industrie ist erfreulicherweise ein Prozess des Umdenkens eingesetzt. **2.** *denkend, im Denken umgestalten, umbilden, umformen.*

Um|denk|pro|zess, Um|den|kungs|pro|zess, der: *Prozess des Umdenkens:* in der Politik, bei jüngeren Leuten, allmählich hat sich ein U. eingesetzt; einen U. in Gang setzen.

um|deu|ten ⟨sw. V.; hat⟩: *einer Sache eine andere Deutung geben:* ein Symbol, einen Mythos, einen Begriff u.; ein Wort volksetymologisch u.; ein heidnisches Fest im Sinne des Christentums u.; eine Niederlage in einen Erfolg u.

Um|deu|tung, die; -, -en: *das Umdeuten.*

um|dich|ten ⟨sw. V.; hat⟩: *(ein Gedicht, eine Dichtung) dichtend verändern.*

Um|dich|tung, die; -, -en: **1.** *das Umdichten.* **2.** *durch Umdichten einer Vorlage entstandener Text.*

um|di|ri|gie|ren ⟨sw. V.; hat⟩: *an einen andern Ort dirigieren* (2 b): die Fähre wurde nach Kiel umdirigiert.

um|dis|po|nie|ren ⟨sw. V.; hat⟩ (bildungsspr.): *anders, neu disponieren, planen:* aufgrund seiner plötzlichen Erkrankung mussten wir kurzfristig u.

um|drän|gen ⟨sw. V.; hat⟩: *sich eng, dicht um jmdn., etw. drängen:* sie war von Fotografen, Reportern, Autogrammjägern umdrängt.

um|dre|hen ⟨sw. V.; hat⟩: **1.** ⟨hat⟩ **a)** *[eine halbe Umdrehung weit] um die eigene Achse drehen; herumdrehen:* den Schlüssel im Schloss u.; jmdn. den Arm u.; er drehte sich um und ging hinaus; Ü eine Entwicklung u. *(eine neue, der ursprünglichen entgegengesetzte Richtung geben);* einen Spion u. *(für die andere Seite gewinnen);* **b)** *andersherum drehen, auf eine andere, die entgegengesetzte Seite legen, setzen, stellen; herumdrehen:* die Tischdecke, die Matratze u.; ein Blatt, einen Stein, eine Münze u.; behutsam drehte sie den auf dem Rücken liegenden Käfer wieder um; er drehte den Zettel um und beschrieb auch die Rückseite; könntest du bitte mal die Kassette u.?; die Seite u. *(umblättern);* **c)** ⟨u. + sich⟩ *den Kopf wenden, um jmdn., etw. hinter, neben sich sehen zu können:* sich nach seinem Hintermann, einem hübschen Kerl u.; sie sie eine Frau, nach der sich die Männer umdrehen; **d)** *das Innere nach außen kehren, umkrempeln* (2): die Taschen u.; die Hose vor der Wäsche u.; die Jacke kann man auch u. *(kann man auch wenden, um die andere Seite nach außen zu tragen).* **2.** ⟨hat/(auch:) ist⟩ *umkehren* (1): das Boot, der Wagen dreht um; sie mussten kurz vor dem Gipfel u.

¹Um|dre|hung, die; -, -en: *Umkehrung; Verkehrung ins Gegenteil:* die U. des Agenten war gescheitert; eine U. der ursprünglichen Entwicklung hat eingesetzt.

²Um|dre|hung, die; -, -en: **1.** *einmalige Drehung um die eigene Achse:* eine ganze, halbe, viertel U.; der Motor *(die Kurbelwelle des Motors)* macht 4000 -en [in der Minute]. **2.** (ugs.) *Alkoholgehalt [in Prozent]:* das frisch gebraute Festbier hat reichlich -en.

Um|dre|hungs|ach|se, die: *Rotationsachse.*

Um|dre|hungs|ge|schwin|dig|keit, die: *Rotationsgeschwindigkeit.*

Um|dre|hungs|zahl, die: *Drehzahl.*

Um|druck, der; -[e]s, -e: **1.** ⟨o. Pl.⟩ *grafische Technik, bei der auf einem Spezialpapier mithilfe fetthaltiger Farbe ein Abzug gemacht od. eine Zeichnung aufgetragen wird, von der dann eine [neue] Platte aus Stein od. Metall hergestellt werden kann.* **2.** *im Umdruck* (1) *hergestellter Druck.*

um|dru|cken ⟨sw. V.; hat⟩: **1.** *im Umdruckverfahren drucken.* **2.** *anders, mit anderem Text drucken.*

Um|druck|ver|fah|ren, das: *Umdruck* (1).

um|dun|keln ⟨sw. V.; hat⟩ (geh.): *umdüstern* (1).

um|düs|tern ⟨sw. V.; hat⟩ (geh.): **1.** *dunkel, düster erscheinen lassen.* **2.** ⟨u. + sich⟩ *von allen Seiten düster werden:* der Himmel umdüsterte sich.

um|ei|n|an|der ⟨Adv.⟩: *einer um den anderen:* u. herumtanzen; die Gestirne drehen sich um ihre Achsen u.; sie kümmerten sich nicht u.; aus Sorge u.

um|ent|schei|den, sich ⟨sw. V.; hat⟩: *seine Entscheidung wieder ändern, sich neu entscheiden, zu einer anderen Entscheidung gelangen:* wenn es nicht schon zu spät wäre, würde ich mich noch einmal u.

um|er|zie|hen ⟨unr. V.; hat⟩: *jmdn. veranlassen, sich eine andere [politische] Einstellung, Haltung anzueignen:* sie wurden politisch umerzogen.

Um|er|zie|hung, die; -, -en: *das Umerziehen.*

um|eti|ket|tie|ren ⟨sw. V.; hat⟩: *mit einem anderen Etikett versehen:* Weinflaschen, Karteikästen, Aktenordner u.

Um|eti|ket|tie|rung, die; -, -en: *das Umetikettieren; das Umetikettiertwerden.*

um|fä|cheln ⟨sw. V.; hat⟩ (dichter.): *sanft, fächelnd um jmdn. wehen:* Wind umfächelt mich.

¹um|fah|ren ⟨st. V.⟩: **1.** ⟨hat⟩ *fahrend anstoßen u. zu Boden werfen:* ein Verkehrsschild u.; von einem Skiläufer umgefahren werden. **2.** ⟨ist⟩ (landsch. ugs.) *einen Umweg fahren:* da bist du aber weit umgefahren.

²um|fah|ren ⟨st. V.; hat⟩: **a)** *um etw. herumfahren; fahrend ausweichen:* ein Hindernis, eine Halbinsel, ein Kap u.; wir haben die Innenstadt auf der Ringstraße umfahren; Ortskundige werden gebeten, die Unfallstelle, den Streckenabschnitt weiträumig zu u.; **b)** *fahrend umrunden:* sie hat den ganzen See mit dem Rad umfahren.

Um|fahrt, die; -, -en (seltener): *Umweg.*

Um|fah|rung, die; -, -en: **1.** *das ²Umfahren.* **2.** (bes. österr., schweiz.) *Umgehungsstraße.*

Um|fah|rungs|stra|ße, die (österr., schweiz.): *Umgehungsstraße.*

Um|fall, der; -[e]s, Umfälle (abwertend): *das Umfallen* (2): mit dem U. des wichtigsten Zeugen hatte niemand gerechnet.

um|fal|len ⟨st. V.; ist⟩: **1. a)** *aus einer aufrechten, senkrechten Stellung heraus zur Seite fallen:* die Vase, das Fahrrad ist umgefallen; die Lampe fällt leicht um; er ist mit seinem Stuhl umgefallen; ein umgefallenes Verkehrsschild lag quer auf der Fahrbahn; **b)** *aus Schwäche hinfallen, zusammenbrechen:* ohnmächtig, tot u.; sie fielen um wie die Fliegen; ⟨subst.:⟩ zum Umfallen müde sein. **2.** (abwertend) *seinen bisher vertretenen Standpunkt aufgeben, seine Meinung ändern:* wenn nur drei Liberale umfallen, kommt das Gesetz nicht u.

Um|fal|ler, der; -s, - (ugs.): **1.** (abwertend) *jmd., der umfällt* (2), *umgefallen ist, zum Umfallen neigt.* **2.** *Umfall.* **3.** *das Umfallen, Umstürzen.*

Um|fal|le|rin, die; -, -nen: w. Form zu ↑ Umfaller (1).

um|fäl|schen ⟨sw. V.; hat⟩: *in unlauterer Weise als etw. anderes erscheinen lassen, zu etw. anderem stilisieren.*

Um|fäl|schung, die; -, -en: *das Umfälschen; das Umgefälschtwerden.*

Um|fang, der; -[e]s, Umfänge [mhd. umbevanc = Kreis, Umarmung, rückgeb. aus ↑ umfangen]: **1. a)** (bes. Math.) *(bei Flächen) Länge der eine Fläche begrenzenden Linie od. (bei Körpern) Schnittlinie zwischen der Oberfläche eines Körpers u. einer bestimmten den Körper schneidenden Ebene:* der U. eines Kreises mit dem Radius r beträgt 2πr; der U. eines Polygons ist die Summe seiner Seitenlängen; der U. der Erde ist am Äquator am größten, beträgt rund 40 000 Kilometer; den U. von etw. messen, berechnen; der Stamm der alten Eiche hat einen U. von 10 m; die Kragenweite ergibt sich aus dem [am Halsansatz gemessenen] U. des Halses; **b)** *[räumliche] Ausdehnung, Ausmaß, Größe:* der relativ große, kleine, bescheidene U. des Grundstücks, des Gebäudes; der U. der Bibliothek wird auf etwa 200 000 Bände geschätzt; der U. des Schadens lässt sich noch nicht genau beziffern; der U. ihres Wissens ist beachtlich; das Naturschutzgebiet hat einen erheblichen U., einen U. von etwa 1000 km²; die beiden Texte haben etwa den gleichen U.; das Buch hat einen U. von 800 Seiten; ein Bauch von beträchtlichem U.; Seitdem ist uns Gaston, schon damals ein Mann von großer gastronomischer Weitsicht und entsprechendem körperlichen U., in lebhafter, öliger Erinnerung geblieben (*entsprechender Leibesfülle;* Hildesheimer, Legenden 142). **2.** *gesamter Bereich, den etw. umfasst, einschließt, auf den sich etw. erstreckt:* ihre Stimme hat einen erstaunlichen U., einen U. von drei Oktaven; die Kosten werden in vollem U. (*in voller Höhe, vollständig*) erstattet; er war in vollem Umfang[e] geständig (*hat alles gestanden*).

um|fan|gen ⟨st. V.; hat⟩ [älter: umfahen, mhd. umbevāhen, ahd. umbifāhan, zu ↑ fangen in dessen älter Bed. »fassen«] (geh.): *mit den Armen umfassen, fest in die Arme schließen; umarmen:* sie hielt das Kind [mit beiden Armen] umfangen; Ü tiefe Stille, Dunkelheit umfing uns.

um|fäng|lich ⟨Adj.⟩: *[ziemlich] umfangreich, groß:* eine -e [Gemälde]sammlung.

um|fang|mä|ßig: ↑ umfangsmäßig.

um|fang|reich ⟨Adj.⟩: *einen großen Umfang (2) habend; umfassend, groß:* -e Berechnungen, Nachforschungen, Investitionen, Texte; ein -er Katalog, Index; ein -es Programm; das Lexikon, die Literatur zu dem Thema, die Bibliothek ist sehr u.

Um|fangs|be|rech|nung, die: *Berechnung des Umfangs:* bei handschriftlichen Manuskripten sind -en relativ schwierig.

um|fangs|mä|ßig, umfangmäßig ⟨Adj.⟩: *dem Umfang entsprechend, in Bezug auf den Umfang.*

Um|fangs|win|kel, der (Math.): *Winkel zwischen zwei auf dem Kreis sich schneidenden Sehnen eines Kreises.*

um|fär|ben ⟨sw. V.; hat⟩: *anders färben, mit einer neuen Farbe einfärben:* sich die Haare u. lassen.

Um|fär|bung, die; -, -en: *das Umfärben.*

¹um|fas|sen ⟨sw. V.; hat⟩: **1.** *anders fassen (8); mit einer anderen Fassung (1 a) versehen:* die Brillanten sollten umgefasst werden. **2.** (landsch., bes. nordd.) *den Arm um jmdn., etw. legen:* er fasste sie zärtlich um; umgefasst gehen.

²um|fas|sen ⟨sw. V.; hat⟩: **1.** *mit Händen od. Armen umschließen:* jmdn., jmds. Taille, Arme u.; sich [gegenseitig]/(geh.:) *einander u.;* Ü Er umfasst mit einem Blick den Spirituskocher, den Glühwein und Georgs Pyjama (Remarque, Obelisk 145). **2. a)** *einfassen, umgeben:* den Garten mit einer Hecke u.; **b)** (Militär) *von allen Seiten einkreisen, umschließen:* die feindlichen Truppenverbände u. **3. a)** *haben, bestehen aus:* das Werk umfasst sechs Bände; **b)** *einschließen, enthalten, zum Inhalt haben.*

um|fas|send ⟨Adj.⟩: *vielseitig, reichhaltig, viele Teile enthaltend; nahezu vollständig:* eine -e Reform; -e Kenntnisse; ein -es Geständnis ablegen; jmdn. u. informieren.

Um|fas|sung, die; -, -en: **a)** *das ²Umfassen;* **b)** *Einfassung (2), Umzäunung:* eine U. aus Buchsbaum.

Um|fas|sungs|mau|er, die: *Mauer, die etw. umgibt.*

Um|feld, das; -[e]s, -er: **1.** (gepr. von dem dt. Psychologen G. E. Müller (1850–1934)] (bes. Psychol., Soziol.) *auf jmdn., etw. unmittelbar ein-*

wirkende Umgebung (b): *das soziale U. eines Kriminellen.* **2.** *Umgebung* (a).

Um|fi|nan|zie|rung, die; -, -en (Wirtsch.): *Umwandlung von kurzfristigen in langfristige Kredite, von Fremd- in Eigenkapital od. von Krediten in Wertpapiere.*

um|fir|mie|ren ⟨sw. V.; hat⟩: **1.** *(von Industrieunternehmen o. Ä.) eine andere Form, einen anderen Namen annehmen:* in eine AG u. **2.** *(bes. Industrieunternehmen o. Ä.) eine andere Form, einen anderen Namen geben:* ein Unternehmen u.

Um|fir|mie|rung, die; -, -en: *das Umfirmieren.*

um|flat|tern ⟨sw. V.; hat⟩: **1.** *flatternd ²umfliegen* (a): Nachtfalter umflattern die Lampe. **2.** *flatternd umgeben:* ihre langen Haare umflatterten ihr Gesicht.

um|flech|ten ⟨st. V.; hat⟩: *mit Flechtwerk umhüllen:* sie tranken Chianti aus großen [mit Stroh] umflochtenen Flaschen.

¹um|flie|gen ⟨st. V.; ist⟩: **1.** (landsch. ugs.) *einen Umweg fliegen:* wir mussten weit u. **2.** (ugs.) *umfallen* (1): die Vase ist umgeflogen.

²um|flie|gen ⟨st. V.; hat⟩: **a)** *fliegend umkreisen, umrunden:* Mücken umfliegen das Licht; die Astronauten sollen den Mond dreimal u.; **b)** *im Bogen an etw. vorbeifliegen:* ein Hindernis u.; auf ihrem Zug in den Süden umfliegen die Vögel das Hochgebirge.

um|flie|ßen ⟨st. V.; hat⟩: *um jmdn., etw. fließen; fließend umgeben:* in engem Bogen umfließt der Strom den Berg; Ü das Seidenkleid umfloss ihre Gestalt.

um|flo|ren ⟨sw. V.; hat⟩ [zu ↑²Flor]: **1.** *mit einem Trauerflor versehen:* das Bild des Verstorbenen ist umflort. **2.** (geh.) **a)** ⟨u. + sich⟩ *sich wie mit einem Schleier bedecken, umgeben:* ihr Blick umflorte sich (*wurde verschleiert u. trübe von Tränen*); **b)** *als eine Art Schleier, wie eine Art Schleier bedecken, umgeben:* ein Nebelstreif umflorte die Herankommenden; ⟨meist im 2. Part.:⟩ mit von Trauer umflorter (*verdunkelter*) Stimme.

um|flu|ten ⟨sw. V.; hat⟩ (geh.): *als große Wassermasse umgeben, umfließen.*

Um|flu|ter, der; -s, -: *der Abführung von Hochwasser dienendes, natürliches od. künstliches zweites Gewässerbett zur Entlastung eines Wasserlaufs.*

um|for|ma|tie|ren ⟨sw. V.; hat⟩ (EDV): *neu, anders formatieren:* für die Neuauflage muss ich den Text erst u.

um|for|men ⟨sw. V.; hat⟩: *in eine andere Form bringen; in der Form verändern, umändern:* einen Roman, ein Gedicht, eine Gleichung u.; Gleichstrom in/zu Wechselstrom u.; Wärmeenergie in Elektrizität u.; der Schall wird von Mikrofon in ein elektrisches Signal umgeformt; die Kolbenbewegung wird mithilfe einer Pleuelstange in eine Drehbewegung umgeformt.

Um|for|mer, der; -s, - (Elektrot.): *Maschine, mit der elektrische Energie einer Form, Spannung od. Frequenz in eine andere umgeformt wird.*

um|for|mu|lie|ren ⟨sw. V.; hat⟩: *neu, anders formulieren:* einen Text, einen Satz u.

Um|for|mung, die; -, -en: *das Umformen; das Umgeformtwerden.*

Um|fra|ge, die; -, -n [spätmhd. umbfrage = reihum gerichtete Frage]: **a)** *[systematische] Befragung einer [größeren] Anzahl von Personen, z. B. nach ihrer Meinung zu einem bestimmten Problem:* eine repräsentative U.; die U. hat ergeben, dass mindestens dreißig Prozent der in der Stadt Beschäftigten Pendler sind; eine U. [zur/über die Atomkraft] machen, durchführen; etw. durch eine U. ermitteln; **b)** *Rück-, Rundfrage bei einer Reihe von zuständigen od. betroffenen Stellen.*

Um|fra|ge|er|geb|nis, das: *Ergebnis einer Umfrage:* gute, schlechte, besorgniserregende -se; das Diktat der Einschaltquoten u. der -se.

Um|fra|ge|hoch, das [zu ↑Hoch (2)]: *Serie (3) von guten Umfrageergebnissen:* ein beständiges, stabiles U.; das U. der Partei; im U. sein.

um|fra|gen ⟨sw. V.; hat; nur im Inf. u. 2. Part. gebr.⟩: *eine Umfrage machen.*

Um|fra|ge|tief, das [zu ↑Tief (1)]: *Serie (3) von schlechten Umfrageergebnissen:* das U. der Partei, des Kandidaten; im U. sein, bleiben, stecken; ins U. rutschen.

Um|fra|ge|wert, der: *meist durch eine Prozentzahl ausgedrückter Wert, der sich aus einer Umfrage ergibt:* die -e seiner Partei sind wieder um 2 % gesunken.

um|frie|den, (seltener:) **um|frie|di|gen** ⟨sw. V.; hat⟩ [vgl. einfrieden, einfriedigen] (geh.): *mit einer Mauer, einer Hecke o. Ä. umgeben; einfried[ig]en.*

Um|frie|di|gung, Um|frie|dung, die; -, -en: **1.** ⟨o. Pl.⟩ *das Umfrieden.* **2.** *Mauer, Hecke o. Ä., die etw. umfriedet.*

um|fri|sie|ren ⟨sw. V.; hat⟩ (ugs.): **a)** *frisieren* (2 a): eine Bilanz, eine Statistik, ein Protokoll [nachträglich] u.; **b)** (Kfz-Technik) *frisieren* (2 b).

um|fül|len ⟨sw. V.; hat⟩: *aus einem Gefäß od. Behälter in einen andern füllen.*

Um|fül|lung, die; -, -en: *das Umfüllen.*

um|funk|tio|nie|ren ⟨sw. V.; hat⟩: *[eigenmächtig, gegen den Willen eines andern] für einen anderen als den eigentlichen, ursprünglichen Zweck nutzen, zu etw. Andersartigem machen:* eine Vorlesung in ein Happening, Pausenhöfe zu Spielplätzen u.

Um|funk|tio|nie|rung, die; -, -en: *das Umfunktionieren.*

Um|gang, der; -[e]s, Umgänge. **1.** ⟨o. Pl.⟩ **a)** *gesellschaftlicher Verkehr [mit jmdm.]; Beziehung, persönliche Verbindung:* [nahen, freundschaftlichen, intimen, vertrauten] U. mit jmdm. haben, pflegen; guten, schlechten U. haben (*mit Menschen verkehren, die einen guten, schlechten Einfluss auf einen haben*); durch den [häufigen, regelmäßigen, langjährigen] U. mit Amerikanern hat sie sehr gut Englisch gelernt; * **für jmdn. kein U. sein** (ugs.; *zu jmdm. gesellschaftlich nicht passen:* der, die ist kein U. für dich!); **für jmdn. der richtige o. ä. U. sein** (ugs.; *zu jmdm. gesellschaftlich gut passen*); **b)** *das ¹Umgehen* (3 a) *(mit jmdm., etw.):* der U. mit Büchern, mit Geld; durch einen sparsamen U. mit Energie, Wasser die Umwelt entlasten; sie ist erfahren im U. mit Kindern, Tieren. **2. a)** [mhd. umbeganc, ahd. umbigang] (bild. Kunst, Archit.) *Rundgang* (2); **b)** *kirchlicher Umzug; Prozession um einen Altar, ein Feld o. Ä. herum:* Priester und Gemeinde machten einen U./zogen im U. um die Kirche; **c)** (selten) *Rundgang* (1).

um|gäng|lich ⟨Adj.⟩: *(von einem Menschen, auch Tier) verträglich, freundlich, gut mit sich umgehen lassend, keine Schwierigkeiten bereitend; konziliant:* sie ist ein -er Mensch, hat eine -e Art; sie ist sehr u.

Um|gäng|lich|keit, die; -: *das Umgänglichsein.*

Um|gangs|form, die ⟨meist Pl.⟩: *Art des Umgangs* (1 a) *mit anderen Menschen; Art, sich zu benehmen; Manier* (2): gute, gepflegte, schlechte -en besitzen; tadellose -en haben; jmdm. [gute] -en beibringen.

Um|gangs|recht, das ⟨Pl. selten⟩ (Rechtsspr.): *Recht der Eltern (bes. eines nicht erziehungsberechtigten Elternteils) auf persönlichen Umgang mit dem eigenen Kind; Verkehrsrecht* (1): der Vater hatte sich das U. vor Gericht erstritten.

Um|gangs|spra|che, die: **1.** (Sprachwiss.) *Sprache, die im täglichen Umgang mit anderen Men-*

umgangssprachlich–umhängen

schen verwendet wird; nicht der Standardsprache entsprechende, aber weitgehend akzeptierte, meist gesprochene überregionale Sprache: U. sprechen; ein Ausdruck aus der U.; in der U. steht nach »wegen« meist der Dativ. **2.** *Sprache, in der eine Gruppe miteinander umgeht, sich unterhält.*

um|gangs|sprach|lich ⟨Adj.⟩: *zur Umgangssprache gehörend, in der Umgangssprache:* die Wendung »wegen dem Auto« ist u.; ein Imbissstand wird u. auch »Frittenbude« genannt.

Um|gangs|ton, der ⟨Pl. ...töne⟩: *Art, in der Mitglieder einer Gruppe miteinander sprechen; Sprechweise innerhalb einer Gruppe:* im Betrieb herrscht ein herzlicher U.

um|gar|nen ⟨sw. V.; hat⟩ [eigtl. = mit Garnen (2) einschließen]: *durch Schmeichelei, Koketterie o. Ä. für sich zu gewinnen suchen:* mit schönen Worten umgarnte er seine Sekretärin.

Um|gar|nung, die; -, -en: *das Umgarnen.*

um|gau|keln ⟨sw. V.; hat⟩ (geh.): *gaukelnd umgeben, umflattern:* Schmetterlinge umgaukeln uns.

¹**um|ge|ben** ⟨st. V.; hat⟩ (ugs.): *um jmdn., etw. herumlegen; umhängen:* gib dem Kind ein Cape um!

²**um|ge|ben** ⟨st. V.; hat⟩ [mhd. umbegeben, ahd. umbigeban, eigtl. = etw. um etw. herumgeben, LÜ von lat. circumdare]: **a)** *auf allen Seiten (um jmdn., sich o. Ä. herum) sein lassen:* sie umgibt sich mit Fachleuten; Ü jmdn. mit Liebe u.; sich mit einer Aura des Geheimnisvollen u.; jmdn. mit einer Gloriole u. *(jmdn. glorifizieren);* Hinter dem Gebirge wird es hell, die Wiesen umgeben sich mit Tag (Jelinek, Lust 174); **b)** *sich von allen Seiten um jmdn., etw. herum befinden:* eine Hecke umgibt das Haus; er war von Feinden umgeben; ⟨oft im 2. Part.:⟩ der von Fachwerkhäusern umgebene Marktplatz; Ü tiefe Stille, Dunkelheit umgab mich; ...ein Hauch von Heimat und Vertrautheit umgab den Eintretenden (Zwerenz, Quadriga 50).

Um|ge|bin|de, das; -s, - (Bauw. ostmd.): *das Dach tragende Konstruktion aus Pfosten u. Balken, innerhalb deren die nicht tragenden Hauswände stehen.*

Um|ge|bung, die; -, -en: **a)** *Gesamtheit dessen, was jmdn., etw. umgibt, bes. Landschaft, Bauwerke, Straßen usw. im Umkreis um einen Ort, ein Haus o. Ä.:* die unmittelbare, nächste, weitere U. der Stadt; die Stadt hat eine schöne, waldreiche, hügelige U.; in welcher, wo gibt es hier in der U. (in dieser Gegend) ein Schwimmbad?; **b)** *Kreis von Menschen, Bereich, Milieu (1), in dem jmd. lebt:* das Kleinkind braucht seine vertraute U.; sie versuchte, sich der neuen U. anzupassen; die Menschen seiner nächsten U.; aus der U. des Kanzlers war zu erfahren, dass er nicht kandidieren wolle.

Um|ge|gend, die; -, -en (ugs.): *Gegend um etw. herum.*

¹**um|ge|hen** ⟨unr. V.; ist⟩: **1. a)** *im Umlauf sein, sich von einem zum andern ausbreiten:* ein Gerücht, die Angst geht um; im Kindergarten gehen die Masern um; **b)** *als Gespenst umherschleichen, spuken:* der alte Graf beginnt wieder umzugehen; in dem alten Schloss geht ein Gespenst um. **2.** *sich in Gedanken (mit etw.) beschäftigen:* mit einem Plan, einem Gedanken u. **3. a)** *in bestimmter Weise behandeln:* gut, vorsichtig, behutsam, hart, grob mit jmdm., etw. u.; verantwortungsvoll, sparsam, verschwenderisch mit den natürlichen Ressourcen u.; sie geht sehr nachlässig mit ihren Sachen um; mit Geld nicht u. können *(nicht haushalten können);* mit einem Werkzeug, einem Gerät u. können *(es zu benutzen, zu handhaben wissen);* freundlich miteinander u.; Ich habe sie auf Händen getragen: die bequemste Art, umzugehen mit einer Frau, und die schlimmste Art (Frisch, Montauk 94); **b)** *(veraltend) mit jmdm. Umgang (1 a) haben, verkehren:* niemand mochte mit ihm u.; sie gehen schon lange miteinander um; Spr sage mir, mit wem du umgehst, und ich sage dir, wer du bist; **c)** *(mit etw., was einem zu schaffen macht) [in einer bestimmten Weise] zurechtkommen, fertigwerden.* **4.** (landsch. ugs.) *einen Umweg machen.*

²**um|ge|hen** ⟨unr. V.; hat⟩ [mhd. umbegān, umbegēn, ahd. umbigān]: **a)** *um etw. im Bogen herumgehen, -fahren od. verlaufen:* ein Hindernis u.; die Straße umgeht die Stadt in weitem Bogen; ...und schritt die Stufen abwärts zum Bürgersteig. Dort stand sie unsicher und zögernd, schaute nach links aus und nach rechts, die eiligen Passanten umgingen sie (Strauß, Niemand 21); **b)** *(etw. Unangenehmes) vermeiden:* die Anleger gehen ins Ausland, um die Kapitalertragssteuer zu u.; sie hat den kritischen Punkt geschickt umgangen; das lässt sich nicht u.; **c)** *bei etw. so vorgehen, dass damit vermieden wird, dass, was dem eigentlich entsprochen werden müsste:* Gesetze, Vorschriften u.

um|ge|hend ⟨Adj.⟩ (bes. Papierdt.): *sofort, so schnell wie möglich, ohne jede Verzögerung erfolgend:* um -e Erledigung, Zahlung, Antwort wird gebeten; bitte informieren Sie mich u.; Mutter schickte u. das Geld.

Um|ge|hung, die; -, -en: **1. a)** *das ²Umgehen (a): die U. einer Stadt;* **b)** *²Umgehen (b):* sie hat ihm das Haus zur U. der Erbschaftssteuer schon zu ihren Lebzeiten überschrieben; **c)** *das ²Umgehen (c):* sie hat die Sache unter U. der Vorschriften erledigt. **2.** *Kurzf. von* ↑Umgehungsstraße: eine neue U. bauen; die U. benutzen, fahren.

Um|ge|hungs|ge|schäft, das (Rechtsspr.): *Rechtsgeschäft, bei dem bestimmte Rechtsfolgen umgangen werden.*

Um|ge|hungs|stra|ße, die: *[Fernverkehrs]straße, die an einem Ort[skern] herumgeführt wird.*

um|ge|kehrt ⟨Adj.⟩ (eigtl. 2. Part. von ↑umkehren (3)]: *entgegengesetzt, gegenteilig; gerade andersherum:* in -er Reihenfolge, Richtung; im -en Falle, Verhältnis; mit -em Vorzeichen; es, die Sache ist genau u.: Nicht er hat sie verführt, sondern sie ihn.

um|ge|stal|ten ⟨sw. V.; hat⟩: *anders gestalten:* einen Raum, ein Schaufenster, einen Platz u.; einen Hof zu einem Spielplatz u.; Ü die politischen Verhältnisse u.

Um|ge|stal|tung, die; -, -en: *das Umgestalten; das Umgestaltetwerden.*

um|ge|wöh|nen, sich ⟨sw. V.; hat⟩: *sich neu an etw. gewöhnen, sich an etw. anderes gewöhnen:* in ihrem Alter kann man sich nicht mehr so leicht u.

Um|ge|wöh|nung, die; -: *das Sichumgewöhnen.*

um|gie|ßen ⟨st. V.; hat⟩: **1.** *aus einem Gefäß in ein anderes gießen:* sie goss den Wein in eine Karaffe um. **2.** *(Gegenstände aus Metall) schmelzen u. in eine andere Form gießen:* Lettern, eine Glocke u. **3.** (ugs.) *durch versehentliches Umstoßen eines Gefäßes dessen Inhalt verschütten:* wer hat die Milch umgegossen?

um|git|tern ⟨sw. V.; hat⟩: *mit einem Gitter umgeben, umfrieden:* ⟨meist im 2. Part.:⟩ ein umgitterter Platz.

Um|git|te|rung, die; -, -en: **a)** *das Umgittern;* **b)** *Gitter, das etw. umgibt.*

um|glän|zen ⟨sw. V.; hat⟩ (dichter.): *mit Glanz umgeben.*

um|gol|den ⟨sw. V.; hat⟩ (dichter.): *in goldenen Schein hüllen.*

um|gra|ben ⟨st. V.; hat⟩: *durch Graben die oberste Schicht des Erdbodens umwenden:* den Garten, ein Beet u.; ⟨auch ohne Akk.-Obj.:⟩ er ist im Garten und gräbt um.

Um|gra|bung, die; -, -en: *das Umgraben.*

um|grei|fen ⟨st. V.; hat⟩: **1.** *mit den Händen umschließen, umfassen:* er umgriff die Stange mit beiden Händen; sie hielt die Stuhllehne umgriffen. **2.** *in sich begreifen;* ²umfassen (3 b).

¹**um|grei|fen** ⟨st. V.; hat⟩: **1.** *mit den Händen in einen anderen Griff wechseln:* am Lenkrad u.; er hatte bei der Riesenfelge zu spät umgegriffen. **2.** (selten) *weit ausgreifen, sich erstrecken.*

um|gren|zen ⟨sw. V.; hat⟩: *ringsum abgrenzen, umschließen:* eine Hecke umgrenzt das Grundstück; Ü ⟨oft im 2. Part.:⟩ ein klar umgrenztes Aufgabengebiet.

Um|gren|zung, die; -, -en: **a)** *das Umgrenzen;* **b)** *etw. umschließende Grenzlinie:* sich innerhalb der U. aufhalten.

um|grün|den ⟨sw. V.; hat⟩ (Wirtsch.): *(ein Unternehmen) aus einer Rechtsform in eine andere überführen:* eine Kommanditgesellschaft in eine Aktiengesellschaft u.

Um|grün|dung, die; -, -en (Wirtsch.): *das Umgründen.*

um|grup|pie|ren ⟨sw. V.; hat⟩: *anders, neu gruppieren, ordnen.*

Um|grup|pie|rung, die; -, -en: *das Umgruppieren.*

um|gu|cken, sich ⟨sw. V.; hat⟩: **1. a)** *sich umsehen (1 a), umblicken (a):* sich neugierig, verwundert u.; sich in einem Laden ein bisschen u. *(sich die angebotenen Waren ansehen);* R du wirst dich noch u. *(du wirst dich, was dir Illusionen gemacht hast);* **b)** *sich umsehen (1 b):* sich in der Welt u. **2.** *sich umsehen (2), umblicken (b):* sie ging hinaus, ohne sich noch einmal [nach uns] umzugucken; guck dich jetzt bitte nicht um. **3.** *sich nach etw. umsehen (3):* sich nach einem Job, einer Wohnung, einem Mann u.

¹**um|gür|ten** ⟨sw. V.; hat⟩ (veraltend): *als Gürtel umlegen, mit einem Gürtel umschnallen:* sie hat [dir] den Riemen umgegürtet; er gürtete sich das Schwert um.

²**um|gür|ten** ⟨sw. V.; hat⟩ (veraltend): *mit einem Gürtel, etw. Gürtelartigem versehen:* der Ritter wurde mit dem Schwert umgürtet.

♦ **Um|guss,** der; -es, Umgüsse: *das Umgießen.* Ü Die Republik ist zu einem Umgusse zeigig *(reif für einen Umsturz;* Schiller, Fiesco II, 18).

um|ha|ben ⟨unr. V.; hat⟩ (ugs.): *um den Körper od. einen Körperteil tragen:* einen Mantel, eine Uhr, eine Schürze u.

um|ha|cken ⟨sw. V.; hat⟩: **a)** *durch Hacken fällen:* einen Baum u.; **b)** *mit der Hacke auflockern:* die Erde, die Beete u.

um|hä|keln ⟨sw. V.; hat⟩: *einen Rand um etw. häkeln:* ⟨meist im 2. Part.:⟩ ein mit gelber Spitze umhäkeltes Taschentuch.

um|hal|sen ⟨sw. V.; hat⟩: *jmdm. um den Hals fallen:* das Kind umhalste seine Mutter; sie umhalsten sich/⟨geh.:⟩ einander.

Um|hal|sung, die; -, -en: *das Umhalsen.*

Um|hang, der; -[e]s, Umhänge [mhd., ahd. umbehanc = Vorhang, Decke, Teppich]: *[mantelartiges] ärmelloses Kleidungsstück von* ¹Umhängen (2); *Cape, Pelerine.*

¹**um|hän|gen** ⟨sw. V.; hat⟩: **1.** *in anderer Art od. anderer Stelle aufhängen:* Bilder, die Wäsche u. **2.** *um den Hals od. über die Schulter hängen, umlegen:* jmdm., sich einen Mantel, eine Decke, eine Schürze u.; sie hängte sich ihre Handtasche um; sie hatte sich ein schweres Collier umgehängt.

²**um|hän|gen** ⟨st. V.; hat⟩: *um jmdn., etw. herum angebracht sein, [herab]hängen:* Fahnen umhingen den Balkon.

³**um|hän|gen** ⟨sw. V.; hat⟩: *ringsum behängen,*

Umhängetasche – umklappen

umkleiden: das Rednerpult war mit Fahnen umhängt.

Um|hän|ge|ta|sche, die: *Tasche, die an einem Riemen o. Ä. über der Schulter getragen wird.*

Um|häng|ge|tuch, Umhangtuch, Umhängtuch, das ⟨Pl. ...tücher⟩: *großes Tuch zum ¹Umhängen* (2).

Um|häng|ta|sche: ↑ Umhängetasche.

Um|hang|tuch: ↑ Umhängetuch.

Um|häng|tuch: ↑ Umhängetuch.

um|hau|en ⟨unr. V.⟩: **1. a)** ⟨haute/(geh.:) hieb um, hat umgehauen⟩ *mit der Axt o. Ä. fällen:* sie ließ den Baum u.; mit wenigen Schlägen hatte er die Birke umgehauen; **b)** ⟨haute um, hat umgehauen⟩ (ugs.) *mit einem kräftigen Schlag umwerfen, niederstrecken:* einen Angreifer u. **2.** ⟨haute um, hat umgehauen/(landsch.:) umgehaut⟩ (salopp) **a)** *so in der Widerstandskraft o. Ä. beeinträchtigen, dass jmd., etw. einer Sache nicht mehr standhalten kann:* drei Gläser Schnaps hauen ihn einfach um; diese Dosis haut den stärksten Mann um; die Hitze, der Gestank hätte mich fast, hat mich glatt umgehauen; **b)** *sehr beeindrucken, erstaunen, verblüffen, erschüttern, sprachlos machen:* mich haut so schnell nichts um!; das haut einen um!

um|he|gen ⟨sw. V.; hat⟩ (geh.): **1.** *liebevoll umsorgen u. betreuen:* sie umhegte die Kinder zärtlich. **2.** (veraltend) *einfrieden.*

um|her ⟨Adv.⟩ (meist geh.): *ringsum, im Umkreis:* weit u. lagen Trümmer.

um|her|bli|cken ⟨sw. V.; hat⟩: *um sich blicken, nach allen Seiten Ausschau halten:* fragend, suchend u.

um|her|fah|ren ⟨st. V.⟩: **a)** ⟨ist⟩ *herumfahren* (2 a); **b)** ⟨hat⟩ *herumfahren* (2 b): ich ließ mich ein bisschen in der Stadt, in der Gegend] u.

um|her|flat|tern ⟨sw. V.; ist⟩: *herumflattern* (1).

um|her|flie|gen ⟨st. V.⟩: **a)** ⟨ist⟩ *herumfliegen* (a): die Vögel sind im Käfig umhergeflogen; **b)** ⟨ist⟩ *durch die Luft, durch den Raum fliegen* (11): im Zimmer fliegt Staub umher; **c)** ⟨hat⟩ *herumfliegen* (b): die Pilotin hat sie überall umhergeflogen.

um|her|ge|hen ⟨unr. V.; ist⟩: *herumgehen* (1).

um|her|ir|ren ⟨sw. V.; ist⟩: *suchend hin und her laufen, ohne den richtigen Weg zu wissen:* in der Gegend u.

um|her|ja|gen ⟨sw. V.⟩: **1.** ⟨hat⟩ *von einem Platz zum andern, von einer Tätigkeit zur andern treiben, hetzen.* **2.** ⟨ist⟩ *hastig von einem Platz zum anderen, von einer Tätigkeit zur anderen eilen.*

um|her|krie|chen ⟨st. V.; ist⟩: *herumkriechen* (1).

um|her|kur|ven ⟨sw. V.; ist⟩ (ugs.): *herumkurven.*

um|her|lau|fen ⟨st. V.; ist⟩: **1.** *hin u. her laufen, herumlaufen* (1): Polizeistreifen laufen umher. **2.** *herumlaufen* (4): barfuß u.

um|her|lie|gen ⟨st. V.; hat, südd., österr. u. schweiz.: ist⟩: **a)** *herumliegen* (2 a): überall lagen Betrunkene umher; **b)** *herumliegen* (2 b): die Papiere lagen verstreut umher.

um|her|ra|sen ⟨sw. V.; ist⟩: *herumrasen.*

um|her|rei|sen ⟨sw. V.; ist⟩: *herumreisen.*

um|her|rei|ten ⟨st. V.; ist⟩: *herumreiten* (1 a).

um|her|ren|nen ⟨unr. V.; ist⟩ (ugs.): *herumrennen* (1).

um|her|rut|schen ⟨sw. V.; ist⟩: *herumrutschen.*

um|her|schau|en ⟨sw. V.; hat⟩ (landsch.): *umherblicken.*

um|her|schi|cken ⟨sw. V.; hat⟩: *herumschicken.*

um|her|schlei|chen ⟨st. V.; ist⟩: *herumschleichen* (1).

um|her|schlen|dern ⟨sw. V.; ist⟩: *herumschlendern:* auf der Promenade u.

um|her|schlep|pen ⟨sw. V.; hat⟩ (ugs.): *herumschleppen* (1).

um|her|schwei|fen ⟨sw. V.; ist⟩: *schweifend umhergehen, -streifen:* Ü seine Augen im Zimmer u. lassen.

um|her|schwir|ren ⟨sw. V.; ist⟩: *herumschwirren.*

um|her|sit|zen ⟨unr. V.; hat, südd., österr. u. schweiz.: ist⟩: *herumsitzen* (1).

um|her|spa|zie|ren ⟨sw. V.; ist⟩: *herumspazieren* (a).

um|her|sprin|gen ⟨st. V.; ist⟩ (ugs.): *herumspringen.*

um|her|ste|hen ⟨unr. V.; hat, südd. österr. u. schweiz.: ist⟩: **1.** *herumstehen* (1): da stehen sie wieder alle wie die Ölgötzen umher. **2.** *herumstehen* (3): Platten mit Köstlichkeiten standen umher.

um|her|stol|zie|ren ⟨sw. V.; ist⟩: *herumstolzieren:* er stolzierte umher wie ein Gockel, wie der Hahn auf dem Mist.

um|her|strei|chen ⟨st. V.; ist⟩: *herumstreichen* (1).

um|her|strei|fen ⟨sw. V.; ist⟩: *herumstreifen.*

um|her|streu|en ⟨sw. V.; hat⟩: *planlos verstreuen, ausstreuen:* Papierschnitzel u.

um|her|streu|nen ⟨sw. V.; ist⟩ (abwertend): *herumstreunen.*

um|her|to|ben ⟨sw. V.; hat/ist⟩ (ugs.): *herumtoben* (1).

um|her|tol|len ⟨sw. V.; ist⟩: *herumtollen.*

um|her|tra|gen ⟨st. V.; hat⟩: *herumtragen* (1).

um|her|trei|ben ⟨st. V.⟩: **1.** ⟨hat⟩ *herumtreiben* (1): ein Pferd auf der Koppel u. **2.** ⟨ist⟩ *irgendwo planlos hin u. her treiben, getrieben werden:* ein Stück Holz treibt in den Wellen umher. **3.** ⟨u. + sich; hat⟩ (abwertend) *sich herumtreiben* (2): sich in der Gegend u.

um|her|wan|dern ⟨sw. V.; ist⟩: *herumwandern* (1): in der Gegend, [ruhelos] im Zimmer u.

um|her|wir|beln ⟨sw. V.⟩: **1.** ⟨hat⟩ *herumwirbeln* (1): er wurde vom Sturm umhergewirbelt. **2.** ⟨ist⟩ *herumwirbeln* (2): sie wirbelte ausgelassen im Zimmer umher.

um|her|zie|hen ⟨unr. V.; ist⟩: *herumziehen* (1 a).

um|hin|kom|men ⟨st. V.; ist⟩ [spätmhd. umbehin = um etw. herum]: *umhinkönnen* (meist verneint):* sie kam nicht umhin, ihm zuzuhören.

um|hin|kön|nen ⟨unr. V.; hat⟩: *es umgehen, vermeiden können (etw. Bestimmtes zu tun)* (meist verneint): nicht, kaum, schwerlich u., etw. zu tun.

um|hö|ren, sich ⟨sw. V.; hat⟩: *hier u. dort zuhörend u. nachfragend etw. Bestimmtes zu erkunden suchen:* hör dich doch mal [danach] u., was durchschnittlich dafür gezahlt wird.

um|hül|len ⟨sw. V.; hat⟩: *einhüllen, [wie] mit einer Hülle umgeben.*

Um|hül|lung, die; -, -en: **1.** ⟨o. Pl.⟩ *das Umhüllen.* **2.** *Hülle, die etw. umgibt: etw. aus seiner U. herausnehmen.*

Umi|ak, der od. das; -s, -s [eskim. umiaq]: *offenes, von Frauen gerudertes Boot der Inuit.*

U/min = Umdrehungen pro Minute.

Um|in|ter|pre|ta|ti|on, die; -, -en: *das Uminterpretieren:* die feministische U. der Bibel.

um|in|ter|pre|tie|ren ⟨sw. V.; hat⟩: *auf andere Art interpretieren:* manche neigen dazu, persönliche Schwächen in Stärken umzuinterpretieren.

um|ju|beln ⟨sw. V.; hat⟩: *jubelnd feiern* (1 c).

um|kämp|fen ⟨sw. V.; hat; meist im 2. Partizip⟩: *heftig um etw. kämpfen:* ⟨meist im 2. Part.:⟩ ein heiß umkämpfter Sieg.

Um|kar|ton, der; -s, -s (Gewerbespr.): *Verpackung aus Pappe, die etw. meist bereits Verpacktes vor Beschädigung schützen soll.*

Um|kehr, die; -: *das Umkehren:* sie entschlossen sich zur U.; Ü für eine U. *(dafür, dass man sein als falsch, als Irrweg erkanntes Verhalten von Grund auf ändert)* ist es noch nicht zu spät.

um|kehr|bar ⟨Adj.⟩ (auch Fachspr.): *sich umkehren* (3 a) *lassend:* eine nicht, kaum mehr -e Entwicklung.

um|keh|ren ⟨sw. V.⟩: **1.** ⟨ist⟩ *kehrtmachen u. zurückgehen, -fahren usw.:* auf halbem Wege u. **2.** ⟨hat⟩ (selten) **a)** *auf die andere Seite bzw. von unten nach oben kehren, drehen, wenden:* ein Blatt Papier, einen Tisch u.; ⟨oft im 2. Part.:⟩ ein umgekehrter *(auf dem Kopf stehender)* Pyramidenstumpf; auf der Netzhaut entsteht ein umgekehrtes und seitenverkehrtes *(auf dem Kopf stehendes)* Bild des Objekts; **b)** ⟨u. + sich⟩ *sich umdrehen* (1 c), *umwenden* (2): ich kehrte mich noch einmal [nach ihr] um; **c)** *auf die andere Seite bzw. von innen nach außen drehen:* die Jacke, die Strümpfe, die Hosentaschen u.; Ü das ganze Haus [nach oben] u. *(gründlich durchsuchen);* **d)** ⟨u. + sich⟩ *von innen nach außen gedreht werden; sich umstülpen.* **3.** ⟨hat⟩ **a)** *ins Gegenteil verkehren:* ein Verhältnis u.; **b)** ⟨u. + sich⟩ *sich ins Gegenteil verkehren:* die Entwicklung, die Tendenz, der Trend hat sich umgekehrt.

Um|kehr|film, der (Fotogr.): *Film, der beim Entwickeln sofort ein Positiv liefert.*

Um|kehr|funk|ti|on, die (Math.): *inverse Funktion.*

Um|kehr|schluss, der (Rechtsspr.): *(bei der Gesetzesauslegung) Schlussfolgerung, die darin besteht, dass ein Rechtssatz, der einen bestimmten abgegrenzten Tatbestand regelt, für die nicht genannten Fälle nicht anwendbar ist:* daraus folgt im U., dass ...

Um|keh|rung, die; -, -en: **1.** *das [Sich]umkehren* (3): die U. der Reihenfolge, einer Aussage, einer Entwicklung, eines Trends. **2.** (Musik) **a)** *Veränderung eines Intervalls* (2) *durch Versetzen des oberen Tons in die obere Oktave od. des unteren Tons in die obere Oktave;* **b)** *Veränderung eines Akkords durch Versetzung des untersten Tons in die obere Oktave;* **c)** *Ergebnis der Umkehrung* (2 a).

um|kip|pen ⟨sw. V.⟩: **1.** ⟨ist⟩ **a)** *das Übergewicht bekommen u. [zur Seite] kippen:* die Vase kippt leicht um; das Boot, die Leiter ist umgekippt; sie ist mit dem Stuhl umgekippt; **b)** (ugs.) *ohnmächtig werden u. umfallen:* in der stickigen Luft sind einige umgekippt; **c)** (ugs. abwertend) *sich stärkerem Einfluss beugen u. seine Meinung, Gesinnung, Haltung ändern; umfallen:* im Kreuzverhör ist die Zeugin umgekippt; wenn nur drei Abgeordnete umkippen, kann das Gesetz schon scheitern; **d)** (ugs.) *plötzlich [ins Gegenteil] umschlagen:* die Stimmung im Saal kippte plötzlich um; jmds. Stimme kippt um *(schlägt in eine andere Stimmlage um);* **e)** (ugs.) *(vom Wein) durch zu lange Lagerung sauer, ungenießbar werden;* **f)** (Jargon) *(von Gewässern) biologisch absterben, nicht mehr die Voraussetzung für organisches Leben bieten:* das Meer, der See droht umzukippen. **2.** ⟨hat⟩ *etw. zum Umkippen* (1 a) *bringen:* eine Kiste, einen Eimer u.; die Randalierer haben Autos umgekippt und in Brand gesetzt; pass auf, du kippst gleich dein Glas um.

um|klam|mern ⟨sw. V.; hat⟩: *jmdn., etw. gewaltsam, krampfhaft umfassen:* jmdn., etw. [mit beiden Armen] u.; er umklammert halten; Ü Furcht umklammerte ihn.

Um|klam|me|rung, die; -, -en: **1.** *das Umklammern:* die U. der Handgelenke. **2.** *umklammernder Griff:* sich aus einer U. befreien.

um|klapp|bar ⟨Adj.⟩: *sich umklappen lassend:* eine -e Rücksitzlehne.

um|klap|pen ⟨sw. V.⟩: **1.** ⟨hat⟩ *auf die andere Seite, in eine andere Richtung klappen:* die Rücklehne eines Autositzes u. **2.** ⟨ist⟩ (ugs.) *umkippen* (1 b): ihm wurde schlecht und dann ist er einfach umgeklappt.

Umkleide – umlenken

Um|klei|de, die; -, -n (ugs.): Umkleideraum.
Um|klei|de|ka|bi|ne, die: Kabine (2a) zum Umkleiden.
¹um|klei|den ⟨sw. V.; hat⟩ (geh.): ¹umziehen (2): das Kind, sich u.; ⟨subst.:⟩ jmdm. beim Umkleiden behilflich sein; Strümpfe, Haarbürsten und vieles andere lag umher, was zurückbleibt, wenn eine Frau sich eilig von Kopf bis Fuß für eine Gesellschaft umkleidet (Musil, Mann 579).
²um|klei|den ⟨sw. V.; hat⟩: mit etw. Schützendem, Schmückendem o. Ä. umgeben, ringsum verkleiden: einen Kasten mit grünem Tuch u.
Um|klei|de|raum, der: Raum (1) zum Umkleiden.
¹Um|klei|dung, die; -, -en ⟨Pl. selten⟩ (selten): das Umkleiden: sie hatte sich zur U. zurückgezogen.
²Um|klei|dung, die; -, -en: 1. ⟨Pl. selten⟩ das ²Umkleiden: bei der U. des Papierkorbs hatte sie sich mit der Schere verletzt. 2. etw., das etw. ²umkleidet: die samtene U. war beschädigt.
um|kni|cken ⟨sw. V.⟩: 1. ⟨hat⟩ a) so umbiegen, dass ein Knick entsteht: ein Blatt Papier u.; b) zur Seite biegen, bis ein Knick entsteht: Grashalme u.; der Sturm hat den Baum umgeknickt. 2. ⟨ist⟩ zur Seite knicken: das Streichholz ist beim Anreißen umgeknickt. 3. ⟨ist⟩ mit dem Fuß zur Seite knicken: [mit dem Fuß] u.
um|kom|men ⟨st. V.; ist⟩ [mhd. umbekomen]: 1. durch einen Unfall, bei einem Unglück den Tod finden; ums Leben kommen: im Krieg, bei einem Erdbeben u.; unzählige Seevögel kamen durch die, bei der Ölpest um. 2. (ugs. emotional) etw. kaum ertragen, aushalten können: vor Hitze, Langeweile u.; im Dreck u. 3. ⟨von Lebensmitteln⟩ nicht verbraucht werden u. verderben: nichts u. lassen.
um|ko|pie|ren ⟨sw. V.; hat⟩ (Fotogr.): 1. von einem Negativ bzw. Positiv ein weiteres Negativ bzw. Positiv herstellen: einen Film [auf ein anderes Material, Format] u. 2. (EDV) Daten von einem Datenträger auf einen anderen kopieren: die Datei auf einen USB-Stick u.
um|kral|len ⟨sw. V.; hat⟩: mit den Krallen, wie mit Krallen umfassen: der Adler umkrallte seine Beute mit beiden Fängen; seine Finger umkrallten die Türklinke.
um|krän|zen ⟨sw. V.; hat⟩: bekränzend umwinden: die Tafel war mit Blumen umkränzt; Ü der See ist von Wäldern umkränzt.
Um|krän|zung, die; -, -en: 1. ⟨Pl. selten⟩ das Umkränzen. 2. Umkränzendes: eine schöne U. aus Blumen herstellen.
Um|kreis, der; -es, -e. 1. ⟨o. Pl.⟩ umgebendes Gebiet, [nähere] Umgebung: im U. der Stadt wohnen; die Explosion war 80 km im U./im U. von 80 km zu hören; im ganzen U. gibt es kein Schwimmbad; im weiten/weit im U. wachsen keine Bäume. 2. (Geom.) Kreis, der durch alle Ecken eines Vielecks geht: den U. eines Dreiecks, eines regelmäßigen Sechsecks zeichnen.
um|krei|sen ⟨sw. V.; hat⟩: sich kreisförmig o. ä. um jmdn., etw. bewegen: die Planeten umkreisen die Sonne; Ü seine Gedanken umkreisten das Thema.
Um|krei|sung, die; -, -en: das Umkreisen.
um|krem|peln ⟨sw. V.; hat⟩: 1. aufkrempeln: [jmdm., sich] die Hemdsärmel, die Hosenbeine u. 2. auf die andere Seite, nach innen nach außen kehren: Strümpfe, seine Hosentaschen u.; Ü das ganze Haus [nach etw.] u. (gründlich durchsuchen). 3. (ugs.) von Grund auf ändern, umgestalten: der neue Chef hat den ganzen Betrieb, hat hier erst mal alles umgekrempelt; der Trainer hat die Mannschaft völlig umgekrempelt.
Um|la|de|bahn|hof, der: Bahnhof zum Umladen von Gütern; Umschlagbahnhof.
um|la|den ⟨st. V.; hat⟩: 1. von einem Behälter, Wagen o. Ä. in einen anderen laden: Güter [auf Laster, Schiffe] u.; die Kohle wird im Hafen vom Schiff in Bahnwaggons umgeladen. 2. entladen u. mit etw. anderem laden: einen Laster, einen Frachter u.
Um|la|dung, die; -, -en: das Umladen.
Um|la|ge, die; -, -n: umgelegter Betrag (je Person, Beteiligten usw.): die U. beträgt 65 Euro pro Person.
¹um|la|gern ⟨sw. V.; hat⟩: anders lagern (als vorher): das Getreide [in trockene Räume] u.; einen Patienten, Verletzten vorsichtig u.
²um|la|gern ⟨sw. V.; hat⟩: stehend od. gelagert in großer Zahl umgeben: Reporter umlagerten den Star, die Präsidentin.
¹Um|la|ge|rung, die; -, -en: das ¹Umlagern.
²Um|la|ge|rung, die; -, -en: das ²Umlagern.
Um|land, das; -[e]s: a) eine Stadt umgebendes, wirtschaftlich u. kulturell überwiegend auf sie ausgerichtetes Gebiet: die im U. [der Stadt] wohnenden Pendler; b) Region, Gegend, Landschaft um ein Gewässer.
Um|land|ge|mein|de, die: im Umland einer [größeren] Stadt liegende [kleinere] Gemeinde: die Eingemeindung der -n.
um|las|sen ⟨st. V.; hat⟩ (ugs.): umgelegt, umgebunden, umgehängt usw. lassen: die Uhr, die Schürze, den Schal u.
Um|lauf, der; -[e]s, Umläufe. 1. a) ⟨o. Pl.⟩ kreisende Bewegung, das Kreisen, ¹Umlaufen (3a) [um etw.]: der U. (die Rotation 1) der Erde um die Sonne; b) einzelne Kreisbewegung beim ¹Umlaufen: die Erde braucht für einen U. [um die Sonne] ein Jahr. 2. ⟨o. Pl.⟩ Kreislauf, Zirkulation; das ¹Umlaufen (3a) der U. des Blutes im Gefäßsystem. 3. ⟨o. Pl.⟩ das In-Gebrauch-Sein (von etw.) als Zahlungsmittel o. Ä.: der U. von Bargeld; etw. aus dem U. ziehen; diese Münze ist seit zehn Jahren in/im U.; Falschgeld in U. bringen, geben, setzen; damals kamen die ersten Silbermünzen in U.; Ü ein Gerücht in U. bringen (dafür sorgen, dass es weitergetragen wird); ein Wort kommt in U. (in Gebrauch, wird populär). 4. (in einem Betrieb, einer Behörde) ¹umlaufendes Schriftstück, Rundschreiben o. Ä., das gelesen [abgezeichnet] u. weitergegeben wird. 5. Fingerentzündung. 6. (Reitsport) ⟨erstes, zweites usw.⟩ Zurücklegen des Parcours bei einem Wettbewerb im Springreiten. 7. (Wirtsch., Verkehrsw.) Kurzf. von ↑Umlaufzeit (2).
Um|lauf|bahn, die (Astron., Raumfahrt): Bahn eines umlaufenden Himmelskörpers, Satelliten o. Ä.; Orbit: die -en der Planeten; einen Satelliten in eine U. um die Erde schießen, bringen.
¹um|lau|fen ⟨sw. V.⟩: 1. ⟨hat⟩ laufend anstoßen u. dadurch umwerfen: jmdn., etw. u. 2. ⟨ist⟩ (landsch.) versehentlich einen Umweg machen. 3. ⟨ist⟩ a) sich um etw. drehen, um etw. kreisen: ein auf einer elliptischen Bahn umlaufender Himmelskörper; rotieren: ein umlaufendes Rad; c) ringsherum verlaufen: ein umlaufender Balkon; d) (Meteorol.) (vom Wind) dauernd die Richtung wechseln: umlaufende Winde. 4. ⟨ist⟩ sich im Kreislauf befinden, zirkulieren: im Gefäßsystem umlaufende Blut. 5. ⟨ist⟩ im Umlauf (3) sein, immer weitergegeben, weitervermittelt werden; kursieren: über ihn laufen allerlei Gerüchte um.
²um|lau|fen ⟨st. V.; hat⟩: [im Kreis] um etw. [herum]laufen: er hat den Platz umlaufen; der Mond umläuft die Erde in 28 Tagen.
Um|lauf|ge|schwin|dig|keit, Umlaufsgeschwindigkeit, die: Geschwindigkeit, mit der etw. ¹umläuft (3a).
Um|lauf|ren|di|te, die (Wirtsch.): Rendite festverzinslicher, im Umlauf befindlicher Wertpapiere.
Um|lauf|ver|mö|gen, das (Wirtsch.): einem Unternehmen nur kurzfristig gehörender, für den Umsatz bestimmter Teil seines Vermögens.
Um|lauf|zeit, Umlaufszeit, die: 1. Zeit[dauer] des Umlaufs (1, 2). 2. (Wirtsch., Verkehrsw.) Zeit, die ein Fahrzeug od. Schiff bis zur nächsten Bereitstellung unterwegs ist.
Um|laut, der; -[e]s, -e: 1. ⟨o. Pl.⟩ (Sprachwiss.) Veränderung eines Vokals, bes. der Wechsel eines a, o, u, au zu ä, ö, ü, äu: der Plural wird oft mit U. [des Stammvokals] gebildet. 2. a) (Sprachwiss.) durch Umlauten entstehender Vokal bzw. Diphthong: der U. in »Häuser«; standardsprachlich hat der Plural von »Lager« keinen U.; movierte Formen mit U.; b) Buchstabe, der für einen Umlaut (2a) stehen kann (ä, ö, ü): wie werden die -e beim Alphabetisieren behandelt?
um|lau|ten ⟨sw. V.; hat⟩; meist im Passiv⟩ (Sprachwiss.): zum Umlaut machen: das a, der Stammvokal wird im Plural oft umgelautet; die umgelautete Pluralform ist fachsprachlich.
um|leg|bar ⟨Adj.⟩: 1. sich ¹umlegen (3) lassend: eine -e Rückbank. 2. sich ¹umlegen (6) lassend: Verwaltungskosten sind nicht auf die Mietparteien u.
Um|le|ge|ka|len|der, der; -s, -: Kalender, dessen Blätter sich ¹umlegen (3) lassen.
¹um|le|gen ⟨sw. V.; hat⟩: 1. um den Hals, die Schultern, den Körper, einen Körperteil legen: jmdm., sich einen Schal, eine Decke, einen Verband u. 2. a) der Länge nach auf den Boden, auf die Seite legen: einen Mast u.; Bäume u. (fällen); der Regen hat das Getreide umgelegt (niedergedrückt); b) ⟨u. + sich⟩ umknicken (2); niedergedrückt werden: das Getreide hat sich umgelegt. 3. umklappen; auf die andere Seite klappen, legen: einen Hebel u.; den Kragen, eine Stoffkante, in Kalenderblatt u.; die Lehne der Rückbank lässt sich [nach vorn] u. 4. a) (ugs.) zu Boden werfen: jmdn. mit einem Boxhieb u.; b) (salopp) kaltblütig umbringen, bes. erschießen; c) (derb) ⟨als Mann⟩ zum Geschlechtsverkehr verleiten, verführen: ein Mädchen u. 5. a) anders, an eine andere Stelle, in ein anderes Zimmer usw. legen: einen Kranken u.; b) in einen anderen Stelle, mit anderem Verlauf usw. legen: ein Kabel u.; ein Telefongespräch u. (auf einen anderen Apparat legen); c) (Termine o. Ä.) auf einen anderen Zeitpunkt legen: einen Termin, eine Veranstaltung u. 6. anteilmäßig verteilen: die Heizkosten werden nach einem bestimmten Schlüssel auf die Mietparteien umgelegt; Bauland u. (Fachspr.: Bauland neu in Grundstücke aufteilen u. diese anteilsmäßig den Eigentümern der ursprünglichen Grundstücke zuteilen).
²um|le|gen ⟨sw. V.; hat⟩: 1. mit etw., was zur Verzierung, Garnierung o. Ä. außen herumgelegt wird, umgeben: den Braten mit Pilzen u. 2. umhüllen, einhüllen.
um|lei|ten ⟨sw. V.; hat⟩: anders leiten, [streckenweise] einen anderen Weg leiten: den Verkehr, einen Zug, einen Bach u.; die Anrufe werden automatisch zu einem anderen Apparat umgeleitet.
Um|lei|tung, die; -, -en: 1. das Umleiten. 2. Strecke, über die der Verkehr umgeleitet wird: die Strecke ist gesperrt, aber es gibt hier eine U. fahren, einrichten.
Um|lei|tungs|schild, das: Hinweisschild für eine Umleitung.
um|len|ken ⟨sw. V.; hat⟩: 1. a) in eine andere, bes. in die entgegengesetzte Richtung lenken (1a); umwenden: den Wagen u.; b) sein Fahrzeug umlenken (1a): die Fahrerin lenkte um. 2. in einen anderen Weg, in eine andere Richtung, an ein anderes Ziel lenken (2a): einen Seilzug [über eine Rolle] u.; der Lichtstrahl wird umgelenkt; Ü Investitionsmittel u.

Umlenkung – umrunden

Um|len|kung, die; -, -en ⟨Pl. selten⟩: *das Umlenken.*
um|ler|nen ⟨sw. V.; hat⟩: **1.** *sich durch erneutes Lernen (1) umstellen:* bereit sein umzulernen. **2.** *etw. anderes, einen anderen Beruf, eine andere Methode o. Ä. lernen (2).*
um|lie|gend ⟨Adj.⟩: *in der näheren Umgebung, im Umkreis von etw. liegend:* Neustadt und die -en Dörfer.
Um|luft, die; - (Technik): **1.** *Luft klimatisierter Räume, die abgesaugt, aufbereitet u., mit Außenluft gemischt, zurückgeleitet wird.* **2.** *(in Umluftbacköfen, Mikrowellenherden) Heißluft, die durch ein Gebläse ständig umgewälzt wird:* mit U. backen, braten, grillen; den Ofen, die Mikrowelle auf U. schalten *(das Heißluftgebläse einschalten).*
Um|luft|herd, der: *Herd mit einem Backofen, der mit Umluft (2) arbeitet; Heißluftherd.*
um|ma|chen ⟨sw. V.; hat⟩ (ugs.): **1.** *umbinden, umlegen:* ich werde dem Hund ein Halsband u. **2.** *umhacken, umhauen, umschlagen.*
um|man|teln ⟨sw. V.; hat⟩ (bes. Fachspr.): *mit einem Mantel (2) umgeben:* ⟨meist im 2. Part.:⟩ ein mit Kunststoff ummanteltes Kabel.
Um|man|te|lung, die; -, -en: **1.** *das Ummanteln.* **2.** *äußere Hülle; Mantel (2).*
um|mau|ern ⟨sw. V.; hat⟩: *mit einer Mauer umgeben.*
Um|mau|e|rung, die; -, -en: **1.** *das Ummauern.* **2.** *Mauer, mit der etw. umgeben ist.*
um|me [gek. aus süd(west)dt. mundartl. umme-su(n)st = umsonst]: in der Fügung **für umme** (salopp): *gratis, umsonst* 1: Computerspiele für u.; das habe ich für u. gekriegt.
um|mel|den ⟨sw. V.; hat⟩: *abmelden u. woanders anmelden, auf einen anderen Namen usw. melden:* bei jedem Wohnsitzwechsel muss man sich u.; ein Auto u.
Um|mel|dung, die; -, -en: *das Ummelden.*
um|mo|deln ⟨sw. V.; hat⟩: *ändern, umgestalten, umformen.*
Um|mo|de|lung, Um|mod|lung, die; -, -en: *das Ummodeln.*
um|mün|zen ⟨sw. V.; hat⟩: **1.** *durch Umwandeln in etw. verwerten, auswerten:* wissenschaftliche Erkenntnisse in technische Neuerungen u.; es gelang der Mannschaft nicht, ihre Überlegenheit in Tore umzumünzen. **2.** *(meist abwertend) [verfälschend] in, zu etw. umdeuten:* eine Niederlage in einen Sieg/zu einem Sieg u.
Um|mün|zung, die; -, -en: *das Ummünzen.*
um|nach|ten ⟨sw. V.; hat⟩ [eigtl. = mit Nacht umgeben] (geh.): *(geistig) verdunkeln, trüben, verwirren:* geistig umnachtet *(verwirrt, dement)* sein.
Um|nach|tung, die; -, -en (geh.): *geistige Verwirrung; Demenz:* er hat es im Zustand geistiger U. getan.
¹**um|nä|hen** ⟨sw. V.; hat⟩: ¹*umschlagen (1) u. festnähen:* eine Hose u. *(die Hosenbeine [kürzen u.] umnähen).*
²**um|nä|hen** ⟨sw. V.; hat⟩: *durch Nähen befestigen, einfassen:* eine umnähte Kante.
um|ne|beln ⟨sw. V.; hat⟩: **1.** (selten) *ringsum in Nebel hüllen.* **2.** *(jmdm. den Blick, den Verstand) trüben:* ⟨meist im 2. Part.:⟩ [vom Alkohol] leicht umnebelt sein; einen etwas, leicht umnebelten Blick haben.
Um|ne|be|lung, Um|neb|lung, die; -, -en: *das Umnebeln; das Umnebeltsein.*
um|neh|men ⟨st. V.; hat⟩ (ugs.): *sich etw. umlegen, umhängen:* einen Mantel, eine Stola u.
um|nie|ten ⟨sw. V.; hat⟩ (salopp): **a)** *niederschießen;* **b)** *niederschlagen;* **c)** ¹*umfahren (1):* ein Radfahrer hatte sie einfach umgenietet.
um|nut|zen, um|nüt|zen ⟨sw. V.; hat⟩ (bes.

Amtsspr.): *für einen anderen, neuen Zweck nutzen:* ein Gebäude u.
Um|nut|zung, (auch:) **Um|nüt|zung,** die; -, -en (bes. Amtsspr.): *das Umnutzen.*
um|ord|nen ⟨sw. V.; hat⟩: *anders, neu ordnen.*
Um|ord|nung, die; -, -en: *das Umordnen; Umgeordnetwerden:* die U. von Strukturen.
Um|or|ga|ni|sa|ti|on, die; -, -en: *Umorganisierung.*
um|or|ga|ni|sie|ren ⟨sw. V.; hat⟩: *anders, neu organisieren:* das Schulwesen, die Verwaltung, die Abteilung u.
Um|or|ga|ni|sie|rung, die; -, -en: *das Umorganisieren.*
um|ori|en|tie|ren, sich ⟨sw. V.; hat⟩: *sich anders, neu orientieren:* sich beruflich, politisch, wirtschaftlich u.
Um|ori|en|tie|rung, die; -, -en: *das Sichumorientieren.*
um|pa|cken ⟨sw. V.; hat⟩: **1.** *in etw. anderes packen:* seine Sachen aus der Tasche in den Koffer u. **2.** *anders, neu packen:* seine Sachen, den Koffer, das Auto u.; ⟨auch ohne Akk.-Obj.:⟩ ich muss noch einmal [ganz] u.
um|par|ken ⟨sw. V.; hat⟩: *woanders parken (1):* sie hat ihr Auto umgeparkt; ⟨auch ohne Akk.-Obj.:⟩ ich muss u.; Ü Gelder (in einen Fonds) u. (Jargon; *woanders anlegen).*
¹**um|pflan|zen** ⟨sw. V.; hat⟩: *an einen anderen Ort pflanzen:* die Blumen [in größere Töpfe] u.
²**um|pflan|zen** ⟨sw. V.; hat⟩: *mit etw., was ringsherum gepflanzt wird, umgeben:* der Rasen ist mit Blumen umpflanzt.
¹**Um|pflan|zung,** die; -, -en: *das* ¹*Umpflanzen.*
²**Um|pflan|zung,** die; -, -en: *das* ²*Umpflanzen.*
um|pflü|gen ⟨sw. V.; hat⟩: *mit dem Pflug bearbeiten, umbrechen, überall umwenden:* den Acker u.; Ü der Boden war von Panzerketten umgepflügt.
um|po|len ⟨sw. V.; hat⟩ (Physik, Elektrot.): *die Pole von etw. vertauschen:* Ü sollten Linkshänder auf rechts umgepolt werden? (ugs.; *sollten sie zu Rechtshändern gemacht werden?).*
Um|po|lung, die; -, -en: *das Umpolen.*
um|prä|gen ⟨sw. V.; hat⟩: **1.** *mit einer anderen Prägung versehen, die Prägung von etw. ändern:* Münzen u.; Ü etw. prägt jmds. Charakter um. **2.** (Verhaltensf.) *anders, neu prägen (2b).*
Um|prä|gung, die; -, -en: *das Umprägen.*
um|pro|gram|mie|ren ⟨sw. V.; hat⟩ (EDV): *anders, neu programmieren (2):* einen Computer, DVD-Rekorder u.
Um|pro|gram|mie|rung, die; -, -en (EDV): *das Umprogrammieren.*
um|pum|pen ⟨sw. V.; hat⟩: vgl. *umfüllen:* die Ladung des Tanklastzugs u.
um|pus|ten ⟨sw. V.; hat⟩ (ugs.): *umblasen.*
um|quar|tie|ren ⟨sw. V.; hat⟩: *jmdn. in einem anderen, neuen Quartier unterbringen.*
Um|quar|tie|rung, die; -, -en: *das Umquartieren.*
¹**um|rah|men** ⟨sw. V.; hat⟩: *mit einem anderen Rahmen (1 a) versehen:* das Bild muss umgerahmt werden.
²**um|rah|men** ⟨sw. V.; hat⟩: **1.** *wie mit einem Rahmen (1 a) umgeben:* ein Bart umrahmt sein Gesicht. **2.** *einer Sache einen bestimmten Rahmen (3 a) geben:* ein Streichquartett umrahmte den Vortrag mit Kammermusik.
¹**Um|rah|mung,** die; -, -en: *das* ¹*Umrahmen.*
²**Um|rah|mung,** die; -, -en: **1.** *das* ²*Umrahmen.* **2.** ²*Umrahmendes; Rahmen:* Vorträge mit musikalischer U.
um|ran|den ⟨sw. V.; hat⟩: *rundum mit einem Rand versehen:* die Stelle rot, mit Rotstift u.; ⟨oft im 2. Part.:⟩ mit Buchsbaum umrandete Beete.
um|rän|dert ⟨Adj.⟩: *ringsum gerändert:* rot -e Augen.

Um|ran|dung, die; -, -en: **1.** *das Umranden.* **2.** *Umrandendes; Rand:* die steinerne U. eines Grabes.
um|ran|gie|ren ⟨sw. V.; hat⟩: **1.** *durch Rangieren anders [zusammen]stellen:* einen Zug u. **2.** *durch Rangieren das Gleis wechseln:* der Zug, die Lok muss u.
um|ran|ken ⟨sw. V.; hat⟩: *rankend umgeben; sich um etw. ranken:* Efeu umrankt das Fenster; Ü (geh.:) Sagen, Anekdoten umranken jmdn., etw.
Um|raum, der; -[e]s, Umräume (bes. Fachspr.): *umgebender Raum.*
um|räu|men ⟨sw. V.; hat⟩: **1.** *an eine andere Stelle räumen:* die Möbel u.; die Bücher in ein anderes Regal u. **2.** *durch Umräumen (1) umgestalten:* ein Zimmer u.
Um|räu|mung, die; -, -en: *das Umräumen.*
um|rech|nen ⟨sw. V.; hat⟩: *ausrechnen, wie viel etw. in einer anderen Einheit (2) ergibt:* Euro in Schweizer Franken, Zoll in Zentimeter, Zentner in Kilogramm u.
Um|rech|nung, die; -, -en: *das Umrechnen.*
Um|rech|nungs|kurs, der: *Kurs (4), zu dem eine Währung in eine andere umgerechnet wird.*
¹**um|rei|ßen** ⟨st. V.; hat⟩: **1.** *zu Boden reißen, durch heftige Bewegung umwerfen, zum Umfallen bringen:* der Sturm hat das Zelt, das Gerüst umgerissen. **2.** *durch Umwerfen o. Ä. niederreißen, zerstören:* einen Mast, einen Zaun u.
²**um|rei|ßen** ⟨st. V.; hat⟩: *knapp, in großen Zügen u. dabei in seinen wesentlichen Punkten darstellen:* die Situation, den Sachverhalt, den Tatbestand mit ein paar Sätzen, mit wenigen Worten u.; ⟨oft im 2. Part.:⟩ fest umrissene *(fest abgegrenzte, klare)* Vorstellungen von etw.; ...drang von allen Seiten Neues, Gefürchtetes, Auflösendes in mein bisher so scharf umrissenes und so streng abgeschlossenes Leben (Hesse, Steppenwolf 142).
¹**um|rei|ten** ⟨st. V.⟩: **1.** *reitend umwerfen.* ♦ **2.** (ist) *einen Umweg reiten:* ... er wollte noch eine Meile u. nach dem Orte, wo ein Patchen von mir auf dem Edelhof diente (Cl. Brentano, Kasperl 352).
²**um|rei|ten** ⟨st. V.; hat⟩: *um etw. herumreiten (1 b):* das Feld u.
um|ren|nen ⟨unr. V.; hat⟩: *rennend anstoßen u. dadurch umwerfen:* jmdn., etw. u.; der Hund hat das Kind, den Papierkorb glatt umgerannt.
um|rin|gen ⟨sw. V.; hat⟩ [mhd. umberingen, ahd. umbi(h)ringen, zu: mhd. umbering, umbi(h)ring = Umkreis, zu ↑Ring]: *(von Personen) in größerer Anzahl, dicht umgeben, umstehen; umdrängen:* Der Ball bei Montforts ist das Ereignis des Sommers. Das Haus und der Garten werden von Polizei umringt sein (Remarque, Triomphe 351).
Um|riss, der; -es, -e [zu ↑Riss (3)]: *äußere, rings begrenzende Linie bzw. Gesamtheit von Linien, wodurch sich jmd., etw. [als Gestalt] von seiner Umgebung abhebt, auf einem Hintergrund abzeichnet:* der U. eines Hauses, eines Mannes; im Nebel wurden die -e eines Schiffs sichtbar; etw. im U., in groben -en zeichnen; Ü etw. nimmt allmählich feste -e *(feste Gestalt)* an.
Um|riss|li|nie, die ⟨meist Pl.⟩: *Linie des Umrisses; Kontur:* die -n eines Gebirges.
Um|riss|zeich|nung, die: *Zeichnung, die nur die Umrisse von etw. zeigt.*
Um|ritt, der; -[e]s, -e: *Umzug zu Pferd.*
um|ru|beln ⟨sw. V.; hat⟩ (ugs. veraltend): *in eine andere Währung umwechseln.*
um|rüh|ren ⟨sw. V.; hat⟩: *durch Rühren bewegen u. [durcheinander]mischen:* die Suppe [mit dem Kochlöffel] u.; die Farbe muss gut umgerührt werden.
um|run|den ⟨sw. V.; hat⟩: *rund um etw. herumge-*

hen, -fahren usw.: den See [zu Fuß, mit dem Auto] u.

Um|run|dung, die; -, -en: *das Umrunden.*

um|rüs|ten ⟨sw. V.; hat⟩: **1. a)** *anders ausrüsten, bewaffnen als bisher:* eine Armee [auf andere Bewaffnung] u.; **b)** *seine Rüstung umstellen:* die Streitkräfte haben [auf neue Kampfflugzeuge] umgerüstet. **2.** (bes. Fachspr.) *umbauen u. anders ausrüsten;* etw. für einen anderen Zweck u.; ein Kraftwerk auf Gasbetrieb u.; ⟨auch ohne Akk.-Obj.:⟩ rechtzeitig auf Winterreifen u.

Um|rüs|tung, die; -, -en: **1.** *das Umrüsten* (1). **2.** (bes. Fachspr.) *das Umrüsten* (2); *das Umgerüstetwerden:* die schadstoffmindernde U. alter Autos.

ums ⟨Präp. + Art.⟩: *um das:* u. Haus gehen; ⟨nicht auflösbar in festen Verbindungen:⟩ u. Leben kommen.

um|säl|beln ⟨sw. V.; hat⟩: (bes. Fußballjargon): *einen gegnerischen Spieler grob u. unfair zu Fall bringen, indem man ihm mit dem Fuß die Beine wegzieht.*

¹**um|sa|cken** ⟨sw. V.; hat⟩ [zu ↑sacken]: *in andere Säcke umfüllen:* Mehl u.

²**um|sa|cken** ⟨sw. V.; ist⟩ [zu ↑sacken] (ugs.): *(ohnmächtig) umfallen.*

um|sä|gen ⟨sw. V.; hat⟩: *mithilfe der Säge umlegen, fällen:* einen Baum, einen Mast u.

um|sat|teln ⟨sw. V.; hat⟩: **1.** *mit einem anderen Sattel versehen:* ein Pferd u. **2.** (ugs.) *eine andere Ausbildung beginnen, einen anderen Beruf ergreifen, die Disziplin, das Betätigungsfeld o. Ä. wechseln:* er hat [auf Wirt] umgesattelt; sie hat nach drei Semestern Chemie auf Jura umgesattelt.

Um|satz, der; -es, Umsätze [mniederd. ummesat = Tausch, zu: ummesetten, ↑umsetzen (3 d)]: **1.** *Gesamtwert (innerhalb eines bestimmten Zeitraums) abgesetzter Waren, erbrachter Leistungen:* der U. steigt; Werbung hebt den U.; Die Kneipe hat, macht am Abend im Schnitt 2 000 Euro U., einen U. von 2 000 Euro; U. machen (Jargon; *einen beträchtlichen Umsatz erzielen*); einen großen, guten U. an/ (seltener:) von/in Seife haben (*beim Verkauf von Seife einen hohen, zufriedenstellenden Umsatz erzielen*); die Mitarbeiterinnen u. Mitarbeiter sind am U. beteiligt; Die Ernte ist recht befriedigend ausgefallen, und wir haben einen sehr schönen U. erzielen können (Fallada, Trinker 203). **2.** (Fachspr., bes. Med., Chemie) *Umsetzung (von Energie, von Stoffen).*

Um|satz|ana|ly|se, die (Wirtsch.): *den Umsatz (1) betreffende Analyse.*

Um|satz|an|stieg, der: *Anstieg des Umsatzes (1).*

Um|satz|be|tei|li|gung, die: *Beteiligung am Umsatz (1).*

Um|satz|ein|bu|ße, die ⟨meist Pl.⟩: *Rückgang, Verlust beim Umsatz (1):* der Einzelhandel musste empfindliche -n hinnehmen.

Um|satz|er|war|tung, die (Wirtsch.): *Höhe des zu erwartenden Umsatzes (1).*

Um|satz|mi|nus, das: *Minus (1) beim Umsatz (1):* ein U. von 10%.

Um|satz|plus, das ⟨o. Pl.⟩: *Plus (1) beim Umsatz (1):* ein U. von 10%; ein zweistelliges U.

Um|satz|pro|vi|si|on, die: **1.** (Wirtsch.) *vom Umsatz (1) berechnete Provision.* **2.** (Bankw.) *vom Umsatz (1) eines Kontos bzw. als Teil der Kreditkosten berechnete Provision.*

Um|satz|ren|di|te, die: *Gewinn im Verhältnis zum Umsatz.*

Um|satz|rück|gang, der: *Rückgang des Umsatzes (1).*

um|satz|schwach ⟨Adj.⟩: *keine hohen Umsätze (1) erzielend, mit sich bringend:* -e Filialen werden geschlossen.

um|satz|stark ⟨Adj.⟩: *hohe Umsätze (1) erzielend,*

mit sich bringend: eine -e Gaststätte, Tankstelle, Handelskette.

Um|satz|stei|ge|rung, die: *Steigerung des Umsatzes (1).*

Um|satz|steu|er, die: *auf den Umsatz (1) erhobene Steuer.*

Um|satz|ver|gü|tung, die: **1.** (Wirtsch.) *vom Umsatz (1) berechnete Vergütung.* **2.** (Bankw.) *vom Umsatz (1) eines Kontos bzw. als Teil der Kreditkosten berechnete Vergütung.*

Um|satz|war|nung, die (Börsenw.): *Ankündigung eines Unternehmens, dass der zunächst erwartete Umsatz (1) voraussichtlich nicht erzielt werden kann.*

Um|satz|ziel, das: *angestrebter Umsatz (1).*

¹**um|säu|men** ⟨sw. V.; hat⟩: *umschlagen, einschlagen u.* ¹*säumen (1):* den Stoffrand, ein Kleid u.

²**um|säu|men** ⟨sw. V.; hat⟩: **1.** *rundum* ¹*säumen (1), mit einem Saum (1) umgeben.* **2.** (geh.) *rings, rundherum* ¹*säumen (2), als Saum (2) umgeben:* ⟨meist im 2. Part.:⟩ ein von Hecken umsäumter Weg.

um|schaf|fen ⟨st. V.; hat⟩ (geh.): *aus etw. durch Umgestaltung etw. Neues schaffen.*

Um|schaf|fung, die; -, -en (geh.): *das Umschaffen.*

um|schal|ten ⟨sw. V.; hat⟩: **1. a)** *durch Schalten (1 a) anders einstellen:* den Strom u.; die Kamera auf manuelles Fokussieren u.; das Netz auf Wechselstrom u.; ⟨auch ohne Akk.-Obj.:⟩ auf Abblendlicht, auf Batteriebetrieb u.; ich schaltete [auf ein anderes Programm] um; mit dieser Taste schaltet man [auf Großbuchstaben] um; wir schalten jetzt ins Stadion um ⟨*stellen eine Funk-, Fernsehverbindung zum Stadion her*⟩; **b)** *automatisch umgeschaltet (1 a) werden:* die Ampel schaltet [auf Gelb] um; ⟨auch u. + sich:⟩ wenn der Strom ausfällt, schaltet sich das Gerät [automatisch] auf Akkubetrieb um. **2.** *schalten (2a):* [vom 3., 5.] in den 4. Gang u.; rechtzeitig vor der Steigung auf das kleine Kettenblatt u. **3.** (ugs.) *sich umstellen, auf etw. anderes einstellen:* nach dem Urlaub wieder [auf Arbeit] u.; vergiss in Dover nicht, auf Linksverkehr umzuschalten!; wenn er nach Hause kommt, schaltet er sofort, automatisch auf Dialekt um.

Um|schal|ter, der; -s, -: **1.** (Technik) *[Gerät mit einem] Schalter zum Umschalten (1).* **2.** *Umschalttaste (a).*

Um|schalt|he|bel, der: *Hebel zum Umschalten (1).*

Um|schalt|tas|te, die: **a)** *Schreibmaschinentaste zum Umschalten von Klein- auf Großbuchstaben;* **b)** (EDV) *Taste zum Umschalten [von Klein- auf Großbuchstaben]; Shifttaste.*

Um|schal|tung, die; -, -en: *das Umschalten.*

Um|schal|lung, die; -, -en: *Verschalung (2).*

um|schat|ten ⟨sw. V.; hat⟩ (geh.): *mit Schatten umgeben.*

Um|schau, die; -: *das Sichumsehen; Rundblick:* wir laden zur freien U. in unseren Ausstellungsräumen ein; *[nach jmdm., nach etw.] U. halten (sich [nach jmdm., nach etw.] suchend umsehen).*

um|schau|en, sich ⟨sw. V.; hat⟩ (bes. südd., österr., schweiz.): **1. a)** *umsehen (1):* sie war neugierig, verwundert [im Zimmer] u.; **b)** *umsehen (1 b):* sie hatte sich in der EDV-Branche umgeschaut. **2.** *umsehen (2):* sich [nach jmdm., etw.] u. **3.** *umsehen (3):* sich nach einer neuen Wohnung u.

um|schäumt ⟨Adj.⟩ (Fachspr.): *mit Schaum (4) umgeben.*

um|schich|ten ⟨sw. V.; hat⟩: **1. a)** *anders, neu schichten (1);* **b)** (bes. Finanzw.) *anders, neu verteilen:* den Etat u. *(eine neue Verteilung der Etatmittel vornehmen).* **2.** ⟨u. + sich⟩ *sich in*

Schichtung, Form, Aufteilung verändern: die Bevölkerung schichtet sich um *(die Struktur der Bevölkerung verändert sich).*

um|schich|tig ⟨Adj.⟩: *sich [in Schichten] ablösend, abwechselnd:* u. arbeiten.

Um|schich|tung, die; -, -en: **1. a)** *das Umschichten (1 a);* **b)** (bes. Finanzw.) *das Umschichten (1 b):* eine U. des Etats vornehmen. **2.** *das Sichumschichten.*

¹**um|schif|fen** ⟨sw. V.; hat⟩: *(zum weiteren Transport) auf ein anderes Schiff bringen:* Güter, Waren u.; die Passagiere wurden umgeschifft.

²**um|schif|fen** ⟨sw. V.; hat⟩: *mit dem Schiff* ²*umfahren (a):* eine Klippe u.; das Kap konnte wegen der starken Gegenströmung nicht umschifft werden; Ü bei den Verhandlungen wurden alle Klippen, die Knackpunkte, wurde das Dilemma geschickt umschifft.

¹**Um|schif|fung,** die; -, -en: *das* ¹*Umschiffen.*

²**Um|schif|fung,** die; -, -en: *das* ²*Umschiffen.*

Um|schlag, der; -[e]s, Umschläge: **1. a)** *etw., womit etw., bes. ein Buch, eingeschlagen, eingebunden ist;* **b)** *Kurzf. von* ↑*Briefumschlag.* **2.** *[feuchtes] warmes od. kaltes Tuch, das zu Heilzwecken um einen Körperteil gelegt wird:* kalte, heiße Umschläge. **3.** *umgeschlagener Rand an Kleidungsstücken:* eine Hose mit U.; Ärmel mit breiten Umschlägen. **4.** ⟨o. Pl.⟩ [mhd. umbeslac] *plötzliche, unvermittelte starke Veränderung, plötzliche Umkehrung, Verkehrung; das* ¹*Umschlagen (5):* ein plötzlicher U. der Stimmung; es kann leicht zu einem U. ins Gegenteil kommen. **5.** ⟨o. Pl.⟩ [mniederd. ummeslach = Tausch, Jahrmarkt] (Wirtsch.) **a)** *Umladung von Gütern bzw. Überführung zwischen Lager u. Beförderungsmittel;* **b)** ¹*umgeschlagene (6) Menge;* **c)** *Umsatz, Verwandlung, Nutzbarmachung von Werten, Mitteln.* **6.** ⟨o. Pl.⟩ (Handarb.) *das* ¹*Umschlagen (7) des Fadens beim Stricken.*

Um|schlag|bahn|hof, der: *Umladebahnhof.*

¹**um|schla|gen** ⟨st. V.⟩ [mhd. umbeslahen = sich ändern, eigtl. = in andere Richtung schlagen]: **1.** ⟨hat⟩ *[den Rand von] etw. in eine andere Richtung, auf die andere Seite wenden:* den Kragen, die Ärmel, den Teppich u.; die Seiten eines Buchs u. *(umwenden).* **2.** ⟨hat⟩ *durch einen Schlag od. durch Schläge zum Umfallen bringen:* Bäume u. **3.** ⟨hat⟩ *jmdm., sich etw.* ¹*umlegen (1), umwerfen (3):* jmdm., sich ein Tuch, eine Decke u. **4.** ⟨ist⟩ **a)** *(in seiner ganzen Länge od. Breite) plötzlich auf die Seite schlagen, umkippen (1 a), umstürzen (1):* das Boot, der Kran ist plötzlich umgeschlagen; **b)** *(vom Wind) plötzlich stark die Richtung ändern:* der Wind ist [nach Westen] umgesprungen. **5.** ⟨ist⟩ *sich plötzlich, unvermittelt verkehren, stark ändern:* das Wetter schlug um; etw. schlägt ins, in sein Gegenteil um; die Stimmung ist [in allgemeine Verzweiflung] umgeschlagen; ihre Stimme schlug um *(ging plötzlich in eine andere Stimmlage über);* der Wein ist umgeschlagen *(ist trüb geworden u. hat einen schlechten Geruch u. Geschmack angenommen);* ... offenbar ist hier, in der langen Geschichte des wohlfeilen Buches, ein Punkt erreicht, wo die Quantität in Qualität umschlägt (Enzensberger, Einzelheiten I, 139). **6.** ⟨hat⟩ (Güter, meist in größeren Mengen, regelmäßig) *umladen.* **7.** ⟨hat⟩ (Handarb.) *den Faden um die Nadel legen.*

²**um|schla|gen** ⟨st. V.; hat⟩ (Druckw.): *(Druckbogen) wenden:* umschlagene Bogen.

Um|schlag|ent|wurf, der: *Entwurf für den Umschlag (1 a):* der U. stammt von der Autorin selbst.

Um|schla|ge|tuch, Umschlagtuch, das; -[e]s, ...tücher: *großes Tuch, das um Kopf u. Schultern geschlagen wird.*

Umschlaghafen–umsetzen

Um|schlag|ha|fen, der: *Hafen für den Güterumschlag.*

Um|schlag|platz, der (Wirtsch.): *Platz, Ort, an dem Güter* ¹*umgeschlagen* (6) *werden:* die Stadt ist ein wichtiger U. [für den Osthandel].

Um|schlag|sei|te, die (Buchw., Druckw.): *eine der vier Seiten des Umschlags* (1 a): die Anzeige ist auf der vierten U. aller wichtigen Illustrierten erschienen.

Um|schlag|tuch: ↑ Umschlagetuch.

um|schlei|chen ⟨st. V.; hat⟩: *im Kreis, im Bogen um jmdn., um etw. schleichen.*

um|schlie|ßen ⟨st. V.; hat⟩: **1. a)** *umzingeln, einschließen:* die Stadt wurde umschlossen; **b)** *umgeben [u. einschließen]; sich um jmdn., etw. schließen.* **2. a)** *mit den Armen, Händen usw. umfassen:* jmdn. [mit beiden Armen] fest u.; **b)** *(von Armen, Händen usw.) umfassen:* jmds. Finger umschlossen etw. ganz fest. **3.** *einschließen, in sich begreifen, zum Inhalt haben.*

Um|schlie|ßung, die; -, -en: *das Umschließen* (1).

¹**um|schlin|gen** ⟨st. V.; hat⟩: *jmdm., sich etw. um den Körper, einen Körperteil schlingen:* sich ein Halstuch u.

²**um|schlin|gen** ⟨st. V.; hat⟩: **1.** *(mit den Armen) umfassen:* jmds. Nacken, Taille u.; ⟨oft im 2. Part.:⟩ die beiden hielten sich [fest] umschlungen. **2.** *sich um etw. herumschlingen:* Kletterpflanzen umschlangen den Stamm der Pappel. **3.** *mit etw.* ²*umwinden* (1).

Um|schlin|gung, die; -, -en: *das* ²*Umschlingen* (1, 2); *das Umschlungensein.*

Um|schluss, der; -es, Umschlüsse [zu: umschließen]: *Strafgefangenen, Untersuchungshäftlingen gewährter gegenseitiger Besuch bzw. zeitweiliger gemeinsamer Aufenthalt in einer Zelle:* jmdm. U. gewähren.

um|schmei|cheln ⟨sw. V.; hat⟩: **1.** *jmdm. schöntun, jmdn. schmeichelnd umwerben:* zahlreiche Verehrer umschmeichelten sie; ⟨oft im 2. Part.:⟩ sie fühlte sich umschmeichelt. **2.** *mit schmeichelnder Zärtlichkeit umgeben:* das Kind umschmeichelt die Mutter; Ü ein leichter Wind umschmeichelte ihr Gesicht.

um|schmei|ßen ⟨st. V.; hat⟩ (ugs.): **1.** *umwerfen* (1): eine Vase, einen Stuhl u. **2.** *umwerfen* (4 a): ihn schmeißt so leicht nichts um. **3. a)** *umstoßen* (2 b): seinen Plan u.; **b)** *umstoßen* (2 b): das würde unseren ganzen Plan u.

um|schmel|zen ⟨st. V.; hat⟩: *durch Schmelzen umformen.*

Um|schmel|zung, die; -, -en: *das Umschmelzen.*

um|schnal|len ⟨sw. V.; hat⟩: *umlegen u. mit der Schnalle schließen:* ich schnallte [mir] das Koppel um.

um|schnü|ren ⟨sw. V.; hat⟩: *mit einer Schnur o. Ä. fest umwickeln [u. zuschnüren]:* ein Bündel u., ein Paket mit Bindfaden u.

Um|schnü|rung, die; -, -en: **1.** *das Umschnüren; das Umschnürtwerden.* **2.** *etw., womit etw. umschnürt ist:* die U. des Pakets lösen.

¹**um|schrei|ben** ⟨st. V.; hat⟩: **1.** *(Geschriebenes) umarbeiten:* einen Aufsatz, ein Drehbuch, eine Komposition u. **2.** *([Aus]geschriebenes) schriftlich ändern:* eine Rechnung u. **3.** *transkribieren* (1): chinesische Schriftzeichen in lateinische Schrift u. **4.** *durch Änderung einer schriftlichen Eintragung übertragen; woanders eintragen:* Vermögen, Grundbesitz [auf jmdn., auf jmds. Namen] u. lassen; einen Betrag auf ein anderes Konto u.

²**um|schrei|ben** ⟨st. V.; hat⟩: **1.** *um-, abgrenzend beschreiben, festlegen, bestimmen:* jmds. Aufgabe [genau, kurz] u. **2. a)** *etwas, bes. mit mehr als den direkten Worten [verhüllend] ausdrücken od. beschreiben:* etw. gleichnishaft u.; man kann es nicht übersetzen, man muss es u.; eine Sache, einen Sachverhalt, eine Situation [schamhaft] u.; **b)** (Sprachwiss.) *(eine einfache Wortform) durch einen bedeutungsgleichen komplexeren Ausdruck ersetzen:* die Süddeutschen umschreiben *(bilden)* das Perfekt von »stehen« mit [dem Hilfsverb] »sein«; im Englischen wird das Verb in verneinten Sätzen meist mit »to do« umschrieben. **3.** (bes. Geom.) *rund um etw. zeichnen, beschreiben:* ein Dreieck mit einem Kreis u.

¹**Um|schrei|bung**, die; -, -en: *das* ¹*Umschreiben:* die Lektorin duldet keine weitere U. des Manuskripts.

²**Um|schrei|bung**, die; -, -en: **1.** *das* ²*Umschreiben.* **2.** *umschreibender Ausdruck, Satz:* »aus dem hohlen Bauch« ist eine U. für »unvorbereitet«.

um|schrei|ten ⟨st. V.; hat⟩ (geh.): *schreitend umrunden:* jmdn., etw. u.

um|schrie|ben ⟨Adj.⟩ [2. Part. zu ↑ ²umschreiben (1)] (Fachspr.): *deutlich abgegrenzt, umgrenzt, bestimmt:* genau umschriebene Bestimmungen; ein -es (Med.; *lokalisiertes*) Ekzem.

Um|schrift, die; -, -en: **1.** (Sprachwiss.) **a)** *Lautschrift:* phonetische U.; **b)** *Transkription:* die U. eines russischen Namens; einen chinesischen Text in U. wiedergeben. **2.** *umgeschriebener, umgearbeiteter Text.* **3.** *kreisförmige Beschriftung entlang dem Rand, bes. bei Münzen.*

um|schub|sen ⟨sw. V.; hat⟩ (ugs.): *durch Schubsen umstoßen:* jmdn., etw. u.

um|schul|den ⟨sw. V.; hat⟩ (Finanzw.): **1.** *(Anleihen, Kredite o. Ä.) umwandeln, bes. durch günstigere Kredite ablösen:* Kredite u.; ⟨auch ohne Akk.-Obj.:⟩ wir müssen rechtzeitig u. **2.** *(einen Schuldner, eine Schuldnerin) durch Umschulden* (1) *von Anleihen, Krediten o. Ä. in eine andere, bes. eine günstigere finanzielle Lage bringen:* jmdn. u.

Um|schul|dung, die; -, -en (Finanzw.): *das Umschulden.*

um|schu|len ⟨sw. V.; hat⟩: **1.** *in eine andere Schule schicken, einweisen:* ein Kind [auf ein Gymnasium] u. **2. a)** *für eine andere berufliche Tätigkeit ausbilden:* jmdn. zum Maurer u.; *für eine andere Tätigkeit ausbilden lassen:* ich habe auf Altenpflegerin umgeschult. **3.** (selten) *politisch umziehen.*

Um|schü|ler, der; -s, -: *jmd., der umgeschult* (1) *wird od. worden ist.*

Um|schü|le|rin, die; -, -nen: w. Form zu ↑ Umschüler.

Um|schu|lung, die; -, -en: *das Umschulen; Umgeschultwerden:* eine U. zur Flugzeugkonstrukteurin; U. per Fernkurs.

um|schüt|ten ⟨sw. V.; hat⟩: **1.** *durch Umwerfen des Gefäßes verschütten:* die Milch u. **2.** *aus einem Gefäß in ein anderes schütten, umfüllen:* Milch, Salz [in ein anderes Gefäß] u.

um|schwär|men ⟨sw. V.; hat⟩: **1.** *im Schwarm, in Schwärmen um jmdn., etw. fliegen:* von Mücken, Tauben umschwärmt werden. **2.** *jmdn. schwärmerisch verehrend, bewundernd in großer Zahl umgeben:* sie war von vielen umschwärmt.

um|schwe|ben ⟨sw. V.; hat⟩: *schwebend umrunden, umgeben:* Rauchschwaden umschwebten die Lampe; wir wurden von Glühwürmchen umschwebt.

Um|schweif, der; -[e]s -e ⟨meist Pl.⟩ [mhd. umbesweif = Kreisbewegung, zu ↑ Schweif]: *unnötiger Umstand, bes. überflüssige Redensart:* -e hassen; keine -e machen *(geradeheraus sagen, was man meint, will);* etw. ohne -e erklären, tun.

um|schwei|fen ⟨sw. V.⟩ [mhd. umbesweifen] (geh.): **1.** ⟨hat⟩ *herumschweifend umkreisen.* ♦ **2.** ⟨ist⟩ *umherschweifen, -streifen:* Indem es finstrer wurde ... und das Geflügel der Nacht seine irre Wanderung mit umschweifendem Fluge begann (Tieck, Runenberg 27).

um|schwen|ken ⟨sw. V.; ist⟩: **1.** *in eine andere, bes. in die entgegengesetzte Richtung schwenken* (3): die Kolonne schwenkte [nach Norden] um. **2.** (abwertend) *seine Ansicht, Gesinnung, Haltung [plötzlich] wechseln.*

um|schwir|ren ⟨sw. V.; hat⟩: *schwirrend umkreisen, umrunden:* Mücken umschwirrten uns, die Lampe.

Um|schwung, der; -[e]s, Umschwünge: **1.** *einschneidende, grundlegende Veränderung, Wendung:* ein politischer, wirtschaftlicher U.; es trat ein [plötzlicher] U. der/in der allgemeinen Stimmung, öffentlichen Meinung ein. **2.** (Turnen) *ganze Drehung um ein Gerät, durch deren Schwung der Körper in die Ausgangsstellung zurückgebracht wird:* einen U. [am Reck] machen, ausführen. **3.** (schweiz.) *zum Haus gehörendes umgebendes Land.*

um|se|geln ⟨sw. V.; hat⟩: **1. a)** *mit dem Segelschiff* ²*umfahren* (a): eine Untiefe u.; **b)** *mit dem Segelschiff* ²*umfahren* (b): eine Insel, einen Kontinent, die Welt u. **2.** *segelnd umfliegen.*

Um|se|ge|lung, Um|seg|lung, die; -, -en: *das Umsegeln.*

um|se|hen, sich ⟨st. V.; hat⟩: **1. a)** *nach allen Seiten, ringsumher sehen:* sich neugierig, verwundert [im Zimmer] u.; sich nach allen Seiten u.; du darfst dich bei mir ruhig u. *(sich nicht aufgeräumt bei mir);* Sie können sich ruhig u. *(sich ruhig alles ansehen).* Sie brauchen nichts zu kaufen (Remarque, Obelisk 60); R du wirst dich noch u. (ugs.; *du wirst sehen, dass du dir Illusionen gemacht hast*); **b)** *überall, in vieler Hinsicht Eindrücke u. Erfahrungen sammeln:* sich in einer Stadt u.; sich in der Elektrobranche u. **2.** *sich umdrehen, den Kopf wenden, um jmdn., etw. zu sehen, nach jmdm., etw. zu sehen:* indem sie wegging, sah sie sich immer wieder [nach uns, nach dem Haus] um; sie sah sich nach ihrem Hintermann, Verfolger um; ♦ ... hinter ihm drein kam es wie Flügelrauschen und hallendes Geschrei. Er sah nicht um (Storm, Schimmelreiter 16). **3.** *sich darum kümmern, jmdn., etw. irgendwo zu finden u. für sich zu erlangen:* sich nach einer Stellung, einer Wohnung, einem Babysitter u.

Um|se|hen, das: in der Fügung **im U.** *(im Nu).*

um sein: s. ¹um (2 c).

um|sei|tig ⟨Adj.⟩: *auf der Rückseite (des Blattes) [stehend]:* bitte vergleichen Sie den -en Text; die Maschine ist u. abgebildet.

um|seits ⟨Adv.⟩ (Amtsspr.): *auf der Rückseite (des Blattes).*

um|setz|bar ⟨Adj.⟩: *sich umsetzen* (1 a, 2, 3 a, c, d) *lassend.*

um|set|zen ⟨sw. V.; hat⟩: **1. a)** [mhd. umbesetzen] *an eine andere Stelle, auf einen anderen Platz setzen:* die Bienenstöcke u.; einen Müllcontainer u.; die Goldfische [in einen anderen Teich] u.; einen Schüler u. *(ihm einen anderen Sitzplatz anweisen);* die Schülerinnen haben sich umgesetzt *(haben andere Sitzplätze eingenommen);* einen Beschäftigten u. *(ihm einen anderen Arbeitsplatz zuweisen);* **b)** (Eisenbahn) *umrangieren:* einen Waggon, einen Zug [auf ein anderes Gleis] u.; **c)** (Gewichtheben) *das Gewicht vom Boden bis zur Brust heben u. dann die Arme unter die Hantelstange bringen:* die Hantel u.; ⟨auch ohne Akk.-Obj.:⟩ mit Ausfall, mit Hocke u.; **d)** (Turnen) *(die das Gerät greifenden Hände) so mitdrehen, wie es die Verlagerung des Körperschwerpunktes erfordert:* beim Felgaufschwung muss man die Hände u. **2.** *umpflanzen:* eine Pflanze [in einen anderen Topf] u.; so einen großen Baum kann man nicht mehr u.

3. a) *in einen anderen Zustand, in eine andere Form umwandeln, verwandeln:* Wasserkraft in Strom u.; Energie [in eine andere Form, in Arbeit] u.; Stärke wird in Zucker umgesetzt; **b)** ⟨u. + sich⟩ *umgesetzt (3 a) werden:* Bewegung setzt sich in Wärme um; **c)** *umwandeln, umgestalten [u. dadurch verdeutlichen, verwirklichen]:* Prosa in Verse u.; Gefühle in Musik u.; Erkenntnisse in die Praxis u.; Pläne, Projekte u. *(verwirklichen);* sein ganzes Geld in Bücher u. (ugs.; *für Bücher ausgeben);* **d)** [mniederd. ummesetten = tauschen] *(einen bestimmten, dem Umsatz 1 entsprechenden Betrag) als Erlös für Waren od. Leistungen erzielen:* Waren [im Wert von 3 Millionen Euro] u. *(absetzen).*

Um|set|zer, der; -s, - (Nachrichtent.): *Vorrichtung zum Umsetzen (3 a) bes. einer Frequenz in eine andere.*

Um|set|zung, die; -, -en: *das Umsetzen (1 a, 2, 3 a, c, d).*

Um|sicht, die; - [rückgeb. aus ↑umsichtig]: **1.** *kluges, zielbewusstes Beachten aller wichtigen Umstände; Besonnenheit:* [große] U. zeigen; mit U. handeln, vorgehen; Und ihr Plan zeugte von einer wirklich bewundernswerten U. (Schnurre, Bart 47). ◆ **2.** *Rundblick, Aussicht:* Ich saß gerne auf dem Steine, weil man wenigstens dazumal eine große U. von demselben hatte (Stifter, Bergkristall 13).

um|sich|tig ⟨Adj.⟩ [mhd. umbesihtic, LÜ von lat. circumspectus]: *Umsicht zeigend; mit Umsicht [handelnd]:* eine äußerst -e Mitarbeiterin; u. handeln, vorgehen.

Um|sich|tig|keit, die; -, -en: *umsichtiges Wesen, Handeln.*

um|sie|deln ⟨sw. V.⟩: **1.** ⟨hat⟩ *anderswo ansiedeln, ansässig machen:* einen Teil der Bevölkerung [aus einem Gebiet] u. **2.** ⟨ist⟩ *umziehen, anderswohin ziehen:* von Bonn nach Berlin u.; in ein anderes Land u.

Um|sied|ler, der; -s, -: *jmd., der umgesiedelt wird.*

Um|sied|le|rin, die; -, -nen: w. Form zu ↑Umsiedler.

Um|sied|lung, Umsiedelung, die; -, -en: *das Umsiedeln.*

um|sin|ken ⟨st. V.; ist⟩: *zu Boden, zur Seite sinken, langsam umfallen (1 b):* ohnmächtig u.

um|so ⟨Konj.⟩: **a)** *drückt [in Verbindung mit je + Komp.] eine proportionale Verstärkung aus;* desto: je früher [wir es tun], u. besser [ist es]; je schneller der Wagen, u. größer die Gefahr; wenn du Schwierigkeiten machst, dauert es nur u. *(entsprechend)* länger; nach einer Ruhepause wird es u. besser gehn!; **b)** *drückt eine Verstärkung aus [die als Folge des im mit »als« od. »weil« angeschlossenen Nebensatz genannten Sachverhalts od. Geschehens anzusehen ist]:* diese Klarstellung ist u. dringlicher, als/weil es bisher nur Gerüchte gab; Du musst früh ins Bett, u. mehr als du morgen einen schweren Tag hast; dazu hat er kein Recht, u. weniger als er selbst keine weiße Weste hat; u. besser! *(das ist ja noch besser).*

um|sonst ⟨Adv.⟩ [mhd. umbe sus = für nichts, eigtl. = um, für ein So (mit wegwerfender Handbewegung), zu ↑sonst]: **1.** *ohne Gegenleistung, unentgeltlich:* etw. u./(ugs.:) für u. bekommen; jmdm. etw. u. geben, machen; etw. gibt es, etw. ist u. **2. a)** *ohne die erwartete od. erhoffte [nutzbringende] Wirkung; vergebens, vergeblich:* u. auf jmdn. warten; sich u. anstrengen, bemühen; alle Mahnungen, Versuche waren u.; die ganze Mühe, Arbeit war u.; Die lassen sich nichts sagen, meiner könnte heute noch leben, aber da redet man u. (Herta Müller, Niederungen 133); R das hast du nicht u. getan (ugs. verhüll.; *das zahle ich dir heim);* **b)** *ohne*

Zweck, *grundlos:* ich habe nicht u. davor gewarnt.

um|sor|gen ⟨sw. V.; hat⟩: *mit Fürsorge umgeben:* jmdn. mit Hingabe, rührend u.

um|sor|tie|ren ⟨sw. V.; hat⟩: *anders, neu sortieren.*

¹**um|span|nen** ⟨sw. V.; hat⟩: **1.** *anders anspannen:* Pferde, Ochsen u. **2.** (Elektrot.) *(Strom mithilfe eines Transformators) auf eine andere Spannung bringen, transformieren:* Strom [von 220 Volt auf 9 Volt] u.

²**um|span|nen** ⟨sw. V.; hat⟩: **1. a)** *(mit den Armen, Händen) umfassen:* den Baumstamm [mit den Armen] u.; **b)** *eng umschließen (u. dabei Spannung zeigen, Druck ausüben):* seine Hände umspannten ihre Handgelenke. **2.** *umfassen, einschließen, umschließen:* diese Epoche, Entwicklung umspannt einen Zeitraum von über hundert Jahren; ⟨oft im 1. Part.:⟩ ein den ganzen Globus umspannendes Netzwerk.

Um|span|ner, der; -s, -: *Transformator.*

Um|spann|sta|ti|on, die; *vgl. Umspannwerk.*

¹**Um|span|nung,** die; -, -en: *das* ¹*Umspannen.*

²**Um|span|nung,** die; -, -en: *das* ²*Umspannen.*

Um|spann|werk, das: *Anlage zum* ¹*Umspannen (2) von Strom (3).*

um|spei|chern ⟨sw. V.; hat⟩ (EDV): *(gespeicherte Daten) auf ein anderes Speichermedium bringen.*

um|spie|len ⟨sw. V.; hat⟩: **1.** *sich spielerisch leicht um etw., jmdn. bewegen:* die Wellen umspielen die Klippen; nach der neuen Mode umspielt der Rock das Knie. **2.** (Musik) **a)** *paraphrasieren (2);* **b)** *(beim Spielen) in mehrere Töne auflösen, verzieren:* den Hauptton u. **3.** (Ballspiele) *mit dem Ball den Gegner geschickt* ²*umgehen (a):* den Libero, den Torwart u.

um|spin|nen ⟨st. V.; hat⟩: *mit einem Gespinst umgeben, durch [Ein]spinnen mit etw. umgeben:* einen Kabel, eine Spule u.

¹**um|sprin|gen** ⟨st. V.; ist⟩: **1.** *plötzlich, unvermittelt wechseln:* der Wind sprang [von Nord auf Nordost] um; die Ampel war schon [auf Rot] umgesprungen; die Tide springt um; Das Wetter sprang alle Tage um, heute seidenblau, morgen finsterschwarz (Kaschnitz, Wohin 177). **2.** *(abwertend) mit jmdm., etw. willkürlich u. in unangemessener bzw. unwürdiger Weise umgehen, verfahren:* rüde, grob, übel mit jmdm. u.; es ist empörend, wie man mit uns umspringt. **3.** (Ski) *einen Umsprung ausführen.*

²**um|sprin|gen** ⟨sw. V.; hat⟩: *hüpfend, springend umkreisen:* die Hunde umspringen den Jäger.

um|sprit|zen ⟨sw. V.; hat⟩: *neu, in einer anderen Farbe spritzen (6 c):* ein [gestohlenes] Auto u.

Um|sprung, der; -[e]s, Umsprünge (Ski): *Sprung u. Drehung in der Luft.*

um|spu|len ⟨sw. V.; hat⟩: *auf eine andere Spule spulen:* einen Faden, ein Tonband, einen Film [auf eine andere Spule] u.

um|spü|len ⟨sw. V.; hat⟩: *ringsum bespülen:* der Felsen wird von der Brandung, vom Meer umspült.

Um|stand, der; -[e]s, Umstände [mhd. umbestant, urspr. = das Herumstehen, die Herumstehenden, zu mhd. umbestēn, ahd. umbistēn, ↑²umstehen]: **1.** *zu einem Sachverhalt, einer Situation, zu bestimmten Verhältnissen, zu einem Geschehen beitragende od. dafür mehr od. weniger wichtige Einzelheit, einzelne Tatsache:* ein wichtiger, wesentlicher U.; wenn es die Umstände *(die Verhältnisse)* erlauben, kommen wir gern; einem Angeklagten mildernde Umstände zubilligen; alle [näheren] Umstände [eines Vorfalls] schildern; der Patient geht es den Umständen entsprechend *(so gut, wie es in ihrem Zustand möglich ist);* besonderer Umstände halber eine Ausnahme machen; unter diesen, solchen, den gegenwärtigen, den gegebenen Umständen ist das nicht möglich,

bin ich nicht dazu bereit; das darf unter [gar] keinen Umständen *(auf keinen Fall)* passieren; er muss unter allen Umständen *(auf jeden Fall, unbedingt)* sofort zurückkommen; * **unter Umständen** *(vielleicht, möglicherweise);* **in anderen/**(geh.:) **gesegneten Umständen sein** (verhüll., veraltend; *schwanger sein);* **in andere Umstände kommen** (verhüll., veraltend; *schwanger werden).* **2.** ⟨meist Pl.⟩ *in überflüssiger Weise zeitraubende, die Ausführung von etw. [Wichtigerem] unnötig verzögernde Handlung, Verrichtung, Äußerung usw.; unnötige Mühe u. überflüssiger, zeitraubender Aufwand:* sie hasst Umstände; mach [dir] meinetwegen keine [großen] Umstände!; nur keine Umstände!; bleib doch zum Essen, es macht [mir] wirklich überhaupt keine Umstände; etw. ist mit [sehr viel, zu viel] Umständen verbunden; was für ein U. *(wie umständlich)!;* ohne alle Umstände *(ohne lange zu zögern)* mit etw. beginnen.

um|stän|de|hal|ber ⟨Adv.⟩: *wegen veränderter, wegen besonderer Umstände:* das Haus ist u. zu verkaufen.

um|ständ|lich ⟨Adj.⟩: **1.** *mit Umständen (2) verbunden, vor sich gehend; Umstände machend:* -e Vorbereitungen; diese Methode ist [mir] zu u.; das Gerät ist sehr u. [in der Bedienung, zu bedienen]; statt u. mitzuschreiben, lässt er ein Tonband laufen. **2.** *in nicht nötiger Weise gründlich, genau u. daher mehr als sonst üblich Zeit dafür benötigend:* sie ist [in allem] sehr u.; er macht das viel zu u.; etw. u. erklären, beschreiben, formulieren, ausdrücken; Lynn ist eine langsame und -e Köchin (Frisch, Montauk 70). ◆ **3.** *ausführlich, in allen Einzelheiten:* Während ihres letzten Aufenthalts bei Charlotten hatte sie mit dieser alles u. durchgesprochen (Goethe, Wahlverwandtschaften II, 7, 354); ... nach einer -en Schilderung des Frevels (Kleist, Kohlhaas 17); ... er ... bat sie, ihm -er ihre Geschichte zu erzählen (Novalis, Heinrich 57).

Um|ständ|lich|keit, die; -, -en: **1.** ⟨o. Pl.⟩ *das Umständlichsein.* **2.** *etwas Umständliches, von Umständlichkeit (1) zeugende Handlung, Äußerung.*

Um|stands|an|ga|be, die (Sprachwiss.): *Adverbialbestimmung.*

Um|stands|be|stim|mung, die (Sprachwiss.): *Adverbialbestimmung.*

Um|stands|er|gän|zung, die (Sprachwiss.): *für die grammatische Vollständigkeit eines Satzes notwendige Umstandsangabe.*

Um|stands|für|wort, das (Sprachwiss.): *Pronominaladverb.*

um|stands|hal|ber ⟨Adv.⟩ (seltener): *umständehalber.*

Um|stands|klei|dung, die: *besonders geschnittene Kleidung für Frauen, die schwanger sind.*

Um|stands|krä|mer, der (ugs. abwertend): *umständlicher Mensch.*

Um|stands|krä|me|rin, die: w. Form zu ↑Umstandskrämer.

Um|stands|los ⟨Adj.⟩: *ohne Umstände; unkompliziert.*

Um|stands|mo|de, die (Textilind.): **1.** *modische Umstandskleidung.* **2.** ⟨Pl.⟩ *Umstandsmode (1).*

Um|stands|satz, der (Sprachwiss.): *Adverbialsatz.*

Um|stands|wort, das ⟨Pl. ...wörter⟩ (Sprachwiss.): *Adverb.*

um|ste|chen ⟨st. V.; hat⟩ (Landwirtsch.): *umgraben:* ein Beet u.

¹**um|ste|cken** ⟨st. V.; hat⟩: **1.** *anders stecken:* einen Stecker, die Spielkarten u. **2.** *den Rand bes. eines Kleidungsstücks umschlagen u. mit Nadeln feststecken:* einen Saum u.

²**um|ste|cken** ⟨sw. V.; hat⟩: *ringsum bestecken.*

umstehen – Umtrieb

¹um|ste|hen ⟨unr. V.; ist⟩ (österr. ugs., bayr.): **1.** *verenden, umkommen:* ein umgestandenes Tier. **2.** *von einer Stelle wegtreten:* steh ein wenig um, damit ich den Boden kehren kann!

²um|ste|hen ⟨unr. V.; hat⟩ [mhd. umbestēn, ahd. umbistēn]: *ringsum stehend umgeben:* Neugierige umstanden den Verletzten, den Unfallort; ⟨oft im 2. Part.:⟩ ein von Weiden umstandener Teich.

um|ste|hend ⟨Adj.⟩: **1.** *ringsum stehend:* die -en Leute; ⟨subst.:⟩ die Umstehenden lachten. **2.** *umseitig:* vergleichen Sie dazu bitte [die] -e Erklärung; u./im -en Text finden Sie nähere Angaben; die Abbildung wird u. erläutert.

um|stei|ge|frei ⟨Adj.⟩ (Verkehrsw.): *ein Umsteigen nicht erfordernd:* eine -e Verbindung.

Um|stei|ge|mög|lich|keit, die: *Möglichkeit (bes. im Rahmen des öffentlichen Personennahverkehrs), durch* ↑ *Umsteigen* (1 a) *das Fahrzeug, die eingeschlagene Richtung zu wechseln:* eine Haltestelle mit U.; es besteht U. zum Bus, zur S-Bahn, zwischen den Linien 1 u. 4, in Richtung Innenstadt.

um|stei|gen ⟨st. V.; ist⟩: **1. a)** *aus einem Fahrzeug in ein anderes überwechseln:* in Köln müssen wir [in den ICE, nach Aachen] u.; in einen Bus, in ein anderes Auto, in die Linie 8 u.; **b)** (Ski) *die Richtung ändern durch Anheben u. Seitwärtsstellen eines Skis u. Nachziehen des andern.* **2.** (ugs.) *von etw. zu etw. anderem, Neuem überwechseln (um es nunmehr zu besitzen, zu benutzen):* auf einen anderen Wagen, eine andere Automarke u.; [vom Auto] auf öffentliche Verkehrsmittel, aufs Fahrrad u. [von Hasch] auf harte Drogen u.; nach dem dritten Glas Wein stieg er auf Mineralwasser um.

Um|stei|ger, der; -s, -: **1.** (Jargon) *jmd., der seinen Beruf wechselt.* **2.** *jmd., der umsteigt* (1 a). **3.** *jmd., der umsteigt* (2).

Um|stei|ge|rin, die; -, -nen: w. Form zu ↑ Umsteiger (1, 2, 3).

Um|stei|ge|sta|ti|on, die: *Station* (1), *auf der regelmäßig viele Fahrgäste, Reisende umsteigen.*

Um|stell|bahn|hof, der (Eisenbahn): *Bahnhof, auf dem Güterwagen umgestellt bzw. anderen Zügen zugeteilt werden.*

¹um|stel|len ⟨sw. V.; hat⟩: **1.** *anders, an eine andere Stelle, an einen anderen Platz stellen:* Bücher, Möbel u.; einen Waggon u.; Sätze in einem Text u.; eine Fußballmannschaft u. (Sport; *die Aufstellung einer Fußballmannschaft ändern*). **2.** *anders stellen, einstellen; umschalten:* einen Hebel, die Weiche u.; die Uhr [auf Sommerzeit] u. **3. a)** *auf etw. anderes einstellen; zu etw. anderem [mit etw., jmdm.] übergehen:* die Heizung [von Öl] auf Erdgas u.; sie hat ihre Ernährung [auf Rohkost] umgestellt; die Produktion auf Spielwaren u.; ein Feld auf Bioanbau u.; sich [auf einen anderen Lebensstil] u.; ⟨auch ohne Akk.-Obj.:⟩ wir haben auf Spielwaren u. Selbstbedienung, auf Erdgas umgestellt; **b)** *auf veränderte Verhältnisse einstellen, veränderten Verhältnissen anpassen:* sein Leben [auf die moderne Zeit] u.; sich auf ein anderes Klima u.

²um|stel|len ⟨sw. V.; hat⟩: *sich rings um jmdn., etw. [herum]stellen, rings um jmdn., etw. herum in Stellung gehen, damit jmd., etw. nicht entweichen kann:* das Wild wurde umstellt; das Gebäude ist [von Scharfschützen] umstellt.

¹Um|stel|lung, die; -, -en: *das* ¹*Umstellen; das Sichumstellen.*

²Um|stel|lung, die; -, -en: *das* ²*Umstellen; das Umstelltwerden.*

Um|stel|lungs|pro|zess, der: *Prozess* (2) *der Anpassung an veränderte Verhältnisse.*

um|stem|peln ⟨sw. V.; hat⟩: *anders, neu stempeln.*

um|steu|ern ⟨sw. V.; hat⟩: *den politischen o. ä.*

Kurs ändern, korrigieren: in der Geldpolitik rechtzeitig u.

Um|steu|e|rung, die; -, -en: **1.** *das Umsteuern.* **2.** (Technik) **a)** *Umkehrung der Drehrichtung einer Maschine;* **b)** *Vorrichtung für die Umsteuerung* (2 a).

Um|stieg, der; -[e]s, -e: *das Überwechseln zu etw. anderem, Neuem:* der U. [von Atomkraft] auf erneuerbare Energien.

um|stim|men ⟨sw. V.; hat⟩: **1.** *anders stimmen, die Stimmung (eines Musikinstrumentes) ändern:* ein Saiteninstrument u. **2.** (Med.) *die Bereitschaft des Körpers bzw. eines Organs zu bestimmten vegetativen Reaktionen ändern:* ein Organ durch Reiztherapie u. **3.** *jmdn. zu einer anderen Haltung veranlassen, bes. jmdn. dazu bewegen, seine Entscheidung zu ändern:* sie ließ sich nicht u.

Um|stim|mung, die; -, -en: *das Umstimmen.*

um|sto|ßen ⟨st. V.; hat⟩: **1.** *durch einen Stoß umwerfen, zu Fall bringen:* jmdn., eine Vase u. **2. a)** *rückgängig machen, fallen lassen:* eine Entscheidung, ein Programm, ein Testament u.; **b)** *zunichtemachen:* dieses Ereignis stößt unsere Pläne um.

um|strah|len ⟨sw. V.; hat⟩ (dichter.): *umglänzen:* umstrahlte Marmorfiguren.

um|strei|chen ⟨st. V.; hat⟩: **1.** *herumstreichend umkreisen.* **2.** *auf allen Seiten über jmdn., etw. hinstreichen* (2).

¹um|stri|cken ⟨sw. V.; hat⟩: *anders, neu stricken:* der Pullover müsste wieder umgestrickt werden.

²um|stri|cken ⟨sw. V.; hat⟩: **1.** (veraltet) *eine Person od. Sache umgeben, sodass sie sich verwickelt u. festgehalten wird:* Tang umstrickte den Taucher; Ü von Intrigen umstrickt sein. **2.** *umgarnen.*

Um|stri|ckung, die; -, -en: *das Umstricken.*

um|strit|ten ⟨Adj.⟩ [adj. 2. Part. zu veraltet umstreiten = mit jmdm. streiten]: *in seiner Gültigkeit, in seinem Wert dem Streit der Meinungen unterliegend:* eine -e Theorie, Frage, Methode; ein -es Bauvorhaben, Gesetz; der Autor war u.

um|strö|men ⟨sw. V.; hat⟩: *um jmdn., etw. strömen:* warmes Wasser umströmt den Körper.

um|struk|tu|rie|ren ⟨sw. V.; hat⟩: *anders, neu strukturieren:* die Verwaltung, das Gesundheitswesen, einen Betrieb, eine Organisation, ein Buch u.

Um|struk|tu|rie|rung, die; -, -en: *das Umstrukturieren.* U. der Wirtschaft, des Schulsystems, der Streitkräfte.

um|stu|fen ⟨sw. V.; hat⟩ (bes. Amtsspr.): *anders, neu einstufen:* Fahrzeuge in eine andere Typklasse, Personen in eine andere Pflegestufe u.

um|stül|pen ⟨sw. V.; hat⟩: **1.** *etw. (bes. einen Behälter o. Ä.) auf den Kopf stellen, umdrehen, sodass die Öffnung unten ist:* einen Eimer u. **2. a)** *stülpen* (c): seine Taschen u.; die Ärmel u.; **b)** ⟨u. + sich⟩ *umgestülpt* (2 a) *werden:* der Schirm hat sich umgestülpt. **3.** *grundlegend ändern:* ein System, jmds. Leben u.

Um|sturz, der; -es, Umstürze: *gewaltsame grundlegende Änderung der bisherigen politischen u. öffentlichen Ordnung durch revolutionäre Beseitigung der bestehenden Regierungsform:* ein politischer U.; der U. ist gescheitert; einen U. planen, vorbereiten, herbeiführen, vereiteln; an einem U. beteiligt sein; auf einen U. hinarbeiten; er gelangte durch einen U. an die Macht; Ü diese Erfindung bedeutete einen U. (*eine Umwälzung*) in der Technik.

Um|sturz|be|we|gung, die: *politische Bewegung, die einen Umsturz zum Ziel hat.*

um|stür|zen ⟨sw. V.⟩: **1.** ⟨ist⟩ [mhd. ummesturzen] *zu Boden, zur Seite stürzen:* der Kran, die Mauer ist umgestürzt; ich bin mit dem Stuhl umge-

stürzt; ⟨oft im 2. Part.:⟩ die Fahrbahn ist durch einen umgestürzten Baum, Lastwagen blockiert. **2.** ⟨hat⟩ [mhd. ummesturzen] *etw. [an]stoßen, sodass es umstürzt* (1); *zum Umstürzen bringen:* Tische und Bänke u.; Ü ein [politisches] System u. (*durch Umsturz abschaffen*); eine Regierung u. (*durch Umsturz beseitigen*). **3.** ⟨hat⟩ **a)** *eine radikale, grundlegende [Ver]änderung von etw. bewirken:* etw. stürzt alle Pläne, alle bisher gültigen Theorien, Vorstellungen um; **b)** *rückgängig machen, umwerfen* (4 b): eine Entscheidung u.

Um|stürz|ler, der; -s, - (oft abwertend): *jmd., der einen Umsturz herbeiführen will bzw. [mit] vorbereitet.*

Um|stürz|le|rin, die; -, -nen: w. Form zu ↑ Umstürzler.

um|stürz|le|risch ⟨Adj.⟩ (oft abwertend): *einen Umsturz bezweckend, vorbereitend:* -e Ideen, Bestrebungen; jmdm. -e Tätigkeit vorwerfen.

Um|sturz|ver|such, der: *Versuch, einen politischen Umsturz herbeizuführen:* der U. wurde vom Militär vereitelt.

um|tan|zen ⟨sw. V.; hat⟩: *tanzend umkreisen.*

um|tau|fen ⟨sw. V.; hat⟩: **1.** (ugs.) *umbenennen:* eine Straße, eine Schule, ein Schiff u. **2.** *nach anderem (katholischem) Ritus taufen:* sich u. lassen.

Um|tausch, der; -[e]s, -e u. Umtäusche ⟨Pl. selten⟩: **1. a)** *das Umtauschen* (1 a): nach dieser Frist ist kein U. mehr möglich; diese Artikel sind vom U. ausgeschlossen; **b)** *das Umtauschen* (1 b): die Geschäfte sind zum U. verpflichtet. **2.** *das Umtauschen* (2).

um|tau|schen ⟨sw. V.; hat⟩: **1. a)** *etw., was jmds. Wünschen nicht entspricht, zurückgeben u. etw. anderes dafür erhalten:* seine Weihnachtsgeschenke u.; etw. in, gegen etw. u.; **b)** *etw., was jmds. Wünschen nicht entspricht, zurücknehmen u. etw. anderes dafür geben:* das Geschäft hat [mir] die Ware ohne Weiteres umgetauscht. **2. a)** (Geld) *hingeben, einzahlen u. dafür den Gegenwert in einer bestimmten anderen Währung erhalten:* vor der Reise Geld u.; Dollars, tausend Euro in Schweizer Franken u.; Devisen in die Landeswährung u.; **b)** (Geld) *entgegennehmen u. dafür den Gegenwert in einer bestimmten anderen Währung geben, auszahlen:* würden Sie [mir] 100 Euro in dänische Kronen u.?

Um|tausch|recht, das: *Recht, eine Ware umzutauschen.*

um|tei|len ⟨sw. V.; hat⟩ (schweiz.): *neu einteilen, neu zuordnen:* er wurde in den waffenlosen Militärdienst umgeteilt.

Um|tei|lung, die; -, -en (schweiz.): *das Umteilen; das Umgeteiltwerden.*

um|to|ben ⟨sw. V.; hat⟩ (geh.): *sich tobend um jmdn., etw. herum bewegen.*

Um|topf, der; -[e]s, Umtöpfe: *Übertopf.*

um|top|fen ⟨sw. V.; hat⟩: *(eine Topfpflanze) mit neuer Erde in einen andern [größeren] Topf setzen:* der Kaktus muss umgetopft werden.

um|to|sen ⟨sw. V.; hat⟩ (geh.): *sich tosend um jmdn., etw. herum bewegen:* der Sturm umtost das Haus.

um|trei|ben ⟨st. V.; hat⟩: **1.** *jmdn. mit Unruhe, unruhiger Sorge erfüllen, ihm keine Ruhe lassen, ihn stark beschäftigen:* Angst, die Sorge um die Zukunft, die Frage nach dem Sinn des Lebens, sein [schlechtes] Gewissen treibt ihn um. **2.** ⟨u. + sich⟩ (geh.): *umherstreifen, sich herumtreiben* (2). **3.** (selten) *kreisen, zirkulieren lassen.* **4.** (landsch.) *betreiben* (3).

Um|trieb, der; -[e]s, -e: **1. a)** ⟨Pl.⟩ (abwertend) *meist gegen den Staat od. bestimmte Kreise gerichtete, geheime Aufwiegelungsversuche, umstürzlerische Aktivitäten:* politische, gefährliche, verbrecherische -e; er wurde wegen hochverräterischer -e verhaftet; **b)** (landsch.) *Aktivitäten einer Person, in einem bestimmten Bereich.* **2. a)** (Forstwirtsch.) *Zeitspanne vom Pflanzen eines Baumbestandes bis zum Abholzen;* **b)** (Landwirtsch., Weinbau) *Dauer der Nutzung mehrjähriger Pflanzen od. eines Viehbestandes.* **3.** (Bergbau) *Grubengang, der an einem Schacht vorbei- od. um ihn herumgeführt wird.* **4.** ⟨meist Pl.⟩ (bes. schweiz.) *Umstand* (2): ♦ Aber in finsterm Gemüte soll mancher gedacht haben, wie er später bekannte: gar viel Geld und -e wage er nicht eines ungetauften Kindes wegen (Gotthelf, Spinne 50).

um|trie|big ⟨Adj.⟩ (landsch.): *betriebsam, rege, rührig:* ein -er Mensch; sie ist sehr u.

Um|trie|big|keit, die; - (landsch.): **1.** ⟨o. Pl.⟩ *umtriebige Art.* **2.** ⟨meist Pl.⟩ *etw. umtriebig Wirkendes; Umtriebe* (1 a).

Um|trunk, der; -[e]s, Pl. -e u. Umtrünke ⟨Pl. selten⟩: *gemeinsames Trinken in einer Runde:* anschließend findet ein U. statt; einen U. veranstalten, halten; an seinem Geburtstag lädt er das Kollegium immer zu einem [kleinen] U. ein.

UMTS [u:ɛmte:'ɛs] = **u**niversal **m**obile **t**eleco**m**munication **s**ystem (im Mobilfunk angewandtes technisches System, das Internetzugang und weitere multimediale Funktionen ermöglicht).

UMTS-Han|dy, das: *mit UMTS ausgerüstetes Handy.*

UMTS-Li|zenz, die: *Lizenz* (a) *für die Nutzung eines für UMTS benötigten Frequenzbereiches:* eine U. ersteigern, erwerben, verkaufen.

um|tun ⟨unr. V.; hat⟩ (ugs.): **1.** *entlegen, umbinden:* jmdm., sich eine Decke, eine Schürze u. **2.** ⟨u. + sich⟩ **a)** *zu einem bestimmten Zweck einen Ort, Bereich näher kennenlernen versuchen:* sich in einer Stadt, in einer Branche, in der Welt u.; **b)** *sich um jmdn., etw. bemühen:* sich nach einer Arbeit, Wohnung u.; Der Verheiratete beschloss..., sich nach einer geeigneten Ehefrau für den Bruder umzutun (Jahnn, Geschichten 76).

U-Mu|sik, die ⟨o. Pl.⟩.

Um|ver|pa|ckung, die; -, -en (Kaufmannsspr.): *zusätzliche äußere Verpackung, in der eine abgepackte Ware angeboten wird.*

um|ver|tei|len ⟨sw. V.; hat⟩ (bes. Wirtsch.): *[durch eine Redistribution] anders, neu verteilen:* die Lasten, die Arbeit, das Eigentum u.

Um|ver|tei|lung, die; -, -en (bes. Wirtsch.): *das Umverteilen; das Umverteiltwerden:* eine U. der Arbeitszeit, der Steuerlast.

um|wach|sen ⟨st. V.; hat⟩: *ringsum wachsend umgeben.*

um|wal|len ⟨sw. V.; hat⟩ (geh.): *wallend umgeben.*

Um|wal|lung, die; -, -en: **1.** *das Umwallen.* **2.** *Wall.*

Um|wälz|an|la|ge, die: *Anlage zum Umwälzen von Wasser o. Ä.:* eine U. im Swimmingpool mit U.

um|wäl|zen ⟨sw. V.; hat⟩: **1.** *auf die andere Seite wälzen:* einen Stein u.; Ü *umwälzende (eine grundlegende Veränderung bewirkende) Ereignisse, Maßnahmen.* **2.** ⟨Luft, Wasser o. Ä.⟩ *in einem geschlossenen Raum in Bewegung versetzen u. für eine erneute Verwendung geeignet machen.* **3.** (selten) *überwälzen.*

Um|wälz|pum|pe, die: *Pumpe zum Umwälzen von Wasser o. Ä.*

Um|wäl|zung, die; -, -en: **1.** *grundlegende Veränderung bes. gesellschaftlicher o. ä. Verhältnisse:* soziale, historische -en; eine geistige, technische, wirtschaftliche U.; es vollzog sich eine tief greifende U. [in der Gesellschaft]. **2.** *das Umwälzen* (2).

um|wan|del|bar ⟨Adj.⟩: *sich* ¹*umwandeln lassend:* eine -e Strafe; Anleihen sind in Aktien u.

¹**um|wan|deln** ⟨sw. V.; hat⟩: **a)** *zu etw. anderem machen, die Eigenschaften von etw., auch jmdm. verändern:* eine Scheune in einen Saal u.; Mietwohnungen in Eigentumswohnungen u.; mechanische Energie in Elektrizität u.; bei der Gärung wird der Zucker in Alkohol und Kohlensäure umgewandelt; einen Zeitvertrag in einen unbefristeten Vertrag u.; eine Firma, eine GmbH in eine KG u.; eine Freiheitsstrafe in eine Geldstrafe u.; seit seiner Krankheit, durch dieses Ereignis ist er wie umgewandelt; **b)** ⟨u. + sich⟩ *sich in seiner Art völlig verändern:* beide hatten sich von Grund auf umgewandelt.

²**um|wan|deln** ⟨sw. V.; hat⟩ (geh.): *wandelnd umrunden:* einen Platz, einen Teich u.

Um|wan|de|lung, die; ↑ Umwandlung.

um|wan|den ⟨sw. V.; hat⟩: *mit Wänden, Verschalungen umgeben.*

um|wan|dern ⟨sw. V.; hat⟩: *wandernd umrunden:* einen See, eine Insel u.

Um|wand|lung, (seltener:) Umwandelung, die; -, -en: *das* ¹*Umwandeln; das Umgewandeltwerden.*

Um|wand|lungs|pro|zess, der: *Prozess* (2) *der Umwandlung.*

Um|wan|dung, die; -, -en: **1.** *das Umwanden.* **2.** *Wand, Verschalung.*

um|we|ben ⟨st. V.; hat⟩ (geh.): *auf geheimnisvolle Weise, gleichsam wie ein Gewebe umgeben:* ⟨meist im 2. Part.:⟩ eine von Legenden, von manchem Geheimnis umwobene Gestalt.

um|wech|seln ⟨sw. V.; hat⟩: **a)** *wechseln* (2 a); **b)** *wechseln* (2 b).

Um|wech|se|lung, (häufiger:) **Um|wechs|lung,** die; -, -en: *das Umwechseln.*

Um|weg, der; -[e]s, -e: *Weg, der nicht direkt an ein Ziel führt u. daher länger ist:* ein kleiner, weiter, großer U.; einen U. [über einen anderen Ort] machen, gehen; sie erreichten ihr Ziel auf -en; Ü er hat auf -en *(über Dritte)* davon erfahren; der Erreger gelangt auf dem U. über einen Zwischenwirt in den menschlichen Organismus.

um|we|gig ⟨Adj.⟩ (veraltend): *auf Umwegen [verlaufend]:* u. ans Ziel gelangen.

¹**um|we|hen** ⟨sw. V.; hat⟩: *durch Wehen umwerfen:* der Sturm hätte ihn beinah, hat die Bretterwand [glatt] umgeweht.

²**um|we|hen** ⟨sw. V.; hat⟩: **a)** *um jmdn., etw. wehen* (1 a): ein laues Lüftchen umwehte uns; **b)** *um jmdn., etw. wehen* (1 c): Blütenduft umwehte sie.

Um|welt, die; -, -en ⟨Pl. selten⟩ [älter = umgebendes Land, Gegend (LÜ von dän. omverden), dann für ↑ Milieu]: **a)** [im biolog. Sinn 1909 verwendet von dem dt. Biologen J. v. Uexküll (1864–1944)] *auf ein Lebewesen einwirkende, seine Lebensbedingungen beeinflussende Umgebung:* die soziale, kulturelle, technische, geistige U.; eine gesunde, intakte, saubere U.; die U. des Menschen; die U. prägt den Menschen; die U. schützen, schonen, verschmutzen, zerstören, belasten; der U. schaden; die Schadstoffe gelangen in die U.; b) Menschen in jmds. *Umgebung (mit denen jmd. Kontakt hat, in einer Wechselbeziehung steht):* er fühlt sich von seiner U. missverstanden; Ich bin immer ein weicher Mensch gewesen, ich brauchte die Sympathie und Anerkennung meiner U. (Fallada, Trinker 5).

Um|welt|ab|ga|be, die: *vom Staat aus umweltpolitischen Gründen erhobene Abgabe.*

Um|welt|ak|ti|vist, der: *Person, die sich mit in der Öffentlichkeit wirksamen Aktionen für die Umwelt bzw. den Umweltschutz engagiert.*

Um|welt|ak|ti|vis|tin, die: w. Form zu ↑ Umweltaktivist.

Um|welt|auf|la|ge, die: *Auflage* (2 a), *die die Haushalte u. Unternehmen zwingt, bestimmte Maßnahmen zum Schutz der Umwelt zu ergreifen.*

Um|welt|au|to, das (Jargon): *Katalysatorauto.*

um|welt|be|dingt ⟨Adj.⟩: *durch die Umwelt* (a) *bedingt:* -e Schäden, Krankheiten.

Um|welt|be|din|gung, die ⟨meist Pl.⟩: *durch die Umwelt* (a) *bestimmte Gegebenheit, Bedingung:* sich auf veränderte -en einstellen.

Um|welt|be|hör|de, die: *für den Umweltschutz zuständige Behörde.*

um|welt|be|las|tend ⟨Adj.⟩: *die natürliche Umwelt belastend:* -e Stoffe, Produktionsprozesse, Anlagen.

Um|welt|be|las|tung, die: *Belastung, Schädigung der natürlichen Umwelt durch Schmutz, schädliche Stoffe o. Ä.:* die U. durch Schwermetalle; die vom Straßenverkehr ausgehenden -en.

Um|welt|be|wusst ⟨Adj.⟩: *sich der vom Menschen ausgehenden Gefährdung der natürlichen Umwelt bewusst:* ein sehr -er Mensch; sie ist kein bisschen u.; sich u. verhalten.

Um|welt|be|wusst|sein, das: *das Wissen um die vom Menschen ausgehende Gefährdung der natürlichen Umwelt, um die Bedeutung einer intakten Umwelt.*

Um|welt|bun|des|amt, das ⟨o. Pl.⟩: *Bundesbehörde, die Aufgaben im Bereich der Umweltforschung und des Umweltschutzes wahrnimmt.*

Um|welt|che|mi|ka|lie, die ⟨meist Pl.⟩: *chemischer Stoff, der durch Industrie, Landwirtschaft u. a. in die Umwelt* (a) *gelangt u. geeignet ist, Gefährdungen für Lebewesen u. Umwelt heraufzubeschwören.*

Um|welt|de|likt, das: *Verstoß gegen Gesetze u. Bestimmungen zum Schutz der Umwelt.*

Um|welt|ein|fluss, der ⟨meist Pl.⟩: *von der Umwelt* (a) *ausgehender Einfluss (auf ein Lebewesen):* die Erkrankung ist auf Umwelteinflüsse zurückzuführen.

Um|welt|fak|tor, der: *Faktor, der mit anderen zusammen die Umwelt* (a) *eines Lebewesens bildet u. bestimmt.*

Um|welt|feind|lich ⟨Adj.⟩: *die natürliche Umwelt beeinträchtigend:* eine [ausgesprochen] -e Produktionsweise; sich u. verhalten.

Um|welt|flücht|ling, der: *Flüchtling, der seine Heimat verlässt, weil dort seine Lebensgrundlagen durch Umweltschäden zerstört worden sind.*

Um|welt|for|schung, die: **a)** *Ökologie* (1); **b)** (Soziol.) *Erforschung der durch die Tätigkeit des Menschen auftretenden Veränderungen der natürlichen Umwelt.*

Um|welt|fra|ge, die: *die natürliche Umwelt, ihre Gefährdung, ihren Schutz betreffende Frage:* über -n diskutieren.

um|welt|freund|lich ⟨Adj.⟩: *die natürliche Umwelt nicht [übermäßig] beeinträchtigend:* -e Waschmittel, Verpackungen, Verkehrsmittel; u. produzieren, Strom herstellen; sich u. verhalten.

Um|welt|freund|lich|keit, die: *das Umweltfreundlichsein:* die größere U. des Schienenverkehrs.

um|welt|ge|fähr|dend ⟨Adj.⟩: *die natürliche Umwelt gefährdend.*

Um|welt|ge|fähr|dung, die: *Gefährdung der natürlichen Umwelt:* die von der Atomwirtschaft ausgehende U.

um|welt|ge|recht ⟨Adj.⟩: *umweltverträglich:* -es Handeln; Giftmüll u. entsorgen.

Um|welt|ge|setz, das: *Umweltschutzgesetz.*

Um|welt|ge|setz|ge|bung, die: *Umweltschutzgesetzgebung.*

Um|welt|ge|stal|tung, die: *Gestaltung, bewusste Veränderung der Umwelt* (a).

Um|welt|gift, das: *Umweltchemikalie:* ein gefährliches U.

Um|welt|gip|fel, der: *Gipfelkonferenz zum Thema Umweltschutz.*

Um|welt|hy|gi|e|ne, die: *Teilgebiet der Umweltmedizin, das sich mit Maßnahmen zur Vermeidung der Verunreinigung von Luft, Wasser, Boden, Pflanzen, Tieren u. Lebensmitteln durch Chemikalien, Abgase o. Ä. befasst.*

Um|welt|ka|ta|s|t|ro|phe, die: *Katastrophe, die darin besteht, dass es zu Umweltschäden großen Ausmaßes kommt.*

Um|welt|kom|mis|sar, der (Politikjargon): *EU-Umweltkommissar.*

Um|welt|kom|mis|sa|rin, die: w. Form zu ↑ Umweltkommissar.

Um|welt|krank|heit, die: *durch die Einwirkung von Umweltgiften auf den menschlichen Organismus verursachte Erkrankung.*

Um|welt|kri|mi|na|li|tät, die: *in Umweltdelikten bestehende Kriminalität.*

Um|welt|me|di|zin, die: *Teilgebiet der Medizin, das sich mit den Auswirkungen der verseuchten Umwelt auf den Organismus befasst.*

Um|welt|mi|nis|ter, der: *Minister für Umweltfragen.*

Um|welt|mi|nis|te|rin, die: w. Form zu ↑ Umweltminister.

Um|welt|mi|nis|te|ri|um, das: *Ministerium für Umweltfragen.*

Um|welt|öko|no|mie, die: *Teilgebiet der Wirtschaftswissenschaft, das sich um die Einbeziehung der Umweltqualität in die ökonomischen Unternehmungen bemüht.*

Um|welt|or|ga|ni|sa|ti|on, die: *Umweltschutzorganisation.*

Um|welt|pa|pier, das: *umweltfreundlich hergestelltes Papier.*

Um|welt|par|tei, die: *politische Partei, die sich hauptsächlich für den Umweltschutz engagiert.*

Um|welt|pla|ket|te, die: *Feinstaubplakette.*

Um|welt|po|li|tik, die: *Umweltfragen betreffende, dem Umweltschutz dienende Politik.*

Um|welt|po|li|ti|ker, der: *auf die Umweltpolitik spezialisierter Politiker.*

Um|welt|po|li|ti|ke|rin, die: w. Form zu ↑ Umweltpolitiker.

um|welt|po|li|tisch ⟨Adj.⟩: *die Umweltpolitik betreffend, zu ihr gehörend.*

Um|welt|qua|li|tät, die: *[vom Grad der Schädigung bestimmte] Beschaffenheit der natürlichen Umwelt.*

Um|welt|reiz, der: *von der Umwelt (a) ausgehender, auf ein Lebewesen wirkender Reiz.*

Um|welt|scha|den, der ⟨meist Pl.⟩: *durch übermäßige Belastungen der natürlichen Umwelt verursachter Schaden.*

um|welt|schäd|lich ⟨Adj.⟩: *sich auf die natürliche Umwelt schädlich auswirkend.*

um|welt|scho|nend ⟨Adj.⟩: *die Umwelt schonend, nicht übermäßig belastend:* -e *Verfahren, Produkte; der Betrieb arbeitet u.*

Um|welt|schutz, der ⟨o. Pl.⟩ [viell. nach engl. environmental protection]: *Schutz der natürlichen Umwelt:* sich für den U. einsetzen, engagieren.

Um|welt|schüt|zer, der: *[organisierter] Anhänger des Umweltschutzes:* die U. fordern den Verzicht auf den sechsspurigen Ausbau der Autobahn; acht Prozent der Wähler gaben den -n (der Umweltpartei) ihre Stimme; trotz massiver Proteste der Umweltschützerinnen und U. ist das Kernkraftwerk wieder ans Netz gegangen.

Um|welt|schüt|ze|rin, die: w. Form zu ↑ Umweltschützer.

Um|welt|schutz|ge|setz, das: *den Umweltschutz betreffendes, ihm dienendes Gesetz.*

Um|welt|schutz|or|ga|ni|sa|ti|on, die: *Organisation, die sich für den Umweltschutz einsetzt.*

Um|welt|schutz|pa|pier, das: *Umweltpapier.*

Um|welt|skan|dal, der: *Skandal, der darin besteht, dass jmd. schuldhaft beträchtliche Umweltschäden verursacht hat:* einen U. aufdecken; in einen U. verwickelt sein.

Um|welt|steu|er, die: *vom Staat aus umweltpolitischen Gründen erhobene Steuer.*

Um|welt|straf|recht, das: *Gesamtheit der strafrechtlichen Vorschriften, die dem Schutz der Umwelt dienen.*

Um|welt|sün|der, der (ugs.): *jmd., der absichtlich die Umwelt verschmutzt, den Umweltschutz bewusst missachtet.*

Um|welt|sün|de|rin, die; -, -nen: w. Form zu ↑ Umweltsünder.

Um|welt|tech|nik, die ⟨Pl. selten⟩: *Gesamtheit der Bereiche der Technik, die der Erhaltung der Umwelt, dem Umweltschutz dienen.*

Um|welt|tech|no|lo|gie, die: *unter dem Aspekt der Umweltfrage betriebenes Teilgebiet der Technologie (1):* Arbeitsplätze in der U.

Um|welt|ver|schmut|zung, die ⟨Pl. selten⟩: *Belastung, Schädigung der natürlichen Umwelt durch Schmutz, schädliche Stoffe o. Ä.*

um|welt|ver|träg|lich ⟨Adj.⟩: *die natürliche Umwelt nicht belastend:* -e *Verfahren; eine* -e [landwirtschaftliche] *Produktion.*

Um|welt|ver|träg|lich|keit, die: *das Umweltverträglichsein.*

Um|welt|zei|chen, das: *Kennzeichnung, Zeichen, mit dem besonders umweltfreundliche u. -verträgliche Produkte versehen werden.*

Um|welt|zer|stö|rung, die ⟨Pl. selten⟩: *Zerstörung der natürlichen Umwelt, bes. durch Raubbau u. Verschmutzung.*

Um|welt|zo|ne, die: *Gebiet, in dem [bis auf bestimmte Ausnahmen] nur Kfz mit Feinstaubplakette fahren dürfen.*

um|wen|den ⟨unr. V.⟩: **1.** ⟨wendete/wandte um, hat umgewendet/umgewandt⟩ **a)** *auf die andere Seite wenden:* einen Briefbogen u.; den Braten u.; **b)** *in die andere [Fahrt]richtung lenken:* die Pferde, einen Wagen, den Kahn u.; **c)** (selten) *das Innere eines Kleidungsstücks o. Ä. nach außen kehren; umdrehen:* die Strümpfe, die Bluse beim, vor dem Waschen u. **2.** ⟨u. + sich; wendete/wandte um, hat umgewendet/umgewandt⟩ *umdrehen:* sie kurz, hastig, eilig, schwerfällig u.; sich nach einem Mädchen u. **3.** ⟨wendete um, hat umgewendet⟩ *wenden u. in die andere Richtung fahren:* die Fahrerin, das Auto wendete um.

um|wer|ben ⟨st. V.; hat⟩: *sich um jmds. Gunst, bes. um die Liebe einer Frau bemühen:* er umwirbt sie beharrlich; ⟨oft im 2. Part.:⟩ die von den Parteien umworbenen Erstwähler.

um|wer|fen ⟨st. V.; hat⟩: **1.** *durch einen heftigen Stoß o. Ä. bewirken, dass jmd., etw. umfällt:* eine Vase, einen Stuhl, die Figuren auf dem Schachbrett u.; er wurde von der Brandung umgeworfen. **2.** (veraltet) *umgraben; umpflügen.* **3.** *jmdm., sich rasch, lose umhängen, umlegen:* jmdm., sich eine Decke u.; ich warf [mir] rasch einen Mantel um. **4.** (ugs.) **a)** *jmdn. aus der Fassung bringen:* ihn wirft so leicht nichts um; das wirft selbst den stärksten Mann um!; dieser [eine] Schnaps wird dich nicht [gleich] u. (betrunken machen); ⟨häufig im 1. Part.:⟩ ein umwerfendes Erlebnis; etw. ist von umwerfender (verblüffender) Komik; der Erfolg der neuen Band war umwerfend (außergewöhnlich); die Hauptdarstellerin war einfach umwerfend, hat umwerfend gespielt, war umwerfend komisch; **b)** *umstoßen* (2 a): die Beschlüsse werden wieder umgeworfen; **c)** *umstoßen* (2 b).

um|wer|ten ⟨sw. V.; hat⟩: *anders bewerten, sodass ein neuer Wert entsteht.*

Um|wer|tung, die; -, -en: *das Umwerten:* die U. einer Schwäche zur Stärke.

¹um|wi|ckeln ⟨sw. V.; hat⟩: **1.** (selten) *neu, anders wickeln:* die Schnur muss umgewickelt werden. **2.** *(um etw., jmdn.) herumwickeln:* jmdm., sich einen Schal u.

²um|wi|ckeln ⟨sw. V.; hat⟩: *durch Darumbinden, -wickeln mit etw. versehen:* etw. mit einer Schnur, mit Draht, mit Isolierband u.; der Sanitäter hat ihren Kopf mit einer Binde umwickelt; die Hand war bis zu den Fingern umwickelt.

¹Um|wi|cke|lung, ¹Umwicklung, die; -, -en: *das ¹Umwickeln.*

²Um|wi|cke|lung, ²Umwicklung, die; -, -en: **1.** *das ²Umwickeln.* **2.** *etw., womit etw. ²umwickelt ist:* eine U. aus Isolierband.

¹Um|wick|lung: ↑ ¹Umwickelung.

²Um|wick|lung: ↑ ²Umwickelung.

um|wid|men ⟨sw. V.; hat⟩ (Amtsspr.): *einer anderen [öffentlichen] Nutzung, Bestimmung zuführen:* eine Fläche in Bauland, Gewerbegebiet u.; Haushaltsmittel u.; eine Professur u.

Um|wid|mung, die; -, -en (Amtsspr.): *das Umwidmen; das Umgewidmetwerden.*

¹um|win|den ⟨st. V.; hat⟩: *um jmdn., etw. locker herumwickeln:* sie hatte sich ein Tuch umgewunden.

²um|win|den ⟨st. V.; hat⟩: **1.** *locker windend umwickeln:* das Tor mit einer Girlande u. **2.** *sich um etw. winden:* von Efeu umwundene Baumstämme.

um|wit|tern ⟨sw. V.; hat⟩ (geh.): *auf eine geheimnisvolle, undeutliche Weise umgeben, um jmdn., etw. sein:* Geheimnisse, Gefahren umwitterten ihn; ⟨oft im 2. Part.:⟩ ein von Geheimnissen umwittertes Schloss.

um|wo|gen ⟨sw. V.; hat⟩: *wogend umgeben:* die sturmgepeitschte See umwogte die Insel; Ü die von der Menge umwogte Redetribüne.

um|woh|nend ⟨Adj.⟩: *in einer bestimmten Gegend, im Umkreis von etw. wohnend.*

um|wöl|ken ⟨sw. V.; hat⟩: **1.** ⟨u. + sich⟩ *sich von allen Seiten bewölken:* der Himmel umwölkte sich; Ü sein Blick umwölkte (verdüsterte) sich. **2.** *wolkenartig ²umziehen, einhüllen:* Nebelschwaden umwölkten die Berge.

Um|wöl|kung, die; -, -en: *das Umwölken; das Umwölktsein.*

um|wu|chern ⟨sw. V.; hat⟩: *wuchernd umgeben:* Efeu umwucherte den Grabstein.

um|wüh|len ⟨sw. V.; hat⟩: *wühlend, bes. im Erdreich grabend, das Unterste zuoberst kehren:* die Erde u.

Um|wüh|lung, die; -, -en: *das Umwühlen.*

um|zäu|nen ⟨sw. V.; hat⟩: *mit einem Zaun umgeben; einzäunen:* ein Grundstück u.; der Park ist umzäunt.

Um|zäu|nung, die; -, -en: **1.** *das Umzäunen.* **2.** *Zaun.*

◆ **um|ze|chig** ⟨Adj.⟩ [zu: umzech ⟨Adv.⟩, 15. Jh.] = *der Reihe nach, abwechselnd, zu* ↑ *Zeche in der alten Bed. »reihum gehende Verpflichtung«: umschichtig, abwechselnd: ... lassen Sie uns ausmachen, worüber von Ihnen ich heute zugehöre. Sie wissen wohl, Ihre Herrschaft über mich ist u.* (Lessing, Freigeist II, 1).

um|zeich|nen ⟨sw. V.; hat⟩: *neu, anders zeichnen:* ein Bild, einen Plan, eine [Land]karte u.

¹um|zie|hen ⟨unr. V.⟩ [mhd. umbeziehen = herumziehen; umzingeln; überfallen; belästigen]: **1. a)** (ist) *in eine andere Wohnung, Unterkunft ziehen; sein Quartier, seinen Sitz wechseln:* sie ist [in eine größere Wohnung, in ein anderes Hotel, nach München] umgezogen; die Firma, das Institut zieht [in einen Neubau] um; die Regierung zieht in die neue Hauptstadt um; Ü die Kinder mussten mit ihrem Spielzeug in den Flur u.; R dreimal umgezogen ist so gut wie einmal abgebrannt (bei jedem Umzug werden Dinge beschädigt od. gehen verloren); nach engl. »Three removals are as bad as a fire«, das sich schon bei Benjamin Franklin (1706–1790) im

Vorwort seines »Poor Richard's Almanack« findet); **b)** ⟨hat⟩ *(im Rahmen eines Umzugs* **1)** *irgendwohin transportieren:* Sachen, einen Schrank, das Klavier u.; jmdn. u. *(Jargon; [als Spedition o. Ä.] jmds. Umzug durchführen).* **2.** ⟨hat⟩ *die Kleidung wechseln:* sich nach der Arbeit, zum Essen, zum Sport u.; ein Kind festlich u.; ich muss mich erst noch u.; Wahrscheinlich hatte sie sich entkleidet, um sich, der Jahreszeit angemessen, sommerlich umzuziehen, und war darüber ins Träumen geraten (Langgässer, Siegel 531). ◆ **3.** *einen Umweg machen:* Führt uns den nächsten und besten Weg. – Wir müssen u. Die Wasser sind von den entsetzlichen Regen alle ausgetreten (Goethe, Götz V).

²**um|zie|hen** ⟨unr. V.; hat⟩: **1.** *sich in die Länge erstreckend, rings umgeben:* ein von Draht umzogener Platz. **2.** (selten) **a)** ²*überziehen:* schwarze Wolken umzogen den Himmel; **b)** ⟨u. + sich⟩ *sich bewölken:* der Himmel hat sich umzogen.

um|zin|geln ⟨sw. V.; hat⟩: *[in feindlicher Absicht] umstellen, sodass niemand entweichen kann:* der Feind hat die Festung umzingelt; die Polizei umzingelte das Gebäude; Ü Umzingelt von den grellen Darstellungen auf den Wandbehängen seiner Kammer, überstand Cotta in diesen Tagen im Fieber, das er sich in der Hitze der Fastnacht oder in der Kälte Trachilas geholt hatte (Ransmayr, Welt 98).

Um|zin|ge|lung, (selten:) **Um|zing|lung**, die; -, -en: *das Umzingeln; das Umzingeltwerden.*

Um|zug, der; -[e]s, Umzüge: **1.** *das* ¹*Umziehen* (1): der U. in eine neue Wohnung; der geplante U. von München nach Rom; wann ist der U., findet der U. statt?; diese Spedition übernimmt den U.; jmdm. beim U. helfen; Das Konsulat ist wegen -s geschlossen (Seghers, Transit 78). **2.** *aus bestimmtem Anlass veranstalteter gemeinsamer Gang, Marsch einer Menschenmenge durch die Straßen:* ein festlicher U. der Trachtenvereine; einen U. machen, veranstalten; politische Umzüge verbieten; bei, in einem U. mitgehen, mitmarschieren.

Um|züg|ler, der; -s, - (ugs.): **1.** *jmd., der umzieht.* **2.** *Teilnehmer an einem Umzug* (2).

Um|züg|le|rin, die; -, -nen: w. Form zu ↑ Umzügler.

um|zugs|hal|ber ⟨Adv.⟩: *wegen Umzugs.*

Um|zugs|kos|ten ⟨Pl.⟩: *durch einen Umzug* (1) *verursachte Kosten:* die U. übernimmt der neue Arbeitgeber.

Um|zugs|ter|min, der: *für einen Umzug festgesetzter Termin:* der U. steht noch nicht fest.

um|zün|geln ⟨sw. V.; hat⟩: *züngelnd umgeben.*

UN [u:'ɛn] ⟨Pl.; auch in singularischer Verwendung⟩ [Abk. für engl. United Nations]: *Vereinte Nationen.*

---

un- [mhd., ahd. un-]: verneint in Bildungen mit Adjektiven und Partizipien deren Bedeutung; *nicht:* unaggressiv, unattraktiv, unfest, unverkrampft.

Un-: **1.** drückt in Bildungen mit Substantiven eine Verneinung aus: Unruhe, Unvermögen. **2.** drückt in Bildungen mit Substantiven aus, dass eine Person oder Sache nicht [mehr] jmd., etw. ist, dass man die Person oder Sache nicht [mehr] als jmdn., etw. bezeichnen kann: Unkünstler, Unleben, Untext. **3.** kennzeichnet in Bildungen mit Substantiven etw. als schlecht, schlimm, falsch, verkehrt: Unding, Ungeist. **4.** (meist emotional) drückt in Bildungen mit Mengenbezeichnungen eine Verstärkung aus: Unmenge, Unsumme.

---

un|ab|än|der|lich [auch: 'ʊn...] ⟨Adj.⟩: *sich nicht ändern lassend:* -e Tatsachen; seine Entscheidung ist offenbar u.; ⟨subst.:⟩ sich in das Unabänderliche fügen.

Un|ab|än|der|lich|keit [auch: 'ʊn...], die; -, -en: **1.** ⟨o. Pl.⟩ *das Unabänderlichsein.* **2.** *etw. Unabänderliches.*

un|ab|ding|bar [auch: 'ʊn...] ⟨Adj.⟩: **a)** *als Voraussetzung, Anspruch unerlässlich:* -e Rechte, Forderungen, Voraussetzungen; **b)** (Rechtsspr.) *nicht abdingbar:* -e Vertragsteile.

Un|ab|ding|bar|keit [auch: 'ʊn...], die; -, -en: **1.** ⟨o. Pl.⟩ *das Unabdingbarsein.* **2.** *etw. Unabdingbares.*

un|ab|ding|lich [auch: 'ʊn...] ⟨Adj.⟩: *unabdingbar* (a).

un|ab|hän|gig ⟨Adj.⟩: **1. a)** *(hinsichtlich seiner politischen, sozialen Stellung, seiner Handlungsfreiheit) nicht von jmdm., etw. abhängig* (1 b): eine -e Frau, Kontrollinstanz; -e Richterinnen und Richter, Sachverständige, Wissenschaftlerinnen und Wissenschaftler; eine -e *(überparteiliche)* Zeitung; finanziell, wirtschaftlich u. sein; vom Geld u. sein; von jmdm., etw. u. machen; die Justiz muss u. sein, bleiben; die Atomenergie sollte das Land u. vom Erdöl machen; Er hatte u. sein wollen und war nur rücksichtslos gewesen (Remarque, Triomphe 139); **b)** *souverän, frei von der Befehlsgewalt eines anderen Staates; autonom:* ein -er Staat; das Land, die ehemalige Kolonie ist erst vor 10 Jahren u. geworden; ist seit 1960 u. **2. a)** *für sich bestehend; von jmdm., etw. losgelöst:* eine vom Motor -e Standheizung; die Tiere leben hier u. vom Menschen; **b)** *nicht von etw. beeinflusst, durch etw. bedingt, bestimmt:* zwei voneinander völlig -e Ereignisse; beide Wissenschaftlerinnen machten diese Entdeckung u. voneinander.

Un|ab|hän|gig|keit, die; -, -en: **1. a)** *Eigenschaft, unabhängig* (1 a) *zu sein:* finanzielle, wirtschaftliche U.; die richterliche U.; die U. der Justiz wahren; **b)** *Eigenschaft, unabhängig* (1 b) *zu sein:* die staatliche U.; die amerikanische U., U. Algeriens; die U. anstreben, verlangen, bekommen, erlangen, wahren; seit 1776 feiern die Amerikaner am 4. Juli ihre U.; das Land ist seit der U. Mitglied der UN. **2.** *Eigenschaft, unabhängig* (2) *zu sein.*

Un|ab|hän|gig|keits|er|klä|rung, die; -, -en: *Erklärung, in der die Bevölkerung eines Gebiets ihre staatliche Abhängigkeit von einem Land löst:* die amerikanische U.

un|ab|kömm|lich [auch: 'ʊn...] ⟨Adj.⟩: *nicht abkömmlich:* die Kollegin ist zurzeit, im Moment u.

Un|ab|kömm|lich|keit [auch: 'ʊn...], die; -: *das Unabkömmlichsein.*

un|ab|läs|sig [auch: ...'lɛs...] ⟨Adj.⟩: *nicht von etw. ablassend; ohne Unterbrechung; unausgesetzt:* eine -e Wiederholung; sie kramte u. in ihrer Tasche; er beobachtete mich, redete u.

un|ab|seh|bar [auch: 'ʊn...] ⟨Adj.⟩: **1.** *sich in seiner Auswirkung nicht voraussehen lassend:* diese Entwicklung hat -e Folgen; die Konsequenzen wären u. **2.** *sich [in seiner räumlichen od. zeitlichen Ausdehnung] nicht überblicken lassend:* -e Waldungen.

Un|ab|seh|bar|keit [auch: 'ʊn...], die; -, -en: **1.** ⟨o. Pl.⟩ *das Unabsehbarsein.* **2.** *etw., was unabsehbar* (1) *ist.*

◆ **un|ab|seh|lich** [auch: 'ʊn...] ⟨Adj.⟩: *unabsehbar* (2): ... wie in dem aus dem -en Gewölbe des Universums herausgeschnittenen oder hineingebauten Klosett ihrer Stube so beschirmet waren (Jean Paul, Wutz 6).

un|ab|setz|bar [auch: 'ʊn...] ⟨Adj.⟩: *nicht absetzbar; nicht aus dem Amt zu entfernen:* der Papst ist u.

Un|ab|setz|bar|keit [auch: 'ʊn...], die; -: *das Unabsetzbarsein.*

un|ab|sicht|lich ⟨Adj.⟩: *ohne Absicht geschehend:* eine -e Kränkung; etw. wie u. berühren.

un|ab|steig|bar [auch: 'ʊn...] ⟨Adj.⟩ (Sportjargon): *nie ernsthaft abstiegsgefährdet:* der Verein gilt als u.

un|ab|weis|bar [auch: 'ʊn...] ⟨Adj.⟩: **1.** *nicht zu leugnen, nicht von der Hand zu weisen:* -e Bedürfnisse, Notwendigkeiten, Erfordernisse. **2.** (Fachspr.) *(aufgrund bestimmter Zwänge) unumgänglich:* -e Mehrausgaben.

un|ab|weis|lich [auch: 'ʊn...] ⟨Adj.⟩: *unabweisbar* (1).

un|ab|wend|bar [auch: 'ʊn...] ⟨Adj.⟩: *sich nicht abwenden lassend; schicksalhaft über jmdn. hereinbrechend:* -es Schicksal; ein -es Ereignis (Rechtsspr.; *eine von der Haftung entbindende Unfallursache*); die Katastrophe war u.

Un|ab|wend|bar|keit [auch: 'ʊn...], die; -, -en: **1.** ⟨o. Pl.⟩ *das Unabwendbarsein.* **2.** *etw. Unabwendbares.*

un|acht|sam ⟨Adj.⟩: *nicht auf das achtend, worauf man achten sollte:* ein -er Autofahrer; jeder ist mal etwas u.; u. die Straße überqueren.

Un|acht|sam|keit, die; -, -en: **1.** ⟨o. Pl.⟩ *das Unachtsamsein.* **2.** *etw. aus Unachtsamkeit* (1) *Getanes:* eine kleine U. des Fahrers führte zu der Katastrophe.

un|ähn|lich ⟨Adj.⟩: *nicht ähnlich:* er ist seinem Vater nicht u. *(ähnelt ihm).*

Un|ähn|lich|keit, die; -, -en: **1.** ⟨o. Pl.⟩ *das Unähnlichsein.* **2.** *etw. Unähnliches.*

un|ak|zep|ta|bel ⟨Adj.⟩: *unannehmbar; inakzeptabel:* völlig unakzeptable Forderungen.

un|an|bring|lich ⟨Adj.⟩ (Postw.): *unzustellbar u. auch nicht rückzusendend:* -e Sendungen.

un|an|fecht|bar [auch: 'ʊn...] ⟨Adj.⟩: *nicht anfechtbar:* ein -er Vertrag; das Testament ist u.

Un|an|fecht|bar|keit [auch: 'ʊn...], die; -: *das Unanfechtbarsein.*

un|an|ge|bracht ⟨Adj.⟩: *nicht angebracht:* eine -e Bemerkung, Frage; dein Spott, dein Sarkasmus ist u.; »Nun?«, fragte Wolfram in einem Ton so brüsk, dass er ihn selber u. fand (Heym, Schwarzenberg 220).

un|an|ge|foch|ten ⟨Adj.⟩: *nicht von jmdm. angefochten, bestritten:* eine -e Machtstellung, Spitzenposition; der -e Marktführer; die Nummer eins; das Testament blieb u.; er gelangte u. *(unbehindert)* über die Grenze; sie blieb u. Siegerin *(niemand machte ihr diesen Rang streitig).*

un|an|ge|kün|digt ⟨Adj.⟩: *unangemeldet* (1).

un|an|ge|mel|det ⟨Adj.⟩: **1.** *ohne vorherige Ankündigung, nicht angemeldet:* -e Gäste, Besucher; ein -er Besuch; sie kam u. **2.** *nicht polizeilich, amtlich gemeldet:* irgendwo u. leben, wohnen.

un|an|ge|mes|sen ⟨Adj.⟩: *nicht angemessen:* eine -e Behandlung, Forderung, Reaktion; ein u. hoher Preis.

Un|an|ge|mes|sen|heit, die; -, -en: **1.** *das Unangemessensein.* **2.** *etw. Unangemessenes.*

un|an|ge|nehm ⟨Adj.⟩: **a)** *[als Eindruck, Erscheinung] Unbehagen verursachend:* ein -es Gefühl; sie hat eine -e Stimme; ein -er *(unsympathischer)* Mensch; seine Beflissenheit war mir u.; er ist schon mehrfach u. aufgefallen *(hat mit seinem Betragen Missfallen erregt);* ein u. serviler Typ; **b)** *Ärger, Erfahrung unerfreulich:* ein -er Auftrag; -e Erfahrungen mit jmdm. machen; ein -es Erlebnis, Wetter; eine -e Überraschung; ein sehr -er Infekt; in dem Fall wären die Folgen noch -er; das kann noch u. [für uns] werden; es ist mir sehr u. *(peinlich),* dass ich zu spät komme; die Frage war ihm höchst u. *(unbequem, peinlich);* es war u. kalt; etw. u. zu spüren bekommen;

unangepasst – Unausweichlichkeit

c) * **u. werden [können]** *(aus Ärger böse werden [können]).*
un|an|ge|passt ⟨Adj.⟩: *nicht angepasst:* -es Verhalten; mit -er Geschwindigkeit (Verkehrsw.; *für die gegebenen Verhältnisse zu schnell*) fahren.
Ụn|an|ge|passt|heit, die; -, -en: **1.** *das Unangepasstsein.* **2.** *etw. Unangepasstes.*
un|an|ge|se|hen ⟨Präp. mit Gen. od. Akk.⟩ (Amtsspr. veraltet): *ohne Rücksicht auf:* u. der/die Umstände.
un|an|ge|strengt ⟨Adj.⟩: *locker, nicht verkrampft; mit einer bestimmten Leichtigkeit.*
un|an|ge|tas|tet ⟨Adj.⟩: **1.** *nicht angetastet:* seine Ersparnisse sollten u. bleiben. **2.** *nicht angetastet* (3): die Privilegien des Adels blieben u.
un|an|greif|bar [auch: ˈʊn...] ⟨Adj.⟩: *nicht angreifbar:* ein -es Urteil.
Un|an|greif|bar|keit [auch: ˈʊn...], die; -: *das Unangreifbarsein.*
un|a|nim ⟨Adj.⟩ [frz. unanime < lat. unanimus, zu: unus = einer u. animus = Geist] (bildungsspr.): *einhellig, einmütig.*
un|an|nehm|bar [auch: ˈʊn...] ⟨Adj.⟩: *nicht annehmbar* (a): -e Bedingungen stellen; die Forderungen sind u.
Un|an|nehm|bar|keit [auch: ˈʊn...], die; -: *das Unannehmbarsein.*
Ụn|an|nehm|lich|keit, die; -, -en ⟨meist Pl.⟩: *unangenehme Sache, die jmdn. in Schwierigkeiten bringt, ihm Ärger verursacht:* -en bekommen, auf sich nehmen; jmdm. -en machen, bereiten; mit etw. nur un haben; ... aber noch nie darauf gekommen sei, dass man auch die entnervenden an einer der Ehe mit geistiger Überlegenheit behandeln könne (Musil, Mann 882).
un|an|sehn|lich ⟨Adj.⟩: *nicht ansehnlich* (2): alte, -e Möbel; die Äpfel sind klein und etwas u.
Ụn|an|sehn|lich|keit, die; -, -en ⟨o. Pl.⟩: *das Unansehnlichsein.* **2.** *etw. Unansehnliches.*
un|an|stän|dig ⟨Adj.⟩: **1.** *nicht anständig* (1 a); *den geltenden Moralbegriffen nicht entsprechend, sittliche Normen verletzend:* ein -es Wort; -e (*obszöne* 1) Witze erzählen; sich u. benehmen, aufführen; ⟨subst.:⟩ an, bei etw. nichts Unanständiges finden [können]. **2.** ⟨intensivierend bei Adjektiven⟩ *überaus; über die Maßen:* u. dick sein; u. viel essen.
Ụn|an|stän|dig|keit, die; -, -en: **1.** ⟨o. Pl.⟩ *unanständige Art.* **2.** *etw. Unanständiges.*
un|an|stö|ßig ⟨Adj.⟩: *nicht anstößig.*
Ụn|an|stö|ßig|keit, die; -: *das Unanstößigsein.*
un|an|tast|bar [auch: ˈʊn...] ⟨Adj.⟩: **1.** *sich [im Rahmen des Zulässigen] nicht antasten* (3) *lassend:* ein -er Begriff; die Würde des Menschen ist u. **2.** *nicht angetastet werden dürfend:* der Notgroschen war u.
Un|an|tast|bar|keit [auch: ˈʊn...], die; -: *das Unantastbarsein.*
un|an|zwei|fel|bar ⟨Adj.⟩: *sich nicht anzweifeln lassend.*
un|ap|pe|tit|lich ⟨Adj.⟩: **1.** *nicht appetitlich* (a): u. angerichtetes Essen. **2. a)** *das hygienische, ästhetische Empfinden störend:* ein -es Waschbecken; **b)** *mit Widerwillen, Abscheu, Ekel erfüllend:* ein -er Witz; die Affäre ist u.; etw. u. finden.
Ụn|ap|pe|tit|lich|keit, die; -, -en: **1.** ⟨o. Pl.⟩ *das Unappetitlichsein.* **2.** *etw. Unappetitliches.*
Ụn|art, die; -, -en: *schlechte Angewohnheit, die sich bes. im Umgang mit anderen unangenehm bemerkbar macht:* eine U. annehmen; die U. musst du dir abgewöhnen; Dort trieben sie ihm das Fressen der eigenen Losung aus: eine U. junger Hunde (Grass, Hundejahre 148).
un|ar|tig ⟨Adj.⟩ [zu ↑Unart]: *nicht artig:* ein -er Junge; die Kinder waren heute sehr u.
Ụn|ar|tig|keit, die; -, -en: **1.** ⟨o. Pl.⟩ *das Unartigsein.* **2.** *unartige Handlung, Äußerung.*

un|ar|ti|ku|liert ⟨Adj.⟩ (bildungsspr.): **1.** *nicht deutlich ausgesprochen.* **2.** (abwertend) *in tierhafter Weise laut, wild, schrill:* -e Laute.
un|äs|the|tisch ⟨Adj.⟩: *nicht ästhetisch* (2); *abstoßend:* ein -er Anblick; u. aussehen.
un|at|trak|tiv ⟨Adj.⟩: *nicht attraktiv.*
un|auf|dring|lich ⟨Adj.⟩: *nicht aufdringlich; dezent* (b): -e Eleganz; er hat eine angenehm -e Art; das Parfüm hat einen -en Duft, ist u.
Ụn|auf|dring|lich|keit, die; -: *das Unaufdringlichsein.*
un|auf|fäl|lig ⟨Adj.⟩: **a)** *nicht auffällig:* eine -e Erscheinung; ein -es Leben, Grau; u. aussehen, wirken; **b)** *so geschickt, dass es niemand bemerkt:* u. verschwinden; u. jmdm. etw. zustecken; **c)** (Med.) *nicht auf eine Krankheit, einen Schaden hindeutend:* ein -er Befund.
Ụn|auf|fäl|lig|keit, die; -: *das Unauffälligsein.*
un|auf|find|bar [auch: ˈʊn...] ⟨Adj.⟩: *sich nicht auffinden lassend:* ein -es Testament; das Kind, der Schlüssel, das Geld war, blieb u.
un|auf|ge|for|dert ⟨Adj.⟩: *durch keine Aufforderung veranlasst, aus freien Stücken [erfolgend]:* die -e Rückgabe der Bücher; sich u. äußern.
un|auf|ge|klärt ⟨Adj.⟩: **a)** *ungeklärt, nicht aufgeklärt* (1 a): -e Kriminalfälle; das Verbrechen blieb u.; **b)** *nicht aufgeklärt* (2): völlig u. in Bezug auf Suchtgefahren sein; das schwangere Mädchen war noch u.
un|auf|ge|räumt ⟨Adj.⟩: *nicht aufgeräumt, in einem ungeordneten Zustand:* ein -es Zimmer.
un|auf|ge|regt ⟨Adj.⟩: *ruhig, gelassen; ohne Hektik:* in -er Weise.
un|auf|halt|bar [auch: ˈʊn...] ⟨Adj.⟩: *unaufhaltsam.*
un|auf|halt|sam [auch: ˈʊn...] ⟨Adj.⟩: *sich nicht aufhalten* (1 a) *lassend:* ein -er Verfall, Niedergang; der -e Fortschritt; die Katastrophe schien u.; das Wasser stieg u.
Un|auf|halt|sam|keit [auch: ˈʊn...], die; -: *das Unaufhaltsamsein.*
un|auf|hör|lich [auch: ˈʊn...] ⟨Adj.⟩: *nicht aufhörend, nicht endend, fortwährend:* in -er Bewegung sein; u. klingelt das Telefon; Die Menschen um mich herum schwatzten u. von der »Montreal«, die heute abfuhr (Seghers, Transit 283).
un|auf|lös|bar [auch: ˈʊn...] ⟨Adj.⟩: **1.** *sich nicht auflösen* (2 a) *lassend:* ein -er Stoff. **2.** *nicht auflösen* (2 a), *aufknoten lassend:* ein -er Knoten. **3.** *unauflöslich* (1).
Un|auf|lös|bar|keit [auch: ˈʊn...], die; -: *das Unauflösbarsein.*
un|auf|lös|lich [auch: ˈʊn...] ⟨Adj.⟩: **1. a)** *sich nicht auflösen* (4 a) *lassend:* ein -er Widerspruch; **b)** *sich nicht auflösen* (3 a) *lassend:* -e Verträge; eine -e Lebensgemeinschaft. **2.** *unauflösbar* (1). **3.** *unauflösbar* (2).
Un|auf|lös|lich|keit [auch: ˈʊn...], die; -: *das Unauflöslichsein.*
un|auf|merk|sam ⟨Adj.⟩: **1.** *nicht aufmerksam* (1): ein -er Schüler, Verkehrsteilnehmer; im Unterricht u. sein. **2.** *nicht aufmerksam* (2), *nicht zuvorkommend:* u. von u. von ihm sein, sich gegenüber jmdm. verhalten.
Ụn|auf|merk|sam|keit, die; -, -en ⟨o. Pl.⟩: *das Unaufmerksamsein.* **2.** *unaufmerksames* (1) *Verhalten, unaufmerksame* (1) *Handlung;* **b)** *unaufmerksames* (2) *Verhalten:* seine -en mir gegenüber häuften sich.
un|auf|rich|tig ⟨Adj.⟩: *nicht aufrichtig:* ein -er Charakter; eine -e Haltung; er ist u. [gegen seine, gegenüber seinen Eltern].
Ụn|auf|rich|tig|keit, die; -, -en ⟨o. Pl.⟩ *unaufrichtige Art:* jmdm. seine U. vorwerfen; **b)** *unaufrichtige Handlung, Äußerung:* es kam zwischen ihnen immer wieder zu [kleinen] -en.
un|auf|schieb|bar [auch: ˈʊn...] ⟨Adj.⟩: *sich nicht*

aufschieben (2) *lassend:* eine -e Reise; der Besuch war [mittlerweile] u.
Un|auf|schieb|bar|keit [auch: ˈʊn...], die; -: *das Unaufschiebbarsein.*
un|aus|bleib|lich [auch: ˈʊn...] ⟨Adj.⟩: *mit Sicherheit eintretend* (7), *nicht ausbleibend* (a): die -en Folgen seines Leichtsinns; Missverständnisse sind unter solchen Voraussetzungen u.
un|aus|denk|bar [auch: ˈʊn...] ⟨Adj.⟩: *nicht auszudenken seiend; unvorstellbar:* die Folgen wären u.
un|aus|führ|bar [auch: ˈʊn...] ⟨Adj.⟩: *nicht ausführbar* (1): ein -er Plan.
Un|aus|führ|bar|keit [auch: ˈʊn...], die; -: *das Unausführbarsein.*
un|aus|ge|bil|det ⟨Adj.⟩: *nicht ausgebildet.*
un|aus|ge|füllt ⟨Adj.⟩: **1.** *nicht ausgefüllt* (2): ein -es Formular; einen Fragebogen u. zurückgeben. **2.** *nicht ausgefüllt* (3): ein -er Tag. **3.** *nicht ausgefüllt* (5 a): ein -es Leben; sich u. fühlen.
Ụn|aus|ge|füllt|sein, das; -s: *unausgefüllter Zustand.*
un|aus|ge|gli|chen ⟨Adj.⟩: **a)** *nicht ausgeglichen* (a): ein -er Mensch; einen -en Eindruck machen; **b)** *nicht ausgeglichen* (b): eine -e Bilanz.
Ụn|aus|ge|gli|chen|heit, die; -, -en: **1.** *das Unausgeglichensein.* **2.** *unausgeglichenes Element, unausgeglichene Beschaffenheit.*
un|aus|ge|go|ren ⟨Adj.⟩ (abwertend): *noch nicht ausgereift u. noch unfertig wirkend:* eine -e Planung.
un|aus|ge|reift ⟨Adj.⟩ (ugs.): *nicht ausgereift* (2).
un|aus|ge|schla|fen ⟨Adj.⟩: *nicht genug geschlafen habend:* u. aussehen; u. zur Schule kommen.
un|aus|ge|setzt ⟨Adj.⟩: *ständig, pausenlos, unaufhörlich:* -e Anfeindungen; u. reden; es ging u. bergauf.
un|aus|ge|spro|chen ⟨Adj.⟩: *nicht ausgesprochen:* ein -es Einverständnis; in ihren Worten lag u. ein Vorwurf.
un|aus|ge|wo|gen ⟨Adj.⟩: *nicht ausgewogen:* eine -e Berichterstattung; sich u. ernähren.
Ụn|aus|ge|wo|gen|heit, die; -, -en: **1.** *das Unausgewogensein.* **2.** *unausgewogenes Element, unausgewogene Handlung.*
un|aus|lösch|lich [auch: ˈʊn...] ⟨Adj.⟩ (geh.): *sich als Eindruck, Tatbestand o. Ä. nicht auslöschen lassend:* -e Erlebnisse, Erinnerungen.
un|aus|rott|bar [auch: ˈʊn...] ⟨Adj.⟩: *sich nicht ausrotten lassend:* ein -es Vorurteil.
un|aus|sprech|bar [auch: ˈʊn...] ⟨Adj.⟩: **a)** *sich kaum aussprechen* (1 a) *lassend:* sie hat einen -en Namen; **b)** *sich [erlaubterweise] nicht aussprechen lassend:* die Geschichte hat einen gefährlichen, -en Hintergrund.
un|aus|sprech|lich [auch: ˈʊn...] ⟨Adj.⟩: **a)** *sich nicht aussprechen* (3 a) *lassend:* ein -es Gefühl; **b)** *unsagbar, unbeschreiblich:* in -em Elend leben; eine -e Freude erfüllte ihn; sein Leid war u.; jmdn. u. lieben.
Un|aus|sprech|li|che [auch: ˈʊn...], die; Unaussprechlichen ⟨nur auskunftsweise Unaussprechliche ⟨Pl.⟩ [LÜ von frz. inexpressibles < engl. inexpressibles] (veraltend scherzh.): **1.** *Unterhose.*
◆ **2.** *Hosen* (1 a): ... hätte ... mir mit der Badine die Stiefel und die -n ausgeklopft (Fontane, Jenny Treibel 127).
Un|aus|steh|lich [auch: ˈʊn...] ⟨Adj.⟩: *nicht auszustehen seiend.*
Un|aus|steh|lich|keit [auch: ˈʊn...], die; -: **1.** *das Unausstehlichsein.* **2.** *etw. Unausstehliches.*
un|aus|tilg|bar [auch: ˈʊn...] ⟨Adj.⟩ (geh.): *unauslöschlich.*
un|aus|weich|lich [auch: ˈʊn...] ⟨Adj.⟩: *kein Ausweichen* (1 c) *zulassend:* eine -e Folge, -e Zwänge; das Problem kam u. auf uns zu.
Un|aus|weich|lich|keit [auch: ˈʊn...], die; -, -en:

1. ⟨o. Pl.⟩ *das Unausweichlichsein.* **2.** *etw. Unausweichliches.*
un|au|to|ri|siert ⟨Adj.⟩: *nicht autorisiert:* die -e Herausgabe eines Buches.
un|bän|dig ⟨Adj.⟩ [mhd. unbendec = (von Hunden) durch kein Band gehalten, zu: bendec, ↑ bändigen]: **a)** *ungestüm, wild:* ein -es Kind, Temperament; u. herumtoben, lärmen; **b)** *(von Gefühlen o. Ä.) durch nichts gedämpft, abgemildert, sich ohne Beschränkung äußernd; nicht zu zügeln; heftig:* -er Zorn, Hass, Hunger; ein -es Verlangen; sich u. *(überaus)* freuen; u. *(sehr)* viel Geld haben.
un|bar ⟨Adj.⟩: *bargeldlos:* -e Zahlung.
un|barm|her|zig ⟨Adj.⟩: *nicht barmherzig; mitleidlos, ohne Mitgefühl:* ein -er Mensch; jmdn. u. strafen; Ü im -en Gesetz; die Uhr lief u. weiter.
Un|barm|her|zig|keit, die; -, -en: **1.** ⟨o. Pl.⟩ *das Unbarmherzigsein.* **2.** *unbarmherzige Handlung, Äußerung.*
un|be|ab|sich|tigt ⟨Adj.⟩: *nicht beabsichtigt:* ein -es Foul.
un|be|ach|tet ⟨Adj.⟩: *von niemandem beachtet:* ein -es Dasein führen; dieser Punkt blieb u. *(wurde nicht beachtet).*
un|be|acht|lich ⟨Adj.⟩: *nicht beachtlich* (c): ein -er Preisanstieg.
un|be|an|stan|det ⟨Adj.⟩: *nicht beanstandet; ohne Beanstandung:* einen Fehler, eine Sendung, einen Artikel u. lassen; u. die Qualitätskontrolle passieren.
un|be|ant|wort|bar [auch: ...'|ant...] ⟨Adj.⟩: *sich nicht beantworten lassend.*
un|be|ant|wor|tet ⟨Adj.⟩: *nicht beantwortet:* -e Fragen; einen Brief u. lassen.
un|be|ar|bei|tet ⟨Adj.⟩: *[noch] nicht bearbeitet* (2, 4).
un|be|auf|sich|tigt ⟨Adj.⟩: *keine Aufsicht* (1) *aufweisend:* die Kinder waren u.; du darfst den Hund nicht u. herumlaufen lassen.
un|be|baut ⟨Adj.⟩: *[noch] nicht bebaut.*
un|be|dacht ⟨Adj.⟩: *nicht bedacht* (1): -e Schritte unternehmen; u. daherreden.
un|be|dach|ter|wei|se ⟨Adv.⟩: *unbedacht, ohne Bedacht:* ich habe es ihm u. erzählt.
Un|be|dacht|heit, die; -, -en: **1.** ⟨o. Pl.⟩ *das Unbedachtsein.* **2.** *unbedachte Handlung, Äußerung:* eine folgenschwere U.
un|be|dacht|sam ⟨Adj.⟩: *nicht bedachtsam:* ein -es Vorgehen.
Un|be|dacht|sam|keit, die; -, -en: **1.** ⟨o. Pl.⟩ *das Unbedachtsamsein.* **2.** *unbedachtsame Handlung, Äußerung.*
un|be|darft ⟨Adj.⟩ [aus dem Niederd. < mniederd. unbederve, unbedarve = untüchtig, Ggs. von: bederve = bieder, tüchtig, wohl beeinflusst von mniederd. bedarft, 2. Part. von: bedarven, Nebenf. von ↑ bedürfen]: *naiv* (1 b): der -e Wähler; sie gibt sich, wirkt u.
Un|be|darft|heit, die; -, -en: **1.** ⟨o. Pl.⟩ *das Unbedarftsein.* **2.** *unbedarfte Äußerung, Handlung.*
un|be|deckt ⟨Adj.⟩: *nicht mit etw. bedeckt:* -e Körperteile.
un|be|denk|lich ⟨Adj.⟩: **1.** *keine Bedenken habend:* sich u. mit etw. sehen lassen können; er erfand u. Geschichten. **2.** *keine Bedenken auslösend:* eine -e Lektüre; ich halte diese Art von Gewaltdarstellung für nicht u.; diese Stoffe gelten als [ökologisch, gesundheitlich] u.
Un|be|denk|lich|keit, die; -: *das Unbedenklichsein.*
Un|be|denk|lich|keits|be|schei|ni|gung, die: **1.** *Bescheid des Finanzamts über die steuerliche Unbedenklichkeit einer beabsichtigten Eigentumsübertragung (bei Grundstücken).* **2.** *Bescheinigung des Finanzamts über die Erfüllung der Steuerpflicht, die bei der Bewer-*bung um öffentliche Aufträge vorgelegt werden muss.
un|be|deu|tend ⟨Adj.⟩: **1. a)** *keine Bedeutung* (2 b), *Geltung habend, kein Ansehen aufweisend:* ein -es Kunstwerk; als Dramatiker, Minister war er völlig u.; Schmitz war klein und dick und sah u. aus (Böll, Adam 31); **b)** *ohne Bedeutung* (2 a); *nicht ins Gewicht fallend:* ein -es *(nebensächliches)* Ereignis; etw. für u. halten. **2.** *gering[fügig]:* eine -e Änderung; die Methode ist nur u. verbessert worden.
Un|be|deu|tend|heit, die; - (selten): *das Unbedeutendsein.*
¹**un|be|dingt** [auch: ...'dɪŋt] ⟨Adj.⟩: **a)** *ohne jede Einschränkung, absolut* (2): -e Treue; -e Verschwiegenheit, Loyalität; -er Gehorsam; jmdm. u. vertrauen [können]; Es war einer der schönsten Tage meines Lebens, vielleicht der u. schönste *(der schönste Tag überhaupt;* Th. Mann, Krull 27); **b)** *nicht* ¹*bedingt* (a): -e (Physiol.; angeborene) Reflexe; **c)** (österr. u. schweiz. Rechtsspr.) *keine Bewährungsfrist aufweisend.*
²**un|be|dingt** [auch: ...'dɪŋt] ⟨Adv.⟩: *unter allen Umständen, auf jeden Fall:* du musst u. zum Arzt gehen; sie wollte nicht länger bleiben als u. nötig; er hätte nicht u. so entscheiden müssen; das hat nicht u. *(nicht mit Gewissheit)* etwas mit Bevorzugung zu tun.
Un|be|dingt|heit [auch: ...'dɪŋt...], die; -, -en: *Absolutheit, Uneingeschränktheit.*
un|be|druckt ⟨Adj.⟩: *nicht von etw. beeindruckt:* das Ergebnis ließ ihn u.
un|be|ein|fluss|bar [auch: 'ʊn...] ⟨Adj.⟩: *nicht beeinflussbar:* -er Trotz.
Un|be|ein|fluss|bar|keit [auch: 'ʊn...], die; -: *unbeeinflussbare Art.*
un|be|ein|flusst ⟨Adj.⟩: *nicht von jmdm., etw. beeinflusst:* von jmdm., etw. u.
un|be|fahr|bar [auch: ...'faːɐ̯...] ⟨Adj.⟩: *nicht befahrbar:* die Straße ist zurzeit u.
un|be|fah|ren ⟨Adj.⟩: **1.** *noch nicht von einem Fahrzeug befahren:* eine -e Straße, Meeresbucht. **2.** (Seemannsspr.) *nicht* ²*befahren* (1): der Matrose ist noch u.
un|be|fan|gen ⟨Adj.⟩: **1.** *nicht* ²*befangen* (1), *sondern frei u. ungehemmt:* ein -es Kind; u. erscheinen, wirken; u. lachen. **2.** *nicht in etw. befangen; unvoreingenommen:* -e Leserinnen u. Leser; ein -er (Rechtsspr.) *unparteiischer*) Zeuge; einem Menschen u. gegenübertreten.
Un|be|fan|gen|heit, die; -, -en: **1.** *unbefangene* (1) *Art:* sie gewann ihre U. zurück. **2.** *unbefangene* (2) *Art jmds.* U. zweifeln. **3.** *unbefangene* (1) *Handlung, Äußerung.*
un|be|fleckt ⟨Adj.⟩: **1.** (selten) *fleckenlos.* **2.** (geh.) *in religiös-moralischer Hinsicht makellos; rein:* seine Ehre u. erhalten; die Unbefleckte Empfängnis [Mariens/Marias] (kath. Kirche).
un|be|frie|di|gend ⟨Adj.⟩: *nicht befriedigend:* ein sehr -es Ergebnis; seine Leistung war ziemlich u.
un|be|frie|digt ⟨Adj.⟩: *nicht befriedigt:* -e Bedürfnisse; von etw. u. sein.
Un|be|frie|digt|heit, die; -, -en: *das Unbefriedigtsein.*
un|be|fris|tet ⟨Adj.⟩: *nicht befristet:* ein -er Vertrag; etw. u. vermieten.
un|be|fruch|tet ⟨Adj.⟩: *nicht befruchtet:* -es Ei.
un|be|fugt ⟨Adj.⟩: **a)** *nicht etw. befugt:* -e Personen; ⟨subst.:⟩ Zutritt für Unbefugte verboten; **b)** *ohne Befugnis erfolgend, herbeigeführt:* -er Waffenbesitz; u. einen Raum betreten.
un|be|gabt ⟨Adj.⟩: *nicht begabt:* zum Malen, Schreiben, künstlerisch u. sein.
Un|be|gabt|heit, die; -: *das Unbegabtsein.*
un|be|gan|gen [auch: 'ʊn...] ⟨Adj.⟩: *nicht begehbar:* -er, u. gewordener Waldweg.
un|be|glau|bigt ⟨Adj.⟩: *nicht beglaubigt:* eine -e Kopie.
un|be|gli|chen ⟨Adj.⟩ (geh.): *noch nicht bezahlt:* eine -e Rechnung.
un|be|greif|lich [auch: 'ʊn...] ⟨Adj.⟩: *nicht begreifbar, nicht verständlich; rätselhaft:* eine -e Sorglosigkeit; [es ist mir] u., wie/dass so etwas passieren konnte; u. lethargisch sein.
un|be|greif|li|cher|wei|se ⟨Adv.⟩: *nicht zu begreifen:* u. ist ihm keiner der Umstehenden zu Hilfe gekommen.
Un|be|greif|lich|keit [auch: 'ʊn...], die; -, -en: **1.** ⟨o. Pl.⟩ *das Unbegreiflichsein.* **2.** *unbegreifliche Handlung.*
un|be|grenzt ⟨Adj.⟩: **1.** (selten) *ohne Grenze, nicht abgegrenzt.* **2.** *nicht begrenzt, nicht beschränkt:* auf -e Dauer; [nahezu, praktisch] -e Möglichkeiten; auch Konserven sind nicht u. haltbar; ich habe nicht u. Zeit.
Un|be|grenzt|heit [auch: ...'grɛn...], die; -: *das Unbegrenztsein.*
◆ **Un|be|griff,** der; -s: *Unverstand:* Es ist nichts, worum sie einander nicht bringen ... Und meist aus Unbeirrheit, U. und Enge (Goethe, Werther II, 8. Februar).
un|be|gründ|bar ⟨Adj.⟩: *sich nicht begründen lassend:* eine -e Angst.
un|be|grün|det ⟨Adj.⟩: **a)** *nicht begründet:* -e Anträge werden nicht bearbeitet; **b)** *jeder Grundlage entbehrend, sich nicht begründen lassend:* ein -er Verdacht.
un|be|haart ⟨Adj.⟩: *nicht behaart:* seine -e Brust war ungeheuer erotisch.
Un|be|ha|gen, das; -s (geh.): *unangenehmes, jmds. Wohlbehagen störendes Verstimmung, Unruhe, Abneigung, Unwillen hervorrufendes Gefühl:* ein leichtes, wachsendes U. befiel ihn; U. an der Politik; ein leises U. [ver]spüren, empfinden; etw. mit U. betrachten.
un|be|hag|lich ⟨Adj.⟩ (geh.): **a)** *Unbehagen auslösend:* eine -e Atmosphäre; es war u. kühl; er, seine Stimme war mir u.; **b)** *durch Unbehagen gekennzeichnet:* ein -es Gefühl; ihm war u. zumute; dem Jungen war es etwas u. vor der Schule; sich [recht] u. fühlen.
Un|be|hag|lich|keit, die; -, -en (geh.): **1.** ⟨o. Pl.⟩ *das Unbehaglichsein.* **2.** *eine Unbehagliches* (b).
un|be|han|del|bar [auch: 'ʊn...] ⟨Adj.⟩: *sich nicht behandeln* (4) *lassend:* ein -es Karzinom.
un|be|han|delt ⟨Adj.⟩: *nicht behandelt* (2): -es Obst, Gemüse; Möbel aus -em Holz; rohe, -e *(nicht erhitzte)* Milch. **2.** *nicht behandelt* (3): er hat die Entzündung zu lange u. gelassen. **3.** *nicht behandelt* (4): der Tagesordnungspunkt blieb u.
un|be|hau|en ⟨Adj.⟩: *nicht behauen:* eine Mauer aus -en Steinen.
un|be|haust ⟨Adj.⟩ (geh.): *kein Zuhause habend:* ein -er Mensch; ein -es Leben; u. umherziehen.
Un|be|haust|heit, die; - (geh.): *das Unbehaustsein.*
un|be|hel|ligt [auch: ...'hɛ...] ⟨Adj.⟩: *nicht von jmdm., etw. behelligt:* die Schmuggler konnten die Grenze u. passieren.
un|be|herrsch|bar [auch: 'ʊn...] ⟨Adj.⟩: *nicht beherrschbar:* ein -er Zwang.
un|be|herrscht ⟨Adj.⟩: *keine Selbstbeherrschung aufweisend:* eine -e Art haben; er ist [manchmal etwas] u.; u. brüllen.
Un|be|herrscht|heit, die; -, -en: **1.** ⟨o. Pl.⟩ *das Unbeherrschtsein.* **2.** *unbeherrschte Handlung, Äußerung.*
un|be|hin|dert ⟨Adj.⟩: *keine Behinderung od. Störung aufweisend; ungehindert.*
un|be|hol|fen ⟨Adj.⟩ [mhd. unbeholfen = nicht behilflich]: *aus Mangel an körperlicher od. geistiger Gewandtheit u. sich nicht recht zu helfen wissend:* -e Bewegungen; er ist in Gelddingen sehr u.; ihr Stil wirkt u.; ein etwas u.

Unbeholfenheit – unbeschrieben

formulierter Brief; Er war ein Meister in der Kunst, Langeweile zu verbreiten und sich als -en Trottel zu geben (Süskind, Parfum 231).
Un|be|hol|fen|heit, die; -, -en: **1.** *das Unbeholfensein.* **2.** *unbeholfene Handlung, Äußerung.*
un|be|irr|bar [auch: ˈʊn...] ⟨Adj.⟩: *sich durch nichts beirren lassend:* ein -er Glaube; mit -er Sicherheit, Entschlossenheit; u. seinen Weg gehen.
Un|be|irr|bar|keit [auch: ˈʊn...], die; -: *das Unbeirrbarsein.*
un|be|irrt [auch: ˈʊn...] ⟨Adj.⟩: *durch nichts beirrt, sich beirren lassend:* u. an einer Anschauung festhalten; u. seine Pflicht tun.
Un|be|irrt|heit [auch: ˈʊn...], die; -: *das Unbeirrtsein.*
un|be|kannt ⟨Adj.⟩: **a)** *jmdm. nicht, niemandem bekannt* (1 a); *von jmdm. nicht, von niemandem gekannt:* die -en Täter; in -er Umgebung; das Werk eines -en Meisters; mit -em Ziel verreisen; eine -e Größe (bes. Math.; *Unbekannte*): dieses Heilmittel war [den Ärzten] damals noch u.; Empfänger u.; wie sich dieser Vorfall abspielte, blieb weitgehend u.; ich bin hier u. (ugs.: *kenne mich hier nicht aus*); das ist mir nicht u. *(ich weiß es sehr wohl)*; sie ist u. verzogen *(ist an einen unbekannten Ort verzogen)*; Angst ist ihm u. *(er hat nie Angst)*; Anzeige gegen u. (Rechtsspr.; *gegen den, die unbekannten Täter*) erstatten; ⟨subst.:⟩ ein Unbekannter sprach sie unterwegs an; eine Unbekannte (Math.; eine mathematische Größe, deren Wert man durch Lösen einer od. mehrerer Gleichungen erhält); **b)** *nicht bekannt* (1 b), *angesehen, berühmt:* ein völlig -er Journalist; eine nicht ganz -e Autorin; er ist noch eine -e Größe; ⟨subst.:⟩ der Komponist der Melodie ist kein Unbekannter.
un|be|kann|ter|wei|se ⟨Adv.⟩: *ohne persönlich (mit jmdm.) bekannt zu sein:* grüßen Sie Ihre Frau u. [von mir].
Un|be|kannt|heit, die; -: *das Unbekanntsein.*
un|be|klei|det ⟨Adj.⟩: *nicht bekleidet* (1 a): er trug Socken, war aber sonst völlig u.
un|be|küm|mert [auch: ...ˈkʏ...] ⟨Adj.⟩: **a)** *durch nichts bekümmert* (1): ein -er Mensch; u. plaudern; sie lachte u. **b)** *sich nicht um etw. kümmernd, keinerlei Bedenken habend:* eine -e Art an sich haben; u. über alle herziehen.
Un|be|küm|mert|heit [auch: ...ˈkʏm...], die; -, -en: **1.** ⟨o. Pl.⟩ **a)** *unbekümmerte* (a) *Art;* **b)** *unbekümmerter* (b) *Art.* **2.** *etw., was von jmds. unbekümmerter* (b) *Art zeugt.*
un|be|las|tet ⟨Adj.⟩: **1.** *nicht von etw. belastet* (2 b): er war, fühlte sich u. von Gewissensbissen. **2.** *keine Schuld auf sich geladen habend:* -e Parteigenossen; sie ist politisch u. **3.** (Geldw.) *nicht belastet* (4): das Grundstück ist ein Haus u. übernehmen. **4.** *durch keinerlei Schadstoffe belastet:* -es Gemüse, Trinkwasser.
un|be|lebt ⟨Adj.⟩: **1.** *nicht belebt* (2); *anorganisch* (1 a): die -e Natur. **2.** *in keiner Weise belebt* (1): eine -e Gegend.
un|be|leckt ⟨Adj.⟩ (salopp): *keine Erfahrungen, Kenntnisse auf einem bestimmten Gebiet besitzend:* von höherer Bildung relativ -e Bevölkerungsschichten.
un|be|legt ⟨Adj.⟩: **1.** *nicht belegt, keinen Belag aufweisend* (1): ein -es Brötchen. **2.** *durch keinerlei Beleg untermauert, nicht nachgewiesen:* -e Behauptungen, Vorwürfe, Zitate. **3.** *nicht genutzt, frei:* -e Hotelzimmer, Betten, Plätze.
un|be|lehr|bar [auch: ˈʊn...] ⟨Adj.⟩: *sich nicht belehren* (2) *lassend:* ein -er Mensch; diese Fanatiker sind u.
Un|be|lehr|bar|keit [auch: ˈʊn...], die; -, -en: *unbelehrbares Wesen, Verhalten.*
un|be|leuch|tet ⟨Adj.⟩: *nicht beleuchtet:* ein -er Hausflur.

un|be|lich|tet ⟨Adj.⟩ (Fotogr.): *nicht belichtet.*
un|be|liebt ⟨Adj.⟩: *nicht beliebt* (a): der Lehrer ist [bei den Schülern] ziemlich u.; sich mit etw. [bei jmdm.] u. machen *(durch etw. jmds. Missfallen erregen).*
Un|be|liebt|heit, die; -: *das Unbeliebtsein.*
un|be|mannt ⟨Adj.⟩: **1.** (bes. Raumfahrt) *nicht bemannt:* die -e Raumfahrt *(die Raumfahrt mit nicht bemannten Raumflugkörpern);* der Flugkörper, das Raumschiff ist u. **2.** (ugs. scherzh.) *alleinstehend; ohne männliche Begleitung:* ist deine Freundin noch immer u.?
un|be|merkt ⟨Adj.⟩: *nicht, von niemandem bemerkt* (1 a): u. gelangte er ins Zimmer; das Notsignal blieb u.
un|be|mit|telt ⟨Adj.⟩ (geh.): *nicht bemittelt:* ein völlig -er Arbeitsloser.
un|be|nom|men [auch: ˈʊn...] ⟨Adj.⟩ [mhd. unbenommen = nicht versagt; zugestanden]: in der Verbindung **jmdm. u. sein/bleiben** (*jmdm. trotz, angesichts bestimmter Umstände freistehen, zustehen;* zu ↑benehmen 2: es ist Ihnen u., Widerspruch einzulegen; »Den Fall beartbeite ich, nicht Sie!« – »Bleibt Ihnen u.« [Zwerenz, Quadriga 152]).
un|be|nutz|bar, (südd., österr. u. schweiz. meist:) **un|be|nütz|bar** [auch: ˈʊn...] ⟨Adj.⟩: *nicht benutzbar:* die Toilette ist zurzeit u.
un|be|nutzt, (südd., österr. u. schweiz. meist:) **un|be|nützt** ⟨Adj.⟩: *nicht benutzt* (a): ein -er Raum, das Handtuch ist [noch] u.
un|be|ob|ach|tet ⟨Adj.⟩: *von niemandem beobachtet* (1 a): in einem -en Augenblick *(in einem Augenblick, wo es niemand sah)* entfloh er; sich [bei etw.] u. glauben, fühlen.
un|be|quem ⟨Adj.⟩: **1.** *nicht bequem* (1): eine -e Haltung; der andere Stuhl ist noch -er; auf dem Sofa liegt, sitzt man sehr u. **2.** *durch seine Art jmdm. Schwierigkeiten bereitend, ihn in seiner Ruhe od. in einem Vorhaben störend:* ein -er Politiker, Schriftsteller, Zeitgenosse; eine -e Frage; jmdm. -e Wahrheiten sagen; er ist [ihnen] u. geworden.
Un|be|quem|lich|keit, die; -, -en: **1.** *etw., was jmdm. vorübergehend Mühe verursacht, was Schwierigkeiten mit sich bringt:* man muss auch mal -en ertragen können. **2.** ⟨o. Pl.⟩ *unbequeme* (1) *Art:* die U. des schicken Designersofas in Kauf nehmen.
un|be|re|chen|bar [auch: ˈʊn...] ⟨Adj.⟩: **1.** *sich nicht [im Voraus] berechnen lassend:* ein -er Faktor der Wirtschaft. **2.** *in seinem Denken u. Empfinden sprunghaft u. dadurch zu unvorhersehbaren Handlungen neigend:* sie ist u.
Un|be|re|chen|bar|keit [auch: ˈʊn...], die; -, -en: **1.** ⟨o. Pl.⟩ *das Unberechenbarsein.* **2.** *etw. Unberechenbares.*
un|be|rech|tigt ⟨Adj.⟩: **a)** *nicht berechtigt:* eine völlig, nicht ganz -e Kritik; **b)** *ohne Berechtigung* (a) *erfolgend, unbefugt:* -es Parken.
un|be|rech|tig|ter|wei|se ⟨Adv.⟩: *ohne Berechtigung, ohne berechtigt zu sein.*
un|be|rück|sich|tigt [auch: ...ˈrʏk...] ⟨Adj.⟩: *nicht berücksichtigt:* -e Umstände; etw. u. lassen.
¹un|be|ru|fen [auch: ...ˈruː...] ⟨Adj.⟩: **a)** *nicht ²berufen;* **b)** *unbefugt:* der Brief ist in -e Hände gelangt.
²un|be|ru|fen [auch: ˈʊn...] ⟨Interj.⟩: *ohne etw.* ¹*berufen* (4) *zu wollen:* es hat immer noch geklappt, u. [toi, toi, toi]!
un|be|rühr|bar [auch: ˈʊn...] ⟨Adj.⟩: **1.** *sich nicht berühren* (1) *lassend, nicht anfassbar:* die Bilder hängen u. hinter Glas; Ü in dieser Kultur gelten unverheiratete Frauen u. **2.** *sich nicht berühren* (3), *beeindrucken lassend:* völlig u. standen sie daneben.
Un|be|rühr|ba|re [auch: ˈʊn...], die/eine Unberührbare; der/einer Unberührbaren, die Unbe-

rührbaren/zwei Unberührbare: *der niedersten od. gar keiner Kaste angehörende Inderin.*
Un|be|rühr|ba|rer [auch: ˈʊn...], der Unberührbare/ein Unberührbarer; des/eines Unberührbaren, die Unberührbaren/zwei Unberührbare: *Paria* (1).
un|be|rührt ⟨Adj.⟩: **1. a)** *nicht berührt* (1) [u. *benutzt, beschädigt*]: das Bett, das Gepäck war u.; das Essen u. lassen *(nichts davon zu sich nehmen);* **b)** *als Landschaft im Naturzustand belassen:* -er Urwald; das ist noch ein Stück -e Natur; **c)** (geh. veraltend) *jungfräulich* (1): ein -es Mädchen; sie ist noch u. **2.** *nicht von etw. berührt* (3): von einem Ereignis, von allem u. bleiben.
Un|be|rührt|heit, die; -: *das Unberührtsein* (1 b, c, 2).
¹un|be|scha|det [auch: ...ˈʃa...] ⟨Präp. mit Gen.⟩ [eigtl. negiertes 2. Part. zu veraltet beschaden = Schaden bringen, beschädigen]: **1.** *ohne Rücksicht auf, ungeachtet, trotz:* u. aller Rückschläge sein Ziel verfolgen; u. seiner politischen Einstellung, der Tatsache, dass wir seine politische Einstellung ablehnen, sind wir gegen seine Strafversetzung. **2.** *ohne Schaden, ohne Nachteil für, im Einklang mit:* u. des Widerspruchsrechts/(auch:) des Widerspruchsrechts ist der Befehl in jedem Falle auszuführen.
²un|be|scha|det [auch: ...ˈʃa...] ⟨Adv.⟩ [zu: ↑ ¹unbeschadet]: *ohne Schaden zu nehmen, ohne Beschädigung:* etw. u. überstehen.
un|be|schä|digt ⟨Adj.⟩: **a)** *nicht beschädigt:* das Haus ist u.; **b)** *nicht verletzt; unversehrt* (a).
un|be|schäf|tigt ⟨Adj.⟩: *keine Beschäftigung* (1) *habend:* wenn ich u. bin, langweile ich mich; er ist jetzt schon seit zwei Jahren u. *(arbeitslos).*
un|be|schei|den ⟨Adj.⟩: *in keiner Weise ²bescheiden* (1): -e Wünsche; man sollte aber auch nicht [zu] u. sein; (als Ausdruck der Höflichkeit:) ich hätte eine -e Frage.
Un|be|schei|den|heit, die; -, -en: *unbescheidene Art.*
un|be|schol|ten ⟨Adj.⟩ [mhd. unbescholten, eigtl. negiertes adj. 2. Part. zu: bescholten, ahd. biscoltan = schmähend herabsetzen]: *aufgrund eines einwandfreien Lebenswandels frei von öffentlichem, herabsetzendem Tadel; integer:* es waren alles gut beleumdete und -e Leute; der bisher -e Angeklagte; ein -es (veraltet: *unberührtes* (1 c) u. daher einen moralisch einwandfreien Ruf genießendes) Mädchen.
Un|be|schol|ten|heit, die; -: *das Unbescholtensein.*
un|be|schrankt ⟨Adj.⟩: *nicht beschrankt:* ein -er Bahnübergang.
un|be|schränkt [auch: ˈʃrɛŋkt] ⟨Adj.⟩: *nicht be-, eingeschränkt:* -e Vollmacht haben; ich war nicht gesonnen, auf Pas Liebschaften u. Rücksicht zu nehmen (Muschg, Gegenzauber 285).
Un|be|schränkt|heit [auch: ...ˈʃrɛŋkt...], die; -: *das Unbeschränktsein.*
un|be|schreib|lich [auch: ˈʊn...] ⟨Adj.⟩: **a)** *sich nicht beschreiben* (2) *lassend:* eine -e Empfindung, Stimmung; Es ist nicht wahr, dass die Nacht alles grau macht. Es ist ein -es, unnachahmliches Blaugrau (Borchert, Geranien 40); **b)** *in seiner Außerordentlichkeit sich nicht beschreiben* (2) *lassend, sehr groß, sehr stark:* eine -e Angst erfasste ihn; sie war u. *(überaus)* schön; sich u. *(über die Maßen)* freuen.
Un|be|schreib|lich|keit [auch: ˈʊn...], die; -, -en: **1.** ⟨o. Pl.⟩ *das Unbeschreiblichsein.* **2.** *etw. Unbeschreibliches* (a).
un|be|schrie|ben ⟨Adj.⟩: *nicht beschrieben* (1): -e Seiten; [noch] ein -es Blatt sein (ugs.: 1. [noch] *unbekannt sein.* 2. [noch] *unerfahren sein, ohne Kenntnisse sein*).

un|be|schützt ⟨Adj.⟩: *keinen Schutz* (1) *habend:* allein und u. mussten die Kinder fliehen.

un|be|schwert ⟨Adj.⟩: *sich frei von Sorgen fühlend, nicht von Sorgen bedrückt:* ein -es Gewissen; eine -e Kindheit; u. leben.

Un|be|schwert|heit, die; -: *das Unbeschwertsein.*

un|be|seelt ⟨Adj.⟩ (geh.): *keine Seele besitzend:* ein -es Wesen.

un|be|se|hen [auch: 'ʊn...] ⟨Adj.⟩: *ohne genaue Ansicht, Prüfung geschehend:* die -e Hinnahme einer Entscheidung; das kannst du u. verwenden, kaufen; das glaube ich dir u. *(ohne zu zögern).*

un|be|setzt ⟨Adj.⟩: *[noch] nicht besetzt* (bes. 2, 3): im Theater waren viele Plätze u.

un|be|sieg|bar [auch: 'ʊn...] ⟨Adj.⟩: *sich nicht besiegen* (a) *lassend:* eine -e Mannschaft; der Gegner glaubte sich u.

Un|be|sieg|bar|keit [auch: 'ʊn...], die; -: *das Unbesiegbarsein.*

un|be|sieg|lich [auch: 'ʊn...] ⟨Adj.⟩ (seltener): *unbesiegbar.*

Un|be|sieg|lich|keit [auch: 'ʊn...], die; - (seltener): *Unbesiegbarkeit.*

un|be|siegt [auch: 'ʊn...] ⟨Adj.⟩: *nicht besiegt* (a): die noch, bisher -e Mannschaft.

un|be|son|nen ⟨Adj.⟩: *nicht besonnen:* ein -er Entschluss; er war jung und u.

Un|be|son|nen|heit, die; -, -en: **1.** ⟨o. Pl.⟩ *unbesonnene Art. aus U. tun.* **2.** *unbesonnene Handlung, Äußerung.*

un|be|sorgt ⟨Adj.⟩: *sich wegen etw. keine Sorgen zu machen brauchend; ohne Sorge:* seien Sie u.

un|be|spannt ⟨Adj.⟩: *nicht bespannt* (2).

un|be|spiel|bar [auch: 'ʊn...] ⟨Adj.⟩ (Sport): *nicht bespielbar* (2): der Platz ist in einem -en Zustand; der Rasen ist u.

un|be|spielt ⟨Adj.⟩: *nicht bespielt* (1): eine -e Kassette.

Un|be|stand, der; -[e]s (veraltet): *Unbeständigkeit:* ◆ Betrachtungen über den U. aller irdischen Dinge (Hebel, Schatzkästlein 18).

un|be|stän|dig ⟨Adj.⟩: **a)** *in seinem Wesen nicht gleichbleibend, oft seine Absichten, Meinungen ändernd:* er ist im Charakter; er ist sehr u. [in seinen Gefühlen und Neigungen]; **b)** *wechselhaft:* wir hatten die letzten Wochen sehr -es Wetter; das Glück ist u.

Un|be|stän|dig|keit, die; -, -en: **1.** ⟨o. Pl.⟩ *das Unbeständigsein.* **2.** *etw. Unbeständiges.*

un|be|stä|tigt [auch: ...'ʃtɛ:...] ⟨Adj.⟩: *nicht bestätigt* (1 a); *inoffiziell:* nicht [bisher] -en Meldungen; ein Meldungen zufolge.

un|be|stech|lich [auch: 'ʊn...] ⟨Adj.⟩: **a)** *nicht bestechlich:* ein [absolut] -er Beamter; sie erwies sich als, war u.; **b)** *keiner Beeinflussung erliegend; sich durch nichts täuschen lassend:* ein -er Kritiker; eine -e Wahrheitsliebe; sie war [in ihrem Urteil] u.; Ü eine Kamera ist u.

Un|be|stech|lich|keit [auch: 'ʊn...], die; -: *das Unbestechlichsein.*

un|be|stimm|bar [...'ʃtɪm...] ⟨Adj.⟩: *sich nicht genau bestimmen* (3) *lassend:* eine -e Pflanze; eine Frau -en Alters.

Un|be|stimm|bar|keit [auch: ...'ʃtɪm...], die; -, -en: **1.** ⟨o. Pl.⟩ *das Unbestimmbarsein.* **2.** *etw. Unbestimmbares.*

un|be|stimmt ⟨Adj.⟩: **a)** *nicht* ¹*bestimmt* (1 b): jmdn. mit -em Misstrauen ansehen; die Verlautbarungen waren äußerst u. gehalten; **b)** *sich [noch] nicht bestimmen, festlegen lassend:* in einer -en Zukunft; ein junger Mann -en Alters; es ist noch u., ob wir die Reise antreten; ... so, dass es gewissermaßen u. blieb, ob ich nun eigentlich blond oder brünett von Erscheinung sei, und man mich mit gleichem Rechte für beides ansprechen konnte (Th. Mann, Krull 17); **c)** (Sprachwiss.) *Unbestimmtheit ausdrückend:*

-er Artikel; -es Zahlwort; -es Fürwort *(Indefinitpronomen).*

Un|be|stimmt|heit, die; -, -en: **1.** ⟨o. Pl.⟩ *das Unbestimmtsein* (a, b). **2.** *etw. Unbestimmtes.*

Un|be|stimmt|heits|re|la|ti|on, die; -, -en (Physik): *Unschärferelation.*

un|be|streit|bar [auch: 'ʊn...] ⟨Adj.⟩: *sich nicht bestreiten* (1 a) *lassend:* eine -e Tatsache; ihre Fähigkeiten sind u.

un|be|strit|ten [auch: ...'ʃtrɪ...] ⟨Adj.⟩: **a)** *nicht von jmdm. bestritten* (1 a): eine -e Tatsache; u. ist, dass ...; ein u. hochgeltiger Stoff; **b)** *von niemandem streitig gemacht:* -e Rechte; **c)** *nicht umstritten.*

un|be|strit|te|ner|ma|ßen ⟨Adv.⟩ (bes. schweiz.): *unbestritten.*

un|be|tei|ligt [auch: ...'taɪ...] ⟨Adj.⟩: **1.** *innerlich nicht beteiligt, desinteressiert:* ein -er Zuschauer; die meisten blieben [merkwürdig] u.; u. dabeistehen. **2.** *sich nicht [als Mittäter] beteiligt habend:* er war an dem Mord u.; ⟨subst.:⟩ man hatte einen Unbeteiligten verhaftet.

Un|be|tei|ligt|heit [auch: ...'taɪ...], die; -: *das Unbeteiligtsein.*

un|be|tont ⟨Adj.⟩: *nicht betont:* -e Silben.

un|be|trächt|lich [auch: ...'trɛçt...] ⟨Adj.⟩: *in keiner Weise beträchtlich:* eine -e Veränderung; seine Schulden waren [nicht] u.

Un|be|trächt|lich|keit [auch: ...'trɛçt...], die; -: *das Unbeträchtlichsein.*

un|be|tret|bar [auch: 'ʊn...] ⟨Adj.⟩: *nicht betretbar:* ein -er Sumpf.

un|be|trof|fen ⟨Adj.⟩: *nicht betroffen:* von etw. u. bleiben, sein.

un|beug|bar [auch: ...'bɔy...] ⟨Adj.⟩ (Sprachwiss.): *indeklinabel.*

un|beug|sam [auch: ...'bɔyk...] ⟨Adj.⟩: *sich keinem fremden Willen beugend; sich nicht durch jmdn. in seiner Haltung beeinflussen lassend:* ein -er Verfechter dieser Idee; sie war eine Frau von -em Rechtssinn; u. an etw. festhalten.

Un|beug|sam|keit [auch: ...'bɔyk...], die; -: *unbeugsame Art.*

un|be|wacht ⟨Adj.⟩: *nicht bewacht:* ein -er Parkplatz, Strand; in einem -en Augenblick *(in einem Augenblick, wo es niemand sah).*

un|be|waff|net ⟨Adj.⟩: *nicht bewaffnet:* -e Zivilisten; der Einbrecher war u.; mit -em Auge (veraltend scherzh.; *ohne Fernglas*) erkennen.

un|be|wäl|tigt [auch: ...'vɛl...] ⟨Adj.⟩: *nicht bewältigt:* -e Probleme; -e Konflikte.

un|be|wan|dert ⟨Adj.⟩: *nicht bewandert, sich nicht auskennend.*

un|be|weg|lich [auch: ...'veːk...] ⟨Adj.⟩: **1. a)** *sich nicht* ¹*bewegend* (1 b): u. [da]stehen, [da]sitzen; **b)** *sich nicht* ¹*bewegen* (1 a) *lassend:* ein -es [Maschinen]teil; -e Sachen *(Immobilien);* das bei dem Unfall verletzte Gelenk blieb u. **2.** *(vom Gesichtsausdruck o. Ä.) nicht verändernd:* sie sahen sich mit -em Blick an. **3.** *nicht beweglich:* er ist [geistig] u. **4.** *(von Feiertagen, Festen) an ein festes Datum gebunden:* Weihnachten gehört zu den -en Festen.

Un|be|weg|lich|keit [auch: ...'veːk...], die; -, -en: **1.** ⟨o. Pl.⟩ *das Unbeweglichsein* (vgl. unbeweglich 1, 2, 3). **2.** *unbewegliches* (3) *Wesen, Verhalten; Mangel an Flexibilität* (2).

un|be|wegt ⟨Adj.⟩: **1.** *nicht* ¹*bewegt* (1 a): -es Wasser; u. [da]stehen. **2.** *(vom Gesichtsausdruck o. Ä.) unverändert:* mit -er Miene zusehen.

un|be|wehrt ⟨Adj.⟩: **1.** (veraltend) *nicht bewehrt* (1). **2.** (Bauw., Technik) *nicht bewehrt* (2).

un|be|weis|bar [auch: 'ʊn...] ⟨Adj.⟩: *nicht beweisbar:* -e Annahmen, Behauptungen, Thesen.

un|be|wie|sen ⟨Adj.⟩: **1.** *nicht bewiesen* (1): eine

-e Hypothese; etw. für u. halten. **2.** (selten) *seine Fähigkeiten noch nicht bewiesen habend.*

un|be|wirt|schaf|tet [auch: 'ʊn...] ⟨Adj.⟩: *nicht bewirtschaftet.*

un|be|wohn|bar [auch: 'ʊn...] ⟨Adj.⟩: *nicht bewohnbar:* das Haus ist durch nistende Tauben u. geworden.

un|be|wohnt ⟨Adj.⟩: *nicht bewohnt:* eine -e Insel; das Haus ist seit Monaten u.

un|be|wusst ⟨Adj.⟩ [frühnhd. unbewist, mniederd. unbewus = unbekannt, nicht wissend]: **a)** *nicht bewusst* (1 c): -e psychische Vorgänge; das -e Denken, Handeln; **b)** *nicht in jmds. Bewusstsein tretend, jmdm. nicht bewusst [werdend]:* Sie war u. hübsch, und er hat u. genau das Richtige getan; ◆ So war ich denn allein mit der kleinen Elise, die u. ihres Waisentums und des unbehülflichen Pflegevaters auf Marthas Schoß kauerte (Raabe, Chronik 51); **c)** *nicht bewusst* (1 a): ein -er Versprecher.

Un|be|wuss|tes, das *Unbewusste/ein Unbewusstes; des/eines Unbewussten* (Psychol.): *(in der Psychoanalyse) hypothetischer Bereich nicht bewusster* (1 c) *psychischer Prozesse, die bes. aus Verdrängtem bestehen u. das Verhalten beeinflussen können:* Träume gehen vom Unbewussten aus; das kollektive Unbewusste *(das Unbewusste, das überindividuelle menschliche Erfahrungen enthält;* nach C. G. Jung).

Un|be|wusst|heit, die; -: **1.** ⟨o. Pl.⟩ *das Unbewusstsein.* **2.** *etw. Unbewusstes, etw. dem Bereich des Unbewussten Angehörendes.*

un|be|zahl|bar [auch: 'ʊn...] ⟨Adj.⟩: **1.** *so teuer, dass man es gar nicht bezahlen kann:* diese Mieten sind [für die meisten] u. **2. a)** *sehr kostbar u. wertvoll, nicht mit Geld aufzuwiegen:* -e Kunstschätze; ein -er archäologischer Fund; **b)** (ugs. scherzh.) *für jmdn. einen unersetzlichen Wert darstellend:* er ist [mit seinem Humor] einfach u.!; meine alte Kamera ist u.

Un|be|zahl|bar|keit [auch: 'ʊn...], die; -: *das Unbezahlbarsein.*

un|be|zahlt ⟨Adj.⟩: **a)** *nicht bezahlt* (1 a): eine -e Ware; -e Überstunden; -er Urlaub *(zusätzlicher Urlaub, von dem Lohn abgezogen wird);* **b)** *nicht bezahlt* (3): -e Rechnungen.

un|be|zähm|bar [auch: 'ʊn...] ⟨Adj.⟩: *sich aufgrund seiner Intensität o. Ä. nicht bezähmen lassend:* -e u. er Heißhunger.

Un|be|zähm|bar|keit ['ʊn...], die; -: *das Unbezähmbarsein.*

un|be|zwei|fel|bar ⟨Adj.⟩: *unzweifelhaft, keinem Zweifel unterliegend:* eine -e Tatsache; die -e Wahrheit.

un|be|zwing|bar, un|be|zwing|lich [auch: 'ʊn...] ⟨Adj.⟩: **a)** *nicht bezwingen lassend:* die Festung schien u.; **b)** *sich als Gefühl, Vorgang o. Ä. in jmdm. nicht unterdrücken lassend.*

Un|bil|den ⟨Pl.⟩ [älter Ungebild(e) (Sg.) mhd. unbilde = Unrecht, ahd. ungibilidi = Unförmigkeit), eigtl. = was nicht zum Vorbild taugt, wohl zu mhd. unbil, ↑ Unbill] (geh.): *sehr unangenehme Auswirkungen einer Sache:* die U. des Wetters ertragen müssen.

Un|bil|dung, die; -: *Mangel an Bildung* (1 b): etw. verrät jmds. U.; etw. aus U. sagen.

Un|bill, die; -, auch: der; - [spätmhd., auch subst. aus mhd. unbil = ungemäß; verw. mit ↑ billig, ↑ Bild] (geh.): *üble Behandlung; Unrecht; etw. Übles, was jmd. zu ertragen hat:* alle U. des Krieges; U. von jmdm., vom Schicksal zu leiden haben.

un|bil|lig ⟨Adj.⟩ [mhd. unbillich = unrecht, unschicklich, gewalttätig]: **a)** (Rechtsspr., sonst veraltend) *nicht billig* (5): -e Forderungen; ◆ **b)** *nicht billig* (1), *überhöht:* Ich musste ein Paar neue Stiefel anschaffen ... Ich wählte und handelte lange. Ich musste auf ein Paar neue, die

Unbilligkeit – undicht

ich gern gehabt hätte, Verzicht leisten; ... mich schreckte die -e Forderung (Chamisso, Schlemihl 69).

Un|bil|lig|keit, die; -, -en (Rechtsspr., sonst veraltend): **1.** ⟨o. Pl.⟩ *Eigenschaft, unbillig* (a) *zu sein.* **2.** *etw., was unbillig* (a) *ist.*

un|blu|tig ⟨Adj.⟩: **1.** *ohne Blutvergießen erfolgend; ohne dass bei einer Auseinandersetzung Blut fließt:* ein -er Putsch; die Säuberung verlief u.; das Geiseldrama endete u. **2.** (Med.) *ohne Schnitt ins Gewebe u. daher ohne Blutverlust erfolgend:* ein -er Eingriff.

un|bot|mä|ßig ⟨Adj.⟩ (geh., sonst scherzh. od. iron.): *sich nicht so verhaltend, wie es [von der Obrigkeit] gefordert wird:* -e Untertanen; eine -e Kritik.

Un|bot|mä|ßig|keit, die; -, -en: *das Unbotmäßigsein.*

un|brauch|bar ⟨Adj.⟩: *nicht brauchbar:* -e, durch Umwelteinflüsse u. gewordene Stoffe; durch falsche Lagerung sind die Geräte u. geworden; Nie zuvor hatte ihre Arbeit zu einem derart -en Ergebnis geführt (Strauß, Niemand 160).

Un|brauch|bar|keit, die; -: *das Unbrauchbarsein.*

un|brenn|bar [auch: ˈʊn...] ⟨Adj.⟩: *nicht brennbar:* -e Materialien.

un|brü|der|lich ⟨Adj.⟩: *nicht brüderlich.*

un|bunt ⟨Adj.⟩: *in den Farben Weiß, Grau u. Schwarz; nicht bunt* (1).

un|bür|ger|lich ⟨Adj.⟩: *nicht bürgerlich* (2 a); *unkonventionell:* ein -er Lebenswandel.

un|bü|ro|kra|tisch ⟨Adj.⟩: *schnell u. unmittelbar; nicht durch Bürokratie u. Verwaltung verzögert:* -e Hilfe; ein -er Beschluss; jmdm. u. helfen.

un|buß|fer|tig ⟨Adj.⟩ (christl. Rel.): *nicht bußfertig:* ein -er Mensch; u. sterben.

Un|buß|fer|tig|keit, die; -: *das Unbußfertigsein.*

un|cha|rak|te|ris|tisch ⟨Adj.⟩: *nicht charakteristisch:* die Form ist u. [für diese Epoche].

un|char|mant ⟨Adj.⟩: *nicht charmant.*

un|christ|lich ⟨Adj.⟩: *der Lehre Christi nicht entsprechend; nicht christlich* (b): -er Hass; sich u. verhalten.

Un|christ|lich|keit, die; -, -en: *unchristliches Wesen, Verhalten.*

Un|cle Sam [ˈʌŋkl ˈsæm; engl., wohl nach der scherzh. Deutung von U. S. (= United States) als Abk. für: Uncle Sam = Onkel Sam(uel)] (scherzh.): *die amerikanische Regierung, der amerikanische Staat.*

un|cool ⟨Adj.⟩ (salopp, bes. Jugendspr.): *nicht cool:* extrem u. sein; als u. gelten.

und ⟨Konj.⟩ [mhd. und(e), ahd. unta, unti, H. u.]: **1. a)** *verbindet nebenordnend einzelne Wörter, Satzteile u. Sätze; kennzeichnet eine Aufzählung, Anreihung, Beiordnung od. eine Anknüpfung:* du u. ich; gelbe, rote u. grüne Bälle; Äpfel u. Birnen; Männer u. Frauen; sie traf ihren Chef u. dessen Frau; essen u. trinken; von u. nach Berlin; Tag u. Nacht; Damen- u. Herrenfriseur; ihr geht zur Arbeit, u. wir bleiben zu Hause; ich nehme an, dass sie morgen kommen u. dass sie helfen wollen; (veraltet mit Inversion:) wir haben uns sehr darüber gefreut, u. danken wir Dir herzlich; in formelhaften Verknüpfungen: u. Ähnliches; u. [viele] andere [mehr]; u. dergleichen; u. so fort (Abk.: usf.); u. so weiter (Abk.: usw.); u., u., u. (ugs. emotional; *und dergleichen mehr*); bei Additionen zwischen zwei Zahlen: drei u. *(plus)* vier ist sieben; **b)** *verbindet Wortpaare, die Unbestimmtheit ausdrücken:* aus dem u. dem/jenem Grund; um die u. die Zeit; er sagte, er sei der u. der; **c)** *verbindet Wortpaare u. gleiche Wörter u. drückt dadurch eine Steigerung, Verstärkung, Intensivierung, eine stetige Fortdauer aus:* sie kletterten hoch u. höher; das Geräusch kam näher u. näher; es regnete u. regnete. **2. a)** *verbindet einen Haupt-*

satz mit einem vorhergehenden; kennzeichnet ein zeitliches Verhältnis, leitet eine erläuternde, kommentierende, bestätigende o. ä. Aussage ein, schließt eine Folgerung od. einen Gegensatz, Widerspruch an: sie rief, u. alle kamen; die Arbeit war zu Ende, u. deshalb freute sie sich sehr; er hielt es für richtig, u. das war es auch; elliptisch, schließt eine Folgerung an: noch ein Wort, u. du fliegst raus!; elliptisch, verknüpft meist ironisch, zweifelnd, abwehrend o. ä. Gegensätzliches, unvereinbar Scheinendes: er u. hilfsbereit!; ich u. singen? – Ich kann nur krächzen; leitet einen ergänzenden, erläuternden o. ä. Satz ein, der durch einen Infinitiv mit »zu«, seltener durch einen mit »dass« eingeleiteten Gliedsatz ersetzt werden kann: sei so gut u. hilf mir; tu mir den Gefallen u. halt den Mund!; **b)** *leitet einen Gliedsatz ein, der einräumenden, seltener auch bedingenden Charakter hat:* du musst es tun, u. fällt es dir noch so schwer; er fährt, u. will er nicht, so muss man ihn zwingen; **c)** *leitet, oft elliptisch, eine Gegenfrage ein, mit der eine ergänzende, erläuternde o. ä. Antwort gefordert od. durch die eine gegensätzliche Meinung kundgetan wird:* »Das muss alles noch weggebracht werden.« – »Und warum?«; »Die Frauen wurden gerettet.« – »Und die Kinder?«.

Un|dank, der; -[e]s [mhd. undanc] (geh.): *undankbares, keinerlei Anerkennung zeigendes Verhalten:* das ist empörender, krasser U.; für seine Hilfe hat er nur U. geerntet; Spr U. ist der Welt Lohn *(man darf nie mit Dankbarkeit rechnen).*

un|dank|bar ⟨Adj.⟩ [mhd. undancbære]: **1.** *nicht dankbar* (1): ein -er Mensch, Freund; sei nicht so u.!; es wäre u., ihnen jetzt nicht auch beizustehen. **2.** *aufzuwendende Mühe, Kosten o. Ä. nicht rechtfertigend, nicht befriedigend; nicht lohnend:* eine -e Aufgabe, Arbeit; ein -es Geschäft; solche Ehrenämter sind immer u.; er ist *(viel Mühe erfordernder, aber doch keinen Nutzen, keinen Lohn, keine Befriedigung bringender)* vierter Platz.

Un|dank|bar|keit, die; -, -en [mhd. undancbærkeit]: **1. a)** ⟨o. Pl.⟩ *undankbare* (1) *Haltung, Empfindung; das Undankbarsein;* **b)** *etw. undankbar* (1) *Wirkendes.* **2.** ⟨o. Pl.⟩ *undankbare* (2) *Beschaffenheit, Art.*

un|da|tiert ⟨Adj.⟩: *keine Datierung* (1 b) *aufweisend:* -e Schreiben werden nicht beantwortet.

un|de|fi|nier|bar [auch: ˈʊn...] ⟨Adj.⟩: *sich nicht, nicht genau bestimmen, festlegen lassend; so beschaffen, dass eine genaue Bestimmung, Identifizierung nicht möglich ist:* -e Laute, Geräusche; eine -e Angst; ein -es Gefühl; die Farbe des Stoffes ist u.; der Kaffee schmeckt u. (abwertend; *nicht ganz einwandfrei*).

un|de|fi|niert ⟨Adj.⟩: *nicht definiert; nicht erklärt, bestimmt, festgelegt:* -e Begriffe.

un|de|kli|nier|bar [auch: ...ˈniːɐ̯...] ⟨Adj.⟩ (Sprachwiss.): *indeklinabel.*

un|de|mo|kra|tisch [auch: ...ˈkraː...] ⟨Adj.⟩: **1.** *nicht demokratisch* (1): ein -es Land. **2.** *nicht demokratisch* (2): eine -e Haltung, Entscheidung, Methode; u. vorgehen.

un|denk|bar ⟨Adj.⟩: *sich der Vorstellungskraft entziehend; jmds. Denken, Vorstellung von etw. nicht zugänglich:* man hielt es für u., dass so etwas geschehen könnte; so etwas wäre früher u. gewesen.

un|denk|lich ⟨Adj.⟩: *in den Fügungen* **seit, vor -er Zeit/-en Zeiten** (↑ Zeit 4).

un|der|co|ver [ˈandəkavɐ] ⟨Adv.⟩ [engl. undercover = geheim, eigtl. = in Deckung (gegangen), im Schutz (von), zu: cover = Schutz, Deckung, zu: to cover, ↑ Cover]: *geheim, verdeckt, im Verborgenen; seine wahre Identität*

nicht zu erkennen gebend: etw. u. überprüfen; u. agieren, arbeiten, ermitteln; u. in der Szene leben.

Un|der|co|ver|agent, der [engl. undercover agent = Geheimagent] (Polizeiw.): *Polizist o. Ä., der verdeckt, in eine zu observierende Gruppe od. ein entsprechendes Milieu eingeschleust, ermittelt.*

Un|der|co|ver|agen|tin, die: w. Form zu ↑ Undercoveragent.

Un|der|dog [ˈandədɔg], der; -s, -s [engl. underdog, aus: under = unter u. dog = Hund] (bildungsspr.): *[sozial] Benachteiligter, Schwächerer; jmd., der einem anderen unterlegen ist.*

un|der|dressed [ˈandədrest] ⟨Adj.⟩ [engl. underdressed, zu: under = unter u. to dress = anziehen] (bildungsspr.): *[für einen bestimmten Anlass] zu schlecht, nachlässig angezogen, gekleidet.*

Un|der|flow [ˈandəfloʊ], der; -s, -s [engl. underflow = Unterströmung, eigtl. = das Darunterfließen] (Fachspr.): *(bei einer elektronischen Rechenanlage) das Auftreten eines Zahlenwertes, der kleiner als die vom Rechner darzustellende kleinste Zahl ist.*

Un|der|ground [ˈandəɡraʊnd], der; -[s] [engl. underground, aus: under = unter u. ground = Boden, Grund] (bildungsspr.): **1.** *gesellschaftlicher Bereich außerhalb der etablierten Gesellschaft, außerhalb der Legalität;* **Untergrund** (4 a). **2.** *künstlerische Bewegung, Richtung, die gegen das etablierte Kulturleben gerichtet ist.* **3.** *Undergroundmusik.*

Un|der|ground|film, der: vgl. Undergroundmusik.

Un|der|ground|mu|sik, die ⟨o. Pl.⟩: *dem Underground* (2) *entstammende Musik.*

Un|der|state|ment [ˈʌndəˈsteɪtmənt, andəˈsteɪtmənt], das; -s, -s [engl. understatement, aus: under = unter, unterhalb von u. statement = Behauptung, Aussage, Erklärung] (bildungsspr.): *[bewusste] Untertreibung.*

Un|der|wear [ˈandəwɛːɐ̯], die; -: *Unterwäsche:* modische U. für Damen u. Herren.

Un|der|wri|ter [ˈandəraɪtə], der; -s, - [engl. underwriter, eigtl. = Unterzeichner, zu: to underwrite = unterzeichnen]: **1.** (Bankw.) *Kreditinstitut, das bei einer Emission* (1 a) *einen bestimmten Teilbetrag übernimmt.* **2.** (Versicherungsw.) *Mitarbeiter einer Versicherungsgesellschaft, der die Risiken für sie zeichnet* (3 b).

un|deut|bar ⟨Adj.⟩: *nicht deutbar:* ihr Gesichtsausdruck war u.

un|deut|lich ⟨Adj.⟩: **a)** *nicht deutlich* (a); *nicht gut wahrnehmbar, nicht scharf umrissen:* ein -es Foto; eine -e Schrift, Aussprache; etw. nur u. erkennen; Er klopfte noch einmal und hörte eine -e Stimme (Remarque, Triomphe 61); **b)** *nicht exakt; ungenau, vage:* eine nur -e Erinnerung, Vorstellung; sich u. ausdrücken.

Un|deut|lich|keit, die; -, -en: **1.** ⟨o. Pl.⟩ *das Undeutlichsein.* **2.** *etw. Undeutliches.*

un|deutsch ⟨Adj.⟩: **a)** *als nicht typisch deutsch geltend:* eine -e Lässigkeit, Leichtigkeit an den Tag legen; **b)** (nationalsoz.) *der Vorstellung von Deutschtum* (a) *zuwiderlaufend:* -e Kunst, Literatur.

Un|de|zi|me, die; -, -n [zu lat. undecimus = der Elfte, zu: undecim = elf, zu: unus = einer u. decem = zehn] (Musik): **a)** *elfter Ton einer diatonischen Tonleiter (Oktave plus Quarte);* **b)** *Intervall von elf diatonischen Tonstufen.*

un|di|a|lek|tisch ⟨Adj.⟩: **1.** (Philos.) *der Dialektik* (2 a) *nicht entsprechend, gemäß:* eine -e philosophische Methode, Denkweise. **2.** (bildungsspr.) *zu einseitig, starr, schematisch [vorgehend]:* -es Denken.

un|dicht ⟨Adj.⟩: *nicht dicht* (1 c): eine -e Leitung;

ein -es Dach, Fenster; ein -er Verschluss; das Ventil, der Tank, die Kanne ist u. **Un|dicht|heit,** die; -, -en: **1. a)** ⟨o. Pl.⟩ *das Undichtsein;* **b)** *undichte Stelle.* **2.** ⟨Fachspr.⟩ *Eigenschaft von Stoffen, Gase, Flüssigkeiten, Strahlen o. Ä. eindringen od. hindurchtreten zu lassen.* **Un|dich|tig|keit,** die; -, -en: **a)** ⟨o. Pl.⟩ *das Undichtsein;* **b)** *undichte Stelle.* **un|dif|fe|ren|ziert** ⟨Adj.⟩ (bildungsspr.): **a)** *nicht differenziert:* eine -e Kritik; sich sehr u. über etw. äußern; **b)** *im Hinblick auf Funktion, Form, Farbe o. Ä. keine Einzelheiten, keine verschiedenartigen Abstufungen o. Ä. aufweisend.* **Un|dif|fe|ren|ziert|heit,** die; -, -en: **1.** *das Undifferenziertsein.* **2.** *etw. undifferenziert* (a)*, pauschal* (2) *Wirkendes.* **Un|di|ne,** die; -, -n [H.u.]: *weiblicher Wassergeist.* **Un|ding,** das [mhd. undinc = Übel, Unrecht]: **1.** meist in der Wendung **ein U. sein** (*unsinnig, völlig unangebracht, unpassend sein:* es ist ein U., die Kinder so spät noch allein weggehen zu lassen). **2.** (seltener) *[unförmiger, Angst einflößender] Gegenstand.* **un|di|plo|ma|tisch** ⟨Adj.⟩: *nicht diplomatisch* (2)*.* **un|dis|ku|ta|bel** [...'ta:...] ⟨Adj.⟩ (bildungsspr. abwertend): *indiskutabel.* **un|dis|zi|pli|niert** ⟨Adj.⟩ (bildungsspr.): **a)** *nicht diszipliniert* (a)*, nicht an Disziplin* (1 a) *gewöhnt:* eine -e Klasse; **b)** *nicht diszipliniert* (b); *unbeherrscht:* ein -er Mensch; -es Verhalten; der Innenverteidiger spielt zu u. **Un|dis|zi|pli|niert|heit,** die; -, -en: **1.** ⟨o. Pl.⟩ *das Undiszipliniertsein.* **2.** *undisziplinierte Handlung[sweise].* **un|dog|ma|tisch** ⟨Adj.⟩ (bildungsspr.): *nicht dogmatisch* (2): eine -e Haltung einnehmen. **un|dra|ma|tisch** ⟨Adj.⟩: **1.** *nicht dem Wesen dramatischer Dichtkunst entsprechend:* ein -es Stück. **2.** *nicht aufregend, ohne besondere Höhepunkte verlaufend:* der -e Verlauf eines Ereignisses; das Finale war u., verlief u. **un|du|la|to|risch** ⟨Adj.⟩ (Physik): *wellenförmig.* **un|duld|sam** ⟨Adj.⟩: *nicht duldsam; andere Haltungen, Meinungen o. Ä. nicht gelten lassend; intolerant:* ein -er Mensch; sich u. zeigen. **Un|duld|sam|keit,** die; -: *Intoleranz.* **un|du|lie|ren** ⟨sw. V.; hat⟩ [zu spätlat. undula = kleine Welle, Vkl. von lat. unda = Welle] (Biol., Med.): *wellenförmig verlaufen, auf- u. absteigen (z. B. von einer Fieberkurve).* **un|durch|dring|bar** [auch: 'ʊn...] ⟨Adj.⟩ (seltener): *undurchdringlich* (1)*.* **un|durch|dring|lich** [auch: 'ʊn...] ⟨Adj.⟩: **1.** *so dicht, fest geschlossen o. ä., dass ein Durchdringen, Eindringen, Durchkommen* (1) *nicht möglich ist:* ein -es Dickicht; eine u., -er (*sehr starker*) Nebel; eine -e (*sehr dunkle*) Nacht; Ü ihr Geheimnis schien u. **2.** *innere Regungen, Absichten o. Ä. nicht erkennen lassend, sehr verschlossen:* eine u. Miene; ihr Gesicht war zu einer -en Maske erstarrt. **Un|durch|dring|lich|keit** [auch: 'ʊn...], die; -, -en: **1.** ⟨o. Pl.⟩ *das Undurchdringlichsein.* **2.** *etw. schwer Verständliches; Schwierigkeit* (1a, 3)*.* **un|durch|führ|bar** [auch: 'ʊn...] ⟨Adj.⟩: *nicht durchführbar:* -e Pläne; der Plan, das Vorhaben erwies sich als u. **Un|durch|führ|bar|keit** [auch: 'ʊn...], die; -: *das Undurchführbarsein.* **un|durch|läs|sig** ⟨Adj.⟩: *nicht durchlässig:* ein [für Luft und Wasser] -es Gefäß; eine -e (*impermeable*) Membran; die Wandung ist u. **Un|durch|läs|sig|keit,** die; -: *das Undurchlässigsein.* **un|durch|schau|bar** [auch: 'ʊn...] ⟨Adj.⟩: **1.** *nicht durchschaubar, nicht verstehen, begreifen lassend:* -e Pläne; die Zusammenhänge sind u. **2.** *in seinem eigentlichen Wesen, in seinen verborgenen Absichten nicht zu ²durchschauen* (a) *seiend:* ein -er Mensch; sie war, blieb u. für ihn. **Un|durch|schau|bar|keit** [auch: 'ʊn...], die; -, -en: **1.** ⟨o. Pl.⟩ *das Undurchschaubarsein.* **2.** *etw. Undurchschaubares.* **un|durch|sich|tig** ⟨Adj.⟩: **1.** *nicht durchsichtig* (a): -es Glas; ein -er Vorhang; eine Bluse aus -em Stoff. **2.** *undurchschaubar* (2) *u. zu Zweifeln, Skepsis Anlass gebend:* ein -er Bursche, Mensch; in -e Dinge, Geschäfte verwickelt sein; er spielte bei der Sache eine -e Rolle. **Un|durch|sich|tig|keit,** die; -, -en: **1.** ⟨o. Pl.⟩ *das Undurchsichtigsein.* **2.** *etw. Undurchsichtiges* (2); *Ungewissheit.* **Und-Zei|chen,** das: *Zeichen für das Wort »und«; Et-Zeichen* (&)*.* **un|eben** ⟨Adj.⟩: *nicht od. nicht ganz ¹eben* (2): -er Boden; der Weg ist u.; *** nicht u.** (ugs.; *nicht übel, recht passabel:* der neue Lehrer, das neue Auto ist nicht u.; ⟨auch attr.:⟩ ein nicht -er Plan). **Un|eben|heit,** die; -, -en: **a)** ⟨o. Pl.⟩ *das Unebensein, unebene Beschaffenheit:* die U. des Bodens; **b)** *Stelle, an der etw. uneben ist:* die -en des Geländes. **un|echt** ⟨Adj.⟩: **1. a)** *nur nachgemacht, imitiert; künstlich hergestellt; falsch* (1 a): -er Schmuck; -e Perle, Haare; das Bild war, erwies sich als u.; **b)** *nicht echt* (1 c)*; nur vorgetäuscht; nicht wirklich empfunden, gedacht o. ä.:* -e Freundlichkeit, Liebenswürdigkeit; seine Freude, sein Mitgefühl war u., wirkte u. **2.** (Math.) *einen Zähler aufweisend, der größer ist als der Nenner:* -e Brüche. **3.** (Chemie, Textilind.) *(von Farben) gegenüber bestimmten chemischen u. physikalischen Einflüssen nicht beständig:* -e Farben; das Blau ist u. **Un|echt|heit,** die; -: *das Unechtsein.* **Un|edel** ⟨Adj.⟩: **1.** (geh.) *nicht edel* (2)*, nicht nobel* (1); *niedrig* (4): eine unedle Gesinnung, Handlung; u. denken; er hat sehr u. an ihr gehandelt. **2.** (bes. von Metallen) *häufig vorkommend, nicht sehr kostbar [u. gegen chemische Einflüsse bes. des Sauerstoffs nicht sehr widerstandsfähig]:* unedle Metalle, Steine. **un|ef|fek|tiv** ⟨Adj.⟩: *ineffektiv:* eine [absolut] -e Methode. **un|ehe|lich** ⟨Adj.⟩: **a)** *außerhalb einer Ehe geboren, nicht ehelich, illegitim* (1 b): ein -es Kind; der erste Sohn war u. [geboren]. **b)** *Eltern[teil] eines nicht ehelichen Kindes seiend:* eine -e Mutter.

Das Adjektiv *unehelich* wird häufiger als abwertend empfunden. In diesen Fällen wird dann (so z. B. in Gesetzestexten) die wertneutrale Formulierung *nicht ehelich* gewählt.

Un|eh|re, die; -, -n (geh.): *Minderung, Verlust der Ehre* (1 a), *des Ansehens, der Wertschätzung:* etw. macht jmdm. U., gereicht jmdm. zur U.; in -n (*unehrenhaft*) ausgeschieden, entlassen. **un|eh|ren|haft** ⟨Adj.⟩ (geh.): *nicht ehrenhaft:* -e Absichten, Taten; u. handeln; die beiden Soldaten waren u. aus der Armee entlassen worden. **Un|eh|ren|haf|tig|keit,** die; -, -en: *unehrenhaftes Wesen, Verhalten.* **un|ehr|er|bie|tig** ⟨Adj.⟩ (geh.): *ohne Ehrerbietung, respektlos.* **Un|ehr|er|bie|tig|keit,** die; - (geh.): *das Unehrerbietigsein.* **un|ehr|lich** ⟨Adj.⟩ [mhd. unērlich = schimpflich]: **a)** *nicht ehrlich* (1 a)*; nicht offen* (5 a)*; unaufrichtig:* ein -er Charakter, Freund; -e Absichten; sie treibt ein -es Spiel mit ihm; **b)** *nicht ehrlich* (1 b): *nicht zuverlässig; betrügerisch:* ein -er Angestellter; sich etw. auf -e Weise aneignen; u. erworbenes Geld. **Un|ehr|lich|keit,** die; -: *das Unehrlichsein.*

un|eid|lich ⟨Adj.⟩ (Rechtsspr.): *nicht ausdrücklich durch einen Eid bekräftigt; nicht eidlich:* eine -e Falschaussage. **un|ei|gen|nüt|zig** ⟨Adj.⟩: *selbstlos, nicht egoistisch, nicht eigennützig:* eine -e Freundin, -e Hilfe; die jungen Leute wollten u. helfen. **Un|ei|gen|nüt|zig|keit,** die; -: *das Uneigennützigsein.* **¹un|ei|gent|lich** ⟨Adj.⟩: **1.** (bes. bildungsspr., Philos.) *nicht wirklich; nicht tatsächlich:* das eigentliche u. das -e Leben. **2.** (Math.) *unecht* (2): ein -er Bruch. **²un|ei|gent|lich** ⟨Adv.; im Anschluss an ein vorausgegangenes »²eigentlich«⟩ (scherzh.): *wenn man es nicht so genau nimmt:* wir müssten ten eigentlich gehen, aber u. könnten wir doch noch ein wenig bleiben. **Un|ei|gent|lich|keit,** die: *Zustand, der einer Sache od. jmdm. uneigentlich zukommt.* **un|ein|bring|lich** [auch: ...'brɪŋ...] ⟨Adj.⟩ (Rechtsspr., Wirtsch.): *sich nicht erhalten, beschaffen, eintreiben lassend; endgültig verloren:* -e Schulden. **un|ein|ge|la|den** ⟨Adj.⟩: *nicht eingeladen:* sie erschien u. auf dem Fest. **un|ein|ge|schränkt** [auch: ...'ʃraŋkt] ⟨Adj.⟩: *nicht eingeschränkt, ohne Einschränkung [geltend, wirksam, vorhanden]:* -es Vertrauen, Lob; dieser Aussage stimmen wir u. zu. **un|ein|ge|stan|den** [auch: ...'ʃtan...] ⟨Adj.⟩: *vor sich selbst nicht eingestanden:* eine -e Angst; sie fürchtete u., er könnte sie betrügen. **un|ein|ge|weiht** ⟨Adj.⟩: *in etw. nicht eingeweiht, eingeführt, mit etw. nicht vertraut gemacht:* das -e Publikum buhte. **un|ein|heit|lich** ⟨Adj.⟩: *nicht einheitlich; heterogen.* **un|ein|hol|bar** [auch: 'ʊn...] ⟨Adj.⟩: **a)** *einen solchen Vorsprung besitzend, dass ein Einholen* (1 a) *nicht mehr möglich ist:* die ersten Läufer waren u. davongeeilt; **b)** *sich nicht mehr aufholen* (1 a)*, ausgleichen, wettmachen lassend:* ein -er Abstand, Vorsprung; der Verein liegt in dieser Saison u. an der Spitze. **un|ei|nig** ⟨Adj.⟩: *in seiner Meinung [u. Gesinnung] nicht übereinstimmend; nicht einträchtig:* -e Parteien; in diesem Punkt sind sie [sich] noch u.; ich bin [mir] mit ihr darin nach wie vor u. (*stimme mit ihr nicht überein*). **Un|ei|nig|keit,** die; -, -en: *das Uneinigsein; Streit, Streitigkeit.* **un|ein|nehm|bar** [auch: 'ʊn...] ⟨Adj.⟩: *sich nicht einnehmen* (4) *lassend:* eine -e Festung; die Burg lag u. auf einem Berg. **Un|ein|nehm|bar|keit** [auch: 'ʊn...], die; -: *das Uneinnehmbarsein.* **un|eins** ⟨Adj.⟩: *uneinig:* die Parteien waren, blieben u., schieden u. voneinander; er war u. mit ihm, wie es weitergehen sollte; sie ist mit sich selbst u. (*ist unentschlossen, schwankend*). **un|ein|sich|tig** ⟨Adj.⟩: *nicht einsichtig* (1)*; unvernünftig, verstockt:* ein -es Kind; -e Eltern, Lehrer; der Angeklagte war, blieb u. **Un|ein|sich|tig|keit,** die; -, -en: *uneinsichtiges Wesen, Verhalten.* **un|ei|tel** ⟨Adj.⟩: *frei von Eitelkeit:* ein ganz uneitler Mensch. **un|elas|tisch** ⟨Adj.⟩: *nicht elastisch:* -es Material. **un|ele|gant** ⟨Adj.⟩: *nicht elegant.* **un|eman|zi|piert** ⟨Adj.⟩: *nicht emanzipiert.* **un|emp|fäng|lich** ⟨Adj.⟩: *für etw. nicht empfänglich, nicht zugänglich:* er ist u. für Schmeicheleien, Lob. **Un|emp|fäng|lich|keit,** die; -: *das Unempfänglichsein.* **un|emp|find|lich** ⟨Adj.⟩: **1.** *nicht empfindlich* (2 a); *wenig feinfühlig:* er ist u. gegen Beleidigungen. **2.** *nicht empfindlich* (3), *nicht anfällig; wider-*

Unempfindlichkeit – unerklärlich

standsfähig, immun: u. gegen Erkältungskrankheiten sein. **3.** *nicht empfindlich* (4): -e Tapeten.
Un|emp|find|lich|keit, die; -: *das Unempfindlichsein.*
un|end|lich ⟨Adj.⟩ [mhd. unendelich = endlos, unvollendet, unnütz, schlecht, ahd. unentilîh = unbegrenzt]: **1. a)** *ein sehr großes, unabsehbares, unbegrenzt scheinendes Ausmaß besitzend; endlos:* die -en Wälder des Nordens; das -e Meer; die -e Weite des Ozeans; das Erlebnis war in -e Ferne gerückt; der Weg, die Zeit schien ihr u.; ⟨subst.:⟩ der Weg scheint ins Unendliche zu führen; * *bis ins Unendliche (unaufhörlich, endlos so weiter:* sie führten diese Gespräche bis ins Unendliche); **b)** (Math.) *größer als jeder endliche, beliebig große Zahlenwert* (Zeichen: ∞): eine -e Zahl, Größe, Reihe; er hat mich -e Mal, -e Male (emotional; *sehr oft*) damit belästigt; von eins bis u.; ⟨subst.:⟩ Parallelen schneiden sich im Unendlichen. **2.** (emotional) **a)** *überaus groß, ungewöhnlich stark [ausgeprägt]:* -e Liebe, Güte, Geduld; etw. mit -er Behutsamkeit, Sorgfalt behandeln; Seine aufkommende Schroffheit jedoch wird von den Gelassenheit des Jacobus ebenso wie von dessen Dienstiefer erstickt (Kronauer, Bogenschütze 324); **b)** ⟨intensivierend bei Adjektiven u. Verben⟩ *in überaus großem Maße; sehr, außerordentlich:* u. weit, lange, langsam; sie war u. verliebt in ihn; sich u. freuen.
Un|end|lich|keit, die; -: **1.** *das Unendlichsein, unendliches* (1) *Ausmaß, unendliche Beschaffenheit:* die U. des Meeres. **2.** (geh.) *das Ohne-Ende-Sein von Raum u. Zeit; Ewigkeit* (1 a). **3.** (ugs.) *Ewigkeit* (2): es dauerte eine U., bis er zurückkam.
un|end|lich|mal ⟨Wiederholungsz., Adv.⟩: **a)** (selten) *unendliche* (1 b) *Male;* **b)** (emotional) *sehr oft, sehr viel:* ich habe ihn u. gewarnt; sie weiß u. mehr als du.
un|er|behr|lich [auch: ˈʊn...] ⟨Adj.⟩: *auf keinen Fall sich entbehren* (1 b) *lassend; unbedingt notwendig:* ein -es Werkzeug; der Apparat ist mir, für mich, für meine Arbeit u.; sie hält sich für u.; Ich schwelge in neuen Eindrücken, die mich so manches vergessen lassen, was mir in früheren Zeiten u. schien (Th. Mann, Krull 288); * *sich u. machen (sich in solch einer Weise in seinem Aufgabenbereich betätigen, dass man unbedingt gebraucht wird).*
Un|ent|behr|lich|keit [auch: ˈʊn...], die; -, -en: **1.** ⟨o. Pl.⟩ *das Unentbehrlichsein.* **2.** *etw. Unentbehrliches.*
un|ent|deckt [auch: ...ˈdɛkt] ⟨Adj.⟩: **1.** *noch nicht entdeckt* (1), *noch unbekannt:* ein -er Krankheitserreger. **2.** *von niemandem entdeckt* (2), *bemerkt:* ein -es Talent; der Gesuchte lebte lange u. in einem Dorf.
un|ent|gelt|lich [auch: ...ˈɡɛlt...] ⟨Adj.⟩: *ohne Entgelt; ohne Bezahlung erfolgend:* eine -e Dienstleistung; der Transport ist, erfolgt u.; etw. u. tun, machen; sie arbeitete dort u.
Un|ent|gelt|lich|keit [auch: ˈʊn...], die; -: *das Unentgeltlichsein.*
un|ent|rinn|bar [auch: ˈʊn...] ⟨Adj.⟩ (geh.): *so geartet, dass ein Entrinnen, Umgehen, Vermeiden unmöglich ist; unvermeidlich:* das -e Schicksal.
Un|ent|rinn|bar|keit [auch: ˈʊn...], die; - (geh.): *das Unentrinnbarsein.*
un|ent|schie|den ⟨Adj.⟩: **1. a)** *noch nicht entschieden* (1 a): eine -e Frage; die Sache, Angelegenheit ist noch u.; **b)** (Sport) *mit gleicher Punktzahl für die beteiligten Gegner, ohne Sieger u. Verlierer endend:* ein -es Spiel; das Spiel steht u.; sie trennten sich u. **2.** (seltener) *unentschlossen* (b): ein -er Mensch, Charakter; er hob u. die Schultern.
Un|ent|schie|den, das; -s, - (Sport): *unentschie-*

dener (1 b) *Ausgang eines Spiels, Wettkampfs:* ein U. schaffen, erreichen.
Un|ent|schie|den|heit, die; -: *das Unentschiedensein.*
un|ent|schlos|sen ⟨Adj.⟩: **a)** *noch nicht zu einem Entschluss, einer Entscheidung gekommen:* sein -es Gesicht; sie machte einen -en Eindruck; er war, schien, wirkte u.; **b)** *nicht leicht, schnell Entschlüsse fassend; nicht entschlussfreudig:* ein -er Mensch, Charakter.
Un|ent|schlos|sen|heit, die; -, -en: **1.** ⟨o. Pl.⟩ *das Unentschlossensein.* **2.** ⟨Pl. selten⟩ *unentschlossenes Verhalten.*
un|ent|schuld|bar [auch: ˈʊn...] ⟨Adj.⟩: *nicht entschuldbar; unverzeihlich:* ein -es Verhalten.
un|ent|schul|digt ⟨Adj.⟩: *ohne Entschuldigung* (1, 2) *erfolgend:* -es Fernbleiben.
un|ent|spannt ⟨Adj.⟩: *nicht gelöst, nicht entspannt; leicht verkrampft.*
un|ent|wegt [auch: ˈʊn...] ⟨Adj.⟩ [urspr. schweiz., Verneinung von schweiz. entwegt = unruhig, 2. Part. von: entwegen = von der Stelle rücken (mhd. entwegen = auseinanderbewegen, scheiden, trennen)]: *stetig, beharrlich, unermüdlich; mit gleichmäßiger Ausdauer bei etw. bleibend, durchhaltend:* ein -er Kämpfer; ihr -er Einsatz; u. weiterarbeiten, an etw. festhalten; das Telefon läutete u. (ununterbrochen); ⟨subst.:⟩ nur ein paar Unentwegte waren geblieben; Er trällerte nun endlich auch den Schlager, der ihm seit dem Erwachen u. im Kopf herumging, laut heraus (Kronauer, Bogenschütze 143).
un|ent|wirr|bar [auch: ˈʊn...] ⟨Adj.⟩: **1.** *so verschlungen, durcheinander, dass ein Entwirren* (1) *unmöglich ist:* ein -es Knäuel, Geflecht. **2.** *so verworren, dass ein Entwirren* (2) *unmöglich ist:* eine -e politische Lage.
Un|ent|wirr|bar|keit [auch: ˈʊn...], die; -: *das Unentwirrbarsein.*
un|er|ach|tet [auch: ˈʊn...] ⟨Präp. mit Gen.⟩ (veraltet): *ungeachtet:* ◆ Ich wurde von meinem Meister hart gehalten, u. ich bald am besten arbeitete, ja wohl endlich den Meister übertraf (E. T. A. Hoffmann, Fräulein 47).
un|er|be|ten ⟨Adj.⟩: *nicht erbeten:* -er Zuspruch.
un|er|bitt|lich [auch: ˈʊn...] ⟨Adj.⟩ [spätmhd. unerbittlich]: **1.** *sich durch nichts erweichen, umstimmen lassend:* ein -er Kritiker, Richter, Lehrer; etw. mit -er Stimme, Miene fordern, befehlen; u. sein, vorgehen; u. *(rigoros)* durchgreifen. **2.** *in seinem Fortschreiten, Sichvollziehen, in seiner Härte, Gnadenlosigkeit durch nichts zu verhindern, aufzuhalten:* das -e Schicksal, Gesetz; der Kampf war, tobte u.
Un|er|bitt|lich|keit [auch: ˈʊn...], die; -, -en: *unerbittliches Wesen, Verhalten.*
un|er|fah|ren ⟨Adj.⟩: *[noch] nicht ²erfahren; ohne Erfahrung:* ein -er Arzt, Richter; er ist noch u. auf seinem Gebiet; sie war kein -es Mädchen mehr *(hatte Lebenserfahrung).*
Un|er|fah|ren|heit, die; -: *das Unerfahrensein.*
un|er|find|lich [auch: ˈʊn...] ⟨Adj.⟩ (geh.): *unvorfindlich, zu mhd. ervinden, ahd. irfindan = herausfinden, gewahr werden, zu ↑ finden] (geh.): unerklärlich, rätselhaft:* aus -en Gründen; es ist u., warum sie nicht gekommen ist; eine solche Haltung ist mir u.
un|er|forsch|lich [auch: ˈʊn...] ⟨Adj.⟩ (geh.): *(bes. im religiösen Bereich) unergründlich, mit dem Verstand nicht zu erfassen:* nach Gottes -em Ratschluss.
Un|er|forsch|lich|keit [auch: ˈʊn...], die; -: *das Unerforschlichsein.*
un|er|forscht ⟨Adj.⟩: *[noch] nicht erforscht:* -e Gebiete; die Krankheit ist noch weitgehend u.
un|er|freu|lich ⟨Adj.⟩: *zu Unbehagen, Besorgnis, Ärger o. Ä. Anlass gebend; nicht erfreulich;*

unangenehm: eine -e Nachricht, Meldung, Sache; dieser Zwischenfall ist für alle sehr u.; der Abend endete sehr u.
un|er|füll|bar [auch: ˈʊn...] ⟨Adj.⟩: *nicht erfüllbar:* -e Wünsche, Erwartungen; die Bedingungen sind u.
Un|er|füll|bar|keit [auch: ˈʊn...], die; -, -en: **1.** ⟨o. Pl.⟩ *das Unerfüllbarsein.* **2.** (selten) *etw. Unerfüllbares.*
un|er|füllt ⟨Adj.⟩: **1.** *keine Erfüllung* (2) *gefunden habend:* -e Wünsche, Sehnsüchte, Hoffnungen; seine Forderungen, seine Bitten blieben u. **2.** *keine Erfüllung* (1) *gefunden habend; ohne inneres Erfülltsein:* ein -es Leben; sie war, fühlte sich u.
Un|er|füllt|heit, die; -: *das Unerfülltsein.*
un|er|gie|big ⟨Adj.⟩: **a)** *nicht, nicht sehr ergiebig* (a): -er Boden; -e Lagerstätten; eine -e Arbeit; **b)** *nicht lohnend, keinen großen Nutzen bringend:* das Thema ist ziemlich u.
Un|er|gie|big|keit, die; -: *das Unergiebigsein.*
un|er|gründ|bar [auch: ˈʊn...] ⟨Adj.⟩: *nicht [leicht] ergründbar; unergründlich* (1): die -en Antriebe, Motive zu einer Tat; die Tiefe seiner Gedanken ist fast u.
Un|er|gründ|bar|keit [auch: ˈʊn...], die; -: *das Unergründbarsein.*
un|er|gründ|lich [auch: ˈʊn...] ⟨Adj.⟩: **1.** *sich nicht ergründen lassend; unerklärlich, undurchschaubar [u. daher rätselhaft, geheimnisvoll]:* -e Motive, Zusammenhänge; ein -es Rätsel, Geheimnis; ein -es Lächeln; ein -er Blick; es wird u. bleiben, wie das geschehen konnte. **2.** (veraltend) *so tief, dass ein (fester) Untergrund, Boden nicht erkennbar, spürbar ist:* das -e Meer; sie versanken in einem -en Morast.
Un|er|gründ|lich|keit [auch: ˈʊn...], die; -, -en: **1.** ⟨o. Pl.⟩ *das Unergründlichsein.* **2.** *etw. Unergründliches* (1).
un|er|heb|lich ⟨Adj.⟩: *nicht erheblich; geringfügig, bedeutungslos:* -e Unterschiede, Fortschritte; in -en Mengen; es entstand nur -er Schaden; die Verluste waren nicht u. *(waren beträchtlich);* es ist u., ob er kommt oder nicht.
Un|er|heb|lich|keit, die; -: **1.** ⟨o. Pl.⟩ *das Unerheblichsein.* **2.** *Belanglosigkeit* (2).
¹**un|er|hört** ⟨Adj.⟩: (geh.) *nicht erhört, unerfüllt* (1): eine -e Bitte; sein Flehen, seine Liebe blieb u.
²**un|er|hört** ⟨Adj.⟩ [spätmhd. unerhôrt; eigtl. = ungehört, beispiellos, zu: erhœren = hören]: **1.** (oft emotional übertreibend) **a)** *außerordentlich groß, ungeheuer:* eine -e Summe, Pracht, Schlamperei; seine Ausdauer ist u.; **b)** ⟨intensivierend bei Adjektiven u. Verben⟩ *sehr, überaus, erstaunlich:* sie u. interessante, spannende, schwierige Sache; er muss u. gelitten haben; sie hat sich u. gefreut. **2.** (abwertend) *unverschämt, schändlich, empörend, skandalös:* ein -es Vorgehen; eine -e Beleidigung; ihr Verhalten war einfach u.; das ist ja wirklich u.!; er hat sich u. benommen; Thies flüsterte seiner Geliebten -e, obszöne Worte ins Ohr (Ransmayr, Welt 88). **3.** (ugs.) *sich durch seine Besonderheit auszeichnend; ungewöhnlich, einmalig:* ein -es Ereignis, Wunder; eine -e Erfindung.
un|er|kannt ⟨Adj.⟩: *nicht, von niemandem erkannt, identifiziert:* u. bleiben, entkommen.
Un|er|kenn|bar [auch: ˈʊn...] ⟨Adj.⟩: *nicht erkennbar.*
Un|er|kenn|bar|keit [auch: ˈʊn...], die; -: *das Unerkennbarsein.*
un|er|klär|bar [auch: ˈʊn...] ⟨Adj.⟩ (seltener): *unerklärlich.*
Un|er|klär|bar|keit [auch: ˈʊn...], die; -, -en: **1.** ⟨o. Pl.⟩ *das Unerklärbarsein.* **2.** *etw. nicht Erklärbares.*
un|er|klär|lich [auch: ˈʊn...] ⟨Adj.⟩: *sich nicht erklären lassend, unergründlich:* ein -es Verhal-

ten; aus -en Gründen; eine -e Angst befiel sie; es ist [mir], bleibt u., wie das geschehen konnte.

Un|er|klär|lich|keit [auch: ˈʊn...], die; -, -en: 1. ⟨o. Pl.⟩ *das Unerklärlichsein.* 2. *etw. Unerklärliches.*

un|er|läss|lich [auch: ˈʊn...] ⟨Adj.⟩: *unbedingt nötig, erforderlich:* eine -e Voraussetzung, Erfordernis, Bedingung; es ist u. für eine objektive Beurteilung; wir halten dies für u.

un|er|laubt ⟨Adj.⟩: *ohne Erlaubnis [erfolgend, getan werdend o. Ä.]; verboten; [rechtlich] nicht erlaubt:* eine -e Benutzung; das -e Betreten des Gebäudes; -er Waffenbesitz ist strafbar; er ist dem Unterricht u. ferngeblieben.

un|er|le|digt ⟨Adj.⟩: *noch nicht erledigt* (1 a), *bearbeitet:* -e Post, Arbeit; vieles ist u. geblieben.

un|er|mess|lich [auch: ˈʊn...] ⟨Adj.⟩ (geh.): 1. a) *unendlich* (1 a), *unbegrenzt scheinend:* die -e Weite der Wälder, des Meeres; in -er Ferne; ⟨subst.:⟩ das Unermessliche des Raums; b) *mengen-, zahlenmäßig nicht mehr überschaubar, von nicht mehr einschätzbarem Umfang:* -e Schätze, Reichtümer, Güter; eine -e Menschenmenge umsäumt den Weg; * [bis] ins Unermessliche (*unaufhörlich, endlos so weiter:* seine Ansprüche wuchsen ins Unermessliche). 2. (emotional) a) *unendlich* (2 a), *überaus groß:* -es Elend; -en Schaden anrichten; etw. ist von -er Bedeutung; b) ⟨intensivierend bei Adjektiven u. Verben⟩ *sehr, außerordentlich:* u. hoch, reich; das ist u. traurig.

Un|er|mess|lich|keit [auch: ˈʊn...], die; -, -en: 1. ⟨o. Pl.⟩ *das Unermesslichsein.* 2. *etw. Unermessliches.*

♦ **un|er|mü|det** ⟨Adj.⟩: *unermüdlich:* ...suchet das Nützliche dann mit -em Fleiße (Goethe, Hermann u. Dorothea 1, 91).

un|er|müd|lich [auch: ˈʊn...] ⟨Adj.⟩: *große Ausdauer, Beharrlichkeit, keinerlei Ermüdung zeigend:* ein -er Helfer, Kämpfer; mit -er Ausdauer, -em Einsatz; sie ist u. bei ihrer Arbeit, in ihrer Hilfsbereitschaft; u. arbeiten.

Un|er|müd|lich|keit [auch: ˈʊn...], die; -: *das Unermüdlichsein.*

un|ernst ⟨Adj.⟩: *Ernsthaftigkeit vermissen lassend:* ein -er Zuhörer; er wirkte u. auf mich.

Un|ernst, der; -[e]s: *unernstes Verhalten.*

♦ **un|er|öff|net** ⟨Adj.⟩: *ungeöffnet:* Noch hielt ich das Schreiben u. in der Hand (C. F. Meyer, Amulett 62).

un|ero|tisch ⟨Adj.⟩: *in keiner Weise erotisch.*

un|er|probt ⟨Adj.⟩: *nicht erprobt* (a).

un|er|quick|lich ⟨Adj.⟩: *unerfreulich:* eine -e Situation; es endete alles sehr u.

Un|er|quick|lich|keit, die; -: *das Unerquicklichsein.*

un|er|reich|bar [auch: ˈʊn...] ⟨Adj.⟩: *nicht erreichbar; sich nicht erreichen* (1, 2, 3) *lassend:* das Ziel blieb für ihn u.

Un|er|reich|bar|keit [auch: ˈʊn...], die; -: 1. ⟨o. Pl.⟩ *das Unerreichbarsein.* 2. *etw. Unerreichbares.*

un|er|reicht ⟨Adj.⟩: *...ˈraɪçt*⟩ ⟨Adj.⟩: *bisher von niemandem erreicht:* eine -e Leistung; der Rekord ist u. geblieben.

un|er|sätt|lich [auch: ˈʊn...] ⟨Adj.⟩: 1. (seltener) *einen nicht zu stillenden Hunger habend; nicht satt zu bekommen:* er aß mit der Gier eines -en Tieres. 2. *sich durch nichts zufriedenstellen, befriedigen, stillen lassend:* ein -es Verlangen, Sehnen; eine -e Neugier; er ist u. in seinem Wissensdurst; ihr Lerneifer ist u.

Un|er|sätt|lich|keit [auch: ˈʊn...], die; -, -en: *unersättliches Wesen, Verhalten.*

un|er|schlos|sen ⟨Adj.⟩: *nicht erschlossen:* ein [für den Tourismus] -es Gebiet; -e Märkte; b) *noch nicht nutzbar gemacht:* -e Erdölvorkommen.

un|er|schöpf|lich [auch: ˈʊn...] ⟨Adj.⟩: 1. *so umfangreich, dass ein vollständiger Verbrauch nicht möglich ist; sich nicht erschöpfen* (1 a) *lassend:* -e Vorräte, Reserven; ihre finanziellen Mittel schienen u. zu sein; Ü ihre Güte, Geduld war u. (*grenzenlos*); sie war u. im Erfinden von Ausreden. 2. *sich nicht erschöpfen* (1 b) *lassend:* ein -es Thema; ihr Gesprächsstoff war u.

Un|er|schöpf|lich|keit [auch: ˈʊn...], die; -: *das Unerschöpflichsein.*

un|er|schro|cken ⟨Adj.⟩ [mhd. unerschrocken, zu ↑¹erschrecken]: *sich durch nichts erschüttern, abschrecken lassend:* ein -er Kämpfer für die Freiheit; ihr -es Auftreten war beeindruckend; u. für etw. eintreten.

Un|er|schro|cken|heit, die; -, -en: *das Unerschrockensein.*

un|er|schüt|ter|lich [auch: ˈʊn...] ⟨Adj.⟩: *sich durch nichts erschüttern* (1 b) *lassend; von großer, gleichbleibender Festigkeit, Beständigkeit:* ein -er Optimismus, Glaube; -e Liebe; mit -em Gleichmut; sein Wille ist u.; sie ist u. in ihrem Vertrauen; u. an etw. festhalten.

Un|er|schüt|ter|lich|keit [auch: ˈʊn...], die; -: *das Unerschütterlichsein.*

un|er|schwing|lich [auch: ˈʊn...] ⟨Adj.⟩: *nicht erschwinglich:* -e Preise; dieses Auto ist u.; teure Grundstücke.

un|er|setz|bar [auch: ˈʊn...] ⟨Adj.⟩ (seltener): *unersetzlich.*

un|er|setz|lich [auch: ˈʊn...] ⟨Adj.⟩: *nicht ersetzbar:* -e Werte, Kunstschätze; ein -er (*durch nichts auszugleichender*) *Schaden, Verlust;* sie ist eine -e Kollegin; er hält sich für u.

Un|er|setz|lich|keit [auch: ˈʊn...], die; -, -en: 1. ⟨o. Pl.⟩ *das Unersetzlichsein.* 2. *etw. Unersetzliches.*

un|er|sprieß|lich ⟨Adj.⟩ (geh.): *keinen Nutzen bringend [u. dabei recht unerfreulich]:* ein -es Gespräch; die Arbeit war sehr u.

un|er|träg|lich [auch: ˈʊn...] ⟨Adj.⟩: a) *sich kaum ertragen lassend:* -e Schmerzen; -er Lärm; eine -e Lage; er ist ein -er Mensch, Kerl; -e (*empörende, skandalöse*) *Zustände;* seine Launen sind u.; es ist heute wieder u.; Es ist mir u., so reißend vor Ihnen zu stehen (Hochhuth, Stellvertreter 213); b) ⟨intensivierend bei Adjektiven u. Verben⟩ *sehr, überaus, in kaum erträglichem Maße:* es ist u. heiß; es ist u. albernes Benehmen; seine Hand schmerzte u.

Un|er|träg|lich|keit [auch: ˈʊn...], die; -, -en: 1. *die Unerträglichsein.* 2. *etw. als unerträglich Empfundenes.*

un|er|wähnt ⟨Adj.⟩: *nicht erwähnt, nicht genannt:* noch -e Punkte; etw. u. lassen.

un|er|war|tet [auch: ...ˈvar...] ⟨Adj.⟩: *von niemandem erwartet; unvorhergesehen, überraschend:* eine -e Nachricht; -er Besuch; etw. nimmt eine -e Wende; sein plötzlicher Entschluss war für alle, kam allen u.; etw. u. völlig u. tun, sagen; sie starb plötzlich und u.; es geschah nicht ganz u. (*man hatte damit gerechnet*); ⟨subst.:⟩ plötzlich geschah etw. völlig Unerwartetes.

un|er|wi|dert ⟨Adj.⟩: 1. *ohne Antwort, Erwiderung* (1) *bleibend; unbeantwortet:* eine -e Frage; sie ließ seinen Brief u. 2. *ohne entsprechende, in gleicher Weise erfolgende Reaktion, Erwiderung* (2) *bleibend:* ihre Liebe blieb u.

un|er|wünscht ⟨Adj.⟩: *nicht erwünscht, nicht willkommen; niemandem erwünscht:* eine -e Unterbrechung, Störung; ein -er Besucher; -e Nebenwirkungen eines Präparats; eine -e (*nicht beabsichtigte u. nicht gewollte*) *Schwangerschaft;* ich bin dort u., bin hier u.; sein Humor ist uns völlig u.

Un|er|wünscht|heit, die; -: *das Unerwünschtsein.*

un|er|zo|gen ⟨Adj.⟩: 1. *keine gute Erziehung besitzend:* ein -er Junge; ihre Kinder sind u. ♦ 2. *noch nicht erwachsen, unmündig:* Oder wollen Sie, dass ich die -e Waise meines Freundes bestehlen soll? (Lessing, Minna I, 6).

UNESCO, die; - [Abk. für engl. United Nations Educational, Scientific and Cultural Organization]: *Organisation der Vereinten Nationen für Erziehung, Wissenschaft u. Kultur.*

UNESCO-Welt|er|be, das ⟨o. Pl.⟩: *in das Verzeichnis bedeutsamer u. erhaltenswerter Stätten aufgenommenes Natur- od. Kulturdenkmal.*

un|fach|män|nisch ⟨Adj.⟩: *nicht fachmännisch; laienhaft:* eine u. ausgeführte Arbeit.

un|fä|hig ⟨Adj.⟩: 1. *den gestellten Aufgaben nicht gewachsen; nicht fähig* (1): ein -er Mitarbeiter; wir können sie nicht brauchen, sie ist völlig u. 2. ** zu etw. u. sein* (*zu etw. nicht imstande sein:* er ist zu einer solchen Tat/(geh.:) einer solchen Tat u.; er war u., einen klaren Gedanken zu fassen; ⟨auch attr.:⟩ ein zu solchen Aufgaben -er Mann).

Un|fä|hig|keit, die; -, -en: *das Unfähigsein; Mangel an Kompetenz, an Handlungsmöglichkeiten.*

un|fair ⟨Adj.⟩: a) *nicht fair, nicht korrekt:* ein -es Verhalten; es ist u., so etwas hinter meinem Rücken zu tun; b) (Sport) *nicht fair* (b): ein -er Spieler, Sportler, Wettkampf; u. boxen.

Un|fair|ness, die; -, -en: *das Unfairsein.*

Un|fall, der; -[e]s, Unfälle [spätmhd. unval = Unglück, Missgeschick, zu ↑¹Fall]: 1. *den normalen Ablauf von etw. plötzlich unterbrechender Vorfall, ungewolltes Ereignis, bei dem Menschen verletzt od. getötet werden od. Sachschaden entsteht:* ein schwerer, leichter, entsetzlicher, tragischer, selbst verschuldeter, bedauerlicher, kleiner U.; einen tödlichen U. erleiden (*bei einem Unfall ums Leben kommen*); ein U. mit Blechschaden, mit tödlichem Ausgang; ein U. im Betrieb, im Straßenverkehr, mit dem Auto; der U. ist glimpflich verlaufen, forderte drei Menschenleben; auf den vereisten Straßen ereigneten sich mehrere Unfälle; einen U. haben, erleiden, verursachen, bauen, herbeiführen; einen U. melden; den U. aufnehmen; Unfälle verhüten; Opfer eines -s werden; bei einem U. ums Leben kommen; in einen U. verwickelt werden. ♦ 2. *Unglück, Missgeschick:* Ich weiß, das ganze Land nimmt teil an meinem U. (Goethe, Götz I); Zu dieser leidigen Geschichte ... kam noch ein anderer U., der machte, dass meines Bleibens daheim nicht länger sein konnte (C. F. Meyer, Amulett 12).

Un|fall|arzt, der: *Arzt, der bei Unfällen gerufen, aufgesucht wird.*

Un|fall|ärz|tin, die: w. Form zu ↑ *Unfallarzt.*

Un|fall|au|to, das: *Unfallwagen* (1).

Un|fall|be|tei|lig|te ⟨vgl. Beteiligte⟩ (bes. Versicherungsw.): *weibliche Person, die an einem Unfall beteiligt ist.*

Un|fall|be|tei|lig|ter ⟨vgl. Beteiligter⟩ (bes. Versicherungsw.): *jmd., der an einem Unfall beteiligt ist.*

Un|fall|chi|r|ur|gie, die: *auf die operative Behandlung von Verletzungen bei Unfällen spezialisiertes Teilgebiet der Chirurgie.*

Un|fall|fah|rer, der (bes. Versicherungsw.): *Fahrer eines Kraftfahrzeugs, der einen Verkehrsunfall verursacht hat.*

Un|fall|fah|re|rin, die: w. Form zu ↑ *Unfallfahrer.*

Un|fall|fahr|zeug, das: a) *in einen Unfall verwickeltes Fahrzeug;* b) *Fahrzeug, das aufgrund von Reparaturen, die wegen Unfällen nötig geworden waren, nicht mehr im Originalzustand ist.*

Un|fall|flucht, die (Rechtsspr.): *Fahrerflucht.*

un|fall|flüch|tig ⟨Adj.⟩: *Unfallflucht begangen habend:* ein -er Fahrer.

Un|fall|fol|ge, die ⟨meist Pl.⟩: *aus einem Unfall entstehende negative Folge:* er starb an den -n.

Un|fall|for|schung, die: *interdisziplinäre Erforschung der Unfallursachen u. -folgen.*
un|fall|frei ⟨Adj.⟩: *keinen Verkehrsunfall verursacht habend:* eine -e Fahrerin; sie fährt schon zwanzig Jahre lang u.
Un|fall|ge|fahr, die: *Gefahr eines Unfalls:* bei diesem Wetter besteht erhöhte U.; -en in Haus und Garten.
Un|fall|geg|ner, der (Versicherungsw.): *Unfallbeteiligter, der Ansprüche gegen einen anderen Beteiligten erhebt od. gegen den von einem anderen Ansprüche erhoben werden.*
Un|fall|geg|ne|rin, die: w. Form zu ↑ Unfallgegner.
Un|fall|ge|schä|dig|te ⟨vgl. Geschädigte⟩ (Versicherungsw.): *weibliche Person, die durch einen Unfall geschädigt wurde.*
Un|fall|ge|schä|dig|ter ⟨vgl. Geschädigter⟩ (Versicherungsw.): *jmd., der durch einen Unfall geschädigt wurde.*
Un|fall|häu|fig|keit, die: *Häufigkeit des Auftretens von Unfällen.*
Un|fall|her|gang, der: *Hergang eines Unfalls:* den U. schildern.
Un|fall|hil|fe, die ⟨Pl. selten⟩: **1.** *Hilfeleistung bei einem Unfall:* eine schnelle U. muss gewährleistet sein. **2.** *medizinische Einrichtung, Organisation für die sofortige Behandlung von bei einem Unfall verletzten Personen.*
Un|fall|kli|nik, die: vgl. Unfallkrankenhaus.
Un|fall|kran|ken|haus, das: *chirurgisches Krankenhaus für die bei einem Unfall verletzten Personen.*
Un|fall|op|fer, das: *Opfer (3) eines Unfalls.*
Un|fall|ort, der: *Unfallstelle.*
Un|fall|quo|te, die: *statistisch ermittelte Anzahl von Unfällen.*
Un|fall|ra|te, die: *Unfallquote.*
Un|fall|ren|te, die (Versicherungsw.): *Rente aus einer Unfallversicherung (a).*
Un|fall|ri|si|ko, das: *Risiko, Gefahr eines Unfalls.*
Un|fall|scha|den, der: *durch einen Unfall entstandener Schaden.*
Un|fall|schock, der: *bei einem Unfall erlittener Schock:* unter U. stehen.
Un|fall|schutz, der ⟨o. Pl.⟩: *Gesamtheit der Maßnahmen zur Verhütung von Unfällen (bes. im Rahmen des Arbeitsschutzes).*
un|fall|si|cher ⟨Adj.⟩: *Unfälle weitgehend ausschließend; gegen Unfallgefahr gesichert:* -e Maschinen.
Un|fall|sta|ti|on, die: *medizinische Einrichtung, bes. Station in einem Krankenhaus, für die sofortige Behandlung von bei einem Unfall verletzten Personen.*
Un|fall|sta|tis|tik, die: *Statistik über Unfälle:* die Zahlen der U. sprechen eine deutliche Sprache.
Un|fall|stel|le, die: *Stelle, an der sich ein Unfall ereignet hat:* die U. wurde sofort abgesperrt.
Un|fall|tod, der: *durch einen Unfall verursachter Tod eines Menschen.*
un|fall|träch|tig ⟨Adj.⟩: *Unfälle begünstigend; die Gefahr von Unfällen in sich bergend; Unfälle erwarten lassend.*
Un|fall|ur|sa|che, die: *Ursache eines Unfalls:* nach der U. suchen.
Un|fall|ver|hü|tung, die: *Verhütung von Unfällen.*
Un|fall|ver|si|che|rung, die: **1.** *Versicherung von Personen gegen die Folgen eines Unfalls:* eine U. abschließen. **2.** *Unternehmen, das Unfallversicherungen (a) abschließt:* seine U. wollte nicht zahlen.
Un|fall|ver|ur|sa|cher, der: *jmd., der einen Unfall verursacht.*
Un|fall|ver|ur|sa|che|rin, die: w. Form zu ↑ Unfallverursacher.
Un|fall|wa|gen, der: **1.** vgl. Unfallfahrzeug.

2. *besonders ausgerüsteter, bei Unfällen eingesetzter Rettungswagen, Krankenwagen.*
Un|fall|zahl, die ⟨meist Pl.⟩: *Anzahl der Unfälle.*
Un|fall|zeit, die: *Zeitpunkt, zu dem ein Unfall geschehen ist.*
Un|fall|zeu|ge, der: *Zeuge eines Unfalls.*
Un|fall|zeu|gin, die: w. Form zu ↑ Unfallzeuge.
un|fass|bar [auch: ˈʊn...] ⟨Adj.⟩: **a)** *dem Verstand nicht zugänglich; sich nicht begreifen, verstehen lassend:* ein -es Wunder; der Gedanke war ihm u.; es ist u., wie das geschehen konnte; **b)** *das normale Maß übersteigend, sodass man es nicht, kaum wiedergeben kann; unglaublich:* -e Armut, Grausamkeit, Rohheit; das Glück wollte ihr u. scheinen.
un|fass|lich [auch: ˈʊn...] ⟨Adj.⟩: *unfassbar.*
un|fehl|bar [auch: ˈʊn...] ⟨Adj.⟩: **1.** *keinen Fehler begehend; keinem Fehler, Irrtum unterworfen:* der -e Papst; einen -en (untrüglichen) Instinkt, Geschmack haben; er hält sich für u. **2.** *ganz gewiss, sicher; unweigerlich:* das ist der -e Weg ins Verderben; sie wird u. scheitern.
Un|fehl|bar|keit [auch: ˈʊn...], die; -: *das Unfehlbarsein.*
Un|fehl|bar|keits|glau|be, Un|fehl|bar|keits|glau|ben [auch: ˈʊn...], der (kath. Kirche): *Glaube an die Unfehlbarkeit des Papstes.*
un|fein ⟨Adj.⟩: *nicht fein (4), nicht vornehm, gepflegt, elegant; ordinär* (1 a): -e Manieren, ein -es Benehmen haben; lautes Schnäuzen galt als u.
Un|fein|heit, die; -, -en: **1.** ⟨o. Pl.⟩ *das Unfeinsein.* **2.** *unfeine Art, Handlung[sweise].*
un|fern ⟨Präp. mit Gen. u. Adv.⟩ (seltener): *unweit:*
◆ ⟨auch mit Dativ:⟩ ...im Bupsinger Forst, u. dem Lusthaus (Mörike, Hutzelmännlein 151).
un|fer|tig ⟨Adj.⟩: **a)** *noch nicht fertiggestellt, noch nicht im endgültigen Zustand befindlich:* ein -es Manuskript; ein -er Aufsatz, Artikel; der Text war noch u.; **b)** *noch nicht vollkommen, noch nicht ausgereift:* ein junger -er Künstler, Wissenschaftler; er ist, wirkt noch recht u.
Un|fer|tig|keit, die; -, -en: **1.** ⟨o. Pl.⟩ *das Unfertigsein.* **2.** ¹Mangel (2), Unvollkommenheit (2).
un|fest ⟨Adj.⟩: *nicht fest.*
Un|flat, der; -[e]s [mhd. unvlāt, eigtl. = Unsauberkeit, zu mhd. vlāt, ahd. flāt = Sauberkeit, Schönheit, zu mhd. vlæjen, ahd. flāwen = spülen, waschen, säubern] (geh. veraltend): *widerlicher, ekelhafter Schmutz, Dreck:* ihm schauderte vor dem U. in dem Verlies; Ü ⟨geh. abwertend:⟩ die Presse schüttete U. über ihn.
un|flä|tig ⟨Adj.⟩ [mhd. unvlætic = schmutzig, unsauber] (geh. abwertend): *in höchst ungebührlicher Weise derb, grob, unanständig:* -e Worte, Reden, Lieder, Beschimpfungen; ein -es Benehmen; ein -er Mensch; u. schimpfen.
Un|flä|tig|keit, die; -, -en [spätmhd. unvlæticheit = Unsauberkeit]. **1.** ⟨o. Pl.⟩ *das Unflätigsein; unflätige Beschaffenheit.* **2.** *unflätige Handlung, Äußerung.*
un|flek|tiert ⟨Adj.⟩ (Sprachwiss.): *nicht flektiert; ungebeugt.*
un|fle|xi|bel ⟨Adj.⟩: ...bler, -ste⟩: *nicht flexibel (2):* ein unflexibler Mensch; u. sein, reagieren.
un|flott ⟨Adj.⟩: *in der Fügung* **nicht u.** (ugs.; *beachtenswert gut, schön; nicht übel:* das ist nicht u. ausgedacht; eine nicht -e Person).
un|folg|sam ⟨Adj.⟩: *nicht folgsam:* ein -es Kind.
Un|folg|sam|keit, die; -: *das Unfolgsamsein.*
un|för|mig ⟨Adj.⟩: *keine, nicht die richtige Form aufweisend; keine gefälligen Proportionen habend; plump, ungestalt:* er hat eine -e Nase; ein -er Klumpen; u. dick werden; der Fuß war u. angeschwollen; Am anderen Ufer, ihr gerade gegenüber, steht eine behäbige Gründerzeitvilla, etwas u. geworden durch etliche Erweiterungsbauten (Strauß, Niemand 15/16).

Un|för|mig|keit, die; -: *das Unförmigsein.*
un|förm|lich ⟨Adj.⟩: **1.** *nicht förmlich (2), nicht steif u. konventionell:* ein -es Verhalten; eine ganz -e Begrüßung; es ging ganz u. zu; etw. u. tun, sagen. **2.** (veraltet) *unförmig.*
un|fran|kiert ⟨Adj.⟩: *nicht frankiert:* der Brief ist noch u.
un|frei ⟨Adj.⟩: **1.** *nicht im Zustand der Freiheit* (1) *lebend; gesellschaftlich, politisch, wirtschaftlich od. in ähnlicher Hinsicht unterdrückt, abhängig:* ein -es Volk; ein -es Leben; sie lebte, fühlte sich als -er Mensch; die -en (Geschichte; hörigen, leibeigenen) Bauern; in seinen Entscheidungen u. (abhängig, gebunden) sein. **2.** *an [moralische] Normen allzu stark gebunden, von [sittlichen] Vorurteilen abhängig; innerlich, persönlich nicht frei* (1 c): seine -e Art, Haltung, Sprache irritierte sie; sie fühlte sich in diesem Kreise u. **3.** (Postw.) *nicht frankiert:* eine -e Sendung; das Paket u. schicken.
Un|freie, die/eine Unfreie; der/einer Unfreien, die Unfreien/zwei Unfreie (Geschichte): *weibliche Person aus dem Stande derer, die keine Rechtsfähigkeit u. keine politischen Rechte besitzen u. in der Verfügungsgewalt eines Herrn stehen.*
Un|frei|er, der Unfreie/ein Unfreier; des/eines Unfreien, die Unfreien/zwei Unfreie (Geschichte): *jmd. aus dem Stande derer, die keine Rechtsfähigkeit u. keine politischen Rechte besitzen u. in der Verfügungsgewalt eines Herrn stehen.*
Un|frei|heit, die; -, -en: *das Unfreisein.*
un|frei|wil|lig ⟨Adj.⟩: **1.** *nicht freiwillig; gegen den eigenen Willen; gezwungen:* ein -er Aufenthalt; sie mussten das Land u. verlassen. **2.** *nicht beabsichtigt; aus Versehen geschehend:* -e Komik; ein -er Witz, Scherz; sie hat u. ein Bad genommen (scherzh.; *ist ins Wasser gefallen*).
un|freund|lich ⟨Adj.⟩: **1.** *nicht freundlich* (a), *nicht liebenswürdig, nicht entgegenkommend; ungefällig:* -es Personal; ein -es Gesicht machen; eine -e Antwort; ein -er Akt, eine -e Handlung (Dipl., Völkerrecht; *Handlung eines Staates, durch die ein anderer Staat gekränkt, verletzt wird*); eine -e Übernahme (Wirtsch.; *ein Kauf od. Teilerwerb eines Unternehmens, dessen Management dies ablehnt, sich dagegen ausspricht;* nach engl. unfriendly take-over); sei doch nicht so u. zu ihm/(seltener auch:) gegen ihn; jmdn. nicht u. ansehen, behandeln. **2.** *nicht freundlich* (b), *nicht ansprechend, unangenehm wirkend:* ein -es Wetter, Klima; eine -e Gegend; der Sommer war u. und verregnet.
Un|freund|lich|keit, die; -, -en: **1.** ⟨o. Pl.⟩ *das Unfreundlichsein.* **2.** *unfreundliche* (1) *Handlung, Äußerung.*
Un|frie|de, Un|frie|den, der ⟨o. Pl.⟩: *Zustand der Spannung, Uneinigkeit, Gereiztheit, der durch Unstimmigkeiten, Zerwürfnisse, Streitigkeiten hervorgerufen wird:* in diesem Hause, unter/zwischen ihnen herrscht U.; sie lebten in Unfrieden, gingen in Unfrieden auseinander; * ◆ **mit jmdm. zu U. werden** (*mit jmdm. in Streit geraten:* ...darüber wurdet Ihr mit seinem Kameraden zu Unfried [Goethe, Götz]).
un|fried|lich ⟨Adj.⟩: *nicht friedlich* (1 a): ein -es Verhalten, Benehmen.
un|fri|siert ⟨Adj.⟩: **1.** *nicht frisiert* (1), *gekämmt:* ein -er Kopf; er war u., lief u. herum. **2.** (ugs.) **a)** *nicht frisiert* (2 a): eine -e Bilanz; der Bericht war u.; **b)** (Kfz-Technik) *nicht frisiert* (2 b): ein -es Mofa.
un|froh ⟨Adj.⟩: *nicht froh; missgestimmt.*
un|frucht|bar ⟨Adj.⟩: **1.** *nicht [sehr] fruchtbar* (1 a), *nicht ertragreich:* -er Boden; das Land ist u. **2.** (Biol., Med.) *unfähig zur Zeugung, zur Fortpflanzung; steril* (2): eine -e Frau, ein -er Mann; die -en Tage der Frau *(Tage, an denen*

eine Empfängnis nicht möglich ist); die Stute ist u. **3.** *nicht fruchtbar* (2), *keinen Nutzen bringend; zu keinen positiven Ergebnissen führend; unnütz:* eine -e Diskussion; -e Gedanken.

Un|frucht|bar|keit, die; -: *das Unfruchtbarsein.*

Un|fug, der; -[e]s [mhd. unvuoc, zu ↑fügen]: **1.** *ungehöriges, andere belästigendes, störendes Benehmen, Treiben, durch das oft auch ein Schaden entsteht:* ein dummer U.; grober U. (Rechtsspr.; ↑grob 3 a); was soll dieser U.!, lass diesen U.!; allerlei U. *(Allotria, Possen* 1) anstellen. **2.** *unsinniges, dummes Zeug; Unsinn:* das ist doch alles U.!

un|gang|bar [auch: …'gaŋ…] 〈Adj.〉 (seltener): *nicht begehbar:* ein -er Weg.

un|gar 〈Adj.〉: **1.** *nicht* ¹*gar* (1). **2.** (Landwirtsch.) *mangelnde Bodengare aufweisend.*

Un|gar, der; -n, -n: Ew. zu ↑Ungarn.

Un|ga|rin, die; -, -nen: w. Form zu ↑Ungar.

un|ga|risch 〈Adj.〉: **a)** *Ungarn, die Ungarn betreffend; von den Ungarn stammend, zu ihnen gehörend;* **b)** *in der Sprache der Ungarn [verfasst].*

Un|ga|risch, das; -[s], (nur mit best. Art.:) **Un|ga|ri|sche,** das; -n: *die ungarische Sprache.*

Un|garn; -s: *Staat im südöstlichen Mitteleuropa.*

un|gast|lich 〈Adj.〉: **1.** *nicht gastlich, nicht gastfreundlich:* ein -es Haus; sich u. benehmen. **2.** *zum Verweilen wenig verlockend, wenig einladend:* ein kahler, -er Raum.

Un|gast|lich|keit, die; -: *das Ungastlichsein.*

¹**un|ge|ach|tet** [auch: …'|ax…] 〈Präp. mit Gen.〉 (geh.): *ohne Rücksicht auf, trotz:* u. wiederholter Mahnungen/(auch:) wiederholter Mahnungen u. unternahm er nichts; u. ihrer Verdienste wurde sie entlassen; u. der Tatsache/dessen, dass sie damals geholfen hatte; dessen/(auch:) des/(veraltet:) dem u. *(dennoch, trotzdem)* ging sie durch den dunklen Park.

²**un|ge|ach|tet** [auch: …'|ax…] 〈Konj.〉 (veraltend): *obwohl.*

un|ge|ahn|det [auch: …'|a:n…] 〈Adj.〉: *nicht geahndet.*

un|ge|ahnt [auch: …'|a:nt] 〈Adj.〉: *in seiner Größe, Bedeutsamkeit, Wirksamkeit u. Ä. sich nicht vorausehen lassend, die Erwartungen weit übersteigend:* -e Möglichkeiten, Schwierigkeiten, Kräfte; das Museum birgt -e Kostbarkeiten.

un|ge|bär|dig 〈Adj.〉 [zu mhd. ungebærde = übles Benehmen] (geh.): *sich nicht, kaum zügeln lassend; widersetzlich [u. wild]:* ein -es Kind, Pferd; er ist, verhält sich sehr u.

Un|ge|bär|dig|keit, die; -, -en: **1.** 〈o.Pl.〉 *das Ungebärdigsein.* **2.** *etw. ungebärdig Wirkendes.*

un|ge|be|ten 〈Adj.〉: **1.** *nicht aufgefordert, unerwartet u. auch nicht erwünscht, nicht gern gesehen:* -e Gäste, Besucher; sie hat sich u. dazugesellt, eingemischt. ◆ **2.** *von sich aus, ohne gebeten worden zu sein:* … ein gutes Bäuerlein … auf einem Wagen …, das hieß ihn u. bei ihm aufsitzen (Mörike, Hutzelmännlein 121).

un|ge|beugt 〈Adj.〉: **1.** *nicht gebeugt, nicht gekrümmt:* der -e Rücken. **2.** *durch Schicksalsschläge, Bedrängnisse, Unannehmlichkeiten o. Ä. nicht entmutigt; unbeirrt, unerschütterlich:* sie blieb trotz aller Schicksalsschläge u. **3.** (Sprachwiss.) *unflektiert.*

un|ge|bil|det 〈Adj.〉 (oft abwertend): *keinerlei Bildung* (1) *habend, erkennen lassend:* -e Menschen; sie hielten ihn für schrecklich u.

Un|ge|bil|det|heit, die; -: *das Ungebildetsein.*

un|ge|bleicht 〈Adj.〉: *nicht gebleicht:* -e Haare; diese Stoffe sind u. (ekrü).

un|ge|bo|ren 〈Adj.〉: *[noch] nicht geboren:* ein -es Kind; sie hätten ihn lieben sollen.

un|ge|brannt 〈Adj.〉: **a)** *[noch] nicht gebrannt, gehärtet:* -e Ziegel; -er Ton; **b)** *[noch] nicht gebrannt, geröstet:* -er Kaffee.

un|ge|bräuch|lich 〈Adj.〉: *nicht sehr gebräuchlich, nicht üblich:* ein -es Wort; eine -e Methode; dieses Verfahren ist ziemlich u.

un|ge|braucht 〈Adj.〉: *noch nicht gebraucht; unbenutzt:* -e Schneeketten; ein -es *(frisches, sauberes)* Taschentuch; Kinderwagen, völlig u. *(neuwertig),* zu verkaufen.

un|ge|bremst 〈Adj.〉: **1.** *ungehindert, uneingeschränkt, nicht gedrosselt:* -er Optimismus. **2.** *nicht bremsend* (a): er fuhr mit seinem Wagen u. an einen Baum.

un|ge|bro|chen 〈Adj.〉: **1. a)** *gerade weiterverlaufend, nicht abgelenkt, nicht gebrochen:* ein -er Lichtstrahl; eine -e Linie; **b)** *nicht getrübt, nicht abgeschwächt; leuchtkräftig:* -e Farben; ein -es Blau. **2.** *nicht geschwächt, abgeschwächt; anhaltend:* mit -em Mut, -er Energie weiterarbeiten; ein -er *(trotz Schicksalsschlägen, Krankheiten zuversichtlicher)* Mann; ihre Kraft ist u.; der Besucheransturm hält u. an.

Un|ge|bühr, die; - (geh.): *ungebührliches Verhalten; Ungehörigkeit:* sie schämte sich seiner U.; er wurde wegen U. vor Gericht (Rechtsspr.; *Missachtung des Gerichts*) bestraft; * ◆ **zu[r] U.** *(in schändlicher, verwerflicher Weise:* Baimgartens Weib … wollt' er zu frecher U. missbrauchen [Schiller, Tell I, 4]).

un|ge|büh|rend 〈Adj.〉 (veraltend): *ungebührlich.*

un|ge|bühr|lich [auch: …'by:ɐ̯…] 〈Adj.〉 (geh.): **a)** *den gebührenden Anstand nicht wahrend; ungehörig:* ein -es Benehmen; ein -er Ton; sich u. benehmen; **b)** *über ein zu rechtfertigendes, angemessenes Maß hinausgehend:* eine -e Forderung; ein u. hoher Preis; wir mussten u. lange warten.

Un|ge|bühr|lich|keit, die; -, -en: **1.** 〈o.Pl.〉 *das Ungebührlichsein.* **2.** *ungebührliche Handlung, Äußerung.*

un|ge|bun|den 〈Adj.〉: **1. a)** *nicht mit einem [festen] Einband versehen:* -e Bücher; **b)** *nicht geknüpft, geschlungen:* ein -er Schal; **c)** (Kochkunst) *nicht sämig gemacht:* -e Suppen, Soßen; **d)** (Musik) *voneinander abgesetzt, nicht legato gespielt, gesungen:* Akkorde u. spielen; **e)** (Literaturwiss.) *nicht gebunden* (5 c), *in Prosa:* in -er Rede. **2.** *durch keinerlei verpflichtende Bindungen* (1 a) *festgelegt; frei von Verpflichtungen:* ein freies, -es Leben; politisch u. sein.

Un|ge|bun|den|heit, die; -: *das Ungebundensein, das Freisein von Verpflichtungen.*

un|ge|deckt 〈Adj.〉: **1. a)** *[noch] nicht mit etw. Bedeckendem, einer Deckung* (1) *versehen:* ein noch -es Dach; **b)** *[noch] nicht für eine Mahlzeit gedeckt, hergerichtet:* -e Tische. **2. a)** *nicht geschützt, abgeschirmt, ohne Deckung* (2 a, b), *ohne Schutz:* in der vordersten, -en Linie kämpfen; **b)** (Ballspiele) *nicht gedeckt, abgeschirmt, ohne Deckung* (6 a), *Bewachung:* ein -er Spieler. **3.** (Bankw.) *nicht durch einen entsprechenden Geldbetrag auf einem Konto gesichert:* ein ungedeckter, gefälschter Scheck.

un|ge|dient 〈Adj.〉: *nicht gedient; keinen Wehrdienst geleistet habend:* -e Wehrpflichtige.

Un|ge|dien|ter, der Ungediente/ein Ungedienter; des/eines Ungedienten, die Ungedienten/zwei Ungediente: *ungedienter Mann.*

un|ge|druckt 〈Adj.〉: *[noch] nicht gedruckt, veröffentlicht:* -e Texte.

Un|ge|duld, die; -: *Unfähigkeit, sich zu gedulden, etw. ruhig, gelassen abzuwarten, zu ertragen, durchzuführen; Mangel an Geduld:* eine große, wachsende, innere U.; U. befiel, ergriff sie; seine U. zügeln, bezähmen; in großer U., mit U., voller U. auf jmdn. warten; von U. erfüllt sein; Ich zweifle nicht, dass Monsieur Stürzli seit Stunden mit schmerzlicher U. Ihrem Besuch entgegensieht (Th. Mann, Krull 151).

un|ge|dul|dig 〈Adj.〉: *von Ungeduld erfüllt, voller Ungeduld; keine Geduld habend, zeigend, ohne Geduld:* ein -er Mensch; -e Fragen; sei nicht so u.!; er lief u. hin und her.

un|ge|eig|net 〈Adj.〉: *einem bestimmten Zweck, bestimmten Anforderungen nicht genügend; sich für etw. nicht eignend:* ein für diesen Zweck, zu diesem Zweck -es Mittel; er kam im -sten *(unpassendsten)* Augenblick; ein -er Bewerber; das Buch ist als Geschenk für ihn u.

¹**un|ge|fähr** [auch: …'fɛ:ɐ̯] 〈Adv.〉 [älter: ohngefähr, frühnhd. ongefer, mhd. āne gevære = *ohne Betrug*(sabsicht); urspr. in der alten Rechtsspr. formelhafte Erklärung, dass bei der Angabe von Maßen u. Zahlen eine eventuelle Ungenauigkeit »ohne böse Absicht« geschehen sei; später Umdeutung der Präposition »ohne« zum Präfix »un…« durch mundartl. Kürzung des langen ā in āne zu kurzem u od. o u. durch Anlehnung an ungeværliche, mhd. ungevaerliche] as: **a)** *nicht genau [gerechnet]; soweit es sich erkennen, schätzen, angeben lässt; etwas mehr od. etwas weniger als; schätzungsweise; etwa; circa:* u. drei Stunden, zehn Kilometer; ein Ast, u. armdick; sie verdient u. so viel wie er; u. in drei Stunden/in u. drei Wochen/in drei Wochen u. komme ich zurück; so u./u. so können wir es machen; wann u. will er kommen?; u. um acht Uhr; u. *(im Großen und Ganzen)* Bescheid wissen; (als floskelhafte Antwort in Verbindung mit »so«) »Ist das ein Erbstück?« – »So u. *(So könnte man sagen)*«; * **[wie] von u.** *([scheinbar] ganz zufällig; mit einer gewissen Beiläufigkeit:* sie kam langsam und wie von u. näher; etw. von u. sagen, erwähnen); **nicht von u.** *(aus gutem Grund, nicht ohne Ursache, nicht zufällig:* er ist nicht von u. entlassen worden, es ist nicht, kommt nicht von u., dass sie immer die besten Arbeiten schreibt); ◆ **b)** *zufällig, von ungefähr:* … da fiel ich u. ihm in den Arm (Lessing, Nathan III, 2).

²**un|ge|fähr** [auch: …'fɛ:ɐ̯] 〈Adj.〉 [zu ¹*ungefähr*]: *mehr od. weniger genau; nicht genau bestimmt, anzugeben:* eine -e Darstellung.

Un|ge|fähr [auch: …'fɛ:ɐ̯], das; -s (geh. veraltend): *Schicksal, Geschick, Zufall:* etw. nicht dem U. überlassen.

un|ge|fähr|det [auch: …'fɛ:ɐ̯…] 〈Adj.〉: *nicht gefährdet:* die Kinder können dort u. spielen.

un|ge|fähr|lich 〈Adj.〉: *nicht gefährlich* (1), *nicht mit Gefahr verbunden:* ein völlig -es Unternehmen; es ist nicht ganz u. *(ist ziemlich gefährlich),* in diesem Fluss zu baden.

Un|ge|fähr|lich|keit, die; -: *das Ungefährlichsein.*

un|ge|fäl|lig 〈Adj.〉: *nicht gefällig* (1), *zu keiner Gefälligkeit bereit:* ein -er Mensch.

Un|ge|fäl|lig|keit, die; -: *das Ungefälligsein.*

un|ge|färbt 〈Adj.〉: *nicht gefärbt:* -e Wolle; Ü die -e *(nicht beschönigte)* Wahrheit ertragen.

un|ge|fes|tigt 〈Adj.〉: *[noch] nicht gefestigt* (b); *labil:* sie ist ein -er Charakter.

un|ge|fil|tert 〈Adj.〉: *nicht gefiltert, nicht durch einen Filter* (1–3) *gegangen.*

un|ge|flü|gelt 〈Adj.〉 (bes. Biol.): *nicht geflügelt:* -e Insekten; -er Samen.

un|ge|formt 〈Adj.〉: *nicht geformt, keine bestimmte Form* (1 a) *aufweisend.*

un|ge|fragt 〈Adj.〉: *redend, sprechend, ohne gefragt worden zu sein; ganz von sich aus:* u. dazwischenreden.

un|ge|früh|stückt 〈Adj.〉 (ugs. scherzh.): *kein Frühstück zu sich genommen habend:* wir waren noch u., mussten u. aufbrechen; ◆ u. ging ich hin (Schiller, Turandot V, 1).

un|ge|fü|ge 〈Adj.〉 [mhd. ungevüege, ungevuoge = unartig, plump, ahd. ungafōgi = ungünstig; beschwerlich, riesig, ↑*gefügig*] (geh.): **a)** *unförmig, ungestalt, klobig, plump:* ein -r Klotz, Tisch; ein -r Bursche; **b)** *plump u. unbe-*

holfen wirkend; schwerfällig: eine u. Sprechweise.
un|ge|ges|sen ⟨Adj.⟩: **1.** *nicht gegessen, nicht verspeist:* -e Reste. **2.** (ugs. scherzh.) *ohne gegessen zu haben:* komm bitte u.!; ♦ *Des Vaters Schwester täte es nicht, dass sie u. aus dem Hause ging* (Gotthelf, Spinne 9).
un|ge|glie|dert ⟨Adj.⟩: *nicht, nur wenig gegliedert.*
♦ **un|ge|grün|det** ⟨Adj.⟩: *unbegründet:* ...*dass die ganze fabelhafte Reise des Königs von Preußen ein bloßes -es Gerücht gewesen* (Chamisso, Schlemihl 38).
un|ge|hal|ten ⟨Adj.⟩ [zu älterem gehalten = maßvoll, beherrscht] (geh.): *ärgerlich* (1), *aufgebracht, verärgert:* er war sehr, sichtlich u. über diese Störung; u. auf etw. reagieren.
Un|ge|hal|ten|heit, die; -, -en (geh.): *das Ungehaltensein.*
un|ge|hei|ßen ⟨Adj.⟩ (geh.): *unaufgefordert:* etw. u. tun.
un|ge|heizt ⟨Adj.⟩: *nicht geheizt:* -e Räume.
un|ge|hemmt ⟨Adj.⟩: **1.** *durch nichts gehemmt:* eine -e Bewegung; etw. kann sich u. entwickeln; Ü -e ⟨zügellose⟩ Leidenschaft, Wut. **2.** *frei von inneren Hemmungen:* sie hat ganz u. darüber gesprochen.
un|ge|heu|er [auch: ...ˈhɔy...] ⟨Adj.; ungeheurer, -ste⟩ [mhd. ungehiure, ahd. un(gi)hiuri = unheimlich, grauenhaft, schrecklich, zu ↑ geheuer]: **a)** *außerordentlich groß, stark, umfangreich, intensiv, enorm; riesig, gewaltig:* eine ungeheure Menge, Höhe, Entfernung; ungeheure Verluste; ungeheure Kraft; ein ungeheures Wissen; der Druck war u. **b)** ⟨intensivierend bei Adjektiven u. Verben⟩ (oft emotional übertrieben) *außergewöhnlich, außerordentlich, überaus, sehr, im höchsten Grad, Maß:* u. groß, hoch, weit, wichtig; er ist u. stark; du kommst dir wohl u. klug vor!; das ist u. übertrieben; sich u. freuen; * **ins Ungeheure** (sehr, überaus, außerordentlich stark: die Kosten stiegen ins Ungeheure).
Un|ge|heu|er, das; -s, - [mhd. ungehiure]: **1.** *großes, scheußliches, furchterregendes Fabeltier:* ein siebenköpfiges, drachenartiges U.; Ü er ist ein wahres, richtiges U. *(Scheusal).* **2.** (emotional) *Monstrum* (2), *Ungetüm:* sie hatte ein U. von einem Hut auf dem Kopf.
un|ge|heu|er|lich [auch: ˈʊn...] ⟨Adj.⟩ [mhd. ungehiurlich = schrecklich, groß, seltsam]: **1.** (seltener) **a)** *ungeheuer* (a) *eine -e Menge, Anstrengung;* Wir haben die -ste Überraschung unseres Lebens erlebt (Muschg, Gegenzauber 230); **b)** ⟨intensivierend bei Adjektiven u. Verben⟩ *ungeheuer* (b): u. groß, laut; sich u. freuen. **2.** (abwertend) ²*unerhört* (2), *empörend, skandalös:* eine -e Behauptung; das ist ja u.!
Un|ge|heu|er|lich|keit [auch: ˈʊn...], die; -, -en (abwertend): **1.** ⟨o. Pl.⟩ *das Ungeheuerlichsein.* **2.** *ungeheuerliche Handlung, Äußerung.*
un|ge|hin|dert ⟨Adj.⟩: *durch nichts behindert, aufgehalten, gestört:* -e Bewegungen; wir konnten u. passieren.
un|ge|ho|belt [auch: ...ˈhoː...] ⟨Adj.⟩: **1.** *nicht mit einem Hobel bearbeitet, geglättet:* -e Bretter. **2. a)** *schwerfällig, unbeholfen:* eine -e Ausdrucksweise; er war ein bisschen linkisch und u.; **b)** ⟨abwertend⟩ *grob* (4 a), *rüde, unhöflich:* ein -er Kerl, Klotz; ein -es Benehmen.
un|ge|hö|rig ⟨Adj.⟩: *nicht den Regeln des Anstands, der guten Sitte entsprechend; die geltenden Umgangsformen verletzend:* ein -es Benehmen; eine ⟨freche, vorlaute⟩ Antwort geben; sich u. aufführen.
Un|ge|hö|rig|keit, die; -, -en: **1.** ⟨o. Pl.⟩ *das Ungehörigsein.* **2.** *ungehörige Handlung, Äußerung.*

un|ge|hor|sam ⟨Adj.⟩: *nicht gehorsam* (b): -e Kinder, Schüler; sei nicht so u.!
Un|ge|hor|sam, der; -s: *das Ungehorsamsein; Mangel an Gehorsam.*
un|ge|hört ⟨Adj.⟩: *von niemandem gehört:* sein Ruf blieb, verhallte u.
un|geil ⟨Adj.⟩: **1.** *in keiner Weise geil* (1); *unerotisch.* **2.** (ugs., bes. Jugendspr.) *in keiner Weise geil* (3); *schlecht, unerfreulich.*
Un|geist, der; -[e]s (geh. abwertend): *zerstörerisch, zersetzend wirkende, einer positiven Entwicklung schädliche Gesinnung, Ideologie:* der U. des Militarismus, des Faschismus.
un|ge|kämmt ⟨Adj.⟩: *nicht gekämmt:* -e Haare; sie lief immer u. herum.
un|ge|kannt ⟨Adj.⟩: *noch nicht, von niemandem gekannt:* eine -e Schwäche; der Urlaub ist in -e Ferne gerückt; er möchte u. bleiben.
un|ge|klärt ⟨Adj.⟩: **1.** *nicht geklärt* (1 a), *unklar:* eine -e Frage; ein -er Fall; die Ursachen blieben u. **2.** *nicht geklärt* (2 a): -e Abwässer.
un|ge|kocht ⟨Adj.⟩: *nicht gekocht:* -es Wasser sollte man hier nicht trinken.
un|ge|krönt ⟨Adj.⟩: *[noch] nicht gekrönt, als Herrscher eingesetzt:* gekrönte und -e Vertreter der Aristokratie; Ü der -e König *(der beste, erfolgreichste)* der Artisten.
un|ge|kün|digt ⟨Adj.⟩: *nicht gekündigt* (c): ein -es Arbeitsverhältnis; in -er Stellung.
un|ge|küns|telt ⟨Adj.⟩: *nicht gekünstelt; sehr natürlich, echt [wirkend]:* ein -es Wesen; sich u. benehmen.
un|ge|kürzt ⟨Adj.⟩: *nicht gekürzt:* die -e Fassung eines Films; eine Rede u. abdrucken.
un|ge|la|den ⟨Adj.⟩: **1.** *nicht eingeladen:* -e Gäste. **2.** *nicht* ¹*geladen* (3 a): eine -e Waffe, Pistole. **3.** *keine elektrische Ladung aufweisend:* ein -er Akku, -e Moleküle, Elementarteilchen.
Un|geld, das; -[e]s, -er [mhd. ungelt, eigtl. = zusätzliche Geldausgabe]: (im MA.) *Abgabe, Steuer auf Waren.*
un|ge|lebt ⟨Adj.⟩: **a)** *[noch] nicht gelebt habend:* die Angst davor, u. zu sterben; **b)** *nicht entfaltet, verwirklicht, [voll] zur Entfaltung gebracht:* -es Leben; eine -e Liebe.
un|ge|le|gen ⟨Adj.⟩: *nicht* ¹*gelegen* (2), *in jmds. Pläne, zu jmds. Absichten gar nicht passend:* -er Besuch; er kam zu recht -er Stunde; die Einladung ist, kommt mir u.; komme ich u.? ⟨störe ich?⟩
Un|ge|le|gen|heit, die; -, -en ⟨meist Pl.⟩: *Unannehmlichkeit; Mühe, Schwierigkeit bereitender Umstand:* jmdm. große -en machen; das bereitet uns nur -en; in -en ⟨Schwierigkeiten⟩ kommen, geraten.
un|ge|legt ⟨Adj.⟩: * -e Eier (↑ Ei 2 b).
un|ge|leh|rig ⟨Adj.⟩: *nicht gelehrig, nicht geschickt.*
un|ge|lehrt ⟨Adj.⟩ (veraltend): *nicht gelehrt* (a): ein -er Mann.
un|ge|lenk ⟨Adj.⟩ (geh.): *steif u. unbeholfen, ungeschickt* (bes. in den Bewegungen); *ungewandt:* ein -er Mensch; eine -e Schrift; sich u. bewegen, ausdrücken.
un|ge|len|kig ⟨Adj.⟩: *nicht gelenkig* (a).
Un|ge|len|kig|keit, die; -: *das Ungelenkigsein.*
un|ge|lernt ⟨Adj.⟩: *für ein bestimmtes Handwerk, einen bestimmten Beruf nicht ausgebildet:* -e Arbeiter.
Un|ge|lern|te, die/eine Ungelernte; der/einer Ungelernten, die Ungelernten/zwei Ungelernte: *weibliche Person, die ungelernt ist.*
Un|ge|lern|ter, der Ungelernte/ein Ungelernter, des/eines Ungelernten, die Ungelernten/zwei Ungelernte: *jmd., der ungelernt ist.*
un|ge|le|sen ⟨Adj.⟩: *[noch] nicht gelesen:* die Zeitung lag u. da.

un|ge|liebt ⟨Adj.⟩: **1.** *nicht geliebt:* sie hat den -en Mann verlassen. **2.** *von jmdm. nicht gemocht:* den -en Beruf aufgeben.
un|ge|lo|gen ⟨Adv.⟩ (ugs.): *tatsächlich, wirklich, ohne Übertreibung:* u., so hat es sich zugetragen.
un|ge|löscht ⟨Adj.⟩ [zu ↑ löschen (1 d)]: *nach dem Brennen nicht mit Wasser übergossen:* -er Kalk.
un|ge|löst ⟨Adj.⟩: *nicht gelöst* (3 a, 5 a).
un|ge|lüf|tet ⟨Adj.⟩: *nicht gelüftet:* -e Räume.
Un|ge|mach, das; -[e]s [mhd. ungemach, ahd. ungamah, vgl. Gemach] (geh.): *Unannehmlichkeit, Widerwärtigkeit, Ärger* (2), *Übel:* großes, schweres, bitteres U. erleiden, erfahren; jmdm. U. bereiten.
un|ge|macht ⟨Adj.⟩: *(von Betten) nicht gemacht, hergerichtet.*
un|ge|mäß ⟨Adj.⟩: in der Verbindung **jmdm., einer Sache u. sein** *(jmdm., einer Sache nicht gemäß sein).*
un|ge|mein [auch: ...ˈmain] ⟨Adj.⟩: **a)** *außerordentlich groß, enorm; das gewöhnliche Maß, den gewöhnlichen Grad beträchtlich übersteigend:* ein -es Vergnügen; er hat -e Fortschritte gemacht; er genießt -e Popularität; **b)** ⟨intensivierend bei Adjektiven u. Verben⟩ *sehr, äußerst, ganz besonders:* u. schwierig, wertvoll, wichtig; sie ist u. klug, schön, fleißig; das freut mich u.
un|ge|min|dert ⟨Adj.⟩: *nicht gemindert:* der Sturm tobte mit -er Stärke.
un|ge|mischt ⟨Adj.⟩: *nicht gemischt.*
un|ge|müt|lich ⟨Adj.⟩: **1. a)** *nicht gemütlich* (a), *behaglich:* eine -e Wohnung; die Kneipe ist furchtbar u.; dort ist es mir zu u.; **b)** *nicht gemütlich* (b), *gesellig:* eine -e Atmosphäre, Stimmung; er fand es auf dem Fest ziemlich u. **2.** (ugs.) *unerfreulich, unangenehm, misslich:* in eine -e Lage geraten; * **u. werden** (ugs.; *sehr unfreundlich, grob werden; unwirsch, verärgert auf etw. reagieren*).
Un|ge|müt|lich|keit, die; -: *das Ungemütlichsein.*
un|ge|nannt ⟨Adj.⟩: *nicht namentlich genannt; anonym:* ein -er Helfer; die Spenderin blieb u.
un|ge|nau ⟨Adj.⟩: **a)** *nicht* ¹*genau* (a); *dem tatsächlichen Sachverhalt nur ungefähr entsprechend:* -e Messungen; eine -e Formulierung; Wenn sie nicht da ist, kann er sich an ihr Lachen nur u. erinnern (Frisch, Montauk 105); **b)** *nicht* ¹*genau* (b): er arbeitet zu u.
Un|ge|nau|ig|keit, die; -, -en: **1.** ⟨o. Pl.⟩ *das Ungenausein* (a): die U. einer Messung, Übersetzung, eines Ausdrucks. **2.** *etw., was nicht* ¹*genau* (a) *dem Erwarteten, Angestrebten entspricht:* ihm sind ein paar -en unterlaufen.
♦ **un|ge|neckt** ⟨Adj.⟩ [zu ↑ necken in der alten Bed. »belästigen«]: *ungeschoren, unbehelligt:* Meine Güter hat der stolze Herzog inne, die deinigen wird Götz nicht lange u. lassen (Goethe, Götz II).
un|ge|neh|migt ⟨Adj.⟩: *nicht genehmigt, erlaubt; ohne Genehmigung seiend:* eine -e Demonstration.
UN-Ge|ne|ral|se|kre|tär: *Generalsekretär der Vereinten Nationen.*
UN-Ge|ne|ral|se|kre|tä|rin, die; w. Form zu ↑ UN-Generalsekretär.
un|ge|niert [ˈʊnʒeniːɐ̯t, auch: ...ˈniːɐ̯t] ⟨Adj.⟩ [zu ↑ genieren]: *sich frei, ungehemmt benehmend, keine Hemmungen zeigend:* -es Benehmen; etw. u. aussprechen.
Un|ge|niert|heit [auch: ...ˈniːɐ̯t...], die; -, -en: **1.** ⟨o. Pl.⟩ *ungeniertes Wesen, Benehmen.* **2.** (selten) *Handlung, Äußerung, an der sich jmds. Ungeniertheit* (1) *zeigt.*
un|ge|nieß|bar [auch: ...ˈniːs...] ⟨Adj.⟩: **1.** *nicht genießbar:* -e Beeren, Pilze; das Essen dort ist u. *(schmeckt sehr schlecht);* der Wein ist u. geworden. **2.** (ugs., oft scherzh.) *unausstehlich:* der Chef ist heute u.

Un|ge|nieß|bar|keit [auch: …ˈniːs…], die; -: *das Ungenießbarsein.*

Un|ge|nü|gen, das; -s (geh.): **1.** *ungenügende Beschaffenheit, Leistung; Unzulänglichkeit:* er war ärgerlich über sein eigenes U. **2.** (selten) *Unbehagen, Unzufriedenheit.*

un|ge|nü|gend ⟨Adj.⟩: *deutliche Mängel aufweisend, nicht zureichend [u. daher den Erwartungen nicht entsprechend]:* eine -e Planung, Vorsorge, Ernährung; die Treppe war u. beleuchtet; eine Klassenarbeit mit der Note »ungenügend« zensieren.

un|ge|nutzt, (südd., österr. u. schweiz. meist:) **un|ge|nützt** ⟨Adj.⟩: *nicht genutzt* (2): -er Raum; eine gute Gelegenheit u. [verstreichen] lassen.

un|ge|öff|net ⟨Adj.⟩: *nicht geöffnet; geschlossen:* u. haltbar bis 2012.

un|ge|ord|net ⟨Adj.⟩: *nicht geordnet.*

Un|ge|ord|net|heit, die; -: *das Ungeordnetsein.*

un|ge|pflegt ⟨Adj.⟩: *nicht gepflegt; vernachlässigt [u. daher unangenehm wirkend]:* ein -er Garten; ein -es Äußeres haben; er wirkt u.

Un|ge|pflegt|heit, die; -, -en: *das Ungepflegtsein; ungepflegter Zustand.*

un|ge|plant ⟨Adj.⟩: *nicht geplant; unvorhergesehen:* -e Mehrkosten; u. schwanger werden.

un|ge|prüft ⟨Adj.⟩: *nicht geprüft.*

un|ge|rächt ⟨Adj.⟩ (geh.): *nicht gerächt.*

un|ge|ra|de ⟨Adj.⟩, (landsch.:) ungrad ⟨Adj.⟩, (ugs.:) ungrade ⟨Adj.⟩ (Math.): *(von Zahlen) ohne Rest durch zwei teilbar:* ung[e]rade Zahlen; die ung[e]raden Hausnummern.

un|ge|ra|ten ⟨Adj.⟩: *(im Hinblick auf die Entwicklung eines Kindes) nicht so geraten, wie es erwartet wird; ungezogen:* -e Kinder.

¹**un|ge|rech|net** ⟨Adj.⟩: *nicht mitgerechnet, [mit]berücksichtigt:* die Schulden bleiben hierbei u.; der Preis beträgt 100 Euro, das Porto u.

²**un|ge|rech|net** ⟨Präp. mit Gen.⟩: *nicht mitgerechnet; abgesehen von:* u. der zusätzlichen Unkosten.

un|ge|recht ⟨Adj.⟩: *nicht gerecht, das Gerechtigkeitsgefühl verletzend; dem allgemeinen Empfinden von Gerechtigkeit nicht entsprechend:* ein -er Richter; eine -e Bevorzugung, Zensur; das Urteil, die Strafe ist u. *(unangemessen);* er war u. gegen seine Kinder, gegenüber seinen Kindern; jmdn. u. behandeln.

un|ge|rech|ter|wei|se ⟨Adv.⟩: *obwohl es ungerecht ist:* jmdn. u. bestrafen.

un|ge|recht|fer|tigt ⟨Adj.⟩: *nicht zu Recht bestehend; ohne Berechtigung:* eine -e Maßnahme; sein Verdacht erwies sich als u.

Un|ge|rech|tig|keit, die; -, -en: **1.** ⟨o. Pl.⟩ *das Ungerechtsein, ungerechtes Wesen, ungerechte Beschaffenheit; Unrecht:* so eine himmelschreiende U.!; die U. der sozialen Verhältnisse. **2.** *ungerechte Handlung, Äußerung.*

un|ge|re|gelt ⟨Adj.⟩: *nicht einer bestimmten [zeitlichen] Ordnung unterworfen; unregelmäßig:* ein -es Leben führen.

◆ **un|ge|regt** ⟨Adj.⟩: *ohne Regung, unbewegt:* … blieb innerst doch der Kern des Herzens u. (Goethe, Egmont V).

un|ge|reimt ⟨Adj.⟩: **1.** *keinen* ¹*Reim* (a) *bildend:* -e Verse. **2.** *keinen rechten Sinn ergebend, verworren:* -es Gerede.

Un|ge|reimt|heit, die; -, -en: **1.** ⟨o. Pl.⟩ *ungereimte* (2) *Beschaffenheit:* die U. ihrer Vorschläge. **2.** *ungereimte* (2) *Äußerung, ungereimter Zusammenhang; ungereimter [Wesens]zug; nicht stimmige Eigentümlichkeit:* sein Bericht strotzte von -en.

un|gern ⟨Adv.⟩: *nicht gern* (1); *widerwillig:* er tat es höchst u.

un|ge|ro|chen ⟨Adj.⟩ (scherzh., veraltet): *ungerächt:* das darf nicht u. bleiben.

un|ge|ru|fen ⟨Adj.⟩: *nicht [herbei]gerufen; aus eigenem Antrieb:* -e Gäste.

◆ **un|ge|rügt** ⟨Adj.⟩ [zu ↑rügen in der alten Bed. »anklagen«]: *ohne Anzeige bei Gericht, ohne gerichtliche Verfolgung:* Drum fiel das Urteil so scheel aus. Du Hund! – Das müsst Ihr nicht u. lassen (Goethe, Götz II).

un|ge|rührt ⟨Adj.⟩: *keine innere Beteiligung zeigend; gleichgültig:* mit -er Miene; völlig u. aß er weiter.

Un|ge|rührt|heit, die; -: *das Ungerührtsein; ungerührtes Wesen.*

un|ge|rupft ⟨Adj.⟩: *meist in der Wendung* **u. davonkommen** (ugs.; *etw. ohne Schaden überstehen*).

un|ge|sagt ⟨Adj.⟩: *nicht gesagt; unausgesprochen:* etw. u. lassen.

un|ge|sal|zen ⟨Adj.⟩: *nicht gesalzen:* eine -e Speise.

un|ge|sat|telt ⟨Adj.⟩: *nicht gesattelt:* ein -es Pferd.

un|ge|sät|tigt ⟨Adj.⟩: **1.** (geh.) *nicht gesättigt* (1); *noch hungrig:* u. das Lokal verlassen. **2.** (Chemie) *(von Lösungen u. Ä.) nicht gesättigt* (3): -e Verbindungen *(chemische Verbindungen, deren Moleküle das Bestreben haben, weitere Atome od. Atomgruppen anzulagern).*

un|ge|säu|ert ⟨Adj.⟩: *ohne Sauerteig hergestellt:* -es Brot.

¹**un|ge|säumt** [auch: …ˈzɔymt] ⟨Adj.⟩ [zu ↑³säumen] (veraltend): *unverzüglich:* ◆ Und wenn Ihr seht, dass sie mich angreifen, so fallt u. in die Seiten (Goethe, Götz III).

²**un|ge|säumt** ⟨Adj.⟩: *nicht mit einem Saum* (1) *versehen.*

un|ge|schält ⟨Adj.⟩: *nicht geschält* (1 a); *[noch] nicht von der Schale, Rinde o. Ä. befreit:* -er Reis.

un|ge|sche|hen ⟨Adj.⟩: *sich nicht ereignet habend:* * **etw. u. machen** *(etw. Geschehenes rückgängig machen).*

un|ge|scheut [auch: …ˈʃɔyt] ⟨Adj.⟩ (geh.): *ohne Scheu erfolgend:* jmdm. u. seine Meinung sagen.

Un|ge|schick, das; -[e]s, -e ⟨Pl. selten⟩: *Ungeschicklichkeit:* das ist durch mein U. passiert.

un|ge|schick|lich ⟨Adj.⟩ (veraltend): *ungeschickt.*

Un|ge|schick|lich|keit, die; -, -en: **1.** ⟨o. Pl.⟩ *Mangel an Geschicklichkeit:* der Schaden ist durch seine U. entstanden. **2.** *ungeschickte Handlung, ungeschicktes Verhalten:* sich für eine U. entschuldigen.

un|ge|schickt ⟨Adj.⟩: **1. a)** *nicht geschickt* (1 a); *linkisch, unbeholfen:* ein -es Kind; er hat -e Hände; sich u. anstellen; Sie zeichnete sich schwungvoll, aber zu wenig fein und u. (Handke, Frau 131); **b)** *nicht, wenig gewandt:* eine -e Formulierung; sich u. ausdrücken. **2.** (landsch., bes. südd.) **a)** (seltener) *unpraktisch, wenig handlich:* eine -e Lage; **b)** *zu einem unpassenden Zeitpunkt, ungelegen:* sein Besuch kam [ihr] sehr u.

Un|ge|schickt|heit, die; -: *das Ungeschicktsein.*

un|ge|schlacht ⟨Adj.⟩ [mhd. ungeslaht = von anderem, niedrigem Geschlecht; böse; roh, ungeschlacht = entartet, Verneinung von mhd. geslaht, ahd. gislaht = wohlgeartet, fein, schön, zu mhd. slahte, ahd. slahta = Art, Geschlecht, Herkunft, zu mhd. slahen, slā(he)n, ahd. slahan (↑schlagen) in der Bed. »arten«] (abwertend): **1. a)** *mit einem sehr großen, massigen, plumpen u. unförmigen [Körper]bau versehen:* ein -er Mann, Kerl; -e Hände; seine Bewegungen waren u.; **b)** *von wuchtiger, unförmiger Größe; klobig:* ein -er Bau; etw. wirkt u. **2.** *grob u. unhöflich:* ein -es Benehmen.

Un|ge|schlacht|heit, die; -, -en: *das Ungeschlachtsein.*

un|ge|schla|gen ⟨Adj.⟩: *in keinem [sportlichen] Wettkampf besiegt:* die Mannschaft blieb u.

un|ge|schlecht|lich ⟨Adj.⟩ (Biol.): *ohne Vereinigung von Geschlechtszellen, durch Zellteilung erfolgend:* -e Vermehrung.

un|ge|schlif|fen ⟨Adj.⟩: **1.** *nicht geschliffen:* ein -er Edelstein. **2.** (abwertend) *ohne gute Manieren, das rechte Taktgefühl im Umgang mit anderen vermissen lassend:* ein -er Kerl; ein -es Benehmen.

Un|ge|schlif|fen|heit, die; -, -en: *das Ungeschliffensein.*

un|ge|schmä|lert [auch: …ˈʃmɛː…] ⟨Adj.⟩ (geh.): *in vollem Umfang; uneingeschränkt:* mein -er Dank gilt allen Helfern.

un|ge|schmei|dig ⟨Adj.⟩ (bes. Technik): *nicht geschmeidig.*

un|ge|schminkt ⟨Adj.⟩: **1.** *nicht geschminkt:* ein -es Gesicht. **2.** *unverblümt, ohne Beschönigung:* jmdm. die -e Wahrheit, u. die Wahrheit sagen.

un|ge|schönt ⟨Adj.⟩: *nicht geschönt; unverfälscht:* etw. u. wiedergeben.

un|ge|scho|ren ⟨Adj.⟩: **1.** *nicht geschoren:* ein -es Lammfell. **2.** *von etw. Unangenehmem nicht betroffen, unbehelligt:* u. bleiben, davonkommen.

un|ge|schrie|ben ⟨Adj.⟩: *nicht geschrieben; nicht schriftlich niedergelegt, fixiert:* dieser Artikel wäre besser u. geblieben; -es Recht *(nicht schriftlich, nur mündlich überliefertes Recht).*

un|ge|schult ⟨Adj.⟩: *nicht ausgebildet:* -es Personal.

un|ge|schützt ⟨Adj.⟩: **1.** *nicht geschützt, ohne entsprechenden Schutz:* -er *(ohne Verwendung von Kondomen ausgeübter)* Geschlechtsverkehr; sich u. in die Sonne legen. **2.** *ohne [vorherige] Absicherung erfolgend:* etw. u. sagen, aussprechen.

un|ge|se|hen ⟨Adj.⟩: *von niemandem gesehen, sich nicht sehen lassend:* u. ins Haus gelangen.

un|ge|sel|lig ⟨Adj.⟩: **a)** *nicht gesellig* (1 a): ein -er Mensch; er ist ausgesprochen u.; **b)** (Biol.) *nicht gesellig* (1 b): -e Arten, Vögel.

Un|ge|sel|lig|keit, die; -: *das Ungeselligsein; ungeselliges Wesen.*

un|ge|setz|lich ⟨Adj.⟩: *vom Gesetz nicht erlaubt, gesetzwidrig; illegal:* eine -e Handlung; er hat sich auf -e Weise bereichert.

Un|ge|setz|lich|keit, die; -, -en: **1.** ⟨o. Pl.⟩ *das Ungesetzlichsein.* **2.** *ungesetzliche Handlung:* es sind -en vorgekommen.

un|ge|setzt ⟨Adj.⟩ (Sport): *nicht gesetzt; nicht in der Liste der gesetzten Spieler aufgeführt:* zwei -e Spieler erreichten das Viertelfinale.

un|ge|si|chert ⟨Adj.⟩: **a)** *nicht gesichert* (1 a), *nicht sicher gemacht:* man soll Kinder nicht u. im Auto mitfahren lassen; **b)** *nicht garantiert* (b): -e Kredite.

un|ge|sit|tet ⟨Adj.⟩: *nicht gesittet, nicht dem Anstand entsprechend:* ein -es Benehmen; sich u. verhalten.

un|ge|spritzt ⟨Adj.⟩: *nicht mit Pflanzenschutzmittel o. Ä. besprüht:* -es Obst.

un|ge|stalt ⟨Adj.⟩ [mhd. ungestalt, ahd. ungistalt, zu mhd. gestalt, ahd. gistalt, ↑Gestalt] (geh.): **1.** *gestaltlos, formlos:* eine -e Masse. **2.** *plump u. hässlich:* ein -er Mensch.

Un|ge|stalt, die; -, -en [mhd. ungestalt] (geh.): *plumpe, hässliche Gestalt.*

un|ge|stal|tet ⟨Adj.⟩: *nicht von Menschenhand gestaltet:* -e Wildnis.

un|ge|stem|pelt ⟨Adj.⟩: *nicht gestempelt; ohne Stempel:* eine -e Sondermarke.

un|ge|stielt ⟨Adj.⟩: *keinen Stiel* (2) *habend.*

un|ge|stillt ⟨Adj.⟩ (geh.): *nicht (durch Erlangen des Ersehnten, Erwünschten) befriedigt:* -e Neugier, Sehnsucht.

un|ge|stört ⟨Adj.⟩: *durch nichts, niemanden gestört; ohne Unterbrechung:* eine -e Entwicklung; hier war u.; dort kann man u. arbeiten.

Un|ge|stört|heit, die; -: *das Ungestörtsein.*

ungestraft – Ungleichheit

un|ge|straft ⟨Adv.⟩: *ohne Strafe; keinen Nachteil zu erleiden habend:* u. davonkommen.

un|ge|stüm ⟨Adj.⟩ [mhd. ungestüeme, ahd. ungistuomi, Verneinung von mhd. gestüeme = sanft, still, ruhig, zu: (ge)stemen = Einhalt tun, besänftigen, zu ↑stemmen] (geh.): **1.** *seinem Temperament, seiner Erregung ohne jede Zurückhaltung Ausdruck gebend; stürmisch, wild:* ein -er junger Mann; eine -e Umarmung; jmdn. u. begrüßen. **2.** (seltener) *wild, heftig, unbändig:* ein -er Wind; das u. tosende Meer.

Un|ge|stüm, das; -[e]s [mhd. ungestüeme = Ungestüm, Sturm, ahd. ungistuomi = Ausgelassenheit, Getöse] (geh.): *das Ungestümsein* (1); *ungestümes* (1) *Wesen, Verhalten:* jugendliches U.

un|ge|sühnt ⟨Adj.⟩ (geh.): *nicht gesühnt:* ein -er Mord; das darf nicht u. bleiben.

un|ge|sund ⟨Adj.; ungesünder/(seltener:) -er, ungesündeste/ (seltener:) -este⟩: **1.** *auf Krankheit hinweisend; kränklich:* sein Gesicht hat eine -e Farbe; u. aussehen. **2.** *der Gesundheit abträglich:* eine -e Lebensweise, Ernährung; ein -es Klima; er lebt, ernährt sich sehr u. **3.** *nicht gesund* (3): einen -en Ehrgeiz haben; diese Entwicklung der Wirtschaft ist u.

un|ge|süßt ⟨Adj.⟩: *nicht gesüßt:* -e Fruchtsäfte; den Tee u. trinken.

un|ge|tan ⟨Adj.⟩: *nicht getan, durch-, ausgeführt:* -e Arbeiten; etw. u. lassen.

un|ge|tauft ⟨Adj.⟩: *nicht getauft; ohne Taufe:* -e Kinder.

un|ge|teilt ⟨Adj.⟩: **1.** *nicht in Teile getrennt, als Ganzes bestehend:* -er Besitz; das Grundstück ging u. in seinen Besitz über. **2.** *durch nichts beeinträchtigt:* mit -er Freude; der Vortrag fand -e Aufmerksamkeit.

un|ge|tra|gen ⟨Adj.⟩: *(von Kleidungsstücken) nicht getragen; nicht durch Tragen abgenutzt.*

un|ge|trennt ⟨Adj.⟩: *nicht getrennt* (3 b), *nicht abgesondert:* -er Müll.

un|ge|treu ⟨Adj.⟩ (geh.): *nicht* ¹*getreu* (1): ein -er Freund.

un|ge|trübt ⟨Adj.⟩: *durch nichts beeinträchtigt:* -es Glück; ihre Freude blieb nicht lange u.

Un|ge|trübt|heit, die; -: *das Ungetrübtsein*.

Un|ge|tüm, das; -[e]s, -e [verw. mit mhd., ahd. tuom = Macht, Herrschaft, Würde; (Zu)stand, Art, also eigtl. = was nicht in der richtigen Art ist, nicht seine rechte Stelle hat]: **a)** *etw., was jmdm. ungeheuer groß u. [auf abstoßende, unheimliche o. ä. Weise] unförmig vorkommt; Monstrum* (2): dieser Schrank ist ein [richtiges] U.; sie trug ein U. von einem Hut; Sie saß auf einem der abgeschabten, ledernen -e, in demselben Sessel, in dem ich damals gesessen hatte (Lenz, Brot 159); **b)** (veraltend) *sehr großes, furchterregendes Tier; Monster*.

un|ge|übt ⟨Adj.⟩: *durch mangelnde Übung eine bestimmte Fertigkeit nicht besitzend:* -e Hände; ein -er Läufer; er ist im Turnen u.

Un|ge|übt|heit, die; -: *das Ungeübtsein*.

un|ge|wandt ⟨Adj.⟩: *nicht* ¹*gewandt* (2): ein -er Redner.

Un|ge|wandt|heit, die; -: *das Ungewandtsein*.

un|ge|wa|schen ⟨Adj.⟩: *nicht gewaschen:* -es Obst; er erschien u. zum Frühstück.

un|ge|wiss ⟨Adj.⟩: **1.** *fraglich; nicht feststehend; offen* (4 a): eine -e Zukunft erwartete sie; der Ausgang des Spiels ist noch u.; es ist noch u., ob sie wirklich kommen kann; ⟨subst.:⟩ er ließ seine Absichten im Ungewissen *(äußerste nichts Genaues darüber);* eine Fahrt ins Ungewisse. **2.** *unentschieden, noch keine Klarheit gewonnen habend:* ich bin mir darüber noch u.; ⟨subst.:⟩ ich bin mir im Ungewissen, was ich tun soll. **3.** (geh.) *so [beschaffen], dass nichts Deutliches zu erkennen, wahrzunehmen ist; unbe-*

stimmbar: ein -es Licht; Augen von -er Farbe; sie lächelte u.

Un|ge|wiss|heit, die; -, -en: *das Ungewisssein; Zustand, in dem etw. nicht feststeht:* eine lähmende, quälende U.; sie konnte die U. nicht ertragen; in U. sein.

Un|ge|wit|ter, das; -s, - [mhd. ungewit(t)er, ahd. ungawitiri]: **1.** (veraltet) *Unwetter:* ein U. zog auf. **2.** *Donnerwetter* (2).

un|ge|wöhn|lich ⟨Adj.⟩: **1.** *vom Üblichen, Gewohnten, Erwarteten abweichend; selten vorkommend:* ein -er Vorfall; er ist ein -er Mensch; diese Methode ist nicht u.; ⟨subst.:⟩ daran ist nichts Ungewöhnliches. **2. a)** *das gewohnte Maß übersteigend, enorm:* -e Leistungen, Erfolge; sie hat eine -e Begabung; ein Mädchen von -er Schönheit; **b)** ⟨intensivierend bei Adjektiven u. Verben⟩ *sehr, überaus, über alle Maßen:* eine u. schöne Frau; sie ist u. vielseitig.

Un|ge|wöhn|lich|keit, die; -, -en: **1.** ⟨o. Pl.⟩ *das Ungewöhnlichsein*. **2.** *etw. Ungewöhnliches.*

un|ge|wohnt ⟨Adj.⟩: *nicht gewohnt:* ein -er Anblick; er kam zu -er Stunde; die Arbeit, Umgebung ist ihr, ist für sie noch u.; Mette de Bruyn blieb liegen; es war ihr u., nichts zu tun zu haben (Gaiser, Jagd 183).

un|ge|wollt ⟨Adj.⟩: *nicht gewollt, nicht beabsichtigt; unerwünscht:* eine -e Schwangerschaft; jmdn. u. kränken.

un|ge|würzt ⟨Adj.⟩: *nicht gewürzt; nicht mit Gewürzen abgeschmeckt:* -e Speisen.

un|ge|zählt ⟨Adj.⟩: **1.** (seltener) *unzählig:* ich habe es ihm schon -e Male versichert; wegen -er, schwerer Verstöße. **2.** *nicht nachgezählt; ohne Nachzählung erfolgend:* er steckte das Geld u. ein.

un|ge|zähmt ⟨Adj.⟩: *[noch] nicht gezähmt:* ein -es Pferd; Ü -e Leidenschaften.

un|ge|zeich|net ⟨Adj.⟩: *nicht namentlich gekennzeichnet:* -e Flugblätter, Artikel.

Un|ge|zie|fer, das; -s [mhd. ungezibere, zu ahd. zebar = Opfertier, H. u., eigtl. = zum Opfern ungeeignetes Tier]: *Bestand an [schmarotzenden] tierischen Schädlingen (wie Läuse, Wanzen, Milben, auch Ratten u. Mäuse):* U. vernichten; das Haus war voller U.; ein Mittel gegen U.

Un|ge|zie|fer|be|kämp|fung, die: *Bekämpfung von Ungeziefer.*

un|ge|zie|mend ⟨Adj.⟩ (geh.): *ungehörig:* ein -es Verhalten.

un|ge|zo|gen ⟨Adj.⟩ [mhd. ungezogen, ahd. ungazogan]: *(meist von Kindern) sich in ungehorsamer Weise so verhaltend wie von den Erwachsenen gewünscht, erwartet:* so ein -er Bengel!; eine -e (freche, patzige) Antwort; die Kinder sind sehr u., das ist u. von dir; sich u. benehmen.

Un|ge|zo|gen|heit, die; -, -en: **1.** ⟨o. Pl.⟩ *ungezogene Art, ungezogenes Wesen*. **2.** *ungezogene Handlung, Äußerung.*

un|ge|zu|ckert ⟨Adj.⟩: *nicht gezuckert:* -es Kompott.

un|ge|zü|gelt ⟨Adj.⟩: *jede Selbstbeherrschung vermissen lassend:* -er Hass; ein -es Temperament.

un|ge|zwun|gen ⟨Adj.⟩: *(in seinem Verhalten) frei, natürlich u. ohne Hemmungen, nicht steif u. gekünstelt:* -es Benehmen; eine -e Unterhaltung; sie plauderte, lachte frei und u.

Un|ge|zwun|gen|heit, die; -, -en: **1.** ⟨o. Pl.⟩ *das Ungezwungensein.* **2.** ⟨Pl. selten⟩ *ungezwungene Handlung[sweise], Äußerung.*

un|ghe|re|se [ʊŋgə...] ⟨Adv.⟩ (Musik): *ungarisch.*

un|gif|tig ⟨Adj.⟩: *nicht giftig* (1).

Un|gi|fig|keit, die; -: *das Ungiftigsein.*

Un|glau|be, der; -ns, (seltener auch:) **Un|glauben**, der; -s: **1.** *Zweifel an der Richtigkeit einer Behauptung, einer Einschätzung o. Ä.:* jmds. Unglauben spüren; der Forscher stieß mit sei-

nen Ergebnissen auf Unglauben. **2.** *Zweifel an der Existenz, am Wirken Gottes, an der Lehre der [christlichen] Kirche:* der U. stellt eine Herausforderung für die Kirche dar.

un|glaub|haft ⟨Adj.⟩: *nicht glaubhaft:* eine -e Geschichte; seine Aussage war, klang, wirkte u.

un|gläu|big ⟨Adj.⟩: **1.** *Zweifel [an der Richtigkeit von etw.] erkennen lassend:* ein -es Gesicht machen; er betrachtete sie mit -em Staunen; u. lächeln; Heinrich starrt ihn u. an. »Beweise!«, faucht er dann (Remarque, Obelisk 343). **2.** *nicht an Gott, an die kirchliche Lehre glaubend:* -e Menschen bekehren wollen.

Un|gläu|bi|ge, die/eine Ungläubige; der/einer Ungläubigen, die Ungläubigen/zwei Ungläubige: *weibliche Person, die ungläubig ist.*

Un|gläu|bi|ger, der Ungläubige/ein Ungläubiger; des/eines Ungläubigen, die Ungläubigen/zwei Ungläubige: *jmd., der ungläubig* (2) *ist.*

Un|gläu|big|keit, die; -: *das Ungläubigsein.*

un|glaub|lich [auch: ʊn...] ⟨Adj.⟩: **1. a)** *unwahrscheinlich u. daher nicht, kaum glaubhaft:* eine -e Geschichte; sie hat die -sten Dinge erlebt; **b)** *besonders empörend, unerhört:* eine -e Zumutung; die Zustände hier sind u.; es ist u., was er sich erlaubt. **2.** (ugs.) **a)** *außerordentlich groß, enorm:* eine -e Menge; ein -es Tempo; **b)** ⟨intensivierend bei Adjektiven u. Verben⟩ *sehr, überaus, über alle Maßen:* u. groß, schwer sein; es dauerte u. lange; sie hat sich u. darüber gefreut.

Un|glaub|lich|keit [auch: ʊn...], die; -: *das Unglaublichsein.*

un|glaub|wür|dig ⟨Adj.⟩: *nicht glaubwürdig:* eine -e Geschichte; dieser Zeuge ist u.; seine Beteuerungen klingen u.

Un|glaub|wür|dig|keit, die; -: *das Unglaubwürdigsein.*

¹un|gleich ⟨Adj.⟩: **1.** *miteinander od. mit einem Vergleichsobjekt [in bestimmten Merkmalen] nicht übereinstimmend; unterschiedlich, verschieden, verschiedenartig:* -er Lohn; Schränke von -er Größe; sie sind ein -es Paar; zwei -e Socken; ein -er *(zum Vorteil einer Partei von unterschiedlichen Voraussetzungen ausgehender)* Kampf; -e Gegner; mit -en Mitteln kämpfen; u. groß sein. **2.** ⟨verstärkend vor dem Komparativ⟩ *viel, weitaus:* eine u. schwerere Aufgabe; die neue Straße ist u. besser als die alte. ◆ **3.** *u. denken *(Schlechtes denken).*

²un|gleich ⟨Präp. mit Dativ⟩ (geh.): *im Unterschied zu einer anderen Person od. Sache:* er war, u. seinem Bruder, bei allen beliebt.

un|gleich|ar|tig ⟨Adj.⟩: *von* ¹*ungleicher* (1) *Art; unterschiedlich.*

Un|gleich|ar|tig|keit, die; -, -en: **1.** ⟨o. Pl.⟩ *das Ungleichartigsein*. **2.** *etw. Ungleichartiges, Uneinheitliches.*

Un|gleich|be|hand|lung, die: ¹*ungleiche* (1) *Behandlung:* eine steuerliche U. von Einkünften.

un|gleich|för|mig ⟨Adj.⟩: *nicht gleichförmig.*

Un|gleich|för|mig|keit, die; -: *das Ungleichförmigsein.*

un|gleich|ge|schlech|tig ⟨Adj.⟩ (bes. Biol.): *verschiedenes Geschlecht habend:* -e Zwillinge.

un|gleich|ge|schlecht|lich ⟨Adj.⟩: **1.** *heterosexuell*. **2.** *ungleichgeschlechtig.*

Un|gleich|ge|wicht, das; -[e]s, -e: *Fehlen der Ausgewogenheit, Stabilität:* ein U. in der Handelsbilanz; ein U. zwischen Produktion und Verbrauch.

un|gleich|ge|wich|tig ⟨Adj.⟩: *ein Ungleichgewicht ergebend, darstellend:* eine zu -e Verteilung der Lasten.

Un|gleich|heit, die; -, -en: **1.** ⟨o. Pl.⟩ *das Ungleichsein:* die U. der Geschwister. **2.** *etw. Ungleiches; Unterschied:* -en beseitigen.

Ungleichheitszeichen – unheilbringend

Un|gleich|heits|zei|chen, das (Math.): *Symbol für die Ungleichheit der Werte auf beiden Seiten [einer Gleichung]* (Zeichen: ≠).

un|gleich|mä|ßig ⟨Adj.⟩: **1.** *nicht regelmäßig:* -e Atemzüge; der Puls schlägt u. **2.** *nicht gleichmäßig, nicht zu gleichen Teilen:* der Besitz ist u. verteilt.

Un|gleich|mä|ßig|keit, die; -, -en: **1.** ⟨o. Pl.⟩ *das Ungleichmäßigsein.* **2.** *etw. Ungleichmäßiges; ungleichmäßige Stelle o. Ä.*

un|gleich|na|mig ⟨Adj.⟩ (Math., Physik): *nicht gleichnamig* (b, c).

Un|gleich|na|mig|keit, die; -: *das Ungleichnamigsein.*

un|gleich|sei|tig ⟨Adj.⟩ (Math.): *(von Flächen u. Körpern) ungleich lange Seiten aufweisend:* ein -es Dreieck.

Un|gleich|sei|tig|keit, die; - (Math.): *das Ungleichseitigsein.*

Un|glei|chung, die; -, -en (Math.): ¹*Ausdruck* (5), *in dem zwei ungleiche mathematische Größen zueinander in ein Verhältnis gesetzt werden.*

un|gleich|zei|tig ⟨Adj.⟩: *nicht gleichzeitig [stattfindend].*

Un|gleich|zei|tig|keit, die; -, -en: *das Ungleichzeitigsein; Unterschied in der Geschwindigkeit von Entwicklungen.*

Un|glimpf, der; -[e]s [mhd. ungelimpf, ahd. ungelimfe, zu ↑²*Glimpf*] (veraltet): *Schmach, Unrecht:* jmdm. U. zufügen; ♦ ... und niemand ist, der ihn vor U. schütze (Schiller, Tell I, 4).

Un|glück, das; -[e]s, -e [mhd. ung(e)lück(e)]: **1.** *plötzlich hereinbrechendes Geschick, verhängnisvolles Ereignis, das einen od. viele Menschen trifft:* ein schweres U. ist geschehen, hat sich ereignet; die beiden -e haben fünf Todesopfer gefordert; lass nur, das ist kein U. *(ist nicht so schlimm)!;* ein U. verursachen, gerade noch verhüten können; bei dem U. gab es viele Verletzte; »Gebt heraus, was ihr uns geraubt habt«, schrien zwei, »sonst gibt es ein U.!« (Brecht, Geschichten 78). **2.** ⟨o. Pl.⟩ **a)** *Zustand des Geschädigtseins durch ein schlimmes, unheilvolles Ereignis; Elend, Verderben:* der Krieg brachte U. über das Land; *jmdn. ins U. bringen/stoßen/stürzen* (geh.; *jmdn. in eine schlimme Lage bringen, ihm großen Schaden zufügen*); **in sein U. rennen** (ugs.; *sich in eine schlimme Lage bringen od. etw. sich zu merken*); **b)** *Pech, Missgeschick:* U. im Beruf, in der Liebe; geschäftliches, finanzielles U. haben; der Familie widerfuhr, die Familie traf ein U. (Schicksalsschlag); das bringt U.; sie hatte das U., den Termin zu versäumen; ein U. bringendes Zeichen; ℝ ein U. kommt selten allein; U. im Spiel, Glück in der Liebe; *zu allem U.* (*um die Sache noch schlimmer zu machen, obendrein:* zu allem U. wurde er auch noch krank).

Un|glück brin|gend, un|glück|brin|gend ⟨Adj.⟩: *Unglück, Pech bewirkend, verursachend.*

un|glück|lich ⟨Adj.⟩: **1.** *nicht ¹glücklich* (2); *traurig u. deprimiert, niedergeschlagen:* -e Menschen; einen -en Eindruck, ein -es Gesicht machen; ganz u. sein; jmdn. sehr u. machen; u. aussehen. **2.** *nicht vom Glück begünstigt; ungünstig, widrig:* ein -er Zufall; eine -e (*nicht erwiderte*) Liebe; die Sache nimmt einen -en Verlauf, endete u.; ⟨subst.:⟩ die Unglückliche hat aber auch immer Pech. **3.** *ungeschickt [u. daher böse Folgen habend]:* eine -e Bewegung machen; er hat eine -e Hand in der Auswahl seiner Freunde (*zeigt nicht viel Menschenkenntnis*); er stürzte so u., dass er sich das Bein brach.

un|glück|li|cher|wei|se ⟨Adv.⟩: *zu allem Unglück:* u. wurde ich noch krank.

Un|glücks|bo|te, der: *jmd., der eine schlechte Nachricht bringt.*

Un|glücks|bo|tin, die: w. Form zu ↑Unglücksbote.

Un|glücks|bot|schaft, die: *[sehr] schlimme Botschaft.*

un|glück|se|lig ⟨Adj.⟩: **1.** *vom Unglück verfolgt u. daher bedauernswert:* die -e Frau wusste sich keinen Rat mehr. **2.** *unglücklich* (2) *[verlaufend]; verhängnisvoll:* ein -er Zufall; eine -e Verquickung von privaten und öffentlichen Interessen.

un|glück|se|li|ger|wei|se ⟨Adv.⟩: *zu allem Unglück.*

Un|glücks|fah|rer, der: *[Auto]fahrer, der einen Unfall verursacht hat.*

Un|glücks|fah|re|rin, die: w. Form zu ↑Unglücksfahrer.

Un|glücks|fall, der ⟨Pl. ...fälle⟩: **a)** *[schwerer] Unfall:* bei einem U. ums Leben kommen; **b)** *unglückliches* (2) *Begebenheit.*

Un|glücks|ma|schi|ne, die: *Flugzeug, das einen Unfall gehabt hat, abgestürzt ist.*

Un|glücks|mensch, der (ugs.): *jmd., der vom Pech verfolgt ist, dem alles misslingt.*

Un|glücks|nach|richt, die: *[sehr] schlimme Nachricht.*

Un|glücks|ort, der ⟨Pl. -e⟩: *Ort, an dem ein Unglück geschehen ist.*

Un|glücks|ra|be, der (ugs.): *Unglücksmensch.*

un|glücks|schwan|ger ⟨Adj.⟩ (geh.): *den Anlass zu einem Unglück in sich bergend:* eine -e Situation.

Un|glücks|se|rie, die: *Folge von mehreren Unglücken:* bei einer U. in den Alpen gab es viele Tote.

Un|glücks|stät|te, die: vgl. Unglücksort.

Un|glücks|stel|le, die: vgl. Unglücksort.

Un|glücks|sträh|ne, die: vgl. Glückssträhne.

Un|glücks|tag, der: **a)** *Tag, an dem ein Unglück geschehen ist;* **b)** *Tag, der für jmdn. unglücklich verlaufen ist.*

Un|glücks|ur|sa|che, die: *Ursache eines Unglücks.*

Un|glücks|vo|gel, der (ugs.): *Unglücksmensch.*

Un|glücks|wa|gen, der: *Wagen, der einen Unfall gehabt hat.*

Un|glücks|wurm, der (ugs. emotional): *Unglücksmensch.*

Un|glücks|zahl, die: *Zahl, von der geglaubt wird, dass sie Unglück bringt.*

Un|glücks|zei|chen, das: *etw., von dem geglaubt wird, dass es ein Unglück ankündigt.*

Un|gna|de [mhd. ung(e)náde, ahd. ungináda]: in den Wendungen **bei jmdm.] in U. fallen** (oft spött.: *sich jmds. Unwillen zuziehen*); **[bei jmdm.] in U. sein** (oft spött.: *jmds. Gunst verloren haben u. [bei ihm] nicht gut angesehen sein*); **sich** ⟨Dativ⟩ **jmds. U. zuziehen** (oft spött.: *jmds. Gunst verlieren*).

un|gnä|dig ⟨Adj.⟩: **1.** *seiner schlechten Laune durch Gereiztheit Luft machend; gereizt u. unfreundlich:* jmdm. einen Blick zuwerfen; der Chef ist heute sehr u.; etw. u. aufnehmen. **2.** (geh.) *erbarmungslos, verhängnisvoll:* ein -es Schicksal.

Un|gnä|dig|keit, die; -: *das Ungnädigsein* (1).

un|grad (landsch.), **un|gra|de** (ugs.): ↑ungerade.

un|gram|ma|tisch ⟨Adj.⟩ (Sprachwiss.): *nicht grammatisch* (2); *nicht den Regeln der Grammatik entsprechend [gebildet]:* -e Ausdrücke; dieser Satz ist u.

un|gra|zi|ös ⟨Adj.⟩: *nicht graziös:* eine -e Bewegung, Haltung.

un|greif|bar [auch: ...'graif...] ⟨Adj.⟩: *nicht greifbar* (3 b).

Un|greif|bar|keit [auch: ...'graif...], die; -, -en: **1.** ⟨o. Pl.⟩ *das Ungreifbarsein.* **2.** *etw. Ungreifbares.*

♦ **ung|risch** ⟨Adj.⟩: *ungarisch:* Ein jeder -e Schnurrbart vom Geniekorps ist willkommen (Mörike, Mozart 219).

♦ **Un|grund**, der; -[e]s, Ungründe: **a)** ⟨o. Pl.⟩ *Grundlosigkeit, Unbegründetheit;* ... dem die missvergnügten Räte, auf sein Ansuchen, einen schriftlichen Schein über den U. derselben gaben (Kleist, Kohlhaas 8); **b)** *fehlende Rechtsgrundlage; Nichtigkeit* (3): ... ich habe mich verleiten lassen, ... im Glauben an meiner Gründe siegende Gewalt ein Ohr zu leihen jenen Klagepunkten und ihren U. darzutun (Schiller, Maria Stuart I, 7); **c)** *Ungereimtheit, Unstimmigkeit:* Aber ich fühlte so sehr den U. von dem, was ich sprach, dass ich von selbst aufhörte (Chamisso, Schlemihl 46).

un|gül|tig ⟨Adj.⟩: *nicht gültig* (a); *verfallen:* -e Ausweispapiere; der Fahrschein ist u.; bei der Wahl gab es viele -e Stimmen; eine Ehe für u. erklären (*annullieren*).

Un|gül|tig|keit, die; -: *das Ungültigsein.*

Un|gül|tig|keits|er|klä|rung, die: *Erklärung* (2) *der Ungültigkeit.*

Un|gunst, die; -: **1.** (geh.) *Unwillen:* er hatte sich die U. des Beamten zugezogen; Ü *die U.* (*das Ungünstigsein*) *des Augenblicks.* **2.** ***zu jmds. -en** (zu jmds. Nachteil:* sich zu seinen -, zu -en des Kunden verrechnet haben).

un|güns|tig ⟨Adj.⟩: **a)** *nicht günstig* (1 a): -es Wetter; ein -er Zeitpunkt, -e Umstände; im -sten Falle; etw. ist für jmdn. u.; **b)** (geh.) *von Ungunst* (1) *erfüllt, nicht wohlwollend:* jmdm. u. gesinnt sein.

Un|güns|tig|keit, die; -: *das Ungünstigsein.*

un|gus|ti|ös ⟨Adj.⟩ (österr.): *unappetitlich.*

un|gut ⟨Adj.⟩: **1. a)** *[von vagen Befürchtungen begleitet u. daher] unbehaglich:* sie hatte bei der Sache ein -es Gefühl; -e Eindrücke, Erwartungen; **b)** *ungünstig; schlecht; negativ:* eine ungute Situation, Entwicklung; das ist ein -es Omen; **c)** *unangenehm:* ein etwas -er Beigeschmack. **2.** * **nichts für u.** (*es ist nicht böse gemeint*).

un|halt|bar [auch: ...'halt...] ⟨Adj.⟩: **1. a)** *in seiner derzeitigen Form, Beschaffenheit nicht mehr einleuchtend, gültig, gerechtfertigt:* eine -e Theorie, Einstellung; **b)** *seiner Mängel wegen dringend der Änderung, Abschaffung bedürfend; unerträglich:* -e Zustände; der Mann ist für uns u. (*völlig untauglich u. daher nicht länger tragbar*); Mein Verhalten ist lächerlich, ich weiß, meine Lage wird u. (Frisch, Stiller 395). **2. a)** (Militär) *nicht haltbar* (2 b): eine -e Festung; **b)** (Ballspiele) *nicht haltbar* (2 d): ein -er Treffer; der Stürmer schoss u. ins lange Eck.

Un|halt|bar|keit [auch: ...'halt...], die; -, -en: **1.** ⟨o. Pl.⟩ *das Unhaltbarsein.* **2.** *etw. Unhaltbares.*

un|hand|lich ⟨Adj.⟩: *(aufgrund von Größe, Form, Gewicht o. Ä.) nicht leicht, nicht bequem zu handhaben; unpraktisch:* ein -er Staubsauger.

Un|hand|lich|keit, die; -, -en: *unhandliche Beschaffenheit.*

un|har|mo|nisch ⟨Adj.⟩: **a)** *nicht harmonisch* (2): die Ehe ist sehr u.; **b)** *in Farbe, Form o. Ä. nicht zusammenstimmend.*

Un|heil, das; -s [mhd. unheil, ahd. unheili] (geh.): *etw. (bes. ein schlimmes, verhängnisvolles Geschehen), was einem od. vielen Menschen großes Leid, großen Schaden zufügt; Unglück:* ein großes, schreckliches U.; jmdm. droht U.; das U. brach herein; dir soll kein U. geschehen; der Krieg brachte U. über das Land; U. anrichten, stiften, abwenden, verhindern; U. abwehrende Zaubersprüche; U. bringende Veränderungen; ein U. [ver]kündendes Zeichen.

Un|heil ab|weh|rend, un|heil|ab|weh|rend ⟨Adj.⟩ (geh.): *ein Unheil vereitelnd:* Unheil abwehrende Zaubersprüche.

un|heil|bar [auch: 'ʊn...] ⟨Adj.⟩: *nicht heilbar:* ein -es Leiden; u. krank sein.

Un|heil|bar|keit [auch: 'ʊn...], die; -, -en: **1.** ⟨o. Pl.⟩ *das Unheilbarsein.* **2.** *etw. Unheilbares.*

Un|heil brin|gend, un|heil|brin|gend ⟨Adj.⟩

(geh.): *unheilvoll, Unheil anrichtend:* Unheil bringende Veränderungen.
un|heil|dro|hend ⟨Adj.⟩ (geh.): *sehr bedrohlich:* die u. ansteigende Flut.
un|hei|lig ⟨Adj.⟩ (veraltend): *nicht ¹heilig* (1 c); *nicht gerade fromm, christlich:* ein -es Leben führen; (scherzh.:) eine -e *(unglückselige)* Allianz. Dazu: **Un|hei|lig|keit,** die; -.
Un|heil kün|dend, un|heil|kün|dend ⟨Adj.⟩ (geh.): *Unheil in sich bergend:* Unheil kündende Zeichen.
un|heil|schwan|ger ⟨Adj.⟩ (geh.): *Unheil in sich bergend.*
Un|heil|stif|ter, der (geh.): *jmd., der Unheil stiftet.*
Un|heil|stif|te|rin, die: w. Form zu ↑Unheilstifter.
Un|heil ver|kün|dend, un|heil|ver|kün|dend ⟨Adj.⟩ (geh.): *Unheil ankündigend:* sie erkannte sofort die Unheil verkündende Stimme des Alten.
un|heil|voll ⟨Adj.⟩ (geh.): *Unheil mit sich bringend:* eine -e Botschaft.
◆ **un|heim|me|lig** ⟨Adj.⟩ (bes. schweiz.): *unheimlich* (1): Zudem ward es ihnen immer -er im alten Hause (Gotthelf, Spinne 101).
un|heim|lich [auch: ...ˈhaim...] ⟨Adj.⟩ [mhd. unheim(e)lich = nicht vertraut]: **1.** *ein unbestimmtes Gefühl der Angst, des Grauens hervorrufend:* eine -e Gestalt, Geschichte; in seiner Nähe habe ich ein -es *(äußerst unbehagliches)* Gefühl; im Dunkeln wurde [es] ihm u.; sein neuer Nachbar war ihm u. **2.** (ugs.) **a)** *sehr groß, sehr viel:* eine Summe; eine -e Angst, -en Hunger haben; **b)** ⟨intensivierend bei Adjektiven u. Verben⟩ *in außerordentlichem Maße; überaus, sehr:* etw. ist u. groß, breit; sie ist u. nett; sie hat sich u. verändert.
Un|heim|lich|keit [auch: ...ˈhaim...], die; -, -en: **1.** *das Unheimlichsein.* **2.** *etw. unheimlich* (1) *Wirkendes.*
un|his|to|risch ⟨Adj.⟩: *die historische Bedingtheit einer Sache außer Acht lassend:* eine -e Sehweise.
un|höf|lich ⟨Adj.⟩: *nicht höflich:* ein -er Kerl; jmdm. eine -e Antwort geben; dein Verhalten war sehr u.
Un|höf|lich|keit, die; -, -en: **1.** ⟨o. Pl.⟩ *das Unhöflichsein.* **2.** *unhöfliche Handlung, Äußerung.*
un|hold ⟨Adj.; mhd. unholt⟩: **a)** ⟨dichter. veraltend⟩ *böse, feindselig:* fast nur in der Verbindung **jmdm., einer Sache u. sein** (↑abhold); ◆ **b)** *unfreundlich, unwirsch:* Wenn er nur holt so u. wäre, wär' alles gut (Goethe, Werther II, 20. Oktober 1771); Er gab so u., wenn er gab (Lessing, Nathan I, 3).
Un|hold, der; -[e]s, -e [mhd. unholde – Teufel, ahd. unholdo = böser Geist, zu ↑hold]: **1.** *(bes. im Märchen, im Volksaberglauben) böser Geist, furchterregendes Wesen, Ungeheuer:* der U. entführte die Prinzessin. **2.** *(geh. abwertend) bösartiger Mensch; jmd., der Böses tut:* der Kommandant des Lagers war ein U.
Un|hol|din, die; -, -nen: w. Form zu ↑Unhold.
un|hör|bar [auch: ˈʊn...] ⟨Adj.⟩: *nicht, kaum hörbar:* ein -es Flüstern; etw. mit -er Stimme sagen; u. seufzen.
Un|hör|bar|keit [auch: ˈʊn...], die; -: *das Unhörbarsein.*
un|hy|gi|e|nisch ⟨Adj.⟩: *nicht hygienisch* (2).
uni [yˈniː, ˈyni] ⟨indekl. Adj.⟩ [frz. uni, eigtl. = einfach; eben, adj. 2. Part. von: unir = ebnen, vereinfachen; vereinigen < (kirchen)lat. unire, ↑unieren]: *einfarbig, nicht gemustert:* eine u. Krawatte; der Stoff ist u.
¹Uni [yˈniː, ˈyni], das; -s, -s: *das Unisein; einheitlicher Farbton:* Blusen in verschiedenen -s.
²Uni, die; -, -s (ugs.): Kurzf. von ↑Universität: auf der U. sein.

uni-, Uni- [zu lat. unus = einer, ein Einziger]: Best. in Zus. mit der Bed. *einzig, nur einmal vorhanden, einheitlich* (z. B. unilateral, Uniform).

Uni|bi|b|lio|thek, die (ugs.): Kurzf. von ↑Universitätsbibliothek.
UNICEF, die; - [Abk. für engl. United Nations International Children's Emergency Fund]: Weltkinderhilfswerk der UNO.
un|iden|ti|fi|ziert ⟨Adj.⟩: *nicht identifiziert:* ein -es Flugobjekt.
unie|ren ⟨sw. V.; hat⟩ [lat. unire, zu: unus = einer, ein Einziger] *(bes. in Bezug auf Religionsgemeinschaften) vereinigen:* unierte Kirchen (1. *mit der röm.-kath. Kirche wiedervereinigte orthodoxe [griechisch-katholische] u. morgenländische Kirchen mit eigenem Ritus u. eigener Kirchensprache.* 2. *protestantische Unionskirchen).*
uniert ⟨Adj.⟩: *eine unierte Kirche betreffend, einer unierten Kirche angehörend.*
uni|far|ben ⟨Adj.⟩: *uni.*
uni|form ⟨Adj.⟩ [frz. uniforme < lat. uniformis = ein-, gleichförmig, zu: unus = einer, ein Einziger u. forma = Form] (bildungsspr.): *ein-, gleichförmig:* -e Schulkleidung; die Häuser haben ein -es *(abwertend; durch ihre Gleichförmigkeit monotones)* Aussehen.
Uni|form [auch: ˈʊniform], die; -, -en [frz. uniforme, subst. Adj. uniforme, ↑uniform]: *(bes. beim Militär u. bei der Polizei) im Dienst getragene, in Material, Form u. Farbe einheitlich gestaltete Kleidung:* die U. der Polizei; in U. gehen; die U. an-, ablegen; Die Kindermädchen sind in U., sie tragen schwarze Kleider, weiße Schürzen, weiße Häubchen (Koeppen, Rußland 31).
Uni|form|hemd, das: vgl. Uniformjacke.
Uni|form|ho|se, die: vgl. Uniformjacke.
uni|for|mie|ren ⟨sw. V.; hat⟩: **1.** *in eine Uniform kleiden:* Rekruten u. **2.** (bildungsspr., oft abwertend) *eintönig, gleichförmig machen, gestalten:* man versuchte dort die Menschen geistig zu u.
uni|for|miert ⟨Adj.⟩: **1.** *Uniform tragend, mit einer Uniform versehen:* -e Polizisten; Ü unsere Manager erscheinen u. *(gleich gekleidet).* **2.** (bildungsspr., oft abwertend) *eintönig, gleichförmig.*
Uni|for|mier|te, der/die/eine Uniformierten, die Uniformierten/zwei Uniformierte: *weibliche Person, die eine Uniform trägt.*
Uni|for|mier|ter, der/eines Uniformierten/ein Uniformierter; zwei Uniformierte: *jmd., der eine Uniform trägt.*
Uni|for|mie|rung, die; -, -en: *das Uniformieren; das Uniformiertsein.*
Uni|for|mis|mus, der; - (bildungsspr., oft abwertend): *das Streben nach gleichförmiger, einheitlicher Gestaltung.*
Uni|for|mi|tät, die; - [(frz. uniformité <) spätlat. uniformitas, zu: lat. uniformis, ↑uniform] (bildungsspr., oft abwertend): *Einheitlichkeit, Gleichförmigkeit.*
Uni|form|ja|cke, die: *zu einer Uniform gehörende Jacke.*
Uni|form|rock, der: *zu einer Uniform gehörender ¹Rock* (2).
Uni|form|trä|ger, der: *jmd., der eine Uniform trägt.*
Uni|form|trä|ge|rin, die: w. Form zu ↑Uniformträger.
Uni|form|ver|bot, das: *Verbot, (bei bestimmten Anlässen) die Uniform zu tragen.*
Uni|form|zwang, der ⟨o. Pl.⟩: *Verpflichtung, (bei bestimmten Anlässen) die Uniform zu tragen.*
uni|kal ⟨Adj.⟩ [nlat., zu lat. unice = einzig, nur, zu:

unus = eins] (Fachspr.): *nur einmal vorhanden, vorkommend:* -e Versteigerungsobjekte.
Uni|kat, das; -[e]s, -e [zu lat. unicus (↑Unikum), geb. nach Duplikat]: **1.** *etw., was nur einmal vorhanden ist, was es nur [noch] in einem Exemplar gibt:* jedes Schmuckstück ist ein U. **2.** *einzige Ausfertigung eines Schriftstücks.*
Uni|kli|nik, die (ugs.): Kurzf. von ↑Universitätsklinik.
Uni|kum, das; -s, ...ka (österr. nur so) u. -s [lat. unicum, Neutr. von: unicus = der Einzige; einzigartig, zu: unus = einer, ein Einziger]: **1.** ⟨Pl. ...ka⟩ (Fachspr.) Unikat (1): botanische Unika. **2. a)** ⟨Pl. -s⟩ (ugs.) *merkwürdiger, ein wenig kauziger Mensch, der auf andere belustigend wirkt:* der Alte ist ein richtiges U.; **b)** *etw. sehr Ausgefallenes, Merkwürdiges, Einzigartiges:* dieses Dach ist ein bauliches U.
uni|la|te|ral ⟨Adj.⟩ [zu ↑uni-, Uni- u. ↑lateral] (bes. Politik): *einseitig, nur eine Seite betreffend, von dieser ausgehend:* -e Absichtserklärungen.
un|in|for|miert ⟨Adj.⟩: *nicht informiert:* ein -es Publikum.
Un|in|for|miert|heit, die; -: *das Uninformiertsein.*
un|in|s|pi|riert ⟨Adj.⟩: *ideenlos, ohne Inspiration: keine schöpferische Kraft aufweisend.*
un|in|tel|li|gent ⟨Adj.⟩: *nicht intelligent; unklug.*
un|in|te|r|es|sant ⟨Adj.⟩: **1.** *nicht interessant* (1): ein -es Buch; ein gänzlich -er Mensch; für mich ist es völlig u. *(gleichgültig),* ob er kommt. **2.** (meist Kaufmannsspr.) *nicht interessant* (2): ein -es Angebot; etw. ist preislich u.
un|in|te|r|es|siert ⟨Adj.⟩: *nicht interessiert; desinteressiert:* er ist, tut völlig u.
Un|in|te|r|es|siert|heit, die; -: *das Uninteressiertsein.*
Unio mys|ti|ca, die; - - [kirchenlat., zu: unio (↑Union) u. lat. mysticus, ↑Mystik] (Theol.): *geheimnisvolle Vereinigung der Seele mit Gott in der Mystik.*
Uni|on, die; -, -en [kirchenlat. unio = Einheit, Vereinigung, zu lat. unus = einer, ein Einziger]: *Bund, Vereinigung, Zusammenschluss (bes. von Staaten u. von Kirchen mit verwandten Bekenntnissen):* einer U. beitreten, angehören; die Staaten schlossen sich zu einer U. zusammen; die Junge U. *(gemeinsame Jugendorganisation der CDU u. der CSU).*
Uni|o|nist, der; -en, -en: **1.** *Anhänger, Mitglied einer Union.* **2.** *(Geschichte) Gegner der Konföderierten im amerikanischen Sezessionskrieg.*
Uni|o|nis|tin, die; -, -nen: w. Form zu ↑Unionist.
uni|o|nis|tisch ⟨Adj.⟩: *eine Union betreffend, ihr angehörend.*
Uni|on Jack [ˈjuːnjən ˈdʒæk], der; - -s, - -s [engl. Union Jack, aus: union (also Bez. für das Vereinigte Königreich Großbritannien) u. jack = kleinere (Schiffs)flagge]: Flagge Großbritanniens.
Uni|ons|christ, der (Jargon): *Mitglied der Christlich-Demokratischen od. der Christlich-Sozialen Union.*
Uni|ons|chris|tin, die: w. Form zu ↑Unionschrist.
Uni|ons|frak|ti|on, die (Jargon): *Fraktion der Unionsparteien.*
uni|ons|ge|führt ⟨Adj.⟩ (Jargon): *unionsregiert.*
Uni|ons|kir|che, die: *durch den Zusammenschluss mehrerer protestantischer Kirchen mit verwandten Bekenntnissen gebildete Kirche.*
Uni|ons|par|tei, die ⟨meist Pl.⟩: *eine der beiden Parteien CDU u. CSU.*
Uni|ons|po|li|ti|ker, der: *Politiker einer der beiden Unionsparteien.*
Uni|ons|po|li|ti|ke|rin, die: w. Form zu ↑Unionspolitiker.
uni|ons|re|giert ⟨Adj.⟩ (Jargon): *von einer der beiden Unionsparteien regiert:* das einzige -e Bundesland.

Uni|ons|re|pu|b|lik, die (früher): *Sowjetrepublik.*
uni|pe|tal ⟨Adj.⟩ [zu lat. unus = einer u. griech. pétalon = Blatt] (Bot.): *einblättrig.*
uni|po|lar ⟨Adj.⟩ [zu lat. unus = einer u. ↑polar] (Physik, Elektrot.): *einpolig.*
un|ir|disch ⟨Adj.⟩: *nicht irdisch* (1).
Uni|sex, der; -[es] [engl. unisex, aus: uni- < lat. unus = einer, ein Einziger u. sex, ↑Sex] (bildungsspr., Fachspr.): *optische Annäherung der Geschlechter durch Auflösung typisch weiblicher od. männlicher Attribute in der Mode.*
Uni|sex|ta|rif, der (Versicherungsw.): *einheitlicher Tarif für beide Geschlechter.*
uni|so|no ⟨Adv.⟩ [ital. unisono < spätlat. unisonus = eintönig, -förmig, zu lat. unus (↑Unisex)] u. sonus = Ton, Klang] (Musik): *im Einklang* (1) *[zu spielen]*: u. *(einstimmig) singen; die Geigen spielten u.*; Ü *sie haben u. (einmütig) widersprochen.*
Uni|so|no, das; -s, -s u. ...ni (Musik): *Einklang* (1).
Unit ['juːnɪt], die; -, -s [engl. unit, rückgeb. aus: unity < mengl. unite < afrz. unite (frz. unité) < lat. unitas, ↑Unität]: **1.** (Päd.) *[Lern]einheit im Unterrichtsprogramm.* **2.** (Technik) *fertige Einheit eines technischen Gerätes.* **3.** (Jargon) *Gruppe, Team.*
Uni|ta|ri|er, der; -s, - (christl. Theol.): *Vertreter einer nachreformatorischen kirchlichen Richtung, die die Einheit Gottes betont u. die Lehre von der Trinität teilweise od. ganz verwirft.*
uni|ta|risch ⟨Adj.⟩: **1.** (bildungsspr.) *Einigung bezweckend od. erstrebend.* **2.** (christl. Theol.) *die Lehre der Unitarier betreffend.*
Uni|ta|ris|mus, der; -: **1.** (Politik) *Bestreben innerhalb eines Staatenverbandes od. Bundesstaates, die Zentralmacht zu stärken.* **2.** (christl. Theol.) *theologische Lehre der Unitarier.*
Uni|ta|rist, der; -en, -en: *Vertreter, Anhänger des Unitarismus.*
Uni|ta|ris|tin, die; -, -nen: w. Form zu ↑Unitarist.
uni|ta|ris|tisch ⟨Adj.⟩: *den Unitarismus betreffend, auf ihm beruhend.*
Uni|tät, die; -, -en [lat. unitas, zu: unus = einer, ein Einziger]: **1.** (bildungsspr.) a) *Einheit, Übereinstimmung;* b) *Einzig[artig]keit.* **2.** (scherzh.) kurz für ↑Universität (1).
United Nations [juːˈnaɪtɪd ˈneɪʃəns] ⟨Pl.⟩ [engl. united nations = vereinte Nationen]: engl. Bez. für die Vereinten Nationen (Abk.: UN).
uni|ver|sal ⟨Adj.⟩ [spätlat. universalis = zur Gesamtheit gehörig, allgemein, zu lat. universus, ↑Universum] (bildungsspr.): **1.** *allgemein; die verschiedensten Bereiche einschließend: ein -es Wissen.* **2.** *die ganze Welt umfassend, weltweit: der -e Machtanspruch der Kirche.*
Uni|ver|sal|bank, die ⟨Pl. -en⟩: ²*Bank, die sich mit allen Zweigen des Bankgeschäfts befasst.*
Uni|ver|sal|bi|b|lio|thek, die: *Bibliothek, die Bücher aller Wissens- u. Fachgebiete sammelt.*
Uni|ver|sal|bil|dung, die: *universale Bildung.*
Uni|ver|sal|er|be, der: *Erbe des gesamten Nachlasses; Allein-, Gesamterbe.*
Uni|ver|sal|er|bin, die: w. Form zu ↑Universalerbe.
Uni|ver|sal|ge|nie, das: a) *auf vielen Gebieten zu genialen Leistungen befähigter Mensch;* b) (scherzh.) *Alleskönner[in].*
Uni|ver|sal|ge|schich|te, die: *Weltgeschichte.*
uni|ver|sal|ge|schicht|lich ⟨Adj.⟩: *weltgeschichtlich.*
Uni|ver|sa|lie, die; -, -n: ⟨Pl.⟩ [mlat. universale, zu spätlat. universalis, ↑universal] (Philos.) *Allgemeinbegriffe, allgemeingültige Aussagen.* **2.** (Sprachwiss.) *Eigenschaft, die alle natürlichen Sprachen aufweisen.*
Uni|ver|sa|li|sie|rung, die; -, -en (Philos.): *Verallgemeinerung, universale Anwendung od.*

Anwendbarkeit eines bestimmten Satzes od. einer Norm.
Uni|ver|sa|lis|mus, der; -: **1.** (Philos., Politik, Wirtsch.) *Denkart, Lehre, die den Vorrang des Allgemeinen, des Ganzen gegenüber dem Besonderen u. Einzelnen betont.* **2.** (christl. Theol.) *Lehre, nach der der Heilswille Gottes die ganze Menschheit umfasst.*
Uni|ver|sa|list, der; -en, -en ⟨meist Pl.⟩: *zu einer amerikanischen kirchlichen Gruppe gehörender Anhänger des Universalismus* (2).
Uni|ver|sa|lis|tin, die; -, -nen: w. Form zu ↑Universalist.
uni|ver|sa|lis|tisch ⟨Adj.⟩: *den Universalismus betreffend, auf ihm beruhend.*
Uni|ver|sa|li|tät, die; - [spätlat. universalitas, zu: universalis, ↑universal] (bildungsspr.): **1.** *umfassender Charakter von etw.:* die U. der Menschenrechte. **2.** *umfassende Bildung; [schöpferische] Vielseitigkeit:* eine Persönlichkeit von schöpferischer U.
Uni|ver|sal|le|xi|kon, das: *enzyklopädisches Lexikon.*
Uni|ver|sal|mit|tel, das: *[Arznei]mittel gegen alle möglichen Beschwerden:* Enzian wird in diesen Büchern als U. empfohlen; Ü Verbote als U. *(Mittel, das mit einem Mal alle Schwierigkeiten behebt)* betrachten.
Uni|ver|sal|spra|che, die: **1.** *Welthilfssprache.* **2.** *künstliches, meist am Vorbild der Mathematik orientiertes Zeichensystem, das in Philosophie u. Wissenschaft zur Verständigung u. Erkenntnis dient.*
Uni|ver|sal|wör|ter|buch, das: *umfassendes Wörterbuch, das neben dem allgemeinen Wortschatz einer Sprache auch den Wortschatz der wichtigsten Fachsprachen, Mundarten u. Stilschichten usw. enthält.*
uni|ver|sell ⟨Adj.⟩ [frz. universel < spätlat. universalis, ↑universal]: **1.** *alle Bereiche umfassend; allgemein:* eine Frage von -er Bedeutung. **2.** *vielseitig:* ein -es, u. verwendbares Gerät; ein u. begabter Mensch.
Uni|ver|si|a|de, die; -, -n [zu ↑Universität u. ↑Olympiade]: *alle zwei Jahre stattfindender internationaler sportlicher Wettkampf von Studenten u. Studentinnen.*
uni|ver|si|tär ⟨Adj.⟩: *die Universität betreffend, zu ihr gehörend; Universitäten.*
Uni|ver|si|tät, die; -, -en [mhd. universitēt = Gesamtheit, Verband (der Lehrenden und Lernenden) < lat. universitas = (gesellschaftliche) Gesamtheit, Kollegium, in spätlat. Zeit = Universum]: **1.** *in mehrere Fakultäten gegliederte [die Gesamtheit der Wissenschaften umfassende] Anstalt für wissenschaftliche Ausbildung u. Forschung; Hochschule:* eine altehrwürdige U.; die U. [in] Mainz; die U. besuchen; an der U. immatrikuliert sein, studieren; Dozentin an der U. sein; auf die, zur U. gehen *(studieren).* **2.** ⟨o. Pl.⟩ *Gesamtheit der Dozenten, Dozentinnen u. Studierenden einer Universität* (1): die ganze U. sammelte sich in der Aula. **3.** *Gebäude[komplex], in dem sich eine Universität* (1) *befindet.*
Uni|ver|si|täts|ab|schluss, der: *an einer Universität erworbenes Abschlusszeugnis:* sie hat [einen] U.
Uni|ver|si|täts|aus|bil|dung, die: *an einer Universität erworbene Ausbildung.*
Uni|ver|si|täts|bi|b|lio|thek, die: *zentrale wissenschaftliche Bibliothek einer Universität.*
Uni|ver|si|täts|buch|hand|lung, die: *wissenschaftliche Buchhandlung in einer Universitätsstadt, die ihr Sortiment auf die Bedürfnisse der Universität abstimmt.*
Uni|ver|si|täts|do|zent, der: a) *Dozent* (a) *an einer Universität;* b) (österr.) *an einer Universität tätiger Privatdozent.*

Uni|ver|si|täts|do|zen|tin, die: w. Form zu ↑Universitätsdozent.
Uni|ver|si|täts|ge|bäu|de, das: *Gebäude, in dem eine Universität, ein Teil einer Universität untergebracht ist.*
Uni|ver|si|täts|ge|län|de, das: *Campus.*
Uni|ver|si|täts|in|s|ti|tut, das: *Institut* (1) *einer Universität.*
Uni|ver|si|täts|kli|nik, die: *als Forschungseinrichtung einer Universität angeschlossene Klinik.*
Uni|ver|si|täts|lauf|bahn, die: *wissenschaftliche Laufbahn als Dozent[in] od. Professor[in] an einer Universität.*
Uni|ver|si|täts|leh|rer, der: *Professor, Dozent an einer Universität.*
Uni|ver|si|täts|leh|re|rin, die: w. Form zu ↑Universitätslehrer.
Uni|ver|si|täts|pro|fes|sor, der: *Professor an einer Universität.*
Uni|ver|si|täts|pro|fes|so|rin, die: w. Form zu ↑Universitätsprofessor.
Uni|ver|si|täts|stadt, die: *Stadt, in der sich eine Universität befindet.*
Uni|ver|si|täts|stu|di|um, das: *Studium an einer Universität.*
Uni|ver|si|täts|ver|wal|tung, die: *Verwaltung einer Universität.*
Uni|ver|si|täts|we|sen, das ⟨o. Pl.⟩: *Gesamtheit der universitären Einrichtungen u. Angelegenheiten.*
Uni|ver|sum, das; -s, ...sen [lat. universum, subst. Neutr. von: universus = ganz, sämtlich; allgemein; umfassend, eigtl. = in eins gekehrt, zu: unus = einer, ein Einziger u. versus = gewendet, ↑Vers]: *Weltall, Kosmos:* das weite, unendliche U.; das U. erforschen; Ü ein U. *(eine unendliche Vielfalt)* an Formen und Farben.
UNIX® ['juːnɪks], das; - [engl. Unix®, älter: Unics, zu: uni = ein-, einzel- u. dem Suffix -ics, wohl in Analogie zu: Multics, dem Namen eines älteren Systems] (EDV): *universell einsetzbares, besonders leistungsfähiges Betriebssystem für vernetzte Workstations u. PCs.*
un|kal|ku|lier|bar [auch: ...lizˈ-] ⟨Adj.⟩: *nicht kalkulierbar:* ein -es Risiko.
un|ka|me|rad|schaft|lich ⟨Adj.⟩: *nicht kameradschaftlich:* -es Verhalten.
Un|ka|me|rad|schaft|lich|keit, die; -: *das Unkameradschaftlichsein.*
un|ka|putt|bar ⟨Adj.⟩ (Werbespr.): *unzerstörbar.*
Un|ke, die; -, -n [vermengt aus frühnhd. eutze = Kröte, mhd. ūche, enkl. aus mhd., ahd. unc = Schlange]: **1.** *Kröte mit plumpem, flachem Körper, schwarzgrauem bis olivgrünem, manchmal gefleckten, warzigem Rücken u. grauem bis schwarzem Bauch mit gelbem bis roter Fleckung; Feuerkröte.* **2.** (ugs.) *jmd., der [ständig] unkt; Schwarzseher:* er ist eine alte U.
un|ken (sw. V.; hat): *aufgrund seiner pessimistischen Haltung od. Einstellung Unheil, Schlimmes voraussagen;* er muss dauernd u.
un|kennt|lich ⟨Adj.⟩: *so verändert, entstellt, dass jmd. od. etw. nicht mehr zu erkennen ist:* er hatte sich durch Bart und Brille u. gemacht; die Eintragungen waren u. geworden.
Un|kennt|lich|keit, die; -, -en: **1.** ⟨o. Pl.⟩ *das Unkenntlichsein:* meist in der Fügung **bis zur U.** *(unkenntlich geworden, in nicht mehr zu erkennender Weise:* die Tote war bis zur U. entstellt). **2.** (selten) *etw. Unkenntliches.*
Un|kennt|nis, die; - (Nichtwissen; mangelnde Kenntnis *[von etw.]:* seine U. auf einem Gebiet zu verbergen suchen; etw. aus U. falsch machen; in U. *(im Unklaren)* sein.
Un|ken|ruf, der: **1.** *dumpfer Ruf einer Unke* (1). **2.** *pessimistische Äußerung:* er tat es allen -en zum Trotz.

Unkerei – unmäßig

Un|ke|rei, die; -, -en: *[dauerndes] Unken.*
un|keusch ⟨Adj.⟩: **1.** (geh. veraltend) *nicht keusch.* **2.** (ugs., oft scherzh.) *zwielichtig, unsauber* (3), *nicht ganz legal:* was sind denn das für -e Angebote!
Un|keusch|heit, die; -: *das Unkeuschsein.*
un|kind|lich ⟨Adj.⟩: *nicht kindlich:* ein -es Verhalten.
Un|kind|lich|keit, die; -: *unkindliches Wesen, unkindliche Art.*
un|kirch|lich ⟨Adj.⟩: *nicht fromm (im Sinne der Kirche); nicht kirchlich* (2): eine -e Haltung.
un|klar ⟨Adj.⟩: **1. a)** *(mit dem Auge) nicht klar zu erkennen; verschwommen:* ein -es Bild; die Umrisse sind u.; etw. ist in der Ferne nur u. zu erkennen; **b)** *nicht deutlich, unbestimmt, vage:* -e Empfindungen, Erinnerungen. **2.** *nicht verständlich:* ein -er Satz, Text; es ist mir u./mir ist u., wie das geschehen konnte; sich u. ausdrücken; Lieutenant Lambert beginnt zu erkennen, in welch missliche Lage er durch die -e Direktive seiner vorgesetzten Stelle geraten ist (Heym, Schwarzenberg 14). **3.** *nicht geklärt, ungewiss, fraglich:* der Ausgang dieses Unternehmens ist noch völlig u.; ⟨subst.:⟩ jmdn. über etw. im Unklaren *(Ungewissen)* lassen; sich über etw. im Unklaren *(nicht im Klaren)* sein.
Un|klar|heit, die; -, -en: *das Unklarsein.*
un|klug ⟨Adj.; unklüger, unklügste⟩: *taktisch, psychologisch nicht geschickt:* ein -es Vorgehen; es war u. von dir, ihm zu folgen.
Un|klug|heit, die; -, -en: **1.** ⟨o. Pl.⟩ *das Unklugsein.* **2.** *unkluge Handlung, Äußerung.*
un|kol|le|gi|al ⟨Adj.⟩: *nicht kollegial:* ein -es Verhalten; sie benimmt sich u.
un|kom|for|ta|bel ⟨Adj.; ...bler, -ste⟩: *nicht komfortabel:* unkomfortable Sitze.
un|kom|men|tiert ⟨Adj.⟩: **a)** *nicht mit einem [wissenschaftlichen] Kommentar* (1) *versehen:* ein -er Text; **b)** *keinen Kommentar, keine Stellungnahme gebend:* etw. u. lassen.
un|kom|pli|ziert ⟨Adj.⟩: *nicht kompliziert:* ein -er Mensch; -e Apparate; ein -er Bruch.
UN-Kon|fe|renz [u:'ɛn...], die: *von den Vereinten Nationen veranstaltete Konferenz.*
un|kon|trol|lier|bar [auch: ...'liːɐ̯...] ⟨Adj.⟩: *nicht kontrollierbar:* ein -er Vorgang.
Un|kon|trol|lier|bar|keit [auch: ...'liːɐ̯...], die; -: *das Unkontrollierbarsein.*
un|kon|trol|liert ⟨Adj.⟩: *nicht kontrolliert* (4): ein -er Wutausbruch.
un|kon|ven|ti|o|nell ⟨Adj.⟩ (bildungsspr.): **a)** *vom Konventionellen abweichend; ungewöhnlich:* eine -e Meinung; -e Methoden, Ideen, Entscheidungen; sie benimmt sich u. eingerichtet; **b)** *wenig förmlich, ungezwungen:* hier geht es u. zu.
un|kon|zen|t|riert ⟨Adj.⟩: *nicht konzentriert* (2): er wirkte während des ganzen Spiels fahrig und u.
Un|kon|zen|t|riert|heit, die; -, -en: **1.** ⟨o. Pl.⟩ *das Unkonzentriertsein.* **2.** unkonzentrierte Handlung, Verhaltensweise o. Ä.
un|ko|or|di|niert ⟨Adj.⟩ (bildungsspr.): *nicht koordiniert:* -e Bewegungen.
un|kör|per|lich ⟨Adj.⟩: **1.** *nicht körperlich; nicht eins mit dem Körper* (1 a), *von ihm getrennt:* eine ganz -e, rein platonische Beziehung. **2.** (Sport seltener) *körperlos* (b).
un|kor|rekt ⟨Adj.⟩: **a)** *nicht korrekt* (a), *unrichtig* (2): -es Deutsch; der Satz ist grammatisch u.; **b)** *nicht korrekt* (b): ein -es Verhalten; jmdn. u. behandeln.
Un|kor|rekt|heit, die; -, -en: **1.** ⟨o. Pl.⟩ *das Unkorrektsein.* **2.** *unkorrekte* (b) *Handlung, Äußerung.*
Un|kos|ten ⟨Pl.⟩ [eigtl. = unangenehme, vermeidbare Kosten]: **a)** *[unvorhergesehene] Kosten, die neben den normalen, eingeplanten Ausgaben entstehen:* die U. belaufen sich auf 500 Euro; mir sind sehr hohe, gar keine U. entstanden; die U. [für etw.] tragen, bestreiten, übernehmen; das Fest war mit großen U. verbunden; * **sich in U. stürzen** ([hohe] Ausgaben auf sich nehmen: bei der Hochzeit seiner Tochter hat er sich ganz schön in U. gestürzt); **sich in geistige U. stürzen** (scherzh.; sich geistig anstrengen, intellektuellen Aufwand treiben: der Festredner hat sich nicht gerade in geistige U. gestürzt); **b)** *(ugs.) Ausgaben:* die Einnahmen deckten nicht einmal die U.; ◆ **c)** * **auf jmds. U./auf U. von jmdm., etw.** *(zum Nachteil, Schaden von jmdm., etw.).*

Das Präfix Un- hat hier keine verneinende, sondern eine verstärkende Bedeutung; das Wort *Unkosten* kann also weitgehend synonym mit *Kosten* gebraucht werden. Lediglich in der Fachsprache der Betriebswirtschaftslehre darf das Wort *Unkosten* nicht verwendet werden; hier gelten nur die Bezeichnungen *Kosten* bzw. *Gemeinkosten* als korrekt.

Un|kos|ten|bei|trag, der: *Betrag, den jmd. anteilig zur Deckung der bei etw. entstehenden Unkosten zahlt.*
Un|kraut, das; -[e]s, Unkräuter [mhd., ahd. unkrūt]: **1.** ⟨o. Pl.⟩ *Gesamtheit von Pflanzen, die zwischen angebauten Pflanzen wild wachsen [u. deren Entwicklung behindern]:* das U. wuchert; U. jäten, ausreißen, [aus]rupfen, [aus]ziehen, hacken, unterpflügen, vertilgen, verbrennen; Spr U. vergeht nicht (scherzh.; einem Menschen wie mir/ihm/ihr passiert nichts). **2.** *einzelne Art von Unkraut* (1): die verschiedenen Unkräuter; was ist das für ein U.?

Besonders aus ökologischer Perspektive wird das Wort *Unkraut* häufiger abgelehnt. In diesen Fällen kann dann auch auf die Bezeichnungen *Wildkräuter* oder *wild wachsende Pflanzen* ausgewichen werden.

Un|kraut|be|kämp|fung, die: *Bekämpfung von Unkraut.*
Un|kraut|be|kämp|fungs|mit|tel, das: ¹*Mittel* (2 b) *zur Unkrautbekämpfung.*
Un|kraut|ver|til|gungs|mit|tel, das: vgl. *Unkrautbekämpfungsmittel.*
UN-Kriegs|ver|bre|cher|tri|bu|nal, das: *von den Vereinten Nationen eingesetztes Tribunal zur Verurteilung von Kriegsverbrechern.*
un|kri|tisch ⟨Adj.⟩: **1.** *nicht kritisch* (1 a): eine Meinung u. übernehmen. **2.** (seltener) *nicht kritisch* (2 b): es war eine doch eher -e Situation.
un|kul|ti|viert ⟨Adj.⟩ (abwertend): *nicht kultiviert* (b): ein -er Mensch, Kerl; sich u. benehmen.
Un|kul|ti|viert|heit, die; - (abwertend): *unkultivierte Art.*
Un|kul|tur, die; - (abwertend): *Mangel an Kultur* (2).
un|künd|bar [auch: '...kʏnt...] ⟨Adj.⟩: **a)** *nicht kündbar* (a): ein -er Vertrag; **b)** *nicht kündbar* (b): als Beamter ist er u.
Un|künd|bar|keit [auch: ...'kʏnt...], die; -, -en ⟨Pl. selten⟩: *das Unkündbarsein; Geltung ohne die Möglichkeit der Kündigung.*
◆ **Un|kun|de,** die; - [mhd. unküde, ahd. unchundī]: *Unkenntnis:* Wenn ich bei meiner U. von der Beschaffenheit der Welt euch auch eben nicht abfällig reden kann ... (Novalis, Heinrich 24).
un|kun|dig ⟨Adj.⟩: *nicht kundig:* ein -er Laie; * **einer Sache u. sein** (geh.; *etw. nicht [gut] können, mit etw. nicht vertraut sein*).
un|längst ⟨Adv.⟩: *vor noch gar nicht langer Zeit, [erst] kürzlich.*
un|lau|ter ⟨Adj.⟩ (geh.): **a)** *nicht lauter, nicht ehrlich:* -e Absichten, Motive; **b)** *nicht fair, nicht legitim:* -er Wettbewerb.
un|le|ben|dig ⟨Adj.⟩: *nicht lebendig* (2): ein -er Stil.

un|lei|dig ⟨Adj.⟩ (veraltet): *unleidlich.*
un|leid|lich ⟨Adj.⟩: **1.** *übel gelaunt u. daher schwer zu ertragen:* ein -er Mensch; er ist heute ganz u. **2.** *unerträglich, untragbar:* -e Verhältnisse.
Un|leid|lich|keit, die; -, -en: **1.** ⟨o. Pl.⟩ *das Unleidlichsein.* **2.** *etw. Unleidliches.*
un|les|bar [auch: ...'leːs...] ⟨Adj.⟩: *nicht lesbar:* eine -e Handschrift, Unterschrift.
Un|les|bar|keit [auch: ...'leːs...], die; -: *das Unlesbarsein.*
un|le|ser|lich [auch: ...'leː...] ⟨Adj.⟩: *nicht leserlich:* u. schreiben.
Un|le|ser|lich|keit [auch: ...'leː...], die; -: *das Unleserlichsein.*
un|leug|bar [auch: ...'lɔyg...] ⟨Adj.⟩: *sich nicht leugnen lassend:* eine -e Tatsache.
un|lieb ⟨Adj.⟩: *meist in der Wendung* **jmdm. nicht u. sein** (*jmdm. ganz gelegen kommen, willkommen sein:* es war mir gar nicht so u., dass er den Termin absagt hat).
un|lie|bens|wür|dig ⟨Adj.⟩: *nicht liebenswürdig:* er war sehr u. [zu mir].
un|lieb|sam ⟨Adj.⟩: *ziemlich unangenehm, lästig:* -e Folgen; er ist u. aufgefallen.
un|li|mi|tiert ⟨Adj.⟩ (bes. Fachspr.): *nicht limitiert:* eine -e Auflage.
un|li|niert, un|li|ni|iert ⟨Adj.⟩: *nicht liniert.*
Un|lo|gik, die; -: *das Unlogischsein.*
un|lo|gisch ⟨Adj.⟩: *nicht logisch, nicht folgerichtig:* eine -e Folgerung; u. denken, handeln.
un|lös|bar [auch: 'ʊn...] ⟨Adj.⟩: **1.** *nicht auflösbar, nicht trennbar:* ein -er Zusammenhang; eine -e Verankerung. **2.** *nicht lösbar:* eine -e Aufgabe; ein -er Konflikt.
Un|lös|bar|keit [auch: 'ʊn...], die; -: *das Unlösbarsein.*
un|lös|lich [auch: 'ʊn...] ⟨Adj.⟩: **1.** *nicht löslich.* **2.** *unlösbar.*
Un|lust, die; -: *Mangel an Lust, an innerem Antrieb; Widerwille:* große U. verspüren.
Un|lust|ge|fühl, das: *Gefühl der Unlust.*
un|lus|tig ⟨Adj.⟩: *Unlust empfindend, erkennen lassend:* u. sein, arbeiten.
◆ **Un|macht,** die; - [mhd., ahd. unmaht]: **1.** *Ohnmacht* (1): ... in eine U. gesunken (Schiller, Räuber IV, 5). **2.** *Ohnmacht* (2): Das Interesse des Augenblicks, persönliche Gewalt oder U., Verrat, Misstrauen, Furcht, Hoffnung bestimmen das Schicksal ganzer Staaten (Goethe, Benvenuto Cellini, Anhang X).
◆ **un|mäch|tig** ⟨Adj.⟩ [mhd. unmehtic, unmahtic, ahd. unmahtig]: **1.** *ohnmächtig* (1): Ich ward u. bei der Botschaft (Schiller, Räuber IV, 5). **2.** *ohnmächtig* (2): Du siehst, ich kann nicht allein sein! Wie leicht könnt' ich, du siehst ja – u. – wenn ich allein bin (Schiller, Räuber V, 1).
UN-Man|dat [u:'ɛn...], das: *Mandat der Vereinten Nationen:* der Einsatz der NATO stützt sich auf ein U.; das europäische Beharren auf einem U. für einen Militäreinsatz.
un|ma|nier|lich ⟨Adj.⟩: *schlechte Manieren habend; ungesittet:* u. essen.
un|männ|lich ⟨Adj.⟩ (oft abwertend): *nicht männlich* (3), *nicht zu einem Mann passend.*
Un|maß, das ⟨o. Pl.⟩ (geh.): **1.** *allzu hohes Maß, Übermaß:* ein U. an/von Arbeit. **2.** (selten) *Unmäßigkeit.*
Un|mas|se, die; -, -n (ugs. emotional verstärkend): *Unmenge.*
un|maß|geb|lich ⟨Adj.⟩: *nicht maßgeblich; unwichtig:* nach meiner -en Meinung; was er sagt, ist [für mich] völlig u.
un|mä|ßig ⟨Adj.⟩: **1.** *nicht mäßig; maßlos:* ein -er Alkoholismus; u. essen, trinken. **2. a)** *jedes normale Maß weit überschreitend:* -es Verlangen; **b)** ⟨intensivierend bei Adj.⟩ *überaus, über alle Maßen:* er ist u. dick.

Un|mä|ßig|keit, die; -: *das Unmäßigsein; Maßlosigkeit.*
un|me|lo|disch ⟨Adj.⟩: *nicht melodisch:* -er Gesang.
Un|men|ge, die; -, -n (emotional verstärkend): *übergroße, sehr große Menge:* eine U. an Bildern, von Bildern lagert/(seltener auch:) lagern hier; er trinkt -n [von] Tee; eine U. *(sehr vieles)* gelernt haben; Beispiele in -n.
Un|mensch, der; -en, -en [mhd. unmensch, rückgeb. aus ↑unmenschlich] (abwertend): *jmd., der unmenschlich* (1 a) *ist:* * **kein U. sein** (ugs.; *mit sich reden lassen, nicht unnachgiebig, hartherzig o. Ä. sein:* du kannst ihn ruhig fragen, er ist schließlich kein U.).
un|mensch|lich [auch: …'mɛnʃ…] ⟨Adj.⟩ [mhd. unmenschlich]: **1. a)** *grausam gegen Menschen od. Tiere, ohne (bei einem Menschen zu erwartendes) Mitgefühl [vorgehend]:* ein -er Tyrann; -e Grausamkeit; Keiner sah an den anderen herab, niemand wollte ihn ausbeuten, und wir hätten es u. gefunden, aufeinander zu schießen (Koeppen, Rußland 111); **b)** (emotional) *menschenfeindlich durch Unterdrückung:* ein -es Gesellschaftssystem; **c)** (emotional) *menschenunwürdig, inhuman:* unter -en Verhältnissen leben. **2. a)** (emotional) *ein sehr hohes, unerträgliches Maß habend:* eine -e Hitze; -es Leid; (subst.:) Unmenschliches *(menschliche Kräfte fast Übersteigendes)* leisten; **b)** ⟨intensivierend bei Adjektiven u. Verben⟩ (ugs.; *oft emotional übertreibend*) *sehr, überaus:* wir haben u. [viel] zu tun; es ist u. kalt hier.
Un|mensch|lich|keit [auch: …'mɛnʃ…], die; -, -en: **1.** ⟨o. Pl.⟩ *das Unmenschlichsein.* **2.** *unmenschliche* (1) *Handlungsweise.*
un|merk|bar [auch: ʊn…] ⟨Adj.⟩ (seltener): *unmerklich.*
un|merk|lich [auch: ʊn…] ⟨Adj.⟩: *nicht, kaum merklich vor sich gehend, kaum spürbar, merkbar, wahrnehmbar:* eine -e Veränderung.
UN-Mis|si|on [u:'ɛn…], die; -: **1.** *von den Vereinten Nationen erteilte Mission* (1). **2.** *von den Vereinten Nationen entsandte Mission* (2).
un|miss|ver|ständ|lich [auch: …'ʃtɛnt…] ⟨Adj.⟩: **a)** *(in Darstellung, Inhalt, Sinn) völlig klar u. eindeutig:* eine -e Formulierung; **b)** *sehr deutlich, nachdrücklich, entschieden; in nicht misszuverstehender Deutlichkeit:* eine -e Absage, Zurückweisung; jmdm. u. die Meinung sagen.
un|mit|tel|bar ⟨Adj.⟩: **a)** *nicht mittelbar, nicht durch etw. Drittes, durch einen Dritten vermittelt;* direkt; *ein Nachkomme;* eine -e Folge von etw.: es bestand -e *(akute)* Lebensgefahr; ein u. [vom Volk] gewähltes Parlament; **b)** *durch keinen od. kaum einen räumlichen o. zeitlichen Abstand getrennt:* in -er Nähe; ein -er Nachbar; die Entscheidung steht u. bevor; **c)** *direkt; geradewegs [durchgehend]:* eine -e Zugverbindung; die Straße führt u. zum Rathaus.
Un|mit|tel|bar|keit, die; -, -en: **1.** ⟨o. Pl.⟩ *das Unmittelbarsein; Direktheit.* **2.** *etw. Unmittelbares.*
un|mö|bliert ⟨Adj.⟩: *nicht möbliert:* -e Räume; ein Zimmer u. vermieten.
un|mo|dern ⟨Adj.⟩: **1.** *nicht mehr ²modern* (1): -e Möbel, Kleider, Formen; sich u. kleiden. **2. a)** *nicht ²modern* (2 a): eine -e *(überholte)* Konstruktion; **b)** *nicht ²modern* (2 b): -e Ansichten.
¹un|mög|lich [auch: …'mø:k…] ⟨Adj.⟩: **1. a)** *nicht durchführbar; sich nicht bewerkstelligen, verwirklichen lassend:* ein -es Unterfangen; das ist technisch u.; dieser Umstand macht es mir u., daran teilzunehmen; ⟨subst.:⟩ ich verlange nichts Unmögliches [von dir]; **b)** *nicht denkbar, nicht in Betracht kommend; ausgeschlossen:* ich halte es für ganz u., dass er der Täter ist; es ist absolut u., ihm jetzt die Hilfe zu versagen. **2.** (ugs., meist abwertend) *in als unangenehm empfundener Weise von der erwarteten Norm abweichend, sehr unpassend, nicht akzeptabel, nicht tragbar:* ein -es Benehmen; sie hat -e, die -sten Ideen; du bist, benimmst dich u.; dieser Hut ist u.; * **jmdn., sich u. machen** *(jmdn., sich bloßstellen, in Misskredit bringen:* du machst uns alle u.).
²un|mög|lich [auch: …'mø:k…] ⟨Adv.⟩ (ugs.): **a)** *(weil es ¹unmöglich* 1 a *ist) nicht:* mehr ist u. zu erreichen; **b)** *(weil es nicht rechtens, nicht zulässig, nicht anständig, nicht vertretbar wäre) nicht:* ich kann ihn jetzt u. im Stich lassen.
Un|mög|lich|keit [auch: …'mø:…], die; -, -en: *das Unmöglichsein.*
Un|mo|ral, die; -: *das Unmoralischsein, unmoralisches Verhalten:* man wirft ihm U. vor.
un|mo|ra|lisch ⟨Adj.⟩: *gegen Sitte u. Moral verstoßend:* ein -er Lebenswandel; es ist u., mit der Not anderer Geschäfte zu machen.
Un|mo|ra|li|tät, die; -: *Amoralität.*
un|mo|ti|viert ⟨Adj.⟩: **1. a)** *keinen [erkennbaren] Grund habend; grundlos:* ein -er Wutanfall; u. lachen; **b)** *nicht motiviert, keine Motivation* (1) *besitzend:* -e Schüler. **2.** (Sprachwiss.) *nicht motiviert:* -e Wörter.
un|mün|dig ⟨Adj.⟩: **a)** *nicht mündig* (a): -e Kinder; noch u. sein; jmdn. für u. erklären *(entmündigen);* **b)** *nicht mündig* (b): -e Wähler.
Un|mün|dig|keit, die; -, -en: **1.** ⟨o. Pl.⟩ *das Unmündigsein.* **2.** *Abhängigkeit* (2).
un|mu|si|ka|lisch ⟨Adj.⟩: *nicht musikalisch, nicht musikbegabt.*
un|mu|sisch ⟨Adj.⟩: *nicht musisch [begabt, aufgeschlossen].*
◆ **un|mü|ßig** ⟨Adj.⟩ [mhd. unmüeʒec] (landsch.): *unruhig, rastlos:* Er … ging u. im ganzen Haus herum, von einem Fenster zum andern (Mörike, Hutzelmännlein 157).
Un|mut, der; -[e]s (geh.): *durch das Verhalten anderer ausgelöstes [starkes] Gefühl der Unzufriedenheit, des Missfallens, des Verdrusses:* U. stieg in ihr auf; er machte seinem U. Luft.
un|mu|tig ⟨Adj.⟩ (geh.): *von Unmut erfüllt, Unmut empfindend od. ausdrückend:* u. blicken.
Un|muts|be|kun|dung, Un|muts|be|zeu|gung, die (geh.): *Bekundung des Unmuts.*
un|nach|ahm|lich [auch: …'a:m…] ⟨Adj.⟩: *in einer Art u. Weise beschaffen, die als einzigartig, unvergleichlich empfunden wird:* ihre Art, sich zu bewegen, zu kleiden, ist u.
un|nach|gie|big ⟨Adj.⟩: *zu keinem Zugeständnis bereit:* eine -e Haltung.
Un|nach|gie|big|keit, die; -, -en: ⟨Pl. selten⟩ *unnachgiebige Art, Haltung.* **2.** *etw. unnachgiebig Wirkendes.*
un|nach|sich|tig ⟨Adj.⟩: *keine Nachsicht übend, erkennen lassend:* jmdn. u. bestrafen.
Un|nach|sich|tig|keit, die; -: *unnachsichtige Art, Haltung.*
un|nah|bar [auch: ʊn…] ⟨Adj.⟩: *sehr auf Distanz bedacht, jeden Versuch einer Annäherung mit kühler Zurückhaltung beantwortend, abweisend:* sie ist, zeigt sich u.
Un|nah|bar|keit [auch: ʊn…], die; -: *unnahbare Art, Haltung.*
◆ **Un|na|me**, der; -ns, -n [für mhd. âname; 1. Bestandteil mhd., ahd. å = fort, weg]: *Schimpf-, Spott-, Spitzname:* Wir … sind schuld, dass eine ganze edle Schar mit Bettelsäcken und mit einem selbstgewählten -n (= die Geusen, eigtl. = Bettler) dem Könige seine Pflicht mit spottender Demut ins Gedächtnis riefen (Goethe, Egmont II).
Un|na|tur, die; - (geh.): *etw. Unnatürliches; Unnatürlichkeit, unnatürlicher Charakter.*

un|na|tür|lich ⟨Adj.⟩: **1. a)** *in der Natur* (1) *[in gleicher Form, in gleicher Weise] nicht vorkommend, nicht von der Natur ausgehend, hervorgebracht:* Neonlampen geben ein -es Licht; ein -er *(gewaltsamer)* Tod; **b)** *der Natur* (3 a) *nicht gemäß, nicht angemessen:* eine -e Lebensweise. **2.** *gekünstelt, nicht natürlich; affektiert:* ein -es Lachen.
Un|na|tür|lich|keit, die; -, -en: **1.** ⟨o. Pl.⟩ *das Unnatürlichsein.* **2.** *etw. unnatürlich Wirkendes.*
un|nenn|bar [auch: ʊn…] ⟨Adj.⟩ (geh.): **1.** *unsagbar* (a). **2.** *nicht benennbar.*
Un|nenn|bar|keit [auch: ʊn…], die; -: *das Unnennbarsein.*
un|nor|mal ⟨Adj.⟩: *nicht normal* (1 a, b): sein Herz schlägt u. schnell.
un|no|tiert ⟨Adj.⟩ (Börsenw.): *keine amtliche Notierung aufweisend:* -e Wertpapiere.
un|nö|tig ⟨Adj.⟩: **a)** *nicht nötig; entbehrlich, verzichtbar:* eine -e Maßnahme; u. viel, u. großen Aufwand treiben; **b)** *keinerlei Sinn habend, keinerlei Nutzen od. Vorteil bringend; überflüssig:* -e Kosten; dieser Kommentar war jetzt wirklich u.; sich u. in Gefahr bringen.
un|nö|ti|ger|wei|se ⟨Adv.⟩: *obwohl es unnötig ist, gewesen wäre.*
un|nütz ⟨Adj.⟩ [mhd. unnütze, ahd. unnuzze]: **a)** *nutzlos, zu nichts nütze seiend:* -e Anstrengungen; er ist nur ein -er (abwertend) *nichts einbringender* Esser; es ist u. *(sinn-, zwecklos, müßig),* darüber zu streiten; **b)** (abwertend) *nichtsnutzig:* so ein -er Kerl!; **c)** *unnötig* (b): du machst dir zu viel -e Gedanken.
un|nüt|zer|wei|se ⟨Adv.⟩: **a)** *ohne jeden Nutzen, Zweck;* **b)** *unnötigerweise.*
UNO, die; - [Kurzwort für United Nations Organization]: *Vereinte Nationen.*
UNO-Ge|ne|ral|se|kre|tär, Uno-Ge|ne|ral|se|kre|tär: ↑UN-Generalsekretär.
UNO-Ge|ne|ral|se|kre|tä|rin, Uno-Ge|ne|ral|se|kre|tä|rin, die: w. Formen zu ↑UNO-Generalsekretär, Uno-Generalsekretär.
UNO-Kon|fe|renz, Uno-Kon|fe|renz: ↑UN-Konferenz.
un|öko|no|misch ⟨Adj.⟩: *nicht ökonomisch, nicht sparsam; unwirtschaftlich:* eine -e Arbeitsweise, Betriebsführung.
UNO-Kriegs|ver|bre|cher|tri|bu|nal, Uno-Kriegs|ver|bre|cher|tri|bu|nal: ↑UN-Kriegsverbrechertribunal.
UNO-Man|dat, Uno-Man|dat: ↑UN-Mandat.
UNO-Mis|si|on, Uno-Mis|si|on: ↑UN-Mission.
UNO-Or|ga|ni|sa|ti|on, Uno-Or|ga|ni|sa|ti|on: ↑UN-Organisation.
un|or|dent|lich ⟨Adj.⟩: **a)** *nicht ¹ordentlich* (1 a): ein -er Mensch; u. *(nachlässig)* arbeiten; **b)** *nicht ¹ordentlich* (1 b), *nicht in Ordnung gehalten, in keinem geordneten Zustand befindlich:* ein -es Zimmer; u. herumliegende Kleider; Ü ein -es *(den geltenden bürgerlichen Normen nicht entsprechendes, ungeregeltes)* Leben führen.
Un|or|dent|lich|keit, die; -: *das Unordentlichsein.*
Un|ord|nung, die; -: *durch das Fehlen von Ordnung* (2) *gekennzeichneter Zustand:* im ganzen Haus herrschte eine große U.; etw. in U. bringen; Ü ihr seelisches Gleichgewicht war in U. geraten.
UNO-Re|so|lu|ti|on, Uno-Re|so|lu|ti|on: ↑UN-Resolution.
UN-Or|ga|ni|sa|ti|on [u:'ɛn…], die: *von den Vereinten Nationen unterhaltene Organisation.*
un|or|ga|nisch ⟨Adj.⟩: **1.** *(bildungsspr.) nicht organisch* (4): -e Formen. **2.** (Fachspr.) **a)** *anorganisch* (2); **b)** (selten) *anorganisch* (1).
un|or|ga|ni|siert ⟨Adj.⟩: **1.** (Ges. Fachspr.) *nicht organisiert; ungeordnet:* -e Materie. **2.** (seltener) *nicht (in einem Verband o. Ä.) organisiert.*
un|or|tho|dox ⟨Adj.⟩ (bildungsspr.): *ungewöhn-*

lich, unkonventionell, eigenwillig: -e Methoden; er spielt sehr u.
UNO-Si|cher|heits|rat, Uno-Si|cher|heits|rat, der: *Sicherheitsrat.*
UNO-Sol|dat, Uno-Sol|dat: ↑ UN-Soldat.
UNO-Sol|da|tin, Uno-Sol|da|tin, die: w. Formen zu ↑ UNO-Soldat, Uno-Soldat.
UNO-Waf|fen|in|s|pek|teur, Uno-Waf|fen|in|spek|teur, UNO-Waf|fen|in|s|pek|tor, Uno-Waf|fen|in|s|pek|tor: ↑ UN-Waffeninspekteur.
un|paar ⟨Adj.⟩ (Biol.): *nicht paarig.*
Un|paar|hu|fer, der; -s, - (Zool.): *Huftier, bei dem die mittlere Zehe stark ausgebildet ist [u. die übrigen fehlen].*
un|paa|rig ⟨Adj.⟩ (bes. Biol., Anat.): *nicht paarig.*
Un|paa|rig|keit, die; - (bes. Biol., Anat.): *das Unpaarigsein.*
Un|paar|ze|her, der; -s, - (Zool.): *Unpaarhufer.*
un|pä|d|a|go|gisch ⟨Adj.⟩: *nicht pädagogisch:* ein -es Vorgehen; u. handeln.
un|par|tei|isch ⟨Adj.⟩: *nicht parteiisch:* ein -er Dritter; u. urteilen; ⟨subst.:⟩ ein Unparteiischer soll entscheiden.
Un|par|tei|i|sche, die/eine Unparteiische; der/einer Unparteiischen, die Unparteiischen/zwei Unparteiische (Sportjargon): *Schiedsrichterin.*
Un|par|tei|ischer, der Unparteiische/ein Unparteiischer; des/eines Unparteiischen, die Unparteiischen/zwei Unparteiische (Sportjargon): *Schiedsrichter.*
un|par|tei|lich ⟨Adj.⟩: **1.** *nicht parteilich.* **2.** *unparteiisch.*
Un|par|tei|lich|keit, die; -: *das Unparteilichsein.*
un|pass ⟨Adj.⟩ [zu ↑ passen]: **1.** * *jmdm. u. kommen* (landsch.: *jmdm. ungelegen kommen:* du kommst mir jetzt gerade u. mit deinen Fragen, ich habe keine Zeit). **2.** (veraltend) *unpässlich:* ◆ Der Gesandte ist u. und wird sich also einige Tage einhalten (Goethe, Werther II, 20. Oktober 1771).
un|pas|send ⟨Adj.⟩: **a)** *nicht passend, ungelegen, ungünstig:* sie kam in einem sehr -en Augenblick; **b)** *(in Anstoß od. Missfallen erregender Weise) unangebracht, unangemessen; unschicklich, deplatziert:* eine -e Bemerkung.
un|pas|sier|bar [auch: ...'si:ɐ̯...] ⟨Adj.⟩: *nicht passierbar:* die Brücke war u.
un|päss|lich ⟨Adj.⟩ [zu ↑ passen]: *(vorübergehend) nicht ganz gesund, leicht erkrankt, unwohl:* u. sein; sich u. fühlen.
Un|päss|lich|keit, die; -, -en: *Zustand des Unpässlichseins.*
un|pa|the|tisch ⟨Adj.⟩: *nicht pathetisch; ohne Pathos:* eine -e Rede.
Un|per|son, die; -, -en [LÜ von engl. unperson, geprägt von Orwell] (Jargon): *Persönlichkeit des öffentlichen Lebens, die von Parteien, von den Massenmedien o. Ä. bewusst ignoriert wird:* jmdn. zur U. erklären.
un|per|sön|lich ⟨Adj.⟩: **1. a)** *keine individuellen, persönlichen Züge, kein individuelles, persönliches Gepräge aufweisend:* in einem -en Stil schreiben; dieses Geschenk finde ich zu u.; **b)** *(im zwischenmenschlichen Bereich) alles Persönliche, Menschliche vermeidend, unterdrückend; nichts Persönliches, Menschliches aufkommen lassend:* das Gespräch verlief sehr u. **2. a)** (bes. Philos., Rel.) *nicht persönlich* (1 b): ein -er Gott; **b)** (Sprachwiss.) *kein persönliches Subjekt enthaltend, bei sich habend:* u. gebrauchte Verben.
Un|per|sön|lich|keit, die; -: *das Unpersönlichsein.*
un|pfänd|bar [auch: ...'pfɛnt...] ⟨Adj.⟩ (Rechtsspr.): *nicht pfändbar:* -e Gegenstände.
un|pla|ciert [...si:ɐ̯t, ...tsi:ɐ̯t]: ↑ unplatziert.

un|plat|ziert, unplaciert ⟨Adj.⟩: *ungenau, schlecht gezielt:* ein -er Schuss; u. werfen.
un|plau|si|bel ⟨Adj.; ...bler, -ste⟩: *nicht plausibel.*
un|plugged ['ʔanplakt, ʌnˈplʌɡd] ⟨indekl. Adj.⟩ [zu engl. to unplug = den Stecker herausziehen, den Stöpsel aus etw. ziehen, aus: un- = un- u. plug = Stecker, Stöpsel] (Jargon): *(in der Popmusik) ohne [die sonst übliche] elektronische Verstärkung [gesungen, gespielt]:* u. spielen.
un po|co [- 'pɔ(:)ko, auch: - 'po:ko; ital.] (Musik): *ein wenig, etwas.*
un|po|e|tisch ⟨Adj.⟩: *nicht poetisch:* eine -e Sprache.
un|po|li|tisch ⟨Adj.⟩: *nicht politisch; apolitisch; ohne politisches Engagement:* ein -er Mensch.
un|po|pu|lär ⟨Adj.⟩: **a)** *nicht populär, von einer Mehrheit ungern gesehen; keinen Beifall, keine Zustimmung findend:* -e Maßnahmen; **b)** *nicht sehr beliebt, bekannt, volkstümlich:* ein -er Politiker.
un|prak|tisch ⟨Adj.⟩: **1.** *nicht* ¹*praktisch* (2): ein -es Gerät. **2.** *nicht* ¹*praktisch* (3): er ist u.
un|prä|ten|ti|ös ⟨Adj.⟩ (bildungsspr.): *bescheiden; nicht prätentiös:* ein -er Künstler.
un|prä|zis (österr. nur so), **un|prä|zi|se** (bildungsspr.) ⟨Adj.⟩: *nicht präzise [genug]:* unpräzise Angaben.
un|pro|b|le|ma|tisch ⟨Adj.⟩: *nicht problematisch, keinerlei Schwierigkeiten bereitend:* unsere Beziehung ist völlig u.; diese Entscheidung ist nicht ganz u. *(hat Mängel).*
un|pro|duk|tiv ⟨Adj.⟩: **a)** (Wirtsch.) *keine, nur wenige Produkte, Güter hervorbringend; keine, nur geringe Werte schaffend:* eine -e Tätigkeit; **b)** *nicht erbringend; unergiebig:* ein -es Gespräch.
un|pro|fes|si|o|nell ⟨Adj.⟩: *nicht professionell:* sich u. verhalten.
un|pro|por|ti|o|niert ⟨Adj.⟩: *schlecht proportioniert:* eine -e Figur.
Un|pro|por|ti|o|niert|heit, die; -: *das Unproportioniertsein.*
un|pünkt|lich ⟨Adj.⟩: **a)** *dazu neigend, nicht pünktlich* (1) *zu sein:* ein -er Mensch; **b)** *verspätet:* -e Zahlung; der Zug kam u.
Un|pünkt|lich|keit, die; -, -en: *das Unpünktlichsein; Verspätung.*
un|qua|li|fi|ziert ⟨Adj.⟩: **1. a)** *keine [besondere] Qualifikation* (2 a) *besitzend:* ein -er Hilfsarbeiter; **b)** *nicht qualifiziert* (2 a): -e Arbeit. **2.** (abwertend) *von einem Mangel an Sachkenntnis, an Urteilsvermögen u. [geistigem] Niveau zeugend:* -e Bemerkungen.
un|ra|siert ⟨Adj.⟩: *nicht frisch rasiert:* sein -es Kinn; u. sein.
Un|rast, die; - [mhd. unraste] (geh.): *innere Unruhe, inneres Getriebenwerden; Rastlosigkeit, Ruhelosigkeit:* er war voller [innerer] U.
Un|rat, der; -[e]s [mhd. unrāt = schlechter Rat, Schaden; nichtige Dinge; Unkraut, ahd. unrāt = schlechter Rat, urspr. = Mangel an (lebens)notwendigen Dingen, Hilflosigkeit; Nachteil, Schaden; Unheil, dann = Wertloses; vgl. Rat] (geh.): *etw., was aus Abfällen, Weggeworfenem besteht: stinkender, faulender U.;* * **U. wittern** *(Schlimmes ahnen, befürchten).*
un|ra|ti|o|nell ⟨Adj.⟩: *nicht rationell:* eine -e Produktionsweise.
un|re|a|lis|tisch ⟨Adj.⟩: **1.** *nicht realistisch* (1): eine -e Einschätzung der Lage. **2.** (ugs.) *nicht realisierbar; ohne Erfolgsaussicht; aussichtslos, undurchführbar:* diese Vorschläge sind völlig u.
un|recht ⟨Adj.⟩ [mhd., ahd. unreht]: **1.** (geh.) *nicht recht (i. u recht; falsch; verwerflich:* eine -e Tat; es ist u., so etwas zu tun; * **u./Unrecht daran tun** *(in Bezug auf etw. Bestimmtes unrecht handeln, sich falsch verhalten:* du tust

u. daran, alles infrage zu stellen). **2. a)** *unpassend, nicht recht* (1 a): das ist der -e Ort für diese Angelegenheit; **b)** *falsch, verkehrt:* auf dem -en Weg sein; * **an den Unrechten/die Unrechte geraten** (ugs.; ↑ falsch 2 a). **3.** * **u./Unrecht bekommen** *(nicht recht bekommen);* **jmdm. u./Unrecht geben** *(jmds. Auffassung als falsch bezeichnen);* **u./Unrecht haben** *(nicht recht haben);* **jmdm. u./Unrecht tun** *(jmdn. ungerecht beurteilen, eine nicht gerechtfertigte schlechte Meinung von jmdm. haben, äußern:* mit diesem Vorwurf tust du ihm u.).
Un|recht, das; -[e]s [mhd., ahd. unreht]: **1. a)** *dem Recht, der Gerechtigkeit entgegengesetztes, das Recht, die Gerechtigkeit verneinendes Prinzip:* da ist er im U. *(hat er unrecht);* * **U. bekommen** (↑ unrecht 3); **jmdn., sich ins U. setzen** *(bewirken, dass jmd., man selbst im Unrecht ist);* **zu U.** *(fälschlich, irrtümlich; ohne Berechtigung:* jmdn. zu U. verdächtigen); **b)** *als unrecht* (1) *empfundene Verhaltensweise, Handlung, Tat:* ihm ist [ein] U., [viel, großes, schweres] U. widerfahren, geschehen; jmdm. ein U. antun, zufügen; U. erleiden; **c)** *als Störung der rechtlichen od. sittlichen Ordnung empfundener Zustand, Sachverhalt.* **2.** * **U. haben** (↑ unrecht 3); **jmdm. U. geben** (↑ unrecht 3); **jmdm. U. tun** (↑ unrecht 3); **U. daran tun** (↑ unrecht 1).
un|recht|mä|ßig ⟨Adj.⟩: *nicht rechtmäßig:* sich etw. u., auf -e Weise aneignen.
un|recht|mä|ßi|ger|wei|se ⟨Adv.⟩: *in nicht rechtmäßiger, nicht gesetzlicher Weise:* sich etw. u. aneignen.
Un|recht|mä|ßig|keit, die; -, -en: **1.** ⟨o. Pl.⟩ *das Unrechtmäßigsein.* **2.** *unrechtmäßige Handlung.*
Un|rechts|be|wusst|sein, das; ⟨o. Pl.⟩: *Bewusstsein davon, dass mit einer bestimmten Handlung etw. Unrechtes, Rechtswidriges getan wird.*
Un|rechts|re|gime, das: *Regime, das sich willkürlich über das Recht hinwegsetzt, unter dem die Bürger staatlichen Übergriffen schutzlos preisgegeben sind.*
Un|rechts|staat, der [abwertende Gegenbildung zu ↑ Rechtsstaat]: *Staat, in dem die Machthaber willkürlich über das Recht hinwegsetzen, in dem die Bürger staatlichen Übergriffen schutzlos preisgegeben sind.*
un|re|di|giert ⟨Adj.⟩: *(von Zeitungsartikeln o. Ä.) nicht redigiert* (a).
un|red|lich ⟨Adj.⟩ (geh.): *nicht redlich, nicht ehrlich.*
Un|red|lich|keit, die; -, -en: **1.** ⟨o. Pl.⟩ *das Unredlichsein.* **2.** *unredliche Handlung.*
un|re|ell ⟨Adj.⟩: *nicht reell, nicht ehrlich.*
un|re|flek|tiert ⟨Adj.⟩ (bildungsspr.): *nicht reflektiert:* der -e Glaube an den Fortschritt.
un|re|gel|mä|ßig ⟨Adj.⟩: **a)** *nicht regelmäßig* (a); *nicht ebenmäßig [geformt]:* -e Zähne; ein -es Vieleck (Math.; *ein Vieleck, dessen Winkel u. Seitenlängen nicht alle gleich sind*); u. aufgetragener Lack; **b)** *nicht regelmäßig* (b); *in ungleichen Abständen angeordnet, erfolgend:* ein -er Pulsschlag; -e/u. flektierte *(von dem sonst anwendbaren Schema abweichend flektierte)* Verben.
Un|re|gel|mä|ßig|keit, die; -, -en: **1.** ⟨o. Pl.⟩ *das Unregelmäßigsein.* **2. a)** *Abweichung von der Regel, vom Normalen;* **b)** *(oft im Plural) Verstoß, Übertretung, bes. [kleinerer] Betrug, Unterschlagung o. Ä.*
un|re|gier|bar [auch: ...'gi:ɐ̯...] ⟨Adj.⟩: *nicht regierbar:* ein -es Land.
Un|re|gier|bar|keit [auch: ...'gi:ɐ̯...], die; -: *das Unregierbarsein.*
un|reif ⟨Adj.⟩: **1.** *nicht reif* (1): -es Obst. **2. a)** *nicht reif* (2 a), *einen Mangel an Reife* (2 a) *aufweisend,*

erkennen lassend: er ist, wirkt noch sehr u.; **b)** *nicht reif* (2 b); *unausgereift:* -e Ideen.
Un|rei|fe, die; -: *das Unreifsein.*
un|rein ⟨Adj.⟩: **1.** *nicht rein, nicht frei von Verunreinigungen, von andersartigen Bestandteilen, Komponenten:* -er Alkohol; der Chor sang u. *(technisch u. musikalisch nicht einwandfrei).* **2.** *nicht rein, nicht makellos sauber; verunreinigt:* -er Kragen; -e *(Pickel, Mitesser o. Ä. aufweisende)* Haut; * *etw.* **ins Unreine schreiben** *(etw. in vorläufiger, noch nicht ausgearbeiteter Form niederschreiben);* **ins Unreine sprechen, reden** (ugs. scherzh.; *einen noch nicht ganz durchdachten Gedankengang vortragen).* **3.** (Rel.) *zu einer Kategorie von Dingen, Erscheinungen, Lebewesen gehörend, die der Mensch aus religiösen, kultischen Gründen als etw. Sündiges zu meiden hat:* das Fleisch -er Tiere.
Un|rein|heit, die; -, -en: **1.** ⟨o. Pl.⟩ *das Unreinsein.* **2. a)** *Verunreinigung; etw., was die Unreinheit* (1) *von etw. ausmacht;* **b)** *etw., was die Haut unrein* (2) *macht:* ein Mittel gegen -en der Haut.
un|rein|lich ⟨Adj.⟩: *nicht reinlich* (1).
Un|rein|lich|keit, die; -, -en: **1.** ⟨o. Pl.⟩ *das Unreinlichsein.* **2.** *etw. unreinlich Wirkendes.*
un|ren|ta|bel ⟨Adj.⟩: *nicht rentabel:* ein unrentables Geschäft.
Un|ren|ta|bi|li|tät, die; -: *das Unrentabelsein.*
UN-Re|so|lu|ti|on [uːˈɛn...], die: *vor die Vereinten Nationen gebrachte, von ihnen verabschiedete Resolution.*
un|rett|bar [auch: ˈʊn...] ⟨Adj.⟩: *eine Rettung ausschließend:* die Schiffbrüchigen waren u. verloren.
un|rich|tig ⟨Adj.⟩: **1.** *unzutreffend:* -e Angaben. **2.** *fehlerhaft, falsch, inkorrekt:* eine -e Schreibung. **3.** (selten) *unrecht* (1).
Un|rich|tig|keit, die; -, -en: **1.** ⟨o. Pl.⟩ *das Unrichtigsein.* **2.** *etw. Unrichtiges, bes. unrichtige* (1) *Angabe, Behauptung.*
un|ro|man|tisch ⟨Adj.⟩: *nicht romantisch* (2 a); *nüchtern.*
Un|ruh, die; -, -en (Technik): *kleines Schwungrad in einer Uhr, das ihren gleichmäßigen Gang bewirkt.*
Un|ru|he, die; -, -n [mhd. unruowe]: **1.** ⟨o. Pl.⟩ *Zustand gestörter, fehlender Ruhe* (1): in der Klasse herrscht dauernde U. **2.** ⟨o. Pl.⟩ *ständige Bewegung:* seine Finger sind in ständiger U. **3.** ⟨o. Pl.⟩ *unter einer größeren Anzahl von Menschen herrschende, durch [zornige] Erregung, Empörung, Unmut, Unzufriedenheit gekennzeichnete Stimmung:* die gesamte Belegschaft geriet in U. **4.** ⟨o. Pl.⟩ **a)** *das Nicht-zur-Ruhe-Kommen; inneres Getriebenwerden; Ruhelosigkeit, Unrast:* eine nervöse U. war in ihr; **b)** *ängstliche Spannung, Angstgefühl:* ihre U. wuchs immer mehr, als die Kinder nicht kamen. **5.** ⟨Pl.⟩ *meist politisch motivierte, die öffentliche Ruhe, den inneren Frieden störende gewalttätige, in der Öffentlichkeit ausgetragene Auseinandersetzungen; Krawalle, Tumulte:* politische, religiöse -n; es kam zu schweren -n.
Un|ru|he|herd, der: *Gebiet, Bereich o. Ä., von dem [immer wieder] Unruhen* (5) *ausgehen.*
Un|ru|he|stif|ter, der (abwertend): *jmd., der die öffentliche Ruhe, den Frieden stört, der Unruhe* (3) *stiftet.*
Un|ru|he|stif|te|rin, die: w. Form zu ↑ Unruhestifter.
un|ru|hig ⟨Adj.⟩: **1. a)** *in einem Zustand ständiger, unsteter [die Ruhe störender] Bewegung befindlich:* die Kinder sind schrecklich u.; die See war sehr u.; eine u. flackernde Kerze; Ü das Tapetenmuster ist mir zu u.; **b)** *von störenden Geräuschen, von Lärm erfüllt; laut:* wir wohnen in einer -en Gegend; **c)** *nicht gleichförmig, gleichmäßig, sondern häufig unterbrochen,*

gestört: ein -er Schlaf; der Motor läuft sehr u.; Ü er führt ein -es *(unstetes, bewegtes)* Leben. **2. a)** *von Unruhe* (4 a) *erfüllt:* ein -er Geist; **b)** *von Unruhe* (4 b) *erfüllt:* u. werden; sie blickte u. um sich.
un|rühm|lich ⟨Adj.⟩: *ganz und gar nicht rühmenswert, sondern eher kläglich, bedauernswert:* seine Karriere nahm ein -es Ende.
un|rund ⟨Adj.⟩: **a)** *nicht [mehr] exakt rund:* -e Bremstrommeln; **b)** (Jargon) *(in Bezug auf den Lauf eines Motors) ungleichmäßig, unruhig, stotternd:* u. laufen.
uns ⟨Dat. u. Akk. Pl.⟩ [mhd., ahd. uns]: **1.** Dat. u. Akk. von ↑ wir. **2.** Reflexivpronomen der 1. Person Pl., Dativ u. Akk.: wir haben u. ⟨Dat.⟩ Mühe gegeben; wir haben u. ⟨Akk.⟩ geirrt. **3.** *einander:* wir helfen u. [gegenseitig].
un|sach|ge|mäß ⟨Adj.⟩: *nicht sachgemäß:* eine -e Behandlung.
un|sach|lich ⟨Adj.⟩: *nicht sachlich* (1): ein -er Einwand.
Un|sach|lich|keit, die; -, -en: **1.** ⟨o. Pl.⟩ *das Unsachlichsein.* **2.** *unsachliche Äußerung.*
un|sag|bar [auch: ˈʊn...] ⟨Adj.⟩ [mhd. unsagebære, eigtl. = was sich nicht sagen lässt]: **a)** (emotional) *außerordentlich, äußerst groß, stark; unbeschreiblich, unaussprechlich:* -es Leid; die Freude war u.; **b)** (intensivierend bei Adjektiven u. Verben) *in höchstem Maße, sehr; unbeschreiblich:* u. traurig; sich u. freuen.
un|säg|lich [auch: ˈʊn...] ⟨Adj.⟩ [mhd. unsegelich, unsagelich, eigtl. = was sich nicht sagen lässt] (geh.): **1. a)** *unsagbar:* -e Schmerzen, Freuden; **b)** (intensivierend bei Adjektiven u. Verben) *unsagbar:* es war u. traurig; sich u. freuen. **2.** *sehr schlecht, übel, albern, töricht:* ein -er Witz.
Un|säg|lich|keit [auch: ˈʊn...], die; -, -en (geh.): **1.** ⟨o. Pl.⟩ *das Unsäglichsein.* **2.** *etw. Unsägliches.*
un|sanft ⟨Adj.⟩: *ganz und gar nicht sanft; heftig:* jmdn. u. wecken.
un|sau|ber ⟨Adj.⟩ [mhd. unsüber, ahd. unsūbar]: **1. a)** *nicht [ganz] sauber* (1 a), *[etwas] schmutzig:* -e Bettwäsche; **b)** *nicht reinlich* (1 a): -es Küchenpersonal; **2. a)** *nicht sauber* (2), *gut u. sorgfältig; nachlässig, unordentlich:* eine u. Arbeit; der Riss ist u. verschweißt; **b)** *nicht exakt, nicht präzise:* eine -e Definition; das Instrument klingt u. **3.** *nicht sauber* (3), *anständig, einwandfrei; schmutzig* (2 c): -e Geschäfte, Methoden; ein -er Charakter.
Un|sau|ber|keit, die; -, -en [mhd. unsüberheit, unsüberkeit, ahd. unsūbarheit]: **1.** ⟨o. Pl.⟩ *das Unsaubersein.* **2. a)** *unsaubere* (1 a, 2) *Stelle;* **b)** *unsaubere* (3) *Handlungsweise.*
un|schäd|lich ⟨Adj.⟩: *nicht schädlich; harmlos, ungefährlich [für den menschlichen Organismus]:* -e Stoffe, Insekten; Krankheitserreger u. machen; Ü er wollte die feindlichen Organisationen u. machen.
Un|schäd|lich|keit, die; -: *das Unschädlichsein.*
un|scharf ⟨Adj.⟩: **a)** *nicht scharf* (5), *keine scharfen Konturen aufweisend, erkennen lassend:* das Foto, der Vordergrund ist u.; **b)** *nicht scharf* (4 b): ein -es Fernglas; **c)** *ungenau, nicht präzise:* eine -e Formulierung.
Un|schär|fe, die; -, -n: **1.** ⟨o. Pl.⟩ *das Unscharfsein.* **2.** *unscharfe Stelle (z. B. auf einem Foto).*
Un|schär|fe|be|reich, der (Optik, Fotogr.): *Bereich, der nur unscharf gesehen od. abgebildet wird.*
Un|schär|fe|re|la|ti|on, die (Physik): *Beziehung zwischen zwei physikalischen Größen, die sich darin auswirkt, dass sich gleichzeitig immer nur eine von beiden Größen genau bestimmen lässt.*
un|schätz|bar [auch: ˈʊn...] ⟨Adj.⟩ (emotional): **a)** *(in Bezug auf den Wert, die Bedeutung,*

Wichtigkeit einer Sache) außerordentlich groß: deine Hilfe ist für uns von -em Wert; **b)** *einen unschätzbaren* (a) *Wert habend:* ein -es literarisches Zeugnis.
un|schein|bar ⟨Adj.⟩ [eigtl. = keinen Glanz habend]: *durch nichts Aufmerksamkeit auf sich ziehend u. daher nicht weiter auffallend, in Erscheinung tretend:* graue -e Häuser.
Un|schein|bar|keit, die; -, -en: **1.** ⟨o. Pl.⟩ *unscheinbares Aussehen.* **2.** *etw. Unscheinbares.*
un|schick|lich ⟨Adj.⟩ (geh.): *nicht schicklich u. daher unangenehm auffallend:* ein -es Benehmen.
Un|schick|lich|keit, die; -, -en (geh.): **1.** ⟨o. Pl.⟩ *das Unschicklichsein.* **2.** *unschickliche Handlung, Äußerung.*
un|schlag|bar [auch: ˈʊn...] ⟨Adj.⟩: **1.** *nicht schlagbar:* ein -er Gegner; u. sein. **2.** (ugs. emotional) *unübertrefflich, einmalig [gut]:* als Schauspieler ist er u.
Un|schlag|bar|keit [auch: ˈʊn...], die; -: *das Unschlagbarsein.*
Un|schlitt, das; -[e]s, ⟨Arten:⟩ -e [mhd. unslit, ahd. unslīt, ursprüngl. wohl = Eingeweide] (landsch. veraltend): *Talg.*
Un|schlitt|ker|ze, die (landsch. veraltend): *Talgkerze:* ♦ ...den Stecken nahm ich in die rechte Hand, die Laterne mit der frischen U. in die linke (Rosegger, Waldbauernbub 206).
un|schlüs|sig ⟨Adj.⟩: **1.** *sich über etw. nicht schlüssig seiend, [noch] keinen Entschluss gefasst habend, sich nicht entschließen könnend:* u. stehen bleiben; ich bin mir noch u. [darüber], was ich tun soll. **2. a)** (seltener) *nicht schlüssig* (1): die Argumentation ist in u., s.; **b)** (Rechtsspr.) *sachlich unbegründet:* der Anwalt erklärte, die Klage sei u. und entbehre jeglicher Grundlage.
Un|schlüs|sig|keit, die; -, -en: **1.** *das Unschlüssigsein* (1); *Unentschlossenheit, Zweifel.* **2.** *das Unschlüssigsein* (2); *etw. nicht Folgerichtiges, logischer Bruch.*
un|schön ⟨Adj.⟩: **1.** *gar nicht schön* (1 a, b); *hässlich* (1): eine -e Farbe, Form; u. klingen. **2. a)** *recht unfreundlich, hässlich* (2 a): ein -es Verhalten; **b)** *recht unerfreulich, hässlich* (2 b): ein -er Vorfall.
Un|schön|heit, die; -, -en: *etw. Unschönes.*
un|schöp|fe|risch ⟨Adj.⟩: *nicht schöpferisch, nicht kreativ:* ein -er Mensch.
Un|schuld, die; - [mhd. unschulde, ahd. unsculd]: **1.** *das Unschuldigsein* (1); *das Freisein von Schuld an etw.:* seine U. beteuern; er wurde wegen erwiesener U. freigesprochen. **2. a)** *unschuldiges* (2 a) *Wesen, das Unschuldigsein, Reinheit;* **b)** *(auf einem Mangel an Erfahrung beruhende) Ahnungslosigkeit, Arglosigkeit, Naivität:* etw. in aller U. sagen, tun; * **U. vom Lande** (scherzh., meist spöttisch: *unerfahrene u. moralisch unverdorbene, naive, nicht gewandt auftretende junge Frau vom Land).* **3.** *Unberührtheit, Jungfräulichkeit:* sie verlor ihre U. **4.** *unberührt, jungfräulich* (1).
un|schul|dig ⟨Adj.⟩ [mhd. unschuldic, ahd. unsculdic]: **1.** *nicht schuldig* (1), *(an etw.) nicht schuld seiend:* er ist an dem Unfall nicht ganz u.; u. im Gefängnis sitzen. **2. a)** *sittlich rein, gut, keiner bösen Tat, keines bösen Gedankens fähig; unverdorben:* u. wie ein neugeborenes Kind; **b)** *ein unschuldiges* (2 a) *Wesen erkennen lassend:* ein -es Gesicht; jmdn. u. ansehen. **3.** *nichts Schlechtes, Böses, Verwerfliches darstellend; harmlos:* ein -es Vergnügen; er hat doch nur ganz u. (ohne böse, unlautere Absicht, ohne Hintergedanken) gefragt. **4.** *unberührt, jungfräulich* (1).
Un|schul|di|ge, die/eine Unschuldige; der/einer Unschuldigen/zwei Unschuldige: *weibliche Person, die unschuldig ist.*
Un|schul|di|ger, der Unschuldige/ein Unschuldi-

ger; des/eines Unschuldigen, die Unschuldigen/ zwei Unschuldige: *jmd., der unschuldig ist.*
Un|schulds|be|teu|e|rung, die: *Beteuerung der eigenen Unschuld* (1).
Un|schulds|be|weis, der: *Beweis* (1) *der Unschuld* (1).
Un|schulds|en|gel, der, **Un|schulds|lamm,** das (meist iron.): *jmd., den keine Schuld trifft, der zu nichts Bösem fähig ist.*
Un|schulds|mie|ne, die (emotional): *unschuldsvolle Miene:* eine U. aufsetzen.
Un|schulds|ver|mu|tung, die (Rechtsspr.): *Rechtsgrundsatz, wonach ein Angeklagter bis zum rechtskräftigen Beweis seiner Schuld als unschuldig zu gelten hat.*
un|schulds|voll ⟨Adj.⟩: *unschuldig* (2 b): jmdn. u. ansehen.
un|schwer ⟨Adv.⟩: *keiner großen Mühe bedürfend; so beschaffen, dass keine großen Anstrengungen unternommen werden müssen; leicht:* das lässt sich u. feststellen.
un|selb|stän|dig usw.: ↑ unselbstständig usw.
un|selbst|stän|dig, unselbstständig ⟨Adj.⟩: a) *zu sehr auf fremde Hilfe angewiesen, nicht selbstständig* (a): die beiden Kinder sind noch viel zu u.; b) *von anderen abhängig, nicht selbstständig* (b): wirtschaftlich noch -e Länder; Einkommen aus -er *(als Arbeitnehmer geleisteter)* Arbeit.
Un|selbst|stän|dig|keit, Unselbständigkeit, die; -: *das Unselbstständigsein.*
un|se|lig ⟨Adj.⟩ (geh. emotional):
1. a) *schlimm* (2), *übel, in höchstem Maße beklagenswert:* ein -es Erbe; b) *schlimme* (2) *Auswirkungen habend, Unheil bringend, verhängnisvoll; unglückselig:* ein -er Gedanke. 2. (selten) *unglücklich, vom Schicksal hart getroffen.*
un|se|li|ger|wei|se ⟨Adv.⟩ (geh.): *unglücklicherweise, bedauerlicherweise, zu allem Unglück.*
Un|se|lig|keit, die; -, -en (geh.): 1. *das Unseligsein.* 2. *etw. Unseliges* (1 a).
un|sen|si|bel ⟨Adj.; …bler, -ste⟩: *nicht, zu wenig sensibel* (1): unsensible Kritiker; etw. sehr u. handhaben.
Un|sen|si|bi|li|tät, die; - (bildungsspr.): *das Unsensibelsein.*
un|sen|ti|men|tal ⟨Adj.⟩ (bildungsspr.): *nicht sentimental:* etw. u. betrachten.
¹**un|ser** ⟨Possessivpron.; bezeichnet (den, die Hörer ein- oder ausschließend) die Zugehörigkeit zu Personen, von denen in der 1. Pers. Pl. gesprochen wird⟩ [mhd. unser, ahd. unsēr]:
1. a) ⟨vor einem Subst.⟩ u. Sohn, Haus; u. liebe Heimat; -e/unsre Angehörigen; u. von mir selbst abgeschickter Brief; (als Ausdruck einer Gewohnheit, einer gewohnheitsmäßigen Zugehörigkeit, Regel o. Ä.:) wir saßen gerade bei -[e]m/unsrem Dämmerschoppen; (als Pluralis Majestatis od. Modestiae in der Funktion von »¹mein 1 a«:) Wir, Friedrich, und Unser Kanzler; wir kommen damit zum Hauptteil -er/unsrer Abhandlung; (in vertraulicher Anrede, bes. gegenüber Kindern u. Patienten (veraltend), in der Funktion von »dein« bzw. »ihr«:) nun wollen wir mal sehen, wie es -em/-m/unsrem Bäuchlein heute geht; b) ⟨o. Subst.⟩ vgl. ¹mein (1 c): das ist nicht euer Verdienst, sondern -es/unsres; (als Pluralis Majestatis od. Modestiae in der Funktion von »¹mein 1 c«:) Herr Kollege, dies ist nicht Ihre Vorlesung, sondern -e/unsre. 2. ⟨mit Art.⟩ (geh.) a) vgl. ¹mein (2); b) als Pluralis Majestatis od. Modestiae in der Funktion von: »¹mein 2«.
²**un|ser** (geh.): Gen. von ↑ wir.
un|ser|ei|ne ⟨Indefinitpron.⟩ (ugs.): w. Form zu ↑ unsereiner.
un|ser|ei|ner ⟨Indefinitpron.⟩ [urspr. unser einer = einer von uns] (ugs.): a) *jmd. wie ich, wie wir:* u. kann sich so etwas nicht leisten; mit unsereinem können sie 's ja machen!; b) (seltener) Bez. für die eigene Person des Sprechers: u. geht heute nicht in die Kantine.
un|ser|eins ⟨indekl. Indefinitpron.⟩ [urspr. unser eins = einer von uns] (ugs.): *unsereiner.*
un|se|rer|seits, (seltener:) unserseits, unsrerseits ⟨Adv.⟩: *von uns aus, von unserer Seite aus:* daraufhin haben wir u. Anzeige erstattet.
un|se|res|glei|chen, (seltener:) unsersgleichen, unsresgleichen ⟨indekl. Indefinitpron.⟩: vgl. meinesgleichen: hier sind wir unter u.
un|se|res|teils (selten), unsresteils ⟨Adv.⟩: *[wir] für unser Teil, was uns betrifft.*
un|se|ret|hal|ben: ↑ unserthalben.
un|se|ret|we|gen: ↑ unsertwegen.
un|se|ret|wil|len: ↑ unsertwillen.
un|se|ri|ös ⟨Adj.⟩ (abwertend): *nicht seriös.*
un|ser|seits: ↑ unsererseits.
un|sers|glei|chen: ↑ unseresgleichen.
un|sert|hal|ben (veraltend), unserethalben ⟨Adv.⟩ [gek. aus: von unserthalben]: *unsertwegen.*
un|sert|we|gen, unseretwegen ⟨Adv.⟩ [mhd. von unsern wegen]: 1. *aus Gründen, die uns betreffen:* du brauchst doch u. nicht extra zu warten. 2. *von uns aus:* u. kannst du das gern tun.
un|sert|wil|len, unseretwillen ⟨Adv.⟩ [älter: umb unsern willen]: nur in der Fügung **um u.** *(mit Rücksicht auf uns, uns zuliebe).*
Un|ser|va|ter, das; -s, - (schweiz., sonst landsch.): *Vaterunser.*
un|se|xy ⟨indekl. Adj.⟩ (ugs.): *nicht sexy.*
un|si|cher ⟨Adj.⟩: 1. a) *gefahrvoll, gefährlich, keine Sicherheit bietend:* eine -e Gegend; Einbrecher machen seit Wochen die Gegend u.; Der Thessalier verbrachte die Nächte lieber auf dem offenen Meer als in den -en Häfen einer Küste (Ransmayr, Welt 208); * **(einen Ort) u. machen** (ugs. scherzh.; sich scherzhaft an einem bestimmten Ort aufhalten [um sich dort zu vergnügen o. Ä.]): Paris u. machen); b) *gefährdet, bedroht:* die Arbeitsplätze werden immer -er. 2. a) *das Risiko eines Misserfolges in sich bergend, keine [ausreichenden] Garantien bietend; nicht verlässlich; zweifelhaft:* eine zu -e Methode; ich weiß es nur aus relativ -er Quelle; b) *unzuverlässig:* ein -er Schuldner. 3. a) *einer bestimmten Situation nicht gewachsen, eine bestimmte Fähigkeit nicht vollkommen, nicht souverän beherrschend:* mit den -en Schritten; er ist in seinem Urteil sehr u.; b) *nicht selbstsicher:* ein schüchterner und -er Mensch; er wurde zusehends -er; c) *(etw. Bestimmtes) nicht genau wissend:* jetzt hast du mich u. gemacht. 4. *nicht feststehend; ungewiss:* ein Unternehmen mit -em Ausgang; ich bin mir noch u. *(bin noch unentschieden).*
Un|si|cher|heit, die; -, -en: 1. ⟨o. Pl.⟩ *das Unsichersein.* 2. *Unwägbarkeit, Unsicherheitsfaktor.*
Un|si|cher|heits|fak|tor, der: *unsicherer* (4) *Faktor* (1).
UN-Si|cher|heits|rat, der: *Sicherheitsrat der Vereinten Nationen.*
un|sicht|bar ⟨Adj.⟩: *nicht sichtbar* (a): für das menschliche Auge -e Organismen; statt zu helfen, machte er sich u. (ugs. scherzh.; verschwand er, zog er sich zurück).
Un|sicht|bar|keit, die; -, o. Pl.⟩: *das Unsichtbarsein.*
un|sich|tig ⟨Adj.⟩ [mhd. unsihtec] (seltener): *das Sehen stark beeinträchtigend:* -es Wetter; die Luft wird u.
un|sil|bisch ⟨Adj.⟩ (Sprachwiss.): *nicht silbisch:* ein -er Laut.
un|sink|bar ⟨auch: …ˈzɪŋk…⟩ ⟨Adj.⟩: *nicht sinken könnend:* -e U-Boote; ein Kunststoffboot.
Un|sink|bar|keit, die; -: *das Unsinkbarsein.*
Un|sinn, der; -[e]s [mhd. unsin = Unverstand, Torheit, Raserei, rückgeb. aus: unsinnec,
↑ unsinnig]: 1. *Fehlen von Sinn; Unsinnigkeit.* 2. *etw. Unsinniges, Sinnloses, Törichtes; unsinniger Gedanke, unsinnige Handlung:* das ist doch alles U.; rede doch keinen U.!; da habe ich einen ziemlichen U. gemacht *(etw. angestellt, ganz falsch gemacht).* 3. *Unfug* (1): U. machen, treiben; lass doch den U.!; er hat nichts als U. im Kopf.
un|sin|nig ⟨Adj.⟩ [mhd. unsinnec, ahd. unsinnig = verrückt, töricht, rasend]: 1. *keinen Sinn habend, ergebend; sinnlos, töricht, unvernünftig, absurd:* -es Gerede; ein -es Vorhaben, Projekt; es ist völlig u., so etw. zu tun. 2. (ugs.) a) *übermäßig groß, stark, intensiv:* sie hatte -e Angst; b) ⟨intensivierend bei Adjektiven u. Verben⟩ *in übertriebenem, übersteigertem Maße:* u. hohe Mieten; sich u. freuen. 3. (veraltend) *von Sinnen, nicht recht bei Verstand seiend:* sich wie u. gebärden.
un|sin|ni|ger|wei|se ⟨Adv.⟩: *obgleich es unsinnig, überflüssig, unnötig ist.*
Un|sin|nig|keit, die; -, -en: 1. ⟨o. Pl.⟩ *das Unsinnigsein.* 2. *etw. Unsinniges; unsinnige Äußerung, Handlung:* Selbst wenn er unsinnig reden musste, was er hasste, so klang es nie wie Hass, sondern es war eine U., die er aufdeckte (Canetti, Augenspiel 150).
un|sinn|lich ⟨Adj.⟩: *nicht sinnlich.*
Un|sit|te, die; -, -n [mhd. unsite] (abwertend): *schlechter Brauch; schlechte Gewohnheit, Angewohnheit:* eine gefährliche U. [von ihm].
un|sitt|lich ⟨Adj.⟩: 1. [mhd., ahd. unsittlich]
a) *nicht sittlich* (2); *gegen die Moral verstoßend, unmoralisch:* -e Handlungen; sich u. aufführen; b) *sexuell beabsichtigt:* sich jmdm. u. nähern. 2. (Rechtsspr.) *sittenwidrig.*
Un|sitt|lich|keit, die; -, -en: 1. ⟨o. Pl.⟩ *das Unsittlichsein.* 2. *unsittliche Handlung.*
UN-Sol|dat [uːˈlɛn…], der: *Soldat der aus verschiedenen Mitgliedsländern der Vereinten Nationen zusammengesetzten Truppe.*
UN-Sol|da|tin, die: w. Form zu ↑ UN-Soldat.
un|sol|da|tisch ⟨Adj.⟩: *einem Soldaten, einer Soldatin nicht gemäß:* eine -e Haltung.
un|so|lid: ↑ unsolide.
un|so|li|da|risch ⟨Adj.⟩ (abwertend): *nicht solidarisch* (1): u. handeln.
un|so|li|de, unsolid ⟨Adj.⟩: 1. *nicht, zu wenig solide* (1): die Möbel sind mir zu u. [gearbeitet]. 2. *nicht, zu wenig solide* (3): ein unsolider Mensch; u. leben.
un|sorg|fäl|tig ⟨Adj.⟩: *ohne Sorgfalt [getan]:* eine -e Arbeit.
un|sor|tiert ⟨Adj.⟩: *nicht sortiert; ungeordnet:* -e Karteikarten; viele Briefe blieben u. liegen.
un|so|zi|al ⟨Adj.⟩: *gegen die Interessen sozial Schwächerer gerichtet:* -e Mieten.
un|spek|ta|ku|lär ⟨Adj.⟩: *nicht spektakulär; ganz unauffällig; ohne großen Aufwand erfolgend:* eine -e Inszenierung.
un|spe|zi|fisch ⟨Adj.⟩ (bildungsspr.): *nicht spezifisch:* ein -es Geruch.
un|spiel|bar [auch: ˈʊn…] ⟨Adj.⟩: 1. *wegen technischer u. ä. Schwierigkeiten nicht spielbar:* diese Musik wurde früher für u. erklärt. 2. (Sport) *nicht gespielt werden könnend:* der Puck war eingeklemmt und daher u.
Un|spiel|bar|keit [auch: ˈʊn…], die; -: *das Unspielbarsein.*
un|sport|lich ⟨Adj.⟩: 1. *nicht sportlich* (2 a): ein -er Typ. 2. *nicht sportlich* (1 b), *nicht fair:* ein -es Verhalten.
Un|sport|lich|keit, die; -, -en: 1. ⟨o. Pl.⟩ *das Unsportlichsein.* 2. *unsportliche* (2) *Handlung.*
uns|re: ↑ ¹ unser.
uns|rer|seits: ↑ unsererseits.
uns|res|glei|chen: ↑ unseresgleichen.
uns|res|teils: ↑ unseresteils.

uns|ri|ge, der, die, das; -n, -n ⟨Possessivpron.; immer mit Art.⟩ (geh. veraltend): vgl. ¹mein (2).
un|sta|bil ⟨Adj.⟩: instabil.
Un|sta|bi|li|tät, die; -, -en: Instabilität.
Un|stä|te, die; - [mhd. unstæte, ahd. unstātī, zu ↑ unstet] (veraltet): unstetes Wesen.
◆ **Un|stat|ten**: in der Verbindung **mit U.** (mit Mühe, mit Schwierigkeiten; mhd. mit unstaten, zu: unstate = ungünstige Lage; Ungeschick, zu stat, ↑ Statt).
un|statt|haft ⟨Adj.⟩ (geh.): nicht statthaft.
un|sterb|lich [auch: ˈʊn...] ⟨Adj.⟩ [mhd. unsterbelich]: **1.** nicht sterblich (1): die Götter sind u. **2.** unvergesslich, unvergänglich: -e Werke der Literatur; damit hat sie sich u. gemacht. **3.** ⟨intensivierend bei Adjektiven u. Verben⟩ (ugs.) über die Maßen, außerordentlich: sich u. blamieren.
Un|sterb|li|che [auch: ˈʊn...], die/eine Unsterbliche; der/einer Unsterblichen, die Unsterblichen/zwei Unsterbliche (Mythol.): unsterbliches, göttliches weibliches Wesen; Göttin.
Un|sterb|li|cher [auch: ˈʊn...], der Unsterbliche/ ein Unsterblicher; des/eines Unsterblichen, die Unsterblichen/zwei Unsterbliche (Mythol.): unsterbliches, göttliches Wesen; Gott.
Un|sterb|lich|keit [auch: ˈʊn...], die; - [mhd. unsterbelîcheit]: **a)** das Unsterblichsein (1); **b)** (Rel.) das Fortleben nach dem Tode: in die U. eingehen.
Un|sterb|lich|keits|glau|be, (seltener:) **Un|sterb|lich|keits|glau|ben**, der (Rel.): Glaube an die Unsterblichkeit der Seele.
Un|stern, der; -[e]s [für älter Unglücksstern, wohl nach frz. désastre, ↑ Desaster] (geh.): ungünstiges, böses Geschick: ein U. scheint über diesem Haus zu walten; * **unter einem U. stehen** (geh.; ungünstig verlaufen, nicht glücken).
un|stet ⟨Adj.⟩ [mhd. unstæte, ahd. unstāti] (geh.): **a)** ruhelos, rastlos, nicht zur Ruhe kommend: ein -er Mensch; ein -er (innere Unruhe ausdrückender) Blick; u. umherirren; **b)** durch häufige Veränderungen geprägt; unbeständig: er hat ein -es Wesen.
Un|stet|heit, die; - (geh.): das Unstetsein.
un|ste|tig ⟨Adj.⟩: **1.** (veraltet) unstet. **2.** (Fachspr.) nicht stetig: eine -e Funktion, Kurve.
Un|ste|tig|keit, die; -, -en: **1.** ⟨o. Pl.⟩ das Unstetigsein. **2.** (Math.) Unstetigkeitsstelle.
Un|ste|tig|keits|stel|le, die (Math.): Stelle, an der eine Funktion nicht stetig ist.
un|still|bar [auch: ˈʊn...] ⟨Adj.⟩: nicht gestillt (2, 3) werden könnend: ein -es Verlangen.
un|stim|mig ⟨Adj.⟩: nicht stimmig: eine [in sich] -e Argumentation.
Un|stim|mig|keit, die; -, -en: **1.** ⟨o. Pl.⟩ das Unstimmigsein. **2.** (meist Pl.) etw., wodurch etw. unstimmig wird; unstimmige Stelle: in der Abrechnung gab es einige -en. **3.** (meist Pl.) Meinungsverschiedenheit, Differenz, Dissonanz.
un|stoff|lich ⟨Adj.⟩: immateriell.
un|sträf|lich [auch: ...ˈʃtrɛːf...] ⟨Adj.⟩ (veraltend): untadelig. ◆ Richter des heimlichen Gerichts, schwurt auf Strang und Schwert, u. zu sein (Goethe, Götz V).
◆ **Un|sträf|lich|keit**, die; -: das Unsträflichsein: Wie glücklich ich bin, dass Sie von meiner U. überzeugt sind (Kleist, Marquise 285).
un|strei|tig [auch: ...ˈʃtrai...] ⟨Adj.⟩: unbestreitbar, feststehend: -e Tatsachen; u. feststehen.
un|strit|tig [auch: ...ˈʃtrɪ...] ⟨Adj.⟩: **1.** nicht strittig: es gibt einige u -e Punkte. **2.** unstreitig.
un|struk|tu|riert ⟨Adj.⟩: keine Struktur aufweisend.
Un|strut, die; -: linker Nebenfluss der Saale.
Un|sum|me, die; -, -n (emotional verstärkend): übergroße, sehr hohe Geldsumme.

un|sym|me|t|risch ⟨Adj.⟩: nicht symmetrisch; asymmetrisch.
Un|sym|path, der; -en, -en [rückgeb. aus ↑ unsympathisch in Anlehnung an ↑ Psychopath u. Ä.] (ugs., oft scherzh.): unsympathischer Mensch.
Un|sym|pa|thin (seltener): w. Form zu ↑ Unsympath.
un|sym|pa|thisch ⟨Adj.⟩: **1.** (meist abwertend) unangenehm wirkend, Antipathie erweckend: er ist [mir] u., sieht u. aus. **2.** nicht gefallend; missfallend: dieser Gedanke ist mir höchst u.
un|sys|te|ma|tisch ⟨Adj.⟩: nicht systematisch; ohne System erfolgend.
un|ta|del|haft [auch: ...ˈtaː...] ⟨Adj.⟩ (selten): untadelig.
un|ta|de|lig [auch: ...ˈtaː...], **untadlig** [auch: ...ˈtaːt...] ⟨Adj.⟩: zu keinerlei Tadel Anlass bietend, [moralisch] einwandfrei, makellos: ein -es Verhalten; u. gekleidet sein.
Un|ta|de|lig|keit, Untadligkeit [auch: ...ˈtaː...], die; -: das Untadeligsein.
un|tad|lig: ↑ untadelig.
Un|tad|lig|keit: ↑ Untadeligkeit.
un|ta|lent|tiert ⟨Adj.⟩ (oft abwertend): nicht talentiert, kein Talent besitzend.
Un|tat, die; -, -en [mhd., ahd. untāt] (emotional): grausame, verbrecherische, verwerfliche Tat.
un|tä|tig ⟨Adj.⟩: nichts tuend; müßig: er blieb nicht u. (unternahm etwas).
Un|tä|tig|keit, die; -, -en: **1.** das Untätigsein. **2.** Unterlassung; Zeit, in der jmd. untätig bleibt.
Un|tä|tig|keits|kla|ge, die (Rechtsspr.): Klage, die gegen eine Behörde erhoben werden kann, wenn diese über einen Antrag o. Ä. nicht innerhalb einer angemessenen Frist entscheidet.
un|taug|lich ⟨Adj.⟩: **a)** nicht tauglich; ungeeignet: ein Versuch am -en Objekt; **b)** wehrdienstuntauglich: jmdn. für u. erklären.
Un|taug|lich|keit, die; -: das Untauglichsein.
un|teil|bar [auch: ˈʊn...] ⟨Adj.⟩: **a)** nicht teilbar: ein -es Ganzes; das Erbe ist u. (darf nicht geteilt werden); **b)** (Math.) (von Zahlen) nur durch sich selbst u. durch eins teilbar.
Un|teil|bar|keit [auch: ˈʊn...], die; -, -en: **1.** ⟨o. Pl.⟩ das Unteilbarsein. **2.** (Wirtsch.) Umstand, der die Verteilung der Produktion auf mehrere Unternehmen od. Arbeitskräfte verhindert.
un|teil|haft (selten), **un|teil|haf|tig** ⟨Adj.⟩: in den Verbindungen **einer Sache** ⟨Gen.⟩ **u. sein, bleiben, werden** (geh.; von etw. ausgeschlossen sein, bleiben, werden).
un|ten ⟨Adv.⟩ [mhd. unden(e), undenen, ahd. undenan, zu ↑ ¹unter]: **1. a)** an einer (absolut od. vom Sprecher aus gesehen) tiefen bzw. tieferen Stelle: sie steht u. auf der Treppe; die Wäsche liegt u. im Schrank; die Bücher befinden sich rechts u./u. rechts, weiter u. im Regal; nach u. gehen; der Pfeil zeigt nach u. (ist abwärtsgerichtet); sie winkten von u. (von der Straße) herauf; **b)** am unteren Ende, an der Unterseite von etw.: etw. u. isolieren; u./auf dem Boden, dem Grund von etw.: die Sachen liegen ganz u. im Koffer; sie hat alles von u. nach oben gekehrt; **d)** einer Unterlage o. Ä. zugekehrt: die matte Seite des Stoffes ist u.; am unteren Rand einer beschriebenen od. bedruckten Seite: das Wort steht u. auf der zweiten Seite/auf der zweiten Seite u. **2.** (in horizontaler Richtung) am unteren (4), hinteren Ende von etw.: er sitzt [ganz] u. an der Tafel. **3.** (in einem geschriebenen od. gedruckten Text) weiter hinten, später folgend: wie u. angeführt; an u. angegebener Stelle; siehe u.; u. erwähnt, u. genannt, [weiter] u. stehende Sachverhalt. **4.** (ugs.) im Süden (orientiert an der aufgehängten Landkarte): er lebt u. in Bayern, in u. **5.** am unteren Ende der gesellschaftlichen o. ä. Hierarchie od. Rangordnung: sie hat sich u. hochgearbeitet.

un|ten|an ⟨Adv.⟩ (selten): am unteren, hinteren Ende von etw.: u. stehen, sitzen.
un|ten|drun|ter ⟨Adv.⟩ (ugs.): unter etw. anderem: u. liegen; etw. u. (unter der Oberbekleidung) anziehen.
un|ten|durch ⟨Adv.⟩: vgl. obendurch.
un|ten er|wähnt, un|ten|er|wähnt ⟨Adj.⟩: weiter hinten [im Text] erwähnt: der unten erwähnte Sachverhalt.
un|ten ge|nannt, un|ten|ge|nannt ⟨Adj.⟩: weiter hinten [im Text] genannt: der unten genannte Sachverhalt.
un|ten|her ⟨Adv.⟩: im unteren Bereich; am unteren Rand o. Ä. von etw.
un|ten|her|um ⟨Adv.⟩ (ugs.): im unteren Teil eines Ganzen, bes. im Bereich der unteren Körperpartie: sich u. warm anziehen.
un|ten|hin ⟨Adv.⟩ (selten): nach unten.
un|ten|rum ⟨Adv.⟩ (ugs.): untenherum.
un|ten ste|hend, un|ten|ste|hend ⟨Adj.⟩: weiter hinten [im Text] stehend: der unten stehende Sachverhalt.
¹un|ter ⟨Präp. mit Dativ u. Akk.⟩ [mhd. under (Präp., Adv.), ahd. untar (Adv.: undari)]: **1.** ⟨räumlich⟩ **a)** ⟨mit Dativ⟩ kennzeichnet einen Abstand in vertikaler Richtung u. bezeichnet die tiefere Lage im Verhältnis zu einem anderen Genannten: u. einem Baum sitzen; u. jmdm. wohnen (ein Stockwerk tiefer wohnen als jmd. anders); sie gingen zusammen u. einem Schirm; sie schliefen u. freiem Himmel (draußen im Freien); etw. u. dem Mikroskop (mithilfe des Mikroskops) betrachten; **b)** ⟨mit Akk.⟩ (in Verbindung mit Verben der Bewegung) kennzeichnet eine Bewegung an einen Ort, eine Stelle unterhalb eines anderen Genannten: sich u. die Dusche stellen; **c)** ⟨mit Dativ⟩ kennzeichnet einen Ort, eine Stelle, die von jmdm., etw. bedeckt wird: u. einem niedrigen Zaun durchkriechen; **d)** ⟨mit Dativ⟩ kennzeichnet eine Stelle, Lage, in jmd., etw. unmittelbar von etw. bedeckt, von etw. darüber Befindlichem unmittelbar berührt wird: u. einer Decke liegen; sie trägt eine Bluse u. dem Pullover; dicht u. (unterhalb) der Oberfläche; die Bunker liegen u. der Erde (befinden sich in der Erde); **e)** ⟨mit Akk.⟩ kennzeichnet eine Bewegung an einen Ort, eine Stelle, wo jmd., etw. von etw. darüber Befindlichem unmittelbar berührt wird: er kriecht u. die Decke; er taucht den Kopf u. Wasser (unter die Wasseroberfläche) geraten; **f)** ⟨mit Dativ⟩ kennzeichnet ein Abgesunkensein, das unter einem bestimmten Wert, Rang o. Ä. unterschritten wird: u. dem Durchschnitt sein; Ü etw. u. Preis verkaufen; die Temperatur liegt u. dem Gefrierpunkt; **g)** ⟨mit Akk.⟩ kennzeichnet ein Absinken, bei dem ein bestimmter Wert, Rang o. Ä. unterschritten wird: u. null sinken; **h)** ⟨mit Dativ⟩ kennzeichnet das Unterschreiten einer bestimmten Zahl; von weniger als: in Mengen u. 100 Stück. **2.** ⟨zeitlich; mit Dativ⟩ **a)** ⟨südd.⟩ kennzeichnet einen Zeitraum, für den etw. gilt, in dem etw. geschieht; während: u. der Woche hat sie keine Zeit; u. Mittag (in der Mittagszeit); u. Tags (tagsüber); * **u. einem** (österr.; zugleich, gleichzeitig); **b)** (veraltend) bei Datumsangaben, an die sich eine bestimmte Handlung o. Ä. anknüpft: die Chronik verzeichnet u. dem Datum des 1. Januar 1850 eine große Sturmflut. **3.** ⟨mit Dativ; modal⟩ **a)** kennzeichnet einen Begleitumstand: u. Tränen, Angst; er arbeitete u. Schmerzen weiter; u. Lebensgefahr; u. Vorspiegelung falscher Tatsachen; u. Aufbietung aller Kräfte; kennzeichnet die Art u. Weise, in der etw. geschieht; mit: u. Lebensgefahr; u. Vorspiegelung falscher Tatsachen; u. Aufbietung aller Kräfte; u. der Voraussetzung, Bedingung; er akzeptierte es nur u. Vorbehalt. **4.** ⟨mit

Dativ⟩ kennzeichnet die Gleichzeitigkeit eines durch ein Verbalsubst. ausgedrückten Vorgangs: etw. geschieht u. Ausnutzung, Verwendung von etw. anderem. **5.** ⟨mit Dativ u. Akk.⟩ kennzeichnet eine Abhängigkeit, Unterordnung o. Ä.: u. Aufsicht; u. jmds. Leitung; u. ärztlicher Kontrolle; u. jmdm. arbeiten *(jmds. Untergebene[r] sein);* u. jmdm. stehen *(jmdm. unterstellt, untergeordnet sein);* jmdn., etw. u. sich haben *(jmdm., einer Sache übergeordnet sein; für eine Sache verantwortlich sein).* **6. a)** ⟨mit Dativ u. Akk.⟩ kennzeichnet eine Zuordnung: etw. steht u. einem Motto; etw. u. ein Thema stellen; **b)** ⟨mit Dativ⟩ kennzeichnet eine Zugehörigkeit: jmdn. u. einer bestimmten Rufnummer erreichen; u. falschem Namen. **7. a)** ⟨mit Dativ⟩ kennzeichnet ein Vorhandenbzw. Anwesendsein inmitten von, zwischen anderen Sachen bzw. Personen; *inmitten von; bei; zwischen:* der Brief befand sich u. seinen Papieren; er saß u. lauter Fremden, mitten u. ihnen; u. anderem/anderen (Abk.: u. a.); hier ist sie eine u. vielen *(hat sie keine besondere Stellung, keinen besonderen Rang o. Ä.);* **b)** ⟨mit Akk.⟩ kennzeichnet das Sichhineinbegeben in eine Menge, Gruppe o. Ä.: sie mischte sich u. die Gäste; er geht zu wenig u. Menschen *(schließt sich zu sehr ab).* **8.** ⟨mit Dativ⟩ kennzeichnet einen Einzelnen od. eine Anzahl, die sich aus einer Menge, Gruppe in irgendeiner Weise heraushebt o. Ä.; *von:* nur einer u. vierzig Bewerbern wurde schließlich engagiert. **9.** ⟨mit Dativ⟩ kennzeichnet eine Wechselbeziehung; *zwischen:* es gab Streit u. den Erben; sie wollten u. sich *(allein, ungestört)* sein, bleiben; das bleibt aber u. uns *(davon darf niemand etwas erfahren).* **10. a)** ⟨mit Dativ⟩ kennzeichnet einen Zustand, in dem sich etw. befindet: der Kessel steht u. Druck, u. Dampf; **b)** ⟨mit Akk.⟩ kennzeichnet einen Zustand, in den etw. gebracht wird: etw. u. Strom, Dampf, Druck setzen. **11.** ⟨mit Dativ; kausal⟩ kennzeichnet die Ursache des im Verb Genannten: u. einer Krankheit, u. Gicht leiden; sie stöhnte u. der Hitze.

²**un|ter** ⟨Adv.⟩ [vgl. ↑ ¹unter]: *weniger als:* die Bewerber waren u. 30 [Jahre alt]; Gemeinden von u. 100 000 Einwohnern.

Un|ter, der; -s, -: *dem Buben entsprechende Spielkarte im deutschen Kartenspiel.*

un|ter... ⟨Adj.⟩ [mhd. under, ahd. untaro]: **1. a)** *(von zwei od. mehreren Dingen) unter dem, den anderen befindlich, gelegen; [weiter] unten liegend, gelegen:* die unteren Zweige des Baumes; sie stand auf der untersten Sprosse der Leiter; in den unteren Luftschichten; * ⟨subst.⟩ **das Unterste zuoberst kehren** (↑ober...); **b)** *der Mündung näher gelegen:* die untere Elbe. **2.** *dem Rang nach, in einer Hierarchie o. Ä. unter anderem, anderen stehend:* die unteren, untersten Instanzen; die unteren Lohngruppen. **3.** *der Oberfläche abgekehrt:* die untere Seite von etw. **4.** *unten* (2) *befindlich:* er sitzt am unteren Ende des Tischs.

Un|ter|ab|schnitt, der; -[e]s, -e: *kleinerer Abschnitt in einem größeren.*

Un|ter|ab|tei|lung, die; -, -en: *kleinere Abteilung in einer größeren.*

Un|ter|arm, der; -[e]s, -e: *Teil des Armes zwischen Hand u. Ellenbogen.*

Un|ter|arm|ta|sche, die: *flache Damenhandtasche ohne Schulterriemen od. Griff, die unter den Arm geklemmt wird.*

Un|ter|art, die; -, -en (Biol.): *Population als Unterabteilung einer Art; Rasse, Subspezies.*

Un|ter|aus|schuss, der; -es, ...schüsse: *vgl. Unterabteilung.*

Un|ter|bau, der; -[e]s, -ten: **1. a)** *unterer, meist stützender Teil von etw., auf dem etw. aufgebaut ist; Fundament* (1 a): einen festen U. für etw. schaffen; **b)** ⟨o. Pl.⟩ *Grundlage, Basis* (1), *Fundament* (2): der theoretische U. **2.** *Sockel, Postament.* **3. a)** (Straßenbau) *Tragschicht;* **b)** (Eisenbahn) *Schicht, die den Oberbau trägt.*

Un|ter|bauch, der; -[e]s, ...bäuche ⟨Pl. selten⟩: *unterer Teil des Bauches.*

un|ter|bau|en ⟨sw. V.; hat⟩: *mit einem Unterbau versehen, von unten her stützen.*

Un|ter|bau|ung, die; -, -en: *das Unterbauen.*

Un|ter|be|griff, der; -[e]s, -e (bes. Logik): *Begriff, der einem Oberbegriff untergeordnet ist.*

Un|ter|be|klei|dung, die; -, -en: *Unterwäsche.*

un|ter|be|le|gen ⟨sw. V.; hat; nur im Inf. u. 2. Part. gebr.⟩: *(Hotels, Krankenhäuser o. Ä.) mit [wesentlich] weniger Personen belegen, als es von der Kapazität her möglich ist:* die Hotels waren zu 30 Prozent unterbelegt.

Un|ter|be|le|gung, die; -, -en: *das Unterbelegtsein.*

un|ter|be|lich|ten ⟨sw. V.; hat⟩ (Fotogr.): *zu wenig belichten* (a): man muss vermeiden, die Filme unterzubelichten; unterbelichtete Bilder; Ü (salopp:) er ist [geistig] wohl etwas unterbelichtet.

Un|ter|be|lich|tung, die; -, -en: **1.** *das Unterbelichten.* **2.** *das Unterbelichtetsein.*

un|ter|be|schäf|tigt ⟨Adj.⟩: **a)** *durch zu wenig Arbeit nicht voll ausgelastet;* **b)** (Wirtsch.) *(vom Arbeitnehmer) weniger arbeitend, als von ihm erwünscht; zu mehr Arbeit bereit, fähig.*

Un|ter|be|schäf|tig|te, die/eine Unterbeschäftigte; der/einer Unterbeschäftigten, die Unterbeschäftigten/zwei Unterbeschäftigte (Wirtsch.): *weibliche Person, die unterbeschäftigt* (b) *ist.*

Un|ter|be|schäf|tig|ter, der Unterbeschäftigte/ein Unterbeschäftigter; des/eines Unterbeschäftigten, die Unterbeschäftigten/zwei Unterbeschäftigte (Wirtsch.): *jmd., der unterbeschäftigt* (b) *ist.*

Un|ter|be|schäf|ti|gung, die; -, -en (Wirtsch.): *Zustand einer Wirtschaft, bei dem das Angebot an Beschäftigungsmöglichkeiten kleiner ist als die Zahl der Arbeitsuchenden.*

un|ter|be|setzt ⟨Adj.⟩: *mit weniger Teilnehmern, [Arbeits]kräften o. Ä. versehen, als erforderlich, notwendig ist.*

Un|ter|bett, das; -[e]s, -en: *[dünnes] Federbett, das zum Wärmen zwischen Matratze u. Betttuch gelegt wird.*

un|ter|be|wer|ten ⟨sw. V.; hat⟩: *zu gering bewerten:* er unterbewertet die Probleme.

un|ter|be|wer|tet ⟨Adj.⟩ (Börsenw.): *einer Unterbewertung* (3) *unterliegend.*

Un|ter|be|wer|tung, die; -, -en: **1.** *das Unterbewerten.* **2.** *das Unterbewertetsein.* **3.** (Börsenw.) *Einschätzung des Marktwertes eines Wertpapiers, die unter dem durch Finanzanalyse theoretisch gewonnenem Wert liegt.*

un|ter|be|wusst ⟨Adj.⟩ (Psychol.): *im Unterbewusstsein [vorhanden]; ihr u. wahrnehmen.*

Un|ter|be|wusst|sein, das; -s (Psychol.): *vom Bewusstsein nicht gesteuerte psychisch-geistige Vorgänge.*

un|ter|be|zah|len ⟨sw. V.; hat⟩: *schlechter bezahlen* (1 b), *als es vergleichsweise üblich ist od. als es der Leistung entspricht:* unterbezahlt werden; (selten:) er unterbezahlt sie alle; eine unterbezahlte Arbeit.

Un|ter|be|zah|lung, die; -, -en: **1.** *das Unterbezahlen.* **2.** *das Unterbezahltsein.*

Un|ter|be|zirk, der; -[e]s, -e: *kleinerer Bezirk in einem größeren.*

un|ter|bie|ten ⟨st. V.; hat⟩: **1.** *einen geringeren Preis fordern, billiger sein als ein anderer:* jmds. Preise beträchtlich, um einiges u.; der Konkurrenten unterbieten; Ü etw. ist [im Niveau] kaum noch zu u. *(so schlecht, dass etw.*

Schlechteres kaum vorstellbar ist). **2.** (bes. Sport) *für etw. weniger Zeit brauchen:* einen Rekord u.

Un|ter|bi|lanz, die; -, -en (Wirtsch.): *Bilanz, die Verlust aufweist.*

un|ter|bin|den ⟨st. V.; hat⟩ [mhd. underbinden]: **1.** *etw. durch bestimmte Maßnahmen verhindern, nicht weiter geschehen, sich entwickeln, vollziehen lassen:* jede Diskussion, Störung u. **2. a)** (seltener) *in seinem Ablauf aufhalten, unterbrechen;* **b)** (Med.) *abschnüren:* die zuführenden Blutgefäße u.

Un|ter|bin|dung, die; -, -en: *das Unterbinden; das Unterbundenwerden.*

un|ter|blei|ben ⟨st. V.; ist⟩: *nicht [mehr] geschehen, stattfinden:* das hat [künftig] zu u.

Un|ter|bo|den, der; -s, ...böden: **1.** (Bodenkunde) *meist rostbraune, eisenhaltige Schicht, die unter der obersten Schicht des Bodens liegt.* **2.** *unter einem Bodenbelag befindlicher Fußboden.* **3.** *Unterseite des Bodens eines Fahrzeugs.*

Un|ter|bo|den|schutz, der (Kfz-Wesen): *Schutzschicht auf dem Unterboden eines Kraftfahrzeugs.*

un|ter|bre|chen ⟨st. V.; hat⟩: **1. a)** *eine Tätigkeit o. Ä., die noch nicht zu Ende geführt ist, vorübergehend nicht mehr weiterführen:* seine Arbeit, sein Studium u.; den Urlaub [für mehrere Tage] u.; **b)** *durch Fragen, Bemerkungen o. Ä. bewirken, dass jmd. beim Sprechen innehält:* er unterbrach sie, ihren Redestrom [mit Fragen]; **c)** *in dem gleichmäßigen Ablauf von etw. plötzlich als Störung o. Ä. zu vernehmen sein:* ein Schrei unterbrach das Schweigen. **2.** *(eine bestehende Verbindung) vorübergehend aufheben:* die Stromversorgung, die Bahnstrecke ist unterbrochen. **3.** *(innerhalb einer flächenhaften Ausdehnung von etw.) eingelagert sein u. dadurch die Gleichmäßigkeit der gesamten Fläche aufheben, auflockern:* riesige Flussläufe unterbrechen hier die Waldflächen.

Un|ter|bre|cher, der; -s, - (Elektrot.): *Vorrichtung, die einen Stromkreis periodisch unterbricht.*

Un|ter|bre|cher|wer|bung, die: *Werbung, meist in Form von Werbeblöcken, die Fernsehsendungen unterbricht.*

Un|ter|bre|chung, die; -, -en: **a)** *das Unterbrechen; das Unterbrochenwerden;* **b)** *das Unterbrochensein.*

¹**un|ter|brei|ten** ⟨sw. V.; hat⟩ (ugs.): *unter jmdm., etw. ausbreiten:* eine Decke u.

²**un|ter|brei|ten** ⟨sw. V.; hat⟩: *[mit entsprechenden Erläuterungen, Darlegungen] zur Begutachtung, Entscheidung vorlegen:* jmdm. Vorschläge, einen Plan u.

Un|ter|brei|tung, die; -, -en: *das ²Unterbreiten.*

un|ter|brin|gen ⟨unr. V.; hat⟩: **1.** *für jmdn., etw. irgendwo [noch] den erforderlichen Platz finden:* die alten Möbel im Keller u.; die Kommandantur war in einer Villa untergebracht *(einquartiert);* Ü sie wusste nicht, wo sie dieses Gesicht u. sollte *(woher sie die Person kannte).* **2. a)** *jmdm. irgendwo eine Unterkunft verschaffen:* den Besuch bei Verwandten u.; **b)** (ugs.) *jmdm. irgendwo eine Anstellung o. Ä. verschaffen:* jmdn. bei einer Firma u. **3.** (ugs.) *erreichen, dass etw. angenommen wird, Interessenten findet:* sein Manuskript bei einem Verlag u.

Un|ter|brin|gung, die; -, -en: **1.** *das Unterbringen:* seine U. in eine/einer Klinik. **2.** (ugs.) *Unterkunft.*

Un|ter|brin|gungs|be|fehl, der (Rechtsspr.): *(anstelle eines Haftbefehls) erlassene Anordnung, dass ein Beschuldigter, der nicht schuldfähig ist, einstweilen in einem psychiatrischen Krankenhaus od. einer Entziehungsanstalt unterzubringen ist.*

Un|ter|bruch, der; -[e]s, ...brüche (schweiz.): Unterbrechung.

un|ter|bü|geln ⟨sw. V.; hat⟩ (ugs.): unterbuttern (1).

un|ter|but|tern ⟨sw. V.; hat⟩ (ugs.): **1.** jmds. Eigenständigkeit unterdrücken, nicht zur Geltung kommen lassen: sich nicht u. lassen. **2.** zusätzlich verbrauchen: das restliche Geld wurde mit untergebuttert.

un|ter|chlo|rig ⟨Adj.⟩ (Chemie): weniger chlorhaltig: -e Säuren.

Un|ter|deck, das: Deck, das einen Schiffsrumpf nach unten abschließt.

Un|ter|de|ckung, die; -, -en (Kaufmannsspr.): nicht ausreichende Deckung (4 a).

un|ter der Hand: s. Hand (1).

un|ter|des ⟨Adv.⟩ [mhd. unter des] (seltener): unterdessen.

un|ter|des|sen ⟨Adv.⟩: inzwischen.

Un|ter|do|mi|nan|te, die; -, -n (Musik): Subdominante.

Un|ter|dorf, das; -[e]s, ...dörfer: vgl. Oberdorf.

Un|ter|druck, der ⟨Pl. ...drücke u. -e⟩: **1.** (Physik, Technik) Druck, der niedriger als der normale Luftdruck ist. **2.** ⟨o. Pl.⟩ (Med.) zu niedriger Blutdruck.

un|ter|drü|cken ⟨sw. V.; hat⟩: **1.** etw. (Gefühle o. Ä.), was hervortreten will, zurückhalten, nicht aufkommen lassen: eine Bemerkung, einen Fluch, seine Aggressionen u.; ein unterdrücktes Schluchzen, Gähnen. **2.** nicht zulassen, dass etw. Bestimmtes an die Öffentlichkeit kommt, jmdm. bekannt wird: Informationen, Tatsachen, Nachrichten u. **3.** (in seiner Existenz, Entfaltung) stark behindern; einzuschränken, niederzuhalten versuchen: Minderheiten u.; jmdn. psychisch, sexuell u.; einen Aufstand u.; unterdrückte Völker.

Un|ter|drü|cker, der; -s, - (abwertend): jmd., der andere unterdrückt (3).

Un|ter|drü|cke|rin, die; -, -nen: w. Form zu ↑Unterdrücker.

un|ter|drü|cke|risch ⟨Adj.⟩ (abwertend): auf Unterdrückung beruhend, von ihr zeugend, durch sie hervorgebracht.

Un|ter|druck|kam|mer, die (Med.): Klimakammer mit regulierbarem Unterdruck zur Untersuchung der Bedingungen u. Auswirkungen des Höhenflugs.

Un|ter|drü|ckung, die; -, -en: **a)** das Unterdrücken: die U. jeder Gefühlsregung, aller Proteste; **b)** das Unterdrücktsein (3): Widerstand gegen politische U.

un|ter|du|cken ⟨sw. V.; hat⟩ (landsch.): untertauchen (1 b).

un|ter|durch|schnitt|lich ⟨Adj.⟩: unter dem Durchschnitt liegend: -e Leistungen; u. begabt sein.

un|ter|ein|an|der ⟨Adv.⟩ [mhd. under einander]: **1.** eines unter dem anderen, unter das andere: die Bilder u. aufhängen. **2.** miteinander, unter uns, unter euch, unter sich: das müsst ihr u. ausmachen; sich u. helfen.

un|ter|ein|an|der|le|gen ⟨sw. V.; hat⟩: eines unter das andere legen: die Karten u.

un|ter|ein|an|der|lie|gen ⟨st. V.; hat⟩: eines unter dem anderen liegen.

un|ter|ein|an|der|ste|hen ⟨unr. V.; hat; südd., österr., schweiz.: ist⟩: eines unter dem anderen stehen: beide Texte sollen direkt u.

Un|ter|ein|heit, die; -, -en: vgl. Unterabteilung.

un|ter|ent|wi|ckelt ⟨Adj.⟩: **a)** in der Entwicklung, Ausprägung, Reife, im Wachstum o. Ä. eine bestimmte Norm nicht erreichend: er ist geistig und körperlich u.; **b)** (Politik) ökonomisch, bes. im Hinblick auf die Industrialisierung, eine bestimmte Norm nicht erreichend: -e Länder.

Un|ter|ent|wick|lung, die; -, -en: das Unterentwickeltsein.

un|ter|er|nährt ⟨Adj.⟩: sehr schlecht, nicht ausreichend ernährt: -e Kinder.

Un|ter|er|näh|rung, die: das Unterernährtsein: sie starben an U.

un|ter|fah|ren ⟨st. V.; hat⟩: **1. a)** (Bauw.) einen Tunnel o. Ä. unter einem Gebäude hindurchführen; **b)** (Bergbau) einen Grubenbau unter einer Lagerstätte od. einem anderen Grubenbau anlegen, bauen. **2.** mit einem Fahrzeug unter etw. fahren, hindurchfahren: einen Viadukt u.

Un|ter|fahr|schutz, der; -[e]s, -e (Kfz-Wesen): Vorrichtung am Rahmen (2 a) von Lastkraftwagen, die verhindert, dass ein anderes Fahrzeug bei einem Zusammenstoß, Aufprall o. Ä. unter den Lastkraftwagen gedrückt wird.

Un|ter|fa|mi|lie, die; -, -n (Biol.): Kategorie der botanischen u. zoologischen Systematik, die mehrere Gattungen unterhalb der Familie zusammenfasst.

un|ter|fan|gen, sich ⟨st. V.; hat⟩ [älter: unterfahen, mhd. undervähen, ahd. untarfähan = unterfangen (2); sich mit etw. beschäftigen]: **1.** (geh.) **a)** es wagen, etw. Schwieriges zu tun: sich u., ein Meisterwerk der Malerei zu kopieren; **b)** unverschämterweise für sich in Anspruch nehmen; sich erdreisten: wie konnte er sich dieser Redeweise u., sich u., dies zu behaupten? **2.** (Bauw.) (ein Bauteil, Bauwerk) zur Sicherung gegen Absinken o. Ä. mit etw. Stützendem unterlegen.

Un|ter|fan|gen, das; -s, -: **1.** Unternehmen [dessen Erfolg nicht unbedingt gesichert ist, das im Hinblick auf sein Gelingen durchaus gewagt ist]: ein kühnes, gefährliches, löbliches U. **2.** (Bauw.) das Unterlegen, Stützen eines Bauteils, Bauwerks zur Sicherung gegen Absinken o. Ä.

Un|ter|fan|gung, die; -, -en (Bauw.): Unterfangen (2).

un|ter|fas|sen ⟨sw. V.; hat⟩ (ugs.): **1.** einhaken (2): sie gingen untergefasst. **2.** von unten her fassen u. stützen: einen Verwundeten u.

un|ter|fer|ti|gen ⟨sw. V.; hat⟩ (Amtsspr.): unterschreiben: ein Schriftstück u.

Un|ter|fer|ti|ger, der; -s, - (Amtsspr.): Unterzeichner.

Un|ter|fer|ti|ge|rin, die; -, -nen: w. Form zu ↑Unterfertiger.

Un|ter|fer|tig|te, die/eine Unterfertigte; der/einer Unterfertigten, die Unterfertigten/zwei Unterfertigte (Amtsspr.): Unterzeichnerin.

Un|ter|fer|tig|ter, die/eine Unterfertigte/ein Unterfertiger; des/eines Unterfertigten, die Unterfertigten/zwei Unterfertigte (Amtsspr.): Unterzeichner.

Un|ter|fer|ti|gung, die; -, -en (Amtsspr.): Unterzeichnung.

un|ter|fi|nan|zie|ren ⟨sw. V.; hat; meist im 2. Part. gebr.⟩ (Finanzw.): nicht ausreichend, zu gering finanzieren: die Hochschulen sind seit Jahren unterfinanziert.

Un|ter|fi|nan|zie|rung, die; -, -en (Finanzw.): nicht ausreichende, zu geringe Finanzierung.

un|ter|flie|gen ⟨st. V.; hat⟩ [mit einem Flugzeug] unter etw. hindurchfliegen: die Flugabwehr u.

un|ter|flur ⟨Adv.⟩ [zu ↑¹Flur] (Bauw., Technik): (von Maschinen o. Ä.) unter dem Boden.

Un|ter|flur|hy|d|rant, der: unter der Bodenoberfläche eingebauter Hydrant.

Un|ter|flur|mo|tor, der; -s, -en, auch: -e (Kfz-Technik): Motor, bes. bei Omnibussen u. Lkws, der unter dem Fahrzeugboden eingebaut ist.

un|ter|for|dern ⟨sw. V.; hat⟩: zu geringe Anforderungen an jmdn., etw. stellen: Schüler u.

Un|ter|for|de|rung, die; -, -: das Unterfordern; das Unterfordertwerden.

un|ter|füh|ren ⟨sw. V.; hat⟩: **1.** eine Straße, einen Tunnel o. Ä. unter etw. hindurchbauen, hindurchführen. **2.** (Schrift- u. Druckw.) Wörter, Zahlen, die sich in zwei od. mehr Zeilen untereinander an der gleichen Stelle wiederholen, durch Anführungszeichen ersetzen.

Un|ter|füh|rer, der; -s, -: Führer einer kleinen militärischen Abteilung.

Un|ter|füh|re|rin, die; -, -nen: w. Form zu ↑Unterführer.

Un|ter|füh|rung, die; -, -en: **1.** Straße o. Ä., die unter einer anderen Straße, einer Eisenbahnlinie o. Ä. hindurchführt. **2.** (Schrift- u. Druckw.) das Unterführen (2).

Un|ter|füh|rungs|zei|chen, das: Anführungszeichen zum Unterführen (2) von Wörtern.

Un|ter|funk|ti|on, die; -, -en (Med.): mangelhafte Funktion eines Organs: eine U. der Schilddrüse.

Un|ter|fut|ter, das; -s, -: zusätzliches ²Futter (1) zwischen Stoff u. eigentlichem ²Futter (1).

un|ter|füt|tern ⟨sw. V.; hat⟩: **1.** mit einem ²Futter (1) versehen: einen Mantel u. **2.** mit einer Schicht unterlegen: Schienen mit Dämmmaterial u.

Un|ter|gang, der; -[e]s, ...gänge [mhd. underganc]: **1.** (von einem Gestirn) das Verschwinden unter dem Horizont: den U. der Sonne beobachten. **2.** (von Schiffen) das Versinken: der U. des Ölfrachters. **3.** das Zugrundegehen: der U. einer Kultur, eines Volkes; der Alkohol war sein U. (Verderben, Ruin).

Un|ter|gangs|stim|mung, die: düstere, vom Gefühl des nahen Untergangs geprägte Stimmung.

un|ter|gä|rig ⟨Adj.⟩: (von Hefe) bei niedriger Temperatur gärend u. sich nach unten absetzend: -e Hefe; -es Bier (mit untergäriger Hefe gebrautes Bier).

un|ter|ge|ben ⟨Adj.⟩ [zu veraltet untergeben = unterordnen, mhd. undergeben, ahd. untargeban]: in seiner [beruflichen] Stellung o. Ä. einem anderen unterstellt.

Un|ter|ge|be|ne, die/eine Untergebene; der/einer Untergebenen, die Untergebenen/zwei Untergebene: weibliche Person, die einer anderen untergeben ist.

Un|ter|ge|be|ner, der Untergebene/ein Untergebener; des/eines Untergebenen, die Untergebenen/zwei Untergebene: jmd., der jmd. anderem untergeben ist.

un|ter|ge|hen ⟨unr. V.; ist⟩ [mhd. undergān, undergēn, ahd. untargān, untargēn]: **1.** hinter dem Horizont verschwinden: die Sonne ist untergegangen. **2.** unter der Wasseroberfläche verschwinden u. nicht mehr nach oben gelangen; versinken: das Schiff ging unter; Ü seine Worte gingen in Bravorufen unter (wurden nicht mehr verstanden). **3.** zugrunde gehen; zerstört, vernichtet werden: es war, als ob die Welt u. wollte.

¹un|ter|ge|ord|net ⟨Adj.⟩: **1.** [in seiner Funktion, Bedeutung] weniger wichtig, zweitrangig; nicht so bedeutend, umfassend wie etw. anderes; sekundär: das spielt eine -e Rolle. **2.** (Sprachwiss.) syntaktisch abhängig: -e Sätze.

²un|ter|ge|ord|net: ↑ unterordnen.

Un|ter|ge|schoss [...gəʃɔs], (südd., österr.:) **Un|ter|ge|schoß** [...gəʃoːs], das: Souterrain.

Un|ter|ge|stell, das: **1.** Fahrgestell (eines Kraftfahrzeugs). **2.** (salopp scherzh.) Beine (eines Menschen).

Un|ter|ge|wand, das; -[e]s, ...gewänder: **1.** (südd., österr.) Unterkleid, -rock. **2.** (geh.) unter dem Obergewand getragenes Gewand.

Un|ter|ge|wicht, das; -[e]s, -e ⟨Pl. selten⟩: im Verhältnis zum Normalgewicht zu geringes Gewicht: U. haben.

un|ter|ge|wich|ten ⟨sw. V.; hat⟩ (Börsenw.): den Anteil einer Aktie, einer Branche od. einer

Region am Portfolio (2 a) senken: die Analysten empfehlen, die Aktie, den Einzelhandel unterzugewichten.
un|ter|ge|wich|tig ⟨Adj.⟩: *Untergewicht habend.*
Un|ter|gla|sur|far|be, die; -, -n (Fachspr.): *keramische Farbe.*
un|ter|glie|dern ⟨sw. V.; hat⟩: **a)** *in einzelne [Unter]abschnitte, [Unter]abteilungen o. Ä. gliedern:* einen Text u.; **b)** ⟨u. + sich⟩ *gegliedert, untergliedert (a) sein:* der Bau untergliedert sich in mehrere Räume.
Un|ter|glie|de|rung, die; -, -en: *das Untergliedern.*
Un|ter|glie|de|rung, die; -, -en: *kleinerer Abschnitt einer Gliederung.*
¹un|ter|gra|ben ⟨st. V.; hat⟩: *etw. grabend mit der Erde vermengen:* der Dünger wurde untergegraben.
²un|ter|gra|ben ⟨st. V.; hat⟩: *nach u. nach an der Vernichtung von etw. Bestehendem arbeiten; etw. kaum merklich, aber zielstrebig, unausbleiblich [von innen heraus] zerstören:* jmds. Ansehen, Ruf u.
Un|ter|gra|bung, die; -, -en: *das ²Untergraben:* die U. von jmds. Autorität.
Un|ter|gren|ze, die; -, -n: *untere Grenze (2):* zehn Seiten sollen die U. sein.
Un|ter|griff, der: **1.** (Ringen) *Griff, bei dem der Gegner mit beiden Armen über den Hüften umklammert u. zu Boden geworfen wird.* **2.** (Turnen) *Kammgriff.* **3.** (Alpinistik) *spezielle Griffart beim Klettern.* **4.** (österr.) *beleidigende Äußerung, versteckter Angriff.*
Un|ter|grund, der; -[e]s, ...gründe: **1.** [schon mniederd. undergrunt] *unter der Erdoberfläche, unterhalb der Ackerkrume liegende Bodenschicht:* den U. lockern. **2. a)** *Grundfläche, auf der etw. stattfindet, auf der etw. ruht, bes. Bodenschicht, die die Grundlage für einen Bau bildet:* fester, felsiger, sandiger U.; **b)** *Boden, unterste Fläche:* der U. des Meeres; **c)** (selten) *Grundlage, Fundament (2).* **3.** *unterste Farbschicht von etw.; Fläche eines Gewebes o. Ä. in einer bestimmten Farbe, von der sich andere Farben abheben:* eine schwarze Zeichnung auf rotem U. **4.** ⟨o. Pl.⟩ [nach engl. underground (movement)] (bes. Politik) **a)** *gesellschaftlicher Bereich außerhalb der etablierten Gesellschaft, der Legalität:* in den U. gehen; **b)** Kurzf. von ↑ Untergrundbewegung; einen U. aufbauen.
Un|ter|grund|bahn, die [LÜ von engl. underground railway]: *Schnellbahn, die unterirdisch geführt ist.*
Un|ter|grund|be|we|gung, die (Politik): *oppositionelle Bewegung, die im Untergrund (4 a) arbeitet.*
Un|ter|grund|film, der: *dem Underground (2) entstammender Film.*
Un|ter|grund|grup|pe, die: *oppositionelle Gruppe, die im Untergrund (4 a) arbeitet.*
un|ter|grün|dig ⟨Adj.⟩: *etw. Beziehungsreiches enthaltend, was nicht ohne Weiteres erkennbar, sichtbar, aber unter der Oberfläche im Untergrund vorhanden ist.*
Un|ter|grund|kämp|fer, der: *jmd., der (als Angehöriger einer Untergrundbewegung) im Untergrund (4 a) kämpft.*
Un|ter|grund|kämp|fe|rin, die: w. Form zu ↑ Untergrundkämpfer.
Un|ter|grund|li|te|ra|tur, die ⟨o. Pl.⟩: vgl. Untergrundfilm.
Un|ter|grund|mu|sik, die ⟨o. Pl.⟩: vgl. Untergrundfilm.
Un|ter|grund|or|ga|ni|sa|ti|on, die (Politik): vgl. Untergrundbewegung.
Un|ter|grund|wirt|schaft, die: *Schattenwirtschaft.*
Un|ter|grup|pe, die; -, -n: vgl. Unterabteilung.

Un|ter|haar, das; -[e]s, -e: *die unteren, kürzeren Haare unter dem Deckhaar (a).*
un|ter|ha|ken ⟨sw. V.; hat⟩ (ugs.): *einhaken (2).*
¹un|ter|halb ⟨Präp. mit Gen.⟩ [spätmhd. underhalbe(n), eigtl. = (auf der) untere(n) Seite]: *in tieferer Lage unter etw. befindlich, unter:* eine Verletzung u. des Knies; u. des Gipfels.
²un|ter|halb ⟨Adv. in Verbindung mit »von«⟩ [zu ↑ ¹unterhalb]: *unter etw., tiefer als etw. gelegen:* die Altstadt liegt u. vom Schloss.
Un|ter|halt, der; -[e]s: **1. a)** *Lebensunterhalt:* zum U. einer Familie beitragen; **b)** *Unterhaltszahlung (für Ehegatten u. Kinder):* er wollte den U. nicht leisten. **2.** *das Instandhalten von etw. u. die damit verbundenen Kosten:* der neue Wagen ist im U. günstiger.
¹un|ter|hal|ten ⟨st. V.; hat⟩ (ugs.): *etw. unter etw. halten:* einen Eimer u.
²un|ter|hal|ten ⟨st. V.; hat⟩ [beeinflusst von frz. entretenir, soutenir]: **1.** *für den Lebensunterhalt von jmdm. aufkommen:* er hat eine große Familie zu u. **2. a)** *für den Unterhalt (2) von etw. sorgen:* Straßen, Gebäude u.; schlecht unterhaltene Gleisanlagen; **b)** *[als Besitzer] etw. halten, einrichten, betreiben u. dafür aufkommen:* eine Pension u.; der Senat unterhält das Archiv. **3. a)** *aufrechterhalten:* das Feuer im Kamin u. *(nicht ausgehen lassen);* **b)** *pflegen (2 a):* gute Verbindungen, Kontakte mit, zu jmdm. u.; die beiden Staaten unterhalten diplomatische Beziehungen. **4.** ⟨u. + sich⟩ *[zwanglos, auf angenehme Weise] mit jmdm. über etw. sprechen:* sich angeregt, lebhaft [über etw.] u.; ich möchte mich mal mit Ihnen unter vier Augen u.; ♦ ⟨auch ohne »sich« u. mit Akk.-Obj.:⟩ ... und er verfehlte nicht, sein Lieblingsthema wieder anzustimmen und mich von dem vorgeschlagenen Bau des Pfarrhauses umständlich zu u. *(ausführlich mit mir darüber zu reden;* Goethe, Dichtung u. Wahrheit 11). **5.** *jmdn. auf Vergnügen bereitende, entspannende o. ä. Weise [mit etw. Anregendem] beschäftigen, ihm die Zeit vertreiben:* seine Gäste [mit spannenden Erzählungen] u.; sich auf einer Party bestens u.; der Film war sehr unterhaltend.
Un|ter|hal|ter, der; -s, -: *Unterhaltungskünstler.*
Un|ter|hal|te|rin, die; -, -nen: w. Form zu ↑ Unterhalter.
un|ter|halt|lich ⟨Adj.⟩ (selten): *unterhaltsam:* ♦ ... er schreibt doch immer so heiter und u. (Fontane, Effi Briest 25).
un|ter|halt|sam ⟨Adj.⟩: *unterhaltend, auf angenehme Weise die Zeit vertreibend:* ein -er Abend, Film; Er ist fraglos der am wenigsten -e, aber vielleicht in mancher Hinsicht ein äußerst nützlicher Autor (Strauß, Niemand 195).
Un|ter|halt|sam|keit, die; -, -en: **1.** ⟨o. Pl.⟩ *das Unterhaltsamsein.* **2.** *etw. Unterhaltsames.*
Un|ter|halts|an|spruch, der: *Anspruch auf Unterhaltszahlung:* Ehegatten haben wechselseitigen U.
Un|ter|halts|ar|bei|ten ⟨Pl.⟩ (schweiz.): *Wartungsarbeiten.*
Un|ter|halts|bei|hil|fe, die: *Beihilfe (1) zu den Unterhaltskosten.*
Un|ter|halts|bei|trag, der: *Beitrag zu den Unterhaltskosten.*
un|ter|halts|be|rech|tigt ⟨Adj.⟩: *berechtigt, Unterhaltszahlungen zu empfangen:* -e Kinder.
Un|ter|halts|be|rech|tig|te ⟨vgl. Berechtigte⟩: *weibliche Person, die unterhaltsberechtigt ist.*
Un|ter|halts|be|rech|tig|ter ⟨vgl. Berechtigter⟩: *jmd., der unterhaltsberechtigt ist.*
Un|ter|halts|kla|ge, die (Rechtsspr.): *gerichtliche Klage auf Zahlung von Unterhaltskosten.*
Un|ter|halts|kos|ten ⟨Pl.⟩: *Kosten für den Lebensunterhalt einer unterhaltsberechtigten Person,*
die eine unterhaltspflichtige Person zu zahlen hat.
Un|ter|halts|leis|tung, die: *Unterhaltszahlung.*
Un|ter|halts|pflicht, die: *(gesetzliche) Verpflichtung, Unterhaltskosten zu zahlen.*
un|ter|halts|pflich|tig ⟨Adj.⟩: *unterhaltsverpflichtet.*
Un|ter|halts|recht, das: **1.** ⟨o. Pl.⟩ *Gesamtheit der Rechtsvorschriften, die den Unterhalt (1) regeln.* **2.** *Recht (2) auf Unterhaltszahlung.*
un|ter|halts|recht|lich ⟨Adj.⟩: *das Unterhaltsrecht (1) betreffend, ihm entsprechend, zu ihm gehörend.*
un|ter|halts|ver|pflich|tet ⟨Adj.⟩: *(gesetzlich) verpflichtet, Unterhaltskosten zu zahlen.*
Un|ter|halts|ver|pflich|tung, die: *(gesetzliche) Verpflichtung, Unterhaltskosten zu zahlen.*
Un|ter|halts|vor|schuss, der: *Zahlung von Unterhaltskosten für ein Kind eines allein lebenden Elternteils durch bestimmte staatliche Stellen, wenn der unterhaltspflichtige Elternteil seiner Unterhaltspflicht nicht nachkommt.*
Un|ter|halts|zah|lung, die: **1.** *Zahlung der Unterhaltskosten.* **2.** *als Unterhaltszahlung (1) gezahlter Geldbetrag.*
Un|ter|hal|tung, die; -, -en: **1.** ⟨o. Pl.⟩ (selten) *das ²Unterhalten (1).* **2.** ⟨o. Pl.⟩ *das ²Unterhalten (2):* der Wagen ist in der U. sehr teuer. **3.** ⟨o. Pl.⟩ *das ²Unterhalten (3):* die U. diplomatischer Beziehungen. **4.** *das ²Sichunterhalten (4); auf angenehme Weise geführtes Gespräch:* eine lebhafte, interessante, anregende U.; die U. stockte; mit jmdm. eine U. führen; sich an der U. nicht beteiligen. **5. a)** *das ²Unterhalten (5); angenehmer Zeitvertreib:* jmdm. gute, angenehme U. wünschen; für U. sorgen; zur U. der Gäste beitragen; **b)** (veraltend) *Geselligkeit; unterhaltsame Veranstaltung.*
Un|ter|hal|tungs|an|ge|bot, das: *Angebot an Veranstaltungen, Aktivitäten, Einrichtungen o. Ä., die der Unterhaltung (5 a) dienen.*
Un|ter|hal|tungs|bei|la|ge, die: *aus Kurzgeschichten, Kreuzworträtseln u. a. zusammensetzende, unterhaltende Beilage einer Zeitung.*
Un|ter|hal|tungs|bran|che, die: *Branche, die Produkte herstellt, die der Unterhaltung (5 a) dienen.*
Un|ter|hal|tungs|chef, der (ugs.): *jmd., der für das Unterhaltungsprogramm eines Rundfunk-, Fernsehsenders, der Unterhaltung (5 a) dienenden Teile einer Zeitung, Zeitschrift o. Ä. verantwortlich ist.*
Un|ter|hal|tungs|che|fin, die: w. Form zu ↑ Unterhaltungschef.
Un|ter|hal|tungs|elek|tro|nik, die ⟨o. Pl.⟩: *Gesamtheit der elektronischen Geräte, die Musik od. gesprochenes Wort (aus dem Bereich der Unterhaltung) reproduzieren.*
Un|ter|hal|tungs|film, der: vgl. Unterhaltungsliteratur.
Un|ter|hal|tungs|in|dus|trie, die: *Industriezweig, der bes. Produkte herstellt, die der Unterhaltung (5 a) dienen (z. B. CDs, Filme, Zeitschriften).*
Un|ter|hal|tungs|kon|zern, der: *Konzern der Unterhaltungsindustrie.*
Un|ter|hal|tungs|kos|ten ⟨Pl.⟩: *Kosten für den Unterhalt von etw.*
Un|ter|hal|tungs|künst|ler, der: *jmd., der andere [berufsmäßig mit einem bestimmten Programm] ²unterhält (5).*
Un|ter|hal|tungs|künst|le|rin, die: w. Form zu ↑ Unterhaltungskünstler.
Un|ter|hal|tungs|li|te|ra|tur, die; -, -en ⟨Pl. selten⟩: *Literatur, die (meist ohne besonderen literarischen Anspruch) unterhaltend ist.*
Un|ter|hal|tungs|mu|sik, die ⟨o. Pl.⟩: *unkomplizierte, leicht eingängige Musik (Abk.: U-Musik).*

Un|ter|hal|tungs|or|ches|ter, das: *Orchester, das auf Unterhaltungsmusik spezialisiert ist.*
Un|ter|hal|tungs|pro|gramm, das: vgl. Unterhaltungssendung.
Un|ter|hal|tungs|ro|man, der: vgl. Unterhaltungsliteratur.
Un|ter|hal|tungs|sen|dung, die: *Sendung in Rundfunk od. Fernsehen, die der Unterhaltung dient.*
Un|ter|hal|tungs|show, die: *der Unterhaltung (5 a) dienende Show.*
Un|ter|hal|tungs|soft|wa|re, die: *Software, die der Unterhaltung (5 a) dient (z. B. Computerspiele).*
Un|ter|hal|tungs|wert, der: *Grad der Unterhaltsamkeit, die von etw. ausgeht, die einer Sache innewohnt: der hohe, geringe U. eines Films.*
un|ter|han|deln ⟨sw. V.; hat⟩ (bes. Politik): *bes. bei [militärischen] Konflikten zwischen Staaten auf eine vorläufige Einigung hinwirken.*
Un|ter|händ|ler, der; -s, - (bes. Politik): *jmd., der im Auftrag eines Staates, einer Interessengruppe o. Ä. unterhandelt.*
Un|ter|händ|le|rin, die; -, -nen: w. Form zu ↑Unterhändler.
Un|ter|hand|lung, die; -, -en (bes. Politik): *das Unterhandeln: mit jmdm. in -en treten.*
Un|ter|haus, das; -es, ...häuser: a) *zweite Kammer eines Parlaments, das aus zwei Kammern besteht: das kanadische, japanische U.;* b) ⟨o. Pl.⟩ [engl. Lower House] *zweite Kammer des britischen Parlaments.*
Un|ter|haus|wahl, die: *Wahl eines Unterhauses (a), des Unterhauses (b).*
Un|ter|haut, die; - (Biol., Med.): *im Fettgewebe befindliches Bindegewebe unter der Epidermis.*
un|ter|he|ben ⟨st. V.; hat⟩ (Kochkunst): ¹*unterziehen* (3).
Un|ter|hemd, das; -[e]s, -en: *Hemd* (1 b).
Un|ter|hit|ze, die; -: *von unten kommende Hitze in einem Backofen.*
un|ter|höh|len ⟨sw. V.; hat⟩: **1.** *bewirken, dass etw. unter seiner Oberfläche [nach u. nach] ausgehöhlt wird: das Wasser hat das Ufer unterhöhlt.* **2.** ²*untergraben.*
Un|ter|holz, das; -es, ...hölzer ⟨Pl. selten⟩: *niedrig (unter den Kronen älterer Bäume) wachsendes Gehölz.*
Un|ter|ho|se, die; -, -n ⟨häufig auch im Pl. mit singularischer Bed.⟩: *Hose, die als Teil der Oberbekleidung unmittelbar auf dem Körper getragen wird: er trägt eine lange U., lange -n.*
un|ter|ir|disch ⟨Adj.⟩: *unter dem Erdboden [liegend]: ein -er Gang; die Leitung verläuft u.*
Un|ter|ita|li|en; -s: *das südliche Italien.*
Un|ter|ja|cke, die; -, -n (Fachspr.): *Unterhemd [für Männer].*
un|ter|jäh|rig ⟨Adj.⟩: *das Jahr über; irgendwann im Laufe eines Jahres:* -e Berichterstattung; *ein -er Wechsel zwischen den Währungen ist möglich; Anteile u. verkaufen.*
un|ter|jo|chen ⟨sw. V.; hat⟩ [LÜ von spätlat. subiugare]: *unter seine Herrschaft, Gewalt bringen u. unterdrücken: andere Völker, Minderheiten u.*
Un|ter|jo|chung, die; -, -en: *das Unterjochen; das Unterjochtwerden.*
un|ter|ju|beln ⟨sw. V.; hat⟩ (salopp): *[auf unauffällig-geschickte Weise] bewerkstelligen, dass jmd. etw. [zugeschoben] bekommt, dass ihm etw. zugedacht, zugemutet wird [was er nicht gern haben, tun möchte]:* jmdm. einen Fehler, einen Auftrag u.
un|ter|kel|lern ⟨sw. V.; hat⟩: *(ein Gebäude o. Ä.) mit einem Keller versehen.*
Un|ter|kel|le|rung, die; -, -en: **1.** *das Unterkellern.* **2.** (Bauw.) *durch Unterkellerung (1) hergestellter Teil eines Gebäudes.*

Un|ter|kie|fer, der; -s, -: ¹*Kiefer, in dem die unteren Zähne sitzen:* * jmdm. fällt/klappt der U. herunter, jmds. U. fällt/klappt herunter (ugs.; *jmd. ist maßlos erstaunt über etw.* [u. macht dabei ein entsprechendes Gesicht]).
Un|ter|kie|fer|kno|chen, der: *Knochen des Unterkiefers.*
Un|ter|kir|che, die; -, -n (Archit.): a) *Krypta;* b) *(von zwei übereinanderliegenden Kirchen) untere Kirche.*
Un|ter|klas|se, die; -, -n (Biol.): *Kategorie der botanischen u. zoologischen Systematik, die mehrere Ordnungen unterhalb der Klasse zusammenfasst.*
un|ter|klas|sig ⟨Adj.⟩ (Sport): *einer unteren Spielklasse angehörend, in einer unteren Spielklasse [spielend]:* -e Mannschaften, Teams, Vereine; u. spielen.
Un|ter|kleid, das; -[e]s, -er: **1.** *Unterrock.* **2.** *Kleid [aus Taft, Seide o. Ä.], das unter einem [durchsichtigen] Kleid getragen wird.*
Un|ter|klei|dung, die; -, -en ⟨Pl. selten⟩: *Unterwäsche.*
un|ter|kom|men ⟨st. V.; ist⟩ [mhd. under komen = dazwischentreten, verhindern]: **1. a)** *Unterkunft* (1), *Aufnahme finden: bei Freunden, in einer Pension u.;* **b)** (ugs.) *Arbeit, eine Stelle, einen Posten o. Ä. finden: in einem Verlag u.* **2.** (ugs.) *erreichen, dass etw. angenommen wird, einen Interessenten findet: mit seiner Story woanders u.* **3.** (ugs.) *jmdm. vorkommen* (1), *begegnen* (2 b): *so etwas ist mir noch nicht untergekommen.*
Un|ter|kom|men, das; -s, - ⟨Pl. selten⟩: **1.** *Unterkunft: kein U. finden.* **2.** (veraltend) *Stellung, Posten:* jmdm. ein U. bieten.
Un|ter|kör|per, der; -s, -: a) *unterer Teil des menschlichen Körpers von der Taille bis zu den Füßen;* b) *unterer Teil des menschlichen Rumpfes.*
un|ter|krie|chen ⟨st. V.; ist⟩ (ugs.): *sich an eine Stelle begeben, dahin zurückziehen, wo Schutz o. Ä. zu finden ist: er kroch in einer Scheune unter.*
un|ter|krie|gen ⟨sw. V.; hat⟩ (ugs.): *bewirken, dass jmd. aufgibt: er ist nicht unterzukriegen; sich nicht u. lassen (den Mut nicht verlieren).*
un|ter|küh|len ⟨sw. V.; hat⟩: a) *die Körpertemperatur unter den normalen Wert senken: den Patienten künstlich u.; stark unterkühlt sein;* b) (bes. Technik) *unter den Schmelzpunkt abkühlen.*
un|ter|kühlt ⟨Adj.⟩: *distanziert u. bewusst jegliche Emotionen, subjektive Gesichtspunkte, Äußerungen o. Ä. vermeidend:* einen -en Stil haben; u. wirken.
Un|ter|küh|lung, die; -, -en: a) *das Unterkühlen;* b) *das Unterkühltsein.*
Un|ter|kunft, die; -, ...künfte: **1.** *Wohnung, Raum o. Ä., wo jmd. als Gast o. Ä. vorübergehend wohnt; Logis:* eine U. suchen, finden, haben; für U. und Frühstück bezahlen. **2.** ⟨Pl. selten⟩ *das Unterkommen* (1 a): für jmds. U. sorgen.
Un|ter|la|ge, die; -, -n [mhd. underlage]: **1.** *etw. Flächiges aus unterschiedlichem Material, was zu einem bestimmten Zweck, oft zum Schutz unter etw. gelegt wird:* eine weiche, feste, wasserdichte U.; eine U. zum Schreiben; auf einer harten U. schlafen; Ü (ugs.:) *vom Gelage schaffte er sich durch reichliches Essen eine gute U.* **2.** ⟨meist Pl.⟩ *schriftlich Niedergelegtes, das als Beweis, Beleg, Bestätigung o. Ä. für etw. dient; Dokumente; Urkunden; Akten o. Ä.:* sämtliche -n anfordern, vernichten. **3.** (Bot.) *Pflanzenteil, auf den ein Edelreis gepfropft wird.*
Un|ter|land, das; -[e]s: *tiefer gelegener Teil eines Landes.*

Un|ter|län|der, der; -s, -: *Bewohner des Unterlandes.*
Un|ter|län|de|rin, die; -, -nen: w. Form zu ↑Unterländer.
Un|ter|län|ge, die; -, -n (Schriftw.): *Teil eines Buchstabens, der über die untere Grenze bestimmter Kleinbuchstaben hinausragt.*
Un|ter|lass, der: *in der Fügung* **ohne U.** (emotional; *ohne einmal aufzuhören; ununterbrochen; unaufhörlich;* mhd. āne underlāʒ, ahd. āno untarlāʒ).
un|ter|las|sen ⟨st. V.; hat⟩ [mhd. underlāʒen, ahd. unterlāʒan]: a) *etw., was getan werden könnte od. sollte, aus ganz bestimmten Gründen nicht tun: etw. aus Furcht vor den Folgen u.;* b) *darauf verzichten, etw. zu tun; von etw. ablassen; mit etw. aufhören: etw. nicht u. können; unterlass das bitte!*
Un|ter|las|sung, die; -, -en: *das Unterlassen.*
Un|ter|las|sungs|an|spruch, der (Rechtsspr.): *Rechtsanspruch auf Unterlassung einer Handlung.*
Un|ter|las|sungs|de|likt, das (Rechtsspr.): *strafbares Unterlassen einer Handlung, zu der eine rechtliche Verpflichtung besteht.*
Un|ter|las|sungs|er|klä|rung, die (Rechtsspr.): *Erklärung* (2), *in der sich der Erklärende verpflichtet, eine beanstandete Handlung in Zukunft zu unterlassen.*
Un|ter|las|sungs|kla|ge, die (Rechtsspr.): *Klage auf Unterlassung einer Handlung.*
Un|ter|las|sungs|sün|de, die: **1.** (kath. Kirche) *Sünde, die darin besteht, dass eine gebotene gute Tat nicht getan wird.* **2.** (ugs.) *[bedauerliches] Versäumnis.*
Un|ter|lauf, der; -[e]s, ...läufe: *Abschnitt eines Flusses in der Nähe der Mündung.*
¹**un|ter|lau|fen** ⟨st. V.; ist⟩: **1.** (veraltend) ²*unterlaufen* (1): *mir ist ein Fehler untergelaufen.* **2.** (ugs.) ²*unterlaufen* (2): *so etwas ist mir noch nicht untergelaufen.*
²**un|ter|lau|fen** ⟨st. V.⟩ [mhd. underloufen = hindernd dazwischentreten]: **1.** ⟨ist⟩ *bei jmds. Tätigkeit, Ausführungen, Äußerungen, Überlegungen o. Ä. als Versehen o. Ä. vorkommen, auftreten: manchmal unterläuft ihm ein Fehler; ihm ist ein Irrtum unterlaufen.* **2.** ⟨ist⟩ *vorkommen* (1 b): *so etwas ist mir noch nicht unterlaufen.* **3.** ⟨hat⟩ a) (bes. Fußball, Handball) *sich so unter einen [hochgesprungenen] Gegner bewegen, dass er behindert u. zu Fall gebracht wird: er hat seinen Gegenspieler mehrfach unterlaufen;* b) *in seiner Funktion, Auswirkung o. Ä. [unmerklich] unwirksam machen: die Zensur u.* **4.** ⟨meist im 2. Part.; ist⟩ *(vom Hautgewebe) sich durch eine Verletzung an einer bestimmten Stelle mit Blut anfüllen u. dadurch rötlich bis bläulich violett verfärben: [mit Blut, blutig] unterlaufene Striemen.*
Un|ter|lau|fung, die; -, -en: *das Unterlaufensein.*
Un|ter|le|der, die; -, -: *Leder der inneren u. äußeren Sohle eines Schuhs.*
¹**un|ter|le|gen** ⟨sw. V.; hat⟩ [mhd. underlegen, ahd. untarleggen]: **1.** *etw. unter jmdn., etw. legen:* [dem Patienten] ein Kissen u. **2.** *Worte, Texte, Äußerungen o. Ä. abweichend von ihrer beabsichtigten Intension* (2) *auslegen: er hat dem Text einen anderen Sinn unterlegt.*
²**un|ter|le|gen** ⟨sw. V.; hat⟩: **1.** *die Unterseite von etw. mit etw. aus einem anderen [stabileren] Material versehen: eine Glasplatte mit Filz u.* **2.** *(ugs. beim Film, mit Musik, mit einem Text versehen: eine Combo unterlegte die Modenschau mit dezenten Rhythmen.*
³**un|ter|le|gen** ⟨Adj.⟩: *im Hinblick auf bestimmte Fähigkeiten, Merkmale, Stärke, Zahl schwächer, schlechter als andere: der körperlich -e Kämpfer; [dem Gegner] an Zahl u. sein; er ist ihr [geis-*

tig] u.; die alten Geräte sind den neuen natürlich technisch u.

Un|ter|le|ge|ne, die/eine Unterlegene; der/einer Unterlegenen, die Unterlegenen/zwei Unterlegene: *weibliche Person, die jmd. anderem ³unterlegen ist.*

Un|ter|le|ge|ner, der Unterlegene/ein Unterlegener; des/eines Unterlegenen, die Unterlegenen/ zwei Unterlegene: *jmd., der jmd. anderem ³unterlegen ist.*

Un|ter|le|gen|heit, die; -, -en ⟨Pl. selten⟩: *das ³Unterlegensein: körperliche, geistige U.; die U. der Mannschaft fand in der hohen Niederlage ihren Ausdruck.*

Un|ter|le|gen|heits|ge|fühl, das: *Gefühl der Unterlegenheit.*

Un|ter|leg|keil, der: *Bremsklotz.*

Un|ter|leg|schei|be, die (Technik): *meist runde, in der Mitte durchbohrte Scheibe, die zwischen Schraubenkopf u. Schraubenmutter od. Konstruktionsteil gelegt wird.*

¹Un|ter|le|gung, die; -, -en: *das ¹Unterlegen.*

²Un|ter|le|gung, die; -, -en: *das ²Unterlegen.*

Un|ter|leib, der; -[e]s, -er ⟨Pl. selten⟩ [mhd. underlīp]: a) *unterer Teil des Bauches;* b) *innere weibliche Geschlechtsorgane.*

Un|ter|leibs|er|kran|kung, die: *Unterleibskrankheit.*

Un|ter|leibs|krank|heit, die: *Erkrankung im Bereich der inneren weiblichen Geschlechtsorgane.*

Un|ter|leibs|krebs, der: *Krebserkrankung im Bereich der inneren weiblichen Geschlechtsorgane.*

Un|ter|leibs|ope|ra|ti|on, die: *Operation an den inneren weiblichen Geschlechtsorganen.*

Un|ter|leibs|schmerz, der ⟨meist Pl.⟩: *Schmerz im Unterleib.*

Un|ter|lid, das; -[e]s, -er: *unteres Augenlid.*

¹un|ter|lie|gen ⟨st. V.; hat⟩ (ugs.): *unter jmdm., etw. liegen: das Papier hat nicht richtig untergelegen.*

²un|ter|lie|gen ⟨st. V.⟩ [mhd. underligen, ahd. untarligan, eigtl. = als Besieger unten liegen]: **1.** ⟨ist⟩ *besiegt werden: der Gegenkandidatin [bei der Wahl] u.; [mit] 1:2 u.; die unterlegene Mannschaft.* **2.** ⟨hat⟩ *einer Sache unterworfen sein, von etw. bestimmt werden: starken Schwankungen u.; der Zensur u.; etw. unterliegt der Schweigepflicht; (verblasst:) einer Täuschung u. (sich täuschen; getäuscht werden).*

Un|ter|lip|pe, die; -, -n: *untere ¹Lippe (1 a).*

un|ter|m ⟨Präp. + Art.⟩ (ugs.): *unter dem.*

un|ter|ma|len ⟨sw. V.; hat⟩: **1.** *etw. mit Musik, Geräuschen o. Ä. begleiten: eine Erzählung mit Flötenmusik u.* **2.** (bild. Kunst) *(bes. von Tafelmalereien) die erste Farbschicht auf den [grundierten] Malgrund auftragen.*

Un|ter|ma|lung, die; -, -en: a) *das Untermalen;* b) *das Untermaltsein.*

Un|ter|mann, der ⟨Pl. ...männer⟩ (Kunstkraftsport): *Athlet, der bei einer akrobatischen Übung seinen Partner, die übrigen Mitglieder der Gruppe von unten her stützt, trägt.*

un|ter|mau|ern ⟨sw. V.; hat⟩: **1.** *mit Grundmauern versehen; mit stabilen Mauern von unten her befestigen, stützen: ein Gebäude, einen Turm u.* **2.** *etw. mit überzeugenden Argumenten, beweiskräftigen Fakten, Untersuchungen o. Ä. stützen, absichern: etw. theoretisch u.*

Un|ter|mau|e|rung, die; -, -en ⟨Pl. selten⟩: **1.** *das Untermauern.* **2.** a) *Mauerwerk, mit dem etw. untermauert (1) ist;* b) *Argumente, Untersuchungen usw., mit denen etw. untermauert (2) ist.*

un|ter|mee|risch ⟨Adj.⟩ (Meereskunde): *unterseeisch.*

Un|ter|men|ge, die; -, -n (Math.): *Teilmenge.*

¹un|ter|men|gen ⟨sw. V.; hat⟩: *unter etw. mengen: Rosinen [unter den Teig] u.*

²un|ter|men|gen ⟨sw. V.; hat⟩: *etw. mit etw. vermengen: Korn mit Hafer u.*

Un|ter|mensch, der; -en, -en (nationalsoz.): *(in der rassistischen Ideologie des Nationalsozialismus) Mensch, der nicht Arier (2) ist.*

Un|ter|mie|te, die: a) *das Mieten eines Zimmers o. Ä. in einer von einem Hauptmieter bzw. einer Hauptmieterin bereits gemieteten Wohnung o. Ä.:* in, zur U. *(in einem untervermieteten Zimmer) [bei jmdm.] wohnen;* b) *das Untervermieten: jmdn. in, zur U. nehmen (an jmdn. untervermieten).*

Un|ter|mie|ter, der; -s, -: *jmd., der zur Untermiete wohnt.*

Un|ter|mie|te|rin, die; -, -nen: w. Form zu ↑ Untermieter.

Un|ter|miet|zim|mer, das: *untervermietetes Zimmer.*

un|ter|mi|nie|ren ⟨sw. V.; hat⟩ (bildungsspr.): **1.** *in einem allmählichen Prozess bewirken, dass etw. zerstört, abgebaut o. Ä. wird: jmds. Autorität, Ansehen u.* **2.** (Militär) *Sprengstoff, bes. Minen legen; verminen: die feindlichen Stellungen u.*

Un|ter|mi|nie|rung, die; -, -en: *das Unterminieren.*

¹un|ter|mi|schen ⟨sw. V.; hat⟩: *unter etw. mischen: Gewürze u.*

²un|ter|mi|schen ⟨sw. V.; hat⟩: *etw. mit etw. vermischen: Salat mit Mayonnaise u.*

un|ter|mo|to|ri|siert ⟨Adj.⟩ (Kfz-Technik): *mit einem zu schwachen Motor ausgestattet.*

un|ter|n ⟨Präp. + Art.⟩ (ugs.): *unter den.*

¹un|ter|neh|men ⟨st. V.; hat⟩ (ugs.): *unter den Arm nehmen: er hat das Kind untergenommen.*

²un|ter|neh|men ⟨st. V.; hat⟩ [mhd. undernemen]: **1.** a) *etw., was bestimmte Handlungen, Aktivitäten o. Ä. erfordert, in die Tat umsetzen, durchführen: einen Ausflug, eine Fahrt u.;* b) *sich irgendwohin begeben o. etw. tun, was Spaß, Freude o. Ä. macht: etwas, viel zusammen u.* **2.** *Maßnahmen ergreifen; handelnd eingreifen: etwas gegen die Missstände u.; den Versuch u., jmdm. zu helfen.*

Un|ter|neh|men, das; -s, -: **1.** *etw., was ²unternommen (1 a) wird; Vorhaben: ein gewagtes, aussichtsloses U.; das U. gelang, scheiterte; ein U. durchführen, aufgeben.* **2.** *[aus mehreren Werken, Filialen o. Ä. bestehender] Betrieb (im Hinblick auf seine wirtschaftliche Einheit): ein mittleres, privates U.; ein U. gründen, aufbauen, liquidieren.*

un|ter|neh|mend ⟨Adj.⟩: *unternehmungslustig; aktiv.*

Un|ter|neh|mens|an|ga|be, die: **1.** ⟨meist Pl.; nur in Verbindung mit bestimmten Präpositionen⟩ *Angabe (1), Auskunft eines Unternehmens (2): nach, laut -n verdoppelte sich der Gewinn auf 1,43 Milliarden Euro.* **2.** *Nennung des Namens (u. der Adresse) eines Unternehmens.*

Un|ter|neh|mens|an|lei|he, die (Wirtsch.): *Schuldverschreibung, mit der sich ein Unternehmen Fremdkapital für Investitionen u. Umschuldungen beschafft.*

Un|ter|neh|mens|an|teil, der (Wirtsch.): *finanzieller Anteil (1) an einem Unternehmen (2): -e kaufen, verkaufen; die Bank hält 34 % der -e.*

Un|ter|neh|mens|be|ra|ter, der [nach engl. management consultant]: *als Berater in der Unternehmensberatung tätiger Fachmann.*

Un|ter|neh|mens|be|ra|te|rin, die: w. Form zu ↑ Unternehmensberater.

Un|ter|neh|mens|be|ra|tung, die [nach engl. management consulting]: a) *Beratung eines Unternehmens (2), einer Behörde o. Ä. bes. durch Ausarbeitung bzw. Auswertung der für die Planung notwendigen statistischen Unterlagen;* b) *Unternehmen, das Unternehmensberatung betreibt: sie arbeitet für eine U.*

Un|ter|neh|mens|be|reich, der: *Bereich (b) eines Unternehmens (2).*

Un|ter|neh|mens|be|steu|e|rung, die: *Besteuerung von Unternehmen (2).*

Un|ter|neh|mens|be|tei|li|gung, die (Wirtsch.): *Kapitalbeteiligung.*

Un|ter|neh|mens|be|wer|tung, die: *Ermittlung des Wertes eines Unternehmens (2).*

Un|ter|neh|mens|chef, der (ugs.): *¹Leiter (1) eines Unternehmens (2).*

Un|ter|neh|mens|che|fin, die: w. Form zu ↑ Unternehmenschef.

Un|ter|neh|mens|da|ten ⟨Pl.⟩: **1.** *Daten, die durch elektronische Datenverarbeitung in einem Unternehmen (2) entstehen: den Zugriff auf U. regeln.* **2.** *Angaben, Informationen über ein Unternehmen (2), über die geschäftliche Entwicklung eines Unternehmens o. Ä.: die Börse reagierte mit Kursabschlägen auf die negativen U.*

un|ter|neh|mens|ei|gen ⟨Adj.⟩: *zu einem Unternehmen (2) gehörend: ein -er Kindergarten.*

Un|ter|neh|mens|ent|wick|lung, die: *strategische, wirtschaftliche o. ä. Weiterentwicklung eines Unternehmens (2).*

Un|ter|neh|mens|er|folg, der: *wirtschaftlicher Erfolg eines Unternehmens (2).*

Un|ter|neh|mens|er|geb|nis, das (Wirtsch.): *nach bestimmten Kriterien ermittelter Geschäftserfolg eines Unternehmens (2).*

Un|ter|neh|mens|form, die: *Rechtsform eines Unternehmens (2) (z. B. Aktiengesellschaft).*

Un|ter|neh|mens|for|schung, die [engl. operations research]: *Forschung, die Pläne, Modelle, Maßnahmen für die optimale Gewinnsteigerung eines Wirtschaftsunternehmens entwickelt.*

Un|ter|neh|mens|füh|rer, der: *¹Leiter (1) eines Unternehmens (2).*

Un|ter|neh|mens|füh|re|rin, die: w. Form zu ↑ Unternehmensführer.

Un|ter|neh|mens|füh|rung, die: *Management; Unternehmensleitung.*

Un|ter|neh|mens|ge|schich|te, die: *Geschichte eines Unternehmens (2): der Konzern erzielte 2009 das beste Ergebnis der U.*

Un|ter|neh|mens|ge|winn, der: *von einem Unternehmen (2) erwirtschafteter Gesamtgewinn.*

Un|ter|neh|mens|grö|ße, die: *Größe eines Unternehmens (2).*

Un|ter|neh|mens|grün|der, der: *jmd., der ein Unternehmen (2) gründet, aufbaut.*

Un|ter|neh|mens|grün|de|rin, die: w. Form zu ↑ Unternehmensgründer.

Un|ter|neh|mens|grün|dung, die: *Gründung (1) eines Unternehmens (2).*

Un|ter|neh|mens|grup|pe, die: vgl. Firmengruppe.

Un|ter|neh|mens|iden|ti|tät, die: *Corporate Identity.*

Un|ter|neh|mens|in|sol|venz, die: *Insolvenz eines Unternehmens (2).*

un|ter|neh|mens|in|tern ⟨Adj.⟩: vgl. betriebsintern: *die -e Kommunikation; -e Netze, Prozesse, Abläufe; das Problem muss u. gelöst werden.*

Un|ter|neh|mens|kom|mu|ni|ka|ti|on, die: **1.** *Öffentlichkeitsarbeit eines Unternehmens (2).* **2.** *Kommunikation innerhalb eines Unternehmens (2).*

Un|ter|neh|mens|kon|zen|t|ra|ti|on, die: *Konzentration (1) von [kleineren] Unternehmen in wenigen großen Unternehmen (2).*

Un|ter|neh|mens|krei|se ⟨Pl.⟩: *unternehmerische Kreise (3 c): wie aus -n verlautete, ...; nach Angaben aus -n ...*

Un|ter|neh|mens|kul|tur, die: *Grad, Maß, in dem ein Unternehmen den Ansprüchen der Unternehmensidentität entspricht od. zu entsprechen in der Lage ist.*

Un|ter|neh|mens|kun|de, der: *Unternehmen (2) in seiner Rolle als Kunde:* das Geschäft mit -n ist rückläufig.

Un|ter|neh|mens|kun|din, die: w. Form zu ↑ Unternehmenskunde.

Un|ter|neh|mens|lei|tung, die: *Leitung (1) eines Unternehmens (2).*

Un|ter|neh|mens|len|ker, der: ¹*Leiter (1) eines Unternehmens (2).*

Un|ter|neh|mens|len|ke|rin, die: w. Form zu ↑ Unternehmenslenker.

Un|ter|neh|mens|mel|dung, die ⟨meist Pl.⟩ (Wirtsch.): *Meldung (2) über die wirtschaftliche Entwicklung eines Unternehmens (2):* positive -en hellten die Stimmung an der Börse auf.

Un|ter|neh|mens|nach|fol|ge, die: *Nachfolge in einem Unternehmen (2):* die U. regeln, sichern.

Un|ter|neh|mens|nach|richt, die ⟨meist Pl.⟩ (Wirtsch.): *Unternehmensmeldung.*

un|ter|neh|mens|nah ⟨Wirtsch.⟩: *die Interessen von Unternehmen (2) in den Vordergrund stellend:* -e Politik.

Un|ter|neh|mens|phi|lo|so|phie, die: *Einstellung eines Unternehmens (2) gegenüber Kunden, Lieferanten, Mitarbeitern u. Ä.; Wertesystem eines Unternehmens.*

Un|ter|neh|mens|pla|nung, die: *Planung der Tätigkeiten eines Unternehmens (2) zur Erreichung bestimmter Unternehmensziele.*

Un|ter|neh|mens|po|li|tik, die: *Politik (2) eines Unternehmens (2).*

Un|ter|neh|mens|pro|fil, das ⟨Jargon⟩: *Profil (2 b) eines Unternehmens (2).*

Un|ter|neh|mens|sei|te, die ⟨o. Pl.⟩: *Seite (9 b) der Unternehmen (2):* auf U. wird mit einem Rückgang des Umsatzes gerechnet; von der U. wurden die Pläne nicht bestätigt.

Un|ter|neh|mens|sitz, der: *Sitz (3) eines Unternehmens (2):* der U. bleibt in Hamburg, wird in die Schweiz verlegt.

Un|ter|neh|mens|soft|ware, die (EDV): *Anwendungssoftware, die in Unternehmen (2) o. Ä. eingesetzt wird.*

un|ter|neh|mens|spe|zi|fisch ⟨Adj.⟩: *für ein bestimmtes Unternehmen (2) spezifisch:* -e Anforderungen, Lösungen, Probleme.

Un|ter|neh|mens|spre|cher, der: *offizieller Sprecher eines Unternehmens (2).*

Un|ter|neh|mens|spre|che|rin, die: w. Form zu ↑ Unternehmenssprecher.

Un|ter|neh|mens|steu|er, Unternehmensteuer, die: *Steuer, die ein Unternehmen (2) abführen muss.*

Un|ter|neh|mens|stra|te|gie, die: *Strategie eines Unternehmens (2).*

Un|ter|neh|mens|struk|tur, die: *Aufbau, innere Gliederung eines Unternehmens (2).*

Un|ter|neh|mens|teil, der: *Teil eines Unternehmens (2):* der Verkauf von -en.

Un|ter|neh|men|steu|er: ↑ Unternehmenssteuer.

un|ter|neh|mens|über|grei|fend ⟨Adj.⟩: *mehrere Unternehmen (2) einbeziehend:* -e Prozesse; eine -e Zusammenarbeit.

Un|ter|neh|mens|über|nah|me, die: *Übernahme eines Unternehmens (2).*

Un|ter|neh|mens|ver|band, der: *Interessenverband von Unternehmen (2) eines Wirtschaftszweigs.*

Un|ter|neh|mens|ver|tre|ter, der: *Vertreter (1 c) eines Unternehmens (2).*

Un|ter|neh|mens|ver|tre|te|rin, die: w. Form zu ↑ Unternehmensvertreter.

un|ter|neh|mens|weit ⟨Adj.⟩: *das gesamte Unternehmen (2) umfassend, einschließend; im gesamten Unternehmen:* der -e Einsatz einer Software; -e Anwendungen.

Un|ter|neh|mens|wert, der: *Wert eines Unternehmens (2).*

Un|ter|neh|mens|zahl, die ⟨meist Pl.⟩: *Geschäftszahl (1).*

Un|ter|neh|mens|zen|t|ra|le, die: *Zentrale, von der aus ein Unternehmen (2) geführt, gelenkt wird.*

Un|ter|neh|mens|ziel, das: *von einem Unternehmen (2) angestrebtes Ziel:* ein ehrgeiziges, mittelfristiges U.

Un|ter|neh|mens|zu|sam|men|schluss, der: *Zusammenschluss, Fusion (1) zweier od. mehrerer Unternehmen (2).*

Un|ter|neh|mer, der; -s, - [nach frz. entrepreneur, veraltet engl. undertaker]: *Eigentümer eines Unternehmens (2).*

Un|ter|neh|mer|fa|mi|lie, die: *Familie, aus der schon mehrere Unternehmer hervorgegangen sind.*

Un|ter|neh|mer|geist, der ⟨Pl. -er⟩: **1.** ⟨o. Pl.⟩ *unternehmerische Einstellung, Initiative.* **2.** *Mensch mit Unternehmergeist (1).*

Un|ter|neh|mer|ge|winn, der (Wirtsch.): *Teil des Profits, der nach Abzug der Zinsen auf das Kapital dem Unternehmer verbleibt und als Entgelt für seine unternehmerische Tätigkeit erscheint.*

Un|ter|neh|me|rin, die: w. Form zu ↑ Unternehmer.

un|ter|neh|me|risch ⟨Adj.⟩: *einen Unternehmer betreffend, ihm gemäß, zu ihm gehörend.*

Un|ter|neh|mer|schaft, die; -, -en ⟨Pl. selten⟩: *Gesamtheit der Unternehmer und Unternehmerinnen.*

Un|ter|neh|mer|tum, das; -s: **a)** *Gesamtheit der Unternehmer;* **b)** *das Unternehmersein.*

Un|ter|neh|mer|ver|band, der: *Interessenverband von Unternehmern u. Unternehmerinnen.*

Un|ter|neh|mer|ver|tre|ter, der: *Interessenvertreter der Unternehmer.*

Un|ter|neh|mer|ver|tre|te|rin, die: w. Form zu ↑ Unternehmervertreter.

Un|ter|neh|mung, die; -, -en: **1.** *Unternehmen (1).* **2.** (Wirtsch., seltener) *Unternehmen (2).*

Un|ter|neh|mungs|geist, der ⟨o. Pl.⟩: *Initiative, etw. zu ²unternehmen (1).*

Un|ter|neh|mungs|lust, die: *starke Neigung, etw. [zum eigenen Vergnügen] zu ²unternehmen.*

un|ter|neh|mungs|lus|tig ⟨Adj.⟩: *von Unternehmungslust erfüllt, zeugend; voller Unternehmungslust.*

Un|ter|of|fi|zier, der; -s, -e (Militär): **a)** ⟨o. Pl.⟩ *militärische Rangstufe, die (bei Heer und Luftwaffe) die Dienstgrade vom Unteroffizier (b) bis zum Oberstabsfeldwebel umfasst:* U. vom Dienst (Abk.: UvD, U. v. D.); **b)** ⟨o. Pl.⟩ *(bei Heer und Luftwaffe) niedrigster Dienstgrad in der Rangordnung der Unteroffiziere;* **c)** *Träger dieses Dienstgrades:* U. mit Portepee (Portepeeunteroffizier).

Un|ter|of|fi|zier|an|wär|ter usw.: militär. meist für ↑ Unteroffiziersanwärter usw.

Un|ter|of|fi|zie|rin, die: w. Form zu ↑ Unteroffizier (c).

Un|ter|of|fi|ziers|an|wär|ter, der: vgl. Offiziersanwärter (Abk.: UA).

Un|ter|of|fi|ziers|an|wär|te|rin, die: w. Form zu ↑ Unteroffiziersanwärter.

Un|ter|of|fi|ziers|dienst|grad, der: *Dienstgrad eines Unteroffiziers.*

Un|ter|of|fi|ziers|rang, der: *Rang (1) eines Unteroffiziers.*

un|ter|ord|nen ⟨sw. V.; hat⟩: **1.** ⟨u. + sich⟩ *sich in eine bestimmte Ordnung einfügen u. sich nach dem Willen, den Anweisungen o. Ä. eines anderen od. den Erfordernissen, Gegebenheiten richten:* sich [anderen] nicht u. können; sie ordnet sich zu sehr seinen Wünschen unter. **2.** *etw. zugunsten einer anderen Sache zurückstellen:* seine eigenen Interessen den Notwendigkeiten u. **3.** ⟨meist im 2. Part.⟩ **a)** *einem Weisungsbefugten, einer weisungsbefugten Institution unterstellen:* jmdm., einem Ministerium untergeordnet sein; **b)** *in ein umfassendes System als weniger umfassende Größe, Kategorie o. Ä. eingliedern; subsumieren:* Nelke, Tulpe, Rose sind dem Begriff »Blume« untergeordnet.

¹**un|ter|ord|nend** ⟨Adj.⟩ (Sprachwiss.): *(von Konjunktionen) einen Gliedsatz einleitend.*

²**un|ter|ord|nend:** ↑ unterordnen.

Un|ter|ord|ner, der; -s, - (EDV): *untergeordneter Ordner (3).*

Un|ter|ord|nung, die; -, -en: **1.** *das Unterordnen (1, 2 a, 3); das Untergeordnetsein:* die U. unter etw. **2.** (Sprachwiss.) *Hypotaxe.* **3.** (Biol.) *kleinere Einheit als Untergruppe im Rahmen einer bestimmten Ordnung.*

Un|ter|pfand, das; -[e]s, ...pfänder od. ...pfande [mhd. underphant, eigtl. = Pfand, das der Pfandempfänger dem Verpfänder (»unter dem Verpfänder«) belässt]: **a)** (geh.) *Beweis, Pfand (2) dafür, dass etw. anderes besteht, Gültigkeit hat;* **b)** (veraltet) *Pfand (1 a).*

Un|ter|pflas|ter|bahn, Un|ter|pflas|ter|stra|ßen|bahn, die: *Straßenbahn, die [teilweise] unterirdisch geführt ist.*

un|ter|pflü|gen ⟨sw. V.; hat⟩: *etw. unter die Erde pflügen:* das Unkraut u.

un|ter|preis|sig ⟨Adj.⟩ (Wirtschaftsjargon): *ein bestimmtes, übliches, gewinnbringendes o. ä. Preisniveau unterschreitend:* -e Angebote.

Un|ter|pri|ma, die ⟨auch: ˈʊn…⟩, die; -, ...primen (veraltend): *vorletzte Klasse des Gymnasiums.*

un|ter|pri|vi|le|giert ⟨Adj.⟩ [LÜ von engl. underprivileged] (bildungsspr.): *(von bestimmten Menschen, Schichten, Minderheiten, Völkern) nicht od. nur eingeschränkt an bestimmten Rechten, Privilegien, Vorteilen in sozialer od. ökonomischer Hinsicht teilhabend:* -e Schichten.

Un|ter|pro|gramm, das; -[e]s, -e (EDV): *geschlossene Folge von Befehlen (1 b), die von jeder beliebigen Stelle eines Programms (4) aus mit einem speziellen Befehl (1 b) aufgerufen werden kann.*

Un|ter|pro|por|ti|o|nal ⟨Adj.⟩: *(in Zahl, Ausmaß o. Ä.) das richtige Maß unterschreitend; unverhältnismäßig niedrig, gering:* ein -er Anstieg des Reingewinns; die Umsätze des Einzelhandels nahmen nur u. zu.

Un|ter|punkt, der; -[e]s, -e: **1.** *Punkt (4), der einem anderen untergeordnet ist.* **2.** *Punkt unter einem Buchstaben o. Ä.*

un|ter|que|ren ⟨sw. V.; hat⟩: *unter etw. hindurchfahren, hindurchgehen, hindurchführen.*

un|ter|re|den ⟨sw. V.; hat⟩ ⟨u. + sich⟩: *etw. mit jmdm., sich mit jmdm. über etw. bereden; etw. mit jmdm. durchsprechen:* er hat sich lange mit ihr unterredet; die beiden haben sich darüber unterredet.

Un|ter|re|dung, die; -, -en: *wichtiges, meist förmliches, offizielles Gespräch mit einer Person od. einigen wenigen Personen:* mit jmdm. eine U. haben, führen.

un|ter|re|prä|sen|tiert ⟨Adj.⟩: *gemessen an der Gesamtheit einer bestimmten [Bevölkerungs]gruppe, an der Größe eines bestimmten Personenkreises nur schwach vertreten:* eine -e Personengruppe.

Un|ter|richt, der; -[e]s, -e ⟨Pl. selten⟩: *planmäßige, regelmäßige Unterweisung Lernender durch eine[n] Lehrende[n]:* ein lebendiger U.; theoretischer U.; der U. beginnt um 8 Uhr, fällt aus; U. [in etw.] nehmen *(etw. bei einer Lehr-*

unterrichten – Unterschlagung

person lernen); dem U. fernbleiben; am U. teilnehmen; U. [in etw.] geben, erteilen *(unterrichten* 1 b, c).

un|ter|rich|ten ⟨sw. V.; hat⟩ [mhd. underrihten, eigtl. = einrichten, zustande bringen]: **1. a)** *(als Lehrperson) Kenntnisse (auf einem bestimmten Gebiet) vermitteln; als Lehrperson tätig sein; Unterricht halten:* er unterrichtet schon viele Jahre [an einem Gymnasium]; wo unterrichtet sie?; **b)** *ein bestimmtes Fach lehren:* sie unterrichtet Mathematik; ⟨auch mit Präpositional-Obj.:⟩ er unterrichtet in Englisch *(in dem Fach Englisch);* **c)** *jmdm. Unterricht geben, erteilen:* er unterrichtet die Oberstufe; sie unterrichtet ihre Kinder im Malen. **2. a)** *von etw. in Kenntnis setzen; benachrichtigen; informieren* (a), *instruieren* (a): jmdn. sofort von den Ereignissen, über die Ereignisse u.; ich bin unterrichtet *(weiß Bescheid);* **b)** ⟨u. + sich⟩ *sich Kenntnisse, Informationen o. Ä. über etw. verschaffen; sich informieren:* sich an Ort und Stelle über den Stand der Dinge u.; ich werde mich so schnell wie möglich u.; Gründlich unterrichtete sie sich bei den vielen fremden Gästen ihres Vaters über die Verhältnisse der andern Höfe und Länder (Feuchtwanger, Herzogin 25).

un|ter|richt|lich ⟨Adj.⟩: *den Unterricht betreffend, auf ihm beruhend.*

Un|ter|richts|ab|lauf, der: *Ablauf* (4 a) *des Unterrichts.*

Un|ter|richts|aus|fall, der: *Ausfall* (2 a) *des Unterrichts:* erheblicher, hoher U.

Un|ter|richts|be|ginn, der ⟨o. Pl.⟩: *Beginn des Unterrichts:* kurz vor, pünktlich zum U.

Un|ter|richts|be|such, der (Schule): **1.** *Besuch einer Unterrichtsstunde durch jmdn., der den Ablauf des Unterrichts beobachtet, z. B. um sich ein Urteil über die unterrichtende Person zu bilden.* **2.** *Teilnahme am Unterricht (als Schüler, Schülerin).*

Un|ter|richts|be|trieb, der: vgl. Lehrbetrieb.

Un|ter|richts|ein|heit, die (Päd.): **1.** *Zeiteinheit, die für die Behandlung, Vermittlung eines bestimmten Lehrstoffs o. Ä. vorgesehen ist.* **2.** *ein bestimmtes, übergreifendes Thema umfassende Folge von Unterrichtsstunden.*

Un|ter|richts|fach, das: *Lehrfach.*

Un|ter|richts|film, der: *Film, der als Lehr-, Lernmittel eingesetzt wird.*

un|ter|richts|frei ⟨Adj.⟩: *frei von, ohne Unterricht:* ein -er Sonnabend; -e Zeit; u. *(keinen Unterricht)* haben.

Un|ter|richts|ge|gen|stand, der: *etw., was im Unterricht behandelt wird.*

Un|ter|richts|ge|spräch, das (Päd.): *Unterrichtsmethode, bei der der Wissensstoff im Gespräch mit den Schülerinnen u. Schülern erarbeitet wird.*

Un|ter|richts|ge|stal|tung, die: *Gestaltung des Unterrichts.*

Un|ter|richts|leh|re, die: *Didaktik.*

Un|ter|richts|ma|te|ri|al, das: *Material* (2) *für den Unterricht.*

Un|ter|richts|me|tho|de, die: *Methode des Unterrichtens.*

Un|ter|richts|mit|tel, das ⟨meist Pl.⟩: *Lehrmittel.*

Un|ter|richts|pen|sum, das: *Pensum, das in einem bestimmten Zeitraum im Unterricht zu bewältigen ist; Lektion* (1 a).

Un|ter|richts|prak|ti|kum, das (österr.): *Referendariat.*

Un|ter|richts|pra|xis, die: **1.** *Art u. Weise, wie unterrichtet wird.* **2.** *Berufserfahrung eines Lehrers, einer Lehrerin:* keine, langjährige U. haben, besitzen.

Un|ter|richts|pro|gramm, das: **1.** *Programm für den Unterricht.* **2.** *gedrucktes od. auf Tonband gesprochenes Programm eines mechanischen od. elektronischen Hilfsmittels für den programmierten Unterricht.*

Un|ter|richts|raum, der: *Raum, in dem Unterricht stattfindet.*

Un|ter|richts|schritt, der (Päd.): *einzelner didaktischer Schritt* (5).

Un|ter|richts|spra|che, die: *Sprache, in der unterrichtet wird:* die U. ist Englisch.

Un|ter|richts|stoff, der: *Lehrstoff.*

Un|ter|richts|stun|de, die: *für den Unterricht vorgesehener Zeitabschnitt von in der Regel höchstens einer Stunde.*

Un|ter|richts|ver|lauf, der: *Verlauf* (2) *des Unterrichts.*

Un|ter|richts|we|sen, das ⟨o. Pl.⟩: *Gesamtheit dessen, was mit dem Unterricht an Schulen zusammenhängt.*

Un|ter|richts|zeit, die: *für den Unterricht vorgesehene od. festgelegte Zeitspanne.*

Un|ter|richts|ziel, das: *Ergebnis, das mithilfe des Unterrichts erzielt werden soll.*

Un|ter|richts|zweck, der: *auf den Unterricht ausgerichteter, dem Unterricht dienender Zweck.*

Un|ter|rich|tung, die; -, -en: *das Unterrichten* (2); *das Unterrichtetwerden.*

un|ter|rin|geln ⟨sw. V.; hat⟩ (ugs.): *unterschlängeln:* von etw. u.

Un|ter|rock, der; -[e]s, ...röcke: *einem Trägerkleid od. einem* ¹*Rock ähnliches Wäschestück, das unter einem Kleid od. Rock getragen wird.*

un|ter|rüh|ren ⟨sw. V.; hat⟩: *rührend untermengen.*

un|ters ⟨Präp. + Art.⟩ (ugs.): *unter das.*

un|ter|sa|gen ⟨sw. V.; hat⟩ [mhd. undersagen, ahd. untarsagēn, eigtl. = im Wechselgespräch (mit der Absicht des Verbietens) mitteilen, nach lat. interdicere]: *anordnen, dass etw. zu unterlassen ist; den Arzt untersagte ihm, Alkohol zu trinken; das Betreten der Bühne ist untersagt.*

Un|ter|sa|gung, die; -, -en: *das Untersagen:* eine U. der Demonstration beantragen; gegen die U. gerichtlich vorgehen; Eilantrag auf U. der Abschiebung.

Un|ter|satz, der; -es, ...sätze [mhd. undersaz]: *etw., was zu einem bestimmten Zweck unter etw. gestellt, gelegt, angebracht wird:* den heißen Topf auf einen U. stellen; * **fahrbarer U.** (ugs. scherzh.; *Auto, Motorrad o. Ä.*)

un|ter|schät|zen ⟨sw. V.; hat⟩: *zu gering einschätzen:* eine Entfernung [erheblich] u.; eine Gefahr u.; seinen Gegner u.; seine Erfahrungen sind nicht zu u. *(sind sehr beachtlich).*

Un|ter|schät|zung, die; -, -en ⟨Pl. selten⟩: *das Unterschätzen.*

un|ter|scheid|bar ⟨Adj.⟩: *sich von einer anderen Person od. Sache unterscheiden lassend.*

un|ter|schei|den ⟨st. V.; hat⟩ [mhd. underscheiden = (als nicht in besonderen Merkmalen o. Ä. übereinstimmend) trennen, festsetzen, erklären, ahd. undarscéidan]: **1. a)** *etw. im Hinblick auf seine besonderen Merkmale, Eigenschaften o. Ä. erkennen u. es als etw., was nicht od. nur teilweise mit etw. anderem übereinstimmt, bestimmen:* verschiedene Bedeutungen u.; man kann vier Typen u.; zweierlei ist hier zu u.; ein scharf unterscheidender Verstand; **b)** *einen Unterschied* (2) *machen:* sie wird unterschieden zwischen dem alten und dem neuen Mittelstand; **c)** *zwischen zwei od. mehreren Dingen, Erscheinungen o. Ä. einen Unterschied feststellen, wahrnehmen; als etw. Verschiedenes, in seiner Verschiedenheit erkennen:* die Zwillinge sind kaum zu u.; Weizen von Roggen nicht u. können. **2.** ⟨u. + sich⟩ *im Hinblick auf bestimmte Merkmale, Eigenschaften o. Ä. anders sein als eine andere Person od. Sache:* sich deutlich, kaum von jmdm. u.; sich durch eine bestimmte Farbe [voneinander] u.; in diesem Punkt unterscheiden sich die beiden Parteien überhaupt nicht. **3.** *das besondere Merkmal sein, worin jmd., etw. von jmdm., etw. abweicht:* ihre Musikalität unterscheidet sie von ihrer Schwester. **4.** *etw. unter, zwischen anderem, vielem anderen in seinen Einzelheiten optisch od. akustisch wahrnehmen:* er, sein Auge unterschied noch den kleinsten Fleck am Horizont.

Un|ter|schei|dung, die; -, -en: *das Unterscheiden; das Unterschiedenwerden.*

Un|ter|schei|dungs|merk|mal, das: *Merkmal zur Unterscheidung.*

Un|ter|schei|dungs|ver|mö|gen, das ⟨o. Pl.⟩: *Fähigkeit zu unterscheiden.*

Un|ter|schen|kel, der; -s, -: *Teil des Beines zwischen Knie u. Fuß.*

Un|ter|schicht, die; -, -en: **1.** *untere Gesellschaftsschicht.* **2.** *eine Schicht von etw.:* die U. bestand aus Lehm.

Un|ter|schich|ten|fern|se|hen, das (abwertend): *von Angehörigen der Unterschicht bevorzugte Fernsehprogramme.*

¹**un|ter|schie|ben** ⟨st. V.; hat⟩: *unter etw., jmdn. schieben:* sie schob dem Kranken ein Kissen unter; Ü ein untergeschobenes Kind, Testament.

²**un|ter|schie|ben** ⟨sw. V.; hat⟩: **a)** *in irreführender, unlauterer, betrügerischer o. ä. Weise jmdm. etw. heimlich zuschieben:* jmdm. einen Brief u.; **b)** *in ungerechtfertigter Weise jmdm. etw. zuschreiben, von ihm behaupten, dass es getan habe; unterstellen:* man hat ihm unlautere Absichten untergeschoben.

Un|ter|schied, der; -[e]s, -e [mhd. underschied, underscheit, ahd. untarsceid]: **1.** *etw., worin zwei od. mehrere Dinge nicht übereinstimmen:* ein kleiner, entscheidender, gewaltiger U.; es bestehen erhebliche Unterschiede in der Qualität, in der Farbe; der U. zwischen Tier und Mensch; es ist [schon] ein [großer] U. *(etw. anderes),* ob du es sagst oder er; das macht keinen U. (ugs.; *das ist unerheblich;* nach engl. it makes no difference); * **der kleine U.** (ugs. scherzh.: 1. *Geschlechtsunterschied zwischen Mann u. Frau.* 2. *Geschlechtsmerkmal, bes. Penis als deutliches Kennzeichen des Unterschieds zwischen Mann u. Frau).* **2.** *[bewertende] Unterscheidung, Abgrenzung:* da kennt er keine -e; einen U. machen zwischen ihr und ihm; im U. zu ihm interessiere sie das überhaupt nicht; mit einem einzigen U.; das gilt für alle in gleichem Maß ohne U. der Herkunft, der Religion.

un|ter|schied|lich ⟨Adj.⟩: *Unterschiede aufweisend; nicht gleich:* -e Auffassungen, Charaktere; Veranstaltungen der -sten Art; Gebiete von -er Größe; Schülerinnen und Schüler u. behandeln; Sie gefielen ihm u. gut, mit manchen trank er nach dem Seminar ein Glas Bier (Kronauer, Bogenschütze 130).

Un|ter|schied|lich|keit, die; -, -en: **1.** ⟨o. Pl.⟩ *Unterschiedlichsein.* **2.** ⟨meist Pl.⟩ *etw. Unterschiedliches.*

Un|ter|schieds|be|trag, der: *Differenz[betrag].*

un|ter|schieds|los ⟨Adj.⟩: *ohne Unterschied.*

¹**un|ter|schla|gen** ⟨st. V.; hat⟩: *(Beine, Arme) kreuzen* (1).

²**un|ter|schla|gen** ⟨sw. V.; hat⟩ [mhd. underslahen, eigtl. = etw. unter etw. stecken]: **1.** (bes. Rechtsspr.) *Gelder, Werte o. Ä., die jmdm. anvertraut sind, unrechtmäßig nicht zu dem rechtmäßigen Eigentümer gewollten Zweck verwenden, sondern für sich behalten, verwenden:* Geld, Briefe u. **2.** *etw. Wichtiges nicht mitteilen; jmdm. etw. Mitteilens-, Erwähnenswertes vorenthalten, verheimlichen:* eine wichtige Nachricht, entscheidende Tatsachen u.

Un|ter|schla|gung, die; -, -en: **1.** (Rechtsspr.) *das*

²**Un|ter|schla|gen** (1); rechtswidrige Aneignung anvertrauter Gelder, Werte o. Ä.: er hat mehrere -en begangen. **2.** *das Unterschlagen:* die U. einer Nachricht.

un|ter|schlän|geln ⟨sw. V.; hat⟩: *zur Hervorhebung, Markierung eine Schlangenlinie unter etw. Geschriebenes, Gedrucktes setzen:* ein Wort u.

¹**Un|ter|schleif,** der; -[e]s, -e [zu veraltet unterschleifen = betrügen, mhd. untersliefen] (veraltet, noch landsch.): *Unterschlagung* (1); ◆ ... und alles, was wir je begonnen, gelinge nur durch U. (Goethe, Epimenides I, 261 f.)

◆²**Un|ter|schleif,** der; -[e]s, -e [zu ↑ schliefen]: *Unterschlupf:* ... der Vater hat einen Einzug und U. von auswärtigem Gesindel, und ich glaube, soviel ich merke, ist er ein Diebshehler geworden (Keller, Romeo 51).

Un|ter|schlupf, der; -[e]s, Unterschlüpfe -e ⟨Pl. selten⟩: *Ort, an dem jmd. Schutz findet od. an dem sich jmd. vorübergehend verbirgt:* einen U. suchen, bei jmdm. finden; jmdm. U. gewähren.

un|ter|schlup|fen ⟨sw. V.; ist⟩ (südd. ugs.): *unterschlüpfen.*

un|ter|schlüp|fen ⟨sw. V.; ist⟩ (ugs.): *Unterschlupf finden:* in einer Scheune, bei Freunden u.

un|ter|schnal|len ⟨sw. V.; hat⟩ (ugs.): *darunterlegen u. festschnallen.*

un|ter|schnei|den ⟨unr. V.; hat⟩: **1.** (Bauw.) *ein Bauteil an der Unterseite abschrägen.* **2.** (Tennis, Tischtennis) *mit Unterschnitt schlagen.*

Un|ter|schnitt, der; -[e]s, -e (Tennis, Tischtennis): *Schlag, bei dem der Schläger senkrecht od. leicht nach hinten gekantet u. nach unten geführt wird, sodass der Ball eine Rückwärtsdrehung bekommt.*

un|ter|schrei|ben ⟨st. V.; hat⟩: **a)** *seinen Namen hinschreiben, unter etw. setzen; signieren:* mit vollem Namen u.; unterschreiben Sie bitte hier unten; ◆ ⟨auch u. + sich:⟩ Wer hat sich denn unterschrieben? Adlzreiter! ... Große Juristen ... (Hebbel, Agnes Bernauer IV, 3); **b)** *mit seiner Unterschrift den Inhalt eines Schriftstücks bestätigen, sein Einverständnis o. Ä. erklären:* eine Erklärung, Resolution, ein Abkommen, einen Vertrag, eine Quittung, einen Brief u.; etw. blind *(ohne es zu lesen),* mit gutem Gewissen, einen Scheck blanko u.; Ü dieses Vorgehen kann ich [nicht] u. (ugs.; *gutheißen*).

un|ter|schrei|ten ⟨st. V.; hat⟩: *unter einer bestimmten angenommenen, festgelegten Grenze als Maß bleiben, liegen:* eine gesetzte Norm u.

Un|ter|schrei|tung, die; -, -en: *das Unterschreiten.*

Un|ter|schrift, die; -, -en: **1.** *zum Zeichen der Bestätigung, des Einverständnisses o. Ä. eigenhändig unter ein Schriftstück, einen Text geschriebener Name:* seine U. unter etw. setzen; eine U. leisten (nachdrücklich; *unterschreiben*); etw. durch seine U. beglaubigen; jmdm. etw. zur U. *(zum Unterschreiben)* vorlegen; Herr Heßreiter, mit einem Gänsekiel, unter dem vor Jahrhunderten der mächtige Handelsherr Jakob Fugger gearbeitet hatte, vollzog die U. (Feuchtwanger, Erfolg 624). **2.** Kurzf. von ↑ Bildunterschrift.

Un|ter|schrif|ten|ak|ti|on, die; vgl. Unterschriftenkampagne.

Un|ter|schrif|ten|kam|pa|gne, die: *Kampagne zur Unterschriftensammlung.*

Un|ter|schrif|ten|lis|te, die: *Liste mit Unterschriften* (1).

Un|ter|schrif|ten|map|pe, die: *Mappe für Schriftstücke, die von einem od. einer Vorgesetzten o. Ä. unterschrieben werden sollen.*

Un|ter|schrif|ten|samm|lung, die: *Sammlung von Unterschriften in Listen für od. gegen jmdn., etw.*

un|ter|schrift|lich ⟨Adj.⟩ (Amtsspr.): *mit od. durch Unterschrift:* eine -e Verfügung; etw. u. bestätigen.

un|ter|schrifts|be|rech|tigt ⟨Adj.⟩: *berechtigt, Schriftstücke, bes. Geschäftspost, zu unterschreiben.*

Un|ter|schrifts|pro|be, die: *Probe von einer Unterschrift (zur Überprüfung ihrer Echtheit).*

un|ter|schrifts|reif ⟨Adj.⟩: *so beschaffen (aufgesetzt, ausgearbeitet), dass die entsprechenden Unterschriften daruntergesetzt werden können:* -e Verträge.

Un|ter|schutz|stel|lung, die ⟨o. Pl.⟩ (Amtsspr., bes. schweiz.): *Vorgehen, Verfahren, durch das etw. unter Denkmal-, Naturschutz gestellt wird.*

un|ter|schwel|lig ⟨Adj.⟩: *(bes. vom Bewusstsein, von Gefühlen) verdeckt, unbewusst vorhanden, wirkend:* -e Ängste.

Un|ter|see|boot, das [nach engl. Bildungen mit under-sea = »unter (der) See« als Best.]: *Schiff, das tauchen u. längere Zeit unter Wasser fahren kann u. bes. für militärische Zwecke eingesetzt wird.*

un|ter|see|isch ⟨Adj.⟩ (Geol.): *unter der Meeresoberfläche [gelegen].*

Un|ter|sei|te, die: *nach unten gewandte, nicht sichtbare Seite.*

un|ter|seits ⟨Adv.⟩: *an der Unterseite.*

Un|ter|se|kun|da [auch: 'ʊn...], die; -, ...sekunden (veraltend): *sechste Klasse des Gymnasiums.*

¹**un|ter|set|zen** ⟨sw. V.; hat⟩ [mhd. undersetzen]: *unter etw. setzen, stellen.*

²**un|ter|set|zen** ⟨sw. V.; hat⟩: **1.** *etw. mit etw. durchsetzen, mischen:* der Wald ist mit Sträuchern untersetzt. **2. a)** (Kfz-Technik) *die Motordrehzahl in einem bestimmten Verhältnis heruntersetzen;* **b)** (Elektrot.) *verlangsamt wiedergeben:* elektronische Signale u.

Un|ter|set|zer, der: *kleinerer flächiger Gegenstand, der als Schmuck, zum Schutz o. Ä. unter etw. gelegt wird.*

un|ter|setzt ⟨Adj.⟩ [zu veraltet untersetzen = stützen, festigen, mhd. undersetzen, also eigtl. = gestützt, gefestigt]: *(in Bezug auf den Körperbau) nicht besonders groß, aber stämmig; pyknisch:* ein -er Typ.

Un|ter|setzt|heit, die; -: *das Untersetztsein.*

Un|ter|set|zung, die; -, -en: **a)** (Kfz-Technik) *Vorrichtung zum Untersetzen:* eine U. einbauen; **b)** (Elektrot.) *das Untersetzen.*

un|ter|sin|ken ⟨st. V.; ist⟩: *nach unten, unter die Oberfläche einer Flüssigkeit sinken.*

Un|ter|span|nung, die (Elektrot.): *zu niedrige Spannung in einem elektrischen Gerät.*

un|ter|spie|len ⟨sw. V.; hat⟩: **1.** (seltener) *als nicht so wichtig hinstellen, herunterspielen (2):* eine Affäre u. **2.** (seltener) *distanziert u. sparsamer Mimik u. Gestik darstellen:* [seine Rollen] gern u. **3.** (Golf) *eine Runde* (3 b) *mit einer geringeren Anzahl von Schlägen als der durch das Handicap vorgegebenen beenden:* er unterspielte den Par-72-Kurs in zwei Runden um sechs Schläge.

un|ter|sprit|zen ⟨sw. V.; hat⟩ (Medizinjargon): *(faltige od. eingefallene Partien eines Gesichts) aus kosmetischen Gründen durch Injizieren einer geeigneten Substanz unterfüttern:* Falten, die Stirn [mit Botox] u.

un|ter|spü|len ⟨sw. V.; hat⟩: *(vom Wasser) unterhöhlen* (1): die Flut hat das Ufer unterspült.

Un|ter|spü|lung, die; -, -en: *das Unterspülen.*

un|terst... ⟨Adj.; Sup. von unter...⟩: ↑ unter...

Un|ter|stadt, die: *[weiter] unten gelegener Teil einer Stadt.*

Un|ter|stand, der; -[e]s, ...stände [mhd. understant]: **1.** *unter der Erdoberfläche befindlicher Raum zum Schutz gegen Beschuss (im Stellungskrieg).* **2.** *Stelle, wo sich jmd. unterstellen kann.* **3.** (österr.) *Unterkunft, Unterschlupf.*

un|ter|stands|los ⟨Adj.⟩ (österr.): *wohnsitzlos.*

¹**un|ter|ste|hen** ⟨unr. V.; hat; südd., österr., schweiz. auch: ist⟩ [mhd. understēn = sich unter etw. stellen]: *unter etw. Schützendem stehen.*

²**un|ter|ste|hen** ⟨unr. V.; hat⟩: **1. a)** *in seinen Befugnissen jmdm., einer Institution o. Ä. unterstellt sein:* niemandem u.; **b)** ²*unterliegen* (2): ständiger Kontrolle u.; es untersteht keinem Zweifel *(es besteht kein Zweifel),* dass er die Unwahrheit gesagt hat. **2.** ⟨u. + sich⟩ *sich herausnehmen, erdreisten, etw. zu tun:* untersteh dich nicht, darüber zu sprechen!; (als Warnung, Drohung) untersteh dich sich!; ◆ Ich ... will nicht, dass der Bauer Häuser baue auf seine eigne Hand und also frei hinleb', als ob er Herr wär' in dem Lande. Ich werd' mich unterstehn, Euch das zu wehren (Schiller, Tell I, 2).

¹**un|ter|stel|len** ⟨sw. V.; hat⟩: **1. a)** *zur Aufbewahrung abstellen:* das Fahrrad im Keller u.; **b)** ⟨u. + sich⟩ *sich unter etw. Schützendes stellen.* **2.** *unter etw. stellen:* einen Eimer u.

²**un|ter|stel|len** ⟨sw. V.; hat⟩: **1. a)** *jmdm., einer Institution, die Weisungen geben kann o. Ä., unterordnen:* die Behörde ist dem Innenministerium unterstellt; **b)** *jmdm. die Leitung von etw. übertragen:* er hat ihr mehrere Abteilungen unterstellt. **2.** [nach frz. supposer] **a)** *annehmen:* ich unterstelle [einmal], dass er die Wahrheit gesagt hat; **b)** ²*unterschieben* (1 b): man hat mir die übelsten Absichten unterstellt.

Un|ter|stell|mög|lich|keit, die: *Möglichkeit, etw. irgendwo* ¹*unterzustellen* (1 a): es gibt kaum eine U. für die Fahrräder.

Un|ter|stell|raum, der: *Raum, in dem etw.* ¹*untergestellt* (1 a) *werden kann.*

¹**Un|ter|stel|lung,** die; -, -: *das* ¹*Unterstellen* (1).

²**Un|ter|stel|lung,** die; -, -en: *das* ²*Unterstellen* (1); *das Unterstelltwerden, Unterstelltsein:* die U. unter die Militärgerichtsbarkeit. **2.** *falsche Behauptung, mit der jmdm. etw. unterstellt wird:* böswillige -en.

un|ter|steu|ern ⟨sw. V.; hat⟩ (Kfz-Technik): *bei normalem Ausschlag der Räder nicht entsprechend stark in die Kurve gehen:* der Wagen untersteuert.

Un|ter|stim|me, die; -, -n: *tiefste Stimme eines mehrstimmigen musikalischen Satzes.*

un|ter|strei|chen ⟨st. V.; hat⟩: **1.** *zur Hervorhebung einen Strich unter etw. Geschriebenes, Gedrucktes ziehen:* ein Wort ist der Fehler dick, rot, mit Rotstift unterstrichen. **2.** *nachdrücklich betonen, hervorheben:* jmds. Verdienste, Worte u.

Un|ter|strei|chung, die; -, -en: **1.** *das Unterstreichen.* **2.** *Strich, mit dem etw. unterstrichen ist.*

Un|ter|strich, der (EDV): *anstelle eines Leerschritts einzusetzendes Zeichen in Form eines tief liegenden waagerechten Strichs.*

Un|ter|strö|mung, die; -, -en: *Strömung unter der Wasseroberfläche.*

Un|ter|stu|fe, die; -, -n: *untere Klassen in Realschulen u. Gymnasien.*

¹**un|ter|stüt|zen** ⟨sw. V.; hat⟩: *unter etw. stützen:* den Arm [unter das Kinn] u.

²**un|ter|stüt|zen** ⟨sw. V.; hat⟩ [mhd. understützen, ahd. untarstuzzen] **1. a)** *jmdm. [der sich in einer schlechten materiellen Lage befindet] durch Zuwendungen helfen:* er wird von seinen Freunden finanziell unterstützt; **b)** *jmdm. bei etw. behilflich sein:* jmdn. tatkräftig, mit Rat und Tat u. **2.** *sich für jmdn., jmds. Angelegenheiten u. Ä. einsetzen u. dazu beitragen, dass etw. Fortschritte macht, Erfolg hat:* die Kandidaten einer Partei u.; ein Projekt u. *(fördern);* ein Gesuch u.; das Mittel unterstützt *(begünstigt, fördert)* den Heilungsprozess.

Unterstützer – unterwärts

Un|ter|stüt|zer, der; -s, -: **1.** *jmd., der jmdn. od. etw. unterstützt.* **2.** *Förderer, Geldgeber:* das Projekt hat viele prominente Unterstützer.

Un|ter|stüt|ze|rin, die; -, -nen: w. Form zu ↑ Unterstützer.

Un|ter|stüt|zung, die; -, -en: **1.** *das ²Unterstützen, Helfen, Fördern:* bei jmdm. keine U. finden; er ist auf U. durch den Staat angewiesen. **2.** *bestimmter Geldbetrag, mit dem jmd. unterstützt wird:* eine U. beantragen, beziehen; jmdm. U. gewähren.

un|ter|stüt|zungs|be|dürf|tig ⟨Adj.⟩: *(materielle) Unterstützung benötigend.*

Un|ter|stüt|zungs|bei|hil|fe, die: *einem Arbeitnehmer bzw. einer Arbeitnehmerin vom Arbeitgeber od. aus öffentlichen Mitteln zur Unterstützung gewährte Beihilfe.*

Un|ter|stüt|zungs|geld, das: *Unterstützung (2).*

Un|ter|stüt|zungs|kas|se, die: *betrieblicher Fonds, aus dem Unterstützungen gezahlt werden.*

un|ter|su|chen ⟨sw. V.; hat⟩ [spätmhd. undersuochen]: **1. a)** *etw. genau beobachten, betrachten u. so in seiner Beschaffenheit, Zusammensetzung, Gesetzmäßigkeit, Auswirkung o. Ä. genau zu erkennen suchen:* etw. gründlich u.; die Beschaffenheit des Bodens, die gesellschaftlichen Verhältnisse u. *(analysieren);* ein Thema, ein Problem [wissenschaftlich] u. *(erforschen, erörtern);* **b)** *(durch Proben, Analysen) die chemischen Bestandteile von etw. zu bestimmen, festzustellen suchen:* den Eiweißgehalt von etw. u. lassen; das Blut auf Zucker u. **2. a)** *(von Ärzten) jmds. Gesundheitszustand festzustellen suchen:* einen Patienten nur flüchtig u.; sich ärztlich u. lassen; jmdn. auf seinen psychischen Zustand [hin] u.; In der Strafvollzugsordnung steht doch, dass die Gefangenen vor ihrer Entlassung gründlich auf Gesundheit und Arbeitsfähigkeit zu u. sind (Fallada, Blechnapf 20); **b)** *den Zustand eines [erkrankten] Organs, [verletzten] Körperteils o. Ä. festzustellen suchen:* den Hals, die Wunde sorgfältig u. **3.** *etw. [juristisch, polizeilich] aufzuklären suchen, einer Sache nachgehen:* einen Fall gerichtlich u.; den Tathergang u. **4.** *²durchsuchen:* jmdn., jmds. Gepäck u. **5.** *überprüfen:* die Maschine u.; das Auto auf seine Verkehrssicherheit [hin] u.

Un|ter|su|chung, die; -, -en [spätmhd. undersuochunge]: **1. a)** *das Untersuchen (1):* wissenschaftliche -en; eine mikroskopische U.; die U. der Gesteinsschichten; eine U. anfertigen. **b)** *das Untersuchen (2):* eine vorbeugende, ärztliche U.; sich einer gründlichen U. unterziehen. **2.** *das Untersuchen (3):* die polizeiliche U. verlief ergebnislos; eine U. gegen jmdn. beantragen, anordnen, einleiten, durchführen. **3.** *das Untersuchen (4); Durchsuchung:* die U. des Gepäcks. **4.** *das Untersuchen (5); Überprüfung:* eine genaue U. des Unfallwagens. **5.** *auf Untersuchungen (1) basierende wissenschaftliche Arbeit:* eine interessante U. über Umweltschäden; eine U. veröffentlichen.

Un|ter|su|chungs|aus|schuss, der: *Ausschuss (2), der mit der Untersuchung (2) von etw. betraut ist:* etw. vor den U. bringen.

Un|ter|su|chungs|be|hör|de, die: *Behörde, die für die Untersuchung (2) von etw. zuständig ist.*

Un|ter|su|chungs|be|richt, der: *Bericht über eine Untersuchung (1-4).*

Un|ter|su|chungs|er|geb|nis, das: *Ergebnis einer Untersuchung.*

Un|ter|su|chungs|ge|fan|ge|ne ⟨vgl. Gefangene⟩: *weibliche Person, die sich in Untersuchungshaft befindet.*

Un|ter|su|chungs|ge|fan|ge|ner ⟨vgl. Gefangener⟩: *jmd., der sich in Untersuchungshaft befindet.*

Un|ter|su|chungs|ge|fäng|nis, das: *Gefängnis für Untersuchungsgefangene.*

Un|ter|su|chungs|haft, die: *Haft eines od. einer Beschuldigten bis zu Beginn u. während eines Prozesses:* in U. sitzen; jmdn. in U. nehmen.

Un|ter|su|chungs|häft|ling, der: *jmd., der sich in Untersuchungshaft befindet.*

Un|ter|su|chungs|kom|mis|si|on, die: vgl. Untersuchungsausschuss.

Un|ter|su|chungs|me|tho|de, die: *Methode, nach der eine Untersuchung (1-4) durchgeführt wird.*

Un|ter|su|chungs|ob|jekt, das: *Objekt (1 a) einer Untersuchung (1-4).*

Un|ter|su|chungs|rich|ter, der: *Richter, der bei Strafverfahren die Voruntersuchung leitet.*

Un|ter|su|chungs|rich|te|rin, die: w. Form zu ↑ Untersuchungsrichter.

Un|ter|su|chungs|ver|fah|ren, das: **1.** (Rechtsspr.) *Verfahren (2) zur Untersuchung (2) von etw.:* eine U. einleiten, eröffnen. **2.** *bei einer Untersuchung (1 b) angewendetes Verfahren (1):* apparative, invasive U.; neue U. entwickeln.

Un|ter|su|chungs|zeit|raum, der: *Zeitraum, in dem eine Untersuchung (1a, 4) stattfindet.*

Un|ter|su|chungs|zim|mer, das: *Raum in einer Arztpraxis o. Ä., in dem die Patienten untersucht werden.*

Un|ter|tag|ar|bei|ter usw.: ↑ Untertagearbeiter usw.

Un|ter|ta|ge|ar|bei|ter, der (Bergbau): *Bergarbeiter, der unter Tage arbeitet.*

Un|ter|ta|ge|bau, der ⟨Pl. -e⟩ (Bergbau): **1.** ⟨o. Pl.⟩ *Abbau unter Tage.* **2.** *Grube.*

un|ter|tags ⟨Adv.⟩ (österr., schweiz.): *tagsüber.*

un|ter|tan ⟨Adj.⟩ [mhd. undertān, ahd. untartān = unterjocht, verpflichtet, eigtl. adj. 2. Part. von mhd. undertuon, ahd. untartuon = unterwerfen]: in den Wendungen **sich, einer Sache jmdn., etw. u. machen** (geh.: *jmdn., etw. seinen Zwecken unterwerfen, beherrschen:* sich die Natur u. machen); **jmdm., einer Sache u. sein** (veraltend; *von jmdm., etw. abhängig, jmdm., etw. unterworfen sein).*

Un|ter|tan, der; -s, auch: -en, -en [mhd. undertān(e)]: **a)** (früher) *Bürger einer Monarchie od. eines Fürstentums, der seinem Landesherrn zu Gehorsam u. Dienstbarkeit verpflichtet ist:* die -en des Landgrafen; **b)** (abwertend) *Mensch von untertäniger Gesinnung, von serviler Ergebenheit:* die Schüler zu -en erziehen.

Un|ter|ta|nen|geist, der ⟨o. Pl.⟩ (abwertend): *untertänige Gesinnung, servile Ergebenheit.*

un|ter|tä|nig ⟨Adj.⟩ [mhd. undertænec] (abwertend): *jmds. Haltung zeigend, die erkennen lässt, dass er sehr beflissen den Willen von Höhergestellten, Mächtigeren als verbindlich anerkennt, sich beeilt, ihm nachzukommen.*

Un|ter|tä|nig|keit, die; - [mhd. undertænicheit] (abwertend): *das Untertänigsein.*

Un|ter|ta|nin, die; -, -nen: w. Form zu ↑ Untertan.

un|ter|ta|rif|lich ⟨Adj.⟩: *unter dem Tarif (2) liegend.*

Un|ter|tas|se, die; -, -n: *kleinerer Teller, in dessen leichte Vertiefung in der Mitte die Tasse gestellt wird:* *** fliegende U.** (ugs.; *tellerförmiges Flugobjekt unbekannter Art u. Herkunft).*

un|ter|tau|chen ⟨sw. V.⟩: **1. a)** ⟨ist⟩ *unter die Oberfläche tauchen:* der Schwimmer tauchte unter; **b)** ⟨hat⟩ *unter Wasser drücken:* jmdn. u. **2.** ⟨ist⟩ **a)** *verschwinden, nicht mehr zu sehen sein:* in der Menge u.; **b)** *sich an einen unbekannten Ort begeben u. sich so jmds. Zugriff entziehen:* in Südamerika u.

Un|ter|teil, das, auch: der; -[e]s, -e: *unteres, unterer Teil von etw.*

un|ter|tei|len ⟨sw. V.; hat⟩: **a)** *eine Fläche, einen Raum o. Ä. aufteilen:* einen Schrank in mehrere Fächer u.; **b)** *einteilen, gliedern:* die Skala ist in 10 Grade unterteilt.

Un|ter|tei|lung, die; -, -en: **1.** *das Unterteilen.* **2.** *das Unterteiltsein.*

Un|ter|tel|ler, der; -s, -: *Untertasse.*

Un|ter|tem|pe|ra|tur, die; -, -en: *Temperatur, die unter der normalen Körpertemperatur liegt.*

Un|ter|ter|tia [auch: 'un...], die; -, ...tertien (veraltend): *vierte Klasse des Gymnasiums.*

Un|ter|ti|tel, der; -s, -: **1.** *Titel, der einen Haupttitel [erläuternd] ergänzt:* wie lautet der U. der Abhandlung? **2.** *in den unteren Teil des Bildes eines in fremder Sprache vorgeführten Films eingeblendeter übersetzter Text:* der Film läuft in der Originalfassung mit deutschen -n.

un|ter|ti|teln [auch: ...'tıtln] ⟨sw. V.; hat⟩: **1.** *ein Buch, einen Aufsatz o. Ä. mit einem Untertitel (1) versehen.* **2. a)** *einen Film mit Untertiteln (2) versehen;* **b)** *ein Bild, Foto o. Ä. mit einer Bildunterschrift versehen:* die Fotos sind dreisprachig untertitelt.

Un|ter|ti|te|lung, die; -, -en: **1.** *das Untertiteln.* **2.** *das Untertiteltsein; Gesamtheit der Untertitel (2) eines Films.*

Un|ter|ton, der; -[e]s, ...töne: **1.** (Physik, Musik) *als Spiegelung des Obertons mit dem Grundton mitschwingender Ton.* **2.** *leiser, versteckter Beiklang:* in ihrer Stimme lag, war ein banger U.; seine Stimme hatte einen drohenden U.; mit einem U. von Ironie reden.

un|ter|tou|rig [...tuːrɪç] ⟨Adj.⟩ (Technik): *mit zu niedriger Drehzahl laufend:* einen Wagen u. fahren.

un|ter|trei|ben ⟨st. V.; hat⟩: *etw. kleiner, geringer, unbedeutender o. ä. darstellen [lassen], als es in Wirklichkeit ist.*

Un|ter|trei|bung, die; -, -en: **1.** ⟨o. Pl.⟩ *das Untertreiben.* **2.** *untertreibende Äußerung.*

un|ter|tun|neln ⟨sw. V.; hat⟩: *einen Tunnel unter etw. hindurchführen:* einen Fluss u.

Un|ter|tun|ne|lung, die; -, -en: **1.** *das Untertunneln.* **2.** *das Untertunneltsein.*

un|ter|ver|mie|ten ⟨sw. V.; hat⟩: *an einen Untermieter, an eine Untermieterin vermieten.*

Un|ter|ver|mie|tung, die; -, -en: *das Untervermieten.*

un|ter|ver|si|chern ⟨sw. V.; hat⟩: *etw. mit einer Summe versichern, die niedriger ist als der Wert der versicherten Sache.*

Un|ter|ver|si|che|rung, die; -, -en: **1.** *das Unterversichern.* **2.** *das Unterversichertsein.*

un|ter|ver|sor|gen ⟨sw. V.; hat; meist im 2. Part.⟩: *zu gering [mit etw.] versorgen:* der Markt ist unterversorgt; die Durchblutung des unterversorgten Herzens anregen.

Un|ter|ver|sor|gung, die; -, -en: *das Unterversorgtsein.*

un|ter|ver|tre|ten ⟨Adj.⟩ (schweiz.): *unterrepräsentiert.*

Un|ter|ver|zeich|nis, das (EDV): *Unterordner.*

Un|ter|wal|den; -s: *zusammenfassende Bez. für Nidwalden u. Obwalden:* U. nid dem Wald *(Nidwalden);* U. ob dem Wald *(Obwalden).*

¹Un|ter|wald|ner, der; -s, -: Ew.

²Un|ter|wald|ner ⟨indekl. Adj.⟩: *die U. Voralpen.*

Un|ter|wald|ne|rin, die; -, -nen: w. Form zu ↑ Unterwaldner.

un|ter|wald|ne|risch ⟨Adj.⟩: *Unterwalden, die ¹Unterwaldner betreffend.*

un|ter|wan|dern ⟨sw. V.; hat⟩: *nach u. nach unmerklich in etw. eindringen, um es so zu zersetzen:* der Staatsapparat war von subversiven Elementen unterwandert.

Un|ter|wan|de|rung, die; -, -en: **1.** *das Unterwandern.* **2.** *das Unterwandertsein.*

un|ter|wärts ⟨Adv.⟩ [↑-wärts] (ugs.): **a)** *unten; unterhalb:* bist du u. *(am Unterkörper)* auch warm genug angezogen?; **b)** *abwärts.*

Unterwäsche – Unübersichtlichkeit

Un|ter|wä|sche, die; -: *unmittelbar auf dem Körper getragene Wäsche.*

Un|ter|was|ser, das; -s: *Grundwasser.*

Un|ter|was|ser|ar|chä|o|lo|gie, die: *Zweig der Archäologie, der sich bes. mit der Erforschung u. Bergung von [antiken] Schiffswracks u. der Untersuchung heute unter Wasser liegender Siedlungen od. Bauwerke beschäftigt.*

Un|ter|was|ser|auf|nah|me, die: *[Film]aufnahme unter der Wasseroberfläche.*

Un|ter|was|ser|be|hand|lung, die: *Unterwassermassage.*

Un|ter|was|ser|fahr|zeug, das: *Fahrzeug zum Transport von Personen u. Gütern unter Wasser.*

Un|ter|was|ser|for|schung, die: *Aquanautik.*

Un|ter|was|ser|jagd, die (Tauchsport): *Jagd auf Fische mit der Harpune.*

Un|ter|was|ser|ka|me|ra, die: *Kamera, mit der unter Wasser gefilmt, fotografiert werden kann.*

Un|ter|was|ser|mas|sa|ge, die: *Massage, die unter Wasser ausgeführt wird.*

Un|ter|was|ser|sta|ti|on, die: *unter der Meeresoberfläche gelegene Beobachtungs-, Forschungsstation.*

Un|ter|was|ser|welt, die: *Bereich unter der Oberfläche eines Gewässers (bes. als Lebensraum):* die faszinierende U. der Malediven, der Küste, der Ostsee, der Lagune.

◆ **un|ter|we|gen** ⟨Adv.⟩: *in der Verbindung* etw. u. lassen (etw. unterlassen, nicht tun; eigtl. = auf dem Weg zurücklassen, zu mhd. under wegen, ↑ unterwegs).

un|ter|wegs ⟨Adv.⟩ [mit Adverbendung -s zu mhd., ahd. under wegen]: **a)** *sich auf dem Weg irgendwohin befindend:* er ist bereits u.; sie ist den ganzen Tag u. *(wenig zu Hause);* der Brief ist u. *(bereits abgeschickt);* Ü bei seiner Frau ist ein Kind, ist etwas, ist etwas Kleines u. (ugs.; *seine Frau ist schwanger);* der Konzern ist deutschlandweit, im Energiesektor u. *(der Konzern ist deutschlandweit, im Energiesektor tätig);* das Unternehmen ist gut u. *(entwickelt sich gut, ist erfolgreich);* **b)** *auf der Reise, auf Reisen:* wir waren vier Wochen u.; **c)** *draußen [auf der Straße]:* die ganze Stadt war u.; wer ist denn um diese Uhrzeit noch u.

un|ter|weil (veraltet), **un|ter|wei|len** ⟨Adv.⟩: **1.** *bisweilen:* ◆ »Es ist für den erwünschten Frieden unterweilen tauglich, wenn eine unbeteiligte sachkundige Person ...« – Herr Christian Albrecht unterbrach ihn (Storm, Söhne 22). **2.** *währenddessen:* ◆ *... betraut' ich ihn ein züchtig Jahr, visierte dann unterweil nach einem neuen Schatze* (Goethe, Faust I, 2990 f.).

un|ter|wei|sen ⟨st. V.; hat⟩ [mhd. underwīsen] (geh.): *jmdm. Kenntnisse, Fertigkeiten vermitteln; lehren:* jmdn. in einer Sprache, in Geschichte u.

Un|ter|wei|sung, die; -, -en [mhd. underwīsunge] (geh.): *das Unterweisen; Lehre.*

Un|ter|welt, die: **1.** (griech. Mythol.) *Totenreich; Tartaros.* **2.** *zwielichtiges Milieu von Berufsverbrechern [in Großstädten]:* in der U. verkehren.

Un|ter|welt|ler, der; -s, - (ugs.): *jmd., der zur Unterwelt (2) gehört.*

Un|ter|welt|le|rin, die; -, -nen: w. Form zu ↑ Unterweltler.

un|ter|welt|lich ⟨Adj.⟩: *zur Unterwelt gehörend, von ihr ausgehend, auf sie bezogen.*

un|ter|wer|fen ⟨st. V.; hat⟩ [mhd. underwerfen], ahd. untarwerfan]: **1. a)** *mit [militärischer] Gewalt unter seine Herrschaft bringen, besiegen u. sich untertan machen:* ein Volk, Gebiet u.; **b)** ⟨u. + sich⟩ *sich unter jmds. Herrschaft stellen:* jmdn. (den Eroberern) u. **2.** ⟨u. + sich⟩ *sich jmds. Willen, Anordnungen o. Ä. unterordnen; sich fügen; jmds. Vorstellungen o. Ä. akzeptieren, hinnehmen u. sich entsprechend gefügig verhalten:* sich jmds. Befehl, Willkür u. **3.** (verblasst:) *jmdn. einem Verhör u. (jmdn. verhören);* sich einer Prüfung u. *(sich prüfen lassen).* **4.** *jmdm., einer Sache unterworfen sein (einer Sache ausgesetzt sein, von jmdm., etw. abhängig sein).*

Un|ter|wer|fung, die; -, -en: **1.** *das Unterwerfen.* **2.** *das Sichunterwerfen.*

un|ter|wer|tig ⟨Adj.⟩ (Fachspr.): *unter dem normalen Wert liegend.*

Un|ter|wol|le, die (Jägerspr.): *unmittelbar an der Haut sitzende Wolle* (2).

un|ter|wür|fig [auch: ˈʊn...] ⟨Adj.⟩ [zu mhd. underwurf = Unterwerfung] (abwertend): *in würdeloser Weise darum bemüht, sich die Meinung eines Höhergestellten o. Ä. zu eigen zu machen, u. bereit, ihm bedingungslos zu Diensten zu sein:* ein -er Charakter.

Un|ter|wür|fig|keit [auch: ˈʊn...], die; - (abwertend): **1.** ⟨o. Pl.⟩ *unterwürfige [Wesens]art.* **2.** *unterwürfig wirkende Handlung, Äußerung.*

Un|ter|zahl, die ⟨o. Pl.⟩ (bes. Sport): *Minderzahl; zahlenmäßige Unterlegenheit (bes. einer Mannschaft gegenüber der anderen in einem Spiel):* die letzten zehn Minuten mussten sie in U. spielen.

un|ter|zeich|nen ⟨sw. V.; hat⟩: **1.** *dienstlich, in amtlichem Auftrag unterschreiben; mit seiner Unterschrift den Inhalt eines Schriftstücks bestätigen; signieren:* ein Protokoll u.; einen Aufruf u. **2.** ⟨u. + sich⟩ (veraltend) *unterschreiben:* er unterzeichnet sich als Regierender Bürgermeister.

Un|ter|zeich|ner, der; -s, -: *jmd., der etw. unterzeichnet hat.*

Un|ter|zeich|ne|rin, die; -, -nen: w. Form zu ↑ Unterzeichner.

Un|ter|zeich|ner|staat, der: *Staat, der ein Abkommen o. Ä. unterzeichnet hat.*

Un|ter|zeich|ne|te, die/eine Unterzeichnete; der/einer Unterzeichneten, die Unterzeichneten/zwei Unterzeichnete: *Unterzeichnerin.*

Un|ter|zeich|ne|ter, der Unterzeichnete/ein Unterzeichneter; des/eines Unterzeichneten, die Unterzeichneten/zwei Unterzeichnete: *Unterzeichner.*

Un|ter|zeich|nung, die; -, -en: *das Unterzeichnen.*

Un|ter|zei|le, die; -, -[e]s: **1.** *unter einem Haupttitel, einer Schlagzeile o. Ä. stehende Zeile:* die Zeitung meldet in der U., dass ...; in der U. heißt es ...; der U. *(der Untertitel)* lautet ... **2.** *unter einem Bild, Icon o. Ä. stehende Zeile.*

Un|ter|zeug, das; -[e]s (ugs.): *Unterwäsche.*

¹un|ter|zie|hen ⟨unr. V.; hat⟩: **1.** *unter einem anderen Kleidungsstück anziehen:* noch ein T-Shirt u. **2.** (Bauw.) *einziehen* (1 b): *sie haben einen Träger untergezogen.* **3.** (Kochkunst) *[mit dem Schneebesen] ohne zu rühren vorsichtig vermengen:* den Eischnee u.

²un|ter|zie|hen ⟨unr. V.; hat⟩: **1.** ⟨u. + sich⟩ *etw., dessen Erledigung o. Ä. mit gewissen Mühen verbunden ist, auf sich nehmen:* sie unterzog sich dieser Aufgabe; Schon vom nächsten Tag an hat Paul sich einem harten Trainingsprogramm unterzogen (Plenzdorf, Legende 316). **2.** (verblasst:) *jmdn., etw. einer Überprüfung u. (überprüfen);* etw. einer gründlichen Reinigung u. *(gründlich reinigen).*

un|ter|zu|ckert (Med.): *an Unterzuckerung leidend:* wer u. ist, sollte öfter kleine Mahlzeiten zu sich nehmen.

Un|ter|zu|cke|rung, die; -, -en (Med.): *zu niedriger Blutzuckerspiegel:* Unterzuckerung kann zu Krämpfen und Bewusstseinsstörung führen.

un|tief ⟨Adj.⟩ (selten): *nicht tief; flach, seicht:* -e Stellen in Gewässern.

Un|tie|fe, die; -, -n: **1.** *flache, seichte Stelle in einem Gewässer.* **2.** *große Tiefe:* die -n des Ozeans.

Un|tier, das; -[e]s, -e [mhd. untier]: *hässliches u. böses, wildes, gefährliches Tier:* ein U. aus der Sage.

Un|to|te, die/eine Untote; der/einer Untoten, die Untoten/zwei Untote: *(in Horrorfilmen o. Ä.) wiederbelebte Tote; Zombie.*

Un|to|ter, der Untote/ein Untoter; des/eines Untoten, die Untoten/zwei Untote: *(in Horrorfilmen o. Ä.) wiederbelebter Toter; Zombie.*

un|trag|bar [auch: ˈʊn...] ⟨Adj.⟩: **1.** *nicht mehr tragbar* (3 a): *wirtschaftlich, finanziell u. sein.* **2.** *nicht zu ertragen, zu dulden:* -e *(unerträgliche) Zustände;* er ist für seine Partei u.

Un|trag|bar|keit [auch: ˈʊn...], die; -, -en: **1.** ⟨o. Pl.⟩ *das Untragbarsein.* **2.** *etw. nicht Annehmbares, nicht Mögliches.*

un|trai|niert ⟨Adj.⟩: *nicht [genügend] trainiert.*

un|trenn|bar [auch: ˈʊn...] ⟨Adj.⟩: *nicht trennbar:* etw. ist u. mit etw. verknüpft, verbunden.

Un|trenn|bar|keit [auch: ˈʊn...], die; -: *das Untrennbarsein.*

un|treu ⟨Adj.⟩: **a)** (geh.) *[einem anderen gegenüber nicht beständig, sondern einer Verpflichtung o. Ä. zuwiderhandelnd:* ein -er Freund; du bist uns u. geworden (scherzh.; *kommst nicht mehr);* er ist sich selbst u. geworden *(hat seine Gesinnung, sein innerstes Wesen verleugnet);* Ü seinen Grundsätzen u. werden *(sie verleugnen);* **b)** *nicht treu* (1 b): *ein -er Liebhaber;* seine Frau ist ihm u. geworden *(betrügt ihn).*

Un|treue, die; -: **1.** *das Untreusein.* **2.** (Rechtsspr.) *vorsätzlicher Missbrauch eines zur Verwaltung übertragenen Vermögens.*

un|tröst|lich [auch: ˈʊn...] ⟨Adj.⟩: *für keinerlei Trost empfänglich; nicht zu trösten:* die -e Witwe; ich bin u. (übertreibend; *es tut mir sehr leid),* dass ich das vergessen habe; das Kind war u. *(sehr traurig)* über den Verlust.

un|trüg|lich [auch: ˈʊn...] ⟨Adj.⟩: *absolut sicher:* ein -es Zeichen; ein -er Beweis.

un|tüch|tig ⟨Adj.⟩: *nicht [besonders] tüchtig* (1).

Un|tüch|tig|keit, die; -: *das Untüchtigsein.*

Un|tu|gend, die; -, -en: *schlechte Eigenschaft, üble Gewohnheit od. Neigung:* die Ungeduld ist eine seiner -en.

un|tun|lich ⟨Adj.⟩: *nicht tunlich* (1).

un|ty|pisch ⟨Adj.⟩: *nicht typisch* (1 b): *dass er zu spät kommt, ist ganz u. für ihn.*

un|übel ⟨Adj.⟩: *nur in der Fügung* nicht u. (ugs.; *eigentlich ganz gut, schön: das schmeckt wirklich nicht u.).*

un|über|biet|bar [auch: ˈʊn...] ⟨Adj.⟩ (oft übertreibend): *nicht überbietbar.*

un|über|brück|bar [auch: ˈʊn...] ⟨Adj.⟩: *nicht zu überbrücken* (1): *-e Gegensätze.*

Un|über|brück|bar|keit [auch: ˈʊn...], die; -: *das Unüberbrückbarsein.*

un|über|hör|bar [auch: ˈʊn...] ⟨Adj.⟩: *nicht zu überhören.*

un|über|legt ⟨Adj.⟩: *nicht überlegt:* eine -e Handlungsweise.

Un|über|legt|heit, die; -, -en: **1.** ⟨o. Pl.⟩ *das Unüberlegtsein.* **2.** *unüberlegte Handlung, Äußerung.*

un|über|schau|bar [auch: ˈʊn...] ⟨Adj.⟩: *nicht überschaubar; unübersehbar* (2).

un|über|schreit|bar [auch: ˈʊn...] ⟨Adj.⟩ (selten): *nicht zu überschreiten.*

un|über|seh|bar [auch: ˈʊn...] ⟨Adj.⟩: **1.** *nicht zu ²übersehen* (3): *-e Materialfehler.* **2. a)** *sehr groß (sodass es nicht zu überblicken ist); eine Menge;* **b)** (intensivierend bei Adj.) *sehr, ungeheuer:* das Gelände war u. groß.

un|über|setz|bar [auch: ˈʊn...] ⟨Adj.⟩: *nicht übersetzbar:* -e Ausdrücke.

un|über|sicht|lich ⟨Adj.⟩: *nicht übersichtlich:* eine -e Kurve.

Un|über|sicht|lich|keit, die; -, -en: **1.** ⟨o. Pl.⟩

unübersichtliche Beschaffenheit. **2.** *etw. Unübersichtliches.*

un|über|trag|bar [auch: ʊn...] ⟨Adj.⟩: *nicht übertragbar.*

un|über|treff|lich [auch: ʊn...] ⟨Adj.⟩: *nicht zu übertreffen.*

Un|über|treff|lich|keit [auch: ʊn...], die; -: *das Unübertrefflichsein.*

un|über|trof|fen [auch: ʊn...] ⟨Adj.⟩: *noch nicht übertroffen:* ihr -er Fleiß.

un|über|wind|bar [auch: ʊn...] ⟨Adj.⟩: *unüberwindlich:* u. scheinende Hindernisse.

un|über|wind|lich [auch: ʊn...] ⟨Adj.⟩: *nicht überwindbar:* eine -e Abneigung.

un|üb|lich ⟨Adj.⟩: *nicht üblich:* ein -es Vorgehen.

un|um|gäng|lich [auch: ʊn...] ⟨Adj.⟩: *dringend erforderlich, sodass es nicht unterlassen werden darf; unbedingt erforderlich, notwendig:* -e Maßnahmen.

Un|um|gäng|lich|keit [auch: ʊn...], die; -, -en: **1.** ⟨o. Pl.⟩ *das Unumgänglichsein.* **2.** *etw. unumgänglich Erscheinendes, Notwendiges.*

un|um|kehr|bar [auch: ʊn...] ⟨Adj.⟩: *nicht umkehrbar, nicht rückgängig zu machen.*

un|um|schränkt [auch: ...ˈʃrɛŋkt] ⟨Adj.⟩ [zu veraltet umschränken = mit Schranken umgeben]: *nicht eingeschränkt:* jmdm. -e Vollmacht geben; ein -er *(absoluter, souveräner)* Herrscher.

un|um|stöß|lich [auch: ʊn...] ⟨Adj.⟩: *nicht mehr umzustoßen, abzuändern:* eine -e Tatsache.

Un|um|stöß|lich|keit [auch: ʊn...], die; -, -en: **1.** ⟨o. Pl.⟩ *das Unumstößlichsein.* **2.** *etw., was für unumstößlich gehalten wird.*

un|um|strit|ten [auch: ʊn...] ⟨Adj.⟩: *nicht umstritten:* eine -e Tatsache.

un|um|wun|den [auch: ...ˈvʊn...] ⟨Adj.⟩ [zu †²umwinden]: *ohne Umschweife, offen u. freiheraus:* etw. u. zugeben.

un|un|ter|bro|chen [auch: ...ˈbrɔ...] ⟨Adj.⟩: *eine längere Zeit ohne eine Unterbrechung andauernd:* sie redet u.; es regnet u.

un|un|ter|scheid|bar [auch: ʊn...] ⟨Adj.⟩: *nicht unterscheidbar:* -e Zwillinge; die oft u. gewordenen Parteien.

un|ver|än|der|bar [auch: ʊn...] ⟨Adj.⟩: *nicht veränderbar.*

un|ver|än|der|lich [auch: ʊn...] ⟨Adj.⟩: *nicht veränderlich; gleichbleibend:* die -en Gesetze der Natur.

Un|ver|än|der|lich|keit [auch: ʊn...], die; -: *das Unveränderlichsein.*

un|ver|än|dert [auch: ...ˈʔɛn...] ⟨Adj.⟩: **a)** *ohne jede Veränderung:* in seinem Aussehen war er u.; **b)** *ohne jede Änderung:* ein -er Nachdruck.

un|ver|ant|wort|bar [auch: ʊn...] ⟨Adj.⟩: *unverantwortlich* (1).

un|ver|ant|wort|lich [auch: ʊn...] ⟨Adj.⟩: **1.** *nicht zu verantworten:* ein -er Leichtsinn. **2.** (selten) *ohne jedes Verantwortungsgefühl:* ein -er Autofahrer.

Un|ver|ant|wort|lich|keit [auch: ʊn...], die; -, -en: unverantwortliches Wesen, Verhalten.

un|ver|ar|bei|tet [auch: ...ˈlaːɐ̯...] ⟨Adj.⟩: **1.** *(von Materialien) nicht verarbeitet.* **2.** *in psychischer bzw. geistiger Hinsicht nicht bewältigt:* -e Erinnerungen.

un|ver|äu|ßer|lich [auch: ʊn...] ⟨Adj.⟩: **1.** *nicht zu veräußern* (2): -e Rechte. **2.** (seltener) *unverkäuflich:* ein -er Besitz.

Un|ver|äu|ßer|lich|keit [auch: ʊn...], die; -: *das Unveräußerlichsein.*

un|ver|bes|ser|lich [auch: ʊn...] ⟨Adj.⟩: *(seinem Wesen nach) nicht [mehr] zu ändern, zu bessern:* ein -er Mensch.

Un|ver|bes|ser|lich|keit [auch: ʊn...], die; -: *das Unverbesserlichsein.*

un|ver|bil|det ⟨Adj.⟩: *noch ganz natürlich empfindend:* nette, -e Menschen.

un|ver|bind|lich [auch: ...ˈbɪnt...] ⟨Adj.⟩ [für älter unverbündlich]: **1.** *ohne eine Verpflichtung einzugehen; nicht bindend:* eine -e Auskunft. **2.** *kein besonderes Entgegenkommen zeigend; reserviert.*

Un|ver|bind|lich|keit [auch: ...ˈbɪnt...], die; -, -en: **1.** ⟨o. Pl.⟩ *das Unverbindlichsein.* **2.** *unverbindliche Äußerung.*

un|ver|bleit ⟨Adj.⟩: *bleifrei:* -es Benzin.

un|ver|blümt [auch: ʊn...] ⟨Adj.⟩: *ganz offen; nicht in höflicher, vorsichtiger Umschreibung od. Andeutung:* jmdm. u. seine Meinung sagen.

un|ver|braucht ⟨Adj.⟩: *noch frisch, nicht verbraucht:* -e Kräfte; die Luft ist u.

un|ver|brüch|lich [auch: ʊn...] ⟨Adj.⟩ [mhd. unverbrüchelīchen, unverbruchlich, eigtl. = etwas, was nicht zerbrochen werden kann, zu mhd. verbrechen = zerbrechen] (geh.): *nicht aufzulösen, zu brechen:* -e Treue.

un|ver|däch|tig [auch: ...ˈdɛç...] ⟨Adj.⟩: *nicht verdächtig.*

un|ver|dau|lich [auch: ...ˈdaʊ...] ⟨Adj.⟩: *nicht verdaulich:* -e Reste der Nahrung.

Un|ver|dau|lich|keit [auch: ...ˈdaʊ...], die; -, -en: **1. a)** ⟨o. Pl.⟩ *unverdauliche Beschaffenheit;* **b)** *Verdauungsbeschwerden.* **2.** *etw. Unverdauliches.*

un|ver|daut [auch: ...ˈdaʊt] ⟨Adj.⟩: *nicht verdaut:* -e Speisereste; Ü die eigenen -en *(nicht bewältigten)* Probleme.

un|ver|dient [auch: ...ˈdiːnt] ⟨Adj.⟩: **a)** *ohne jedes eigene Verdienst:* ein -es Lob; ein nicht -er *(durchaus berechtigter)* Sieg; **b)** *unbegründet:* -e Vorwürfe.

un|ver|dien|ter|ma|ßen, un|ver|dien|ter|wei|se ⟨Adv.⟩: *ohne es verdient zu haben, ohne dass es gerechtfertigt wäre.*

un|ver|dor|ben ⟨Adj.⟩: **1.** *nicht verdorben:* -e Speisen. **2.** *[sittlich] rein, unschuldig, natürlich, unverbildet.*

Un|ver|dor|ben|heit, die; -: *das Unverdorbensein.*

un|ver|dros|sen [auch: ...ˈdrɔ...] ⟨Adj.⟩ [mhd. unverdroʒʒen]: *unentwegt u. ohne eine Mühe zu scheuen, ohne die Lust zu verlieren um etw. bemüht.*

un|ver|dünnt ⟨Adj.⟩: *nicht verdünnt.*

un|ver|ehe|licht ⟨Adj.⟩ (bes. Amtsspr.): *unverheiratet.*

un|ver|ein|bar [auch: ʊn...] ⟨Adj.⟩: *nicht in Einklang zu bringen; nicht zu vereinbaren:* -e Gegensätze.

Un|ver|ein|bar|keit [auch: ʊn...], die; -, -en: **1.** ⟨o. Pl.⟩ *das Unvereinbarsein.* **2.** ⟨Pl.⟩ *Dinge o. Ä., die unvereinbar sind.*

un|ver|fälscht [auch: ...ˈfɛlʃt] ⟨Adj.⟩: *nicht verfälscht.*

Un|ver|fälscht|heit [...ˈfɛlʃt...], die; -: *das Unverfälschtsein.*

un|ver|fäng|lich [auch: ...ˈfɛŋ...] ⟨Adj.⟩: *nicht verfänglich:* eine ganz -e Situation, Frage.

un|ver|fro|ren [auch: ...ˈfroː...] ⟨Adj.⟩ [wahrsch. unter Anlehnung an landsch. verfrieren (»durch Frost Schaden erleiden«) volkstüml. umgebildet aus niederd. unverfehrt = unerschrocken < mniederd. unvorvērt, eigtl. verneintes 2. Part. von: (sik) vorvēren = erschrecken, zu: vāre = Gefahr, und dem nötigen Takt u. Respekt u. daher auf eine ungehörige u. rücksichtslose Art freimütig:* jmdn. u. nach etw. fragen.

Un|ver|fro|ren|heit [auch: ...ˈfroː...], die; -, -en: **1.** ⟨o. Pl.⟩ *das Unverfrorensein.* **2.** *unverfrorene Äußerung.*

un|ver|gäng|lich [auch: ...ˈgɛŋ...] ⟨Adj.⟩: *nicht vergänglich.*

Un|ver|gäng|lich|keit [auch: ...ˈgɛŋ...], die; -, -en: **1.** ⟨o. Pl.⟩ *das Unvergänglichsein.* **2.** *etw. Unvergängliches.*

un|ver|ges|sen ⟨Adj.⟩: *(von jmd., etw. der Vergangenheit Angehörendem) seiner Besonderheit wegen nicht aus dem Gedächtnis geschwunden, schwindend:* das, er wird [uns] u. bleiben.

un|ver|gess|lich [auch: ...ˈges...] ⟨Adj.⟩: *nicht aus der Erinnerung, dem Gedächtnis zu löschen:* -e Stunden.

un|ver|gleich|bar [auch: ʊn...] ⟨Adj.⟩: *nicht vergleichbar, mit nichts Ähnlichem zu vergleichen.*

un|ver|gleich|lich [auch: ʊn...] ⟨Adj.⟩: **1.** *(emotional) in seiner Einzigartigkeit mit nichts Ähnlichem zu vergleichen:* ein -er Mensch. **2.** ⟨intensivierend bei Adjektiven⟩ *[sehr] viel, weitaus:* sie ist u. schön[er]. **3.** (geh.) *unvergleichbar.*

un|ver|go|ren ⟨Adj.⟩: *nicht vergoren:* -er Saft.

◆ **un|ver|hal|ten** ⟨Adj.⟩ [zu: verhalten = zurückhalten]: *nicht verborgen, nicht verhehlt, nicht vorenthalten:* denn freilich wussten sie am besten, wie es gegangen war ...; ... doch sagten beide nichts. Dem Leser aber soll es u. sein (Mörike, Hutzelmännlein 136).

un|ver|hält|nis|mä|ßig [auch: ...ˈhɛlt...] ⟨Adj.⟩: *allzu sehr vom normalen Maß abweichend:* es ist u. kalt; Wenn ich in den Spiegel schaue, komme ich mir u. gealtert vor (Genazino, Glück 130).

Un|ver|hält|nis|mä|ßig|keit, die; -, -en: **1.** ⟨o. Pl.⟩ *das Unverhältnismäßigsein:* er kritisierte die U. der gegen die Demonstranten eingesetzten Mittel. **2.** *etw. Unverhältnismäßiges.*

un|ver|hei|ra|tet ⟨Adj.⟩: *nicht verheiratet.*

un|ver|hofft [auch: ...ˈhɔft] ⟨Adj.⟩: *(von etw., was für ziemlich ausgeschlossen gehalten wurde, ganz unerwartet:* ein -es Wiedersehen; Gegen Abend traute ich mich nach Hause. Da wurde mir ein u. freundlicher Empfang zuteil (Kempowski, Tadellöser 243); Spr u. kommt oft.

un|ver|hoh|len [auch: ...ˈhoː...] ⟨Adj.⟩: *nicht verborgen, unverhüllt:* mit -er Neugier, Schadenfreude.

un|ver|hüllt ⟨Adj.⟩: *nicht verborgen, ganz offensichtlich:* eine -e Drohung.

un|ver|käuf|lich [auch: ...ˈkɔʏf...] ⟨Adj.⟩: *nicht käuflich zu erwerben:* ein -es Produkt.

un|ver|kenn|bar [auch: ʊn...] ⟨Adj.⟩: *eindeutig erkennbar:* -e Symptome; Auf einmal blinkte ein Licht über dem Fluss auf, schwach, aber u. (Chr. Wolf, Himmel 124).

un|ver|krampft ⟨Adj.⟩: ¹*natürlich* (5) *u. frei* (1 c)*, ganz ungehemmt* (2).

un|ver|langt ⟨Adj.⟩: *nicht verlangt, nicht angefordert.*

un|ver|läss|lich ⟨Adj.⟩: *nicht verlässlich.*

un|ver|letz|bar [auch: ʊn...] ⟨Adj.⟩: *nicht verletzbar:* er schien u. zu sein.

un|ver|letz|lich [auch: ʊn...] ⟨Adj.⟩: *unantastbar:* ein -es Recht, Gesetz.

Un|ver|letz|lich|keit [auch: ʊn...], die; -: *das Unverletzlichsein.*

un|ver|letzt ⟨Adj.⟩: *keine Verletzung aufweisend.*

un|ver|lier|bar [auch: ʊn...] ⟨Adj.⟩ (geh.): *jmdm. stets erhalten bleibend; von Bestand seiend:* -e Erinnerungen, Werte.

◆ **un|ver|lo|ren** ⟨Adj.⟩ [mhd. unverlorn, eigtl. adj. 2. Part.]: *unverlierbar:* Das gnädige Fräulein hat noch meinen Ring, ich kenne ihn meinen ... - Er soll Ihnen u. sein (der Ring wird bei ihr in guten Händen sein, Ihnen nicht verloren gehen; Lessing, Minna III, 3).

un|ver|lösch|lich [auch: ʊn...] ⟨Adj.⟩ (geh.): **1.** *nicht auslöschbar:* -e Schrift. **2.** *unauslöschlich.*

un|ver|mählt ⟨Adj.⟩ (geh.): *nicht vermählt.*

un|ver|meid|bar [auch: ʊn...] ⟨Adj.⟩: *sich nicht vermeiden lassend.*

un|ver|meid|lich [auch: ʊn...] ⟨Adj.⟩: **1. a)** *unvermeidbar:* ein -es Übel; ⟨subst.:⟩ Lene war aufgeräumt, und auch Thiel schien sich in das Unvermeidliche mit gutem Anstand fügen zu wollen (Hauptmann, Thiel 35); **b)** *sich aus etw. als sichere, in Kauf zu nehmende Folge ergebend:* -e Härtefälle. **2.** (meist spött.) *regelmäßig dazugehörend, nicht wegzudenken, zwangsläufig vorhanden, sich ergebend:* sie trug wieder einen ihrer -en Hüte.

Un|ver|meid|lich|keit [auch: ˈʊn...], die; -: *das Unvermeidlichsein.*

un|ver|merkt ⟨Adv.⟩ (geh.): **a)** *ohne dass es bemerkt wird:* u. hatte es sich eingetrübt; **b)** *ohne es selbst zu merken:* u. hatten sie sich verirrt.

un|ver|min|dert ⟨Adj.⟩: *gleichbleibend, nicht geringer werdend:* mit -er Stärke fiel der Regen nieder.

un|ver|mischt ⟨Adj.⟩: *nicht vermischt.*

un|ver|mit|tel|bar ⟨Adj.⟩: *sich nicht vermitteln (3, 4) lassend; nicht zu vermitteln.*

un|ver|mit|telt ⟨Adj.⟩: *ohne Übergang [erfolgend]; abrupt:* eine -e Frage; u. stehen bleiben.

Un|ver|mit|telt|heit, die; -: *das Unvermitteltsein.*

Un|ver|mö|gen, das; -s: *das Nicht-vorhanden-Sein einer entsprechenden Fähigkeit:* sein U., sich einer Situation anzupassen.

un|ver|mö|gend ⟨Adj.⟩: *wenig od. kein Vermögen besitzend.*

un|ver|mu|tet ⟨Adj.⟩: *plötzlich, ohne dass aus irgendwelchen Anzeichen darauf zu schließen war, unerwartet, überraschend:* -e Schwierigkeiten; ein -er Besuch.

Un|ver|nunft, die [spätmhd. unvernunft, ahd. unfernunest]: *Verhaltens-, Handlungsweise, die nicht vernünftig ist (u. sich daher negativ auswirkt):* es ist eine U., bei diesem Sturm auszulaufen.

un|ver|nünf|tig ⟨Adj.⟩ [spätmhd. unvernunftic, ahd. unvernumistig]: *wenig Vernunft zeigend:* wie ein -es Kind; es ist u., das zu tun; u. viel trinken.

Un|ver|nünf|tig|keit, die; -, -en: **1.** ⟨o. Pl.⟩ *Unvernunft.* **2.** *etw. Unvernünftiges.*

un|ver|öf|fent|licht ⟨Adj.⟩: *nicht veröffentlicht:* ein -es Manuskript.

un|ver|packt ⟨Adj.⟩: *nicht verpackt.*

un|ver|putzt ⟨Adj.⟩: *nicht verputzt.*

un|ver|rich|tet: in den Fügungen **-er Dinge** (↑¹Ding 2 b); **-er Sache** (↑ Sache 2 a).

un|ver|rück|bar [auch: ˈʊn...] ⟨Adj.⟩: **1.** *sich verrücken, von der Stelle rücken lassend:* ein -er Fels. **2.** *durch nichts zu ändern od. infrage zu stellen:* mein Entschluss ist u.

un|ver|schämt ⟨Adj.⟩ [spätmhd. unverschamet]: **1.** *sich mit aufreizender Respektlosigkeit über die Grenzen des Taktes u. des Anstandes hinwegsetzend (u. die Gefühle anderer verletzend):* eine -e Person; er ist, wurde u. **2.** (ugs.) *das übliche Maß stark überschreitend:* er hatte -es Glück; die Mieten sind u. **3.** (intensivierend bei Adjektiven) (ugs.) *überaus, sehr:* sie sieht u. gut aus.

Un|ver|schämt|heit, die; -, -en: **1.** ⟨o. Pl.⟩ *das Unverschämtsein.* **2.** *unverschämte Handlung, Verhaltensweise, Äußerung.*

un|ver|schlei|ert ⟨Adj.⟩: *nicht verschleiert.*

un|ver|schlos|sen [auch: ...ˈʃlɔ...] ⟨Adj.⟩: *nicht verschlossen:* ein -es Haus.

un|ver|schlüs|selt ⟨Adj.⟩: *nicht verschlüsselt:* eine -e Nachricht.

un|ver|schul|det [auch: ...ˈʃʊl...] ⟨Adj.⟩: *ohne eigenes Verschulden, ohne schuld zu sein:* ein -er Unfall.

un|ver|se|hens [auch: ...ˈzeː...] ⟨Adv.⟩ [Adv. von veraltet unversehen, mhd. unversehen = ahnungslos]: *plötzlich, ohne dass es vorauszusehen war:* das Gewitter brach u. herein.

un|ver|sehrt ⟨Adj.⟩ [mhd. unverseret]: **a)** *nicht verletzt, verwundet;* **b)** *nicht beschädigt:* das Siegel ist u.

Un|ver|sehrt|heit, die; -: *das Unversehrtsein.*

un|ver|sieg|bar [auch: ˈʊn...] ⟨Adj.⟩: *nicht versiegen könnend:* eine -e Quelle.

un|ver|sieg|lich [auch: ˈʊn...] ⟨Adj.⟩: *unerschöpflich.*

un|ver|söhn|bar [auch: ...ˈzøːn...] ⟨Adj.⟩: *unversöhnlich (1).*

un|ver|söhn|lich [auch: ...ˈzøːn...] ⟨Adj.⟩: **1.** *nicht zu versöhnen:* -e Gegner; »Raus, ihr undankbaren Schweine!« rief Fritzi u. (Remarque, Obelisk 183). **2.** *unvereinbar, nicht zu überbrücken:* -e Gegensätze.

Un|ver|söhn|lich|keit [auch: ...ˈzøː...], die; -, -en: **1.** ⟨o. Pl.⟩ *das Unversöhnlichsein.* **2.** *etw. unversöhnlich Wirkendes.*

un|ver|sorgt ⟨Adj.⟩: *nicht versorgt.*

Un|ver|stand, der; -[e]s: *Verhaltensweise, die Mangel an Verstand u. Einsicht zeigt:* blinder U.

un|ver|stan|den ⟨Adj.⟩: *sich mit seinen Ansichten, Problemen o. Ä. von anderen nicht verstanden fühlend.*

un|ver|stän|dig ⟨Adj.⟩: *[noch] nicht den nötigen Verstand für etw. habend:* ein -es Kind.

un|ver|ständ|lich ⟨Adj.⟩: **a)** *nicht deutlich zu hören, zu begreifen:* er murmelte -e Worte; **b)** *nicht od. nur sehr schwer zu verstehen, zu begreifen:* es ist mir u., wie so etwas passieren konnte.

un|ver|ständ|li|cher|wei|se ⟨Adv.⟩: *unbegreiflicherweise.*

Un|ver|ständ|lich|keit, die; -, -en: **1.** ⟨o. Pl.⟩ *das Unverständlichsein.* **2.** *etw. Unverständliches.*

Un|ver|ständ|nis, das ⟨o. Pl.⟩: *fehlendes Verständnis:* auf U. stoßen.

un|ver|stellt [auch: ...ˈʃtɛl...] ⟨Adj.⟩: *nicht geheuchelt, aufrichtig:* -e Freude.

un|ver|steu|ert [auch: ...ˈʃtɔy...] ⟨Adj.⟩: *nicht versteuert:* -e Zigaretten.

un|ver|sucht ⟨Adj.⟩: in der Verbindung **nichts u. lassen** (*alles nur Mögliche tun*).

un|ver|träg|lich [auch: ...ˈtrɛː...] ⟨Adj.⟩: **1.** *(von Speisen o. Ä.) schwer od. gar nicht verträglich* (1): eine -e Mahlzeit; ein -es Medikament. **2.** *nicht verträglich* (2), *streitsüchtig, zänkisch:* ein -er Mensch. **3.** *nicht harmonierend u. deshalb nicht mit anderem zu vereinbaren:* -e Gegensätze.

Un|ver|träg|lich|keit [auch: ...ˈtrɛː...], die; -, -en: **1.** *das Unverträglichsein* (1); *Empfindlichkeit gegen eine Substanz:* Nahrungsmittelunverträglichkeit.

Un|ver|träg|lich|keits|re|ak|ti|on, die (Med.): *Reaktion des Organismus auf einen unverträglichen Stoff.*

un|ver|traut ⟨Adj.⟩: *nicht od. nur wenig vertraut* (b): alles war mir u.

un|ver|tret|bar [auch: ...ˈtreːt...] ⟨Adj.⟩: *nicht zu vertreten, nicht zu befürworten:* eine -e Methode.

UN-Ver|tre|ter [uː|ˈɛn...], der: *jmd., der der Belange der Vereinten Nationen in einem Gremium vertritt.*

UN-Ver|tre|te|rin, die: w. Form zu ↑ UN-Vertreter.

un|ver|wandt ⟨Adj.⟩: *(den Blick) längere Zeit zu jmdm., etw. hingewandt:* er starrte sie u. an.

un|ver|wech|sel|bar [auch: ˈʊn...] ⟨Adj.⟩: *ganz eindeutig zu erkennen, mit etw. anderem nicht zu verwechseln:* eine -e Stimme.

Un|ver|wech|sel|bar|keit [auch: ˈʊn...], die; -: *das Unverwechselbarsein.*

un|ver|wehrt [auch: ...ˈveːɐ̯t] ⟨Adj.⟩: *ungehindert:* -en Zutritt zu etw. haben; etw. ist, bleibt jmdm. u. (*unbenommen*).

un|ver|weilt [auch: ...ˈvailt] ⟨Adj.⟩ (veraltend): *unverzüglich:* sich u. an die Arbeit machen.

un|ver|wert|bar [auch: ˈʊn...] ⟨Adj.⟩: *nicht [mehr] zu verwerten.*

un|ver|wes|lich [auch: ...ˈveːs...] ⟨Adj.⟩ (veraltend): *der Verwesung nicht unterworfen, unvergänglich:* das Symbol der -en Leiche in Goethes Wahlverwandtschaften.

un|ver|wund|bar [auch: ˈʊn...] ⟨Adj.⟩: *nicht zu verwunden:* in seinen Träumen war er der -e Held.

Un|ver|wund|bar|keit [auch: ˈʊn...], die; -: *das Unverwundbarsein.*

un|ver|wüst|lich [auch: ˈʊn...] ⟨Adj.⟩: *auch dauernden starken Belastungen standhaltend, dadurch nicht unbrauchbar werdend, nicht entzweigehend:* ein -er Stoff; Ü einen -en Humor haben.

Un|ver|wüst|lich|keit [auch: ˈʊn...], die; -: *das Unverwüstlichsein.*

un|ver|zagt ⟨Adj.⟩: *zuversichtlich, beherzt:* u. macht er sich immer wieder an die Arbeit.

Un|ver|zagt|heit, die; -: *das Unverzagtsein.*

un|ver|zeih|lich [auch: ˈʊn...] ⟨Adj.⟩: *sich nicht verzeihen lassend:* ein -er Fehler.

un|ver|zicht|bar [auch: ˈʊn...] ⟨Adj.⟩: *so wichtig, dass ein Verzicht unmöglich ist:* -e Konsumgüter; diese Rechte sind u.

Un|ver|zicht|bar|keit [auch: ˈʊn...], die; -, -en: **1.** ⟨o. Pl.⟩ *das Unverzichtbarsein.* **2.** *etw. Unverzichtbares.*

un|ver|zins|lich [auch: ˈʊn...] ⟨Adj.⟩ (Bankw.): *nicht verzinslich:* ein -es Darlehen.

un|ver|zollt ⟨Adj.⟩: *nicht verzollt:* -e Waren.

un|ver|züg|lich [auch: ˈʊn...] ⟨Adj.⟩ [im 15. Jh. unter Anlehnung an ↑ Verzug für mhd. unverzogenlīche(n) = ohne Aufschub, zu: unverzogen, verneintes adj. 2. Part. von verziehen = zögern]: *umgehend u. ohne Zeitverzug [erfolgend]:* -e Hilfsmaßnahmen; er reiste u. ab.

un|voll|en|det [auch: ...ˈlɛn...] ⟨Adj.⟩: *nicht vollends fertig; nicht abgeschlossen; fragmentarisch:* ein -er Roman.

un|voll|kom|men [auch: ...ˈkɔm...] ⟨Adj.⟩: **1.** *mit Schwächen, Fehlern od. Mängeln behaftet:* der Mensch ist u. **2.** *unvollständig:* eine -e Darstellung.

Un|voll|kom|men|heit [auch: ...ˈkɔm...], die; -, -en: **1.** ⟨o. Pl.⟩ *das Unvollkommensein.* **2.** *etw. Unvollkommenes.*

un|voll|stän|dig [auch: ...ˈʃtɛn...] ⟨Adj.⟩: *nicht vollständig; nicht alle zu einem Ganzen erforderliches Teile habend:* diese Aufzählung ist u.

Un|voll|stän|dig|keit [auch: ...ˈʃtɛn...], die; -, -en: **1.** ⟨o. Pl.⟩ *das Unvollständigsein.* **2.** *Lücke* (b).

un|vor|be|rei|tet ⟨Adj.⟩: *nicht vorbereitet, ohne Vorbereitung:* ein -er Vortrag; ein u. das Unglück traf die Menschen völlig u.

un|vor|denk|lich ⟨Adj.⟩ (veraltend): *sehr weit zurückliegend:* in u. fernen Tagen.

un|vor|ein|ge|nom|men ⟨Adj.⟩: *nicht voreingenommen:* ein -er Zeuge.

Un|vor|ein|ge|nom|men|heit, die; -, -en ⟨Pl. selten⟩: *das Unvoreingenommensein.*

un|vor|her|ge|se|hen ⟨Adj.⟩: *nicht vorhergesehen; überraschend:* -e Schwierigkeiten.

un|vor|her|seh|bar ⟨Adj.⟩: *sich nicht vorhersehen lassend:* -e Ereignisse.

un|vor|schrifts|mä|ßig ⟨Adj.⟩: *nicht vorschriftsmäßig:* u. parken.

un|vor|sich|tig ⟨Adj.⟩: *wenig klug u. impulsiv, nicht an die möglichen nachteiligen Folgen denkend:* eine -e Bemerkung; Trotz -er Lebensart ist es zu keiner Leberzirrhose gekommen (Frisch, Montauk 202).

un|vor|sich|ti|ger|wei|se ⟨Adv.⟩: *aus Unvorsichtigkeit:* er sagte u. seine Meinung.

Un|vor|sich|tig|keit, die; -, -en: **1.** ⟨o. Pl.⟩ *das Unvorsichtigsein.* **2.** *etw. Unvorsichtiges.*

un|vor|stell|bar [auch: ˈʊn...] ⟨Adj.⟩ (emotional): **1.** *mit Denken od. mit Fantasie nicht zu erfas-*

sen, nicht vorstellbar: ein -er Glücksfall; es ist mir u., dass er uns verraten hat. **2.** ⟨intensivierend bei Adjektiven u. Verben⟩ *überaus, über alle Maßen:* u. leiden; es war u. kalt.

un|vor|teil|haft ⟨Adj.⟩: **1.** *der äußeren Erscheinung nicht zum Vorteil gereichend:* er war sehr u. gekleidet. **2.** *nicht [sehr] vorteilhaft, keinen Nutzen bringend, nicht gewinnbringend:* ein -es Geschäft.

UN-Waf|fen|in|s|pek|teur, UN-Waf|fen|in|s|pek|tor, der: *Rüstungsfachmann, der im Auftrag der Vereinten Nationen das Waffenarsenal [eines Staates] inspiziert.*

UN-Waf|fen|in|s|pek|teu|rin, die: w. Form zu ↑ UN-Waffeninspekteur.

UN-Waf|fen|in|s|pek|to|rin, die: w. Form zu ↑ UN-Waffeninspektor.

un|wäg|bar [auch: ˈʊn...] ⟨Adj.⟩: *nicht wägbar:* -e Risiken.

Un|wäg|bar|keit [auch: ˈʊn...], die; -, -en: **1.** ⟨o. Pl.⟩ *das Unwägbarsein.* **2.** *etw. Unwägbares.*

un|wahr ⟨Adj.⟩ [mhd. unwār]: *nicht der Wahrheit entsprechend:* -e Behauptungen; was du da sagst, ist einfach u.

un|wahr|haf|tig ⟨Adj.⟩ (geh.): *nicht wahrhaftig:* -e Äußerungen, Gefühle; ihre Empörung war u.

Un|wahr|haf|tig|keit, die; -, -en: **1.** ⟨o. Pl.⟩ *das Unwahrhaftigsein.* **2.** *etw. Unwahrhaftiges.*

Un|wahr|heit, die; -, -en: **1.** ⟨o. Pl.⟩ *das Unwahrsein.* **2.** *etw. Unwahres:* Halbwahrheiten und -en; die U. sagen *(lügen).*

un|wahr|schein|lich ⟨Adj.⟩: **1. a)** *aller Wahrscheinlichkeit nach nicht anzunehmen, kaum möglich:* das ist der -ste Fall; es ist u., dass das genehmigt wird; **b)** *kaum der Wirklichkeit entsprechend; unglaubhaft:* seine Darstellung klingt äußerst u.; er kommt immer mit den -sten Ausreden. **2.** (ugs.) **a)** *sehr groß, sehr viel; riesig* (1): wir hatten [ein] -es Glück; **b)** ⟨intensivierend bei Adjektiven u. Verben⟩ *sehr; in außerordentlichem Maße:* u. dick sein; sich u. freuen.

Un|wahr|schein|lich|keit, die; -, -en: **1.** ⟨o. Pl.⟩ *das Unwahrscheinlichsein* (1). **2.** *etw. Unwahrscheinliches* (1).

un|wan|del|bar [auch: ˈʊn...] ⟨Adj.⟩ (geh.): *nicht wandelbar; gleichbleibend:* -e Liebe, Treue.

Un|wan|del|bar|keit [auch: ˈʊn...], die; -: *das Unwandelbarsein.*

un|weg|sam ⟨Adj.⟩ [mhd. unwegesam, ahd. unwegasam]: *nur unter Schwierigkeiten begehod. befahrbar:* -es Gelände.

Un|weg|sam|keit, die; -: *das Unwegsamsein.*

un|weib|lich ⟨Adj.⟩ (oft abwertend): *bestimmte, als typisch weiblich* (3) *geltende Eigenschaften vermissen lassend:* sie ist, wirkt [ziemlich] u.

un|wei|ger|lich [auch: ˈʊn...] ⟨Adj.⟩ [mhd. unweigerliche (Adv.), zu ↑ weigern]: *sich folgerichtig aus etw. ergebend u. deshalb unvermeidlich:* das geht u. schief.

¹**un|weit** (Präp. mit Gen.) [mhd. unwīt (Adj.)]: *nicht weit [entfernt] von etw.:* u. Berlins, des Sees.

²**un|weit** ⟨Adv.⟩ [zu: ↑ ¹unweit]: *nicht weit [entfernt]:* u. von Berlin.

un|wert ⟨Adj.⟩: *nicht würdig zu existieren:* (diskriminierend, bes. nationalsoz.:) für u. erachtetes Leben.

Un|wert, der; -[e]s, -e (geh.): **1. a)** ⟨o. Pl.⟩ *Wertlosigkeit:* über den Wert oder U. einer Sache streiten; **b)** *etw. Wertloses.* **2.** *unmoralisch erscheinende Wertvorstellung.*

Un|we|sen, das; -s [spätmhd. unwesen = das Nichtsein]: **a)** (geh.) *übler Zustand, Missstand;* **b)** *verwerfliches Tun; Unfug; Ruhe u. Ordnung störendes Treiben:* sein U. treiben.

un|we|sent|lich ⟨Adj.⟩: **1.** *für das Wesen, den Kern einer Sache ohne Bedeutung:* ein paar -e Details. **2.** ⟨intensivierend bei Adjektiven im Komparativ u. bei Verben⟩ *um ein Geringes, wenig:* er ist nur u. jünger.

Un|wet|ter, das; -s, - [mhd. unweter, ahd. unwitari]: *sehr schlechtes, stürmisches, meist von starkem Niederschlag [u. Gewitter] begleitetes Wetter, dessen Heftigkeit Schäden verursacht:* ein U. brach los; nach schweren -n sind in Bayern mehrere Bahnstrecken gesperrt.

un|wich|tig ⟨Adj.⟩: *nicht wichtig* (1): *völlig -e Dinge;* eine nicht ganz -e Kleinigkeit; Geld ist dabei u.

Un|wich|tig|keit, die; -, -en: **1.** ⟨o. Pl.⟩ *das Unwichtigsein.* **2.** *etw. Unwichtiges.*

un|wi|der|leg|bar [auch: ˈʊn...] ⟨Adj.⟩: *nicht zu widerlegen:* -e Aussagen.

Un|wi|der|leg|bar|keit [auch: ˈʊn...], die; -: *das Unwiderlegbarsein.*

un|wi|der|leg|lich [auch: ˈʊn...]: *unwiderlegbar.*

un|wi|der|ruf|lich [auch: ˈʊn...] ⟨Adj.⟩: *nicht zu widerrufen, endgültig feststehend:* meine Entscheidung ist u.

Un|wi|der|ruf|lich|keit [auch: ˈʊn...], die; -, -en: **1.** ⟨o. Pl.⟩ *das Unwiderruflichsein.* **2.** *etw. Unwiderrufliches.*

un|wi|der|spro|chen [auch: ˈʊn...] ⟨Adj.⟩: *ohne Widersprechen* (1 a): *etw. u. hinnehmen; das darf nicht u. bleiben (dem muss man widersprechen).*

un|wi|der|steh|lich [auch: ˈʊn...] ⟨Adj.⟩: **1.** *so stark ausgeprägt, so heftig, dass man nicht widerstehen kann:* ein -es Verlangen; auf -en Wunsch eines großen Leserkreises ... habe ich mich entschlossen, den Galgendichtungen einige Anmerkungen zu widmen (Morgenstern, Galgenlieder 112). **2.** *überaus anziehend, bezaubernd [wirkend]:* ihr -er Charme riss ihn hin; er hält sich für u.

Un|wi|der|steh|lich|keit [auch: ˈʊn...], die; -, -en: **1.** ⟨o. Pl.⟩ *das Unwiderstehlichsein.* **2.** *etw. Unwiderstehliches.*

un|wie|der|bring|lich [auch: ˈʊn...] ⟨Adj.⟩ (geh.): *verloren od. vergangen ohne die Möglichkeit, das Gleiche noch einmal zu haben:* -e Stunden, das ist leider u. dahin.

Un|wie|der|bring|lich|keit [auch: ˈʊn...], die; -: *das Unwiederbringlichsein.*

un|wie|der|hol|bar [auch: ˈʊn...] ⟨Adj.⟩: *nicht wiederholbar.*

Un|wil|le, der; -ns, (selten:) **Un|wil|len,** der; -s [mhd. unwille, ahd. unwill(id)o] (geh.): *lebhaftes Missfallen, das sich in Ungehaltenheit, Gereiztheit, unfreundlicher od. ablehnender Haltung äußert:* jmds. Unwillen erregen, hervorrufen.

un|wil|lent|lich ⟨Adj.⟩: *nicht willentlich:* willentlich oder u.

un|wil|lig ⟨Adj.⟩ [mhd. unwillec, ahd. unwillig]: **a)** *Unwillen empfindend u. erkennen lassend:* ein -er Blick; jmdn. u. machen; **b)** *widerwillig:* er tat seine Pflicht u.

un|will|kom|men ⟨Adj.⟩: *nicht gelegen kommend, nicht gern gesehen, nicht willkommen:* -er Besuch; ich bin dort u.

un|will|kür|lich [auch: ...ˈkyː...] ⟨Adj.⟩: *nicht willkürlich* (2), *sondern ganz von selbst geschehend, ohne dass man es will:* eine unwillkürliche Reaktion, Bewegung; u. lachen müssen.

Un|wirk|lich ⟨Adj.⟩ (geh.): *nicht der Wirklichkeit entsprechend od. mit ihr in Zusammenhang stehend; nicht real:* etw. kommt jmdm. ganz u. vor.

Un|wirk|lich|keit, die; -: *das Unwirklichsein.*

un|wirk|sam ⟨Adj.⟩: *nicht wirksam:* eine -e Methode; die Maßnahme erwies sich als u.

Un|wirk|sam|keit, die; -: *das Unwirksamsein.*

un|wirsch ⟨Adj.⟩ [frühnhd. unwirdsch, mhd. unwirdesch = unwert, verächtlich; unwillig, zornig, zu: unwirde = Unwert]: *mürrisch u. unfreundlich:* -e Antworten; jmdn. u. abfertigen.

un|wirt|lich ⟨Adj.⟩: *zum Aufenthalt nicht einladend, dem Wohlbefinden nicht zuträglich, ungastlich* (2): eine -e Gegend; ein -es Wetter, Klima.

Un|wirt|lich|keit, die; -: *das Unwirtlichsein.*

un|wirt|schaft|lich ⟨Adj.⟩: *nicht wirtschaftlich* (2 b): eine -e Betriebsführung; u. arbeiten, produzieren.

Un|wirt|schaft|lich|keit, die; -: *Mangel an Wirtschaftlichkeit.*

Un|wis|sen, das; -s: *das Nichtwissen.*

un|wis|send ⟨Adj.⟩: *(in bestimmter Hinsicht) kein od. nur geringes Wissen habend:* ein -es Kind.

Un|wis|sen|heit, die; -, -en [spätmhd. unwizzenheit]: **a)** *fehlende Kenntnis von einer Sache:* er hat es aus U. falsch gemacht; R U. schützt nicht vor Strafe; **b)** *Mangel an [wissenschaftlicher] Bildung.*

un|wis|sen|schaft|lich ⟨Adj.⟩: *nicht wissenschaftlich.*

Un|wis|sen|schaft|lich|keit, die; -: *das Unwissenschaftlichsein.*

un|wis|sent|lich ⟨Adj.⟩: *nicht wissentlich:* er hat sich – wissentlich oder u. – strafbar gemacht.

un|wohl ⟨Adj.⟩ [mhd. unwol]: **a)** *nicht ¹wohl* (1 a): sie ist heute etwas u.; mir ist, ich fühle mich seit gestern u.; **b)** *nicht ¹wohl* (1 b), *nicht gut, unangenehm, unbehaglich:* ein -es Gefühl; ich fühle mich in dieser Gesellschaft sehr u.; mir ist u. bei dem Gedanken, dass er dennoch kommt.

Un|wohl|sein, das; -s: *vorübergehende, leichte Störung des körperlichen Wohlbefindens:* ein leichtes U.

Un|wort, das: **1.** ⟨Pl. Unwörter⟩ *schlecht, falsch gebildetes, unschönes Wort* (1 a): die Amtssprache hat manche Unwörter hervorgebracht. **2.** ⟨Pl. Unwörter od. -e⟩ *schlimmes, unangebrachtes Wort* (1 b): das U. des Jahres.

Un|wucht, die; -, -en (Fachspr.): *unsymmetrische Verteilung der Massen eines rotierenden Körpers:* das Rad hat eine U.

un|wür|dig ⟨Adj.⟩ [mhd. unwirdic, ahd. unwirdīg] (emotional): **1.** *nicht würdig* (1), *Würde vermissen lassend:* die -e Behandlung der Asylanten; in -en Unterkünften hausen müssen; dem -en Treiben ein Ende machen. **2.** *jmds., einer Sache nicht wert, nicht würdig* (2): ein -er Gegner; jmds. Vertrauens u. sein.

Un|wür|dig|keit, die; -: *das Unwürdigsein.*

Un|zahl, die; - (emotional verstärkend): *sehr große Anzahl:* es gab eine U. kritischer Einwände.

un|zähl|bar [auch: ˈʊn...] ⟨Adj.⟩: **a)** *sich nicht zählen lassend;* **b)** (emotional) *unzählig:* es gab -e Verletzte; eine -e (sehr große) Menge.

un|zäh|lig [auch: ˈʊn...] ⟨Adj.⟩ (emotional): *sehr zahlreich, zahllos:* -e kleine Fehler; eine -e (sehr große) Menge von Demonstranten; ich habe es -e Mal[e] versucht und nie geschafft; u. (sehr) viele Menschen.

un|zähm|bar [auch: ˈʊn...] ⟨Adj.⟩: *nicht zähmbar:* -e Tiere.

Un|zähm|bar|keit [auch: ˈʊn...], die; -: *das Unzähmbarsein.*

Un|ze, die; -, -n [engl. ounce < afrz. once < lat. uncia, zu: unus = einer]: *in verschiedenen englischsprachigen Ländern geltendes Gewichtsmaß* (28,35 g).

un|zeit die [mhd., ahd. unzīt]: *in der Verbindung* **zur U.** (geh.; *zu einer unpassenden Zeit; zu einem Zeitpunkt, der nicht recht passt:* er kommt immer zur U.).

un|zeit|ge|mäß ⟨Adj.⟩: *nicht zeitgemäß:* diese Haltung ist u.

un|zei|tig ⟨Adj.⟩ [mhd. unzītec, ahd. unzītig] (selten): *nicht zur rechten Zeit; zur Unzeit.*

un|zen|siert ⟨Adj.⟩: *nicht zensiert:* -e Filme, Nachrichten; die Diskussion wurde u. ausgestrahlt.
un|zer|brech|lich [auch: ...'brɛç...] ⟨Adj.⟩: *nicht zerbrechlich:* -es Material.
Un|zer|brech|lich|keit [auch: ʊn...], die; -: *unzerbrechliche Beschaffenheit.*
un|zer|kaut ⟨Adj.⟩: *nicht zerkaut.*
un|zer|stör|bar [auch: ʊn...] ⟨Adj.⟩: *nicht zerstörbar:* -e Fundamente aus Beton; Ü sein Glaube an das Gute im Menschen war u.
Un|zer|stör|bar|keit [auch: ʊn...], die; -: *das Unzerstörbarsein.*
un|zer|stört ⟨Adj.⟩: *nicht zerstört:* kaum ein Haus blieb u.
un|zer|trenn|lich [auch: ʊn...] ⟨Adj.⟩: (emotional) *eng miteinander verbunden:* -e Freunde; die beiden sind u.
un|ziem|lich ⟨Adj.⟩ [mhd. unzim(e)lich] (geh.): *sich ungeziemend, sich nicht gehörend:* eine -e Anrede; dein Benehmen ist u.
Un|ziem|lich|keit, die; -, -en: **1.** ⟨o. Pl.⟩ *das Unziemlichsein.* **2.** *etw. Unziemliches.*
un|zi|vi|li|siert ⟨Adj.⟩ (abwertend): *nicht zivilisiert* (2 b): ein -er Mensch; er sah ziemlich u. aus.
Un|zucht, die; - [mhd., ahd. unzuht] (veraltet): *gegen die sittliche u. moralische Norm verstoßendes Verhalten zur Befriedigung des Geschlechtstriebs:* widernatürliche U. treiben; gewerbsmäßige U. *(Prostitution).*
un|züch|tig ⟨Adj.⟩ [mhd. unzühtec, ahd. unzuhtig]: *von Unzucht zeugend, unsittlich* (1): -es Verhalten; -e *(pornografische)* Schriften, Filme.
Un|züch|tig|keit, die; -: *das Unzüchtigsein.*
un|zu|frie|den ⟨Adj.⟩: *nicht zufrieden:* ein -es *(Unzufriedenheit ausdrückendes)* Gesicht machen; der Lehrer ist mit den Leistungen u.; dieser Mensch ist ewig u.
Un|zu|frie|den|heit, die; -, -en: *das Unzufriedensein.*
un|zu|gäng|lich ⟨Adj.⟩: **1. a)** *keinen Zugang bietend, nicht betretbar:* -e Räume, Häuser; **b)** *für die Benutzung o. Ä. nicht zur Verfügung stehend:* Medikamente für Kinder u. aufbewahren. **2.** *nicht kontaktfreudig, nicht aufgeschlossen:* ein sehr -er Mensch.
Un|zu|gäng|lich|keit, die; -, -en: **1.** ⟨o. Pl.⟩ *das Unzugänglichsein.* **2.** *etw. Unzugängliches.*
un|zu|kömm|lich ⟨Adj.⟩: **1.** (österr.) *unzulänglich, nicht ausreichend:* -e Ernährung. **2.** (österr., sonst selten) *jmdm. eigentlich nicht zukommend* (3 a, b); *nicht [ganz] gerechtfertigt, zulässig:* -e Begünstigungen. **3.** (schweiz.) *unzuträglich, unbekömmlich.*
Un|zu|kömm|lich|keit, die; -, -en: **1.** ⟨o. Pl.⟩ *Unzukömmlichsein.* **2.** ⟨Pl.⟩ (österr., schweiz.) *Unstimmigkeiten; Unzulänglichkeiten.*
un|zu|läng|lich ⟨Adj.⟩ (geh.): *nicht zulänglich:* -e Kenntnisse; unsere Versorgung war u.; man hat unsere Bemühungen nur u. unterstützt.
Un|zu|läng|lich|keit, die; -, -en: **1.** ⟨o. Pl.⟩ *das Unzulänglichsein.* **2.** *etw. Unzulängliches:* menschliche -en.
un|zu|läs|sig ⟨Adj.⟩: *nicht zulässig:* -e Zusatzstoffe, Hilfsmittel; eine -e Einschränkung der Privatsphäre.
Un|zu|läs|sig|keit, die; -: *das Unzulässigsein.*
un|zu|mut|bar ⟨Adj.⟩: *nicht zumutbar:* -e hygienische Verhältnisse; etw. als u. zurückweisen.
Un|zu|mut|bar|keit, die; -, -en: **1.** ⟨o. Pl.⟩ *das Unzumutbarsein.* **2.** *etw. Unzumutbares.*
un|zu|rech|nungs|fä|hig ⟨Adj.⟩: *nicht zurechnungsfähig:* der Mörder ist u.
Un|zu|rech|nungs|fä|hig|keit, die; -: *das Unzurechnungsfähigsein.*
un|zu|rei|chend ⟨Adj.⟩: *für einen bestimmten Zweck nicht ausreichend:* eine -e Versorgung.
un|zu|sam|men|hän|gend ⟨Adj.⟩: *keinen [Sinn]zusammenhang aufweisend:* -e Worte stammeln.
un|zu|stän|dig ⟨Adj.⟩: *nicht zuständig* (1): sich für u. erklären.
Un|zu|stän|dig|keit, die; -, -en: **1.** ⟨o. Pl.⟩ *das Unzuständigsein.* **2.** *Mangel an Zuständigen* (1).
un|zu|stell|bar ⟨Adj.⟩ (Postw.): *(von Postsendungen) sich nicht zustellen lassend:* »Falls u., bitte zurück an den Absender« (Vermerk auf Postsendungen).
Un|zu|stell|bar|keit, die; - (Postw.): *das Unzustellbarsein.*
un|zu|träg|lich ⟨Adj.⟩: *schädlich, nachteilig:* dem Gemeinwohl -e Zustände, Belastungen; das Klima war ihr, ihrer Gesundheit u.
Un|zu|träg|lich|keit, die; -, -en: **1.** ⟨o. Pl.⟩ *das Unzuträglichsein.* **2.** *etw. Unzuträgliches.*
un|zu|tref|fend ⟨Adj.⟩: *nicht zutreffend:* diese Behauptung ist u.; ⟨subst.:⟩ »Unzutreffendes bitte streichen!« (Anweisung auf Formularen).
un|zu|ver|läs|sig ⟨Adj.⟩: *nicht zuverlässig:* ein -er Mensch, Zeuge; Wenn sie jetzt, unter Verweigerung von Gründen, aus der Partei austreten wolle, so sei sie politisch u. (Fallada, Jeder 67).
Un|zu|ver|läs|sig|keit, die; -, -en: **1.** ⟨o. Pl.⟩ *das Unzuverlässigsein.* **2.** ¹*Mangel* (2); *Vernachlässigung von Pflichten.*
un|zweck|mä|ßig ⟨Adj.⟩: *nicht zweckmäßig:* eine -e Ausrüstung.
Un|zweck|mä|ßig|keit, die; -: *das Unzweckmäßigsein.*
un|zwei|deu|tig ⟨Adj.⟩: *nicht zweideutig* (a); *klar u. unmissverständlich:* nicht zweideutig Antwort; dies kam in seinem Schreiben u. zum Ausdruck.
un|zwei|fel|haft [auch: ...'tsvaɪ...] ⟨Adj.⟩: *sich nicht bezweifeln lassend:* ein -er Erfolg; er ist u. *(zweifellos)* begabt.
u. [od. **U.**] **A. w. g.** = um [od. Um] Antwort wird gebeten.
Up|date ['apdeɪt], das; -s, -s [engl. update, aus: up = nach oben, auf u. date = Datum] (EDV): *aktualisierte [u. verbesserte] Version einer Software, einer Datei o. Ä.:* kostenlose, umfangreiche -s.
up|da|ten ['apdeɪtn̩] ⟨sw. V.; hat⟩ (EDV): *ein Softwareprogramm, eine Datei o. Ä. auf einen aktualisierten [u. verbesserten] Stand bringen:* ein Betriebssystem, einen Treiber [auf die aktuelle Version] u.
Up|grade ['apgreɪd], das; -s, -s [engl. upgrade]: **1.** (EDV) *erweiterte, verbesserte neue Version einer Software;* **b)** *Installierung eines Upgrades* (1 a): ein U. machen. **2.** (Wirtsch.) *Verbesserung des Ratings.*
up|gra|den ['apgreɪdn̩] ⟨sw. V.; hat⟩ [engl. to upgrade = verbessern] (EDV): *durch ein Upgrade* (1 b) *verbessern.*
UPI [juːpiː'aɪ], die; - = United Press International: US-amerikanische Nachrichtenagentur.
Up|link ['aplɪŋk], das; -s, -s [engl. uplink, aus: up = nach oben, aufwärts u. link = Link]: **1.** (EDV) *Übertragung der Daten vom Anwender zum Provider.* **2.** *Übertragungsstrecke von einer Bodenstation zu einem Kommunikationssatelliten.*
Up|load ['aplʊd], der, selten: das; -s, -s [engl. upload, zu: to upload = hinaufladen] (EDV): *Datenübertragung, die von dem Computer aus vorgenommen wird, von dem die zu übertragenden Daten kommen.*
Up|per|class ['apəklɑːs], die; - [engl. upper class, aus: upper = ober... u. class = Gesellschaftsschicht, Klasse]: *Oberschicht:* die englische U.
Up|per|cut ['apəkat, engl.: ˈʌpəkʌt], der; -s, -s [engl. uppercut, aus: upper = ober..., höher... u. cut = (Schwert)hieb] (Boxen): *Aufwärtshaken.*

üp|pig ⟨Adj.⟩ [mhd. üppic, ahd. uppīg = überflüssig, unnütz, nichtig; übermütig, H. u., viell. verw. mit ↑über u. eigtl. = über das Maß hinausgehend]: **a)** *reichhaltig, in verschwenderischer Fülle [vorhanden]:* -e Vegetation; ein -es Büfett; ü. blühende Wiesen; Ü in -en Farben; sie haben es nicht ü. *(haben nicht viel Geld);* **b)** *rundliche, volle Formen zeigend:* ein -er Busen; Eliane war -en Leibes und hatte um und um gelocktes Haar (Muschg, Gegenzauber 268).
Üp|pig|keit, die; -: *das Üppigsein.*
ups ⟨Interj.⟩ [engl. oops]: *Ausruf der Überraschung, des Erstaunens o. Ä.;* hoppla.
Up|take ['apteɪk], das; -s, -s [engl. uptake, eigtl. = das Auf-, Annehmen] (Biol., Med.): *Einlagerung chemischer Stoffe in das Körpergewebe.*
up to date [ˈʌp tə ˈdeɪt; engl., eigtl. = bis auf den heutigen Tag]: *zeitgemäß, auf dem neuesten Stand:* die Frisur, das Lexikon ist nicht sehr ganz up to date.
Up|town ['aptaʊn], die; -, -s [engl.-amerik. uptown, aus: up = oben (in einer Rangliste, im Preisniveau o. Ä.) u. town = Stadt]: *(in den USA) Wohnviertel einer Stadt.*
Ur, der; -[e]s, -e: *Auerochse.*

ur-, Ur- [mhd., ahd. ur-, urspr. = (her)aus]: **1.** (verstärkend) *drückt in Bildungen mit Adjektiven eine Verstärkung aus* **a)** *sehr:* uralt, urgemütlich, urgesund; **b)** *von Grund auf, durch und durch:* uramerikanisch, urgesund. **2. a)** *kennzeichnet in Bildungen mit Substantiven – seltener mit Adjektiven – jmdn. oder etw. als Ausgangspunkt, als weit zurückliegend, am Anfang liegend:* Urerlebnis, Urgruppe; **b)** *kennzeichnet in Bildungen mit Substantiven etw. als das Erste:* Uraufführung, Urdruck. **3.** *kennzeichnet in Bildungen mit Verwandtschaftsbezeichnungen die Zugehörigkeit zur jeweils nächsten bzw. vorherigen Generation:* Urenkel, Ururoma.

Ur|ab|stim|mung, die; -, -en [eigtl. = unmittelbare, direkte Abstimmung]: *(in der Satzung verschiedener Organisationen vorgesehene) Abstimmung der Mitglieder zur Entscheidung grundsätzlicher Fragen, bes. Abstimmung von gewerkschaftlich organisierten Arbeitnehmern über Einleitung, Durchführung od. Beendigung eines Streiks.*
Ur|adel, der; -s: *alter, nicht durch Adelsbrief o. Ä. erworbener Adel.*
Ur|ahn, der; -[e]s u. -en, -en [mhd. urane, ahd. urano]: *ältester nachweisbarer od. sehr früher Vorfahr.*
¹**Ur|ah|ne**, der; -n, -n: *Nebenf. von* ↑Urahn.
²**Ur|ah|ne**, die; -, -n: *w. Form zu* ↑Urahn.
Ural, der; -[s]: **1.** *als östliche Grenze Europas geltendes Gebirge in Russland u. Kasachstan.* **2.** *im südlichen Ural* (1) *entspringender u. ins Kaspische Meer mündender, als Grenze zwischen Europa und Asien geltender Fluss in Russland u. Kasachstan.*
ur|alt ⟨Adj.⟩ [mhd., ahd. uralt] (verstärkend): *sehr alt:* ein -er Mann; in -en *(längst vergangenen)* Zeiten; der Trick, der Witz ist u. *(seit Langem bekannt).*
Uran, das; -s [nach dem (ebenfalls im 18. Jh. entdeckten) Planeten Uranus] (Chemie): *radioaktives, weiches, silberglänzendes Schwermetall, das als Kernbrennstoff u. zur Herstellung von Kernwaffen verwendet wird (chemisches Element; Zeichen: U).*
Uran|an|rei|che|rung, die (Kernt.): *Anreicherung von Uran in Spaltmaterial.*
Uran|berg|bau, der: *zur Gewinnung von Uran betriebener Bergbau.*

Uranbergwerk – Urkunde

Uran|berg|werk, das: *Bergwerk, in dem Uran gefördert wird.*
Uran|erz, das: *uranhaltiges Erz.*
Ur|an|fang, der; -[e]s, Uranfänge: *erster Anfang; Ursprung.*
Ur|angst, die; -, Urängste: *ursprüngliche, kreatürliche Angst.*
uran|hal|tig ⟨Adj.⟩: *Uran enthaltend.*
Ura|nia (griech. Mythol.): **1.** Muse der Sternkunde. **2.** Beiname der Aphrodite.
Uran|mi|ne, die: *Uranbergwerk.*
Ura|nos: ↑ ¹Uranus.
¹Ura|nus, Uranos (griech. Mythol.): Gott als Personifikation des Himmels.
²Ura|nus, der; Uranus': (von der Sonne aus gerechnet) siebter Planet unseres Sonnensystems.
Uran|vor|kom|men, das: *Vorkommen* (b) *von Uran.*
ur|auf|füh|ren ⟨sw. V.; hat; meist im Inf. u. 2. Part.⟩: *zum ersten Male aufführen:* ein Stück, eine Oper u.; der Film wird heute uraufgeführt.
Ur|auf|füh|rung, die; -, -en: *erste Aufführung eines neuen Werkes.*
ur|ban ⟨Adj.⟩ [lat. urbanus, eigtl. = zur Stadt gehörend, zu: urbs = Stadt]: **1.** (bildungsspr.) *gebildet u. weltgewandt, weltmännisch:* -e Umgangsformen. **2.** *städtisch, für die Stadt, für städtisches Leben charakteristisch:* -e Lebensbedingungen.
Ur|ba|ni|sa|ti|on, die; -, -en: **1. a)** *städtebauliche Erschließung:* die U. eines neuen Erholungsgebiets; **b)** *durch städtebauliche Erschließung entstandene moderne städtische Siedlung;* **c)** *Urlaubersiedlung* (bes. in südlichen Ländern). **2.** (bildungsspr.) *Verstädterung, kulturelle, zivilisatorische Verfeinerung.*
ur|ba|ni|sie|ren ⟨sw. V.; hat⟩: **1.** *städtebaulich erschließen.* **2.** (bildungsspr.) *kulturell, zivilisatorisch verfeinern; verstädtern.*
Ur|ba|ni|sie|rung, die; -, -en: *das Urbanisieren; das Urbanisiertwerden.*
Ur|ba|nis|tik, die; -: *Wissenschaft vom Städtebau, von der Stadtplanung.*
ur|ba|nis|tisch ⟨Adj.⟩: *die Urbanistik betreffend, städtebaulich.*
Ur|ba|ni|tät, die; - [lat. urbanitas, zu: urbanus, ↑urban] (bildungsspr.): **a)** *Bildung; feine, weltmännische Art;* **b)** *städtische Atmosphäre:* was er hier vermisst, ist die U. der Hauptstadt.
ur|bar ⟨Adj.⟩ [aus dem Niederd., zu mnieder. orbor, orbar = Ertrag, Nutzen, Vorteil (vgl. mhd. urbar = zinstragendes Grundstück), zu mhd. erbern, ahd. urberan = hervorbringen, zu mhd., ahd. ur- in der Grundbed. »aus, von − her«, eigtl. = ertragreich]: *(nach Rodung, Entwässerung o. Ä.) für die landwirtschaftliche Nutzung geeignet:* -es Land; ein Stück Land, Moor u. machen.
Ur|bar|ma|chung, die; -, -en: *das Urbarmachen.*
Ur|be|ginn, der: *Uranfang:* seit U.
Ur|be|stand|teil, der; -[e]s, -e: *ursprünglicher wesentlicher Bestandteil.*
Ur|be|völ|ke|rung, die; -, -en: *erste, ursprüngliche Bevölkerung eines Gebietes.*
ur|bi et or|bi [lat. = der Stadt (Rom) und dem Erdkreis] (kath. Kirche): *Formel für päpstliche Erlasse u. Segensspendungen.*
Ur|bild, das [nach griech. archétypon, ↑Archetyp]: **a)** *[lebendes] tatsächliches Wesen, das einer Wiedergabe, einer künstlerischen Darstellung zugrunde liegt:* die -er Gestalten Shakespeares; **b)** *ideales, charakteristisches Vorbild, Inbegriff:* er ist ein U. von Kraft und Lebensfreude.
ur|bild|lich ⟨Adj.⟩: *wie ein Urbild [wirkend].*
ur|chig ⟨Adj.⟩ [alemann. Form von ↑urig]

(schweiz.): *urwüchsig, echt:* ein -er Mensch; eine -e Beiz.
Ur|chris|ten|tum, das; -s: *Anfang des Christentums in der Zeit des sich allmählich verbreitenden christlichen Glaubens.*
ur|christ|lich ⟨Adj.⟩: *zum Urchristentum gehörend, von dort stammend.*
ur|cool ⟨Adj.⟩ (bes. österr. Jugendspr.): *großartig, ganz toll:* ein -es Auto.
Ur|darm, der; -[e]s, Urdärme ⟨Pl. selten⟩: *bei der Keimesentwicklung eines Lebewesens sich bildende, einen Hohlraum umschließende Einstülpung mit dem Urmund als Mündung nach außen.*
ur|deutsch ⟨Adj.⟩: *typisch deutsch* (a): eine -e Sitte.
Ur|du, das; -: *(zu den indoarischen Sprachen gehörende) offizielle Sprache Pakistans.*
ur|ei|gen ⟨Adj.⟩ (verstärkend): *jmdm. ganz allein gehörend, ihn in besonderem Maß betreffend, ihm eigen:* ein -es Interesse; ob ich das tue oder nicht, ist meine -ste Sache.
Ur|ein|woh|ner, der; -s, -: *Angehöriger der Urbevölkerung:* die australischen U.
Ur|ein|woh|ne|rin, die; -, -nen: w. Form zu ↑Ureinwohner.
Ur|en|kel, der; -s, - [mhd. ureniklîn]: **a)** *Sohn eines Enkels od. einer Enkelin; Großenkel;* **b)** *später Nachfahr, Nachkomme.*
Ur|en|ke|lin, die; -, -nen: **1.** *Tochter eines Enkels od. einer Enkelin; Großenkelin.* **2.** *späte Nachfahrin.*
Ur|fas|sung, die; -, -en: *ursprüngliche Fassung eines literarischen, musikalischen Werkes.*
Ur|feh|de, die; -, -n [mhd. urvêhe(de), zu: urin der Grundbed. = (her)aus, also eigtl. = das Herausgehen aus der Fehde]: *(bes. im MA.) durch Eid bekräftigter Verzicht auf Rache u. auf weitere Kampfhandlungen:* U. schwören.
Ur|form, die; -, -en: *erste, ursprüngliche Form.*
ur|geil ⟨Adj.⟩ (bes. österr. Jugendspr.): *in begeisternder Weise schön, gut; großartig, toll:* ein -es Video anschauen; die neue Disco ist u.; etw. u. schade finden.
ur|ge|müt|lich ⟨Adj.⟩ (verstärkend): *überaus gemütlich* (a): eine -e Kneipe.
Ur|genz, die; -, -en [mlat. urgentia]: **1.** (bildungsspr. veraltend) *Dringlichkeit.* **2.** (bes. österr.) *das Drängen, Mahnung, Hinweis auf die Dringlichkeit.*
ur|ger|ma|nisch ⟨Adj.⟩: *zum frühen, ältesten Germanentum gehörend.*
Ur|ge|schich|te, die; - [vgl. Uradel]: **a)** *ältester Abschnitt der Menschheitsgeschichte;* **b)** *Wissenschaft von der Urgeschichte* (a).
ur|ge|schicht|lich ⟨Adj.⟩: *die Urgeschichte betreffend.*
Ur|ge|sell|schaft, die: *die menschliche Gesellschaft in ihrer ursprünglichen [vorgestellten u. idealisierten] Form.*
Ur|ge|stein, das; -[e]s, -e: *Gestein [vulkanischen Ursprungs], das ungefähr in seiner ursprünglichen Form erhalten ist:* Granit gehört zu den -en; Ü er ist ein politisches U. *(ein Politiker aus Leidenschaft).*
Ur|ge|walt, die; -, -en (geh.): *sehr große Kraft, [Natur]gewalt:* die U. des Meeres.
ur|gie|ren ⟨sw. V.; hat⟩ [lat. urgere] (bes. österr.): *drängen, nachdrücklich betreiben.*
Ur|groß|el|tern ⟨Pl.⟩: *Eltern des Großvaters od. der Großmutter.*
Ur|groß|mut|ter, die; -, ...mütter: *Mutter einer Großmutter od. eines Großvaters.*
Ur|groß|va|ter, der; -, ...väter: *Vater eines Großvaters od. einer Großmutter.*
Ur|grund, der; -[e]s, Urgründe: *letzter, tiefster Grund:* der U. allen Seins.

Ur|he|ber, der; -s, - [unter Einfluss von lat. auctor (↑Autor) zu mhd. urhap, ahd. urhab = Anfang, Ursache, Ursprung]: **a)** *derjenige, der etw. bewirkt od. veranlasst hat:* die U. des Staatsstreichs wurden verhaftet; er wurde zum geistigen U. einer neuen Kunstrichtung; **b)** (bes. Rechtsspr.) *Schöpfer eines Werkes der Literatur, Musik od. bildenden Kunst; Autor.*
Ur|he|be|rin, die; -, -nen: w. Form zu ↑Urheber.
Ur|he|ber|recht, das (Rechtsspr.): **a)** *Recht, über die eigenen schöpferischen Leistungen, Kunstwerke o. Ä. allein zu verfügen:* der Autor sieht darin eine Verletzung seines -s; **b)** *Gesamtheit der das Urheberrecht* (a) *betreffenden gesetzlichen Bestimmungen:* eine Reform des -s.
ur|he|ber|recht|lich ⟨Adj.⟩: *das Urheberrecht betreffend, durch das Urheberrecht:* u. geschützt.
Ur|he|ber|rechts|ge|setz, das: *Gesetz, das Urheberrecht* (b) *regelt* (Abk.: UrhG).
Ur|he|ber|rechts|schutz, der ⟨o. Pl.⟩ (Rechtsspr.): *durch das Urheberrecht* (b) *festgelegter u. gesicherter Schutz, den ein Urheber in Bezug auf sein Werk genießt.*
Ur|he|ber|rechts|ver|let|zung, die: *Verstoß gegen das Urheberrecht* (a).
Ur|he|ber|schaft, die; -, -en: **1.** *das Urhebersein.* **2.** *Rechtsanspruch des Urhebers bzw. der Urheberin.*
Ur|he|ber|schutz, der ⟨o. Pl.⟩ (Rechtsspr.): *Urheberrechtsschutz.*
Ur|hei|mat, die; -, -en ⟨Pl. selten⟩: *eigentliche, ursprüngliche, älteste erschließbare Heimat, bes. eines Volk[sstamm]es:* die afrikanische U. dieses Volks.
UrhG = Urheberrechtsgesetz.
Uri; -s: Schweizer Kanton.
urig ⟨Adj.⟩ [mhd. urich]: **a)** *urwüchsig, urtümlich:* ein -es Volksfest; eine -e, u. eingerichtete Kneipe; **b)** *sonderbar, originell, seltsam:* ein -er Kauz.
Urin, der; -s, -e ⟨Pl. selten⟩ [lat. urina, urspr. = Wasser] (Med.): *[ausgeschiedener] Harn:* ein heller, trüber U.; den U. [auf Zucker] untersuchen lassen; der Kranke kann den U. nicht halten; *etw. im U. haben/spüren (salopp; etw. intuitiv erkennen, etw. ahnen, genau spüren).*
uri|nal ⟨Adj.⟩ [spätlat. urinalis, zu lat. urina, ↑Urin]: *zum Urin gehörend.*
Uri|nal, das; -s, -e: **1.** *in der Krankenpflege gebräuchliches Glasgefäß mit weitem Hals zum Auffangen des Urins bei Männern.* **2.** *an der Wand befestigtes Becken zum Urinieren für Männer.*
uri|nie|ren ⟨sw. V.; hat⟩ [mlat. urinare]: *Urin ausscheiden:* u. müssen; in ein Röhrchen u.
Urin|pro|be, die: *Probe* (2) *von Urin für eine Urinuntersuchung.*
Ur|in|s|tinkt, der; -[e]s, -e: *ursprünglicher, im Unterbewusstsein erhalten gebliebener Instinkt.*
Urin|un|ter|su|chung, die: *Untersuchung des Urins.*
Ur|kan|ton, der; -s, -e: *Kanton der Urschweiz.*
Ur|kir|che, die; -: *Urchristentum.*
Ur|knall, der; -[e]s, -e [nach engl. big bang, eigtl. = großer Knall]: *die plötzliche Explodieren der zum Zeitpunkt der Entstehung des Weltalls extrem dicht zusammengedrängten Materie (das die heute angenommene Expansion des Weltalls beginnt).*
ur|ko|misch ⟨Adj.⟩ (verstärkend): *sehr, äußerst komisch.*
Ur|kraft, die; -, Urkräfte: *ursprüngliche, natürliche, elementare* (2) *Kraft.*
Ur|kun|de, die; -, -n [mhd. urkunde, -künde, ahd. urchundi, zu ↑erkennen u. eigtl. = Erkenntnis]: *[amtliches] Schriftstück, durch das etw. beglau-*

bigt od. bestätigt wird; Dokument mit Rechtskraft: eine standesamtliche U.; die U. ist notariell beglaubigt; eine U. ausstellen, unterzeichnen, ausfertigen, hinterlegen.

Ur|kun|den|fäl|schung, die: *Fälschung einer Urkunde od. Gebrauch einer gefälschten Urkunde zum Zweck der Täuschung im Rechtsverkehr.*

Ur|kun|den|samm|lung, die: *Sammlung (3 a) von Urkunden.*

ur|kund|lich ⟨Adj.⟩: *durch, mit Urkunden [belegt]; dokumentarisch* (1): *ein -er Nachweis; diese Schenkung ist u. [bezeugt].*

Ur|kunds|be|am|ter ⟨vgl. Beamter⟩ (Rechtsspr.): *zur Ausstellung von Urkunden befugter Beamter* (z. B. Standesbeamter).

Ur|kunds|be|am|tin, die: w. Form zu ↑ Urkundsbeamter.

URL, die; -, -s, (selten:) der; -s, -s [Abk. für engl. Uniform Resource Locator] (EDV): *Standard für die Adressierung einer Website im World Wide Web; Internetadresse.*

Ur|land|schaft, die; -, -en: *ursprüngliche, urtümlich wirkende Landschaft.*

Ur|laub, der; -[e]s, -e [mhd., ahd. urloup = Erlaubnis (wegzugehen), zu ↑ erlauben]: (in Betrieben, Behörden, beim Militär nach Arbeitstagen gezählte) *dienst-, arbeitsfreie Zeit, die jmd. [zum Zwecke der Erholung] erhält:* ein kurzer, mehrwöchiger U.; U. an der See, im Gebirge; ein verregneter U.; U. (Militär; *Ausgang*) bis zum Wecken; U. beantragen, bekommen; den, seinen U. antreten; [unbezahlten] U., einen Tag U. nehmen; [irgendwo] auf, in, im U. sein; in U. gehen, fahren; sie hat sich im U. gut erholt, ist noch nicht aus dem, vom U. zurück; Ü U. vom Alltag, von der Familie.

ur|lau|ben ⟨sw. V.; hat⟩ (ugs.): *Urlaub machen, seinen Urlaub verbringen:* sie urlauben immer an der See.

Ur|lau|ber, der; -s, - [urspr. = vom Militärdienst vorübergehend Freigestellter]: a) *jmd., der gerade Urlaub macht [u. ihn nicht an seinem Wohnsitz verbringt]:* viele U. zieht es in den sonnigen Süden; b) *Soldat auf [Heimat]urlaub.*

Ur|lau|be|rin, die; -, -nen: w. Form zu ↑ Urlauber.

Ur|lau|ber|schiff, das: *Schiff für Urlaubsreisen.*

Ur|lau|ber|sied|lung, die: *Siedlung mit Ferienhäuschen od. Bungalows für Urlauber.*

Ur|lau|ber|zug, der: a) *Sonderzug od. in Ferienzeiten zusätzlich verkehrender Zug für Urlauber* (a); b) *für auf Urlaub fahrende Soldaten eingesetzter Zug.*

Ur|laubs|ad|res|se, die: **1.** *Urlaubsanschrift:* die U. hinterlassen; die Post an die U. nachschicken. **2.** *Urlaubsziel:* die Insel ist schon lange eine U. für vermögende Urlauber.

Ur|laubs|an|schrift, die: *Anschrift während des Urlaubs.*

Ur|laubs|an|spruch, der: *[durch Tarif od. Einzelvertrag festgelegter] Anspruch auf eine bestimmte Zahl von Urlaubstagen im Jahr.*

Ur|laubs|an|trag, der: *Antrag auf die Gewährung von Urlaub.*

Ur|laubs|an|tritt, der: *Antritt* (1 a) *eines Urlaubs.*

Ur|laubs|be|kannt|schaft, die: *Person, die jmd. im Urlaub kennengelernt hat.*

Ur|laubs|dau|er, die ⟨Pl. selten⟩: *Dauer des Urlaubs.*

Ur|laubs|flirt, der: *Flirt* (b), *den jmd. während der Zeit seines Urlaubs hat.*

Ur|laubs|fo|to, das, schweiz. auch: die: *im Urlaub aufgenommenes Foto.*

Ur|laubs|gast, der: *Feriengast.*

Ur|laubs|geld, das: a) *zusätzliche Zahlung des Arbeitgebers an die Arbeitnehmer als Zuschuss zur Finanzierung des Urlaubs;* b) *für den Urlaub gespartes, zurückgelegtes Geld.*

Ur|laubs|kas|se, die: *zur Deckung der Kosten eines Urlaubs bestimmtes Geld.*

Ur|laubs|land, das: *Land, in dem gern u. häufig Urlaub gemacht wird:* Spanien ist ein beliebtes U.

Ur|laubs|ort, der ⟨Pl. -e⟩: *Ferienort.*

Ur|laubs|pa|ra|dies, das: *idealer Urlaubsort.*

Ur|laubs|plan, der: **1.** *Plan, in dem festgehalten ist, zu welchen Terminen die einzelnen Mitarbeiter eines Betriebs ihren Urlaub nehmen werden.* **2.** ⟨meist Pl.⟩ *Plan, der die Gestaltung des Urlaubs betrifft.*

Ur|laubs|pla|nung, die: *Planung des Urlaubs.*

Ur|laubs|re|gi|on, die: vgl. Urlaubsland.

ur|laubs|reif ⟨Adj.⟩ (ugs.): *durch viel Arbeit so erschöpft, dass ein Urlaub geboten ist:* ein -er Kollege; u. sein.

Ur|laubs|rei|se, die: *Reise in den Urlaub, während des Urlaubs.*

Ur|laubs|rei|sen|de ⟨vgl. Reisende⟩: *weibliche Person, die eine Urlaubsreise macht.*

Ur|laubs|rei|sen|der ⟨vgl. Reisender⟩: *jmd., der eine Urlaubsreise macht.*

Ur|laubs|re|sort, das [↑ Resort]: *Resort; Ferienanlage.*

Ur|laubs|schein, der (bes. Militär): *Schein* (3), *auf dem bestätigt wird, dass jmd. für einen bestimmten Zeitraum Urlaub hat.*

Ur|laubs|sper|re, die: **1.** *Verbot, Urlaub zu nehmen:* es besteht U.; die Werksleitung verhängte eine U. **2.** (bes. österr.) *vorübergehende Schließung eines Geschäftes wegen Betriebsurlaub.*

Ur|laubs|tag, der: *Tag, an dem jmd. Urlaub hat.*

Ur|laubs|ver|tre|tung, die: a) *stellvertretende Übernahme der Arbeiten u. Dienstgeschäfte von jmdm., der im Urlaub ist;* b) *Person für die Urlaubsvertretung* (a).

Ur|laubs|zeit, die: *Zeit, in der viele Urlaub machen.*

Ur|laubs|ziel, das: *Ziel einer Urlaubsreise:* die Toskana ist ein beliebtes U. der Deutschen.

Ur|laut, der: *urtümlicher, nicht sprachlicher menschlicher Laut:* einen U. ausstoßen.

Ur|mensch, der; -en, -en: *Mensch der frühesten anthropologischen Entwicklungsstufe, Mensch der Altsteinzeit.*

ur|mensch|lich ⟨Adj.⟩: **1.** *die Urmenschen betreffend, von ihnen stammend:* -e Werkzeuge. **2.** *seit Anbeginn zum Wesen des Menschen gehörend, typisch menschlich.*

Ur|me|ter, der od. das; -s: *ursprüngliches Maß, Norm des Meters (dessen Prototyp in Sèvres bei Paris lagert).*

Ur|mund, der; -[e]s (Zool.): *während der Embryonalentwicklung sich ausbildende Öffnung in der Gastrula.*

Ur|mut|ter, die; -, -mütter: *Stammutter der Menschen.*

Ur|ne, die; -, -n [lat. urna = (Wasser)krug; Lostopf]: **1.** *krugartiges, bauchiges, meist künstlerisch verziertes Gefäß aus Ton, Bronze o. Ä., in dem die Asche eines Verstorbenen aufbewahrt u. beigesetzt wird. die früher auch zur Aufnahme von Grabbeigaben diente:* eine U. beisetzen. **2.** *kastenförmiger, geschlossener [Holz]behälter mit einem schmalen Schlitz an der Oberseite zum Einwerfen des Stimmzettels bei Wahlen; Wahlurne:* das Volk wird zu den -n gerufen (geh.; *es werden Wahlen abgehalten*). **3.** *Gefäß, aus dem die Teilnehmer an einer Verlosung herausgreifen.*

Ur|nen|bei|set|zung, die: *Beisetzung der Urne* (1) *eines eingeäscherten Toten.*

Ur|nen|feld, das: *vorgeschichtlicher Friedhof mit Urnengräbern.*

Ur|nen|fried|hof, der: *Friedhof mit Urnengräbern.*

Ur|nen|gang, der: *Wahl* (2 a).

Ur|nen|grab, das: *Grab, in dem eine Urne* (1) *beigesetzt ist.*

¹Ur|ner, der; -s, -: Ew. zu ↑ Uri.

²Ur|ner ⟨indekl. Adj.⟩: die U. Städte.

Ur|ne|rin, die; -, -nen: w. Form zu ↑ ¹Urner.

ur|ne|risch ⟨Adj.⟩: *Uri, die Urner betreffend; von den Urnern stammend, zu ihnen gehörend.*

uro|ge|ni|tal ⟨Adj.⟩ [zu griech. oûron = Harn u. ↑ genital] (Med.): *zu den Harn- u. Geschlechtsorganen gehörend, diese betreffend.*

Uro|ge|ni|tal|sys|tem, das, **Uro|ge|ni|tal|trakt,** der (Med.): *morphologisch-funktionell miteinander verknüpfte Harn- u. Geschlechtsorgane.*

Uro|lo|ge, der; -n, -n [↑ -loge]: *Facharzt für Urologie* (1).

Uro|lo|gie, die; - [↑ -logie]: **1.** *Teilgebiet der Medizin, das sich mit der Funktion u. den Erkrankungen der Harnorgane befasst.* **2.** (Medizinjargon) *urologische Abteilung eines Krankenhauses.*

Uro|lo|gin, die; -, -nen: w. Form zu ↑ Urologe.

uro|lo|gisch ⟨Adj.⟩: *die Urologie betreffend.*

Ur|oma, die (fam.): *Urgroßmutter.*

Ur|opa, der (fam.): *Urgroßvater.*

ur|plötz|lich ⟨Adj.⟩ (verstärkend): *ganz plötzlich:* ein -er Temperatursturz von zehn Grad.

Ur|pro|duk|ti|on, die; -, -en (Wirtsch.): *Gewinnung von Produkten unmittelbar aus der Natur (durch Land- u. Forstwirtschaft, Fischerei, Jagd, Bergbau).*

Ur|quel|le, die; -, -n: *letzter Ursprung.*

Ur|sa|che, die; -, -n [urspr. = erster, eigentlicher Anlass zu gerichtlichem Vorgehen; vgl. Sache]: *etw. (Sachverhalt, Vorgang, Geschehen), was eine Erscheinung, eine Handlung od. einen Zustand bewirkt, veranlasst; eigentlicher Anlass, Grund:* die unmittelbare, wirkliche U.; innere, äußere -n (die) des Unfalls/ für den Unfall; die U. ermitteln, feststellen, erkennen; keine U.! (formelhafte Antwort auf eine Dankesbezeigung; *bitte! gern geschehen!*); der Wagen ist aus noch ungeklärter U. von der Straße abgekommen; das Gesetz von U. und Wirkung; Das feine Glas in den Schränken zersprang ohne erkennbare U. (Ransmayr, Welt 132); R kleine U., große Wirkung.

Ur|sa|chen|for|schung, die: **1.** *auf die Ursachen bestimmter Phänomene, Geschehnisse gerichtete Forschung* (2). **2.** *das Forschen* (a) *nach den Ursachen von etw.:* U. betreiben.

ur|säch|lich ⟨Adj.⟩: *die Ursache betreffend: der Vorfall bedarf einer -en Klärung;* b) *die Ursache bildend; kausal:* die Dinge stehen in -em Zusammenhang; u. für etw. sein *(etwas verursachen).*

Ur|säch|lich|keit, die; -, -en ⟨Pl. selten⟩: *Kausalität.*

Ur|schlamm, Ur|schleim, der; -[e]s: *gallertige Masse als Grundsubstanz allen Lebens.*

Ur|schrift, die; -, -en: *Original eines Schriftwerkes, einer Urkunde o. Ä.*

Ur|schweiz, die; -: (die Kantone Uri, Schwyz u. Unterwalden umfassendes) *Gebiet der ältesten Eidgenossenschaft.*

Ur|sen|dung, die; -, -en (Rundfunk, Fernsehen): *erstmalige Sendung eines Hör-, Fernsehspiels o. Ä.*

urspr. = ursprünglich.

Ur|spra|che, die; -, -n: **1.** (Sprachwiss.) *Grundsprache.* **2.** *Originalsprache.*

Ur|sprung, der; -[e]s, Ursprünge [mhd. ursprunc, ahd. ursprung, zu mhd. erspringen = ahd. irspringan = entstehen, ursprünglich = das Hervorspringen (bes. von Wasser), Quelle]: **1.** *Beginn; Material, Ort, Zeitraum, von dem etw. ausgegangen ist, seinen Anfang genommen hat:* der U. der

Menschheit; das Gestein ist vulkanischen -s; etw. auf seinen U. zurückführen. **2.** (Math.) *Schnittpunkt der Achsen eines Koordinatensystems.*

ur|sprüng|lich [auch: ...ˈʃprʏŋ...] ⟨Adj.⟩ [mhd. ursprunclich]: **1.** *anfänglich, zuerst [vorhanden]:* den -en Plan, Gesetzesentwurf ändern; damit weicht die Regierung von ihrer -en Linie ab; wir wollten u. nicht verreisen, fuhren dann aber doch. **2.** *echt, unverfälscht, natürlich, urwüchsig:* -e Sitten; einfach und u. leben.

Ur|sprüng|lich|keit [...ˈʃprʏŋ...], die; -, -en [mhd. ursprunclĭcheit]: **1.** ⟨o. Pl.⟩ *ursprüngliche* (1) *Beschaffenheit.* **2.** ⟨o. Pl.⟩ *ursprüngliches* (2) *Wesen, Natürlichkeit.* **3.** *etw. Ursprüngliches.*

Ur|sprungs|be|zeich|nung, die: *Herkunftsbezeichnung.*

Ur|sprungs|ge|biet, Ur|sprungs|land, das: *Herkunftsland.*

Ur|sprungs|ort, der: *Ort, an dem etw. ursprünglich entstanden ist, von dem etw. ursprünglich ausgegangen ist:* die Kunstwerke sollen an ihren U. zurückkehren.

urst ⟨Adj.⟩ [wohl scherzh. geb. Sup. von ur-] (regional ugs.): *großartig; äußerst, sehr [schön]:* eine -e Pose; der kommt sich u. stark vor.

Ur|stänkd, die; - [mhd., spätahd. urstende = Auferstehung, zu ahd. erstān = aufstehen, sich erheben; auferstehen]: in der Wendung **[fröhliche] U. feiern** *(wieder zum Vorschein kommen [oft von unerwünschten Dingen]).*

Ur|stoff, der; -[e]s, -e: *Grundstoff, Element.*

Ur|strom|tal, das; -[e]s, ...täler (Geol.): *von den Schmelzwassern eiszeitlicher Gletscher gebildetes, sehr großes u. breites Tal (mit sandigen u. kiesigen Ablagerungen).*

Ur|su|li|ne, die; -, -n, **Ur|su|li|ne|rin,** die; -, -nen [nach der hl. Ursula, der Schutzpatronin der Erzieher]: *Angehörige eines katholischen Schwesternordens mit der Verpflichtung zur Erziehung der weiblichen Jugend.*

Ur|sup|pe, die ⟨o. Pl.⟩: *Urschlamm, Urschleim.*

Ur|teil, das; -s, -e [mhd. urteil, ahd. urteil(i), zu ↑ erteilen u. urspr. = das, was man erteilt, dann: Wahrspruch, den der Richter erteilt]: **1.** (Rechtsspr.) *(im Zivil- od. Strafprozess) richterliche Entscheidung, die einen Rechtsstreit in einer Instanz ganz od. teilweise abschließt:* ein mildes, hartes, gerechtes U.; das U. ergeht morgen, ist [noch nicht] rechtskräftig; das U. lautet auf Freispruch, auf sieben Jahre [Freiheitsstrafe]; ein U. fällen, begründen, anerkennen, bestätigen, vollstrecken, anfechten, aufheben; gegen das U. Berufung einlegen. **2.** *prüfende, kritische Beurteilung [durch einen Sachverständigen], abwägende Stellungnahme:* ein fachmännisches, objektives, parteiisches, vorschnelles U.; ihr U. über den neuen Roman war vernichtend; ein U. abgeben; sich in U. [über jmdn., etw.] bilden; ich habe darüber kein U.; sie ist sehr sicher in ihrem U.

ur|tei|len ⟨sw. V.; hat⟩ [mhd. urteilen]: **1. a)** *ein Urteil* (2) *[über jmdn., etw.] abgeben, seine Meinung äußern:* über jmdn., etw. u.; hart, [un]gerecht, [un]parteiisch, abfällig, vorschnell, fachmännisch u.; **b)** *sich nach etw., auf einen bestimmten Eindruck o. Ä. hin ein Urteil bilden:* nach dem ersten Eindruck u.; die Äpfel sind nach der Farbe zu u. reif. **2.** (Philos.) *einen logischen Schluss ziehen u. formulieren.* **3. a)** *in einem Urteil* (1) *feststellen, befinden:* das Arbeitsgericht urteilte, die Kündigung sei unwirksam; **b)** *einen Fall durch ein Urteil* (1) *in einer bestimmten Weise entscheiden:* das Gericht der zweiten Instanz urteilte anders.

Ur|teils|be|grün|dung, die: *Teil eines Urteils* (1), *in dem die Gründe für die Entscheidung im Einzelnen dargelegt werden.*

ur|teils|fä|hig ⟨Adj.⟩: *[durch Wissen, Erfahrung o. Ä.] fähig, ein Urteil* (2) *über jmdn., etw. abzugeben.*

Ur|teils|fä|hig|keit, die: *Urteilskraft.*

Ur|teils|fin|dung, die (Rechtsspr.): *das Zustandekommen eines Urteils* (1).

Ur|teils|grün|de ⟨Pl.⟩: *Urteilsbegründung.*

Ur|teils|kraft, die ⟨Pl. selten⟩: *Fähigkeit, etw. zu beurteilen.*

Ur|teils|schel|te, die: *öffentliche Kritik an einem Urteil* (1).

Ur|teils|spruch, der: *der eigentliche Entscheidung enthaltender Teil eines Urteils* (1).

Ur|teils|ver|kün|dung, die: *Verkündung des Urteils* (1) *am Ende eines Prozesses.*

Ur|teils|ver|mö|gen, das ⟨o. Pl.⟩: *Urteilskraft.*

Ur|teils|voll|stre|ckung, die: *Vollstreckung eines Urteils* (1).

Ur|text, der; -[e]s, -e: **a)** *Urfassung eines Textes;* **b)** *einer Übersetzung zugrunde liegender Text.*

Ur|tier, das; -[e]s, -e: **1.** *Urtierchen.* **2.** (oft emotional) *urtümliches, wie urzeitlich wirkendes Tier.*

Ur|tier|chen, das; -s, - ⟨meist Pl.⟩: *Protozoon.*

Ur|trieb, der; -[e]s, -e: *naturhafter, angeborener Trieb* (1).

ur|tüm|lich ⟨Adj.⟩ [rückgeb. aus ↑ Urtümlichkeit]: **a)** *natürlich, unverfälscht, naturhaft-einfach:* eine -e Landschaft; **b)** *wie aus Urzeiten stammend:* -e Tiere.

Ur|tüm|lich|keit, die; -: *das Urtümlichsein.*

Ur|typ, der; -s, -en, **Ur|ty|pus,** der; -, ...pen: *ursprünglicher, urtümlicher Typ* (1), *Typus* (1).

Uru|gu|ay [...ˈguai̯, ˈu...]; -s: *Staat in Südamerika.*

¹**Uru|gu|a|yer,** der; -s, -: Ew.

²**Uru|gu|a|yer** ⟨indekl. Adj.⟩.

Uru|gu|a|ye|rin, die; -, -nen: w. Form zu ↑ ¹Uruguayer.

uru|gu|a|yisch ⟨Adj.⟩: *Uruguay, die Uruguayer betreffend; von den Uruguayern stammend, zu ihnen gehörend.*

Ur|ur|en|kel, der: *Sohn eines Urenkels od. einer Urenkelin.*

Ur|ur|en|ke|lin, die: w. Form zu ↑ Ururenkel.

Ur|ur|groß|el|tern ⟨Pl.⟩: *Eltern eines Urgroßvaters od. einer Urgroßmutter.*

Ur|ur|groß|mut|ter, die: *Mutter einer Urgroßmutter od. eines Urgroßvaters.*

Ur|ur|groß|va|ter, der: *Vater einer Urgroßmutter od. eines Urgroßvaters.*

Ur|va|ter, der; -s, Urväter: *Stammvater, Ahnherr [eines Geschlechts]:* der U. der Menschheit.

Ur|ver|trau|en, das; -s (Psychol.): *aus der engen Mutter-Kind-Beziehung im Säuglingsalter hervorgegangenes natürliches Vertrauen des Menschen zu seiner Umwelt.*

ur|ver|wandt ⟨Adj.⟩: *(bes. von Wörtern u. Sprachen) auf den gleichen Stamm, die gleiche Wurzel zurückzuführen.*

Ur|ver|wandt|schaft, die; -, -en: *das Urverwandtsein.*

Ur|viech, Ur|vieh, das; -[e]s, Urviecher (salopp scherzh.): *urwüchsiger, drolliger, etwas naiver Mensch; Original* (3).

Ur|vo|gel, der; -s, Urvögel: *(aus Abdrücken in Juraformationen bekannte) tauben- bis hühnergroße Urform eines Vogels, die als Zwischenform zwischen Reptilien u. Vögeln gilt; Archäopteryx.*

Ur|wahl, die; -, -en (Politik): *Wahl, bei der die zu repräsentierenden Personen (z. B. die wahlberechtigten Bürger eines Landes, die Mitglieder einer Partei) selbst wahlberechtigt sind (z. B. die Wahl eines Wahlmännerausschusses).*

Ur|wald, der; -[e]s, Urwälder: *ursprünglicher, von Menschen nicht kultivierter Wald mit reicher Fauna:* ein undurchdringlicher U.

Ur|wald|ge|biet, das: vgl. *Waldgebiet.*

Ur|wald|rie|se, der: *sehr großer, alter Baum eines Urwalds.*

Ur|welt, die; -, -en: *sagenumwobene, nebelhafte Welt der Vorzeit.*

ur|welt|lich ⟨Adj.⟩: *die Urwelt betreffend, zu ihr gehörend, aus ihr stammend.*

ur|wüch|sig ⟨Adj.⟩: **a)** *naturhaft; ursprünglich, unverfälscht:* eine -e Landschaft; **b)** *nicht verbildet, nicht gekünstelt:* eine -e Sprache.

Ur|wüch|sig|keit, die; -, -en: **1.** ⟨o. Pl.⟩ *urwüchsige Art, urwüchsiges Wesen.* **2.** *etw. Rustikales.*

Ur|zeit, die; -, -en: *älteste Zeit [der Erde, der Menschheit]:* *** im, vor, zu -en** *(vor sehr langer Zeit);* **seit -en** *(seit sehr langer Zeit).*

ur|zeit|lich ⟨Adj.⟩: *aus der Urzeit [stammend].*

Ur|zel|le, die; -, -n: *erste, durch Urzeugung entstandene Zelle.*

Ur|zeu|gung, die; -, -en: *Entstehung von Lebewesen, lebenden Zellen aus anorganischen od. organischen Substanzen ohne das Vorhandensein von Eltern.*

Ur|zu|stand, der; -[e]s, Urzustände: *ursprünglicher Zustand.*

USA [u:ˈɛsˈaː] ⟨Pl.⟩ [Abk. für engl. United States of America]: *Vereinigte Staaten von Amerika.*

usa|ble [ˈjuːzəbl] ⟨Adj.⟩ [engl. usable, zu: to use, ↑ User] (EDV): *benutzerfreundlich, gut aufbereitet, leicht anzuwenden (z. B. von Softwareprodukten).*

Usam|ba|ra|veil|chen, das; -s, - [nach dem Gebirgsstock Usambara in Tansania]: *(in Ostafrika heimische) Pflanze mit in Rosetten stehenden, rundlichen, behaarten Blättern u. veilchenähnlichen Blüten von violettblauer, rosa od. weißer Farbe.*

US-Ame|ri|ka|ner [uːˈɛs...], der; -s, -: *Amerikaner* (1).

US-Ame|ri|ka|ne|rin, die; -, -nen: w. Form zu ↑ US-Amerikaner.

US-ame|ri|ka|nisch ⟨Adj.⟩: *amerikanisch* (1).

Usance [yˈzãːs], die; -, -n [...sn̩] [frz. usance, zu: user = gebrauchen, über das lat. usum, ↑ Usus] (bildungsspr., Kaufmannsspr.): *Brauch, Gepflogenheit [im geschäftlichen Verkehr].*

Usanz, die; -, -en (schweiz.): *Usance.*

US-Ar|mee [uːˈɛs...], die; -: *Armee* (1 a) *der USA.*

US-Au|ßen|mi|nis|ter [uːˈɛs...], der; -s, -: *Außenminister der USA.*

US-Au|ßen|mi|nis|te|rin [uːˈɛs...], die; -, -nen: w. Form zu ↑ US-Außenminister.

US-Au|ßen|mi|nis|te|ri|um [uːˈɛs...], das: *Außenministerium der USA.*

US-Au|ßen|po|li|tik [uːˈɛs...], die: *Außenpolitik der USA.*

USB [uːˈɛsˈbeː], der; -[s], -s [Abk. für engl. Universal Serial Bus] (EDV): *Leitung zur Datenübertragung, die es ermöglicht, dass alle peripheren* (3) *Komponenten eines Computers über einen Anschluss mit dem Computer verbunden u. kommuniziere.*

Us|be|ke, der; -n, -n: *Angehöriger eines Turkvolkes in Zentralasien.*

Us|be|kin, die; -, -nen: w. Form zu ↑ Usbeke.

us|be|kisch ⟨Adj.⟩: *Usbekistan, die Usbeken betreffend; von den Usbeken stammend, zu ihnen gehörend.*

Us|be|kisch, das; -[s], (nur mit best. Art.:) **Us|be|ki|sche,** das; -n: *die usbekische Sprache.*

Us|be|kis|tan; -s: *Staat in Mittelasien.*

US-Bot|schaft [uːˈɛs...], die: *Botschaft* (2 a) *der USA.*

USB-Stick [uːˈɛsˈbeːstɪk], der; -s, -s [engl. stick = Stock, Stab]: *als Datenspeicher dienendes kleines, stäbchenförmiges, mit USB ausgestattetes Gerät.*

US-Bun|des|staat [uːˈlɛs...], der: *Bundesstaat* (2) *der USA.*
US-Bür|ger [uːˈlɛs...], der: *Bürger der USA.*
US-Bür|ge|rin [uːˈlɛs...], die: w. Form zu ↑ US-Bürger.
USD = internationaler Währungscode für: US-Dollar.
US-Dol|lar [uːˈlɛs...], der; -[s], -s ⟨aber: 30 US-Dollar⟩: *Währungseinheit in den USA* (1 US-Dollar = 100 Cent; Währungscode: USD).
Use|dom: *Insel in der Ostsee.*
Use|net [ˈjuːsnɛt], das; -s [engl. Usenet, gek. aus der älteren Bez. Unix User Network] (EDV): *weltweites Netz von Newsgroups.*
User [ˈjuːzɐ], der; -s, - [engl. user, eigtl. = Konsument, zu: to use = gebrauchen < (a)frz. user, ↑ Usance]: **1.** *jmd., der einen Computer benutzt.* **2.** (Jargon) *jmd., der eine bestimmte Droge [regelmäßig] nimmt.*
Use|rin, die; -, -nen: w. Form zu ↑ User.
usf. = und so fort.
Uso, der; -s [ital. uso < lat. usus, ↑ Usus] (Wirtsch.): *[Handels]brauch, Gewohnheit.*
US-Prä|si|dent [uːˈlɛs...], der: *Präsident der USA.*
US-Prä|si|den|tin [uːˈlɛs...], die: w. Form zu ↑ US-Präsident.
US-Re|gie|rung [uːˈlɛs...], die: *Regierung der USA.*
US-Sol|dat [uːˈlɛs...], der: *Soldat der US-Armee.*
US-Sol|da|tin [uːˈlɛs...], die: w. Form zu ↑ US-Soldat.
Usur|pa|ti|on, die; -, -en [lat. usurpatio, zu: usurpare, ↑ usurpieren]: *widerrechtliche Inbesitznahme; gewaltsame Machtergreifung.*
Usur|pa|tor, der; -s, ...ǫren [spätlat. usurpator, zu lat. usurpare, ↑ usurpieren]: *jmd., der widerrechtlich die [Staats]gewalt an sich reißt, bes. den Thron* (1 b) *usurpiert.*
Usur|pa|to|rin, die; -, -nen: w. Form zu ↑ Usurpator.
usur|pie|ren ⟨sw. V.; hat⟩ [lat. usurpare, zusges. aus: usu rapere = durch Gebrauch rauben (d. h. durch tatsächlichen Gebrauch eine Sache in seinen Besitz bringen)]: *widerrechtlich die Macht u. die [Staats]gewalt an sich reißen:* die Macht u.
Usur|pie|rung, die; -, -en: *das Usurpieren.*
Usus, der; - [urspr. Studentenspr., lat. usus = Gebrauch, Übung, Praxis, zu: usum, 2. Part. von: uti = gebrauchen, benutzen, anwenden]: *Brauch, Gewohnheit, Sitte:* das ist hier so U.
usw. = und so weiter.
US-Wäh|rung [uːˈlɛs...], die: *Währung der USA.*
US-Wirt|schaft [uːˈlɛs...], die: *Wirtschaft* (1) *der USA.*
Utah [ˈjuːta], -s: *Bundesstaat der USA.*
Uten|sil, das; -s, -ien ⟨meist Pl.⟩ [lat. utensilia, subst. Neutr. Pl. von: utensilis = brauchbar, zu: uti, ↑ Usus]: *etw., was man für einen bestimmten Zweck braucht:* die -ien im Badezimmer; bei diesem Wetter ist der Regenschirm das wichtigste U.
Ute|ri: Pl. von ↑ Uterus.
Ute|rus, der; -, ...ri [lat. uterus] (Med.): *Gebärmutter.*
Ut|gard; -s (germ. Mythol.): *Reich der Dämonen u. Riesen.*
uti|li|tär ⟨Adj.⟩ [frz. utilitaire < engl. utilitarian, zu: utility < (a)frz. utilité < lat. utilitas = Nützlichkeit]: *rein auf den Nutzen ausgerichtet:* -e Ziele.
Uti|li|ta|ris|mus, der; - [nach engl. utilitarianism] (Philos.): *Lehre, die im Nützlichen die Grundlage des sittlichen Verhaltens sieht u. ideale Werte nur anerkennt, sofern sie dem Einzelnen od. der Gemeinschaft nützen; Nützlichkeitsprinzip.*
Uti|li|ta|rist, der; -en, -en: *Vertreter des Utilitarismus; jmd., der nur auf den praktischen Nutzen bedacht ist.*
Uti|li|ta|ris|tin, die; -, -nen: w. Form zu ↑ Utilitarist.
uti|li|ta|ris|tisch ⟨Adj.⟩: *den Utilitarismus betreffend, auf ihm beruhend, zu ihm gehörend:* -e Gesichtspunkte.
Uti|li|ty [juˈtɪlɪtɪ], das; -s, -s [engl. utility, ↑ utilitär] (EDV): *Computerprogramm für die Ausführung von Hilfs- u. Wartungsarbeiten.*
Uto|pie, die; -, -n [unter Einfluss von frz. utopie zu »Utopia«, dem Titel eines Werks des engl. Humanisten Th. More (etwa 1478–1535), in dem das Bild eines republikanischen idealen Staates entworfen wird; zu griech. ou = nicht u. tópos = Ort, Stelle, Land, also eigtl. = Nichtland, Nirgendwo]: *undurchführbar erscheinender Plan; Idee ohne reale Grundlage: eine soziale, politische U.;* das ist doch [eine] U.!
uto|pisch ⟨Adj.⟩ [wohl nach frz. utopique]: *nur in der Vorstellung, Fantasie möglich; mit der Wirklichkeit nicht vereinbar, [noch] nicht durchführbar; fantastisch:* -e Hoffnungen, Erwartungen; -er Roman (Literaturwiss.; 1. *Roman, der eine idealisierte Form von Staat u. Gesellschaft vorführt.* 2. *Science-Fiction-Roman*).
Uto|pis|mus, der; -, ...men: **1.** *utopische Vorstellung.* **2.** ⟨o. Pl.⟩ *Neigung zu utopischen Vorstellungen, Plänen, Zielen.*
Uto|pist, der; -en, -en [wohl nach frz. utopiste]: *jmd., der utopische Pläne u. Vorstellungen hat; Fantast.*
Uto|pis|tin, die; -, -nen: w. Form zu ↑ Utopist.
u. U. = unter Umständen.
UV = Ultraviolett, ultraviolett.
u. v. a. = und viele[s] andere.
u. v. a. m. = und viele[s] andere mehr.
UvD = Unteroffizier vom Dienst.
UV-Fil|ter [uˈfaʊ...], der, Fachspr. meist: *das* (Fotogr.): *Filter zur Dämpfung der ultravioletten Strahlen.*
UV-Lam|pe, die: *Höhensonne* (2 a).
UV-Licht, das ⟨o. Pl.⟩: *ultraviolettes Licht.*
UV-Strah|len ⟨Pl.⟩ (Physik): *ultraviolette Strahlen.*
UV-Strah|ler, der: *Gerät, das ultraviolette Strahlen aussendet.*
UV-Strah|lung, die ⟨o. Pl.⟩ (Physik): *Höhenstrahlung.*
uvu|lar ⟨Adj.⟩ (Sprachwiss.): *(von Lauten) mit dem Zäpfchen gebildet.*
Uvu|lar, der; -s, -e (Sprachwiss.): *unter Mitwirkung des Zäpfchens gebildeter Laut.*
Ü-Wa|gen, der; -s, -, südd., österr. auch: Ü-Wägen: kurz für ↑ Übertragungswagen.
u. Z. = unserer Zeitrechnung.
uzen ⟨sw. V.; hat⟩ (ugs.): *[jmdn. mit etw.] necken, foppen; seinen Scherz mit jmdm. treiben:* mit diesem Versprecher wurde er noch lange geuzt.
Uze|rei, die; -, -en (ugs.): **1.** *[dauerndes] Uzen.* **2.** *neckender, spottender Scherz o. Ä.*
Uz|na|me, der (ugs.): *Spitzname.*

U-18-, U18- (bes. Sport): Best. in Zus. mit der Bed. *unter achtzehnjährig, von unter Achtzehnjährigen, für unter Achtzehnjährige* (z. B.: U-18-Nationalmannschaft, U-18-Spieler).

U-21-, U21- (bes. Sport): Best. in Zus. mit der Bed. *unter einundzwanzigjährig, von unter Einundzwanzigjährigen, für unter Einundzwanzigjährige* (z. B.: U-21-Nationalmannschaft, U-21-Spieler).

Ü-30-, Ü30- Best. in Zus. mit der Bed. *über dreißigjährig, von über Dreißigjährigen, für über Dreißigjährige* (z. B.: Ü-30-Party).

v, V [faʊ], das; - (ugs.: -s), - (ugs.: -s) [mhd., ahd. v]: *zweiundzwanzigster Buchstabe des Alphabets, ein Konsonantenbuchstabe:* ein kleines v, ein großes V schreiben.
v = velocitas (Geschwindigkeit).
v. = vom; von; vor; vide; vidi.
V = Vanadin, Vanadium; Volt; Volumen.
V [entstanden aus der »halbierten« Schreibweise des Zahlzeichens X = 10]: *römisches Zahlzeichen für 5.*
v. a. = vor allem.
VA = Voltampere.
va banque, Vabanque [vaˈbãːk, auch: vaˈbaŋk, frz., eigtl. = es gilt (= gilt) die Bank, aus: va, 3. Pers. Sg. von: aller = gehen (< lat. vadere) u. banque = Bank (< ital. banca, ↑²Bank)]: in der Wendung **va banque/Vabanque spielen** (bildungsspr.; *ein sehr hohes Risiko eingehen; alles auf eine Karte setzen*).
Va|banque|spiel, das (bildungsspr.): *mit einem hohen Risiko verbundene Vorgehens-, Verhaltensweise, sehr gewagtes Unterfangen.*
Va|che|rin [vaʃˈʀɛ̃ː], der; -, -s [frz. vacherin, zu: vache < lat. vacca = Kuh]: *sahniger Weichkäse aus der Schweiz.*
◆ **va|cie|ren:** ↑ vazieren.
Va|de|me|kum, das; -s, -s [lat. vade mecum = geh mit mir!] (bildungsspr.): *Lehrbuch, Leitfaden; Ratgeber* (1) *in Form eines kleinen Buches.*
Va|duz [faˈdʊts, auch: vaˈduːts]: *Hauptstadt von Liechtenstein.*
vag: ↑ vage.
Va|ga|bund, der; -en, -en [unter Einfluss von frz. vagabond zu spätlat. vagabundus = umherschweifend; unstet, zu lat. vagari = umherschweifen, zu: vagus, ↑ vage] (veraltend): *Landstreicher, Herumtreiber:* Ü er ist ein [richtiger] V. (liebt das unstete Leben, hält es nicht lange an einem Ort aus).
Va|ga|bun|den|le|ben, das ⟨o. Pl.⟩: *ungebundenes, unstetes Leben mit häufigem Wechsel des Aufenthaltsortes u. der Lebensumstände.*
va|ga|bun|die|ren ⟨sw. V.⟩ [frz. vagabonder, zu: vagabond, ↑ Vagabund]: **1.** ⟨hat⟩ *ohne festen Wohnsitz sein, als Vagabund, Landstreicher leben:* er vagabundiert seit Jahren. **2.** ⟨ist⟩ *ohne festes Ziel umherziehen, umherstreifen:* durch die Welt v.
Va|ga|bun|din, die; -, -nen: w. Form zu ↑ Vagabund.
Va|gant, der; -en, -en [zu lat. vagans (Gen.: vagantis), 1. Part. von: vagari, ↑ Vagabund]: **1.** (*im MA.*) *umherziehender Sänger, Musikant, Spielmann, der bes. als Student unterwegs zu einem Studienort, nach einem Studium auf der Suche nach einer Anstellung od. aus Gefallen am ungebundenen Leben auf Wanderschaft ist.* **2.** (veraltet) *Vagabund.*
Va|gan|ten|dich|tung, die (Literaturwiss.): *von Vaganten verfasste, meist lateinische weltliche Dichtung des Mittelalters.*
Va|gan|tin, die; -, -nen: w. Form zu ↑ Vagant.
va|ge, (seltener auch:) **vag** ⟨Adj.⟩ [unter Einfluss von frz. vague < lat. vagus = unstet, umherschweifend]: *nicht genau, nicht klar*

umrissen; unbestimmt: vage Versprechungen, Anhaltspunkte, Vermutungen, Andeutungen; ein vager Verdacht; seine Vorstellungen davon sind sehr v.; etw. nur v. andeuten; Der Mann wies vage zu dem Hang hin, wo der steinige Weg zum Gehöft des Bauern Uhlig und zum Hochmoor hinaufführte (Heym, Schwarzenberg 175).

Vag|heit, die; -, -en: **a)** ⟨o. Pl.⟩ *das Vagesein;* **b)** (seltener) *vage Aussage o. Ä.*

Va|gi|na [auch: 'va:...], die; -, ...nen [lat. vagina] (Med.): *Scheide* (2).

va|gi|nal ⟨Adj.⟩ (Med.): *die Vagina betreffend, zu ihr gehörend:* -er Orgasmus.

Va|gus, der; - [nlat. Nervus vagus, zu lat. vagus (↑vage), eigtl. = der umherschweifende Nerv (der Nerv erstreckt sich bis zum Magen-Darm-Trakt)] (Anat.): *Hauptnerv des parasympathischen Systems.*

va|kant ⟨Adj.⟩ [zu lat. vacans (Gen.: vacantis), 1. Part. von: vacare = frei, unbesetzt sein, zu: vacuus, ↑Vakuum] (österr., schweiz., sonst bildungsspr.): *im Augenblick frei, nicht besetzt, offen* (4 c): eine -e Stelle; der Posten, der Lehrstuhl wird, ist v.

Va|kanz, die; -, -en [mlat. vacantia = Ruhetage, zu lat. vacans, ↑vakant] (österr., schweiz., sonst bildungsspr.): **1.** (bildungsspr.) **a)** *das Vakantsein;* **b)** *vakante Stelle.* **2.** (landsch. veraltend) *Schulferien:* ♦ Du vazierst, wie ich sehe, wir brauchen eben einen Bedienten, bleib bei uns, da hast du ewige V. (Eichendorff, Taugenichts 38).

Va|kua: Pl. von ↑Vakuum.

Va|ku|o|le, die; -, -n [zu lat. vacuus, ↑Vakuum] (Biol.): *kleiner, meist mit Flüssigkeit gefüllter Hohlraum in tierischen u. pflanzlichen Zellen.*

Va|ku|um, das; -s, ...kua u. ...kuen [lat. vacuum, subst. Neutr. von lat. vacuus = entblößt, frei, leer]: **1.** (bes. Physik) **a)** *fast luftleerer Raum; Raum, in dem ein wesentlich geringerer Druck als der normale herrscht;* **b)** *Zustand des geringen Drucks in einem Vakuum* (1 a). **2.** (bildungsspr.) *das Nichtausgefülltsein; Leere:* ein machtpolitisches, soziales V.

va|ku|u|mie|ren ⟨sw. V.; hat⟩: **1.** (Fachspr.) *Flüssigkeiten bei vermindertem Luftdruck verdampfen.* **2.** *mit einer Vakuumverpackung versehen:* wenn du die Steaks nicht gleich verbrauchen willst, solltest du sie v.

Va|ku|um|mat|rat|ze, die: *mit kleinen Kunststoffkugeln gefüllter, matratzenförmiger Sack, der im Rettungswesen als Transportmittel bei Wirbelsäulenverletzungen, Beckenbrüchen o. Ä. verwendet wird.*

Va|ku|um|pum|pe, die (Technik): *Pumpe zur Erzeugung eines Vakuums.*

Va|ku|um|röh|re, die: *Elektronenröhre.*

Va|ku|um|tech|nik, die: *Geräte u. Verfahren zur Erzeugung, Aufrechterhaltung u. Messung eines Vakuums u. Anwendung des Vakuums für technische Zwecke.*

va|ku|um|ver|packt ⟨Adj.⟩: *mit, in einer Vakuumverpackung:* -e Erdnüsse, Steaks.

Va|ku|um|ver|pa|ckung, die: *Verpackung, in die Waren bei Unterdruck* (1) *eingehüllt u. luftdicht eingeschlossen werden.*

Vak|zin, das; -s, -e (seltener): *Vakzine.*

Vak|zi|ne, die; -, -n [zu nlat. vaccinus = von Kühen stammend, zu: vacca = Kuh; mit Bezug auf die Entdeckung des brit. Arztes E. Jenner (1749–1823), dass eine Impfung mit dem Kuhpockenvirus gegen das »echte« Pockenvirus immunisiert] (Med.): *Impfstoff aus lebenden od. abgetöteten Krankheitserregern.*

va|la|bel ⟨Adj.⟩ [frz. valable = tüchtig, brauchbar, zu: valoir < lat. valere = Wert, Gültigkeit haben]: **1.** (veraltet) *gültig, rechtsgültig, rechtskräftig.*

2. (schweiz.) *den Anforderungen gewachsen; geeignet; wählbar.*

Va|len|tins|tag, der [nach dem hl. Valentin]: *als Tag der Liebenden gefeierter Tag (14. Februar), an dem man kleine Geschenke, Kartengrüße o. Ä. austauscht.*

Va|lenz, die; -, -en [spätlat. valentia = Stärke, Kraft, zu lat. valere = stark, gesund sein; Wert, Geltung haben]: **1.** (Sprachwiss.) *Fähigkeit eines Wortes, ein anderes semantisch-syntaktisch an sich zu binden, bes. Fähigkeit eines Verbs, zur Bildung eines vollständigen Satzes eine bestimmte Zahl von »Ergänzungen« (z. B. ein Subjekt u. ein Objekt) zu fordern.* **2.** (Chemie) *Wertigkeit* (1).

Va|lenz|elek|t|ron, das ⟨meist Pl.⟩ (Chemie): *Elektron eines Atoms, das die Wertigkeit bestimmt u. für die chemische Bindung verantwortlich ist.*

Va|lenz|zahl, die (Chemie): *den Atomen od. Ionen in chemischer Verbindung zuzuordnende Wertigkeit.*

Va|let [auch: va'le:t], das; -s, -s [älter: Valete, zu lat. valete = lebt wohl!, 2. Pers. Imp. Pl. von: valere, ↑Valenz] (scherzh., veraltet): *Lebewohl, Abschiedsgruß:* jmdm. ein V. zurufen; *jmdm., einer Sache V. sagen* (geh.: *jmdn., etw. aufgeben, sich davon lösen*).

va|lid ⟨Adj.⟩ [lat. validus = kräftig, stark, zu: valere, ↑Valenz] (bildungsspr.): *gültig, gesichert:* -e Daten, Zeugenaussagen.

Va|li|da|ti|on, die; -, -en [wohl nach frz. validation] (bildungsspr.): *Validierung.*

va|li|die|ren ⟨sw. V.; hat⟩ [wohl nach frz. valider] (bildungsspr., Fachspr.): *die Wichtigkeit, die Zuverlässigkeit, den Wert von etw. feststellen, bestimmen.*

Va|li|die|rung, die; -, -en (bildungsspr., Fachspr.): *das Validieren; das Validiertwerden.*

Va|li|di|tät, die; - [frz. validité < spätlat. validitas = Stärke, zu lat. validus, ↑valid] (bildungsspr., Wissensch.): *Zuverlässigkeit.*

¹Va|li|um®, das; -s [Kunstwort]: *ein Beruhigungsmittel:* dagegen hilft V.

²Va|li|um®, der; -, -: *Tablette, die ¹Valium enthält:* er nahm eine, zwei V.

val|le|ri, val|le|ra [fa..., auch: va...] ⟨Interj.⟩: *Fröhlichkeit ausdrückender Ausruf (bes. in Liedern).*

Val|let|ta: Hauptstadt von Malta.

Va|lu|ta, die; -, ...ten [ital. valuta, zu: valuto, 2. Part. von: valere = gelten, wert sein < lat. valere, ↑Valenz] (Wirtsch., Bankw.): **1. a)** *ausländische Währung;* **b)** *Geld, Zahlungsmittel ausländischer Währung.* **2.** *Wertstellung.*

Va|lu|ten: Pl. von ↑Valuta.

va|lu|tie|ren ⟨sw. V.; hat⟩ (Wirtsch.): **a)** *eine Wertstellung festsetzen;* **b)** *(einen durch eine Hypothek od. Grundschuld gesicherten Betrag) tatsächlich zur Verfügung stellen u. dadurch (aus der Sicht des Schuldners) tatsächlich schulden.*

Va|lu|tie|rung, die; -, -en (Wirtsch.): *das Valutieren.*

Vamp [vɛmp], der; -s, -s [engl. vamp, gek. aus: vampire = Vampir < serbokroat. vampir]: *verführerische, erotisch anziehende, oft kühl berechnende Frau (bes. als Typ des amerikanischen Films; der Typ des männermordenden -s.*

Vam|pir [auch, österr. nur: 'vam...], der; -s, -e [serbokroat. vampir]: **1.** *(nach dem Volksglauben) Toter, der nachts als unverwester, lebender Leichnam dem Sarg entsteigt, um Lebenden, bes. jungen Mädchen, Blut auszusaugen, indem er ihnen seine langen Eckzähne in den Hals schlägt.* **2.** *Blutsauger* (3), *Wucherer.* **3.** *(in den amerikanischen [Sub]tropen lebende) Fledermaus, die sich vom Blut von Tieren ernährt, indem sie ihnen mit ihren scharfen Zähnen die Haut aufritzt u. das ausfließende Blut aufleckt.*

Vam|pi|rin, die; -, -nen: w. Form zu ↑Vampir.

Vam|pi|ris|mus, der; -: *Glaube an Vampire* (1).

Van [væn], der; -s, -s [engl. van = (Liefer-, Kasten)wagen, kurz für: caravan, ↑Caravan]: *Pkw mit besonders großem Innenraum, meist mit Sitzmöglichkeiten für mehr als fünf Personen und mit teilweise herausnehmbaren Sitzen; Großlimousine.*

Va|na|din, Va|na|di|um, das; -s [zu anord. Vanadis, einem Namen der germ. Göttin der Schönheit, Freyja; wohl nach dem schönen, farbenprächtigen Aussehen mancher Vanadiumverbindungen]: *stahlgraues Metall (Zeichen: V).*

Va|na|di|um|stahl, der: *Stahl, dessen besondere Härte, Beständigkeit durch geringfügigen Zusatz von Vanadium erreicht wird.*

Van-Al|len-Gür|tel [vɛn'lɛ...], der [nach dem amerik. Physiker J. A. Van Allen (1914 bis 2006)] (Physik): *einer von zwei die Erde umgebenden Strahlungsgürteln.*

Van|da|le, Wandale, der; -n, -n ⟨meist Pl.⟩ [nach dem ostgermanischen Volksstamm der Vandalen; vgl. Vandalismus] (abwertend): *zerstörungswütiger Mensch:* diese -n haben alles zerstört; sie haben wie die -n gehaust.

Van|da|lin, Wandalin, die; -, -nen: w. Form zu ↑Vandale.

Van|da|lis|mus, Wandalismus, der; - [frz. vandalisme, mit Bezug auf die Plünderung Roms durch die Vandalen im Jahre 455 n. Chr.]: *blinde Zerstörungswut:* die Polizei nahm mehrere Fans wegen V. fest.

vai|nil|le [va'nɪljə, auch: va'nɪlə] ⟨indekl. Adj.⟩: *hellgelb, blassgelb.*

Va|nil|le [va'nɪljə, auch: va'nɪlə], die; - [über frz. vanille < span. vainilla, eigtl. = kleine Scheide; kleine Schote, Vkl. von: vaina = Hülse, Schale; Scheide < lat. vagina, ↑Vagina]: **1.** *(in den Tropen heimische, zu den Orchideen gehörende) wie eine Liane rankende Pflanze mit in Trauben stehenden, oft gelblich weißen, duftenden Blüten u. langen, schotenartig geschlossenen Früchten.* **2.** *aus den Früchten der Vanille* (1) *gewonnenes, aromatisch duftendes Gewürz, das für Süßspeisen verwendet wird.*

Va|nil|le|aro|ma, das: vgl. Vanillegeschmack.

Va|nil|le|eis, das: *Speiseeis mit Vanillegeschmack.*

Va|nil|le|ge|schmack, der: *aromatischer, von Vanille* (2) *od. Vanillin stammender Geschmack.*

Va|nil|le|kip|ferl, das (bes. bayr., österr.): *süßes, mit Vanillezucker bestreutes Nuss- od. Mandelgebäck in Form eines kleinen Hörnchens.*

Va|nil|le|pud|ding, der: *Pudding mit Vanillegeschmack.*

Va|nil|le|rost|bra|ten, der (österr. Kochkunst): *mit Knoblauch zubereiteter Rostbraten.*

Va|nil|le|scho|te, die: **1.** *schotenähnliche Frucht der Vanille* (1). **2.** *Vanillestange.*

Va|nil|le|so|ße, Vanillesauce, die: *Soße mit Vanillegeschmack.*

Va|nil|le|stan|ge, die: *durch Trocknung u. Fermentation eingeschrumpfte, schwarzbraune, stangenförmige Frucht der Vanille* (1), *die bes. als Gewürz für Süßspeisen verwendet wird.*

Va|nil|le|zu|cker, der: *zum Herstellen bestimmter Backwaren u. Süßspeisen verwendeter, mit Vanille* (2) *gewürzter od. mit Vanillin durchsetzter Zucker.*

Va|nil|lin, das; -s: *bes. in den Früchten bestimmter Arten der Vanille* (1) *vorkommender od. künstlich hergestellter Stoff mit angenehmem Geruch, der bes. als Geruchs- u. Geschmacksstoff verwendet wird.*

Va|nil|lin|zu|cker, der: vgl. Vanillezucker.

Va|nu|a|tu [vænu'ɑ:tu:]; -s: *Inselstaat im Pazifischen Ozean.*

va|po|ri|sie|ren ⟨sw. V.; hat⟩ [zu lat. vapor = Dampf] (veraltend): verdampfen.

Va|ria ⟨Pl.⟩ [lat. varia, Neutr. Pl. von: varius = verschiedenartig, bunt]: *Verschiedenes, Vermischtes, Allerlei, bes. antike o. ä. Gegenstände unterschiedlicher Art.*

va|ri|a|bel ⟨Adj.; ...bler, -ste⟩ [frz. variable < spätlat. variabilis, zu lat. variare, ↑ variieren]: *nicht auf nur eine Möglichkeit beschränkt; veränderbar, [ab]wandelbar:* ein variables Kostüm; eine variable Trennwand; variable Preise, Kosten; eine variable (Math.; *veränderliche*) Größe; v. denken, reagieren.

Va|ri|a|bi|li|tät, die; - [frz. variabilité, zu: variable, ↑ variieren] (geh.): *das Variabelsein.*

Va|ri|a|b|le, die/eine Variable; der/einer Variablen od. Variable, die Variablen/zwei Variable od. Variablen (Math., Physik): *veränderliche Größe:* die V. der Gleichung.

va|ri|ant ⟨Adj.⟩ [frz. variant, adj. 1. Part. von: varier, ↑ variieren] (bildungsspr.): *bei bestimmten Vorgängen, unter bestimmten Bedingungen verändernd.*

Va|ri|an|te, die; -, -n [frz. variante, subst. Fem. von: variant, ↑ variant]: **1.** (bildungsspr.) *leicht veränderte Art, Form von etw.; Abwandlung, Abart, Spielart:* eine französische V. des Kochrezepts; eine seltene V. des Erregers; verschiedene -n eines Modells; regionale -n in der Sprache; Vielleicht würde mit dem Imperator, so hieß die Hoffnung, die man in der Via Anastasio hegte und in vielen -n besprach, auch das Verbannungsurteil zunichte (Ransmayr, Welt 134). **2.** (Literaturwiss.) *abweichende Lesart* (1) *einer Textstelle bei mehreren Fassungen eines Textes.* **3.** (Musik) *Wechsel von Moll nach Dur (u. umgekehrt) durch Veränderung der großen Terz in eine kleine (u. umgekehrt) in der* ¹*Tonika* (c).

va|ri|an|ten|reich ⟨Adj.⟩: *durch vielerlei Varianten* (1) *gekennzeichnet.*

Va|ri|anz, die; -, -en [engl. variance < lat. variantia = Verschiedenheit, zu: variare, ↑ variieren]: **1.** (Statistik) *Maß für die Größe der Abweichung von einem Mittelwert.* **2.** *Abweichung, Unterschied.*

Va|ri|a|ti|on, die; -, -en [unter Einfluss von frz. variation < lat. variatio = Veränderung, zu: variare, ↑ variieren]: **1. a)** *das Variieren; Veränderung, Abwandlung:* dieses Prinzip der Baukunst hat einige -en erfahren; **b)** *das Variierte, Abgewandelte:* Hüte, Jacken, Hemden in vielen, modischen -en. **2.** (Musik) *melodische, harmonische od. rhythmische Abwandlung eines Themas:* -en über ein Thema, zu einem Volkslied.

Va|ri|a|ti|ons|brei|te, die: *Gesamtheit von [möglichen] Variationen.*

Va|ri|a|ti|ons|mög|lich|keit, die: *Möglichkeit zu variieren, variiert zu werden.*

Va|ri|e|tät, die; -, -en [lat. varietas = Vielfalt, zu: varius, ↑ Varia]: **1.** (Biol., Mineral.) *Abart, Spielart:* eine V. der Kartoffel, des Zuckerrohrs. **2.** (Sprachwiss.) *sprachliche Variante.*

Va|ri|e|tee [varje'te:], **Va|ri|e|tée,** das; -s, -s [gek. aus Varietétheater, nach frz. théâtre des variétés, aus: théâtre (↑ Theater) u. variété = Abwechslung, bunte Vielfalt < lat. varietas, ↑ Varietät]: **1.** *Theater mit bunt wechselndem, unterhaltendem Programm, artistischen, akrobatischen, tänzerischen, musikalischen o. ä. Darbietungen:* er möchte zum V. (*Varietékünstler o. Ä. werden*). **2.** *Vorstellung, Aufführung in einem Varieté.*

Va|ri|e|tee|kunst usw.: ↑ Varietékunst usw.

Va|ri|e|té|kunst, Varieteekunst, die: *artistische Darstellungskunst, wie sie in Varieté, Zirkus o. Ä. dargeboten wird.*

Va|ri|e|té|künst|ler, Varieteekünstler, der: *im Varieté* (1) *auftretender Künstler.*

Va|ri|e|té|künst|le|rin, Varieteekünstlerin, die: w. Formen zu ↑ Varietékünstler, Varieteekünstler.

Va|ri|e|té|the|a|ter, Varieteetheater, das: *Varieté* (1).

va|ri|ie|ren ⟨sw. V.; hat⟩ [wohl unter Einfluss von frz. varier < lat. variare = mannigfaltig machen; verändern; wechseln; verschieden sein, zu: varius, ↑ Varia]: **a)** *in verschiedenen Abstufungen voneinander abweichen, unterschiedlich sein:* die Beiträge variieren je nach Einkommen; **b)** *leicht abwandeln, teilweise anders machen:* ein Thema v.; ein Volkslied v. (Musik; *in Variationen* (2) *verarbeiten*).

Va|rix, die; -, Varizen, **Va|ri|ze,** die; -, -n [lat. varix (Gen.: varicis), zu: varius (↑ Varia), nach dem bunten Aussehen] (Med.): *Krampfader.*

Va|ri|zen: Pl. von ↑ Varix, Varize.

Va|sall, der; -en, -en [mhd. vassal < afrz. vassal < mlat. vas(s)alus, aus dem Kelt.] (Geschichte): *(im MA.)* [*mit einem Lehen bedachter*] *Freier in der Gefolgschaft eines Herrn, in dessen Schutz er sich begeben hat; Gefolgsmann:* die -en des Königs.

Va|sal|len|staat, der (abwertend): *Satellitenstaat.*

Va|sal|len|tum, das; -s (Geschichte): *Gesamtheit aller Dinge, die mit dem Verhältnis zwischen dem Vasallen u. seinem Herrn zusammenhängen.*

Väs|chen, das; -s, -: Vkl. zu ↑ Vase.

Va|se, die; -, -n [frz. vase < lat. vas = Gefäß, Geschirr]: **1.** *(aus Glas, Porzellan o. Ä.) oft kunstvoll gearbeitetes offenes Gefäß, in das bes. Schnittblumen gestellt werden; Blumenvase:* eine hohe, bauchige, schlanke, große, kleine, chinesische V.; eine V. mit Rosen; den Strauß in eine V. stellen. **2.** *(in der Antike) verschiedenen Zwecken dienendes, oft mit Malereien versehenes Gefäß* [*aus Ton*]: altgriechische -n.

Va|se|lin, das; -s, (häufiger:) **Va|se|li|ne,** die; - [Kunstwort aus dt. Wasser u. griech. élaion = Öl]: *(bei der Erdölverarbeitung gewonnene) Masse, die in der pharmazeutischen u. kosmetischen Industrie als Grundlage für Salben, in der Technik als Schmiermittel o. Ä. verwendet wird.*

va|sen|för|mig ⟨Adj.⟩: *die Form einer [bauchigen] Vase aufweisend:* eine -e Urne.

Va|sen|ma|le|rei, die: *Malerei auf antiken Vasen:* die attische V.

vas|ku|lar, vas|ku|lär ⟨Adj.⟩ [zu lat. vasculum, Vkl. von: vas, ↑ Vase] (Biol., Med.): *die [Blut]gefäße betreffend.*

Väs|lein, das; -s, -: Vkl. zu ↑ Vase.

Va|ter, der; -s, Väter [mhd. vater, ahd. fater, viell. urspr. Wort der Kinderspr.]: **1. a)** *Mann, der ein od. mehrere Kinder gezeugt hat:* der leibliche, eigene V.; ein guter, besorgter, treu sorgender, liebender, strenger V.; V. und Mutter; er ist V. von drei Kindern; er ist V. geworden (*ein von ihm gezeugtes Kind ist geboren worden*); ein werdender V. (scherzh.; *Mann, der im Begriff ist, Vater zu werden*); er ist ganz der V. (*ist, sieht seinem Vater sehr ähnlich*); er war immer wie ein V. zu mir (*war mir ein väterlicher Freund*); grüßen Sie Ihren [Herrn] V.!; das hat er vom V. (ugs.; *diese Eigenschaft hat er in der Persönifizierung seines Vater geerbt*); (fam. auch als Eigenname): V. ist verreist; -s Geburtstag; Ü der [geistige] V. (*Schöpfer, Urheber*) *dieser Idee;* ***** V. **Staat** (scherzh.; *der Staat, bes. im Zusammenhang mit Finanzen, Steuern o. Ä.*); V. **Rhein** (dichter., emotional, oft scherzh.; *der Fluss Rhein in der Personifizierung eines Vaters*); **Heiliger V.** (kath. Kirche; Ehrentitel u. Anrede des Papstes); **b)** *Mann, der in der Rolle eines Vaters* (1 a) *ein od. mehrere Kinder versorgt, erzieht:* die Kinder haben wieder einen V.; **c)** *Mann, der als Beschützer, Helfer, Sorgender für andere da ist, eintritt:* der V. der Armen, der Hilflosen. **2.** *männliches Tier, das einen od. mehrere Nachkommen gezeugt hat:* die Jungen werden vom V. gefüttert. **3.** (kath. Kirche) **a)** (seltener) *Pater;* **b)** *Ehrentitel u. Anrede eines höheren katholischen Geistlichen.* **4.** ⟨o. Pl.⟩ (Rel.) *Gott, bes. im Hinblick auf seine Allmacht, Weisheit, Güte, Barmherzigkeit u. auf die Gotteskindschaft der Menschen:* der V. im Himmel. **5.** ⟨Pl.⟩ (geh. veraltet) *Vorfahren, Ahnen:* das Land seiner Väter.

Va|ter|bild, das (Psychol., Soziol.): *Bild, das jmd. von seinem Vater hat.*

Va|ter|bin|dung, die (Psychol.): *emotionale Bindung an den Vater.*

Vä|ter|chen, das; -s, -: **1.** Vkl. zu ↑ Vater. **2.** ***** V. **Frost** (scherzh.; *große Kälte, Frost in der Personifizierung eines alten Mannes;* LÜ von russ. Ded Moroz).

Va|ter|fi|gur, die: *männliche Person, die für jmdn. ein väterliches Vorbild, eine Persönlichkeit darstellt, die er bewundert, [wie einen Vater] achtet.*

Va|ter|freu|den ⟨Pl.⟩: in der Wendung V. **entgegensehen** (meist scherzh.; *bald Vater* 1 a *werden*).

Vä|ter|ge|ne|ra|ti|on, die: *Elterngeneration.*

Va|ter|haus, das (geh.): *Elternhaus* (a).

Va|ter|ka|renz, die (österr.): *vom Vater in Anspruch genommene Elternzeit:* in V. gehen.

Va|ter|kom|plex, der: **1.** (Psychol.) *übermäßig starke Bindung eines Kindes, bes. einer Tochter, an den Vater.* **2.** (ugs.) *starkes Sich-hingezogen-Fühlen einer Frau zu einem wesentlich älteren Mann.*

Va|ter|land, das ⟨Pl. ...länder⟩ [mhd. vaterlant = Heimat; Himmel, nach gleichbd. lat. patria] (geh., oft emotional): *Land, aus dem man stammt, zu dessen Volk, Nation man gehört, dem man sich zugehörig fühlt; Land als Heimat eines Volkes:* unser V.; das deutsche V.; das V. der Franzosen.

va|ter|län|disch ⟨Adj.⟩ (geh., oft emotional, auch abwertend): *das Vaterland betreffend; das Vaterland liebend, ehrend; patriotisch:* -e Lieder, Parolen; -e Belange; v. gesinnt sein.

Va|ter|lands|lie|be, die (geh., oft emotional): *Liebe, Gefühl der Zugehörigkeit zum eigenen Vaterland; Patriotismus.*

va|ter|lands|lie|bend ⟨Adj.⟩ (geh., oft emotional): *sein Vaterland liebend.*

va|ter|lands|los ⟨Adj.⟩ (geh. abwertend): *sein Vaterland nicht achtend, ehrend, es verratend:* eine -e Gesinnung; -e Gesellen.

Va|ter|lands|ver|rä|ter, der (geh. abwertend): *jmd., der sein Vaterland verrät.*

Va|ter|lands|ver|rä|te|rin, die: w. Form zu ↑ Vaterlandsverräter.

vä|ter|lich ⟨Adj.⟩ [mhd. veterlich, ahd. faterlîh]: **1.** *dem Vater* (1 a) *gehörend; vom Vater kommend, stammend:* -e Ermahnungen; die Erbfolge folgt der männlichen Linie; die zum ein Hof väterlichen Erben. **2.** (wie ein Vater) *fürsorglich v. voller Zuneigung:* ein -er Freund; ein -er Rat; jmdn. v. beraten, ermahnen.

vä|ter|li|cher|seits ⟨Adv.⟩: *(in Bezug auf verwandtschaftliche Beziehungen) vom Vater her:* meine Großeltern v.; v. stammt seine Familie aus Frankreich.

Vä|ter|lich|keit, die; -: *väterliche* (2) *Art.*

Va|ter|lie|be, die: *Liebe eines Vaters zu seinem Kind.*

va|ter|los ⟨Adj.⟩: *keinen Vater* [*mehr*] *habend, ohne Vater:* -e Kinder, Familien; v. aufwachsen.

Va|ter|lo|sig|keit, die: *das Vaterlossein.*

Vä|ter|mo|nat, der ⟨meist Pl.⟩: *Monat, in dem ein Vater Elternzeit in Anspruch nimmt.*

Va|ter|mord, der: *Mord am eigenen Vater.*
Va|ter|mör|der, der: **1.** *jmd., der einen Vatermord begangen hat.* **2.** [wohl volksetym. Umdeutung der älteren Bez. frz. parasite (= »Mitesser«, an den langen, nach oben gerichteten Ecken blieben leicht Speisereste hängen) zu: parricide = Vatermörder (1)] (scherzh.) *(früher getragener) hoher, steifer Kragen an Herrenhemden mit aufwärts bis an die Wangen ragenden Spitzen.*
Va|ter|mör|de|rin, die: w. Form zu ↑ Vatermörder (1).
Va|ter|pflicht, die ⟨meist Pl.⟩: *Aufgabe, die ein Vater seinem Kind gegenüber zu erfüllen hat.*
Va|ter|schaft, die; -, -en: *das Vatersein (bes. als rechtlicher Tatbestand):* die V. leugnen, anerkennen, nachweisen, feststellen, bestimmen.
Va|ter|schafts|kla|ge, die (Rechtsspr.): *Klage auf Feststellung der Vaterschaft.*
Va|ter|schafts|pro|zess, der: *Prozess aufgrund einer Vaterschaftsklage.*
Va|ter|schafts|test, der: *genetischer Test, der dazu dient, festzustellen, ob eine bestimmte männliche Person der Vater eines bestimmten Kindes ist.*
Va|ter|stadt, die (geh.): *Stadt, aus der jmd. stammt, in der jmd. geboren, aufgewachsen ist.*
Va|ter|stel|le: in der Wendung **bei, an jmdm. V. vertreten** *(wie ein Vater, väterlich für jmdn. sorgen).*
Va|ter|stolz, der: *Stolz des Vaters auf sein Kind.*
Va|ter|tag, der: **1.** [volkstüml. geb. zu ↑ Muttertag] (scherzh.) *Tag (gewöhnl. der Himmelfahrtstag), der von vielen Männern, bes. Familienvätern, dazu genutzt wird, ohne Frauen u. Kinder [mit reichlich Alkohol] zu feiern, Ausflüge zu machen o. Ä.* **2.** (österr.) *offizieller Ehrentag der Väter (am zweiten Sonntag im Juni), an dem sie von ihren Kindern beschenkt o. Ä. werden.*
Va|ter|tier, das (Landwirtsch.): *männliches Zuchttier.*
Va|ter|un|ser, das; -s, - [mhd. vater unser, ahd. fater unser, nach lat. pater noster, ↑ ¹Paternoster]: *in verschiedene Bitten gegliedertes Gebet aller christlichen Konfessionen;* ¹*Paternoster:* ein, das V. beten.
Va|ti, der; -s, -s (fam.): *Vater* (1 a).
Va|ti|kan [österr.: 'va...], der; -s [nach der Lage auf dem Mons Vaticanus, einem Hügel in Rom]: **1.** *Residenz des Papstes in Rom.* **2.** *oberste Behörde der römisch-katholischen Kirche: die Entscheidung des -s.*
va|ti|ka|nisch ⟨Adj.⟩: *den Vatikan betreffend, dazu gehörend:* die -e Kongregation.
Va|ti|kan|staat: nicht offizielle Bez. für den Staat Vatikanstadt.
Va|ti|kan|stadt, die; -: *Stadtstaat im Nordwesten Roms, in dem der Vatikan* (1) *liegt.*
Va|ti|ka|num, das; -s: *eines der beiden (1869/70 u. 1962–1965) in der Peterskirche zu Rom abgehaltenen allgemeinen Konzile der katholischen Kirche; Vatikanisches Konzil:* das zweite V.
Vaud [vo]: frz. Form von ↑ Waadt.
Vau|de|ville [vodə'vi:l, frz.: vod'vil], das; -s, -s [frz. vaudeville, angeblich entstellt aus: Vau-de-Vire = Tal in der Normandie, das aus Liedern bekannt war]: **1.** *(um 1700) populäre Liedeinlage in französische Singspielen.* **2.** *(im frühen 18. Jh.) burleskes od. satirisches, Aktualitäten behandelndes französisches Singspiel.* **3.** *Schlussensemble in der französischen Oper u. im deutschen Singspiel.* **4.** *(in den USA) szenische Darbietung kabarettistischer Charaktere mit Chansons, Tanz, Akrobatik u. Ä.*
V-Aus|schnitt ['fau...], der; -[e]s, -e: *v-förmiger Ausschnitt eines Pullovers, Kleides o. Ä.*

♦ **Vaux|hall** ['vɔksˈhɔːl], der; -s, -s [nach Vauxhall Gardens, einem Vergnügungspark in London, in dem häufig abendliche Feste mit Beleuchtung u. Tanz stattfanden]: *abendliches Gartenfest mit Beleuchtung u. Tanz:* Serenissimus schicken mich, Mylady zu fragen, ob diesen Abend V. sein werde oder teutsche Komödie? (Schiller, Kabale IV, 9).
va|zie|ren, vacieren (veraltet) ⟨sw. V.; ist⟩ [lat. vacare, ↑ vakant]: **1.** *(veraltet) [dienst]frei sein; unbesetzt sein; leer stehen:* ♦ Du vazierst *(bist ohne Anstellung, machst Ferien),* wie ich sehe, wir brauchen eben einen Bedienten, bleib bei uns, da hast du ewige Vakanz (Eichendorff, Taugenichts 38); ♦ Der polternde Alte sollte einen pensionierten Officier, Laertes einen vacierenden Fechtmeister ... darstellen (Goethe, Lehrjahre II, 9). **2.** ⟨meist im 1. Part.⟩ (österr. veraltend) *als Händler, Handwerker o. Ä. herumziehen:* ♦ ... wollte mein Vater einmal einen vazierenden Tagwerker aufnehmen (Rosegger, Waldbauernbub 225).
Vbg. (österr.) = Vorarlberg.
v. Chr. = vor Christo, vor Christus.
v. Chr. G. = vor Christi Geburt.
v. d. = vor der (bei Ortsnamen, z. B. Bad Homburg v. d. H. [vor der Höhe]).
VDE = VDE Verband der Elektrotechnik Elektronik Informationstechnik.
VDI = Verein Deutscher Ingenieure.
VdK = Verband der Kriegs- und Wehrdienstopfer, Behinderten und Sozialrentner.
VDM = Verbi Divini Minister/Ministra (schweiz.; ordinierte[r] reformierte[r] Theologe/Theologin).
VDS = Verband Deutscher Studentenschaften, (jetzt:) Vereinigte Deutsche Studentenschaften.
v. d. Z. = vor der Zeitrechnung.
VEB = volkseigener Betrieb (in der DDR).
Ve|da, der; -[s], Veden u. -s [sanskr. veda = Wissen]: *die heiligen Schriften der altindischen Religion.*
Ve|den: Pl. von ↑ Veda.
ve|disch ⟨Adj.⟩: *die Veden betreffend, darauf beruhend.*
Ve|du|te, die; -, -n [ital. veduta, zu: vedere < lat. videre = sehen] (bild. Kunst): *naturgetreue Darstellung einer Landschaft, einer Stadt, eines Platzes o. Ä. in Malerei u. Grafik.*
Ve|du|ten|ma|le|rei, die: *das Malen von Veduten.*
V-Ef|fekt ['fau...], der (Literaturwiss.): *kurz für* ↑ Verfremdungseffekt.
ve|gan ⟨Adj.⟩ [engl. vegan, zu: vegetable, ↑ Vegetarier]: *den Veganismus betreffend, zu ihm gehörend, ihm entsprechend.*
Ve|ga|ner, der; -s, -: *Anhänger des Veganismus.*
Ve|ga|ne|rin, die; -, -nen: w. Form zu ↑ Veganer.
Ve|ga|nis|mus, der; -: *[ethisch motivierter] völliger Verzicht auf tierische Produkte bei der Ernährung u. a.*
ve|ge|ta|bil ⟨Adj.⟩ (Fachspr., bayr., österr.): *vegetabilisch:* -e Abfälle.
Ve|ge|ta|bi|li|en ⟨Pl.⟩ [mlat. vegetabilia (Pl.) = Pflanzen(reich), zu lat. vegetabilis = belebend, zu lat. vegetare, ↑ vegetieren] (Fachspr., sonst veraltend): *pflanzliche Nahrungsmittel.*
ve|ge|ta|bi|lisch ⟨Adj.⟩ (Fachspr.): *pflanzlich:* -e Fette.
Ve|ge|ta|ri|er, der; -s, - [älter: Vegetarianer < engl. vegetarian, zu: vegetable = pflanzlich < lat. vegetabilis, ↑ Vegetabilien]: *jmd., der sich [vorwiegend] von pflanzlicher Kost ernährt:* V. sein; Wenn jemand zu mir freundlich ist, geniere ich mich wie ein Fleischesser unter -n (M. Walser, Pferd 36).
Ve|ge|ta|ri|e|rin, die; -, -nen: w. Form zu ↑ Vegetarier.

ve|ge|ta|risch ⟨Adj.⟩: *(in Bezug auf die Ernährungsweise) pflanzlich, Pflanzen...; dem Vegetarismus entsprechend, auf ihm beruhend:* -e Kost, Kochbücher; er kocht, lebt, ernährt sich v.
Ve|ge|ta|ris|mus, der; -: *Lehre, die den Genuss ausschließlich od. überwiegend pflanzlicher Kost anstrebt.*
Ve|ge|ta|ti|on, die; -, ⟨Fachspr.:⟩ -en [mlat. vegetatio = Wachstum < lat. vegetatio = Belebung, belebende Bewegung, zu lat. vegetare, ↑ vegetieren]: **a)** *ein bestimmtes Gebiet bedeckende Pflanzen; Pflanzenwelt, Bestand an Pflanzen:* die V. der Tropen; **b)** *Wachstum von Pflanzen, Pflanzenwuchs:* eine dichte, üppige V.
Ve|ge|ta|ti|ons|de|cke, die: *Pflanzendecke.*
Ve|ge|ta|ti|ons|gren|ze, die: *Grenze, bis zu der es Vegetation gibt.*
ve|ge|ta|ti|ons|los ⟨Adj.⟩: *keine Vegetation* (a) *aufweisend:* -e Gebiete.
Ve|ge|ta|ti|ons|pe|ri|o|de, die: *Zeitraum des allgemeinen Wachstums der Pflanzen innerhalb eines Jahres.*
Ve|ge|ta|ti|ons|stu|fe, die: *Stufe der Vegetation an Berghängen mit jeweils nach Höhenlage unterschiedlicher Pflanzengesellschaft.*
Ve|ge|ta|ti|ons|zeit, die: *Vegetationsperiode.*
Ve|ge|ta|ti|ons|zo|ne, die: *Zone, die eine für die klimatischen Bedingungen charakteristische Pflanzenformation aufweist (z. B. Regenwald).*
ve|ge|ta|tiv ⟨Adj.⟩ [mlat. vegetativus = das Wachstum der Pflanze fördernd]: **1.** (Biol.) *nicht durch geschlechtliche Fortpflanzung erfolgend, ungeschlechtlich:* -e Zellteilung; sich v. vermehren. **2.** (Biol., Med.) *nicht dem Willen unterliegend; unbewusst wirkend, ablaufend:* -e Funktionen; das -e Nervensystem.
ve|ge|tie|ren ⟨sw. V.; hat⟩ [mlat. vegetare = nähren, hegen < lat. vegetare = in Bewegung setzen, beleben, erregen, zu: vegetus = rührig, lebhaft, munter, zu: vegere = lebhaft sein]: **1.** (oft abwertend) *kärglich leben; ein ärmliches, kümmerliches Dasein fristen:* am Rande der Existenz, in Elendsquartieren [vor sich hin] v. **2.** (Bot.) *(von Pflanzen) nur in der vegetativen* (2) *Phase leben.*
ve|he|ment ⟨Adj.⟩ [zu ↑ Vehemenz od. (wohl unter Einfluss von frz. véhément) < lat. vehemens (Gen.: vehementis), wohl urspr. = einherfahrend, auffahrend u. zu: vehere, ↑ Vehikel] (bildungsspr.): *heftig* (1): -e Windstöße, -er Protest, Widerspruch, Widerstand; -e Ablehnung, Kritik; trotz -er Proteste der Anwohner; ein -er Gegner, Kritiker, Verfechter, Befürworter der Kernenergie; der Kampf wurde v. geführt; etw. v. verteidigen, bestreiten, abstreiten, dementieren, zurückweisen, kritisieren.
Ve|he|menz, die; - [lat. vehementia, zu: vehemens, ↑ vehement] (bildungsspr.): *Ungestüm, Heftigkeit:* die V. der Sturmböen nahm zu; er stritt es mit V. ab.
Ve|hi|kel, das; -s, - [lat. vehiculum, zu: vehere = fahren]: **1.** (oft abwertend) *[altes, schlechtes] Fahrzeug:* ein altes, vorsintflutliches, klappriges V.; er schwang sich auf sein V. **2.** (bildungsspr.) *etw., was als Mittel dazu dient, etw. anderes deutlich, wirksam werden zu lassen, zu ermöglichen:* die Sprache ist das V. aller geistigen Tätigkeit.
Vei|gerl, das; -s, -[n] (bayr., österr. ugs.): *Veilchen* (1).
Veil|chen, das; -s, - [Vkl. von älter Vei(e)l, mhd. viel, frühmhd. vīol(e), ahd. viola < lat. viola, ↑ ¹Viola]: **1.** *im Frühjahr blühende kleine, stark duftende Pflanze mit herzförmigen Blättern u. blauen bis violetten Blüten aus zwei aufwärts- u. drei abwärtsgerichteten Blütenblättern:* wilde V.; ein Strauß V. **2.** (ugs. scherzh.) *durch einen Schlag, Stoß o. Ä. hervorgerufener blau verfärb-*

ter Bluterguss um ein Auge herum: Siggi schlug Fränki ein V. (Grass, Butt 610).
veil|chen|blau ⟨Adj.⟩: *das kräftige, dunkle, ins Violett spielende Blau des Veilchens aufweisend.*
Veil|chen|duft, der: *Duft von Veilchen.*
veil|chen|far|ben, veil|chen|far|big ⟨Adj.⟩: *veilchenblau.*
Veil|chen|pas|til|le, die: *dunkelbraune bis schwarze Pastille mit Veilchenduft u. entsprechendem Geschmack.*
Veil|chen|strauß, der: *Strauß Veilchen.*
Veits|tanz, der ⟨o. Pl.⟩ [LÜ von mlat. chorea sancti Viti; der hl. Vitus (= Veit) wurde bei dieser Krankheit angerufen] (volkstümlich, sonst veraltet): *Chorea.*
Vek|tor, der; -s, ...oren [engl. vector < lat. vector = Träger, Fahrer, zu: vectum, 2. Part. von: vehere = fahren; führen] (Math., Physik): *Größe, die als ein in bestimmter Richtung mit bestimmter Länge verlaufender Pfeil dargestellt wird u. die durch verschiedene Angaben (Richtung, Betrag) festgelegt werden kann.*
vek|to|ri|ell ⟨Adj.⟩ (Math.): *den Vektor, die Vektorrechnung betreffend:* ein -es Produkt.
Vek|tor|raum, der (Math.): *Menge mit einer Addition u. Vervielfachung, für die bestimmte Rechengesetze gelten, u. Vektoren als Elemente.*
Vek|tor|rech|ner, der (EDV): *Rechner (2), der für die parallele Verarbeitung besonders strukturierter Daten geeignet ist.*
Vek|tor|rech|nung, die: *Teilgebiet der Mathematik, das sich mit den Vektoren u. ihren algebraischen Verknüpfungen befasst.*
Vel|la: Pl. von ↑ Velum.
vel|lar ⟨Adj.⟩ [zu ↑ Velum] (Sprachwiss.): *(von Lauten) am Velum (3) gebildet.*
Vel|lar, der; -s, -e (Sprachwiss.): *am Velum (3) gebildeter Laut; Gaumensegellaut; Hintergaumenlaut* (z. B. k).
Vel|lo [auch: 've...], das; -s, -s [Kurzf. von ↑ Veloziped] (schweiz.): *Fahrrad:* V. fahren.
ve|lo|ce [ve'lo:tʃə] ⟨Adv.⟩ [ital. veloce < lat. velox] (Musik): *schnell.*
Ve|lo|drom, das; -s, -e [frz. vélodrome, zusgez. aus: vélocipède = Fahrrad u. griech. drómos = Lauf]: *[geschlossene] Radrennbahn mit überhöhten Kurven.*
Ve|lo|fah|rer, der (schweiz.): *Radfahrer (1).*
Ve|lo|fah|re|rin, die: w. Form zu ↑ Velofahrer.
¹Ve|lours [vəˈluːɐ̯, auch: ve...], der; - [...ˈluːɐ̯s], - [...ˈluːɐ̯s] [frz. velours, zu aprovenz. velos < lat. villosus = zottig, haarig, zu: villus = zottiges Tierhaar, zu: vellus = abgeschorene, noch zusammenhängende Schafwolle]: *Gewebe unterschiedlicher Art mit gerauter, weicher, samt- od. plüschartiger Oberfläche:* ein Läufer, dicke Vorhänge aus V.
²Ve|lours, das; - [...ˈluːɐ̯s], (Sorten:) -: *Leder mit einer durch feines Schleifen aufgerauten samtähnlichen Oberfläche.*
Ve|lours|le|der, das: ²*Velours.*
Ve|lours|tep|pich, der: *gewebter Teppich.*
Ve|lo|zi|ped, das; -[e]s, -e [frz. vélocipède, zu lat. velox (Gen.: velocis) = schnell u. pes (Gen.: pedis) = Fuß] (veraltet): *Fahrrad.*
Ve|lo|zi|pe|dist, der; -en, -en [frz. vélocipédiste, zu: vélocipède, ↑ Veloziped] (veraltet): *Radfahrer.*
Ve|lo|zi|pe|dis|tin, die; -, -nen: w. Form zu ↑ Velozipedist.
Velt|li|ner, der; -s, - [nach der ital. Landschaft Veltlin]: **1. a)** *in Österreich angebaute Rebsorte;* **b)** *aus den Trauben des Veltliners (1 a) hergestellter Wein.* **2.** (schweiz.) *Wein aus der italienischen Landschaft Veltlin.*
Vel|lum, das; -s, Vela [lat. velum = Tuch; Segel] (Anat., Sprachwiss.): *Gaumensegel.*

Ven|det|ta, die; -, ...tten [ital. vendetta < lat. vindicta = Rache, zu: vindicare = bestrafen, rächen]: ital. Bez. für: *Blutrache.*
Ve|ne, die; -, -n [lat. vena] (Med.): *Blutader.*
Ve|ne|dig: *norditalienische Stadt.*
Ve|nen|ent|zün|dung, die: *entzündliche Erkrankung der Gefäßwand von Venen, bes. bei Krampfadern.*
ve|ne|risch ⟨Adj.⟩ [lat. venerius = geschlechtlich, eigtl. = zur Venus gehörend, zu: venus (Gen.: veneris) = Liebreiz; Liebe, personifiziert im Namen der röm. Liebesgöttin Venus] (Med.): *die Geschlechtskrankheiten betreffend, zu ihnen gehörend:* ein -es Leiden, -e Krankheiten (Geschlechtskrankheiten).
Ve|ne|zi|a|ner, der; -s, -: Ew. zu ↑ Venedig.
Ve|ne|zi|a|ne|rin, die; -, -nen: w. Form zu ↑ Venezianer.
ve|ne|zi|a|nisch ⟨Adj.⟩: *Venedig, die Venezianer betreffend; von den Venezianern stammend, zu ihnen gehörend.*
Ve|ne|zo|la|ner, der; -s, -: Ew. zu ↑ Venezuela.
Ve|ne|zo|la|ne|rin, die; -, -nen: w. Form zu ↑ Venezolaner.
ve|ne|zo|la|nisch ⟨Adj.⟩: *Venezuela, die Venezolaner betreffend; von den Venezolanern stammend, zu ihnen gehörend.*
Ve|ne|zu|e|la, -s: *Staat in Südamerika.*
Ve|nia Le|gen|di, die; -- [lat. = Erlaubnis zu ¹lesen (1 c)] (bildungsspr.): *(durch die Habilitation erworbene) Berechtigung, an wissenschaftlichen Hochschulen zu lehren.*
ve|nös ⟨Adj.⟩ [lat. venosus, zu: vena, ↑ Vene] (Med.): *die Venen betreffend, in einer Vene gehörend:* -es *(in den Venen transportiertes, dunkles)* Blut.
Ven|til, das; -s, -e [mlat. ventile = Wasserschleuse; Windmühle, zu lat. ventus = Wind]: **1.** *Vorrichtung, mit der das Ein-, Aus-, Durchlassen von Flüssigkeiten od. Gasen gesteuert wird:* das V. eines Autoreifens, eines Dampfkessels; das V. ist undicht, schließt nicht, ist verstopft; ein V. öffnen, schließen; ein Motor mit sechzehn -en; Ü er braucht ein V. für seine Aggressionen. **2. a)** *mechanische Vorrichtung an Blechblasinstrumenten, die das Erzeugen aller Töne der chromatischen Tonleiter ermöglicht;* **b)** *Mechanismus an der Orgel, durch den die Zufuhr des Luftstroms reguliert wird.*
Ven|ti|la|ti|on, die; -, -en [frz. ventilation < lat. ventilatio = das Lüften, zu: ventilare, ↑ ventilieren]: **1. a)** *Bewegung von Luft (od. Gasen), bes. zur Erneuerung in geschlossenen Räumen, zur Beseitigung verbrauchter, verunreinigter Luft; Belüftung:* für [ausreichende, gute] V. sorgen; **b)** *Lüftung (2).* **2.** (bildungsspr. seltener) *Ventilierung (2).*
Ven|ti|la|tor, der; -s, ...oren [engl. ventilator, zu lat. ventilare, ↑ ventilieren]: *meist von einem Elektromotor angetriebene, mit einem rotierenden Flügelrad arbeitende Vorrichtung bes. zur Lüftung von Räumen, zur Kühlung von Motoren;* Lüfter: der V. surrt, dreht sich.
ven|ti|lie|ren ⟨sw. V.; hat⟩: **1.** (seltener) *belüften, mit frischer Luft versorgen, die Luft von etw. erneuern:* einen Raum v. [(frz. ventiler <) lat. ventilare = in die Luft schwenken, schwingen; fächeln, lüften; hin u. her besprechen, erörtern, zu: ventus = Wind] (bildungsspr.) *sorgfältig überlegen, prüfen; eingehend erörtern:* ein Problem v.
Ven|ti|lie|rung, die; -, -en: **1.** (selten) *das Ventilieren (1); Ventilation (1 a).* **2.** (bildungsspr.) *das Ventilieren (2).*
Ven|til|spiel, das (Technik): *Spielraum am Ventil eines Motors.*
ven|tral ⟨Adj.⟩ [spätlat. ventralis, zu lat. venter (Gen.: ventris) = Bauch, Leib] (Med.): *zum Bauch, zur Bauch-, Vorderseite gehörend; im Bauch lokalisiert, an der Bauchwand auftretend.*
Ven|t|ri|kel, der; -s, - [lat. ventriculus, eigtl. = Vkl. von: venter, ↑ ventral] (Anat.): **1.** *Kammer, Hohlraum bes. von Organen (wie Herz u. Gehirn).* **2.** *bauchartige Verdickung; Ausstülpung eines Organs od. Körperteils (z. B. der Magen).*
Ven|t|ri|lo|quist, der; -en, -en (bildungsspr.): *Bauchredner.*
Ven|t|ri|lo|quis|tin, die; -, -nen: w. Form zu ↑ Ventriloquist.
Ven|ture|ca|pi|tal, Ven|ture-Ca|pi|tal [ˈvɛntʃəkæpɪtl̩], das; -s [engl. venture capital, aus: venture = (riskantes) Unternehmen u. capital = Kapital]: *Risikokapital.*
¹Ve|nus (röm. Mythol.): *Liebesgöttin.*
²Ve|nus, die; - (Astron.): *(von der Sonne aus gerechnet) zweiter Planet unseres Sonnensystems.*
Ve|nus|berg, der [nach nlat. Mons veneris] (Anat.): *weiblicher Schamberg.*
Ve|nus|flie|gen|fal|le, die: *auf Mooren Nordamerikas heimische fleischfressende, krautige Pflanze, die auch als Zierpflanze kultiviert wird.*
Ve|nus|hü|gel, der: *Venusberg.*
Ve|nus|mu|schel, die: *Muschel mit oft lebhaft gefärbten [gerippten] Schalen.*

ver- [mhd. ver-, ahd. fir-, far-, mniederd. vör-, vor-; entstanden aus mehreren Präfixen mit etwa der Bed. »heraus-«, »vor-, vorbei-« u. »weg-« (zu einem Subst. mit der Bed. »das Hinausführen über ...«)]: **1.** drückt in Bildungen mit Substantiven oder Adjektiven und einer Endung aus, dass sich eine Person oder Sache [im Laufe der Zeit] zu etw. (was im Substantiv od. Adjektiv genannt wird) hin verändert: verarmen, verdorfen, verprovinzialisieren. **2.** drückt in Bildungen mit Substantiven oder Adjektiven und einer Endung aus, dass eine Person oder Sache zu etw. gemacht, in einen bestimmten Zustand versetzt, in etw. umgesetzt wird: vereindeutigen, verfeatern, vermodernisieren, vertüten; verbeamtet, verkauderwelscht. **3.** drückt in Bildungen mit Substantiven und einer Endung aus, dass eine Person oder Sache mit etw. versehen wird: vercomputerisieren, verschorfen. **4.** drückt in Bildungen mit Verben aus, dass eine Sache durch etw. (ein Tun) beseitigt, verbraucht wird, nicht mehr besteht: verforschen, verfrühstücken, verwarten. **5.** drückt in Bildungen mit Verben aus, dass eine Person mit etw. ihre Zeit verbringt: verschlafen, verschnarchen, verspielen. **6.** drückt in Bildungen mit Verben aus, dass eine Person etw. falsch, verkehrt macht: verbremsen, verinszenieren. **7.** drückt in Bildungen mit Verben aus, dass eine Sache durch etw. beeinträchtigt wird: verwaschen, verwohnen. **8.** hat in Bildungen mit Verben keinen Einfluss auf deren Bedeutung: verbleiben, verbringen, vermelden.

ver|ab|fol|gen ⟨sw. V.; hat⟩ (Papierdt. veraltend): *verabreichen, geben:* jmdm. ein Medikament, eine Spritze v.; (scherzh.:) jmdm. eine Tracht Prügel v.
Ver|ab|fol|gung, die; -, -en: *das Verabfolgen.*
ver|ab|re|den ⟨sw. V.; hat⟩: **1.** *[mündlich] vereinbaren:* ein Erkennungszeichen, ein Treffen v.; ich habe mit ihr verabredet, dass wir uns morgen treffen; auf ein verabredetes Signal hin schlugen sie los; sie trafen sich am verabredeten Ort, zur verabredeten Zeit. **2.** ⟨v. + sich⟩ *(mit jmdm.) eine Zusammenkunft verabreden* (1):

Verabredung – veranlassen

sich für den Abend, zum Tennis, auf ein Glas Wein, im Park v.; sie ist heute Abend [mit ihr] verabredet.

Ver|ab|re|dung, die; -, -en: **1.** ⟨o. Pl.⟩ *das Verabreden* (1): *die V. eines Treffpunkts, einer Zusammenkunft.* **2. a)** *etw., was man verabredet hat; Vereinbarung* (2): *eine V. treffen, nicht einhalten; sich an eine V. halten; bleibt es bei unserer V.?;* **b)** *verabredete Zusammenkunft:* eine geschäftliche V.; ich habe morgen eine V. mit ihm; eine V. absagen; zu einer V. gehen.

ver|ab|re|dungs|ge|mäß ⟨Adj.⟩: *gemäß einer Verabredung; wie verabredet.*

ver|ab|rei|chen ⟨sw. V.; hat⟩ (Papierdt.): *[in einer bestimmten Menge] zu essen, zu trinken, zum Einnehmen o. Ä. geben:* jmdm. eine Arznei v.

Ver|ab|rei|chung, die; -, -en: *das Verabreichen.*

ver|ab|säu|men ⟨sw. V.; hat⟩ (Papierdt.): *(etw., was man eigentlich tun muss, tun soll) unterlassen, versäumen:* er hat es verabsäumt, sie davon zu unterrichten.

ver|ab|scheu|en ⟨sw. V.; hat⟩: *Abscheu, Widerwillen, Ekel (gegen etw., jmdn.) empfinden:* sie verabscheut Knoblauch, ihn.

ver|ab|scheu|ens|wert, ver|ab|scheu|ens|wür|dig ⟨Adj.⟩: *Verabscheuung verdienend:* eine -e Tat; ein -es Verbrechen.

Ver|ab|scheu|ens|wür|dig|keit, die; -: *das Verabscheuenswertsein.*

Ver|ab|scheu|ung, die; -, -en ⟨Pl. selten⟩ (geh.): *das Verabscheuen.*

ver|ab|scheu|ungs|wert, ver|ab|scheu|ungs|wür|dig ⟨Adj.⟩: *verabscheuenswert, -würdig:* ein -es Verbrechen.

Ver|ab|scheu|ungs|wür|dig|keit, die; -: *das Verabscheuungswürdigsein.*

ver|ab|schie|den ⟨sw. V.; hat⟩: **1.** ⟨v. + sich⟩ *zum Abschied einige [formelhafte] Worte, einen Gruß o. Ä. an jmdn. richten:* sich von jmdm. höflich, wortreich, eilig, umständlich, mit einem Händedruck, mit einem Kuss v.; ich möchte mich gerne, muss mich leider v. *(ich möchte gerne auf Wiedersehen sagen, muss leider weggehen);* Ü wir müssen uns von dieser Vorstellung v. (ugs.; *müssen sie aufgeben*); sich von seinen Bindungen v. (ugs.; *sie lösen*); die Mannschaft verabschiedete sich (ugs.; *schied aus*) mit einem Unentschieden; der Diktator verabschiedete sich (ugs.; *setzte sich ab*) ins Exil; nach 30 km verabschiedete sich die Lichtmaschine (ugs.; *ging uns kaputt*). **2. a)** *bes. einen Gast, einen Besucher, der aufbricht, zum Abschied grüßen:* der Staatsgast wurde auf dem Flughafen verabschiedet; **b)** *jmdn. aus dem Dienst entlassen [u. in förmlich-feierlicher Weise Worte des Dankes, der Anerkennung o. Ä. an ihn richten].* **3.** *(ein Gesetz o. Ä., nachdem darüber verhandelt worden ist) annehmen, beschließen:* ein Gesetz v.; die Agrarminister haben die Richtlinie zur artgerechteren Haltung von Legehennen verabschiedet. ◆ **4.** *den Abschied* (2) *geben, entlassen:* Verabschiedet sind Sie? So höre ich. Ich glaubte, Ihr Regiment sei bloß untergesteckt worden (Lessing, Minna IV, 6).

Ver|ab|schie|dung, die; -, -en: **1.** *das [Sich]verabschieden; das Verabschiedetwerden.* **2.** (österr.) *[evangelische] Trauerfeier.*

ver|ab|schie|dungs|reif ⟨Adj.⟩: *(von einem Gesetz) so lange besprochen, verhandelt, dass es verabschiedet* (3) *werden kann.*

ver|ab|so|lu|tie|ren ⟨sw. V.; hat⟩: *einer Erkenntnis o. Ä. absolute Gültigkeit beimessen; zum allein gültigen Maßstab machen.*

Ver|ab|so|lu|tie|rung, die; -, -en: *das Verabsolutieren.*

ver|ach|ten ⟨sw. V.; hat⟩ [mhd. verahten]: *als schlecht, minderwertig, unwürdig ansehen; auf jmdn., etw. geringschätzig herabsehen:* er verachtet ihn [wegen seiner Hinterhältigkeit]; eine Tat, jmds. Gesinnung v.; * **nicht zu v. sein** (ugs. untertreibend; *durchaus schätzenswert sein*).

ver|ach|tens|wert, ver|ach|tens|wür|dig ⟨Adj.⟩: *Verachtung verdienend.*

Ver|äch|ter, der; -s, -: *jmd., der an etw. Bestimmtem kein Gefallen, keine Freude hat, ihm keinen Wert beimisst, es ablehnt:* ein V. des Karnevals, der Demokratie, populärer Musik.

Ver|äch|te|rin, die; -, -nen: w. Form zu ↑ Verächter.

ver|acht|fa|chen ⟨sw. V.; hat⟩: **a)** *[durch Multiplikation] achtmal so groß machen:* eine Zahl, eine Summe, eine Menge v.; **b)** ⟨v. + sich⟩ *achtmal so groß werden:* der Wert des Grundstücks hat sich verachtfacht.

Ver|acht|fa|chung, die; -, -en: *das Verachtfachen.*

ver|ächt|lich ⟨Adj.⟩: **1.** *Verachtung ausdrückend; mit Verachtung:* ein -er Blick; v. von jmdm. sprechen; v. lachen, die Nase rümpfen. **2.** *verachtenswert:* eine -e Geisteshaltung; jmdn., etw. v. machen *(jmdn., etw. als verachtenswert hinstellen).*

Ver|ächt|lich|keit, die; -: *das Verächtlichsein.*

Ver|ächt|lich|ma|chung, die; -, -en ⟨Pl. selten⟩ (Papierdt.): *das Verächtlichmachen.*

Ver|ach|tung, die; -, -en ⟨Pl. selten⟩ [spätmhd. verahtunge]: *das Verachten:* seine tiefe V. alles Bösen; sie hat nur V. für ihn; jmdn. mit V. strafen *(jmdn. wegen eines bestimmten Verhaltens verachten).*

ver|ach|tungs|voll ⟨Adj.⟩: *volle Verachtung ausdrückend.*

ver|ach|tungs|wür|dig ⟨Adj.⟩: *verachtenswert.*

ver|al|bern ⟨sw. V.; hat⟩: **a)** *zum Besten haben:* du willst wohl v.; **b)** *[mit satirischen Mitteln] verspotten, der Lächerlichkeit preisgeben:* er veralbert die Neujahrsansprache des Kanzlers.

Ver|al|be|rung, die; -, -en: *das Veralbern; das Veralbertwerden.*

ver|all|ge|mei|ner|bar ⟨Adj.⟩: *sich verallgemeinern lassend.*

ver|all|ge|mei|nern ⟨sw. V.; hat⟩: *etw., was in einer Erfahrung, Erkenntnis aus einem od. mehreren Fällen gewonnen worden ist, auf andere Fälle ganz allgemein anwenden, übertragen; generalisieren:* eine Beobachtung, Feststellung, Aussage v.; ⟨auch ohne Akk.-Obj.:⟩ er verallgemeinert gern.

Ver|all|ge|mei|ne|rung, die; -, -en: **1.** *das Verallgemeinern.* **2.** *verallgemeinernde Aussage:* eine unzulässige V.

ver|al|ten ⟨sw. V.; ist⟩ [mhd. veralten, ahd. firaltēn = (zu) alt werden, zu mhd. alten, ahd. altēn = alt werden]: *von einer Entwicklung überholt werden, unmodern werden:* Computer veralten schnell; ⟨häufig im 2. Part.:⟩ veraltete Wörter, Methoden.

Ve|ran|da, die; -, ...den, ugs. auch: ...das [engl. veranda(h) < Hindi varandā od. port. varanda, H. u.]: *überdachter [an drei Seiten verglaster] Vorbau an einem Wohnhaus:* auf, in der V. sitzen.

ver|än|der|bar ⟨Adj.⟩: *sich verändern lassend.*

Ver|än|der|bar|keit, die; -: *das Veränderbarsein.*

ver|än|der|lich ⟨Adj.⟩: **a)** *dazu neigend, sich zu [ver]ändern; sich häufig [ver]ändernd; unbeständig:* ein -es Wesen; das Wetter bleibt v.; **b)** *veränderbar:* in der Form -e Wörter, -e Größen (Math.: *Variablen*).

Ver|än|der|li|che, die/eine Veränderliche; der/einer Veränderlichen, die Veränderlichen/zwei Veränderliche (Math.): *Variable.*

Ver|än|der|lich|keit, die; -, -en: *das Veränderlichsein.*

ver|än|dern ⟨sw. V.; hat⟩ [mhd. verendern, -andern]: **1.** *(im Wesen od. in der Erscheinung) anders machen, ändern* (1 a), *umgestalten:* sie will die Welt v.; dieses Erlebnis hat ihn, sein Leben [von Grund auf] verändert; der Bart verändert ihn stark *(gibt ihm ein anderes Aussehen).* **2.** ⟨v. + sich⟩ *(im Wesen od. in der Erscheinung) anders werden, sich ändern* (2): seine Miene veränderte sich schlagartig; bei uns hat sich kaum etwas verändert; sich zu seinem Vorteil, Nachteil v.; wir müssen der veränderten Lage Rechnung tragen; du hast dich aber verändert!; krankhaft verändertes Gewebe. **3.** ⟨v. + sich⟩ *seine berufliche Stellung wechseln:* er will sich [beruflich] v.

Ver|än|de|rung, die; -, -en: **1.** *das Verändern* (1): an etw. eine V. vornehmen; jede bauliche V., jede V. des Textes muss vorher genehmigt werden. **2.** *das Sichverändern, das Anderswerden:* in ihr geht eine V. vor. **3.** *Ergebnis einer Veränderung* (1, 2): es waren keine -en festzustellen; bei uns ist eine V. eingetreten *(in unseren Verhältnissen hat sich etw. verändert).* **4.** (selten) *das Sichverändern; Wechsel der beruflichen Stellung.*

Ver|än|de|rungs|pro|zess, der: *Prozess der Veränderung.*

Ver|än|de|rungs|ra|te, die (Wirtsch.): *Rate* (2), *die die Veränderung zwischen zwei statistischen Größen, Messwerten o. Ä. in einem bestimmten Zeitraum angibt:* die V. gegenüber dem Vormonat liegt bei 0,1 Prozent.

ver|ängs|ti|gen ⟨sw. V.; hat⟩: *in Angst versetzen:* die Bevölkerung mit Bombenanschlägen v.; ⟨meist im 2. Part.:⟩ ein verängstigtes Tier; das Kind ist völlig verängstigt.

Ver|ängs|ti|gung, die; -, -en: *das Verängstigen; das Verängstigtsein.*

ver|an|kern ⟨sw. V.; hat⟩: **1.** *mit einem Anker an seinem Platz halten:* ein Floß, Schiff v. **2.** *fest mit einer Unterlage o. Ä. verbinden u. so [unverrückbar] an seinem Platz halten:* etw. im Boden, mit Dübeln in der Wand v.; in der Verfassung v.; ⟨oft im 2. Part.:⟩ ein verfassungsmäßig verankertes Recht.

Ver|an|ke|rung, die; -, -en: **1. a)** *das Verankern;* **b)** *das Verankertsein.* **2.** *Stelle, Teilstück, wo etw. verankert, befestigt ist:* etw. aus der V. reißen.

ver|an|la|gen ⟨sw. V.; hat⟩ [zu veraltet Anlage = Steuer]: **1.** (Steuerw.) *für jmdn. die Summe, die er zu versteuern hat, u. seine sich daraus ergebende Steuerschuld festsetzen:* die Ehegatten werden gemeinsam [zur Einkommensteuer] veranlagt; sie wurde mit 80 000 Euro veranlagt. **2.** (Wirtsch. österr.) *anlegen* (6 a).

Ver|an|la|ger, der; -s, - (österr. Wirtschaftsjargon): *Bankfachmann, der für Geldanlagen zuständig ist.*

Ver|an|la|ge|rin, die; -, -nen: w. Form zu ↑ Veranlager.

ver|an|lagt ⟨Adj.⟩ [zu ↑ Anlage (6)]: *eine bestimmte Veranlagung* (3) *habend:* ein künstlerisch, sportlich, romantisch -er Mensch; praktisch v. sein; so ist er nicht v. (ugs.; *so würde er niemals handeln*).

Ver|an|la|gung, die; -, -en: **1.** (Steuerw.) *Steuerveranlagung:* die V. zur Einkommensteuer. **2.** (Wirtsch. österr.) *das Veranlagen* (2); *Anlage* (2). **3.** *in der Natur eines Menschen liegende, angeborene Geartetheit, Anlage* (6), *Eigenart* (a), *aus der sich bestimmte besondere Neigungen, Fähigkeiten od. Anfälligkeiten ergeben:* ihre praktische, künstlerische, musikalische, homosexuelle V.; er hat eine V. zur Fettsucht; sie hat eine V. zur Politikerin.

ver|an|las|sen ⟨sw. V.; hat⟩ [mhd. veranlāʒen = (eine Streitsache auf eine Mittelsperson) übertragen, urspr. = etw. (auf etw.) loslassen]: **1.** *dazu bringen, etw. zu tun:* jmdn. v., etw. zu tun; was hat dich zu diesem Schritt, dieser

Bemerkung veranlasst?; sie sieht sich veranlasst, Klage zu erheben. **2.** *(durch Beauftragung eines Dritten, durch Anordnung o. Ä.) dafür sorgen, dass etw. Bestimmtes geschieht, getan wird:* eine Untersuchung v.; ich werde dann alles Weitere, das Nötige v.

Ver|an|las|ser, der; -s, -: *jmd., der etw. veranlasst.*

Ver|an|las|se|rin, die; -, -nen: w. Form zu ↑ Veranlasser.

Ver|an|las|sung, die; -, -en: **1.** *das Veranlassen (2):* auf wessen V. [hin] ist er verhaftet worden? **2.** *etwas, was jmdn. zu etw. veranlasst (1); Anlass, Beweggrund:* dazu besteht, gibt es keine V.; du hast keine V. zu nörgeln.

ver|an|schau|li|chen ⟨sw. V.; hat⟩: *(zum besseren Verständnis) anschaulich machen:* etw. durch eine Zeichnung, grafisch v.; den Gebrauch eines Wortes durch Beispiele v.

Ver|an|schau|li|chung, die; -, -en: *das Veranschaulichen; das Veranschaulichtwerden.*

ver|an|schla|gen ⟨sw. V.; hat⟩ [zu ↑ Anschlag (8)]: *aufgrund einer Schätzung, einer vorläufigen Berechnung als voraussichtlich sich ergebende Anzahl, Menge, Summe o. Ä. annehmen, ansetzen:* die Kosten, den Schaden mit 2,5 Millionen v.; für die Fahrt veranschlage ich etwa fünf Stunden v.; Ü die Bedeutung des Werks kann gar nicht hoch genug veranschlagt werden.

Ver|an|schla|gung, die; -, -en: *das Veranschlagen; das Veranschlagtwerden.*

ver|an|stal|ten ⟨sw. V.; hat⟩ [zu ↑ Anstalten]: **1.** *als Verantwortlicher u. Organisator stattfinden lassen, durchführen [lassen]:* ein Turnier, ein Fest, ein Konzert, eine Demonstration, eine Umfrage v. **2.** (ugs.) *machen, vollführen:* Lärm v.; veranstalte bloß keinen Zirkus!

Ver|an|stal|ter, der; -s, -: *jmd., der etw. veranstaltet (1).*

Ver|an|stal|te|rin, die; -, -nen: w. Form zu ↑ Veranstalter.

Ver|an|stal|tung, die; -, -en: **1.** *das Veranstalten.* **2.** *etw., was veranstaltet (1) wird:* eine kulturelle, künstlerische, sportliche, karnevalistische, mehrtägige V.; die V. findet im Freien statt.

Ver|an|stal|tungs|hal|le, die: vgl. Veranstaltungsraum.

Ver|an|stal|tungs|hin|weis, der: *Hinweis auf eine Veranstaltung, auf Veranstaltungen.*

Ver|an|stal|tungs|ka|len|der, der: *Übersicht in Form eines Kalenders über geplante [kulturelle] Veranstaltungen innerhalb eines Zeitraums mit Angabe der jeweiligen Termine.*

Ver|an|stal|tungs|ort, der: *Ort, an dem eine Veranstaltung stattfindet.*

Ver|an|stal|tungs|pro|gramm, das: *Programm (1 b) einer Veranstaltung.*

Ver|an|stal|tungs|raum, der: *Raum, in dem Veranstaltungen stattfinden [können].*

Ver|an|stal|tungs|rei|he, die: *Reihe von [thematisch zusammenhängenden] Veranstaltungen.*

ver|ant|wort|bar ⟨Adj.⟩: *sich verantworten (1) lassend; vertretbar.*

ver|ant|wor|ten ⟨sw. V.; hat⟩ [mhd. verantwürten, verantworten = (vor Gericht) rechtfertigen, eigtl. = (be)antworten]: **1.** *eus auf sich nehmen, für die eventuell aus etw. sich ergebenden Folgen einzustehen; vertreten:* eine Maßnahme, Entscheidung v. zu v. haben; das ist nicht zu v.; ich kann es [ihr gegenüber, vor Gott, mir selbst, meinem Gewissen] nicht v. ⟨im 2. Part.:⟩ das Unternehmen haftet voll für die von ihm verantworteten Mängel. **2.** ⟨v. + sich⟩ *sich [als Angeklagter] rechtfertigen, sich gegen einen Vorwurf verteidigen:* du wirst dich für dein Tun [vor Gott, vor Gericht] v. müssen; der Angeklagte hat sich wegen Mordes zu v. *(steht unter Mordanklage).* **3.** *die Verantwortung für etw. tragen:* ein Ressort, ein Geschäfts-feld v.; als Vorstand verantwortet sie den Bereich Finanzen.

ver|ant|wort|lich ⟨Adj.⟩: **1. a)** *für etw., jmdn. die Verantwortung (1 a) tragend:* die = Redakteurin, Ingenieurin; die für den Einkauf -e Mitarbeiterin; die Eltern sind für ihre Kinder v.; sie ist dafür v., dass die Termine eingehalten werden; sich für etw. v. fühlen; wer zeichnet für diese Sendung v.?; ein Manuskript v. *(als Verantwortliche[r])* redigieren; Ü dafür sind bestimmte Hormone v.; **b)** *Rechenschaft schuldend:* er ist nur dem Chef/(auch:) dem Chef gegenüber v.; die Abgeordneten sind dem Volk v.; **c)** *für etw. die Verantwortung (1 b) tragend, schuld an etw.:* für den Unfall allein, v. sein; du kannst den Arzt nicht für ihren Tod v. machen *(ihm die Schuld daran geben u. ihn dafür zur Rechenschaft ziehen);* wenn dem Kind etwas passiert, mache ich dich v.!; er macht das schlechte Wetter für den Unfall v. *(erklärt es zur Ursache).* **2.** *mit Verantwortung (1 a) verbunden:* eine -e Tätigkeit; sie sitzt an -er Stelle.

Ver|ant|wort|li|che, die/der; -n, -n ⟨Dekl. ↑ Abgeordnete⟩: *der/einer Verantwortlichen, die Verantwortlichen/zwei Verantwortliche:* w. *Person, die eine bestimmte Verantwortung trägt.*

Ver|ant|wort|li|cher, der Verantwortliche/ein Verantwortlicher; des/eines Verantwortlichen, die Verantwortlichen/zwei Verantwortliche: *jmd., der eine bestimmte Verantwortung trägt.*

Ver|ant|wort|lich|keit, die; -, -en: **1.** ⟨o. Pl.⟩ *das Verantwortlichsein.* **2.** *etw., wofür jmd. verantwortlich (1 a) ist:* das fällt in ihre V. **3.** ⟨o. Pl.⟩ *Verantwortungsbewusstsein.*

Ver|ant|wor|tung, die; -, -en: **1. a)** *[mit einer bestimmten Aufgabe, einer bestimmten Stellung verbundene] Verpflichtung, dafür zu sorgen, dass (innerhalb eines bestimmten Rahmens) alles einen möglichst guten Verlauf nimmt, das jeweils Notwendige u. Richtige getan wird u. möglichst kein Schaden entsteht:* eine kleine, große V.; die Eltern haben, tragen die V. für ihre Kinder; für jmdn., etw. die V. übernehmen; diese V. kann dir niemand abnehmen; aus dieser V. kann ihn niemand entlassen; sich seiner V. [für etw.] bewusst sein; ich tue es auf deine V. *(du trägst dabei die Verantwortung);* in der V. stehen *(Verantwortung tragen);* etw. in eigener V. *(selbstständig, auf eigenes Risiko)* durchführen; **b)** ⟨o. Pl.⟩ *Verpflichtung, für etw. Geschehenes einzustehen [u. sich zu verantworten]:* er trägt die volle, die alleinige V. für die Folgen; sie lehnte jede V. für den Schaden ab; eine rechtsextremistische Gruppe hat die V. für den Anschlag übernommen *(hat sich zu ihm bekannt);* jmdn. zur V. ziehen *(jmdn. als Schuldige[n] [für etw.] zur Rechenschaft ziehen).* **2.** ⟨o. Pl.⟩ *Verantwortungsbewusstsein, -gefühl:* ein Mensch ohne jede V.

Ver|ant|wor|tungs|be|reich, der: *Bereich, für den jmd. verantwortlich ist.*

Ver|ant|wor|tungs|be|reit|schaft, die: *Bereitschaft, Verantwortung (1 a) zu übernehmen:* ein Mangel an V.

Ver|ant|wor|tungs|be|wusst ⟨Adj.⟩: *sich seiner Verantwortung (1 a) bewusst u. bereit, Verantwortung (1 a) zu übernehmen:* ein -er Mensch; v. sein, handeln.

Ver|ant|wor|tungs|be|wusst|sein, das ⟨o. Pl.⟩: *Fähigkeit, Verantwortung (1 a) zu übernehmen u. zu tragen.*

Ver|ant|wor|tungs|ethik, die: *(nach Max Weber) Ethik (1 a), die sich (im Unterschied zur Gesinnungsethik) weniger auf sittliche Normen gründet, sondern die Sittlichkeit (ähnlich der Situationsethik) in der konkreten Situation zu verwirklichen sucht.*

Ver|ant|wor|tungs|ge|fühl, das ⟨o. Pl.⟩: *Gefühl*

Sinn für Verantwortung (1 a): kein V. haben; großes V. zeigen, beweisen.

ver|ant|wor|tungs|los ⟨Adj.⟩: *ohne Verantwortungsbewusstsein handelnd; kein Verantwortungsbewusstsein habend:* ein -es Verhalten; es ist v., bei diesem Wetter so schnell zu fahren; v. handeln. Dazu: **Ver|ant|wor|tungs|lo|sig|keit**, die; -, -en.

ver|ant|wor|tungs|voll ⟨Adj.⟩: **1.** *mit Verantwortung (1 a) verbunden:* eine -e Aufgabe. **2.** *Verantwortungsbewusstsein habend, erkennen lassend:* eine -e Autofahrerin.

ver|äp|peln ⟨sw. V.; hat⟩ [H. u., viell. zu: Appel, niederd. Nebenf. von ↑ Apfel u. urspr. = mit (faulen) Äpfeln bewerfen] (ugs.): *veralbern:* willst du mich v.?

ver|ar|beit|bar ⟨Adj.⟩: *sich verarbeiten (1 a) lassend:* Dazu: **Ver|ar|beit|bar|keit**, die; -.

ver|ar|bei|ten ⟨sw. V.; hat⟩ [älter = verarbeiten, eigtl. = durch Arbeit beseitigen]: **1. a)** *[bei der Herstellung von etw.] als Material, Ausgangsstoff verwenden:* hochwertige Materialien, feinste Tabake v.; *Industrie, in der Rohstoffe verarbeitet od. Zwischenprodukte weiterverarbeitet werden);* Ü er hat in seinem Roman viele Motive aus der Mythologie verarbeitet; **b)** *in einem Herstellungsprozess zu etw. machen:* Fleisch zu Wurst, Gold zu Schmuck v.; Ü einen historischen Stoff zu einem Roman v.; **c)** *beim Verarbeiten (1 a) verbrauchen:* wir haben drei Säcke Zement verarbeitet; **d)** ⟨v. + sich⟩ *sich in einer bestimmten Weise verarbeiten (1 a) lassen:* der Leim verarbeitet sich gut. **2. a)** *verdauen:* mein Magen kann solche schweren Sachen nicht v.; **b)** *geistig, psychisch bewältigen:* sie muss die vielen neuen Eindrücke, diese Enttäuschung, das schreckliche Erlebnis erst einmal v.

ver|ar|bei|tet ⟨Adj.⟩: **1.** *Spuren [langjähriger] schwerer körperlicher Arbeit aufweisend:* -e Hände; sie sieht ganz v. aus. **2.** *in einer bestimmten Weise gefertigt:* ein sehr gut, schlecht -er Anzug.

Ver|ar|bei|tung, die; -, -en: **1.** *das Verarbeiten.* **2.** *Art u. Weise, in der etw. gefertigt ist:* Schuhe in erstklassiger V.

ver|ar|gen ⟨sw. V.; hat⟩ [mhd. verargen = arg werden, zu ↑ arg] (geh.): *übel nehmen, verübeln:* das kann man ihm nicht v.

ver|är|gern ⟨sw. V.; hat⟩: *durch Äußerungen od. Benehmen bei jmdm. bewirken, dass er ärgerlich ist:* wir dürfen die Kundschaft nicht v.; mit deiner Unnachgiebigkeit hast du ihn verärgert; ⟨oft im 2. Part.:⟩ verärgert wandte er sich ab.

Ver|är|ge|rung, die; -, -en: **a)** *das Verärgern;* **b)** *das Verärgertsein.*

ver|ar|men ⟨sw. V.; ist⟩ [mhd. verarmen, für älter armen, ahd. armēn = arm werden od. sein]: *arm werden; seinen Reichtum, sein Vermögen verlieren:* der Adel verarmte [immer mehr]; verarmte Provinzen.

Ver|ar|mung, die; -, -en: **a)** *das Verarmen;* **b)** *das Verarmtsein.*

ver|ar|schen ⟨sw. V.; hat⟩ (salopp): **1.** *zum Besten haben, zum Narren halten, veralbern (1):* du willst mich wohl v.? **2.** *verspotten, sich über jmdn., etw. lustig machen.*

Ver|ar|schung, die; -, -en (salopp): **a)** *das Verarschen;* **b)** *das Verarschtwerden, -sein.*

ver|arz|ten ⟨sw. V.; hat⟩ (ugs.): **a)** *sich jmds. annehmen, der verletzt od. krank o. Ä. ist, bes. jmdn. Erste Hilfe leisten, jmdn. verbinden o. Ä.:* sie verarztet erst mal den Kleinen, er ist in eine Scherbe getreten; **b)** *([jmdm.] eine Verletzung, einen verletzten Körperteil o. Ä.) verbinden, behandeln:* jmdm. den Fuß v.

Ver|arz|tung, die; -, -en (ugs.): **a)** *das Verarzten;* **b)** *das Verarztetwerden.*

verästeln – verbannen

ver|äs|teln, sich ⟨sw. V.; hat⟩: *sich in viele immer dünner werdende Zweige teilen:* der Baum verästelt sich immer weiter; ein stark verästelter Busch; Ü der Fluss verästelt sich.

Ver|äs|te|lung, (selten:) **Ver|äst|lung,** die; -, -en: **1.** *das Sichverästeln; das Verästeltsein.* **2.** *verästelter Teil von etw.*

ver|ät|zen ⟨sw. V.; hat⟩: *ätzend (2) beschädigen, verletzen:* die Säure hat das Blech, hat ihm das Gesicht verätzt; sie hat sich verätzt, hat sich die Hand verätzt.

Ver|ät|zung, die; -, -en: **1.** *das Verätzen.* **2.** *durch Ätzen verursachte Beschädigung, Verletzung.*

ver|auk|ti|o|nie|ren ⟨sw. V.; hat⟩: *versteigern.*

ver|aus|ga|ben ⟨sw. V.; hat⟩: **1.** (Papierdt.) *ausgeben (2 a):* riesige Summen [für etw.] v. **2.** ⟨v. + sich⟩ *alle seine Kräfte aufwenden, sich bis zur Erschöpfung anstrengen:* sich mit, bei etw. völlig v.

Ver|aus|ga|bung, die; -, -en: *das [Sich]verausgaben.*

ver|aus|la|gen ⟨sw. V.; hat⟩ (Papierdt.): *auslegen* (3): jmdm., für jmdn. Geld v. Dazu: **Ver|aus|la|gung,** die; -, -en.

Ver|äu|ße|rer, der; -s, - (Rechtsspr.): *jmd., der etw. veräußert.*

Ver|äu|ße|rin, die; -, -nen: w. Form zu ↑ Veräußerer.

ver|äu|ßer|lich ⟨Adj.⟩ (bes. Rechtsspr.): *sich veräußern lassend; verkäuflich:* -e Wertpapiere.

ver|äu|ßer|li|chen ⟨sw. V.⟩ (bildungsspr.): **1.** ⟨hat⟩ *zu etw. nur noch Äußerlichem machen, werden lassen:* die Konsumgesellschaft veräußerlicht das Leben der Menschen. **2.** ⟨ist⟩ *zu etw. nur noch Äußerlichem werden:* das Leben der Menschen veräußerlicht immer mehr; ⟨auch v. + sich; hat:⟩ das Leben veräußerlicht sich immer mehr.

Ver|äu|ßer|li|chung, die; -, -en (bildungsspr.): *das Veräußerlichen.*

ver|äu|ßern ⟨sw. V.; hat⟩ (bes. Rechtsspr.): **1.** *übereignen, verkaufen; (etw., worauf jmd. einen Anspruch hat) an jmd. anderen abtreten:* den Schmuck, die ganze Habe v. **2.** *(ein Recht) auf jmd. anderen übertragen:* der Staat kann die Schürfrechte [an eine Privatperson] v.

Ver|äu|ße|rung, die; -, -en (bes. Rechtsspr.): *das Veräußern; das Veräußertwerden.*

Ver|äu|ße|rungs|ge|winn, der (Wirtsch., Steuerw.): *bei einem Verkauf erzielter Gewinn.*

Ver|äu|ße|rungs|ver|bot, das (Rechtsspr.): *gesetzliches Verbot, bestimmte Gegenstände zu veräußern.*

Verb, das; -s, -en [lat. verbum = Ausdruck, (Zeit)wort] (Sprachwiss.): *flektierbares Wort, das eine Tätigkeit, ein Geschehen, einen Vorgang od. einen Zustand bezeichnet; Tätigkeits-, Zeitwort:* das V. »spalten« wird meist unregelmäßig konjugiert.

ver|ba|cken ⟨unr. V.; verbäckt/verbackt, verbackte/(veraltend:) verbuk, hat verbacken⟩: **a)** *zum Backen verwenden:* nur beste Zutaten v.; **b)** *backend zu etw. verarbeiten* (1 b): Mehl zu Brot v.; **c)** *beim Backen verbrauchen:* ein Kilo Butter v.; **d)** ⟨v. + sich⟩ *sich in einer bestimmten Weise verbacken (a) lassen:* das Mehl verbackt sich gut.

ver|bal ⟨Adj.⟩ [spätlat. verbalis, zu lat. verbum, ↑ Verb]: **1.** (bildungsspr.) *mit Worten, mithilfe der Sprache [erfolgend]:* ein -er Protest; Gefühle, die sich v. nicht ausdrücken lassen. **2.** (Sprachwiss.) *als Verb, wie ein Verb [gebraucht], durch ein Verb [ausgedrückt]:* eine -e Ableitung.

Ver|bal|abs|trak|tum, das (Sprachwiss.): *von einem Verb abgeleitetes Abstraktum* (z. B. »Hilfe« von »helfen«).

Ver|bal|ero|ti|ker, der (Sexualkunde): *jmd., der sexuelle Befriedigung daraus zieht, in anschau-*

lich-derber, obszöner Weise über sexuelle Dinge zu sprechen.

Ver|bal|ero|ti|ke|rin, die: w. Form zu ↑ Verbalerotiker.

Ver|bal|in|ju|rie, die (bildungsspr.): *Beleidigung durch Worte.*

ver|ba|li|sie|ren ⟨sw. V.; hat⟩ (bildungsspr.): *in Worte fassen, mit Worten zum Ausdruck bringen:* Gefühle v.

Ver|ba|li|sie|rung, die; -, -en: **1.** *das Verbalisieren.* **2.** *etw. Verbalisiertes.*

ver|bal|lern ⟨sw. V.; hat⟩: **1.** (ugs.) *ballernd (1 a) verbrauchen, vergeuden, [sinnlos] verschießen* (1 b): die ganze Munition v.; Silvester werden jedes Jahr Millionen verballert *(für Feuerwerks- u. Knallkörper ausgegeben).* **2.** (ugs.) *verschießen* (2): einen Elfmeter v.

ver|ball|hor|nen ⟨sw. V.; hat⟩ [nach dem Buchdrucker J. Bal(l)horn, der im 16. Jh. eine Ausgabe des lübischen Rechts druckte, die viele Verschlimmbesserungen unbekannter Bearbeiter enthielt]: *(ein Wort, einen Namen, eine Wendung o. Ä.) entstellen.*

Ver|ball|hor|nung, die; -, -en: **1.** *das Verballhornen.* **2.** *etw. durch Verballhornen Verändertes.*

Ver|bal|no|te, die (Dipl.): *nicht unterschriebene vertrauliche diplomatische Note* (4).

Ver|bal|phra|se, die (Sprachwiss.): *Wortgruppe in einem Satz mit einem Verb als Kernglied.*

Ver|bal|prä|fix, das (Sprachwiss.): *Präfix, das vor ein Verb tritt* (z. B. »ver-« in »verreisen«).

Ver|bal|subs|tan|tiv, das (Sprachwiss.): *zu einem Verb gebildetes Substantiv, das (zum Zeitpunkt der Bildung) eine Geschehensbezeichnung ist; Nomen Actionis* (z. B. »Trennung« zu »trennen«).

Ver|band, der; -[e]s, Verbände [zu verbinden]: **1. a)** *zum Schutz einer Wunde o. Ä., zur Ruhigstellung (z. B. eines gebrochenen Knochens) dienende, in mehreren Lagen um einen Körperteil gewickelte Binde o. Ä.:* V. rutscht, ist zu fest; [jmdm.] einen V. anlegen, den V. abnehmen, den V. wechseln; er hatte einen dicken V. um den Kopf; ◆ **b)** ⟨o. Pl.⟩ *das Verbinden* (1 b): Ich fuhr während des ersten, ihn mit Wein anzustreichen (Goethe, Lehrjahre VI, Schöne Seele). **2.** *von mehreren kleineren Vereinigungen, Vereinen, Klubs o. Ä. od. von vielen einzelnen Personen zur Durchsetzung gemeinsamer Interessen gebildeter größerer Zusammenschluss:* politische, kulturelle, karitative Verbände; einen V. gründen; einem V. beitreten, angehören; in einem nationalen V. organisiert sein; sich zu einem V. zusammenschließen. **3.** (Militär) **a)** *größerer Zusammenschluss mehrerer kleinerer Einheiten:* starke motorisierte V. auf dem Vormarsch; ein feindlicher V. von Bataillonsstärke; **b)** *Anzahl von gemeinsam operierenden Fahrzeugen, Flugzeugen:* ein V. von 15 Bombern. **4.** *aus vielen [gleichartigen] Elementen zusammengesetztes Ganzes, aus vielen Individuen [einer Art] bestehende, eine Einheit bildende Gruppe:* der V. der Familie; das einzelne Tier findet im V. der Herde Schutz; * **im V.** *(gemeinsam, als Gruppe [u. a. Formation]):* im V. fliegen. **5. a)** (Bauw.) *Art u. Weise der Zusammenfügung von Mauersteinen zu einem Mauerwerk;* **b)** (Bauw.) *aus senkrechten od. diagonalen Verbindungen bestehende Konstruktion innerhalb eines Fachwerks* (1 b); **c)** (Schiffbau) *versteifendes, stützendes od. tragendes Bauteil eines Schiffes.*

ver|ban|deln ⟨sw. V.; hat; meist im 2. Part.⟩ [zu ↑ ¹Band (1)] (landsch., österr. ugs.): **a)** ⟨v. + sich⟩ *ein Liebesverhältnis eingehen:* sie sind schon lange miteinander verbandelt; **b)** [eng] *verbinden:* sich, jmdn. mit jmdm. v.; eine mit ausländischen Banken verbandelte Firma.

Ver|band|kas|ten, Verbandskasten, der: *gewöhn-*

lich luft- u. wasserdichter Kasten zur Aufbewahrung von Verbandmaterial, Instrumentarium u. Medikamenten für Erste Hilfe.

Ver|band|kis|sen, Verbandskissen, das: *zum Mitführen im Auto bestimmtes Kissen, in dessen Innerem Verbandszeug u. a. untergebracht werden kann.*

Ver|band|ma|te|ri|al, Verbandsmaterial, das: *zum Anlegen eines Verbands* (1) *dienendes Material (wie Binden, Mullstreifen, Heftpflaster).*

Ver|band|mull, Verbandsmull, der: *als Verbandmaterial dienender Mull.*

Ver|band|päck|chen, Verbandspäckchen, das: *steril verpackte Mullbinde mit einer daran befestigten Kompresse* (2) *zum Verbinden einer Wunde.*

Ver|band|platz (Militär), Verbandsplatz, der: *Sanitätseinrichtung für erste ärztliche Behandlung von Verwundeten.*

Ver|bands|chef, der (ugs.): *Vorsitzender, Leiter eines Verbandes* (2).

Ver|bands|che|fin, die: w. Form zu ↑ Verbandschef.

Ver|bands|funk|ti|o|när, der: *für einen Verband* (2) *arbeitender Funktionär.*

Ver|bands|funk|ti|o|nä|rin, die: w. Form zu ↑ Verbandsfunktionär.

Ver|bands|ge|mein|de, die (Amtsspr.): *aus mehreren zusammengeschlossenen Nachbarorten eines Landkreises bestehende Gebietskörperschaft.*

Ver|bands|kas|ten: ↑ Verbandkasten.

Ver|bands|kis|sen: ↑ Verbandkissen.

Ver|bands|kla|ge, die (Rechtsspr.): *von einem Verband* (2) *erhobene Klage, mit der dieser keine eigenen Rechte, sondern die Interessen seiner Mitglieder od. der Allgemeinheit geltend macht.*

Ver|bands|li|ga, die (Sport): *(bei bestimmten [regionalen] Sportverbänden) höchste Spielklasse.*

Ver|bands|li|gist, der (Sport): *Ligist einer Verbandsliga.*

Ver|bands|ma|te|ri|al: ↑ Verbandmaterial.

Ver|bands|mull: ↑ Verbandmull.

Ver|bands|päck|chen: ↑ Verbandpäckchen.

Ver|bands|platz: ↑ Verbandplatz.

Ver|bands|prä|si|dent, der: *Präsident eines Verbandes* (2).

Ver|bands|prä|si|den|tin, die: w. Form zu ↑ Verbandspräsident.

Ver|bands|stoff, Ver|band|stoff, der: *Verbandmaterial.*

Ver|bands|ver|tre|ter, der: *Vertreter, Repräsentant eines Verbandes* (2).

Ver|bands|ver|tre|te|rin, die: w. Form zu ↑ Verbandsvertreter.

Ver|bands|vor|sit|zen|de ⟨vgl. Vorsitzende⟩: *Vorsitzende eines Verbandes* (2).

Ver|bands|vor|sit|zen|der ⟨vgl. Vorsitzender⟩: *Vorsitzender eines Verbandes* (2).

Ver|band|wat|te: ↑ Verbandwatte.

Ver|band|zeug: ↑ Verbandzeug.

Ver|band|wat|te, Verbandswatte, die: *als Verbandmaterial dienende Watte.*

Ver|band|wech|sel, Verbandswechsel, der: *das Wechseln eines Verbandes* (1 a).

Ver|band|zeug, Verbandzeug, das ⟨o. Pl.⟩: *Verbandmaterial.*

ver|ban|nen ⟨sw. V.; hat⟩ [mhd. verbannen = gebieten; durch Bann verfluchen, ahd. farbannan = den Augen entziehen]: *(als Strafe) aus dem Land weisen u. nicht zurückkehren lassen od. an einen bestimmten entlegenen Ort schicken u. zwingen, dort zu bleiben:* jmdn. [aus seinem Vaterland] v.; er wurde [für zehn Jahre] auf eine Insel verbannt.

Ver|bann|te, die/eine Verbannte; der/einer Verbannten, die Verbannten/zwei Verbannte: *weibliche Person, die verbannt wurde, verbannt ist.*

Ver|bann|ter, der Verbannte/ein Verbannter; des/eines Verbannten, die Verbannten/zwei Verbannte: *jmd., der verbannt wurde, verbannt ist.*

Ver|ban|nung, die; -, -en: **1.** *das Verbannen; das Verbanntwerden:* die V. politischer Gegner. **2.** *das Verbanntsein, das Leben als Verbannte[r]:* in die V. gehen müssen; jmdn. in die V. schicken.

ver|bar|ri|ka|die|ren ⟨sw. V.; hat⟩ [zu ↑ Barrikade]: **1.** *durch einen od. mehrere [schnell herbeigeschaffte] Gegenstände, die als Hindernis dienen sollen, versperren, unpassierbar machen:* den Eingang, die Tür mit einem Schrank v. **2.** ⟨v. + sich⟩ *sich durch Verbarrikadieren* (1) *gegen Eindringlinge, Angreifer o. Ä. schützen:* sie hatten sich in der Baracke verbarrikadiert.

ver|ba|seln ⟨sw. V.; hat⟩ [aus dem Niederd. < mniederd. vorbasen, zu: basen = unsinnig reden, handeln] (landsch.): *aus Nachlässigkeit versäumen, vergessen, verlieren:* er hat meine teure Armbanduhr verbaselt; Gelder v. *(verschwenden);* eine Chance v. *(vertun).*

ver|bau|en ⟨sw. V.; hat⟩: **1.** [mhd. verbüwen] **a)** *durch den Bau* (1) *von etw. versperren:* [jmdm.] die Aussicht v.; Ü jmdm. den Zugang zur Universität, die Zukunft v.; **b)** (abwertend) *in störender, hässlicher Weise bebauen u. dadurch verunstalten:* die Landschaft v. **2.** [mhd. verbüwen] **a)** *zum, beim Bauen verwenden:* Zement, Holz v.; **b)** *zum, beim Bauen verbrauchen:* wie viel Geld sie wohl schon verbaut hat? **3.** (abwertend) *falsch, unzweckmäßig bauen:* das Haus wurde sehr billig verbaut; ⟨oft im 2. Part.:⟩ ein ziemlich verbautes Haus; Ü die Mathearbeit habe ich verbaut. **4.** [mhd. verbüwen] (Fachspr.) *etw. durch Einbauen von etw. befestigen, gegen Einsturz o. Ä. sichern:* eine Baugrube mit Bohlen v.; einen Wildbach, das Ufer v.; die Hänge [gegen Lawinen] v.

Ver|bau|ung, die; -, -en: *das Verbauen; das Verbautwerden.*

ver|be|am|ten ⟨sw. V.; hat⟩: *zum Beamten, zur Beamtin machen, ins Beamtenverhältnis übernehmen:* jmdn. v. Dazu: **Ver|be|am|tung**; die; -, -en.

ver|bei|ßen ⟨st. V.; hat⟩: **1.** ⟨v. + sich⟩ *sich festbeißen:* die Hunde verbissen sich in ihr Opfer; Ü sie hat sich in ein Schachproblem verbissen. **2.** [mhd. verbīʒen] (bes. Jägerspr.) *beißend beschädigen:* das Wild hat die jungen Bäume verbissen. **3.** [mhd. verbīʒen] *in einem Akt von Selbstbeherrschung unterdrücken:* seinen Schmerz, das Lachen v.; ⟨auch v. + sich:⟩ sich das Lachen v.

♦ **ver|bei|stän|den** ⟨sw. V.; hat⟩ (schweiz.): *Beistand leisten; unterstützen:* Nun ging auch das Mädchen an sein Werk, verbeiständet von der Hebamme und der Hausfrau (Gotthelf, Spinne 11).

ver|bel|len ⟨sw. V.; hat⟩ (Jägerspr.): *durch Bellen auf den Standort eines kranken od. verendeten Stücks Wild aufmerksam machen:* der Jagdhund verbellte den Bock.

ver|ber|gen ⟨st. V.; hat⟩ [mhd. verbergen, ahd. fer-, firbergan]: **1. a)** *den Blicken anderer entziehen; verstecken:* etw. unter dem Mantel, hinter seinem Rücken v.; sich hinter einer Hecke, in einer Gruppe v.; einen Flüchtling bei sich, vor der Polizei v.; verborgen halten; das Gesicht in/hinter den Händen v. *(mit den Händen verdecken);* Ü er versuchte seine Unwissenheit hinter leeren Phrasen zu v.; **b)** *nicht sehen lassen, verdecken* (a): ein Schleier verbarg ihr Gesicht; Ü ein Lächeln sollte seine Unsicherheit v. **2. a)** *der Kenntnis, dem Wissen anderer vorenthalten, entziehen; verheimlichen:* seinen Kummer, seine Ängste vor jmdm. v.; jmdm. seine Meinung, die wahren Gründe v. *(verschweigen);* ich habe nichts zu v. *(habe nichts getan, was ich verheimlichen müsste);* er sieht aus, als hätte er etwas zu v.; **b)** ⟨v. + sich⟩ *für Eingeweihte erkennbar sein:* hinter diesem Pseudonym verbirgt sich eine bekannte Theaterkritikerin; was verbirgt sich eigentlich hinter dieser Abkürzung?

Ver|ber|gung, die; -, -en: *das Verbergen.*

ver|bes|sern ⟨sw. V.; hat⟩ [mhd. verbeʒʒern]: **1.** *durch Änderungen besser machen, auf einen besseren Stand* (4 a, b) *bringen:* eine Methode, die Qualität eines Produkts, das Schulwesen, seine Leistung, einen Rekord v.; die fünfte, verbesserte Auflage des Buches. **2. a)** *von Fehlern, Mängeln befreien u. dadurch vollkommener machen:* einen Aufsatz, jmds. Stil v.; **b)** *(einen Fehler o. Ä.) beseitigen; korrigieren* (a): einen Kommafehler, Druckfehler v. **3.** ⟨v. + sich⟩ *besser werden:* die Verhältnisse haben sich entscheidend verbessert; die Schülerin hat sich seit dem letzten Zeugnis in Mathematik deutlich verbessert. **4.** ⟨v. + sich⟩ *in eine bessere [wirtschaftliche] Lage kommen:* sich finanziell, beruflich v. **5.** *(bei jmdm., sich) eine als fehlerhaft, unzutreffend o. ä. erkannte Äußerung berichtigen; korrigieren* (c): du sollst mich nicht ständig v.; er versprach sich, verbesserte sich aber sofort.

Ver|bes|se|rung, die; (selten:) die; -, -en: **1.** *Änderung, durch die etw. verbessert* (1) *wurde:* eine V. der Lebensbedingungen anstreben. **2. a)** *das Verbessern* (2); **b)** *verbesserter Text; Berichtigung* (b). **3.** *das Sichverbessern* (3, 4).

ver|bes|se|rungs|be|dürf|tig ⟨Adj.⟩: *einer Verbesserung* (1) *[dringend] bedürfend; nicht gut:* -e Verhältnisse, Zustände. Dazu: **Ver|bes|se|rungs|be|dürf|tig|keit**, die.

ver|bes|se|rungs|fä|hig ⟨Adj.⟩: *sich verbessern lassend;* eine Verbesserung (1) *zulassend:* Dazu: **Ver|bes|se|rungs|fä|hig|keit**, die ⟨o. Pl.⟩.

Ver|bes|se|rungs|po|ten|zi|al, Ver|bes|se|rungs|po|ten|ti|al, das: *Potenzial* (1) *für Verbesserungen:* das V. in einem Produktionsprozess ermitteln.

Ver|bes|se|rungs|vor|schlag, der: *Vorschlag, eine bestimmte Verbesserung* (1) *an etw. vorzunehmen:* einen V. einbringen, einreichen, machen.

ver|bes|se|rungs|wür|dig ⟨Adj.⟩: *verbesserungsbedürftig u. wert, verbessert zu werden:* Dazu: **Ver|bes|se|rungs|wür|dig|keit**, die.

Ver|bess|rung: ↑ Verbesserung.

ver|beu|gen, sich ⟨sw. V.; hat⟩ [älter nhd. nicht von ↑ verbeugen = beugen] *zur Begrüßung, als Ausdruck der Ehrerbietung, des Dankes o. Ä. Kopf u. Oberkörper nach vorn neigen:* sich leicht, kurz, steif, höflich v.

Ver|beu|gung, die; -, -en: *das Sichverbeugen:* eine V. machen.

ver|beu|len ⟨sw. V.; hat⟩: *durch eine Beule* (2), *durch Beulen der Oberfläche von etw. beschädigen:* du hast die Kanne verbeult; ⟨meist im 2. Part.:⟩ ein verbeulter Kotflügel.

ver|bie|gen ⟨st. V.; hat⟩: **1.** *durch Biegen aus der Form bringen [u. dadurch unbrauchbar, unansehnlich machen]:* wer hat den Draht so verbogen?; verbieg mir nicht meine Stricknadeln!; ein verbogener Nagel; Ü seine Erziehung hat seinen Charakter, ihn [charakterlich] verbogen. **2.** ⟨v. + sich⟩ *durch Sichbiegen aus der Form geraten [u. dadurch unbrauchbar, unansehnlich werden]:* die Lenkstange hat sich bei dem Sturz verbogen; ⟨zur Bez. einer Beschaffenheit auch ohne »sich«:⟩ der Draht, das Blech verbiegt leicht.

Ver|bie|gung, die; -, -en: *das [Sich]verbiegen.*

ver|bies|tern ⟨sw. V.; hat⟩ [aus dem Niederd. < mniederd. vorbīstern, zu: bīster = umherirrend; gereizt < (m)niederl. bijster]: **1.** (landsch.) *sich verirren:* sich im Wald, im Dunkeln v. **2.** (ugs.) *bei einer Arbeit o. Ä. in eine falsche, nicht zum Ziel führende Richtung geraten:* er hat sich hoffnungslos verbiestert.

ver|bies|tert ⟨Adj.⟩ (ugs.): **a)** *verdrießlich, verstört:* seine -e Miene stieß sich auf, als er mich erkannte; **b)** *auf verdrießliche Weise hartnäckig, krampfhaft beharrlich:* eine -e militante Tierschützerin.

ver|bie|ten ⟨st. V.; hat⟩ [mhd. verbieten, ahd. farbiotan]: **1. a)** *etw. für nicht erlaubt erklären; etw. zu unterlassen gebieten; untersagen:* jmdm. etw. [ausdrücklich] v.; ich verbiete dir, ihn zu besuchen; du hast mir gar nichts zu v.!; sie hat ihm das Haus verboten *(hat ihm verboten, es zu betreten);* ein verbotener Weg *(ein Weg, der von Fremden, Unbefugten nicht benutzt werden darf);* (in formelhaften Aufschriften:) Betreten [des Rasens] verboten!; Rauchen [polizeilich] verboten!; Durchfahrt verboten!; [Unbefugten] Zutritt verboten!; Ü das verbietet mir mein Ehrgefühl; **b)** *(eine Sache) durch ein Gesetz o. Ä. für unzulässig erklären:* eine Partei, eine Demonstration, ein Medikament, ein Buch, Kampfhunde v.; so viel Ignoranz müsste verboten werden *(ist kaum noch zu tolerieren);* **c)** ⟨v. + sich⟩ *auf etw. verzichten, von etw. absehen, es sich versagen, nicht zugestehen:* ich verbot es mir, dem Traum noch länger nachzuhängen. **2.** ⟨v. + sich⟩ *ausgeschlossen, nicht möglich sein:* eine solche Reaktion verbietet sich [von selbst].

ver|bil|den ⟨sw. V.; hat⟩ [spätmhd. verbilden = entstellen]: *durch erzieherisches Einwirken od. entsprechende Einflüsse jmds. Ansichten o. Ä. in einer als unangemessen, falsch, verderblich* (2) *erscheinenden Weise prägen:* junge Menschen v.; er hat einen völlig verbildeten Geschmack.

Ver|bild|li|chen ⟨sw. V.; hat⟩ (geh.): *durch einen bildlichen Ausdruck, eine Metapher, eine bildliche Vorstellung od. Darstellung sinnfällig machen:* Tafeln und Texte sollen die Idee v.

Ver|bild|li|chung, die; -, -en: *das Verbildlichen; das Verbildlichtwerden.*

Ver|bil|dung, die; -, -en: *das Verbilden; das Verbildetsein.*

ver|bil|li|gen ⟨sw. V.; hat⟩: **1.** *billiger machen:* die Herstellung v.; ⟨häufig im 2. Part.:⟩ verbilligte Butter; verbilligter Eintritt für Kinder; zu verbilligten *(reduzierten)* Preisen. **2.** ⟨v. + sich⟩ *billiger werden:* das Benzin, die Produktion hat sich verbilligt.

Ver|bil|li|gung, die; -, -en: *das [Sich]verbilligen.*

ver|bim|sen ⟨sw. V.; hat⟩ (ugs.): *kräftig verprügeln.*

ver|bin|den ⟨st. V.; hat⟩ [mhd. verbinden, ahd. farbintan]: **1. a)** *mit einem Verband* (1 a) *versehen:* [jmdm., sich] eine Wunde v.; jmdm., sich den Fuß v.; mit verbundener Hand; **b)** *(bei jmdm.) einen Verband* (1 a) *anlegen:* sie verband ihn, sich [mit einem Streifen Stoff]. **2.** *eine [Art] Binde vor, um etw. binden, um auf diese Weise eine Funktion o. Ä. einzuschränken od. unmöglich zu machen:* jmdm. die Augen v.; einem Tier das Maul v.; mit verbundenen Augen. **3.** *etw. bindend* (1 b) *vor etw. verarbeiten:* Tannengrün zu Kränzen v. **4. a)** *[zu einem Ganzen] zusammenfügen:* zwei Bretter [mit Leim, mit Schrauben] miteinander v.; zwei Schnüre durch einen/ mit einem Knoten [miteinander] v.; **b)** *zusammenhalten:* die Schraube, der Leim verbindet die beiden Teile [fest miteinander]; **c)** ⟨v. + sich⟩ *(mit etw.) zusammenkommen u. dabei etw. Neues, einen neuen Stoff bilden:* beim Rühren verbindet sich das Mehl mit der Butter; die beiden Elemente verbinden sich nicht miteinander (Chemie; *gehen keine chemische Bindung ein*); Allmählich verbanden sich die Ströme (*flossen die Ströme zusammen*) zu einer einzigen Flut, die endlich den Ozean erreichte (Ransmayr, Welt 163). **5. a)** *(zwei voneinander entfernte Dinge, Orte o. Ä.) durch Überbrücken des sie trennenden Abstands zusammenbringen, in engere Beziehung zueinander setzen:* zwei Gewässer durch einen Kanal, zwei Orte durch eine Straße, zwei Stadtteile durch eine Brücke, zwei Punkte durch eine Linie [miteinander] v.; …nur ab und zu kam das Brummen des Kühlschranks aus der Küche, mit dem Raum durch eine Durchreiche verbunden war (Handke, Frau 32); **b)** *eine Verbindung (4 a) (zu etw.) darstellen:* ein Kabel verbindet das Gerät mit dem Netz; ein Tunnel verbindet beide Flussufer [miteinander]. **6.** *durch Herstellen einer Telefonverbindung in die Lage versetzen, mit jmdm. zu sprechen:* würden Sie mich bitte mit Herrn Meier, mit dem Lohnbüro v.?; ⟨auch ohne Akk.-Obj.:⟩ ich verbinde; [Entschuldigung, ich bin] falsch verbunden. **7.** ⟨v. + sich⟩ *mit etw. zusammenkommen, zusammen auftreten [u. dabei zu etw. Neuem werden]:* bei ihm verbanden sich Wagemut und kühle Besonnenheit; damit sind große Probleme verbunden; das dürfte mit einigen Schwierigkeiten verbunden sein; die damit verbundene Mühe. **8.** *etw., was als das eigentlich Wesentliche hervorgehoben wird, mit etw. anderem als günstiger od. korrigierend-ausgleichender Ergänzung verknüpfen:* das Angenehme mit dem Nützlichen v.; der Ausflug ist mit einer Besichtigung der Marienkirche verbunden. **9. a)** *die Grundlage einer Beziehung zu jmdm. sein:* mit ihm verbindet mich/uns eine enge Freundschaft; mit den beiden verbindet sie nichts [mehr]; ⟨auch ohne Akk.-Obj.:⟩ gemeinsame Erlebnisse verbinden; die Musik als verbindendes Element zwischen den Völkern; ⟨oft im 2. Part.:⟩ er war ihr, der Familie freundschaftlich verbunden; **b)** (geh. veraltend) *zu Dankbarkeit verpflichten.* **10.** ⟨v. + sich⟩ *sich (zu einem Bündnis, einer Partnerschaft o. Ä.) zusammentun:* die beiden Parteien haben sich [zu einer Koalition] zusammengeschlossen, sich mit jmdm. ehelich v. **11. a)** *in einen [assoziativen] Zusammenhang (mit etw.) bringen:* jeder von ihnen verbindet mit diesem Bild, Wort etwas anderes; **b)** ⟨v. + sich⟩ *mit etw. in einem [assoziativen] Zusammenhang stehen:* mit diesem Namen, dieser Melodie verbinden sich [für mich] schöne Erinnerungen.

ver|bind|lich ⟨Adj.⟩: **1.** *in einer Art, die das Gefühl persönlichen Entgegenkommens verbreitet, freundlich, liebenswürdig:* -e Worte; eine -e Geste; v. lächeln. **2.** *bindend, verpflichtend:* eine -e Zusage, Erklärung, Abmachung; eine allgemein -e Norm.

Ver|bind|lich|keit, die; -, -en: **1.** ⟨o. Pl.⟩ **a)** *verbindliches (1) Wesen, das Verbindlichsein;* **b)** *verbindlicher (2) Charakter, das Verbindlichsein:* diese Regel hat [für mich keine] V. **2. a)** *verbindliche (1) Äußerung, Handlung, Redensart o. Ä.:* jmdm. ein paar -en sagen; ⟨meist Pl.⟩ *Verpflichtung (3 a):* seine -en erfüllen; **c)** ⟨Pl.⟩ (Kaufmannsspr.) *Schulden:* -en [gegen jmdn.] haben; seine -en erfüllen, seine -en abtragen.

Ver|bin|dung, die; -, -en [spätmhd. verbindunge]: **1. a)** *das Verbinden (5 a):* die V. von Metallteilen durch Schweißen; **b)** *das Sichverbinden (4 c);* **c)** *das Verbinden (5 a):* man hat v. der beiden Flüsse durch einen Kanal in Erwägung gezogen; **d)** *das Sichverbinden (7); das Verbundensein;* **e)** *das Verbinden (8):* die V. der Dienstreise mit einem kurzen Urlaub. **2.** *Zusammenhalt, Zusammenhang:* durch Löten eine V. zwischen zwei Drähten herstellen. **3.** (bes. Chemie) *durch ein Sichverbinden (4 c) entstandener Stoff:* Wasser ist eine V. aus Wasserstoff und Sauerstoff; die beiden Stoffe gehen eine [chemische] V. ein. **4. a)** *etw., was zwei voneinander entfernte Dinge, Orte o. Ä. verbindet (6 a):* die kürzeste V. zwischen zwei Punkten; die Brücke ist die einzige V. zwischen beiden Städten; **b)** *etw., was eine Kommunikation zwischen zwei entfernten Orten ermöglicht:* die telefonische V.; die V. ist unterbrochen, sehr schlecht; ich bekomme keine V. mit ihm, mit Hamburg; wir sollten wenigstens in brieflicher V./brieflich in V. bleiben; **c)** *Möglichkeit, von einem Ort zu einem anderen zu gelangen; Verkehrsverbindung:* gibt es von hier aus eine direkte, eine günstige V. nach Hannover?; die V. zur Außenwelt war unterbrochen. **5.** ¹*Kombination (1 a):* * **in V.** [**mit**] (**1.** *zusammen, kombiniert* [*mit*]: die Karte ist nur in V. mit dem Berechtigungsausweis gültig. **2.** *in Zusammenarbeit, gemeinsam* [*mit*]: nur in V. mit Freunden kann so etwas gelingen). **6.** *Zusammenschluss, Bündnis, Partnerschaft o. Ä.:* eine geschäftliche, eheliche V. [mit jmdm.] eingehen, auflösen. **7. a)** *Beziehung zwischen Menschen, die darin besteht, dass ein Kommunikation, ein [regelmäßiger] Austausch stattfindet; Kontakt (1):* mit jmdm. V. aufnehmen; [keine] V. [mehr] mit jmdm. haben; sie hat [persönliche] -en zum Ministerium; wir haben die V. mit ihm verloren; wir sollten in V. bleiben; sich mit jmdm. in V. setzen; den Posten hat er durch persönliche -en *(durch persönliche Beziehungen zu bestimmten Leuten)* bekommen; **b)** *auf gegenseitiger Sympathie o. Ä. beruhende Beziehung zwischen Menschen:* die starke, innige V. wird den beiden auch in schweren Zeiten weiterhelfen. **8.** *Studentenverbindung, Korporation (2):* studentische, Farben tragende, [nicht] schlagende -en; in einer V. sein. **9.** *[sachlicher, gedanklicher] Zusammenhang:* zwischen den gestrigen Vorfällen und meiner Entscheidung besteht keine V.; die Presse hat ihn mit dem Verbrechen in V. gebracht.

Ver|bin|dungs|auf|bau, der, ⟨o. Pl.⟩ (EDV): *Prozess, in dem eine Verbindung (4 b) (z. B. zum Internet, zu einem telefonischen Anschluss) hergestellt wird.*

Ver|bin|dungs|bru|der, der: *Student od. ehemaliger Student, der Mitglied in derselben Studentenverbindung ist wie eine bestimmte andere Person.*

Ver|bin|dungs|far|be, die ⟨meist Pl.⟩: *Farbe (3 a) einer Verbindung (8).*

Ver|bin|dungs|frau, die: vgl. Verbindungsmann.

Ver|bin|dungs|gang, der: *zwei Orte, zwei Gänge verbindender Gang.*

Ver|bin|dungs|glied, das: *Glied, das zwei Dinge miteinander verbindet.*

Ver|bin|dungs|haus, das: *Haus, in dem Mitglieder einer Verbindung (8) zusammenkommen u. teilweise wohnen.*

Ver|bin|dungs|ka|bel, das: *Kabel zum Verbinden zweier Geräte o. Ä.*

Ver|bin|dungs|leu|te ⟨Pl.⟩: *Verbindungsfrauen und Verbindungsmänner.*

Ver|bin|dungs|li|nie, die: **1.** *Linie, die etw. mit etw. anderem verbindet.* **2.** (Militär) *Weg, der im Einsatz befindliche Truppen mit ihrer Basis verbindet.*

Ver|bin|dungs|mann, der ⟨Pl. …männer u. …leute⟩: *jmd., der als Mittelsmann o. Ä. Kontakte herstellt od. aufrechterhält.*

Ver|bin|dungs|of|fi|zier, der (Militär): *Offizier, der als Überbringer von Befehlen, Meldungen o. Ä. die Verbindung zwischen verschiedenen Einheiten aufrechterhält.*

Ver|bin|dungs|rohr, das: *Rohr zum Verbinden zweier Teile (an Apparaten o. Ä.).*

Ver|bin|dungs|schlauch, der: *als Verbindung dienender Schlauch.*

Ver|bin|dungs|ste|cker, der: *Gerätestecker.*

Ver|bin|dungs|stel|le, die: *Stelle, an der etw. mit etw. anderem verbunden ist.*

Ver|bin|dungs|stra|ße, die: *zwei Orte, zwei Straßen verbindende Straße.*

Ver|bin|dungs|stück, das: *Teil, Teilstück, Glied o. Ä., das zwei Dinge miteinander verbindet.*

Ver|bin|dungs|stu|dent, der: *Student, der einer Verbindung (8) angehört.*

Ver|bin|dungs|stu|den|tin, die: w. Form zu ↑ Verbindungsstudent.

Ver|bin|dungs|teil, das: *Verbindungsstück.*

Ver|bin|dungs|tür, die: *zwei Räume verbindende Tür.*

Ver|bin|dungs|weg, der: *zwei Orte, zwei Wege od. Straßen verbindender Weg.*

Ver|bin|dungs|we|sen, das: *Gesamtheit der Verbindungen (8) und deren Aktivitäten.*

Ver|biss, der; -es, -e (Jägerspr.): **a)** *das Verbeißen (2);* **b)** *Schaden durch Verbeißen:* Bäume vor V. schützen.

ver|bis|sen ⟨Adj.⟩: [zu ↑ verbeißen]: **a)** *[allzu] hartnäckig, zäh, nicht bereit nachzugeben, aufzugeben:* ein -er Gegner; v. schuftete er weiter; **b)** *von starker innerer Angespanntheit zeugend, verkrampft:* ein -es Gesicht; v. dreinschauen, dasitzen; **c)** (ugs.) *engherzig, pedantisch:* man soll nicht alles so v. nehmen.

Ver|bis|sen|heit, die; -, -en: *das Verbissensein.*

ver|bit|ten, sich ⟨st. V.; hat⟩ = (höflich) *erbitten:* **a)** *mit Nachdruck zu unterlassen verlangen:* ich verbitte mir diesen Ton; ♦ **b)** *erbitten* (1): Was könnte Sittah so feierlich, so warm bei einem Fremden … lieber als bei mir … sich v. wollen (Lessing, Nathan II, 2).

ver|bit|tern ⟨sw. V.; hat⟩ [spätmhd. verbittern = bitter werden, machen]: **1.** *vergällen* (2): jmdm. das Leben v. **2.** *mit bleibendem Groll, bes. über das eigene, als allzu hart empfundene Schicksal od. über eine als ungerecht, verletzend o. ä. empfundene Behandlung, erfüllen:* die vielen Enttäuschungen hatten ihn verbittert; ⟨oft im 2. Part.:⟩ eine verbitterte Frau; einen verbitterten *(Verbitterung widerspiegelnden)* Zug um den Mund haben; verbittert sein.

Ver|bit|te|rung, die; -, -en: **1.** (selten) *das Verbittern.* **2. a)** ⟨o. Pl.⟩ *das Verbittertsein;* **b)** *Enttäuschung, Verstimmung, Frustration.*

¹**ver|bla|sen** ⟨st. V.; hat⟩: **1.** (Jägerspr.) *bei einem erlegten Tier ein bestimmtes (die Erlegung des Tieres anzeigendes) Hornsignal blasen:* einen Hirsch v. **2.** ⟨v. + sich⟩ *beim Spielen auf einem Blasinstrument einen Fehler machen:* der Saxofonist hat sich dauernd verblasen.

²**ver|bla|sen** ⟨Adj.⟩: [vgl. verwaschen (c)] (abwertend): (bes. im sprachlichen Ausdruck) *verschwommen, unklar:* ein -er Stil; -e Ideen.

Ver|bla|sen|heit, die; -, -en: **1.** ⟨o. Pl.⟩ *das Verblasensein.* **2.** *verblasener Ausdruck o. Ä.*

ver|blas|sen ⟨sw. V.; ist⟩: **1. a)** *blass (1 b) werden:* die Farben verblassen im Laufe der Zeit immer mehr; ein altes, schon ganz verblasstes Foto; **b)** *blass (1 c) werden:* wenn es Tag wird und die Sterne verblassen. **2.** (geh.) *schwächer werden, schwinden:* die Erinnerung daran verblasst allmählich.

ver|blät|tern ⟨sw. V.; hat⟩: **1.** ¹*verschlagen* (4). **2.** ⟨v. + sich⟩ *falsch blättern.*

ver|bläu|en ⟨sw. V.; hat⟩ [mhd. nicht belegt, ahd. farblouwan] (ugs.): *kräftig verprügeln.*

Ver|bleib, der; - [-e]s (geh.): **1.** *(nicht bekannter) Ort, an dem sich eine Person od. Sache befindet, die vermisst, nach der gesucht wird:* er erkundigte sich nach dem V. der Akten; über ihren V.

ist nichts bekannt. **2.** *das Verbleiben:* es geht um den V. der Ministerin im Amt.
ver|blei|ben ⟨st. V.; ist⟩ [mhd. ver(b)līben]: **1.** *sich (auf eine bestimmte Vereinbarung) einigen:* wollen wir so v., dass ich dich morgen anrufe?; wie seid ihr denn nun verblieben? **2.** (geh.) **a)** *bleiben* (1 a): die Durchschrift verbleibt beim Aussteller; die im Kriegsgebiet verbliebenen Zivilisten; **b)** ⟨mit Gleichsetzungsnominativ⟩ *bleiben* (1 c): er verblieb zeit seines Lebens ein Träumer; (in Grußformeln am Briefschluss:) in Erwartung Ihrer Antwort verbleibe ich Ihr N. N.; ich verbleibe mit freundlichen Grüßen Ihre N. N.; **c)** *bleiben* (1 e), *übrig bleiben:* nach Abzug der Zinsen verbleiben noch 746 Euro; die verbleibenden, verbliebenen 200 Euro; **d)** ⟨mit Inf. mit zu⟩ (selten) *bleiben* (1 f): so verbleibt nur abzuwarten, ob die Sache erfolgreich verläuft.
ver|blei|chen ⟨st. u. sw. V.; verblich/(seltener auch:) verbleichte, ist verblichen/(seltener auch:) verbleicht⟩ [mhd. verblīchen, ahd. farblīchan, zu mhd. blīchen, ahd. blīchan = glänzen, verw. mit ↑ bleich]: **1. a)** *seine Farbe verlieren, verblassen* (1 a): die Farbe verbleicht schnell; die Vorhänge verbleichen immer mehr; verblichene Bluejeans; die Schrift war schon verblichen; Ü verblichener Ruhm; **b)** *verblassen* (1 b): die Mondsichel verblich. **2.** (geh. veraltet) *sterben:* ihr verblichener Vater.
ver|blei|en ⟨sw. V.; hat⟩ (Technik): *mit Bleitetraäthyl (einer giftigen öligen Flüssigkeit, die als Antiklopfmittel Kraftstoffen zugesetzt wird) versetzen:* verbleites Benzin.
ver|blen|den ⟨sw. V.; hat⟩: **1.** [mhd. verblenden] *unfähig zu vernünftigem Überlegen, zur Einsicht, zur richtigen Einschätzung der Lage o. Ä. machen:* sich nicht v. lassen; (von Hass, Neid] verblendete Menschen. **2.** (mit einem schöneren, wertvolleren Material) *verkleiden:* eine Fassade mit Aluminium v. **3.** (Zahnt.) *(eine Krone aus Metall) mit einer der Farbe der Zähne angepassten Kunststoffmasse überziehen:* eine Goldkrone v.
Ver|blend|kro|ne, die (Zahnt.): *verblendete* (3) *Krone* (7 b).
Ver|blend|mau|er|werk, das (Archit.): *Mauerwerk, mit dem etw. verblendet* (2) *ist.*
Ver|blen|dung, die; -, -en: **1.** *das Verblendetsein; Unfähigkeit zu vernünftiger Überlegung, zur Einsicht:* in seiner V. glaubte er, er könne ihn besiegen. **2.** (bes. Archit.) **a)** *das Verblenden* (2); *das Verblendetwerden:* bei der V. der Fassade gab es Probleme; **b)** *etw., womit etw. verblendet* (2) *ist:* eine V. aus Klinker. **3.** (Zahnt.) **a)** *das Verblenden* (3); *das Verblendetwerden:* die V. der Zahnkrone; **b)** *etw., womit etw. verblendet* (2) *ist.*
ver|bli|chen: ↑ verbleichen.
Ver|bli|che|ne, die/eine Verblichene; der/einer Verblichenen, Verblichene/zwei Verblichene (geh.): *weibliche Person, die kürzlich gestorben ist.*
Ver|bli|che|ner, der Verblichene/ein Verblichener; des/eines Verblichenen, die Verblichenen/zwei Verblichene (geh.): *jmd., der kürzlich gestorben ist.*
◆ **ver|blin|den** ⟨sw. V.; ist⟩ [mhd. verblinden]: *erblinden* (1): Eh' das Herzblut eines Dorias diesen hässlichen Flecken aus deiner Ehre wäscht, soll kein Strahl des Tags auf diese Wangen fallen. Bis dahin – (er wirft den Flor über sie) verblinde! (Schiller, Fiesco I, 12).
ver|blö|den ⟨sw. V.⟩ [mhd. verblœden = einschüchtern] (ugs. emotional): **a)** ⟨ist⟩ *blöde, stumpfsinnig werden; verdummen* (b): in diesem Kaff, bei dieser Arbeit verblödet man allmählich; **b)** ⟨hat⟩ *verdummen* (a): das viele Fernsehen verblödet die Leute.

Ver|blö|dung, die; -, -en: *das Verblöden.*
ver|blüf|fen ⟨sw. V.; hat⟩ [aus dem Niederd. < mniederd. vorbluffen = in Schrecken versetzen, überrumpeln, zu niederd. bluffen = jmdm. einen Schrecken einjagen, wohl lautm.]: *machen, dass jmd. durch etw., womit er nicht gerechnet hat, was er nicht erwartet hat, überrascht u. voll sprachlosem Erstaunen ist:* sich nicht v. lassen; sie verblüffte ihre Lehrer durch geistreiche Bemerkungen; ⟨auch ohne Akk.-Obj.:⟩ seine Offenheit verblüffte; ⟨oft im 2. Part.:⟩ ein ganz verblüfftes Gesicht machen; ich war [über die Antwort] etwas verblüfft.
ver|blüf|fend ⟨Adj.⟩: *Verblüffung auslösend, höchst erstaunlich, höchst erstaunlich:* ein -es Ergebnis; eine v. einfache Lösung.
Ver|blüfft|heit, die; -: *Verblüffung.*
Ver|blüf|fung, die; -, -en: *das Verblüfftsein:* zu meiner V. weigerte er sich.
ver|blü|hen ⟨sw. V.; ist⟩ [mhd. verblüejen]: **1.** *aufhören zu blühen u. zu welken beginnen:* die Rosen verblühen schon, sind verblüht; Ü ihre Schönheit war verblüht; ◆ Der schöne Frühling war dagegen für andere Dinge gut, zum Beispiel für die Obstbäume, die konnten vortrefflich v. (Keller, Das Sinngedicht 29). **2.** (Jargon) *heimlich u. eilig verschwinden:* mit falschem Pass ins Ausland v.
ver|blümt ⟨Adj.⟩ [eigtl. 2. Part. von älter: verblumen, mhd. verblüemen = beschönigen] (selten) (etw., was unangenehm zu sagen ist) *nur vorsichtig andeutend, umschreibend, verhüllend:* eine kaum -e Anschuldigung.
ver|blu|ten ⟨sw. V.⟩: **a)** ⟨ist⟩ *anhaltend Blut verlieren u. schließlich daran sterben:* die Verletzte ist am Unfallort verblutet; ⟨auch v. + sich; hat:⟩ wenn nicht bald Hilfe kommt, verblutet er sich; ◆ **b)** *ausbluten* (a), *leer bluten:* Meine Wunden verbluten (Goethe, Götz V).
ver|bo|cken ⟨sw. V.; hat⟩ [zu: einen Bock schießen (↑¹Bock 1)] (ugs.): *falsch machen, verderben, verpfuschen:* du hast alles verbockt.
ver|bockt ⟨Adj.⟩ [zu ↑ bocken (2)]: *ganz und gar bockig:* ein -es Kind.
ver|boh|ren, sich ⟨sw. V.; hat⟩ [urspr. = falsch bohren] (ugs.): **a)** *sich verbissen mit etw. beschäftigen:* sich in die Arbeit v.; **b)** *hartnäckig-verbissen an etw. festhalten, davon nicht loskommen:* sich in eine fixe Idee v.
ver|bohrt ⟨Adj.⟩ (ugs. abwertend): *nicht von seiner Meinung, Absicht abzubringen; uneinsichtig, unbelehrbar, starrköpfig, von einer solchen Haltung zeugend:* ein -er Mensch. Dazu: **Ver|bohrt|heit,** die; -, -en.
¹ver|bor|gen ⟨sw. V.; hat⟩ [zu ↑ borgen]: *verleihen* (1).
²ver|bor|gen ⟨Adj.⟩: **a)** *entlegen, abgelegen, abgeschieden u. daher nicht leicht auffindbar:* wir haben selbst in den -sten Winkeln des Hauses gesucht; **b)** *nicht anderen Weiteres als vorhanden, existierend feststellbar, wahrnehmbar:* eine -e Falltür; eine -e Gefahr; -e Talente; es wird ihm v. bleiben (er wird es bemerken, erfahren); * **im Verborgenen** (1. *geheim:* seine Affären konnten nicht im Verborgenen bleiben. 2. *von anderen, von der Öffentlichkeit unbemerkt:* sie wirkte im Verborgenen).
³ver|bor|gen: ↑ verbergen.
Ver|bor|gen|heit, die; -, -en: **1.** ⟨o. Pl.⟩ *das ²Verborgensein* (2). **2.** (geh.) *etwas Verborgenes; Geheimnis.*
Ver|bot, das; -[e]s, -e [mhd. verbot, zu ↑ verbieten]: **1.** *Befehl, Anordnung, etw. Bestimmtes zu unterlassen:* ein strenges, polizeiliches, behördliches, ärztliches V.; ein V. aufheben, befolgen, einhalten, beachten, übertreten; sich an ein V. halten; er hat gegen mein ausdrückliches V. geraucht. **2.** *Anordnung, nach der etw. nicht*

existieren darf: das gesetzliche V. der Kinderarbeit, von Kinderpornografie; das weltweite V. von Atomwaffen.
ver|bo|ten ⟨Adj.⟩ [zu ↑ verbieten] (ugs.): **¹***unmöglich* (2): eine -e Farbzusammenstellung; v. aussehen.
ver|bo|te|ner|wei|se ⟨Adv.⟩: *trotz eines Verbots.*
Ver|bots|an|trag, der (Rechtsspr.): *Antrag* (1 a), *etw. [gerichtlich] zu verbieten.*
Ver|bots|ge|setz, das (österr. Rechtsspr.): *Gesetz über das Verbot, sich wieder nationalsozialistisch zu betätigen.*
Ver|bots|irr|tum, der (Rechtsspr.): *in der Verkennung des Verbotenseins einer eigenen Handlung bestehender Irrtum eines Täters.*
Ver|bots|schild, das ⟨Pl. -er⟩: **1.** (Verkehrsw.) *Verkehrsschild mit einem Verbotszeichen.* **2.** *Schild mit einer Aufschrift, die ein Verbot* (1) *enthält.*
Ver|bots|ver|fah|ren, das (Rechtsspr.): *[gerichtliches] Verfahren, in dem über ein Verbot einer Partei o. Ä. entschieden wird:* ein V. einleiten.
ver|bots|wid|rig ⟨Adj.⟩: *gegen ein bestehendes Verbot verstoßend:* -es Handeln; v. parken.
Ver|bots|zei|chen, das (Verkehrsw.): *Verkehrszeichen, das ein Verbot* (1) *anzeigt.*
ver|brä|men ⟨sw. V.; hat⟩ [mhd. verbremen, zu: brem = Verbrämung, zu: brem = Einfassung, Rand, H. u.]: **1.** *am Rand, Saum mit etw. versehen, was zieren, verschönern soll:* einen Mantel mit Pelz v. **2.** *etw., was als negativ, ungünstig empfunden wird, durch etw., was als positiv erscheint, abschwächen od. weniger spürbar sichtbar werden lassen:* das ist doch alles nur wissenschaftlich verbrämter Unsinn.
Ver|brä|mung, die; -, -en: *positive, abgeschwächte Darstellung von etwas Negativem.*
ver|bra|ten ⟨st. V.⟩: **1.** ⟨ist⟩ *zu lange, zu stark braten* (b) *u. dadurch an Qualität verlieren od. ungenießbar werden:* die Ente war völlig verbraten. **2.** ⟨hat⟩ **a)** *zum Braten verwenden;* **b)** *bratend verarbeiten* (2 a); **c)** *beim Braten verbrauchen.* **3.** ⟨hat⟩ (salopp) *leichtfertig o. ä. ausgeben, [für etw.] verbrauchen, aufbrauchen:* einen Lottogewinn v.; er hat seinen ganzen Urlaub auf einmal verbraten. **4.** ⟨hat⟩ (salopp) *sich negativ, boshaft o. ä. über jmdn., etw. auslassen, äußern:* Klatschgeschichten, Unsinn v. **5.** ⟨hat⟩ (salopp) [missbräuchlich] *verwenden, nutzen.*
Ver|brauch, der; -[e]s, (Fachspr.:) Verbräuche: **a)** ⟨o. Pl.⟩ *das Verbrauchen* (1): die Konserve ist zum alsbaldigen V. bestimmt; die Seife ist sparsam im V. (sie wird nur langsam aufgebraucht); **b)** *verbrauchte Menge, Anzahl o. Ä. von etw.:* der V. an/von etw. nimmt zu; ein gleichbleibender V.; V. steigern, drosseln; der Motor, Wagen ist sparsam im V. (verbraucht wenig Kraftstoff).
ver|brau|chen ⟨sw. V.; hat⟩ [frühmhd. verbrūchen, dann erst seit dem 15. Jh. wieder bezeugt]: **1. a)** *regelmäßig (eine gewisse Menge von etw.) nehmen u. für einen bestimmten Zweck verwenden [bis nichts mehr davon vorhanden ist]:* ich kaufe erst wieder ein, wenn die Vorräte verbraucht sind; wir verbrauchen mehr Kaffee als Tee; wir haben zu viel Strom, Gas verbraucht; sie hat im Urlaub eine Menge Geld verbraucht (ausgegeben); Ü sie haben ihre Kräfte, Energien v.; der Kanzler hat in vier Jahren drei Umweltminister verbraucht; **b)** *einen bestimmten Energiebedarf haben:* der Motor, Wagen verbraucht viel [Benzin]. **2.** ⟨v. + sich⟩ *seine Kräfte erschöpfen; sich völlig abarbeiten u. nicht mehr leistungsfähig sein:* ⟨häufig im 2. Part.:⟩ verbrauchte Fabrikarbeiterinnen. **3.** *[bis zur Unbrauchbarkeit] abnützen, verschleißen:* ⟨meist im 2. Part.:⟩ er trug einen völlig verbrauchten Mantel; die Luft in den Räumen ist verbraucht *(enthält fast keinen Sauerstoff mehr).*

Ver|brau|cher, der; -s, - (Wirtsch.): *jmd., der Waren kauft u. verbraucht; Konsument:* die Interessen der V.
Ver|brau|cher|be|ra|tung, die: **1.** *Beratung der Verbraucher [durch eine Verbraucherorganisation].* **2.** *Beratungsstelle für Verbraucher.*
ver|brau|cher|freund|lich ⟨Adj.⟩: *sich für Verbraucher positiv auswirkend:* eine -e Politik.
Ver|brau|che|rin, die; -, -nen: w. Form zu ↑ Verbraucher.
Ver|brau|cher|in|for|ma|ti|on, die: *Verbrauchern zustehende Information über Waren, Produkte, Herstellerfirmen, über die zu ihrem Schutz bestehenden Vorschriften u. Ä.*
Ver|brau|cher|kre|dit, der: *von Banken, Handelsunternehmen o. Ä. vergebener, ausschließlich für den Konsum bestimmter Kredit.*
Ver|brau|cher|markt, der: *(häufig am Ortsrand gelegenes) großflächiges Einzelhandelsgeschäft mit Selbstbedienung, das Waren preisgünstig anbietet.*
Ver|brau|cher|mi|nis|ter, der: *Verbraucherschutzminister.*
Ver|brau|cher|mi|nis|te|rin, die; -, -nen: w. Form zu ↑ Verbraucherminister.
Ver|brau|cher|mi|nis|te|ri|um, das: *Verbraucherschutzministerium.*
Ver|brau|cher|or|ga|ni|sa|ti|on, die: *Organisation, die die Interessen der Verbraucher vertritt.*
Ver|brau|cher|po|li|tik, die: *Teilbereich der Wirtschaftspolitik, der auf eine Verbesserung der sozioökonomischen Position der Verbraucher gegenüber privaten u. öffentlichen Anbietern zielt.*
Ver|brau|cher|preis, der: *Preis, den der Verbraucher für eine Ware bezahlen muss.*
Ver|brau|cher|schutz, der ⟨o. Pl.⟩: *Gesamtheit der rechtlichen Vorschriften, die Verbraucher vor Übervorteilung u. a. schützen sollen.*
Ver|brau|cher|schüt|zer, der (ugs.): *jmd., der im Verbraucherschutz tätig ist, bei einer Organisation, die Verbraucherschutz betreibt, arbeitet.*
Ver|brau|cher|schüt|ze|rin, die: w. Form zu ↑ Verbraucherschützer.
Ver|brau|cher|schutz|mi|nis|ter, der: *Minister für Verbraucherschutz.*
Ver|brau|cher|schutz|mi|nis|te|rin, die: w. Form zu ↑ Verbraucherschutzminister.
Ver|brau|cher|schutz|mi|nis|te|ri|um, das: *Ministerium für Verbraucherschutz.*
Ver|brau|cher|ver|band, der: *Verband, dessen Aufgabe es ist, durch Information u. Beratung die Interessen der Verbraucher zu vertreten.*
Ver|brau|cher|ver|hal|ten, das: *Verhalten der Verbraucher im Hinblick auf den Konsum:* das V. untersuchen, analysieren.
Ver|brau|cher|zen|t|ra|le®, die: *(zentral gelegene) Beratungsstelle für Verbraucher.*
Ver|brauchs|gut, das ⟨meist Pl.⟩: *Konsumgut, das bei seiner Nutzung verbraucht wird (wie Lebensmittel, Kraftstoff).*
Ver|brauchs|gü|ter|in|dus|t|rie, die: *Verbrauchsgüter produzierende Industrie.*
Ver|brauchs|steu|er, (Steuerw.:) **Ver|brauch|steu|er**, die: *auf bestimmten Verbrauchsgütern ruhende indirekte Steuer:* die Mineralölsteuer ist eine V.
ver|bre|chen ⟨st. V.; hat; meist nur im Perfekt u. Plusquamperfekt gebr.⟩ [mhd. verbrechen, ahd. farbrechan, eigtl. = zerbrechen, zerstören; in der Rechtsspr. vom Brechen des Friedens, eines Eides od. Gesetzes gebraucht] (ugs. scherzh.): *etw. (was als Dummheit, als etw. Unrechtes o. Ä. angesehen wird, oft mit Spott bedacht wird) tun, machen, anstellen:* was hast du wieder verbrochen?; wer hat denn dieses Gedicht verbrochen (*geschrieben*)?
Ver|bre|chen, das; -s, -: **1. a)** *schwere Straftat:* ein brutales, schweres, gemeines, scheußliches V.; ein V. begehen, verüben, planen, ausführen, aufklären; jmdn. eines -s anklagen, beschuldigen, überführen; den Schauplatz eines -s; **b)** *(abwertend) verabscheuenswürdige Untat; verwerfliche, verantwortungslose Handlung:* die V. der Hitlerzeit, an den Juden; ein V. gegen die Menschlichkeit; Ü es ist doch ein V., so eine Begabung nicht zu fördern; es ist doch kein V., mal ein Glas Bier zu trinken. **2.** ⟨o. Pl.⟩ *Kriminalität:* das organisierte V.; der Kampf gegen das V.
Ver|bre|chens|auf|klä|rung, die ⟨o. Pl.⟩: *Aufklärung (1) von Verbrechen (a).*
Ver|bre|chens|be|kämp|fung, die ⟨o. Pl.⟩: *Gesamtheit von Maßnahmen, durch die die Kriminalität eingedämmt werden soll.*
Ver|bre|cher, der; -s, - [mhd. verbrecher]: *jmd., der ein Verbrechen (1 a) begangen hat:* ein gefährlicher, gemeiner, kaltblütiger, notorischer V.; einen V. festnehmen, verhaften, verurteilen; (auch als Schimpfwort:) du elender V.!
Ver|bre|cher|al|bum, das (früher): *Verbrecherkartei.*
Ver|bre|cher|ban|de, die: *organisierter Zusammenschluss von Verbrechern.*
Ver|bre|che|rin, die; -, -nen: w. Form zu ↑ Verbrecher.
ver|bre|che|risch ⟨Adj.⟩: **a)** *so verwerflich, dass es fast schon ein Verbrechen ist; kriminell (1 b):* -e Umtriebe, Methoden, Mittel; eine -e Politik; es war v., so zu handeln; **b)** *vor Verbrechen nicht zurückscheckend; skrupellos:* ein -es Regime.
Ver|bre|cher|jagd, die: *Verfolgung eines Verbrechers [durch die Polizei].*
Ver|bre|cher|kar|tei, die: *Kartei (für die Fahndung) mit Fotos u. Fingerabdrücken von Personen, der Verbrechen begangen haben.*
Ver|bre|cher|syn|di|kat, das: *als geschäftliches Unternehmen getarnter Zusammenschluss von Verbrechern; Syndikat (2).*
Ver|bre|cher|tum, das; -s: *Gesamtheit der Verbrecher; Unterwelt.*
ver|brei|ten ⟨sw. V.; hat⟩: **1. a)** *dafür sorgen, dass etw. in einem weiten Umkreis bekannt wird:* eine Nachricht [durch den Rundfunk, durch die Presse, über die Medien] v.; ein Gerücht, Lügen v.; sie ließ v., sie wolle von hier wegziehen; jugendgefährdende Schriften v.; **b)** ⟨v. + sich⟩ *sich ausbreiten, in Umlauf kommen u. vielen bekannt werden:* die Nachricht verbreitete sich schnell, wie ein Lauffeuer, in der ganzen Stadt. **2. a)** *in einen weiteren Umkreis gelangen lassen:* einen unangenehmen Geruch v.; der Ofen verbreitete eine angenehme Wärme; diese Tiere verbreiten Krankheiten; der Wind verbreitet den Samen der Bäume; **b)** ⟨v. + sich⟩ *sich in einem weiteren Umkreis ausbreiten:* ein übler Geruch verbreitete sich im ganzen Haus; diese Krankheit ist weitverbreitet; heute kommt es verbreitet (*in weiten Gebieten*) zu Regen. **3.** *in seiner Umgebung, einem bestimmten Umkreis, in jmdm. erregen, erwecken:* die Bande und ihre Gewalttaten verbreiteten überall Entsetzen, Angst und Schrecken; sie verbreitet Ruhe und Heiterkeit [um sich]. **4.** ⟨v. + sich⟩ *(häufig abwertend) sich weitschweifig äußern, auslassen:* sich [stundenlang] über ein Thema, eine Frage, ein Problem v.
Ver|brei|ter, der; -s, -: *jmd., der etw. verbreitet (1 a):* der V. dieser Gerüchte.
Ver|brei|te|rin, die; -, -nen: w. Form zu ↑ Verbreiter.
ver|brei|tern ⟨sw. V.; hat⟩: **a)** *breiter (1 a) machen:* eine Straße, einen Weg v.; Ü die Basis für etw. v.; **b)** ⟨v. + sich⟩ *breiter (1 a) werden:* die Straße, das Flussbett verbreitert sich dort.
Ver|brei|te|rung, die; -, -en: **a)** *das Verbreitern;* **b)** *verbreiterte Stelle.*
Ver|brei|tung, die; -: *das Verbreiten (1–3).*
Ver|brei|tungs|ge|biet, das: *Gebiet, in dem etw. verbreitet ist, häufig vorkommt:* diese Tageszeitung hat ein großes V.
ver|bren|nen ⟨unr. V.⟩ [mhd. verbrennen, ahd. farbrinnan, -brennan]: **1.** ⟨ist⟩ **a)** *vom Feuer verzehrt, durch Feuer vernichtet, zerstört werden:* die Dokumente sind [zu Asche] verbrannt; die Passagiere verbrannten in den Flammen (*kamen in den Flammen um*); es riecht verbrannt (ugs.; *es herrscht ein Brandgeruch*); **b)** *durch zu starke Hitzeeinwirkung verderben, unbrauchbar, ungenießbar werden; verkohlen:* der Kuchen ist [im Ofen] verbrannt; das Fleisch schmeckt verbrannt. **2.** ⟨ist⟩ *von der sengenden Sonne verdorren, völlig ausdorren:* die Vegetation, das Land ist von der glühenden Hitze völlig verbrannt. **3.** ⟨hat; meist im 2. Part. bzw. im Perfekt u. Plusquamperfekt gebr.⟩ ⟨von der Sonne⟩ *sehr stark bräunen, eine Hautrötung, -entzündung hervorrufen:* die Sonne hat ihn verbrannt; sie, ihr Rücken ist total verbrannt. **4.** ⟨hat⟩ *vom Feuer verzehren, vernichten lassen:* Reisig, Müll v.; einen Toten v. (ugs.; *einäschern*); jmdn. [auf dem Scheiterhaufen] v. (früher; *dem Feuertod auf dem Scheiterhaufen überantworten*); sich selbst v. (*sich durch Selbstverbrennung töten*); Ü Geld v. (*nutzlos ausgeben, verschwenden*). **5.** (Chemie) **a)** ⟨ist⟩ *(von bestimmten Stoffen 2 a) chemisch umgesetzt werden, sich umwandeln:* Kohlenhydrate verbrennen im Körper zu Kohlensäure und Wasser; **b)** ⟨hat⟩ *(bestimmte Stoffe 2 a) chemisch umsetzen:* der Körper verbrennt den Zucker, die Kohlenhydrate. **6.** ⟨hat⟩ *bes. durch Berührung mit einem sehr heißen Gegenstand verletzen:* sich am Bügeleisen v.; ich habe mir die Finger verbrannt; an der heißen Suppe kann man sich die Zunge v. **7.** ⟨hat⟩ (ugs.) *(durch Brennenlassen) verbrauchen, bes. zum Heizen verwenden:* [zu viel] Licht, Strom v. **8.** ⟨hat⟩ (Jargon) *die Identität eines Agenten (1) aufdecken u. ihn so für weitere Einsätze unbrauchbar machen:* einen V-Mann v.
Ver|bren|nung, die; -, -en: **1.** *das Verbrennen, Vernichten durch Feuer.* **2.** *durch Einwirkung großer Hitze hervorgerufene Brandwunde:* eine V. ersten, zweiten, dritten Grades; schwere -en erleiden.
Ver|bren|nungs|an|la|ge, die: *Anlage, in der etw. (meist Müll) durch Verbrennung beseitigt wird.*
Ver|bren|nungs|mo|tor, der; -s, -en, auch: -e: *Motor, der durch Verbrennung eines Brennstoff-Luft-Gemischs Energie erzeugt (z. B. Otto-, Dieselmotor).*
Ver|bren|nungs|pro|zess, der: *Verbrennungsvorgang.*
Ver|bren|nungs|vor|gang, der: *Vorgang, Prozess der Verbrennung.*
ver|brie|fen ⟨sw. V.; hat⟩ [mhd. verbrieven] (veraltend): *schriftlich, durch Urkunde o. Ä. feierlich bestätigen, zusichern, garantieren:* jmdm. ein Recht v.; ⟨häufig im 2. Part.:⟩ verbriefte Rechte, Ansprüche haben. Dazu: **Ver|brie|fung**, die; -, -en.
ver|brin|gen ⟨unr. V.; hat⟩ [mhd. verbringen = vollbringen; vertun]: **1. a)** *sich (für eine bestimmte Zeitdauer an einem Ort o. Ä.) aufhalten, verweilen:* ein Wochenende mit Freunden, zu Hause v.; den Urlaub an der See, in den Bergen v.; **b)** *eine bestimmte Zeit (auf bestimmte Weise) zubringen, hinbringen; eine bestimmte Zeit auf etw. verwenden:* den ganzen Tag mit Aufräumen v.; die Kranke hat eine ruhige Nacht verbracht; er hat sein Leben in Armut und Einsamkeit verbracht. **2.** (Amtsspr.) *an einen bestimmten Ort bringen, schaffen:* sein Vermögen ins Ausland v.

Ver|brin|gung, die; -, -en: *das Verbringen* (2); *das Verbrachtwerden.*

ver|brü|dern, sich ⟨sw. V.; hat⟩: *(mit jmdm.) Brüderschaft schließen, sehr vertraut werden, sich eng (mit jmdm.) verbinden, befreunden:* sich [mit jmdm.] v. Dazu: **Ver|brü|de|rung,** die; -, -en.

ver|brü|hen ⟨sw. V.; hat⟩ [mhd. verbrüejen]: *mit einer kochenden od. sehr heißen Flüssigkeit verbrennen:* jmdn., sich [mit kochendem Wasser] v.; ich habe mir den Arm verbrüht.

Ver|brü|hung, die; -, -en: **1.** *das Verbrühen.* **2.** *durch Verbrühen hervorgerufene Brandwunde.*

ver|brut|zeln ⟨sw. V.; ist⟩ (ugs.): *durch zu langes Braten zusammenschrumpfen u. schwarz werden:* das Fleisch ist völlig verbrutzelt.

ver|bu|chen ⟨sw. V.; hat⟩ (Kaufmannsspr., Bankw.): *in die Geschäftsbücher o. Ä. eintragen; kontieren:* etw. als Verlust, auf einem Konto, im Haben v.; Ü sie konnte einen Erfolg [für sich] v.

Ver|bu|chung, die; -, -en: *das Verbuchen; das Verbuchtwerden.*

ver|bud|deln ⟨sw. V.; hat⟩ (ugs.): *vergraben:* sie verbuddelten die Kiste im Wald.

◆ **ver|buhlt** ⟨Adj.⟩: *buhlerisch* (a): Ganz Genua fluchte über den -en Schurken Fiesco (Schiller, Fiesco II, 18); Selbst ihre Laute ward ihr weggenommen. – Weil sie -e Lieder drauf gespielt (Schiller, Maria Stuart I, 1).

ver|bum|meln ⟨sw. V.⟩ (ugs., meist abwertend): **1.** ⟨hat⟩ **a)** *untätig, nutzlos verbringen, verstreichen lassen, vertrödeln:* seine freie Zeit v.; **b)** *bummelnd* (1) *verbringen:* den Abend verbummelten sie auf der Promenade. **2.** ⟨hat⟩ *durch Nachlässigkeit, Achtlosigkeit versäumen, vergessen, verlegen, verlieren u. Ä.:* einen Termin v.; seinen Schlüssel v. **3.** ⟨ist⟩ *durch eine liederliche Lebensweise herunterkommen:* in der Großstadt v.; ein verbummelter Student.

Ver|bund, der; -[e]s, -e u. Verbünde [mhd. verbunt = Bündnis; in der techn. Sprache des 20. Jh.s wohl neu rückgeb. aus: verbunden, dem 2. Part. von: ↑verbinden]: **1.** (Wirtsch.) *bestimmte Form des Zusammenschlusses bzw. der Zusammenarbeit von Unternehmen:* die Unternehmen beabsichtigen, planen einen V.; die Verkehrsbetriebe arbeiten im V. **2.** (Technik) *feste Verbindung von Teilen, Werkstoffen o. Ä. zu einer Einheit.*

ver|bün|den, sich ⟨sw. V.; hat⟩ [mhd. verbunden = verbinden, einen Bund schließen, spätmhd. (sich) verbunden]: *sich zu einem [bes. militärischen] Bündnis zusammenschließen; sich alliieren:* sich mit jmdm. v.; sich gegen jmdn. v.; die beiden Staaten sind verbündet.

Ver|bun|den|heit, die; -: *[Gefühl der] Zusammengehörigkeit mit jmdm., miteinander:* eine enge, geistige V. mit jmdm. haben; (als Grußformel am Briefschluss:) in alter V.

Ver|bün|de|te, die/eine Verbündete; der/einer Verbündeten, die Verbündeten/zwei Verbündete: *Bündnispartnerin:* Ü er hatte seine Schwester zu seiner Verbündeten (*Mitstreiterin*) gemacht.

Ver|bün|de|ter, der Verbündete/ein Verbündeter; des/eines Verbündeten, die Verbündeten/zwei Verbündete: *Bündnispartner:* die USA sind unser wichtigster V.; die Verbündeten der USA.

Ver|bund|glas, das (Technik): ¹*Glas* (1), *das aus mehreren fest verbundenen Schichten besteht u. nicht splittert.*

Ver|bund|kar|te, die: *Karte, die zur Nutzung aller zu einem gemeinsamen Verbund* (1) *zusammengeschlossenen Einrichtungen, Verkehrsmittel o. Ä. berechtigt:* eine V. für alle Museen, alle öffentlichen Verkehrsmittel einer Stadt.

Ver|bund|netz, das: *Netz von Leitungen für die Stromversorgung, das von mehreren Kraftwerken gemeinsam gespeist wird.*

Ver|bund|pflas|ter|stein, der: *Pflasterstein, der so geformt ist, dass sich beim Verlegen die einzelnen Steine fest ineinanderfügen.*

Ver|bund|stoff, der (Technik): *Kompositwerkstoff.*

Ver|bund|sys|tem, das: *System des Verbundes* (1) *verschiedener Verkehrsbetriebe.*

Ver|bund|werk|stoff, der (Technik): *Kompositwerkstoff.*

Ver|bund|wirt|schaft, die: *auf ↑Verbünde* (1) *gerichtete Wirtschaftsform.*

ver|bür|gen ⟨sw. V.; hat⟩ [mhd. verbürgen]: **1.** ⟨v. + sich⟩ *bereit sein, für jmdn., etw. einzustehen; gutsagen, bürgen* (1 a): ich verbürge mich für sie, für ihre Zuverlässigkeit; sich für die Richtigkeit von etw. v.; die Bank verbürgte sich *(übernahm die Bürgschaft, haftete)* für die Kosten. **2. a)** *etw. garantieren* (b, c), *die Gewähr für etw. geben:* diese Ausbildung verbürgt beruflichen Erfolg; verbürgte Rechte; **b)** ⟨im 2. Part. gebr.⟩ *als richtig bestätigen; authentisieren:* die Nachrichten sind verbürgt; verbürgte Zahlen.

Ver|bür|gung, die; -, -en: *das* [Sich]verbürgen.

ver|bü|ro|kra|ti|sie|ren ⟨sw. V.; hat⟩ (abwertend): *in übersteigertem Maße bürokratisieren* (2), *in der Organisation erstarren lassen:* die Parteien sind total verbürokratisiert.

ver|bü|ßen ⟨sw. V.; hat⟩ [mhd. verbüeʒen = Buße zahlen] (Rechtsspr.): *abbüßen* (2): eine Haftstrafe v. Dazu: **Ver|bü|ßung,** die; -, -en.

ver|but|tern ⟨sw. V.; hat⟩: **1.** *zu Butter verarbeiten:* Milch, Rahm v. **2.** (ugs., oft abwertend) *etw. zu großzügig verbrauchen; verschwenden:* Steuergelder v.

◆ **ver|but|zen** ⟨sw. V.; hat⟩ [zu ↑¹Butz] (landsch.): *verkleiden, vermummen:* ... und er verbutzet sich mit seiner Ahne ihrem Hochzeitsstaat (Mörike, Hutzelmännlein 185).

ver|char|tern ⟨sw. V.; hat⟩: *(Schiffe, Flugzeuge) vermieten:* etw. [an jmdn.] v.

Ver|char|te|rung, die; -, -en: *das Verchartern; das Vercharterwerden.*

ver|chro|men ⟨sw. V.; hat⟩: *mit einer Schicht aus Chrom überziehen:* Armaturen v.; verchromtes Messing; verchromte Stoßstangen.

Ver|chro|mung, die; -, -en: **1.** *das Verchromen.* **2.** *Chromschicht (mit der etw. überzogen ist):* die V. blättert ab.

Ver|dacht, der; -[e]s, -e u. Verdächte [zu ↑verdenken in dessen alter Bed. »Übles von jmdm. denken, jmdn. in Verdacht haben«]: *argwöhnische Vermutung einer jmdn. liegenden Schuld, einer jmdn. betreffenden schuldhaften Tat od. Absicht:* ein [un]begründeter, furchtbarer, schwerer V.; ein V. verdichtet sich, bestätigt sich, steigt in jmdm. auf, richtet sich gegen jmdn., fällt auf jmdn.; ihr kam ein schlimmer V.; jmdn. wegen Verdacht[s] auf Steuerhinterziehung verhaften; er hatte einen bestimmten, einen bösen, nicht den leisesten, nicht den geringsten V. (*Argwohn*); einen V. hegen, äußern, ausräumen, zerstreuen; V. schöpfen, erregen; den V. auf jmdn. lenken; sie setzte sich dem V. aus, Kassiber zu schmuggeln; jmdn. auf [einen] bloßen V. hin verhaften lassen; jmdn. im/in V. haben *(verdächtigen);* in V. kommen *(verdächtigt werden);* er steht im V. der Spionage; im V. stehen, ein Verbrechen begangen zu haben; sich von einem V. befreien; Ü bei der Patientin besteht V. auf Meningitis, Krebs; * **auf V.** (ugs.: *ohne es genau zu wissen, in der Annahme, dass es richtig, sinnvoll o. ä. ist):* auf V. etw. besorgen, sagen).

ver|däch|tig ⟨Adj.⟩ [mhd. verdæhtic = überlegt,

vorbedacht, dann: argwöhnisch]: **a)** *zu einem Verdacht Anlass gebend; Verdacht erregend; suspekt:* ein -er Mensch; -e Aktivitäten; die Sache ist [mir] v.; jmd. wird jmdm. v., kommt jmdm. v. vor; das klingt sehr v.; er hat sich durch sein Verhalten v. gemacht; er ist dringend der Tat v. *(steht in dem dringenden Verdacht, die Tat begangen zu haben);* **b)** *in einer bestimmten Hinsicht fragwürdig, nicht geheuer; nicht einwandfrei o. Ä.:* ein -er Geruch; die Geräusche waren v.; es war v. still; alles ging v. schnell und unkompliziert.

-ver|däch|tig: 1. *drückt in Bildungen mit Substantiven aus, dass die beschriebene Person oder Sache gute Aussichten hat, etw. zu werden oder zu bekommen:* bestseller-, preis-, rekordverdächtig. **2.** *drückt in Bildungen mit Substantiven aus, dass bei, von der beschriebenen Person oder Sache etw. vermutet wird oder befürchtet werden muss:* plagiat-, putschverdächtig.

Ver|däch|ti|ge, die/eine Verdächtige; der/einer Verdächtigen, die Verdächtigen/zwei Verdächtige: *weibliche Person, die einer Straftat o. Ä. verdächtig ist:* die V. wurde verhört, verhaftet, abgeführt.

ver|däch|ti|gen ⟨sw. V.; hat⟩: *gegen jmdn. einen bestimmten Verdacht hegen, aussprechen:* jmdn. des Diebstahls, als Dieb v.; man hat ihn verdächtigt, das Geld entwendet zu haben.

Ver|däch|ti|ger, der Verdächtige/des Verdächtigen; des/eines Verdächtigen, die Verdächtigen/zwei Verdächtige: *jmd., der einer Straftat o. Ä. verdächtig ist.*

Ver|däch|ti|gung, die; -, -en: *das Verdächtigen; das Verdächtigtwerden:* infame -en.

Ver|dachts|mo|ment, das ⟨meist Pl.⟩ (bes. Rechtsspr.): *Indiz.*

ver|dam|men ⟨sw. V.; hat⟩ [mhd. verdam(p)nen, ahd. firdamnōn < lat. damnare = büßen lassen, verurteilen, verwerfen, zu: damnum, ↑Damnum]: **a)** *hart kritisieren, vollständig verurteilen, verwerfen;* jmdn. wegen einer Tat in Grund und Boden v.; jmds. Handeln [leichtfertig] v.; die Sünder werden verdammt (christl. Theol.; *fallen der Verdammnis anheim*); [Gott] verdamm mich!; verdammt [noch mal, noch eins]!; verdammt und zugenäht!; **b)** *zu etw. zwingen, verurteilen:* eine zum Untergang verdammte Welt; Ü sie sind zum Scheitern verdammt *(muss notwendigerweise scheitern);* sie war zum Nichtstun verdammt *(konnte nichts tun);* sie sind zum Erfolg verdammt *(müssen unbedingt Erfolg haben).*

ver|dam|mens|wert ⟨Adj.⟩: *verwerflich:* ich finde sein Verhalten nicht v.

ver|däm|mern ⟨sw. V.; hat⟩ (geh.): *in einem Dämmerzustand, ohne Anteilnahme* (2) *od. Tätigsein verbringen:* die Zeit, sein Leben v.

Ver|damm|nis, die; -, -se ⟨Pl. selten⟩ [mhd. verdam(p)nisse] (christl. Theol.): *das Verworfensein (vor Gott); Höllenstrafe:* die ewige V.

ver|dammt ⟨Adj.⟩: **1.** (salopp abwertend) **a)** *so ein* -er Mist!; -e Sauerei!; dieser -e Blödsinn!; **b)** *drückt (in Bezug auf Personen) eine Verwünschung aus:* du -er Idiot!; diese -en Schweine haben mich belogen!; **c)** *(in Bezug auf Sachen) widerwärtig, im höchsten Grade unangenehm:* diese -e Warterei! **2.** (ugs.) **a)** *sehr groß:* eine -e Kälte, Schande; wir hatten [ein] -es Glück; **b)** ⟨intensivierend bei Adjektiven u. Verben⟩ *sehr, äußerst:* es war v. kalt; das ist v. wenig, v. schwer; ein v. hübsches Mädchen; ich musste mich v. beherrschen.

Ver|damm|te, die/eine Verdammte; der/einer Verdammten, die Verdammten/zwei Ver-

Verdammter – Verdichtung

dammte (christl. Theol.): *weibliche Person, die der Verdammnis anheimgefallen ist.*
Ver|damm|ter, *der Verdammte/ein Verdammter; des/eines Verdammten, die Verdammten/zwei Verdammte* (christl. Theol.): *jmd., der der Verdammnis anheimgefallen ist.*
Ver|dam|mung, die; -, -en [mhd. verdam(p)nunge, ahd. ferdamnunga]: *das Verdammtwerden, -sein.*
ver|dam|mungs|wür|dig ⟨Adj.⟩ (geh.): *verdammenswert:* eine -e Tat.
ver|damp|fen ⟨sw. V.⟩: **a)** ⟨ist⟩ *von einem flüssigen in einen gasförmigen Aggregatzustand übergehen; sich (bei Siedetemperatur) in Dampf verwandeln:* das Wasser ist verdampft; **b)** ⟨hat⟩ *aus einem flüssigen in einen gasförmigen Zustand überführen:* eine Flüssigkeit v.
Ver|damp|fer, der; -s, - (Technik): *Teil (z. B. einer Kältemaschine), in dem eine Flüssigkeit verdampft wird.*
Ver|damp|fung, die; -, -en: *das Verdampfen.*
ver|dan|ken ⟨sw. V.; hat⟩ [mhd. verdanken]:
1. *jmdm., etw. (dankbar) als Urheber, Bewirker o. Ä. von etw. anerkennen; jmdm., einer Sache etw. [mit einem Gefühl der Dankbarkeit] zuschreiben; danken* (2): jmdm. wertvolle Anregungen, sein Leben, seine Rettung v.; er weiß, dass er seiner Lehrerin viel zu v. hat; wir verdanken der Sonne alles Leben; etw. jmds. Einfluss, jmds. Fürsprache, einem bestimmten Umstand zu v. *(zuzuschreiben)* haben; (auch iron.:) dass wir zu spät gekommen sind, haben wir dir, deinem Trödeln zu v. 2. ⟨v. + sich⟩ (seltener) *auf etw. beruhen, zurückzuführen sein:* dieses Ergebnis verdankt sich einer sorgfältigen Prüfung des Falles. **3.** (schweiz., westösterr.) *für etw. danken, Dank abstatten.*
Ver|dan|kung, die; -, -en (schweiz., sonst selten): *Dank, Ausdruck des Dankes.*
ver|darb: ↑ verderben.
ver|da|ten ⟨sw. V.; hat⟩: *auf im Computer speicherbare Daten (2) reduzieren, in solche Daten umsetzen:* es gibt nichts, was sich nicht v. ließe.
ver|dat|tert ⟨Adj.⟩ [zu landsch. verdattern = verwirren, zu: dattern, landsch. Nebenf. von ↑tattern] (ugs.): *für kurze Zeit völlig aus dem Gleichgewicht gebracht, überrascht, verwirrt u. nicht in der Lage, angemessen zu reagieren:* der -e Schüler fand keine Antwort; ein -es Gesicht machen; sie war völlig v.
Ver|da|tung, die; -, -en: *das Verdaten, Verdatetwerden.*
Ver|dau, der; -[e]s (bes. Gentechnik): *Verdauung, bes. beim Einsatz von Enzymen zum Spalten von Proteinen.*
ver|dau|en ⟨sw. V.; hat⟩ [mhd. verdöu(we)n, ahd. firdewen, zu gleichbed. mhd. döuwen, douwen, ahd. dewen, wohl zu ↑²tauen u. eigtl. = verflüssigen, auflösen]: *(aufgenommene Nahrung) in für den Körper verwertbare Stoffe umwandeln, umsetzen:* die Nahrung, das Essen v.; der Magen kann diese Stoffe nicht v.; leicht, schwer, nicht zu v. sein; Ü Eindrücke, Erlebnisse, einen Schicksalsschlag, Schock v. *(geistig, psychisch verarbeiten, bewältigen);* diese Lektüre ist schwer zu v. (ugs.: *ist schwer verständlich);* was ich da gehört habe, muss ich erst einmal v. (ugs.: *damit muss ich erst fertig werden).*
ver|dau|lich ⟨Adj.⟩ [mhd. verde(u)wlich]: *sich verdauen lassend:* leicht, schwer -e Kost, Speise; etw. ist gut, leicht v.; Ü sein Stil ist schwer v. *(ist verworren o. ä. u. daher schwer zu lesen).*
Ver|dau|lich|keit, die; -: *das Verdaulichsein.*
Ver|dau|ung, die; -, -en [spätmhd. verdöuwunge]: *Vorgang des Verdauens:* jmds. V. ist gestört; eine gute, normale V. haben; an schlechter V. leiden; für bessere V. sorgen.

Ver|dau|ungs|ap|pa|rat, der (Anat.): *Gesamtheit der Organe, die der Verdauung dienen.*
Ver|dau|ungs|be|schwer|den ⟨Pl.⟩: *Beschwerden bei der Verdauung.*
Ver|dau|ungs|en|zym, das ⟨meist Pl.⟩: *in Speichel, Magen- und Darmsaft enthaltenes, für das Verdauen wichtiges Enzym.*
ver|dau|ungs|för|dernd ⟨Adj.⟩: *die Verdauung fördernd:* ein -es Mittel.
Ver|dau|ungs|or|gan, das ⟨meist Pl.⟩ (Anat.): *zum Verdauungsapparat gehörendes Körperorgan.*
Ver|dau|ungs|schnaps, der (ugs.): *Schnaps, der (zur Anregung der Verdauung) nach dem Essen getrunken wird.*
Ver|dau|ungs|spa|zier|gang, der (ugs.): *kurzer Spaziergang (zur Anregung der Verdauung) nach einer Mahlzeit.*
Ver|dau|ungs|stö|rung, die: *Störung der normalen Verdauung.*
Ver|dau|ungs|trakt, der (Anat.): *Verdauungsapparat.*
ver|dea|len ⟨sw. V.; hat⟩ (Jargon): *[illegal] verkaufen:* von dem Kilo Shit hat er schon die Hälfte verdealt.
Ver|deck, das; -[e]s, -e [aus dem Niederd. < mniederd. vordecke = Überdecke, Behang, Deckel]:
1. *oberstes Deck eines Schiffes.* **2.** *meist bewegliches Dach eines Wagens* (1 a, c): das V. zurückschlagen, aufmachen, zumachen, abnehmen; mit offenem, geschlossenem V. fahren.
ver|de|cken ⟨sw. V.; hat⟩ [mhd. verdecken]:
a) *durch sein Vorhandensein den Blicken, der Sicht entziehen:* eine Wolke verdeckt die Sonne; die Krempe des Hutes verdeckte fast völlig ihr Gesicht; ein Baum verdeckt uns die Sicht; auf dem Foto ist er fast ganz verdeckt; **b)** *bedecken, zudecken u. dadurch den Blicken entziehen:* er verdeckte sein Gesicht mit den Händen; verdeckte (Schneiderei; *nicht sichtbare)* Knopfleiste; Ü eine verdeckte Preiserhöhung; die verdeckte *(unter falscher Identität des Ermittlers durchgeführte)* polizeiliche Ermittlungen.
ver|den|ken ⟨unr. V.; hat⟩ [mhd. verdenken = (zu Ende) denken, erwägen, sich erinnern] (geh.): *übel nehmen:* ⟨meist verneint u. in Verbindung mit »können«:⟩ das kann ihr niemand v.
ver|dep|schen ⟨sw. V.; hat⟩ (österr.): *verbeulen, verdrücken:* ein verdepschter Hut.
ver|derb, der; -[e]s [mhd. verderp]: **1.** *(bes. von Lebensmitteln) das Verderben, Ungenießbarwerden:* Kartoffeln vor dem V. schützen. **2.** (geh. veraltend) *Verderben, Verhängnis:* etw. ist jmds. V.
ver|der|ben ⟨st. V.⟩ [vermischt aus mhd. verderben (st. V.) = zunichtewerden, umkommen, sterben u. mhd. verderben (sw. V.) = zu Schaden bringen, zugrunde richten, töten]: **1. a)** ⟨ist⟩ *durch längeres Aufbewahrtwerden über die Dauer der Haltbarkeit hinaus schlecht, ungenießbar werden:* das Fleisch, die Wurst verdirbt leicht, ist verdorben; sie lässt viel v. *(verbraucht es nicht rechtzeitig);* verdorbene Lebensmittel; **b)** ⟨hat⟩ *(durch falsche Behandlung o. Ä.) unbrauchbar, ungenießbar machen:* den Kuchen, das Essen [mit zu viel Salz] v.; die Reinigung hat das Kleid verdorben; daran ist nichts mehr zu v. *(das ist schon in sehr schlechtem Zustand);* Ü die Firma verdirbt mit Billigangeboten die Preise *(drückt damit die Verkaufspreise herunter).* **2.** ⟨hat⟩ *(durch ein Verhalten o. Ä.) zunichtemachen, zerstören:* jmdm. die ganze Freude, Lust an etw., die gute Laune, alles v.; die Nachricht hatte ihnen den ganzen Abend, Tag verdorben; du verdirbst uns mit deinen Reden noch den Appetit. **3.** ⟨v. + sich; hat⟩ *sich einen Schaden, eine Schädigung an etw. zuziehen; etw. schädigen:* du wirst dir noch die Augen

v.; ich habe mir den Magen verdorben *(mir eine Magenverstimmung zugezogen);* er hat einen verdorbenen Magen. **4.** ⟨hat⟩ (geh.) *durch sein schlechtes Vorbild (bes. in sittlich-moralischer Hinsicht) negativ beeinflussen:* die Jugend v.; der schlechte Umgang hat ihn früh verdorben; ein ganz verdorbener *(sittlich verkommener)* Mensch. **5. a)** ⟨ist⟩ (geh. veraltend) *zugrunde gehen; umkommen:* hilflos v.; ♦ **b)** ⟨hat⟩ *zugrunde richten:* ... wir bitten Eure Kaiserliche Majestät um Hülfe, um Beistand, sonst sind wir alle verdorbene Leute, genötigt, unser Brot zu betteln (Goethe, Götz III). **6.** *es [sich] mit jmdm. v. (sich jmds. Gunst verscherzen, sich bei jmdm. unbeliebt machen:* er wollte es nicht mit uns v.; sie will es mit niemandem v.).
Ver|der|ben, das; -s [mhd. verderben] (geh.): *Unglück, Verhängnis, das über jmdn. kommt:* sie sind offenen Auges ins/in ihr V. gerannt; ein [großes] V., Tod und V. bringender Orkan; jmdn., sich ins V. stürzen; der Alkohol war sein V., wurde ihm zum V. *(hat ihn zugrunde gerichtet).*
Ver|der|ben brin|gend, ver|der|ben|brin|gend ⟨Adj.⟩: *verhängnisvoll:* ein Verderben bringendes Erdbeben.
ver|derb|lich ⟨Adj.⟩: **1.** *(von Lebensmitteln o. Ä.) leicht verderbend* (1 a): leicht -e Lebensmittel, Waren; etw. ist [kaum] v. **2.** *sehr negativ, unheilvoll (bes. in sittlich-moralischer Hinsicht):* die -e Wirkung des Alkohols; eine -e Rolle spielen; sein Einfluss ist v.
Ver|derb|lich|keit, die; - [spätmhd. verderbelicheit]: *das Verderblichsein.*
Ver|derb|nis, die; -, -se [mhd. verderpnisse] (geh. veraltend): *Zustand der Verderbtheit, Verdorbenheit.*
ver|derbt ⟨Adj.⟩ ⟨adj. 2. Part. von mhd. verderben (sw. V.) = zugrunde richten, töten⟩: **1.** (geh. veraltend) *(in sittlich-moralischer Hinsicht) verdorben, verkommen:* ein verderbtes Individuum. **2.** (Literaturwiss.) *schwer od. gar nicht mehr zu entziffern:* eine -e Handschrift; die Stelle ist v.
Ver|derbt|heit, die; -: *das Verderbtsein.*
ver|deut|li|chen ⟨sw. V.; hat⟩: *[durch Veranschaulichen] deutlich[er], klarer, besser verständlich machen:* jmdm., sich einen Sachverhalt v.; etw. grafisch, statistisch, durch Beispiele v. Dazu: **Ver|deut|li|chung**, die; -, -en.
ver|deut|schen ⟨sw. V.; hat⟩ [spätmhd. vertütschen, dafür mhd. diutschen = auf Deutsch sagen, erklären]: **1.** (veraltend) *ins Deutsche übersetzen, übertragen:* ein Fremdwort, einen fremdsprachigen Text v.; einen Namen v. *(eindeutschen).* **2.** (ugs.) *jmdm. etw. mit einfacheren Worten erläutern, verständlich machen:* er musste ihm die Anordnung erst einmal v.
Ver|deut|schung, die; -, -en: *das Verdeutschen.*
ver|dicht|bar ⟨Adj.⟩ (Fachspr.): *sich verdichten* (1) *lassend; kompressibel:* -e Erdmassen.
ver|dich|ten ⟨sw. V.; hat⟩: **1.** (Physik, Technik) *durch Verkleinerung des Volumens (mittels Druck) die Dichte* (2) *eines Stoffes erhöhen; komprimieren* (b): Luft, ein Gas, Dampf v.; Ü einen Stoff künstlerisch [zu einem Drama, Film, Roman] v. **2.** *ausbauen, vergrößern u. so einen höheren Grad der Dichte* (1 a) *erreichen:* das Straßennetz, den Fahrplan v. **3.** ⟨v. + sich⟩ *zunehmend dichter* (1 b) *werden:* der Nebel, die Dunkelheit verdichtet sich; Ü ein Verdacht, ein Eindruck, ein Gerücht verdichtet *(verstärkt, konkretisiert)* sich [zur Gewissheit]. **4.** (bes. Bauw., Technik) *in einen Zustand größerer Dichte* (2) *bringen:* Beton, den Boden v. **5.** (Bauw.) *dichter* (1 a) *machen:* die Bebauung v.
Ver|dich|ter, der; -s, - (Technik): *Kompressor.*
Ver|dich|tung, die; -, -en: *das Verdichten, Sichverdichten.*

Verdichtungsraum – verdrießen

Ver|dich|tungs|raum, der (Amtsspr.): *Raum* (6) *mit großer Bevölkerungsdichte.*

ver|di|cken ⟨sw. V.; hat⟩: **a)** *dick, dicker machen:* die Wände v.; Obstsäfte v.; **b)** ⟨v. + sich⟩ *dick, dicker werden:* die Hornhaut verdickt sich; verdickter Nasenschleim.

Ver|di|ckung, die; -, -en: **1.** *das [Sich]verdicken.* **2.** *verdickte Stelle.*

Ver|di|ckungs|mit|tel, das: *Substanz, die in Flüssigkeiten aufquillt u. zur Beeinflussung der Konsistenz zahlreicher Produkte (z. B. Klebstoffe) verwendet wird.*

ver|die|nen ⟨sw. V.; hat⟩ [mhd. verdienen, ahd. ferdionōn]: **1. a)** *als Entschädigung für geleistete Arbeit in Form von Lohn, Gehalt, Honorar o. Ä. erwerben:* sich ein Taschengeld v.; sein Geld, sich den Lebensunterhalt [durch, mit Nachhilfestunden] v.; sie hat sich ihr Studium selbst verdient *(durch eigene Erwerbstätigkeit finanziert);* Ü er verdient *(bekommt als Lohn)* 21 Euro in der Stunde/pro Stunde/die Stunde; in seiner Familie verdient die Mutter das Geld; sauer, ehrlich verdientes Geld; (auch ohne Akk.-Obj.:) bei ihm verdienen beide Eltern; **b)** *einen bestimmten Verdienst haben:* gut, nicht schlecht, nicht genug, viel, wenig v.; was, wie viel verdienst du?; **c)** *ein Geschäft machen, als Gewinn* (1) *erzielen:* sie hat bei, mit ihren Spekulationen ein Vermögen verdient; daran, dabei ist nichts zu v.; an einem Liter Benzin ist heute Euro verdient er nur ein paar Cent; der Wirt verdient hauptsächlich am Bier. **2.** *einer bestimmten Reaktion, Einschätzung o. Ä. wert, würdig sein; einer Sache aufgrund seines Verhaltens zu Recht teilhaftig werden:* jmd., etw. verdient Beachtung, Bewunderung, Lob, Anerkennung, Dank; er verdient kein Vertrauen; sie verdient [es], erwähnt zu werden; du verdienst [es] eigentlich nicht, dass wir dich mitnehmen; sie hätte ein besseres Schicksal verdient; er hat seine Strafe, den Tadel verdient; er hat nichts Besseres, hat es nicht besser, hat es nicht anders verdient *(es geschieht ihm recht);* das hat sie nicht verdient *(das hättest du ihr nicht antun dürfen);* (Ausruf der Verwunderung über etwas Negatives, scherzh. auch Positives, was einem unerwartet zuteilwird) womit habe ich das verdient?; ein verdientes Lob, verdienter Applaus; ein verdienter Sieg; er hat die verdiente Strafe bekommen.

Ver|die|ner, der; -s, -: *jmd., der [als Ernährer einer Familie] Geld verdient:* Haushalte mit mehreren -n.

Ver|die|ne|rin, die; -, -nen: w. Form zu ↑ Verdiener: sie ist jetzt die [einzige] V. der Familie.

¹Ver|dienst, der; -[e]s, -e: *durch Arbeit erworbenes Geld, Einkommen:* ein guter, schlechter, geringer, ausreichender V.; sie sucht einen zusätzlichen V.; ohne V. sein; von seinem [kleinen] V. leben müssen; er hat die Arbeit nicht um des -es willen übernommen.

²Ver|dienst, das; -[e]s, -e [spätmhd. verdienst, mniederd. vordēnst]: *Anerkennung verdienende Tat, Leistung:* ein überragendes, bleibendes, historisches V.; ihre -e als Naturforscherin wurden mit höchsten Auszeichnungen gewürdigt; die Rettung der Flüchtlinge war ganz allein sein V., bleibt sein persönliches V.; sie hat sich große -e um die Stadt erworben *(sich um die Stadt verdient gemacht);* sich etw. als V. anrechnen; eine Frau von hohen -en (geh.; *eine sehr verdiente Frau).*

Ver|dienst|aus|fall, der; -[e]s: ¹*Ausfall* (2 b) *des* ¹*Verdienstes; Erwerbsausfall.*

Ver|dienst|be|schei|ni|gung, die: *Bescheinigung über den* ¹*Verdienst.*

Ver|dienst|ent|gang, der; -[e]s (österr.): *Verdienstausfall.*

Ver|dienst|gren|ze, die (Versicherungsw.): *Obergrenze für einen* ¹*Verdienst (in einem bestimmten Zusammenhang).*

Ver|dienst|kreuz, das: *für bestimmte* ²*Verdienste verliehene Auszeichnung in Form eines Kreuzes.*

Ver|dienst|me|dail|le, die: *[untere] Stufe eines Verdienstordens.*

Ver|dienst|mög|lich|keit, die: *Möglichkeit zum Geldverdienen.*

Ver|dienst|or|den, der: *Auszeichnung für besondere* ²*Verdienste [um den Staat].*

Ver|dienst|span|ne, die (Wirtsch.): *Gewinnspanne; Marge* (2 a).

ver|dienst|voll ⟨Adj.⟩: **a)** *Anerkennung verdienend:* eine -e Tat; es ist sehr v., dass ihr hier eingesprungen seid; **b)** *besondere* ²*Verdienste* 1 *aufweisend; verdient* (1): ein -er Mann.

ver|dient ⟨Adj.⟩: **1.** *besondere* ²*Verdienste aufweisend; verdienstvoll* (b): ein sehr -er Mann; -e Bürger, Werktätige; *** sich um etw. v. machen *(Bedeutendes für etw. die Allgemeinheit Betreffendes leisten).* **2.** (Sportjargon) *der Leistung gemäß; verdientermaßen:* die -e Siegerin; v. gewinnen, in Führung gehen.

ver|dien|ter|ma|ßen ⟨Adv.⟩: *der Leistung* (2 a), *dem* ²*Verdienst o. Ä. angemessen:* v. befördert werden; sie hat das Turnier v. gewonnen.

ver|dien|ter|wei|se ⟨Adv.⟩: *verdientermaßen.*

Ver|dikt, das; -[e]s, -e [engl. verdict < mlat. ver(e)dictum = Zeugnis, zu lat. vere dictum, eigtl. = wahrhaft gesprochen] (bildungsspr.): **1.** (Rechtsspr. veraltet, noch österr.) *Urteil, Urteilsspruch [der Geschworenen].* **2.** *Verdammungsurteil:* das V. des Rezensenten; ein V. aussprechen.

ver|din|gen ⟨st. u. sw. V.; verdingte/verdang, hat verdingt/verdungen⟩ [mhd. verdingen, ahd. firdingōn, zu ↑ dingen]: **1.** ⟨v. + sich⟩ (veraltend) *eine Lohnarbeit, Dienste annehmen:* er verdingte sich als Knecht; sich [für ein geringes Entgelt] bei einem Bauern v. **2.** (Amtsspr.) *ausschreiben u. vergeben:* Arbeiten, Aufträge v.

ver|ding|li|chen ⟨sw. V.; hat⟩ [zu ↑ ¹Ding] (bildungsspr.): **1.** *zum [bloßen] Ding, Objekt machen:* das System verdinglicht den Menschen; die Sexualität wird verdinglicht und zur Ware gemacht. **2.** ⟨v. + sich⟩ *zum [bloßen] Ding, Objekt werden:* ihre Wünsche verdinglichen sich im Konsumgut.

Ver|ding|li|chung, die; -, -en: *das Verdinglichen.*

Ver|din|gung, die; -, -en (Amtsspr.): *das Verdingen* (2); *Submission* (1 b).

Ver|din|gungs|ord|nung, die: *Regelung für die Vergabe von Verdingungen:* die V. für Bauleistungen.

ver|dirb, ver|dirbst, ver|dirbt: ↑ verderben.

ver|dol|met|schen ⟨sw. V.; hat⟩: *jmdm. etw. (mündlich) in seine, eine ihm verständliche Sprache übersetzen:* ein Passant musste ihnen v., was der Polizist gesagt hatte. Dazu: **Ver|dol|met|schung,** die, -, -en.

ver|don|nern ⟨sw. V.; hat⟩ (ugs.): **a)** *zu etw. verurteilen:* jmdn. zu 6 Monaten Gefängnis, zu einer Gefängnisstrafe v.; **b)** *jmdm. etw. Unliebsames, Lästiges, Unangenehmes o. Ä. auferlegen, aufbürden:* er war dazu verdonnert, jeden Abend den Mülleimer auszuleeren; zur Geheimhaltung, zum Stillschweigen verdonnert sein.

Ver|dop|peln ⟨sw. V.; hat⟩: **a)** *auf die doppelte Anzahl, Menge, Größe o. Ä. bringen:* eine Zahl, den Spieleinsatz, sein Vermögen, den Export, die Geschwindigkeit v.; der Sitzplätze, die Angestellten wurde verdoppelt; Ü seine Anstrengungen, seinen Eifer v. *(beträchtlich verstärken);* **b)** ⟨v. + sich⟩ *doppelt so groß werden:* der Wasserverbrauch, die Geburtenrate hat sich verdoppelt.

Ver|dop|pe|lung, Ver|dopp|lung, die; -, -en: *das [Sich]verdoppeln; das Verdoppeltwerden.*

ver|dor|ben: ↑ verderben.

Ver|dor|ben|heit, die; -: *moralisches Verdorbensein.*

ver|dor|ren ⟨sw. V.; ist⟩ [mhd. verdorren, ahd. fardorrēn]: *durch große Hitze, Trockenheit völlig vertrocknen, dürr werden [u. absterben]:* in dem trockenen Sommer sind die Wiesen, viele Bäume verdorrt; das Gras verdorrte; verdorrte Zweige, Äste, Blumen.

ver|dö|sen ⟨sw. V.; hat⟩ (ugs.): *(Zeit) dösend verbringen:* den ganzen Tag v.

ver|drah|ten ⟨sw. V.; hat⟩: **1.** *mit Maschendraht, Stacheldraht o. Ä. unzugänglich machen, verschließen:* Kellerfenster v. **2.** (Elektrot., Elektronik) *durch Leitungen verbinden:* die Bauelemente müssen nur noch verdrahtet werden.

Ver|drah|tung, die; -, -en: *das Verdrahten.*

ver|drän|gen ⟨sw. V.; hat⟩: **1.** *jmdn. von seinem Platz drängen, wegdrängen, um ihn selbst einzunehmen:* jmdn. [von seinem Platz] v.; sich nicht v. lassen; Ü jmdn. aus seiner Stellung, Position v.; Kunststoffe haben das Holz weitgehend verdrängt. **2.** (Psychol.) *bedrängende Erlebnisse, Vorstellungen, Bedürfnisse o. Ä. unbewusst aus dem Bewusstsein verbannen; einen Bewusstseinsinhalt, den er psychisch nicht verarbeiten lässt, unterdrücken:* einen Gedanken, Wunsch, ein Schuldgefühl v.; verdrängte Obsessionen; Er muss vieles in sich hineingeschluckt haben, verdrängt, wie man heutzutage sagt (Heym, Nachruf 6).

Ver|drän|gung, die; -, -en: *das Verdrängen.*

Ver|drän|gungs|me|cha|nis|mus, der: *innerlich ablaufender Mechanismus, durch den etw. verdrängt* (2) *wird.*

Ver|drän|gungs|pro|zess, der: *Prozess der Verdrängung.*

Ver|drän|gungs|wett|be|werb, der: *Wettbewerb* (2), *durch den jmd., etw. vom Markt verdrängt* (1) *wird.*

ver|dre|cken ⟨sw. V.⟩ (ugs. abwertend): **1.** ⟨hat⟩ *sehr schmutzig machen:* sie haben mit ihren Straßenschuhen den ganzen Teppich verdreckt; die Plätze im Abteil waren verdreckt. **2.** ⟨ist⟩ *sehr schmutzig werden:* das Haus verdreckt immer mehr; wir waren total verschwitzt und verdreckt.

ver|dre|hen ⟨sw. V.; hat⟩: **1.** [mhd. verdræjen] *aus seiner natürlichen, ursprünglichen Stellung zu weit herausdrehen:* die Augen v.; sie verdrehte den Kopf, den Hals, um alles zu sehen; jmdm. das Handgelenk v.; ich habe mir den Fuß verdreht. **2.** (ugs. abwertend) *[bewusst] unrichtig darstellen, entstellt wiedergeben:* den Sachverhalt, den Sinn, die Wahrheit v.; du versuchst mir die Worte zu v.

ver|dreht ⟨Adj.⟩ (ugs. abwertend): *verrückt; überspannt; verschroben:* so ein -er Kerl; ein ganz -er Einfall; sie ist ganz v.

Ver|dreht|heit, die; -, -en: **1.** ⟨o. Pl.⟩ *das Verdrehtsein.* **2.** *verdrehte Handlung o. Ä.*

Ver|dre|hung, die; -, -en: **1.** *das Verdrehen; das Verdrehtwerden.* **2.** *etw. Verdrehtes.*

ver|drei|fa|chen ⟨sw. V.; hat⟩: **a)** *[durch Multiplikation] dreimal so groß machen:* eine Zahl, einen Betrag, die Menge v.; **b)** ⟨v. + sich⟩ *dreimal so groß werden:* der Verbrauch hat sich verdreifacht.

Ver|drei|fa|chung, die; -, -en: *das Verdreifachen.*

ver|dre|schen ⟨st. V.; hat⟩ (ugs.): *heftig schlagen, verprügeln:* jmdn., einen Hund v.

◆ **Ver|drieß,** der; -es, -e ⟨Pl. selten⟩: ↑ Verdruss: Nur schlecht Gesindel lässt sich sehn und schwingt uns zum -e die zerlumpten Mützen (Schiller, Tell III, 3); Wie viel V. dem alten Herrn auch täglich sein böser Sohn gebracht, so blieb er doch sein Sohn (Wieland, Oberon I, 41).

ver|drie|ßen ⟨st. V.; hat⟩ [mhd. verdrieʒen =

verdrießlich – vereidigen

Überdruss, Langeweile hervorrufen, zu mhd. -drieʒen, ahd. -driuʒan (nur in Zus.), urspr. = stoßen, drücken] (geh.): *jmdn. missmutig machen; bei jmdm. Ärger auslösen:* seine Unzuverlässigkeit verdross sie tief, hat sie sehr verdrossen; es verdrießt mich, dass ...; * **es sich nicht v. lassen** (geh.; *sich nicht entmutigen lassen; sich nicht die gute Laune verderben lassen*).
ver|drieß|lich ⟨Adj.⟩ [mhd. verdrieʒlich]: **a)** *durch irgendetwas in eine Missstimmung gebracht u. daher empfindlich, leicht grämlich, missmutig; jmds. entsprechende Gemütsverfassung ausdrückend:* ein -es Gesicht machen; v. sein, aussehen, dreinschauen; **b)** (geh. veraltend) *ärgerlich, lästig, unangenehm u. darum Unwillen, Verdrossenheit erzeugend:* eine -e Sache, Angelegenheit; ich fand es v., dass ich warten musste.
Ver|drieß|lich|keit, die; -, -en [mhd. verdrieʒlicheit]: **1.** ⟨o. Pl.⟩ *das Verdrießlichsein* (a): seine V. war ansteckend. **2.** ⟨meist Pl.⟩ *verdrießlicher* (b) *Vorgang o. Ä.:* jmdm. -en bereiten.
ver|dril|len ⟨sw. V.; hat⟩: *(Drähte, Fäden o. Ä.) zusammendrehen:* die Drähte, Drahtenden [miteinander] v.
ver|dross, ver|drös|se: ↑ verdrießen.
¹ver|dros|sen ⟨Adj.⟩ [mhd. verdroʒʒen]: *missmutig u. lustlos:* einen -en Eindruck machen; v. schweigen, antworten.
²ver|dros|sen: ↑ verdrießen.
Ver|dros|sen|heit, die; -: *das* ¹*Verdrossensein.*
ver|dru|cken ⟨sw. V.; hat⟩: **1.** *etw. falsch, fehlerhaft drucken:* einen Buchstaben v.; dieses Wort ist verdruckt. **2.** *druckend verbrauchen:* mehrere Rollen Papier täglich v.
ver|drü|cken ⟨sw. V.; hat⟩: **1.** (ugs.) *eine große Menge von etw. essen, ohne viel Aufhebens davon zu machen:* sie kann Unmengen v.; er hat vier Stücke Kuchen verdrückt. **2.** [mhd. verdrücken, -drucken, ahd. firdruckjan = zerdrücken] (landsch.) *verknautschen:* der Rock ist arg verdrückt. **3.** ⟨v. + sich⟩ (ugs.) *sich unauffällig, heimlich davonmachen, entfernen:* sich heimlich, schnell, unbemerkt v.; er hat sich feige verdrückt; sich ins Nebenzimmer, Gebüsch v.
ver|druckst ⟨Adj.⟩ [zu ↑ drucksen] (ugs.): *durch mangelnde Selbstsicherheit, mangelnde Offenheit gekennzeichnet; schüchtern, unsicher, gehemmt:* ein -er Typ, Teenager, Spießer.
Ver|drü|ckung, die; -, -en (ugs.): *Bedrängnis.*
Ver|druss, der; -es, -e [mhd. verdruʒ, zu ↑ verdrießen]: *Unzufriedenheit; Missmut; Ärger* (2): etw. bringt, bereitet, macht [jmdm.] viel V.; V. über etw. haben, empfinden; zu seinem V. kam er immer unpünktlich.
◆ **ver|drüss|lich** ⟨Adj.⟩: ↑ verdrießlich: ... ich war v., meine wenige Nase war mir im Wege (Eichendorff, Taugenichts 10).
ver|duf|ten ⟨sw. V.; ist⟩: **1.** *seinen Duft verlieren, (von Duftstoffen) sich verlieren:* das Parfüm, das Aroma ist verduftet. **2.** (ugs.) *sich schnell u. unauffällig entfernen, um einer unangenehmen od. gefährlichen Situation zu entgehen:* er ist schnellstens [ins Ausland] verduftet; verdufte! *(mach, dass du wegkommst!)*
ver|dum|men ⟨sw. V.⟩ [mhd. vertumben = dumm werden]: **a)** ⟨hat⟩ *jmdn. dahin bringen, dass er unkritisch aufnimmt u. glaubt, was jmd. ihm vormacht:* das Volk, die Massen [mit Parolen] v.; man versucht, uns zu v.; sie ließen sich nicht v.; **b)** ⟨ist⟩ *geistig stumpf werden:* bei dieser Tätigkeit verdummt man allmählich.
Ver|dum|mung, die: *das Verdummen.*
ver|dun|keln ⟨sw. V.; hat⟩ [mhd. vertunkeln = dunkel, düster machen]: **1. a)** *dunkel machen:* einen Raum für eine Filmvorführung v.; **b)** *gegen nach außen dringendes Licht abdichten:* die Fenster, die Häuser v. **2. a)** *bedecken, verdecken, verhüllen u. dadurch dunkel, dunkler, finster*

erscheinen lassen: Regenwolken verdunkeln den Himmel; Ü dieser Vorfall verdunkelte ihr Glück, Leben, seinen Ruhm, Sieg; **b)** ⟨v. + sich⟩ *(durch etw. Bedeckendes) zunehmend dunkler, dunkel, finster werden:* der Himmel verdunkelte sich; Ü ihre Mienen, ihre Gesichter verdunkelten sich. **3.** (bes. Rechtsspr.) *verschleiern:* eine Tat, einen Sachverhalt v.
Ver|dun|ke|lung, Verdunklung, die; -, -en: **1.** *das Verdunkeln* (1 b). **2.** ⟨o. Pl.⟩ (bes. Rechtsspr.) *Verschleierung.*
Ver|dun|ke|lungs|ge|fahr, Verdunklungsgefahr, die ⟨Pl. selten⟩ (Rechtsspr.): *Verdacht der Verdunkelung* (2) *eines Tatbestandes durch den Beschuldigten.*
◆ **ver|dün|ken** ⟨sw. V.; hat⟩ [mhd. verdunken (unpers.) = wunderlich vorkommen, zu: dunken, ↑ dünken]: *scheinen* (2): ⟨unpers.:⟩ ... auch habe es ihm verdünkt, wie wenn er zuweilen auf den Gebirgen glänzende und flimmernde Steine gefunden hätte (Novalis, Heinrich 62).
Ver|dunk|lung: ↑ Verdunkelung.
Ver|dunk|lungs|ge|fahr: ↑ Verdunkelungsgefahr.
ver|dün|nen ⟨sw. V.; hat⟩: **1.** *(bes. von flüssigen Substanzen) durch Zugabe bes. von Wasser den Grad der Konzentration vermindern; dünnflüssig machen:* Farbe, Lack v.; den Whisky mit Wasser v.; sie verdünnt sich den Kaffee mit viel Milch; stark verdünnte Schwefelsäure. **2.** (seltener) **a)** *nach einem Ende zu dünner werden lassen:* einen Stab an einem Ende v.; **b)** ⟨v. + sich⟩ *sich verjüngen* (2): der Mast, die Säule verdünnt sich nach oben.
Ver|dün|ner, der; -s, -: *Mittel zum Verdünnen konzentrierter Stoffe.*
ver|dün|ni|sie|ren, sich ⟨sw. V.; hat⟩ [scherzh. mit romanisierender Endung zu ↑ dünn geb.] (ugs.): *sich unauffällig entfernen, heimlich davonmachen:* er hat sich rechtzeitig verdünnisiert.
Ver|dün|nung, die; -, -en: **1.** *das Verdünnen, Verdünntsein.* **2.** *chemisches Mittel zum Verdünnen bes. von Farben.*
ver|duns|ten ⟨sw. V.⟩: **a)** ⟨ist⟩ *allmählich in einen gasförmigen Aggregatzustand, bes. von Wasser in Wasserdampf, übergehen:* das Wasser im Topf ist fast völlig verdunstet; **b)** ⟨hat⟩ *(einen flüssigen Stoff) allmählich in einen gasförmigen Zustand versetzen:* Wasser, ätherische Öle v.
Ver|duns|ter, der; -s, -: **1.** *Luftbefeuchter.* **2.** *mit einer speziellen Flüssigkeit gefülltes Glasröhrchen an Heizkörpern zur Berechnung der Heizkosten.*
Ver|duns|tung, die; -, -en: *das Verdunsten.*
Ver|duns|tungs|käl|te, die (Physik): *beim Verdunsten* (a) *von Flüssigkeiten sich entwickelnde Abkühlung der Flüssigkeit selbst u. ihrer Umgebung.*
ver|dür|be: ↑ verderben.
ver|durs|ten ⟨sw. V.; ist⟩: *aus Mangel an trinkbarer Flüssigkeit zugrunde gehen, sterben:* in der Wüste v.; während der Dürre sind viele Kühe verdurstet; willst du deine Gäste v. lassen (ugs.: *willst du ihnen nichts zu trinken anbieten)?*
ver|düs|tern ⟨sw. V.; hat⟩ [mhd. verdüstern]: **1.** *düster* (1 a) *machen, erscheinen lassen:* eine schwarze Wolkenwand verdüsterte den Himmel; ⟨b:⟩ Sorgen verdüstern ihr Gemüt. **2.** ⟨v. + sich⟩ *düster* (1 a) *werden; sich verdunkeln:* der Himmel verdüsterte sich; Ü (geh.:) seine Miene, sein Gesicht hat sich verdüstert.
Ver|düs|te|rung, die; -, -en: *das Verdüstern.*
ver|dut|zen ⟨sw. V.; hat⟩ [aus dem Niederd. < mniederd. vordutten = verwirren, verw. mit ↑ Dunst]: *jmdn. verwundern, irritieren:* seine Reaktion verdutzte mich.
ver|dutzt ⟨Adj.⟩: *überrascht, verblüfft, verwirrt:* ein -es Gesicht machen; v. sein, wirken, gucken.
Ver|dutzt|heit, die; -: *das Verdutztsein.*

ver|eb|ben ⟨sw. V.; ist⟩ (geh.): **a)** *in der Lautstärke abnehmen, leiser werden; abklingen:* der Lärm, Tumult verebbte; der Beifall, das Lachen war verebbt; **b)** *langsam schwächer od. geringer werden (bis zum völligen Aufhören); nachlassen, schwinden:* sein Ärger, seine Erregung, seine Angst, der Protest verebbte allmählich.
ver|e|deln ⟨sw. V.; hat⟩: **1.** (geh.) *für das Schöne, Gute empfänglicher machen; in geistig-sittlicher Hinsicht verfeinern, vervollkommnen:* den Menschen, jmds. Persönlichkeit v.; die veredelnde Wirkung der Kunst. **2.** (Fachspr.) *zu einem höherwertigen Produkt verarbeiten, zur Erzeugung eines höherwertigen Produkts verwenden:* Rohstoffe, Naturprodukte v.; veredelte Baumwolle, Steinkohle, veredeltes Metall. **3.** (Gartenbau) *durch Pfropfen, Okulieren verbessern, eine hochwertigere Form erzielen:* Rosen, Obstbäume v.
Ver|e|de|lung, Veredlung, die; -, -en: *das Veredeln.*
Ver|e|de|lungs|pro|dukt, Veredlungsprodukt, das: *durch Veredelung entstandenes Produkt.*
Ver|ed|lung: ↑ Veredelung.
Ver|ed|lungs|pro|dukt: ↑ Veredelungsprodukt.
ver|eh|li|chen ⟨sw. V.; hat⟩ (Amtsspr., sonst veraltend od. scherzh.): **a)** ⟨v. + sich⟩ *sich verheiraten:* sich [mit jmdm.] v.; [mit jmdm.] verehelicht sein; Else Müller, verehelichte (Abk.: verehel.) Meyer (man ist dem durch Heirat erworbenen Namen Meyer); **b)** (selten) *verheiraten:* jmdn. [mit jmdm.] v.
Ver|e|he|li|chung, die; -, -en (Amtsspr.): *das [Sich]verehelichen; Verheiratung; Heirat.*
ver|eh|ren ⟨sw. V.; hat⟩ [spätmhd. verēren = mit Ehre beschenken]: **1. a)** *als göttliches Wesen ansehen* [u. in kultischen Handlungen ehren]: Heilige v.; die Jungfrau Maria v.; sie verehrten Schlangen als göttliche Wesen; er wurde als Märtyrer verehrt; **b)** (geh.) *jmdn. hoch schätzen, jmdm.* [*mit Liebe verbundene*] *Bewunderung entgegenbringen:* die Künstlerin, seine alte Lehrerin v.; er hat seine Mutter sehr verehrt; jmdn. hoch, wie einen Vater v.; ⟨im 2. Part. in Höflichkeitsfloskeln, Briefanreden:⟩ verehrte Gäste, Anwesende!; verehrtes Publikum!; liebe, sehr verehrte gnädige Frau; sehr verehrte Frau Müller!; ⟨subst. 2. Part.⟩ (iron., veraltet:) Verehrtester, Verehrteste, so geht es nun wirklich nicht; **c)** (veraltend) *umwerben:* sie wurde von vielen verehrt. **2.** (leicht scherzh.) *als kleineres Geschenk überreichen:* der Gastgeberin einen Blumenstrauß v.; er verehrte ihr eine Freikarte.
Ver|eh|rer, der; -s, -: **1.** (veraltend, noch scherzh.) *Mann, der eine Frau verehrt* (1 c), *sich um sie bemüht* [*u. von anderen als zu ihr gehörend betrachtet wird*]: sie hat viele, einen neuen V. **2.** *jmd., der jmdn., etw. verehrt, bewundert:* ein begeisterter, glühender, großer V. Heines, heinescher Lyrik.
Ver|eh|re|rin, die; -, -nen: w. Form zu ↑ Verehrer.
Ver|eh|rer|post, die: *Post von Verehrern.*
Ver|eh|rung, die; -, -en ⟨Pl. selten⟩ [spätmhd. verēruŋe]: **a)** *das Verehren* (1 a): die V. der Götter; **b)** *das Verehren* (1 b): eine hohe V. genießen; aufrichtige, große V. für jmdn. empfinden; jmdm. grenzenlose V. entgegenbringen; in, mit tiefster V. zu jmdm. aufsehen; [meine] V.!
ver|eh|rungs|voll ⟨Adj.⟩: *voll Verehrung* (b): v. zu jmdm. aufschauen.
ver|eh|rungs|wür|dig ⟨Adj.⟩: *jmdm. große Verehrung* (b) *abnötigend:* eine -e Persönlichkeit.
Dazu: **Ver|eh|rungs|wür|dig|keit,** die.
ver|ei|di|gen ⟨sw. V.; hat⟩ [spätmhd. vereidigen]: *jmdn. durch Eid auf, zu etw. verpflichten; jmdm. einen Eid abnehmen:* Rekruten, Soldaten v.; einen Zeugen vor Gericht v.; der Präsident wird

auf die Verfassung vereidigt; ein vereidigter Sachverständiger, Dolmetscher.

Ver|ei|di|gung, die; -, -en: *das Vereidigen:* die öffentliche V. der Rekruten.

Ver|ein, der; -[e]s, -e [rückgeb. aus ↑vereinen; frühnhd. vereine = Vereinigung, Übereinkommen]: **1.** *Organisation, in der sich Personen zu einem bestimmten gemeinsamen, durch Satzungen festgelegten Tun, zur Pflege bestimmter gemeinsamer Interessen o. Ä. zusammengeschlossen haben:* V. der Kunstfreunde; der V. Deutscher Ingenieure; ein V. zur Förderung der Denkmalspflege; sie ist Mitglied mehrerer -e; eingetragener V. (↑eintragen 1 b); einen V. gründen; den V. wechseln; einem V. angehören, beitreten; aus einem V. austreten, ausgeschlossen werden; in einen V. gehen, eintreten; in einem V. sein; Ü das ist ja ein lahmer, komischer V.! (ugs.; *eine lahme, komische Gruppe von Leuten*). **2.** **im V. [mit] (im Zusammenwirken, gemeinsam, zusammen [mit], gepaart mit).*

ver|ein|bar ⟨Adj.⟩: *sich mit etw. vereinbaren* (2) *lassend: das Gesetz ist nicht mit der Verfassung v.*

ver|ein|ba|ren ⟨sw. V.; hat⟩ [mhd. vereinbæren, zu: einbære = vereinigen, zu: einbære = einhellig, einträchtig]: **1.** *abmachen* (2 a), *verabreden* (1), *in einem gemeinsamen Beschluss festlegen:* ein Treffen, einen Termin [mit jmdm.] v.; einen Preis für etw. v.; es war vereinbart worden, dass ...; er gab das vereinbarte Zeichen; eine vertraglich vereinbarte Verpflichtung; Ich ließ daraufhin eine Stunde v., und er kam pünktlich auf die Minute wie immer (Nossack, Begegnung 135). **2.** *in Übereinstimmung, in Einklang bringen* (meist verneint): diese Forderung war mit seinen Vorstellungen nicht zu v.; das kann ich schwerlich mit meinem Gewissen v.; nicht zu vereinbarende Gegensätze.

Ver|ein|bar|keit, die; -, -en ⟨Pl. selten⟩: *das Vereinbarsein.*

Ver|ein|ba|rung, die; -, -en: **1.** ⟨Pl. selten⟩ *das Vereinbaren* (1): die V. eines Treffpunkts; eine V., -en [mit jmdm.] treffen. **2.** *Abmachung, Übereinkommen:* eine schriftliche, mündliche V.; eine V. einhalten, verletzen, aufheben, für ungültig erklären; er hielt sich [nicht] an die V.; Sprechstunde [nur] nach V. (*vorheriger Absprache*).

ver|ein|ba|rungs|ge|mäß ⟨Adj.⟩: *gemäß einer Vereinbarung, Abmachung; wie vereinbart, abgemacht:* die -e Erledigung der Angelegenheit; sie hat das Geld v. auf mein Konto eingezahlt.

ver|ei|nen ⟨sw. V.; hat⟩ [mhd. vereinen, zu ↑einen] ⟨geh.⟩: **1.** *(zu einer größeren Einheit o. Ä.) zusammenfassen, zusammenführen:* Unternehmen zu einem Konzern, unter einem Dachverband v.; das Schicksal hat sie nach langer Trennung wieder vereint; ein vereintes Europa. **2.** ⟨v. + sich⟩ *sich zu gemeinsamem Tun o. Ä. zusammenfinden, zusammenschließen:* sich zu gemeinsamem Vorgehen v.; ein Projekt mit vereinten Kräften *(mit gemeinsamer Anstrengung)* zum Ziel führen. **3. a)** *mit einer Sache in Einklang bringen:* Gegensätze v.; ihre Auffassungen sind kaum miteinander zu v.; **b)** ⟨v. + sich⟩ *in jmdm., einer Sache zugleich, gemeinsam mit etw. vorhanden sein, gepaart sein:* Schönheit und Zweckmäßigkeit haben sich, sind in diesem Bauwerk vereint; in ihr vereint sich Geist mit Anmut. **4.** *zugleich besitzen, haben:* er vereint alle Kompetenzen, Machtbefugnisse in seiner Hand.

ver|ein|fa|chen ⟨sw. V.; hat⟩: *einfacher machen:* eine Methode v.; ein vereinfachtes Verfahren v.; sich die Arbeit v.; das ist, vereinfacht gesagt, ein T-Shirt ohne Ärmel.

Ver|ein|fa|chung, die; -, -en: **1.** *das Vereinfachen.* **2.** *zu stark vereinfachende Darstellung:* das ist eine grobe, eine unzulässige V. des komplizierten Zusammenhangs.

ver|ein|heit|li|chen ⟨sw. V.; hat⟩: *Unterschiedliches [normierend] einheitlich[er] machen:* Formen, Maße, Schreibweisen, Prüfungsanforderungen, Ausbildungsgänge v.

Ver|ein|heit|li|chung, die; -, -en: *das Vereinheitlichen:* sich um die V. der europäischen Studiengänge bemühen.

ver|ei|ni|gen ⟨sw. V.; hat⟩ [mhd. vereinigen, zu ↑einigen]: **1.** *zu einer Einheit, einem Ganzen zusammenfassen:* Teile zu einem Ganzen v.; ihr 80. Geburtstag vereinigte nach langer Zeit alle Familienmitglieder; mehrere Unternehmen wurden hier vereinigt zu den »Vereinigten Röhrenwerken«; er vereinigt alle Macht in seiner Hand; die wichtigen Ämter sind in ihrer Person vereinigt. **2.** ⟨v. + sich⟩ **a)** *sich zu einer Einheit, einem Ganzen zusammenschließen:* sich zu einem Zirkel, einer Arbeitsgruppe v.; die beiden Verbände haben sich vereinigt; in ihrem Roman vereinigen sich verschiedene Stilelemente; ihre Stimmen vereinigten sich im/zum Duett *(sie sangen im Duett)*; Proletarier aller Länder, vereinigt euch!; sich zu einem Gottesdienst v. *(zusammenfinden);* bei München vereinigt sich die Fulda mit der Werra, vereinigen sich Fulda und Werra zur Weser *(fließen zusammen);* die Vereinigten Staaten [von Amerika]; **b)** ⟨geh.⟩ *sich paaren, den Geschlechtsakt vollziehen:* sich geschlechtlich, körperlich v. **3.** (seltener) *vereinbaren* (2): diese Ansichten sind nicht, nur schlecht zu v., lassen sich nicht, nur schlecht [miteinander] v. ◆ **4.** ⟨v. + sich⟩ *sich einigen, eine Übereinkunft treffen: ... galt es, sich mit dem Bruder über den elterlichen Nachlass zu v.* (Strauß, Söhne 9).

Ver|ei|nig|te Ara|bi|sche Emi|ra|te ⟨Pl.⟩: *Staat am Persischen Golf.*

Ver|ei|nig|tes Kö|nig|reich, das; ...ten -s: *kurz für* ↑Vereinigtes Königreich Großbritannien und Nordirland.

Ver|ei|nig|tes Kö|nig|reich Groß|bri|tan|ni|en und Nord|ir|land, das; ...ten -s - - -: *Staat auf den Britischen Inseln.*

Ver|ei|nig|te Staa|ten ⟨Pl.⟩: *kurz für* ↑Vereinigte Staaten von Amerika.

Ver|ei|nig|te Staa|ten von Ame|ri|ka ⟨Pl.⟩: *Staat in Nordamerika (Abk.: USA).*

Ver|ei|ni|gung, die; -, -en [spätmhd. vereinigunge]: **1.** *das Vereinigen, Sichvereinigen.* **2.** (Rechtsspr.) *Zusammenschluss, auch lockere Verbindung von [gleich gesinnten] Personen zur Verfolgung eines gemeinsamen Zwecks; zu bestimmtem Zweck gegründete (rechtlich unverbindliche) Organisation o. Ä.:* eine politische, studentische V.; eine rechtsradikale, kriminelle, terroristische V.; eine V. zum Schutz seltener Tiere.

Ver|ei|ni|gungs|frei|heit, die (Rechtsspr.): *Koalitionsfreiheit.*

Ver|ei|ni|gungs|kri|mi|na|li|tät, die ⟨o. Pl.⟩ (Rechtsspr.): *vor und nach der Wiedervereinigung der beiden deutschen Staaten im Jahr 1990 begangene Delikte, bes. Betrügereien bei der Währungsumstellung, Veruntreuung von Vermögenswerten der DDR o. Ä.*

ver|ein|nah|men ⟨sw. V.; hat⟩ (Kaufmannsspr.): **1.** *einnehmen* (1): Geld, Zinsen, Pacht v.; Ü die Kinder habe ihn Besuch ganz für sich vereinnahmt (scherzh.; *mit Beschlag belegt*). **2.** *ungerechtfertigterweise für sich beanspruchen [u. zur Erreichung eigener Ziele benutzen]:* die Neonazis versuchen, den Jahrestag der Zerstörung Dresdens [für sich] zu v.; sie will sich weder von den Linken noch von den Konservativen v. lassen.

Ver|ein|nah|mung, die; -, -en: *das Vereinnahmen.*

ver|ein|sa|men ⟨sw. V.⟩: **a)** ⟨hat⟩ *(zunehmend) einsam werden lassen:* die fremde Umgebung hatte ihn [zunehmend] vereinsamt; **b)** ⟨ist⟩ *(zunehmend) einsam werden:* er ist im Alter völlig vereinsamt.

Ver|ein|sa|mung, die; -, -en ⟨Pl. selten⟩: *das Vereinsamen.*

Ver|eins|bei|trag, der: *von den Mitgliedern eines Vereins [regelmäßig] zu zahlender Beitrag.*

Ver|eins|chef, der (ugs.): *Vereinsvorsitzender.*

Ver|eins|che|fin, die: w. Form zu ↑Vereinschef.

ver|eins|ei|gen ⟨Adj.⟩: *dem jeweiligen Verein (als Eigentum) gehörend:* -e Hütten, Boote, Räume.

ver|ein|sei|ti|gen ⟨sw. V.; hat⟩: *einseitig machen; in einseitiger Form darstellen o. Ä.* Dazu: **Ver|ein|sei|ti|gung,** die; -, -en ⟨Pl. selten⟩.

Ver|eins|fah|ne, die: *Fahne* (1) *mit den Farben, Zeichen eines [Sport]vereins.*

Ver|eins|far|be, die ⟨meist Pl.⟩: *Farbe der Trikots o. Ä., die ein [Sport]verein für sich gewählt hat.*

Ver|eins|füh|rung, die: **1.** *einen Verein leitende Personengruppe:* es gab Spannungen zwischen Trainer und V. **2.** ⟨o. Pl.⟩ (seltener) *das Leiten eines Vereins:* Kritik an der Art ihrer V. ließ die Vorsitzende kalt.

Ver|eins|funk|ti|o|när, der: *Funktionär* (a) *eines Vereins.*

Ver|eins|funk|ti|o|nä|rin, die: w. Form zu ↑Vereinsfunktionär.

Ver|eins|ge|län|de, das: *Gelände* (b), *das ein Verein gepachtet hat od. das ihm gehört.*

Ver|eins|ge|schich|te, die: *Geschichte* (1 a) *eines Vereins* (1).

Ver|eins|haus, das: *einem Verein gehörendes u. seinen Zwecken dienendes Haus.*

Ver|eins|heim, das: *Vereinslokal, Vereinshaus.*

ver|eins|in|tern ⟨Adj.⟩: *innerhalb eines Vereins stattfindend, erfolgend:* eine -e Angelegenheit.

Ver|eins|ka|me|rad, der: *mit dem jmd. im gleichen [Sport]verein Mitglied ist.*

Ver|eins|ka|me|ra|din, die: w. Form zu ↑Vereinskamerad.

Ver|eins|kas|se, die: *Kasse* (1) *eines Vereins* (1).

Ver|eins|kas|sier, Ver|eins|kas|sie|rer, der (südd., österr., schweiz.): *Kassierer* (b) *eines Vereins* (1).

Ver|eins|kas|sie|rin, Ver|eins|kas|sie|re|rin, die: w. Form zu ↑Vereinskassier, ↑Vereinskassierer.

Ver|eins|le|ben, das ⟨o. Pl.⟩: *Gesamtheit der den Mitgliedern eines Vereins* (1) *angebotenen Aktivitäten:* das V. pflegen; im Mittelpunkt des -s stehen; am V. teilnehmen.

Ver|eins|lo|kal, das: *Lokal, in dem die Mitglieder eines Vereins regelmäßig zusammenkommen.*

Ver|eins|mann|schaft, die: *Mannschaft eines Sportvereins.*

Ver|eins|mei|er, der [vgl. Kraftmeier] (ugs. abwertend): *jmd., der sich in übertriebener Form der Betätigung in einem od. mehreren Vereinen widmet.*

Ver|eins|mei|e|rei, die ⟨o. Pl.⟩ (ugs. abwertend): *übertriebenes Wichtignehmen der Betätigung in einem od. mehreren Vereinen.*

Ver|eins|mit|glied, das: *Mitglied eines Vereins* (1).

Ver|eins|prä|si|dent, der: *Präsident einer Vereins.*

Ver|eins|prä|si|den|tin, die: w. Form zu ↑Vereinspräsident.

Ver|eins|recht, das ⟨o. Pl.⟩ (Rechtsspr.): *für Vereine geltendes Recht.*

Ver|eins|re|gis|ter, das: *Register, in das Vereine*

Vereinssatzung – verfallen

*eingetragen werden, die als eingetragene Ver-
eine Rechtsfähigkeit erlangen wollen.*
Ver|eins|sat|zung, die: *Satzung eines Vereins (1).*
Ver|eins|sport, der: *in einem Verein (1) ausgeübter Sport.*
Ver|eins|sta|tut, das (bes. österr.): *Vereinssatzung.*
Ver|eins|ver|mö|gen, das: *Vermögen (2) eines Vereins (1).*
Ver|eins|vor|sit|zen|de ⟨vgl. Vorsitzende⟩: *Vorsitzende eines Vereins (1).*
Ver|eins|vor|sit|zen|der ⟨vgl. Vorsitzender⟩: *Vorsitzender eines Vereins (1).*
Ver|eins|vor|stand, der: *Vorstand eines Vereins.*
Ver|eins|wech|sel, der: *das Überwechseln eines Mitglieds (bes. eines Spielers eines Sportvereins) von einem Verein zu einem anderen.*
Ver|eins|we|sen, das ⟨o. Pl.⟩: *Gesamtheit der Vereine mit ihren Aktivitäten.*
Ver|ein|te Na|ti|o|nen ⟨Pl.⟩: *Vereinigung von Staaten zur Sicherung des Weltfriedens u. zur Förderung der internationalen Zusammenarbeit* (vgl. UN; Abk.: VN).
ver|ein|zeln ⟨sw. V.; hat⟩: **1.** (Forstwirtsch., Landwirtsch.) *dicht stehende Jungpflanzen o. Ä. durch Wegnehmen eines entsprechenden Teils so in ihrer Zahl verringern, dass die verbleibenden genügend Platz haben, sich zu entwickeln; ausdünnen* (1b): *junge Bäume v.* **2.** (geh.) *voneinander trennen, absondern [u. dadurch isolieren]:* die Weite der Landschaft vereinzelt die Menschen. **3.** ⟨v. + sich⟩ *zunehmend spärlicher, seltener werden.*
ver|ein|zelt ⟨Adj.⟩: *einzeln, nur in sehr geringer Zahl vorkommend; selten; sporadisch:* -e Schüsse waren zu hören; in -en Fällen kam es zu Streiks; es gab nur noch v. Regenschauer.
Ver|ein|ze|lung, die; -, -en: *das Vereinzeln.*
ver|ei|sen ⟨sw. V.⟩: **1.** ⟨ist⟩ *a) sich durch gefrierende Nässe mit einer Eisschicht überziehen:* Straßen, Pisten vereisen; eine vereiste Fahrbahn; **b)** (selten) *sich mit Eis bedecken, zufrieren:* der See ist vereist. **2.** ⟨hat⟩ (Med.) *(einen Bereich der Haut o. Ä.) durch Aufsprühen eines bestimmten Mittels für kleinere Eingriffe unempfindlich machen:* eine Warze v.
Ver|ei|sung, die; -, -en: *das Vereisen.*
ver|ei|teln ⟨sw. V.; hat⟩ [mhd. vertelen = schwinden, kraftlos werden, zu ↑eitel]: *etw., was ein anderer zu tun beabsichtigt, [bewusst] verhindern, zum Scheitern bringen, zunichtemachen:* ein Attentat v.; jmds. Flucht v.
Ver|ei|te|lung, Vereitelung, die; -, -en: *das Vereiteln.*
ver|ei|tern ⟨sw. V.; ist⟩: *sich eitrig entzünden:* die Wunde ist vereitert; vereiterte Mandeln.
Ver|ei|te|rung, die; -, -en: *das Vereitern.*
ver|ekeln ⟨sw. V.; hat⟩: *jmdm. Ekel, Widerwillen gegen etw. einflößen:* jmdm. die Freude v. Dazu: **Ver|eke|lung,** **Ver|ek|lung,** die; -, -en.
ver|elen|den ⟨sw. V.; ist⟩ [zu ↑Elend] (geh., marx.): *in große materielle Not geraten, verarmen:* die Menschen im Katastrophengebiet verelendeten.
Ver|elen|dung, die; -, -en (geh., marx.): *das Verelenden:* die V. breiter Bevölkerungsschichten ist die Folge jahrzehntelanger politischer Misswirtschaft.
Ver|elen|dungs|the|o|rie, die (bes. marx.): *Theorie der Verelendung.*
ver|en|den ⟨sw. V.; ist⟩ [mhd. verenden, ahd. firentōn]: *a) (im Allg. von größeren Tieren bzw. Haustieren) [langsam, qualvoll] sterben:* viele Schafe, Kühe, Pferde verendeten durch die Seuche; ein verendendes, verendetes Tier; Ü Tausende von Flüchtlingen verendeten; **b)** (Jägerspr.) *(von Wild) durch eine Schussverletzung zu Tode kommen.*

ver|en|gen ⟨sw. V.; hat⟩: **1.** ⟨v. + sich⟩ *enger werden:* die Straße, die Durchfahrt verengt sich hier; seine Pupillen verengten sich *(zogen sich zusammen, wurden kleiner);* Ü der Spielraum verengte sich *(verringerte sich)* für sie. **2.** *enger machen:* Bauarbeiten verengten die Durchfahrt.
ver|en|gern ⟨sw. V.; hat⟩: **1.** ⟨v. + sich⟩ *enger werden.* **2.** *enger machen:* ein Kleidungsstück v.
Ver|en|ge|rung, die; -, -en: *das Verengern.*
Ver|en|gung, die; -, -en: **1.** *das Verengen, Sichverengen.* **2.** *verengte Stelle o. Ä.*
ver|erb|bar ⟨Adj.⟩: **1.** *vererblich:* -es Eigentum, Vermögen. **2.** (Biol., Med.) *durch Vererbung auf die Nachkommen übertragbar, erblich* (b): *eine -e Krankheit.*
Ver|erb|bar|keit, die; -: *das Vererbbarsein.*
ver|er|ben ⟨sw. V.; hat⟩ [mhd. vererben]: **1.** *als Erbe hinterlassen; vermachen:* jmdm. sein Vermögen [testamentarisch] v.; ein Grundstück an jmdn. v.; er hat seiner Tochter das Haus vererbt (ugs. scherzh.; *geschenkt, überlassen*). **2.** (Biol., Med.) *a) durch Vererbung an seine Nachkommen weitergeben:* eine Anlage, Begabung [seinen Nachkommen, auf seine Nachkommen] v.; eine vererbte Eigenschaft, Neigung; **b)** ⟨v. + sich⟩ *(von Eigenschaften, Anlagen o. Ä.) sich auf die Nachkommen übertragen:* diese Krankheit hat sich [vom Vater auf den Sohn] vererbt.
ver|erb|lich ⟨Adj.⟩: *sich vererben lassend; geeignet, vererbt zu werden.*
Ver|er|bung, die; -, -en ⟨Pl. selten⟩ (Biol., Med.): *Weitergabe von Erbanlagen von einer Generation an die folgende.*
Ver|er|bungs|ge|setz, das ⟨meist Pl.⟩: *Gesetz* (2) *von der Übertragung genetischer Informationen von den Eltern auf die Nachkommen.*
Ver|er|bungs|leh|re, die: *Genetik.*
ver|es|tern ⟨sw. V.; hat⟩ (Chemie): *in Ester umwandeln:* Alkohol v. Dazu: **Ver|es|te|rung,** die; -, -en.
ver|ewi|gen ⟨sw. V.; hat⟩ [zu ↑ewig]: **1.** *a) unvergesslich, unsterblich machen:* mit, in diesem Werk hat er sich ein Denkmal verewigt; **b)** ⟨v. + sich⟩ (ugs.) *dauerhafte Spuren von sich hinterlassen* (z. B. indem man seinen Namen o. Ä. in etw. einschreibt, einritzt): viele Besucher der Burg hatten sich an den Wänden verewigt; da hat sich wieder ein Hund verewigt (scherzh.; *seine Notdurft verrichtet*). **2.** *machen, dass eine Sache dauerhaften Bestand hat:* die bestehenden Verhältnisse v. wollen.
ver|ewigt ⟨Adj.⟩ (geh.): *verstorben:* mein -er Vater.
Ver|ewig|te, die/eine Verewigte; der/einer Verewigten, die Verewigten/zwei Verewigte (geh.): *Verstorbene.*
Ver|ewig|ter, der Verewigte/ein Verewigter; des/eines Verewigten, die Verewigten/zwei Verewigte (geh.): *Verstorbener.*
Ver|ewi|gung, die; -, -en: *das [Sich]verewigen.*
¹**ver|fah|ren** ⟨st. V.; ist⟩: **1.** ⟨ist⟩ **a)** [aus der nealtd. Rechtsspr.; mniederd. vorvāren] *eine Sache auf bestimmte Weise in Angriff nehmen; nach einer bestimmten Methode vorgehen, handeln:* eigenmächtig, rücksichtslos, nach dem gleichen Schema v.; wir werden folgendermaßen so v.; **b)** *in einer bestimmten Angelegenheit, Situation mit jmdm. auf bestimmte Weise umgehen; jmdn. auf bestimmte Weise behandeln:* übel mit jmdn./gegen jmdn. v.; sie ist mit dem Kind zu streng verfahren. **2.** ⟨hat⟩ [mhd. vervarn, ahd. firfaran, zu ↑ fahren u. urspr. = vorübergehen, weggehen; irrefahren] **a)** ⟨v. + sich⟩ *vom richtigen Weg abkommen u. in die falsche Richtung fahren* (4b): er hat sich in der Stadt verfahren; **b)** *durch Fahren verbrauchen:* viel Benzin v.; ich

habe heute 80 Euro mit dem Taxi verfahren. **3.** ⟨hat⟩ (bes. Bergmannsspr.) *(eine Schicht) ableisten:* zusätzliche Schichten v.
²**ver|fah|ren** ⟨Adj.⟩: *falsch behandelt u. daher ausweglos scheinend:* eine -e Situation; die Sache ist völlig v.
Ver|fah|ren, das; -s, -: **1.** *Art u. Weise des Durch-, Ausführung von etw.; Methode* (2) *ein vereinfachtes V.* [zur Feststellung von …]; ein V. anwenden, entwickeln, erproben. **2.** (Rechtsspr.) *Folge von Rechtshandlungen, die der Erledigung einer Rechtssache dienen; ein gerichtliches V.; das V. wurde ausgesetzt; gegen ihn ist ein V. anhängig, läuft ein V.; ein V. einstellen, niederschlagen, abtrennen; ein V. gegen jmdn. einleiten, eröffnen; in ein schwebendes V. eingreifen.*
Ver|fah|rens|be|tei|lig|te ⟨vgl. Beteiligte⟩ (Rechtsspr.): *weibliche Person, die an einem Verfahren (2) beteiligt ist od. deren Rechte von einem Verfahren (2) berührt werden.*
Ver|fah|rens|be|tei|lig|ter ⟨vgl. Beteiligter⟩ (Rechtsspr.): *jmd. der an einem Verfahren (2) beteiligt ist od. dessen Rechte von einem Verfahren (2) berührt werden.*
Ver|fah|rens|fra|ge, die ⟨meist Pl.⟩: *Frage, Problem in Bezug auf die Verfahrensweise:* -n müssen erst noch geklärt werden.
ver|fah|rens|mä|ßig ⟨Adj.⟩ (Rechtsspr.): *den formalen Ablauf eines Verfahrens (2) betreffend.*
Ver|fah|rens|recht, das (Rechtsspr.): **1.** *Gesamtheit der gesetzlichen Bestimmungen, die den formellen Ablauf eines Verfahrens (2) regeln; Prozessrecht.* **2.** *Recht, das einer Person od. einer Instanz innerhalb eines Gerichtsverfahrens zusteht.*
ver|fah|rens|recht|lich ⟨Adj.⟩ (Rechtsspr.): *das Verfahrensrecht betreffend.*
Ver|fah|rens|re|gel, die ⟨meist Pl.⟩: *Regel für den Ablauf eines Verfahrens.*
Ver|fah|rens|tech|nik, die ⟨o. Pl.⟩: *Teilgebiet der Technik, das sich mit den theoretischen u. praktischen Fragen bei der Herstellung formloser Stoffe befasst:* Dazu: **ver|fah|rens|tech|nisch** ⟨Adj.⟩.
Ver|fah|rens|wei|se, die: *Weise, in der ¹verfahren (1) wird; Methode; Vorgehensweise.*
Ver|fall, der; -[e]s, Verfälle. **1.** ⟨o. Pl.⟩ **a)** *das Verfallen (1a), Baufälligwerden:* der V. des alten Klosters war nicht mehr aufzuhalten; ein Gebäude dem V. preisgeben; **b)** *das Verfallen (1b), das Schwinden der körperlichen u. geistigen Kräfte:* der V. des Körpers, der Kräfte; es war erschütternd, den V. des Kranken mit anzusehen; **c)** *das Verfallen (1c); Niedergang:* ein moralischer, kultureller V.; der V. des Römischen Reiches. **2. a)** *das Verfallen (2), Ungültigwerden:* einen Gutschein vor dem V. einlösen; **b)** (Bankw.) *Ende der Frist zur Einlösung eines Wechsels o. Ä.:* der V. eines Wechsels; der Tag des -s. **3.** (Rechtsspr.) *Einziehung von Vermögenswerten, die jmd. durch Begehen einer Straftat in seinen Besitz gebracht hat:* den V. des Vermögens anordnen. **4.** (Bauw.) *Verbindung zwischen zwei unterschiedlich hohen Dachfirsten.*
Ver|fall|da|tum, das (Bankw.): *vgl. Verfalltag.*
ver|fal|len ⟨st. V.; ist⟩: **1. a)** [mhd. vervallen, ahd. farfallan] *baufällig werden u. allmählich zusammenfallen:* das Bauwerk verfällt; er lässt sein Haus v.; in verfallenen Gemäuer, Schloss; **b)** *seine körperliche [u. geistige] Kraft verlieren:* der Kranke verfällt zusehends; **c)** *eine Epoche des Niedergangs durchmachen; sich auflösen:* die Sitten verfallen; seine Autorität, das Römische Reich verfiel. **2.** *nach einer bestimmten Zeit wertlos od. ungültig werden:* eine Banknote, Briefmarke, ein Wechsel verfällt; die Eintrittskarten sind verfallen; das Medikament, die

Konserve ist verfallen *(das Haltbarkeitsdatum ist überschritten).* **3. a)** *in einen bestimmten [negativen] Zustand, eine bestimmte [negative] Verhaltensweise geraten:* in Schweigen, Ratlosigkeit, Wut v.; in tiefen Schlaf, einen leichten Schlummer v.; in den alten Fehler v.; Dann ging er vor die Tür und verfiel in ein wüstes Gelächter (Strauß, Niemand 182); **b)** *in eine andere Art (innerhalb einer Abstufung) übergehen, hineingeraten:* in seinen Dialekt v.; das Pferd verfiel in Trab. **4.** *in einen Zustand der Abhängigkeit von jmdm., etw. geraten:* einer Leidenschaft, dem Alkohol, den Verlockungen der Großstadt v.; sie war dem Zauber dieser Landschaft verfallen; sie war diesem Mann verfallen *(war ihm hörig);* er ist dem Tode verfallen *(geh.: wird bald sterben).* **5.** *auf etw. kommen, sich etw. Merkwürdiges, Ungewöhnliches ausdenken:* auf eine abwegige Idee, einen teuflischen Plan v.; wie konntest du nur darauf v., sie danach zu fragen?; warum seid ihr ausgerechnet auf ihn verfallen? *(habt ihr ihn dazu ausersehen, euch an ihn gewandt?).* **6.** [mhd. vervallen, ahd. farfallan] **a)** *jmdm., einer Institution zufallen:* die Schmuggelware, der Besitz verfällt dem Staat; **b)** *(Papierdt. veraltend) von der Wirksamkeit einer Sache betroffen werden:* einer Strafe v.; der Antrag verfiel der Ablehnung *(wurde abgelehnt).*
ver|fäl|len ⟨sw. V.; hat⟩ [eigtl. = jmdn. in eine Strafe fallen lassen] (schweiz. Rechtsspr.): *verurteilen.*
Ver|fall|er|klä|rung, die (Rechtsspr.): *gerichtliche Anordnung, dass etw. dem Staat verfällt (6 a).*
Ver|falls|da|tum, das: **1. a)** *Datum, über das hinaus etw., bes. ein Lebensmittel, nicht mehr genießbar ist;* **b)** vgl. Verfallstag. **2.** (Bankw.) *Verfalldatum.*
Ver|falls|er|schei|nung, die: *Erscheinung, die den Verfall (1 b, c), die Auflösung, das Schwinden von etw. anzeigt.*
Ver|falls|tag, der: *Tag, an dem etw. verfällt (2).*
Ver|falls|zeit, die: *Zeit des Verfalls (1 b, c).*
Ver|fall|tag, der (Bankw.): *Tag, an dem ein Wechsel, Scheck o. Ä. fällig, zahlbar wird.*
Ver|fall|zeit, die (Bankw.): *Zeit, nach der eine Schuld bezahlt werden muss.*
ver|fäl|schen ⟨sw. V.; hat⟩ [mhd. vervelschen]: **1.** *falsch darstellen:* Tatsachen, die Geschichte v.; einen Text v. *(bewusst falsch wiedergeben).* **2.** *in seiner Qualität mindern:* Wein, Lebensmittel v. **3.** (Rechtsspr.) *durch Fälschen verändern:* eine Urkunde v.; verfälschte Banknoten.
Ver|fäl|schung, die; -, -en: *das Verfälschen.*
ver|fan|gen ⟨st. V.; hat⟩ [mhd. (sich) vervähen = zusammenfassen, sich festfangen]: **1.** ⟨v. + sich⟩ *in einem Netz, einer Schlinge o. Ä. hängen bleiben:* die Angel hatte sich im Schilf verfangen; Ü sich in Widersprüchen v. **2.** *die gewünschte Wirkung, Reaktion [bei jmdm.] hervorrufen* (meist verneint): solche Tricks verfangen bei mir nicht. ♦ **3.** *beschlagnahmen, pfänden:* Den Spieß muss ich mir pfänden;...ich nehm ihn mir zu Haft. Der Spieß ist mir verfangen *(von mir beschlagnahmt;* Uhland, Schenk von Limburg).
ver|fäng|lich ⟨Adj.⟩ [mhd. vervenclich = tauglich, wirksam]: *sich möglicherweise so auswirkend, dass jmd. dadurch in Schwierigkeiten, Verlegenheit o. Ä. kommt:* eine -e Frage, Situation; dieser Brief könnte v. für dich werden.
Ver|fäng|lich|keit, die; -, -en: **1.** ⟨o. Pl.⟩ *verfängliche Beschaffenheit:* die V. seiner Fragen. **2.** *verfängliche Situation, Handlung, Äußerung o. Ä.*
ver|fär|ben ⟨sw. V.; hat⟩: **1. a)** ⟨v. + sich⟩ *eine andere Farbe annehmen:* im Herbst verfärbt sich das Laub; die Wäsche hat sich verfärbt; sein Gesicht verfärbte sich vor Ärger; **b)** *durch Färben (b) verderben (in Bezug auf das farbliche Aussehen):* das rote Hemd hat die ganze Wäsche verfärbt; eine verfärbte Bluse. **2.** ⟨v. + sich⟩ (Jägerspr.) *(vom Wild) das Haar* (2 b) *wechseln.*
Ver|fär|bung, die; -, -en: **1.** *das [Sich]verfärben.* **2.** *verfärbte Stelle.*
ver|fas|sen ⟨sw. V.; hat⟩ [mhd. vervaʒʒen = in sich aufnehmen; etw. vereinbaren; in der Rechtsspr.: schriftlich niederlegen]: *gedanklich ausarbeiten u. niederschreiben:* einen Brief, ein Schreiben v.; einen Artikel für eine Zeitung v.; ein Drama v.; über eine Sache ein Protokoll, einen Bericht v.
Ver|fas|ser, der; -s, - [gek. aus: Schriftverfasser]: *jmd., der einen Text verfasst [hat];* Autor: ein unbekannter, anonymer V.
Ver|fas|se|rin, die; -, -nen: w. Form zu ↑ Verfasser.
Ver|fas|ser|schaft, die; -: *das Verfassersein.*
ver|fasst ⟨Adj.⟩: *eine [bestimmte] Verfassung* (1) *habend:* die -e Studentenschaft.
Ver|fasst|heit, die; -, -en ⟨Pl. selten⟩ (geh.): **1.** *Geprägtheit durch bestimmte Grundzüge, Strukturen o. Ä.:* die politische V. eines Staates. **2.** *Zustand, Verfassung* (2): die körperliche, emotionale V. eines Menschen.
Ver|fas|sung, die; -, -en [mhd. vervaʒʒunge = schriftliche Darstellung, Vertrag]: **1. a)** *Gesamtheit der Grundsätze, die die Form eines Staates u. das Verhältnis seiner Bürger festlegen; Konstitution:* eine demokratische, parlamentarische V.; die amerikanische V.; die V. tritt in, außer Kraft; die V. beraten, ändern, außer Kraft setzen; auf die V. schwören, vereidigt werden; **b)** *festgelegte Grundordnung einer Gemeinschaft:* die V. der anglikanischen Kirche. **2.** ⟨o. Pl.⟩ *körperlicher, geistig-seelischer Zustand, in dem sich jmd. [augenblicklich] befindet:* seine körperliche, geistige, gesundheitliche V. lässt das nicht zu; ich war, befand mich in guter, bester, schlechter V.; sie war nicht in der V. *(ihr Zustand ließ es nicht zu),* Besuch zu empfangen.
ver|fas|sung|ge|bend, verfassungsgebend ⟨Adj.⟩: *die Verfassung* (1 a) *festlegend:* die -e Versammlung.
ver|fas|sungs|än|dernd ⟨Adj.⟩: *die Verfassung* (1) *ändernd:* eine -e Mehrheit.
Ver|fas|sungs|än|de|rung, die: *Änderung der Verfassung* (1).
Ver|fas|sungs|be|schwer|de, die (Rechtsspr.): *Klage gegen verfassungswidrige Eingriffe der Staatsgewalt in die vom Grundgesetz* (1 a) *geschützten Rechte des Bürgers.*
Ver|fas|sungs|bruch, der: *ein Bruch der Verfassung* (1 a).
Ver|fas|sungs|dienst, der; -[e]s (österr.): *Abteilung im österr. Bundeskanzleramt, die Gesetze u. Ä. auf ihre Vereinbarkeit mit der Verfassung prüft.*
Ver|fas|sungs|eid, der: *Eid zur Achtung, Wahrung u. Verteidigung der Verfassung* (1 a).
ver|fas|sungs|feind|lich ⟨Adj.⟩: *gegen die Verfassung* (1 a) *gerichtet:* eine Organisation mit -en Zielen.
ver|fas|sungs|ge|bend: ↑ verfassunggebend.
ver|fas|sungs|ge|mäß ⟨Adj.⟩: *der Verfassung* (1) *gemäß:* das Gesetz ist nicht v.
Ver|fas|sungs|ge|richt, das: *Gericht zur Entscheidung verfassungsrechtlicher Fragen.*
Ver|fas|sungs|ge|richts|bar|keit, die: *von Verfassungsgerichten ausgeübte Gerichtsbarkeit* (1).
Ver|fas|sungs|ge|richts|hof, der: *[oberstes] Verfassungsgericht (bes. in Österreich u. einigen deutschen Bundesländern).*
Ver|fas|sungs|ge|schich|te, die: **a)** *Geschichte der Verfassung [eines Staates];* **b)** *Zweig der Geschichtswissenschaft, der sich mit Verfassungsgeschichte* (a) *beschäftigt.*
Ver|fas|sungs|in|i|ti|a|ti|ve, die: *(in der Schweiz) Antrag auf Änderung der Verfassung* (1 a).
Ver|fas|sungs|kla|ge, die: *bei einem Verfassungsgericht eingereichte Klage.*
ver|fas|sungs|kon|form ⟨Adj.⟩: *verfassungsgemäß:* diese Gesetzesänderung ist [nicht] v.
Ver|fas|sungs|mä|ßig ⟨Adj.⟩: **a)** *konstitutionell* (1): -e Befugnisse; **b)** *der Verfassung* (1) *gemäß; verfassungskonform.*
Ver|fas|sungs|mä|ßig|keit, die: *das Verfassungsmäßigsein.*
Ver|fas|sungs|or|gan, das ⟨oft im Plural⟩: *unmittelbar durch die Verfassung* (1 a) *eingesetztes staatliches Organ* (4): der Bundestag ist ein V.
Ver|fas|sungs|pa|t|ri|o|tis|mus, der: *auf die Verfassung* (1 a) *bezogener Patriotismus.*
Ver|fas|sungs|rang, der: *durch die Verfassung* (1) *zu schützender Rang, Stellenwert:* das Recht auf freie Meinungsäußerung hat V.
Ver|fas|sungs|recht, das: *in der Verfassung* (1 a) *enthaltene Rechtsnormen.*
Ver|fas|sungs|recht|ler, der: *auf Verfassungsrecht spezialisierter Jurist.*
Ver|fas|sungs|recht|le|rin, die; -, -nen: w. Form zu ↑ Verfassungsrechtler.
ver|fas|sungs|recht|lich ⟨Adj.⟩: *das Verfassungsrecht betreffend.*
Ver|fas|sungs|re|form, die: *Reform einer Verfassung* (1 a).
Ver|fas|sungs|rich|ter, der: *Richter* (1) *an einem Verfassungsgericht.*
Ver|fas|sungs|rich|te|rin, die: w. Form zu ↑ Verfassungsrichter.
Ver|fas|sungs|rit|zung, die (schweiz.): *Verfassungsbruch.*
Ver|fas|sungs|schutz, der ⟨o. Pl.⟩: **1.** *Gesamtheit der Normen, Einrichtungen u. Maßnahmen zum Schutz der in der Verfassung* (1 a) *festgelegten Ordnung.* **2.** (ugs.) Kurzf. von Bundesamt für Verfassungsschutz.
Ver|fas|sungs|schutz|be|richt, der: *von der Regierung und den zuständigen Ämtern [jährlich] herausgegebener Bericht über gegen die Verfassung gerichtete od. diese bedrohende Aktivitäten.*
Ver|fas|sungs|schüt|zer, der (ugs.): *beim Bundesamt für Verfassungsschutz tätiger Angestellter od. Beamter.*
Ver|fas|sungs|schüt|ze|rin, die: w. Form zu ↑ Verfassungsschützer.
Ver|fas|sungs|staat, der: *Staat mit einer [politisch wirksamen] Verfassung* (1 a).
ver|fas|sungs|treu ⟨Adj.⟩: *fest zur Verfassung* (1 a) *stehend; sich getreu der Verfassung* (1 a) *verhaltend:* ein -er Bürger.
Ver|fas|sungs|treue, die: *das Verfassungstreusein.*
Ver|fas|sungs|ur|kun|de, die: *Urkunde, die die Verfassung* (1) *enthält.*
ver|fas|sungs|wid|rig ⟨Adj.⟩: *gegen die Verfassung* (1 a) *verstoßend:* -e Propaganda. Dazu: **Ver|fas|sungs|wid|rig|keit,** die ⟨o. Pl.⟩.
ver|fau|len ⟨sw. V.; ist⟩ [mhd. vervülen]: *durch Fäulnis ganz verderben:* die Kartoffeln verfaulen; die Äpfel sind am Baum verfault; verfaultes Obst; ein verfaulter Zahn; Mit den Jahren und Jahrzehnten verfaulten die Schiffe und Flöße, verrotteten auf offener See, zerbrachen, sanken (Ransmayr, Welt 163). Dazu: **Ver|fau|lung,** die; -, -en ⟨Pl. selten⟩.
ver|fech|ten ⟨st. V.; hat⟩ [mhd. vervehten = fechtend verteidigen]: *energisch für etw. eintreten, einstehen:* eine Lehre, Theorie v. Dazu: **Ver|fech|ter,** der; -s, -; **Ver|fech|te|rin,** die; -, -nen; **Ver|fech|tung,** die; -.
ver|feh|len ⟨sw. V.; hat⟩ [mhd. vervælen = fehlen (3); sich irren]. **1. a)** *nicht erreichen (weil jmd. zu spät gekommen ist):* den Zug v.; ich wollte sie abholen, aber ich habe sie verfehlt; **b)** *(das angestrebte Ziel) nicht erreichen:* die

verfehlt – verfolgen

richtige Tür, den Weg v.; Ü der Schüler hat das Thema verfehlt *(es ist nicht richtig erfasst u. behandelt);* du hast deinen Beruf verfehlt (auch scherzh.; *du hast besondere Fähigkeiten auf einem Gebiet, das außerhalb deines Berufes liegt);* seine Äußerung hatte ihre Wirkung [nicht] verfehlt; ⟨häufig im 2. Part.:⟩ eine verfehlte Politik; es wäre völlig verfehlt *(falsch),* ihn zu bestrafen; ◆ Gleich am ersten Morgen nach jenem verfehlten *(durch Missstimmung gestörten, verdorbenen)* Mittage war Christian Albrecht wiederholt auf seinen Steinhof hinausgegangen (Storm, Söhne 15). **2.** (geh.) *versäumen:* ich möchte [es] nicht v., Ihnen zu danken; ◆ ... und er verfehlte nicht, sein Lieblingsthema wieder anzustimmen (Goethe, Dichtung u. Wahrheit 11). **3.** ⟨v. + sich⟩ (veraltend) *eine Verfehlung begehen.*
ver|fehlt ⟨Adj.⟩: *[für den vorgesehenen Zweck] völlig ungeeignet:* eine -e Verkehrspolitik; diese Aktion ist völlig v.
Ver|feh|lung, die; -, -en: *Verstoß gegen bestimmte Grundsätze, Vorschriften, eine bestimmte Ordnung:* eine moralische V.; dem Minister konnten keine -en im Amt vorgeworfen werden.
ver|fein|den, sich ⟨sw. V.; hat⟩: *jmds. Feind werden; sich völlig zerstreiten:* sich mit jmdm. v.; sie hatten sich wegen einer Kleinigkeit verfeindet; zwei [miteinander] verfeindete Familien. **Dazu: Ver|fein|dung,** die; -, -en.
ver|fei|nern ⟨sw. V.; hat⟩: **a)** *feiner (3 a), besser, exakter machen:* die Soße mit Sahne v.; die Methoden sind verfeinert worden; ein verfeinerter Geschmack; **b)** ⟨v. + sich⟩ *feiner (3 a), besser, exakter werden:* die Sitten, Umgangsformen verfeinern sich.
Ver|fei|ne|rung, die; -, -en: **1.** *das [Sich]verfeinern; das Verfeinertwerden, -sein.* **2.** *etw. Verfeinertes.*
ver|fel|men ⟨sw. V.; hat⟩ [mhd. verveimen, mniederd. vorveimen, zu ↑ Feme] (geh.): *ächten:* die Nazis haben diesen Maler verfemt; ein verfemter Künstler.
Ver|fem|te, die/eine Verfemte; der/einer Verfemten, die Verfemten/zwei Verfemte (geh.): *weibliche Person, die verfemt wird, ist.*
Ver|fem|ter, der Verfemte/ein Verfemter; des/eines Verfemten, die Verfemten/zwei Verfemte (geh.): *jmd., der verfemt wird, ist.*
Ver|fe|mung, die; -, -en (geh.): *das Verfemen; das Verfemtwerden.*
ver|fer|ti|gen ⟨sw. V.; hat⟩ [mhd. ververtigen = ausstellen (3)]: *mit künstlerischem Geschick o. Ä.) herstellen, anfertigen:* ein Protokoll, ein Gutachten v.; die Kinder hatten hübsche Bastelarbeiten verfertigt. Dazu: **Ver|fer|ti|ger,** der, -s, -; **Ver|fer|ti|ge|rin,** die; -, -nen; **Ver|fer|ti|gung,** die; -, -en.
ver|fes|ti|gen ⟨sw. V.; hat⟩: **a)** *fester machen:* einen Klebstoff, Werkstoff [chemisch] v.; **b)** ⟨v. + sich⟩ *fester werden:* der Lack hatte sich verfestigt; Ü diese Eindrücke verfestigen sich.
Ver|fes|ti|gung, die; -, -en: *das [Sich]verfestigen.*
ver|fet|ten ⟨sw. V.; ist⟩: *zu viel Fett ansetzen:* bei dem Futter verfetten die Tiere; ein verfettetes Herz haben.
Ver|fet|tung, die; -, -en (bes. Med.): *das Verfetten.*
ver|feu|ern ⟨sw. V.; hat⟩: **1. a)** *als Brennstoff verwenden:* Holz, Kohle im Ofen v.; **b)** *als Brennstoff völlig aufbrauchen:* alle Briketts waren verfeuert. **2.** *durch Schießen verbrauchen:* die ganze Munition v.
Ver|feu|e|rung, die; -, -en: *das Verfeuern; das Verfeuertwerden.*
◆ **ver|fie|ren,** sich ⟨sw. V.; hat⟩ [mniederd. vorvêren, zu: väre = Gefahr; Angst] (nordd.): *sich erschrecken:* Aber sei nich böse, dass ich mich so verfiere (Fontane, Jenny Treibel 153).

ver|fil|men ⟨sw. V.; hat⟩: **a)** *aus etw. einen Film machen; als Film gestalten:* einen Roman v.; **b)** *auf [Mikro]film aufnehmen:* Zeitungen v.
Ver|fil|mung, die; -, -en: **a)** *das Verfilmen;* **b)** *durch Verfilmen entstandener Film.*
ver|fil|zen ⟨sw. V.⟩ [mhd. vervilzen] **a)** ⟨ist⟩ *filzig werden; eine kaum lösbare Verbindung miteinander eingehen:* der Pullover ist beim Waschen verfilzt; verfilzte Wolle, Haare; Ü das ganze System war verfilzt; **b)** ⟨v. + sich; hat⟩ *sich unentwirrbar ineinander verwickeln.*
Ver|fil|zung, die; -, -en: *das Verfilzen, Verfilztsein.*
ver|fins|tern ⟨sw. V.; hat⟩ [mhd. vervinstern]: **a)** *finster machen:* dunkle Wolken verfinsterten die Sonne; **b)** ⟨v. + sich⟩ *finster werden:* der Himmel hatte sich verfinstert; Ü ihr Gesicht verfinsterte sich.
Ver|fins|te|rung, die; -, -en: **1.** *das [Sich]verfinstern.* **2.** *Finsternis.*
ver|fir|nen ⟨sw. V.; ist⟩: *zu Firn werden.*
Ver|fir|nung, die; -, -en: *das Verfirnen:* die V. des Schnees.
ver|fit|zen ⟨sw. V.; hat⟩ [zu ↑ fitzen (1)] (ugs.): **a)** *machen, dass Fäden o. Ä. in kaum auflösbarer Weise ineinander und miteinander verschlungen sind:* jetzt hat er die Drähte verfitzt; **b)** ⟨v. + sich⟩ *in einen verfitzten (2) Zustand geraten:* ihre Haare haben sich beim Liegen verfitzt.
ver|fla|chen ⟨sw. V.⟩: **1.** *flach[er] werden* **a)** ⟨ist⟩ *das Gelände verflacht; ein verflachtes (seicht gewordenes) Gewässer;* Ü das Gespräch verflachte *(wurde oberflächlich);* ein verflachtes Gefühlsleben; **b)** ⟨v. + sich; hat⟩ *die Hügel haben sich im Laufe der Zeit verflacht.* **2.** ⟨hat⟩ *flach[er] machen:* der Wind hat die Dünen verflacht.
◆ **ver|fla|chen,** sich ⟨sw. V.; hat⟩: *flach[er] werden, sich verflachen:* Die schwarzbraunen Seitenwände gehen anfangs größtenteils senkrecht nieder; Ein mittleres Gebirg schien heranzuheben, aber erreichte noch lange die Höhe nicht. Weiterhin verflächte es sich immer mehr (Goethe, Wanderjahre I, 3); ... dann verflachen sich aber gegen die mittlere Tiefe durch ungeheuern Schutt und Trümmerhalden (E. T. A. Hoffmann, Bergwerke 17).
Ver|fla|chung, die; -, -en: **1.** *das [Sich]verflachen.* **2.** *verflachte Stelle.*
ver|flech|ten ⟨st. V.; hat⟩: **a)** *durch Flechten eng verbinden:* Bänder [miteinander] v.; Ü biologische und kulturelle Elemente verflechten sich hier verflochten; **b)** ⟨v. + sich⟩ *sich eng verbinden:* Fantasie und Wirklichkeit verflochten sich immer mehr.
Ver|flech|tung, die; -, -en: **1.** *das [Sich]verflechten.* **2.** *[enger] Zusammenhang:* internationale politische -en.
ver|flie|gen ⟨st. V.⟩: **1.** ⟨hat⟩ **a)** ⟨v. + sich⟩ vgl. ¹verfahren (2 a): der Pilot hat sich im Nebel verflogen; **b)** *als Flugkosten ausgeben; für das Fliegen mit einer Maschine verwenden:* er verflieg wöchentlich 9 000 Euro. **2.** ⟨ist⟩ **a)** *in der Luft verschwinden:* der Duft, Rauch verfliegt; **b)** *sich verflüchtigen:* wenn man die Flasche nicht schließt, verfliegt das Parfüm; **c)** *(schnell) vorübergehen:* die Zeit verfliegt im Nu; die Stunden sind schnell verflogen; ihr Zorn, ihr Interesse verflog bald; ihre Magenverstimmung war verflogen.
ver|flie|sen ⟨sw. V.; hat⟩ (österr., sonst Fachspr.): *fliesen:* ein Badezimmer, eine Küche v.
ver|flie|ßen ⟨st. V.; ist⟩ [mhd. verfließen]: **1.** *verschwimmen:* in ihren Bildern verfließen die Farben; Ü die Grenzen zwischen Novelle und Erzählung verfließen; die Begriffe beginnen hier zu v. **2.** (geh.) *vergehen:* die Tage verfließen.

ver|flixt ⟨Adj.⟩ [entstellt aus ↑ verflucht] (ugs.): **1.** *unangenehm, ärgerlich:* das ist eine -e Geschichte, Sache. **2.** (abwertend) **a)** *verdammt* (1 a): so eine -e Gemeinheit; **b)** *verdammt* (1 b): so ein -er Kerl; diese -e Bande; **c)** *verdammt* (1 c): dieses -e Auto ist schon wieder kaputt; **d)** ** v. [noch mal]!; v. noch eins!; v. und zugenäht!* (Flüche). **3. a)** *verdammt* (2 a): er hat -es Glück gehabt; **b)** ⟨intensivierend bei Adjektiven u. Verben⟩ *sehr; äußerst:* das ist eine v. schwierige Aufgabe; das sieht v. nach Betrug aus.
ver|floch|ten: ↑ verflechten.
Ver|floch|ten|heit, die; -, -en: *das Verflochtensein.*
¹**ver|flos|sen** ⟨Adj.⟩ (ugs.): *ehemalig:* seine -e Freundin; ⟨subst.:⟩ ihr Verflossener *(ihr früherer Freund, Ehemann).*
²**ver|flos|sen:** ↑ verfließen.
ver|flu|chen ⟨sw. V.; hat⟩ [mhd. vervluochen, ahd. farfluohhōn]: **a)** *den Zorn Gottes, schlimmes Unheil auf jmdn. herabwünschen:* er verfluchte seinen Sohn; **b)** *über eine Person od. Sache ärgern u. sie verwünschen:* seinen Leichtsinn v.; ich könnte mich selbst v., dass ich nicht darauf gekommen bin; ** verflucht [noch mal]!; verflucht noch eins!; verflucht und zugenäht!* (Flüche).
ver|flucht ⟨Adj.⟩ (salopp): **1.** (abwertend) **a)** *verdammt* (1 a): ein -er Mist; **b)** *verdammt* (1 b): so ein -er Idiot; **c)** *verdammt* (1 c): eine -e Situation; dieser -e Regen! **2. a)** *verdammt* (2 a): wir hatten -es Glück; **b)** ⟨intensivierend bei Adjektiven u. Verben⟩ *sehr, äußerst:* es ist v. heiß heute.
ver|flüch|ti|gen ⟨sw. V.; hat⟩ [spätmhd. verfluchtigen = fliehen]: **1.** (bes. Chemie) **a)** *in gasförmigen Zustand überführen:* Salzsäure v.; **b)** ⟨v. + sich⟩ *in gasförmigen Zustand übergehen:* Alkohol verflüchtigt sich leicht; **c)** ⟨v. + sich⟩ *sich auflösen, verschwinden:* der Nebel, der Parfümgeruch hatte sich verflüchtigt; Ü seine Heiterkeit verflüchtigte sich rasch; mein Ausweis hat sich verflüchtigt (scherzh.; *ist unauffindbar).* **2.** ⟨v. + sich⟩ (ugs. scherzh.) *sich still u. unbemerkt davonmachen:* als sie das hörte, verflüchtigte sie sich sofort.
Ver|flüch|ti|gung, die; -, -en: *das [Sich]verflüchtigen.*
Ver|flu|chung, die; -, -en: **1.** *das Verfluchen.* **2.** *Fluch (2).*
ver|flüs|si|gen ⟨sw. V.; hat⟩: **1.** (bes. Fachspr.) **a)** *flüssig (1) machen, kondensieren* (1 a): Gas, Luft v.; **b)** ⟨v. + sich⟩ *flüssig (1) werden; kondensieren* (1 b). **2.** *(Geld, Kapital o. Ä.) flüssigmachen.*
Ver|flüs|si|gung, die; -, -en (bes. Fachspr.): *das [Sich]verflüssigen.*
Ver|folg ⟨in Verbindung mit »in« od. »im« u. folgendem Gen.⟩ (Papierdt.): *im Verlauf:* im, in V. dieses Prozesses, dieser Entwicklung.
ver|folg|bar ⟨Adj.⟩: **1.** (bes. Rechtsspr.) *sich verfolgen (1 e) lassend:* strafrechtlich -e Delikte. **2.** *sich verfolgen (3) lassend:* eine -e Entwicklung.
ver|fol|gen ⟨sw. V.; hat⟩ [mhd. vervolgen]: **1. a)** *durch Hinterhergehen, -eilen zu erreichen [u. einzufangen] suchen:* einen Verbrecher v.; Hunde verfolgten das Wild; jmdn. auf Schritt und Tritt v. *(beschatten);* sich verfolgt fühlen; der Filmstar wurde von den Reportern verfolgt; ⟨subst. 2. Part.:⟩ der Verfolgte entwischte durch die Hintertür; Ü sie ist vom Pech, vom Unglück verfolgt *(hat viel Pech, Unglück);* der Gedanke daran verfolgte sie *(ließ sie nicht los);* diese Idee, Frage verfolgte sie Tag und Nacht; jmdn. mit Blicken v. *(ständig beobachten);* **b)** *jmdm. zur Last fallen; jmdn. bedrängen:* jmdn. mit Bitten, Vorwürfen v.; er verfolgte sie mit seinem Hass, sei-

ner Eifersucht; Dieser Kellner verfolgte meinen Onkel so intensiv mit seiner Treue und mit seiner Verehrung, dass wir immer sagten: Das ist sein Kellner (Borchert, Draußen 107); c) *(aus politischen, rassischen, religiösen Gründen) jmds. Freiheit einengen, ihn zu vertreiben, gefangen zu setzen suchen, ihm nach dem Leben trachten:* dieses Regime verfolgt oppositionelle Kräfte erbarmungslos; ⟨subst. 2. Part.:⟩ sie waren Verfolgte des Naziregimes; die politisch Verfolgten baten um Asyl; d) *(einer Spur o. Ä.) nachgehen, folgen* (1 a): eine Spur, einen Hinweis v.; die Polizei hatte nicht die richtige Fährte verfolgt; sie verfolgten den Weg *(blieben auf dem Weg)* bis an den Fluss; Ü Da unsere alte Welt trotzdem so unbeirrbar ihren Gang verfolgt, kann ich nicht zweifeln, dass sie nach einem hohen Plan geordnet ist (Jünger, Capriccios 50); e) *(bes. Rechtsspr.) (von Amts wegen) gegen jmdn., etw. vorgehen:* Zuwiderhandlungen werden strafrechtlich, polizeilich verfolgt. **2.** *zu erreichen, zu verwirklichen suchen:* ein Ziel, eine Absicht, einen Plan v.; dieses Thema, diese Politik wurde nicht weiter verfolgt; sie verfolgt nur ihre eigenen Interessen. **3.** *(die Entwicklung, den Verlauf von etw.) aufmerksam beobachten:* einen Vorgang, ein Gespräch v.; er hat diese Angelegenheit nicht weiter verfolgt; sie verfolgte die Szene aufmerksam; sie verfolgte den Prozess in der Zeitung, im Fernsehen *(las alle Berichte, sah alle Sendungen darüber).*
Ver|fol|ger, der; -s, - [spätmhd. vervolger]: a) *jmd., der jmdn., etw. verfolgt* (1 a): die V. waren ihm dicht auf den Fersen; seine V. abschütteln, seinen -n entkommen; b) *jmd., der jmdn., etw. verfolgt* (1 c).
Ver|fol|ge|rin, die; -, -nen: w. Form zu ↑ Verfolger.
Ver|fol|gung, die; -, -en: **1. a)** *das Verfolgen* (1 a): die V. einstellen, [ergebnislos] abbrechen; b) *das Verfolgen* (1 c): die V. ethnischer, religiöser Minderheiten; eine V. aus politischen Gründen; -en erdulden, erleiden; -en ausgesetzt sein; c) *das Verfolgen* (1 e): die polizeiliche, strafrechtliche V. von Zuwiderhandlungen. **2.** ⟨Pl. selten⟩ *das Verfolgen* (2): die V. privater Interessen, eine V.
Ver|fol|gungs|fahrt, die (Radsport): *Verfolgungsrennen.*
Ver|fol|gungs|jagd, die: *längere Zeit dauernde u. über weitere Strecken führende Verfolgung* (1 a): die V. aufnehmen.
Ver|fol|gungs|ren|nen, das (Radsport): *Bahnrennen, bei dem die Teilnehmer in jeweils gleichem Abstand voneinander starten u. sich einzuholen suchen.*
Ver|fol|gungs|wahn, der (Psychol.): *krankhafte Vorstellung, von anderen beobachtet, überwacht, bedroht u. verfolgt zu werden:* an V. leiden.
ver|form|bar ⟨Adj.⟩: *sich verformen lassend:* eine -e Masse. Dazu: **Ver|form|bar|keit,** die; -, -en ⟨Pl. selten⟩.
ver|for|men ⟨sw. V.; hat⟩: **1. a)** *unbeabsichtigt die Form von etw. verändern:* beim Schweißen einen Werkstoff v.; b) ⟨v. + sich⟩ *in eine andere als die eigentliche Form geraten:* das Holz hat sich durch die Nässe verformt. **2.** (Fachspr.) *in eine bestimmte Form bringen:* Stahl v.
Ver|for|mung, die; -, -en: **1.** *das [Sich]verformen, Verformtwerden:* V. von Blech. **2.** *verformte Stelle (an einem Körper o. Ä.).*
ver|frach|ten ⟨sw. V.; hat⟩: **1.** *als Fracht versenden, verladen:* Maschinen, Autos, Säcke v.; Ü er hat seine Tante in den Zug verfrachtet (ugs. scherzh.; *sie in den Zug gebracht).* **2.** *weiterbefördern, an einen anderen Ort tragen, bringen, bewegen.*
Ver|frach|ter, der; -s, -: *Frachtführer (bes. von Seefracht).*

Ver|frach|te|rin, die; w. Form zu ↑ Verfrachter.
Ver|frach|tung, die; -, -en: *das Verfrachten; das Verfrachtetwerden.*
ver|fran|zen, sich ⟨sw. V.; hat⟩ [viell. zu dem m. Vorn. Franz als scherzh. Bez. für den ohne technisches Gerät navigierenden Flugbeobachter in alten, zweisitzigen Flugzeugen]: **a)** (Fliegerspr.) *sich verfliegen:* die Pilotin konnte sich [im Nebel] verfranzt; **b)** (ugs.) *sich verirren:* der Autofahrer hatte sich verfranzt (¹*verfahren* 2 a).
ver|frem|den ⟨sw. V.; hat⟩: *auf ungewohnte, unübliche Weise sprachlich, dramatisch, grafisch darstellen, gestalten (um das Publikum auf das Neue der künstlerischen Darstellung u. der in ihr vermittelten Wirklichkeit aufmerksam zu machen).*
Ver|frem|dung, die; -, -en: **1.** *das Verfremden.* **2.** *verfremdete Darstellung, Gestaltung.*
Ver|frem|dungs|ef|fekt, der (Literaturwiss.): *Effekt, der mithilfe bestimmter technischer, das Geschehen auf der Bühne verfremdender Mittel erzielt wird.*
¹**ver|fres|sen** ⟨st. V.; hat⟩ (salopp): *durch Essen verbrauchen:* er hat seinen ganzen Wochenlohn verfressen.
²**ver|fres|sen** ⟨Adj.⟩ (salopp abwertend) *gefräßig:* ein -er Mensch; sei nicht so v.!
³**ver|fres|sen:** ↑ ¹verfressen.
Ver|fres|sen|heit, die; - (salopp abwertend): *das Verfressensein.*
ver|fro|ren ⟨Adj.⟩: **a)** *völlig durchgefroren, kalt u. fast steif:* -e Hände; v. aussehen; **b)** *sehr leicht, schon bei geringerer Kälte frierend:* sie ist sehr v.
ver|frü|hen, sich ⟨sw. V.; hat⟩: *früher als gewöhnlich kommen:* die Gäste hatten sich verfrüht; ⟨häufig im 2. Part.:⟩ ein verfrühter Besuch, eine verfrühte Meldung *(ein zu früher Besuch, eine zu frühe Meldung);* diese Maßnahme erscheint, halte ich für verfrüht *(zu früh).*
ver|früh|stü|cken ⟨sw. V.; hat⟩ (ugs.): *unüberlegt ausgeben* (2 a): das Geld darf auf keinen Fall für andere Zwecke verfrühstückt werden.
Ver|frü|hung, die; -, -en ⟨Pl. selten⟩: *das Sichverfrühen:* mit V. eintreffen.
ver|füg|bar ⟨Adj.⟩: [augenblicklich] *zur Verfügung stehend; für den sofortigen Gebrauch o. Ä. vorhanden:* alle -en Hilfskräfte, Einsatzwagen; -es (Wirtsch.; sofort flüssiges, disponibles) Kapital; das Buch ist zurzeit nicht v.; er will nicht mehr rund um die Uhr v. sein.
Ver|füg|bar|keit, die; -, -en: *das Verfügbarsein; Grad, in dem etw. verfügbar ist.*
ver|fu|gen ⟨sw. V.; hat⟩ (Bauw.): *ausfugen.*
ver|fü|gen ⟨sw. V.; hat⟩ [mhd. vervüegen = passen, anstehen, auch: veranlassen; bestimmen, was geschehen soll; anordnen, eigtl. = einrichten]: **1.** *[von Amts wegen] anordnen:* etw. durch Gesetz v.; die Schließung eines Lokals v.; das Gericht verfügte die Einweisung in die forensische Psychiatrie; die Ministerin hat verfügt, dass ...; sie verfügte, was zu tun sei. **2. a)** *bestimmen, was mit jmdm. od. etw. geschehen soll:* über sein Geld, seine Zeit [frei] v. können; man verfügte über mich, als ob ich ein Kind sei; bitte verfügen Sie über mich! (sagt man, wenn man jmdm. seine Hilfe anbieten will); **b)** *etw. besitzen, kennen (u. auch dessen uneingeschränkt bedienen, es nach Belieben einsetzen können):* über Kapital v.; über gute Beziehungen, Menschenkenntnis, große Erfahrung v.; Ich verfüge über Kaschemmen, wie peinigend (Mayröcker, Herzzerreißende 122). **3.** ⟨v. + sich⟩ (Papierdt., auch scherzh.) *sich irgendwohin begeben:* er verfügte sich in die Kanzlei.
Ver|fu|gung, die; -, -en (Bauw.): **1.** *das Verfugen.* **2.** *verfugte Ritze o. Ä.*
Ver|fü|gung, die; -, -en: **1.** *[behördliche od. gerichtliche] Anordnung:* eine amtliche, einst-

weilige V.; eine V. erlassen, aufheben; laut V.; Dabei hatte sich schon herausgestellt, dass der Vater keinerlei -en getroffen hatte, also ein mögliches rasches Ende nie ins Auge gefasst hatte (Kaschnitz, Wohin 186). **2.** ⟨o. Pl.⟩ *das Verfügenkönnen, -dürfen; Disposition* (1 a): jmdm. die [volle, freie] V. über etw. geben, überlassen; etw. zu seiner, zur V. haben *(über etw. verfügen können);* [jmdm.] etw. zur V. stellen *([jmdm.] etw. zur beliebigen Benutzung bereitstellen);* sein Amt zur V. stellen *(seinen Rücktritt anbieten);* etw. steht jmdm. zur V. *(jmd. kann über etw. frei verfügen);* sich jmds., zur V. halten *(sich bereithalten, um [jmdm.] helfen zu können).*
Ver|fü|gungs|be|fug|nis, die (Rechtsspr.): *Befugnis, über etw. zu verfügen.*
ver|fü|gungs|be|rech|tigt ⟨Adj.⟩: *dazu berechtigt, über etw. zu verfügen.*
Ver|fü|gungs|ge|walt, die ⟨Pl. selten⟩: *Gewalt* (1), *über etw. zu verfügen.*
Ver|fü|gungs|recht, das: vgl. *Verfügungsgewalt.*
ver|führ|bar ⟨Adj.⟩: *sich leicht verführen lassend.*
Ver|führ|bar|keit, die; -: *das Verführbarsein:* die V. durch Sprache.
ver|füh|ren ⟨sw. V.; hat⟩ [mhd. vervüeren = vollführen, ausüben; weg-, irreführen, ahd. firfuoren = entfernen, wegfahren]: **a)** *jmdn. dazu bringen, etw. Unkluges, Unrechtes, Unerlaubtes gegen seine eigentliche Absicht zu tun; verlocken, verleiten:* jmdn. zum Trinken v.; der niedrige Preis verführte sie zum Kauf; darf ich Sie zu einem Bier v. (ugs. scherzh.; *einladen)?;* **b)** *zum Geschlechtsverkehr verleiten:* er hat das Mädchen verführt.
Ver|füh|rer, der; -s, -: **a)** *jmd., der jmdn. zu etw. verführt* (a); **b)** *jmd., der jmdn. verführt* (b): ein charmanter V.
Ver|füh|re|rin, die; -, -nen: w. Form zu ↑ Verführer.
ver|füh|re|risch ⟨Adj.⟩: **a)** *geeignet, jmdn. zu etw. zu verführen:* ein -es Angebot; das Essen riecht ja [äußerst] v.; **b)** *äußerst attraktiv, reizvoll:* ein -es Lächeln; sie sieht v. aus; Gemurmel ertönt; das Klappern von hohen Absätzen. Lisa, das eitle Biest, hat sich in ihre Schuhe wieder angezogen, um -er auszusehen (Remarque, Obelisk 86).
Ver|füh|rung, die; -, -en: **1.** *das Verführen; das Verführtwerden.* **2.** *Reiz, anziehende Wirkung:* die -en der Werbung.
Ver|füh|rungs|kunst, die: *Kunst* (2) *der Verführung.*
ver|fuhr|wer|ken ⟨sw. V.; hat⟩ (schweiz.): *verpfuschen.*
ver|fül|len ⟨sw. V.; hat⟩ (bes. Bergmannsspr.): **a)** *(mit Abraum o. Ä.) füllen u. dadurch schließen:* einen Bergwerksstollen, Schacht v.; **b)** *beladen, vollladen:* Karren v.
Ver|fül|lung, die; -, -en: *das Verfüllen.*
ver|fünf|fa|chen ⟨sw. V.; hat⟩: **a)** *[durch Multiplikation] fünfmal so groß machen;* **b)** ⟨v. + sich⟩ *fünfmal so groß werden.*
ver|fut|tern ⟨sw. V.; hat⟩ (ugs.): *durch Futtern* (1) *verbrauchen:* sein ganzes Taschengeld v.
ver|füt|tern ⟨sw. V.; hat⟩: **a)** *(Tieren) als Futter geben:* Rüben, Hafer v.; **b)** *durch* ¹*Füttern* (1 b) *verbrauchen:* 20 kg Hafer an die Pferde v.
Ver|ga|be, die; -, -n: *das Vergeben* (2): die V. eines Auftrags, Stipendiums, Preises, einer Sozialwohnung; die V. von Lizenzen, Subventionen.
Ver|ga|be|kri|te|ri|um, das: *Kriterium, nach dem die Vergabe von etw. geregelt ist.*
ver|ga|ben ⟨sw. V.; hat⟩ [eigtl. = als Gabe hingeben] (schweiz.): *schenken; vermachen.*
Ver|ga|be|pra|xis, die ⟨o. Pl.⟩: *das übliche Verfahren bei der Vergabe von etw.*
Ver|ga|be|recht, das ⟨o. Pl.⟩ (Rechtsspr., Verwaltungsspr.): *Regelungen u. Vorschriften für die Vergabe öffentlicher Aufträge.*

Vergabeverfahren – vergehen

Ver|ga|be|ver|fah|ren, das: *[festgelegte] Art u. Weise der Vergabe von etw.*
Ver|ga|bung, die; -, -en (schweiz.): *Schenkung, Vermächtnis.*
ver|gack|ei|ern ⟨sw. V.; hat⟩ [zu mundartl. (md.) Gackei (Kinderspr.) = Ei, auch = Narr] (salopp): *zum Narren halten:* du willst mich wohl v.?
ver|gaf|fen, sich ⟨sw. V.; hat⟩ (salopp): *sich verlieben:* er hat sich auf der Stelle in sie, in ihre Augen vergafft.
ver|gagt […ˈgɛkt] ⟨Adj.⟩ (ugs.): *[zu] viele Gags* (a, b) *enthaltend:* ein -er Roman, Film.
ver|gäl|len ⟨sw. V.; hat⟩ [mhd. vergellen, zu ↑ ¹Galle u. eigtl. = bitter wie Galle machen]: **1.** (Fachspr.) *etw. denaturieren* (2)*, um es ungenießbar zu machen:* Alkohol, Spiritus v. **2.** *(jmdm. die Freude an etw.) verderben:* jmdm. das Leben v.; mit seinem Genörgel hat er mir die Freude an der Reise vergällt; der Tag, das Fest war [mir] vergällt.
Ver|gäl|lung, die; -, -en (Fachspr.): *das Vergällen.*
ver|ga|lop|pie|ren, sich ⟨sw. V.; hat⟩ (ugs.): *etw. zu rasch u. unbedacht sagen od. tun, was sich nachher als Irrtum herausstellt:* sich [beim Kalkulieren] v.
ver|gam|meln ⟨sw. V.⟩ (ugs.): **1.** ⟨ist⟩ **a)** *(von Nahrungsmitteln) durch zu langes Liegen verderben, ungenießbar, unbrauchbar werden:* die Vorräte vergammeln; das Brot, das Fleisch ist völlig vergammelt; **b)** *heruntergekommen* (2 a)*, verwahrlosen:* im Urlaub, in den Semesterferien völlig v.; der Garten, das Grundstück vergammelt; ⟨oft im 2. Part.:⟩ ein vergammeltes Haus, Geschäft. **2.** ⟨hat⟩ *eine bestimmte Zeit müßig zubringen; vertrödeln:* den ganzen Sonntag im Bett v.
ver|gan|den ⟨sw. V.; ist⟩ [zu ↑ Gand] (schweiz.): *verwildern* (1) *[von Alpweiden].*
Ver|gan|dung, die; - (schweiz.): *das Verganden.*
ver|gan|gen: ↑ vergehen.
Ver|gan|gen|heit, die; -, -en ⟨Pl. selten⟩ [zu ↑ vergehen]: **1. a)** ⟨o. Pl.⟩ *der Gegenwart vorangegangene Zeit [u. das in ihr Geschehene]:* V., Gegenwart und Zukunft; die jüngste V. *(soeben erst verstrichene Zeit);* die unbewältigte V. (bes. in Bezug auf die Verbrechen des Nationalsozialismus); die V. lebendig werden lassen, wachrufen; die Historiker erforschen die V.; etw. gehört der V. an *(ist nicht mehr üblich, zweckmäßig usw.);* aus den Fehlern der V. lernen; sie hat mit der V. gebrochen *(will nichts mehr davon wissen);* einen Strich unter die V. ziehen (vgl. Strich 1 a); **b)** *jmds. Leben bis zum gegenwärtigen Zeitpunkt:* seine politische, kriminelle V.; eine zweifelhafte V. haben; sie hat eine bewegte V.; die Stadt ist stolz auf ihre [große] V. *(Geschichte);* eine Frau mit V. *(eine Frau, die schon mehrere Liebschaften hatte);* er schweigt über seine braune V. *(sein nationalsozialistisch geprägtes früheres Leben);* In -en rumzustochern war nicht nötig, denn die wenigen Abenteuer im Abseits gaben nur ungenaue oder falsch eingeordnete Erinnerungen her (Grass, Unkenrufe 156). **2.** (Sprachwiss.) *Zeitform, die ein vergangenes Geschehen ausdrückt:* die drei Formen der V.; ein Verb in die V. setzen.
Ver|gan|gen|heits|be|wäl|ti|gung, die: *Auseinandersetzung* (1) *einer Nation mit einem problematischen Abschnitt ihrer jüngeren Geschichte, in Deutschland bes. mit dem Nationalsozialismus.*
Ver|gan|gen|heits|form, die (Sprachwiss.): *Zeitform der Vergangenheit* (2).
ver|gäng|lich ⟨Adj.⟩ [mhd. vergenclich]: *ohne Bestand; in seinem Dauer; vom Vergehen, vom Tod bedroht:* leicht -e Stoffe, Substanzen; das Leben, die Jugend, alles Irdische ist v.
Ver|gäng|lich|keit, die; -, -en: **1.** ⟨o. Pl.⟩ *das Vergänglichsein.* **2.** *etw. Vergängliches.*

ver|gan|ten ⟨sw. V.; hat⟩ [zu ↑ Gant] (schweiz., sonst veraltet): *in Konkurs bringen;* Dazu: **Ver|gan|tung,** die; -, -en.
ver|gä|ren ⟨st. u. sw. V.; vergor/(auch:) vergärte, vergoren/ (auch:) vergärt⟩: **a)** ⟨hat⟩ *gären lassen [u. so zu etw. anderem werden lassen]:* Traubensaft zu Most v.; in diesem Fass wird Futter vergoren/vergärt; **b)** ⟨ist⟩ (Fachspr.) *gären* (1 a).
Ver|gä|rung, die; -, -en: *das Vergären.*
ver|ga|sen ⟨sw. V.; hat⟩: **1.** (Fachspr.) *in Gas umwandeln:* Braunkohle, Koks v. **2. a)** *durch Giftgase töten:* in der Zeit des Nationalsozialismus wurden Millionen von Juden vergast; **b)** *durch Giftgase vertilgen:* Ungeziefer v.
Ver|ga|ser, der; -s, - (Kfz-Technik): *Vorrichtung an Ottomotoren, die durch Zerstäuben des Kraftstoffes das zum Betrieb notwendige Gemisch aus Luft u. Kraftstoff herstellt.*
Ver|ga|ser|brand, der (Kfz-Technik): *Brand im Vergaser.*
Ver|ga|ser|kraft|stoff, der (Kfz-Technik): *für einen Vergasermotor geeigneter Kraftstoff* (z. B. Benzin).
Ver|ga|ser|mo|tor, der; -s, -en, auch: -e (Kfz-Technik): *Ottomotor.*
ver|gaß, ver|gä|ße: ↑ ¹vergessen.
Ver|ga|sung, die; -, -en: **1.** *das Vergasen; das Vergastwerden.* **2.** * **bis zur V.** (ugs.; *bis zum Überdruss;* zu ↑ vergasen 1)

Die Wendung entstammt dem Bereich der Naturwissenschaften und bezieht sich auf den letzten (gasförmigen) Aggregatzustand, der bei ständiger Erwärmung eines Stoffes erreicht wird; im Bewusstsein vieler Menschen ist sie jedoch auf die Massenvernichtung der Juden mit Gas im Dritten Reich bezogen. Der Gebrauch der Wendung gilt dann als inhuman.

ver|gat|tern ⟨sw. V.; hat⟩ [mhd. vergatern = versammeln, verw. mit ↑ Gatte, ↑ Gatter u. ↑ Gitter]: **1. a)** (Militär früher) *Soldaten bei Antritt der Wache zur Einhaltung der Vorschriften verpflichten:* die Wache v.; **b)** (ugs.) *beauftragen, [dienstlich] verpflichten:* er wurde zum Abwaschen, zu strengstem Stillschweigen vergattert. **2.** *mit einem Gatter* (1 a) *umgeben:* die Koppel v.
Ver|gat|te|rung, die; -, -en [mhd. vergateruge = Vereinigung, Versammlung]: *das Vergattern.*
ver|ge|ben ⟨st. V.; hat⟩ [mhd. vergeben, ahd. fargeban]: **1.** (geh.) *verzeihen:* sie hat ihm die Kränkung, das Unrecht, die Schuld, seinen Fehler [nicht, längst] vergeben; Schluss damit, die Sache ist vergeben und vergessen; ⟨auch ohne Akk.-Obj.:⟩ vergib mir. **2.** *etw., worüber man als Angebot, Auftrag o. Ä. verfügt, an jmdn. geben, ihm übertragen:* eine Stelle, einen Auftrag, eine Lizenz v.; die Stiftung hat drei Stipendien zu v.; es sind noch Eintrittskarten zu v.; der Friedensnobelpreis wurde an eine Amerikanerin vergeben; der Ärztetag, die Bundesgartenschau wurde nach Magdeburg vergeben; ⟨häufig im 2. Part.:⟩ ich bin Samstag schon vergeben *(habe schon etwas vor);* seine Töchter sind alle schon vergeben *(verlobt od. verheiratet);* das ist doch vergeben (seltener; *vergebliche*) Mühe; Ü Sie kann nicht dulden, dass der Vater Zuneigungen vergibt, die ihr gehören (Strittmatter, Der Laden 191). **3.** *seinem Ansehen, seiner Würde o. Ä. schaden:* * **sich** ⟨Dativ⟩ **[et]was, nichts v.** *(seinem Ansehen nichts od. nichts v.* **4.** (Sport) *eine günstige Gelegenheit, ein Tor, einen Punkt o. Ä. zu erzielen, nicht ausnutzen:* auf den letzten Metern vergab die Läuferin die Chance zum Sieg; ein Tor, einen Elfmeter v.; ⟨auch ohne Akk.-Obj.:⟩ Müller erreichte den Ball noch, aber er vergab *(traf nicht ins Tor).* **5.** (Kartenspiele) **a)** ⟨v. + sich⟩ *beim Austeilen der Karten einen Fehler machen:* du hast dich vergeben; **b)** *(die Karten) falsch austeilen:* du hast die Karten vergeben. ◆ **6.** [spätmhd. vergeben mit vergift = vergiften, eigtl. = in böser Absicht Gift geben; später meist ohne Obj.] *[jmdm.] Gift geben, [jmdn.] vergiften:* Was für Kabalen habt ihr angezettelt, mich aus dem Weg zu räumen? … Mich im Schlaf zu erdrosseln? … Mir im Wein oder im Schokolade zu v.? (Schiller, Räuber IV, 2); ⟨mit Präpositional-Obj.:⟩ Ich würde den ewig hassen, der mir (= an meiner Stelle) ihm jetzt mit Gift vergäbe, der mir in meuchelmörderisch aus dem Wege räumte (Goethe, Clavigo IV, 2). ◆ **7.** *aufgeben* (7 b)*, [auf etw.] verzichten:* Sollen wir uns und dem Kaiser die Gerechtsame v.? – Wenn wir nur Leute hätten, sie zu behaupten (Goethe, Götz IV); Meine Herrn! … keiner von Ihnen kann ein Haarbreit von seinen Rechten v., ohne zugleich die Seele des ganzen Staats zu verraten (Schiller, Fiesco IV, 6).
ver|ge|bens ⟨Adv.⟩ [spätmhd. vergeben(e)s, für mhd. vergebene = schenkweise, unentgeltlich; umsonst, Adv. zu: vergebene (2. Part.) in der Bed. »geschenkt«]: *umsonst; vergeblich:* ich habe lange gesucht, aber es war v.
Ver|ge|ber, der; -s, - (geh.): **1.** *jmd., der vergibt* (1)*.* **2.** *Person, Firma od. Institution, die etw. vergibt* (2).
Ver|ge|be|rin, die; -, -nen: w. Form zu ↑ Vergeber.
ver|geb|lich ⟨Adj.⟩ [spätmhd. vergeblich, wohl Kürzung aus einer Bildung zum 1. Part., vgl. mhd. vergebenlich]: *erfolglos; nicht die erwartete od. erhoffte Wirkung zeigend:* ein -es Opfer; -e Nachforschungen; meine Bemühungen waren, blieben v.; er hat sich bisher v. beworben; sie hat v. auf ihn gewartet, nach ihm gesucht.
Ver|geb|lich|keit, die; -, -en: **1.** ⟨o. Pl.⟩ *das Vergeblichsein:* die V. seiner Bemühungen einsehen. **2.** *etw. Vergebliches.*
Ver|ge|bung, die; -, -en [spätmhd. vergebunge]: **1.** (geh.) *Verzeihung:* die V. der Sünden *(durch göttliche Vollmacht vollzogene Lossprechung des Sünders nach der Beichte);* um V. bitten; V.! **2.** ⟨Pl. selten⟩ *das Vergeben* (2)*, Vergabe.*
ver|ge|gen|ständ|li|chen ⟨sw. V.; hat⟩ (bes. Philos.): **1. a)** *in etw. real werden lassen; hypostasieren:* seine Ideen in einer Skulptur v.; **b)** ⟨abwertend⟩ *zu einem bloßen Gegenstand, Ding machen.* **2.** ⟨v. + sich⟩ *sich in etw. darstellen:* der Mensch vergegenständlicht sich in seiner Arbeit.
Ver|ge|gen|ständ|li|chung, die; -, -en (bes. Philos.): *das [Sich]vergegenständlichen.*
ver|ge|gen|wär|ti|gen [auch: …ˈvɛr…], sich ⟨sw. V.; hat⟩ [LÜ von spätlat. praesentare, ↑ Präsentieren]: *sich etw. klarmachen, deutlich ins Bewusstsein, in Erinnerung rufen:* du musst dir unsere [damalige] Lage einmal v. Dazu: **Ver|ge|gen|wär|ti|gung,** die; -, -en.
ver|ge|hen ⟨unr. V.⟩ [mhd. vergân, -gên, ahd. firgân]: **1.** ⟨ist⟩ **a)** *(von einer Zeitspanne o. Ä.) vorbeigehen, verstreichen:* die Tage vergingen [mir] wie im Fluge; die Jahre sind schnell vergangen; darüber, über dieser Arbeit vergingen Wochen; es vergingen zwanzig Minuten, bis sie endlich kam; es vergeht kein Tag, an dem er nicht anruft; wie doch die Zeit vergeht!; es war noch keine Stunde vergangen, als …; ⟨häufig im 2. Part.:⟩ vergangenes *(letztes)* Jahr; **b)** *(von einer Empfindung o. Ä.) in jmdm. nachlassen u. schließlich] aufhören, [ver]schwinden:* der Schmerz, die Müdigkeit vergeht wieder; als sie auf den Teller sah, verging ihr der Appetit; die Freude an dem Fest war ihnen vergangen; das Lachen wird ihm noch v.; sie schimpfte ihn aus, dass ihm Hören und Sehen verging; Der Geruch war so stechend, dass manchen der Gäste der

Geschmack am Essen verging (Süskind, Parfum 211); **c)** *sich in nichts auflösen, sich verflüchtigen:* die Wolke, der Nebel, der Geruch verging. **2.** ⟨ist⟩ **a)** (geh.) *als vergängliches Wesen sterben:* der Mensch vergeht; (subst.:) das Werden und Vergehen in der Natur; **b)** *ein bestimmtes übermächtiges Gefühl sehr stark empfinden (sodass man glaubt, die Besinnung verlieren, sterben zu müssen):* vor Liebe, Sehnsucht, Durst, Angst [fast] v.; sie vergingen fast vor Neugier, vor Spannung; sie glaubte, vor Heimweh v. zu müssen; **c)** (seltener) *zergehen.* **3.** ⟨v. + sich; hat⟩ **a)** *gegen ein Gesetz, eine Norm o. Ä. verstoßen:* sich gegen das Gesetz v.; du hast dich gegen die guten Sitten vergangen; **b)** *eine unerlaubte, strafbare Handlung vornehmen; einer Sache Schaden zufügen:* sich an der Umwelt v.; sich an fremdem Eigentum v. (geh.; *es stehlen*); **c)** *an jmdm. ein Sexualverbrechen begehen; jmdm. Gewalt antun:* sich an einer Frau, an einem Kind v.
Ver|ge|hen, das; -s, -: *gegen ein Gesetz, eine Norm o. Ä. verstoßende Handlung:* ein leichtes, schweres V.
Ver|ge|hung, die; -, -en (selten): *Vergehen:* ◆ ... den Kohlhaas ... auf den Grund neuer -en zu stürzen (Kleist, Kohlhaas 73).
ver|gei|gen ⟨sw. V.; hat⟩ [eigtl. = schlecht od. falsch geigen] (ugs.): *(durch falsches Vorgehen, eine schlechte Leistung) verderben, zu einem Misserfolg machen:* eine Klassenarbeit, ein Spiel v.; (auch ohne Akk.-Obj.:) unsere Mannschaft hat schon wieder vergeigt *(verloren).*
ver|gei|len ⟨sw. V.; ist⟩ [zu ↑ Geil] (Bot.): *(von Pflanzen) durch Lichtmangel verkümmern; etiolieren:* Dazu: **Ver|gei|lung,** die, -, -en.
◆ **ver|geis|tert** ⟨Adj.⟩ [eigtl. 2. Part. von: vergeistern = einem Geist, einem Spukgestalt ähnlich machen]: *verstört, verschreckt:* Der Mann! So v. Er hat sein Kind nicht angesehn! Er schnappt noch über mit den Gedanken! (Büchner, Woyzeck [Die Stadt]).
ver|geis|ti|gen ⟨sw. V.; hat⟩: **1.** *ins Geistige* (1 a) *(als neue Qualität) überführen, wenden:* das Leiden vergeistigte ihre Schönheit; er sah ganz vergeistigt aus; ein vergeistigter Mensch. **2.** *alkoholisieren* (1).
Ver|geis|ti|gung, die; -, -en: *das Vergeistigen, Vergeistigtsein.*
◆ **ver|gel|ben:** landsch. Nebenf. von ↑ vergilben: ... während ihre schönen Finger emsig die vergelbten Blätter von einem Bilde durchteilen (Hauff, Jud Süß 435).
ver|gel|ten ⟨st. V.; hat⟩ [mhd. vergelten, ahd. fargeltan = zurückzahlen, zurückerstatten, heimzahlen]: *mit einem bestimmten förderlichen od. seltener auch freundlichen Verhalten auf etw. reagieren:* man soll nicht Böses mit Bösem v.; Gleiches mit Gleichem v.; (Dankesformel) vergelts Gott!; ... und das alles vergisst sie ihm mit der Zerstörung seiner Ehe (Zwerenz, Quadriga 115).
Ver|gel|tung, die; -, -en [spätmhd. vergeltunge, ahd. fargeltunga = (Zu)rückzahlung]: **1.** *das Vergelten.* **2.** ⟨Pl. selten⟩ *Rache, Revanche* (1, 2): [blutige] V. für etw. üben; auf V. sinnen.
Ver|gel|tungs|akt, der: [1]*Akt* (1 a) *zur Vergeltung* (2) *von etw.*
Ver|gel|tungs|ak|ti|on, die: *Vergeltungsakt:* eine V. beschließen, planen.
Ver|gel|tungs|maß|nah|me, die: *Maßnahme zur Vergeltung* (2).
Ver|gel|tungs|schlag, der: *besonders harte, schreckliche Vergeltungsmaßnahme:* ein atomarer V.
ver|ge|nau|ern ⟨sw. V.; hat⟩ (schweiz.): *genauer machen.*
Ver|ge|nos|sen|schaft|li|chung, die; -, -en ⟨Pl. selten⟩ (DDR): *Eingliederung landwirtschaftlicher Einzelbetriebe in eine Produktionsgenossenschaft.*
ver|ge|sell|schaf|ten ⟨sw. V.; hat⟩ [urspr. = zu einer Gemeinschaft vereinigen]: **1.** (Wirtsch.) *vom Privateigentum in den Besitz der Gesellschaft überführen; sozialisieren* (1): die Banken, Industrien v.; ein vergesellschafteter Betrieb; die vergesellschaftete Produktion. **2.** (Soziol., Psychol., Verhaltensf.) *sozialisieren* (2): vergesellschaftete Individuen. **3.** ⟨v. + sich⟩ (Fachspr., bes. Biol., Med.) *eine Gemeinschaft, Gesellschaft bilden; zusammen mit etw. vorkommen.*
Ver|ge|sell|schaf|tung, die; -, -en: *das Vergesellschaften, das Vergesellschaftetwerden.*
[1]**ver|ges|sen** ⟨st. V.; hat⟩ [mhd. vergeʒʒen, ahd. firgeʒʒan, zu einem Verb mit der Bed. »fassen, ergreifen«, eigtl. = aus dem (geistigen) Besitz verlieren]: **1.** *aus dem Gedächtnis verlieren; nicht behalten, sich nicht merken können:* die Hausnummer, das Datum, die Vokabeln v.; ich habe seinen Namen vergessen; ich habe vergessen, was ich sagen wollte; ⟨auch ohne Akk.-Obj.:⟩ ich vergesse sehr leicht *(habe ein schlechtes Gedächtnis).* **2.** *nicht [mehr] an jmdn., etw. denken:* jmdn., etw. sein Leben lang, sein Lebtag nicht [v. können]; seinen Ärger, seine guten Vorsätze v.; v. wollte diese Frau, dieses Erlebnis so rasch wie möglich v.; seine Umgebung, sich völlig v. *(völlig versunken sein);* ich habe meinen Schirm im Zug vergessen *(liegen lassen);* seine Schlüssel v. *(nicht daran denken, sie einzustecken, mitzunehmen);* sie wird noch einmal ihren Kopf v. (ugs. scherzh.; *lässt immer Dinge irgendwo liegen);* ich habe ganz, völlig vergessen, dass heute Sonntag ist; (bei Aufzählungen:) gestern kamen Vater, Mutter und Großmutter, nicht zu v. Tante Erna; der Kummer war bald vergessen; sie glaubte sich vom Leben schon vergessen; Weihnachten war längst vergessen *(lag schon weit zurück);* sie hatten über dem Erzählen ganz die Arbeit vergessen; das vergisst man/das vergisst sich nicht so leicht; vergiss dich selbst nicht! (fam.; *nimm dir auch etwas [zu essen, zu trinken]!);* das ist jetzt nicht mehr aktuell; daraus wird nichts); den Mantel kannst du v. (ugs.; *er ist nicht mehr brauchbar);* eine vergessene *(heute unbekannte)* Dichterin; ⟨auch ohne Akk.-Obj.:⟩ in einer neuen Umgebung vergisst man leichter; ⟨mit Gen.-Obj.:⟩ vergiss nicht deiner Pflichten! (veraltet, noch geh.; *denke an deine Pflichten!);* ⟨mit Präpositional-Obj.:⟩ er vergisst jedes Jahr auf/(seltener:) an ihren Geburtstag (südd., österr.; *denkt nicht daran, zu gratulieren);* sie hatte völlig darauf vergessen (südd., österr.; *nicht daran gedacht),* dass ihr Sohn heute kommen wollte; vergessen gehen (schweiz.; *vergessen werden, in Vergessenheit geraten);* ◆ Könnt ich der Erste sein, der dich v.! liebe (Goethe, Egmont I); ◆ Jetzt vergaß ich meiner Würde (Rosegger, Waldbauernbub 143); * *jmdm. etw. nie/nicht v.* *(jmdm. für sein Verhalten in einer bestimmten Situation immer dankbar bzw. böse sein);* *etw. v. können* (ugs.: *etw. vernachlässigen, sich etw. ersparen können [weil keine Aussicht auf Erfolg besteht, weil es wertlos, unbrauchbar ist o. Ä.]:* den Mantel kannst du v., der ist bei dem Wetter viel zu warm. **2.** *mit etw. nicht rechnen können, etw. nicht zu erwarten brauchen:* das neue Fahrrad kannst du v. - den Schulnoten!) **3.** ⟨v. + sich⟩ *die Beherrschung über sich selbst verlieren:* sich im Zorn völlig v.; wie konntest du dich nur so weit v., ihn zu schlagen?
◆[2]**ver|ges|sen** ⟨Adj.⟩ [eigtl. adj. 2. Part. von ↑ [1]vergessen]: *vergesslich:* Wir aber müssten sehr undankbar, sehr v. sein, wenn wir uns nicht erinnerten, was wir der Regentin schuldig sind (Goethe, Egmont IV); Die Jugend ist v. aus geteilten Interessen; das Alter ist v. aus Mangel an Interessen (Goethe, Zahme Xenien V).
ver|ges|sen ge|hen, ver|ges|sen|ge|hen ⟨unr. V.; ist⟩ (schweiz.): *vergessen werden, in Vergessenheit geraten.*
Ver|ges|sen|heit, die; - [mhd. vergeʒʒenheit]: *das Vergessensein:* etw. der V. entreißen; in V. geraten, kommen.
ver|gess|lich ⟨Adj.⟩ [mhd. vergeʒʒe(n)lich]: *leicht u. immer wieder etw. vergessend:* im Alter v. werden.
Ver|gess|lich|keit, die; -: *das Vergesslichsein:* sie ärgerte sich über ihre zunehmende V.
ver|geu|den ⟨sw. V.; hat⟩ [mhd. vergiuden, zu: giuden = prahlen, großtun; prassen, wohl im Sinne von »den Mund aufreißen« zu ↑ gähnen]: *leichtsinnig u. verschwenderisch mit etw. beim Verbrauch umgehen:* Geld, Vermögen, seine Kräfte v.; sie hat ihr Leben vergeudet; damit vergeudest du nur deine Zeit; es ist keine Zeit mehr zu v. *(es ist sehr eilig).*
Ver|geu|dung, die; -, -en: *das Vergeuden, das Vergeudetwerden:* wir protestieren gegen die sinnlose V. von Steuergeldern.
ver|ge|wal|ti|gen ⟨sw. V.; hat⟩ [spätmhd. vergewaltigen]: **1.** *jmdn. durch Anwendung, Androhung von Gewalt zum Geschlechtsverkehr zwingen.* **2.** *auf gewaltsame Weise seinen Interessen, Wünschen unterwerfen:* ein Volk [kulturell, wirtschaftlich] v.; das Recht, die Sprache v.
Ver|ge|wal|ti|ger, der; -s, -: *jmd., der jmdn. vergewaltigt [hat].*
Ver|ge|wal|ti|ge|rin, die; -, -nen: w. Form zu ↑ Vergewaltiger.
Ver|ge|wal|ti|gung, die; -, -en [spätmhd. vergewaltigunge]: **1.** *das Vergewaltigen; das Vergewaltigtwerden.* **2.** *Akt des Vergewaltigens.*
ver|ge|wis|sern, sich ⟨sw. V.; hat⟩ [zu ↑ [1]gewiss]: *nachsehen, prüfen, ob etw. tatsächlich geschehen ist, zutrifft:* bevor er fortging, vergewisserte er sich, dass die Fenster geschlossen waren; sich der Sympathie eines anderen v.; (selten:) sich über jmdn., etw. v.
Ver|ge|wis|se|rung, die; -, -en ⟨Pl. selten⟩: *das Sichvergewissern:* darf ich zu meiner/zur V. noch einmal fragen, ob der Termin jetzt feststeht?
ver|gie|ßen ⟨st. V.; hat⟩ [mhd. vergieʒen, ahd. fargioʒan]: **1. a)** *versehentlich neben das eigentliche Ziel gießen:* beim Eingießen habe ich etwas Kaffee vergossen; **b)** *verschütten:* das Kind hat seine Milch vergossen; **c)** *hervordringen u. fließen lassen* (in bestimmten Verbindungen): Tränen v. *(heftig weinen);* bei der Arbeit Schweiß v. *(sich dabei sehr anstrengen);* bei dem Staatsstreich wurde viel Blut vergossen *(wurden viele Menschen getötet).* **2.** (Fachspr.) **a)** *(etw. Verflüssigtes) in eine bestimmte Form gießen:* Metall v.; **b)** *durch Vergießen* (2 a) *herstellen.*
ver|gif|ten ⟨sw. V.; hat⟩ [mhd. vergiften, eigtl. = (ver)schenken, ahd. fargiftjan]: **1.** *[durch Vermischung mit Gift] giftig machen:* Speisen v.; das Essen, der Wein war vergiftet; ein vergifteter Pfeil; Ü solche Eindrücke können die Seele eines Kindes v.; eine vergiftete Atmosphäre. **2.** ⟨v. + sich⟩ *sich durch Gift vergiften* (2) *zuziehen:* sich durch verdorbenen Fisch v. **3. a)** *durch Gift töten:* Ratten v.; sie hatte ihren Mann vergiftet; er hatte sich [mit Tabletten] vergiftet; **b)** *(durch Schadstoffe) Schaden zufügen, verderben; krank, unbrauchbar, ungenießbar machen:* Abgase vergiften die Luft; durch Abwässer vergiftete Flüsse und Seen.
Ver|gif|tung, die; -, -en: **1.** *das Vergiften; das Vergiftetwerden.* **2.** *durch Eindringen eines Giftstoffes in den Organismus hervorgerufene Erkrankung:* an einer V. sterben.

Vergiftungserscheinung – Vergnügen

Ver|gif|tungs|er|schei|nung, die: *Anzeichen einer Vergiftung.*
ver|gil|ben ⟨sw. V.⟩ [mhd. vergilwen = gelb machen od. werden]: **1.** ⟨ist⟩ *mit der Zeit seine ursprüngliche Farbe verlieren u. gelb werden:* das Papier, das Laub vergilbt; ⟨häufig im 2. Part.:⟩ vergilbte Briefe, Fotografien, Tapeten. **2.** ⟨hat⟩ (selten) *gelb machen:* die Sonne hat die Gardinen vergilbt.
Ver|gil|bung, die; -, -en (selten): *das Vergilben.*
ver|gip|sen ⟨sw. V.; hat⟩: **1. a)** *mit Gips ausfüllen:* Löcher, Risse in der Wand v.; **b)** *mit Gips befestigen; eingipsen* (1). **2.** (seltener) *eingipsen* (2): ein gebrochenes Bein v.
ver|giss: ↑ ¹*vergessen.*
Ver|giss|mein|nicht, das; -[e]s, -[e] [zusammengesetzt aus der verneinten Befehlsform von ↑ ¹vergessen u. ihrem Objekt, dem heute veralteten Gen. Sg. des Personalpronomens der 1. Pers.; die Blume gilt als Symbol der Freundschaft u. Erinnerung]: *kleine, bes. an feuchten Standorten wachsende Pflanze mit schmalen, länglichen, behaarten Blättern u. kleinen hellblauen, seltener rosa od. weißen Blüten.*
ver|giss|mein|nicht|blau ⟨Adj.⟩: *von intensiv hell-, himmelblauer Farbe.*
ver|gisst: ↑ ¹*vergessen.*
ver|git|tern ⟨sw. V.; hat⟩ [spätmhd. vergitern]: *mit einem Gitter versehen, sichern:* die Schaufenster v.; ⟨häufig im 2. Part.:⟩ ein vergitterter Schacht; vergitterte Fenster.
Ver|git|te|rung, die; -, -en: **1.** *das Vergittern; das Vergittertwerden.* **2.** *zur Sicherung einer Sache angebrachtes Gitter.*
ver|gla|sen ⟨sw. V.⟩: **1.** ⟨hat⟩ *mit einer Glasscheibe versehen:* das Fenster neu v.; eine verglaste Veranda; * du kannst dich v. lassen/lass dich v.! (salopp, bes. berlin.: ↑einpacken 1). **2.** ⟨ist⟩ (selten) *glasig* (1), *starr werden:* ihre Augen verglasten vor Schreck. **3.** ⟨hat⟩ (Kerntr.) *zur Endlagerung bestimmte hoch radioaktive Abfälle in Glas einbetten.*
Ver|gla|sung, die; -, -en: **1.** *das Verglasen* (1); *das Verglastwerden.* **2.** *Glasscheibe, mit der etw. verglast* (1) *ist.* **3.** (Kerntr.) *das Verglasen* (3), *Verglastwerden.*
Ver|gleich, der; -[e]s, -e [rückgeb. aus ↑ vergleichen]: **1.** *vergleichende Betrachtung; das [Ergebnis des] Vergleichen[s]* (1): ein [un]passender, treffender, schiefer V.; das ist ein unhaltbarer V.; dieser V. drängt sich einem geradezu auf, ist weit hergeholt, hinkt; ein, der V. der beiden/zwischen den beiden Fassungen des Romans zeigt, dass ...; das ist doch/ja kein V.! *(das ist doch weitaus besser, schlechter usw. als ...!);* einen V. zwischen den beiden Inszenierungen anstellen, ziehen *(sie miteinander vergleichen);* in dieser Hinsicht hält sie den V. mit ihrer Schwester nicht aus *(kommt sie ihr nicht gleich);* im V. zu/(auch:) mit *(verglichen mit)* seiner Frau ist er sehr ruhig; etw. zum V. heranziehen. **2.** *sprachlicher Ausdruck, bei dem etw. mit etw. aus einem anderen (gegensätzlichen) Bereich im Hinblick auf ein beiden Gemeinsames in Beziehung gesetzt u. dadurch eindringlich veranschaulicht wird (z. B. Haare schwarz wie Ebenholz).* **3.** (Rechtsspr.) *gütlicher Ausgleich, Einigung in einem Streitfall durch gegenseitiges Nachgeben der streitenden Parteien:* einen V. schließen; zwischen beiden Parteien kam es zu einem V. **4.** (Sport) *Vergleichskampf.*
ver|gleich|bar ⟨Adj.⟩: *sich mit etw. anderem vergleichen* (1) *lassend:* keine vergleichbare Arbeit; Am ehesten war seine Begabung vielleicht die eines musikalischen Wunderkindes v. (Süskind, Parfum 35). **Dazu: Ver|gleich|bar|keit,** die; -, -en ⟨Pl. selten⟩.

ver|glei|chen ⟨st. V.; hat⟩ [mhd. verg(e)līchen]: **1. a)** *prüfend nebeneinanderhalten, gegeneinander abwägen, um Unterschiede od. Übereinstimmungen festzustellen:* eine Kopie mit dem Original v.; Preise v.; Texte v.; die Uhrzeit v.; das ist [doch gar] nicht zu v. [mit ...]! (ugs.; *ist doch weitaus besser, schlechter usw. als ...!);* (Verweis in Texten:) vergleiche Seite 77 (Abk.: vgl.); verglichen mit Hamburg ist diese Stadt doch hinterste Provinz!; vergleichende Sprach-, Literaturwissenschaft; ... aber Julika spürte sehr wohl, wie sie mit andern Frauen verglich (Frisch, Stiller 119); **b)** *durch einen Vergleich* (2) *zu etw. anderem in Beziehung setzen:* der Dichter vergleich sie mit einer/(geh.:) verglich sie einer Blume. **2.** ⟨v. + sich⟩ *sich mit jmdm. messen, seine Fähigkeiten, Kräfte o. Ä. erproben:* die Athleten können sich vor der Olympiade noch einmal v.; mit ihr kannst, darfst du dich nicht v. **3.** ⟨v. + sich⟩ (Rechtsspr.) *einen Vergleich* (3) *schließen:* die streitenden Parteien haben sich verglichen. ◆ **4.** ⟨v. + sich⟩ *übereinkommen, sich einigen:* ... denn bald verglichen sich beide, Wolf und Bär, das Urteil in dieser Maße zu fällen (Goethe, Reineke Fuchs 9, 262 f.) ◆ **5.** *zu einem Vergleich* (3) *bringen:* ... es sollen kaiserliche Kommissarien ernannt und ein Tag ausgesetzt werden, wo die Sache dann verglichen werden mag (Goethe, Götz I).
Ver|gleichs|form, die (Sprachwiss.): *Form der Komparation; Steigerungsform.*
Ver|gleichs|gläu|bi|ger, der (Rechtsspr.): *an einem Vergleichsverfahren beteiligter Gläubiger.*
Ver|gleichs|gläu|bi|ge|rin, die: w. Form zu ↑ Vergleichsgläubiger.
Ver|gleichs|grö|ße, die: *Bestandteil, Komponente eines Vergleichs* (1).
Ver|gleichs|grup|pe, die: *Gruppe von Versuchspersonen, die bei einer Untersuchung zum Vergleich herangezogen wird.*
Ver|gleichs|jahr, das, (bes. Statistik): *Jahr, das im Hinblick auf etw. Bestimmtes als Vergleich* (1) *dient:* gegenüber dem V. bedeutet dies eine Zunahme von 47 Prozent.
Ver|gleichs|kampf, der (Sport): *Wettkampf zwischen Mannschaften, der aufgrund freier Vereinbarung außerhalb der Titelkämpfe stattfindet.*
Ver|gleichs|maß|stab, der: *Maßstab* (1), *an dem etw. vergleichend gemessen wird.*
Ver|gleichs|mie|te, die: *zur Festsetzung der [Höchst]miete herangezogene Miete vergleichbarer Wohnungen: die Feststellung der ortsüblichen V.*
Ver|gleichs|mög|lich|keit, die: *Möglichkeit, Vergleiche* (1) *zu ziehen:* uns fehlen die -en/wir haben keine V., -en.
Ver|gleichs|mo|nat, der, (bes. Statistik): vgl. Vergleichsjahr.
Ver|gleichs|ob|jekt, das: vgl. Vergleichsmaßstab.
Ver|gleichs|par|ti|kel, die (Sprachwiss.): *beim Vergleich* (1, 2), *bei der Komparation verwendete* ¹*Partikel* (2).
Ver|gleichs|satz, der (Sprachwiss.): *Gliedsatz, der einen Vergleich enthält.*
Ver|gleichs|schuld|ner, der (Rechtsspr.): vgl. Vergleichsgläubiger.
Ver|gleichs|schuld|ne|rin, die: w. Form zu ↑ Vergleichsschuldner.
Ver|gleichs|stu|die, die: *Studie* (2), *die bestimmte Gruppen, Leistungen, Vorgänge o. Ä. miteinander vergleicht.*
Ver|gleichs|stu|fe, die (Sprachwiss.): *eine der drei Stufen der Komparation.*
Ver|gleichs|test, der: *zum Vergleich* (1) *dienender Test.*
Ver|gleichs|ver|fah|ren, das (Rechtsspr.): *gerichtliches Verfahren zur Abwendung eines drohenden Konkurses* (1) *durch einen Vergleich* (3).
ver|gleichs|wei|se ⟨Adv.⟩: *im Vergleich* (1) *zu jmd., etw. anderem; relativ* (1 b): gegen sie ist er v. alt.
Ver|gleichs|wert, der (bes. Statistik): *Wert* (4), *der im Hinblick auf etw. Bestimmtes als Vergleich dient.*
Ver|gleichs|zahl, die: *Zahl, an der etw. vergleichend gemessen wird.*
Ver|gleichs|zeit|raum, der (bes. Statistik): vgl. Vergleichsjahr.
Ver|glei|chung, die; -, -en: *das Vergleichen.*
ver|glet|schern ⟨sw. V.; ist⟩: *zu einem Gletscher werden:* vergletscherte Gebirge. **Dazu: Ver|glet|sche|rung,** die; -, -en.
ver|glim|men ⟨st. u. sw. V.⟩; verglomm/(auch:) verglimmte, ist verglommen/(auch:) verglimmt⟩: *immer schwächer glimmen u. dann ganz verlöschen:* die Glut, das Feuer verglimmt.
ver|glü|hen ⟨sw. V.; ist⟩: **a)** *immer schwächer glühen* (1 a) *u. dann ganz verlöschen:* die Kohle verglühte zu Asche; verglühende Kerzendochte; **b)** *sich durch große Geschwindigkeit u. Reibung bis zur Weißglut erhitzen u. zerfallen:* die Rakete ist beim Eintritt in die Atmosphäre verglüht.
ver|gnat|zen ⟨sw. V.; hat⟩ [aus dem Niederd., zu ↑ gnatzen] (landsch. ugs.): *verärgern:* er war vergnatzt.
ver|gnü|gen ⟨sw. V.; hat⟩ [mhd. vergenüegen, zu: genuoc (↑ ¹genug), urspr. = zufriedenstellen, befriedigen, dann: jmdm. eine Freude machen]: **1.** ⟨v. + sich⟩ *sich vergnügt* (a) *die Zeit vertreiben; sich amüsieren* (1): sich auf dem Fest, Rummelplatz, beim Tanzen v.; sie vergnügte sich mit ihrem Liebhaber auf den Bahamas; (iron.:) Der das gemacht hat, wird sich bald in Russland an der Front v. dürfen *(wird nach Russland an die Front geschickt;* Hochhuth, Stellvertreter 187). **2.** (selten) *belustigen; amüsieren* (3): ihre Befangenheit schien ihn zu v. ◆ **3.** *befriedigen, zufriedenstellen:* Sein Herz war reich genug, Sie selbst von seinem Überflusse zu v. (Schiller, Don Carlos V, 4); Der König hat ganz Recht, ganz Recht. Ich sehs jetzt ein, ich bin vergnügt *(zufrieden),* und jetzt genug davon! (Schiller, Don Carlos II, 5).
Ver|gnü|gen, das; -s, - [mhd. vergenüegen = Bezahlung; Zufriedenstellung]: **1.** ⟨o. Pl.⟩ *inneres Wohlbehagen, das jmdm. ein Tun, eine Beschäftigung, ein Anblick verschafft; Freude* (1), *Lust* (1 b): es ist ein V., ihr zuzusehen; (Höflichkeitsfloskeln:) es ist, war mir ein V. *(ich tue es sehr gern, habe es sehr gern getan);* es war mir ein V. *(es hat mich sehr gefreut),* Sie kennenzulernen; das V. ist ganz meinerseits/auf meiner Seite; mit wem habe ich das V.? (veraltend; *mit wem spreche ich?; wie ist bitte der Name?*); bei etw. ein kindliches V. empfinden; an etw. sein V. finden, haben; das Spiel macht, bereitet ihr [großes, ein diebisches] V.; wir durften uns daran erfreuen *(ein besonderes Vergnügen dabei empfinden),* etw. zu tun; ich wünsche dir [auf der Party] viel V.!; [na, dann] viel V.! (auch ugs. iron.; *bring es gut hinter dich!, lass es dir nicht zu sauer werden!* o. Ä.); mit V. zusehen, etw. lesen; mit [dem größten] V. (Höflichkeitsfloskel als Antwort auf eine Aufforderung; *sehr gern*); vor V. lachen, schreien, in die Höhe springen; etw. nur zum V./nur zu seinem [eigenen] V. *(nicht zu einem bestimmten Zweck, sondern nur aus Freude an der Sache selbst)* tun; wir sind nicht zu unserm V. hier! (*jetzt muss ernsthaft gearbeitet werden!*) **2.** ⟨Pl. selten⟩ **a)** *etw., woran man Vergnügen* (1) *findet, was einem Vergnügen bereitet; angenehmer Zeitvertreib; Spaß;*

Amüsement: mit ihm zu arbeiten ist kein reines V.; es war ein zweifelhaftes V. *(war keineswegs angenehm);* das ist ein teures V. *(kostet viel Geld);* lass, gönn ihr doch das, ihr V.!; nur seinem V. nachgehen; stürzen wir uns also ins V.! *(vergnügen wir uns also!;* auch iron.: *beginnen wir also [mit der Arbeit]!;* lassen wir uns also auf die Sache ein!*);* R immer hinein ins V.! (iron.; *immer weiter so, ohne zu überlegen!*); **b)** (veraltend) *[festliche Tanz]veranstaltung; Vergnügung* (b): ein V. besuchen; auf ein, zu einem V. gehen.

ver|gnü|gens|hal|ber ⟨Adv.⟩ (veraltend): *um des Vergnügens* (1) *willen.*

ver|gnüg|lich ⟨Adj.⟩: **a)** *jmdm. Vergnügen* (1) *bereitend; in netter, lustiger Weise unterhaltsam:* ein -er Abend; es war v., dem Spiel zu folgen; **b)** *vergnügt* (a): eine -e Gesellschaft; v. dreinschauen.

◆ **ver|gnüg|sam** ⟨Adj.⟩ [zu veraltet vergnügen = zufriedenstellen]: *zufrieden:* ... war in sich, mit sich so v., als nur Engel sind (Lessing, Nathan I, 2).

ver|gnügt ⟨Adj.⟩: **a)** *in guter Laune; von einer heiteren u. zufriedenen Stimmung erfüllt, davon zeugend:* eine -e Gesellschaft; ein -es Lächeln; er ist immer [heiter und] v.; sie rieb sich v. die Hände; **b)** *vergnüglich* (a): sich einen -en Tag machen.

Ver|gnügt|heit, die; -, -en ⟨Pl. selten⟩: *das Vergnügtsein* (a).

Ver|gnü|gung, die; -, -en ⟨meist Pl.⟩: **a)** *Vergnügen* (2 a); *angenehmer Zeitvertreib:* seinen -en nachgehen; **b)** *Veranstaltung, Aufführung o. Ä.,* die man besucht, um sich zu vergnügen.

Ver|gnü|gungs|be|trieb, der: **1.** ⟨o. Pl.⟩ *Gesamtheit der zum Vergnügen, zur leichten Unterhaltung dienenden Veranstaltungen, Einrichtungen.* **2.** vgl. Vergnügungslokal.

Ver|gnü|gungs|damp|fer, der: *Dampfer für Vergnügungsfahrten.*

Ver|gnü|gungs|fahrt, die: *zum Vergnügen unternommene Fahrt.*

ver|gnü|gungs|hal|ber ⟨Adv.⟩ (veraltend): *vergnügenshalber.*

Ver|gnü|gungs|in|dus|t|rie, die: *Gesamtheit der der kommerziellen Unterhaltung dienenden Unternehmen.*

Ver|gnü|gungs|lo|kal, das: *Lokal mit der Vergnügung* (b) *dienenden Einrichtungen.*

Ver|gnü|gungs|park, der: *Gelände mit Verkaufsbuden, Karussells o. Ä.*

Ver|gnü|gungs|rei|se, die: *(im Unterschied zur Geschäftsreise o. Ä.) nur dem Vergnügen dienende Reise.*

Ver|gnü|gungs|stät|te, die: vgl. Vergnügungslokal.

Ver|gnü|gungs|steu|er, (Steuerw.:) Vergnügungssteuer, die: *Aufwandssteuer, die von der Gemeinde auf bestimmte Vergnügungen* (b), *z. B. Tanz, Theater, Kino, Zirkus, erhoben wird.*

Ver|gnü|gungs|sucht, die ⟨o. Pl.⟩ (oft abwertend): *Sucht* (2) *nach Vergnügungen.*

ver|gnü|gungs|süch|tig ⟨Adj.⟩: *von Vergnügungssucht erfüllt:* die jungen Leute hielt er für v. und unzuverlässig.

Ver|gnü|gungs|steuer: ↑ Vergnügungssteuer.

Ver|gnü|gungs|vier|tel, das: *Amüsierviertel.*

ver|gol|den ⟨sw. V.; hat⟩ [mhd. vergulden, -gülden]: **1.** *mit einer Schicht Gold überziehen:* Nüsse, einen Bilderrahmen v.; eine Kette v.; Ü die Abendsonne vergoldete die Giebel. **2.** (geh.) *verschönen; angenehm, glücklich erscheinen lassen:* die Erinnerung vergoldete die schweren Jahre. **3.** (ugs.) *etw., was jmd. für einen getan hat, bezahlen* (1 a): sie hat sich ihr Schweigen v. lassen.

Ver|gol|der, der; -s, -: *Handwerker, der Kunst-* u.

Gebrauchsgegenstände vergoldet, versilbert, patiniert usw. (Berufsbez.).

Ver|gol|de|rin, die; -, -nen: w. Form zu ↑ Vergolder.

Ver|gol|dung, die; -, -en: **1.** *das Vergolden* (1). **2.** *Goldüberzug.*

ver|gön|nen ⟨sw. V.; hat⟩ [mhd. vergunnen]: **1.** *als Gunst, als etw. Besonderes zuteilwerden lassen; gewähren* (1 a): ein freundliches Geschick hatte ihm Zeit genug dafür vergönnt; ⟨meist unpers.:⟩ es war ihm [vom Schicksal] nicht vergönnt, diesen Tag zu erleben; mögen dir noch viele Jahre vergönnt *(beschieden)* sein! **2.** (geh.) **a)** *gönnen* (1): jmdm. sein Glück v.; **b)** *gönnen* (2).

ver|got|ten ⟨sw. V.; hat⟩ [spätmhd. vergoten]: *vergöttlichen.*

ver|göt|tern ⟨sw. V.; hat⟩: *übermäßig, abgöttisch* (2) *lieben, verehren:* eine Frau v.; sie vergöttern ihren Lehrer.

Ver|göt|te|rung, die; -, -en: *das Vergöttern; das Vergöttertwerden:* der V. durch ihre Fans konnte und wollte sie sich nicht entziehen.

ver|gött|li|chen ⟨sw. V.; hat⟩: *göttlich* (3 a) *machen; als Gott verehren.*

Ver|gött|li|chung, die; -, -en: *das Vergöttlichen; Apotheose* (1 a).

Ver|got|tung, die; -, -en: *das Vergotten.*

ver|göt|zen ⟨sw. V.; hat⟩ (abwertend): *zum Götzen machen.*

Ver|göt|zung, die; -, -en (abwertend): *das Vergötzen; das Vergötztwerden.*

ver|gra|ben ⟨st. V.; hat⟩ [mhd. vergraben]: **1. a)** *durch Eingraben verstecken, vor anderen verbergen:* Wertsachen, einen Schatz v.; sie vergruben die tote Katze im Garten; **b)** ⟨v. + sich⟩ *sich einen unterirdischen Gang o. Ä. graben u. sich dorthin verkriechen, dort verbergen:* der Maulwurf hat sich in der/die Erde vergraben; Ü sich immer mehr v. *(zurückziehen);* ... jetzt möchte ich mich nur noch verkriechen, v., verstecken und um Vergebung bitten (Mayröcker, Herzzerreißende 88). **2. a)** *in etw. verbergen:* sein Gesicht in beide Hände/in beiden Händen v.; »Es brannte wie in Funke übersprungen«, antwortete er und vergrub seine Stirn, »und wir die/den Hosentaschen v. **3.** ⟨v. + sich⟩ *sich intensiv mit etw. beschäftigen, sodass man sich von der Umwelt [fast] völlig zurückzieht;* sich in etw. vergraben; sich in die/in der Arbeit, in seine/in seinen Büchern v.

ver|grä|men ⟨sw. V.; hat⟩ [spätmhd. vergramen]: **1.** *durch eine Handlung, ein Verhalten missmutig machen, jmds. Unmut erregen:* die Verwandtschaft v.; dieses Gesetz hat alle Bausparer vergrämt. **2.** (Jägerspr.) *wiederholt stören u. dadurch verscheuchen:* das Wild, die Vögel v.

ver|grämt ⟨Adj.⟩: *von Gram erfüllt, verzehrt; diesen seelischen Zustand widerspiegelnd:* eine -e alte Frau; er sieht v. aus.

ver|gra|sen ⟨sw. V.; ist⟩: *mit Gras zuwachsen:* der Garten vergrast; vergraste Wege.

ver|grät|zen ⟨sw. V.; hat⟩ [wohl mniederd. vorgretten = wütend machen, reizen] (landsch. ugs.): *sich hat ihn mit dieser Bemerkung vergrätzt;* vergrätzte Steuerzahler.

ver|grau|en ⟨sw. V.; ist⟩: *(bes. von Textilien) einen (unerwünschten) grauen Farbton annehmen:* vergraute Bettwäsche.

ver|grau|len ⟨sw. V.; hat⟩ (ugs.): **1.** *durch unfreundliches Verhalten vertreiben:* seine Freunde, Gäste v. **2.** (seltener) *verleiden.*

Ver|grau|ung, die; -, -en: *das Vergrauen.*

ver|grei|fen, sich ⟨st. V.; hat⟩: **1.** [mhd. vergrīfen = falsch greifen; einschließen, umfassen] **a)** *danebengreifen:* die Pianistin, der Gitarrist

hat sich mehrmals vergriffen *(hat einmal falsche Töne gespielt);* **b)** *etw. in seiner Art Falsches, Unpassendes, Unangebrachtes o. Ä. wählen:* sich im Ton, Ausdruck, in der Wahl seiner Mittel v. **2.** *sich etw. aneignen* (1): sich an fremdem Eigentum, Besitz v.; er hat sich an der Kasse vergriffen *(hat widerrechtlich Geld aus ihr entnommen).* **3.** *gegen jmdn. tätlich werden, jmdm. Gewalt antun:* sich an einem Schwächeren v.; er wollte sich an dem Kind v. *(wollte es sexuell missbrauchen);* Ü ich werde mich an deinem Computer nicht v. *(werde mich aus Furcht vor unsachgemäßer Behandlung gar nicht damit befassen).*

ver|grei|sen ⟨sw. V.; ist⟩: **1.** *stark altern, greisenhaft, senil werden:* er vergreist immer mehr. **2.** *(von der Bevölkerung) sich zunehmend aus alten Menschen zusammensetzen; überaltert* (1) *sein:* eine vergreisende Gesellschaft.

Ver|grei|sung, die; -: *das Vergreisen.*

ver|grel|len ⟨sw. V.; hat⟩ [mhd. vergrellen, zu: grellen = laut, vor Zorn schreien] (landsch.): *zornig machen:* man hat sie vergrellt.

ver|grif|fen ⟨Adj.⟩ [zu ↑ vergreifen in der veralteten Bed. »durch Greifen entfernen«]: *(besonders von Druck-Erzeugnissen) nicht mehr lieferbar:* ein -es Buch; diese Ausgabe ist [zurzeit] v.

ver|grö|bern ⟨sw. V.; hat⟩: **a)** *gröber* (1 c) *machen:* der Maler hatte ihre Gesichtszüge auf dem Porträt vergröbert; eine vergröberte Darstellung; **b)** ⟨v. + sich⟩ *gröber* (1 c) *werden.*

Ver|grö|be|rung, die; -, -en: *das Vergröbern.*

Ver|grö|ße|rer, der; -s, -: *optisches Gerät zur Herstellung von Vergrößerungen* (2).

ver|grö|ßern ⟨sw. V.; hat⟩: **1. a)** *in seiner Ausdehnung, seinem Umfang größer machen; erweitern:* einen Raum, Garten [um das Doppelte] v.; den Abstand zwischen zwei Pfosten v.; **b)** ⟨v. + sich⟩ *(ugs.) sich in Bezug auf die für Wohnung od. Geschäft zur Verfügung stehende Fläche weiter ausdehnen:* wir sind umgezogen, um uns zu v.; der Betrieb hat sich vergrößert; **c)** ⟨v. + sich⟩ *in Bezug auf seine Ausdehnung, seinen Umfang größer werden:* eine krankhaft vergrößerte Leber, Schilddrüse; ... um Gott klagte oft darüber, dass die große dunkle Flecken an seiner Zimmerdecke sich vergrößere (Böll, Haus 82). **2. a)** *mengen-, zahlen-, gradmäßig größer machen; vermehren:* das Kapital der Mitarbeiter v.; eine Dosis v. *(erhöhen);* die Maßnahme hatte das Übel noch vergrößert *(verschlimmert);* **b)** ⟨v. + sich⟩ *mengen-, zahlen- od. gradmäßig größer werden, zunehmen:* die Zahl der Mitarbeiter hat sich vergrößert; damit vergrößert sich die Wahrscheinlichkeit, dass sie geht. **3.** *von etw. eine größere Reproduktion herstellen:* eine Fotografie v. **4.** *(von optischen Linsen o. Ä.) größer erscheinen lassen:* dieses Glas vergrößert stark.

Ver|grö|ße|rung, die; -, -en: **1.** ⟨Pl. selten⟩ *das Vergrößern, das Vergrößertwerden.* **2.** *vergrößerte Fotografie:* von einem Negativ -en machen.

Ver|grö|ße|rungs|ap|pa|rat, der: *Vergrößerer.*

Ver|grö|ße|rungs|form, die (Sprachwiss.): vgl. Verkleinerungsform; Augmentativ.

Ver|grö|ße|rungs|ge|rät, das: *Vergrößerungsapparat.*

Ver|grö|ße|rungs|glas, das: *[in eine Halterung mit Griff od. in eine Vorrichtung zum Aufstellen gefasste] optische Linse, die Gegenstände vergrößert* (4); *Lupe:* etw. durch ein, mit einem V. betrachten.

Ver|grö|ße|rungs|sil|be, die (Sprachwiss.): vgl. Verkleinerungssilbe.

ver|grü|belt ⟨Adj.⟩: *grüblerisch.*

ver|gu|cken, sich ⟨sw. V.; hat⟩ (ugs.): **1.** *jmds. Äußeres so anziehend finden, dass man sich in ihn verliebt:* er hat sich in seine Nachbarin ver-

Vergunst – Verhältnis

guckt. **2.** *versehen* (3 a): *ich glaube, du hast dich verguckt, das ist er nicht.*
Ver|gunst [zu spätmhd. vergunsten = erlauben, zu ↑Gunst]: nur noch in der Fügung **mit V.** (veraltet; *mit Verlaub, mit Ihrer Erlaubnis*).
ver|güns|ti|gen ⟨sw. V.; hat⟩; meist im 2. Part.⟩: *günstiger* (1 a) *gestalten:* vergünstigte Preise, Eintrittskarten.
Ver|güns|ti|gung, die; -, -en: *Vorteil, den jmd. aufgrund bestimmter Voraussetzungen genießt:* soziale, steuerliche -en; -en bieten, gewähren, genießen; ... *wobei er alle möglichen Leute belastete in der Hoffnung, sich -en zu verschaffen* (Heym, Schwarzenberg 151).
ver|gur|ken ⟨sw. V.; hat⟩ (salopp): *verderben, zu einem Misserfolg machen:* eine Arbeit v.; ein vergurktes Spiel.
ver|gü|ten ⟨sw. V.; hat⟩ [spätmhd. vergüeten = ersetzen; auf Zinsen anlegen]: **1. a)** *jmdm. für einen finanziellen Nachteil o. Ä. einen entsprechenden Ausgleich zukommen lassen:* jmds. Unkosten, jmdm. seine Auslagen v.; jmdm. einen Verlust, einen Schaden v. *(ersetzen);* **b)** (bes. Amtsspr.) *eine bestimmte [Arbeits]leistung bezahlen:* [jmdm.] eine Arbeit, Tätigkeit v.; die Leistungen werden nach einheitlichen Sätzen vergütet.
2. (Fachspr.) *in seiner Qualität verbessern:* Metall, Linsen v.
◆ **Ver|gü|ti|gung,** die; -, -en: *Vergütung:* ... *dass* ... *nichts billiger und zweckmäßiger schien, als eine V. der Pferde in Geld einzuleiten* (Kleist, Kohlhaas 70).
Ver|gü|tung, die; -, -en: **1.** *das Vergüten; das Vergütetwerden.* **2.** *Geldsumme, mit der etw. vergütet wird:* eine V. zahlen, erhalten.
Ver|gü|tungs|an|spruch, der (bes. Rechtsspr.): *[gesetzlicher] Anspruch* (2) *auf die Vergütung einer Leistung, eines Schadens o. Ä.*
verh. = verheiratet (Zeichen: ∞).
ver|ha|bern, sich ⟨sw. V.; hat⟩ (österr. abwertend): *sich verbrüdern, verbünden; sich gegenseitig begünstigen:* er hatte sich mit ihm, war mit ihm verhabert.
Ver|ha|be|rung, die; -, -en (österr. abwertend): *das Sichverbünden; Verbrüderung, gegenseitige Begünstigung.*
Ver|ha|ckert, das; -s [zu landsch. verhacken = zerhacken] (österr.): ◆ *Speise aus klein gehacktem geräuchertem Schweinefleisch.*
ver|hack|stü|cken ⟨sw. V.; hat⟩ (ugs.): **1.** (abwertend) *bis in die Einzelheiten so negativ beurteilen, dass nichts Gutes mehr übrig bleibt; verreißen:* die Neuerscheinung, Aufführung wurde von der Kritik [völlig, regelrecht] verhackstückt.
2. (nordd.) *beratend, verhandelnd über etw. sprechen.*
Ver|haft: 1. in den Wendungen **in V. nehmen** (veraltet; ↑ ¹Haft 1); **in V. sein** (veraltet: *sich in* ¹*Haft 1 befinden*). ◆ **2.** *Verhaftung; das Verhaftetwerden:* Wie, Herr, wenn eins zum Feinde ginge, statt Atalus sich stellte dem V.? (Grillparzer, Weh dem I).
ver|haf|ten ⟨sw. V.; hat⟩: **1.** [mhd. verheften, eigtl. = festmachen] *(aufgrund eines Haftbefehls) festnehmen:* jmdn. [unter dem Verdacht des Mordes] v.; er ließ ihn v.; sie war unschuldig verhaftet worden. **2.** (selten) *einprägen* (2 a): dieser Eindruck hat sich ihm, ihrem Gedächtnis unauslöschlich verhaftet.
ver|haf|tet ⟨Adj.⟩: *[in geistiger Hinsicht] so sehr unter dem Einfluss, der Einwirkung von etw. stehend, dass man sich nicht davon lösen kann, davon bestimmt wird:* eine ihrer Zeit -e Autorin; [in] der Tradition v. sein.
Ver|haf|te|te, die/eine Verhaftete; der/einer Verhafteten, die Verhafteten/zwei Verhaftete: *weibliche Person, die verhaftet* (1) *worden ist.*

Ver|haf|te|ter, der Verhaftete/ein Verhafteter; des/eines Verhafteten, die Verhafteten/zwei Verhaftete: *jmd., der verhaftet* (1) *worden ist.*
Ver|haf|tung, die; -, -en: **1.** *das Verhaften* (1): jmds. V. veranlassen, anordnen; er konnte der V. nur knapp entgehen. **2.** (selten) *das Verhaftetsein:* die V. in der Tradition.
Ver|haf|tungs|wel|le, die: *Welle* (2 a) *von Verhaftungen* (1) *in einem kurzen Zeitraum.*
ver|ha|geln ⟨sw. V.; ist⟩: *durch Hagelschlag vernichtet werden:* das Getreide ist verhagelt; Ü er verhagelte *(verdarb)* ihr den Sonntag.
ver|ha|keln ⟨sw. V.; hat⟩: **a)** ⟨v. + sich⟩ *verhaken* (b); **b)** *verflechten* (b), *eng miteinander verbinden.*
ver|ha|ken ⟨sw. V.; hat⟩: **a)** *fest einhaken* (1): zwei Bügel v.; **b)** ⟨v. + sich⟩ *an etw.* (Unebenem, Vorstehendem o. Ä.) *hängen bleiben, sich festhaken:* sich am Zaun v.; der Reißverschluss hat sich schon wieder verhakt; Ü sich in Details v.; **c)** *etw. in etw. haken* (2): die Finger, Hände [ineinander] v.
ver|hal|len ⟨sw. V.⟩: **1.** ⟨ist⟩ *immer schwächer hallen u. schließlich nicht mehr zu hören sein:* die Rufe, Schritte verhallten; Ü ihre Bitten sind ungehört verhallt (*sind unbeachtet geblieben*). **2.** ⟨hat⟩ (Technik) *(bei musikalischen Aufnahmen) den Effekt eines Nachhalls erzeugen.*
Ver|halt, der; -[e]s, -e (veraltet): **1.** ⟨o. Pl.⟩ *Verhalten.* **2.** *Sachverhalt.*
¹**ver|hal|ten** ⟨st. V.; hat⟩ [mhd. verhalten, ahd. farhaltan = zurückhalten, hemmen]: **1.** ⟨v. + sich⟩ **a)** *in bestimmter Weise auf jmdn., etw. in einer Situation o. Ä. reagieren:* sich ruhig, still, abwartend, vorsichtig v.; sich im Verkehr richtig v.; **b)** *in seinem Handeln [anderen gegenüber] eine bestimmte Haltung, Einstellung zeigen; sich benehmen:* sich jmdm. gegenüber/gegen jmdn./zu jmdm. korrekt, unfair, wie ein Freund v. **2.** ⟨v. + sich⟩ **a)** *in einer bestimmten Weise (beschaffen) sein:* die Sache, Angelegenheit verhält sich nämlich so ...; in Wirklichkeit genau umgekehrt; ⟨auch unpers.:⟩ *mit der Sache verhielt es sich ganz anders;* wie verhält es sich eigentlich mit ihrer Wahrheitsliebe?; **b)** *im Vergleich zu etw. anderem eine bestimmte Beschaffenheit haben, zu etw. in einem bestimmten Verhältnis stehen:* a verhält sich zu b wie x zu y; die beiden Größen verhalten sich zueinander wie 1 : 2. **3.** (geh.) *unter Kontrolle halten, zurückhalten, unterdrücken:* seinen Schmerz, Zorn v.; den Atem, die Luft v. *(anhalten);* der Harn v.
4. a) (geh.) *im Schritt verzögern; im Gehen innehalten:* den Schritt v.; ⟨auch ohne Akk.-Obj.:⟩ am Ausgang, an der Kreuzung verhielt er einen Augenblick *(blieb er stehen);* Ü ... dass unsere Übersetzungen doch von den Regierungen der Länder, deren Sprachwerke wir vermitteln, bezuschusst werden sollten: – ich habe einen feierlichen Moment lang bei der Vorstellung verhalten, dass ich mein Honorar dann künftig vom Präsidenten der Vereinigten Staaten erhielte (Wollschläger, Zeiten 14); **b)** (Reiten) ¹*parieren* (2): sein Pferd v. **5.** ⟨v. + sich⟩ (landsch.) *sich mit jmdm. gut stellen:* er hatte Erfolg, also verhielt man sich mit ihm.
6. (österr., schweiz. bes. Amtsspr.) *verpflichten:* sie ist verhalten *(gehalten),* dich zu ermahnen.
7. (schweiz., sonst veraltet) *[mit der Hand] verschließen, zuhalten:* jmdm. den Mund, sich die Ohren v.
²**ver|hal|ten** ⟨Adj.⟩: **1. a)** *(von Empfindungen o. Ä.) zurückgehalten, unterdrückt u. daher für andere kaum merkbar:* -er Zorn; in ihren Worten, ihrem Ton lag -er Spott; v. lächeln;
b) *zurückhaltend:* sie ist ein scheues und -es Wesen; eine -e Fahrweise; v. *(vorsichtig u. nicht sonderlich schnell; defensiv)* fahren. **2.** *(von*

Tönen, Farben o. Ä.) gedämpft, dezent: -e Farbtöne; er sprach mit -er Stimme.
Ver|hal|ten, das; -s, ⟨Fachspr.:⟩ -: *Art u. Weise, wie sich ein Lebewesen, etw.* ¹*verhält* (1): ein tadelloses, seltsames, taktisch kluges, fahrlässiges V.; das V. in Notsituationen; ein arrogantes V. an den Tag legen; sein V. [jmdm. gegenüber, gegen jmdn., zu jmdm.] ändern; jmds. V. [nicht] verstehen, sich nicht erklären können, missbilligen, verurteilen; Tiere mit geselligem V.; Ü das V. von Viren, eines Gases untersuchen.
Ver|hal|ten|heit, die; -, -en ⟨Pl. selten⟩ [zu ↑²verhalten]: *das Verhaltensein.*
Ver|hal|tens|än|de|rung, die: *Änderung des Verhaltens.*
ver|hal|tens|auf|fäl|lig ⟨Adj.⟩ (Med., Psychol.): *in seinem Verhalten vom Normalen, Üblichen in auffälliger Weise abweichend:* -e Jugendliche, Kinder. Dazu: **Ver|hal|tens|auf|fäl|lig|keit,** die; -, -en.
Ver|hal|tens|for|scher, der: *Wissenschaftler auf dem Gebiet der Verhaltensforschung.*
Ver|hal|tens|for|sche|rin, die: w. Form zu ↑Verhaltensforscher.
Ver|hal|tens|for|schung, die: *Erforschung der menschlichen u. tierischen Verhaltensweisen (als Teilgebiet der Biologie); Ethologie.*
ver|hal|tens|ge|stört ⟨Adj.⟩ (ugs.): *Verhaltensstörungen aufweisend:* -e Kinder; [schwer] v. sein.
Ver|hal|tens|ko|dex, der: *Kodex* (4).
Ver|hal|tens|maß|re|gel, die ⟨meist Pl.⟩: vgl. Verhaltensregel.
Ver|hal|tens|mus|ter, das: *Komplex von Verhaltensweisen, dessen Komponenten häufig gemeinsam od. in der gleichen Reihenfolge auftreten:* typisch männliche V.
Ver|hal|tens|norm, die: vgl. Verhaltensregel.
Ver|hal|tens|re|gel, die ⟨meist Pl.⟩: *Regel* (1 a) *für das Verhalten in bestimmten Situationen:* die -n bei Eis und Schnee.
Ver|hal|tens|stö|rung, die; -, -en ⟨meist Pl.⟩ (Med., Psychol.): *Störung des [sozialen] Verhaltens.*
Ver|hal|tens|the|ra|peut, der: *Fachmann auf dem Gebiet der Verhaltenstherapie.*
Ver|hal|tens|the|ra|peu|tin, die: w. Form zu ↑Verhaltenstherapeut.
ver|hal|tens|the|ra|peu|tisch ⟨Adj.⟩: *die Verhaltenstherapie betreffend, dazu gehörend, darauf beruhend.*
Ver|hal|tens|the|ra|pie, die: *Psychotherapie, die Verhaltensstörungen beeinflussen soll.*
Ver|hal|tens|wei|se, die: *Verhalten.*
Ver|hält|nis, das; -ses, -se [zu ↑¹verhalten (2 a)]: **1.** *Beziehung, in der sich etw. mit etw. vergleichen lässt od. in der etw. an etw. anderem gemessen wird; Relation* (1 a): das entspricht einem V. von drei zu eins, 3 : 1; im V. zu früher *(verglichen mit früher)* ist sie jetzt viel toleranter; der Aufwand stand in keinem V. zum Erfolg *(war, gemessen an dem erzielten Erfolg, viel zu groß).* **2.** *Art, wie jmd. zu jmdm., etw. steht; persönliche Beziehung:* sein V. zu seinen Eltern war gestört; es herrscht ein vertrautes V. zwischen uns; ein gutes, freundschaftliches V. zu jmdm. haben; sie hat, findet kein [rechtes] V. zur Musik; zu jmdm. in gespanntem V. stehen.
3. a) (ugs.) *über eine längere Zeit bestehende intime Beziehung zwischen zwei Menschen; Liebesverhältnis:* ein V. mit jmdm. anfangen, beenden; mit jmdm. ein V. haben; die beiden haben ein V. [miteinander]; er unterhielt mit/zu ihr ein V.; Ü ... vielleicht war es Sünde, das Leben zu lieben und kein seriöses V. mit ihm zu haben (Erich Kästner, Fabian 84); **b)** *jmd., mit dem man ein Verhältnis* (3 a) *hat:* sie ist sein V. **4.** ⟨Pl.⟩ *Umstände, äußere Zustände; für jmdn., etw. bestimmende Gegebenheiten:* bei ihnen herrschen geordnete -se; sie liebt klare -se; meine -se

(*finanziellen Möglichkeiten*) *erlauben mir solche Ausgaben nicht; wie sind die akustischen -se in diesem Saal?;* er ist ein Opfer der politischen -se; in bescheidenen, gesicherten -sen leben; sie kommt/stammt aus kleinen -sen *(aus einfachem, kleinbürgerlichem Milieu);* sie lebt über ihre -se *(gibt mehr Geld aus, als es ihre finanzielle Situation eigentlich erlaubt).*
ver|hält|nis|gleich ⟨Adj.⟩ (selten): *im gleichen Verhältnis zueinander stehend; proportional* (1).
Ver|hält|nis|glei|chung, die (Math.): *Proportion* (2 b).
ver|hält|nis|mä|ßig ⟨Adj.⟩: **1.** ⟨attributiv bei Adjektiven u. Adverbien⟩ *im Verhältnis* (1) *zu etw. anderem, verglichen mit od. gemessen an etw. anderem, relativ* (1 b): eine v. hohe Besucherzahl; in v. kurzer Zeit; diese Arbeit ist v. leicht. **2.** *einem bestimmten Verhältnis* (1) *angemessen; entsprechend:* Gewinne v. aufteilen.
Ver|hält|nis|mä|ßig|keit, die; -, -en ⟨Pl. selten⟩: *Angemessenheit; Entsprechung* (1): die V. der Mittel.
Ver|hält|nis|wahl, die: *Wahl, bei der die Vergabe der Mandate auf die verschiedenen Parteien nach dem Verhältnis* (1) *der abgegebenen Stimmen erfolgt; Proportionalwahl, Proporzwahl.*
Ver|hält|nis|wahl|recht, das ⟨o. Pl.⟩: vgl. Verhältniswahl.
Ver|hält|nis|wahl|sys|tem, das: *System der Verhältniswahl.*
Ver|hält|nis|wort, das ⟨Pl. ...wörter⟩ (Sprachwiss.): *Präposition* (z. B. an, auf, bei, für, wegen, zu).
Ver|hält|nis|zahl, die (Statistik): *Zahl, die keine selbstständige Größe ausdrückt, sondern zwei statistische Kennzahlen in ihrem Verhältnis zueinander darstellt* (*als Quotienten*) *darstellt.*
Ver|hal|tung, die; -, -en: **1. a)** (geh.) *das* ¹*Verhalten* (3); **b)** (Med.) Retention (1). **2.** (veraltet) *Verhalten.*
Ver|hal|tungs|maß|re|gel, die ⟨meist Pl.⟩ (selten): *Verhaltensmaßregel.*
Ver|hal|tungs|wei|se, die: *Verhaltensweise.*
ver|han|del|bar ⟨Adj.⟩: *sich verhandeln lassend, verhandlungsfähig* (2): der Preis ist v.
ver|han|deln ⟨sw. V.; hat⟩: **1. a)** *etw. eingehend erörtern, besprechen, sich über etw., in einer bestimmten Angelegenheit eingehend beraten, um zu einer Klärung, Einigung zu kommen:* über, (selten:) um etw. v.; über den Friedensvertrag, den Abzug der Truppen v.; er hat über die Beilegung des Streits mit seinem Vertragspartner verhandelt; **b)** *vor Gericht, in einem Gerichtsverfahren behandeln [u. entscheiden]:* einen Fall in erster Instanz v.; gegen ihn wurde wegen Körperverletzung verhandelt; ⟨auch ohne Akk.-Obj.:⟩ das Gericht verhandelt gegen die Terroristen (*führt die Gerichtsverhandlung gegen sie durch*). **2.** (ugs. verhandeln) (veraltend, oft abwertend) *verkaufen; verschachern:* ♦ Auf einen Pferdemarkt ... bracht' einst ein hungriger Poet der Musen Ross, es zu v. (Schiller, Pegasus im Joche).
Ver|hand|ler, der; -s, - (österr.): *jmd., der Verhandlungen führt; Verhandlungsführer.*
Ver|hand|le|rin, die; -, -nen: w. Form zu ↑ Verhandler.
Ver|hand|lung, die; -, -en ⟨oft im Plural⟩ [spätmhd. verhandlunge]: **a)** *das Verhandeln* (1): offizielle, geheime -en; die -en zogen sich hin, verliefen ergebnislos; -en aufnehmen; die -en führen, leiten; mit jmdm. in V. stehen (*über etw. verhandeln*); zu -en seted; in V. treten; **b)** *Behandlung [u. Entscheidung] eines Rechtsfalles vor Gericht:* eine öffentliche V.; die V. fand unter Ausschluss der Öffentlichkeit statt; die V. musste unterbrochen werden; die V. wurde vertagt.

Ver|hand|lungs|an|ge|bot, das: *Angebot* (1 b) *zu verhandeln.*
Ver|hand|lungs|ba|sis, die: *Verhandlungsgrundlage.*
ver|hand|lungs|be|reit ⟨Adj.⟩: *bereit zu verhandeln* (1 a).
Ver|hand|lungs|be|reit|schaft, die ⟨o. Pl.⟩: *Bereitschaft* (1) *zu verhandeln:* V. signalisieren.
Ver|hand|lungs|er|geb|nis, das: *Ergebnis* (a) *einer Verhandlung.*
ver|hand|lungs|fä|hig ⟨Adj.⟩: **1.** (Rechtsspr.) *in der Lage befindlich, in einer Verhandlung* (b) *seine Interessen wahrzunehmen.* **2.** *so beschaffen, dass darüber verhandelt* (1 b) *werden kann:* dieser Punkt ist nicht v.
Ver|hand|lungs|fä|hig|keit, die ⟨o. Pl.⟩ (Rechtsspr.): *das Verhandlungsfähigsein* (1).
Ver|hand|lungs|füh|rer, der: *jmd., der Verhandlungen führt.*
Ver|hand|lungs|füh|re|rin, die: w. Form zu ↑ Verhandlungsführer.
Ver|hand|lungs|füh|rung, die: *das Führen, Leiten einer Verhandlung* (b).
Ver|hand|lungs|ge|gen|stand, der: vgl. Verhandlungspunkt.
Ver|hand|lungs|ge|schick, das ⟨o. Pl.⟩: *Fähigkeit, geschickt u. mit vorteilhaften Ergebnissen zu verhandeln.*
Ver|hand|lungs|grund|la|ge, die: *Grundlage, auf der verhandelt* (1 a) *wird.*
Ver|hand|lungs|lö|sung, die: *auf dem Verhandlungsweg erzielte Lösung eines Konflikts.*
Ver|hand|lungs|man|dat, das: *Mandat* (1) *zu verhandeln.*
Ver|hand|lungs|ma|ra|thon, der, seltener das (ugs.): *sich übermäßig lang hinziehende Verhandlung* (a).
Ver|hand|lungs|part|ner, der: vgl. Vertragspartner.
Ver|hand|lungs|part|ne|rin, die: w. Form zu ↑ Verhandlungspartner.
Ver|hand|lungs|pau|se, die: ¹*Pause* (1 a) *während einer Verhandlung.*
Ver|hand|lungs|po|si|ti|on, die: **1.** *die von einem Verhandlungspartner vertretene Haltung, Zielvorstellung im Hinblick auf den Verhandlungsgegenstand:* in den ersten Gesprächen zeichnete sich noch keine Annäherung der -en ab. **2.** *Situation, Lage, in der sich ein Verhandlungspartner befindet (u. die seine Möglichkeiten bestimmt, die Verhandlungen zu einem gewünschten Ziel zu führen):* rückläufige Umsätze schwächen die V. der Firma gegenüber den Banken.
Ver|hand|lungs|punkt, der: *Punkt* (4 a) *einer Verhandlung.*
Ver|hand|lungs|run|de, die: *[wiederkehrende] Phase von Verhandlungen.*
Ver|hand|lungs|sa|che, die: *Sache, über die zu verhandeln* (1 a) *man bereit ist* (Abk.: VHS): der Preis ist V.
Ver|hand|lungs|spiel|raum, der: *Spielraum für Verhandlungen:* viel, wenig V. haben.
Ver|hand|lungs|spra|che, die: *Sprache* (4 a), *in der die Verhandlungen geführt werden.*
Ver|hand|lungs|tag, der (bes. Rechtsspr.): *Tag, an dem eine [gerichtliche] Verhandlung stattfindet.*
Ver|hand|lungs|ter|min, der (bes. Rechtsspr.): *für eine [gerichtliche] Verhandlung festgesetzter Termin.*
Ver|hand|lungs|tisch, der (in bestimmten Verbindungen): *Tisch für Verhandlungen:* sich an den V. setzen (*die Verhandlungen aufnehmen*); an den V. zurückkehren (*die Verhandlungen wieder aufnehmen*).
Ver|hand|lungs|weg, der: in der Fügung **auf dem V.** (*durch Verhandeln*).
ver|han|gen ⟨Adj.⟩: **1.** *von tief hängenden Wolken* bedeckt; in Dunst gehüllt; trübe: ein -er Himmel, Tag. **2.** *mit etw. verhängt; zugehängt:* -e Fenster.
ver|hän|gen ⟨sw. V.; hat⟩: **1.** *etw. vor od. über etw. hängen u. es dadurch bedecken, verdecken; zuhängen:* die Fenster mit Zeltplanen v.; er verhängte den Spiegel mit einem schwarzen Tuch; Ü Eines Tages werde sie ihm vorwerfen, er habe ihr den Horizont verhängt, er habe ihr die Scheuklappen angelegt (Becker, Amanda 197). **2.** (bes. als Strafe) *anordnen, verfügen:* eine Strafe über jmdn. v.; den Ausnahmezustand v.; die Schiedsrichter verhängte einen Elfmeter.
Ver|häng|nis, das; -ses, -se [älter = Fügung (Gottes), mhd. verhencnisse = Zulassung, Einwilligung, Schickung, zu: verhengen = hängen lassen od. schießen lassen; nachgeben, geschehen lassen, ergehen lassen, ↑ verhängt]: **1.** *von einer höheren Macht über jmdn. verhängtes Unglück* (?): *Unheil, dem man nicht entgehen kann:* die Spielleidenschaft war sein V.; das V. brach über sie herein, ließ sich nicht aufhalten, ließ sich nicht abwenden; das V. nahm seinen Lauf; diese Frau wurde ihm zum V. ♦ **2.** *Geschick, Schicksal:* Die einzige Sorge der Bewohner ... betraf die Vermählung der aufblühenden Prinzessin, von der die Fortdauer dieser seligen Zeiten und das V. des ganzen Landes abhing (Novalis, Heinrich 32); Was unten tief dem Erdensohne das wechselnde V. bringt, das schlägt an die metallne Krone, die es erbaulich weiter klingt (Schiller, Lied von der Glocke).
ver|häng|nis|voll ⟨Adj.⟩: *sich als Verhängnis auswirkend, jmdm. zum Verhängnis werdend; unheilvoll, fatal* (b): ein -er Irrtum; diese Entscheidung war v., erwies sich als v., wirkte sich v. aus.
ver|hängt ⟨Adj.⟩: nur in der Fügung **mit -em Zügel** (*mit locker hängen gelassenem Zügel*; zu mhd. verhengen = die Zügel hängen lassen).
Ver|hän|gung, die; -, -en: *das Verhängen* (2): die V. einer Geldstrafe, des Ausnahmezustandes.
ver|harm|lo|sen ⟨sw. V.; hat⟩: (*etw. Gefährliches, Riskantes, Bedrohliches o. Ä.*) *harmloser* (1) *hinstellen, als es in Wirklichkeit ist; bagatellisieren:* eine Gefahr v.; die schädliche Wirkung von etw. v.; eine verharmlosende Darstellung.
Ver|harm|lo|sung, die; -, -en: *das Verharmlosen:* gegen die V. des Rechtsextremismus, der atomaren Gefahr protestieren.
ver|härmt ⟨Adj.⟩ [zu ↑ härmen]: *von großem Kummer gezeichnet, verzehrt:* eine -e Frau; ein -es Gesicht; v. aussehen, wirken.
ver|har|ren ⟨sw. V.; hat⟩ [mhd. verharren] (geh.): **a)** *[in einer Bewegung innehaltend] sich für eine Weile nicht von seinem Platz fortbewegen, von der Stelle rühren:* einen Augenblick v., unschlüssig an der Tür, auf dem Platz v.; Ü Die Zinsen verharren schon länger auf hohem Niveau; **b)** *[beharrlich] in, bei etw. bleiben:* in Resignation, in Schweigen v.
Ver|har|rung, die; -, -en ⟨Pl. selten⟩: *das Verharren.*
ver|har|schen ⟨sw. V.; ist⟩: **a)** *harsch* (1 b), *zu Harsch werden:* Der Schnee verharscht, ist verharscht; **b)** *durch Bildung von Schorf zuheilen:* die Wunde verharscht.
Ver|har|schung, die; -, -en: **1.** *das Verharschen.* **2.** *verharschte Stelle.*
ver|här|ten ⟨sw. V.⟩ [mhd. verherten, -harten, ahd. farhartjan]: **1.** ⟨hat⟩ **a)** *hart* (1 a) *machen:* das Feuer verhärtete den Ton; **b)** *hart* (3) *machen:* das Leben verhärtete ihn; die Not hat ihr Herz verhärtet. **2. a)** ⟨ist⟩ *hart* (1 a) *werden:* das Gewebe verhärtet; der Boden war durch langen Weidebetrieb verhärtet; **b)** ⟨v. + sich; hat⟩ *hart* (1 a) *werden:* das Gewebe, die Geschwulst hat sich verhärtet; **c)** ⟨v. + sich; hat⟩ *hart* (3 a), *verbittert werden; sich jmdm., einer Sache*

gegenüber unzugänglich, abweisend zeigen: sich gegen seine Mitmenschen v.; in den Tarifverhandlungen haben sich die Fronten verhärtet; ⟨oft im 2. Part.:⟩ sein Herz ist verhärtet; Noch im selben Jahr verhärtete sie sich wieder gegen mich, und ohne Veza wie in der Vergangenheit herabsetzen zu wollen, erklärte sie, sie wolle mich nie mehr sehen (Canetti, Augenspiel 248). **Ver|här|tung**, die; -, -en: **1.** *das [Sich]verhärten.* **2.** *verhärtete Stelle im Gewebe.*
ver|har|zen ⟨sw. V.; ist⟩: *Harz[e], harzähnliche Stoffe bilden:* Dazu: **Ver|har|zung**, die; -, -en.
ver|hascht ⟨Adj.⟩ (ugs., oft abwertend): *dem Haschisch verfallen; unter Einfluss von Haschisch stehend:* ein -er Typ; v. sein.
ver|has|peln, sich ⟨sw. V.; hat⟩ (ugs.): **a)** *haspelnd* (2 a) *die Worte durcheinanderbringen, sich mehrmals versprechen:* sich vor Aufregung v.; sich bei einer Antwort, in einer Rede v.; **b)** *sich irgendwo verwickeln, verfangen:* sie verhaspelte sich in den Stricken.
ver|hasst ⟨Adj.⟩ [adj. 2. Part. von veraltet verhassen = hassen]: *jmdm. äußerst zuwider; jmds. Hass hervorrufend:* ein -es Regime; eine -e Pflicht; überall v. sein; Unaufrichtigkeit ist ihr [in tiefster Seele] v.; sich bei jmdm. v. *(äußerst unbeliebt)* machen.
ver|hät|scheln ⟨sw. V.; hat⟩ (oft abwertend): *jmdm. (bes. einem Kind) übertriebene Fürsorge zuteilwerden lassen:* ein Kind v.
Ver|hät|sche|lung, Ver|hätsch|lung, die; -, -en: *das Verhätscheln; das Verhätscheltwerden.*
ver|hatscht ⟨Adj.⟩ [zu ↑ hatschen] (österr. ugs.): **1.** *(von Schuhen) ausgetreten.* **2.** *missglückt, unpassend:* eine -e Bewerbung, Übergabe.
Ver|hau, der od. das; -[e]s, -e [zu mhd. verhouwen (↑ verhauen) in der Bed. »durch Fällen von Bäumen versperren«]: **1.** *dichtes, bes. aus Ästen, Strauchwerk od. [Stachel]draht bestehendes Hindernis, das den Weg od. Zugang zu etw. versperrt:* einen V. errichten. **2.** (ugs.) *große Unordnung, dichtes Durcheinander:* ist das ein V. hier!
ver|hau|chen ⟨sw. V.⟩ (geh.): **1.** ⟨hat⟩ *hauchend von sich geben, aushauchen:* die Seele, sein Leben v. *(sterben).* **2.** ⟨ist⟩ *ganz sacht verlöschen:* das Flämmchen verhauchte.
ver|hau|en ⟨unr. V.; hat; 2. Part. österr.: verhaut⟩ [mhd. verhouwen = zerhauen; verwunden; beschädigen; ab-, niederhauen; ausholzen; durch Fällen von Bäumen versperren, ahd. firhouwan] (ugs.): **1.** *[kräftig] mehrmals hintereinander schlagen:* die Nachbarskinder haben sich, haben den armen Jungen [gründlich, tüchtig] verhauen; jmdm. den Hintern v.; Ü du siehst [ja ganz, total] verhauen (salopp; *unmöglich*) aus! **2.** *etw. schlecht, mangelhaft machen, mit vielen Fehlern schreiben:* eine Mathematikarbeit, einen Aufsatz [gründlich] v. **3.** ⟨v. + sich⟩ *sich verrechnen, verkalkulieren:* du hast dich mit deiner Berechnung, in dieser Sache [mächtig] verhauen. **4.** *[für sein Vergnügen] leichtfertig ausgeben:* er hat den ganzen Lohn in einer Nacht verhauen. ◆ **5.** [eigtl. = durch Hauen in die gewünschte Form bringen] (landsch.) *zerlegen, zerteilen:* Denn das Schwein wurde sogleich nach der Heimkunft verhauen und Kesselfleisch über das Feuer getan (Hebel, Schatzkästlein 27).
ver|he|ben, sich ⟨st. V.; hat⟩: *sich beim Heben von etw. zu Schwerem körperlichen Schaden zufügen:* sie hat sich beim Verladen der Kisten verhoben.
ver|hed|dern ⟨sw. V.; hat⟩ [aus dem Niederd., zu ↑ Hede] (ugs.): **1.** ⟨v. + sich⟩ **a)** *sich irgendwo verfangen; irgendwo hängen bleiben:* sich in den Netzen v.; die Wolle hat sich [beim Aufwickeln] verheddert; Ü die Regierung hat sich in der Steuerpolitik verheddert; **b)** *beim Sprechen, beim Vortragen eines Textes an einer Stelle mehrmals*

hängen bleiben: sich mehrmals [in einer Rede] v. **2.** *verwickeln, ineinander verschlingen u. sich deshalb nur schwer wieder entwirren lassen:* die Fäden v.
ver|hee|ren ⟨sw. V.; hat⟩ [mhd. verhern, ahd. farheriōn, eigtl. = mit einem Heer überziehen, zu mhd. her(e)n, herjen, ahd. heriōn = verwüsten, raufen, plündern, zu mhd. her(e), ahd. heri, ↑ Heer]: *in weiter Ausdehnung verwüsten:* furchtbare Unwetter verheerten das Land; der Krieg hatte weite Gebiete verheert.
ver|hee|rend ⟨Adj.⟩: **1.** *furchtbar, entsetzlich, katastrophal:* ein -er Wirbelsturm; -e Folgen haben; die Schäden waren v.; sich v. auswirken. **2.** (ugs.) *scheußlich* (1 a): der Teppich sieht ja wirklich v. aus!
Ver|hee|rung, die; -, -en [spätmhd. verherunge]: *das Verheeren; das Verheertwerden; das Verheertsein:* -en anrichten.
ver|heh|len ⟨sw. V.; hat⟩ [mhd. verheln, ahd. farhelan]: **1.** (geh.) *jmdm. etw. (bes. Gefühle, Gedanken) verschweigen, es vor ihm verbergen:* jmdm. seine wirkliche Meinung v.; seine Enttäuschung nicht, nur schlecht v. können; ich will [es] dir/(selten:) vor dir nicht v., dass ... **2.** (selten) *(Diebesgut o. Ä.) versteckt halten.*
ver|hei|len ⟨sw. V.; ist⟩ [mhd. verheilen, ahd. farheilen]: *völlig heilen* (2); *zuheilen:* die Wunde verheilt schlecht, nur langsam, mit glatter Narbe.
Ver|hei|lung, die; -, -en: *das Verheilen:* eine Salbe förderte die V. ihrer Wunde.
ver|heim|li|chen ⟨sw. V.; hat⟩: *jmdn. von etw., was man mitzuteilen verpflichtet wäre, bewusst nicht in Kenntnis setzen:* jmdm. einen Fund, eine Entdeckung v.; der wirkliche Sachverhalt ließ sich nicht v.; der Arzt verheimlichte ihr, wie schlecht es um ihren Mann stand; da gibts doch nichts zu v.! *(das können doch ruhig alle wissen!);* Ich war mir klar darüber, dass ich vor meiner Frau nicht nur den Fehlschlag in den Lebensmittellieferungen, sondern auch mein Trinken v. musste (Fallada, Trinker 16).
Ver|heim|li|chung, die; -, -en: *das Verheimlichen; das Verheimlichtwerden:* mit Täuschungen und -en habt ihr mein Vertrauen missbraucht.
ver|hei|ra|ten ⟨sw. V.; hat⟩: **1.** ⟨v. + sich⟩ *eine eheliche Verbindung eingehen:* sich glücklich, zum zweiten Mal v.; sie hat sich mit einem Amerikaner, in Amerika verheiratet; ⟨oft im 2. Part.:⟩ eine verheiratete Frau; jung, glücklich, in zweiter Ehe verheiratet sein; verheiratet (Abk.: verh.; Zeichen: ∞); Ü er ist mit seinem Verein verheiratet (ugs. scherzh.; *geht ganz darin auf, verbringt dort seine ganze Freizeit*); ich bin mit der Firma doch nicht verheiratet (ugs. scherzh.; *ich kann sie jederzeit verlassen, bin nicht an sie gebunden*). **2.** [mhd. verhīraten] *jmdm. zur Ehe geben:* seine Tochter [mit einem Bankier] v.
Ver|hei|ra|te|te, die/eine Verheiratete; der/einer Verheirateten, die Verheirateten/zwei Verheiratete: *verheiratete Frau.*
Ver|hei|ra|te|ter, ein Verheirateter/ein Verheirateter; des/eines Verheirateten, die Verheirateten/zwei Verheiratete: *verheirateter Mann.*
Ver|hei|ra|tung, die; -, -en: *das Verheiraten; das Verheiratetwerden.*
ver|hei|ßen ⟨st. V.; hat⟩ [mhd. verheizen = versprechen; verloben] (geh.): *nachdrücklich, feierlich in Aussicht stellen:* jmdm. Glück, eine große Zukunft v.; Ü ihre Miene, der Unterton im Klang ihrer Stimme verhieß nichts Gutes *(ließ nichts Gutes erwarten).*
Ver|hei|ßung, die; -, -en (geh.): *das Verheißen:* sie glaubten den -en der staatlichen Propaganda.
ver|hei|ßungs|voll ⟨Adj.⟩: *zu großen Erwartungen, Hoffnungen berechtigend; vielverspre-

chend: ein -er Anfang; der Duft war v.; seine Worte klangen v.
ver|hei|zen ⟨sw. V.; hat⟩: **1.** *zum Heizen* (1) *verwenden:* Holz, Kohle v. **2.** (salopp abwertend) *jmdn. ohne Rücksicht auf seine Person einsetzen u. seine Kräfte schließlich ganz erschöpfen:* einen jungen Spieler v.
Ver|hei|zung, die; -, -en: *das Verheizen; das Verheiztwerden.*
ver|hel|fen ⟨st. V.; hat⟩ [zu ↑ helfen]: *dafür sorgen, dass jmd. etw., was er zu gewinnen, zu erreichen sucht, auch wirklich erlangt, erhält, dass etw. Angestrebtes verwirklicht wird:* jmdm. zu seinem Recht, zum Erfolg, zu einer Anstellung, zu Geld, zur Flucht v.; Ü einer Sache zum Durchbruch, Sieg v.
ver|herr|li|chen ⟨sw. V.; hat⟩: *als etw. Herrliches preisen u. darstellen:* die Natur v.; jmds. Taten v.; in diesem Film wird die Gewalt, der Krieg verherrlicht.
Ver|herr|li|chung, die; -, -en: *das Verherrlichen; das Verherrlichtwerden:* die V. der Gewalt, des Krieges, der Macht.
ver|het|zen ⟨sw. V.; hat⟩: **1.** *durch Hetze* (2) *bewirken, dass jmd. Hass gegen jmdn. empfindet u. kaum in der Lage ist, sich dem Massen [gegen die Regierung] v. ◆ **2.** *(mit Jagdhunden) jagen, verfolgen; hetzen* (1 a): ... man soll dich in eine Sauhaut nähen und durch Hunde v. lassen (Schiller, Räuber II, 3).
ver|hetzt ⟨Adj.⟩ (veraltend): *abgehetzt* (2): ◆ Woyzeck, Er sieht immer so v. aus! (Büchner, Woyzeck [Beim Hauptmann]).
Ver|het|zung, die; -, -en: *das Verhetzen; das Verhetztwerden.*
ver|heu|ern ⟨sw. V.; hat⟩ (Seemannsspr.): *heuern.*
ver|heult ⟨Adj.⟩ (ugs.): *verweint:* ein -es Gesicht; -e Augen; das Kind war ganz v.
ver|he|xen ⟨sw. V.; hat⟩: *durch Hexerei verwandeln; verzaubern:* die böse Fee hat ihn in einen Vogel verhext; ⟨häufig im 2. Part.:⟩ sie starrte ihn wie verhext an; das ist [ja/doch rein] wie verhext! (ugs.; *es will einfach nicht gelingen*).
Ver|he|xung, die; -, -en (seltener): *das Verhexen; das Verhextwerden.*
ver|him|meln ⟨sw. V.; hat⟩ (ugs.): *sehr, überaus schätzen, verehren; überschwänglich loben:* der Schriftsteller verhimmelt in seinem Buch den Stierkampf. Dazu: **Ver|him|me|lung**, die; -, -en.
ver|hin|dern ⟨sw. V.; hat⟩ [mhd. verhindern, ahd. farhintarjan, eigtl. = etw. heimlich hinter sich bringen]: **1.** *durch entsprechende Maßnahmen o. Ä. bewirken, dass etw. nicht geschehen kann, von jmdn. nicht getan, ausgeführt usw. werden kann:* ein Unglück, einen Überfall, ein Attentat v.; den Krieg mit allen Mitteln zu v. suchen; das Schlimmste konnte gerade noch verhindert werden; ein Selbstmord-, Fluchtversuch muss unter allen Umständen verhindert werden; es ließ sich leider nicht v., dass ...; Ü dienstlich, durch Krankheit, umständehalber verhindert sein *(nicht kommen können);* **verhinderter ... sein** (ugs.; *Neigung und Talent für einen Beruf, eine Karriere o. Ä. erkennen lassen, es aber nicht dahin gebracht haben*): sie ist eine verhinderte Dichterin, Lehrerin). ◆ **2.** *hindern* (a): ... wer mich verhindert, mich zu verteidigen, tötet mich so gut, als wenn er mich angriffe (Büchner, Dantons Tod I, 6); Die Soldaten, die mich verhindert und den Dolch noch in Händen hatten ... (Goethe, Benvenuto Cellini I, 1, 10).
Ver|hin|de|rung, die; -, -en: *das Verhindern; das Verhindertsein:* zur V. größerer Schäden sind die vom Unwetter bedrohten Campingplätze geschlossen.
Ver|hin|de|rungs|fall, der: in der Fügung **im -e** (Amtsspr.; *im Fall des Verhindertseins*).

ver|hoch|deut|schen ⟨sw. V.; hat⟩: *in das Hochdeutsche umsetzen, hochdeutsch (a) ausdrücken.*

ver|ho|cken ⟨sw. V.; hat⟩ (veraltend, noch landsch.): **1.** *hocken (3), sitzend verbringen:* er verhockt die Zeit in Kneipen. **2.** ⟨v. + sich⟩ *sich möglichst unauffällig verhalten.*

ver|hockt ⟨Adj.⟩ (schweiz.): *festsitzend; festgefahren, erstarrt:* eine -e Bürokratie.

ver|hof|fen ⟨sw. V.; hat⟩ [mhd. verhoffen = stark hoffen; die Hoffnung aufgeben] (Jägerspr.): **1.** *(vom Wild) stehen bleiben, um zu lauschen, zu horchen, Witterung zu nehmen:* der Rehbock verhoffte. ◆ **2.** *[er]hoffen:* Bürgermeister: Verhoffe damit auf - - Albrecht: Heute Abend auf dem Tanzhaus – das versteht sich! Nichts kann mich zurückhalten (Hebbel, Agnes Bernauer I, 13); Verhoffs, dass wir ein gutes Geschäft machen werden auf dem Rattner Kirchtag (Rosegger, Waldbauernbub 136).

ver|hoh|len ⟨Adj.⟩ [eigtl. adj. 2. Part. des ursprünglich st. V. ↑ verhehlen]: *nicht offen gezeigt, geäußert:* schlecht -e Neugier, Kritik; mit kaum -em Spott, Hass.

ver|höh|nen ⟨sw. V.; hat⟩ [mhd. verhœnen]: *höhnisch verspotten:* einen Gegner v.

ver|hoh|ne|pi|peln ⟨sw. V.; hat⟩ [unter volksetym. Anlehnung an ↑ Hohn entstellt aus obersächs. hohlhippeln = verspotten, schmähen < mhd. holhipe = scheltren, schmähen, zu: holhipe = dünnes Gebäck, Waffel u. wohl urspr. = »holhipen« ausrufen und verkaufen] (ugs.): *durch Spott, ironische Übertreibung ins Lächerliche ziehen, lächerlich machen:* jmdn., eine Sache v. Dazu: **Ver|hoh|ne|pi|pe|lung**, die; -, -en.

Ver|höh|nung, die; -, -en: *das Verhöhnen; das Verhöhntwerden.*

ver|hö|kern ⟨sw. V.; hat⟩ (ugs.): *(einzelne Gegenstände) zum Kauf anbieten u. zu Geld machen:* alte Möbel, Bücher [billig] v. Dazu: **Ver|hö|ke|rung**, die; -, -en.

ver|ho|len ⟨sw. V.; hat⟩ (Seemannsspr.): *mit Schleppern zu einem anderen Liegeplatz ziehen:* ein Schiff [ins Dock] v. Dazu: **Ver|ho|lung**, die; -, -en.

ver|hol|zen ⟨sw. V.; ist⟩: *holzig werden:* die Stauden verholzen, sind verholzt; verholzte Äste.

Ver|hol|zung, die; -, -en: *das Verholzen.*

Ver|hör, das; -[e]s, -e [mhd. verhœr = Vernehmung, Befragung]: *eingehende richterliche od. polizeiliche Befragung einer Person zur Klärung eines Sachverhaltes; Vernehmung:* ein strenges V.; polizeiliche -e; ein V. vornehmen, durchführen; mit jmdm. ein V. anstellen (*jmdn. verhören*); jmdn. einem V. unterziehen (*jmdn. verhören*); der Häftling wurde ins V. genommen *(wurde verhört)*; Ü die Lehrerin nahm den Übeltäter ins V. (*befragte ihn streng u. eingehend*).

ver|hö|ren ⟨sw. V.; hat⟩ [mhd. verhœren = (an)hören, vernehmen, prüfen; erhören; überhören]: **1.** *(zur Klärung eines Sachverhaltes) gerichtlich od. polizeilich eingehend befragen; vernehmen:* den Angeklagten, den Zeugen v. **2.** ⟨v. + sich⟩ *etw. falsch hören:* du musst dich verhört haben, sie hat »Juni«, nicht »Juli« gesagt. ◆ **3.** *überhören, nicht hören:* Moses kam um vieles später; denn er hatte sich, als der verzogene Jüngste, angewöhnt, die Mittagsglocke zu v. (Goethe, Dichtung u. Wahrheit 10); Sie ... machte ihn in kurzem mit allen Anwesenden bekannt. Heinrich verhörte manches (Novalis, Heinrich 99).

Ver|hör|me|tho|de, die: *beim Verhören (1) angewandte Methode:* illegale -n.

ver|hor|nen ⟨sw. V.; hat⟩: **a)** *zu Horn (2) werden;* **b)** *Hornhaut (1) bilden:* verhornte Fußsohlen.

Ver|hor|nung, die; -, -en: *das Verhornen; das Verhorntsein.*

Ver|hör|rich|ter, der (schweiz.): *Untersuchungsrichter.*

Ver|hör|rich|te|rin, die: w. Form zu ↑ Verhörrichter.

ver|hu|deln ⟨sw. V.; hat⟩ (landsch. ugs.): *durch Hudeln (1) verderben:* er hat die Arbeit verhudelt.

ver|hül|len ⟨sw. V.; hat⟩ [mhd. verhüllen]: **a)** *mit etw. umhüllen, in etw. einhüllen, um jmdn., etw. zu verbergen, den Blicken zu entziehen:* sich mit einem Tuch v.; das Gesicht mit einem Schleier v.; sein Haupt v. (früher; als Zeichen der Trauer, Demut, göttlicher Verehrung); tief verhüllte Frauen; Ü eine verhüllte *(versteckte)* Drohung; **b)** *durch sein Vorhandensein machen, bewirken, dass etw. verhüllt (a) ist:* ein Schleier verhüllte ihr Gesicht; der Umhang verhüllte sie bis zu den Füßen; Wolken verhüllten die Bergspitzen; Ü in Geheimnis v.

ver|hül|lend ⟨Adj.⟩ (Sprachwiss.): *euphemistisch:* dieses Wort wird v. gebraucht.

Ver|hül|lung, die; -, -en: *das Verhüllen; das Verhülltwerden:* die V. des Berliner Reichstags gehört zu den spektakulären Aktionen der zeitgenössischen Kunst.

ver|hun|dert|fa|chen ⟨sw. V.; hat⟩: **a)** *[durch Multiplikation] hundertmal so groß machen:* eine Zahl, die Druckauflage v.; **b)** ⟨v. + sich⟩ *hundertmal so groß werden:* der Umsatz hat sich verhundertfacht.

ver|hun|gern ⟨sw. V.; ist⟩ [mhd. verhungern]: *aus Mangel an Nahrung sterben:* Gefangene v. lassen; jährlich verhungern immer noch Millionen Kinder in den Entwicklungsländern; die Dürrekatastrophe in Afrika bedeutet für viele Menschen den Tod durch Verhungern; ich muss auf der Stelle was essen, ich bin am Verhungern (ugs.; *ich habe großen Hunger*).

ver|hun|zen ⟨sw. V.; hat⟩ [zu mundartl. hunzen = wie einen Hund ausschimpfen od. behandeln] (ugs. abwertend): *[durch unsorgfältigen, unsachgemäßen Umgang mit etw.] verunstalten, verderben:* die Landschaft, das Stadtbild v.; das Wetter hat uns den ganzen Urlaub verhunzt; du hast dir mit dieser/durch diese Sache dein ganzes Leben verhunzt; von diesem Film wird immer nur eine verhunzte Version gezeigt.

Ver|hun|zung, die; -, -en (ugs. abwertend): *das Verhunzen; das Verhunztwerden:* gegen die V. der Landschaft durch hässliche Betonbauten protestieren.

ver|hu|ren ⟨sw. V.; hat⟩ [mhd. verhuoren, ahd. farhuorōn] (salopp abwertend): *mit sexuellen Ausschweifungen vergeuden:* sein Geld v.

ver|hurt ⟨Adj.⟩ (salopp abwertend): **1.** *von sexuellen Ausschweifungen gezeichnet:* er sah v. aus. **2.** *Hurerei treibend:* ein -er Bock.

ver|huscht ⟨Adj.⟩ (ugs.): *ohne rechtes Selbstvertrauen, scheu u. zaghaft:* ein etwas -es Mädchen.

ver|hü|ten ⟨sw. V.; hat⟩ [mhd. verhüeten = behüten, bewahren; aufpassen, auflauern]: **1.** *etw. Unerwünschtes o. Ä. durch Achtsamkeit verhindern u. jmdn. davor bewahren:* eine Katastrophe, einen Unfall v.; das Schlimmste v. können; v., dass ein Unglück geschieht; das möge Gott v.! **2.** *Verhütungsmittel benutzen:* hormonell, mit Kondomen v.; viele Jugendliche verhüten nicht; wie verhütest du?

Ver|hü|ter|li, das; -s, -[s] [scherzh. geb. mit schweiz. Verkleinerungssilbe] (salopp scherzh.): *Präservativ.*

ver|hüt|ten ⟨sw. V.; hat⟩ (Erze o. Ä.): *in einem Hüttenwerk zu Metall verarbeiten.*

Ver|hüt|tung, die; -, -en: *das Verhütten.*

Ver|hü|tung, die; -, -en: *das Verhüten.*

Ver|hü|tungs|me|tho|de, die: *Methode zur Empfängnisverhütung.*

Ver|hü|tungs|mit|tel, das: *empfängnisverhütendes Mittel.*

ver|hut|zelt ⟨Adj.⟩ [zu ↑ hutzeln] (ugs.): *[vor Alter] zusammengeschrumpft, [eingetrocknet u. daher] voller Falten, Runzeln o. Ä.:* ein -es Gesicht; -e Äpfel.

Ve|ri|fi|ka|ti|on, die; -, -en [mlat. verificatio, zu: verificare, ↑ verifizieren]: **1.** (bildungsspr.) *das Verifizieren.* **2.** (Rechtsspr.) *Beglaubigung, Unterzeichnung eines diplomatischen Protokolls durch alle Verhandlungspartner.*

ve|ri|fi|zier|bar ⟨Adj.⟩ (bildungsspr.): *sich verifizieren lassend:* Dazu: **Ve|ri|fi|zier|bar|keit**, die; -.

ve|ri|fi|zie|ren ⟨sw. V.; hat⟩ [mlat. verificare, zu lat. verus = wahr, richtig u. facere = machen]: **1.** (bildungsspr.) *durch Überprüfen die Richtigkeit einer Sache bestätigen:* eine Hypothese v. **2.** (Rechtsspr.) *beglaubigen.*

Ve|ri|fi|zie|rung, die; -, -en: *das Verifizieren.*

ver|in|ner|li|chen ⟨sw. V.; hat⟩: **1.** *innerlich machen; aus dem Innern heraus erfüllen:* sein Leben v.; ein verinnerlichter Mensch. **2.** (Fachspr.) *internalisieren:* Normen v.

Ver|in|ner|li|chung, die; -, -en: *das Verinnerlichen.*

ver|ir|ren, sich ⟨sw. V.; hat⟩ [mhd. verirren, ahd. farirrōn]: **a)** *vom Weg, der zum angestrebten Ziel führt, abkommen; die Orientierung verlieren u. sich nicht mehr zurechtfinden:* sich im Wald, im Nebel v.; Ü eine verirrte *(von der Schusslinie abgekommene)* Gewehrkugel; ein verirrtes Schaf (bibl.; *ein sündiger Mensch;* vgl. z. B. Matth. 18, 12–13); **b)** *irgendwohin gelangen, wohin jmd. gar nicht gelangen wollte, etw. gar nicht gehört:* sich in den Sperrbereich v.

Ver|ir|rung, die; -, -en: *Abweichung von etw., was als recht, richtig usw. gilt; [moralische] Verfehlung, Irrtum.*

Ve|ris|mo, der; - [ital. verismo, zu: vero < lat. verus, ↑ veritabel]: *(unter dem Einfluss des französischen Naturalismus um die Mitte des 19. Jh.s aufgekommene) Stilrichtung der italienischen Literatur, Musik, bildenden u. darstellenden Kunst, die eine schonungslose Darstellung der Wirklichkeit anstrebt.*

Ve|ris|mus, der; - [zu lat. verus, ↑ veritabel]: **1.** *Verismo.* **2.** *schonungslose u. sozialkritische künstlerische Darstellung der Wirklichkeit.*

ve|ris|tisch ⟨Adj.⟩: **1.** *den Verismus (1) betreffend, darauf beruhend, dazu gehörend:* ein -er Film, Roman. **2.** *in schonungsloser Weise wirklichkeitsspr.:* -e Details.

ve|ri|ta|bel ⟨Adj.; ...bler, -ste⟩ [frz. véritable, zu: vérité = Wahrheit < lat. veritas, zu: verus = wahr, wirklich] (bildungsspr.): *von wahrer Bedeutung der angewandten Bezeichnung genau entsprechend; wahrhaft, echt, wirklich:* eine veritable Leistung.

ver|ja|gen ⟨sw. V.; hat⟩ [mhd. verjagen, ahd. firjagōn]: *fortjagen, gewaltsam vertreiben:* jmdn. von Haus und Hof v.; einen Hund v.; der Wind hat die Wolken verjagt; Ü die bösen Gedanken, die Sorgen v.

Ver|ja|gung, die; -, -en: *das Verjagen.*

ver|jäh|ren ⟨sw. V.; ist⟩ [mhd. verjæren]: *(aufgrund eines Gesetzes) nach einer bestimmten Anzahl von Jahren hinfällig (2) werden, gerichtlich nicht mehr verfolgt werden können:* das Verbrechen ist verjährt; die Schulden sind inzwischen verjährt.

Ver|jäh|rung, die; -, -en: *das Verjähren, Verjährtsein:* die V. eines Verbrechens.

Ver|jäh|rungs|frist, die: *gesetzliche Frist einer Verjährung.*

ver|jan|kern ⟨sw. V.; hat⟩ (österr. ugs.): **a)** *vergeuden, verschwenden:* er hat sein Geld verjankert; **b)** *verlieren:* die Schlüssel v.

verjazzen – Verkaufskiosk

ver|jaz|zen ⟨sw. V.; hat⟩: *mit den Mitteln, durch die Elemente des Jazz verändern:* eine klassische Komposition v.

ver|ju|beln ⟨sw. V.; hat⟩ (ugs.): *unbekümmert-leichtsinnig für irgendwelche Vergnügungen ausgeben:* sein Geld v.

ver|juch|hei|en ⟨sw. V.; hat⟩ (landsch.): *verjubeln:* seinen Lottogewinn v.

ver|jün|gen ⟨sw. V.; hat⟩ [im 16. Jh. für veraltet jüngen, mhd. jungen, ahd. jungan = jung machen]: **1. a)** *jmdm. ein jüngeres Aussehen geben:* regelmäßiger Sport hat sie deutlich verjüngt; diese Creme verjüngt seine Haut; **b)** *jünger machen:* die Liebe hat ihn verjüngt *(vitaler gemacht);* einen Betrieb v. *(jüngere Kräfte einstellen);* die Nationalmannschaft muss verjüngt werden *(ältere Spieler od. Spielerinnen müssen durch jüngere ersetzt werden);* **c)** (Forstwirtsch.) *alte Bäume durch junge ersetzen:* einen Baumbestand v.; ◆ **d)** ⟨v. + sich⟩ *ein jüngeres Aussehen bekommen; jünger werden:* Verjüngte sich nicht dieser Talbot selbst, als er auf ihren Reiz zu reden kam (Schiller, Maria Stuart II, 9). **2.** ⟨v. + sich⟩ *[nach oben hin] allmählich schmaler, dünner, enger werden:* die Säule verjüngt sich.

Ver|jün|gung, die; -, -en: *das [Sich]verjüngen.*

Ver|jün|gungs|kur, die: *dem Verjüngen* (1) *dienende Kur.*

Ver|jün|gungs|mit|tel, das: *dem Verjüngen* (1) *dienendes Mittel.*

ver|ju|xen ⟨sw. V.; hat⟩ (ugs.): **1.** *verjubeln:* sein ganzes Geld v. **2.** *verulken.*

ver|ka|beln ⟨sw. V.; hat⟩ **a)** *als ¹Kabel* (1) *verlegen:* eine Stromleitung v.; **b)** *mithilfe von ¹Kabeln* (1) *an ein ¹Netz* (2 a) *anschließen:* Haushalte v.

Ver|ka|be|lung, die; -, -en: **a)** *das Verkabeln* (a); **b)** *das Verkabeln* (b); *das Verkabeltwerden.*

ver|ka|ckei|ern: ↑ vergackeiern.

ver|kad|men ⟨sw. V.; hat⟩: *kadmieren.*

ver|kah|len ⟨sw. V.⟩: **a)** ⟨ist⟩ *kahl werden, die Blätter verlieren:* verkahlte Äste; **b)** ⟨hat⟩ (Forstwirtsch.) *durch Kahlschlag kahl, baumlos machen:* ein Gebiet v.

Ver|kah|lung, die; -, -en: *das Verkahlen.*

ver|kal|ben ⟨sw. V.; hat⟩: *(von Kühen) verwerfen* (6).

ver|kal|ken ⟨sw. V.; ist⟩: **1.** (Med.) *durch übermäßige Kalkablagerung* (1) *verhärten:* infolge fettreicher Ernährung verkalken die Arterien. **2.** (ugs.) *(mit zunehmendem Alter) [infolge von Arterienverkalkung] geistig unbeweglich werden:* das Gehirn verkalkt; in diesem Alter beginnt man bereits zu v.; total verkalkt sein. **3.** *durch Einlagerung von Kalk* (1 a) *allmählich seine Funktionstüchtigkeit verlieren:* die Waschmaschine verkalkt; verkalkte Wasserleitungen.

ver|kal|ku|lie|ren, sich ⟨sw. V.; hat⟩: *falsch kalkulieren* (1, 2 a).

Ver|kal|kung, die; -, -en: *das Verkalken; das Verkalktsein.*

ver|ka|mi|so|len ⟨sw. V.; hat⟩ [zu ↑ Kamisol] (ugs. veraltet): *verprügeln.*

ver|kannt: ↑ verkennen.

ver|kan|ten ⟨sw. V.; hat⟩: **1.** *falsch kanten; auf die Kante stellen u. dadurch aus der normalen Lage bringen:* sie verkantete bei der Abfahrt den linken Ski und stürzte; der Grabstein war verkantet. **2.** *sich mit einer Kante* (2) *irgendwo festklemmen, verklemmen:* das Getriebe verkantete, und die Lok blieb stehen; ⟨v. + sich:⟩ die Bremsbeläge können sich v. **3.** (Schießen) *den Lauf* (8) *seitlich verdrehen u. dadurch falsch zielen.*

ver|kap|pen ⟨sw. V.; hat⟩ [eigtl. etwa = unter einem Kapuzenmantel verbergen]: **1.** ⟨v. + sich⟩ *durch geschickte Tarnung, Verstellung das, was jmd. od. etw. in Wirklichkeit ist, für andere unkenntlich zu machen suchen; sich tarnen:* sich als Biedermann v.; ⟨meist im 2. Part.:⟩ ein verkappter Spion; eine verkappte Enteignung, Annexion. **2.** (Jagdw.) *(einem Beizvogel) die Kappe* (1) *über den Kopf ziehen:* einen Falken v.

◆ **Ver|kap|pung,** die; -, -en: *Verkleidung, Vermummung; Tarnung:* Daraus lässt sich auch abnehmen, dass die V., zu der Sie mich einladen, ungleich belustigender für Sie als für mich ausfallen müsste (Chamisso, Schlemihl 49); ... damit ich doch mein Essen und Trinken verdiente, geleitete ich Reineckische Bauern hinauf nach Bamberg. – In der V.? Das hätte dir übel geraten können (Goethe, Götz II); Ü O wart, Canaille! So entkommst du nicht. Dahinter steckt mir von V. was, und Meuterei (Kleist, Krug 11).

ver|kap|seln ⟨sw. V.; hat⟩: **a)** ⟨v. + sich⟩ *sich in einer Hülle, Kapsel abschließen, sich einkapseln:* die Trichinen verkapseln sich in der Muskulatur; eine verkapselte (Med.; *geschlossene)* Tuberkulose; Ü warum verkapselst du dich so?; **b)** (selten) *in einer Hülle, Kapsel abschließen, einkapseln:* die Granatsplitter werden im Gewebe verkapselt.

Ver|kap|se|lung, die; (seltener:) **Ver|kaps|lung,** die; -, -en: *das [Sich]verkapseln.*

ver|kars|ten ⟨sw. V.; ist⟩: *zu ²Karst werden:* Gebirge verkarsten; verkarstete Hügel, Hänge.

Ver|kars|tung, die; -, -en: *das Verkarsten.*

ver|kar|ten ⟨sw. V.; hat⟩ (veraltend): *für eine Kartei, einen Computer gesondert auf einzelnen [Loch]karten erfassen;* Dazu: **Ver|kar|tung,** die; -, -en.

ver|ka|se|ma|tu|ckeln ⟨sw. V.; hat⟩ [H. u.] (salopp): **1.** *(in kurzer Zeit u. größerer Menge) verkonsumieren:* beim Betriebsfest wurden etliche Liter Bier verkasematuckelt. **2.** *genau u. detailliert auseinandersetzen, erklären:* kannst du mir das mal v.?

ver|kä|sen ⟨sw. V.⟩: **1. a)** ⟨hat⟩ *zu Käse machen:* Milch v.; **b)** ⟨ist⟩ *käsen* (2): die Milch verkäst. **2.** ⟨ist⟩ (Med.) *(von abgestorbenen Gewebsteilen, bes. bei Tuberkulose) zu einer käseartigen Masse werden.*

ver|käs|teln ⟨sw. V.; hat⟩: *einschachteln.*

ver|käs|ten ⟨sw. V.; hat⟩ (Bergmannsspr.): *auszimmern.*

Ver|kä|sung, die; -, -en: *das Verkäsen.*

ver|kal|tert ⟨Adj.⟩ (ugs.): *einen ²Kater habend:* v. aussehen.

Ver|kauf, der; -[e]s, Verkäufe [frühnhd.]: **1.** *das Verkaufen* (1 a): der illegale, verbilligte V. von Produkten [ins Ausland]; der V. von Waren, Eintrittskarten; V. von/(Kaufmannsspr. selten:) in Textilien; ein V. mit Gewinn, Verlust; V. auch außer Haus, über die Straße; etw. zum V. anbieten; etw. zum V. bringen (Papierdt.; *etw. verkaufen);* das Grundstück kommt, steht zum V. *(wird zum Kauf angeboten).* **2.** ⟨o. Pl.⟩ (Kaufmannsspr.) *Verkaufsabteilung:* Einkauf und V.; sie arbeitet im V.

ver|kauf|bar ⟨Adj.⟩: *verkäuflich.*

Ver|kauf|bar|keit, die; -: *Verkäuflichkeit.*

ver|kau|fen ⟨sw. V.; hat⟩: **1. a)** [mhd. verkoufen, ahd. firkoufen] *jmdm. etw. gegen Zahlung einer bestimmten Summe als Eigentum überlassen:* etw. billig, teuer, für/(veraltend:) um 100 Euro, unter seinem Wert v.; etw. nur gegen bar, Barzahlung v.; Zeitungen, Waren, Liegenschaften, Antiquitäten, Verlagsrechte v.; das Kleid war leider schon verkauft; sie hat ihren Wagen eingemottet; der Verein muss zwei Spieler v. *(transferieren);* sie verkauft ihren Körper *(sie geht der Prostitution nach);* ⟨auch ohne Akk.-Obj.:⟩ wir haben gut verkauft; ⟨subst.:⟩ freies Produzieren, Kaufen und Verkaufen; **b)** ⟨v. + sich⟩ *in bestimmter Weise verkäuflich* (1) *sein:* diese Ware verkauft sich gut, schlecht, schwer. **2.** ⟨v. + sich⟩ (ugs.) *etw. kaufen, was in seiner Qualität den Ansprüchen nicht genügt, in seiner Art den Vorstellungen nicht entspricht:* ich habe mich mit dem Kleid verkauft. **3.** ⟨v. + sich⟩ *für Geld od. Gewährung anderer Vorteile jmdm. seine Dienste zur Verfügung stellen:* sich dem Feind/an den Feind v.; an der Straße verkaufen sich Frauen *(gehen Frauen der Prostitution nach).* **4.** (ugs.) *dafür sorgen, dass jmd., etw. bei jmdm. auf das gewünschte Interesse stößt, den gewünschten Anklang, Beifall findet:* eine Story den Lesern v.; die Schlagersängerin verkauft sich gut; die Parteien wollen die Reform als große Leistung v.

Ver|käu|fer, der; -s, - [mhd. verkoufære]: **1.** *jmd., der (bes. als Angestellter eines Geschäfts, Kaufhauses od. im Außendienst eines Unternehmens) Waren od. Dienstleistungen verkauft* (Berufsbez.): er ist V., arbeitet als V. in einem Elektrogeschäft. **2.** *jmd., der etw. als Eigentümer verkauft:* der V. des Grundstücks.

Ver|käu|fe|rin, die; -, -nen: w. Form zu ↑ Verkäufer.

ver|käu|fe|risch ⟨Adj.⟩: *die Tätigkeit eines Verkäufers betreffend, als Verkäufer gewonnen:* -e Erfahrung haben.

ver|käuf|lich ⟨Adj.⟩: **1.** *in bestimmter Weise zum Verkauf geeignet, sich absetzen lassend:* das Produkt ist schwer v. **2.** *zum Verkauf bestimmt:* diese Gegenstände sind [nicht] v.; diese Arznei ist frei v. *(nicht rezeptpflichtig).*

Ver|käuf|lich|keit, die; -: *das Verkäuflichsein.*

Ver|kaufs|ab|tei|lung, die: *Abteilung eines Unternehmens, die für den Verkauf* (1) *zuständig ist.*

Ver|kaufs|an|ge|bot, das: *Angebot, etw. (zu bestimmten Bedingungen) zu verkaufen.*

Ver|kaufs|ar|gu|ment, das: *Argument* (1), *das verkaufsfördernd ist.*

Ver|kaufs|ar|ti|kel, der: *zum Kauf angebotener Artikel.*

Ver|kaufs|aus|stel|lung, die: *Ausstellung, bei der die ausgestellten Gegenstände verkäuflich sind.*

Ver|kaufs|au|to|mat, der: ↑ Automat (1 a).

Ver|kaufs|be|din|gung, die ⟨meist Pl.⟩: *Bedingung, unter der eine Ware verkauft wird.*

Ver|kaufs|bu|de, die: *Kiosk.*

Ver|kaufs|di|rek|tor, der: *Verkaufsleiter.*

Ver|kaufs|di|rek|to|rin, die: w. Form zu ↑ Verkaufsdirektor.

Ver|kaufs|emp|feh|lung, die (bes. Börsenw.): *Empfehlung, etw. (bes. Aktien, bei denen ein sinkender Kurs erwartet wird) zu verkaufen.*

Ver|kaufs|er|folg, der: *erfolgreicher Verkauf* (1) *eines Produktes.*

Ver|kaufs|er|lös, der: *Erlös aus einem Verkauf.*

Ver|kaufs|fah|rer, der: *Fahrer* (5), *der eine bestellte Ware zum Kunden fährt u. den Preis kassiert* (Berufsbez.).

Ver|kaufs|fah|re|rin, die: w. Form zu ↑ Verkaufsfahrer.

Ver|kaufs|flä|che, die: *Fläche* (1) *eines Geschäftes, Kaufhauses, die für den Verkauf* (1) *genutzt wird.*

ver|kaufs|för|dernd ⟨Adj.⟩: *den Verkauf fördernd, dienlich:* -e Maßnahmen, Aktionen.

Ver|kaufs|för|de|rung, die ⟨o. Pl.⟩: *Salespromotion.*

Ver|kaufs|ge|spräch, das: *verkaufsförderndes Gespräch mit einem Kunden, potenziellen Käufer.*

Ver|kaufs|hit, der (ugs.): *Ware, die (in einer bestimmten Zeit) besonders häufig verkauft wird:* etw. entwickelt sich zum V.

Ver|kaufs|ki|osk, der: *Kiosk.*

Verkaufskoje – Verkehrsgefährdung

Ver|kaufs|ko|je, die: *Koje* (3b) *auf Messen o. Ä., in der Verkaufsgespräche stattfinden.*

Ver|kaufs|lei|ter, der: *Leiter einer Verkaufsabteilung; Salesmanager.*

Ver|kaufs|lei|te|rin, die: w. Form zu ↑ Verkaufsleiter.

Ver|kaufs|mann|schaft, die: *Mannschaft* (1d), *die im Verkauf tätig ist:* Verkäuferin zur Unterstützung unserer V. gesucht.

Ver|kaufs|mes|se, die: ²*Messe* (1), *auf der Warenmuster verkauft werden.*

Ver|kaufs|ob|jekt, das: vgl. Verkaufsartikel.

ver|kaufs|of|fen ⟨Adj.⟩: *ganztags dem Verkauf offenstehend:* der -e Samstag, Sonntag.

Ver|kaufs|or|ga|ni|sa|ti|on, die: *zum Zwecke des Verkaufs gegründete Organisation* (3b): eine weltweite V. gründen.

Ver|kaufs|pa|vil|lon, der: *Pavillon, in dem etw. verkauft wird.*

Ver|kaufs|per|so|nal, das: *Personal* (a) *im Verkauf, bes. Verkäuferinnen u. Verkäufer.*

Ver|kaufs|preis, der: *Preis, zu dem eine Ware verkauft wird.*

Ver|kaufs|pro|gramm, das: *Gesamtheit der Artikel, die ein Betrieb zum Verkauf anbietet.*

Ver|kaufs|pro|s|pekt, der (Wirtsch., Börsenwesen): *(bes. für den Verkauf von Wertpapieren) zur Information der Käufer herausgegebener Prospekt* (1).

Ver|kaufs|psy|cho|lo|gie, die: *Teilgebiet der Marktforschung, das sich mit der Wirkung von Waren, Verpackungen o. Ä. auf potenzielle Käufer u. der Wechselbeziehung zwischen Verkäufer u. Käufer befasst.*

Ver|kaufs|raum, der: *Raum, in dem etw. verkauft wird.*

Ver|kaufs|ren|ner, der (ugs.): Verkaufshit.

Ver|kaufs|rück|gang, der: *Rückgang des Verkaufs, der Verkaufszahlen.*

Ver|kaufs|schau, die: Verkaufsausstellung.

Ver|kaufs|schla|ger, der: *Ware, die sich besonders gut verkauft.*

ver|kaufs|schwach ⟨Adj.⟩: *nur geringen Absatz* (3) *aufweisend:* eine -e Saison.

Ver|kaufs|stand, der: *Stand zum Verkauf von Waren.*

ver|kaufs|stark ⟨Adj.⟩: *guten Absatz* (3) *aufweisend:* ein -es Jahr.

Ver|kaufs|start, der: *Beginn des Verkaufs eines Produktes:* V. für die neue DVD ist der 1. Mai; der V. des Updates verlief eher schleppend.

Ver|kaufs|stät|te, die: *Verkaufsstelle.*

Ver|kaufs|stel|le, die: *Stelle (Laden, Stand o. Ä.), wo etw. verkauft wird.*

Ver|kaufs|stra|te|gie, die (Wirtsch.): *Strategie für den möglichst erfolgreichen Verkauf einer Ware od. einer Dienstleistung.*

Ver|kaufs|tag, der (Wirtsch.): *verkaufsoffener Tag:* der März hatte zwei -e weniger als im Vorjahr.

Ver|kaufs|the|ke, die: *Theke, an der Waren verkauft werden.*

Ver|kaufs|tisch, der: *Tisch, an dem etw. verkauft wird, auf dem Waren zum Verkauf angeboten werden.*

Ver|kaufs|ver|an|stal|tung, die: *Veranstaltung* (2), *die dem Verkauf dient.*

Ver|kaufs|ver|hand|lung, die ⟨meist Pl.⟩: *Verhandlung über einen Verkauf.*

Ver|kaufs|vo|lu|men, das (Wirtsch.): *Volumen des Verkaufs* (1) *in einem bestimmten Zeitraum:* unsere Zielsetzung für das kommende Jahr ist ein V. von 3 Millionen.

Ver|kaufs|wa|gen, der: *Fahrzeug, das zum Verkauf von Waren genutzt wird.*

Ver|kaufs|wel|le, die (Börsenw.): *kurzfristig in ansteigender großer Zahl getätigte Verkäufe.*

Ver|kaufs|wert, der: vgl. Verkaufspreis.

ver|kaufs|wil|lig ⟨Adj.⟩ (bes. Wirtsch.): *zu einem Verkauf bereit:* -e Anteilseigner.

Ver|kaufs|zahl, die ⟨meist Pl.⟩: *den Umfang eines Verkaufs* (1) *angebende Zahl; Absatzzahl:* steigende, rückläufige -en.

Ver|kaufs|zeit, die: *Geschäftszeit.*

Ver|kehr, der; -s, selten: -es, ⟨Fachspr.:⟩ -e [ursp. = Handel(sverkehr), Umsatz, Vertrieb von Waren]: **1.** *Beförderung, Bewegung von Fahrzeugen, Personen, Gütern, Nachrichten auf dafür vorgesehenen Wegen:* grenzüberschreitender V.; der V. auf der Autobahn, auf den Flüssen und Kanälen; fließender V. *(Bewegung der Fahrzeuge im Straßenverkehr);* ruhender V. *(das Halten u. Parken der Fahrzeuge auf öffentlichen Straßen u. Plätzen);* es herrscht starker, lebhafter, reger, dichter V.; der V. hat zugenommen, stockt, bricht zusammen, ruht fast gänzlich, kommt zum Erliegen; der V. staut sich an der Kreuzung; den V. lenken, regeln, umleiten, behindern; eine Brücke dem [öffentlichen] V. *(der Öffentlichkeit zur Nutzung)* übergeben; eine Straße für den V. sperren, freigeben; * **etw. aus dem V. ziehen** *(etw. nicht mehr für den Gebrauch zulassen:* das Fahrzeug wurde aus dem V. gezogen); **jmdn. aus dem V. ziehen** (ugs. scherzh.): *jmdn. nicht mehr in einer bestimmten Eigenschaft tätig sein lassen [weil er der Sache schadet];* **etw. in [den] V. bringen** *(etw. in den Handel, in Umlauf bringen).* **2. a)** *Kontakt, Umgang mit jmdm. im Hinblick auf Gedankenaustausch, wechselseitige Mitteilung, als gesellschaftliche Beziehung:* freundlicher, brieflicher, mündlicher V.; der diplomatische V. beider Staaten; der V. mit den Behörden; V. mit jmdm. haben, pflegen, unterhalten; den V. mit jmdm. abbrechen, wieder aufnehmen; er ist kein V. für dich *(mit ihm solltest du keinen Kontakt pflegen);* Wir wissen jedoch, dass er während seiner Wiener Zeit persönlichen V. mit Beethoven pflegte (Hildesheimer, Legenden 26); **b)** (verhüll.) *Geschlechtsverkehr:* vorehelicher, außerehelicher V.; V. [mit jmdm.] haben.

ver|keh|ren ⟨sw. V.; hat⟩: **1.** ⟨hat/ist⟩ *als öffentliches Verkehrsmittel regelmäßig auf einer Strecke fahren:* der Omnibus verkehrt alle 15 Minuten; das Schiff verkehrt zwischen Stralsund und Hiddensee; dieser Zug verkehrt nur an Sonn- und Feiertagen. **2. a)** *mit jmdm. Kontakt pflegen; sich regelmäßig mit jmdm. treffen, schreiben usw.:* er verkehrt mit keinem Menschen v.; brieflich v.; **b)** *bei jmdm., irgendwo regelmäßig zu Gast sein; regelmäßig ein Lokal o. Ä. besuchen:* in einer Familie, in jmds. Haus, in den besten Kreisen v.; in diesem Lokal verkehren viele Künstler; **c)** (verhüll.) *Geschlechtsverkehr mit jmdm. haben:* sie hatte in dieser Zeit mit mehreren Männern verkehrt. **3.** [mhd. verkēren, zu ↑ ¹kehren]; schon mniederd. vorkēren = unterwegs sein, um Handel zu treiben **a)** *etw. in das Gegenteil verwandeln, es völlig verändern [sodass es sich in der entgegengesetzten Richtung wirkt]:* jmds. Absicht, den Sinn einer Aussage ins Gegenteil v.; **b)** ⟨v. + sich⟩ *sich ins Gegenteil verwandeln [u. gerade in der entgegengesetzten Richtung wirken]:* eine Gleichgültigkeit verkehrte sich in Mitgefühl; die Vorzüge verkehrten sich in Schwächen.

ver|kehr|lich ⟨Adj.⟩: *den Verkehr* (1) *betreffend:* die -e Erschließung eines Siedlungsgebietes.

Ver|kehrs|ab|lauf, der: *das Ablaufen* (5c) *des Verkehrs* (1): Einschränkungen im V.

Ver|kehrs|ach|se, die: *Achse* (5).

Ver|kehrs|ader, die: *wichtige Verkehrsstraße; wichtiger Verkehrsweg.*

Ver|kehrs|am|pel, die: *Ampel* (2).

Ver|kehrs|amt, das: *Verkehrsverein.*

Ver|kehrs|an|bin|dung, die: *Anbindung an ein Verkehrsnetz:* ruhige Wohnlage mit guter V.

ver|kehrs|arm ⟨Adj.⟩: *wenig Verkehr* (1) *aufweisend:* eine -e Straße.

Ver|kehrs|auf|fas|sung, die (Rechtsspr.): *in der Allgemeinheit vorherrschende Meinung zu einem bestimmten Sachverhalt; übliche Auffassung* (1).

Ver|kehrs|auf|kom|men, das: *Zahl der Fahrzeuge in einem bestimmten Bereich des Straßen- u. Schienenverkehrs; Verkehrsdichte:* ein starkes, hohes V.

Ver|kehrs|aus|schuss, der (Politik): *Ausschuss* (2), *der sich mit verkehrspolitischen Fragen befasst.*

Ver|kehrs|be|hin|de|rung, die: *Behinderung* (1) *des Verkehrs* (1).

Ver|kehrs|be|hör|de, die: *für den öffentlichen Verkehr zuständige Behörde.*

Ver|kehrs|be|las|tung, die: *Belastung* (1) *durch Verkehr* (1): die übergroße V. im Stadtbereich.

Ver|kehrs|be|reich, der: *Bereich des öffentlichen Verkehrs:* die Opposition fordert mehr Investitionen im V.

ver|kehrs|be|ru|hi|gend ⟨Adj.⟩ (Verkehrsw.): *allzu starken Durchgangsverkehr verhindernd:* -e Maßnahmen.

ver|kehrs|be|ru|higt ⟨Adj.⟩ (Verkehrsw.): *von allzu starkem Durchgangsverkehr befreit:* ein -es Wohnviertel; die Straße ist v.

Ver|kehrs|be|ru|hi|gung, die (Verkehrsw.): *Befreiung von allzu starkem Durchgangsverkehr.*

Ver|kehrs|be|trieb, der ⟨meist Pl.⟩: *konzessionspflichtiges Unternehmen zur Personenbeförderung im innerstädtischen Bereich od. in einem bestimmten Bezirk.*

Ver|kehrs|bü|ro, das: *Verkehrsverein.*

Ver|kehrs|cha|os, das (emotional): *das Zusammenbrechen des Verkehrs* (1) *mit anhaltenden Stauungen:* starke Schneefälle in der Nacht führten zu einem V.

Ver|kehrs|da|ten ⟨Pl.⟩: **1.** *Daten über den [aktuellen] Straßenverkehr.* **2.** (Fachspr.) *Daten über die Nutzung von Diensten der Telekommunikation.*

Ver|kehrs|de|likt, das: *Verstoß gegen die Verkehrsvorschriften.*

Ver|kehrs|dich|te, die: *Verkehrsaufkommen.*

Ver|kehrs|di|s|zi|p|lin, die ⟨o. Pl.⟩: *diszipliniertes Verhalten im Straßenverkehr.*

Ver|kehrs|ent|wick|lung, die: *Entwicklung des Verkehrs* (1): Dazu: **Ver|kehrs|ent|wick|lungs|plan,** der.

Ver|kehrs|er|schlie|ßung, die ⟨Pl. selten⟩: *Anbindung an bestehende Verkehrswege.*

Ver|kehrs|er|zie|hung, die: *Anleitung zu richtigem Verhalten im Straßenverkehr.*

Ver|kehrs|ex|per|te, der: *Experte für Fragen des öffentlichen Verkehrs.*

Ver|kehrs|ex|per|tin, die: w. Form zu ↑ Experte.

ver|kehrs|fä|hig ⟨Adj.⟩ (Fachspr.): *für den allgemeinen Handel (Verkauf) zulässig.*

Ver|kehrs|flä|che, die: *Fläche für den Straßenverkehr.*

Ver|kehrs|flug|ha|fen, der: *dem öffentlichen Verkehr dienender Flughafen.*

Ver|kehrs|flug|zeug, das: *dem öffentlichen Verkehr dienendes Flugzeug.*

Ver|kehrs|fluss, der ⟨o. Pl.⟩: *störungsfreier Ablauf des Straßenverkehrs.*

Ver|kehrs|frei ⟨Adj.⟩: *frei von Fahrzeugverkehr.*

Ver|kehrs|füh|rung, die: *festgelegter Verlauf des Verkehrs* (1).

Ver|kehrs|funk, der: *in regelmäßigen Abständen im Rundfunk ausgestrahlte Verkehrsmeldungen für Autofahrer.*

Ver|kehrs|ge|fähr|dung, die: *Gefährdung der Sicherheit im Straßenverkehr.*

verkehrsgerecht – Verkehrsübungsplatz

ver|kehrs|ge|recht ⟨Adj.⟩: *den Erfordernissen der Sicherheit im Straßenverkehr u. beim Transport* (1) *entsprechend:* -er Straßenbau; sich v. verhalten.

Ver|kehrs|ge|sche|hen, das: *Verkehr* (1), *bes. als sich vor jmds. Augen abspielender Vorgang.*

Ver|kehrs|ge|sell|schaft, die: *Unternehmen, das bes. Straßenbahn-, Buslinien des öffentlichen Nahverkehrs betreibt.*

Ver|kehrs|ge|wühl, das (ugs.): *dichter, unübersichtlicher Straßenverkehr:* die Bankräuber verschwanden zu Fuß im V. der Innenstadt.

ver|kehrs|güns|tig ⟨Adj.⟩: *hinsichtlich der Verkehrsverbindungen günstig gelegen:* eine Wohnung in -er Lage.

Ver|kehrs|hel|fer, der: vgl. Verkehrslotse.

Ver|kehrs|hel|fe|rin, die: w. Form zu ↑ Verkehrshelfer.

Ver|kehrs|hin|der|nis, das: *Hindernis im Straßenverkehr.*

Ver|kehrs|in|farkt, der: *Zusammenbruch, Stillstand des Verkehrs* (1) *bes. in Großstädten u. Ballungsgebieten.*

Ver|kehrs|in|for|ma|ti|on, die ⟨meist Pl.⟩: *Information zur Verkehrslage* (1).

Ver|kehrs|in|fra|struk|tur, die: *Infrastruktur* (1) *im Hinblick auf die öffentlichen Verkehrswege, den öffentlichen Verkehr.*

Ver|kehrs|in|sel, die: *erhöhte Stelle innerhalb der Fahrbahn zum Schutz von Fußgängern od. zur Lenkung des Straßenverkehrs.*

ver|kehrs|in|ten|siv ⟨Adj.⟩: *verkehrsreich:* eine -e Kreuzung.

Ver|kehrs|kno|ten|punkt, der: *Knotenpunkt* (a).

Ver|kehrs|kol|laps, der: *Verkehrsinfarkt.*

Ver|kehrs|kon|trol|le, die: *von der Polizei auf einer Verkehrsstraße durchgeführte Kontrolle hinsichtlich der Fahrtüchtigkeit, der mitzuführenden Papiere u. des Fahrzeugs.*

Ver|kehrs|kon|zept, das: *Konzept für Pflege u. Ausbau des öffentlichen Verkehrs.*

Ver|kehrs|kreis, der ⟨meist Pl.⟩ (Rechtsspr.): *Personenkreis, der mit einer Ware od. Dienstleistung sehr vertraut ist* [u. sie mit einer bestimmten Bezeichnung verbindet].

Ver|kehrs|krei|sel, der (Verkehrsw.): *für den Kreisverkehr angelegte, meist um eine runde Fläche geführte Form der Straßenkreuzung.*

Ver|kehrs|la|ge, die: **1.** *Situation im Straßenverkehr:* die V. beobachten. **2.** *Lage eines Gebäudes, Ortes o. Ä. hinsichtlich der Verkehrsverbindungen:* Gebäude für Büros in günstiger V. zu verkaufen.

Ver|kehrs|lärm, der: *durch den Straßenverkehr entstehender Lärm.*

Ver|kehrs|leis|tung, die (Fachspr.): *Maß für die Menge der Güter od. Personen, die im öffentlichen Verkehr bewegt werden, u. die dabei zurückgelegten Entfernungen.*

Ver|kehrs|leit|sys|tem, das: *System von Verfahren u. Einrichtungen zur Sicherstellung od. Unterstützung eines reibungslosen Ablaufs des Verkehrs* (1).

Ver|kehrs|len|kung, die: *Verkehrsführung.*

Ver|kehrs|lot|se, der: *jmd., der andere, Ortsfremde durch den Straßenverkehr lotst* (1 c).

Ver|kehrs|lot|sin, die: w. Form zu ↑ Verkehrslotse.

Ver|kehrs|ma|schi|ne, die: *Verkehrsflugzeug.*

ver|kehrs|mä|ßig ⟨Adj.⟩: *den Verkehr* (1), *die Verkehrsverbindungen betreffend:* der Ort liegt v. günstig.

Ver|kehrs|mel|dung, die: *im Rundfunk durchgegebene Meldung zur Verkehrslage* (1).

Ver|kehrs|mi|nis|ter, der: *Minister für Angelegenheiten des Verkehrs* (1).

Ver|kehrs|mi|nis|te|rin, die: w. Form zu ↑ Verkehrsminister.

Ver|kehrs|mi|nis|te|ri|um, das: *Ministerium für das Verkehrswesen.*

Ver|kehrs|mit|tel, das: *im [öffentlichen] Verkehr* (1), *bes. zur Beförderung von Personen, eingesetztes Fahrzeug, Flugzeug:* die öffentlichen V. benutzen.

Ver|kehrs|nach|richt, die ⟨meist Pl.⟩: *Verkehrsmeldung.*

Ver|kehrs|netz, das: *in einem bestimmten Raum, Gebiet zur Verfügung stehende, an Verkehrsknotenpunkten miteinander verflochtene Gesamtheit von Verkehrswegen.*

Ver|kehrs|op|fer, das: *Opfer eines Verkehrsunfalls; im Straßenverkehr [tödlich] Verunglückter.*

Ver|kehrs|ord|nung, die: *Kurzf. von ↑ Straßenverkehrsordnung.*

Ver|kehrs|pla|ner, der: *jmd., der Verkehrsplanung betreibt.*

Ver|kehrs|pla|ne|rin, die: w. Form zu ↑ Verkehrsplaner.

Ver|kehrs|pla|nung, die: *Planung hinsichtlich Anpassung u. Erweiterung des Verkehrsnetzes entsprechend den Bedürfnissen der Bevölkerung.*

Ver|kehrs|po|li|tik, die: *Gesamtheit der den Verkehr* (1) *betreffenden Maßnahmen.*

ver|kehrs|po|li|tisch ⟨Adj.⟩: *die Verkehrspolitik betreffend:* -e Entscheidungen.

Ver|kehrs|po|li|zei, die: *für die Regelung u. Überwachung des Straßenverkehrs zuständige Polizei.*

Ver|kehrs|po|li|zist, der: *zur Verkehrspolizei gehörender Polizist.*

Ver|kehrs|po|li|zis|tin, die: w. Form zu ↑ Verkehrspolizist.

Ver|kehrs|pro|b|lem, das: *mit dem öffentlichen Verkehr auftretendes Problem:* die -e der Innenstädte.

Ver|kehrs|pro|jekt, das (Politik, Wirtsch.): *den Bau von Einrichtungen des öffentlichen Verkehrs (Straßen, Bahnanlagen usw.) betreffendes Projekt.*

Ver|kehrs|recht, das: **1.** (Rechtsspr. früher) *Recht der Eltern, bes. des [z. B. nach der Scheidung] nicht mehr mit dem Kind lebenden Elternteils, auf persönlichen Umgang mit dem Kind;* Umgangsrecht. **2.** *Kurzf. von ↑ Straßenverkehrsrecht.* **3.** ⟨meist Pl.⟩ *das Recht, einen Verkehrsweg (z. B. im Luftverkehr) zu nutzen.*

Ver|kehrs|re|gel, die ⟨meist Pl.⟩: *gesetzliche Vorschrift zur Regelung des Straßenverkehrs.*

Ver|kehrs|re|ge|lung, die: *Regelung des Straßenverkehrs.*

ver|kehrs|reich ⟨Adj.⟩: *viel Verkehr* (1) *aufweisend:* ein -er Platz, eine -e Straße.

Ver|kehrs|row|dy, der (abwertend): *jmd., der Verkehrsvorschriften grob u. rücksichtslos verletzt.*

Ver|kehrs|schild, das ⟨Pl. -er⟩: *Schild mit Verkehrszeichen.*

ver|kehrs|si|cher ⟨Adj.⟩: *die Verkehrssicherheit gewährleistend:* sein Fahrzeug in -em Zustand/in einem -en Zustand halten.

Ver|kehrs|si|cher|heit, die ⟨o. Pl.⟩: *Sicherheit im öffentlichen Verkehr* (1).

Ver|kehrs|si|che|rungs|pflicht, die (Rechtsspr.): *Pflicht (bes. bei Baumaßnahmen), jede Gefährdung der Öffentlichkeit zu vermeiden.*

Ver|kehrs|si|tu|a|ti|on, die: *Verkehrslage.*

Ver|kehrs|spin|ne, die (österr.): *grafische Darstellung der [an ein bestimmtes Ziel führenden] Verkehrswege.*

Ver|kehrs|spit|ze, die: *Spitzenzeit* (1) *im öffentlichen Verkehr.*

Ver|kehrs|spra|che, die: *Sprache, mit deren Hilfe sich Angehörige verschiedener Sprachgemeinschaften verständigen können.*

Ver|kehrs|spre|cher, der (bes. südd., österr. Politik): *verkehrspolitischer Sprecher einer Partei o. Ä.*

Ver|kehrs|spre|che|rin, die: w. Form zu ↑ Verkehrssprecher.

Ver|kehrs|sta|tis|tik, die: *Bereich der Statistik, der sich mit der Infrastruktur, den Verkehrsmitteln, den Personen- u. Güterverkehr erbrachten Leistungen, den Verkehrsunfällen o. Ä. befasst.*

Ver|kehrs|stau, der: *Stau* (1 b).

Ver|kehrs|steu|er, (Steuerwesen:) *Verkehrsteuer*, die: *Steuer auf Vorgänge, Dienstleistungen bes. im Bereich des Verkehrswesens, des Warenumsatzes, des Versicherungswesens u. a.*

Ver|kehrs|stö|rung, die: *Störung im Straßenverkehr.*

Ver|kehrs|stra|ße, die: *Straße für den öffentlichen Verkehr.*

Ver|kehrs|strei|fe, die: *Polizeistreife.*

Ver|kehrs|strom, der: *größere, sich in eine Richtung fortbewegende Menge von Fahrzeugen.*

Ver|kehrs|sün|der, der (ugs.): *Verkehrsteilnehmer, bes. Kraftfahrer, der ein Verkehrsdelikt begangen hat.*

Ver|kehrs|sün|de|rin, die: w. Form zu ↑ Verkehrssünder.

Ver|kehrs|sün|der|kar|tei, die (ugs.): *Verkehrszentralregister.*

Ver|kehrs|sys|tem, das: *System* (5) *des öffentlichen Verkehrs* (1): den Ausbau des städtischen -s beschließen.

ver|kehrs|taug|lich ⟨Adj.⟩: **1.** *für einen sicheren Einsatz im [Straßen]verkehr geeignet:* voll -e Gebrauchtwagen. **2.** *zu einer sicheren Teilnahme am [Straßen]verkehr fähig:* mit 1,5 Promille ist niemand mehr v.

Ver|kehrs|taug|lich|keit, die; -: **1.** *Eignung für den sicheren Einsatz im [Straßen]verkehr.* **2.** *Fähigkeit, sich sicher im [Straßen]verkehr zu bewegen.*

Ver|kehrs|tech|nik, die ⟨o. Pl.⟩: *Technik* (1), *die für Produkte u. Systeme des öffentlichen Verkehrs entwickelt u. eingesetzt wird:* Dazu: **ver|kehrs|tech|nisch** ⟨Adj.⟩.

Ver|kehrs|teil|neh|mer, der: *jmd., der am öffentlichen Verkehr* (1) *teilnimmt.*

Ver|kehrs|teil|neh|me|rin, die: w. Form zu ↑ Verkehrsteilnehmer.

Ver|kehrs|te|le|ma|tik, die (Fachspr.): *Einsatz von Computern und Telekommunikationsmitteln zur Steuerung u. Optimierung des öffentlichen Verkehrs.*

Ver|kehr|steu|er: ↑ Verkehrssteuer.

Ver|kehrs|to|te ⟨vgl. Tote⟩: *weibliche Person, die bei einem Verkehrsunfall ums Leben gekommen ist.*

Ver|kehrs|to|ter ⟨vgl. Toter⟩: *(in statistischen Angaben) jmd., der bei einem Verkehrsunfall ums Leben gekommen ist:* die Zahl der Verkehrstoten steigt, geht zurück.

Ver|kehrs|trä|ger, der: *Einrichtung des [öffentlichen] Verkehrs* (1): die V. Schiene und Straße; die Konkurrenz unter den -n.

ver|kehrs|tüch|tig ⟨Adj.⟩: *verkehrssicher:* ein -es Fahrzeug.

Ver|kehrs|tüch|tig|keit, die ⟨o. Pl.⟩: *Verkehrstauglichkeit.*

Ver|kehrs|über|wa|chung, die: **1.** *Überwachung* (2) *des [Straßen]verkehrs, bes. auf Einhaltung der Straßenverkehrsordnung:* eine flächendeckende V. des innerstädtischen Bereichs. **2.** *für die Überwachung* (2) *des Straßenverkehrs eingesetzte [kommunale, polizeiliche o. ä.] Abteilung* (2 c): die V. kontrolliert verstärkt Lastwagen aus den Grenzgebieten.

Ver|kehrs|übungs|platz, der: *abgegrenztes Gelände mit Straßen, Verkehrsschildern usw.,*

Verkehrsunfall – verkleinern

auf dem z. B. Fahrschulen mit Anfängern das Autofahren üben können.
Ver|kehrs|un|fall, der: *Unfall im Straßenverkehr.*
Ver|kehrs|un|ter|neh|men, das: *Unternehmen, das im Bereich der [bes. innerstädtischen] Personenbeförderung tätig ist.*
Ver|kehrs|un|ter|richt, der: *von der Polizei durchgeführter Unterricht über korrektes Verhalten im Straßenverkehr.*
Ver|kehrs|ver|bin|dung, die: *Verbindung von Orten o. Ä. durch Verkehrswege, Verkehrsmittel:* die -en sind in diesem Land, dieser Gegend äußerst schlecht.
Ver|kehrs|ver|bot, das: *Verbot, am öffentlichen Verkehr* (1) *teilzunehmen:* ein V. für bestimmte Fahrzeuge, an Sonntagen.
Ver|kehrs|ver|bund, der ⟨Pl. -e u. ...verbünde⟩: *Verbund* (1) *verschiedener Verkehrsbetriebe:* sich zu einem V. zusammenschließen.
Ver|kehrs|ver|ein, der: *gemeinnütziger Verein, der es sich zur Aufgabe gemacht hat, den Tourismus in einem bestimmten Ort, in einer bestimmten Region durch verschiedenerlei Aktivitäten zu fördern.*
Ver|kehrs|ver|hält|nis|se ⟨Pl.⟩: 1. *Verkehrsverbindungen:* bei den damaligen -n dauerten solche Reisen mehrere Tage. 2. *Verkehrslage* (1).
Ver|kehrs|ver|stoß, der: *Verkehrsdelikt.*
Ver|kehrs|vor|schrift, die ⟨meist Pl.⟩: *Verkehrsregel.*
Ver|kehrs|wacht, die: *Organisation, die das Ziel hat, die Verkehrssicherheit zu fördern u. zwischen den Interessen der Verkehrsteilnehmer u. den Aufgaben der Behörden zu vermitteln.*
Ver|kehrs|weg, der: 1. *Straße, Schienenstrang, Kanal o. Ä. für den öffentlichen Verkehr* (1): ein Land ohne ausreichende -e. 2. ⟨Pl. selten⟩ *(in der betrieblichen Organisation) für die Weitergabe von Anweisungen u. Mitteilungen vorgegebener Weg zwischen über- u. untergeordneten Instanzen.*
Ver|kehrs|wen|de, die (Politik): *grundlegende Umstellung des öffentlichen Verkehrs [bes. mit ökologischen Zielvorstellungen].*
Ver|kehrs|wert, der (Wirtsch.): *Wert, den ein Gut* (1), *bes. ein Grundstück, im Geschäftsverkehr unter Berücksichtigung aller Umstände hat.*
Ver|kehrs|we|sen, das ⟨o. Pl.⟩: *Einrichtungen u. Vorgänge im Bereich des öffentlichen Verkehrs* (1).
ver|kehrs|wid|rig ⟨Adj.⟩: *gegen die Verkehrsregeln verstoßend:* ein -es Verhalten.
Ver|kehrs|zah|len ⟨Pl.⟩ (Flugw.): *Zahlen, die den Umfang des Flugverkehrs im Hinblick auf eine Fluggesellschaft od. einen Flughafen angeben.*
Ver|kehrs|zäh|lung, die: *auf einer bestimmten Strecke für statistische Zwecke durchgeführte Zählung der Fahrzeuge.*
Ver|kehrs|zei|chen, das: *Zeichen auf einem Schild, Markierung auf der Fahrbahn zur Regelung des Straßenverkehrs.*
Ver|kehrs|zen|t|ral|re|gis|ter, das (Verkehrsw.): *amtliches Verzeichnis von Verkehrsverstößen; Verkehrssünderkartei.*
ver|kehrt ⟨Adj.⟩ [zu ↑ verkehren (3 a)]: *dem Richtigen, Zutreffenden, Sinngemäßen entgegengesetzt; falsch:* eine -e Erziehung; die -en Schuhe für eine Wanderung angezogen haben; eine Zigarre am -en Ende anzünden; das ist ganz, total v.; das ist ganz nicht v. *(das ist ganz richtig);* er hat alles v. gemacht; das Buch steht v. herum *(auf dem Kopf)* im Regal; einen Pullover v. herum *(mit dem Vorderteil nach hinten; mit der Innenseite nach außen)* anziehen; ⟨subst.:⟩ es wäre das Verkehrteste, sich so zu entscheiden; * an den Verkehrten/die Verkehrte kommen (ugs.; ↑ falsch 2 a).

Ver|kehrt|heit, die; -, -en [spätmhd. verkērtheit = Arglist]: **a)** ⟨o. Pl.⟩ *das Verkehrtsein:* die V. seines Tuns einsehen; **b)** *etw. Verkehrtes:* -en begehen.
Ver|keh|rung, die; -, -en: *das Verkehren* (3): die V. der Dinge.
ver|kei|len ⟨sw. V.; hat⟩: 1. [spätmhd. verkīlen] *mit einem Keil, mit Keilen fest verschließen, festhalten:* einen Balken v.; ein Fahrzeug v. *(Keile vor seine Räder schieben).* 2. ⟨v. + sich⟩ *sich fest in etw., jmdn. schieben u. nicht od. nur gewaltsam von der anderen Sache, Person zu trennen sein:* der Zug hat sich bei dem Zusammenstoß in die Straßenbahn verkeilt; Demonstranten und Polizisten verkeilten sich ineinander.
ver|ken|nen ⟨unr. V.; hat⟩: *nicht richtig erkennen; falsch beurteilen:* jmds. Wesen, Worte v.; den Ernst der Lage völlig v.; ihre Absicht war nicht zu v.; er wird von allen verkannt; ich will nicht v. *(will zugeben),* dass ...; ein verkanntes Genie.
Ver|ken|nung, die; -, -en: *das Verkennen:* in V. *(Fehleinschätzung)* der Tatsachen.
ver|ket|ten ⟨sw. V.; hat⟩: 1. *mit einer Kette verbinden, zusammenhalten:* mehrere verkettete Einkaufswagen blockierten die Einfahrt. 2. **a)** *verbinden, fest zusammenfügen [u. eine feste Abfolge, eine gemeinsame Struktur o. Ä. bringen]:* mehrere Produktionsstandorte v.; [miteinander] verkettete Zeichenfolgen; **b)** ⟨v. + sich⟩ *sich verbinden, fest zusammenfügen:* die Moleküle haben sich verkettet; **c)** ⟨v. + sich⟩ *ineinandergreifen u. zusammenwirken:* dabei verketteten sich mehrere unglückliche Umstände.
Ver|ket|tung, die; -, -en: 1. *das Verketten* (1). 2. *das [Sich]verketten* (2): eine V. unglücklicher Umstände.
ver|ket|zern ⟨sw. V.; hat⟩: *[in der Öffentlichkeit] als ketzerisch hinstellen, verurteilen:* die Opposition v.; Gewinne als »Profit« v. Dazu **Ver|ket|ze|rung**, die; -, -en.
ver|kifft ⟨Adj.⟩ (ugs., oft abwertend): *dem Haschisch od. Marihuana verfallen; unter dem Einfluss von Haschisch od. Marihuana stehend.*
ver|kit|schen ⟨sw. V.; hat⟩ [zu ↑ Kitsch]: *kitschig gestalten:* einen Roman in der Verfilmung v. Dazu **Ver|kit|schung**, die; -, -en.
ver|kit|ten ⟨sw. V.; hat⟩: 1. *Fugen o. Ä. mit Kitt ausfüllen; mit Kitt abdichten:* Fensterritzen v. 2. *fest verbinden:* die Ablagerungen wurden durch Kalk zu festem Gestein verkittet.
ver|kla|gen ⟨sw. V.; hat⟩ [mhd. verklagen = zu Ende bringen, vollständig klagen; vergessen; aufhören zu beklagen, verschmerzen; anschuldigen]: 1. *gegen jmdn. vor Gericht klagen, einen Rechtsanspruch geltend machen:* einen Arzt, die Firma auf Schadenersatz v.; er wurde wegen Körperverletzung verklagt. 2. (landsch.) *sich über jmdn. bei jmdm. beschweren:* seine Klassenkameraden bei der Lehrerin v.
ver|klam|mern ⟨sw. V.; hat⟩: 1. *mit einer od. mehreren Klammern zusammenhalten:* eine Wunde v. 2. ⟨v. + sich⟩ *sich fest in etw., an jmdn., etw. klammern* (1 a): die Kämpfenden hatten sich verklammert.
Ver|klam|me|rung, die; -, -en: *das [Sich]verklammern.*
ver|klap|pen ⟨sw. V.; hat⟩ [zu Klappschute = ↑ Schute (1) mit Klappen im Boden des Rumpfs] (Fachspr.): *(Abfallstoffe) vom Schiff ins Meer versenken:* Dünnsäure in der Deutschen Bucht v. Dazu **Ver|klap|pung**, die; -, -en.
ver|kla|ren ⟨sw. V.; hat⟩ [mniederd. vorklaren] (nordd. ugs.): *[mühsam] erklären, klarmachen:* das mus ihm erst mal v.
ver|klä|ren ⟨sw. V.; hat⟩ [mhd. verklæren = erhellen, erleuchten, verklären]: 1. (Rel.) *jmdn., etw. ins Überirdische erhöhen u. seiner Erscheinung ein inneres Leuchten, Strahlen verleihen:* er, sein

Leib wurde verklärt. 2. **a)** *einen beseligten, glücklichen Ausdruck verleihen:* ein Lächeln verklärte ihr Gesicht; innere Heiterkeit verklärte seinen Blick; **b)** ⟨v. + sich⟩ *einen beseligten, glücklichen Ausdruck erhalten:* ihr Gesicht, sein Blick verklärte sich. 3. **a)** *etw. schöner, besser erscheinen lassen; schönen:* die Vergangenheit v.; **b)** ⟨v. + sich⟩ *schöner, besser erscheinen:* die Vergangenheit verklärt sich in der Erinnerung.
ver|klärt ⟨Adj.⟩: *beseligt, beglückt (im Ausdruck):* ein -es Gesicht; mit -em Blick; v. lächeln.
Ver|kla|rung, die; -, -en (Seew., Rechtsspr.): *Bericht [des Kapitäns] über einen (das eigene Schiff betreffenden) Schiffsunfall, Schaden am Schiff.*
Ver|klä|rung, die; -, -en: 1. *das Verklären; das Verklärtwerden.* 2. *das Verklärtsein.*
ver|klau|su|lie|ren ⟨sw. V.; hat⟩: 1. *mit (zahlreichen) Klauseln, Vorbehalten, einschränkenden od. erweiternden Bestimmungen o. Ä. versehen:* einen Vertrag v. 2. *verwickelt u. daher nur schwer verständlich formulieren, ausdrücken:* er versuchte das Eingeständnis seiner Schuld geschickt zu v.; sich verklausuliert ausdrücken.
Ver|klau|su|lie|rung, die; -, -en: 1. *das Verklausulieren.* 2. *verklausulierte Formulierung.*
ver|kle|ben ⟨sw. V.⟩: 1. **a)** ⟨ist⟩ *klebrig werden; von klebriger Masse bedeckt werden u. aneinanderkleben, zusammenkleben:* beim Färben verkleben die Wimpern leicht; **b)** ⟨hat⟩ *bewirken, dass etw. klebrig wird, aneinanderklebt, verklebt:* der Schweiß und der Staub verklebten ihm die Augenlider; verklebte Haare; ein [von Schweiß] verklebtes Hemd; verklebte *(klebrige)* Hände. 2. ⟨hat⟩ *zukleben:* die Wunde mit Heftpflaster v.; ein [mit Papier] verklebtes Schaufenster. 3. ⟨hat⟩ *verkleben* (2): den Fußbodenbelag v. 4. ⟨hat⟩ *durch vielfaches [Auf]kleben verbrauchen:* wir haben alle Tapetenrollen verklebt.
Ver|kle|bung, die; -, -en: *das Verkleben.*
ver|kle|ckern ⟨sw. V.; hat⟩: 1. **a)** *mit etw. kleckern* (1 b): Suppe v.; **b)** *bekleckern:* er hat sein Hemd verkleckert. 2. *mehr od. weniger unkontrolliert in kleinen Beträgen ausgeben, verbrauchen:* sein Geld v.
ver|kleck|sen ⟨sw. V.; hat⟩: *[überall] beklecksen, durch Kleckse be-, verschmieren:* den Bogen Papier v.
ver|klei|den ⟨sw. V.; hat⟩: 1. *durch bestimmte Kleidung, Kostümierung jmds., das eigene Äußere sehr, bis zur Unkenntlichkeit verändern:* sich, seinen Jungen zum Fasching v.; als Schornsteinfeger verkleidet, drang er in fremde Häuser ein; Ü ♦ Die Gesellschaft ... erkannte erst den in einen Bauer verkleideten Bergmann, als er den Mund auftat (Goethe, Lehrjahre II, 4). 2. *mit einer verhüllenden Schicht, Abdeckung o. Ä. versehen; verhüllen; bedecken:* eine Fassade mit Marmor v.; das Kabel ist mit einem Seidengespinst verkleidet; ein mit Planen verkleidetes Baugerüst; Ü Tatsachen poetisch, mit schönen Worten v. *(beschönigend od. verfremdend umschreiben).*
Ver|klei|dung, die; -, -en: 1. **a)** *das Verkleiden* (1): jmdm. bei der V. helfen; **b)** *Verkleidetsein:* in dieser V. wird uns niemand erkennen. 2. **a)** *das Verkleiden* (2); **b)** *Verkleidendes:* eine V. aus Holz; die V. [der Maschine] entfernen.
ver|klei|nern ⟨sw. V.; hat⟩: 1. **a)** *in seiner Ausdehnung, seinem Umfang kleiner machen:* einen Raum [um die Hälfte] v.; den Abstand zwischen zwei Pfosten v.; einen Betrieb v.; etw. in verkleinertem Maßstab darstellen; **b)** ⟨v. + sich⟩ *an Ausdehnung, Umfang kleiner werden:* die Stellfläche hat sich verkleinert; **c)** ⟨v. + sich⟩ (ugs.) *sich auf weniger Raum (für Wohnung, Arbeit, Betrieb usw.) beschränken:* fünf Zimmer sind zu viel, wir werden uns demnächst v. 2. **a)** *mengen-,*

Verkleinerung – verkorksen

zahlen-, gradmäßig kleiner machen: die Anzahl der Teilnehmer an der Exkursion musste verkleinert werden; **b)** ⟨v. + sich⟩ mengen-, zahlen-, gradmäßig kleiner werden, sich vermindern, verringern: sein Vermögen verkleinert sich; ihr Freundeskreis hat sich verkleinert. **3.** (verfälschend) kleiner darstellen: damit will ich seine Verdienste nicht v. (schmälern). **4.** von etw. eine kleinere Reproduktion herstellen: eine Fotografie v. **5.** (von optischen Linsen o. Ä.) kleiner erscheinen lassen: diese Linse verkleinert stark.
Ver|klei|ne|rung, die; -, -en: **1.** ⟨Pl. selten⟩ das Verkleinern. **2.** verkleinerte Fotografie.
Ver|klei|ne|rungs|form, die (Sprachwiss.): meist eine Verkleinerung ausdrückende Ableitung[sform] eines Substantivs; Diminutiv.
Ver|klei|ne|rungs|sil|be, die (Sprachwiss.): Ableitungssilbe, mit der die Verkleinerungsform gebildet wird (z. B. -chen, -lein).
ver|kleis|tern ⟨sw. V.; hat⟩: **1.** (ugs.) **a)** (mit Kleister) zukleben: einen Riss v.; Ü Tatsachen, Widersprüche v. (verschleiern); **b)** verkleben (1 b): Öl verkleisterte das Gefieder der Seevögel; Ü mit übersteigertem Nationalismus verkleisterte Gehirne. **2.** (Fachspr.) bewirken, dass etw. zu einer kleisterartigen, klebrigen Masse wird: die pflanzliche Stärke wird verkleistert.
Ver|kleis|te|rung, die; -, -en ⟨Pl. selten⟩: das Verkleistern.
ver|klem|men ⟨sw. V.; hat⟩: **a)** ⟨v. + sich⟩ hängen bleiben u. klemmen (3), festklemmen (1): die Tür hat sich verklemmt; die Brille hat sich im Futteral verklemmt; ⟨auch ohne sich:⟩ bei schneller Drehung verklemsterte die Zahnräder; **b)** bewirken, dass sich etw. verklemmt: du hast das Brett verklemmt.
ver|klemmt ⟨Adj.⟩: (in seinem Verhalten) verkrampft, unfrei, gehemmt, nicht ungezwungen u. natürlich: ein -er Junge, Typ; -e Erotik; [sexuell] v. sein; v. lächeln.
Ver|klemmt|heit, die; -, -en ⟨o. Pl.⟩: das Verklemmtsein. **2.** Verklemmtheit (1) bezeugende Äußerung, Handlung.
Ver|klem|mung, die; -, -en: **1. a)** das [Sich]verklemmen; **b)** das Verklemmtsein, Festklemmen: das Bein aus der V. befreien. **2.** Verklemmtheit (1). **3.** (EDV) gegenseitige Blockierung gleichzeitig, aber unabhängig voneinander ablaufender Prozesse.
ver|kli|ckern ⟨sw. V.; hat⟩ [H. u.] (ugs.): [genau] erklären, klarmachen: du musst mir mal v., wie ich das machen soll.
ver|klin|gen ⟨st. V.; ist⟩: **a)** als klanglicher Eindruck allmählich aufhören: das Lied, der Beifall verklingt; **b)** (geh.) allmählich nachlassen, verschwinden: die Begeisterung verklingt; der Sommer verklingt (geht allmählich zu Ende); die Festtagsstimmung war verklungen.
♦ **ver|klom|men** ⟨Adj.⟩ [adj. 2. Part. von: verklimmen = kalt sein vor Frost, zu ↑ klimmen]: von Kälte steif; steif gefroren: Aber wasch und wärm ihn (= den kleinen Hund) zuvor; ... die Kreatur ist schier v. (Storm, Schimmelreiter 107).
ver|klop|pen ⟨sw. V.; hat⟩ [zu ↑ kloppen] (ugs.): **1.** verprügeln, verhauen: einen Klassenkameraden v. **2.** [wohl nach dem Zuschlagen mit dem Hammer bei Auktionen] [unter dem Wert] verkaufen; zu Geld machen.
ver|klum|pen ⟨sw. V.; ist⟩: klumpig werden: eine verklumpte Soße.
Ver|klum|pung, die; -, -en: **1.** das Verklumpen: die V. von Blutkörperchen. **2.** etw., was verklumpt ist: die -en des Blutes.
ver|kna|cken ⟨sw. V.; hat⟩ [zu gaunerspr. knacken, ↑ Knack!] (ugs.): gerichtlich (zu einer bestimmten Strafe) verurteilen: jmdn. wegen Raubüberfalls v.; man hat ihn zu Gefängnis, zu 20 000 Euro Geldstrafe verknackt.

ver|knack|sen, sich ⟨sw. V.; hat⟩ [zu ↑ knacksen] (ugs.): verstauchen: ich habe mir den Fuß verknackst.
ver|knal|len ⟨sw. V.; hat⟩: **1.** (ugs.) [sinnlos] verschießen (1 b): zu Silvester wurden 800 Tonnen Feuerwerkskörper verknallt. **2.** ⟨v. + sich⟩ [nach »sich verschießen«] (salopp) sich heftig verlieben: er hat sich unheimlich [in das Mädchen] verknallt; die beiden sind wahnsinnig ineinander verknallt.
Ver|knap|pen ⟨sw. V.; hat⟩: **a)** knapp machen: Importwaren, den Parkraum in der Innenstadt v.; eine Zinserhöhung würde das Geld v.; das Angebot [künstlich] v.; **b)** ⟨v. + sich⟩ knapp werden: die Ressourcen verknappen sich immer weiter; wegen der schlechten Weizenernte verknappt sich das Angebot [an Nudeln]; **c)** knapp, kurz formulieren: eine Aussage zum Schlagwort v.
Ver|knap|pung, die; -, -en: das [Sich]verknappen.
ver|knäu|eln, ver|knäu|len, sich ⟨sw. V.; hat⟩: knäueln.
ver|knaut|schen ⟨sw. V.⟩ (ugs.): **a)** ¹knautschen (1): du verknautschst dir dein Kleid; **b)** ⟨ist⟩ ¹knautschen (2): der Stoff verknautscht leicht.
ver|knei|fen ⟨st. V.; hat⟩: **1.** ⟨v. + sich⟩ (ugs.) **a)** sich (eine bestimmte Äußerung) verbieten: sich eine Bemerkung, einen Kommentar v.; ich konnte mir das Lachen kaum v.; **b)** sich versagen, sich nicht gönnen: Gänsebraten muss ich mir wegen meiner Galle v. **2.** (selten) zusammenpressen, zusammenkneifen: den Mund v.
ver|kne|ten ⟨sw. V.; hat⟩: knetend verarbeiten, vermischen: alle Zutaten [schnell] zu einem Teig v.
ver|knif|fen ⟨Adj.⟩ (abwertend): (in Bezug auf den Gesichtsausdruck) eine aufgrund von Verärgerung, Verbitterung o. Ä. entstandene, mit Anspannung unterdrückte Gefühlsäußerung in einer gewissen sich abzeichnende Schärfe, Härte erkennen lassend: ein verkniffenes Gesicht; eine -e Miene; sein Mund ist v.; du siehst so v. aus; ⟨subst.:⟩ du hast etwas Verkniffenes. Dazu: **Ver|knif|fen|heit,** die; -, -en ⟨Pl. selten⟩.
ver|knip|sen ⟨sw. V.; hat⟩ (ugs.): durch Knipsen (3 a) verbrauchen: einen Film v.
ver|knit|tern ⟨sw. V.; hat⟩: **a)** viele Knitterfalten in etw. machen: den Rock v.; **b)** viele Knitterfalten bekommen: das Papier verknittert leicht.
ver|knö|chern ⟨sw. V.; ist⟩: **1.** (durch Altern od. Gewöhnung) geistig unbeweglich, starr in seinen Ansichten werden: er verknöchert immer mehr; ⟨meist im 2. Part.:⟩ ein verknöcherter Beamter; alt und verknöchert sein; Ü eine verknöcherte (erstarrte) Gesellschaft. **2.** (Med.) zu Knochen werden.
Ver|knö|che|rung, die; -, -en: das Verknöchern.
ver|knor|peln ⟨sw. V.; ist⟩ (Med.): zu Knorpel werden. Dazu: **Ver|knor|pe|lung,** die; -, -en.
ver|kno|ten ⟨sw. V.; hat⟩: **a)** knoten (a): den Schal um den Hals v.; **b)** knoten (b): die beiden Stricke miteinander v.; **c)** ⟨v. + sich⟩ sich (unbeabsichtigt) zu einem Knoten schlingen: die Schnürsenkel haben sich verknotet; **d)** durch Knoten (a) festbinden: die Leine am Gatter v.
Ver|kno|tung, die; -, -en: **a)** das [Sich]verknoten; **b)** das Verknotetsein.
ver|knül|len ⟨sw. V.; hat⟩ (landsch.): zerknüllen.
ver|knüp|fen ⟨sw. V.; hat⟩: **1.** knoten (b): die Enden einer Schnur miteinander v. **2.** verbinden: das Angenehme mit dem Nützlichen v.; sie verknüpfte die Geschäftsreise mit einem Besuch bei Freunden. **3. a)** in einen inneren Zusammenhang bringen; zu etw. in Beziehung setzen: etw. logisch v.; zwei Gedankengänge miteinander v.; mit dem Vertrag sind folgende Bedingungen

verknüpft; sein Name ist eng mit dem Erfolg des Hauses verknüpft; **b)** ⟨v. + sich⟩ mit etw. in einem inneren Zusammenhang stehen; sich verquicken: mit diesem Wort verknüpft sich eine Vorstellung von Düsternis.
Ver|knüp|fung, die; -, -en: das Verknüpfen; das Verknüpftwerden.
ver|knur|ren ⟨sw. V.; hat⟩ [urspr. Studentenspr., eigtl. = in knurrendem Ton etw. sagen] (schweiz.): jmdm. etw. [als Strafe] auferlegen: er wurde zu zehn Tagen Arrest verknurrt.
ver|knu|sen: in der Wendung **jmdn., etw. nicht v. können** (ugs.: jmdn., etw. nicht leiden können; aus dem Niederd., eigtl. = etw. nicht verdauen können: sich kann diesen Kerl nicht v.).
ver|ko|chen ⟨sw. V.⟩: **1. a)** ⟨ist⟩ [zu lange] kochen u. dabei verdampfen: das ganze Wasser ist verkocht; **b)** ⟨ist⟩ zu einer breiartigen Masse kochen: die Äpfel sind [zu Mus] verkocht; das Gemüse, das Fleisch ist total verkocht; verkochte Nudeln; **c)** ⟨v. + sich; hat⟩ durch Kochen zerfallen u. sich auflösen: die Zwiebeln haben sich völlig verkocht. **2.** ⟨hat⟩ kochend [zu etw.] verarbeiten: Erdbeeren zu Marmelade v.
¹**ver|koh|len** ⟨sw. V.⟩: **1.** ⟨ist⟩ durch Verbrennen zu einer kohleähnlichen Substanz werden: das Holz ist verkohlt; die Opfer des Unfalls waren bis zur Unkenntlichkeit verkohlt; eine völlig verkohlte Leiche. **2.** ⟨hat⟩ durch schwelendes Verbrennen in Kohle umwandeln: Holz im Meiler v.
²**ver|koh|len** ⟨sw. V.; hat⟩ [zu ↑ ²kohlen] (ugs.): jmdm. aus Spaß etwas Falsches erzählen; jmdn. anführen (3): glaubt bloß nicht, ihr könntet mich v.; sich verkohlt fühlen.
Ver|koh|lung, die; -, -en: **1.** das ¹Verkohlen. **2.** (Med.) schwerster Grad der Verbrennung.
ver|ko|ken ⟨sw. V.; hat⟩: (Kohle) in Koks umwandeln: Dazu: **Ver|ko|kung,** die; -, -en.
¹**ver|kom|men** ⟨st. V.; ist⟩ [mhd. verkomen = vorübergehen, zu Ende gehen, vergehen]: **1. a)** [äußerlich verwahrlosend] moralisch, wirtschaftlich, gesellschaftlich immer tiefer sinken; im Schmutz, im Elend v.; sie ist nach dem Tode der Eltern immer mehr verkommen; er ist zu einem notorischen Säufer verkommen; er wird nicht gepflegt werden u. daher im Laufe der Zeit verfallen; verwahrlosen: das Haus, der Hof verkommt völlig; es ist schade, dass der Garten so verkommt; der Park ist zu einer Wildnis verkommen; Ü die Demokratie ist dort zur Filzokratie verkommen (herabgesunken). **2.** (von Nahrungsmitteln o. Ä.) allmählich verderben: die Speisen verkommen; iss, damit nichts verkommt!
²**ver|kom|men** ⟨Adj.⟩: **1.** (abwertend) moralisch, wirtschaftlich, gesellschaftlich gesunken: er ist ein -es Subjekt. **2.** nicht gepflegt und daher im Laufe der Zeit verfallen, verwahrlost: ein -er Garten, Hinterhof.
Ver|kom|men|heit, die; -: das Verkommensein.
Ver|komm|nis, das; -ses, -se (schweiz. veraltet): Abkommen; Vertrag.
ver|kom|pli|zie|ren ⟨sw. V.; hat⟩: etw. [unnötig] kompliziert machen: einen Sachverhalt v. Dazu: **Ver|kom|pli|zie|rung,** die; -, -en.
ver|kon|su|mie|ren ⟨sw. V.; hat⟩ (ugs.): konsumieren.
ver|kopft ⟨Adj.⟩: [zu] sehr vom Intellekt beherrscht, beeinflusst: eine -e Gesellschaft; -es Denken, Lernen.
ver|kop|peln ⟨sw. V.; hat⟩: mit etw. koppeln (1, 2).
Ver|kop|pe|lung, Ver|kopp|lung, die; -, -en: das Verkoppeln.
ver|kor|ken ⟨sw. V.⟩: **1.** ⟨hat⟩ mit einem Korken verschließen: Flaschen v. **2.** ⟨ist⟩ zu Kork werden: das Pflanzengewebe verkorkt.
ver|kork|sen ⟨sw. V.; hat⟩ (ugs.): **1.** [wohl übertr. von 3] (durch sein Verhalten) bewirken, dass

verkörpern–verkürzen

etw. ärgerlich u. unbefriedigend ausgeht, verfahren ist: er hat uns mit seiner schlechten Laune den ganzen Abend verkorkst; ⟨oft im 2. Part.:⟩ eine verkorkste Ehe; dieses Kind ist völlig verkorkst *(falsch erzogen).* **2.** (wohl übertr. von 3) *etw. so ungeschickt ausführen, dass es nicht richtig zu gebrauchen ist; verpfuschen:* der Schneider hat das Kostüm völlig verkorkst. **3.** ⟨v. + sich⟩ [viell. zu landsch. gork(s)en = gurgelnde o. ä. Laute hervorbringen (wie beim Erbrechen), dann volksetym. angelehnt an verkorken im Sinne von »falsch korken«] *(sich den Magen) verderben:* du hast dir mit dem vielen Eis den Magen verkorkst.
ver|kör|pern ⟨sw. V.; hat⟩: **1.** *auf der Bühne, im Film darstellen:* den Titelhelden v. **2. a)** *in seiner Person, mit seinem Wesen ausgeprägt zum Ausdruck bringen:* die höchsten Tugenden v.; er verkörpert noch den Geist Preußens; **b)** ⟨v. + sich⟩ *in jmdm., durch jmdn. verkörpert* (2 a) *werden:* in ihr hat sich ein Stück Geistesgeschichte verkörpert.
Ver|kör|pe|rung, die; -, -en: *das Verkörpern.*
ver|kos|ten ⟨sw. V.; hat⟩: **1.** (bes. österr.) ¹*kosten; probieren:* den Kuchen v. **2.** (Fachspr.) *(eine Probe von etw., bes. Wein) kostend prüfen:* Sekt, Wein v.
Ver|kos|ter, der; -s, - (Fachspr.): *jmd., der etw. verkostet* (2).
Ver|kos|te|rin, die; -, -nen: w. Form zu ↑ Verkoster.
ver|kös|ti|gen ⟨sw. V.; hat⟩: **1.** *beköstigen.* ◆ **2.** (landsch.) *[hohe] Ausgaben auf sich nehmen; sich hohe Unkosten machen:* ... wie das keine Art und Gattung hätte, so sich zu v. (Gotthelf, Spinne 11).
Ver|kos|tung, die; -, -en: *das Verkosten.*
ver|kra|chen, sich ⟨sw. V.; hat⟩ (ugs.): *sich mit jmdm. entzweien:* sich mit seinem Vater v.; die beiden haben sich verkracht; sie ist mit ihrer Freundin verkracht; die Mannschaft ist verkracht.
ver|kracht ⟨Adj.⟩ (ugs.): *gescheitert:* ein verkrachter Jurist; er ist eine verkrachte Existenz.
ver|kraf|ten ⟨sw. V.; hat⟩: *sich verkraften* (1) *lassend:* Dazu: **Ver|kraft|bar|keit,** die; -.
ver|kraf|ten ⟨sw. V.; hat⟩: **1.** *mit seinen Kräften, Mitteln in der Lage sein, etw. zu bewältigen:* einen Schock v.; höhere Belastungen, Kosten nicht v. können; sie hat dieses Erlebnis seelisch nie verkraftet; kannst du noch ein Eis v. (scherzh.; *essen*)? **2.** (Eisenbahn) *von Kraftfahrzeugverkehr (z. B. mit Bussen) umstellen:* schwach frequentierte Bahnstrecken v.
ver|kral|len ⟨sw. V.; hat⟩: **1.** ⟨v. + sich⟩ *sich in, an jmdn., etw. krallen:* sie verkrallte sich mit den Händen in seinen Haaren. **2.** (selten) *in etw. krallen:* sie verkrallte ihre Hand in seinen Ärmel.
ver|kra|men ⟨sw. V.; hat⟩ (ugs.): **a)** *(ohne es zu wollen u. ohne es zu merken) zwischen anderen Dingen geraten lassen u. so* ¹*verlegen* (1): seinen Schlüssel v.; diese Rechnung habe ich verkramt; **b)** *verstecken, verbergen.*
ver|kramp|fen ⟨sw. V.; hat⟩: **1. a)** ⟨v. + sich⟩ *sich wie im Krampf, krampfartig zusammenziehen:* die Muskeln verkrampften sich; seine Finger hatten sich verkrampft; **b)** *wie im Krampf, krampfartig zusammenziehen:* die Hände zu Fäusten v. **2. a)** *wie im Krampf in etw. festkrallen:* v. verkrampfe die Hände in die Sessellehnen; **b)** ⟨v. + sich⟩ *sich wie im Krampf in etw. festkrallen:* ihre Hand verkrampfte sich in seinen Ärmel. **3.** ⟨auch v. + sich⟩ *durch irgendwelche Einflüsse unfrei u. gehemmt werden u. unnatürlich wirken:* er verkrampft [sich] immer mehr; ⟨oft im 2. Part.:⟩ ein verkrampftes Verhältnis; er ist völlig verkrampft; sie lächelte verkrampft.

Ver|krampft|heit, die; -: *verkrampftes* (3) *Wesen.*
Ver|kramp|fung, die; -, -en: **1.** *das Verkrampfen.* **2.** *das Verkrampftsein.*
◆ **ver|kran|ken** ⟨sw. V.; ist⟩: *durch Krankheit zugrunde gehen:* ... mein Bruder verkranket im Gefängnis. Seine schweren Wunden, sein Alter (Goethe, Götz V).
ver|krat|zen ⟨sw. V.; hat⟩: *durch Kratzen beschädigen, mit Kratzern verunzieren:* den Tisch, den Autolack v.
ver|krau|ten ⟨sw. V.; ist⟩: *von wild wachsenden Pflanzen, Unkraut überwuchert werden:* Dazu: **Ver|krau|tung,** die; -, -en.
ver|krebst ⟨Adj.⟩ (ugs.): *von Krebswucherungen befallen:* -es Gewebe; der Körper war schon total v.
ver|krie|chen, sich ⟨st. V.; hat⟩ [mhd. verkriechen]: *sich möglichst unbemerkt an einen Ort begeben, wo man geschützt, verborgen ist, nicht gestört wird:* der Dachs verkriecht sich in seinen Bau; der Igel hat sich im Gebüsch verkrochen; sich unter die/der Bank, hinter einem Pfeiler v.; ich werde mich jetzt ins Bett v. (ugs.; *ins Bett gehen*); sie verkroch sich unter ihre/ihrer Decke; am liebsten hätte ich mich [in den hintersten Winkel] verkrochen, so habe ich mich geschämt; Ü die Sonne verkriecht sich *(verschwindet)* schon wieder [hinter Wolken]; du brauchst dich vor ihm zu v. *(kannst durchaus neben ihm bestehen).*
ver|krit|zeln ⟨sw. V.; hat⟩ (ugs.): *mit Kritzeleien bedecken, verunzieren:* verkritzelte Wände, Buchseiten.
ver|krü|meln ⟨sw. V.; hat⟩: **1.** *in Krümeln verstreuen:* Kuchen [über den Tisch] v. **2.** ⟨v. + sich⟩ [eigtl. = sich in Krümel auflösen, krümelweise verschwinden] (ugs.) *sich unauffällig u. unbemerkt entfernen:* ich glaube, sie hat sich verkrümelt.
ver|krüm|men ⟨sw. V.⟩ [mhd. verkrummen, -krümmen]: **1.** ⟨ist⟩ *krumm werden:* ihr Rücken verkrümmte zusehends; ⟨häufig v. + sich; hat:⟩ seine Wirbelsäule hat sich verkrümmt; verkrümmte Zehen. **2.** ⟨hat⟩ *krumm machen:* die Gicht hat ihr die Finger verkrümmt.
Ver|krüm|mung, die; -, -en: *das [Sich]verkrümmen.*
ver|krum|peln ⟨sw. V.; hat⟩ (landsch.): *[zer]knittern:* ein verkrumpeltes Stück Stoff.
ver|krüp|peln ⟨sw. V.⟩ [zu gleichbed. veraltet krüppeln]: **1.** ⟨ist⟩ *krüppelig werden:* die Bäume verkrüppeln und sterben ab; verkrüppelte Kiefern. **2.** ⟨hat⟩ *bewirken, dass jmd., etw. krüppelig wird:* die Krankheit hat ihre Hände verkrüppelt.
Ver|krüp|pe|lung, (selten:) **Ver|krüpp|lung,** die; -, -en: *das Verkrüppeln, das Verkrüppeltsein.*
ver|krus|ten ⟨sw. V.; ist⟩: *eine Kruste bilden:* der Schlamm verkrustet; eine verkrustete Wunde; verkrustete Töpfe; das Haar ist mit Blut verkrustet; Ü verkrustete *(erstarrte)* Strukturen. Dazu: **Ver|krus|tung,** die; -, -en.
ver|küh|len, sich ⟨sw. V.; hat⟩ (bes. österr.): *sich erkälten:* ich habe mich ein bisschen verkühlt; ... wollte sie einmal das kleine Fensterloch öffnen, so schrie er, er verkühle sich die Glatze, und wir mussten weiter in Hitze und Gestank hocken (Fallada, Trinker 101). Dazu: **Ver|küh|lung,** die; -, -en.
ver|küm|meln ⟨sw. V.; hat⟩ [aus der Gaunerspr., Nebenf. von ↑ verkümmern, dann viell. beeinflusst von ↑ Kümmel (3), also wohl übertr. = etw. für Schnaps verkaufen] (ugs.): *(einen Gegenstand) zu Geld machen:* seine Uhr v.
ver|küm|mern ⟨sw. V.; ist⟩ [mhd. verkumbern, verkümmern, zu ↑ Kummer]: **1.** *sich in seinem Wachstum nicht mehr richtig weiterentwickeln, nicht mehr recht gedeihen u. allmählich in einen schlechten Zustand geraten:* die Pflanzen

verkümmern; in der Gefangenschaft verkümmern die Tiere; die Muskeln sind verkümmert *(haben sich zurückgebildet);* ein verkümmerter Baum; Ü seelisch v. **2.** *nicht ausgebildet werden, ungenutzt bleiben u. daher schwinden, verloren gehen:* sein Talent nicht v. lassen; das Rechtsgefühl war verkümmert. **3.** (geh. veraltet) *mindern, im Wert herabsetzen:* ◆ Sie haben mir diesen Triumph um die Hälfte verkümmert; aber ganz werde ich mir ihn nicht nehmen lassen (Lessing, Emilia Galotti V, 5).
Ver|küm|me|rung, die; -, -en: *das Verkümmern.*
ver|kün|den ⟨sw. V.; hat⟩ [mhd. verkünden] (geh.): **1. a)** *(ein Ergebnis, einen Beschluss o. Ä.) öffentlich [u. feierlich] bekannt machen:* ein Urteil v.; die Menschenrechte v.; Ü Sie ... brachte einen Stuhl, aber ich blieb stehen, mit dem Rücken gegen den Ofen gelehnt, und blickte auf die Uhr, die es einhundertfünfzig Jahre im Feierabend der Zeit verkündet (Böll, Und sagte 9); **b)** *laut [u. mit Nachdruck] erklären:* freudestrahlend verkündete sie ihre Verlobung; sie verkündete stolz, dass sie gewonnen habe. **2.** (landsch.) *durch den Pfarrer von der Kanzel herab aufbieten* (3). **3.** (selten) *verkündigen* (1): eine Irrlehre v. **4.** *ankündigen, prophezeien:* ein Unheil v.; Ü seine Miene verkündete *(verhieß)* nichts Gutes.
Ver|kün|der, der; -s, - [spätmhd. verkünder] (geh.): *jmd., der etw. verkündet.*
Ver|kün|de|rin, die; -, -nen: w. Form zu ↑ Verkünder.
ver|kün|di|gen ⟨sw. V.; hat⟩ (geh.): **1.** *feierlich kundtun; predigen:* das Evangelium, das Wort Gottes v. **2.** (seltener) *verkünden* (1 a). **3.** *verkünden* (4): Denn eine innere Stimme hatte mir früh verkündigt, dass Anschluss, Freundschaft und wärmende Gemeinschaft mein Teil nicht sein werde (Th. Mann, Krull 128).
Ver|kün|di|ger, der; -s, - (geh.): *jmd., der etw. verkündigt.*
Ver|kün|di|ge|rin, die; -, -nen: w. Form zu ↑ Verkündiger.
Ver|kün|di|gung, die; -, -en: **1.** *das Verkündigen* (1). **2.** *feierliche Verkündigtes; Botschaft:* * Mariä V., V. des Herrn (christl. Rel.: Festtag am 25. März zum Gedenken an die in Luk. 1, 26–38 berichtete Szene, in der der Engel Gabriel Maria die Geburt ihres Sohnes Jesus verkündigt).
◆ **ver|kund|schaf|ten** ⟨sw. V.; hat⟩: **a)** *auskundschaften:* ... alles war aufs genaueste verkundschaft, wann der Bischof aus dem Bad käm', mit wie viel Reitern, welchen Weg (Goethe, Götz I); **b)** *kundgeben, mitteilen:* ... er geleitete den Wagen, das ward uns verkundschaftet (Goethe, Geschichte Gottfriedens v. Berlichingen I, 3).
Ver|kün|dung, die; -, -en: **1.** *das Verkünden.* **2.** *das Verkündete.*
ver|kup|fern ⟨sw. V.; hat⟩: *mit einer Schicht Kupfer überziehen:* Bleche, Dachrinnen v. lassen.
ver|kup|peln ⟨sw. V.; hat⟩: **1.** (selten) *kuppeln* (1 a): Waggons v. **2.** (im Hinblick auf eine Liebesbeziehung, Ehe) *zusammenbringen:* sie will die beiden v.; er hat seine Tochter mit einem/an einen reichen Mann verkuppelt.
Ver|kup|pe|lung, Ver|kupp|lung, die; -, -en: *das Verkuppeln; das Verkuppeltwerden.*
ver|kür|zen ⟨sw. V.; hat⟩ [mhd. verkürzen]: **1. a)** *kürzer machen:* eine Schnur [um 10 cm] v.; die Arbeitszeit [um zwei Stunden pro Woche] v.; diese Linie erscheint auf dem Bild stark verkürzt *(perspektivisch verkleinert);* eine verkürzte Fassung, Namensform; eine Rede verkürzt abdrucken; **b)** ⟨v. + sich⟩ *kürzer werden:* die Schatten hatten sich verkürzt. **2. a)** *vorzeitig, frühzeitig beenden:* den Urlaub v.; die Qualen eines Tiers v.; **b)** *(durch irgendeinen Zeitvertreib) kürzer erscheinen lassen, schneller vorübergehen las-*

Verkürzung – Verlängerung

sen: ich verkürzte mir die Wartezeit durch einen Spaziergang; sie verkürzte uns die langen Winterabende mit ihrem Klavierspiel. **3.** *(Ballspiele) den Rückstand verringern:* auf 3 : 2 v.

Ver|kür|zung, die; -, -en: *das Verkürzen; das Verkürztwerden.*

ver|küs|sen ⟨sw. V.; hat⟩ (südd.): *oftmals küssen; mit Küssen bedecken:* sie hätte ihren Teddy v. mögen; ♦ ... nahm sein Weibchen bei den Ohren, verküsste, herzte, kitzelte sie (Mörike, Mozart 226).

ver|kut|zen, sich ⟨sw. V.; hat⟩ (österr.): *sich verschlucken.*

ver|la|chen ⟨sw. V.; hat⟩: *auslachen* (1).

Ver|lad, der; -[e]s (schweiz.): *Verladung.*

Ver|la|de|bahn|hof, der: *Bahnhof, auf dem verladen wird.*

Ver|la|de|brü|cke, die: *einer Brücke ähnliche Konstruktion mit Vorrichtungen zum Verladen.*

Ver|la|de|kran, der: *Kran* (1), *der zum Verladen (bes. von schweren od. sperrigen Gegenständen) benutzt wird.*

ver|la|den ⟨st. V.; hat⟩ [mhd. verladen = übermäßig belasten; bedrängen]: **1.** *(eine größere Warenmenge, große Gegenstände, selten auch eine größere Gruppe von Personen) zur Beförderung in, auf ein Transportmittel laden:* Güter, Waren, Vieh v.; die Soldaten wurden verladen. **2.** (ugs.) *betrügen; hinters Licht führen:* die Wähler v.; ich fühle mich regelrecht verladen.

Ver|la|de|platz, der: vgl. *Verladebahnhof.*

Ver|la|der, der; -s, -: **1.** *jmd., der etw. verlädt.* **2.** (Fachspr.) *jmd., der einem Transportunternehmen Güter zur Beförderung übergibt.*

Ver|la|de|ram|pe, die: *Rampe* (1 a) *zum Verladen.*

Ver|la|de|rin, die; -, -nen: w. Form zu ↑ Verlader.

Ver|la|dung, die; -, -en: *das Verladen; das Verladenwerden.*

Ver|lag, der; -[e]s, -e, österr. auch: Verläge [im 16. Jh. = Kosten, Geldauslagen; zu ↑ ¹verlegen (7)]: **1.** *Unternehmen, das Manuskripte erzeugt u. erwirbt, daraus vorwiegend Druck-Erzeugnisse herstellt u. diese vorwiegend über den Buchhandel verkauft:* ein belletristischer, wissenschaftlicher V.; einen V. für seinen Roman suchen; ein Buch in V. geben (veraltend; ¹*verlegen* 7 *lassen*); in V. nehmen (veraltend; ¹*verlegen* 7); in welchem V. ist das Buch erschienen? **2.** (Kaufmannsspr. veraltend) *Unternehmen des Zwischenhandels:* er betreibt einen V. für Bier. **3.** (schweiz. ugs. abwertend) *das Herumliegen (von Gegenständen); Unordnung; Durcheinander.* ♦ **4. a)** *vorgestreckte Geldsumme; Vorschuss:* ... die Einleitung zu einer Meubelfabrik ..., die ohne weitläufigen Raum und große Umstände nur Geschicklichkeit und hinreichendes Material verlangt. Das Letzte versprach der Amtmann; Frauen, Raum und V. gaben die Bewohner (Goethe, Wanderjahre I, 16); **b)** *das* ¹*Verlegen* (7): Ich bin geneigt, Ew. Wohlgeb. den V. des Ganzen ... abermals auf sieben Jahre zu überlassen (Goethe, Brief an Cotta, 24. 7. 1814); **c)** *zum Verkauf ausgelegte Ware:* ... wenn sie schämte sich des schlechten Gerätes und der verdorbenen Betten, welche nun abgeladen wurden. Sali schämte sich auch, aber er musste mit helfen und machte mit seinem Vater einen seltsamen V. in dem Gässchen, auf welchem alsbald die Kinder ... herumsprangen und sich über das verlumpte Bauernpack lustig machten (Keller, Romeo 25).

ver|la|gern ⟨sw. V.; hat⟩: **a)** *(bes. das Gewicht, den Schwerpunkt von etw.) von einer Stelle an eine andere gelangen lassen:* sie verlagerte das Gewicht auf das andere Bein; Ü die Entwicklungsabteilung wurde von Köln nach Berlin verlagert; den Schwerpunkt der Arbeit auf die For-

schung v.; **b)** *an einen anderen Ort bringen u. dort lagern:* die wertvollsten Stücke der Sammlung wurden [aufs Land] verlagert; **c)** ⟨v. + sich⟩ *sich von einer Stelle an eine andere bewegen:* das Hoch verlagert sich nach Norden.

Ver|la|ge|rung, die; -, -en: *das Verlagern; das Verlagertwerden.*

Ver|lags|an|stalt, die (seltener): *Verlag* (1).

Ver|lags|bran|che, die: *von den Verlagen gebildete Branche* (a).

Ver|lags|buch|han|del, der: *Zweig des Buchhandels, der sich mit Herstellung u. Vertrieb von Büchern befasst.*

Ver|lags|buch|händ|ler, der: *Verleger.*

Ver|lags|buch|händ|le|rin, die: w. Form zu ↑ Verlagsbuchhändler.

Ver|lags|buch|hand|lung, die (früher): *Verlag* (1), *der zusätzlich zu einer Buchhandlung betrieben wird.*

Ver|lags|chef, der (ugs.): *Verlagsleiter.*

Ver|lags|che|fin, die: w. Form zu ↑ Verlagschef.

Ver|lags|ge|schäfts|füh|rer, der: *Verlagsleiter.*

Ver|lags|ge|schäfts|füh|re|rin, die: w. Form zu Verlagsgeschäftsführer.

Ver|lags|grup|pe, die (Wirtsch.): *aus mehreren Verlagen bestehendes Unternehmen.*

Ver|lags|haus, das: *Verlag* (1).

Ver|lags|ka|ta|log, der: *Verzeichnis der lieferbaren Produkte eines Verlags* (1).

Ver|lags|kauf|frau, die: vgl. *Verlagskaufmann.*

Ver|lags|kauf|mann, der: *Kaufmann im Verlagswesen* (Berufsbez.).

Ver|lags|lei|ter, der: ¹*Leiter* (1) *eines Verlags* (1).

Ver|lags|lei|te|rin, die: w. Form zu ↑ Verlagsleiter.

Ver|lags|lei|tung, die: *Geschäftsführung* (2) *eines Verlags.*

Ver|lags|lek|tor, der: *Lektor* (2) *in einem Verlag* (1) (Berufsbez.).

Ver|lags|lek|to|rin, die: w. Form zu ↑ Verlagslektor.

Ver|lags|post|amt, das (österr.): *Postamt für den Versand von Zeitungen.*

Ver|lags|pro|gramm, das: *Produkte, die ein Verlag* (1) *anbietet.*

Ver|lags|pros|pekt, der, österr. auch: das: *Prospekt* (1) *eines Verlags* (1).

Ver|lags|recht, das (Rechtsspr.): **1.** *Gesamtheit aller rechtlichen Normen, die geschäftliche Beziehungen zwischen einem Verfasser o. Ä. u. einem Verlag* (1) *regeln.* **2.** *ausschließliches Recht zur Vervielfältigung u. Verbreitung eines Werks.*

Ver|lags|re|dak|teur, der: *Redakteur in einem Verlag* (1) (Berufsbez.).

Ver|lags|re|dak|teu|rin, die: w. Form zu ↑ Verlagsredakteur.

Ver|lags|ver|tre|ter, der: *Vertreter* (1 d), *der den Sortimentsbuchhandel besucht, Neuerscheinungen der von ihm vertretenen Verlage vorstellt u. Bestellungen für die gesamte Produktion der von ihm vertretenen Verlage entgegennimmt.*

Ver|lags|ver|tre|te|rin, die: w. Form zu ↑ Verlagsvertreter.

Ver|lags|we|sen, das: *mit dem* ¹*Verlegen* (7) *von Büchern zusammenhängende Einrichtungen u. Vorgänge.*

ver|lan|den ⟨sw. V.; ist⟩: *allmählich zu Land* (1) *werden:* der Teich droht zu v. Dazu: **Ver|lan|dung,** die; -, -en.

ver|lan|gen ⟨sw. V.; hat⟩ [mhd. verlangen, zu ↑ langen, urspr. unpers. gebr., die Bed. »begehren« entwickelte sich aus »(zeitlich) lang dünken«]: **1.** *nachdrücklich fordern, haben wollen:* Rechenschaft, eine Erklärung, mehr Lohn, sein Recht v.; sie verlangt vorgelassen zu werden; sie verlangen ihn zu sprechen; du verlangst Unmögliches von mir; du kannst von ihm nicht gut v., dass er alles bezahlt; das ist zu viel ver-

langt; mehr kann man wirklich nicht v.; die Rechnung v. (*um die Rechnung bitten*); ⟨unpers.:⟩ es wird von jedem Pünktlichkeit verlangt; Und dann kam der Vater herein und verlangte gebieterisch, dass sie zu Bett gingen (Thieß, Legende 99). **2. a)** *erfordern; unbedingt brauchen; nötig haben:* diese Arbeit verlangt Aufmerksamkeit, den ganzen Menschen; **b)** *(in einer bestimmten Situation) notwendig machen, erfordern, gebieten:* der Anstand verlangt, dass du dich entschuldigst; wir mussten das tun, was die Situation, die Vernunft [von uns] verlangte. **3.** *(als Gegenleistung) haben wollen:* sie verlangte 200 Euro [von ihm]; er hat für die Reparatur nichts verlangt; ⟨unpers.:⟩ von den Freunden ... die längste Zeit lang ein verlässlicher Handelsvertreter, der keine Prozente und kaum Tabak für getätigte Geschäftsabschlüsse verlangte (Grass, Hundejahre 52). **4.** *jmdn. auffordern, etw. zu zeigen, vorzulegen:* den Ausweis, das Zeugnis v.; ⟨schweiz.:⟩ jmdm. die Papiere v. **5.** *[am Telefon] zu sprechen wünschen:* du wirst am Telefon verlangt; dein Typ wird verlangt (salopp; *jmd. möchte dich sprechen*). **6.** (geh.) **a)** *wünschen, dass jmd. zu einem kommt:* nach einem Arzt v.; die Sterbende verlangte nach einem Priester; **b)** *etw. erhalten wünschen:* nach Brot, einer Zigarette v.; die Kranke verlangte nach einem Glas Wasser; **c)** *sich nach jmdm., etw. sehnen:* er verlangte nach einem Menschen, dem er vertrauen konnte; verlangend die Hände ausstrecken.

Ver|lan|gen, das; -s, - (geh.): **1.** *stark ausgeprägter Wunsch; starkes inneres Bedürfnis:* großes, heftiges, leidenschaftliches V.; ein V. nach Nikotin, einer Zigarette, Schokolade, Frieden, Rache, Ruhm, Harmonie, Liebe; sein schier unstillbares V. nach ihr; ein starkes V. nach etw. haben, verspüren, tragen; sie zeigte kein V., ihn wiederzusehen; etw. weckte, erregte sein V. in ihm; V. erfüllen, stillen, befriedigen; Nein, es ging auch ohne die Kammermusik und ohne den Freund, und es war lächerlich, sich in machtlosem V. nach Wärme zu verzehren (Hesse, Steppenwolf 51). **2.** *ausdrücklicher Wunsch; nachdrücklich geäußerte Bitte, Forderung:* ein unbilliges V.; Tötung auf V., die Auswiese sind auf V. vorzuzeigen.

ver|län|ger|bar ⟨Adj.⟩: *sich verlängern* (1 a, 2 a, c) *lassend:* ein -es Visum; der Tisch ist v.

ver|län|gern ⟨sw. V.; hat⟩: **1. a)** *länger machen:* eine Schnur, ein Kleid, den Ärmel [um drei Zentimeter] v.; Ü Ein schmaler und spärlicher Vollbart, farblos dunkel wie das aufrechtstehende Haupthaar, verlängerte sein Gesicht (ließ *sein Gesicht länger erscheinen;* Th. Mann, Krull 112); **b)** ⟨v. + sich⟩ *länger werden:* die Kolonne verlängerte sich. **2. a)** *länger gültig sein lassen als eigentlich vorgesehen:* den Pass v. [lassen]; **b)** ⟨v. + sich⟩ *länger gültig bleiben als eigentlich vorgesehen:* der Vertrag verlängert sich automatisch um ein Jahr; **c)** *länger dauern lassen als eigentlich vorgesehen:* den Urlaub, die Pause v.; die Frist wurde verlängert; ein verlängertes *(durch einen Urlaubs-, Feiertag erweitertes)* Wochenende. **3.** *durch Hinzufügen von etw. verdünnen u. dadurch eine größere Menge bekommen:* die Soße v. **4.** *(Ballspiele) ohne anzunehmen* (12), *weiterspielen:* er verlängerte die Flanke zum Rechtsaußen, mit dem Kopf ins Tor.

Ver|län|ger|ter, der: *der Verlängerte ein Verlängerter; des/eines Verlängerten, die Verlängerten/ zwei Verlängerte* (österr.): *mit der doppelten Menge Wasser zubereiteter Kaffee.*

Ver|län|ge|rung, die; -, -en: **1.** *das Verlängern* (1 a, 2 a, c, 3, 4); *das Verlängertwerden.* **2.** *etw., was der Verlängerung* (1) *dient.* **3.** *(Ballspiele) Verlängerung der Spielzeit über die nor-*

male Spieldauer hinaus: das spielentscheidende Tor fiel erst in der V.

Ver|län|ge|rungs|ka|bel, das: *Kabel zum Verlängern* (1 a) *der Leitung eines elektrischen Geräts.*

Ver|län|ge|rungs|op|ti|on, die (Wirtsch.): *[vertraglich vereinbarte] Möglichkeit, einen Vertrag, ein Mietverhältnis o. Ä. über den Ablauf der Vertragsdauer hinaus zu verlängern.*

Ver|län|ge|rungs|schnur, die: *Verlängerungskabel.*

ver|lang|sa|men ⟨sw. V.; hat⟩: **a)** *bewirken, dass etw. langsam[er] wird, vor sich geht:* die Fahrt, das Tempo v.; verlangsamte Reaktionen; **b)** ⟨v. + sich⟩ *langsam[er] werden:* das Tempo, das Wachstum, die Entwicklung verlangsamt sich.

Ver|lang|sa|mung, die; -, -en: *das [Sich]verlangsamen.*

ver|läp|pern ⟨sw. V.; hat⟩ (ugs.): **1. a)** *für unnütze Dinge nach u. nach ausgeben, vertun:* Geld, seine Zeit v.; **b)** ⟨v. + sich⟩ *für unnütze Dinge nach u. nach ausgegeben, vertan werden:* die Erbschaft verläpperte sich schnell. **2.** *sich in Kleinigkeiten erschöpfen:* ihr Schwung verläpperte sich schnell.

ver|lär|men ⟨sw. V.; hat⟩ (abwertend): *eine Lärmbelästigung für etw. schaffen, bewirken:* durch die Planung neuer Straßen wurde das Wohngebiet rücksichtslos verlärmt. Dazu: **Ver|lär|mung,** die; -, -en ⟨Pl. selten⟩.

◆ **ver|lar|ven** ⟨sw. V.; hat⟩: *[sich] verkleiden* (1): Ü ⟨meist im 2. Part.:⟩ Irgendein Ungeheuer von Geheimnis liegt in diesem Turme verlarvt (Schiller, Räuber V, 3 [Mannheimer Soufflierbuch]); ⟨subst. 2. Part.:⟩ Auch du bist eine Lügnerin, eine Sophistin, eine Verlarvte! (C. F. Meyer, Page 149).

◆ **Ver|lar|vung,** die; -, -en: *Verkleidung:* Ü ... er erging sich ..., freilich oder in dem Selbst- sis im Zwiegespräche, über die Lüge, die Sophistik und die -en der frommen Väter (C. F. Meyer, Page 149).

Ver|lass, der; -es [mhd. verlâʒ = Hinterlassenschaft; Untätigkeit]: in der Verbindung **auf jmdn., etw. ist [kein] V.** *(auf jmdn., etw. kann man sich [nicht]* ¹*verlassen* (1): es ist kein V. auf ihn).

¹**ver|las|sen** ⟨st. V.; hat⟩ [mhd. verlâʒen, ahd. farlâʒan = loslassen; fahren lassen; entlassen; preisgeben; erlassen, verzeihen; anordnen; zulassen; überlassen, übergeben; übrig lassen, hinterlassen; unterlassen]: **1.** ⟨v. + sich⟩ *bestimmte Erwartungen, Hoffnungen in jmdn., etw. setzen in Bezug auf etw.* (z. B. das Gelingen): sich auf seine Freunde v.; auf ihn kann ich mich hundertprozentig v.; man kann sich [nicht] auf ihn v. *(er ist [nicht] zuverlässig);* du solltest dich nicht immer auf andere v. [sondern selbst etwas unternehmen]; sich auf sein Glück v.; du kannst dich auf ihr Urteil v. *(sie hat ein sicheres Urteil);* du kannst dich darauf v., dass sie kommt, dass alles geregelt wird; ich werde ihm diese Gemeinheit heimzahlen, darauf kannst du dich v./worauf du dich v. kannst! *(da kannst du sicher sein!).* **2.** *weg-, fortgehen von, aus etw., sich von einem Ort entfernen:* die Heimat, ein Land v.; eine Party früh v.; das Zimmer, den Raum, den Saal, das Geschäft v.; seinen Platz, sein Versteck v.; er hat das Haus, die Firma um 7 Uhr verlassen; sie mussten das Hotel, die Stadt Hals über Kopf v.; verlassen Sie sofort meine Wohnung!; die Autobahn v.; sie verließ fluchtartig das Lokal; er hatte die Schule ohne Abschlussprüfung verlassen *(war ohne Abschlussprüfung von der Schule abgegangen);* sie konnte heute erstmals das Bett v.; die letzten Cabrios verließen das Werk *(wurden ausgeliefert);* das Haus war verlassen *(stand leer);* ein verlassenes *(herrenlos zurückgelassenes)* Fahrzeug; Ü wir verlassen jetzt dieses Thema; Man hat wohl den Eindruck, dass sich auch dem Gebiete der Kunst eine bedeutende Lockerung und Ausweitung nach den verschiedensten Richtungen vollzogen hatte, dass auch in Sitte und Erziehung vielfach die alten Bahnen verlassen worden waren (Thieß, Reich 67). **3.** *sich von jmdm., dem man nahegestanden hat, mit dem man in gewisser Weise verbunden ist, trennen:* seine Familie, Frau und Kind v.; jmdn., der in Not ist, v.; unser treu sorgender Vater hat uns für immer verlassen (verhüll.; *ist gestorben*); ⟨im 2. Part.:⟩ sie fühlte sich ganz verlassen *(allein u. hilflos);* Ü alle Kräfte verließen sie; der Mut, alle Hoffnung hatte mich verlassen; dann verließ ihn die Besinnung *(wurde er ohnmächtig);* Der Zorn verließ ihn auch während der folgenden Tage nicht gänzlich (Bergengruen, Feuerprobe 41); R und da/dann verließen sie ihn (ugs.; *das wars; wie es weitergeht, ist unbekannt*). ◆ **4. a)** ¹*hinterlassen* (1 b): Mich schreckt der Name nur, den ich verlasse, ein göttlich Erbteil meinen Kindern (Schiller, Phädra III, 3); **b)** *zurücklassen:* Doch eines ... ist es, was mich kümmert, die Braut verließ ich unter fremdem Schutz (Schiller, Braut v. Messina 1689 f.)

²**ver|las|sen** ⟨Adj.⟩: *in unangenehm empfundener Weise ohne jedes Leben, ohne Lebendigkeit u. daher trostlos-öde wirkend:* eine -e Gegend.

Dazu: **Ver|las|sen|heit,** die; -.

Ver|las|sen|schaft, die; -, -en ⟨österr., schweiz., sonst veraltet⟩: *Nachlass, Erbschaft:* ◆ Diese Briefe, Sire, enthalten die V. des Marquis von Posa an Prinz Karl (Schiller, Don Carlos V, 9).

Ver|las|sen|schafts|ab|hand|lung, die (österr. Amtsspr.): *gerichtliches Verfahren zur Ermittlung von Erben und Übergabe des Erbes.*

Ver|las|sen|schafts|ver|fah|ren, das (österr. Rechtsspr.): *Verfahren zur Klärung von Erbschaftsangelegenheiten.*

ver|läss|lich ⟨Adj.⟩: *zuverlässig:* ein -er Freund; aus -er Quelle haben wir erfahren, dass sie nun doch kommt; -e Daten, Informationen; die Zeugin gilt als v.; Er ist jetzt für Ehrungen und Ämter zu haben, er steht auf -em *(sicherem)* Boden und hat es gut (Meckel, Suchbild 166). Dazu: **Ver|läss|lich|keit,** die; -.

ver|läs|tern ⟨sw. V.; hat⟩: *in bösartiger u. grober Weise verleumden.*

Ver|läs|te|rung, die; -, -en: **1.** ⟨Pl. selten⟩ *das Verlästern.* **2.** *verlästernde Äußerung.*

Ver|laub: in der Verbindung **mit V.** (geh.; *wenn Sie gestatten; wenn es erlaubt ist;* zu veraltet verlauben = erlauben; vgl. mniederd. mit vorlöve = mit Erlaubnis, zu: verlöven = erlauben, genehmigen, Nebenf. von ↑ erlauben): das ist mir, mit V. ⟨*auch zu sagen*⟩, zu langweilig.

Ver|lauf, der; -[e]s, Verläufe: **1.** *Richtung, in der etw. verläuft* (1); *Art, in der sich etw. erstreckt:* der V. einer Straße; den V. einer Grenze festlegen. **2.** *das Verlaufen* (2): der V. einer Krankheit; den V. einer Feier, einer Reise schildern; die Ereignisse nahmen einen guten V.; den weiteren V. der Entwicklung abwarten; im V. *(während)* der Diskussion, der Debatte; im V. *(innerhalb)* eines Jahres/von einem Jahr; er ist mit dem V. der Kur zufrieden; nach V. einiger Tage.

ver|lau|fen ⟨st. V.⟩ [mhd. verlûfen, ahd. farhlouvan = vorüberlaufen]: **1.** ⟨ist⟩ *in eine Richtung führen; sich in eine Richtung erstrecken:* die beiden Linien verlaufen parallel; die Straße verläuft schnurgerade; der Weg verläuft entlang der Grenze, den Bach entlang. **2.** ⟨ist⟩ *in bestimmter Weise (bis zum Ende) vonstattengehen, ablaufen:* die Feier verlief harmonisch; die Prüfung ist glänzend verlaufen; es verlief alles nach Wunsch, ohne Zwischenfall; es ist alles gut, glatt, glücklich verlaufen; ihre Krankheit verlief tödlich; die Untersuchung ist ergebnislos verlaufen. **3.** ⟨ist⟩ (landsch.) *zerlaufen:* die Butter ist verlaufen. **4.** ⟨ist⟩ *(bes. in Bezug auf farbige Flüssigkeit) konturlos auseinanderfließen:* die Tinte, die Schrift verläuft auf dem schlechten Papier; die Wimperntusche, Schminke war verlaufen. **5.** ⟨hat⟩ *irgendwohin führen u. schließlich nicht mehr zu sehen, zu finden sein, sich verlieren:* die Spur verlief im Sand; ⟨auch v. + sich; hat:⟩ der Weg verläuft sich im Gestrüpp; Ein verlorenes Dorf, mit einer staubigen Straße, die sich in Wald und Öde verlief (Wiechert, Jerominkinder 29). **6.** ⟨v. + sich; hat⟩ *zu Fuß irgendwohin gehen u. sich dabei verirren:* die Kinder haben sich [im Wald] verlaufen; der Park war so groß, dass man sich darin v. konnte. **7.** ⟨v. + sich; hat⟩ **a)** *(in Bezug auf eine Menschenansammlung) auseinandergehen:* die Menschenmenge hat sich verlaufen; **b)** *abfließen* (1 b): es dauerte lange, bis sich das Hochwasser verlaufen hatte.

Ver|laufs|form, die: **1.** (Sprachwiss.) *(bes. in der englischen Sprache übliche) Form des Verbs, die angibt, dass eine Handlung, ein Geschehen gerade abläuft.* **2.** (Med.) *Art u. Weise, in der eine Krankheit verläuft:* in ihrer schweren V. kann eine Grippe lebensbedrohend sein. **3.** (Musik) *das Fortschreiten eines Musikstücks bei seiner Aufführung:* die europäische Musik ist geprägt von linearen -en.

ver|lau|sen ⟨sw. V.; ist⟩: *von Läusen befallen werden:* ⟨meist im 2. Part.:⟩ er war völlig verlaust; verlauste Pflanzen. Dazu: **Ver|lau|sung,** die; -, -en.

ver|laut|ba|ren ⟨sw. V.⟩ [mhd. verlûtbæren]: **1.** ⟨hat⟩ *[amtlich] bekannt machen, bekannt geben:* er ließ v., dass er ein Fest geben werde; über den Stand der Untersuchungen wurde noch nichts verlautbart. **2.** ⟨ist⟩ (geh.) *bekannt werden:* ein Vorkommnis, worüber nichts verlautbarte; ⟨auch unpers.:⟩ es verlautbarte *(hieß, wurde erzählt),* die Präsidentin sei verreist.

Ver|laut|ba|rung, die; -, -en: **1.** *das Verlautbaren; das Verlautbartwerden.* **2.** *etw. Verlautbartes.*

Ver|laut|ba|rungs|jour|na|lis|mus, der (meist abwertend): *kritikloses Berichterstatten in den Medien zu mehr od. weniger vorgegebenen Themen in mehr od. weniger vorgegebener Darstellung.*

ver|lau|ten ⟨sw. V.⟩ [mhd. verlûten]: **1.** ⟨hat⟩ *bekannt geben, äußern:* der Ausschuss hat noch nichts verlautet. **2.** ⟨ist⟩ *bekannt werden; an die Öffentlichkeit dringen:* wie verlautet, kam es zu Zwischenfällen; aus amtlicher Quelle verlautet, dass die Umgehungsstraße nun doch gebaut werden soll; ⟨auch unpers.:⟩ es verlautete *(hieß),* dass er verunglückt sei.

ver|lea|sen ⟨sw. V.; hat⟩ [↑ leasen]: *(ein [Investitions]gut) vermieten, verpachten:* Autos v.

ver|le|ben ⟨sw. V.; hat⟩ [mhd. verleben] = überleben; ableben, verwelken]: **1.** *während eines bestimmten Zeitabschnitts irgendwo sein u. dabei die Geschehnisse in bestimmter Weise, Form erleben:* seine Kindheit auf dem Land, bei den Großeltern v.; wir haben viele frohe Stunden [miteinander] v. **2.** (ugs.) *zum Lebensunterhalt verbrauchen:* sie verlebte ihre Tantiemen auf Ibiza.

ver|le|ben|di|gen ⟨sw. V.; hat⟩: **a)** *anschaulich, lebendig machen:* die Geschichte einer Stadt v.; **b)** *mit Leben, Lebendigkeit erfüllen:* flackerndes Licht verlebendigte die glatte Fassade des Hauses.

Ver|le|ben|di|gung, die; -, -en: *das Verlebendigen, das Verlebendigtwerden.*

ver|lebt ⟨Adj.⟩: *sichtbare Spuren einer ausschweifenden Lebensweise aufweisend:* ein -es Gesicht; er sieht v. aus. Dazu: **Ver|lebt|heit,** die; -.

◆ ver|le|chen ⟨sw. V.; hat⟩ [mhd. verlechen, zu: lechen = austrocknen, verw. mit ↑ leck]: *durch Austrocknung u. Hitze rissig werden: ...und der ganze Kerl vor Gottes Angesicht steht wie ein verlechter Eimer* (Goethe, Werther II, 3. November).

¹ver|le|gen ⟨sw. V.; hat⟩ [mhd. verlegen, ahd. ferlegen]: **1.** *an eine andere als die sonst übliche Stelle legen u. dadurch schwer auffindbar machen:* den Schlüssel v.; ich habe meinen Pass verlegt. **2.** *(etw., wofür ein bestimmter Zeitpunkt bereits vorgesehen war) auf einen anderen Zeitpunkt legen:* die Premiere ist [auf nächste Woche] verlegt worden. **3.** *(jmdn., etw.) von einem bisher innegehabten Ort an einen anderen Ort legen:* eine Haltestelle v.; den Wohnsitz aufs Land v.; die Hauptverwaltung wurde in eine andere Stadt verlegt; den Patienten auf eine andere Station v.; sein Darmausgang wurde verlegt; Ü *der Dichter verlegt die Handlung nach Mailand im 18. Jahrhundert;* ... *und die Geschichtsschreibung der Campagna verlegt den Mord, den er an seinem um zwei Jahre jüngeren Bruder verübte, in sein siebzehntes Lebensjahr* (Brecht, Geschichten 30). **4.** (Fachspr.) *legen* (4): Gleise, Rohre, Kabel, Leitungen v.; Laminat in der Küche v. **5.** *versperren* (1 a), *blockieren* (2 a): jmdm. den Weg, den Zugang v.; den Truppen war der Rückzug verlegt. **6.** ⟨v. + sich⟩ *sich legen* (7): sich auf ein bestimmtes Fachgebiet v.; er verlegte sich aufs Bitten, Leugnen. **7.** [urspr. = Geld (für die Druckkosten eines Buches) vorlegen, vorstrecken] *(von einem Verlag) veröffentlichen:* einen Roman v.; seine Werke werden bei Faber & Faber verlegt; dieses Haus verlegt Bücher, Musikwerke, Zeitschriften.

²ver|le|gen ⟨Adj.⟩ [mhd. verlegen, eigtl. adj. 2. Part. von: verliegen = durch langes Liegen Schaden nehmen od. träge werden; Bedeutungsentwicklung von »untätig« über »unschlüssig, ratlos« zur heutigen Bed.]: **1.** *in einer peinlichen, unangenehmen Situation sich nicht so recht wissend, wie man sich verhalten soll; Unsicherheit u. eine Art von Hilflosigkeit ausdrückend:* ein -er kleiner Junge; ein -er Blick; ein -es Lächeln; es entstand eine -e Pause, ein -es Schweigen; sie war, wurde ganz v.; v. lächeln, dastehen; er räusperte sich v. **2.** * **um etw. v. sein** *(etw. nicht zur Verfügung haben, es benötigen, brauchen):* sie sitzt immer um Geld v.); **nicht/nie um etw. v. sein** *(immer etw. als Entgegnung bereithaben):* sie ist nie um Worte, nie um eine Ausrede, nie um eine Antwort v.). ◆ **3.** *unschlüssig, untätig:* Mergel war und blieb ein -er und zuletzt ziemlich armseliger Witwer (Droste-Hülshoff, Judenbuche 8).

Ver|le|gen|heit, die; -, -en [mhd. verlegenheit = schimpfliche Untätigkeit]: **1.** ⟨o. Pl.⟩ *durch Befangenheit, Verwirrung verursachte Unsicherheit, durch die man nicht weiß, wie man sich verhalten soll:* man brachte ihn mit ihren Fragen in V.; vor V. rot werden; Ein einziges Wort kann mich in die ungeheuerste und stürmischste V. setzen (R. Walser, Gehülfe 116). **2.** *Unannehmlichkeit (als Befindlichkeit); unangenehme, schwierige Lage:* jmdm. -en bereiten; jmdm. aus einer V. helfen; sich mit etw. aus der V. ziehen; in großer finanzieller V. sein; ich kann auch zahlen, falls ich in die V. *(in diese Lage)* komme; Aber das düstere Bedauern kam nur aus der Zwickmühle, in der sie staken, aus dieser Gefangenschaften und ausweglosen -en, wie sie das Leben erzeugt (Th. Mann, Joseph 596).

Ver|le|gen|heits|ge|schenk, das: *Geschenk, das jmd. nur ausgesucht hat, weil ihm nichts Besseres eingefallen ist od. er das Geeignete nicht gefunden hat.*

Ver|le|gen|heits|kan|di|dat, der: *Kandidat für eine Wahl, der nur aufgestellt wird, weil sich niemand Geeigneterer findet.*

Ver|le|gen|heits|kan|di|da|tin: w. Form zu ↑ Verlegenheitskandidat.

Ver|le|gen|heits|lö|sung, die: *Notlösung.*

Ver|le|ger, der; -s, -: *jmd., der Bücher usw.* ¹*verlegt* (7): er sucht einen V. für seinen Roman; Der V. erklärte sich bereit, das Manuskript zu übernehmen (Bergengruen, Rittmeisterin 330).

Ver|le|ge|rin, die; -, -nen: w. Form zu ↑ Verleger.

ver|le|ge|risch ⟨Adj.⟩: *den Verleger betreffend, zu ihm gehörend:* -e Tätigkeit, Erfolge.

Ver|le|ger|zei|chen, das: *Druckerzeichen.*

Ver|le|gung, die; -, -en: *das* ¹*Verlegen* (2, 3, 4).

ver|lei|den ⟨sw. V.; hat⟩ [mhd. verleiden, ahd. farleidōn, zu ↑ leid]: *bewirken, dass jmd. an etw. keine Freude mehr hat:* jmdm. den Urlaub v.; seine schlechte Laune hat mir den ganzen Abend verleidet.

Ver|lei|der, der; -s (schweiz. mundartl.): *Überdruss:* er hat den V. bekommen *(ist der Sache überdrüssig geworden).*

Ver|lei|dung, die; -: *das Verleiden.*

Ver|leih, der; -[e]s, -e: **1.** ⟨o. Pl.⟩ *das Verleihen* (1): der V. von Fahrrädern. **2.** *Firma o. Ä., die etw. gegen Bezahlung verleiht* (1): ein V. für Kostüme, Strandkörbe.

ver|lei|hen ⟨st. V.; hat⟩ [mhd. verlīhen, ahd. farlīhan]: **1.** *[gegen Gebühr] vorübergehend einem anderen überlassen, zur Verfügung stellen:* Boote, Fahrräder, DVDs v.; ich verleihe meine Bücher nicht gerne; die Bank verleiht Geld an ihre Kunden. **2.** *(zur Auszeichnung) überreichen:* jmdm. einen Orden, Titel, Preis v.; Ü Die Gabe des Schauens, sie war mir verliehen (Th. Mann, Krull 97). **3.** (geh.) *geben:* die Wut verlieh ihren Kräften; seinen Worten Nachdruck v.

Ver|lei|her, der; -s, -: *jmd., der etw. verleiht* (1).

Ver|lei|he|rin, die; -, -nen: w. Form zu ↑ Verleiher.

Ver|leih|fir|ma, die: *Verleih* (2), *bes. für Kinofilme.*

Ver|leih|ti|tel, der: *Titel, unter dem ein Film in die Kinos (eines Landes) kommt:* der deutsche V. von »Moonstruck« war »Mondsüchtig«.

Ver|lei|hung, die; -, -en: **1.** *das Verleihen* (1, 2). **2.** *Akt des Verleihens* (2).

ver|lei|men ⟨sw. V.; hat⟩: *mit Leim zusammenfügen.*

Ver|lei|mung, die; -, -en: **1.** *das Verleimen.* **2.** *verleimte Stelle.*

ver|lei|ten ⟨sw. V.; hat⟩ [mhd. verleiten, ahd. farleitan]: *jmdn. dazu bringen, etw. zu tun, was er für unklug od. unerlaubt hält, was er von sich aus nicht getan hätte:* jmdn. zum Trinken, zum Spiel v.; ich ließ mich zu einer unvorsichtigen Äußerung v.; Ü Das schöne Wetter verleitete *(veranlasste)* uns zu einem Spaziergang. Dazu: **Ver|lei|tung**, die; -, -en.

◆ ver|lei|ken ⟨sw. V.; hat⟩: *in die falsche Richtung lenken:* Die Ergießung eines Herzens so zu v., die, sich selbst gelassen, ganz andre Wege nehmen würde (Lessing, Nathan III, 10).

ver|ler|nen ⟨sw. V.; hat⟩ [mhd. verlernen]: *(etw. Erlerntes, Gewusstes, Gekonntes) allmählich immer weniger, schließlich gar nicht mehr beherrschen:* sein Latein v.; Radfahren verlernt man nicht; Ü sie hat das Lachen verlernt *(lacht nicht mehr).*

◆ Ver|les, der; -es, -e [zu: verlesen = laut, feierlich vorlesen] (landsch.): *Appell* (2): Franz? Komm herein! – Kann nit. Muss zum V. (Büchner, Woyzeck [Die Stadt]).

¹ver|le|sen ⟨st. V.; hat⟩ [mhd. verlesen]: **1.** *etw. Amtliches, was der Öffentlichkeit zur Kenntnis gebracht werden soll, durch Lesen bekannt machen, bekannt geben:* einen Text v.; die Liste der Preisträger und Preisträgerinnen wurde verlesen; Jetzt verliest jemand die Personalien von Gantenbein, die ich zu bestätigen habe (Frisch, Gantenbein 424). **2.** ⟨v. + sich⟩ *nicht richtig, nicht so, wie es im Text steht, lesen; falsch lesen:* du musst dich verlesen haben.

²ver|le|sen ⟨st. V.; hat⟩: ²*lesen* (b): Spinat, Erbsen v.

Ver|le|sung, die; -, -en: *das* ¹*Verlesen* (1).

ver|letz|bar ⟨Adj.⟩: *leicht zu verletzen* (2), *zu kränken:* er ist sehr -er Mensch. Dazu: **Ver|letz|bar|keit**, die; -, -en.

ver|let|zen ⟨sw. V.; hat⟩ [mhd. verletzen, zu ↑ letzen in der älteren, bes. landsch. Bed. »quälen, schädigen«]: **1.** *[durch Stoß, Schlag, Fall o. Ä.] eine Stelle am, im Körper beschädigen:* einen Menschen, sich v.; ich habe mich mit der Schere, beim Holzhacken verletzt; bei dem Unfall wurde er lebensgefährlich verletzt; ich habe mich am Kopf verletzt; ich habe mir das Bein verletzt; sie war schwer, leicht verletzt; Ü Ein freundlicher heller Raum mit lustiger, leider an einigen Stellen durch verirrte Gewehrkugeln verletzter Tapete (Grass, Blechtrommel 275). **2.** *jmdn. durch etw. kränken:* jmdn., jmds. Gefühle v.; seine Bemerkung hat sie tief verletzt; er fühlte sich in seiner Ehre verletzt; ⟨oft im Part.:⟩ verletzende Worte; verletzter Stolz, verletzte Eitelkeit, verletzte Eigenliebe; in seiner Ehre verletzt sein; verletzt schweigen; Wenn jemand, den sie liebt, an sich selber spart, so verletzt es ihre Liebe (Frisch, Montauk 182); Sollte er besser gleich umkehren, um diese verletzte kameradschaftliche Vertraulichkeit? (Kronauer, Bogenschütze 411). **3. a)** *gegen etw. verstoßen:* ein Gesetz, das Briefgeheimnis v.; den Anstand v.; dieses Bild verletzt den guten Geschmack; **b)** *illegal überschreiten, in etw. eindringen:* die Grenzen eines Landes, den Luftraum eines Staats v.

ver|letz|lich ⟨Adj.⟩: *sensibel u. daher leicht verletzbar; empfindlich:* ein leicht -er Mensch. Dazu: **Ver|letz|lich|keit**, die; -, -en.

Ver|letz|te, der/die; -n, -n ⟨Dekl. ↑ Abgeordnete⟩: *jmd., der/eine Verletzten, die Verletzten/zwei Verletzte:* **1.** *weibliche Person, die verletzt* (1) *ist.* **2.** (BGB) *Geschädigte* (2).

Ver|letz|ter, der *Verletzte/ein Verletzter; des/eines Verletzten, die Verletzten/zwei Verletzte:* **1.** *jmd., der verletzt* (1) *ist:* bei dem Unfall gab es einen Toten und zahlreiche Verletzte; einen Verletzten ins Krankenhaus fahren. **2.** (BGB) *Geschädigter* (2).

Ver|let|zung, die; -, -en: **1.** *verletzte Stelle am, im Körper:* schwere -en erleiden, davontragen; er hat eine V. am Kopf; sie wurde mit -en ins Krankenhaus gebracht; er ist den schweren -en erlegen. **3. a)** *das Verletzen* (3 a); *das Verletztwerden:* Nachgewiesen werden müsse, dass durch die Beeidigung seines Zeugnisses der Zeuge Ratzenberger sich einer vorsätzlichen oder fahrlässigen V. der Eidespflicht schuldig gemacht habe (Feuchtwanger, Erfolg 276); **b)** *das Verletzen* (3 b); *das Verletztwerden:* es lag offensichtlich eine V. des bosnischen Luftraums vor.

ver|let|zungs|an|fäl|lig ⟨Adj.⟩: *anfällig für Verletzungen.*

ver|let|zungs|be|dingt ⟨Adj.⟩ (bes. Sport): *durch eine Verletzung* (1) *bedingt.*

Ver|let|zungs|er|folg, der (Rechtsspr.): *bei einem Delikt entstehender Schaden* [u. *dessen Ausmaß*].

ver|let|zungs|frei ⟨Adj.⟩ (bes. Sport): *von Verletzungen verschont:* eine Saison v. überstehen.

Ver|let|zungs|ge|fahr, die: *Gefahr, eine Verletzung* (1) *davonzutragen.*

Ver|let|zungs|hand|lung, die (Rechtsspr.): *Handlung, die gegen eine Rechtsvorschrift, einen Vertrag o. Ä. verstößt.*

Ver|let|zungs|pau|se, die (bes. Sport): *durch eine Verletzung bedingtes Aussetzen, Pausieren*: nach einer V. von drei Wochen war die Stürmerin wieder einsatzbereit.

Ver|let|zungs|pech, das (bes. Sport): *das Pech, häufig od. zu einem besonders ungünstigen Zeitpunkt verletzt zu sein*: ein vom V. verfolgter Fußballspieler.

Ver|let|zungs|ri|si|ko, das: *Risiko, eine Verletzung* (1) *davonzutragen*.

Ver|let|zungs|sor|gen ⟨Pl.⟩ (Sport): *durch mehrere verletzte u. dadurch nicht einsatzfähige Spieler od. Spielerinnen bedingte Probleme, eine aussichtsreiche Mannschaft aufzustellen*.

ver|leug|nen ⟨sw. V.; hat⟩ [mhd. verlougen(en), ahd. farlougnen]: *sich nicht zu jmdm., etw. bekennen* [sondern sich energisch davon distanzieren]: die Wahrheit, seine Ideale v.; er kann seine Herkunft nicht v. *(seine Herkunft ist ihm anzusehen, anzumerken)*; er hat seine Freunde verleugnet *(so getan, als ob es nicht seine Freunde seien)*; das lässt sich nicht v. *(das ist eine Tatsache)*; es lässt sich nicht [länger] v. *(verheimlichen)*, dass sie auch beteiligt war; sich [selbst] v. *(aus Rücksicht o. Ä. anders handeln, als es dem eigenen Wesen entspricht)*; sich [am Telefon] v. lassen *(jmdn. sagen lassen, man sei nicht anwesend)*. Dazu: **Ver|leug|nung**, die; -, -en.

ver|leum|den ⟨sw. V.; hat⟩ [mhd. verliumden, zu: liumde, Nebenf. von: liumunt, ↑ Leumund]: *über jmdn. Unwahres verbreiten mit der Absicht, seinem Ansehen zu schaden; diffamieren*: jmdn. aus Hass, Neid v.; sie ist böswillig [von den Nachbarn] verleumdet worden. Dazu: **Ver|leum|der**, der; -s, -; **Ver|leum|de|rin**, die; -, -nen.

ver|leum|de|risch ⟨Adj.⟩: a) *einer Verleumdung ähnlich, gleichkommend*: eine -e Behauptung; b) *einem Verleumder ähnlich, gleichkommend*: ein -er Mensch.

Ver|leum|dung, die; -, -en: *Äußerung, die jmdn. verleumdet; Diffamie* (2): *eine niederträchtige, gemeine V.*

Ver|leum|dungs|kam|pa|g|ne, die (oft emotional): *Kampagne* (1), *bei der Verleumdungen verbreitet werden*.

Ver|leum|dungs|kla|ge, die: *Klage* (3) *gegen eine Verleumdung*.

ver|lie|ben, sich ⟨sw. V.; hat⟩: *von Liebe zu jmdm. ergriffen werden*: er verliebte sich [in sie, in ihre Augen]; ein verliebtes Pärchen; sie ist hoffnungslos, unsterblich, unglücklich, bis über beide Ohren verliebt; jmdm. verliebte Augen machen, verliebte Blicke zuwerfen *(durch Blicke seine Zuneigung zeigen)*; ⟨subst.:⟩ zum Verlieben sein, aussehen; Ü in dieses Bild bin ich geradezu verliebt; er ist ganz verliebt in seine Idee.

Ver|lieb|te, die/eine Verliebte; der/einer Verliebten, die Verliebten/zwei Verliebte: *weibliche Person, die verliebt ist*.

Ver|lieb|ter, der/ein Verliebter/ein Verliebter; des/eines Verliebten, die Verliebten/zwei Verliebte: *jmd., der verliebt ist*.

Ver|liebt|heit, die; -, -en: *Zustand des Verliebtseins*.

Ver|liebt|sein, das; -s: *Zustand, in dem man verliebt ist*.

ver|lie|ren ⟨st. V.; hat⟩ [mhd. verliesen, ahd. farliosan, verw. mit ↑ los]: 1. *(etw., was einem gehört, was man hat u. auch behalten will) aus Unachtsamkeit od. aufgrund widriger Umstände nicht mehr, nirgends finden können*: Geld, den Autoschlüssel v.; der Brief ist verloren gegangen; Ü dadurch werde ich viel Zeit, einen ganzen Tag v. (dadurch ist [mir] viel Zeit verloren); * *irgendwo nichts verloren haben* (ugs.; ↑ suchen 2 a); **an/bei jmdm. verloren sein** *(als Aufwendung, Mühewaltung o. Ä. für jmdn. umsonst, vergeblich sein)*: alle Geduld, die ärztliche Kunst war an ihr, bei ihr verloren). 2. a) *in einer Menschenmenge, im allgemeinen Treiben von jmdm. getrennt werden, nicht mehr wissen, wo sich der andere befindet*: wir müssen aufpassen, dass wir uns in diesem Gewühl nicht v.; sie kam sich in der riesigen Stadt recht verloren *(verlassen, einsam)* vor; b) *durch Trennung, Tod plötzlich nicht mehr haben*: seinen besten Freund v.; sie hat im vergangenen Jahr ihren Mann verloren; er hat im Krieg seine Geschwister verloren. 3. a) *einbüßen*: bei einer Schlägerei zwei Zähne v.; sie hat bei einem Unfall einen Arm verloren; der Gegner verlor mehrere Tausend Soldaten; Ü Amanda sagt im Ton eines Pfarrers, dass das Warten auf Genehmigungen die verlorenste *(vergeudetste)* Zeit des Lebens ist (Becker, Amanda 337); b) *abwerfen; abstoßen*: im Herbst verlieren die Bäume ihre Blätter; die Katze verliert Haare. 4. *durch ein Leck o. Ä. austreten, ausströmen lassen*: der Reifen verliert Luft; verliert der Motor Öl? 5. *durch eigenes Verschulden od. ungünstige Umstände etw. Wünschenswertes, Wichtiges nicht halten, bewahren können*: einen Kunden, jmdn. als Kunden v.; sein Amt, den Arbeitsplatz v.; sein Ansehen, jmds. Liebe, Vertrauen v.; die Hoffnung, den Glauben v.; nur nicht [gleich] den Mut v.!; für ihn hat das Leben den Sinn verloren; die Sprache v. *(vor Staunen, Schreck nichts sagen können)*; die Lust an etw. v.; Ich verlor den Atem vor Angst (Frisch, Gantenbein 384); * **für jmdn., etw. verloren sein** *(für jmdn., etw. nicht mehr zur Verfügung stehen)*: sie ist für die Nationalmannschaft verloren; **an jmdn. ist etw. verloren gegangen** (ugs.: *jmd. hätte etw. werden können*): an ihr ist eine Ärztin verloren gegangen). 6. a) *an Schönheit o. Ä. einbüßen*: durch das Kürzen hat sie an dem Mantel verloren; b) *(in Bezug auf das, was angestrebt, gewünscht wird) weniger werden*: an Wirkung, an Reiz v.; das Flugzeug verlor an Höhe; c) *in seiner Stärke, Intensität usw. abnehmen*: der Tee verliert sein Aroma; Ü Vor Cottas Entschlossenheit verloren Hindernisse ihre Kraft (Ransmayr, Welt 233). 7. *einen Kampf, einen Wettstreit o. Ä. nicht gewinnen; bei etw. besiegt werden*: ein Spiel, eine Schachpartie, eine Wette, eine Wahl, einen Prozess, einen Krieg, eine Schlacht v.; er verlor gegen ihn [mit] 6 : 4; ein Fußballspiel [mit] 1 : 2 v.; der Krieg ging verloren; es ist noch nicht alles verloren *(es besteht noch eine nicht geringe Chance)*; ⟨auch ohne Akk.-Obj.:⟩ wir haben haushoch, nach Punkten verloren; * *nichts [mehr] zu v. haben* (nicht mehr schlechter, schlimmer werden können, am Ende sein); **jmdn., etw. verloren geben** *(sich nicht weiter um jmdn., etw. bemühen, da es aussichtslos erscheint)*. 8. *(beim Spiel o. Ä.) einsetzen u. nicht wiederbekommen*: beim Roulette 200 Euro verloren haben. 9. ⟨v. + sich⟩ a) *allmählich immer weniger werden u. schließlich ganz verschwinden*: seine Begeisterung wird sich schnell v.; b) *immer weniger u. schließlich gar nicht mehr wahrnehmbar sein*: der Weg verliert sich im Nebel; sie verlor sich in der Menge; die Straße verlor sich in dunstige Ferne; Ü Hier, an dieser Küste, verloren sich die Gesetze, die Macht und der Wille Roms in der Wildnis (Ransmayr, Welt 123); c) *sich verirren* (b): in unsere öde Gegend verliert sich selten jemand. 10. ⟨v. + sich⟩ a) *ganz in einer Tätigkeit aufgehen; sich hingeben, einer Sache völlig hingeben*: sich in Hirngespinsten v.; er war ganz in Gedanken v.; b) *vom Wesentlichen abschweifen*: der Autor verliert sich in Detailschilderungen.

Ver|lie|rer, der; -s, -: 1. *jmd., der etw. verloren hat*. 2. *jmd., der in einem [Wett]kampf, einer Auseinandersetzung o. Ä. besiegt wird, unterliegt*: ein guter, schlechter V. [sein].

Ver|lie|re|rin, die; -, -nen: w. Form zu ↑ Verlierer.

Ver|lie|rer|sei|te, die ⟨Pl. selten⟩: *Position der Verlierer*: Aktien der Autoindustrie standen damals auf der V. *(mussten Kursverluste hinnehmen)*.

Ver|lie|rer|stra|ße, die: in Wendungen wie **auf der V. sein, auf die V. geraten** (bes. Sport: *auf eine [nicht mehr vermeidbare] Niederlage zusteuern*): in den letzten zehn Minuten des Spiels geriet die Mannschaft endgültig auf die V.; schon bei den letzten Parlamentswahlen waren die großen Parteien auf der V.); **jmdn. auf die V. bringen** (bes. Sport: *jmds. Niederlage einleiten*).

Ver|lies, das; -es, -e [aus dem Niederd., zu ↑ verlieren, eigtl. = Raum, der sich verliert od. in dem sich jmd. verlieren kann]: *(bes. in mittelalterlichen Burgen) unterirdischer, dunkler, schwer zugänglicher, als Kerker dienender Raum*.

ver|lin|ken ⟨sw. V.; hat⟩ [engl. to link = verbinden, ↑ Link] (EDV): *mit einem Hyperlink verknüpfen*: eine Homepage mit einer anderen v.; Texte suchen, markieren und miteinander v.

Ver|lin|kung, die; -, -en (EDV): 1. *das Verlinken; das Verlinktwerden*. 2. *etw. Verlinktes*.

ver|lo|ben ⟨sw. V.; hat⟩ [mhd. verloben, zu ↑ loben]: 1. ⟨v. + sich⟩ *jmdm. versprechen, ihn zu heiraten; eine Verlobung eingehen*: sich heimlich v.; sie hat sich mit ihm verlobt; ⟨auch im 2. Part.:⟩ sie sind seit Jahren verlobt. 2. (früher) *jmdm. für eine spätere Ehe versprechen*: er verlobte seine Tochter [mit] dem Sohn seines Freundes.

Ver|löb|nis, das; -ses, -se [mhd. verlobnisse] (geh.): *Verlobung*.

Ver|lob|te, die/eine Verlobte; der/einer Verlobten, die Verlobten/zwei Verlobte: *jmd., der mit jmdm. verlobt ist*: meine [frühere] V.; Die Trudel war Ottochens Mädchen gewesen, fast schon seine V. (Fallada, Jeder 11).

Ver|lob|ter, der/ein Verlobter/ein Verlobter; des/eines Verlobten, die Verlobten/zwei Verlobte: *jmd., der mit jmdm. verlobt ist*: dein [früherer] V.

Ver|lo|bung, die; -, -en: 1. *das Sichverloben*: eine V. [auf]lösen, rückgängig machen; wir geben die V. unserer Tochter [mit Herrn X] bekannt. 2. *Fest anlässlich einer Verlobung* (1): V. feiern.

Ver|lo|bungs|an|zei|ge, die: *die Namen u. das Verlobungsdatum u. a. enthaltende Briefkarte, mit der eine Verlobung Verwandten, Freunden u. Bekannten mitgeteilt wird*.

Ver|lo|bungs|fei|er, die: *Verlobung* (2).

Ver|lo|bungs|ge|schenk, das: *Geschenk zur Verlobung*.

Ver|lo|bungs|ring, der: *Ring als Zeichen der Verlobung* (1).

Ver|lo|bungs|zeit, die: *Zeit von der Verlobung bis zur Hochzeit*.

ver|lo|chen ⟨sw. V.; hat⟩ (schweiz.): 1. *vergraben, verscharren*: Unrat, einen Kadaver v.; ♦ ...auf der Stelle zeig, wo du dein Geld verlocht hast (Hebel, Schatzkästlein 45). 2. a) *unter etw. begraben*: er ist unter einem Berg von Akten verlocht; b) *(Geld o. Ä.) verschwenden*: Steuergelder v.

ver|lo|cken ⟨sw. V.; hat⟩ [mhd. verlocken, ahd. farlochōn] (geh.): *auf jmdn. so anziehend wirken, dass er nicht widerstehen kann*: jmdn. zu einem Abenteuer v.; der See verlockt zum Baden; ⟨oft im 1. Part.:⟩ ein verlockendes Angebot; das v., klingt [nicht] sehr verlockend. Dazu: **Ver|lo|ckung**, die; -, -en.

ver|lo|dern ⟨sw. V.; ist⟩ (geh.): 1. *aufhören zu lodern*. 2. *lodernd verbrennen*.

ver|lo|gen ⟨Adj.⟩ [eigtl. adj. 2. Part. von veraltet verlügen, mhd. verliegen = durch Lügen falsch

Verlogenheit – vermassen

darstellen] (abwertend): **a)** *immer wieder lügend:* er ist durch und durch v.; **b)** *unaufrichtig:* eine -e Romantik; die -e Moral des Spießers.

Ver|lo|gen|heit, die; -, -en: *das Verlogensein.*

ver|loh|nen ⟨sw. V.; hat⟩ (geh.): **a)** ⟨v. + sich⟩ *lohnen* (1 a): dafür verlohnt sich zu leben!; ⟨auch ohne »sich«:⟩ verlohnt das denn?; **b)** *lohnen* (1 b): das verlohnt die/(veraltend:) der Mühe nicht; es verlohnt nicht, näher darauf einzugehen.

ver|lor, ver|lö|re: ↑ verlieren.

¹ver|lo|ren ⟨Adj.⟩: *dem Verderben preisgegeben, zum Untergang bestimmt; nicht mehr zu retten:* ein [unrettbar] -es Wesen; die Eingeschlossenen waren alle v.; Ü ohne seine Frau ist er einfach v. *(hilflos).*

²ver|lo|ren: ↑ verlieren.

verlo|ren ge|ben, ver|lo|ren|ge|ben ⟨st. V.; hat⟩: s. verlieren (7).

ver|lo|ren ge|hen, ver|lo|ren|ge|hen ⟨unr. V.; ist⟩: s. verlieren (1, 5, 7).

Ver|lo|ren|heit, die; -, -en: **1.** *das Sich-verloren-Haben.* **2.** *Einsamkeit, Verlassenheit:* die V. des modernen Menschen.

ver|lö|schen ⟨st. u. sw. V.; verlischt, verlosch/ (auch:) verlöschte, ist verloschen/(auch:) verlöscht⟩ [mhd. verleschen]: *erlöschen* (a): das Feuer verlosch; Ü sein Andenken, sein Ruhm wird nicht v.

ver|lo|sen ⟨sw. V.; hat⟩: *durch das Los bestimmen, wer etw. bekommt:* ein Auto v. **Dazu: Ver|lo|sung,** die; -, -en.

ver|lö|ten ⟨sw. V.; hat⟩: **1.** (Technik) **a)** *löten:* zwei Kabel [miteinander] v.; **b)** *durch Löten verschließen:* ein Loch v. **2.** * **einen v.** (ugs. scherzh.; *etw. Alkoholisches trinken*).

ver|lot|tern ⟨sw. V.⟩ (abwertend): **1.** ⟨ist⟩ *in einen liederlichen, verwahrlosten Zustand geraten:* du wirst noch völlig v.; ein verlottertes Haus. **2.** ⟨hat⟩ *durch einen liederlichen Lebenswandel verschleudern:* Hab und Gut v.

Ver|lot|te|rung, die; -, -en: *das Verlottern.*

ver|lu|dern ⟨sw. V.⟩: **1.** ⟨ist⟩ (abwertend) *verlottern* (1): er veludert immer mehr; ein verluderter Haushalt. **2.** ⟨hat⟩ (abwertend) *verschleudern, verlottern* (2): sein Erbe v. **3.** ⟨ist⟩ (Jägerspr.) *verenden, nicht durch einen Schuss sterben:* verluderndes Wild.

ver|lum|pen ⟨sw. V.; ist⟩: *verwahrlosen, herunterkommen* (2 a): pass auf, dass du nicht verlumpst!; ein verlumptes Stadtviertel. **Dazu: Ver|lum|pung,** die; -, -en.

Ver|lust, der; -[e]s, -e [mhd. verlust, ahd. farlust, zu ↑ verlieren]: **1.** *das Verlieren* (1): der V. der Brieftasche; bei V. kann kein Ersatz geleistet werden. **2.** *das Verlieren* (2 b): der V. des Vaters schmerzte sie sehr. **3.** *das Verlieren* (3 a); *Einbuße:* der V. des gesamten Vermögens; dem Gegner große -e beibringen; der Gegner hatte, erlitt schwere -e; Mit furchtbarem V. an Menschen und Material, mit noch größerem an Prestige haben die Engländer ihre Armee wieder auf die Schiffe gepackt und sind heimgefahren (St. Zweig, Fouché 141). **4.** *fehlender finanzieller, materieller Ertrag [eines Unternehmens]; Defizit* (1): hohe -e machen; dieses Geschäft brachte 2 000 Euro V.; mit V. arbeiten; etw. mit V. verkaufen.

Ver|lust|angst, die: *Angst vor drohendem Verlust; Angst, jmdn., etw. zu verlieren* (2 b, 5).

Ver|lust|an|zei|ge, die: *Anzeige* (1), *mit der bei einer Behörde der Verlust* (1) *von etw. (z. B. wichtigen Dokumenten) gemeldet wird.*

ver|lust|arm ⟨Adj.⟩: *mit geringem Verlust* (3) *verbunden.*

Ver|lust|aus|gleich, der: *gegenseitige Aufrechnung von Gewinnen u. Verlusten* (4), *die bei ver-*

schiedenen Einkunftsarten innerhalb eines Veranlagungszeitraumes entstanden sind.

Ver|lust|be|trieb, der: *Betrieb, der mit Verlust* (4) *arbeitet.*

ver|lust|brin|gend ⟨Adj.⟩ (Wirtsch.): *wirtschaftlich mit Verlust arbeitend, Verluste bewirkend:* die -en Sparten eines Konzerns.

Ver|lust|brin|ger, der (Wirtsch.): *Unternehmen od. Teil eines Unternehmens mit negativer Bilanz.*

Ver|lust|brin|ge|rin, die (selten): w. Form zu ↑ Verlustbringer.

ver|lust|frei ⟨Adj.⟩: *ohne etw. zu verlieren, einzubüßen; keinen Verlust aufweisend:* eine -e Übertragung von Dateien; Wärme v. speichern.

Ver|lust|ge|schäft, das: *mit Verlust* (4) *getätigtes Geschäft* (1 a).

ver|lus|tie|ren, sich ⟨sw. V.; hat⟩ [zu ↑ Lust] (scherzh.): *sich vergnügen, amüsieren; Spaß an jmdm., etw. finden:* sich auf einer Party v.; mit jmdm. im Bett v.; (iron.:) gestern habe ich mich mit dem Hausputz verlustiert.

ver|lụs|tig [mhd. verlustec = Verlust erleidend]: in den Wendungen **einer Sache v. gehen** (Amtsspr.; *etw. einbüßen, verlieren*): er ist seiner Privilegien, seines Parteibuchs v. gegangen); **jmdn. einer Sache für v. erklären** (Amtsspr. veraltend; *jmdm. etw. absprechen, nehmen:* er wurde der bürgerlichen Ehrenrechte für v. erklärt).

Ver|lust|jahr, das (Wirtsch.): *Jahr, in dem eine Firma Verluste macht:* nach drei -en schreibt das Unternehmen wieder schwarze Zahlen.

Ver|lust|lis|te, die: *(bes. bei kriegerischen Auseinandersetzungen) Liste, auf der die Verluste an Menschen u. Material aufgeführt werden:* einen Namen auf die V. setzen.

Ver|lust|mel|dung, die: **a)** (Militär) *Meldung der Zahl der gefallenen Soldaten;* **b)** (bes. Börsenw.) *Angabe von wirtschaftlichen Verlusten:* nach erneuten -en der Firma verlor die Aktie 10 % ihres Kurswertes.

Ver|lust|punkt, der (bes. Sport): *Minuspunkt.*

ver|lust|punkt|frei ⟨Adj.⟩ (Sport): *ohne Niederlage.*

ver|lust|reich ⟨Adj.⟩: *hohen Verlust* (3, 4) *bringend:* -e Geschäfte.

Ver|lust|ri|si|ko, das (bes. Börsenw.): *Risiko, bes. bei der Geldanlage in Wertpapieren, sein Geld [teilweise] zu verlieren.*

Ver|lust|vor|trag, der (Steuerw.): *Übertragung eines entstandenen Verlustes* (4) *auf das folgende Geschäftsjahr.*

Ver|lust|zo|ne, die: *wirtschaftliche Situation eines Unternehmens, in der es Verluste macht:* vor allem die kleineren Betriebe sind in der Krise in die V. gerutscht.

Ver|lust|zu|wei|sung, die (Finanzw.): *besondere steuerliche Berücksichtigung von wirtschaftlichen Verlusten.*

verm. = vermählt.

ver|ma|chen ⟨sw. V.; hat⟩ [mhd. vermachen, eigtl. = bekräftigen, festmachen]: **1.** *vererben* (1): er hat seiner zweiten Frau zwei Grundstücke, sein ganzes Vermögen vermacht; Ü er habe ihm meine Münzsammlung vermacht (ugs.; *geschenkt, überlassen*). ◆ **2.** *fest verschließen, versperren:* Ihnen fehlte der Sinn, das Loch vermachte, darum fürchteten sie sich immer mehr, das Loch möchte sich öffnen (Gotthelf, Spinne 101).

Ver|mächt|nis, das; -ses, -se **1.** (Rechtsspr.): *Zuwendung einzelner Vermögensgegenstände durch letztwillige Verfügung:* sie fordert die Herausgabe ihres -ses; Ü das V. der Antike. **2.** *Letzter Wille:* jmds. V. erfüllen.

Ver|mächt|nis|neh|mer, der; -s, - (Rechtsspr.): *jmd., der ein Vermächtnis erhält.*

Ver|mächt|nis|neh|me|rin, die; -, -nen: w. Form zu ↑ Vermächtnisnehmer.

ver|mah|len ⟨unr. V.; hat⟩: *zu Mehl mahlen:* Getreide v.; frisch vermahlenes Korn.

ver|mäh|len ⟨sw. V.; hat⟩ [spätmhd. vermehelen, zu mhd. mehelen = versprechen, verloben, vermählen, ahd. mahelen = vermählen, zu mhd. mahel, ahd. mahal, ↑ ¹Gemahl] (geh.): **1.** ⟨v. + sich⟩ *heiraten* (a): wir haben uns vermählt; sie hat sich [mit] ihm vermählt. **2.** (veraltend) *verheiraten* (2): er konnte seine Tochter mit dem Sohn seines Freundes v.

Ver|mähl|te, die/eine Vermählte; der/einer Vermählten, die Vermählten/zwei Vermählte (geh.): *Verheiratete.*

Ver|mähl|ter, der; Vermählte/ein Vermählter; des/eines Vermählten, die Vermählten/zwei Vermählte (geh.): *Verheirateter.*

Ver|mäh|lung, die; -, -en (geh.): *das Eingehen, Schließen einer Ehe; Heirat.*

ver|mah|nen ⟨sw. V.; hat⟩ [mhd. vermanen, ahd. firmanen] (veraltend): *ernst[haft] ermahnen; zurechtweisen:* **Dazu: Ver|mah|nung,** die; -, -en.

Ver|mah|nung, die; -, -en (veraltend): *das Vermahnen:* ◆ Er schloss dann mit einer christlichen V. und der Bitte, die empfangene Lehre zu beherzigen (C. F. Meyer, Page 156).

ver|ma|keln ⟨sw. V.; hat⟩ (Wirtschaftsjargon): *(als Makler) vermitteln, verkaufen:* Häuser, Grundstücke v.

ver|ma|le|dei|en ⟨sw. V.; hat⟩ [mhd. vermal(e)dīen, zu ↑ maledeien] (veraltend): *verfluchen, verwünschen:* jmdn. v.; ⟨meist im 2. Part.:⟩ dieses vermaledeite Auto springt wieder nicht an.

ver|ma|len ⟨sw. V.; hat⟩: **1.** *durch Malen verbrauchen:* die ganze Farbe v. **2.** *mit Farbe vollschmieren:* vermal noch nicht die Buchseite!

ver|männ|li|chen ⟨sw. V.; hat⟩: *(eine Frau im Wesen od. Aussehen) dem Mann angleichen:* **Dazu: Ver|männ|li|chung,** die; -, -en.

ver|man|schen, (seltener:) **ver|mant|schen** ⟨sw. V.; hat⟩ (ugs.): *[in nicht harmonisierender Weise] ineinandermengen, miteinander vermengen [u. dadurch verderben]:* das Essen v.; Ü eine vermanschte Figur haben.

ver|mar|ken ⟨sw. V.; hat⟩ [zu ↑ ²Mark]: ¹ *vermessen* (1): Land v.

ver|markt|bar ⟨Adj.⟩: *sich vermarkten* (1, 2) *lassend:* **Dazu: Ver|markt|bar|keit,** die; -.

ver|mark|ten ⟨sw. V.; hat⟩: **1.** *[an die Öffentlichkeit bringen u.] ein gutes Geschäft daraus machen:* das Privatleben bekannter Persönlichkeiten v. **2.** (Wirtsch.) *(für den Verbrauch bedarfsgerecht zubereitet) auf den Markt bringen:* ein Produkt, eine Ware v.

Ver|mark|ter, der; -s, - (bes. Wirtsch.): *Person, Firma, Institution, die etw. vermarktet.*

Ver|mark|te|rin, die; -, -nen: w. Form zu ↑ Vermarkter.

Ver|mark|tung, die; -, -en: *das Vermarkten.*

Ver|mark|tungs|recht, das ⟨meist Pl.⟩ (Wirtsch.): *Recht, Berechtigung, etw. zu vermarkten.*

Ver|mark|tungs|struk|tur, die: *für die Vermarktung notwendiger wirtschaftlicher u. organisatorischer Unterbau.*

Ver|mar|kung, die; -, -en: *das Vermarken.*

ver|mas|seln ⟨sw. V.; hat⟩ [wohl zu ↑ ¹Massel] (salopp): **1.** *etw., was einen anderen betrifft, unabsichtlich od. in böser Absicht zunichtemachen; verderben:* jmdm. ein Geschäft, das Konzept v.; er hat mir den ganzen Urlaub vermasselt. **2.** *schlecht, mangelhaft machen, verhauen:* eine Prüfung, Klassenarbeit v.

ver|mas|sen ⟨sw. V.⟩ (abwertend): **1.** ⟨hat⟩ *etw. zur Massenware machen.* **2.** ⟨ist⟩ *in der Masse aufgehen.*

ver|ma|ßen ⟨sw. V.; hat⟩ (Fachspr.): *vermessen, ausmessen.*

Ver|mas|sung, die; -, -en (abwertend): *das Vermassen.*

Ver|ma|ßung, die, -, -en (Fachspr.): *das Vermaßen.*

ver|mau|ern ⟨sw. V.; hat⟩: **1.** [mhd. vermūren] *durch Zumauern schließen:* einen Eingang v. **2.** *beim Mauern verbrauchen:* Steine, Zement v.

◆ **ver|mau|scheln** ⟨sw. V.; hat⟩ [zu ↑ mauscheln] (landsch.): *[unter dem Wert] verkaufen:* Wo die Stiefel geblieben seien, müsse der Herr Lehrer den Juden fragen, dem der Bub sie vermauschelt habe (Ebner-Eschenbach, Gemeindekind 24).

ver|meh|ren ⟨sw. V.; hat⟩ [schon mnieder. vormēren]: **1. a)** *an Menge, Anzahl, Gewicht, Ausdehnung, Intensitätsgrad o. Ä. größer machen:* seinen Besitz v.; vermehrte *(besonders intensive)* Anstrengungen; **b)** ⟨v. + sich⟩ *an Menge, Anzahl, Gewicht, Ausdehnung, Intensitätsgrad o. Ä. größer werden:* die Zahl der Unfälle vermehrt sich jedes Jahr. **2.** ⟨v. + sich⟩ *sich fortpflanzen:* sich geschlechtlich, ungeschlechtlich v.

Ver|meh|rung, die; -, -en: *das [Sich]vermehren.*

Ver|meh|rungs|ra|te, die: *Rate* (2) *des Sichvermehrens* (2).

ver|meid|bar ⟨Adj.⟩: *sich vermeiden lassend:* -e Fehler; das wäre v. gewesen. Dazu: **Ver|meid|bar|keit**, die; -.

ver|mei|den ⟨st. V.; hat⟩ [mhd. vermīden, ahd. farmīdan]: **1.** *es nicht zu etw. kommen lassen; einer Sache aus dem Wege gehen:* einen Skandal, Fehler, Härten v.; ein bestimmtes Thema v.; lässt sich ein Zusammentreffen nicht v.?; genau das wollte ich v. *(ich wollte vermeiden, dass das eintritt);* wenn ich es hätte v. können, hätte ich dich damit nicht belästigt; sie vermied es [sorgfältig], irgendjemanden anzublicken; er bemühte sich, jedes Aufsehen, jede Aufregung zu v.; Müll v. ◆ **2.** *meiden:* Aber diese herrlichen Gefilde, kann sie der Besitzer selbst v.? (Goethe, Wandrer u. Pächterin); ...dieser Mensch entzog sich meiner Gegenwart bis jetzt? Vermied die Augen seines königlichen Schuldners? (Schiller, Don Carlos III, 5).

ver|meid|lich ⟨Adj.⟩ (selten): *vermeidbar.*

Ver|mei|dung, die; -, -en: *das Vermeiden.*

Ver|mei|dungs|stra|te|gie, die: **1.** (Psychol.) *planvolles Vermeiden von Unangenehmem.* **2.** (Ökol.) *[politische, ökonomische] Strategie zur Vermeidung von Umweltbelastungen.*

ver|mei|nen ⟨sw. V.; hat⟩ [mhd. vermeinen = meinen, denken] (geh.): *meinen* (3), *wähnen* (b): sie vermeinte seine Stimme zu hören.

◆ **ver|meint** ⟨Adj.⟩: *vermeintlich:* ...die einzige -e Tochter des reichen Juden (Lessing, Nathan IV, 8); ...dein Fluch – dein -er Fluch (Schiller, Räuber V, 2).

ver|meint|lich ⟨Adj.⟩: *(irrtümlich, fälschlich) vermutet, angenommen; scheinbar:* der -e Gangster entpuppte sich als harmloser Tourist; eine v. günstige Gelegenheit.

ver|mel|den ⟨sw. V.; hat⟩ [mhd. vermelden, ahd. farmeldōn = melden; verraten]: *mitteilen, melden* (1): einen Rekord, Erfolg v.; was hast du denn aus dem Urlaub zu v.?

ver|men|gen ⟨sw. V.; hat⟩ [mhd. vermengen]: **1. a)** *mischen* (1 a): Eier und Zucker mit Mehl v.; alle Zutaten müssen gut miteinander vermengt werden; **b)** ⟨v. + sich⟩ *sich mischen* (2 a): die Tränen vermengen sich mit dem Schmutz in ihrem Gesicht; Ü in seiner Erinnerung vermengen sich Vergangenheit und Gegenwart. **2.** *mit etw. verwechseln, durcheinanderbringen:* zwei völlig verschiedene Begriffe miteinander v.

Ver|men|gung, die; -, -en: *das Vermengen.*

ver|mensch|li|chen ⟨sw. V.; hat⟩: **a)** *menschlich* (2) *darstellen:* einen Tyrannen v.; **b)** *menschlicher* (2) *machen:* die Wirtschaftspolitik v. **2. a)** *wie einen Menschen darstellen, behandeln:* Tiere v.; **b)** *in bestimmter Hinsicht wie einen Menschen ansehen:* der Autor vermenschlicht die antiken Götter.

Ver|mensch|li|chung, die; -, -en: *das Vermenschlichen.*

Ver|merk, der; -[e]s, -e: *etw., was schriftlich vermerkt ist:* ein kurzer, handschriftlicher V.

ver|mer|ken ⟨sw. V.; hat⟩ [spätmhd. vermerken, zu ↑ merken]: **1.** *durch eine Notiz festhalten, notieren:* einen Termin im Kalender v.; er war nicht betrunken, das sei nur am Rande vermerkt *(gesagt).* **2.** *zur Kenntnis nehmen [u. in bestimmter Weise aufnehmen]:* etw. mit Erstaunen v.; [jmdm.] etw. übel v. *(etw. übel nehmen).*

¹**ver|mes|sen** ⟨st. V.; hat⟩ [mhd. verme33en, ahd. farme33an]: **1.** *etw. genau in seinen Maßen festlegen:* Land, einen Bauplatz v. **2.** ⟨v. + sich⟩ *falsch messen* (1 a); *sich beim Messen* (1 a) *irren:* hast du dich vermessen? **3.** ⟨v. + sich⟩ [eigtl. = das Maß seiner Kraft zu hoch ansetzen] (geh.) *etw. Unangemessenes [mit Überheblichkeit] tun od. sagen:* er vermaß sich, ihr zu widersprechen.

²**ver|mes|sen** ⟨Adj.⟩ [mhd. verme33an, ahd. farme33an] (geh.): *sich überheblich auf die eigenen Kräfte od. auf das Glück verlassend:* ich habe eine -e Bitte; das wäre zu v.!; eine v. klingende Behauptung.

Ver|mes|sen|heit, die; -, -en [mhd. verme33enheit, spätahd. ferme33enheit]: *das Vermessensein; Hybris.*

Ver|mes|ser, der; -s, -: *jmd., der etw.* ¹*vermisst* (1).

Ver|mes|se|rin, die; -, -nen: w. Form zu ↑ Vermesser.

Ver|mes|sung, die; -, -en: *das* ¹*Vermessen* (1).

Ver|mes|sungs|amt, das: *Katasteramt.*

Ver|mes|sungs|in|ge|ni|eur, der: *Geodät* (Abk.: Verm.-Ing.)

Ver|mes|sungs|in|ge|ni|eu|rin, die: w. Form zu ↑ Vermessungsingenieur (Abk.: Verm.-Ing.)

Ver|mes|sungs|tech|nik, die: *Technik der Instrumente u. Methoden der Geodäsie.*

Ver|mes|sungs|we|sen, das: *Geodäsie.*

ver|mieft ⟨Adj.⟩: *miefig.*

ver|mie|sen ⟨sw. V.; hat⟩ (ugs.): *jmdm. etw. verleiden, die Freude an etw. nehmen:* jmdm. den Urlaub, die Laune v.

ver|miet|bar ⟨Adj.⟩: **a)** *zur Vermietung geeignet:* -er Wohnraum; **b)** *sich [in der gegebenen wirtschaftlichen Situation] vermieten lassend:* Luxusvillen sind seit einiger Zeit wieder gut v.

Ver|miet|bar|keit, die; -: **a)** *vermietbarer* (a) *Zustand;* **b)** *Akzeptanz auf dem Markt für Vermietungen.*

ver|mie|ten ⟨sw. V.; hat⟩ [mhd. vermieten, ahd. farmietan]: *(den Gebrauch, die Benutzung von etw., bes. Wohnungen) einem anderen für eine bestimmte Zeit gegen ein (vertraglich) festgesetztes Entgelt überlassen:* Autos, Boote, ein Haus v.; Zimmer [mit Frühstück] zu v.!; jmdm., an jmdn. eine Wohnung v. ⟨auch ohne Akk.-Obj.:⟩ sie suchen eine v.

Ver|mie|ter, der; -s, -: **1.** *jmd., der etw. vermietet.* **2.** *Hauswirt.*

Ver|mie|te|rin, die; -, -nen: w. Form zu ↑ Vermieter.

Ver|mie|tung, die; -, -en: *das Vermieten.*

ver|min|dern ⟨sw. V.; hat⟩ [mhd. verminnern]: **a)** *verringern* (a), *herabsetzen:* das Tempo v.; verminderte Zurechnungsfähigkeit; eine verminderte (Musik; *um einen Halbton verringerte)* Terz, Quart, Quinte; **b)** ⟨v. + sich⟩ *sich verringern:* ihr Einfluss vermindert sich.

Ver|min|de|rung, die; -, -en: *das Vermindern.*

ver|mi|nen ⟨sw. V.; hat⟩: *(in einem Gebiet) Minen legen:* ein Gelände v.; verminte Felder.

Verm.-Ing. = Vermessungsingenieur[in].

Ver|mi|nung, die; -, -en: *das Verminen, das Vermintsein.*

ver|mi|schen ⟨sw. V.; hat⟩ [mhd. vermischen, ahd. farmisken]: **1. a)** *gründlich mischen* (1 a): die Zutaten müssen gründlich vermischt werden; Ü Geschäftliches mit Privatem v.; **b)** *mischend beigeben:* mit Soda vermischter Whisky. **2.** ⟨v. + sich⟩ *mischen:* Wasser vermischt sich nicht mit Öl; Ü ⟨subst. 2. Part.:⟩ diesen Artikel las ich unter der Rubrik »Vermischtes« (bes. Verlagsw.; *Rubrik mit Artikeln o. Ä. verschiedener Art).*

Ver|mi|schung, die; -, -en: *das [Sich]vermischen.*

ver|mis|sen ⟨sw. V.; hat⟩ [mhd. vermissen, ahd. farmissen]: **1.** *sich mit Bedauern bewusst sein, dass jmd., etw. nicht in der Nähe ist, nicht mehr zur Verfügung steht, u. dies als persönlichen Mangel empfinden:* die Kinder, die Ehefrau, den Freund sehr v. **2.** *das Fehlen von etw. bemerken:* ich vermisse meine Handschuhe; Ü man hat dich in der Vorlesung vermisst *(man hat nach dir gefragt);* das war ein vorzügliches Essen, aber ich vermisse den Nachtisch *(Nachtisch hätte ich auch nicht gern gehabt);* er ist [seit 1945, im Krieg] vermisst *(verschollen);* er wurde als vermisst gemeldet; vermisste Soldaten. **3.** *missen* (1): die Zeit auf dem Gymnasium möchte ich nicht v.

Ver|miss|te, die/eine Vermisste; der/einer Vermissten, die Vermissten/zwei Vermisste: *weibliche Person, die vermisst* (2) *wird.*

Ver|miss|ten|an|zei|ge, die: *Meldung bei der Polizei darüber, dass jmd. vermisst* (2) *wird.*

Ver|miss|ter, der Vermisste/ein Vermisster; des/eines Vermissten, die Vermissten/zwei Vermisste: *jmd., der vermisst* (2) *wird.*

ver|mit|tel|bar ⟨Adj.⟩: *sich vermitteln lassend:* nur schwer -e Arbeitskräfte. Dazu: **Ver|mit|tel|bar|keit**, die; -.

ver|mit|teln ⟨sw. V.; hat⟩ [zu ↑ mitteln]: **1.** *(zwischen Gegnern) eine Einigung erzielen; intervenieren* (1): in einem Streit, zwischen streitenden Parteien v.; sie hat in der Auseinandersetzung vermittelnd eingegriffen. **2.** *zustande bringen; herbeiführen:* ein Zusammentreffen der Gegner v.; eine Ehe, Bekanntschaft v.; sie vermittelt Aktiengeschäfte. **3. a)** *dafür sorgen, dass jmd. etw., was er anstrebt, bekommt:* jmdm. eine Stelle, einen Posten, einen Auftrag v.; eine Wohnung, ein Zimmer v.; **b)** *dafür sorgen, dass jmd., der eine Stelle o. Ä. sucht, mit jmdm. in Verbindung gebracht wird, der eine solche zu vergeben hat:* Schreibkräfte v.; die Arbeitsagentur vermittelt der Arbeitskräfte an die Firmen; schwer zu vermittelnde Arbeitslose. **4.** *jmdm. verständlich machen, mitteilen, zeigen:* er kann sein Wissen nicht v.; ihre Schilderung vermittelt uns ein genaues Bild der damaligen Zeit; der Bericht vermittelt einen ersten Eindruck; das ist den Wählern nicht zu v. *(verständlich zu machen).*

ver|mit|tels, (seltener:) **ver|mit|telst** ⟨Präp. mit Gen.⟩: *mittels:* v. eines Fadens.

Ver|mitt|ler, der; -s, -: **1.** *Mittler.* **2.** *jmd., der gegen Bezahlung Geschäfte o. Ä. vermittelt.*

Ver|mitt|le|rin, die; -, -nen: w. Form zu ↑ Vermittler.

Ver|mitt|ler|rol|le, die: *Rolle* (5b) *eines Vermittlers* (1).

Ver|mitt|lung, die; -, -en: **1.** *das Vermitteln.* **2.** (früher:) *Telefonzentrale;* **b)** *jmd., der in der Telefonzentrale Dienst tut.*

Ver|mitt|lungs|aus|schuss, der (Politik): *Ausschuss, der bei der Gesetzgebung zwischen abweichenden Beschlüssen von Bundestag u. Bundesrat vermittelt.*

Ver|mitt|lungs|ge|bühr, die: *Gebühr für eine geschäftliche Vermittlung.*

Ver|mitt|lungs|stel|le, die: 1. *[staatliche] Stelle, die zwischen gegnerischen Parteien vermittelt.* 2. *Geschäftsstelle eines Vermittlers (2).*
Ver|mitt|lungs|ver|fah|ren, das (Politik): *Tätigkeit des Vermittlungsausschusses.*
Ver|mitt|lungs|ver|such, der: *Versuch zu vermitteln* (1–3).
ver|mi|xen ⟨sw. V.; hat⟩ (ugs.): 1. *vermischen.* 2. *beim Mixen* (1 a) *verbrauchen.*
ver|mö|beln ⟨sw. V.; hat⟩ [urspr. = vergeuden, verschleudern (wohl urspr. von Möbelauktionen, bei denen Möbel für billiges Geld losgeschlagen werden)] (salopp): *verprügeln:* wenn er betrunken ist, vermöbelt er seine Frau.
ver|mo|dern ⟨sw. V.; ist⟩: *modernd zerfallen, verfaulen:* das Laub, der Leichnam vermoderte; Ü die Akten vermodern in Archiven.
ver|mö|ge ⟨Präp. mit Gen.⟩ [aus veraltet (nach) Vermöge(n)] (geh.): *bezeichnet die in jmdm., etw. liegende Möglichkeit, Eigenschaft od. Fähigkeit, die der Grund dafür ist, dass etw. geschieht od. besteht; kraft, aufgrund, mithilfe:* v. seiner Beziehungen, ihres politischen Einflusses.
ver|mö|gen ⟨unr. V.; hat⟩ [mhd. vermügen, zu ↑mögen] (geh.): 1. ⟨mit Inf. mit »zu«⟩ *die nötige Kraft aufbringen, die Fähigkeit haben, imstande sein, etw. zu tun:* er vermag [es] nicht, mich zu überzeugen; nur wenige vermochten sich zu retten; wir werden alles tun, was wir [zu tun] vermögen. 2. *zustande bringen, ausrichten, erreichen:* sie vermag bei ihm alles, wenig; Vertrauen vermag viel. ◆ 3. *(zu etw.) bewegen; dazu bringen, etw. zu tun:* Und diese Nachricht vermochte Wernern, um ein bisschen Armut mit mir zu teilen (Lessing, Minna I, 4). ◆ 4. * *sich einer Sache nicht v.* (landsch.; *nicht schuld an etw. sein, nichts dafürkönnen*).
Ver|mö|gen, das; -s, - [spätmhd. vermügen, subst. Inf.]: 1. ⟨o. Pl.⟩ (geh.) *Kraft, Fähigkeit, etw. zu tun:* ihr V., jemanden zu beeinflussen, ist groß; soviel in meinem V. liegt *(in meiner Macht steht),* will ich mich dafür einsetzen; etw. nach bestem V. *(so gut wie irgend möglich)* regeln; * ◆ **nach V.** *(soweit es irgend möglich ist, nach Kräften):* ...der Müller ward nach und nach arm, wie sehr auch seine arme Frau dagegen sich wehrte und nach V. zur Sache sah [Gotthelf, Elsi 121]). 2. *gesamter Besitz, der einen materiellen Wert darstellt:* ein großes, beachtliches V.; erben, erwerben, verspielen; sein V. zusammenhalten, vermehren; jmdm. ein kleines, sein gesamtes V. vererben, hinterlassen; durch Erbschaft zu V. kommen; sie hat ein V. *(ist reich);* das Bild kostet ja ein V. *(sehr viel Geld),* ist ein V. *(sehr viel)* wert; heute habe ich ein V. *(viel Geld)* ausgegeben; sie haben ein V. *(sehr viel Geld)* für dieses Haus bezahlt.
ver|mö|gend ⟨Adj.⟩: *ein ansehnliches Vermögen* (2) *besitzend:* er hat eine -e Frau geheiratet; sie ist v.
Ver|mö|gens|ab|ga|be, die: *(im Rahmen einer Staatsverschuldung, des Lastenausgleichs o. Ä. zu leistende) Abgabe, die von vermögenden Personen aufzubringen ist.*
Ver|mö|gens|an|la|ge, die: *Anlage* (2) *eines Vermögens* (2): eine krisensichere V.
Ver|mö|gens|an|teil, der: *Anteil an einem Vermögen, der jmdm. zusteht.*
Ver|mö|gens|auf|bau, der ⟨o. Pl.⟩ (Finanzw.): *das Erarbeiten, Zusammentragen von Vermögenswerten zum Aufbau eines Vermögens.*
Ver|mö|gens|be|ra|ter, der: *jmd., der in Fragen der Verwaltung von Vermögen* (2) *berät.*
Ver|mö|gens|be|ra|te|rin, die: w. Form zu ↑Vermögensberater.
Ver|mö|gens|be|ra|tung, die: *Beratung in Fragen der Anlage u. Verwaltung von Vermögen.*

Ver|mö|gens|bil|dung, die (Fachspr.): *Bildung, Entstehung von Vermögen* (2) *bei Arbeitnehmern durch langfristiges Sparen, das vom Staat u. vom Arbeitgeber gefördert wird.*
Ver|mö|gens|ein|kom|men, das (Finanzw.): *Einkommen aus Erträgen von Vermögenswerten.*
Ver|mö|gens|ge|gen|stand, der (Finanzw.): *Vermögenswert.*
Ver|mö|gens|la|ge, die: *das Vermögen* (2) *betreffende Verhältnisse:* jmds. V. kennen; sein Lebensstil lässt nicht unbedingt auf seine V. schließen.
ver|mö|gens|recht|lich ⟨Adj.⟩: *die rechtlichen Bestimmungen für Vermögen* (2) *betreffend.*
Ver|mö|gens|scha|den, der: *Einbuße an materiellen Gütern; materieller Schaden.*
Ver|mö|gens|steu|er, (Steuerw.): **Ver|mö|gen|steu|er**, die: *Steuer, die nach jmds. Vermögen* (2) *bemessen wird u. bei der das Vermögen Gegenstand der Besteuerung ist.*
Ver|mö|gens|ver|hält|nis|se ⟨Pl.⟩: *Vermögenslage:* über ihre V. schweigt sie sich aus.
Ver|mö|gens|ver|tei|lung, die (bes. Wirtsch.): *Verteilung des Volksvermögens auf die [einzelnen Schichten der] Bevölkerung.*
Ver|mö|gens|ver|wal|ter, der: *Person od. Firma, Institution, die Vermögen* (2) *verwaltet* (a).
Ver|mö|gens|ver|wal|te|rin, die: w. Form zu ↑Vermögensverwalter.
Ver|mö|gens|ver|wal|tung, die: *Verwaltung eines Vermögens* (2).
Ver|mö|gens|vor|teil, der (Rechtsspr.): *Gewinn, Ertrag [aus einer gerichtlich zu bewertenden Handlung]:* sich rechtswidrig -e verschaffen.
Ver|mö|gens|wert, der (Finanzw.): *Wertgegenstand, Kapital o. Ä. als Bestandteil eines Vermögens.*
ver|mö|gens|wirk|sam ⟨Adj.⟩: *auf Vermögensbildung hinwirkend:* -e Leistungen; -es Sparen.
Ver|mö|gens|zu|wachs, der: *Zuwachs an Vermögen* (2).
Ver|mont; -s: *Bundesstaat der USA.*
ver|mufft ⟨Adj.⟩ (ugs. abwertend): 1. *muffig:* ein -er Kellerraum. 2. *rückständig:* die -e Sexualmoral der Fünfzigerjahre.
ver|müllen ⟨sw. V.⟩ (ugs.): 1. ⟨hat⟩ *durch Müll belasten, verschmutzen, verunstalten.* 2. ⟨ist⟩ *durch Müll zunehmend belastet, verschmutzt, verunstaltet werden.*
Ver|mül|lung, die; -, -en (ugs.): *das Vermüllen; das Vermülltwerden.*
ver|mum|meln ⟨sw. V.; hat⟩ (fam.): *vermummen* (1).
ver|mum|men ⟨sw. V.; hat⟩: 1. *fest in etw. einhüllen:* das frierende Kind, sich in eine Decke v. 2. ⟨v. + sich⟩ *durch Verkleiden o. Ä. unkenntlich machen:* die Demonstranten hatten sich vermummt.
Ver|mum|mung, die; -, -en: 1. *das Vermummen.* 2. *zum Vermummen verwendete Kleidung o. Ä.*
Ver|mum|mungs|ver|bot, das: *Verbot für Demonstranten, sich bei Demonstrationen zu vermummen* (2).
ver|murk|sen ⟨sw. V.; hat⟩ (ugs.): *durch ungeschicktes, unfachmännisches Arbeiten verunstalten od. verderben:* diese Wand hat er völlig vermurkst.
ver|mu|ten ⟨sw. V.; hat⟩ [urspr. unpers.; aus dem Niederd.]: *aufgrund bestimmter Anzeichen der Meinung sein, glauben, dass sich etw. in bestimmter Weise verhält:* Brandstiftung v.; das ist, steht [ernsthaft] zu v., lässt sich nur v.; ich vermute, sie ruft gar nicht erst an; ich vermute ihn in der Küche *(nehme an, dass er in der Küche ist);* sie vermutete in mir *(hielt mich für)* einen Schweizer.
¹**ver|mut|lich** ⟨Adj.⟩: *einer Vermutung entspre-*

chend: das -e Ergebnis der Wahl; der -e Täter konnte gefasst werden.
²**ver|mut|lich** ⟨Adv.⟩: *wie zu vermuten ist:* sie wird v. erst morgen anrufen.
Ver|mu|tung, die; -, -en: *das Vermuten; Annahme:* eine absurde, abwegige V.; meine V., dass er krank ist, hat sich bestätigt; diese V. traf nicht zu; es liegt die V. nahe, dass sie gar nicht kommen wollte; eine [bestimmte] V. haben, hegen, äußern; auf -en angewiesen sein.
ver|nach|läs|sig|bar ⟨Adj.⟩: *sich vernachlässigen* (3) *lassend:* ein -er Prozentsatz; das Risiko ist v. klein.
ver|nach|läs|si|gen ⟨sw. V.; hat⟩: 1. *jmdm. nicht genügend Aufmerksamkeit widmen; sich nicht, zu wenig um jmdn. kümmern:* seine Fans, Kinder v.; sie fühlte sich [von ihrem Mann] vernachlässigt. 2. *für etw. nicht die notwendige, erforderliche Sorgfalt, Pflege aufbringen, unordentlich damit umgehen:* seine Kleidung, den Garten v.; seine Pflichten, die Schule v.; das Haus sah ziemlich vernachlässigt *(ungepflegt, leicht verwahrlost)* aus. 3. *unberücksichtigt, außer Acht lassen:* die Stellen hinter dem Komma, diese Möglichkeit können wir hier v.
Ver|nach|läs|si|gung, die; -, -en: *das Vernachlässigen.*
ver|na|dern ⟨sw. V.; hat⟩ (österr. ugs.): *denunzieren, verraten:* jmdn. bei der Polizei v. Dazu: **Ver|na|de|rung**, die; -, -en.
ver|na|geln ⟨sw. V.; hat⟩ [mhd. vernagelen]: 1. *durch Nageln, bes. durch Festnageln von etw., verschließen:* ein Loch mit Pappe v.; die Fenster waren mit Brettern vernagelt. 2. (Fachspr.) *einem Pferd durch unsachgemäßes Beschlagen den Huf verletzen:* ein Pferd v.
ver|na|gelt ⟨Adj.⟩ (ugs. abwertend): *borniert, beschränkt:* er ist [darin] völlig v.
ver|nä|hen ⟨sw. V.; hat⟩: 1. *nähend, durch Zusammenfügen der Ränder mit einer Naht verschließen:* den Riss im Ärmel mit ein paar Stichen v.; die Ärztin vernähte die Wunde. 2. a) *nähend verarbeiten u. gleichzeitig befestigen:* den Faden auf der Innenseite gut v.; b) *beim Nähen verbrauchen:* für das Kleid hat sie mehrere Rollen Garn vernäht. 3. *beim Nähen in bestimmter Weise verarbeiten:* der Saum ist schlecht vernäht.
ver|nar|ben ⟨sw. V.; ist⟩: *beim Heilen eine Narbe bilden; mit Narben verheilen:* die Wunde, der Schnitt vernarbte langsam; ein vernarbtes *(mit Narben bedecktes)* Gesicht. Dazu: **Ver|nar|bung**, die; -, -en.
ver|nar|ren, sich ⟨sw. V.; hat⟩ [mhd. vernarren = zum Narr werden]: a) *heftige Zuneigung zu jmdm., eine ausgesprochene, übertriebene Vorliebe für jmdn., etw. entwickeln:* die Großeltern vernarrten sich regelrecht in das Kind; er war in den Ort, in diese Idee vernarrt; b) *sich heftig verlieben:* er vernarrte sich in die hübsche Verkäuferin, war heftig in sie vernarrt.
Ver|narrt|heit, die; -, -en: *das Vernarrtsein.*
ver|na|schen ⟨sw. V.; hat⟩: 1. a) *naschend verzehren:* die Kekse etwas abkühlen lassen und gleich v.; b) *für Süßigkeiten ausgeben:* sie hat ihr ganzes Taschengeld vernascht. 2. (salopp) *im Rahmen eines kleinen Abenteuers* (4) *mit jmdm. geschlechtlich verkehren:* jmdn. v.; er wäre gerne von ihr vernascht worden. 3. (salopp) *jmdn. [mühelos, spielerisch] besiegen, bezwingen:* einen Gegner, seinen Konkurrenten v.
ver|nascht ⟨Adj.⟩: *naschhaft.*
Ver|natsch, der; -[s] [wohl zu ital. vernaccia (Name verschiedener Rebsorten) < vernacola = einheimisch]: *leichter südtiroler Rotwein.*
ver|ne|beln ⟨sw. V.; hat⟩: 1. *mit Nebel, Dunst, Rauch, Qualm o. Ä. erfüllen, gänzlich einnebeln:* Pioniere vernebeln ein Gelände; die rauchenden

Schlote vernebeln große Gebiete; Ü der Alkohol hat ihnen die Köpfe, das Gehirn vernebelt *(sie konnten nicht mehr klar denken).* **2.** (Fachspr.) *eine Flüssigkeit in feinster Verteilung versprühen:* ein Pestizid v. **3.** *verschleiern* (2): *wichtige Tatbestände, Einzelheiten v.*

Ver|ne|be|lung, (seltener:) **Ver|neb|lung,** die; -, -en: *das Vernebeln.*

Ver|ne|be|lungs|tak|tik, die: *die Fakten, Geschehnisse bewusst vernebelnde* (3) *Taktik.*

ver|nehm|bar ⟨Adj.⟩ (geh.): *sich vernehmen* (1 a) *lassend; hörbar:* ein deutlich -er Laut; die Schritte waren kaum v.

ver|neh|men ⟨st. V.; hat⟩ [mhd. vernemen, ahd. firneman]: **1.** (geh.) **a)** *hören* (1 b), *akustisch wahrnehmen:* Musik deutlich v.; Schritte auf dem Flur, Hilferufe v.; ihre Stimme ließ sich v.; **b)** *hören* (4), ¹*erfahren* (1), *von etw. Kenntnis erhalten:* von jmdm. nichts mehr v.; wir haben mit Erstaunen vernommen, dass er kommen will. **2.** *gerichtlich, polizeilich befragen; verhören:* einen Zeugen, den Angeklagten v.; jmdn. als Zeugen, zur Person, zur Sache v. **Ver|neh|men,** das; -s: **1.** in Fügungen wie **dem/allem/gutem/sicherem V. nach** *(nach dem, was man so hört, was aus sicherer Quelle zu erfahren ist):* dem V. nach, sicherem V. nach ist er ins Ausland gegangen). ♦ **2.** *Einvernehmen:* Gut V. künftig (Goethe, Götz II); Mein Vater ... wurde bezichtigt, in verräterischem V. mit Frankreich zu stehen (Schiller, Kabale II, 3).

Ver|neh|mer, der; -s, -: *jmd., der jmdn. vernimmt* (2), *verhört.*

Ver|neh|me|rin, die; -, -nen: w. Form zu ↑ Vernehmer.

Ver|nehm|las|sung, die; -, -en (schweiz.): *Stellungnahme, Verlautbarung:* in einer gemeinsamen V.

ver|nehm|lich ⟨Adj.⟩ [spätmhd. vornemelich]: *deutlich hörbar:* mit -er Stimme; ein Kratzen wurde v.; laut und v. rufen; sich v. räuspern.

Ver|neh|mung, die; -, -en: *das Vernehmen* (2), *Verhör:* eine polizeiliche, gerichtliche, richterliche V.; die V. eines Zeugen.

ver|neh|mungs|fä|hig ⟨Adj.⟩: *in einem Zustand befindlich, der eine Vernehmung erlaubt; in der Lage, vernommen zu werden:* der Verunglückte ist nicht v.

Ver|neh|mungs|pro|to|koll, das: *über eine [polizeiliche] Vernehmung angefertigtes Protokoll* (1 a).

ver|nei|gen, sich ⟨sw. V.; hat⟩ [mhd. verneigen] (geh.): *sich verbeugen; sich höflich, tief, leicht, nur kurz [vor jmdm.] v.; ich verneige mich vor Ihnen (bringe Ihnen meine Hochachtung, Bewunderung entgegen).* Dazu: **Ver|nei|gung,** die; -, -en.

ver|nei|nen ⟨sw. V.; hat⟩ [mhd. verneinen]: **1. a)** *[eine Frage] mit Nein beantworten; auf eine Frage mit Nein antworten:* eine Frage mit großer Bestimmtheit, ohne zu zögern v.; eine verneinende Antwort; sie schüttelte verneinend den Kopf *(verneinte, indem sie den Kopf schüttelte)*; **b)** *einer Sache ablehnend gegenüberstehen; mit etw. nicht einverstanden sein; negieren* (1 b): er verneint die Gewalt. **2.** (Sprachwiss.) *negieren* (2).

Ver|nei|ner, der; -s, - (selten): *jmd., der etw. verneint* (1 b).

Ver|nei|ne|rin, die; -, -nen (selten): w. Form zu ↑ Verneiner.

Ver|nei|nung, die; -, -en: **1. a)** *das Verneinen* (1 a): die V. einer Frage; **b)** *das Verneinen* (1 b): die V. der Gewalt. **2.** (Sprachwiss.) **a)** *das Negieren* (2): die V. eines Satzes; **b)** *Negation* (3 b).

ver|net|zen ⟨sw. V.; hat⟩: **1.** *verbinden, verknüpfen:* zwei Naturschutzgebiete miteinander v.; Ü Themen v.; miteinander vernetzte Informationssysteme. **2.** (Chemie, Technik) *Moleküle zu einem netzartigen Zusammenschluss verknüpfen:* Chemikalien mit Zellulose v.

Ver|net|zung, die; -, -en: *das Vernetzen.*

♦ **ver|neu|en** ⟨sw. V.; hat⟩ [mhd. verniuwen]: *erneuern:* Denn sie war es nicht mehr, des Fluches Stimme ..., welche die Erde vernahm. Sie hörte des Segnenden Rede, der mit unsterblicher Schöne sie einst zu v. beschlossen (Klopstock, Messias 1, 76 ff.); ... dein neuer Koog ist ein fressend Werk, was du uns gestiftet hast! ... nun frisst er uns auch den alten Deich, und wir sollen ihn v.! (Storm, Schimmelreiter 125).

ver|nich|ten ⟨sw. V.; hat⟩ [mhd. vernihten]: *völlig zerstören, gänzlich zunichtemachen:* Briefe, Akten v.; das Feuer vernichtete einen Teil des Gebäudes; das Unwetter hat die Ernte vernichtet; Unkraut, Schädlinge v. *(ausrotten, vertilgen);* Ü jmds. Hoffnungen v.

ver|nich|tend ⟨Adj.⟩: *in höchstem Maße negativ, schlimm, die betroffene Person hart treffend:* ein -es Urteil, Zeugnis, Fazit, [Wahl]ergebnis, Gutachten, Verdikt; ein -er *(tiefe Missbilligung ausdrückender)* Blick; die Kritik, Niederlage, Bilanz war v.; der Titelverteidiger schlug seinen Herausforderer v.

Ver|nich|tung, die; -, -en: *das Vernichten; das Vernichtetwerden:* Dokumente vor der V. bewahren; über Verwüstungen und -en durch Menschenhand berichten.

Ver|nich|tungs|feld|zug, der (bes. Militär): *Feldzug* (1), *mit dem der Gegner völlig vernichtet werden soll.*

Ver|nich|tungs|krieg, der: *Krieg, dessen Ziel die [völlige] Vernichtung des Gegners ist.*

Ver|nich|tungs|la|ger, das ⟨Pl. ...lager⟩: *(zur Zeit der nationalsozialistischen Herrschaft) ausschließlich zur Ermordung der Gefangenen, bes. Juden, bestimmtes Konzentrationslager.*

Ver|nich|tungs|po|li|tik, die: *auf die Vernichtung der Angehörigen bestimmter Gruppen abzielende Politik:* die V. der Nazis.

ver|ni|ckeln ⟨sw. V.; hat⟩: *mit Nickel überziehen:* Metalle v.

ver|nied|li|chen ⟨sw. V.; hat⟩: *als unbedeutender, geringfügiger, harmloser hinstellen; verharmlosen:* einen Fehler, die Sorgen anderer v. Dazu: **Ver|nied|li|chung,** die; -, -en.

ver|nie|ten ⟨sw. V.; hat⟩: *nietend verbinden, verschließen.*

Ver|nie|tung, die; -, -en: **1.** *das Vernieten.* **2.** *vernietete Stelle.*

Ver|nis|sa|ge ⟨[...'sa:ʒə], österr. meist: ...ʃ], die; -, -n [frz. (jour de) vernissage, zu: vernir = lackieren, firnissen, zu: vernis = Lack, Firnis, eigtl. = Firnistag] (bildungsspr.): *Eröffnung einer Ausstellung, bei der die Werke eines Künstlers [in kleinerem Rahmen mit geladenen Gästen] vorgestellt werden:* eine V. veranstalten.

Ver|nunft, die; - [mhd. vernunft, ahd. vernumft, zu ↑ vernehmen in der veralteten Bed. »erfassen, ergreifen«, urspr. = Erfassung, Wahrnehmung]: *geistiges Vermögen des Menschen, Einsichten zu gewinnen, Zusammenhänge zu erkennen, etw. zu überschauen, sich ein Urteil zu bilden u. sich in seinem Handeln danach zu richten:* die menschliche V.; das gebietet die V.; politische V. walten lassen; sie hat gegen alle Regeln der V., gegen alle V. darauf bestanden; er handelte ohne V. *(ohne nachzudenken, ohne Überlegung);* jeder Mensch von V. *(jeder vernünftige Mensch);* * **V. annehmen/zur V. kommen** (einsichtig, vernünftig werden); **jmdn. zur V. bringen** (erreichen, dass jmd. einsichtig, vernünftig wird).

ver|nunft|be|gabt ⟨Adj.⟩: *Vernunft besitzend:* der Mensch als -es Wesen.

Ver|nunft|ehe, die: *nur aus Vernunft, nicht aus Liebe geschlossene Ehe.*

Ver|nünf|te|lei, die; -, -en (abwertend): **1.** ⟨o. Pl.⟩ *das Vernünfteln.* **2.** *vernünftelnde Äußerung.*

ver|nünf|teln ⟨sw. V.; hat⟩ (abwertend): *scheinbar mit Vernunft, scharfsinnig argumentieren, sich über etw. auslassen (aber den eigentlichen, tieferen Sinn von etw. nicht erfassen).*

ver|nunft|ge|mäß ⟨Adj.⟩: *menschlicher Vernunft entsprechend:* -es Handeln.

Ver|nunft|grund, der ⟨meist Pl.⟩: *von der Vernunft bestimmter Grund* (5), *Beweggrund:* etw. nur aus Vernunftgründen tun.

Ver|nunft|hei|rat, die: vgl. Vernunftehe.

ver|nünf|tig ⟨Adj.⟩ [mhd. vernünftic]: **1. a)** *Vernunft besitzend, sich in seinem Handeln davon leiten lassend; voller Vernunft, einsichtig u. besonnen:* ein -er Politiker; sie ist schon sehr v., sonst ganz v.; sei doch v.!; v. denken, reden, handeln; **b)** *von Vernunft zeugend; sinnvoll, einleuchtend, überlegt:* eine -e Rede, Antwort, Ansicht; ein -er Vorschlag, Rat; eine -e Lebensweise; eine -e Lösung finden; mit ihm kann man kein -es Wort reden *(kann man sich nicht vernünftig unterhalten);* ihre Einwände sind sehr v.; eine solche Fahrweise ist einfach nicht v.; ⟨subst.:⟩ es wäre das Vernünftigste gewesen, gleich aufzubrechen. **2.** (ugs.) *der Vorstellung von etw., den Erwartungen entsprechend;* ¹*ordentlich* (4 a), ¹*richtig* (2 b): ein -er Preis; sie suchen eine -e Wohnung; weißt du ein -es Mittel dagegen?; endlich mal wieder -es Wetter; er soll einen -en Beruf lernen; ein -es Buch lesen; ich möchte gern ein -es *(großes, gut gewachsenes)* Stück Fleisch essen; bei dem Lärm kann man nicht v. arbeiten!; zieh dich mal v. an!; ⟨subst.:⟩ sie soll etw. Vernünftiges lernen, essen.

ver|nünf|ti|ger|wei|se ⟨Adv.⟩: *aus Vernunft, Einsicht; aus Vernunftgründen:* v. nicht rauchen.

Ver|nünf|tig|keit, die; -: *das Vernünftigsein; vernünftige* (1 b) *Haltung.*

Ver|nunft|mensch, der: *jmd., der sich von der Vernunft, von vernunftgemäßen Überlegungen, nicht von Gefühlen leiten lässt.*

Ver|nunft|we|sen, das: *Vernunft besitzendes Wesen, Geschöpf.*

ver|nunft|wid|rig ⟨Adj.⟩: *menschlicher Vernunft nicht entsprechend.*

ver|nu|scheln ⟨sw. V.; hat⟩ (ugs.): *undeutlich, genuschelt aussprechen:* ein vernuscheltes Grußwort.

ver|nut|zen ⟨sw. V.; hat⟩ (abwertend): *verbrauchend, schädigend nutzen:* die Natur wird durch industrielle Prozesse vernutzt; vernutzte *(abgegriffene)* Parolen. Dazu: **Ver|nut|zung,** die; -, -en ⟨Pl. selten⟩.

ver|öden ⟨sw. V.⟩ [spätmhd. verœden, ahd. farōdjan = unbewohnt machen]: **1.** ⟨ist⟩ **a)** *öde* (1), *menschenleer werden:* die kleinen Dörfer veröden; verödete Häuser, Straßen; **b)** *öde* (2), *unfruchtbar werden:* das Land verödet immer mehr. **2.** (Med.) **a)** ⟨hat⟩ *(krankhaft erweiterte Gefäße) durch entsprechende Injektionen ausschalten, stilllegen:* Krampfadern v.; **b)** ⟨ist⟩ *(von Gefäßen) sich durch entzündliche Veränderungen verstopfen.*

Ver|ödung, die; -, -en: *das Veröden.*

ver|öf|fent|li|chen ⟨sw. V.; hat⟩: **a)** *der Öffentlichkeit zugänglich machen, bekannt machen, bes. durch Funk, Fernsehen:* die Nachricht in den Medien, in der Presse v.; der Text wurde im vollen Wortlaut veröffentlicht; **b)** *publizieren:* Aufsätze, ein Buch bei einem Verlag, in zwei Sprachen v.; die Langspielplatte wurde 1983 veröffentlicht; der Roman wird in Fortsetzungen, nur im Internet veröffentlicht.

Ver|öf|fent|li|chung, die; -, -en: **1.** *das Veröffentlichen; Publikation* (2): die V. der Forschungsergebnisse. **2.** *veröffentlichtes Werk; Publikation* (1): wie viele -en hat er betreut?

Ver|öf|fent|li|chungs|pflicht, die: *[gesetzliche] Pflicht zur Veröffentlichung bestimmter Angaben (z. B. über Einkommen, Spenden).*

ver|ölen ⟨sw. V.; ist⟩: *mit Öl verschmutzt werden, ölig werden:* im Laufe der Zeit verölte der Motor; ⟨häufig im 2. Part.:⟩ eine verölte Maschine; am Strand lagen verölte Vögel.

Ve|ro|na: Stadt in Italien.

Ve|ro|ne|se, der; -n, -n, ¹**Ve|ro|ne|ser**, der; -s, -: Ew.

²**Ve|ro|ne|ser** ⟨indekl. Adj.⟩: die V. Altstadt.

Ve|ro|ne|se|rin, die; -, -nen: w. Form zu ↑¹Veroneser.

Ve|ro|ne|sin, die; -, -nen: w. Form zu ↑Veronese.

Ve|ro|ni|ka, die; -, ...ken [nach der heiligen Veronika]: Ehrenpreis.

ver|ord|nen ⟨sw. V.; hat⟩: **1.** *als Arzt bestimmte Maßnahmen für einen Patienten festlegen; ärztliche Anordnungen treffen:* jmdm. ein Medikament, eine Kur, eine Diät, Bäder, Massagen v.; der Arzt hat mir eine Brille, Bettruhe verordnet. **2.** (selten) *von amtlicher, dienstlicher Seite anordnen, festsetzen; verfügen; dekretieren:* strenge Maßnahmen v.; jmdm. Stillschweigen v.

Ver|ord|nung, die; -, -en: **1.** *das Verordnen; das Verordnetwerden.* **2.** *von der Regierung od. einer Verwaltungsbehörde erlassene Vorschrift, Anordnung.*

ver|or|ten ⟨sw. V.; hat⟩ (bes. Soziol.): *einen festen Platz in einem bestimmten Bezugssystem zuweisen.*

Ver|or|tung, die; -, -en (bes. Soziol.): *das Verorten; das Verortetwerden.*

ver|pach|ten ⟨sw. V.; hat⟩: *im Rahmen einer Pacht (1 a) zur Benutzung überlassen:* ein Grundstück, eine Kneipe v.; die Hallen einem Spediteur, an einen Spediteur v.

Ver|päch|ter, der; -s, -: *jmd., der etw. verpachtet.*

Ver|päch|te|rin, die; -, -nen: w. Form zu ↑Verpächter.

Ver|pach|tung, die; -, -en: *das Verpachten; das Verpachtetwerden.*

ver|pa|cken ⟨sw. V.; hat⟩: *fest in etw. packen u. so zum Versenden, Transportieren, zu längerem Aufbewahren herrichten:* Gläser sorgfältig v.; soll ich Ihnen die Vase als Geschenk v.?; alles in eine/(auch:) einer Kiste v.; steril, luftdicht, wasserdicht verpacktes Verbandszeug; Ü sie verpackte die Kinder in Decken; Christo verpackt wieder ein Bauwerk *(verhüllt es kunstvoll in Tücher, Stricke o. Ä.);* sie verpackt ihre Kritik in Komplimente/(auch:) Komplimenten.

Ver|pa|ckung, die; -, -en: **1.** ⟨o. Pl.⟩ *das Verpacken, das Verpacktwerden:* der Schaden ist bei der V. passiert. **2.** *Material, Hülle, Umhüllung zum Verpacken.*

Ver|pa|ckungs|flut, die ⟨o. Pl.⟩ (emotional): *Überfülle, Flut (2) von Verpackungsmaterial.*

Ver|pa|ckungs|künst|ler, der: *Künstler, der Bauwerke u. Landschaften mit Folie, Stoff o. Ä. kunstvoll drapiert, verhüllt.*

Ver|pa|ckungs|künst|le|rin, die: w. Form zu ↑Verpackungskünstler.

Ver|pa|ckungs|ma|schi|ne, die: *Maschine od. Anlage zur Herstellung einer Verpackung, zum Abpacken bzw. Abfüllen bestimmter Mengen eines Produkts u. zur Dekorierung u. Beschriftung der Verpackung.*

Ver|pa|ckungs|ma|te|ri|al, das: *Material zum Verpacken.*

Ver|pa|ckungs|ver|ord|nung, die: *Rechtsverordnung mit dem Ziel, die aus Verpackungen entstehende Abfallmenge zu verringern u. das Wiederverwerten von Verpackungen zu fördern.*

◆ **ver|pa|li|sa|die|ren**, sich ⟨sw. V.; hat⟩ [zu ↑Palisade]: *sich verschanzen (1 b):* ... und keine Stütze hat ... als den Stand, in den sie sich verpalisadieret (Goethe, Werther II, 24. Dezember 1771).

ver|par|ken ⟨sw. V.; hat⟩ (südd., österr.): *durch Parken (1) versperren, zuparken.*

ver|part|nern ⟨sw. V.; hat⟩ (bes. Amtsspr.): **1.** ⟨v. + sich⟩ *eine eingetragene Lebenspartnerschaft eingehen:* sie wollen sich bald v.; ⟨auch im 2. Part.:⟩ verpartnerte Lesben, Schwule. **2.** *in einer Zeremonie zu einer gleichgeschlechtlichen Lebenspartnerschaft verbinden.*

Ver|part|ne|rung, die; -, -en (bes. Amtsspr.): *das [Sich]verpartnern.*

ver|pas|sen ⟨sw. V.; hat⟩: **1.** [zu veraltet passen, ↑aufpassen] **a)** *nicht rechtzeitig da sein, kommen u. deshalb nicht erreichen, nicht antreffen:* den Zug, den Anschluss v.; sie hat den letzten Bus verpasst; er hat seine Frau verpasst; wir haben uns um einige Minuten verpasst; der Sänger hat den Einsatz verpasst *(hat nicht rechtzeitig eingesetzt);* **b)** *ungenutzt vorübergehen lassen, sich entgehen lassen:* eine Chance, günstige Gelegenheit v.; er hat immer Angst, er könnte etwas v.; ein Film, den man nicht v. sollte *(den man sich ansehen sollte, solange noch Gelegenheit dazu ist);* er verpasste den Rekord, Titel *(es gelang ihm nicht, den Rekord zu brechen, den Titel zu gewinnen).* **2.** [vgl. abpassen (2)] (ugs.) *jmdm., ohne seine Wünsche zu berücksichtigen, gegen seinen Willen (etw. meist Unangenehmes) geben:* jmdm. eine Uniform v.; der Arzt verpasste ihr eine Spritze; wer hat dir denn diesen Haarschnitt verpasst?; jmdm. eine Kugel, einen Schuss v., jmdm. Hausarrest, einen Denkzettel, einen Strafzettel, eine Ohrfeige, einen Tritt, eine Tracht Prügel v.; * *jmdm. eins/eine v.* (ugs.; *jmdm. einen Schlag versetzen).*

ver|pat|zen ⟨sw. V.; hat⟩ (ugs.): *durch Patzen (1) verderben:* sie hat die ganze Aufführung verpatzt; der Eiskunstläufer verpatzte seine Kür; ein verpatztes Leben, eine verpatzte Chance.

ver|pen|nen ⟨sw. V.; hat⟩ (salopp): **1.** ¹*verschlafen* (1): verpennt haben. **2. a)** ¹*verschlafen* (2 a): den Tag [im Bett] v.; **b)** ¹*verschlafen* (2 b): einen Termin, den Aufbruch v.; sie hat den Zug, das Schiff verpennt; Ü eine Entwicklung, Chance v. *(nicht bemerken).*

ver|pennt ⟨Adj.⟩ (salopp): ²*verschlafen:* -e Gesichter; total v. aussehen.

ver|pes|ten ⟨sw. V.; hat⟩ (abwertend): *mit üblen Gerüchen erfüllen, mit schädlichen, übel riechenden Stoffen verderben:* Abgase verpesten die Luft; Ü die politische Atmosphäre v.

Ver|pes|tung, die; -, -en ⟨Pl. selten⟩: *das Verpesten; das Verpestetwerden.*

ver|pet|zen ⟨sw. V.; hat⟩ (Schülerspr. abwertend): *(jmdn., bes. bei Lehrern, Eltern) angeben (2):* sie hat ihn [beim Lehrer] verpetzt.

ver|pfän|den ⟨sw. V.; hat⟩ [mhd. verphenden]: *als Pfand (1 a) geben, beleihen lassen:* sein Haus, seinen gesamten Besitz v.; Ü sein Wort, seine Ehre für etw. v. *(geh.; etw. ganz fest, feierlich versprechen).*

Ver|pfän|dung, die; -, -en: *das Verpfänden; das Verpfändetwerden.*

ver|pfei|fen ⟨st. V.; hat⟩ [zu ↑pfeifen (9)] (ugs. abwertend): **1.** *anzeigen, denunzieren* (1), *verraten:* Mithäftlinge [bei der Polizei] v. **2.** ⟨v. + sich⟩ *sich davonmachen, verschwinden.*

ver|pflan|zen ⟨sw. V.; hat⟩: **1.** *an andere Stelle pflanzen* (1): einen Baum, Strauch v.; Ü alte Menschen lassen sich ungern v. **2.** *transplantieren:* [jmdm.] eine Niere v.

Ver|pflan|zung, die; -, -en: *das Verpflanzen; das Verpflanztwerden.*

ver|pfle|gen ⟨sw. V.; hat⟩ [mhd. verpflegen]: *mit Nahrung versorgen:* sich selbst v. müssen; nur kalt verpflegt werden *(nur kalte Verpflegung bekommen).*

Ver|pfle|gung, die; -, -en: **1.** ⟨o. Pl.⟩ *das Verpflegen; das Verpflegtwerden.* **2.** ⟨Pl. selten⟩ *Essen, Nahrungsmittel zum Verpflegen.*

Ver|pfle|gungs|kos|ten ⟨Pl.⟩: *Kosten für Verpflegung.*

ver|pflich|ten ⟨sw. V.; hat⟩ [mhd. verphlichten]: **1. a)** *durch eine bindende Zusage auf etw. festlegen; versprechen lassen, etw. zu tun:* jmdn. feierlich, durch Eid v.; Beamte auf die Verfassung v.; jmdn. zu Stillschweigen v.; sie hat ihn dazu/(seltener:) darauf verpflichtet, die Aufsicht zu übernehmen; **b)** ⟨v. + sich⟩ *etw. ganz fest zusagen; versprechen, etw. zu tun:* sich vertraglich v., die Arbeit zu übernehmen; er hat sich, er ist zu dieser Zahlung verpflichtet. **2. a)** *für eine bestimmte, bes. eine künstlerische Tätigkeit einstellen, unter Vertrag nehmen; engagieren* (2 a): die Sängerin ans Stadttheater, nach Berlin v.; er wurde auf drei Jahre für dieses Amt, als Trainer verpflichtet; **b)** ⟨v. + sich⟩ *sich für eine bestimmte, bes. eine künstlerische Tätigkeit vertraglich binden:* er hat sich auf, für drei Jahre verpflichtet. **3.** *jmdm. als Pflicht auferlegen; ein bestimmtes Verhalten, eine bestimmte Handlungsweise erforderlich machen, von jmdm. verlangen:* sein Eid verpflichtet ihn zum Gehorsam; der Kauf des ersten Bandes verpflichtet zur Abnahme des gesamten Werks; er fühlte sich verpflichtet, ihr zu helfen; vertraglich zu etw. verpflichtet sein; das verpflichtet dich zu nichts; ich bin Ihnen zu Dank verpflichtet *(bin Ihnen Dank schuldig);* ich bin, fühle mich ihr verpflichtet *(ich bin ihr etwas schuldig);* verpflichtende Grundsätze; ein humanistischen Traditionen verpflichteter Präsident.

Ver|pflich|tung, die; -, -en: **1.** *das Verpflichten* (1 a); *das Verpflichtetwerden:* die V. der Beamten auf den Staat. **2.** *das Verpflichten* (2 a), *Engagieren* (2 a): die V. neuer Künstler ans Stadttheater. **3. a)** *Verpflichtetsein zu etw.; Tätigkeit, zu der jmd. verpflichtet ist:* dienstliche, familiäre, gesellschaftliche -en; eine V. -en eingehen, übernehmen, auf sich nehmen, einhalten, erfüllen; keine anderweitigen -en haben; ich habe die V., ihr zu helfen; sie waren dieser V. enthoben; **b)** ⟨meist Pl.⟩ *Schuld* (3): [finanzielle] -en haben; die Firma konnte ihren -en [gegenüber der Bank] nicht mehr nachkommen.

ver|pfu|schen ⟨sw. V.; hat⟩ (ugs.): *durch Nachlässigkeit, Unachtsamkeit, liederliches Arbeiten verderben, zunichtemachen, zerstören:* sie hat die Zeichnung, das Kleid völlig verpfuscht; ein verpfuschtes Foto; Ü sein Leben, seine Karriere v.; eine verpfuschte Kindheit.

ver|pi|ckelt ⟨Adj.⟩: ²*Pickel aufweisend, mit Pickeln bedeckt:* ein -es Gesicht.

ver|pi|cken ⟨sw. V.; hat⟩ (österr.): *verkleben, zukleben.*

ver|pis|sen ⟨sw. V.; hat⟩: **1.** (derb) *mit Urin verunreinigen:* die Betten v. **2.** ⟨v. + sich⟩ [eigtl. = sich entfernen, um zu pissen] (salopp) *sich [heimlich] entfernen, [unbemerkt] davongehen; sich davonmachen:* wir sollten uns schleunigst v.!; verpiss dich! *(mach, dass du wegkommst!).*

ver|pla|nen ⟨sw. V.; hat⟩: **1.** *fehlerhaft planen* (a): ein Projekt v. **2.** *für bestimmte Pläne, Vorhaben vorsehen:* sein Geld, seine Freizeit verplant haben; auf Monate hinaus verplant sein *(keinen freien Termin haben).*

Ver|pla|nung, die; -, -en: *das Verplanen; das Verplantwerden.*

ver|plap|pern, sich ⟨sw. V.; hat⟩ (ugs.): *aus Versehen etw., was geheim bleiben sollte, aussprechen, ausplaudern.*

ver|plau|dern ⟨sw. V.; hat⟩: **1. a)** *plaudernd verbringen:* den Abend v.; **b)** ⟨v. + sich⟩ *zu lange Zeit mit Plaudern, Erzählen verbringen:* jetzt habe ich mich, haben wir uns doch ganz schön

verplaudert. **2.** (selten) *ausplaudern* (1): ein Geheimnis v.
ver|plem|pern ⟨sw. V.; hat⟩: **1.** [übertr. von 3] (ugs.) *vergeuden,* ²*verzetteln* (1 a): sein Geld, viel Zeit v. **2.** ⟨v. + sich⟩ [übertr. von 3] (ugs.) *seine Zeit, die Möglichkeiten zu sinnvoller Betätigung sinnlos vertun:* sich als Künstler, an Kleinkram, mit Nichtigkeiten v. **3.** [zu ↑ plempern] (landsch.) *verschütten, versehentlich vergießen:* Soße v.
ver|plom|ben ⟨sw. V.; hat⟩: *plombieren* (1): einen Wagen, ein Zimmer v.
Ver|plom|bung, die; -, -en: **1.** *das Verplomben; das Verplombtwerden.* **2.** *Plombe* (1).
ver|pö|nen ⟨sw. V.; hat⟩ [mhd. verpēnen = mit einer (Geld)strafe bedrohen, bei Strafe verbieten; missbilligen, zu: pēn(e) < lat. poena, ↑ Pein] (veraltend): *für schlecht, übel, schädlich halten u. daher meiden, missbilligen, ablehnen, verachten:* den Genuss von Alkohol v.
ver|pönt ⟨Adj.⟩ (geh.): *unerwünscht:* solche Beschuldigungen sind streng v.
ver|pras|sen ⟨sw. V.; hat⟩: *prassend vergeuden:* sein ganzes Geld v.
ver|prel|len ⟨sw. V.; hat⟩: **1.** *durch sein Verhalten, Handeln irritieren, verärgern:* die Mitarbeiter, Kunden, Wähler v. **2.** (Jägerspr.) *durch ungeschicktes Verhalten verscheuchen:* das Wild v.
ver|pro|vi|an|tie|ren ⟨sw. V.; hat⟩: *mit Proviant versorgen:* die Truppen, ein Schiff v.; ich verproviantierte mich für die Reise.
Ver|pro|vi|an|tie|rung, die; -, -en: *das Verproviantieren; das Verproviantiertwerden.*
ver|prü|geln ⟨sw. V.; hat⟩: *heftig schlagen, durch Prügeln misshandeln:* ein Kind, seinen Hund v.; die beiden haben sich ordentlich verprügelt.
ver|puf|fen ⟨sw. V.; ist⟩: **1.** *mit einem dumpfen Knall schwach explodieren:* das Gasgemisch, die Flamme ist plötzlich verpufft. **2.** *ohne die vorgesehene, erhoffte Wirkung bleiben; wirkungslos, ohne Nachwirkung vorübergehen:* die ganze Aktion, ihr Elan, die Pointe war verpufft.
Ver|puf|fung, die; -, -en: *das Verpuffen* (1).
ver|pul|vern ⟨sw. V.; hat⟩ [eigtl. = wie Schießpulver verpuffen lassen] (ugs.): *leichtfertig, nutzlos, sinnlos ausgeben, vergeuden:* sein ganzes Geld v.
ver|pup|pen, sich ⟨sw. V.; hat⟩ (Zool.): *(von der Larve) sich zur Puppe* (3) *umwandeln.*
Ver|pup|pung, die; -, -en (Zool.): *das Sichverpuppen.*
Ver|putz, der; -es, -e: *Putz* (1): der V. bröckelt.
ver|put|zen ⟨sw. V.; hat⟩: **1.** *mit Putz, Mörtel versehen:* die Fassade muss neu verputzt werden; ein frisch verputztes Gebäude. **2.** [eigtl. = reinigen, sauber machen] (ugs.) *in kurzer Zeit, ohne große Mühe essen, aufessen:* riesige Mengen Kuchen v.; * **jmdm., etw. nicht v. können** (südd., österr., schweiz.; *jmdn., etw. nicht leiden können).* **3.** (ugs.) *vergeuden, verschwenden:* das ganze Geld, die Erbschaft v. **4.** (Sportjargon) *mühelos besiegen:* einen Gegner v.
Ver|put|zer, der; -s, -: *jmd., der etw. verputzt, mit Stuck arbeitet o. Ä.*
Ver|put|ze|rin, die; -, -nen: w. Form zu ↑ Verputzer.
ver|qual|men ⟨sw. V.⟩: **1.** ⟨ist⟩ *(bes. von Zigaretten) qualmend verglimmen, verbrennen:* die Zigarette verqualmt im Aschenbecher. **2.** ⟨hat⟩ (ugs.) *bes. durch Rauchen* (2) *mit Qualm, Rauch erfüllen:* das ganze Zimmer v.; ein verqualmtes Lokal; verqualmte Luft. **3.** ⟨hat⟩ (ugs.) *verrauchen* (2).
ver|quält ⟨Adj.⟩: *sehr gequält:* ein -es Gesicht machen.
ver|quas|seln ⟨sw. V.; hat⟩ (ugs., oft abwertend): **1.** *verplaudern* (1 a). **2.** ⟨v. + sich⟩ *sich verplappern:* pass auf, dass du dich nicht verquasselst!
ver|quast ⟨Adj.⟩ [Nebenform von niederd. ver-

dwars = verquer] (landsch.): *verworren, verquer:* -e Ideologien; das Stück ist total v.
ver|quat|schen ⟨sw. V.; hat⟩ (ugs.): **1.** *verplaudern* (1). **2.** ⟨v. + sich⟩ *sich verplappern.* **3.** *zerreden.*
ver|quel|len ⟨st. V.; ist⟩: *stark aufquellen* (1), *anschwellen:* das Holz verquillt in der Feuchtigkeit; ⟨häufig im 2. Part.:⟩ verquollene Fenster.
ver|quer ⟨Adj.⟩: **1.** *schräg, schief, quer u. nicht richtig, nicht wie es sein sollte:* eine -e Lage, Stellung; der Tisch stand etwas v. im Raum. **2.** *in etwas seltsamer Weise vom Üblichen abweichend, absonderlich, merkwürdig:* -e Vorstellungen, Ideen; sie hat sich ganz v. aufgeführt; * **jmdm. v. kommen** (*jmdm. ungelegen kommen, jmdm. nicht passen).*
ver|quer|ge|hen ⟨unr. V.; ist⟩: in der Wendung **jmdm. geht etw., alles verquer** (*jmdm. misslingt etw., alles; bei jmdm. verläuft etw., alles anders als gewünscht:* heute geht mir aber auch alles verquer).
ver|qui|cken ⟨sw. V.; hat⟩ [eigtl. = Metalle mit ↑ Quecksilber legieren]: *in enge Verbindung, in einen festen Zusammenhang bringen:* die Frage mit einer Drohung v.; man sollte die beiden Probleme nicht [miteinander] v.; Glück und Unglück waren eng verquickt.
Ver|qui|ckung, die; -, -en: *das Verquicken; das Verquicktwerden.*
ver|quir|len ⟨sw. V.; hat⟩: *mit einem Quirl o. Ä. verrühren;* Senf, Brühe und Gewürze v.; Ü bestimmte Ereignisse zu einer Story v.
ver|quol|len ⟨Adj.⟩: *schwammig, verschwollen:* -e Gesichter; ihre Augen sind v.
ver|raf|fen ⟨sw. V.; hat⟩ [vgl. raffen (4)] (Jugendspr.): **a)** *vergessen:* er hat die ganze Sache verrafft; **b)** *übersehen, verpassen.*
ver|ram|meln, (auch:) verrammen ⟨sw. V.; hat⟩ (ugs.): *fest u. sicher, oft mithilfe von großen, schweren Gegenständen versperren:* das Tor, den Eingang v.; alle Fenster waren verrammelt.
Ver|ram|me|lung, Verrammung, die; -, -en (ugs.): *das Verrammeln; das Verrammeltwerden.*
ver|ram|men: ↑ verrammeln.
Ver|ramm|lung: ↑ Verrammelung.
Ver|ram|mung, die; -, -en: *das Verrammen; das Verrammtwerden.*
ver|ram|schen ⟨sw. V.; hat⟩ (ugs.): *sehr billig, unter seinem Wert verkaufen:* Bücher v.
ver|rannt: ↑ verrennen.
Ver|rat, der; -[e]s [zu ↑ verraten]: **1.** *das Verraten* (1 a): wegen des -s von militärischen Geheimnissen angeklagt sein. **2.** *Bruch eines Vertrauensverhältnisses, Zerstörung des Vertrauens durch eine Handlungsweise, mit der jmd. hintergangen, getäuscht, betrogen o. Ä. wird, oder durch Preisgabe einer Person od. Sache:* ein schändlicher, gemeiner V.; V. an seinen Freunden, an der gemeinsamen Sache begehen; V. üben, treiben; Als eine junge Frau, die ihren Mann doch über alles liebte, schien es ihr ausgeschlossen, dass Stiller eines solchen -es fähig wäre (Frisch, Stiller 109).
ver|ra|ten ⟨st. V.; hat⟩ [mhd. verrāten, ahd. farrātan, zu ↑¹raten, eigtl. = durch falschen Rat irreleiten]: **1. a)** *etw., was geheim bleiben sollte, wovon nicht gesprochen werden sollte, weitersagen, preisgeben:* ein Geheimnis, einen Plan, eine Absicht v.; wer hat dir das Versteck verraten?; **b)** ⟨v. + sich⟩ *durch eine Äußerung od. Handlung etw., was man geheim halten für sich behalten wollte, ungewollt preisgeben, mitteilen:* durch dieses eine Wort, mit dieser Geste hat sie sich verraten; **c)** (ugs., oft scherzh. od. iron.) *mitteilen, sagen, über etw. aufklären, in Kenntnis setzen:* können Sie mir v., wie ich den Grund dafür nicht verraten; können Sie mir v., wie ich das machen soll?; wenn Sie mir jetzt noch Ihren

Namen, Ihre Adresse verraten, kann ich die Bestellung ausfüllen. **2.** *Verrat* (2) *an jmdm., etw. begehen:* das Vaterland [schnöde] v.; seine Überzeugungen, Ideale v. (*aufgeben, preisgeben, ihnen untreu werden*); * **verraten und verkauft sein; sich verraten und verkauft fühlen** (*hilflos ausgeliefert, preisgegeben, im Stich gelassen sein; sich hilflos ausgeliefert, preisgegeben, im Stich gelassen fühlen*). **3. a)** *deutlich werden lassen, erkennen lassen, zeigen:* seine wahren Gefühle nicht v.; ihr Gesicht, Blick verriet Erstaunen, Misstrauen; ihre Zeichnung verrät eine große Begabung, den Einfluss von Picasso; Er wollte die Wörter nicht lesen, und als er es unwillkürlich doch tat, verrieten sie ihm nichts, es waren alles unverständliche Abkürzungen (Kronauer, Bogenschütze 415); **b)** ⟨v. + sich⟩ *erkennbar, deutlich werden, sich zeigen:* in ihren Worten verrät sich Respektlosigkeit. **4. a)** *als jmd. Bestimmten zu erkennen geben, erweisen:* er ist Schweizer, seine Sprache verrät ihn; **b)** ⟨v. + sich⟩ *sich als jmd. Bestimmten zu erkennen geben, erweisen:* du verrätst dich schon durch diesen Dialekt.
Ver|rä|ter, der; -s, - [mhd. verrätær, verræter]: **1.** *jmd., der etw. verraten* (1 a), *ausgeplaudert hat.* **2.** *jmd., der einen Verrat* (2) *begangen hat:* ein V. an der gemeinsamen Sache.
Ver|rä|te|rin, die; -, -nen [mhd. verræterinne]: w. Form zu ↑ Verräter.
ver|rä|te|risch ⟨Adj.⟩ [spätmhd. verræterisch]: **1.** *einen Verrat darstellend; auf Verrat zielend, mit einem Verrat verbunden:* -e Pläne, Absichten; -e Beziehungen zum Gegner. **2.** *etw. [ungewollt] verraten* (3 a), *erkennen, deutlich werden lassend:* eine -e Geste; die Röte in ihrem Gesicht war v.; um ihre Mundwinkel zuckte es v.
ver|rät|seln ⟨sw. V.; hat⟩: *verschlüsseln, verschleiern:* Klarheiten v.
ver|ratzt ⟨Adj.⟩ [H. u.]: in der Verbindung **v. sein** (ugs.; *in einer schwierigen, aussichtslosen Lage, verloren sein:* wenn ich in der nächsten Klassenarbeit keine Drei schreibe, bin ich v.).
ver|rau|chen ⟨sw. V.⟩: **1.** ⟨ist⟩ *(von Rauch, Dampf o. Ä.) sich allmählich auflösen, vergehen:* der Qualm verraucht nur langsam; Ü ihr Zorn, Ärger war verraucht. **2.** ⟨hat⟩ *durch Rauchen* (2), *als Raucher verbrauchen:* viel Geld, zwei Schachteln Zigaretten pro Tag v.
ver|räu|chern ⟨sw. V.; hat⟩: *mit Rauch, Qualm erfüllen, durch Rauch schwärzen:* du verräucherst mir mit deinen Zigarren die ganze Wohnung; eine verräucherte Gaststätte.
ver|raucht ⟨Adj.⟩: **1.** *rauchig* (1): ein -es Lokal, Zimmer. **2.** *rauchig* (4).
ver|rau|schen ⟨sw. V.; ist⟩ [mhd. verrūschen]: *(von einem rauschenden o. ä. Geräusch) allmählich aufhören, nachlassen:* der Beifall verrauschte; Ü die Feierlichkeiten sind verrauscht.
ver|re|chen|bar ⟨Adj.⟩: *sich verrechnen* (1) *lassend.*
ver|rech|nen ⟨sw. V.; hat⟩ [mhd. verreche(ne)n]: **1.** *durch Rechnen, bei einer Abrechnung berücksichtigen, in die Rechnung einbeziehen:* würden Sie bitte den Gutschein mit v.; einen Scheck v. *(einem anderen Konto gutschreiben)* Ü Dabei war Margret fromm. Noch den flüchtigsten Lustgewinn hat sie dem lieben Gott mit einem Dankgebet verrechnet (Grass, Butt 264). **2.** ⟨v. + sich⟩ **a)** *beim Rechnen einen Fehler machen, falsch rechnen:* du hast dich um 5 Euro verrechnet; **b)** *sich täuschen, irren; jmdn., etw. falsch einschätzen:* sich in einem Menschen v.; da hast du dich aber gewaltig verrechnet! **3.** (österr.) *in Rechnung stellen, berechnen.*
Ver|rech|nung, die; -, -en: *das Verrechnen, bes. zum Ausgleich von Forderungen; das Verrechnetwerden:* die V. der Überstunden; nur zur V.

(Bankw.; Aufschrift auf einem Verrechnungsscheck).

Ver|rech|nungs|ein|heit, die (Wirtsch.): *im internationalen u. im innerdeutschen Handel vereinbarte Einheit, nach der zu leistende Zahlungen abgerechnet werden* (Abk.: VE).

Ver|rech|nungs|scheck, der (Wirtsch., Bankw.): *Scheck, der nur einem anderen Konto gutgeschrieben, nicht bar ausgezahlt werden darf.*

ver|re|cken ⟨sw. V.; ist⟩ [mhd. verrecken = die Glieder starr ausstreckend sterben, zu ↑recken] (salopp, oft emotional): *eingehen* (5 a), *elend sterben; krepieren* (2): alle Hühner verrecken; (derb auch vom Menschen:) Tausende sind im Krieg verreckt; Ü die Sicherung ist verreckt (salopp abwertend; *kaputtgegangen*); * **ums Verrecken** (salopp; *überhaupt, ganz und gar:* er wollte ums Verrecken nicht mitmachen).

ver|re|den ⟨sw. V.; hat⟩ (selten): **1.** ⟨v. + sich⟩ *sich verplappern:* nun hat er sich doch verredet. **2.** *zerreden:* ◆ Schweig aber still davon, man darf dergleichen nicht v. (Storm, Schimmelreiter 80). ◆ **3.** ⟨v. + sich⟩ *sich etw. fest vornehmen:* Ich habe mich schon manchmal hoch verredet, ich wolle keinen Mann (Gotthelf, Spinne 24).

ver|reg|nen ⟨sw. V.; ist⟩: *durch zu lange andauernden Regen verdorben werden:* der Urlaub ist uns verregnet; eine verregnete Ernte; ein verregneter Sommer, Sonntag, Vormittag.

ver|rei|ben ⟨st. V.; hat⟩: *reibend irgendwo, über eine Fläche verteilen:* eine Creme in die Haut v.

ver|rei|sen ⟨sw. V.; ist⟩: *eine [längere] Reise unternehmen, auf Reisen gehen:* geschäftlich, dienstlich, für einige Zeit v.

ver|rei|ßen ⟨st. V.; hat⟩ [mhd. verrīʒen]: **1.** (landsch.) *zerreißen.* **2.** *sehr harte Kritik üben, vernichtend kritisieren:* ein Buch v.; der Film, der Schauspieler wurde in allen Zeitungen verrissen. **3.** (ugs.) *plötzlich, ruckartig in eine andere, nicht vorgesehene Richtung bringen, lenken:* den Wagen, das Steuer, die Lenkung v. **4.** (Ballspiele) *stark, heftig verziehen* (7): den Ball, den Schuss v.

ver|rei|ten ⟨st. V.; hat⟩ [mhd. verrīten = auseinanderreiten; ausreiten; reitend hindern; reitend überholen; übermäßig antreiben; (refl.:) zu weit reiten, sich reitend verirren]: **1.** (Reiten) *durch unsachgemäßes, falsches Reiten verderben:* ein Pferd v.; die Stute ist völlig verritten. **2.** ⟨v. + sich⟩ *sich reitend verirren, einen falschen Weg reiten:* ich glaube, wir haben uns verritten. ◆ **3.** *aus-, wegreiten:* Ich verreite auf einige Tage nach Fontainebleau (C. F. Meyer, Amulett 41); »Wo ist der König, Junker?«, fragte sie ... »Ist verritten. Wird gleich zurück sein!« (C. F. Meyer, Page 152).

ver|ren|ken ⟨sw. V.; hat⟩ [mhd. verrenken]: **1.** *durch eine übermäßige od. unglückliche Bewegung aus der normalen Lage im Gelenk bringen, drehen [u. dadurch das Gelenk verletzen]:* er hat mir beim Ringen den Arm verrenkt; ich habe mir die Hand verrenkt; Starr vor Schreck ... sank Cotta auf die Rosshaardecke zurück und lag mit verrenkten Knien, mit gebrochenen Gliedern da (Ransmayr, Welt 79). **2.** *durch starke Drehungen, Biegungen in eine unnatürlich wirkende Stellung bringen:* die Arme und Beine v.; die Tänzer verrenken sich; ich verrenkte mir den Hals nach ihr.

Ver|ren|kung, die; -, -en: **1.** *Verletzung durch Verrenken* (1); *Luxation.* **2.** *starke Drehung, Biegung der Gliedmaßen:* um dort hinzugelangen, muss man schon einige -en machen.

ver|ren|nen, sich ⟨unr. V.; hat⟩ [mhd. verrennen = übergeleiten, bestreichen; antreiben, hetzen; (refl.:) zu weit rennen, sich verirren] **a)** *in seinen Gedanken, Äußerungen, Handlungen in eine falsche Richtung geraten:* sich immer mehr v.; er merkte gar nicht, wie sehr er sich mit diesem Projekt verrannt hatte; ein völlig verrannter Mensch; **b)** *an etw. geraten, an dem man hartnäckig festhält, von dem man nicht mehr loskommt:* sich in eine Idee, einen Gedanken, ein Problem v.; ◆ **c)** [eigtl. = jmdm. durch Rennen zuvorkommen u. ihm den Weg versperren] *versperren* (1 a): Nicht der Natur durch einen Querstreich den Weg verrannt, sondern sie in ihrem eigenen Gange befördert (Schiller, Räuber II, 1); ⟨2. Part. verrennt:⟩ ... ich weiß, wie jeder Kühnheit, jeder List die Wege verrennt sind, ich fühle mich mit dir und mit allen gefesselt (Goethe, Egmont V).

ver|ren|ten ⟨sw. V.; hat⟩ (Amtsspr.): *jmdn. in den Ruhestand versetzen, aus dem Arbeitsverhältnis entlassen* **a)** *jmdm. eine Rente* (a) *zahlen:* man hat ihn vorzeitig verrentet.

Ver|ren|tung, die; -, -en (Amtsspr.): *das Verrenten; das Verrentetwerden.*

ver|rich|ten ⟨sw. V.; hat⟩ [mhd. verrihten]: [*ordnungsgemäß*] *erledigen, ausführen, tun:* seine Arbeit, einen Dienst v.; seine Notdurft v.; sie verrichtete still ein Gebet.

Ver|rich|tung, die; -, -en: **a)** ⟨o. Pl.⟩ *das Verrichten; das Verrichtetwerden;* **b)** *zu erledigende Arbeit, Angelegenheit:* seinen -en nachgehen.

ver|rie|geln ⟨sw. V.; hat⟩ [mhd. verrigelen]: *mit einem Riegel verschließen:* die Fenster v.; die Tür war von innen verriegelt; sich in seinem Zimmer v.

Ver|rie|ge|lung, Ver|rieg|lung, die; -, -en: **1.** *das Verriegeln; das Verriegeltwerden.* **2.** *Vorrichtung zum Verriegeln.*

ver|rin|gern ⟨sw. V.; hat⟩: **a)** *kleiner, geringer werden lassen; reduzieren* (1): die Anzahl, Menge, die Kosten, den Preis von etw. v.; die Geschwindigkeit, das Tempo, den Abstand v.; **b)** ⟨v. + sich⟩ *kleiner, geringer werden:* die Kosten, die Aussichten auf Besserung haben sich verringert.

Ver|rin|ge|rung, die; -, -en: *das [Sich]verringern; das Verringertwerden.*

ver|rin|nen ⟨sw. V.; ist⟩ [mhd. verrinnen]: **1.** *sich fließend, rinnend dahinbewegen u. verschwinden, versickern:* das Wasser verrinnt im Boden, im Sand. **2.** (geh.) *vergehen, dahingehen, verstreichen:* die Stunden verrannen langsam, im Nu; schon ist wieder ein Jahr verronnen.

Ver|riss, der; -es, -e [zu ↑ verreißen (2)]: *sehr harte, vernichtende Kritik* (2 a): einen V. über ein Buch, einen Film, einen Schauspieler schreiben.

ver|rö|cheln ⟨sw. V.⟩ ⟨hat⟩ *röchelnd sterben.*

ver|ro|hen ⟨sw. V.⟩: **a)** ⟨hat⟩ *roh, brutal machen:* der Krieg hat ihn total verroht; **b)** ⟨ist⟩ *roh, brutal werden:* er ist in der Haft völlig verroht; Ü ihre Empfindungen waren verroht.

Ver|ro|hung, die; -, -en: *das Verrohen* (b).

ver|ros|ten ⟨sw. V.; ist⟩ [mhd. verrosten]: *rostig werden, sich mit Rost überziehen, Rost ansetzen:* die Maschinen verrosten im Regen; ein verrosteter Nagel; mein Wagen ist ganz verrostet (ugs.; *weist viele Roststellen auf*).

ver|rot|ten ⟨sw. V.; ist⟩ [aus dem Niederd. < mniederd. vorrotten = verfaulen, zu ↑ ²rotten]: **1.** *faulen, modern u. sich zersetzen:* das Laub, das Holz verrottet; Ü meine Aufzeichnungen verrotten in der Schublade; ihre Sitten verrotteten; eine verrottete Gesellschaft. **2.** *(bes. unter dem Einfluss der Witterung) verderben, zerfallen u. unbrauchbar werden:* die Maschinen verrotten im Freien; allmählich verrotteten die Gebäude, Fassaden; verrottete Leitungen, Banknoten.

Ver|rot|tung, die; -, -en ⟨Pl. selten⟩: *das Verrotten.*

ver|rucht ⟨Adj.⟩ [mhd. verruochet, eigtl. = achtlos, sorglos, adj. 2. Part. von: verruochen = sich nicht kümmern, vergessen, zu: ruochen = sich kümmern, Sorge tragen]: **1.** (geh. veraltend) *gemein, schändlich; ruchlos:* eine -e Tat; -e Lügen; ein -er Kerl, Mörder. **2.** (oft scherzh.) *lasterhaft, sündig, verworfen:* ein -es Lokal, Viertel; -e Blicke; sie wollte v. aussehen.

Ver|rucht|heit, die; -, -en: **1.** ⟨o. Pl.⟩ *das Verruchtsein:* ihre V. war nur gespielt. **2.** *verruchte Handlungsweise.*

ver|rü|cken ⟨sw. V.; hat⟩ [mhd. verrücken = von der Stelle rücken; aus der Fassung bringen, verwirren]: *an eine andere Stelle, einen anderen Ort rücken; durch Rücken die Lage, den Standort von etw. ändern:* einen Tisch, Stuhl v.; Ü die Grenzen dürfen nicht verrückt werden.

ver|rückt ⟨Adj.⟩ [eigtl. 2. Part. von ↑ verrücken]: **1.** (salopp) *krankhaft wirr im Denken u. Handeln:* sie hatte Angst, v. zu werden; er führte sich auf, als wäre er v.; wenn ich das mache, wird man mich für v. erklären; (oft übertreibend:) bei dem Lärm kann man ja v. werden (*der Lärm ist unerträglich*); du machst mich noch v. (*bringst mich völlig durcheinander*) mit deiner Fragerei; ich mache mich doch deswegen nicht v.; R ich werde v.! (*das ist aber überraschend, erstaunlich, verwunderlich!*); bist du v. [geworden]? (*weißt du überhaupt, was du da sagst, tust?*); * **wie v.** (ugs.; *außerordentlich viel, gut, stark, schnell:* es hat die ganze Nacht wie v. geregnet; das Ekzem juckt wie v. **2.** (ugs.) *auf absonderliche, auffällige Weise ungewöhnlich, ausgefallen, überspannt, närrisch:* -e Ideen, Einfälle; eine ganz -e Mode; ein -er Kerl; sie ist ein -es Huhn; das war ein -er Tag; ⟨subst.:⟩ er hat wieder etwas ganz Verrücktes angestellt; * **auf, nach, wie v. sein** (ugs.; *auf etw. versessen sein, etw. unbedingt haben wollen:* sie ist ganz v. auf Süßigkeiten); **auf jmdn., nach jmdn. v. sein** (ugs.; *sehr verliebt in jmdn. sein, mit jmdm. geschlechtlich verkehren wollen:* er ist ganz v. auf dieses, nach diesem Mädchen). **3.** (intensivierend bei Adj.) (ugs.) *über die Maßen, außerordentlich, sehr:* das Kleid ist v. bunt.

Der Bezug des saloppen Adjektivs verrückt *auf geistig oder psychisch kranke Menschen ist sehr stark diskriminierend.*

Ver|rück|te, die/eine Verrückte; der/einer Verrückten, die Verrückten/zwei Verrückte: *weibliche Person, die verrückt* (1, 2) *ist.*

Ver|rück|ter, der Verrückte/ein Verrückter; des/eines Verrückten, die Verrückten/zwei Verrückte: *der, der verrückt* (1, 2) *ist.*

Ver|rückt|heit, die; -, -en: **1.** ⟨o. Pl.⟩ *das Verrücktsein.* **2.** *verrückter* (2) *Einfall; Überspanntheit.*

ver|rückt|spie|len ⟨sw. V.; hat⟩ (ugs.): **1.** *nicht die üblichen, gewohnten Verhaltensweisen zeigen, die Beherrschung verlieren u. sich ungewöhnlich benehmen:* der Chef spielt heute wieder verrückt. **2.** *nicht mehr richtig funktionieren, nicht so sein, ablaufen wie üblich:* meine Uhr, das Wetter spielt verrückt.

Ver|rückt|wer|den, das; -s: *besonders in der Fügung* **das/es ist [ja] zum V.** (ugs.; *das, es ist [ja] zum Verzweifeln*).

◆ **Ver|rü|ckung,** die; -, -en: *geistige Verwirrung, Verrücktheit:* ... das Mandat war, mit einer Art von V., unterzeichnet (Kleist, Kohlhaas 42).

Ver|ruf, der [zu ↑ verrufen]: *meist in den Wendungen* **in V. kommen/geraten** (*einen schlechten, üblen, zweifelhaften Ruf bekommen, als etw. ins Gerede kommen*); **jmdn. in V. bringen** (*bewirken, dass jmd., etw. einen schlechten, üblen, zweifelhaften Ruf bekommt, als etw. ins Gerede kommt*).

ver|ru|fen ⟨Adj.⟩ [eigtl. 2. Part. von veraltet verrufen = in schlechten Ruf bringen]: *in einem schlechten, zweifelhaften Ruf stehend, übel* *beleumundet, berüchtigt:* eine -e Gegend; ein -es Viertel, Lokal; als Redner ist er ziemlich v.

◆'ver|ru|fen ⟨st. V.; hat⟩ [mhd. verruofen = öffentlich ausrufen, bekannt machen]: *in schlechten Ruf bringen:* Mein Haus wird verrufen (Schiller, Kabale I, 1).

ver|rüh|ren ⟨sw. V.; hat⟩: *durch Rühren vermischen, vermengen:* Sahne in der Soße, Soße mit Sahne v.

ver|run|zelt ⟨Adj.⟩: *sehr runzelig, voller Runzeln:* ein -es Gesicht; -e Hände.

ver|ru|ßen ⟨sw. V.⟩: **1.** ⟨ist⟩ *rußig werden, von Ruß bedeckt, durch Ruß verstopft o. Ä. werden:* die Gebäude verrußen hier sehr schnell; der Bahnhof war von Kohlenstaub verrußt; verrußte Zündkerzen. **2.** ⟨hat⟩ (seltener) *rußig machen, werden lassen; mit Ruß bedecken:* die Fabrik hat die ganze Gegend verrußt.

Ver|ru|ßung, die; -, -en: *das Verrußen* (1).

ver|rut|schen ⟨sw. V.; ist⟩: *sich durch Rutschen verschieben:* die Pakete verrutschten; der Rock war ihr verrutscht; verrutschte Strümpfe; Ü die Maßstäbe sind verrutscht.

Vers [fɛrs, österr. auch: v...], der; -es, -e [mhd., ahd. vers < lat. versus, eigtl. = das Umwenden, zu: versum, 2. Part. von: vertere = kehren, wenden, drehen]: **1.** *durch Metrum, Rhythmus, Zäsuren gegliederte, eine bestimmte Anzahl von Silben, oft einen Reim aufweisende Zeile einer Dichtung in gebundener Rede wie Gedicht, Drama, Epos:* holprige, schlechte, gedrechselte, kunstvolle, lustige, obszöne -e; -e dichten, niederschreiben, deklamieren, vortragen; etw. in -e setzen, in -en abfassen, schreiben; sie zitierte V. 3−6/die -e 3−6; * **sich** ⟨Dativ⟩ **einen V. auf etw./ aus etw. machen** [**können**] *(etw. verstehen, begreifen, sich etw. erklären [können]:* mit der Zeit konnte er sich auf ihr Verhalten/aus ihrem Verhalten einen V. machen). **2. a)** *Strophe eines Gedichtes, Liedes, bes. eines Kirchenliedes:* die Gemeinde sang die -e eins und fünf; **b)** *kleinster Abschnitt des Textes der Bibel:* sie predigte über Lukas 2, V. 1 − 20.

ver|sach|li|chen ⟨sw. V.; hat⟩: *in eine sachliche* (1) *Form bringen; in sachlicher, objektiver, nüchterner Form darstellen:* sie war bemüht, die Diskussion stärker zu v.

Ver|sach|li|chung, die; -, -en: *das Versachlichen; das Versachlichtwerden.*

ver|sa|cken ⟨sw. V.; ist⟩ [zu ↑²sacken] (ugs.): **1. a)** *versinken, untergehen:* der Kahn versackte; Ü die Diskussion versackte; **b)** *in etw. einsinken:* die Räder versanken im Schlamm, im Schnee; Ü in Arbeit v. **2.** *sich senken:* die Fundamente versackten. **3.** (ugs.) *absaufen* (2): der Motor versackte. **4.** *eine unsolide Lebensweise annehmen; allmählich verkommen:* in Berlin v.; gestern Abend sind wir ganz schön versackt (haben wir lange gefeiert, viel getrunken).

ver|sa|gen ⟨sw. V.; hat⟩ [mhd. versagen, ahd. farsagēn]: **1. a)** *das Geforderte, Erwartete nicht tun, leisten können, nicht erreichen; an etw. scheitern:* kläglich, total v.; bei einer Aufgabe, im Examen, im Leben völlig v.; die Schule, das Elternhaus, die Regierung hat versagt; hier versagte die ärztliche Kunst; ⟨subst.:⟩ das Versagen der Mannschaft nicht erklären können; ⟨subst.:⟩ das Unglück ist auf menschliches Versagen (menschliches Fehlverhalten) zurückzuführen; **b)** *plötzlich aufhören zu funktionieren, nicht mehr seine Funktion erfüllen:* der Motor, der Revolver versagte, die Bremsen; seine Beine, Füße versagen (er kann seine Beine, Füße nicht mehr bewegen); vor Aufregung versagte ihm die Stimme (konnte sie nicht mehr sprechen). **2.** (geh.) **a)** *nicht gewähren;* jmdm. seine Hilfe, Unterstützung, seine Anerkennung, den Gehorsam, eine Bitte,

einen Wunsch v.; sie hat diesem Plan ihre Zustimmung versagt *(hat ihn nicht zugestimmt);* ⟨auch unpers.:⟩ es war uns versagt *(nicht gestattet),* diesen Raum zu betreten; Kinder blieben uns versagt *(konnten wir nicht bekommen),* sosehr wir uns nach ihnen auch sehnten (Fallada, Trinker 9); **b)** ⟨v. + sich⟩ *auf etw. verzichten, es sich nicht gönnen, zugestehen:* in dieser Zeit musste ich mir vieles, manchen Wunsch v.; er versagte [es] sich, darauf zu antworten; **c)** ⟨v. + sich⟩ *sich für jmdn., etw. nicht zur Verfügung stellen, sich nicht zu etw. bereitfinden:* die Armee versagte sich dem Diktator; sie versagte sich ihm (gab sich ihm hin). ◆ **3. a)** *versprechen* (2 c): Aus kaiserlichem Lager ... komm' ich ins Vaterland, ins undankbare, ... um hinzuziehn. Ankomm' ich und der Vater sollte sie an einen andern eben jetzt v.? (Goethe, Tancred III, 2); **b)** *(jmdn., etw.) ausschließlich für einen bestimmten Zweck, für ein bestimmtes Vorhaben o. Ä. vorsehen:* Da Sie den heutigen Abend wohl für sich zu tun haben, ich aber die morgende ganze Zeit versagt *(in Beschlag genommen, anderweitig beansprucht)* bin, so wäre es hübsch, wenn Sie sich einrichteten, dass wir Mittwochabends eine recht ernstliche Session halten könnten (Goethe, Brief an Riemer, 3. 1. 1814).

Ver|sa|gens|angst, die: *Angst zu versagen* (1 a): an Versagensängsten leiden.

Ver|sa|ger, der; -s, -: **a)** *jmd., der [immer wieder] versagt, der das Erwartete nicht leisten kann:* beruflich, in der Liebe ist er ein glatter V.; **b)** *etw., was nicht den erwarteten Erfolg hat, nicht seine Funktion erfüllt:* die Rakete war ein V.; **c)** *bei etw. plötzlich auftretender Mangel, Fehler, Ausfall:* mehrere V. bei der Kür haben.

Ver|sa|ge|rin, die; -, -nen: w. Form zu ↑ Versager (a).

Ver|sa|gung, die; -, -en: *das Versagen* (2 a), *Versagtwerden; das Sichversagen* (2 b).

Ver|sal, der; -s, ...lien [zu lat. versus (↑ Vers), eigtl. = der am Anfang eines Verses] (Druckw.): *Großbuchstabe.*

Ver|sal|buch|sta|be, der (Druckw.): *Versal.*

Ver|sal|buch|schrift, die (Druckw.): *Schriftart, die aus Versalien besteht.*

ver|sal|zen ⟨unr. V.⟩: **1.** ⟨hat versalzen/(selten auch:) versalzt⟩ [mhd. versalzen] *zu stark salzen; durch Zufügen von zu viel Salz verderben:* ich habe das Essen versalzen; die Suppe ist total versalzen. **2.** ⟨hat versalzen⟩ (ugs.) *verderben; zunichtemachen:* sie hat mir die ganze Freude, das Vergnügen versalzen; jmdm. seine Pläne v. *(jmds. Pläne durchkreuzen).* **3.** ⟨ist versalzt⟩ (Fachspr.) *von Salzen durchzogen, durchsetzt werden; sich mit Salz bedecken:* die See versalzt immer mehr; der Boden ist versalzt.

Ver|sal|zung, die; -, -en: *das Versalzen* (3).

ver|sam|meln ⟨sw. V.; hat⟩: **1.** [mhd. versamenen] **a)** *zusammenrufen, zu einer Zusammenkunft veranlassen:* die Gemeinde in der Kirche v.; eine andächtige Runde um sich v.; **b)** ⟨v. + sich⟩ *sich zu mehreren, in größerer Anzahl zusammenfinden, treffen; zusammenkommen:* sich in der Kantine, zu einer Andacht v.; wir versammelten uns um den Esstisch; sie kam, als alle bereits versammelt waren; eine Erklärung vor versammelter Mannschaft abgeben; Ü die Werke lateinamerikanischer Autoren sind in dieser Bibliothek versammelt. **2.** (Reiten) *(ein Pferd) bei gleichzeitigem* ¹*Verhalten* (4 b) *mit den Zügeln vermehrt treiben, sodass es mehr Gewicht auf die Hinterbeine aufnimmt:* vor dem Hindernis versammelte sie ihren Schimmel; versammelter Galopp.

Ver|samm|lung, die; -, -en: **1.** [im 15. Jh. versammlung] **a)** ⟨o. Pl.⟩ *das Versammeln, Sichversam-*

meln, Zusammenkommen; **b)** *Zusammenkunft, Beisammensein mehrerer, meist einer größeren Anzahl von Personen zu einem bestimmten Zweck:* eine öffentliche, politische V.; eine V. einberufen, abhalten, leiten, verbieten, auflösen, stören, besuchen; ich erkläre hiermit die V. für eröffnet, geschlossen; die V. sprengen; zu einer V. gehen; Die einzigen -en in der Bucht, an denen ich das Jahr über teilnahm, das waren die sonntäglichen Gottesdienste (Handke, Niemandsbucht 964); **c)** *mehrere, meist eine größere Anzahl von Personen, die sich zu einem bestimmten Zweck versammelt haben:* eine große, vielköpfige V.; die gesetzgebende V. **2.** ⟨o. Pl.⟩ (Reiten) **a)** *das Versammeln* (2) *eines Pferdes;* **b)** *versammelte* (2) *Haltung eines Pferdes.*

Ver|samm|lungs|frei|heit, die ⟨o. Pl.⟩: *Recht der Bürger eines Staates, sich zu versammeln, Versammlungen abzuhalten.*

Ver|samm|lungs|lei|ter, der: *jmd., der eine Versammlung leitet.*

Ver|samm|lungs|lei|te|rin, die: w. Form zu ↑ Versammlungsleiter.

Ver|samm|lungs|ort, der ⟨Pl. -e⟩: *Ort, an dem eine Versammlung stattfindet.*

Ver|samm|lungs|raum, der: *Raum, in dem eine Versammlung stattfindet.*

Ver|samm|lungs|recht, das: *Versammlungsfreiheit.*

Ver|samm|lungs|saal, der: vgl. Versammlungsraum.

Ver|sand, der; -[e]s: **1.** *das Versenden von Gegenständen, bes. von Waren:* das Saatgut zum V. fertig machen. **2.** *für den Versand* (1) *zuständige Abteilung in einem Betrieb:* sie arbeitet im V. **3.** Kurzf. von ↑ Versandhaus: seine Kleidung beim V. bestellen.

Ver|sand|ab|tei|lung, die: *Versand* (2).

Ver|sand|apo|the|ke, die: *Apotheke, die den Verkauf von Arzneimitteln durch Versandhandel betreibt.*

Ver|sand|buch|han|del, der: *Versandhandel mit Büchern.*

ver|san|den ⟨sw. V.; ist⟩: **1.** *sich allmählich mit Sand füllen; von Sand bedeckt, zugedeckt, verschüttet werden:* der Hafen versandete immer mehr; die Spuren der Räder waren schon versandet. **2.** *immer schwächer werden, nachlassen u. allmählich ganz aufhören:* Beziehungen v. lassen; die Unterhaltung versandete; die Verhandlungen sind versandet.

ver|sand|fer|tig ⟨Adj.⟩: *für den Versand* (1) *vorbereitet, fertig gemacht:* -e Waren.

Ver|sand|ge|schäft, das: vgl. Versandhandel.

Ver|sand|gut, das: *Waren, die durch Versand* (1) *befördert werden.*

Ver|sand|han|del, der: *Handel mit Waren, bei dem das Angebot u. der Verkauf nicht in Läden erfolgen, sondern durch Anbieten in Katalogen, Prospekten, Anzeigen u. das Versenden der Waren an den Käufer.*

Ver|sand|händ|ler, der: *Person, Firma, die Versandhandel betreibt.*

Ver|sand|händ|le|rin, die: w. Form zu ↑ Versandhändler.

Ver|sand|haus, das: *Unternehmen, das den Verkauf von Waren durch Versandhandel betreibt.*

Ver|sand|haus|ka|ta|log, der: *Katalog* (1) *eines Versandhauses.*

Ver|sand|kos|ten ⟨Pl.⟩: *Kosten, die durch den Versand* (1) *von Waren entstehen.*

ver|sandt: ↑ senden.

Ver|sand|ta|sche, die: *Hülle aus Papier, [dünnerem] Karton zum Befördern von kleinerem Versandgut.*

Ver|san|dung, die; -, -en: *das Versanden.*

Vers|an|fang, der: *Anfang eines Verses.*

Ver|satz|amt, das (südd., österr.): *Leihhaus.*
Ver|satz|stück, das: **1.** *leicht bewegliches, beliebig zu versetzendes Teil der Bühnendekoration:* Ü *inhaltliche -e einer Theorie aus den Fünfzigerjahren.* **2.** (österr.) *Pfand* (1 a).
ver|säu|bern ⟨sw. V.; hat⟩: **1.** (Schneiderei) *mit Stichen einfassen, sodass der Stoff nicht ausfransen kann.* **2.** (bes. schweiz.) *(von Hunden, Katzen) die Notdurft verrichten.*
ver|sau|beu|teln ⟨sw. V.; hat⟩ [weitergebildet aus ↑versauen] (ugs.): **1.** *durch unreinliche, unachtsame Behandlung verderben; beschmutzen:* sein Kleid v. **2.** *durch Unachtsamkeit verlieren, verlegen:* seine Schlüssel v.
ver|sau|en ⟨sw. V.; hat⟩: **1.** (salopp) *sehr schmutzig machen, stark beschmutzen:* seine Kleidung, das Bad v. **2.** (derb) **a)** *völlig verderben* (2), *zunichtemachen:* eine Klassenarbeit v.; jmdm. den ganzen Abend v.; ihre Karriere war versaut; **b)** *verderben* (4): Jugendliche v.; versautes Miststück!
ver|sau|ern ⟨sw. V.⟩ [mhd. versūren = ganz sauer werden]: **1. a)** ⟨ist⟩ *sauer werden, an Säure gewinnen:* der Wein versauert; die Wiesen sind versauert; **b)** ⟨hat⟩ *sauer machen, mit Säure durchsetzen:* dieses Phosphat versauert die Böden. **2.** (ugs.) **a)** ⟨ist⟩ *aus Mangel an geistigen, kulturellen o. ä. Angeboten geistig verkümmern:* auf dem Land v.; **b)** ⟨hat⟩ *jmdm. etw. verleiden, die Freude an etw. nehmen:* jmdm. das Leben, den Urlaub v.
Ver|sau|e|rung, Ver|säu|e|rung, die; -, -en: *das Versauern* (1); *das Versauertwerden.*
ver|sau|fen ⟨st. V.⟩ [mhd. versūfen = versinken; ertränken]: **1.** ⟨hat⟩ (salopp) *vertrinken:* den ganzen Lohn v.; Ü er hat seinen Verstand versoffen *(durch Trinken verloren).* **2.** ⟨ist⟩ (landsch. salopp) *ertrinken:* er ist im See versoffen. **3.** ⟨ist⟩ (Bergmannsspr.) *ersaufen* (2 a).
ver|säu|men ⟨sw. V.; hat⟩ [mhd. versūmen, ahd. firsūmen, zu ↑³säumen]: **1. a)** *verpassen* (1 a): den Zug, den Omnibus, die Bahn v.; sie hat den richtigen Zeitpunkt versäumt; **b)** *nicht wahrnehmen, nicht besuchen, nicht dabei sein:* einen wichtigen Termin, eine Verabredung, Zusammenkunft, ein Treffen v.; er hat ziemlich lange den Unterricht versäumt; Sie haben die Vereinsmeisterschaft unter einem Vorwand versäumt, weil dabei sie Sie herausspring (Lenz, Brot 114); ♦ ... ich behalte es als Unterpfand, dass du uns diesen Abend nicht versäumst *(heute Abend auch wirklich zu uns kommst;* C. F. Meyer, Amulett 61); ♦ ... musst' ich sogar vor widerwärtigen Streichen zur Einsamkeit, zur Wildernis entweichen und, um nicht ganz versäumt *(verlassen),* allein zu leben, mich doch zuletzt dem Teufel übergeben (Goethe, Faust II, 6235 ff.); **c)** *unterlassen; nicht erfüllen, nicht tun:* seine Pflicht, seine Aufgaben v.; sie versäumte nicht, die Verdienste ihres Vorgängers zu würdigen; ⟨subst. 2. Part.:⟩ Versäumtes nachholen; **d)** *ungenutzt vorübergehen lassen; verpassen* (1 b): eine gute Gelegenheit, sein Glück v.; wir haben viel Zeit versäumt; er will nichts v.; sie hat Angst, etwas zu v.; da hast du viel versäumt *(hast du dir viel entgehen lassen);* die schönsten Jahre seines Lebens v.; nach dem 1 : 0 versäumte es die Mannschaft, ihren Vorsprung auszubauen. **2. a)** ⟨v. + sich⟩ (landsch.) *sich zu lange mit etw. aufhalten, bei etw. verweilen:* sie hat sich bei der Arbeit versäumt; ♦ *sich bei etw. zu lange aufhalten;* ³*säumen:* Wenn nur die Gotte ... da wäre, die versäumt am längsten (Gotthelf, Spinne 8).
Ver|säum|nis, das; -ses, -se, veraltet: die; -, -se: *etw., was jmd. nicht hätte versäumen* (1 c), *unterlassen dürfen; Unterlassung:* die -se der Eltern gegenüber ihren Kindern.

Ver|säum|nis|ur|teil, das (Rechtsspr.): *Urteil in einem Zivilprozess gegen eine Partei aufgrund einer Säumnis* (2 a).
Ver|säu|mung, die; -, -en: *das Versäumen; das Versäumtwerden.*
Ver|säu|mungs|ur|teil, das (österr. Rechtsspr.): *Versäumnisurteil.*
♦ **ver|sau|sen** ⟨sw. V.; hat⟩ (landsch.): *aufhören zu sausen:* Eines Tags, als schon alle Kanonen vom Rhein bis an die Donau und bis an die Ostsee versaust hatten *(aufgehört hatten zu schießen;* Hebel, Schatzkästlein 51).
Vers|bau, der ⟨o. Pl.⟩: *Aufbau eines Verses.*
ver|schạ|chern ⟨sw. V.; hat⟩ (abwertend): *schachernd, feilschend verkaufen:* die goldene Uhr v.
ver|schạch|telt ⟨Adj.⟩: *wie ineinandergefügt, ineinandergeschoben wirkend [u. dadurch verwirrend, unübersichtlich]:* eine -e Altstadt; -e Straßen, Gassen; Ü ein -er Satz, Bericht; der Konzern ist derv.; v. schreiben.
Ver|schạch|te|lung, (selten:) **Ver|schạcht|lung,** die; -, -en: *das Verschachteltsein.*
ver|schạf|fen ⟨sw. V.; hat⟩ [mhd. verschaffen = weg-, abschaffen; vermachen]: **a)** *beschaffen, besorgen:* jmdm., sich Geld, Arbeit, eine Stelle, einen Ausweis v.; jmdm., sich eine Unterkunft, ein Alibi, Informationen v.; **b)** *dafür sorgen, dass jmdm. etw. zuteilwird, jmd. etw. bekommt:* du musst dir Achtung, Respekt, Geltung, dein Recht v.; ich wollte mir erst Gewissheit v.; sich Vorteile, Zutritt v.; dieser Umstand verschaffte mir die Möglichkeit *(ermöglichte es mir),* unauffällig wegzugehen; was verschafft mir die Ehre, das Vergnügen Ihres Besuches?
ver|schạ|len ⟨sw. V.; hat⟩: **1.** *mit Brettern, Holzplatten o. Ä. bedecken, verkleiden, auskleiden:* die Wände eines Raums, einen Raum v.; ein mit Brettern verschaltes Erdloch. **2.** *schalen.*
ver|schạl|len ⟨st. u. sw. V., verschallte/(auch:) verscholl, ist verschallt⟩: *aufhören zu schallen, zu klingen; verklingen:* ihre Schritte verschallen in der Ferne.
ver|schạl|ten ⟨sw. V.; hat⟩: **1.** ⟨v. + sich⟩ *falsch schalten* (2 a). **2.** *durch Schalten* (1 a, 3, 4) *miteinander verbinden.*
Ver|schạl|tung, die; -, -en: *das Verschalten* (2); *das Verschaltetwerden.*
Ver|schạ|lung, die; -, -en: **1.** *das Verschalen; das Verschaltwerden.* **2.** *aus Brettern, Holzplatten o. Ä. bestehendes Gefüge, mit dem etw. verschalt ist.*
ver|schämt ⟨Adj.⟩ [mhd. verschamt, verschemt, 2. Part. von: (sich) verschamen = in Scham versinken]: *sich ein wenig schämend; ein wenig Scham empfindend u. verlegen; schüchtern u. zaghaft:* ein -es Lächeln; er nannte v. den Preis.
Ver|schämt|heit, die; -, ⟨o. Pl.⟩ *das Verschämtsein.* **2.** *verschämte Handlung[sweise].*
ver|schạn|deln ⟨sw. V.; hat⟩ [zu ↑ Schande] (ugs.): *verunstalten, verunzieren:* ein Stadtbild v.; der Bau verschandelt die Landschaft.
Ver|schạn|de|lung, Ver|schạnd|lung, die; -, -en: **1.** ⟨o. Pl.⟩ *das Verschandeln; das Verschandeltwerden.* **2.** *etw. Verschandelndes, Verschandeltes.*
ver|schạn|zen ⟨sw. V.; hat⟩ [zu ↑¹Schanze]: **1.** (Militär früher) **a)** *durch Schanzen, Einrichtung von Befestigungen o. Ä. sichern, verteidigen:* ein Lager v.; **b)** ⟨v. + sich⟩ *sich durch eine befestigte Stellung, hinter einer* ¹*Schanze o. Ä. gegen einen Feind schützen:* der Truppen verschanzten sich hinter dem Damm, in der Fabrikhalle. Ü sie verschanzte sich *(verbarg sich)* hinter einer Zeitung, in ihrem Arbeitszimmer. **2.** ⟨v. + sich⟩ *etw. als Ausrede, Ausflucht benutzen, etw. zum Vorwand nehmen:* sich hinter Ausflüchten v.
Ver|schạn|zung, die; -, -en: *das [Sich]verschanzen.*

ver|schạ̈r|fen ⟨sw. V.; hat⟩: **a)** *schärfer* (9), *heftiger spürbar machen; stärker, massiver, strenger, rigoroser werden lassen; steigern, verstärken:* die Kontrolle, Zensur, Strafe v.; Gegensätze v.; das Tempo v. *(beschleunigen);* etw. verschärft *(erhöht)* jmds. Aufmerksamkeit; dieser Umstand hat die Lage, Krise erheblich verschärft *(verschlimmert, zugespitzt);* verschärftes *(strengeres, härteres)* Training; **b)** ⟨v. + sich⟩ *schärfer* (9), *heftiger, größer, stärker werden; sich steigern, verstärken:* die politischen Spannungen verschärfen sich immer mehr; die Lage hat sich verschärft *(ist schwieriger geworden, hat sich zugespitzt);* die sich verschärfende Krise.
Ver|schạ̈r|fung, die; -, -en: *das [Sich]verschärfen; das Verschärftwerden.*
ver|schạr|ren ⟨sw. V.; hat⟩: **a)** *scharrend mit Erde bedecken, oberflächlich vergraben:* der Hund verscharrt einen Knochen; **b)** *achtlos, oft heimlich irgendwo begraben:* sie verscharrten den Toten am Wegrand.
ver|schạt|ten ⟨sw. V.; hat⟩ (geh.): *durch Schatten, mattes Licht dunkler erscheinen lassen; Schatten auf etw. werfen:* die Zweige verschatten ihr Gesicht; ein von Buchen verschatteter Friedhof; Ü jmds. Glück v.
Ver|schạt|tung, die; -, -en: **1.** (geh.) *das Verschatten; das Verschattetwerden.* **2.** (Med.) *sich abhebender dunkler Bezirk auf Röntgenaufnahmen, der auf krankhafte Gewebsveränderungen u. Infiltrate hindeutet.*
ver|schạ̈t|zen ⟨sw. V.; hat⟩: **a)** (seltener) *falsch einschätzen:* eine Entfernung v.; **b)** ⟨v. + sich⟩ *sich beim Schätzen, Einschätzen, Beurteilen von etw. täuschen:* sich in der Größe v.; du hast dich bei ihrem Alter um fünf Jahre verschätzt.
ver|schau|en, sich ⟨sw. V.; hat⟩ (österr.): **1.** *sich verlieben.* **2.** *sich versehen* (3 a).
ver|schau|keln ⟨sw. V.; hat⟩ (ugs.): *irreführen, täuschen u. dabei betrügen, hintergehen, als Konkurrenten o. Ä. ausschalten:* sich nicht v. lassen; von der Werbung mächtig verschaukelt werden; sich verschaukelt fühlen.
Ver|schau|ke|lung, (seltener:) **Ver|schauk|lung,** die; -, -en: *das Verschaukeln; das Verschaukeltwerden.*
ver|schei|den ⟨st. V.; ist⟩ [mhd. verscheiden = weggehen, verschwinden; sterben] (geh.): *sterben:* nach langer Krankheit v.; sie verschied im Alter von 93 Jahren.
ver|schei|ßen ⟨st. V.; hat⟩ (derb): *mit Kot verunreinigen:* der Kleine hat sich, hat wieder alles verschissen; verschissene Unterhosen; **[es] bei/mit jmdm. verschissen haben* (salopp): *es mit jmdm. verdorben haben).*
ver|schei|ßern ⟨sw. V.; hat⟩ (salopp): *veralbern, zum Narren halten:* von dir lasse ich mich nicht v.
ver|schẹn|ken ⟨sw. V.; hat⟩: **1.** *schenkend weggeben, austeilen; als Geschenk überreichen:* Bücher, Platten v.; Rosen an die Damen v.; Ü ein Lächeln v. *(jmdm. zuteilwerden lassen).* **2.** ⟨v. + sich⟩ *sich jmdm. hingeben* (2 b): sie wollte sich nicht an ihn v. **3.** *ungewollt, unnötigerweise abgeben, vergeben, nicht nutzen:* der Weitspringer hat durch ungenauen Absprung einige Zentimeter verschenkt; den Sieg v. *(die gute Gelegenheit dazu nicht nutzen);* die Mannschaft hat keine Punkte zu v. *(braucht dringend jeden Punkt).*
ver|schẹp|pern ⟨sw. V.; hat⟩ (südd., österr.): *verscherbeln, billig verkaufen.*
ver|schẹr|beln ⟨sw. V.; hat⟩ [H. u., viell. zu spätmhd. scher(p)f, ↑ Scherflein] (ugs.): *billig veräußern:* seinen Schmuck v.
ver|scher|zen, sich ⟨sw. V.; hat⟩ [mhd. verscherzen]: *durch leichtfertiges, unbedachtes, rück-*

sichtsloses o. ä. Verhalten verlieren, einbüßen: sich jmds. Gunst, Freundschaft, Zuneigung v.; * es sich mit jmdm. v. (jmds. Gunst, Wohlwollen durch eigenes Verschulden verlieren).

ver|scheu|chen ⟨sw. V.; hat⟩: scheuchen (1), vertreiben, fortjagen: die Fliegen v.; der Lärm hat die Hasen verscheucht; Ü vergebens versucht sie, ihre Müdigkeit, diesen Gedanken zu v.

ver|scheu|ern ⟨sw. V.; hat⟩ [H. u., viell. umgeformt aus niederd. verschutern = tauschen] (ugs.): billig veräußern.

ver|schi|cken ⟨sw. V.; hat⟩: 1. [mhd. verschicken] versenden: Einladungen v. 2. zur Erholung, in eine Kur o. Ä. schicken, reisen lassen: Erholungsbedürftige [zur Kur] v.; die Kinder wurden an die See, aufs Land verschickt.

Ver|schi|ckung, die; -, -en: das Verschicken; das Verschicktwerden.

ver|schieb|bar ⟨Adj.⟩: sich verschieben (1 a, 2 a) lassend; geeignet, verschoben zu werden.

Ver|schie|be|bahn|hof, der; -[e]s, ...höfe: Rangierbahnhof: Ü das Ministerium ist zum V. für abgehalfterte Politiker geworden.

ver|schie|ben ⟨st. V.; hat⟩ [mhd. verschieben]: 1. a) an eine andere Stelle, einen anderen Ort schieben; durch Schieben die Lage, den Standort von etw. ändern: den Schrank um einige Zentimeter v.; Ü das verschiebt (verändert) die Perspektive; b) ⟨v. + sich⟩ an eine andere Stelle, einen anderen Standort, in eine andere Lage geschoben werden, geraten: der Teppich verschiebt sich immer wieder; ihr Kopftuch hatte sich verschoben (war verrutscht). 2. a) auf einen späteren Zeitpunkt verlegen, für eine spätere Zeitpunkt bestimmen: eine Reise, einen Termin, die Auszahlung der Gehälter v.; die Operation muss verschoben werden; eine Arbeit auf später v.; Spr verschiebe nicht auf morgen, was du heute kannst besorgen; b) ⟨v. + sich⟩ auf einen späteren Zeitpunkt verlegt werden, zu einem späteren Zeitpunkt stattfinden: der Abreise hat sich verschoben; der Beginn der Vorstellung verschiebt sich um einige Minuten. 3. (ugs.) in unerlaubter, gesetzwidriger Weise verkaufen, Handel mit etw. treiben: Schnaps v.

Ver|schie|bung, die; -, -en: das Verschieben; das Verschobenwerden.

ver|schie|den ⟨Adj.⟩ [eigtl. = sich getrennt habend, adj. 2. Part. von ↑ verscheiden]: 1. voneinander abweichend, Unterschiede aufweisend, sich voneinander unterscheidend: -er Meinung, Ansicht, Auffassung sein; zwei ganz -e Stoffe, Qualitäten, -e, die -sten (sehr viele verschiedene) Interessen haben; Kleider in -er Ausführung; die Gläser sind in/nach Form, Farbe, Größe v.; die beiden sind sehr v., sind v. wie Tag und Nacht; das ist von Fall zu Fall v.; die beiden Pakete sind v. schwer; darüber kann man v. denken. 2. a) ⟨dem Indefinitpron. u. unbest. Zahlwort nahestehend; Pl.; attributiv u. allein stehend⟩ mehrere, einige, manche: -e gewichtige Gründe sprechen dafür; -e Zuschauer klatschten; er hat sich -e Mal, Male nach ihr erkundigt; durch den Einspruch -er Delegierter/(auch:) Delegierten; ⟨subst.:⟩ Verschiedene äußerten sich unzufrieden; b) ⟨dem Indefinitpron. u. unbest. Zahlwort nahestehend; bei allein stehend, subst.⟩ einiges, manches, dieses u. jenes: Verschiedenes war mir unklar; das behandeln wir unter dem Tagesordnungspunkt Verschiedenes (Punkt, der Themen verschiedener Art umfasst).

ver|schie|den|ar|tig ⟨Adj.⟩: Inhalte, Merkmale unterschiedlicher Art aufweisend; verschieden (1) beschaffen: -e Aufgaben; -e Mittel anwenden; die Materialien sind sehr v.; zubereitete Mahlzeiten.

Ver|schie|den|ar|tig|keit, die; -, -en: das Verschiedenartigsein; Unterschied (1).

ver|schie|de|ner|lei ⟨unbest. Gattungsz.; indekl.⟩ [↑-lei]: a) ⟨attr.⟩ verschiedene voneinander abweichende Dinge, Arten, Eigenschaften o. Ä. umfassend: etw. hat v. Ursachen, es gab v. Käse; b) ⟨allein stehend⟩ mehrere voneinander abweichende Dinge, Arten, Eigenschaften o. Ä.: auf v. verzichten müssen.

ver|schie|den|far|big, (österr.:) **ver|schie|den|fär|big** ⟨Adj.⟩: unterschiedlich gefärbt; mehrere verschiedene Farben aufweisend, mehrfarbig: drei -e Kunststoffe.

ver|schie|den|ge|schlecht|lich ⟨Adj.⟩: unterschiedliches Geschlecht aufweisend.

ver|schie|den|ge|stal|tig ⟨Adj.⟩: von verschiedenerlei Gestalt; unterschiedliche Gestalt aufweisend.

Ver|schie|den|heit, die; -, -en: verschiedene (1) Art; unterschiedliche Beschaffenheit: bei aller V. der Merkmale.

ver|schie|dent|lich ⟨Adv.⟩: verschiedene Mal, mehrmals, öfter: etw. v. erwähnen; sie hat schon v. darauf hingewiesen.

ver|schie|ßen ⟨st. V.⟩ [mhd. verschieʒen]: 1. ⟨hat⟩ a) als Munition, Geschoss beim Schießen verwenden: solche Patronen kann man mit diesem Gewehr nicht v.; b) durch Schießen verbrauchen: er hat die Hälfte der Munition, alle Patronen verschossen; ◆ c) ⟨v. + sich⟩ alle seine Munition durch Schießen aufbrauchen: ... sie denken, wir haben uns verschossen (Goethe, Götz III). 2. ⟨hat⟩ (Fußball) durch ungenaues, unplatziertes Schießen nicht zu einem Tor nutzen: einen Strafstoß, Elfmeter v. 3. ⟨v. + sich; hat⟩ (ugs.) sich heftig verlieben in jmdn., unglücklich in sie verschossen. 4. ⟨ist⟩ an Farbe, farblicher Intensität verlieren u. blasser, heller werden; verblassen: diese Farbe verschießt schnell in der Sonne; verschossene Gardinen. 5. ⟨hat⟩ (früher) beim [schnellen] analogen Fotografieren verbrauchen.

ver|schif|fen ⟨sw. V.; hat⟩: 1. mit einem Schiff transportieren: Kohlen v.; die Truppen wurden in den Pazifik verschifft. 2. (salopp) a) mit Urin verunreinigen: das Bettzeug v.; verschiffte Unterhosen; b) ⟨v. + sich⟩ [unbemerkt] davongehen, verschwinden: verschifft euch!

Ver|schif|fung, die; -, -en: das Verschiffen (1); das Verschifftwerden.

ver|schil|fen ⟨sw. V.; ist⟩: mit Schilf zuwachsen: der Teich verschilft.

ver|schim|meln ⟨sw. V.; ist⟩: schimmelig werden: das Brot verschimmelt; verschimmelter Quark; Ü wenn es nach dir ginge, würde ich hier v. (verkümmern); Du bist aus der Mode gekommen, Alter. Deine Bücher verschimmeln (bleiben liegen, werden nicht benutzt, nicht gelesen) in Leihbibliotheken (Dürrenmatt, Meteor 69).

ver|schimp|fie|ren ⟨sw. V.; hat⟩ (veraltet): beschimpfen, verunglimpfen: ◆ Und das lesen nun die Menschen und verschimpfieren mir meine liebe, arme Frau (Fontane, Effi Briest 201).

Ver|schiss [aus der Studentenspr.]: in der Wendung **in V. geraten/kommen** (salopp) sein Ansehen, seinen guten Ruf verlieren, in Ungnade fallen: er ist bei seinem Chef total in V. geraten).

ver|schla|cken ⟨sw. V.⟩: 1. sich mit [sich ablagernder] Schlacke (1, 2) füllen: der Ofen verschlackt. 2. (Geol.) zu Schlacke (3) werden: die Lava ist verschlackt.

¹ver|schla|fen ⟨sw. V.; hat⟩ [mhd. verslāfen, ahd. farslāfan]: 1. nicht pünktlich aufwachen u. so den zum Aufstehen festgesetzten Zeitpunkt versäumen: ich bin zu spät gekommen, weil ich verschlafen habe; ⟨landsch. auch v. + sich⟩ ich habe mich gestern verschlafen. 2. a) schlafend verbringen: den ganzen Vormittag, sein halbes Leben v.; Ü nach der verschlafenen ersten Halbzeit; b) (ugs.) an etw., was zeitlich festgelegt ist, nicht denken, es vergessen: einen Termin, eine Verabredung v.; Ü die Revolution, eine neue Technologie v. (nicht bemerken). 3. durch Schlaf überwinden; so lange schlafen, bis etw. (bes. etw. Unangenehmes) vorbei ist: seinen Groll v.

²ver|schla|fen ⟨Adj.⟩: noch vom Schlaf benommen, schlaftrunken: ein -es Gesicht; sie war noch ganz v.; Ü ein -es (ruhig-langweiliges) Dorf.

Ver|schla|fen|heit, die; -: das Verschlafensein.

Ver|schlag, der; -[e]s, Verschläge [zu ↑¹verschlagen]: einfacher, kleinerer Raum, dessen Wände aus Brettern bestehen.

¹ver|schla|gen ⟨st. V.; hat⟩ [mhd. verslahen, ahd. farslahan]: 1. a) (mit angenagelten Brettern o. Ä.) absperren, verschließen: die Kiste mit Latten v.; b) (Latten, Bretter o. Ä.) durch Nageln verbinden. 2. (landsch.) [heftig] verprügeln. 3. (Kochkunst) durch kräftiges Rühren, Schlagen mit einem Küchengerät vermischen: Öl, Salz und Pfeffer gut v. 4. beim Herum- od. Weiterblättern in einem Buch eine zum Lesen o. Ä. bereits aufgeschlagene Seite nicht aufgeschlagen lassen; verblättern (1): jetzt hast du [mir] die Seite verschlagen! 5. (Ballspiele) so schlagen, dass der Ball sein Ziel verfehlt: einen Matchball v. 6. (eine Fähigkeit, ein Gefühl o. Ä.) eine Zeit lang [be]nehmen, rauben: der Anblick verschlug ihr den Appetit; ⟨unpers.:⟩ als sie das hörte, verschlug es ihr die Sprache; Der freche Hohn in seinen Worten verschlug mir fast die Rede (Fallada, Herr 128). 7. durch besondere Umstände, durch Zufall ungewollt irgendwohin gelangen lassen: der Sturm hatte das Schiff an eine unbekannte Küste verschlagen; der Krieg hatte sie nach Amerika verschlagen. 8. ⟨(meist verneint)⟩ a) (landsch.) helfen, nutzen, von Erfolg sein: das Medikament verschlug nichts/ nicht viel; b) (veraltend) [für jmdn.] von Belang sein; etw. ausmachen. 9. (Jägerspr.) (einen Hund) zu viel prügeln, sodass er ängstlich wird: einen Hund v.; ⟨häufig im 2. Part.:⟩ ein verschlagener Hund. 10. ⟨v. + sich⟩ (Jägerspr.) a) (von einem Schuss o. Ä.) [irgendwo] abprallen u. daher fehlgehen: das Geschoss verschlug sich; b) (vom Gesperre des Flugwilds) sich trennen [u. davonmachen]: die Fasanen verschlagen sich.
◆ 11. verursachen, dass jmd. etw. einbüßt; jmdn. um etw. bringen: Das Mädel ... verschlägt mir am End' einen wackern, ehrbaren Schwiegersohn (Schiller, Kabale I, 1).

²ver|schla|gen ⟨Adj.⟩ [durch Anlehnung an ↑¹verschlagen (2) eigtl. = durch Prügel klug geworden] (abwertend): auf hinterhältige Weise schlau: ein -er Blick; v. grinsen.

Ver|schla|gen|heit, die; -, -en (abwertend): 1. ⟨o. Pl.⟩ das Verschlagensein. 2. verschlagene Handlung, verschlagenes Verhalten.

ver|schlag|wor|ten ⟨sw. V.; hat⟩: einem Schlagwort (2) zuordnen.

ver|schlam|men ⟨sw. V.; ist⟩: schlammig werden.

ver|schlam|pen ⟨sw. V.⟩ (ugs. abwertend): 1. ⟨hat⟩ a) verlieren, verlegen: die Fahrkarten v.; b) vergessen: Termine v.; ich habe [es] verschlampt, dich anzurufen. 2. ⟨ist⟩ verwahrlosen; heruntergekommen u. ungepflegt werden: sie verschlampte allmählich; eine verschlampte Kneipe.

ver|schlan|ken ⟨sw. V.; hat⟩ zu ↑schlank (Jargon): verkleinern, reduzieren: die Produktion v.; wir sind gezwungen, unser Personal zu v. (verhüll.; Leute von unserem Personal zu entlassen).

Ver|schlan|kung, die; -, -en (Jargon): das Verschlanken; das Verschlanktwerden.

ver|schlech|tern ⟨sw. V.; hat⟩: 1. ⟨etw., was schon schlecht ist, noch⟩ schlechter machen: durch Schmollen verschlechterst du deine Lage nur. 2. ⟨v. + sich⟩ [noch] schlechter werden: die Lage, das Klima, ihr Gesundheitszustand hat sich

Verschlechterung – Verschmälerung

plötzlich verschlechtert; beim Wechsel ihrer Stellung hat sie sich verschlechtert *(sie verdient jetzt weniger).*
Ver|schlech|te|rung, die; -, -en: *das [Sich]verschlechtern; das Verschlechtertwerden.*
ver|schlei|ern ⟨sw. V.; hat⟩: **1.** *mit einem Schleier verhüllen:* ich verschleiere [mir] das Gesicht; die Witwe ging tief verschleiert; Ü der Himmel verschleierte *(bedeckte)* sich; ihr Blick verschleierte sich *(wurde verschwommen);* von Tränen verschleierte Augen; eine verschleierte *(belegte)* Stimme. **2.** *durch Irreführung nicht genau erkennen lassen; verbergen:* Missstände, seine wahren Absichten, einen Skandal v.
Ver|schlei|e|rung, die; -, -en: *das Verschleiern; das Verschleiertwerden.*
Ver|schlei|e|rungs|tak|tik, die: *Taktik, mit der etw. verschleiert (2) wird.*
Ver|schlei|e|rungs|ver|such, der: *Versuch, etw. zu verschleiern (2).*
ver|schlei|fen ⟨st. V.; hat⟩ [mhd. verslīfen = (weg-, ab)schleifen] (Fachspr.): *(etw. Unebenes o. Ä.) durch* ¹*Schleifen* (1 a) *glätten:* die Kanten v.; Ü das mittelhochdeutsche Wort »wint-brā« ist zu »Wimper« verschliffen worden.
Ver|schlei|fung, die; -, -en: *das Verschleifen; das Verschliffensein.*
ver|schlei|men ⟨sw. V.; hat⟩: *bewirken, dass sich etw. (bes. die Atemorgane) mit Schleim* (1) *anfüllt:* diese Dämpfe verschleimen die Lungen; ⟨meist im 2. Part.:⟩ verschleimte Bronchien.
Ver|schlei|mung, die; -, -en: *das Verschleimen; das Verschleimtsein.*
Ver|schleiß, der; -es, -e ⟨Pl. selten⟩: **1.** [zu ↑ verschleißen (1)] **a)** *durch langen, häufigen o. ä. Gebrauch verursachte starke Abnutzung, die den Gebrauchswert von etw. mindert, durch die etw. verbraucht wird:* der menschliche Körper unterliegt einem starken, natürlichen V.; **b)** *[starker] Verbrauch:* V. an Sprühdosen; Ü der Verein hat einen enormen V. an Trainern. **2.** (↑ verschleißen (3)] (österr. Amtsspr.) *Verkauf im Kleinen; Vertrieb.*
ver|schleiß|arm ⟨Adj.⟩: *nur in äußerst geringem Umfang verschleiß hervorrufend:* -e Motoren.
ver|schlei|ßen ⟨st. u. sw. V.⟩: **1.** ⟨verschliss, hat verschlissen⟩ [mhd. verslīʒen, ahd. farslīʒan, zu ↑ schleißen] **a)** *durch langen, häufigen o. ä. Gebrauch [vorzeitig] stark abnutzen:* bei dieser Fahrweise verschleißt man die Reifen; **b)** *[vorzeitig] verbrauchen:* der Junge verschleißt alle drei Monate eine Hose; sie verschleißt viel, ihre Nerven in ihrem Beruf; Ü der Verein hat bereits fünf Vorsitzende verschlissen. **2.** ⟨verschliss, ist verschlissen⟩ [mhd. verslīʒen, ahd. farslīʒan, zu ↑ schleißen] *sich durch langen, häufigen o. ä. Gebrauch [vorzeitig] stark abnutzen:* diese Maschinen verschleißen schnell; eine verschlissene Treppe; Ü die Regierung war verschlissen. **3.** ⟨verschliss/(auch:) verschleißte, hat verschlissen/(auch:) verschleißt⟩ [eigtl. = etw. in kleine Teile spalten u. verkaufen] (österr. Amtsspr.) *(im Kleinhandel) verkaufen.*
Ver|schlei|ßer, der; -s, - (österr. Amtsspr.): *Kaufmann im Kleinhandel.*
Ver|schlei|ße|rin, die; -, -nen: w. Form zu ↑ Verschleißer.
Ver|schleiß|er|schei|nung, die: *durch Verschleiß entstandener Schaden, Mangel o. Ä.*
ver|schleiß|fest ⟨Adj.⟩: *sehr widerstandsfähig gegen Verschleiß; haltbar.*
Ver|schleiß|fes|tig|keit, die: *das Verschleißfestsein.*
ver|schleiß|frei ⟨Adj.⟩: *keinem Verschleiß unterworfen.*
Ver|schleiß|stel|le, die (österr. Amtsspr.): *Verkaufsstelle.*

ver|schlep|pen ⟨sw. V.; hat⟩: **1.** *gewaltsam irgendwohin bringen:* Dissidenten in Lager v.; die Dorfbewohner wurden im Krieg verschleppt; Ü sie hat mich zu einem Glas Wein verschleppt. **2.** *(bes. Krankheiten) weiterverbreiten:* die Ratten verschleppten die Seuche. **3. a)** *immer wieder hinauszögern; hinausziehen:* einen Prozess v.; **b)** *(eine Krankheit) nicht rechtzeitig behandeln u. so verschlimmern:* eine Krankheit v.; eine verschleppte Grippe.
Ver|schlep|pung, die; -, -en: *das Verschleppen; das Verschleppertwerden.*
Ver|schlep|pungs|tak|tik, die: *Taktik, durch die etw. verschleppt* (3 a) *werden soll.*
ver|schleu|dern ⟨sw. V.; hat⟩: **1.** *(eine Ware) unter dem Wert, zu billig verkaufen:* die Bauern mussten das Obst v. **2.** (abwertend) *leichtfertig in großen Mengen ausgeben:* Steuergelder v.; Ü seine Zeit, Energie v. *(vergeuden).*
Ver|schleu|de|rung, die; -, -en: *das Verschleudern; das Verschleudertwerden.*
ver|schlie|fen, sich ⟨sw. V.; hat⟩ (österr. ugs.): *sich verkriechen.*
ver|schließ|bar ⟨Adj.⟩: *sich verschließen* (1 a, b) *lassend.*
ver|schlie|ßen ⟨st. V.; hat⟩ [mhd. versliezen]: **1. a)** *durch Zuschließen unzugänglich machen:* den Koffer v.; sie verschloss das Haus; die Tür war [mit einem Riegel] fest verschlossen; der Besuch stand vor verschlossener Tür *(niemand machte dem Besuch auf);* Ü viele Möglichkeiten blieben ihr verschlossen; **b)** *machen, dass etw. nach außen hin fest zu ist:* eine Flasche mit einem Korken v.; **c)** *wegschließen, [in etw.] einschließen:* sein Geld, den Schmuck v.; die Vorräte im Küchenschrank/in den Küchenschrank v.; Ü seine Gedanken, Gefühle in sich, seinem Herzen v. *(für sich behalten).* **2.** ⟨v. + sich⟩ **a)** *sich, sein Wesen, seine Gefühle o. Ä. verdeckt halten, nicht öffnen:* ein Land, das sich dem Fremden verschließt; ihr Charakter blieb mir verschlossen; **b)** *sich jmdm., einer Sache gegenüber nicht zugänglich zeigen:* sich jmds. Wünschen, den Tatsachen v.; sie konnte sich diesen Argumenten, Überlegungen nicht v. *(musste ihre Richtigkeit anerkennen).*
ver|schlimm|bes|sern ⟨sw. V.; hat⟩: *etw. in der Absicht, es zu verbessern, schlechter machen.*
Ver|schlimm|bes|se|rung, die; -, -en: *das Verschlimmbessern; das Verschlimmbessertwerden. Ergebnis einer Verschlimmbesserung* (1).
ver|schlim|mern ⟨sw. V.; hat⟩: **1.** *[etw., was schon schlimm ist, noch] schlimmer machen:* eine Erkältung verschlimmerte ihre Krankheit. **2.** ⟨v. + sich⟩ *[noch] schlimmer werden:* ihr Zustand, das Übel, meine Lage verschlimmerte sich.
Ver|schlim|me|rung, die; -, -en: *das [Sich]verschlimmern; das Verschlimmertwerden.* **2.** *Ergebnis einer Verschlimmerung* (1).
¹**ver|schlin|gen** ⟨st. V.; hat⟩ [zu ↑ ¹schlingen]: *etw., sich umeinander-, ineinanderschlingen, -winden:* die Fäden zu einem Knoten v.; sie verschlang ihre Arme; verschlungene *(sich windende)* Wege; Ü eine verschlungene Interessengemeinschaft aus Politik und Wirtschaft.
²**ver|schlin|gen** ⟨st. V.; hat⟩ [vgl. ↑ ²schlingen]: *[hastig, gierig, mit großem Hunger] in großen Bissen u. ohne viel zu kauen essen, fressen:* der Hund verschlang das Fleisch; vor Heißhunger verschlangen sie einen Berg Spaghetti; Ü jmdn., etw. mit Blicken v.; ich habe den Roman verschlungen *(habe ihn voller Spannung schnell durchgelesen);* der Bau hat Unsummen verschlungen *(gekostet).*
Ver|schlin|gung, die; -, -en: **1.** *das* ¹*Verschlingen; das Verschlungenwerden.* **2.** *Schlinge, Knoten.*

¹**ver|schlos|sen** ⟨Adj.⟩: *sehr zurückhaltend, in sich gekehrt; wortkarg:* ein -er Mensch; ernst und v. sein.
²**ver|schlos|sen:** ↑ verschließen.
Ver|schlos|sen|heit, die; -: *das Verschlossensein.*
ver|schlu|cken ⟨sw. V.; hat⟩: **1. a)** *durch Schlucken in den Magen gelangen lassen; hinunterschlucken* (1): einen Kern v.; Ü sie verschluckt halbe Sätze *(spricht sie undeutlich aus);* die Teppiche verschluckten seine Schritte *(machten sie unhörbar);* **b)** *unterdrücken, nicht äußern:* Kritik, seinen Ärger v. **2.** ⟨v. + sich⟩ *etw. beim Schlucken in die Luftröhre bekommen:* sich an der Suppe, beim Lachen v.
ver|schlu|dern ⟨sw. V.; hat⟩ [zu ↑ schludern] (ugs. abwertend): **1.** *verlieren:* sie hat wichtige Akten verschludert. **2.** *durch falsche, nachlässige Behandlung verderben:* schreib ordentlich, du verschluderst ja das ganze Heft. **3.** *vernachlässigen; verkommen lassen:* sein Talent v.
Ver|schluss, der; -es, Verschlüsse: **1.** *Vorrichtung, Gegenstand zum Verschließen, Zumachen von etw.:* der V. der Perlenkette ist entzwei; wo ist der V. dieser Flasche? **2.** *[Zustand der] Verwahrung, Aufbewahrung:* etw. hinter, unter V. halten, aufbewahren; ♦ ... jeder wusste wohl, dass ihn die anderen nicht berauben würden, wie denn in den Schlafkammern der Handwerksgesellen, Soldaten und dergleichen kein V. und kein Misstrauen bestehen soll *(nichts weggeschlossen, verschlossen werden u. kein Misstrauen bestehen soll;* Keller, Kammacher 232). **3.** (Med.) *zugewachsene, verstopfte Stelle in einem Organ o. Ä.:* ein V. des Darms. **4.** *Vorrichtung an Kameras zur Regulierung der Belichtungszeit.*
Ver|schluss|de|ckel, der: *Deckel zum Verschließen von etw.*
ver|schlüs|seln ⟨sw. V.; hat⟩: **a)** *(einen Text) nach einem bestimmten Schlüssel* (3 a) *umwandeln, unkenntlich machen; chiffrieren:* eine Meldung v.; eine verschlüsselte Nachricht; Daten v. *(Informationst.);* in einen bestimmten Code 1 übertragen); Ü der Autor hat seine Aussagen verschlüsselt *(verschleiert, symbolisch dargestellt);* **b)** (Fernseh.) *(das Fernsehbild) unkenntlich machen u. nur für Berechtigte sichtbar werden lassen:* eine Sendung v.; die Übertragung des Boxkampfes wird nur verschlüsselt gesendet, läuft nur verschlüsselt im Fernsehen.
Ver|schlüs|se|lung, Verschlüsslung, die; -, -en ⟨Pl. selten⟩: *das Verschlüsseln; das Verschlüsseltwerden.*
Ver|schluss|kap|pe, die: vgl. Verschlussdeckel.
Ver|schluss|laut, der (Sprachwiss.): *Explosivlaut.*
Verschlusslung: ↑ Verschlüsselung.
Ver|schluss|sa|che, Ver|schluss-Sa|che, die: *etw., was unter Verschluss aufbewahrt wird; geheime Sache.*
Ver|schluss|zeit, die: *Belichtungszeit.*
ver|schmach|ten ⟨sw. V.; ist⟩ [mhd. versmahten] (geh.): *Entbehrung (bes. Durst, Hunger) leiden u. daran zugrunde gehen:* in der Hitze, vor Durst [fast] v.
ver|schmä|hen ⟨sw. V.; hat⟩ [mhd. versmæhen, ahd. farsmāhjan] (geh.): *aus Geringschätzung, Verachtung ablehnen, zurückweisen:* jmds. Hilfe, Liebe v.; auch die Suppe verschmähten wir nicht; verschmähte *(nicht erwiderte)* Liebe.
Ver|schmä|hung, die; -: *das Verschmähen; das Verschmähtwerden.*
ver|schmä|lern ⟨sw. V.; hat⟩: **1.** *schmaler machen:* die Straße musste verschmälert werden. **2.** ⟨v. + sich⟩ *schmaler werden:* der Weg verschmälerte sich.
Ver|schmä|le|rung, die; -, -en: **1.** *das Verschmälern; das Verschmälertwerden.* **2.** *Stelle, an der sich etw. verschmälert.*

ver|schmau|sen ⟨sw. V.; hat⟩ (fam.): *mit Genuss aufessen.*

◆ **ver|schme|cken** ⟨sw. V.; hat⟩ (landsch.): *kosten, genießen:* ... wenn sie erst die Früchte verschmeckt, wird sie die Unkosten verschmerzen (Schiller, Fiesco III, 9); ... das Mädel ... hat's Handwerk verschmeckt *(Geschmack daran gefunden;* Schiller, Kabale I, 1).

ver|schmel|zen ⟨st. V.⟩: **1.** ⟨hat⟩ *durch Schmelzen u. Zusammenfließenlassen miteinander verbinden:* Kupfer und Zink zu Messing v.; Ü zwei Dinge zu einer Einheit v. **2.** ⟨ist⟩ [mhd. versmelzen, ahd. farsmelzan] *durch Schmelzen u. Zusammenfließen zu einer Einheit werden:* Wachs und Honig verschmelzen [miteinander]; Ü die beiden Parteien verschmolzen 1922; Musik und Bewegung verschmolzen zu einem Ganzen.

Ver|schmel|zung, die; -, -en: **1.** *das Verschmelzen; das Verschmolzenwerden.* **2.** *verschmolzene Substanz.*

ver|schmer|zen ⟨sw. V.; hat⟩: *sich mit etw. Unangenehmem abfinden, darüber hinwegkommen:* eine Niederlage, Enttäuschung v.; der Verlust ist [leicht] zu v.

ver|schmie|ren ⟨sw. V.⟩ [spätmhd. versmirwen]: **1.** ⟨hat⟩ *(einen Hohlraum) mit etw. ausfüllen u. die Oberfläche glätten:* die Fugen in der Wand mit Gips v. **2.** ⟨hat⟩ (ugs.) *etw., was zum Bestreichen, Schmieren dient, verbrauchen:* jetzt habe ich die letzte Butter verschmiert. **3.** ⟨hat⟩ **a)** *ganz und gar, an vielen Stellen beschmieren* (2): die Fensterscheibe, die Tischdecke v.; sie verschmierte mir die Brille; **b)** *durch Verschmieren* (3 a) *verschmutzen* (2): das Laken ist verschmiert. **4.** ⟨hat⟩ *durch unordentliches Schreiben, Malen ein unsauberes Aussehen geben:* du verschmierst ja die ganze Seite! **5. a)** ⟨hat⟩ *so über etw. streichen, dass es sich auflöst, ausbreitet, verteilt, dass die Umrisse verschwimmen:* pass auf, dass du die Tinte nicht verschmierst; **b)** ⟨ist⟩ *sich schmierend auflösen, ausbreiten, verteilen:* die Wimperntusche verschmiert; ihr Lippenstift war verschmiert.

ver|schmitzt ⟨Adj.⟩ [eigtl. 2. Part. von älter *verschmitzen* = *mit Ruten schlagen*]: *auf lustige Weise listig u. pfiffig:* ein -er kleiner Kerl; ein -er Blick; v. lächeln.

Ver|schmitzt|heit, die; -, -en: **1.** ⟨o. Pl.⟩ *verschmitztes Wesen, verschmitzte Art.* **2.** (selten) *verschmitzte Handlung.*

ver|schmockt ⟨Adj.⟩ [zu ↑ Schmock] (ugs.): *auf die vordergründige Wirkung, den Effekt, Gag hin angelegt:* eine -e Mode.

Ver|schmockt|heit, die; -, -en (Jargon): **1.** ⟨o. Pl.⟩ *das Verschmocktsein.* **2.** *etw. Verschmocktes.*

ver|schmo|ren ⟨sw. V.; ist⟩: **a)** *durch allzu langes Schmoren verderben:* der Braten ist verschmort; **b)** *durchschmoren:* verschmorte Kabel.

ver|schmust ⟨Adj.⟩ (ugs.): *gern schmusend* (1): die Kleine ist heute sehr v.

ver|schmut|zen ⟨sw. V.⟩: **1.** ⟨hat⟩ *ganz schmutzig machen:* das Kind hat den Teppich verschmutzt; Unfall auf verschmutzter Fahrbahn; den Rhein v. *(verunreinigen).* **2.** ⟨ist⟩ *schmutzig werden:* dieser Stoff verschmutzt leicht.

Ver|schmut|zung, die; -, -en: *das Verschmutzen; das Verschmutztsein.*

ver|schna|bu|lie|ren ⟨sw. V.; hat⟩ (fam.): *mit Genuss aufessen.*

ver|schnap|pen, sich ⟨sw. V.; hat⟩ (landsch.): *durch unüberlegtes Reden etw. verraten, sich verplappern:* ◆ ... dachte er: Ich bin noch nicht ehrlich genug. Deswegen verschnappte er sich noch ein wenig in den Redensarten (Hebel, Schatzkästlein 54).

ver|schnar|chen ⟨sw. V.; hat⟩ (selten): *schnarchend verbringen;* ¹*verschlafen* (2 a).

ver|schnarcht ⟨Adj.⟩ (ugs.): ²*verschlafen, langweilig, unlebendig:* eine -e Stadt.

ver|schnau|fen ⟨sw. V.; hat⟩: *eine kleine Pause bei etw. einlegen, um Atem zu holen, Luft zu schöpfen:* sie setzte sich, um ein wenig zu v.; ⟨auch v. + sich:⟩ warte, ich muss mich kurz v.

Ver|schnauf|pau|se, die: *kurze Pause zum Verschnaufen:* eine V. einlegen; Ü die Liga macht eine kurze V.

ver|schnei|den ⟨unr. V.; hat⟩ [mhd. versnīden, ahd. farsnīdan]: **1.** *zurecht-, beschneiden:* die Hecke, die Büsche v. **2. a)** *falsch zu-, abschneiden:* die Haare v.; **b)** ⟨v. + sich⟩ *falsch schneiden; beim Schneiden einen Fehler machen:* bei dem Haarschnitt habe ich mich etwas verschnitten. **3.** *aus zurechtgeschnittenen Teilen zusammenfügen:* Text und Bilder zu Collagen v. **4.** *kastrieren:* einen Bullen v. **5.** *(zur Verbesserung des Geschmacks od. zur Herstellung preiswerter Sorten) mit anderem Alkohol vermischen:* Rum, Weinbrand v.; Ü Heroin v. *(strecken).*

Ver|schnei|dung, die; -, -en: *das Verschneiden; das Verschnittenwerden.*

ver|schnei|en ⟨sw. V.; ist⟩ [mhd. versnīen, -snīwen]: *ganz und gar von Schnee bedeckt werden:* die Wege verschneiten.

ver|schneit ⟨Adj.⟩: *ganz und gar von Schnee bedeckt:* -e Wälder.

Ver|schnitt, der; -[e]s, -e: **1. a)** *das Verschneiden* (5): der V. von Branntwein; **b)** *durch Verschneiden* (5) *hergestelltes alkoholisches Getränk:* V. aus Weinbrand; Ü ein V. aus Romantik und Hightech. **2.** *beim Zu-, Zurechtschneiden von Materialien anfallende Reste:* an dieser Ecke gibt es viel V.

-ver|schnitt, der; -[e]s, -e (abwertend): drückt in Bildungen mit Substantiven (meist Namen) aus, dass eine Person oder Sache jmdm., etw. ähnlich zu sein versucht, etw. nachahmt, an das Vorbild jedoch [bei Weitem] nicht heranreicht: James-Bond-, Monroe-Verschnitt; Operettenverschnitt.

Ver|schnitt|te|ner, der; Verschnittene/ein Verschnittner; des/eines Verschnittenen, die Verschnittenen/zwei Verschnittene: *Kastrat* (1).

ver|schnör|keln ⟨sw. V.; hat⟩: *mit [vielen] Schnörkeln versehen:* die Fassaden zu sehr v.; ⟨meist im 2. Part.:⟩ eine verschnörkelte Schrift.

Ver|schnör|ke|lung, Ver|schnörk|lung, die; -, -en: *schnörkelige Verzierung.*

ver|schnup|fen ⟨sw. V.; hat⟩ [eigtl. = bei jmdm. einen Schnupfen hervorrufen] (ugs.): *verärgern;* jmdn. mit einer Bemerkung v.; ⟨meist im 2. Part.:⟩ der Chef ist ganz schön verschnupft; Ü die Börse reagierte verschnupft.

ver|schnupft ⟨Adj.⟩: *einen Schnupfen habend:* ich habe mich erkältet und bin ganz v.

Ver|schnup|fung, die; -, -en: *das Verschnupftsein.*

ver|schnü|ren ⟨sw. V.; hat⟩ [spätmhd. versnüeren]: *mit Schnur fest zu[sammen]binden:* ein Bündel alter Zeitungen v.; ein fest verschnürtes Paket.

Ver|schnü|rung, die; -, -en: **1.** *das Verschnüren; das Verschnürtwerden.* **2.** *zum Verschnüren von etw. verwendete Schnur:* die V. lösen.

ver|schol|len ⟨Adj.⟩ [eigtl. veraltetes 2. Part. von ↑verschallen, also eigtl. = verhallt, verklungen]: *seit längerer Zeit mit unbekanntem Verbleib abwesend, für tot gehalten; unauffindbar, für verloren gehalten:* -e Angehörige; eine -e antike Handschrift; ein -es Werk; ihr Vater ist im Krieg v.; manchmal blieb sie tagelang v. *(nicht auffindbar);* meine Stiefel waren einfach v. *(nicht auffindbar).*

Ver|schol|len|heit, die; -: *das Verschollensein.*

ver|scho|nen ⟨sw. V.; hat⟩: **a)** *keinen Schaden zufügen, nichts Übles tun:* der Sturm hat kaum ein Haus verschont; eine Entwicklung, die kein Land verschont *(schont, auslässt);* sie waren von der Seuche verschont worden; kein Gemälde blieb vom Feuer verschont; **b)** *mit etw. Lästigem, Unangenehmem nicht behelligen:* verschone mich mit deinen Fragen; sie verschonten mich mit ihrem Besuch.

ver|schö|nen ⟨sw. V.; hat⟩ [mhd. verschœnen]: **a)** [noch] *schöner* (1 b), *ansprechender machen:* den Boden mit Teppichen v.; **b)** *schöner* (1 d), *angenehmer machen:* ich habe mir den Abend mit einem Glas Sekt verschönt.

ver|schö|nern ⟨sw. V.; hat⟩: **a)** *verschönen* (a): ein Zimmer mit einer neuen Tapete v.; **b)** *verschönen* (b): Orgelmusik verschönert die Andacht.

Ver|schö|ne|rung, die; -, -en: **1.** *das Verschönern; das Verschönertwerden.* **2.** *etw., was etw. verschönert.*

Ver|schö|ne|rungs|ar|bei|ten ⟨Pl.⟩: *Arbeiten, die der Verschönerung von etw. dienen.*

Ver|schö|ne|rungs|ver|ein, der (österr.): *lokaler Verein, der Verschönerungsarbeiten in einer Ortschaft übernimmt.*

Ver|scho|nung, die; -, -en: *das Verschonen; das Verschontwerden.*

Ver|schö|nung, die; -, -en: *das Verschönen; das Verschöntwerden.*

ver|schor|fen ⟨sw. V.; ist⟩: *sich mit Schorf* (1) *überziehen:* die Wunde ist verschorft.

Ver|schor|fung, die; -, -en: **1.** *das Verschorfen.* **2.** *Schicht von Schorf.*

ver|schram|men ⟨sw. V.⟩ [mhd. verschramen]: **1.** ⟨hat⟩ *eine od. mehrere Schrammen verletzen, beschädigen:* beim Einparken den Kotflügel v.; du hast dir das Knie verschrammt. **2.** ⟨ist⟩ (selten) *Schrammen bekommen:* Gläser aus Kunststoff verschrammen leicht.

ver|schrän|ken ⟨sw. V.; hat⟩ [mhd. verschrenken, ahd. forscrenchan = *mit einer Schranke umgeben, einschließen*]: *(Gliedmaßen) über Kreuz legen:* sie verschränkte die Hände hinterm Kopf, die Arme auf der Brust, vor der Brust.

Ver|schrän|kung, die; -, -en: **1.** *das Verschränken; das Verschränktwerden;* Ü die V. (Sprachwiss.; *Vermischung*) des Infinitivs mit dem Hauptsatz. **2.** (Musik) *das Ineinandergreifen zweier musikalischer Phrasen* (2b), *wobei der Schluss der ersten zugleich der Anfang einer neuen Phrase* (2 b) *ist.*

ver|schrau|ben ⟨sw. V.; hat⟩: *mit einer od. mehreren Schrauben befestigen:* etw. fest v.; die Teile werden [miteinander] verschraubt; Ü verschraubte (abwertend; *gespreizte*) Sätze.

Ver|schrau|bung, die; -, -en: **1.** *das Verschrauben; das Verschraubtwerden.* **2.** *aus Schrauben bestehende, von Schrauben gehaltene Befestigung.*

ver|schre|cken ⟨sw. V.; hat⟩ [mhd. verschrecken = *durch etw. verstören,* ²*erschrecken*]: Zuhörer v.; einen verschreckten Eindruck machen; Ü die Börse reagierte verschreckt.

ver|schrei|ben ⟨st. V.; hat⟩ [mhd. verschrīben = *aufschreiben, schriftlich festsetzen, zuweisen, vermachen*]: **1.** ⟨v. + sich⟩ *beim Schreiben einen Fehler machen.* **2.** *durch Schreiben verbrauchen:* zwei Bleistifte, einen Block v. **3.** *schriftlich, durch Ausstellen eines Rezepts verordnen* (1): du solltest dir etwas für deinen Kreislauf, gegen dein Rheuma v. lassen. **4.** ⟨v. + sich⟩ *sich einer Sache ganz, mit ganzer Kraft widmen:* sich [mit Leib und Seele] der Forschung v. **5.** (veraltend) *jmdm. den Besitz einer Sache [urkundlich] zusichern:* den Hof seinem Sohn v.; Faust verschrieb seine Seele dem Teufel. ◆ **6.** (landsch.) *schriftlich bestellen:* ... ward ... eine besondere Gattung grober Schuhe ... nicht anderst mehr verschrieben oder ausgeboten als mit dem Namen: echte,

genestelte Stuttgarter Wasserratten (Mörike, Hutzelmännlein 157).
Ver|schrei|bung, die; -, -en: **1.** *das Verschreiben* (5), *Verschriebenwerden:* ♦ ... *wenn er mir im Notfall siebzig Taler vorschießen will, so kriegt er meine V. (schriftliche Zusicherung; Schuldverschreibung), ich schaffe sie in zwei Jahren wieder* (Cl. Brentano, Kasperl 359). **2.** *Rezept* (1).
ver|schrei|bungs|pflich|tig ⟨Adj.⟩: *nur gegen ärztliche Verschreibung erhältlich:* ein -es Medikament.
ver|schrei|en ⟨st. V.; hat⟩ [mhd. verschrīen, verschreien = sich überschreien; öffentlich verklagen]: *jmdn., eine Sache Schlechtes nachsagen:* eine Aktion voreilig v.; ♦ Ein jeder ward ihr Feind und verschrie ihren Übermut (Gotthelf, Elsi 122).
Ver|schrei|ber, der; -s, -e ⟨schweiz.⟩: *Schreibfehler.*
ver|schrien ⟨Adj.⟩: *verrufen:* die Gegend ist wegen zahlreicher Überfälle v.; er war bei ihnen als Geizhals v.
ver|schrif|ten ⟨sw. V.; hat⟩ (Sprachwiss.): *durch Übertragen in die geschriebene Form festlegen:* die Sprache v.
Ver|schrif|tung, die; -, -en (Sprachwiss.): *das Verschriften; das Verschriftetwerden.*
ver|schro|ben ⟨Adj.⟩ [eigtl. mundartl. stark gebeugtes 2. Part. von veraltet verschrauben = verkehrt schrauben] (abwertend): *(in Wesen, Aussehen od. Verhalten) absonderlich anmutend:* ein -er Kauz; -e Ansichten; v. sein.
Ver|schro|ben|heit, die; -, -en: **1.** *das Verschrobensein.* **2.** *verschrobene Handlung, Äußerung.*
ver|schro|ten ⟨sw. V.; hat⟩: *zu Schrott verarbeiten; Schrott aus etw. machen:* Maschinen, Schiffe v.; ich musste mein Auto v. lassen.
Ver|schrot|tung, die; -, -en: *das Verschrotten; das Verschrottetwerden.*
ver|schrum|peln ⟨sw. V.; ist⟩ (ugs.): *schrumplig werden:* die Äpfel verschrumpeln; eine alte Frau mit verschrumpeltem Gesicht.
Ver|schub, der; -[e]s, Verschübe (bes. Eisenbahn österr.): *das Verschieben, Rangieren.*
Ver|schub|lok, Ver|schub|lo|ko|mo|ti|ve, die (Eisenbahn, bes. österr.): *Rangierlok.*
ver|schüch|tern ⟨sw. V.; hat⟩: *schüchtern machen:* jmdn. mit Drohungen v.; ⟨meist im 2. Part.:⟩ ein verschüchtertes Kind; völlig verschüchtert sein.
Ver|schüch|te|rung, die; -, -en: *das Verschüchtern; das Verschüchtertsein.*
ver|schul|den ⟨sw. V.⟩ [mhd. verschulden, ahd. farskuldan]: **1.** ⟨hat⟩ *die Schuld für etw. tragen:* einen Unfall, den Tod der Ehefrau v.; sie hat ihr Unglück selbst verschuldet; (Sport:) einen Freistoß v.; ⟨subst.:⟩ das ist durch [mein] eigenes, ohne mein Verschulden passiert; sie trifft kein Verschulden. **2. a)** ⟨ist⟩ *in Schulden geraten:* durch einen aufwendigen Lebensstil v.; ⟨meist im 2. Part.:⟩ eine völlig, bis über die Ohren verschuldete Firma; an jmdn., bei einer Bank verschuldet sein; **b)** ⟨v. + sich; hat⟩ *Schulden machen:* sich für den Bau eines Hauses v.; sich langfristig zu ungünstigen Zinsen v. müssen.
Ver|schul|dung, die; -, -en: *das Verschulden, Sichverschulden; das Verschuldetsein.*
ver|schu|len ⟨sw. V.; hat⟩ (oft abwertend): *der Schule, dem Schulunterricht ähnlich gestalten:* das Studium wird immer mehr verschult.
Ver|schu|lung, die; -, -en (oft abwertend): *das Verschulen; das Verschultwerden.*
♦ **Ver|schuss**: in der Fügung **im V.** (schweiz.; *aus Versehen;* zu: verschießen = falsch schießen; übertr. = irren).
ver|schus|seln ⟨sw. V.; hat⟩ [zu ↑Schussel] (ugs.): **a)** *(aus Unachtsamkeit) verlieren,* ¹*verlegen:* die Schlüssel v.; **b)** *vergessen:* einen Termin v.
ver|schus|tern ⟨sw. V.; hat⟩ ⟨österr.⟩: **1.** *durch Unordnung verlieren; verschlampen.* **2.** *(Geld) verschwenden.* **3.** *verstreichen lassen, nicht nutzen:* eine Gelegenheit v.
ver|schüt|ten ⟨sw. V.; hat⟩ [mhd. verschütten]: **1.** *versehentlich irgendwohin schütten; vergießen:* Salz, Bier v.; Ruth stand auf und schenkte den Tee ein, still und schnell und ohne einen Tropfen zu v. (Aichinger, Hoffnung 76). **2. a)** *ganz bedecken, [unter sich] begraben:* bei dem Unglück sind mehrere Bergleute verschüttet worden; der Vesuv hatte mehrere Städte verschüttet; Ü ihre Begabung blieb verschüttet; **b)** *zuschütten, [mit etw.] auffüllen:* einen Brunnen, Graben [mit Kies] v.
Ver|schüt|te|te, die/eine Verschüttete; der/einer Verschütteten, die Verschütteten/zwei Verschüttete: *weibliche Person, die verschüttet worden ist.*
Ver|schüt|te|ter, der Verschüttete/ein Verschütteter; des/eines Verschütteten, die Verschütteten/zwei Verschüttete: *jmd., der verschüttet worden ist.*
ver|schütt|ge|hen ⟨unr. V.; ist⟩ [zu gaunerspr. Verschütt = Haft]: **1.** (ugs.) *verloren gehen, abhandenkommen; spurlos verschwinden:* mein Regenschirm ist [mir] verschüttgegangen. **2.** (salopp) *umkommen:* zwei Männer sind bei dem Spähtrupp verschüttgegangen. **3.** (salopp) *versacken* (4): bei einer Sauftour v.
Ver|schüt|tung, die; -, -en: *das Verschütten; das Verschüttetwerden.*
ver|schwä|gern, sich ⟨sw. V.; hat⟩ [zu ↑Schwager]: *durch Heirat mit jmdm. verwandt werden:* weder verwandt noch verschwägert sein.
ver|schwei|gen ⟨st. V.; hat⟩ [mhd. verswīgen]: **1.** *bewusst nicht sagen; verheimlichen:* jmdm. eine Neuigkeit v.; er hat uns seine Krankheit verschwiegen/hat uns verschwiegen, dass er krank ist; es lässt sich nicht v. *(man muss deutlich sagen),* dass das Niveau sinkt. **2.** ⟨v. + sich⟩ (selten) *sich über etw. nicht äußern:* Stiller muss sich dieser Dame gegenüber ganz unflätig benommen haben... die Art und Weise, wie die Dame sich verschwieg, ließ allerhand vermuten (Frisch, Stiller 276).
ver|schwei|ßen ⟨sw. V.; hat⟩: *durch Schweißen verbinden:* zwei Drähte v.; Ü die Partei zu einer Einheit v.
ver|schwen|den ⟨sw. V.⟩ [mhd., ahd. verswenden = verschwinden machen, vernichten]: *leichtfertig in überreichlichem Maße u. ohne entsprechenden Nutzen verbrauchen, anwenden:* Energie, Geld, seine Kraft, Zeit v.; viel Mühe an, für, mit etw. v.; sie verschwendete keinen Blick, keinen Gedanken an ihn *(blickte ihn nicht an, dachte nicht an ihn);* du verschwendest deine Worte *(das, was du sagst, wird ohne Wirkung bleiben).*
Ver|schwen|der, der; -s, - (leicht abwertend): *verschwenderischer Mensch.*
Ver|schwen|de|rin, die; -, -nen: w. Form zu ↑Verschwender.
ver|schwen|de|risch ⟨Adj.⟩: **1.** *leichtfertig u. allzu großzügig im Verbrauchen von Geld u. Sachen:* ein -er Mensch; sie geht v. mit ihrem Geld um; ein -es *(luxuriöses)* Leben. **2.** *überaus reichhaltig, üppig:* eine -e Pracht; v. ausgestattet sein.
Ver|schwen|dung, die; -, -en (leicht abwertend): *das Verschwenden; das Verschwendetwerden:* das ist ja die reinste V.!; die V. von Steuergeldern.
Ver|schwen|dungs|sucht, die ⟨o. Pl.⟩ (oft abwertend): *starke Neigung, etw. (bes. Geld) zu verschwenden.*
ver|schwen|dungs|süch|tig ⟨Adj.⟩ (oft abwertend): *Verschwendungssucht zeigend.*
ver|schwen|ken ⟨sw. V.; hat⟩ (Fachspr.): *durch einen Schwenk in eine andere Lage, Position bringen;* ¹*verlegen* (3).
Ver|schwen|kung, die; -, -en (Fachspr.): *das Verschwenken, Verschwenktwerden.*
¹**ver|schwie|gen** ⟨Adj.⟩ [mhd. verswigen]: **a)** *zuverlässig im Bewahren eines Geheimnisses; nicht geschwätzig:* -e Mitarbeiter; eine in privaten Dingen -e Kollegin; **b)** *still u. einsam, nur von wenigen Menschen aufgesucht:* eine -e Bucht; einen -en Ort (ugs. verhüll.; *die Toilette)* aufsuchen.
²**ver|schwie|gen:** ↑verschweigen.
Ver|schwie|gen|heit, die; -, -en: *das Verschwiegensein; Schweigen; Diskretion* (a): strengste V. bewahren; zur V. verpflichtet.
Ver|schwie|gen|heits|pflicht, die: *Schweigepflicht.*
ver|schwim|men ⟨st. V.; ist⟩: *undeutlich werden, keine fest umrissenen Konturen mehr haben [u. ineinander übergehen]:* die Berge verschwimmen im Dunst; mir verschwammen die Zeilen vor den Augen; die Farben verschwimmen ineinander; das Foto ist verschwommen; Ü die Übergänge zwischen Frühling und Sommer verschwammen; diese Formulierung ist reichlich verschwommen *(unklar).*
ver|schwin|den ⟨st. V.; ist⟩ [mhd. verswinden, ahd. farsuindan]: **a)** *sich aus jmds. Blickfeld entfernen u. dann nicht mehr sichtbar sein:* die Sonne verschwindet hinter den Wolken; der Zauberer ließ allerlei Gegenstände v.; sie ließ den Schlüssel in ihrer Handtasche v. *(steckte ihn ein);* die Kassette war spurlos verschwunden *(war nirgends aufzufinden);* sie ist aus seinem Leben verschwunden; ich muss mal v. (ugs. verhüll.; *auf die Toilette gehen);* er bin müde und verschwinde jetzt *(gehe jetzt schlafen);* er verschwand im/ins Haus (ugs.; *ging ins Haus);* er ist gleich nach dem Essen verschwunden (ugs.; *gegangen);* verschwinde! (ugs.; *geh weg!);* das Grinsen war aus ihrem Gesicht verschwunden; ⟨subst.:⟩ sein Verschwinden wurde nicht bemerkt; sie war verschwunden unter einem großen Hut *(war kaum noch zu sehen);* ein verschwindend geringer *(sehr kleiner)* Teil; eine verschwindende *(ganz geringe)* Minderheit; **b)** *gestohlen werden:* in unserem Betrieb verschwindet immer wieder Geld; er hat Geld v. lassen *(unterschlagen).*
ver|schwis|tern ⟨sw. V.; hat⟩: **1.** *eng miteinander verbinden:* zwei Reedereien v.; der ideelle war stark mit dem finanziellen Aufwand verschwistert. **2.** ⟨v. + sich⟩ [mhd. verswistern] *sich als, wie Geschwister miteinander verbinden.* **3.** *[miteinander] verschwistert sein (Geschwister sein).*
ver|schwit|zen ⟨sw. V.; hat⟩ [mhd. verswitzen]: **1.** *durch-, nass schwitzen:* sein Hemd v.; ⟨meist im 2. Part.:⟩ ein verschwitztes Gesicht; die Kleidung ist verschwitzt; verschwitzt aus dem Zug steigen. **2.** [eigtl. = wie durch Schwitzen, beim Schwitzen verlieren] (ugs.) *(ein Vorhaben o. Ä.) vergessen, versäumen:* einen Termin v.; ich habe deinen Geburtstag verschwitzt; ich habe [es] total verschwitzt.
ver|schwol|len ⟨Adj.⟩ [adj. 2. Part. von veraltet verschwellen = aufquellen lassen]: *stark angeschwollen:* vom Weinen -e Augen haben; das Gesicht des Boxers war v.
ver|schwom|men: ↑verschwimmen.
Ver|schwom|men|heit, die; -, -en ⟨Pl. selten⟩: *das Verschwommensein.*
ver|schwö|ren ⟨st. V.; hat⟩ [mhd. verswern, ahd. farswerian, urspr. verstärkend für »schwören«]: **1.** ⟨v. + sich⟩ **a)** *sich heimlich mit jmdm. verbinden* ⟨bes. [mit anderen Offizieren] gegen die Regierung v. *(konspirieren);* sie sind ein verschworener Haufen, eine verschworene Gemeinschaft; Ü alles hat sich gegen uns verschworen *(nichts verläuft wie erhofft);* **b)** (veraltet) *sich*

durch einen Eid zu etw. verpflichten: er verschwor sich, dem Bündnis die Treue zu halten. **2.** ⟨v. + sich⟩ *sich mit ganzer Kraft für etw. einsetzen:* er hat sich der Freiheit, seinem Beruf verschworen. **3.** (veraltet) *abschwören:* er hat den Alkohol, das Spielen verschworen; ♦ ... hatte sie ... das erste Kacheli (= die erste Tasse Kaffee) ausgetrunken, ... wollte gar keinen Platz mehr haben für fernere Guttaten und sagte: Man sollte sie doch in Ruhe lassen, sonst müsste sie sich noch verschwören (*müsste sie sich vornehmen, überhaupt keinen Kaffee mehr zu trinken;* Gotthelf, Spinne 10). ♦ **4.** *eidlich geloben, schwören:* »Sagen Sie mir nichts von dem abscheulichen Geschöpf!«, rief der Alte, »ich habe verschworen, nicht mehr an sie zu denken ...« (Goethe, Lehrjahre II, 7).

Ver|schwo|re|ne, die/eine Verschworene; der/einer Verschworenen/zwei Verschworene: **1.** *Verschwörerin.* **2.** *weibliche Person, die sich einer Sache verschworen (2) hat.*

Ver|schwo|re|ner, der Verschworene/ein Verschworener; des/eines Verschworenen, die Verschworenen/zwei Verschworene: **1.** *Verschwörer.* **2.** *jmd., der sich einer Sache verschworen (2) hat.*

Ver|schwö|rer, der; -s, -: *jmd., der sich mit jmdm. verschworen (1 a) hat.*

Ver|schwö|re|rin, die; -, -nen: w. Form zu ↑ Verschwörer.

ver|schwö|re|risch ⟨Adj.⟩: *in der Art eines Verschwörers; einen Verschwörer kennzeichnend:* ein -es Augenzwinkern.

Ver|schwö|rer|mie|ne, die: *Miene, die jmd. aufsetzt, um heimliche Verbundenheit, stillschweigendes Einverständnis auszudrücken:* mit V. steckte sie ihr das Geld zu.

Ver|schwö|rung, die; -, -en: *gemeinsame Planung eines Unternehmens gegen jmdn. od. etw. (bes. gegen die staatliche Ordnung):* eine V. anzetteln, aufdecken.

Ver|schwö|rungs|the|o|rie, die: *Vorstellung, Annahme, dass eine Verschwörung, eine verschwörerische Unternehmung Ausgangspunkt von etw. sei.*

ver|schwur|belt ⟨Adj.⟩ [H. u.] (ugs.): *[in der Ausdrucksweise] verworren, kompliziert.*

Vers|dra|ma, das (Literaturwiss.): *in Versen abgefasstes Drama.*

ver|se|hen ⟨st. V.; hat⟩ [mhd. versehen, ahd. far-, firsehan]: **1. a)** *dafür sorgen, dass jmd. etw. bekommt, hat; versorgen:* jmdn., sich für die Reise mit Proviant, mit Geld v.; mit allem Nötigen wohl versehen sein; sie starb, versehen mit den Sterbesakramenten; **b)** *dafür sorgen, dass etw. irgendwo vorhanden ist; ausstatten:* einen Text mit Anmerkungen v.; sie versah die Torte mit Verzierungen; **c)** (kath. Kirche) *jmdm. die Sterbesakramente spenden:* der Pfarrer kam, um den Kranken zu v.; ... und hier sei er im Winter 1954, von seiner Kirche wohl versehen, gestorben (Muschg, Gegenzauber 242). **2.** *(eine Aufgabe, einen Dienst) erfüllen, ausüben:* seinen Dienst, seine Pflichten, seine Stelle gewissenhaft v.; sie versieht *(besorgt)* beim Pfarrer den Haushalt. **3. a)** ⟨v. + sich⟩ *sich beim [Hin]sehen irren:* ich habe mich in der Größe versehen; **b)** *etw. zu tun versäumen:* die Mutter hatte nichts an ihrem Kind versehen; hierbei ist manches versehen worden; **c)** ⟨v. + sich⟩ *einen Fehler machen:* sich beim Ausfüllen eines Formulars v. **4.** ⟨v. + sich⟩ (veraltend) *sich auf etw. gefasst machen, einer Sache gewärtig sein:* bei dieser Person muss man sich jedes Verbrechens v.; R ehe man sichs versieht *(schneller, als man erwartet).* ♦ **5. a)** ⟨v. + sich⟩ *(von schwangeren Frauen) durch das Betrachten von etw., das Hinsehen nach jmdm., etw. die Entwicklung der Leibesfrucht ungünstig beeinflussen, ihr einen Schaden zufügen:* Totengräbers Tochter sah ich gehn, ihre Mutter hatte sich an keiner Leiche verschn! (Goethe, Zahme Xenien VII); ... junge Frauen, die besorgten, sich an den Schinderstücken zu v. und ihrem Kind im Mutterleib den Galgen auf den Buckel zu brennen (Schiller, Räuber II, 3); **b)** (landsch.) *übersehen, unbeachtet lassen:* ... ging Elke mit den Mägden an den Tischen herum, dass an dem Leichenmahle nichts v. werde (Storm, Schimmelreiter 61).

Ver|se|hen, das; -s, -: *etw., was aus Unachtsamkeit falsch gemacht wurde; Fehler, Irrtum:* ihr ist ein V. unterlaufen, passiert; entschuldigen Sie, das war nur ein V. [von mir], das geschah aus V. *(unabsichtlich, nicht gewollt);* Nur die Sorgsamkeit, wie sie das Schlüsselchen verschwinden lässt, belustigt ihn mehr und mehr, und eines Morgens will es der Zufall, dass diese Schublade offen steht, ein V. offensichtlich (Frisch, Gantenbein 270/271).

¹ver|se|hent|lich ⟨Adv.⟩: *aus Versehen:* v. fremde Post öffnen.

²ver|se|hent|lich ⟨Adj.⟩: *aus Versehen zustande gekommen, geschehen:* eine -e Falschmeldung.

ver|seh|ren ⟨sw. V.; hat⟩ [mhd. versēren, zu ↑ sehren u. eigtl. = Schmerz verursachen] (geh.): *verletzen, beschädigen:* jmdn. v.; versehrte Körperteile.

Ver|sehr|te, die/eine Versehrte; der/einer Versehrten, die Versehrten/zwei Versehrte: *weibliche Person, die (bes. durch einen Unfall od. eine Kriegsverletzung) körperbehindert ist.*

Ver|sehr|ten|sport, der: *von Versehrten betriebener Sport.*

Ver|sehr|ter, der Versehrte/ein Versehrter; des/eines Versehrten, die Versehrten/zwei Versehrte: *jmd., der (bes. durch einen Unfall od. eine Kriegsverletzung) körperbehindert ist.*

Ver|sehrt|heit, die; -, -en: **1.** ⟨o. Pl.⟩ *das Versehrtsein.* **2.** *Versehrung (2), Verletzung.*

Ver|seh|rung, die; -, -en (geh.): **1.** *das Versehren, Versehrtwerden.* **2.** *Verletzung, Behinderung:* körperliche -en.

ver|selb|stän|di|gen usw.: ↑ verselbstständigen usw.

ver|selbst|stän|di|gen, verselbständigen ⟨sw. V.; hat⟩: **a)** *aus einer Einheit lösen u. selbstständig machen:* eine Behörde v.; **b)** ⟨v. + sich⟩ *aus einer Einheit gelöst u. selbstständig werden:* dieses Gebiet hat sich zu einer eigenen Disziplin verselbstständigt; bestimmte Dinge haben sich verselbstständigt *(sind außer Kontrolle geraten).*

Ver|selbst|stän|di|gung, Verselbständigung, die; -, -en: *das Verselbstständigen, Sichverselbstständigen.*

Ver|se|ma|cher, der (meist abwertend): *jmd., der [mit mehr od. weniger Geschick] Verse dichtet.*

Ver|se|ma|che|rin, die: w. Form zu ↑ Versemacher.

ver|sem|meln ⟨sw. V.; hat⟩ (ugs.): *verderben, zunichtemachen.*

Vers|en|de, das: *Ende eines Verses.*

ver|sen|den ⟨unr. V.; versandte/(seltener:) versendete, hat versandt/(seltener:) versendet⟩ [mhd. versenden, ahd. farsantan]: *an einen größeren Kreis von Personen senden:* Warenproben v.

Ver|sen|der, der; -s, -: *Person, Firma, Einrichtung, die etw. versendet.*

Ver|sen|de|rin, die; -, -nen: w. Form zu ↑ Versender.

Ver|sen|dung, die; -, -en: *das Versenden; das Versendetwerden.*

ver|sen|gen ⟨sw. V.; hat⟩ [mhd. versengen]: *durch leichtes Anbrennen bes. der Oberfläche beschädigen:* sein Hemd mit der Zigarette v.; ich habe mir die Haare an der Kerze versengt; die Sonne hat die Felder versengt *(ausgedörrt).*

ver|senk|bar ⟨Adj.⟩: *sich versenken (1 b) lassend:* eine -e Nähmaschine.

ver|sen|ken ⟨sw. V.; hat⟩ [mhd. versenken, ahd. far-, firsenken]: **1. a)** *bewirken, dass etw. (bes. ein Schiff) im Wasser versinkt:* feindliche Schiffe v.; **b)** *bewirken, dass etw. in etw., unter der Oberfläche von etw. verschwindet:* der Tank wird in die Erde versenkt; die Nähmaschine lässt sich v.; die Hände in die Taschen v. *(stecken).* **2.** ⟨v. + sich⟩ *sich ganz auf etw. konzentrieren; sich vertiefen:* sich ins Gebet, in ein Buch, ins Internet v.

Ver|sen|kung, die; -, -en: **1.** *das Versenken (1); das Versenktwerden.* **2.** *das Sichversenken; ausschließliche Konzentration auf etw. Bestimmtes:* ... dabei leicht mit der Zunge schnalzend, als wollte er ihm gleichsam metronomisch andeuten, dass dieser Wein mit nahezu mystischer V. genossen zu werden verdiene (Thieß, Legende 87). **3.** (Theater) *Teil des Bodens der Bühne, der sich mithilfe eines Aufzugs hinablassen u. wieder anheben lässt:* * **aus der V. auftauchen** (ugs.; *unerwartet wieder in Erscheinung treten*); **in der V. verschwinden** (ugs.; *aus der Öffentlichkeit verschwinden*).

Vers|epos, das: vgl. Versdrama.

Ver|se|schmied, der (scherzh., auch abwertend): *Versemacher.*

Ver|se|schmie|din, die: w. Form zu ↑ Verseschmied.

ver|ses|sen: 1. ↑ versitzen. **2.** [zu veraltet sich versitzen = hartnäckig auf etw. bestehen] * **auf jmdn., etw. v. sein** *(jmdn., etw. sehr gernhaben, etw. unbedingt haben wollen):* er ist v. auf die Kinder, auf Süßigkeiten; sie ist darauf v., bald wieder Rennen zu fahren).

Ver|ses|sen|heit, die; -, -en: *das Versessensein (auf jmdn., etw.).*

ver|set|zen ⟨sw. V.; hat⟩ [mhd. versetzen, ahd. firsezzen]: **1. a)** *an eine andere Stelle o. Ä. setzen, bringen:* eine Wand, einen Grenzstein v.; die Knöpfe an einem Mantel v.; bei diesem Mosaik sind die Steine verschoben *(bei jeder neuen Reihe um einen Stein verschoben)* angeordnet; sich ins vorige Jahrhundert versetzt fühlen; Ü jmdn. in den Adelsstand v. *(erheben);* in den Ruhestand versetzt werden; **b)** *an eine andere Dienststelle o. Ä. beordern:* jmdn. in eine andere Behörde, nach Köln v.; sie will sich v. lassen; **c)** *(einen Schüler) in die nächste Klasse aufnehmen:* wegen mangelhafter Leistungen nicht versetzt werden; **d)** (veraltet) *unterdrücken:* das versetzt *(nimmt)* mir den Atem; Vielleicht, sag' ich, ist diese Liebe zu euch versetzte Mutterliebe, die Sehnsucht nach dem Sohn ... (Th. Mann, Krull 206). **2. a)** *in einen anderen Zustand, in eine neue Lage bringen:* eine Maschine in Bewegung v.; die Polizei ist in höchste Alarmbereitschaft versetzt worden; ihre Mitteilung versetzte uns in Erstaunen; ein Stipendium versetzte ihn in die Lage zu studieren; Ohne Zweifel, der Anblick des bettlägerigen Mannes versetzte das hübsche Fräulein in höfliche Bestürzung (Thieß, Legende 50); **b)** ⟨v. + sich⟩ *sich in jmdn., in etw. hineindenken:* sich in einen anderen, an jmds. Stelle v.; versetzen Sie sich einmal in meine Lage! **3.** *unversehens geben, beibringen (3):* jmdm. einen Hieb, Stoß, Tritt v.; Ü jmdm. einen Schock v.; * **jmdm. eine/eins v.** (ugs.; ↑ verpassen 2). **4. a)** *verpfänden:* seine Uhr v. müssen; **b)** *zu Geld machen:* die Beute v. **5.** (ugs.) *vergeblich warten lassen; eine Verabredung mit jmdm. nicht einhalten:* sie hat mich gestern Abend versetzt. **6.** *(energisch, mit einer gewissen Entschlossenheit) antworten:* »Ich bin anderer Ansicht«, versetzte sie. **7.** *vermischen*

Versetzung – Versiertheit

[u. dadurch in der Qualität mindern]: Wein mit Wasser v.; mit Kohlensäure versetztes Wasser.

Ver|set|zung, die; -, -en: *das Versetzen* (1 a–c, 4, 7), *Versetztwerden.*

ver|set|zungs|ge|fähr|det ⟨Adj.⟩: *in Gefahr seiend, nicht versetzt* (1 c) *zu werden.*

Ver|set|zungs|zei|chen, das (Musik): *Zeichen in der Notenschrift, das die Erhöhung od. Erniedrigung um einen od. zwei Halbtöne bzw. deren Aufhebung anzeigt.*

ver|seu|chen ⟨sw. V.; hat⟩: *mit Krankheitserregern, gesundheitsschädlichen Stoffen durchsetzen:* das Grundwasser v.; eine verseuchte Umwelt; radioaktiv verseuchte Milch.

Ver|seu|chung, die; -, -en: *das Verseuchen; das Verseuchtwerden, Verseuchtsein.*

Vers|fuß, der (Verslehre): *kleinste rhythmische Einheit eines Verses, die sich aus einer charakteristischen Reihung von kurzen od. langen u. betonten u. unbetonten Silben ergibt.*

ver|si|cher|bar ⟨Adj.⟩: *sich versichern lassend; für eine Versicherung geeignet.*

Ver|si|che|rer, der; -s, -: *Versicherungsgeber.*

Ver|si|che|rin, die; -, -nen: w. Form zu ↑ Versicherer.

ver|si|chern ⟨sw. V.; hat⟩ [mhd. versichern = sicher machen; erproben; versprechen]: **1.** *als sicher, gewiss hinstellen; als die reine Wahrheit, als den Tatsachen entsprechend bezeichnen:* etw. hoch und heilig, eidesstattlich v.; das kann ich dir v.; ich versichere dir, dass ich dir alles gesagt habe. **2.** (geh.) **a)** *jmdm. zusagen, dass er mit Sicherheit auf etw. zählen kann; jmdm. Gewissheit über etw. geben:* jmdm. seiner Freundschaft, seines Vertrauens v.; Sie können versichert sein, dass die Sache sich so verhält; **b)** ⟨v. + sich⟩ *sich Gewissheit über jmdn., etw. verschaffen; prüfen, ob fest geplant, etw. zu zählen ist:* ich habe mich seines Schutzes versichert; **c)** (veraltend) *sich jmds., einer Sache bemächtigen:* er versicherte sich der beiden silbernen Leuchter und flüchtete; ♦ **d)** *(durch Versprechen, rechtlich bindende Zusage o. Ä.) als sicher zusagen, zusichern:* Wenn du deinem Volk der Freiheit köstliches Geschenk, das teuer erworbne Licht der Wahrheit willst v. (Schiller, Maria Stuart II, 3); ... als Mozart mit der Braut den Kehraus tanzte, nahm er sein versichertes Recht auf ihren schönen Mund in bester Form dahin (Mörike, Mozart 253). **3. a)** *für jmdn., sich, etw. eine Versicherung* (2 a) *abschließen:* sich, seine Familie [gegen Krankheit, Unfall] v.; sie hat ihr Haus gegen Feuer versichert; **b)** *jmdm. Versicherungsschutz geben:* unsere Gesellschaft versichert Sie gegen Feuer.

Ver|si|cher|te, die/eine Versicherte; der/einer Versicherten, die Versicherten/zwei Versicherte: *Versicherungsnehmerin.*

Ver|si|cher|ten|kar|te, die: *Krankenversichertenkarte.*

Ver|si|cher|ter, der Versicherte/ein Versicherter; des/eines Versicherten, die Versicherten/zwei Versicherte: *Versicherungsnehmer.*

Ver|si|che|rung, die; -, -en [mhd. versicherunge = Sicherstellung, Sicherheit]: **1.** *das Versichern* (1); *Erklärung, dass etw. sicher, gewiss, richtig sei:* eine eidesstattliche V.; jmdm. die V. geben, dass nichts geschehen werde. **2. a)** *Vertrag mit einer Versicherungsgesellschaft, nach dem diese gegen regelmäßige Zahlung eines Beitrags bestimmte Schäden bzw. Kosten ersetzt od. bei Tod des Versicherten den Angehörigen einen bestimmten Geldbetrag auszahlt:* eine V. über 100 000 Euro gegen Feuer; eine V. abschließen, kündigen; die V. ist ausgelaufen, läuft weiter; **b)** Kurzf. von ↑ Versicherungsbeitrag: die V. beträgt 20 Euro im Monat; **c)** Kurzf. von ↑ Versicherungsgesellschaft: in diesem Fall zahlt die V. nicht; **d)** *das Versichern* (3 a): die V. des Wagens kostet 1500 Euro im Jahr.

Ver|si|che|rungs|agent, der: *Versicherungsvertreter.*

Ver|si|che|rungs|agen|tin, die: w. Form zu ↑ Versicherungsagent.

Ver|si|che|rungs|bei|trag, der: *Betrag, den ein Versicherungsnehmer für einen bestimmten Versicherungsschutz zu zahlen hat; Prämie* (3).

Ver|si|che|rungs|be|stä|ti|gungs|kar|te, die (Amtsspr.): *bei Zulassung eines Kraftfahrzeugs vorzulegender Nachweis über den Antrag auf eine Haftpflichtversicherung; Deckungskarte.*

Ver|si|che|rungs|be|trug, der: *Betrug durch Vortäuschen eines Versicherungsfalls.*

Ver|si|che|rungs|bran|che, die: *die Versicherungswirtschaft umfassende Branche.*

Ver|si|che|rungs|fall, der: *Fall, bei dessen Eintreten die Versicherung haftet.*

Ver|si|che|rungs|fremd ⟨Adj.⟩: *nicht von einer (gesetzlichen) Versicherung erfasst, aus ihr herausfallend: die Finanzierung versicherungsfremder Leistungen.*

Ver|si|che|rungs|ge|ber, der (Fachspr.): *Versicherungsgesellschaft.*

Ver|si|che|rungs|ge|schäft, das: *Geschäft mit Versicherungen.*

Ver|si|che|rungs|ge|sell|schaft, die: *Unternehmen, bei dem jmd. eine Versicherung* (2 a) *abschließen kann.*

Ver|si|che|rungs|grup|pe, die: *Gesamtheit rechtlich selbstständiger Versicherungsgesellschaften, die aber aufgrund bestimmter Gemeinsamkeiten zusammengehören.*

Ver|si|che|rungs|kar|te, die: **1.** *Bescheinigung über die vom Versicherten in der sozialen Rentenversicherung zurückgelegten Berufsjahre, die bezahlten Beiträge usw.* **2.** *grüne Karte* (↑ Karte 1).

Ver|si|che|rungs|kauf|frau, die: *für das Versicherungswesen ausgebildete Kauffrau* (Berufsbez.).

Ver|si|che|rungs|kauf|mann, der: *für das Versicherungswesen ausgebildeter Kaufmann* (Berufsbez.).

Ver|si|che|rungs|kon|zern, der: *Konzern, in dem mehrere Versicherungsgesellschaften zusammengeschlossen sind.*

Ver|si|che|rungs|leis|tung, die: *von der Versicherungsgesellschaft im Versicherungsfall erbrachte Leistung.*

Ver|si|che|rungs|mak|ler, der: *Handelsmakler, der den Abschluss von Versicherungsverträgen vermittelt.*

Ver|si|che|rungs|mak|le|rin, die: w. Form zu ↑ Versicherungsmakler.

Ver|si|che|rungs|ma|the|ma|tik, die: *Teilgebiet der angewandten Mathematik, das mithilfe der mathematischen Statistik u. der Wahrscheinlichkeitsrechnung die Grundlage für die Prämienberechnung liefert.*

Ver|si|che|rungs|neh|mer, der; -s, - (Fachspr.): *jmd., der bei einer Versicherungsgesellschaft sich gegen etw. versichert hat.*

Ver|si|che|rungs|neh|me|rin, die; -, -nen: w. Form zu ↑ Versicherungsnehmer.

Ver|si|che|rungs|num|mer, die: *Nummer, unter der ein Versicherter bei einer Versicherung geführt wird.*

Ver|si|che|rungs|pflicht, die: *gesetzlich verankerte Pflicht, in bestimmten Fällen eine Versicherung* (2 a) *abzuschließen.*

ver|si|che|rungs|pflich|tig ⟨Adj.⟩: **1.** *gesetzlich verpflichtet, sich zu versichern* (3 a). **2.** *der Versicherungspflicht unterliegend:* eine -e Beschäftigung.

Ver|si|che|rungs|po|li|ce, die, (österr.:) **Ver|si|che|rungs|po|liz|ze,** die: *Police.*

Ver|si|che|rungs|prä|mie, die (Fachspr.): *Versicherungsbeitrag.*

Ver|si|che|rungs|pro|dukt, das (Versicherungsw.): *bestimmte Möglichkeit, Art, sich zu versichern, die von Versicherungsgesellschaften angeboten wird.*

Ver|si|che|rungs|recht, das ⟨Pl. selten⟩: *Gesamtheit der rechtlichen Normen, Vorschriften u. Bestimmungen, die das Versicherungswesen betreffen.*

Ver|si|che|rungs|schein, der: *Police* (1).

Ver|si|che|rungs|schutz, der ⟨o. Pl.⟩: *durch Abschließen einer Versicherung* (2 a) *erlangter Schutz in bestimmten Schadensfällen.*

Ver|si|che|rungs|steu|er, Versicherungsteuer, die: *auf bestimmte Versicherungsverträge erhobene Steuer.*

Ver|si|che|rungs|sum|me, die: *im Versicherungsfall von der Versicherungsgesellschaft zu zahlende Summe.*

Ver|si|che|rung|steu|er: ↑ Versicherungssteuer.

Ver|si|che|rungs|trä|ger, der (Fachspr.): *öffentliche Einrichtung, bei der Arbeitnehmer sozialversichert sind.*

Ver|si|che|rungs|un|ter|neh|men, das: *Versicherungsgesellschaft.*

Ver|si|che|rungs|ver|trag, der: *Versicherung* (2 a).

Ver|si|che|rungs|ver|tre|ter, der: *für eine Versicherungsgesellschaft tätiger Vertreter.*

Ver|si|che|rungs|ver|tre|te|rin, die: w. Form zu ↑ Versicherungsvertreter.

Ver|si|che|rungs|wert, der: *(bei Sachversicherungen) Wert des versicherten Objekts.*

Ver|si|che|rungs|we|sen, das ⟨o. Pl.⟩: *Gesamtheit der mit Versicherungsverträgen zusammenhängenden Einrichtungen, Vorschriften u. Vorgänge.*

Ver|si|che|rungs|wirt|schaft, die ⟨Pl. selten⟩: *Versicherungswesen als Wirtschaftszweig.*

Ver|si|che|rungs|zeit, die ⟨meist Pl.⟩: *(in der gesetzlichen Sozialversicherung) Zeit, in der Beiträge gezahlt werden u. nach der sich der Rentenanspruch des Versicherten bemisst.*

ver|si|ckern ⟨sw. V.; ist⟩: *sickernd im Untergrund (bes. in der Erde) verschwinden:* ins Grundwasser v.; der Regen versickert; Ü das Gespräch versickerte; das Geld ist irgendwo versickert.

Ver|si|cke|rung, die; -, -en: *das Versickern.*

ver|sie|ben ⟨sw. V.; hat⟩ [zu ↑ Sieb] (ugs.): **1.** *aus Unachtsamkeit verlieren,* ¹*verlegen:* seine Schlüssel v. **2. a)** *aus Dummheit, Unachtsamkeit verderben, zunichtemachen:* ein Ding v.; **b)** (Sport) *vergeben* (4): einen Elfmeter v.

ver|sie|geln ⟨sw. V.; hat⟩ [mhd. versigelen]: **1.** *mit einem Siegel verschließen:* die Polizei hat das Zimmer versiegelt; ein versiegelter Umschlag. **2.** *durch Auftragen einer Schutzschicht widerstandsfähiger, haltbarer machen:* das Parkett v.

Ver|sie|ge|lung, die, (seltener:) Versiegelung, die; -, -en: **1.** *das Versiegeln; das Versiegeltsein.* **2.** *versiegelnde Schutzschicht.*

ver|sie|gen ⟨sw. V.; ist⟩ [zu frühnhd. versiegen, 2. Part. von: versiehen, versiegen = vertrocknen, zu ↑ seihen] (geh.): *zu fließen aufhören:* die Quelle versiegt; ihre Tränen sind versiegt; Ü ihre Geldquelle ist versiegt; seine Kräfte versiegten; das Gespräch versiegte (*verstummte allmählich*); ein nie versiegender Humor.

Ver|sie|gung, die: ↑ Versiegelung.

ver|siert ⟨Adj.⟩ [nach gleichbed. frz. versé, eigtl. 2. Part. von veralten versieren = sich mit etw. beschäftigen] (bildungsspr.): *auf einem bestimmten Gebiet durch längere Erfahrung gut Bescheid wissend u. daher gewandt, geschickt:* ein -er Taktiker; sie ist auf diesem Gebiet, in Detailfragen sehr v.

Ver|siert|heit, die; -: *das Versiertsein.*

ver|sif|fen ⟨sw. V.; ist⟩ (salopp): *schmutzig werden.*

ver|sifft ⟨Adj.⟩ [zu ↑ Syph, der Kurzform von Syphilis] (salopp): *verschmutzt, verdreckt:* eine -e Decke; das T-Shirt war völlig v.

ver|sil|bern ⟨sw. V.; hat⟩ [spätmhd. versilbern = (für Geld) verkaufen]: **1.** *mit einer Silberschicht überziehen:* Bestecke v. **2.** (ugs.) *(schnell) zu Geld machen:* seine Uhr v.

Ver|sil|be|rung, die; -, -en: **1.** *das Versilbern; das Versilbertwerden.* **2.** *Silberschicht, mit der etw. überzogen ist.*

ver|sim|peln ⟨sw. V.⟩: **1.** ⟨hat⟩ *allzu sehr vereinfachen, sodass es simpel, banal wird:* Charaktere in einem Stück v. **2.** ⟨ist⟩ *simpel, anspruchslos werden.*

Ver|sim|pe|lung, (selten:) **Ver|simp|lung**, die; -, -en: *das Versimpeln (1); das Versimpeltwerden.*

ver|sin|geln ⟨sw. V.; ist⟩ [zu ↑ ³Single] (Jargon): *zum Single werden; mehr u. mehr die Lebensform der ³Singles annehmen:* die Gesellschaft versingelt.

Ver|sin|ge|lung, die; -, -en (Jargon): *das Versingeln.*

ver|sin|ken ⟨st. V.; ist⟩ [mhd. versinken]: **1. a)** *unter die Oberfläche von etw. geraten u. [allmählich] darin verschwinden:* das Schiff ist in den Wellen versunken; die Sonne versank hinter dem/den Horizont *(verschwand hinter dem Horizont);* vor Scham wäre sie am liebsten im/in den Erdboden versunken; Ü *in Dunkelheit v.;* eine versunkene *(längst vergangene)* Kultur; **b)** *(bis zu einer bestimmten Tiefe) einsinken:* sie ist bis zu den Knöcheln im Schlamm versunken; Claudia verharrt vor dem Flügel...; der Maler versinkt klein in einem weiten Sessel *(ist darin nicht mehr zu sehen;* A. Zweig, Claudia 46). **2.** *(nichts anderes mehr bemerkend) sich einer Sache ganz hingeben:* in Grübeln, Trauer, Schwermut v.; in Gleichgültigkeit v. *(gleichgültig werden);* in Gedanken versunken, nickte sie; er war ganz in seine Arbeit, in ihren Anblick versunken; Und die beiden versanken wieder in Stillschweigen (Fallada, Blechnapf 343).

ver|sinn|bild|li|chen ⟨sw. V.; hat⟩: *sinnbildlich, symbolisch darstellen; symbolisieren:* die fünf Ringe versinnbildlichen die Kontinente.

Ver|sinn|bild|li|chung, die; -, -en: **1.** *das Versinnbildlichen.* **2.** *etw., was etw. versinnbildlicht.*

Ver|si|on, die; -, -en [frz. version, zu lat. versum, ↑ Vers]: **1. a)** *eine von mehreren möglichen Darstellungen, Fassungen, Gestaltungsformen:* die deutsche V. eines Hits, eines Films; Menschenraub neuerer V. (Art); **b)** *Übersetzung:* eine englische V. des Romans. **2.** *eine von mehreren möglichen Arten, einen bestimmten Sachverhalt auszulegen u. darzustellen:* die amtliche V. lautet...; über den Hergang gibt es verschiedene -en. **3.** *Ausführung, die in einigen Punkten vom ursprünglichen Typ, Modell o. Ä. abweicht:* die neue V. eines Fernsehgeräts; eine verbesserte V. des Kampfflugzeuges.

ver|sip|pen, sich ⟨sw. V.; hat⟩ [zu ↑ Sippe]: ⟨meist im 2. Part.⟩ *durch Heirat mit einer Familie verwandt werden:* mit dem Kaiserhaus versippt sein.

ver|sit|zen ⟨unr. V.; hat⟩ [mhd. versitzen] (ugs.): **1.** *(irgendwo nutzlos herumsitzend) Zeit vertun:* die Nacht in Bars v. **2. a)** *(Kleidungsstücke) sitzend verknittern, verdrücken:* seinen Rock v.; **b)** *(das Polster eines Stuhles o. Ä.) durch Sitzen abnutzen:* der Sessel ist schon ganz versessen.

ver|skla|ven [...ˈskla:vn̩, auch: ...a:fn̩] ⟨sw. V.; hat⟩: *zu Sklaven (1) machen:* die Ureinwohner wurden von den Eroberern versklavt.

Ver|skla|vung, die; -, -en: *das Versklaven; das Versklavtwerden.*

Vers|leh|re, die: *Metrik* (1).

ver|slu|men [...ˈslamən] ⟨sw. V.; ist⟩: *zum Slum werden; herunterkommen:* das ganze Stadtviertel droht zu v.

Ver|slu|mung, die; -, -en: *das Verslumen.*

Vers|maß, das: *Metrum* (1).

ver|snobt ⟨Adj.⟩ (abwertend): *snobistisch:* -e Banker; das Viertel ist mir zu v.

Vers|no|vel|le, die (Literaturwiss.): vgl. Versdrama.

¹**ver|sof|fen** ⟨Adj.⟩ (salopp abwertend): **a)** *gewohnheitsmäßig Alkohol trinkend:* ein -er Kerl; **b)** *von gewohnheitsmäßigem Alkoholgenuss zeugend:* -e Augen; seine Stimme klingt v.

²**ver|sof|fen:** ↑ versaufen.

ver|soh|len ⟨sw. V.; hat⟩ [eigtl. = (mit festen Schlägen) einen Schuh besohlen] (ugs.): *verhauen* (1): jmdm. den Hintern v.

ver|söh|nen ⟨sw. V.; hat⟩ [älter: versühnen, mhd. versüenen, versuonen, zu ↑¹Sühne]: **1.** ⟨v. + sich⟩ *mit jmdm. nach einem Streit wieder Frieden schließen, sich vertragen:* sich mit seiner Frau v.; habt ihr euch versöhnt?; Ü sich mit seinem Schicksal v. **2. a)** *(zwei miteinander im Streit liegende Personen, Parteien) veranlassen, sich zu vertragen, Frieden zu schließen:* die Streitenden wieder v.; er hat sich mit ihrer Mutter versöhnt; Ü dieser Gedanke versöhnte ihn mit der Welt; Tourismus und Natur v. *(miteinander in Einklang bringen);* sie sprach das versöhnende Wort; **b)** *veranlassen, nicht länger zu grollen, zu hadern; besänftigen:* das Tor konnte das Publikum v. *(versöhnlich stimmen).*

Ver|söh|ner, der; -s, -: *jmd., der jmdn. versöhnt:* Christus als V.

Ver|söh|ne|rin, die; -, -nen: w. Form zu ↑ Versöhner.

Ver|söhn|ler, der; -s, - (bes. DDR abwertend): *jmd., der aus opportunistischen Beweggründen Abweichungen von der Parteilinie o. Ä. nicht entschieden bekämpft.*

Ver|söhn|le|rin, die; -, -nen: w. Form zu ↑ Versöhnler.

ver|söhn|le|risch ⟨Adj.⟩ (abwertend): **1.** (DDR) *einem Versöhnler entsprechend:* ein -er Genosse; -e Tendenzen. **2.** *versöhnlich auf eine kitschige Art u. Weise; allzu versöhnlich.*

ver|söhn|lich ⟨Adj.⟩ [spätmhd. versüenlich]: **a)** *zur Versöhnung* (1) *bereit, Bereitschaft zur Versöhnung zeigend, erkennen lassend:* in -em Ton sprechen; ihr Weinen stimmte ihn v.; Trotz der damaligen Trennung nach einer einzigen Nacht ging sie v. auf seine Annäherungsversuche ein (Kronauer, Bogenschütze 302); **b)** *als etw. Erfreuliches, Tröstliches, Hoffnungsvolles o. Ä. erscheinend:* das Buch hat einen -en Schluss.

Ver|söhn|lich|keit, die; -, -en: **1.** ⟨o. Pl.⟩ *das Versöhnlichsein.* **2.** *etw. versöhnlich* (b) *Wirkendes.*

Ver|söh|nung, die; -, -en [mhd. versüenunge]: **1.** *das Sichversöhnen:* sie reichten sich die Hand zur V. **2.** *das Versöhnen* (2); *das Versöhntwerden.*

Ver|söh|nungs|fest, das (jüd. Rel.): *Jom Kippur.*

Ver|söh|nungs|tag, der (jüd. Rel.): *Tag, an dem das Versöhnungsfest gefeiert wird.*

ver|son|nen ⟨Adj.⟩ [eigtl. = 2. Part. von veraltet sich versinnen = sich in Gedanken verlieren]: *seinen Gedanken nachhängend (u. dabei seine Umgebung vergessend); träumerisch:* v. lächeln.

Ver|son|nen|heit, die; -, -en ⟨Pl. nur dichter.⟩: *das Versonnensein.*

ver|sor|gen ⟨sw. V.; hat⟩ [mhd. versorgen]: **1. a)** *jmdm. etw., was er [dringend] braucht, woran es ihm fehlt, geben, zukommen lassen:* jmdn. mit Geld, Lebensmitteln, Kleidern, Medikamenten, Informationen v.; ich muss mich noch mit Lesestoff v. *(muss ihn mir besorgen);* eine Stadt mit Strom, Gas v.; die Gemeinde versorgt sich mit Wasser aus dem See; Berlin musste während der Blockade aus der Luft, auf dem Luftwege versorgt werden; (als Entgegnung auf ein Angebot) ich bin noch versorgt *(ich habe noch genug davon);* hast du den Kanarienvogel schon versorgt? *(ihm zu fressen u. zu trinken gegeben?);* Ü das Gehirn ist nicht ausreichend mit Blut versorgt; **b)** *für jmds. Unterhalt sorgen; ernähren* (2 a): er hat eine Familie zu v.; unsere Kinder sind alle versorgt *(haben ihr Auskommen);* **c)** *jmdm. den Haushalt führen:* seit dem Tode seiner Frau versorgt ihn eine Haushälterin; **d)** *jmdm., einer Sache die erforderliche Behandlung zuteilwerden lassen, medizinische Hilfe zukommen lassen.* **2.** *sich (als Verantwortlicher) um etw. kümmern, sich einer Sache annehmen:* der Hausmeister versorgt die Heizung, den Aufzug; sie versorgt [ihm] den Haushalt. **3.** (schweiz., westösterr., sonst veraltend) **a)** *verwahren, verstauen, unterbringen:* ◆ Hierbei war es seltsam, wie sie ... ihre Schätze unter den Fliesen hervorholten und dieselben, ohne uns zu zählen, in die Ranzen versorgten (Keller, Kammacher 232); Ü ◆ Die arme Gotte aber ... verstand den Wink, versorgte den heißen Kaffee (scherzh.; trank ihn, schluckte ihn herunter) so schnell als möglich (Gotthelf, Spinne 10/11); **b)** *(in einer Anstalt) unterbringen, einsperren.*

Ver|sor|ger, der; -s, -: **1.** *Ernährer.* **2.** *Versorgungsschiff.* **3.** *jmd., der im Bereich der Wasserwirtschaft die Müllentsorgung versorgt* (2) (Berufsbez.).

Ver|sor|ge|rin, die; -, -nen: w. Form zu ↑ Versorger (1, 3).

Ver|sor|gung, die; -: **1. a)** *das Versorgen* (1 a) *mit etw., Bereitstellen von etw.; das Versorgtwerden:* die V. der Bevölkerung mit Lebensmitteln; Ü Körperzellen durch mangelnde V. schädigen; **b)** *das Sorgen für den [Lebens]unterhalt, Bereitstellen des [Lebens]unterhaltes:* die V. der Beamten ist gesetzlich geregelt; **c)** *das Versorgen* (1 d); *Behandlung* (3): die ambulante V. **2.** *das Sorgen für etw., Sichkümmern um etw.:* die V. des eigenen Haushalts. **3.** (schweiz., sonst veraltend) **a)** *das Versorgen* (3 a), *Verstauen;* **b)** *Unterbringung (in einer Anstalt).*

Ver|sor|gungs|amt, das: *für die Durchführung der Kriegsopferversorgung zuständige Behörde.*

Ver|sor|gungs|an|spruch, der: *Anspruch auf Versorgung.*

Ver|sor|gungs|ar|beit, die (Amtsspr.): *in der Versorgung des Haushalts, der Kinder, der Partner, der Familienangehörigen bestehende Arbeit.*

Ver|sor|gungs|aus|gleich, der ⟨o. Pl.⟩ (Rechtsspr.): *Ausgleich zwischen den Anwartschaften der Ehegatten auf Versorgung nach der Ehescheidung.*

ver|sor|gungs|be|rech|tigt ⟨Adj.⟩: *Anspruch auf Versorgung habend.*

Ver|sor|gungs|be|rech|tig|te ⟨vgl. Berechtigte⟩: *weibliche Person, die versorgungsberechtigt ist.*

Ver|sor|gungs|be|rech|tig|ter ⟨vgl. Berechtigter⟩: *jmd., der versorgungsberechtigt ist.*

Ver|sor|gungs|be|trieb, der: *Unternehmen, das die Bevölkerung u. die Wirtschaft mit Wasser, Energie versorgt, den öffentlichen Nahverkehr betreibt u. a.*

Ver|sor|gungs|be|zü|ge ⟨Pl.⟩ (Amtsspr.): *der Versorgung* (1 b) *dienende Bezüge aus früheren Dienstleistungen* (z. B. Ruhegeld, Witwen- u. Waisenrente).

Ver|sor|gungs|ein|heit, die (Militär): *für die Versorgung der Truppe zuständige Einheit* (3).

Ver|sor|gungs|ein|rich|tung, die: **1.** *mit wichtigen Gütern dienende Einrichtung.* **2.** *der Versorgung* (1 b) *von Beamten, Angestellten u. Arbeitern des öffentlichen Dienstes dienende Einrichtung.*

Ver|sor|gungs|eng|pass, der: vgl. Versorgungsschwierigkeiten.
Ver|sor|gungs|ge|nuss, der (österr. Amtsspr.): Pension für Hinterbliebene.
Ver|sor|gungs|haus, das (österr. veraltet): Altenheim.
Ver|sor|gungs|kri|se, die: vgl. Versorgungsschwierigkeiten.
Ver|sor|gungs|la|ge, die: *die Versorgung [einer Bevölkerung] betreffende Lage* (3 a).
Ver|sor|gungs|leis|tung, die (Amtsspr.): *Leistung* (3), *die der Staat zur Sicherung des Lebensunterhalts gewährt.*
Ver|sor|gungs|lei|tung, die: *Leitung* (3), *die der Versorgung mit etw. dient.*
Ver|sor|gungs|lü|cke, die: **1.** vgl. Versorgungsschwierigkeiten. **2.** *Rentenlücke.*
Ver|sor|gungs|netz, das: *Netz von Transportwegen für die Versorgung.*
Ver|sor|gungs|schiff, das: *Schiff, das andere Schiffe, Bohrinseln, Forschungsstationen o. Ä. mit Brennstoff, Proviant, Wasser usw. versorgt.*
Ver|sor|gungs|schwie|rig|kei|ten ⟨Pl.⟩: *Schwierigkeiten bei der Versorgung [einer Bevölkerung] mit [lebensnotwendigen] Gütern.*
Ver|sor|gungs|si|cher|heit, die: *Gewährleistung, Garantie der Versorgung* (1 a).
Ver|sor|gungs|staat, der (Politikjargon, meist abwertend): *Wohlfahrtsstaat.*
Ver|sor|gungs|un|ter|neh|men, das: *Versorgungsbetrieb.*
Ver|sor|gungs|werk, das: *für die Versorgung* (1 b) *von jmdm. zuständige Einrichtung, Organisation.*
ver|spach|teln ⟨sw. V.; hat⟩: **1.** *mithilfe eines Spachtels ausfüllen [u. glätten]:* alle Löcher sorgfältig v. **2.** (ugs.) *aufessen, verzehren:* im Nu hatte sie den ganzen Kuchen verspachtelt.
ver|span|nen ⟨sw. V.; hat⟩: **1. a)** *durch Spannen von Seilen, Drähten o. Ä. befestigen, festen Halt geben:* der Mast wurde mit Seilen verspannt; **b)** *(einen Teppichboden) als Spannteppich verlegen.* **2.** ⟨v. + sich⟩ *sich verkrampfen:* die Muskeln verspannen sich; einen verspannten Rücken haben.
Ver|span|nung, die; -, -en: **1. a)** *das Verspannen* (1); *das Verspanntwerden;* **b)** *Gesamtheit von Seilen o. Ä., mit denen etw. verspannt* (1 a) *ist.* **2.** *Verkrampfung.*
ver|spa|ren ⟨sw. V.; hat⟩ [mhd. versparn]: **a)** (veraltet) *auf einen späteren Zeitpunkt verlegen, verschieben:* einen Besuch v.; ♦ ... so angenehm mir die Bekanntschaft dieses Herrn wäre, so muss ich sie doch bis auf morgen v. (Hauff, Jud Süß 384); **b)** (schweiz., sonst veraltet) *aufsparen, zurückhalten:* ♦ ... sie aber eilt, ihm einen Imbiss und einen frischen Trunk selbst gekelterten Obstmost zu holen, darauf er seinen ganzen Appetit verspart hat (Mörike, Mozart 259).
Ver|spar|ge|lung, die; -, -en (meist abwertend): *Veränderung des Landschaftsbildes durch Windräder o. Ä., die (als Gesamteindruck) an Spargel erinnern.*
ver|spä|ten, sich ⟨sw. V.; hat⟩ [mhd. verspæten]: *zu spät, später als geplant, als vorgesehen eintreffen:* ich habe mich leider [etwas] verspätet; der Zug hat sich [um] zehn Minuten verspätet; verspätete Glückwünsche; verspätet ankommen, eintreffen.
Ver|spä|tung, die; -, -en: *verspätetes Kommen, verspätetes Sichereignen:* entschuldige bitte meine V.; der Zug hatte [zehn Minuten] V. *(traf [um zehn Minuten] verspätet ein)*, hat die V. (*den zeitlichen Rückstand*) wieder aufgeholt.
ver|spei|sen ⟨sw., schweiz. auch st. V.; hat⟩ (geh.): *mit Behagen verzehren, essen.*
ver|spe|ku|lie|ren ⟨sw. V.; hat⟩: **1.** *durch Spekulationen* (2) *verlieren:* sein Vermögen v. **2.** ⟨v. +

sich⟩ **a)** *so spekulieren* (2), *dass der angestrebte Erfolg ausbleibt:* der Makler hat sich verspekuliert; **b)** (ugs.) *auf etw. spekulieren* (1), *was dann nicht eintrifft; sich verrechnen:* wenn du Gnade erwartest, hast du dich verspekuliert.
♦ **ver|spen|den** ⟨sw. V.; hat⟩ [mhd. verspenden, ahd. farspentōn]: *spenden* (a): ... das Silber des Beutels war vor einigen Stunden von ihm schon milde verspendet (Goethe, Hermann u. Dorothea 6, 192 f.)
ver|sper|ren ⟨sw. V.; hat⟩ [mhd. versperren]: **1. a)** *mithilfe bestimmter Gegenstände unpassierbar od. unzugänglich machen:* einen Durchgang [mit Kisten] v.; jmdm. den Weg v. *(sich jmdm. in den Weg stellen u. ihn aufhalten);* Ü dem Kommunismus den Weg v.; **b)** *durch Im-Wege-Stehen, -Sein unpassierbar od. unzugänglich machen:* ein parkendes Auto versperrte die Einfahrt; der Neubau versperrt *(nimmt)* die Sicht. **2.** (österr., sonst landsch.) **a)** *verschließen:* die Haustür v.; **b)** *einschließen, (in etw.) schließen.* **3.** ⟨v. + sich⟩ (geh.) *sich verschließen* (2 b).
Ver|sper|rung, die; -, -en ⟨Pl. selten⟩: *das Versperren* (1); *das Versperrtsein.*
ver|spie|geln ⟨sw. V.; hat⟩: **a)** *mit Spiegeln versehen:* eine Wand v.; verspiegelte Räume; **b)** (Fachspr.) *mit einer spiegelnden Beschichtung versehen:* eine Glühlampe v.; verspiegelte Sturzhelme.
Ver|spie|ge|lung, die; -, -en: *das Verspiegeln; das Verspiegeltsein.*
ver|spie|len ⟨sw. V.; hat⟩ [mhd. verspiln]: **1. a)** *beim Spiel* (1 c) *verlieren:* große Summen v.; **b)** *durch eigenes Verschulden, durch Leichtfertigkeit verlieren:* seine Glaubwürdigkeit, sein Glück v.; die Möglichkeit zum Aufstieg v.; ⟨auch ohne Akk.-Obj.:⟩ die Faschisten hatten verspielt; * **bei jmdm. verspielt haben** (ugs.; *jmds. Wohlwollen verloren, verscherzt haben:* die hat bei mir schon lange verspielt). **2.** *als Einsatz beim Spiel* (1 c) *verwenden:* sie verspielte [beim Lotto] jede Woche zehn Euro. **3.** *spielend verbringen:* die Kinder haben den ganzen Tag verspielt. **4.** ⟨v. + sich⟩ *versehentlich falsch spielen.*
ver|spielt ⟨Adj.⟩: **1.** *immer nur zum Spielen aufgelegt; gern spielen:* ein -es Kätzchen. **2.** *heiter, unbeschwert wirkend, durch das Fehlen von Strenge u. Ernsthaftigkeit gekennzeichnet:* eine -e Melodie; der Garten ist, wirkt etwas zu v.
Ver|spielt|heit, die; -, -en: *das Verspieltsein.*
ver|spie|ßern ⟨sw. V.; ist⟩ (abwertend): *zum Spießer werden, spießige Anschauungen, Gewohnheiten u. a. annehmen:* mit zunehmendem Alter verspießerte sie.
Ver|spie|ße|rung, die; -: *das Verspießern.*
♦ **ver|spil|len** ⟨sw. V.; hat⟩ [Nebenf. von verspillden, verspillten, mniederd. vorspilden, asächs. farspildian, urspr. = in Stücke spalten, zertrümmern, verw. mit ↑spalten] (nordd.): */Zeit/ vergeuden:* »Nun setz dich«, sagte der Deichgraf, »damit wir nicht unnötig Zeit verspillen ...« (Storm, Schimmelreiter 54).
ver|spin|nen ⟨st. V.; hat⟩: **a)** *spinnend verarbeiten* (1 a): die Wolle wird von Hand versponnen; **b)** *spinnend zu etw. verarbeiten* (1 b): Wolle zu Garn v.; **c)** *beim Spinnen verbrauchen:* die ganze Wolle v. **2.** ⟨v. + sich⟩ *sich allzu intensiv [u. in einer für andere unverständlichen Weise] gedanklich mit etw. Bestimmtem beschäftigen:* sich in eine Idee v.; sie war ganz in sich selbst versponnen.
¹**ver|spon|nen** ⟨Adj.⟩ [zu ↑verspinnen (2)]: *wunderlich, wunderliche Gedanken habend; zum Spinnen* (3 a) *neigend:* ein -er Utopist.
²**ver|spon|nen:** ↑verspinnen.
Ver|spon|nen|heit, die; -: *das Versponnensein.*
ver|spot|ten ⟨sw. V.; hat⟩ [mhd. verspotten]: *über jmdn., etw. spotten, ihn bzw. es zum Gegenstand*

des Spottes machen: sie verspottete ihn wegen seiner Naivität; Ü das Gedicht verspottet die Eitelkeit der Menschen.
Ver|spot|tung, die; -, -en: *das Verspotten; das Verspottetwerden.*
ver|spre|chen ⟨st. V.; hat⟩ [mhd. versprechen, ahd. farsprehhan]: **1.** ⟨v. + sich⟩ *beim Sprechen versehentlich etw. anderes sagen od. aussprechen als beabsichtigt:* der Redner versprach sich häufig. **2. a)** *verbindlich erklären, zusichern, etw. Bestimmtes zu tun:* jmdm. etw. [mit Handschlag, in die Hand] v.; sie hat [mir] fest, hoch und heilig versprochen, pünktlich zu sein; versprich [mir], dass du vorsichtig fährst; Ü der Film hält nicht, was die Werbung verspricht; **b)** *verbindlich erklären, zusichern, jmdm. etw. Bestimmtes zu geben, zuteilwerden zu lassen:* ich verspreche dir meine Unterstützung, eine Belohnung; er hat ihr die Ehe versprochen; sich jmdm. v. (veraltet; *jmdm. die Ehe versprechen*); hier hast du das versprochene Geld; **c)** (veraltet) *verloben* (2): beide Töchter an einem Tag [mit] jmdm. v. **3. a)** ⟨in Verbindung mit Inf. + zu⟩ *Veranlassung zu einer bestimmten Hoffnung, Erwartung geben:* das Wetter verspricht schön zu werden; das Buch verspricht ein Bestseller zu werden; **b)** *erwarten lassen:* das Barometer verspricht gutes Wetter; seine Miene versprach nichts Gutes. **4.** ⟨v. + sich⟩ *[sich] erhoffen:* was versprichst du dir von diesem Abend?; sie versprach sich viel davon; ich hatte mir von ihr mehr versprochen.
Ver|spre|chen, das; -s, -: *(ausdrückliche persönliche) Erklärung, durch die etw. fest versprochen* (2) *wird:* ein V. [ein]halten, einlösen, erfüllen; dieses V. hat sie mir auf dem Sterbebett abgenommen; ich habe ihr das V. gegeben auszuziehen; jmdn. an ein V. erinnern.
Ver|spre|cher, der; -s, -: *Fehler beim Sprechen; Lapsus Linguae:* dem Redner sind etliche V. unterlaufen.
Ver|spre|chung, die; -, -en ⟨meist Pl.⟩ [spätmhd. versprechunge]: *(großartig gegebene) Zusicherung, etw. Bestimmtes einzuräumen, eine bestimmte Erwartung zu erfüllen:* leere -en; große -en machen; die -en nicht erfüllen können.
ver|spren|gen ⟨sw. V.; hat⟩: **1.** (bes. Militär) *in verschiedene Richtungen in die Flucht treiben, auseinandertreiben:* feindliche Verbände v.; der Wolf versprengte die Herde; versprengte Soldaten; ⟨subst. 2. Part.:⟩ Versprengte aufnehmen. **2.** *sprengend* (2) *verteilen:* Wasser v.
ver|sprit|zen ⟨sw. V.; hat⟩: **1. a)** *spritzend verteilen; verspritzt werden:* sie hatte Unmengen Parfüm verspritzt; **b)** *spritzend* (6 c) *verarbeiten:* die Farbe lässt sich gut v. **2.** *durch Bespritzen verschmutzen:* der Lastwagen hat mir die Scheibe völlig verspritzt.
ver|spro|che|ner|ma|ßen (selten), **ver|sproch|ner|ma|ßen** ⟨Adv.⟩: *wie versprochen:* ich habe ihr das Geld v. gestern überwiesen.
Ver|spruch, der; -[e]s, Versprüche [mhd. verspruch = Fürsprache] (veraltet): **1.** *Versprechen:* ♦ Wenn ihr nun beide arm und krank würdet und bliebet krank? – Wer wird denn aber bei dem V. an eine ewige Krankheit denken? (Iffland, Die Hagestolzen IV, 8). **2.** *Verlobung:* ♦ ... begab es sich in seine Kammer, wusch und kämmte sich, legte ein sauberes Hemd und sein Sonntagswams an, zu Ehren dem V. (Mörike, Hutzelmännlein 161).
ver|spru|deln ⟨sw. V.; hat⟩ (österr.): *verquirlen.*
ver|sprü|hen ⟨sw. V.⟩: **1.** ⟨hat⟩ *sprühend, in feinsten Tropfen, Teilchen verteilen:* Wasser v.; die Lokomotive versprüht Funken; Ü sie versprühte Charme, Geist, Optimismus. **2.** ⟨ist⟩ (geh.) *sich*

in feinsten Tropfen, Teilchen verteilen u. verlieren: die Funken versprühten.

ver|spü|ren ⟨sw. V.; hat⟩: **a)** *durch die Sinne, körperlich wahrnehmen; empfinden, fühlen:* Schmerz, Durst v.; ich verspürte nicht die geringste Müdigkeit; sie verspürte einen heftigen Brechreiz; **b)** *(eine innere, seelische, gefühlsmäßige Regung) haben; (einen inneren Antrieb) empfinden:* Reue, Angst, [keine] Lust zu etw., [kein] Verlangen nach etw. v.; **c)** *erkennen, feststellen, wahrnehmen:* der Einfluss Goethes ist hier deutlich zu v.

ver|staat|li|chen ⟨sw. V.; hat⟩: *in Staatseigentum überführen:* die Banken v.

Ver|staat|li|chung, die; -, -en: *das Verstaatlichen; das Verstaatlichtsein.*

ver|städ|tern [auch: …ˈʃt…] ⟨sw. V.⟩: **1.** ⟨ist⟩ **a)** *zu einem seinem Wesen nach weitgehend städtischen Lebensraum werden:* das Land verstädtert immer mehr; **b)** *städtische Lebensformen annehmen:* die Bevölkerung verstädtert zunehmend. **2.** ⟨hat⟩ (selten) **a)** *verstädtern (1 a) lassen:* die Industrialisierung verstädtert das Land; **b)** *verstädtern (1 b) lassen.*

Ver|städ|te|rung [auch: …ˈʃt…], die; -, -en: *das Verstädtern; das Verstädtertsein.*

Vers|takt, der: *Takt (2 b).*

Ver|stand, der; -[e]s [mhd. verstant, ahd. firstand = Verständigung, Verständnis, zu: firstantan, ↑ verstehen]: **1.** *Fähigkeit zu verstehen, Begriffe zu bilden, Schlüsse zu ziehen, zu urteilen, zu denken:* ein scharfer, kluger, klarer, nüchterner, stets wacher V.; der menschliche V.; das zu begreifen, reicht mein V. nicht aus; den V. schärfen, ausbilden; wenig, keinen V., kein Fünkchen V. haben; seinen V. nutzen; ich hätte ihr mehr V. zugetraut; nimm doch V. an! *(sei doch vernünftig!);* sie musste all ihren V. zusammennehmen *(scharf nachdenken, genau überlegen);* seinen V. versaufen (salopp übertreibend; *ziemlich viel trinken* 3 a); sie hat mehr V. im kleinen Finger als ein anderer im Kopf (ugs.; *sie ist außerordentlich intelligent);* manchmal zweifle ich an seinem V.; bei klarem V. *(klarer Überlegung);* sie macht alles mit dem V. (ugs.; *ist ein reiner Verstandesmensch);* das geht über meinen V. (ugs.; *das begreife ich nicht);* der Schmerz hat sie um den V. gebracht *(hat sie wahnsinnig werden lassen);* der Bruder brachte sie in wenig zu V. (geh.; *zur Vernunft);* * **jmdm. steht der V. still/bleibt der V. stehen** (ugs.; *jmd. findet etw. unbegreiflich);* **den V. verlieren** *(verrückt werden);* **nicht bei V. sein** *(nicht normal, nicht vernünftig sein:* du bist wohl nicht recht, nicht ganz bei V., mich so anzuschreien!); **etw. mit V. essen, trinken** o. Ä. *(etw., weil es etwas besonders Gutes ist, ganz bewusst genießen).* **2.** (geh.) *Art, wie etw. verstanden wird, gemeint ist; Sinn:* eine Aussage im weitesten V. deuten.

Ver|stan|des|kraft, die: *Kraft (1) des Verstandes.*

ver|stan|des|mä|ßig ⟨Adj.⟩: **1.** *auf dem Verstand beruhend, vom Verstand bestimmt:* etw. v. als sinnvoll erachten. **2.** *den Verstand betreffend; intellektuell* (a): seine -e Unterlegenheit.

Ver|stan|des|mensch, der: *im Verhalten hauptsächlich vom Verstand bestimmter Mensch.*

Ver|stan|des|schär|fe, die ⟨o. Pl.⟩: *Schärfe (6) des Verstandes:* eine Frau von ungeheurer V.

ver|stän|dig ⟨Adj.⟩ [mhd. verstendic]: *mit Verstand begabt, von Verstand zeugend; klug, einsichtig:* ein -er Lehrer; -e Worte; das Kind ist schon sehr v.

ver|stän|di|gen ⟨sw. V.; hat⟩: **1.** *von etw. in Kenntnis setzen, unterrichten, benachrichtigen,* (jmdm.) *etw. mitteilen:* ich verständige die Feuerwehr, die Polizei; du hättest mich [von dem, über den Vorfall] sofort v. sollen; Falls was aus der Sache wird, würde ich, wenn es Ihnen angenehm ist, Sie derart v., dass Sie noch termingerecht kündigen können (Doderer, Wasserfälle 40). **2.** ⟨v. + sich⟩ *sich verständlich machen; bewirken, dass eine Mitteilung zu einem anderen gelangt u. (akustisch, inhaltlich) verstanden wird:* sich über Dolmetscher v.; ich konnte mich [mit ihr] nur durch Zeichen v.; wir konnten uns nur auf Englisch v. *(unterhalten).* **3.** ⟨v. + sich⟩ *sich über etw. einigen, zu einer Einigung kommen; gemeinsam eine Lösung finden, die von allen akzeptiert werden kann:* die beiden Staaten haben sich darauf verständigt, erst einmal abzuwarten.

Ver|stän|dig|keit, die; -: *das Verständigsein.*

Ver|stän|di|gung, die; -, -en ⟨Pl. selten⟩: **1.** *das Verständigen (1); das Verständigtwerden:* ich übernehme die V. der Polizei. **2.** *das Sichverständigen (2):* die V. [am Telefon, mit der Französin] war sehr schwierig. **3.** *das Sichverständigen (3):* über diesen Punkt kam es zu keiner V., konnte keine V. erreicht, erzielt werden.

Ver|stän|di|gungs|be|reit ⟨Adj.⟩: *bereit, sich zu Verständigen (3).*

Ver|stän|di|gungs|be|reit|schaft, die ⟨o. Pl.⟩: *das Verständigungsbereitsein.*

Ver|stän|di|gungs|mit|tel, das: *Mittel zur Verständigung (2).*

Ver|stän|di|gungs|pro|b|lem, das ⟨meist Pl.⟩: vgl. Verständigungsschwierigkeit.

Ver|stän|di|gungs|schwie|rig|keit, die ⟨meist Pl.⟩: *Schwierigkeit bei der Verständigung (2):* hattet ihr keine -en?

ver|ständ|lich ⟨Adj.⟩ [mhd. verstentlich, ahd. firstantlih, zu: firstantan, ↑ verstehen]: **1.** *sich [gut] verstehen (1), hören lassend; deutlich:* eine -e Aussprache; sie murmelte einige kaum, nur schwer -e Worte; er spricht klar und v.; ich musste schreien, um mich v. zu machen *(damit man mich hörte, verstand).* **2.** *sich [gut] verstehen (2 a), erfassen, begreifen lassend; leicht fassbar:* sie erklärte es in -en Worten, in sehr -er Weise; sich v. ausdrücken; ein Problem v. darstellen; der Franzose versuchte sich mit Gesten v. zu machen *(zu verständigen);* sie hat mir v. *(mir verdeutlicht),* dass sie aus Italien kommt. **3.** *sich [ohne Weiteres] verstehen (3 b), einsehen lassend; begreiflich:* eine -e Reaktion, Sorge; ein -es Bedürfnis; ihre Handlungsweise, Verärgerung ist [mir] durchaus v.

ver|ständ|li|cher|wei|se ⟨Adv.⟩: *was [nur zu] verständlich (3) ist; begreiflicherweise:* darüber ist sie v. böse.

Ver|ständ|lich|keit, die; -, -en: **1.** ⟨o. Pl.⟩ *das Verständlichsein.* **2.** *etw. Verständliches; Grad, in dem etw. verständlich ist.*

Ver|ständ|nis, das; -ses, -se ⟨Pl. selten⟩ [mhd. verstentnisse, ahd. firstantnissi, zu: firstantan, ↑ verstehen]: **1.** *das Verstehen (2 a):* dem Leser das V. [des Textes] erleichtern; dies ist für das V. der Motive äußerst wichtig; im juristischen V. *(juristisch gesehen)* ist er kein Kind mehr. **2.** ⟨o. Pl.⟩ *Fähigkeit, sich in jmdn., etw. hineinzuversetzen, jmdn., etw. zu verstehen (3 a); innere Beziehung zu etw.; Einfühlungsvermögen:* ihr geht jedes V. für Kunst ab; bei jmdm. V. finden; kein V. für jmdn. haben, aufbringen; ich habe volles, großes V. dafür *(verstehe durchaus, absolut nicht),* dass er sich so verhält; die Lehrerin bringt ihren Schülern viel V. entgegen; er zeigte großes V. für ihre Sorgen; für diese Unannehmlichkeiten habe ich kein [Ihr] V.; Zeremonien, Feierlichkeiten. So für die Gaffer. Na, dafür fehlt mir jedes V. (Th. Mann, Hoheit 161). **3.** (veraltet) *Einvernehmen:* jmdn. ins V. ziehen.

ver|ständ|nis|in|nig ⟨Adj.⟩ (geh.): *gegenseitiges Verständnis ausdrückend:* ein -es Lächeln; v. nicken.

ver|ständ|nis|los ⟨Adj.⟩: **1.** *nichts verstehend:* ein -es Staunen; »Was meinst du damit?«, fragte sie v. **2.** *kein Verständnis (2) aufbringend:* Jugendlichen steht sie völlig v. gegenüber.

Ver|ständ|nis|lo|sig|keit, die; -: *das Verständnisloslosein.*

Ver|ständ|nis|schwie|rig|keit, die ⟨meist Pl.⟩: *Schwierigkeit, etw. zu verstehen, geistig zu erfassen:* bei dem Vortrag hatte ich doch erhebliche -en.

ver|ständ|nis|voll ⟨Adj.⟩: *voller Verständnis; Verständnis entgegenbringend:* ein -er Blick; sie hat einen sehr -en Chef; v. nicken, lächeln, urteilen.

ver|stän|kern ⟨sw. V.; hat⟩ (ugs.): *mit unangenehmem Geruch erfüllen:* du verstänkerst mir mit deiner Qualmerei die ganze Bude.

ver|stär|ken ⟨sw. V.; hat⟩: **1.** *stärker (2 a), stabiler machen:* eine Mauer, einen Deich v.; die Socken sind an den Fersen verstärkt. **2.** *zahlenmäßig erweitern, die Stärke (5) von etw. vergrößern:* die Truppen [um 500 Mann, auf 1 500 Mann] v.; für die Sinfonie wurde das Orchester verstärkt; ⟨auch v. + sich⟩: unser Team hat sich verstärkt. **3. a)** *stärker (7) machen, intensivieren:* den Druck, elektrischen Strom, eine Spannung v.; die Stimmen werden durch eine Lautsprecheranlage verstärkt; eine beständig v. -en elektrisch verstärkte Gitarre; der Alkohol verstärkt die Wirkung der Tabletten; wir müssen verstärkte *(größere)* Anstrengungen machen; **b)** ⟨v. + sich⟩ *stärker (7), intensiver werden:* der Druck verstärkt sich, wenn man das Ventil schließt; der Lärm, der Sturm hat sich verstärkt; ihr Einfluss verstärkt sich; meine Zweifel, die Schmerzen haben sich erheblich verstärkt; verstärkte Nachfrage; ich werde mich in verstärktem Maße darum kümmern; diese Tendenz besteht verstärkt seit 1990; Willys Gelächter verstärkt sich bei meinem Französisch (Remarque, Obelisk 24). **4.** (bes. Sport) *stärker (6 a), leistungsfähiger machen:* ein Team durch einen neuen Mann v.; der neue Mann trug wesentlich dazu bei, die Abwehr zu v.

Ver|stär|ker, der; -s, -: **1.** (Elektrot., Elektronik) *Gerät zum Verstärken von Strömen, Spannungen, Leistungen.* **2.** (Technik) *Gerät zum Verstärken einer Kraft, einer Leistung.*

Ver|stär|ker|an|la|ge, die (Elektrot., Elektronik): *aus Mikrofon[en], Verstärker[n] (1), Lautsprecher[n] bestehende Anlage zur Wiedergabe bes. von Musik.*

Ver|stär|kung, die; -, -en ⟨Pl. selten⟩: **1.** *das Verstärken (1); das Verstärktwerden:* die V. des Deiches. **2.** *Gruppe von Personen, durch die etw. verstärkt wird:* polizeiliche V.; V. rufen, holen, heranziehen; um V. bitten. **3.** *etw., was zur Verstärkung (1) dient.* **4.** *das Verstärken (3 a); das Verstärktwerden.* **5.** *Erhöhung der Intensität:* die V. des Reiseverkehrs, der Zusammenarbeit. **6.** (bes. Sport) *Erhöhen der Leistung:* zwei neue Spieler zur V. der Mannschaft einkaufen. **7.** *zahlenmäßige Erweiterung, Vergrößerung:* eine V. der Streitkräfte ist nicht geplant.

ver|stä|ten ⟨sw. V.; hat⟩ [zu ↑ stät] (schweiz.): *(bes. beim Nähen o. Ä.) das Ende eines Fadens befestigen.*

ver|stat|ten ⟨sw. V.; hat⟩ (veraltet): *gestatten:* ◆ … war … all seinen Freunden … freier Zutritt zu ihm verstattet worden (Kleist, Kohlhaas 114).

ver|stau|ben ⟨sw. V.; ist⟩: *von Staub ganz bedeckt werden:* die Ordner verstauben im Keller; die Bücher sind ganz verstaubt; Ü seine Romane verstauben in den Bibliotheken *(werden nicht gelesen).*

ver|staubt ⟨Adj.⟩ (oft abwertend): *veraltet, altmodisch, überholt:* -e Ansichten, Ehrbegriffe.

ver|stau|chen, sich ⟨sw. V.; hat⟩ [niederd. verstüken, zu ↑ stauchen]: *sich durch eine übermäßige*

Verstauchung – verstellen

od. unglückliche Bewegung (bes. bei einem Stoß od. Aufprall) das Gelenk verletzen: ich habe mir die Hand verstaucht; ein verstauchter Knöchel.
Ver|stau|chung, die; -, -en: *durch eine Zerrung od. einen Riss der Bänder hervorgerufene Verletzung eines Gelenks.*
ver|stau|en ⟨sw. V.; hat⟩ [zu ↑ stauen (3)]: *(zum Transport od. zur Aufbewahrung) [auf relativ engem Raum mit anderem zusammen] unterbringen:* Bücher, Geschirr in Kisten v.; seine Sachen im/(seltener:) in den Rucksack v.; ⟨scherzh.:⟩ sie verstaute die Kinder im Auto.
Ver|stau|ung, die; -, -en: *das Verstauen; das Verstautwerden.*
Ver|steck, das; -[e]s, -e [aus dem Niederd. < mniederd. vorstecke = Heimlichkeit, Hintergedanke]: *Ort, an dem jmd., etw. versteckt ist, an dem sich jmd. versteckt hält; Ort, der sich zum Verstecken, Sichverstecken eignet:* ich weiß ein gutes V.; er blieb in seinem V.; ... eine Flasche mit weißem Bordeaux und einen Topf mit Oliven holten wir gleichfalls aus unserem V. und frühstückten wie ein Valois auf der Jagd (Langgässer, Siegel 180); * **V. spielen** (*Verstecken spielen:* die Kinder spielten im Garten V.); **V. [mit, vor jmdm.] spielen** (*seine wahren Gedanken, Gefühle, Absichten [vor jmdm.] verbergen*).
ver|ste|cken ⟨sw. V.; hat⟩: *in, unter, hinter etw. anderem verbergen:* die Beute [im Gebüsch, unter Steinen] v.; jmdm. die Brille v.; Ostereier v.; sie versteckte das Geld in ihrem/(selten:) ihren Schreibtisch; sich vor jmdm. v., versteckt halten; die Schokolade vor den Kindern v.; seine Hände auf dem Rücken v.; Ü der Brief hatte sich in einem Buch versteckt (*war dort hingeraten*); hoch oben versteckt sich (*befindet sich kaum sichtbar*) ein Nest; sie versteckte ihre Verlegenheit hinter einem Lächeln; er versteckte sich hinter seinen Vorschriften (*schob sie vor, benutzte sie als Vorwand*); * **sich vor/**(seltener:) **neben jmdm. v. müssen, können** (*ugs.: in seiner Leistung, seinen Qualitäten jmdm. weit unterlegen sein*); **sich vor/neben jmdm. nicht zu v. brauchen** (*ugs.: jmdm. ebenbürtig sein*).
Ver|ste|cken, das; -s: *Kinderspiel, bei dem jeweils ein Kind die übrigen Kinder, die sich möglichst gut verstecken, suchen muss:* V. [mit jmdm.] spielen; Ü er spielt V. mit ihr (*ugs.: verbirgt ihr etwas*).
Ver|ste|ckerl, das; -s, **Ver|ste|ckerl|spiel,** das (ostösterr.): *Versteckspiel.*
Ver|steck|spiel, das: *Verstecken:* Ü wir sollten mit dem albernen V. aufhören (*wir sollten aufhören, uns gegenseitig etwas vorzumachen*).
ver|steckt ⟨Adj.⟩: **a)** ²*verborgen* (2 b): -e Fette, Mängel; **b)** *nicht offen, nicht direkt [ausgesprochen]:* -e Drohungen; ein -er Vorwurf; **c)** *heimlich:* ein -es Foul; ein -es (*verstohlenes*) Lächeln.
ver|steh|bar ⟨Adj.⟩: *sich verstehen* (2 a, b, 3) *lassend; verständlich.*
ver|ste|hen ⟨unr. V.; hat⟩ [mhd. verstēn, verstān, ahd. firstān, zu ↑ stehen]: **1.** (*Gesprochenes*) *deutlich hören:* jedes Wort, jedes Glied, keine Silbe v.; der Redner war auch hinten gut zu v.; ich konnte sie bei dem Lärm nicht v. **2. a)** *den Sinn von etw. erfassen; etw. begreifen:* einen Gedankengang, Zusammenhang v.; eine Frage nicht v.; das verstehst du noch nicht; ich verstehe [nun] einer!; sie hat nicht verstanden, worum es geht; das versteht doch kein Mensch!; Krankheiten, die man v. (*erkennen*) und heilen will; ⟨auch ohne Akk.-Obj.:⟩ ja, ich verstehe!; sie verstand nicht gleich; du bleibst hier, verstehst du/[hast du] verstanden!; * **jmdm. etw. zu v. geben** (*jmdm. gegenüber etw. aus bestimmten Gründen nicht direkt sagen, sondern nur andeuten:* ich habe ihr deutlich zu v. gegeben, dass ich dies ablehne); **sich [von selbst] v.** (*keiner ausdrücklichen Erwähnung bedürfen; selbstverständlich sein:* dass ich dir helfe, versteht sich von selbst); **b)** *in bestimmter Weise auslegen, deuten, auffassen:* jmds. Verhalten nicht v.; sie hat deine Worte falsch verstanden; das ist als Drohung, als Aufforderung, als Kritik zu v. (*gemeint*); das ist in einem andern Sinne zu v. (*gemeint*); was versteht man unter (*was bedeutet*) Regression?; wie soll ich das v.? (*wie ist das gemeint?*); unter Freiheit versteht jeder etwas anderes (*jeder legt den Begriff anders aus*); versteh mich bitte richtig!; ⟨auch ohne Akk.-Obj.:⟩ wenn ich recht verstehe, willst du ablehnen; **c)** ⟨v. + sich⟩ *ein bestimmtes Bild von sich haben; sich in bestimmter Weise, als jmd. Bestimmtes sehen:* er versteht sich als Mittler, als neutraler Beobachter/(seltener auch:) als neutralen Beobachter; diese Staaten verstehen sich als blockfrei; **d)** ⟨v. + sich⟩ (Kaufmannsspr.) *(von Preisen) in bestimmter Weise gemeint sein:* der Preis versteht sich ab Werk, einschließlich Mehrwertsteuer. **3. a)** *sich in jmdn., in jmds. Lage hineinversetzen können; Verständnis für jmdn. haben, zeigen:* keiner versteht mich!; sie fühlt sich von ihm nicht verstanden; **b)** ⟨*jmds. Verhaltensweise, Haltung, Reaktion, Gefühl von dessen Standpunkt gesehen*⟩ *natürlich, konsequent, richtig, normal finden:* ich verstehe deine Reaktion, deinen Ärger sehr gut; ich kann keine Ausnahme machen, das müssen Sie v. (*einsehen*); verstehen Sie Spaß (*haben Sie Humor?*); Ich verstehe nicht, wie man Lehrerin an einer Schule werden kann, die man selbst neun Jahre besucht hat (Böll, Adam 69). **4.** ⟨v. + sich⟩ *mit jmdm. gut auskommen, ein gutes Verhältnis haben:* sich glänzend, prächtig, überhaupt nicht v.; wie verstehst du dich mit deiner Schwiegermutter? **5. a)** *gut können, beherrschen:* sein Handwerk, seine Sache v.; sie versteht es [meisterhaft], andere zu überzeugen; sie versteht (*hat die Gabe*) zu genießen; sie versteht nicht zu wirtschaften; sie versteht es nicht besser (*ugs.; sie tut das nur aus Unbeholfenheit*); **b)** (*in etw.*) *besondere Kenntnisse haben, sich* ⟨*mit etw., auf einem bestimmten Gebiet*⟩ *auskennen [u. daher ein Urteil haben]:* sie versteht etwas, nichts von Musik; was verstehst du von Frauen?; **c)** ⟨v. + sich⟩ *zu etw. befähigt, in der Lage sein:* Ungarn wäre ich ohne das köstliche Mittagessen von hier gewichen. Es musste köstlich sein, eine so rundliche Frau verstand sich bestimmt aufs Kochen (Fallada, Herr 136); **d)** ⟨v. + sich⟩ *mit etw. Bescheid wissen, etw. gut kennen u. damit gut umzugehen wissen:* sie versteht sich auf Pferde. **6.** ⟨v. + sich⟩ (veraltend) *sich mit Überwindung zu etw. doch bereitfinden:* sich zu einer Entschuldigung, zu Schadenersatz v.
ver|stei|fen ⟨sw. V.⟩ [schon mniederd. vorstīven = steif machen, werden]: **1.** ⟨hat⟩ *steif* (1) *machen:* einen Kragen [mit einer Einlage] v. **2. a)** ⟨ist⟩ *steif* (2) *werden: seine Glieder versteiften zusehends;* **b)** ⟨v. + sich; hat⟩ *steif* (1) *werden:* das Silikon versteift sich dabei; Ü die Fronten versteifen (*verhärten*) sich; **c)** ⟨v. + sich; hat⟩ *steif* (2) *werden:* bei der Umarmung versteifte sich sich; das Bein hat sich vom langen Liegen versteift; **d)** ⟨v. + sich; hat⟩ *steif* (3) *werden:* sein Glied versteifte sich. **3.** ⟨hat⟩ *mit Balken, Streben o. Ä. abstützen; mit Balken, Streben o. Ä. gegen Einsturz sichern:* eine Mauer v.; einen Zaun mit/durch Latten v. **4.** ⟨v. + sich; hat⟩ *hartnäckig an etw. festhalten, auf etw. beharren, sich von etw. nicht abbringen lassen:* sich auf sein Recht v.; sie versteifte sich darauf, in ihm nur das Schlechte zu sehen.
Ver|stei|fung, die; -, -en: **1.** *das Versteifen, Sich-*
versteifen; das Versteiftwerden. **2.** *etw., was dazu dient, etw. zu versteifen* (3): -en aus Holz.
ver|stei|gen, sich ⟨st. V.; hat⟩: **1.** *sich beim Bergsteigen, beim Klettern in den Bergen o. Ä. verirren.* **2.** *die Vermessenheit, Kühnheit, Dreistigkeit haben, etw. zu tun od. zu denken, was über das normale Maß hinausgeht; sich etw. zu tun od. zu denken erlauben* (3 a), *was kühn, gewagt, unerwartet ist:* einmal hat er sich sogar zu einem gotteslästerlichen Fluch verstiegen.
Ver|stei|ge|rer, der; -s, -: *jmd., der etw. versteigert; Auktionator.*
Ver|stei|ge|rin, die; -, -nen: w. Form zu ↑ Versteigerer.
ver|stei|gern ⟨sw. V.; hat⟩: *[öffentlich] anbieten u. an den meistbietenden Interessenten verkaufen:* Fundsachen [öffentlich] v.; Gemälde [meistbietend] v.; * **amerikanisch v.** (*in einer amerikanischen Versteigerung anbieten*).
Ver|stei|ge|rung, die; -, -en: **1.** *das Versteigern; das Versteigertwerden:* kostbare Uhren kamen zur V. (*wurden versteigert*); * **amerikanische V.** (*Art der Versteigerung, bei der der Erste, der ein Gebot macht, den gebotenen Betrag sofort zahlt u. die nach ihm Bietenden jeweils nur die Differenz zwischen ihrem eigenen u. dem vorhergehenden Gebot zahlen*). **2.** *Veranstaltung, bei der etw. versteigert wird; Auktion.*
Ver|stei|ge|rungs|edikt, das (österr. Amtsspr.): *öffentliche Bekanntmachung einer Versteigerung.*
ver|stei|nen ⟨sw. V.⟩ [mhd. versteinen] (veraltend): **1. a)** ⟨ist⟩ *versteinern* (1): ♦ Ich stand ... da wie versteint (Chamisso, Schlemihl 45); **b)** ⟨v. + sich; hat⟩ *sich versteinern* (2); **c)** ⟨hat⟩ (geh.) *versteinern* (3). **2.** ⟨hat⟩ (*zur Markierung*) *mit [Grenz]steinen versehen:* ein Grundstück, sein Land v.
ver|stei|nern ⟨sw. V.⟩: **1.** ⟨ist⟩ (Paläontol.) *(von Organismen) zu Stein werden:* die Pflanzen sind versteinert; versteinertes (*petrifiziertes*) Holz; Ü ihre Miene versteinerte; Kinder, die in solcher Luft aufwuchsen, mussten frühzeitig seelisch v. (Thieß, Reich 367); * **wie versteinert [da]stehen, [da]sitzen,** sein o. Ä. (*starr vor Schreck, Entsetzen, Erstaunen [da]stehen, [da]sitzen, sein o. Ä.*) **2.** ⟨v. + sich; hat⟩ (geh.) *starr, unbewegt werden:* ihre Miene versteinerte sich. **3.** ⟨hat⟩ (geh.) *zu Stein, steinern werden lassen.*
Ver|stei|ne|rung, die; -, -en: **1.** *das Versteinern.* **2.** *etw. Versteinertes, versteinertes Objekt.*
ver|stell|bar ⟨Adj.⟩: *sich verstellen* (2 a) *lassend:* [in der Höhe] -e Kopfstützen; die Lehne, der Gurt ist v.
Ver|stell|bar|keit, die; -: *das Verstellbarsein.*
ver|stel|len ⟨sw. V.; hat⟩: **1. a)** *[von seinem Platz wegnehmen u. später] an einen falschen Platz stellen:* das Buch muss jemand verstellt haben. **2. a)** *die Stellung, Einstellung von etw. verändern [sodass es danach falsch gestellt, eingestellt ist]:* wer hat meinen Wecker, den Rückspiegel verstellt?; der Sitz lässt sich [in der Höhe] v.; **b)** ⟨v. + sich⟩ *in eine andere [falsche] Stellung gelangen, eine andere [falsche] Einstellung bekommen:* die Zündung hat sich verstellt. **3.** [mhd. (sich) verstellen] **a)** *durch Aufstellen von Gegenständen unzugänglich, unpassierbar machen, versperren* (1 a): der Durchgang war mit Fahrrädern verstellt; jmdm. den Weg v. (*jmdm. in den Weg treten u. ihn aufhalten*); **b)** *durch Im-Wege-Stehen unzugänglich, unzugänglich machen, versperren* (1 b): der Wagen verstellt die Ausfahrt; ein Haus verstellt (*nimmt*) den Blick auf die Wiese; Ü falsches Mitleid verstellt den Blick für die Probleme. **c)** (schweiz.) *weg-, beiseitestellen:* die alten verstellten Möbel; Ü wir sollten diese Frage zunächst v. (*beiseitelassen*). **4.** [mhd. (sich) ver-

stellen] **a)** *in der Absicht, jmdn. zu täuschen, verändern:* seine Stimme, Handschrift v.; **b)** ⟨v. + sich⟩ *sich anders stellen (6), geben, als man ist:* sie hatte sich die ganze Zeit nur verstellt.

Ver|stel|lung, die; -, -en: **1.** (selten) *das Verstellen (1–3, 4 a), Sichverstellen; das Verstelltwerden.* **2.** ⟨o. Pl.⟩ *Täuschung, Heuchelei:* ihre scheinbare Trauer ist nur V.; Ich weiß, dass du ein stilles Wasser bist und geübt in der V. (Hacks, Stücke 287).

ver|step|pen ⟨sw. V.; ist⟩: *(von Gebieten mit reicherer Vegetation) zu Steppe werden.*

Ver|step|pung, die; -, -en: *das Versteppen.*

ver|ster|ben ⟨st. V.; ist; Präs. u. Futur selten⟩ [mhd. versterben] (geh.): *sterben:* sie ist vor einem Jahr verstorben; meine verstorbene Tante.

ver|ste|ti|gen ⟨sw. V.; hat⟩ (bes. Wirtsch.): **1.** *stetig machen.* **2.** ⟨v. + sich⟩ *stetig werden:* das wirtschaftliche Wachstum hat sich verstetigt.

Ver|ste|ti|gung, die; -, -en (bes. Wirtsch.): *das Verstetigen, Sichverstetigen; das Verstetigtwerden.*

ver|steu|ern ⟨sw. V.; hat⟩ [spätmhd. verstiuren]: *(für etw.) Steuern zahlen:* sein Einkommen v.

Ver|steu|e|rung, die; -, -en: *das Versteuern; das Versteuertwerden.*

¹ver|stie|gen ⟨Adj.⟩ [zu ↑ versteigen (2)]: *überspannt, übertrieben, abwegig, wirklichkeitsfern:* ein -er Idealist; -e Ideen; ihre Pläne sind recht v.

²ver|stie|gen: ↑ versteigen.

Ver|stie|gen|heit, die; -, -en: **1.** ⟨o. Pl.⟩ *das Verstiegensein.* **2.** *verstiegene Idee, Vorstellung, Äußerung:* ihre -en nimmt niemand ernst.

ver|stim|men ⟨sw. V.; hat⟩: **1.** *(bei einem Musikinstrument) bewirken, dass es nicht mehr richtig gestimmt ist:* so verstimmst du die Geige! **2.** ⟨v. + sich⟩ *aufhören, richtig gestimmt zu sein:* das Klavier hat sich verstimmt; der Flügel ist verstimmt; eine verstimmte Geige (das Klavier »sich«; ist): das Klavier verstimmt bei Feuchtigkeit leicht. **3.** *[leicht] verärgern, jmds. Unmut erregen:* jmdn. mit einer Bemerkung v.; sie war über die Absage verstimmt; verstimmt verließ ich die Versammlung; Ü einen verstimmten *(leicht verdorbenen)* Magen haben; die Börse ist verstimmt (Börsenw. Jargon; *reagiert negativ auf ein bestimmtes Ereignis*).

Ver|stimmt|heit, die; -, -en: *Verstimmung.*

Ver|stim|mung, die; -, -en: **1. a)** *das Verstimmen, Sichverstimmen; das Verstimmtwerden;* **b)** *verstimmter Zustand.* **2.** *durch einen enttäuschenden Vorfall o. Ä. hervorgerufene ärgerliche Stimmung:* eine V. hervorrufen, auslösen.

ver|stin|ken ⟨st. V.; hat⟩ (ugs. abwertend): *verstänkern.*

ver|stockt ⟨Adj.⟩ (abwertend): *starrsinnig, in hohem Grade uneinsichtig, zu keinem Nachgeben bereit:* ein -er Reaktionär; v. dastehen.

Ver|stockt|heit, die; -, -en: *das Verstocktsein.*

ver|stoh|len ⟨Adj.⟩ [mhd. verstoln, eigtl. 2. Part. von: verstelln = (heimlich) stehlen]: *darauf bedacht, dass etw. nicht bemerkt wird; unauffällig, heimlich:* ein -es Lächeln; -e Blicke; jmdn. v. mustern; Wenn dem Kind etwas gut geschmeckt hatte ... leckte es v. den Teller ab (Krolow, Nacht-Leben 97).

Ver|stoh|len|heit, die; -: *das Verstohlensein.*

ver|stol|pern ⟨sw. V.; hat⟩ (Sportjargon): *durch Stolpern verpassen, vertun, nicht nutzen können:* eine Torchance, den Ball v.

ver|stop|fen ⟨sw. V.⟩ [mhd. verstopfen, ahd. verstopfōn]: **1. a)** *durch Hineinstopfen eines geeigneten Gegenstandes od. Materials verschließen:* Ritzen v.; ich musste mir die Ohren mit Watte v.; ... die letzten Arbeiter, Maler, hatten mit Abfällen blödsinnigerweise ein Klosett verstopft (Frisch, Stiller 265); **b)** *durch Im-Wege-Sein undurchlässig, unpassierbar machen:* ⟨oft im 2. Part.:⟩ eine verstopfte Düse; die Toilette ist durch Abfälle/von, mit Abfällen verstopft; die Nase ist verstopft *(voller Nasenschleim);* Kaffeesatz hatte den Ausguss verstopft; ich bin verstopft (ugs.; *habe keinen Stuhlgang, leide an Verstopfung* 2); Ü alle Kreuzungen waren [von Fahrzeugen] verstopft. **2.** ⟨ist⟩ *undurchlässig, unpassierbar werden:* wirf den Abfall nicht in die Toilette, sie verstopft sonst; Ü die Straßen verstopfen immer mehr.

Ver|stop|fung, die; -, -en: **1.** *das Verstopfen (1); das Verstopftwerden, -sein.* **2.** *Stuhlverstopfung.*

ver|stöp|seln ⟨sw. V.; hat⟩: *zustöpseln.*

ver|stor|ben: ↑ versterben.

Ver|stor|be|ne, der/die Verstorbene; der/einer Verstorbenen, die Verstorbenen/zwei Verstorbene: *weibliche Person, die verstorben ist.*

Ver|stor|be|ner, der Verstorbene/ein Verstorbener; des/eines Verstorbenen, die Verstorbenen/zwei Verstorbene: *jmd., der verstorben ist.*

ver|stö|ren ⟨sw. V.; hat⟩ [mhd. verstœren]: **1.** *aus der Fassung, dem seelischen Gleichgewicht bringen; sehr verwirren:* der Anblick verstörte sie; du hast mit deiner Zudringlichkeit verstört; ein verstörendes Bild. ♦ **2. a)** *stören (1):* Euer Hauke wird mir die Nachtruh' nicht v. (Storm, Schimmelreiter 27); **b)** *zerstören (1): Krankheit verstöret das Gehirn (Schiller, Räuber V, 1).

ver|stört ⟨Adj.⟩: *völlig verwirrt; zutiefst erschüttert:* ein -es Kind; einen -en Eindruck machen; die Flüchtlinge waren völlig v.

Ver|stört|heit, die; -: *das Verstörtsein.*

Ver|stö|rung, die; -, -en ⟨Pl. selten⟩: *Verstörtheit.*

Ver|stoß, der; -es, Verstöße: *das Verstoßen gegen etw.; Verletzung von Bestimmungen, Anordnungen, Vorschriften:* ein schwerer, leichter, grober V.; ein V. gegen den Anstand, gegen grammatische Regeln; der kleinste V. wird geahndet.

ver|sto|ßen ⟨st. V.; hat⟩ [mhd. verstōʒen, ahd. firstōʒan]: **1.** *gegen etw. (eine Regel, ein Prinzip, eine Vorschrift o. Ä.) handeln, sich darüber hinwegsetzen, eine Bestimmung, Anordnung, Vorschrift verletzen:* gegen ein Tabu, den guten Geschmack, die Disziplin, die guten Sitten v.; er hat gegen die Straßenverkehrsordnung verstoßen. **2.** *aus einer Gemeinschaft ausschließen, ausstoßen:* die Tochter [aus dem Elternhaus], seine Frau v.; ein verstoßenes Kind.

Ver|sto|ßung, die; -, -en: *das Verstoßen (2); das Verstoßenwerden.*

ver|strah|len ⟨sw. V.; hat⟩: **1.** *ausstrahlen (1 a):* der Ofen verstrahlt eine angenehme Wärme; Ü natürlichen Charme v. **2.** *durch Radioaktivität verseuchen:* die Arbeiter wurden verstrahlt; verstrahltes Gemüse.

Ver|strah|lung, die; -, -en: **1.** *das Verstrahlen (1); das Verstrahltwerden.* **2.** *das Verstrahlen (2); das Verstrahltsein.*

ver|stre|ben ⟨sw. V.; hat⟩: *mit (stützenden, [zusätzlich] Halt gebenden) Streben versehen:* ein Gerüst v.; ⟨meist im 2. Part.:⟩ ein mit Eisenstangen verstrebtes Gewölbe.

Ver|stre|bung, die; -, -en: **1.** *das Verstreben; das Verstrebtwerden.* **2.** *Strebe; Gesamtheit von zusammengehörenden Streben.*

ver|strei|chen ⟨st. V.⟩ [mhd. verstrīchen = überstreichen; vergehen, ahd. farstrīchan = tilgen]: **1.** ⟨hat⟩ **a)** *streichend verteilen:* die Butter auf dem Brot v.; die Farbe mit einem Pinsel v.; **b)** *beim Streichen (2 c) verbrauchen:* wir haben acht Kilo Farbe verstrichen; **c)** ⟨ist⟩ *(geh.) vergehen (1 a):* zwei Jahre sind seitdem verstrichen; wir dürfen die Frist nicht v. lassen; sie ließ eine Weile v., ehe sie antwortete. **3.** ⟨ist⟩ (Jägerspr.) *(von Federwild) das Revier verlassen:* die Fasanen sind verstrichen.

ver|streu|en ⟨sw. V.; hat⟩: **1. a)** *streuend verteilen:* Asche auf dem Fußweg v.; **b)** *versehentlich ausstreuen, verschütten:* Zucker, Mehl auf dem Boden v. **2.** *beim Streuen (1 a) verbrauchen:* wir verstreuen jeden Winter ein paar Zentner Vogelfutter. **3.** *(ohne eine [erkennbare] Ordnung) da und dort verteilen:* das Kind hat seine Spielsachen im ganzen Haus verstreut; ⟨oft im 2. Part.:⟩ ihre Kleider lagen im Zimmer verstreut *(unachtsam, unordentlich an verschiedenen Stellen abgelegt);* Ü verstreute *(vereinzelte, weit auseinanderliegende)* Höfe; in verschiedenen Zeitschriften verstreute Aufsätze; über die ganze Welt verstreute jüdische Gemeinschaften.

Ver|streu|ung, die; -, -en: *das Verstreuen; das Verstreutwerden, Verstreutsein.*

ver|stri|cken ⟨sw. V.; hat⟩ [mhd. verstricken = mit Stricken umschnüren, verflechten]: **1. a)** ⟨v. + sich⟩ *beim Stricken einen Fehler machen:* sich immer wieder v.; **b)** *beim Stricken verbrauchen:* ich habe schon 500 Gramm Wolle verstrickt; wir verstricken *(verwenden)* nur reine Wolle; auch dieses Material wird zu Pullovern verstrickt; **c)** ⟨v. + sich⟩ *sich in einer bestimmten Weise verstricken (1 b) lassen:* die Wolle verstrickt sich gut. **2.** (geh.) **a)** *jmdn. in etw. für ihn Unangenehmes hineinziehen (5):* in ein militärisches Engagement verstrickt werden; sie versuchte, ihn in ein Gespräch zu v.; **b)** ⟨v. + sich⟩ *sich durch sein eigenes Verhalten in eine schwierige, missliche od. ausweglose, verzweifelte Lage bringen:* sich in ein Lügennetz, in Widersprüche v.

Ver|stri|ckung, die; -, -en: *das Verstricktsein.*

ver|stro|men ⟨sw. V.; hat⟩ (Fachspr.): *zur Erzeugung von elektrischem Strom benutzen:* 50 % der geförderten Kohle werden verstromt.

ver|strö|men ⟨sw. V.; hat⟩: *ausströmen (a):* einen üblen Geruch v.; ihr Körper verströmte Wärme; Ü sie verströmt Optimismus.

Ver|stro|mung, die; -, -en (Fachspr.): *das Verstromen, Verstromtwerden:* die V. von Kohle.

ver|strub|beln ⟨sw. V.; hat⟩ (ugs.): *strubbelig machen:* jmdm., sich die Haare v.; mit verstrubbeltem Kopf.

ver|stüm|meln ⟨sw. V.; hat⟩ [mhd. (md.) verstümeln]: *(durch Abtrennen einzelner Körperteile) schwer verletzen u. entstellen:* bei dem Unfall wurden mehrere Personen bis zur Unkenntlichkeit verstümmelt; Ü einen Text, jmds. Namen v. *(in entstellender Weise verkürzen).*

Ver|stüm|me|lung, Verstümmlung, die; -, -en. **1.** *das Verstümmeln; das Verstümmeltwerden.* **2.** *das Verstümmeltsein; das Fehlen eines Gliedes, eines Körperteils.*

ver|stum|men ⟨sw. V.; ist⟩ [mhd. verstummen] (geh.): **a)** *aufhören zu sprechen, zu singen usw.:* vor Schreck [jäh] v.; Ü das Maschinengewehr, der Lautsprecher verstummte plötzlich; die Dichterin ist verstummt *(hat aufgehört zu schreiben),* ist für immer verstummt *(ist gestorben);* **b)** *(von Lauten, Geräuschen, von Hörbarem) aufhören, enden:* das Gespräch, das Lachen, die Musik verstummte.

Ver|stümm|lung: ↑ Verstümmelung.

Ver|such, der; -[e]s, -e [mhd. versuoch]: **1. a)** *Handlung, mit der etw. versucht wird:* ein kühner, aussichtsloser, verzweifelter, missglückter, erfolgreicher, geglückter V.; ein erster V. einer Fusion; der V. ist gescheitert, fehlgeschlagen; ein V. lohnt sich einen ernsten V. wagen, machen; ich will noch einen letzten V. mit ihr machen *(ihr noch eine letzte Chance geben, sich zu bewähren);* es käme auf einen V. an *(man müsste es versuchen);* Alle -e, den Absender ausfindig zu machen, blieben erfolglos (Böll, Erzählungen 177); **b)** *literarisches Produkt, Kunst-*

versuchen – Verteidiger

werk, durch das etw. versucht wird: seine ersten lyrischen -e; (oft in Titeln:) »V. über das absurde Theater«. **2. a)** (bes. Sport) *(einmaliges) Ausführen einer Übung in einem Wettkampf o. Ä.:* beim Weitsprung hat jeder Teilnehmer sechs -e; du hast noch einen V. frei; **b)** (Rugby) *das Niederlegen des Balles im gegnerischen Malfeld:* einen V. erzielen, legen. **3.** *das Schaffen von Bedingungen, unter denen sich bestimmte Vorgänge, die Gegenstand des wissenschaftlichen Interesses sind, beobachten u. untersuchen lassen; Experiment* (1), *Test:* ein chemischer, physikalischer V.; einen V. anstellen, abbrechen, auswerten; er macht -e an Tieren.

ver|su|chen ⟨sw. V.; hat⟩ [mhd. versuochen, eigtl. = zu erfahren suchen]: **1. a)** *(etw. Schwieriges, etw., wovon jmd. nicht sicher sein kann, ob es gelingen wird) zu tun beginnen u. so weit wie möglich ausführen:* zu fliehen v.; er versuchte vergeblich, sie zu trösten; er versuchte ein Lächeln, die Flucht; das Unmögliche v.; wir haben alles versucht; ich will es gern v., aber es ist schwer; wenn das nicht hilft, versuch es doch mit Kamillentee; er wurde wegen versuchten Mordes verurteilt; die Chefin will es noch einmal mit ihm v. *(will ihm die Gelegenheit geben, sich zu bewähren);* wir wollen es noch einmal miteinander v. *(wollen noch einmal versuchen, miteinander auszukommen);* er versuchte es bei ihrer Schwester *(er versuchte, mit ihrer Schwester anzubändeln);* Versuchen wir es doch einmal mit Zureden (Gaiser, Jagd 194); **b)** *durch Ausprobieren feststellen; probieren* (1): lass mich mal v., ob der Schlüssel passt; ich möchte mal v., wie schnell das Auto fährt. **2.** *probieren* (3): hast du schon den Kuchen versucht?; ⟨auch ohne Akk.-Obj.:⟩ willst du mal [davon] v.? **3. a)** ⟨v. + sich⟩ *sich auf einem [bestimmten] Gebiet, auf dem man [noch] unerfahren, ungeübt ist, betätigen:* sie versuchte sich an einem Roman, als Model, auf der Flöte, in der Malerei; In der Morgenfrühe versuche ich mich mit der Sense oder mit der Axt, um den Dschungel zu lichten (Frisch, Montauk 196); **b)** (geh.) *erproben:* eine bestimmte Methode, seinen Sarkasmus an jmdm. v. **4.** (bibl.) *auf die Probe stellen:* ... und immerfür jückte es ihn, die Landeskinder mit Fragen zu v. darüber, wie es stehe mit ihren Göttern (Th. Mann, Joseph 752); * **versucht sein/sich versucht fühlen, etw. zu tun** *(die starke Neigung verspüren, etw. zu tun).*

Ver|su|cher, der; -s, - [mhd. versuocher] (bibl.): *jmd., der jmdn. versucht* (4): er kam als V.; Jesus und der V. (christl. Rel.; *der Teufel als Versucher*).

Ver|su|che|rin, die; -, -nen: w. Form zu ↑ Versucher.

Ver|suchs|an|la|ge, die: **a)** *Anlage, mit deren Hilfe Versuche durchgeführt werden;* **b)** *neuartige, noch in der Erprobung befindliche Anlage.*

Ver|suchs|an|ord|nung, die: *Gesamtheit der für einen wissenschaftlichen Versuch geschaffenen Bedingungen.*

Ver|suchs|an|stalt, die: *Forschungsanstalt, die sich mit der Durchführung wissenschaftlicher Versuche beschäftigt:* eine biologische, landwirtschaftliche V.

Ver|suchs|bal|lon, der (Meteorol.): *als Sonde dienender Ballon zur Untersuchung der Erdatmosphäre:* Ü das neue Modell ist in erster Linie als V. gedacht *(soll erste Aufschlüsse geben);* einen V. starten *(einen Vorstoß unternehmen, um die Reaktionen anderer zu testen).*

Ver|suchs|be|din|gung, die ⟨meist Pl.⟩: *für einen wissenschaftlichen Versuch geschaffene Bedingung* (2).

Ver|suchs|feld, das: *für die Durchführung von Versuchen, von Tests benutztes Feld* (1).

Ver|suchs|ge|län|de, das: vgl. Versuchsfeld.

Ver|suchs|grup|pe, die (bes. Med., Psychol., Päd.): *Gruppe von Versuchspersonen, -tieren.*

Ver|suchs|ka|nin|chen, das: **1.** (selten) vgl. Versuchstier. **2.** (ugs. abwertend) *Versuchsperson; jmd., an dem etw. ausprobiert werden soll.*

Ver|suchs|lei|ter, der (bes. Psychol.): *jmd., unter dessen Leitung ein Versuch durchgeführt wird.*

Ver|suchs|lei|te|rin, die: w. Form zu ↑ Versuchsleiter.

Ver|suchs|ob|jekt, das: vgl. Versuchsperson.

Ver|suchs|per|son, die (bes. Med., Psychol., Päd.): *Person, an der, mit der ein Versuch durchgeführt wird.*

Ver|suchs|pha|se, die: *Phase eines Versuchs.*

Ver|suchs|rei|he, die: *Serie von Versuchen im Rahmen einer größeren Untersuchung.*

Ver|suchs|schu|le, die: *Schule, an der ein Schulversuch durchgeführt wird.*

Ver|suchs|sta|di|um, das: *Stadium, in dem noch Versuche angestellt werden, experimentiert wird, um die beste Form, Gestaltung einer Sache zu erreichen.*

Ver|suchs|sta|ti|on, die: vgl. Versuchsanstalt.

Ver|suchs|stre|cke, die: *Strecke, auf der ein neu entwickeltes Fahrzeug, ein neuer Fahrbahnbelag o. Ä. erprobt wird.*

Ver|suchs|tier, das: *Tier, an dem, mit dem ein Versuch durchgeführt wird.*

ver|suchs|wei|se ⟨Adv.⟩: *als Versuch:* v. ein neues Modell einführen; ⟨mit Verbalsubstantiven auch attr.:⟩ die v. Aufhebung der Beschränkung.

Ver|suchs|zweck, der ⟨meist Pl.⟩: *in der Durchführung von Versuchen* (3) *bestehender Zweck:* die Tiere werden zu -en gehalten.

Ver|su|chung, die; -, -en [mhd. versuochunge]: **1.** (bibl.) *das Versuchen* (4); *das Versuchtwerden:* die V. Jesu in der Wüste; jmdn. in V. führen *(jmdn. zu etw. Unrechtem verlocken).* **2.** *das Versuchtsein (etw. Bestimmtes zu tun):* die V., diese Situation auszunutzen, war [für ihn] groß; einer V. nachgeben; sie erlag, widerstand der V., das Geld zu behalten; jmdn. in [die] V. bringen, etw. zu tun; in [die] V. kommen, geraten, etw. zu tun; sie ist die reine V. *(jmd., der andere in Versuchung führt).*

ver|sum|pern ⟨sw. V.; hat⟩ (österr. ugs.): **1.** *verwahrlosen.* **2.** *versauern* (2 a), *verkümmern.*

ver|sump|fen ⟨sw. V.; ist⟩: **1.** *sumpfig, zu Sumpf werden:* der See ist versumpft; Ü sie wollten in dem Kaff nicht v. *(geistig verkümmern).* **2.** (ugs.) *moralisch verwahrlosen:* in der Großstadt v.; wir sind letzte Nacht völlig versumpft *(haben lange gefeiert u. viel getrunken).*

Ver|sump|fung, die; -, -en: *das Versumpfen* (1).

ver|sün|di|gen, sich ⟨sw. V.; hat⟩ [mhd. (sich) versündigen] (geh.): *[an etw., jmdm.] unrecht handeln, schuldig werden:* sich an einem Mitmenschen, an der Natur v.; versündige dich nicht!

Ver|sün|di|gung, die; -, -en (geh.): *das Sichversündigen.*

Ver|sun|ken|heit, die; -, -en ⟨Pl. nur dichter.⟩ (geh.): *Zustand des Versunkenseins:* selige V.; ein Geräusch riss sie aus ihrer V.

ver|sus ⟨Präp. mit Akk.⟩ [lat.] (bildungsspr.): *gegen[über]; im Gegensatz zu* (Abk.: vs.): *Geisteswissenschaften v. Naturwissenschaften.*

ver|sü|ßen ⟨sw. V.; hat⟩ [mhd. versüeȝen]: **1.** (selten) *süß machen.* **2.** *angenehmer machen, erleichtern:* sich das Leben v.; man wollte ihr mit dieser Abfindung ihre Entlassung v.

Vers|zei|le, die: *Vers* (1).

ver|tä|feln ⟨sw. V.; hat⟩: *mit einer Täfelung verkleiden:* eine Wand v.

Ver|tä|fe|lung, (seltener:) **Ver|täf|lung,** die; -, -en: **1.** *das Vertäfeln; das Vertäfeltwerden.* **2.** *etw., womit etw. vertäfelt ist.*

ver|ta|gen ⟨sw. V.; hat⟩ [mhd. vertagen]: **1.** *auf einen späteren Tag verschieben; aufschieben:* eine Sitzung, Verhandlung v.; die Entscheidung wurde [auf nächsten Montag, bis auf Weiteres] vertagt. **2.** ⟨v. + sich⟩ *eine Sitzung o. Ä. ergebnislos abbrechen u. eine weitere Sitzung zu einem späteren Zeitpunkt ansetzen:* das Gericht vertagte sich [auf nächsten Freitag]. ◆ **3.** *vor Gericht laden, zu einem Gerichtstag zitieren:* ... da wollte er absolut den Berlichingen vertagt haben (Goethe, Götz I).

Ver|ta|gung, die; -, -en: *das Vertagen, Sichvertagen; das Vertagtwerden.*

ver|tän|deln ⟨sw. V.; hat⟩: **1.** (veraltend) *(Zeit) tändelnd, nutzlos verbringen:* seine Zeit v. **2.** (Sport) *durch Tändeln* (a) *verlieren, einbüßen:* den Ball, den Puck v.

ver|täu|en ⟨sw. V.; hat⟩ [unter Anlehnung an ↑²Tau zu mniederd. vortoien = ein Schiff vor zwei Anker legen] (Seemannsspr.): *mit Tauen festbinden:* ein Boot an der Mole v.

ver|tau|schen ⟨sw. V.; hat⟩ [mhd. vertūschen = umtauschen]: **1. a)** *etw., was einem anderen gehört, [versehentlich] [weg]nehmen u. dafür etw. anderes Gleichartiges zurücklassen:* unsere Mäntel wurden vertauscht; **b)** *austauschen* (1 a), *auswechseln:* Meine Reisegefährten vertauschten ihre Uniformen, ihre Kleider wieder mit den breitgestreiften Schlafanzügen (Koeppen, Rußland 87). **2.** *eine Tätigkeit o. Ä. aufgeben u. dafür etw. anderes tun, an die Stelle setzen:* sie vertauschte die Kanzel mit dem Ministersessel; eine Auseinandersetzung mit vertauschten Rollen.

Ver|tau|schung, die; -, -en: *das Vertauschen; das Vertauschtwerden.*

ver|tau|send|fa|chen ⟨sw. V.; hat⟩: vgl. verhundertfachen.

Ver|täu|ung, die; -, -en (Seemannsspr.): **1.** *das Vertäuen; das Vertäutwerden, Vertäutsein.* **2. *Gesamtheit der Taue, mit denen etw. vertäut ist.*

ver|te|b|ral ⟨Adj.⟩ [zu lat. vertebra = Wirbel] (Anat., Med.): *zu einem od. mehreren Wirbeln, zur Wirbelsäule gehörend; die Wirbel, die Wirbelsäule betreffend;* den Wirbeln entstehend.

Ver|te|b|rat, der; -en, -en ⟨meist Pl.⟩ (Zool.): *Wirbeltier.*

ver|tei|di|gen ⟨sw. V.; hat⟩ [mhd. verteidingen, vertagedingen = vor Gericht verhandeln, zu: teidinc, älter: tagedinc, ahd. tagading = Verhandlung (an einem bestimmten Tage), zu ↑¹Tag u. ↑¹Ding]: **1.** *gegen Angriffe schützen; Angriffe von jmdm., etw. abzuwehren versuchen:* sein Land, eine Stadt, die Festung v.; seine Freiheit, die Demokratie v.; sein Leben v.; sie verteidigte sich gegen die Angreifer mit bloßen Fäusten; das Tor, den Strafraum v.; ⟨auch ohne Akk.-Obj.:⟩ wer verteidigt (Sport; *spielt als Verteidiger*) im Spiel gegen England? **2.** *eine Person, Sache, die irgendwelcher Kritik ausgesetzt ist, eintreten, sprechen, argumentieren:* jmdn., jmds. Meinung gegen Angriffe aus dem Publikum v.; »Ich habe nur meine Pflicht getan«, verteidigte sich *(sagte sie sich verteidigend).* **3.** *(einen Angeklagten in einem Strafverfahren) vor Gericht vertreten; als Verteidiger für die Rechte des Beschuldigten eintreten u. die für diesen sprechenden Gesichtspunkte geltend machen:* er wird von Rechtsanwältin Kruse verteidigt. **4.** (Sport) **a)** *(einen Spielstand) zu halten sich bemühen:* die Mannschaft konnte den Vorsprung, das 1:0 bis zum Schlusspfiff v.; **b)** *(einen errungenen Titel o. Ä.) behalten, erneut zu verteidigen sich bemühen:* die Tabellenführung v.; er wird seinen Titel gegen den Herausforderer v.

Ver|tei|di|ger, der; -s, -: **1.** *jmd., der etw., sich, jmdn. verteidigt* (1, 2, 4 b). **2.** (Sport) *Spieler, dessen Hauptfunktion es ist, gegnerische Tore zu*

verhindern: der linke V. **3.** *jmd., der jmdn. verteidigt* (3)*; Strafverteidiger.*
Ver|tei|di|ge|rin, die; -, -nen: w. Form zu ↑ Verteidiger.
Ver|tei|di|gung, die; -, -en: **1.** *das Verteidigen* (1)*, Sichverteidigen; das Verteidigtwerden.* **2.** ⟨o. Pl.⟩ *Militärwesen:* der Minister für V. **3.** (Sport) *Gesamtheit der Spieler einer Mannschaft, die als Verteidiger spielen:* eine starke V. **4.** *das Verteidigen* (2)*, Sichverteidigen; das Verteidigtwerden:* was hast du zu deiner V. vorzubringen? **5.** *das Verteidigen* (3)*; das Verteidigtwerden:* das Recht auf V. **6.** *Gruppe der Verteidiger in einem Strafverfahren:* die V. zieht ihren Antrag zurück. **7.** (Sport) *das Verteidigen* (4)*; das Verteidigtwerden.*
Ver|tei|di|gungs|al|li|anz, die: *Verteidigungsbündnis.*
Ver|tei|di|gungs|an|la|ge, die: *der Verteidigung* (1) *dienende Anlage* (3)*.*
Ver|tei|di|gungs|aus|ga|be, die ⟨meist Pl.⟩: *Ausgabe für die Verteidigung* (2)*.*
Ver|tei|di|gungs|aus|schuss, der (Politik): *ständiger Ausschuss* (2) *des Deutschen Bundestages, der sich mit Fragen der Verteidigungspolitik beschäftigt.*
Ver|tei|di|gungs|be|reit|schaft, die ⟨o. Pl.⟩: *das Bereitsein, Gerüstetsein zur Verteidigung.*
Ver|tei|di|gungs|bud|get, das: *Verteidigungsetat.*
Ver|tei|di|gungs|bünd|nis, das: *Militärbündnis zur gemeinsamen Verteidigung.*
Ver|tei|di|gungs|drit|tel, das (Eishockey): *Drittel des Spielfeldes, in dem das eigene Tor steht.*
Ver|tei|di|gungs|etat, der: *die Verteidigungsausgaben betreffender Etat; Verteidigungshaushalt.*
Ver|tei|di|gungs|fall, der: ¹*Fall* (2 a) *eines Verteidigungskrieges:* im -e.
Ver|tei|di|gungs|gür|tel, der (Militär): *um ein zu verteidigendes Objekt od. Gebiet verlaufender Streifen Land, in dem die Verteidiger* (1) *operieren.*
Ver|tei|di|gungs|haus|halt, der: *die Verteidigungsausgaben betreffender Haushalt* (3)*.*
Ver|tei|di|gungs|kraft, die: **1.** ⟨o. Pl.⟩ *Vermögen, Kraft* (1)*, etw. zu verteidigen* (1)*:* die V. des Landes erhöhen. **2.** ⟨meist Pl.⟩ *Gesamtheit der Organe eines Landes, die der Verteidigung dienen:* die Verteidigungskräfte stehen bereit.
Ver|tei|di|gungs|krieg, der: *Krieg, in dem sich ein angegriffenes Land gegen ein anderes verteidigt; Defensivkrieg.*
Ver|tei|di|gungs|li|nie, die (Militär): vgl. *Verteidigungsgürtel.*
Ver|tei|di|gungs|mi|nis|ter, der: *Minister für Verteidigung* (2)*.*
Ver|tei|di|gungs|mi|nis|te|rin, die: w. Form zu ↑ Verteidigungsminister.
Ver|tei|di|gungs|mi|nis|te|ri|um, das: *Ministerium für Verteidigung* (2)*.*
Ver|tei|di|gungs|pakt, der: vgl. *Verteidigungsbündnis.*
Ver|tei|di|gungs|po|li|tik, die: *auf die Landesverteidigung ausgerichtete Politik.*
ver|tei|di|gungs|po|li|tisch ⟨Adj.⟩: *die Verteidigungspolitik betreffend.*
Ver|tei|di|gungs|re|de, die: **a)** *Plädoyer eines Verteidigers* (3)*;* **b)** *Rede, in der jmd. etw., jmdn., sich verteidigt* (2)*; Apologie* (b)*.*
Ver|tei|di|gungs|ring, der (Militär): *Verteidigungsgürtel.*
Ver|tei|di|gungs|schrift, die: vgl. *Verteidigungsrede* (b)*.*
Ver|tei|di|gungs|waf|fe, die: *Waffe, die speziell der Verteidigung dient.*
ver|tei|len ⟨sw. V.; hat⟩ [mhd. verteilen = einen Urteilsspruch fällen, ahd. farteilen = des Anteils berauben, verurteilen]: **1.** *[aufteilen u.*

in einzelnen Anteilen, Portionen o. Ä.] an mehrere Personen vergeben, austeilen: Flugblätter [an Passanten] v.; sie verteilte das Geld an die Armen, unter die Armen; der Spielleiter verteilt die Rollen; die Schülerinnen lasen mit verteilten Rollen *(der Text wurde laut von mehreren Schülerinnen gelesen, wobei jede eine od. mehrere Rollen übernahm);* auch mehrere Rollen übernahm); Ü Lob und Tadel v. **2.** *aufteilen u. in gleicher Menge od. Anzahl an verschiedene Stellen bringen, legen, stellen usw., irgendwo unterbringen:* Sitzplätze auf beide Achsen v.; die Salbe gleichmäßig auf der/(auch:) auf die Wunde v.; die Flüchtlinge wurden auf drei Lager verteilt; die Vorkommen sind über die ganze Welt verteilt; Ü die Verantwortung auf mehrere v.; bei verteiltem *(ausgeglichenem)* Spiel; Ich verteilte den gewonnenen Tabak gerecht auf zwei Blättchen und rollte die Zigaretten (Böll, Mann 7). **3.** ⟨v. + sich⟩ **a)** *auseinandergehen u. sich an verschiedene Plätze begeben:* die Polizei verteilte sich über den ganzen Platz; **b)** *sich ausbreiten; sich verbreiten:* gut rühren, damit sich der Stoff in der Masse verteilt. **4.** ⟨v. + sich⟩ *sich an verschiedenen, auseinanderliegenden Orten befinden, gleichmäßig verteilt* (2) *sein:* 73 % leben auf dem Land, der Rest verteilt sich auf drei Großstädte.
Ver|tei|ler, der; -s, -: **1.** *jmd., der etw. verteilt* (1)*:* die V. des Flugblattes wurden festgenommen. **2.** *(im Versandhandel) jmd., der für einen Kreis von Kunden Sammelbestellungen tätigt.* **3.** (Wirtsch.) *jmd., der als [Einzel]händler Waren vertreibt:* Hersteller und V. **4.** (Energiewirtschaft) *Betrieb, der Elektrizität od. Gas an die Verbraucher leitet.* **5.** (Bürow.) *Vermerk über die Empfänger auf einem Schriftstück, das in mehrfacher Ausfertigung hergestellt wird u. von dem die aufgeführten Empfänger eine Ausfertigung erhalten.* **6.** (Technik) *Verteilerzähler.* **7.** (Elektrot.) *Verteilertafel, -kasten, -dose.*
Ver|tei|ler|do|se, die (Elektrot.): *Abzweigdose.*
Ver|tei|le|rin, die; -, -nen: w. Form zu ↑ Verteiler (1–3).
Ver|tei|ler|kap|pe, die (Technik): *Kappe eines Zündverteilers, von der die zu den Zündkerzen führenden Kabel ausgehen.*
Ver|tei|ler|kas|ten, der: vgl. *Verteilertafel.*
Ver|tei|ler|kreis, der: **1.** (österr.) *Anlage an Anschlussstellen von Autobahnen u. Schnellstraßen, bei der der Verkehr kreisförmig verteilt wird.* **2.** *Kreis von Interessenten, die von einem Verteiler beliefert werden.*
Ver|tei|ler|schlüs|sel, der: **1.** *Schlüssel* (3 c)*, nach dem etw. verteilt wird, verteilt werden soll:* einen möglichst gerechten V. finden. **2.** (Bürow.) *Verteiler* (5)*.*
Ver|tei|ler|ta|fel, die (Elektrot.): *Schalttafel, von der aus Elektrizität in verschiedene Leitungen geleitet wird.*
Ver|tei|lung, die; -, -en: **1. a)** *das Verteilen* (1)*; etw. zur V. bringen* (nachdrücklich; *verteilen);* zur V. gelangen, kommen (nachdrücklich; *verteilt werden);* **b)** *das Verteilen* (2)*; das Verteiltwerden:* die V. der Flüchtlinge; Ü die V. der Lebensqualität maßgeblich bestimmende Aufteilung materieller Größen (z. B. Lohn, Gewinn) u. immaterieller Größen (z. B. Sicherheit) auf die Mitglieder einer Gesellschaft: eine gerechte V.; eine V. nach Leistung. **2.** (Wirtsch.) *Vertrieb.* **3.** *Art u. Weise, in der etw. vorhanden ist, sich verteilt* (4) *die V. von Land und Wasser auf der Erdkugel.* **4.** *Art u. Weise, in der etw. verteilt* (3 b) *ist:* Ruß in feinster V.
Ver|tei|lungs|kampf, der (Jargon): *Kampf um eine möglichst günstige Verteilung* (1 c)*.*

Ver|tei|lungs|netz, das (Energiewirtschaft): *Leitungsnetz eines Versorgungsunternehmens.*
Ver|tei|lungs|po|li|tik, die (Wirtsch.): *Teilgebiet der Wirtschaftspolitik, das sich mit der Verteilung des Einkommens u. des Vermögens u. den dafür nötigen Mitteln, Maßnahmen o. Ä. beschäftigt.*
ver|tei|lungs|po|li|tisch ⟨Adj.⟩: *die Verteilungspolitik betreffend.*
Ver|tei|lungs|schlüs|sel, der: *Verteilerschlüssel* (1)*.*
ver|te|le|fo|nie|ren ⟨sw. V.; hat⟩ (ugs.): **a)** *für Telefonieren aufwenden, aufbrauchen:* sie vertelefonierte monatlich etwa 300 Einheiten, 200 Euro; **b)** *telefonierend vertreiben, mit Telefonieren zubringen:* die halbe Arbeitszeit v.
ver|teu|ern ⟨sw. V.; hat⟩ [mhd. vertiuren = (zu) teuer machen]: **1.** *teurer machen, werden lassen:* der sinkende Euro verteuert die Waren. **2.** ⟨v. + sich⟩ *teurer werden:* die Lebensmittel haben sich [weiter, um durchschnittlich 3 %] verteuert; das Leben verteuert sich.
Ver|teu|e|rung, die; -, -en: *das Verteuern, Sichverteuern; das Verteuertwerden.*
ver|teu|feln ⟨sw. V.; hat⟩ [mhd. vertiuvelen = zum Teufel, teuflisch werden] (abwertend): *als böse, schlimm, schlecht, gefährlich usw. hinstellen:* den politischen Gegner v.; sie verteufeln Golf als Sport für die Reichen.
ver|teu|felt ⟨Adj.⟩ (ugs. emotional): **1. a)** *schwierig u. unangenehm; vertrackt, verzwickt:* eine -e Angelegenheit, Situation; **b)** *überaus groß, stark, intensiv:* ich habe einen ganz -en Durst; **c)** ⟨intensivierend bei Adjektiven u. Verben⟩ *über die Maßen v.:* hier zieht es v.; v. schwer sein; sie spielt v. gut; das ist v. weit, wenig. **2.** *verwegen, toll:* ein -er Bursche.
Ver|teu|fe|lung, die, (seltener:) **Ver|teuf|lung,** die; -, -en: *das Verteufeln; das Verteufeltwerden.*
ver|ti|cken ⟨sw. V.; hat⟩ (ugs.): *verkaufen* (1 a)*:* sie hat sogar das gute Geschirr ihrer Oma vertickt.
ver|tie|fen ⟨sw. V.; hat⟩: **1. a)** *tiefer machen:* der Graben wurde [um 20 cm] vertieft; eine vertiefte Stelle; **b)** ⟨v. + sich⟩ *tiefer werden:* die Falten im Gesicht haben sich vertieft; Ü die Kluft zwischen ihnen vertiefte sich immer mehr. **2. a)** *bewirken, dass etw. größer, stärker wird, zunimmt:* sein Wissen v.; die Freundschaft zwischen zwei Völkern v.; vertiefte Kenntnisse; **b)** ⟨v. + sich⟩ *stärker, intensiver werden:* sein Hass vertieft sich; die Spannungen vertieften sich; **c)** *intensiver, detaillierter behandeln, ausführen:* ich will jetzt nicht weiter v.; den Lehrstoff, das bereits Gelernte noch v. *(sich eine tiefere Einsicht verschaffen).* **3.** (Musik) *tiefer* (7 b) *machen:* einen Ton v.; ⟨meist im 2. Part.:⟩ ein [um einen Halbton] vertieftes C. **4.** ⟨v. + sich⟩ *sich auf etw. konzentrieren; sich mit etw. intensiv beschäftigen:* sich in seine Zeitung, in ein Buch v.; ganz in Gedanken, in einen Anblick vertieft sein; sie waren ins Gespräch vertieft.
Ver|tie|fung, die; -, -en: **1.** *das Vertiefen, Sichvertiefen; das Vertieftwerden.* **2.** *Teil einer Fläche, der tiefer gelegen ist als seine Umgebung; Einbuchtung, Einkerbung, Senke, Mulde.*
ver|ti|kal ⟨Adj.⟩ [spätlat. verticalis, eigtl. = scheitellinig, zu lat. vertex (Gen.: verticis) = Wirbel, Scheitel, eigtl. = etw., was sich dreht od. gedreht wird, zu: vertere, ↑ Vers]: *senkrecht, lotrecht:* auf -er Ebene; Ü -e Hierarchien.
Ver|ti|ka|le, die; -/eine Vertikale, der/einer Vertikalen, die Vertikalen/zwei Vertikale od. Vertikalen: *senkrechte Gerade; Senkrechte.*
Ver|ti|kal|ebe|ne, die (Fachspr.): *in Bezug auf eine andere Ebene senkrecht stehende Ebene.*
Ver|ti|kal|schnitt, der (Geom.): *senkrechter Schnitt* (9)*.*

Ver|ti|kal|ver|schie|bung, die: vgl. Horizontalverschiebung.

Ver|ti|ko ['ve...], das, selten: der; -s, -s [angeblich nach dem ersten Verfertiger, dem Berliner Tischler Vertikow]: *kleiner Schrank mit zwei Türen, der oben mit einer Schublade u. einem Aufsatz abschließt.*

ver|ti|ku|lie|ren usw.: ↑ vertikutieren usw.

ver|ti|ku|tie|ren ⟨sw. V.; hat⟩ [wohl zu spätlat. verticalis (↑ vertikal) u. frz. couteau = Messer, coutre = Pflugschar] (Gartenbau): *(mit einem dafür vorgesehenen Gerät) die Grasnarbe eines Rasens aufreißen, um den Boden zu lockern.*

Ver|ti|ku|tie|rer, der; -s, - (Gartenbau): *Gerät zum Vertikutieren.*

Ver|ti|ku|tier|ge|rät, das, (südd., md., österr. u. schweiz.:) **Ver|ti|ku|tier|re|chen,** der: *Vertikutierer.*

ver|til|gen ⟨sw. V.; hat⟩: **1.** [mhd. vertīligen, vertilgen, ahd. fertīligōn] *(Ungeziefer, Unkraut o. Ä.) durch gezielte Maßnahmen gänzlich zum Verschwinden bringen; ausrotten, vernichten:* Ungeziefer, Unkraut mit einem Sprühmittel v.; Ü Spuren v. *(tilgen).* **2.** (ugs. scherzh.) *(eine große Menge von etw.) aufessen, trinken:* die Kinder haben die Torte restlos vertilgt; Ü Mikroben vertilgen das Altöl.

Ver|til|gung, die; -, -en ⟨Pl. selten⟩: *das Vertilgen; das Vertilgtwerden.*

Ver|til|gungs|mit|tel, das: *Mittel zum Vertilgen von Ungeziefer, Unkraut o. Ä.*

ver|tip|pen ⟨sw. V.; hat⟩ (ugs.): **a)** *(auf einer Tastatur) durch Fehlgreifen falsch tippen:* ein Wort, einen Buchstaben v.; **b)** ⟨v. + sich⟩ *auf einer Tastatur [einen] falsche[n] Buchstaben, eine falsche Zahl eintippen:* sie vertippt sich dauernd.

ver|to|nen ⟨sw. V.; hat⟩: **1.** *(einen Text) in Musik setzen; (einem Text) eine Musik unterlegen:* Gedichte, ein Libretto v. **2.** *mit untermalender Musik u. gesprochenem Kommentar versehen:* einen Film v.

Ver|to|nung, die; -, -en: **1.** *das Vertonen; das Vertontwerden.* **2.** *musikalische Umsetzung eines Textes; in Musik umgesetzter Text:* die -en von Goethes Erlkönig.

ver|tor|fen ⟨sw. V.; ist⟩: *zu Torf werden.*

Ver|tor|fung, die; -, -en: *das Vertorfen.*

ver|trackt ⟨Adj.⟩ [urspr. 2. Part. von mhd. vertrecken = verziehen, verzerren, verwirren, zu ↑ trecken] (ugs.): **a)** *schwierig, verworren, kompliziert u. sich nicht leicht bewältigen, lösen lassend:* eine -e Geschichte, Lage; Zwar nenne ich mich auch Schriftsteller, doch gebe ich zu, das ist auf eine ganz -e Weise unehrlich (Zwerenz, Kopf 169); **b)** *ein Ärgernis darstellend:* das -e Schloss geht nicht auf.

Ver|trackt|heit, die; -, -en ⟨Pl. selten⟩ (ugs.): *das Vertracktsein.*

Ver|trag, der; -[e]s, Verträge [spätmhd. (md.) vertraht, rückgeb. aus mhd. vertragen = übereinkommen]: **a)** *[schriftliche] rechtsgültige Abmachung zwischen zwei od. mehreren Partnern; Kontrakt:* ein langfristiger, befristeter, fester V.; ein V. auf drei Jahre, über Arbeitsbedingungen, zwischen mehreren Partnern; die Verträge treten, sind in Kraft; ihr V. läuft aus; einen V. mit jmdm. [ab]schließen, machen; einen V. brechen, lösen, erfüllen, verlängern; laut V.; jmdn. aus seinem V. entlassen; einen Künstler unter V. nehmen (Jargon; *mit ihm einen Arbeits-, Produktionsvertrag o. Ä. schließen*); einen Schauspieler unter V. haben (Jargon; *ihn vertraglich an sich gebunden haben*); die Sängerin steht, ist bei einer Plattenfirma unter V. (Jargon; *hat einen Vertrag mit einer Plattenfirma*); von einem V. zurücktreten; **b)** *Schriftstück, in dem ein Vertrag (a) niedergelegt ist:* einen V. aufsetzen, ratifizieren, unterschreiben, -zeichnen.

ver|tra|gen ⟨st. V.; hat⟩ [mhd. vertragen, ahd. fartragan = ertragen]: **1. a)** *widerstandsfähig genug sein, um bestimmte äußere Einflüsse, Einwirkungen o. Ä. physisch, psychisch zu ertragen, auszuhalten, ohne Schaden zu nehmen:* die Pflanze verträgt keinen Zug, kann [keine] Sonne v.; das Klima [nicht] gut v.; Rauch, Lärm, Belastungen, Aufregungen schlecht v.; Ü Ein solcherMaßen organisiertes Chaos wie das Spätroms hätte kein von außen gefährdeter Staat auf die Dauer v. können (Thieß, Reich 286); **b)** *jmdm. bekommen; jmdm., bes. jmds. Magen, Herz o. Ä., zuträglich sein:* keinen Kaffee, Alkohol v.; er kann nicht viel, kann eine Menge v. (ugs.; *[nicht] viel Alkohol trinken, ohne davon betrunken zu werden*); das Essen, fette Sachen v. *(unbeschadet essen können);* ein Medikament gut, schlecht v.; ihr Magen verträgt alles *(ist unempfindlich);* Ü ich könnte jetzt einen Schnaps v. (ugs.; *hätte ihn nötig, würde ihn gern trinken*); **c)** (ugs.) *leiden können; ohne Verärgerung, Kränkung, Widerspruch ertragen, hinnehmen:* [keine] Kritik, [keinen] Widerspruch v.; ich kann das Gezänk nicht v. *(es ist mir zuwider);* er verträgt einen Spaß; ich kann alles v., nur nicht, dass man mich belügt; Ü die Sache verträgt keinen Aufschub (geh.; *darf nicht aufgeschoben werden*). **2.** ⟨v. + sich⟩ *ohne Streit, in Eintracht mit jmdm. leben; mit jmdm. auskommen:* sich [miteinander] v.; ich vertrage mich gut mit meinen Nachbarn; er hat sich immer mit allen vertragen *(war sehr verträglich);* sich mit keinem v. *(über kurz oder lang immer Streit bekommen);* die beiden vertragen sich wieder (ugs.; *sind wieder einig*); Ü die beiden Farben vertragen sich nicht (ugs.; *passen nicht zusammen*); sein Verhalten verträgt sich nicht mit seiner gesellschaftlichen Stellung *(ist nicht damit vereinbar).* **3.** (landsch.) *abtragen* (3): ein Kleidungsstück schnell v. **4.** (schweiz.) *(Zeitungen o. Ä.) austragen:* Zeitungen v. **5.** (landsch.) *an einen anderen Ort bringen; wegtragen.* ◆ **6. a)** *gütlich austragen* (3 a): Es hieß ja, die Sache werde im Stillen geschlichtet (Goethe, Götz I); **b)** *vertraglich vereinbaren:* Drum hat der edle Graf von Rochepierre ... in dieser bedrohten Not vertragen mit dem Feind ..., sich zu ergeben (Schiller, Jungfrau I, 3).

Ver|trä|ger, der; -s, -: **1.** (schweiz.) *Austräger von Zeitungen o. Ä.* ◆ **2.** *Vertragsschließender, Vertragspartner:* ... und wenn's Händel setzt wegen des Vertrags, schlagen wir den -n zusammen die Köpf' ab (Goethe, Götz V).

Ver|trä|ge|rin, die; -, -nen: w. Form zu ↑ Verträger.

ver|trag|lich ⟨Adj.⟩: *durch Vertrag erfolgend; in einem Vertrag [festgelegt, geregelt]:* eine -e Vereinbarung; etw. v. regeln, festlegen, zusichern; v. zu etw. verpflichtet sein.

ver|träg|lich ⟨Adj.⟩ [mhd. vertregelich = erträglich]: **1. a)** *sich vertragen* (1 a) *lassend:* biologisch -e Materialien; **b)** *sich gut vertragen* (1 b) *lassend; bekömmlich:* -e Speisen; das Medikament ist gut v. *(belastet den Magen nicht);* **c)** *sich vertragen* (1 c) *lassend; hinnehmbar.* **2.** *sich mit anderen Menschen gut vertragend* (2): ein -er Mensch; sie ist sehr v. **3.** *vereinbar:* ein Projekt, das mit der Natur v. ist.

-**ver|träg|lich:** drückt in Bildungen mit Substantiven aus, dass die beschriebene Sache mit etw. in Einklang, Übereinstimmung gebracht ist, mit etw. harmoniert, unschädlich, ungefährlich für etw. ist: *körper-, naturverträglich.*

Ver|träg|lich|keit, die; -, -en ⟨Pl. selten⟩: *das Verträglichsein.*

Ver|trags|ab|lauf, der ⟨o. Pl.⟩: *Ablauf* (5) *eines Vertrages.*

Ver|trags|ab|schluss, der: *Abschluss eines Vertrages:* es kam zu keinem V.

Ver|trags|auf|lö|sung, die: *Auflösung* (2) *eines Vertrags.*

Ver|trags|be|din|gung, die: *in einem Vertrag festgelegte Bedingung* (1 a).

Ver|trags|bruch, der: *das Nichterfüllen, Nichteinhalten eines Vertrages.*

ver|trags|brü|chig ⟨Adj.⟩: *einen Vertrag nicht erfüllend, nicht einhaltend:* v. werden, sein.

ver|trag|schlie|ßend ⟨Adj.⟩: *einen Vertrag schließend:* die -en Parteien.

Ver|trags|dau|er, die: *Dauer eines Vertrages.*

Ver|trags|en|de, das: *Ende der Vertragslaufzeit.*

Ver|trags|ent|wurf, der: *Entwurf eines Vertrages:* der vorgelegte V. wurde abgelehnt.

Ver|trags|er|fül|lung, die: *Erfüllung* (2) *eines Vertrages.*

Ver|trags|frei|heit, die (Rechtsspr.): *Freiheit des Einzelnen, Verträge jeder Art zu schließen.*

ver|trags|ge|mäß ⟨Adj.⟩: *dem jeweiligen Vertrag entsprechend:* eine -e Lieferung der Waren.

Ver|trags|händ|ler, der: *selbstständiger Groß- od. Einzelhändler, der Waren eines od. mehrerer bestimmter Hersteller im eigenen Namen für eigene Rechnung verkauft:* die V. von BMW.

Ver|trags|händ|le|rin, die: w. Form zu ↑ Vertragshändler.

Ver|trags|kün|di|gung, die: *Kündigung eines Vertrages.*

Ver|trags|lauf|zeit, die: *Gültigkeitsdauer eines Vertrages.*

Ver|trags|leh|rer, der (bes. österr.): *Hilfslehrer mit Dienstvertrag.*

Ver|trags|leh|re|rin, die: w. Form zu ↑ Vertragslehrer.

ver|trags|mä|ßig ⟨Adj.⟩: *vertragsgemäß.*

Ver|trags|par|tei, die: *Person, Gruppe o. Ä., die mit [einer] anderen einen Vertrag schließt od. geschlossen hat.*

Ver|trags|part|ner, der: *Vertragspartei; Kontrahent* (2).

Ver|trags|part|ne|rin, die: w. Form zu ↑ Vertragspartner.

Ver|trags|recht, das ⟨o. Pl.⟩ (Rechtsspr.): *Gesamtheit der Abschluss u. Einhaltung von Verträgen betreffenden Rechtsvorschriften.*

Ver|trags|schluss, der: *das Schließen eines Vertrages.*

Ver|trags|staat, der: *Staat, der mit einem od. mehreren anderen einen Vertrag schließt od. geschlossen hat.*

Ver|trags|stra|fe, die: *Konventionalstrafe.*

Ver|trags|text, der: *Text, Wortlaut eines Vertrages.*

Ver|trags|treue, die: *Einhaltung der vertraglichen Abmachungen.*

Ver|trags|un|ter|zeich|nung, die: *Unterzeichnung eines Vertrags.*

Ver|trags|ver|hält|nis, das: *auf einem Vertrag beruhendes Rechtsverhältnis.*

Ver|trags|ver|hand|lung, die (meist Pl.): *Verhandlung über einen zu schließenden Vertrag.*

Ver|trags|ver|län|ge|rung, die: *Verlängerung der Vertragslaufzeit.*

Ver|trags|ver|let|zung, die: *Verstoß gegen vertraglich festgelegte Bestimmungen o. Ä.*

Ver|trags|werk, das: *umfangreicher Vertrag.*

Ver|trags|werk|statt, die: *vertraglich von Hersteller autorisierte Reparaturwerkstatt.*

ver|trags|wid|rig ⟨Adj.⟩: *einem Vertrag zuwiderlaufend; nicht vertragsgemäß.*

◆ **ver|trät|schen** ⟨sw. V.; hat⟩ [zu: trätschen, landsch. Nebenf. von ↑ tratschen] (schwäb.): *ausplaudern, ausschwatzen:* Ganze Haufe böhmischer Reuter schwadronieren im Holz herum – der höllische Blaustrumpf muss ihnen verträtscht haben – (Schiller, Räuber II, 3).

ver|trau|en ⟨sw. V.; hat⟩ [mhd. vertrūwen, ahd. fertrūēn]: **1.** *in jmdn., etw. sein Vertrauen setzen; auf jmdn., etw. bauen* (6); *sicher sein, dass man sich auf jmdn., etw. verlassen kann:* jmdm. voll, blind, blindlings, rückhaltlos, fest v.; jmds. Worten, Zusagen v.; auf Gott, auf sein Glück, auf die Gerechtigkeit, auf seine Stärke v. **2.** (geh. veraltend) **a)** *anvertrauen* (2 a); ◆ ... *ein Geheimnis, ... und zwar ein doppeltes. Das eine weiß nur ich, das andre wisst nur ihr ... Vertraut mir Euers, so vertrau ich euch das meine* (Lessing, Nathan III, 10); **b)** ⟨v. + sich⟩ *anvertrauen* (2 b): ◆ *Und wenn wir uns ihm, einem guten weisen Könige, ganz vertrauten ...?* (Goethe, Egmont IV).

Ver|trau|en, das; -s [mhd. vertrūwen]: *festes Überzeugtsein von der Verlässlichkeit, Zuverlässigkeit einer Person, Sache: gegenseitiges, unbegrenztes, unerschütterliches, blindes* V.; mangelndes V. in das politische System; V. zu jmdm. haben; jmds. V. genießen, besitzen *(von jmdm. als vertrauenswürdig angesehen werden);* jmds. V. gewinnen, einbüßen, enttäuschen, erschüttern; jmdm. V. einflößen; einen [höchstes] V. erweckenden Eindruck machen; jmdm. V. schenken, entgegenbringen, beweisen *(jmdm. vertrauen)*; Sie haben mein vollstes V.; das V. zu jmdm., einer Sache verlieren; er hat wenig V. zu sich selbst; dem Kanzler, der Regierung das V. entziehen, aussprechen (Parlamentsspr.; *ein Misstrauens- bzw. Vertrauensvotum abgeben)*; eine Frage seines – *(der er voll vertraut)* V. auf Gott; sein V. auf/in jmdn., etw. setzen *(jmdm., einer Sache vertrauen)*; wir danken Ihnen für das in uns gesetzte V.; jmdm. etw. im V. *(vertraulich)* sagen; Übrigens bin ich stolz, dass du mich zuerst ins V. ziehst (Th. Mann, Buddenbrooks 286); R V. gegen V.; V. ist gut, Kontrolle ist besser.

ver|trau|en|er|we|ckend, Ver|trau|en er|we|ckend ⟨Adj.⟩: *schnell Vertrauen gewinnend; Vertrauen einflößend:* einen sehr -en Eindruck machen; nicht sehr v. wirken.

Ver|trau|ens|ab|stim|mung, die: *Verfahren, bei dem darüber abgestimmt wird, ob jmdm. das Vertrauen ausgesprochen werden kann.*

Ver|trau|ens|an|walt, der: *Wahlverteidiger.*

Ver|trau|ens|an|wäl|tin, die: w. Form zu ↑ Vertrauensanwalt.

Ver|trau|ens|arzt, der: **1.** *Arzt, der im Auftrag der gesetzlichen Kranken- u. Rentenversicherung Krankheitsfälle von Versicherten bes. im Hinblick auf Arbeitsunfähigkeit, Berufs- od. Erwerbsunfähigkeit zu begutachten hat.* **2.** *Arzt, der als Berater einer privaten Krankenversicherung tätig ist.*

Ver|trau|ens|ärz|tin, die: w. Form zu ↑ Vertrauensarzt.

ver|trau|ens|ärzt|lich ⟨Adj.⟩: *durch den Vertrauensarzt, die Vertrauensärztin vorgenommen usw.:* eine -e Untersuchung.

Ver|trau|ens|ba|sis, die: ⟨o. Pl.⟩ *Vertrauensverhältnis (als Voraussetzung für eine Kommunikation, Zusammenarbeit o. Ä.)*.

Ver|trau|ens|be|weis, der: *Beweis, Zeichen des Vertrauens, das jmd. zu jmdm. hat.*

ver|trau|ens|bil|dend ⟨Adj.⟩: (bes. Politik): *zur Bildung gegenseitigen Vertrauens beitragend:* -e Maßnahmen.

Ver|trau|ens|bruch, der: ¹*Bruch* (3 a), *schwerwiegende Verletzung des Vertrauens:* einen V. begehen.

Ver|trau|ens|fra|ge, die: **1.** ⟨Pl. selten⟩ *Sache, Angelegenheit, bei der jmds. Vertrauen zu [einem] anderen ausschlaggebend ist:* es ist eine V., ob man ihr diese Arbeit überlässt oder nicht. **2.** (Parlamentsspr.) *von der Regierung bzw. dem Regierungschef an das Parlament gerichteter Antrag, durch Mehrheitsbeschluss dem Antragsteller das Vertrauen auszusprechen:* der Kanzler wird die V. stellen.

Ver|trau|ens|frau, die: vgl. Vertrauensmann.

Ver|trau|ens|grund|satz, der: ⟨o. Pl.⟩ (bes. österr.): *grundsätzliche Annahme, dass bestimmte Regeln u. Gesetze gültig bleiben u. alle Personen sich an diese halten.*

Ver|trau|ens|kri|se, die: *Zustand, in dem jmds. Vertrauen ins Wanken geraten ist.*

Ver|trau|ens|leh|rer, der: (Schule): *Lehrer, der das Amt hat, bei Problemen, Schwierigkeiten zwischen Schülern u. Lehrern bzw. Schülern u. Schule zu vermitteln.*

Ver|trau|ens|leh|re|rin, die: w. Form zu ↑ Vertrauenslehrer.

Ver|trau|ens|leu|te ⟨Pl.⟩: **1.** Pl. von ↑ Vertrauensmann. **2.** *Gesamtheit der Vertrauensfrauen u. Vertrauensmänner.*

Ver|trau|ens|leu|te|kör|per, der: *gewähltes gewerkschaftliches Gremium innerhalb eines Unternehmens.*

Ver|trau|ens|mann, der: **1.** ⟨Pl. ...leute⟩ *Angehöriger des Vertrauensleutekörpers einer Gewerkschaft.* **2.** ⟨Pl. ...männer, ...leute⟩ *Einzelperson, die die Interessen einer Gruppe gegenüber übergeordneten Stellen vertritt:* der V. der Schwerbeschädigten. **3.** ⟨Pl. ...männer⟩ *jmd., der als vertrauenswürdige Persönlichkeit bei schwierigen od. geheimen Geschäften vertrauliche Verhandlungen für einen anderen führt.* **4.** (Rechtsspr.) V-Mann.

Ver|trau|ens|per|son, die: *jmd., der großes Vertrauen genießt, der als zuverlässig gilt.*

Ver|trau|ens|sa|che, die: **1.** ⟨Pl. selten⟩ *Angelegenheit, Sache des Vertrauens; Vertrauensfrage* (1). **2.** *Sache, Angelegenheit, die vertraulich behandelt werden muss:* eine geheime V.

Ver|trau|ens|schutz, der: ⟨o. Pl.⟩ (Rechtsspr.): *vonseiten des Staates gewährter Schutz des Vertrauens, das Bürger grundsätzlich einer Sache entgegenbringen.*

Ver|trau|ens|schwund, der: *Schwund, Abnahme des Vertrauens.*

ver|trau|ens|se|lig ⟨Adj.⟩: *allzu schnell od. leicht bereit, anderen zu vertrauen; allzu arglos sich anderen anvertrauend.*

Ver|trau|ens|se|lig|keit, die: **1.** ⟨o. Pl.⟩ *das Vertrauensseligsein.* **2.** (selten) *vertrauensselige Handlungs[weise].*

Ver|trau|ens|stel|lung, die: *Stellung* (3, 4), *die große Zuverlässigkeit u. Vertrauenswürdigkeit voraussetzt:* eine V. haben.

Ver|trau|ens|ver|hält|nis, das: *auf gegenseitiges Vertrauen gegründetes Verhältnis von Personen o. Ä. zueinander:* ein V. haben.

Ver|trau|ens|ver|lust, der: *Verlust an Vertrauen.*

ver|trau|ens|voll ⟨Adj.⟩: **a)** *volles Vertrauen aufweisend;* v. in die Zukunft blickend; **b)** *in gegenseitigem Vertrauen stattfindend:* eine -e Zusammenarbeit; wenden Sie sich v. (ugs.; *ohne Scheu)* an unseren Vertreter.

Ver|trau|ens|vor|schuss, der: *Vertrauen, das man in jmdn., etw. setzt, ohne schon zu wissen, ob es gerechtfertigt ist:* V. bekommen, haben.

Ver|trau|ens|vo|tum, das: *Beschluss, Erklärung, mit der jmd. jmdm. sein Vertrauen ausspricht.*

Ver|trau|ens|wür|dig ⟨Adj.⟩: *Vertrauen verdienend; als zuverlässig erscheinend:* einen -en Eindruck machen; sie wirkt [nicht, wenig] v.

Ver|trau|ens|wür|dig|keit, die; -: *das Vertrauenswürdigsein.*

ver|trau|ern ⟨sw. V.; hat⟩: **a)** (geh.) (*Zeit) freudlos, in trauriger Stimmung, ohne inneren Antrieb, ohne Aufgabe hinbringen:* seine Jugend, seine besten Jahre v.; ◆ **b)** ⟨v. + sich⟩ *sich so sehr in Trauer verzehren, dass man dabei zugrunde geht:* Ich, der ich mich v. könnte, wenn so ein paar Bäume in meinem Hofe ständen und einer davon stürbe vor Alter ab (Goethe, Werther II, 15. September).

ver|trau|lich ⟨Adj.⟩ [zu ↑ vertrauen]: **1.** *nicht für die Öffentlichkeit bestimmt; mit Diskretion zu behandelnd; geheim* **(a):** eine -e Unterredung, Information; ein Brief mit -em Inhalt; etw. ist streng v.; etw. auf Wunsch v. behandeln. **2.** *freundschaftlich, persönlich, vertraut* **(a):** in -em Ton miteinander sprechen; sie wird sehr schnell [allzu] v.

Ver|trau|lich|keit, die; -, -en: **1.** ⟨o. Pl.⟩ **a)** *das Vertraulichsein* (1); *Diskretion:* wir können Ihnen V. zusichern; **b)** *das Vertraulichsein* (2); *Vertrautheit.* **2.** ⟨häufig Pl.⟩ *[allzu] aufdringliches, nicht genügend distanziertes Verhalten; Zudringlichkeit:* sich -en erlauben.

ver|träu|men ⟨sw. V.; hat⟩: *untätig, mit Träumereien verbringen, zubringen:* den Sonntag im Liegestuhl v.

ver|träumt ⟨Adj.⟩: **1.** *in seinen Träumen* (2 a), *Fantasien lebend* (u. *dadurch der Wirklichkeit entrückt)*: ein -es Kind; v. lächeln. **2.** *fern, abseits vom lauten Getriebe gelegen; idyllisch:* ein -es Dörfchen; der Ort ist noch ganz v., liegt v. in einem Tal.

Ver|träumt|heit, die; -, -en: **1.** ⟨o. Pl.⟩ *das Verträumtsein.* **2.** (selten) *verträumte Verhaltensweise.*

ver|traut ⟨Adj.⟩: **a)** *in naher Beziehung zu jmdm. stehend; eng verbunden; intim* (1): -e Freunde; sie haben -en Umgang; Ich wüsste nicht, dass wir verwandt oder sonst v. miteinander wären (Th. Mann, Krull 159); **b)** *wohlbekannt, gewohnt, nicht fremd:* ein -es Gesicht; eine -e Erscheinung; die Umgebung ist ihr wenig v.; etw. kommt jmdm. [seltsam] v. vor; sie ist mit der Materie gut v. *(kennt sie gut)*; sich mit den Regeln v. machen [müssen] *(sie erlernen, sich einprägen [müssen])*; sich mit einem Gedanken v. machen *(sich daran gewöhnen)*; Meine Mutter ist froh, dass ich Zivilzeug trage; ich bin ihr dadurch -er (Remarque, Westen 119).

Ver|trau|te, die/ein Vertraute; der/einer Vertrauten, die Vertrauten/zwei Vertraute: *weibliche Person, in die man sein Vertrauen setzt, der man sich anvertrauen kann.*

Ver|trau|ter, der Vertraute/ein Vertrauter; des/eines Vertrauten, die Vertrauten/zwei Vertraute: *jmd., in den man sein Vertrauen setzt, dem man sich anvertrauen kann.*

Ver|traut|heit, die; -, -en ⟨Pl. selten⟩: **1.** ⟨o. Pl.⟩ *das Vertrautsein:* meine V. mit diesem Land. **2.** *Form, Ausdruck eines vertrauten Umgangs.* ◆ ... als der Herzog mit noch jemand und ein paar -nen ... mit mir im Garten saßen (Goethe, Brief an Charlotte v. Stein, 2. 5. 1777).

Ver|trau|tin, die; -, -nen: *(weibliche) Vertraute*

ver|trei|ben ⟨st. V.; hat⟩ [mhd. vertrīben, ahd. fartrīban]: **1. a)** *zum Verlassen eines Ortes zwingen:* Menschen aus ihren Häusern, aus ihrer Heimat, von Haus und Hof v.; durch Pogrome vertriebene Juden; ich wollte sie nicht von ihrem Platz v. (scherzh.; *wollte sie nicht veranlassen wegzugehen, aufzustehen)*; hoffentlich habe ich Sie nicht vertrieben *(gehen Sie nicht meinetwegen fort)?*; Ü sie hat mit ihren Launen die Kunden vertrieben; **b)** (bes. [lästige] *Tiere) verscheuchen, verjagen:* Mücken v.; die Hühner aus dem Garten v.; Ü der Wind vertreibt die Wolken *(treibt sie weg);* der Kaffee wird deine Müdigkeit v. **2.** *(bestimmte Waren) [im Großen] verkaufen, damit handeln:* Düngemittel v.; er vertreibt die Bücher auf Messen, im Buchhandel; dieses Produkt wird nur vom Fachhandel vertrieben. **3.** (Fachspr.) *(beim Malen) Farben verwischen, um Abstufungen zu erzielen.*

Ver|trei|ber, der: *jmd., der etw. vertreibt* (2): Hersteller und V. von Pkws.

Ver|trei|be|rin, die; -, -nen: w. Form zu ↑ Vertreiber.

Ver|trei|bung, die; -, -en: *das Vertreiben* (1 a); *das Vertriebenwerden*: die V. der Hugenotten aus Frankreich.

ver|tret|bar ⟨Adj.⟩: *sich vertreten* (3), *als berechtigt ansehen lassend*: -e Kosten; ein -er Standpunkt; eine Sanierung ist, erscheint nicht v.

Ver|tret|bar|keit, die; -: *das Vertretbarsein*.

ver|tre|ten ⟨st. V.; hat⟩ [mhd. vertreten = niedertreten, zertreten; an jmds. Stelle treten, ahd. fartretan = niedertreten, zertreten]: **1. a)** *vorübergehend jmds. Stelle einnehmen u. seine Aufgaben übernehmen*: einen erkrankten Kollegen v.; jmdn. bei einem Empfang, in seinem Amt, während seines Urlaubs v.; Ü ein Pappkarton vertritt bei ihr den Koffer *(dient ihr als Koffer)*; **b)** *(als jmds. Vertreter, Beauftragter o. Ä.) jmds. Interessen, Rechte wahrnehmen*: die Interessen der Arbeiter v.; der Abgeordnete vertritt seinen Wahlkreis im Parlament; der Beschuldigte lässt sich [in einem Prozess, vor Gericht] durch eine Anwältin v.; **c)** *als Repräsentant o. Ä., in jmds. Auftrag tätig sein, eine bestimmte Tätigkeit ausüben*: eine Institution, ein Unternehmen, eine Firma v.; er vertritt sein Land als Diplomat bei der UNO; die Sportlerin vertritt ihr Land bei den Olympischen Spielen *(tritt als Vertreterin ihres Landes auf)*; Ü Professorin Maier vertritt *(lehrt)* an der Universität das Fach Informatik; **d)** *als Handelsvertreter für eine Firma tätig sein*: er vertritt mehrere Verlage im süddeutschen Raum. **2.** ⟨nur in einer zusammengesetzten Zeitform in Verbindung mit »sein«⟩ **a)** *(neben anderen) anwesend, zugegen sein*: bei der Preisverleihung waren auch Fotografen vertreten; **b)** *(neben anderen) vorhanden sein, vorkommen*: etw. ist [zahlenmäßig] stark, schwach vertreten. **3.** *etw. bes. als Überzeugung, als Standpunkt o. Ä. haben u. dafür einstehen; sich zu etw. bekennen u. es verteidigen*: eine These, eine Meinung, einen Grundsatz v.; unsere Partei vertritt liberale Positionen; wer hat diese Anordnung zu v.? *(wer ist dafür verantwortlich?)* **4.** ⟨v. + sich⟩ *sich durch ungeschicktes Auftreten, Stolpern o. Ä. eine Zerrung od. Verstauchung am Fuß zuziehen*: ich habe mir den Fuß vertreten. **5.** *(landsch.) durch Begehen abnutzen*: Stufen v.; ein vertretener Läufer. **6.** *(landsch.) austreten* (2 c) *u. in einen unansehnlichen Zustand bringen*: seine Schuhe schnell v.

Ver|tre|ter, der; -s, - [mhd. vertreter]: **1. a)** *jmd., der vorübergehend jmdn. vertritt* (1 a); **b)** *jmd., der neben anderen, eine Gruppe bildet*: der Staatsanwalt fungiert als V. der Anklage; **c)** *jmd., der im Auftrag eines anderen tätig ist, der jmdn. vertritt* (1 c); *Repräsentant*: V. des Staates, der Kirche; sie sprach mit führenden -n der Wirtschaft; die diplomatischen V. *(Diplomaten)*; **d)** *Handelsvertreter*. **2.** *jmd., der in seiner Person eine. Bestimmtes repräsentiert; verkörpert*: ein führender V. des Behaviorismus. **3.** *Anhänger, Verfechter*: die V. dieser Ideen sind überall zu finden. **4.** *(ugs. häufig abwertend) Mann mit bestimmten charakterlichen Eigenschaften*: ein übler, sauberer V.!

Ver|tre|te|rin, die; -, -nen: w. Form zu ↑ Vertreter (1–3).

Ver|tre|ter|ver|samm|lung, die: **1.** *(Sozialvers.) (als höchstes Organ der Selbstverwaltung der Versicherungsträger im Sozialbereich fungierende) Versammlung der Vertreter von Arbeitnehmern u. -gebern.* **2.** *Versammlung von Vertretern* (1 d).

Ver|tre|tung, die; -, -en: **1.** *das Vertreten* (1); *das Vertretenwerden*: die V. eines erkrankten Kollegen übernehmen; in V. *(als Vertreter)* des Ministers; (abgekürzt in Geschäftsbriefen o. Ä.:) i. V., I. V. Hans Mayer. **2.** *Person, die jmdn. vorübergehend vertritt* (1 a): sie ist die V. für, von Frau Mayer. **3. a)** *Person od. Gruppe von Personen, Delegation, deren Aufgabe es ist, jmdn., etw. zu vertreten* (1 c): die gewählte V. der Arbeitnehmer; **b)** *Sitz einer Vertretung* (3 a): eine diplomatische, konsularische V. eröffnen. **4.** (Sport) *delegierte Mannschaft, Riege o. Ä.*: die deutsche V. siegte 1 : 0. **5. a)** *Vermittlung des Verkaufs für ein Unternehmen; Handelsvertretung*: sie hat die V. für Schuhe der Firma X; **b)** *Niederlassung eines Unternehmens, Repräsentanz*: eine V. in China eröffnen.

Ver|tre|tungs|macht, die (Rechtsspr.): *Ermächtigung, die jmdn. berechtigt, anstelle eines anderen zu handeln*.

Ver|tre|tungs|stun|de, die: *Unterrichtsstunde, die ein Lehrer in Vertretung eines Kollegen hält*.

ver|tre|tungs|wei|se ⟨Adv.⟩: *in Vertretung* (1); *stellvertretend*: sie arbeitet nur v. in dieser Firma.

Ver|trieb, der; -[e]s, -e: **1.** ⟨o. Pl.⟩ *Vorbereitung u. Durchführung betrieblicher Arbeiten u. Maßnahmen, die darauf abzielen, dass die gefertigten Produkte (od. auch Dienstleistungen) auf den entsprechenden Markt gelangen, dort angeboten werden können*: der V. dieser Fachzeitschriften kann noch verbessert werden; die Kosten für den V. berechnen. **2.** Kurzf. von ↑ Vertriebsabteilung: im V. arbeiten.

Ver|trie|be|ne, die/eine Vertriebene; der/einer Vertriebenen, die Vertriebenen/zwei Vertriebene: *weibliche Person, die aus ihrer Heimat vertrieben* (1 a), *ausgewiesen wurde*.

Ver|trie|be|ner, der Vertriebene/ein Vertriebener; des/eines Vertriebenen, die Vertriebenen/zwei Vertriebene: *jmd., der aus seiner Heimat vertrieben* (1 a), *ausgewiesen wurde*.

ver|trieb|lich ⟨Adj.⟩: *den Vertrieb betreffend, vom Vertrieb ausgehend, auf ihm beruhend*.

Ver|triebs|ab|tei|lung, die: *Abteilung eines Unternehmens, die den Vertrieb der Produkte vornimmt*.

Ver|triebs|ge|sell|schaft, die: *Gesellschaft, die den Vertrieb der Produkte eines od. mehrerer Unternehmen vornimmt*: eine [gemeinsame] V. gründen.

Ver|triebs|ka|nal, der (Kaufmannsspr.): *Vertriebsweg*.

Ver|triebs|kos|ten ⟨Pl.⟩: *Kosten des Vertriebs*.

Ver|triebs|lei|ter, der: *jmd., der einen Vertrieb* (2) *leitet*.

Ver|triebs|lei|te|rin, die: w. Form zu ↑ Vertriebsleiter.

Ver|triebs|netz, das: *vielfältig verflochtenes System von Vertriebswegen*: ein ausgebautes V.

Ver|triebs|part|ner, der: *Partner beim Vertrieb eines Produktes*.

Ver|triebs|part|ne|rin, die: w. Form zu ↑ Vertriebspartner.

Ver|triebs|recht, das: *Recht, ein bestimmtes Produkt zu vertreiben* (2).

Ver|triebs|schie|ne, die (Kaufmannsspr.): *Vertriebsweg*.

Ver|triebs|stel|le, die: *Ort, Stelle, von der aus etw. vertrieben* (2) *wird*.

Ver|triebs|sys|tem, das: **1.** *Vertriebsnetz*. **2.** *elektronisches System, mit dem etw. (z. B. Eintrittskarten) vertrieben wird*.

Ver|triebs|weg, der: *Weg* (4) *für den Vertrieb; Art und Weise, in der ein Produkt vertrieben* (2) *wird*: die -e ausweiten.

ver|trim|men ⟨sw. V.; hat⟩ (ugs.): *heftig verprügeln*.

ver|trin|ken ⟨st. V.; hat⟩ [mhd. vertrinken]: *(Geld, seinen Besitz) durch Trinken* (3 d) *verbrauchen, aufzehren*: sein Geld, ganzes Vermögen v.

ver|trock|nen ⟨sw. V.; ist⟩ [spätmhd. vertruckenen]: **a)** *(von etw., was normalerweise einen bestimmten Feuchtigkeitsgehalt hat) völlig trocken [u. dabei dürr, hart, spröde usw.] werden*: bei der Hitze sind die Pflanzen vertrocknet; vertrocknete Brotscheiben, Blumen; vertrocknetes *(verdorrtes)* Gras; Ü ein völlig vertrockneter *(unlebendig, starr wirkender)* Mensch; **b)** *völlig austrocknen, kein Wasser mehr enthalten, führen*: der Brunnen, das Flussbett vertrocknet.

ver|trö|deln ⟨sw. V.; hat⟩: **1.** (ugs. abwertend) *(Zeit) trödelnd verbringen, vergeuden*: die Zeit v. ◆ **2.** *(auf dem Trödelmarkt) zu einem geringen Preis verkaufen*: Inzwischen waren die Brillanten, Perlen, Roben und Spitzen der seligen gnädigen Frau vertrödelt worden (Immermann, Münchhausen 89).

ver|tröp|feln ⟨sw. V.; ist⟩: *tröpfelnd zu Ende gehen, ausgehen* (8): Ü jeder Beifall vertröpfelt einmal.

ver|tropf|fen ⟨sw. V.⟩: **1.** ⟨hat⟩ **a)** *in Tropfen, tropfenweise verschütten*: Wachs v.; **b)** *mit Tropfen beschmutzen*: sie hat die ganze Tischdecke vertropft; ein vertropfter Herd. **2.** ⟨ist⟩ *tropfend zu Ende gehen, ausgehen* (8): der Rinnsal vertropft.

ver|trös|ten ⟨sw. V.; hat⟩ [mhd. (sich) vertræsten, ahd. fertrösten = Bürgschaft leisten]: *(im Hinblick auf etw., was man jmdm. nicht [sofort] gewähren, geben usw. kann od. will) Versprechungen, Hoffnung auf einen späteren Zeitpunkt machen*: jmdn. auf eine spätere Zeit, von einem Tag auf den anderen v.

ver|trot|teln ⟨sw. V.; ist⟩ (ugs.): *trottelig, zum Trottel werden*: er vertrottelt zusehends, immer mehr; ⟨oft im 2. Part.:⟩ ein völlig vertrotteter alter Mann.

ver|tschüs|sen, sich ⟨sw. V.; hat⟩ (österr. ugs.): *sich entfernen, verabschieden; verschwinden*.

ver|tun ⟨unr. V.; hat⟩: **1.** [mhd. vertuon, ahd. fertuon] *etw. (Wertvolles, Unwiderbringliches o. Ä.) nutzlos, mit nichtigen Dingen verschwenden, vergeuden*: Zeit, Geld nutzlos v.; eine Chance v.; all ihre Mühe war vertan *(vergeblich)*; eine vertane *(nicht genutzte)* Gelegenheit. **2.** ⟨v. + sich⟩ (ugs.) *sich (bei etw.) irren, einen Fehler machen*: sich beim Rechnen, Eintippen v.; ⟨subst.:⟩ da gibts kein Vertun (landsch.; *das ist unbezweifelbar, ist wirklich so*).

ver|tu|schen ⟨sw. V.; hat⟩ [mhd. vertuschen, H. u.; fälschlich an ↑ Tusche angelehnt]: *dafür sorgen, dass etw., was nicht bekannt werden soll, verheimlicht, geheim gehalten wird; geflissentlich verbergen*: einen Skandal v.; der Betrug ließ sich nicht v.

Ver|tu|schung, die; -, -en: *das Vertuschen; das Vertuschtwerden*.

Ver|tu|schungs|ver|such, der: *Versuch, etw. zu vertuschen*.

ver|übeln ⟨sw. V.; hat⟩: *etw., was ein anderer tut, mit Verärgerung aufnehmen, empfindlich darauf reagieren; übel nehmen*: man hat ihr ihr Verhalten sehr verübelt.

ver|üben ⟨sw. V.; hat⟩: *(ein Verbrechen, eine Übeltat o. Ä.) ausführen, begehen*: ein Attentat, Verbrechen, einen Anschlag v.; Selbstmord v.

ver|ul|ken ⟨sw. V.; hat⟩: *sich über jmdn., etw. spottend lustig machen*.

ver|um|la|gen ⟨sw. V.; hat⟩ (österr. Amtsspr.): *(Kosten o. Ä.)* ¹umlegen (6).

ver|um|ständ|li|chen ⟨sw. V.; hat⟩: *umständlich[er] machen, komplizieren*.

◆ **ver|un|ed|len** ⟨sw. V.; hat⟩: *(bes. in der Bergmannsspr. von Erzadern) im Wert vermindern, unedel machen*: Hier ist der Gang mächtig und gebräch, ... dort drückt ihn der Felsen in eine armselige, unbedeutende Kluft zusammen ...

Andre Gänge verunedlen ihn (Novalis, Heinrich 69).

ver|un|eh|ren ⟨sw. V.; hat⟩ (veraltet): *das Ansehen einer Person, Institution schädigen.*

ver|un|fal|len ⟨sw. V.; ist⟩ (Amtsspr., bes. schweiz.): *einen Unfall erleiden; verunglücken* (1): *mit dem Auto, am Arbeitsplatz v.; ein verunfalltes (bei einem Unfall beschädigtes) Fahrzeug.*

Ver|un|fall|te, die/eine Verunfallte; der/einer Verunfallten, die Verunfallten/zwei Verunfallte (Amtsspr., bes. schweiz.): *weibliche Person, die einen Unfall gehabt hat.*

Ver|un|fall|ter, der Verunfallte/ein Verunfallter; des/eines Verunfallten, die Verunfallten/zwei Verunfallte (Amtsspr., bes. schweiz.): *jmd., der einen Unfall gehabt hat.*

ver|un|glimp|fen ⟨sw. V.; hat⟩ (geh.): *schmähen, beleidigen; mit Worten herabsetzen; diffamieren, verächtlich machen:* jmdn., jmds. Ehre v.; den politischen Gegner v.

Ver|un|glimp|fung, die; -, -en: *das Verunglimpfen; das Verunglimpftwerden.*

ver|un|glü|cken ⟨sw. V.; ist⟩: **1.** *einen Unfall erleiden:* tödlich v.; er ist [mit dem Auto] verunglückt. **2.** (scherzh.) *missglücken; misslingen:* der Kuchen ist verunglückt *(nicht geraten);* ein etwas unglücktes *(schlechtes)* Bild; eine verunglückte Rede.

Ver|un|glück|te, die/eine Verunglückte; der/einer Verunglückten, die Verunglückten/zwei Verunglückte: *weibliche Person, die verunglückt ist.*

Ver|un|glück|ter, der Verunglückte/ein Verunglückter; des/eines Verunglückten, die Verunglückten/zwei Verunglückte: *jmd., der verunglückt ist.*

ver|un|kla|ren, (bes. schweiz.:) **ver|un|klä|ren** ⟨sw. V.; hat⟩: *(einen Sachverhalt) unklar machen, erscheinen lassen.*

ver|un|krau|ten ⟨sw. V.; ist⟩: *von Unkraut überwuchert werden.*

ver|un|mög|li|chen [...'møːk...] ⟨sw. V.; hat⟩ (bes. schweiz.): *unmöglich machen; hindern.*

ver|un|rei|ni|gen ⟨sw. V.; hat⟩ [mhd. verunreinigen]: **a)** (geh.) *beschmutzen, besudeln:* den Fußboden, seine Kleider v.; **b)** *(mit unerwünschten Stoffen) verschmutzen, unrein machen:* die Fabriken verunreinigen mit ihren Emissionen die Luft; verunreinigte Flüsse.

Ver|un|rei|ni|gung, die; -, -en: **1.** *das Verunreinigen; das Verunreinigtwerden: das V. der Luft.* **2.** *verunreinigender Stoff:* eine V. beseitigen.

ver|un|si|chern ⟨sw. V.; hat⟩: *(im Hinblick auf den Standpunkt, die Überzeugung o. Ä.) unsicher machen:* die Bevölkerung v.; sie ist, wirkt ganz verunsichert.

Ver|un|si|che|rung, die; -, -en: *das Verunsichern; das Verunsichertwerden, Verunsichertsein.*

ver|un|stal|ten ⟨sw. V.; hat⟩ [zu ↑ ungestalt]: *sehr unschön, sehr hässlich erscheinen lassen; sehr entstellen* (1): du verunstaltest dich mit dieser Frisur; diese Fabrik verunstaltet das Landschaftsbild.

Ver|un|stal|tung, die; -, -en: **1.** *das Verunstalten; das Verunstaltetwerden.* **2.** *etw. Verunstaltendes.*

ver|un|treu|en ⟨sw. V.; hat⟩ [mhd. veruntriuwen = gegen jmdn. treulos sein] (Rechtsspr.): *unterschlagen:* Gelder v.

Ver|un|treu|er, der; -s, - (Rechtsspr.): *jmd., der etw. veruntreut.*

Ver|un|treu|e|rin, die; -, -nen: w. Form zu ↑ Veruntreuer.

Ver|un|treu|ung, die; -, -en (Rechtsspr.): *das Veruntreuen; das Veruntreutwerden.*

ver|un|zie|ren ⟨sw. V.; hat⟩: *unschön erscheinen lassen; den Anblick bes. einer Sache verderben:* Flecke verunzierten den Teppich.

Ver|un|zie|rung, die; -, -en: **1.** *das Verunzieren; das Verunziertwerden.* **2.** *etw. Verunzierendes.*

ver|ur|sa|chen ⟨sw. V.; hat⟩: *die Ursache, der Urheber von etw. (Unerwünschtem o. Ä.) sein; hervorrufen, bewirken:* Mühe, Arbeit, Umstände v.; Ärger, Missmut v.; durch Unachtsamkeit einen Unfall v.; einen Strafstoß, Foulelfmeter v.; Kosten v.

Ver|ur|sa|cher, der; -s, - (bes. Amtsspr.): *Person, auch Sache, die etw. verursacht hat; jmd., der an etw. die Schuld trägt.*

Ver|ur|sa|che|rin, die; -, -nen: w. Form zu ↑ Verursacher.

Ver|ur|sa|cher|prin|zip, das ⟨o. Pl.⟩ (bes. Rechtsspr.): *Grundsatz, nach dem derjenige, der durch sein Verhalten, Vorgehen o. Ä. Kosten verursacht, diese auch zu tragen hat.*

Ver|ur|sa|chung, die; -: *das Verursachen; das Verursachtwerden.*

ver|ur|tei|len ⟨sw. V.; hat⟩ [mhd. verurteilen]: **1.** *durch Gerichtsbeschluss zu einer bestimmten Strafe belegen:* jmdn. zu einer Haftstrafe, zu 4 Monaten [Gefängnis] v.; sie wurde zum Tode verurteilt; ⟨auch ohne Präpositional-Obj.:⟩ die Angeklagte ist rechtskräftig verurteilt worden; Ü er war zum Schweigen verurteilt *(musste schweigen);* etw. ist zur Bedeutungslosigkeit verurteilt *(kann sich nicht entfalten).* **2.** *jmdn., etw. sehr kritisch beurteilen, vollständig ablehnen:* ein Verhalten, eine Tat aufs Schärfste v.

Ver|ur|teil|te, die/eine Verurteilte; der/einer Verurteilten, die Verurteilten/zwei Verurteilte: *weibliche Person, die verurteilt worden ist.*

Ver|ur|teil|ter, der Verurteilte/ein Verurteilter; des/eines Verurteilten, die Verurteilten/zwei Verurteilte: *jmd., der verurteilt worden ist.*

Ver|ur|tei|lung, die; -, -en: **1.** *das Verurteilen; das Verurteiltwerden.* **2.** *das Verurteiltsein.*

Verv [vɛrf] ⟨sw. V.; hat⟩ (ugs.): *veralbern.*

Ver|ve ['vɛrvə, auch, bes. österr.: verf], die; - [frz. verve, älter = Einfall, Laune, viell. über das Vlat. < lat. verba, Pl. von: verbum = Wort, Ausspruch] (geh.): *Begeisterung, Schwung (bei einer Tätigkeit):* sie sprach mit viel V.

ver|viel|fa|chen ⟨sw. V.; hat⟩: **1. a)** *stark, um ein Vielfaches vermehren:* das Angebot, die Produktionsmenge v.; **b)** ⟨v. + sich⟩ *sich um ein Vielfaches vermehren, vergrößern; stark zunehmen:* die Zahl der Bewerberinnen hat sich vervielfacht. **2.** (Math.) *multiplizieren:* eine Zahl mit einer anderen v.

Ver|viel|fa|chung, die; -, -en: *das Vervielfachen, Sichvervielfachen; das Vervielfachtwerden.*

ver|viel|fäl|ti|gen ⟨sw. V.; hat⟩: **1.** *von einer Vorlage o. Ä. eine größere Zahl von gleichen Exemplaren, von Kopien herstellen:* einen Text, ein Dokument, ein Flugblatt, einen Brief v. **2.** (geh.) *vermehren, verstärken:* seine Bemühungen, Anstrengungen v. **3.** ⟨v. + sich⟩ *sich vermehren, zahlenmäßig vergrößern; zunehmen:* die Anforderungen hatten sich vervielfältigt.

Ver|viel|fäl|ti|gung, die; -, -en: **1.** *das Vervielfältigen; das Vervielfältigtwerden.* **2.** *Kopie* (1).

Ver|viel|fäl|ti|gungs|ap|pa|rat, der: *Kopiergerät.*

Ver|viel|fäl|ti|gungs|recht, das: *ausschließlich dem Urheber vorbehaltenes Recht, Vervielfältigungen (2) seines Werkes herzustellen.*

Ver|viel|fäl|ti|gungs|zahl|wort, das (Sprachwiss.): *Multiplikativum.*

ver|vier|fa|chen ⟨sw. V.; hat⟩: **a)** *[durch Multiplikation] viermal so groß machen;* **b)** ⟨v. + sich⟩ *viermal so groß werden.*

ver|voll|komm|nen ⟨sw. V.; hat⟩: **a)** *vollkommen, perfekt machen; perfektionieren:* eine Technik, ein Verfahren v.; **b)** ⟨v. + sich⟩ *vollkommen werden, sich zur Vollkommenheit weiterentwickeln:* die Methode hat sich mit der Zeit vervollkommnet; sie hat sich in Französisch vervollkommnet.

Ver|voll|komm|nung, die; -, -en: **1.** *das Vervollkommnen; das Vervollkommnetwerden, Vervollkommnetsein.* **2.** *etw., was eine Verbesserung, eine Vervollkommnung* (1) *darstellt:* eine technische V.

ver|voll|komm|nungs|fä|hig ⟨Adj.⟩: *sich vervollkommnen könnend, lassend.*

ver|voll|stän|di|gen ⟨sw. V.; hat⟩: **1.** *ergänzen, vollständig[er] machen; komplettieren:* seine Bibliothek, eine Sammlung v.; diese Aussage vervollständigt das Bild von den Vorgängen *(rundet es ab).* **2.** ⟨v. + sich⟩ *vollständig[er] werden:* die Bibliothek hat sich vervollständigt.

Ver|voll|stän|di|gung, die; -, -en: *das [Sich]vervollständigen; das Vervollständigtwerden.*

verw. = verwitwet.

¹ver|wach|sen ⟨st. V.⟩ [mhd. verwahsen]: **1.** ⟨ist⟩ **a)** *(von Wunden, Narben o. Ä.) [wieder zusammenwachsen u.] zunehmend unsichtbar werden, verschwinden:* die Wunde ist verwachsen; eine völlig verwachsene Narbe; ⟨auch v. + sich; hat:⟩ die Narbe hat sich völlig verwachsen; **b)** ⟨v. + sich⟩ (ugs.) *sich beim Wachstum von selbst regulieren, normalisieren; sich auswachsen* (3a): die Fehlstellung der Gliedmaße, der Schaden kann sich noch v.; **c)** *mit etw. zu einer Einheit zusammenwachsen:* ein Organ ist mit einem anderen verwachsen; Ü sie ist mit ihrer Arbeit, ihrer Familie sehr verwachsen; zu einer Gemeinschaft v.; **d)** *mit wuchernden Pflanzen zuwachsen:* die Wege verwachsen immer mehr; ein völlig verwachsenes Grundstück; ♦ Es führt auch manchmal ein Weg in diese Richtung hin, der ... aber dann wieder mit Gras verwächst (Stifter, Bergkristall 10). **2.** ⟨hat⟩ (landsch.) *aus etw. herauswachsen* (2): die Kinder haben ihre Kleider schon wieder verwachsen.

²ver|wach|sen ⟨Adj.⟩: *schief gewachsen; verkrüppelt:* ein -es Männlein.

³ver|wach|sen, sich ⟨sw. V.; hat⟩ (Ski): *das falsche Wachs auftragen:* sie hat sich verwachst; ⟨auch ohne »sich«:⟩ er hat verwachst.

Ver|wach|sung, die; -, -en: **1.** *das ¹Verwachsen[sein].* **2.** (Med.) *(nach einer Entzündung od. Operation in Brust- od. Bauchraum) das Miteinanderverkleben von Hautflächen bzw. Organen; Adhäsion* (2). **3.** (Mineral.) *fester Verband mehrerer Kristalle bzw. mineralischer Bestandteile (bei Eisen u. Gesteinen).*

ver|wa|ckeln ⟨sw. V.⟩ (ugs.): **1.** ⟨hat⟩ *es fertigbringen, dass etw. verwackelt* (2): eine Aufnahme, ein Bild v. **2.** ⟨ist⟩ *(beim Fotografieren) durch eine Bewegung, durch Wackeln der Kamera unscharf werden:* leider verwackelten ihm die meisten Aufnahmen.

ver|wäh|len, sich ⟨sw. V.; hat⟩ (ugs.): *(beim Telefonieren) versehentlich eine falsche Nummer wählen:* entschuldigen Sie bitte, ich habe mich verwählt.

ver|wah|ren ⟨sw. V.; hat⟩ [spätmhd. verwarn]: **1. a)** *sicher, sorgfältig aufbewahren:* etw. im Schreibtisch, hinter Glas v.; Schmuck im Tresor v.; die Dokumente müssen sorgfältig verwahrt werden; **b)** (landsch.) *für eine Weile, für einen späteren Zeitpunkt aufheben:* sie wollte die Kekse für die Nachmittag v.; ich habe dir das Pudding verwahrt; **c)** (veraltet) *jmdn. gefangen halten;* **d)** (geh. veraltet) *sichern* (1 a). **2.** ⟨v. + sich⟩ (geh.) *mit Nachdruck gegen etw. protestieren; etw. energisch zurückweisen:* sich gegen eine Anschuldigung, Verdächtigung, ein Ansinnen v.

Ver|wah|rer, der; -s, -: *jmd., der etw. verwahrt* (1 a); *Depositar.*

Verwahrerin – verwandt

Ver|wah|re|rin, die; -, -nen: w. Form zu ↑ Verwahrer.

ver|wahr|lo|sen ⟨sw. V.; ist⟩ [mhd. verwarlōsen = unachtsam behandeln od. betreiben, zu: warlōs = unbewusst, ahd. waralōs = achtlos]: durch Mangel an Pflege, Vernachlässigung o. Ä. in einen unordentlichen, schlechten Zustand, in einen Zustand zunehmenden Verfalls geraten; herunterkommen: sittlich v.; ein Haus v. lassen.

ver|wahr|lost ⟨Adj.⟩: äußerst ungepflegt, heruntergekommen: -e Jugendliche; sie wurde in völlig -em Zustand aufgegriffen; ihre Wohnung, ihre Kleidung ist total v.

Ver|wahr|lo|sung, die; -, -en: **1.** das Verwahrlosen. **2.** verwahrloster Zustand; das Verwahrlostsein.

Ver|wahr|sam, der; -s: **a)** (veraltet) Verwahrung (1); ♦ **b)** Verwahrung (2): ... unter dem Schutz des Kurfürsten von Brandenburg, in dessen V. er sich befinde ... (Kleist, Kohlhaas 111).

Ver|wah|rung, die; -, -en: **1.** das Verwahren (1); das Verwahrtwerden: etw. in V. nehmen, haben. **2.** (Rechtsspr.) zwangsweise Unterbringung einer Person an einem bestimmten Ort, wo sie unter Kontrolle ist. **3.** das Sichverwahren (verwahren); Einspruch, Protest: V. [gegen etw.] einlegen.

Ver|wah|rungs|haft, die; (österr.): Untersuchungshaft.

ver|wai|sen ⟨sw. V.; ist⟩ [mhd. verweisen]: **1.** die Eltern durch Tod verlieren; Waise werden: die Kinder waren früh verwaist. **2.** leer bleiben, stehen: die Zentren verwaisen; der Lehrstuhl ist schon lange verwaist (nicht besetzt).

ver|waist ⟨Adj.⟩: [menschen]leer, leer stehend: völlig -e Innenstädte; die Ferienorte sind im Winter v.; Ü sich v. (geh.; einsam) fühlen, vorkommen.

ver|wal|ken ⟨sw. V.; hat⟩ [zu ↑ ¹walken] (ugs.): kräftig verprügeln.

ver|wal|ten ⟨sw. V.; hat⟩: **1. a)** [mhd. verwalten] [im Auftrag od. anstelle des eigentlichen Besitzers] betreuen, in seiner Obhut haben, in Ordnung halten: einen Besitz, ein Vermögen, die Kasse, einen Nachlass, ein Haus v.; etw. gut, schlecht, treulich v.; **b)** verantwortlich leiten, führen: eine Gemeinde, ein Gut v.; die Jugendlichen möchten ihr Jugendzentrum selbst v.; **c)** (ein Amt o. Ä.) innehaben, bekleiden: ein Amt v.; er verwaltet (versieht) hier die Geschäfte. **2.** (Sportjargon) bis zum Sieg [glanzlos, aber effektiv] verteidigen: einen Vorsprung v.

Ver|wal|ter, der; -s, -: jmd., der etw. verwaltet: wer ist der V. dieses Hauses?; Oder ist es wieder eine Züchtigung des Herrn, wie damals bei Napoleon? Hofprediger Eylert scheint dieser Ansicht zu sein; denn er nickt so ernsthaft und eindringlich, wie es eben nur jene V. der überhimmlischen Güter verstehen (A. Schmidt, Massenbach 127).

Ver|wal|te|rin, die; -, -nen: w. Form zu ↑ Verwalter.

Ver|wal|tung, die; -, -en: **1.** ⟨Pl. selten⟩ das Verwalten, Verwaltetwerden; Regie (2): in eigener, staatlicher V. sein; mit der V. von etw. betraut sein; unter staatlicher V. stehen. **2. a)** verwaltende Stelle (eines Unternehmens o. Ä.); Verwaltungsbehörde: sie arbeitet in der V. der Firma; **b)** Räumlichkeiten, Gebäude der Verwaltung (2 a): die V. befindet sich im Seitenflügel des Gebäudes. **3.** Verwaltungsapparat in seiner Gesamtheit: die öffentliche, staatliche V.

Ver|wal|tungs|akt, der: von einer staatlichen Verwaltung vorgenommene Handlung.

Ver|wal|tungs|an|ge|stell|te ⟨vgl. Angestellte⟩: weibliche Person, die als Angestellte in einer Verwaltung (2 a) arbeitet.

Ver|wal|tungs|an|ge|stell|ter ⟨vgl. Angestellter⟩: jmd., der als Angestellter in einer Verwaltung (2 a) arbeitet.

Ver|wal|tungs|ap|pa|rat, der: Gesamtheit der Personen u. Hilfsmittel, die zur Verwaltung (1) von etw. benötigt werden: ein aufgeblähter V.

Ver|wal|tungs|auf|ga|be, die ⟨meist Pl.⟩: Obliegenheit einer Verwaltung (2 a).

Ver|wal|tungs|auf|wand, der: Aufwand an Verwaltungstätigkeiten.

Ver|wal|tungs|aus|schuss, der: mit der Verwaltung (1) von etw. beschäftigter Ausschuss.

Ver|wal|tungs|bau, der: vgl. Verwaltungsgebäude.

Ver|wal|tungs|be|am|ter ⟨vgl. Beamter⟩: jmd., der als Beamter in einer Verwaltung (2 a) arbeitet.

Ver|wal|tungs|be|am|tin, die: w. Form zu ↑ Verwaltungsbeamter.

Ver|wal|tungs|be|hör|de, die: **a)** Verwaltungsorgan; **b)** Sitz der Verwaltungsbehörde.

Ver|wal|tungs|be|zirk, der: einer behördlichen Verwaltung (1) unterstellter Bezirk (1 a).

Ver|wal|tungs|chef, der (ugs.): Chef (1 a) einer Verwaltung (2 a).

Ver|wal|tungs|che|fin, die: w. Form zu ↑ Verwaltungschef.

Ver|wal|tungs|dienst, der: **1.** ⟨o. Pl.⟩ **a)** Dienst (1 b) bei der Verwaltung (2 a): im V. tätig sein; **b)** Dienst (1 c) der Verwaltung (3). **2.** (bes. schweiz.) Einrichtung der öffentlichen Verwaltung. **3. a)** (Wirtsch.) Verwaltung (1) als Dienstleistung für Unternehmen; **b)** Anbieter von Verwaltungsdiensten (3 a).

Ver|wal|tungs|di|rek|tor, der: Leiter der Verwaltung.

Ver|wal|tungs|di|rek|to|rin, die: w. Form zu ↑ Verwaltungsdirektor.

Ver|wal|tungs|ein|heit, die: Grundbestandteil der Verwaltung (3).

Ver|wal|tungs|ge|bäu|de, das: Gebäude, in dem eine Verwaltung (2 a) untergebracht ist.

Ver|wal|tungs|ge|bühr, die: Gebühr für bestimmte Leistungen der Behörde.

Ver|wal|tungs|ge|richt, das: Gericht, das über alle Streitigkeiten im Bereich des öffentlichen Rechts zu entscheiden hat.

Ver|wal|tungs|ge|richts|bar|keit, die: Gerichtsbarkeit in Streitfällen, die das Verwaltungsrecht betreffen.

Ver|wal|tungs|ge|richts|hof, der: **1.** Oberverwaltungsgericht (in Baden-Württemberg, Bayern u. Hessen). **2.** (österr.) für Verwaltungsakte zuständiges Höchstgericht.

ver|wal|tungs|in|tern ⟨Adj.⟩: innerhalb der Verwaltung (3) sich vollziehend, handelnd usw.: eine -e Arbeitsgruppe.

Ver|wal|tungs|kos|ten ⟨Pl.⟩: Kosten, die die Verwaltung (1) von etw. verursacht: minimale V.; V. senken.

ver|wal|tungs|mä|ßig ⟨Adj.⟩: die Verwaltung (1) betreffend.

Ver|wal|tungs|or|gan, das: zur Verwaltung (3) gehörende offizielle Einrichtung (auch offiziell beauftragte Person), die eine bestimmte Funktion innehat.

Ver|wal|tungs|rat, der: **1.** Gremium, das mit der Überwachung der Tätigkeit einer Körperschaft, Anstalt, Stiftung des öffentlichen Rechts betraut ist. **2.** Mitglied eines Verwaltungsrates (1).

Ver|wal|tungs|recht, das: **1.** Gesamtheit der rechtlichen Normen, die die Tätigkeit der öffentlichen Verwaltung regeln. **2.** einer Person od. Instanz zustehendes Recht, etw. zu verwalten.

ver|wal|tungs|recht|lich ⟨Adj.⟩: das Verwaltungsrecht betreffend.

Ver|wal|tungs|re|form, die: Gesamtheit der reformierenden Maßnahmen im Bereich der öffentlichen Verwaltung.

Ver|wal|tungs|rich|ter, der: Richter an einem Verwaltungsgericht.

Ver|wal|tungs|rich|te|rin, die: w. Form zu ↑ Verwaltungsrichter.

Ver|wal|tungs|sitz, der: **a)** Sitz (3) eines Unternehmens, von wo aus es gesteuert wird; **b)** Sitz einer Verwaltung (3).

Ver|wal|tungs|stra|fe, die (bes. österr.): von einer Behörde verhängte Strafe für eine Verwaltungsübertretung.

Ver|wal|tungs|tä|tig|keit, die: Tätigkeit der Verwaltung (2 a), des Verwaltens (1 a).

ver|wal|tungs|tech|nisch ⟨Adj.⟩: die Verwaltung (1) betreffend: -e Gründe.

Ver|wal|tungs|über|tre|tung, die (österr. Rechtsspr.): Verstoß gegen Verwaltungsvorschriften.

Ver|wal|tungs|ver|fah|ren, das: von einer Verwaltungsbehörde durchgeführtes Verfahren.

Ver|wal|tungs|vor|schrift, die ⟨meist Pl.⟩: Anordnung einer vorgesetzten Behörde für die nachgeordnete Instanz.

Ver|wal|tungs|weg, der: für die Abwicklung verwaltungstechnischer Angelegenheiten vorgeschriebener Weg: etw. auf dem, im V. regeln.

Ver|wal|tungs|wis|sen|schaft, die: Wissenschaft von der öffentlichen Verwaltung.

ver|wam|sen ⟨sw. V.; hat⟩ (ugs.): verprügeln.

ver|wan|del|bar ⟨Adj.⟩: sich verwandeln, verändern lassend.

ver|wan|deln ⟨sw. V.; hat⟩ [mhd. verwandeln, ahd. farwantalōn]: **1. a)** (in Wesen od. Erscheinung) sehr stark, völlig verändern, anders werden lassen: das Erlebnis verwandelte sie; sie ist völlig verwandelt, wie verwandelt; die Tapete hat den Raum verwandelt; **b)** zu jmdm., etw. anderem werden lassen: ein Zauber hatte den Prinzen in einen Frosch verwandelt; **c)** ⟨v. + sich⟩ zu jmdm., etw. anderem werden: das kleine Mädchen hat sich inzwischen in eine junge Dame verwandelt; während der Regenzeit verwandeln sich die Bäche zu reißenden Strömen; Damals hat sich bei Rabbi Simon der Widerwille in einen großen Hass verwandelt (Buber, Gog 113). **2.** ¹umwandeln (a); umgestalten: Energie in Bewegung, Wasser in Dampf v.; er hat die Niederlage in einen Sieg verwandelt. **3.** (Ballspiele) ⟨etw. [eine Chance]⟩ zu einem Erfolg, Sieg, Tor nutzen: einen Eckball direkt v.; ⟨auch ohne Akk.-Obj.:⟩ der Spieler verwandelte zum 2:0.

Ver|wand|ler, der; -s, -: jmd., der etw. verwandelt.

Ver|wand|le|rin, die; -, -nen: w. Form zu ↑ Verwandler.

Ver|wand|lung, die; -, -en [mhd. verwandelunge]: das [Sich]verwandeln; das Verwandeltwerden.

Ver|wand|lungs|künst|ler, der: (bes. im Varieté auftretender) Künstler, der in kürzester Zeit in die verschiedenartigsten Rollen schlüpft.

Ver|wand|lungs|künst|le|rin, die: w. Form zu ↑ Verwandlungskünstler.

¹ver|wandt; siehe verwenden.

²ver|wandt ⟨Adj.⟩ [spätmhd. verwant = zugewandt, zugehörig, verwandt, eigtl. 2. Part. von: verwenden = hinwenden]: **1. a)** zur gleichen Familie gehörend; gleicher Herkunft, Abstammung: mit jmdm. nahe, entfernt, weitläufig, durch Heirat, im zweiten Grad v. sein; die beiden sind nicht [miteinander] v.; mit jmdm. weder v. noch verschwägert sein; jmdm. v. (schweiz.: mit jmdm. verwandt) sein; ich bin mit ihr um drei, um mehrere Ecken v. (ugs.; wir sind entfernte Verwandte); **b)** (von Pflanzen, Tieren, Gesteinen, chemischen Stoffen o. Ä.) der gleichen Gattung, Familie, Ordnung o. Ä. angehörend: -e Tiere, Pflanzen; **c)** auf einen gemeinsamen Ursprung zurückgehend: -e Völker, -e (der glei-

Verwandte – verweisen

chen Sprachfamilie angehörende) Sprachen; die Wörter sind etymologisch v. **2.** *von ähnlicher Beschaffenheit, Art; ähnliche Eigenschaften, Züge, Merkmale aufweisend:* -e Anschauungen, Vorstellungen, Formen; -e Seelen; sie sind sich geistig, wesensmäßig sehr v.; ⟨subst.:⟩ sie haben viel Verwandtes.

Ver|wand|te, die/eine Verwandte; der/einer Verwandten, die Verwandten/zwei Verwandte: *weibliche Person, die mit einer anderen* ²*verwandt* (1 a) *ist:* eine nahe, entfernte V. von mir.

Ver|wand|ten|be|such, der: **a)** *Besuch bei Verwandten:* einen V. machen; **b)** *Verwandte als Besuch* (2): wir erwarten V.

Ver|wand|ter, der Verwandte/ein Verwandter; des/eines Verwandten, die Verwandten/zwei Verwandte: *jmd., der mit einer bestimmten anderen Person* ²*verwandt* (1 a) *ist.*

Ver|wandt|schaft, die; -, -en: **1.** *das* ²*Verwandtsein* (1). **2.** *Gesamtheit der Verwandten, Angehörigen, die jmd. hat:* eine große V. haben; die [ganze] V. einladen; zur V. gehören; Labudes zweite Wohnung lag im Zentrum...Hierhin zog er sich zurück, wenn ihm der Westen, die noble V., die Damen der guten Gesellschaft und das Telefon auf die Nerven gingen (Erich Kästner, Fabian 37); * **die bucklige V.** (ugs. abwertend; *die als lästig empfundene Verwandtschaft).* **3.** *Ähnlichkeit, Gleichartigkeit:* zwischen den beiden Plänen, Problemen besteht eine gewisse V.

ver|wandt|schaft|lich ⟨Adj.⟩: *auf Verwandtschaft,* ²*Verwandtsein* (1 a) *gegründet:* -e Bande, Verhältnisse; v. miteinander verbunden sein.

Ver|wandt|schafts|grad, der: *Grad* (1 a) *der Verwandtschaft zwischen Personen.*

Ver|wandt|schafts|ver|hält|nis, das: *Verwandtschaft* (1): in einer Erbschaftsangelegenheit die -se klären; in einem V. zu jmdm. stehen *(mit jmdm. verwandt sein).*

ver|wan|zen ⟨sw. V.⟩: **1.** ⟨ist⟩ *von Wanzen befallen werden.* **2.** ⟨hat⟩ (Jargon) *mit Abhörwanzen versehen.*

Ver|wan|zung, die; -, -en: *das Verwanzen; das Verwanztwerden.*

ver|war|nen ⟨sw. V.; hat⟩: *jmdm., dessen Tun man missbilligt, scharf tadeln u. ihm (für den Wiederholungsfall) Konsequenzen androhen:* jmdn. [wegen etw.] wiederholt v.; sie wurde polizeilich, gebührenpflichtig verwarnt; der Spieler wurde vom Schiedsrichter wegen eines Fouls verwarnt (Fußball; *mit der gelben Karte od. einem Platzverweis bedroht*).

Ver|war|nung, die; -, -en [mhd. verwarnunge]: **1.** *das Verwarnen; das Verwarntwerden:* die V. des brasilianischen Spielers; eine gebührenpflichtige V.; jmdm. eine V. erteilen (*jmdn. verwarnen*). **2.** *verwarnende Äußerung; mit dem Androhen von Konsequenzen verbundener Tadel:* -en halfen nichts.

Ver|war|nungs|geld, das (Amtsspr.): *Gebühr für eine polizeiliche Verwarnung.*

ver|wa|schen ⟨Adj.⟩: **a)** *durch vieles Waschen ausgeblichen [u. unansehnlich geworden]:* -e Jeans; die Sachen sind ganz v.; **b)** *durch den Einfluss des Regenwassers verwischt, verblasst:* eine -e Inschrift; **c)** (bes. von Farben) *blass, unausgeprägt:* ein -es Blau; die Linien, Konturen sind v.; Ü eine -e *(unklare)* Vorstellung, Formulierung.

ver|wäs|sern ⟨sw. V.⟩: **1. a)** ⟨hat⟩ *mit zu viel Wasser versetzen, verdünnen; wässrig machen:* den Wein v.; die beigegebenen Eiswürfel verwässern den Whisky nur; die Milch ist v., schmeckt verwässert; **b)** ⟨ist⟩ *einen zu hohen Wassergehalt bekommen, wässrig werden.* **2.** ⟨hat⟩ *die Wirkung, die Aussagekraft, den ursprünglichen Gehalt von etw. abschwächen:* einen Text, ein Gefühl v.; eine verwässerte Interpretation.

Ver|wäs|se|rung, Ver|wäss|rung, die; -, -en: *das Verwässern, Verwässertwerden; das Verwässertsein.*

ver|we|ben ⟨sw. u. st. V.; hat⟩: **1.** ⟨sw. V.⟩ *beim Weben verwenden, verbrauchen:* sie hat nur Wolle verwebt. **2.** [mhd. verweben] **a)** ⟨sw. u. st. V.⟩ *webend verbinden, zusammen-, ineinanderweben, webend in etw. einfügen:* die Fäden [miteinander] v.; die Muster sind in die rote Fläche verwebt/(seltener:) verwoben; Ü eng miteinander verwobene Vorstellungen, Probleme; **b)** ⟨v. + sich; st. V.⟩ (geh.) *sich (wie ein Gewebe) eng miteinander verbinden, zu einem Ganzen zusammenfügen:* Ü Realität und Traum haben sich in seiner Dichtung verwoben.

ver|wech|sel|bar ⟨Adj.⟩: *eine Verwechslung leicht ermöglichend; sich leicht verwechseln lassend.*

ver|wech|seln ⟨sw. V.; hat⟩ [mhd. verwehseln, ahd. farwehsalōn]: **a)** *jmdn., etw. nicht unterscheiden, auseinanderhalten können u. daher für jmd. anderen, etw. anderes halten:* sie hat mich mit meinem Bruder, das Salzfass mit dem Zuckerstreuer verwechselt; ⟨subst.:⟩ die beiden sind sich zum Verwechseln ähnlich; **b)** *irrtümlich anstelle von etw. anderem gebrauchen; durcheinanderbringen; vertauschen:* die Namen v.; »mir« und »mich« v.; das müssen Sie verwechselt haben; er hat den Mäntel verwechselt *(irrtümlich den falschen an sich genommen);* die beiden kann man doch gar nicht v.

Ver|wech|se|lung (selten), **Ver|wechs|lung,** die; -, -en: *das Verwechseln; das Verwechseltwerden:* da muss eine V. vorliegen.

Ver|wechs|lungs|ge|fahr, die: *Gefahr, etw. zu verwechseln:* Achtung, da besteht V.!

ver|we|gen ⟨Adj.⟩ [mhd. verwegen = frisch entschlossen, eigtl. 2. Part. von: sich verwegen = sich frisch zu etw. entschließen, zu: wegen, ↑ wägen]: *forsch u. draufgängerisch; Gefahren nicht achtend:* ein v. er Bursche; ein -er *(tollkühner)* Gedanke; Ü ein -er (spött.; *sehr auffälliger, ungewöhnlicher*) Hut.

Ver|we|gen|heit, die; -, -en: **1.** ⟨o. Pl.⟩ *das Verwegensein, verwegene Art.* **2.** *verwegene Handlungsweise, Tat.*

ver|we|hen ⟨sw. V.⟩ [mhd. verwæjen, ahd. firwāen]: **1.** ⟨hat⟩ *wehend zudecken, unkenntlich machen; zuwehen:* der Wind hat die Spuren verweht; vom/mit Schnee verwehte Wege. **2.** ⟨hat⟩ *wehend auseinandertreiben; wegwehen:* der Wind verwehte den Rauch; R [das ist] vom Winde verweht! *([das ist] vergessen).* **3.** ⟨ist⟩ (dichter.) **a)** *vergehen* (1 c); **b)** *sich verlieren:* die Klänge verwehten im Wind; Ü ihr Zorn, ihre Trauer verwehte *(ging vorüber).*

ver|weh|ren ⟨sw. V.; hat⟩ [mhd. verwern, ahd. firwerian]: **1.** *jmdm. etw. nicht zu tun erlauben; verweigern:* jmdm. den Zutritt [zu etw.], die Benutzung von etw. v.; man verwehrte ihm, das Haus zu betreten; Ü ein hoher Baum verwehrt uns den Ausblick, die Sicht *(behindert den Ausblick, die Sicht).* **2.** *in der Wendung* **sich gegen etw. v.** (österr.; *sich gegen etw. verwahren*).

Ver|weh|rung, die; -, -en ⟨Pl. selten⟩: *das Verwehren; das Verwehrtwerden.*

Ver|we|hung, die; -, -en: **1.** *das Verwehen; das Verwehtwerden.* **2.** *Schneeverwehung.*

ver|weib|li|chen ⟨sw. V.⟩: **1.** ⟨ist⟩ *weiblich werden, weibliche Geschlechtsmerkmale entwickeln; feminieren.* **2.** ⟨hat⟩ (Fachspr.) *bestimmte weibliche Geschlechtsmerkmale entwickeln lassen.*

Ver|weib|li|chung, die; -: *das Verweiblichen.*

ver|weich|li|chen ⟨sw. V.⟩: **a)** ⟨ist⟩ *seine körperliche Widerstandskraft verlieren:* durch seine Lebensweise verweichlicht er immer mehr; **b)** ⟨hat⟩ *die körperliche Widerstandskraft schwächen:* die dicke Kleidung, ihre Lebensweise hat sie verweichlicht.

Ver|weich|li|chung, die; -, -en ⟨Pl. selten⟩: *das Verweichlichen; das Verweichlichtwerden.*

Ver|wei|ge|rer, der; -s, -: **a)** *jmd. (bes. Jugendlicher), der sich den Forderungen, Erwartungen o. Ä. der Gesellschaft verweigert;* **b)** Kurzf. von ↑ Kriegsdienstverweigerer, ↑ Wehrdienstverweigerer.

Ver|wei|ge|rin, die; -, -nen: w. Form zu ↑ Verweigerer.

ver|wei|gern ⟨sw. V.; hat⟩: **1. a)** *(etw. von jmdm. Gefordertes, Erwartetes o. Ä.) nicht gewähren, geben, ausführen; ablehnen* v.; jmdm. die Erlaubnis, die Einreise, eine Hilfeleistung v.; jmdm. ein Visum v.; man hat ihm verweigert, das Haus zu betreten; Annahme verweigert (Vermerk auf zurückgehenden Postsendungen); der Patient verweigert weiterhin die Nahrung[saufnahme]; den Gehorsam v.; den Befehl v. *([von Soldaten] sich einem Befehl widersetzen);* er hat den Wehrdienst verweigert; **b)** ⟨v. + sich⟩ *sich verschließen* (2 b), *unzugänglich zeigen für etw.:* Jugendliche rebellieren, indem sie sich verweigern, die Forderungen, Erwartungen o. Ä. der Gesellschaft mit voller Absicht nicht erfüllen, sich ihnen verschließen. **2.** (Reiten) *(von Pferden) vor einem Hindernis scheuen u. es nicht nehmen:* ihr Pferd verweigerte mehrmals, verweigerte am Wassergraben.

Ver|wei|ge|rung, die; -, -en: **a)** *das Verweigern:* die V. der Zustimmung; **b)** *das Sichverweigern.*

Ver|wei|ge|rungs|fall, der (Rechtsspr.): meist in der Fügung **im V.** *(im Falle der Verweigerung von etw.).*

Ver|wei|ge|rungs|hal|tung, die: *[demonstratives] Sichverweigern als Ausdruck der Ablehnung o. Ä.*

Ver|weil|dau|er, die (bes. Fachspr.): *Zeitdauer des Verweilens, Verbleibens an einem bestimmten Ort:* die V. der Speisen im Magen, der Patienten im Krankenhaus.

ver|wei|len ⟨sw. V.; hat⟩ [spätmhd. verwīlen] (geh.): *sich an einem bestimmten Ort für eine Weile aufhalten, für eine kürzere Zeit bleiben:* an jmds. Krankenbett v.; bei jmdm. v.; sie verweilten lange vor dem Gemälde *(blieben betrachtend davor stehen);* ⟨auch v. + sich:⟩ sie verweilten sich ein paar Tage bei den Freunden; ⟨subst.:⟩ zum Verweilen auffordern; Ü bei einem Thema, Gedanken v. *(sich eine Weile damit beschäftigen);* ihre Augen, Blicke verweilten auf seinem Gesicht.

Ver|weil|zeit, die (bes. Fachspr.): *Verweildauer.*

ver|wei|nen ⟨sw. V.; hat⟩ [mhd. verweinen]: **a)** (geh.) *weinend zubringen:* sie hatte viele Stunden, Nächte verweint; **b)** *durch Weinen rot werden, verschwollen erscheinen lassen:* er hatte seine Augen verweint; mit verweinten Augen.

Ver|weis, der; -es, -e: **1.** [spätmhd. verwīʒ, rückgeb. aus ↑ verweisen 1)] *Rüge, Tadel* (1): ein strenger, scharfer V.; jmdm. einen V. erteilen; einen V. erhalten, bekommen; die Äußerung hat ihr eine V. eingetragen. **2.** [rückgeb. aus ↑ verweisen (2)] *(in einem Buch, Text o. Ä.) Hinweis auf eine andere Textstelle o. Ä., die im vorliegenden Zusammenhang nachzulesen, zu vergleichen empfohlen wird:* zahlreiche V. anbringen.

ver|wei|sen ⟨st. V.; hat⟩: **1.** [mhd. verwīʒen, ahd. farwīʒan, zu mhd. wīʒen, ahd. ↑ wissen u. eigtl. = eine Schuld wahrnehmen, ein Vergehen bemerken] (geh.) **a)** *zum Vorwurf machen; vorhalten:* die Mutter verwies der Tochter die vorlauten

Verweisung – verwickeln

Worte; **b)** *verbieten:* jmdm. seine Verhaltensweise v.; **c)** *tadeln:* jmdn. mild v.; sie verweist die Kinder, wenn sie nicht hören; ein verweisender Blick. **2.** [mhd. verwīsen, zu: wīsen, ↑ weisen; mit verweisen (1) seit dem 15. Jh. formal zusammengefallen] *auf etw. hinweisen, aufmerksam machen:* jmdn. auf die gesetzlichen Bestimmungen, auf die Vorschriften v.; ein Hinweisschild verweist auf die Einfahrt. **3.** [↑ verweisen (2)] **a)** *veranlassen, sich an eine bestimmte andere Person od. Stelle zu wenden:* jmdn. an die Sekretärin v.; der Kunde wurde an den Geschäftsführer verwiesen; Herr Paul ist sehr beschäftigt. Er verwies mich an das mexikanische Konsulat (Seghers, Transit 198); **b)** (Rechtsspr.) *übergeben, überweisen:* einen Rechtsfall an die zuständige Instanz v. **4.** [↑ verweisen (2)] **a)** *jmdm. den weiteren Aufenthalt, das Verbleiben an einem bestimmten Ort verbieten; hinausweisen* (1): jmdn. des Landes v.; er wurde aus dem Saal, von der Schule verwiesen; der Spieler wurde nach einer Tätlichkeit des Platzes/vom Platz verwiesen (Ballspiele; *bekam einen Platzverweis*); **b)** *auffordern, anweisen, sich an einen bestimmten Ort zu begeben:* einen Schüler in die Ecke v. **5.** in den Wendungen **jmdn. auf die Plätze v.** (↑ Platz 7); **jmdn. auf den zweiten, dritten usw. Platz v.** (↑ Platz 7). **6.** [↑ verweisen (2)] (veraltend) *zu einem bestimmten Verhalten auffordern:* jmdn. zur Ruhe, zur Ordnung v.

Ver|wei|sung, die; -, -en: *das Verweisen; das Verwiesenwerden*.

ver|wel|ken ⟨sw. V.; ist⟩ [mhd. verwelken: **a)** *(aus Mangel an Wasser, Bewässerung) völlig welk werden:* die Blumen verwelken schnell, sind schon verwelkt; verwelkte Blätter; Ü verwelkter Ruhm; **b)** *welk, schlaff u. faltig werden:* ein verwelktes Gesicht.

ver|welt|li|chen ⟨sw. V.⟩: **1.** ⟨hat⟩ *säkularisieren* (1): der kirchliche Besitz wurde verweltlicht. **2.** ⟨ist⟩ (geh.) *weltzugewandt werden:* ihre Lebensformen verweltlichten; die verweltlichte Kirche.

Ver|welt|li|chung, die; -, -en: **1.** *Säkularisation* (1). **2.** (geh.) *das Verweltlichen; das Verweltlichwerden*.

ver|wend|bar ⟨Adj.⟩: *sich [in bestimmter Weise] verwenden lassend:* etw. ist nicht mehr, ist mehrfach, vielseitig v. Dazu: **Ver|wend|bar|keit**, die; -.

ver|wen|den ⟨unr. V.⟩ [mhd. verwenden = abwenden, umwenden]: **1.** ⟨verwandte/verwendete, hat verwandt/verwendet⟩ **a)** *(für einen bestimmten Zweck, zur Herstellung, Ausführung o. Ä. von etw.) benutzen, anwenden:* zum Kochen nur Butter v.; für die Salatsoße verwende ich Olivenöl; im Unterricht ein bestimmtes Lehrbuch, eine bestimmte Methode v.; sie hat in ihrem Text zu viele Fremdwörter verwendet; etw. noch einmal, nicht mehr, mehrmals v. können; ein Gerät mit Batterien v. *(betreiben)*; **b)** *für etw. aufwenden; ge-, verbrauchen:* Zeit, Mühe, Sorgfalt auf etw. v.; sein Geld für/zu etw. v. *(ausgeben)*; Exakt die Hälfte des Kostgelds verwandte sie für die Zöglinge, exakt die Hälfte behielt sie für sich (Süskind, Parfum 26); **c)** *jmdn. für eine bestimmte Arbeit o. Ä. einsetzen:* sie ist so ungeschickt, man kann sie zu nichts v.; **d)** *(Kenntnisse, Fertigkeiten) nutzen, verwerten:* hier kann sie ihr Englisch gut v. **2.** ⟨verwandte/(seltener:) verwendete, hat verwandt/(seltener:) verwendet; v. + sich⟩ (geh.) *seine Verbindungen, seinen Einfluss o. Ä. für jmdn., etw. geltend machen; sich in bestimmter Hinsicht für jmdn., etw. einsetzen:* sich [bei jmdm.] für einen Freund v. **3.** ⟨verwandte/(seltener:) verwendete, hat verwandt/(seltener:) ver-

wendet⟩ (geh. veraltet) *von jmdm. ab-, wegwenden:* er verwandte kein Auge, keinen Blick von ihr.

Ver|wen|der, der; -s, -: *jmd., der etw. verwendet*.

Ver|wen|de|rin, die; -, -nen: w. Form zu ↑ Verwender.

Ver|wen|dung, die; -, -en: **1.** *das Verwenden:* keine V. für etw., jmdn. haben *(etw., jmdn. nicht gebrauchen können)*; V. finden *(verwendet werden);* in V. stehen (österr.; *in Gebrauch sein);* etw. in V. nehmen (österr.; *etw. in Gebrauch nehmen).* **2.** ⟨o. Pl.⟩ (geh.) *das Sichverwenden* (2) *für jmdn., etw*.

Ver|wen|dungs|be|reich, der: *Bereich, in dem etw., jmd. verwendet* (1) *wird*.

ver|wen|dungs|fä|hig ⟨Adj.⟩: *verwendbar; zu verwenden* (1).

Ver|wen|dungs|mög|lich|keit, die: *Möglichkeit zur Verwendung*.

Ver|wen|dungs|wei|se, die: *Art u. Weise, in der etw. verwendet* (1) *wird*.

Ver|wen|dungs|zweck, der: *Zweck, für den etw. verwendet werden, werden soll*.

ver|wer|fen ⟨st. V.; hat⟩ [mhd. verwerfen, ahd. farwerfan]: **1.** *(nach vorausgegangener Überlegung) als unbrauchbar, untauglich, unrealisierbar aufgeben, nicht weiter verfolgen:* einen Gedanken, Plan, eine Theorie, einen Vorschlag v.; eine Formulierung v.; ... wollte er sich einen gemütlichen Stumpen anzünden, verwarf aber dieses plötzliche Gelüste als nicht ganz schicklich (R. Walser, Gehülfe 49). **2.** (Rechtsspr.) *als unberechtigt ablehnen:* eine Klage, Berufung, einen Antrag v. **3.** (geh.) *für verwerflich, böse, unsittlich usw. erklären:* eine Handlungsweise v.; Die Väter der Kirche haben ... das Privateigentum Usurpation und Diebstahl genannt. Sie haben den Güterbesitz verworfen, weil nach dem göttlichen Naturrecht die Erde allen Menschen gemeinsam sei (Th. Mann, Zauberberg 557). **4.** (bes. bibl.) *verstoßen:* Gott verwirft die Frommen nicht. **5.** ⟨v. + sich⟩ *sich verziehen* (2 b); *sich werfen* (3 b): die Tür, der Rahmen hat sich verworfen. **6.** *(von Säugetieren) eine Fehlgeburt haben:* die Kuh, Katze, Hündin hat verworfen. **7.** ⟨v. + sich⟩ (Geol.) *(von Gesteinsschichten) sich gegeneinander verschieben*. **8.** ⟨v. + sich⟩ (Kartenspiele) **a)** *eine Karte falsch ausgeben;* **b)** *irrtümlich falsch bedienen*. **9.** (schweiz.) *mit den Händen gestikulieren, sie über dem Kopf zusammenschlagen:* die Hände, die Arme v.

ver|werf|lich ⟨Adj.⟩ (geh.): *schlecht, unmoralisch u. daher tadelnswert:* eine -e Tat.

Ver|werf|lich|keit, die; -, -en (Pl. o.) das Verwerflichsein. **2.** *etw. Verwerfliches*.

Ver|wer|fung, die; -, -en: **1.** [mhd. verwerfunge = das Durcheinanderwerfen] *das Verwerfen* (1–3, 6), *Verworfenwerden* (verwerfen 1–3); *das Sichverwerfen* (verwerfen 5). **2.** (Geol.) *Verschiebung von Gesteinsschollen längs einer in vertikaler bzw. in horizontaler Richtung verlaufenden Spalte;* ¹*Bruch* (6); *Sprung* (7). **3.** *Umwälzung* (1), *[dramatische] Verschiebung in einem (sozialen, wirtschaftlichen o. Ä.) Gefüge* (2). **4.** *Unstimmigkeit* (3), *Misstimmung*.

Ver|wer|fungs|li|nie, die (Geol.): *Linie, an der Erdoberfläche u. bewegte Gesteinsscholle zusammentreffen*.

ver|wert|bar ⟨Adj.⟩: *sich verwerten lassend:* -es Material; etw. ist [noch, nicht mehr] v. Dazu: **Ver|wert|bar|keit**, die; -, -en.

ver|wer|ten ⟨sw. V.; hat⟩: *(etw., was brachliegt, was nicht mehr od. noch nicht genutzt wird) verwenden, etw. daraus machen:* Reste, Abfälle [noch zu] v.; etw. ist noch zu v., lässt sich nicht mehr v.; eine Erfindung kommerziell, praktisch v.; Anregungen, Ideen, Erfahrungen v.;

Ü der Körper verwertet die zugeführte Nahrung *(gewinnt aus ihr die für ihn nötigen Nährstoffe).*

Ver|wer|ter, der; -s, -: *jmd., der etw. verwertet*.

Ver|wer|te|rin, die; -, -nen: w. Form zu ↑ Verwerter.

Ver|wer|tung, die; -, -en: *das Verwerten*.

Ver|wer|tungs|ge|sell|schaft, die: **1.** *Gesellschaft* (4 b), *die die Wiederverwertung von Müll o. Ä. betreibt*. **2.** (Rechtsspr.) *Gesellschaft von Verlegern, Urhebern u. a. zum Zwecke der Wahrnehmung von Verwertungsrechten u. a. Schutzrechten*.

Ver|wer|tungs|recht, das (Rechtsspr.): *Recht des Urhebers* (b), *sein Werk vermögensrechtlich zu nutzen*.

¹**ver|we|sen** ⟨sw. V.; ist⟩ [mhd. verwesen, ahd. firwesan (sw. V.) = verfallen, vergehen u. firwesan (st. V.) = aufbrauchen, verzehren, eigtl. = verschmausen]: *(sich (an der Luft) zersetzen; durch Fäulnis vergehen:* die Leichen, die toten Pferde begannen zu v., waren schon stark verwest; ein verwesender Leichnam.

²**ver|we|sen** ⟨sw. V.; hat⟩ [mhd. verwesen, ahd. firwesan = jmds. Stelle vertreten, zu mhd. wesen, ahd. wesan, ↑ Wesen] (veraltet): *(als Verweser) verwalten*.

Ver|we|ser, der; -s, - [mhd. verweser]: **a)** (Geschichte) *jmd., der ein Amt, ein Gebiet [als Stellvertreter] verwaltet;* **b)** (schweiz.) *befristet (als Aushilfe) angestellter Lehrer od. reformierter Pfarrer*.

Ver|we|se|rin, die; -, -nen: w. Form zu ↑ Verweser.

ver|wes|lich ⟨Adj.⟩: ¹*verwesen könnend; der Verwesung ausgesetzt:* -e Materie.

ver|west|li|chen ⟨sw. V.; ist⟩: *sich an dem Vorbild, der Lebensform o. Ä. der westlichen Welt orientieren:* Dazu: **Ver|west|li|chung**, die; -, -en.

Ver|we|sung, die; -, -en ⟨Pl. selten⟩ [spätmhd. verwesunge]: *das* ¹*Verwesen:* in V. übergehen *(zu* ¹*verwesen beginnen).*

Ver|we|sungs|ge|ruch, der: *von etw.* ¹*Verwesendem herrührender Geruch*.

ver|wet|ten ⟨sw. V.; hat⟩: **a)** [mhd. verwetten] *bei einer Wette, beim Wetten einsetzen:* er verwettet eine Menge Geld; Ü seinen Kopf für etw. v. (ugs.; *von etw. fest überzeugt sein);* **b)** *(bei einer Wette, beim Wetten) verlieren:* er hat sein Vermögen verwettet.

◆ **ver|wet|tern** ⟨sw. V.; hat⟩: **1.** [vgl. wettern] *verfluchen, beschimpfen:* jmdn., sein Missgeschick v.; ⟨meist im 2. Part.:⟩ Kann ich den Herrn von der verwetterten *(verfluchten, verdammten)* Hochzeit nicht abhalten (Iffland, Die Hagestolzen I, 3). **2.** [eigtl. = verwittern (1)] (landsch.) *zerschlagen, zerbrechen:* ... der Kuckuck (= die Kuckucksuhr) ist zerschlagen, in Grundsboden geschlagen – die alte Susel hat ihn verwettert (Schiller, Räuber IV, 3).

ver|wich|sen ⟨sw. V.; hat⟩ (ugs.): *kräftig verprügeln:* er wollte ihn v.

ver|wi|ckeln ⟨sw. V.; hat⟩ [spätmhd. verwickeln]: **1. a)** ⟨v. + sich⟩ *sich derart ineinanderschlingen, durcheinanderringen, dass die Fäden, Schnüre o. Ä. nur mit Mühe zu entwirren sind:* die Wolle, die Schnur, die Kordel hat sich verwickelt; **b)** ⟨v. + sich⟩ *in etw. hineingeraten, worin es sich verfängt od. hängen bleibt:* das Seil des Ballons hatte sich im Geäst, in die Hochspannungsleitungen verwickelt *(in ihm, ihnen verfangen);* Ü sie hat sich in Widersprüche verwickelt *(hat Widersprüchliches gesagt);* **c)** (selten) *ineinanderschlingen:* ich habe die Enden der Fäden verwickelt; Ü Die Wahrheit würde jetzt alles auch nur noch mehr v. *(komplizieren;* Seghers, Transit 249). **2.** (landsch.) *mit etw. umwickeln:* dem Verletzten das Bein v.; sie hatte eine verwickelte *(mit einem Verband versehene)* Hand. **3.** *jmdn. in* *eine unangenehme Sache hineinziehen, ihn daran beteiligen:* jmdn. in eine Affäre, einen Fall, eine Schlägerei v.; er ist in einen Skandal, einen Prozess verwickelt; die Truppen waren in schwere Kämpfe verwickelt; jmdn. in ein Gespräch v. *(ein Gespräch mit jmdm. anknüpfen).*

ver|wi|ckelt ⟨Adj.⟩: *kompliziert, nicht leicht zu übersehen od. zu durchschauen:* eine -e Angelegenheit, Situation; der Fall ist sehr v.

Ver|wi|cke|lung (selten), **Ver|wick|lung,** die; -, -en: **1.** *das [Sich]verwickeln.* **2.** ⟨meist Pl.⟩ *Schwierigkeit, Problem, Komplikation* (1): diplomatische -en.

ver|wie|gen ⟨sw. V.; hat⟩: **1.** ⟨v. + sich⟩ *sich beim Wiegen, Abwiegen von etw. irren; falsch wiegen:* du hast dich verwogen, das Paket ist schwerer. **2.** (Fachspr., Amtsspr.) ¹*wiegen* (2 a).

Ver|wie|ger, der; -s, - : *jmd., der mit Verwiegen* (2) *beschäftigt ist* (Berufsbez.).

Ver|wie|ge|rin, die; -, -nen: w. Form zu ↑ Verwieger.

Ver|wie|gung, die; -, -en (Fachspr.): *das Verwiegen* (2).

◆ **ver|wil|den** ⟨sw. V.; ist⟩ [mhd. verwilden]: *verwildern* (3): ... verwilde zum Tiger, sanftmütiges Lamm (Schiller, Räuber I, 2).

ver|wil|dern ⟨sw. V.; ist⟩: **1.** *durch mangelnde Pflege von Unkraut überwuchert, zur Wildnis werden:* der Garten verwildert; ein verwilderter Park. **2. a)** *(von bestimmten Haustieren) wieder als Wildtier in der freien Natur leben:* Katzen, Hunde verwildern leicht; ein verwildetes Haustier; **b)** *(von Kulturpflanzen) sich (wieder) wild wachsend verbreiten.* **3.** *in einen Zustand von Ungesittetheit, Unkultiviertheit zurückfallen:* die jungen Burschen verwilderten immer mehr; verwildete Sitten.

Ver|wil|de|rung, die; -, -en: *das Verwildern.*

¹**ver|win|den** ⟨st. V.; hat⟩ [mhd. verwinden, verwinnen; vgl. überwinden] (geh.): *über etw. hinwegkommen* (b), *etw. seelisch verarbeiten u. sich dadurch davon befreien; überwinden:* einen Schmerz, Verlust, eine Kränkung v.

²**ver|win|den** ⟨st. V.; hat⟩ (Technik): *verdrehen* (1).

Ver|win|dung, die; -, -en (Technik): *Torsion* (1).

ver|win|dungs|fest ⟨Adj.⟩: *Torsionsfestigkeit aufweisend.*

ver|win|kelt ⟨Adj.⟩: *eng u. mit vielen Ecken, ohne geraden Verlauf o. Ä.:* ein -es Gässchen; ein -er Flur.

Ver|win|ke|lung, Ver|wink|lung, die; -, -en: **1.** *das Verwinkeltsein.* **2.** ⟨meist Pl.⟩ *verwinkelte Stelle.*

ver|wir|beln ⟨sw. V.; hat⟩: *in eine wirbelnde Bewegung bringen:* eine Schraube verwirbelt die Luft, das Wasser.

ver|wir|ken ⟨sw. V.; hat⟩ [mhd. verwirken = einfassen, verlieren, ahd. firwirken = verlieren]: **a)** (geh.) *durch eigene Schuld einbüßen, sich verscherzen:* jmds. Vertrauen, Gunst, Sympathie v.; das Recht zu, den Anspruch auf etw. v.; sie hat ihr Leben verwirkt *(muss eine Schuld durch den Tod sühnen);* ◆ **b)** *(durch eigene Schuld) sich zuziehen; verdienen:* ... und die Strafe, die er verwirkt, ihm erlassen sein sollte (Kleist, Kohlhaas 84).

ver|wirk|li|chen ⟨sw. V.; hat⟩: **1. a)** *realisieren* (1 a): eine Idee, seinen Traum vom eigenen Haus v.; das Projekt lässt sich nicht v.; ⟨v. + sich⟩ *realisieren* (1 b): ihre Träume, Hoffnungen haben sich nie verwirklicht. **2.** ⟨v. + sich⟩ *sich, seine Fähigkeiten unbehindert entfalten:* jeder sollte die Möglichkeit haben, sich [selbst] zu v.; sich in seiner Arbeit v. *(Befriedigung darin finden).*

Ver|wirk|li|chung, die; -, -en: *das [Sich]verwirklichen.*

Ver|wir|kung, die; -, -en (Rechtsspr.): *das Verwirken eines Rechtes.*

ver|wir|ren ⟨sw. V.; hat⟩ [mhd. verwirren, verwerren, ahd. farwerran, zu ↑wirren]: **1. a)** *durch Ineinanderverschlingen o. Ä. in Unordnung bringen:* Garn, die Fäden v.; der Wind verwirrte ihre Locken; verwirrtes Haar; **b)** ⟨v. + sich⟩ *durch Ineinanderverschlingen o. Ä. in Unordnung geraten:* sein Haar, das Garn hatte sich verwirrt. **2. a)** *unsicher machen; aus der Fassung bringen; durcheinanderbringen:* die Frage, das Ereignis hat ihn verwirrt; seine Gegenwart verwirrt sie; die schrecklichen Erlebnisse haben seinen Geist, ihm die Sinne verwirrt (geh.; haben ihn verstört, einen in wirren Geisteszustand gebracht); **b)** ⟨v. + sich⟩ *in einen Zustand der Unordnung, Verstörtheit o. Ä. geraten:* seine Sinne hatten sich verwirrt.

ver|wir|rend ⟨Adj.⟩: *geeignet, Verwirrung zu stiften:* eine -e Fülle, Vielfalt, Vielzahl von Eindrücken; die Situation wird immer -er.

Ver|wirr|spiel, das: *absichtlich gestiftete Verwirrung (durch die Unsicherheit bei anderen verursacht werden soll):* Klarheit in das V. bringen.

ver|wirrt ⟨Adj.⟩: **1.** *verstört, konsterniert:* jmdn. v. ansehen; **2.** *im Zustand geistiger Verwirrtheit:* ein -er alter Mann.

Ver|wirrt|heit, die; -, -en: **1.** *Zustand geistiger od. seelischer Verstörung.* **2.** *verwirrte Handlung, Äußerung.*

Ver|wir|rung, die; -, -en: *das [Sich]verwirren* (2): es herrschte allgemeine, große V. *(großes Durcheinander, große Aufregung);* ein Zustand geistiger V. *(Verstörtheit);* jmdn. in V. bringen *(verstören, unsicher machen);* in V. geraten *(verwirrt werden).*

ver|wirt|schaf|ten ⟨sw. V.; hat⟩: *durch schlechtes Wirtschaften aufbrauchen, durchbringen:* ein Vermögen v. Dazu: **Ver|wirt|schaf|tung,** die; -.

ver|wi|schen ⟨sw. V.; hat⟩: **1.** *über etw. wischen, sodass die Umrisse verschwommen, unscharf werden:* eine verwischte Unterschrift. **2.** ⟨v. + sich⟩ *undeutlich, unklar werden; verschwimmen:* die Konturen verwischten sich; Ü die sozialen Unterschiede haben sich verwischt. **3.** [mhd. verwischen] *beseitigen, tilgen:* der Mörder hat versucht, alle Spuren zu v.

Ver|wi|schung, die; -, -en: *das Verwischen; das Verwischtwerden.*

ver|wis|sen|schaft|li|chen ⟨sw. V.; hat⟩: **1.** *[zu] viel an Wissenschaft, wissenschaftlichen Gesichtspunkten o. Ä. in etw. hineinbringen [wo eigentlich anderes vorherrschen sollte]:* die Berufspraxis v. **2.** *auf ein wissenschaftliches Niveau v.:* die Sprachpflege v.

Ver|wis|sen|schaft|li|chung, die; -, -en: *das Verwissenschaftlichen.*

ver|wit|tern ⟨sw. V.; ist⟩ [aus der Bergmannsspr., zu ↑Witterung in der alten bergmannsspr. Bed. »Dämpfe, die sich über Erzgänge lagern«, urspr. nur auf den Verfall von Mineralien bezogen]: **1.** *durch Witterungseinflüsse o. Ä. in seiner Substanz angegriffen werden u. langsam zerfallen:* das Gestein, der Turm verwittert; [stark] verwitterte Fassaden, Balken, Grabsteine, Inschriften; Ü das verwitterte Gesicht des alten Seemanns. **2.** (Jägerspr.) *den einem Gegenstand od. Ort anhaftenden Geruch überdecken, um Wildtiere anzulocken bzw. abzuschrecken.*

Ver|wit|te|rung, die; -, -en: *das Verwittern.*

ver|wit|wet ⟨Adj.⟩: *im Witwen-, Witwerstand lebend* (Abk.: verw.): die -e Frau Schulz; er, sie ist seit zwei Jahren v.; Frau Meier, -e Schmidt *(die in der früheren Ehe mit Herrn Schmidt Witwe geworden ist).*

Ver|wit|we|te, die/eine Verwitwete; der/einer Verwitweten, die Verwitweten/zwei Verwitwete: *weibliche Person, die verwitwet ist.*

Ver|wit|we|ter, der Verwitwete/ein Verwitweter; des/eines Verwitweten, die Verwitweten/zwei Verwitwete: *jmd., der verwitwet ist.*

ver|wo|ben: ↑verweben (2).

Ver|wo|ben|heit, die; -, - (geh.): *das Verwobensein; Verflechtung.*

◆ **ver|wo|gen:** Nebenf. von ↑ verwegen: Allerlei -e Pläne kreuzten in meinem Gehirn (E. T. A. Hoffmann, Fräulein 49); ... aber hinter ihr (= der Gämse) v. folgt er mit dem Todesbogen (Schiller, Alpenjäger).

ver|woh|nen ⟨sw. V.; hat⟩: *durch längeres Bewohnen in einen schlechten, unansehnlichen Zustand bringen:* eine Wohnung [völlig] v.; das Zimmer ist sehr verwohnt aus.

ver|wöh|nen ⟨sw. V.; hat⟩ [mhd. verwenen, zu: wenen (↑gewöhnen), urspr. = zu schlechten Gewohnheiten veranlassen]: **a)** *jmdn. durch zu große Fürsorge u. Nachgiebigkeit in einer für ihn nachteiligen Weise daran gewöhnen, dass ihm jeder Wunsch erfüllt wird:* sie hat ihre Tochter verwöhnt; sein Sohn ist maßlos verwöhnt; verwöhnte Kinder; **b)** *durch besondere Aufmerksamkeit, Zuwendung dafür sorgen, dass sich jmd. wohlfühlt:* seine Braut [mit Geschenken] v.; er lässt sich gern von seiner Frau v.; Ü das Schicksal, das Glück hat ihn nicht gerade verwöhnt.

ver|wöhnt ⟨Adj.⟩ [mhd. verwenet = verwöhnt, bevorzugt, köstlich]: *hohe Ansprüche stellend; anspruchsvoll, wählerisch:* ein -er Gaumen, Geschmack; die Zigarre für den -en Raucher; ich bin im Essen nicht sehr v.

Ver|wöhnt|heit, die; -, -en: *das Verwöhntsein.*

Ver|wöh|nung, die; -, -en: *das Verwöhnen; das Verwöhntwerden.*

¹**ver|wor|fen** ⟨Adj.⟩ [mhd. verworfen, ahd. ferworfan = armselig] (geh.): *in hohem Maße schlecht, lasterhaft, charakterlich verkommen:* ein -er Mensch.

²**ver|wor|fen:** ↑verwerfen.

Ver|wor|fen|heit, die; -, -en ⟨Pl. selten⟩: *das Verworfensein.*

ver|wor|ren ⟨Adj.⟩ [mhd., ahd. verworren, 2. Part. des ehem. st. V. ↑verwirren]: *wirr, in hohem Grade unklar, unübersichtlich; konfus* (a): -e Aussagen; die Lage war v.; das hört sich ziemlich v. *(abstrus)* an. Dazu: **Ver|wor|ren|heit,** die; -.

ver|wüh|len ⟨sw. V.; hat⟩: *durch Wühlen in Unordnung bringen:* ein Kissen v.

ver|wund|bar ⟨Adj.⟩: **1.** *leicht zu verwunden:* Achilles war an der Ferse v. **2.** *leicht zu kränken; verletzlich.*

Ver|wund|bar|keit, die; -, -en: **1.** ⟨o. Pl.⟩ *das Verwundbarsein.* **2.** *Empfindlichkeit* (2), *Schwachstelle.*

ver|wun|den ⟨sw. V.; hat⟩ [mhd. verwunden, zu: wunden, ahd. wuntôn = verletzen]: *(besonders im Krieg durch Waffen o. Ä.) jmdm. eine Wunde, Wunden beibringen:* an der Front [tödlich] verwundet werden; die Granatsplitter verwundete sie leicht, schwer am Arm; ein Tier v.; verwundete Soldaten; Ü jmds. Gefühle, Herz v.

ver|wun|der|lich ⟨Adj.⟩: *Verwunderung auslösend:* was ist daran v.?; es wäre nicht [weiter] v., wenn er wieder nicht zum Treffen käme.

ver|wun|dern ⟨sw. V.; hat⟩ [mhd. (sich) verwundern]: **a)** *bewirken, dass jmd. über etw. erstaunt ist, weil er etw. nicht erwartet hat:* das verwundert mich gar nicht, nicht im Geringsten; es ist [nicht] zu v. *(ist [nicht] verwunderlich),* dass er darüber enttäuscht war; ⟨oft im 2. Part.⟩ eine verwunderte Frage; verwundert den Kopf schütteln; jmdn. verwundert ansehen; **b)** ⟨v. + sich⟩ *in Erstaunen über etw. Unerwartetes geraten:* wir haben uns über seine Entscheidung, sein Verhalten sehr verwundert.

Ver|wun|de|rung, die; -: *das [Sich]verwundern; Erstaunen:* bei jmdm. V. erregen; jmdn. in V. setzen; etw. mit, nicht ohne V. feststellen; zu meiner großen V. haben sie sich getrennt.

Ver|wun|de|te, die/eine Verwundete; der/einer Verwundeten, die Verwundeten/zwei Verwundete: *weibliche Person, die verwundet worden ist.*

Ver|wun|de|ten|trans|port, der: *Transport von Verwundeten.*

Ver|wun|de|ter, der Verwundete/ein Verwundeter; des/eines Verwundeten, die Verwundeten/zwei Verwundete: *jmd., der verwundet worden ist.*

Ver|wun|dung, die; -, -en: **a)** *das Verwundetwerden;* **b)** *im Krieg erlittene Verletzung.*

ver|wun|schen ⟨Adj.⟩ [eigtl. alte, stark gebeugte Nebenf. des 2. Part. von ↑verwünschen]: *unter der Wirkung eines Zaubers stehend; verzaubert:* ein -er Prinz, Wald.

ver|wün|schen ⟨sw. V.; hat⟩: **1.** *(aus heftigem Unwillen gegenüber einer Person od. Sache) auf sie schimpfen, ihr etw. Böses wünschen, sie mit einem Fluch belegen:* jmdn., sein Geschick v.; als Ausruf des Unwillens: verwünscht! **2.** (veraltet) *verzaubern* (1).

ver|wünscht ⟨Adj.⟩ (emotional): *in höchstem Maße unerfreulich, unangenehm; vermaledeit:* eine -e Geschichte!; dieser -e Motor springt doch schon wieder nicht an!

Ver|wün|schung, die; -, -en: **1. a)** *das Verwünschen* (1); **b)** *Äußerung, mit der man jmdn., etw. verwünscht* (1); *Fluch:* laute -en ausstoßen. **2.** (veraltet) *Verzauberung.*

Ver|wurf, der; -[e]s, Verwürfe (Geol.): *Verwerfung* (2).

ver|wursch|teln, ver|wurs|teln ⟨sw. V.; hat⟩ (ugs.): **a)** *aus seiner richtigen Lage, Form o. Ä. u. dadurch ganz in Unordnung bringen; verdrehen:* du hast dein Halstuch ganz verwurschtelt; **b)** ⟨v. + sich⟩ *verdreht werden u. dadurch in Unordnung geraten:* die Telefonstrippe hat sich ganz verwurschtelt; das Laken ist verwurstelt; **c)** (österr.) *verlieren, verlegen.*

ver|wurs|ten ⟨sw. V.; hat⟩: *zu Wurst verarbeiten.*

ver|wur|zeln ⟨sw. V.⟩: **1. a)** ⟨v. + sich; hat⟩ *Wurzeln schlagen:* die Pflanzen können sich in dem lockeren Boden gut v.; Ü sie ist in ihrer Heimat, in der Tradition tief verwurzelt; **b)** ⟨ist⟩ *sich verwurzeln:* die neu gepflanzten Bäume scheinen gut zu v. **2.** ⟨hat⟩ *(jmdm., etw.) heimisch machen, einen festen Platz finden lassen:* so bemühen sich, die Demokratie in den Dritten Welt zu v.

Ver|wur|ze|lung, (selten:) **Ver|wurz|lung,** die; -, -en: *das Verwurzeln; das Verwurzeltsein.*

ver|wu|scheln ⟨sw. V.; hat⟩ (ugs.): *wuschelig machen, leicht zerzausen:* verwuscheltes Haar.

ver|wüs|ten ⟨sw. V.; hat⟩ [mhd. verwüesten]: *(etw.) so zerstören, dass es anschließend einem Chaos gleicht, sich in einem wüsten Zustand befindet; verheeren:* der Sturm, das Erdbeben, die Überschwemmung hat weite Teile des Landes verwüstet; der Feind, der Krieg hat das Land verwüstet.

Ver|wüs|tung, die; -, -en: *das Verwüsten; das Verwüstetwerden, das Verwüstetsein:* eine grauenhafte V. anrichten.

ver|za|gen ⟨sw. V.; ist/(seltener:) hat⟩ [mhd. verzagen] (geh.): *den Mut, das Selbstvertrauen verlieren; in einer schwierigen Situation kleinmütig werden:* man darf nicht immer gleich v.; sie war ganz verzagt.

Ver|zagt|heit, die; -, -en: *das Verzagtsein; Mutlosigkeit.*

¹ver|zäh|len, sich ⟨sw. V.; hat⟩: *beim Zählen einen Fehler machen; falsch zählen:* sich mehrmals v.

²ver|zäh|len ⟨sw. V.; hat⟩ [mhd. verzeln] (landsch.): *erzählen.*

ver|zah|nen ⟨sw. V.; hat⟩: **1.** *miteinander verbinden, indem man die zahnartigen Einkerbungen der Teile ineinandergreifen lässt:* Balken, Maschinenteile [miteinander] v. **2.** *mit Zähnen zum Eingreifen* (2) *in etw. versehen:* Räder v.

Ver|zah|nung, die; -, -en: *das Verzahnen; das Verzahntwerden.*

ver|zan|ken, sich ⟨sw. V.; hat⟩ (ugs.): *sich zanken, sich im Zank entzweien:* sich wegen einer Lappalie v.; sie haben sich verzankt.

ver|zap|fen ⟨sw. V.; hat⟩: **1.** (landsch.) *direkt vom Fass ausschenken* (a): Bier, Whisky v. **2.** (Fachspr.) *durch Zapfen* (3 a) *verbinden:* Balken, Bretter v. **3.** (ugs. abwertend) *etw. Dummes, Unsinniges reden, tun:* Unsinn, Blödsinn, Mist v.

Ver|zap|fung, die; -, -en (Fachspr.): *das Verzapfen* (2); *das Verzapftwerden.*

ver|zär|teln ⟨sw. V.; hat⟩ [16. Jh., für gleichbed. mhd. verzerten] (abwertend): *mit übertrieben zärtlicher Fürsorge umhegen u. dadurch verweichlichen:* sie verzärtelt ihren Jüngsten. Dazu: **Ver|zär|te|lung,** die; -.

ver|zau|bern ⟨sw. V.; hat⟩ [mhd. verzoubern, ahd. firzaubirōn]: **1.** *durch Zauberei verwandeln:* die Hexe verzauberte die Kinder [in Raben]; ein verzauberter Prinz. **2.** *durch seinen Zauber* (2 a), *Reiz ganz gefangen nehmen:* der Anblick, ihr Gesang hat uns alle verzaubert.

Ver|zau|be|rung, die; -, -en: *das Verzaubern; das Verzaubertwerden, das Verzaubertsein.*

ver|zäu|nen ⟨sw. V.; hat⟩: *mit einem Zaun versehen, umgrenzen:* einen Weg, ein Stück Land v.

Ver|zäu|nung, die; -, -en: **1.** *das Verzäunen.* **2.** *Zaun; Einfriedung.*

ver|ze|chen ⟨sw. V.; hat⟩: **1.** *mit Zechen durchbringen:* er hat sein ganzes Geld verzecht. **2.** *mit Zechen verbringen; durchzechen:* sie haben die Nacht verzecht.

ver|zehn|fa|chen ⟨sw. V.; hat⟩: **a)** *[durch Multiplikation] zehnmal so groß machen:* eine Zahl, eine Summe, eine Menge v.; **b)** ⟨v. + sich⟩ *zehnmal so groß werden:* der Ertrag hat sich verzehnfacht.

Ver|zehr, der; -[e]s [rückgeb. aus ↑verzehren]: **1.** *das Verzehren* (1): zum [als]baldigen V. (*Verbrauch*) bestimmt! (Aufschrift auf bestimmt abgepackten, verderblichen Lebensmitteln). **2.** (landsch. auch: das) *etw., was man verzehrt hat:* das Eintrittsgeld wird auf den V. angerechnet.

Ver|zehr|bon, der: *Bon für Speisen u. Getränke.*

ver|zeh|ren ⟨sw. V.; hat⟩ [mhd. verzern; vgl. ahd. firzeran = zerreißen, vernichten]: **1.** (geh. od. Fachspr.) *essen* (2) *[u. trinken], bis nichts mehr von etw. übrig ist:* seine Brote, sein Mittagessen v.; der Gast hat nichts, viel verzehrt. **2.** (veraltend) *für den Lebensunterhalt aufbrauchen, von etw. leben:* sein Erbe v. **3.** (geh.) **a)** *bis zur völligen körperlichen u. seelischen Erschöpfung an jmdm. zehren:* der Gram verzehrt ihn, die Krankheit hat ihre Kräfte verzehrt; ein verzehrendes Fieber; **b)** ⟨v. + sich⟩ *nach jmdm., etw. so heftig verlangen, etw. so stark empfinden, dass es einen [fast] krank macht:* sich in Liebe zu jmdm., vor Sehnsucht nach jmdm. v.

Ver|zeh|rer, der; -s, -: *jmd., der etw. verzehrt, aufzehrt.*

Ver|zeh|re|rin, die; -, -nen: w. Form zu ↑Verzehrer.

Ver|zehr|zwang, der ⟨o. Pl.⟩: *Verpflichtung, als Gast in einer Gaststätte etw. zu verzehren.*

ver|zeich|nen ⟨sw. V.; hat⟩: **1. a)** *[in der Art eines Verzeichnisses] schriftlich festhalten, aufführen:* das Inventar, die Preise v.; die Namen sind in der Liste verzeichnet; Nicht sehr weit ab lag eine Gruppe Häuser, die in der Karte noch nicht verzeichnet standen (Gaiser, Jagd 130); **b)** *aufweisen, erzielen, registrieren* (2 b): Fortschritte v.; sie verzeichnen immer mehr Urlauber; er verzeichnet jedes Jahr Einbußen von einigen Hundert Euro. **2.** *falsch zeichnen, zeichnend abbilden:* auf diesem Bild ist die Hand verzeichnet; Ü in diesem Roman sind die sozialen Verhältnisse verzeichnet.

Ver|zeich|nis, das; -ses, -se: **a)** *nach einem bestimmten System geordnete schriftliche Aufstellung mehrerer unter einem bestimmten Gesichtspunkt zusammengehörender Dinge o. Ä.; listenmäßige Zusammenstellung von etw.:* ein alphabetisches, vollständiges, amtliches V.; etw. in ein V. eintragen, aufnehmen; in einem V. enthalten sein; **b)** (EDV) ↑*Ordner* (3).

Ver|zeich|nung, die; -, -en: **1.** *das Verzeichnen.* **2.** *das Verzeichnetsein; falsche, entstellende Wiedergabe.*

ver|zei|gen ⟨sw. V.; hat⟩ (schweiz.): *anzeigen* (1).

Ver|zei|gung, die; -, -en (schweiz.): *Anzeige* (1).

ver|zei|hen ⟨st. V.; hat⟩ [mhd. verzīhen = versagen, abschlagen, sich lossagen, ahd. farzīhan = versagen, verweigern]: *erlittenes Unrecht o. Ä. den Urheber nicht entgelten lassen, nicht grollend, strafend sine. darauf reagieren; vergeben* (1): jmdm. eine Kränkung v.; das habe ich dir schon längst verziehen!; so etwas ist nicht zu v.; (Höflichkeitsformeln:) verzeihen Sie bitte! (*ich bitte um Entschuldigung*); verzeihen (*entschuldigen*) Sie bitte die Störung; verzeihen Sie, können Sie mir sagen, wie spät es ist?

ver|zeih|lich ⟨Adj.⟩: *Verständnis verdienend, mit Nachsicht zu beurteilen:* eine -e Schwäche; dieser Irrtum ist v.

Ver|zei|hung, die; -: *das Verzeihen:* V.!; jmdn. um V. bitten.

ver|zer|ren ⟨sw. V.; hat⟩ [mhd. verzerren = auseinanderzerren]: **1. a)** *in entstellender Weise verziehen* (1 a): das Gesicht, den Mund [vor Schmerz, Anstrengung, Wut] v.; **b)** *bewirken, dass sich jmds. Gesicht o. Ä. verzerrt* (1 a): Schmerz, Entsetzen verzerrt seine Gesicht; **c)** ⟨v. + sich⟩ *sich in entstellender Weise verziehen* (1 b): sein Gesicht verzerrte sich vor Wut zur grässlichen Fratze. **2.** *zu stark dehnen u. dadurch verletzen:* sich eine Sehne, einen Muskel v. **3. a)** *(Optisches) so wiedergeben, dass es nach Länge, Breite überdehnt erscheint u. dadurch fast unkenntlich wird:* dieser Spiegel verzerrt die Gestalt; das Bild auf dem Fernsehschirm war verzerrt; **b)** *(Akustisches) auf dem Übertragungsweg durch Dehnen in unangenehmer Weise, oft bis zur Unkenntlichkeit, verändern:* das in Morsezeichen übermittelte Nachricht wurde aus Gründen der Geheimhaltung verzerrt; der Empfänger gibt die Musik verzerrt wieder; **c)** *entstellen* (2): die tatsächlichen Verhältnisse völlig v.; eine verzerrte Darstellung.

Ver|zer|rer, der; -s, -: (Musik) *elektroakustisches Gerät zur absichtlichen elektronischen Verzerrung von Tönen.*

Ver|zer|rung, die; -, -en: **1.** *das Verzerren; das Verzerrtwerden.* **2.** *etw. Verzerrtes.*

ver|zer|rungs|frei ⟨Adj.⟩ (Fachspr.): **a)** *nicht verzerrend, keine Verzerrung* (3 a) *bewirkend;* **b)** *nicht verzerrt* (3 b): die Wiedergabe ist v.

¹ver|zet|teln ⟨sw. V.; hat⟩ [im 15. Jh. = eine schriftliche Abmachung ausfertigen, für gleichbed. mhd. zedelen, zu ↑²Zettel]: *für eine [Zettel]kartei gesondert auf einzelne Zettel, Karten schreiben:* ♦ Der Rentmeister ... verzettelte nach und nach die liegenden Gründe, die zum Schlosse gehörten (Immermann, Münchhausen 88).

²ver|zet|teln ⟨sw. V.; hat⟩ [Iterativbildung zu mhd. verzetten = verstreuen, verlieren, zu: zetten = (ver-, aus)streuen, vereinzelt fallen lassen, ahd. zetten = ausbreiten; vgl. ¹Zettel]: **1. a)** *planlos u. unnütz für vielerlei Kleinigkeiten verbrauchen, mit vielerlei Unwichtigem verbringen:*

seine Kraft, Zeit [an, mit etw.] v.; sein Geld v.; **b)** ⟨v. + sich⟩ *sich mit zu vielem [Nebensächlichem] beschäftigen, aufhalten u. dadurch nichts richtig, ganz tun od. nicht zu dem eigentlich Wichtigen kommen:* du verzettelst dich zu sehr; sich in/mit seinen Liebhabereien v.; ◆ **c)** *(durch Unachtsamkeit) verloren gehen lassen:* ... dies Mädchen ... ist ein verzettelt Christenkind (Lessing, Nathan IV, 4). **2.** (südd., schweiz.) *zum Trocknen ausbreiten, ausstreuen:* Heu, Stroh v.

¹Ver|zet|te|lung, ¹Ver|zett|lung, die; -, -en: *das ¹Verzetteln.*

²Ver|zet|te|lung, ²Ver|zett|lung, die; -, -en: *das ²Verzetteln; das Sichverzetteln.*

Ver|zicht, der; -[e]s, -e [mhd. verziht, zu verzeihen in der veralteten rechtsspr. Bed. »versagen, verzichten« (mhd. verzîhen, ↑ verzeihen)]: *das Verzichten:* ein freiwilliger V.; einen V. fordern; seinen V. auf etw. erklären; V. leisten, üben *(verzichten);* ◆ ... wo in einer Bude alte und neue Stiefel zu Kauf standen ... Ich musste auf ein Paar neue ... V. leisten; mich schreckte die unbillige Forderung (Chamisso, Schlemihl 69).

ver|zicht|bar ⟨Adj.⟩: *von der Art, dass darauf verzichtet werden kann.*

ver|zich|ten ⟨sw. V.; hat⟩ [zu ↑ Verzicht]: *den Anspruch auf etw. nicht [länger] geltend machen, aufgeben; auf [der Verwirklichung, Erfüllung von] etw. nicht länger bestehen:* auf sein Recht, seinen Anteil, einen Anspruch, eine Vergünstigung v.; zu jmds. Gunsten, schweren Herzens, freiwillig v.; (als Ausdruck der Ablehnung) ich verzichte auf deine Hilfe, deine Begleitung *(brauche, möchte sie nicht);* auf die Anwendung von Gewalt v. *(keine Gewalt anwenden);* sie verzichtete auf eine Stellungnahme *(sie nahm nicht Stellung);* auf jmds. Mitarbeit, Unterstützung nicht v. können; auf seine Gesellschaft müssen wir heute leider v. *(er ist heute leider nicht unter uns).*

Ver|zicht|er|klä|rung, Verzichtserklärung, die: *[schriftliche] Erklärung, durch man seine Bereitschaft zum Verzicht auf etw. Bestimmtes kundgibt.*

Ver|zicht|leis|tung, die: *Verzicht.*

Ver|zichts|er|klä|rung: ↑ Verzichterklärung.

Ver|zichts|ur|teil, das (Rechtsspr.): *auf Antrag des Beklagten ergehendes, die Klage abweisendes Urteil, das voraussetzt, dass der Kläger bei der mündlichen Verhandlung auf den geltend gemachten Anspruch verzichtet hat.*

ver|zie|hen ⟨unr. V.⟩ [mhd. verziehen = auseinanderziehen; verstreuen; hinziehen, verzögern; wegziehen; entfernen; wegnehmen, entziehen; verweigern, ahd. farziohan = wegnehmen; falsch erziehen]: **1.** ⟨hat⟩ **a)** *aus seiner normalen, üblichen Form bringen; verzerren* (1 a): den Mund schmerzlich, angewidert, zu einem spöttischen Lächeln v.; sie verzog das Gesicht vor Schmerz, zu einer Grimasse; ohne eine Miene zu v.; keine Miene v. *(sich eine Gefühlsregung nicht anmerken lassen, sie nicht zeigen);* **b)** ⟨v. + sich⟩ *seine normale, übliche Form in bestimmter Weise verändern:* sein Gesicht verzog sich schmerzlich, zu einer Grimasse. **2.** ⟨hat⟩ **a)** (selten) *bewirken, dass sich etw. verzieht* (2 b); **b)** ⟨v. + sich⟩ *die Form, Fasson geringfügig ändern; sich werfen* (3 b): die Türen, Fensterrahmen haben sich verzogen; Kunststoffgehäuse können sich v.; **c)** ⟨v. + sich⟩ *die ursprüngliche Form verlieren; länger, weiter usw. werden:* der Pullover hat sich beim Waschen verzogen. **3.** ⟨nur im Perfekt gebr.; ist⟩ *an einen anderen Wohnort, in eine andere Wohnung ziehen; umziehen:* in eine andere Stadt, nach Würzburg verzogen sein; sie sind schon vor drei Jahren verzogen; Empfänger, Adressat verzogen [neuer Wohnsitz unbekannt] *(Vermerk auf unzustellbaren Postsendungen).* **4.** ⟨v. + sich; hat⟩ **a)** *allmählich weiterziehen u. verschwinden:* die Regenwolken verziehen sich; das Gewitter, der Nebel hat sich verzogen; der Schmerz hat sich verzogen *(ist abgeklungen);* **b)** (ugs.) *sich [unauffällig] entfernen, zurückziehen:* sie verzogen sich in eine stille Ecke und plauderten; verzieh dich! (salopp; *verschwinde!).* **5.** ⟨hat⟩ *(ein Kind) durch übertriebene Nachsicht nicht in der richtigen Weise erziehen:* sie haben ihre Kinder verzogen; er ist ein verzogener Bengel. **6.** ⟨hat⟩ (Landwirtsch.) *vereinzeln:* junge Pflanzen v. **7.** ⟨hat⟩ (Ballspiele) *den Ball so treffen, dass er nicht in die beabsichtigte Richtung fliegt:* der Spieler verzog den Ball, Schuss. **8.** ⟨hat⟩ (veraltet) **a)** *sich verzögern, auf sich warten lassen;* **b)** *säumen, zögern, etw. zu tun:* mit seiner Hilfe v.; sie verzog zu kommen; **c)** *verweilen:* Heho, ihr Männer! Woher? Wohin? Verzieht doch etwas! Hier ist Schatten (Th. Mann, Joseph 601); ◆ Verzieht, und eilet nicht so stolz ... vorüber (Lessing, Nathan II, 5); ◆ **d)** *warten:* ... eine Magd, die ans Tor kam, bat uns, einen Augenblick zu v. (Goethe, Werther I, 16. Junius); Sie bat ihn, noch einige Augenblicke zu v. (Novalis, Heinrich 163); ◆ **e)** ⟨v. + sich⟩ *verzögern:* Die Abfahrt aus der Stadt verzieht sich gewöhnlich bis gegen Abend (Goethe, Wanderjahre III, 13). ◆ **9.** (Linien, Schriftzeichen o. Ä.) *ineinanderschlingen,* ¹*verschlingen:* ⟨meist im 2. Part.:⟩ ... haben wir nichts als Porträte, verzogene Namen und allegorischen Figuren, um einen Fürsten zu ehren ... ? (Goethe, Lehrjahre III, 6); Inwärts auf dem Kasten muss der Fräulein verzogener Name stehen (Lessing, Minna II, 2).

ver|zie|ren ⟨sw. V.; hat⟩ [zu ↑ zieren]: *mit etw. Schmuckvollem, mit Zierrat versehen:* eine Decke mit Stickereien, einen Schrank mit Schnitzereien v.; eine Torte v.

Ver|zie|rung, die; -, -en: **a)** *das Verzieren; das Verziertwerden;* **b)** *etw., womit etw. verziert wird, ist; Ornament:* -en anbringen; die -en eines gotischen Kapitells; ℞ brich dir [nur/bloß] keine V. ab! (ugs.; *zier dich nicht so!)*

ver|zim|mern ⟨sw. V.; hat⟩ [mhd. verzimbern, -zimmern, ahd. farzimbaran = ver-, zubauen] (Bauw.): *mit Balken, Bohlen u. Brettern abstützen.*

Ver|zim|me|rung, die; -, -en: **1.** *das Verzimmern; das Verzimmertsein.* **2.** *Balken, Bohlen, Bretter, die zum Verzimmern dienen.*

¹ver|zin|ken ⟨sw. V.; hat⟩ [zu ↑ ¹zinken (2)] (ugs.): *verraten.*

²ver|zin|ken ⟨sw. V.; hat⟩: *mit Zink überziehen.*

Ver|zin|kung, die; -, -en: **1.** *das ²Verzinken.* **2.** *Überzug aus Zink.*

ver|zin|nen ⟨sw. V.; hat⟩ [mhd. verzinen]: *mit Zinn überziehen:* Bleche, Kupfergeräte v.

Ver|zin|nung, die; -, -en: **1.** *das Verzinnen.* **2.** *Überzug aus Zinn.*

ver|zins|bar ⟨Adj.⟩: *verzinslich.*

ver|zin|sen ⟨sw. V.; hat⟩ [mhd. verzinsen = Zins bezahlen; seit 16. Jh. auf die Kapitalzinsen bezogen, refl. = Zinsen bringen]: **a)** *Zinsen in bestimmter Höhe für etw. zahlen:* die Bank verzinst das Kapital mit 6 Prozent; **b)** ⟨v. + sich⟩ *Zinsen [in bestimmter Höhe] bringen:* das Kapital verzinst sich gut, mit 6 Prozent.

ver|zins|lich ⟨Adj.⟩: *von, in der Art, dass es sich verzinst:* kein -es Darlehen; die Wertpapiere sind mit/zu 5 Prozent v.; Kapital v. anlegen.

Ver|zins|lich|keit, die; -: *das Verzinslichsein.*

Ver|zin|sung, die; -, -en: *das [Sich]verzinsen.*

ver|zo|cken ⟨sw. V.; hat⟩ (ugs.): *durch Zocken verlieren.*

ver|zö|gern ⟨sw. V.; hat⟩: **1. a)** *hinauszögern:* die Ausgabe der Lebensmittel, die Unterrichtung der Presse v.; der strenge Winter hat die Baumblüte [um drei Wochen] verzögert *(hat bewirkt, dass sie [drei Wochen] später als erwartet od. üblich eintritt);* Ich habe mich nicht eingemischt. Das hätte nur alles verzögert (Seghers, Transit 238); **b)** ⟨v. + sich⟩ *später eintreten, geschehen als erwartet od. vorgesehen:* die Fertigstellung des Manuskriptes verzögerte sich; seine Ankunft hat sich [um zwei Stunden] verzögert. **2.** *verlangsamen; in seinem Ablauf, seinem Fortgang hemmen:* den Schritt v.; die Mannschaft versuchte, das Spiel zu v. **3.** ⟨v. + sich⟩ *sich bei etw. länger aufhalten, als man eigentlich wollte, geplant hatte.*

Ver|zö|ge|rung, die; -, -en: *das [Sich]verzögern.*

Ver|zö|ge|rungs|ma|nö|ver, das: vgl. Verzögerungstaktik.

Ver|zö|ge|rungs|tak|tik, die: *Taktik, durch die man zu seinem Vorteil etw. zu verzögern* (1 a, 2) *sucht.*

Ver|zö|ge|rungs|zin|sen ⟨Pl.⟩: *Verzugszinsen* (2).

ver|zol|len ⟨sw. V.; hat⟩ [mhd. verzollen]: *für etw. Zoll bezahlen:* haben Sie etwas zu v.?

Ver|zol|lung, die; -, -en: *das Verzollen.*

ver|zopft ⟨Adj.⟩: *zopfig:* ein -es Image.

ver|zot|teln ⟨sw. V.; hat⟩ (ugs.): **1.** *zottelig machen:* der Sturm hat sein Haar verzottelt. **2.** (landsch.) ¹*verlegen* (1).

ver|zü|cken ⟨sw. V.; hat⟩ [mhd. verzücken]: *in einen Zustand höchster Begeisterung, in Ekstase versetzen:* die Musik verzückte v. ⟨meist im 2. Part.:⟩ verzückt einer Melodie lauschen.

ver|zu|ckern ⟨sw. V.; hat⟩: **1.** *mit Zuckerguss, einer Zuckerlösung überziehen; mit Zucker bestreuen:* Mandeln v.; verzuckerte *(kandierte)* Früchte. **2.** (Biochemie) *in einfache Zucker spalten:* Stärke, Zellulose v.

Ver|zu|cke|rung, die; -, -en (Biochemie): *das Verzuckern* (2).

Ver|zückt|heit, die; -, -en: *Zustand des Verzücktseins.*

Ver|zü|ckung, die; -, -en: **a)** *das Verzücken;* **b)** *Verzücktheit; Ekstase.*

Ver|zug, der; -[e]s, ⟨Fachspr.:⟩ Verzüge [mhd. verzuc, verzoc, ↑ verziehen] ⟨o. Pl.⟩ **1.** *Verzögerung, Rückstand* (3) *in der Ausführung, Durchführung von etw., in der Erfüllung einer Verpflichtung:* die Sache duldet keinen V.; bei V. der Zahlung werden Zinsen berechnet; mit der Arbeit, der Ratenzahlung im V., ist in V. geraten, gekommen; das wird ohne V. *(sofort)* erledigt; Gefahr ist im V./es ist Gefahr im V. *(es droht unmittelbar Gefahr; zu Verzug = Aufschub, Verzögerung, also eigtl. = die Gefahr liegt im Aufschieben, im Verzögern einer Sache, nach lat. periculum in mora [Livius]).* **2.** (landsch. veraltend) *Kind, das von jmdm. vorgezogen u. mit besonderer Nachsicht, zärtlicher Fürsorge behandelt wird; Liebling* (1): der Jüngste ist ihr kleiner V.; ◆ »Kriege ich mein Geschirr?«, ruft der kleine V. zwischen uns ungeduldig (Raabe, Chronik 56). **3.** (Bergbau) *Verschalung der Räume zwischen Stollen o. Ä. mit Blechen, Brettern, Hölzern o.␣ Drahtgewebe, um ein Hereinbrechen loser Steine zu verhindern.*

Ver|zugs|zins, der: **1.** *für Verzugszinsen* (2) *geltender Zinssatz.* **2.** ⟨Pl.⟩ *Zinsen, die ein Schuldner bei verspäteter Zahlung zu entrichten hat.*

ver|zun|dern ⟨sw. V.; hat⟩ (Technik): *Zunder* (2) *bilden.* Dazu: **Ver|zun|de|rung,** die; -, -en.

ver|zur|ren ⟨sw. V.; hat⟩: *festzurren:* eine Plane v.

ver|zwackt ⟨Adj.⟩ (ugs.): *verzwickt.*

ver|zwat|zeln ⟨sw. V.; ist⟩ [H.u.] (landsch. ugs.): *(in einer bestimmten Situation) sehr ungeduldig u. nervös sein, fast verzweifeln.*

ver|zwei|feln ⟨sw. V.; ist/(veraltet auch:) hat⟩ [mhd. verzwîveln]: *angesichts eines keine Aus-*

verzweifelt – Viadukt

sicht auf Besserung gewährenden Sachverhalts in den Zustand völliger Hoffnungslosigkeit geraten; allen Glauben, alles Vertrauen, alle Hoffnung verlieren: am Leben, an den Menschen, an einer Arbeit v.; man könnte über so viel Unverstand v.!; nur nicht v.; es besteht kein Grund zu v.; ⟨subst.⟩ *(Ausdruck des Verdrusses, des Unwillens, der erschöpften Geduld)* es ist [reineweg, schier, wirklich] zum Verzweifeln [mit dir, mit deiner Faulheit]! *(es ist unerträglich, katastrophal);* ⟨häufig im 2. Part.:⟩ sie war ganz verzweifelt; sie machte ein verzweifeltes Gesicht; ein verzweifelter Blick; sie hatten einen verzweifelten *(von Verzweiflung zeugenden)* Plan gemacht.

ver|zwei|felt ⟨Adj.⟩: **1.** *hoffnungslos, ausweglos; desperat:* eine -e Situation, Lage. **2. a)** *(wegen drohender Gefahr) unter Aufbietung aller Kräfte durchgeführt, von äußerstem Einsatz zeugend:* -e Anstrengungen; es war ein -er Kampf ums Überleben; **b)** ⟨intensivierend bei Adjektiven u. Verben⟩ *sehr, überaus:* sich v. anstrengen; die Situation ist v. ernst; ... eine Vorstellung, die einen bald stumpf und dösig und bald v. wach machen kann (Bachmann, Erzählungen 113). ♦ **3.** *verwünscht, verdammt:* Die Aussicht war wohl sehr schön, ehe sie der -e Nachbar verbaute (Lessing, Minna I, 1).

Ver|zweif|lung, die; -, -en: *das Verzweifeltsein; Zustand völliger Hoffnungslosigkeit:* eine tiefe V. überkam, packte sie; etw. aus, in, vor V. tun; [über jmdn., etw.] in V. geraten; das Problem bringt mich, du bringst mich [mit deiner ewigen Nörgelei] noch zur V.!

Ver|zweif|lungs|tat, die: *aus Verzweiflung begangene Tat.*

ver|zweif|lungs|voll ⟨Adj.⟩: *voller Verzweiflung:* v. die Hände ringen.

ver|zwei|gen, sich ⟨sw. V.; hat⟩: *sich in Zweige teilen u. nach verschiedenen Richtungen hin ausbreiten:* der Ast, die Pflanze verzweigt sich; die Baumkrone ist weit, reich verzweigt.

ver|zweigt ⟨Adj.⟩: *aus vielen zusammen ein Ganzes bildenden Teilen bestehend:* eine -e Familie, Verwandtschaft; ein -es Netz, Netzwerk, Unternehmen; ein -es System von Kanälen.

Ver|zwei|gung, die; -, -en: **1. a)** *das Sichverzweigen;* **b)** *verzweigter Teil von etw.* **2.** (schweiz.) *Kreuzung* (1).

ver|zwer|gen ⟨sw. V.⟩: **a)** ⟨hat⟩ *bewirken, dass etw. [im Verhältnis zu etw. anderem] sehr klein, nahezu zwergenhaft erscheint:* der Wolkenkratzer verzwergt den Kirchturm; **b)** ⟨ist⟩ *[im Vergleich zu etw. anderem] sehr klein, nahezu zwergenhaft [u. unbedeutend] erscheinen.*

ver|zwickt ⟨Adj.⟩ [eigtl. 2. Part. von veraltet verzwicken, mhd. verzwicken = mit Zwecken befestigen; beeinflusst von »verwickelt« (ugs.)]: *schwer zu durchschauen od. zu lösen; sehr schwierig, kompliziert:* eine -e Angelegenheit; die Umstände waren v. Dazu: **Ver|zwickt|heit**, die; -, -en.

ver|zwir|nen ⟨sw. V.; hat⟩: *(Fäden o. Ä.) zusammendrehen.*

Ve|si|ca, die; -, ...cae [...tsɛ] [lat. vesica] (Med.): *[Harn]blase.*

Ve|si|cu|la, die; -, ...lae [...lɛ] [lat. vesicula, Vkl. von: vesica, ↑ Vesica]: **1.** (Anat.) *bläschenförmiges Organ.* **2.** (Med.) *kleine Blase* (1 b). **3.** (Biol.) *Vesikel.*

ve|si|kal ⟨Adj.⟩ (Med.): *zur Harnblase gehörend, sie betreffend.*

Ve|si|kans, das; -, -...kantia u. ...kanzien, **Ve|si|ka|to|ri|um**, das; -s, ...ien [lat.] (Med.): **a)** *Blasen ziehendes Einreibemittel;* **b)** *Zugpflaster.*

Ve|si|kel, die; -, - od. das; -s, - ⟨meist Pl.⟩ [lat. vesicula, ↑ Vesicula] (Biol.): *kleine bläschenförmige Bildung im Zytoplasma.*

¹Ves|per [ˈfɛ...], die; -, -n [mhd. vesper, ahd. vespera < (kirchen)lat. vespera = Abend(zeit); die Zeit von 6 Uhr abends] (kath. Kirche): **a)** *vorletzte, abendliche Gebetsstunde der Gebetszeiten des Stundengebets;* **b)** *(christlicher) Gottesdienst am frühen Abend:* V. halten; in die, zur V. gehen.

²Ves|per, das; -s, - u. die; -, -n [zu: ↑ ¹Vesper] (bes. südd.): *kleinere Zwischenmahlzeit (bes. am Nachmittag); Abendbrot:* V. machen; sein/seine V. essen; etw. zum/zur V. essen; eine Viertelstunde V. *(Frühstückspause).*

Ves|per|bild, das (Kunstwiss.): *Pieta.*

Ves|per|brot, das (bes. südd.): **a)** ⟨o. Pl.⟩ *²Vesper;* **b)** *Brot* (1 b) *für die ²Vesper:* sie verzehrten ihre -e.

Ves|per|läu|ten, das; -s: *Geläut zu Beginn der ¹Vesper* (1).

ves|pern ⟨sw. V.; hat⟩ (bes. südd.): **1.** *die Vesper einnehmen.* **2.** *zur Vesper essen.*

Ves|per|pau|se, die (bes. südd.): *Pause, in der gevespert wird.*

Ves|per|zeit, die ⟨Pl. selten⟩ (bes. südd.): *Zeit, in der gevespert wird.*

Ves|ta (röm. Mythol.): *Göttin des Herdfeuers.*

Ves|ta|lin, die; -, -nen [lat. Vestalis, eigtl. = der Vesta (geweiht)]: *Priesterin der Vesta.*

Ves|te [ˈfɛsta]: ↑ Feste (1 a).

Ves|ti|bül, das; -s, -e [frz. vestibule < lat. vestibulum, ↑ Vestibulum] (bildungsspr.): *Vorhalle, Eingangshalle* (z. B. in einem Theater, Hotel).

Ves|ti|bu|lum, das; -s, ...la: **1.** [lat. vestibulum = Vorhof, Vorplatz; Eingang] *Vorhalle des altrömischen Hauses.* **2.** (Anat.) *den Eingang zu einem Organ bildende Erweiterung.*

Ves|ti|tur, die; -, -en [spätlat. vestitura = Bekleidung, zu lat. vestire = (be)kleiden, zu: vestis = Kleid]: *Investitur.*

Ves|ton [vɛsˈtõ:], der, auch das; -s, -s [frz. veston, zu: veste, ↑ Weste] (schweiz.): *[sportliches] Herrenjackett.*

Ve|suv, der; -s: *Vulkan bei Neapel.*

ve|su|visch ⟨Adj.⟩: *vom Vesuv herstammend, zu ihm gehörend.*

Ve|te|ran, der; -en, -en [lat. veteranus, zu: vetus = alt]: **1.** *jmd., der (bes. beim Militär) altgedient ist, sich in langer Dienstzeit o. Ä. bewährt hat:* ein V., -en des Ersten Weltkrieges; Ü ein V. der Partei; Thies war der letzte V. einer geschlagenen, versprengten Armee (Ransmayr, Welt 260). **2.** *Oldtimer* (1 a).

Ve|te|ra|nen|ren|nen, das (Motorsport): *Rennen von Oldtimern* (1 a).

Ve|te|ra|nen|tref|fen, das: *Treffen von Veteranen* (1).

Ve|te|ra|nin, die; -, -nen: w. Form zu ↑ Veteran (1).

ve|te|ri|när ⟨Adj.⟩ [frz. vétérinaire, ↑ Veterinär] (Fachspr.): *tierärztlich.*

Ve|te|ri|när, der; -s, -e [frz. vétérinaire < lat. veterinarius, zu: veterinae = Zugvieh] (Fachspr.): *Tierarzt.*

Ve|te|ri|när|amt, das: *für das Veterinärwesen zuständige Behörde.*

ve|te|ri|när|ärzt|lich ⟨Adj.⟩: *tierärztlich.*

Ve|te|ri|nä|rin, die; -, -nen: w. Form zu ↑ Veterinär.

Ve|te|ri|när|me|di|zin, die ⟨o. Pl.⟩: *Tiermedizin.*

ve|te|ri|när|me|di|zi|nisch ⟨Adj.⟩: *veterinärmedizinisch:* ein -es Gutachten; ein -er Befund.

Ve|te|ri|när|we|sen, das ⟨o. Pl.⟩: *Gesamtheit der Einrichtungen zur Förderung u. Erhaltung der Gesundheit von Tieren sowie zur Bekämpfung von Tierkrankheiten od. -seuchen.*

Ve|to, das; -s, -s [frz. veto < lat. veto = ich verbiete, zu: vetare = ich verbiete] (bildungsspr.): **a)** *(bes. in der Politik) offizieller Einspruch, durch den das Zustandekommen od. die Durchführung von etw. verhindert od. verzögert wird:* ein/sein V. gegen eine Entscheidung, einen Beschluss einlegen; sein V. zurückziehen; **b)** *Recht, gegen etw. ein Veto* (a) *einzulegen:* ein absolutes, aufschiebendes V.; auf sein V. verzichten; von seinem V. Gebrauch machen.

Ve|to|recht, das: *Veto* (b): von seinem V. Gebrauch machen.

Vet|tel [ˈfɛtl], die; -, -n [spätmhd. vetel < lat. vetula, zu: vetulus = ältlich, hässlich, Vkl. von: vetus = alt] (abwertend): *ungepflegte, schlampige o. ä. ältere Frau.*

Vet|ter, der; -s, -n [mhd. veter(e), ahd. fetiro, zu ↑ Vater u. urspr. = Vatersbruder]: **1.** *Cousin.* **2.** (veraltet) *entfernterer Verwandter:* ♦ »Vetter?«, sagte ich ..., »glauben Sie, dass ich des Glückes wert sei, mit Ihnen verwandt zu sein?« (Goethe, Werther I, 16. Junius).

Vet|te|rin, die; -, -nen: w. Form zu ↑ Vetter (2).

Vet|ter|les|wirt|schaft, die ⟨o. Pl.⟩ (landsch.): *Vetternwirtschaft.*

Vet|ter|li|wirt|schaft, die ⟨o. Pl.⟩ (schweiz.): *Vetternwirtschaft.*

Vet|tern|schaft, Vetterschaft, die; -: **1.** *Gesamtheit der Vettern* (1) *einer Person.* **2.** (veraltet) *Verwandtschaft:* ♦ ... unsere Vetterschaft ist sehr weitläufig (Goethe, Werther I, 16. Junius).

Vet|tern|wirt|schaft, die ⟨o. Pl.⟩ (abwertend): *Bevorzugung von Verwandten u. Freunden bei der Besetzung von Stellen, bei der Vergabe von Aufträgen o. Ä. ohne Rücksicht auf die fachliche Qualifikation, Eignung usw.; Nepotismus.*

Vet|ter|schaft: ↑ Vetternschaft.

Ve|tus La|ti|na, die; - - [zu lat. vetus = alt u. Latinus, ↑ Latein]: *der Vulgata vorausgehende lateinische Bibelübersetzung.*

Ve|xier|bild, das: **a)** *Bild, auf dem eine od. mehrere versteckt eingezeichnete Figuren zu suchen sind; Suchbild; Bilderrätsel* (2); **b)** *bildliche Darstellung eines Gegenstandes, dessen seitliche Konturen bei genauerer Betrachtung die Umrisse zweier spiegelbildlich gesehener Figuren ergeben.*

ve|xie|ren ⟨sw. V.; hat⟩ [lat. vexare = stark bewegen, schütteln, plagen, quälen] (bildungsspr. veraltet): *necken; ärgern; quälen:* ♦ »Vexier nicht, Vetter«, sagte der Großvater (Gotthelf, Spinne 26).

Ve|xier|glas, das; -es, ...gläser: *merkwürdig geformtes Glas, aus dem nur mit besonderer Geschicklichkeit getrunken werden kann.*

Ve|xier|rät|sel, das: *Scherzrätsel.*

Ve|xier|spie|gel, der: *Spiegel, in dem das Spiegelbild verzerrt erscheint.*

Ve|xil|lo|lo|gie, die; - [zu ↑ Vexillum u. ↑ -logie]: *Lehre von der Bedeutung von Fahnen, Flaggen.*

Ve|xil|lum, das; -s, ...lla u. ...len. **1.** [lat. vexillum, Vkl. von: velum, ↑ velum] *altrömische Fahne.* **2.** (Zool.) *Fahne* (5). **3.** (Bot.) *Fahne* (6).

Ve|zier usw. [veˈziːɐ]: Wesir.

v-för|mig, V-för|mig [ˈfaʊ̯...] ⟨Adj.⟩: *die Form eines V aufweisend:* ein -er Ausschnitt.

V-Frau [ˈfaʊ̯...], die: vgl. V-Mann.

vgl. = vergleiche.

v. g. u. = vorgelesen, genehmigt, unterschrieben.

v. H. = vom Hundert.

VHS = Verhandlungssache; Volkshochschule; Video-Home-System.

via ⟨Präp. mit Akk.; gewöhnl. nur in Verbindung mit Namen od. allein stehenden Substantiven im Sg.⟩ [lat. via, Ablativ von: via = Weg, Straße]: **a)** *(auf dem Weg, auf der Strecke) über:* v. Berlin nach Warschau fliegen, reisen; **b)** *¹durch* (2 a): sie forderten ihn v. Verwaltungsgericht zu sofortiger Zahlung auf.

Vi|a|dukt, der, auch: das; -[e]s, -e [zu lat. via = Straße, Weg u. ductum, 2. Part. von: ducere = führen]: *über ein Tal, eine Schlucht führende Brücke, deren Tragwerk meist aus mehreren Bogen besteht; Überführung* (3).

Viagra – Viehhalterin

¹Vi|a|g|ra®, das; -[s] [engl. viagra, Kunstwort aus lat. vigor = Stärke u. Niagara (wohl in Anlehnung an die Größe u. die unaufhörlich strömende Kraft der Niagarafälle)]: *Medikament zur Behandlung von Potenzstörungen.*

²Vi|a|g|ra®, die; -, -s: *Pille des Medikaments* ¹*Viagra:* er nahm zunächst nur eine halbe V.

Vi|a|ti|kum, das; -s, ...ka u. ...ken [(kirchen)lat. viaticum, eigtl. = Reise-, Zehrgeld, zu lat. via, ↑ via]: **1.** (kath. Kirche) *dem Sterbenden gereichte letzte Kommunion; Wegzehrung* (2). ◆ **2.** *Reise-, Zehrgeld:* ... da wollten wir uns in V. verdienen (Eichendorff, Taugenichts 85).

Vi|b|ra|fon, Vibraphon, das; -s, -e [engl. vibraphone, zu lat. vibrare (↑ vibrieren) u. ↑ -fon]: *(bes. für Tanz- u. Unterhaltungsmusik verwendetes) dem Xylofon ähnliches Schlaginstrument, mit dem vibrierende Töne hervorgebracht werden können.*

Vi|b|ra|fo|nist, Vibraphonist, der; -en, -en: *jmd., der [berufsmäßig] Vibrafon spielt.*

Vi|b|ra|fo|nis|tin, Vibraphonistin, die; -, -nen: w. Form zu ↑ Vibrafonist.

Vi|b|rant, der; -en, -en [zu ↑ vibrieren]: **1.** (Sprachwiss.) *Laut, bei dessen Artikulation die Zunge od. das Zäpfchen in eine schwingende, zitternde Bewegung versetzt wird* (z. B. r). **2.** (Musik) *schwingender, zitternder Ton.*

Vi|b|ra|phon usw.: ↑ Vibrafon usw.

Vi|b|ra|ti: Pl. von ↑ Vibrato.

Vi|b|ra|ti|on, die; -, -en [spätlat. vibratio, zu lat. vibrare, ↑ vibrieren]: *das Vibrieren; Schwingung.*

Vi|b|ra|ti|ons|alarm, der: *Signal, das mittels Vibrationen ein bestimmtes Ereignis meldet* (z. B. einen eingehenden Anruf auf dem Handy).

vi|b|ra|ti|ons|arm ⟨Adj.⟩ (Technik): *arm an Vibrationen; nur in geringem Grad Vibrationen zeigend:* die neuen Motoren laufen v.

vi|b|ra|ti|ons|frei ⟨Adj.⟩ (Technik): *frei von Vibrationen; keine Vibrationen zeigend.*

Vi|b|ra|ti|ons|ge|rät, das: *Vibrator.*

Vi|b|ra|ti|ons|mas|sa|ge, die: *der Lockerung von Verkrampfungen dienende Massage mit der Hand od. mithilfe eines Vibrators.*

vi|b|ra|to ⟨Adv.⟩ [ital. vibrato, zu: vibrare < lat. vibrare, ↑ vibrieren] (Musik): *leicht zitternd, bebend.*

Vi|b|ra|to, das; -s u. ...ti (Musik): *leichtes Zittern, Beben des Tons beim Singen od. beim Spielen.*

Vi|b|ra|tor, der; -s, ...oren: **1.** *Gerät zur Erzeugung mechanischer Schwingungen.* **2. a)** *Massagestab;* **b)** *Gerät zur sexuellen Stimulation.*

vi|b|rie|ren ⟨sw. V.; hat⟩ [lat. vibrare = schwingen, zittern]: *in leise schwingender [akustisch wahrnehmbarer] Bewegung sein:* der Fußboden, die Wand vibrierte durch den, von dem Lärm; die Stimmgabel, die Saite vibriert; seine Stimme vibrierte *(zitterte)* leicht; die Luft vibrierte *(flimmerte);* Der Kopfschmerz steigerte sich, und seine Nerven begannen zu v. wie die Fühler ängstlicher Insekten (Thieß, Legende 80).

Vi|b|ro|mas|sa|ge, die; -, -n: *kurz für* ↑ Vibrationsmassage.

Vi|bur|num, das; -s [lat. viburnum] (Bot.): *Schneeball* (2).

vi|ce ver|sa ⟨Adv.⟩ [lat., eigtl. = im umgekehrten Wechsel; ↑ Vikar] (bildungsspr.): *umgekehrt genauso, in der gleichen Weise zutreffend (in Bezug auf einen Sachverhalt, ein Verhältnis)* (Abk.: v. v.).

Vi|chy [vi'ʃi], der; - [nach der frz. Stadt Vichy]: *karierter Baumwollstoff in Leinwandbindung.*

Vi|comte [viˈkõːt], der; -[s], -s [frz. vicomte < mlat. vicecomes, zu lat. vice = anstelle u. comes, ↑ Comes]: **a)** ⟨o. Pl.⟩ *französischer Adelstitel im Rang zwischen Graf u. Baron;* **b)** *Träger des Adelstitels Vicomte.*

Vi|com|tesse [vikõˈtɛs], die; -, -n [...sn]: w. Form zu ↑ Vicomte.

Vic|to|ria: *Hauptstadt der Seychellen.*

Vic|to|ry|zei|chen ['vɪktəri...], das ⟨o. Pl.⟩ [nach engl. victory sign, aus: victory = Sieg u. sign = Zeichen]: *Handzeichen* (1 a), *bei dem Zeige- und Mittelfinger zum V (für victory = Sieg) gespreizt werden.*

vi|de ⟨Interj.⟩ [lat. = sieh!, Imperativ Sg. von: videre = sehen] (veraltet): *schlage (die angegebene Seite, Stelle o. Ä.) nach (als Verweis in Texten;* Abk.: v., vid.)

vi|de|a|tur [lat.; 3. Pers. Konj. Präs. Passiv von: videre = sehen] (veraltet): *vide* (Abk.: v., vid.)

Vi|deo, das; -s, -s [engl. video (in Zus.), eigtl. = Fernseh-, zu lat. video = ich sehe, 1. Pers. Sg. Präs. von: videre = sehen]: **1.** ⟨o. Pl.⟩ **a)** Kurzf. von ↑ Videotechnik (a, b); **b)** *Video* (1 a) *als Einrichtung der Freizeitindustrie:* der Spaß an V. und Fernsehen. **2.** Kurzf. von ↑ Videoclip, ↑ Videoband, ↑ Videofilm (a), ↑ Videofilm (b).

vi|deo-, Vi|deo- [engl. video-, zu lat. videre = sehen]: Best. in Zus. mit der Bed. *die Übertragung od. den Empfang des Fernsehbildes, die magnetische Aufzeichnung einer Fernsehsendung o. Ä. od. deren Wiedergabe auf dem Bildschirm eines Fernsehgeräts betreffend, dazu dienend* (z. B. Videotext).

Vi|deo|auf|nah|me, die: *mithilfe von Videotechnik hergestellte Aufnahme.*

Vi|deo|auf|zeich|nung, die: *Aufzeichnung auf Videoband.*

Vi|deo|band, das ⟨Pl. ...bänder⟩: *Magnetband zur Aufzeichnung von Fernsehsendungen, Filmen o. Ä. u. zu deren Wiedergabe auf dem Bildschirm eines Fernsehgerätes.*

Vi|deo|bild, das: *mithilfe von Videotechnik hergestelltes Bild.*

Vi|deo|clip, der [engl. video clip, zu: clip = (Film)streifen]: *kurzer Videofilm zu einem Titel* (2 b) *der Popmusik od. über eine Person od. Sache.*

Vi|deo-DVD, die: *DVD, auf der eine Videoaufnahme gespeichert ist.*

Vi|deo|film, der: **a)** *mit einer Videokamera aufgenommener Film;* **b)** *Kinofilm auf Videokassette.*

Vi|deo|game [...ɡeːm], das; -s, -s: *Videospiel.*

Vi|deo|ge|rät, das: **a)** *Gerät der Videotechnik;* **b)** *Videorecorder.*

vi|deo|gra|fie|ren, vi|deo|gra|phie|ren ⟨sw. V.; hat⟩: **a)** *Videofilme herstellen;* **b)** *in Videofilmen festhalten, durch Videofilme dokumentieren:* die Geldübergabe wurde videografiert.

Vi|deo|ins|tal|la|ti|on, die: *Installation von Videotechnik, bes. im Rahmen der Videokunst.*

Vi|deo|jo|ckey, der: *jmd., der Videoclips präsentiert* (Abk.: VJ).

Vi|deo|ka|me|ra, die: *Kamera zur Aufnahme von Filmen auf Videobändern.*

Vi|deo|kas|set|te, die: *Kassette* (3), *die ein Videoband enthält.*

Vi|deo|kon|fe|renz, die: *Konferenz, bei der die Teilnehmer an verschiedenen Orten befindlich mithilfe der Videotechnik aber optisch u. akustisch miteinander verbunden sind.*

Vi|deo|kunst, die ⟨o. Pl.⟩: *moderne Kunstrichtung, bei der die Videotechnik zur Anwendung kommt.*

Vi|deo|ma|te|ri|al, das: *Videoaufnahmen, Videobilder.*

Vi|deo-on-De|mand [...dɪˈmaːnd], das; - [engl., eigtl. = Video auf Wunsch]: *Form des Fernsehens, bei der der Zuschauer einen bestimmten Film aus einem Archiv abrufen u. ihn – gegen ein Entgelt – mithilfe der Telefonleitung u. des angeschlossenen Fernsehgerätes empfangen kann.*

Vi|deo|pi|ra|te|rie, die: *das Herstellen u. Vertreiben von Raubkopien von [Video]filmen.*

Vi|deo|por|tal, das: *Portal im Internet, das Videos zum Ansehen od. Herunterladen anbietet.*

Vi|deo|pro|gramm|sys|tem, das: *System zur automatischen Steuerung von Videorekordern zur Aufzeichnung von Fernsehsendungen* (Abk.: VPS).

Vi|deo|re|kor|der, Vi|deo|re|cor|der, der: *Rekorder zur Aufzeichnung von Fernsehsendungen und zum Abspielen von Videokassetten.*

Vi|deo|se|quenz, die: *Folge von Videobildern.*

Vi|deo|ser|ver [...ˈsɐ:vɐ], der: *Rechner für die Datenverwaltung von digitalen Videosignalen, z. B. für das Video-on-Demand.*

Vi|deo|spiel, das: *elektronisches Spiel, das über einen Monitor läuft u. in das der Spieler über eine Tastatur, einen Joystick od. mithilfe einer Maus* (5) *eingreift.*

Vi|deo|tech|nik, die ⟨o. Pl.⟩: **a)** *Gesamtheit der technischen Anlagen, Geräte, Vorrichtungen, die zur magnetischen Aufzeichnung einer Fernsehsendung o. Ä. u. zu deren Wiedergabe über ein Fernsehgerät dienen;* **b)** *Gesamtheit aller Maßnahmen, Verfahren o. Ä. im Bereich der magnetischen Aufzeichnung und deren Wiedergabe über ein Fernsehgerät.*

vi|deo|tech|nisch ⟨Adj.⟩: *die Videotechnik betreffend.*

Vi|deo|text, der: *Informationen (z. B. programmbezogene Mitteilungen, Nachrichten), die von Fernsehgeräten mit eingebauten Zusatzgeräten auf Abruf über den Fernsehbildschirm vermittelt werden können.*

Vi|deo|thek, die; -, -en [↑ -thek]: **1.** *Sammlung von Filmen u. Fernsehsendungen, die auf Videobändern aufgezeichnet sind.* **2.** *Laden zum Verleihen von Videofilmen* (b).

Vi|deo|über|wa|chung, die: *Überwachung von Räumen, Hauseingängen o. Ä. mittels Videogeräten.*

Vi|deo|wand, die: *Projektionswand zur Vorführung von Videomaterial.*

Viech, das; -[e]s, -er [mhd. vich]: **1.** (ugs., oft abwertend) *Tier* (1). **2.** (derb abwertend) *roher, brutaler Mensch.*

Vie|che|rei, die; -, -en (ugs.): **1.** *etw., was übermäßige Anstrengung erfordert; große Strapaze:* die Moderation einer zweistündigen Sendung ist eine V.; es ist schon eine V., bei 35° zu arbeiten. **2.** (abwertend) *Gemeinheit* (b), *niederträchtige Handlung:* er ist zu jeder V. fähig; wer hat sich diese V. *(diesen derben Spaß)* ausgedacht?

Vieh, das; -[e]s [mhd. vihe, ahd. fihu = Vieh, eigtl. = Rupftier, Wolltier (= Schaf)]: **1. a)** *Gesamtheit der Nutztiere, die in einem landwirtschaftlichen Betrieb gehalten werden:* das V. füttern, versorgen, schlachten; wie das liebe V.! (iron.; *nicht so, wie es einem Menschen eigentlich entspräche*); jmdn. wie ein Stück V. *(rücksichtslos, roh)* behandeln; **b)** *Rindvieh* (1): das V. auf die Weide treiben, zur Tränke führen. **2. a)** (ugs.) *Tier* (1): das arme, kleine V. sieht ja halb verhungert aus!; **b)** (derb abwertend) *roher, brutaler Mensch.*

Vieh|ab|trieb, der: *Abtrieb.*

Vieh|auf|trieb, der: *Auftrieb* (3 b).

Vieh|be|satz, der (Landwirtsch.): *Viehbestand eines landwirtschaftlichen Betriebes je Hektar landwirtschaftlicher Nutzfläche.*

Vieh|be|stand, der: *Besitz, Bestand an Vieh* (1).

Vieh|fut|ter, das: *Futter für das Vieh* (1).

Vieh|hal|be, die (schweiz.): *Viehbestand.*

Vieh|hal|ter, der: *jmd., der Vieh* (1) *hält.*

Vieh|hal|te|rin, die: w. Form zu ↑ Viehhalter.

Viehhaltung – Vielfraß

Vieh|hal|tung, die: *das Halten von Vieh* (1).
Vieh|han|del, der: ¹*Handel* (2 a) *mit Vieh* (1).
Vieh|händ|ler, der: *jmd., der Viehhandel betreibt.*
Vieh|händ|le|rin, die: w. Form zu ↑ Viehhändler.
Vieh|her|de, die: *Herde von Vieh* (1 b).
Vieh|hof, der: *Anlage zum An- u. Verkauf von Schlachtvieh.*
Vieh|hü|ter, der: *jmd., der Vieh* (1 b) *hütet.*
Vieh|hü|te|rin, die: w. Form zu ↑ Viehhüter.
vieh|hisch ⟨Adj.⟩ [mhd. vihisch]: **1.** (abwertend) *wie das Vieh u. deshalb menschenunwürdig:* so ein Leben ist v. **2.** (abwertend) *von roher Triebhaftigkeit zeugend; brutal, bestialisch* (1): ein -es Verbrechen; jmdn. v. quälen. **3.** (emotional verstärkend) *überaus stark, groß; maßlos:* -e Schmerzen; v. betrunken sein.
Vieh|markt, der: *Markt, auf dem Vieh* (1) *zum Verkauf angeboten wird.*
Vieh|salz, das: *wenig gereinigtes [durch Zusatz von Eisenoxid rötlich gefärbtes] Salz* (1), *das dem Vieh* (1) *u. Wild zum Lecken gegeben u. zum Auftauen von Schnee, Eis auf Straßen verwendet wird.*
Vieh|seu|che, die: *bei landwirtschaftlichen Nutztieren auftretende Seuche.*
Vieh|stall, der: *Stall für das Vieh* (1).
Vieh|stand, der ⟨schweiz.⟩: *Viehbestand.*
Vieh|trans|port, der: *Transport von Vieh* (1).
Vieh|trans|por|ter, der: *Transporter für Vieh* (1).
Vieh|trei|ber, der: *jmd., der [beruflich] das Vieh* (1 b) *auf die Weide o. Ä. treibt.*
Vieh|trei|be|rin, die: w. Form zu ↑ Viehtreiber.
Vieh|wirt|schaft, die ⟨Pl. selten⟩: *Viehhaltung u. -zucht betreffender Zweig der Landwirtschaft.*
Vieh|zeug, das ⟨ugs.⟩: **a)** *Vieh* (1), bes. *Kleinvieh;* **b)** (abwertend) *(als lästig empfundene) Tiere.*
Vieh|zucht, die ⟨o. Pl.⟩: *planmäßige Aufzucht von Vieh* (1) *unter wirtschaftlichem Aspekt.*
Vieh|züch|ter, der: *jmd., der Viehzucht betreibt.*
Vieh|züch|te|rin, die: w. Form zu ↑ Viehzüchter.
¹viel ⟨Indefinitpron. u. unbest. Zahlw.; mehr, meist...⟩ [mhd. vil, ahd. filu, urspr. subst. Neutr. eines alten Adj.]: **1. a)** ⟨vieler, viele, vieles (Sg.)⟩ *bezeichnet eine Vielzahl von Einzelgliedern, aus der sich eine Menge von etw. zusammensetzt;* vielerlei: ⟨attr.⟩ -es Erfreuliche stand in dem Brief; in -er Beziehung, Hinsicht hat er Recht; er weiß -es *(hat von vielerlei Dingen Kenntnis),* was du nicht weißt; er kann -es *(vielerlei Speisen, Getränke)* nicht vertragen; in -em *(in vielerlei Punkten)* hat er recht, ist sie mit mir einverstanden; sie ist um -es *(viele Jahre)* jünger als er; **b)** ⟨vieler, viele, viele, vieles (Sg.)⟩ oft unflektiert⟩ *bezeichnet eine als Einheit gedachte Gesamtmenge; eine beträchtliche Menge von etw., ein beträchtliches Maß an etw.:* ⟨attr.:⟩ der -e Regen hat der Ernte geschadet; das -e, sein -es Geld macht ihn auch nicht glücklich; [haben Sie] -en Dank!; jmdm. v. Vergnügen, v. Glück, v. Spaß wünschen; v. Arbeit, Geld, Geduld haben; das kostet v. Zeit, Mühe; v. Wein trinken; jmdm. mit v. Verständnis, v. Liebe begegnen; mit v. gutem Willen schaffst du es; ⟨allein stehend:⟩ das ist nicht, recht, ziemlich, sehr, unendlich v.; er trinkt, raucht, isst v.; ihr Blick sagte v.; sie weiß v. *(hat ein fundiertes Wissen);* ein v. versprechender, verheißender *(zu berechtigten Hoffnungen Anlass gebender)* junger Sänger; ein v. sagendes Lächeln; er kann nicht v. vertragen *(wird schnell betrunken);* er hat v. von seinem Vater *(ähnelt ihm sehr);* er ist nicht v. über *(ist kaum älter als)* fünfzig [Jahre]; das ist ein bisschen v. [auf einmal]! (untertreibend in Bezug auf die Häufung von unangenehmen Dingen; *zu viel);* ach, ich weiß v. (landsch. ugs.; *habe keine Ahnung),* was sie will; was kann dabei schon v. passieren? (ugs.; *dabei kann doch eigentlich gar nichts passieren!);* ... man hat von -en Weinen so

viele Falten im Gesicht wie ein Bluthund und auch gewöhnlich denselben trüb-feierlichen Ausdruck (Remarque, Obelisk 282). **2.** ⟨viele, (unflektiert:) viel (Pl.)⟩ *eine große Anzahl von Personen od. artgleichen Sachen; zahlreich:* ⟨attr.:⟩ die -en fremden Gesichter verwirrten sie; -e Menschen hatten sich versammelt; v./-e nützliche Hinweise; mein Gott, wie v./-e/(selten:) welch -e, welche -en Probleme!; -e Abgeordnete; mach nicht so v./-e Worte!; das Ergebnis -er geheimer/(selten:) geheimen Verhandlungen; die Angaben -er Befragter/(auch:) Befragten waren ungenau; in -en Fällen wusste er Rat; der Saal war mit -en Hundert Blumen geschmückt; ⟨allein stehend:⟩ -e können das nicht verstehen; -e der Bäcker; -e von uns, (geh.:) es waren ihrer -e; die Interessen -er/von -en vertreten; einer unter -en sein. **3.** ⟨(mit vorangestelltem, betontem Gradadverb) viele, (unflektiert:) viel⟩ *bezeichnet eine erst durch eine bekannte Bezugsgröße näher bestimmte Anzahl, Menge:* ⟨attr.:⟩ sie haben gleich v./-e Dienstjahre; sie hat ebenso, genauso -e Aufgaben richtig gelöst; ich weiß nicht, wie -e Gäste erwartet werden; ⟨allein stehend:⟩ sie verdienen gleich v.; so v. *(eins)* ist sicher, gewiss, weiß ich; alle Ermahnungen haben nicht v. ⟨ugs.; *gar nichts*⟩ genützt.
²viel ⟨Adv.; mehr, am meisten⟩ [zu: ¹viel]: **1. a)** *drückt aus, dass etw. in vielfacher Wiederholung erfolgt, einen beträchtlichen Teil der zur Verfügung stehenden Zeit einnimmt:* v. an der frischen Luft sein; v. ins Theater gehen; v. schlafen, wandern; man redet v. vom Fortschritt; eine v. befahrene Straße; eine v. gebrauchte Redensart; ein v. besprochenes, diskutiertes, gelesenes, gekauftes, genanntes, zitiertes Buch; eine v. besuchte, besungene Burg; eine v. gereiste alte Dame; **b)** *sehr:* eine v. erfahrene Hebamme; ein v. geliebtes Kind; ein v. gelobter, gerühmter, geschmähter, gescholtener Autor; ein v. gefragter, umworbener Star; eine v. umjubelte Aufführung; eine v. umstrittene Theorie. **2.** ⟨verstärkend vor Komparativ, bei verneintem »anders« u. vor dem Gradadverb »zu« + Adj.⟩ *wesentlich, bedeutend, weitaus:* sie weiß v. mehr, weniger als ich; es geht ihm jetzt [sehr] v. besser; seine jetzige Freundin ist v., v. netter; hier ist es auch nicht v. anders; die Schuhe sind mir v. zu klein; Ihre Renten sind so entwertet, dass sie kaum noch etwas damit anfangen können. Ab und zu werden ihre Bezüge von der Regierung erhöht – v. zu spät (Remarque, Obelisk 219).
viel|ar|mig ⟨Adj.⟩: *viele Arme* (1, 2) *aufweisend; mit vielen Armen.*
viel|bän|dig ⟨Adj.⟩: *viele Bände umfassend.*
viel be|ach|tet, viel|be|ach|tet ⟨Adj.⟩: *sehr, stark beachtet.*
viel be|fah|ren, viel|be|fah|ren ⟨Adj.⟩: *von vielen [Kraft]fahrzeugen befahren; verkehrsreich.*
viel be|schäf|tigt, viel|be|schäf|tigt ⟨Adj.⟩: *sehr beschäftigt.*
viel be|schwo|ren, viel|be|schwo|ren ⟨Adj.⟩: *oft beschworen.*
viel be|spro|chen, viel|be|spro|chen ⟨Adj.⟩: *häufig, immer wieder, von vielen besprochen.*
viel be|sucht, viel|be|sucht ⟨Adj.⟩: *eine starke Besucherzahl aufweisend; von vielen besucht.*
viel be|sun|gen, viel|be|sun|gen ⟨Adj.⟩ ⟨geh.⟩: *häufig, von vielen besungen* (1).
viel|blät|te|rig, viel|blätt|rig ⟨Adj.⟩: vgl. vielblütig.
viel|blü|tig ⟨Adj.⟩: *viele Blüten* (1) *aufweisend; bildend:* -e Staude.
viel|deu|tig ⟨Adj.⟩: **a)** *viele Ausdeutungen zulassend:* ein -er Begriff; **b)** *vielsagend.*
viel|deu|tig|keit, die; -, -en: **1.** *das Vieldeutigsein.* **2.** *etw. Vieldeutiges.*

viel dis|ku|tiert, viel|dis|ku|tiert ⟨Adj.⟩: *häufig, immer wieder, von vielen diskutiert.*
Viel|eck, das; -[e]s, -e: *geometrische Figur mit drei od. mehr Ecken; Polygon.*
viel|eckig ⟨Adj.⟩: *drei od. mehr Ecken aufweisend; polygonal.*
Viel|ehe, die: *Polygamie* (1 a).
vie|len|orts: † vielerorten.
vie|ler|lei ⟨unbest. Gattungsz.; indekl.⟩ [↑ -lei]: **a)** ⟨attr.⟩ *in großer Anzahl u. von verschiedener Art, Beschaffenheit; viele verschiedene:* v. Sorten Brot; es gibt v. Gründe; das hat er in v. Hinsicht geändert; **b)** ⟨allein stehend⟩ *viele verschiedene Dinge, Sachen:* v. zu erzählen haben; er hat v. erfahren.
Vie|ler|lei, das; -s, -s: *Vielzahl von in sich Verschiedenartigem.*
vie|ler|or|ten (veraltet), **vie|ler|orts,** (bes. schweiz.:) *vielenorts* ⟨Adv.⟩: *an vielen Orten:* der Dauerregen verursachte v. Überschwemmungen.
viel|fach ⟨Adj.⟩: **1. a)** *viele Male so groß (wie eine Bezugsmenge):* -e Menge von etw.; ⟨subst.:⟩ das Vielfache, ein Vielfaches an Unkosten haben; **b)** *nicht nur einmal; sich in gleicher Form, Art viele Male wiederholend:* ein -er Millionär; eine Veranstaltung auf -en *(vielseitigen)* Wunsch wiederholen; ein v. gefaltetes Papier. **2.** *vielfältig, von vielerlei Art, auf vielerlei Weise:* -e Wandlungen. **3.** ⟨ugs.⟩ *gar nicht so selten; recht oft:* man kann dieser Meinung v. begegnen; die Gefahr ist größer, als v. angenommen wird.
Viel|fa|ches, das *Vielfache/ein Vielfaches; des/eines Vielfachen, die Vielfachen/zwei Vielfache* (Math.): *durch Multiplikation einer bestimmten natürlichen Zahl mit irgendeiner anderen sich ergebende Zahl; das kleinste gemeinsame Vielfache von 2, 3 und 4 ist 12.*
Viel|fach|ge|rät, das: **1.** *fahrbares landwirtschaftliches Gerät, an dem unterschiedliche Arbeitswerkzeuge zur Pflege bestimmter Nutzpflanzen angebracht werden können.* **2.** *Vielfachmessgerät.*
Viel|fach|mess|ge|rät, das: *elektrisches Gerät, mit dem nicht nur Ströme, sondern auch Spannungen derselben Stromart in vielen Messbereichen gemessen werden können.*
Viel|fah|rer, der: *jmd. (mit einem bestimmten Verkehrsmittel) viel fährt.*
Viel|fah|re|rin, die: w. Form zu ↑ Vielfahrer.
Viel|falt, die; -: *Fülle von verschiedenen Arten, Formen o. Ä., in denen etw. Bestimmtes vorhanden ist, vorkommt, sich manifestiert; große Mannigfaltigkeit:* eine erstaunliche, bunte, verwirrende V. aufweisen.
viel|fäl|tig ⟨Adj.⟩: *durch Vielfalt gekennzeichnet; mannigfaltig:* ein -es Freizeitangebot; -e Anregungen.
Viel|fäl|tig|keit, die; -: *vielfältige Art, Beschaffenheit.*
viel|far|big, (österr.:) **viel|fär|big** ⟨Adj.⟩: *in vielen Farben; viele Farben aufweisend.*
Viel|far|big|keit, (österr.:) **Viel|fär|big|keit,** die: *das Vielfarbigsein; vielfarbige Beschaffenheit.*
Viel|flach, das; -[e]s, -e: *Polyeder.*
viel|flä|chig ⟨Adj.⟩: *polyedrisch.*
Viel|fläch|ner, der; -s, -: *Polyeder.*
Viel|flie|ger, der ⟨ugs.⟩: *jmd., der viel fliegt* (4).
Viel|flie|ge|rin, die: w. Form zu ↑ Vielflieger.
Viel|fraß, der: **1.** [mniederd. vilvrâʒ; mhd. nicht belegt, ahd. vilifrâʒ, zu ahd. frâʒ = Fresser] ⟨ugs.⟩ *jmd., der unmäßig viel isst.* **2.** [aus dem Niederd. < nniederd. velevras, vēlvratze, unter fälschlicher Anlehnung an Vielfraß (1) umgebildet aus älter norw. fjeldfross = Bergkater] *(zu den Mardern gehörendes, bes. im Norden Europas, Asiens u. Amerikas leben-*

vielfüßig–viereckig

des) kleines, plumpes, einem Bären ähnliches Raubtier.
viel|fü|ßig ⟨Adj.⟩: vgl. vielarmig.
viel ge|braucht, viel|ge|braucht ⟨Adj.⟩: *oft, von vielen gebraucht.*
viel ge|fragt, viel|ge|fragt ⟨Adj.⟩: *stark gefragt.*
viel ge|kauft, viel|ge|kauft ⟨Adj.⟩: *von vielen gekauft.*
viel ge|le|sen, viel|ge|le|sen ⟨Adj.⟩: *von vielen gelesen.*
viel ge|liebt, viel|ge|liebt ⟨Adj.⟩ (veraltet): *sehr geliebt.*
viel ge|lobt, viel|ge|lobt ⟨Adj.⟩: *sehr, von vielen gelobt.*
viel ge|nannt, viel|ge|nannt ⟨Adj.⟩: *häufig, von vielen namentlich erwähnt.*
viel ge|prie|sen, viel|ge|prie|sen ⟨Adj.⟩: *sehr, von vielen gepriesen.*
viel ge|reist, viel|ge|reist ⟨Adj.⟩: *viel in der Welt herumgekommen.*
Viel|ge|reis|te, die/eine Vielgereiste; der/einer Vielgereisten, die Vielgereisten/zwei Vielgereiste: *weibliche Person, die viele Reisen gemacht hat, in der Welt herumgekommen ist.*
Viel|ge|reis|ter, der Vielgereiste/ein Vielgereister; des/eines Vielgereisten, die Vielgereisten/ zwei Vielgereiste: *jmd., der viele Reisen gemacht hat, in der Welt herumgekommen ist.*
viel ge|rühmt, viel|ge|rühmt ⟨Adj.⟩ (oft iron.): *sehr, von vielen gerühmt.*
viel ge|schmäht, viel|ge|schmäht ⟨Adj.⟩: *häufig, von vielen geschmäht.*
viel ge|schol|ten, viel|ge|schol|ten ⟨Adj.⟩ (geh.): *von vielen kritisiert, in seinem Wert herabgesetzt.*
viel|ge|stal|tig ⟨Adj.⟩: *von vielerlei Gestalt (4), Art:* -e Versteinerungen.
Viel|ge|stal|tig|keit, die; -: *das Vielgestaltigsein.*
viel|glied|rig ⟨Adj.⟩: vgl. vielarmig.
Viel|glied|rig|keit, die; -: *das Vielgliedrigsein.*
Viel|göt|te|rei, die; -: *Polytheismus.*
Viel|heit, die; -, -en: *in sich nicht einheitliche Vielzahl von Personen od. Sachen.*
viel|hun|dert|mal ⟨Adv.⟩ (geh.): *unzählige Male:* ich grüße dich v.
viel|köp|fig ⟨Adj.⟩: **1.** *mit vielen Köpfen versehen:* die -e Hydra. **2.** *aus einer größeren Anzahl von Personen bestehend:* eine -e Familie.
¹viel|leicht [fi...] ⟨Adv.⟩ [spätmhd. villîhte, zusger. aus mhd. vil lîhte = sehr leicht, vermutlich, möglicherweise]: **1.** *relativiert die Gewissheit einer Aussage, gibt an, dass etw. ungewiss ist, möglicherweise, unter Umständen:* v. kommt er morgen; du hast dich v. geirrt; es wäre v. besser, wenn er nicht käme; v. *(es könnte sein),* dass alles nur ein Missverständnis war; »Bist du zum Essen zurück?« – »Vielleicht!«. **2.** *relativiert die Genauigkeit der folgenden Maß- od. Mengenangabe; ungefähr, schätzungsweise:* eine Frau von v. fünfzig Jahren.
²viel|leicht ⟨Partikel; unbetont⟩: **a)** *dient im Ausrufesatz der emotionalen Nachdrücklichkeit u. weist auf das hohe Maß hin, in dem der genannte Sachverhalt zutrifft; wirklich, in der Tat:* ich war v. aufgeregt!; **b)** *dient am Anfang eines Aufforderungssatzes der Nachdrücklichkeit u. verleiht der Aufforderung einen unwilligen bis drohenden Unterton:* v. wartest du, bis du an der Reihe bist!; v. benimmst du dich mal!; **c)** *drückt in einer Entscheidungsfrage aus, dass der Fragende eine negative Antwort bereits voraussetzt od. vom Gefragten eine solche erwartet;* ²*etwa* (1): ist das v. eine Lösung?; ist das v. dein Ernst?
Viel|lieb|chen, das (veraltet): **a)** *zwei zusammengewachsene Früchte, bes. eine Mandel mit zwei Kernen;* **b)** (seltener) *etw., worum jmd. mit einem andern beim gemeinsamen Essen eines Vielliebchens* (a) *gewettet hat.*
viel|mal ⟨Adv.⟩ (veraltet): *vielmals.*
viel|ma|lig ⟨Adj.⟩ (selten): *viele Male vorkommend, geschehend.*
viel|mals ⟨Adv.⟩: **1.** *zur Kennzeichnung eines hohen Grades in Verbindung mit Verben des Grüßens, Dankens oder Entschuldigens; ganz besonders [herzlich]; sehr:* jmdm. v. danken; er bittet v. um Entschuldigung; sie lässt v. grüßen; danke v.! **2.** (selten) *viele Male, zu vielen Malen.*
Viel|män|ne|rei, die; -: *Polyandrie.*
¹viel|mehr [auch: ...'me:ɐ̯] ⟨Adv.⟩ [mhd. vil mer, ahd. filo mer]: *drückt aus, dass eine Aussage einer vorausgegangenen [verneinten] Aussage entgegengesetzt wird, diese berichtigt od. präzisiert; im Gegenteil; genauer, richtiger gesagt:* er verehrt sie, v. er liebt sie; er ist dick, v. korpulent; ⟨oft verstärkend nach der Konj. »sondern«:⟩ das ist kein Spaß, sondern v. bitterer Ernst; Es stehen Betten darin, v. Bettstellen, ein paar Holzlatten, die mit Drahtgeflecht bespannt sind (Remarque, Westen 32).
²viel|mehr [auch: ...'me:ɐ̯] ⟨Konj.⟩ [zu: ↑ ¹vielmehr]: *sondern.*
viel sa|gend ⟨Adj.⟩, **viel sa|gend** ⟨Adj.⟩: *so, dass Einverständnis, Kritik, Verachtung o. Ä. ausgedrückt wird, ohne dass es direkt gesagt wird:* ein besonders vielsagender Blick; sie nickten sich vielsagend zu.
viel|schich|tig ⟨Adj.⟩: **1.** *aus vielen Schichten* (1) *bestehend.* **2.** *aus vielem Verschiedenem zusammengesetzt; vielfältig; kompliziert; heterogen:* -e Probleme, Äußerungen.
Viel|schich|tig|keit, die; -, -en: **1.** ⟨o. Pl.⟩ *das Vielschichtigsein.* **2.** *etw. vielschichtig, komplex Wirkendes.*
Viel|schrei|ber, der (abwertend): *jmd., der sehr viel [aber qualitativ wenig anspruchsvoll] schreibt, publiziert; Skribent.*
Viel|schrei|be|rin, die; -, -nen: w. Form zu ↑ Vielschreiber.
Viel|sei|ter, der; -s, - (ugs.): **1. a)** *vielseitiger, mit vielen Fähigkeiten ausgestatteter Mensch:* er ist ein echter musikalischer V., der sechs Instrumente spielt und in Klassik und Jazz gleichermaßen zu Hause ist; **b)** *Gerät mit sehr vielseitigen Funktionen.* **2.** (selten) *Buch mit vielen Seiten.*
Viel|sei|te|rin, die; -, -nen: w. Form zu ↑ Vielseiter (1 a): Projektmanagement, Marketing, Buchführung und Kundenbetreuung sind für die junge V. selbstverständlich.
viel|sei|tig ⟨Adj.⟩: **1. a)** *an vielen Dingen interessiert, viele Dinge beherrschend, verschiedene Fähigkeiten besitzend:* eine -e Künstlerin, Wissenschaftlerin; wir suchen eine tüchtige und -e Sekretärin; er ist nicht sehr v.; **b)** *viele Gebiete betreffend, umfassend:* eine -e Ausbildung; -e Freizeitangebote, Verwendungsmöglichkeiten; das Gerät lässt sich v. verwenden. **2.** *von vielen Personen (geäußert), kundgetan):* auf -en Wunsch wird die Aufführung wiederholt; unter -er Zustimmung ermutigte ihn. **3. a)** *viele Seiten* (1 a) *aufweisend:* eine -e Figur; **b)** *viele Seiten* (6 b) *umfassend:* ein -er Brief.
Viel|sei|tig|keit, die; -: *das Vielseitigsein.*
Viel|sei|tig|keits|prü|fung, die (Reiten): *in verschiedenen Disziplinen durchgeführte Prüfung [im Turniersport]; Military.*
viel|spra|chig ⟨Adj.⟩: **a)** *in vielen Sprachen abgefasst:* eine -e Anleitung, Gebrauchsanweisung; **b)** *viele Sprachen beherrschend, sprechend.*
Viel|staa|te|rei, die; -: **1.** *Aufspaltung in viele kleine, selbstständige Staaten.* **2.** *Partikularismus.*
viel|stim|mig ⟨Adj.⟩: **a)** *von vielen Stimmen* (2 a) *hervorgebracht; sich aus vielen Stimmen zusammensetzend:* ein -er Gesang; **b)** *in mehreren Stimm-, Tonlagen:* das -e *(polyfone)* Geläut.
Viel|stim|mig|keit, die: *das Vielstimmigsein.*
viel|stro|phig ⟨Adj.⟩: *(von Liedern, Gedichten) viele Strophen aufweisend.*
viel|tau|send|mal ⟨Adv.⟩ (geh.): *unzählige Male:* ich grüße dich v.
viel um|ju|belt, viel|um|ju|belt ⟨Adj.⟩: *sehr, von vielen umjubelt.*
viel um|strit|ten, viel|um|strit|ten ⟨Adj.⟩: *sehr umstritten.*
viel um|wor|ben, viel|um|wor|ben ⟨Adj.⟩: *sehr umworben.*
viel ver|hei|ßend, viel ver|hei|ßend ⟨Adj.⟩ (geh.): *vielversprechend:* das klingt ja vielverheißend.
viel ver|spre|chend, viel ver|spre|chend ⟨Adj.⟩: *zu berechtigten Hoffnungen Anlass gebend; so geartet, dass ein großer Erfolg erwartet werden kann:* das klingt ja vielversprechend.
Viel|völ|ker|staat, der: *Nationalitätenstaat, Mehrvölkerstaat.*
Viel|wei|be|rei, die; - [nach gleichbed. griech. polygamía]: *Polygynie.*
Viel|zahl, die; ⟨o. Pl.⟩: *große Anzahl von Personen od. Sachen:* eine V. seltener Pflanzen; eine V. von Personen, von Veranstaltungen.
Viel|zel|ler, der; -s, - (Biol.): *vielzelliges niederes Tier.*
viel|zel|lig ⟨Adj.⟩ (Biol.): *aus vielen Zellen bestehend.*
viel zi|tiert, viel|zi|tiert ⟨Adj.⟩: *oft zitiert, oft angeführt:* ein viel zitiertes Wort, ein viel zitierter Satz Luthers; die viel zitierte *(oft genannte, oft erwähnte)* Globalisierung.
Vi|en|ti|a|ne [vjɛn'tjan]: Hauptstadt von Laos.
vier ⟨Kardinalz.⟩ [mhd. vier, ahd. fior, gemeingerm. Zahlwort] (als Ziffer: 4): vgl. ¹acht; ⟨subst.:⟩ Gespräche der großen Vier *(der vier Großmächte USA, UdSSR, Großbritannien, Frankreich; nach dem Zweiten Weltkrieg);* * **alle -e von sich strecken** (ugs.; *sich ausstrecken und entspannen);* **auf allen -en** (ugs.; *auf Händen u. Füßen, statt zu gehen).*
Vier, die; -, -en: **a)** *Ziffer 4;* **b)** *Spielkarte mit vier Zeichen;* **c)** *Anzahl von vier Augen beim Würfeln;* **d)** *Zeugnis-, Bewertungsnote 4:* [in Chemie] eine V. haben, kriegen; eine V. schreiben *(eine Arbeit schreiben, die mit der Note 4 bewertet wird);* **e)** (ugs.) *Wagen, Zug der Linie 4:* wo hält die V.?
Vier|ach|ser, der; -s, -: vgl. Dreiachser.
vier|ach|sig ⟨Adj.⟩: vgl. dreiachsig.
Vier|ach|tel|takt, der: vgl. Dreiachteltakt.
vier|ak|ter, der; -s, -: vgl. Dreiakter.
vier|ar|mig ⟨Adj.⟩: vgl. achtarmig.
Vier|au|gen|ge|spräch, das (ugs.): *Gespräch zu zweit, ohne weitere Zeugen.*
vier|bän|dig ⟨Adj.⟩: vgl. achtbändig.
Vier|bei|ner, der; -s, -: *vierbeiniges Tier, bes. Hund.*
vier|bei|nig ⟨Adj.⟩: vgl. dreibeinig.
Vier|blät|te|rig, vier|blätt|rig ⟨Adj.⟩ (Bot.): *vier Blätter aufweisend:* ein -es Kleeblatt finden.
vier|di|men|si|o|nal ⟨Adj.⟩ (Physik): *vier Dimensionen aufweisend; durch der Koordinaten des Raumes u. der Zeit beschreibbar.*
Vier-drei-drei-Sys|tem, das ⟨o. Pl.⟩ (Fußball) (mit Ziffern: 4-3-3-System): *Spielsystem, bei dem die Mannschaft mit vier Abwehrspielern, drei Mittelfeldspielern u. drei Stürmern spielt.*
Vier|eck, das; -[e]s, -e [im 16. Jh. subst. aus mhd. vierecke, ahd. fiorecki = viereckig, LÜ von lat. quadrangulus]: **a)** vgl. Dreieck (1); **b)** *Rechteck, Quadrat* (1 a).
vier|eckig ⟨Adj.⟩ [mhd. viereckeht]: **a)** vgl. dreieckig; **b)** *rechteckig, quadratisch* (a).

viereinhalb – Viertelton

vier|ein|halb ⟨Bruchz.⟩ (in Ziffern: 4 $^1/_2$): vgl. achteinhalb.

Vie|rer, der; -s, -: **1. a)** (Rudern) *Rennboot für vier Ruderer:* V. mit, ohne Steuermann; **b)** (Sport) *aus vier Mitgliedern bestehende Mannschaft, die zusammen eine Übung, ein Spiel, ein Rennen bestreiten.* **2.** (ugs.) *vier Zahlen, auf die ein Gewinn fällt:* ein V. im Lotto. **3.** (landsch.) *Zeugnis-, Bewertungsnote 4:* einen V. schreiben. **4.** (Golf) *Spiel, bei dem zwei Parteien mit je zwei Spielern gegeneinander spielen.* **5.** (Jargon) *Geschlechtsverkehr zu viert.*

Vie|rer|ban|de, die (abwertend): *Gruppe von vier chinesischen Spitzenpolitikern im Machtkampf nach dem Tod von Mao Tse-tung.*

Vie|rer|bob, der: *Bob für vier Personen.*

Vie|rer|ket|te, die (Sport): *aus vier Personen bestehende Abwehr.*

vie|rer|lei ⟨best. Gattungsz.; indekl.⟩ [↑ -lei]: vgl. achterlei.

Vie|rer|rei|he, die: vgl. Achterreihe.

Vie|rer|zug, der: *Viergespann.*

vier|fach ⟨Vervielfältigungsz.⟩ (mit Ziffer: 4-fach, 4fach): vgl. achtfach.

Vier|fa|ches, das *Vierfache/ein Vierfaches; des/eines Vierfachen* (mit Ziffer: 4-Faches, 4faches): vgl. Achtfaches.

Vier|far|ben|druck, der ⟨Pl. -e⟩: **a)** ⟨o. Pl.⟩ *Verfahren, bei dem zur Erzielung einer farbigen Wiedergabe die Farben Gelb, Rot, Blaugrün u. Schwarz übereinandergedruckt werden;* **b)** *einzelner Druck des Vierfarbendrucks* (a).

Vier|far|ben|ku|gel|schrei|ber, Vier|farb|ku|gel|schrei|ber, der: *Kugelschreiber mit vier verschiedenfarbigen Minen.*

Vier|flach, das; -[e]s, -e, **Vier|fläch|ner,** der; -s, -: *Tetraeder.*

Vier|fü|ßer, der (Zool.): *vierfüßiges Wirbeltier.*

vier|fü|ßig ⟨Adj.⟩: **1.** vgl. dreifüßig. **2.** vgl. fünffüßig.

Vier|gang|ge|trie|be, das: vgl. Fünfganggetriebe.

vier|ge|schos|sig (südd., österr.): **vier|ge|schoßig** ⟨Adj.⟩ (mit Ziffer: 4-geschossig, 4-geschoßig): *vier Geschosse* (2) *aufweisend:* ein -es Haus.

Vier|ge|spann, das: *Gespann mit vier Zugtieren, bes. Pferden.*

vier|hän|dig ⟨Adj.⟩ (Musik): *mit vier Händen, zu zweit:* v. spielen.

vier|hun|dert ⟨Kardinalz.⟩ (in Ziffern: 400): vgl. hundert.

Vier|jah|res|plan, der: *für vier Jahre aufgestellter Plan.*

vier|jäh|rig ⟨Adj.⟩ (mit Ziffer: 4-jährig): vgl. achtjährig.

vier|jähr|lich ⟨Adj.⟩: vgl. achtjährlich.

Vier|kant, das od. der; -[e]s, -e: **1.** *Vierkantschlüssel.* **2.** *Vierkanteisen.*

Vier|kant|ei|sen, das: *Eisen mit vierkantigem Profil.*

Vier|kant|holz, das: *Kantholz.*

vier|kan|tig ⟨Adj.⟩: vgl. achtkantig.

Vier|kant|schlüs|sel, der: *Gegenstand mit einer vierkantigen Vertiefung am vorderen Ende, der auf den entsprechend großen, vierkantigen Zapfen einer Schließvorrichtung aufgesetzt wird, um diese mit einer Drehbewegung zu öffnen od. zu schließen.*

vier|köp|fig ⟨Adj.⟩: *aus vier Personen bestehend.*

Vier|ling, der; -s, -e: vgl. Fünfling.

Vier|mäch|te|ab|kom|men, das ⟨o. Pl.⟩: *Abkommen von 1972 zwischen den Vertretern Großbritanniens, Frankreichs, der USA u. der UdSSR über Berlin.*

vier|mal ⟨Wiederholungsz.⟩; Adv.⟩: vgl. achtmal.

vier|ma|lig ⟨Adj.⟩ (mit Ziffer: 4-malig): vgl. achtmalig.

Vier|mas|ter, der; -s, -: vgl. Dreimaster (1).

Vier|mast|zelt, das: *[Zirkus]zelt mit vier Masten.*

vier|mo|na|tig ⟨Adj.⟩ (mit Ziffer: 4-monatig): **a)** *vier Monate alt;* **b)** *vier Monate dauernd.*

vier|mo|to|rig ⟨Adj.⟩: *mit vier Motoren [konstruiert].*

Vier|pass, der: vgl. Dreipass.

Vier|pfün|der, der; -s, - (mit Ziffer: 4-Pfünder): vgl. Achtpfünder.

vier|pfün|dig ⟨Adj.⟩ (mit Ziffer: 4-pfündig): vgl. achtpfündig.

Vier|plät|zer, der; -s, - (schweiz.): *Viersitzer.*

vier|plät|zig ⟨Adj.⟩ (schweiz.): *viersitzig.*

Vier|rad|an|trieb, der (Kfz-Technik): *Allradantrieb.*

Vier|rad|brem|se, die (Kfz-Technik): *Bremse, die gleichzeitig auf alle vier Räder wirkt.*

vier|rä|de|rig, vier|räd|rig: ↑ dreirädrig.

Vier|raum|woh|nung, die (regional) (mit Ziffer: 4-Raum-Wohnung): *Vierzimmerwohnung.*

vier|sai|tig ⟨Adj.⟩: vgl. fünfsaitig.

vier|sät|zig ⟨Adj.⟩ (Musik): *aus vier Sätzen* (4 b) *bestehend.*

Vier|schan|zen|tour|nee, die (Skisport): *aus vier Einzelwettbewerben auf vier verschiedenen Schanzen (in Oberstdorf, Garmisch-Partenkirchen, Innsbruck und Bischofshofen) bestehender jährlicher Wettbewerb im Skispringen.*

vier|schrö|tig ⟨Adj.⟩ [mhd. vierschrœtic, zu: vierschrœte = viereckig zugehauen, ahd. fiorscrôti; zu ↑ Schrot in der Bed. »Ecke, Kante«]: *(bes. von Männern) von breiter, kräftiger, gedrungener Gestalt* [u. *dabei derb-ungehobelt wirkend*].

vier|sei|tig ⟨Adj.⟩ (mit Ziffer: 4-seitig): **1.** vgl. achtseitig. **2.** *zwischen vier Vertragspartnern o. Ä. stattfindend.*

Vier|sit|zer, der; -s, -: *Fahrzeug, bes. Auto, mit vier Sitzplätzen.*

vier|sit|zig ⟨Adj.⟩: *vier Sitze aufweisend.*

Vier|spän|ner, der; -s, -: **1.** *mit vier Pferden bespannter Wagen.* **2.** (landsch.) *Block aus vier Reihenhäusern.*

vier|spän|nig ⟨Adj.⟩: *mit vier Pferden bespannt:* ein -er Wagen; v. (in einem Vierspänner) fahren.

vier|spu|rig ⟨Adj.⟩: vgl. sechsspurig: die Straße ist v. befahrbar.

vier|stel|lig ⟨Adj.⟩ (mit Ziffer: 4-stellig): vgl. achtstellig.

Vier|ster|ne|ge|ne|ral, Vier-Ster|ne-Ge|ne|ral, der (Jargon): *ranghöchster General.*

Vier|ster|ne|ge|ne|ra|lin, Vier-Ster|ne-Ge|ne|ra|lin, die: w. Formen zu ↑ Viersternegeneral, Vier-Sterne-General.

Vier|ster|ne|ho|tel, das: *Hotel der Luxusklasse mit besonderem Komfort.*

vier|stim|mig ⟨Adj.⟩: vgl. dreistimmig.

vier|stö|ckig ⟨Adj.⟩ (mit Ziffer: 4-stöckig): *viergeschossig.*

vier|stün|dig ⟨Adj.⟩ (mit Ziffer: 4-stündig): vgl. achtstündig.

vier|stünd|lich ⟨Adj.⟩ (mit Ziffer: 4-stündlich): vgl. achtstündlich.

viert: in der Fügung **zu v.** (als Gruppe von vier Personen: zu v. spielen).

viert... ⟨Ordinalz. zu ↑ vier⟩ [mhd. vierde, ahd. fiordo] (als Ziffer: 4.): vgl. acht...

vier|tä|gig ⟨Adj.⟩ (mit Ziffer: 4-tägig): vgl. achttägig.

vier|täg|lich ⟨Adj.⟩ (mit Ziffer: 4-täglich): vgl. achttäglich.

Vier|tak|ter, der; -s, -: kurz für ↑ Viertaktmotor.

Vier|takt|mo|tor, der; -s, -en, auch: -e (Kfz-Technik): *Verbrennungsmotor mit den vier Arbeitsgängen Ansaugen, Verdichten, Verbrennen u. Auspuffen des Benzin-Luft-Gemisches.*

vier|tau|send ⟨Kardinalz.⟩ (in Ziffern: 4000): vgl. tausend.

Vier|tau|sen|der, der: vgl. Achttausender.

vier|tei|len ⟨sw. V.; hat⟩ [mhd. vierteilen]: **1.** ⟨2. Part.: gevierteilt⟩ *(bes. im MA.) jmdn. hinrichten, indem man ihn in vier Teile zerteilt od. von Pferden zerrissen wird:* der Mörder wurde gevierteilt. **2.** ⟨2. Part.: viergeteilt⟩ (selten) *in vier Teile teilen; vierteln:* ein Stück Papier v.

vier|tei|lig ⟨Adj.⟩ (mit Ziffer: 4-teilig): *aus vier Teilen bestehend:* eine -e Serie; ein -er Hymnus.

vier|tel ['fɪrtl̩] ⟨Bruchz.⟩ (als Ziffer: $_1/_4$): vgl. achtel: eine v. Million; wir treffen uns in drei v. Stunden; wir treffen uns um v. acht, um drei v. acht (landsch.; *um Viertel nach sieben, um Viertel vor acht*); die Uhr hat v. geschlagen (*das 1. Viertel einer Stunde angezeigt*); es hat v. zwei (landsch.; *ein Viertel nach eins*) geschlagen.

¹Vier|tel ['fɪrtl̩], das, schweiz. meist: der; -s, - [mhd. viertel, ahd. fiorteil]: **1.** vgl. ¹Achtel: drei V. des Ganzen, der Bevölkerung; das akademische V. (*Viertelstunde, um die eine akademische Veranstaltung später als angegeben beginnt*); ein V. (*viertel Pfund*/österr.: *viertel Kilogramm*) Leberwurst; es ist ein V. vor, nach eins (*15 Minuten vor, nach ein Uhr*); es ist fünf Minuten vor drei V.; er hatte schon einige V. (*Viertelliter Wein*) getrunken; im zweiten V. des 12. Jahrhunderts; der Mond steht im ersten/letzten V. (*es ist zunehmender/abnehmender Mond*). **2. a)** *Stadtteil; Gegend einer Stadt:* ein verrufenes V.; sie wohnen in einem ruhigen V.; **b)** ⟨o. Pl.⟩ *Gesamtheit der Bewohner eines* ¹*Viertels* (2 a). **3.** (landsch.) *Häuserblock.*

²Vier|tel ['fɪrtl̩], die; -, - (Musik): *Viertelnote.*

Vier|tel|dre|hung ['fɪrtl̩...], die: *Drehung um 90°.*

Vier|te|le ['fɪrtələ], das; -s, - (schwäb.): *[Glas mit einem] Viertelliter Wein.*

Vier|tel|fi|na|le ['fɪrtl̩...], das (Sport): *Runde innerhalb einer Qualifikation, an der noch acht Mannschaften, Spieler beteiligt sind.*

Vier|tel|fi|na|list ['fɪrtl̩...], der (Sport): *Teilnehmer am Viertelfinale.*

Vier|tel|fi|na|lis|tin ['fɪrtl̩...], die: w. Form zu ↑ Viertelfinalist.

Vier|tel|ge|viert ['fɪrtl̩...], das (Druckerspr.): *nicht druckendes Stück Blei in der Größe des Viertels eines Gevierts.*

Vier|tel|jahr ['fɪrtl̩...], das: *vierter Teil eines Jahres; drei Monate; Quartal.*

Vier|tel|jah|res|schrift, *Vierteljahrsschrift* ['fɪrtl̩...], die: *vierteljährlich erscheinende Zeitschrift.*

Vier|tel|jahr|hun|dert [fɪrtl̩...], das: *vierter Teil eines Jahrhunderts; 25 Jahre.*

vier|tel|jäh|rig ⟨Adj.⟩ (mit Ziffer: $_1/_4$-jährig): vgl. halbjährig.

vier|tel|jähr|lich ['fɪrtl̩...] ⟨Adj.⟩: vgl. halbjährlich.

Vier|tel|jahrs|schrift: ↑ Vierteljahresschrift.

Vier|tel|kreis ['fɪrtl̩...], der: **1.** *Quadrant* (1 a, b). **2.** (Fußball) *um die Eckfahne innerhalb des Spielfelds gezogener Teilkreis von 1 m Halbmesser.*

Vier|tel|li|ter ['fɪrtl̩..., auch: ...'li...], der (schweiz. nur so), auch: das: *vierter Teil eines Liters.*

Vier|tel|mil|li|on ['fɪrtl̩...], die: *viertel Million; 250 000.*

vier|teln ['fɪrtl̩n] ⟨sw. V.; hat⟩: *in vier gleiche Teile zerteilen, schneiden:* Äpfel, Tomaten v.

Vier|tel|no|te ['fɪrtl̩...], die: vgl. Achtelnote.

Vier|tel|pau|se ['fɪrtl̩...], die: vgl. Achtelpause.

Vier|tel|pfund ['fɪrtl̩...], das, auch: 'fɪrtl̩...], das: *vierter Teil eines Pfundes; 125 g.*

Vier|tel|stab ['fɪrtl̩...], der: *dreikantige Leiste mit dem Profil eines Viertelkreises* (1).

Vier|tel|stun|de ['fɪrtl̩...], die: *vierter Teil einer Stunde; 15 Minuten.*

vier|tel|stün|dig ['fɪrtl̩..., auch: ...'ʃtyn...] ⟨Adj.⟩: vgl. halbstündig.

vier|tel|stünd|lich ['fɪrtl̩..., auch: ...'ʃtynt...] ⟨Adj.⟩: vgl. halbstündlich.

Vier|tel|ton ['fɪrtl̩...], der ⟨Pl. ...töne⟩ (Musik): *halbierter chromatischer Halbton* (1).

Vier|tel|ton|mu|sik [ˈfɪrtl̩...], die ⟨o. Pl.⟩: *durch Verwendung von Vierteltönen charakterisierte Musik, die auf einem durch Halbierung der 12 Halbtöne der Oktave gewonnenen, 24-stufigen Tonsystem beruht.*

Vier|tel|zent|ner [ˈfɪrtl̩...], der: *vierter Teil eines Zentners; 25 Pfund.*

vier|tens ⟨Adv.⟩ (als Ziffer: 4.): vgl. achtens.

viert|klas|sig ⟨Adj.⟩: vgl. drittklassig: *ein viertklassiges Hotel.*

Vier|tü|rer, der; -s, -: *viertüriges Auto.*

vier|tü|rig ⟨Adj.⟩: *mit vier Türen ausgestattet:* ein -es Auto.

vier|und|ein|halb ⟨Bruchz.⟩: verstärkend für ↑viereinhalb.

vier|und|zwan|zig ⟨Kardinalz.⟩ (in Ziffern: 24): vgl. ¹acht.

vier|und|zwan|zig|flach, das; -[e]s, -e, **Vier|und|zwan|zig|fläch|ner**, der; -s, -: vgl. Achtflach usw.

Vie|rung, die; -, -en (Archit.): *[im Grundriss quadratischer] Teil des Kirchenraumes, in dem sich Lang- u. Querhaus durchdringen.*

Vie|rungs|kup|pel, die (Archit.): *Kuppel über der Vierung.*

Vie|rungs|pfei|ler, der (Archit.): *zur architektonischen Hervorhebung der Vierung verstärkter Pfeiler an den Schnittpunkten von Lang- u. Querhaus.*

Vie|rungs|turm, der (Archit.): *Turm über der Vierung.*

Vier|vier|tel|takt [...ˈfɪrtl̩...], der: vgl. Dreivierteltakt.

Vier|wald|stät|ter See, der; - -s, ⟨schweiz.:⟩ **Vier|wald|stät|ter|see**, der; -s: *See in der Schweiz.*

vier|wer|tig ⟨Adj.⟩: vgl. dreiwertig.

vier|wö|chent|lich ⟨Adj.⟩ (mit Ziffer: 4-wöchentlich): vgl. achtwöchentlich.

vier|wö|chig ⟨Adj.⟩ (mit Ziffer: 4-wöchig): vgl. achtwöchig.

vier|zehn [ˈfɪr...] ⟨Kardinalz.⟩ [mhd. vierzehen, ahd. fiorzehan] (in Ziffern: 14): vgl. ¹acht: v. Tage *(zwei Wochen).*

vier|zehn|hun|dert [ˈfɪrtseːnˈh...] ⟨Kardinalz.⟩ (in Ziffern: 1 400): *eintausendvierhundert.*

vier|zehn|jäh|rig [ˈfɪr...] ⟨Adj.⟩ (mit Ziffer: 14-jährig): vgl. achtzehnjährig.

vier|zehn|tä|gig [ˈfɪr...] ⟨Adj.⟩ (mit Ziffer: 14-tägig): *zwei Wochen dauernd.*

vier|zehn|täg|lich [ˈfɪr...] ⟨Adj.⟩ (mit Ziffer: 14-täglich): *sich alle zwei Wochen wiederholend.*

Vier|zei|ler, der; -s, -: *Strophe, Gedicht aus vier Versen.*

vier|zig [ˈfɪrtsɪç] ⟨Kardinalz.⟩ [mhd. vierzec, ahd. fiorzug] (in Ziffern: 40): vgl. achtzig.

Vier|zig [ˈfɪr...], die; -: vgl. Achtzig.

vier|zi|ger [ˈfɪr...] ⟨indekl. Adj.⟩ (mit Ziffer: 40er): vgl. achtziger.

Vier|zi|ger [ˈfɪr...], der; -s, -: vgl. Achtziger.

Vier|zi|ge|rin [ˈfɪr...], die; -, -nen: w. Form zu ↑Vierziger.

Vier|zi|ger|jah|re, vier|zi|ger Jah|re [ˈfɪr..., auch: ˈfɪr...ˈjaː...] ⟨Pl.⟩: vgl. Achtzigerjahre.

vier|zig|jäh|rig [ˈfɪr...] ⟨Adj.⟩: vgl. dreißigjährig.

vier|zigst... [ˈfɪr...] ⟨Ordinalz. zu ↑vierzig⟩ (in Ziffern: 40.): vgl. acht...

Vier|zig|stun|den|wo|che [ˈfɪr...], die (mit Ziffern: 40-Stunden-Woche): *Arbeitszeit von 40 Stunden in der Woche.*

Vier|zim|mer|woh|nung, die: vgl. Dreizimmerwohnung.

Vier-zwei-vier-Sys|tem, das ⟨o. Pl.⟩ (Fußball) (mit Ziffern: 4-2-4-System): *Spielsystem, bei dem die Mannschaft mit vier Abwehrspielern, zwei Mittelfeldspielern u. vier Stürmern spielt.*

Vier|zy|lin|der, der: vgl. Achtzylinder.

Vier|zy|lin|der|mo|tor, der; -s, -en, auch: -e: vgl. Achtzylindermotor.

vier|zy|lin|d|rig ⟨Adj.⟩ (mit Ziffer: 4-zylindrig): vgl. achtzylindrig.

Vi|et|cong [vi̯ɛtˈkɔŋ, auch: ˈvi̯ɛt...], der; -s, -[s] [Kurzwort aus vietnamesisch Viêt Nam Công San = Kommunisten von Vietnam]: **1.** ⟨o. Pl.⟩ *(bis 1975) südvietnamesische Guerillabewegung.* **2.** *Mitglied des Vietcongs* (1).

Vi|et|nam [...ˈna(ː)m]; -s: *Staat in Südostasien.*

Vi|et|na|me|se, der; -n, -n: Ew.

Vi|et|na|me|sin, die; -, -nen: w. Form zu ↑Vietnamese.

vi|et|na|me|sisch ⟨Adj.⟩: *Vietnam, die Vietnamesen betreffend, von den Vietnamesen stammend, zu ihnen gehörend.*

Vi|et|na|me|sisch, das; -[s], (nur mit best. Art.:) **Vi|et|na|me|si|sche**, das; -n: *vietnamesische Sprache.*

vif [auch: viːf] ⟨Adj.⟩ [frz. vif < lat. vivus = lebendig] (landsch., sonst veraltend): *aufgeweckt, wendig, rührig:* eine -e Geschäftsführerin; seine Freundin ist sehr v.

vi|gil ⟨Adj.⟩ [lat. vigil, zu: vigere = frisch u. kräftig, voller Lebenskraft sein] (Med.): *wachend, schlaflos.*

Vi|gil, die; -, -ien [lat. vigilia = das Wachen; Nachtwache, zu: vigil = wach] (kath. Kirche): **1.** *nächtliches Gebet der mönchischen Gebetsordnung.* **2.** *[liturgische Feier am] Vortag eines kirchlichen Festes.*

vi|gi|lant ⟨Adj.⟩ [zu lat. vigilans (Gen.: vigilantis) = wachsam, 1. Part. von: vigilare = wachsam sein] (veraltet): *schlau, pfiffig u. dabei wachsam.*

Vi|gi|lanz, die; -: **1.** (bildungsspr. veraltend) *vigilante Art.* **2.** (Psychol.) *Zustand erhöhter Reaktionsbereitschaft, Aufmerksamkeit.*

Vi|gi|lie, die; -, -n [lat. vigilia, ↑Vigil]: **1.** *(im altrömischen Heer) Nachtwache.* **2.** *Vigil* (2).

Vi|g|net|te [vɪnˈjɛtə], die; -, -n [frz. vignette, urspr. = Weinrankenornament, Vkl. von: vigne = Weinrebe < lat. vinea]: **1.** (Verlagsw.) *ornamentale bildliche Darstellung auf dem Titelblatt, am Beginn od. Ende eines Kapitels od. am Schluss eines Buches.* **2.** (Fotogr.) **a)** *Maske* (5 a) *mit bestimmten Ausschnitten (z. B. Schlüsselloch) im Vorsatz vor dem Objektiv einer Filmkamera;* **b)** *Maske* (5 a) *zur Verdeckung bestimmter Stellen eines Negativs vor dem Kopieren.* **3.** *Gebührenmarke für die Autobahnbenutzung.* **4.** (Philat.) *nicht amtliche Marke (oft mit Wertangabe, aber ohne postalische Gültigkeit) zur Finanzierung einer Veranstaltung, Unterstützung einer wohltätigen Organisation o. Ä. ausgegeben wird.*

Vi|go|g|ne [viˈgɔnjə], die; -, -n, **Vi|go|g|ne|wol|le**, die [frz. vigogne, älter: vicugne < span. vicuña, ↑Vikunja]: *Garn aus [Reiß]wolle u. Baum- bzw. Zellwolle.*

vi|go|ro|so ⟨Adv.⟩ [ital. vigoroso, zu: vigore = Stärke, Kraft < lat. vigor] (Musik): *kraftvoll.*

Vi|kar, der; -s, -e [mhd. vicār(i) < lat. vicarius = stellvertretend; Stellvertreter; Statthalter; zu: vicis (Gen.) = Wechsel, Platz, Stelle (im Sinne von »anstelle«)]: **1.** (kath. Kirche) *ständiger Vertreter zeitweiliger Vertreter einer geistlichen Amtsperson.* **2.** (ev. Kirche) **a)** *Pfarrvikar* (b); **b)** *in ein Praktikum übernommener Theologe mit Universitätsausbildung.* **3.** (schweiz.) *Stellvertreter eines Lehrers.*

Vi|ka|ri|at, das; -[e]s, -e: *Amt eines Vikars.*

vi|ka|ri|ie|ren ⟨sw. V.; hat⟩: **1.** *das Amt eines Vikars versehen.* **2.** (bildungsspr. veraltet) *jmds. Stelle vertreten.*

Vi|ka|rin, die; -, -nen: w. Form zu ↑Vikar (2, 3).

vik|ti|mi|sie|ren ⟨sw. V.; hat⟩ [engl. to victimize, zu: victim = Opfer < lat. victima = Opfer(tier)] (selten): *zum Opfer* (3) *machen; schikanieren.*

Vik|ti|mi|sie|rung, die; -, -en: *das Viktimisieren.*

Vik|ti|mo|lo|gie, die; - [nach engl. victimology; ↑-logie]: *Teilgebiet der Kriminologie, das die Beziehungen zwischen Opfer u. Tat bzw. Täter untersucht.*

¹**Vik|to|ria**, die; -, -s u. ...ien [lat. Victoria, eigtl. = Sieg, zu: vincere = siegen]: *(in der römischen Antike) Frauengestalt mit Flügeln als Personifikation eines errungenen Sieges.*

²**Vik|to|ria**, das; -s, -s ⟨meist o. Art.⟩: *Sieg* (als Ausruf): V. brüllen.

vik|to|ri|a|nisch ⟨Adj.⟩: *dem Geist der Regierungszeit der englischen Königin Victoria (1819 bis 1901) entsprechend:* -e Strenge, Prüderie.

◆ **Vik|to|rie**, die; -, -n: *Sieg, Gewinn einer Schlacht:* Nach der V. von Breitenfeld konnte ich dem Kaiser einen lässlichen Frieden vorschreiben (C. F. Meyer, Page 165).

Vik|tu|a|li|en ⟨Pl.⟩ [spätlat. victualia, zu: victualis = zum Lebensunterhalt gehörig, zu lat. victus = Leben(sunterhalt), zu: victum, 2. Part. von: vivere = leben] (veraltend): *Lebensmittel, bes. für den täglichen Bedarf, den unmittelbaren Verzehr.*

Vik|tu|a|li|en|brü|der: ↑Vitalienbrüder.

Vik|tu|a|li|en|hand|lung, die (veraltet): *Lebensmittelgeschäft.*

◆ **Vik|tu|a|li|en|kel|ler**, der: *Keller für die Aufbewahrung von Lebensmitteln:* ...da ist ein Hundefuhrwerk in einen V. hinabgepoltert (Raabe, Chronik 153).

Vik|tu|a|li|en|markt, der (veraltet): vgl. Viktualienhandlung.

Vi|kun|ja, das; -s, -s od. die; -, ...jen [span. vicuña < Ketschua (südamerik. Indianerspr.) huik'uña]: *höckerloses südamerikanisches Kamel, aus dessen dichtem, braungelbem Fell sehr feine Wolle gewonnen wird.*

Vi|kun|ja|wol|le, die: *Wolle des Vikunjas.*

Vi|la: *Hauptstadt von Vanuatu.*

Vil|la, die; -, Villen [ital. villa < lat. villa = Landhaus, Landgut]: **a)** *größeres, vornehmes, in einem Garten od. Park [am Stadtrand] liegendes Einfamilienhaus:* eine V. aus dem 19. Jh.; **b)** *großes, herrschaftliches Landhaus.*

Vil|la|nell, das; -s, -e, **Vil|la|nel|la**, die; -, ...llen, **Vil|la|nel|le**, die; -, ...llen [ital. villanella, zu: villano = derb, bäurisch < spätlat. villanus]: *einfach gesetztes, meist dreistimmiges italienisches Bauern-, Hirtenlied des 16./17. Jh.s.*

Vil|len: Pl. von ↑Villa.

vil|len|ar|tig ⟨Adj.⟩: *im Stil, in der Art einer Villa.*

Vil|len|ge|gend, die: *städtische Wohngegend, deren Bild von Villen bestimmt wird.*

Vil|len|vier|tel, das: vgl. Villengegend.

Vil|len|vor|ort, der: vgl. Villengegend.

Vi|n|ai|g|ret|te [vinɛˈgrɛt(ə)], die; -, -n [...tn̩] [frz. vinaigrette, zu: vinaigre = (Wein)essig]: *aus Essig, Öl, Senf u. verschiedenen Gewürzen bereitete Soße.*

Vin de Pays [vɛ̃dpeˈi], der; - - -, -s - - [vɛ̃dpeˈi] [frz. vin de pays = Landwein]: *französischer Landwein (als Bezeichnung einer unteren Qualitätsstufe).*

Vin|di|ka|ti|on, die; -, -en [lat. vindicatio, zu: vindicare, ↑vindizieren] (Rechtsspr.): *Anspruch des Eigentümers gegen den Besitzer einer Sache auf deren Herausgabe.*

vin|di|zie|ren ⟨sw. V.; hat⟩ [lat. vindicare] (Rechtsspr.): *als Eigentümer einer Sache ihre Herausgabe vom Besitzer verlangen.*

Vingt-et-un, Vingt-un [vɛ̃tˈœ̃, vɛ̃ˈtœ̃], das; - [frz., eigtl. = 21]: *Variante des Kartenspiels »Siebzehnundvier«.*

Vin|ku|la|ti|on, die; -, -en [zu lat. vinculum = ¹Band] (Bankw.): *Bindung des Rechtes der Übertragung eines Wertpapiers an die Genehmigung des Emittenten.*

vin|ku|lie|ren ⟨sw. V.; hat⟩ [spätlat. vinculare =

Vinkulierung – Visagist

binden, zu lat. vinculum, ↑Vinkulation] (Bankw.): *das Recht der Übertragung eines Wertpapiers an die Genehmigung des Emittenten binden:* vinkulierte Namensaktien.

Vin|ku|lie|rung, die; -, -en: *Vinkulation.*

Vi|no|thek, die; -, -en [zu lat. vinum = Wein u. ↑-thek]: **1.** *Sammlung kostbarer Weine:* sich eine V. zulegen. **2.** *Weinkeller mit Weinausschank:* wir treffen uns in der V. **3.** (österr., schweiz.) *Weinhandlung.*

Vi|nyl, das; -s [zu lat. vinum = Wein u. griech. hýlē = Holz; vgl. ↑Methylen]: **a)** (Chemie) *von Äthylen abgeleiteter ungesättigter Kohlenwasserstoffrest;* **b)** (ugs.) *auf Vinyl* (a) *beruhender Kunststoff (bes. zur Herstellung von Schallplatten):* auf V. gepresst sein.

Vi|nyl|chlo|rid, das ⟨o. Pl.⟩ (Chemie): *bes. zur Herstellung von Polyvinylchlorid verwendete, farblose, gasförmige, sehr reaktionsfähige Substanz.*

Vi|nyl|grup|pe, die: *in vielen organischen Verbindungen enthaltene, einwertige, ungesättigte Gruppe mit zwei Kohlenstoffatomen.*

Vin|zen|ti|ner, der; -s, - [nach dem Gründer, dem hl. Vinzenz v. Paul (1581–1660)]: *Lazarist.*

Vin|zen|ti|ne|rin, die; -, -nen: *Angehörige einer karitativen, laizistischen weiblichen Kongregation.*

¹Vi|o|la, die; -, Violen [lat. viola] (Bot.): *Veilchen.*

²Vi|o|la, die; -, ...len [ital. viola, wohl < aprovenz. viola, viula, H. u.]: *Bratsche.*

Vi|o|la da Brac|cio [- da ˈbratʃo], die; - - -, ...le - - [ital. viola da braccio = Armgeige]: *in Armhaltung gespieltes Streichinstrument, bes. Bratsche.*

Vi|o|la da Gam|ba, die; - - -, ...le - - [ital. viola da gamba = Beingeige]: *Gambe.*

Vi|o|la d'Amo|re, die; - - -, ...le - - [ital. viola d'amore, eigtl. = Liebesgeige]: *der Bratsche ähnliches Streichinstrument (bes. der Barockmusik) in Altlage, mit meist sieben Saiten in variabler Stimmung u. sieben im Einklang od. in der Oktave mitklingenden Saiten unter dem Griffbrett.*

Vi|o|la pom|po|sa, die; - -, ...le - -se [ital. viola pomposa, eigtl. = prächtige Geige]: *große, fünfsaitige Bratsche, die auf dem Arm gehalten u. zusätzlich mit einem Band befestigt wird.*

Vi|o|la|ti|on, die; -, -en [lat. violatio, zu: violare = gewalttätig behandeln, verletzen, zu: vis = Kraft, Stärke, Gewalt] (bildungsspr.): *Verletzung; Schändung, Vergewaltigung.*

Vi|o|le, die; -, -n (bildungsspr.): *Veilchen,* ¹Viola.

Vi|o|len: Pl. von ↑¹,²Viola.

vi|o|lent ⟨Adj.⟩ [lat. violentus, zu: vis, ↑Violation] (bildungsspr.): *heftig, gewaltsam.*

Vi|o|lenz, die; - [lat. violentia, zu: violentus, ↑violent] (bildungsspr.): *Heftigkeit, Gewaltsamkeit.*

vi|o|lett ⟨Adj.⟩ [spätmhd. fiolet < frz. violet, zu: violette = Veilchen, Vkl. von afrz. viole < lat. viola, ↑¹Viola]: *in der Färbung zwischen Blau u. Rot liegend; veilchenfarben:* ein -er Schal; eine -e Bluse.

Vi|o|lett, das; -[s], -[s] (ugs.): *violette Farbe, Färbung.*

Vi|o|li|ne, die; -, -n [ital. violino, Vkl. von: viola, ↑²Viola] (oft Fachspr.): *Geige.*

Vi|o|li|nist, der; -en, -en [ital. violinista, zu: violino, ↑Violine]: *Geiger, Geigenvirtuose.*

Vi|o|li|nis|tin, die; -, -nen: w. Form zu ↑Violinist.

Vi|o|lin|kon|zert, das: *Konzert für Violine u. Orchester.*

Vi|o|lin|schlüs|sel, der: *Notenschlüssel, mit dem im Liniensystem die Lage des eingestrichenen g (heute auf der 2. Notenlinie) festgelegt wird; G-Schlüssel.*

Vi|o|lin|so|na|te, die: *Sonate für Violine [u. Begleitinstrument].*

Vi|o|lin|spiel, das: *Geigenspiel.*

Vi|o|lon|cel|list [...ntʃɛˈlɪst], der; -en, -en: *Cellist.*

Vi|o|lon|cel|lis|tin, die; -, -nen: w. Form zu ↑Violoncellist.

Vi|o|lon|cel|lo [...nˈtʃɛlo], das; -s, ...celli, ugs.: -s [ital. violoncello, Vkl. von: violone, ↑Violone]: *viersaitiges, eine Oktave tiefer als die Bratsche gestimmtes Tenor-Bass-Instrument, das beim Spielen, auf einen Stachel gestützt, zwischen den Knien gehalten wird; Cello.*

Vi|o|lo|ne, der; -s, ...ni, ugs.: -s [ital. violone, eigtl. = große Viola]: *Kontrabass.*

VIP [vɪp], **V. I. P.** [viːaɪˈpiː], der; -[s], -s u. die; -, -s [Abk. für engl. very important person = sehr wichtige Person]: *wichtige Persönlichkeit [mit Privilegien].*

Vi|per, der; -, -n: **1.** [mhd. viper(e), vipper < lat. vipera, vielI. eigtl. = die Lebendgebärende] *gefährliche, meist lebend gebärende Giftschlange;* ²*Otter.* **2.** (Jargon) **a)** *jmd., der nicht mehr rauschgiftsüchtig ist;* **b)** [nach engl. viper] *jmd., der Marihuana raucht.* **3.** (Jargon) *V-Mann.*

VIP-Lounge, die: *Lounge, die VIPs vorbehalten ist.*

Vi|ra|gi|ni|tät, die; - [zu lat. virago, ↑Virago] (Med.): *[krankhaftes] männliches sexuelles Empfinden der Frau.*

Vi|ra|go, die; -, -s u. ...gines [...eːs] [lat. virago (Gen.: viraginis) = mannhafte Jungfrau, zu: virgo = Jungfrau]: *Frau, die zur Viraginität neigt.*

vi|ral ⟨Adj.⟩ [zu ↑Virus] (Med.): *durch ein Virus verursacht:* eine -e Infektion.

Vi|re|ment [virəˈmãː], das; -s, -s [frz. virement, zu: virer = sich drehen; umbuchen] (Wirtsch.): *(im Staatshaushalt) Übertragung von Mitteln von einem Titel* (3) *auf einen anderen, von einem Haushaltsjahr auf das andere.*

Vi|ren: Pl. von ↑Virus.

Vi|ren|scan|ner, der (EDV): *Programm, das einen Computer nach Viren u. anderen Malwares durchsucht.*

Vir|gel [ˈvɪrɡl̩], die; -, -n [spätlat. virgula = Betonungszeichen, eigtl. = kleiner Zweig]: *Schrägstrich (zwischen zwei Wörtern od. Zahlen)* (z. B. Männer und/oder Frauen).

¹Vir|gi|nia [engl. vəˈdʒɪnjə], -s: *Bundesstaat der USA.*

²Vir|gi|nia [auch: ...dʒ...], die; -, -s: *lange, dünne, schwere Zigarre mit einem Mundstück aus Stroh.*

³Vir|gi|nia, der; -[s], -: *Virginiatabak.*

Vir|gi|nia|ta|bak, der: *(ursprünglich in* ¹*Virginia angebaute) qualitätvolle, oft schwere Tabaksorte.*

Vir|gi|ni|er, der; -s, -: Ew. zu ↑¹Virginia.

Vir|gi|ni|e|rin, die; -, -nen: w. Form zu ↑Virginier.

vir|gi|nisch ⟨Adj.⟩: ¹*Virginia, die Virginier betreffend.*

Vir|gi|ni|tät, die; - [lat. virginitas, zu: virgo = Jungfrau] (bildungsspr., Fachspr.): *Jungfräulichkeit.*

vi|ril ⟨Adj.⟩ [lat. virilis, zu: vir = Mann]: *[in Bezug auf das Erscheinungsbild] in charakteristischer Weise männlich.*

Vi|ri|lis|mus, der; - (Med.): **1.** *Vermännlichung (bei Frauen).* **2.** *vorzeitige Geschlechtsreife (bei Knaben).*

Vi|ri|li|tät, die; - [lat. virilitas, zu: virilis, ↑viril]: **a)** (Med.) *männliche Zeugungskraft, Manneskraft;* **b)** *das Virilsein; Männlichkeit.*

Vi|ri|on, das; -s, ...ria u. ...riọnen [zu ↑Virus] (Med.): *einzelnes, außerhalb einer Zelle befindliches (und deshalb infektiöses) Virusteilchen.*

Vi|ro|id, das; -[e]s, -e ⟨meist Pl.⟩ [zu griech. -eidés = ...gestaltet, ähnlich, zu: eĩdos = Aussehen, Form] (Biol.): *kleinster bekannter, bisher nur bei Pflanzen nachgewiesener Krankheitserreger.*

Vi|ro|lo|ge, der; -n, -n [↑-loge]: *Wissenschaftler auf dem Gebiet der Virologie.*

Vi|ro|lo|gie, die; - [zu ↑Virus u. ↑-logie]: *Wissenschaft u. Lehre von den Viren.*

Vi|ro|lo|gin, die; -, -nen: w. Form zu ↑Virologe.

vi|ro|lo|gisch ⟨Adj.⟩: *die Virologie betreffend.*

Vi|ro|se, die; -, -n (Med.): *Viruserkrankung.*

Vir|tu|a|li|tät, die; -, -en [frz. virtualité, zu: virtuel, ↑virtuell] (bildungsspr.): *innewohnende Kraft od. Möglichkeit.*

vir|tu|a|li|ter ⟨Adv.⟩ (mlat. virtualiter) (bildungsspr.): *als Möglichkeit.*

Vir|tu|al Re|a|li|ty [ˈvəːtʃʊəl riˈɛlɪti], die; - - [engl. virtual reality, aus: virtual = virtuell u. reality = Realität]: *[von Computern erzeugte] virtuelle Realität.*

vir|tu|ell ⟨Adj.⟩ [frz. virtuel < mlat. virtualis, zu lat. virtus = Tüchtigkeit; Mannhaftigkeit; Tugend, zu: vir, ↑viril]: **a)** (bildungsspr.) *entsprechend seiner Anlage als Möglichkeit vorhanden, die Möglichkeit zu etw. in sich begreifend:* ein -er Gegensatz der Interessen; **b)** [nach engl. virtual] *nicht echt, nicht in Wirklichkeit vorhanden, aber echt erscheinend:* -er (EDV; *scheinbarer, nur logisch vorhandener*) Speicher; -e Realität (*vom Computer simulierte Wirklichkeit, künstliche Welt, in die sich jmd. mithilfe der entsprechenden technischen Ausrüstung scheinbar hineinversetzen kann;* nach engl. virtual reality).

vir|tu|os ⟨Adj.⟩ [ital. virtuoso, ↑Virtuose] (bildungsspr.): *eine souveräne, vollendete Beherrschung einer Sache, [künstlerischen] Fähigkeit erkennen lassend; meisterlich:* eine -e Pianistin; eine -e Leistung, Darstellung, Zeichnung; mit -em Können; sein Spiel ist v.; etw. v. meistern.

Vir|tu|o|se, der; -n, -n [ital. virtuoso, subst. Adj. zu: virtuoso = tugendhaft, tüchtig, gut, zu: virtù < lat. virtus (↑virtuell), also eigtl. = tugendhafter, tüchtiger Mensch] (bildungsspr.): *jmd., der eine [künstlerische] Technik mit vollkommener Meisterschaft beherrscht; virtuoser Instrumentalist:* er ist ein V. auf der Geige; Ü ein V. in der Küche.

Vir|tu|o|sin, die; -, -nen: w. Form zu ↑Virtuose.

Vir|tu|o|si|tät, die; - (bildungsspr.): *meisterhaft vollendete Beherrschung einer [künstlerischen] Technik.*

Vir|tus, die; - [lat. virtus, ↑virtuell] (Ethik): *Tüchtigkeit; Tapferkeit; Tugend.*

vi|ru|lent ⟨Adj.⟩ [lat. virulentus = giftig, zu: virus, ↑Virus]: **1.** (Med.) *(von Krankheitserregern) aktiv, ansteckend:* -e Tuberkelbazillen. **2.** (bildungsspr.) *sich gefährlich auswirkend:* -e Vorurteile; ein Problem wird v.

Vi|ru|lenz, die; -: **1.** (Med.) *schädliche Aktivität; Ansteckungsfähigkeit, Giftigkeit.* **2.** (bildungsspr.) *das Virulentsein, virulente Art.*

Vi|rus, das, außerhalb der Fachspr. auch: der; -, Viren [wohl über gleichbed. frz., engl. virus < lat. virus = Schleim, Saft, Gift]: **1.** *kleinstes [krankheitserregendes] Partikel, das nur auf lebendem Gewebe gedeiht.* **2.** (EDV) Kurzf. von ↑Computervirus.

Vi|rus|er|kran|kung, die: *durch Viren* (1) *hervorgerufene Erkrankung.*

Vi|rus|grip|pe, die: vgl. Viruserkrankung.

Vi|rus|in|fek|ti|on, die: vgl. Viruserkrankung.

Vi|rus|krank|heit, die: vgl. Viruserkrankung.

Vi|sa: Pl. von ↑Visum.

Vi|sa|ge [viˈzaːʒə, österr. meist: ...ʃ], die; -, -n [frz. visage, zu afrz. vis < lat. visus = Gesicht(ssinn), Anblick, Erscheinung, zu: visum, 2. Part. von: videre = sehen]: **a)** (salopp abwertend) *Gesicht:* eine fiese, glatte V.; jmdm. in die V. schlagen; **b)** (salopp) *Miene, Gesichtsausdruck:* eine enttäuschte V. machen.

Vi|sa|gist [...ˈʒɪst], der; -en, -en [frz. visagiste, zu: visage, ↑Visage]: *Spezialist für die vorteilhafte*

Gestaltung des Gesichts mit den Mitteln der dekorativen Kosmetik.

Vi|sa|gis|tin, die; -, -nen: w. Form zu ↑ Visagist.

¹vis-à-vis, ¹vis-a-vis [vizaˈviː] ⟨Präp. mit Dativ⟩ [frz., eigtl. = Gesicht zu Gesicht]: ¹*gegenüber* (1): *v. dem Rathaus ist ein Park; sie saßen v. dem Büfett; Da war Schuberts großer Lampenladen, v. Neumanns Kneipe* (Plenzdorf, Legende 7).

²vis-à-vis [zu: ↑ ¹vis-à-vis], **²vis-a-vis** [zu: ↑ ¹vis-à-vis] [vizaˈviː] ⟨Adv.⟩: ²*gegenüber: sie saßen im Abteil v.; sie wohnt gleich v. (auf der anderen Straßenseite); das ist das Mädchen von v. (drüben).*

Vi|sa|vis [...ˈviː], das; - [...ˈviː(s)], - [...ˈviːs] [frz. vis-à-vis]: *Gegenüber.*

Vis|con|te, der; -, ...ti [ital. visconte < provenz. vesconte < mlat. vicecomes, ↑ Vicomte]: *dem Vicomte entsprechender italienischer Adelstitel.*

Vis|con|tes|sa, die; -, ...tessen [ital. viscontessa, zu: visconte, ↑ Visconte]: w. Form zu ↑ Visconte.

Vis|count [ˈvaikaunt], der; -s, -s [engl. viscount < mengl. viscounte < mfrz. vicomte, vicomte < mlat. vicecomes, ↑ Vicomte]: *dem Vicomte entsprechender britischer Adelstitel.*

Vis|coun|tess [vaikaunˈtɛs], die; -, -es [...ˈtɛsɪz] [engl. viscountess, zu: viscount, ↑ Viscount]: w. Form zu ↑ Viscount.

Vi|sen: Pl. von ↑ Visum.

vi|si|bel ⟨Adj.⟩ [(frz. visible <) (spät)lat. visibilis = sichtbar, zu lat. visum, ↑ Visage] (Fachspr.): *sichtbar (im Sichtbarkeitsbereich etwa des Lichtmikroskops).*

Vi|sier, das; -s, -e: **1.** [spätmhd. visier(e) < (m)frz. visière = Helmgitter, eigtl. etwa = Gesichtseinfassung, Gesichtsschutz, zu afrz. vis, ↑ Visage] **a)** *beweglicher, das Gesicht bedeckender, mit Sehschlitzen versehener Teil des ¹Helms* (1): *das V. herunterlassen, öffnen; mit geschlossenem, offenem V. kämpfen;* * *das V. herunterlassen* (bildungsspr.; *sich bestimmten Fragen nicht äußern, sich jmds. Fragen, Anliegen, Wünschen o. Ä. verschließen);* **mit offenem V. kämpfen** (bildungsspr.; *seine Absichten als Gegner klar zu erkennen geben);* **b)** *visierähnlicher Teil des Schutzhelms für Rennfahrer u. Fahrer von Zweirädern.* **2.** [frz. visière, zu: viser, ↑ visieren] *Vorrichtung zum Zielen an Feuerwaffen u. anderen Geräten:* der Jäger bekam einen Bock ins V., hatte einen Bock im V.; * *jmdn., etw. ins V. nehmen/fassen (a. sein Augenmerk [mit einer bestimmten Zielsetzung] auf jmdn., etw. richten. jmdn., etw. kritisieren).*

Vi|sier|ein|rich|tung, die: *dem genauen Anvisieren des Ziels dienende Einrichtung an [Hand]feuerwaffen.*

vi|sie|ren ⟨sw. V.; hat⟩ [frz. viser = aufmerksam beobachten; zielen, über das Vlat. zu lat. visum, ↑ Visage]: **1.** *etw. als Ziel ins Auge fassen, auf etw. zielen:* die Pistole in Augenhöhe halten u. v.; er visierte auf seinen Kopf; ⟨auch mit Akk.-Obj.:⟩ die Mitte der Scheibe, den Gegner v.; Ü einen Staatsstreich, ein neues Betätigungsfeld v. *(ins Auge fassen);* sie visierte das Ausstellungsobjekt *(richtete ihren Blick darauf).* **2.** (selten) *eichen, ausmessen.*

Vi|sier|li|nie, die (Optik): *Verbindungslinie zweier sich für einen Beobachter deckender Punkte.*

Vi|si|on, die; -, -en [mhd. vision, visiun = Traumgesicht, Erscheinung < lat. visio (Gen.: visionis) = das Sehen; Anblick; Erscheinung, zu: visum, ↑ Visage]: **a)** *übernatürliche Erscheinung als religiöse Schau: die -en der Apokalypse;* **b)** *optische Halluzination:* sie hatte öfter -en; **c)** *in jmds. Vorstellung besonders in Bezug auf Zukünftiges entworfenes Bild: die V. eines geeinten Europas, vom Übermenschen; sie wollte ihre* künstlerische, politische V. verwirklichen; -en für das 21. Jahrhundert.

vi|si|o|när ⟨Adj.⟩ [frz. visionnaire, zu: vision < lat. visio, ↑ Vision] (bildungsspr.): **a)** *zu einer Vision gehörend, dafür charakteristisch; in der Art einer Vision:* eine -e Erscheinung; **b)** *sich in einer Vision, in Visionen ausdrückend; seherisch:* ein -er Maler; etw. mit -er Kraft gestalten; v. veranlagt sein.

Vi|si|o|när, der; -s, -e [frz. visionnaire, zu: vision, ↑ visionär] (bildungsspr.): *visionär begabter Mensch, bes. Künstler.*

Vi|si|o|nä|rin, die; -, -nen: w. Form zu ↑ Visionär.

vi|si|o|nie|ren ⟨sw. V.; hat⟩ (schweiz.): *sich (einen Film o. Ä.) prüfend ansehen.*

Vi|si|ons|ra|di|us, der (Optik): *Sehachse* (1).

Vi|sit, der; -s, -e [engl. visit = Besuch, zu: to visit = besuchen < afrz. visiter, ↑ visitieren] (EDV, Werbespr.): *Messgröße, die die Anzahl der Zugriffe auf eine Website innerhalb eines bestimmten Zeitraums angibt.*

Vi|si|ta|ti|on, die; -, -en [afrz. visitation bzw. mlat. visitatio < lat. visitatio = Besichtigung, zu: visitare, ↑ visitieren]: **1.** *Durchsuchung:* eine V. des Gepäcks vornehmen. **2. a)** *Kirchenvisitation;* **b)** (veraltend) *Besuch des Schulrats zur Überprüfung des Unterrichts.*

Vi|si|ta|tor, der; -s, ...oren: *jmd., der eine Visitation* (2) *vornimmt.*

Vi|si|ta|to|rin, die; -, -nen: w. Form zu ↑ Visitator.

Vi|si|te, die; -, -n [frz. visite, zu: visiter < lat. visitare, ↑ visitieren]: **1. a)** *regelmäßiger Besuch des Arztes an den Krankenbetten einer Station [in Begleitung des Assistenzarztes u. der Stationsschwester]:* die morgendliche, wöchentliche V.; um 10 Uhr ist V.; die Ärztin macht gerade V.; **b)** *Visite* (1 a) *machender Arzt mit Assistenzärzten u. Stationsschwester:* in einer halben Stunde kommt die V. **2.** (bildungsspr. veraltend) *[Höflichkeits]besuch:* bei jmdm. V. machen.

◆ **Vi|si|ten|bil|let** [...bi̯e], das; -s, -s [zu frz. billet, ↑ Billett]: *kurze schriftliche Nachricht, mit der jmd. einen Höflichkeitsbesuch ankündigt od. mit der jmd. einen Höflichkeitsbesuch gestattet:* Sie verzeihen doch, dass ich so spät das Vergnügen habe – dringende Geschäfte – der Küchenzettel – s (Schiller, Kabale I, 6).

Vi|si|ten|kar|te, die: *kleine Karte mit aufgedrucktem Namen u. aufgedruckter Adresse:* jmdm. seine V. geben, überreichen; Ü diese Autobahnraststätte ist keine V. *(kein Aushängeschild);* * *seine V. hinterlassen* (verhüll. spött.; *irgendwo Spuren von Unsauberkeit, Kritzeleien o. Ä. hinterlassen).*

Vi|si|ten|kar|ten|par|ty, die: (meist scherzh.): *[gesellige] Veranstaltung, bei der die Teilnehmer ihre Visitenkarten austauschen u. beruflich nützliche Kontakte knüpfen können.*

vi|si|tie|ren ⟨sw. V.; hat⟩ [(a)frz. visiter = besichtigen; besuchen bzw. mlat. visitare = be-, aufsuchen; betrachten; eine Buße verhängen < lat. visitare = oft sehen; besichtigen, zu: visum, ↑ Visage]: **1.** *aufgrund eines bestimmten Verdachts jmds. Kleidung, Gepäck, Wohnung durchsuchen:* die Reisenden wurden bis aufs Hemd visitiert. **2.** *zur Überprüfung besichtigen, bes.* Ü ◆ Doch mordeten sie nicht allein die liegenden Menschen an, sondern visitierten sie nur bei Nacht in den Hühnerställen, ... in den Küchen, Kellern und Speichern, ebenfalls auch in den Goldtögen (Hebel, Schatzkästlein 25). **3.** *kontrollieren, prüfen:* die Pässe v.

Vi|sit|kar|te, die; -, -n (österr.): *Visitenkarte.*

vis|kos, (selten:) **vis|kös** ⟨Adj.⟩ [spätlat. viscosus = klebrig, zu: viscum = Vogelleim (bes. Chemie): *zähflüssig, leimartig.*

Vis|ko|se, die; - (Chemie): *glänzende Chemiefaser aus Zellulose.*

Vis|ko|si|me|ter, das; -s, - [↑ -meter (1)] (Fachspr.): *Messgerät zur Bestimmung der Viskosität von Flüssigkeiten u. Gasen.*

Vis|ko|si|me|t|rie, die; - [↑ -metrie] (Chemie, Technik): *Lehre von der Viskosität u. ihrer Messung.*

Vis|ko|si|tät, die; - (Chemie, Technik): *Zähflüssigkeit; Zähigkeit von Flüssigkeiten u. Gasen.*

Vis ma|jor, die; - - [lat.] (Rechtsspr.): *höhere Gewalt* (↑ Gewalt 3).

Vis|ta, die; - [ital. vista = Sicht, zu: visto, 2. Part. von: vedere < lat. videre = sehen] (Bankw.): *das Vorzeigen eines Wechsels.*

Vis|ta|wech|sel, der (Bankw.): *Sichtwechsel.*

vi|su|a|li|sie|ren ⟨sw. V.; hat⟩ [engl. to visualize, zu: visual < spätlat. visualis, ↑ visuell] (Werbespr.): *optisch darstellen, veranschaulichen:* eine Werbeaussage, Idee v.

Vi|su|a|li|sie|rung, die; -, -en (Werbespr.): *das Visualisieren; das Visualisiertwerden.*

vi|su|ell ⟨Adj.⟩ [frz. visuel < spätlat. visualis = zum Sehen gehörend, zu lat. visus, ↑ Visage] (bildungsspr.): *den Gesichtssinn betreffend, ansprechend, dadurch vermittelt; auf dem Weg über das Sehen:* eine -e Erfahrung, Information, Methode; ein -er Typ *(Menschentyp, der Gesehenes besser behält als Gehörtes).*

Vi|sum, das; -s, Visa u. Visen [zu lat. visum, ↑ Visage]: **a)** *Urkunde [in Form eines Vermerks im Pass] über die Genehmigung des Grenzübertritts; Sichtvermerk:* das V. ist abgelaufen; ein V. beantragen, erteilen, verweigern; für dieses Land benötigen Sie kein V. mehr; **b)** (schweiz.) *Namenszeichen; Unterschrift, mit der ein Schriftstück abgezeichnet wird.*

Vi|sum|an|trag, Visumsantrag, der: *Antrag auf ein Visum.*

vi|sum|frei, visumsfrei ⟨Adj.⟩: *kein Visum erfordernd; ohne Visum; sichtvermerkfrei:* -e Ein- und Ausreise.

Vi|sum|pflicht, Visumspflicht, die: *Verpflichtung, beim Grenzübertritt ein Visum vorzuweisen.*

Vi|sums|an|trag usw.: ↑ Visumantrag usw.

vis|ze|ral ⟨Adj.⟩ [spätlat. visceralis = innerlich, zu lat. viscus = Eingeweide] (Med.): *die Eingeweide betreffend.*

Vi|ta, die; -, Viten u. Vitae [lat. vita]: **1. a)** (Fachspr.) *Lebensbeschreibung [antiker u. mittelalterlicher Persönlichkeiten u. Heiliger]:* die V. des heiligen Benedikt; **b)** (bildungsspr.) *Leben, Lebenslauf, Lebensgeschichte eines Menschen:* seine V. schreiben; er verschwieg Fakten aus seiner V. **2.** (Med.) *Lebensfunktion, Lebenskraft.*

vi|tal ⟨Adj.⟩ [wohl unter Einfluss von frz. vital < lat. vitalis = zum Leben gehörig; Leben enthaltend, Lebenskraft habend, zu vita, ↑ Vita; vgl. engl. vital]: **1.** *voller Lebenskraft, im Besitz seiner vollen Leistungskraft:* ein -er Mensch; v. sein. **2.** *von entscheidender Wichtigkeit, großer Bedeutung; lebenswichtig:* jmds. -e Interessen, Bedürfnisse.

Vi|tal|funk|ti|on, die (Med.): *lebenswichtige Körperfunktion (z. B. Atmung, Herztätigkeit).*

Vi|ta|li|en|brü|der, Viktualienbrüder ⟨Pl.⟩ [eigtl. = Lebensmittelbrüder (da sie das belagerte Stockholm mit Lebensmitteln versorgten), wohl zu mniederd. vit(t)alien = Lebensmittel < spätlat. victualia, ↑ Viktualien] (Geschichte): *Freibeuter, Seeräuber in der Ost- u. Nordsee im 14./15. Jh.*

vi|ta|li|sie|ren ⟨sw. V.; hat⟩ [vgl. frz. vitaliser, engl. to vitalize] (bildungsspr.): *beleben, anregen:* dieses Mittel vitalisiert Körper und Geist.

Vi|ta|lis|mus, der; - (Philos.): *naturphilosophische Richtung, die im Unterschied zum Mechanismus* (3) *ein immaterielles Prinzip od. einen eigenen substanziellen Träger alles Lebendigen annimmt.*

Vitalist – Vogelhäuschen

Vi|ta|list, der; -en, -en: *Vertreter des Vitalismus.*
Vi|ta|lis|tin, die; -, -nen: w. Form zu ↑ Vitalist.
vi|ta|lis|tisch ⟨Adj.⟩: *den Vitalismus betreffend, dazu gehörend, darauf beruhend.*
Vi|ta|li|tät, die; - [wohl unter Einfluss von frz. vitalité < lat. vitalitas, zu: vitalis, ↑ vital]: *das Vitalsein; Lebenskraft, -freude:* V. besitzen.
Vi|tal|stoff, der: *Wirkstoff (z. B. Vitamin, Mineralstoff), der für den Aufbau u. die Funktionen der lebenden Zellen u. des gesamten Organismus notwendig ist.*
Vi|t|a|min, das; -s, -e [engl. vitamin, geb. von dem amerik. Biochemiker Casimir Funk (1884–1967) aus lat. vita (↑ Vita) u. engl. amin(e) = Amin]: *die biologischen Vorgänge im Organismus regulierender, lebenswichtiger, vorwiegend in Pflanzen gebildeter Wirkstoff, der mit der Nahrung zugeführt wird:* Vitamin A, C; Gemüse enthält -e; *Vitamin B (ugs. scherzh.; *Beziehungen* 1; scherzh. Anlehnung an den Anfangsbuchstaben von »Beziehungen«).
Vi|t|a|min|arm ⟨Adj.⟩: *wenig Vitamine enthaltend:* -e Kost; sich zu v. ernähren.
Vi|t|a|min-B-hal|tig [...'be:...] ⟨Adj.⟩: *Vitamin B enthaltend.*
Vi|t|a|min-B-Man|gel [...'be:...], der ⟨o. Pl.⟩: ¹*Mangel an Vitamin B.*
Vi|t|a|min|ge|halt, der: ¹*Gehalt (2) an Vitaminen.*
vi|t|a|mi|nie|ren ⟨sw. V.; hat⟩: *(Nahrungsmittel) mit Vitaminen anreichern.*
vi|t|a|mi|ni|sie|ren ⟨sw. V.; hat⟩ (selten): *vitaminieren.*
Vi|t|a|min|man|gel, der ⟨Pl. selten⟩: ¹*Mangel an Vitaminen.*
Vi|t|a|min|prä|pa|rat, das: *Arzneimittel, das ein od. mehrere Vitamine in konzentrierter Form enthält.*
vi|t|a|min|reich ⟨Adj.⟩: *viele Vitamine enthaltend.*
Vi|t|a|min|ta|b|let|te, die: vgl. Vitaminpräparat.
vite [vi:t, vit], **vi|te|ment** [...t(ə)mã:] ⟨Adv.⟩ [frz. vite, vitement] (Musik): *schnell, rasch.*
Vi|ten: Pl. von ↑ Vita.
Vi|tia: Pl. von ↑ Vitium.
Vi|ti|um, das; -s, Vitia [lat. vitium = Fehler, Schaden] (Med.): *organischer Fehler od. Defekt.*
Vi|t|ri|ne, die; -, -n [frz. vitrine, unter Einfluss von: vitre = Glas-, Fensterscheibe, umgebildet aus: verrine = Glaskasten, zu spätlat. vitrinus = gläsern, zu lat. vitrum = Glas]: **a)** *Schaukasten:* die -n eines Museums, eines Lichtspieltheaters; antike Funde in -n ausstellen; **b)** *Glasschrank:* schöne Gläser in der V. aufbewahren; Weiche Teppiche bester Provenienz dämpften die Schritte, -n bewahrten altes Porzellan (Koeppen, Rußland 150).
Vi|t|ri|ol, das; -s, -e [mlat. vitriolum, zu lat. vitrum = Glas; nach der Ähnlichkeit kristallisierten Eisensulfats mit (grünem) Glas] (Chemie veraltet): *Kristallwasser enthaltendes Sulfat eines zweiwertigen Metalls.*
Vitz|li|putz|li [vɪ..., der; -[s] [entstellt aus dem Namen des aztekischen Gottes Huitzilopochtli] (landsch.): **1.** *Schreckgestalt, Kinderschreck.* **2.** (veraltet verhüll.) *Teufel.*
vi|va|ce [...tʃə] ⟨Adv.⟩ [ital.] (Musik): *lebhaft, schnell.*
Vi|va|ce, das; -, - (Musik): *lebhaftes, schnelles Tempo.*
vi|va|cis|si|mo [...tʃ...] ⟨Adv.⟩ [ital., Sup. von: vivace, ↑ vivace] (Musik): *sehr lebhaft.*
vi|vant [lat., 3. Pers. Pl. Präs. Konj. von: vivere, ↑ vivace] (bildungsspr. veraltend): *sie sollen leben!*
Vi|va|ri|um, das; -s, ...ien [lat. vivarium, subst. Neutr. von: vivarius = zu lebenden Tieren gehörig, zu: vivus = lebendig, zu: vivere, ↑ vivace]:

1. *Behälter, in dem kleinere Tiere gehalten werden.* **2.** *Gebäude [in einem zoologischen Garten], in dem Vivarien (1) untergebracht sind.*
vi|vat [lat., 3. Pers. Sg. Präs. Konj. von: vivere, ↑ vivace] (bildungsspr. veraltend): *er, sie, es lebe!*
Vi|vat, das; -s, -s (bildungsspr. veraltend): *Hochruf.*
Vi|vi|a|nit [auch: ...'nɪt], der; -s, -e [nach dem brit. Mineralogen J. G. Vivian (19. Jh.)]: *Blaueisenerz.*
vi|vi|par ⟨Adj.⟩: **1.** [spätlat. viviparus, zu lat. vivus (↑ Vivarium) u. parere = gebären] (Zool.) *lebende, nicht mehr im Ei, in der Eihülle befindliche Junge gebärend.* **2.** (Bot.) *(von Pflanzensamen) auf der Mutterpflanze auskeimend.*
Vi|vi|sek|ti|on, die; -, -en (Fachspr.): *Eingriff am lebenden Tier zu Forschungszwecken.*
vi|vi|se|zie|ren ⟨sw. V.; hat⟩ (Fachspr.): *eine Vivisektion vornehmen:* ein Tier v.
vi|vo ⟨Adv.⟩ [ital. vivo < lat. vivus, ↑ Vivarium] (Musik): *lebhaft.*
Vi|ze ['fi:tsə, 'vi:tsə], der; -[s], -s [Kurzwort anstelle einer Zus. mit Vize-; lat. vice = anstelle von, zum Abv. erstarrter Ablativ von: vicis, ↑ Vikar] (ugs.): *Stellvertreter.*
Vi|ze|ad|mi|ral, der (Militär): **a)** ⟨o. Pl.⟩ *zweithöchster Dienstgrad in der Rangordnung der Admirale (bei der Marine);* **b)** *Offizier dieses Dienstgrades.*
Vi|ze|ad|mi|ra|lin, die: w. Form zu ↑ Vizeadmiral (b).
Vi|ze|bür|ger|meis|ter, der: *stellvertretender Bürgermeister.*
Vi|ze|bür|ger|meis|te|rin, die: w. Form zu ↑ Vizebürgermeister.
Vi|ze|chef, der: *stellvertretender Chef.*
Vi|ze|che|fin, die: w. Form zu ↑ Vizechef.
Vi|ze|kanz|ler, der: *Stellvertreter des Kanzlers.*
Vi|ze|kanz|le|rin, die: w. Form zu ↑ Vizekanzler.
Vi|ze|kö|nig, der: (früher:) *Generalgouverneur od. Statthalter als Vertreter des Monarchen.*
Vi|ze|kö|ni|gin, die: w. Form zu ↑ Vizekönig.
Vi|ze|kon|sul, der: *Stellvertreter des Konsuls.*
Vi|ze|kon|su|lin, die: w. Form zu ↑ Vizekonsul.
Vi|ze|meis|ter, der: *jmd., der nach dem Meister in einem sportlichen Wettkampf Zweiter geworden ist.*
Vi|ze|meis|te|rin, die: w. Form zu ↑ Vizemeister.
Vi|ze|prä|si|dent, der: *Stellvertreter des Präsidenten.*
Vi|ze|prä|si|den|tin, die: w. Form zu ↑ Vizepräsident.
Vi|ze|welt|meis|ter, der: *Zweitplatzierter bei Weltmeisterschaften.*
Vi|ze|welt|meis|te|rin, die: w. Form zu ↑ Vizeweltmeister.
Vi|zin, die: w. Form zu ↑ Vize.
Viz|tum ['fɪtstu:m, auch: 'vi:ts...], der; -s, -e [mhd. viztuom < mlat. vicedominus, zu lat. vice (↑ Vize) u. ↑ Dominus]: *(im MA.) Vermögensverwalter geistlicher, seltener auch weltlicher Herrschaften (3).*
v. J. = vorigen Jahres.
VJ ['vi:dʒeɪ], der; -[s], -s: *Videojockey.*
V-Leu|te ['fau...]: Pl. von ↑ V-Mann.
Vlies [f...], das; -es, -e [niederl. vlies; schon mhd. vlius, vlus = Schaffell, verw. mit ↑ Flausch, urspr. = ausgerupfte Wolle od. Haar]: **1.** *zusammenhängende Wolle eines Schafes;* weiches V.; das Goldene V. (griech. Mythol.; *Fell des von Phrixos für seine Errettung geopferten Widders, das Jason u. die Argonauten rauben).* **2.** *Gewebe aus aneinanderhaftenden Fasern, die u. a. als Einlage (2) verwendet wird.*
Vlie|se|li|ne®, die; - [Kunstwort]: *anstelle von Steifleinen verwendeter Vliesstoff [der aufgebügelt wird].*
Vlies|stoff, der: *durch Verkleben von Vliesen (2) hergestellter Stoff für Einlagen (2) u. a.*

v. M. = vorigen Monats.
V-Mann ['fau...], der ⟨Pl. V-Leute u. V-Männer⟩ [kurz für ↑ Verbindungsmann, Vertrauensmann]: *geheimer Informant; jmd., der der Polizei o. Ä. Hinweise zur Verhinderung od. Aufklärung von Straftaten gibt.*
VN = Vereinte Nationen.
VND = internationaler Währungscode für: vietnamesischer Dong.
v. o. = von oben.
Vo|co|der (engl.: ˈvoʊkoʊdə), der; -s, - [Kurzwort aus engl. **voice coder**]: *Gerät zur Verschlüsselung, Modulation u. [drahtlosen] Übertragung menschlicher Sprache.*
Vo|gel, der; -s, Vögel [mhd. vogel, ahd. fogal, H. u., viell. zu ↑ fliegen]: **1.** *zweibeiniges Wirbeltier mit einem Schnabel, zwei Flügeln und einem mit Federn bedeckten Körper, das im Allgemeinen fliegen kann:* ein kleiner, großer, bunter, zahmer, exotischer V.; der V. Strauß (verdeutlichend; *der Strauß);* der V. fliegt, flattert, hüpft, singt, zwitschert, wird flügge, nistet, brütet, mausert sich, schwingt sich in die Lüfte; jmdm. ist ein V. zugeflogen; die Vögel ziehen im Herbst in den Süden; einen V. fangen; Vögel füttern; der V. (ugs. scherzh.; *die Gans, Ente o. Ä.*) brutzelt schon im Ofen; R friss, V., oder stirb! (ugs.; *es bleibt keine andere Wahl;* ein gefangener Vogel muss, um nicht zu verhungern, das fressen, was er vorgesetzt bekommt); der V. ist ausgeflogen (ugs.; *jmd. hat sich davongemacht, ist dort, wo er gesucht wird, nicht anzutreffen);* *[mit etw.] den V. abschießen (ugs.; *alles, was sonst noch von andern geboten, vorgewiesen wird, übertreffen;* mit Bezug auf das Vogelschießen); **einen V. haben** (salopp; *nicht recht bei Verstand sein; seltsame Ideen haben);* **jmdm. den/einen V. zeigen** (sich an die Stirn tippen u. damit *jmdm. zu verstehen geben, dass er nicht recht bei Verstand sei).* **2.** (salopp, oft scherzh.) *durch seine Art auffallender Mensch:* ein lustiger, lockerer, komischer, seltsamer, schräger, linker V.; ein seltener V. **3.** (Fliegerspr.) *Flugzeug:* der V. hebt ab, setzt auf, schmiert ab; der Pilot riss den V. wieder hoch.
Vo|gel|art, die: *zu den Vögeln gehörende Art (4 b):* heimische -en.
Vo|gel|bau|er, das, auch: der [mhd. vogelbūr, zu ↑²Bauer]: *Vogelkäfig.*
Vo|gel|beer|baum, der: *Eberesche.*
Vo|gel|bee|re, die [die Frucht wurde als Köder beim Vogelfang verwendet]: *Frucht der Eberesche.*
Vö|gel|chen, das; -s, -: Vkl. zu ↑ Vogel.
Vo|gel|dreck, der (ugs.): *Kot von Vögeln.*
Vo|gel|ei, das: *Ei eines Vogels.*
Vö|gel|ei, die; -, -en (salopp): *[häufigeres] Koitieren.*
Vo|gel|fang, der ⟨o. Pl.⟩: *das Fangen von Vögeln.*
Vo|gel|fän|ger, der: *jmd., der Vögel fängt.*
Vo|gel|fän|ge|rin, die: w. Form zu ↑ Vogelfänger.
Vo|gel|fe|der, die: *Feder eines Vogels.*
Vo|gel|flug, der: *Art des Fluges von Vögeln:* aus dem V. weissagen.
Vo|gel|fraß, der: *Fraß (2) von Vögeln:* durch V. vernichtet werden.
vo|gel|frei ⟨Adj.⟩ [eigtl. = den Vögeln (zum Fraß) freigegeben wie ein Gehenkter] (früher): *im Zustand völliger Rechts- u. Schutzlosigkeit; rechtlos u. geächtet:* jmdn. für v. erklären.
Vo|gel|fut|ter, das: *Futter für Vögel.*
Vo|gel|ge|sang, der ⟨Pl. selten⟩: *Gesang (1 b) von Vögeln.*
Vo|gel|ge|zwit|scher, das: vgl. Vogelgesang.
Vo|gel|grip|pe, die (Tiermed.): *Virusinfektion, die Vögel (bes. Hühner u. Puten) befällt.*
Vo|gel|haus, das: vgl. Affenhaus.
Vo|gel|häus|chen, das: *Futterhäuschen.*

Vo|gel|kä|fig, der: *Käfig* (b).
Vo|gel|kir|sche, die: *Kirsche einer Wildform mit kleinen, schwarzen, bittersüß schmeckenden Früchten.*
Vo|gel|kun|de, die ⟨o. Pl.⟩: *Teilgebiet der Zoologie, das sich mit den Vögeln befasst; Ornithologie.*
Vo|gel|kund|ler, der; -s, -: *Wissenschaftler auf dem Gebiet der Vogelkunde; Ornithologe.*
Vo|gel|kund|le|rin, die; -, -nen: w. Form zu ↑ Vogelkundler.
vo|gel|kund|lich ⟨Adj.⟩: *die Vogelkunde betreffend; ornithologisch.*
Vo|gel|leim, der: *Leim, mit dem Leimruten für den Vogelfang bestrichen werden.*
Vo|gel|mie|re, die: *(zu den Sternmieren gehörende) kleine, kriechende Pflanze mit eiförmigen Blättern u. kleinen, weißen Blüten.*
Vo|gel|mist, der: *Kot von Vögeln.*
vö|geln ⟨sw. V.; hat⟩ [mhd. vogelen = begatten (vom Vogel); Vögel fangen, ahd. fogalōn = Vögel fangen] (salopp): *koitieren.*
Vo|gel|nest, das: *Nest eines Vogels.*
Vo|gel|pa|ra|dies, das: *Gebiet, in dem Vögel ungestört nisten können.*
Vo|gel|per|s|pek|ti|ve, die [nach frz. à vue d'oiseau = aus der Sicht eines Vogels]: *Sicht von einem sehr hoch gelegenen Punkt aus, von hoch oben, die einen Überblick gewährt.*
Vo|gel|reu|se, die: vgl. Fischreuse.
Vo|gel|schar, die: *Schar von Vögeln.*
Vo|gel|schau, die: **1.** ⟨Pl. selten⟩ *Vogelperspektive.* **2.** ⟨Pl. selten⟩ (Rel.) *Deutung der Zukunft aus der Art des Vogelflugs.* **3.** *Veranstaltung, bei der Zuchtvögel gezeigt werden.*
◆ **Vo|gel|scheu**, der; -[e]s, -e: *Vogelscheuche: ... als so ein Schelmenfabrikant (= der Inquisitor) ... sich endlich einen strohlumpenen V. zusammenkünstelt, um wenigstens seinen Inquisiten in effigie hängen zu können* (Goethe, Egmont IV).
Vo|gel|scheu|che, die: *mit alten Kleidern behängtes Gestell, das durch seine Ähnlichkeit mit einer menschlichen Gestalt auf Feldern u. in Gärten die Vögel fernhalten soll: auf den Feldern waren überall -n aufgestellt; sie war im [neuen] Aufzug] aus wie eine V.; Ü er ist eine wandelnde V. (eine dürre, hässliche, nachlässig od. geschmacklos gekleidete Person).*
Vo|gel|schie|ßen, das: *Schützenfest, bei dem nach einem hölzernen Vogel auf einer hohen Stange geschossen wird.*
Vo|gel|schlag, der: *heftiger Aufprall eines Vogels auf ein fliegendes Flugzeug.*
Vo|gel|schutz, der: ⟨o. Pl.⟩ *(gesetzlich festgelegte) Maßnahmen zum Schutz, zur Erhaltung der Vogelwelt.*
Vo|gel|schutz|ge|biet, das: vgl. Tierschutzgebiet.
Vo|gel|schutz|war|te, die: *Einrichtung für Vogelschutz u. Vogelkunde.*
Vo|gel|schwarm, der: vgl. Vogelschar.
Vo|gel|stel|ler, der (veraltet): *Vogelfänger.*
Vo|gel|stel|le|rin, die: w. Form zu ↑ Vogelsteller.
Vo|gel|stim|me, die: *Stimme* (2a) *eines Vogels:* -n *nachahmen.*
Vogel-Strauß-Po|li|tik, die ⟨o. Pl.⟩ [nach der angeblichen Gewohnheit des ²Straußes, den Kopf in den Sand zu stecken, wenn ihm Gefahr droht]: *Art des Verhaltens, bei der jmd. eine Gefahr o. Ä. nicht sehen will.*
Vo|gel|war|te, die: *Einrichtung, Institut für Vogelkunde.*
Vo|gel|welt, die: vgl. Tierwelt: *unsere heimische V.*
Vo|gel|zug, der: *jahreszeitlich bedingtes Fortziehen u. Zurückkehren bestimmter Vogelarten.*
Vö|gerl, das; -s, -n (Kochsprache österr.): *Kalbsvögerl.*
Vo|gerl|sa|lat, der (österr.): *Feldsalat.*

Vo|ge|sen [vo...] ⟨Pl.⟩: *südwestliches Randgebirge der Oberrheinischen Tiefebene.*
Vög|lein, das; -s, -: Vkl. zu ↑ Vogel.
Vog|ler, der; -s, - [mhd. vogelære, ahd. fogalāri] (veraltet): *Vogelfänger, Vogelsteller:* Heinrich der V.
Vog|le|rin, die; -, -nen: w. Form zu ↑ Vogler.
Vogt, der; -[e]s, Vögte [mhd. vog(e)t, ahd. fogat < mlat. vocatus < lat. advocatus, ↑ Advokat] (früher): *landesherrlicher Verwaltungsbeamter.*
Vog|tei, die; -, -en [mhd. vogetīe]: **a)** *Amt eines Vogts;* **b)** *Amtssitz eines Vogts.*
Vög|tin, die; -, -nen: w. Form zu ↑ Vogt.
Vogt|land, das; -[e]s: *Bergland zwischen Frankenwald, Fichtelgebirge u. Erzgebirge.*
Voice|mail [ˈvɔysmeɪl], die; -, -s [engl. voicemail, aus: voice = Stimme u. mail = Post(sendung), also eigtl. = mündliche Nachricht]: *in eine Telefonanlage eingebaute elektronische Einrichtung mit der zum einen zusätzliche Möglichkeiten der Telekommunikation erweiterten Funktion eines Anrufbeantworters.*
Voice over IP [ˈvɔys oʊvɐ aɪˈpiː], das; - - - ⟨meist o. Art.⟩ [gek. aus engl. Voice over Internet Protocol; zu: voice: Stimme) (Telefonie): *Internettelefonie.*
Voice|re|kor|der [ˈvɔysrekɔrdɐ], **Voice|re|cor|der** [ˈvɔysrɪkɔːdɐ], der (Flugw.): *Gerät, das die Gespräche u. Geräusche im Cockpit eines Flugzeugs aufzeichnet.*
voi|là [voaˈla] ⟨Interj.⟩ [frz. voilà, zu: voir = sehen u. là = da, dort] (bildungsspr.): *sieh da; da haben wir es!*
Voile [voaːl], der; -s, -s [frz. voile, eigtl. = Schleier < lat. velum, ↑ Velum]: *feinfädiges, in Leinwandbindung gewebtes poröses Gewebe.*
Voile|kleid, das: *Kleid aus Voile.*
voi|pen [ˈvɔypn] ⟨sw. V.; hat⟩ [zu engl. VoIP = Voice over Internet Protocol] (Jargon): *über das Internet telefonieren.*
Voix mixte [voaˈmɪkst], die; - - [frz., eigtl. = gemischte Stimme] (Musik): *Register* (3 b) *im Übergang von der Brust- zur Kopfstimme mit Ausgleich zwischen beiden Resonanzbereichen.*
Vo|ka|bel, die; -, -n, österr. auch: das; -s, - [lat. vocabulum = Benennung, Bezeichnung; Nomen, Substantiv, zu: vocare = rufen, nennen, zu: vox, ↑ Vokal]: **a)** *einzelnes Wort einer (anderen, fremden) Sprache: lateinische -n lernen; jmdn. die -n abfragen;* **b)** *Bezeichnung, Ausdruck: die großen -n in der Politik; ... statt dessen erboste sie ihn endlich so sehr, dass er sie anschrie – unterdrückten Tones, aber mit der ganzen schonungslosen Heftigkeit eines Mannes, dem für Zorn und Wut nur gewöhnliche -n zur Verfügung stehn* (A. Zweig, Grischa 273).
Vo|ka|bel|heft, das: *[kleinformatiges] Schreibheft, das beim Erlernen einer fremden Sprache zum Eintragen von Vokabeln mit ihren Bedeutungen eingetragen werden.*
Vo|ka|bu|lar, das; -s, -e [mlat. vocabularium, zu lat. vocabulum, ↑ Vokabel]: **1.** (bildungsspr.) *Wortschatz, dessen sich jmd. bedient od. der zu einem bestimmten [Fach]bereich gehört: das soziologische V.; das V. der Intellektuellen, der Linken; er hat ein rüdes V.* (drückt sich auf eine grobe, ungehobelte Art aus). **2.** *Wörterverzeichnis.*
vo|kal ⟨Adj.⟩ [lat. vocalis = tönend, stimmreich, zu: vox, ↑ Vokal] (Musik): *von einer od. mehreren Singstimmen ausgeführt; durch die Singstimme hervorgebracht, für sie charakteristisch:* -er Klang; -e Klangfülle.
Vo|kal, der; -s, -e [lat. vocalis (littera) = stimmreich(er) Buchstabe), zu: vox (Gen.: vocis) = Laut, Ton, Schall; Stimme; Wort, Rede]: **a)** (Sprachwiss.) *deutlich erklingender Laut, bei dessen Artikulation die Atemluft verhältnismäßig ungehindert ausströmt; Selbstlaut;* **b)** *Vokalbuchstabe.*
Vo|kal|buch|sta|be, der (Sprachwiss.): *Buchstabe, der für einen oder mehrere Vokale stehen kann:* die -n i, ü und y.
Vo|kal|en|sem|b|le, das: *[meist kleinerer] Chor* (1 a).
Vo|kal|har|mo|nie, die ⟨o. Pl.⟩ (Sprachwiss.): *Beeinflussung eines Vokals durch einen benachbarten anderen Vokal: das Türkische ist durch V. gekennzeichnet.*
Vo|ka|li|sa|ti|on, die; -, -en: **1.** (Musik) *Bildung u. Aussprache der Vokale beim Singen.* **2.** (Sprachwiss.) *vokalische Aussprache eines Konsonanten.* **3.** *Feststellung der Aussprache des (vokallosen) hebräischen Textes des Alten Testaments durch Striche od. Punkte.*
vo|ka|lisch ⟨Adj.⟩ (Sprachwiss.): *den Vokal betreffend, damit gebildet: ein Wort mit -em Anlaut.*
vo|ka|li|sie|ren ⟨sw. V.; hat⟩: **1.** (Musik) *beim Singen die Vokale bilden u. aussprechen.* **2.** (Sprachwiss.) *einen Konsonanten wie einen Vokal sprechen (z. B.* r *in* Kurt [kʊrt] *wie* ɐ [kuːɐ̯t]).
Vo|ka|li|sie|rung, die; -, -en: *das Vokalisieren.*
Vo|ka|lis|mus, der; - (Sprachwiss.): *System, Funktion der Vokale.*
Vo|ka|list, der; -en, -en: *Sänger (im Unterschied zum Instrumentalisten).*
Vo|ka|lis|tin, die; -, -nen: w. Form zu ↑ Vokalist.
Vo|kal|kom|po|si|ti|on, die: vgl. Vokalmusik.
Vo|kal|mu|sik, die: *von einer od. mehreren Singstimmen mit od. ohne Instrumentalbegleitung ausgeführte Musik.*
Vo|kal|so|list, der: *Gesangssolist.*
Vo|kal|so|lis|tin, die: w. Form zu ↑ Vokalsolist.
Vo|kal|stück, das: vgl. Vokalmusik.
Vo|kal|werk, das: vgl. Vokalmusik.
Vo|ka|ti|on, die; -, -en [lat. vocatio, zu: vocare, ↑ Vokabel] (bildungsspr.): *Berufung in ein Amt.*
Vo|ka|tiv, der; -s, -e [lat. (casus) vocativus, eigtl. = zum Rufen, Anreden dienender Fall, zu: vocare, ↑ Vokabel] (Sprachwiss.): *Kasus der Anrede.*
¹Vo|ku|hi|la, die; -, -s [Kurzw. aus »vorn kurz, hinten lang«] (ugs. scherzh.): *Frisur, bei der die Haare vorn ziemlich kurz u. im Nacken deutlich länger getragen werden.*
²Vo|ku|hi|la, der; -[s], -s (ugs. scherzh.): *jmd., der eine* ¹Vokuhila *trägt.*
Vo|ku|hi|la|fri|sur, die (ugs. scherzh.): ¹*Vokuhila.*
vol. = Volumen (Schriftrolle, Band).
Vol.-% = Volumprozent.
Vo|lant [voˈlã:], der, schweiz. meist: das; -s, -s [frz. volant, 1. Part. von: voler < lat. volare = fliegen, also eigtl. = fliegend; beweglich]: **1.** *(bei bestimmten Kleidungsstücken) als Besatz auf- od. angesetzter, angekrauster Stoffstreifen.* **2.** *(österr. auch: das) (veraltend, noch im Automobilsport) Steuerrad eines Kraftwagens.*
Vo|la|pük, das; -s [Kunstwort aus »vol« von engl. world = Welt u. »pük« von engl. speak = Sprache]: *im 19. Jh. geschaffene Welthilfssprache.*
vo|la|til ⟨Adj.⟩ [lat. volatilis = fliegend; flüchtig, schnell, zu: volare = fliegen]: **1.** (Chemie) *flüchtig, verdunstend.* **2.** (Finanzw.) *(bes. in Bezug auf Preise, Aktienkurse o. Ä.) unbeständig, sprunghaft.*
Vo|la|ti|li|tät, die; -, -en: **1.** (Finanzw.) *Ausmaß der Schwankung von Preisen, Aktien- u. Devisenkursen, Zinssätzen od. auch ganzen Märkten innerhalb einer kurzen Zeitspanne.* **2.** (Chemie veraltet) *Flüchtigkeit.*
Vol-au-Vent [voloˈvãː], der; -, -s [frz., eigtl. = Flug im Wind] (Kochkunst): *hohle Pastete aus Blätterteig, die mit Ragout gefüllt wird.*
Vo|li|e|re [voˈli̯eːrə], die; -, -n [frz. volière, zu:

Volk – Volksfeindin

voler, ↑ Volant]: *großer Vogelkäfig, in dem die Vögel fliegen können.*

Volk, das; -[e]s, Völker [mhd. volc = Leute, Volk; Kriegsschar, ahd. folc = Haufe, Kriegsschar; Volk, H. u., wahrsch. eigtl. = viele]: **1.** *durch gemeinsame Kultur u. Geschichte [u. Sprache] verbundene große Gemeinschaft von Menschen:* ein freies, unterdrücktes V.; die Völker Afrikas; das V. Israel (*Israel* 2); eine [viele] Völker verbindende Veranstaltung; er ist ein großer Sohn seines -es; * **das auserwählte V.** (jüd. Rel.; *die Juden, das Volk Israel;* nach Ps. 105, 43); **das V. der Dichter und Denker** (meist scherzh. od. spött.; *das deutsche Volk, die Deutschen*). **2.** ⟨o. Pl.⟩ *Masse der Angehörigen einer Gesellschaft, der Bevölkerung eines Landes, eines Staatsgebiets:* das arbeitende, werktätige, unwissende V.; das V. befragen; das V. aufwiegeln, aufhetzen; die Abgeordneten sind die gewählten Vertreter des -es; im V. begann es zu gären; die Staatsgewalt geht vom -e aus; zum V. sprechen; R jedes V. hat die Regierung, die es verdient. **3.** ⟨o. Pl.⟩ *die [mittlere u.] untere Schicht der Bevölkerung:* ein Mann aus dem -e; * **dem V. aufs Maul schauen** (*beobachten, wie sich die einfachen Leute ausdrücken u. von ihnen lernen;* nach M. Luthers [1483–1546] »Sendbrief vom Dolmetschen«). **4.** ⟨o. Pl.⟩ **a)** (ugs.) *Menschenmenge; Menschen; Leute:* das V., alles V., viel V., viel junges V. drängte sich auf dem Festplatz; das junge V. (scherzh.; *die jungen Leute, die Jugend*); das kleine V. stürmte (scherzh.; *die Kinder stürmten*) herein; sich unters V. mischen; etw. unters V. bringen (*verbreiten, bekannt machen*); * **fahrendes V.** (veraltet; *Artisten, Schausteller*); **b)** *bestimmte Gruppe von Menschen:* dieses liederliche V. hat natürlich nicht aufgeräumt; die Künstler waren ein lustiges V.; Ü die Spatzen sind ein freches V. **5. a)** (Fachspr.) *größere, in Form einer Gemeinschaft lebende Gruppe bestimmter Insekten:* drei Völker Bienen; **b)** (Jägerspr.) *Kette, Familie von Rebhühnern.*

Völk|chen, das; -s, -: Vkl. zu ↑ Volk (4 b).

Völ|ker|ball, der ⟨o. Pl.⟩: *von zwei in getrennten Spielfeldhälften stehenden Mannschaften gespieltes Ballspiel, bei dem die gegnerischen Spieler einander abzuwerfen* (2 c) *suchen.*

Völ|ker|bund, der ⟨o. Pl.⟩: *(1920–1946) internationale Organisation zur Sicherung des Weltfriedens.*

Völ|ker|fa|mi|lie, die; (geh.): *Völkergemeinschaft.*

Völ|ker|freund|schaft, die (bes. DDR): *freundschaftliches Verhältnis zwischen den Völkern.*

Völ|ker|ge|mein|schaft, die: *Gemeinschaft der Völker (der Welt, einer bestimmten Region).*

Völ|ker|ge|misch, das (wird oft als abwertend empfunden): *das Zusammenleben von Angehörigen verschiedener Völker.*

Völ|ker|kun|de, die: *Wissenschaft von den Kultur- u. Lebensformen der [Natur]völker.*

Völ|ker|kun|de|mu|se|um, das: *völkerkundliches Museum.*

Völ|ker|kund|ler, der; -s, -: *Wissenschaftler auf dem Gebiet der Völkerkunde; Ethnologe.*

Völ|ker|kund|le|rin, die; -, -nen: w. Form zu ↑ Völkerkundler.

völ|ker|kund|lich ⟨Adj.⟩: *die Völkerkunde betreffend; ethnologisch.*

Völ|ker|mord, der: *Verbrechen der Vernichtung einer ethnischen Gruppe, einer Volksgruppe, eines Volksstammes o. Ä.; Genozid.*

Völ|ker|na|me, der: *Name eines Volkes.*

Völ|ker|recht, das: *international verbindendes, bes. zwischenstaatliches Recht.*

Völ|ker|recht|ler, der; -s, -: *Jurist, der auf Völkerrecht spezialisiert ist.*

Völ|ker|recht|le|rin, die; -, -nen: w. Form zu ↑ Völkerrechtler.

völ|ker|recht|lich ⟨Adj.⟩: *das Völkerrecht betreffend.*

völ|ker|rechts|wid|rig ⟨Adj.⟩: *dem Völkerrecht zuwiderlaufend, gegen das Völkerrecht verstoßend:* -e Handlungen während des Krieges.

Völ|ker|schaft, die; -, -en: *kleines Volk; Volksgruppe, -stamm.*

Völ|ker|schar, die: *Schar von Völkern:* die V. Asiens; Ü (ugs.:) ganze -en (*sehr viele Menschen*) strömten zum Einkaufen in die Stadt.

Völ|ker|stamm, der: *Volksstamm.*

Völ|ker ver|bin|dend, völ|ker|ver|bin|dend ⟨Adj.⟩: *Völker freundschaftlich miteinander verbindend, einander näher bringend:* der Völker verbindende Charakter des Sports.

Völ|ker|ver|stän|di|gung, die: *Verständigung, friedliche Übereinkunft zwischen den Völkern.*

Völ|ker|wan|de|rung, die: **1.** [LÜ von lat. migratio gentium] **a)** (Völkerkunde, Soziol.) *Abwanderung von jmdm. in ein anderes Land, in eine andere Gegend, an einen anderen Ort;* **b)** (Geschichte) *zwischen dem 4. u. 6. Jh. stattfindende Wanderung germanischer Völkerschaften u. Stammesverbände nach Süd- u. Westeuropa:* die Zeit der V. **2.** (ugs.) *Wanderung, Bewegung, Zug einer Masse von Menschen:* jedes Jahr setzt eine V. an die Sonnenstrände Spaniens ein.

völ|kisch ⟨Adj.⟩: **1.** (nationalsoz.) *(in der rassistischen Ideologie des Nationalsozialismus) ein Volk als vermeintliche Rasse betreffend; zum Volk als vermeintliche Rasse gehörend:* -e Gesinnung; Wir haben nichts gemein mit den Fanatikern einer -en Idee. Die den Mord der Blutsfremden wünschen, um ein eigenes unbegabtes Geschlecht frivol zu vermehren (Jahnn, Geschichten 126). **2.** [älter volkisch für lat. popularis, ↑ populär] (veraltet) *national* (a): -e Eigentümlichkeiten.

volk|lich ⟨Adj.⟩ (selten): *das Volk* (1) *betreffend.*

volk|reich ⟨Adj.⟩: *dicht bevölkert; eine große Anzahl von Menschen aufweisend:* das -ste Land Afrikas.

Volks|ab|stim|mung, die: *Abstimmung der [wahlberechtigten] Bürger[innen] über eine bestimmte [grundsätzliche] politische Frage; Plebiszit.*

Volks|ak|tie, die: *Aktie eines reprivatisierten staatlichen Unternehmens, die zum Zweck einer breiteren Streuung von Eigentum ausgegeben wird.*

Volks|an|walt, der (österr.): *vom Nationalrat bestellter Ansprechpartner bei Bürgerbeschwerden.*

Volks|an|wäl|tin, die: w. Form zu ↑ Volksanwalt.

Volks|ar|mee, die: *zu einem großen Teil aus Wehrpflichtigen bestehende Armee* (1 a), *bes. eines sozialistischen Landes:* die chinesische, ungarische V.; Nationale V. (DDR; *Streitkräfte der DDR;* Abk.: NVA).

Volks|ar|mist, der; -en, -en: *Angehöriger der Volksarmee.*

Volks|ar|mis|tin, die; -, -nen: w. Form zu ↑ Volksarmist.

Volks|auf|lauf, der: *Auflauf* (1).

Volks|auf|stand, der: *Volkserhebung.*

Volks|aus|ga|be, die (veraltend): *einfach ausgestattete, preiswerte Buchausgabe.*

Volks|bal|la|de, die (Literaturwiss.): *volkstümliche od. vom Geist u. von der Überlieferung des Volkes zeugende Ballade.*

Volks|be|fra|gung, die: *Befragung der Bürger u. Bürgerinnen im Rahmen einer Abstimmung über eine bestimmte [grundsätzliche] politische Frage.*

Volks|be|geh|ren, das (Politik): *Antrag auf Herbeiführung einer parlamentarischen Entscheidung od. eines Volksentscheids, der der Zustimmung eines bestimmten Prozentsatzes der stimmberechtigten Bevölkerung bedarf.*

Volks|be|lus|ti|gung, die: *Vorgang, der sich in der Öffentlichkeit abspielt u. allgemeine Heiterkeit erregt.*

Volks|be|we|gung, die: *vom Volk ausgehende Bewegung* (3).

Volks|bi|b|lio|thek, die (veraltend): *Volksbücherei.*

Volks|bil|dung, die: **1.** (früher) *Erwachsenenbildung.* **2.** (bes. DDR) *organisierte [Aus]bildung der Bevölkerung.*

Volks|brauch, der: *vom Volk* (2) *geübter, volkstümlicher Brauch:* weihnachtliche Volksbräuche.

Volks|buch, das (Literaturwiss.): *volkstümliches Buch (bes. des 16. Jh.s), das erzählende Prosa enthält.*

Volks|bü|che|rei, die: *der ganzen Bevölkerung zugängliche öffentliche Bücherei.*

Volks|cha|rak|ter, der: *spezifische Eigentümlichkeiten eines Volkes, Volksstammes:* der bayerische, chinesische V.

Volks|de|mo|kra|tie, die: **1.** [nach russ. narodnaja demokratija] *sozialistisches, an die Herrschaft der kommunistischen Partei gebundenes Regierungssystem mit einer von der Partei bestimmten Volksvertretung.* **2.** *Staat mit volksdemokratischem Regierungssystem.*

volks|de|mo|kra|tisch ⟨Adj.⟩: *die Volksdemokratie betreffend, zu ihr gehörend, auf ihr beruhend.*

Volks|deut|sche ⟨vgl. ¹Deutsche⟩ (bes. nationalsoz.): *außerhalb Deutschlands u. Österreichs lebende ethnische Deutsche (bes. in ost- u. südosteuropäischen Ländern bis 1945).*

Volks|deut|scher ⟨vgl. Deutscher⟩ (bes. nationalsoz.): *außerhalb Deutschlands u. Österreichs lebender ethnischer Deutscher (bes. in ost- u. südosteuropäischen Ländern bis 1945).*

Volks|dich|tung, die (Literaturwiss.): *vom Geist u. von der Überlieferung des Volkes getragene Dichtung.*

volks|ei|gen ⟨Adj.⟩ (DDR): *zum Volkseigentum gehörend; staatlich:* ein -er Betrieb (Abk. als Namenszusatz: VEB).

Volks|ei|gen|tum, das (DDR): *sozialistisches Staatseigentum.*

Volks|ein|kom|men, das (Wirtsch.): *gesamtes Einkommen aller an einer Volkswirtschaft beteiligten Personen; Sozialprodukt.*

Volks|emp|fän|ger, der: *von allen Produzenten baugleich hergestelltes einfaches, billiges Rundfunkgerät (während des Dritten Reiches).*

Volks|emp|fin|den, das: *Empfinden des Volkes, des normalen, durchschnittlichen Menschen (eines Volkes).*

Volks|ent|scheid, der (Politik): *Entscheidung von Fragen der Gesetzgebung durch Volksabstimmung.*

Volks|epos, das (Literaturwiss.): vgl. Volksballade.

Volks|er|he|bung, die: *Erhebung, Aufstand des Volkes.*

Volks|ety|mo|lo|gie, die (Sprachwiss.): **1.** *volkstümliche Verdeutlichung eines nicht [mehr] verstandenen Wortes od. Wortteiles durch lautliche Umgestaltung unter (etymologisch falscher) Anlehnung an ein ähnlich klingendes Wort.* **2.** *volkstümliche, etymologisch falsche Zurückführung auf nicht verwandte lautlich gleiches od. ähnliches Wort.*

volks|ety|mo|lo|gisch ⟨Adj.⟩: *die Volksetymologie betreffend.*

Volks|feind, der (emotional abwertend): *volksfeindlich handelnder Mensch.*

Volks|fein|din; w. Form zu ↑ Volksfeind.

volks|feind|lich ⟨Adj.⟩ (emotional abwertend): *gegen die Interessen des Volkes gerichtet.*

Volks|fest, das: *(sich oft über mehrere Tage erstreckende) volkstümliche [im Freien stattfindende] Veranstaltung mit verschiedenen Attraktionen.*

Volks|front, die (Politik): *Verbindung, Koalition zwischen bürgerlichen Linken, Sozialisten, Sozialdemokraten u. Kommunisten.*

Volks|geist, der: *Geist, Bewusstsein des Volkes.*

Volks|ge|mein|schaft, die (bes. nationalsoz.): *durch ein starkes Bewusstsein der Zusammengehörigkeit gekennzeichnete Gemeinschaft des Volkes.*

Volks|ge|mur|mel, das: **1.** (Theater) *Gemurmel der Volksmenge (als Bühnenanweisung).* **2.** (ugs., oft scherzh.) *Gemurmel einer Menge od. größeren Anzahl von Menschen (als Reaktion auf eine Äußerung od. ein Geschehen):* nach den Worten des Chefs setzte ein lautes, leises, unmutiges V. ein.

Volks|ge|nos|se, der (nationalsoz.): *Angehöriger der sogenannten deutschen Volksgemeinschaft.*

Volks|ge|nos|sin, die: w. Form zu ↑ Volksgenosse.

Volks|ge|richt, das (früher): **1.** *(nach altdeutschem Recht) Gericht, bei dem im Unterschied zum Gericht des Königs die Rechtsfindung durch das Volk geschieht.* **2.** *Sondergericht zur Verfolgung bestimmter politischer Straftaten.*

Volks|ge|richts|hof, der (nationalsoz.): *Sondergericht während des Dritten Reiches (mit Sitz in Berlin) zur Verfolgung aller Handlungen, die während der NS-Zeit als strafwürdig definiert waren.*

Volks|ge|sund|heit, die: *körperliche u. geistige Gesundheit der gesamten Bevölkerung.*

Volks|glau|be, (selten:) **Volks|glau|ben,** der (Volkskunde): *im Volk verbreiteter Glaube, Aberglaube.*

Volks|grup|pe, die: *durch ethnische o. ä. Merkmale gekennzeichnete Gruppe innerhalb eines Volkes; nationale Minderheit.*

Volks|gunst, die: *Gunst, in der jmd. beim Volk steht:* sich in der V. sonnen.

Volks|gut, das: **1.** ⟨Pl. selten⟩ vgl. Allgemeingut. **2.** (DDR Landwirtsch.) *volkseigener landwirtschaftlicher Großbetrieb.*

Volks|haus, das (bes. österr., schweiz.): *Bürgerhaus.*

Volks|heil|kun|de, die: *Volksmedizin.*

Volks|held, der: *jmd., der von einem Volk als Held verehrt wird.*

Volks|hel|din, die: w. Form zu ↑ Volksheld.

Volks|herr|schaft, die: *Herrschaft durch das Volk.*

Volks|hoch|schu|le, die: *der Weiterbildung dienende Einrichtung bes. der Erwachsenenbildung* (Abk.: VHS).

Volks|ini|ti|a|ti|ve, die (schweiz.): *Volksbegehren.*

Volks|kam|mer, die ⟨o. Pl.⟩ (DDR): *Parlament der DDR.*

Volks|kir|che, die (christl. Kirche): **a)** *Kirche, in der der Einzelne durch Volkszugehörigkeit u. Taufe ohne eigene Entscheidung Mitglied wird;* **b)** *Kirche, die Mitglieder in allen Gruppen der Bevölkerung hat (und dadurch über eine große Gefolgschaft verfügt).*

Volks|kom|mis|sar, der [russ. narodnyj komissar]: *von 1917 bis 1946 in der Sowjetunion Bez. für: Minister.*

Volks|kom|mis|sa|ri|at, das [russ. narodnyj komissariat]: *von 1917 bis 1946 in der Sowjetunion Bez. für: Ministerium.*

Volks|kom|mis|sa|rin, die: w. Form zu ↑ Volkskommissar.

Volks|kom|mu|ne, die: *ländliche Verwaltungseinheit in China, die (bes. landwirtschaftlich) kollektiv organisiert ist.*

Volks|kon|gress: 1. (DDR) *von der SED organisiertes Vorparlament, aus dem die Volkskammer hervorging.* **2.** *Volksvertretung bestimmter Staaten.*

Volks|kor|re|s|pon|dent, der (DDR): *ehrenamtlicher Mitarbeiter aus der Bevölkerung, der in Presse od. Rundfunk aus dem eigenen Berufs- u. Lebensbereich berichtet.*

Volks|kor|re|s|pon|den|tin, die: w. Form zu ↑ Volkskorrespondent.

Volks|krank|heit, die: *Krankheit von dauernder starker Verbreitung u. Auswirkung in der gesamten Bevölkerung:* Diabetes und Rheuma sind zu -en geworden.

Volks|kun|de, die: *Wissenschaft von den Lebens- u. Kulturformen des Volkes;* Folklore (1 b).

Volks|kund|ler, der; -s, -: *Wissenschaftler auf dem Gebiet der Volkskunde; Folklorist.*

Volks|kund|le|rin, die; -, -nen: w. Form zu ↑ Volkskundler.

volks|kund|lich ⟨Adj.⟩: *die Volkskunde betreffend; folkloristisch* (2).

Volks|kunst, die ⟨o. Pl.⟩: *volkstümliche, vom Geist u. von der Überlieferung des Volkes zeugende Kunst des Volkes.*

Volks|lauf, der: *volkstümlicher Laufwettbewerb im Rahmen des Breitensports.*

Volks|lei|den, das: vgl. Volkskrankheit.

Volks|lied, das [im 18. Jh. wahrsch. nach engl. popular song]: *volkstümliches, im Volk gesungenes, vom Geist u. von der mündlichen Überlieferung des Volkes geprägtes, schlichtes Lied in Strophenform.*

Volks|macht, die ⟨o. Pl.⟩ (im kommunist. Sprachgebrauch): **1.** *volksdemokratische Herrschaft.* **2.** *Gesamtheit derjenigen, die die Volksmacht (1) ausüben und verwirklichen.*

Volks|mär|chen, das: *auf mündlicher Überlieferung beruhendes Märchen.*

Volks|ma|ri|ne, die ⟨o. Pl.⟩ (DDR): *Seestreitkräfte der DDR.*

Volks|mas|se, die: **1.** ⟨meist Pl.⟩ *Masse des Volkes:* breiteste -n. **2.** vgl. Volksmenge.

volks|mä|ßig ⟨Adj.⟩ (selten): *dem Volk, dem Volksgeist gemäß; das Volk betreffend.*

Volks|me|di|zin, die ⟨o. Pl.⟩: *volkstümliche, teils auf im Volk überlieferten Erfahrungen, teils auf dem Volksglauben beruhende Heilkunde.*

Volks|mei|nung, die: *Meinung des Durchschnittsbürgers.*

Volks|men|ge, die: *versammelte Menge* (3): Der Kaiser von Russland äußerte sich zweimal fast bewundernd über die Begeisterungsfähigkeit der deutschen Untertanen und winkte der V. gemessen zu (Schädlich, Nähe 121).

Volks|mi|liz, die: *Miliz (in bestimmten Volksdemokratien).*

Volks|mis|si|on, die: *der religiösen Erneuerung dienende missionarische Arbeit, Seelsorge außerhalb des Gottesdienstes.*

Volks|mund, der ⟨o. Pl.⟩: *volkstümlicher Sprachgebrauch; volkstümliche, im Volk umlaufende Ausdrücke, Redensarten:* Der Hase wird im V. auch Mümmelmann genannt.

Volks|mu|sik, die: *im Volk überlieferte u. von ihm ausgeübte Musik von nationaler od. landschaftlicher Eigenart.*

volks|nah ⟨Adj.⟩: *volksverbunden, in engem Kontakt zur Bevölkerung:* eine -e Politik.

Volks|nä|he, die: *volksnahe Art, enge Verbundenheit zum Volk.*

Volks|nah|rungs|mit|tel, das: *Nahrungsmittel, das in der Ernährung der ganzen Bevölkerung eine wichtige Rolle spielt.*

Volks|park: *der Bevölkerung als Erholungsgebiet dienender öffentlicher Park.*

Volks|par|tei, die: *Partei, die Mitglieder in vor allem Wähler in allen Gruppen der Bevölkerung hat (u. über eine große Anhängerschaft verfügt).*

Volks|po|li|zei, die ⟨o. Pl.⟩ (DDR): *Polizei der DDR* (Abk.: VP).

Volks|po|li|zist, der (DDR): *Angehöriger der Volkspolizei.*

Volks|po|li|zis|tin, die: w. Form zu ↑ Volkspolizist.

Volks|recht, das (bes. schweiz.): *Recht des Volkes auf direkte Beteiligung an politischen Entscheidungen, z. B. über eine Volksabstimmung.*

Volks|re|de, die (veraltend): *Rede an eine Volksmenge:* * -n/eine V. halten (ugs. abwertend; weitschweifig u. wichtigtuerisch reden).

Volks|red|ner, der (veraltend): *jmd., der darin geübt ist, zu einer großen Zuhörerschaft zu sprechen u. sie in seinen Bann zu ziehen.*

Volks|red|ne|rin, die: w. Form zu ↑ Volksredner.

Volks|re|pu|b|lik, die: *volksdemokratisch gesteuerte Republik* (Abk.: VR).

Volks|sa|ge, die: vgl. Volksmärchen.

Volks|schau|spiel, das: *volkstümliches Stück, das von Laien [verfasst u.] mit einem z. T. großen Aufwand an Personen u. Ausstattung aufgeführt wird.*

Volks|schau|spie|ler, der: *bes. in Volksstücken auftretender, Menschen aus dem Volk verkörpernder Schauspieler.*

Volks|schau|spie|le|rin, die: w. Form zu ↑ Volksschauspieler.

Volks|schicht, die ⟨meist Pl.⟩: *Klasse* (2): in den unteren -en.

Volks|schul|bil|dung, die ⟨o. Pl.⟩ (veraltend): *durch den Besuch der Volksschule erworbene Bildung.*

Volks|schu|le, die [urspr. = Schule für die Kinder der niederen Stände]: **1. a)** (Deutschland u. Schweiz früher) *[Grund- u. Hauptschule umfassende] allgemeinbildende öffentliche Pflichtschule;* **b)** (österr.) *Grundschule.* **2.** *Gebäude der Volksschule* (1).

Volks|schü|ler, der: *Schüler der Volksschule.*

Volks|schü|le|rin, die: w. Form zu ↑ Volksschüler.

Volks|schul|leh|rer, der: *Lehrer an einer Volksschule.*

Volks|schul|leh|re|rin, die: w. Form zu ↑ Volksschullehrer.

Volks|see|le, die: *Seele, Gemüt, Bewusstsein eines Volkes, des Volkes:* die V. kennen; die V. kocht (die Bevölkerung ist aufgebracht).

Volks|seu|che, die: vgl. Volkskrankheit.

Volks|sou|ve|rä|ni|tät, die (Politik): *innerstaatliche Souveränität, Selbstbestimmung des Volkes.*

Volks|sport, der: *Sport[art], sportliche Betätigung, die von sehr vielen Menschen in ihrer Freizeit betrieben wird.*

Volks|spra|che, die: *Sprache des Volkes.*

volks|sprach|lich ⟨Adj.⟩: *die Volkssprache betreffend.*

Volks|stamm, der: *Stamm* (2).

Volks|stim|me, die: *Stimme, geäußerte Meinung des Volkes.*

Volks|stück, das (Theater): *[humoristisches] volkstümliches Bühnenstück.*

Volks|sturm, der ⟨o. Pl.⟩ (nationalsoz.): *(gegen Ende des Zweiten Weltkriegs geschaffene) Organisation zur Unterstützung der Wehrmacht bei der Heimatverteidigung.*

Volks|tanz, der: *volkstümlicher, im Volk überlieferter Tanz von nationaler od. landschaftlicher Eigenart.*

Volks|teil, der: *Volksgruppe.*

Volks|the|a|ter, das: **1.** *Volksschauspiel, Volksstück.* **2.** *Theater, das (im Unterschied zum höfischen od. bürgerlichen Theater) inhaltlich u. finanziell von allen sozialen Schichten getragen wird.*

Volks|tracht, die: *Tracht* (1) *des Volkes, bes. einer bestimmten Landschaft.*

Volkstrauertag – vollberechtigt

Volks|trau|er|tag, der: *(in Deutschland) nationaler Trauertag (am vorletzten Sonntag vor dem 1. Advent) zum Gedenken an die Gefallenen beider Weltkriege u. die Opfer des Nationalsozialismus.*

Volks|tri|bun, der [LÜ von lat. tribunus plebis]: *(im Rom der Antike) hoher Beamter zur Wahrung der Interessen der Plebejer; Tribun* (1).

Volks|tri|bu|nin, die; -, -nen: w. Form zu ↑ Volkstribun.

Volks|tum, das; -s: *Wesen, Eigenart des Volkes, wie es sich in seinem Leben, seiner Kultur ausprägt.*

Volks|tü|me|lei, die; -, -en (abwertend): *das Volkstümeln.*

volks|tü|meln ⟨sw. V.; hat⟩ (abwertend): *bewusst Volkstümlichkeit zeigen, sich volkstümlich geben:* der Autor versucht zu v.

volks|tüm|lich ⟨Adj.⟩: **1. a)** *in seiner Art dem Denken u. Fühlen des Volkes (2) entsprechend, entgegenkommend [u. allgemein beliebt]:* -e Lieder, Bücher; ein -er Schauspieler; -e *(annehmbare)* Preise; Heute ist ein -es Orgelkonzert in der Katharinenkirche (Remarque, Obelisk 47); **b)** *dem Volk (2) eigen, dem Volkstum entsprechend:* ein -er Brauch; der -e Name *(Trivialname)* einer Pflanze. **2.** *populär, gemeinverständlich:* ein -er Vortrag.

Volks|tüm|lich|keit, die; -: *volkstümliche* (1 a, 2) *Art.*

volks|ver|bun|den ⟨Adj.⟩: *mit dem Volk [eng] verbunden.*

Volks|ver|dum|mung, die (ugs. abwertend): *irreführende Äußerungen, Maßnahmen o. Ä., die das Volk (2) etw. glauben machen sollen:* diese Parolen sind doch reine V.

Volks|ver|füh|rer, der (abwertend): *jmd., der das Volk irreführen will, es verleiten will, gegen die eigenen Interessen zu handeln; Demagoge.*

Volks|ver|füh|re|rin, die: w. Form zu ↑ Volksverführer.

Volks|ver|het|zer, der; -s, - (abwertend): *jmd., der das Volk* (1, 2) *gegen jmdn. aufhetzt od. aufwiegelt.*

Volks|ver|het|ze|rin, die; -, -nen: w. Form zu ↑ Volksverhetzer.

Volks|ver|het|zung, die: *das Aufhetzen des Volks (2) durch demagogische Reden o. Ä.*

Volks|ver|mö|gen, das (Wirtsch.): *Gesamtvermögen der an einer Volkswirtschaft Beteiligten.*

Volks|ver|rä|ter, der (abwertend): *jmd., der das eigene Volk* (2) *verrät, hintergeht, betrügt.*

Volks|ver|rä|te|rin, die: w. Form zu ↑ Volksverräter.

Volks|ver|samm|lung, die: **1. a)** *[politische] Versammlung, zu der eine große Menschenmenge zusammenkommt [um über etw. abzustimmen];* **b)** *Gesamtheit der Teilnehmer an einer Volksversammlung* (1 a). **2.** *oberste Volksvertretung, Parlament (bestimmter Staaten).*

Volks|ver|tre|ter, der: *Mitglied einer Volksvertretung.*

Volks|ver|tre|te|rin, die: w. Form zu ↑ Volksvertreter.

Volks|ver|tre|tung, die: *Organ, das die Interessen des Volkes (gegenüber der Regierung) vertritt [u. dessen Mitglieder vom Volk gewählt worden sind]; Parlament.*

Volks|wahl, die (Politik): **1.** *Wahl unmittelbar durch das Volk.* **2.** ⟨Pl.⟩ (DDR) *Wahlen zur Volkskammer.*

Volks|wan|der|tag, der: *Tag, an dem eine Volkswanderung stattfindet.*

Volks|wan|de|rung, die: *für eine große Zahl von Teilnehmern organisierte Wanderung, an der jedermann teilnehmen kann:* eine V. über 5, 10 Kilometer.

Volks|wei|se, die: *Melodie eines Volksliedes; volkstümliche Weise.*

Volks|weis|heit, die: *allgemeine Erfahrung ausdrückende, im Volk überlieferte alte Weisheit.*

Volks|wil|le, (selten:) **Volks|wil|len**, der (Politik): *politischer Wille der Bürger.*

Volks|wirt, der: *jmd. mit abgeschlossener wissenschaftlicher Ausbildung auf dem Gebiet der Volkswirtschaftslehre.*

Volks|wir|tin, die: w. Form zu ↑ Volkswirt.

Volks|wirt|schaft, die [für engl. national economy]: *Gesamtwirtschaft innerhalb eines Volkes.*

Volks|wirt|schaft|ler, der: *Fachmann, Wissenschaftler auf dem Gebiet der Volkswirtschaftslehre.*

Volks|wirt|schaft|le|rin, die: w. Form zu ↑ Volkswirtschaftler.

volks|wirt|schaft|lich ⟨Adj.⟩: *die Volkswirtschaft betreffend.*

Volks|wirt|schafts|leh|re, die: *Wissenschaft, Lehre von der Volkswirtschaft* (Abk.: VWL).

Volks|wirt|schafts|plan, der (DDR): ²*Plan* (1 c).

Volks|wohl, das: *das Wohl des Volkes* (2), *der Menschen.*

Volks|zäh|lung, die: *Gewinnung statistischer Daten über die Bevölkerung durch amtliche Erhebung.*

Volks|zorn, der: *[sich in bestimmten Aktionen äußernder] Zorn der Menge* (3): der V. richtet sich gegen diesen Beschluss der Regierung; den V. fürchten; jmdn. vor dem V. schützen.

Volks|zu|ge|hö|rig|keit, die: *Zugehörigkeit zu einem Volk.*

¹**voll** ⟨Adj.⟩ [mhd. vol, ahd. fol, urspr. altes Partizip u. eigtl. = gefüllt]: **1. a)** *in einem solchen Zustand, dass nichts, niemand mehr od. kaum noch etw. jmd. hineingeht, -passt, darin, darauf Platz hat; ganz gefüllt, bedeckt, besetzt o. Ä.:* ein -er Eimer, Sack; ein -es Bücherregal; ein -er *(reich gedeckter)* Tisch; ein -er Bus, Saal; der Koffer ist nur halb v.; der Saal ist brechend, gestopft, gerammelt v.; es war sehr v. in den Geschäften; den Mund gerade v. haben; beide Hände v. haben *(in beiden Händen etw. halten, tragen);* ich bin v. [bis oben hin] *(fam. scherzh.; [völlig] satt);* die Tasche zu v. packen; ein v. beladener Kofferraum; ein v. besetzter Bus; ⟨mit einem Subst. ohne Attr. u. ohne Artikel, das unflektiert bleibt od. im Dativ steht:⟩ ein Gesicht v. Pickel; sie hatte die Augen v. Tränen; die Straßen lagen v. Schnee; der Saal war v. Menschen; der Baum hängt v. Früchte[n]; ⟨attr. mit Gen., seltener mit Dativ od. »mit«:⟩ ein Korb frischer Eier; ⟨oft in Verbindung mit Maßangaben o. Ä.:⟩ einen Teller v. [Suppe] essen; ein Korb v. [mit] frischen Eiern; jeder bekam einen Korb v.; eine Tafel v. leckerster/ (geh.:) der leckersten Speisen; ⟨prädikativ mit »von«, »mit« od. Gen.:⟩ das Zimmer war v. von/mit schönen antiken Möbeln, v. schönster antiker/ (geh.:) v. der schönsten antiken Möbel; diese Arbeit ist v. von groben Fehlern/v. grober Fehler; er war v. des süßen Weines/des süßen Weins v. (geh. scherzh.; *hatte viel Wein getrunken, war davon betrunken;* nach Apg. 2, 13); * **aus dem Vollen schöpfen** *(von dem reichlich Verfügbaren großzügig Gebrauch machen);* **aus dem Vollen leben, wirtschaften** *(aufgrund des reichlich Verfügbaren großzügig leben, wirtschaften);* **im Vollen leben** *(im Luxus leben);* **ins Volle greifen** *(von dem reichlich Verfügbaren uneingeschränkt nehmen);* **v. und bei** (Segeln; *mit vollen Segeln u. so hart am Wind wie möglich);* **b)** *erfüllt, durchdrungen von:* ein -es *(von Gefühlen volles)* Herz; ein Herz v. Liebe; ein Leben v. Arbeit; sie ist v. Tatkraft, v. [von] [tiefer] Dankbarkeit; v. des Lobes/des Lobes v. [über jmdn., über etw.] sein (geh.; *jmdn., etw. überaus loben);* den Kopf v. [mit seinen eigenen Sorgen] haben (ugs.; *an vieles zu denken haben);* v. Spannung zuhören; **c)** (salopp) *völlig betrunken:* Mensch, ist der v.!; v. nach Hause kommen. **2. a)** *füllig, rundlich:* ein -es Gesicht; ein -er Busen; -e Lippen; er ist -er geworden; **b)** *dicht:* -es Haar; **c)** *in kräftiger, reicher Entfaltung:* -e Töne, Farben; eine -e Stimme haben; der -e Geschmack dieses Kaffees; v. tönen. **3. a)** *völlig, vollständig, ganz, uneingeschränkt:* die -e Summe; einen -en Tag, Monat warten müssen; die Uhr schlägt die -en Stunden; bei -em Lohnausgleich; er erhob sich zu seiner -en Größe; mit -em Namen unterschreiben; die frische Luft in -en Zügen einatmen; die Bäume stehen in -er Blüte; in -er Fahrt bremsen; die Maschine läuft auf -en Touren; die Ernte ist in -em Gange; die -e Wahrheit sagen; für etw. die -e Verantwortung übernehmen; ich sage das in -em, -stem Ernst; -e Kraft voraus, zurück! (seemännische Kommandos; *mit voller Motorleistung vorwärts- bzw. rückwärtsfahren);* das Dutzend ist gleich v.; der Mond ist v. *(es ist Vollmond);* die Maschine v. auslasten; das Resultat ist v. befriedigend; für eine Tat v. [und ganz] verantwortlich sein; etw. v. billigen, unterstützen; v. da sein (ugs.; *geistig rege, leistungsfähig sein);* der Abfahrtsläufer ist nicht v. (ugs., bes. Sport; *nicht mit vollem Einsatz)* gefahren; die Stürmerin hat v. durchgezogen (Sportjargon; *mit voller Wucht geschossen);* v. (*den vollen Fahrpreis)* bezahlen müssen; das Geld v. *(ohne Abzüge)* ausbezahlt bekommen; jmdn. v. ansehen *(ihm gerade ins Gesicht sehen);* die v. klimatisierte Räume; die v. automatisierte Produktion; ⟨subst.:⟩ einen Wurf in die Vollen (Kegeln; *Wurf auf alle neun Kegel);* * **jmdn. für v. ansehen, nehmen** *(jmdn. ernst nehmen, als vollwertig ansehen);* **in die Vollen gehen** (ugs.; *die verfügbaren Mittel verschwenderisch anwenden, die verfügbaren Kräfte, z. B. eines Motors, voll einsetzen; eigtl. = [beim Kegeln] in die Vollen [= auf alle neun Kegel] werfen);* **b)** (ugs.) bezeichnet bei der Uhrzeit die volle Stunde: die Uhr schlägt, es schlägt gleich v.; der Bus fährt immer 5 nach v.

²**voll** ⟨Adv.⟩ [zu: ¹voll (3 a)] (salopp, bes. Jugendspr.): *im höchsten Maße:* das ist v. gut, v. doof, v. die Härte.

Voll|aka|de|mi|ker, der: *Akademiker mit abgeschlossenem Universitätsstudium.*

Voll|aka|de|mi|ke|rin, die: w. Form zu ↑ Vollakademiker.

Voll|alarm, der: *Alarm bei unmittelbarer Gefahr (höchste Alarmstufe).*

voll|auf [auch: ...'|auf] ⟨Adv.⟩: *in reichlichem Maße, ganz und gar:* v. zufrieden sein; er hat damit v. zu tun; ein v. verdienter Sieg.

◆ **Voll|auf**, der; -s: *Fülle, Überfluss:* Mein Herz hungert bei dem V. der Sinne (Schiller, Kabale II, 1).

Voll|au|to|mat, der (Technik): *vollautomatische Maschine, Vorrichtung.*

voll|au|to|ma|tisch ⟨Adj.⟩: *in allen Teilen automatisch* (1 a) *[funktionierend, arbeitend]:* eine -e Anlage, Produktion; v. ablaufen, arbeiten, funktionieren.

voll au|to|ma|ti|siert, voll|au|to|ma|ti|siert ⟨Adj.⟩: *vollständig automatisch arbeitend.*

Voll|bad, das: *Bad für den ganzen Körper.*

Voll|bart, der: *Bart, der einen großen Teil des Gesichts bedeckt.*

voll|bär|tig ⟨Adj.⟩: *einen Vollbart aufweisend.*

voll|be|la|den, voll|be|la|den ⟨Adj.⟩: *vollständig beladen.*

voll|be|rech|tigt ⟨Adj.⟩: *alle Rechte aufweisend, innehabend:* ein -es Mitglied.

voll|be|schäf|tigt ⟨Adj.⟩: *vollzeitbeschäftigt; voll berufstätig.*

Voll|be|schäf|ti|gung, die (Wirtsch.): **1.** *Zustand der Wirtschaft, in dem es [fast] keine Arbeitslosigkeit gibt.* **2.** *Vollzeitbeschäftigung.*

voll be|setzt, voll|be|setzt ⟨Adj.⟩: *vollständig besetzt:* ein voll besetzter Bus.

Voll|be|sitz, der ⟨o. Pl.⟩: *uneingeschränktes Verfügen über etw.:* im V. seiner geistigen und körperlichen Kräfte, seiner Sinne sein.

Voll|bier, das (Fachspr.): *Bier mit einem Stammwürzegehalt von 11 bis 14 %.*

Voll|bild, das: **1.** (Druckw.) *ganzseitiges Bild.* **2.** (Med.) *typisches, genau dem Lehrbuch entsprechendes Krankheitsbild:* Patienten mit dem V. der Erkrankung; die Krankheit zeigt sich bereits im V. *(in voller Ausprägung).*

Voll|blut, das: **1.** [LÜ von engl. full blood] *reinrassiges Pferd (bes. Reit-, Rennpferd), das von Tieren aus arabischer od. englischer Zucht abstammt.* **2.** (Med.) *sämtliche Bestandteile enthaltendes Blut.*

Voll|blut- (emotional): *kennzeichnet in Bildungen mit Substantiven eine Person, die ganz von ihrer Tätigkeit erfüllt ist:* Vollblutjournalist, -politikerin.

Voll|blü|ter, der; -s, -: *Vollblut* (1).

voll|blü|tig ⟨Adj.⟩: **1.** *aus rassereiner Zucht [stammend]:* ein -er Hengst. **2.** *voller Lebenskraft, vital.*

Voll|blü|tig|keit, die; -: *das Vollblütigsein.*

Voll|blut|mu|si|ker, der: *Musiker, der ganz von seiner Tätigkeit erfüllt ist.*

Voll|blut|mu|si|ke|rin, die: w. Form zu ↑ Vollblutmusiker.

Voll|blut|pferd, das: *Vollblut* (1).

Voll|blut|weib, das (ugs. emotional): *vitale, attraktive Frau.*

Voll|brem|sung, die: *mit der größtmöglichen Bremskraft erfolgende Bremsung.*

voll|brin|gen ⟨unr. V.; hat⟩ (geh.): *(bes. etw. Außergewöhnliches) ausführen, zustande bringen, zur Vollendung bringen:* ein Meisterstück, ein gutes Werk v.

Voll|brin|gung, die; -, -en (geh.): *das Vollbringen.*

voll|bu|sig ⟨Adj.⟩: *einen vollen, üppigen Busen aufweisend.*

Voll|dampf, der ⟨o. Pl.⟩ (bes. Seemannsspr.): *volle Maschinenkraft:* meist in der Verbindung: mit V.; mit V. fahren; Mit V. voraus!; * **V. hinter etw. machen** (ugs.; *etw. mit Nachdruck betreiben*); **mit V.** (ugs.; *mit höchstem Tempo, höchster Eile [u. Anstrengung]*: mit V. arbeiten).

Voll|dün|ger, der (Landwirtsch.): *Kunstdünger, der alle wichtigen Nährstoffe enthält.*

Völ|le, die; - (seltener): *drückendes Vollsein [des Magens]; übermäßiges Sattsein:* ein Gefühl der V. [im Magen] haben.

Völ|le|ge|fühl, das ⟨Pl. selten⟩: *Gefühl der Völle.*

voll|elas|tisch ⟨Adj.⟩: *vollkommen elastisch:* -es Material.

voll|elek|t|ro|nisch ⟨Adj.⟩ (Elektrot.): vgl. vollautomatisch.

voll|en|den ⟨sw. V.; hat⟩ [mhd. volenden, eigtl. = zu vollem Ende bringen]: **1.** *(etw. Begonnenes) beenden, zu Ende bringen, führen, zum Abschluss bringen:* ein Werk, einen Bau v.; einen Brief, einen Gedankengang v.; (Rechtsspr.:) vollendeter Mord, eine versuchte Sprachwiss.:) vollendete Gegenwart *(Vorgegenwart, Perfekt),* vollendete Vergangenheit *(Vorvergangenheit, Plusquamperfekt);* Ü er vollendete sein dreißigstes Lebensjahr; sein Leben v. (geh. verhüll.; *sterben*). **2.** ⟨v. + sich⟩ (geh.) *seinen Abschluss [u. seine letzte Erfüllung] finden:* in diesem Werk vollendet sich das Schaffen, das Leben des Künstlers.

Voll|en|der, der; -s, -: *jmd., der ein Werk vollendet.*

Voll|en|de|rin, die; -, -nen: w. Form zu ↑ Vollender.

voll|en|det ⟨Adj.⟩: *vollkommen, tadellos, unübertrefflich:* ein -er Gastgeber; eine -e Tänzerin; von -er Schönheit; sie hat das Konzert [technisch] v. *(virtuos)* gespielt; Und dieser Frau, die sogar im Bett eine -e Dame zu bleiben verstand, der die Krankheit eher Schönheit zutrug als wegnahm, hatte er eine Moralrede halten wollen? (R. Walser, Gehülfe 139).

voll|ends ⟨Adv.⟩ [älter vollend, unter Anlehnung an ↑ vollenden mit adverbialem s zu mhd. vollen ⟨Adv.⟩ = völlig]: *(im Hinblick auf einen Rest, etw. noch Verbliebenes) völlig; ganz und gar: etw. v. zerstören; der Saal hatte sich v. geleert; v. zufrieden sein.*

Voll|en|dung, die; -, -en [spätmhd. vollendunge]: **1.** *das Vollenden; das Vollendetsein:* das Werk geht der V. entgegen, steht kurz vor der V.; Ü mit, nach V. des 65. Lebensjahrs. **2.** (geh.) *das Sichvollenden* (2); *Abschluss u. Krönung:* dieses Werk ist, bedeutet die V. seines Schaffens. **3.** ⟨o. Pl.⟩ *Vollkommenheit; Perfektion:* sein Stil ist von höchster V.

voll|ent|wi|ckelt, voll ent|wi|ckelt ⟨Adj.⟩: *vollständig entwickelt, ganz ausgebildet.*

vol|ler ⟨Präp. mit Gen., selten auch mit Dativ⟩ [erstarrter, gebeugter Nom. von ↑ ¹voll]: **1.** ¹*voll* (1 a), *bedeckt mit:* ein Korb v. Früchte; ein Gesicht v. Pickel; das Kleid ist v. weißer Flecken. **2.** ¹*voll* (1 b), *ganz erfüllt, durchdrungen von:* ein Herz v. Liebe; ein Leben v. Sorgen; ein Buch v. schwarzem Humor; er ist/steckt v. Widersprüche; v. Spannung zuhören.

Völ|le|rei, die; -, -en [unter Anlehnung an ↑ ¹voll für latein 17 [füllerei] (abwertend): *üppiges u. unmäßiges Essen u. Trinken:* eine maßlose V.; zur V. neigen.

Voll|ern|tung, der; -s, - (Landwirtsch.): *landwirtschaftliche Maschine, die alle zur Ernte gehörenden Arbeitsvorgänge ausführt:* auf den Feldern werden immer mehr Vollernter eingesetzt.

voll|es|sen, sich ⟨unr. V.; hat⟩ (ugs.): *bis zur Sättigung, Übersättigung essen.*

vol|ley ['vɔli] ⟨Adv.⟩ [zu engl. volley, ↑ Volley] (Ballsport, bes. Fußball, Tennis): *aus der Luft [geschlagen], ohne dass der Ball aufspringt:* den Ball v. nehmen, schlagen.

Vol|ley, der; -s, -s [engl. volley, eigtl. = Flugbahn < frz. volée, zu: voler < lat. volare = fliegen] (bes. Tennis): *volley geschlagener Ball.*

Vol|ley|ball, der [engl. volleyball]: **1.** ⟨o. Pl.⟩ *Spiel zwischen zwei Mannschaften, bei dem die eine Mannschaft versucht, einen Ball mit den Händen so über das Netz in das Spielfeldmitte zu schlagen, dass ihn die andere nicht erreichen od. regelrecht zurückschlagen kann.* **2.** *Ball für Volleyball* (1). **3.** *Volley.*

Vol|ley|bal|ler, der; -s, - (ugs.): *Volleyballspieler.*

Vol|ley|bal|le|rin, die; -, -nen: w. Form zu ↑ Volleyballer.

Vol|ley|ball|spie|ler, der: *jmd., der Volleyball spielt.*

Vol|ley|ball|spie|le|rin, die: w. Form zu ↑ Volleyballspieler.

Vol|ley|schuss, der (Fußball): *Schuss, bei dem der Ball volley geschossen wird.*

Voll|far|be, die (Fachspr.): *in höchstem Grad satte u. leuchtende Farbe ohne Beimischung von Schwarz, Weiß od. Grau.*

voll|fett ⟨Adj.⟩: *(von Käse) mehr als 45 % Fett in der Trockenmasse enthaltend.*

voll|fres|sen, sich ⟨st. V.; hat⟩: **1.** *(von Tieren) sich [bis zur übermäßigen Sättigung] satt fressen:* der Hund frisst sich voll. **2.** (ugs. abwertend) *übermäßig viel essen.*

voll|fruch|tig ⟨Adj.⟩ (Fachspr.): *(vom Wein) besonders fruchtig:* ein Wein von -em Aroma.

voll|füh|ren ⟨sw. V.; hat⟩: *ausführen, vollziehen, erledigen u. sehen bzw. hören lassen:* große Taten, ein Kunststück v.; einen Höllenlärm v.

Voll|füh|rung, die ⟨o. Pl.⟩: *das Vollführen.*

voll|fül|len ⟨sw. V.; hat⟩: *ganz füllen:* den Tank v.

Voll|gas, das ⟨o. Pl.⟩: *größtmögliche Zufuhr an Gas* (3 a): V. geben *(das Fahrzeug aufs Höchste beschleunigen);* mit V. fahren; * **mit V.** (ugs.; ↑ Volldampf).

voll|fres|sen ⟨Adj.⟩ (derb abwertend): *sehr dick, beleibt:* ein -er Funktionär.

Voll|ge|fühl ⟨Pl. selten⟩: in der Verbindung **im V. einer Sache** (*im uneingeschränkten Gefühl, Bewusstsein einer Sache):* er tat es im V. seiner Macht.

voll|gie|ßen ⟨st. V.; hat⟩: **1.** *durch Hineingießen einer Flüssigkeit ganz füllen:* den Becher [mit Saft] v. **2.** (ugs.) *mit einer Flüssigkeit begießen, bedecken bzw. beflecken:* [sich] etw. [mit etw.] v.

Voll|glat|ze, die: *Glatze über den ganzen Kopf.*

voll|gül|tig ⟨Adj.⟩: *uneingeschränkt gültig, geltend:* ein -er Beweis; **b)** *allgemein anerkannt, vollwertig:* Radfahrer als -e Verkehrsteilnehmer ansehen.

Voll|gum|mi, der, auch: das ⟨o. Pl.⟩: *massiver Gummi:* mit V. bereifte Räder.

Voll|gum|mi|rei|fen, der: *Reifen, der ganz aus Gummi besteht.*

Voll|haf|ter, der; -s, - (Rechtsspr., Wirtsch.): *persönlich haftender Gesellschafter einer Personengesellschaft.*

Voll|haf|te|rin, die; -, -nen: w. Form zu ↑ Vollhafter.

Voll|idi|ot, der (salopp abwertend): *vollkommener Trottel, Idiot* (2).

Voll|idi|o|tin, die: w. Form zu ↑ Vollidiot.

vol|lie|ren [vɔ...] ⟨sw. V.; hat⟩ (bes. Tennis): *den Ball volley schlagen:* am Netz v.

völ|lig ⟨Adj.⟩ [mhd. vollic, zu ↑ ¹voll]: *so beschaffen, dass nichts Erforderliches fehlt bzw. alle Bedingungen erfüllt sind; ohne Einschränkung vorhanden; ganz* (1 a): -e Gleichberechtigung; -e Unkenntnis, Finsternis; ein -es Durcheinander; sie ist noch ein -es Kind; v. betrunken, durchnässt, sprachlos sein; das ist v. gleichgültig; etw. v. verstehen, verkennen; ◆ ⟨Komp.:⟩ ... und die Rippe des Stiels (= der Pflanze) bildet sich -er aus (Goethe, Got u. Welt [die Metamorphose der Pflanzen]).

voll|in|halt|lich ⟨Adj.⟩: *den vollen, ganzen Inhalt* (2 a) *betreffend:* eine -e Übereinstimmung.

voll|jäh|rig ⟨Adj.⟩ (Rechtsspr.): *so alt, wie es für die Mündigkeit erforderlich ist; mündig* (a): v. werden, sein.

Voll|jäh|rig|keit, die; -: *das Volljährigsein:* vor, nach Erreichung der V.

Voll|jäh|rig|keits|er|klä|rung, die (Rechtsspr.) früher: *Erklärung der Volljährigkeit bei 18-Jährigen durch das Vormundschaftsgericht.*

Voll|ju|rist, der: *Jurist, der nach einer Referendarzeit durch Ablegen des zweiten Staatsexamens die Befähigung zum Richteramt erworben hat.*

Voll|ju|ris|tin, die: w. Form zu ↑ Volljurist.

Voll|kas|ko, der; - (ugs.): Kurzf. von ↑ Vollkaskoversicherung.

voll|kas|ko|ver|si|chern ⟨sw. V.; hat⟩; meist im Inf. u. 2. Part. gebr.): *ein Kraftfahrzeug gegen sämtliche Schäden versichern.*

Voll|kas|ko|ver|si|che|rung, die: *Kraftfahrzeugversicherung, durch die ein Fahrzeug vollkaskoversichert ist.*

Voll|kauf|frau, die (Wirtsch.): *(im Handelsregister einzutragende) Kauffrau mit Gewerbebetrieb.*

Voll|kauf|mann, der (Wirtsch.): vgl. Vollkauffrau.

voll kli|ma|ti|siert, voll|kli|ma|ti|siert ⟨Adj.⟩: *vollständig klimatisiert:* voll klimatisierte Büros; ein voll klimatisierter Reisebus.
voll|kom|men ⟨Adj.⟩ [mhd. volkomen, eigtl. adj. 2. Part. von: volkomen = zu Ende führen, vollendet werden]: **1.** [...'kɔm..., auch: 'fɔl...] *seinem Wesen entsprechend voll ausgebildet u. ohne Fehler, unübertrefflich:* ein vollkommenes Kunstwerk; eine -e *(klassische)* Schönheit; kein Mensch ist v.; damit war das [Un]glück v. *(hatte es den Gipfel erreicht);* Er hatte Marianne verloren, er sagte es sich ein viertes Mal und stellte fest, dass ihr Begleiter nicht größer war als er selbst, aber mit einer -en, klassischen Figur (Kronauer, Bogenschütze 170). **2.** ['fɔl...] *vollständig, völlig, gänzlich:* -e Übereinstimmung erzielen; -e *(absolute* 5) Ruhe; ich bin v. deiner Meinung; etw. v. verstehen; jmdm. die Freude v. verderben.
Voll|kom|men|heit ['fɔl...], die; -: *das Vollkommensein* (1).
Voll|korn, das ⟨o. Pl.⟩: in Wendungen wie **V. nehmen** (bes. Militär, Schießsport; *so hoch zielen, dass das Korn über die Kimme hinausragt).*
Voll|korn|brot, das: *dunkles, aus Vollkornmehl hergestelltes Brot.*
Voll|korn|mehl, das: *Mehl, das noch die Randschichten u. den Keimling des Korns mit Vitaminen u. anderen Wirkstoffen enthält.*
voll|kot|zen ⟨sw. V.; hat⟩ (ugs.): *durch Erbrechen beschmutzen.*
Voll|kraft, die ⟨o. Pl.⟩: *voll entfaltete Lebenskraft:* er stand in der V. seiner Jugend.
voll|krie|gen ⟨sw. V.; hat⟩ (ugs.): *ganz füllen können:* den Korb [mit Pilzen] v.
voll|krit|zeln ⟨sw. V.; hat⟩: vgl. vollschreiben.
voll|la|bern ⟨sw. V.; hat⟩ (ugs. abwertend): vgl. vollquatschen.
voll|la|den ⟨st. V.; hat⟩: *ganz beladen:* den Wagen [mit Kisten] v.
Voll|last, Voll-Last, die (Technik): *höchste Belastung.*
voll|lau|fen ⟨st. V.; ist⟩: *sich mit einer Flüssigkeit füllen:* die Badewanne ist vollgelaufen; * **sich v. lassen** (salopp; *sich betrinken).*
voll|ma|chen ⟨sw. V.; hat⟩: **1.** (ugs.) *füllen:* den Eimer [mit Wasser] v. **2.** (ugs.) *beschmutzen:* das Kind hat wieder die Hose vollgemacht *(in die Hose gemacht).* **3. a)** *durch sein Vorhandensein, Eintreten o. Ä. vollzählig od. vollständig machen:* das Dutzend v.; **b)** (ugs.) *durch sein Handeln machen, bewirken, dass etw. voll, vollzählig wird:* mit dieser Etappe wollte er die 100 km v.
Voll|macht, die; -, -en [spätmhd. volmacht, LÜ von lat. plenipotentia]: **1.** *jmdm. von einem anderen erteilte Ermächtigung, in seinem Namen zu handeln, etw. an seiner Stelle zu tun:* jmdm. [die] V. für/zu etw. geben, erteilen, übertragen; [die] V. haben [etw. zu tun]; eine V. widerrufen; jmdm. die V. entziehen; seine Vollmacht[en] überschreiten, missbrauchen; in V., In V. *(in Briefen vor der Unterschrift des unterzeichnungsberechtigten Stellvertreters; in der Regel als Abk.: i. V., [nach abgeschlossenem Text od. allein vor einer Unterschrift:] I. V.).* **2.** *Schriftstück, schriftliche Erklärung, wodurch jmdm. eine Vollmacht* (1) *erteilt wird:* eine V. unterschreiben, vorlegen; jmdm. eine V. ausstellen.
Voll|macht|ge|ber, der (Rechtsspr.): *jmd., der eine Vollmacht erteilt.*
Voll|macht|ge|be|rin, die: w. Form zu ↑ Vollmachtgeber.
voll|ma|len ⟨sw. V.; hat⟩: vgl. vollschreiben.
Voll|mann, der ⟨Pl. ...männer⟩: *sehr männlicher Mann.*
voll|mast ⟨Adv.⟩ (Seemannsspr.): *(von Fahnen) bis zur vollen Höhe des Mastes hinaufgezogen:* v. flaggen; die Flagge auf v. setzen.
Voll|ma|tro|se, der: *voll ausgebildeter Matrose.*
Voll|ma|tro|sin, die: w. Form zu ↑ Vollmatrose.
Voll|milch, die: *Milch mit dem vollen Fettgehalt.*
Voll|milch|scho|ko|la|de, die: *mit Vollmilch hergestellte Schokolade.*
Voll|mit|glied, das: *Mitglied mit allen Rechten u. Pflichten.*
Voll|mit|glied|schaft, die: *das Vollmitgliedsein; Angehörigkeit als Vollmitglied.*
Voll|mond, der: **1. a)** ⟨o. Pl.⟩ *Mond, der als runde Scheibe leuchtet:* * **strahlen wie ein V.** (ugs. scherzh.; *zufrieden, glücklich lächeln);* **b)** ⟨Pl. selten⟩ *Phase des voll, als runde Scheibe leuchtenden Mondes:* es ist V.; wir haben V.; bei V. **2.** (salopp scherzh.) *Glatzkopf.*
Voll|mond|ge|sicht, das (scherzh.): **1.** *rundes, volles Gesicht.* **2.** *Person mit rundem, vollem Gesicht.*
voll|mun|dig ⟨Adj.⟩: **1.** *(bes. von Wein, Bier) voll im Geschmack:* ein -er Wein. **2.** *angeberisch, hochtrabend:* etw. v. ankündigen.
Voll|nar|ko|se, die (Med.): *tiefe Narkose.*
voll|pa|cken ⟨sw. V.; hat⟩: *ein Behältnis, Stauraum o. Ä. vollständig mit etw. füllen:* den Koffer, Kofferraum v.
Voll|pen|si|on, die ⟨meist o. Art.; o. Pl.⟩: *Unterkunft mit Frühstück u. zwei warmen Mahlzeiten.*
Voll|pfos|ten, der (salopp): *sehr dummer Mensch:* der V. hat sich total besoffen ans Steuer gesetzt.
voll|prop|fen ⟨sw. V.; hat⟩: vgl. vollstopfen (1).
Voll|plas|tik, die (bild. Kunst): *rundum als Plastik gestaltetes Kunstwerk.*
Voll|pro|fi, der: *Profi, der seinen Sport uneingeschränkt als Beruf betreibt.*
Voll|pro|gramm, das (Rundfunk, Fernsehen): *umfassendes, nicht auf eine bestimmte Sparte beschränktes Programm.*
voll|pum|pen ⟨sw. V.; hat⟩: *durch Hineinpumpen von etw. ganz füllen:* etw. mit Wasser v.; Ü sich die Lungen mit Luft v. (ugs.; *tief einatmen);* (salopp; *sich mit Wissen v.*
voll|qual|men ⟨sw. V.; hat⟩ (ugs.): *mit Qualm, Tabakrauch anfüllen:* jmdm. die Bude v.
voll|quat|schen ⟨sw. V.; hat⟩ (ugs. abwertend): *ständig, unaufhörlich auf jmdn. einreden:* die ganze Zeit hat er mich, hat er mir den Kopf vollgequatscht.
Voll|rausch, der: *schwerer Alkoholrausch:* er hat die Tat im V. begangen.
voll|reif ⟨Adj.⟩: *völlig ausgereift, ganz reif:* -e Pfirsiche.
Voll|rei|fe, die: *vollständige Reife* (1).
Voll|rei|fen, der: *Vollgummireifen.*
Voll|ren|te, die: **1.** *Unfallrente bei vollständiger Erwerbsunfähigkeit.* **2.** *höchstmögliche Rente, die jmd. nach Erreichen der Altersgrenze bezieht.*
Voll|salz, das (Fachspr.): *jodiertes Speisesalz.*
voll|sau|en ⟨sw. V.; hat⟩ (salopp abwertend): *über u. über beschmutzen.*
voll|sau|fen, sich ⟨st. V.; hat⟩ (derb): *sich betrinken.*
voll|sau|gen, sich ⟨sw., auch st. V.; hat⟩: *eine Flüssigkeit in sich aufnehmen, in sich hineinziehen:* der Schwamm hat sich [mit Wasser] vollgesaugt/vollgesogen.
voll|schla|gen ⟨sw. V.⟩: **1.** ⟨ist⟩ (Seemannsspr.) *sich plötzlich mit (ins Boot o. Ä. schlagendem) Wasser füllen:* der Kahn ist [durch eine große Welle] vollgeschlagen. **2.** ⟨hat⟩ (ugs.) *sich vollessen, sich den Magen füllen:* du hast dir den Bauch, den Magen, den Wanst, die Wampe vollgeschlagen; ich hatte mich mit Braten vollgeschlagen.
voll|schlank ⟨Adj.⟩ (verhüll.): *(besonders von Frauen) füllig, rundlich:* eine -e Frau, Figur.
voll|schmie|ren ⟨sw. V.; hat⟩ (ugs.): **1.** *durch Beschmieren* (2) *völlig beschmutzen:* die Kinder haben sich vollgeschmiert. **2.** (abwertend) **a)** *überall beschmieren* (3): die Wände [mit Parolen] v.; **b)** *(auf unordentliche, unsaubere o. ä. Weise) vollschreiben, -malen:* ein Heft v.
Voll|schrei|ben ⟨st. V.; hat⟩: *durch Beschreiben [der Seiten] füllen:* ein Blatt, ein Heft v.
Voll|sper|rung, die (Verkehrsw.): *völlige Sperrung:* die V. der Autobahn zwischen Koblenz und Bonn.
voll|sprit|zen ⟨sw. V.; hat⟩ (ugs.): *über u. über bespritzen.*
Voll|spur, die ⟨Pl. selten⟩ (Eisenbahn): *breite Spur, bes. Normalspur (im Unterschied zur Schmalspur).*
voll|spu|rig ⟨Adj.⟩ (Eisenbahn): *mit Vollspur [versehen].*
voll|stän|dig ⟨Adj.⟩ [zu mhd. volstān = bis zu Ende stehen, ausharren, dann im Sinne von »vollen Stand, d. h. alle nötigen Teile habend«]: **1.** *alles Dazugehörende umfassend, alle Teile aufweisend; lückenlos, komplett:* ein -es Verzeichnis; den -en Text von etw. abdrucken; die Angaben sind nicht v. **2.** *völlig, gänzlich:* in [fast] -er Dunkelheit; etw. v. zerstören; Mein lieber Herr, Sie sind v. im Recht (Seghers, Transit 201).
Voll|stän|dig|keit, die; -: *das Vorhandensein alles Dazugehörenden; vollständige* (1) *Beschaffenheit:* auf V. verzichten; etw. der V. halber anführen.
voll|stel|len ⟨sw. V.; hat⟩ (ugs.): vgl. vollpacken: die Fensterbank mit Blumentöpfen v.
voll|stop|fen ⟨sw. V.; hat⟩ (ugs.): **1.** *bis zur Grenze des Fassungsvermögens mit etw. füllen:* einen Koffer v.; sich die Taschen mit etw. v.; Ü sich den Bauch v.; vollgestopfte *(überfüllte)* Lager. **2.** ⟨v. + sich⟩ *sich vollessen.*
voll|streck|bar ⟨Adj.⟩ (Rechtsspr.): *Vollstreckung zulassend:* das Urteil ist noch nicht v.
Voll|streck|bar|keit, die; - (Rechtsspr.): *das Vollstreckbarsein.*
voll|stre|cken ⟨sw. V.; hat⟩ [eigtl. = bis zu Ende strecken, dann: (zeitlich) verlängern, ausdehnen]: **1. a)** (Rechtsspr.) *(einen Rechtsanspruch, eine gerichtliche Entscheidung o. Ä.) verwirklichen, vollziehen:* [an jmdm.] ein Urteil, eine Strafe v.; ein Testament v.; die vollstreckende Gewalt *(Exekutive);* **b)** ⟨v. + sich⟩ (selten) *sich vollziehen.* **2.** (Sportjargon) *ausführen u. dabei ein Tor erzielen, den Abschluss finden:* einen Strafstoß v.; (auch ohne Akk.-Obj.:) er vollstreckte blitzschnell.
Voll|stre|cker, der; -s, -: **1.** *jmd., der eine Vollstreckung vornimmt.* **2.** (Sportjargon) *jmd., der in der Lage ist zu vollstrecken* (2).
Voll|stre|cke|rin, die: w. Form zu ↑ Vollstrecker.
Voll|stre|ckung, die (Rechtsspr.): *das Vollstrecken* (1): die V. eines Urteils [anordnen, aussetzen].
Voll|stre|ckungs|be|am|ter ⟨vgl. Beamter⟩: *Beamter der Vollstreckungsbehörde.*
Voll|stre|ckungs|be|am|tin, die: w. Form zu ↑ Vollstreckungsbeamter.
Voll|stre|ckungs|be|fehl, der (Rechtsspr.): *für vorläufig vollstreckbar erklärter Mahnbescheid.*
Voll|stre|ckungs|be|hör|de, die: *mit der Zwangsvollstreckung befasste Behörde.*
Voll|stre|ckungs|ge|richt, das (Rechtsspr.): *für die Zwangsvollstreckung zuständiges Amtsgericht.*
Voll|stre|ckungs|ti|tel, der (Rechtsspr.): *Schuldtitel.*
voll|syn|the|tisch ⟨Adj.⟩: *vollständig synthetisch:* -e Öle, Gewebe.
voll|tan|ken ⟨sw. V.; hat⟩: **1.** *so viel tanken, wie der*

Treibstofftank fasst: den Wagen v. [lassen]; ⟨auch ohne Akk.-Obj.:⟩ tanken Sie bitte voll! **2.** ⟨v. + sich⟩ (salopp) *sich betrinken.*

Voll|text, der ⟨bes. EDV⟩: *gesamter (in einer Datei, einem Dokument, einem Buch o. Ä. enthaltener) Text.*

Voll|text|su|che, die ⟨EDV⟩: *Programm (4), das einen Text vollständig nach einem bestimmten Wort, einer bestimmten Zeichenfolge durchsucht.*

voll|tö|nend ⟨Adj.⟩: *mit vollem, kräftigem Ton, Klang; sonor* (1): mit -er Stimme.

voll tran|sis|to|riert, voll|tran|sis|to|riert, voll tran|sis|to|ri|siert, voll|tran|sis|to|ri|siert ⟨Adj.⟩ (Elektrot.): *vollständig mit Transistoren ausgerüstet.*

Voll|tref|fer, der: **1.** *Treffer mitten ins Ziel; Schuss, Schlag, Wurf o. Ä., der voll getroffen hat:* das Schiff erhielt, bekam einen V.; der Boxer konnte einen V. landen. **2.** *großer Erfolg:* diese Schallplatte wurde ein V.

voll|trun|ken ⟨Adj.⟩: *völlig betrunken:* er hat die Tat in -em Zustand begangen.

Voll|trun|ken|heit, die: *das Volltrunkensein.*

voll|um|fäng|lich ⟨Adj.⟩ (bes. schweiz.): *in vollem Umfang, uneingeschränkt:* ein -er Freispruch; die Forderungen, die Bedingungen wurden v. erfüllt.

Voll|verb, das ⟨Sprachwiss.⟩: *Verb, das allein das Prädikat bilden kann (nicht Hilfs-, Modalverb o. Ä. ist).*

Voll|ver|pfle|gung, die: *volle Verpflegung mit drei Mahlzeiten pro Tag:* Hotelunterkunft mit V.

Voll|ver|samm|lung, die: *Versammlung, an der alle Mitglieder teilnehmen; Plenarversammlung; Plenum:* die V. der Vereinten Nationen.

Voll|ver|si|on, die ⟨EDV⟩: *umfassendste Version einer Software, die es in verschiedenen Versionen gibt.*

Voll|wai|se, die: *Waise, die beide Eltern durch Tod verloren hat.*

Voll|wasch|mit|tel, das: *Waschmittel, das zum Kochen der Wäsche u. zum Waschen bei niedrigeren Temperaturen geeignet ist.*

Voll|weib, der: vgl. Vollblutweib.

Voll|wert|er|näh|rung, die ⟨o. Pl.⟩: *Ernährung mit Vollwertkost.*

voll|wer|tig ⟨Adj.⟩: **a)** *den vollen Wert, alle erwarteten Eigenschaften besitzend:* ein -es Material; ein -er *(gleichwertiger)* Ersatz; **b)** *(von Nahrungsmitteln) naturbelassen, unverarbeitet und frei von chemischen Stoffen:* wir kochen fast nur noch v.

Voll|wer|tig|keit, die ⟨o. Pl.⟩: *das Vollwertigsein* (a).

Voll|wert|kost, die ⟨o. Pl.⟩: *vollwertige* (b) *Nahrungsmittel:* sie isst nur V.

voll|wich|tig ⟨Adj.⟩ (Münzkunde): *das volle vorgeschriebene Gewicht habend;* ♦ ... und fing nun an, die Goldstücke genau zu wägen. Zwei oder drei musterte er als zu leicht aus, ... bis der andere statt der verworfenen -e hervorholte (Immermann, Münchhausen 164).

voll|wür|zig ⟨Adj.⟩: *die volle Würze habend:* ein -er Wein.

Voll|zahl, die ⟨o. Pl.⟩: *die volle [An]zahl aufweisend, in voller [An]zahl:* ein -er Satz Briefmarken; wir sind noch nicht v.; v. erscheinen, teilnehmen.

Voll|zäh|lig|keit, die; -: *das Vollzähligsein.*

Voll|zeit, die ⟨o. Pl.⟩: Kurzf. von ↑Vollzeitbeschäftigung: immer mehr Mütter wollen [in] V. *(als Vollzeitbeschäftigte)* arbeiten.

voll|zeit|be|schäf|tigt ⟨Adj.⟩: *einer Vollzeitbeschäftigung nachgehend:* -e Arbeitnehmer; sie ist v.

Voll|zeit|be|schäf|tig|te ⟨vgl. Beschäftigte⟩: *weibliche Person die eine Vollzeitbeschäftigung hat.*

Voll|zeit|be|schäf|tig|ter ⟨vgl. Beschäftigter⟩: *jmd., der eine Vollzeitbeschäftigung hat:* in unserem Betrieb arbeiten fast nur Vollzeitbeschäftigte.

Voll|zeit|be|schäf|ti|gung, die: *Beschäftigung mit normaler, nicht verminderter Arbeitszeit.*

Voll|zei|ter, der; -s, - (bes. schweiz.): *jmd., der Vollzeit arbeitet.*

Voll|zei|te|rin, die; -, -nen: w. Form zu ↑Vollzeiter.

Voll|zeit|schu|le, die (Schule): *Schule, die mit Unterricht bzw. Hausaufgaben die einem Arbeitstag entsprechende Zeit in Anspruch nimmt.*

Voll|zeit|stel|le, die: *Vollzeitbeschäftigung.*

voll|zieh|bar ⟨Adj.⟩: *Vollziehung, Vollzug zulassend.*

Voll|zieh|bar|keit, die; -: *das Vollziehbarsein.*

voll|zie|hen ⟨unr. V.; hat⟩ [mhd. vollziehen, ahd. follaziohan]: **1. a)** *verwirklichen, in die Tat umsetzen, ausführen:* eine [Amts]handlung v.; eine Trennung v.; die Unterschrift v. *(leisten);* mit der standesamtlichen Trauung ist die Ehe rechtlich vollzogen *(ist sie rechtsgültig);* **b)** *den Anweisungen, Erfordernisse o. Ä., die den Inhalt von etw. ausmachen, erfüllen, verwirklichen:* einen Auftrag, Befehl v.; [an jmdm.] ein Urteil v. (Rechtsspr.); *vollstrecken;* die vollziehende Gewalt (Exekutive). **2.** ⟨v. + sich⟩ *ablaufen, nach u. nach geschehen, vor sich gehen:* ein Vorgang, der sich gesetzmäßig vollzieht; in ihr vollzog sich ein Wandel.

Voll|zie|hung, die: *das Vollziehen* (1).

Voll|zug, der ⟨Pl. selten⟩: **1.** [mhd. volzuc] *das Vollziehen, die Vollziehung.* **2. a)** Kurzf. von ↑Strafvollzug; **b)** ⟨Jargon⟩ Vollzugsanstalt: *das Leben im V.*

Voll|zugs|an|stalt, die: Kurzf. von ↑Justizvollzugsanstalt.

Voll|zugs|be|am|ter ⟨vgl. Beamter⟩: Kurzf. von ↑Strafvollzugsbeamter.

Voll|zugs|be|am|tin, die: w. Form zu ↑Vollzugsbeamter.

Voll|zugs|mel|dung, die: *Meldung über den Vollzug* (1) *von etw.*

Voll|zugs|po|li|zei, die: *Polizei, die für den Vollzug* (1) *aller Maßnahmen zur Wahrung u. Wiederherstellung der öffentlichen Sicherheit zuständig ist.*

Voll|zugs|we|sen, das ⟨o. Pl.⟩: *alles, was mit dem Strafvollzug zusammenhängt.*

Vo|lon|tär, der; -s, -e [urspr. = Freiwilliger ohne Sold < frz. volontaire = freiwillig; Freiwilliger < lat. voluntarius = freiwillig, zu: voluntas = Wille]: *jmd., der zur Vorbereitung auf seine künftige berufliche (bes. journalistische od. kaufmännische) Tätigkeit [gegen geringe Bezahlung] in einer Redaktion, in einem kaufmännischen Betrieb o. Ä. arbeitet.*

Vo|lon|ta|ri|at, das; -[e]s, -e: **1.** *Ausbildungszeit, -ort eines Volontär[in]ist.* **2.** *Stelle eines Volontärs, einer Volontärin.*

Vo|lon|tä|rin, die; -, -nen: w. Form zu ↑Volontär.

vo|lon|tie|ren ⟨sw. V.; hat⟩: *als Volontär[in] arbeiten.*

Volt, das; - u. -[e]s, - [nach dem ital. Physiker A. Volta (1745–1827)] (Physik, Elektrot.): *Einheit der elektrischen Spannung* (Zeichen: V).

Vol|ta, die; -, Volten [ital. volta, ↑Volte]: *schneller, ausgelassener Tanz des 16. u. 17. Jh.s im Dreiertakt. $^{6}/_{8}$-Takt.*

Vol|ta|ele|ment, das [zu: Volta, ↑Volt] (Physik): *galvanisches Element aus einer Kupfer- u. einer Zinkelektrode in verdünnter Schwefelsäure.*

Vol|tai|ri|a|ner [...tɛ...], der; -s, -: *Anhänger der Philosophie Voltaires (1694–1778).*

Vol|tai|ri|a|ne|rin [...tɛ...], die; -, -nen: w. Form zu ↑Voltairianer.

Vol|ta|me|ter, das; -s, - [zu: Volta, ↑Volt u.

↑-meter (1)] (Physik): *elektrolytisches Instrument zur Messung von Elektrizitätsmengen.*

Volt|am|pere [auch: ...ˈamˈpɛːɐ̯], das ⟨Physik, Elektrot.⟩: *Einheit der elektrischen Leistung* (Zeichen: VA).

Vol|te, die; -, -n [(frz. volte <) ital. volta, eigtl. = Drehung, zu: voltare = drehen, über das Vlat. zu lat. volvere, ↑Volumen]: **1.** (bildungsspr.) *Kunstgriff beim Kartenspiel, durch den beim Mischen eine Karte an die gewünschte Stelle gelangt:* die, eine V. schlagen; * **die/eine V. schlagen** *(einen geschickten Schachzug, Kniff anwenden).* **2.** (Reiten) *das Reiten eines Kreises von kleinem Durchmesser:* eine V. reiten. **3.** (Fechten) *seitliches Ausweichen.*

vol|tie|ren ⟨sw. V.; hat⟩ [frz. volter < ital. voltare, ↑Volte]: *voltigieren.*

Vol|ti|ge [vɔlˈtiːʒə], die; -, -n [frz. voltige, zu: voltiger < ital. voltigiare, zu: voltare, ↑Volte]: *Sprung eines Kunstreiters, einer Kunstreiterin auf das [trabende od. galoppierende] Pferd.*

vol|ti|gie|ren [...ˈʒiː...] ⟨sw. V.; hat⟩ [frz. voltiger < ital. voltiggiare, zu: voltare, ↑Volte]: **1.** (Reiten) *eine Volte (2) ausführen.* **2.** (Fechten) *eine Volte (3) ausführen.* **3.** *Luft-, Kunstsprünge o. Ä. am trabenden od. galoppierenden Pferd ausführen.*

Vol|ti|gie|rer, der; -s, -: *jmd., der voltigiert* (1, 3).

Vol|ti|gie|re|rin, die; -, -nen: w. Form zu ↑Voltigierer.

Volt|me|ter, das; -s, - [zu ↑Volt u. ↑-meter (1)] (Elektrot.): *Spannungsmesser.*

Volt|se|kun|de, die (Physik, Elektrot.): *Einheit des magnetischen Flusses* (Zeichen: Vs).

Vo|lum, das; -s, -e (veraltet, noch in Zus.): *Volumen:* ♦ Er schlägt ein V. (ein Volumen 3) auf und schickt sich an (Goethe, Faust I, Studierzimmer [Bühnenanweisung]).

Vo|lu|men, das; -s, - u. ...mina: **1.** ⟨Pl. -⟩ [unter Einfluss von frz. volume < lat. volumen = etw., was gerollt, gewickelt od. gewunden wird; (Schrift)rolle, Buch, Band, zu: volvere = rollen, wälzen; drehen, wirbeln] *räumliche Ausdehnung; Rauminhalt* (Zeichen: V): das V. einer Kugel, einer Luftfracht berechnen; der Ballon hat ein V. von 1 000 m³; der Schnitt gibt dem Haar V. *(Fülle).* **2.** ⟨Pl. -⟩ *Umfang, Gesamtmenge von etw. (innerhalb eines bestimmten Zeitraums):* das V. des Außenhandels ist gestiegen. **3.** ⟨Pl. ...mina⟩ [lat. volumen] (Verlagsw.) *Band (eines Werkes;* nur in der Abk.: vol., Vol.). **4.** ⟨Pl. -⟩ (Fachspr.) *Stromstärke einer Fernsprech- od. Rundfunkübertragung.*

Vo|lu|men|pro|zent: ↑Volumprozent.

Vo|lu|me|t|rie, die; - [↑-metrie]: *Maßanalyse.*

vo|lu|me|t|risch ⟨Adj.⟩: *die Volumetrie betreffend.*

Vo|lu|mi|na: Pl. von ↑Volumen.

vo|lu|mi|nös ⟨Adj.⟩ [frz. volumineux < lat. voluminosus = voll Krümmungen, Kreise, zu: volumen, ↑Volumen] (bildungsspr.): *von beträchtlichem Umfang:* ein -es Buch; er ist sehr v. (scherzh.; *korpulent).*

Vo|lum|pro|zent, das: *Volumenprozent, das: auf ein Volumen bezogenes Prozent* (Abk.: Vol.-%).

Vo|lun|ta|ris|mus, der; - [zu spätlat. voluntarius, ↑Volontär]: *philosophische Lehre, die den Willen als Grundprinzip des Seins ansieht.*

vo|lun|ta|ris|tisch ⟨Adj.⟩: *den Voluntarismus betreffend.*

vo|lun|ta|tiv ⟨Adj.⟩: **1.** [spätlat. voluntativus] (Philos.) *den Willen betreffend.* **2.** (Sprachwiss.) *den Modus (2) des Wunsches ausdrückend.*

vo|lup|tu|ös ⟨Adj.⟩ [frz. voluptueux < lat. voluptuosus, zu: voluptas = Vergnügen, Genuss] (bildungsspr.): *wollüstig.*

Vo|lu|te, die; -, -n [lat. voluta, zu: volutum, 2. Part. von: volvere, ↑Volumen] (Kunstwiss.): *spiralförmige Einrollung am Kapitell ionischer Säulen.*

Volutenkapitell – Vorahndung

od. als Ornament in der Renaissance; Schnecke (6 a).

Vo|lu|ten|ka|pi|tell, das (Kunstwiss.): *mit Voluten versehenes Kapitell der ionischen Säule.*

vol|vie|ren ⟨sw. V.; hat⟩ [lat. volvere, ↑ Volumen] (veraltend): **1.** *wälzen, rollen, wickeln.* **2.** *genau ansehen; überlegen, durchdenken.*

Vol|vu|lus, der; -, ...li [zu lat. volvere, ↑ Volumen] (Med.): *Darmverschlingung.*

vom ⟨Präp. + Art.⟩: *von dem* (Abk.: v.): v. Lande sein; Schnee fiel v. Himmel; der Weg v. Bahnhof zur Stadt; v. Morgen bis zum Abend; v. 10. Oktober an; v. Jahre 1995 bis heute; v. Bau sein; v. Fleisch fallen; müde v. Laufen, heiser v. Sprechen.

Vom|hun|dert|satz, der: *Prozentsatz.*

vo|mie|ren ⟨sw. V.; hat⟩ [lat. vomere] (Med.): *erbrechen.*

Vom|tau|send|satz, der: *Promillesatz.*

¹von ⟨Präp. mit Dativ; vgl. vom⟩ [mhd. von, ahd. fon, H. u.]: **1.** gibt einen räumlichen Ausgangspunkt an: v. vorn, v. hinten; v. rechts, v. fern[e], v. Norden; der Zug kommt v. Berlin; es tropft v. den Bäumen; v. woher stammst du?; in bestimmten Korrelationen: v. hier an ist die Strecke eingleisig; v. einem Bein auf das andere treten; v. hier bis zum Bahnhof; v. unten her; v. Ast zu Ast; in der Verbindung von ... aus: v. Mannheim aus fährt man über die B 38; v. diesem Fenster aus hat man einen tollen Blick; v. ihrem Standpunkt aus betrachtet, stellt sich die Sache anders dar; * **v. mir aus** (ugs.; *meinetwegen*). **2.** gibt den Vorgang od. Zustand der Loslösung, Trennung an: die Wäsche v. der Leine nehmen; sich den Schweiß v. der Stirn wischen; sich v. jmdm., v. zu Hause lösen; ⟨mit Betonung auf »von«:⟩ sie hat das Essen wieder v. sich gegeben (erbrochen); keinen Ton mehr v. sich geben; ein lieber Freund ist v. uns gegangen (verhüll.; *gestorben*); allen Ballast v. sich werfen. **3.** gibt einen zeitlichen Ausgangspunkt an: das Brot ist v. gestern (*gestern gebacken*); ich kenne ihn v. früher; meist in bestimmten Korrelationen: v. nun an; v. morgen an/ab; das ist er v. Jugend an/auf gewöhnt; v. heute an soll es besser werden; die Nacht v. Samstag auf/zu Sonntag; v. Montag bis Donnerstag; v. Jahr zu Jahr. **4. a)** nennt die Menge, das Ganze, von dem der genannte Teil stammt: einer v. euch; keins v. diesen Bildern gefällt mir; acht v. hundert/vom Hundert (8 %); **b)** gibt anstelle eines Gleichsetzungssatzes das für das genannte Einzelstück od. die genannte Person Typische an: ein Teufel v. einem Vorgesetzten; dieses Wunderwerk v. Brücke. **5. a)** meist durch einen Genitiv ersetzbar od. anstelle eines Genitivs: der König v. Schweden; der Vertrag v. Locarno; in der Umgebung v. München; die Belagerung v. Paris; gegen den Protest v. Tausenden wurde das Kernkraftwerk gebaut; sie ist Mutter v. vier Söhnen; **b)** gibt den Bereich an, für den das Gesagte gilt; *hinsichtlich, in Bezug auf:* er ist Lehrer v. Beruf; jung v. (veraltend; *an*) Jahren; er ist schwer v. Begriff; v. Natur aus ist er gutmütig; **c)** (ugs.) nennt als Ersatz für ein Genitivattribut od. ein Possessivpron. den Besitzer einer Sache: der Hut v. [meiner] Mutter; die Stimme v. Caruso; ist das Taschentuch v. dir? (*ist es dein Taschentuch?*); **d)** in Verbindung mit bestimmten Adverbien o. Ä.: unterhalb v. unserem Haus; anstelle v. langen Reden; angesichts v. so viel Elend. **6. a)** gibt den Urheber, die Urheberin od. das Mittel, die Ursache an: Post v. einem Freund; v. der Sonne gebräunt sein; müde v. der Arbeit; sie war befriedigt v. dem Ergebnis; etw. v. seinem Taschengeld kaufen; das Kleid ist v. Hand (*nicht mit der Maschine*) gestrickt; v. selbst (↑ selbst 1); * **v. sich aus** (*aus eigenem Antrieb:* die Kinder haben v. sich aus aufgeräumt); **b)** nennt beim Passiv das eigentliche Subjekt des Handelns: sie wurde v. ihrem Vater gelobt; v. einem Auto angefahren werden; das Buch wurde ihm v. seinem Freund geschenkt. **7. a)** (veraltend) gibt das Material, die Teile an, woraus etw. besteht; *aus:* ein Ring v. Gold; ein Strauß v. Rosen; **b)** gibt Art od. Eigenschaft an: ein Mann v. Charakter; ein Mädchen v. großer Schönheit; eine Sache v. Wichtigkeit; **c)** gibt Maße, Entfernungen, Größenordnungen an: ein Abstand v. fünf Metern; eine Fahrt v. drei Stunden; Preise v. 100 Euro und höher; zwei Kinder [im Alter] v. vier und sieben Jahren; Städte v. über 100 000 Einwohnern; eine Gans v. ungefähr vier Kilo. **8.** bei Namen als Adelsprädikat: die Dichtungen Johann Wolfgang v. Goethes. **9.** oft in [festen] Verbindungen: v. etw. sprechen; er berichtete v. seinen Erlebnissen; infolge v.; * **sich v. schreiben können** (ugs.; *[mit gutem Grund] froh über etwas Erreichtes sein:* ein unerwartetes positives Ereignis sein: mit dem Zeugnis kannst du dich v. schreiben).

²von ⟨Adv.⟩ (ugs., bes. nordd.): als abgetrennter Teil von den Adverbien »davon, wovon«: wo haben wir gerade v. gesprochen?; da haben Sie wohl nichts v. gewusst.

von|ei|nan|der ⟨Adv.⟩: *der, die, das eine vom anderen, von der anderen:* sie standen weit weg v.; wir haben lange nichts v. gehört; sie sind v. abhängig.

von|nö|ten ⟨Adj.⟩ [älter: von nöten (Dativ Pl. von ↑ Not), mhd. von not!]: in der Verbindung **v. sein** (*nötig, dringend erforderlich sein:* Eile, größere Sorgfalt ist v.).

von|sei|ten, von Sei|ten ⟨Präp. mit Gen.⟩: *seitens, von jmds. Seite* (9 c): v./von Seiten der Arbeitnehmerschaft bestehen keine Bedenken mehr.

von|stat|ten|ge|hen ⟨unr. V.; ist⟩ [eigtl. = von der Stelle gehen, zu mhd. state = Stelle, Ort]: **1.** *stattfinden:* wann soll das Fest v.? **2.** *vorangehen* (2); *sich entwickeln:* ihre Genesung ging nur langsam vonstatten.

Voo|doo [vuˈduː, ˈvuːduː], Voudou [vuˈduː, ˈvuːduː], Wodu, der; - [kreol. voudou, aus dem Westafrik.]: *aus Westafrika stammender, synkretistischer, mit katholischen Elementen durchsetzter, magisch-religiöser Geheimkult [auf Haiti].*

¹Vo|po, der; -s, -s (ugs.): *kurz für ↑ Volkspolizist.*

²Vo|po, die; - (ugs.): *kurz für ↑ Volkspolizei.*

¹vor ⟨Präp. mit Dativ u. Akk.⟩ [mhd. vor, ahd. fora, urspr. = über etw. hinaus]: **1.** ⟨räumlich⟩ **a)** ⟨mit Dativ⟩ *auf der Vorderseite, auf der dem Betrachter od. dem Bezugspunkt zugewandten Seite einer Person, Sache:* v. dem Haus ist ein kleiner Garten; v. dem Schaufenster, v. dem Spiegel stehen; wart v. dem Eingang, v. dem Kino auf mich!; eine Binde v. den Augen tragen; v. »dass« steht immer ein Komma; der Friedhof liegt etwa einen Kilometer v. (*außerhalb*) der Stadt; v. dem Winde segeln (Seemannsspr.; *so segeln, dass der Wind von hinten auf die Segel trifft*); ⟨mit Betonung auf »vor«:⟩ er hat das Buch v. sich liegen; sie ging zwei Schritte v. ihm, saß zwei Reihen v. ihm; Ü v. Gericht, v. dem Richter stehen (geh.; *angeklagt sein*); **b)** ⟨mit Akk.⟩ *auf die Vorderseite, auf die dem Betrachter od. dem Bezugspunkt zugewandte Seite einer Person, Sache:* v. das Haus treten; sich v. den Spiegel stellen; das Auto v. die Garage fahren; Blumen v. das Fenster stellen; sie warf sich in ihrer Verzweiflung v. den Zug; v. das »aber« musst du ein Komma setzen; ⟨mit Betonung auf »vor«:⟩ setz dich bitte v. mich!; Ü sich v. jmdn. stellen (*jmdn. in Schutz nehmen*); jmdn. v. ein Ultimatum stellen; * **v. sich hin** (*ganz für sich, in gleichmäßiger Fortdauer:* v. sich hin schimpfen, reden, weinen). **2.** ⟨mit Dativ; zeitlich⟩ **a)** drückt aus, dass etwas dem genannten Zeitpunkt oder Vorgang [unmittelbar] vorausgeht; *früher als; bevor das Genannte erreicht ist:* v. wenigen Augenblicken; v. Ablauf der Frist; er kommt noch v. Weihnachten; die Verhältnisse v. 1990, v. der Krise, v. der Wiedervereinigung; das war schon v. Jahren, v. meiner Zeit; heute v. [genau] vierzig Jahren ...; im Jahre 33 v. Christi Geburt, v. Christus; es ist fünf [Minuten] v. zehn, v. Mitternacht; **b)** ⟨mit Betonung auf »vor«⟩ weist auf eine kommende, zu durchlebende Zeit, auf zu bewältigende Aufgaben o. Ä. hin: etw. v. sich haben; die Prüfung liegt wie ein Albdruck v. ihr. **3.** ⟨mit Dativ⟩ gibt eine Reihenfolge od. Rangordnung an: jmdm. durchs Ziel gehen; bin ich v. dir an der Reihe?; sie ist tüchtig v. (geh.; *am tüchtigsten von*) uns allen. **4.** ⟨mit Dativ⟩ gibt die Beziehung zu einem Gegenüber hin; *in jmds. Gegenwart, Beisein:* v. vielen Zuschauern; etw. v. Zeugen erklären; sie spielte v. geladenen Gästen, v. Freunden. **5.** ⟨mit Dativ⟩ *aufgrund von etw., durch etw. bewirkt* (nur in festen Verbindungen): v. Kälte zittern, v. Neugier platzen, v. Schmerz schreien; glänzend v. Sauberkeit, schwitzend v. Anstrengung; gelb v. Neid, starr v. Schreck; Er sah Marianne nun besonders deutlich im Türrahmen lehnen, v. Zorn stieg ihr eine rasch wieder absinkende Röte ins Gesicht (Kronauer, Bogenschütze 34). **6.** oft in [festen] Verbindungen: Angst v. jmdm. haben; sich v. jmdm. schämen; sich v. etw. davonlaufen; sich v. etw. schützen; jmdn. v. etw. warnen. ♦ **7.** *für:* Und ich weiß überhaupt nicht, was ich v. einen Anteil dran nehme (Goethe, Götz II); ... ich schrieb das Stück ruhig ab und ließ es Zeile v. Zeile, Period v. Period regelmäßig erklingen (Goethe, Italien. Reise 6. 1. 1787 [Rom]); Der Güter höchstes dürfen wir verteid'gen gegen Gewalt – wir stehn v. unser Land, wir stehn v. unsre Weiber, unsre Kinder (Schiller, Tell II, 2); Komm v. itzt *(fürs Erste)* nur mit meinen Haram (Lessing, Nathan II, 3).

²vor ⟨Adv.⟩: **1.** (eigtl. als Präfix eines weggelassenen Verbs der Bewegung) *voran, vorwärts:* Freiwillige v.! (*vortreten!*); drei Schritt[e] v. und zwei zurück. **2.** (ugs., bes. nordd.) ⟨als abgetrennter Teil von den Adverbien »davor, wovor«⟩: da habe ich mich v. gedrückt; (Ausruf der Abwehr) da sei Gott v.! (*davor möge uns Gott bewahren!*); wo hast du denn jetzt noch Angst v.?

vor|ab ⟨Adv.⟩ [mhd. vorabe]: *zunächst einmal; im Voraus; zuerst:* die Presse wurde v. informiert; die Miete v. zahlen.

Vor|ab|druck, der; -[e]s, -e: **1.** *das Abdrucken [eines Teils] eines literarischen Werkes in einer Zeitung o. Ä. vor der Veröffentlichung als Buch.* **2.** *das vorweg Abgedruckte.*

vor|ab|dru|cken ⟨sw. V.; hat⟩: *ein literarisches Werk od. einen Teil davon vor der Veröffentlichung als Buch in einer Zeitung o. Ä. abdrucken:* das Magazin will ihre Memoiren v.

Vor|abend, der; -s, -e: *ein Abend vor einem bestimmten [Fest]tag:* am V. [der Hochzeit]; da steht noch das Geschirr vom V.; Ü am V. großer Ereignisse (*kurz vor großen Ereignissen*).

Vor|abend|mes|se, die (kath. Kirche): ¹*Messe* (1) *am Vorabend vor Sonn- u. Feiertagen.*

Vor|abend|pro|gramm: *am späten Nachmittag od. frühen Abend gesendetes Rundfunk- od. Fernsehprogramm.*

Vor|abend|se|rie, die: *im Vorabendprogramm ausgestrahlte Fernsehserie.*

Vor|ab|in|for|ma|ti|on, die: *Information, die vorab gegeben wird.*

♦ **vor|ah|nen** ⟨sw. V.; hat⟩: *vorahnen:* ⟨subst.:⟩ ... den Vorahnen zukünftiger Möglichkeiten ruht auf einem festeren Fundament (Goethe, Zur Farbenlehre; Hist. Teil, 4. Abt.).

♦ **Vor|ah|nung,** die; -, -en: *Vorahnung:* Kohlhaas, der den Schlossvogt und den Verwalter, indem sie sprechende Blicke auf die Rappen warfen, miteinander flüsterten sah, ließ es, aus einer dunklen V., an nichts fehlen, die Pferde an sie loszuwerden (Kleist, Kohlhaas 6).

vor|ah|nen ⟨sw. V.; hat⟩: *vorausahnen: das böse Ende v.*

Vor|ah|nung, die; -, -en: *unbestimmtes Gefühl, Ahnung* (1) *von etw. [Unheilvollem]:* -en *haben.*

Vor|al|pe, die (westösterr.): *höher gelegene Weide, auf der das Vieh im Frühjahr vorübergehend weidet.*

Vor|al|pen ⟨Pl.⟩: *Vorgebirge der Alpen.*

vor|an ⟨Adv.⟩: **a)** *vorn, an der Spitze [gehend]:* v. der Vater, die Kinder hinterher; **b)** *vorwärts:* immer langsam v.!; ⟨subst.:⟩ die Straße war blockiert, es gab kein Voran.

vor|an|brin|gen ⟨unr. V.; hat⟩: *weiterbringen, fördern:* die Entwicklung v.

vor|an|ge|hen ⟨unr. V.; ist⟩: **1.** *vorne, an der Spitze gehen:* jmdm. v. lassen; Ü mit ihrem Fleiß ging sie allen Mitarbeitern voran. **2.** *Fortschritte machen:* die Arbeit geht gut voran; ⟨auch unpers.:⟩ mit der Arbeit ging es gut voran. **3.** *(einer Sache) vorausgehen; zeitlich vor etw. liegen:* dem Beschluss gingen lange Diskussionen voran; ⟨häufig im 1. od. 2. Part.:⟩ in den vorangegangenen Wochen; das Vorangehende *(oben Gesagte);* auf den vorangehenden *(vorigen)* Seiten.

vor|an|kom|men ⟨st. V.; ist⟩: **1.** *sich auf einer Strecke nach vorn bewegen:* das Boot kam gut voran. **2.** *Fortschritte machen, Erfolg haben:* die Arbeit kam nicht voran; im Leben v.; ⟨subst.:⟩ etw. für sein berufliches Vorankommen tun.

Vor|an|kün|di|gung, die; -, -en: *vorherige Ankündigung:* ohne V. kam der Gerichtsbeschluss; die V. des Konzerts wurde in der Zeitung abgedruckt.

vor|an|ma|chen ⟨sw. V.; hat⟩ (ugs.): *sich beeilen:* mach voran!

Vor|an|mel|dung, die; -, -en: *vorherige Anmeldung, Vormerkung:* für die Veranstaltung gibt es schon viele -en.

Vor|an|schlag, der; -[e]s, ...schläge (Wirtsch., bes. österr., schweiz.): **a)** *Vorausberechnung der zu erwartenden Einnahmen u. Ausgaben, bes. der Kosten für ein Vorhaben; Kalkulation* (1); **b)** Kurzf. von ↑ Kostenvoranschlag.

vor|an|schrei|ten ⟨st. V.; ist⟩ (geh.): *vorangehen* (1, 2).

vor|an|stel|len ⟨sw. V.; hat⟩: *an den Anfang [einer Aussage o. Ä.] stellen:* dem Buch ein Vorwort v.; ⟨oft im 2. Part.:⟩ ein Substantiv mit einem vorangestellten (Sprachwiss.; *davor stehenden)* attributiven Adjektiv.

vor|an|trei|ben ⟨st. V.; hat⟩: *in Schwung bringen, beschleunigen; forcieren:* eine Entwicklung v.; Verhandlungen v.

Vor|an|zei|ge, die; -, -n: *vorherige Ankündigung eines Buches, Films, Theaterstücks o. Ä. mit kleinen Ausschnitten od. einer kurzen Charakteristik.*

Vor|ar|beit, die; -, -en: *Arbeit, die der Vorbereitung weiterer Arbeiten dient:* wissenschaftliche -en; er hat gründliche V. für seinen Chef geleistet.

vor|ar|bei|ten ⟨sw. V.; hat⟩: **1.** *durch vermehrte, verlängerte Arbeit[szeit] die Möglichkeit bekommen, zu einem späteren Termin mehr freie Zeit zu haben:* sie will für die Weihnachtszeit einen Tag v. **2.** ⟨v. + sich⟩ **a)** *durch vermehrte, harte Arbeit vorankommen* (1): die Rettungsmannschaft hat sich in das Katastrophengebiet vorgearbeitet; **b)** *durch Anstrengung, harte Arbeit eine bessere Position erreichen:* sich zum zweiten, vom fünften auf den zweiten Platz v. **3.** *[für jmdn., etw.] Vorarbeit leisten:* er hat [mir] gut vorgearbeitet.

Vor|ar|bei|ter, der; -s, -: *Leiter einer Gruppe von Arbeitern.*

Vor|ar|bei|te|rin, die; -, -nen: w. Form zu ↑ Vorarbeiter.

Vor|arl|berg [auch: ˈfoːɐ̯...]; -s: österr. Bundesland.

¹**Vor|arl|ber|ger** [auch: ˈfoːɐ̯...], der; -s, -: Ew.

²**Vor|arl|ber|ger** [auch: ˈfoːɐ̯...] ⟨indekl. Adj.⟩: die V. Wanderwege.

Vor|arl|ber|ge|rin [auch: ˈfoːɐ̯...], die; -, -nen: w. Form zu ↑ ¹Vorarlberger.

vor|arl|ber|gisch [auch: ˈfoːɐ̯...] ⟨Adj.⟩: *Vorarlberg, die ¹Vorarlberger betreffend; von den ¹Vorarlbergern stammend, zu ihnen gehörend.*

vor|auf ⟨Adv.⟩: **a)** *voran:* ein stattlicher Festzug, v. die Musik; **b)** (selten) *vorwärts;* **c)** (selten) *vorher:* kurz v. hatte sie ihn noch gesehen; **d)** (selten) *vorn:* v. sah sie bereits das Haus.

vor|auf|füh|ren ⟨sw. V.; hat; meist im Inf. u. 2. Part.⟩: *(bes. einen Film) vor der öffentlichen Uraufführung schon einmal zeigen.*

Vor|auf|füh|rung, die; -, -en: *das Voraufführen.*

vor|auf|klä|re|risch ⟨Adj.⟩: *den Stand der Aufklärung* (3) *noch nicht erreicht habend.*

vo|r|aus ⟨Adv.⟩ [mhd. vorūʒ]: **1. a)** *vor den andern, an der Spitze:* weit v.; Ü im Rechnen ist sie ihm v. *(ist sie besser als er);* diese Leute sind ihrer Zeit weit v.; **b)** (selten) *vorn:* v. auf dem Meer. **2.** (Seemannsspr.) *voran, vorwärts:* mit halber Kraft v.! **3.** (selten) *vorher, zuvor:* so viel v. *(Folgendes sei vorausgeschickt).*

¹**Vo|r|aus:** in der Fügung im /(bes. schweiz.:) zum V. *(schon vorher:* besten Dank im V.; die Miete im V. bezahlen).

²**Vo|r|aus,** der; - (Rechtsspr.): *Vermächtnis, das einem überlebenden Ehegatten im Voraus vor dem gesetzlichen Erbteil zusteht.*

vo|r|aus|ah|nen ⟨sw. V.; hat⟩: *ahnend vorherschen, ein Vorgefühl von etw. haben:* sie hatte den Unfall vorausgeahnt.

vo|r|aus|be|rech|nen|bar ⟨Adj.⟩: *sich vorausberechnen lassend.*

vo|r|aus|be|rech|nen ⟨sw. V.; hat⟩: *im Voraus berechnen:* einen Zeitpunkt, eine Flugbahn v.

Vo|r|aus|be|rech|nung, die: *das Vorausberechnen.*

vo|r|aus|be|stim|men ⟨sw. V.; hat⟩: *im Voraus bestimmen:* der Inhalt der Kapitel muss vorausbestimmt werden.

vo|r|aus|be|zah|len ⟨sw. V.; hat⟩: *im Voraus bezahlen.*

Vo|r|aus|be|zah|lung, die: *Bezahlung im Voraus.*

Vo|r|aus|blick, der (selten): *das Vorausblicken, Vorausschau:* ein V. auf das drohende Unheil.

vo|r|aus|bli|cken ⟨sw. V.; hat⟩: *vorausschauen.*

vo|r|aus|da|tie|ren ⟨sw. V.; hat⟩: *mit einem späteren Datum versehen:* einen Scheck v.

vo|r|aus|den|ken ⟨unr. V.; hat⟩: *an Zukünftiges denken [und es in seine Planung einbeziehen]:* als Unternehmer muss man v.

vo|r|aus|ei|len ⟨sw. V.; ist⟩: *eilig vorausgehen* (1); *vorauslaufen:* jmdm. v.; Ü meine Gedanken eilten schon voraus; in vorauseilendem Gehorsam (abwertend; *ohne [bislang] eine entsprechende Weisung erhalten zu haben).*

Vo|r|aus|ex|em|plar, das: *Exemplar eines Buches, einer Zeitung usw., das schon vor Auslieferung der Auflage abgegeben wird.*

vo|r|aus|fah|ren ⟨st. V.; ist⟩: vgl. vorausgehen (1).

vo|r|aus|flie|gen ⟨st. V.; ist⟩: vgl. vorausgehen (1).

vo|r|aus|ge|hen ⟨unr. V.; ist⟩: **1.** *schon vorher, früher als ein anderer od. vor [einem] andern her irgendwohin gehen:* er ging voraus, um zu öffnen und Licht zu machen. **2.** *sich vorher ereignen, früher [als etw. anderes] geschehen, da sein:* dem Streit ging eine längere Missstimmung voraus; in vorausgegangenen *(früheren)* Zeiten; ⟨subst. 1. Part.:⟩ im Vorausgehenden *(weiter oben).*

vo|r|aus|ge|setzt: ↑ voraussetzen.

vo|r|aus|ha|ben ⟨unr. V.; hat⟩: in der Wendung jmdm./vor jmdm. etw. v. *(im Unterschied zu jmdm., der nicht darüber verfügt, etw. Bestimmtes haben:* sein gutes Schulsystem hat uns dieses Land voraus).

Vo|r|aus|kas|se, die (o. Pl.) (Kaufmannsspr.): *vorherige Bezahlung:* wir liefern nur gegen V.

Vo|r|aus|kom|man|do, das (Militär): *Kommando* (3 a), *das bes. für die nachfolgende Truppe Quartier beschafft.*

vo|r|aus|lau|fen ⟨st. V.; ist⟩: vgl. vorausgehen (1).

vo|r|aus|pla|nen ⟨sw. V.; hat⟩: *vorher, im Voraus planen:* für den Fall einer Krise sollte man unbedingt v.

Vo|r|aus|pla|nung, die: *das Vorausplanen:* gerade in dieser schnelllebigen Zeit ist V. wichtig.

vo|r|aus|rei|ten ⟨st. V.; ist⟩: vgl. vorausgehen (1).

vo|r|aus|sag|bar ⟨Adj.⟩: *sich voraussagen lassend:* diese Entwicklung war nicht v.

Vo|r|aus|sa|ge, die: *(aufgrund bestimmter Kenntnisse u. Einsichten gemachte) Aussage über die Zukunft, über Kommendes:* die V. ist eingetroffen, war richtig; die V. machen, dass ein Unwetter kommen wird.

vo|r|aus|sa|gen ⟨sw. V.; hat⟩: *eine Voraussage machen; vorhersagen; prophezeien:* das habe ich vorausgesagt.

Vo|r|aus|sa|gung, die; -, -en: *Voraussage.*

Vo|r|aus|schau, die: *Einsicht in Bezug auf kommende Entwicklungen:* in kluger V.

vo|r|aus|schau|en ⟨sw. V.; hat⟩: *kommende Entwicklungen einschätzen u. die eigenen Planungen danach einrichten:* wir müssen [mehrere Jahre] v.

vo|r|aus|schau|end ⟨Adj.⟩: *durch Weitsichtigkeit, Weitsicht gekennzeichnet:* eine etwas -ere Vorgehensweise.

Vor|aus|schei|dung, die; -, -en (bes. Sport): *vor der eigentlichen Ausscheidung stattfindender Wettkampf:* bei der V. konnte sie sich für den Wettkampf qualifizieren.

vo|r|aus|schi|cken ⟨sw. V.; hat⟩: **1.** *als Erstes, vorher schicken:* einen Boten v. **2.** *vorher, vor der eigentlichen Aussage erklären.*

vo|r|aus|seh|bar ⟨Adj.⟩: *vorauszusehend:* eine -e Entwicklung.

vo|r|aus|se|hen ⟨st. V.; hat⟩: *etw., bes. den Ausgang eines Geschehens im Voraus ahnen od. erwarten:* eine Entwicklung, Komplikationen v.; es ist [leicht] vorauszusehen, dass das passieren wird.

vo|r|aus|set|zen ⟨sw. V.; hat⟩: **a)** *als vorhanden, als gegeben annehmen:* diese Tatsache darf man wohl als bekannt v.; **b)** *als notwendige Vorbedingung für etw. haben, verlangen:* diese Arbeit setzt große Fingerfertigkeit voraus; ⟨oft im 2. Part.:⟩ vorausgesetzt *(unter der Voraussetzung),* dass es den anderen auch recht ist, komme ich gerne mit; ich komme um sechs Uhr an, vorausgesetzt, der Zug hat keine Verspätung *(wenn der Zug keine Verspätung hat).*

Vo|r|aus|set|zung, die; -, -en: **a)** *das Voraussetzen* (a): die stillschweigende V. seines Einverständnisses; **b)** *Annahme, feste Vorstellung, von der man sich bei seinen Überlegungen u. Entschlüssen leiten lässt:* dieser Schluss beruht auf der irrigen V., dass Geschwindigkeitsbegrenzungen eingehalten werden; er ist von falschen -en ausgegangen; **c)** *etw., was vorhanden sein muss, um etw. anderes zu ermöglichen; Vorbedingung:* das ist eine wesentliche, unabdingbare V.; die [wichtigste] V. ist erfüllt; die -en fehlen, sind nicht gegeben; die -en für etwas schaffen, mitbringen, erfüllen; unter der V., dass du mitmachst, stimme ich zu; Herr in seinem Hause zu sein, dessen Geist zu bestimmen und die Familie als einen friedlichen Garten um sich zu wissen, in den er seine Grundsätze gepflanzt hatte, gehörte für ihn zu den unerlässlichsten -en der Zufriedenheit (Musil, Mann 1294).

vo|r|aus|set|zungs|los ⟨Adj.⟩: *ohne Voraussetzungen.*

Vo|r|aus|sicht, die ⟨o. Pl.⟩: *auf Erfahrung od. Kenntnis der Zusammenhänge beruhende Vermutung im Hinblick auf Künftiges:* kluge V.; * aller V. nach, nach menschlicher V. *(höchstwahrscheinlich);* **in weiser V.** *(scherzh.; in dem Gefühl, dass die Entwicklung es nötig machen werde):* ich hatte in weiser V. einen Regenschirm mitgenommen).

vo|r|aus|sicht|lich ⟨Adj.⟩: *soweit man aufgrund bestimmter Anhaltspunkte vermuten, voraussehen kann:* -e Ankunft 11:25 Uhr; wir fahren v. am 20. Mai.

Vor|aus|wahl, die; -, -en: *erste, vorläufige Auswahl:* eine V. treffen.

vo|r|aus|wei|sen ⟨st. V.; hat⟩: *in die Zukunft weisen.*

vo|r|aus|wer|fen ⟨st. V.; hat⟩: nur in der Wendung **seine Schatten v.** (↑Schatten 1 a).

vo|r|aus|wis|sen ⟨unr. V.; hat⟩: *im Voraus wissen:* die Zukunft v.

vo|r|aus|zah|len ⟨sw. V.; hat⟩: *im Voraus, noch vor der Lieferung od. Leistung bezahlen:* er musste [die Miete, die Übernachtung] v.

Vo|r|aus|zah|lung, die: *Zahlung im Voraus.*

Vor|bau, der; -[e]s, -ten [mhd. vorbū]: *vorspringender, angebauter Teil eines Gebäudes:* ein überdachter V.; Ü sie hat einen großen V. (ugs.; Busen).

vor|bau|en ⟨sw. V.; hat⟩: **1.** *einen Vorbau errichten:* [dem Haus] eine Veranda v.; ein Hotel mit vorgebauter Terrasse. **2.** [urspr. = vor etw. zur Abwehr einen schützenden Bau errichten] **a)** *Vorsorge treffen:* sie haben für das Alter [gut] vorgebaut; **Spr** der kluge Mann baut vor (nach Schiller, Tell I, 2); **b)** (selten) *vorbeugen:* um Missverständnissen vorzubauen, möchte ich voraussschicken, dass ich das Haus nicht verlassen habe. **3.** *als Muster, zur Demonstration bauen:* ich habe dem Kleinen das Haus, das Schiffsmodell vorgebaut.

vor|be|dacht: ↑vorbedenken.

Vor|be|dacht, der: nur in den Fügungen **aus/mit/voll V.** *(nach genauer Überlegung u. in bestimmter Absicht):* mit Vorbedacht jmdn. ermorden); **ohne V.** *(ohne Überlegung).*

vor|be|den|ken ⟨unr. V.; hat⟩: *vorher genau überlegen, bedenken:* alle Möglichkeiten v.; vorbedacht *(überlegt)* handeln.

Vor|be|deu|tung, die; -, -en: *geheimnisvolle Bedeutung, die einer Sache, einem Geschehen im Hinblick auf die Zukunft innezuwohnen scheint.*

Vor|be|din|gung, die; -, -en: *Bedingung, die erfüllt werden muss, bevor etw. angefangen werden kann:* die Freilassung der Gefangenen war eine V. für die Verhandlungen.

Vor|be|halt, der; -[e]s, -e [zu ↑vorbehalten]: *Einschränkung; geltend gemachtes Bedenken gegen eine Sache [der man sonst im Ganzen zustimmt]:* ein stiller, innerer V.; es bestehen große -e gegen eine Koalition; -e gegen etw. haben, anerkennen; mit einigen -en; etw. ohne V. bejahen, anerkennen; ich stimme zu unter dem V., dass keine Überstunden nötig werden.

vor|be|hal|ten ⟨st. V.; hat⟩: **1.** (v. + sich) *sich die Möglichkeit für bestimmte Schritte od. für eine andere Entscheidung offenlassen:* sich das Recht, etw. zu tun; sich gerichtliche Schritte v. **2.** * jmdm., einer Sache vorbehalten sein/bleiben (*ausschließlich für jmdn., etw. bestimmt*,

ausersehen sein): die Nutzung dieses Gebäudes war der Parteileitung vorbehalten. **3.** (veraltet) *bereithalten, reservieren:* Ganz anderes und für mein Leben Bedeutenderes behielt an diesem Abend das Schicksal mir vor (Th. Mann, Krull 267).

¹vor|be|halt|lich ⟨Präp. mit Gen.⟩, (schweiz.:) **¹vor|be|hält|lich** ⟨Präp. mit Gen.⟩ (Papierdt.): *unter dem Vorbehalt:* der Gewinn v. einiger Abzüge.

²vor|be|halt|lich, (schweiz.:) **²vor|be|hält|lich** ⟨Adj.⟩: *mit Vorbehalt [gegeben]:* eine -e Genehmigung.

vor|be|halt|los ⟨Adj.⟩: *ohne jeden Vorbehalt [gegeben]:* -e Unterstützung, Zustimmung, Solidarität.

Vor|be|halt|lo|sig|keit, die; -: *vorbehaltlose Art; Freiheit von Vorbehalten.*

Vor|be|halts|klau|sel, die (Rechtsspr.): *Klausel in einem Vertrag, durch die ein Partner sich bestimmte Einwendungen u. Rücktrittsmöglichkeiten vorbehält.*

Vor|be|halts|ur|teil, das (Rechtsspr.): *Urteil, mit dem ein Streit nur unter dem Vorbehalt der Entscheidung über die Aufrechnung mit einer Gegenforderung beigelegt wird.*

vor|be|han|deln ⟨sw. V.; hat⟩: *vorher in geeigneter Weise behandeln, damit die eigentliche Prozedur besser u. sicherer vor sich gehen kann:* stark verschmutzte Wäsche sollte vor dem Waschen mit einem Fleckenmittel vorbehandelt werden.

Vor|be|hand|lung, die; -, -en: *das Vorbehandeln.*

vor|bei ⟨Adv.⟩ [verdeutlichende Zus. mit mhd. (md.) vor = vorbei]: **1.** *von weiter hinten kommend in [etwas] schnellerer Bewegung ein Stück neben jmdm., etw. her u. weiter nach vorn; vorüber:* wenn der Zug v. ist, gehen die Schranken wieder hoch; sind wir schon an Karlsruhe v. **2.** *vergangen, zu Ende:* der Sommer, die Pause, der Krieg, der Spuk ist v.; diese Zeit, Mode ist v. *(nicht mehr aktuell, veraltet);* es ist acht Uhr v. Mitternacht v.; Ü mit uns ist es v. (ugs., *unsere Freundschaft ist zu Ende*); R *[es ist]* aus und v. *(unwiderruflich zu Ende);* v. ist v. *(man soll sich mit etw. abfinden u. nicht Vergangenem nachtrauern).*

vor|bei|be|neh|men, sich ⟨st. V.; hat⟩ (ugs.): *sich unpassend, ungehörig benehmen:* er hat sich mal wieder schwer vorbeibenommen.

vor|bei|be|we|gen ⟨sw. V.; hat⟩: *sich auf jmdn., etw. zu-, ein Stück nebenher- u. dann in gleicher Richtung bewegen [u. sich so entfernen].*

vor|bei|bli|cken ⟨sw. V.; hat⟩: *den Blick in eine solche Richtung lenken, dass er jmdn., etw. nicht trifft:* sie blickte gleichgültig an ihnen vorbei.

vor|bei|brau|sen ⟨sw. V.; ist⟩: **1.** *brausend* (1) *vorbeibewegen:* der Wind brauste an dem Haus vorbei. **2.** *sich brausend* (3) *vorbeibewegen:* die großen Autos brausen an ihr vorbei.

vor|bei|brin|gen ⟨unr. V.; hat⟩: (ugs.) *[bei passender, günstiger Gelegenheit] zu jmdm. hinbringen:* jmdm. etw. v.

vor|bei|don|nern ⟨sw. V.; ist⟩ (ugs.): *sich donnernd* (3) *vorbeibewegen:* auf der Autobahn donnerten die Laster vorbei.

vor|bei|drän|geln, sich ⟨sw. V.; hat⟩ (ugs.): *sich ungeduldig vorbeidrücken:* sich an jmdm., etw. v.

vor|bei|drü|cken, sich ⟨sw. V.; hat⟩ (ugs.): **1.** *heimlich vorbeigehen:* sich am Pförtner v.; Ü du willst dich nur am Problem v. **2.** *durch eine engen Stelle vorbei-, etw. vorbeibewegen:* sich an jmdm. v.

vor|bei|dür|fen ⟨unr. V.; hat⟩ (ugs.): *vorbeigehen, vorbeifahren dürfen:* hier darfst du nicht vorbei; dürfte ich bitte mal vorbei?

vor|bei|ei|len ⟨sw. V.; ist⟩: *eilig an jmdm., etw. vorbeigehen od. -fahren.*

vor|bei|fah|ren ⟨st. V.; ist⟩: **1.** *auf jmdn., etw. zu-, ein Stück nebenher- u. dann in gleicher Richtung weiterfahren, sich fahrend entfernen:* der Bus ist [an der Haltestelle] vorbeigefahren *(hat nicht gehalten).* **2.** (ugs.) *jmdn., etw. kurz aufsuchen, wobei man seine Fahrt für kurze Zeit unterbricht:* wir müssen noch bei der Apotheke v.

vor|bei|flie|gen ⟨st. V.; ist⟩: *auf jmdn., etw. zu-, ein Stück nebenher- u. dann in gleicher Richtung weiterfliegen, sich fliegend entfernen.*

vor|bei|flie|ßen ⟨st. V.; ist⟩: *in der Nähe von jmdn., etw., an seiner Seite fließen:* der Bach fließt [östlich] an dem Dorf vorbei.

vor|bei|füh|ren ⟨sw. V.; hat⟩: **1.** *auf jmdn., etw. zu-, ein Stück nebenher- u. dann in gleicher Richtung weiterführen:* der Fremdenführer führte die Gruppe an der Kirche vorbei. **2.** *neben etw. verlaufen, entlangführen* (2): *der Weg führt an einer Ruine vorbei;* R *daran führt kein Weg vorbei (dem kann man nicht ausweichen).*

vor|bei|ge|hen ⟨unr. V.; ist⟩: **1. a)** *auf jmdn., etw. zu-, ein Stück nebenher- u. dann in gleicher Richtung weitergehen, sich gehend entfernen:* an jmdm. v., ohne ihn zu erkennen; unter jmds. Fenster v.; ich habe jemanden v. sehen; du gehst an der Bank vorbei und biegst dann rechts ab; er ging an den Schönheiten der Natur [achtlos] vorbei *(beachtete sie nicht);* ⟨subst.:⟩ beim/im Vorbeigehen grüßen; Ü am Kern der Sache v.; **b)** (Sport) *einholen u. hinter sich lassen; überholen:* an jmdm. v.; **c)** *vorbeiführen* (2): die Straße geht an der Schule vorbei; **d)** *(ein Ziel) nicht treffen, verfehlen:* der Schuss, Schlag ist [am Ziel] vorbeigegangen. **2.** (ugs.) *jmdn., etw. kurz aufsuchen [um etw. zu erledigen]:* beim Arzt, zu Hause v. **3.** *zu Ende gehen, vorüber-, vergehen:* die Schmerzen werden wieder v.; Ü keine Gelegenheit ungenutzt v. lassen.

vor|bei|glei|ten ⟨st. V.; ist⟩: *auf jmdn., etw. zu-, ein Stück nebenher- u. dann in gleicher Richtung weitergleiten, sich gleitend entfernen:* die Boote glitten am Ufer vorbei.

vor|bei|has|ten ⟨sw. V.; ist⟩: *vorbeieilen:* ein paar Fußgänger hasteten vorbei.

vor|bei|hu|schen ⟨sw. V.; ist⟩: *rasch (und kaum bemerkbar) vorbeigehen:* ein Schatten war an ihrem Fenster vorbeigehuscht.

vor|bei|kom|men ⟨st. V.; ist⟩: **1.** *unterwegs an eine Stelle gelangen u. weitergehen od. -fahren:* an vielen Gärten v.; kommen wir da vorbei? *(liegt das auf unserem Weg?);* Immer wieder blickte er zum Landungssteg, doch die Fähre kam hier selten vorbei (Lenz, Brot 24). **2.** *imstande sein, ein Hindernis o. Ä. zu passieren; vorbeigehen od. -fahren können:* [unbehelligt, unbemerkt] an einem Posten v.; an einem Hindernis [nicht] v.; Ü an dieser Tatsache kommt man nicht vorbei. **3.** (ugs.) *einen kurzen [zwanglosen] Besuch machen:* willst du nicht mal wieder [bei mir] v.?

vor|bei|kön|nen ⟨unr. V.; hat⟩ (ugs.): **1.** *vorbeigehen, vorbeifahren können:* an der Kontrolle nicht v.; Ü das ist ein Angebot, an dem die Konkurrenz nicht vorbeikann (*das die Konkurrenz nicht unberücksichtigt lassen kann*). **2.** *vorbeidürfen:* hier kannst du nicht vorbei.

vor|bei|las|sen ⟨st. V.; hat⟩ (ugs.): **1.** *vorbeigehen, vorbeifahren lassen:* ein schnelleres Fahrzeug v. *(überholen lassen).* **2.** *vergehen, verstreichen lassen:* eine Chance ungenutzt v.

vor|bei|lau|fen ⟨st. V.; ist⟩: *auf jmdn., etw. zu-, ein Stück nebenher- u. dann in gleicher Richtung weiterlaufen, sich laufend entfernen:* an jmdm., etw. v.

vor|bei|le|ben ⟨sw. V.; ist⟩: *leben, indem man etw. Bestimmtem nicht die ihm eigentlich zukommende Bedeutung beimisst:* am Leben v.; die

Ehepartner leben inzwischen aneinander vorbei.

Vor|bei|marsch, der: *das Vorbeimarschieren (an einer Ehrentribüne, Ehrengästen o. Ä.):* der V. der Fahnenträger; * **jmdm. ein innerer V. sein** (salopp veraltend; *jmdm. eine tiefe innere Befriedigung, Genugtuung bereiten;* nach den bei festlichen Anlässen veranstalteten Aufmärschen der Nationalsozialisten).

vor|bei|mar|schie|ren ⟨sw. V.; ist⟩: *in einer Kolonne im Marschschritt [feierlich] vorbeiziehen:* die Truppen werden gleich [an der Ehrentribüne] v.

vor|bei|mo|geln ⟨sw. V.; hat⟩: **1.** ⟨v. + sich⟩ *auf unerlaubte, unredliche Art vorbeikommen (2):* sich am Pförtner v.; Ü die Regierenden können sich an der Realität nicht v. **2.** *auf unerlaubte, unredliche Art an jmdm., etw. vorbei an einen anderen Ort bringen:* Waren an der Kasse v.

vor|bei|müs|sen ⟨unr. V.; hat⟩ (ugs.): *vorbeigehen, vorbeifahren müssen:* an jmdm., etw. v.

vor|bei|pla|nen ⟨sw. V.; hat⟩: *beim Planen nicht berücksichtigen:* am Bedarf, an den Bedürfnissen v.

vor|bei|pro|du|zie|ren ⟨sw. V.; hat⟩: *beim Produzieren nicht berücksichtigen:* am Bedarf, am Markt v.

vor|bei|ra|sen ⟨sw. V.; ist⟩ (ugs.): *auf jmdn., etw. zu-, ein Stück nebenher- u. dann in gleicher Richtung weiterrasen, sich rasend entfernen:* an jmdm., etw. v.

vor|bei|rau|schen ⟨sw. V.; ist⟩ (ugs.): *sich rauschend vorbeibewegen:* ein Bus rauschte an uns vorbei.

vor|bei|re|den ⟨sw. V.; hat⟩: *über etw. reden, ohne auf das eigentlich Wichtige, den Kern der Sache zu kommen:* * am Thema, am eigentlichen Problem v.; * **aneinander v.** *(miteinander [über etw.] sprechen, wobei jeder etw. anderes meint u. keiner den andern versteht).*

vor|bei|ren|nen ⟨unr. V.; ist⟩: *auf jmdn., etw. zu-, ein Stück nebenher- u. dann in gleicher Richtung weiterrennen, sich rennend entfernen.*

vor|bei|schau|en ⟨sw. V.; hat⟩: **1.** *vorbeikommen* (3): er wird bei uns später noch einmal v. **2.** *vorbeiblicken:* an jmdm., etw. v.

vor|bei|schi|cken ⟨sw. V.; hat⟩ (ugs.): *vorbeigehen* (2) *heißen:* jmdn. bei jmdm. v.

vor|bei|schie|ben ⟨sth. V.; hat⟩: *sich an einer engen Stelle an jmdm., etw. schiebend vorbeibewegen.*

vor|bei|schie|ßen ⟨st. V.⟩: **1.** ⟨hat⟩ *schießend das Ziel verfehlen, nicht treffen:* er hat dreimal [am Ziel] vorbeigeschossen. **2.** ⟨ist⟩ *schnell an jmdm., etw. vorbeifahren, -laufen, -fliegen:* eine Schwalbe schoss am Fenster vorbei.

vor|bei|schla|gen ⟨st. V.; hat⟩: *schlagend das Ziel verfehlen, nicht treffen.*

vor|bei|schlän|geln, sich ⟨sw. V.; hat⟩: *geschickt [heimlich] an jmdm., etw. vorbeigehen* (1 a): sie versuchte, sich an den Wartenden vorbeizuschlängeln.

vor|bei|schlei|chen ⟨st. V.⟩: **a)** ⟨ist⟩ *schleichend* (a) *vorbeigehen:* er schlich an den Betrunkenen, Eltern vorbei; **b)** ⟨hat⟩ *geschickt [heimlich] an jmdm., etw. vorbeigehen; sich vorbeischlängeln:* sich an einem Posten v.; **c)** ⟨ist⟩ *schleichend* (c) *vorbeigehen.*

vor|bei|schlen|dern ⟨sw. V.; ist⟩: *schlendernd vorbeigehen:* an den Schaufenstern v.

vor|bei|schmug|geln ⟨sw. V.; hat⟩: **1.** ⟨v. + sich⟩ *sich vorbeimogeln:* sich am Posten v. **2.** *auf unerlaubte, unredliche Art an jmdm., etw. vorbei an einen anderen Ort bringen:* Zigaretten am Wärter v.

vor|bei|schram|men ⟨sw. V.; ist⟩ (ugs.): **1.** *etw. Unangenehmes gerade noch vermeiden, einem Übel gerade noch entgehen:* wir sind an einer Katastrophe, an der Insolvenz vorbeigeschrammt. **2.** *etw. Angenehmes knapp verpassen* (1 b): sie ist an einer Medaille vorbeigeschrammt.

vor|bei|se|hen ⟨st. V.; hat⟩: **1.** *den Blick in eine solche Richtung lenken, dass er jmdn., etw. nicht trifft.* **2.** *vorbeischauen* (1): bei jmdm. v.

vor|bei|sol|len ⟨unr. V.; hat⟩ (ugs.): *vorbeigehen, vorbeifahren sollen.*

vor|bei|tref|fen ⟨st. V.; hat⟩: *nicht treffen* (1 b): er hat knapp [am Ziel] vorbeigetroffen.

vor|bei|trei|ben ⟨st. V.⟩: **1.** ⟨hat⟩ *auf jmdn., etw. zu-, ein Stück nebenher- u. dann in gleicher Richtung weitertreiben:* ein Hirte trieb seine Herde [an uns, an dem Dorf] vorbei. **2.** ⟨ist⟩ *sich treibend vorbeibewegen:* eine Wasserleiche trieb [an uns, am Anleger] vorbei.

vor|bei|wol|len ⟨unr. V.; hat⟩ (ugs.): *vorbeigehen, vorbeifahren wollen:* willst du hier etwa vorbei?

vor|bei|zie|hen ⟨st. V.; ist⟩: **a)** *auf jmdn., etw. zu-, ein Stück nebenher- u. dann in gleicher Richtung weiterziehen:* das Gewitter zog vorbei; Ü die Ereignisse in der Erinnerung v. lassen; **b)** (Sport) *einholen u. hinter sich lassen; überholen:* in der letzten Minute zog der Konkurrent an ihm vorbei.

vor|be|las|tet ⟨Adj.⟩: *von Anfang an mit einer bestimmten [negativen] Anlage od. Eigenschaft belastet:* ein ideologisch -er Wissenschaftler; erblich v. sein.

Vor|be|las|tung, die; -, -en: **1.** *das Vorbelastetsein.* **2.** (Fachspr.) *schon vor einem zu einer weiteren Belastung führenden Ereignis gegebene Belastung (mit Schadstoffen o. Ä.):* Bemühungen zur Verminderung der V. des Flusses.

Vor|be|mer|kung, die; -, -en: *einleitende erläuternde Bemerkung:* ein paar -en machen; gestatten Sie mir eine kleine, kurze V.

vor|be|ra|ten ⟨st. V.; hat⟩ (bes. schweiz. Politik): *vor der eigentlichen Beratung beraten:* einen Entwurf v.

Vor|be|ra|tung, die; -, -en (bes. Politik): *das Vorberaten:* die Vorberatungen in den Ausschüssen abschließen.

vor|be|rei|ten ⟨sw. V.; hat⟩: **a)** *auf etw. einstellen, für etw. leistungsfähig, geeignet machen:* sich auf/für ein Examen v.; jmdn. auf einen Wettkampf v.; sich seelisch auf etw. v.; die Patientin für eine Operation v.; ein Manuskript für den Satz v.; der Saal wird für ein Fest vorbereitet; der Prüfling hat sich, ist nicht vorbereitet *(hat für die Prüfung nicht gelernt);* **b)** *die notwendigen Arbeiten für, im Voraus erledigen:* ein Fest, eine Reise, eine Operation, einen Krieg, einen Putsch v.; der Lehrer bereitet seinen Unterricht, eine Stunde vor; er hatte seine Rede gut vorbereitet; vorbereitende Maßnahmen treffen; Ü in der Aufklärung wurde Gedankengut dieser Art bereits vorbereitet; **c)** ⟨v. + sich⟩ *entstehen, sich entwickeln; aus bestimmten Vorzeichen erkennbar werden:* diese Entwicklung bereitete sich schon im letzten Jahrhundert vor; Denn dass sich im Geheimen etwas gegen ihn vorbereitete, spürt dieser misstrauische, argwöhnische Geist (St. Zweig, Fouché 66).

Vor|be|rei|tung, die; -, -en: **a)** *das Vorbereiten* (a); *das Sichvorbereiten; Maßnahme, durch die jmd., etw. auf, für etw. vorbereitet wird:* die V. auf/für die Prüfung, -en für etw. treffen; etw. nach gründlicher V. durchführen; **b)** *das Vorbereiten* (b): das Buch ist in V. *(wird vorbereitet u. kommt demnächst heraus);* sie ist mit der V. des Essens beschäftigt.

Vor|be|rei|tungs|dienst, der: *Zeit der berufsbezogenen praktischen Ausbildung eines Referendars; Referendariat.*

Vor|be|rei|tungs|kurs, Vor|be|rei|tungs|kur|sus, der: *vorbereitender Kurs, Lehrgang.*

Vor|be|rei|tungs|pha|se, die: *der Vorbereitung dienende Phase.*

Vor|be|rei|tungs|spiel, das (Sport): *der Vorbereitung eines Turniers dienendes Spiel.*

Vor|be|rei|tungs|zeit, die: *der Vorbereitung dienende Zeit.*

Vor|be|richt, der; -[e]s, -e: *vor dem eigentlichen Bericht gegebener [vorläufiger] Bericht:* einen ausführlichen Vorbericht schreiben.

Vor|be|scheid, der; -[e]s, -e: *erster, vorläufiger Bescheid.*

Vor|be|sit|zer, der; -s, -: *früherer Besitzer (z. B. eines Autos):* der V. hat den Wagen gut gepflegt.

Vor|be|sit|ze|rin, die; -, -nen: w. Form zu ↑ Vorbesitzer.

Vor|be|spre|chung, die; -, -en: **1.** *vorbereitende Besprechung.* **2.** *der eigentlichen Besprechung vorausgehende kurze Besprechung, Ankündigung eines neuen Buches o. Ä.*

vor|be|stel|len ⟨sw. V.; hat⟩: *im Voraus bestellen, reservieren lassen:* Kinokarten [telefonisch] v.

Vor|be|stel|lung, die; -, -en: *Bestellung im Voraus; Reservierung.*

vor|be|stim|men ⟨sw. V.; hat⟩: *vorherbestimmen:* einen Ort, Treffpunkt v.

Vor|be|stim|mung, die; -, -en: *Vorherbestimmung, Prädestination.*

vor|be|straft ⟨Adj.⟩ (Amtsspr.): *bereits früher gerichtlich verurteilt:* ein mehrfach -er Angeklagter.

Vor|be|straf|te, die/eine Vorbestrafte; der/einer Vorbestraften, die Vorbestraften/zwei Vorbestrafte: *weibliche Person, die vorbestraft ist.*

Vor|be|straf|ter, der Vorbestrafte/ein Vorbestrafter; des/eines Vorbestraften, die Vorbestraften/zwei Vorbestrafte: *jmd., der vorbestraft ist.*

vor|be|ten ⟨sw. V.; hat⟩: **1.** *ein Gebet vorsprechen:* [jmdm.] das Vaterunser v. **2.** (ugs.) *[langatmig, umständlich] hersagen:* er betete ihr sämtliche Bücher vor, die er gelesen hatte.

Vor|be|ter, der; -s, -: *jmd., der ein Gebet vorspricht* (1) *od. einen Gebetstext im Wechsel mit der Gemeinde spricht.*

Vor|be|te|rin, die; -, -nen: w. Form zu ↑ Vorbeter.

Vor|beu|ge|haft, die (Amtsspr.): *Inhaftierung eines Verdächtigen, wenn die Gefahr besteht, dass er weitere gefährliche Straftaten begeht.*

vor|beu|gen ⟨sw. V.⟩: **1.** ⟨einen Körperteil, sich⟩ *nach vorn beugen:* den Kopf v.; sie beugte sich zu ihm vor. **2.** [urspr. militär. = den Weg versperren, vgl. vorbauen (2)] *etw. durch bestimmtes Verhalten od. bestimmte Maßnahmen zu verhindern suchen:* einer Gefahr, Krankheit v.; ich sage dies, um Missverständnissen vorzubeugen; eine vorbeugende Behandlung, Maßnahme; ein -des Mittel [gegen etw.]; **Spr** Vorbeugen/vorbeugen ist besser als Heilen/heilen.

Vor|beu|gung, die; -, -en: *Maßnahmen zur Verhütung von etw. Drohendem; Prophylaxe:* V. gegen Krankheiten; etw. zur V. tun.

vor|be|wusst ⟨Adj.⟩ (Psychol.): *dem Vorbewussten zugehörig:* -e Triebkräfte.

◆ **Vor|be|wusst,** der; -[e]s: *vorheriges Wissen; das Vorherwissen:* Währendes Krieges hat manches seinen Herrn sehr oft mit und ohne V. des Herrn verändert (Lessing, Minna II, 2).

Vor|be|wuss|tes, das Vorbewusste/ein Vorbewusstes; des/eines Vorbewussten (Psychol.): *Bereich zwischen dem Unbewussten u. dem Bewussten.*

vor|be|zah|len ⟨sw. V.; hat⟩: *im Voraus bezahlen.*

Vor|bild, das; -[e]s, -er [mhd. vorbilde, ahd. forebilde]: *Person od. Sache, die als [idealisiertes] Muster, als Beispiel angesehen wird, nach man sich richtet:* ein leuchtendes, bewundertes, gutes, schlechtes V.; dieser Künstler ist ihm [ein]

vorbilden – vordringen

V.; jmdm. ein V. geben; einem V. folgen, nacheifern; die Kathedrale wurde zum V. für die neue Bauweise; das ist ohne V. *(einzigartig, noch nie da gewesen).*

vor|bil|den ⟨sw. V.; hat⟩: **1. a)** *vorbereitend gestalten:* dieses Gedankengut war schon vorgebildet in der Philosophie der Aufklärung; **b)** ⟨v. + sich⟩ *entstehen, sich bilden:* sich im Keim v. **2.** *jmdm. für etw. das geistige Rüstzeug geben, Grundkenntnisse vermitteln:* fachlich vorgebildete Angestellte.

Vor|bild|funk|ti|on, die: *Funktion, Vorbild zu sein:* etw., jmd. hat V.

vor|bild|haft ⟨Adj.⟩ (seltener): *vorbildlich.*

vor|bild|lich ⟨Adj.⟩: *hervorragend u. deshalb jederzeit als Vorbild dienen könnend; moralisch od. in seiner Gestaltung mustergültig:* ein -er Mensch, Autofahrer; -e Ordnung; sein Verhalten ist v.; er sorgt v. für seine Familie.

Vor|bild|lich|keit, die; -: *das Vorbildlichsein.*

Vor|bil|dung, die: *bereits erworbene Kenntnisse:* eine gute, keine V. haben; für/zu etwas die nötige V. haben; Sie wollte das gar nicht besser verstehen; ihre elementare jüdische V., die klugen Sprüche ihres Elternhauses hatte sie aus Zorn vergessen (Musil, Mann 165).

Vor|bild|wir|kung, die: *Wirkung, Vorbild zu sein.*

vor|bin|den ⟨st. V.; hat⟩: *vorn umbinden:* dem Kind ein Lätzchen v.; sich eine Schürze v.

♦ **Vor|bit|te,** die; -, -n: *Fürbitte:* Nach der von Ew. Wohlgeb. abermals getanen Vorstellung, nach der gleichfalls von der Gesellschaft eingelaufenen V. will ich zwar Schützen für diesmal wieder aufnehmen (Goethe, Brief an Kirms, 16. 10. 1794).

♦ **vor|bit|ten** ⟨st. V.; meist nur im Inf. u. 1. Part. gebr.⟩: *fürbitten:* ... diese höflichen, vorbittenden ... Schmeicheleien (Goethe, Über Kunst und Altertum, Redensarten); ⟨subst.:⟩ ... auf mein Vorbitten erlaubte sie ihnen, bis vor den Wald mitzufahren (Goethe, Werther I, 16. Junius).

Vor|blick, der; -[e]s, -e: *Vorausblick, Vorschau.*

vor|boh|ren ⟨sw. V.; hat⟩ (Technik): *vor dem eigentlichen Bohren mit einem dünneren Bohrer o. Ä. [an]bohren:* Sprenglöcher v.

Vor|bör|se, die (Börsenw.): *Abschlüsse u. Geschäfte vor der offiziellen Börsenzeit.*

vor|börs|lich ⟨Adj.⟩ (Börsenw.): *vor der offiziellen Börsenzeit:* -e Umsätze.

Vor|bo|te, der; -n, -n [mhd. vorbote, ahd. foraboto]: *jmd., der durch sein Erscheinen etw. ankündigt; Vorläufer; erstes, frühes Anzeichen:* ein V. des Untergangs, des Todes; Ü die Schneeglöckchen sind die ersten -n des Frühlings.

vor|brin|gen ⟨unr. V.; hat⟩: **1. a)** *als Wunsch, Meinung od. Einwand äußern, erklären:* sein Anliegen, eine Frage v.; Argumente [für, gegen etw.], Einwände [gegen etw.] v.; dagegen lässt sich manches v.; Hat Madame einen Wunsch? Er ist schon erfüllt, bevor Sie ihn vorgebracht haben (Langgässer, Siegel 538); **b)** *hervorbringen, von sich geben:* Worte, Laute v. **2.** (ugs.) *nach vorn bringen.*

Vor|brin|gung, die; -, -en: *etw. Vorgebrachtes; Anliegen:* ich werde mir seine -en anhören.

vor|christ|lich ⟨Adj.⟩: *vor Christi Geburt:* in -en Zeiten; das dritte -e Jahrhundert.

Vor|dach, das; -[e]s, Vordächer: *(bes. über Eingängen angebrachtes) vorspringendes Dach:* das Fahrrad unter das V. schieben.

vor|da|tie|ren ⟨sw. V.; hat⟩: **1.** *mit einem späteren, in der Zukunft liegenden Datum versehen; vorausdatieren:* einen Brief v.; ein vordatierter Scheck. **2.** (seltener) *zurückdatieren* (2).

Vor|deck, das; -[e]s, -s (Seew.): *Vorderdeck.*

vor|dem [auch: ˈfo:ɐ̯...] ⟨Adv.⟩: **a)** (geh.) *vorher:* er fühlt sich so gesund wie v.; wie v. *(weiter vorn,*

oben) gesagt; **b)** (veraltend) *vor langer, längerer Zeit, früher, einst:* eine Moral von v.

vor|den|ken ⟨unr. V.; hat⟩: *als Erster denken, was später auch andere denken, durch sein Denken das Denken, die Meinung anderer bestimmen.*

Vor|den|ker, der; -s, - (bes. Politik): *jmd., der vordenkt:* linke V.; der V. der Partei.

Vor|den|ke|rin, die; -, -nen: w. Form zu ↑ Vordenker.

vor|der... ⟨Adj.⟩ [mhd. vorder, ahd. fordaro; urspr. Komp. von ↑ ¹vor]: *vorn befindlich:* der vordere Eingang; die vorderen Räder des Wagens; im Wettkampf einen vorderen, einen der vorderen Plätze belegen; an der vordersten Front kämpfen; ⟨subst.:⟩ die Vorder[st]en konnten mehr sehen.

Vor|der|ach|se, die (Technik): *vordere Achse eines Fahrzeugs.*

Vor|der|an|sicht, die, die: *vorderer Ansicht* (3): das Foto zeigt die V. des Gebäudes.

vor|der|asi|a|tisch ⟨Adj.⟩: *Vorderasien betreffend; aus Vorderasien stammend.*

Vor|der|asi|en: *südwestliches Asien.*

Vor|der|aus|gang, der: *vorderer Ausgang.*

Vor|der|bein, das: *eines der beiden vorderen Beine bei Tieren.*

Vor|der|büh|ne, die: *vorderer Teil der Bühne.*

Vor|der|deck, das (Seew.): *vorderer Teil des Decks.*

vor|de|re: ↑ vorder...

Vor|der|ein|gang, der: *vorderer Eingang.*

Vor|der|feld, das (Sport): *Gesamtheit der vorderen Plätze in einem Klassement.*

Vor|der|flü|gel, der (Zool.): *(bei Insekten) vorderer Flügel.*

Vor|der|frau, die: *weibliche Person, die (in einer Reihe, Gruppe o. Ä.) unmittelbar vor einer anderen steht, geht, sitzt, fährt o. Ä.*

Vor|der|front, die: **a)** *vordere Seite eines Gebäudes;* **b)** (salopp) *vordere Seite des menschlichen Körpers.*

Vor|der|fuß, der: *Fuß des Vorderbeins.*

Vor|der|glied, das: **1.** *vorderes Glied einer marschierenden Kolonne.* **2.** (Math.) *hinteres Glied* (z. B. eines Verhältnisses).

Vor|der|glied|ma|ße, die ⟨meist Pl.⟩: *vordere Gliedmaße.*

Vor|der|grund, der: *vorderer, unmittelbar im Blickfeld stehender Bereich (eines Raumes, Bildes o. Ä.):* ein heller, dunkler V.; der V. der Bühne; die Person im V. [des Fotos] ist unscharf; * **im V. stehen** *(Mittelpunkt, sehr wichtig sein:* im V. stehen hier empirische Untersuchungen); **in den V. stellen/rücken/schieben** *(etw. als besonders wichtig herausstellen, hervorheben);* **in den V. treten/rücken** *(auffallen, an Bedeutung gewinnen:* wirtschaftliche Interessen treten in den Vordergrund); **jmdn., sich in den V. spielen/rücken/drängen** *(jmdn., sich in den Mittelpunkt stellen:* ich mag nicht, wie er sich ständig in den V. spielt).

vor|der|grün|dig ⟨Adj.⟩: **1.** *oberflächlich, leicht durchschaubar u. ohne tiefere Bedeutung:* -e Fragen, Aspekte; etw. v. behandeln. **2.** (selten) *wichtig, wesentlich:* die -sten Symptome wurden bekämpft.

vor|der|hand [auch: ...ˈhant] ⟨Adv.⟩ (bes. österr., schweiz., sonst veraltend): *einstweilen, zunächst [einmal], vorläufig:* das ist v. genug.

Vor|der|hand, die: **1.** *Vorhand* (2). **2.** *Vorhand* (3): das Pferd ist an der V. verletzt.

Vor|der|haus, das: **a)** *nach vorn zur Straße gelegenes Haus;* **b)** *vorderer, zur Straße gelegener Gebäudeteil eines größeren Hauses.*

Vor|der|hirn, das (Anat.): *aus End- u. Zwischenhirn bestehender vorderer Abschnitt des Gehirns der Wirbeltiere.*

Vor|der|huf, der: *Huf des Vorderbeins.*

Vor|der|in|di|en; -s: *der indische Subkontinent.*

Vor|der|kan|te, die: *vordere Kante.*

Vor|der|la|der, der (Waffent.): *Feuerwaffe, die vom vorderen Ende des Laufs od. Rohres her geladen wird.*

vor|der|las|tig ⟨Adj.⟩: *(von Schiffen, Flugzeugen) vorne stärker belastet als hinten.*

Vor|der|lauf, der (Jägerspr.): *(beim Haarwild, bei Haushund u. Hauskatze) Vorderbein.*

Vor|der|mann, der ⟨Pl. ...männer, seltener auch: ...leute⟩: *jmd., der (in einer Reihe, Gruppe o. Ä.) unmittelbar vor einem andern steht, geht, sitzt, fährt o. Ä.:* bei diesem Spiel gibt jeder das Pfand an seinen V. weiter; * **jmdn. auf V. bringen** (ugs.; *jmdn. dazu bringen, dass er ohne Widerrede sich einordnet u. Anordnungen nachkommt, Disziplin u. Ordnung hält;* urspr. militär. für das Ausrichten Mann hinter Mann in geraden Reihen: der Trainer hat die Mannschaft auf V. gebracht); **etw. auf V. bringen** (ugs.; *wieder in Ordnung bringen; neu herrichten:* die Wohnung, den Haushalt auf V. bringen).

Vor|der|mit|tel|fuß, der: *(bei Pferden) über der Fessel ansetzender Teil des Vorderfußes.*

Vor|dern ⟨Pl.⟩ (veraltet): *Vorfahren, Ahnen.*

vor|der|ori|en|ta|lisch ⟨Adj.⟩: *den Vorderen Orient betreffend, zum Vorderen Orient gehörend.*

Vor|der|pfo|te, die: *Pfote des Vorderbeins.*

Vor|der|rad, das: *vorderes Rad; Rad an der Vorderachse eines Fahrzeugs.*

Vor|der|rad|ach|se, die (Technik): *Achse des Vorderrads, der Vorderräder; Vorderachse.*

Vor|der|rad|an|trieb, der: *Frontantrieb.*

Vor|der|rad|auf|hän|gung, die (Kfz-Technik): *Aufhängung des Vorderrads, der Vorderräder (bei Kraftfahrzeugen).*

Vor|der|rad|brem|se, die: *auf das Vorderrad, die Vorderräder wirkende Bremse.*

Vor|der|rad|ga|bel, die: *Gabel* (3 c) *des Vorderrades.*

Vor|der|rei|fen, der: *Reifen des Vorderrads.*

Vor|der|schin|ken, der: *Schinken von der Schulter des Schweins.*

Vor|der|sei|te, die: *vordere, dem Betrachter zugewandte Seite:* auf der V.

Vor|der|sitz, der: *vorderer Sitz[platz] eines [Kraft]fahrzeugs.*

Vor|der|spie|ler, der (Faustball): *einer der im vorderen Teil der Spielhälfte stehenden Spieler.*

Vor|der|spie|le|rin, die: w. Form zu ↑ Vorderspieler.

vor|derst...: ↑ vorder...

Vor|der|ste|ven, der (Seemannsspr.): *vorderer Steven.*

Vor|der|teil, das, auch: der: *vorderer Teil.*

Vor|der|trep|pe, die: *Treppe am Vordereingang.*

Vor|der|tür, die: *vordere [Eingangs]tür (bes. eines Hauses, Gebäudes).*

Vor|der|zahn, der: *Schneidezahn.*

Vor|der|ze|he, die (Zool.): *Zehe an einer Vordergliedmaße.*

Vor|dienst|zei|ten ⟨Pl.⟩ (österr. Verwaltungsspr.): *für Gehalt u. Pension anrechenbare Zeiten aus einem früheren Arbeitsverhältnis.*

vor|drän|geln ⟨sw. V.; hat⟩ (ugs.): *sich drängelnd nach vorn, vor andere schieben:* sich überall v.; sie hat versucht, sich an der Kasse vorzudrängeln.

vor|drän|gen ⟨sw. V.; hat⟩: **1.** ⟨v. + sich⟩ **a)** *sich nach vorn, vor andere drängen:* sie hat sich bis zur Absperrung vorgedrängt; **b)** *sich in den Mittelpunkt schieben, Aufmerksamkeit erregen wollen:* er drängt sich immer vor. **2.** *nach vorn drängen:* die Menge drängte vor.

vor|drin|gen ⟨st. V.; ist⟩: **a)** *[gewaltsam in etw.] eindringen, vorstoßen:* in unbekanntes Gelände, in den Weltraum v.; Ü es gelang ihm, mit seinem Plan bis zum Minister vorzudringen; **b)** *(von Sachen) sich ausbreiten, verbreiten; bekannt* werden, Einfluss gewinnen: die neue Mode dringt rasch vor.

vor|dring|lich ⟨Adj.⟩: sehr dringend, besonders wichtig, mit Vorrang zu behandeln: eine -e Aufgabe, Angelegenheit.

Vor|dring|lich|keit, die; -: das Vordringlichsein.

Vor|druck, der; -[e]s, -e: Blatt, [amtliches] Formular zum Ausfüllen, auf das die einzelnen Fragen, zu ergänzenden Punkte u. Ä. bereits gedruckt sind: einen V. ausfüllen, unterschreiben; wenn Sie den Betrag überweisen möchten, verwenden Sie bitte den beiliegenden V.

vor|dru|cken ⟨sw. V.; hat⟩: im Voraus drucken, mit einem Vordruck versehen: Bestellkarten v.; ⟨meist im 2. Part.:⟩ vorgedruckte Glückwünsche.

vor|ehe|lich ⟨Adj.⟩: a) aus der Zeit vor der Eheschließung [stammend]: -e Ersparnisse; ihre Tochter ist v.; b) vor der Eheschließung [stattfindend]: -er Geschlechtsverkehr.

vor|ei|lig ⟨Adj.⟩: zu schnell u. unbedacht; unüberlegt: eine -e Entscheidung, Antwort, Bemerkung; -e Schlüsse aus etw. ziehen; du bist zu v.; Wie v. er sich hier zufriedengegeben hatte ... (Kronauer, Bogenschütze 278).

Vor|ei|lig|keit, die; -, -en: a) ⟨o. Pl.⟩ das Voreiligsein: seine V. hat ihm schon oft geschadet; b) voreilige Handlung: sich nicht zu -en verleiten lassen.

Vor|ei|lung, die; - (Technik): das Anzeigen eines höheren anstelle des tatsächlichen Wertes bei einem Messgerät.

vor|ei|n|an|der ⟨Adv.⟩: a) ⟨räumlich⟩ einer, eine, eines vor dem, der andern: sich v. hinstellen; v. auf dem Boden sitzen; b) ⟨wechselseitig einer dem andern gegenüber, in Bezug auf den andern⟩: sich v. verneigen; sie hatten Hochachtung, Furcht v.

vor|ei|n|an|der|her ⟨Adv.⟩: einer, eine, eines vor dem, der anderen her: v. fahren; v. hinaufklettern.

vor|ei|n|an|der|kop|peln ⟨sw. V.; hat⟩ (Technik): ein Teil vor ein anderes setzen und beweglich damit verbinden: Wagen, Container v.

vor|ei|n|an|der|le|gen ⟨sw. V.; hat⟩: eines vor das andere legen: sie hat alle Karteikarten voreinandergelegt.

vor|ei|n|an|der|lie|gen ⟨sw. V.; hat; südd., österr., schweiz. auch: ist⟩: eins vor dem anderen liegen: die Zettel lassen sich v.

vor|ein|ge|nom|men ⟨Adj.⟩: von einem Vorurteil bestimmt u. deshalb nicht objektiv: ein -er Kritiker; du bist ihr gegenüber v.

Vor|ein|ge|nom|men|heit, die; -, -en: 1. ⟨o. Pl.⟩ das Voreingenommensein; Befangenheit: jmdm. V. vorwerfen, nachsagen. 2. (selten) etw. auf Voreingenommenheit (1) Beruhendes.

vor|einst ⟨Adv.⟩ (geh. veraltend): vor sehr langer Zeit: ♦ Die Wohlgestalt, die mich v. entzückte (Goethe, Faust II, 6495).

vor|ein|stel|len ⟨sw. V.; hat⟩: vorher einstellen (3): einen Radiosender v.; die Schaltuhr des Geräts ist im Lieferzustand auf 15 Minuten voreingestellt.

Vor|ein|stel|lung, die: das Voreinstellen; das Voreingestelltsein: die -en des Computers ändern.

vor|eis|zeit|lich ⟨Adj.⟩: präglazial.

vor|ent|hal|ten ⟨st. V.; enthält vor/(selten) vorenthält, enthielt vor/(selten) vorenthielt, hat vorenthalten⟩: ⟨jmdm. etw.⟩ [worauf er Anspruch hat] nicht geben: jmdm. sein Erbe, seinen Lohn, einen Brief, eine Nachricht, die Wahrheit v.; jmdm. die Hintergründe der Tat v. (verschweigen).

Vor|ent|scheid, der; -[e]s, -e: Vorentscheidung.

vor|ent|schei|den ⟨st. V.; hat⟩: vorher entscheiden.

Vor|ent|schei|dung, die; -, -en: a) vorbereitender Beschluss, erste [richtungsweisende] Entscheidung: eine V. treffen; b) (bes. Sport) Stand eines Wettkampfes, Zwischenergebnis, mit dem sich die endgültige Entscheidung bereits abzeichnet: dieses Tor bedeutete bereits eine V.

Vor|ent|wurf, der; -[e]s, Vorentwürfe: erster, vorläufiger Entwurf.

¹**Vor|er|be**, der; -n, -n (Rechtsspr.): jmd., der [durch Testament] zuerst Erbe wird, bis (nach einem bestimmten Zeitpunkt) der Nacherbe in die vollen Rechte eintritt.

²**Vor|er|be**, das; -s (Rechtsspr.): dem Vorerben als Erstem zufallendes Erbe.

Vor|er|bin, die; -, -nen: w. Form zu ↑¹Vorerbe.

Vor|er|kran|kung, die; -, -en (Versicherungsw.): frühere, vor Eintritt in die Versicherung erlittene Krankheit: bei Abschluss einer Versicherung müssen die -en aufgelistet werden.

Vor|er|mitt|lung, die; -, -en (Rechtsspr.): einem förmlichen Ermittlungsverfahren vorangehende Untersuchung, in der geprüft wird, ob ein Anfangsverdacht besteht.

vor|erst [auch: ...ˈleːɐ̯st] ⟨Adv.⟩: a) zunächst einmal, fürs Erste: sich v. mit dem vorliebnehmen; v. in Sicherheit sein; b) (schweiz.) erst, zuerst: v. muss bezahlt werden.

vor|er|zäh|len ⟨sw. V.; hat⟩ (ugs.): erzählen: erzähl mir doch nichts vor! (das kannst du mir nicht weismachen).

vor|es|sen ⟨unr. V.; hat⟩ (ugs.): in der Wendung jmdm. etwas v. (vor jmdm., der selbst nichts zu essen hat, essen).

Vor|es|sen, das; -s, - [wohl urspr. als Vorspeise serviert] (schweiz.): Ragout.

Vor|ex|a|men, das; -s, -: Teilprüfung, die vor dem eigentlichen Examen abgelegt wird.

vor|ex|er|zie|ren ⟨sw. V.; hat⟩ (ugs.): beispielhaft vormachen: jmdm. alles genau v.

vor|fa|bri|zie|ren ⟨sw. V.; hat⟩: als Teil für etw. später Zusammenzubauendes fabrikmäßig herstellen: vorfabrizierte Teile, Bauelemente.

Vor|fahr, der; -en, -en, **Vor|fah|re**, der; -n, -n [mhd. vorvar, 2. Bestandteil mhd. -var, ahd. -faro = Fahrender, urspr. = Vorgänger (z. B. im Amt)]: Angehöriger einer früheren Generation [der Familie]: meine Vorfahren mütterlicherseits; sie hat indianische Vorfahren.

vor|fah|ren ⟨st. V.⟩: 1. vor ein Haus, vor den Eingang fahren a) ⟨ist⟩ mit dem Taxi v.; der Möbelwagen ist vor dem Haus vorgefahren; b) er ließ den Chauffeur vor den Wagen v. 2. a) ⟨ist⟩ [mit einem Fahrzeug] ein Stück vorrücken: noch einen Meter weiter v.; b) ⟨hat⟩ (ein Fahrzeug) etw. weiter nach vorn fahren: den Wagen noch ein Stückchen [weiter] v. 3. ⟨ist⟩ (ugs.): vorausfahren: wir fahren schon vor. 4. ⟨ist; meist im Inf.⟩ (Verkehrsw.): die Vorfahrt haben u. nutzen: Linksabbieger müssen den Gegenverkehr v. lassen. 5. (schweiz. veraltend) überholen.

Vor|fah|rin, die; -, -nen: w. Form zu ↑Vorfahr[e].

Vor|fahrt, die; -, -en: 1. a) ⟨o. Pl.⟩ (Verkehrsw.): das Vorfahren (1 a); b) (schweiz.) für das Vorfahren (1 a) bestimmter Teil einer Zufahrt. 2. ⟨Pl. selten⟩ (Verkehrsw.) (durch genaue Bestimmungen geregeltes) Recht, an einer Kreuzung od. Einmündung vor einem anderen herankommenden Fahrzeug durchzufahren: [die] V. haben, beachten, missachten, verletzen; jmdm. die V. lassen, nehmen.

Vor|fahrts|recht, das (Verkehrsw.): 1. Vorfahrt (2). 2. die das Vorfahrtsrecht (1) regelnden Vorschriften.

Vor|fahrts|re|gel, die: das Vorfahrtsrecht betreffende Verkehrsregel.

Vor|fahrts|schild, das (Verkehrsw.): die Vorfahrt regelnde Verkehrsschild.

Vor|fahrts|stra|ße, die (Verkehrsw.): bevorrechtigte Straße, auf der man an Kreuzungen u. Einmündungen Vorfahrt hat.

Vor|fall, der; -[e]s, Vorfälle: 1. plötzlich eintretendes [für die Beteiligten unangenehmes] Ereignis, Geschehen: ein merkwürdiger, peinlicher, beunruhigender V.; der V. ereignete sich auf dem Marktplatz; man hat dem V. keine Bedeutung bei; Aber ich muss morgen einen Rechenschaftsbericht über die heutigen Vorfälle schreiben, und darum beschwöre ich dich, dass du darauf Rücksicht nimmst! (Musil, Mann 1036). 2. (Med.) Prolaps.

vor|fal|len ⟨st. V.; ist⟩: 1. plötzlich [als etw. Störendes, Unangenehmes] geschehen, sich zutragen: irgendwas muss [zwischen ihnen] vorgefallen sein; ist während meiner Abwesenheit etwas Besonderes vorgefallen?; Kleinliche Handlungen würden nicht v., keine Betrugsversuche und Fluchtmanöver (Chr. Wolf, Nachdenken 198). 2. a) nach vorn, vor etw. fallen: eine vorgefallene Haarsträhne; b) (Med.) prolabieren.

Vor|fei|er, die; -, -n: Feier vor der eigentlichen Feier.

Vor|feld, das; -[e]s, -er: 1. außerhalb, vor etw. liegendes Gelände: er lief über das V. zur Maschine; * im V. (vor dem eigentlichen Beginn od. im Anfangsstadium eines Projekts o. Ä.): politische Aktionen im V. der Wahlen. 2. (Sprachwiss.) Gesamtheit der im Satz vor der finiten Verbform stehenden Satzteile.

vor|fer|ti|gen ⟨sw. V.; hat⟩: vorfabrizieren: vorgefertigte Bauteile; Ü das Urteil des Richters war doch schon vorgefertigt.

Vor|fer|ti|gung, die; -, -en: a) das Vorfertigen; b) das Vorgefertigte; etw. aus -en zusammenbauen.

Vor|film, der; -[e]s, -e: im Kino vor dem Hauptfilm laufender [Kurz]film.

vor|fi|nan|zie|ren ⟨sw. V.; hat⟩ (Wirtsch.): vor der eigentlichen Finanzierung einen kurzfristigen Kredit gewähren: das Land hat die Baukosten vorfinanziert.

Vor|fi|nan|zie|rung, die; -, -en: das Vorfinanzieren.

vor|fin|den ⟨st. V.; hat⟩: a) an einem bestimmten Ort [in einem bestimmten Zustand] antreffen, finden: eine veränderte Lage v.; b) ⟨v. + sich⟩ feststellen, dass man sich an einem Ort befindet: sich an einem unbekannten Ort v.; c) ⟨v. + sich⟩ vorgefunden werden, sich finden: im Kühlschrank fanden sich noch Lebensmittel vor.

vor|find|lich ⟨Adj.⟩: sich finden lassend; vorhanden: die -en Mängel am Fahrzeug.

Vor|flu|ter, der; -s, - (Wasserwirtsch.): natürlicher od. künstlicher Wasserlauf, der Wasser u. [vorgereinigtes] Abwasser aufnimmt u. weiterleitet.

Vor|form, die; -, -en: frühe einfache Form von etw., aus der kompliziertere Formen entwickelt werden od. sich entwickeln: die V. unserer Gartenrose; die abendländische Kunst in ihren -en.

vor|for|men ⟨sw. V.; hat⟩: im Voraus formen: Bauteile v.; vorgeformte Zwischenwände.

vor|for|mu|lie|ren ⟨sw. V.; hat⟩: im Voraus formulieren, durch vorläufige Formulierung im Voraus festlegen: einen Text v.

Vor|freu|de, die; -, -n: Freude auf etw. Kommendes, zu Erwartendes: die V. auf ein Fest; R V. ist die schönste Freude.

vor|fris|tig ⟨Adj.⟩: vor Ablauf der Frist [fertig]: ein Darlehen v. zurückzahlen.

Vor|früh|ling, der; -s, -e: erste wärmere Tage vor Beginn des eigentlichen Frühlings.

vor|früh|lings|haft ⟨Adj.⟩: wie im Vorfrühling: -es Wetter.

vor|füh|len ⟨sw. V.; hat⟩: vorsichtig [bei jmdm.] zu erkunden versuchen: du solltest wegen der Reise bei deinen Eltern v.

Vor|führ|ef|fekt, der: angenommene Gesetzmä-

vorführen – vorglühen

ßigkeit, nach der bei der Vorführung, Demonstration von etw. genau das nicht eintritt, was man zeigen will das ist der berühmte V.

vor|füh|ren ⟨sw. V.; hat⟩: **1.** *(zur Untersuchung, Begutachtung o. Ä.) vor jmdn. bringen:* einen Häftling dem Untersuchungsrichter, dem Haftrichter v.; ein Auto beim TÜV v. **2. a)** *(eine Ware) betrachten lassen; anbietend, erläuternd, den Gebrauch demonstrierend zeigen:* sie führte [dem Kunden] verschiedene Modelle vor; die neue Sommerkollektion v.; **b)** *jmdn. mit jmdm., etw. bekannt machen; [vor]zeigen, vorstellen:* seinen Freunden das neue Haus, Auto v.; **c)** *erklärend, beispielhaft demonstrieren:* die Lehrerin führt einen Versuch, Beweis vor; **d)** *einem Publikum zeigen, darbieten:* [jmdm.] einen Film, Kunststücke, eine Dressurnummer, einen Zaubertrick v. **3.** (ugs.) *bloßstellen, lächerlich machen:* die Gastmannschaft wurde mit 6 : 0 regelrecht vorgeführt.

Vor|füh|rer, der; -s, -: **1.** *Filmvorführer.* **2.** (selten) *jmd., der etw. vorführt* (2 c); *Demonstrator.* **3.** *Vorführmodell* (bes. Motorrad).

Vor|füh|re|rin, die; -, -nen: w. Form zu ↑ Vorführer (1, 2).

vor|führ|fer|tig ⟨Adj.⟩: *fertig, bereit zur Vorführung:* -e Dias; der Film liegt v. bereit.

Vor|führ|ge|rät, das: **a)** *Projektor;* **b)** *einzelnes Gerät einer Serie (z. B. Küchenmaschine), das im Geschäft in seiner Funktion gezeigt u. vorgeführt wird.*

Vor|füh|r|mo|dell, das: *Vorführgerät* (b).

Vor|führ|raum, der: *Raum, Kabine für den Projektor in einem Kino.*

Vor|füh|rung, die; -, -en: **1.** *das Vorführen* (1): die V. eines Häftlings. **2.** *Darbietung, Vorstellung, Demonstration:* die V. eines Geräts, einer Anlage; ein bunter Abend mit allerlei -en.

Vor|füh|rungs|raum, der: *Raum für eine Vorführung* (2).

Vor|führ|wa|gen, der: *Auto einer neuen Serie, das beim Händler zum Probefahren vorgeführt wird.*

Vor|ga|be, die; -, -n: **1.** [mhd. vorgābe, eigtl. = Vorzug; Vorteil] *Ausgleich durch Zeitvorsprung o. Ä. für schwächere Wettbewerbsteilnehmer:* jmdm. 20 Meter V. geben. **2.** (Golf) *Differenz zwischen den Schlägen, die vorgeschrieben sind, und denen, die der Spieler gebraucht hat.* **3.** (bes. Fachspr.) *etw., was als Kennziffer, Maß, Richtlinie o. Ä. festgelegt ist:* wichtig sind bei der Aufgabenstellung klare -n; jmdm. -n machen; sich genau an seine -n halten. **4.** (Wirtsch.) *Vorgabezeit.* **5.** (Bergmannsspr.) *das, was an festem Gestein durch Sprengung gelöst werden soll.*

Vor|ga|be|zeit, die (Wirtsch.): *vorgegebene Zeit, in der eine bestimmte Arbeitsleistung erbracht werden muss:* die -en neu festsetzen.

Vor|gang, der; -[e]s, Vorgänge [mhd. vorganc]: **1.** *etw., was vor sich geht, abläuft, sich entwickelt:* ein natürlicher, technischer, psychischer, chemischer, komplizierter, skandalöser V.; geschichtliche Vorgänge (*Prozesse*); jmdn. über interne Vorgänge unterrichten. **2.** (Amtsspr.) *Gesamtheit der Akten, die über eine bestimmte Person, Sache angelegt sind:* einen V. heraussuchen, anfordern.

Vor|gän|ger, der; -s, - [mhd. vorganger, vorgenger]: *jmd., der vor einem anderen dessen Stelle, Funktion, Amt o. Ä. innehatte:* von seinem V. eingearbeitet werden; Ü dieser Wagen ist komfortabler als sein V.

Vor|gän|ger|bau, der ⟨Pl. -ten⟩ (Archit., Archäol.): *Bauwerk, das vorher an der Stelle eines vorhandenen Bauwerks gestanden hat.*

Vor|gän|ge|rin, die; -, -nen: w. Form zu ↑ Vorgänger.

Vor|gän|ger|mo|dell, das: *vorheriges Modell* (3 b): das V. war deutlich billiger.

Vor|gän|ger|re|gie|rung, die: *vorherige Regierung.*

¹vor|gän|gig ⟨Adj.⟩: **1.** (schweiz., sonst veraltend) *vorangegangen, vorausgehend, vorherig, vorher vorhanden.* ◆ **2.** *vorläufig:* Spornstreichs auf dem Weg nach Dresden war er schon, als er … sein Pferd, ehe er noch tausend Schritt gemacht hatte, wieder wandte, und zur -en Vernehmung des Knechts, wie es ihm klug und gerecht schien, nach Kohlhaasenbrück einbog (Kleist, Kohlhaas 11).

²vor|gän|gig ⟨Adv.⟩ (schweiz.): *zuvor:* er war v. schon einmal dort gewesen.

³vor|gän|gig ⟨Präp. mit Gen. u. Dativ⟩ (schweiz.): ¹*vor* (2).

Vor|gangs|pas|siv, das (Sprachwiss.): *Passivform, mit der ausgedrückt wird, dass mit einem Objekt etw. geschieht, vorgeht* (z. B. die Tür wird geöffnet).

Vor|gangs|wei|se, die (österr.): *Vorgehensweise.*

vor|ga|ren ⟨sw. V.; hat⟩: *(später vollständig zu garende Lebensmittel) schon bis zu einem gewissen Grade garen:* die Kartoffeln in Salzwasser 10 Minuten vorgaren.

Vor|garn, das; -[e]s, -e (Textilind.): *bereits gerundete Faser, die dann zu Garn gesponnen wird.*

Vor|gar|ten, der; -s, Vorgärten: *kleinerer, vor einem Haus gelegener Garten:* ein schönes Stadtviertel mit gepflegten Vorgärten.

vor|gau|keln ⟨sw. V.; hat⟩: *jmdm. etw. so schildern, dass er sich falsche Vorstellungen, Hoffnungen macht:* den Leserinnen und Lesern, den Kindern eine heile Welt v.

vor|ge|ben ⟨st. V.; hat⟩: **1.** (ugs.) *nach vorn geben:* die Hefte [der Lehrperson] v. **2.** *etw., was nicht den Tatsachen entspricht, als Grund für etw. angeben:* sie gab vor, krank gewesen zu sein; er gab dringende Geschäfte vor; Übrigens nehme ich nicht an, dass du wirklich zu Seiner Majestät König Karl dermaßen rednerisch-elegant gesprochen hast, wie dein Bericht vorgibt (Th. Mann, Krull 399). **3.** (bes. Sport) *jmdm. einen Vorsprung geben:* den Amateuren in einer Runde, zehn Punkte v.; jmdm. einen Turm v. (Schach; von Anfang an mit nur einem Turm gegen jmdn. spielen). **4.** *etw. ansetzen, festlegen, bestimmen* [u. als Richtwert verbindlich machen]: am Fließband neue Zeiten v.; die vorgegebene Flugbahn erreichen; vorgegeben sei der Schnittpunkt F.

Vor|ge|ben, das; -s, -: **1.** (veraltend) *Vorwand.* ◆ **2.** *Behauptung:* … wie uns das Tier, diesem sonderbaren V. gemäß, … entgegenkommen würde (Kleist, Kohlhaas 103).

Vor|ge|bir|ge, das; -s, -: *einem Gebirge vorgelagerte Bergkette:* das V. der Alpen.

vor|geb|lich ⟨Adj.⟩: *angeblich:* ein -er Unglücksfall.

vor|ge|burt|lich ⟨Adj.⟩ (Med.): *pränatal:* ein -es Trauma.

vor|ge|fasst ⟨Adj.⟩: **a)** *von vornherein feststehend; auf Vorurteilen beruhend:* eine -e Meinung; **b)** *vorher gefasst* (fassen 5 b): ein -er Plan.

vor|ge|fer|tigt: ↑ vorfertigen.

Vor|ge|fühl, das: *gefühlsmäßige Ahnung von etw. Bevorstehendem, Zukünftigem:* in schlimmes, beklemmendes V. haben.

Vor|ge|gen|wart, die; - (Sprachwiss.): *Perfekt.*

vor|ge|hen ⟨unr. V.; ist⟩ [mhd. vorgān, vorgēn, ahd. foragān]: **1.** *nach vorn gehen:* an die Tafel, zum Altar v. **2. a)** (ugs.) *vor jmdm. gehen:* jmdn. v. lassen; geh du vor, du kennst dich hier am besten aus; **b)** *früher als eine andere Person gehen* [um sie später wieder zu treffen]: wartet nicht auf mich, geh schon mal vor. **3.** *(von Messgeräten o. Ä.) zu viel, zu früh anzeigen, zu schnell gehen:* die Uhr geht ein paar Minuten vor. **4. a)** *(gegen jmdn.) einschreiten, etw. unternehmen:* entschieden, mit aller Schärfe, gerichtlich [gegen die Schuldigen] v.; die Polizei ging gegen die Demonstranten mit Wasserwerfern vor; **b)** ¹*verfahren* (1 a): [bei etw.] systematisch, methodisch, zu plump, vorsichtig, geschickt, brutal, äußerst dreist v.; wie wollen wir v.? **5.** *in einer bestimmten Situation vor sich gehen, sich abspielen, sich zutragen:* was geht da [draußen] eigentlich vor?; sie weiß nicht, was zwischen den beiden, hinter ihrem Rücken vorgeht; mit ihm war eine Veränderung vorgegangen. **6.** *als wichtiger, dringender behandelt, betrachtet werden als etw. anderes; Vorrang haben:* die Gesundheit geht [allem anderen] vor.

Vor|ge|hen, das; -s: *ein gemeinsames, solidarisches V.;* das brutale V. der Saalordner wurde hart kritisiert.

Vor|ge|hens|wei|se, die: *Art u. Weise, wie jmd. vorgeht* (4): über die konkrete V. war nichts bekannt geworden.

vor|ge|la|gert ⟨Adj.⟩: *vor etw. liegend:* die [der Küste] -en Inseln; der Wald ist dem Flughafen v.

vor|ge|nannt ⟨Adj.⟩ (Amtsspr.): *vorher genannt; oben genannt.*

vor|ge|ord|net ⟨Adj.⟩ (veraltet): *übergeordnet* (2): die -e Behörde.

Vor|ge|plän|kel, das; -s, -: *Geplänkel vor einer ernsthafteren Auseinandersetzung:* die Schlacht war nur ein V. gewesen.

Vor|ge|richt, das; -[e]s, -e: *Vorspeise.*

Vor|ge|schich|te, die; -, -n: **1.** ⟨o. Pl.⟩ **a)** *Zeitabschnitt in der Menschheitsgeschichte, der vor dem Beginn der schriftlichen Überlieferung liegt; Prähistorie:* die Funde stammen aus der V.; **b)** *Wissenschaft, die die Vorgeschichte erforscht; Prähistorie:* sie ist Expertin auf dem Gebiet der V. **2.** *das, was einem Fall, Vorfall, Ereignis o. Ä. vorausgegangen u. dafür von Bedeutung ist:* die V. der Krankheit ermitteln; der Skandal hat eine lange V.

vor|ge|schicht|lich ⟨Adj.⟩: *die Vorgeschichte* (1) *betreffend; prähistorisch:* in -er Zeit; -e Gräber.

Vor|ge|schichts|for|schung, die: **a)** *wissenschaftliche Erforschung der Vorgeschichte* (1 a); **b)** ⟨o. Pl.⟩ *Vorgeschichte* (1 b).

Vor|ge|schmack, der; -[e]s: *etw., wodurch man einen gewissen Eindruck von etw. Bevorstehendem bekommt:* die Fotos waren ein kleiner V. auf den kommenden Urlaub.

vor|ge|schrit|ten: ↑ vorschreiten.

Vor|ge|setz|te, die/eine Vorgesetzte; der/einer Vorgesetzten, die/zwei Vorgesetzte: *weibliche Person, die (in einem Betrieb o. Ä.) anderen übergeordnet u. berechtigt ist, Anweisungen zu geben:* jmds. unmittelbare, direkte, nächste V.

Vor|ge|setz|ter, der Vorgesetzte/ein Vorgesetzter; des/eines Vorgesetzten, die Vorgesetzten/ zwei Vorgesetzte: *jmd., der (in einem Betrieb o. Ä.) anderen übergeordnet u. berechtigt ist, Anweisungen zu geben:* Vorgesetzte müssen die Reisekostenabrechnung autorisieren.

Vor|ge|spräch, das; -[e]s, -e: *dem eigentlichen [offiziellen] Gespräch vorangehendes Gespräch:* -e über den Vertrag hatten schon stattgefunden.

vor|ges|tern ⟨Adv.⟩: **1.** *vor zwei Tagen; an dem Tag, der zwei Tage vor dem heutigen Tag liegt:* er ist seit v. verreist; die Zeitung von v. **2.** *** von v.** (ugs., oft abwertend) *rückständig, überholt:* der ist doch von v.!

vor|ges|trig ⟨Adj.⟩: **1.** *vorgestern gewesen, von vorgestern:* die -e Zeitung; am -en Montag. **2.** (ugs., oft abwertend) *rückständig, überholt, altmodisch:* mit -en Methoden arbeiten.

vor|glü|hen ⟨sw. V.; hat; meist im Inf.⟩ (Kfz-Technik): *vor dem Anlassen des Dieselmotors als Zündhilfe die Glühkerzen glühen lassen:* du musst lange genug v.; Ü der Verstärker muss v.; sie trafen sich bei Max, um vorzuglühen (salopp; *um Alkohol zu trinken, bevor sie ausgingen*).

vor|grei|fen ⟨st. V.; hat⟩: **1.** *nach vorn greifen:* mit beiden Händen v.; Ü ich habe schon auf mein nächstes Monatsgehalt vorgegriffen. **2. a)** *[schneller] das sagen, tun, was ein anderer [etw. später] hätte selbst sagen, tun wollen:* du darfst ihm bei dieser Entscheidung nicht v.; ich wollte [Ihnen] nicht v., aber ...; »Sie greifen meinem Gedankengange vor«, erwiderte ich nach einem gemessenen Stillschweigen, »und entstellen ihn etwas dabei...« (Th. Mann, Krull 415); **b)** *handeln, bevor eine [offizielle] Entscheidung gefallen ist, bevor etw. Erwartetes [dessen Ausgang man hätte abwarten sollen] eintritt:* einer offiziellen Stellungnahme v. **3.** *beim Erzählen, Berichten o. Ä. etw. vorwegnehmen:* ich habe weit vorgegriffen und damit im Grunde das Wesentliche gesagt.

vor|greif|lich ⟨Adj.⟩ (veraltet): *vorgreifend* (2, 3).

Vor|griff, der; -[e]s, -e: *das Vorgreifen*.

Vor|grup|pe, die; -, -n: *im Vorprogramm eines Rockkonzerts o. Ä. auftretende Gruppe:* sie traten als V. der Rolling Stones auf.

vor|gu|cken ⟨sw. V.; hat⟩ (ugs.): **1. a)** *nach vorn sehen;* **b)** *hinter etw. hervorsehen:* hinter der Gardine v. **2.** *länger sein als etw., was darüber liegt, darüber getragen wird:* das Kleid guckt [unter dem Mantel] vor.

vor|ha|ben ⟨unr. V.; hat⟩ [mhd. (md.) vorhaben]: **1.** *die Absicht haben, etw. Bestimmtes zu tun, zu unternehmen, auszuführen:* v., etw. zu tun; eine Reise v.; er hat Großes mit ihm vor; hast du heute Abend schon etwas vor?; Sie blieben länger als vorgehabt (*als beabsichtigt, geplant;* Doderer, Wasserfälle 14). **2.** (ugs.) *vorgebunden haben:* eine Schürze v.

Vor|ha|ben, das; -s, -: *das, was jmd. vorhat* (1); *Plan:* ein gefährliches V.; ein wissenschaftliches, literarisches, verlegerisches V. (*Projekt*); sein V. durchführen, in die Tat umsetzen; jmdn. von seinem V. abbringen; Lasst von den närrischen V. ab, ich rat Euch in Euerm Interesse (Hacks, Stücke 98).

Vor|ha|fen, der; -s, Vorhäfen: *Reede*.

Vor|hal|le, die; -, -n: **a)** *Vorbau vor dem Eingang eines Gebäudes:* eine prunkvolle, offene V.; **b)** *Vestibül*.

Vor|halt, der; -[e]s, -e: **1.** (Musik) *(bes. bei einem Akkord) mit einer Dissonanz verbundene Verzögerung einer Konsonanz durch das Festhalten eines Tons des vorangegangenen Akkords*. **2.** (Fachspr.) *beim Anvisieren zu berücksichtigende Strecke, um die sich ein bewegliches Ziel von der Zeit des Abschusses bis zum Auftreffen des Geschosses weiterbewegt.* **3.** (schweiz., sonst veraltend) *Vorhaltung:* mit Entschiedenheit wies er den V. zurück. **4.** (Rechtsspr.) *mit der Aufforderung, sich dazu zu äußern, verbundene Konfrontation eines Prozessbeteiligten mit einer in den Prozessakten festgehaltenen [Zeugen]aussage o. Ä.:* jmdm. einen V. machen.

vor|hal|ten ⟨st. V.; hat⟩: **1. a)** *vor sich, etw. halten:* [sich] beim Husten die Hand, ein Taschentuch v.; jmdn. mit vorgehaltener Pistole bedrohen; Ü jmdn. als Vorbild, Muster v.; **b)** (selten) *nach vorn strecken, vorstrecken:* die Hand v.; **c)** (Fachspr.) *beim Anvisieren eines Ziels einen Vorhalt* (2) *berücksichtigen.* **2.** *jmdm. Vorhaltungen in Bezug auf etw. machen:* jmdm. seine Fehler, sein Verhalten, eine Äußerung v.; sie hielt ihm vor, dass er nicht aufgepasst habe. **3. a)** *[gerade] in einer solchen Menge vorhanden sein, dass für einen bestimmten Zeitraum kein Mangel entsteht:* der Vorrat, das Heizöl wird bis zum Frühjahr, noch einen Monat v.; **b)** *anhalten, bestehen bleiben, dauern:* das Gefühl der Erholung hielt nicht lange vor. **4. a)** (Bauw.) *Geräte, Gerüste, Bauteile vorübergehend zur Verfügung stellen;* **b)** (Papierdt.) *bereithalten, zur Verfügung halten:* genügend Wechselgeld v.

Vor|hal|tung, die; -, -en ⟨meist Pl.⟩: **1.** *kritisch-vorwurfsvolle Äußerung jmdm. gegenüber im Hinblick auf dessen Verhalten o. Ä.:* jmdm. [wegen etw.] -en machen. **2.** *das Vorhalten* (4).

Vor|hand, die; -, Vorhände: **1.** (bes. Tennis, Tischtennis) **a)** *Seite des Schlägers, mit der der Ball geschlagen wird, wenn die Innenfläche der den Schlag führenden Hand in die Richtung des Schlages zeigt:* einen Ball mit [der] V. spielen; **b)** *Schlag mit der Vorhand;* **c)** *Fähigkeit, Art u. Weise, mit der Vorhand zu schlagen:* er hat keine, eine gute V. **2.** (Kartenspiele) **a)** ⟨o. Pl.⟩ *Position des Spielers, der zuerst ausspielt:* die V. haben; in der V. sein; Ü die Firma war der Konkurrenz gegenüber in der V. (*im Vorteil*); **b)** ⟨o. Pl.; meist ohne Art.⟩ *Spieler, der zuerst ausspielt.* **3.** *Vorderbeine u. vorderer [Körper]teil von größeren Säugetieren, bes. von Pferden.*

vor|han|den ⟨Adj.⟩ [eigtl. = vor den Händen]: *existierend, als existierend feststellbar:* -e Mängel beseitigen; die [noch] -en Vorräte, Lebensmittel; Schlafsäcke, soweit v., bitte mitbringen; die Gefahren sind unleugbar v.; für jmdn. nicht mehr v. sein (ugs.; *von jmdm. nicht mehr beachtet werden*).

Vor|han|den|sein, das; -s: *das Existentsein*.

Vor|hand|schlag, der; -[e]s, -schläge (bes. Tennis, Tischtennis): *Schlag mit der Vorhand*.

Vor|hang, der; -[e]s, -e, Vorhänge [mhd. vor-, vürhanc]: **a)** *größere Stoffbahn, die vor etw. (einen Gegenstand, einen Raum) gehängt wird, um es zu verdecken, abzuschließen:* schwere, samtene Vorhänge v. aufziehen, zuziehen, zurückschieben, schließen; zwischen den Vorhängen durchschauen; sich hinter dem V. verstecken; Ü Es regnete so heftig und mit einer solchen Gewalt auf sie herab, dass sie einander hinter dem V. aus Wasser aus den Augen zu verlieren drohten (Hoppe, Paradiese 169); **b)** *die Bühne, das Podium (gegen den Zuschauerraum) abschließender großer Vorhang (a):* der V. geht auf, hebt sich, senkt sich, fällt; in zehn Minuten ist V. (Theaterjargon; *ist die Vorstellung zu Ende*); die Schauspieler traten immer wieder vor den V./(Theaterjargon:) bekamen viele Vorhänge; * **der eiserne V.** (Theater; *feuersicherer Abschluss vor dem gegen den Zuschauerraum; wohl LÜ von engl. iron curtain*); **der Eiserne V.** (Politik früher; *[in Westeuropa] Grenze zum Osten; seit 1945/46 weitere Verbreitung bes. durch Reden W. Churchills*); **c)** (österr., sonst landsch. veraltend) *Gardine:* durch den V. schauen.

¹vor|hän|gen ⟨st. V.; hat⟩: **a)** (landsch.) *vorgucken* (2): das Kleid hing unter dem Mantel vor; **b)** (ugs.) *nach vorn hängen*.

²vor|hän|gen ⟨sw. V.; hat⟩: *etw. vor etw., jmdn. hängen:* eine Decke v.; die Türkette v.; er hatte dem Pferd den Futterbeutel vor; der Bettler hatte sich ein Schild vorgehängt.

Vor|hän|ge|schloss, das: *Schloss mit einem Bügel, der sich mit einem Schlüssel öffnen u. schließen lässt u. zum Verschließen von etw. in eine Krampe o. Ä. eingehängt wird; [An]hängeschloss*.

Vor|hang|stan|ge, die: *Stange zum Befestigen des Vorhangs*.

Vor|hang|stoff, der: *Stoff für Vorhänge*.

Vor|haus, das; -es, Vorhäuser [mhd. vorhūs, ahd. furihūs = Vorbau] (österr., sonst landsch.): *Hausflur, Einfahrt* (2 a): durch das V. in den Aufenthaltsraum gehen.

Vor|haut, die; -, Vorhäute [LÜ von lat. praeputium]: *(bewegliche) Haut, die die Eichel des Penis umhüllt*.

vor|hei|zen ⟨sw. V.; hat⟩: *vor der eigentlichen Benutzung erwärmen, [auf]heizen:* das Auto v.; den Auflauf im vorgeheizten Ofen bei 220 Grad 30 Minuten backen.

◆ **Vor|hemd|chen**, das; -s, -: *über dem Hemd zur Zierde getragenes, hemdbrustartiges Kleidungsstück:* ...so ging er ...über die Gasse und holte sich bei der Wäscherin das frische Hemd und das geglättete V. (Keller, Kammacher 206).

vor|her [auch: ˈ...ˈheːɐ̯] ⟨Adv.⟩: *vor einem bestimmten, diesem Zeitpunkt, Ereignis, Geschehen:* natürlich darfst du das, aber v. mach bitte noch deine Hausaufgaben; wollen wir [dich] zum Essen gehen oder v. noch einen Aperitif nehmen?; das ist drei Wochen, lange, Tage, kurz v. passiert; ich hatte sie v. noch nie gesehen; das hättest du dir v. überlegen müssen.

vor|her|be|rech|nen ⟨sw. V.; hat⟩: *etw. im Voraus berechnen*.

vor|her|be|stim|men ⟨sw. V.; hat⟩: *im Voraus bestimmen* ⟨meist im 2. Part.⟩: ein vorherbestimmtes Leben.

Vor|her|be|stim|mung, die (Theol.): *Prädestination*.

vor|her|ge|hen ⟨unr. V.; ist⟩: *früher als etw. anderes stattfinden, ablaufen; sich vor einem bestimmten Zeitpunkt ereignen:* Ereignisse, die dem Vorfall vorhergingen; (obige) Aussage; ⟨subst.:⟩ das Vorhergehende (*oben Gesagte*); im Vorhergehenden (*weiter oben*) habe ich diese These entwickelt.

vor|he|rig [auch: ˈfoːɐ̯...] ⟨Adj.⟩: *vorhergehend, vorher erfolgend:* am -en Abend; nach -er Anmeldung, Vereinbarung; Wir spielten dieses Spiel ohne -e Proben, da es könnten wir es auswendig (Remarque, Obelisk 47).

Vor|herr|schaft, die; -, -en: *[wirtschaftliche, politische, militärische] Macht, die so groß ist, dass andere von dieser Macht abhängig sind, ihr unterworfen sind; Vormachtstellung:* nach V. streben; um die V. kämpfen.

vor|herr|schen ⟨sw. V.; hat⟩: *am stärksten in Erscheinung treten; überwiegen:* die vorherrschende Meinung.

vor|her|sag|bar ⟨Adj.⟩: *sich vorhersagen lassend:* Erdbeben sind schwer, kaum, nur bedingt v.

Vor|her|sa|ge, die: *etw., was jmd. sagt in Bezug auf etw., was sich zukünftig ereignen od. darauf, wie etw. in nächster Zeit verlaufen wird:* langfristige -n; die V. des Wetters, von Gewittern, von Vulkanausbrüchen; ... und nun die V. (*Wettervorhersage*) für morgen, Donnerstag, den 15. Mai: ...; ihre -n haben sich [nicht] bestätigt, erfüllt.

Vor|her|sa|ge|ge|biet, das (Meteorol.): *Gebiet, auf das sich eine Wettervorhersage bezieht:* im ganzen V. wird es regnen.

vor|her|sa|gen ⟨sw. V.; hat⟩: *im Voraus sagen, wie etw. verlaufen, ausgehen wird:* das Wetter, ein Gewitter, ein Erdbeben v.; derartige Naturkatastrophen lassen sich nicht v.; ich kann dir die Folgen v.

vor|her|seh|bar ⟨Adj.⟩: *sich vorhersehen lassend:* das war [nicht] v.

Vor|her|seh|bar|keit, die; -: *das Vorhersehbarsein:* die V. der kommenden Ereignisse.

vor|her|se|hen ⟨st. V.; hat⟩: *im Voraus erkennen, wissen, wie etw. verlaufen, ausgehen wird:* sie hat die Katastrophe als Einzige vorhergesehen; die Niederlage ließ sich nicht v.

vor|heu|cheln ⟨sw. V.; hat⟩ (ugs. abwertend): *vor jmdm. etwas anderes sagen, als man denkt; vor jmdn. nicht vorhandene Gefühle als vorhanden erscheinen lassen:* jmdm. Mitleid v.; er heuchelt dir doch nur was vor.

vor|heu|len ⟨sw. V.; hat⟩ (ugs.): *vor jmdm. [heftig weinend] laut klagen:* er könne das nicht, heulte er ihr vor.

vor|hin [auch: ...'hɪn] ⟨Adv.⟩: *gerade eben; vor wenigen Minuten, Stunden:* wir sprachen [gerade] v. davon.

Vor|hi|n|ein: in der Fügung **im V.** (bes. südd., österr.; *schon vorher; im Voraus*: zu einem im V. fixierten Preis).

Vor|hof, der; -[e]s, Vorhöfe: **1.** (Med.) **a)** *durch die Herzklappe mit der Herzkammer verbundener Teil des Herzens, in den das Blut zuerst einfließt; Vorkammer:* der linke V.; **b)** *Vestibulum.* **2.** *vor einem Gebäude gelegener Hof:* der V. einer Burg.

Vor|hof|flim|mern, das; -s (Med.): *Herzrhythmusstörung durch stark überhöhte u. unregelmäßige Frequenz.*

Vor|höl|le, die (kath. Theol.): *(nach heute umstrittener Lehre) Aufenthaltsort für Menschen, die vor Christi Geburt gelebt haben u. deshalb keine Christen sein konnten, sowie für ungetauft gestorbene Kinder; Limbus.*

Vor|hut, die; -, -en [zu ↑²Hut] (Militär): *Teil der Truppe, der vorausgeschickt wird, um den Vormarsch zu sichern:* die V. brach auf; Ü die V. der Arbeiterklasse; die zwölf besten Fahrer bildeten im Rennen die V.

vo|rig... ⟨Adj.⟩ [spätmhd. voric]: *dem Genannten unmittelbar vorausgegangen:* vorige Woche; vorigen Dienstag; vorige Weihnachten; im vorigen Jahrhundert; am letzten Tag vorigen Monats, Jahres (Abk.: v. M., v. J.)/des vorigen Monats, Jahres; dieser Versuch war erfolgreicher als der vorige; ⟨subst.:⟩ das Vorige (Theater, in Bühnenanweisungen: *die vorigen Ausführungen*); die Vorigen (Theater, in Bühnenanweisungen; *die bereits in der vorhergehenden Szene vorkommenden Personen*); wie im Vorigen (veraltend; *weiter oben*) bereits gesagt.

vor|in|do|ger|ma|nisch ⟨Adj.⟩: *vor der Zeit der Indogermanen.*

vor|in|dus|tri|ell ⟨Adj.⟩: *vor der Industrialisierung [gegeben, üblich]:* -e Strukturen; in -er Zeit.

Vor|in|for|ma|ti|on, die; -, -en: **1.** ⟨o. Pl.⟩ *vorherige Information* (1): die Broschüre ist nützlich als V. **2.** *Vorwissen, Vorkenntnis[se]:* bei der Tätigkeit wird viel V. vorausgesetzt.

Vor|in|s|tanz, die; -, -en (Rechtsspr.): *vorige, frühere Instanz:* die Klage war in der V. abgewiesen worden.

Vor|jahr, das; -[e]s, -e: *voriges, vorhergehendes Jahr:* gegenüber dem V. ist eine Steigerung zu verzeichnen.

Vor|jah|res|er|geb|nis, das: *Ergebnis des Vorjahres.*

Vor|jah|res|mo|nat, der: *Monat des Vorjahres.*
Vor|jah|res|ni|veau, das: *Niveau des Vorjahres.*
Vor|jah|res|quar|tal, das (bes. Wirtsch.): *Quartal des Vorjahres.*
Vor|jah|res|sie|ger, der (Sport): *Sieger des Vorjahres.*
Vor|jah|res|sie|ge|rin, die: w. Form zu ↑ Vorjahressieger.
Vor|jah|res|wert, der (bes. Wirtsch.): *vergleichbarer Wert* (4) *des Vorjahres.*
Vor|jah|res|zeit|raum, der (bes. Wirtsch.): *bestimmter Zeitraum des Vorjahres.*

vor|jäh|rig ⟨Adj.⟩: *im Vorjahr [stattfindend, sich ereignend], aus dem Vorjahr stammend:* die -e Konferenz.

vor|jam|mern ⟨sw. V.; hat⟩ (ugs.): *jammernd* (1 b) *vortragen, erzählen.*

Vor|kam|mer, die; -, -n: *Vorhof* (1 a).

vor|kämp|fen, sich ⟨sw. V.; hat⟩: *sich nach vorn kämpfen:* die Truppen kämpfen sich weiter nach Süden vor; sich zur Brandstelle v.; Ü die Amateurspielerin kämpfte sich bis ins Finale vor.

Vor|kämp|fer, der; -s, -: *[im Rückblick] jmd., der bereits für die Verwirklichung von etw. kämpft, wofür andere sich erst später einsetzen:* ein V. des Sozialismus, für die Unabhängigkeit.

Vor|kämp|fe|rin, die; -, -nen: w. Form zu ↑ Vorkämpfer: eine V. für die Rechte der Frau.

Vor|kas|se, die (Kaufmannsspr.): *Vorauskasse: Lieferung nur gegen V.*

vor|kau|en ⟨sw. V.; hat⟩: **1.** *jmdm., bes. einem Kleinkind, die Nahrung, die er erhalten soll, vorher zerkauen.* **2.** (ugs.) *jmdm. etw. in allen Details darlegen:* man muss ihm alles v.

Vor|kaufs|recht, das (Rechtsspr.): *Recht, etw. Bestimmtes, wenn es zum Verkauf steht, als Erste[r] zu bekommen.*

Vor|kehr, die; -, -en (schweiz.): *Vorkehrung.*

vor|keh|ren ⟨sw. V.; hat⟩: **1.** (ugs.) *herauskehren:* den Vorgesetzten, den Chef v. **2.** (schweiz.) *Vorkehrungen treffen, vorsorglich anordnen:* geeignete Maßnahmen v.

Vor|keh|rung, die; -, -en ⟨meist Pl.⟩: *Maßnahme zum Schutz, zur Sicherung von etw.:* geeignete, ausreichende -en treffen.

Vor|kennt|nis, die; -, -se: *bereits vorhandenes Wissen:* hierfür sind spezielle -se erforderlich.

vor|klap|pen ⟨sw. V.; hat⟩: *nach vorn klappen:* zum Aussteigen die Lehne des Vordersitzes v.

vor|klä|ren ⟨sw. V.; hat⟩: *vorab [teilweise] klären:* sie wird v., ob überhaupt Interesse besteht.

vor|kli|nisch ⟨Adj.⟩ (Med.): **1.** *dem klinischen Studium vorhergehend:* die -en Semester. **2.** *(von Krankheiten) noch keine typischen Symptome aufweisend:* die Heilpraktikerin stellte eine Allergie im -en Stadium fest.

vor|knöp|fen, sich ⟨sw. V.; hat⟩ [wohl eigtl. = *jmdn. an den Knöpfen heranziehen u. vor sich hinstellen*] (ugs.): **1.** *einem irgendwie Abhängigen gegenüber deutlich seinen Unwillen über dessen Verhalten usw. äußern:* den werde ich mir gleich mal gründlich v. **2.** *sich jmdm., einer Sache zuwenden, um sich mit ihm, damit energisch zu beschäftigen (um sie zu überprüfen, zu bearbeiten, zu zerstören usw.):* sich in der Rede die Opposition v.

vor|ko|chen ⟨sw. V.; hat⟩: **1.** *eine Mahlzeit durch vorheriges Kochen so zubereiten, dass sie bei Bedarf nur noch warm zu machen ist:* ein Essen für den nächsten Tag v. **2.** *ankochen:* man kann die Kartoffeln 20 Minuten v. und dann auf dem Grill backen.

vor|kom|men ⟨st. V.; ist⟩ [mhd. vor-, vürkomen, ahd. furiquoman]: **1. a)** *[überraschend] geschehen, sich ereignen, passieren:* ein Irrtum kommt schon einmal vor; dass [mir] so etwas nicht wieder vorkommt!; **b)** *jmdm. [als etw. Neues] begegnen, von jmdm. erfahren werden:* so eine Frechheit ist mir noch selten vorgekommen. **2.** *vorhanden sein, sich finden:* der Feuersalamander kommt hier häufig, nur noch vereinzelt, kaum noch vor; das Wort kommt in dem Text insgesamt fünfmal vor; das Element kommt in der Natur nur in seinen Verbindungen vor; eine nur noch selten vorkommende Krankheit; das kommt in mehreren seiner Romane vor. **3.** *von jmdm. so wahrgenommen, empfunden werden; erscheinen* (3): die Sache kommt mir seltsam, verdächtig vor; der Mann, die Melodie kommt mir [irgendwie] bekannt vor; es kam mir alles vor wie ein Traum; ich kam mir total überflüssig, wie ein Verräter vor (*ich war, fühlte mich wie ...*); ich hatte das Gefühl, als ob ich schwebte; du kommst dir wohl sehr schlau vor (*hältst dich wohl für sehr schlau*); das kommt mir dir nur so vor (*das ist eine Täuschung*). **4.** *nach vorn kommen, zum Vorschein kommen:* hinter dem Vorhang, unter dem Sofa v.; zwischen den Steinen kommen Pflanzen vor. **6.** (Jägerspr.) *ins Schussfeld kommen.*

Vor|kom|men, das; -s, -: **a)** *an einem Ort vorkommende Anzahl von Pflanzen, Tieren einer Art:* das V. des Enzians im Gebirge; **b)** *von Natur aus an einem Ort befindliche größere Menge eines Rohstoffs; Lagerstätte:* ergiebige V. von Erdöl entdecken; ein V. erschließen, ausbeuten.

Vor|komm|nis, das; -ses, -se: **1.** *Vorgang, der aus dem gewöhnlichen Ablauf des Geschehens fällt [u. als etw. Ärgerliches, Unangenehmes o. Ä. empfunden wird]:* ein peinliches, skandalöses, bedauerliches V.; der Posten meldet keine besonderen -se. **2.** (selten) *Vorkommen* (b): ein V. von Braunkohle.

vor|kos|ten ⟨sw. V.; hat⟩: **1.** *vorher kosten, probieren:* die Speisen, den Wein v. **2.** (geh.) *schon im Voraus* ¹*kosten* (b): diese Freude möchte ich schon einmal v.

Vor|kos|ter, der; -s, -: *jmd., der die Aufgabe hat, die Speisen eines anderen vorzukosten.*

Vor|kos|te|rin, die; -, -nen: w. Form zu ↑ Vorkoster.

vor|kra|gen ⟨sw. V.; hat⟩ [zu ↑ Krage] (Archit.): **a)** *herausragen, vorspringen:* das obere Geschoss kragt [ein Stück] vor; **b)** *herausragen, vorspringen lassen:* ein vorgekragtes Dach.

Vor|kriegs|ge|ne|ra|ti|on, die: *Generation der Vorkriegszeit.*

Vor|kriegs|jahr, das: *Jahr vor Kriegsausbruch:* in den letzten -en.

Vor|kriegs|zeit, die: *Zeit [kurz] vor Kriegsausbruch:* das Gebäude stammt noch aus der V.

vor|kul|ti|vie|ren ⟨sw. V.; hat⟩ (Landwirtsch., Gartenbau): *zunächst im Frühbeet, Treibhaus o. Ä. kultivieren.*

Vor|kurs, der; -es, -e, **Vor|kur|sus,** der; -, ...kurse: *vorbereitender Kurs[us].*

vor|la|den ⟨st. V.; hat⟩ [mhd. vorladen, ahd. furiladōn]: *jmdn. auffordern, zu einem bestimmten Zweck bei einer offiziellen, übergeordneten Stelle, bes. vor Gericht, zu erscheinen:* jmdn. zu einer gerichtlichen Untersuchung v.; er wurde als Zeuge vorgeladen.

Vor|la|dung, die; -, -en: **a)** *das Vorladen:* jmds. V. beantragen; **b)** *Mitteilung, die beinhaltet, dass jmd. vorgeladen ist:* jmdm. eine V. schicken; eine gerichtliche V., eine V. vom Gericht bekommen.

Vor|la|ge, die; -, -n: **1.** ⟨o. Pl.⟩ *das Vorlegen* (1): der Betrag ist zahlbar bei V. [der Rechnung]; die Karten werden nur gegen V. eines Ausweises ausgehändigt; eine Bescheinigung zur V. beim Finanzamt. **2.** (bes. von Gesetzen) *Entwurf [einer beratenden Körperschaft] zur Beschlussfassung vorgelegt wird:* eine V. für ein neues Gesetz ausarbeiten, einbringen, beraten, ablehnen; die Opposition stimmte der V. zu. **3. a)** *etw., was bei der Anfertigung von etw. als Muster, Grundlage, Modell o. Ä. dient:* eine V. zum Stricken; etw. als V. benutzen; sich genau an die V. halten; nach einer V., ohne V. zeichnen; **b)** (Druckw.) *Original, nach dem die Druckform hergestellt wird.* **4.** (Ballspiele, bes. Fußball) *Pass* (3), *der einen Torschuss einleiten soll:* eine präzise V.; eine V. geben, aufnehmen, verwandeln. **5.** ⟨o. Pl.⟩ **a)** (Rudern) *Auslage* (3 c); **b)** (bes. Ski) *Neigung des Körpers nach vorn; vorgebeugte Haltung des Oberkörpers [bei der Abfahrt]:* mit leichter V. laufen; in die V. gehen. **6.** (Archit.) *Pfeiler, Säule, Bogen o. Ä. zur Verstärkung od. Gliederung einer Mauer, Wand o. Ä.* **7.** (Chemie, Hüttenw.) *Gefäß, das bei einer Destillation das Destillat auffängt.* **8.** (Kaufmannsspr.) *vorgestreckte Geldsumme:* eine V. von 5000 Euro erbringen; *in V. treten* (*einen Betrag vorstrecken*). **9.** (landsch.) *Vorleger.*

Vor|land, das; -[e]s, -e: **1.** *Gebiet, Landschaft vor einem Gebirge.* **2.** *Deichvorland.*

vor|las|sen ⟨st. V.; hat⟩: **1.** (ugs.) **a)** *beim Warten damit einverstanden sein, dass jmd., der später gekommen ist, früher als man selbst an die Reihe kommt:* sie hat mich an der Kasse vorgelassen; **b)** *jmdn. passieren, überholen lassen:* einen schnelleren Läufer v. **2.** *jmdn. eine Unterredung o. Ä. gewähren, in einer amtlichen Angelegenheit empfangen:* man ließ sie sofort vor; Noch in der gleichen Nacht ließ ich mich noch einmal beim Herzog melden: Ich wurde nicht vorgelassen. Er ruhte (A. Schmidt, Massenbach 78).

Vor|lauf, der; -[e]s, Vorläufe: **1.** (Chemie) *(bei der Destillation) das erste Destillat.* **2.** (Sport, bes. Leichtathletik) *erster Lauf um die Qualifikation für die weitere Teilnahme am Wettbewerb:* den V. gewinnen. **3.** ⟨o. Pl.⟩ (bes. DDR) *zur Orientierung, Vorbereitung usw. einem Projekt, Vorhaben vorausgeschickte, vorausgehende Arbeit, Produktion, Forschung o. Ä.:* einen guten V. haben; einen ausreichenden wissenschaftlichen V. schaffen; er braucht sechs Jahre V. *(Vorlaufzeit).* **4.** (Fachspr.) **a)** *das beschleunigte Vorwärtslaufen eines Tonbands, Films o. Ä.:* das Band im [schnellen] V. umspulen; **b)** *Funktion eines Geräts, das einen Vorlauf (4 a) ermöglicht:* der [schnelle] V. ist kaputt. **5.** *ohne Anwendung von mechanischem Druck aus der Kelter ablaufender Most.*

vor|lau|fen ⟨st. V.⟩ (ugs.): **1.** ⟨ist⟩ *nach vorn laufen.* **2.** ⟨ist⟩ *vorauslaufen.* **3.** ⟨hat⟩ *laufend, bes. auf Schlittschuhen, Rollschuhen, vorführen:* jmdm. eine [Eiskunstlauf]figur, eine Kür v.

Vor|läu|fer, der; -s, -: **1.** *jmd., dessen Schaffen, etw., was eine bestimmte, später entwickelte Idee od. Form, ein später auftretendes Ereignis o. Ä. in den Grundzügen bereits erkennen lässt, für eine spätere Entwicklung wegbereitend ist:* er ist ein V. der Expressionisten. **2.** (Ski) *Läufer, der vor dem Wettbewerb die Strecke (zur Kontrolle) läuft, fährt.* **3.** (landsch.) *Zug, der zur Entlastung vor dem fahrplanmäßigen Zug verkehrt.* **4.** (Färberei) *Stoffstreifen am Anfang u. am Ende der Bahn eines Gewebes.*

Vor|läu|fe|rin, die; -, -nen: w. Form zu ↑ Vorläufer (1, 2).

vor|läu|fig ⟨Adj.⟩: *nicht endgültig, aber bis auf Weiteres so [bestehend, verlaufend]; erst einmal, zunächst, fürs Erste:* eine -e Lösung, Regelung, Genehmigung; das ist nur ein -er Zustand; das -e amtliche Endergebnis der Wahl; v. wird sich daran nichts ändern; das reicht v.; die Polizei nahm einige Personen v. fest.

Vor|läu|fig|keit, die; -, -en: **1.** ⟨o. Pl.⟩ *das Vorläufigsein.* **2.** *etw. Vorläufiges.*

Vor|laufs|zeit, Vor|lauf|zeit, die: *Zeit, die man braucht, um die zur Verwirklichung eines Projekts nötigen Voraussetzungen, einen Vorlauf (3) zu schaffen:* wir rechnen für das Projekt mit einer dreijährigen V.

vor|laut ⟨Adj.⟩: [urspr. vom Jagdhund, der zu früh anschlägt, also »vor der Zeit laut« wird, dann vom Jäger, der voreilig das Wild erkennen u. beurteilen will]: *(meist von Kindern) sich ohne Zurückhaltung in einer Weise äußernd, einmischend, dass es als unangemessen, frech empfunden wird:* eine -e Göre; -e Bemerkungen machen.

vor|le|ben ⟨sw. V.; hat⟩: *durch seine Art u. Weise zu leben ein Beispiel für etw. geben:* der Jugend Toleranz v.

Vor|le|ben, das; -s: *jmds. Vergangenheit:* jmds. V. unter die Lupe nehmen.

Vor|le|ge|be|steck, das: *Besteck zum Vorlegen (3 a) von Speisen.*

Vor|le|ge|mes|ser, das: *Messer zum Zerteilen von Fleisch o. Ä. vor dem Servieren.*

vor|le|gen ⟨sw. V.; hat⟩: **1.** *etw. vor jmdn. zur Ansicht, Begutachtung, Bearbeitung o. Ä. hinlegen:* seinen Ausweis, Zeugnisse v. müssen; jmdm. einen Brief, Vertrag zur Unterschrift v.; die Verteidigung will [dem Gericht] neues Beweismaterial v.; dem Kunden mehrere Muster, Stoffe v.; Das Gesuch hatte bei höchster Stelle vorgelegt werden müssen (Gaiser, Jagd 126). **2. a)** *etw. schriftlich Ausgearbeitetes unterbreiten, damit darüber Beschluss gefasst wird:* der Minister legt dem Parlament das Budget vor; einen Gesetzesentwurf v.; (verblasst:) jmdm., sich selbst eine Frage v.; **b)** *der Öffentlichkeit zeigen, vorweisen; veröffentlichen:* der Autor, der Verlag hat ein neues Buch vorgelegt. **3. a)** (geh.) *jmdm. die auf Platten, in Schüsseln aufgetragenen Speisen auf den Teller legen:* jmdm., sich Gemüse, ein Stück Braten v.; **b)** *als Futter hinlegen:* den Tieren Futter, Klee v.; Friedrich hatte schon abgefüttert und war gerade dabei, jedem Gaul einen kleinen Armvoll Heu vorzulegen (Fallada, Herr 114). **4.** *etw. zur Sicherung, Befestigung vor etw. legen, anbringen:* einen Bremsklotz v.; eine Kette, einen Riegel v.; Die Tür mit einer Sicherheitskette, einem Riegel verschließen. **5.** ⟨v. + sich⟩ *den Oberkörper nach vorn neigen, sich vorbeugen (1):* er legte sich weit vor. **6.** (Ballspiele, bes. Fußball) *eine Vorlage (4) geben:* ich legte ihm den Puck vor. **7.** (verblasst in Verbindung mit einem Subst., das eine bestimmte Geschwindigkeit ausdrückt) *eine Leistung in einem Wettkampf, Wettbewerb gleich zu Beginn erzielen, erreichen, die dann als Maßstab dient:* ein scharfes Tempo v.; sie hat eine Zeit von unter 10 Sekunden vorgelegt. **8.** (ugs.) *tüchtig essen, sich eine gute Grundlage bes. für den Genuss von Alkohol verschaffen:* etwas Ordentliches v. **9.** *auslegen, vorläufig für jmdn. bezahlen:* eine Summe v.; kannst du mir 10 Euro v.?

Vor|le|ger, der; -s, -: *Matte, kleiner Teppich, die bzw. der vor etw. gelegt wird.*

Vor|le|gung, die; -, -en: *das Vorlegen (1, 2).*

vor|leh|nen, sich ⟨sw. V.; hat⟩: *sich nach vorn lehnen:* lehn dich nicht zu weit vor, du fällst sonst runter.

Vor|leis|tung, die; -, -en: *Leistung, die im Hinblick auf eine erwartete od. in Aussicht gestellte Gegenleistung im Voraus erbracht wird:* -en erbringen.

vor|le|sen ⟨st. V.; hat⟩: *etw. (Geschriebenes, Gedrucktes) [für jmdn.] laut lesen:* etw. laut v.; jmdm. einen Brief, eine Zeitungsnotiz v.; den Kindern [Geschichten] v.; aus der Bibel, aus eigenen Werken v.; lies mal vor, was auf dem Zettel steht!

Vor|le|se|pult, das: *kleines Pult für den Vorlesenden od. die Vorlesende.*

Vor|le|ser, der; -s, -: *jmd., der vorliest:* der V. hielt inne.

Vor|le|se|rin, die; -, -nen: w. Form zu ↑ Vorleser: eine gute V. *(liest gut vor).*

Vor|le|se|wett|be|werb, der: *(von Schülern, Schülerinnen) Wettbewerb im Vorlesen von Geschichten, Gedichten o. Ä.*

Vor|le|sung, die; -, -en: **1.** *Lehrveranstaltung an einer Universität, Hochschule, bei der ein Dozent, eine Dozentin über ein bestimmtes Thema im Zusammenhang vorträgt:* eine V. halten, hören, besuchen; die V. bei Professor X; eine V. *(Vorlesungsreihe)* über Lyrik belegen; in die V. gehen. **2.** ⟨o. Pl.⟩ *das Vorlesen:* Die V. einer Novelle.

Vor|le|sungs|be|trieb, der; ⟨o. Pl.⟩: *das Stattfinden von Vorlesungen u. anderen Lehrveranstaltungen (z. B. an einer Hochschule).*

Vor|le|sungs|frei ⟨Adj.⟩: *frei von, ohne Vorlesun-* gen od. anderen Lehrveranstaltungen: in der -en Zeit *(in dem Zeitraum während eines Semesters, in dem keine Lehrveranstaltungen stattfinden)* müssen Seminararbeiten angefertigt werden.

Vor|le|sungs|rei|he, die: *Reihe von Vorlesungen zu einem bestimmten Themenkomplex.*

Vor|le|sungs|ver|zeich|nis, das: *Verzeichnis der in einem Semester an einer Universität gehaltenen Vorlesungen [u. sonstigen Lehrveranstaltungen].*

vor|letzt... ⟨Adj.⟩: **a)** *in der Reihenfolge nicht ganz am Schluss, sondern unmittelbar davor:* die vorletzte Seite; am vorletzten Tag des Festivals, des Monats; im vorletzten Kapitel [des Buches]; ⟨subst.:⟩ er wurde Vorletzter; **b)** *dem Letzten (4), Vorigen unmittelbar vorhergehend:* vorletzte Woche; vorletzte Ostern; bei meinem vorletzten Besuch; im vorletzten Jahr; **c)** *außer dem Letzten als Einziges übrig geblieben:* das ist mein vorletztes Exemplar.

Vor|lie|be, die; -, -n: *besonderes Interesse; ausgeprägte Neigung:* eine besondere V. für etw. haben, zeigen; Stanislaus war vor Jahren aus V. für Pflaumen- und Quarkkuchen unter die Bäcker gegangen (Strittmatter, Wundertäter 337).

vor|lieb|neh|men ⟨st. V.; hat⟩ [älter fürlieb, eigtl. = lieb, angenehm (mangels einer besseren Möglichkeit)]: *sich mangels einer besseren Möglichkeit mit dem begnügen, zufriedengeben, was gerade zur Verfügung steht:* mit dem, was da ist, v.

vor|lie|gen ⟨st. V.; hat⟩ südd., österr., schweiz.: ist⟩: **a)** *vorgelegt (3) sein, (als Material zur Begutachtung) in jmds. Händen befinden:* das Untersuchungsergebnis liegt [uns] vor; dem Gericht liegen alle Unterlagen vor; der Roman liegt jetzt vor *(ist jetzt erschienen);* der vorliegende *(dieser)* Aufsatz, Beitrag; im vorliegenden/in vorliegendem Fall sind außergewöhnliche Faktoren zu berücksichtigen; ⟨subst. 1. Part.:⟩ Vorliegendes prüfen; im Vorliegenden *(hier);* das Vorliegende *(diese Ausführungen, dieser Text);* **b)** *als Faktum für eine entsprechende Beurteilung zu erkennen sein; als zu berücksichtigende Tatsache für etw. bestehen:* hier liegt offenbar ein Irrtum vor; es lagen zwingende Gründe vor.

vor|lings ⟨Adv.⟩ [geb. als Ggs. zu ↑ rücklings] (Turnen): *vorwärts, mit der vorderen Seite des Körpers dem Turngerät zugewandt.*

vor|lü|gen ⟨st. V.; hat⟩ (ugs.): *jmdm. etw. erzählen, um ihn glauben zu machen, was nicht der Tatsachen entspricht:* jmdm. etwas, nichts v.; jmdm. v., dass …

vorm ⟨Präp. + Art.⟩ (ugs.): *vor dem:* v. Fernseher sitzen; v. Frühstück; v. Zubettgehen; Angst v. Fliegen.

vorm. = vormals; vormittags.

vor|ma|chen ⟨sw. V.; hat⟩ (ugs.): **1. a)** *jmdm. zeigen, wie etw. gemacht wird, ihn mit einer bestimmten Fertigkeit vertraut machen:* jmdm. einen Tanzschritt, eine Turnübung v.; soll ich es dir noch mal v.?; darin macht ihm niemand etwas vor *(er beherrscht das sehr gut);* **b)** *zeigen, vorführen (2 d): Zaubertricks v.;* mach [uns] doch mal vor, was du heute gelernt hast! **2.** *einen falschen Eindruck erwecken, um jmdn. dadurch zu täuschen:* sie hat ihm etwas vorgemacht; mir kannst du doch nichts v.!; es lässt sich nichts v.; wir wollen uns doch nichts v.! *(wir sollten uns beschönigen, offen zueinander sein!);* Ü Die Welt ist nicht schön. Was solche Musik uns vormacht, das gibts es nicht. Verstehst du das? Es ist eine Illusion (Frisch, Nun singen 113). **3.** *vorlegen (4):* den Riegel, die Kette v.

Vor|macht, die; -, Vormächte: **1.** ⟨o. Pl.⟩ *führende*

Machtstellung: die V. der Partei, der Kirche; um die politische V. [im Lande, in Europa] kämpfen. **2.** *eine Vormachtstellung innehabende Macht.*

Vor|macht|stel|lung, die: *Vorherrschaft:* die [politische, wirtschaftliche, militärische] V. eines Landes; eine [soziale] V. innehaben.

vor|ma|lig ⟨Adj.⟩: *ehemalig:* der -e Besitzer; ein -er Offizier; die -e Turnhalle.

vor|mals ⟨Adv.⟩: *einst, früher* (Abk.: vorm.): v. war hier ein Garten; das v. sowjetische Kasachstan.

Vor|mann, der; -[e]s, Vormänner, seltener ...leute: **1. a)** *Vorarbeiter;* **b)** (ugs.) *jmd., der an der Spitze von etw. steht, etw. leitet; herausragendster Vertreter einer Gruppe:* der neue V. wird die Sendung im Mai erstmals moderieren. **2. a)** *Vorgänger;* **b)** (österr. Rechtsspr.) *vorheriger Eigentümer.*

Vor|marsch, der; -[e]s, Vormärsche: *[siegreiches] Vorwärtsmarschieren:* den V. des Feindes aufhalten; auf dem/im V. sein; Ü der V. des Computers; eine völlig neue Mode ist auf dem/im V.

Vor|märz, der; -: *historische Periode in Deutschland von 1815 bis zur Revolution im März 1848.*

Vor|mensch, der; -en, -en (Anthropol.): *Pithekanthropus.*

Vor|merk|de|likt, das (österr. Amtsspr.): *Verkehrsdelikt, das zu einem Eintrag im Führerscheinregister führt.*

vor|mer|ken ⟨sw. V.; hat⟩: *jmdn., etw. im Voraus als zu berücksichtigend eintragen:* einen Termin v.; ich habe mir einen Besuch für 10 Uhr vorgemerkt; [sich] ein Zimmer v. *(reservieren)* lassen; sich [für ein Seminar] v. lassen.

Vor|mer|kung, die; -, -en: **a)** *das Vormerken; das Vorgemerktwerden;* **b)** (Rechtsspr.) *vorläufige Eintragung ins Grundbuch.*

Vor|mie|ter, der; -s, -: *vorheriger Mieter:* die Küche haben wir von den/unseren -n übernommen.

Vor|mie|te|rin, die; -, -nen: w. Form zu ↑ Vormieter.

vor|mi|li|tä|risch ⟨Adj.⟩: *den Militärdienst vorbereitend:* -e Ausbildung.

Vor|mit|tag, der; -[e]s, -e [subst. aus älter: vor Mittag(e)]: *Zeit zwischen Morgen und Mittag:* ich habe heute meinen freien V.; jeden V.; er hat den ganzen V. verschlafen; gestern V. war ich einkaufen; ich rufe dich im Laufe des -s an; ich war während des ganzen -s zu Hause; am nächsten, heutigen, späten V.; eines schönen -s *(eines Tages am Vormittag);* des -s (geh.; *vormittags*).

vor|mit|tä|gig ⟨Adj.⟩: *den ganzen Vormittag dauernd; während des Vormittags:* die -e Geschäftigkeit; die -e Sitzung.

vor|mit|täg|lich ⟨Adj.⟩: *immer in die Vormittagszeit fallend; jeden Vormittag wiederkehrend:* sie machte ihre -en Einkäufe.

vor|mit|tags ⟨Adv.⟩: *am Vormittag; während des Vormittags* (Abk.: vorm.): montags v.; v. um zehn; um elf Uhr v.; die Ärztin hat nur v. Sprechstunde.

Vor|mit|tags|dienst, der: *Dienst am Vormittag.*

Vor|mit|tags|pro|gramm, das: *vormittägliches [Rundfunk-, Fernseh]programm.*

Vor|mit|tags|stun|de, die: *Zeitraum am Vormittag:* die Sonne scheint nur in den -n ins Zimmer.

Vor|mit|tags|vor|stel|lung, die: *Vorstellung, Aufführung am Vormittag.*

Vor|mit|tags|zeit, die: *Zeit zwischen Morgen u. Mittag.*

Vor|mo|dell, das; -s, -e: *vorheriges Modell* (3 b).

Vor|mo|nat, der; -[e]s, -e: *voriger, vorhergehender Monat:* die Inflationsrate ist gegenüber dem V. um 0,1 Prozent gestiegen; im V.

vor|mon|tie|ren ⟨sw. V.; hat⟩: *vorbereitend montieren:* Bauteile v.

Vor|mund, der; -[e]s -e u. Vormünder [mhd. vormunde = Beschützer, Fürsprecher, Vormund; ahd. foramundo = Beschützer, Fürsprecher, zu ↑ ²Mund]: *jmd., der eine[n] Minderjährige[n] od. Entmündigte[n] rechtlich vertritt:* der Onkel wurde als ihr V. eingesetzt; einen V. bestellen, berufen; jmdm. einen V. geben; Ü ich brauche keinen V. *(ich kann für mich selbst sprechen).*

Vor|mun|din, die; -, -nen: w. Form zu ↑ Vormund: sie wurde zur V. bestellt.

Vor|mund|schaft, die; -, -en [mhd. vormundeschaft, ahd. foramuntscaf]: *(amtlich verfügte) Wahrnehmung der rechtlichen Vertretung eines od. einer Minderjährigen, Entmündigten:* die V. über/(seltener:) für jmdn. übernehmen; jmdm. die V. übertragen, entziehen; er wurde unter die V. seiner Tante gestellt.

vor|mund|schaft|lich ⟨Adj.⟩: *die Vormundschaft betreffend.*

Vor|mund|schafts|be|hör|de, die: *Behörde, die sich mit Fragen der Vormundschaft beschäftigt.*

Vor|mund|schafts|ge|richt, das: *Gericht, das sich mit Fragen der Vormundschaft beschäftigt.*

¹vorn, vorne ⟨Adv.⟩ [mhd. vorn(e) = vorn, vorher, ahd. forna = vorn, zu ↑ ¹vor]: *auf der zugewandten, vorderen Seite, Vorderseite, im vorderen Teil:* der Eingang ist v.; der Wagen hat den Motor v.; ganz v. in der obersten Schublade; sie wartet v. *[am Eingang];* bitte v. einsteigen; das Kleid wird v. zugeknöpft; v. am Haus ist ein Schild angebracht; v. in der Schlange stehen; wir saßen ganz v., ziemlich weit v.; v. im Bild *(im Vordergrund)* sehen Sie ...; schau lieber nach v. *(in Blickrichtung auf das vor dir Liegende);* der Wind, Schlag kam von v. *(aus der Richtung, in die man blickt);* nach v. [an die Tafel] gehen, kommen; [gleich] da v. *(dort, nicht weit von hier)* ist eine Bäckerei; sie griffen von v. an; etwas weiter v. *(ein Stück weiter)* gibt es noch eine Tankstelle; das Inhaltsverzeichnis ist v. [im Buch]; das steht ein paar Seiten weiter v. [im Text]; Ü *(an der Spitze)* liegen; der finnische Läufer schob sich, ging nach v. *(an die Spitze);* den Ball nach v. *(in Richtung auf das gegnerische Tor)* spielen; * **von v.** *(von Neuem):* nach dem Krieg mussten wir wieder von v. anfangen; er wollte noch einmal ganz von v. anfangen *(sein Leben neu aufbauen);* jetzt geht das Theater schon wieder von v. los!); **von v. bis hinten** (ugs.; *ganz und gar; vollständig; ohne Ausnahme).*

²vorn ⟨Präp. + Art.⟩ (ugs.): *vor den:* du kriegst gleich eine v. Latz!

Vor|nah|me, die; -, -n [zum 2. Bestandteil vgl. ↑ Abnahme] (Papierdt.): *Durchführung.*

Vor|na|me, der; -ns, -n: *von den Eltern bestimmter [u. amtlich eingetragener] Name, der die Individualität einer Person kennzeichnet:* mein V. ist Peter; jmdm. einen -n geben; jmdn. beim -n rufen, mit dem -n anreden; wie heißt du mit -n?

vorn|an [auch: 'fɔrn...] ⟨Adv.⟩, **vor|ne|an** [auch: 'fɔr...]: *an vorderster Stelle, an der Spitze; ganz vorn:* v. marschieren.

vor|ne: ↑ ¹vorn.

vor|ne|dran ⟨Adv.⟩ (ugs.): *vornan.*

vor|ne|her|ein: ↑ vornherein.

vor|nehm ⟨Adj.⟩ [mhd. vürnæme = wichtig, hauptsächlich; vorzüglich, eigtl. = (aus weniger Wichtigem od. Wertvollem) hervor-, herauszunehmen, zu ↑ nehmen; vgl. genehm]: **1.** *sich durch Zurückhaltung u. Feinheit des Benehmens u. der Denkart auszeichnend:* ein -er Mensch; eine -e Gesinnung; Als -e Zurückhaltung gibt sich aus, was einem kritischen Ärger erspart (Enzensberger, Einzelheiten I, 23). **2. a)** *der Oberschicht angehörend:* aus einer -en Familie kommen; die -en Stände, Grundherren, Patrizier; tu v., nehmen; vgl. genehm]; *sich wohl zu v., um mit uns zu reden (sie hält sich wohl für etw. Besseres, sodass sie nicht mit uns zu reden braucht);* **b)** *der Art, dem Lebensstil der Oberschicht entsprechend:* eine -e [Wohn]gegend; ein -es Internat; -e Kurorte, Seebäder; das Restaurant war ein ganz -er Laden; tu doch nicht so v.!; auf v. machen. **3.** *[in unaufdringlicher Weise] elegant, geschmackvoll u. in der Qualität hochwertig [wirkend]:* ein -er Anzug; eine -e Wohnungseinrichtung; v. gekleidet sein. **4.** (meist im Sup.) (geh.) *sehr wichtig, vorrangig:* das ist unsere -ste Aufgabe.

vor|neh|men ⟨st. V.; hat⟩: **1.** (ugs.) **a)** *nach vorn nehmen, bewegen:* das linke Bein v.; nehmt eure Stühle bitte mit vor; **b)** *vor eine bestimmte Stelle des Körpers [zum Schutz] bringen, halten:* die Hand, ein Taschentuch v. *(vor den Mund halten).* **2.** ⟨v. + sich⟩ **a)** *den Entschluss fassen, etw. Bestimmtes zu tun:* sie hatte sich [für diesen Tag] einiges, allerhand vorgenommen; ich habe mir [fest] vorgenommen, in Zukunft darauf zu verzichten; **b)** (ugs.) *im Rahmen einer beruflichen Tätigkeit od. um seine Zeit sinnvoll auszufüllen, sich mit etw., jmdm. zu beschäftigen beginnen:* nimm dir doch ein Buch, eine Handarbeit vor; **c)** (ugs.) *vorknöpfen:* den Bengel werde ich mir mal [gehörig] v.! **3.** (ugs.) *jmdn. bevorzugt an die Reihe kommen lassen:* Privatpatienten werden nicht vorgenommen. **4.** (meist verblasst) *durchführen:* eine Änderung, Untersuchung v. *(etw. ändern, untersuchen);* an/bei jmdm. eine Operation, einen Eingriff v. *(jmdn. operieren).*

Vor|nehm|heit, die; -, -en: **1.** *vornehme (1) Art; vornehmes Wesen:* die V. ihrer Gesinnung. **2.** *vornehme (2 a) Art; vornehmes Wesen* **a)** ihre V. beeindruckte ihn; **b)** die V. dieses Hotels. **3.** *vornehme (3) Art.*

¹vor|nehm|lich ⟨Adv.⟩: *vor allem; insbesondere:* v. geht es ihr um Publicity; das j. junge Publikum war begeistert.

²vor|nehm|lich ⟨Adj.⟩ (seltener): *hauptsächlich, vorrangig:* die -e Zielsetzung.

Vor|nehm|tu|e|rei, die; - (abwertend): *affektiertes Benehmen, mit dem man sich den Schein des Vornehmen gibt.*

vor|nei|gen ⟨sw. V.; hat⟩: *nach vorn neigen:* den Kopf, Oberkörper v.

vor|ne|weg [auch: ...ə'vɛk], vornweg [auch: ...'vɛk] ⟨Adv.⟩: **1. a)** *vorweg* (1 a): das muss v. geklärt werden; **b)** (ugs.) *von vornherein.* **2.** *vorweg* (2): *ganz [an der Spitze]* marschieren; er lief v. **3.** *vorweg* (3): alle Pflanzen müssen gegossen werden, v. die Farne.

vorn|her|ein, vorneherein [auch: ...'raɪn]: in der Verbindung **von v.** *(von Anfang an):* etw. von v. wissen).

vorn|hin [auch: ...'hɪn] ⟨Adv.⟩: *an den Anfang; an die Spitze.*

vorn|hin|ein [auch: ...'naɪn...]: in der Verbindung **im V.** (landsch.; *von vornherein*).

vorn|über ⟨Adv.⟩: *nach vorn [geneigt]:* er ist v. hinuntergefallen.

vorn|über|beu|gen ⟨sw. V.; hat⟩: *nach vorn beugen:* den Oberkörper, sich v.; er geht etwas vornübergebeugt.

vorn|über|fal|len ⟨st. V.; ist⟩: *vornüber zu Boden, hinunterfallen:* er verlor das Gleichgewicht und fiel vornüber.

vorn|über|kip|pen ⟨sw. V.; ist⟩: *vornüber zu Boden, hinunterkippen.*

vorn|über|nei|gen ⟨sw. V.; hat⟩: *nach vorn beugen.*

vorn|weg: ↑ vorneweg.

vor|ord|nen ⟨sw. V.; hat⟩: *etw. in eine vorläufige Ordnung bringen:* Material v.

Vor|ort, der; -[e]s, Vororte: **1.** *Ortsteil, kleinerer Ort am Rande einer größeren Stadt:* die Pariser -e; er wohnt in einem V. von Hamburg. **2.** [urspr. (bis 1848) = Bez. für den jeweils präsidierenden

Kanton; zu ↑¹Ort (3)] (schweiz.) *Vorstand [einer überregionalen Körperschaft o. Ä.].*

Vor|ort|bahn, Vor|orts|bahn, die: *zwischen Vorort (1) u. Stadtzentrum verkehrende Bahn.*

Vor-Ort-Ser|vice [...sə:vɪs], der: *Kundendienst, der (meist gegen einen Aufpreis) die Montage u. Reparatur der gelieferten Ware direkt beim Käufer, an Ort und Stelle, bietet:* V. anbieten; einen Jahresvertrag für einen V. abschließen.

Vor-Ort-Ter|min, der: *unmittelbar für den Ort des Geschehens bzw. als Treffen bei den Betroffenen vereinbarter Termin:* bei einem V. wollte sich das Gericht ein Bild von der dortigen Situation machen.

Vor|ort|ver|kehr, Vorortsverkehr, der: *öffentlicher Nahverkehr zwischen Vororten (1) u. Stadtzentrum.*

vor|pla|nen ⟨sw. V.; hat⟩: *vorbereitend planen:* ein Projekt v.

Vor|pla|nung, die; -, -en: *vorbereitende Planung:* die V. des Urlaubs.

Vor|platz, der; -es, Vorplätze: **1.** *freier Platz vor einem Gebäude:* der V. des Opernhauses, Hauptbahnhofs. **2.** (landsch.) *Diele, Flur.*

Vor|pom|mer, der; -n, -: Ew. zu ↑Vorpommern.

Vor|pom|me|rin, die; -, -nen: w. Form zu ↑Vorpommer.

vor|pom|me|risch ⟨Adj.⟩: *Vorpommern, die Vorpommern betreffend; von den Vorpommern stammend, zu ihnen gehörend.*

Vor|pom|mern, -s: *östlicher Teil Mecklenburg-Vorpommerns.*

vor|pom|mersch ⟨Adj.⟩: *vorpommerisch.*

Vor|pos|ten, der; -s, - (bes. Militär): **a)** *Stelle, die einen Vorposten (b) zugewiesen wurde:* auf V. stehen, ziehen; **b)** *vorgeschobener Posten (1 b):* der V. eröffnete das Feuer; auf feindliche V. stoßen; Ü Berlin als ehemaliger V. der freien Welt.

vor|prä|gen ⟨sw. V.; hat⟩: *vorher prägen (2 a):* dieses Gedankengut hat die Epoche vorgeprägt.

Vor|pre|mi|e|re, die; -, -n: *noch vor der offiziellen Premiere erfolgende Aufführung, bes. eines Films.*

vor|pre|schen ⟨sw. V.; ist⟩: *nach vorn preschen:* die Soldaten preschten vor; Ü in einer Frage, in den Verhandlungen zu weit v.

vor|pro|du|zie|ren ⟨sw. V.; hat⟩: **a)** (bes. Wirtsch.) *im Hinblick auf einen späteren Bedarf im Voraus produzieren (1 a);* **b)** (bes. Fernsehen, Rundfunk) *für einen späteren Einsatz im Voraus produzieren (1 b):* der Fernsehbeitrag war für einen späteren Sendetermin vorproduziert worden.

Vor|pro|gramm, das; -s, -e: *(bes. von Filmvorstellungen, Rockkonzerten) kürzeres Programm vor dem eigentlichen Programm:* im V. spielt eine Hamburger Band.

vor|pro|gram|mie|ren ⟨sw. V.; hat⟩: **1.** *von vornherein unvermeidlich machen:* große Fensterfronten programmieren höhere Heizkosten bereits vor; ⟨meist im 2. Part.:⟩ der nächste Konflikt, Krach, Ärger ist vorprogrammiert. **2.** (EDV) *programmieren (2):* einen Rechner, den Videorekorder v.; ⟨meist im 2. Part.:⟩ das System ist darauf vorprogrammiert. **3.** *vorher programmieren (1):* der weitere Verlauf ihres Lebens war bereits vorprogrammiert.

Vor|prü|fung, die; -, -en: **a)** *Prüfung zur Auswahl der besten Bewerber[innen] für die eigentliche Prüfung;* **b)** *Prüfung vor Beginn der eigentlichen Prüfung.*

Vor|quar|tal, das; -s, -e: *voriges Quartal.*

¹vor|quel|len ⟨st. V.; ist⟩: **1.** *hervorquellen (2):* sie hatte solche Angst, dass ihr die blauen Augen vorquollen. **2.** *hervorquellen (1).*

²vor|quel|len ⟨sw. V.; hat⟩: *vorher, im Voraus ²quellen (a).*

vor|ra|gen ⟨sw. V.; hat⟩: *hervorragen (1).*

Vor|rang, der; -[e]s: **1.** *im Vergleich zu jmd., etw.*

anderem wichtigerer Stellenwert, größere Bedeutung: [den] V. [vor jmdm., etw.] haben; jmdm. den V. geben, gewähren, streitig machen; um den V. streiten. **2.** (bes. österr.) *Vorfahrt:* an Zebrastreifen haben Fußgänger V. [vor dem Fahrzeugverkehr].

vor|ran|gig ⟨Adj.⟩: *den Vorrang habend, gebend:* das -e Ziel unserer Politik; die -e Bearbeitung von etw. fordern; etw. v. behandeln; diese Tiere ernähren sich v. (hauptsächlich) von Plankton.

Vor|ran|gig|keit, die; -, -en: **1.** ⟨o. Pl.⟩ *das Vorrangigsein:* die V. dieser Arbeit vor allen anderen Tätigkeiten. **2.** *etw. Vorrangiges.*

Vor|rang|stel|lung, die: *Vorrang (1):* eine V. haben, einnehmen.

Vor|rang|stra|ße, die (österr.): *Vorfahrtsstraße.*

Vor|rat, der; -[e]s, Vorräte [mhd. vorrât = Vorrat; Vorbedacht, Überlegung, zu ↑Rat in dessen alter Bed. »(lebens)notwendige Mittel«]: *etw., was in mehr od. weniger großen Mengen zum Verbrauch, Gebrauch vorhanden, angehäuft ist, zur Verfügung steht:* ein großer V. an Lebensmitteln, Trinkwasser, Heizöl, Munition; die Vorräte gehen zur Neige, sind aufgebraucht, reichen noch eine Weile; das Sonderangebot gilt, »solange der V. reicht«; Vorräte anlegen; etw. in V. haben; Ü er hatte einen V. an Witzen auf Lager.

vor|rä|tig ⟨Adj.⟩: *[als Vorrat] verfügbar, vorhanden:* nicht v. sein; etw. v. haben, halten; Und in seiner Phantasielosigkeit verordnete er einen in der Apotheke vorrätigen bittersüßen Stärkungswein (Th. Mann, Krull 51).

Vor|rats|da|ten|spei|che|rung, die (Rechtsspr.): *im Hinblick auf eine eventuelle spätere Auswertung erfolgende Speicherung von (die Telekommunikation betreffenden) Daten.*

Vor|rats|hal|tung, die: *das Halten von Vorräten.*

Vor|rats|haus, das: *Haus zum Lagern von Vorräten.*

Vor|rats|kam|mer, die: *Kammer zum Aufbewahren von Lebensmittelvorräten.*

Vor|rats|raum, der: *Raum zum Aufbewahren von Lebensmittelvorräten.*

Vor|rats|schäd|ling, der: *Insekt, Nagetier o. Ä., das an vegetabilen Vorräten durch Fraß (2) Schäden verursacht.*

Vor|rats|schrank, der: *Schrank zum Aufbewahren von Lebensmittelvorräten.*

Vor|raum, der; -[e]s, Vorräume: **a)** *kleiner Raum, der zu den eigentlichen Räumen, zur eigentlichen Wohnung o. Ä. führt;* **b)** (österr.) *Diele, Vorzimmer.*

vor|rech|nen ⟨sw. V.; hat⟩: *etw. mit den nötigen Erklärungen, Erläuterungen errechnen; eine Rechnung erläutern:* jmdm. eine Aufgabe v.

Vor|recht, das; -[e]s, -e: *besonderes Recht, das jmdm. zugestanden wird; Privileg:* die -e des Adels; -e genießen; mit bestimmten [gesellschaftlichen, politischen] -en ausgestattet sein.

vor|re|cken ⟨sw. V.; hat⟩: *nach vorn recken:* die Arme v.

Vor|re|de, die; -, -n: **a)** (veraltend) *Vorwort, Einleitung;* **b)** *[kurze] einleitende Rede; einleitende Worte:* spar dir deine [langen] -n!; sich nicht lange bei, mit der V. aufhalten.

Vor|red|ner, der; -s, -: *jmd., der vor einem anderen gesprochen, eine Rede gehalten hat:* sich seinem V. anschließen.

Vor|red|ne|rin, die; -, -nen: w. Form zu ↑Vorredner.

vor|rei|ten ⟨st. V.⟩: **1.** ⟨ist⟩ **a)** *nach vorn reiten;* **b)** *vorausreiten.* **2.** ⟨hat⟩ *reitend vorführen:* ich muss die Pferde, die wir verkaufen, v.

Vor|rei|ter, der; -s, -: **1.** *jmd., der vorreitet (2).* **2.** (ugs.) *jmd., der etw. praktiziert, bevor andere in ähnlicher Lage daran denken:* ein V. in Sachen Ökologie; den V. machen, spielen.

Vor|rei|te|rin, die; -, -nen: w. Form zu ↑Vorreiter.

Vor|rei|ter|rol|le, die: *Rolle eines Vorreiters (2):* eine V. haben, übernehmen.

vor|ren|nen ⟨unr. V.; ist⟩ (ugs.): **1.** *nach vorn rennen.* **2.** *vorausrennen:* ich rannte vor, um als Erste anzukommen.

vor|re|vo|lu|ti|o|när ⟨Adj.⟩: *einer Revolution vorausgehend; in der Zeit vor der Revolution:* das -e Russland; die -e Ordnung, Gesellschaft.

vor|rich|ten ⟨sw. V.; hat⟩ (landsch.): *vorher, vorbereitend herrichten (1 a):* das Dachgeschoss ist zum Ausbau vorgerichtet.

Vor|rich|tung, die; -, -en: **1.** *etw. für einen bestimmten Zweck, für eine bestimmte Funktion [als Hilfsmittel] Hergestelltes; Mechanik, Apparatur o. Ä.:* eine kleine, einfache, praktische V.; eine V. zum Belüften, Kippen konstruieren, ersinnen. **2.** (landsch.) *das Vorrichten.* **3.** (Bergbau) *das Arbeiten im Anschluss an die Ausrichtung, um die Lagerstätte für den Abbau vorzubereiten.*

vor|rol|len ⟨sw. V.⟩: **a)** ⟨hat⟩ *nach vorn rollen (2):* das Fass ein Stück v.; **b)** ⟨ist⟩ *nach vorn rollen (1 d).*

vor|rü|cken ⟨sw. V.⟩: **1.** ⟨hat⟩ **a)** *nach vorn rücken (1 a):* den Schrank ein Stück v.; Ü der Redaktionsschluss wurde immer weiter vorgerückt (vorgezogen 4); **b)** *vor etw. rücken (1 a).* **2. a)** ⟨ist⟩ *nach vorn rücken (2):* sie rückte mit dem Stuhl ein Stück vor; mit dem Turm zwei Felder v.; die Zeiger der Uhr rücken vor; unsere Mannschaft ist auf den zweiten Platz vorgerückt; Ü die Zeit rückt vor; eine Dame in vorgerücktem Alter (geh.; *eine alte, ältere Dame*); zu vorgerückter Stunde (geh.; *ziemlich spät am Abend*); **b)** ⟨ist⟩ (Militär) *[erfolgreich] gegen den Feind, in Richtung der feindlichen Stellungen marschieren:* langsam v.; gegen die feindlichen Stellungen v.; **c)** (österr. Amtsspr.) *in die nächste Gehaltsstufe gelangen.*

Vor|rü|ckung, die; -, -en (österr. Amtsspr.): *Aufstieg in eine höhere Gehaltsstufe.*

vor|ru|fen ⟨st. V.; hat⟩ (ugs.): *nach vorn rufen:* der Lehrer rief sie vor.

Vor|ru|he|stand, der: *freiwilliger vorzeitiger Ruhestand:* in den V. gehen; jmdn. in den V. schicken.

Vor|ru|he|ständ|ler, der: *jmd., der im Vorruhestand ist.*

Vor|ru|he|ständ|le|rin, die; -, -nen: w. Form zu ↑Vorruheständler.

Vor|ru|he|stands|geld, das: *Gesamtheit der Bezüge eines Arbeitnehmers im Vorruhestand.*

Vor|ru|he|stands|re|ge|lung, die: *gesetzliche Regelung, die es Arbeitnehmern ermöglicht, vorzeitig in den Ruhestand zu treten.*

Vor|run|de, die; -, -n (Sport): *(von Mannschaftsspielen) erster Ausscheidungskampf, der über die Teilnahme an der Zwischenrunde entscheidet.*

Vor|run|den|spiel, das (Sport): *Spiel der Vorrunde.*

vors ⟨Präp. + Art.⟩ (ugs.): *vor das:* v. Haus gehen.

Vors. = Vorsitzende, Vorsitzender, Vorsitz.

vor|sa|gen ⟨sw. V.; hat⟩: **1.** (bes. von Schülern) *einem anderen, der etw. nicht weiß, zuflüstern, was er sagen, schreiben soll:* seinem Banknachbarn die Antwort v.; ⟨auch ohne Akk.-Obj.:⟩ nicht v.!; **b)** *jmdm. etw. zum Nachsagen, Aufschreiben vorsprechen.* **2. a)** *[leise] vor sich hin sprechen, bes. um es sich einzuprägen:* ich habe mir die Vokabeln ein paarmal vorgesagt; **b)** *sich etw. einreden:* ich sagte mir vor, dass es vernünftig sei.

Vor|sa|ger, der; -s, -: **1.** (ugs.) *Souffleur.* **2.** (seltener) *jmd., der vorsagt (1 a).*

Vor|sa|ge|rin, die; -, -nen: w. Form zu ↑Vorsager.

Vor|sai|son, die; -, -s, südd., österr. auch: -en: *Zeitabschnitt, der der Hauptsaison vorausgeht.*

Vor|sän|ger, der; -s, -: **a)** *jmd., der im Wechselgesang mit einem Chor od. einer Gemeinde den Text vorsingt;* **b)** *jmd., der in der Kirche statt der Gemeinde singt od. sie durch Vorsingen anleitet.*

Vor|sän|ge|rin, die; -, -nen: w. Form zu ↑ Vorsänger.

Vor|satz, der; -es, Vorsätze [mhd. vür-, vorsaz, wohl nach lat. propositum]: **1.** *etw., was sich jmd. bewusst, entschlossen vorgenommen hat; feste Absicht; fester Entschluss:* ein löblicher V.; gute Vorsätze haben; den [festen] V. fassen, nicht mehr zu rauchen; einen V. fallen lassen, vergessen; an seinem V. festhalten; ich bestärkte sie in ihrem V.; der Angeklagte handelte nicht mit V. *(vorsätzlich, bewusst);* Sie fanden kein Motiv und keinen Beweis. Sie bedauerten sehr, was geschehen war, und sie lehnten es ab, zu glauben, dass bei allem ein V. bestanden hatte (Lenz, Brot 151). **2.** *Vorrichtung od. Zusatzgerät für bestimmte Maschinen, Werkzeuge, das das Ausführen zusätzlicher, speziellerer Arbeiten ermöglicht.*

vor|sätz|lich ⟨Adj.⟩: *ganz bewusst u. gewollt:* eine -e Tat; -e Körperverletzung, Tötung; jmdn. v. beleidigen, überfahren.

Vor|sätz|lich|keit, die; -, -en: **1.** ⟨o. Pl.⟩ *das bewusste Gewolltsein.* **2.** *etw. vorsätzlich Getanes.*

Vor|satz|lin|se, die (Fotogr.): *zusätzliche Linse, die zur Verlängerung od. Verkürzung der Brennweite vor das Objektiv gesetzt wird.*

vor|schä|di|gen ⟨sw. V.; hat⟩ (bes. Fachspr.): *bereits vorher schädigen:* sie hat ein vorgeschädigtes Herz; die Abgase haben die Bäume vorgeschädigt; ⟨subst. 2. Part.:⟩ Risikogruppen wie Kinder, insbesondere Säuglinge und Vorgeschädigte, sind zusätzlich gefährdet.

vor|schal|ten ⟨sw. V.; hat⟩: *vor etw. schalten* (4): einen Widerstand v.; Ü der Beratung wird eine Fragestunde vorgeschaltet *(vorangestellt).*

Vor|schalt|ge|setz, das: *vorläufige gesetzliche Regelung.*

Vor|schalt|wi|der|stand, der (Elektrot.): *vorgeschalteter Widerstand.*

Vor|schau, die; -, -en: **1.** *Ankündigung von Veranstaltungen, des Programms von Funk u. Fernsehen, Kino, Theater o. Ä. mit kurzem Überblick.* **2.** ⟨o. Pl.⟩ (selten) *das Vorhersehen:* sie besaß die Gabe der V.

Vor|schein, der [zu veraltet vorscheinen = hervorleuchten]: meist in den Wendungen **zum V. bringen** *(zum Vorschein kommen lassen):* sie brachte ihren Fund zum V.; **zum V. kommen** *(aus der Verborgenheit aufgrund von irgendetwas erscheinen, hervorkommen):* beim Aufräumen kamen die Papiere wieder zum V.; plötzlich kam ihr Hass zum V.

vor|schi|cken ⟨sw. V.; hat⟩: **1.** *nach vorn schicken:* soll ich euch noch jemanden [als Verstärkung] v.? **2.** *jmdn. beauftragen, etw. (Unangenehmes) zu erkunden, erledigen:* bei Beschwerden der Kunden schickt er seine Mitarbeiter vor. **3.** *vorausschicken* (1): das Gepäck [schon in den Urlaubsort] v.

vor|schie|ben ⟨st. V.; hat⟩: **1.** *vor etw. schieben:* den Riegel v. **2. a)** *nach vorn schieben:* den Schrank, den Wagen [ein Stück] v.; den Kopf, das Kinn, die Schultern v.; schmollend schob sie die Unterlippe vor; eine Grenze v. *(nach vorn verlegen);* Truppen v. *(nach vorn rücken lassen);* auf vorgeschobenem Posten; **b)** (v. + sich) *sich nach vorn schieben:* sie schob sich in der Menge langsam immer weiter vor; die Warmfront schiebt sich nach Süden, nach Mitteleuropa vor. **3.** *(eine unangenehme Aufgabe o. Ä.) von jmdm. für sich erledigen lassen u. selbst im Hintergrund bleiben:* einen Strohmann v.; über eine vorgeschobene Firma ist er an dem Unternehmen beteiligt. **4.** *als Vorwand nehmen:* wichtige Geschäfte, Unwohlsein [als Grund] v.

vor|schie|ßen ⟨st. V.⟩ (ugs.): **1.** ⟨ist⟩ **a)** *nach vorn schießen* (3a): plötzlich schoss der Kopf der Schlange, die Zunge des Chamäleons vor; **b)** *hervorschießen:* plötzlich kam sie hinter der Hecke vorgeschossen. **2.** ⟨hat⟩ [zu veraltet schießen = Geld beisteuern] *als Teil einer Zahlung im Voraus zahlen; als Darlehen o. Ä. geben, leihen, vorstrecken* (2): jmdm. Geld, eine Summe v.

Vor|schiff, das; -[e]s, -e: *vorderer Teil des Schiffes.*

vor|schla|fen ⟨st. V.; hat⟩ (ugs.): *im Hinblick darauf, dass in einer bevorstehenden Nacht kein ausreichend langer Schlaf möglich sein wird, vorher kurze Zeit schlafen:* heute Nacht wird es spät, ich werde ein bisschen v.

Vor|schlag, der; -[e]s, Vorschläge [zu ↑ vorschlagen]: **1.** *etw., was jmd. vorschlägt; Empfehlung eines Plans:* ein guter, brauchbarer, vernünftiger, unsinniger V.; der V. ist indiskutabel, nicht praktikabel; ein V. zur Güte (scherzh.; *vorgeschlagene Empfehlung, wie man sich gütlich einigen könnte*); jmdm. einen V. unterbreiten; praktische Vorschläge machen; einen V. annehmen, akzeptieren, aufgreifen, billigen, erwägen, prüfen, ablehnen, befolgen; ich mache dir einen V. *(ich schlage dir Folgendes vor);* sie ging auf seinen V. nicht ein; über einen V. abstimmen. **2.** [LÜ von ital. appoggiatura; mhd. vürslac = Sperrbefestigung; Voranschlag] (Musik) *Verzierung, bei der zwei od. mehrere Töne zwischen zwei Töne der Melodie eingeschoben werden.* **3.** (schweiz.) *(in einer Bilanz ausgewiesener) Gewinn, Überschuss.*

vor|schla|gen ⟨st. V.; hat⟩ [mhd. vürslahen, ahd. furislahan]: **1. a)** *jmdm. einen Plan empfehlen od. einen Gedanken zu einer bestimmten Handlung an ihn herantragen:* jmdm. einen Spaziergang v.; jmdm. einen Handel, ein Abkommen, einen Kompromiss, Verhandlungen v.; sie schlug mir eine Partie Schach vor; ich schlage vor, würde v., wir gehen zuerst essen/dass wir zuerst essen gehen; ich bin auch für die von dir vorgeschlagene Lösung; »Wenn von nach Rügen hinüberführen?«, schlug sie vor (Fallada, Herr 107); **b)** *jmdn. für etw. als infrage kommend benennen, empfehlen:* jmdn. für ein Amt, für ein Stipendium, für den Nobelpreis, als Kandidaten, als Mitglied, zur Aufnahme in den Verein, zur Beförderung v. ♦ **2.** *vor etw. schlagend* (1 g) *befestigen, mit* [*Hammer*]*schlägen vor etw. anbringen:* ... ehe es ihm gelingt, ins alte Loch die Spinne zu drängen, mit sterbenden Händen den Zapfen vorzuschlagen (Gotthelf, Spinne 115).

Vor|schlag|ham|mer, der; -s, ...hämmer [zu veraltet vorschlagen = als Erster schlagen]: *großer, schwerer Hammer.*

Vor|schlags|lis|te, die: **1.** *Kandidatenliste.* **2.** *Liste mit Vorschlägen.*

Vor|schlags|recht, das: *Recht, jmdn., etw. vorzuschlagen.*

Vor|schlags|we|sen, das ⟨o. Pl.⟩: *alles, was mit der Regelung von Verbesserungsvorschlägen, die von Betriebsangehörigen eingebracht werden, zusammenhängt.*

Vor|schluss|run|de, die (Sport): *Halbfinale.*

Vor|schmack, der; -[e]s [mhd. vür-, vorsmack] (selten): *Vorgeschmack:* ♦ Und ist, wenns kommt, ein V. des Himmels (Goethe, Götz I).

vor|schme|cken ⟨sw. V.; hat⟩: *herausschmecken* (b).

vor|schnei|den ⟨unr. V.; hat⟩: **a)** *in mundgerechte Stücke schneiden:* dem Kind das Würstchen v.; **b)** *(vor dem Servieren) aufschneiden:* den Braten, die Torte v.

vor|schnell ⟨Adj.⟩: *voreilig:* eine -e Verallgemeinerung, Entscheidung; jmdn. v. verdächtigen, beschuldigen, verurteilen.

vor|schnel|len ⟨sw. V.⟩: **a)** ⟨ist⟩ *nach vorn schnellen:* der Leopard schnellt vor; **b)** ⟨v. + sich; hat⟩ *sich nach vorn schnellen:* mit einigen raschen Sprüngen schnellt er sich auf die Lichtung vor.

Vor|scho|ter, der; -s, - (Segeln): *jmd., der die Schot des Vorsegels bedient.*

Vor|scho|te|rin, die; -, -nen: w. Form zu ↑ Vorschoter.

vor|schrei|ben ⟨st. V.; hat⟩ [mhd. vorschrīben]: **1. a)** *als Muster, Vorlage vorschreiben:* dem Kind das Wort deutlich v.; **b)** *als Vorlage für eine spätere Reinschrift schreiben:* einen Aufsatz in einem Schmierheft v. **2.** *durch eine gegebene Anweisung ein bestimmtes Verhalten od. Handeln fordern:* jmdm. die Bedingungen, die Arbeitsmethode, ein Arbeitspensum v.; jmdm. v., wie, wann er etwas zu tun hat; ich lasse mir [von dir] nichts v.; das Gesetz schreibt vor, dass Sicherheitsvorkehrungen getroffen werden müssen; die vorgeschriebene Anzahl, Geschwindigkeit; die genannte, gesetzlich, im Gesetz vorgeschriebene Zweidrittelmehrheit. **3.** (österr.) *behördlich zur Zahlung verpflichten.*

vor|schrei|ten ⟨st. V.; ist⟩ (geh.): *vorangehen* (2): die Bauarbeiten schreiten zügig vor; Ü *(meist im 2. Part.:)* zu vorgeschrittener Stunde *(spätabends);* in vorgeschrittenem (hohem) Alter.

Vor|schrift, die; -, -en: *Anweisung, deren Befolgung erwartet wird u. die ein bestimmtes Verhalten od. Handeln fordert:* strenge, genaue, gesetzliche, religiöse, sittliche -en; etw. ist [die] V. *(etw. ist vorgeschrieben);* ich lasse mir von dir keine -en machen; die dienstlichen -en *(Instruktionen)* beachten, befolgen, verletzen; sich an die -en [des Arztes] halten; gegen die V., die -en verstoßen; die Medizin muss genau nach V. eingenommen werden.

vor|schrifts|ge|mäß, vor|schrifts|mä|ßig ⟨Adj.⟩: *der Vorschrift entsprechend, gemäß:* die -e Durchführung der Arbeiten; sein Vorgehen war nicht ganz v.; v. eingestellte Scheinwerfer.

vor|schrifts|wid|rig ⟨Adj.⟩: *gegen die Vorschrift verstoßend:* eine [grob] -e Vorgehensweise; v. handeln, überholen, abbiegen.

Vor|schub, der; -[e]s, Vorschübe [zu ↑ vorschieben]: **1.** (veraltet) *Begünstigung, Förderung, Unterstützung:* ♦ Er hat sich von kleinen Anfängen, durch geschickten Gebrauch der Zeit, der Umstände und durch V. seiner Landsleute zu einem großen Vermögen heraufgedient (Goethe, Brief aus Rom an Herzog Carl August, 20. 1. 1787); ♦ Aber Eure Nachsicht muss ihn in seinen Liederlichkeiten befestigen, Euer ihnen Rechtmäßigkeit geben (Schiller, Räuber I, 1); * **jmdm., einer Sache V. leisten**/(geh. auch:) **tun** *(die Entwicklung einer Person, Sache begünstigen:* dem Umweltzerstörung, dem Verbrechen, dem Radikalismus, der Diktatur V. leisten). **2.** (Technik) *Vorwärtsbewegung eines Werkzeuges od. Werkstücks [während eines Bearbeitungsablaufs u. der dadurch zurückgelegte Weg].* **3.** (EDV) *(bei einem an eine Datenverarbeitungsanlage angeschlossenen Drucker) Transport des Papiers bis zu einer bestimmten Stelle, an der das Drucken fortgesetzt werden soll.*

Vor|schul|al|ter, das ⟨o. Pl.⟩: *Altersstufe vom etwa dritten Lebensjahr bis zum Eintritt in die Schule.*

Vor|schu|le, die; -, -n: **1.** *Gesamtheit der Einrichtungen der Vorschulerziehung.* **2.** (früher) *vorbereitender Unterricht für den Übertritt in eine höhere Schule.*

Vor|schul|er|zie|hung, die: *Förderung von Kindern im Vorschulalter bes. durch die Vorschule* (1).

vor|schu|lisch ⟨Adj.⟩: *Vorschulalter u. Vorschule betreffend:* -e *Erziehung;* Kindergärten und andere -e Einrichtungen.
Vor|schul|jahr, das: *Jahr vor der Einschulung eines Kindes.*
Vor|schul|kind, das: *Kind im Vorschulalter.*
Vor|schuss, der; -es, ...schüsse [zu ↑ vorschießen]: *im Voraus bezahlter Teil des Lohns, Gehalts o. Ä.:* ein V. auf das Gehalt; jmdm. einen V. gewähren, bewilligen; sich [einen] V. geben lassen; ich habe mir 500 Euro V. geholt; sie bat ihren Verleger um einen V.; Ü ...ich konnte mir nie erklären..., warum ich selbst, der ich meinen Mitmenschen auf allen Gebieten so großzügigen V. gewährte, bei diesen beinahe keinen Kredit genoss, sobald mein Verhalten auch nur im Geringsten den Alltagsregeln widersprach (Mayröcker, Herzzerreißende 113).
Vor|schuss|lor|beer, der ⟨meist Pl.⟩: *Lob, das jmd., etw. im Voraus bekommt:* -en erhalten, einheimsen, ernten.
Vor|schuss|zah|lung, die: **1.** *Zahlung eines Vorschusses.* **2.** *als Vorschuss gezahlter Geldbetrag.*
vor|schüt|zen ⟨sw. V.; hat⟩ [eigtl. = eine Schutzwehr errichten]: *als Ausflucht, Ausrede gebrauchen:* eine Krankheit [als Grund für seine Abwesenheit] v.; sie schützt Schwäche vor; nur keine Müdigkeit v.!
vor|schwär|men ⟨sw. V.; hat⟩: *jmdm. schwärmerisch von jmdm., etw. erzählen:* jmdm. viel von etw. v.
vor|schwe|ben ⟨sw. V.; hat/(südd., österr., schweiz.:) ist⟩: *in jmds. Vorstellung [als Ziel] vorhanden sein:* jmdm. als Ziel, als Ideal v.; mir schwebt eine andere Lösung, etwas völlig Neues vor.
vor|schwin|deln ⟨sw. V.; hat⟩ (ugs.): *jmdm. etw. erzählen, um ihn glauben zu machen, was nicht ganz den Tatsachen entspricht:* schwind[e]le mir ja nichts vor!; ich habe ihr vorgeschwindelt, dass ich keine Zeit habe.
Vor|se|gel, das; -s, -: *vor dem [Groß]mast an einem Stag zu setzendes Segel.*
vor|se|hen ⟨st. V.; hat⟩ [mhd. vürsehen = vorwärtssehen, refl.: *Vorsorge tragen*]: **1. a)** *(aus einem Versteck o. Ä.) in eine bestimmte Richtung blicken:* hinter der Ecke v.; **b)** *(von etw., was länger ist als das darüber Befindliche) sichtbar sein:* der Unterrock sieht vor. **2. a)** *[zu einer bestimmten Zeit] in der Zukunft durchzuführen beabsichtigen:* für morgen habe ich eine Stadtrundfahrt vorgesehen; es ist vorgesehen, einige Bestimmungen zu ändern; das vorgesehene Gastspiel muss ausfallen; **b)** *zu einem bestimmten Zweck verwenden, einsetzen wollen:* die Steaks hatte ich fürs Abendessen, für heute Abend vorgesehen; wir haben das Geld für Einkäufe vorgesehen; er ist für dieses Amt, als Nachfolger des Präsidenten vorgesehen; etw. an der [dafür] vorgesehenen Stelle befestigen, montieren. **3.** *festsetzen, festlegen, bestimmen:* das Gesetz sieht für diese Tat eine hohe Strafe vor; das ist [im Plan, in dem Vertrag] nicht vorgesehen. **4.** ⟨v. + sich⟩ *sich in Acht nehmen, sich hüten:* sich vor etw. v.; vor ihr muss man sich v.; sieh dich vor [dass/damit du nicht hinfällst]!; v. bitte!; Arnheim ... ging langsam auf Ulrich zu. Dieser kam den Eindruck, sich gegen eine Unhöflichkeit v. zu müssen (Musil, Mann 642). **5. a)** ⟨v. + sich⟩ (veraltend) *sich mit etw. versehen, Vorsorge tragen:* sich ausreichend mit Vorräten v.; ♦ **b)** *(Vorsorge treffen; (für etw.) sorgen:* ...du speisest doch heut Abend bei uns? gen: ... die alte Margret wird schon löblich vorgesehen haben (Storm, Söhne 56).
Vor|se|hung, die; - [mhd. vürsehunge = Aufsicht, Schutz]: *über die Welt herrschende Macht, die in nicht beeinflussbarer od. zu berechnender*

Weise das Leben der Menschen bestimmt u. lenkt: die göttliche V.; er glaubte, durch die V. dazu bestimmt zu sein.
vor|set|zen ⟨sw. V.; hat⟩ [mhd. vürsetzen = vor Augen setzen, voranstellen; sich etw. vornehmen, ahd. furisezzen = vor Augen setzen, voranstellen]: **1.** *nach vorn setzen:* den rechten Fuß v.; wir können den Pfosten, den Busch doch einfach ein Stück v. **2. a)** *jmdm. einen Platz weiter vorn zuweisen:* die Lehrerin hat den Schüler vorgesetzt; **b)** ⟨v. + sich⟩ *sich weiter nach vorn setzen:* nach der Pause haben wir uns [ein paar Reihen] vorgesetzt. **3.** *vor etw. setzen:* eine Blende v.; [einer Note] ein Kreuz v. **4.** *(Speisen od. Getränke) zum Verzehr hinstellen:* den Gästen einen Imbiss, ein Glas Wein v.; Ü es ist eine Zumutung, einem ein solches Programm vorzusetzen. **5.** ⟨v. + sich⟩ (veraltet) *sich etw. vornehmen:* Ü ♦ *Dass er mit Strumpf und Stiel sie zu vertilgen sich vorgesetzt* (Lessing, Nathan I, 3).
Vor|sicht, die; - ⟨meist o. Art.⟩ [mhd. vürsiht, ahd. foresiht = Vorsorge, rückbez. aus ↑ vorsichtig]: **1.** *aufmerksames, besorgtes Verhalten in Bezug auf die Verhütung eines möglichen Schadens:* V.!; V., Glas/bissiger Hund/Stufe!; V., zerbrechlich/frisch gestrichen!; V. an der Bahnsteigkante/bei [der] Abfahrt des Zuges!; äußerste, große, übertriebene, unnötige V.; hier ist V. geboten, nötig, am Platze; V. üben, walten lassen; alle V. außer Acht lassen; etw. aus V. tun; sie riet [mir] zur V.; ich nehme zur V. *(sicherheitshalber; für alle Fälle)* eine Tablette. Er schien eine V. abgeworfen zu haben, die ihn sonst beherrschte, und Agathe sah ihn erstaunt an (Musil, Mann 751); **Spr** V. ist die Mutter der Weisheit/(ugs. scherzh.:) der Porzellankiste (ugs.; der Porzellankiste); V. ist besser als Nachsicht (ugs. scherzh.; *man tut gut daran, mögliche Gefahren rechtzeitig zu bedenken*; Sinnbezirk hierfür ist »Nachsehen«); * **mit V. zu genießen sein** (ugs.; 1. *so geartet sein, dass Vorsicht, Sich-in-Acht-Nehmen, Zurückhaltung nötig ist:* unser neuer Klassenlehrer ist mit V. zu genießen. 2. *nicht sehr zuverlässig, nicht sicher sein; eher fragwürdig, unglaubwürdig sein:* diese Aussage ist mit V. zu genießen). ♦ **2.** *Vorsehung:* ... wo ich leicht zu verleiten wäre, wider die V. zu murren (Lessing, Minna I, 6); Die V.! Hat sie denn nicht Recht (Lessing, Nathan III, 10); Himmlische V.! Rette, o rette meinen sinkenden Glauben (Schiller, Kabale III, 6).
vor|sich|tig ⟨Adj.⟩ [mhd. vor-, vürsihtic, ahd. foresihtig = vorausssehend]: *mit Vorsicht [handelnd, vorgehend]:* ein -er Mensch, Autofahrer; ein -es Vorgehen; -er Optimismus; mit -en Schritten; man kann gar nicht v. genug sein; wegen seiner Gesundheit muss er v. sein mit fettem Essen; der Minister drückte sich sehr v. aus; fahr bitte v.!; sie hoben den Verletzten v. auf eine Bahre.
vor|sich|ti|ger|wei|se ⟨Adv.⟩: *aus Vorsicht, Vorsichtigkeit:* v. hatte sie einen Mundschutz benutzt.
Vor|sich|tig|keit, die; - [mhd. vor-, vürsihticheit = Voraussicht, Vorsicht, Einsicht, Verständigkeit]: *das Vorsichtigsein:* mit aller, erhöhter V.
vor|sichts|hal|ber ⟨Adv.⟩: *zur Vorsicht:* sie hatte v. einen Regenschirm mitgenommen; schreib es dir doch v. lieber auf.
Vor|sichts|maß|nah|me, Vor|sichts|maß|re|gel, die: *zur Vorsicht getroffene Maßnahme, Maßregel:* -n [gegen etw.] ergreifen, treffen, anordnen; das bloß eine V.
Vor|sil|be, die; -, -n: *Präfix.*
vor|sin|gen ⟨st. V.; hat⟩ [mhd. vor-, vürsingen, ahd. forasingan]: **1. a)** *etw. für jmdn. singen:* den Kindern ein Schlaflied v.; **b)** *zuerst singen, sodass jmd. wiederholen kann:* ich singe euch

die erste Strophe vor; **c)** *(einen Teil von etw.) [als Solist] singen, bevor andere einfallen:* ich singe die Strophen vor, und beim Refrain singt ihr dann alle mit. **2.** *vor jmdm. singen, um seine Fähigkeiten prüfen zu lassen:* sie hat am/beim Theater vorgesungen und sofort ein Engagement bekommen; Ü ⟨subst.:⟩ er wurde zum Vorsingen geladen (Uni-Jargon; *dazu eingeladen, einen Vortrag zu halten, um sich als Anwärter auf einen Lehrstuhl vorzustellen*).
vor|sint|flut|lich ⟨Adj.⟩ (ugs.): *aus vergangener Zeit stammend u. heute längst überholt:* eine -e Schreibmaschine, Kamera, Flinte.
Vor|sitz, der; -es, -e: *Leitung einer Versammlung o. Ä., die etw. berät, beschließt; Rolle, Amt eines Vorsitzenden:* [bei einer Sitzung, in einer Kommission, in einem Gremium] den V. haben, führen; den V. übernehmen, abgeben, niederlegen; jmdm. den V. übertragen; die Verhandlungen fanden unter dem V. von .../des Bürgermeisters statt.
vor|sit|zen ⟨unr. V.; hat; südd., österr., schweiz.: ist⟩: *in einer Versammlung o. Ä. den Vorsitz haben; präsidieren:* einer Kommission, einer Partei, dem Betriebsrat, dem Gericht v.; er sitzt mehreren Aufsichtsräten vor.
Vor|sit|zen|de, die/eine Vorsitzende; der/einer Vorsitzenden, die Vorsitzenden/zwei Vorsitzende: *weibliche Person, die in einem Verein, einer Partei o. Ä. die Führung u. Verantwortung hat od. in einer Gruppe Verantwortlicher die leitende Position hat.*
Vor|sit|zen|der, der Vorsitzende/ein Vorsitzender; des/eines Vorsitzenden, die Vorsitzenden/ zwei Vorsitzende: *der, der in einem Verein, einer Partei o. Ä. die Führung u. Verantwortung hat od. in einer Gruppe Verantwortlicher die leitende Position hat:* der Vorsitzende des Ausschusses, des Betriebsrates, des Vereins, der Partei; er ist erster, zweiter, stellvertretender V. des Aufsichtsrats; einen neuen Vorsitzenden wählen; jmdn. zum Vorsitzenden wählen.
Vor|sit|zer, der; -s, -: *Vorsitzender.*
Vor|sit|ze|rin, die; -, -nen: w. Form zu ↑ Vorsitzer.
Vor|so|kra|ti|ker, der; -s, - ⟨meist Pl.⟩: *Vertreter der griechischen Philosophie vor Sokrates.*
Vor|som|mer, der; -s, -: **1.** *erste wärmere Tage vor Beginn des eigentlichen Sommers:* die typischen Gerüche des -s. **2.** *voriger, vorhergehender Sommer:* die Besucherzahlen sind gegenüber dem V. gestiegen.
vor|som|mer|lich ⟨Adj.⟩: *zum Vorsommer gehörend, für ihn charakteristisch:* es herrschten Sonnenschein und -e Temperaturen.
Vor|sonn|tag, der; -s, -e: *vorhergehender, voriger Sonntag.*
Vor|sor|ge, die; -, -n ⟨Pl. selten⟩: *Gesamtheit von Maßnahmen, mit denen einer möglichen späteren Entwicklung od. Lage vorgebeugt, durch die eine spätere materielle Notlage od. eine Krankheit nach Möglichkeit vermieden werden soll:* die V. für die Zukunft, fürs Alter, für den Fall der Erwerbsunfähigkeit, gegen Berufskrankheiten; finanzielle, medizinische V.; V. durch Früherkennung; V. [dafür] treffen, dass...
Vor|sor|ge|auf|wen|dung ⟨meist Pl.⟩ (Steuerw.): *steuerlich begünstigte, der privaten Vorsorge dienende Ausgabe (z. B. der Beitrag zur Renten-, Arbeitslosen-, Krankenversicherung).*
Vor|sor|ge|maß|nah|me, die: *vorsorgliche Maßnahme:* Impfungen und andere [medizinische] -n; -n [gegen etw.] treffen.
Vor|sor|ge|me|di|zin, die: *Präventivmedizin.*
vor|sor|gen ⟨sw. V.; hat⟩: *im Hinblick auf Kommendes im Voraus unternehmen, für etw. sorgen:* für schlechte Zeiten, fürs Alter v.; ... mit zitternden Gliedern und schwarzem Blick immer wieder dahin eilend, wohin seine Not ihn

zwang und wo dieser Not so schlecht vorgesorgt war (Muschg, Sommer 138).

Vor|sor|ge|un|ter|su|chung, die: *regelmäßig durchzuführende Untersuchung, um Krankheiten (bes. Krebs) im frühestmöglichen Stadium zu erkennen.*

vor|sorg|lich ⟨Adj.⟩: **1.** *zur Vorsorge erfolgend:* -e Maßnahmen ergreifen; sich v. mit etwas eindecken; v. Rechtsbeschwerde einlegen. **2.** *auf Vorsorge bedacht, stets Vorsorge treffend:* er ist sehr v.

vor|sor|tie|ren ⟨sw. V.; hat⟩: *etw. in eine vorläufige Sortierung bringen:* Post, Abfälle v.

Vor|sor|tie|rung, die; -, -en: *das Vorsortieren; das Vorsortiertwerden.*

Vor|spann, der; -[e]s, -e u. Vorspänne: **1. a)** *kurze Einleitung, die dem eigentlichen Text eines Artikels o. Ä. vorausgeht:* im Vorspann dieser Arbeit wird auf die bisherige Forschung hingewiesen; **b)** *(Film, Fernsehen) einem Film, einer Fernsehsendung vorausgehende Angaben über die Mitwirkenden, den Autor o. Ä.:* die im V. genannten Mitwirkenden. **2.** *zusätzlich vorgespanntes Fahrzeug, Tier zum Ziehen:* ein weiteres Pferd als V.; eine zweite Lok wurde als V. angekoppelt.

vor|span|nen ⟨sw. V.; hat⟩: **1.** *(ein Zugtier, eine Zugmaschine) vor ein Gefährt o. Ä. spannen:* dem Schlitten war ein Schimmel vorgespannt; vor der Steigung wurde eine zweite Lok vorgespannt. **2.** (Elektrot.) *eine Vorspannung (2 a) anlegen.* **3.** (Technik) *(einen Werkstoff, ein Werkstück) bei der Herstellung mit einer Spannung versehen:* der Beton wird mithilfe von gespannten Stahleinlagen vorgespannt; vorgespanntes Glas.

Vor|spann|pferd, das: *Pferd als Vorspann (2):* ◆ Ein Bauer sah zur Fahrt nach Huisum schon die -e vor den Wagen schirren (Kleist, Krug 1).

Vor|span|nung, die; -, -en: **1.** *das Vorspannen.* **2. a)** (Elektrot.) *elektrische Gleichspannung, die vor dem Anlegen einer Wechselspannung an das Gitter einer Elektronenröhre angelegt wird;* **b)** (Technik) *durch Vorspannen erzeugte Spannung.*

Vor|spei|se, die; -, -n: *aus einem kleinen Gericht bestehender, dem Hauptgang vorausgehender Gang:* als V. gibt es ...

vor|spie|geln ⟨sw. V.; hat⟩ [eigtl. etwa = ein Scheinbild von etw. geben (wie in einem Spiegel)]: *vortäuschen:* eine Idylle v.

Vor|spie|ge|lung, Vor|spieg|lung, die; -, -en: *das Vorspiegeln; Vortäuschung:* das ist V. falscher Tatsachen.

Vor|spiel, das; -[e]s, -e: **1.** *kurze musikalische Einleitung; Präludium* (a); **b)** *einem Bühnenwerk vorangestelltes kleines Spiel, einleitende Szene:* ein Schauspiel in fünf Akten mit einem V. **2.** *dem eigentlichen Geschlechtsakt vorausgehender, ihn vorbereitender Austausch von Zärtlichkeiten:* ein langes, intensives V. **3.** (Sport) *Spiel, das vor dem eigentlichen Spiel stattfindet.* **4.** *das Vorspielen* (3).

vor|spie|len ⟨sw. V.; hat⟩: **1. a)** *auf einem Instrument spielen, um andere damit zu unterhalten:* [jmdm.] eine Sonate v. jmdm. [auf dem Klavier] v.; **b)** *(ein Lied, eine Melodie) zuerst spielen, sodass es jmd. wiederholen kann:* [jmdm.] ein Lied, ein Stück, eine Melodie auf dem Klavier v.; **c)** *(eine Ton-, Bildaufzeichnung) mithilfe geeigneter Geräte wiedergeben:* [jmdm.] eine CD, ein Video v. **2. a)** *mit darstellerischen Mitteln zur Unterhaltung darbieten:* die Kinder spielten kleine Sketche vor; **b)** *mit darstellerischen Mitteln zeigen, wie etw. darzubieten ist:* der Regisseur spielte [dem Schauspieler] die Rolle, die Partie selbst vor. **3.** *vor jmdm. spielen, um seine Fähigkeiten prüfen zu lassen:* dem Orchesterleiter, einer Jury, bei einem Orchester

v. **4.** *auf eine bestimmte Art u. Weise agieren, um jmdn. etw. Unwahres glauben zu machen:* er spielt uns etwas vor; jmdm. Überraschung, einen Anfall v.; sie spielt uns die vornehme Dame vor.

Vor|spra|che, die; -, -n: *das Vorsprechen* (3).

vor|spre|chen ⟨st. V.; hat⟩: **1.** *(ein Wort, einen Satz o. Ä.) zuerst sprechen, sodass es jmd. wiederholen kann:* [jmdm.] ein schwieriges Wort immer wieder, eine Eidesformel v. **2.** *vor jmdm. einen Text sprechen, um seine Fähigkeiten prüfen zu lassen:* die Rede des Antonius v.; er hat am/beim Staatstheater vorgesprochen und sofort ein Engagement bekommen. **3.** *(bei jmdm., irgendwo) einen Besuch machen [um eine Bitte, ein Anliegen vorzubringen, um eine Auskunft einzuholen o. Ä.]:* [wegen etw., in einer Angelegenheit] beim/auf dem Wohnungsamt v.

vor|sprin|gen ⟨st. V.; ist⟩ [mhd. vor-, vürspringen = besser springen, vortanzen]: **1. a)** *aus einer bestimmten Stellung heraus [plötzlich] nach vorn springen:* aus der Deckung, hinter dem Auto v.; **b)** *sich springend weiterbewegen:* der Zeiger der Uhr sprang vor. **2.** *herausragen, vorstehen:* vorspringende Backenknochen; Direkt unter dem äußeren Fensterbrett sprang schon das Dach vor und versperrte die Sicht (Kronauer, Bogenschütze 20).

Vor|sprin|ger, der; -s, - (Skispringen): *Springer, der vor dem Wettbewerb (zur Kontrolle) von der Schanze springt.*

Vor|sprin|ge|rin, die; -, -nen: w. Form zu ↑ Vorspringer.

Vor|spruch, der; -[e]s, Vorsprüche: *Prolog* (1).

Vor|sprung, der; -[e]s, Vorsprünge: **1.** *vorspringender (2) Teil:* der V. eines Felsens. **2.** [mhd. vorsprunc] *Abstand, um den jmd. jmdm. (räumlich, zeitlich, in einer Wertung) voraus ist:* ein großer, knapper, nicht mehr aufzuholender V.; ein V. von wenigen Metern, Sekunden, Punkten, Zählern; den V. vergrößern, verteidigen, halten, verlieren; seinen V. ausbauen; einen V. [vor jmdm., (auch:) auf jmdn.] haben; einen V. herausfahren, herausholen; jmdm. einen V. geben; sie siegte mit riesigem V.; Ü ein V. an technischer Entwicklung.

vor|spu|ren ⟨sw. V.; hat⟩: **a)** *vorher spuren* (3 a): vorgespurte Loipen; **b)** (schweiz.) *im Voraus bestimmen, vorzeichnen:* sie hatte den Anschlag geistig vorgespurt.

Vor|sta|di|um, das; -s, ...dien: *Vorstufe.*

Vor|stadt, die; -, Vorstädte: **a)** *außerhalb des [alten] Stadtkerns gelegener Teil einer Stadt:* in der [nördlichen] V. wohnen; **b)** *Vorort mit städtischem Charakter.*

Vor|städ|ter, der; -s, -: *jmd., der in der Vorstadt lebt.*

Vor|städ|te|rin, die; -, -nen: w. Form zu ↑ Vorstädter.

vor|städ|tisch ⟨Adj.⟩: *zur Vorstadt gehörend:* die -en Bezirke.

Vor|stadt|ki|no, das: *kleines, in der Vorstadt gelegenes, nicht sehr bedeutendes Kino.*

Vor|stadt|knei|pe, die: *Kneipe in der Vorstadt.*

Vor|stadt|vil|la, die: *Villa in der Vorstadt* (a).

Vor|stand, der; -[e]s, Vorstände [zu ↑vorstehen] (2): **1. a)** *geschäftsführendes u. zur Leitung u. Vertretung berechtigtes Gremium einer Firma, eines Vereins o. Ä., das aus einer od. mehreren Personen besteht:* die Gesellschaft, Firma hat einen dreiköpfigen V.; den V. angehören; aus dem V. ausscheiden; sie ist in den V. [der Partei] gewählt worden; **b)** *Mitglied des Vorstandes* (1 a): er ist V. (2. bes. österr.) *Vorsteher, bes. Bahnhofsvorsteher.*

Vor|stän|din, die; -, -nen: w. Form zu ↑ Vorstand: die V. der Diakonie Stetten; sie hat mit ihrer Bestellung zur V. die Leitung des Finanzamtes übernommen.

Vor|ständ|ler, der; -s, -: *Vorstand* (1 b).

Vor|ständ|le|rin, die; -, -nen: w. Form zu ↑ Vorständler.

Vor|stand|schaft, die; -, -en: *Gesamtheit derer, die an der Spitze einer Organisation, bes. eines Vereins, stehen:* der Verein hat eine neue V. gewählt.

Vor|stands|chef, der: *Leiter eines Vorstands* (1 a).

Vor|stands|che|fin, die: w. Form zu ↑ Vorstandschef.

Vor|stands|da|me, die: *weibliches Vorstandsmitglied.*

Vor|stands|eta|ge, die: *Etage, in der sich die Räume des Vorstandes befinden.*

Vor|stands|kol|le|ge, der: *jmd., der demselben Vorstand angehört.*

Vor|stands|kol|le|gin, die: w. Form zu ↑ Vorstandskollege.

Vor|stands|mit|glied, das: *Mitglied des Vorstandes* (1 a).

Vor|stands|sit|zung, die: *Sitzung des Vorstandes* (1 a).

Vor|stands|spre|cher, der: *Sprecher eines Vorstandes* (1 a), *als Sprecher fungierendes Vorstandsmitglied.*

Vor|stands|spre|che|rin, die: w. Form zu ↑ Vorstandssprecher.

Vor|stands|vor|sitz, der: *Vorsitz auf Vorstandsebene.*

Vor|stands|vor|sit|zen|de ⟨vgl. Vorsitzende⟩: *Vorsitzende des Vorstands* (1 a).

Vor|stands|vor|sit|zen|der ⟨vgl. Vorsitzender⟩: *Vorsitzender des Vorstands* (1 a).

Vor|stands|wahl, die: *Wahl eines Vorstands* (1 a).

vor|ste|cken ⟨sw. V.; hat⟩: *nach vorn stecken; an der Vorderseite feststecken:* eine Serviette, sich ein Sträußchen v.

Vor|steck|na|del, die: **1.** *Brosche.* **2.** *Krawattennadel.*

Vor|steck|ring, der: *zum Trauring passender u. (von der Frau) über dem Trauring getragener Ring mit Edelstein[en].*

vor|ste|hen ⟨unr. V.; hat⟩: südd., österr., schweiz. auch: ist⟩ [mhd. vorstēn = vorstehen; sorgen für; regieren]: **1.** *(durch eine bestimmte Form od. [anormale] Stellung) auffallend weit über eine bestimmte Grenze, Linie nach vorn, nach außen stehen:* das Haus steht etwas weiter vor als die benachbarten; vorstehende Backenknochen, Vorderzähne. **2.** (geh.) *nach außen hin vertreten u. für die Interessen, Verpflichtungen verantwortlich sein:* einem Institut, einem Unternehmen, einer Behörde, einer Organisation, einer Schule v.; er steht seinem Amt gewissenhaft vor (versieht es gewissenhaft). **3.** (Jägerspr.) *(vom Hund) in angespannter Haltung verharren.* **4.** (selten) *bevorstehen.*

vor|ste|hend ⟨Adj.⟩: [zu ↑ vorstehen in der älteren Bed. »vorne, vor etw. stehen«]: *an früherer Stelle im Text, weiter oben stehend; vorausgehend:* die -en Bemerkungen; wie v. bereits gesagt ...; (subst.:) wie im Vorstehenden bereits gesagt; wir bitten Vorstehendes zu beachten.

Vor|ste|her, der; -s, -: *jmd., der einer Sache vorsteht* (2): der V. des Internats, der Schule.

Vor|ste|her|drü|se, die: *Prostata.*

Vor|ste|he|rin, die; -, -nen: w. Form zu ↑ Vorsteher.

Vor|steh|hund, der: *Jagdhund, der aufgespürtes Wild dem Jäger zeigt, indem er in angespannter Haltung verharrt.*

vor|stell|bar ⟨Adj.⟩: *so beschaffen, dass sich jmd. ein Bild davon machen kann:* das ist schwer, kaum, ohne Weiteres, durchaus v.

Vor|stell|bar|keit, die; -: *das Vorstellbarsein.*

vor|stel|len ⟨sw. V.; hat⟩ [älter auch: fürstellen]:

1. *nach vorn stellen:* den Sessel [ein Stück weiter] v.; das rechte Bein [ein wenig] v. **2.** *vor etw. stellen:* eine spanische Wand v. **3.** *die Zeiger vorwärtsdrehen:* die Uhr [um] eine Stunde v. **4. a)** *jmdn., den man kennt, anderen, denen er fremd ist, mit Namen o. Ä. nennen:* darf ich Ihnen Herrn ..., meine Schwester v.?; auf dem Empfang stellte sie ihn als ihren Verlobten vor; Ü dem Publikum einen neuen Star v.; der Autokonzern stellt sein neuestes Modell vor *(zeigt es der Öffentlichkeit);* **b)** ⟨v. + sich⟩ *jmdn., den man nicht kennt, seinen Namen o. Ä. nennen:* sich mit vollem Namen v.; er stellte sich [ihm] als Vertreter des Verlages vor; Ü der Kandidat stellte sich den Wählern vor *(zeigte sich ihnen u. machte sich ihnen bekannt);* mit diesem Konzert stellt sich das Orchester in seiner neuen Besetzung vor; sich bei/in einer Firma, beim Personalleiter v. *(wegen einer Anstellung vorsprechen).* **5.** *zur ärztlichen Untersuchung bringen; sich ärztlich untersuchen lassen:* er musste sich noch einmal dem Arzt, in der Klinik v. **6. a)** *(im Bild o. Ä.) wiedergeben, darstellen:* was soll das, die Plastik eigentlich v.?; **b)** *darstellen* (4): er stellt etwas vor *(ist eine beeindruckende Erscheinung, Persönlichkeit).* **7.** ⟨v. + sich⟩ *sich in bestimmter Weise ein Bild von etw. machen:* ich stelle mir vor, dass das gar nicht so einfach ist; stell dir vor, wir würden gewinnen; das kann ich mir lebhaft v.!; ich hatte mir den Ausflug etwas anders vorgestellt; kannst du dir meine Überraschung v.?; ich kann ihn mir gut als Lehrer v.; was haben Sie sich als Gehalt vorgestellt?; wie stellst du dir das vor?; darunter kann ich mir nichts v.; Rauchen zum Beispiel tat er auch nicht. Fluchen kam noch weniger in Frage. Georgette konnte sich ihn ferner nicht im Nachthemd v. oder gar nackt (Dürrenmatt, Grieche 6). **8.** *jmdm. etw. eindringlich vor Augen halten, zu bedenken geben:* sie stellte ihm vor, dass die veraltete Technik ein Risiko darstellte.

vor|stel|lig [zu ↑ vorstellen (8)]: in der Wendung **[irgendwo/bei jmdm./etw.] v. werden** (Papierdt.; *sich in einer bestimmten Angelegenheit meist mündlich an jmdn./etw. wenden:* deswegen wurde er auf dem Amt, im Ministerium, beim Bürgermeister v.).

Vor|stel|lung, die; -, -en: **1. a)** *das Vorstellen, Bekanntmachen:* die V. der Kandidaten, eines neuen Mitarbeiters; würden Sie bitte die V. übernehmen?; Ü die V. ihres neuen Romans auf der Messe; **b)** *das Sichvorstellen* (4 b): einen Bewerber zu einer persönlichen V. einladen. **2. a)** *Bild, das sich jmd. in seinen Gedanken von etw. macht, das er gewinnt, indem er sich eine Sache in bestimmter Weise vorstellt* (7): eine schöne, komische, schreckliche, schlimme, abwegige, naive V.; die bloße V. begeistert mich schon; heidnische, christliche, religiöse -en; sich völlig falsche -en von etw. machen; du machst dir keine V. *(du ahnst ja gar nicht),* wie unverschämt er ist; klare, deutliche -en von etw. haben; sich nur eine vage V. von etw. machen können; sein Bericht hat mir eine [ungefähre] V. gegeben, wie die Lage ist; er entspricht nicht genau der landläufigen V. von einem Unternehmer; du musst dich mal von der V. *(dem Glauben)* frei machen, dass ...; **b)** ⟨o. Pl.⟩ *Fantasie, Einbildung:* das existiert nur in deiner V.; das geht über alle V. *(alles Vorstellungsvermögen)* hinaus; Es war höchste Zeit, dass ich diesen Begriff »schwieriger Charakter« aus ihrer V. *(ihrem Denken)* wegwischte (Nossack, Begegnung 91). **3.** *Aufführung (eines Theaterstücks o. Ä.), Vorführung eines Films o. Ä.:* eine V. für wohltätige Zwecke; die V. dauert [einschließlich Pause] etwa vier Stunden; sie ist gerade zu Ende, fällt aus; die letzte V. des Films beginnt schon um 19 Uhr; eine V. besu-

chen, stören, abbrechen, absagen, beenden; der Zirkus gab täglich zwei -en; V. haben *(als Schauspieler o. Ä. bei einer Vorstellung auftreten müssen);* Ü die Mannschaft gab eine starke, schwache V. (Sportjargon; spielte gut, schlecht); er hat in unserem Betrieb nur eine kurze V. gegeben *(scherzh.; war nur kurze Zeit hier beschäftigt).* **4.** ⟨meist Pl.⟩ (geh.) *Einwand, Vorhaltung:* der Arzt machte ihm -en, weil er sich nicht an seine Diät gehalten hatte.

Vor|stel|lungs|ga|be, die ⟨o. Pl.⟩: *Gabe, sich etw. [genau] vorstellen* (7) *zu können.*

Vor|stel|lungs|ge|spräch, das: *Gespräch, das der Vorstellung* (1 b) *beim Arbeitgeber dient:* na, wie ist dein V. gelaufen?; sie ist gerade beim V. in der Personalabteilung; jmdn. zu einem V. einladen.

Vor|stel|lungs|kraft, die: *Fähigkeit, sich etw. (auf sehr fantasievolle Weise) vorstellen* (7) *zu können:* eine große, viel V. haben.

Vor|stel|lungs|ver|mö|gen, das ⟨o. Pl.⟩: *Vermögen, sich etw. [genau] vorstellen* (7) *zu können:* das übersteigt unser V. *(können wir uns nicht vorstellen).*

Vor|stel|lungs|welt, die: *Gesamtheit dessen, was sich jmd. vorstellt* (7), *ausmalt, in seinen Gedanken zurechtlegt.*

vor|stem|men ⟨sw. V.; hat⟩: *nach vorn stemmen:* die Arme, Vorderbeine v.

Vor|steu|er, die (Wirtsch.): *von einem Unternehmen gezahlte Umsatzsteuer, die es mit der von den Kunden erhaltenen Umsatzsteuer verrechnen kann* (Abk./VSt.); die V. abziehen, abführen, erstatten; etw. als V. geltend machen.

Vor|steu|er|er|geb|nis, das (Wirtsch.): *Ergebnis aus der Gewinn- u. Verlustrechnung eines Unternehmens vor Abzug der Steuern.*

Vor|steu|er|ge|winn, der (Wirtsch.): *positives Vorsteuerergebnis.*

Vor|stop|per, der; -s, - (Fußball früher): *(bes. vor dem Libero postierter) Abwehrspieler, der meist den gegnerischen Mittelstürmer deckt, den vor dem Tor gelegenen Raum sichert.*

Vor|stop|pe|rin, die; -, -nen: w. Form zu ↑ Vorstopper.

Vor|stoß, der; -es, Vorstöße: **1. a)** *das Vorstoßen* (1) *in V. in feindliches Gebiet, zum Gipfel;* der V. scheiterte, misslang, blieb stecken; einen V. abwehren, einen V. starten, unternehmen, machen; Ü einen V. [bei der Geschäftsleitung] unternehmen *(sich energisch für etw. einsetzen);* ein V. kühler Meeresluft aus Nordwesten; **b)** (schweiz. Politik) *(im Parlament) Antrag, Vorschlag o. Ä., bes. Einzelinitiative, Motion, Postulat:* einen V. einreichen, behandeln. **2.** (Mode) *aus einem ein wenig vorstehenden Besatz bestehende Verzierung an der Kante eines Kleidungsstücks:* der Mantel hat am Kragen einen grünen V.

vor|sto|ßen ⟨st. V.⟩ [mhd. nicht belegt, ahd. furistō3an]: **1.** ⟨hat⟩ *mit einem Stoß, mit Stößen nach vorn bewegen:* jmdn., etw. [ein Stück] v. **2.** ⟨ist⟩ *unter Überwindung von Hindernissen, Widerstand zielstrebig vorwärtsrücken:* in den Weltraum v.; tief ins Landesinnere v.; Ü die Mannschaft ist auf den 3. Platz vorgestoßen.

Vor|stra|fe, die; -, -n (Rechtsspr.): *bereits früher rechtskräftig verhängte Strafe:* der Angeklagte hat keine -n.

Vor|stra|fen|re|gis|ter, das: *Strafregister:* ein langes V. haben *(schon häufig verurteilt worden sein).*

vor|stre|cken ⟨sw. V.; hat⟩: **1.** [mhd. vürstrecken, ahd. furistrecchen] **a)** *nach vorn strecken:* den Kopf, den Oberkörper, die Arme [weit] v.; **b)** ⟨v. + sich⟩ *sich nach vorn beugen:* ich musste mich v., um etwas zu sehen. **2.** *(einen Geldbetrag) vorübergehend zur Verfügung stellen; auslegen:* kannst du mir das Geld fürs Kino v.?

vor|strei|chen ⟨st. V.; hat⟩: *vor dem Lackieren mit Grundanstrich versehen.*

Vor|stu|die, die; -, -n: *vorbereitende Studie:* eine V. für eine Plastik.

Vor|stu|di|um, das; -s, ...ien ⟨meist Pl.⟩: *vorbereitendes Studium* (2 a).

Vor|stu|fe, die; -, -n: *Stufe in der Entwicklung einer Sache, auf der sich ihre spätere Beschaffenheit o. Ä. bereits in den Grundzügen erkennen lässt; Vorstadium:* die V. einer Krankheit.

◆ **Vor|stuhl**, der; -[e]s, Vorstühle (landsch.): *[zu einem Esstisch gehörende] Sitzbank:* Auf der Bäuerin Geheiß musste das Weibervolk dem V. sich zusammenziehen (= zusammenrücken), und zuunterst auf demselben setzte sich die Übernächtlerin (Gotthelf, Elsi 120).

vor|stül|pen ⟨sw. V.; hat⟩: *nach vorn stülpen:* vorgestülpte Lippen.

vor|stür|men ⟨sw. V.; ist⟩: *nach vorn stürmen:* mit gesenktem Kopf stürmte der Stier vor.

vor|sünd|flut|lich ↑ vorsintflutlich.

Vor|tag, der; -[e]s, -e: *Tag, der einem [besonderen] Tag, einem bestimmten Ereignis vorangeht, vorangegangen ist:* am V. der Prüfung; die Aktienkurse vom V.

vor|tan|zen ⟨sw. V.; hat⟩: **a)** *zuerst tanzen, sodass es jmd. wiederholen kann; Tanzschritte vormachen:* sie hat uns den Foxtrott vorgetanzt; **b)** *(vor jmdm.) tanzen, um seine Fähigkeiten prüfen zu lassen:* die Ballettschülerinnen mussten v.

Vor|tän|zer, der; -s, -: *jmd., der anderen vortanzt* (a).

Vor|tän|ze|rin, die; -, -nen: w. Form zu ↑ Vortänzer.

vor|tas|ten, sich ⟨sw. V.; hat⟩: *sich vorsichtig tastend vorwärts-, irgendwohin bewegen:* sich bis zum Lichtschalter v.; Ü er tastete sich langsam an das heikle Thema vor, zu einer heiklen Frage.

vor|täu|schen ⟨sw. V.; hat⟩: *(um jmdn. irrezuführen) den Anschein von etw. geben; vorspiegeln:* lebhaftes Interesse, Trauer, Leidenschaft v.; eine Krankheit v. *(simulieren);* sie hat mir nur vorgetäuscht, dass sie sich liebe; ⟨subst.:⟩ Vortäuschen einer Straftat (Rechtsspr.; *der Irreführung der Behörden dienende Handlung, durch die der Anschein erweckt werden soll, dass eine rechtswidrige Tat begangen worden sei od. dass Landfriedensbruch drohe).*

Vor|täu|schung, die; -, -en: *das Vortäuschen:* die V. eines Unfalls; das ist V. falscher Tatsachen (ugs.; *da wird etwas vorgetäuscht).*

Vor|teig, der; -[e]s, -e: *in kleiner Menge hergestellter, mit Hefe angesetzter Teig, der, nachdem er aufgegangen ist, mit der eigentlichen Teigmasse vermischt wird.*

Vor|teil [auch: ˈfoːɐ̯...], der; -[e]s, -e [mhd. vorteil, urspr. = das, was jmd. vor anderen im Voraus bekommt]: **1. a)** *etw. (Umstand, Lage, Eigenschaft o. Ä.), was sich für jmdn. gegenüber anderen günstig auswirkt, ihm Nutzen, Gewinn bringt:* ein großer, entscheidender V.; materielle, finanzielle -e; dieser Umstand ist nicht unbedingt ein V.; diese Sache hat den [einen] V., dass ...; er hat dadurch/davon viele -e; seinen V. aus etw. ziehen, herauszuschlagen; sich auf unlautere Weise einen V., -e zu verschaffen suchen; diese Methode hat, bietet viele -e und Nachteile in einer Sache gegeneinander abwägen; sich von etw. -e versprechen; er ist immer nur auf seinen eigenen V. bedacht; er ist [gegenüber den anderen] im V. *(in einer günstigeren Lage);* von V. *(vorteilhaft)* sein; etw. gereicht jmdm. zum V./gereicht zu jmds. V.; er hat sich zu seinem V. verändert *(hat sich in positiver Weise, zu seinen Gunsten verändert);* der Schiedsrichter hat V. gelten lassen (Sport; *einer Mannschaft die Möglichkeit gelassen, in eine günstige Position zu*

vorteilhaft – Vorverkauf

kommen, indem er wegen eines Fouls der anderen Mannschaft das Spiel nicht unterbrochen hat); **b)** (veraltet) *(finanzieller, geschäftlicher) Gewinn:* Er verlangte nicht einmal einen kleinen irdischen V. Er tat alles gleichsam aus Gefälligkeit (Roth, Beichte 92). **2.** (Tennis) *Spielstand, wenn ein Spieler nach dem Einstand einen Punkt erzielt u. zum Gewinn des Spiels nur noch den nächsten Punkt benötigt:* V. Aufschläger.

vor|teil|haft [auch: ˈfoːɐ̯...] ⟨Adj.⟩: *einen persönlichen Vorteil, Nutzen bringend; günstig:* ein -es Geschäft, Angebot; eine für beide Seiten -e Lösung; diese Farbe ist v. für dich *(steht dir gut);* sich v. kleiden; etw. wirkt sich v. aus.

Vor|teils|an|nah|me, Vorteilsnahme, die *[zum Bestandteil -nahme ↑ Abnahme]* (Rechtsspr.): *Forderung od. Annahme eines Vorteils durch einen Amtsinhaber.*

Vor|teils|ge|wäh|rung, die (Rechtsspr.): *den Tatbestand der aktiven Bestechung erfüllende, strafbare Gewährung eines [Vermögens]vorteils.*

Vor|teils|nah|me: ↑ Vorteilsannahme.

Vor|trag, der; -[e]s, Vorträge: **1.** *Rede über ein bestimmtes [wissenschaftliches] Thema:* ein V. mit anschließender Diskussion, über moderne Malerei; der V. findet in der Aula statt; einen V. halten; zu einem V. gehen. **2.** *das Vortragen* (2); *Darbietung:* flüssigen, klaren V. lernen; sein V. des Gedichts war allzu pathetisch; das Eislaufpaar bot einen harmonischen V.; ein Lied zum V. bringen (Papierdt.; *vortragen*). **3.** *das Vortragen* (3): der Minister musste zum V. beim König. **4.** (Kaufmannsspr.) *Übertrag:* der V. auf neue Rechnung, auf ein neues Konto.

vor|tra|gen ⟨st. V.; hat⟩: **1.** [mhd. vor-, ahd. furitragan] (ugs.) *nach vorn tragen:* die Hefte zum Lehrer v.; Ü einen Angriff/eine Attacke v. (Militär; *angreifen*). **2.** [mhd. vor-, vürtragen, ahd. furitragan] *(eine künstlerische, sportliche Darbietung) vor einem Publikum ausführen:* ein Lied, eine Etüde auf dem Klavier v.; die Turnerin trug ihre Kür vor; ein Gedicht [auswendig] v. *(rezitieren).* **3.** [mhd. vor-, vürtragen, ahd. furitragan] *(bes. einem Vorgesetzten) einen Sachverhalt darlegen:* [jmdm.] seine Wünsche, Forderungen, Beschwerden, Einwände, Bedenken, eine Bitte v.; ich habe ihm die Gründe für meinen Entschluss vorgetragen; sie hat mir ihr Anliegen schriftlich, brieflich, in einem Brief vorgetragen. **4.** (Kaufmannsspr.) *übertragen:* der Verlust[betrag] wird auf ein neues Konto vorgetragen.

Vor|tra|gen|de, die/eine Vortragende; der/einer Vortragenden, die Vortragenden/zwei Vortragende: *weibliche Person, die etw. vorträgt.*

Vor|tra|gen|der, der/ein Vortragende/ein Vortragender; des/eines Vortragenden, die Vortragenden/zwei Vortragende: *jmd., der etw. vorträgt* (2, 3).

Vor|trags|abend, der: *Abendveranstaltung, bei der ein Vortrag* (1) *gehalten, etw. (z. B. Dichtungen) vorgetragen wird.*

Vor|trags|an|wei|sung, die (Musik): *Vortragsbezeichnung.*

Vor|trags|be|zeich|nung, die (Musik): *die Noten ergänzende Hinweise des Komponisten zur Interpretation des Stücks u. zur Technik des Spiels.*

Vor|trags|kunst, die: *Fähigkeit, bes. ein sprachliches Kunstwerk gut vorzutragen.*

Vor|trags|künst|ler, der: *Rezitator.*

Vor|trags|künst|le|rin, die; -, -nen: w. Form zu ↑ Vortragskünstler.

Vor|trags|pult, das: *[Steh]pult, das man beim Halten eines Vortrags* (1) *benutzt.*

Vor|trags|rei|he, die: *Reihe von [thematisch zusammenhängenden] Vorträgen* (1): eine V. [über etw., zum Thema …] veranstalten.

Vor|trags|rei|se, die: *Reise, die jmd. macht, um an verschiedenen Orten Vorträge* (1) *zu halten:* eine [dreiwöchige, ausgedehnte] V. durch die USA; eine V. machen, unternehmen.

Vor|trags|saal, der: *Saal für Vorträge* (1).

Vor|trags|si|tu|a|tion, die: *Situation beim Vortragen einer Rede, eines Musikstückes o. Ä.*

Vor|trags|wei|se, die: *Art u. Weise, wie etw. vorgetragen wird.*

vor|träl|lern ⟨sw. V.; hat⟩: *trällernd vorsingen.*

vor|träu|men ⟨sw. V.; hat⟩: **1.** *als Erste[r] träumen, was später auch andere träumen.* **2.** *etw. träumen, das später Wirklichkeit werden wird:* er hatte sein Examen vorgeträumt.

vor|treff|lich ⟨Adj.⟩ [älter: fürtrefflich, zu mhd. vürtreffen = vorzüglicher, mächtiger sein, ahd. furitreffan = vorzüglicher, mächtiger, hervorragen]: *durch Begabung, Können, Qualität sich auszeichnend; hervorragend, sehr gut:* er ist ein -er Schütze, Reiter, Koch; ein -er Einfall; sich v. auf etw. verstehen; sich v. zu etw. eignen; sie spielt v. Klavier.

Vor|treff|lich|keit, die; -, -en: **1.** ⟨o. Pl.⟩ *vortreffliche Beschaffenheit.* **2.** *Tugend* (2).

vor|trei|ben ⟨st. V.; hat⟩: *nach vorn treiben.*

vor|tre|ten ⟨st. V.; ist⟩ [mhd. vor-, vürtreten]: **1. a)** *nach vorn treten:* einen Schritt, ans Geländer v.; **b)** *aus einer Reihe, Gruppe heraus vor die anderen treten:* einzeln [aus dem Glied] v. **2.** (ugs.) *hervortreten* (2 b): seine Augen traten vor; ihr Mann hat vortretende Backenknochen. **3.** (selten) *hervortreten* (3 b).

Vor|trieb, der; -[e]s, -e: **1. a)** *das Vortreiben (ins Gestein):* der V. des Tunnels, Stollens geht zügig voran; **b)** (Bergbau) *im Bau befindliche Grube, Strecke:* an den rußigen Wänden des -s. **2.** (Physik, Technik) *Schub* (1 b): ein starker Motor sorgt für V.

Vor|triebs|ein|rich|tung, die (Physik, Technik): *Einrichtung zur Erzeugung eines Vortriebs* (2).

Vor|tritt, der; -[e]s [mhd. vortrit = das Vortreten]: **1.** *(aus Höflichkeit gewährte) Gelegenheit voranzugehen:* jmdm. den V. lassen; Ü in dieser Angelegenheit lasse ich ihm den V. *(die Gelegenheit, zuerst zu handeln).* **2.** (schweiz.) *Vorfahrt:* das Tram hat V.; er hat ihr den V. genommen; Kein V.! *(Vorfahrt gewähren!).*

Vor|tritts|recht, das (schweiz.): *Vorfahrtsrecht.*

Vor|trupp, der; -s, -s: *kleinerer Trupp, der einer größeren Gruppe vorausgeschickt wird (um etw. zu erkunden o. Ä.):* ein, der V. der Expedition war bereits am Fluss angekommen.

vor|tur|nen ⟨sw. V.; hat⟩: **a)** *Turnübungen vormachen:* [jmdm.] eine Übung v.; der Sportlehrer hat vorgeturnt; **b)** *vor Zuschauern turnen:* eine Kür v.; beim Schulsportfest v.

Vor|tur|ner, der; -s, -: *jmd., der vorturnt.*

Vor|tur|ne|rin, die; -, -nen: w. Form zu ↑ Vorturner.

Vor|tur|ner|rie|ge, die: *Gruppe von Vorturnenden* (b).

vo|r|ü|ber [foˈryːbɐ] ⟨Adv.⟩: **1.** *vorbei* (1): sie huschte an uns v. ins Haus. **2.** *vorbei* (2): der Sommer, der Krieg, die Gefahr ist v.; da war es v. *(der Tod eingetreten).*

vo|r|ü|ber|brau|sen ⟨sw. V.; ist⟩: **1.** *vorbeibrausen* (1). **2.** *vorbeibrausen* (2): an jmdm., etw. v.

vo|r|ü|ber|ei|len ⟨sw. V.; ist⟩: *vorbeieilen:* [an jmdm., etw.] v.

vo|r|ü|ber|fah|ren ⟨st. V.; ist⟩: *vorbeifahren* (1): an jmdm., etw. v.

vo|r|ü|ber|flie|gen ⟨st. V.; ist⟩: *vorbeifliegen:* an jmdm., etw. v.

vo|r|ü|ber|füh|ren ⟨sw. V.; hat⟩: **1.** *vorbeiführen* (1): die Straße führt an einem Garten vorüber. **2.** *vorbeiführen* (2).

vo|r|ü|ber|ge|hen ⟨unr. V.; ist⟩: **1.** *vorbeigehen* (1 a): an jmdm. grußlos, lächelnd v.; ich habe jemanden v. sehen; ⟨subst.:⟩ etw. im Vorübergehen *(schnell so nebenbei)* erledigen; Ü wir können an diesen Erkenntnissen nicht v.; der Krieg, die Krankheit ist nicht spurlos an ihm vorübergegangen. **2.** *vorbeigehen* (3): die Schmerzen werden v.; keine Sorge, das geht vorüber; die Ferien sind schnell vorübergegangen; Ü ich möchte die Gelegenheit nicht v. lassen.

vo|r|ü|ber|ge|hend ⟨Adj.⟩: *nur zeitweilig, nur eine gewisse Zeit dauernd; momentan:* eine [nur] -e Wetterbesserung; das Medikament linderte die Schmerzen nur v.

vo|r|ü|ber|glei|ten ⟨st. V.; ist⟩: *vorbeigleiten:* vom Schiff aus glitt die Landschaft langsam vorüber.

vo|r|ü|ber|has|ten ⟨sw. V.; ist⟩: *vorbeihasten:* an jmdm., etw. v.; [aneinander] vorüberhastende Menschen.

vo|r|ü|ber|hu|schen ⟨sw. V.; ist⟩: *vorbeihuschen.*

vo|r|ü|ber|lau|fen ⟨st. V.; ist⟩: *vorbeilaufen:* an jmdm., etw. v.

Vor|über|le|gung, die; -, -en: *noch unbestimmte, auf etw. Konkreteres hinführende Überlegung:* ich möchte zunächst einige -en anstellen.

vo|r|ü|ber|schlei|chen ⟨st. V.⟩: **a)** ⟨ist⟩ *vorbeischleichen* (a, c); **b)** ⟨v. + sich; hat⟩ *vorbeischleichen* (b).

vo|r|ü|ber|schlen|dern ⟨sw. V.; ist⟩: *vorbeischlendern.*

vo|r|ü|ber|zie|hen ⟨unr. V.; ist⟩: *auf jmdn., etw. zu-, ein Stück nebenher- u. dann in gleicher Richtung weiterziehen; vorbeiziehen:* an jmdm., etw. v.; das Gewitter ist vorübergezogen; die in der Ferne vorüberziehenden Schiffe.

Vor|übung, die; -, -en: *vorbereitende Übung.*

Vor|un|ter|su|chung, die; -, -en: **a)** *vorausgehende Untersuchung;* **b)** (Rechtsspr. früher) *vorbereitende Prüfung eines Tatbestandes durch einen Untersuchungsrichter.*

Vor|ur|teil, das; -s, -e [mhd. vorurteil für (m)lat. praeiudicium]: *ohne Prüfung der objektiven Tatsachen voreilig gefasste od. übernommene, meist von feindseligen Gefühlen gegen jmdn. od. etw. geprägte Meinung:* ein altes, weitverbreitetes, unausrottbares V.; -e gegen Ausländer, gegen den Islam; -e hegen, ablegen, abbauen; er hat ein V. gegen die Naturheilkunde; gegen -e angehen, kämpfen; jmdn. in seinem V. bestärken; sich von seinen -en frei machen, befreien.

vor|ur|teils|frei ⟨Adj.⟩: *frei von Vorurteilen:* eine -e Behandlung des Themas.

vor|ur|teils|haft ⟨Adj.⟩: *von Vorurteilen bestimmt.*

Vor|ur|teils|lo|sig|keit, die; -: *vorurteilslose Art, Gesinnung.*

vor|ur|teils|los ⟨Adj.⟩: *vorurteilsfrei:* es ist wichtig, v. auf diese Leute zuzugehen.

Vor|vä|ter ⟨Pl.⟩ (geh.): *[männliche] Vorfahren:* sie war aus Amerika gekommen, um das Land ihrer V. zu sehen.

Vor|ver|fah|ren, das; -s, - (Rechtsspr.): **a)** *(im Strafprozessrecht) Ermittlungsverfahren;* **b)** *verwaltungsinternes Verfahren zur Überprüfung der Recht- u. Zweckmäßigkeit eines Verwaltungsaktes vor Einleitung eines gerichtlichen Verfahrens.*

vor|ver|gan|gen ⟨Adj.⟩ (veraltend): *(in Bezug auf einen Zeitpunkt)* ...: **b)** am Freitag -er Woche; seit dem -en Wochenende.

Vor|ver|gan|gen|heit, die (Sprachwiss.): *Plusquamperfekt.*

vor|ver|han|deln ⟨sw. V.; hat⟩: *(im Hinblick auf spätere, abschließende Verhandlungen) vorbereitend verhandeln:* der Deal ist bereits vorverhandelt.

Vor|ver|hand|lung, die; -, -en: *vorbereitende Verhandlung.*

Vor|ver|kauf, der; -[e]s, ...käufe: *Kartenvorver-*

kauf: der V. hat bereits begonnen; im V. sind die Karten etwas billiger.
Vor|ver|kaufs|kas|se, die: *Kasse, an der Eintrittskarten im Vorverkauf verkauft werden.*
Vor|ver|kaufs|stel|le, die: *Laden, Büro o. Ä., in dem Eintrittskarten im Vorverkauf verkauft werden.*
vor|ver|le|gen ⟨sw. V.; hat⟩: **1.** *weiter nach vorn legen:* den Eingang 20 m v. **2.** *auf einen früheren Zeitpunkt verlegen:* die Abfahrt, die Versammlung, den Termin [einen Tag] v.
Vor|ver|le|gung, die; -, -en: *das Vorverlegen.*
vor|ver|öf|fent|li|chen ⟨sw. V.; hat⟩: *(einen Textauszug o. Ä.) vor der eigentlichen Veröffentlichung veröffentlichen.*
vor|ver|schie|ben ⟨st. V.; hat⟩ (bes. österr., schweiz.): *vorverlegen* (2): der Zeitpunkt wurde um einen Tag vorverschoben.
Vor|ver|ständ|nis, das; -ses, -se (bildungsspr.): *von vornherein vorhandene Vorstellung, von vornherein vorhandener Begriff* (2) *von etw.*
vor|ver|ster|ben ⟨st. V.; ist⟩ (bes. Rechtsspr.): *vorher, vor einer bestimmten anderen Person versterben:* Kinder hatte die Erblasserin nicht, und ihr Ehemann war vorverstorben.
Vor|ver|such, der; -[e]s, -e: *vorbereitender Versuch.*
Vor|ver|trag, der; -[e]s, ...träge (Rechtsspr.): *vertragliche Verpflichtung zum Abschluss eines Vertrages.*
vor|ver|ur|tei|len ⟨sw. V.; hat⟩: *im Voraus, vorschnell verurteilen:* die Boulevardblätter haben den Angeklagten vorverurteilt; sie fühlt sich vorverurteilt.
Vor|ver|ur|tei|lung, die; -, -en: *das Vorverurteilen; das Vorverurteiltsein.*
vor|vor|ges|tern ⟨Adv.⟩: *vor drei Tagen.*
vor|vo|rig... ⟨Adj.⟩ (ugs.): *dem vorigen vorausgegangen:* vorvorigen Mittwoch war er hier; die vorige und die vorvorige Generation.
vor|vor|letzt... ⟨Adj.⟩ (ugs.): **a)** *(in der Reihenfolge) dem Vorletzten* (a) *vorausgehend:* die vorvorletzte Seite des Buchs; das war mein vorvorletzter Versuch; **b)** *dem Vorletzten* (b) *unmittelbar vorausgehend:* vorvorletztes Jahr; am vorvorletzten Wochenende, Dienstag; **c)** *als Einziges außer dem Letzten u. dem Vorletzten übrig geblieben:* das ist mein vorvorletztes Exemplar.
vor|wa|gen, sich ⟨sw. V.; hat⟩: *sich weiter nach vorn (zu einem Gefahrenpunkt o. Ä. hin) wagen:* er wagte sich in das Minenfeld vor; weiter wage ich mich nicht vor.
Vor|wahl, die; -, -en: **1.** *Vorauswahl:* eine V. unter den Angeboten treffen. **2.** (bes. Politik) *Wahlgang, bei dem die Kandidaten u. Kandidatinnen für eine bestimmte Wahl ermittelt werden.* **3.** (Telefonie) **a)** *Vorwahlnummer:* die V. von Köln; **b)** *das Wählen der Vorwahl* (3a).
vor|wäh|len ⟨sw. V.; hat⟩: **a)** *vorher auswählen:* bei der Waschmaschine das gewünschte Waschprogramm, den Sender im Autoradio v.; **b)** (Telefonie) *eine bestimmte Nummer vor der Nummer des gewünschten Teilnehmers wählen:* [die] 0 v.
Vor|wahl|kampf, der (Politik): *schon lange vor dem Wahltermin beginnende erste Phase eines Wahlkampfs.*
Vor|wahl|num|mer, Vor|wähl|num|mer, die (Telefonie): *Ortsnetzkennzahl.*
vor|wal|ten ⟨sw. V.; hat⟩ (veraltend): **a)** *herrschen, bestehen, obwalten:* dort walten merkwürdige Verhältnisse vor; hier scheint ein Irrtum, ein Missverständnis vorzuwalten; unter den vorwaltenden Umständen; **b)** *überwiegen.*
Vor|wand, der; -[e]s, Vorwände [zu ↑ vorwenden, urspr. = etw., was jmd. zu seiner Rechtfertigung vorbringt; Einwand]: *nur vorgegebener, als Ausrede benutzter Grund; Ausflucht:* ein fadenscheiniger, leicht zu durchschauender, willkommener, guter V.; etw. dient [jmdm.] nur als V.; einen V. [für etw.] brauchen, suchen, finden, haben; etw. als V. benutzen, [um] etw. zu tun, tun zu können; er rief unter einem V. bei ihr an, um festzustellen ...
vor|wär|men ⟨sw. V.; hat⟩: *vorher anwärmen:* die Teller v.; der Kraftstoff wird zur Erleichterung des Kaltstarts vorgewärmt; die Ansaugluft ist vorgewärmt; vorgewärmtes Wasser.
Vor|wär|mung, die; -, -en: **a)** *das Vorwärmen;* **b)** (Fachspr.) *Vorwärmgerät.*
vor|war|nen ⟨sw. V.; hat⟩: *warnen, [lange] bevor etw. Befürchtetes eintritt, passiert:* die von der Katastrophe bedrohte Bevölkerung konnte rechtzeitig vorgewarnt werden; wir waren zum Glück schon vorgewarnt; er wird sich deswegen demnächst mit ihr in Verbindung setzen – ich wollte dich nur schon v. (ugs.; *vorher davon unterrichten*).
Vor|warn|stu|fe, die (Fachspr.): *einem zu erwartenden, möglichen Smogalarm o. Ä. vorausgehende Alarmstufe.*
Vor|war|nung, die; -, -en: **1.** *das Vorwarnen:* trotz frühzeitiger V. der Bevölkerung forderte das Hochwasser viele Opfer. **2.** *der Vorwarnung* (1) *dienender Hinweis:* V. geben; die Polizei schritt ohne [jede] V. gegen die Demonstranten ein; er hatte V. auf die im Biergarten sitzende Gruppe geschossen.
vor|wärts [auch: ˈfɔr...] ⟨Adv.⟩ [mhd. vor-, vürwart, -wert, ↑ -wärts]: **1. a)** *nach vorn, in Richtung des angestrebten Ziels:* ein Blick v.; zwei Schritte v. machen; den Rumpf v. beugen; eine Rolle v. machen; v. marsch!; **b)** *mit der Vorderseite [des Körpers] voran:* die Leiter v. hinaufklettern; [den Wagen] v. einparken. **2. a)** *in Richtung des Endpunktes; von vorne nach hinten:* das Alphabet v. und rückwärts aufsagen; **b)** *in die Zukunft voran; in Richtung einer bestimmten (positiven) Entwicklung:* das neue Gesetz bedeutet einen großen Schritt v.; eine [nach] v. orientierte Sicht.
Vor|wärts|be|we|gung, die: *vorwärtsgerichtete, vorwärts verlaufende Bewegung.*
vor|wärts|brin|gen ⟨unr. V.; hat⟩: *den Fortschritt von etw. herbeiführen; die Entwicklung von jmdm. fördern:* das, diese geniale Idee hat uns ein gutes Stück vorwärtsgebracht; jmdn., eine Firma v.
Vor|wärts|drall, der: *vorwärtsgerichteter Drall.*
vor|wärts|drän|gen ⟨sw. V.; ist⟩: *nach vorne drängen:* eine Jugend, die vorwärtsdrängt.
vor|wärts|ent|wi|ckeln, sich ⟨sw. V.; hat⟩: *sich weiterentwickeln:* die Technologie wird sich v.
Vor|wärts|ent|wick|lung, die: *Weiterentwicklung; fortschrittliche Entwicklung.*
vor|wärts|fah|ren ⟨st. V.; ist⟩: *nach vorne fahren:* das Auto ist mit Vollgas vorwärtsgefahren.
Vor|wärts|gang, der (Technik): ¹*Gang* (6 a) *eines Motorfahrzeugs für das Vorwärtsfahren.*
vor|wärts|ge|hen ⟨unr. V.; ist⟩: **1.** *mit der Vorderseite voran gehen:* man konnte nur langsam v. **2.** (ugs.) *besser werden, sich fortentwickeln:* (ugs.:) mit dem Projekt geht es gut, rasch, nur langsam vorwärts.
vor|wärts|kom|men ⟨st. V.; ist⟩: *vorankommen:* kaum, nur langsam v.; die Arbeit kommt nicht [recht] vorwärts; Warum soll man immer v., wohin überhaupt (Kaschnitz, Wohin 173).
vor|wärts|lau|fen ⟨st. V.; ist⟩: **1.** *nach vorne laufen.* **2.** *in Richtung des Endpunktes laufen; von vorne nach hinten laufen:* ein Band v. lassen.
vor|wärts|ma|chen ⟨sw. V.; hat⟩ (ugs.): *sich beeilen:* nun macht mal ein bisschen vorwärts!
vor|wärts|schrei|ten ⟨st. V.; ist⟩: *vorankommen, Fortschritte machen:* die Arbeiten schreiten zügig vorwärts.
Vor|wärts|schritt, der: *Schritt nach vorn.*
vor|wärts|stre|ben ⟨sw. V.; ist⟩: *danach streben, vorwärtszukommen.*
vor|wärts|trei|ben ⟨st. V.; hat⟩: *vorwärtsbringen:* wir müssen das Projekt v.
vor|wärts|wei|send ⟨Adj.⟩: *zukunftweisend:* -e Ideen, Perspektiven.
Vor|wä|sche, die: *das Vorwaschen (bes. als Teil eines Waschprogramms):* auf die V. verzichten; die Maschine ist noch bei der V.
vor|wa|schen ⟨sw. V.; hat⟩: *zu einer ersten Reinigung kurz [durch]waschen:* nur leicht verschmutzte Wäsche muss man v.
Vor|wasch|gang, der: *das Vorwaschen steuernder Teil des Programms einer Waschmaschine.*
vor|weg ⟨Adv.⟩: **1. a)** *bevor etw. [anderes] geschieht; zuvor:* etw. v. klären; um es gleich v. zu sagen/gleich v. [gesagt]: ...; v. gab es eine Suppe, einen Aperitif; das lässt sich v. *(vorher, im Voraus)* schlecht sagen, beantworten, beurteilen; **b)** (ugs.) *von vornherein:* das war doch v., eine Schnapsidee! **2.** *jmdm., einer Sache ein Stück voraus:* immer ein paar Schritte v. sein; v. *(an der Spitze)* marschieren. **3.** *vor allem, besonders:* alle waren begeistert, v. die Kinder.
Vor|weg, der: *nur in der Fügung im V./-e (schon bevor ein möglicher, zu erwartender Fall eintritt; vorsorglich).*
Vor|weg|nah|me, die; -, -n: *das Vorwegnehmen:* die V. eines Gedankens, kommender Freuden.
vor|weg|neh|men ⟨st. V.; hat⟩: *etw., was eigentlich erst später an der Reihe käme, schon sagen, tun:* etw. in Gedanken, gedanklich v.; die Pointe v.; Ü Dreihundert Jahre vor dem Erscheinen Jesu verkündet Zenon eine Ethik, die das meiste von vorwegnimmt, was später dem Christentum zum Verdienst angerechnet wurde (Thieß, Reich 149).
vor|weg|sa|gen ⟨sw. V.; hat⟩: *gleich, noch vor etw. anderem sagen:* ich muss v., dass ich nichts davon verstehe.
vor|weg|schi|cken ⟨sw. V.; hat⟩: *vorwegsagen.*
Vor|we|he, die; -, -n ⟨meist Pl.⟩ (Med.): *gegen Ende der Schwangerschaft auftretende Wehe.*
vor|weih|nacht|lich ⟨Adj.⟩: *dem Weihnachtsfest vorausgehend:* -e Stimmung.
Vor|weih|nachts|zeit, die; -: *Zeit vor Weihnachten.*
vor|wei|nen ⟨sw. V.; hat⟩: *vor jmdm. weinen [u. klagen], jmdm. mit Weinen [u. Klagen] zusetzen:* jmdm. etw. v.
vor|wei|sen ⟨st. V.; hat⟩: **a)** *vorzeigen:* seinen Pass, eine Vollmacht v.; [dem Schaffner] seine Fahrkarte v. (*hatte keine gültige Fahrerlaubnis v. (hatte keine gültige Fahrerlaubnis [bei sich]);* * *etw. vorzuweisen haben (über etw. verfügen:* sie hat eine gute Ausbildung, hervorragende Englischkenntnisse, als Autorin schon einige Erfolge vorzuweisen); **b)** *aufweisen; haben:* das Haus weist einen großen Garten vor.
Vor|wei|sung, die; -, -en: *das Vorweisen.*
Vor|welt, die; -: *[erd]geschichtlich weit zurückliegende Zeit[en] u. ihre Relikte.*
vor|welt|lich ⟨Adj.⟩: *die Vorwelt betreffend, aus ihr herrührend:* die Wurzeln sahen aus wie -e Tiere.
vor|wen|den ⟨unr. V.; hat⟩ (selten): *als Vorwand gebrauchen.*
vor|werf|bar ⟨Adj.⟩ (Amtsspr., Rechtsspr.): *Anlass zu einem Vorwurf gebend:* eine -e Handlung, Tat; [nicht] v. handeln.
vor|wer|fen ⟨st. V.; hat⟩: **1.** [mhd. vürwerfen, ahd. furiwerfan] *nach vorn werfen:* den Ball weit v.; den Kopf, die Beine v.; neue Truppen v. (Militär; *ins Kampfgebiet schicken*). **2.** [mhd. vürwerfen, ahd. furiwerfan] *vor jmdm., etw. werfen; (bes. ein Tier) hinwerfen:* den Tieren Futter v.; jmdn., etw. den Löwen [zum Fraß] v.; Ü Man machte sich lächerlich. Man warf der Presse ein großes Fressen vor

(Jünger, Bienen 139). **3.** *jmdm. sein Verhalten, seine Handlungsweise heftig tadelnd vor Augen führen:* jmdm. Unfähigkeit, Unsachlichkeit v.; er warf ihr vor, sie habe ihn betrogen; ich habe mir in dieser Sache nichts vorzuwerfen *(habe mich richtig verhalten);* sie haben sich [gegenseitig]/(geh.:) einander nichts vorzuwerfen *(der eine ist nicht besser als der andere);* »Du hast dich eben so zurückgezogen!«, warf ihm der General bedauernd vor (Musil, Mann 931). **4.** *jmdm. etw. zur Last legen, jmdm. die Schuld an etw. geben:* jmdm. Fahrerflucht v.; dem Angeklagten wird vorgeworfen *(er wird beschuldigt),* einen Mord begangen zu haben.

Vor|werk, das; -[e]s, -e: **1.** *(veraltend) zu einem größeren Gut gehörender, kleinerer, abgelegener Bauernhof:* ♦ Der Rheingraf fordert ... den Wiederkauf Eurer Herrschaft Stauffen; jener drei Städtlein und siebzehn Dörfer und -e (Kleist, Käthchen II, 3). **2.** *einer Festung vorgelagertes, mit ihr verbundenes Werk* (4).

vor|wie|gen ⟨st. V.; hat⟩: **1.** *überwiegen; vorherrschen:* in seinen Romanen wiegen politische Themen vor. **2.** *etw. in jmds. Gegenwart wiegen, damit er es nachprüfen kann:* einem Kunden die Ware v.

vor|wie|gend ⟨Adv.⟩: *hauptsächlich, in erster Linie, ganz besonders; zum größten Teil:* morgen ist es v. heiter; die v. jugendlichen Hörer.

Vor|win|ter, der; -s, -: **1.** *erste kältere Tage vor Beginn der eigentlichen Winters.* **2.** *voriger, vorhergehender Winter:* dieses Jahr lag mehr Schnee als im V.

Vor|wis|sen, das; -s: *etw., was man über eine bestimmte Sache schon weiß, eh man sich eingehender darüber informiert:* ein V. [über eine Sache] haben; um das zu verstehen, muss man über ein gewisses V. verfügen.

vor|wis|sen|schaft|lich ⟨Adj.⟩ (bildungsspr.): *nicht auf wissenschaftlicher Erforschung, sondern auf allgemeiner Erfahrung beruhend:* ein -es Weltbild, ein -es Verständnis von etw. haben.

Vor|witz, der; -es [mhd. vor-, virwiz, ahd. furewizze, firiwizzi, eigtl. = das über das normale Wissen Hinausgehende; Wunder, zu ↑ Witz in dessen alter Bed. ↑ Kenntnis, Wissen« u. einer alten Nebenf. von ↑ ver- im Sinne von »hinüber, über etw. hinaus«] (veraltend): **1.** *[leichtsinnige] Neugierde:* der V. der Jugend gegenüber allem, was neu ist. **2.** *(meist in Bezug auf Kinder) vorlaute, naseweise Art.*

vor|wit|zig ⟨Adj.⟩ [mhd. vor-, vür-, virwitzec, ahd. fir(i)wiziz, eigtl. = das über das normale Wissen hinausgehend, virwiz, ahd. fnuwize = neugierig]: **1.** *[auf leichtsinnige Art] neugierig:* ein -er Bursche, Blick; sei nicht so v.! **2.** *(meist in Bezug auf Kinder) vorlaut, naseweis:* eine -e Göre; der Junge ist manchmal etwas v.

Vor|wit|zig|keit, die; -, -en: **1.** ⟨o. Pl.⟩ *Vorwitz* (1, 2). **2.** *vorwitzige Handlung, Äußerung.*

Vor|wo|che, die; -, -n: *vorige, vorhergehende Woche:* in der V.

vor|wö|chig ⟨Adj.⟩: *in der Vorwoche [sich ereignet habend o. Ä.]:* auf der -en Pressekonferenz.

vor|wöl|ben ⟨sw. V.; hat⟩: **a)** *nach vorn wölben:* er zog den Bauch ein und wölbte seine Brust vor; **b)** ⟨v. + sich⟩ *sich nach vorn wölben:* seine Stirn wölbt sich vor; stark vorgewölbte Lippen.

Vor|wöl|bung, die; -, -en: **1.** *das [Sich]vorwölben.* **2.** *vorgewölbte Stelle, Fläche.*

Vor|wort, das; -[e]s, -e u. Vorwörter: **1.** ⟨Pl. -e⟩ *Einleitung zu einem Buch; Vorrede:* ein V. zu einem Buch schreiben; diese Biographie steht im V. des Herausgebers; deutsche Erstausgabe, mit einem V. von Thomas Mann. **2.** ⟨Pl. Vorwörter⟩ (österr., sonst veraltet) *Präposition.* ♦ **3.** ⟨Pl. -e⟩ *Fürsprache:* ... braucht neuer V. und helfen mich aus einem Elend, in das unzeitige Hülfe uns beide stürzen könnte (Goethe, Götz III); Was hat uns der Lügner nicht alles aufgeheftet! Wie wusst' er nicht sich nicht der Königin V. leicht zu gewinnen! (Goethe, Reineke Fuchs 7, 98 ff.)

Vor|wurf, der; -[e]s, Vorwürfe. **1.** [zu ↑ vorwerfen] *Äußerung, mit der jmdm. etw. vorgeworfen, jmds. Handeln, Verhalten gerügt wird:* ein versteckter, offener, leiser, schwerer V.; der V. der Vertragsbrüchigkeit, Untreue; dieser V. trifft mich nicht, ist unberechtigt; sein Blick war ein einziger, ein stummer V.; das soll kein V. sein; einen V. entkräften, [heftig] abwehren, [entschieden] zurückweisen; ernste Vorwürfe gegen jmdn. erheben; ich mache ihm vor wegen dieser Sache bittere, heftige Vorwürfe; daraus kannst du mir doch keinen V. machen; diesen V. lasse ich nicht auf mir sitzen; etw. als V. auffassen; sich gegen einen V. wehren, zur Wehr setzen; man kann ihm sein Verhalten nicht zum V. machen; Ich spürte den V. in Berts Schweigen (Lenz, Brot 26). **2.** [mhd. vür-, vorwurf, LÜ von lat. obiectum (↑ Objekt), urspr. = das vor die Sinne Geworfene, das den Sinnen, dem Subjekt Gegenüberstehende] (selten) *Vorlage* (3 a); *Thema, Gegenstand künstlerischer Bearbeitung:* das Ereignis diente als V. für eine Novelle, zu seinem Roman.

vor|wurfs|frei ⟨Adj.⟩ (bes. schweiz.): *frei von Vorwürfen* (1).

vor|wurfs|voll ⟨Adj.⟩: *einen Vorwurf* (1) *enthaltend; anklagend:* -e Worte; jmdn. v. ansehen.

vor|zäh|len ⟨sw. V.; hat⟩: **a)** *vor jmdm., in jmds. Gegenwart eine Zahlenfolge nennen, hersagen, damit er sie wiederholen kann:* der Lehrer zählte den Kindern vor; **b)** *in jmds. Gegenwart zum Nachprüfen zählen, aufzählen, den Betrag, die Anzahl von etw. feststellen:* er zählte [mir] das Geld vor.

Vor|zei|chen, das; -s, - [mhd. vorzeichen = Vorzeichen, Sinnbild, ahd. forazeihan = Vorzeichen, Sinnbild]: **1.** *Anzeichen, das auf etw. Künftiges hindeutet; Omen:* etw. ist ein gutes, günstiges V.; er hielt die Begegnung für ein ungutes, schlimmes, böses, untrügliches V. **2. a)** (Math.) *einer Zahl vorangestelltes Zeichen, das diese als positiv od. negativ ausweist:* eine Zahl mit negativem, positivem V.; es ergibt sich wieder derselbe Wert, nur mit umgekehrtem V.; Ü Vieles spricht jedenfalls dafür, dass der Hass der Brüder im Wesentlichen nichts anderes war als die allgemeine Verliebtheit mit verneinendem V. (Th. Mann, Joseph 395); **b)** (Musik) *Versetzungszeichen.*

vor|zeich|nen ⟨sw. V.; hat⟩: **1.** *als Entwurf, Vorlage* (3 a) *zeichnen:* ein Bild zuerst mit Bleistift v. und dann mit Wasserfarben ausmalen; die Umrisse v.; ein Strickmuster v. **2.** *zum Nachzeichnen vor jmdm. etw. zeichnen:* der Lehrer hat uns das Pferd an der Tafel vorgezeichnet. **3.** *im Voraus festlegen, bestimmen:* eine künftige Entwicklung v.; eine streng, genau vorgezeichnete Karriere, Laufbahn.

Vor|zeich|nung, die; -, -en: **1.** *das Vorzeichnen.* **2.** *Vorgezeichnetes; als Entwurf, Vorstudie o. Ä. angefertigte Zeichnung:* eine V. zu einem Stillleben.

vor|zeig|bar ⟨Adj.⟩ (ugs.): *den Ansprüchen, die gestellt werden, genügend u. daher sich ohne Weiteres vorzeigen* (2) *lassend:* sein -es Ergebnis; eine durchaus -e Leistung; se *(wohlgeratene)* Kinder.

Vor|zeig|bar|keit, die; - (ugs.): *das Vorzeigbarsein.*

Vor|zei|ge- (ugs.): drückt in Bildungen mit Substantiven aus, dass es sich um jmdn., eine Person od. Sache handelt, die Eindruck macht, mit der man renommieren kann: Vorzeigeathletin, -liberaler, -literat, -unternehmerin.

Vor|zei|ge|frau, die (ugs.): *Frau, mit der jmd. renommieren kann, gern renommiert.*

vor|zei|gen ⟨sw. V.; hat⟩: **a)** *zeigen u. begutachten, prüfen lassen:* [jmdm.] seinen Ausweis, seine Fahrkarte v.; die Schüler mussten ihre Hefte v.; **b)** *andere sehen lassen, jmdm. zeigen [um Eindruck zu machen, zu renommieren]:* sie hat einen Freund, den man v. kann.

Vor|zei|ge|pro|jekt, das; *Projekt, mit dem jmd. renommieren kann:* der neue Technologiepark gilt als V.

Vor|zei|gung, die; -, -en ⟨Pl. selten⟩ (Papierdt.): *das Vorzeigen.*

Vor|zeit, die; -, -en: **1.** *längst vergangene, vorgeschichtliche [u. geheimnisvoll anmutende] Zeit:* in ferner, mythischer, grauer V. **2.** (selten) *einer bestimmten Zeit, Epoche vorausgehende Zeit:* die V. jener Epoche.

vor|zei|ten ⟨Adv.⟩ (dichter.): *vor langer Zeit; einstmals:* ich weiß noch genau, als ich v. einmal von der Leiter stürzte.

vor|zei|tig ⟨Adj.⟩: *früher als vorgesehen, erwartet:* seine -e Abreise; der -e Wintereinbruch hat in der Landwirtschaft große Schäden verursacht; sich v. pensionieren lassen; der Strafgefangene ist v. entlassen worden; er ist v. *(allzu früh)* gealtert, gestorben.

Vor|zei|tig|keit, die; -: **1.** (Sprachwiss.) *Verhältnis verschiedener grammatischer Zeiten in Haupt- u. Gliedsatz, bei dem die Handlung des Gliedsatzes vor der des Hauptsatzes spielt.* **2.** *das Vorzeitigsein; vorzeitiges Eintreten.*

vor|zeit|lich ⟨Adj.⟩: *die Vorzeit betreffend, aus ihr stammend:* -e Säugetiere, Ausgrabungen, Relikte.

Vor|zeit|mensch, der: *Mensch der Vorzeit.*

Vor|zen|sur, die; -, -en: **1.** (Schule) *die durchschnittlichen Leistungen eines Schülers in einem bestimmten Zeitraum bewertende Zensur* (1), *aus der zusammen mit dem Prüfungsergebnis die Abschlusszensur ermittelt wird.* **2.** *vor der eigentlichen Zensur* (2 a) *stattfindende Zensur.*

vor|zie|hen ⟨unr. V.; hat⟩ [mhd. vor-, vürziehen = vorziehen, hervorholen; lieber mögen, bevorzugen, ahd. furzíoniā = vorziehen, hervorholen]: **1.** *nach vorn ziehen:* den Schrank [einen Meter] v.; er hat mich am Arm an die, bis zur Brüstung vorgezogen. **2.** *vor etw. ziehen:* den Vorhang, die Gardinen v. **3.** (ugs.) *hervorziehen:* etw. hinter, zwischen etw. v.; er zog ein Heft [aus der Tasche] vor; eine Säge unter dem Gerümpel v. **4.** *etw. für später Vorgesehenes früher ansetzen, beginnen, erledigen:* einen Termin [um eine Stunde] v.; die Betriebsversammlung wurde vorgezogen; die Altersgrenze v.; vorgezogene Wahlen. **5. a)** *einer größeren Vorliebe für jmdn., etw. haben als für eine andere Person od. Sache; lieber mögen:* ziehen Sie Kaffee oder Tee vor?; ich ziehe ihn seinem Bruder vor; ein gutes Buch ziehe ich jedem Film vor; **b)** *lieber mögen, besser behandeln als andere (u. diese dadurch zurücksetzen):* das jüngste Kind wird [von den Eltern] oft vorgezogen; keinen Schüler [den anderen] v.; **c)** *jmdn., etw. wählen, sich aussuchen; sich für jmdn., etw. entscheiden:* wir sollten die sicherere Methode [der kostengünstigeren] v.; ich hätte sie [den anderen Bewerberinnen] vorgezogen; er zog es vor zu schweigen. **6.** (Gartenbau) *zunächst im Frühbeet, Treibhaus o. Ä. bis zu einer gewissen Größe wachsen lassen:* Pflanzen im Topf, im Frühbeet v.

Vor|zie|hung, die; -, -en ⟨Pl. selten⟩: *das Vorziehen.*

Vor|zim|mer, das; -s, -: **a)** *vor dem Zimmer eines Vorgesetzten o. Ä. liegendes Zimmer (in einem Dienstgebäude o. Ä.):* im V. des Chefs, der Kanzlei; b) (österr.) *Diele* (2): die Garderobe steht im V.

Vor|zim|mer|da|me, die (ugs.): *Sekretärin, Assistentin, die ihren Arbeitsplatz in jmds. Vorzimmer* (a) *hat.*

Vor|zin|sen ⟨Pl.⟩ (Bankw.): *Diskont* (1).

¹Vor|zug, der; -[e]s, Vorzüge: **a)** ⟨o. Pl.⟩ *jmdm. od. einer Sache eingeräumter Vorrang:* jmdm., einer Sache gebührt der V.; den V. vor jmdm., etw. erhalten; diese Methode verdient gegenüber anderen den V.; jmdn., etw. mit V. *(bevorzugt)* behandeln; **b)** *Vorrecht, Vergünstigung:* es war ein Vorrecht, in den V. eintreten durften; **c)** *gute Eigenschaft, die eine bestimmte Person od. Sache (im Vergleich mit jmdm. od. etw. anderem) auszeichnet, hervorhebt:* angeborene, geistige, charakterliche Vorzüge; der V. liegt darin, dass man sich darauf verlassen kann; das ist ein besonderer V. an ihm, von ihm; immer neue Vorzüge an einer Sache erkennen; ich kenne die Vorzüge dieser Mitarbeiterin; das Verfahren hat den V., dass es sofort einsetzbar ist; diese Kunstfaser hat alle Vorzüge reiner Wolle; Schön war er, das war nicht zu leugnen, eine Sache, charakterliche Vorzüge; der V. liegt, schön war Wuchs und schön von Gesicht, weitere Vorzüge aber konnte ich an ihm nicht entdecken (Hesse, Steppenwolf 136); **d)** (Schule österr.) *Auszeichnung, die jmd. erhält, wenn er sehr gute Noten im Zeugnis erreicht:* mit V. maturieren.

²Vor|zug, der; -[e]s, Vorzüge (Eisenbahn): *zur Entlastung eines fahrplanmäßigen Zuges vor diesem zusätzlich eingesetzter Zug.*

¹vor|züg|lich [auch: ˈfoː…] ⟨Adj.⟩: *in seiner Art od. Qualität bes. gut; ausgezeichnet, hervorragend:* ein -er Wein, eine -e Arbeit, ein -er Aufsatz; er ist ein -er Reiter, Kenner der Materie; die Methode hat sich v. bewährt; wir haben ganz v. gespeist; Er meint die Stadt in hygienischer Hinsicht. Ihre Bedürfnisanstalten sind in der Tat recht gut, einzelne sogar v. (Benn, Stimme 28).

²vor|züg|lich [auch: ˈfoː…] ⟨Adv.⟩ (veraltend): *hauptsächlich, vor allem, besonders:* ich wünsche dies v., weil …

Vor|züg|lich|keit [auch: ˈfoː…], die; -, -en: **1.** ⟨o. Pl.⟩ *vorzügliche Beschaffenheit.* **2.** (selten) *etw. Vorzügliches.*

Vor|zugs|ak|tie, die ⟨meist Pl.⟩ (Wirtsch.): *Aktie, die gegenüber den Stammaktien mit bestimmten Vorrechten ausgestattet ist (z. B. Zusicherung einer erhöhten Dividende):* -n ausgeben.

Vor|zugs|be|hand|lung, die: *bevorzugte Behandlung:* eine V. genießen, erfahren; sie fordert eine V. für ausländische Firmen.

Vor|zugs|milch, die: *unter behördlicher Aufsicht produzierte Milch von bester Qualität.*

Vor|zugs|preis, der: *besonders günstiger Preis:* jmdm. einen V. gewähren; etw. zu einem V. angeboten bekommen, erwerben können.

Vor|zugs|stel|lung, die: *bevorzugte [mit bestimmten Vorrechten ausgestattete] Stellung* (4): eine V. haben, genießen.

Vor|zugs|stim|me, die (österr. Politik): *zusätzliche Möglichkeit, bei einer Parteienwahl einem Kandidaten der gewählten Partei eine Stimme zu geben, um ihn vorzureihen.*

vor|zugs|wei|se ⟨Adv.⟩: *hauptsächlich, in erster Linie, bevorzugt:* zu diesem Essen sollte man v. Weißwein trinken.

Vor|zu|kunft, die; -: *zweites Futur.*

Vo|ta: Pl. von ↑ Votum.

Vo|tant, der; -en, -en (bildungsspr. veraltet): **1. a)** *jmd., der ein Votum abgibt;* **b)** (schweiz., sonst veraltet) *Diskussionsredner im Parlament, in einer Versammlung o. Ä.* **2.** *jmd., der gemäß seinem gegebenen Gelübde ein Votiv anfertigen und aufstellen lässt.*

Vo|tan|tin, die; -, -nen: w. Form zu ↑ Votant.

vo|ten [ˈvoːtn̩, ˈvoʊtn̩] ⟨sw. V.; hat⟩ [engl. to vote] (ugs.): **1.** *bei einer Abstimmung (für od. gegen jmdn., etw.) stimmen:* für wen hast du gevotet? **2.** *wählen* (3 a): der Song wurde auf Platz eins gevotet.

Vo|ten: Pl. von ↑ Votum.

vo|tie|ren ⟨sw. V.; hat⟩ [zu ↑ Votum] (bildungsspr.): **1.** *seine Stimme für od. gegen jmdn., etw. abgeben; sich für od. gegen jmdn., etw. entscheiden; für od. gegen jmdn. stimmen:* für, gegen eine Resolution v.; sie votierten mehrheitlich dagegen. **2.** (bes. österr., schweiz.) *in einer Diskussion im Parlament, in einer Versammlung o. Ä. Stellung nehmen; sich für od. gegen jmdn., etw. aussprechen:* die Gewerkschafter votierten gegen den Vorschlag.

Vo|ting [ˈvoʊtɪŋ], das; -s, -s [engl. voting = das Abstimmen, zu: to vote = abstimmen]: *Abstimmungsverfahren, bei dem die Stimmen per [Mobil]telefon od. Internet abgegeben werden:* an/bei einem V. teilnehmen; per V. hatte die Internetgemeinde entschieden, wer in die WG durfte.

Vo|tiv, das; -s, -e [zu lat. votivus = gelobt, versprochen, zu: votum, ↑ Votum]: *Votivgabe:* die -e in dieser Wallfahrtskirche sind Stiftungen von Gläubigen.

Vo|tiv|bild, das (kath. Kirche): *einem Heiligen aufgrund eines Gelübdes geweihtes Bild (das oft den Anlass seiner Entstehung darstellt).*

Vo|tiv|ga|be, die (kath. Kirche): *als Bitte um od. Dank für Hilfe in einer Notlage einem Heiligen dargebrachte Gabe.*

Vo|tiv|ker|ze, die (kath. Kirche): *als Bitte um od. Dank für Hilfe in einer Notlage einem Heiligen dargebrachte Kerze.*

Vo|tiv|mes|se, die (kath. Kirche): ¹*Messe* (1) *als Bitte um od. Dank für Hilfe in einer Notlage.*

Vo|tiv|ta|fel, die (kath. Kirche): *einem Heiligen aufgrund eines Gelübdes geweihte kleine Tafel mit einer Inschrift.*

Vo|tum, das; -s, Voten u. Vota [mlat. votum = Gelübde; Stimme, Stimmrecht < lat. votum = Gelübde, feierliches Versprechen; Wunsch, Verlangen, zu: votum, 2. Part. von: vovere = feierlich versprechen, geloben; wünschen] (bildungsspr.): **1.** *Stimme* (6 a): sein V. [für etw.] abgeben. **2.** *Entscheidung durch Stimmabgabe:* die Wahl war in V. gegen die Regierung, für die Politik der Regierung. **3.** (bes. schweiz.) *Diskussionsbeitrag im Parlament, in einer Versammlung o. Ä.:* die Voten blieben diszipliniert kurz. **4.** *Urteil, Stellungnahme:* das Bundeskabinett muss ein formelles V. abgeben. **5.** (veraltet) *feierliches Gelübde.*

Vou|cher [ˈvaʊtʃɐ], das od. der; -s, -[s] [engl. voucher, zu: to vouch = bürgen < afrz. vo(u)cher = herbei-, aufrufen < lat. vocare = rufen] (Touristik): *Gutschein für im Voraus bezahlte Leistungen.*

Vou|dou [vuˈduː]: ↑ Voodoo.

Vo|yeur [voaˈjøːɐ̯], der; -s, -e [frz. voyeur < afrz. veor, véeur = Beobachter, Späher, zu: voir < lat. videre = sehen]: *jmd., der durch [heimliches] Zuschauen bei sexuellen Handlungen anderer Lust empfindet* (1); *solche Shows, Filme sind nur etwas für -e.*

Vo|yeu|rin [voaˈjøːrɪn], die; -, -nen: w. Form zu ↑ Voyeur.

Vo|yeu|ris|mus, der; - [frz. voyeurisme, zu: voyeur, ↑ Voyeur]: *sexuelles Empfinden u. Verhalten der Voyeure.*

vo|yeu|ris|tisch ⟨Adj.⟩: *den Voyeurismus betreffend:* -e Bedürfnisse; Ü der -e Charakter dieser Dokumentation.

VP = Volkspolizei.

VPS = Videoprogrammsystem.

VR = Volksrepublik.

v. R. w. = von Rechts wegen.

vs. = versus.

V. S. O. P. [Abk. von engl. very special old pale]: *ganz besonders alt u. blass* (Gütekennzeichen für Weinbrand).

V-Sprung [ˈfaʊ…], der (Skisport): *Sprung im V-Stil.*

V-Stil [ˈfaʊ…], der (Skisport): *Stil des Skispringens, bei dem die Skier v-förmig gehalten werden.*

v. T. = vom Tausend.

v. u. = von unten.

vul|gär ⟨Adj.⟩ [frz. vulgaire < lat. vulgaris = allgemein; alltäglich, gewöhnlich; gemein, niedrig, zu: vulgus = (gemeines) Volk]: **1.** (bildungsspr. abwertend) *auf abstoßende Weise derb u. gewöhnlich, ordinär:* ein -es Wort; eine -e Person; v. sein, aussehen; sich v. benehmen; Stiller … fand es, wie er sich in seiner -en Art ausdrückte, zum Kotzen (Frisch, Stiller 119). **2.** (bildungsspr.) *zu einfach u. oberflächlich; nicht wissenschaftlich dargestellt, gefasst:* ein -er Positivismus.

vul|ga|ri|sie|ren ⟨sw. V.; hat⟩ [zu ↑ vulgär]: **1.** (bildungsspr. abwertend) *in unzulässiger Weise vereinfachen; allzu oberflächlich darstellen.* **2.** (bildungsspr. veraltet) *allgemein bekannt machen; unter das Volk bringen.*

Vul|ga|ri|tät, die; -, -en [wohl unter Einfluss von engl. vulgarity < lat. vulgaritas, zu: vulgaris, ↑ vulgär] (bildungsspr.): **1.** ⟨o. Pl.⟩ **a)** *vulgäres* (1) *Wesen, vulgäre Art:* die V. dieser Person ist unerträglich; **b)** *vulgäre* (2) *Beschaffenheit.* **2.** (seltener) *vulgäre* (1) *Äußerung.*

Vul|gär|la|tein, das: *umgangssprachliche Form der lateinischen Sprache (aus der sich die romanischen Sprachen entwickelten).*

Vul|gär|mar|xis|mus, der (bildungsspr. abwertend): *vulgärer* (2), *vulgarisierter* (1) *Marxismus.*

Vul|gär|spra|che, die: **1.** (bildungsspr. seltener) *vulgäre* (1) *Sprache.* **2.** (Sprachwiss.) (bes. im MA.) *von der Masse des Volkes gesprochene Sprache.*

Vul|ga|ta, die; - [(kirchen)lat. (versio) vulgata = allgemein gebräuchliche Fassung]: *(von Hieronymus im 4. Jh. begonnene, später für authentisch erklärte lateinische Übersetzung der Bibel.*

vul|go ⟨Adv.⟩ [lat.] (bildungsspr.): *gemeinhin, gewöhnlich genannt.*

Vul|go|na|me, der (österr.): *Benennung einer od. mehrerer Personen nach dem Namen eines Bauernhofes anstelle des Familiennamens.*

¹Vul|kan (röm. Mythol.): Gott des Feuers.

²Vul|kan, der; -s, -e [zu lat. Vulcanus, ↑ ¹Vulkan]: *Berg, aus dessen Innerem Lava u. Gase ausgestoßen werden; Feuer speiender Berg:* ein [noch] tätiger, nicht mehr tätiger, erloschener V.; der V. ist ausgebrochen; wie auf einem V. leben *(sich in ständiger Gefahr befinden).*

Vul|kan|aus|bruch, der: *Ausbruch, Eruption eines ²Vulkans.*

Vul|kan|fi|ber, die ⟨o. Pl.⟩ [zu vulkanisieren (2) u. ↑ Fiber (2)]: *aus zellulosehaltigem Material hergestellter harter bis elastischer Kunststoff, der bes. für Dichtungen, Koffer u. a. verwendet wird.*

Vul|ka|ni|sa|ti|on, die; -, -en [engl. vulcanization, zu: to vulcanize, ↑ vulkanisieren]: *das Vulkanisieren.*

vul|ka|nisch ⟨Adj.⟩: *auf Vulkanismus beruhend, durch ihn entstanden:* -es Gestein; eine -e Insel; das Gebirge ist -en Ursprungs.

vul|ka|ni|sie|ren ⟨sw. V.; hat⟩ [engl. to vulcanize, eigtl. = dem Feuer aussetzen (bei dem Verfahren wird Hitze angewendet), zu: Vulcan = ¹Vulkan]: **1.** *Rohkautschuk mithilfe bestimmter Chemikalien zu Gummi verarbeiten.* **2.** (ugs.) *Gegenstände aus Gummi reparieren:* einen Reifen v.

Vul|ka|ni|sie|rung, die; -, -en: *das Vulkanisieren.*
Vul|ka|nis|mus, der; - (Geol.): *Gesamtheit der Vorgänge u. Erscheinungen, die mit dem Austritt von Magma aus dem Erdinnern an die Erdoberfläche zusammenhängen.*
vul|ka|nis|tisch ⟨Adj.⟩: *den Vulkanismus betreffend.*
Vul|ka|nit [auch: ...'nɪt], der; -s, -e (Geol.): *vulkanisches Gestein; Ergussgestein.*
Vul|ka|no|lo|ge, der; -n, -n [↑ -loge]: *Fachmann auf dem Gebiet der Vulkanologie.*
Vul|ka|no|lo|gie, die; - [↑ -logie]: *Teilgebiet der Geologie, das sich mit der Erforschung des Vulkanismus befasst.*
Vul|ka|no|lo|gin, die; -, -nen: w. Form zu ↑ Vulkanologe.
vul|ka|no|lo|gisch ⟨Adj.⟩: *die Vulkanologie betreffend, zu ihr gehörend.*
vul|ne|ra|bel ⟨Adj.⟩ [spätlat. vulnerabilis, zu lat. vulnerare = verwunden, verletzen, zu: vulnus = Wunde] (bes. Med.): **1.** *(von Organen od. Gefäßen, die nahe an der Körperoberfläche liegen) verwundbar, verletzlich.* **2.** *(innerhalb eines physiologischen Prozesses) störanfällig.*
Vul|va, die; -, Vulven [lat. vulva, eigtl. = Hülle] (Med.): *Gesamtheit der äußeren weiblichen Geschlechtsorgane.*
Vu|vu|ze|la [vuvu'zeːla], die; -, -s [H.u.]: *südafrikanisches Blasinstrument: für eine Art akustischer Fülle sorgt die V., das Symbol des südafrikanischen Fußballs.*
v. u. Z. = vor unserer Zeitrechnung.
v. v. = vice versa.
VVN = Vereinigung der Verfolgten des Naziregimes.
VWD = Vereinigte Wirtschaftsdienste.
VWL [fauveˈɛl], die; - ⟨meist ohne Art.⟩ = Volkswirtschaftslehre: VWL studieren.
V-Zei|chen [ˈfau...], das: *Victoryzeichen:* das V. machen.

W

w, W [veː], das; - (ugs.: -s), - (ugs.: -s) [mhd. w, ahd. (h)w]: *dreiundzwanzigster Buchstabe des Alphabets, ein Konsonantenbuchstabe:* ein kleines w, ein großes W schreiben.
W = Watt; West[en]; Wolfram.
WAA = Wiederaufbereitungsanlage.
Waadt [vaˈːt], die; -: *Schweizer Kanton* (frz.: Vaud).
Waadt|land, das; -[e]s: *Waadt.*
¹Waadt|län|der, der; -s, -: Ew.
²Waadt|län|der ⟨indekl. Adj.⟩: W. Alpen.
Waadt|län|de|rin, die; -, -nen: w. Form zu ↑ ¹Waadtländer.
¹Waag, die; - [mhd. wāc, ahd. wāg = (bewegtes) Wasser; Fluss, See, verw. mit ↑ Woge] (bayr.): *Flut; Wasser.*
²Waag, die; -: *linker Nebenfluss der Donau in der Slowakischen Republik.*
Waa|ge, die; -, -n [mhd. wāge, ahd. wāga, eigtl. = das (auf u. ab, hin u. her) Schwingende, verw. mit ↑ ²bewegen]: **1.** *Gerät, mit dem das Gewicht von etw. bestimmt wird:* eine zuverlässige, gute, genaue, exakt anzeigende W.; diese W. wiegt genau; eine W. eichen; etw. auf die W. legen, auf/ mit der W. wiegen; sich auf die W. stellen; er bringt 80 kg auf die W. (ugs.; *wiegt 80 kg*); Ü Die W. der Entscheidung hing leise zitternd gleich zu gleich (*die Entscheidung konnte ebenso gut in dem einen wie in dem anderen Sinne fallen;* A. Zweig, Grischa 178); * **sich**/(geh.:) **einander die W. halten** (*sich im Ausmaß, in der Intensität, in der Bedeutung o. Ä. gleichkommen:* Vor- und Nachteile hielten sich [in etwa] die W.). **2.** (Astrol.) **a)** ⟨o. Pl.⟩ *Tierkreiszeichen für die Zeit vom 24. 9. bis 23. 10.;* **b)** *jmd., der im Zeichen Waage* (2 a) *geboren ist:* sie, er ist [eine] W. **3.** ⟨o. Pl.⟩ *Sternbild am südlichen Sternenhimmel.* **4.** (Turnen, Eis-, Rollkunstlauf) *Figur, Übung, bei der der Körper waagerecht im Gleichgewicht gehalten wird:* eine eingesprungene W.
Waa|ge|bal|ken, der: *gerader, als Hebel wirkender Teil einer Waage, an dem die Waagschalen hängen.*
Waa|ge|meis|ter, Waagmeister, der (früher): *jmd., der für das Wiegen von Waren auf einer öffentlichen Waage zuständig ist.*
Waa|ge|meis|te|rin, Waagmeisterin, die: w. Formen zu ↑ Waagemeister, Waagmeister.
waa|ge|recht, waagrecht ⟨Adj.⟩ [eigtl. = wenn die Waage recht steht, wenn der Waagebalken in der Ausgangsstellung ist]: *in einer geraden Linie rechtwinklig zu einer senkrechten Linie od. Fläche verlaufend; horizontal:* eine -e Linie, Fläche; ein -er Balken; das Brett liegt [genau] w.; ein Seil w. spannen.
Waa|ge|rech|te, Waagrechte, die;/eine Waag[e]rechte; der/einer Waag[e]rechten od. Waag[e]rechte, die Waag[e]rechten/zwei Waag[e]rechte od. Waag[e]rechten: *waagerechte Linie, Ebene, Lage; Horizontale.*
Waag|meis|ter usw.: ↑ Waagemeister usw.
waag|recht usw.: ↑ waagerecht usw.
Waag|scha|le, die; -, -n: *an beiden Seiten des Waagebalkens einer Waage hängende Schale, in die eine zu wiegende Last og. das Gewicht zum Wiegen gelegt wird:* * **alles, jedes Wort auf die W. legen** (↑ Goldwaage); **[nicht] in die W. fallen** (↑ ¹Gewicht 3: der späte Zeitpunkt ihrer Bewerbung wird schon in die W. fallen); **etw. in die W. werfen** (*etw. als Mittel zur Erreichung von etw. einsetzen:* er wirft seinen gesamten Einfluss in die W., um den Bau der Straße zu verhindern).
Waal, die; -: *Mündungsarm des Rheins.*
wab|be|lig, wabblig ⟨Adj.⟩ [zu ↑ wabbeln] (ugs.): *[unangenehm] weich u. dabei leicht in zitternde Bewegung geratend:* ein -er Pudding, Bauch, Busen, Hintern; er ist dick und w.
wab|beln ⟨sw. V.; hat⟩ [mhd. wabelen = in (emsiger) Bewegung sein] (ugs.): *sich zitternd, in sich wackelnd hin u. her bewegen:* der Pudding wabbelt; er lachte, dass sein Bierbauch wabbelte.
wabb|lig: ↑ wabbelig.
Wa|be, die; -, -n [mhd. wabe, ahd. waba, wabo, zu ↑ weben u. eigtl. = Gewebe (der Bienen)]: *Gebilde aus vielen gleich geformten, meist sechseckigen, von Bienen aus körpereigenem Wachs geformten Zellen, die der Aufzucht ihrer Larven dienen u. in denen sie Honig od. Pollen speichern.*
wa|ben|för|mig ⟨Adj.⟩: *wie eine Wabe geformt, aufgebaut:* ein -es Muster; eine -e Bauweise.
Wa|ben|ho|nig, der: *Honig aus frisch gebauten, unbebrüteten Waben.*
wa|bern ⟨sw. V.; hat⟩ [mhd. waberen = sich hin u. her bewegen] (landsch., sonst geh.): *sich in einer mehr od. weniger unruhigen, flackernden, ziellosen Bewegung befinden:* wabernde Nebelschwaden, Flammen.
wach ⟨Adj.⟩ [zu ↑ Wache, entstanden aus Sätzen wie »er ist (in) Wache«, d. h., er befindet sich in Zustand des Wachens]: **1.** *nicht schlafend:* in -em Zustand; w. werden, bleiben; [lange, die ganze Nacht] w. liegen; sich [mit Kaffee] w. halten; der Lärm hat mich w. gemacht *(aufgeweckt);* sie rüttelte ihn w. *(rüttelte ihn, bis er wach wurde);* ich war noch gar nicht richtig w.; bist du noch w. *(munter)* genug, um Auto zu fahren?; Ü die Erinnerung an die Verbrechen ist noch w. **2.** *geistig sehr rege, von großer Aufmerksamkeit, Aufgeschlossenheit zeugend; aufgeweckt:* ein -er Geist; -e Augen; sehr -e Sinne haben; -en Sinnes, mit -em Verstand an etw. herangehen; etw. w. verfolgen.
Wach|ab|lö|se, die (bes. österr.): *Wachablösung.*
Wach|ab|lö|sung, die: *Ablösung der Wache, eines Wachpostens:* bei der, nach erfolgter W.
Wach|au, die; -: *Tal der Donau in Niederösterreich zwischen Krems u. Melk.*
Wach|ba|tail|lon, das: *zu Repräsentationszwecken und zum Wachdienst* (1) *aufgestellter militärischer Verband.*
Wach|boot, das: *für den Wachdienst ausgerüstetes kleineres Kriegsschiff.*
Wach|dienst, der: **1.** ⟨o. Pl.⟩ *Dienst, der in der Bewachung, Sicherung bestimmter Einrichtungen, Anlagen, Örtlichkeiten o. Ä. besteht:* W. haben. **2.** *den Wachdienst* (1) *versehende Gruppe von Personen.*
Wa|che, die; -, -n [mhd. wache, ahd. wacha, zu ↑ wachen]: **1.** *Wachdienst* (1): die W. beginnt um 6 Uhr; W. haben, halten; die W. übernehmen; die W. [dem nächsten/an den nächsten] übergeben; auf W. sein (Militär; *Wachdienst haben*); auf W. ziehen (Militär; *den Wachdienst antreten*); * **[auf] W. stehen**/(ugs., bes. Soldatenspr.:) **W. schieben** (*als Wachposten Dienst tun:* ein W. stehender Soldat); **W. gehen** (*patrouillieren*). **2.** *den Wachdienst* (1) *versehende Personen od. Gruppe von Personen; Wachdienst* (2), *Wachposten:* die W. steht auf; die W. kontrolliert die Ausweise; -n aufstellen, die -n verstärken, ablösen. **3. a)** *Raum, Gebäude für die Wache* (2), *Wachlokal:* er meldete sich bei dem Posten vor der W.; **b)** Kurzf. von ↑ Polizeiwache: er wurde auf die W. gebracht; Sie müssen mit zur W. kommen.
Wa|che|be|am|ter ⟨vgl. Beamter⟩ (österr. Amtsspr.): *bewaffneter Beamter bei Polizei oder Justiz.*
Wa|che|be|am|tin, die: w. Form zu ↑ Wachebeamter.
wa|cheln ⟨sw. V.; hat⟩ (bayr., österr. ugs.): **a)** *winken:* mit der Fahne in der Hand w.; **b)** *fächeln:* ⟨subst.:⟩ ein Aufguss [in der Sauna] mit und ohne Wacheln; **c)** *wehen:* bei uns wachelt es ununterbrochen.
wa|chen ⟨sw. V.; hat⟩ [mhd. wachen, ahd. wachēn, zu ↑ wecken u. eigtl. = frisch, munter sein]: **1.** (geh.) *wach sein, nicht schlafen:* schläft er oder wacht er?; ⟨subst.:⟩ zwischen Wachen und Schlafen. **2.** *wach bleiben u. auf jmdn., etw. aufpassen, achthaben:* sie hat an seinem Bett gewacht. **3.** *sehr genau, aufmerksam auf jmdn., etw. achten, aufpassen:* streng, eifersüchtig über etw. w.; sie wachte stets darüber, dass den Kindern nichts geschah.
Wa|che|schie|ben, das; -s (ugs., bes. Soldatenspr.): *Wachestehen.*
Wa|che|ste|hen, das; -s: *das Versehen des Dienstes als Wachposten.*
Wa|che ste|hend, wa|che|ste|hend ⟨Adj.⟩: *als Wachposten seinen Dienst ausübend:* ein Wache stehender Soldat.
Wach|feu|er, das: *Feuer der Wachen, Wachposten.*
wach|ha|bend ⟨Adj.⟩: *für den Wachdienst* (1) *eingeteilt, ihn versehend:* der -e Offizier.
Wach|ha|ben|de, die/eine Wachhabende; der/einer Wachhabenden, die Wachhabenden/zwei

Wachhabende: *weibliche Person, die Wachdienst hat.*
Wach|ha|ben|der, der Wachhabende/ein Wachhabender; des/eines Wachhabenden, die Wachhabenden/zwei Wachhabende: *jmd., der Wachdienst hat:* sich beim Wachhabenden melden.
wach|hal|ten ⟨st. V.; hat⟩: *lebendig erhalten; die Fortdauer von etw. bewahren:* das Interesse an etw., die Erinnerung an jmdn., etw. w.
Wach|heit, die; -: **1.** (seltener) *das Wachsein; Wachzustand.* **2.** *geistige Regsamkeit, Aufmerksamkeit:* seine geistige W.; die W. ihres Blickes.
Wach|hund, der: *Hund, der dazu geeignet, abgerichtet ist, etw. zu bewachen:* ein guter, scharfer W.
Wach|ko|ma, das (Med.): *Koma, bei dem der Patient die Augen geöffnet hat:* im W. liegen.
wach lie|gen, wach|lie|gen ⟨st. V.; hat, südd., österr., schweiz.: ist⟩: *nicht einschlafen können:* die ganze Nacht w. liegen.
Wach|lo|kal, das: *Raum für den Aufenthalt einer Wachmannschaft.*
Wach|ma|cher, der (ugs.): *stimulierende, aufputschende Droge; Weckamin.*
Wach|mann, der ⟨Pl. ...männer u. ...leute⟩: **1.** *jmd., der die Aufgabe hat, bestimmte Einrichtungen, Örtlichkeiten o. Ä. zu sichern:* ein W. der Wach- und Schließgesellschaft; die Täter schlugen einen W. nieder und nahmen ihm die Waffe ab. **2.** (österr.) *Polizist.*
Wach|mann|schaft, die: *wachhabende militärische Mannschaft.*
Wa|chol|der, der; -s, - [mhd. wecholter, ahd. wechalter, 1. Bestandteil wohl zu ↑wickeln, wohl nach den zum Flechten verwendeten Zweigen, zum 2. Bestandteil -ter vgl. Teer]: **1.** *(zu den Nadelhölzern gehörender) immergrüner Strauch od. kleinerer Baum mit nadelartigen od. schuppenförmigen kleinen, graugrünen Blättern u. blauschwarzen Beerenfrüchten (die bes. als Gewürz u. zur Herstellung von Branntwein verwendet werden).* **2.** Kurzf. von Wacholderbranntwein: einen W., bitte; ...sogar billigen Wermut trank er, weil Korn und W. ihn nicht mehr schafften (Grass, Hundejahre 288).
Wa|chol|der|baum, der: *Wacholder* (1).
Wa|chol|der|bee|re, die: *Beere des Wacholders* (1).
Wa|chol|der|brannt|wein, der: *mit Wacholderbeeren hergestellter Branntwein.*
Wa|chol|der|busch, der: *Wacholder* (1).
Wa|chol|der|dros|sel, die: *(zu den Drosseln gehörender) größerer Singvogel mit grau u. braun gefärbtem Gefieder.*
Wa|chol|der|schnaps, der (ugs.): *Wacholderbranntwein.*
Wa|chol|der|strauch, der: *Wacholder* (1).
Wach|per|so|nal, das: *wachhabendes Personal.*
Wach|pos|ten, Wachtposten, der: *Wache haltender militärischer Posten.*
Wach|re|gi|ment, das: *zu Repräsentationszwecken und zum Wachdienst* (1) *aufgestelltes Regiment.*
wach|ru|fen ⟨st. V.; hat⟩: *(bei jmdm.) entstehen lassen, hervorrufen; wecken, erregen:* in/bei jmdm. eine Vorstellung, Erinnerungen w.; das Bild ruft die Vergangenheit wach.
¹**wach|rüt|teln** ⟨sw. V.; hat⟩: *plötzlich aktiv, rege werden lassen, aufrütteln:* die Nachricht hat unser Gewissen wachgerüttelt.
wach rüt|teln, ²**wach|rüt|teln** ⟨sw. V.; hat⟩: *wecken:* jmdn. wach rütteln.
Wachs, das; -es, ⟨Arten:⟩ -e [mhd., ahd. wahs, zu ↑wickeln u. eigtl. = Gewebe (der Bienen)]: *[von Bienen gebildete] meist weiße bis gelbliche, oft leicht durchscheinende Masse, die sich in warmem Zustand leicht kneten lässt, bei höheren Temperaturen schmilzt u. bes. zur Herstellung

von Kerzen o. Ä. verwendet wird:* weiches, flüssiges W.; das W. schmilzt; W. gießen, kneten, formen, ziehen; etw. in W. abdrücken; etw. mit W. überziehen, glätten, verkleben, dichten; den Boden mit W. *(Bohnerwachs)* einreiben; er hat seine Skier mit dem falschen W. *(Skiwachs)* behandelt; ihr Gesicht war weiß, gelb wie W. *(sehr bleich, fahl);* er wurde weich wie W. *(wurde sehr nachgiebig, gefügig);* sie schmolz dahin wie W. *(gab jeden Widerstand auf);* * **W. in jmds. Hand/Händen sein** *(jmdm. gegenüber sehr nachgiebig sein).*
Wachs|ab|druck, der ⟨Pl. ...drücke⟩: *mit Wachs gefertigter plastischer Abdruck.*
wach|sam ⟨Adj.⟩ [eigtl. zu ↑Wache, heute als zu ↑wachen gehörend empfunden]: *vorsichtig, gespannt, mit wachen Sinnen etw. beobachtend, verfolgend; sehr aufmerksam, voller Konzentration:* ein -er Hüter der Demokratie; seinem -en Blick entging nichts; angesichts dieser Gefahr gilt es, w. zu sein; eine Entwicklung w. verfolgen.
Wach|sam|keit, die; -: *das Wachsamsein:* es ist äußerste, erhöhte W. geboten.
wachs|ar|tig ⟨Adj.⟩: *wie Wachs beschaffen:* eine -e Substanz.
Wachs|bild, das: *bildähnliches Relief aus Wachs.*
wachs|bleich ⟨Adj.⟩: *bleich wie Wachs:* er war vor Schreck w.
Wachs|boh|ne, die: *Gartenbohne mit gelblichen Hülsen.*
¹**wach|sen** ⟨st. V.; ist⟩ [mhd. wahsen, ahd. wahsan, urspr. = vermehren, zunehmen]: **1. a)** *als lebender Organismus, als Teil eines lebenden Organismus an Größe, Länge, Umfang zunehmen, größer, länger, dicker werden:* schnell, übermäßig, nur langsam w.; der Junge ist [ziemlich, wieder ein ganzes Stück] gewachsen; das Gras wächst üppig; die Haare, Fingernägel sind gewachsen; ich lasse mir einen Bart, die Haare, (ugs.:) lange Haare w.; den männlichen Tieren wächst ein Geweih; Ü der Neubau wächst Meter um Meter *(wird Meter um Meter höher);* die Schatten wuchsen (geh.; *wurden länger);* Fühl doch mal nach meiner Stirn, ich fürchte, mir wächst da ein Horn *(ich bekomme da eine Beule, Herr 124);* b) *sich entwickeln* (2 a) *[können], gedeihen:* diese Pflanze wächst überall [gut], nur auf sandigen Böden, vor allem an schattigen Standorten; hier wachsen nur Flechten und Moose; in dem Wald wachsen viele Beeren, Pfifferlinge; diese Früchte wachsen an Bäumen; ⟨subst.:⟩ der Baum braucht zum Wachsen ein ganz anderes Klima; **c)** *sich beim Wachsen* (1 a) *in bestimmter Weise entwickeln:* der Baum wächst krumm, schön gerade; der Busch soll nicht zu sehr in die Breite w.; er ist schlank gewachsen *(hat eine gute Figur);* **d)** *sich beim* ¹*Wachsen* (1 a) *irgendwo ausbreiten, in eine bestimmte Richtung ausdehnen:* die Kletterpflanze wächst an der Mauer in die Höhe, bis aufs Dach, über den Zaun; der Ast wächst in den Garten des Nachbarn. **2. a)** *an Größe, Ausmaß, Zahl, Menge o. Ä. zunehmen; sich ausbreiten, sich ausdehnen, sich vermehren:* die Stadt, Einwohnerzahl wächst von Jahr zu Jahr; sein Vermögen, Reichtum wächst ständig; sein Vorsprung wächst noch; eine Familie ist inzwischen gewachsen; die Flut, das Hochwasser wächst *(steigt);* die wachsende Arbeitslosigkeit; wachsende Teilnehmerzahlen; jeder Eingeweihte weiß, dass Gifttränke bei wachsendem *(zunehmendem)* Monde gepflückt werden wollen (A. Zweig, Grischa 272); **b)** *an Stärke, Intensität, Bedeutung o. Ä. zunehmen; stärker werden, größer werden:* seine Erregung, sein Ärger, der Widerstand, sein Zorn, ihr Einfluss wuchs immer mehr; der Lärm, der Schmerz, die Spannung wuchs ins

Unerträgliche; sein Selbstbewusstsein wächst mit seinem Erfolg; er ist an seinen/mit seinen Aufgaben gewachsen *(er hat an innerer Größe, Stärke zugenommen);* ⟨oft im 1. Part.:⟩ der wachsende Wohlstand des Landes; er kann wachsender Beliebtheit erfreuen; er hat mit wachsenden Schwierigkeiten zu kämpfen; sie hörte mit wachsendem Interesse, Erstaunen zu; **c)** *sich harmonisch, organisch entwickeln, allmählich entstehen:* die Stadt, die Kultur ist in Jahrtausenden gewachsen; die Gewissheit wächst, dass die Schäden irreparabel sind; ⟨meist im 2. Part.:⟩ gewachsene Traditionen, Strukturen, Ordnungen, Bräuche; gewachsener *(von Natur aus an Ort und Stelle befindlicher)* Fels.
²**wach|sen** ⟨sw. V.; hat⟩ [zu ↑Wachs]: *mit Wachs einreiben* (bes. mit Bohnerwachs, Skiwachs o. Ä.) *einreiben, glätten:* den Boden, die Treppe w. und bohnern; die Skier w.; gewachste Zahnseide, Schnürsenkel; ⟨auch ohne Akk.-Obj.:⟩ er hat falsch gewachst *(das falsche Skiwachs benutzt).*
wäch|sern ⟨Adj.⟩: **1.** *aus Wachs bestehend, gefertigt:* -e Figuren; Ü ...unter den -en Herzen der Blätter *(unter den wie Wachs glänzenden herzförmigen Blättern;* Ransmayr, Welt 249). **2.** (geh.) *wachsbleich:* -e Haut; -e Hände; ihr -es Gesicht.
Wachs|far|be, die: **1.** *Farbstoff zum Färben von Wachs.* **2.** *Malfarbe, bei der der Farbstoff durch Wachs gebunden ist.*
Wachs|fi|gur, die: *Figur aus Wachs.*
Wachs|fi|gu|ren|ka|bi|nett, das: *Museum, in dem meist lebensgroße, aus Wachs geformte Nachbildungen berühmter Persönlichkeiten ausgestellt sind:* das W. der Madame Tussaud in London.
Wachs|ker|ze, die: *Kerze aus Wachs.*
Wachs|lein|wand, die ⟨o. Pl.⟩ (österr.): *Wachstuch.*
Wachs|licht, das ⟨Pl. -er⟩: *Wachskerze:* unter der Teekanne brannte in einem Stövchen ein kleines W.
Wachs|mal|krei|de, die, **Wachs|mal|stift,** der: *aus Wachsfarbe* (2) *hergestellter Stift zum Malen.*
Wachs|sol|dat, der: *als Wache, Wachposten eingesetzter Soldat.*
Wachs|sol|da|tin, die: w. Form zu ↑Wachsoldat.
Wachs|pa|pier, das: *mit Paraffin imprägniertes, Wasser abstoßendes* [Pack]*papier.*
Wachs|schicht, die: *aus Wachs bestehende Schicht.*
Wachs|sie|gel, das: *Siegel aus Wachs.*
wächst: ↑¹wachsen.
Wachs|ta|fel, die: *(in der Antike) Schreibtafel aus Wachs, in das die Schrift eingeritzt wird.*
Wach|sta|ti|on, die: *Intensivstation, auf der schwer kranke Patienten ständig überwacht werden.*
Wach|stu|be, die: *Aufenthaltsraum für die nicht Posten stehenden Mitglieder einer Wachmannschaft.*
Wachs|tuch, das: **1.** ⟨Pl. -e⟩ *einseitig mit einer Art Firnis beschichtetes Gewebe, das wasserabstoßend ist:* eine Tischdecke, Schürze aus W. **2.** ⟨Pl. ...tücher⟩ *Tischdecke aus Wachstuch* (1): auf dem Küchentisch lag ein buntes W.
Wachs|tuch|de|cke, die: *Wachstuchtischdecke.*
Wachs|tuch|tisch|de|cke, die: *Tischdecke aus Wachstuch* (1).
Wachs|tum, das; -s [mhd. wahstuom]: **1. a)** *das* ¹*Wachsen* (1 a, b): das [körperliche] W. eines Kindes; das W. der Pflanzen fördern, beschleunigen, hemmen, stören, beeinträchtigen; im W. zurückgeblieben sein; **b)** *irgendwo gewachsene, bes. angebaute Pflanzen, Produkte von Pflanzen:* das Gemüse ist eigenes W. *(stammt aus dem eigenen Garten);* eine Flasche eigenes W.

Wachstumsbewegung – Wadenbeißer

(Wein aus den eigenen Weinbergen). **2.** *das* ¹*Wachsen* (2 a): *das rasche W. der Stadt, der Bevölkerung; ein jährliches W. von mehr als 4 Prozent; das W. der Wirtschaft fördern; die Grenzen des wirtschaftlichen* -s.

Wachs|tums|be|we|gung, die (Bot.): *durch ungleiches Wachstum der verschiedenen Seiten von Organen hervorgerufene Bewegung festsitzender Pflanzen.*

Wachs|tums|bran|che, die (Wirtsch.): *Branche mit erheblichem wirtschaftlichem Wachstum.*

Wachs|tums|chan|ce, die (Wirtsch.): *Chance, Möglichkeit zu wirtschaftlichem Wachstum.*

Wachs|tums|fak|tor, der: **a)** *Faktor, der das Wachstum beeinflusst, bestimmt:* ein entscheidender, starker, wichtiger W.; Innovation als W.; **b)** ⟨meist Pl.⟩ (Med.) *körpereigenes Eiweiß, das das Zellwachstum anregt.*

Wachs|tums|fe|ti|schis|mus, der (abwertend): *das wirtschaftliche Wachstum zum Fetisch erhebende Auffassung.*

wachs|tums|för|dernd ⟨Adj.⟩: **1.** *das pflanzliche, tierische Wachstum fördernd:* -e Hormone. **2.** (Wirtsch.) *das wirtschaftliche Wachstum fördernd:* -e Investitionen, Maßnahmen.

wachs|tums|hem|mend ⟨Adj.⟩: *das pflanzliche, tierische Wachstum hemmend:* -e Hormone.

Wachs|tums|hor|mon, das: *das Wachstum förderndes Hormon.*

Wachs|tums|ideo|lo|gie, die: *Ideologie, durch die die einseitige Orientierung am Wachstum (in der Wirtschaftspolitik) gerechtfertigt werden soll.*

Wachs|tums|markt, der (Wirtsch.): *Markt* (3 a), *der sich gut entwickelt:* Senioren sind der W. der Zukunft.

wachs|tums|ori|en|tiert ⟨Adj.⟩: *(in der Wirtschaft[spolitik]) am Wachstum orientiert:* eine [primär] -e Wirtschaftspolitik.

Wachs|tums|po|li|tik, die: *auf wirtschaftliches Wachstum abzielende Politik.*

Wachs|tums|po|ten|ti|al: ↑ Wachstumspotenzial.

Wachs|tums|po|ten|zi|al, der: Wachstumspotential, das (Wirtsch.): *Potenzial für wirtschaftliches Wachstum.*

Wachs|tums|pro|g|no|se, die (Wirtsch.): *Prognose über das erwartete wirtschaftliche Wachstum:* die W. musste mehrmals nach unten korrigiert werden.

Wachs|tums|pro|zess, der: *Prozess des Wachsens, des Wachstums.*

Wachs|tums|ra|te, die (Wirtsch.): *Steigerungsrate des wirtschaftlichen Wachstums eines Landes in einem bestimmten Zeitraum:* eine hohe, zweistellige W. erzielen.

Wachs|tums|schub, der (bes. Med.): *beträchtliches Wachstum innerhalb verhältnismäßig kurzer Zeit.*

wachs|tums|stark ⟨Adj.⟩ (bes. Wirtsch.): *stark wachsend:* China gilt als sehr w.

Wachs|tums|stö|rung, die (bes. Med.): *Störung des Wachstums.*

Wachs|tums|wert, der (Börsenw.): *von einem stark wachsenden Unternehmen ausgegebenes Wertpapier.*

wachs|weich ⟨Adj.⟩: **1.** *weich wie Wachs:* die Birnen sind w.; ein Ei w. kochen. **2.** (oft abwertend) **a)** *ängstlich u. sehr nachgiebig; charakterlos:* bei dieser Drohung wurde er gleich w.; **b)** *keinen fest umrissenen Standpunkt, keine eindeutige, feste Haltung erkennen lassend:* -e Erklärungen.

Wachs|zie|her, der: *Handwerker, der Kerzen u. andere Gegenstände aus Wachs herstellt* (Berufsbez.).

Wachs|zie|he|rin, die: w. Form zu ↑ Wachszieher.

Wacht, die; -, -en [mhd. wachte, ahd. wahta, zu ↑ wachen] (dichter., geh.): *Wache* (1); *Wachdienst* (1): W. halten.

Wacht|ab|lö|sung usw.: ↑ Wachablösung usw.

Wäch|te: frühere Schreibung für ↑ Wechte.

Wach|tel, die; -, -n [mhd. wahtel(e), ahd. wahtala, lautm. für den Ruf des Vogels]: **1.** *kleiner Hühnervogel mit kurzem Schwanz u. braunem, auf der Oberseite oft gelblich u. schwarz gestreiftem Gefieder:* es gab geschmorte -n; der Schlag der -n. **2.** (Jargon) *Justizvollzugsbeamter, -beamtin.*

Wach|tel|ei, das: *Ei der Wachtel* (1).

Wach|tel|hund, der: *mittelgroßer, langhaariger Jagdhund.*

Wach|tel|kö|nig, der [im 16. Jh. wachtelkünig, das Gefieder des Vogels ähnelt dem einer Wachtel]: *der Wachtel ähnliche Ralle mit gelbbraunem, schwarz geflecktem Gefieder.*

Wach|tel|ruf, Wach|tel|schlag, der: *Laut, den die Wachtel von sich gibt.*

Wäch|ter, der; -s, - [mhd. wahtære, ahd. wahtāri, zu ↑ Wacht]: *jmd., der [beruflich] Wachdienst verrichtet, jmdn., etw. bewacht:* der W. eines Fabrikgeländes, in einem Museum; die W. machen ihren Rundgang; er wurde von drei -n *(Leibwächtern)* begleitet; Ü ein W. der Demokratie.

Wäch|ter|amt, das: *Amt eines Wächters.*

Wäch|te|rin, die; -, -nen: w. Form zu ↑ Wächter.

Wäch|ter|kon|t|roll|uhr, die: *mit einem Uhrwerk kombiniertes Gerät, das der Wächter mitführt u. zum Registrieren seiner Rundgänge benutzt.*

Wäch|ter|rat, der: *Kontrollorgan für Gesetzgebung u. Wahlen im Iran:* der iranische W. »korrigierte« das Ergebnis der Parlamentswahlen; Ü sie war immer bemüht, den informellen Zensoren und Wächterräten *(Zensurstellen)* zu genügen.

Wacht|meis|ter, der [spätmhd. wache-, wachtmeister = mit der Einteilung der städtischen Nachtwachen beauftragter Zunftmeister]: **1.** (österr., schweiz., sonst veraltet) **a)** ⟨o. Pl.⟩ *(in bestimmten Truppengattungen) dem Feldwebel* (1 b) *entsprechender Dienstgrad;* **b)** *Soldat dieses Dienstgrades.* **2. a)** ⟨o. Pl.⟩ *unterster Dienstgrad bei der Polizei;* **b)** *Polizist des untersten Dienstgrades:* guten Morgen, Herr W.!; Kein Mitleid hat der Einarmige mit dem auf der Anklagebank zwischen den beiden -n (Döblin, Alexanderplatz 498).

Wacht|pos|ten, der: ↑ Wachposten.

Wacht|traum, der (bes. Psychol.): *im Wachzustand auftretende traumhafte Vorstellungen; Tagtraum.*

Wacht|turm, Wach|turm, der: *einen weiten Überblick gewährende Turm für Wachposten:* vom W. aus beobachtete er die Gefangenen.

Wach- und Schließ|ge|sell|schaft, die: *Dienstleistungsunternehmen, das die Bewachung von Gebäuden, Fabrikanlagen, Parkplätzen o. Ä. übernimmt.*

wach wer|den, wach|wer|den ⟨unr. V.; ist⟩: *sich wieder zeigen, wieder auftreten:* die alten Ressentiments wurden wieder wach.

Wach|zim|mer: 1. (österr.) *Büro einer Polizeibehörde.* **2.** *Aufwachraum in einer Klinik.*

Wach|zu|stand, der: *Zustand des Wachseins:* im W.

Wa|cke, die; -, -n [mhd. wacke, ahd. wacko; H. u.] (landsch., sonst veraltet): *kleinerer [verwitterter] Gesteinsbrocken.*

Wa|ckel|bild, das: **1.** *verwackelte Fernseh- od. Videoaufnahme.* **2.** *Bild, das sich verändert, wenn man es unter einem anderen Winkel betrachtet.*

Wa|ckel|da|ckel, der: *Hundefigur mit einem lose aufgehängten Kopfteil, der bei Bewegung hin und her wackelt:* er setzte den W. hinten auf die Hutablage.

wa|cke|lig, wacklig ⟨Adj.⟩: **1. a)** *wackelnd* (1 a): ein -er Tisch, Stuhl; ein -es Bett; ein -er *(nicht mehr fest sitzender)* Zahn; der Schrank steht etwas w.; **b)** *nicht fest gefügt, nicht [mehr] sehr stabil:* in den Keller führt eine -e Stiege. **2.** (ugs.) *kraftlos, schwach, hinfällig:* ein -er Greis; der Patient ist noch sehr w. [auf den Beinen]; Ü das Unternehmen steht auf einer finanziell -en Grundlage; Und davor steh' ich mit wackligen Knien (Borchert, Draußen 86). **3.** (ugs.) *nicht sicher, nicht gesichert; gefährdet, bedroht:* -e Arbeitsplätze; eine -e Angelegenheit, Argumentation, Finanzierung; um die Firma steht es recht w. *(sie ist vom Bankrott bedroht);* er steht in der Schule sehr w. *(seine Versetzung ist gefährdet).*

Wa|ckel|kan|di|dat, der: *Person, Unternehmen, Land o. Ä., die bzw. das im Verdacht steht, bestimmte Voraussetzungen als Zugang zu etw. nicht zu erfüllen:* der Minister ist ein W.; die Firma gilt als W.

Wa|ckel|kon|takt, der: *schadhafter elektrischer Kontakt* (3 b): Ursache der Störung war ein W.; einen W. suchen, finden, beseitigen.

wa|ckeln ⟨sw. V.⟩ [mhd. wackeln, Iterativbildung zu: wacken, Intensivbildung zu: wagen, ahd. wagōn = sich hin u. her bewegen, wohl zu mhd. wage, ahd. waga = Bewegung, zu ↑ ¹bewegen, demnach eigtl. = sich wiederholt (od. ein wenig) hin u. her bewegt]: **1.** ⟨hat⟩ **a)** *nicht fest auf etw. stehen, nicht fest sitzen (u. sich daher hin u. her bewegen):* der Tisch, Schrank, Stuhl wackelt; der Zaunpfahl wackelt; ihm wackelt ein Zahn, seine Zähne wackeln; Ü der Thron des Chefs wackelt *(er droht seinen Posten zu verlieren);* **b)** (ugs.) *sich schwankend, zitternd, bebend hin u. her bewegen:* die Gläser auf dem Tisch wackelten. **2.** ⟨hat⟩ (ugs.) **a)** *rütteln:* an der Tür, am Zaun w.; **b)** *mit etw. eine hin u. her gehende Bewegung ausführen, etw. in eine hin u. her gehende Bewegung versetzen:* mit dem Kopf, mit den Ohren, mit den Hüften w.; ... wie Ihr sicher wisst oder in der Wochenschau gesehen habt, wackeln wir mit den Tragflächen, wenn wir was runtergeholt haben (Grass, Katz 61). **3.** ⟨ist⟩ (ugs.) *sich mit unsicheren Bewegungen, schwankenden Schritten, watschelndem o. ä. Gang irgendwohin bewegen:* der Alte ist über die Straße gewackelt. **4.** ⟨hat⟩ (ugs.) *wackelig* (3) *sein:* seine Stellung, sein Arbeitsplatz wackelt; die Firma wackelt *(ist vom Bankrott bedroht).*

Wa|ckel|pud|ding, der (fam.): *leicht in eine zitternde Bewegung geratendes Pudding, bes. Götterspeise* (2).

wa|cker ⟨Adj.⟩ [mhd. wacker = wach, wachsam, tüchtig, tapfer, ahd. wacchar = wach, wachsam, zu ↑ wecken u. eigtl. = frisch, munter (veraltend): **1.** *rechtschaffen, ehrlich u. anständig; redlich:* -e Bürger; sich w. durchs Leben schlagen. **2.** *tüchtig, tapfer, sich frisch u. kraftvoll einsetzend:* -e Soldaten, Krieger; w. [für, um etw.] kämpfen; (heute meist scherzh., mit wohlwollendem Spott:) er ist ein -er Esser, Zecher; er hat sich w. gehalten.

Wa|cker|stein, der; -[e]s, -e (landsch.): *Wacke.*

wack|lig: ↑ wackelig.

Wad, das; -s [engl. wad, H. u.]: *als weiche, lockere, auch schaumige Masse auftretendes Mineral, das braun abfärbt u. sehr leicht ist.*

Wa|de, die; -, -n [mhd. wade, ahd. wado, wahrsch. verw. mit lat. vatax u. vatius = krumm-, schiefbeinig u. lat. vatius = einwärtsgebogen, krumm(beinig) u. eigtl. wohl = Krümmung, Biegung (am Körper)]: *durch einen großen Muskel gebildete hintere Seite des Unterschenkels beim Menschen:* stramme, kräftige, dünne -n; er hat einen Krampf in der W.

Wa|den|bein, das (Anat.): *äußerer, schwächerer der beiden vom Fuß bis zum Knie gehenden Knochen des Unterschenkels.*

Wa|den|bei|ßer, der (ugs.): *jmd., der einen*

andern, obwohl der ihm eindeutig überlegen ist, dennoch dreist angreift u. ihm dadurch Verdruss bereitet.
Wa|den|bei|ße|rin, die; -, -nen: w. Form zu ↑ Wadenbeißer.
wa|den|hoch ⟨Adj.⟩: *bis zur halben Wade hinaufreichend* (2): *wadenhohe Stiefel.*
Wa|den|krampf, der: *Krampf in der Wade:* ein plötzlicher, nächtlicher W.; einen W. haben.
wa|den|lang ⟨Adj.⟩: *bis zu den halben Waden hinunterreichend* (2 a): ein -er Rock.
Wa|den|mus|kel, der: *Muskel der Wade.*
Wa|den|strumpf, der: **1.** *(veraltet) Kniestrumpf.* **2.** *(zu bestimmten Trachten gehörender) das Bein vom Knöchel bis zur Wade bedeckender Strumpf ohne Füßling.*
Wa|den|wi|ckel, der: *(fiebersenkender) kalter bis lauwarmer Umschlag um die Wade.*
Wa|di, das; -s, -s [arab. wādī]: *(bes. in Nordafrika u. im Vorderen Orient) Flussbett in der Wüste, das nur nach heftigen Regenfällen Wasser führt.*
Wadl, das; -s, -[n] (bayr., österr. ugs.): *Wade.*
Wadl|bei|ßer, der (bayr., österr. ugs.): **1.** *kleiner, bissiger Hund.* **2.** ↑ Wadenbeißer.
Wadl|bei|ße|rin, die; -, -nen: w. Form zu ↑ Wadlbeißer (2).
Wäd|li, das; -[s], -[s] [zu ↑ Wade] (schweiz.): *Eisbein.*
Wa|fer ['weɪfɐ], der; -s, -[s] [engl. wafer, eigtl. = Waffel, Oblate] (Elektronik): *dünne Scheibe aus Halbleitermaterial, auf die integrierte Schaltungen aufgebracht werden.*
Waf|fe, die; -, -n [geb. aus dem älteren, als Pl. od. Fem. Sg. aufgefassten Waffen, mhd. wāfen = Waffe; Schildzeichen, Wappen, ahd. wāf(f)an = Waffe, H. u.]: **1. a)** *Gerät, Instrument, Vorrichtung als Mittel zum Angriff auf einen Gegner, zum Erlegen von Tieren, zur Zerstörung von Bauwerken, technischen Anlagen usw. od. zur Verteidigung (z. B. Hieb- od. Stichwaffe, Feuerwaffe):* eine gefährliche, tödliche W.; primitive, veraltete, konventionelle, moderne, halbautomatische, atomare, nukleare, biologische, chemische, leichte, schwere, taktische, strategische -n (die -n ruhen (geh.; *die Kampfhandlungen sind unterbrochen*); eine W. besitzen, [bei sich] haben, mit sich führen; -n tragen, führen, einsetzen; die, seine W. laden, ziehen, entsichern, sichern, auf jmdn. richten; jmdn., sich, etw. mit der W. verteidigen; mit -n handeln; den Umgang mit einer W. lernen; der Dienst mit der W. *(als Soldat in den Streitkräften)*; jmdn., etw. nach -n durchsuchen; von seiner W. Gebrauch machen; zu den -n greifen *(zu kämpfen beginnen)*; die -n niederlegen, schweigen lassen (geh.; *die Kampfhandlungen beenden*); sie starrten von -n (geh.; *waren schwer bewaffnet*); Ü eine scharfe politische, publizistische, juristische W. ist wirksame W. im Kampf gegen die Seuche; seine Schlagfertigkeit ist seine beste, stärkste W.; mit einem politischen Gegner die -n kreuzen (geh.; *sich mit ihm auseinandersetzen*); jmdn. mit seinen eigenen -n schlagen (geh.; *mit dessen eigenen Argumenten widerlegen*); mit geistigen -n, mit -n des Geistes (geh.; *mit Argumenten, Überzeugungskraft*) kämpfen; ** die -n strecken* (geh.: 1. *sich dem Feind ergeben.* 2. *sich geschlagen geben, aufgeben*); **unter [den] -n sein/stehen** (geh.; *zur kriegerischen Auseinandersetzung bereit sein:* es sind/stehen 80 000 Mann unter -n); **jmdn. unter -n halten** (*in kampfbereitem Zustand halten:* 80 000 Mann unter -n halten); **jmdn. zu den -n rufen** (geh. veraltend; *zum Militärdienst einziehen:* Ich habe meine Soldaten zu den -n rufen müssen [Hacks, Stücke 292]); **b)** ⟨o. Pl.⟩ *(veraltet) Kurzf. von* ↑ Waffengattung. **2. a)** ⟨Pl.⟩ (Jägerspr.) *Gewaff (des Keilers);* **b)** *Klauen (der Wildkatze u. des Luchses);* **c)** *Krallen (der Greifvögel).*
Waf|fel, die; -, -n [niederl. wafel < mniederl. wāfel, bezeichnete sowohl das Gebäck als auch die Eisenplatte, mit der es gebacken wurde, verw. mit ↑ weben, also urspr. = Gewebe, Geflecht, dann: Wabe, Wabenförmiges]: *süßes, flaches Gebäck, das auf beiden Seiten mit einem wabenförmigen Muster versehen ist:* -n backen; drei Kugeln Eis in einer W. *(Eistüte);* * **einen an der W. haben** (ugs.; *nicht recht bei Verstand sein*).
Waf|fel|ei|sen, das: *[elektrisch beheizbare] Form zum Backen von Waffeln.*
Waf|fel|ge|we|be, das: *Gewebe mit Waffelmuster.*
Waf|fel|mus|ter, das: *wabenförmiges Muster wie bei Waffeln.*
Waf|fel|tü|te, die: *trockene, keksartige Waffel in der Form einer Tüte, in der (bes. im Straßenverkauf) kleinere Portionen Speiseeis verkauft werden; Eistüte.*
◆ **Waf|fen,** das; -s, - [↑ Waffe]: *Waffe:* Und mir ein W.! (Grillparzer, Weh dem IV).
Waf|fen|ar|se|nal, das: *größere Sammlung, Lager von Waffen, Bestand an Waffen.*
Waf|fen|be|sitz, der ⟨o. Pl.⟩: *Besitz von Waffen* (1 a): er wurde wegen unerlaubten -es bestraft.
Waf|fen|be|sitz|kar|te, die (Amtsspr.): *behördliche Genehmigung für den Erwerb u. den Gebrauch von Schusswaffen.*
Waf|fen|bru|der, der (geh.): *Kampfgefährte in einer militärischen Auseinandersetzung:* sie waren in jenem Krieg Waffenbrüder.
Waf|fen|brü|der|schaft, die (geh.): *militärisches Verbündetsein; Kampfbündnis, -gemeinschaft.*
Waf|fen|dienst, der ⟨Pl. selten⟩ (veraltend): *Militärdienst, Wehrdienst.*
Waf|fen|em|bar|go, das: *Embargo (2) für Waffen, bes. Kriegswaffen.*
Waf|fen|ex|port, der: *Export von Waffen, bes. Kriegswaffen.*
Waf|fen|ex|por|teur, der: *Exporteur von Waffen, bes. Kriegswaffen.*
Waf|fen|ex|por|teu|rin, die: w. Form zu ↑ Waffenexporteur.
waf|fen|fä|hig ⟨Adj.⟩: **1.** *(veraltend) wehrfähig:* alle -en Männer des Landes. **2.** (Kernt.) *waffentauglich:* -es Plutonium, Material.
Waf|fen|gang, der (veraltend): *Kampf innerhalb einer kriegerischen Auseinandersetzung:* die Gegner bereiten sich auf einen weiteren W. vor.
Waf|fen|gat|tung, die (Militär veraltend): *Truppengattung.*
Waf|fen|ge|brauch, der (bes. Polizeiw.): *Gebrauch einer Waffe, bes. einer Schusswaffe.*
Waf|fen|ge|setz, das: *Gesetz, das den Besitz von u. den Umgang mit Waffen regelt:* Forderung nach strengerem W.
Waf|fen|ge|walt, die ⟨o. Pl.⟩: *Gewaltanwendung unter Einsatz von Waffen:* etw. mit W. erzwingen.
Waf|fen|han|del, der: ¹*Handel* (2 a) *mit Waffen.*
Waf|fen|händ|ler, der: *jmd., der mit Waffen handelt.*
Waf|fen|händ|le|rin, die: w. Form zu ↑ Waffenhändler.
Waf|fen|kam|mer, die (Militär): *Raum, Aufbewahrungsort für Waffen.*
Waf|fen|kun|de, die: *Lehre von den Waffen, bes. in ihrer historischen, kulturgeschichtlichen, technischen Entwicklung.*
Waf|fen|la|ger, das: *Lager mit Waffen:* die Polizei hob ein W. aus.
Waf|fen|lie|fe|rung, die: *Lieferung von Waffen, bes. Kriegswaffen:* -en in Krisengebiete sind verboten.
waf|fen|los ⟨Adj.⟩: *ohne Waffen; unbewaffnet:* -er [Militär]dienst; -e Selbstverteidigung.
Waf|fen|meis|ter, der (früher): *Unteroffizier od. Feldwebel (mit Spezialausbildung), der für die Instandhaltung von Waffen u. Geräten bei der Truppe verantwortlich ist.*
Waf|fen|platz, der (schweiz.): *Truppenübungsplatz.*
Waf|fen|rock, der (veraltet): *Uniformjacke.*
Waf|fen|ru|he, die; -, -n: *vorübergehende Einstellung von Kampfhandlungen.*
Waf|fen|samm|lung, die: *Sammlung von Waffen* (1 a).
Waf|fen|schein, der: *behördliche Genehmigung zum Führen von Schusswaffen:* für so eine Pistole braucht man einen W.; haben Sie einen W.?; Ü ⟨ugs. scherzh.:⟩ für die Stöckelabsätze braucht sie eigentlich einen W.
waf|fen|schein|frei ⟨Adj.⟩: *keinen Waffenschein erfordernd:* -e Waffen; solche Pistolen gibt es dort w.
Waf|fen|schie|ber, der (abwertend): *jmd., der illegalen Waffenhandel treibt:* skrupellose W.
Waf|fen|schie|be|rei, die (abwertend): *illegaler Waffenhandel.*
Waf|fen|schie|be|rin, die: w. Form zu ↑ Waffenschieber.
Waf|fen|schmied, der (früher): *Schmied, der (bes. kunstvoll gearbeitete) Waffen herstellt.*
Waf|fen|schmie|de, die: *Werk, Betrieb, in dem Waffen produziert werden.*
Waf|fen|schmug|gel, der: *Schmuggel mit Waffen.*
Waf|fen-SS, die (nationalsoz.): *bewaffnete Formationen der SS.*
waf|fen|star|rend ⟨Adj.⟩ (geh.): *überaus stark, in bedrohlichem Maße mit Waffen ausgerüstet:* eine -e Festung.
Waf|fen|still|stand, der: *Vereinbarung von Kriegsparteien, die Kampfhandlungen einzustellen (mit dem Ziel, den Krieg endgültig zu beenden):* der W. hat nicht lange gehalten; einen W. [ab]schließen, unterzeichnen; den W. einhalten, brechen.
Waf|fen|still|stands|ab|kom|men, das: *Abkommen, durch das ein Waffenstillstand abgeschlossen wird.*
Waf|fen|still|stands|li|nie, die: *bei einem Waffenstillstand vereinbarte Grenzlinie.*
Waf|fen|stu|dent, der: *Student einer schlagenden Verbindung.*
Waf|fen|sys|tem, das (Militär): *aus der eigentlichen Waffe u. den zu ihrem Einsatz erforderlichen Ausrüstungen bestehendes militärisches Kampfmittel:* ein veraltetes W.; ein neues W. in Dienst stellen.
Waf|fen|tanz, der: *(bes. bei Naturvölkern) von bewaffneten Männern ausgeführter Tanz.*
waf|fen|taug|lich ⟨Adj.⟩ (Kernt.): *zur Herstellung von Atomwaffen geeignet:* -es Uran, Plutonium, Material.
Waf|fen|tech|nik, die: *Bereich der Technik, der sich mit der Entwicklung u. Bereitstellung von Waffen o. Ä. befasst.*
waf|fen|tech|nisch ⟨Adj.⟩: *zur Waffentechnik gehörend, sie betreffend.*
Waf|fen|trä|ger, der (Militär): *mit Waffen ausgerüstetes Fahrzeug, Flugzeug, Schiff od. mit Waffen bestückter Flugkörper.*
waff|nen ⟨sw. V.; hat⟩ [mhd. wāfenen, ahd. wāffanen = Waffen anlegen] (veraltet): **1.** *mit Waffen ausrüsten.* **2.** ⟨w. + sich⟩ *sich wappnen.*
wäg ⟨Adj.⟩ [mhd. wæge, eigtl. = das Übergewicht habend, zu ↑ Waage] (schweiz. geh., sonst veraltet): *gut, tüchtig.*
wäg|bar ⟨Adj.⟩ (selten): *sich wägen* (2), *abschätzen lassend:* wäg- w. e Risiko.
Wäg|bar|keit, die; -, -en: **1.** ⟨o. Pl.⟩ *das Wägbarsein.* **2.** (selten) *etw. Wägbares.*
Wa|ge|hals, der; -es, ...hälse [15. Jh., subst. aus:

wagehalsig – Wahhabit

(ich) wage (den) Hals (= das Leben)] (veraltend): *waghalsiger Mensch.*
wa|ge|hal|sig usw.: ↑ waghalsig usw.
Wä|gel|chen, das; -s, -: Vkl. zu ↑ Wagen (1, 3).
Wa|ge|mut, der; -[e]s: *kühne, unerschrockene Art; Mut zum Risiko.*
wa|ge|mu|tig ⟨Adj.⟩: *kühn, unerschrocken, verwegen; Mut zum Risiko besitzend:* ein -er Mensch; eine -e Tat.
wa|gen ⟨sw. V.; hat⟩ [mhd. wägen, zu: wäge (↑ Waage) u. eigtl. = etw. auf die Waage legen, ohne zu wissen, wie sie ausschlägt]: **1.** *ohne die Gefahr, das Risiko zu scheuen, etw. tun, dessen Ausgang ungewiss ist; um jmds., einer Sache willen ein hohes Risiko eingehen:* viel, alles, manches, einen hohen Einsatz, sein Leben, seine Ehre, seinen guten Ruf w. **2. a)** *trotz der Möglichkeit eines Fehlschlags, eines Nachteils o. Ä., des Heraufbeschwörens einer Gefahr den Mut zu etw. haben; sich nicht scheuen, etw. zu tun:* einen Versuch, ein Experiment, ein Spiel, eine Wette, eine Operation, einen Staatsstreich, die Flucht w.; keinen Blick w.; kann, soll man das w.?; keiner wagte [es] *(traute sich),* ihr zu widersprechen; ich wage nicht zu behaupten *(bin durchaus nicht sicher),* dass dies alles richtig ist; **Spr** wer nicht wagt, der nicht gewinnt; frisch gewagt ist halb gewonnen (nach Horaz, Episteln I, 2, 40); **b)** ⟨w. + sich⟩ *den Mut haben, sich nicht scheuen, irgendwohin zu gehen:* sie wagt sich nicht mehr auf die Straße, aus dem Haus, unter Menschen; Ü sich an ein heikles Thema, eine schwierige Aufgabe w.
Wa|gen, der; -s, -, südd., österr.: Wägen [mhd. wagen, ahd. wagan, verw. mit ↑ ¹bewegen, eigtl. = das Sichbewegende, Fahrende]: **1. a)** *dem Transport von Personen od. Sachen dienendes, auf Rädern rollendes Fahrzeug, das mit einer Deichsel versehen ist u. von Zugtieren (bes. Pferden) gezogen wird:* ein kleiner, großer, leichter, schwerer, zwei-, vierrädriger, geschlossener, offener, von zwei Pferden gezogener W.; der W. rollt über die Straße, holpert durch die Schlaglöcher; den W. lenken, fahren, mit Pferden bespannen; auf dem W., im W. sitzen; die Pferde an den, vor den W. spannen; * **der Große W., der Kleine W.** *(der Große Bär, der Kleine Bär);* abwarten/sehen o. Ä., wie der W. läuft (ugs., *abwarten, wie sich die Sache entwickelt, was aus der Sache wird);* **jmdm. an den W. fahren**/(salopp:) pinkeln/(derb:) pissen (↑ ¹Karre 1 a); **sich nicht vor jmds. W. spannen lassen** (↑ ¹Karre 1 b); **b)** Kurzf. von ↑ Handwagen: sie zog einen kleinen vierrädrigen W. hinter sich her; **c)** Kurzf. von ↑ Kinderwagen: das Baby in den W. legen; **d)** Kurzf. von ↑ Serviewagen; **e)** Kurzf. von ↑ Einkaufswagen (a): bitte bringen Sie Ihren W. an die Sammelstelle zurück. **2.** *dem Transport von Personen od. Gütern dienendes Schienenfahrzeug der Eisenbahn, Straßenbahn, U-Bahn o. Ä. (mit od. ohne eigenen Antrieb):* ein vierachsiger W.; der letzte W. [des Zuges] ist entgleist; die W. der ersten, zweiten Klasse waren am Ende des Zuges; ein W. der Linie 8; einen W. ankuppeln, anhängen, abkuppeln, abhängen; ein Zug mit 20 W. **3.** *Auto od. sonstiges zweispuriges Kraftfahrzeug:* ein sportlicher, offener, geschlossener, komfortabler, eleganter, großer, geräumiger, teurer, schnittiger, sicherer W.; der W. ist sehr sparsam, ist ziemlich breit, beschleunigt gut, hat 50 kW, läuft ruhig, liegt gut auf der Straße, muss zur Inspektion; ihr W. geriet ins Schleudern, überschlug sich; er parkte, wendete den W.; was für einen W. fahren Sie?; schicken Sie bitte einen W. *(ein Taxi)* zum »Goldenen Pflug«; der Fahrer des -s mit dem Kennzeichen ... wird gebeten, sofort zu seinem Fahrzeug zu kommen; aus dem W., in den W. steigen; jmdn. im W. mitnehmen; die meisten Teilnehmer reisen im eigenen W. an; sie ist viel mit dem W. unterwegs; der Fahrer des Pkws, Lkws, Busses, Kombis, Vans verlor die Kontrolle über seinen W. **4.** *(Technik) Schlitten* (4): der W. der Schreibmaschine.
wä|gen ⟨st., seltener auch: sw. V.; hat⟩ [mhd. wegen = Gewicht, Wert haben; ¹wiegen (1), ahd. wegan = wiegen, eigtl. = (sich) bewegen; Schreibung seit dem 16. Jh. unter Einfluss von ↑ Waage (1)]: **1.** (schweiz., sonst fachspr.) *das Gewicht von etw. mit einer Waage bestimmen;* ¹*wiegen:* die Rückstände genau w.; Überall sehen wir Bürger aus ihren Winkeln hervorschlüpfen, hökernde, schachernde, ... wiegende und wägende (Hacks, Stücke 123). **2.** (geh.) *genau prüfend bedenken; genau überlegend u. vergleichend prüfen, abschätzen, abwägen:* jmds. Worte genau w.; Dann wagen wir! *(man soll zuerst überlegen u. dann handeln).*
Wa|gen|bau|er, der; -s, -: *Stellmacher.*
Wa|gen|burg, die; (früher): *Anordnung, Kreis von ringförmig aufgestellten [Plan]wagen u. Karren zur Verteidigung gegen einen angreifenden Feind.*
Wa|gen|dach, das: *durch eine meist horizontale Fläche gebildeter oberer Abschluss eines Wagens* (1 a, 2, 3).
Wa|gen|fol|ge, die: *Reihenfolge von Wagen (bes. eines Eisenbahnzuges).*
Wa|gen|fond, der: *Fond* (1).
Wa|gen|füh|rer, der: *jmd., der den Triebwagen einer Bahn, bes. einer Straßenbahn, führt* (8 a).
Wa|gen|füh|re|rin, die: w. Form zu ↑ Wagenführer.
Wa|gen|he|ber, der: *Gerät, hydraulisch betriebene Vorrichtung zum Anheben eines Kraftfahrzeugs:* ein hydraulischer W.
Wa|gen|in|ne|res ⟨vgl. Inneres⟩: *der Innenraum eines Fahrzeugs:* einen Blick ins Wageninnere werfen.
Wa|gen|kas|ten, der: *Kasten* (7).
Wa|gen|klas|se, die: **1.** *bes. durch die Art der Polsterung gekennzeichnete Klasse* (7 a) *bei Eisenbahnwagen:* ein Abteil der ersten, der zweiten W. **2.** *Klasse* (5 a).
Wa|gen|ko|lon|ne, die: *durch Kraftfahrzeuge gebildete Kolonne.*
Wa|gen|la|dung, die: ¹*Ladung* (1 b), *die auf einem [einzelnen] Wagen befördert werden kann.*
Wa|gen|len|ker, der: **a)** *Lenker* (2 a) *eines Wagens; Kutscher:* der W. spornte seine Pferde an; **b)** *(bes. südd., österr., schweiz.) Lenker* (2 a) *eines Wagens* (3); *Autofahrer:* der angetrunkene W. konnte nicht mehr rechtzeitig bremsen.
Wa|gen|len|ke|rin, die: w. Form zu ↑ Wagenlenker.
Wa|gen|mit|te, die: *Mitte eines Straßenbahn-, Eisenbahnwagens:* bitte in die/zur W. durchgehen.
Wa|gen|pa|pie|re ⟨Pl.⟩ (ugs.): *(zu einem bestimmten Fahrzeug gehörender) Kraftfahrzeugschein u. Kraftfahrzeugbrief.*
Wa|gen|park, der: *Gesamtheit der Wagen eines Unternehmens o. Ä.*
Wa|gen|pferd, das: *Pferd, das als Zugtier vor einen Wagen gespannt wird.*
Wa|gen|pfle|ge, die: *Pflege* (1 b) *bes. eines Personenwagens.*
Wa|gen|pla|ne, die: *Plane über dem Laderaum eines [Last]wagens.*
Wa|gen|rad, das: *Rad eines [Pferde]wagens.*
Wa|gen|ren|nen, das: *(in der Antike) bes. bei Festspielen ausgetragenes Rennen mit zweirädrigen, von Pferden gezogenen Wagen.*
♦ **Wa|gen|sal|be,** die: (landsch.): *Wagenschmiere;* ... ein schmaler, mit Fabrikaten vollgepfropfter Raum, weil außer dem, was das Handwerk ... lieferte, auch allerlei ... Gerät, ingleichen Tran und W. ... zum Verkauf umherstand oder -hing (Mörike, Mozart 259).
Wa|gen|schlag, der (veraltend): *Schlag* (12): [jmdm.] den W. öffnen.
Wa|gen|schmie|re, die: *Schmiere für die Räder eines Pferdewagens.*
Wa|gen|stands|an|zei|ger, der (Eisenbahn): *auf dem Bahnsteig ausgehängte grafische Darstellung der Reihenfolge der einzelnen Wagen eines Zuges, aus der die Reisenden ersehen können, an welchem Abschnitt des Bahnsteigs ein bestimmter Wagen zu stehen kommt.*
Wa|gen|tür, die: *Tür eines Autos o. Ä.:* [jmdm.] die W. aufhalten, öffnen; die W. zuwerfen, zuschlagen.
Wa|gen|typ, der: *Typ eines Wagens, Autos.*
Wa|gen|wä|sche, die: *Wäsche eines Wagens, Autos:* eine gründliche W.
Wa|gen|stück, das; -[e]s, -e (geh.): *großes Wagnis; wagemutiges, kühnes Unternehmen.*
♦ **Wa|ge|tat,** die; -, -en: *wagemutige Tat:* Der Rudenz war es, der das Sarner Schloss mit mannlich kühner W. gewann (Schiller, Tell V, 1).
Wag|gon, Wagon [va'gõː, va'gɔŋ, auch, bes. südd., österr.: 'va-], der; -s, -s, südd., österr. auch: ...one [va'goːnə] [engl. wag(g)on (später mit frz. Aussprache analog zu anderen Fremdwörtern auf -on) < niederl. wagen = ↑ Wagen]: *Wagen der Eisenbahn, bes. Güterwagen:* einen W. beladen, ankuppeln, anhängen; drei -s *(die Ladungen dreier Waggons)* Kohle.
wag|gon|wei|se, wagonweise ⟨Adv.⟩: *in mehreren, in vielen Waggons; Waggon für Waggon:* etw. w. kaufen, anliefern.
wag|hal|sig, wagehalsig ⟨Adj.⟩: **a)** *Gefahren, Risiken nicht scheuend; so oft in leichtsinniger Weise zu wenig beachtend; tollkühn, verwegen:* ein -er Mensch; sie ist, fährt sehr w.; **b)** *große Gefahren, Risiken in sich bergend; sehr risikoreich, gefährlich:* ein -es Unternehmen, Abenteuer; -e Spekulationen; Er versuchte es in der Verzweiflung noch mit ein paar waghalsigen Finanzkünsten (Hesse, Sonne 9).
Wag|hal|sig|keit, Wagehalsigkeit, die: **1.** ⟨o. Pl.⟩ *das Waghalsigsein.* **2.** *waghalsige Handlung.*
Wag|ner, der; -s, - [mhd. wagener, ahd. waginari, zu ↑ Wagen] (südd., österr. schweiz.): *Stellmacher.*
Wag|ne|ri|a|ner, der; -s, -: *Anhänger der Musik R. Wagners (1813–1883).*
Wag|ne|ri|a|ne|rin, die; -, -nen: w. Form zu ↑ Wagnerianer.
Wag|ne|rin, die; -, -nen: w. Form zu ↑ Wagner.
Wag|nis, das; -ses, -se [zu ↑ wagen]: **a)** *gewagtes, riskantes Vorhaben:* ein kühnes, großes, gefährliches W.; ein W. unternehmen, versuchen; **b)** *Gefahr, Möglichkeit des Verlustes, des Schadens, die mit einem Vorhaben verbunden ist:* ein großes W. auf sich nehmen, eingehen; ♦ **c)** ⟨auch die; -, -se:⟩ Als wir den Ritter um die Mittel befragten, wie man sich benehmen müsse, um den Ätna zu besteigen, wollte er von einer W. nach dem Gipfel ... gar nichts wissen (Goethe, Italien. Reise 4. 5. 1787 [Sizilien]); Hier ist von keiner W. die Rede (Hauff, Jud Süß 405).
Wag|nis|ka|pi|tal, das ⟨o. Pl.⟩ (Wirtsch.): *Risikokapital.*
Wa|gon: ↑ Waggon.
wa|gon|wei|se: ↑ waggonweise.
Wä|gung, die; -, -en. **1.** (Fachspr., sonst veraltet) *das Wägen* (1). **2.** (geh.) *das Wägen* (2).
Wä|he, die; -, -n [H. u.] (südd., schweiz. regional): *flacher Kuchen mit süßem od. salzigem Belag.*
Wah|ha|bit, der; -en, -en [nach dem Gründer Muhammad Ibn Abd Al Wahhab (etwa 1703–1792)]: *Angehöriger einer konservativen*

Sekte des Islams (bes. in Saudi-Arabien verbreitet).
Wah|ha|bi|tin, die; -, -nen: w. Form zu ↑ Wahhabit.
Wahl, die; -, -en [mhd. wal(e), ahd. wala, zu ↑ wählen]: **1.** ⟨Pl. selten⟩ *Möglichkeit der Entscheidung; das Sichentscheiden zwischen zwei od. mehreren Möglichkeiten:* die freie W. des Wohnorts, Arztes, Berufs; die W. fiel ihr schwer; die W. steht dir frei; mir bleibt/es gibt/ich habe keine [andere] W. *(ich bin dazu gezwungen, ich muss so entscheiden);* das war keine leichte, eine schwierige, eine schwere W.; die richtige, eine gute, kluge, schlechte W. treffen; endlich hat sie ihre W. getroffen *(hat sie sich entschieden);* er hat mir die W. gelassen; du hast die W.; sie ist frei, recht geschickt, nicht zimperlich in der W. ihrer Mittel; dieses Kleid, dieser Bewerber kam in die engere W., wurde in die engere W. gezogen *(kam nach einer ersten Auswahl noch infrage);* Sie können eine Reise nach Ihrer, nach eigener W. *(eine Reise, die Sie aussuchen können)* gewinnen; sie stand vor der W. *(Entscheidung, Alternative),* mitzufahren oder zu Hause zu arbeiten; es stehen drei Dinge zur W. *(unter drei Dingen kann ausgewählt werden);* Zwischen den Wünschen, Kind oder Diener Gottes zu sein, war für ihn die W. *(Entscheidung)* gefallen (Musil, Mann 1302); Spr wer die W. hat, hat die Qual; * *erste/zweite/dritte W.* (bes. Kaufmannsspr.; *erste, zweite, dritte Güteklasse:* die Socken, Tassen sind zweite W.; sie kauft nur erste W.). **2. a)** *Abstimmung über die Berufung bestimmter Personen in bestimmte Ämter, Funktionen, über die Zusammensetzung bestimmter Gremien, Vertretungen, Körperschaften durch Stimmabgabe:* eine demokratische, geheime, direkte, indirekte W.; allgemeine, gleiche, freie -en; die W. durch Stimmzettel, durch Handaufheben, durch Akklamation, durch Zuruf; die W. eines neuen Präsidenten, des Papstes, der Abgeordneten, des Parlaments; die -en zum neuen Landtag; die -en verliefen ruhig; die W. anfechten, für ungültig erklären; die W., die -en gewinnen, verlieren; -en ausschreiben, vornehmen; eine W. durchführen; der Ausgang, das Ergebnis der W.; sich an, bei einer W. beteiligen; zur W. berechtigt sein; er geht nicht zur W. *(er wählt nicht);* wir schreien jetzt zur W. (geh.; *wir führen die Wahl jetzt durch);* **b)** ⟨o. Pl.⟩ *das Gewähltwerden, Berufung einer Person durch Abstimmung in ein bestimmtes Amt, zu einer bestimmten Funktion:* seine W. gilt als sicher; die W. ist auf eine Frau gefallen *(eine Frau wurde gewählt);* die W. [zum Vertrauensmann] ablehnen, annehmen; jmdn. zur W. vorschlagen; jmdm. zu seiner W. gratulieren; sich zur W. stellen, aufstellen lassen.

Wahl-: drückt in Bildungen mit Einwohnerbezeichnungen aus, dass es sich bei dem jeweiligen Ort od. Land o. Ä. um jmds. Wahlheimat handelt: Wahlrügener, -monegassin.

Wahl|abend, der: *Abend des Wahltages.*
Wahl|akt, der: *Vorgang einer Wahl* (2 a).
Wahl|al|ter, das: *gesetzlich vorgeschriebenes Mindestalter für die Ausübung des aktiven u. des passiven Wahlrechts.*
Wahl|amt, das: *Amt, das Wahlen durchführt und deren Ergebnisse auswertet.*
Wahl|an|zei|ge, die: *im Zusammenhang mit einer Wahl (2 a) stehende, die Vorzüge eines Kandidaten, einer Partei hervorhebende Anzeige.*
Wahl|auf|ruf, der: *Aufruf, sich an einer Wahl (2 a) zu beteiligen [u. in einer bestimmten Weise abzustimmen].*
Wahl|aus|gang, der: *Ausgang* (3 b) *einer Wahl* (2 a): der W. ist völlig offen; auf den W. gespannt sein.
Wahl|aus|schuss, der: *für den Ablauf einer Wahl (2 a), das Auszählen der abgegebenen Stimmen o. Ä. zuständiger Ausschuss.*
wähl|bar ⟨Adj.⟩: **1.** *berechtigt, bei einer Wahl (2 a) gewählt zu werden:* jeder Staatsbürger ist von einem bestimmten Lebensalter an w. **2.** (selten) *zur Auswahl stehend; ausgewählt werden könnend:* mir gefiel keine der -en Farben. **3.** *(aus einer bestimmten politischen Sicht) als Wahlmöglichkeit, als Kandidat akzeptabel:* die Partei ist [für mich] nicht [mehr] w.
Wähl|bar|keit, die; -, -en: **1.** ⟨o. Pl.⟩ *das Wählbarsein.* **2.** *Wählbares, frei Entscheidbares.*
Wahl|be|ein|flus|sung, die: *(unlautere) Beeinflussung der Wähler bei einer Wahl (2 a).*
Wahl|be|nach|rich|ti|gung, die (Amtsspr.): *Benachrichtigung des Wählers über Wahltermin u. -lokal.*
Wahl|be|ob|ach|ter, der: *jmd., der [als unabhängige Instanz] den Ablauf einer Wahl von der Vorbereitung bis zur Bekanntgabe des Ergebnisses beobachtet, auf seine Korrektheit hin beurteilt u. dadurch eine Wahlfälschung (a, b) verhindern soll.*
Wahl|be|ob|ach|te|rin, die: w. Form zu ↑ Wahlbeobachter.
wahl|be|rech|tigt ⟨Adj.⟩: *die Wahlberechtigung besitzend:* -e Bürger.
Wahl|be|rech|tig|te ⟨vgl. Berechtigte⟩: *weibliche Person, die wahlberechtigt ist.*
Wahl|be|rech|tig|ter ⟨vgl. ↑ Berechtigter⟩: *jmd., der wahlberechtigt ist.*
Wahl|be|rech|ti|gung, die: *Berechtigung, an einer Wahl (2 a) teilzunehmen.*
Wahl|be|tei|li|gung, die: *Beteiligung der wahlberechtigten Bürger an einer Wahl (2 a):* eine hohe, geringe W.; die W. betrug 87 Prozent.
Wahl|be|zirk, der: *Bezirk eines Wahlkreises.*
Wahl|bünd|nis, das: *Bündnis zwischen Parteien zur gegenseitigen Unterstützung ihrer Kandidaten bei Parlamentswahlen.*
Wahl|bü|ro, das: *Wahlamt.*
Wahl|de|ba|kel, das: *schwere Wahlniederlage.*
Wahl|el|tern ⟨Pl.⟩ (österr. Amtsspr.): *Adoptiveltern.*
wäh|len ⟨sw. V.; hat⟩ [mhd. weln, ahd. wellan, verw. mit ↑²wollen]: **1. a)** *sich unter zwei od. mehreren Möglichkeiten für jmdn., etw. entscheiden:* als Geschenk ein Buch w.; die gehobene Beamtenlaufbahn w.; für die Vorhänge einen hellen Stoff w.; welche Farbe, welchen Wein, welches Gericht, welches Dessert hast du gewählt?; ich habe sie mir zum Vorbild gewählt; mit diesem Knopf wählt man den Sender, die Frequenz, den Wellenbereich, das Waschprogramm; sie wählte den schnellsten Weg, die richtige Methode, das kleinere Übel; den günstigsten Zeitpunkt für etw. w. *(etw. zum günstigsten Zeitpunkt tun);* er pflegt seine Worte genau zu w. *(pflegt genau zu überlegen, was er sagt);* er hat den Freitod gewählt (geh.; *hat sich das Leben genommen);* sie konnten w., ob sie heute oder erst morgen fahren wollten; ⟨auch ohne Akk.-Obj.:⟩ es sollte sich herausstellen, dass wir gut, klug gewählt hatten; **b)** *unter zwei od. mehreren Möglichkeiten der Entscheidung für jmdn., etw. prüfend, abwägend, vergleichend suchen:* Sie können unter mehreren Möglichkeiten w.; zwischen Auto und Fahrrad w. **2.** *beim Telefon durch Drücken der Tasten bzw. durch Drehen der Wählscheibe mit den entsprechenden Ziffern die Telefonnummer eines anderen Teilnehmers zusammensetzen, um eine Verbindung herzustellen:* eine Nummer, den Notruf w.; musst erst mal eine/die Null w.; ⟨auch ohne Akk.-Obj.:⟩ erst w., wenn das Zeichen ertönt. **3. a)** *sich durch Abgeben seiner Stimme bei einer Wahl (2 a) für jmdn., etw. entscheiden;* durch Wahl (2 a) bestimmen: einen Präsidenten, ein neues Parlament, den Landtag w.; die Verfassungsrichter werden für/auf acht Jahre, auf Zeit gewählt; jmdn. in den Stadtrat, in einen Ausschuss, zur Vorsitzenden, zum Klassensprecher w.; wen, welche Partei, was hast du gewählt *(wem, welcher Partei hast du deine Stimme gegeben)?;* sie wählten sich einen neuen Anführer; gewählt ist, wen die Mehrheit der abgegebenen Stimmen auf sich vereinigt; eine demokratisch, frei gewählte Volksvertretung; **b)** *einer Wahl (2 a) seine Stimme abgeben:* w. gehen; noch nicht w. dürfen; hast du schon gewählt?; in Frankreich wird gewählt *(finden Wahlen statt);* Hessen hat gewählt *(die Wahlen in Hessen sind abgeschlossen);* er wählt konservativ *(gibt seine Stimme für eine konservative Partei ab).*
wahl|ent|schei|dend ⟨Adj.⟩: *für den Ausgang einer Wahl (2 a) entscheidend:* ein -es Ereignis.
Wäh|ler, der; -s, - [mhd. welære]: **1.** *Wahlberechtigter:* die W. haben entschieden; die W. für sich gewinnen; die Mehrheit der W.; um die Gunst der W. kämpfen, werben. **2.** *jmd., der bei einer Wahl (2 a) eine bestimmte Partei, einen bestimmten Kandidaten o. Ä. wählt:* die W. dieser Partei; sie bedankte sich bei ihren -n für das Vertrauen.
Wäh|ler|auf|trag, der: **1. a)** *durch das Wahlergebnis bes. einer Partei signalisierter Auftrag, die [neue] Regierung zu stellen;* **b)** *Auftrag der Wähler an die gewählte Partei, im Falle eines Wahlsieges das Wahlprogramm umzusetzen.* **2.** (DDR) *Mandat* (1 b).
Wäh|ler|be|we|gung, die (Fachspr.): *Wählerstrom.*
Wäh|ler|evi|denz, die (österr.): *Wählerverzeichnis.*
Wäh|ler|folg, der: *Erfolg bei einer Wahl (2 a).*
Wäh|ler|geb|nis, das: *Ergebnis einer Wahl (2 a):* ein gutes, zufriedenstellendes, schlechtes, überraschendes W.; das W. voraussagen, fälschen, manipulieren, bekannt geben.
Wäh|ler|ge|mein|schaft, die: *Wählervereinigung:* eine freie W.
Wäh|ler|grup|pe, die: *Gruppierung innerhalb einer Wählerschaft.*
Wäh|ler|gunst, die: *Gunst der Wählerinnen u. Wähler:* in der W. vorn liegen.
Wäh|le|rin, die; -, -nen: w. Form zu ↑ Wähler.
Wäh|ler|in|i|ti|a|ti|ve, die: **1.** *Initiative (einer Wählergruppe), mit der bestimmte parteipolitische Ziele, bes. die Beeinflussung des Ausgangs einer Wahl (2 a), verfolgt werden.* **2.** *Wählergruppe, die eine Wählerinitiative (1) entwickelt:* es haben sich mehrere -n gebildet; eine W. gründen.
wäh|le|risch ⟨Adj.⟩: *besondere Ansprüche stellend, nicht leicht zufriedenzustellen; anspruchsvoll:* -e Kunden, Gäste; ein sehr -es Theaterpublikum; er ist in allem, im Essen sehr w.; er ist in seinem Umgang nicht sehr w. *(legt bei seinen Bekannten keinen Wert auf hohes Niveau);* sie war in ihrer Ausdrucksweise nicht gerade w. *(hat sich ziemlich derb, kräftig ausgedrückt).*
Wäh|ler|po|ten|zi|al, Wäh|ler|po|ten|ti|al, das: *Potenzial an (für eine bestimmte Partei, einen bestimmten Kandidaten o. Ä. mobilisierbaren) Wählern:* das linke, liberale W.
Wäh|ler|schaft, die; -, -en: **1.** *Gesamtheit der Wählerinnen u. Wähler, der Wahlberechtigten:* die Gunst der W. **2.** *Gesamtheit der Wahlberechtigten, die eine bestimmte Partei, einen bestimmten Kandidaten o. Ä. wählen:* ihre W.,

die W. der Partei ist jung und überdurchschnittlich gut ausgebildet.

Wäh|ler|stim|me, die: *Stimme* (6 a): *solche Versprechungen bringen -n.*

Wäh|ler|strom, der (Fachspr.): *Wählerwanderung.*

Wäh|ler|ver|ei|ni|gung, die: *Vereinigung von Wahlberechtigten, die bei einer Wahl* (2 a) *Kandidaten aufstellt, aber nicht an eine Partei gebunden ist:* eine freie W.

Wäh|ler|ver|hal|ten, das: *Verhalten der Wähler bei der Wahl* (2 a); *Art, wie die Wähler mit ihrem Wahlrecht umgehen:* ein überraschendes W.; das W. analysieren, voraussagen.

Wäh|ler|ver|zeich|nis, das (Amtsspr.): *Verzeichnis der Wahlberechtigten in einem Wahlbezirk, das von der Gemeinde angelegt wird.*

Wäh|ler|wan|de|rung, die (Fachspr.): *(beim Vergleich der Ergebnisse aufeinanderfolgender Wahlen erkennbare) Erscheinung, dass Wähler, die ihre Stimme bei einer Wahl einer bestimmten Partei gegeben haben, bei der nächsten Wahl eine bestimmte andere Partei gewählt haben.*

Wäh|ler|wil|le, der: *Wille der Wählerschaft:* den -n respektieren, missachten.

Wahl|es|sen, das: *(in einer Kantine o. Ä.) zur Auswahl stehendes Essen:* die Mensa bietet drei W. an.

Wahl|fach, das: *Fach, das ein Schüler, Studierender frei wählen u. an dem er freiwillig teilnehmen kann.*

Wahl|fäl|schung, die: **a)** *Verfälschung einer Wahl* (2 a): um -en zu verhindern, vereinbart man strenge Regeln für die gültige Stimmabgabe; **b)** *absichtliche Fälschung einer Wahl* (2 a): da viele gültige Stimmzettel nicht ausgezählt wurden, ist der Vorwurf einer massiven W. gerechtfertigt.

Wahl|for|scher, der: *jmd., der Wahlforschung betreibt:* W. rechnen mit einem Wahlsieg der Konservativen.

Wahl|for|sche|rin, die: w. Form zu ↑ Wahlforscher.

Wahl|for|schung, die: *wissenschaftliche Beschreibung u. Erklärung vergangenen u. Voraussage künftigen Wählerverhaltens:* empirische, historische W.

Wahl|frau, die: *weibliche Person, die von Wahlberechtigten in ein Gremium gewählt wurde, das seinerseits den od. die Kandidaten für ein bestimmtes politisches Amt wählt.*

wahl|frei ⟨Adj.⟩: *der eigenen Entscheidung u. Wahl für die Teilnahme anheimgestellt:* -e Fächer; -er Unterricht; Französisch und Geografie sind w.

Wahl|frei|heit, die: *das Freisein in der Wahl (bes. eines Unterrichtsfaches).*

Wahl|gang, der: *Abstimmung, Stimmabgabe bei der Wahl* (2 a): *bei der Wahl des Präsidenten waren drei Wahlgänge nötig; sie wurde gleich im ersten W. gewählt.*

Wahl|ge|heim|nis, das ⟨o. Pl.⟩: *rechtlicher Grundsatz, der einem Wähler garantiert, dass seine Stimmabgabe bei einer Wahl* (2 a) *geheim bleibt.*

Wahl|ge|schenk, das (leicht abwertend): *Wahlversprechen an Wählergruppen mit bestimmten finanziellen Interessen:* -e machen.

Wahl|ge|setz, das: *Gesetz über die Durchführung von Wahlen* (2 a).

Wahl|hei|mat, die: *Land, Ort, in dem sich jmd. niedergelassen hat u. sich zu Hause fühlt, ohne dort geboren od. aufgewachsen zu sein:* in ihrer W. Monaco; Japan, Rom ist zu seiner W. geworden.

Wahl|hel|fer, der: **1.** *jmd., der sich als Helfer im Wahlkampf für eine Partei, einen Politiker einsetzt.* **2.** *jmd., der bei der Durchführung einer Wahl* (2 a) *die Tätigkeit eines Helfers ausübt.*

Wahl|hel|fe|rin, die: w. Form zu ↑ Wahlhelfer.

Wahl|hil|fe, die: *einer Partei, einem Politiker im Wahlkampf geleistete Hilfe:* jmdm., einer Partei W. leisten.

wäh|lig ⟨Adj.⟩ [mniederd. welich = wählig, asächs. welag = wohlhabend] (landsch.): **1.** *gut bei Kräften, gesund:* ein -er Junge. **2.** *munter, ausgelassen, übermütig.*

Wahl|jahr, das: *Jahr, in dem (in einem Gemeinwesen) eine Wahl* (2 a) *stattfindet.*

Wahl|ka|bi|ne, die: *abgeteilter kleiner Raum in einem Wahllokal, in dem jeder Wähler einzeln seinen Stimmzettel unbeobachtet ausfüllen kann.*

Wahl|kam|pa|gne, die: *Kampagne* (1), *die der Werbung von Wählerstimmen dient:* eine breite, professionelle, dreimonatige W.; in ihrer W. sprach sie sich für Steuersenkungen aus.

Wahl|kampf, der: *politische Auseinandersetzung von Parteien vor einer Wahl* (2 a), *die vor allem der Werbung um die Stimmen der Wähler dient:* der W. hat begonnen, tritt in seine heiße Phase; den W. eröffnen; einen fairen, erfolgreichen, schmutzigen W. führen; jmds. W. finanzieren; W. machen; sich am W. beteiligen; im W.

Wahl|käm|pfer, der: *jmd., der einen Wahlkampf führt, in einem Wahlkampf aktiv ist:* die W. vor Ort teilten Handzettel aus.

Wahl|käm|pfe|rin, die: w. Form zu ↑ Wahlkämpfer.

Wahl|kampf|mu|ni|ti|on, die: *etw., womit man dem Gegner in einem Wahlkampf schaden kann:* etw. als W. benutzen; W. liefern.

Wahl|kampf|the|ma, das: *Thema, das in einem Wahlkampf eine Rolle spielt:* diese Frage ist kein geeignetes W.

Wahl|kampf|ver|an|stal|tung, die: *Veranstaltung, bei der Kandidatinnen u. Kandidaten [gemeinsam mit Wahlhelfern* (1) *u. -helferinnen] um Stimmen* (6 a) *bei einer Wahl* (2 a) *werben.*

Wahl|kar|te, die (österr.): *Unterlagen für die Wahl* (2 a) *in einem Wahllokal außerhalb des Wohnortes.*

Wahl|kind, das (österr. Amtsspr.): *Adoptivkind.*

Wahl|kom|mis|si|on, die: *[unabhängige, neutrale] Kommission* (1 a), *die die Informationen von Wahlbeobachtern u. Wahlbeobachterinnen sammelt, um zu kontrollieren, ob eine Wahl* (2 a) *gültig ist:* um Wahlfälschungen zu verhindern, wurde die W. aus UN-Vertretern und Einheimischen gebildet.

Wahl|kreis, der: *(in Wahlbezirke gegliederter) Teil eines größeren Gebietes, in dem eine Wahl* (2 a) *eines Parlaments stattfindet u. dessen Wahlberechtigte jeweils eine bestimmte Zahl von Abgeordneten wählen:* in einem W. ein Direktmandat erringen.

Wahl|lei|ter, der: *jmd., der als Vorsitzender eines Wahlausschusses die Durchführung einer Wahl* (2 a) *leitet u. für deren ordnungsgemäßen Ablauf verantwortlich ist.*

Wahl|lei|te|rin, die: w. Form zu ↑ Wahlleiter.

Wahl|lis|te, die: *Verzeichnis der Kandidaten, die für eine Wahl* (2 a) *aufgestellt sind.*

Wahl|lo|kal, das: *Raum, in dem die Wahlberechtigten [eines Wahlbezirks] ihre Stimme abgeben können.*

wahl|los ⟨Adj.⟩: *in oft gedankenloser, unüberlegter Weise ohne bestimmte Ordnung, Reihenfolge, Auswahl o. Ä. verfahrend, nicht nach einem durchdachten Prinzip vorgehend:* er trank alles w. durcheinander; etw. w. herausgreifen.

Wahl|lo|sig|keit, die; -, -en: **1.** ⟨o. Pl.⟩ *das Wahllossein.* **2.** *Situation, in der jmd. keine Wahl hat od. zu haben scheint.*

Wahl|ma|ni|pu|la|ti|on, die: *Manipulation* (1) *einer Wahl* (2 a); *Wahlfälschung* (b).

Wahl|mann, der ⟨Pl. ...männer⟩: *jmd., der von Wahlberechtigten in ein Gremium gewählt wurde, das seinerseits den od. die Kandidaten für ein bestimmtes politisches Amt wählt.*

Wahl|mo|dus, der: *Modus* (1 a), *nach dem eine Wahl* (2 a) *durchgeführt wird.*

Wahl|mög|lich|keit, die: *Möglichkeit der Wahl, Auswahl.*

Wahl|mo|nar|chie, die: *Monarchie, bei der der Monarch durch eine Wahl* (2 a) *bestimmt wird.*

Wahl|mut|ter, die (österr. Amtsspr.): *Adoptivmutter.*

Wahl|nacht, die: *auf den Wahltag folgende Nacht:* eine spannende, lange W.

Wahl|nie|der|la|ge, die: *Niederlage bei einer Wahl* (2 a): eine schwere W. erleiden.

Wahl-O-Mat, der; -[en]: *elektronisches Programm, mit dem man seine Übereinstimmung mit politischen Parteien testen kann.*

Wahl|pa|ro|le, die: *auf eine bevorstehende Wahl* (2 a) *zielende, im Wahlkampf benutzte Parole einer Partei, eines Kandidaten.*

Wahl|par|ty, die: *Feier von Mitgliedern, Freunden u. Wahlhelfern einer Partei am Abend des Wahltages während od. nach der Auszählung der Stimmen:* eine W. veranstalten; jmdn. zu einer W. einladen.

Wahl|pe|ri|o|de, die: *Zeitraum, für den ein Gremium, eine Körperschaft, eine Person in ein Amt gewählt wird.*

Wahl|pflicht, die ⟨Pl. selten⟩: *gesetzlich festgelegte Pflicht zur Teilnahme an bestimmten Wahlen* (2 a).

Wahl|pflicht|fach [auch: ...'pflɪçt...], das: *zusätzliches Pflichtfach, das aus einer Gruppe von alternativen Fächern ausgewählt werden kann.*

Wahl|pflicht|ge|gen|stand, der (österr.): *Wahlpflichtfach.*

Wahl|pla|kat, das: vgl. Wahlanzeige.

Wahl|pro|g|no|se, die: *Vorhersage eines Wahlergebnisses.*

Wahl|pro|gramm, das: *Programm* (3) *einer Partei für eine Wahl* (2 a).

Wahl|pro|pa|gan|da, die: vgl. Wahlparole: W. für eine Partei machen.

Wahl|recht, das: **1.** *gesetzlich festgelegtes Recht einer Person zur Teilnahme an einer Wahl:* Frauen hatten dort kein W.; aktives W. *(Recht, bei einer Wahl 2 a zu wählen);* passives W. *(Recht, sich bei einer Wahl 2 a wählen zu lassen):* W. ausüben, nutzen; von seinem W. Gebrauch machen. **2.** *Gesamtheit aller rechtlichen Vorschriften zur Durchführung einer Wahl* (2 a): das W. reformieren.

Wahl|re|de, die: *im Wahlkampf gehaltene Rede.*

Wähl|schei|be, die: *über kreisförmig angeordneten Zahlen des Telefonapparates angebrachte drehbare, runde Scheibe mit Löchern, mit deren Hilfe die Telefonnummer eines Teilnehmers gewählt wird.*

Wahl|schein, der (Amtsspr.): *zur Teilnahme an einer Wahl* (2 a) *berechtigende amtliche Bescheinigung, die bes. für eine Briefwahl ausgestellt wird.*

Wahl|schlacht, die (emotional): *Wahlkampf.*

Wahl|schlap|pe, die: *Wahlniederlage:* eine schwere, schlimme W. erleiden.

Wahl|schu|le, die: *Schule, die eine über die gesetzliche Schulpflicht hinausgehende Ausbildung ermöglicht (z. B. Gymnasium, Realschule, Fachschule).*

Wahl|sieg, der: *Sieg bei einer Wahl* (2 a): ein überraschender, hoher, deutlicher W.; einen W. erringen; sie feiern ihren W.; im Falle eines -s der Sozialdemokraten wird sie Außenministerin.

Wahl|sie|ger, der: *jmd., der einen Wahlsieg*

errungen hat: der eindeutige, strahlende W.; dem W. gratulieren.

Wahl|sie|ge|rin, die: w. Form zu ↑ Wahlsieger.

Wahl|slo|gan, der: vgl. Wahlparole.

Wahl|spot, der: *Wahlwerbespot.*

Wahl|spren|gel, der (österr.): *Wahlbezirk.*

Wahl|spruch, der: *prägnant formulierter, einprägsamer Ausspruch, Satz, von dem sich jmd. leiten lässt; Motto* (a), *Devise:* »Das Leben lieben« war sein W.

Wahl|stu|dio, das: *Fernsehstudio, aus dem am Wahltag über den Verlauf und die Ergebnisse der Wahl berichtet wird.*

Wahl|sys|tem, das: vgl. Wahlmodus: ein möglichst gerechtes W. schaffen; nach welchem W. wird das Parlament gewählt.

Wahl|tag, der: *Tag einer Wahl* (2 a).

Wahl|tak|tik, die: *Taktik, die jmd. in einem Wahlkampf verwendet.*

wahl|tak|tisch ⟨Adj.⟩: *die beim Wahlkampf befolgte Taktik betreffend:* -e Überlegungen, Erwägungen.

Wähl|ton, der ⟨Pl. selten⟩ (Nachrichtent.): *Ton, der beim Abheben des Telefonhörers zu hören ist.*

Wahl|ur|ne, die: *Urne* (2).

Wahl|va|ter, der (österr. Amtsspr.): *Adoptivvater.*

Wahl|ver|an|stal|tung, die: *Veranstaltung im Wahlkampf:* eine W. der Regierungspartei besuchen; auf/bei einer W. sprechen.

Wahl|ver|fah|ren, das: vgl. Wahlmodus.

Wahl|ver|hal|ten, das: **1.** *Wählerverhalten.* **2.** (Soziol.) *Verhalten in einer Situation, die eine Entscheidung (bes. in einer Konfliktsituation) erfordert.*

Wahl|ver|spre|chen, das: *in einem Parteiprogramm enthaltenes Versprechen vor einer Wahl* (2 a): seine W. einlösen, halten, widerrufen.

Wahl|ver|tei|di|ger, der (Rechtsspr.): *Verteidiger, den sich ein Angeklagter in einem Strafverfahren selbst wählt (im Unterschied zu einem Pflichtverteidiger); Vertrauensanwalt.*

Wahl|ver|tei|di|ge|rin, die: w. Form zu ↑ Wahlverteidiger.

wahl|ver|wandt ⟨Adj.⟩ (bildungsspr.): *eine Wahlverwandtschaft aufweisend, davon zeugend:* -e Menschen, Seelen; sich [jmdm., einander] w. fühlen; ⟨subst.:⟩ Soll ich Patrick als Bruder annehmen? Als Wahlverwandten? (Andersch, Rote 186).

Wahl|ver|wandt|schaft, die (bildungsspr.): *das Sich-verbunden-, Sich-angezogen-Fühlen aufgrund geistig-seelischer Übereinstimmung, ähnlicher Wesensart.*

Wahl|volk, das: *Wählerschaft* (1).

Wahl|vor|schlag, der: *Vorschlag, jmdn. als Kandidaten für eine Wahl* (2 a) *aufzustellen.*

Wahl|vor|stand, der: *Wahlausschuss in einem Wahlbezirk.*

wahl|wei|se ⟨Adv.⟩: *nach eigener Wahl, eigenem Wunsch:* das Regal gibt es w. in Eiche oder Kiefer; das Gerät kann w. am Netz oder mit Batterien betrieben werden.

wahl|wer|bend ⟨Adj.⟩: *bei einer Wahl* (2 a) *antretend:* -e Parteien.

Wahl|wer|ber, der (österr.): *für eine Wahl* (2 a) *aufgestellter Kandidat.*

Wahl|wer|be|rin, die: w. Form zu ↑ Wahlwerber.

Wahl|wer|be|spot, der: *im Rahmen eines Wahlkampfes ausgestrahlter Werbespot, mit dem eine Partei um Wählerstimmen wirbt:* für den Inhalt der -s sind die Parteien verantwortlich.

Wahl|wer|bung, die: *Werbung einer Partei im Rahmen eines Wahlkampfes, Wahlpropaganda; das Fernsehen muss kostenlos Sendezeit für W. zur Verfügung stellen.*

Wahl|zet|tel, der: *Stimmzettel.*

Wahn, der; -[e]s, -e ⟨Pl. selten⟩ [mhd., ahd. wān =

Meinung; Hoffnung; Verdacht, verw. mit ↑ gewinnen]: **1.** (geh.) *Einbildung, irrige Annahme; falsche Vorstellung, die sich bei jmdm. festgesetzt hat:* ein kurzer, schöner, eitler W.; er ist in dem W. befangen, lebt in dem W., er sei zu Außergewöhnlichem bestimmt; sie ließ ihn in diesem W.; Täglich einmal jedenfalls kam der Moment, da mein Suchen sich in eine Sucht verkehrte, nah am W. (Handke, Niemandsbucht 886); * ◆ **im W. stehen** (*wähnen* a: Er steht im W., dass die, die hier gesessen, Sybille, meine Mutter, sei gewesen [Kleist, Käthchen V, 9]). **2.** (bes. Med.) *krankhafte, in der realen Umwelt nicht zu begründende zwanghafte Einbildung:* W. tritt bei verschiedenen Psychosen auf; der Verfolgungswahn ist eine häufige Form des -s; Der Beziehungswahn lässt ihn alle anderen -e und Wahnvorstellungen mit Entsetzen ... an sich selbst entdecken (Brandstetter, Altenehrung 112).

-wahn, der; -[e]s ⟨abwertend⟩: *drückt in Bildungen mit Substantiven aus, dass etw. irrigerweise als vorhanden, gegeben angenommen wird od. dass einer Sache eine zu große, ihr nicht zukommende Bedeutung beigemessen wird:* Gespenster-, Machbarkeitswahn.

Wahn|bild, das: *wahnhaftes Trugbild.*

wäh|nen ⟨sw. V.; hat⟩ [mhd. wænen, ahd. wān(n)en, zu ↑ Wahn] (geh.): **a)** *irrigerweise annehmen:* er wähnte, die Sache sei längst erledigt; **b)** *irrigerweise annehmen, dass es sich mit jmdm., einer Sache in bestimmter Weise verhält:* ich wähnte dich auf Reisen, in Rom; ... es hieße sich Gott w., wollte man derartiges Gräuel zu vergeben auch erwarten (Hacks, Stücke 19).

wahn|haft ⟨Adj.⟩: *nicht der Wirklichkeit entsprechend; auf einem Wahn* (2) *beruhend; paranoid:* -e Vorstellungen; etw. hat -e Züge.

Wahn|idee, die: vgl. Wahnvorstellung.

wahn|schaf|fen ⟨Adj.⟩ [zu veraltet wahn = mangelhaft] (landsch.): *missgestaltet, hässlich.*

Wahn|sinn, der ⟨o. Pl.⟩ [rückgeb. aus ↑ wahnsinnig] (salopp): **1.** *psychische Störung, die von Wahn* (2) *(u. Halluzinationen) begleitet wird:* er verfiel dem W., verfiel in W.; R es ist zwar W., doch es hat Methode *(es ist zwar absurd [wird aber ernsthaft u. einer scheinbaren Logik folgend betrieben]);* * **des -s fette/kesse Beute sein; vom W. umzingelt sein** (ugs., meist scherzh.; *völlig verrückt sein*); **bis zum W.** (emotional übertreibend; *übermäßig, exzessiv*). **2.** *großer Unsinn, sehr unvernünftiges, unsinniges Denken, Verhalten, Handeln; grenzenlose Unvernunft:* es ist doch heller, reiner, purer W., so etwas zu tun; das ist ja W.!; [so] ein W.!; einen solchen W. mache ich nicht mit; R (ugs.:) W.!

wahn|sin|nig ⟨Adj.⟩ [Analogiebildung zu ↑ wahnwitzig]: **1.** (Med. veraltet, sonst salopp) *an Wahnsinn* (1) *leidend; von Wahnsinn zeugend:* -e Taten; ein -es Lachen; er gebärdete sich wie w.; du bist ja w. (ugs. übertreibend; *nicht recht bei Verstand*); bei diesem Lärm kann man ja w. werden (ugs. übertreibend; *der Lärm ist unerträglich*); du machst mich noch w. (ugs. übertreibend; *bringst mich noch um den Verstand*); ich werde w.! (ugs.; *das ist ja höchst erstaunlich, verwunderlich*); * **wie w.** (ugs.; ↑ verrückt 1). **2.** (ugs.) *ganz unsinnig, unvernünftig; ein Unterfangen; dieser Plan ist doch w.;* ⟨subst.:⟩ so etwas Wahnsinniges! **3.** (ugs.) **a)** *übermäßig groß, stark, heftig, intensiv:* -e Schmerzen; eine -e Menge, Summe; ein -er Verkehr; es war eine -e Angst, bekam ihn ein -er Schreck; es war eine -e Mühe; ich habe einen -en Hunger, Durst; in einem -en Tempo; **b)** ⟨intensivierend bei Adjek-

tiven u. Verben⟩ *sehr, überaus, in höchstem Maße:* w. laut, teuer, gern, oft; w. reich, jung, nett sein; ein w. interessantes, spannendes Buch; w. gut schmecken; eine w. hohe Summe; ich habe w. viel zu tun; sich w. ärgern, freuen; jmdn. w. lieben. **4.** (ugs.) *in begeisternder Weise schön, gut; großartig, toll:* eine -e Stimme; das Konzert, die Sängerin war w.

Wahn|sin|ni|ge, die/eine Wahnsinnige; der/einer Wahnsinnigen, Wahnsinnigen/zwei Wahnsinnige: *weibliche Person, die wahnsinnig ist:* sie hat sich aufgeführt wie eine W.

Wahn|sin|ni|ger, der Wahnsinnige/ein Wahnsinniger; des/eines Wahnsinnigen, die Wahnsinnigen/zwei Wahnsinnige: *jmd., der wahnsinnig ist:* das ist die Tat eines Wahnsinnigen.

Wahn|sin|nig|wer|den, das; -s: besonders in der Wendung **das/es ist [ja] zum W.** (ugs., emotional übertreibend; ↑ Verrücktwerden).

Wahn|sinns-: **1.** (emotional) *drückt in Bildungen mit Substantiven aus, dass jmd. od. etw. Begeisterung auslöst, großartig gefunden wird:* Wahnsinnsfrau, -musik, -show, -stimme. **2.** (ugs. emotional abwertend) *drückt in Bildungen mit Substantiven aus, dass etw. als in hohem Maße unvernünftig, unangemessen u. deshalb ganz und gar unakzeptabel angesehen wird:* Wahnsinnsprojekt, -idee, -preis. **3.** (ugs. emotional verstärkend) *drückt in Bildungen mit Substantiven aus, dass etw. [in unangenehmer Weise] besonders intensiv ist:* Wahnsinnshitze, -tempo.

Wahn|sinns|an|fall, der: *Anfall von Wahnsinn* (1).

Wahn|sinns|ar|beit, die (ugs. emotional verstärkend): *unsinnig schwere, schwierige, langwierige Arbeit; Unmenge Arbeit:* das ist eine W.

Wahn|sinns|hit|ze, die (ugs. emotional verstärkend): *unerträgliche Hitze.*

Wahn|sinns|käl|te, die (ugs. emotional verstärkend): *unerträgliche Kälte.*

Wahn|sinns|tat, die: *im Wahnsinn* (1), *in einem Wahnsinnsanfall begangene Tat:* dieser Mord war eine W.; wer kann diese W. begangen haben?

Wahn|vor|stel|lung, die: *krankhafte, in der realen Umwelt nicht zu begründende zwanghafte Vorstellung, Idee:* eine hysterische W.; -en haben; an/unter -en leiden.

Wahn|witz, der ⟨o. Pl.⟩ [zu mhd. wanwiz, ahd. wanawizzi = wahnwitzig, aus mhd., ahd. wan = mangelhaft, leer u. ↑ Witz, also eigtl. = des Verstandes mangelnd, keinen Verstand aufweisend]: *völliger Unsinn; abwegiges, unvernünftiges, oft auch gefährliches Verhalten, Handeln; Wahnsinn; Irrwitz.*

wahn|wit|zig ⟨Adj.⟩: **1.** *völlig unsinnig, in höchstem Maße unvernünftig [u. gefährlich]; irrwitzig:* ein -es Unternehmen. **2.** (ugs. seltener) *wahnsinnig* (3).

Wahn|wit|zig|keit, die; -, -en: **1.** ⟨o. Pl.⟩ *wahnwitzige Art, Wahnwitz.* **2.** *etw., was wahnwitzig* (1) *wirkt.*

wahr ⟨Adj.⟩ [mhd., ahd. wār, zu einem Wort mit der Bed. »Gunst, Freundlichkeit (erweisen)«, eigtl. = vertrauenswert]: **1. a)** *der Wahrheit, Wirklichkeit, den Tatsachen entsprechend; wirklich geschehen, nicht erdichtet, erfunden o. Ä.:* eine -e Begebenheit, Geschichte; ein -er Satz; die Legende, Geschichte hat einen -en Kern; ihre Worte sind w.; das ist [gar] nicht w.; was er sagt, kann gar nicht w. sein; ist das w.! *(leider ist es wirklich so!);* das ist auch wieder w. *(trifft andererseits auch zu);* davon ist kein Wort w. *(es stimmt alles nicht);* etw. für w.

wahren – Wahrnehmungsstörung

halten; ihr Traum, ihre Ahnung ist w. geworden; er hat seine Drohung, sein Versprechen w. gemacht *(in die Tat umgesetzt);* (bekräftigende Ausrufe:) wie w.!, sehr w.!, wohl w.!, wirklich w.!, (österr.:) weils w. ist; …, nicht w.?/nicht w., …?; (Ausruf des höchsten Erstaunens, des Entsetzens, der Entrüstung:) das kann, darf [doch] nicht w. sein!; (formelhafte Bekräftigungen:) so w. ich hier sitze, stehe!, so w. ich lebe! *(ganz bestimmt);* so w. mir Gott helfe!; (subst.:) daran ist etwas Wahres/(ugs.:) da ist was Wahres dran; R was w. ist, muss w. bleiben; das ist schon gar nicht mehr w. (ugs.; *ist schon sehr lange her*); **b)** *tatsächlich, wirklich:* der -e Sachverhalt; der -e Täter ist unbekannt; das ist der -e Grund, das -e Motiv; seine -en Gefühle, sein -es Ich, seinen -en Charakter nicht erkennen lassen. **2. a)** (geh.) *echt, aufrichtig; die Bezeichnung verdienend:* -e Liebe, Solidarität; -er Glaube; ein -er Freund, Demokrat; **b)** *richtig, nicht nur dem Schein nach:* das ist -e Kunst, Kultur; (subst.:) das ist das einzig Wahre, nicht das Wahre (ugs.; *das einzig Richtige, nicht das Richtige*). **3.** bekräftigt das im Subst. Genannte; *regelrecht; ordentlich; sehr groß:* ein -es Wunder, Genie; es war eine -e Wonne, Lust, Pracht; es setzte ein -er Sturm auf die Geschäfte ein; … dass er seinen Neffen Maximinus Daja, ein -es Scheusal, zum Cäsar erhob (Thieß, Reich 239).

wah|ren ⟨sw. V.; hat⟩ [mhd. war(e)n, ahd. in: biwarōn, zu veraltet Wahr (mhd. war, ahd. wara) = Aufmerksamkeit, Acht, Obhut, Aufsicht, also eigtl. = beachten, in Obhut nehmen] (geh.): **a)** *etw., bes. einen bestimmten Zustand, ein bestimmtes Verhalten o. Ä., aufrechterhalten; nicht verändern; bewahren:* Distanz, einen gewissen Abstand w.; die Neutralität w.; Disziplin w.; sein Inkognito w.; sie wahrte ihre Würde; Stillschweigen w. *(nicht über etw. sprechen);* die Form w. *(nicht gegen die Umgangsformen verstoßen);* ein Geheimnis w. *(nicht preisgeben);* das Briefgeheimnis w. *(respektieren, nicht verletzen);* **b)** *nicht antasten lassen; schützen, verteidigen:* seine Interessen, seine Rechte, seinen Vorteil, seine Unabhängigkeit w.

wäh|ren ⟨sw. V.; hat⟩ [mhd. wern, ahd. werēn, zu mhd. wesen, ahd. wesan (↑ Wesen), eigtl. = dauernd sein] (geh.): *über eine gewisse Zeit bestehen, andauern, dauern; anhalten:* das Fest währte drei Tage, bis tief in die Nacht; nichts währt ewig; ein Jahrhunderte, lange währender Prozess; ♦ ⟨1. Part. + Subst. als absoluter Gen.:⟩ Aber so lebten die Herren währendes Krieges *(während des Krieges),* als ob ewig Krieg bleiben würde (Lessing, Minna II, 2); ♦ Währendes Krieges hat manches seinen Herrn eine mit und ohne Vorbewusst des Herrn verändert (Lessing, Minna II, 2); ♦ … aß er gleich ein tüchtiges Stück Schnitzbrot in währendem Gehen *(während er ging, im Gehen;* Mörike, Hutzelmännlein 115). **Spr** ehrlich währt am längsten *(man soll immer ehrlich bleiben, das ist auf die Dauer am besten);* was lange währt, wird endlich gut *(geduldiges Warten oder Sichbemühen wird am Ende belohnt).*

¹**wäh|rend** ⟨Konj.⟩ [urspr. 1. Part. von ↑ währen]: **1.** ⟨zeitlich⟩ leitet einen Gliedsatz ein, der die Gleichzeitigkeit mit dem im Hauptsatz beschriebenen Vorgang bezeichnet; *in der Zeit, als …:* w. sie verreist waren, hat man bei ihnen eingebrochen. **2.** ⟨adversativ⟩ drückt die Gegensätzlichkeit zweier Vorgänge aus; *indes; wohingegen:* w. die einen sich freuten, waren die anderen eher enttäuscht.

²**wäh|rend** ⟨Präp. mit Gen.⟩ [vgl. ↑ ¹während]: *bezeichnet eine Zeitdauer, in deren Verlauf etwas stattfindet o. Ä.; im Verlauf von:* es hat w. des ganzen Urlaubs geregnet; w. des Krieges leb-

ten sie im Ausland; ⟨ugs. auch mit Dativ:⟩ w. dem Essen darfst du nicht sprechen; ⟨nur schweiz. in Verbindung mit »dauern«:⟩ die Veranstaltung dauert nur w. einiger Stunden *(einige Stunden lang);* w. Ausflügen in die Umgebung; w. fünf Jahren, Monaten *(fünf Jahre, Monate lang);* w. des Ministers aufschlussreichem Vortrag; ♦ ⟨mit Dativ:⟩ Während allem diesem Gerede war die Alte … ganz ungestört mit ihrer Zubereitung fertig geworden (Cl. Brentano, Kasperl 346).

¹**wäh|rend|dem** ⟨Adv.⟩ (landsch.): ¹*währenddessen.*

²**wäh|rend|dem** ⟨Konj.⟩ (landsch.): ¹*während* (1).

¹**wäh|rend|des** ⟨Adv.⟩ (veraltet): ¹*währenddessen.*

²**wäh|rend|des** ⟨Konj.⟩ (veraltet): ¹*während* (1).

¹**wäh|rend|des|sen** ⟨Adv.⟩: *während dieser Zeit; unterdessen.*

²**wäh|rend|des|sen** ⟨Konj.⟩ (ugs. veraltend): ¹*während* (1).

Wah|rer, der; -s, - (geh.): *jmd., der etw. wahrt* (b), *für die Erhaltung, den Bestand von etw. Sorge trägt:* ein zuverlässiger W. unserer Interessen.

Wah|re|rin, die; -, -nen: w. Form zu ↑ Wahrer.

wahr|ha|ben: in der Wendung *etw.* [nicht] w. wollen *(sich etw. [nicht] eingestehen, vor sich selbst od. vor anderen [nicht] zugeben können:* eine Tatsache [einfach] nicht w. wollen; er wollte [es] nicht w., dass er sich getäuscht hatte.

wahr|haft ⟨Adj.⟩ [mhd., ahd. wārhaft, zu ↑ wahr] (geh.): *echt, wirklich:* ein -er Freund; -e Bescheidenheit, Tugend; ein w. gebildeter, gläubiger, ehrenwerter, glücklicher Mensch.

¹**wahr|haf|tig** ⟨Adj.⟩ [mhd. wārhaftic]: **1.** (geh.) *wahr, von einem Streben nach Wahrheit erfüllt, gekennzeichnet:* ein -er Mensch; w. sein; Gott ist w., ist ein -er Gott (bibl.; *ist die Wahrheit selbst);* -er Gott! **2.** *wirklich, richtig, regelrecht, echt.*

²**wahr|haf|tig** ⟨Adv.⟩ [zu: ¹ ¹ wahrhaftig]: *bekräftigt eine Aussage; in der Tat;* ²*wirklich; tatsächlich:* das ist w. ein Unterschied; sie hat es w. *(entgegen allen Zweifeln, die daran bestanden)* geschafft; er dachte doch w. *(allen Ernstes),* er könne das so machen; ich habe es wirklich und w. *(ganz bestimmt)* nicht getan.

Wahr|haf|tig|keit, die; - (geh.): *das Wahrhaftigsein.*

Wahr|heit, die; -, -en [mhd., ahd. wārheit]: **1. a)** ⟨o. Pl.⟩ *das Wahrsein; die Übereinstimmung einer Aussage mit der Sache, über die sie gemacht wird; Richtigkeit:* die W. einer Aussage, einer Behauptung anzweifeln; **b)** *wirklicher, wahrer Sachverhalt, Tatbestand:* die ganze, halbe, lautere, nackte, reine, volle W.; eine traurige, bittere, unangenehme W.; es ist eine alte W. *(eine bekannte Tatsache),* dass …; was er gesagt hat, ist die W. *(ist wahr);* die nackte *(unverhüllte)* W. [LÜ von lat. nuda veritas]; an der Sache ist ein Körnchen W. (geh.; *sie hat einen wahren Kern*); die W. verschleiern, verschweigen; jmdm. unverblümt die W. sagen *(ungeschminkt sagen, was man denkt);* die W. sagen/sprechen *(nicht lügen);* der W. zum Sieg verhelfen; seine Behauptung entspricht nicht der W. *(ist nicht wahr);* du musst bei der W. bleiben *(darfst nicht lügen);* R die W. liegt in der Mitte *(zwischen den extremen Standpunkten, Urteilen o. Ä.);* * in W. *(tatsächlich:* in W. verhielt es sich aber ganz anders. **2.** (bes. Philos.) *Erkenntnis (als Spiegelbild der Wirklichkeit), Lehre des Wahren* (1 a).

Wahr|heits|be|weis, der (bes. Rechtsspr.): *Beweis der Wahrheit (einer Aussage o. Ä.):* den W. antreten, führen.

Wahr|heits|fa|na|ti|ker, der (abwertend): *jmd., der um der Wahrheit willen alles andere hintansetzt.*

Wahr|heits|fa|na|ti|ke|rin, die; -, -nen: w. Form zu ↑ Wahrheitsfanatiker.

Wahr|heits|fin|dung, die (bes. Rechtsspr.): *das Herausfinden der Wahrheit, Erkenntnis der wahren Vorgänge, Tatbestände o. Ä.:* etw. dient der W.; zur W. beitragen.

Wahr|heits|ge|halt, der ⟨Pl. -e⟩ ⟨Pl. selten⟩: *was an einer Behauptung o. Ä. der Wahrheit entspricht:* den W. einer Aussage prüfen.

wahr|heits|ge|mäß ⟨Adj.⟩: *der Wahrheit* (1 b) *entsprechend:* eine -e Auskunft; etw. w. beantworten.

wahr|heits|ge|treu ⟨Adj.⟩: *sich an die Wahrheit haltend:* eine -e Berichterstattung; etw. w. darstellen.

Wahr|heits|lie|be, die ⟨o. Pl.⟩: *Liebe zur Wahrheit; Wahrhaftigkeit:* mit seiner W. ist es nicht weit her.

wahr|heits|lie|bend ⟨Adj.⟩: *die Wahrheit liebend; wahrhaftig:* ein -er Mensch.

Wahr|heits|sinn, der ⟨o. Pl.⟩: *Sinn für Wahrheit.*

wahr|heits|wid|rig ⟨Adj.⟩: *nicht wahrheitsgemäß:* eine -e Aussage.

wahr|lich ⟨Adv.⟩ [mhd. wærlich, ahd. wārlīh] (geh. veraltend): *bekräftigt eine Aussage; in der Tat;* ²*wirklich:* die Sache ist w. nicht einfach; w., ich sage dir … (bibl.; *bekräftigende Einleitung*).

wahr ma|chen, wahr|ma|chen: *einlösen, in die Tat umsetzen.*

Wahr|nah|me, die; -, -n (selten): *Wahrnehmung* (2).

wahr|nehm|bar ⟨Adj.⟩: *sich wahrnehmen lassend:* ein deutlich, kaum -es Geräusch; … die Anwesenheit von Nasos Knecht war nur durch das gelegentliche asthmatische Brodeln seines Atems noch w. (Ransmayr, Welt 42).

Wahr|nehm|bar|keit, die; -: *das Wahrnehmbarsein.*

wahr|neh|men ⟨st. V.; hat⟩ [mhd. war nemen, ahd. wara neman, zu veraltet Wahr (↑ wahren), eigtl. = einer Sache Aufmerksamkeit schenken, etw. in Aufmerksamkeit nehmen]: **1.** *(als Sinneseindruck) aufnehmen; bemerken, gewahren:* ein Geräusch, einen Geruch, einen Lichtschein w.; seine Umwelt in einer bestimmten Weise w.; ich habe es, sie gar nicht bewusst wahrgenommen; er hat so fest geschlafen, dass er [von dem Gewitter] überhaupt nichts wahrgenommen hat; sie nimmt jede noch so kleine Bewegung, Veränderung sofort wahr; etw. an jmdm. w. **2. a)** *etw., was sich (als Möglichkeit o. Ä.) anbietet, nutzen, ausnutzen:* eine Gelegenheit, seinen Vorteil, eine Chance w.; **b)** (bes. Amtsspr.) *sich [stellvertretend] um etw. kümmern [was einen anderen betrifft]:* jmds. Angelegenheiten, Interessen w.; einen Termin w. (bes. Rechtsspr.; *bei etw. anwesend sein);* eine Frist w. *(einhalten);* eine Aufgabe w. *(übernehmen).*

Wahr|neh|mung, die; -, -en: **1.** *das Wahrnehmen* (1): die W. eines Geräuschs, von Gerüchen; die menschliche W.; die sinnliche W. *(Wahrnehmung mit den Sinnen);* optische, akustische -en; es ist eine häufige W. *(man nimmt häufig wahr),* dass …; die W. machen *(wahrnehmen),* dass …; die Psychologie der W. **2.** *das Wahrnehmen* (2 a): die W. eines Termins, einer Aufgabe, einer Chance, eines Angebots, von seinen Interessen (Amtsspr.; *indem man seine Interessen wahrnimmt);* jmdn. mit der W. seiner Geschäfte betrauen.

wahr|neh|mungs|fä|hig ⟨Adj.⟩: *ein Wahrnehmungsvermögen besitzend.*

Wahr|neh|mungs|fä|hig|keit, die: *Wahrnehmungsvermögen.*

Wahr|neh|mungs|in|halt, der: *Inhalt der Wahrnehmung.*

Wahr|neh|mungs|stö|rung: *krankhafte Störung der Sinneswahrnehmung.*

Wahr|neh|mungs|ver|mö|gen, das ⟨o. Pl.⟩: Fähigkeit der Wahrnehmung (1).
Wahr|sa|ge|kunst, die: Mantik.
wahr|sa|gen ⟨sw. V.; wahrsagte/sagte wahr, hat gewahrsagt/wahrgesagt⟩ [mhd. wārsagen]: *über verborgene od. zukünftige Dinge mithilfe bestimmter Praktiken Vorhersagen machen:* aus den Karten, dem Kaffeesatz w.; sich von jmdm. [aus den Handlinien] w. lassen; (mit Akk.-Obj.:) etw. w.; jmdm. die Zukunft w.
Wahr|sa|ger, der; -s, - [für mhd. wārsage = Wahrsager]: *jmd., der wahrsagt:* ich bin doch kein W.! (ugs.; *das weiß ich natürlich auch nicht!*)
Wahr|sa|ge|rei, die; -, -en (abwertend): **1.** ⟨o. Pl.⟩ *das Wahrsagen.* **2.** *wahrsagende Äußerung.*
Wahr|sa|ge|rin, die; -, -nen: w. Form zu ↑ Wahrsager: zu einer W. gehen.
wahr|sa|ge|risch ⟨Adj.⟩: *zum Wahrsagen gehörend, prophetisch.*
Wahr|sa|gung, die; -, -en: **1.** ⟨o. Pl.⟩ *das Wahrsagen.* **2.** *das Vorhergesagte, Prophezeite:* ihre W. ist wirklich eingetroffen.
währ|schaft ⟨Adj.⟩ [zu ↑ Währschaft, eigtl. = was als gut verbürgt werden kann] (schweiz.): **a)** *solide* (1): ein -er Stoff; -e Schuhe; **b)** *tüchtig, zuverlässig:* ein -er Bursche; **c)** *gut, ordentlich, reell* (1 a); **d)** *(von Essen) kräftig u. nahrhaft, sättigend.*
Währ|schaft, die; -, -en [mhd. werschaft, zu: wern, ↑ Währung] (schweiz.): *Bürgschaft.*
Wahr|schau [aus dem Niederd., eigtl. = Aufmerksamkeits-, Warnzeichen] (seemännischer Warnruf): *Vorsicht!*
wahr|schau|en ⟨sw. V.; wahrschaute, hat gewahrschaut⟩ [mniederd. warschouwen, zu asächs., ahd. wara, ↑ wahren] (Seemannsspr.): *auf eine Gefahr aufmerksam machen.*
¹wahr|schein|lich [auch: ˈvaːɐ̯...] ⟨Adj.⟩ [wohl nach niederl. waarschijnlijk, zu: waar = wahr; wohl Lehnübertragung von lat. verisimilis (zu: verus = wahr u. similis = ähnlich)]: *ziemlich gewiss; mit ziemlicher Sicherheit in Betracht kommend:* der -e Täter; die -e Folge ist, dass ...; die -e Todesursache; es ist nicht [sehr] w., dass er es war; Die Stunde zu, zu sich Ulrich entschlossen hatte hinauszufahren, machte es nicht w. (*zu der Stunde war nicht anzunehmen*), dass w. Walter zu Hause antreffen würde (Musil, Mann 352).
²wahr|schein|lich [auch: ˈvaːɐ̯...] ⟨Adv.⟩ [zu: ↑ ¹wahrscheinlich]: *mit ziemlicher Sicherheit:* er wird w. erst morgen reisen; der Name ist w. keltischen Ursprungs; es war w. Selbstmord; »Kommst du morgen?« - »Wahrscheinlich [ja, nicht].«; sie hat sehr w. (*mit großer Sicherheit*) recht.
Wahr|schein|lich|keit, die; -, -en: **1.** ⟨Pl. selten⟩ *das Wahrscheinlichsein;* etw. hat eine hohe, geringe W.; etw. wird mit hoher, großer W. eintreffen; * **aller W. nach** (*sehr wahrscheinlich*). **2.** (Fachspr.) *Grad* (1 a) *der Möglichkeit des Eintretens bzw. der Voraussagbarkeit eines Ereignisses.*
Wahr|schein|lich|keits|grad, der: *Grad der Wahrscheinlichkeit.*
Wahr|schein|lich|keits|rech|nung, die: **1.** ⟨o. Pl.⟩ *Teilgebiet der Mathematik, das sich mit der Untersuchung der Gesetzmäßigkeiten zufälliger Ereignisse befasst.* **2.** *Berechnung einer Wahrscheinlichkeit.*
Wahr|schein|lich|keits|the|o|rie, die: *philosophisch-mathematische Theorie der Wahrscheinlichkeitsrechnung.*
Wahr|spruch, der (österr. Rechtsspr., sonst veraltet): *Verdikt* (1): ein richterlicher W.
Wahr|traum, der (Parapsychol.): *Traum, dessen Inhalt auf Zukünftiges weist.*

Wah|rung, die; - [mhd. warunge]: **a)** *das Wahren* (a); **b)** *das Wahren* (b): zur W. des Allgemeinguts verpflichtet sein.
Wäh|rung, die; -, -en [mhd. werunge, urspr. = Gewährleistung (eines Rechts, einer Qualität, eines Maßes, eines Münzgehalts), zu: wern, ↑ gewähren]: **1.** *gesetzliches Zahlungsmittel eines Landes od. der Länder einer Währungsunion:* eine freie, frei konvertierbare W.; in- und ausländische -en; manipulierte W. (*staatlich gesteuerte Währung ohne Deckung durch Gold, Silber o. Ä.*); harte (*stabile, überall frei konvertierbare*), weiche W.; die W. Italiens war früher die Lira; eine neue, eine stabile W. schaffen; die europäische W. heißt Euro; die Touristen hatten nur japanische W. (*japanisches Geld*) bei sich; in fremder W. (*ausländischem Geld*) bezahlen. **2.** *Währungssystem:* die W. stabil halten.
Wäh|rungs|aus|gleich, der: **1.** *im Rahmen des Lastenausgleichs gezahlte Entschädigung für Spargutshaben.* **2.** *Ausgleich der Unterschiede bei den nationalen Agrarpreisen zwischen den Mitgliedsländern der EU.*
Wäh|rungs|aus|gleichs|fonds, der (Bankw.): *Fonds, mit dessen Hilfe Schwankungen der Wechselkurse im Interesse der Exportmöglichkeiten des Landes beeinflusst werden können.*
wäh|rungs|be|rei|nigt ⟨Adj.⟩ (Wirtsch.): *bereinigt um Wechselkurseffekte:* w. sind die Umsätze, die Kosten, die Gewinne seit den letzten Jahr um 5 % gestiegen.
Wäh|rungs|block, der ⟨Pl. ...blöcke, selten: -s⟩: *Zusammenschluss mehrerer Länder, die eine gemeinsame Währungspolitik verfolgen* (z. B. Sterlingblock).
Wäh|rungs|ein|heit, die: *Einheit für das Geld einer bestimmten Währung* (1) (z. B. Euro, Pfund): die W. in der Schweiz heißt Franken; die kleine W. ist der Rappen.
Wäh|rungs|fonds, der (Bankw.): *Währungsausgleichsfonds.*
Wäh|rungs|ge|biet, das: *Bereich, in dem eine bestimmte Währung* (1) *Zahlungsmittel ist.*
Wäh|rungs|hü|ter, der (Wirtschaftsjargon): *jmd., der aufgrund seines Amtes für größtmögliche Währungsstabilität zu sorgen hat:* die W. der Bundesbank.
Wäh|rungs|hü|te|rin, die: w. Form zu ↑ Währungshüter.
Wäh|rungs|kri|se, die: *Krise innerhalb eines Währungssystems.*
Wäh|rungs|kurs, der: vgl. Kurs (4).
Wäh|rungs|pa|ri|tät, die: *Parität* (2).
Wäh|rungs|po|li|tik, die: *Gesamtheit aller staatlichen Maßnahmen, die die Währung eines Landes betreffen.*
wäh|rungs|po|li|tisch ⟨Adj.⟩: *zur Währungspolitik gehörend; sie betreffend:* -e Fragen, Beschlüsse; w. bedeutsame Entscheidungen.
Wäh|rungs|re|form, die: *Neuordnung eines (in eine Krise geratenen) Währungssystems:* vor, nach der W.
Wäh|rungs|re|ser|ve, die (meist Pl.): *Bestand eines Landes an Gold u. Devisen; Devisenreserve.*
Wäh|rungs|sta|bi|li|tät, die: *Stabilität einer Währung.*
Wäh|rungs|sys|tem, das: **1.** *System des Geldwesens eines Landes:* das japanische W. **2.** *vom Verhältnis mehrerer Währungen zueinander gebildetes System:* das internationale, europäische W.
Wäh|rungs|uni|on, die: *Union, die darin besteht, dass in einem bestimmten Gebiet eine einheitliche Währung gilt od. eine einheitliche Geld- u. Währungspolitik betrieben wird:* der politischen

Vereinigung ging eine W. voraus; der Vertrag sieht eine europäische W. vor.
Wahr|zei|chen, das [mhd. warzeichen, zu veraltet Wahr (↑ wahren), also eigtl. = Zeichen, das auf etw. aufmerksam macht]: *etw., was als Erkennungszeichen, als Sinnbild für etw. steht, bes. Kennzeichen einer Stadt, einer Landschaft:* der Kreml ist das W. Moskaus; Ü ◆ Ach, ich hatte der guten W. noch mehr! Einhundert Schritte weiter fand ich einen weißen Schleier auf der Straße liegend (Cl. Brentano, Kasperl 370).
Waid, der; -[e]s, -e [mhd., ahd. weit]: *(zu den Kreuzblütlern gehörende) Pflanze mit kleinen, gelben, in Rispen wachsenden Blüten, bläulich grünen Blättern u. Schotenfrüchten; Isatis.*
Waid|ge|nos|se usw.: ↑ Weidgenosse usw.
waid|ge|recht usw.: ↑ weidgerecht usw.
Wai|se, die; -, -n [mhd. weise, ahd. weiso, verw. mit mhd. entwisen = verlassen von, leer von, ahd. wīsan = meiden, wohl zu einem Verb mit der Bed. »trennen«]: **1.** *Kind, das einen Elternteil od. beide Eltern verloren hat:* W. sein, werden. **2.** (Verslehre) *reimlose Zeile innerhalb einer gereimten Strophe.*
Wai|sen|geld, das: *monatlicher Betrag, den eine Waise vom Staat zur Sicherung des Lebensunterhalts erhält.*
Wai|sen|haus, das (früher): *Heim für elternlose Kinder.*
Wai|sen|kind, das (fam. veraltend): *elternloses Kind; Waise [die in einem Heim lebt]:* * **gegen jmdn. ein W. sein** (*jmdm. bes. im Hinblick auf bestimmte negative Eigenschaften bei Weitem nicht gleichkommen*).
Wai|sen|kna|be, der (geh. veraltend): *männliche Waise:* * **gegen jmdn. ein, ein reiner, der reine, der reinste W. sein** (*jmdm. bes. im Hinblick auf bestimmte negative Eigenschaften bei Weitem nicht gleichkommen*); **in etw. ein, ein reiner, der reine, der reinste W. sein** (*von etw. [einer Fertigkeit o. Ä.] sehr wenig verstehen*).
Wai|sen|ren|te, die: *von der gesetzlichen Sozialversicherung an eine Waise zu zahlende Rente* (a).
Wa|ke, die; -, -n [mniederd. wake] (nordd.): *nicht od. nur oberflächlich zugefrorene Stelle in der Eisdecke eines Flusses od. Sees.*
Wake|board [ˈweɪk...], das; -s, -s [engl. wakeboard, aus: wake = Kielwasser u. board = Brett, geb. nach: surfboard, ↑ Surfboard]: *Brett zum Wasserskifahren, auf dem man (im Unterschied zum klassischen Wasserskifahren) mit beiden Beinen steht.*
Wal, der; -[e]s, -e [mhd., ahd. wal, H. u., viell. verw. mit altpreußisch kalis = Wels u. lat. squalus = Meersau (= ein größerer, plump aussehender Mittelmeerfisch)]: *sehr großes Meeressäugetier mit massigem Körper, zu Flossen umgebildeten Vordergliedmaßen u. waagerecht stehender Schwanzflosse:* ein riesiger, weißer, gestrandeter W.; Delfine sind -e; die Schule von -en W. bläst; -e jagen, fangen; einen W. harpunieren; die -e schützen, vor der Ausrottung bewahren.
Wa|la|che, der; -n, -n: Ew. zu Walachei (1).
Wa|la|chei, die; -: **1.** *rumänische Landschaft.* **2.** (ugs.) *abgelegene Gegend, abgelegener Ort:* mitten in der W. ist uns der Sprit ausgegangen.
Wa|la|chin, die; -, -nen: w. Form zu ↑ Walache.
Wald, der; -[e]s, Wälder. **1.** [mhd., ahd. walt, urspr. = nicht bebautes Land, viell. verw. mit lat. vellere = rupfen, zupfen, raufen, also eigtl. = gerupftes Laub] *größere, dicht mit Bäumen bestandene Fläche:* ein lichter, tiefer, dunkler, verschneiter, winterlicher W.; ein naturnaher W.; endlose, undurchdringliche Wälder; für den Bau der Straße müssen 30 Hektar W. abgeholzt werden; einen W. roden, anpflanzen, forstlich nutzen; die Wälder

Waldameise – walken

durchstreifen; dort gibt es viel, kaum noch W.; durch W. und Feld, W. und Flur streifen; die Tiere des -es; in der Kühle des -es; sich im W. verirren; R wie man in den W. hineinruft, so schallt es heraus *(wie man andere behandelt o. Ä., so werden sie einen selbst auch behandeln o. Ä.);* (ugs.:) ich denk, ich steh im W. (Ausdruck der Verwunderung, Entrüstung); *ein W. von .../*(seltener:) *aus ...* (im Allgemeinen bezogen auf eine größere Menge dicht nebeneinanderstehender emporragender Dinge; *eine große Menge von ...);* den W. vor [lauter] Bäumen nicht sehen (scherzh.; *über zu vielen Einzelheiten das größere Ganze nicht erfassen;* nach Chr. M. Wieland [1733–1813], Musarion, Buch 2); **einen ganzen W. absägen** (ugs. scherzh.; *sehr laut schnarchen);* **nicht für einen W. voll Affen** (ugs.; *unter keinen Umständen, auf keinen Fall;* nach W. Shakespeare, Der Kaufmann von Venedig III, 1); **einen vom W. erzählen** (ugs.; *etw. Unwahres erzählen).* **2.** ⟨Pl.⟩ [LÜ von lat. silvae (Pl.)] (Literaturwiss. veraltet) *Sammlung von Schriften, Dichtungen o. Ä.: poetische, kritische Wälder.*

Wald|amei|se, die: *in Nadelwäldern lebende Ameise.*

Wald|ar|bei|ter, der: *forstwirtschaftlicher Arbeiter.*

Wald|ar|bei|te|rin, die: w. Form zu ↑ Waldarbeiter.

Wald|bad, das: *im Wald gelegenes Freibad.*

Wald|bau, der ⟨o. Pl.⟩ (Forstwirtsch.): *Lehre von der Anlage u. Pflege des Waldes.*

Wald|bee|re, die: (meist Pl.): **a)** *im Wald wachsende Beere;* **b)** (landsch.) *Heidelbeere.*

Wald|be|stand, der: *Bestand an Wald.*

Wald|bo|den, der: *Erdreich im Bereich des Waldes.*

Wald|brand, der: *Brand in einem Wald: verheerende Waldbrände; verhütet Waldbrände!*

Wäld|chen, das; -s, -: Vkl. zu ↑ Wald.

wald|ein ⟨Adv.⟩: *in den Wald hinein.*

Wald|ein|sam|keit, die (dichter.): *Abgeschiedenheit des Waldes.*

Wal|den|ser, der; -s, - [mlat. Waldenses, nach dem Begründer, dem Lyoner Kaufmann Petrus Waldes (12./13. Jh.)]: *Angehöriger einer Laienbewegung, die das Evangelium verkündet u. ein urchristliches Gemeinschaftsleben in Armut anstrebt.*

Wal|den|se|rin, die; -, -nen: w. Form zu ↑ Waldenser.

Wäl|der: Pl. von ↑ Wald.

Wald|erd|bee|re, die: *bes. in Wäldern wachsende kleine, sehr aromatische Erdbeere.*

Wal|des|dun|kel, das (dichter.): *Dunkel des Waldes.*

Wal|des|rand, der (dichter.): *Rand des Waldes.*

Wal|des|rau|schen, das; -s (dichter.): *Rauschen des Waldes.*

Wald|fach|ar|bei|ter, der: *jmd., der mit der Begrünung, Erschließung u. Nutzung des Waldes betraut ist* (Berufsbez.).

Wald|fach|ar|bei|te|rin, die: w. Form zu ↑ Waldfacharbeiter.

Wald|farn, der: *Frauenfarn.*

Wald|fee, die: in der Wendung **husch, husch, die W.!** (1. ugs.; *Aufforderung, sich zu entfernen.* 2. *Kommentar, mit dem man das schnelle Vorbeihuschen einer Person begleitet).*

Wald|flä|che, die: *Wald eingenommene Landfläche: die gesamte W. des Landes hat um 16 Prozent abgenommen; es werden immer neue -n gerodet.*

Wald|fre|vel, der: *Forstfrevel.*

Wald|ge|biet, das: *mit Wald bestandenes, bewaldetes Gebiet: das größte zusammenhängende W. Europas.*

Wald|ge|bir|ge, das: *bewaldetes Gebirge:* ein unwegsames W.

Wald|geist, der ⟨Pl. -er⟩: *in Märchen u. Mythen auftretender, im Wald hausender Geist.*

Wald|ge|nos|sen|schaft, die (Forstwirtsch.): *Zusammenschluss von Personen, die Nutzungsrechte an einem Wald haben.*

Wald|gott, der (Mythol.): *Gott des Waldes u. der Pflanzen u. Tiere des Waldes.*

Wald|göt|tin, die: w. Form zu ↑ Waldgott.

Wald|gren|ze, die: vgl. Baumgrenze.

Wald|ho|nig, der: *Honig, den Bienen aus im Wald gesammeltem Nektar u. Honigtau produzieren.*

Wald|horn, das ⟨Pl. ...hörner⟩: *Blechblasinstrument mit kreisförmig gewundenem Rohr, trichterförmigem Mundstück, ausladender Stütze u. drei Ventilen.*

Wald|huhn, das (Jägerspr.): *Auer-, Birk-, Haselod. Schneehuhn* (Sammelbezeichnung).

Wald|hü|ter, der (veraltend): vgl. Feldhüter.

wal|dig ⟨Adj.⟩: *mit Wald bestanden; bewaldet: eine -e Gegend.*

Wald|in|ne|res ⟨vgl. Inneres⟩: *Inneres des Waldes.*

Wald|kan|te, die (Holzverarb.): *durch den natürlichen Wuchs bedingte abgerundete [noch von Rinde bedeckte] Kante an Schnittholz.*

Wald|kauz, der: (in Wäldern u. Parkanlagen lebender) *Kauz mit auffallend großem, rundem Kopf und gelbbraunem bis grauem Gefieder mit dunklen Flecken od. Längsstreifen.*

Wald|land, das ⟨o. Pl.⟩: *von Wald bedecktes Land:* 10 Prozent der Fläche der Insel sind W.

Wald|lauf, der: *Dauerlauf auf Waldwegen: einen halbstündigen W. machen.*

Wald|lich|tung, die: *Lichtung im Wald.*

Wald|man|tel, der (Forstwirtsch.): *Randzone eines Waldes; Trauf.*

Wald|meis|ter, der; -s [viell. nach der »meisterlichen« Heilkraft]: *in Laubwäldern wachsende Pflanze mit kleinen weißen Blüten, die zum Aromatisieren von Bowlen verwendet wird.*

Wald|meis|ter|bow|le, die: *mit Waldmeister gewürzte Bowle.*

Wald|nym|phe, die: vgl. Waldgeist.

Wald|oh|r|eu|le, die: *(bes. in Wäldern lebende) Eule mit gelben Augen u. Federohren.*

Wal|dorf|pä|d|a|go|gik, die; -: vgl. Waldorfschule.

Wal|dorf|sa|lat, der; -[e]s, -e [nach dem Hotel Waldorf-Astoria in New York] (Kochkunst): *Salat aus rohem, geraspeltem Sellerie, Äpfeln, Walnüssen u. Mayonnaise.*

Wal|dorf|schu|le, die; -, -n [die erste, 1919 in Stuttgart gegründete Waldorfschule wurde von ihrem Begründer, dem Leiter der Waldorf-Astoria-Zigarettenfabrik, so benannt]: *nach den Prinzipien anthroposophischer Pädagogik unterrichtende Privatschule, die auf die Entfaltung der kreativen Fähigkeiten der Schüler besonderes Gewicht legt.*

Wald|rand, der: *Rand des Waldes: das Zelt stand auf einer Wiese direkt am W.; die Pflanze wächst vor allem an Waldrändern.*

Wald|rapp, der; -s, -e [2. Bestandteil zu: Rappe = ältere Nebenf. von Rabe]: *früher in Europa sehr verbreiteter Vogel mit schwarzem, grünlich glänzendem Gefieder, nacktem, rötlichem Gesicht u. langem, gebogenem Schnabel.*

Wald|re|be, die: *Klematis.*

Wald|saum, der (geh.): *Waldrand.*

Wald|scha|den, der ⟨meist Pl.⟩: *Schaden an den Bäumen des Waldes, am Ökosystem Wald.*

Wald|schnei|se, die: *Schneise im Wald.*

Wald|schrat, Wald|schratt, der: *Schrat.*

Wald|statt, die; -, ...stätte ⟨meist Pl.⟩ (schweiz. geh.): Bez. für einen der am Vierwaldstätter See gelegenen Kantone Uri, Schwyz, Unterwalden,

Luzern, auch für Einsiedeln: die drei Waldstätte (Uri, Schwyz u. Unterwalden); die W. Einsiedeln.

Wald|step|pe, die (Geogr.): *Bereich, Zone, in der die Steppe in ein geschlossenes Waldgebiet übergeht.*

Wald|ster|ben, das; -s: *verstärkt auftretendes Absterben von Bäumen in Waldgebieten [infolge hoher Luftverschmutzung].*

Wald|storch, der: *vor allem in Wäldern, Auen u. Sümpfen lebender Storch mit oberseits bräunlich schwarzem, an der Unterseite weißem Gefieder; Schwarzstorch.*

Wald|streu, die: *aus Laub u. Tannennadeln u. Ä. bestehende Streu.*

Wald|stück, das: **a)** *kleinerer Wald;* **b)** *Teil eines Waldes.*

Wald|tau|be, die: *Ringeltaube.*

Wald|tier, das: *im Wald lebendes Tier.*

Wald-und-Wie|sen- (ugs. leicht abwertend): ↑ Feld-Wald-und-Wiesen-; Wald-und-Wiesen-Arzt.

Wal|dung, die; -, -en: *größerer Wald; Waldgebiet.*

Wald|vier|tel, das; -s: *niederösterreichische Landschaft.*

¹**Wald|viert|ler,** der; -s, -: Ew.

²**Wald|viert|ler,** die; -, - (ostösterr.): *geräucherte Brühwurst.*

³**Wald|viert|ler** ⟨indekl. Adj.⟩: (ostösterr.:) W. Knödel.

Wald|viert|le|rin, die; -, -nen: w. Form zu ↑ ¹Waldviertler.

Wald|vo|gel, der: *im Wald lebender Vogel.*

Wald|vö|ge|lein, das: *(in lichten Buchenwäldern wachsende) Orchidee mit länglich-eiförmigen Blättern u. weißlichen od. violetten Blüten.*

wald|wärts ⟨Adv.⟩ [↑-wärts]: *in Richtung zum Wald: w. gehen.*

Wald|weg, der: *Weg im Wald:* ein unbefestigter, asphaltierter W.

Wald|wie|se, die: *inmitten eines Waldes gelegene Wiese.*

Wald|wirt|schaft, die: *Forstwirtschaft.*

Wales [we̯ɪlz]: Wales': Halbinsel im Westen der Insel Großbritannien.

Wal|fang, der ⟨o. Pl.⟩: *das Fangen von Walen:* auf W. gehen.

Wal|fän|ger, der: **1.** *jmd., der Walfang treibt.* **2.** *kleineres Walfangschiff.*

Wal|fang|flot|te, die: *Flotte für den Walfang.*

Wal|fang|schiff, das: *Schiff für den Walfang.*

Wal|fisch, der (volkstüml.): *Wal.*

Wal|hall [auch: ...'hal], das; -s ⟨meist o. Art.⟩ [nach aisl. valholl; zum 1. Bestandteil vgl. Walstatt, 2. Bestandteil zu Halle, also eigtl. = Halle der auf dem Kampfplatz Gefallenen] (germ. Mythol.): *Aufenthaltsort der in der Schlacht Gefallenen.*

Wal|hal|la, das; -[s] od. die; - ⟨meist o. Art.⟩: *Walhall.*

Wa|li|ser, der; -s, -: Ew. zu ↑ Wales.

Wa|li|se|rin, die; -, -nen: w. Form zu ↑ Waliser.

wa|li|sisch ⟨Adj.⟩: *Wales, die Waliser betreffend; von den Walisern stammend, zu ihnen gehörend.*

Wal|ke, die; -, -n (Fachspr.): **1.** ⟨o. Pl.⟩ *das* ¹*Walken.* **2.** *Maschine, mit der Filze hergestellt werden.*

¹**wal|ken** ⟨sw. V.; hat⟩ [mhd. walken = walken, prügeln, ahd. walchan = kneten, zu ↑ ¹wallen]: **1.** (Textilind.) *(Gewebe) durch bestimmte Bearbeitung zum Verfilzen bringen.* **2.** *(in der Lederherstellung) Häute durch mechanisch knetende u. ä. Bearbeitung geschmeidig machen.* **3.** (Hüttenw.) *Feinbleche zum Glätten über hintereinander angeordnete Walzen laufen lassen.* **4.** (landsch.) **a)** *(Gegenstände aus Leder, bes. Schuhe) durch kräftiges Einreiben mit Lederfett u. anschließendes Kneten o. Ä. weich, geschmei-*

dig machen; **b)** *(Teig) kräftig durchkneten:* den Teig kräftig w.; **c)** *kräftig massieren;* **d)** *(Wäsche beim Waschen mit der Hand) kräftig reibend, knetend bearbeiten.*

²**wal|ken** ['wɔ:kŋ̩] ⟨sw. V.; ist⟩ [zu engl. to walk = gehen]: *Walking betreiben:* wir sind gestern Abend noch gewalkt.

¹**Wal|ker,** der; -s, -: **1.** *jmd., der die Arbeit des* ¹*Walkens* (1, 2) *ausführt (Berufsbez.).* **2.** *(landsch.) Kurzf. von* ↑ Nudelwalker. **3.** *dem Maikäfer ähnlicher brauner Käfer mit unregelmäßigen gelblich weißen Flecken, der bes. auf sandigen Böden u. auf Dünen vorkommt.*

²**Wal|ker** ['wɔ:kɐ], der; -s, -: *jmd., der Walking betreibt.*

¹**Wal|ke|rin,** die; -, -nen: w. Form zu ↑ ¹Walker.

²**Wal|ke|rin** ['wɔ:...], die; -, -nen: w. Form zu ↑ ²Walker.

Wal|kie-Tal|kie ['wɔ:ki'tɔ:ki], das; -[s], -s [engl. walkie-talkie, zu: to walk = gehen u. to talk = sprechen]: *tragbares Funksprechgerät.*

Wal|king ['wɔ:kɪŋ], das; -[s] [engl. walking = das Gehen, zu: to walk = gehen]: *intensives Gehen [als sportliche Betätigung].*

Wal|king Bass, der; - -, **Wal|king|bass,** der; - ['wɔ:kɪŋbeɪs; engl. walking bass, eigtl. = gehender Bass]: *(im Jazz) rhythmisch gleichmäßig fortschreitende Basslinie.*

Walk|jan|ker, der: *Janker aus* ¹*gewalktem* (1) *Material.*

Walk|man® ['wɔ:kmən], der; -[s], -s u. ...men [...mən] [engl. Walkman®, aus: to walk = gehen u. man = Mann]: *kleiner tragbarer Kassettenrekorder mit Kopfhörern.*

Walk|müh|le, die; (früher): *Anlage zum* ¹*Walken* (1): ♦ ...dann hörten sie seine W. und seinen Lohstampf, die er an seinem Bache für Tuchmacher und Gerber angelegt hatte (Stifter, Bergkristall 22).

Wal|kü|re [auch: 'val...], die; -, -n [nach aisl. valkyria; zum 1. Bestandteil vgl. Walstatt, 2. Bestandteil zu ↑ Kür, also eigtl. = Wählerin der Toten auf dem Kampfplatz] (germ. Mythol.): **1.** *eine der Botinnen Wodans, die die Gefallenen vom Schlachtfeld nach Walhall geleiten.* **2.** (scherzh.) *große, stattliche [blondhaarige] Frau:* die Frau des Ministers ist eine W.

♦ **Walk|werk,** das: *Walkmühle:* ...als die Kinder bis zu den Loh- und Walkwerken des Großvaters gekommen waren (Stifter, Bergkristall 27).

¹**Wall,** der; -[e]s, -e ⟨aber: 2 Wall⟩ [aus dem Niederd. < älter schwed. val < altschwedisch val = Stange, Stock, eigtl. wohl = Anzahl von Fischen, die auf einem Stock aufgespießt werden können] (veraltet): *(bes. von Fischen) Anzahl von 80 Stück:* drei W. Heringe.

²**Wall,** der; -[e]s, Wälle [mhd. wal, ahd. in: erdêwal < lat. vallum = Pfahlwerk auf dem Schanzwall, zu: vallus = (Schanz)pfahl]: *Aufschüttung aus Erde, Steinen o. Ä., mit der ein Bereich schützend umgeben od. abgeschirmt wird:* einen W. errichten, aufschütten, abtragen; eine von einem hohen W., von W. und Graben umgebene Burg; W. von Schnee umgab das Haus.

Wal|la|by ['wɔləbi], das; -s, -s [engl. wallaby, aus einer Spr. der austral. Ureinwohner]: **1.** *mittelgroßes Känguru.* **2.** *Fell verschiedener Känguruarten.*

Wal|lach [österr. meist: va'lax], der; -[e]s, -e, österr. meist: -en, -en [urspr. = das aus der Walachei eingeführte kastrierte Pferd]: *kastriertes männliches Pferd.*

Wall|an|la|ge, die; (früher): *[im Wesentlichen] aus einem* ²*Wall bestehende Befestigungsanlage.*

Wäl|le: Pl. von ↑ ²Wall.

¹**wal|len** ⟨sw. V.⟩ [mhd. wallen, ahd. wallan, eigtl. = drehen, winden, wälzen]: **1.** ⟨hat⟩ **a)** *(von Flüssigkeiten, bes. von Wasser im*

Zustand des Kochens) in sich in heftiger Bewegung sein, die an der Oberfläche in einer beständigen Wellenbildung sichtbar wird: das Wasser, die Milch wallt [im Topf]; die Soße kurze Zeit w. lassen; ⟨subst.:⟩ die Suppe zum Wallen bringen; Ü jmds. Blut zum W. bringen (geh.; *jmdn. heftig erregen, zornig machen*); **b)** (geh.) *(bes. von stehenden Gewässern) von Grund auf bewegt u. aufgewühlt sein u. sich an der Oberfläche in wilden Wellen bewegen, wogen:* die See schäumte und wallte; das Schiff versank in den wallenden Fluten. **2.** (geh.) **a)** ⟨hat⟩ *sich in Schwaden hin u. her bewegen;* **b)** ⟨ist⟩ ¹*wallend* (2 a) *in eine bestimmte Richtung ziehen o. Ä.:* Nebel wallte in Schwaden über die Stadt. **3.** ⟨ist⟩ (geh.) *wogend, in großer Fülle herabfallen, sich bewegen:* blonde Locken wallten [ihr] über die Schultern; ein wallender Bart; wallende Gewänder *(Gewänder mit reichem Faltenwurf).*

²**wal|len** ⟨sw. V.; ist⟩ [mhd. wallen, ahd. wallôn, eigtl. = (umher)schweifen, unstet sein, wohl verw. mit ↑ Wedel]: **a)** (geh. od. spött.) *feierlich, gemessen einherschreiten;* **b)** (veraltet) *wallfahren:* Ü Man wallte zu ihm, um seinen Predigten zu lauschen und bewunderte den Zauber seiner Rede (Thieß, Reich 188).

wäl|len ⟨sw. V.; hat⟩ (landsch.): ¹*wallen* (1 a) *lassen; kochen [lassen]:* Fleisch w.

¹**Wal|ler,** der; -s, - [Nebenf. von älter: Waler, mhd. walre = Wels] (landsch., österr.): *Wels.*

²**Wal|ler,** der; -s, - [zu ↑ ²Wallen] (veraltet): *Wallfahrer:* ♦ ...wohl bin ich nur ein Wandrer, ein W. auf der Erde! (Goethe, Werther II, 16. Junius).

Wal|le|rin, die; -, -nen: w. Form zu ↑ Waller.

wall|fah|ren ⟨sw. V.; ist⟩ [im 16. Jh. bei Luther]: *eine Wallfahrt machen; pilgern:* sie ist nach Santiago de Compostela gewallfahrt.

Wall|fah|rer, der: *jmd., der eine Wallfahrt macht, an einer Wallfahrt teilnimmt.*

Wall|fah|re|rin, die: w. Form zu ↑ Wallfahrer.

Wall|fahrt, die [mhd. wallevart]: *aus verschiedenen religiösen Motiven (z. B. Buße, Suche nach Heilung) unternommene Fahrt, Wanderung zu einem heiligen Orte, einer heiligen Stätte.*

wall|fahr|ten ⟨sw. V.; ist⟩ (veraltet): **a)** *wallfahren:* Ü Hörte ich von Bombenabwürfen und Flugzeugabstürzen in der näheren Nachbarschaft, wallfahrtete ich zu den Fundstellen und fahndete nach neuesten Informationen (Rühmkorf, Fahrtwind 17); ♦ Einige werden als ein Trupp Pilgrime kommen, die nach Loretto w. gehen (Schiller, Fiesco II, 15); ♦ **b)** *wandern, gehen:* ...kommen Sie, so leihe Ihnen den Tarnkappe hier ... und wir wallfahrten ungesehen nach dem Förstergarten (Chamisso, Schlemihl 48).

Wall|fahrts|kir|che, die: vgl. Wallfahrtsort.

Wall|fahrts|ort, der: *Ort mit einer durch ein Gnadenbild, eine Reliquie o. Ä. berühmten Kirche od. einer anderen heiligen Stätte, die Ziel von Wallfahrten ist.*

Wall|fahrts|stät|te, die: vgl. Wallfahrtsort.

Wall|gra|ben, der; (früher): *parallel zu einem eine Burg o. Ä. umgebenden* ²*Wall verlaufender Graben.*

Wall|holz, das; -es, Wallhölzer [zu mundartl. walen = (sich) wälzen] (schweiz.): *Nudelholz.*

Wal|lis, das; -: Schweizer Kanton.

Wal|li|ser, der; -s, -: *Ew.*

Wal|li|se|rin, die; -, -nen: w. Form zu ↑ ¹Walliser.

wal|li|se|risch ⟨Adj.⟩: *das Wallis, die Walliser betreffend; von den Wallisern stammend, zu ihnen gehörend.*

Wal|lo|ne, der; -n, -n: Angehöriger der französische Mundarten sprechenden Bevölkerung Belgiens.

Wal|lo|ni|en; -s: Gebiet in Belgien, in dem Wallonisch gesprochen wird.

Wal|lo|nin, die; -, -nen: w. Form zu ↑ Wallone.

wal|lo|nisch ⟨Adj.⟩: *Wallonien, die Wallonen betreffend; von den Wallonen stammend, zu ihnen gehörend.*

Wal|lo|nisch, das; -[s], (nur mit best. Art.:) **Wal|lo|ni|sche,** das; -n: *von den Wallonen gesprochenes Französisch.*

Wall Street ['wɔ:l stri:t], die; - -, **Wall|street,** die; - (Wirtsch.): **a)** *(als Bankzentrum geltende) Geschäftsstraße in New York;* **b)** *Geld- u. Kapitalmarkt der USA.*

Wal|lung, die; -, -en: **1.** *das* ¹*Wallen* (1); *heftige Bewegung [an der Oberfläche]:* das Wasser im Topf kommt in W.; der Sturm brachte den See in W.; Ü er, sein Gemüt, sein Blut geriet in W. (*er geriet in heftige Erregung*); etw. hatte sie in W. gebracht (*zornig gemacht*); eine W. des Zorns, der Eifersucht. **2.** (Med.) **a)** *Blutwallung;* etw. macht, verursacht; an -en leiden; **b)** *Hitzewallung, fliegende Hitze:* -en haben, kriegen.

¹**Walm,** der; -[e]s [spätmhd., ahd. walm, zu ↑¹wallen (1 b)]: ¹*Wallen* (1 b) *des Wassers.*

²**Walm,** der; -[e]s, -e [mhd. walbe, ahd. walbo = Gewölbe, gewölbtes Dach, zu ↑ wölben] (Bauw.): *dreieckige Dachfläche an den beiden Giebelseiten eines Walmdachs.*

Walm|dach, das: *Dach mit je zwei schrägen einander gegenüberliegenden kongruenten* (2 a) *trapezförmigen u. dreieckigen Flächen, von denen die trapezförmigen oben aneinanderstoßen u. einen First bilden.*

Wal|nuss, die; Walnüsse [zu 1. Bestandteil zu ↑ welsch, also eigtl. = welsche Nuss (nach der Herkunft aus Italien)]: **1.** *Nuss des Walnussbaums.* **2.** *Walnussbaum.*

Wal|nuss|baum, der: *Baum mit großen, gefiederten Blättern u. kugeliger Steinfrucht mit grüner äußerer u. hellbrauner, holziger innerer Schale u. einem essbaren, fettreichen Samen.*

wal|nuss|groß ⟨Adj.⟩: *die Größe einer Walnuss* (1) *aufweisend:* eine -e Geschwulst.

Wal|per|tin|ger: ↑ Wolpertinger.

Wall|platz [auch: 'val...], der; (veraltet): vgl. Walstatt.

Wal|pur|gis|nacht, die; -, ...nächte [zu älter Walpurgis = Tag der hl. Walpurga (= 1. Mai)]: *Nacht zum 1. Mai, in der sich (nach dem Volksglauben) die Hexen auf dem Blocksberg treffen u. ihr Unwesen treiben.*

Wal|rat, der od. das; -[e]s [aus dem Niederd. < mniederd. walrât, unter Einfluss von ↑ Rat umgedeutet aus spätmhd. walrām (zu mhd. rām = Schmutz), umgedeutet aus älter dän., norw. hvalrav, zu spätanord. raf = Amber (a)]: *aus dem Schädel des Pottwals gewonnene, in der pharmazeutischen u. kosmetischen Industrie verwendete weißliche, wachsartige Masse; Spermazet.*

Wal|ross, das; -es, -e [niederl. walrus, Umstellung u. Vermischung von aisl. hrosshvalr = eine Art Wal u. aisl. rosmhvalr = Walross, 2. Bestandteil der beiden aisl. Wörter zu ↑²Wal, 1. Bestandteil von hrosshvalr zu ↑ Ross, 1. Bestandteil von rosmhvalr verw. mit ↑²Rost, also eigtl. Mischung mit »Rosswal«]: **1.** *große, dunkelbraune bis braune, in Herden in nördlichen Meeren lebende Robbe mit langen, als Hauer ausgebildeten Eckzähnen.* **2.** (ugs.) *schwerfälliger [dummer] Mensch:* so ein W.!

Wal|ser|tal, das; -[e]s: Tal in Vorarlberg: das Kleine, Große W.

Wal|statt [auch: 'val...], die; -, Walstätten [mhd. walstat, zu mhd., ahd. wal = Kampfplatz u. ↑ Statt] (veraltet): *Kampfplatz; Schlachtfeld:* * **auf der W. bleiben** (veraltet; *im Kampf fallen*).

wal|ten ⟨sw. V.; hat⟩ [mhd. walten, ahd. waltan, eigtl. = stark sein, beherrschen] (geh.): **a)** (veraltend) *gebieten, zu bestimmen haben, das Regiment führen:* ein König waltet über das Land; im Haus waltete die Mutter; **b)** *als wirkende Kraft o. Ä. vorhanden sein, herrschen:* in diesem Haus waltet ein guter Geist, Frieden, Harmonie; über dieser Sache waltet ein Unstern; hier haben rohe Kräfte gewaltet *(sind rohe Kräfte am Werk gewesen);* Gnade, Milde, Vernunft, Vorsicht w. lassen *(seinem Handeln zugrunde legen);* ⟨subst.:⟩ sie spürten das Walten *(Wirken)* einer höheren Macht.

Wal|tier, das ⟨meist Pl.⟩: *(in vielen Arten vorkommendes) im Wasser, bes. im Meer lebendes Säugetier mit fischartiger Körperform, das vollkommen an das Leben im Wasser angepasst ist, an Land nicht lebensfähig ist* (z. B. Blauwal, Schwertwal, Tümmler).

Walz, die; - [zu walzen (3)] (bes. früher): *Wanderschaft eines Handwerksgesellen:* auf der W. sein, auf die W. gehen; ein Handwerksbursche auf der W.; Ü drei Jahre lang war die junge Musikerin in Südamerika auf der W. (ugs.; *auf einer längeren Reise ohne festes Ziel; auf Tournee* 1); jeden Abend auf die W. gehen (landsch. ugs.; *ausgehen* 1b).

Walz|blech, das: *im Walzwerk (2) hergestelltes Blech.*

Wal|ze, die; -, -n [spätmhd. walze = Seilrolle, ahd. walza = Falle, Schlinge, zu ↑walzen u. eigtl. = Gedrehtes]: **1.** (Geom.) *zylindrischer Körper mit kreisförmigem Querschnitt.* **2.** *walzenförmiger Teil an Geräten u. Maschinen verschiedener Art mit der Funktion des Transportierens, Glättens o. Ä.* **3.** Kurzf. von ↑Straßenwalze. **4.** (ugs., auch Fachspr.) *Walzwerk* (2). **5.** *Teil eines mechanischen Musikinstruments, auf dem die Musik aufgezeichnet ist.* **6.** *(bei der Orgel) mit den Füßen zu bedienende Vorrichtung, mit der ein Anwachsen bzw. Schwächerwerden der Tonstärke bewirkt werden kann.* **7.** ⟨o. Pl.⟩ [zu ↑walzen (3)] (bes. früher) *Walz.*

wal|zen ⟨sw. V.⟩ [mhd. walzen = (sich) rollen, drehen, spätahd. walzan = rollen; verwandt mit ↑¹wallen]: **1.** ⟨hat⟩ [zu ↑Walze (3, 4)] *im Walzwerk bearbeiten u. in eine bestimmte Form bringen:* Metall, Stahl w. **2.** ⟨hat⟩ [zu ↑Walze (3, 4)] **a)** *mit einer Walze (3, 4) bearbeiten u. glätten;* **b)** *durch Niederwalzen von etw. entstehen lassen.* **3.** ⟨ist⟩ [eigtl. = müßig hin u. her schlendern] (veraltend, noch scherzh.) *wandern, auf Wanderschaft sein.* **4.** ⟨ist/hat⟩ [eigtl. = mit drehenden Füßen auf dem Boden schleifen, tanzen] (veraltend, noch scherzh.) *[Walzer] tanzen.*

wäl|zen ⟨sw. V.; hat⟩ [mhd., ahd. welzen]: **1. a)** *(meist schwere, plumpe Gegenstände [mit abgerundeten Formen]) langsam rollend auf dem Boden fortbewegen, an eine bestimmte Stelle schaffen:* einen Felsbrocken zur Seite w.; einen Verletzten auf die Seite w. *(auf die Seite drehen);* Ü die Schuld, Verantwortung, Arbeit auf einen anderen w. *(einem anderen aufbürden);* **b)** ⟨w. + sich⟩ *sich [auf dem Boden o. Ä. liegend] mit einer Drehung des Körpers, mit einer Abfolge von Drehungen um die eigene Achse fortbewegen od. in eine andere Lage bringen:* sich über den Boden w.; sich hin und her, auf die Seite, aufs Gesicht w.; sich aus dem Bett w.; Ü eine Lawine wälzt sich zu Tal; eine große Menschenmenge wälzte sich *(schob sich langsam)* durch die Straßen. **2. a)** ⟨w. + sich⟩ *sich (auf dem Boden o. Ä. liegend) hin u. her drehen, hin u. her werfen:* sich schlaflos im Bett w.; sich im Schlamm, im Dreck, im Schnee w.; sich in seinem Blut w. *(sich stark blutend am Boden wälzen);* Ü sie wälzten sich vor Lachen (ugs.; *mussten sehr lachen);* **b)** *(bei der Zubereitung) in etw. hin u. her wenden, drehen, damit sich seine Oberfläche damit bedeckt:* etw. in Eigelb, in Öl, in Puderzucker, in gehackten Kräutern w.; das Fleisch in Paniermehl w. **3.** (ugs.) *(bei der Suche nach etw. Bestimmtem an verschiedenen Stellen lesend) eifrig, über längere Zeit durchblättern; studieren:* Lexika, Kursbücher, Kataloge w. **4.** (ugs.) *sich mit etw. im Geist beschäftigen, um Klarheit darüber zu gewinnen:* Pläne, ein Problem, Gedanken w.

wal|zen|för|mig ⟨Adj.⟩: *von der Form einer Walze (1); zylindrisch.*

Wal|zen|la|ger, das ⟨Pl. ...lager⟩ (Technik): *Wälzlager.*

Wal|zen|stra|ße, die (Technik): *Walzstraße.*

Wal|zer, der; -s, -: **1.** [zu walzen (4)] *Tanz im ¾-Takt, bei dem sich die Paare im Walzerschritt (sich rechtsherum um sich selbst drehend) bewegen:* ein langsamer Walzer; Wiener W.; W. linksherum; W., einen W. tanzen. **2.** [zu ↑walzen (4)] *Instrumentalstück in der Art eines Walzers* (1): die Kapelle spielte einen W.; er pfiff einen W. **3.** [zu ↑walzen (1)] *Walzwerker.*

Wäl|zer, der; -s, - [eigtl. = Ding, das so schwer ist, dass man es nur durch Wälzen fortbewegen kann; wahrsch. scherzh. LÜ von lat. volumen, ↑Volumen] (ugs.): *großes, schweres Buch:* ein dicker W.; ein W. von über 1 200 Seiten.

Wal|ze|rin, die; -, -nen: w. Form zu ↑Walzer (3).

Wal|zer|me|lo|die, die: *Melodie eines Walzers.*

Wal|zer|mu|sik, die: *Tanzmusik, nach der Walzer zu tanzen ist.*

Wal|zer|schritt, der: *zum Walzer gehöriger Tanzschritt.*

wal|zer|se|lig ⟨Adj.⟩: *ganz dem Walzer, der Walzermusik hingegeben, in Walzermusik schwelgend.*

Wal|zer|se|lig|keit, die ⟨Pl. selten⟩: *das Walzerseligsein; walzerseliger Zustand.*

Wal|zer|takt, der: *der Walzer (1, 2) eigentümlicher ¾-Takt [bei dem der erste Schlag betont, der zweite leicht vorgezogen u. der dritte z. T. verzögert wird].*

Walz|gut, das (Fachspr.): *zu walzendes Material.*

wal|zig ⟨Adj.⟩: *walzenförmig.*

Wälz|la|ger, das ⟨Pl. ...lager⟩ (Technik): *Lager (6 a), bei dem die Reibung durch das Rollen eingebauter Walzen o. Ä. erfolgt.*

Wälz|sprung, der (Leichtathletik): *Art des Hochsprungs, bei der sich der Körper beim Überqueren der Latte so dreht, dass die Brust nach unten zeigt; Straddle.*

Walz|stahl, der: *gewalzter Stahl.*

Walz|stra|ße, die: *technische Anlage, bestehend aus hintereinander angeordneten Walzen, über bzw. durch die das zu bearbeitende Walzgut läuft.*

Walz|werk, das: **1.** *mit Walzen (2) ausgestattete Maschine, zur Zerkleinerung von sprödem Material dient.* **2.** *Betrieb, Anlage, in der Metall, bes. Stahl, auf Walzstraßen bearbeitet wird.*

Walz|wer|ker, der; -s, -: *Arbeiter in einem Walzwerk (2).*

Walz|wer|ke|rin, die: w. Form zu ↑Walzwerker.

Wam|me, die; -, -n [mhd. wamme, wambe, wampe, ahd. wamba, H. u.]: **1.** *von der Kehle bis zur Brust reichende Hautfalte an der Unterseite des Halses (z. B. bei Rindern).* **2.** (Kürschnerei) *Bauchseite der Felle.* **3.** (landsch.) *Wampe.*

Wam|merl, das; -s, -[n] [mundartl. Vkl. von ↑Wamme] (südd., österr.): *Bauchfleisch vom Kalb.*

Wam|pe, die; -, -n [mhd. wampe, ↑Wamme] (ugs. abwertend): **a)** *dicker Bauch (bes. bei Männern):* eine fette, dicke W.; eine W. haben, kriegen; er hat sich eine ganz schöne W. angefressen; **b)** *Magen:* sich die W. vollschlagen.

wam|pert ⟨Adj.⟩: (südd., österr. abwertend): *dickbäuchig; beleibt:* sie ist ein bisserl w.

Wams, das; -es, Wämser [mhd. wams < afrz. wambais < mlat. wambasium, zu griech. pámbax, ↑Bombast]: **1.** *unter dem Panzer, der Rüstung getragenes Untergewand der Ritter.* **2.** (veraltet, noch landsch.) *(bes. bei bestimmten Trachten) den Oberkörper bedeckendes, meist hochgeschlossenes, eng anliegendes, bis zur Taille reichendes Kleidungsstück für Männer.*

wam|sen ⟨sw. V.; hat⟩ [eigtl. = das Wams ausklopfen] (landsch.): *verprügeln.*

◆ **Wams|schoß,** der: *Rockschoß* (1): ... sagte dem Junker, der sich die Wamsschöße frierend vor den Leib hielt (Kleist, Kohlhaas 7).

WAN, das; -[s], -s, selten - [Kurzwort für engl. Wide Area Network]: *räumlich [über die gesamte Erde] ausgedehntes Computernetzwerk.*

wand: ↑¹winden.

Wand, die; -, Wände [mhd., ahd. want, zu ↑¹winden, also eigtl. = das Gewundene, Geflochtene (Wände wurden urspr. geflochten)]: **1.** *im Allgemeinen senkrecht aufgeführter Bauteil als seitliche Begrenzung eines Raumes, Gebäudes o. Ä.:* eine dünne, massive, gemauerte, [nicht] tragende, gekachelte, verputzte, gekalkte W.; die Wände sind sehr hellhörig; sie war, wurde weiß wie die W., wie eine W. *(sehr bleich);* eine W. hochziehen, aufmauern, einziehen, tapezieren, isolieren; eine W. einreißen; er starrte die W. an; du nimmst ja die ganze W. mit (ugs.; *du beschmutzt dich, indem du die Wand streifst, mit der Kalkfarbe der Wand);* [mit jmdm.] W. an W. *(unmittelbar nebeneinander)* wohnen; etw. an die W. werfen; etw., sich an die W. lehnen; Bilder an die W. hängen; gegen die W. schlagen; rennen; einen Nagel in die W. schlagen; in Zimmer mit schrägen Wänden; der Schläfer drehte sich zur W. *(zur Wandseite);* Ü Seit jener Nacht weiß ich, wie gebrechlich die W. in uns ist, die uns von dem Chaos trennt (Fallada, Herr 250); R da wackelt die W.! (ugs.; *da geht es hoch her, da wird tüchtig gefeiert);* die Wände haben Ohren *(hier gibt es Lauscher);* die Wände reden könnten! *(in diesem Haus, dieser Wohnung haben sich sicherlich wechselvolle Schicksale o. Ä. abgespielt);* das/es ist, um die Wände/an den Wänden hochzugehen; da kann man die Wände/an den Wänden hochgehen! (ugs.; *das ist doch unglaublich, empörend!);* * *spanische W. (Wandschirm,* H. u.); **die [eigenen] vier Wände** (ugs.: *jmds. Wohnung od. Haus, jmds. Zuhause, in das er sich zurückziehen kann);* ... dass die Wände wackeln (ugs.; ↑²Heide 1); **jmdn. an die W. drücken** (ugs.; *einen Konkurrenten o. Ä. rücksichtslos beiseite-, in den Hintergrund drängen);* **jmdn. an die W. spielen** (1. *jmdn. durch größeres Können [bes. als Schauspieler, Sportler] überflügeln. jmdn. durch geschickte Manöver ausschalten);* **jmdn. an die W. stellen** *(jmdn. [standrechtlich] erschießen):* standrechtliche Erschießungen wurden gewöhnlich vor einer Wand od. Mauer vorgenommen: die Deserteure wurden an die W. gestellt; **etw. an/gegen/vor die W. fahren** (ugs.; *etw. zugrunde richten, das Scheitern von etw. verursachen);* **gegen eine W. reden** *(vergebens etw. durch Reden zu erreichen suchen; vergeblich jmdn. von etw. zu überzeugen suchen);* **b)** *frei stehende aufgerichtete wandähnliche Platte o. Ä.:* eine W. zum Ankleben von Plakaten; zwischen den beiden benachbarten Terrassen steht als Sichtschutz eine mannshohe W. aus Kunststoff; Ü er sah sich einer W. von Schweigen, Misstrauen gegenüber. **2. a)** *Seiten- bzw. rückwärtiges Teil von Schränken o. Ä.:* die seitliche, hintere W. des Schranks, der Kiste, des

Schubfachs; **b)** *[innerer] umschließender Teil eines Hohlkörpers, Hohlorgans o. Ä.:* die W. des Magens, des Darms, der Herzkammer; die Wände der Venen, Gefäße; die Kalkablagerungen zu den Wänden der Rohre. **3. a)** *(bes. Bergsteigen) nur kletternd zu überwindende, steil aufragende Felswand (bes. im Gebirge):* eine zerklüftete, fast senkrechte W.; eine W. bezwingen, erklettern; in eine W. einsteigen, gehen; in der W. hängen; **b)** *(Bergbau) [größeres] abgetrenntes Gesteinsstück;* **c)** Kurzf. von ↑ Wolkenwand, ↑ Gewitterwand: das Flugzeug flieg in eine W.; Eine schwarze W. steigt über den baumlosen Bergkamm auf der Lausanner Seite des Sees (Strauß, Niemand 190).

Wan|da|le usw.: ↑ Vandale usw.

Wand|arm, der: *an der Wand angebrachter, armförmiger Halter, Leuchter.*

Wand|be|hang, der: vgl. Wandteppich.

Wand|be|span|nung, die: vgl. Wandverkleidung.

Wand|bett, das: **a)** *Wandklappbett;* ◆ **b)** *in eine Wand eingebaute Bettstelle, die mit einer Schiebetür od. einem Vorhang verschlossen wird:* Und der erschütterte Sohn setzte sich dicht an das dunkle W.: »Sprecht, Vater, was Ihr noch zu sagen habt!« (Storm, Schimmelreiter 51).

Wand|be|wurf, der: *Bewurf.*

Wand|bild, das: **a)** *Malerei (2), Relief (1), Bespannung (2 a) o. Ä. auf der Innen- oder Außenwand eines Gebäudes:* bevor die Arbeitersiedlung saniert wird, sollen die -er konserviert werden; **b)** *Bild (1 a), das an einer Wand* ¹*hängt (1 a);* **c)** *grafische Darstellung auf einer Wandtafel.*

Wand|bord, das: *an der Wand angebrachtes* ¹*Bord.*

Wand|brett, das: *Wandbord.*

wän|de: ↑ ¹winden.

Wän|de: Pl. von ↑ Wand.

Wan|del, der; -s *[mhd. wandel, ahd. wandil, zu* ↑ wandeln*]*: **1.** *das Sichwandeln; Wandlung:* ein allmählicher, rascher, plötzlicher, radikaler W.; ein W. der Ansichten, im Bewusstsein; politischer, sozialer, technologischer W.; demografischer W. *(wirtschafts- u. sozialpolitisch bedeutsame Veränderung in der Altersstruktur einer Bevölkerung);* im W. vollzieht sich, tritt ein; hier muss W. geschaffen werden *(muss etwas geändert werden);* einen W. herbeiführen; einen W. erfahren *(geh.,* erklettern*);* die Mode ist dem W. *(der ständigen Veränderung)* unterworfen; etw. befindet sich im W.; im W. *(im Verlauf)* der Zeiten. **2.** *(veraltet) Lebenswandel:* einen reinen, tugendhaften W. führen.

Wan|del|al|tar, der: *Flügelaltar, der mehrere Flügel hat.*

Wan|del|an|lei|he, die (Bankw.): *Wandelschuldverschreibung.*

wan|del|bar ⟨Adj. [mhd. wandelbære] (geh.)⟩: *dem Wandel unterworfen; veränderlich; nicht beständig:* das -e Glück.

Wan|del|bar|keit, die; -: *das Wandelbarsein.*

Wan|del|gang, der: vgl. Wandelhalle.

Wan|del|ge|schäft, das (Börsenw.): *Termingeschäft, bei dem sich der Käufer od. Verkäufer ein Recht auf vorzeitige Lieferung vorbehält.*

Wan|del|hal|le, die: *[offene] Halle, Vorraum (z. B. in Kurhäusern o. Ä.) zum Promenieren.*

Wan|del|mo|nat, Wan|del|mond, der (veraltet): *April.*

wan|deln ⟨sw. V.⟩ [mhd. wandeln, ahd. wantalōn, Iterativbildung zu wantōn = wenden, zu ↑ ¹winden, also eigtl. = wiederholt wenden] (geh.): **1.** (w. + sich; hat) **a)** *sich [grundlegend] verändern; eine andere Form, Gestalt o. Ä. bekommen; in seinem Wesen, Charakter o. Ä. anders werden:* du hast dich, dein Leben hat sich gewandelt; die Verhältnisse haben sich seitdem sehr gewandelt; die Zeit, das Bewusstsein der Menschen, die Mode hat sich gewandelt; Meinungen, Anschauungen, Ideale wandeln sich im Laufe der Zeit; die Bedeutung des Wortes hat sich im Laufe der Sprachgeschichte gewandelt; den gewandelten Bedürfnissen gerecht werden; **b)** *zu etw. anderem werden; sich verwandeln:* seine Angst hatte sich in Zuversicht gewandelt. **2.** ⟨hat⟩ **a)** *anders werden lassen, verändern:* die Erlebnisse haben sie gewandelt; sie ist ein gewandelter Mensch; **b)** *zu etw. anderem werden lassen, verwandeln:* das Chaos in Ordnung w.; **c)** (Rechtsspr.) *(einen Kauf- od. Werkvertrag als Käufer od. Besteller) durch einseitige Erklärung rückgängig machen:* w. oder mindern. **3.** ⟨ist⟩ *langsam, mit gemessenen Schritten, meist ohne einem Ziel zuzustreben, gehen, sich fortbewegen:* in einem Park w.; auf und ab w.; * **ein wandelnder, eine wandelnde** ... (ugs. scherzh.; *eine Verkörperung eines, einer* ...*:* er ist ein wandelnder Vorwurf). **4.** ⟨hat⟩ (bibl.) *in einer bestimmten Weise leben, seinen Lebenswandel führen:* jene, die nicht nach dem Fleisch wandeln, sondern nach dem Geist; wir haben in der Gnade Gottes gewandelt.

Wan|del|ob|li|ga|ti|on, die (Bankw.): *Wandelschuldverschreibung.*

Wan|del|schuld|ver|schrei|bung, die (Bankw.): *Schuldverschreibung einer Aktiengesellschaft, die neben der festen Verzinsung das Recht auf Umtausch in Aktien verbrieft.*

Wan|del|stern, der (veraltet): *Planet.*

Wan|de|lung, die; -, -en: **1.** (selten) ↑ Wandlung. **2.** (Rechtsspr.) *das Wandeln (2 c).*

Wan|der|amei|se, die: *räuberische Ameise im tropischen Südamerika u. Afrika, die in langen Kolonnen durch Wald, Busch u. Grasland zieht.*

Wan|der|ar|bei|ter, der: *[Saison]arbeiter, der seinen Arbeitsplatz weit entfernt von seinem Wohnort aufsuchen muss.*

Wan|der|ar|bei|te|rin, die: w. Form zu ↑ Wanderarbeiter.

Wan|der|aus|stel|lung, die: *Ausstellung, die in verschiedenen Städten gezeigt wird.*

◆ **Wan|der|buch,** das: *Buch (2), das der wandernde Handwerksgeselle mit sich trägt u. in das die jeweiligen Arbeitsstellen u. Arbeitszeiten als Nachweis für die spätere Meisterprüfung eingetragen werden:* ... oder mochte der Schneider sein W. im Wagen hervorgezogen, es dann vergessen und der Kutscher es zu sich genommen haben (Keller, Kleider 12).

Wan|der|bü|che|rei, die (Bibliothekswesen): *Buchbestand in begrenzter Menge, der von einer Zentralstelle an kleinere od. ländliche Büchereien für eine bestimmte Zeit ausgeliehen wird.*

Wan|der|büh|ne, die: *Theatergruppe, die im Allgemeinen kein eigenes Haus besitzt u. an verschiedenen Orten Vorstellungen gibt.*

Wan|der|bur|sche, der (bes. früher): *Handwerksgeselle auf Wanderschaft, auf der Walz.*

Wan|der|dü|ne, die: *sich verlagernde Düne.*

Wan|de|rer, Wandrer, der; -s, -: *jmd., der [gerne, häufig] wandert (1):* ein einsamer, müder W.; sie sind eifrige, leidenschaftliche W.; Ü ... er ist vielleicht der einsamste aller Kaiser gewesen, ein ruheloser Wanderer im Heiligen Palaste (Thieß, Reich 438).

Wan|der|fah|ne, die (DDR): *Fahne, die als Auszeichnung den jeweils Besten in einem sozialistischen Wettbewerb übergeben wird.*

Wan|der|fahrt, die (veraltet): *Fahrt (2 b).*

Wan|der|fal|ke, der: *Falke mit oberseits schiefergrauem, auf der Bauchseite weißlichem, dunkel gebändertem Gefieder.*

Wan|der|fisch, der: *Fisch, der zum Laichen, aus Gründen der Nahrungssuche o. Ä. weite Strecken zu geeigneten Plätzen zurücklegt.*

Wan|der|ge|sel|le, der (bes. früher): *Wanderbursche.*

Wan|der|ge|sel|lin, die: w. Form zu ↑ Wandergeselle.

Wan|der|ge|wer|be, das: *ambulantes Gewerbe.*

Wan|der|grup|pe, die: *Gruppe, die sich zum Wandern zusammengefunden hat.*

Wan|der|heu|schre|cke, die: *(in tropischen Gebieten vorkommende) Heuschrecke, die oft in großen Schwärmen über die Felder herfällt u. alles Grün vernichtet.*

Wan|der|in, die; -, -nen: w. Form zu ↑ Wanderer.

Wan|der|jahr, das ⟨meist Pl.⟩ (bes. früher): *auf Wanderschaft zugebrachtes Jahr bes. eines Handwerksgesellen.*

Wan|der|kar|te, die: *Landkarte, in der Wanderwege u. andere für Wanderer wichtige Eintragungen enthalten sind.*

Wan|der|klei|dung, die: *für Wanderungen (1) geeignete Kleidung.*

Wan|der|le|ben, das ⟨o. Pl.⟩: *unstetes Leben mit häufigem Ortswechsel:* ein W. führen.

Wan|der|le|ber, die (Med.): *Senkung der Leber od. abnorm bewegliche Leber.*

Wan|der|lied, das: *beim Wandern zu singendes Volkslied.*

Wan|der|lust, die ⟨o. Pl.⟩: *Lust, Freude am Wandern.*

Wan|der|mu|schel, die [die Muschel wanderte in Flüsse Eurasiens ein]: *fest sitzende, dreikantige, im Süßwasser lebende Muschel.*

wan|dern ⟨sw. V.; ist⟩ [mhd. wanderen, Iterativbildung zu ahd. wantōn (↑ wandeln), eigtl. = wiederhold wenden, dann: hin u. her gehen]: **1.** *eine Wanderung (1), Wanderungen machen; gern, oft, viel w.;* einen ganzen Tag [in den Bergen] w.; am Wochenende wollen, gehen, waren wir w.; dort kann man gut, schön w.; sie [durch den ganzen Odenwald] nach Heidelberg gewandert; diese Route bin ich noch nicht gewandert; mit dem Kajak w. *(eine Wasserwanderung machen);* mit dem Fahrrad w. *(eine Radwanderung machen);* ⟨subst.:⟩ zum Wandern in die Alpen fahren. **2.** *ohne ein Ziel anzusteuern, [gemächlich] gehen; sich irgendwo ergehen:* [ziellos] durch die Stadt, die Straßen w.; im Zimmer auf und ab w.; schlaflos wanderte er durch die Wohnung; Ü die Wolken wandern [am Himmel] (dichter.; *ziehen [am Himmel] dahin);* er ließ seinen Blick [von einem zum anderen] w.; Wir wandern mit ziemlich beschränkten Organen durch unser Dasein (Remarque, Obelisk 133). **3.** *(nicht sesshaft, ohne festen Aufenthaltsort) umher-, von Ort zu Ort, zu einem entfernten Ziel ziehen:* sie wandern [als Nomaden] durchs Land; die Lachse wandern Tausende von Kilometern [weit], zum Laichen in die Flüsse; wandernde Handwerksburschen, Artisten, Mönche, Scherenschleifer; ÜEr war von Hand zu Hand gewandert *(war von einem zum andern weitergegeben worden);* eine wandernde Düne *(Wanderdüne).* **4.** (ugs.) *(zu einem bestimmten Zweck an einen bestimmten Ort geschafft, gebracht werden):* etw. wandert in/auf den Müll, in den Papierkorb; für dieses Delikt wandert er ins Gefängnis *(wird er mit Gefängnis bestraft).*

Wan|der|nie|re, die (Med.): *Senkung der Niere.*

Wan|der|po|kal, der: *Wanderpreis in Gestalt eines Pokals.*

Wan|der|pre|di|ger, der: *Prediger, der an verschiedenen Orten (missionierend) auftritt.*

Wan|der|pre|di|ge|rin, die: w. Form zu ↑ Wanderprediger.

Wan|der|preis, der: *bei bestimmten [sportlichen] Wettbewerben vergebener Preis, der an den nächsten Sieger weitergegeben wird.*

Wan|der|rat|te, die: *große, bes. am Wasser od. in*

der Kanalisation lebende Ratte mit braungrauem Fell.

Wan|der|rou|te, die: **1.** *von Wanderern benutzte Route:* eine beliebte W.; in dem Buch werden 20 -n ausführlich beschrieben. **2.** *Route, der Tiere bei ihren Wanderungen folgen:* die -n der Karibus, der Lachse, der Zugvögel.

Wan|der|sa|ge, die: *Legende* (2 b).

Wan|der|schaft, die; -, -en ⟨Pl. selten⟩: *das Wandern* (3), *Umherziehen od. -reisen; das Nichtsesshaftsein:* die Zeit der W. ist für ihn vorüber; als Geselle ging er auf [die] W.; sich auf die W. machen; auf [der] W. sein; von der W. zurückkehren; den ganzen Sommer über sind die Tiere der Steppen auf W. *(ziehen sie auf Nahrungssuche umher);* Ü sie war den ganzen Vormittag auf W. (ugs.; *unterwegs*).

Wan|der|schuh, der: *für Wanderungen geeigneter Schuh.*

Wan|ders|mann, der ⟨Pl. ...leute⟩: **1.** (früher) *jmd., der sich auf Wanderschaft befindet.* **2.** (scherzh.) *Wanderer.*

Wan|der|stab, der (veraltet): *Wanderstock.*

Wan|der|stie|fel, der: vgl. Wanderschuh.

Wan|der|stock, der: *Stock des Wanderers.*

Wan|der|tag, der: *Tag, an dem eine [Schul]wanderung unternommen wird.*

Wan|der|trieb, der ⟨o. Pl.⟩: **1.** (Zool.) *instinkthaftes Verhalten, das bestimmte Tierarten dazu veranlasst, zu bestimmten Zeiten ihren Aufenthaltsort zu wechseln.* **2.** (Med.) *zwanghaftes, krankhaftes Bedürfnis umherzuziehen, sein Zuhause zu verlassen;* Ü er ist vom W. befallen (scherzh.; *hat grosse Lust zu reisen o. Ä.*).

Wan|de|rung, die; -, -en [spätmhd. wanderunge]: **1.** *längerer Weg durch die Natur, der zu Fuß zurückgelegt wird:* eine lange, weite, ganztägige W.; eine W. von vier Stunden; eine W. durch den Wald, durch das Watt, über einen Gletscher; eine W. machen, unternehmen. **2.** *das Wandern* (3): die -en, die W. der Nomaden, der Lachse, der Zugvögel, der Karibus, der Kröten. **3. a)** *das Wandern* (2): auf seinen abendlichen -en durch die Altstadt; **b)** *Fußmarsch, Gang.*

Wan|de|rungs|be|we|gung, die (Soziol.): *Migration* (1).

Wan|der|ver|ein, der: *Verein, der das Wandern* (1) *pflegt u. fördert.*

Wan|der|vo|gel, der: **1.** (veraltet) *Zugvogel:* Ü er ist ein W. (veraltet scherzh.; *er wandert gerne*). **2. a)** ⟨o. Pl.⟩ *(um 1900 in Berlin gegründete) Vereinigung von Gymnasiasten, die bes. das Wandern* (1) *pflegt u. zum Ausgangspunkt der deutschen Jugendbewegung zu Anfang des 20. Jh.s wird:* im W. sein; sie kennen sich vom W.; **b)** *Angehöriger des Wandervogels* (2 a).

Wan|der|weg, der: *Weg zum Wandern.*

Wan|der|zir|kus, der: *Zirkus ohne festen Standort.*

Wand|fach, das: *in einer Wand untergebrachtes Fach* (1).

Wand|flä|che, die: *Fläche einer Wand.*

Wand|flie|se, die: *Fliese für Wandverkleidungen.*

Wand|fries, der: vgl. Wandgemälde.

Wand|ge|mäl|de, das: *unmittelbar auf die Wand eines Raumes gemaltes Bild.*

Wand|ha|ken, der: *an der Wand anzubringender Haken.*

wand|hän|gend ⟨Adj.⟩ (Fachspr.): *an der Wand aufgehängt:* -e WC-Anlagen.

Wand|hei|zung, die: *Strahlungsheizung mit in der Wand verlegten Rohren.*

Wand|ka|chel, die: *Wandfliese.*

Wand|ka|len|der, der: *aufzuhängender [Abreiß]kalender.*

Wand|kar|te, die: *an der Wand aufzuhängende Landkarte.*

Wand|klapp|bett, das: *an einer Wand aufzustellendes Klappbett.*

Wand|lam|pe, die: *Wandleuchte.*

Wand|ler, der; -s, - (Technik): *Gerät, Vorrichtung, die eine [physikalische] Größe in ihrem Wert verändert od. in eine andere Größe umwandelt:* ein Lautsprecher, Mikrofon ist ein elektroakustischer W.

Wand|leuch|te, die: *an der Wand anzubringende Leuchte.*

Wand|lung, die; -, -en [mhd. wandelunge, ahd. wantalunga]: **1.** *das Schwandeln; das Gewandeltwerden: gesellschaftliche -en;* eine W. vollzieht sich; eine äußere, innere W. durchmachen, erfahren; in der W. begriffen sein. **2.** (kath. Rel.) *Transsubstantiation.* **3.** (Rechtsspr.) *das Wandeln* (2 c).

wand|lungs|fä|hig ⟨Adj.⟩: **a)** *fähig, sich zu wandeln:* er ist nicht mehr w.; **b)** *fähig, in verschiedene Rollen zu schlüpfen:* ein -er Schauspieler.

Wand|lungs|fä|hig|keit, die ⟨Pl. selten⟩: *Fähigkeit, sich zu wandeln* (1), *sich zu verändern; das Wandlungsfähigsein* (a, b).

Wand|lungs|pro|zess, der: *Prozess der Wandlung:* einen W. durchmachen; sich in einem W. befinden.

Wand|ma|le|rei, die: vgl. Deckenmalerei.

Wand|pfei|ler, der: *Pilaster.*

Wand|plat|te, die: *[keramische] Platte, Fliese für Wandverkleidungen.*

Wand|re|rin, die; -, -nen: w. Form zu ↑ Wandrer.

Wand|schirm, der: *aus mit Scharnieren verbundenen Holzplatten bzw. aus mit Stoff o. Ä. bespannten Rahmen bestehendes Gestell, das (in Räumen) gegen Zugluft od. als Sichtschutz aufgestellt wird; Paravent.*

Wand|schmuck, der: *etw., was zum Schmuck einer Wand dient:* ein schöner, origineller W.; sich etw. als W. aufhängen, übers Sofa hängen.

Wand|schrank, der: *in eine Wand* (1 a) *eingebauter Schrank.*

Wand|schränk|chen, das: *an die Wand zu hängendes Schränkchen.*

Wand|so|ckel, der: *unten an der Wand eines Zimmers entlanglaufender schmaler Sockel.*

Wand|spie|gel, der: *an der Wand zu befestigender Spiegel.*

Wand|ta|fel, die: *(in Unterrichtsräumen) an der Wand angebrachte große Tafel zum Anschreiben o. Ä. von Unterrichtsstoff.*

wand|te: ↑ wenden.

Wand|tel|ler, der: *als Schmuck an die Wand zu hängender Teller.*

Wand|tep|pich, der: *als Schmuck an der Wand eines Raumes aufgehängter Teppich od. Behang.*

Wand|uhr, die: *an der Wand hängende Uhr.*

Wan|dung, die; -, -en: *Wand* (2 b).

Wand|ver|bau, der; -[e]s, -e u. -ten (österr.): *Schrankwand.*

Wand|ver|klei|dung, die: *Verkleidung der Innen- bzw. Außenwände eines Gebäudes:* eine W. aus Holz, Marmor.

Wand|ver|tä|fe|lung, die: *Vertäfelung einer Wand.*

Wand|zei|tung, die: **a)** [LÜ von russ. stengazeta] *Gesamtheit von (bes. in Schulen, Betrieben, auch auf der Straße) an einer Wand angeschlagenen Mitteilungen, aktuellen Informationen o. Ä.:* eine W. gestalten, herstellen; Und Angela Davis? Habt ihr nicht für Angela Davis eine W. gemacht? (Kunze, Jahre 12); **b)** *Wandbrett, an dem eine Wandzeitung* (a) *angeschlagen ist:* etw. an der W. bekannt machen.

Wa|ne, der; -n, -n ⟨meist Pl.⟩ [anord. vanr (Pl. vanir)] (germ. Mythol.): *Angehöriger eines Göttergeschlechts.*

Wan|ge, die; -, -n [mhd. wange, ahd. wanga, wahrsch. eigtl. = Biegung, Krümmung]: **1.** (geh.) ¹*Backe* (1): volle, feiste, fleischige, hagere, hohle, eingefallene, schlaffe, rote, gerötete, tränennasse -n; ein Kuss auf die W.; eine dicke Träne lief ihr über die W. **2.** (Fachspr.) **a)** *paariges, eine seitliche Begrenzung von etw. bildendes Teil; Seitenteil, -wand:* die -n einer Treppe, eines Regals; **b)** (Archit.) *auf einem ²Kämpfer* (1 a) *ruhender seitlicher Teil eines Gewölbes;* **c)** *seitliche Fläche des Blattes einer Axt o. Ä.*

Wan|gen|bein, das (Anat., Zool.): *Jochbein.*

Wan|gen|kno|chen, der (geh.): *Jochbein.*

Wan|gen|rot, das (selten): *Rouge zum Schminken der ¹Backen* (1).

Wan|gen|rö|te, die (geh.): *Röte der Backen.*

Wa|nin, die; -, -nen: w. Form zu ↑ Wane.

Wank [mhd., ahd. wanc = Schwanken, Zweifel, verw. mit ↑ winken]: in den Wendungen **ohne/sonder W.** (veraltet; *ohne zu schwanken, fest, sicher:* ohne W. auf dem Hochseil stehen; **keinen W. tun** (schweiz.: 1. *sich nicht rühren.* 2. *keine Anstalten machen, etw. zu tun*); **einen W. tun** (schweiz.; *etw. unternehmen, tun*).

Wan|kel|mo|tor, der; -s, -en, auch: -e [nach dem dt. Ingenieur F. Wankel (1902–1988)]: *Rotationskolbenmotor.*

Wan|kel|mut, der; -[e]s [mhd. wankelmuot; zu mhd. wankel, ahd. wanchal = schwankend, unbeständig, zu ↑ Wank] (geh. abwertend): *wankelmütiges Wesen.*

wan|kel|mü|tig ⟨Adj.⟩ (geh. abwertend): *seinen Willen, seine Entschlüsse immer wieder ändernd; unbeständig, schwankend in der Gesinnung, in der Haltung:* ein -er Mensch; ihr Mann wurde, zeigte sich w.; Frau Wetchy freilich wurde, da es ernst wurde, wieder w. (Broch, Versucher 154).

Wan|kel|mü|tig|keit, die (geh. abwertend): **1.** ⟨o. Pl.⟩ *Wankelmut.* **2.** *etw. wankelmütig Wirkendes.*

wan|ken ⟨sw. V.⟩ [mhd. wanken, ahd. wankōn, wohl zu ↑ Wank]: **1.** ⟨hat⟩ *schwankend bewegen u. umzufallen, zu stürzen, einzustürzen drohen:* der Turm wankte bedenklich; er wankte unter der Last und brach zusammen; der Boden unter ihren Füßen wankte (bebte); * **nicht w. und [nicht] weichen** (geh.; *nicht von der Stelle weichen.*) **2.** ⟨ist⟩ *auf unsicheren Beinen, schwankenden Schrittes zu gehen:* benommen wankte er zur Tür; Aus einer finsteren Pinte voll Lärm wankte ein Besoffener (Frisch, Stiller 254). **3.** ⟨hat⟩ (geh.) *unsicher, erschüttert sein:* die Monarchie, seine Stellung begann zu w.; in seinem Glauben, seinen Entschlüssen w., wankend werden; der Vorfall machte ihn wankend (*ließ ihn schwanken* 3); ⟨subst.:⟩ das brachte seinen Mut, seinen Entschluss ins Wanken.

¹wann ⟨Adv.⟩ [mhd. wanne, wenne, ahd. hwanne, hwenne, zu ↑ ¹wer, was; vgl. wenn]: **1.** ⟨temporal⟩ **a)** interrogativ: *zu welchem Zeitpunkt, zu welcher Zeit?:* w. kommt er?; w. bist du geboren?; w. bist du denn endlich so weit?; bis w. wirst du bleiben?; seit w. weißt du es?; von w. an bist du dort zu erreichen?; seit w. bin ich dein Laufbursche? (ugs.; *ich bin doch nicht dein Laufbursche!*); (mit besonderem Nachdruck auch in Fragesätzen ohne Inversion; der Personalform des Verbs nachgestellt:) du bist w. mit ihm verabredet?; du bist w. morgen in Rom?; (in indirekten Fragesätzen:) frag ihn doch, w. es ihm passt; es findet statt, ich weiß nur noch nicht, w.; w. dir so was immer einfällt! (in Ausrufesätzen; *das passt mir jetzt aber gar nicht*); komm doch wann oder w. immer (*irgendwann sonst*); **b)** leitet einen Relativsatz ein, durch den ein Zeitpunkt näher bestimmt od. angegeben wird: den Termin, w. die Wahlen stattfinden sollen, festlegen;

du kannst kommen, w. du Lust hast, w. immer du willst *(jederzeit);* du bist mir jederzeit willkommen, w. [immer] es auch sei; bei ihr kannst du anrufen, w. du willst, sie ist nie zu Hause; wir werden helfen, wo und w. immer es nötig ist. **2.** konditional; *unter welchen Bedingungen:* w. ist der Tatbestand des Mordes erfüllt?; ich weiß nie genau, w. man rechts überholen darf [und w. nicht].

²**wann** ⟨Konj.⟩ [zu: ↑¹wann]: **1.** ⟨temporal⟩ (landsch., sonst veraltet) **a)** *wenn:* w. ich fertig bin, rufe ich dich gleich an; **b)** ¹*als* (1). **2.** ⟨konditional⟩ (österr., sonst landsch.) *wenn:* ja, w. ich das gewusst hätt!

Wänn|chen, das; -s, -: Vkl. zu ↑ Wanne.

Wan|ne, die; -, -n [mhd. wanne = Wanne; Getreide-, Futterschwinge, ahd. wanna = Getreide-, Futterschwinge < lat. vannus]: **1. a)** *größeres, tieferes, längliches, offenes Gefäß, besonders zum Baden:* eine W. aus Plastik, Zink; eine flache, tiefe W.; die W. reinigen; sie ließ heißes Wasser in die W. laufen; er sitzt in der, steigt in die W. *(Badewanne);* Fotos in einer W. wässern; **b)** *etw., was die Form einer Wanne* (1 a) *hat, einer Wanne ähnliches Gefäß:* Viehfutter in die W. schütten; bei stehendem Motor sammelt sich das Öl in die W. *(Ölwanne);* einen verletzten Skiläufer in einer W. ins Tal bringen; **c)** *wannenartige Vertiefung, Mulde.* **2.** (landsch.) *wannenartige Kabine für einen Pförtner o. Ä.* **3.** (Jargon) *Einsatzwagen der Polizei.*

Wan|ne-Ei|ckel: Stadtteil von Herne.

wan|nen ⟨Adv.⟩ [mhd. wannen, ahd. (h)wanan, zu mhd. wanne, ahd. wanna = woher]: in der Fügung *von w.* (veraltet; *woher*).

wan|nen|ar|tig ⟨Adj.⟩: *einer Wanne* (1 a) *ähnlich:* ein -es Gefäß.

Wan|nen|bad, das: **1.** *Bad in einer Badewanne:* ein W. nehmen. **2.** *öffentliches Bad, wo man Wannenbäder* (1) *nehmen kann:* ins W. gehen.

Wanst, der; -[e]s, Wänste [mhd. wanst, ahd. wanast, eigtl. = (Fettablagerung am) Tierbauch] (salopp abwertend): **a)** *[dicker] Bauch (bes. eines Mannes):* sich den W. vollschlagen; **b)** *dicker Mann, Fettbauch* (2).

Wänst|chen, das; -s, -: Vkl. zu ↑ Wanst.

Want, die; -, -en, auch: das; -s, -en ⟨meist Pl.⟩ [viell. eigtl. = Gewundenes, vgl. Wand] (Schiffbau): *Seil od. Stange zur seitlichen Verspannung eines Masts:* in die -en klettern.

Wan|ze, die; -, -n [mhd. wanze, Kurzf. von mhd., ahd. wantlūs, eigtl. = Wandlaus]: **1. a)** (Zool.) *(in vielen Arten vorkommendes) als Schädling lebendes Insekt mit meist abgeflachtem Körper;* **b)** *blutsaugende, auch den Menschen als Parasit befallende Wanze* (1 a): Bettwanze: wir waren von -n zerstochen. **2.** (abwertend) *widerlicher, ekelhafter Mensch.* **3.** [wohl nach der kleinen Form] (Jargon) *Abhörwanze:* eine W. einbauen, entdecken; er ließ sein Büro nach -n absuchen. **4.** [wohl nach der kleinen Form] (landsch. ugs.) *Reißzwecke.*

WAP [auch: wɔp], das; -s ⟨meist ohne Art.⟩ [Kurzwort für engl. *wireless application protocol*]: *Verfahren, mit dem über das Handy Informationen aus dem Internet abgerufen werden können.*

WAP-Han|dy [auch: ˈwɔp...], das: *Mobiltelefon, über das Informationen aus dem Internet abgerufen werden können.*

Wa|pi|ti, der; -[s], -s [engl. wapiti < Algonkin (nordamerik. Indianerspr.) wapiti]: *bes. in Nordamerika vorkommender Rothirsch.*

Wap|pen, das; -s, - [mhd. wāpen = Waffe, Wappen (eigtl. = Zeichen auf der Waffe) < mniederl. wāpen, urspr. Nebenf. von ↑ Waffe, erst im 16. Jh. Scheidung zwischen »Waffe« als Kampfgerät u. »Wappen« als (Schild)zeichen]: *in stilisierender Darstellung u. meist mehrfarbig gestaltetes,*

meist schildförmiges Zeichen, das symbolisch für eine Person, eine Familie, eine Dynastie, eine Körperschaft u. a. steht: das W. der Habsburger, der Stadt Berlin, der Republik Österreich; ein gemeißeltes W.; ein W. führen; die Familie hat, führt einen Adler im W.; ... für den Hofdienst benötigt man gräfliches W. (muss man gräflicher Abstammung sein; St. Zweig, Fouché 5).

Wap|pen|bild, das: *Darstellung von etw. (z. B. eines Tieres) in einem Wappen.*

Wap|pen|brief, der: *Urkunde, in der die Verleihung od. Registrierung eines Wappens bescheinigt wird.*

Wap|pen|feld, das (Heraldik): *einzelnes Feld, das zusammen mit anderen Feldern die Gesamtfläche bestimmter Wappen bildet.*

Wap|pen|kun|de, die: **1.** ⟨o. Pl.⟩ *Lehre von Geschichte, Gestaltung, Bedeutung usw. der Wappen; Heraldik.* **2.** *Lehrbuch der Wappenkunde* (1).

Wap|pen|man|tel, der (Heraldik): *mantelartige Drapierung um den Wappenschild.*

Wap|pen|saal, der: *mit Wappen geschmückter Saal (in einem Schloss o. Ä.).*

Wap|pen|schild, der, auch: das (Heraldik): *schildförmiger, zentraler Teil eines Wappens.*

Wap|pen|spruch, der: *Sinnspruch auf einem Wappen.*

Wap|pen|tier, das: *als Wappenbild verwendetes Tier:* der Löwe ist ein beliebtes, häufig gewähltes W.; der Falke ist das W. der Familie.

Wap|perl, das; -s, -[n] [mundartl. Vkl. von ↑ Wappen] (bayr., österr.): *Etikett.*

Wapp|ler, der; -s, - (österr. ugs. abwertend): *untüchtiger Mensch.*

Wapp|le|rin, die; -, -nen: w. Form zu Wappler.

wapp|nen ⟨sw. V.; hat⟩ [mhd. wāpenen, nach der alten Bed. »Waffe« von ↑ wappen, ↑ Wappen] (geh.): **1. a)** (w. + sich) *sich auf etw. Unangenehmes o. Ä., was einem möglicherweise bevorsteht, vorbereiten, einstellen:* sich gegen eine Gefahr, gegen Ränke w.; dagegen musst du dich w.; sich für eine bevorstehende Auseinandersetzung w.; ich bin [für alle Eventualitäten] gewappnet; **b)** *etw. aufbieten, um eine schwierige, gefährliche o. ä. Situation bestehen zu können:* er wappnete sich mit Geduld, mit neuem Mut. **2.** *jmdm. etw. geben, was er voraussichtlich brauchen wird, um eine schwierige, gefährliche o. ä. Situation bestehen zu können:* Gott möge ihn [mit] Kraft] für das Amt w.

war: ↑ ¹sein.

Wa|ran, der; -s, -e [arab. waran]: *größere Echse mit massigem Körper, kräftigen Beinen u. langem Schwanz.*

warb: ↑ werben.

ward: ↑ ¹werden.

Wa|re, die; -, -n [mhd. war(e), H. u., viell. zu veraltet Wahr (↑ wahren), also eigtl. = in Verwahrung Genommenes]: **1.** *etw., was gehandelt, verkauft od. getauscht wird; Handelsgut:* eine hochwertige, teure, leicht verderbliche W.; die W. verkauft sich gut, wird morgen geliefert; reduzierte W. ist vom Umtausch ausgeschlossen; seine W., -n anbieten, feilbieten, anpreisen; -n produzieren, exportieren; neue W. bestellen, bekommen; im Kapitalismus wird die menschliche Arbeitskraft zur W.; Warum wird der Roman ... überall verkauft? Weil er ein anständiges Stück W. ist (weil er etwas taugt; Tucholsky, Werke II, 267); R wo W., dann das Geld (bezahlt wird erst, wenn die Ware im Besitz des Käufers ist); Spr jeder Krämer lobt seine W.; gute W. lobt sich selbst; *heiße W. (Jargon; illegale Ware). **2.** (Fachspr.) *Erzeugnis [von einer bestimmten Beschaffenheit, mit bestimmten Eigenschaften]:* eine schwere, leichte, strapazierfähige, synthetische W.

wä|re: ↑ ¹sein.

Wa|ren|ab|kom|men, das: *internationales Abkommen über Warenhandel, -austausch.*

Wa|ren|ab|satz, der: *Absatz von Waren.*

Wa|ren|an|ge|bot, das: *Angebot* (2); *Sortiment* (1).

Wa|ren|an|nah|me, die: **1.** *Annahme* (1 a) *von Waren.* **2.** *Annahme* (2) *für Waren.*

Wa|ren|art, die: *Art von Waren.*

Wa|ren|aus|fuhr, die: *Ausfuhr von Waren.*

Wa|ren|aus|ga|be, die: vgl. Warenannahme.

Wa|ren|aus|tausch, der: *Austausch von Waren:* der zwischenstaatliche, internationale, bilaterale W.

Wa|ren|au|to|mat, der: *Automat* (1 a) *zum Verkauf von Waren.*

Wa|ren|be|gleit|schein, der (Zollw.): *Begleitschein.*

Wa|ren|be|stand, der: *Bestand an Waren.*

Wa|ren|bör|se, die: **1.** *Produktenbörse.* **2.** (DDR) *Veranstaltung des Großhandels für den Verkauf bestimmter schwer absetzbarer Waren.*

Wa|ren|cha|rak|ter, der: *Eigenschaft, Ware zu sein:* der W. der menschlichen Arbeitskraft.

Wa|ren|ein|fuhr, die: *Einfuhr von Waren.*

Wa|ren|ex|port, der: *Export von Waren.*

Wa|ren|fonds, der (DDR): *Gesamtheit der in der Zeit eines ²Planes* (1 c) *für die Versorgung der Bevölkerung zur Verfügung stehenden Waren.*

Wa|ren|ge|sell|schaft, die (abwertend): *Gesellschaft, in der die Tendenz besteht, alles zur bloßen Ware zu reduzieren.*

Wa|ren|grup|pe, die: *Gruppe von Warenarten.*

Wa|ren|han|del, der: *Handel mit Waren:* der grenzüberschreitende W.

Wa|ren|haus, das: *Kaufhaus:* ein großes, elegantes, billiges W.; im W. einkaufen.

Wa|ren|haus|ket|te, die: *Kaufhauskette.*

Wa|ren|im|port, der: *Import von Waren.*

Wa|ren|korb, der: **1.** (Statistik) *Gesamtheit derjenigen Waren, die der Berechnung des Preisindexes zugrunde gelegt werden.* **2.** (EDV) *Link für zum Kauf ausgewählte Objekte.*

Wa|ren|kun|de, die: **1.** ⟨o. Pl.⟩ *Lehre von Herkunft, Herstellung, Beschaffenheit usw. von Waren, bes. Nahrungs- u. Genussmitteln.* **2.** *Lehrbuch der Warenkunde* (1).

Wa|ren|la|ger, das: *Lager für Waren.*

Wa|ren|lie|fe|rung, die: *Lieferung von Waren.*

Wa|ren|mus|ter, das: *Warenprobe* (1).

Wa|ren|pro|be, die: **1.** *Probe, Muster einer Ware.* **2.** (Postw.) *(zu ermäßigtem Porto beförderte) Sendung einer Warenprobe* (1).

Wa|ren|pro|duk|ti|on, die: *Produktion von Waren, Produktion für einen Markt.*

Wa|ren|re|gal, das: *Regal zur Unterbringung von Waren.*

Wa|ren|rück|ver|gü|tung, die: *anteilige Auszahlung des Gewinnes einer Genossenschaft an die Mitglieder.*

Wa|ren|sen|dung, die: **1.** vgl. Sendung (1 b). **2.** (Postw.) *(zu ermäßigtem Porto beförderte) Postsendung bes. zur Versendung von Warenproben o. Ä.*

Wa|ren|sor|ti|ment, das: *Warenangebot; Gesamtheit von Waren, die [in einem Geschäft] zur Verfügung stehen.*

Wa|ren|test, der: *Test einer Ware.*

Wa|ren|um|satz, der: *Umsatz* (1) *von Waren.*

Wa|ren|um|satz|steu|er, die: *(in der Schweiz) auf den Warenumsatz erhobene Steuer* (Abk.: WUSt).

Wa|ren|um|schlag, der: **1.** *Umschlag* (5 a) *von Waren.* **2.** *Weiterverkauf einer Ware (durch einen Händler).*

Wa|ren|ver|kehr, der: vgl. Güterverkehr.

Wa|ren|vor|rat, der: *Vorrat an Waren.*

Wa|ren|welt, die: vgl. Warengesellschaft.

Warenwert – Wärmeleitfähigkeit

Wa|ren|wert, der: *Wert einer Ware.*

Wa|ren|wirt|schafts|sys|tem, das (Wirtsch.): *rechnergestütztes Informationssystem, das Warenströme genau nach Menge u. Wert erfassen, speichern u. bewirtschaften kann.*

Wa|ren|zei|chen, das: *Markenzeichen:* ein eingetragenes W.

Wa|ren|zoll, der: *auf Waren erhobener Zoll.*

warf: ↑ werfen.

¹Warf, der od. das; -[e]s, -e [mhd., ahd. warf, zu ↑ werfen, nach dem Hin- u. Herwerfen des Schiffchens (4)] (Weberei): *Gesamtheit der Kettfäden.*

²Warf [mniederd. warf, urspr. = Platz, wo man sich hin u. her bewegt, dann: aufgeworfener Hügel, zur Grundbed. von ↑ werben], **Warft** [mit sekundärem t zu ↑ ²Warf], die; -, -en (nordd.): *Wurt.*

War|lord ['wɔ:lɔ:d], der; -s, -s [engl. war-lord = Kriegsherr, aus: war = Krieg u. lord, ↑ Lord]: *Anführer eines Stammes, einer Volksgruppe, der (meist bei bürgerkriegsähnlichen Konflikten) in einem begrenzten Gebiet die militärische u. politische Macht übernommen hat.*

warm ⟨Adj.; wärmer, wärmste⟩ [mhd., ahd. warm, wohl zu einem Wort mit der Bed. »(ver)brennen, schwärzen«, also eigtl. = verbrannt]: **1. a)** *eine verhältnismäßig hohe Temperatur habend:* -e Luft; [angenehm] -es Wasser; [widerlich] -es Bier; ein -er Wind; ein -es Meer, Klima; -es Wetter; ein [verhältnismäßig] -er Winter; ein -er Sommerabend; -e Füße haben; in der -en Jahreszeit *(im Sommer);* die -en Länder des Mittelmeerraumes; bleib lieber im -en Bett liegen; im -en *(geheizten)* Zimmer; ein -es Essen *(etw. Gekochtes);* das Restaurant hat -e und kalte Küche *(führt warme u. kalte Speisen);* -e *(heiße)* Würstchen; am -en *(Wärme ausstrahlenden)* Ofen; -e Miete (ugs.; *Warmmiete);* eine -e (Jägerspr.; *frische)* Fährte; der Kaffee, die Leiche war noch w.; der Heizkörper ist w., fühlt sich w. an; hier, heute ist es sehr w.; das Wasser ist 26 Grad w.; der Motor ist noch nicht [richtig] w., sollte nach einem Kaltstart sofort w. gefahren werden, muss [sich] erst w. laufen; den Motor [im Leerlauf, im Stand] w. laufen lassen; das Essen w. halten, stellen; die Suppe w. machen *(heiß machen, erhitzen);* die Heizung auf »warm« stellen; heute Abend esse ich w. *(nehme ich ein warmes Essen zu mir);* so ein Grog macht [schön] w. *(wärmt einen auf);* die Sonne scheint w.; w. *(mit warmem Wasser)* duschen; die Athleten müssen sich vor dem Wettkampf w. laufen *(sich durch Laufen erwärmen);* ich schlafe gern w. *(in einem geheizten Raum);* ihr habt es schön w.; hast du w.? (landsch.; *ist dir warm?);* bei der Arbeit wird [es] einem ganz schön w.; der Mantel hält/(selten:) gibt w.; du musst dich w. halten *(deinen Körper vor Kälte schützen);* das Zimmer kostet w. (ugs.; *einschließlich der Heizkosten)* 300 Euro [Miete]; ⟨subst.:⟩ etw. Warmes trinken; im Warmen sitzen; Ü mir wurde ganz w. ums Herz *(ich empfand ein tiefes Gefühl der Rührung, des Glücks o. Ä.);* ein -es *(angenehm gedämpft u. ruhig wirkendes)* Licht, Rot; das Instrument hat einen sehr -en Klang; der Raum wirkt hell und w. *(behaglich);* ♦ Drum geschwind, eh' die ganze Eisklumpen auftaut; es macht w. (südd.; *ist warm;* nach gleichbed. frz. il fait chaud) in der Nähe, und wir stehn da wie die Butter an der Sonne (Goethe, Götz III); R mach dir doch ein paar -e Gedanken (salopp scherzh.; Erwiderung auf die Feststellung eines anderen, ihm sei kalt); * **mit jmdm. w. werden/warmwerden** (ugs.; *zu jmdm. eine Beziehung finden, mit jmdm. vertraut werden:* die beiden müssen erst mal etwas w. miteinander werden); **mit etw., irgendwo w. werden/warmwerden** (ugs.; *Gefallen an etw. finden, sich irgendwo einleben, wohlzufühlen beginnen:* als Norddeutsche ist sie im Schwäbischen nie richtig w. geworden; allmählich werde ich mit der neuen Arbeit, der Umgebung, dieser Stadt w.); **b)** *den Körper warm haltend, vor Kälte schützend:* -e Kleidung; eine -e Decke; sich w. anziehen, zudecken; ⟨subst.:⟩ sich etw. Warmes anziehen; * **sich w. anziehen** (ugs.; *sich auf eine schwere Auseinandersetzung, eine unangenehme Erfahrung einstellen:* du willst den Konzern verklagen? Na, dann zieh dich bloß w. an!) **2. a)** *eifrig, lebhaft, nachdrücklich:* ... einer von jenen Leuten, für welche die Polizei ein -es Interesse hegte (Werfel, Himmel 123); * **weder w. noch kalt/nicht w. und nicht kalt sein** (ugs.; *gleichgültig, uninteressiert sein);* **b)** *herzlich (1 b), tief empfunden, von Herzen kommend:* -e Anteilnahme, Herzlichkeit; -e Dankesworte; **c)** *herzlich (1 a), freundlich:* jmdm. einen -en Empfang bereiten; er bedankte sich mit einem -en Händedruck; ... eine Handlungsweise, deren Hochherzigkeit der »Eilbote« und die übrige Presse in -en Worten zu würdigen wussten (Th. Mann, Hoheit 137). **3.** (salopp abwertend) *schwul (1):* er ist w.

Warm|ak|qui|se, die (Wirtsch.): *Akquise aufgrund bestehender Kontakte mit dem potenziellen Kunden.*

Warm|ba|de|tag, der: *[Wochen]tag, an dem das Wasser im Becken eines Schwimmbads [regelmäßig] wärmer ist als an den übrigen Tagen:* donnerstags ist immer W.

Warm|bier, das: *aus erwärmtem Bier u. verschiedenen Zutaten bereitetes Getränk;* ♦ Hauke aber ging mit seinem Weibe das Zimmer; ein W. hatte sie für ihn bereit, und Brot und Butter waren auch zur Stelle (Storm, Schimmelreiter 82).

Warm|blut, das: *durch Kreuzung von Vollblut- u. Kaltblutpferden gezüchtetes Rassepferd.*

Warm|blü|ter, der; -s, - (Zool.): *Tier, dessen Körpertemperatur weitgehend konstant bleibt:* Säugetiere sind W.

warm|blü|tig ⟨Adj.⟩: **1.** (Zool.) *in der Körpertemperatur weitgehend konstant bleibend:* -e Tiere. **2.** (selten) *ein Warmblut seiend:* ein -es Pferd.

Warm|blüt|ler, der; -s, - (selten): **1.** *Warmblüter.* **2.** *Warmblut.*

Warm|blut|pferd, das: *Warmblut.*

Warm|du|scher, der; -s, - (ugs. abwertend): *Weichling.*

Wär|me, die; - [mhd. werme, ahd. warmī]: **1. a)** *Zustand des Warmseins:* es herrschte eine angenehme, feuchte, sommerliche W.; ist das heute eine W.!; das Tier, die Pflanze, der Kranke braucht viel W.; wir haben 3 Grad W. *(über dem Gefrierpunkt);* der Ofen strahlt eine angenehme W. aus; sie spürte die W. seines Körpers; bei/in der W. verdirbt das Essen schnell; Ü die W. seiner Stimme, des Klanges; ... in meinem Magen entstand ein plötzliches Gefühl von W. (Fallada, Trinker 15); **b)** (Physik) *Wärmeenergie:* durch Reibung entsteht W.; mechanische Energie in W. umwandeln. **2.** *Herzens-, Gefühlswärme, Warmherzigkeit, Herzlichkeit:* W. ausstrahlen; ihm fehlt menschliche W.; Gerade da hätte man Walter menschliche W. gebraucht (Musil, Mann 53).

Wär|me|ab|ga|be, die: *Abgabe von Wärme.*

Wär|me|aus|deh|nung, die (Physik): *durch Erhöhung der Temperatur erfolgende Ausdehnung eines Körpers.*

Wär|me|aus|tausch, der (Fachspr.): *Übertragung, Übergang von Wärme von einem Medium auf ein anderes.*

Wär|me|aus|tau|scher, der (Technik): *Wärmetauscher.*

Wär|me|be|darf, der: *Bedarf an Wärme:* den W. eines Hauses berechnen.

wär|me|be|dürf|tig ⟨Adj.⟩: *viel Wärme benötigend:* -e Tiere, Pflanzen, Organismen; der Kranke ist sehr w.

Wär|me|be|hand|lung, die: **1.** (Metallbearb.) *Erwärmung von Metall, metallenen Werkstücken zur Veränderung der Eigenschaften des Werkstoffes.* **2.** (Med.) *therapeutische Anwendung von Wärme.* **3.** *Erhitzung von Lebensmitteln, bes. Milch, Milchprodukten zur Haltbarmachung.*

Wär|me|be|las|tung, die: **1.** (Ökol.) *Umweltbelastung durch Abwärme:* die W. eines Flusses im Bereich von Kraftwerken. **2.** *Beanspruchung durch Wärme:* eine Zündkerze ist enormen -en ausgesetzt.

wär|me|be|stän|dig ⟨Adj.⟩ (Fachspr.): vgl. hitzebeständig.

Wär|me|be|stän|dig|keit, die: *das Wärmebeständigsein.*

Wär|me|bi|lanz, die (Fachspr.): *Gegenüberstellung von zu- u. abgeführten od. von erzeugten u. verbrauchten Wärmemengen.*

Wär|me|bild|ka|me|ra, die (Technik): *Gerät zum Aufnehmen von Wärmebildern.*

Wär|me|däm|mend ⟨Adj.⟩: *Wärmedämmung bewirkend, zur Wärmedämmung geeignet.*

Wär|me|däm|mung, die: **1.** *Schutz gegen Wärme od. gegen Wärmeverluste.* **2.** *etw., was zur Wärmedämmung (1) dient.*

Wär|me|deh|nung, die (Physik): *Wärmeausdehnung.*

Wär|me|ein|heit, die: *Einheit (2) der Wärme:* die W. Kalorie.

Wär|me|ein|wir|kung, die: *Einwirkung von Wärme:* das Material dehnt sich unter W. aus.

Wär|me|ener|gie, die: *als Wärme (1 a) wahrnehmbare, auf der Bewegung der Atome bzw. Moleküle der Stoffe beruhende Energie:* W. in elektrische Energie umwandeln.

Wär|me|ent|wick|lung, die: *Entstehung von Wärme:* die W. in einem Verbrennungsmotor.

Wär|me|er|zeu|gung, die: *Erzeugung von Wärme.*

Wär|me|fla|sche, die (österr.): *Wärmflasche.*

wär|me|ge|dämmt ⟨Adj.⟩: *gegen Wärme od. Wärmeverluste geschützt:* -e Fenster, Außenwände.

Wär|me|ge|wit|ter, das (Meteorol.): *durch starke Erwärmung bodennaher Luftschichten bei gleichzeitiger hoher Luftfeuchtigkeit entstehendes Gewitter.*

Wär|me|haus|halt, der (Biol.): vgl. Wasserhaushalt (1): der W. des Körpers.

Wär|me|iso|la|ti|on, die: **1.** *Schutz gegen Wärme od. gegen Wärmeverluste; Wärmedämmung (1).* **2.** *etw., was zur Wärmeisolation (1) dient; Wärmedämmung (2).*

wär|me|iso|lie|rend ⟨Adj.⟩: *eine geringe Wärmeleitfähigkeit besitzend:* -e Stoffe.

Wär|me|iso|lie|rung, die: *Wärmedämmung (1, 2).*

Wär|me|ka|pa|zi|tät, die (Physik): *Größe, die angibt, wie viel Wärme einem Körper zugeführt werden muss, damit dessen Temperatur sich um 1 Kelvin erhöht: spezifische (für ein bestimmtes Material geltende) W.*

Wär|me|kraft|ma|schi|ne, die (Technik): *Kraftmaschine, die Wärmeenergie in mechanische Energie umwandelt.*

Wär|me|kraft|werk, das: *Kraftwerk, in dem auf dem Wege über die Verbrennung bestimmter Stoffe Elektrizität erzeugt wird.*

Wär|me|leh|re, die (o. Pl. selten) (Physik): *Teilgebiet der Physik, das sich mit der Energieform Wärme befasst; Kalorik.*

Wär|me|lei|ter, der (Physik): *Stoff, der die Wärme in bestimmter Weise leitet:* Kupfer ist ein guter W.

Wär|me|leit|fä|hig|keit, die (Physik): *Fähigkeit (eines Stoffes), Wärme zu leiten.*

Wär|me|leit|zahl, die (Physik): *den Grad der Wärmeleitfähigkeit (eines Stoffes) angebende Zahl.*

Wär|me|markt, der: *Markt für Energieträger, die zur Wärmeerzeugung verwendet werden.*

Wär|me|men|ge, die: *Menge von Wärme* (1 b).

wär|men ⟨sw. V.; hat⟩ [mhd., ahd. wermen]: **1. a)** *warm machen, erwärmen:* sich die Hände, Füße [am Ofen] w.; sich [am Feuer] w.; er nahm sie in die Arme, um sie zu w.; Er trank ... ein paar große Gläser wasserhellen Aquavit, der ihn wärmte (Gaiser, Jagd 159); **b)** *warm machen, erhitzen, heiß machen, aufwärmen, anwärmen:* sie wärmt dem Baby die Milch, die Flasche; die Suppe muss nur noch gewärmt werden. **2. a)** *[in bestimmter Weise, in bestimmtem Maße] Wärme abgeben, entstehen lassen:* der Ofen wärmt gut; die Wintersonne wärmt kaum; so ein Whisky wärmt schon; ein wärmendes Feuerchen; **b)** *[in bestimmter Weise, in bestimmtem Grad] warm halten:* der Mantel, die Wolldecke, der Schlafsack wärmt [gut]; Wolle wärmt besser als Baumwolle.

Wär|me|pe|ri|o|de, die: *längerer Zeitraum mit warmem Wetter.*

Wär|me|pum|pe, die (Technik): *Anlage, mit deren Hilfe einem relativ kühlen Wärmespeicher (z. B. dem Grundwasser) Wärmeenergie entzogen u. als Heizenergie nutzbar gemacht werden kann.*

War|mer (salopp abwertend): *Homosexueller.*

wär|mer: ↑ warm.

Wär|me|reg|ler, der: *Temperaturregler.*

Wär|me|rück|ge|win|nung, die: *Rückgewinnung* (2) *von Abwärme:* ein System, eine Anlage zur W.

Wär|me|schutz, der ⟨o. Pl.⟩: **a)** (bes. Fachspr.) *durch Wärmedämmung* (2) *bewirkter Schutz vor Wärmeverlust;* **b)** *Schutz vor Wärme.*

Wär|me|spei|cher, der (Fachspr.): *Anlage zur Speicherung von Wärmeenergie.*

Wär|me|stau, der: **1.** (Med.) *das Sichstauen von hoher Temperatur im Körper (z. B. bei Fieber od. Hitzschlag).* **2.** *Wärmestauung.*

Wär|me|stau|ung, die: *übermäßiges Ansteigen der Temperatur (z. B. in einer Maschine).*

Wär|me|strahl, der (meist Pl.): *Strahl aus Wärmeenergie:* die -en werden von dunklen Körpern stärker absorbiert als von hellen.

Wär|me|strah|lung, die (Physik, Meteorol.): *Abgabe von Wärme in Form von Strahlen:* die von der Sonne ausgehende W.

Wär|me|stu|be, die: *geheizter Raum, in dem sich im Winter Bedürftige, bes. Wohnsitzlose, zeitweise aufhalten können.*

Wär|me|tau|scher, der (Technik): *Gerät zur Übertragung von Wärme von einem Medium auf ein anderes.*

Wär|me|tech|nik, die (Technik): *Bereich der Technik, der sich mit der Erzeugung u. Anwendung von Wärme befasst.*

wär|me|tech|nisch ⟨Adj.⟩ (Technik): *die Wärmetechnik betreffend.*

Wär|me|trä|ger, der (Fachspr.): *Stoff, mit dessen Hilfe sich Wärme gut übertragen lässt:* als W. verwendet man Wasser.

Wär|me|ver|lust, der: *Verlust von Wärme:* schlecht schließende Fenster führen zu erheblichen -en.

Wär|me|wert, der (Technik): *Zahl, die angibt, wie groß die thermische Belastbarkeit einer Zündkerze ist.*

Wär|me|zäh|ler, der (Technik): *Gerät zur Messung von [zum Heizen verwendeten] Wärmemengen; die Wärmeverbrauch wird mit an den Heizkörpern angebrachten -n gemessen.*

Wär|me|zu|fuhr, die: *Zufuhr von Wärme.*

Wärm|fla|sche, die: *meist aus Gummi o. Ä. bestehender flacher, beutelartiger, mit heißem Wasser zu füllender Behälter, der zur Wärmebehandlung* (2), *zum Anwärmen von Betten o. Ä. benutzt wird:* jmdm., sich eine W. machen; sich mit einer W. ins Bett legen.

Warm|hal|te|fla|sche, die: *flaschenähnliches Gefäß zum Warmhalten von Getränken.*

warm|hal|ten, sich ⟨st. V.; hat⟩: in der Verbindung sich jmdn. w. (ugs.; *sich jmds. Gunst, Wohlwollen erhalten*).

Warm|hal|te|plat|te, die: *[erhitzbare] [Metall]platte zum Warmhalten von Speisen, Getränken.*

warm|her|zig ⟨Adj.⟩: **a)** *zu starken menschlichen Gefühlen fähig, neigend; voller Herzenswärme;* **b)** *von großer Herzenswärme zeugend.*

Warm|her|zig|keit, die; -: *warmherziges Wesen; Gefühlswärme.*

warm|lau|fen, sich ⟨st. V.; hat⟩: *in [gute] Stimmung, Schwung geraten:* die Diskussionsteilnehmer hatten sich allmählich warmgelaufen.

Warm|luft, die ⟨o. Pl.⟩ (bes. Technik, Meteorol.): *warme Luft.*

Warm|luft|ge|rät, das (Technik): *Gerät zur Erzeugung von Warmluft (z. B. Haartrockner).*

Warm|luft|hei|zung, die (Technik): *Zentralheizung, bei der die Luft unmittelbar erwärmt wird u. in dem zu heizenden Gebäude zirkuliert.*

warm ma|chen, warm|ma|chen ⟨sw. V.; hat⟩: *erwärmen, warm machen:* das Essen noch einmal w. m.; ein Werkstück [mit dem Schweißbrenner] w. m. (Fachspr.; *stark erhitzen*).

Warm|mie|te, die: *Miete einschließlich Heizkosten.*

Warm|start, der: **1.** (Kfz-Wesen) *Start mit warmem Motor.* **2.** (EDV) *erneutes Starten eines Computers nach einer Unterbrechung des laufenden Programms* (4), *das durch entsprechende vorherige Befehlseingabe ohne nochmaliges Booten erfolgt.*

wärms|te: ↑ warm.

warm stel|len, warm|stel|len ⟨sw. V.; hat⟩: *etw. an einen warmen Ort stellen [damit es nicht abkühlt]:* den Hefeteig w. s.

wärms|tens ⟨Adv.⟩: *ausdrücklich, sehr:* ich kann es nur w. empfehlen.

Warm-up [ˈwɔːmlap], das; -s, -s [engl. warm-up, zu: to warm up = warm werden, warm laufen]: **1. a)** (bes. Sport) *das Sichaufwärmen* (3); **b)** (Motorsport) *das Warmlaufenlassen von Motoren (vor dem Start eines Rennens).* **2.** (Fernsehen) *Einstimmung des Studiopublikums vor Beginn einer Fernsehsendung.*

Warm|was|ser [auch: ˈv...ˈv...], das ⟨o. Pl.⟩: *warmes, heißes Wasser:* das Zimmer hat [fließend] W.

Warm|was|ser|be|rei|ter, der; -s, - (Technik): *Heißwasserbereiter.*

Warm|was|ser|hei|zung, die (Technik): *[Zentral]heizung, bei der die Wärme von zirkulierendem Wasser transportiert wird.*

Warm|was|ser|spei|cher, der (Technik): *Heißwasserspeicher.*

Warm|was|ser|ver|sor|gung, die: *Versorgung mit Warmwasser.*

¹**warm wer|den** ⟨unr. V.; ist⟩: *sich aufheizen, an Temperatur gewinnen:* am Wochenende soll es *(das Wetter, die Luft)* schön w. w.

²**warm wer|den, warm|wer|den** ⟨unr. V.; ist⟩: s. warm (1 a).

Warm|zeit, die (Geol.): *Interglazial.*

warm|zeit|lich ⟨Adj.⟩ (Geol.): *interglazial.*

Warn|an|la|ge, die: *Anlage, die durch Signale vor Gefahren warnt.*

Warn|blink|an|la|ge, die (Kfz-Wesen): *Anlage, die es ermöglicht, die linken u. rechten Blinkleuchten gleichzeitig blinken zu lassen.*

Warn|blin|ker, der (ugs.): *Warnblinkanlage.*

Warn|blink|leuch|te, die (Kfz-Wesen): *zur Warnung vor einer Gefahr dienende, Signale aussendende Lampe.*

Warn|blink|licht, das (Kfz-Wesen): *von einer Warnblinkanlage, einer Warnblinkleuchte ausgehendes Blinklicht:* mit W. fahren.

Warn|drei|eck, das (Kfz-Wesen): *(im Falle einer Panne od. eines Unfalls auf der Straße aufzustellendes) Warnzeichen in Form eines weißen Dreiecks mit rotem Rand.*

war|nen ⟨sw. V.; hat⟩ [mhd. warnen, ahd. warnōn, eigtl. = (sich) vorsehen, verw. mit ↑ wahren]: **1.** *auf eine Gefahr hinweisen:* jmdn. vor einer Gefahr, vor einem Attentat, vor einem Betrüger w.; die Unfallstelle sichern und den nachfolgenden Verkehr w.; eine innere Stimme, ein Gefühl warnte mich; ⟨auch ohne Akk.-Obj.:⟩ die Polizei warnt vor Trickbetrügern, vor Glatteis; auf dem Plakat »Vor Taschendieben wird gewarnt«; ich bin jetzt gewarnt; ein warnender Zuruf. **2.** *jmdm. nachdrücklich, dringend [u. unter Drohungen, unter Hinweis auf mögliche unangenehme Folgen] von etw. abraten:* ich habe ihn nachdrücklich, ausdrücklich davor gewarnt [es zu tun]; ich warne dich, du machst keine Fehler; ich warne dich! Lass sie in Ruhe!; der Kanzler warnte in seiner Rede vor zu großem Optimismus; ein warnendes *(abschreckendes)* Beispiel; Dringend warnte der Abt den Bischof, er solle sich ja nicht ... den Luxemburger einlassen (Feuchtwanger, Herzogin 22).

Warn|fär|bung, die (Zool.): *(bes. bei Insekten) auffällige Färbung u. Zeichnung des Körpers, durch die Feinde abgeschreckt werden sollen.*

Warn|glo|cke, die: vgl. *Warnsirene.*

Warn|hin|weis, der: *Hinweis auf eine Gefahr:* der W. des Gesundheitsministers darf auf keiner Zigarettenpackung fehlen.

Warn|kreuz, das (Verkehrsw.): *Andreaskreuz* (2).

Warn|lam|pe, die: *Glühlampe, die durch [automatisches] Aufleuchten vor etw. warnt, auf eine Gefahr hinweist.*

Warn|laut, der (Zool.): *Laut, durch den ein Tier seine Artgenossen od. auch andere Tiere vor einer drohenden Gefahr warnt.*

Warn|licht, das ⟨Pl. -er⟩: vgl. *Warnsignal.*

Warn|mel|dung, die: *auf eine bestimmte Gefahr hinweisende Meldung.*

Warn|ruf, der: **1.** *warnender Zuruf.* **2.** (Zool.) *Warnlaut.*

Warn|schild, das ⟨Pl. -er⟩: **1.** *Schild mit einer Warnung.* **2.** (Verkehrsw.) *auf eine Gefahr hinweisendes Verkehrsschild.*

Warn|schuss, der: *in die Luft abgegebener Schuss, durch den einer Aufforderung, einer Drohung Nachdruck verliehen werden soll.*

Warn|sig|nal, das: *auf eine Gefahr hinweisendes Signal.*

Warn|si|re|ne, die: *Sirene zum Erzeugen akustischer Warnsignale.*

Warn|streik, der: *auf kurze Zeit befristete Arbeitsniederlegung, durch die einer Forderung Nachdruck verliehen, Kampfbereitschaft demonstriert od. gegen etw. protestiert werden soll:* ein eintägiger W.; es kam in vielen Städten zu -s.

Warn|sys|tem, das: *System von Einrichtungen, die dazu dienen, vor bestimmten Gefahren zu warnen.*

Warn|ta|fel, die: *Warnschild.*

War|nung, die; -, -en [mhd. warnunge, ahd. warnunga]: **1.** *das Warnen; das Gewarntwerden:* dank der rechtzeitigen W. der Bevölkerung gab es keine Todesopfer. **2. a)** *Hinweis auf eine Gefahr:* eine W. vor Glatteis, Sturm; auf dem Schild stand: »W. vor dem Hunde«; W.: Rauchen gefährdet die Gesundheit; er beachtete die -en

Warnweste – wartungsfrei

nicht; **b)** *etw., wodurch jmd. vor etw. gewarnt* (2) *wird, werden soll:* lass dir das eine W. sein *(nimm das als Warnung); das ist meine letzte W. (wenn du jetzt nicht auf mich hörst, werde ich meine Drohung wahr machen); sie hat die W. nicht gleich verstanden; er hörte nicht auf ihre -en.*

Warn|wes|te, die (bes. Verkehrsw.): *auffällige Weste, die dafür sorgen soll, dass ihr Träger nicht übersehen wird.*

Warn|zei|chen, das: **1.** vgl. Warnsignal. **2.** (Verkehrsw.) vgl. Warnschild (2). **3.** *vor einem Unheil warnende Erscheinung.*

¹Warp, der od. das; -s, -e [engl. warp = Kette (3), zu: to warp = sich wellen, sich werfen] (Textilind.): **1.** *fest gedrehter Kettfaden.* **2.** *billiger, bunt gewebter Baumwollstoff für Schürzen o. Ä.*

²Warp, der; -[e]s, -e [mniederd. warp, zu: werpen = werfen] (Seemannsspr.): *kleinerer Anker zum Verholen eines Schiffes.*

Warp|an|ker, der (Seemannsspr.): ²Warp.

war|pen ⟨sw. V.⟩ (Seemannsspr.): **1.** ⟨hat⟩ *mithilfe eines Warpankers, mithilfe von Tauen fortbewegen.* **2.** ⟨ist⟩ *sich durch Warpen* (1) *fortbewegen.*

Warp|schiff|fahrt, die (Seemannsspr.): *Schifffahrt mit Schiffen, die durch Warpen* (1) *bewegt werden.*

War|rant [vaˈrant, engl.: ˈwɔrənt], der; -s, -s [engl. warrant < a(nord)frz. warant, ↑ Garant] (Wirtsch.): **1.** *Bescheinigung* (2) *über den Empfang von eingelagerten Waren (die im Falle einer Beleihung der Waren verpfändet werden kann).* **2.** *Optionsschein.*

War|schau: Hauptstadt von Polen.

¹War|schau|er, der; -s, -: Ew.

²War|schau|er ⟨indekl. Adj.⟩: der W. Vertrag.

War|schau|e|rin, die; -, -nen: w. Form zu ↑ ¹Warschauer.

War|sza|wa [varˈʃava]: polnische Form von ↑ Warschau.

Wart, der; -[e]s, -e [mhd., ahd. wart, zu ↑ wahren] (veraltet, sonst nur als Grundwort in Zus.): *jmd., der für etw. Bestimmtes verantwortlich ist, der die Aufsicht über etw. Bestimmtes führt (z. B. Gerätewart).*

Wart|burg, die; -: Burganlage südwestlich von Eisenach.

War|te, die; -, -n [mhd. warte, ahd. warta, zu ↑ wahren]: **1.** (geh.) *hoch gelegener Platz, von dem aus die Umgebung gut zu überblicken ist:* von der hohen W. des Hügels konnten wir alles gut überblicken; Ü *von meinem Standpunkt* 2) *aus [betrachtet].* **2.** *(im Mittelalter) [zu einer Burg, einer Befestigungsanlage gehörender] befestigter Turm zur Beobachtung des umliegenden Geländes u. als Zufluchtsstätte.*

War|te|frau, die: **1.** (veraltet) *Frau, die jmdn. wartet* (2 a), bes. *Kinderfrau, Pflegerin.* **2.** (veraltend) *Frau deren Aufgabe es ist, etw. zu beaufsichtigen u. in Ordnung zu halten (z. B. öffentliche Toiletten).*

War|te|frist, die (bes. Versicherungsw.): vgl. Wartezeit.

War|te|hal|le, die: vgl. Wartesaal.

War|te|häus|chen, das: *[offenes] häuschenähnliche größere Kabine* (2 b) *an einer Haltestelle, in der Fahrgäste auf den Bus, die Straßenbahn o. Ä. warten können:* das W. an der Bushaltestelle.

War|te|lis|te, die: *Liste mit den Namen von Personen, die darauf warten, etw. geliefert, zugeteilt, bewilligt o. Ä. zu bekommen:* sich auf die W. setzen lassen; auf der W. stehen.

war|ten ⟨sw. V.; hat⟩ [mhd. warten, ahd. wartēn = ausschauen, aufpassen, erwarten, zu ↑ Warte, also eigtl. = Ausschau halten]: **1. a)** *dem Eintreffen einer Person, einer Sache, eines Ereignisses entgegensehen, wobei einem oft die Zeit besonders langsam zu vergehen scheint:* geduldig, sehnsüchtig, vergeblich auf etw. w.; ich warte schon seit sechs Wochen auf Post von ihm, auf seine Rückkehr; es war nicht nett, sie so lange auf eine Antwort w. zu lassen; auf einen Studienplatz w.; er wartet nur auf eine Gelegenheit, sich zu rächen; darauf hat er schon lange gewartet *(das habe ich vorausgesehen, geahnt);* der Erfolg lässt noch auf sich w. *(ist bislang nicht erreicht worden);* die Katastrophe ließ nicht lange auf sich w. *(es kam bald zur Katastrophe);* auf Typen wie dich haben wir hier gerade gewartet! *(salopp iron.; dich brauchen wir hier gar nicht);* worauf wartest du noch? *(warum handelst du nicht?);* worauf warten wir noch? *(lass[t] uns handeln!);* sie warten nur noch auf ihren Tod *(erwarten nichts mehr vom Leben);* ⟨auch o. Präpositional-Obj.:⟩ der soll ruhig/kann w. (ugs.; *ihn können wir ruhig warten lassen);* da kannst du lange w./wirst du vergebens w. (ugs.; *das, worauf du wartest, wird nicht eintreffen);* na, warte! (ugs.; *da kannst dich auf etwas gefasst machen);* ⟨veraltet mit Gen.:⟩ einer Antwort w.; Ü das Essen kann w. *(damit ist es nicht so eilig);* **b)** *sich, aufjmdn., etw. wartend* (1 a), *an einem Ort aufhalten u. diesen nicht verlassen:* am Hintereingang, im Foyer [auf jmdn.] w.; warte hier, ich bin gleich zurück; auf den Bus w.; [an der Ampel stehen und] auf Grün w.; ich werde mich ins Café setzen und dort w., bis du wiederkommst; beeilt euch, der Zug wartet nicht!; die Reifen können wir sofort montieren, Sie können gleich [darauf] w.; warten Sie, bis Sie aufgerufen werden!; er stieg in das wartende Taxi; warte mal *(einen Augenblick Geduld bitte!),* es fällt mir gleich ein; Ü zu Hause wartete eine Überraschung auf uns *(erlebten wir, als wir eintrafen, eine Überraschung);* das Buch wartet darauf, dass du es abholst *(liegt für dich zur Abholung bereit);* ♦ ... da saß ein Mann und wartete der Fähre (Schiller, Tell II, 2); **c)** *etw. hinausschieben, zunächst noch nicht tun:* sie wollen mit der Heirat noch [ein paar Monate, bis nach seinem Examen] w.; er wird so lange w. *(zögern),* bis es zu spät ist; wir wollen mit dem Essen w., bis alle da sind. **2.** [aus der mhd. Bed. »auf etw. achthaben«] **a)** (veraltend) *sich um jmdn., etw. kümmern, für jmdn., etw. sorgen; pflegen, betreuen:* Kranke, Kinder, Pflanzen w.; Wenn ein Pferd sich ... wie toll benimmt, so wird es mit besonderer Sorgfalt gewartet, bekommt die weichsten Bandagen, die besten Reiter (Musil, Mann 242); ♦ ⟨mit Gen.:⟩ ... die Hälfte sollte bei den Buchen schaffen, die andere Hälfte Haber säen und des Viehes w. (Gotthelf, Spinne 38); ♦ ... ich habe meines Amtes schlecht gewartet (Storm, Schimmelreiter 140); **b)** (Technik) *(an etw.) Arbeiten ausführen, die zur Erhaltung der Funktionsfähigkeit von Zeit zu Zeit nötig sind:* die Maschine, das Gerät, das Auto muss regelmäßig gewartet werden; wann ist die Batterie zuletzt gewartet worden?; **c)** (selten) *(eine Maschine, eine technische Anlage) bedienen:* die ganze Anlage kann von einer einzigen Person gewartet werden.

War|te|pflicht, die: **1.** (Verkehrsw.) *Verpflichtung zu warten [um Vorfahrt zu gewähren].* **2.** (Rechtsspr.) *Verpflichtung, etw. nicht vor Ablauf einer bestimmten Frist zu tun.*

war|te|pflich|tig ⟨Adj.⟩ (Verkehrsw., Rechtsspr.): *einer Wartepflicht unterliegend.*

Wär|ter, der; -s, - [mhd. werter, ahd. wartari]: *jmd., der jmdn. bewacht, auf jmdn., etw. aufpasst:* der W. brachte den Gefangenen wieder in seine Zelle; der W. füttert die Affen.

War|te|raum, der: **1.** Wartezimmer. **2.** (Flugw.) *Luftraum in der Nähe eines Flugplatzes, in dem auf Landeerlaubnis wartende Flugzeuge kreisen müssen.*

War|te|rei, die; -, -en (ugs., meist abwertend): *[dauerndes] Warten* (1): diese endlose W. kann einen ganz schön fertigmachen; ich hab die W. satt.

Wär|ter|haus, das: vgl. Wärterhäuschen.

Wär|ter|häus|chen, das: *Häuschen, in dem sich ein Wärter während seines Dienstes aufhält.*

Wär|te|rin, die; -, -nen: w. Form zu ↑ Wärter.

War|te|saal, Wartsaal, der: *größerer, oft mit einer Gaststätte verbundener Raum, in dem sich Reisende auf Bahnhöfen aufhalten können.*

War|te|schlan|ge, die: *Schlange* (3 a): an der Kasse, an der Parkhauseinfahrt hatte sich eine [lange] W. gebildet.

War|te|schlei|fe, die: **1.** (Flugw.) ¹*Schleife* (2), *die ein Flugzeug zieht, während es auf eine Landeerlaubnis warten muss.* **2.** (Telefonie) *Anzahl von Fernsprechteilnehmern, die alle mit einem bestimmten Anschluss verbunden werden möchten u. darauf warten, an der Reihe zu kommen.* **3.** (Telefonie) *Tonaufnahme, die den in einer Warteschleife* (2) *wartenden Anrufern vorgespielt wird, damit sie die Herstellung einer Verbindung mit einem Gesprächspartner abwarten.*

War|te|stand, der ⟨o. Pl.⟩ (früher): *einstweiliger Ruhestand (eines Beamten, Offiziers).*

War|te|zeit, die: **1.** *Zeit des Wartens:* sich die W. mit etw. verkürzen; um lange -en zu vermeiden, vereinbaren Sie bitte einen Termin; an den Grenzübergängen kann es wegen hohen Verkehrsaufkommens zu längeren -en kommen. **2.** (bes. Versicherungsw.) *festgesetzte Frist, vor deren Ablauf etw. nicht möglich, nicht zulässig ist.*

War|te|zim|mer, das: *Zimmer (z. B. in einer Arztpraxis), in dem sich Wartende aufhalten können:* als ich um halb neun zu seiner Praxis kam, war das W. schon voll; stundenlang im W. herumsitzen; nehmen Sie bitte [noch einen Moment] im W. Platz.

-wär|tig [mhd. -wertec, ahd. -wertig, zu mhd., ahd. -wert, ↑ -wärts]: *drückt in Bildungen mit Substantiven aus, dass es sich um eine bestimmte Richtung handelt:* land-, seewärtig.

War|tin, die: w. Form zu ↑ Wart.

-wärts [mhd., ahd. -wertes, adv. Gen. von mhd., ahd. -wert, eigtl. = auf etw. hin gewendet od. gerichtet, verw. mit ↑ ¹werden]: *drückt in Bildungen mit Substantiven aus, dass es sich um eine bestimmte Richtung handelt:* küsten-, meer-, pol-, sternen-, süd-, waldwärts.

War|tung, die; -, -en: **a)** (veraltend) *das Warten* (2 a); *das Gewartetwerden;* **b)** *das Warten* (2 b); *das Gewartetwerden:* regelmäßige, sorgfältige, fachmännische, mangelhafte W.; den Wagen zur W. bringen, zur W. in die Werkstatt bringen; **c)** (selten) *das Warten* (2 c); *das Gewartetwerden.*

War|tungs|ar|beit, die ⟨meist Pl.⟩: *im Warten* (2 b) *bestehende Arbeit:* kleinere Reparaturen und -en macht er an seinem Auto selbst.

war|tungs|arm ⟨Adj.⟩: *wenig Wartung* (b) *erfordernd:* die Anlage ist robust und w.

War|tungs|auf|wand, der: *mit der Wartung* (b) *verbundener Aufwand:* die Anlage erfordert einen hohen W.

war|tungs|frei ⟨Adj.⟩: *keiner Wartung* (b) *bedürfend:* das Lager, die Batterie, die Federung ist [weitgehend] w.; die Anlage läuft, arbeitet [fast, praktisch] w.

War|tungs|frei|heit, die ⟨o. Pl.⟩: *das Wartungsfreisein.*

war|tungs|freund|lich ⟨Adj.⟩: *die Wartung* (b) *erleichternd:* eine -e Konstruktion.

War|tungs|hal|le, die: *Halle, in der etw. (z. B. Flugzeuge) gewartet* (2 b) *wird.*

war|tungs|in|ten|siv ⟨Adj.⟩: *einen hohen Wartungsaufwand erfordernd:* die Anlage ist sehr w.

War|tungs|in|ter|vall, das: *Zeitraum zwischen zwei aufeinanderfolgenden Wartungen* (b).

War|tungs|kos|ten ⟨Pl.⟩: *Kosten für die Wartung* (b) *von etw.*

War|tungs|ver|trag, der: *Vertrag, in dem sich jmd., eine Firma dazu verpflichtet, die regelmäßige Wartung* (b) *von etw. zu übernehmen.*

wa|r|um ⟨Adv.⟩ [mhd. warumbe, spätahd. wār umbe, aus: wār (↑ ¹wo) u. umbe, ↑ ¹um]: **1.** [mit besonderem Nachdruck: 'va:rʊm] ⟨interrogativ⟩ *aus welchem Grund?; weshalb?:* w. tust du das?; w. antwortest du nicht?; »Ich werde meine Reise verschieben.« – »Warum [das denn]?«; »Machst du da mit?« – »Ja, w. nicht?« *(ja, es spricht doch nichts dagegen);* w. nicht gleich [so]? (ugs.; *das hätte man doch gleich so machen können);* w. sie das wohl gesagt hat? ⟨mit besonderem Nachdruck auch in Fragesätzen ohne Inversion; der Personalform des Verbs nachgestellt:⟩ er kam w. noch einmal zurück?; du verreist w.?; ⟨in indirekten Fragesätzen:⟩ ich frage mich, ich weiß nicht, ich begreife nicht, w. er das getan hat; kannst du mir erklären, w. er das tut?; ich weiß nicht, w., aber er hat abgesagt; ⟨subst.:⟩ er fragt nicht nach dem Warum und Weshalb; ⟨w. + »immer«, »auch«, »auch immer«:⟩ Sie erließen einen Aufruf. Die Legionäre ... möchten sich melden, w. sie auch immer geflohen seien (Seghers, Transit 113). **2.** ⟨relativisch⟩ *aus welchem Grund; weshalb:* der Grund, w. er es getan hat, ist uns allen unbekannt.

Wärz|chen, das, -s, -: Vkl. zu ↑ Warze.

War|ze, die; -, -n [mhd. warze, ahd. warza, eigtl. = erhöhte Stelle]: **1.** *kleine rundliche Wucherung der Haut mit oft stark verhornter, zerklüfteter Oberfläche:* eine W. am Finger haben; sich eine W. entfernen, wegätzen, wegmachen lassen. **2.** Kurzf. von ↑ Brustwarze.

war|zen|för|mig ⟨Adj.⟩: *einer Warze* (1) *ähnelnd.*

War|zen|hof, der: *die Brustwarze umgebender, durch seine dunklere Färbung von der umgebenden Haut sich abhebender runder Fleck.*

War|zen|kak|tus, der: *(in vielen Arten bes. in Mexiko vorkommender) meist kugeliger Kaktus mit warzenartigen, mit Dornen besetzten Höckern.*

War|zen|schwein, das: *(in der Savanne lebendes) großes Schwein mit warzenartigen Erhebungen an der Vorderseite des Kopfes.*

war|zig ⟨Adj.⟩: *Warzen* (1) *aufweisend:* -e Hände.

¹was ⟨Interrogativpron.⟩; Neutr. (Nom. u. Akk., gelegtl. auch Dativ)⟩ [mhd. waȝ, ahd. (h)waȝ]: fragt nach etw., dessen Nennung od. Bezeichnung erwartet od. gefordert wird: w. ist das?; w. ist [alles, außerdem, noch] gestohlen worden?; w. sind Bakterien, die Dardanellen?; w. ist ein Modul?; w. heißt, w. bedeutet, w. meinst du mit »Realismus«?; »Was ist das denn?« – »Ein Transistor«; »Was ist in dem Koffer?« – »Kleider«; w. ist sie [von Beruf]?; wisst ihr, w. ihr seid? Feiglinge [seid ihr]!; als w. hatte er sich verkleidet?; »Hier gibt es keine Zeitungen.« – »Und w. ist das?« (ugs.; *hier sind doch welche*). w. ist schon dabei?; w. geht hier vor?; w. führt dich zu mir?; w. ist [los]?; w. ist [nun], kommt du mit? (ugs.; *hast du dich nun entschieden mitzukommen?);* und w. dann? (ugs.; *wie geht das weiter?);* w.

weiter? (ugs.; *was geschah dann?*); hältst du mich für bekloppt oder w.? (ugs.; *oder was denkst du dir dabei?);* w. ist nun mit morgen Abend? (ugs.; *was soll nun morgen Abend geschehen?*); aber w. (ugs.; *was machen wir aber),* wenn er ablehnt?; w. denn? (ugs.; *was ist denn los?; was willst du denn?*); w. [denn] (ugs.; *ist das denn die Möglichkeit*), du weißt das nicht?; w. (ugs.; *ist das wirklich wahr*), du hast gewonnen?; w.? (salopp; *[wie] bitte?);* das gefällt dir, w.? (ugs.; *nicht wahr?);* w. ist die Uhr? (landsch.; *wie spät ist es?);* w. tust du da?; w. willst du?; w. gibt es Neues?; er fragte w. sie vorhabe; ich weiß nicht, w. er gesagt hat; w. glaubst du, wie viel das kostet?; w. haben wir noch an Wein? *(was für Wein u. wie viel haben wir noch?);* w. *(wie viel)* ist sieben minus drei?; w. *(welche Summe Geldes)* kostet das, verdienst du?; w. kann ich dafür?; w. geht dich das an?; w. gibts? (ugs.; *was möchtest du von mir?);* w. ⟨mit besonderem Nachdruck auch in Fragesätzen ohne Inversion; der Personalform des Verbs nachgestellt:⟩ er hat w. gesagt?; er kaufte sich w.?; ⟨Gen.:⟩ wessen erfreut er sich?; weißt du, wessen man ihn beschuldigt?; ⟨ugs. in Verbindung mit Präp.:⟩ an w. *(woran)* glaubst du?; auf w. *(worauf)* sitzt er?; aus w. *(woraus)* besteht das?; bei w. *(wobei)* ist das denn passiert?; durch w. *(wodurch)* ist der Schaden entstanden?; für w. *(wofür)* ist das gut?; um w. *(worum)* geht es?; zu w. *(wozu)* kann man das gebrauchen?; w. hier wieder los ist!; was es [nicht] alles gibt!; w. der alles weiß!; w. glaubst du [wohl], wie das wehtut! (ugs.; *das tut doch schließlich sehr weh!);* w. du auch [immer] tust *(gleichgültig, was du tust),* denk an dein Versprechen!; Dann wieder kommt es vor, dass sie plötzlich sehr w. reden (ugs.; *was sie dann sollen;* Frisch, Montauk 114); * ach w.! (salopp; *keineswegs!; Unsinn!:* »Bist du beleidigt?« – »Ach w.! Wie kommst du denn darauf«); w. für [ein] ... (↑ ²für); w. ein ... (ugs.; *was für ein ..., welch ein ...:* du weißt doch selbst, w. ein Aufwand ist; w. 'n fieser Kerl!; w. 'n Glück!); **und w. nicht alles** (ugs.; *und alles Mögliche*).

²was ⟨Relativpron.⟩; Neutr. (Nom. u. Akk., gelegtl. auch Dativ)⟩ [vgl. ¹was]: **1.** bezeichnet in Relativsätzen dasjenige, worüber im Relativsatz etw. ausgesagt ist: sie haben [alles] mitgenommen, w. nicht niet- und nagelfest war; w. in der Bibel steht, ist etwas, w. ich gar nicht mag; w. mich betrifft, so bin ich ganz zufrieden; vieles von dem, w. er gesagt hat, kann ich bestätigen; ⟨weiterführend:⟩ sie hat alles abgestritten, w. ja ihr gutes Recht ist; er will sich auf nichts einlassen, w. ich übrigens gut verstehen kann; ⟨Gen.:⟩ [das,] wessen er sich rühmt, ist kein besonderes Verdienst; ⟨bes. ugs. in Verbindung mit Präp.:⟩ das ist das Einzige, zu w. *(wozu)* er taugt; ⟨w. + [immer] »auch«, »immer«, »auch immer«:⟩ w. er [immer] *(alles, was er)* anfing, wurde ein Erfolg. **2. a)** *wer:* w. ein richtiger Kerl ist, [der] wehrt sich; **b)** (landsch. salopp) *der, die:* Frida, w. unsere Jüngste ist; **c)** (landsch. salopp) *derjenige; diejenige, die:* w. unsere Mutter ist, die klagt immer über Rückenschmerzen.

³was ⟨Indefinitpron. (Nom. u. Akk., gelegtl. auch Dativ)⟩: **1.** (ugs.) *[irgend]etwas:* w. zum Lesen; das ist ja ganz w. anderes!; ist schon w. [Näheres] bekannt?; passt dir w. nicht?; es ist kaum noch w. übrig; ist doch wenigstens w. ist w.? *(ist etwas geschehen?);* es soll ein bisschen w. *(etwas, ein wenig)* Ausgefallenes sein; ich weiß ja, du kannst w. erleben; erzähl doch w.; von mir aus kannst du sonst w. (salopp; *irgendwas Beliebiges)* tun, mir ist es egal; da haben wir ja [Schönes] einge-

brockt; soll ich dir mal w. sagen?; sie kann w. taugt das w.?; tu doch w.!; weißt du w.? Ich lade dich ein!; eine Flasche mit, ohne w. drin; das sieht doch nach w. aus; das geht niemanden w. an; * **so w.** (ugs.: 1. *so etwas:* so w. Dummes! (Ausruf der Verärgerung); so w. von blöd!; so w. von Frechheit!; na so w.! 2. abwertend; *so jmd.:* so w. schimpft sich Experte!); **[so] w. wie ...** (ugs.; *[so] etwas wie ...:* er ist so w. wie ein Dichter; gibt es hier [so] w. wie 'n Klo?); **ein w.** (ostmd.; *etwas* (1 a): dazu möchte ich [nur, auch] ein was sagen: Wir haben mit zehn Mann gespielt). **2.** (landsch.) *etwas* (2), *ein wenig:* hast du noch w. Geld?; ich werde noch w. schlafen.

⁴was ⟨Adv.⟩ (ugs.). **1.** ⟨interrogativ⟩ *warum* (1): w. regst du dich so auf?; w. stehst du hier herum?; ⟨in Ausrufesätzen:⟩ du musstest du ihn auch so provozieren! **2. a)** *wie [sehr]:* wenn du wüsstest, w. das wehtut!; lauf, w. *(so schnell wie)* du kannst; ⟨meist in Ausrufesätzen:⟩ w. hat er sich gefreut!; Was ich die Landschaftseinlagen im Lederstrumpf gehasst habe! (Muschg, Gegenzauber 175); **b)** ⟨interrogativ⟩ *inwiefern:* w. stört dich das?; w. interessiert das ihn?

Wa|sa|bi [...s...], der od. das; -[s] [jap. wasabi; die jap. Aussprache richtet sich nach der Kanji-Schreibung (1. Bestandteil = Berg, 2. Bestandteil = ein Pflanzenname)]: *in Japan beheimatetes Kreuzblütengewächs, das dem Meerrettich* (1) *ähnlich ist.*

²Wa|sa|bi [...s...], der; -[s]: *grüne, scharfe Gewürzzubereitung aus der Wurzel des* ¹Wasabi.

wasch|ak|tiv ⟨Adj.⟩: *schmutzlösend, reinigend:* -e Substanzen.

Wasch|an|la|ge, die: **a)** *Autowaschanlage:* den Wagen durch die, in die W. fahren; **b)** (Technik) *Wäsche* (4); **c)** (Jargon) *Geldwaschanlage:* etw. als W. für schmutziges Geld benutzen.

Wasch|an|lei|tung, die: *Waschanweisung.*

Wasch|an|wei|sung, die (Textilind.): *Anzahl von Hinweisen für die Behandlung von Textilien beim Waschen.*

Wasch|au|to|mat, der (Fachspr.): *Waschmaschine* (1).

wasch|bar ⟨Adj.⟩: *sich ohne Schaden waschen* (1 a) *lassend:* -es Leder; -e Bezüge; der Stoff, die Jacke ist [bei 60°] w.

Wasch|bär, der: *(besonders in Nordamerika vorkommender) kleiner, grauer bis schwärzlicher Bär mit kurzer Schnauze u. langem, buschigem Schwanz, der seine Nahrung ins Wasser taucht u. mit waschenden Bewegungen zwischen den Vorderpfoten reibt.*

Wasch|be|cken, das: **1.** *[an der Wand befestigtes] Becken* (1) *zum Waschen der Hände, des Körpers:* sich am W. waschen; den Pullover wasche ich mit der Hand im W. **2.** (selten) *Waschschüssel.*

Wasch|ben|zin, das: *Benzin zum Reinigen von Textilien, zum Entfernen von Flecken u. Ä.*

Wasch|be|ton, der (Bauw.): *Beton, aus dessen Oberfläche durch Abwaschen der obersten Schicht Kieselsteine o. Ä. hervortreten:* eine Fassade aus W.

Wasch|bot|tich, der: *Bottich zum Wäschewaschen.*

Wasch|brett, das: **a)** *in einen Holzrahmen gespanntes, gewelltes Blech, auf dem beim Waschen die Wäsche kräftig gerieben wird:* die Wäsche auf dem W. rubbeln; **b)** *als Rhythmusinstrument im Jazz benutztes Waschbrett* (a): W. spielen.

Wasch|brett|bauch, der (ugs.): *flacher Bauch, auf dem kräftige Bauchmuskeln sichtbar hervortreten.*

Wä|sche, die; -, -n: **1.** ⟨o. Pl.⟩ [mhd. wesche] *Gesamtheit von aus Textilien bestehenden Din-*

gen (bes. Kleidungsstücke, Bett- u. Tischwäsche, Handtücher), die gewaschen werden: die W. ist noch nicht ganz trocken; die W. in die Maschine stecken; die W. einweichen, waschen, schleudern, aufhängen, abnehmen, bleichen, trocknen; er macht seinem Freund die W. (ugs.; wäscht [u. bügelt] ihm seine Wäsche); ein Beutel für schmutzige W.; [das Handtuch tue ich in die/ zur W. (zur schmutzigen Wäsche); Sie gehen mit Kleidern und Schuhen ins Bett, das ruiniert die W.! (Bettwäsche; Fallada, Trinker 57); * [seine] schmutzige W. [vor anderen Leuten o. Ä.] waschen (abwertend; unerfreuliche private od. interne Angelegenheiten vor nicht davon betroffenen Dritten ausbreiten); volle W. (bes. österr. ugs.; mit voller Kraft, Geschwindigkeit, Leistung; urspr. wohl Jargon, von einem Schiff mit voll gesetzten Segeln). 2. ⟨o. Pl.⟩ Gesamtheit der Kleidungsstücke, die jmd. unmittelbar auf dem Körper trägt, bes. Unterwäsche: feine, duftige, seidene W.; frische W. anziehen; die W. wechseln; Ohne Kleid, aber in W. lag sie in meinen Armen (Grass, Hundejahre 321); * dumm, blöd usw. aus der W. gucken (salopp; völlig verdutzt gucken); jmdm. an die W. gehen, wollen (ugs.: jmdn. tätlich angreifen, anfassen bzw. angreifen, anfassen wollen. 2. sich jmdm. nähern bzw. nähern wollen, um Geschlechtsverkehr mit ihm zu haben). 3. [mhd. wesche, ahd. wesca; zu ↑waschen] a) das Waschen (1 a) von Wäsche: bei uns ist heute große W. (bei uns wird heute eine große Menge Wäsche gewaschen); die kleine W. (das Waschen einzelner, kleinerer Wäschestücke) erledigt sie selbst; die Hose ist bei/in der W. eingelaufen; etw. in die, zur W. geben (waschen lassen, in die Wäscherei geben); die Bluse ist [gerade] in der W. (wird gerade gewaschen); b) das Waschen (2 a): er war gerade bei der morgendlichen W. (dem morgendlichen Sichwaschen); ...die frisch gefärbten Haare würden erst nach einigen -n überzeugen (Kronauer, Bogenschütze 206); c) das Waschen (3 a): das Auto unmittelbar nach der W. einwachsen. 4. (Technik) Anlage, Einrichtung zum Waschen (3 a) von Erz, Kohle od. dgl.

Wä|sche|berg, der (ugs.): ¹Berg (3) von Wäsche.
Wä|sche|beu|tel, der: größerer Beutel für schmutzige Wäsche.
wasch|echt ⟨Adj.⟩: 1. (Textilind.) sich beim Waschen (1 a) nicht verändernd: -e Stoffe, Farben, Kleidungsstücke. 2. a) alle typischen Merkmale aufweisend; richtig, echt: eine -e Berlinerin; b) der Abstammung nach echt, rein: sie ist eine -e Gräfin.
Wä|sche|ge|schäft, das: Fachgeschäft für Wäsche (2), Bettwäsche u. Ä.
Wä|sche|ge|stell, das: Trockengestell für Wäsche (1).
Wä|sche|kam|mer, die: vgl. Kleiderkammer.
Wä|sche|klam|mer, die: Klammer zum Befestigen nasser Wäsche an einer Wäscheleine.
Wä|sche|korb, der: großer Korb o. Ä. zum Aufbewahren od. Transportieren von Wäsche.
Wä|sche|lei|ne, die: Leine, an der nasse Wäsche (1) aufgehängt wird: eine W. spannen; etw. an/auf die W. hängen.
wa|scheln ⟨sw. V.; hat⟩ [zu ↑waschen] (österr. ugs.): stark regnen.
wa|schel|nass ⟨Adj.⟩ [zu ↑waschen] (österr. ugs. emotional): durch u. durch nass.
Wä|sche|man|gel, die: ²Mangel.
wa|schen ⟨st. V.; hat⟩ [mhd. waschen, weschen, ahd. wascan, wahrsch. verw. mit ↑Wasser u. eigtl. = benetzen, befeuchten; fließen]: 1. a) unter Verwendung von Seife od. eines Waschmittels durch häufiges [maschinelles] Bewegen in Wasser [u. durch Reiben, Drücken, Walken] von Schmutz befreien: Wäsche, Hemden w.; den Pullover wasche ich mit der Hand; eine frisch gewaschene Bluse; ⟨auch ohne Akk.-Obj.:⟩ heute muss ich w.; b) durch Waschen (2) in einen bestimmten Zustand bringen: etw. sauber, weiß w.; c) durch Waschen (1 a) entfernen: einen Fleck aus der Bluse, aus dem Tischtuch w. 2. a) mit Wasser u. Seife o. Ä. von anhaftendem Schmutz befreien, reinigen: sich [mit Wasser und Seife] w.; sich die Hände, die Füße, das Gesicht, die Haare w.; jmdm. den Rücken, den Kopf w.; b) durch Waschen (2 a) entfernen: sich den Schmutz von den Ohren w.; wasch dir erst einmal den Dreck von den Knien! 3. a) mit Wasser [u. einem Reinigungsmittel] von anhaftendem Schmutz od. unerwünschten Beimengungen befreien, säubern (1 b): das Gemüse putzen und w.; er wusch das Auto, das Fenster, die Scheiben; Geschirr w. (landsch.; spülen); Erz, Kohle w. (Fachspr.; durch Ausschwemmen bestimmter unerwünschter Beimengungen aufbereiten); ein Gas w. (Fachspr.; durch Hindurchleiten durch eine geeignete Lösung von Verunreinigungen befreien); Sie ... wusch den Steinboden mit Essigwasser und Asche (Ransmayr, Welt 216); * sich gewaschen haben (ugs.; von äußerst beeindruckender [u. unangenehmer] Art sein; eine Ohrfeige, Strafe, die sich gewaschen hat); b) durch Waschen (3 a) abscheiden u. so gewinnen: Gold w. 4. spülen (1 b): die Insektizide werden [vom Regen] in den Boden, ins Grundwasser gewaschen. 5. durch Auswaschen (2) zum Verschwinden bringen. 6. (Jargon) auf illegale Weise erworbenes Geld durch [komplizierte] finanzielle Transaktionen wieder in den wirtschaftlichen Kreislauf einschleusen u. dadurch legalisieren. 7. (landsch.) (jmdm.) zum Spaß, um ihn zu ärgern, Schnee ins Gesicht reiben; einseifen: jetzt wird er gewaschen. 8. a) (vom Wasser der See, von Wellen) schlagen (2 b); b) spülen (3 a): er wurde von einer See über Bord gewaschen.

Wa|scher, der; -s, - (Technik): Gaswascher.
Wä|scher, der; -s, -: jmd., der [beruflich] Wäsche (1) wäscht.
Wä|sche|rei, die; -, -en: Dienstleistungsbetrieb, in dem Wäsche gewaschen wird.
Wä|sche|rin, die; -, -nen [mhd. wescherinne]: w. Form zu ↑Wäscher.
Wä|sche|rol|le, die (österr., sonst landsch.): Wäschemangel.
Wä|sche|schleu|der, die: (nach dem Prinzip einer Zentrifuge funktionierendes) Gerät, mit dessen Hilfe aus tropfnasser Wäsche (1) ein großer Teil des in ihr enthaltenen Wassers herausgeschleudert wird.
Wä|sche|schrank, der: Schrank zur Aufbewahrung von Wäsche (2).
Wä|sche|spei|cher, der (bes. westmd., südd.): Trockenboden.
Wä|sche|spin|ne, die: zusammenklappbares, aus einem Pfahl u. mehreren strahlenförmig davon abgehenden Streben bestehendes Trockengestell zum Trocknen von Wäsche (1).
Wä|sche|spren|ger, die: Gefäß für Wasser mit einem mit vielen kleinen Löchern versehenen Deckel zum Einsprengen von Wäsche (1) vor dem Bügeln od. Mangeln.
Wä|sche|stän|der, der: Ständer (1) zum Trocknen von Wäsche (1).
Wä|sche|stär|ke, die: Stärke (8) zum Stärken von Wäsche (1).
Wä|sche|stoff, der: Stoff aus dem bes. Unter-, Nacht-, Bettwäsche gefertigt wird.
Wä|sche|stück, das: einzelnes Teil der Wäsche (1, 2).
Wä|sche|tin|te, die: tintenartige Flüssigkeit zum Kennzeichnen von Wäschestücken.
Wä|sche|trock|ner, der: 1. Maschine zum Trocknen von Wäsche (1) mit Heißluft. 2. Trockengestell.
Wä|sche|wa|schen, das; -s: das Waschen (1) von Wäsche (1): er ist beim W.
Wä|sche|zei|chen, das: angenähtes, gesticktes od. mit Wäschetinte angebrachtes Kennzeichen (z. B. die Initialen des Besitzers) an einem Wäschestück.
wasch|fest ⟨Adj.⟩ (selten): waschecht (1).
Wasch|frau, die: Frau, die gegen Bezahlung für andere Wäsche (1) wäscht.
Wasch|gang, der: einzelne Phase des Waschprogramms einer Waschmaschine.
Wasch|ge|le|gen|heit, die: etw. (ein Waschbecken, ein Waschtisch o. Ä.), was die Möglichkeit bietet, sich zu waschen.
Wasch|ge|schirr, das: Waschschüssel mit einem dazugehörenden Krug für Wasser.
Wasch|hand|schuh, der: Waschlappen, der wie ein Handschuh über die Hand gezogen werden kann.
Wasch|haus, das: 1. Gebäude, Gebäudeteil, in dem Wäsche (1) gewaschen wird. 2. vgl. Waschraum.
Wasch|korb, der: Wäschekorb.
Wasch|kraft, die (Werbespr.): Wirksamkeit eines Waschmittels: unser neues Waschmittel hat noch mehr W.
Wasch|kü|che, die: 1. zum Wäschewaschen bestimmter, eingerichteter Raum: die W. ist im Keller. 2. (ugs.) dichter Nebel: die W. hat sich aufgelöst.
Wasch|lap|pen, der: 1. Lappen [aus Frotteestoff] zum Waschen (2 a) des Körpers. 2. (ugs. abwertend) Feigling, Schwächling.
Wasch|lau|ge, die: Wasser mit darin gelöstem Waschmittel zum Wäschewaschen.
Wasch|le|der, das: waschbares Leder.
Wasch|ma|schi|ne, die: 1. Maschine zum automatischen Wäschewaschen: eine vollautomatische W.; das kann man in/mit der W. waschen. 2. (Technik, bes. Hüttenw.) Maschine zur Flotation von Gesteinen od. Mineralien.
wasch|ma|schi|nen|fest ⟨Adj.⟩: beim Waschen (3 a) in der Waschmaschine keinen Schaden nehmend: -e Wollpullover.
Wasch|mit|tel, das: meist aus synthetischen Substanzen bestehendes, pulverförmiges od. flüssiges Mittel, das, in Wasser gelöst, eine reinigende Wirkung entwickelt u. bes. zum Wäschewaschen gebraucht wird.
Wasch|mu|schel, die (österr.): Waschbecken.
Wasch|pro|gramm, das: beim Waschen von Wäsche in einer Waschmaschine ablaufendes Programm (1 d): das W. für Buntwäsche; das W. wählen.
Wasch|pul|ver, das: pulverförmiges Waschmittel.
Wasch|raum, der: Raum mit mehreren Waschgelegenheiten.
Wasch|rum|pel, der; -s, -n [zu Rumpel = Waschrumpel (a)] (südd., österr.): a) Waschbrett; b) (südd., österr. ugs.) unebene Fahrbahn, Piste: die Skipiste war eine W. von oben bis unten.
Wasch|sa|lon, der: Gewerbebetrieb, der durch Münzeinwurf in Betrieb zu setzende Maschinen zur Verfügung stellt, mit denen jmd. als Kunde selbst Wäsche waschen u. trocknen kann.
Wasch|samt, der: waschbarer Samt.
Wasch|schüs|sel, die: größere Schüssel zum Sichwaschen.
Wasch|sei|de, die: waschbare Halbseide.
wäschst: ↑waschen.
Wasch|stoff, der: waschbarer, bedruckter einfacher Baumwollstoff.
Wasch|stra|ße, die (Kfz-Wesen): Waschanlage (a), durch die die zu waschenden Wagen mithilfe

wäscht: ↑ waschen.

Wasch|tag, der: *Tag, an dem jmd. große Wäsche macht:* morgen habe ich W., ist bei mir W.

Wasch|tisch, der: **a)** *tischartiges Möbelstück mit einer [in die Platte eingelassenen u. herausnehmbaren] Waschschüssel zum Waschen, Sichwaschen;* **b)** (Fachspr.) *mit integrierten Ablageflächen für Seife o. Ä. versehenes Waschbecken.*

Wa|schung, die; -, -en (geh.): *das Waschen (2 a) des Körpers od. einzelner Körperteile:* rituelle -en.

Wasch|voll|au|to|mat, der: *Maschine zum vollautomatischen Wäschewaschen.*

Wasch|vor|gang, der: *Vorgang des Waschens (3 a):* den W. unterbrechen.

Wasch|was|ser, das ⟨o. Pl.⟩: *Wasser, das zum Waschen verwendet wird, worden ist:* dem W. Essig beigeben.

Wasch|weib, das: **1.** (veraltet) *Wäscherin.* **2.** (salopp abwertend) *geschwätziger, klatschsüchtiger Mensch.*

Wasch|zet|tel, der [ursp. = Liste der in die Wäscherei gegebenen Wäschestücke, dann allgemein: Verzeichnis, Zusammenstellung]: **1.** (Verlagsw.) *als separater Zettel od. als Klappentext einem Buch vom Verlag beigegebene kurze, Werbezwecken dienende Ausführung zum Inhalt eines Buches.* **2.** (Zeitungsw.) *kurze schriftliche Presseinformation (a).*

Wasch|zeug, das ⟨o. Pl.⟩: *Utensilien für die Körperpflege, bes. zum Waschen.*

Wasch|zu|ber, der: *Waschbottich.*

Wasch|zwang, der (Psychol.): *zwanghafter Drang, sich übermäßig häufig zu waschen.*

Wa|sen, der; -s, - [mniederd. wasem] (nordd.): *Wrasen.*

wash and wear [ˈwɔʃ ənd ˈwɛːɐ̯; engl., eigtl. = waschen und tragen] (Textilind.): *waschbar u. ohne Bügeln wieder zu tragen* (als Hinweis für den Käufer).

¹Wa|shing|ton [ˈwɔʃɪŋtən]: *Hauptstadt der USA.*

²Wa|shing|ton, -s: *Bundesstaat der USA.*

¹Wa|shing|to|ner, der; -s, - : Ew. zu ↑¹Washington, ↑²Washington.

²Wa|shing|to|ner ⟨indekl. Adj.⟩: die W. Regierung.

Wa|shing|to|ne|rin, die; -, -nen: w. Form zu ↑¹Washingtoner.

◆ **was|ma|ßen** ⟨Adv.⟩ [zu ↑¹Maß]: ¹*wie (2 a):* Er ließ sich denn erzählen, w. man bereits seine Nachrichten gehabt, der gute König von Preußen reise unter dem Namen eines Grafen durch das Land; ...wie mein Adjutant erkannt worden sei ... (Chamisso, Schlemihl 36).

Was|ser, das; -s, - u. Wässer [mhd. waʒʒer, ahd. waʒʒar, eigtl. = das Feuchte, Fließende]: **1. a)** ⟨Pl. Wasser, seltener auch: Wässer⟩ *[hauptsächlich] aus einer Wasserstoff-Sauerstoff-Verbindung bestehende) durchsichtige, weitgehend farb-, geruch- u. geschmacklose Flüssigkeit, die bei 0°C gefriert u. bei 100°C siedet:* klares, sauberes, frisches, abgestandenes, kaltes, lauwarmes, schmutziges, gechlortes, trübes, kalkhaltiges, hartes, weiches, enthärtetes W.; geweihtes W. (↑ zum Waschen; ein Glas, ein Eimer W.; ein Tropfen, ein Liter W.; ein Zimmer mit fließendem W.; W. mit Geschmack (landsch.; *Limonade*); stilles W. (*Mineralwasser ohne, mit wenig Kohlensäure*); schweres W. (Chemie; *Wasser, das statt des gewöhnlichen Wasserstoffs schweren Wasserstoff, Deuterium, enthält*); W. verdunstet, verdampft, gefriert; das W. kocht, siedet; das W. tropft, rinnt, fließt, sprudelt, spritzt [aus dem Hahn]; W. holen, schöpfen, filtern, aufbereiten, destillieren; W. [für den Kaffee] aufsetzen; W. in die Badewanne einlaufen lassen; W. trinken; er hat beim Schwimmen W. geschluckt; eine W. abweisende, abstoßende Imprägnierung; eine W. führende Schicht; das [heiße, kalte] W. *(den Hahn für [heißes, kaltes] Wasser)* aufdrehen, abdrehen; die Blumen ins W. *(in eine Vase mit Wasser)* stellen; der Keller steht unter W. *(im Keller steht Wasser)*; etw. unter W. setzen *(überschwemmen, -fluten)*; R das wäscht kein W. ab *(diese Schande o. Ä. ist durch nichts zu tilgen)*; da wird auch nur mit W. gekocht, da kochen sie auch nur mit W. *(sie vollbringen auch nichts Überdurchschnittliches;* urspr. bezogen auf die [wirtschaftlichen] Verhältnisse ärmerer Leute, bei denen mit Wasser statt mit Wein, Fleischbrühe o. Ä. gekocht wurde); W. marsch! (Kommando zum Inbetriebsetzen einer Feuerspritze, einer Wasserkanone o. Ä.); * W. in ein Sieb/mit einem Sieb schöpfen (*sich mit einer unmöglichen Sache beschäftigen, mit etw. Unmöglichem abmühen)*; **[jmdm.] W. in den Wein gießen/schütten** *([bei jmdm.] die Begeisterung dämpfen)*; **jmdm. nicht das W. reichen können** (*jmdm. an Fähigkeiten, Leistungen nicht annähernd gleichkommen;* im MA. wurde vor den Mahlzeiten Wasser zur Reinigung der Hände herumgereicht; die Wendung meinte urspr., dass jmd. es nicht einmal wert sei, diese niedrige Tätigkeit auszuüben); **reinsten -s/von reinstem W.** (**1.** *von besonders klarem Glanz, besonderer Leuchtkraft:* ein Diamant von reinstem W.; in der Fachsprache der Diamantenschleifer wird mit »erstes, zweites, drittes usw. Wasser« der Reinheitsgrad der Diamanten bezeichnet. **2.** *von ausgeprägter Ausprägung:* ein Egoist reinsten -s); **bei W. und Brot sitzen** (veraltend; *im Gefängnis sein*); **zu W. werden** *(sich nicht verwirklichen lassen u. sich in nichts auflösen)*; **b)** ⟨Pl. Wasser⟩ *Wasser (1 a) eines Gewässers; ein Gewässer bildendes Wasser (1 a):* auflaufendes, ablaufendes W.; das W. ist tief; das W. steht, strömt, rauscht, plätschert, steigt, tritt über die Ufer, überschwemmt das Land; das W. des Bachs treibt eine Mühle; das W. trägt [nicht]; im Sommer führt der Fluss wenig W.; das Haus steht direkt am W. *(steht am Ufer, am Strand)*; etw. schwimmt, treibt auf dem W.; der Transport auf dem W. *(mit Schiffen)*; ins W.; diese Tiere leben im W.; die Kinder planschten im W.; bist du heute schon im W. gewesen? *(hast du schon gebadet, geschwommen);* er konnte sich kaum über W. halten *(drohte unterzugehen);* der Taucher blieb lange unter W.; die Boote wurden zu W. gelassen; man kann diesen Ort zu W. oder zu Land *(auf dem Wasser od. auf dem Land fahrend)* erreichen; ...die Flut kehrt zurück, und gurgelnd verschwinden Mann und Ross in verschlingenden -n (*Wassermassen;* Th. Mann, Tod u. a. Erzählungen 209); R das dahin fließt noch viel W. den Berg, den Bach, den Rhein o. Ä. hinunter *(bis das eintritt, wird noch viel Zeit vergehen);* Spr W. hat keine/ (selten:) keinen Balken *(im Wasser kann man leicht umkommen);* * **das W. steht jmdm. bis zum Hals/bis zur Kehle/bis an die Kehle** (*jmd. steckt in Schulden, ist in großen Schwierigkeiten);* **W. auf jmds. Mühlen sein** *(etw. sein, was jmds. Argumentation entgegenkommt, seine Ansicht unterstützt);* **W. treten** (**1.** *sich durch schnelles Treten über Wasser halten.* **2.** *in knöcheltiefem, kaltem Wasser umhergehen [als Heilverfahren])*; **jmdm. das W. abgraben** (*jmds. Existenzgrundlage gefährden, jmdn. seiner Wirkungsmöglichkeiten berauben;* wahrsch. urspr. auf den Betrieb der Wassermühle bezogen; wer den Wasserzulauf verändert – z. B. durch das Graben eines neuen Bachbettes –, sodass das Mühlrad nicht mehr od. mit weniger Kraft angetrieben wird, kann die Mühle stilllegen); **nah[e] am/ans W. gebaut haben** (ugs.; *leicht in Tränen ausbrechen;* drückt aus, dass jmd. den Tränen so nahe ist wie ein am Ufer gebautes Haus dem Wasser); **wie aus dem W. gezogen sein** (ugs.; *völlig nass geschwitzt sein);* **ins W. fallen** (ugs.; *nicht stattfinden, nicht durchgeführt werden können:* unsere Reise ist durch seine Krankheit leider ins W. gefallen); **ins W. gehen** (verhüll.: *sich ertränken);* **ins kalte W. springen, geworfen werden** (ugs.; *es wagen, sich gezwungen sehen, eine Tätigkeit aufzunehmen, die einem völlig neu, unvertraut ist);* **mit allen -n gewaschen sein** (ugs.; *aufgrund bestimmter praktischer Erfahrungen sich nicht so leicht überrumpeln, überraschen lassen, diese Erfahrungen schlau für seine Ziele ausnutzen;* urspr. in Bezug auf Seeleute, die schon mit dem Wasser verschiedener Ozeane in Berührung gekommen waren, also weit gereist u. daher erfahren waren); **sich, (seltener:) jmdn. über W. halten** *(durch etw. mühsam seine, jmds. Existenzgrundlage sichern:* sich mit Gelegenheitsjobs über W. halten). **2.** ⟨Pl. Wasser⟩ *Gewässer:* ein tiefes, [langsam, schnell] fließendes W.; Spr stille W. sind/gründen tief *(hinter stillen, ihre [geistigen] Ansichten nicht äußernden Menschen verbirgt sich mehr, als man denkt);* * **ein stilles W. sein** *(still, zurückhaltend in der Äußerung seiner Gefühle u. Ansichten [u. schwer zu durchschauen] sein).* **3.** ⟨Pl. Wässer⟩ *[alkoholische] wässrige Flüssigkeit:* wohlriechende, duftende Wässer; kölnisch[es] W. **4.** ⟨o. Pl.⟩ **a)** *wässrige Flüssigkeit, die sich im Körper bildet:* W. *(eine krankhafte Ansammlung von Gewebsflüssigkeit)* [in den Beinen] haben; * **jmdm. läuft das W. im Mund zusammen** (ugs.; *jmd. bekommt bei verlockend zubereitetem Essen sogleich Appetit);* **b)** (ugs.) *Schweiß:* das W. lief ihm von der Stirn; **c)** (verhüll.) *Urin:* das W. nicht halten können; W. lassen (verhüll.; *urinieren*); * **sein W./sich das W. abschlagen** (salopp; *[von Männern] urinieren*); **d)** *Tränenflüssigkeit:* Den Frauen trieb es das W. *(die Tränen)* in die Augen (Kempowski, Tadellöser 103).

was|ser|ab|sto|ßend ⟨Adj.⟩: *kein Wasser aufnehmend, eindringen lassend:* durch die Imprägnierung ist das Gewebe äußerst w.

was|ser|ab|wei|send ⟨Adj.⟩: *wasserabstoßend:* das Material wirkt besonders w.

Was|ser|ader, die: *kleiner, unterirdischer Wasserlauf:* eine W. suchen, anbohren, auf eine W. stoßen.

Was|ser|an|samm|lung, die: *Ansammlung von Wasser:* eine W. im Körper; auf der Fahrbahn hatten sich gefährliche -en gebildet.

Was|ser|an|schluss, der: *Anschluss an eine Wasserleitung.*

was|ser|arm ⟨Adj.⟩: *arm an Wasser, Feuchtigkeit:* eine -e Gegend.

Was|ser|arm, der: *Arm (2) eines Gewässers, bes. eines Flusses.*

Was|ser|auf|be|rei|tung, die: *Aufbereitung von Wasser (z. B. zur Verwendung als Trinkwasser).*

Was|ser|auf|be|rei|tungs|an|la|ge, die: *Anlage zur Wasseraufbereitung.*

Was|ser|bad, das: **1.** (Kochkunst) *in einem großen Topf o. Ä. befindliches Wasser, in das ein kleineres Gefäß, in dem die zuzubereitende Speise befindet, hineingestellt wird:* ein lauwarmes, kaltes W.; eine im W. abgeschlagene Zabaione. **2.** (Fotogr.) *Becken mit fließendem Wasser zum Wässern von Abzügen.* **3.** (veraltet) *Bad in Wasser.*

Was|ser|ball, der: **1.** *großer aufblasbarer Ball zum Spielen im Wasser.* **2.** *Lederball, mit dem Wasserball (3) gespielt wird.* **3.** ⟨o. Pl.⟩ *zwischen zwei Mannschaften im Wasser ausgetragenes Ballspiel, bei dem die Spieler kraulend den Ball*

Wasserballer – Wasserleiche

führen u. mit der Hand ins Tor zu werfen versuchen.
Was|ser|bal|ler, der; -s, -: *jmd., der Wasserball* (3) *spielt.*
Was|ser|bal|le|rin, die; -, -nen: w. Form zu ↑ Wasserballer.
Was|ser|bas|sin, das: *Wasserbecken.*
Was|ser|bau, der ⟨Pl. -ten⟩: *Bau von Anlagen für die Wasserwirtschaft; Hydrotechnik.*
Was|ser|be|cken, das: *künstlich angelegte, ausgemauerte Vertiefung für Wasser.*
Was|ser|be|darf, der: *Bedarf an Wasser:* diese Pflanzen haben einen hohen W.
Was|ser|be|häl|ter, der: *Behälter für Wasser.*
Was|ser|be|hand|lung, die: *Hydrotherapie* (2).
Was|ser|be|hör|de, die: *(in bestimmten Staaten u. Bundesländern) für die Wasserwirtschaft, bes. für Wasserbau u. Wasserschutz* (1–3), *[gemeinsam mit anderen amtlichen Stellen] zuständige Behörde.*
Was|ser|bett, das: a) *Bett, dessen Matratze mit Wasser gefüllt ist;* b) *mit Wasser gefüllte, elektrisch beheizbare Matratze [zur Lagerung von Kranken].*
Was|ser|bla|se, die: *mit Wasser gefüllte Blase* (1 b).
was|ser|blau ⟨Adj.⟩: *ein Blau aufweisend, das durchsichtig klar wie Wasser ist:* -e Augen.
Was|ser|bom|be, die (Militär): *von Flugzeugen od. Schiffen abgeworfene, unter Wasser explodierende Bombe.*
Was|ser|büf|fel, der: *(in sumpfigen Gebieten Süd[ost]asiens lebender) Büffel mit großen, sichelförmigen, flach nach hinten geschwungenen Hörnern.*
Was|ser|burg, die: *(zum Zweck der Abwehr von Wasser[gräben] umgebene Burg in einer Niederung:* Schloss Borbeck und die Tiefburg sind beides a., aber im Burggraben der Tiefburg befindet sich kein Wasser mehr.
Wäs|ser|chen, das; -s, -: 1. a) Vkl. zu ↑ Wasser; b) Vkl. zu ↑ Wasser (1). 2. **kein W. trüben können* (ugs.; *harmlos, ungefährlich sein; nichts Böses tun können;* nach der äsopischen Fabel vom Wolf u. dem Lamm, in der der Wolf das Lamm mit der Begründung frisst, es habe sein Trinkwasser verunreinigt; in Wahrheit war das ausgeschlossen, da das Lamm weiter unten am Bach getrunken hatte als der Wolf).
Was|ser|dampf, der: *Dampf* (1).
was|ser|dicht ⟨Adj.⟩: **1.** *undurchlässig für Wasser:* ein -er Regenmantel; die Uhr ist nicht w.; etw. w. verschließen. **2.** (ugs.) *unanfechtbar; hieb- und stichfest:* ein -es Alibi; einen Vertrag [rechtlich] w. machen.
Was|ser|druck, der ⟨Pl. ...drücke, seltener: ...drucke⟩: ¹*Druck* (1) *des Wassers.*
was|ser|durch|läs|sig ⟨Adj.⟩: *durchlässig für Wasser* (1 a).
Was|ser|ei|mer, der: *Eimer für Wasser.*
Was|ser|ein|bruch, der: *Einbruch von Wasser.*
Was|ser|ent|här|ter, der: **1.** *Mittel, das der Wasserenthärtung dient; chemische Substanz, die Wasser weicher* (1 c) *macht.* **2.** *Vorrichtung zur Wasserenthärtung:* der W. für die Aquarien arbeitet langsam, aber zuverlässig.
Was|ser|ent|här|tung, die: *Verringerung des Kalkanteils [u. des Anteils an weiteren Ionen von Erdalkalimetallen] im Wasser.*
Was|ser|fahr|zeug, das: *Fahrzeug, das sich auf dem od. im Wasser fortbewegt.*
Was|ser|fall, der [spätmhd. waʒʒerval]: *über eine od. mehrere Stufen senkrecht abstürzendes Wasser eines Flusses:* * *wie ein W. reden* o. Ä. (ugs.; *ununterbrochen u. hastig reden*).
Was|ser|far|be, die: *durchscheinender, wasserlöslicher, mit Bindemitteln vermischter Farb-*

stoff, der vor dem Auftragen mit Wasser angerührt wird: mit -n malen.
Was|ser|far|ben|kas|ten, Was|ser|farb|kas|ten, der: *Malkasten mit Wasserfarben in kleinen Näpfchen.*
was|ser|fest ⟨Adj.⟩: *Wasser nicht einwirken lassend, seiner Einwirkung gegenüber beständig:* eine -e Tapete, Sonnenmilch; ein -er Anstrich; die Kamera ist bis drei Meter Tiefe w.
Was|ser|flä|che, die: *große, von Wasser bedeckte, eingenommene Fläche:* eine gleißende, spiegelnde W.
Was|ser|fla|sche, die: a) *Flasche zum Mitführen von Trinkwasser (z. B. beim Wandern, Radfahren);* b) *Flasche für, mit Mineralwasser:* die -n kosten 20 Cent Pfand.
Was|ser|fleck, Was|ser|fle|cken, der: *von verdunstetem Wasser hinterlassener Fleck:* auf dem Foto, der Tischplatte, der Tapete ist ein W.
Was|ser|floh, der: *kleines, vorwiegend im Wasser lebendes Krebstier.*
Was|ser|flug|zeug, das: *Flugzeug mit Schwimmern* (3) *od. einem Boot ähnlichem Rumpf, das auf dem Wasser starten u. landen kann.*
Was|ser|flut, die (oft emotional): *strömende Wassermasse.*
Was|ser|fon|tä|ne, die: *Fontäne* (a).
was|ser|frei ⟨Adj.⟩: *frei von Wasser:* -er Gips.
Was|ser|frosch, der: *(in Tümpeln u. Teichen lebender) Frosch von graugrüner bis bräunlicher Färbung mit dunklen Flecken.*
Was|ser füh|rend, was|ser|füh|rend ⟨Adj.⟩ (Fachspr.): *mit Wasser angefüllt, gesättigt:* periodisch Wasser führende Flüsse.
Was|ser|füh|rung, die (Fachspr.): *das Vorhandensein von Wasser in einem Wasserlauf, im Untergrund, im Erdboden.*
was|ser|ge|fähr|dend ⟨Adj.⟩: *die Gewässer u. das Grundwasser verseuchen könnend.*
Was|ser|ge|halt, der: *Gehalt an Wasser:* Obst mit hohem W.
Was|ser|geist, der ⟨Pl. -er⟩ (Mythol.): *Geist, der im Wasser lebt.*
was|ser|ge|kühlt ⟨Adj.⟩: *mit Wasser gekühlt:* ein -er Motor.
◆ **Was|ser|geu|se,** der [niederl. watergeusen (Pl.); aus: water = Wasser u. geus, ↑ Geuse], im Unterschied zu den wilde geusen od. bosgeusen, die sich in Waldgebieten od. Dünen aufhielten]: *Geuse, der bes. zu Wasser gegen die Spanier kämpfte:* Den Krug erbeutete sich Childerich, der Kesselflicker, als Oranien Briel mit den -n überrumpelte (Kleist, Krug 7).
Was|ser|glas, das: **1.** *becherartiges* ¹*Glas* (2 a). **2.** (Chemie) *durch Schmelzen von Soda od. Pottasche mit Quarzsand hergestellte sirupartige Flüssigkeit, die zur Herstellung von Kitt u. zur Konservierung verwendet wird.*
Was|ser|glät|te, die: *(durch starken Regen od. Überflutung entstehender) Zustand einer Fahrbahn, Rollbahn o. Ä., bei dem es leicht zum Aquaplaning kommen kann.*
Was|ser|gra|ben, der: **1.** *mit Wasser angefüllter [Wasser ableitender] Graben.* **2.** a) (Reiten) *Hindernis in Form eines Wassergrabens.* b) (Leichtathletik) *Hindernis in Form eines Wassergrabens* (1) *mit einer Hürde (beim Hindernislauf).*
Was|ser|grund|stück, das: *am Wasser gelegenes Grundstück.*
Was|ser|gü|te, die: *Güte des Wassers:* die W. in dem Fluss, dem See ist wieder gestiegen.
Was|ser|hahn, der: *Hahn* (3) *an einer Wasserleitung:* der W. tropft; den W. auf-, zu-, an-, abdrehen.
was|ser|hal|tig ⟨Adj.⟩: *Wasser enthaltend.*
Was|ser|här|te, die: *Härte* (1 c).
Was|ser|haus|halt, der: **1.** (Biol., Med.) *physiolo-*

gisch gesteuerte Wasseraufnahme u. -abgabe in einem Organismus: der W. einer Pflanze, des menschlichen Körpers; Ü der W. des Bodens. **2.** *haushälterische Bewirtschaftung des in der Natur vorhandenen Wassers.*
Was|ser|heil|kun|de, die: *Hydropathie.*
Was|ser|heil|ver|fah|ren, das: *hydropathisches Heilverfahren* (a).
was|ser|hell ⟨Adj.⟩: *hell, klar wie Wasser:* ein -er Edelstein, Kristall.
Was|ser|hin|der|nis, das (Golf): *aus einer Wasseransammlung od. einem Wasserlauf bestehendes Hindernis.*
Was|ser|ho|se, die (Meteorol.): *Wirbelwind über einer Wasserfläche, der Wasser nach oben saugt.*
Was|ser|huhn, das: *Blesshuhn.*
Was|ser|hül|le, die: a) (Fachspr.) *Schicht aus Wassermolekülen;* b) ⟨o. Pl.⟩ (Geol.) *die Erde umgebendes Wasser; Hydrosphäre.*
wäs|se|rig usw.: ↑ wässrig usw.
Was|ser|jung|fer, die: *Libelle* (1).
Was|ser|ka|nis|ter, der: vgl. Wassereimer.
Was|ser|ka|no|ne, die: *Wasserwerfer* (a): die W. in Tätigkeit setzen, in Stellung bringen; ein Feuerlöschboot mit zwei -n.
Was|ser|kan|te, die ⟨o. Pl.⟩ (selten): hochd. für ↑ Waterkant.
Was|ser|ka|raf|fe, die: vgl. Wassereimer.
Was|ser|kas|ten, der: **1.** *kastenförmiger Behälter für die Wasserspülung eines Wasserklosetts.* **2.** (ugs.) *Kasten* (2) *mit Wasserflaschen* (b).
Was|ser|kes|sel, der: *bauchiges Metallgefäß mit Deckel, in dem Wasser (für Tee, Kaffee o. Ä.) zum Kochen gebracht wird:* der W. summt, pfeift.
was|ser|klar ⟨Adj.⟩: *klar wie Wasser:* -er Quarz; ein -er Schnaps.
Was|ser|klo|sett, das: *Toilette mit Wasserspülung* (Abk.: WC).
Was|ser|ko|cher, der: *elektrisch betriebenes Gerät, in dem Wasser (für Tee, Kaffee o. Ä.) zum Kochen gebracht wird.*
Was|ser|kopf, der (Med.): *Hydrozephalus:* Ü der W. der Verwaltungsapparat sei in einigen Ländern größer als der des Staates.
Was|ser|kraft, die: *in fließendem od. gespeichertem Wasser enthaltene Energie:* die W. nutzen; Elektrizität aus W.; eine mit W. angetriebene Turbine.
Was|ser|kraft|werk, das (Technik): *Anlage zur Umwandlung der Energie fließenden od. stürzenden Wassers in elektrische Energie.*
Was|ser|kreis|lauf, der: a) *dem Kreislauf* (2) *vergleichbares System von Wasserleitungen o. Ä.: geschlossene Wasserkreisläufe;* b) ⟨Pl. selten⟩ (Meteorol.) *Kreislauf des Wassers zwischen Meer, Wasserdampf der Atmosphäre u. Niederschlägen.*
Was|ser|krug, der: vgl. Wassereimer.
Was|ser|kunst, die: *(bes. in barocken Schlossparks) Bauwerk für künstliche Kaskaden, Springbrunnen, Wasserspiele.*
Was|ser|kur, die: *Heilkur durch Wasserbehandlung.*
Was|ser|la|che, die: ²*Lache von Wasser.*
Was|ser|las|sen, das; -s: *Harnentleerung.*
Was|ser|lauf, der: *[kleines] fließendes Gewässer.*
Was|ser|läu|fer, der: **1.** *(am Wasser u. in Sümpfen lebender) zu den Schnepfen gehörender Watvogel mit schlankem Körper u. langem, geradem Schnabel.* **2.** *Insekt, das sich mit seinen langen, dünnen Beinen über die Wasseroberfläche zu bewegen vermag.*
was|ser|le|bend ⟨Adj.⟩ (Zool.): *im, am, auf dem Wasser lebend:* -e Säugetiere.
Was|ser|lei|che, die (ugs.): *Leiche eines Ertrunkenen [die eine gewisse Zeit im Wasser gelegen hat u. aufgedunsen ist]:* wie eine W. aussehen.

Wasserleitung – Wasserstoff

Was|ser|lei|tung, die: *[Rohr]leitung für Wasser:* eine oberirdisch geführte antike W.; die W. ist eingefroren.

Was|ser|li|nie, die (Seew.): *Linie, in der der Wasserspiegel den Schiffsrumpf berührt.*

Was|ser|lin|se, die [nach der Form]: *auf ruhigen Gewässern schwimmende kleine Wasserpflanze mit blattartigem Spross.*

Was|ser|loch, das: *Erdloch, in dem sich Wasser angesammelt hat.*

was|ser|lös|lich ⟨Adj.⟩: *in Wasser löslich:* -e Stoffe; die Farbe, Schminke ist w.

Was|ser|man|gel, der: *Mangel an Wasser:* unter W. leiden.

Was|ser|mann, der ⟨Pl. ...männer⟩ [mhd. waȝȝerman = Schiffer; Wasserungetüm, ahd. waȝȝirman = Wasserträger]: **1.** (Mythol.) *männlicher Wassergeist [der den Menschen feindlich gesinnt ist].* **2.** (Astrol.) **a)** ⟨o. Pl.⟩ *Tierkreiszeichen für die Zeit vom 21. 1. bis 19. 2.;* **b)** *jmd., der im Zeichen Wassermann (2 a) geboren ist:* sie ist [ein] W. **3.** ⟨o. Pl.⟩ *Sternbild beiderseits des Himmelsäquators.*

Was|ser|mas|se, die ⟨meist Pl.⟩: *große Menge Wasser:* gewaltige -n; die in das Schiff, den Stollen einbrechenden -n.

Was|ser|me|lo|ne, die: **a)** *Melone (1 a) mit großen, dunkelgrünen, glatten Früchten mit hellrotem, süß schmeckendem, sehr wasserhaltigem Fruchtfleisch u. braunschwarzen Kernen;* **b)** *Frucht der Wassermelone (a).*

Was|ser|men|ge, die: *Menge Wasser.*

Was|ser|mo|le|kül, das: *Molekül des Wassers* (1 a).

Was|ser|müh|le, die: *mit Wasserkraft betriebene Mühle.*

was|sern ⟨sw. V.; hat/ist⟩: *(von Vögeln, Flugzeugen o. Ä.) auf dem Wasser niedergehen:* die Raumkapsel wird im Atlantik w.

wäs|sern ⟨sw. V.; hat⟩ [mhd. weȝȝeren]: **1.** *längere Zeit in Wasser legen, um bestimmte Stoffe herauszulösen o. Ä.:* Salzheringe w.; die Kalbsniere vor der Zubereitung [zwei Stunden] w.; die Fotos sind nicht lange genug gewässert worden. **2.** *Pflanzen im Boden, dem Boden Wasser zuführen:* die Bäume, den Garten, die Stauden, den Rasen w.; ⟨auch ohne Akk.-Obj.:⟩ in diesem Sommer mussten wir sehr viel, oft w. **3.** (geh.) *eine wässrige Flüssigkeit absondern:* ihm wässerte der Mund *(sein Mund sonderte Speichel ab);* ... die rotrandigen Augen des Doktors wässerten nervös (Zuckmayer, Fastnachtsbeichte 11).

Was|ser|nä|he, die: *Nähe des Wassers, eines Gewässers.*

Was|ser|ni|xe, die: *Nixe.*

Was|ser|not, die: *bedrohlicher Wassermangel:* es herrschte große W.

Was|ser|nym|phe, die: *Quellnymphe.*

Was|ser|ober|flä|che, die: *Oberfläche des Wassers.*

Was|ser|per|le, die: *kleiner Wassertropfen auf einer Oberfläche o. Ä.*

Was|ser|pest, die [bei massenhaftem Vorkommen konnte die Pflanze für die Schifffahrt hinderlich sein]: *(in ausdauernd, sehr rasch in langsam fließenden Gewässern unter der Wasseroberfläche wachsende) meterlange Sprosse bildende Pflanze mit quirligen od. gegenständigen Blättern; Elodea.*

Was|ser|pfei|fe, die: *orientalische Tabakspfeife [mit mehreren Mundstücken], bei der der Rauch zur Kühlung u. Filterung durch ein Gefäß mit Wasser geleitet wird.*

Was|ser|pflan|ze, die: *im Wasser wachsende Pflanze.*

Was|ser|pfüt|ze, die: *Pfütze.*

Was|ser|pis|to|le, die: *Spielzeug in Form einer Pistole zum Verspritzen von Wasser.*

◆ **Was|ser|pol|lack,** der [urspr. Bez. für die poln. Flößer nur für das Oder] (abwertend): *auf preußischem Gebiet lebender Pole:* ... sieh da den Bruder Schlesier, den -en (Keller, Kleider 37).

Was|ser|po|li|zei, die (ugs.): Kurzf. von ↑ Wasserschutzpolizei.

Was|ser|preis, der: *Preis des Trinkwassers:* den W. erhöhen.

Was|ser|pro|be, die: *zum Zweck der Untersuchung genommene Probe* (2) *Wasser:* -n nehmen, ziehen.

Was|ser|pum|pe, die: **a)** *Pumpe* (1 a); **b)** (bes. Kfz-Technik) *Pumpe* (1 b) *zum Umwälzen des Wassers im Kühlsystem eines Verbrennungsmotors:* die W. wird über den Keilriemen vom Motor angetrieben.

Was|ser|qua|li|tät, die: *Wassergüte.*

Was|ser|quel|le, die: **1.** *für die Wasserversorgung nutzbare Wasserreserve.* **2.** (selten) *Quelle* (1).

Was|ser|rad, das: *mit Schaufeln od. Zellen besetztes Rad, das unter Ausnutzung der Energie strömenden Wassers bes. zum Antrieb von Mühlen dient.*

Was|ser|rat|te, die: **1.** *Schermaus* (1). **2.** (ugs. scherzh.) *jmd., der viel, oft badet od. viel, oft im Wasser ist.*

Was|ser|recht, das: *gesetzliche Bestimmung bes. über Schutz u. Benutzung von Gewässern.*

was|ser|recht|lich ⟨Adj.⟩: *zum Wasserrecht gehörend, es betreffend:* die einschlägigen -en Vorschriften.

was|ser|reich ⟨Adj.⟩: *reich an Wasser, Feuchtigkeit.*

Was|ser|reis, der: *bes. an See- u. Flussufern in Nordamerika u. Ostasien wachsendes, zu den Süßgräsern gehörendes Gras, dessen längliche, dunkle, essbare, nussartig schmeckende Früchte als Wildreis in den Handel kommen.*

Was|ser|re|ser|ve, die: *Reserve an Wasser.*

Was|ser|re|ser|voir, das: **1.** *Reservoir für Wasser.* **2.** *Wasservorrat.*

Was|ser|ret|tungs|dienst, der: *Rettungsdienst für im Wasser, bes. beim Schwimmen, beim Wassersport) in Not Geratene.*

Was|ser|rohr, das: *Leitungsrohr für Wasser.*

Was|ser|ro|se, die: *Seerose* (1).

Was|ser|rutsch|bahn, Was|ser|rut|sche, die: *Rutschbahn, die in ein Wasser-, Schwimmbecken, einen See od. ins Meer führt.*

Was|ser|säu|le, die: (Physik) *in der Form einer senkrecht stehenden Säule auf einer waagerechten Grundfläche ruhendes Wasser (etwa als Inhalt eines zylindrischen Gefäßes), dessen Höhe früher als Maß für den* ¹*Druck* (1) *verwendet wurde.*

Was|ser|scha|den, der: *durch eindringendes Wasser entstandener Schaden.*

Was|ser|schaff, das (südd., österr.): *Schaff* (1) *für Wasser.*

Was|ser|schei|de, die (Geogr.): *Grenzlinie zwischen zwei Einzugsgebieten von Wasserläufen.*

was|ser|scheu ⟨Adj.⟩: *sich scheuend, ins Wasser zu gehen, mit Wasser in Berührung zu kommen:* das Kind ist furchtbar w.

Was|ser|scheu, die: *Scheu, mit Wasser in Berührung zu kommen:* seine W. überwinden; aus W. nicht schwimmen gehen.

Was|ser|schi ↑ ¹Wasserski.

Was|ser|schicht, die: *(durch bestimmte Eigenschaften gekennzeichnete) Schicht des Wassers in einem Gewässer:* eine relativ sauerstoffarme, warme W.

Was|ser|schlan|ge, die: **1.** *im Wasser lebende Schlange.* **2.** ⟨o. Pl.⟩ *Sternbild beiderseits des Himmelsäquators.*

Was|ser|schlauch, der: **1.** *Schlauch* (1 a, c) *für Wasser.* **2.** *Wasserpflanze mit dem Insektenfang dienenden Blasen an den Blättern od. Seitensprossen.*

Was|ser|schloss, das: vgl. Wasserburg.

Was|ser|schutz, der ⟨o. Pl.⟩: **1.** *Gewässerschutz.* **2.** *Hochwasserschutz* (1, 2). **3. a)** *Gesamtheit der polizeilichen Aufgaben auf schiffbaren Gewässern, bes. Überwachung des Verkehrs auf den Wasserstraßen;* **b)** (Jargon) Kurzf. von ↑ Wasserschutzpolizei.

Was|ser|schutz|ge|biet, das: *zum Schutzgebiet erklärtes Gebiet mit seinen Gewässern.*

Was|ser|schutz|po|li|zei, die: *für den Wasserschutz* (3 a) *verantwortliche Polizei.*

Was|ser|schwall, der: *Schwall von Wasser.*

¹**Was|ser|ski,** Wasserschi, der: *breiter Ski für* ²*Wasserski.*

²**Was|ser|ski,** Wasserschi, das ⟨o. Pl.⟩: *Sportart, bei der man auf* ¹*Wasserskiern im Schlepp eines Motorbootes über das Wasser gleitet.*

Was|ser|ski|läu|fer, Wasserschiläufer, der: *jmd., der Wasserski läuft.*

Was|ser|ski|läu|fe|rin, Wasserschiläuferin, die: w. Formen zu ↑ Wasserskiläufer, Wasserschiläufer.

Was|ser|ski|sport, Wasserschisport, der: ²Wasserski.

Was|sers|not, die (veraltet): *Überschwemmung.*

Was|ser|spei|cher, der: *etw., was zur Speicherung von Wasser dient, was einen Wasservorrat enthält:* natürliche, künstliche, unterirdische W.

Was|ser|spei|er, der; -s, - (Archit.): *über die Mauer vorspringendes Regenrohr aus Blech od. Stein, das (bes. in der Gotik) künstlerisch mit Darstellungen von Fabelwesen, Tieren, Menschenköpfen gestaltet ist.*

Was|ser|spie|gel, der: **a)** *Wasseroberfläche;* **b)** *Wasserstand:* der W. hat sich gesenkt; Ebenso schnurgerade lief neben dem Weg ein Graben mit hohem W. (Gaiser, Jagd 165).

Was|ser|spie|le ⟨meist Pl.⟩: *durch eine Wasserkunst od. eine entsprechende Anlage bewirkte Bewegung von Fontänen unterschiedlicher Höhe in bestimmten Abständen [entsprechend dem Rhythmus von Musik].*

Was|ser|sport, der: *im od. auf dem Wasser ausgeübter Sport.*

Was|ser|sport|ler, der: *Sportler, der Wassersport treibt.*

Was|ser|sport|le|rin, die: w. Form zu ↑ Wassersportler.

Was|ser|sprin|gen, das ⟨o. Pl.⟩: *Disziplin des Schwimmsports, in der Sprünge von Sprungbrettern od. Plattformen eines Sprungturms ausgeführt werden.*

Was|ser|spü|lung, die: *Vorrichtung zum [Aus]spülen [des Toilettenbeckens] mit Wasser:* die W. betätigen.

Was|ser|stand, der: *(für die Schifffahrt wichtige) mit dem Pegel* (1 a) *gemessene Höhe der Wasseroberfläche:* ein hoher, niedriger W.; der W. ist gesunken, gestiegen, gefallen.

Was|ser|stands|an|zei|ger, der (Technik): *Messgerät, das den Wasserstand anzeigt; Pegel* (1 a).

Was|ser|stands|mel|dung, die ⟨meist Pl.⟩: *[über den Rundfunk verbreitete] Meldung über den Wasserstand.*

Was|ser|stein, der ⟨o. Pl.⟩: *Kesselstein.*

Was|ser|stel|le, die: *Stelle (z. B. Quelle), an der in einem wasserarmen Gebiet Wasser zu finden ist:* die nächste W. war noch weit.

Was|ser|stoff, der ⟨o. Pl.⟩ [nach frz. hydrogène, ↑ Hydrogen]: *farb-, geruchloses u. geschmackfreies Gas, das in der Verbindung mit Sauerstoff als Wasser vorkommt u. bes. zur Synthese von Ammoniak, Benzin, Salzsäure u. a., zum Schweißen, als Heizgas u. in Brennstoffzellen verwendet wird (chemisches Element; Zeichen:*

Wasserstoffatom – Watschentanz

H; vgl. Hydrogenium): schwerer W. *(Deuterium);* überschwerer W. *(Tritium).*

Was|ser|stoff|atom, das: *Atom des Wasserstoffs.*

was|ser|stoff|blond ⟨Adj.⟩ (ugs.): *mit Wasserstoffperoxid blondiert:* -es Haar.

Was|ser|stoff|bom|be, die: *Bombe, deren Sprengkraft hauptsächlich auf der Fusion der Atomkerne von Deuterium u. Tritium beruht* (Kurzwort: H-Bombe).

Was|ser|stoff|brü|cke, die (Chemie): *elektrostatische Bindung* (4 a) *zwischen einem positiv* (4) *geladenen Wasserstoffatom u. einem negativ* (4) *geladenen anderen Atom [aus einem benachbarten Molekül].*

Was|ser|stoff|ion, das: *Ion des Wasserstoffs, z. B. Proton.*

Was|ser|stoff|per|oxid, das (Chemie): *farblose, explosive Flüssigkeit (Wasserstoff-Sauerstoff-Verbindung), die stark oxidierend wirkt u. bes. als Bleichmittel verwendet wird.*

Was|ser|stoff|su|per|oxid, das (Chemie veraltet): *Wasserstoffperoxid.*

Was|ser|stoff|strahl, der: vgl. Wasserschwall: ein breiter, armdicker W.

Was|ser|stra|ße, die: *von Schiffen befahrenes Gewässer als Verkehrsweg.*

Was|ser|sucht, die ⟨o. Pl.⟩ [mhd. waʒʒersucht, ahd. waʒʒarsuht, für lat. hydrops = Wassersucht < griech. hýdrōps]: *Hydrops.*

was|ser|süch|tig ⟨Adj.⟩: *von Wassersucht befallen.*

Was|ser|sup|pe, die (abwertend): *wässrige Suppe, die kaum Nährwert hat.*

Was|ser|tank, der: *Tank für Wasser.*

Was|ser|tem|pe|ra|tur, die: *Temperatur des Wassers.*

Was|ser|tie|fe, die: *Tiefe des Wassers.*

Was|ser|tier, das: *im, am od. auf dem Wasser lebendes Tier.*

Was|ser|trä|ger, der: **1.** (bes. früher) *jmd., der [berufsmäßig] Wasser für die Trinkwasserversorgung herbeiträgt.* **2.** (bes. Politik-, Sportjargon) *jmd., der sich einem anderen bereitwillig unterordnet u. für ihn Hilfsdienste verrichtet:* er hat sich vom W. des Parteiführers zum Spitzenkandidaten hochgedient; er ist W. (Radsport; Domestik 2) im Team des Tour-de-France-Siegers.

Was|ser|trä|ge|rin, die: w. Form zu ↑ Wasserträger.

Was|ser|tre|ten, das; -s: *(bes. im Rahmen einer Kneippkur angewandte) Heilbehandlung, die darin besteht, in kaltem, möglichst strömendem, etwas mehr als knöcheltiefem Wasser umherzugehen, wobei die Knie stark gehoben werden.*

Was|ser|trog, der: vgl. Wasserbehälter.

Was|ser|trop|fen, der: *einzelner Tropfen* (1 a) *von Wasser.*

Was|ser|tur|bi|ne, die (Technik): *die potenzielle u. die kinetische Energie des Wassers ausnutzende Turbine, die zum Antrieb von Generatoren dient.*

Was|ser|turm, der: *Turm eines Wasserwerks, in dessen oben eingebautem Behälter das aufbereitete Wasser gespeichert wird, der Schwankungen im Verbrauch ausgleicht u. für den konstanten Wasserdruck in den Leitungen sorgt.*

Was|ser|uhr, die: **1.** (volkstüml.) *Wasserzähler.* **2.** *antikes Zeitmessgerät, bei dem die durch eine kleine Öffnung aus einem Gefäß in ein anderes abfließende Menge als Maß für die verstrichene Zeit dient.*

was|ser|un|durch|läs|sig ⟨Adj.⟩: *undurchlässig für Wasser* (1 a).

Was|se|rung, die; -, -en: *das Wassern.*

Wäs|se|rung, die; -, -en: *das Wässern.*

was|ser|un|lös|lich ⟨Adj.⟩: *in Wasser nicht löslich:* -e Stoffe; die Farbe ist w.

Was|ser|ver|brauch, der: *Verbrauch an Wasser.*

Was|ser|ver|drän|gung, die: *Wassermenge (in Tonnen), die ein Schiff mit dem unter der Oberfläche liegenden Teil verdrängt u. die der Masse des gesamten Schiffs entspricht.*

Was|ser|ver|lust, der: *Verlust an Wasser.*

Was|ser|ver|schmut|zung, die: **a)** *das Verunreinigen des Wassers durch Fremdstoffe;* **b)** *Zustand der Verunreinigung, Verschmutzung des Wassers.*

Was|ser|ver|sor|ger, der: *[lokales] Unternehmen, das die Wasserversorgung in einem Gebiet übernimmt: die Verpflichtungen der öffentlichen, kommunalen, staatlichen, privaten W.*

Was|ser|ver|sor|gung, die: *Versorgung von Bevölkerung u. Industrie mit Wasser.*

Was|ser|vo|gel, der: *auf dem od. am Wasser lebender Vogel.*

Was|ser|vor|kom|men, das: *von Natur aus an einem Ort befindliche größere Menge [Süß]wasser, die sich für die Wasserversorgung nutzen lässt:* unterirdische W. erschließen.

Was|ser|vor|rat, der: *Vorrat an Wasser; Wasserreservoir* (2).

Was|ser|waa|ge, die (Bauw., Technik): *Messinstrument mit eingesetzter Libelle* (2) *zur Prüfung der waagerechten, senkrechten, geneigten Lage; Richt-, Setzwaage.*

Was|ser|wan|dern, das; -s: *Wandern* (1) *mit dem Boot.*

Was|ser|wan|de|rung, die: *Wanderfahrt mit dem Boot.*

Was|ser|weg, der: *Weg über das Wasser, über eine Wasserstraße [im Binnenland]:* etw. auf dem W. transportieren.

Was|ser|wel|le, die: *künstliche Wellung des Haars, das hierfür noch feucht auf Lockenwickler gewickelt u. anschließend getrocknet wird.*

Was|ser|welt, die: **1.** *Tier- u. Pflanzenwelt in einem natürlichen od. künstlichen Gewässer.* **2. a)** *von Gewässern geprägte Landschaft;* **b)** *aufwendig gestaltete Schwimmbadanlage.*

Was|ser|wer|fer, der: **a)** *[auf einem Fahrzeug, z. B. einem Einsatzfahrzeug der Polizei installierte] Vorrichtung, aus der, z. B. zur Vertreibung von Demonstranten, zum Löschen eines Brandes, ein gezielter, scharfer Wasserstrahl abgegeben werden kann;* **b)** *Polizeifahrzeug mit einem Wasserwerfer* (a).

Was|ser|werk, das: *[städtische] Anlage zur Wasserversorgung, in der Wasser gefördert, aufbereitet u. in das Versorgungsnetz geleitet wird.*

Was|ser|wir|bel, der: *Strudel* (1).

Was|ser|wirt|schaft, die ⟨o. Pl.⟩: *Gesamtheit der Maßnahmen zur Wasserversorgung, zur Entsorgung von Abwasser u. zur Regulierung des Wasserhaushalts.*

was|ser|wirt|schaft|lich ⟨Adj.⟩: *zur Wasserwirtschaft gehörend, sie betreffend:* -e Maßnahmen, Erfordernisse.

Was|ser|wirt|schafts|amt [auch: …'vɪrt…]: *(in bestimmten Bundesländern) für die Wasserwirtschaft, bes. für Wasserbau u. Wasserschutz* (1–3), *[gemeinsam mit anderen Behörden] zuständiges Amt* (2 a).

Was|ser|wüs|te, die (emotional): *[jmdn. überall umgebende] unermesslich große Wasserfläche.*

Was|ser|zäh|ler, der: *Gerät zur Ermittlung der durch eine Rohrleitung fließenden, verbrauchten Wassermenge.*

Was|ser|zei|chen, das: *(als Markenzeichen einer Papiermühle, als Echtheitsnachweis bei Banknoten u. Wertpapieren) beim* ¹*Schöpfen* (5) *angebrachtes Muster, das sich hell abhebt, wenn das Papier gegen das Licht gehalten wird.*

Was|ser|zu|fuhr, die: *Zufuhr von Wasser:* die W. unterbrechen, stoppen.

wäss|rig, wässerig ⟨Adj.⟩ [mhd. weʒʒeric, ahd. waʒʒirig]: **1.** *reichlich Wasser enthaltend [u. entsprechend fade schmeckend]:* eine -e Suppe; -er Schnee; eine -e *(Wasser als Hauptbestandteil enthaltende)* Flüssigkeit; eine -e *(Wasser als Lösungsmittel enthaltende)* Lösung; das Eis war w. und viel zu süß; die Erdbeeren sind, schmecken w. **2.** *hell u. farblos; von blasser Farbe:* w. blau. **3.** *wässernd* (3): er bekam -e Augen.

Wäss|rig|keit, Wässerigkeit, die; -: *das Wässrigsein; wässrige Beschaffenheit, Art.*

Watch|list, die; -, -s [engl. watch list, aus: to watch = beobachten u. list = Liste], **Watch|liste,** die ['wɔtʃ…]: *Liste von zu beobachtenden Personen, Firmen, Börsenwerten o. Ä.:* das Unternehmen ist wegen illegaler Exporte auf die W. gesetzt worden.

wa|ten ⟨sw. V.; ist⟩ [mhd. waten, ahd. watan = gehen, verw. mit lat. vadere = gehen, schreiten u. vadum = Furt]: *auf nachgebendem Untergrund gehen, wobei man ein wenig einsinkt u. deshalb die Beine beim Weitergehen anheben muss:* ans Ufer w.; im Schlamm w.; durch das Wasser, einen Fluss, den Schnee, den Schlick, den Dünensand w.

Wa|ter|bi|ke ['wɔːtəbaɪk], das; -s, -s [engl. waterbike, aus: water = Wasser u. bike, ↑ Bike]: *Wassermotorrad.*

Wa|ter|boar|ding ['wɔːtəbɔːdɪŋ], das; -s: *Scheinertränken als Foltermethode.*

Wa|ter|kant, die; - [niederd. = Wasserkante] (scherzh.): *norddeutsches Küstengebiet; Nordseeküste.*

Wa|ter|loo, das; -, -s [nach der Schlacht bei Waterloo (18. 6. 1815), in der Napoleon I. vernichtend geschlagen wurde] (bildungsspr.): *vernichtende Niederlage:* ein, sein W. erleben.

wa|ter|proof ['wɔːtəpruːf] ⟨indekl. Adj.⟩ [engl. waterproof, aus: water = Wasser u. proof = dicht, undurchlässig] (Fachspr.): *wasserdicht* (Hinweis in Geweben u. auf Uhren).

Wa|ter|proof, der; -s, -s [engl. waterproof, zu: waterproof, ↑ waterproof]: **1.** *wasserdichter Stoff.* **2.** *wasserdichter Regenmantel.*

wa|ter|re|sis|tant [wɔːtəri'zɪstənt] ⟨indekl. Adj.⟩ [engl. water-resistant, aus: water = Wasser u. resistant = widerstandsfähig]: *wasserdicht* (Hinweis auf Uhren als Qualitätsmerkmal, oft in Verbindung mit Angabe der Wassertiefe, bis zu der gilt).

Wat|sche, die; -, -n [wohl lautm.] (bayr., österr. ugs.): *Ohrfeige:* jmdm. eine W. geben.

wat|sche|lig, watschlig [auch: 'vaː…] ⟨Adj.⟩: *(in Bezug auf den Gang) watschelnd:* -er Gang.

wat|scheln [auch: 'vaː…] ⟨sw. V.; ist⟩ [Vkl. von spätmhd. wakzen = hin u. her bewegen, Intensivbildung zu: wacken (↑ wackeln), eigtl. = ein wenig hin u. her bewegen]: *(bes. von Schwimmvögeln) sich schwerfällig fortbewegen, wobei sich das Gewicht sichtbar von einem Bein auf das andere verlagert:* die Ente watschelt über den Hof; (ugs. auch von Menschen:) seine Frau watschelt wie eine Ente; einen watschelnden Gang haben; An ihrem Gehstock trippelte und watschelte sie … durch die langen Straßen der Hauptstadt (Werfel, Himmel 121).

wat|schen ⟨sw. V.; hat⟩ [zu ↑ Watsche] (bayr., österr. ugs.): *ohrfeigen:* jmdn. w.

Wat|schen, die; -, - (bayr., österr. ugs.): *Watsche.*

Wat|schen|frau, die (ugs.): *weibliche Person in der Rolle des Prügelknaben.*

Wat|schen|mann, der [eigtl. = Figur im Wiener Prater, der man eine Ohrfeige gibt, deren Wucht man an einer Skala ablesen kann] (ugs.): *Prügelknabe:* sich nicht zum W. machen lassen.

Wat|schen|tanz, der (bayr., österr. ugs.): **a)** *dem*

Schuhplattler ähnlicher Volkstanz mit vorgetäuschten Ohrfeigen; **b)** *heftige Auseinandersetzung mit gegenseitigen Beschuldigungen:* die Opposition amüsierte sich über den W. der Koalition.

watsch|lig: ↑ watschelig.

Watschn, die; -, - (bayr., österr. ugs.): *Watsche.*

¹Watt, das; -[e]s, -en [aus dem Niederd. < niederd. wat (vgl. ahd. wat = Furt), eigtl. = Stelle, die sich durchwaten lässt, zu ↑ waten]: *seichter, von Prielen durchzogener Küstenstreifen, dessen Meeresboden bei Ebbe nicht überflutet ist:* das W. fällt bei Ebbe trocken; die Tiere des -s; der Hauptort der Insel liegt am W. *(am Wattenmeer);* ans W. fahren; eine Wanderung durchs W.; im W. nach Sandwürmern graben; in den -en der ostfriesischen Küste; Später allerdings fand sich bei Durchsicht der Unterlagen eine Meldung, auch eine zweite über Lichtsignale draußen im W. (Gaiser, Jagd 197).

²Watt, das; -, - [nach dem engl. Ingenieur J. Watt (1736–1819)] (Physik, Technik): *Maßeinheit der [elektrischen] Leistung* (Zeichen: W): die Glühbirne hat 60 W.; die Stereoanlage bringt, leistet zweimal hundert W.

Wat|te, die; -, ⟨Sorten:⟩ -n [niederl. watten (Pl.) < mlat. wadda, H. u.]: *lose zusammenhängende Masse aus weichen, aufgelösten Baumwoll- od. Zellwollfasern, die bes. für Verbandszwecke, zur Polsterung o. Ä. dient:* weiche, sterilisierte W.; sich W. in die Ohren stopfen; etw. mit W. polstern, füttern; etw. in W. verpacken; die Wunde mit W. abtupfen; * **W. in den Ohren haben** (ugs.; *nicht hören wollen*); **jmdn. in W. packen** (ugs.; *jmdn. äußerst behutsam behandeln*); **sich in W. packen lassen können, sollen** (ugs.; *allzu empfindlich sein*).

Wat|te|bausch, der: *Bausch (2 a) Watte; Tampon (1 a).*

Wat|ten, das; -s (bayr., österr. ugs.): *ein Kartenspiel.*

Wat|ten|küs|te, die: *flache Küste mit einem ¹Watt.*

Wat|ten|meer, das: *flaches Meer, das das ¹Watt bei Flut bedeckt:* das W. zwischen den Inseln und dem Festland; ein kleiner Ort am W.

Wat|te|pad [...ped], das: *rundes Läppchen, kleiner flacher Bausch aus Watte zum Reinigen des Gesichts od. zum Auftragen von Puder o. Ä.*

Wat|te|tup|fer, der: *Tupfer (2) Watte.*

wat|tie|ren ⟨sw. V.; hat⟩: *(von Kleidungsstücken) mit Watte o. Ä. polstern, füttern:* die Schultern [einer Jacke] w.; ein wattierter Morgenrock, Anorak.

Wat|tie|rung, die; -, -en: **1.** ⟨Pl. selten⟩ *das Wattieren.* **2.** *Polster, Futter aus Watte o. Ä.*

wat|tig ⟨Adj.⟩: *weich [u. weiß] wie Watte:* -er Schnee.

Watt|me|ter, das; -s, - [zu ↑ ²Watt 1 u. ↑ -meter (1)] (Physik, Technik): *Gerät zur Messung elektrischer Leistungen.*

Watt|pflan|ze, die: *im ¹Watt wachsende Pflanze.*

Watt|se|kun|de, die (Physik, bes. Elektrot.): *Energiemenge, die bei einer ²Watt Leistung in einer Sekunde verbraucht wird* (Einheit der Energie bzw. der Arbeit; Zeichen: Ws).

Watt|wan|de|rung, die: *Wanderung durchs ¹Watt.*

Watt|wurm, der: *Köderwurm.*

Wat|vo|gel, der: *hochbeiniger Vogel, der im flachen Wasser watet bzw. in Sümpfen o. Ä. lebt.*

Wau, der; -[e]s, -e [niederl. wouw, wohl eigtl. = (Aus)gerupfter]: *Reseda.*

wau, wau ⟨Interj.⟩ (Kinderspr.): lautm. für das Bellen des Hundes.

Wau|wau [...ˈvaʊ], der; -s, -s (Kinderspr.): *Hund.*

WC [veːˈtseː], das; -[s], -[s] [Abk. für engl. water-closet = Wasserklosett, ↑ Klosett]: *Toilette (2).*

WC-Be|cken [veːˈtseː...], das: *Toilettenbecken.*

WDR = Westdeutscher Rundfunk.

Web [auch: wɛb], das; -[s]: Kurzf. von ↑ World Wide Web: *ein Angebot ins W. stellen.*

Web|ad|res|se [auch: ˈwɛb...], die; -, -n: *Internetadresse.*

Web|ar|beit, die: vgl. *Näharbeit.*

Web|auf|tritt [auch: ˈwɛb...], der: *Internetauftritt.*

web|ba|siert [auch: ˈwɛb...] ⟨Adj.⟩: *auf dem World Wide Web beruhend, mit ihm arbeitend:* -e Lösungen, Systeme; -es Lernen.

Web|brow|ser [auch: ˈwɛbbraʊze̯], der [engl. web browser, aus: web (kurz für ↑ World Wide Web) u. browser, ↑ Browser] (EDV): *Browser.*

Web|cam [...kɛm, auch: ˈwɛbkɛm], die; -, -s [engl. webcam]: *Videokamera, die ihre Aufnahmen direkt über das Internet liefert.*

Web|de|sign [auch: ˈwɛb...], das [engl. web design] (↑ Webbrowser) u. design, ↑ Design]: *Gestaltung einer Website:* ein schickes, modernes W.

Web|de|si|g|ner [auch: ˈwɛb...], der: *Designer, der Websites grafisch gestaltet.*

Web|de|si|g|ne|rin, die: w. Form zu ↑ Webdesigner.

We|be, die; -, -n (österr.): *Leinwand (1 a), Leinzeug, Riet[blatt].*

We|be|blatt, das (Weberei): *kammartiges Teil eines Webstuhls, das den jeweils letzten Schussfaden fest an das bereits Gewebte heranschiebt.*

We|be|feh|ler, der: **1.** *Webfehler (1).* **2.** (ugs.) *Webfehler (2).*

We|be|kan|te, die: *Webkante.*

We|be|lei|ne, die [zu veraltet weben = knüpfen] (Seemannsspr.): *Tau, das wie die Sprosse einer Leiter quer über den Wanten befestigt wird.*

we|ben ⟨sw. u. st. V.; hat⟩ [mhd. weben, ahd. weban, eigtl. = sich hin u. her bewegen, wimmeln]: **1.** ⟨sw. u. st. V.⟩ **a)** *Längs- u. Querfäden zu einem Gewebe kreuzweise verbinden:* sie webt [an einem Teppich]; **b)** *durch Weben (1 a) herstellen:* Leinen, Tuche, Spitze, Teppiche w.; der Stoff wurde auf, mit der Maschine gewebt; ein Muster [in einen Stoff] w. **2.** ⟨st. V.⟩ (geh.) **a)** *[als geheimnisvoll Wirkendes] geheimnisvoll wirksam, am Werk sein:* Sagen woben um seine Gestalt; **b)** ⟨w. + sich⟩ *auf geheimnisvolle Weise allmählich entstehen:* um das Schloss webt sich manche Sage.

We|ber, der; -s, - [mhd. webære, ahd. weberi]: *jmd. der webt, der eine Webmaschine bedient.*

We|be|rei, die; -, -en: **1.** ⟨o. Pl.⟩ *das Weben (1).* **2.** *Betrieb, in dem gewebt (1) wird.* **3.** (selten) *Webarbeit; etw. Gewebtes.*

We|be|rin, die; -, -nen: w. Form zu ↑ Weber.

We|ber|kamm, der: *Webeblatt.*

We|ber|knecht, der [vgl. Schneider (8 b)]: *Spinnentier mit extrem langen, dünnen Beinen; Schneider (8 b).*

We|ber|kno|ten, der: *Kreuzknoten.*

We|ber|schiff|chen, das (Weberei): *Schiffchen (4).*

We|ber|vo|gel, der (Zool.): *Singvogel, der oft kunstvoll gewebte beutel- od. kugelförmige Nester baut.*

Web|feh|ler, der: **1.** *falsch gewebte Stelle in einer Webarbeit; Fehler im Gewebe:* ein Teppich mit kleinen -n. **2.** (ugs.) *von vornherein vorhandener, nicht zu behebender Fehler, mit dem jmd., etw. behaftet ist.*

Web|garn, das: *Garn zum Weben.*

Web|hos|ting [ˈvɛphoʊstɪŋ, auch: ˈwɛb...], das (EDV): *das Bereitstellen von Speicherplatz (1) auf einem Webserver [u. zugehörige weitere Dienstleistungen; ↑ Hosting].*

We|bi|nar [veˈbinaːɐ̯, auch: ˈwɛ...], das [engl. webinar, zusges. aus: web; (↑ Web) u. seminar = Seminar (1)]: *online stattfindendes Seminar (1); Kurs (3 a) im Web, bei dem Fragen zu Präsentationen o. Ä. live gestellt und beantwortet werden.*

Web|kan|te, die: *beim Weben durch den Richtungswechsel des Schussfadens entstehender fester Rand eines Gewebes.*

Web|log [auch: ˈwɛblɔg], das, auch: der; -s, -s [engl. weblog, zusges. aus: web (↑ Web) u. logbook = ↑ Logbuch] (EDV): *tagebuchartig geführte, öffentlich zugängliche Webseite, die ständig um Kommentare oder Notizen zu einem bestimmten Thema ergänzt wird.*

Web|ma|schi|ne, die: *Maschine zum Weben.*

Web|mas|ter [auch: ˈwɛb...], der; -s, - [engl. webmaster] (EDV): *jmd., der für die Erstellung, Organisation u. Wartung von Websites zuständig ist.*

Web|mas|te|rin, die: w. Form zu ↑ Webmaster.

Web|mus|ter, das: *beim Weben hervorgebrachtes Muster.*

Web|pelz, der: *gewebte Pelzimitation.*

Web|schiff|chen, das: *Weberschiffchen.*

Web|sei|te [auch: ˈwɛb...], die [nach engl. web page, aus: web (↑ Web) u. page = Seite (6 b)]: *Seite (11).*

Web|ser|ver [ˈvɛpsɐːvɐ, auch: ˈwɛb...]: *Server (1), der Websites speichert, verwaltet u. sie den Nutzern zur Verfügung stellt.*

Web|shop [auch: ˈwɛb...], der [engl. web shop, aus: web (↑ Web) u. shop, ↑ Shop]: *Onlineshop: die Firma betreibt einen W. auf ihrer Homepage; ein Produkt über den, im W. anbieten.*

Web|site [auch: ˈwɛb...], die, auch: das; -, -s [engl. web site, aus: web (↑ Webbrowser) u. site = Platz, Stelle]: *Gesamtheit der hinter einer Adresse stehenden Seiten (11) im World Wide Web.*

Web|stuhl, der: *(für die Handweberei stuhlartiges) Gestell od. Maschine zum Weben:* ein moderner, automatischer W.

web|weit [auch: ˈwɛb...] ⟨Adj.⟩: *das ganze Web umfassend:* eine weite Suche.

Web 2.0 [ˈvɛp tsvai ˈnʊl, auch: ˈwɛb--], das; des Web[s] 2.0 (EDV): *durch die Mitwirkung der Benutzer[innen] geprägte Internetangebote.*

Web-2.0-An|wen|dung [ˈwɛb...ˈnʊl...], die (EDV): *Anwendung (3) im Internet, die die Mitwirkung der Benutzer[innen] ermöglicht.*

Wech|sel, der; -s, - [mhd. wehsel, ahd. wehsal, verw. mit ↑ ²weichen, eigtl. = das Weichen, Platzmachen]: **1.** ⟨Pl. selten⟩ **a)** *[(nach gewissen Gesetzen) öfter od. immer wieder vor sich gehende] Veränderung in bestimmten Erscheinungen, Dingen, Geschehnissen o. Ä.:* ein rascher, dauernder W.; der W. der Gezeiten, der Jahreszeiten, des Tempos, der Szene, des Wetters, von Tag und Nacht, von Hell und Dunkel; es trat im entscheidender W. ein; den W. *(die Abwechslung)* lieben; alles ist dem W. unterworfen; etw. vollzieht sich in schnellem W.; die Darbietungen folgten einander in buntem/(seltener:) im bunten W. *(in bunter Aufeinanderfolge);* **b)** *das Wechseln:* der W. der Reifen, der Filmspule, der Wäsche, des Motoröls, des Arbeitsplatzes, der Schule, der Konfession, des Wohnsitzes, der Fahrspur, der W. von einem Betrieb zum andern, [aus der Opposition] in die Regierung; ein W. von Ulm nach Erfurt; **c)** (bes. Ballspiele) *das Auswechseln:* der W. eines oder mehrerer Spieler; der W. der Pferde; fliegender W. (Eishockey, Handball; *Wechsel der Spieler, während das Spiel weiterläuft);* einen W. *(Austausch)* im Regierungskabinett vornehmen; **d)** (bes. Staffellauf) *Stabwechsel;* **e)** (Literaturwiss.) *(im Minnesang) Kombination von Strophen, in denen je eine männliche u. eine weibliche Person sim Wechsel übereinander sprechen.* **2.** [gek. aus ↑ Wechselbrief] (Bankw.) *Papier*

Wechselausstellung–wechselweise

(schuldrechtliches Wertpapier), in dem der Aussteller sich selbst od. einen Dritten zur Zahlung einer bestimmten Summe in einem bestimmten Zeitraum verpflichtet: ein ungedeckter W.; ein gezogener W. (ein Wechsel, der auf einen Dritten ausgestellt ist); der W. ist fällig, verfällt; der W. ist geplatzt, ging zu Protest; einen W. ausstellen, unterschreiben, akzeptieren, diskontieren, präsentieren, prolongieren, protestieren, querschreiben, auf jmdn. ziehen; etw. auf W. kaufen; mit [einem] W. bezahlen. **3.** Kurzf. von ↑ Wildwechsel (1).

¹Wech|sel|aus|stel|lung, die: *Ausstellung (2) mit wechselnden Exponaten.*

²Wech|sel|aus|stel|lung, die ⟨Pl. selten⟩ (Rechtsspr., Bankw.): *Ausstellung (1) eines Wechsels (2).*

Wech|sel|bad, das: a) *kurzes Bad der Unterarme od. Unterschenkel in kaltem u. warmem Wasser im Wechsel*: bei kalten Füßen Wechselbäder machen; b) ⟨Pl. selten⟩ *von raschen Veränderungen geprägte Situation*: jmdn. einem W. aussetzen (ihn mal so, mal so behandeln); die Zuschauer erlebten bei dem spannenden Spiel ein W. der Gefühle.

Wech|sel|balg, der [mhd. wehselbalc]: *nach früherem Volksglauben einer Wöchnerin von bösen Geistern od. Zwergen untergeschobenes) hässliches, missgestaltetes Kind.*

Wech|sel|bank, die ⟨Pl. -en⟩ (Bankw.): *Bank, die bes. das Diskontgeschäft betreibt.*

Wech|sel|be|zie|hung, die: *wechselseitige Beziehung*: diese Themen stehen in enger W. [miteinander, zueinander].

Wech|sel|be|zug, der: vgl. Wechselbeziehung.

wech|sel|be|züg|lich ⟨Adj.⟩: *wechselseitig bezüglich; reziprok.*

Wech|sel|be|züg|lich|keit, die: *Reziprozität.*

Wech|sel|brief, der [spätmhd. wehselbrief; die Urkunde ermöglicht den Wechsel zu barem Geld] (veraltet): *Wechsel (2a).*

Wech|sel|bürg|schaft, die (Bankw.): *Bürgschaft für einen Wechsel (2a).*

Wech|sel|fäl|le ⟨Pl.⟩: *Situationen, in die man durch Veränderungen in seinem Leben geraten kann*: die W. des Lebens.

wech|sel|feucht ⟨Adj.⟩ (Geogr.): *(von den äußeren Tropen) durch ein Überwiegen der Trockenzeiten gegenüber den Regenzeiten gekennzeichnet.*

Wech|sel|fie|ber, das [das Fieber tritt periodisch auf]: *Malaria[anfall].*

Wech|sel|geld, das: a) ⟨Pl. selten⟩ *Geld, das man zurückerhält, wenn man mit einem größeren Geldschein, einer größeren Münze bezahlt, als es der Preis erfordert*: das W. nachzählen; b) ⟨o. Pl.⟩ *[Klein]geld zum Wechseln (2a).*

Wech|sel|ge|sang, der: *Gesang im Wechsel zwischen Vorsänger od. Solisten u. Chor, zwischen Chören o. Ä.*

Wech|sel|guss, der (Med.): *kalter u. warmer Guss im Wechsel zur Förderung der Durchblutung.*

wech|sel|haft ⟨Adj.⟩: *öfter wechselnd; durch einen häufigen Wechsel gekennzeichnet*: -es Wetter; das Spiel hatte einen sehr -en Verlauf; in seinen Leistungen, Anschauungen w. sein.

Wech|sel|haf|tig|keit, die; -, -en: **1.** ⟨o. Pl.⟩ *das Wechselhaftsein.* **2.** *etw. Wechselhaftes.*

Wech|sel|jahr|sbe|schwer|den, Wechseljahresbeschwerden ⟨Pl.⟩: *während der Wechseljahre auftretende Beschwerden.*

Wech|sel|jah|re ⟨Pl.⟩: a) *Zeitspanne etwa zwischen dem 45. u. 55. Lebensjahr der Frau, in der die Menstruation u. die Empfängnisfähigkeit allmählich aufhören; Klimakterium*: sie ist in den -n, kommt in die W.; b) *Zeitspanne etwa zwischen dem 45. u. 60. Lebensjahr des Mannes, die durch eine Minderung der körperlichen, sexuellen Funktion u. der geistigen Spannkraft, durch nervöse Spannung [u. Depressionen] gekennzeichnet ist*: die W. des Mannes; ein Mann in den -n.

Wech|sel|jah|res|be|schwer|den: ↑ Wechseljahrbeschwerden.

Wech|sel|kas|se, die: *Kasse, an der man Geld wechseln kann (z. B. in einer Spielhalle o. Ä.).*

Wech|sel|kre|dit, der (Bankw.): *durch einen Wechsel gesicherter, kurzfristiger Kredit; Akzeptkredit.*

Wech|sel|kurs, der (Bankw.): *Preis einer (ausländischen) Währung, ausgedrückt in einer anderen (inländischen) Währung*: feste, flexible -e; die Freigabe des -es.

Wech|sel|kurs|ef|fekt, der: *Auswirkung von geänderten Wechselkursen auf eine Berechnung, einen Wert (4, 5b)*: trotz negativer -e konnten die europäischen Unternehmen hohe Gewinne verzeichnen.

wech|seln ⟨sw. V.⟩ [mhd. wehseln, ahd. wehsalón, zu ↑ Wechsel]: **1.** ⟨hat⟩ a) *bewusst etw. durch etw. anderes derselben Art ersetzen; eine Sache aufgeben u. eine entsprechende neue wählen*: den Platz, die Straßenseite, die Fahrspur, die Schule, den Wohnsitz, die Adresse, die Stellung, den Beruf, die Branche, das politische Lager, den Verein, den Partner, den Namen, den Arzt, die Zigarettenmarke w.; den Ton, das Tempo, das Thema, seine Ansichten, seine Gesinnung, die Konfession w.; bei einem Auto die Reifen, das Öl w.; die Handtücher, die Wäsche, die Kleidung, die Socken, den Verband w.; die Pferde w.; das Standbein w.; die Mannschaften wechseln jetzt die Seiten; den Besitzer w. (in den Besitz eines andern übergehen); ⟨subst.:⟩ ein Hemd, ein Paar Strümpfe zum Wechseln; b) *jmdm. etw. zukommen lassen u. von ihm etw. derselben Art erhalten*: mit jmdm. Briefe, Blicke, Komplimente, einen Händedruck w.; mit jmdm. den Platz w.; wir wechselten nur wenige Worte (sprachen nur kurz miteinander). **2.** ⟨hat⟩ a) *in eine entsprechende Anzahl Scheine od. Münzen von geringerem Wert umtauschen*: kannst du mir einen Zehneuroschein [in zwei Fünfer, in Münzen] w.?; ⟨auch ohne Akk.-Obj.:⟩ ich kann leider nicht w. (habe kein passendes Geld zum Herausgeben); b) *in eine andere Währung umtauschen*: an der Grenze Geld w.; Euro gegen Dollar w. **3.** ⟨hat⟩ *sich [immer wieder in seinem Erscheinungsbild] verändern*: seine Stimmung, seine Miene konnte sehr schnell w.; der Mond wechselt; die Ampel wechselte von Grün auf Gelb; das Wetter wechselt [zwischen Regen und Schnee]; Regen und Sonne wechseln (lösten einander ab); die Mitarbeiter wechseln häufig (lösen einander häufig ab) in dieser Firma; der Himmel ist wechselnd (zeitweilig) bewölkt; Meine Bangnis wechselte (schlug um) in Übermut (Frisch, Stiller 189). **4.** ⟨ist⟩ *sich von seinem Ort, Platz an einen anderen begeben*: von einer Veranstaltung zur anderen w.; der Justizminister soll ins Auswärtige Amt w.; hin und her w.; über die Grenze w. (heimlich ins Ausland gehen); das Wild, der Hirsch ist gewechselt (Jägerspr.; hat seinen Standort, sein Revier verlassen); der Bock ist über den Weg gewechselt (Jägerspr.; hat ihn überquert).

Wech|sel|ob|jek|tiv, das (Fotogr.): *auswechselbares Objektiv.*

♦ **Wech|sel|pfen|nig,** der: *(nach altem Volksglauben) Geldstück, das jedes Mal, wenn es ausgegeben od. gewechselt worden ist, auf wundersame Weise zu seinem Vorbesitzer zurückkehrt*: ... überlasse ich ihm die Wahl unter allen Kleinodien, die in der Tasche bei mir führe: die echte Springwurzel, die Alraunwurzel, -e, Raubtaler ... (Chamisso, Schlemihl 23).

Wech|sel|rah|men, der: *Bilderrahmen, bei dem das Bild zwischen eine Glasscheibe u. eine Rückenplatte gelegt wird u. leicht ausgewechselt werden kann.*

Wech|sel|re|de, die: *Dialog (a).*

Wech|sel|reim, der (Verslehre): *Kreuzreim.*

Wech|sel|rei|te|rei, die (Geldw.): *Austausch, Verkauf von Wechseln (2a) [in betrügerischer Absicht] zur Kreditbeschaffung od. Verdeckung der Zahlungsunfähigkeit.*

Wech|sel|rich|ter, der (Elektrot.): *Gerät zur Umwandlung von Gleichstrom in Wechselstrom.*

Wech|sel|schal|ter, der (Elektrot.): *Schalter, der wechselseitig mit einem od. mehreren dasselbe Gerät o. Ä. ein- od. ausschalten kann.*

Wech|sel|schicht, die: *wechselnde Schichtarbeit.*

Wech|sel|schritt, der: *auf halber Länge unterbrochener Schritt mit dem hinteren Bein, durch den man beim Gehen in den Gleichschritt, beim Tanzen mit Beginn des neuen Taktes jeweils auf den anderen Fuß überwechselt*: einen W. machen.

Wech|sel|schuld, die (Geldw.): *Geldschuld aufgrund eines Wechsels (2a).*

wech|sel|sei|tig ⟨Adj.⟩: *von der einen u. der anderen Seite in gleicher Weise aufeinander bezogen; gegenseitig*: eine -e Abhängigkeit; die -en Beziehungen zwischen den Staaten Europas; sich w. bedingen; ... nicht nur w. widersprachen sich die Disputanten, sondern sie lagen in Widerspruch auch mit sich selbst (Th. Mann, Zauberberg 644).

Wech|sel|sei|tig|keit, die; -, -en: *Gegenseitigkeit.*

Wech|sel|span|nung, die (Elektrot.): *elektrische Spannung, deren Stärke sich periodisch ändert.*

Wech|sel|spiel, das: *mannigfaltiger Wechsel einer Sache*: das W. der Farben, von Licht und Schatten.

wech|sel|stän|dig ⟨Adj.⟩ (Bot.): *(von Laubblättern) in entsprechend wechselndem Winkel gegeneinander versetzt*: die Blätter sind w. [angeordnet].

Wech|sel|stel|le, die: *Wechselstube.*

Wech|sel|steu|er, die (Finanzw.): *Steuer auf im Inland umlaufende Wechsel (2a).*

Wech|sel|strom, der (Elektrot.): *elektrischer Strom, dessen Stärke u. Richtung sich periodisch ändern u. der sich im Unterschied zum Gleichstrom leichter transformieren u. mit geringerem Verlust fortleiten lässt.*

Wech|sel|strom|kreis, der (Elektrot.): *von Wechselstrom durchflossener Stromkreis.*

Wech|sel|strom|wi|der|stand, der (Elektrot.): *in einem Wechselstromkreis auftretender elektrischer Widerstand.*

Wech|sel|stu|be, die: *Stelle (oft als Filiale einer Bank [an Bahnhöfen u. Grenzübergängen]), wo Geld einer Währung in Geld einer anderen Währung umgetauscht werden kann.*

Wech|sel|sum|me, die (Geldw.): *aufgrund eines Wechsels (2a) zu zahlende Geldsumme.*

Wech|sel|tier|chen, das; -s, - (Biol.): *Amöbe.*

Wech|sel|ver|hält|nis, das: *auf Wechselwirkung beruhendes Verhältnis.*

Wech|sel|ver|kehr, der (Verkehrsw.): *Verkehr (1) in einer u. der anderen Richtung im Wechsel.*

wech|sel|voll ⟨Adj.⟩: *(bes. von Prozessen, Entwicklungen) durch häufigen Wechsel (1a) gekennzeichnet*: ein -es Schicksal, Leben.

Wech|sel|wäh|ler, der [Lehnübertragung von engl. floating voter]: *Wähler, der nicht für immer auf eine bestimmte Partei festgelegt ist.*

Wech|sel|wäh|le|rin, die: w. Form zu ↑ Wechselwähler.

wech|sel|warm ⟨Adj.⟩ (Zool.): *kaltblütig (2).*

wech|sel|wei|se ⟨Adv.⟩: **1.** *im Wechsel, abwechselnd*: der Preis wurde w. an Schriftsteller und bildende Künstler verliehen; Wechselsage wählte einer von ihnen das Menü. Diesmal war Hans an der Reihe (Kronauer, Bogenschütze 65). **2.** (veraltend) *wechselseitig, gegenseitig*: ... so standen wir einander w. im Weg (Mayröcker, Herzzerreißende 85).

Wech|sel|wild, das (Jägerspr.): Schalenwild, das das Revier wechselt, nur zeitweise in einem bestimmten Revier erscheint.

Wech|sel|wir|kung, die: a) *[Zusammenhang durch] wechselseitige Beeinflussung:* -en zwischen Staat und Gesellschaft; diese Probleme stehen miteinander in W.; **b)** *(Physik) gegenseitige Beeinflussung physikalischer Objekte (Austausch von Elementarteilchen od. Quanten).*

Wechs|ler, der; -s, - [mhd. wehselære, ahd. wehselari]: *jmd., der beruflich [in einer Wechselstube] Geld wechselt.*

Wechs|le|rin, die; -, -nen: w. Form zu ↑ Wechsler.

Wech|te, die; -, -n [urspr. schweiz., zu ↑ wehen, eigtl. = (An)gewehtes]: *bes. am Rand von Steilhängen, Graten durch den Wind angewehte, überhängende Schneemasse:* sie wurde von einer herabstürzenden W. verschüttet.

Weck, der; -s, -e (bes. südd.): *Brötchen.*

Weck|a|min, das [Kunstwort aus ↑ wecken u. ↑ Amin]: *Müdigkeit u. körperlich-geistiger Abspannung entgegenwirkendes, stimulierendes* ¹*Mittel (2a).*

Weck|auf|trag, der: *[einer Telefongesellschaft erteilter] Auftrag, jmdn. telefonisch zu wecken, sich telefonisch wecken zu lassen:* einen W. erteilen.

Weck|dienst, der: *Einrichtung einer Telefongesellschaft, durch die sich jmd. wecken lassen kann.*

Wecke, die; -, -n (bes. südd., österr.): ²*Wecken.*

wecken ⟨sw. V.; hat⟩ [mhd. wecken, ahd. wecchen, eigtl. = frisch, munter machen]: **1.** *wach machen, zum Erwachen bringen:* jmdn. vorsichtig, rechtzeitig, zu spät, um sechs Uhr, aus tiefem Schlaf, aus seinen Träumen, mitten in der Nacht, mit Musik w.; sich [telefonisch] w. lassen; mit deinem/durch dein Geschrei hast du die Kinder geweckt; er wurde durch den Lärm geweckt; Ü der Kaffee weckte seine Lebensgeister. **2.** *etw. [in jmdm.] entstehen lassen:* jmds. Interesse, Neugier, Appetit, Verständnis w.; neue Bedürfnisse w.; [bei jmdm.] Erwartungen, Hoffnungen w.; in jmdm. einen Wunsch, Unbehagen w.; diese Begegnung weckte alte Erinnerungen [in ihm].

¹**Wecken,** das; -s: *morgendliches Wecken (1) einer größeren Gemeinschaft:* um 5 Uhr früh war W.; (Militär:) Urlaub bis zum W.

²**Wecken,** der; -s, - [mhd. wecke, ahd. wecki = Keil; keilförmiges Gebäck, viell. urverw. mit lit. vãgis = hölzerner Haken, nach der keilartigen Form]: **a)** (südd., österr.) *längliches Weizenbrötchen;* **b)** (österr.) *längliches Weizenbrot.*

Wecker, der; -s, -: *Uhr zum Wecken (1), die zu einer vorher eingestellten Zeit klingelt o. Ä.:* ein elektrischer W.; der W. klingelt, rasselt, schrillt, geht; den W. aufziehen, [auf sechs] stellen, abstellen; sich einen W. stellen; er hat den W. nicht gehört; * **jmdm. auf den W. gehen/fallen** (ugs.; *jmdm. äußerst lästig werden:* die Musik geht mir langsam auf den W.; er kann einem ganz schön auf den W. gehen mit seiner ewigen Meckerei).

Weckerl, das; -s, -[n] (bayr., österr.): ²*Wecken (a).*

Weck|glas®, das ⟨Pl. ...gläser⟩: *Einweckglas.*

Weck|ruf, der: **1.** *Ruf (1), mit dem jmd. geweckt werden soll.* **2.** *[durch einen Weckauftrag veranlasster] Telefonanruf, durch den jmd. geweckt werden soll.*

Weck|uhr, die: *Wecker.*

We|da: ↑ *Veda.*

We|del, der; -s, - [mhd. wedel, ahd. wadil, verw. mit ↑ wehen u. wohl eigtl. = (Hinund-her)schwingendes]: **1.** *Gegenstand mit einem [Feder]büschel zum Wischen o. Ä.; Staubwedel.* **2.** *großes, gefiedertes, fächerförmiges Blatt von Palmen, Farnen.* **3.** (Jägerspr.) *[beim Schalenwild mit Ausnahme des Schwarzwilds] Schwanz.*

we|deln ⟨sw. V.⟩ [mhd. wedelen, zu ↑ Wedel]: **1.** ⟨hat⟩ **a)** *etw. Leichtes rasch hin u. her bewegen:* mit der Hand, einem Tuch, einem Bündel Geldscheinen w.; der Hund wedelt mit dem Schwanz; **b)** *etw. durch Wedeln (1a) von irgendwo entfernen, irgendwohin befördern:* er wedelte mit einer Zeitung die Krümel vom Tisch, auf den Boden; **c)** *jmdm., sich etw. durch Wedeln (1a) verschaffen:* sich, jmdm. mit einer Zeitung Kühlung w. **2.** ⟨hat⟩ *(von etw. Leichtem) sich rasch hin u. her bewegen:* der Schwanz des Hundes wedelte. **3.** (Ski) **a)** ⟨hat/ist⟩ *die parallel geführten Skier in kurzen Schwüngen von einer Seite zur anderen bewegen:* schön w. können; **b)** ⟨ist⟩ *sich wedelnd (3a) irgendwohin bewegen:* sie wedelte zu Tal.

We|den: Pl. von ↑ *Weda.*

we|der ⟨Konj.⟩ [mhd. neweder (enweder) – noh, ahd. nihwedar – noh, eigtl. = keinen von beiden]: *nur in der Verbindung* **w. ... noch** (*nicht ... auch nicht:* dafür habe ich w. Zeit noch Geld [noch Lust]; w. er noch sie wusste(n)/(auch:) wussten Rat; es waren w. ein Hinweis noch Bestätigungen zu finden; er war zur fraglichen Zeit w. am Tatort, noch hat er ein Motiv).

Wedge [vɛdʒ], der; -[s], -s [...ɪs] [engl. wedge, eigtl. = Keil, nach der Form der Schlagfläche]: **1.** (Golf) *Schläger mit bes. breiter Schlagfläche für bestimmte Schläge.* **2.** ⟨meist Pl.⟩ (Gastron.) *frittiertes keilförmiges Stück einer Kartoffel.* **3.** ⟨meist Pl.⟩ (Mode) *Schuh mit keilförmigem, durchgehendem Absatz.*

Wedg|wood [ˈwɛdʒwʊd], das; -[s] [nach dem engl. Töpfer Wedgwood (1730–1795)]: *feines, verziertes Steingut.*

we|disch: ↑ *vedisch.*

Week|end [ˈwiːkˈlɛnd], das; -[s], -s [engl. weekend, aus: week = Woche u. end = Ende]: *Wochenende:* über das W. nach Hause, aufs Land fahren.

¹**weg** ⟨Adv.⟩ [aus mhd. enwec = auf den Weg; urspr. identisch mit ↑ Weg]: **1.** (ugs.) **a)** *bezeichnet ein [Sich]entfernen von einem bestimmten Ort, Platz, einer bestimmten Stelle; von diesem zu einem anderen Ort, Platz, von dieser zu einer anderen Stelle:* w. da!; w. mit euch, damit!; schnell, nichts wie w.!; Hände, Finger w. [von den Möbeln]! (als Verstärkung der Präp. »von«:) von ... w. (*gleich, unmittelbar, direkt [von einer bestimmten Stelle]*): er wurde von der Schule w. eingezogen; **b)** *bezeichnet das Ergebnis des [Sich]entfernens; an einem bestimmten Ort, Platz, einer bestimmten Stelle nicht mehr anwesend, vorhanden, zu finden:* zur Tür hinaus und w. war sie; die Schmerzen, die Flecken, meine Schlüssel sind w.; wir waren die ganzen Ferien über w. (*verreist*); * **w. sein** (ugs.: **1.** *in einem Zustand sein, in dem von dem, was um einen herum vorgeht, nichts mehr wahrgenommen wird:* nach dem Sturz, dem fünften Glas Wein war sie [eine Zeit lang, völlig] w. **2.** *überaus begeistert sein:* wir waren alle ganz w. [von der Auffürhung, von dem Mann]); **über etw. w. sein** (ugs.; *über etw. hinweggekommen sein*); **c)** *entfernt (1):* der Hof liegt weit, 500 Meter w. [von der Straße]; das Gewitter ist noch ziemlich weit w. **2.** * **in einem w.** (ugs.: ↑ fort 2).

²**weg** ⟨Konj.⟩ (landsch. veraltend): *minus:* drei w. zwei ist eins.

Weg, der; -[e]s, -e [mhd., ahd. wec, verw. mit ↑ ¹bewegen]: **1.** *etw., was wie eine Art Streifen – im Unterschied zur Straße oft nicht befestigt – durch ein Gebiet, Gelände führt u. zum Begehen [u. Befahren] dient:* ein unbefestigter, geteerter, geschotterter, schlechter, steiniger, steiler, holpriger, aufgeweichter, schattiger, stiller W.; (auf Schildern:) privater W., verbotener W.; der W. zum Strand, der W. gabelt sich, führt am Fluss entlang, schlängelt sich durch Wiesen; einen W. mit Kies bestreuen, asphaltieren, verbreitern; zwischen den Beeten einen W. anlegen, treten; er bahnte sich durch das Gestrüpp; er saß am Weg[e] *(am Wegrand)* und ruhte sich aus; Ü unsere -e *(Lebenswege)* haben sich mehrmals gekreuzt; hier trennen sich unsere -e *(hier gehen unsere Ansichten, Anschauungen so weit auseinander, dass unsere Zusammenarbeit o. Ä. aufhört);* daran führt kein W. vorbei *(das ist unvermeidlich);* das ist der einzig gangbare W. *(die im gegebenen Fall zum gewünschten Ergebnis, Ziel führt);* den geraden W. gehen, verfolgen *(sich nicht auf etw. Unrechtmäßiges einlassen),* krumme -e gehen *(etw. Unrechtmäßiges tun);* Spr der gerade W. ist [immer] der beste *(am besten wird ein Ziel mit Offenheit, Aufrichtigkeit verfolgt);* * **W. und Steg** (geh. veraltend; *das ganze Gelände, die ganze Gegend:* W. und Steg waren verschneit; sie kennt dort W. und Steg); **weder W. noch Steg** (geh. veraltend; *überall*); **jmdm., einer Sache den W./die -e ebnen** *(die für jmds. Vorhaben, Vorankommen, für die erfolgreiche Entwicklung einer Sache bestehenden Hindernisse beseitigen; jmdm., etw. fördern).* **2. a)** *Richtung, die einzuschlagen ist, um an ein bestimmtes Ziel zu kommen:* jmdm. den W. [zum Bahnhof] zeigen; den [rechten] W. verfehlen, verlieren; ich habe denselben W.; wohin, woher des -[e]s? (veraltet, noch scherzh.; *wo gehst du gerade hin, kommst du gerade her?*); jmdn. nach dem W. fragen; [im Nebel] vom W. abkommen; Ü das ist der schnellste, sicherste W. zum Erfolg; neue -e einschlagen, gehen *(neue Methoden entwickeln, anwenden);* jmdm. auf den rechten/richtigen W. [zurück]bringen *(geh.; jmdn. dazu anleiten, das Rechte zu tun, ihn vor [weiteren] Fehlern, Verfehlungen bewahren);* auf dem falschen, richtigen W. sein *(das Falsche, Richtige tun);* er ist, befindet sich auf dem W. der Besserung *(er erholt sich allmählich von seiner Krankheit);* jmdm. einen W. aus einem Dilemma zeigen; * **den W. allen/(auch:) alles Fleisches gehen** (geh.; *sterblich sein, sterben;* wohl nach 1. Mos. 6, 12 f.); **den W. alles Irdischen gehen** (scherzh.; *sich abnutzen, defekt u. unbrauchbar werden; entzweigehen);* **seinen [eigenen] W./seine eigenen -e gehen** *(unbeirrt nach seiner eigenen Überzeugung entscheiden, handeln, leben);* **seines -es/seiner -e gehen** (geh.; *weitergehen, fortgehen [ohne sich um das, was um einen herum geschieht, zu kümmern]);* **lange -e gehen** (Sport; *im Spiel viel laufen);* **b)** *Strecke, die zurückzulegen ist, um an ein bestimmtes Ziel zu kommen:* der nächste, kürzeste W. zum Flughafen; bis zum nächsten Ort ist es ein W. von zwei Stunden/sind es zwei Stunden W.; wir haben noch einen W. von fünf Kilometern/noch fünf Kilometer W. vor uns; einen weiten, langen, kurzen W. zur Schule haben; den W. abkürzen *(eine Abkürzung nehmen),* den W. abkürzen, abschneiden; jmdm. den W. vertreten, verlegen *(sich so vor jmdn. stellen, dass er nicht vorbeigehen, nicht weitergehen kann),* freigeben *(zur Seite treten, um ihn vorbeizulassen);* ein gutes Stück W./(geh.:) -[e]s haben wir schon zurückgelegt; des/seines/seines W.[e]s kommen (geh.; *daherkommen);* seit lang(e) auf/und meiner W. *(ich komme daran vorbei);* auf halbem W. umkehren; wir kamen uns auf halbem W. entgegen; du bist/stehst mir im W.! *(hinderst mich am Weitergehen, nimmst mir den Platz, den ich zum*

wegangeln–wegen

Hantieren o. Ä. brauche); er stellte sich, trat mir in *(vertrat mir)* den W.; R bis dahin ist [es] noch ein weiter W. *(bis zur Verwirklichung dessen muss noch viel geschehen, dauert es noch lange);* damit hat es/das hat noch gute -e *(veraltend; noch Zeit);* viele -e führen nach Rom *(es gibt vielerlei Methoden, um ein bestimmtes Ziel zu erreichen;* H. u., wohl nach der Vorstellung, dass Rom der [geistige] Mittelpunkt der Welt ist); Spr alle -e führen nach Rom *(münden in die katholische Kirche);* * **seinen W. machen** *(im Leben vorwärtskommen);* **den W. des geringsten Widerstand[e]s gehen** *(allen Schwierigkeiten möglichst ausweichen);* **jmdm. den W. abschneiden** *(jmdm., den man verfolgt, stellen, indem man eine Abkürzung nimmt:* die Polizisten versuchten, den Flüchtenden den W. abzuschneiden); **den W. zwischen die Beine nehmen** *(veraltet; sich beeilen);* **auf dem besten Weg[e] [zu etw.] sein** *(oft iron.; durch sein Verhalten einen bestimmten [nicht wünschenswerten] Zustand bald erreicht haben:* er ist auf dem besten W., sich zu ruinieren); **sich auf halbem Weg[e] treffen** *(einen Kompromiss schließen);* **jmdm. auf halbem Weg[e] entgegenkommen** *(jmds. Forderungen o. Ä. teilweise nachgeben);* **auf halbem Weg[e] stehen bleiben/umkehren** *(etw. in Angriff Genommenes mittendrin abbrechen);* **etw. auf den W. bringen** *(dafür sorgen, dass etw. stattfindet, entsteht, verwirklicht wird:* eine Reform, ein Gesetz auf den W. bringen); **jmdm., einer Sache aus dem Weg[e] gehen** *(jmdn., etw. als unangenehm Empfundenes meiden:* sie gehen sich [gegenseitig] aus dem W.); **etw. aus dem Weg[e] räumen** *(etw., was einem bei der Verwirklichung eines angestrebten Zieles o. Ä. hinderlich ist, durch entsprechende Maßnahmen beseitigen:* alle Hindernisse, Schwierigkeiten, Probleme aus dem W. räumen); **jmdn. aus dem Weg[e] räumen** *(salopp: jmdn., der bei der Verwirklichung eines Vorhabens o. Ä. hinderlich ist, ausschalten, umbringen);* **jmdm., einer Sache nichts in den W. legen** *(jmdn., etw. nicht behindern; jmdm., einer Sache keine Schwierigkeiten machen);* **jmdm. in den W. treten/sich jmdm. in den W. stellen** *(jmdm. Widerstand leisten, sich jmdm. entgegenstellen);* **etw. in die -e leiten** *(etw. vorbereiten u. in Gang bringen);* **jmdm. im Weg[e] stehen/sein** *(jmdn. [durch seine bloße Existenz] an der Verwirklichung seiner Pläne o. Ä. hindern);* **sich selbst im Weg[e] stehen** *(sich selbst behindern:* mit seinem Drang nach Perfektion steht er sich manchmal selbst im -e); **einer Sache im Weg[e] stehen** *(bewirken, dass etw. nicht durchführbar ist; etw. verhindern:* seiner Teilnahme an dem Seminar steht nichts im -e); **jmdm. nicht über den W. trauen** *(jmdm. in keiner Weise vertrauen);* **jmdm., sich über/ (auch:) in den W. laufen** *(jmdm., sich begegnen);* **etw. zu Wege bringen** *(etw. zustande bringen;* ↑ *zuwege).* **3. a)** ⟨o. Pl.⟩ ¹*Gang* (2)*, Fahrt* (2 a) *mit einem bestimmten Ziel:* mein erster W. führte mich zu ihm; einen schweren, unangenehmen W. vor sich haben; seinen W. fortsetzen *(nach einer Unterbrechung weitergehen, -fahren);* sich auf den W. machen *(aufbrechen);* einen Brief auf den W. schicken *(abschicken);* er ist, befindet sich auf dem W. nach Berlin; ich traf sie auf dem W. zur Schule; Ü gute Lehren, Ratschläge mit auf den W. *(für sein weiteres Leben)* geben; jmdn. auf seinem letzten W. begleiten *(geh. verhüll.; an jmds. Beerdigung teilnehmen);* **b)** (ugs.) ¹*Gang* (2) *irgendwohin, um etw. zu besorgen, zu erledigen:* ich muss noch einen W., einige -e machen, erledigen; jmdm. einen W. abnehmen. **4.** *Art u. Weise, in der jmd. vorgeht, um ein bestimmtes Ziel zu erreichen; Möglichkeit, Methode zur Lösung von etw.:* dieser W. steht dir noch offen, scheidet für mich aus; einen anderen, besseren W. suchen; ich sehe nur diesen einen, keinen anderen W.; etw. auf schriftlichem, diplomatischem Weg[e] regeln; einen Streit auf friedlichem Weg[e] beilegen; sich auf gütlichem Weg[e] einigen; das muss auf schnellstem Weg[e] *(so schnell wie möglich)* erledigt werden; auf diesem Weg[e] danken wir allen, die uns geholfen haben; etw. auf dem Weg[e] eines Vergleichs *(durch einen Vergleich* 3*)* entscheiden; etw. im -e von *(durch)* Verhandlungen regeln; * **auf kaltem Weg[e]** (ugs.; *sich über die übliche Vorgehensweise ohne Skrupel hinwegsetzend:* etw. auf kaltem W. erledigen).

weg|an|geln ⟨sw. V.; hat⟩ (ugs.): *in listiger Weise an sich bringen, für sich gewinnen u. dadurch einem anderen entziehen:* die Konkurrenz war schneller und hat ihr den Auftrag, die Kundin vor der Nase weggeangelt.

weg|ar|bei|ten ⟨sw. V.; hat⟩ (ugs.): *durch [zügiges] Arbeiten erledigen:* sie hat alles in zwei Stunden weggearbeitet.

weg|ät|zen ⟨sw. V.; hat⟩: *durch Ätzen* (1) *entfernen:* Warzen w.

weg|be|för|dern ⟨sw. V.; hat⟩: *von einer Stelle befördern:* die alten Kisten w.

weg|be|ge|ben, sich ⟨st. V.; hat⟩ (geh.): *sich fortbegeben.*

Weg|be|glei|ter, der: **1.** *Person, die jmdn. auf einem Weg* (3 a)*, auf seinem Lebensweg begleitet:* er ist ihr langjähriger, treuer, enger W. **2.** *etw., was jmd. bei sich hat:* Skatkarten und Skepsis bezeichnet er als seine ständigen W.

Weg|be|glei|te|rin, die: w. Form zu ↑ Wegbegleiter (1).

weg|bei|ßen ⟨st. V.; hat⟩: **1.** *durch Bisse vertreiben:* der Wolf biss die rangniedrigeren Tiere von der Beute weg. **2.** *abbeißen.*

weg|be|kom|men ⟨st. V.; hat⟩: **1. a)** *wegbringen* (3 a)*:* einen Fleck nicht w.; **b)** *wegbringen* (3 b)*:* die Kinder nicht vom Fernseher w. **2.** *fortbringen* (2)*:* die Kiste nicht w. **3.** *sich etw. (Unangenehmes, Schlimmes) zuziehen; abbekommen* (2)*:* einen Schlag w.

Weg|be|rei|ter, der; -s, -: *jmd., der durch sein Denken, Handeln o. Ä. die Voraussetzungen für etw. schafft:* ein W. des Impressionismus, des Faschismus.

Weg|be|rei|te|rin, die; -, -nen: w. Form zu ↑ Wegbereiter.

Weg|be|schrei|bung, die: *in Worte gefasste, grafische od. gestische Beschreibung* (b) *des Wegs zu einem bestimmten Ort.*

weg|be|we|gen ⟨sw. V.; hat⟩: *fortbewegen* (a)*, entfernen:* etw., sich [von etw.] w.

Weg|bie|gung, die: *Biegung eines Weges.*

weg|bla|sen ⟨st. V.; hat⟩: *fortblasen:* etw. von one w.; die Kopfschmerzen waren wie weggeblasen *(hatten plötzlich aufgehört).*

weg|blei|ben ⟨st. V.; ist⟩ (ugs.): **1.** *an einen bestimmten Ort o. Ä. [wo jmd. erwartet wird] nicht [mehr] kommen, dort [nicht] [mehr] erscheinen; fort-, fernbleiben:* von da an blieb er [von zu Hause] weg; wenn wir zu teuer sind, bleiben [uns] die Kunden weg. **2.** *plötzlich aussetzen* (4 a)*:* der Motor, Strom blieb weg; jmdm. bleibt die Luft weg *(jmdm. stockt der Atem).* **3.** *[in einem größeren Ganzen] unberücksichtigt bleiben, fortgelassen werden:* dieser Absatz kann w.

weg|bli|cken ⟨sw. V.; hat⟩: *wegsehen* (1).

weg|bre|chen ⟨st. V.; hat⟩: **1.** *abbrechen* (3). **2.** *abnehmen* (12)*, dramatisch zurückgehen* (4 b)*; wegfallen* (a).

weg|brin|gen ⟨unr. V.; hat⟩: **1.** *fortbringen* (1)*:* den Müll w. **2.** *fortbringen* (2). **3.** (ugs.) **a)** *dafür sorgen, dass etw. (Störendes, Unangenehmes o. Ä.) verschwindet, nicht mehr vorhanden ist:* ich bringe die Flecken nicht [ganz] weg; **b)** *dafür sorgen, dass jmd. sich von irgendwoher entfernt:* die Kinder waren von dem Affenkäfig kaum wegzubringen. **4.** (ugs.) *abbringen* (1).

weg|däm|mern ⟨sw. V.; ist⟩ (ugs.): *eindämmern* (1)*:* Aber vor ihnen noch schlief Krähenbühl ein ... Sally dämmerte als Nächste weg (Widmer, Kongreß 188).

weg|den|ken ⟨unr. V.; hat⟩: *sich jmdn., etw. als nicht vorhanden vorstellen:* wenn man sich die Hochhäuser wegdenkt, ist das Stadtbild recht hübsch; er ist aus unserem Team nicht [mehr] wegzudenken.

weg|dis|ku|tie|ren ⟨sw. V.; hat⟩: *etw. durch Diskutieren [gleichsam] nicht mehr vorhanden sein lassen:* das ist eine Tatsache, die sich nun einmal nicht w. lässt.

weg|drän|gen ⟨sw. V.; hat⟩: **1.** *von einer Stelle drängen* (2 a)*:* er drängte sie [von der Tür] weg. **2.** *den Drang haben, sich von jmdm., einem Ort zu entfernen.* **3.** *verdrängen* (2).

weg|dre|hen ⟨sw. V.; hat⟩: *drehend, mit einer Drehbewegung wegwenden:* den Kopf, das Gesicht w.; kann ich die Lampe ein bisschen w.?

weg|drü|cken ⟨sw. V.; hat⟩: **1.** *durch Drücken wegbewegen:* jmdn., etw. [von etw.] w. **2.** (ugs.) *durch einen Tastendruck, einen Mausklick o. Ä. ausschalten, beenden, zum Verschwinden bringen:* ein Pop-up, einen Anruf w.; jmdn. w. *(jmds. Anruf abweisen).* **3.** *verdrängen* (2).

weg|du|cken, sich ⟨sw. V.; hat⟩ (ugs.): *durch Sichducken in Deckung gehen.*

weg|dür|fen ⟨unr. V.; hat⟩ (ugs.): **1.** *weggehen* (1), *wegfahren* (a) *dürfen:* ich darf [hier] nicht weg, ich muss auf die Kinder aufpassen. **2.** vgl. wegmüssen (3).

We|ge|bau, der ⟨o. Pl.⟩: *Anlegen, Befestigen von öffentlichen Wegen* (1)*; Straßenbau.*

We|ge|geld, Weggeld, das: **1.** *Geldbetrag, der jmdm. für den zur Arbeitsstätte od. im Rahmen einer Dienstleistung zurückgelegten Weg* (2 b) *erstattet, gezahlt wird.* **2.** (veraltet) *Straßenzoll.*

we|ge|keln ⟨sw. V.; hat⟩ (ugs.): vgl. hinausekeln.

We|ge|kos|ten ⟨Pl.⟩: *Kosten, die für die Erstellung, Instandhaltung u. den Betrieb von Verkehrswegen anfallen.*

We|ge|la|ge|rei, die; -, -en (abwertend): *das Wegelagern; Raub;* Ü die Preise der Raststätte grenzen an W. *(sind überhöht u. für die Reisenden kaum zu umgehen).*

We|ge|la|ge|rer, der; -s, - (abwertend): *jmd., der anderen am Weg, auf dem Weg auflauert, um sie zu überfallen u. zu berauben.*

We|ge|la|ge|rin, die; -, -nen: w. Form zu ↑ Wegelagerer.

we|ge|la|gern ⟨sw. V.; hat⟩ (abwertend selten): *sich als Wegelagerer betätigen.*

We|ge|mar|kie|rung: ↑ Wegmarkierung.

we|gen ⟨Präp. mit Gen.; bei allein stehendem st. Subst. im Sg. auch mit unflekt. Form bzw. im Pl. mit Dativ; sonst nicht standardspr. mit Dativ⟩ [mhd. (von –) wegen = vonseiten, eigtl. Dativ Pl. von ↑ Weg]: **a)** *stellt ein ursächliches Verhältnis her; aufgrund von, infolge:* w. des schlechten Wetters/(geh.:) des schlechten Wetters w.; w. Umbau(s) geschlossen; w. Geschäften war er drei Tage verreist; w. meines Bruders neuem Auto/w. des neuen Autos meines Bruders; er wurde w. Diebstahl[s] angezeigt, angeklagt, zu einer Geldstrafe verurteilt; (ugs. auch mit vorangestelltem »von«:) er muss von w. seiner Leber ins Krankenhaus; w. ihm (ugs.; *seinetwegen*) haben wir den Zug verpasst; * **von ... w.** *(aufgrund od. auf Veranlassung, auf Anordnung von ...; von ... aus[gehend]:* etw. von Berufs w. tun); **b)** *drückt einen Bezug aus; bezüglich:* w. dieser

Angelegenheit müssen Sie sich an den Vorstand wenden; (ugs. auch mit vorangestelltem »von«:) ich rufe dich von w. der Sache an; w. ihm (ugs.; *seinetwegen*) mache ich mir keine Sorgen; w. mir (ugs.; *von mir aus, meinetwegen*) kann er mitkommen; (ugs. auch mit vorangestelltem »von«:) Auch 'ne kleine eidesstattliche Erklärung von w. Stillschweigen ... wird er unterschreiben müssen (Grass, Katz 152); * **von w. ....!** (ugs.; *[dem ist] keineswegs [so, wie du sagst, denkst o. Ä.]:* von w. lauwarm! Eiskalt ist das Wasser!); **c)** bezeichnet den beabsichtigten Zweck eines bestimmten Tuns, den Beweggrund für ein bestimmtes Tun; *um ... willen:* er hat es w. des Geldes/(geh.:) des Geldes w. getan; w. (ugs.:) mir/(veraltet, noch landsch.:) meiner *(meinetwegen)* brauchst du dich nicht zu lügen.
◆**we|gen,** sich ⟨sw. V.; hat⟩ [mhd. (sich) wegen, ↑²bewegen]: *seine Lage verändern, sich* ¹*bewegen* (1b): ... wie es oben wohnt und thront, sich wechselnd wegt und regt (Goethe, Faust II, 8373 f.); ... oft schläft und ruht die magische Figur, ... dann quillt sie wie ein Gift plötzlich wieder hervor und wegt sich in allen Linien (Tieck, Runenberg 43).
We|ge|netz, (bes. schweiz.:) **Wegnetz,** das; vgl. Straßennetz den W. ausbauen.
We|gen|ge, die: *Engpass* (1).
We|ge|recht, das: **1.** ⟨o. Pl.⟩ *Gesamtheit der Rechtsvorschriften, die sich auf den Bau, die Benutzung u. Unterhaltung öffentlicher Straßen u. Wege beziehen.* **2.** *einer Person od. Instanz zustehendes Recht zur Benutzung öffentlicher Straßen u. Wege.* **3.** (österr. Rechtsspr.) *Recht auf Benutzung von Wegen auf einem privaten Grundstück.*
We|ge|rich, der; -s, -e [mhd. wegerīch, ahd. wegarīh, zu ↑Weg; vgl. Knöterich]: *(an Wegen, auf Wiesen o. Ä. wachsende) Pflanze mit meist unmittelbar über dem Boden rosettenförmig angeordneten Blättern, die längere Stängel hervortreibt, an deren Ende sehr kleine weiße Blüten sitzen.*
We|ges|rand, der (geh.): *Wegrand.*
we|ges|sen ⟨unr. V.; hat⟩: **1.** *so viel essen, dass für andere nichts übrig bleibt:* jmdm. etw. w. **2.** (ugs.) *aufessen:* die Pralinen waren im Nu weggegessen.
We|ge|un|fall, der (Rechtsspr.): *Unfall, der sich auf dem Weg zwischen Wohnung u. Arbeits- od. Ausbildungsstätte ereignet.*
We|ge|war|te: ↑Wegwarte.
We|ge|zei|chen: ↑Wegzeichen.
weg|fah|ren ⟨st. V.⟩: **a)** ⟨ist⟩ *fortfahren* (1a): von jmdm., einem Ort w.; sie ist hier vor einer Stunde weggefahren; fahrt ihr in den Ferien weg?; jmdm. w. *(für jmdn. zu schnell fahren, als dass er mithalten könnte);* **b)** ⟨hat⟩ *fortfahren* (1b): den Schutt [mit einer Schubkarre] w.; er wurde in einem Krankenwagen weggefahren.
Weg|fahr|sper|re, die (Kfz-Technik): *Vorrichtung an einem Kraftfahrzeug, die ein unbefugtes Wegfahren verhindern soll:* eine elektronische W.
Weg|fahrt, die (bes. schweiz.): *das Wegfahren, Losfahren.*
Weg|fall, der ⟨o. Pl.⟩: *Fortfall.*
weg|fal|len ⟨st. V.; ist⟩: **a)** *fortfallen;* ◆ **b)** [eigtl. = durch Fallen weniger werden] *schwinden* (1a): Mein Gedanke, sie eher wieder nicht zu sehen, zu sprechen, als dass die Meine nennen dürfe, fällt weg (Lessing, Nathan V,5).
weg|fan|gen ⟨st. V.; hat⟩ (ugs.): **1.** *durch Fangen* (1a) *entfernen, beseitigen:* eine Fliege w. **2.** *wegfegen.*
weg|fe|gen ⟨sw. V.⟩: **1.** (bes. nordd.) *durch Fegen* (1) *entfernen:* den Schnee [vorm Haus] w. **2. a)** ⟨hat⟩ *kraftvoll wegschleudern, wegfliegen*

lassen: der Orkan fegte das Dach weg; **b)** *hinwegfegen* (2): ein Regime w. **3.** ⟨ist⟩ (ugs.) *hinwegfegen* (1): das Flugzeug fegte über uns weg.
weg|flat|tern ⟨sw. V.; ist⟩: *flatternd wegfliegen.*
weg|flie|gen ⟨st. V.⟩: **1. a)** *sich fliegend* (1) *entfernen:* die Zugvögel sind schon alle weggeflogen; ihr ist ein Kanarienvogel weggeflogen; **b)** *weggeworfen, -geschleudert werden.* **2.** (ugs.) *hinwegfliegen.*
weg|flie|ßen ⟨st. V.; ist⟩: *sich fließend entfernen.*
Weg|frei|heit, die ⟨o. Pl.⟩ (österr. Rechtsspr.): *Recht auf uneingeschränktes Betreten des Waldes zu Erholungszwecken.*
weg|fres|sen ⟨st. V.; hat⟩: **1.** vgl. wegessen (1): die Tauben fressen den anderen Vögeln alles weg; (derb, meist abwertend von Menschen:) er hat uns die ganze Schokolade weggefressen. **2.** *auffressen* (1): der Hund hatte das Fleisch im Nu weggefressen; (derb, meist abwertend von Menschen:) Peter frisst den ganzen Kuchen weg.
weg|füh|ren ⟨sw. V.; hat⟩: **1.** *fortführen* (2): der Gefangene wurde wieder weggeführt. **2.** *sich in seinem Verlauf, seiner Richtung von einem bestimmten Ort entfernen:* der Weg führt von der Siedlung weg; Ü die Ausführungen führen zu weit vom Thema weg.
Weg|ga|bel, Weg|ga|be|lung, Weg|gab|lung, die: *Gabelung eines Weges.*
Weg|gang, der ⟨o. Pl.⟩: *Fortgang* (1): seit ihrem W. aus Berlin.
weg|ge|ben ⟨st. V.; hat⟩: **1.** *fortgeben:* den Wagen zur Reparatur w. **2.** (österr.) *wegnehmen.*
Weg|ge|fähr|te, der: *jmd., der mit einem eine längere Wegstrecke gemeinsam zurücklegt:* Ü er war sein politischer W.
Weg|ge|fähr|tin, die: w. Form zu ↑Weggefährte.
weg|ge|hen ⟨unr. V.; ist⟩: **1.** *fortgehen* (1): geh mal weg, du stehst mir im Licht; er ging ein Stück [vom Weg, von den andern] weg; sie ist [hier] vor zehn Minuten weggegangen; er ist aus Berlin weggegangen *(weggezogen);* selten w. *(ausgehen):* Warum geht sie nicht von ihm weg (ugs.; *trennt sie sich nicht von ihm)?* (Remarque, Obelisk 321); ⟨subst.:⟩ Im Weggehen bat er sie, Stefan von ihm zu grüßen (Handke, Frau 37); R geh mir [bloß, ja] weg damit! (ugs.; *verschone mich damit!)* **2.** (ugs.) **a)** *verschwinden;* die Warze, das Fieber ist von selbst weggegangen; von den Tabletten gehen die Kopfschmerzen schnell weg; **b)** *sich entfernen, beseitigen lassen:* der Fleck geht leicht, nur schwer, nicht mehr weg. **3.** (ugs.) *hinweggehen* (2): die Welle ging über das Boot weg. **4.** (ugs.) *hinweggehen* (1): über jmdn., jmds. unpassende Bemerkung w. **5.** (ugs.) **a)** *verkauft werden:* die Ware ging reißend weg; für den Preis geht der Wagen sofort weg; **b)** *aufgebraucht werden:* ein Drittel des Gehalts geht für die Miete weg.
Weg|geld: ↑Wegegeld.
Weg|gen, der; -s, - [mhd. wegge, Nebenf. von: wecke, ↑Weck] (schweiz.): ²*Wecken* (a).
Weg|ge|nos|se, der: vgl. Weggefährte.
Weg|ge|nos|sin, die: w. Form zu ↑Weggenosse.
weg|ge|tre|ten ⟨Adj.⟩ (ugs.): *geistesabwesend, geistig verwirrt, benommen, besinnungslos: geistig* w. sein; er war total w. in seinem Suff; sie guckte ziemlich w. aus der Wäsche.
weg|gie|ßen ⟨st. V.; hat⟩: *etw., was man nicht mehr braucht, in den Ausguss o. Ä. gießen:* den kalten Kaffee w.
Wegg|li, das; -[s], -[s] [↑Weggen] (schweiz.): *Brötchen.*
weg|gu|cken ⟨sw. V.; hat⟩ (ugs.): **1.** *wegsehen* (1): er hat absichtlich weggeguckt. **2.** * *jmdm. nichts w.* (scherzh. veraltend; ↑abgucken: so guckt dir schon nichts weg!; ich guck dir nichts weg!)
weg|ha|ben ⟨unr. V.⟩ (ugs.): **1.** *entfernt, beseitigt haben:* es dauerte einige Zeit, bis sie den

Fleck, Schmutz weghatte; der Nachbar will den Baum am liebsten w.; sie wollten ihn w. *(wollten sich seiner entledigen).* **2.** *(bes. etw. Unangenehmes) bekommen, erhalten haben:* bei so einem Wetter hat man schnell eine Erkältung weg; sie hat ihre Strafe weg; ehe sie sichs versah, hatte sie eine Ohrfeige weg; seit diesem Erlebnis hat er einen Knacks weg; * **einen w.** (ugs.: 1. *[leicht] betrunken sein.* 2. *nicht recht bei Verstand sein).* **3. a)** *geistig erfasst, verstanden haben:* sie hatte sofort weg, wie es gemacht werden muss; **b)** *in Bezug auf etw. über beachtliche Kenntnisse verfügen;* sich auf etw. verstehen: auf diesem Gebiet, in Literatur hat er was weg.
weg|hal|ten ⟨st. V.; hat⟩ (ugs.): *[in Händen Gehaltenes] von jmdm., sich, etw. entfernt halten.*
weg|hän|gen ⟨st. V.; hat⟩: *von einer Stelle wegnehmen* (1) *u. an eine andere [dafür vorgesehene] Stelle hängen:* die Kleider, den Besen w.
weg|hau|en ⟨unr. V.; hat⟩: vgl. wegschlagen.
weg|hel|fen ⟨st. V.; hat⟩: *hinweghelfen:* jmdm. über ein Hindernis w.; Ü jmdm. über eine Krise w.
weg|ho|len ⟨sw. V.; hat⟩: **1.** *eine Person od. Sache von dem Ort, wo sie sich befindet, [ab]holen u. mitnehmen:* die heruntergefallenen Äpfel kannst du dir meinetwegen alle w.; hol mich hier bitte weg!. **2.** ⟨w. + sich⟩ (ugs.) *holen* (4): sich eine Grippe w.; pass auf, dass du dir da nichts wegholst *(dass du dich dort nicht mit einer Krankheit ansteckst).*
weg|hö|ren ⟨sw. V.; hat⟩: *absichtlich nicht hin-, zuhören.*
weg|ja|gen ⟨sw. V.; hat⟩: *fortjagen* (1): jmdn., ein Tier [von etw.] w.
weg|kau|fen ⟨sw. V.; hat⟩: *kaufen u. so für andere unerreichbar machen:* die Touristen kaufen den Einheimischen alles weg; am zweiten Tag des Schlussverkaufs waren die besten Sachen schon weggekauft.
¹**weg|keh|ren** ⟨sw. V.; hat⟩: *wegdrehen, abwenden.*
²**weg|keh|ren** ⟨sw. V.; hat⟩ (bes. südd.): *wegfegen* (1).
weg|kip|pen ⟨sw. V.⟩: **1.** ⟨hat⟩ **a)** *weggießen:* das abgestandene Bier w.; **b)** (ugs.) *trinken, austrinken.* **2.** ⟨ist⟩ (salopp) *ohnmächtig werden:* er ist plötzlich weggekippt.
weg|klap|pen ⟨sw. V.; hat⟩: *zur Seite klappen:* die Armlehne [nach hinten] w.
weg|kli|cken ⟨sw. V.; hat⟩ (EDV-Jargon): *ein offenes Fenster* (3) *auf dem Bildschirm schließen:* sie hat das Bild schnell weggeklickt.
weg|kni|cken ⟨sw. V.; ist⟩ (ugs.): *(von den Beinen) mit einknickenden Knien erschlaffen u. den Dienst versagen:* vor Erschöpfung knickten ihm die Beine weg.
weg|kom|men ⟨st. V.; ist⟩ (ugs.): **1. a)** *fortkommen* (1a): wir müssen versuchen, hier wegzukommen; es ist so viel zu tun, dass ich heute sicher nicht vor sechs [vom Büro] wegkomme; mach, dass du [hier] wegkommst!; **b)** *sich (von jmdm., etw.) befreien, lösen; loskommen:* vom Öl als Energiequelle w.; von einem Vorurteil w.; vom Rauchen, vom Alkohol, von den Drogen w.; **c)** *fortkommen* (1b): von den alten Zeitungen kommen wir weg. **2.** *(bes. durch Diebstahl) abhandenkommen:* mir ist im Betrieb noch nie etwas weggekommen. **3. a)** *hinwegkommen* (a): eine schwere Zeit, eine Durststrecke w.; **b)** *hinwegkommen* (b): über einen Schicksalsschlag, Verlust w.; Da fiel es uns allerdings auch besonders schwer, drüber wegzukommen, wie wir arbeitslos waren (Schnurre, Bart 51). **4. a)** *bei etw. in bestimmter Weise behandelt, berücksichtigt werden, in bestimmter Weise abschneiden:* er ist bei dem Geschäft gut weggekommen; der Kleinste ist [bei der Verteilung] am schlechtesten weggekommen; **b)** *davonkommen:* glimpf-

lich, nicht ungeschoren w.; er kam [noch einmal, gerade noch] mit einem Bußgeld weg.

weg|kön|nen ⟨unr. V.; hat⟩ (ugs.): **1.** *weggehen* (1), *wegfahren* (a) *können.* **2.** *entfernt, beseitigt werden können, dürfen:* die Zeitungen können weg.

weg|krat|zen ⟨sw. V.; hat⟩: *durch Kratzen entfernen.*

Weg|kreuz, das: *am Weg stehendes Kreuz* (4 a), *Kruzifix.*

Weg|kreu|zung, die: vgl. Straßenkreuzung.

weg|krie|chen ⟨st. V.; ist⟩: *fortkriechen.*

weg|krie|gen ⟨sw. V.; hat⟩ (ugs.): **1. a)** *wegbringen* (3 a): einen Fleck w.; ich habe die Erkältung mit Hausmitteln weggekriegt; **b)** *wegbringen* (3 b). **2.** *fortbringen* (2): den Schrank, einen Stein nicht w. **3.** *sich etw. (Unangenehmes, Schlimmes) zuziehen; abkriegen* (2). **4.** *begreifen, erfassen:* sie hatte schnell weggekriegt, was die beiden vorhatten.

weg|kun|dig ⟨Adj.⟩: *die Wege (eines bestimmten Gebiets) genau kennend:* ein -er Begleiter.

weg|lass|bar ⟨Adj.⟩: *sich weglassen* (2) *lassend.*

weg|las|sen ⟨st. V.; hat⟩: **1.** *fortlassen* (1): seine Frau ließ ihn nicht [von zu Hause] weg. **2.** (ugs.) *fortlassen* (2): die Anrede, den Vornamen, den Titel, ein Komma w.; können wir diesen Abschnitt w.?; der Nachtisch, die Schlagsahne w.; den Weichspüler, den Vorwaschgang w. **3.** *mit etw. Bestimmtem nicht in Berührung bringen:* kannst du nicht mal den Fuß von der Kupplung w.?; du sollst die Finger [von dem Apparat] w.

Weg|lass|pro|be, die (Sprachwiss.): *Verfahren, bei dem durch Wegstreichen aller für den Sinn des Satzes entbehrlichen Satzglieder der Satz auf einen notwendigen, das Satzgerüst bildenden Restbestand an Gliedern reduziert wird.*

weg|lau|fen ⟨st. V.; ist⟩: **1. a)** *sich laufend entfernen; davonlaufen* (1 a): erschrocken w.; die Kinder liefen vor dem Hund weg; Ü du kannst doch nicht immer vor allen Problemen w.; * jmdm. nicht w. (ugs.; *bestehen bleiben, immer noch vorhanden sein:* die Arbeit, das Essen, der Abwasch läuft uns nicht weg); **b)** (ugs.) *seine gewohnte Umgebung, jmdn. von einem Augenblick auf den anderen u. ohne sich zu verabschieden, verlassen:* der Junge ist [schon zweimal] von zu Hause weggelaufen; ihm ist die Freundin, seine Frau weggelaufen. **2.** *wegfließen:* pass auf mit dem Pfirsich, dass [dir] nicht der ganze Saft wegläuft.

weg|le|gen ⟨sw. V.; hat⟩: **a)** *von einer Stelle an eine andere legen:* den Teppich vom bisschen mehr vom Kamin w.; könntest du das Werkzeug bitte gleich wieder w. (*wegräumen*)?; **b)** *aus der Hand legen:* die Zeitung, das Messer w.

Weg|lei|ter, der (schweiz.): *Wegweiser.*

Weg|lei|tung, die (österr., schweiz.): *Anleitung.*

weg|leug|nen ⟨sw. V.; hat⟩ (ugs.): *durch Leugnen aus der Welt schaffen:* diese Tatsache kann man nicht w.

weg|lo|ben ⟨sw. V.; hat⟩: *den Weggang eines weniger erwünschten Mitarbeiters aus einer Stellung bei sich bietender Gelegenheit durch Empfehlungen, lobende Äußerungen o. Ä. begünstigen; fortloben.*

weg|lo|cken ⟨sw. V.; hat⟩: *fortlocken:* jmdn., ein Tier [von jmdm., etw.] w.

weg|los ⟨Adj.⟩: *keine Wege aufweisend:* -es Gelände.

weg|ma|chen ⟨sw. V.⟩: **1.** ⟨hat⟩ (ugs.) *entfernen* (1 a): einen Fleck, den Schmutz w.; [sich] ein Kind w. (salopp; *abtreiben*) lassen. **2.** ⟨w. + sich; hat⟩ (ugs.) *[schnell, unauffällig] einen Ort verlassen:* sie hatte sich von zu Hause weggemacht; mach dich weg! **3.** ⟨hat⟩ (derb) *sexuell befriedigen:* * einen w. (derb; *koitieren*).

weg|mä|hen ⟨sw. V.; hat⟩ (salopp): *niedermähen.*

Weg|mar|ke, die: *Wegzeichen.*

Weg|mar|kie|rung, Wegemarkierung, die: *Markierung* (a, b) *eines Wegs* (1).

weg|mar|schie|ren ⟨sw. V.; ist⟩: *fortmarschieren.*

weg|müs|sen ⟨unr. V.; hat⟩ (ugs.): **1.** *weggehen* (1), *-fahren* (a) *müssen:* ich muss gleich [wieder] weg. **2.** *weggebracht* (1) *werden müssen:* der Brief muss heute noch weg. **3.** *entfernt, beseitigt werden müssen:* das Brot muss weg, es ist schimmelig; das Gesetz, die Steuer, das Regime, der Diktator muss weg.

Weg|nah|me, die; -, -n [zum 2. Bestandteil vgl. Abnahme]: **1.** (Papierdt.) *das Wegnehmen.* **2.** (schweiz.) *das Abholen, Mitnehmen (einer Ware durch einen Käufer).*

weg|neh|men ⟨st. V.; hat⟩: **1.** *fortnehmen* (1): das Glas, die Zeitung [vom Tisch] w.; würden Sie bitte Ihre Sachen hier w.; wie viele bleiben übrig, wenn man davon 12 wegnimmt?; [das] Gas w. (*aufhören, Gas zu geben*). **2.** *fortnehmen* (2): jmdm. [heimlich] sein Geld w.; einem Tier die Jungen, die Eier w.; die Kinder nehmen sich gegenseitig die Spielsachen weg; Ü er hat ihm die Frau weggenommen; den andern die Arbeitsplätze w. **3.** *(durch sein Vorhandensein) bewirken, dass etw. nicht mehr vorhanden, verfügbar ist:* der Schrank nimmt viel Platz weg; die Ulme vor dem Fenster nimmt viel Licht weg (*hält es ab*).

Weg|netz: ↑ Wegenetz.

weg|ope|rie|ren ⟨sw. V.; hat⟩ (ugs.): *operativ entfernen:* [jmdm.] ein Überbein w.

weg|pa|cken ⟨sw. V.; hat⟩: **1.** *von einer Stelle wegnehmen* (1) *u. an eine andere [dafür vorgesehene] Stelle packen* (1 b): sein Werkzeug w. **2.** ⟨w. + sich⟩ (ugs.) *sich fortpacken.*

weg|pus|ten ⟨sw. V.; hat⟩: **1.** (ugs.) *fortblasen:* etw. [von etw.] w. **2.** (salopp) *erschießen:* jmdn. w.

weg|put|schen ⟨sw. V.; hat⟩: *durch einen Putsch stürzen.*

weg|put|zen ⟨sw. V.; hat⟩: **1.** *durch Putzen* (1 a) *von etw. entfernen:* etw. [von etw.] w.; er putzte den Dreck mit einem Schwamm weg; diese Flecken an den Zähnen lassen sich nicht w.; Ü Das Elend hat ihm den republikanischen Gewissen gründlich weggeputzt (St. Zweig, Fouché 85). **2.** (ugs.) *restlos aufessen:* sie putzten alles weg. **3.** (ugs.) *(in einem sportlichen Wettkampf o. Ä.) überlegen besiegen.*

weg|ra|die|ren ⟨sw. V.; hat⟩: *durch Radieren entfernen:* ein Wort, ein Komma w.; einen Flecken an der Tapete w.

weg|raf|fen ⟨sw. V.; hat⟩: *hinweggraffen.*

Weg|rain, der: *Grasstreifen am Wegrand.*

Weg|rand, der: *Rand eines Weges.*

weg|ra|sie|ren ⟨sw. V.; hat⟩: *abrasieren.*

weg|ra|tio|na|li|sie|ren ⟨sw. V.; hat⟩: *durch Rationalisieren* (1 b) *[zwangsläufig] bewirken, dass etw. nicht mehr vorhanden ist:* Arbeitsplätze, Personal, eine Abteilung, eine Buslinie w.

weg|räu|men ⟨sw. V.; hat⟩: *beiseite-, aus dem Wege, an seinen Platz räumen:* das Geschirr, das Werkzeug w.; die Trümmer, den Schnee, die Barrikaden, einen umgestürzten Baum [von der Straße] w.; Ü Stolpersteine w.

Weg|recht, das (schweiz. Rechtsspr.): *Recht, den Weg über ein Nachbargrundstück zu benutzen.*

weg|re|den ⟨sw. V.; hat⟩: vgl. wegdiskutieren.

weg|rei|ßen ⟨st. V.; hat⟩: *fortreißen:* er hat ihr die Handtasche einfach weggerissen.

weg|ren|nen ⟨unr. V.; ist⟩: *fortrennen:* von einem Ort w.; vor jmdm., etw. w.; der Hund kniff den Schwanz ein und rannte weg.

weg|re|tu|schie|ren ⟨sw. V.; hat⟩: *durch Retuschieren zum Verschwinden bringen.*

weg|rol|len ⟨sw. V.⟩: **1.** ⟨ist⟩ **a)** *fortrollen* (2): der Ball ist [ihm] weggerollt; **b)** *sich rollend über etw. hinwegbewegen:* über etw. w. **2.** ⟨hat⟩ *fortrollen* (1): die Fässer [von der Straße] w.

weg|ros|ten ⟨sw. V.; ist⟩: *von Rost völlig zerfressen werden.*

weg|rü|cken ⟨sw. V.⟩: **1.** ⟨hat⟩ *fortrücken* (1): den Schrank [von der Wand] w. **2.** ⟨ist⟩ *fortrücken* (2): sie rückte von ihm weg.

weg|rüh|ren, sich ⟨sw. V.; hat⟩: *sich fortrühren* (meist verneint): er hat sich die ganze Zeit nicht von seinem Platz weggerührt.

weg|rut|schen ⟨sw. V.; ist⟩: **1.** *von einer Stelle rutschen:* das Auto rutschte in der Kurve [hinten, mit den Hinterrädern] weg; pass auf, dass der Schlitten dir nicht wegrutscht. **2.** (ugs.) *wegrücken:* sie rutschte [ein Stück] von ihm weg.

weg|sa|cken ⟨sw. V.; ist⟩ (ugs.): **a)** *sackend [im Wasser] verschwinden:* die Tonne lief voll Wasser und sackte weg; **b)** ²*absacken* (1 c): die Maschine sackte weg.

weg|sa|nie|ren ⟨sw. V.; hat⟩ (meist abwertend): *im Zuge einer Sanierung beseitigen:* Baudenkmäler, preiswerte Wohnungen w.

weg|sau|fen ⟨st. V.; hat⟩ (derb): *jmdm. etw. wegtrinken.*

weg|schaf|fen ⟨sw. V.; hat⟩: *fortschaffen, beseitigen:* den Müll, belastendes Material, die Leiche w.

weg|schau|en ⟨sw. V.; hat⟩ (landsch.): *wegsehen* (1).

weg|schau|feln ⟨sw. V.; hat⟩: vgl. wegfegen (1): den Schnee [vom Weg] w.

Weg|scheid, der; -[e]s, -e, österr.: die; -, -en: *Wegscheide.*

Weg|schei|de, die (geh.): *Weggabelung.*

weg|schen|ken ⟨sw. V.; hat⟩ (ugs.): *verschenken.*

weg|sche|ren, sich ⟨sw. V.; hat⟩ (ugs.): *sich fortscheren:* scher dich [hier] weg!

weg|scheu|chen ⟨sw. V.; hat⟩: *fortscheuchen:* die Fliegen [von dem Essen] w.

weg|schi|cken ⟨sw. V.; hat⟩: *fortschicken.*

weg|schie|ben ⟨sw. V.; hat⟩: *von einer Stelle an eine andere schieben; beiseiteschieben:* den Sessel [vom Tisch] w.; hilf mir mal schnell das Auto [hier] w.; Ü den Gedanken daran schob er möglichst weit weg.

weg|schie|ßen ⟨st. V.; hat⟩ (ugs.): **1.** *durch einen Schuss von etw. entfernen od. abtrennen.* **2.** *durch Abschuss* (2) *beseitigen.* **3.** *in eine andere Richtung, an eine andere Stelle schießen:* einen Ball w.

weg|schla|gen ⟨st. V.; hat⟩ (ugs.): *durch einen Schlag, durch Schläge wegbefördern:* der Verteidiger konnte den Ball gerade noch w.

weg|schlei|chen ⟨sw. V.⟩: **a)** ⟨ist⟩ *davonschleichen* (a); **b)** ⟨w. + sich; hat⟩ *sich davonschleichen* (b).

¹**weg|schlei|fen** ⟨sw. V.; hat⟩: *abschleifen* (1 a): den Rost, überschüssige Spachtelmasse w.

²**weg|schlei|fen** ⟨sw. V.; hat⟩: *an einen anderen Platz* ²*schleifen* (1); *schleifend wegschaffen.*

weg|schlep|pen ⟨sw. V.; hat⟩ (ugs.): **1.** *fortschleppen* (1): eine schwere Kiste w.; die Einbrecher haben alles weggeschleppt, was nicht niet- und nagelfest war. **2.** ⟨w. + sich⟩ *sich fortschleppen* (2).

weg|schleu|dern ⟨sw. V.; hat⟩: *fortschleudern.*

weg|schlie|ßen ⟨st. V.; hat⟩: *einschließen* (1 a), *damit jmd. anderes nicht darankommen kann:* das Geld, den Schmuck, die Pistole, den Schnaps w.

weg|schmei|ßen ⟨st. V.; hat⟩ (ugs.): **1. a)** *wegwerfen* (1 a): er zündete den Kracher an und schmiss ihn weg; **b)** *wegwerfen* (1 b): alte Briefe w.; das verschimmelte Brot müssen wir w.; die Waschmaschine kann man nur noch w.; eine achtlos weggeschmissene Zigarettenkippe hat den Brand verursacht. **2.** ⟨w. + sich⟩ (abwertend) *wegwerfen* (2).

weg|schmel|zen ⟨st. V.⟩: **1.** ⟨ist⟩ *schmelzend* (1) *wegfließen, allmählich verschwinden:* das Eis ist weggeschmolzen. **2.** ⟨hat⟩ *durch Schmelzen* (2) *schwinden machen, entfernen:* die Sonne hat den Schnee [von den Bergen] weggeschmolzen.
weg|schnap|pen ⟨sw. V.; hat⟩ (ugs.): *schnell an sich bringen, für sich gewinnen u. dadurch einem anderen entziehen:* jmdm. einen Posten, einen lukrativen Auftrag, die Kunden, eine Wohnung [vor der Nase] w.
weg|schnei|den ⟨unr. V.; hat⟩: *mit einer Schere, einem Messer entfernen, abschneiden:* störende Zweige w.; das Fett [von dem Fleisch] w.; sich eine Geschwulst w. *(operativ entfernen) lassen.*
weg|schnip|pen ⟨sw. V.; hat⟩: *von sich, beiseiteschnippen:* eine Kippe [mit dem Finger] w.
weg|schub|sen ⟨sw. V.; hat⟩ (ugs.): vgl. wegstoßen: jmdn. [von etw.] w.
weg|schüt|ten ⟨sw. V.; hat⟩: vgl. weggießen: die verdorbene Milch w.
weg|schwem|men ⟨sw. V.; hat⟩: *fortschwemmen:* der Regen schwemmt den Mutterboden [von den Hängen] weg.
weg|schwim|men ⟨st. V.; ist⟩: **a)** *fortschwimmen* (a): der Frosch schwamm schnell [vom Ufer] weg; der Fisch schwamm vor dem Otter weg; **b)** *fortschwimmen* (b): der Wasserball ist [mir] weggeschwommen.
weg|se|hen ⟨st. V.; hat⟩: **1.** *den Blick abwenden:* verlegen w.; Nur zufällig, weil er nicht schnell genug wegsah, trafen sich ihre Blicke (Strauß, Niemand 38). **2.** (ugs.) *hinwegsehen.*
weg|set|zen ⟨sw. V.⟩: **1.** ⟨hat⟩ **a)** (w. + sich) *sich von einer Stelle an eine andere setzen:* er hat sich [von mir, vom Fenster] weggesetzt; **b)** *von einer Stelle an eine andere [dafür vorgesehene] Stelle setzen:* den Strauch [ein Stück von der Mauer] w.; wenn du immer schwatzt, muss ich dich [von ihm] w. **2.** (ist, auch: hat) (ugs.) *hinwegsetzen* (1): über einen Graben, Zaun w. **3.** (w. + sich; hat) (ugs.) *sich hinwegsetzen* (2).
weg|si|ckern ⟨sw. V.; ist⟩: *sickernd verschwinden:* das Wasser ist weggesickert.
Weg|skiz|ze, die: *Skizze eines Wegs* (2b).
weg|sol|len ⟨unr. V.; hat⟩ (ugs.): vgl. wegmüssen.
weg|sper|ren ⟨sw. V.; hat⟩: **1.** (landsch.) *wegschließen.* **2.** *durch Einsperren von jmdm., etw. fernhalten:* den Hund w.
Weg|spin|ne, die (bes. Verkehrsw.): vgl. Spinne (3).
weg|sprin|gen ⟨st. V.; ist⟩: *zur Seite springen:* der Floh, der Frosch ist [mir] weggesprungen; ich konnte gerade noch [vor dem Auto] w.
weg|spü|len ⟨sw. V.; hat⟩: **a)** *fortspülen* (a): bei der nächsten Flut wurde die Strandburg [von der Brandung] weggespült; **b)** *fortspülen* (b): den Schlamm mit dem Gartenschlauch w.; etw. in die Toilette werfen und w.
weg|ste|cken ⟨sw. V.; hat⟩ (ugs.): **1.** *an eine andere Stelle stecken* (1 a) *u. so vor jmdm. verbergen:* steck deinen Geldbeutel, den Geld mal wieder weg, heute bezahle ich. **2.** *etw. Unangenehmes, Nachteiliges hinnehmen u. verkraften:* einen Schlag, einen Verlust, eine Niederlage w.; er kann eine Menge w.; ... dem halte nie etwas, der halte alles aus, sogar die schwarze Pest stecke der weg (Süskind, Parfum 132).
weg|steh|len, sich ⟨st. V.; hat⟩: *sich fortstehlen.*
weg|stel|len ⟨sw. V.; hat⟩: *etw. wegnehmen* (1) *u. an eine andere [dafür vorgesehene] Stelle stellen:* das Geschirr w.; die Bücher, den Besen wieder w.
weg|ster|ben ⟨st. V.; ist⟩ (ugs.): *[in größerer Anzahl] einer nach dem anderen] plötzlich, unerwartet sterben:* sie starben einer nach dem andern weg; ihr ist gerade der Mann weggestorben; sie ist dem Arzt unter der Hand weggestorben *(ist während der Operation gestorben).*
weg|steu|ern ⟨sw. V.; hat⟩: **1.** *einen Kurs steuern, der von etw. wegführt:* von den Klippen w. **2.** (Jargon) *durch die Erhebung von Steuern wegnehmen:* davon wird mir über die Hälfte weggesteuert.
weg|sto|ßen ⟨st. V.; hat⟩: *durch einen Stoß entfernen, beiseitestoßen:* jmdn., etw. [von etw., von sich] w.
weg|stre|ben ⟨sw. V.; hat/ist⟩: *fortstreben.*
Weg|stre|cke, die: *Abschnitt eines zurückzulegenden Wegs:* wir hatten noch eine W. von fünf Kilometern zurückzulegen, vor uns.
weg|strei|chen ⟨st. V.; hat⟩: **1.** ⟨hat⟩ *mit einer streichenden Bewegung entfernen:* etw. mit der flachen Hand [von etw.] w. **2.** ⟨hat⟩ *streichen* (3), *ausstreichen:* ein Wort w.
Weg|stun|de, die: *Weg von einer Stunde:* die Schule ist eine halbe W. entfernt.
weg|stür|zen ⟨sw. V.; ist⟩ (ugs.): *fortstürzen.*
weg|tau|chen ⟨sw. V.⟩: **1.** ⟨ist⟩ *tauchend verschwinden:* der Seehund, das U-Boot tauchte weg; **b)** (ugs.) *sich zurückziehen, sich nicht mehr sehen lassen, nichts mehr von sich hören lassen [um sich einer unangenehmen, schwierigen Situation zu entziehen].* **2.** *sich tauchend unter etw. hinwegbewegen:* unter einem Ponton w.
weg|tau|en ⟨sw. V.; ist/hat⟩: vgl. wegschmelzen.
weg|tra|gen ⟨st. V.; hat⟩: *forttragen:* jmdn., etw. [von einem Ort] w.
weg|trans|por|tie|ren ⟨sw. V.; hat⟩: vgl. wegbefördern: jmdn., etw. [von einem Ort] w.
weg|trei|ben ⟨st. V.⟩: **1.** ⟨hat⟩ *vertreiben, forttreiben* (1): jmdn., ein Tier [von etw.] w. **2.** ⟨ist⟩ *forttreiben* (2b): das Boot ist [vom Ufer] weggetrieben.
weg|tre|ten ⟨st. V.⟩: **1.** ⟨hat⟩ *von sich treten* (3 a): den Ball [von der Torlinie] w. **2.** ⟨ist⟩ **a)** (bes. Militär) *abtreten* (1): er ließ die Kompanie w.; weg[ge]treten! (Kommando); **b)** *zu einer anderen Stelle treten, zurücktreten, beiseitetreten:* bitte vom Gleis w.!
weg|trin|ken ⟨st. V.; hat⟩: **1.** *so viel trinken, dass für andere nichts übrig bleibt:* jmdm. etw. w. **2.** (ugs.) *austrinken:* der Sekt war im Nu weggetrunken.
weg|trock|nen ⟨sw. V.; ist⟩: *verdunsten:* das Kondenswasser ist wieder weggetrocknet.
weg|tun ⟨unr. V.; hat⟩: **1.** *von einer Stelle wegnehmen* (1) *u. an eine andere Stelle tun, beiseitetun:* tu doch die schönen Spielsachen [hier] weg! **2.** *wegwerfen* (1 b).
Weg|wahl, die (schweiz.): *das Wegwählen.*
weg|wäh|len ⟨sw. V.; hat⟩ (schweiz.): *abwählen* (1).
weg|wäl|zen ⟨sw. V.; hat⟩: *fortwälzen:* etw. [von etw.] w.
Weg|war|te, Wegewarte, die: *(zu den Korbblütlern gehörende) Pflanze mit dunkelgrünen, lanzettförmigen Blättern u. zarten, strahlenförmigen, meist hellblauen Blüten.*
weg|wa|schen ⟨sw. V.; hat⟩: **a)** *durch Waschen entfernen:* den Schmutz, das Blut, den Flecken w.; **b)** *wegspülen, wegschwemmen:* der Regen hat die Farbe weggewaschen.
weg|we|hen ⟨sw. V.⟩: **1.** *wehend entfernen; von einem Ort fortblasen:* der Wind hat den Hut weggeweht. **2.** *vom Wind weggetragen werden; an eine andere Stelle wehen* (1 c): das Tuch ist weggeweht.
weg|wei|sen ⟨st. V.; hat⟩: **1.** *wegschicken:* einen Hausierer w. **2.** (österr. Rechtsspr.) *am Betreten der Wohnung hindern.*
weg|wei|send ⟨Adj.⟩: *richtungweisend:* eine -e Tat; er war w. für die Medizin.
Weg|wei|ser, der: [mhd. wegewīser]: *[pfeilförmiges] Schild, das angibt, welcher Weg, welche Straße zu einem bestimmten Ziel führt.*
¹Weg|wei|sung, die: *Ausschilderung mit Wegweisern:* die W. verbessern.
²Weg|wei|sung, die: **1.** (schweiz.) *Ausweisung.* **2.** (österr. Amtsspr.) *von den Sicherheitsbehörden verhängtes Verbot, die Wohnung zu betreten, um Gewalt an Familienmitgliedern zu verhindern.*
weg|wen|den ⟨unr. V.; wandte/wendete weg, hat weggewandt/weggewendet⟩: *in eine andere Richtung, nach der anderen Seite wenden; abwenden* (1): den Blick, sich [von jmdm., etw.] w.

Weg|werf- (emotional abwertend): *drückt in Bildungen mit Substantiven aus, dass man sich einer Sache od. Person unter Missachtung ihrer Würde, ihres Werts sofort entledigt, sobald man sie nicht mehr braucht:* Wegwerfbeziehung, -tier.

Weg|werf|ar|ti|kel, der: *Artikel, der nach einmaligem Gebrauch, nach kurzer Zeit weggeworfen wird.*
weg|wer|fen ⟨st. V.; hat⟩: **1. a)** *von sich werfen, beiseitewerfen:* wenn die Zündschnur brennt, musst du den Kracher sofort [möglichst weit] w.; **b)** *etw., was nicht mehr benötigt, gebraucht wird, nicht mehr haben möchte, irgendwohin werfen, zum Abfall tun:* das alte Sofa kann man nur noch w.; die Quittung habe ich längst weggeworfen; der Brand wurde durch einen weggeworfenen Zigarettenstummel verursacht; Ü sein Leben w. *(Selbstmord begehen);* das ist doch weggeworfenes *(unnütz ausgegebenes) Geld;* Jetzt braucht er dich, und wenn er dich ausgebraucht hat, wirft er dich weg *(verlässt, verstößt er dich),* er denkt nie wieder an dich (Fallada, Herr 216). **2.** (w. + sich) (abwertend) *sich einer Person, Sache, die dessen nicht wert ist, ganz widmen, hingeben u. sich dadurch erniedrigen, entwürdigen:* wie kann man sich nur so, an solch eine Person w.!
weg|wer|fend ⟨Adj.⟩: *Geringschätzung, Verachtung ausdrückend:* eine -e Geste, Handbewegung.
Weg|werf|feu|er|zeug, das: *Feuerzeug, das, wenn es leer ist, nicht nachgefüllt, sondern weggeworfen wird.*
Weg|werf|fla|sche, die: *Flasche, die nicht wieder verwendet, sondern nach einmaligem Gebrauch weggeworfen wird.*
Weg|werf|ge|sell|schaft, die (abwertend): *Wohlstandsgesellschaft, in der Dinge, die wiederverwendet, [nach einer Überholung, einer Reparatur o. Ä.] weiterverwendet werden könnten, aus Überfluss, aus Bequemlichkeit o. Ä. weggeworfen* (1 b) *werden:* wir leben in einer W.
Weg|werf|men|ta|li|tät, die ⟨o. Pl.⟩ (abwertend): *eine Wegwerfgesellschaft kennzeichnende Mentalität.*
Weg|werf|ver|pa|ckung, die: vgl. Wegwerfflasche.
Weg|werf|win|del, die: *Windel* (2).
weg|wi|schen ⟨sw. V.⟩: **1.** ⟨hat⟩ *wischend entfernen:* einen Satz an der Tafel, das Bier [mit dem Schwamm] w.; einen Flecken, den Staub, die Fingerabdrücke w.; sich den Schweiß [von der Stirn] w.; ihre Angst war wie weggewischt *(war plötzlich nicht mehr vorhanden).* **2.** ⟨ist⟩ (bes. Kfz-Wesen-Jargon) *[unkontrolliert] wegrutschen:* das Heck wischte weg.
weg|wit|schen ⟨sw. V.; ist⟩ (ugs.): *sich witschend wegbewegen:* die Katze witschte weg; der Fisch ist [mir] weggewitscht.
weg|wol|len ⟨unr. V.; hat⟩ (ugs.): *fortwollen* (a): ich will hier, aus dieser Stadt weg; sie hat früh

geheiratet, weil sie von zu Hause wegwollte; wann wollt ihr weg *(wann wollt ihr aufbrechen)?*

weg|wün|schen ⟨sw. V.; hat⟩: **a)** ⟨w. + sich⟩ *fortwünschen* (a): ich wünschte mich [weit] weg [von dort]; **b)** *durch Wünschen beseitigen, aus der Welt schaffen.*

weg|zäh|len ⟨sw. V.; hat⟩ (österr.): *subtrahieren.*

weg|zau|bern ⟨sw. V.; hat⟩: *fortzaubern:* jetzt zaubert er das Kaninchen wieder weg; ich wollte, ich könnte [dir] die Kopfschmerzen w.

Weg|zeh|rung, die: **1.** (geh.) *auf eine Wanderung, Reise mitgenommener Vorrat an Nahrungsmitteln:* [eine kleine] W. mitnehmen. **2.** (kath. Kirche) *Viatikum.*

Weg|zei|chen, Wegezeichen, das: *Zeichen, das einen [Wander]weg markiert.*

weg|zer|ren ⟨sw. V.; hat⟩: vgl. wegziehen (1).

weg|zie|hen ⟨unr. V.⟩: **1.** ⟨hat⟩ *ziehend von einer Stelle entfernen, beiseiteziehen; fortziehen* (1): den Karren von der Einfahrt w.; jmdm. die Bettdecke w.; er zog mir den Stuhl [unterm Hintern] weg. **2.** ⟨ist⟩ **a)** *fortziehen* (2): er ist letztes Jahr [aus Hamburg, von hier] weggezogen; **b)** *von einem Ort an einen anderen ziehen* (8): die Zugvögel ziehen im Herbst wieder weg.

Weg|zug, der: **a)** *das Wegziehen* (2 a): seit seinem W. [aus Hamburg]; **b)** *das Wegziehen* (2 b).

¹weh: ↑ wehe.

²weh ⟨Adj.⟩ [mhd., ahd. wē (Adv.), zu ↑ wehe]: **1.** (ugs.) *schmerzend:* -e Füße, einen -en Finger, einen -en Zahn haben; * **w. tun** (s. wehtun). **2.** (geh.) *von Weh erfüllt, geprägt; schmerzlich:* ein -es Gefühl; ein -es Lächeln; [so, ganz] w. zumute, ums Herz; Ü ... es ist, als spüre man die Luft, die -e Erregung der Knospen (Frisch, Nun singen 152).

Weh, das; -[e]s, -e ⟨Pl. selten⟩ [mhd. wē, ahd. wē(wo)] (geh.): *seelischer Schmerz; Leid:* [ein] tiefes W. erfüllte sie, ihr Herz; * **mit/unter W. und Ach** (ugs.; *mit vielem Klagen, Stöhnen; höchst ungern*).

we|he, weh ⟨Interj.⟩ [mhd., ahd. wē]: **a)** als Ausruf der Klage, Bestürzung o. Ä.: w.! w.!; o weh! Wie konnte das nur geschehen?; **b)** als Ausruf, mit dem man etw. Schlimmes, Unheilvolles o. Ä. ankündigt od. androht: w. [dir], wenn du das kaputt machst!

¹We|he, das; -s ⟨veraltet⟩: *Weh.*

²We|he, die; -, -n ⟨meist Pl.⟩ [mhd. wēwē = Schmerz, Leid; Geburtswehe]: *Zusammenziehung der Muskulatur der Gebärmutter bei der Geburt* (1 a): die -n setzen ein, kommen, haben begonnen; [starke, schwache] -n haben; in den -n liegen *(beim Gebären sein).*

³We|he, die; -, -n [zu ↑ wehen]: *vom Wind Zusammengewehtes, durch den Wind entstandene haufenartige Ansammlung bes. von Schnee, Sand.*

we|hen ⟨sw. V.⟩ [mhd. wæjen, ahd. wāen]: **1. a)** ⟨hat⟩ *(von der Luft) in spürbarer Bewegung sein:* der Wind weht kühl, kalt, aus Norden, vom Wasser her; es weht ein laues Lüftchen; eine kräftige Brise weht ihm ins Gesicht; ⟨auch unpers.:⟩ draußen weht es heute tüchtig *(ist es sehr windig);* **b)** ⟨hat⟩ *wehend* (1 a) *von etw. entfernen, in eine bestimmte Richtung, an eine bestimmte Stelle treiben:* ein Luftzug wehte den Zettel vom Schreibtisch; **c)** ⟨ist⟩ *von der Luft, dem Wind irgendwohin getragen werden:* Schneeflocken wehten durch das geöffnete Fenster, uns ins Gesicht; Blütenduft wehte ins Zimmer; Ü Die Blitze wehten *(huschten)* über die Dächer (Remarque, Triomphe 308). **2.** ⟨hat⟩ *durch Luftströmung bewegt werden:* ihre Haare wehten im Wind; auf/von dem Gebäude wehte eine Fahne; die Flagge wehte auf Halbmast; mit wehenden Rockschößen lief er hinaus.

we|hen|ar|tig ⟨Adj.⟩: *einer ²Wehe ähnlich.*

we|hen|för|dernd ⟨Adj.⟩ (Med.): *das Einsetzen von ²Wehen fördernd:* das Mittel wirkt w.

we|hen|hem|mend ⟨Adj.⟩ (Med.): *das Einsetzen von ²Wehen hemmend:* das Mittel wirkt w.

We|hen|mit|tel, das (Med.): *das Einsetzen der Wehen förderndes Mittel, das v. a. als Hilfsmittel zur Einleitung einer Geburt verwendet wird.*

Weh|ge|schrei, das: *lautes Klagen, Jammern:* da erhob sich ein [lautes] W.

Weh|kla|ge, die (geh.): *laute Klage* (1) *(über einen großen Verlust, ein großes Unglück o. Ä.).*

weh|kla|gen ⟨sw. V.; hat⟩ (geh.): *einen seelischen Schmerz in Wehklagen äußern; klagen* (1 a): er wehklagte laut.

Weh|laut, der (geh.): *Klagelaut, Schmerzenslaut.*

weh|lei|dig ⟨Adj.⟩ [wohl zusammengebildet aus der früher geläufigen Fügung »Weh und Leid«] (abwertend): **a)** *überempfindlich u. deshalb schon beim geringsten Schmerz klagend, jammernd:* ein -er Patient; das Kind ist sehr w.; sei nicht so w.!; **b)** *eine wehleidige* (a) *Wesensart erkennen lassend:* ein -er Gesichtsausdruck; mit -er Stimme.

Weh|lei|dig|keit, die; -, -en: *das Wehleidigsein.*

♦ **weh|lich** ⟨Adj.⟩ [mhd. wēlich, ahd. wēlīh, zu ↑ Weh] (landsch.): *klagend, schmerzerfüllt, jämmerlich:* ... die da waren, hörten, wie in ihre Ställe die Not gebrochen, w. das Vieh seine Meister zu Hülfe rief (Gotthelf, Spinne 65).

Weh|mut, die; - [spätmhd. wēmuot < mniederd. wēmōd, rückgeb. aus: wēmōdich, ↑ wehmütig] (geh.): *verhaltene Trauer, stiller Schmerz bei der Erinnerung an etw. Vergangenes, Unwiederbringliches:* eine leise W. erfasste, befiel ihn; W. empfinden; mit W. an etw. zurückdenken; ... der Zorn ließ mir keine Zeit mehr, der W. nachzuhängen (Hesse, Steppenwolf 250).

weh|mü|tig ⟨Adj.⟩ [aus dem Niederd. < mniederd. wēmōdich]: **a)** *Wehmut empfindend:* w. an etw. denken; Er verfasst stimmungsvolle Verse über stimmungsvolle Winkel, umliegende Dörfer, Straßenecken am Abend und seine -e Seele (Remarque, Obelisk 149); **b)** *Wehmut zum Ausdruck bringend, von Wehmut geprägt:* -e Gedanken; ein -es Lied; w. lächeln.

Weh|mü|tig|keit, die; -, -en [spätmhd. wēmüetecheit = Zorn]: **1.** ⟨o. Pl.⟩ *das Wehmütigsein.* **2.** *Sentimentalität* (2).

weh|muts|voll ⟨Adj.⟩ (geh.): *voller Wehmut, von Wehmut geprägt.*

Weh|mut|ter, die (veraltet): *Hebamme:* ♦ Man hört, es soll heute die Kindstaufe gehalten werden im Hause, und die Hebamme versieht das Amt der Köchin ebenso geschickt als früher das Amt der W. (Gotthelf, Spinne 6).

¹Wehr, die; -, -en [mhd. wer(e), ahd. werī, warī = Befestigung, Verteidigung, Schutzwaffe, zu ↑ wehren]: **1.** in der Wendung **sich zur W. setzen** (*sich wehren, verteidigen:* sie setzte sich energisch, nachdrücklich, auf das Heftigste, erfolgreich dagegen, gegen ihn zur W.). **2.** Kurzf. von ↑ Feuerwehr (1). **3.** (veraltend) *Kampftruppe, Streitmacht, Armee.*

²Wehr, das; -[e]s, -e [mhd. wer, viell. mit ↑ ¹Wehr identisch u. dann eigtl. = Befestigung gegen das Wasser od. im Sinne von »Flechtwerk, Geflecht« zu ↑ wehren u. urspr. = Fischwehr]: *Stauanlage zur Hebung des Wasserstands eines Flusses, zur Änderung des Gefälles, Regelung des Abflusses o. Ä.;* Stauwehr: das W. öffnen; Auch ältere Katzen schwammen manchmal ziellos und aufgedunsen, fingen sich endlich an W. und wurden ... herausgefischt (Grass, Hundejahre 312).

Wehr|bau, der ⟨Pl. -ten⟩: *durch Mauern, Bastionen o. Ä. geschützter Bau.*

Wehr|be|auf|trag|te ⟨vgl. Beauftragte⟩ (Bundesrepublik Deutschland): *weibliche Person, die vom Bundestag beauftragt ist, die Wahrung der Grundrechte in der Bundeswehr zu überwachen.*

Wehr|be|auf|trag|ter ⟨vgl. Beauftragter⟩ (Bundesrepublik Deutschland): *jmd., der vom Bundestag beauftragt ist, die Wahrung der Grundrechte in der Bundeswehr zu überwachen.*

Wehr|be|reich, der: *Verwaltungsbezirk der Bundeswehr.*

Wehr|be|reichs|kom|man|do, das: *Behörde eines Wehrbereichs.*

Wehr|be|zirk, der: *militärischer Verwaltungsbezirk.*

Wehr|be|zirks|kom|man|do, das: vgl. Wehrbereichskommando.

Wehr|die|ner, der (österr. Amtsspr.): *Wehrpflichtiger, der den Grundwehrdienst leistet.*

Wehr|dienst, der: **1.** ⟨Pl. selten⟩ *Dienst, der aufgrund der Wehrpflicht beim Militär abgeleistet werden muss:* W. leisten; seinen W. ableisten; aus dem W. entlassen, vom W. freigestellt, zum W. einberufen/eingezogen werden. **2.** (schweiz.) *Feuerwehr* (1).

Wehr|dienst|kar|te, die (österr. Amtsspr.): *Wehrpass.*

Wehr|dienst|leis|ten|der ⟨vgl. Dienstleistender⟩: *jmd., der Wehrdienst leistet.*

wehr|dienst|pflich|tig ⟨Adj.⟩: *wehrpflichtig.*

wehr|dienst|taug|lich ⟨Adj.⟩: *für den Wehrdienst tauglich* (a).

Wehr|dienst|taug|lich|keit, die ⟨o. Pl.⟩: *Tauglichkeit zum Wehrdienst.*

wehr|dienst|un|taug|lich ⟨Adj.⟩: *für den Wehrdienst untauglich.*

Wehr|dienst|un|taug|lich|keit, die; -: *Untauglichkeit zum Wehrdienst.*

Wehr|dienst|ver|wei|ge|rer, der: *Kriegsdienstverweigerer.*

Wehr|dienst|ver|wei|ge|rung, die: *Kriegsdienstverweigerung.*

Wehr|dienst|zeit, die: *Zeit, Dauer des Wehrdienstes.*

weh|ren ⟨sw. V.; hat⟩ [mhd. wern, ahd. werian, eigtl. = mit einem Flechtwerk, Schutz(wall) umgeben, verschließen, bedecken, schützen]: **1.** ⟨w. + sich⟩ **a)** *zu seiner Verteidigung jmdm. körperlich Widerstand leisten:* sich tapfer, heftig, erbittert, mit aller Kraft, verzweifelt [gegen einen Angreifer, einen Angriff] w.; Du musst dich w., wenn sie dich verprügeln; sie weiß sich zu w.; **b)** *etw. nicht einfach hinnehmen, sondern dagegen angehen, sich dagegen verwahren:* sich gegen eine Unterstellung, eine Anschuldigung, gegen Verdächtigungen, Vorwürfe [heftig, mit aller Macht] w.; **c)** *sich widersetzen, sich gegen etw. sträuben, einen Angriff] w.*; Ü Stiller wollte nicht weinen, er wehrte sich dagegen und stand auf (Frisch, Stiller 511). **2.** (geh.) *jmdm., einer Sache entgegenwirken, dagegen angehen, einschreiten:* dem Bösen, feindlichen Umtrieben, einer Gefahr, einem Unheil w.; R wehret den Anfängen! **3.** (geh. veraltend) *verwehren, untersagen:* jmdm. den Zutritt w.; ich will, kann es dir nicht w.

Wehr|er|fas|sung, die: *der Einberufung zum Wehrdienst vorausgehende Erfassung der Wehrpflichtigen durch die Wehrersatzbehörde.*

Wehr|er|satz|be|hör|de, die: *Behörde der Bundeswehrverwaltung, die für die Heranziehung der Wehrpflichtigen zum Wehrdienst zuständig ist.*

Wehr|er|satz|dienst, der: *Ersatzdienst.*

Wehr|er|satz|we|sen, das ⟨o. Pl.⟩: *Gesamtheit der Dienststellen u. Maßnahmen zur Erfassung, Einberufung u. Überwachung der Wehrpflichtigen.*

Wehr|er|tüch|ti|gung, die: *Wehrsport.*

Wehr|etat, der: *Etat für militärische Zwecke.*
Wehr|ex|per|te, der: *militärischer Sachverständiger, Experte.*
Wehr|ex|per|tin, die: w. Form zu ↑ Wehrexperte.
wehr|fä|hig ⟨Adj.⟩: *fähig, in der Lage, Wehr-, Kriegsdienst zu leisten:* -e Männer; im -en Alter.
Wehr|fä|hig|keit, die ⟨o. Pl.⟩: *das Wehrfähigsein.*
Wehr|frau, die: *Feuerwehrfrau.*
Wehr|füh|rer, der: *an der Spitze einer Feuerwehr stehender Feuerwehrmann.*
Wehr|füh|re|rin, die: w. Form zu ↑ Wehrführer.
Wehr|gang, der ⟨Pl. ...gänge⟩ (früher): *zur Verteidigung dienender, mit Schießscharten o. Ä. versehener [überdachter] Gang, der oben an der Innen- od. Außenseite einer Burg- od. Stadtmauer entlangführt.*
Wehr|ge|rech|tig|keit, die ⟨o. Pl.⟩: *Gleichbehandlung aller Wehrpflichtigen nach den Grundsätzen des Grundgesetzes.*
wehr|haft ⟨Adj.⟩ [mhd. wer(e)haft]: **1.** *fähig, in der Lage, sich zu wehren, zu verteidigen:* ein -es Volk, Tier; Ü ein -e Demokratie. **2.** *zu Zwecken der Verteidigung ausgebaut; befestigt:* eine -e Stadt.
Wehr|haf|tig|keit, die; -: *das Wehrhaftsein.*
Wehr|kir|che, die: *(im MA.) befestigte Kirche, die in Kriegszeiten als Zuflucht für die Gemeinde diente.*
Wehr|kleid, das (schweiz. geh.): *Uniform des Soldaten.*
Wehr|kraft, die ⟨o. Pl.⟩: *(auf dem Vorhandensein und Einsatz von Streitkräften beruhende) militärische Kraft, Stärke.*
Wehr|kraft|zer|set|zung, die ⟨o. Pl.⟩: *Zersetzung der Wehrkraft (durch geeignete Propaganda o. Ä.):* jmdn. wegen W. anklagen, verurteilen, hinrichten.
Wehr|kreis, der: vgl. Wehrbezirk.
Wehr|kreis|kom|man|do, das: vgl. Wehrbereichskommando.
Wehr|kun|de, die ⟨o. Pl.⟩: *Militärwissenschaft.*
Wehr|kun|de|un|ter|richt, der: *Unterricht in Wehrkunde.*
wehr|los ⟨Adj.⟩ [mhd. werlōs]: *nicht fähig, nicht in der Lage, sich zu wehren, zu verteidigen:* ein -es Opfer, Kind, Tier; gegen jmds. Vorwürfe, Verleumdungen völlig w. sein; jmdm. w. ausgeliefert sein; Ü Wehrlos war er der Schönheit dieses Mädchens ausgeliefert (Dürrenmatt, Grieche 19).
Wehr|lo|sig|keit, die; -: *das Wehrlossein.*
Wehr|macht, die ⟨o. Pl.⟩: *Gesamtheit der Streitkräfte eines Staates (bes. in Bezug auf das Deutsche Reich von 1921 bis 1945);* ¹*Militär* (1).
Wehr|machts|of|fi|zier, der: *Offizier der Wehrmacht.*
Wehr|mann, der: **1.** ⟨Pl. ...männer u. ...leute⟩ *Feuerwehrmann.* **2.** ⟨Pl. ...männer⟩ (österr., schweiz.): *Soldat.*
Wehr|mau|er, die: *(im MA.) mit einem Wehrgang versehene Burg-, Stadtmauer.*
Wehr|pass, der: *Dokument, das Eintragungen über die erfolgte Musterung u. den abgeleisteten Wehrdienst eines Wehrpflichtigen enthält.*
Wehr|pflicht, die ⟨o. Pl.⟩: *Pflicht, Wehrdienst zu leisten:* die W. einführen, abschaffen.
wehr|pflich|tig ⟨Adj.⟩: *unter der Wehrpflicht fallend.*
Wehr|pflich|ti|ger, der *Wehrpflichtige/ein Wehrpflichtiger; des/eines Wehrpflichtigen, die Wehrpflichtigen/zwei Wehrpflichtige:* jmd., *der wehrpflichtig ist.*
Wehr|po|li|tik, die: *Politik auf militärischem Gebiet, im Bereich des Wehrwesens.*
wehr|po|li|tisch ⟨Adj.⟩: *die Wehrpolitik betreffend.*
Wehr|sold, der: *Sold* (2).

Wehr|sport, der: *Sport, der der Stärkung der Verteidigungsbereitschaft, der militärischen Ausbildung dient.*
Wehr|sport|grup|pe, die: *meist rechtsextremistisch ausgerichtete Gruppe, deren Mitglieder sich in ihrer Freizeit zu gemeinsamen wehrsportlichen Übungen o. Ä. treffen.*
wehr|sport|lich ⟨Adj.⟩: *zum Wehrsport gehörend, ihn betreffend.*
Wehr|spre|cher, der (österr.): *für die Landesverteidigung zuständiger Sprecher in der Parlamentsfraktion.*
Wehr|spre|che|rin, die: w. Form zu ↑ Wehrsprecher.
Wehr|stein, der (schweiz.): *Prellstein.*
Wehr|tech|nik, die: *Bereich der Technik, der sich mit der Entwicklung u. Bereitstellung von Waffen u. anderem Kriegsmaterial befasst.*
wehr|tech|nisch ⟨Adj.⟩: *zur Wehrtechnik gehörend, sie betreffend.*
Wehr|turm, der: *(im MA.) befestigter Turm.*
Wehr|übung, die: *zur weiteren militärischen Ausbildung dienende Übung für Wehrpflichtige nach Ableistung des Grundwehrdienstes.*
Weh|ruf, der (geh.): *Klageruf, Schmerzensruf:* einen W. ausstoßen.
Wehr|we|sen, das ⟨o. Pl.⟩: *Militärwesen.*
Wehr|wis|sen|schaft, die ⟨o. Pl.⟩: *Militärwissenschaft.*
weh|tun, weh tun ⟨unr. V.; hat⟩: **1.** *Ausgangspunkt von Schmerzen sein:* mein/der Kopf, Bauch tut mir weh *(ich habe Kopf-, Bauchschmerzen);* die Wunde tut verdammt weh; wo tut es [dir] denn weh? *(wo hast du Schmerzen?);* mir tat alles weh. **2.** *Schmerzen zufügen, verursachen:* hör auf, du tust mir ja weh!; pass auf, dass du dir [mit dem Messer, an der scharfen Kante] nicht wehtust; ich habe mir [an der scharfen Kante] wehgetan; es, die Spritze hat überhaupt nicht wehgetan; das grelle Licht tut den Augen weh; Ü ein Bußgeld von 100 Euro tut ihm doch nicht weh *(macht ihm doch nichts aus);* ich wollte dir [mit dieser Bemerkung] nicht w. *(dich [damit] nicht verletzen).*
Weh|weh [auch: ‚ ‘ve:], das; -s, -s (Kinderspr.): *schmerzende Stelle; kleine Verletzung, Wunde:* ein W. haben.
Weh|weh|chen, das; -s, - (ugs.): *nicht allzu ernst zu nehmendes kleines Leiden:* er hat immer irgendein W.; sie geht mit/bei jedem W. gleich zum Arzt; Ü Aber weil der Schauspieler Hartiesen ein ganz kleines W. hat *(weil er in eine etwas unangenehme Lage geraten ist),* entdeckt er plötzlich, dass Unrecht in der Welt geschieht (Fallada, Jeder 115).
Weib, das; -[e]s, -er [mhd. wīp, ahd. wīb, H. u., viell. eigtl. = die umhüllte Braut od. die sich hin u. her bewegende, geschäftige (Haus)frau]: **1. a)** (veraltend) *Frau* (1) *als Geschlechtswesen im Unterschied zum Mann:* ein schönes, prächtiges, stolzes, böses, tugendhaftes, zartes, schwaches W.; zum W. erwachen, heranwachsen; von fernem Walde her kam jemand gegangen, ein junges W. in dem verschossenen blauen Rock (Hesse, Narziß 98); **b)** (ugs.) [*junge] Frau* (1) *als Gegenstand sexueller Begierde, als [potenzielle] Geschlechtspartnerin:* ein rassiges, tolles, scharfes, geiles, nacktes W.; er hat es als -er im Kopf; hinter den -ern her sein; **c)** (abwertend) *unangenehme weibliche Person, Frau:* ein versoffenes, schlampiges, aufgedonnertes, intrigantes, hysterisches, tratschsüchtiges W.; ich kann dieses W. nicht mehr sehen, ertragen; (als Schimpfwort:) blödes W.! **2.** (veraltet) *Frau als Ehefrau:* mein geliebtes W.; er begehrte, nahm sie zum Weib[e]; * **W. und Kind** (scherzh.): *Ehefrau u. Kind[er]:* er hat für W. und Kind zu sorgen).

Weib|chen, das; -s, -: **1.** *weibliches Tier:* das W. legt die Eier. **2. a)** *Frauchen* (1); **b)** (oft abwertend) *Frau im Hinblick auf ihre typisch weiblichen Eigenschaften u. Fähigkeiten bes. im Bereich des Erotischen u. Sexuellen:* er hält sich ein W. **3.** (scherzh., veraltet) *Ehefrau:* mein W.
Wei|bel, der; -s, - [↑ Feldweibel] (schweiz.): *untergeordneter Angestellter in einem Amt, bei Gericht.*
Wei|be|rer, der; -s, - (österr. salopp): *Frauenheld.*
Wei|ber|fas|nacht, (häufiger:) **Wei|ber|fast|nacht**, die (landsch.): *Altweiberfastnacht.*
Wei|ber|feind, der: *Frauenfeind* (a).
Wei|ber|ge|schich|te, die ⟨meist Pl.⟩ (salopp, oft abwertend): *erotisches Abenteuer mit einer Frau, mit Frauen:* seine -n interessieren mich nicht; er hat immer -n; mit seinen -n angeben.
Wei|ber|ge|schwätz, das (abwertend): *für Weiber* (1 c) *typisches Geschwätz.*
♦ **Wei|ber|gut**, das: *Vermögen, das die Frau in die Ehe mitbringt; Mitgift:* Die an Frauennamen gehängten Täler und Burgen bedeuteten für den Kundigen immer ein schönes W. (Keller, Kleider 24).
Wei|ber|held, der (oft abwertend): *Frauenheld.*
Wei|ber|rock, der (veraltend): *Frauenrock.*
Wei|ber|volk, das ⟨o. Pl.⟩ (veraltend, meist abwertend): *Gesamtheit der Frauen.*
Wei|ber|wirt|schaft, die ⟨o. Pl.⟩ (abwertend): *unüblicherweise nur od. vorwiegend von Frauen ausgeführte Gesamtheit der Tätigkeiten.*
wei|bisch ⟨Adj.⟩ [spätmhd. wībisch]: *nicht die für einen Mann als charakteristisch erachteten Eigenschaften habend, nicht männlich; feminin* (1 c): ein -er Schöngeist; seine Bewegungen wirkten w.
Weib|lein, das; -s, -: **1.** *kleine, alte Frau:* ein verhutzeltes, altes W. **2.** (ugs. scherzh., in Verbindung mit Männlein) *Frau;* vgl. Männlein (2).
weib|lich ⟨Adj.⟩ [mhd. wīplich, ahd. wīblih]:
1. *dem gebärenden Geschlecht* (1 a) *angehörend:* eine -e Person; -e Lehrlinge, Angestellte, Mitglieder; das -e Geschlecht *(die Frauen);* ein Kind -en Geschlechts; -e Wesen, Tiere; ein -er *(eine Frau darstellender)* Akt; -e (Bot.; *die Frucht hervorbringende)* Blüten; -e Erbfolge *(Erbfolge, bei der auch weibliche Nachkommen berücksichtigt werden).* **2.** *zur Frau als Geschlechtswesen gehörend:* die -en Geschlechtsorgane; -e [Körper]formen; die -e Brust; -e Vornamen; eine -e Singstimme; eine -e Stimme *(Frauenstimme)* meldete sich am Telefon. **3.** *von der Art, wie es (in einer Gesellschaft) für die Frau, ein weibliches Geschlecht als typisch, charakteristisch gilt; feminin* (1 a, b): eine typisch -e Eigenschaft; sie ist sehr w.; Die Damenmode ist in dieser Saison wieder sehr w. **4. a)** (Sprachwiss.) *dem grammatischen Geschlecht Femininum zugehörend (im Deutschen mit dem Artikel* »die« *verbunden); feminin* (2): eine -e Substantive, Endungen, Formen; der -e Artikel »la«; die Abstrakta auf -heit und -keit haben -es Geschlecht, sind w.; **b)** (Verslehre) *mit einer Senkung* (5) *endend; klingend.*
Weib|lich|keit, die; -, -: **1.** *weibliches Geschlecht, weibliches Wesen, weibliche Art.* **2.** (scherzh.) *Gesamtheit der [anwesenden] Frauen:* ich trinke auf das Wohl der holden W.
Weib|lich|keits|wahn, der ⟨o. Pl.⟩: *übertriebener Kult mit der Weiblichkeit.*
Weibs|bild, das [mhd. wībes bilde, urspr. = Gestalt einer Frau]: **1.** (ugs., bes. südd., österr.) *Frau:* ein strammes, schmuckes W. **2.** (salopp abwertend) *Weib* (1 c): dieses verfluchte W. ist an allem schuld; (als Schimpfwort:) blödes W.!
Weib|sen, das; -s, - ⟨meist Pl.⟩ (ugs. scherzh.): *Frau.*
Weibs|per|son, die (ugs. veraltend): *Frau, weibliche Person:* ... ein anderer Mann, ein anderes

Mädchen, und gleich darauf eine dritte, abermals eine W. (Fussenegger, Zeit 208).
Weibs|stück, das (salopp abwertend): *verachtenswerte weibliche Person:* ein verkommenes W.
weich ⟨Adj.⟩ [mhd. weich, ahd. weih, eigtl. = nachgebend, verw. mit ↑²weichen]: **1. a)** *nicht hart od. fest, sondern einem Druck leicht nachgebend; so beschaffen, dass ein Verändern der Form leicht, mit geringem Kraftaufwand möglich ist:* -e Kissen, Polster; ein relativ -er Stein, Stahl; ein -er Bleistift *(Bleistift mit weicher Mine);* das Bett ist mir zu w.; die Butter ist ganz w. geworden; das Fleisch w. kochen, klopfen; den Kunststoff w. machen; w. gekochtes Fleisch; das Gemüse ist noch nicht w.; etw. ist w. wie Wachs, wie Butter; w. gekochte Eier; der Wagen ist zu w. gefedert; hier sitzt, liegt man w. *(auf einer weichen Unterlage);* ein w. gepolsterter Stuhl; Ü sich w. betten *(sich das Leben bequem machen);* **b)** *nicht hart od. rau, sondern geschmeidig, sich schmiegsam, zart, seidig, wollig o. ä. anfühlend:* ein -er Pullover, Pelz; ein -es Fell; -e Federn, Daunen; eine -e Zahnbürste; der Stoff, die Wolle, das Leder ist schön w.; etw. ist w. wie Seide, wie Samt; die Creme macht die Haut w.; die Wäsche w. spülen *(mit Weichspülmittel behandeln);* Ü der Cognac ist wunderbar w.; **c)** *(von Wasser)* kalkarm: -es Wasser; der Enthärter macht das Wasser w.; **d)** *(selten) (von Geld o. Ä.) nicht stabil:* eine -e Währung; -e Preise; **e)** *(von Drogen) keine physische Abhängigkeit auslösend:* -e Drogen; **f)** *ohne Wucht erfolgend; nicht abrupt, sondern behutsam; sanft:* eine -e Landung; w. landen; möglichst w. abbremsen; Ü -e *(umweltschonende)* Techniken, Energien. **2. a)** *nicht entschlossen, nicht energisch, sondern leicht zu beeindrucken, zu bewegen; empfindsam u. voller Mitgefühl; nachgiebig:* ein -es Gemüt, Herz haben; er ist ein sehr -er Mensch; für dieses Geschäft ist er viel zu w.; ihm wurde w. ums Herz *(er war gerührt);* Das Staunen stimmte uns -er, man konnte w. sein, ohne sentimental zu werden (Chr. Wolf, Nachdenken 208); * w. werden/weichwerden (ugs., *seinen Widerstand, Einspruch aufgeben):* die Kinder bettelten so lange, bis die Mutter w. wurde); **b)** *(von jmds. Äußerem) nicht scharf u. streng, sondern Milde, Empfindsamkeit ausstrahlend:* -e Züge; sie hat ein -es Gesicht; **c)** *durch das Fehlen von scharfen Konturen, Kontrasten, von Spitzen, Ecken, Kanten gekennzeichnet:* -e Linien, Übergänge; w. Körperformen. **3. a)** *nicht schrill, sondern angenehm warm, gedämpft klingend:* er hat einen -en Tenor; die Geige hat einen -en Klang; -e *(stimmhafte)* Konsonanten; eine -e Stimme; w. klingen; **b)** *nicht grell, vom Auge als angenehm, warm o. ä. empfunden:* -e Brauntöne; -es Licht.
Weich|bild, das; -[e]s, -er ⟨Pl. selten⟩ [mhd. wîchbilde. 1. Bestandteil mhd. wîch- (in Zus.), ahd. wîh = Wohnstätte, Siedlung < lat. vicus = Dorf, Gehöft, 2. Bestandteil im Sinne von »Recht«, viell. verw. mit mhd. unbil (↑ Unbill), also eigtl. = Ortsrecht]: *Stadtgebiet (bes. einer größeren Stadt):* wir nähern uns dem W. von Köln.
¹Wei|che, die; -, -n: **1.** ⟨o. Pl.⟩ [mhd. weiche, ahd. weihhī] (selten) *Weichheit.* **2.** [frühnhd. eigtl. = weicher Körperteil] *Flanke* (1): dem Pferd die Sporen in die -n drücken.
²Wei|che, die; -, -n [urspr. = Ausweichstelle in der Flussschifffahrt, viell. zu (m)niederd. wīk = Bucht od. zu ↑²weichen]: *Konstruktion miteinander verbundener Gleise, mit deren Hilfe Schienenfahrzeugen der Übergang von einem Gleis auf ein anderes ohne Unterbrechung der Fahrt ermöglicht wird:* die -n stellen; die W. war falsch, richtig gestellt; * die -n [für etw.] stellen *(die Entwicklung [auf etw. hin] im Voraus festlegen:* mit diesem Beschluss hat das Kabinett die -n für die Steuerreform gestellt).
Weich|ei, das (ugs. abwertend): *Weichling, Schwächling.*
¹wei|chen ⟨sw. V.⟩ [mhd., ahd. weichen]: **1.** ⟨ist⟩ *[durch Liegen in Flüssigkeit o. Ä.] weich werden:* die Wäsche, die Bohnen einige Stunden w. lassen. **2.** ⟨hat⟩ (seltener) *weich machen.*
²wei|chen ⟨st. V.; ist⟩ [mhd. wīchen, ahd. wīchan, eigtl. = ausbiegen, nachgeben, verw. mit ↑¹Weide]: **1.** *nicht von jmdm., etw. weichen; entfernen; weggehen:* jmdm. nicht von der Seite/nicht von jmds. Seite w.; er wich nicht von ihrem [Kranken]bett; sie wichen keinen Schritt von ihrem Weg. **2.** *(besonders einer Übermacht o. Ä.) Platz machen; das Feld überlassen:* der Gewalt, dem Feind w.; Ü die alten Bäume mussten einem Neubau w. **3.** (geh.) *allmählich nachlassen, seine Wirkung verlieren, schwinden, verschwinden:* alle Unruhe war [von ihm] gewichen.
Wei|chen|stel|ler, der (früher): *Bahnarbeiter, der die Weichen bedient.*
Wei|chen|stel|le|rin, die: w. Form zu ↑ Weichensteller.
Wei|chen|stel|lung, die: *Maßnahme, Entscheidung, durch die eine zukünftige Entwicklung vorherbestimmt wird:* wichtige politische -en vornehmen.
Weich|fa|ser, die: *weiche, biegsame Faser.*
Weich|fut|ter, das (bes. Viehzucht): *weiches, bes. eiweißhaltiges Tierfutter.*
weich ge|kocht, weich|ge|kocht ⟨Adj.⟩: **a)** *durch Kochen weich geworden:* weich gekochtes Fleisch; **b)** *(von Eiern) so lange gekocht, bis das Eiweiß fest, das Eigelb aber noch flüssig ist:* weich gekochte Eier.
weich ge|pols|tert, weich|ge|pols|tert ⟨Adj.⟩: *mit einem weichen Polster (1) versehen:* ein weich gepolsterter Sessel.
Weich|heit, die; -, -en ⟨Pl. selten⟩ [mhd. weichheit]: *das Weiche, weiche Beschaffenheit.*
weich|her|zig ⟨Adj.⟩: *mitfühlend, vom Leid anderer schnell berührt:* sie ist viel zu w.
Weich|her|zig|keit, die; -, -en ⟨Pl. selten⟩: *weichherzige Art, Handlung.*
Weich|holz, das ⟨Pl. ...hölzer⟩: **a)** *weiches Holz;* **b)** *Splint* (2).
Weich|kä|fer, der: *in zahlreichen Arten vorkommender Käfer mit weichen Flügeldecken; Kantharide.*
Weich|kä|se, der: *relativ viel Feuchtigkeit enthaltender, weicher Käse* (z. B. Camembert).
¹weich|klop|fen ⟨sw. V.; hat⟩ (ugs.): *zum Nachgeben bewegen:* lass dich von ihm nicht w.!
weich klop|fen, ²weich|klop|fen ⟨sw. V.; hat⟩: *so lange klopfen, bis etw. weich ist:* ein Steak w. k.
¹weich|ko|chen ⟨sw. V.; hat⟩ (ugs.): *zum Nachgeben bewegen:* die Opposition will den Minister w.
weich ko|chen, ²weich|ko|chen ⟨sw. V.; hat⟩: *so lange kochen, bis etw. weich ist:* die Eier w. k.
weich|lich ⟨Adj.⟩ [mhd. weichlich]: **1.** *ein wenig weich; nicht ganz hart:* das Eis war schon w. **2.** (abwertend) **a)** *(bes. von Männern) keiner [körperlichen] Anstrengung gewachsen; verzärtelt:* ein -er Mensch; bei w. allzu nachgiebig u. schwankend/ohne [innere] Festigkeit: ein -er Charakter; eine -e Haltung, Art.
Weich|lich|keit, die; -: *weichliche Art.*
Weich|ling, der; -s, -e [mhd. weichelinc] (abwertend): *weichlicher Mann; Schwächling.*
Weich|lot, das (Technik): *beim Weichlöten verwendetes Lot.*
weich|lö|ten ⟨sw. V.; hat; nur im Inf. u. 2. Part. gebr.⟩ (Technik): *mit bei verhältnismäßig niedrigen Temperaturen schmelzendem Lot löten.*
¹weich|ma|chen ⟨sw. V.; hat⟩ (ugs.): *zum Nachgeben bewegen:* 500 Euro machten ihn schließlich weich.
weich ma|chen, ²weich|ma|chen ⟨sw. V.; hat⟩: *bewirken, dass etw. weich (1a, b, c) wird:* das Leder, den Kunststoff w. m.
Weich|ma|cher, der (Chemie, Technik): *Substanz, die Kunststoffen od. Kautschuk zugesetzt wird, um sie elastischer zu machen.*
weich|mü|tig ⟨Adj.⟩ (geh. veraltend): *weichherzig.*
Weich|mü|tig|keit, die; - (geh. veraltend): *Weichherzigkeit.*
weich|scha|lig ⟨Adj.⟩: *eine weiche Schale (1) besitzend.*
¹Weich|sel, die; -: *Fluss in Polen.*
²Weich|sel, die; -, -n [mhd. wîhsel, ahd. wîhsela, verw. mit russ. višnja = Kirsche u. griech. ixós = Vogelleim, lat. viscum = Vogelleim (Kirschbaumharz diente als Vogelleim)] (landsch., österr.): *Kurzf. von* Weichselkirche.
Weich|sel|kir|sche, die (landsch.): *Sauerkirsche.*
¹weich|spü|len ⟨sw. V.; hat⟩ (ugs.): *entschärfen* (2): ein Interview, einen Text w.; die sozialen Probleme des Landes werden in dem Bericht weichgespült *(als grundfügig, unbedeutend dargestellt).*
weich spü|len, ²weich|spü|len ⟨sw. V.; hat⟩: *mit Weichspülmittel behandeln:* die Wäsche w. s.
Weich|spü|ler, der, **Weich|spül|mit|tel**, das: *Spülmittel (2), das dazu dient, Wäsche weicher zu machen.*
Weich|tei|le ⟨Pl.⟩: **a)** (Anat.) *Gesamtheit der knochenlosen Teile des Körpers* (z. B. Muskeln, Eingeweide); **b)** (ugs.) *[männliche] Genitalien.*
Weich|tier ⟨meist Pl.⟩ [für frz. mollusque, zu lat. molluscus, ↑ Molluske]: *wirbelloses Tier mit wenig gegliedertem Körper; Molluske.*
weich wer|den (ugs.), **weich|wer|den** ⟨unr. V.; ist⟩: s. weich (2a).
Weich|zeich|ner, der (Fotogr.): *Objektiv od. Filter, das dazu dient, die Konturen der abgebildeten Objekte, die Abgrenzung von Licht u. Schatten weniger scharf erscheinen zu lassen:* einen W. verwenden; etw. mit einem W. aufnehmen.
¹Wei|de, die; -, -n [mhd. wīde, ahd. wīda, eigtl. = die Biegsame, nach dem biegsamen, zum Flechten dienenden Zweigen]: *(auf feuchtem Boden, am Wasser) als Strauch od. Baum wachsende Pflanze mit elliptischen od. lanzettförmigen Blättern an biegsamen Zweigen u. zweihäusigen Blüten in Kätzchen.*
²Wei|de, die; -, -n [mhd. weide, ahd. weida, eigtl. = Nahrungssuche, Jagd]: *grasbewachsenes Stück Land, auf dem das Vieh weiden kann, das zum Weiden genutzt wird:* eine grüne, fette, magere W.; die Kühe, die Schafe auf die/zur W. treiben; das Vieh grast auf der W., bleibt das ganze Jahr auf der W.
Wei|de|flä|che, die: vgl. Weideland.
Wei|de|grund, der: ²Weide.
Wei|de|land, das: *zum Weiden des Viehs genutztes, sich dazu eignendes Grünland.*
Wei|de|mo|nat, Wei|de|mond, der (veraltet): *Mai.*
wei|den ⟨sw. V.; hat⟩ [mhd. weide(ne)n, ahd. weid(an)ōn = jagen, Futter suchen; weiden]: **1.** *(von pflanzenfressenden Tieren, bes. Haustieren) sich im Freien, auf einer ²Weide pflanzliche Nahrung suchen u. fressen; grasen:* die Schafe, Pferde weiden; das Vieh w. lassen. **2.** *weiden (1) lassen:* Kühe, Ziegen w. **3.** ⟨w. + sich⟩ **a)** (geh.) *sich an etw., bes. einem Anblick, erfreuen, ergötzen:* sich an der schönen Natur w.; ihre Blicke weideten sich an dem herrlichen Anblick; **b)** (abwertend) *sich in hämischer od. sadistischer Weise an etw. ergötzen, was für einen andern unangenehm ist, worunter ein anderer leidet:* sich an jmds. Angst, Verzweiflung, Not, Pein, Qualen w.

Weidengerte – Weihnachtsgeschäft

Wei|den|ger|te, die: *dünner, vom Laub befreiter Zweig der Weide.*

Wei|den|kätz|chen, das: *Kätzchen (4) der Weide.*

Wei|den|korb, der: *aus Weidenruten geflochtener Korb.*

Wei|den|ru|te, die: *Weidengerte.*

Wei|de|platz, der: *zum Weiden (1) geeignete Stelle.*

Wei|de|rind, das: vgl. Weidevieh.

Wei|de|vieh, das: *auf der Weide gehaltenes Vieh.*

Wei|de|wirt|schaft, die: *in der Haltung von Weidevieh bestehende Landwirtschaft.*

Weid|ge|nos|se, (bes. fachspr.:) Waidgenosse, der (Jägerspr.): *Kamerad bei der Jagd.*

Weid|ge|nos|sin, (bes. fachspr.:) Waidgenossin, die: w. Formen zu ↑ Weidegenosse, ↑ Waidgenosse.

weid|ge|recht, (bes. fachspr.:) waidgerecht ⟨Adj.⟩ (Jägerspr.): *der Jagd u. dem jagdlichen Brauchtum gemäß [handelnd]:* ein -er Jäger; ein Tier w. erlegen, aufbrechen.

Weid|ge|rech|tig|keit, (bes. fachspr.:) Waidgerechtigkeit, die (Jägerspr.): *das Weidegerechtsein.*

weid|lich ⟨Adv.⟩ [mhd. weide(n)lich, wahrsch. zu: weide(n)en, ahd. weid(an)ōn (↑ weiden), demnach eigtl. = weidgerecht, dann = sehr, gehörig] (veraltend): *in kaum ie übertreffendem Maße; sehr, gehörig:* eine Gelegenheit w. ausnutzen; sich w. über jmdn., etw. lustig machen.

Weid|ling, der; -s, -e: **1.** [mhd. weidlinc, zu ↑ ²Weide in der Bedeutung »Fischfang«] (landsch., bes. süd(west)dt. u. schweiz.) *[Fischer]boot, kleines Schiff.* **2.** (südd., österr.) *Weitling.*

Weid|mann, (bes. fachspr.:) Waidmann, der ⟨Pl. ...männer⟩ [mhd. weideman = Jäger; Fischer] (Jägerspr.): *[weidgerechter] Jäger.*

weid|män|nisch, (bes. fachspr.:) waidmännisch ⟨Adj.⟩ (Jägerspr.): *in der Art eines [rechten] Weidmannes.*

Weid|manns|dank, (bes. fachspr.:) Waidmannsdank (Jägerspr.): *Antwort auf den Gruß »Weidmannsheil!«* (wenn jmd. ein Tier erlegt hat).

Weid|manns|heil, (bes. fachspr.:) Waidmannsheil (Jägerspr.): *Gruß der Jäger untereinander, Wunsch für guten Erfolg bei der Jagd u. Glückwunsch für Jagdglück.*

Weid|werk, (bes. fachspr.:) Waidwerk, das [mhd. weidewerc = zur Jagd gehörige Tiere] (Jägerspr.): *Jagdwesen; Handwerk des (weidgerechten) Jägers.*

weid|wund, (bes. fachspr.:) waidwund ⟨Adj.⟩ [eigtl. wohl = an den Eingeweiden verwundet, urspr. vom Menschen gebr.] (Jägerspr.): *in die Eingeweide geschossen u. daher schwer verletzt [u. dem Tode nahe]:* ein -es Tier; ein Reh w. schießen.

wei|gern ⟨sw. V.; hat⟩ [mhd. weigern, ahd. weigarōn, zu mhd. weiger, ahd. weigar = widerstrebend, tollkühn, zu mhd. wīgen, ahd. wīgan = kämpfen, streiten]: **1.** ⟨w. + sich⟩ *es ablehnen, etw. Bestimmtes zu tun:* sich beharrlich, standhaft, eisern, entschieden w., einen Befehl auszuführen; sich nicht mehr einfach, das zu glauben; ⟨auch ohne Inf. mit »zu«:⟩ du kannst dich nicht länger w.; er hat sich doch glatt geweigert. **2.** (veraltet) **a)** *verweigern:* den Gehorsam w.; Sie weigerte ihm jeden Kuss, jede Liebkosung, ja, eigentlich auch das Wiedersehn (A. Zweig, Claudia 58); ♦ ... dass sein frommer Neffe ... als Geisel für den Frieden ... gar hart gegen den mit so grimmen Feind, und jede Lösung unerbittlich weigert (Grillparzer, Weh dem 1); **b)** ⟨w. + sich⟩ *sich (einem Wunsch o. Ä.) verschließen:* sich einem Wunsch, Begehren w.

Wei|ge|rung, die; -, -en [mhd. weigerunge]: *das [Sich]weigern:* wegen seiner hartnäckigen W., die Namen der Komplizen preiszugeben.

Wei|ge|rungs|fall: in der Fügung **im W./im -e** (Papierdt.; *für den Fall, dass jmd. sich weigert, etw. Bestimmtes zu tun*: im W. müssen Sie mit einer Geldbuße rechnen).

Weih, der; -[e]s, -e: ²Weihe.

Weih|bi|schof, der (kath. Kirche): *Titularbischof, der den residierenden Bischof bei bestimmten Amtshandlungen vertritt od. unterstützt.*

¹**Wei|he,** die; -, -n [mhd. wīhe, ahd. wīhī = Heiligkeit, zu mhd. wīch, ahd. wīh, ↑ weihen]: **1.** (Rel.) **a)** *rituelle Handlung, durch die jmd. od. etw. in besonderer Weise geheiligt ist od. in den Dienst Gottes gestellt wird; Konsekration (1):* die W. einer Kirche, der Glocken; **b)** *Sakrament der katholischen Kirche, durch das jmdm. die Befähigung zum Priesteramt erteilt wird; rituelle Handlung, durch die jmd. in das Bischofsamt eingeführt wird:* die W. zum Priester empfangen, erteilen. **2.** (geh.) *Erhabenheit, Würde; heiliger Ernst:* seine Anwesenheit verlieh der Feier [die rechte] W.

²**Wei|he,** die; -, -n [mhd. wīe, ahd. wīo, H. u., viell. zu ↑ ²Weihe, dann eigtl. = Jäger, Fänger]: *schlanker, mittelgroßer Greifvogel mit langem, schmalen Flügeln u. langem Schwanz, der seine Beutetiere aus dem Flug erjagt.*

Wei|he|ga|be, die (bes. kath. Kirche): *Weihgabe.*

Wei|he|hand|lung, die: *rituelle Handlung, mit der etw., jmd. geweiht wird.*

wei|hen ⟨sw. V.; hat⟩ [mhd., ahd. wīhen, mhd. wīch, ahd. wīh = heilig, also eigtl. = heilig machen]: **1.** (christl., bes. kath. Kirche) **a)** *durch ¹Weihe (1 a) heiligen, zu gottesdienstlichen Zwecken bestimmen:* einen Altar, Kerzen, Glocken, einen Friedhof w.; die Kirche wurde im Jahre 1140 geweiht; eine geweihte Stätte. **b)** *jmdm. durch Erteilen der ¹Weihe[n] (1 b) ein geistliches Amt übertragen:* jmdn. zum Diakon, Priester, Bischof w. **2. a)** (Rel.) *(bes. ein Gebäude) einer rituellen Handlung nach einem Heiligen, einem Gott o. Ä. benennen, um ihn zu ehren:* die Kirche ist dem heiligen Ludwig geweiht; ein Zeus geweihter Tempel. **b)** (geh.) *widmen (2):* sich, seine ganze Kraft der Wissenschaft w.; er hat sein Leben Gott, der Kunst, dem Dienst an seinen Mitmenschen geweiht; **c)** (geh.) *widmen (1), zueignen:* das Denkmal ist den Gefallenen des Krieges geweiht. **3.** (geh.) *preisgeben (1):* etw. dem Untergang w.; sich dem Tode w. ⟨meist im 2. Part.:⟩ sie waren dem Tod geweiht.

Wei|her, der; -s, - [mhd. wī(w)ære, ahd. wī(w)āri < lat. vivarium, ↑ Vivarium]: *kleiner, flacher See:* in verschilfter W.; Sie sahen einen großen Tümpel od. W. mit flachen sandigen Ufern ausgebreitet (Doderer, Wasserfälle 6).

Wei|he|stät|te, die (geh.): *geheiligter, in Ehren gehaltener Ort.*

Wei|he|stun|de, die (geh.): *weihevolle Stunde.*

wei|he|voll ⟨Adj.⟩ (geh.): *sehr feierlich:* -e Worte.

Weih|ga|be, Wei|he|ga|be, die (bes. kath. Kirche): *Votivgabe; Exvoto.*

Weih|ling, der; -s, -e: **a)** (christl., bes. kath. Kirche) *jmd., der die ¹Weihe[n] (1 b) empfängt;* **b)** *Jugendlicher, der an der Jugendweihe teilnimmt.*

Weih|nacht, die; - [mhd. wīhenaht, zu: wīch, ↑ weihen] (geh.): *Weihnachten:* ich wünsche dir eine gesegnete W.

weih|nach|ten ⟨sw. V.; hat; unpers.⟩: *auf Weihnachten zugehen [u. eine weihnachtliche Atmosphäre verbreiten]:* es weihnachtet bereits.

Weih|nach|ten, das; -, - ⟨meist o. Art.; bes. südd., österr. u. schweiz. u. in bestimmten Wunschformeln u. Fügungen auch als Pl.⟩ [mhd. wīhennahten, aus: ze wīhen nahten = in den heiligen Nächten (= die heiligen Mitterwinternächte); (am 25. Dezember begangenes) Fest der christlichen Kirche, mit dem die Geburt Christi gefeiert wird:* W. steht vor der Tür; es ist bald W.; vorige, letzte W. waren wir zu Hause; schöne, frohe, fröhliche, gesegnete W.!; grüne, weiße W. (*Weihnachten ohne, mit Schnee*); W. feiern; [nächstes Jahr] W./(bes. nordd.:) zu W./(bes. südd.:) an W. wollen sie verreisen; kurz vor, nach W.; jmdm. etw. zu W. schenken; Es war ein stilles, kleines W. gewesen, mit einer Tanne im Topf (Fallada, Mann 136).

weih|nacht|lich ⟨Adj.⟩, (schweiz. auch:) **weih|nächt|lich** ⟨Adj.⟩: *Weihnachten, das Weihnachtsfest betreffend, zu ihm gehörend:* -er Tannenschmuck, -e Motive; es herrschte -e Stimmung; das Zimmer war w. geschmückt; Einzig Lilian teilte die weihnachtliche Ruhe und Sattheit der Familie nicht (Strittmatter, Wundertäter 300).

Weih|nachts|abend, der: *Vorabend des Weihnachtsfests; Heiliger Abend.*

Weih|nachts|bä|cke|rei, die: **a)** ⟨o. Pl.⟩ *das Backen zu Weihnachten:* sie fängt immer schon im November mit der W. an; **b)** (österr., sonst landsch.) *Weihnachtsgebäck.*

Weih|nachts|ba|sar, der: *in der Weihnachtszeit abgehaltener Basar (2), bei dem bes. Geschenkartikel, Schmuck für den Weihnachtsbaum, Süßigkeiten o. Ä. verkauft werden.*

Weih|nachts|baum, der: *[kleine] Tanne, Fichte, Kiefer, die man zu Weihnachten [ins Zimmer stellt u.] mit Kerzen, Kugeln, Lametta o. Ä. schmückt:* ein W. mit elektrischen, echten Kerzen; den W. schmücken, plündern; jmdm. etw. unter den W. legen (*zu Weihnachten schenken*).

Weih|nachts|baum|schmuck, der ⟨o. Pl.⟩: *zum Schmücken des Weihnachtsbaums verwendeter Schmuck.*

Weih|nachts|be|leuch|tung, die: *zu Weihnachten in den Straßen, in Schaufenstern o. Ä. angebrachte Beleuchtung (1 c):* die W. einschalten, ausschalten, installieren.

Weih|nachts|be|sche|rung, die: *Bescherung (1).*

Weih|nachts|bra|ten, der: *zu Weihnachten gegessener Braten:* als W. gibt es dieses Jahr eine Gans.

Weih|nachts|ein|kauf, der ⟨meist Pl.⟩: *Einkauf für Weihnachten.*

Weih|nachts|en|gel, der: *Engel aus buntem Papier, Stroh o. Ä., bes. als Schmuck des Weihnachtsbaums.*

Weih|nachts|es|sen, das: **1.** *gemeinsames Essen anlässlich des [bevorstehenden] Weihnachtsfestes:* das diesjährige W. der Vertriebsabteilung findet am 16. Dezember in der »Goldenen Gans« statt. **2.** *zu Weihnachten gegessenes Gericht:* ein traditionelles, beliebtes W.

Weih|nachts|fei|er, die: *anlässlich des [bevorstehenden] Weihnachtsfests veranstaltete Feier.*

Weih|nachts|fei|er|tag, der: *Weihnachtstag:* der erste, zweite W.

Weih|nachts|fe|ri|en ⟨Pl.⟩: *Schulferien in der Weihnachtszeit.*

Weih|nachts|fest, das: *Weihnachten:* ein gesegnetes, frohes W.!

Weih|nachts|ga|be, die (selten): *Weihnachtsgeschenk.*

Weih|nachts|gans, die: *gebratene Gans, die Weihnachten gegessen wird:* * **jmdn. ausnehmen wie eine W.** (ugs.; *sich in schamloser Weise an jmdm. bereichern, jmdn. schamlos ausbeuten, ausnutzen*).

Weih|nachts|ge|bäck, das: *zu Weihnachten hergestelltes Gebäck.*

Weih|nachts|geld, das: *zu Weihnachten zusätzlich zu Lohn od. Gehalt gezahltes Geld:* jmdm. das W. kürzen, streichen.

Weih|nachts|ge|schäft, das: *besonders rege Geschäftstätigkeit aufgrund verstärkter Nach-*

frage in der Weihnachtszeit: der Einzelhandel ist mit dem diesjährigen W. sehr zufrieden.

Weih|nachts|ge|schenk, das: *Geschenk zu Weihnachten:* -e besorgen; etw. ist ein schönes W. [für jmdn.].

Weih|nachts|ge|schich|te, die: ⟨o. Pl.⟩ *(im Neuen Testament überlieferte) Geschichte von der Geburt Christi.* **2.** *Geschichte, die die Weihnachtszeit zum Thema hat.*

Weih|nachts|gra|ti|fi|ka|ti|on, die: *Sonderzuwendung, die der Arbeitnehmer vom Arbeitgeber zu Weihnachten erhält.*

Weih|nachts|kak|tus, der: *(als Zimmerpflanze gehaltener) um die Weihnachtszeit blühender Gliederkaktus.*

Weih|nachts|kar|te, die: *Glückwunschkarte mit Weihnachtsgrüßen u. -wünschen.*

Weih|nachts|ker|ze, die: **a)** (landsch.) *Christbaumkerze;* **b)** *[mit weihnachtlichen Motiven verzierte] Kerze, die zu Weihnachten aufgestellt wird.*

Weih|nachts|kon|zert, das: *in der Weihnachtszeit stattfindendes Konzert.*

Weih|nachts|krip|pe, die: *Krippe* (2).

Weih|nachts|ku|gel, die (landsch.): *[glänzend farbige, goldene, silberne o. ä.] Kugel als Schmuck des Weihnachtsbaums.*

Weih|nachts|lied, das: *Lied, das traditionsgemäß zur Weihnachtszeit gesungen wird (u. dessen Text sich auf Weihnachten bezieht).*

Weih|nachts|mann, der ⟨Pl. ...männer⟩: **1.** (bes. in Norddeutschland) *volkstümliche, im Aussehen dem Nikolaus* (1) *ähnliche Gestalt, die nach einem alten Brauch den Kindern zu Weihnachten Geschenke bringt:* morgen kommt der W.; was hat der W. dir denn gebracht?; sich als W. verkleiden. **2.** (ugs., oft als Schimpfwort) *trotteliger, einfältiger, dummer Mensch:* so ein W.!

Weih|nachts|mär|chen, das: **1.** *in der Weihnachtszeit im Theater o. Ä. aufgeführtes Märchen.* **2.** vgl. *Weihnachtsgeschichte* (2).

Weih|nachts|markt, der: *in der Weihnachtszeit abgehaltener Markt mit Buden u. Ständen, an denen Geschenkartikel, Schmuck für den Weihnachtsbaum, Süßigkeiten o. Ä. verkauft werden.*

Weih|nachts|ora|to|ri|um, das: *Oratorium, das die Weihnachtsgeschichte* (1) *zum Thema hat.*

Weih|nachts|pa|pier, das: *mit weihnachtlichen Motiven bedrucktes Geschenkpapier.*

Weih|nachts|pau|se, die: *(bei verschiedenen öffentlichen Einrichtungen, in Firmen o. Ä. eintretende) längere Unterbrechung der Tätigkeit, des Arbeitens um Weihnachten herum.*

Weih|nachts|plätz|chen, das: *zu Weihnachten hergestelltes Plätzchen* (2).

Weih|nachts|py|ra|mi|de, die: *pyramidenförmiges [Holz]gestell aus mehreren übereinander angebrachten Scheiben o. Ä. mit Figuren, die sich, von der Wärme auf der untersten Etage stehender Kerzen angetrieben, drehen.*

Weih|nachts|schmuck, der ⟨o. Pl.⟩: *weihnachtlicher Schmuck* (1 b).

Weih|nachts|spiel, das: *(bes. von Laienschauspielern zur Weihnachtszeit aufgeführtes) Spiel* (6) *mit weihnachtlichem Inhalt.*

Weih|nachts|stern, der: **1.** *Stern aus buntem Papier, Stroh o. Ä., als Schmuck des Weihnachtsbaums.* **2.** *(als Zimmerpflanze gehaltenes) Wolfsmilchgewächs mit sternförmig ausgebreiteten, meist roten Hochblättern um einen unscheinbaren Blütenstand, der zur Weihnachtszeit blüht; Adventsstern.*

Weih|nachts|stim|mung, die: *weihnachtliche Stimmung.*

Weih|nachts|stol|le, die, **Weih|nachts|stol|len,** der: *[Christ]stolle[n].*

Weih|nachts|tag, der: **1.** *Feiertag des Weihnachtsfestes:* der erste, zweite W. **2.** (österr.) *Feiertag am 25. Dezember.*

Weih|nachts|tel|ler, der: *zu Weihnachten [für jedes Familienmitglied] aufgestellter [Papp]teller mit Süßigkeiten, Nüssen o. Ä.*

Weih|nachts|tisch, der: *Tisch, auf dem die Weihnachtsgeschenke liegen.*

Weih|nachts|ver|kehr, der: *[starker] Verkehr, bes. Straßenverkehr, zur Weihnachtszeit.*

Weih|nachts|vor|be|rei|tun|gen ⟨Pl.⟩: *Vorbereitungen für das Weihnachtsfest.*

Weih|nachts|wunsch, der: **1.** *etw., was man sich zu Weihnachten wünscht:* sein sehnlichster W. war ein Computer; einem Kind die Weihnachtswünsche erfüllen. **2.** ⟨meist Pl.⟩ *Wunsch* (2) *zu Weihnachten:* jmdm. Weihnachtswünsche senden; sich für jmds. Weihnachtswünsche bedanken.

Weih|nachts|zeit, die ⟨o. Pl.⟩: *Zeit vom ersten Advent bis zum Jahresende, bes. der Heilige Abend u. die Weihnachtsfeiertage.*

Weih|nachts|zu|wen|dung, die: *Weihnachtsgratifikation.*

Weih|rauch, der; -[e]s, -e [mhd. wi(h)rouch, ahd. wīhrouch, zu mhd. wīch, ahd. wīh (↑weihen), also eigtl. = heiliger Rauch]: **a)** *körniges Harz in Arabien u. Indien wachsender Sträucher, das beim Verbrennen einen aromatisch duftenden Rauch entwickelt u. in verschiedenen Religionen bei Kulthandlungen verwendet wird:* sie brachten dem Kind Gold, W. und Myrrhe; Und so ward abgepackt und ausgebreitet im Grase, was sie führten: die -e und schönbrüchigen Harze von jenseits des Stromes (Th. Mann, Joseph 613); **b)** *Rauch, der beim Verbrennen von Weihrauch* (a) *entwickelt:* von dem Altar stieg W. auf.

Weih|rauch|fass, das: *oft reich verziertes liturgisches Räuchergefäß, in dem Weihrauch verbrannt wird.*

Wei|hung, die; -, -en: *das [Sich]weihen.*

Weih|was|ser, das ⟨Pl. ...wasser⟩ [mhd. wi(c)hwaʒʒer] (kath. Kirche): *geweihtes Wasser, das in der Liturgie verwendet wird u. in das die Gläubigen beim Betreten u. beim Verlassen der Kirche die Finger tauchen, bevor sie sich bekreuzigen:* jmdn., etw. mit W. besprengen.

Weih|was|ser|be|cken, das (kath. Kirche): *Becken für Weihwasser.*

Weih|was|ser|kes|sel, der (kath. Kirche): *Kessel für Weihwasser.*

Weih|was|ser|we|del, Weih|we|del, der (kath. Kirche): **a)** *[Palm]wedel zum Versprengen von Weihwasser;* **b)** *mit Löchern versehene Kugel mit Handgriff, in der sich ein mit Weihwasser getränkter Schwamm befindet u. die zum Versprengen von Weihwasser verwendet wird.*

weil ⟨Konj.⟩ [spätmhd. wīle = während, eigtl. Akk. Sg. von ↑Weile, aus mhd. die wīle, ahd. dia wīla (so) = in der Zeitspanne (als)]: **a)** *leitet kausale, begründende Gliedsätze ein, deren Inhalt neu od. bes. gewichtig ist u. nachdrücklich hervorgehoben werden soll:* sie ist [deshalb, daher] so traurig, w. ihr Vater gestorben ist; w. er eine Panne hatte, kam er zu spät; ⟨auch vor verkürzten Gliedsätzen, begründenden Attributen o. Ä.:⟩ er ist, w. Fachmann, auf diesem Gebiet versiert; eine sachliche, w. lückenhafte Darstellung; (nicht standardspr. auch mit Voranstellung des finiten Verbs:) ich komme nicht mit, w. ich habe keine Zeit; **b)** *leitet begründende od. erläuternde Gliedsätze ein, auf denen kein besonderer Nachdruck liegt; da:* er hat gute Zensuren, w. er fleißig ist; ich konnte nicht kommen, w. ja gestern meine Prüfung war; ⟨mit temporalem Nebensinn:⟩ w. (da, wo) wir gerade davon sprechen, möchte ich auch meinen Standpunkt erläutern; **c)** *leitet die Antwort auf eine direkte Frage nach dem Grund von etw. ein:* »Warum kommst du jetzt erst?« – »Weil der Bus Verspätung hatte.«; »Warum tust du das?« – »Weil!« *(als Verweigerung einer Begründung: »Darum!«).*

weil. = weiland.

wei|land ⟨Adv.⟩ [mhd. wīlen(t), ahd. wīlōn, eigtl. Dat. Pl. von ↑Weile (veraltet, noch altertümelnd): *einst, früher* (Abk.: weil.): wie w. üblich; sein Urgroßvater, w. General in der kaiserlichen Armee.

Weil|chen, das; -s: Vkl. zu ↑Weile.

Wei|le, die; - [mhd. wīl(e), ahd. (h)wīla, eigtl. = Ruhe, Rast, Pause]: *[kürzere] Zeitspanne von unbestimmter Dauer:* eine kurze, kleine, lange W.; es dauerte eine [gute] W., bis sie antwortete; eine W. schlafen, warten; das Ende der langen W.; aus langer W. *(aus Langeweile);* nach einer W. ging sie; er ist schon vor einer W. gekommen. ◆ Die Zeit wird ihm lang; und wird ihm die müßige W. *(Langeweile)* haben, so muss er sich doch wohl etwas zu tun machen (Lessing, Der junge Gelehrte III, 1).

wei|len ⟨sw. V.; hat⟩ [mhd. wīlen, ahd. wīlōn] (geh.): *sich irgendwo aufhalten, irgendwo anwesend sein:* in der Hauptstadt, zur Erholung auf dem Lande, als Gast auf dem Schloss w.; nicht mehr unter den Lebenden w. (verhüll.; *schon gestorben sein*); Ihr weilt in Gesellschaft der alleredelsten Herren (Hacks, Stücke 82).

Wei|ler, der; -s, - [mhd. wīler, ahd. -wīlāri (in Zus.) < mlat. villare = Gehöft, zu lat. villa, ↑Villa]: *aus wenigen Gehöften bestehende, keine eigene Gemeinde bildende Ansiedlung:* ein kleiner, verlassener W.

¹**Wei|ma|rer,** der; -s, -: Ew.

²**Wei|ma|rer** ⟨indekl. Adj.⟩.

Wei|ma|re|rin, die; -, -nen: w. Form zu ↑¹Weimarer.

Wei|ma|rer Re|pu|blik [auch, österr. nur: ...'blɪk], die; - - [nach dem ersten Tagungsort der verfassunggebenden Nationalversammlung]: *Bez. für die von 1919 bis 1933 dauernde Epoche der deutschen Geschichte, in der im Deutschen Reich eine republikanische Verfassung in Kraft war, bzw. für den deutschen Staat in dieser Epoche.*

Wein, der; -[e]s, -e [mhd., ahd. wīn < lat. vinum]: **1.** ⟨o. Pl.⟩ **a)** *Weinrebe:* der W. blüht; W. bauen, anbauen, anpflanzen; wilder W. *(rankender Strauch mit fünffach gegliederten, sich im Herbst rot färbenden Blättern u. in Trauben wachsenden, blauschwarzen Beeren);* **b)** *Weintrauben:* W. ernten, lesen; ... er konnte gut sehen, wie sie auf den gegenüberliegenden Höhen den W. einbrachten (Brecht, Geschichten 33). **2. a)** *aus dem gegorenen Saft der Weintrauben hergestelltes alkoholisches Getränk:* [ein] weißer, roter, süßer, lieblicher, trockener, herber, spritziger, süffiger, schwerer, leichter, junger, edler, teurer, schlechter, guter W.; eine Flasche, ein Glas, ein Schoppen W.; in- und ausländische -e; offener W.; der W. funkelt im Glas, ist sauer, ist zu warm, moussiert, steigt [mir] in den Kopf/zu Kopf; neuer W. (landsch.; *Federweißer*); W. keltern, ausbauen, abfüllen, auf Flaschen ziehen, panschen, trinken; dort wächst ein guter W. *(dort reifen Trauben, aus denen ein guter Wein hergestellt wird);* gemütlich bei einem Glas W. zusammensitzen; ich bestellte mir einen W. *(ein Glas Wein);* W. vom Fass; Spr im W. ist/liegt Wahrheit (↑in vino veritas); *jmdm. reinen/klaren W. einschenken (jmdm. die volle Wahrheit sagen, auch wenn sie unangenehm ist);* **b)** *gegorener Saft von Beeren-, Kernod. Steinobst; Obstwein.*

Wein|an|bau, der ⟨o. Pl.⟩: *Anbau von Wein.*

Wein|bau, der ⟨o. Pl.⟩: *Weinanbau.*

Wein|bau|er, der; -n (selten: -s), -n: *Winzer.*
Wein|bäu|e|rin, die: w. Form zu ↑ Weinbauer.
Wein|bau|ge|biet, das: *Gebiet, in dem Weinbau getrieben wird.*
Wein|bee|re, die: a) *Weintraube;* b) (südd., österr., schweiz.) *Rosine.*
Wein|bei|ßer, der (österr.): **1.** *[der Lebkuchen wird gern zum Wein gegessen] mit weißer Glasur überzogener Lebkuchen in Form eines Löffelbiskuits.* **2.** *[der Weinkenner u. -genießer behält den Wein länger im Mund u. macht dabei eventuell Kaubewegungen, um den Geschmack voll auszukosten] anspruchsvoller, den Wein bewusst genießender Weintrinker u. -kenner:* ein passionierter W. **3.** *dünne rohe Wurst.*
Wein|bei|ße|rin, die: w. Form zu ↑ Weinbeißer (2).
Wein|berg, der [mhd. wīnberc]: *[meist in Terrassen] ansteigendes, mit Weinreben bepflanztes Land:* -e in bester Südlage; in den W. gehen.
Wein|berg|schne|cke, die: *große, hellbraune Schnecke mit kugeligem, bräunlichem Gehäuse, die als Delikatesse geschätzt wird.*
Wein|brand, der: *aus Wein destillierter Branntwein.*
Wein|brand|boh|ne, die: *mit Weinbrand gefüllte Praline von länglicher Form.*
Wein|buch, das: *[bebildertes] Buch über Wein.*
Wein|chen, das; -s, - (fam.): *Wein* (2a): ein feines W.; ich bestelle mir ein W. *(ein Glas Wein).*
Wein|de|gus|ta|ti|on, die (bes. schweiz.): *das Prüfen, Probieren, Kosten von Wein in Bezug auf Geruch u. Geschmack.*
Wein|derl, das; -s, -n (bes. ostösterr. fam.): *Wein* (2a).
Wein|dorf, das: *Winzerdorf.*
wei|nen ⟨sw. V.; hat⟩ [mhd. weinen, ahd. weinōn, zu ↑ *weh* u. eigtl. = weh rufen]: a) *(als Ausdruck von Schmerz, von starker innerer Erregung) Tränen vergießen [u. dabei in kurzen, hörbaren Zügen einatmen u. klagende Laute von sich geben]:* heftig, bitterlich, lautlos, wie ein Kind w.; um jmdn. w.; vor Wut, Freude, Glück, Angst, Erschöpfung w.; da brauchst du doch nicht zu w.; nun hör auf zu w.!; warum weinst du denn?; musst du beim Zwiebelschneiden nicht w.? (ugs.; tränen dir dabei nicht die Augen?); er wusste nicht, ob er lachen oder w. sollte *(war von zwiespältigen Gefühlen erfüllt);* ⟨subst.:⟩ er war den Weinen nahe; es ist zum Weinen *(es ist eine Schande);* * leise weinend (ugs.; *recht kleinlaut):* er hat den Tadel leise weinend eingesteckt; b) *(sich od. etw.) durch Weinen* (a) *in einen bestimmten Zustand bringen:* sich die Augen rot w.; das Kind hat sich müde, in den Schlaf geweint; c) *weinend hervorbringen:* heiße, dicke, bittere Tränen w.; Freudentränen, Krokodilstränen w.
Wei|ne|rei, die; -, -en (ugs., meist abwertend): *[dauerndes] Weinen:* die W. der Kinder macht einen ganz fertig.
wei|ner|lich ⟨Adj.⟩ [für mhd. wein(e)lich, wohl geb. nach dem Muster von »jämmerlich«]: *kläglich* (1) *u. dem Weinen nahe:* ein übermüdetes, -es Kind; ein -es Gesicht machen; etw. mit -er Stimme sagen; seine Stimme klang w.; Diotima geriet anfangs geradezu in eine -e Gemütsstimmung (Musil, Mann 298).
Wei|ner|lich|keit, die; -: *das Weinerlichsein; weinerliche Art.*
Wein|ern|te, die: **1.** *das Ernten des Weins; Weinlese:* bei der W. helfen. **2.** *Gesamtheit des geernteten, zu erntenden Weins:* die W. war gut; die Unwetter haben nahezu die gesamte W. vernichtet.
Wein|es|sig, der: *aus Wein hergestellter Essig.*
Wein|fass, das: *Fass für Transport u. Aufbewahrung von Wein.*
Wein|feld, das: *Weingarten.*

Wein|fest, das: *[zur Zeit der Weinlese stattfindendes] Fest, bei dem v. a. Wein ausgeschenkt wird.*
Wein|fla|sche, die: *Flasche für Transport u. Aufbewahrung von Wein.*
Wein|freund, der: *jmd., der gern Wein trinkt.*
Wein|freun|din, die: w. Form zu ↑ Weinfreund.
Wein|gar|ten, der: *ebene, mit Weinreben bepflanzte Fläche.*
Wein|gärt|ner, der: *Weinbauer.*
Wein|gärt|ne|rin, die: w. Form zu ↑ Weingärtner.
Wein|ge|gend, die: *Gegend, in der viel Wein wächst.*
Wein|geist, der ⟨Pl. -e⟩: *Alkohol* (2a).
Wein|ge|setz, das: *die Herstellung u. den Vertrieb von Wein betreffendes Gesetz.*
Wein|glas, das ⟨Pl. ...gläser⟩: *Glas, aus dem Wein getrunken wird.*
Wein|gott, der (Mythol.): *Gott des Weines.*
Wein|gum|mi, der od. das; -s, -: *mit Essenzen aus Wein hergestellter Gummibonbon:* eine Tüte -s.
Wein|gut, das: *auf den Weinbau spezialisierter landwirtschaftlicher Betrieb.*
Wein|händ|ler, der: *jmd., der mit Wein handelt.*
Wein|händ|le|rin, die: w. Form zu ↑ Weinhändler.
Wein|hand|lung, die: *Geschäft, das Wein verkauft.*
Wein|hau|er, der (bes. ostösterr.): *Winzer.*
Wein|hau|e|rin, die; -, -nen: w. Form zu ↑ Weinhauer.
Wein|haus, das: *Weinhandlung.*
Wein|he|fe, die: *auf bestimmten Weintrauben lebender, zur Gärung des Traubensafts verwendeter Hefepilz.*
wei|nig ⟨Adj.⟩: a) *nach Wein schmeckend:* eine -e Soße, Creme; der Apfel schmeckt w.; b) *(von Weinen) in Geschmack u. Duft sehr ausgeprägt:* dieser Jahrgang schmeckt sehr w.
Wein|jahr, das: *Jahr hinsichtlich der Erträge im Weinbau:* ein gutes, schlechtes W.
Wein|kar|te, die: *Verzeichnis der in einer Gaststätte erhältlichen Weine.*
Wein|kel|ler, der: *Keller zum Aufbewahren von Wein:* das Restaurant hat einen gut sortierten W. *(bietet eine gute Auswahl an Weinen an).*
Wein|kel|le|rei, die: *Betrieb, Weingut mit großen Lagerkellern, in denen Wein behandelt u. gelagert wird.*
Wein|kel|ter, die: *Presse zur Gewinnung von Saft aus Weintrauben.*
Wein|ken|ner, der: *jmd., der die Eigenarten der verschiedenen Weinsorten u. -jahre gut kennt.*
Wein|ken|ne|rin, die: w. Form zu ↑ Weinkenner.
Wein|kö|ni|gin, die: *jüngere Frau, die für die Dauer eines Jahres eine bestimmte Weingegend (bes. auf Festen) repräsentiert:* jmdn. zur W. wählen.
Wein|kost, die; -, -en (österr.): *Weinprobe.*
Wein|krampf, der: *krampfhaftes, heftiges Weinen (das jmdn. wie ein Anfall packt):* einen W. kriegen, haben; von Weinkrämpfen, einem W. geschüttelt werden.
Wein|kü|fer, der: *Handwerker, der die zur Erzeugung u. Lagerung von Wein benutzten Maschinen, Geräte u. Behälter instand hält sowie den Vorgang der Gärung überwacht (Berufsbez.).*
Wein|kü|fe|rin, die: w. Form zu ↑ Weinküfer.
Wein|küh|ler, der: *Vorrichtung, Gefäß zum Kühlhalten von Wein.*
Wein|la|ge, die (bes. Fachspr.): *für den Weinbau geeignetes Areal.*
Wein|land, das ⟨Pl. ...länder⟩: *Land, in dem viel Wein wächst, produziert wird:* das wichtigste W. Europas.
Wein|laub, das: *Laub der Weinreben.*
Wein|lau|be, die: *von [wildem] Wein überwachsene Laube.*

Wein|lau|ne, die ⟨Pl. selten⟩ (scherzh.): *durch den Genuss von Wein hervorgerufene beschwingte, übermütige Stimmung, in der sich jmd. leicht zu etw. hinreißen lässt, was ihm hinterher unverständlich vorkommen.*
Wein|le|se, die: *Ernte von Wein* (1 b): die W. hat begonnen; zur Zeit der, während der W.
Wein|lieb|ha|ber, der: *Weinfreund.*
Wein|lieb|ha|be|rin, die: w. Form zu ↑ Weinliebhaber.
Wein|lied, das: *volkstümliches Lied, dessen Text den Genuss, die Wirkung des Weins zum Inhalt hat [u. das in geselliger Runde beim Weintrinken gesungen wird].*
Wein|lo|kal, das: *Lokal, das eine reichhaltige Auswahl an Weinen anbietet u. in dem vor allem Wein ausgeschenkt wird.*
Wein|mo|nat, Wein|mond, der (veraltet): *Oktober.*
Wein|nu|del, die ⟨meist Pl.⟩ (österr. Kochkunst): *Nudel aus Mehl, Grieß, Eiern u. Milch, die in Butterschmalz gebacken, paniert u. mit Glühwein übergossen wird.*
Wein|pan|scher, der: *jmd., der Wein panscht* (1).
Wein|pan|sche|rin, die: w. Form zu ↑ Weinpanscher.
Wein|pres|se, die: *Weinkelter.*
Wein|prin|zes|sin, die: *Weinkönigin.*
Wein|pro|be, die: *das Probieren verschiedener Weine [eines Erzeugers]:* eine W. veranstalten; zu einer W. auf ein Weingut kommen.
Wein|pro|duk|ti|on, die: *Produktion von Wein.*
Wein|rausch, der: *Rausch* (1) *durch übermäßigen Genuss von Wein.*
Wein|re|be, die: *rankende Pflanze mit gelappten od. gefiederten Blättern, in Rispen stehenden Blüten u. in Trauben wachsenden Beerenfrüchten (aus deren Saft Wein hergestellt wird).*
Wein|re|gi|on, die: *Weingegend.*
wein|rot ⟨Adj.⟩: *von dunklem, leicht ins Bläuliche spielendem Rot.*
Wein|säu|re, die (bes. Chemie): *in vielen Pflanzen, bes. in den Blättern u. Früchten der Weinrebe vorkommende Säure.*
Wein|schaum, der (Kochkunst): *aus Eigelb, Zucker u. Weißwein hergestellte, schaumig geschlagene Süßspeise.*
Wein|schaum|creme, Wein|schaum|crème, die: *aus Eigelb, Zucker u. Weißwein hergestellte, schaumig geschlagene Creme* (2a).
Wein|schaum|so|ße, Weinschaumsauce, die: *aus Eigelb, Zucker u. Weißwein hergestellte, schaumig geschlagene Soße* (1).
Wein|schor|le, die: *Getränk aus mit Mineralwasser gemischtem Wein.*
◆ **Wein|schrö|ter,** der [zu ↑ schroten (2)]: *Arbeiter, der Weinfässer verlädt:* Es sind Handwerker? — Schmiede, W., Zimmerleute, Männer mit geübten Fäusten (Goethe, Götz IV).
wein|se|lig ⟨Adj.⟩ (scherzh.): *(nach dem Genuss von Wein) rauschhaft glücklich, beschwingt:* -e Zecher.
Wein|se|lig|keit, die ⟨Pl. selten⟩ (scherzh.): *weinseliger Zustand.*
Wein|skan|dal, der (ugs.): *Skandal um unerlaubte Praktiken bei der Herstellung u. Vermarktung von Wein.*
Wein|sor|te, die: *Sorte Wein* (2a).
Wein|stein, der ⟨Pl. selten⟩: *in vielen Früchten, bes. in Weintrauben, enthaltene kristalline Substanz (die in Form farbloser harter Krusten od. Kristalle aus dem Wein ausflockt).*
Wein|stein|säu|re, die: *Weinsäure.*
Wein|steu|er, die: *auf Wein erhobene Steuer.*
Wein|stock, der: *zur Erzeugung von Weintrauben veredelte Weinrebe.*
Wein|stra|ße, die: *(als touristische Route besonders gekennzeichnete) Landstraße, die durch*

eine Weingegend führt (gewöhnl. in Namen): ein Dorf an der [Deutschen] W.
Wein|stu|be, die: *kleines Weinlokal.*
Wein|trau|be, die: *Beerenfrucht der Weinrebe.*
Wein|trin|ker, der: *jmd., der [regelmäßig] Wein trinkt.*
Wein|trin|ke|rin, die: w. Form zu ↑ Weintrinker.
Wein|vier|tel, das; -s: *Landschaft in Niederösterreich.*
Wein|wirt|schaft, die: *Weinbau, Herstellung u. Vermarktung von Wein (als Wirtschaftszweig).*
wei|se ⟨Adj.⟩ [mhd., ahd. wīs, zu ↑ wissen u. eigtl. = wissend]: **a)** *Weisheit besitzend:* eine w. alte Frau; ein -r Richter; der w. König Salomon; ⟨subst.:⟩ die drei Weisen aus dem Morgenland *(die Heiligen Drei Könige);* die Fünf/fünf Weisen (Wirtsch.; *der fünfköpfige Sachverständigenrat zur Begutachtung der gesamtwirtschaftlichen Entwicklung);* Stanislaus tat w.: »Die Menschen ändern sich mit ihrer Umgebung« (Strittmatter, Wundertäter 441); **b)** *auf Weisheit beruhend, von Weisheit zeugend:* eine w. Antwort, Entscheidung; ein -r Richterspruch; er übte w. Zurückhaltung; sie lächelte, handelte w.
¹Wei|se, die; Weise/eine Weise; der/einer Weisen, die Weisen/zwei Weise: *weibliche Person, die weise ist.*
²Wei|se, die; -, -n [mhd. wīs(e), ahd. wīsa, eigtl. = Aussehen, Erscheinungsform, zu ↑ wissen]: **1.** *Art, Form, wie etw. verläuft, geschieht, getan wird* (häufig in intensivierender Verbindung mit »Art«; ↑ Art 2): *auf jede, dieselbe, [eine] andere, [eine] fatale, irgendeine, verschiedene, vielerlei W.;* das erledige ich auf meine W.; die Sachen sind auf geheimnisvolle W. verschwunden; in gleicher, derselben, ähnlicher/einer ähnlichen, anderer/einer anderen, gewohnter/der gewohnten W.; das geschieht in der W., dass ...; das ist in keiner W. gerechtfertigt; da kann ich dir in keinster W. (ugs. scherzh.; *überhaupt nicht)* zustimmen. **2.** [schon ahd., wohl nach lat. modulatio, ↑ Modulation] *kurze, einfache Melodie [eines Liedes]:* eine bekannte, geistliche, volkstümliche, schlichte W.; Text und W. des Liedes sind von Martin Luther; der Choral wird nach einer weltlichen W. gesungen.

> **-wei|se: 1.** wird mit Adjektiven oder Partizipien und dem Fugenzeichen -er- zur Bildung von Adverbien verwendet; *was ... ist, wie es ... ist:* höflicher-, realistischerweise. **2.** wird mit Substantiven zur Bildung von Adverbien verwendet; *in Form von ..., als ...:* besuchs-, vorwandweise. **3.** drückt in Bildungen mit ersten Partizipien und dem Fugenzeichen -er- aus, dass etw. (ein Tun) das Mittel oder der Begleitumstand ist: *durch ..., bei ..., mit ...:* lesender-, schwimmenderweise. **4.** wird mit Verben (Verbstämmen) zur Bildung von Adverbien verwendet; *in Form von ..., zum ...:* klecker-, leih-, mietweise. **5.** wird mit Substantiven zur Bildung von Adverbien verwendet, um eine Maß- od. Mengeneinheit auszudrücken; *in [jeweils] ..., nach ...:* familien-, löffel-, zentimeterweise.

Wei|sel, der [zu ↑ weisen] (österr. ugs.): in den Verbindungen **den W. geben** *(jmdn. abweisen, entlassen);* **den W. bekommen** *(abgewiesen, entlassen werden).*
wei|sen ⟨st. V.; hat⟩ [mhd., ahd. wīsen, zu ↑ weise, eigtl. = wissend machen]: **1.** (meist geh.) **a)** *zeigen (2 a):* jmdm. den Weg, die Richtung w.; **b)** *in eine bestimmte Richtung, auf etw. zeigen, deuten:* mit der Hand, dem Kopf, dem Finger zur Tür w.; die Magnetnadel, der Pfeil weist nach Norden; Der Knecht ... wies mit dem Feuerhaken auf eine Bettstatt zwischen zwei Bücher-

borden (Ransmayr, Welt 77); **c)** (landsch.) *zeigen (2 b), vorzeigen.* **2. a)** *schicken, verweisen (4):* jmdn. aus dem Zimmer, vom Hof, aus dem Land w.; einen Schüler von der Schule w. *(ihm den weiteren Besuch der Schule verbieten);* Ü sie hat ihn wieder auf den rechten Weg gewiesen; er hat diesen Gedanken, diese Vermutung weit von sich gewiesen *(aufs Heftigste zurückgewiesen);* »Ich darf es verneinen, aber ich will es auch nicht empört von mir weisen«, meinte Ulrich. »Es hätte sein können« (Musil, Mann 1132); **b)** (selten) *verweisen (3 a);* **c)** (veraltend) *verweisen (6), anweisen.* **3.** (österr., schweiz.) *zeigen, erweisen.* **4.** (südd., schweiz., westösterr.) *(beim Jass) zu Spielbeginn bestimmte Kartenkombinationen, die man in der Hand hat, melden u. sich dafür Punkte gutschreiben lassen:* er konnte hundertfünfzig [Punkte] w. ♦ **5.** *belehren (2):* Lass dich w.! Geh behutsam! (Lessing, Nathan IV, 4); Das Mädel hätt' sich noch w. lassen. Es wäre noch Zeit gewesen (Schiller, Kabale II, 4).
Wei|ser, der; Weise/ein Weiser; des/eines Weisen, die Weisen/zwei Weise: *jmd., der weise ist.*
Weis|heit, die; -, -en [mhd., ahd. wīsheit]: **1.** ⟨o. Pl.⟩ *auf Lebenserfahrung, Reife [Gelehrsamkeit], tiefem Verstehen beruhende, einsichtsvolle Klugheit:* göttliche W.; die W. des Alters; das Buch der W./die W. Salomos; Die einfache instinkthafte W. des Volkes wusste, dass jenseits der klügsten Erwägungen und aller politischen Schläue der Greise derjenige Friede der beste war, der am frühesten geschlossen wurde (A. Zweig, Grischa 178); * **die W. [auch nicht] mit Löffeln gefressen/gegessen haben** (vgl. Löffel 1 a); **der W. letzter Schluss** (1. *die höchste Weisheit, Erkenntnis:* dieses Weltbild hält er für der W. letzten Schluss. ugs.; *die ideale Lösung, die Lösung aller Probleme:* das Sonnenhaus ist auch nicht der W. letzter Schluss; nach Goethe, Faust II, 11 574); **mit seiner W. am Ende sein** *(nicht mehr weiterwissen).* **2.** *(durch Weisheit 1 gewonnene) Erkenntnis, Lehre; weiser Rat, Spruch:* eine alte chinesische W.; das Buch enthält viele Weisheiten.
Weis|heits|zahn, der [eigtl. = Zahn, der in einem Alter wächst, in dem der Mensch klug, verständig geworden ist]: *hinterster Backenzahn des Menschen (der erst im Erwachsenenalter durchbricht).*
weis|lich ⟨Adv.⟩ [mhd. wīslīche(n), ahd. wīslīhho] (veraltend): *wohlweislich.* ♦ Wenn sie nicht w. dort vorüberlenken, so wird das Schiff zerschmettert an der Fluh (Schiller, Tell IV, 1).
weis|ma|chen ⟨sw. V.; hat⟩ [mhd. wīs machen = klug machen, belehren, kundtun] (ugs.): *jmdn. etw. Unzutreffendes glauben machen:* das kannst du mir nicht w./machst du mir nicht weis.
²weiß ⟨Adj.⟩ [mhd. wīz, ahd. (h)wīz, eigtl. = leuchtend, glänzend]: **1.** *von der hellsten Farbe; alle sichtbaren Farben, die meisten Lichtstrahlen reflektierend:* -e Lilien, Wolken; -e Gardinen; ein -es Kleid; -e Haare; ein -er Hai, Hirsch, die Schachfiguren so aufstellen, dass die -e Dame auf einem -en Feld steht; w. wie Schnee; -e Wäsche; sein Gesicht war w. von Kalk; w. *(in Weiß)* gekleidet sein; der Rock war rot und w. gestreift; der Tisch ist w. *(mit einem weißen Tischtuch)* gedeckt; strahlend, blendend -e Zähne; w. lackierte Möbel; die Wand w. kalken/tünchen; eine w. gekalkte/getünchte/gestrichene Wand; -es *(unbeschriebenes)* Papier; er ist w. geworden *(hat weiße Haare bekommen);* -e Blutkörperchen (Med.; *Leukozyten);* -es *(das ganze sichtbare Spektrum umfassendes)* Licht; die Wäsche w. waschen; ⟨subst.:⟩ das Weiße im Ei/des Eis; Weiß *(der Spieler, der die weißen*

Figuren hat) eröffnet das Spiel; Ü In der -en Mittagshitze *(in der Helligkeit und Hitze des Mittags)* fuhr er mit der Stadtbahn über die leeren Grenzflächen nach Ostberlin (Johnson, Ansichten 35). **2. a)** *sehr hell aussehend:* -er Pfeffer; -e Bohnen, Johannisbeeren; -es Mehl; -es Brot *(Weißbrot);* -es Fleisch; -er Wein *(Weißwein);* ⟨subst.:⟩ ein Glas von dem Weißen (ugs.; *von dem Weißwein);* **b)** *von heller Hautfarbe:* die -en Amerikaner; die -e Minderheit; Menschen -er Hautfarbe; der -e Mann *(die ²Weißen);* der Vater ist w.
Weiß, das; -[es], -: **1.** *weiße Farbe, weißes Aussehen:* ein strahlendes W.; die Braut trug W. *(ein weißes Hochzeitskleid);* das W. ihrer Augen; in W. heiraten. **2.** ⟨o. Pl.⟩ *etw. Weißes:* alles lag unter winterlichem W.
¹weiß: ↑ wissen.
weis|sa|gen ⟨sw. V.; hat⟩ [mhd. wīssagen, unter volksetym. Anlehnung an ahd. wīs (↑ weise) u. sagēn (↑ sagen), umgedeutet aus ahd. wīȝagōn, zu: wīȝago = Prophet, zu: wīȝ(ȝ)ag = merkend, sehend, wissend, zu ahd. wīȝan (↑ wissen), also eigtl. = als Prophet wirken]: **a)** *etw. Künftiges vorhersagen; prophezeien:* etw. w.; falsch w.; **b)** *ahnen lassen:* seine Miene weissagte [mir] nichts Gutes.
Weis|sa|ger, der; -s, -: *jmd., der etw. weissagt (a).*
Weis|sa|ge|rin, die; -, -nen: w. Form zu ↑ Weissager.
Weis|sa|gung, die; -, -en [mhd. wīssagunge, ahd. wīȝagunga]: *Prophezeiung (1), Orakel (b):* eine alte W.; die -en des Nostradamus; ihre W. hat sich nicht erfüllt; w. einer W.
weiß|bär|tig ⟨Adj.⟩: *einen weißen Bart habend.*
Weiß|bier, das: *Weizenbier.*
Weiß|bin|der, der (landsch.): **a)** (österr.) *Böttcher;* **b)** *Anstreicher.*
Weiß|bin|de|rin, die (landsch.): w. Form zu ↑ Weißbinder.
Weiß|blech, das: *verzinntes Eisenblech.*
weiß|blond ⟨Adj.⟩: **a)** *ein fast weißes Blond aufweisend:* -es Haar; **b)** *weißblondes (a) Haar habend:* er ist w.
weiß|blu|ten, nur noch ⟨sw. V.⟩ [eigtl. = bis zum Erblassen bluten] (ugs.): *sich [finanziell] völlig verausgaben:* für sein neues Haus musste er sich völlig w.; * ⟨subst.:⟩ **bis zum Weißbluten** (ugs.; *ganz und gar).*
Weiß|brot, das: **a)** *Brot (1 a) aus sehr fein ausgemahlenem Weizenmehl:* ein Stück, eine Scheibe W.; iss nicht zu viel W.; **b)** *Laib Weißbrot (a);* **c)** *Scheibe Weißbrot.*
Weiß|buch, das: **1.** [nach dem Vorbild der engl. ↑ Blaubücher] (Dipl.) *mit weißem Einband od. Umschlag versehenes (deutsches) Farbbuch.* **2.** (Politik) *zur Information der Öffentlichkeit von einer staatlichen Stelle erarbeitete Zusammenstellung von Dokumenten, Statistiken o. Ä. zu einem bestimmten Bereich.*
Weiß|bu|che, die [nach dem hellen Holz]: *Hainbuche.*
Weiß|bur|gun|der, der: **a)** ⟨o. Pl.⟩ *Rebsorte mit ovalen, in dichten Trauben wachsenden grünen Beeren;* **b)** *aus den Trauben des Weißburgunders (a) hergestellter Weißwein mit vollmundigem Bukett.*
Weiß|dorn, der ⟨Pl. -e⟩: *als Strauch od. kleiner Baum wachsende Pflanze mit dornigen Zweigen, gesägten od. gelappten Blättern u. weißen bis rosafarbenen, in Doldenrispen stehenden Blüten; Hagedorn.*
¹Wei|ße, die; - [mhd. wīȝe, ahd. (h)wīȝi]: *das Weißsein; weiße Farbe, weißes Aussehen:* die W. ihrer Haut.
²Wei|ße, die; eine Weiße; der/einer Weißen, die Weißen/zwei Weiße: **1.** *weibliche Person, die hellhäutig ist.* **2.** (volkstüml.) *Weißbier:* eine

Berliner W. [mit Schuss] (ein Glas Weißbier [mit Himbeersaft]).
Wei|ße-Kra|gen-Kri|mi|na|li|tät, die: White-Collar-Kriminalität.
wei|ßeln ⟨sw. V.; hat⟩ (süd[west]dt., österr., schweiz.): weißen.
wei|ßen ⟨sw. V.; hat⟩ [mhd. wīʒen, ahd. (h)wīʒan]: mit weißer Tünche anstreichen: ein Haus w.; frisch geweißte Wände.
Wei|ßer, der Weiße/ein Weißer; des/eines Weißen, die Weißen/zwei Weiße: jmd., der hellhäutig ist.
Wei|ßes, das Weiße/ein Weißes; des/eines Weißen: Eiweiß: von den Eiern nimmt man nur das Weiße.
weiß fär|ben, weiß|fär|ben ⟨sw. V.; hat⟩: mit einer weißen Färbung versehen: es gibt Männer, die sich die Haare w. f.
Weiß|fisch, der: in mehreren Arten vorkommender, silbrig glänzender kleiner Karpfenfisch (z. B. Elritze, Ukelei).
Weiß|gar|dist, der (Geschichte): jmd., der im russischen Bürgerkrieg nach der Oktoberrevolution aufseiten der »Weißen« gegen die Bolschewiki (»die Roten«) kämpfte.
Weiß|gar|dis|tin, die: w. Form zu ↑ Weißgardist.
weiß ge|deckt, weiß|ge|deckt ⟨Adj.⟩: mit einem weißen Tischtuch gedeckt: ein weiß gedeckter Tisch.
weiß ge|kalkt, weiß|ge|kalkt ⟨Adj.⟩: mit einer Mischung aus gelöschtem weißem Kalk u. Wasser gestrichen: eine weiß gekalkte Wand.
weiß ge|klei|det, weiß|ge|klei|det ⟨Adj.⟩: in Weiß gekleidet: ein weiß gekleideter Kellner.
Weiß|gelb ⟨Adj.⟩: hell, blassgelb.
Weiß|ger|ber, der ⟨↑ Weißgerbung⟩ (früher): auf Alaungerbung spezialisierter Handwerker.
Weiß|ger|be|rin, die; -, -nen: w. Form zu ↑ Weißgerber.
Weiß|ger|bung, die [nach der hellen Farbe des gegerbten Leders]: das Gerben, Gerberei (2) mit alaunhaltigen Gerbmitteln.
weiß ge|streift, weiß|ge|streift ⟨Adj.⟩: mit weißen Streifen versehen.
weiß ge|stri|chen, weiß|ge|stri|chen ⟨Adj.⟩: mit weißer Farbe gestrichen: eine weiß gestrichene Wand.
weiß ge|tüncht, weiß|ge|tüncht ⟨Adj.⟩: mit weißer Tünche gestrichen: eine weiß getünchte Wand.
Weiß|glas, das: farbloses Glas.
weiß|glü|hen ⟨sw. V.; hat⟩ (Fachspr.): (bes. von Metallen) so stark erhitzen, dass es weiß leuchtet: Eisen w.; weißglühendes Eisen.
weiß glü|hend, weiß|glü|hend ⟨Adj.⟩: mit weißer Farbe glühend: die weiß glühende Sonne.
Weiß|glut, die ⟨Plural nur dichterisch⟩ (Metallbearb.): Stadium des Weißglühens: * jmdn. [bis] zur W. bringen/reizen/treiben (ugs.: jmdn. in äußerste Wut versetzen).
Weiß|gold, das: mit Silber od. Platin legiertes, silbrig glänzendes Gold.
weiß|grau ⟨Adj.⟩: weißlich grau.
weiß|grun|dig ⟨Adj.⟩: einen weißen Grund (4) habend.
weiß|haa|rig ⟨Adj.⟩: weißes Haar habend: eine -e alte Dame.
Weiß|häu|tig ⟨Adj.⟩: eine helle Haut habend.
Weiß|herbst, der [der Wein wird wie Weißwein vergoren; vgl. Herbst (2)] (südd.): aus Trauben nur einer Rebsorte bereiteter deutscher Roséwein.
Weiß|kal|bis, der (schweiz.): Weißkohl.
Weiß kal|ken, weiß|kal|ken ⟨sw. V.; hat⟩: mit einer Mischung aus gelöschtem weißem Kalk u. Wasser streichen.
Weiß|kä|se, der (landsch.): Quark.

Weiß|kit|tel, der (ugs. spött.): a) Person in weißem Arbeitskittel, bes. Arzt; b) Arzt.
Weiß|klee, der: Klee mit weißen od. rötlich weißen Blüten.
Weiß|kohl, der (bes. nordd.): Kohl (1 a) mit grünlich weißen Blättern, die sich zu einem festen Kopf zusammenschließen.
Weiß|kraut, das (bes. südd., österr.): Weißkohl.
weiß la|ckiert, weiß|la|ckiert ⟨Adj.⟩: mit weißem Lack lackiert: ein weiß lackierter Schrank.
weiß|lich ⟨Adj.⟩: sich im Farbton dem Weiß nähernd: -es Licht; kleine, unscheinbare -e Blüten.
Weiß|rus|se, der; -n, -n: Ew. zu ↑ Weißrussland.
Weiß|rus|sin, die; -, -nen: w. Form zu ↑ Weißrusse.
weiß|rus|sisch ⟨Adj.⟩: Weißrussland, die Weißrussen betreffend; von den Weißrussen stammend, zu ihnen gehörend.
Weiß|russ|land; -s: Staat in Osteuropa (amtlich auch: Belarus).
Weiß|schim|mel|kä|se, der: mit einer samtigen weißen Schicht aus Schimmel überzogener Edelpilzkäse.
Weiß|sti|cke|rei, die (Handarb.): auf weißem Gewebe mit weißem Garn ausgeführte Stickerei.
Weiß|storch, der: Storch.
Weiß|tan|ne, die: Edeltanne.
weiß tün|chen, weiß|tün|chen ⟨sw. V.; hat⟩: mit weißer Tünche streichen.
Wei|ßung, die; -, -en: a) das Weißen; b) Anstrich aus weißer Tünche.
Weiß|wal, der: weißer Wal mit rundlichem Kopf, stark gewölbter Stirn u. einem nackenartigen Absatz vor dem Rücken.
Weiß|wand|rei|fen, der: Reifen (2), der an der äußeren Seite zur Verzierung entlang der Felge einen breiten weißen Streifen hat.
Weiß|wä|sche, die: weiße [Koch]wäsche.
¹weiß|wa|schen ⟨st. V.; hat⟩ (ugs.): von einer Schuld, einem Verdacht, einem Vorwurf befreien: jmdn., sich, etw. w.
weiß wa|schen, ²weiß|wa|schen ⟨st. V.; hat⟩ (ugs.): kochen (4): die Wäsche w. w.
Weiß|wein, der: aus hellen Trauben hergestellter] heller, gelblicher Wein.
Weiß|wurst, die: aus passiertem Kalbfleisch u. Kräutern hergestellte Brühwurst von weißlicher Farbe.
Weiß|wurst|äqua|tor, der [südlich dieser Linie ist die Weißwurst ein beliebtes Essen] (scherzh.): (als nördliche Grenze Bayerns od.) Süddeutschlands gedachte und dem Lauf des Mains entsprechende Linie: nördlich des -s.
Weiß|zeug, das (veraltend): weiße Textilien, weiße Wäsche aus Leinen, Baumwolle, Halbleinen o. Ä.
Weiß|zu|cker, der: sehr reiner, weißer Zucker.
Wei|sung, die; -, -en [mhd. wīsunge]: a) (geh.) Anordnung, Hinweis, wie etw. zu tun ist, wie man sich verhalten soll: eine W. erhalten, empfangen, befolgen, missachten; jmdm. W. geben, etw. zu tun; er handelte auf ihre W.; Alte, erfahrene Leute hatten kalte Umschläge angeraten, und Lena befolgte ihre W. mit Eifer und Umsicht (Hauptmann, Thiel 47); b) (Amtsspr.) Befehl, Anweisung; Direktive: er hat W., niemanden vorzulassen.
Wei|sungs|be|fug|nis, die: Befugnis, Weisungen zu erteilen.
wei|sungs|be|fugt ⟨Adj.⟩: eine Weisungsbefugnis habend.
wei|sungs|be|rech|tigt ⟨Adj.⟩: ein Weisungsrecht habend.
wei|sungs|frei ⟨Adj.⟩: nicht an Weisungen gebunden.
wei|sungs|ge|bun|den ⟨Adj.⟩: an Weisungen gebunden.

wei|sungs|ge|mäß ⟨Adj.⟩: der erhaltenen Weisung gemäß: etw. w. durchführen.
Wei|sungs|recht, das: Recht, Weisungen zu erteilen: von seinem W. Gebrauch machen.
weit ⟨Adj.⟩ [mhd., ahd. wīt, eigtl. = auseinandergegangen]: **1. a)** eine beträchtliche Weite (3) habend: eine -e Öffnung; ein ziemlich -er Schacht; -e Ärmel, Hosen, Röcke; ein -es (breites) Tal; das Mittel macht die Blutgefäße w.; dort, wo die Höhle am -esten ist; das Hemd ist zu w., schön w.; eine Hose, einen Ring -er machen; den Mund ganz w. aufmachen; w. geöffnete Fenster; **b)** ⟨wird Maßangaben o. Ä. nachgestellt⟩ eine bestimmte Weite (3) habend: ein drei Zoll -es Rohr; die Tür stand einen Spalt w. offen. **2. a)** (streckenmäßig) ausgedehnt, lang; über eine große Strecke, Entfernung [gehend], sich über eine große, bis zu einer großen Entfernung erstreckend: eine -e Reise; sie ist eine w. gereiste Forscherin; das war ihr bisher -ester Wurf; mit -en (großen) Schritten; in -em (großem) Abstand, Bogen; der Weg dahin ist w.; w. hinausschwimmen; sich nicht zu w. hinüberbeugen; sie wohnen nicht w. entfernt/(ugs.:) w. weg [von uns]; wie w. ist es bis dorthin?; wir fuhren immer -er nach Norden; von w. her kommen; wir haben es [es] noch w. (ugs.: noch weit zu gehen, zu fahren)?; w. hinter der Stadt; Ü eine genauere Erklärung würde zu w. führen (zu lang, zu detailliert werden); die Meinungen gingen w. auseinander; er war seiner Zeit w. voraus; w. nach Mitternacht; mit Höflichkeit kommt man am -esten; sie, das geht zu w. (geht über das Zumutbare, Erträgliche hinaus); es wurden w., -er gehende Maßnahmen gefordert; R so w., so gut (bis hierhin [ist alles] in Ordnung); * **von Weitem/weitem** (aus weiter Entfernung: von Weitem/weitem sieht es aus wie eine Vogelscheuche); **b)** ⟨wird Maßangaben o. Ä. nachgestellt⟩ eine bestimmte streckenmäßige Ausdehnung, Länge habend; über eine bestimmte Strecke, bis zu einer bestimmten Entfernung [gehend], sich über eine bestimmte, bis zu einer bestimmten Entfernung erstreckend: ein paar Schritte w., -er; zwei Meter w.; der Ort liegt nur einen Kilometer w. von hier. **3.** (über eine große Fläche, einen großen Bereich hin) ausgedehnt, von großer Erstreckung nach allen Seiten: -e Wälder; die -e Landschaft, Ebene; das -e Meer; in die -e Welt ziehen; in -em Umkreis; ein w., -er blickendes/schauendes (Weitblick 1 habendes, zeigendes) Unternehmen; ein w. (in weite Entfernung), -er reichendes/tragendes Geschütz; w. [in der Welt] herumgekommen sein; w. verbreitete Pflanze; ein w. verzweigtes Eisenbahnnetz; ein w. gefächertes (reichhaltiges, vielfältiges) Angebot, Programm; Ü ein -es Betätigungsfeld; -e Kreise, Teile der Bevölkerung; er besitzt -er reichende Vollmachten als sein Vorgänger; ein w. verbreiteter Irrtum; ⟨subst.:⟩ Vielmehr sieht er über ihn hinweg ins Weite (Hildesheimer, Tynset 104); * **w. und breit** (in der ganzen Umgebung, ringsum: w. und breit gibt es hier keine Telefonzelle); **das Weite suchen** (sich eilig, fluchtartig entfernen). **4.** [großen] Spielraum lassend od. ausnutzend: ein -es Gewissen, Herz haben; ein -er Begriff; eine -e Definition; im weiteren Sinne; eine Vorschrift w. auslegen. **5.** zeitlich entfernt in der Vergangenheit bzw. Zukunft: etw. liegt w., -er zurück. **6.** in der Entwicklung, in seinem Handeln, in seiner Wirkung bis zu einem fortgeschrittenen Maß, Grad, Stadium, Zustand [gelangt]: wie w. seid ihr [mit eurem Projekt]?; wir sind in Latein schon -er als die Parallelklasse; wir wollen es gar nicht erst so w. (dazu) kommen lassen; so w. ist es schon mit dir gekommen (so schlimm ist es schon mit dir geworden)? **7. weitaus**, um ein beträchtliches

weitab – weitergehen

Maß: w. größer, besser, mehr; es sind w. über tausend; das ist w. unter seinem Niveau, über dem Durchschnitt; jmdn. w. übertreffen; w. unterlegen sein; * **bei Weitem/weitem** *(weitaus: das ist bei Weitem/weitem besser; die bei Weitem/weitem billigste Methode);* **bei Weitem/weitem nicht** *(nicht einmal annähernd, längst nicht: das ist bei Weitem/weitem nicht alles).*

¹**weit|ab** ⟨Adv.⟩: *weit entfernt:* w. [vom Bahnhof] wohnen.

²**weit|ab** ⟨Präp. mit Gen.⟩: *weit entfernt von:* w. des Zentrums.

weit|aus ⟨Adv.; verstärkend bei Komp. od. Sup.⟩: *mit großem Abstand, Unterschied:* w. älter; der w. schnellste Reiter.

Weit|blick, der: **1.** ⟨o. Pl.⟩ *Fähigkeit, vorauszublicken, frühzeitig künftige Entwicklungen u. Erfordernisse zu erkennen u. richtig einzuschätzen:* politischen W. haben; Die Gründung einer Bibliothek war zu jener Zeit ein Akt erstaunlichen -s (Thieß, Reich 89). **2.** *Fernblick:* ein Hanggrundstück mit unverbaubarem W.

weit|bli|ckend, weit bli|ckend ⟨Adj.⟩: *Weitblick (1) habend, zeigend:* ein -er Staatsmann.

Wei|te, die; -, -n [mhd. wīte, ahd. wītī]: **1. a)** *weiter Raum, weite Fläche:* unermessliche, unendliche -n; die [endlose] W. des Meeres, der Prärie; Kein Dorf. Keine Stadt. Nur W. Endlose W. (Koeppen, Rußland 139); Ü Zwischen ihm und Lilian lagen frostige -n (Strittmatter, Wundertäter 464); **b)** ⟨o. Pl.⟩ *Ferne (1 a):* in die W. blicken. **2.** (bes. Sport) *(erreichte, durchmessene) Entfernung:* beim Skispringen beachtliche -n erreichen. **3.** *Größe, Umfang eines Körpers, Durchmesser eines Hohlraums, einer Öffnung o. Ä.:* die W. der Röhre beträgt 80 cm; Jeans in allen Längen und -n; in der W. passt der Rock.

wei|ten ⟨sw. V.; hat⟩ [mhd. wīten, ahd. wīten]: **1.** *(besonders Schuhe) weiter machen:* Schuhe w. lassen; Ü das viele Reisen hat ihm den Horizont geweitet. **2.** ⟨w. + sich⟩ *weiter werden, sich dehnen:* die Schuhe weiten sich noch; die Pupillen weiten sich im Dunkeln.

wei|ter ⟨Adv.⟩ [eigtl. adv. Komp. von ↑ weit, mhd. wīter, ahd. wītōr]: **1.** bezeichnet die Fortsetzung, Fortdauer einer Bewegung, einer Handlung: halt, nicht w.!; w. *(vorwärts, voran)!;* * **und so w.** *(nach abgebrochenen Aufzählungen, deren weitere Glieder nicht mehr genannt werden):* Rosen, Nelken und so w.). **2.** *im weiteren, anschließenden Verlauf; weiterhin; [als Fortsetzung] anschließend:* die Probleme werden w. bestehen; ich werde mich darum w. kümmern; w. heißt es, … **3.** *außerdem (noch), sonst:* w. weiß ich nichts von der Sache; ich weiß nichts w. von der Sache; er wollte w. nichts als sich verabschieden; das ist nichts w. als eine Ausrede; was w.?; die Stadt hat einen Zoo, w. gibt es einen botanischen Garten; das ist nicht w. (ugs.; *eigentlich gar nicht)* schlimm, verwunderlich; R wenn es w. nichts ist! *(das ist ja eine Kleinigkeit!)*

wei|ter… ⟨Adj.⟩: *(anschließend) hinzukommend, hinzutretend; sich als Fortsetzung ergebend; zusätzlich:* haben Sie noch weitere Fragen?; weitere Informationen, Einzelheiten entnehmen Sie bitte unserer Broschüre; wir mussten weitere zwei Jahre warten; die weitere Entwicklung abwarten; jedes weitere Wort ist überflüssig; weiteres Zaudern wäre verderblich; ⟨subst.:⟩ Weiteres, alles Weitere erfahren Sie morgen; **im Weiteren** *(im Folgenden);* * **bis auf Weiteres/weiteres** *(vorerst, vorläufig [solange nichts anderes bestimmt wird]);* **ohne Weiteres/weiteres** *(wider das es Schwierigkeiten macht: das ist [nicht so] ohne Weiteres möglich, zu erkennen; das gebe ich ohne Weiteres/weiteres [ohne zu zögern]* zu); **des Weiteren** (österr., schweiz.):

im Weiteren *(darüber hinaus, im Übrigen, außerdem).*

Wei|ter|ar|beit, die ⟨o. Pl.⟩: *das Weiterarbeiten (1).*

wei|ter|ar|bei|ten ⟨sw. V.; hat⟩: **1.** *fortfahren zu arbeiten:* ich muss w. **2.** ⟨w. + sich⟩ *sich weiter vorwärtsarbeiten:* sich Schritt für Schritt w.

Wei|ter|bau, der ⟨o. Pl.⟩: *das Weiterbauen.*

wei|ter|bau|en ⟨sw. V.; hat⟩: *das Bauen fortsetzen.*

wei|ter|be|för|dern ⟨sw. V.; hat⟩: *die Beförderung (1) (bes. nach einem Wechsel des Beförderungsmittels) fortsetzen:* vom Flughafen werden die Passagiere mit Bussen weiterbefördert; Waren per Lkw, auf dem Luftweg an ihre Bestimmungsorte w.

Wei|ter|be|för|de|rung, die: *das Weiterbefördern.*

Wei|ter|be|hand|lung, die: *weitere, die bisherige Behandlung fortsetzende Behandlung (2, 3).*

wei|ter|be|schäf|ti|gen ⟨sw. V.; hat⟩: *das Beschäftigungsverhältnis fortsetzen:* alle 550 Mitarbeiter werden weiterbeschäftigt.

Wei|ter|be|schäf|ti|gung, die: *das Weiterbeschäftigen, Weiterbeschäftigtwerden:* der Arbeitnehmer hat keinen Anspruch auf W.

Wei|ter|be|stand, der ⟨o. Pl.⟩: *das Weiterbestehen:* den W. des Betriebes sichern.

wei|ter be|ste|hen, wei|ter|be|ste|hen ⟨unr. V.; hat⟩: *fortbestehen, bestehen bleiben:* das Problem wird w. b.

wei|ter|be|trei|ben ⟨st. V.; hat⟩: *fortfahren zu betreiben:* einen Reaktor w.; das Unternehmen wird als GmbH weiterbetrieben.

wei|ter|be|we|gen ⟨sw. V.; hat⟩: **a)** *weiter fortbewegen (a):* der Stein ließ sich kein Stück mehr w.; **b)** ⟨w. + sich⟩ *sich weiter fortbewegen, seine Bewegung fortsetzen:* der Zeiger hat sich [ein Stück] weiterbewegt.

wei|ter|bil|den ⟨sw. V.; hat⟩: **a)** *(nach Abschluss bzw. zur Erweiterung der Ausbildung) weiter ausbilden; fortbilden:* jmdn. w.; **b)** ⟨w. + sich⟩ *seine Ausbildung erweitern:* sich beruflich, fachlich w.

Wei|ter|bil|dung, die: *das [Sich]weiterbilden:* fachliche, berufliche, politische W.

Wei|ter|bil|dungs|an|ge|bot, das: *Angebot an Weiterbildungskursen o. Ä.*

Wei|ter|bil|dungs|kurs, Wei|ter|bil|dungs|kur|sus, der: *Fortbildungskurs.*

Wei|ter|bil|dungs|maß|nah|me, die: *der Weiterbildung dienende Maßnahme.*

Wei|ter|bil|dungs|mög|lich|keit, die: *Möglichkeit, sich weiterzubilden.*

Wei|ter|bil|dungs|ver|an|stal|tung, die: *der Weiterbildung dienende Veranstaltung.*

wei|ter|boh|ren ⟨sw. V.; hat⟩: **1. a)** *das Bohren (bes. 1 a, b) fortsetzen;* **b)** *das Sichbohren fortsetzen.* **2.** (ugs.) *weiter hartnäckig fragen, Fragen stellen:* er hat so lange weitergebohrt, bis er alles zugegeben hat.

wei|ter|brin|gen ⟨unr. V.; hat⟩: *voran-, vorwärtsbringen:* diese Diskussion bringt uns nicht weiter.

wei|ter|den|ken ⟨unr. V.; hat⟩: *einen Gedanken fortsetzen, weiterentwickeln, -verfolgen:* einen Gedanken w.

wei|ter|dre|hen ⟨sw. V.; hat⟩: **a)** ⟨w. + sich⟩ *fortfahren, sich zu drehen (1 b):* die Erde wird sich immer w.; **b)** *fortfahren zu drehen (1a, 3).*

wei|ter|dür|fen ⟨unr. V.; hat⟩ (ugs.): *weitergehen, -fahren usw. dürfen.*

wei|ter|ei|len ⟨sw. V.; ist⟩: *sich in Eile weiterbewegen; eilig weiterlaufen.*

wei|ter|emp|feh|len ⟨st. V.; hat⟩: *weiteren Personen empfehlen:* ein Buch, ein Restaurant, einen Klempner w.

wei|ter|ent|wi|ckeln ⟨sw. V.; hat⟩: **1.** *fortentwickeln:* eine Theorie, ein System, eine Methode, eine Konstruktion, einen Motor w. **2.** ⟨w. + sich⟩ *sich fortentwickeln:* das Spezialgebiet hat sich zu einer eigenständigen Disziplin weiterentwickelt; er hat sich [musikalisch] weiterentwickelt.

Wei|ter|ent|wick|lung, die: **1.** *das [Sich]weiterentwickeln.* **2.** *etw. durch Weiterentwicklung Geschaffenes:* der neue Motor ist eine W. der bewährten 90-PS-Maschine.

wei|ter|er|zäh|len ⟨sw. V.; hat⟩: **1.** *[einem] Dritten, anderen erzählen (was einem selbst erzählt worden ist):* erzähl das bloß nicht weiter!; sie hat die Geschichte sofort ihrer Freundin weitererzählt. **2.** *mit dem Erzählen fortfahren:* erzähl doch weiter.

wei|ter|es|sen ⟨unr. V.; hat⟩: *mit dem Essen fortfahren.*

wei|ter|exis|tie|ren ⟨sw. V.; hat⟩: *weiterhin existieren.*

wei|ter|fah|ren ⟨st. V.⟩: **1.** ⟨ist⟩ *die Fahrt (2 a) fortsetzen:* nach kurzem Aufenthalt fuhren wir [nach Hamburg] weiter; in Ordnung, Sie können w.; der Unfallverursacher ist einfach weitergefahren. **2.** ⟨hat/ist⟩ (südd., schweiz.) *fortfahren (2).*

Wei|ter|fahrt, die ⟨o. Pl.⟩: *Fortsetzung der Fahrt (2a)* »Angenehme W.!«.

wei|ter|fei|ern ⟨sw. V.; hat⟩: *fortfahren zu feiern.*

wei|ter|flie|gen ⟨st. V.; ist⟩: *den Flug (1, 2) fortsetzen.*

Wei|ter|flug, der ⟨o. Pl.⟩: *Fortsetzung des Flugs.*

wei|ter|for|schen ⟨sw. V.; hat⟩: *fortfahren zu forschen (b): in dieser Richtung w.*

wei|ter|fra|gen ⟨sw. V.; hat⟩: *fortfahren zu fragen, weiter Fragen stellen.*

wei|ter|fres|sen ⟨st. V.; hat⟩: **1.** *mit dem Fressen fortfahren.* **2.** ⟨w. + sich⟩ *sich weiter ausbreiten u. dabei Schaden anrichten:* das Buschfeuer frisst sich unaufhaltsam weiter.

wei|ter|füh|ren ⟨sw. V.; hat⟩: **1. a)** *etw. fortsetzen, indem man es in bestimmter Richtung führt (7 a):* eine Trasse [am Fluss entlang] w.; **b)** *als Fortsetzung in bestimmter Richtung führen, verlaufen, sich fortsetzen:* die Straße führt dann am linken Ufer weiter. **2. a)** *fortsetzen, fortführen:* eine Verhandlung, eine Firma, eine Tradition, seine Aktivitäten w.; **b)** *voran-, vorwärtsbringen:* dieser Vorschlag führt uns nicht weiter; **c)** *über etw. Bestimmtes hinausgehen, -führen:* ein weiterführender Gedanke; weiterführende Schulen (Schule; *allgemeinbildende Schulen, die über die allgemeine Schulpflicht hinausführende Ausbildung vermitteln).*

Wei|ter|füh|rung, die ⟨Pl. selten⟩: *das Weiterführen.*

Wei|ter|ga|be, die ⟨Pl. selten⟩: *das Weitergeben.*

wei|ter|ge|ben ⟨st. V.; hat⟩: *etw., was einem gegeben, überreicht usw. worden ist, an einen anderen geben:* ein Buch, einen Umlauf w.; Ü eine Information, sein Wissen, eine Erbanlage, einen Vorschlag, eine Anregung, eine Beschwerde [an jmdn.] w.; ein Rezept von Generation zu Generation w.; eine Kostensenkung an den Verbraucher w.

wei|ter|ge|hen ⟨unr. V.; ist⟩: **1.** *das Gehen fortsetzen, (nach einer Unterbrechung) wieder vorwärtsgehen:* lass uns w.! **2. a)** *sich in seinem [Ver]lauf fortsetzen:* der Weg geht nicht [mehr] weiter; wo geht hier die Straße weiter?; ⟨unpers.:⟩ plötzlich ging es nicht mehr weiter; **b)** *[nur unterbrochen gewesen, aber] noch nicht zu Ende sein, nicht aufhören, fortgesetzt werden, sich fortsetzen:* die Geschichte geht noch weiter; wie geht das Lied weiter?; die Entwicklung ist inzwischen [in einem guten Stück] weitergegangen; ⟨unpers.:⟩ steigt ein, es geht weiter; so kann es nicht w.; Dann, als die Zeit weiterging *(im Laufe der Zeit),* zeigte sich ein bräunlichrötlicher Schimmer um die Kronen der Bäume (Wiechert, Jeromin-Kinder 140).

wei|ter|hel|fen ⟨st. V.; hat⟩: **1.** *jmdm. behilflich sein u. über Schwierigkeiten hinweghelfen, sodass er mit etw. weiterkommt bzw. seinem Ziel näher kommt:* jmdm. [bei einem Problem] w.; da kann ich Ihnen leider auch nicht w. **2.** *jmdm. nützlich, dienlich sein, ihm über Schwierigkeiten hinweghelfen u. ihn weiterbringen, dem Ziel näher bringen:* dein Hinweis hat mir weitergeholfen.

wei|ter|hin ⟨Adv.⟩: **1.** *immer noch, auch jetzt noch:* er ist w. skeptisch; wir haben ihn trotz allem w. unterstützt. **2.** *(auch) künftig, (auch) in Zukunft:* ich werde mich w. daran beteiligen; [auch] w. alles Gute! **3.** *ferner, außerdem [noch]:* w. ist Folgendes zu bedenken.

wei|ter|kämp|fen ⟨sw. V.; hat⟩: *fortfahren zu kämpfen.*

wei|ter|kom|men ⟨st. V.; ist⟩: **1.** *vorankommen (1), vorwärtskommen:* von da aus kommt man nur noch mit dem Taxi weiter; wir müssen zusehen, dass wir weiterkommen. **2.** *vorankommen (2):* mit einem Problem, mit einer Arbeit [nicht] w.; so kommen wir nicht weiter; die Ermittler sind ein Stück weitergekommen; im Leben, im Beruf w.; die Mannschaft ist [in dem Turnier] eine Runde weitergekommen.

wei|ter|kön|nen ⟨unr. V.; hat⟩ ⟨ugs.⟩: *weitergehen, -fahren usw. können.*

wei|ter|krie|chen ⟨st. V.; hat⟩: *das Kriechen fortsetzen, (nach einer Unterbrechung) wieder vorwärtskriechen.*

wei|ter|lau|fen ⟨st. V.; ist⟩: **1.** *das Laufen fortsetzen, (nach einer Unterbrechung) wieder vorwärtslaufen:* er fiel hin, stand aber gleich wieder auf und lief weiter. **2.** *in Gang, in Betrieb bleiben:* eine Maschine, den Motor, das Radio, die Klimaanlage w. lassen; Ü die Fabrik, das Geschäft muss w. **3.** *weiter vor sich gehen, weiter vonstattengehen, ablaufen:* die Ermittlungen, die Planungen, die Vorbereitungen, die Arbeiten laufen weiter; die Produktion muss w.; Ü die Gehaltszahlungen laufen weiter; der Vertrag läuft weiter *(bleibt weiter in Kraft).*

wei|ter|le|ben ⟨sw. V.; hat⟩: **1. a)** *weiterhin leben, am Leben bleiben:* er wurde wieder gesund und lebte noch viele Jahre weiter; **b)** *sein Leben, seine Existenz (in einer bestimmten Weise) fortsetzen:* einfach w., als wäre nichts geschehen; ich kann so nicht w. **2.** *fortleben (1):* in seinem Werk, seinen Kindern w.

wei|ter|lei|ten ⟨sw. V.; hat⟩: *etw., was man erhalten hat, einer anderen Person, Stelle zuleiten:* eine Anfrage, einen Antrag [an den zuständigen Sachbearbeiter] w.; eine Postsendung w.; eine Vorlage, einen Ball w. (Sport); *weitergeben*).

Wei|ter|lei|tung, die ⟨o. Pl.⟩: *das Weiterleiten.*

wei|ter|le|sen ⟨st. V.; hat⟩: *fortfahren zu lesen.*

wei|ter|ma|chen ⟨sw. V.; hat⟩: **1.** *sein Tun [nach einer Unterbrechung] fortsetzen:* mit etw. w.; der Kanzler will noch bis zum Ende der Legislaturperiode w. *(weiter im Amt bleiben);* mach nur so weiter! (iron.: *so solltest du besser nicht weitermachen);* ⟨auch mit Akk.-Obj.⟩: du solltest das Gymnasium w.; Sie werden bald im Zuchthaus sitzen, wenn Sie so weitermachen (Remarque, Obelisk 318). **2.** (schweiz. Militär) *sich zur Beförderung weiter ausbilden lassen.*

Wei|ter|marsch, der ⟨o. Pl.⟩: *Fortsetzung des ¹Marsches (1).*

¹wei|ter|mar|schie|ren ⟨sw. V.; ist⟩: *das Marschieren fortsetzen, (nach einer Unterbrechung) wieder vorwärtsmarschieren.*

wei|ter|mel|den ⟨sw. V.; hat⟩: *etw., was einem gemeldet worden ist, was man erfahren hat, einer anderen Person, Stelle melden.*

wei|ter|müs|sen ⟨unr. V.; hat⟩ ⟨ugs.⟩: *weitergehen, -fahren usw. müssen:* ich muss leider gleich weiter.

wei|ter|pen|nen ⟨sw. V.; hat⟩ ⟨ugs.⟩: *weiterschlafen.*

wei|ter|qua|li|fi|zie|ren ⟨sw. V.; hat⟩: **1.** ⟨w. + sich⟩ *seine Qualifikation erweitern; eine zusätzliche Qualifikation erwerben:* sie möchte sich beruflich w. **2.** *ausbilden, weiterbilden u. so zu einer höheren, zusätzlichen Qualifikation bringen:* Fachkräfte, ältere Mitarbeiter w.

wei|ter|rau|chen ⟨sw. V.; hat⟩: **a)** *das Rauchen einer Zigarette, Pfeife o. Ä. fortsetzen:* von mir aus kannst du [deine Zigarre] ruhig w.; **b)** *das Rauchen nicht aufgeben:* er hat auch nach seinem Infarkt unverdrossen weitergeraucht.

wei|ter|re|den ⟨sw. V.; hat⟩: *sein Reden [nach einer Unterbrechung] fortsetzen.*

wei|ter|re|gie|ren ⟨sw. V.; hat⟩: *fortfahren zu regieren.*

wei|ter|rei|chen ⟨sw. V.; hat⟩: *etw. weitergeben [indem man es einem anderen reicht]; weiterleiten:* etw. an jmdn. w.; ein Flugblatt lesen und dann w.

Wei|ter|rei|se, die: *Fortsetzung der Reise (1):* der Grenzer wünschte uns eine gute W.

wei|ter|rei|sen ⟨sw. V.; ist⟩: *die Reise (1) fortsetzen.*

wei|ter|rei|ten ⟨sw. V.; ist⟩: *das Reiten fortsetzen.*

wei|ter|rol|len ⟨sw. V.; hat/ist⟩: *[sich] rollend weiterbewegen.*

wei|ter|rü|cken ⟨sw. V.; hat/ist⟩: *[sich] rückend weiterbewegen.*

wei|ter|rut|schen ⟨sw. V.; ist⟩: *sich rutschend weiterbewegen.*

wei|ters ⟨Adv.⟩ (österr.): *weiterhin (3).*

wei|ter|sa|gen ⟨sw. V.; hat⟩: *[einem] Dritten, anderen sagen (was einem selbst gesagt worden ist).*

wei|ter|sau|fen ⟨st. V.; hat⟩ (salopp): *weitertrinken.*

wei|ter|schen|ken ⟨sw. V.; hat⟩: *[einem] anderen schenken (was einem selbst geschenkt worden ist).*

wei|ter|schi|cken ⟨sw. V.; hat⟩: **1.** *(Zugesandtes) an eine andere Person, Stelle schicken.* **2.** *jmdn. wegschicken, indem man ihn an eine andere Person od. Stelle verweist.*

wei|ter|schie|ben ⟨st. V.; hat⟩: *vorwärtsschieben.*

wei|ter|schla|fen ⟨st. V.; hat⟩: *fortfahren zu schlafen.*

wei|ter|schlep|pen ⟨sw. V.; hat⟩: **1.** *fortfahren zu schleppen.* **2.** ⟨w. + sich⟩ *fortfahren, sich irgendwohin zu schleppen.*

wei|ter|schrei|ben ⟨sw. V.; hat⟩: *mit dem Schreiben fortfahren.*

wei|ter|schrei|ten ⟨st. V.; ist⟩: **1.** *sich schreitend weiterbewegen:* Ü wir sollten auf diesem Wege w. **2.** *fortschreiten.*

wei|ter|se|hen ⟨sw. V.; hat⟩: *sehen, entscheiden, was weiter zu tun ist:* dann können wir immer noch w.

wei|ter|sol|len ⟨unr. V.; hat⟩: *weitergehen, -fahren usw. sollen:* sollen wir weiter?

wei|ter|spie|len ⟨sw. V.; hat⟩: **1.** *fortfahren zu spielen.* **2.** *abspielen, weitergeben:* den Ball w.

wei|ter|spin|nen ⟨sw. V.; hat⟩: **1.** *fortfahren zu spinnen (1, 2 a), etw. zu verfolgen (2):* den Faden einer Erzählung, einen Gedanken w.

wei|ter|spre|chen ⟨st. V.; hat⟩: *das Sprechen [nach einer Unterbrechung] fortsetzen.*

wei|ter|stu|die|ren ⟨sw. V.; hat⟩: *fortfahren zu studieren.*

wei|ter|su|chen ⟨sw. V.; hat⟩: *sein Suchen fortsetzen:* ich werde w., bis ich es gefunden habe.

wei|ter|tra|gen ⟨st. V.; hat⟩: **1.** *fortfahren zu tragen.* **2.** (ugs.) *weitererzählen (1):* ein Gerücht, eine Kunde w.

wei|ter|trat|schen ⟨sw. V.; hat⟩ (ugs. abwertend): **1.** *weitererzählen (1).* **2.** *mit dem Tratschen fortfahren.*

wei|ter|trei|ben ⟨st. V.; hat⟩: **1.** ⟨hat/ist⟩ *fortfahren zu treiben (1, 5, 7 a, b).* **2.** ⟨hat⟩ *fortsetzen, fortführen (1).* **3.** ⟨hat⟩ *vorantreiben, fördern:* eine Entwicklung w.

wei|ter|trin|ken ⟨st. V.; hat⟩: *das Trinken fortsetzen, mit dem Trinken nicht aufhören.*

Wei|te|rung, die; -, -en ⟨meist Pl.⟩ [mhd. wīterunge = Erweiterung]: *unerwünschte, unangenehme Folge:* allen -en vorbeugen.

wei|ter|ver|ar|bei|ten ⟨sw. V.; hat⟩: *in einem od. mehreren weiteren Arbeitsgängen verarbeiten:* Halbfabrikate [zu etw.] w.; die weiterverarbeitende Industrie.

Wei|ter|ver|ar|bei|tung, die: *das Weiterverarbeiten.*

wei|ter|ver|äu|ßern ⟨sw. V.; hat⟩: *(wiederum) an einen anderen, Dritten veräußern.*

wei|ter|ver|bin|den ⟨unr. V.; hat⟩: *jmdn., mit dem man telefoniert, mit einem Dritten verbinden (7):* würden Sie mich bitte w.?

wei|ter|ver|brei|ten ⟨sw. V.; hat⟩: *(eine Information o. Ä.) an andere weitergeben:* eine Nachricht, ein Gerücht w.

Wei|ter|ver|brei|tung, die: *das Weiterverbreiten.*

wei|ter|ver|er|ben ⟨sw. V.; hat⟩: **1.** *vererbend weitergeben.* **2.** ⟨w. + sich⟩ *weitervererbt werden.*

wei|ter|ver|fol|gen ⟨sw. V.; hat⟩: *fortfahren zu verfolgen (bes. 1 d, 1 e, 2, 3).*

Wei|ter|ver|fol|gung, die: *das Weiterverfolgen.*

wei|ter|ver|han|deln ⟨sw. V.; hat⟩: *fortfahren zu verhandeln.*

wei|ter|ver|hö|kern ⟨sw. V.; hat⟩ (ugs.): *weiterverkaufen.*

Wei|ter|ver|kauf, der: *das Weiterverkaufen.*

wei|ter|ver|kau|fen ⟨sw. V.; hat⟩: *(wiederum) an einen anderen, Dritten verkaufen.*

wei|ter|ver|mie|ten ⟨sw. V.; hat⟩: *untervermieten.*

wei|ter|ver|mit|teln ⟨sw. V.; hat⟩: *(wiederum) einem anderen, Dritten vermitteln.*

wei|ter|ver|scher|beln ⟨sw. V.; hat⟩ (ugs.): *weiterverkaufen.*

wei|ter|ver|scheu|ern ⟨sw. V.; hat⟩ (ugs.): *weiterverkaufen.*

wei|ter|ver|wen|den ⟨unr. V.; hat⟩: *noch zu anderen, weiteren Zwecken verwenden.*

Wei|ter|ver|wen|dung, die: *das Weiterverwenden.*

wei|ter|wach|sen ⟨st. V.; ist⟩: *fortfahren zu wachsen.*

wei|ter|wan|dern ⟨sw. V.; ist⟩: *[nach einer Unterbrechung] das Wandern fortsetzen.*

wei|ter|wir|ken ⟨sw. V.; hat⟩: *fortfahren zu wirken, weiterhin wirken.*

wei|ter|wis|sen ⟨unr. V.; hat⟩: *in einer schwierigen Lage (selbst) wissen, was weiter zu tun ist; einen Ausweg wissen:* nicht mehr w.

wei|ter|wol|len ⟨unr. V.; hat⟩ (ugs.): *weitergehen, -fahren usw. wollen:* wollt ihr schon weiter?

wei|ter|wurs|teln, wei|ter|wurs|teln ⟨sw. V.; hat⟩ (salopp): *sein Tun [wie gewöhnlich] fortsetzen:* willst du so w.?

wei|ter|zah|len ⟨sw. V.; hat⟩: *weiterhin zahlen:* das Gehalt wird weitergezahlt.

wei|ter|ze|chen ⟨sw. V.; hat⟩: *das Zechen fortsetzen.*

wei|ter|zie|hen ⟨unr. V.⟩: **1.** *[nach einer Unterbrechung] wieder vorwärtsziehen:* ⟨ist:⟩ der Zirkus zog weiter; die Nomaden, die Wildgänse sind weitergezogen; das Tief zieht nach Südosten weiter. **2.** ⟨hat⟩ (schweiz. Rechtsspr.) *durch Revision vor eine höhere Instanz bringen:* ein Urteil an die nächste Instanz w.

Wei|ter|zug, der: **1.** *das Weiterziehen (2).* **2.** (schweiz. Amtsspr.) *das Weiterziehen (1).*

wei|test|ge|hend ⟨Adj.⟩: *äußerst, denkbar weit-*

weitestmöglich – Welle

gehend: -e Vollmachten; Pannen konnten w. vermieden werden.
wei|test|mög|lich ⟨Adj.⟩: *möglichst weitgehend, so weit wie möglich:* unter -er Berücksichtigung seiner Wünsche; Konflikte w. vermeiden.
weit|flä|chig ⟨Adj.⟩: *sich über eine große Fläche erstreckend:* -e Überschwemmungen.
weit|ge|fä|chert, weit ge|fä|chert ⟨Adj.⟩: *reichhaltig, vielfältig:* ein -es Programm, Angebot.
weit|ge|hend, weit ge|hend ⟨Adj.⟩: **1.** *umfangreich (was Erstreckung, Geltung o. Ä. betrifft):* -e Unterstützung; seine Befugnisse, Möglichkeiten, Vollmachten sind sehr w.; der Vorschlag scheint mir zu w., nicht w. genug. **2.** *nahezu gänzlich, nahezu völlig:* -e Keimfreiheit; ein w. menschenleerer Strand; einen Plan w. verwirklichen.
weit ge|reist, weit|ge|reist ⟨Adj.⟩: *durch Reisen weit herumgekommen:* ein weit gereister Mann.
weit|ge|spannt, weit ge|spannt ⟨Adj.⟩: *sich weit erstreckend, umfassend:* -e Erwartungen, Ziele.
weit|grei|fend, weit grei|fend ⟨Adj.⟩: *vieles umfassend, umgreifend:* -e Folgen.
weit|her ⟨Adv.⟩ (geh.): *von weit her:* der Marmor für den Tempel musste w. geholt werden.
weit her|ge|holt, weit|her|ge|holt ⟨Adj.⟩: ↑ herholen.
weit|he|rum ⟨Adj.⟩ (schweiz.) **a)** *weithin* (1); **b)** *bei vielen Menschen, in weiten Kreisen:* w. bekannt sein.
weit|her|zig ⟨Adj.⟩: *großzügig* (1): ein -er Mensch; Ü eine Regel w. auslegen; Ganz so w. (weit) lege er diese Theorie gar nicht aus (Chr. Wolf, Himmel).
Weit|her|zig|keit, die; -: *Großzügigkeit.*
weit|hin ⟨Adv.⟩: **1.** *weit umher, weit im Umkreis bzw. bis in weite Entfernung:* w. sichtbar, zu hören sein; w. hallen; ...im Schatten einer Eiche, des einzigen Baumes in w. (Ransmayr, Welt 63). **2.** *in weitem Umfang, weitgehend:* es ist w. sein Verdienst.
weit|läu|fig ⟨Adj.⟩: **1.** *[weit] ausgebreitet, ausgedehnt u. nach wechselnden Richtungen verlaufend:* weitläufige Baulichkeiten, Grünanlagen; ein w. angelegter Garten; ...von seinen vielen und -en Wanderschaften, die ihn durch das ganze große Deutschland getrieben hatten (R. Walser, Gehülfe 130). **2.** *ausführlich u. umständlich:* etw. w. schildern. **3.** *(auf den Grad der Verwandtschaft bezogen) entfernt:* ein -er Verwandter; w. verwandt sein.
Weit|läu|fig|keit, die; -, -en: **1.** ⟨o. Pl.⟩ *das Weitläufigsein.* **2.** *etw. Weitläufiges* (2).
Weit|ling, der; -s, -e (bayr., österr.): *große, sich nach oben stark verbreiternde Schüssel.*
weit|ma|schig ⟨Adj.⟩: *mit weiten Maschen:* ein -es Netz.
weit|mög|lichst ⟨Adj.⟩ (Papierdt.): *so weitgehend wie möglich:* -e Sicherheit; Risiken w. ausschließen.
weit|räu|mig ⟨Adj.⟩: **1.** *eine große Fläche einnehmend, einbeziehend, betreffend, über große Entfernungen erfolgend:* ein -es Land; die Unglücksstelle wurde w. abgesperrt; der Verkehr wird w. umgeleitet. **2.** *viel Raum bietend, großzügig dimensioniert:* eine -e Halle, Kirche. **3.** (Ballspiele) *über große Teile des Spielfeldes hinweg [erfolgend]:* -e Pässe; w. spielen.
Weit|räu|mig|keit, die; -: *weiträumiger Charakter.*
weit|rei|chend, weit rei|chend ⟨Adj.⟩: **1.** *in weite Entfernung reichend:* ein -es Geschütz. **2.** *sich auf einen weiten Bereich erstreckend:* -e Konsequenzen; -e Vollmachten.
weit|schau|end, weit schau|end ⟨Adj.⟩ (geh.): *weitblickend.*
Weit|schuss, der (Ballspiele): *aus großer Entfernung abgegebener Schuss aufs Tor.*

weit|schwei|fig ⟨Adj.⟩ [mhd. wītsweific, zu ↑ schweifen]: *(beim Erzählen, Schildern usw.) breit u. umständlich, viel Nebensächliches, Überflüssiges mit darstellend:* ein -er Vortrag, Roman; er ist *(redet, schreibt)* mir zu w.; Die Passage ist zu w. und nichts sagend, um hier zitiert zu werden (Enzensberger, Einzelheiten I, 45).
Weit|schwei|fig|keit, die; -: *das Weitschweifigsein.*
Weit|sicht, die ⟨o. Pl.⟩: *Weitblick* (1).
weit|sich|tig ⟨Adj.⟩: **1.** *an Weitsichtigkeit* (1) *leidend:* bist du w.? **2.** *Weitsicht besitzend, zeigend:* ein -er Politiker; es war sehr w. [von ihm], so zu entscheiden.
Weit|sich|tig|keit, die; -, -en: **1.** *Fehlsichtigkeit, bei der man Dinge in der Ferne deutlich, Dinge in der Nähe undeutlich od. gar nicht sieht.* **2.** (selten) *Weitsicht.*
weit|sprin|gen ⟨st. V.; ist; meist nur im Inf. u. Part.⟩ (Sport): *Weitsprung betreiben.*
Weit|sprin|ger, der: *jmd., der Weitsprung betreibt.*
Weit|sprin|ge|rin, die: w. Form zu ↑ Weitspringer.
Weit|sprung, der (Sport): **1.** ⟨o. Pl.⟩ *Disziplin der Leichtathletik, bei der es darum geht, möglichst weit zu springen:* der Rekord im W. **2.** *Sprung beim Weitsprung* (1).
weit|spu|rig ⟨Adj.⟩ (Eisenbahn): *mit großer Spurweite.*
weit|tra|gend, weit tra|gend ⟨Adj.⟩: **1.** *weitreichend* (1). **2.** *große Tragweite* (1) *habend:* -e Maßnahmen.
weit|um [österr. auch: ...'um] ⟨Adv.⟩ (landsch., bes. südd., österr., schweiz.): **a)** *im weiten Umkreis;* **b)** *in weiten Kreisen, bei vielen Menschen:* w. bekannt sein.
Wei|tung, die; -, -en [mhd. wītunge = Weite]: **1.** *das [Sich]weiten.* **2.** *Stelle, Abschnitt, wo sich etw. weitet.*
weit|ver|brei|tet, weit ver|brei|tet ⟨Adj.⟩: *sehr, weithin verbreitet:* ein -er Vogel, Irrtum.
weit|ver|zweigt, weit ver|zweigt ⟨Adj.⟩: *vielfach verzweigt:* ein -es Straßennetz, Unternehmen.
Weit|win|kel, das; -s, - (Fotogr. Jargon): Kurzf. von ↑ Weitwinkelobjektiv.
Weit|win|kel|auf|nah|me, die: *mit einem Weitwinkelobjektiv aufgenommene Aufnahme.*
Weit|win|kel|ob|jek|tiv, das (Fotogr.): *Objektiv mit weitem Bildwinkel* (2).
¹Wei|zen, der; -s, ⟨Sorten:⟩ - [mhd. weize, ahd. (h)weizi, eigtl. = der Weiße, nach der Farbe des Mehls; zu ↑ weiß]: **a)** *Getreideart mit langem Halm [u. Grannen], deren Frucht bes. zu weißem Mehl (für Brot u. feines Backwerk) verarbeitet wird:* W. anbauen; **b)** *Frucht des ¹Weizens* (a): W. importieren.
²Wei|zen, das; -s, -: Kurzf. von ↑ Weizenbier: helles, dunkles W.; Herr Ober, bitte noch zwei W.!
Wei|zen|bier, das: *(meist helles) obergäriges Bier, zu dessen Herstellung zur Hälfte aus Gerste u. aus Weizen gewonnenes Malz verwendet wird; Weißbier.*
wei|zen|blond ⟨Adj.⟩: **a)** *von hellem, gelblichem Blond:* -es Haar; **b)** *mit weizenblondem* (a) *Haar:* sie ist w.
Wei|zen|brot, das: *Brot aus Weizenmehl.*
Wei|zen|ern|te, die: **1.** *das Ernten des Weizens.* **2.** *Gesamtheit des geernteten Weizens.*
Wei|zen|feld, das: *mit Weizen bebautes Feld.*
Wei|zen|keim, der: *Keim eines Weizenkorns.*
Wei|zen|keim|öl, das: *aus Weizenkeimen gewonnenes Öl.*
Wei|zen|kleie, die: *beim Mahlen von ¹Weizen* (b) *entstehende Kleie.*
Wei|zen|korn, das: *¹Korn* (1) *des ¹Weizens.*
Wei|zen|mehl, das: *aus Weizenkörnern hergestelltes Mehl.*

Wei|zen|schrot, der od. das: *Menge grob gemahlener Weizenkörner.*
welch: ↑ ¹,²welcher.
wel|che: ↑ ¹welcher, ²welcher, ³welcher.
¹wel|cher, welch, welches ⟨Interrogativpron.⟩ [mhd. wel(i)ch, ahd. (h)welīch, zu ↑ ¹wer u. dem Suffix ...lich, eigtl. = was für eine Gestalt habend]: **1.** *dient der Frage nach einem Einzelwesen, -ding usw. aus einer Gesamtheit, Gruppe, Gattung o. Ä.:* welcher Mantel gehört dir?; auf welche Weise kann man das erreichen?; welcher [der beiden/von den beiden/von beiden] ist besser?; welches/(seltener:) welcher ist dein Hut?; ⟨in abhängigen Sätzen:⟩ er fragte mich, welcher Teilnehmer das gesagt habe; es ist gleichgültig, mit welchem Zug ich fahre; in Verbindung mit »auch [immer]«, »immer«: welcher Verantwortliche auch [immer] *(gleichgültig, welcher Verantwortliche)* zugestimmt hat, es war ein Fehler. **2.** (geh.) *drückt in Ausrufen od. abhängigen Sätzen einen besonderen Grad, ein besonderes Ausmaß aus;* was für ein[er]: welcher [herrliche] Tag ist das heute!; ich bewundere, mit welchem Geschick er das machte; ⟨oft unflektiert:⟩ welch ein [Un]glück!; ich bewundere, mit welch großem Geschick er das machte.
²wel|cher, welche, welches, welch ⟨Relativpron.⟩ [vgl. ¹welcher] (seltener): *der, die, das* (↑ ³der): *diejenigen, welche die beste Arbeit geleistet hatten; Personen, für welche das gilt;* Äpfel, Birnen, Pfirsiche, welch letztere (Papierdt.: *von denen die letzteren*) *besonders schmackhaft waren;* ⟨in weiterführenden Relativsätzen o. Ä.:⟩ sie nickte, welches (Papierdt.; *was*) er als Zustimmung auffasste.
³wel|cher, welche, welches ⟨Indefinitpron.⟩: *steht bes. stellvertretend für ein vorher genanntes Subst.; bezeichnet eine unbestimmte Menge, Anzahl:* wir brauchen Geld, kannst du welches beschaffen?; ich habe keine Zigaretten, hast du welche?; (ugs. auch auf Personen bezogen:) bei dem Unwetter sind sogar welche umgekommen.
wel|cher|art ⟨Adv.⟩: *wie geartet, von welcher Art, wie [auch immer] beschaffen:* w. Leute waren es?; es ist [mir] gleichgültig, w. seine Überlegungen waren.
wel|cher|ge|stalt ⟨Adv.⟩ (Papierdt.): *welcherart.*
wel|cher|lei ⟨Adv.⟩ [↑ -lei]: *welche Art von ..., welche [auch immer]:* w. Gründe er auch [immer] gehabt haben mag, er hätte es nicht tun sollen.
wel|ches: ↑ ¹welcher, ²welcher, ³welcher.
welk ⟨Adj.⟩ [mhd. welc, ahd. welk, urspr. = feucht, Bedeutungswandel wohl unter Einfluss von ahd. arwelkēn = die Feuchtigkeit verlieren]: *nicht mehr frisch u. daher schlaff, faltig o. Ä.:* -es Laub, Gemüse; die Blumen werden schnell w.; der Salat ist schon ganz w.; Ü -e Haut; ...sein Gesicht sah w. aus wie das eines hundertjährigen Schimpansen (Schnurre, Bart 148).
wel|ken ⟨sw. V.; ist⟩ [mhd. welken, ahd. welkēn]: *welk werden:* die Rose welkt schon; Ü ihre Schönheit begann zu w.
Welk|heit, die; -: *das Welksein.*
Well|blech, das: *steifes, sehr tragfähiges gewelltes Blech:* ein Dach aus W.
Well|blech|dach, das: *Dach aus Wellblech.*
well|blech|ge|deckt ⟨Adj.⟩: *mit Wellblech gedeckt.*
Well|blech|hüt|te, die: *Hütte aus Wellblech.*
Well|chen, das; -s, -: Vkl. zu ↑ Welle: Da hüpften sie, in Damen und Herren getrennt, teils hinter Verplankungen, teils an Seilen auf und ab, kreischten entsetzlich, wenn ein handhohes W. kam (Fallada, Herr 110).
Wel|le, die; -, -n [mhd. welle = Reisigbündel; zylindrischer Körper; Wasserwoge, ahd. wella = Wasserwoge, zu mhd. wellen, ahd. wellan =

wälzen, zu ↑ ¹wallen]: **1.** *der aus der Wasseroberfläche sich für kurze Zeit herauswölbende Teil bei bewegtem Wasser:* hohe, schäumende -n; die -n gehen hoch; die -n rollen, schlagen, klatschen ans Ufer, brechen sich an den Klippen, branden gegen die Küste; der Kamm einer W.; das Boot treibt, schaukelt auf den -n; in den -n versinken, ertrinken; sich von den -n tragen lassen; von den -n fortgerissen, verschlungen werden; Ü eine W. der Wut stieg in ihm hoch; die -n [der Begeisterung] gingen hoch *(es herrschte große Begeisterung);* die -n [der Erregung] haben sich wieder geglättet; * **-n reiten** (Sport; surfen). **2. a)** *etw., was in großem Ausmaß bzw. in mehr od. weniger dichter Folge in Erscheinung tritt [u. sich ausbreitet, steigert]:* etw. löst eine W. von Protesten aus; Jagdbomber flogen in vier -n Angriffe gegen die Stadt; * **grüne W.** *(zeitlich in der Weise abgestimmte Einstellung der Verkehrsampeln auf einer Strecke, dass ein Autofahrer bei Einhaltung einer bestimmten Geschwindigkeit an den Ampeln nicht zu halten braucht, weil er immer grünes Licht hat):* bei 70 km/h grüne W. haben); **-n schlagen** *(Auswirkungen haben; Erregung, Aufsehen verursachen);* **hohe -n schlagen** *(allgemein große Erregung auslösen);* **-n reiten** (Sport; surfen); **b)** *etw., was plötzlich u. in größerem Ausmaß aktuell ist:* die neue W. in der Mode betont das Weibliche; die weiche W. (ugs.; *allgemein vorherrschende Nachgiebigkeit, Konzilianz, z. B. in der Politik, im Strafvollzug*). **3. a)** *wellige Stelle des [Kopf]haars:* sich -n legen lassen; Den Kopf mit der blonden W., die -n sind erhoben (Muschg, Gegenzauber 338); **b)** *flache wellenförmige [Boden]erhebung:* -n im Gelände, im Teppich[boden]. **4. a)** (Physik) *Schwingung, die sich fortpflanzt:* kurze, lange, elektromagnetische, seismische -n; die -n des Lichts, Schalls; **b)** (Rundfunk) *Wellenlänge, Frequenz:* die Station sendet ab morgen auf einer anderen W. **5.** (Technik) *stabförmiges Maschinenteil zur Übertragung von Drehbewegungen:* die W. ist gebrochen; das Aggregat wird über eine W. angetrieben. **6.** (Turnen) *Umschwung* (2).

-wel|le, die; -, -n: **1. a)** drückt in Bildungen mit Substantiven – seltener mit Verben (Verbstämmen) – aus, dass etw. sich plötzlich in starkem Maße ausbreitet, dass etw. plötzlich verstärkt in Erscheinung tritt: Ausreise-, Drogen-, Rücktrittswelle; **b)** bezeichnet in Bildungen mit Substantiven eine plötzlich anwachsende Anzahl von jmdm.: Asylanten-, Flüchtlings-, Urlauberwelle. **2.** drückt in Bildungen mit Substantiven – seltener mit Verben (Verbstämmen) – aus, dass plötzlich etw. in verstärktem Maße [von vielen] betrieben wird, dass plötzlich ein großes Interesse an jmdm., etw. besteht (u. deshalb jmd., etw. sehr in Mode ist): Fitness-, Freß-, Gesundheitswelle.

wel|len ⟨sw. V.; hat⟩: **1.** *wellig formen:* Blech w.; sich das Haar w. lassen; gewelltes Haar. **2.** ⟨w. + sich⟩ **a)** *[unerwünschte] wellenförmige Erhebungen bilden, bekommen, wellige Form annehmen:* das Papier, das Furnier, der Teppich wellt sich; **b)** *wellige Form zeigen:* ihr Haar wellt sich; gewelltes *(welliges)* Gelände.

wel|len|ar|tig ⟨Adj.⟩: *einer Welle* (1) *ähnlich.*
Wel|len|bad, das: *Schwimmbad mit künstlich erzeugtem Wellengang.*
Wel|len|be|reich, der: *Bereich des Spektrums der elektromagnetischen Wellen, bes. der Funkwellen:* ein Radio mit den -en UKW und Mittelwelle.
Wel|len|berg, der: *Welle* (1).
Wel|len|be|we|gung, die: *Bewegung, wie sie eine Welle* (1) *ausführt.*
Wel|len|bil|dung, die: *Bildung von Wellen* (1).
Wel|len|bre|cher, der: **1.** *dem Uferschutz dienende Anlage (Damm o. Ä.), die ankommende Wellen* (1) *brechen soll.* **2.** (Schiffbau) *auf dem Vordeck von Schiffen angebrachtes, v-förmig gewinkeltes Stahlblech, das überkommende Wellen* (1) *brechen u. seitlich ablenken soll.*
wel|len|för|mig ⟨Adj.⟩: *wellenartig:* -e Linien, Erhebungen; w. verlaufen.
Wel|len|funk|ti|on, die (Physik): *Funktion* (2), *die Lösung einer Wellengleichung ist.*
Wel|len|gang, der ⟨o. Pl.⟩: *das Vorhandensein von Wellen* (1): bei starkem W.
Wel|len|kamm, der: *höchster Teil des Wellenberges.*
Wel|len|län|ge, die (Physik): *räumlicher Abstand zweier aufeinanderfolgender Orte gleicher Phase, wie er bei einer Welle* (4a) *gemessen werden kann:* Kurzwellen mit -n zwischen 30 und 50 m; * **dieselbe/die gleiche W. haben, auf derselben/der gleichen W. liegen/sein** *(die gleiche Art haben, zu fühlen u. zu denken, sich gut verstehen; stammt aus dem Funkverkehr, wo Sender u. Empfänger auf der gleichen Wellenlänge liegen müssen).*
Wel|len|li|nie, die: *wellenförmige Linie.*
wel|len|rei|ten ⟨st. V.; nur im Inf. gebr.⟩: *Surfing* (1) *betreiben.*
Wel|len|rei|ten, das; -s (Sport): *Surfing* (1).
Wel|len|rei|ter, der: *Surfer* (1).
Wel|len|rei|te|rin, die: w. Form zu ↑ Wellenreiter.
Wel|len|sal|lat, der ⟨o. Pl.⟩ (ugs.): *Durcheinander, Nebeneinander sich gegenseitig störender [Mittelwellen]sender, die auf [fast] gleicher Welle* (4) *senden.*
Wel|len|schlag, der: *Rhythmus der Wellenbewegung u. ihrer Geräusche.*
Wel|len|schliff, der: *welliger ¹Schliff* (2 b): ein Messer mit W.
Wel|len|sit|tich, der: *(in Australien heimischer) gelbgrüner Sittich mit wellenförmiger dunkler Zeichnung auf der Oberseite, der als Käfigvogel beliebt ist.*
Wel|len|strah|lung, die: *Strahlung, bei der die Energie in Form von Wellen* (4a) *transportiert wird.*
Wel|len|tal, das ⟨Pl. ...täler⟩: *tiefste Stelle zwischen zwei Wellen:* das Boot verschwand in einem W.
Wel|len|theo|rie, die (Physik): *Theorie, nach der sich physikalische Veränderungen von einem Mittelpunkt aus in Form einer Wellenbewegung nach allen Seiten hin gleichmäßig ausbreiten.*
Wel|len|zug, der (Physik): *Linie des wellenförmigen Verlaufs einer Welle* (4a).
Well|fleisch, das; -[e]s [zu veraltet wellen (auf)kochen, eigtl. = wallen, kochen machen, Kausativ zu ↑ ¹wallen]: *gekochtes Bauchfleisch von frisch geschlachteten Schweinen.*
Well|horn|schne|cke, die: *(im Meer lebende) Schnecke mit gelblich braunem, länglichem, spitzem Gehäuse.*
wel|lig ⟨Adj.⟩ [mhd. wellec, urspr. = rund, zylindrisch]: *in Wellen verlaufend, wellenförmig:* -es Haar, Gelände; die Pappe ist w. geworden.
Wel|lig|keit, die; -, -en: *das Welligsein; wellige Stelle.*
Wel|ling|ton [ˈwɛlɪŋtən]: *Hauptstadt von Neuseeland.*
Well|ness, die; - [engl. wellness, zu: well = gut, wohl, in Ordnung, verw. mit ↑ ¹wohl]: *durch [leichte] körperliche Betätigung erzieltes Wohlbefinden.*
Well|ness|be|reich, der: *Bereich eines Hotels o. Ä. mit der Wellness dienenden Einrichtungen o. Ä.*
Well|ness|ho|tel, das: *Hotel mit der Wellness dienenden Einrichtungen o. Ä.*
Well|pap|pe, die: *Pappe aus gewelltem Papier, das ein- od. beidseitig mit glatter Papierbahn beklebt ist.*
Wel|lung, die; -, -en: **1.** *wellige Form.* **2.** *wellige Stelle.*
Wel|pe, der; -n, -n [aus dem Niederd. < mniederd. welp, zu mhd. welf(e), ahd. welph, wohl eigtl. = winselnder (junger Hund), lautm.]: *(bei Hunden, Wölfen, Füchsen) Junges.*
Wels, der; -es, -e [spätmhd. wels, verw. mit ↑ Wal]: *(in Binnengewässern lebender) schuppenloser, Barteln aufweisender, großer Fisch mit dunklem Rücken, hellerem Bauch u. sehr langer Afterflosse, der als Speisefisch sehr geschätzt wird.*
welsch ⟨Adj.⟩ [mhd. welsch, walhisch, ahd. wal(a)hisc = romanisch, urspr. Bez. für den kelt. Stamm der Volcae]: **1.** (schweiz.) *zum Französisch sprechenden Teil der Schweiz gehörend;* welschschweizerisch: die -e Schweiz; die -en Kantone, Zeitungen; das -e Fernsehen; die Schweizer -er Zunge; ⟨subst.:⟩ sie stammt aus dem Welschen *(aus der französischsprachigen Schweiz).* **2. a)** (veraltet) *romanisch, bes. französisch, italienisch:* -e Nüsse (veraltet; Walnüsse); ◆ In seinen Reden kocht der feurige -e (italienische) Wein, den ich damals von Rom mitgebracht hatte (Novalis, Heinrich 14); **b)** (veraltend abwertend) *fremdländisch, bes. romanisch, südländisch:* -e Sitten.
Wel|sche, die/eine Welsche; der/einer Welschen, die Welschen/zwei Welsche (schweiz.): *Schweizerin mit Französisch als Muttersprache.*
Wel|scher, der/ein Welscher; des/eines Welschen, die Welschen/zwei Welsche (schweiz.): *Schweizer mit Französisch als Muttersprache.*
Welsch|land, das ⟨o. Pl.⟩: **1.** (schweiz.) *französischsprachige Schweiz.* **2.** (veraltet) **a)** *Italien:* ◆ Die Nachbarschaft von W. zeigt sich in dem ungezwungenen Betragen und den einnehmenden Gesprächen (Novalis, Heinrich 22); ◆ ... der Hans ..., der weit drin in W. ist bei den Soldaten (Rosegger, Waldbauernbub 124); **b)** (seltener) *Frankreich.*
Welsch|schweiz, die (schweiz.): *französischsprachige Schweiz.*
Welsch|schwei|zer, der (schweiz.): *Schweizer mit Französisch als Muttersprache.*
Welsch|schwei|ze|rin, die (schweiz.): w. Form zu ↑ Welschschweizer.
welsch|schwei|ze|risch ⟨Adj.⟩ (schweiz.): *die französischsprachige Schweiz betreffend, zu ihr gehörend, aus ihr stammend.*
Wels|fi|let, das: *Filet vom Wels.*
Welt, die; -, -en [mhd. we(r)lt, ahd. weralt, eigtl. = Menschenalter, -zeit]: **1.** ⟨o. Pl.⟩ *Erde, Lebensraum des Menschen:* die große, weite W.; die [gesamte] damals bekannte W.; Europa und die übrige W. die W. erobern, beherrschen wollen; die W. *(viel von der Welt)* gesehen haben; diese Briefmarke gibt es nur zweimal auf der W.; allein auf der W. sein *(keine Angehörigen, Freunde haben);* er ist viel in der W. herumgekommen; in der ganzen W. bekannt sein; eine Reise um die W.; nicht um die W. *(um keinen Preis)* gebe ich das her; R die W. ist klein/ist ein Dorf (Äußerung, die man tut, wenn man irgendwo an einem entfernten Ort zufällig einen Bekannten trifft od. Ähnl., mit dem man gemeinsame Bekannte hat); hier, da ist die W. mit Brettern zugenagelt/vernagelt (ugs.; *hier, da kommt man nicht weiter, endet der Weg o. Ä.);* deswegen/davon geht die W. nicht unter (ugs.; *das ist nicht so schlimm);* * **die Alte W.** *(Europa; eigtl. = die vor der Entdeckung Amerikas bekannte Welt);*

weltabgeschieden – Weltfirma

die Neue W. (*Amerika;* eigtl. = die neu entdeckte Welt); **die Dritte W.** (Politik, Wirtsch.; *die Entwicklungsländer*); **die Vierte W.** (Politik, Wirtsch.; *die ärmsten Entwicklungsländer*); **nicht die W. sein** (ugs.; *nicht viel Geld sein, nicht viel ausmachen*); **nicht die W. kosten** (ugs.; *nicht viel kosten*); **auf die W. kommen** (*geboren werden*); **auf der W. sein** (*geboren sein u. leben:* da warst du doch gar nicht auf der W.); **aus aller W.** (*von überallher:* Teilnehmer, Nachrichten, Briefmarken aus aller W.); **nicht aus der W. sein** (ugs.; *leicht erreichbar sein*); **in aller W.** (*überall:* in aller W. bekannt sein); **in alle W.** (*überallhin*). **2. a)** ⟨o. Pl.⟩ *Gesamtheit der Menschen:* die [ganze] W. hielt den Atem an; die halbe W. hat (ugs. übertreibend; *sehr viele haben*) nach dir gefragt; vor der W. (*vor der Öffentlichkeit*); die ganze W. (ugs. übertreibend; *alles*) um sich herum vergessen; R die W. ist schlecht; nobel/vornehm geht die W. zugrunde (ugs. spött.; Ausspruch bei großer Verschwendung); so etwas hat die W. noch nicht gesehen! (ugs.; *so etwas hat es noch nicht gegeben!*); ich könnte [vor Freude] die ganze W. umarmen!; * **alle W.** (ugs.; *jedermann, alle:* alle W. weiß das; sich vor aller W. blamieren); **b)** ⟨mit adj. Attr.⟩ (geh. veraltend) *größere Gruppe von Menschen, Lebewesen, die durch gemeinsame Gemeinsamkeiten verbunden sind, bes. gesellschaftliche Schicht, Gruppe:* die gelehrte W.; die vornehme W.; die gefiederte W. (*die Vögel*). **3.** (*gesamtes*) *Leben, Dasein,* (*gesamte*) *Verhältnisse [auf der Erde]:* die reale W.; die antike W.; unsere W.; die W. des Mittelalters; die W. von morgen; die W., in der wir leben; imaginäre -en; die W. verändern; jmdm. eine heile W. vorgaukeln; das ist der Lauf der W.; mit offenen Augen durch die W. gehen; verkehrte W. (*Verkehrung der normalen Verhältnisse, des normalen Laufs der Dinge*); das Dümmste, Beste in der W. (ugs.; *überhaupt*); mit sich und der W. zufrieden sein; um nichts in der W./nicht um alles in der W. (*um keinen Preis, auf keinen Fall*) würde ich das hergeben; * **die W. nicht mehr verstehen** (*nicht verstehen, dass so etwas geschehen bzw. dass es so etwas geben kann;* nach Meister Antons Schlusswort in F. Hebbels »Maria Magdalena«); **etw. aus der W. schaffen** (*etw. bereinigen, endgültig beseitigen*); **jmdn. in die W. setzen** (ugs.; *jmdn. zeugen bzw. gebären:* Kinder in die W. setzen); **etw. in die W. setzen** (ugs.; *etw. in Umlauf bringen:* ein Gerücht in die W. setzen); **um alles in der W.** (ugs.: Bekräftigungsformel); **in aller W.** (ugs.; in Fragesätzen zum Ausdruck der Verwunderung, der Beunruhigung, des Unwillens; ... *denn überhaupt:* wie in aller W. war das [nur] möglich?); **nicht von dieser W. sein** (*völlig weltfremd sein;* nach Joh. 8, 23); **zur W. kommen** (*geboren werden*); **jmdn. zur W. bringen** (*jmdn. gebären:* ein Kind zur W. bringen). **4.** *in sich geschlossener [Lebens]bereich; Sphäre:* die W. der Religion, der Kunst, des Zirkus, der Arbeit, des Sports, der Mythen, des Märchens, der Erscheinungen, der Ideen; die W. des Kindes, der Erwachsenen; die [religiöse] W. des Islams; die arabische, die zivilisierte, kapitalistische W. (*die arabischen, zivilisierten, kapitalistischen Länder*); die freie W. (Politik; *die Länder mit einem freiheitlichen politischen System*); der westliche W. (Politik; *der Westen* 3); eine völlig neue W. tat, ganz neue -en taten sich ihm auf; Bücher sind seine W. (*sein Lebensinhalt*). **5. a)** ⟨o. Pl.⟩ *Weltall, Universum:* die Entstehung, Erschaffung der W.; **b)** *Stern-, Planetensystem:* Ü zwischen uns liegen -en, uns trennen -en (emotional; *wir haben nichts gemeinsam*).

welt|ab|ge|schie|den ⟨Adj.⟩: *von der Welt u. ihrem Getriebe abgeschieden, weit entfernt:* ein -es Dorf.

Welt|ab|ge|schie|den|heit, die: *das Weltabgeschiedensein.*

welt|ab|ge|wandt ⟨Adj.⟩: *von der Welt, vom Leben abgewandt:* ein -er Gelehrter.

Welt|ab|ge|wandt|heit, die; -: *das Weltabgewandtsein.*

Welt|agen|tur, die: *Agentur* (2), *die Nachrichten mit eigenen Korrespondenten in (nahezu) allen Ländern der Erde sammelt u. in mehreren Sprachen verbreitet.*

Welt|all, das: *der ganze Weltraum u. die Gesamtheit der darin existierenden materiellen Dinge, Systeme; Kosmos, Universum:* das W. erforschen.

Welt|al|ter, das: *Epoche in der Geschichte des Universums; Äon.*

welt|an|schau|lich ⟨Adj.⟩: *auf einer Weltanschauung beruhend:* -e Gründe; eine w. neutrale Schule.

Welt|an|schau|ung, die [18. Jh., urspr. = subjektive Vorstellung von der Welt]: *Gesamtheit von Anschauungen, die die Welt u. die Stellung des Menschen in der Welt betreffen:* eine idealistische, marxistische W.; ihre W. verbietet es ihm, Gewalt anzuwenden; Gewaltanwendung ist gegen seine W.

Welt|at|las, der: *Atlas, der alle Teile der Welt umfasst.*

Welt|aus|stel|lung, die: *internationale Ausstellung, die einen Überblick über den Stand von Technik u. Kultur in den Ländern der Welt geben soll.*

Welt|aus|wahl, die (Ballspiele, bes. Fußball): *internationale Auswahl[mannschaft].*

Welt|bank, die; -: International Bank für Wiederaufbau und Entwicklung (Sonderorganisation der UN).

Welt|be|darf, der: *weltweiter Bedarf:* der W. an Energie, Rohstoffen, Trinkwasser.

Welt|be|deu|tung, die: *Bedeutung für die gesamte Welt:* etw. hat, erlangt W.

welt|be|kannt ⟨Adj.⟩: *überall in der Welt, weltweit bekannt:* ein -er Künstler, Konzern.

welt|be|rühmt ⟨Adj.⟩: *in der ganzen Welt berühmt:* ein -er Schriftsteller.

Welt|be|rühmt|heit, die; -: **1.** ⟨o. Pl.⟩ *Berühmtheit in der ganzen Welt.* **2.** *weltberühmte Person.*

welt|best... ⟨Adj.⟩: *am besten in der ganzen Welt (hinsichtlich bestimmter [sportlicher] Leistungen):* die weltbesten Artisten, Akrobaten; ⟨subst.:⟩ die Weltbesten im Tennis.

Welt|best|leis|tung, die (Sport): *sportliche Leistung, die in der ganzen Welt Bestleistung ist.*

Welt|best|sel|ler, der: *etw., was weltweit ein Bestseller ist.*

Welt|best|zeit, die (Sport): *Zeit* (3 c), *die in der ganzen Welt Bestzeit ist:* W. laufen.

Welt|be|völ|ke|rung, die ⟨o. Pl.⟩: *Bevölkerung der gesamten Erde.*

welt|be|we|gend ⟨Adj.⟩: *für die Welt, die Menschen von Bedeutung:* eine -e Idee; ein -es Ereignis; ⟨subst.:⟩ es ist nichts Weltbewegendes (ugs.; *nichts Besonderes, nichts von Bedeutung*) passiert.

Welt|be|we|gung, die: *über die ganze Welt verbreitete Bewegung* (3): die kommunistische W.

Welt|bild, das: *umfassende Vorstellung von der Welt [aufgrund wissenschaftlicher bzw. philosophischer Erkenntnisse]:* das moderne, das marxistische W.; ein christliches, romantisches, geschlossenes W.; das W. der Antike.

Welt|blatt, das: *weltweit verbreitete Zeitung, Zeitung mit Weltgeltung.*

Welt|bör|se, die (Wirtsch.): *große, international agierende* ²*Börse* (1).

Welt|brand, der (geh.): *weltweite, durch einen Weltkrieg verursachte Katastrophe.*

Welt|büh|ne, die: *Bereich der internationalen Politik, des internationalen Sports o. Ä.:* der Staat ist von der W. verschwunden, ist auf die W. zurückgekehrt.

Welt|bür|ger, der: *jmd., nach dessen Anschauung alle Menschen gleichwertige u. gleichberechtigte Mitglieder einer die ganze Menschheit umfassenden Gemeinschaft sind u. die Zugehörigkeit zu einer bestimmten Nation von untergeordneter Bedeutung ist; Kosmopolit* (1).

Welt|bür|ge|rin, die: w. Form zu ↑Weltbürger.

welt|bür|ger|lich ⟨Adj.⟩: *kosmopolitisch.*

Welt|bür|ger|tum, das: *das Weltbürgersein; Kosmopolitismus* (1).

Welt|chris|ten|tum, das: *in weiten Teilen der Welt verbreitetes Christentum.*

Welt|cup, der (Sport): Worldcup.

Welt|cup|ren|nen, das (Sport): *Rennen um den Worldcup* (2).

Welt|cup|sieg, der (Sport): *Sieg bei einem Wettkampf um den Worldcup* (2).

Welt|cup|sie|ger, der (Sport): *Sieger in einem Worldcup* (1).

Welt|cup|sie|ge|rin, die: w. Form zu ↑Weltcupsieger.

Welt|da|me, die: *weltgewandte u. welterfahrene Frau, Dame [die Überlegenheit ausstrahlt].*

Welt|eli|te, die (bes. Sport): *aus den Besten der Welt bestehende Elite:* sie zählt zur W.

Welt|emp|fän|ger, der: *Rundfunkgerät für den Empfang sehr weit entfernter Sender, bes. Kurzwellensender.*

Wel|ten|brand, der: Weltbrand.

Wel|ten|bumm|ler, der: *jmd., der (bes. als Tourist) in der Welt herumreist; Globetrotter.*

Wel|ten|bumm|le|rin, die: w. Form zu ↑Weltenbummler.

Wel|ten|de, das (bes. Rel., Theol.): *Ende* (1 b) *der Welt.*

welt|ent|rückt ⟨Adj.⟩ (geh.): *(mit seinen Gedanken, mit seinem Bewusstsein) der Welt entrückt:* w. der Musik lauschen.

Wel|ter, der; -s (Sport): Kurzf. von ↑Weltergewicht (1).

Wel|ter|be, das: **a)** ⟨o. Pl.⟩ *Gesamtheit der in einer Liste der UNESCO geführten, besonders erhaltenswerten Kultur- u. Naturdenkmäler der Welt:* die Altstadt ist von der UNESCO als Teil des -s anerkannt; **b)** (Pl. selten) *zum Welterbe* (a) *gehörendes Denkmal, Landschaftsgebiet o. Ä.:* das W. Oberes Mittelrheintal.

Welt|er|eig|nis, das: *für die gesamte Welt bedeutendes, wichtiges, interessantes Ereignis.*

welt|er|fah|ren ⟨Adj.⟩: *weit in der Welt herumgekommen u. Lebenserfahrung, -klugheit besitzend:* eine -e Frau.

Welt|er|folg, der: *großer Erfolg in der ganzen Welt:* sein Buch wurde ein W.

Wel|ter|ge|wicht, das [engl. welterweight, 1. Bestandteil H. u., 2. Bestandteil engl. weight = Gewicht] (Boxen, Ringen): **1.** ⟨o. Pl.⟩ *Körpergewichtsklasse (z. T. zwischen Mittel- u. Leichtgewicht).* **2.** *Weltergewichtler.*

Wel|ter|ge|wicht|ler, der; -s, -: *Sportler der Körpergewichtsklasse Weltergewicht.*

Welt|er|näh|rung, die ⟨o. Pl.⟩: *Versorgung der Weltbevölkerung mit Nahrungsmitteln.*

welt|er|schüt|ternd ⟨Adj.⟩: *die Menschen, die Welt erschütternd, bewegend:* -e Ereignisse; nicht w. sein.

Welt|esche, die ⟨o. Pl.⟩ (germ. Mythol.): *riesige Esche, die Ursprung u. Achse der Welt ist; Yggdrasil.*

welt|fern ⟨Adj.⟩ (geh.): *weltabgewandt.*

Welt|fir|ma, die: *weltweit operierende [multinationale] Firma.*

Welt|flucht, die: *Flucht vor der Welt u. ihrem Getriebe; Abkehr, Sichzurückziehen von der Welt.*

Welt|for|mat, das: *weltweit anerkanntes Format* (2 b): *das Orchester hat W.; ein Film, ein Fußballer von W.*

welt|fremd ⟨Adj.⟩: *wirklichkeits-, lebensfremd: ein -er Mensch, Idealist.*

Welt|fremd|heit, die ⟨o. Pl.⟩: *das Weltfremdsein.*

Welt|frie|de, (häufiger:) **Welt|frie|den,** der ⟨o. Pl.⟩: *Frieden zwischen den Völkern der Welt.*

Welt|fuß|ball, der ⟨o. Pl.⟩: *internationaler Fußball: der Spieler gilt als eines der größten Talente im W.*

Welt|ge|bäu|de, das ⟨o. Pl.⟩ (geh.): *das Weltall (in seinem Gefüge).*

Welt|ge|gend, die: *Gegend, Teil der Erde:* in den entlegensten -en.

Welt|geist, der ⟨o. Pl.⟩ (Philos.): *die Weltgeschichte steuernder, in ihr waltender Geist.*

Welt|geist|li|cher (vgl. Geistlicher) (kath. Kirche): *Geistlicher, der nicht Mitglied eines Mönchsordens ist.*

Welt|gel|tung, die: *weltweite Geltung, Bedeutung, Wertschätzung:* W. erlangen; eine Zeitung von W.

Welt|ge|mein|schaft, die: *Gemeinschaft der Völker, der Staaten der Erde.*

Welt|ge|richt, das ⟨o. Pl.⟩ (Rel.): *das Jüngste Gericht.*

Welt|ge|sche|hen, das: *[gesamtes] Geschehen in der Welt.*

Welt|ge|schich|te, die: **1. a)** ⟨o. Pl.⟩ *das Weltgeschehen umfassende Geschichte; Universalgeschichte;* **b)** *Werk, [Lehr]buch über die Weltgeschichte* (1 a). **2. * in der W.** (ugs. scherzh.; *in der Gegend, in der Welt:* in der W. herumreisen, -fliegen).

welt|ge|schicht|lich ⟨Adj.⟩: *die Weltgeschichte betreffend:* -e Ereignisse.

Welt|ge|sell|schaft, die: *von der Weltbevölkerung gebildete Gesellschaft* (1).

Welt|ge|sund|heits|or|ga|ni|sa|ti|on, die ⟨o. Pl.⟩: *für das internationale Gesundheitswesen zuständige Organisation der Vereinten Nationen* (Abk.: WHO).

welt|ge|wandt ⟨Adj.⟩: *gewandt im Auftreten u. Umgang.*

Welt|ge|wandt|heit, die: *das Weltgewandtsein.*

Welt|gip|fel, der (Politikjargon): *Gipfelkonferenz, Gipfeltreffen mit Teilnehmern aus aller Welt.*

welt|größt... ⟨Adj.⟩: *größte, größter, größtes der Welt:* der weltgrößte Autokonzern.

Welt|grup|pe, die (Sport): *Gruppe von Mannschaften, Sportlern, die an internationalen Wettkämpfen teilnehmen:* die Mannschaft hat sich für die W. qualifiziert.

Welt|han|del, der ⟨o. Pl.⟩: *Handel zwischen den Ländern der Welt.*

Welt|han|dels|or|ga|ni|sa|ti|on, die ⟨o. Pl.⟩: *internationale Organisation zur Förderung u. Überwachung des Welthandels* (Abk.: WTO).

Welt|han|dels|platz, der: *für den Welthandel bedeutender Platz* (2).

Welt|haupt|stadt, die: *Stadt, die in einem bestimmten Bereich Weltbedeutung hat:* Paris ist die W. der Mode.

Welt|herr|schaft, die ⟨o. Pl.⟩: *Herrschaft über die Welt:* nach der W. streben.

Welt|hilfs|spra|che, die: *künstlich geschaffene, zum internationalen Gebrauch bestimmte Sprache.*

welt|his|to|risch ⟨Adj.⟩: *weltgeschichtlich:* die -e Entwicklung; ein Vorgang von -er Bedeutung.

Welt|hit, der (ugs.): *weltweiter Hit* (1, 2).

Welt|in|nen|po|li|tik, die (Politik): *Politik auf globaler Ebene, die den gemeinsamen Interessen aller Länder der Erde den Vorrang vor nationalen Belangen einräumt.*

Welt|ju|den|tum, das (bes. nationalsoz.): *(bes. in der rassistischen Ideologie des Nationalsozialismus) gesamte jüdische Bevölkerung der Erde.*

Welt|kar|rie|re, die: *mit weltweitem Erfolg einhergehende große Karriere (bes. im Showgeschäft, in der Filmwirtschaft, als Musiker o. Ä.).*

Welt|kar|te, die: *Karte, die alle Teile der Welt abbildet.*

Welt|ka|ta|st|ro|phe, die: *weltweite, globale Katastrophe.*

Welt|kennt|nis, die ⟨o. Pl.⟩: *Kenntnis der Welt, des Lebens, des Weltgeschehens.*

Welt|klas|se, die ⟨o. Pl.⟩ (bes. Sport): **1.** *weltweit höchste Klasse, Qualität:* diese Sportler sind W.; dieses Produkt ist W. **2.** *Gesamtheit von Personen, bes. Sportlern, die Weltklasse* (1) *sind:* zur W. gehören.

Welt|klas|se|fah|rer, der (Sport): *Fahrer* (b), *der zur Weltklasse* (2) *gehört.*

Welt|klas|se|fah|re|rin, die: w. Form zu ↑ Weltklassefahrer.

Welt|klas|se|frau, die (Sport): *Sportlerin, die zur Weltklasse* (2) *gehört.*

Welt|klas|se|läu|fer, der (Sport): *Läufer* (1), *der zur Weltklasse* (2) *gehört.*

Welt|klas|se|läu|fe|rin, die: w. Form zu ↑ Weltklasseläufer.

Welt|klas|se|leu|te ⟨Pl.⟩: **1.** (Sport) Pl. von ↑ Weltklassemann. **2.** *Personen, die zur Weltklasse* (2) *gehören.*

Welt|klas|se|mann, der ⟨Pl. ...männer u. ...leute⟩ (Sport): *Sportler, der zur Weltklasse* (2) *gehört.*

Welt|klas|se|spie|ler, der (Sport): *Spieler, der zur Weltklasse* (2) *gehört.*

Welt|klas|se|spie|le|rin, die: w. Form zu ↑ Weltklassespieler.

Welt|kli|ma, das ⟨o. Pl.⟩: *Klima für die gesamte Erde.*

Welt|kli|ma|kon|fe|renz, die (Politik): *Konferenz, deren Thema das Weltklima ist.*

Welt|kli|ma|rat, der ⟨o. Pl.⟩: *Gremium der Vereinten Nationen zur Beobachtung weltweiter Klimaveränderungen.*

welt|klug ⟨Adj.⟩: *lebensklug u. welterfahren.*

Welt|klug|heit, die ⟨o. Pl.⟩: *das Weltklugsein.*

Welt|kom|mu|nis|mus, der: *Gesamtheit der kommunistischen Kräfte der Welt.*

Welt|kon|fe|renz, die: *Konferenz mit Teilnehmern aus aller Welt.*

Welt|kon|flikt, der: *Konflikt, an dem viele Länder der Welt, bes. die Großmächte beteiligt sind.*

Welt|kon|gress, der: *Kongress mit Teilnehmern aus aller Welt.*

Welt|kon|junk|tur, die: *weltwirtschaftliche Konjunktur:* die W. zieht an, kühlt sich ab, bricht ein.

Welt|kon|zern, der: *weltweit operierender [multinationaler] Konzern.*

Welt|kreis, der (geh.): *Erdkreis.*

Welt|krieg, der: *Krieg, an dem viele Länder der Welt, besonders die Großmächte beteiligt sind:* der Erste, Zweite W.; einen [neuen] W. anzetteln; zwischen den [beiden] -en.

Welt|kri|se, die: *weltweite, große Teile der Welt betreffende Krise.*

Welt|ku|gel, die: *Erdkugel.*

Welt|kul|tur, die: *über die ganze Erde verbreitete Kultur.*

Welt|kul|tur|er|be, das ⟨o. Pl.⟩: *Gesamtheit der Weltkulturgüter.*

Welt|kul|tur|gut, das: *zum Welterbe gehörendes Kulturgut.*

Welt|la|ge, die ⟨Pl. selten⟩: *(bes. politische) Lage in der Welt.*

Welt|lauf, der (selten): *Geschehen, allgemeine Entwicklung in der Welt.*

welt|läu|fig ⟨Adj.⟩ (geh.): *weltgewandt.*

Welt|läu|fig|keit, die: *Weltgewandtheit.*

welt|lich ⟨Adj.⟩ [mhd. wereltlich, ahd. weraltlīh]: **1.** *der (diesseitigen, irdischen) Welt angehörend, eigentümlich; irdisch, sinnlich:* -e Freuden, Genüsse. **2.** *nicht geistlich, nicht kirchlich:* -e Musik, Kunst; -e Lieder; geistliche und -e Fürsten.

Welt|lich|keit, die; -: *das Weltlichsein.*

Welt|li|ga, die: **1.** (Sport) *höchste internationale Spielklasse in bestimmten Sportarten.* **2.** *höchstes internationales Niveau:* der Konzern steigt in die W. auf, spielt in der W. mit.

Welt|li|te|ra|tur, die ⟨o. Pl.⟩: *Gesamtheit der hervorragendsten Werke der Nationalliteraturen aller Völker u. Zeiten:* Werke der W.; zur W. gehören, zählen.

Welt|macht, die: *Großmacht mit weltweitem Einflussbereich:* die W. China; zur W. aufsteigen, werden.

Welt|mann, der ⟨Pl. ...männer⟩ [mhd. werltman = weltlich Gesinnter, ahd. weraltman = irdischer Mensch]: *weltgewandter u. welterfahrener Mann [der Überlegenheit ausstrahlt]:* er ist ein [vollendeter] W.

welt|män|nisch ⟨Adj.⟩: *in der Art eines Weltmannes:* -es Auftreten; -e Manieren; seine -e Art.

Welt|mar|ke, die: *weltweit verbreitete Marke* (2 a).

Welt|markt, der (Wirtsch.): *Markt für Handelsgüter, der sich aus der Wechselwirkung der nationalen Märkte im Rahmen der Weltwirtschaft ergibt:* der W. für Kaffee, Rohöl.

Welt|markt|an|teil, der (Wirtsch.): *Anteil der Exporte eines Staates, Unternehmens o. Ä. an den weltweiten Exporten:* der Konzern konnte seine -e deutlich ausbauen, verdoppeln.

Welt|markt|füh|rer, der (Wirtsch.): *in seiner Branche die größten Weltmarktanteile besitzendes Unternehmen.*

Welt|markt|füh|re|rin, die: w. Form zu ↑ Weltmarktführer.

Welt|markt|preis, der: *Preis einer Ware auf dem Weltmarkt.*

Welt|maß|stab, der ⟨o. Pl.⟩: *Maßstab* (1), *der auf globaler Ebene angelegt wird:* im W. (auf die ganze Welt bezogen, weltweit).

Welt|meer, das: **1.** ⟨o. Pl.⟩ *zusammenhängende, die Kontinente umgebende, den größten Teil der Erdoberfläche einnehmende Wassermasse:* das W. **2.** *Ozean:* die -e befahren.

Welt|meis|ter, der: *Sieger bei einer Weltmeisterschaft:* er ist W. im Federgewicht; Ü ein Franzosen sind W. im Weinkonsum; * **wie ein W., wie die W.** (ugs.; *sehr häufig, sehr intensiv, mit großem Eifer [bezogen auf eine gewohnheitsmäßige Tätigkeit]*).

Welt|meis|te|rin, die: w. Form zu ↑ Weltmeister.

welt|meis|ter|lich ⟨Adj.⟩: *zu einem Weltmeister gehörend, einem Weltmeister gemäß:* -es Können.

Welt|meis|ter|schaft, die: **1.** *periodisch stattfindender Wettkampf, bei dem der weltbeste Sportler, die weltbeste Mannschaft in einer Disziplin ermittelt u. mit dem Titel »Weltmeister« ausgezeichnet wird:* die W. im Fußball austragen, gewinnen. **2.** *Sieg u. Titelgewinn in der Weltmeisterschaft* (1): um die W. spielen, kämpfen.

Welt|meis|ter|ti|tel, der: *Titel eines Weltmeisters.*

Welt|mu|sik, die [engl. world music]: *Musik, die musikalische Elemente anderer Kulturen übernimmt.*

Welt|neu|heit, die: *etw. Neues, was es bislang nirgends auf der Welt gegeben hat:* das Gerät ist eine W.

Welt|ni|veau, das: *[Leistungs]niveau, das der internationalen Spitzenqualität, der Stufe der *internationalen Spitzenleistungen entspricht:* der Betrieb, die Band hat W.

welt|of|fen ⟨Adj.⟩: *offen, aufgeschlossen für Leben u. Welt:* ein -er Mensch.

Welt|of|fen|heit, die: *das Weltoffensein.*

Welt|öf|fent|lich|keit, die; -: *die Öffentlichkeit* (1) *der ganzen Welt:* die Regierung hat unter dem Druck der W. eingelenkt; an die W. appellieren.

Welt|ord|nung, die: **1.** (Philos.) *die Welt in ihrem Gang ordnendes Prinzip:* die göttliche W. **2.** (Politik) *politische Ordnung der Welt:* eine neue W. schaffen.

Welt|or|ga|ni|sa|ti|on, die: *viele Länder der Erde umfassende, multinationale Organisation.*

Welt|po|kal, der (Sport): *Worldcup.*

Welt|po|li|tik, die: *Politik im weltweiten Rahmen; internationale Politik:* W. machen; in die W. eingreifen.

welt|po|li|tisch ⟨Adj.⟩: *die Weltpolitik betreffend:* die -e Entwicklung, Lage; -e Ereignisse, Krisen.

Welt|po|li|zist, der (Politikjargon): *Staat, der seine militärische Macht dazu benutzt, auf internationaler Ebene dem Recht Geltung zu verschaffen:* sich als W. aufspielen.

Welt|pre|mi|e|re, die: *Welturaufführung.*

Welt|pres|se, die ⟨o. Pl.⟩: *internationale Presse* (2).

Welt|pro|duk|ti|on, die: *weltweite Produktion, weltweit produzierte Menge.*

Welt|pro|le|ta|ri|at, das: *Proletariat der Welt.*

Welt|rang, der: *weltweit anerkannter hoher Rang* (2): ein Wissenschaftler, ein Unternehmen, ein Orchester von W.

Welt|rang|lis|te, die (Sport): *Rangliste der besten Sportler einer bestimmten Disziplin.*

Welt|rang|lis|ten|drit|te, die/eine Weltranglistendritte; der/einer Weltranglistendritten, die Weltranglistendritten/zwei Weltranglistendritte (Sport): *weibliche Person, die in einer Weltrangliste den dritten Platz einnimmt.*

Welt|rang|lis|ten|drit|ter, der Weltranglistendritte/ein Weltranglistendritter; des/eines Weltranglistendritten, die Weltranglistendritten/zwei Weltranglistendritte (Sport): *jmd., der in einer Weltrangliste den dritten Platz einnimmt.*

Welt|rang|lis|ten|ers|te, die/eine Weltranglistenerste; der/einer Weltranglistenersten, die Weltranglistenersten/zwei Weltranglistenerste (Sport): *weibliche Person, die in einer Weltrangliste den ersten Platz einnimmt.*

Welt|rang|lis|ten|ers|ter, der Weltranglistenerste/ein Weltranglistenerster; des/eines Weltranglistenersten, die Weltranglistenersten/zwei Weltranglistenerste (Sport): *jmd., der in einer Weltrangliste den ersten Platz einnimmt.*

Welt|rang|lis|ten|zwei|te, die/eine Weltranglistenzweite; der/einer Weltranglistenzweiten, die Weltranglistenzweiten/zwei Weltranglistenzweite (Sport): *weibliche Person, die in einer Weltrangliste den zweiten Platz einnimmt.*

Welt|rang|lis|ten|zwei|ter, der Weltranglistenzweite/ein Weltranglistenzweiter; des/eines Weltranglistenzweiten, die Weltranglistenzweiten/zwei Weltranglistenzweite (Sport): *jmd., der in einer Weltrangliste den zweiten Platz einnimmt.*

Welt|raum, der ⟨o. Pl.⟩: *Raum des Weltalls:* der erdnahe W.; den W. erforschen, erobern; in den W. vorstoßen.

Welt|raum|bahn|hof, der: *Anlage für den Start von Weltraumraketen [u. die Landung von Raumfähren].*

Welt|raum|be|hör|de, die: *für die Weltraumfahrt zuständige Behörde:* die amerikanische W.

Welt|raum|fahrt, die: *Raumfahrt.*

Welt|raum|flug, der: *Raumflug.*

Welt|raum|for|schung, die: *Raumforschung* (1).

Welt|raum|kap|sel, die: *Raumkapsel.*

Welt|raum|mis|si|on, die: *im Weltraum zu erfüllende Mission* (1).

Welt|raum|müll, der: *Weltraumschrott.*

Welt|raum|or|ga|ni|sa|ti|on, die: *Weltraumbehörde.*

Welt|raum|ra|ke|te, die: *Rakete, mit der sich etw. in den Weltraum transportieren lässt.*

Welt|raum|schrott, der: *nutzlos im Weltraum umherfliegendes, durch den Menschen dorthin gelangtes Material.*

Welt|raum|sta|ti|on, die: *Raumstation.*

Welt|raum|te|les|kop, das: *im Weltraum auf einer Erdumlaufbahn stationiertes Teleskop:* das W. Hubble.

Welt|raum|waf|fe, die: *im Weltraum stationierte, im Weltraum wirkende Waffe.*

Welt|re|gi|on, die: *Weltgegend:* sauberes Trinkwasser ist in vielen -en rar.

Welt|reich, das: *große Teile der Welt beherrschendes Reich:* das römische W.; ein W. errichten.

Welt|rei|se, die: *Reise um die Welt:* eine [einjährige] W. machen.

Welt|rei|sen|de ⟨vgl. Reisende⟩: *weibliche Person, die eine Weltreise macht.*

Welt|rei|sen|der ⟨vgl. Reisender⟩: *jmd., der eine Weltreise macht.*

Welt|re|kord, der: *offiziell als höchste Leistung der Welt anerkannter Rekord:* den W. [im Weitsprung] halten, brechen; einen neuen W. aufstellen.

Welt|re|kord|hal|ter, der: *jmd., der einen Weltrekord hält.*

Welt|re|kord|hal|te|rin, die: w. Form zu ↑ Weltrekordhalter.

Welt|re|kord|in|ha|ber, der: *Weltrekordhalter.*

Welt|re|kord|in|ha|be|rin, die: w. Form zu ↑ Weltrekordinhaber.

Welt|re|kord|ler, der; -s, - (ugs.): *Weltrekordhalter.*

Welt|re|kord|le|rin, die: w. Form zu ↑ Weltrekordler.

Welt|re|kord|ver|such, der: *Versuch, einen neuen Weltrekord aufzustellen.*

Welt|re|li|gi|on, die: *in weiten Teilen der Welt verbreitete Religion.*

Welt|re|vo|lu|ti|on, die (im kommunist. Sprachgebrauch): **1.** ⟨o. Pl.⟩ *revolutionäre Umgestaltung der Welt, die zur Verwirklichung des Sozialismus führt.* **2.** *global bedeutsame Umwälzung:* kinematografische -en.

Welt|ruf, der ⟨o. Pl.⟩: *(auf guter Qualität bzw. hervorragenden Leistungen beruhender) guter Ruf in der ganzen Welt:* W. haben; Erzeugnisse von W.

Welt|ruhm, der: *(auf guter Qualität bzw. hervorragenden Leistungen beruhender) Ruhm in der ganzen Welt.*

Welt|schmerz, der ⟨o. Pl.⟩ (bildungsspr.): *die seelische Grundstimmung prägender Schmerz, Traurigkeit, Leiden an der Welt u. ihrer Unzulänglichkeit im Hinblick auf eigene Wünsche, Erwartungen:* W. haben.

Welt|schöp|fer, der ⟨o. Pl.⟩: ¹*Schöpfer* (b) *der Welt.*

Welt|see|le, die ⟨o. Pl.⟩ (Philos.): *Lebens-, Vernunftsprinzip der Welt.*

Welt|sen|sa|ti|on, die: *Sensation für die gesamte Welt.*

Welt|si|cher|heits|rat, der; -[e]s: *Sicherheitsrat der Vereinten Nationen.*

Welt|sicht, die: *Sicht* (2), *Auffassung von der Welt.*

Welt|spie|le ⟨Pl.⟩: *World Games.*

Welt|spit|ze, die: *Gruppe der Besten der Welt:* der Forscher, die Geigerin, das Unternehmen gehört zur W.; die Firma ist W. (*ist weltweit führend*).

Welt|sport, der: **1.** *internationaler Sport* (1 c): die deutschen Eisschnellläuferinnen haben ihren Platz im W. behauptet. **2.** *in weiten Teilen der Welt verbreitete Sportart:* Fußball ist W. Nummer eins.

Welt|spra|che, die: *international bedeutende, im internationalen Verkehr gebrauchte Sprache.*

Welt|stadt, die: *Großstadt, bes. Millionenstadt, mit internationalem Flair.*

welt|städ|tisch ⟨Adj.⟩: *für eine Weltstadt charakteristisch:* ein -es Flair.

Welt|star, der: *weltbekannter* ²*Star* (1).

Welt|sys|tem, das: *den Aufbau der Welt betreffendes [philosophisches] System:* das geozentrische, ptolemäische W.

Welt|tag, der: ¹*Tag* (2 b), *an dem in weiten Teilen der Welt einer bestimmten Sache, Personengruppe o. Ä. gedacht wird:* der W. des Buches, der Pressefreiheit, des Kindes.

Welt|teil, der (seltener): *Erdteil.*

Welt|the|a|ter, das ⟨o. Pl.⟩ (bes. Literaturwiss.): *die Welt, aufgefasst als ein Theater, auf dem die Menschen [vor Gott] ihre Rolle spielen.*

Welt|tour|nee, die: *Tournee durch weite Teile der Welt.*

welt|um|fas|send ⟨Adj.⟩: *die gesamte Welt umfassend; global.*

Welt|um|se|ge|lung, die: ↑ Weltumseglung.

Welt|um|seg|ler, der: *jmd., der die Welt umsegelt [hat].*

Welt|um|seg|le|rin, die: w. Form zu ↑ Weltumsegler.

Welt|um|seg|lung, Weltumsegelung, die: *Umseglung der Welt.*

welt|um|span|nend ⟨Adj.⟩: *die gesamte Welt umspannend; global:* ein -es Computernetz, Spionagenetz; eine -e Stromversorgung.

Welt|un|ter|gang, der: *Untergang, Ende der Welt.*

Welt|un|ter|gangs|stim|mung, die: **1.** *bes. durch den sich verfinsternden Himmel vor einem Gewitter od. Unwetter hervorgerufene düstere Stimmung* (2) *in der Natur:* draußen herrscht eine wahre W. **2.** *seelische Verfassung, die durch Pessimismus, Mutlosigkeit o. Ä. gekennzeichnet ist.*

Welt|ur|auf|füh|rung, die: *weltweit erste Aufführung (eines Dramas, Films usw.).*

Welt|ver|band, der (bes. Sport): *multinationaler Verband.*

Welt|ver|bes|se|rer, der; -s, - (meist spött.): *jmd., der glaubt, nach seinen Vorstellungen könne die Welt bzw. vieles in der Welt verbessert werden.*

Welt|ver|bes|se|rin, die; -, -nen: w. Form zu ↑ Weltverbesserer.

welt|ver|ges|sen ⟨Adj.⟩ (geh.): *weltentrückt.*

welt|ver|lo|ren ⟨Adj.⟩: **1.** (geh.) *weltentrückt.* **2.** *weit entfernt vom Getriebe der Welt, einsam [gelegen]:* Sein Ideal sei es, in einer -en Pfarre oder in einer Arbeitergemeinde den armen Menschen ... beizustehen (Werfel, Himmel 34).

Welt|ver|ständ|nis, das: *Weltsicht.*

Welt|vor|rat, der: *gesamter auf der Erde vorhandener Vorrat:* die Weltvorräte an Rohstoffen.

Welt|wäh|rungs|sys|tem, das: *von dem Verhältnis der Währungen der Welt zueinander gebildetes System.*

welt|weit ⟨Adj.⟩: *die ganze Welt umfassend, einschließend; in der ganzen Welt:* -e Bedeutung haben; w. verbreitet, bekannt, präsent sein.

Welt|wirt|schaft, die: *Wirtschaft der Welt.*

welt|wirt|schaft|lich ⟨Adj.⟩: *die Weltwirtschaft betreffend:* -e Gegebenheiten.

Welt|wirt|schafts|gip|fel, der (Politik): *Gipfeltreffen zur Erörterung von Fragen der Weltwirtschaft.*

Welt|wirt|schafts|kri|se, die: *weltweite Wirtschaftskrise.*

Welt|wun|der, das [nach lat. mirabilia mundi od. miraculum orbis]: *etw. ganz Außergewöhnliches, das allgemeine Bewunderung erregt:*

jmdn., etw. bestaunen wie ein W.; die sieben W. *(sieben außergewöhnliche Bau- u. Kunstwerke des Altertums).*

Welt|zeit, die ⟨o. Pl.⟩: *zum Nullmeridian gehörende (Uhr)zeit, die die Basis der Zonenzeiten bildet* (Abk.: WZ).

Welt|zeit|uhr, die: *Uhr, auf der neben der Ortszeit des Standorts die Uhrzeiten der verschiedenen Zeitzonen abgelesen werden können.*

wem: Dativ Sg. von ↑¹,²,³wer.

Wem|fall, der (Sprachwiss.): *Dativ.*

wen: Akk. Sg. von ↑¹,²,³wer.

¹Wen|de, die; -, -n [mhd. wende, ahd. wentī, zu ↑wenden]: **1. a)** *einschneidende Veränderung, Wandel in der Richtung eines Geschehens od. einer Entwicklung:* eine radikale, dramatische, schicksalhafte W.; eine historische, weltgeschichtliche, ökologische W.; eine W. zum Guten, Schlecht[er]en; eine W. trat ein, zeichnete sich ab; damals vollzog sich in meinem Leben eine W.; **b)** *die W. (Geschichte: *der große politische u. gesellschaftliche Umbruch des Jahres 1989 in der DDR:* nach, seit, vor der W.). **2.** *Übergang von einem bestimmten Zeitabschnitt zum nächsten gleichartigen:* die W. des Jahres, des Jahrhunderts, [vom 15.] zum 16. Jahrhundert, zur Neuzeit; an der W. zu einem neuen Zeitalter, zu einer neuen Zeit stehen; an der, seit der, um die, bis zur W. des Jahrzehnts, Jahrtausends. **3. a)** (Schwimmen) *das Wenden* (2 b)*:* eine gekonnte W.; die W. trainieren; **b)** (Seemannsspr.) *das Wenden* (2 b)*:* klar zur W.! (Kommando beim Segeln); **c)** (Turnen) *Übersprung od. Schwung über das Gerät hinweg. vom Gerät herunter, bei dem die Beine rückwärtsschwingen u. die Brust dem Gerät zugekehrt ist:* eine W. am Pferd; **d)** (Eiskunstlauf) *Figur, bei der ein Bogen auf der gleichen Kante vorwärts u. rückwärts ausgeführt wird.* **4.** (Sport) *Stelle, an der die Richtung um 180° geändert wird:* die Spitzengruppe hat die W. erreicht.

²Wen|de, der; -n, -n: *Angehöriger eines westslawischen Volkes.*

Wen|de|hals, der: **1.** *kleinerer, auf der Oberseite graubrauner, auf der Unterseite weißlicher u. gelblicher Specht, der drehende und pendelnde Bewegungen mit dem Kopf macht.* **2.** (ugs. abwertend) *jmd., der aus Opportunismus [plötzlich] das politische Lager wechselt.*

Wen|de|ham|mer, der [die Draufsicht stellt sich als Hammerstiel mit Hammerkopf dar] (Verkehrsw.): *T-förmiger Wendeplatz am Ende einer Sackgasse.*

Wen|de|ja|cke, die (Mode): *Jacke, die man von beiden Seiten tragen kann.*

Wen|de|kreis, der: **1.** [LÜ von griech. tropikòs kýklos] (Geogr.) *nördlichster bzw. südlichster Breitenkreis, über dem die Sonne zur Zeit der Sonnenwende gerade noch im Zenit steht.* **2.** (Technik) *Kreis, der durch die am weitesten nach außen vorstehenden Teile eines Fahrzeugs beschrieben wird, wenn das Fahrzeug mit größtmöglichem Einschlag des Lenkrads vorwärtsrollt, u. dessen Durchmesser ein Maß für die Wendigkeit des Fahrzeugs ist.* **3.** (selten) *runder Wendeplatz.*

Wen|del, die; -, -n [zu ↑wenden] (Technik): *schraubenförmig gewundenes Gebilde.*

wen|del|för|mig ⟨Adj.⟩ (Fachspr.): *schraubenförmig gewunden.*

Wen|del|trep|pe, die: *Treppe mit spiralig um eine Achse laufenden Stufen.*

Wen|de|ma|nö|ver, das: *Manöver* (2), *mit dem ein Fahrzeug, Schiff o. Ä. gewendet wird: ein äußerst gewagtes W.*

Wen|de|man|tel, der (Mode): *Mantel, den man von beiden Seiten tragen kann.*

Wen|de|mar|ke, die (Sport, bes. Segeln): *Markierung, durch die die zum Wenden vorgesehene Stelle gekennzeichnet wird.*

wen|den ⟨sw./st. V.; hat⟩ [mhd. wenden, ahd. wenten, Kausativ zu ↑winden u. eigtl. = winden machen]: **1.** ⟨sw. V.⟩ **a)** *auf die andere Seite drehen, herumdrehen, umwenden:* den Braten, die Gans im Ofen, das Omelett in der Pfanne w.; das Heu muss gewendet werden; den Mantel w. *(die bisher innere Seite nach außen nehmen);* die Buchseite w.; ⟨auch ohne Akk.-Obj.:⟩ bitte w.! (Aufforderung am Schluss einer beschriebenen od. bedruckten Seite, zu umblättern; Abk.: b. w.); **b)** (Kochkunst) *wälzen* (2 b)*:* die Schnitzel zunächst in Eiweiß, dann in Paniermehl w. **2.** ⟨sw. V.⟩ **a)** *in die entgegengesetzte Richtung bringen:* das Auto w.; **b)** *drehen u. die entgegengesetzte Richtung einschlagen; die Richtung um 180° ändern:* das Auto wendet; hier kann ich w.; der Schwimmer hat gewendet. **3.** ⟨sw. u. st. V.⟩ **a)** *in eine andere Richtung drehen:* den Kopf, sich [zur Seite] w.; keinen Blick von jmdm. w.; sie wandte ihre Blicke hin und her, hierhin und dorthin; er wandte sich, seine Schritte nach links, zum Ausgang; Ü er konnte das Unheil von uns w. *(abwenden);* sich in sein, ins Gegenteil, zum Guten w.; **b)** ⟨w. + sich⟩ *(zu etw.) anschicken:* sich zum Gehen, zur Flucht w. **4.** ⟨sw. u. st. V.⟩ **a)** *eine Frage, Bitte an jmdn. richten:* sich vertrauensvoll, Hilfe suchend an jmdn. w.; ich habe mich schriftlich dorthin gewandt; Ü das Buch wendet sich nur an die Fachleute; **b)** *jmdm., einer Sache entgegentreten:* er wendet sich [mit seinem Artikel] gegen die Vorwürfe der Opposition. **5.** ⟨sw. u. st. V.⟩ *(für jmdn., etw.) aufwenden, benötigen, verbrauchen:* viel Kraft, Sorgfalt, Geld, Arbeit auf etw. w.; er hat all seine Ersparnisse an seine Kinder, an ihre Ausbildung gewandt.

Wen|de|platz, der: *Platz für das Wenden von Fahrzeugen.*

Wen|de|punkt, der: **1.** *Zeitpunkt, zu dem eine ¹Wende* (1 a) *eintritt:* ein W. der Geschichte; der W. in seinem Leben. **2. a)** (Math.) *Punkt einer Kurve, der eine Richtungsänderung eintritt;* **b)** (Astron.) *Solstitialpunkt.*

Wen|der, der; -s, -: *Gerät, mit dem man etw. umdreht.*

Wen|de|schlei|fe, die (Verkehrsw.): *starke Biegung, fast bis zu einem Kreis herumführende Kurve bei einer Straße o. Ä., an der Busse, Straßenbahnen o. Ä. wenden können.*

Wen|de|zeit, die: *Zeit, in der eine ¹Wende* (1 a) *vollzieht, bes. Zeit des politischen u. gesellschaftlichen Umbruchs in der DDR.*

wen|dig ⟨Adj.⟩ [mhd. wendec, ahd. wendīg = rückgängig; abwendig; beendet; gerichtet, hingewandt]: **a)** *sich leicht steuern lassend; aufgrund großer Beweglichkeit schnell auf entsprechende Handhabung reagierend:* ein Auto, Boot; **b)** *geistig beweglich, schnell erfassend, reagierend u. sich auf etw. einstellend:* ein -er Verkäufer; einen -en Verstand haben.

Wen|dig|keit, die; -: *das Wendigsein.*

Wen|din, die; -, -nen: w. Form zu ↑²Wende.

wen|disch ⟨Adj.⟩: *die Wenden betreffend, zu ihnen gehörend, von ihnen stammend.*

Wen|dung, die; -, -en: **1.** *das [Sich]wenden; Drehung, Änderung der Richtung:* eine scharfe, rasche W.; eine W. des Kopfes; eine W. nach rechts, um 180°; Ü der Fluss macht hier eine W. [nach Westen]. **2.** *¹Wende* (1 a)*:* die Ereignisse nahmen eine unerwartete W. **3.** *Redewendung:* eine umgangssprachliche W.; das Wörterbuch enthält 200 000 Stichwörter und -en *(Redewendungen u. sonstige Anwendungsbeispiele).*

Wen|fall, der (Sprachwiss.): *Akkusativ.*

¹we|nig ⟨Indefinitpron. u. unbest. Zahlw.⟩ [mhd. weinic, wēnec = klein, gering, beklagenswert, ahd. wēnag = beklagenswert, zu ↑weinen u. eigtl. = beweinenswert]: **1. a)** ⟨weniger, wenige, weniges (Sg.)⟩ *bezeichnet eine geringe Zahl von Einzeldingen, -teilen, aus denen sich eine kleine Menge o. Ä. zusammensetzt:* ⟨attr.:⟩ -es erlesenes Silber; er fand -es Gutes in dem Buch; ⟨allein stehend:⟩ der Prüfling konnte -es/Weniges richtig beantworten; er hat von dem Vortrag nur -es/Weniges verstanden; seine Punktzahl liegt um -es/Weniges höher als meine; **b)** ⟨weniger, wenige, weniges (Sg.)⟩; (oft unflektiert:) *wenig) bezeichnet eine geringe Menge, ein niedriges Maß von etw.; nicht viel:* ⟨attr.:⟩ es ist [zu] w. Regen gefallen; das -e Geld reicht nicht weit; w. Zeit, Glück haben; w. Gutes; -er Bier trinken; der -e, heftige Regen; ich habe nicht w. Arbeit damit gehabt; auf w. Verständnis stoßen; ⟨allein stehend:⟩ das ist [sehr] w.; das -e/Wenige, was ich habe; sie wird immer -er (ugs.; *magert ab);* das ist das -ste, was man erwarten kann; dazu kann ich w. sagen; mit -em/Wenigem zufrieden sein; er verdient -er als ich. **2.** ⟨wenige, (unflektiert:) wenig (Pl.)⟩ *eine geringe Anzahl von Personen od. Sachen; nicht viele, nur einzelne:* ⟨attr.:⟩ -e Leute; er hatte w./-e Zuhörer; noch [einige] -e Äpfel hingen am Baum; in -en Stunden; mit -en Ausnahmen; etwas mit w./-en Worten erklären; nach -en Augenblicken; ⟨allein stehend:⟩ -e, die -sten haben den Vortrag verstanden; der Reichtum -er. **3.** ⟨mit vorangestelltem, betontem Gradadverb; wenige, (unflekt.:) wenig⟩ *bezeichnet eine erst durch eine bekannte Bezugsgröße näher bestimmte kleine Anzahl, Menge:* ⟨attr.:⟩ sie haben gleich w. Geld; es waren so w./-e Zuhörer da, dass der Vortrag nicht stattfinden konnte; es waren zu -e Mitarbeiter vorher informiert worden; heute habe ich noch -er Zeit als gestern; ⟨allein stehend:⟩ zu -e wissen, wie schädlich das ist; so w., wie du glaubst, ist es auch wieder nicht; was ihr da gebracht habt, ist zu w.

²we|nig ⟨Adv.⟩ [zu: ↑¹wenig]: **1.** ⟨bei Verben⟩ drückt aus, dass etw. nicht häufig in nicht ausdauernd geschieht: *kaum, selten, in geringem Maße:* w. schlafen, fernsehen; die Medizin hilft w.; du hast dich [zu] w. darum gekümmert. **2.** ⟨bei Adjektiven, Adverbien u. Verben⟩ *in geringem Grad, nicht sehr, unwesentlich:* eine w. ergiebige Quelle; das ist -er *(nicht so)* schön/w. schön *(hässlich)*/nichts -er als schön *(sehr hässlich);* er freut sich w. darüber; ⟨auch:⟩ diese Antwort ist -er dumm als frech; ***ein w.** *(etwas:* es ist -er w. laut hier; ich habe ein w. geschlafen).

¹we|ni|ger: Komp. von ↑¹,²wenig.

²we|ni|ger ⟨Konj.⟩: *minus.*

We|nig|keit, die; -: *etw. ganz Unscheinbares, Wertloses; Kleinigkeit:* das kostet nur eine W.; eine W. an Mühe; ***meine W.** (scherzh., in scheinbarer Bescheidenheit): *meine Person).*

we|nigs|tens ⟨Adv.⟩: **a)** *zumindest, immerhin:* du könntest w. anrufen!; w. regnet es nicht mehr; w. etwas!; jetzt weiß ich w., warum; **b)** ⟨in Verbindung mit Zahlwörtern⟩ *mindestens:* ich habe w. dreimal geklopft; das kostet w. 300 Euro.

We|nig|ver|die|ner, der (bes. österr.): *Geringverdiener.*

We|nig|ver|die|ne|rin, die: w. Form zu ↑Wenigverdiener.

wenn ⟨Konj.⟩ [mhd. wanne, wenne, ahd. hwanne, hwenne, zu dem ↑¹wer, was zugrunde liegenden Pronominalstamm; erst seit dem 19. Jh. unterschieden von ↑¹wann]: **1.** ⟨konditional⟩ *unter der Voraussetzung, Bedingung, dass ...; für den Fall, dass ...; falls:* w. es dir recht ist, komme ich mit; w. das wahr ist, [dann] trete ich sofort zurück; w. er nicht kommt/nicht kommen

sollte, [so] müssen wir die Konsequenzen ziehen; was würdest du machen, w. er dich verlassen würde?; wir wären viel früher da gewesen, w. es nicht so geregnet hätte; ich könnte nicht, selbst w. ich wollte; w. nötig, komme ich sofort; wehe [dir], w. du das noch einmal tust!; ⟨mit kausalem Nebensinn:⟩ w. er schon (da er) nichts weiß, sollte er [wenigstens] den Mund halten. **2.** ⟨temporal⟩ **a)** sobald: sag bitte Bescheid, w. du fertig bist!; w. die Ferien anfangen, [dann] werden wir gleich losfahren; **b)** drückt mehrfache [regelmäßige] Wiederholung aus; sooft: w. Weihnachten naht, duftet es immer nach Pfefferkuchen; jedes Mal, w. wir kommen. **3.** ⟨konzessiv in Verbindung mit »auch«, »schon« u. a.⟩ obwohl, obgleich: w. es auch anstrengend war, Spaß hat es doch gemacht; es war nötig, w. es ihm auch/auch w. es ihm schwerfiel; [und] w. auch! (ugs.; das ist trotzdem kein Grund, keine ausreichende Entschuldigung); und w. schon (ugs.; was macht das schon, was spielt das für eine Rolle)! **4.** ⟨in Verbindung mit »doch« od. »nur«⟩ leitet einen Wunschsatz ein: w. er doch endlich käme!; w. ich nur wüsste, ob sie es wirklich war!; ach, w. ich doch aufgepasst hätte.
5. ⟨in Verbindung mit »als« od. »wie«⟩ leitet eine irreale vergleichende Aussage ein: der Hund schaute ihn an, als w. er alles verstanden hätte.
Wenn, das; -s, -, ugs.: -s: Bedingung, Vorbehalt, Einschränkung: es gibt [noch] viele -s; * **W. und Aber** (Einwände, Vorbehalte, Zweifel: dem kann ich ohne W. und Aber zustimmen).
wenn|gleich ⟨Konj.⟩: obgleich, obwohl, wenn ... auch: er gab sich große Mühe, w. ihm die Arbeit wenig Freude machte.
wenn|schon ⟨Konj.⟩: **a)** [vɛnˈʃoːn] (seltener) wenngleich; **b)** [ˈvɛn...] * [na] w.! (ugs.; das macht nichts, stört mich nicht); **w.,** dennschon (ugs.; wenn man es schon tun will, dann aber auch gründlich).
wenn|zwar ⟨Konj.⟩ (seltener): wenngleich.
Wen|zel, der; -s, - [nach dem (böhmischen) Personen. Wenzel (= Wenzeslaus), Verallgemeinerung der appellativischen Bed. zu »Knecht«]: Unter.
¹wer ⟨Interrogativpron. Mask. u. Fem. (Neutr. ↑¹was)⟩ [mhd. wer, ahd. (h)wer, alter idg. Pronominalstamm]: **a)** fragt unmittelbar nach einer od. mehreren Personen: ⟨Nom.:⟩ w. war das?; w. kommt mit?; w. hat etwas gesehen?; er fragte, w. das getan habe; w. ist [alles] dabei gewesen?; ⟨Gen.:⟩ wessen erinnerst du dich?; wessen Buch ist das?; auf wessen Veranlassung kommt er?; ⟨Dativ:⟩ wem hast du das Buch gegeben und wem gehört es?; mit wem spreche ich?; ⟨Akk.:⟩ wen stört das?; an wen soll ich mich wenden?; **b)** kennzeichnet eine rhetorische Frage, auf die keine Antwort erwartet wird: w. hat das nicht schon einmal erlebt!; das hat w. weiß wie viel Geld gekostet; R wen was nicht angeht, das das! (ugs.; das weiß ich selbst [nur zu gut]).
²wer ⟨Relativpron.⟩ [zu: ↑¹wer]: bezeichnet in Relativsätzen, die sich auf Personen beziehen, diejenige Person, über die im Relativsatz etwas ausgesagt ist: ⟨Nom.:⟩ w. das tut, hat die Folgen zu tragen; ⟨Gen.:⟩ wessen man bedurfte, der wurde gerufen; ⟨Dativ:⟩ wem es nicht gefällt, der soll es bleiben lassen; ⟨Akk.:⟩ wen man in seine Wohnung lässt, dem muss man auch vertrauen können; ⟨zur bloßen Hervorhebung eines Satzteils:⟩ wen man vergleich suchte, [das] war er.
³wer ⟨Indefinitpron.⟩ [zu: wer] (ugs.): **a)** irgendjemand: ist da w.?; ... auf mich hat ja nie w. hören wollen (Grass, Butt 401); **b)** jemand Besonderes; jemand, der es zu etwas gebracht hat u. der allgemein geachtet wird: in seiner Firma ist er w.
Wer|be|ab|tei|lung, die: Abteilung eines Betriebes, die für die Werbung zuständig ist.

Wer|be|agen|tur, die: Dienstleistungsunternehmen für Werbung.
Wer|be|ak|ti|on, die: der Werbung dienende Aktion (1).
Wer|be|ant|wort, die (Postw.): Postkarte o. Ä., die einer Werbung beigefügt ist, die ein Interesse an entsprechenden Informationen unfrankiert an die jeweilig werbende Firma zurücksenden kann.
Wer|be|an|zei|ge, die: der Werbung dienende Anzeige.
Wer|be|ar|ti|kel, der: (von Firmen o. Ä.) zu Werbezwecken verschenkter Gebrauchsgegenstand [von geringem Wert].
Wer|be|auf|tritt, der: **1.** der Werbung dienende Präsentation: die Firma kündigte einen neuen W. für die Marke an. **2.** der Werbung dienender Auftritt (1) einer bekannten Persönlichkeit im Fernsehen o. Ä.: der Sportler erhält für seine -e 3,7 Millionen Euro.
Wer|be|auf|wand, der: Aufwand an Werbung; Kosten für Werbung.
Wer|be|auf|wen|dun|gen ⟨Pl.⟩: Aufwendungen für Werbung.
Wer|be|aus|ga|ben ⟨Pl.⟩: Ausgaben (3) für Werbung: das Unternehmen erhöht, steigert seine W. auf 1,4 Millionen Euro.
Wer|be|aus|sa|ge, die: in einer Werbung gemachte Aussage (1).
Wer|be|ban|ner, das (EDV): Werbezwecken dienende, oft mit auffallenden Animationen u. mit einem Link zu einer bestimmten anderen Website versehene Einblendung auf einer Internetseite.
Wer|be|be|ra|ter, der: jmd., der berufsmäßig Firmen in Fragen des Marketings berät u. für sie Werbekampagnen durchführt (Berufsbez.).
Wer|be|be|ra|te|rin, die: w. Form zu ↑ Werbeberater.
Wer|be|blatt, das: Werbezwecken dienendes Flugblatt: Werbeblätter verteilen.
Wer|be|block, der ⟨Pl. ...blöcke⟩: aus mehreren Werbespots bestehende Einlage (7) in einer Fernsehsendung.
Wer|be|bot|schaft, die: in einer Werbung enthaltene Kernaussage: die W. lautet ...
Wer|be|bran|che, die: den Bereich der Werbung umfassende Branche.
Wer|be|brief, der: an verschiedene Haushalte verschicktes Schreiben, in dem für etw. Werbung gemacht wird.
Wer|be|bro|schü|re, die: Werbezwecken dienende Broschüre.
Wer|be|bud|get, das: Werbeetat.
Wer|be|chef, der (ugs.): Werbeleiter.
Wer|be|chef|fin, die: w. Form zu ↑ Werbechef.
Wer|be|ef|fekt, der: von einer Werbung ausgehende Wirkung.
Wer|be|ein|blen|dung, die: eingeblendeter Werbespot: das Programm wird dauernd durch -en unterbrochen.
Wer|be|ein|nah|me, die ⟨meist Pl.⟩: Einnahme (1) aus Entgelten für das Schalten von Werbeanzeigen, das Ausstrahlen von Werbespots o. Ä.
Wer|be|ein|schal|tung, die (bes. österr.): in einem Medium platzierte Werbung.
Wer|be|er|lös, der ⟨meist Pl.⟩: Erlös aus Werbeeinnahmen.
Wer|be|etat, der: Etat für Werbekosten.
Wer|be|fach|frau, die: Expertin auf dem Gebiet der Werbung (1 a).
Wer|be|fach|mann, der: Fachmann auf dem Gebiet der Werbung (1 a).
Wer|be|feld|zug, der: Werbekampagne.
Wer|be|fern|se|hen, das: für bezahlte Werbung vorgesehener Teil des Fernsehprogramms.
Wer|be|film, der: (im Fernsehen od. als Beipro-

gramm im Kino gezeigter) kurzer Film, mit dem für etw. Werbung gemacht wird.
wer|be|fi|nan|ziert ⟨Adj.⟩: über Werbung finanziert: -es Fernsehen; der Dienst, das Programm ist w.
Wer|be|fir|ma, die: Dienstleistungsbetrieb für Werbung.
Wer|be|flä|che, die: Fläche, die für das Ankleben von Werbeplakaten od. für Werbemittel anderer Art vorgesehen od. geeignet ist.
Wer|be|form, die: Form, Art der Werbung: neue -en im Internet.
Wer|be|fo|to, das, schweiz. auch: die: der Werbung dienendes Foto.
Wer|be|fo|to|graf, Werbephotograph, der: Fotograf, der sich auf das Anfertigen von Werbefotos spezialisiert hat (Berufsbez.).
Wer|be|fo|to|gra|fin, Werbephotographin, die: w. Formen zu ↑ Werbefotograf, Werbephotograph.
wer|be|frei ⟨Adj.⟩: ohne Werbung: ein -es Programm, Fernsehen; dieser Kanal ist w.
Wer|be|funk, der: für bezahlte Werbung vorgesehener Teil des Rundfunkprogramms.
Wer|be|gag, der: einzelne Maßnahme der Werbung, die sich durch besonderen Witz auszeichnet.
Wer|be|geld, das ⟨meist Pl.⟩: durch die Schaltung von Anzeigen, das Ausstrahlen von Werbespots o. Ä. eingenommenes Geld.
Wer|be|ge|schenk, das: Geschenk, das zu Werbezwecken an Kunden u. Geschäftsfreunde verteilt wird.
Wer|be|gra|fik, Werbegraphik, die: der Werbung dienende Grafik.
Wer|be|gra|fi|ker, Werbegraphiker, der: Grafiker, der sich auf das Anfertigen von Werbegrafiken spezialisiert hat (Berufsbez.).
Wer|be|gra|fi|ke|rin, Werbegraphikerin, die: w. Formen zu ↑ Werbegrafiker, Werbegraphiker.
Wer|be|gra|phik usw.: ↑ Werbegrafik usw.
Wer|be|in|dus|trie, die: Werbewirtschaft.
Wer|be|kam|pa|gne, die: der Werbung dienende Kampagne (1).
Wer|be|kauf|frau, die: im Bereich der Werbung tätige Kauffrau (2).
Wer|be|kauf|mann, der: im Bereich der Werbung tätiger Kaufmann.
Wer|be|kos|ten ⟨Pl.⟩: Kosten für Werbung (1 a).
Wer|be|kun|de, die: als Kunde der Werbewirtschaft auftretende Person, auftretendes Unternehmen o. Ä.
Wer|be|kun|din, die: w. Form zu ↑ Werbekunde.
Wer|be|lei|ter, der: Leiter einer Werbeabteilung.
Wer|be|lei|te|rin, die: w. Form zu ↑ Werbeleiter.
Wer|be|leu|te ⟨Pl.⟩ (ugs.): Gesamtheit der Experten u. Expertinnen auf dem Gebiet der Werbung.
Wer|be|markt, der: Markt (3 a) für Produkte, Dienstleistungen der Werbewirtschaft.
Wer|be|maß|nah|me, die: der Werbung dienende Maßnahme.
Wer|be|ma|te|ri|al, das: Werbezwecken dienendes Material: jmdm. W. zuschicken.
Wer|be|me|di|um, das: Werbeträger (1).
Wer|be|me|tho|de, die: bei der Werbung (1 a) angewandte Methode.
Wer|be|mit|tel, das: der Werbung dienendes ¹Mittel (1).
wer|ben ⟨st. V.; hat⟩ [mhd. werben, ahd. hwerban = sich drehen; sich bewegen; sich umtun, bemühen]: **1.** eine bestimmte Zielgruppe für etw. (bes. eine Ware, Dienstleistung) zu interessieren suchen, seine Vorzüge lobend hervorheben; (für etw.) Reklame machen: für ein Produkt, eine Dienstleistung, eine Firma, eine Partei w.; im Fernsehen, in Zeitungen w.; wir müssen mehr w.; Ü er warb für seine Idee. **2.** durch Werben (1) zu gewinnen suchen: neue Abonnen-

ten, neue Kunden w.; Freiwillige w. **3.** [eigtl. = sich um jmdn. bewegen] (geh.) *sich um jmdn., etw. bemühen, um ihn, es [für sich] zu gewinnen:* um jmds. Vertrauen w.; er wirbt schon lange um sie *(sucht sie [zur Frau] zu gewinnen).*

Wer|be|part|ner, der: *Person, Firma o. Ä., die sich zu Werbezwecken mit einer anderen Person, Firma o. Ä. zusammentut.*

Wer|be|part|ne|rin, die: w. Form zu ↑ Werbepartner.

Wer|be|pau|se, die: *kürzere Unterbrechung einer Sendung* (3b) *durch Werbung.*

Wer|be|pho|to|graph usw.: ↑ Werbefotograf usw.

Wer|be|pla|kat, das: *Plakat, mit dem für jmdn., etw. geworben wird.*

Wer|be|preis, der: *Sonderpreis zur Werbung für eine bestimmte Ware, eine bestimmte Firma.*

Wer|be|pro|s|pekt, der, österr. auch: das: *Prospekt, mit dem für jmdn., etw. geworben wird.*

Wer|be|psy|cho|lo|gie, die: *Teilgebiet der Marktforschung, das sich mit der Wirkung von Werbung auf potenzielle Käufer befasst.*

Wer|ber, der; -s, -: **1.** (ugs.) *Werbefachmann.* **2.** (veraltet) *jmd., der Soldaten anwirbt.* **3.** (österr. Amtsspr.) *Bewerber, Antragsteller* (meist in Zus.).

wer|be|re|le|vant ⟨Adj.⟩: *für die Werbung wichtig, bedeutsam:* die -e Zielgruppe der 14- bis 49-Jährigen; der Sender erreichte nur 13,4 % der -en Zuschauer; die Ferienzeit gilt als nicht w.

Wer|be|rin, die; -, -nen: w. Form zu ↑ Werber.

Wer|be|rum|mel, der: *in großem Rahmen mit aufwendigen u. aufdringlichen Mitteln organisierte Werbung.*

Wer|be|schrift, die: *Prospekt, Faltblatt, kleine Broschüre o. Ä., worin für etw. geworben wird.*

Wer|be|sen|dung, die: *Sendung des Werbefernsehens od. -funks.*

Wer|be|slo|gan, der: *der Werbung dienender Slogan.*

Wer|be|spot, der: *Spot* (1).

Wer|be|spra|che, die: *für Werbetexte charakteristische Sprache* (3b).

Wer|be|spruch, der: *der Werbung dienender Spruch.*

Wer|be|ta|fel, die: *Tafel* (1 a), *auf der für jmdn., etw. Werbung gemacht wird.*

Wer|be|text, der: *Text, der über ein Produkt werbend informieren soll.*

Wer|be|tex|ter, der: *jmd., der Werbetexte entwirft u. gestaltet.*

Wer|be|tex|te|rin, die: w. Form zu ↑ Werbetexter.

Wer|be|tour, die: *Werbezwecken dienende Tour* (1).

Wer|be|trä|ger, der: **1.** ¹*Medium* (2c), *durch das Werbung verbreitet werden kann (wie Litfaßsäule, Zeitung, Rundfunk usw.).* **2.** *jmd., der sich [gegen ein Entgelt] für Werbezwecke zur Verfügung stellt.*

Wer|be|trä|ge|rin, die: w. Form zu ↑ Werbeträger (2).

Wer|be|trei|ben|de, die/eine Werbetreibende; der/einer Werbetreibenden, die Werbetreibenden/zwei Werbetreibende: *Werbungtreibende.*

Wer|be|trei|ben|der, der Werbetreibende/ein Werbetreibender; des/eines Werbetreibenden, die Werbetreibenden/zwei Werbetreibende: *Werbungtreibender.*

Wer|be|trick, der: *Reklametrick.*

Wer|be|trom|mel, die [urspr. = Trommel des Werbers von Soldaten]: in der Wendung **die W. rühren/schlagen** (ugs. *für etw., jmdn. kräftig Reklame machen).*

Wer|be|un|ter|bre|chung, die: *Unterbrechung einer Fernseh-, Rundfunksendung durch Werbung:* das Fußballspiel wird ohne W. übertragen.

Wer|be|ver|an|stal|tung, die: *Werbezwecken dienende Veranstaltung.*

Wer|be|ver|bot, das: *Verbot, für etw. Werbung zu machen:* Ärzte fordern ein W. für Alkohol.

Wer|be|ver|trag, der: *Vertrag, durch den bes. ein Schauspieler, ein Sportler o. Ä. sich verpflichtet, für ein bestimmtes Produkt od. eine Firma zu werben.*

wer|be|wirk|sam ⟨Adj.⟩: *in der Art der Werbung* (1 a) *wirksam:* ein -er Slogan.

Wer|be|wirk|sam|keit, die: *werbewirksame Beschaffenheit.*

Wer|be|wir|kung, die: *Werbeeffekt.*

Wer|be|wirt|schaft, die: *Gesamtheit der Werbung treibenden Einrichtungen u. Unternehmen* (bes. *Werbeagenturen*).

Wer|be|zeit, die: *im Fernsehen u. Rundfunk für Werbung zur Verfügung stehende, vorgesehene Zeit.*

Wer|be|zweck, der ⟨meist Pl.⟩: *werblicher Zweck:* ein Foto zu -en nutzen.

werb|lich ⟨Adj.⟩: *die Werbung betreffend, für die Werbung:* das -e Angebot; -e Initiative.

Wer|bung, die; -, -en [mhd. werbunge]: **1.** ⟨o. Pl.⟩ **a)** *das Werben* (1); *Gesamtheit werbender Maßnahmen; Reklame, Propaganda:* geschickte, aufdringliche, störende W.; diese W. kommt [nicht] an; die W. für ein Produkt [im Fernsehen]; die Firma treibt W., macht gute W. für ihr neues Produkt; die Schauspielerin macht jetzt W. für ein Waschmittel (ugs.; *tritt in Werbespots, -sendungen für ein Waschmittel auf*); eine W. treibende Firma; **b)** *Werbeabteilung.* **2.** *das Werben* (2): die W. neuer Kunden, Mitglieder. **3.** (geh.) *das Werben* (3) *um jmdn.; Bemühen, jmds. Gunst, bes. die Liebe einer Frau zu gewinnen:* die W. um ein Mädchen, eine Frau; sie schlug seine W. (veraltet; *seinen Heiratsantrag*) aus, nahm seine W. an.

Wer|bungs|kos|ten ⟨Pl.⟩: **1.** [eigtl. = Erwerbungskosten] (Steuerw.) *bestimmte bei der Berufsausübung anfallende Kosten, die bei der Ermittlung des [steuerpflichtigen] Einkommens abgezogen werden können.* **2.** (seltener) *Werbekosten.*

Wer|bung|trei|ben|de, die/eine Werbungtreibende; der/einer Werbungtreibenden, die Werbungtreibenden/zwei Werbungtreibende, **Werbung Treibende,** die/eine Werbung Treibende; der/einer Werbung Treibenden, die Werbung Treibenden/zwei Werbung Treibende: *weibliche Person, die in der Werbebranche tätig ist.*

Wer|bung|trei|ben|der, der Werbungtreibende/ein Werbungtreibender; des/eines Werbungtreibenden, die Werbungtreibenden/zwei Werbungtreibende, **Werbung Treibender,** der Werbung Treibende/ein Werbung Treibender; des/eines Werbung Treibenden, die Werbung Treibenden/zwei Werbung Treibende: *jmd., der in der Werbebranche tätig ist.*

Wer|de|gang, der ⟨Pl. selten⟩: **1.** *Vorgang, Ablauf des Werdens, Entstehens von etw.; Entwicklungsprozess:* der W. eines Künstlers. **2.** *Verlauf der geistigen Entwicklung u. beruflichen Ausbildung eines Menschen:* der W. eines Künstlers; seinen beruflichen W. schildern.

¹**wer|den** ⟨unr. V.⟩; ist; 2. Part.: geworden) [mhd. werden, ahd. werdan, eigtl. = (sich) drehen, wenden u. verw. mit ↑¹Wurm; vgl. auch lat. vertere, ↑Vers]: **1. a)** *in einen bestimmten Zustand kommen, eine bestimmte Eigenschaft bekommen:* arm, reich, krank, müde, frech, zornig, böse w.; ich bin zu spät wach geworden; sind die beiden glücklich geworden?; warum wirst du denn immer gleich rot?; das Wetter wurde schlechter; sie ist 70 [Jahre alt] geworden; heute soll, wird es sehr heiß w.; es ist sehr spät geworden; in den letzten Jahren ist es still geworden um ihn; ◆ ⟨Prät. ward, 2. Part. worden:⟩ ... Müller ward nach Paris, nach Rom und, wie sehr auch seine arme Frau dagegen sich wehrte (Gotthelf, Elsi 121); ◆ Hauptmann! Was machst du? Bist du wahnsinnig worden? (Schiller, Räuber V, 2); ◆ Wohl euch, dass Ihr mit dem Verräter nicht näher verwandt worden seid (Goethe, Götz III); **b)** ⟨unpers.⟩ *als ein bestimmtes Gefühl bei jmdm. auftreten:* jmdm. wird [es] übel, schwindelig, kalt, heiß. **2. a)** ⟨in Verbindung mit einem Gleichsetzungsnominativ⟩ *eine Entwicklung durchmachen:* Arzt w.; sie hatte einmal Sängerin w. wollen; was willst du w.?; ein ordentlicher Mensch w.; sie wurde seine Frau; Vater w.; er will kein Held w.; etw. wird Mode; ein Traum ist Wirklichkeit geworden; wenn das kein Erfolg wird!; ⟨1. Part.:⟩ eine werdende Mutter *(eine Frau, die ein Kind erwartet);* ◆ ⟨2. Part.:⟩ Schatzmeister bin ich bei ihm worden (Lessing, Nathan I, 3); **b)** *sich zu etw. entwickeln:* das Kind ist zum Mann geworden; über Nacht wurde das Wasser zu Eis; das was bald ihm zur fixen Idee; das wurde ihm zum Verhängnis; **c)** *sich aus etw. entwickeln:* aus Liebe wurde Hass; aus diesem Plan wird nichts; was soll bloß aus dir w.!; **d)** ⟨unpers.⟩ *sich einem bestimmten Zeitpunkt nähern:* in wenigen Minuten wird es 10 Uhr; es wird [höchste] Zeit zur Abreise; morgen wird es ein Jahr seit unserem letzten Treffen. **3. a)** *entstehen:* es werde Licht!; (dichter., sonst veraltet:) es ward *(wurde)* Licht; jeder Tag, den Gott es lässt; werdendes Leben; große Dinge sind im Werden; R wo nichts ist, kann noch w.; **b)** (ugs.) *sich so im Ergebnis zeigen, darstellen, wie es auch beabsichtigt war:* das Haus wird allmählich; sind die Fotos geworden?; die Zeichnung ist nichts geworden *(ist misslungen);* wird bald? *(energische Aufforderung, sich zu beeilen);* die Pflanze wird nicht wieder *(geht ein);* das wird [etw]was w.! *(das wird großen Spaß geben);* was soll bloß w. (geworden sein); ...; mit den beiden scheint es etwas zu w. *(sie scheinen ein Paar zu werden);* Was sie sich wünschte, wurde (gelang), traf ein (Grass, Butt 157); * **nicht mehr/nicht wieder werden** (salopp; *aus dem Staunen nicht mehr herauskommen, fassungslos sein*). **4.** (geh.) *jmdm. zuteilwerden:* jedem Bürger soll sein Recht w.

²**wer|den** ⟨unr. V.; Hilfsverb; 2. Part.: worden⟩ [identisch mit ↑¹werden]: **1.** ⟨w. + Inf.⟩ **a)** *zur Bildung des Futurs; drückt Zukünftiges aus:* es wird [bald] regnen; wir werden nächste Woche in Urlaub fahren; das Kind wird für diese Arbeit gelobt werden; ⟨2. Futur:⟩ bis du zurückkommst, werde ich meine Arbeit beendet haben, wird sie bereits fortgegangen sein; **b)** *kennzeichnet ein vermutetes Geschehen:* sie werden bei dem schönen Wetter im Garten sein; sie wird schon wissen, was sie tut; ⟨2. Futur:⟩ er wird den Brief inzwischen bekommen haben. **2.** ⟨w. + 2. Part. zur Bildung des Passivs⟩ du wirst gerufen; der Künstler wurde um eine Zugabe gebeten; ⟨unpers., oft mit einer aktivischen Ausdrucksweise mit »man«:⟩ es wurde gemunkelt *(man munkelte),* sie hätte in einer Nacht ein Vermögen verspielt; jetzt wird aber geschlafen *(energische Aufforderung;* ihr sollt jetzt schlafen!); ◆ ⟨Prät. ward:⟩ Alles andere, was zur Sicherheit und Trocknis des Gebäudes dienen konnte, ward beraten und ausgeführt (Goethe, Tag- und Jahreshefte 1818); ◆ Er zog bei dem Pachter ein und ward zu dessen Familie gerechnet (Tieck, Runenberg 37). **3.** ⟨Konjunktiv »würde« + Inf.⟩ **a)** *zur Umschreibung des Konjunktivs, bes. bei Verben, die keine unterscheidbaren Formen des Konjunktivs bilden können; drückt vor allem konditionale od. irreale Verhältnisse aus:* sonst würden wir dort nicht wohnen; wenn sie mich rufen würden, käme ich sofort; ich würde kommen/gekommen sein, wenn das Wetter besser

wäre/gewesen wäre; würdest du das bitte erledigen? (höfliche Umschreibung des Imperativs; *bitte erledige es!*); ich würde sagen *(ich bin der Meinung)*, hier haben alle versagt; **b)** zur Umschreibung des Futurischen, des Noch-nicht-Begonnenen: er sagte, dass er morgen zum Arzt gehen würde.

Wer|der, der, selten: das; -s, - [mniederd. werder, Nebenf. von mhd. wert, ahd. warid, werid = Insel, eigtl. = gegen Wasser geschütztes od. schützendes Land]: **a)** *Insel in einem Fluss;* **b)** *[entwässerte] Niederung zwischen Flüssen u. Seen.*

Wer|fall, der (Sprachwiss.): *Nominativ.*

wer|fen ⟨st. V.; hat⟩ [mhd. werfen, ahd. werfan, eigtl. = drehen, winden, dann: mit drehend geschwungenem Arm schleudern]: **1. a)** *etw. mit einer kräftigen, schwungvollen Bewegung des Arms durch die Luft fliegen lassen:* den Ball, einen Stein w.; er hat den Speer, den Diskus sehr weit geworfen; ⟨auch ohne Akk.-Obj.:⟩ lass mich auch mal w.!; er kann gut w., wirft fast 90 m weit; **b)** *etw. als Wurfgeschoss benutzen:* mit Steinen, Schneebällen [nach jmdm.] w.; **c)** (Sport) *einen Wurf* (1b) *ausführen:* hast du schon geworfen?; **d)** (bes. Sport) *durch Werfen* (1a), *mit einem Wurf* (1b) *erzielen:* die größte Weite, neuen Weltrekord w.; ein Tor w.; **e)** (Brettspiele) *mit einem Wurf* (1d) *erzielen:* eine Sechs w. **2. a)** *mit Schwung irgendwohin befördern:* den Ball in die Höhe, ins Tor, gegen die Wand, über den Zaun w.; jmdm. auf den Boden w.; Steine ins Wasser w.; das Pferd warf ihn aus dem Sattel; wütend die Tür ins Schloss w.; die Kleider von sich w. *(sich hastig ausziehen);* Ü ein Dia an die Wand w. (ugs.; *projizieren*); Truppen an die Front w.; Ware auf den Markt w. *(in den Handel bringen);* jmdn. aus dem Zimmer w. (ugs.; *hinausweisen*); einen Blick in die Zeitung w.; eine Frage in die Debatte w. *(in der Debatte aufwerfen);* **b)** ⟨w. + sich⟩ *bes. aus einer unvermittelt, ungestüm irgendwohin fallen lassen:* sich jmdm. an die Brust, in die Arme w.; er warf sich *(stürzte sich)* wütend auf seinen Gegner; sich aufs Bett, in einen Sessel w.; der Kranke warf sich schlaflos hin und her; sich vor einen Zug w.; sich jmdm. zu Füßen, vor jmdm. auf die Knie w.; (Ringen, Budo) *(den Gegner) niederwerfen [sodass er mit beiden Schultern den Boden berührt]:* den Gegner w.; **d)** *einen Körperteil o. Ä. ruckartig, mit Schwung in eine Richtung bewegen:* den Kopf in den Nacken w.; die Tänzer warfen die Beine. **3. a)** *(durch bestimmte natürliche Vorgänge) hervorbringen, bilden:* der Stoff wirft Falten; einen langen Schatten w.; ⟨w. + sich⟩ *(durch Feuchtigkeit, Kälte o. Ä.) uneben werden, sich krümmen, sich verziehen:* der Rahmen wirft sich; das Holz hat sich geworfen. **4.** *(von Säugetieren) Junge zur Welt bringen:* die Katze hat [sechs Junge] geworfen. **5.** (salopp) *ausgeben, spendieren:* eine Runde w.

Wer|fer, der; -s, -: **1. a)** (Hand-, Wasser-, Basketball) *Spieler, der den Ball auf das Tor bzw. den Korb wirft;* **b)** (Baseball) *Spieler, der den Ball dem Schläger* (2) *zuzuwerfen hat;* **c)** (Leichtathletik) Kurzf. von ↑Speerwerfer, ↑Diskuswerfer, ↑Hammerwerfer. **2.** (Militär) Kurzf. von ↑Raketenwerfer, ↑Granatwerfer.

Wer|fe|rin, die; -, -nen: w. Form zu ↑Werfer (1).

Werft, die; -, -en [aus dem Niederd. < niederl. werf, verw. mit ↑werben u. eigtl. wohl = Ort, wo man sich geschäftig bewegt; vgl. ²Warft]: *industrielle Anlage für Bau u. Reparatur von Schiffen od. Flugzeugen.*

Werft|an|la|ge, die: *Gelände mit den zu einer Werft gehörenden Gebäuden u. Einrichtungen.*

Werft|ar|bei|ter, der: *Arbeiter auf einer Werft.*
Werft|ar|bei|te|rin, die: w. Form zu ↑Werftarbeiter.

Werft|ge|län|de, das: *Gelände mit den zu einer Werft gehörenden Gebäuden u. Einrichtungen.*

Werg, das; -[e]s [mhd. werc, ahd. werich, eigtl. = das, was bei jmdm. durch Werk (= Arbeit) abfällt]: *[bei der Verarbeitung] von Hanf od. Flachs abfallende Fasern.*

Werk, das; -[e]s, -e [mhd. werc, ahd. werc(h), wahrsch. eigtl. = Flechtwerk]: **1.** ⟨o. Pl.⟩ *einer bestimmten [größeren] Aufgabe dienende Arbeit, Tätigkeit; angestrengtes Schaffen, Werken:* mein W. ist vollendet; ein W. beginnen, durchführen; wir sind bereits am W. *(haben damit begonnen);* wir sollten uns jetzt ans W. machen *(sollten damit beginnen);* er lebt von seiner Hände W.; * **etw. ins W. setzen** (geh.; *etw. ausführen, verwirklichen*); **zu -e gehen** *(verfahren, vorgehen:* vorsichtig, umsichtig, planmäßig, geschickt zu -e gehen). **2.** *Handlung, Tat:* -e der Nächstenliebe, der Barmherzigkeit; diese ganze Unordnung ist dein W. (ugs.; *du hast sie gemacht, verschuldet*); damit hat er ein großes W. vollbracht. **3. a)** *Produkt schöpferischer Arbeit:* ein frühes W. des Meisters; -e der Weltliteratur; Nietzsches gesammelte -e; ein wissenschaftliches W. schreiben; **b)** *Gesamtheit dessen, was jmd. in schöpferischer Arbeit hervorgebracht hat.* **4.** (früher) *mit Wall u. Graben befestigter, in sich geschlossener [äußerer] Teil einer größeren Festung.* **5. a)** *technische Anlage, Fabrik, [größeres] industrielles Unternehmen:* ein W. der Metallindustrie; ein neues W. im Ausland errichten; in diesem W. werden Traktoren hergestellt; **b)** ⟨o. Pl.⟩ *Belegschaft eines Werkes* (5a). **6.** *Mechanismus, durch den etw. angetrieben wird; Antrieb, Uhrwerk o. Ä.:* das W. der Uhr; die alte Orgel hat ein mechanisches W.

-werk, das; -[e]s, -e: **1.** ⟨Pl. selten⟩ kennzeichnet in Bildungen mit Substantiven die Gesamtheit von etw.: Blätter-, Karten-, Mauerwerk. **2.** kennzeichnet in Bildungen mit Substantiven ein Werk, das etw. darstellt oder herbeiführt, als groß, umfangreich: Einigungs-, Reform-, Vertragswerk.

Werk|an|ge|hö|ri|ge, (österr. nur:) Werksangehörige ⟨vgl. Angehörige⟩: *Angehörige eines Werks* (5a).

Werk|an|ge|hö|ri|ger, (österr. nur:) Werksangehöriger ⟨vgl. Angehöriger⟩: *Angehöriger eines Werks* (5a).

Werk|ar|beit, die: **a)** ⟨o. Pl.⟩ *Werkunterricht;* **b)** im *Werkunterricht hergestellte Arbeit.*

Werk|arzt, (österr. nur:) Werksarzt, der: *für die gesundheitliche Betreuung der Belegschaft u. für Arbeits- u. Unfallschutz in einem größeren Betrieb eingesetzter Arzt.*

Werk|ärz|tin, (österr. nur:) Werksärztin, die: w. Formen zu ↑Werkarzt, Werksarzt.

Werk|aus|ga|be, die: **a)** *mehrbändige Ausgabe* (4 a) *des Gesamtwerks eines Schriftstellers, einer Schriftstellerin;* **b)** *mehrbändige Ausgabe* (4 a) *ausgewählter Werke eines Schriftstellers, einer Schriftstellerin.*

Werk|bank, die ⟨Pl. ...bänke⟩: *stabiler [fest montierter] Arbeitstisch [mit Schraubstock] in einer Werkstatt, Fabrik o. Ä.*

Werk|druck, der ⟨Pl. -e⟩ (Druckw.): *Druck von Büchern u. Broschüren, die keine od. nur wenige Abbildungen enthalten.*

werk|ei|gen, (österr. nur:) werkseigen ⟨Adj.⟩: *[zu] einem Werk* (5 a) *gehörend:* eine -e Wäscherei; -e Grundstücke.

Wer|kel, das; -s, - [eigtl. mundartl. Vkl. von ↑Werk] (österr. ugs.): **1.** *Leierkasten, Drehorgel.* **2.** *Werk, Anlage, Maschine, Betrieb.*

wer|keln ⟨sw. V.; hat⟩: **a)** *sich [zum Zeitvertreib] mit einer handwerklichen Arbeit beschäftigen:* er werkelt in seinem Hobbyraum, an seinem Auto; **b)** (landsch., österr.) *werken.*

wer|ken ⟨sw. V.; hat⟩ [mhd. werken, ahd. werkōn] (bes. österr., schweiz.): *[handwerklich, körperlich] arbeiten; praktisch tätig sein, schaffen.*

Wer|ken, das; -s: *Werkunterricht.*

Wer|ke|ver|zeich|nis: ↑Werkverzeichnis.

Werk|fe|ri|en, Werksferien ⟨Pl.⟩: *Betriebsferien.*

Werk|feu|er|wehr, (österr. nur:) Werksfeuerwehr, die: *werkeigene Feuerwehr.*

Werk|ge|län|de, Werksgelände, das: *Gelände einer Werkanlage.*

werk|ge|treu ⟨Adj.⟩: *dem originalen Kunstwerk entsprechend [wiedergegeben]:* die -e Aufführung eines Theaterstücks; der Pianist spielte [die Sonate] sehr w.

Werk|grup|pe, die (Kunstwiss.): *Gruppe thematisch zusammenhängender Kunstwerke.*

Werk|hal|le, (österr. nur:) Werkshalle, die: *als Produktionsstätte dienende Halle eines Werks* (5 a).

werk|im|ma|nent ⟨Adj.⟩ (Literaturwiss.): *(in Bezug auf die Deutung eines literarischen Werks) aus sich selbst heraus, ohne literaturschichtliche, biografische o. a. Bezüge herzustellen od. in die Interpretation einzubeziehen:* eine -e Deutung.

Werk|leh|rer, der: *Fachlehrer für den Werkunterricht* (Berufsbez.).

Werk|leh|re|rin, die: w. Form zu ↑Werklehrer.

Werk|lei|ter, (österr. nur:) Werksleiter, der: ¹*Leiter* (1) *eines Werks* (5 a) (Berufsbez.).

Werk|lei|te|rin, Werksleiterin, die: w. Formen zu ↑Werkleiter, Werksleiter.

Werk|lei|tung, (österr. nur:) Werksleitung, die: *Leitung* (1) *eines Werks* (5 a).

Werk|meis|ter, der [mhd. wercmeister, ahd. wercmeistar = Handwerker]: *als Leiter einer Arbeitsgruppe od. Werkstatt eingesetzter erfahrener Facharbeiter.*

Werk|meis|te|rin, die: w. Form zu ↑Werkmeister.

Werk|platz, der (schweiz.): *Standort einer Produktionsstätte.*

Werk|raum, der: *Raum für den Werkunterricht.*

Werks|an|ge|hö|ri|ge: ↑Werkangehörige.
Werks|an|ge|hö|ri|ger: ↑Werkangehöriger.
Werks|arzt: ↑Werkarzt.
Werks|ärz|tin: ↑Werkärztin.

Werk|schau, die: *Veranstaltung, Schau* (1), *Ausstellung* (2), *die einen Überblick über das Gesamtwerk eines Künstlers, einer Künstlerin bietet.*

Werk|schlie|ßung: ↑Werksschließung.

Werk|schul|heim, das (österr.): *Gymnasium, das zusätzlich zum Abitur eine Ausbildung zum Handwerker anbietet.*

Werk|schutz, der ⟨o. Pl.⟩: **1.** *Betriebsschutz* (1). **2.** *Gesamtheit der mit dem Werkschutz* (1) *befassten Personen.*

werks|ei|gen: ↑werkeigen.

werk|sei|tig, (österr. nur:) werksseitig ⟨Adj.⟩: *vonseiten des Werks* (5 a).

Werks|fah|rer, der (Motorsport): *für ein Automobilwerk arbeitender Rennfahrer, der die Modelle erprobt u. mit ihnen auf Rennen startet.*

Werks|fah|re|rin, die: w. Form zu ↑Werksfahrer.
Werks|fe|ri|en: ↑Werkferien.
Werks|feu|er|wehr: ↑Werkfeuerwehr.

Werks|ga|ran|tie, die: *Garantie, die eine Firma auf ihre Produkte gibt.*

Werks|ge|län|de: ↑Werkgelände.
Werks|hal|le: ↑Werkhalle.
Werks|lei|ter: ↑Werkleiter.
Werks|lei|te|rin, die: w. Form zu ↑Werkleiter.

Werks|lei|tung: ↑ Werkleitung.
Werk|spi|o|na|ge, (österr. nur:) Werksspionage, die: *Spionage in Bezug auf Betriebsgeheimnisse.*
Werks|schlie|ßung, Werkschließung, die: *Schließung eines Werkes* (5 a).
werks|sei|tig: ↑ werkseitig.
Werks|spi|o|na|ge: ↑ Werkspionage.
Werk|statt, die ⟨Pl. ...stätten⟩ [spätmhd. wercstat]: *Arbeitsraum eines Handwerkers mit den für seine Arbeit benötigten Geräten:* die W. eines Schreiners, einer Schneiderin; in der W. arbeiten; den Wagen in die W. *(zur Wartung, Reparatur in die Autowerkstatt)* bringen.
Werk|statt|büh|ne, die: *[an größeren Theatern eingerichtete] Experimentierbühne.*
Werk|stät|te, die (österr., schweiz., sonst geh.): *Werkstatt.*
Werk|statt|ge|spräch, das: *Veranstaltung, bei der in Gesprächen, Diskussionen bestimmte Themen erarbeitet, abgehandelt, bes. bestimmte künstlerische, wissenschaftliche o. ä. Projekte besprochen werden.*
Werk|statt|the|a|ter, Werk|statt-The|a|ter, das: *Werkstattbühne.*
Werk|statt|wa|gen, der: **1.** *für Reparatur- od. Wartungsarbeiten eingesetztes [Schienen]fahrzeug.* **2.** *eine Art Werkzeugschrank mit Rollen.*
Werk|stein, der (Bauw.): *bearbeiteter, meist quaderförmig behauener Naturstein.*
Werk|stoff, der: *Substanz, [Roh]material, aus dem etwas hergestellt werden soll.*
Werk|stoff|kun|de, die ⟨o. Pl.⟩: *Teilbereich der Technik, der die speziellen Eigenschaften u. Verhaltensweisen von Werkstoffen untersucht.*
Werk|stoff|prü|fer, der: *jmd., der berufsmäßig Werkstoffprüfungen vornimmt.*
Werk|stoff|prü|fe|rin, die: w. Form zu ↑ Werkstoffprüfer.
Werk|stoff|prü|fung, die: *Untersuchung der in Industrie u. Handwerk verwendeten Materialien auf ihre technologischen, physikalischen u. chemischen Eigenschaften.*
Werks|tor: ↑ Werktor.
Werk|stück, das: *Gegenstand, der noch [weiter] handwerklich od. maschinell verarbeitet werden muss.*
Werk|stu|dent, der: *Student, der sich neben seinem Studium od. in den Semesterferien durch Lohnarbeit Geld verdient.*
Werk|stu|den|tin, die: w. Form zu ↑ Werkstudent.
Werks|ver|kehr: ↑ Werkverkehr.
Werks|woh|nung, die: *in werkeigenen Gebäuden an Werkangehörige vermietete Wohnung.*
Werk|tag, der [mhd. werctac]: *Tag, an dem allgemein gearbeitet wird (im Unterschied zu Sonn- u. Feiertagen); Wochentag.*
werk|täg|lich ⟨Adj.⟩: **1.** *an Werktagen [stattfindend]:* der -e Zugverkehr. **2.** *dem Werktag entsprechend, für den Werktag bestimmt:* w. gekleidet sein.
werk|tags ⟨Adv.⟩: *an Werktagen:* der Zug verkehrt nur w.
werk|tä|tig ⟨Adj.⟩: *arbeitend, einen Beruf ausübend:* die -e Bevölkerung.
Werk|tä|ti|ge, die/ein Werktätige; der/einer Werktätigen, die Werktätigen/zwei Werktätige: *weibliche Person, die werktätig ist.*
Werk|tä|ti|ger, der Werktätige/ein Werktätiger; des/eines Werktätigen, die Werktätigen/zwei Werktätige: *jmd., der werktätig ist.*
Werk|tor, (österr. nur:) Werkstor, der: *Eingangstor zu einem Werk* (5 a).
Werk|treue, die: *werkgetreue Interpretation u. Wiedergabe bes. eines Musikstückes.*
Werk|un|ter|richt, der: *Unterrichtsfach (an allgemeinbildenden od. Berufsschulen), durch das die Schüler zu handwerklicher u. künstlerischer*

Beschäftigung mit verschiedenen Werkstoffen angeleitet werden sollen.
Werk|ver|kehr, (österr. nur:) Werksverkehr, der: *Beförderung von Gütern mit betriebseigenen Fahrzeugen für eigene Zwecke des Unternehmens.*
Werk|ver|trag, der (Rechtsspr.): *Vertrag, durch den sich ein Partner zur Herstellung eines (versprochenen) Werks* (3)*, einer Sache, der andere zur Zahlung der vereinbarten Vergütung verpflichtet.*
Werk|ver|zeich|nis, (seltener auch:) Werkeverzeichnis, das (Musik, bild. Kunst): *Verzeichnis der Werke eines Künstlers, einer Künstlerin.*
Werk|zeug, das [mhd. wercziug, für älter (ge)ziūc]: **1. a)** *für bestimmte Zwecke geformter Gegenstand, mit dessen Hilfe etwas [handwerklich] bearbeitet od. hergestellt wird:* -e wie Hammer und Zange; Ü er war ein gefügiges W. der Partei; **b)** ⟨o. Pl.⟩ *Gesamtheit von Werkzeugen* (1 a)*, die für eine Arbeit gebraucht werden:* mehr W. habe ich leider nicht. **2.** (Fachspr.) Kurzf. von ↑ Werkzeugmaschine.
Werk|zeug|kas|ten, der: *Kasten zur Aufbewahrung von Werkzeug.*
Werk|zeug|kis|te, die: *Kiste zur Aufbewahrung von Werkzeug.*
Werk|zeug|ma|cher, der: *Handwerker, Facharbeiter, der Werkzeuge* (2) *herstellt (Berufsbez.).*
Werk|zeug|ma|che|rin, die; -, -nen: w. Form zu ↑ Werkzeugmacher.
Werk|zeug|ma|schi|ne, die: *Maschine (wie Drehbank, Hobel-, Schleifmaschine, Presse o. Ä.) zur Formung u. Oberflächenbehandlung von Werkstücken.*
Werk|zeug|schrank, der: *Schrank [aus Metall], in dem Werkzeuge aufbewahrt werden.*
Werk|zeug|stahl, der: *bes. gehärteter, verschleißfester Stahl für Werkzeuge* (1 a).
Werk|zeug|ta|sche, die: *Tasche für kleinere Werkzeuge.*
Wer|mut, der; -[e]s, -s [mhd. wermuot, ahd. wer(i)muota, H. u.]: **1.** *aromatisch duftende, ätherische Öle u. Bitterstoffe enthaltende Pflanze mit seidig behaarten, graugrünen gefiederten Blättern u. kleinen gelben, in Rispen stehenden Blüten, die als Gewürz- u. Heilpflanze verwendet wird.* **2.** *mit Wermut* (1) *u. anderen Kräutern aromatisierter Wein; Wermutwein.*
Wer|mut|bru|der, der (ugs. abwertend): *reichlich Alkohol trinkender Land-, Stadtstreicher.*
Wer|mut|pflan|ze, die: *Wermut* (1).
Wer|muts|trop|fen, der [wegen der Bitterstoffe im Wermut] (geh.): *etw., was zwischen sonst Schönem doch ein wenig schmerzlich berührt, was den positiven Gesamteindruck von etw. beeinträchtigt.*
Wer|mut|wein, der: *Wermut* (2).
Wer|ra, die; -: Quellfluss der Weser.
wert ⟨Adj.⟩ [mhd. wert, ahd. werd, viell. eigtl. = gegen etw. gewendet, dann: einen Gegenwert habend]: **1.** (veraltend) *jmds. Hochachtung besitzend, teuer* (2)*:* mein werter Freund; wie war noch Ihr -er Name?; -e Frau Meyer (veraltete Anrede im Brief). **2.** ***etwas w. sein** *(einen bestimmten Wert haben:* das ist viel, wenig, nichts w.; der Schmuck ist einige Tausende w.; der Teppich ist nicht das/sein Geld w.; deine Hilfe, dein Urteil ist mir viel w. *(bedeutet viel für mich);* wie viel ist es Ihnen w.? *[was bieten Sie dafür?])*; **jmds., einer Sache/eine Sache w. sein** *(jmds., einer Sache würdig sein; jmdn., etw. verdienen; eine bestimmte Mühe lohnen:* sie ist dieses Mannes nicht w.; dieses Thema wäre einer näheren Betrachtung w.; er ist der Mühe nicht w.; sie sind [es] nicht w., dass man sie beachtet; Berlin ist immer eine Reise w.).
Wert, der; -[e]s, -e [mhd. wert, ahd. werd, subst.

Adj.]: **1. a)** *einer Sache innewohnende Qualität, aufgrund deren sie in einem gewissen Maße begehrenswert ist [u. sich verkaufen, vermarkten lässt]:* der W. dieses Schmuckstücks ist hoch, gering; der W. des Geldes schwankt; keinen großen, nur ideellen W. haben; seinen W. behalten, verlieren; den W. von etw. schätzen; Immobilien, Aktien steigen, fallen im W.; Exporte im W. *(Geldwert)* von mehreren Millionen Euro; etw. unter [seinem] W. *(Marktwert)* verkaufen; **b)** (marx.) *in einer Ware vergegenständlichte, als Tauschwert erscheinende gesellschaftliche Arbeit, deren Maß die gesellschaftlich notwendige Arbeitszeit ist.* **2.** ⟨Pl.⟩ *Dinge, Gegenstände von großem Wert, die zum persönlichen od. allgemeinen Besitz gehören:* bleibende, bedeutende -e; -e schaffen, erhalten, vernichten; der Krieg hat unersetzbare kulturelle -e zerstört. **3.** *positive Bedeutung, die jmdm., einer Sache zukommt:* der wirkliche W. eines Films; geistige, ideelle, ewige -e; diese Erfindung hat keinen [praktischen] W.; diese Untersuchung ist ohne jeden W. für meine Arbeit; sie ist sich ihres eigenen -es bewusst; das hat doch keinen W.! (ugs.; *das nützt gar nichts*); jmdn. nach seinen inneren -en beurteilen; das ist eine Umkehrung der -e; über W. oder Unwert dieses Vertrages kann man streiten; * **W. auf etw. legen** *(etw. für sehr wichtig halten, einer Sache für sich selbst Bedeutung beimessen):* viel, wenig, großen, gesteigerten, keinen W. auf Kleidung legen; auf Pünktlichkeit wird größter W. gelegt. **4.** *in Zahlen od. Zeichen ausgedrücktes Ergebnis einer Messung, Untersuchung o. Ä.; Zahlenwert:* meteorologische, arithmetische, mathematische, technische -e; die mittleren -e des Wasserstandes; der gemessene W. stimmt mit dem errechneten überein; den W. ablesen, eintragen. **5. a)** *zu einem Satz gehörende Briefmarke mit einem bestimmten aufgedruckten Wert:* der Satz umfasst sechs -e; **b)** Kurzf. von ↑ Wertpapier: mehr als dreißig Prozent des Vermögens sollte man nicht in einen einzelnen W. investieren.

-wert: drückt in Bildungen mit substantivierten Verben aus, dass sich etw. lohnt oder dass die beschriebene Person oder Sache es verdient, dass etw. gemacht wird: anhörens-, bestaunenswert.

Wert|an|ga|be, die (Postw.): *Angabe des (zu versichernden) Wertes bei Wertsendungen.*
Wert|an|la|ge, die: *etw., was als wertbeständig gilt u. dessen Erwerb daher eine Möglichkeit darstellt, Geld anzulegen.*
Wert|ar|beit, die: *mit größter Könnerschaft u. Sorgfalt durchgeführte Arbeit, die einen hohen Gebrauchswert schafft; Qualitätsarbeit.*
Wert|be|rich|ti|gung, die (Betriebswirtsch.): *Passivposten in der Bilanz zur Korrektur eines zu hoch ausgewiesenen Aktivpostens.*
wert|be|stän|dig ⟨Adj.⟩: *immer seinen Wert behaltend.*
Wert|be|stän|dig|keit, die; -: *wertbeständige Beschaffenheit.*
Wert|brief, der (Postw.): *als Wertsendung verschickter Brief.*
Wer|te|ge|mein|schaft, die: *durch gemeinsame Wertvorstellungen verbundene Gemeinschaft* (2).
Wer|te|ka|non, der: ¹*Kanon* (2 b) *an Werten* (3) *in einer Gesellschaft, Wirtschaft o. Ä.*
wer|ten (sw. V.; hat) [mhd. werden, ahd. werdōn]: **a)** *(jmdm., einer Sache) einen bestimmten [ideellen] Wert zuerkennen; an einem Wertmaßstab messen: eine Entwicklung kritisch w.; ich werte dies als besonderen Erfolg; **b)** (in einem Wettkampf) jmds. Leistung bewerten:* die Punktrich-

ter werten sehr unterschiedlich; der schlechteste Sprung wird nicht gewertet (wird in die Gesamtwertung nicht einbezogen).

Wert|ent|wick|lung, die (Finanzw.): Entwicklung des Handelswertes von Wertpapieren od. -gegenständen.

Wer|te|ord|nung, Wertordnung, die: Wertesystem.

wer|te|ori|en|tiert: ↑ wertorientiert.

Wert|er|hal|tung, die: Erhaltung von Werten (wie Gebäuden, Wohnungen, Maschinen) durch Pflege, Reparatur, Instandhaltung.

Wert|er|mitt|lung, die: Ermittlung eines Wertes (1 a, 4).

Wer|te|ska|la, (seltener:) Wertskala, die: Rangordnung von [ideellen] Werten.

Wer|te|sys|tem, (seltener:) Wertsystem, das: die Werte (3) in einer Gesellschaft, Wirtschaft o. Ä. in ihrem Verhältnis zueinander u. in ihrer Bedeutung, ihrer Wichtigkeit einordnendes System.

Wer|te|un|ter|richt, der ⟨o. Pl.⟩ (Schule): ideelle Werte vermittelnder, nicht konfessioneller Unterricht.

Wer|te|ver|fall, der: Verfall (1 c), Niedergang (moralischer o. ä.) Werte (3).

Wer|te|wan|del, (seltener:) Wertwandel, der: auf den Veränderungen der Lebensverhältnisse, der Ausweitung des Wissens, dem Wandel von Weltanschauungen, Ideologien o. Ä. beruhende Veränderung der Vorstellung von Werten (3), Wertsystemen, Wertorientierungen.

wert|frei ⟨Adj.⟩: nicht wertend, ohne Werturteil: eine -e Bezeichnung. Dazu: **Wert|frei|heit**, die.

Wert|ge|gen|stand, der: Gegenstand von einigem, nicht geringem Wert: diese Uhr ist kein W.

wert|hal|tig ⟨Adj.⟩: einen bestimmten [höheren] Wert habend, wertvoll: -e Immobilien. Dazu: **Wert|hal|tig|keit**, die; -.

Wert|hal|tung, die; -, -en (bildungsspr., Fachspr.): Einstellung zu ideellen Werten: Kulturen mit unterschiedlichen -en.

wer|tig ⟨Adj.⟩ (bes. Werbespr.): einigermaßen hochwertig: ich würde Ihnen zu einem etwas -eren Gerät raten.

-wer|tig: **1.** drückt die Wertigkeit (1, 2) von etw. aus: zweiwertig, mehrwertig, vielwertig. **2.** drückt aus, dass etw. einen bestimmten Wert (1a, 3) besitzt, darstellt: hochwertig, neuwertig, minderwertig.

Wer|tig|keit, die; -, -en: **1.** (Chemie) Verhältnis der Mengen, in denen sich ein chemisches Element mit einem anderen zu einer Verbindung umsetzt; Valenz (2). **2.** (Sprachwiss.) Valenz (1). **3.** [höherer] Wert (1a): zwei Geräte etwa gleicher W.

Wert|kar|te, die: als Zahlungsmittel verwendete [Magnet]karte, auf der bestimmte Geldeinheiten gespeichert sind, die sich bei der Benutzung um den verbrauchten Betrag verringern (z. B. Telefonkarte).

wert|kon|ser|va|tiv ⟨Adj.⟩: bestimmte Werte (3), Wertvorstellungen bewahrend; konservativ (1 a) im Hinblick auf bestimmte Wertvorstellungen, Ideologien.

Wert|kon|ser|va|ti|ve ⟨vgl. Konservative⟩: weibliche Person, die wertkonservative Anschauungen vertritt.

Wert|kon|ser|va|ti|ver ⟨vgl. Konservativer⟩: jmd., der wertkonservative Anschauungen vertritt.

wert|los ⟨Adj.⟩: **1.** ohne Wert (1 a): -es Geld; die Münzen sind w. geworden. **2.** ohne Wert (3): ein künstlerisch -es Buch; diese Angaben sind für mich w. (nützen mir nichts).

Wert|lo|sig|keit, die; -, -en: **1.** ⟨o. Pl.⟩ das Wertlossein. **2.** etw. Wertloses.

Wert|mar|ke, die: Marke, die einen bestimmten, durch Aufdruck gekennzeichneten Wert repräsentiert: eine W. in seinen Fahrausweis kleben.

wert|mä|ßig ⟨Adj.⟩: den Wert (1 a) betreffend, in Bezug auf den Wert.

Wert|maß|stab, der: Maßstab für den tatsächlichen od. ideellen Wert einer Sache.

wert|min|dernd ⟨Adj.⟩: den Wert (1 a) mindernd.

Wert|min|de|rung, die: (durch Gebrauch od. wirtschaftliche Entwertung verursachte) Minderung des Wertes (1 a).

wert|neu|t|ral ⟨Adj.⟩: nicht wertend; wertfrei: ein -es Wort.

Wert|ob|jekt, das: Wertgegenstand.

Wert|ord|nung: ↑ Werteordnung.

wert|ori|en|tiert, (seltener:) werteorientiert ⟨Adj.⟩: an bestimmten Werten (3) orientiert, auf ein Wertesystem ausgerichtet: eine -e Gesellschaft. Dazu: **Wert|ori|en|tie|rung**, die.

Wert|pa|ket, das (Postw.): als Wertsendung verschicktes Paket.

Wert|pa|pier, das (Wirtsch.): Urkunde über ein privates, meist mit regelmäßigen Erträgen aus Zinsen od. Dividenden verbundenes [Vermögens]recht.

Wert|pa|pier|ab|tei|lung, die: Effektenabteilung.

Wert|pa|pier|be|sitz, der: Besitz von Wertpapieren.

Wert|pa|pier|bör|se, die: Effektenbörse.

Wert|pa|pier|ge|schäft, das: Effektengeschäft.

Wert|pa|pier|han|del, der; -s: Effektenhandel.

Wert|pa|pier|han|dels|bank ⟨Pl. ...banken⟩: Kreditinstitut, dessen Geschäftsfeld der Handel mit Wertpapieren ist.

Wert|pa|pier|haus, das: Wertpapierhandelsbank.

Wert|pa|pier|kenn|num|mer, die (Börsenw.): Kennnummer eines Wertpapiers.

Wert|sa|che, die ⟨meist Pl.⟩: Wertgegenstand, bes. Schmuck: die persönlichen -n; Achtung, keine -n im Auto liegen lassen!

wert|schät|zen ⟨sw. V.; hat⟩ (veraltend): hoch achten; respektieren, anerkennen: sie schätzte ihn wert; ich wertschätze sie; eine wertgeschätzte, wertzuschätzende Persönlichkeit.

Wert|schät|zung, die (geh.): Ansehen, Achtung, Anerkennung; hohe Einschätzung: wir versichern Sie unserer W. für Ihre aufrechte Haltung; bei all W. glaube ich doch, dass sie irren.

Wert|schöp|fung, die (Wirtsch.): in den einzelnen Wirtschaftszweigen, den einzelnen Unternehmen erbrachte wirtschaftliche Leistung, Summe der in diesen Wirtschaftsbereichen entstandenen Einkommen (die den Beitrag der Wirtschaft zum Volkseinkommen darstellen).

Wert|schöp|fungs|ket|te, die (Wirtsch.): Gesamtheit der Prozesse (wie Produktion, Auslieferung u. a.), die zu einer Wertschöpfung führen.

Wert|schrift, die (schweiz.): Wertpapier.

Wert|sen|dung, die (Postw.): einen Wertgegenstand, Dokumente o. Ä. enthaltende Postsendung in Form eines Briefes od. Pakets, deren in der Aufschrift angegebener Wert bei Beschädigung od. Verlust der Sendung von der Post ersetzt wird.

Wert|si|che|rung, die: Absicherung gegen Entwertung (z. B. von Renten durch eine Inflation).

Wert|si|che|rungs|klau|sel, die (Wirtsch.): vertragliche Vereinbarung in Form einer Klausel zum Schutz gegen Geldentwertungen.

Wert|ska|la: ↑ Werteskala.

Wert|stei|ge|rung, die: Steigerung, Erhöhung des materiellen Wertes.

wert|stel|len ⟨sw. V.; hat⟩ (Bankw.): eine Wertstellung vornehmen.

Wert|stel|lung, die (Bankw.): Festsetzung des Tages, an dem auf einem Konto eine Gutschrift

od. Belastung vorgenommen wird; Valuta (2); Valutierung.

Wert|stoff, der: im Abfall, Müll enthaltener Altstoff, der als Rohstoff erneut verwendet werden kann: -e recyclen.

Wert|stoff|hof, der: städtischer, kommunaler Sammelplatz für Wertstoffe.

Wert|stoff|ton|ne, die: [Abfall]tonne für Wertstoffe.

Wert|sys|tem: ↑ Wertesystem.

Wer|tung, die; -, -en: **1.** das Werten, Bewertung: eine W. vornehmen. **2.** (Sport) Bewertung (1) durch eine Jury. **3.** (Sport) Wettbewerb (1): sie ist noch in der W.

Wer|tungs|lauf, der (Motorsport): Wettkampf, dessen Ergebnis sich zugleich in Punkten für die Meisterschaft niederschlägt.

Wer|tungs|prü|fung, die: **1.** (Motorsport) für die Wertung relevanter Abschnitt bei einer Rallye. **2.** (Pferdesport) einzelner Wettbewerb, dessen Ergebnis für eine in mehreren Wettbewerben ausgetragene Meisterschaft o. Ä. gewertet wird.

Wer|tungs|rich|ter, der (Sport): Kampfrichter, der bes. für die Bewertung der sportlichen Leistungen zuständig ist.

Wer|tungs|rich|te|rin, die: w. Form zu ↑ Wertungsrichter.

Wert|ur|teil, das: wertendes Urteil (2): ein W. abgeben.

Wert|ver|lust, der: Verringerung des materiellen Werts: der W. des Geldes, eines Autos.

wert|voll ⟨Adj.⟩: **a)** von hohem [materiellem, künstlerischem od. ideellem] Wert, kostbar: -er Schmuck; -e Bücher; die Frucht enthält -e Vitamine; der Film ist künstlerisch w.; **b)** sehr gut zu verwenden, nützlich u. hilfreich: -e Ratschläge; ein wertvoller Hinweis.

Wert|vor|stel|lung, die ⟨meist Pl.⟩: Vorstellung (2 a) von ideellen Werten (3).

Wert|wan|del: ↑ Wertewandel.

Wert|zei|chen, das: Wertmarke od. einer Wertmarke entsprechender Aufdruck.

Wert|zer|fall, der (bes. schweiz.): Wertverlust.

Wert|zu|wachs, der: Summe, um die etw. im (materiellen) Wert gestiegen ist.

wer|wei|ßen ⟨sw. V.; hat⟩ [aus »wer weiß ... (ob, wann, wo ...)«] (schweiz.): hin und her raten, sich überlegen: alle haben gewerweißt, was zu tun sei.

Wer|wolf, der [mhd. werwolf, aus: ahd. wer = Mann, Mensch (verw. mit lat. vir = Mann) u. ↑ Wolf, also eigtl. = Mannwolf, Menschenwolf]: (im alten Volksglauben) Mensch, der bestimmte Zeit zu Zeit in einen Wolf verwandelt u. andere Menschen bedroht.

wes [mhd. wes] (veraltet): Gen. von ↑²wer; wessen: **Spr** w. Brot ich ess, des Lied ich sing (↑ Brot 1 a).

we|sen ⟨sw. V.; hat⟩ [mhd. wesen, ahd. wesan = sein; sich aufhalten; dauern, bleiben, urspr. = verweilen, wohnen] (geh., veraltet): [als lebende Kraft] vorhanden sein.

We|sen, das; -s, - [mhd. wesen, ahd. wesan = Sein; Aufenthalt; Hauswesen; Wesenheit; Ding, Subst. von mhd. wesen, ahd. wesan, ↑ wesen]: **1. a)** ⟨o. Pl.⟩ das Besondere, Kennzeichnende einer Sache, Erscheinung, wodurch sie sich von anderem unterscheidet: das ist nicht das W. der Sache; das liegt im W. der Kunst; **b)** (Philos.) etw., was die Erscheinungsform eines Dinges prägt, ihr zugrunde liegt; (als innere allgemeine Gesetzmäßigkeit) bestimmt: das W. der Dinge, der Natur; W. und Erscheinung eines Dinges. **2.** ⟨o. Pl.⟩ Summe der geistigen Eigenschaften, die einen Menschen auf bestimmte Weise in seinem Verhalten, in seiner Lebensweise, seiner Art, zu denken u. zu fühlen u. sich zu äußern, charakterisieren: ihr W. blieb ihm fremd; sein ganzes W. strahlt Zuversicht aus; ein freundliches, einnehmendes, angenehmes, aufdringliches W. haben; sein wahres W. zeigte sie nie; seinem [innersten] W. nach ist er eher scheu und zurückhaltend; von liebenswürdigem W. sein. **3. a)** *etw., was in bestimmter Gestalt, auf bestimmte Art u. Weise (oft nur gedacht, vorgestellt) existiert, in Erscheinung tritt:* fantastische, irdische, körperliche W.; das höchste W. *(Gott);* der Mensch ist ein vernunftbegabtes W.; der Mensch als gesellschaftliches W.; weit u. breit war kein menschliches W. *(Mensch)* zu sehen; das einzige W., das er je damit erschossen hatte, war eine Krähe (Kronauer, Bogenschütze 210); **b)** *Mensch (als Geschöpf, Lebewesen):* sie ist ein freundliches, stilles W.; das arme W. wusste sich nicht zu helfen; das kleine W. *(Kind)* wimmerte kläglich. **4.** ⟨o. Pl.⟩ (veraltet) *Tun und Treiben:* das war ein W.!; * **sein W. treiben** *(sich tummeln, herumtreiben; Unfug treiben);* **viel -s/kein W. [aus/um/von etw.] machen** (ugs.; *einer Sache [keine] große Bedeutung beimessen, sie [nicht] sehr wichtig nehmen, [nicht] viel Aufhebens von ihr machen).* ◆ **5.** *Besitztum, Anwesen:* Denn ich habe auch noch in Rom eine offene Werkstatt, Arbeiter und verschiedene Geschäfte. Habe ich nur einmal erst den Ablass, so will ich das ganze römische W. einem meiner Zöglinge überlassen (Goethe, Benvenuto Cellini I, 2, 4); Ich habe mich aber bedankt, das verwilderte W. für uns in der andern herzustellen, und sagte, sie sollten den Acker nur verkaufen (Keller, Romeo 6).

-we|sen, das; -s: bezeichnet in Bildungen mit Substantiven einen Bereich, eine Gesamtheit, die *etw.* in seiner Vielfalt umfasst: Bildungs-, Fernmelde-, Gesundheits-, Hochschulwesen.

we|sen|haft ⟨Adj.⟩ (geh.): *das Wesen* (1) *ausmachend; im Wesen begründet:* das ist ein -es Kennzeichen der Poesie, gehört w. zur Poesie.
We|sen|heit, die; -, -en (geh.): **1.** *Wesen* (1). **2.** *Wesen* (3 a). **3.** *reales Vorhandensein, Stofflichkeit.*
we|sen|los ⟨Adj.⟩ (geh.): *unwirklich; nicht von Leben, Stofflichkeit zeugend:* -e Träume, Schatten. Dazu: **We|sen|lo|sig|keit,** die; -.
We|sens|art, die: *Wesen* (2); *Charakter* (1): die besondere W. eines Menschen; sie ist von anderer W. als er.
we|sens|fremd ⟨Adj.⟩: *dem Wesen einer Sache, Person fremd.*
We|sens|kern, der: *entscheidender, bestimmender Wesenszug.*
we|sens|mä|ßig ⟨Adj.⟩: *das Wesen* (1, 2) *betreffend, in Hinblick auf das Wesen.*
We|sens|merk|mal, das: *Wesenszug, charakteristisches Merkmal.*
we|sens|ver|wandt ⟨Adj.⟩: *im Wesen, in der Wesensart verwandt, ähnlich:* Dazu: **We|sens|ver|wandt|schaft,** die.
We|sens|zug, der: *charakteristisches Merkmal eines Wesens, Bestandteil einer Wesensart:* ein charakteristischer, markanter, hervorstechender W.
we|sent|lich ⟨Adj.⟩ [mhd. wesen(t)lich, ahd. wesentlîho (Adverb)]: **1.** *den Kern einer Sache ausmachend u. daher besonders wichtig; von entscheidender Bedeutung; grundlegend:* -er -Bestandteil von etw. sein; -er Unterschied; -e Mängel aufweisen; etw. ist von -er Bedeutung; das Programm enthielt nichts w. Neues; (subst.:) sich auf das Wesentliche beschränken; * **im Wesentlichen** (1. *aufs Ganze gesehen, ohne ins Einzelne zu gehen:* das ist im Wesentlichen dasselbe. 2. *in erster Linie, in der Hauptsache:* die Probleme sind im Wesentlichen gelöst; dies ist im Wesentlichen ihr zu verdanken). **2.** ⟨intensivierend bei Adjektiven im Komparativ u. bei Verben⟩ *um vieles; in hohem Grade; sehr:* w. schöner, teurer, besser, älter; sich nicht w. unterscheiden.
We|sent|lich|keit, die; -, -en ⟨Pl. selten⟩: *das Wesentlichsein.*
We|ser, die; -: deutscher Fluss.
We|ser|berg|land, das; -[e]s: Berg- u. Hügelland beiderseits der oberen Weser.
Wes|fall, der (Sprachwiss.): *Genitiv.*
wes|halb ⟨Adv.⟩: **1.** ⟨interrogativ⟩ *aus welchem Grund?; warum?:* w. hast du das getan?; ich verstehe nicht, w. sie das getan hat; ich weiß nicht, w., aber er hat es getan; »Ich werde nicht mitkommen.« – »Weshalb [das denn]?«. **2.** ⟨relativisch⟩ *aus welchem Grund; das ist der Grund dafür, dass; weswegen:* das Motiv, w. er so handelte, kannte keiner von uns.
We|sir, der; -s, -e [türk. vezir < arab. wazīr, eigtl. = Helfer]: *Großwesir.*
Wes|pe, die; -, -n [mhd. wespe, wefse, ahd. wefsa, wafsi zu ↑weben, eigtl. = die Webende, nach dem gewebeartigen Nest]: *einer Biene ähnliches Insekt mit einem schlankeren, nicht behaarten Körper, schwarz-gelb gezeichnetem Hinterleib u. auffallend schmalem Teil zwischen Brust u. Hinterleib:* sie wurde von einer W. gestochen.
Wes|pen|nest, das: *Nest der Wespen:* ein W. ausräuchern; * **in ein W. stechen** (ugs.; *große Aufregung durch [unerwartetes] Berühren einer heiklen Angelegenheit auslösen).*
Wes|pen|stich, der: *Stich einer Wespe.*
Wes|pen|tail|le, die: *sehr schlanke Taille:* eine W. haben.
wes|sen: Gen. von ↑¹,²wer u. ↑¹,²was.
wes|sent|wil|len ⟨Interrogativadv.⟩: in der Wendung **um w.** (veraltend; *um welcher Person willen).*
¹Wes|si, der; -s, -s [zu ↑Westen (in Zus.: West-) u. ↑-i] (ugs.): *männliche Person, die aus den alten Bundesländern stammt; Westdeutscher.*
²Wes|si, die; -, -s (ugs.): *weibliche Person, die aus den alten Bundesländern stammt; Westdeutsche.*
¹West ⟨o. Pl.⟩; unflekt.; o. Art.⟩ [spätmhd. west, geb. in Analogie zu Nord, Süd]: **a)** (bes. Seemannsspr., Meteorol.) *Westen* (1) (gewöhnlich in Verbindung mit einer Präp.): der Wind kommt aus/ von W.; die Grenze zwischen Ost und W. *(zwischen östlichen und westlichen Gebieten, Landesteilen o. Ä.);* **b)** als nachgestellte nähere Bestimmung bei geografischen Namen o. Ä. zur Bezeichnung des westlichen Teils od. zur Kennzeichnung der westlichen Lage, Richtung: er wohnt in Neustadt (W)/Neustadt-W. (Abk.: W); **c)** (ugs. früher) Kurzf. von ↑Westgeld, ↑Westmark: 10 Mark W.
²West, der; -[e]s, -e ⟨Pl. selten⟩ (Seemannsspr., dichter.): *Westwind:* ein frischer W. kam auf.
West|af|ri|ka; -s: westlicher Teil Afrikas: Dazu: **west|af|ri|ka|nisch** ⟨Adj.⟩.
West|ber|lin: westlicher Teil Berlins.
¹West|ber|li|ner, der: Ew.
²West|ber|li|ner ⟨indekl. Adj.⟩: der W. Wohnungsmarkt.
West|ber|li|ne|rin, die: w. Form zu ↑¹Westberliner.
West|bin|dung, die (Geschichte): *politische [u. militärische] Bindung an die Westmächte.*
west|deutsch ⟨Adj.⟩: *Westdeutschland, die Westdeutschen betreffend; von den Westdeutschen stammend, zu ihnen gehörend.*
West|deut|sche ⟨vgl. ¹Deutsche⟩: *weibliche Person, die in Westdeutschland lebt od. aus Westdeutschland stammt.*
West|deut|scher ⟨vgl. Deutscher⟩: *jmd., der in Westdeutschland lebt od. aus Westdeutschland stammt.*
West|deutsch|land; -s: **a)** *westlicher Teil Deutschlands;* **b)** (früher in nicht offiziellem Sprachgebrauch) *Bundesrepublik Deutschland.*
Wes|te, die; -, -n [frz. veste = ärmelloses Wams < ital. veste < lat. vestis = Kleid, Gewand]: **1.** *bis zur Taille reichendes, ärmelloses, vorne meist [einreihig] durchgeknöpftes Kleidungsstück, das [eng anliegend] über einem Oberhemd, einer Bluse getragen wird:* ein Anzug mit W.; * **eine weiße/reine/saubere W. haben** (ugs.; *nichts getan haben, was rechtlich nicht einwandfrei ist);* **jmdm. etw. unter die W. jubeln** (ugs.; *erreichen, dass jmd. gegen seinen Willen etw. bekommt, hat, machen muss).* **2.** *gestrickte, gewirkte dünnere Jacke aus Wolle bzw. einer Kunstfaser; Strickweste.* **3. a)** *ärmellose Schutzbekleidung für den Oberkörper:* eine kugelsichere, schussichere W.; **b)** Kurzf. von ↑Schwimmweste.
Wes|ten, der; -s [mhd. westen, ahd. westan, subst. aus mhd. westen, ahd. westana = von Westen, im Westen]: **1.** ⟨meist ohne Art.⟩ *Himmelsrichtung, in der (bei Tagundnachtgleiche) die Sonne untergeht* (gewöhnlich in Verbindung mit einer Präp.; Abk.: W): dort ist W.; im W. zieht ein Gewitter auf; das Zimmer geht nach W.; die Wolken kommen von/vom W. [her]. **2.** *gegen Westen* (1), *im Westen gelegener Bereich, Teil (eines Landes, Gebietes, einer Stadt o. Ä.):* der W. des Landes, des Bezirks; im W. Frankfurts; * **der Wilde W.** (*Gebiet im Westen Nordamerikas zur Zeit der Kolonisation im 19. Jh.;* nach engl. Wild West, Bez. *die westlichen Teils der Vereinigten Staaten z. Z. der Landnahme u. des Goldrausches, als dort noch Gesetzlosigkeit herrschte).* **3.** *Westeuropa u. die USA, bes. im Hinblick auf ihre politische, weltanschauliche o. ä. Gemeinsamkeit:* eine Stellungnahme des -s liegt noch nicht vor. **4.** (früher) *von Bewohner[inne]n der DDR verwendete Bez. für:* Westdeutschland: Besuch aus dem W.
West|end, das; -s, -s [nach dem vornehmen Londoner Stadtteil West End]: *vornehmer, meist im Westen gelegener Stadtteil einer Großstadt:* sie wohnt im W.
Wes|ten|ta|sche, die: *kleine Tasche in einer Weste* (1): *Geld in die W. stecken;* * **etw. wie seine W. kennen** (ugs.; *[einen Ort o. Ä.] sehr genau kennen); etw. aus der W. [be]zahlen* (ugs.: *mehr als genug Geld haben, um etw. zu bezahlen).*

Wes|ten|ta|schen- (spött.): *drückt in Bildungen mit Substantiven aus, dass eine Person jmdn. nachahmt, ihm nacheifert, aber nicht dessen Format hat und somit unbedeutend bleibt [und dadurch lächerlich wirkt]:* Westentaschenmachiavelli, -playboy.

Wes|ten|ta|schen|for|mat: in der Fügung **im W.** (1. *sehr klein u. handlich:* ein Rechner im W. ugs.; *von lächerlich wirkender Unbedeutendheit:* ein Politiker im W.).
Wes|tern, der; -[s], - [engl. western, zu: western = West-]: *Film, der im Wilden Westen spielt.*
Wes|ter|ner, der; -s, - [engl. westerner = jmd., der im Westen der USA lebt od. geboren ist]: *Held* (3) *eines Westerns.*
Wes|tern|held, der: *Westerner.*
Wes|tern|mu|sik, die ⟨o. Pl.⟩: *in den Texten bes. das Leben der Cowboys thematisierende Stilrichtung der Countrymusic.*
Wes|tern|rei|ten, das; -s: *ursprünglich von den nordamerikanischen Cowboys entwickelte, heute als Sport betriebene Art des Reitens.*

Wes|tern|se|rie, die (bes. Fernsehen): [Fernseh]serie, die im Wilden Westen spielt.
Wes|tern|stadt, die: einer Stadt des Wilden Westens nachgebildete Bauwerke, bes. in Freizeitparks.
Wes|tern|stie|fel, der: (von Cowboys u. Westernern getragener) Stiefel mit abgeschrägtem Absatz u. leicht nach oben gebogener Spitze.
Wes|ter|wald, der; -[e]s: Teil des Rheinischen Schiefergebirges.
West|eu|ro|pa; -s: westlicher Teil Europas.
West|eu|ro|pä|er, der: Ew.
West|eu|ro|pä|e|rin, die: w. Form zu ↑ Westeuropäer.
west|eu|ro|pä|isch ⟨Adj.⟩: Westeuropa betreffend, aus Westeuropa stammend, zu Westeuropa gehörend.
West|fa|le, der; -n, -n: Ew. zu ↑ Westfalen.
West|fa|len; -s: nordöstlicher Teil von Nordrhein-Westfalen.
West|fä|lin, die; -, -nen: w. Form zu ↑ Westfale.
west|fä|lisch ⟨Adj.⟩: Westfalen, die Westfalen betreffend; aus Westfalen stammend.
West|fern|se|hen, das (früher): Fernsehen der Bundesrepublik Deutschland.
West|flan|ke, die: nach Westen gelegene Seite: an der W. des Hochs strömt kalte Meeresluft ein.
West|flü|gel, der: **1.** westlicher Flügel (3 a). **2.** westlicher Flügel (4).
West|front, die: (bes. im Ersten u. Zweiten Weltkrieg) im Westen verlaufende Front (2).
West|geld, das ⟨Pl. selten⟩ (früher): in Deutscher Mark vorhandenes Geld.
West|gren|ze, die: Grenze nach Westen.
West|in|di|en; -s: Gebiet der Westindischen Inseln.
west|in|disch ⟨Adj.⟩: Westindien betreffend: die Westindischen Inseln (die Antillen u. die Bahamas).
West|in|te|gra|ti|on, die ⟨o. Pl.⟩: Integration (2) in den Westen (3).
West|jor|dan|land, das; -[e]s: westlich des Jordans u. des Toten Meeres gelegenes palästinensisches Gebiet.
West|kur|ve, die (bes. Fußball): nach Westen gelegener, gerundeter Teil eines [Fußball]stadions (in dem in bestimmten Stadien bestimmte Gruppierungen der Fans besonders stark vertreten sind).
West|küs|te, die: westliche Küste: die W. Schottlands, des Schwarzen Meers.
West|ler, der; -s, - (ugs., oft abwertend): **a)** Bewohner Westdeutschlands; **b)** Bewohner des Westens (3).
West|le|rin, die; -, -nen: w. Form zu ↑ Westler.
¹**west|lich** ⟨Adj.⟩: **1.** im Westen (1) gelegen: die -e Grenze; der -ste Teil, Zipfel des Landes; (Geogr.) 15 Grad -er Länge. **2. a)** nach Westen (1) gerichtet, dem Westen zugewandt: in -er Richtung; **b)** aus Westen (1) kommend: -e Winde. **3. a)** den Westen (3) betreffend, zum Westen (3) gehörend, für ihn charakteristisch: -es Denken; -e Kunst, Tradition; die -e Kultur; **b)** (früher) den Westen (4) betreffend, zum Westen gehörend; für Westdeutschland (b) charakteristisch: die -e Dekadenz.
²**west|lich** ⟨Präp. mit Gen.⟩: weiter im, gegen Westen (1) [gelegen] als ...; westlich von ...: w. der Grenze.
³**west|lich** ⟨Adv.⟩: im Westen: das Dorf liegt w. von hier, von Köln.
West|mäch|te ⟨Pl.⟩ (Politik): **a)** die gegen Deutschland verbündeten Staaten Frankreich, Großbritannien [u. USA] vor u. im Ersten Weltkrieg; **b)** die alliierten Staaten Frankreich, Großbritannien, USA nach 1945.
West|mark, die; -, - (früher in nicht offiziellem Sprachgebrauch): Deutsche ¹Mark (im Unterschied zur Mark der Deutschen Demokratischen Republik).
west|mit|tel|deutsch ⟨Adj.⟩ (Sprachwiss.): die Mundarten des westlichen Mitteldeutschlands betreffend.
West|mit|tel|deutsch, (nur mit best. Art.:) **West|mit|tel|deut|sche**, das: westmitteldeutsche Sprache.
West|ni|veau, das ⟨o. Pl.⟩: in den alten Bundesländern übliches Niveau bestimmter Wirtschaftsdaten (z. B. der Löhne, der Produktivität) im Vergleich zu den entsprechenden Daten in den neuen Bundesländern: die Mietpreise in den sächsischen Stadtzentren liegen schon fast auf W.
¹**West|nord|west** ⟨o. Pl.⟩; unflekt.; o. Art.⟩ (Seemannsspr., Meteorol.): Westnordwesten (gewöhnlich in Verbindung mit einer Präp.; Abk.: WNW).
²**West|nord|west**, der ⟨Pl. selten⟩ (Seemannsspr.): von Westnordwesten wehender Wind.
West|nord|wes|ten, der ⟨meist o. Art.⟩: Richtung zwischen Westen u. Nordwesten (gewöhnlich in Verbindung mit einer Präp.; Abk.: WNW).
west|nord|west|lich ⟨Adj.⟩: vgl. ¹westlich, ²westlich, ³westlich.
West|ös|ter|reich; -s: westlicher Teil Österreichs (bes. Vorarlberg u. Tirol).
west|öst|lich ⟨Adj.⟩: von Westen nach Osten [verlaufend]: in -er Richtung.
West|rand, der: westlicher Rand (bes. eines Gebietes, eines Gebirges, einer Stadt).
West|rom; -s: das Weströmische Reich.
west|rö|misch ⟨Adj.⟩: Westrom betreffend.
West|sa|moa; -s: früherer Name von ↑ Samoa.
West|schweiz, die ⟨o. Pl.⟩: der französischsprachige Teil der Schweiz.
¹**West|schwei|zer**, der; -s, -: Ew.
²**West|schwei|zer** ⟨indekl. Adj.⟩ (schweiz.): die W. Kantone.
West|schwei|ze|rin, die; -, -nen: w. Form zu ↑ ¹Westschweizer.
west|schwei|ze|risch ⟨Adj.⟩ (schweiz.): die Westschweiz, die Westschweizer betreffend; aus der Westschweiz stammend.
West|sei|te, die: nach Westen zu gelegene Seite: die W. des Hauses.
West|sek|tor, der: westlicher Sektor (3).
West|spit|ze, die: westliche Spitze (bes. einer Insel, eines Sees o. Ä.).
¹**West|süd|west** ⟨o. Pl.⟩; unflekt.; o. Art.⟩ (Seemannsspr., Meteorol.): Westsüdwesten (gewöhnlich in Verbindung mit einer Präp.; Abk.: WSW).
²**West|süd|west**, der ⟨Pl. selten⟩ (Seemannsspr.): von Westsüdwesten wehender Wind.
West|süd|wes|ten, der ⟨meist o. Art.⟩: Richtung zwischen Westen u. Südwesten (gewöhnlich in Verbindung mit einer Präp.; Abk.: WSW).
west|süd|west|lich ⟨Adj.⟩: vgl. ¹westlich, ²westlich, ³westlich.
West|teil, der: westlicher Teil (eines Gebäudes, Gewässers, Landes, einer Stadt o. Ä.).
West|ufer, das: westliches Ufer (eines Sees, Flusses, einer Bucht o. Ä.).
West Vir|gi|nia [wɛst vəˈdʒɪnjə]; - -s: Bundesstaat der USA.
West|wand, die: westliche Wand (eines Gebäudes, Berges o. Ä.).
west|wärts ⟨Adv.⟩ [↑ -wärts]: **a)** in westliche[r] Richtung, nach Westen: w. ziehen, blicken; **b)** (seltener) im Westen.
West|werk, das (Archit.): westlicher Vorbau an [mittelalterlichen] Kirchen.
West|wind, der: von Westen wehender Wind: ...der W. griff sich die Segel (M. Walser, Pferd 40).
West|zo|ne, die ⟨meist Pl.⟩ (Geschichte): (nach dem Zweiten Weltkrieg) britische, französische bzw. amerikanische Besatzungszone.
wes|we|gen ⟨Adv.⟩: **1.** ⟨interrogativ⟩ weshalb (1). **2.** ⟨relativisch⟩ weshalb (2).
Wet|gel, das; -, -s u. -e, **Wet Gel**, das; - -s, - -s u. - -e [engl. wet gel = feuchtes Gel]: Gel (2), bes. zum Frisieren.
Wett|an|bie|ter, der: gewerblicher Anbieter von Wetten (2).
Wett|an|bie|te|rin, die: w. Form zu ↑ Wettanbieter.
Wett|an|nah|me, die: Stelle (Geschäft, Kiosk o. Ä.), die Wetten (2), bes. Rennwetten, annimmt. Dazu: **Wett|an|nah|me|stel|le**, die.
Wett|be|werb, der; -s, -e: **1.** etw., woran mehrere Personen im Rahmen einer ganz bestimmten Aufgabenstellung, Zielsetzung in dem Bestreben teilnehmen, die beste Leistung zu erzielen, Sieger zu werden: ein internationaler, sportlicher W.; einen W. gewinnen; einen W. für junge Musikerinnen und Musiker ausschreiben; an einem W. teilnehmen; aus einem W. ausscheiden; in einem W. siegen. **2.** ⟨o. Pl.⟩ (Wirtsch.) Kampf um möglichst gute Marktanteile, hohe Profite, um den Konkurrenten zu überbieten, auszuschalten; Konkurrenz: unter den Firmen herrscht ein harter, heftiger W.; unlauterer W. (Rechtsspr.: Wettbewerb mit rechtswidrigen Methoden); im [freien]/in [freiem] W. miteinander stehen.
Wett|be|wer|ber, der; -s, -: **1.** Wettbewerbsteilnehmer. **2.** (Wirtsch.) jmd., der mit anderen im Wettbewerb (2) steht; Konkurrent: unser bedeutendster W.; mit in- und ausländischen -n konkurrieren müssen.
Wett|be|wer|be|rin, die; -, -nen: w. Form zu ↑ Wettbewerber.
wett|be|werb|lich ⟨Adj.⟩: auf Wettbewerb (2) ausgerichtet, vom Wettbewerb (2) bestimmt: eine w. organisierte Wirtschaftsform.
Wett|be|werbs|be|din|gung, die ⟨meist Pl.⟩: bestimmte, für einen Wettbewerb geltende Bedingung.
Wett|be|werbs|be|hör|de, die: Kartellbehörde.
Wett|be|werbs|be|schrän|kung, die (Wirtsch.): auf Verträgen od. Absprachen zwischen Unternehmen beruhende Beschneidung der Konkurrenz.
Wett|be|werbs|druck, der ⟨o. Pl.⟩: Konkurrenzdruck.
wett|be|werbs|fä|hig ⟨Adj.⟩: geeignet, fähig, mit andern zu konkurrieren: kleinere Firmen sind wegen des hohen Lohnniveaus kaum noch w. Dazu: **Wett|be|werbs|fä|hig|keit**, die.
Wett|be|werbs|hü|ter, der (ugs.): Mitarbeiter einer Kartellbehörde.
Wett|be|werbs|hü|te|rin, die: w. Form zu ↑ Wettbewerbshüter.
Wett|be|werbs|nach|teil, der (Wirtsch.): Nachteil gegenüber anderen Wettbewerbern.
Wett|be|werbs|recht, das: rechtliche Regelungen zur Verhinderung von unlauterem Verhalten im wirtschaftlichen Wettbewerb. Dazu: **wett|be|werbs|recht|lich** ⟨Adj.⟩.
Wett|be|werbs|teil|neh|mer, der: Teilnehmer eines Wettbewerbs (1).
Wett|be|werbs|teil|neh|me|rin, die: w. Form zu ↑ Wettbewerbsteilnehmer.
Wett|be|werbs|ver|bot, das (Wirtsch.): arbeitsrechtliches Verbot für einen Arbeitnehmer, dem Arbeitgeber Konkurrenz zu machen.
Wett|be|werbs|ver|zer|rung, die (Wirtsch.): Ungleichmäßigkeit der Wettbewerbsbedingungen.
Wett|be|werbs|vor|teil, der (Wirtsch.): Vorteil gegenüber anderen Wettbewerbern.
wett|be|werbs|wid|rig ⟨Adj.⟩ (Wirtsch.): gegen die Gesetze des Wettbewerbs (2) verstoßend.

Wett|be|werbs|wirt|schaft, die: *Wirtschaftsordnung mit freier, uneingeschränkter Marktwirtschaft, Konkurrenz.*

Wett|bü|ro, das: *als Wettannahme dienendes Büro.*

Wet|te, die; -, -n [mhd. wet(t)e = Wette; Pfand, Einsatz, Preis; Bezahlung; Geldbuße, ahd. wet(t)i = Pfand]: **1.** *Abmachung zwischen zwei Personen, nach der derjenige, der mit seiner Behauptung recht behält, vom anderen etw. (z. B. Geld) bekommt:* die W. ging um 100 Euro; was gilt die W.? *(was gibst du mir, wenn ich recht habe?);* topp, die W. gilt!; jmdm. eine W. anbieten; eine W. [mit jmdm.] abschließen; die W. annehmen; eine W. gewinnen, verlieren; ich gehe jede W. ein/ich mache jede W. *(ich bin fest davon überzeugt),* dass du das nicht durchhältst; ich könnte, möchte eine W. abschließen (ugs.; *bin überzeugt, [fast] sicher),* dass das nicht stimmt; auf diese, eine solche W. lasse ich mich nicht ein. **2.** *(bes. bei Pferderennen) mit dem Einsatz von Geld verbundener Tipp (2).* **3.** * **um die W.** (1. *mit der Absicht, schneller, besser als der andere zu sein, sich mit jmdm. im messend:* um die W. fahren, rennen. ugs.; *[in Bezug auf das Ausmaß, die Intensität o. Ä. bei einer Tätigkeit] jeweils einander übertreffend:* sie aßen, arbeiteten, sangen um die W.

Wett|ei|fer, der: *Bestreben, andere zu übertreffen, zu überbieten:* seinen W. übertreiben; sie hat in ihrem W. alles andere vergessen.

wett|ei|fern ⟨sw. V.; hat⟩: *danach streben, andere zu übertreffen, zu überbieten:* miteinander w.; sie haben gewetteifert, wetteiferten um den besten Platz.

Wett|ein|nah|men ⟨Pl.⟩: *Einnahmen aus gewerblichen Wetten.*

Wett|ein|satz, der: *Einsatz (2 a) bei einer Wette.*

wet|ten ⟨sw. V.; hat⟩ [mhd. wetten, ahd. wettōn]: **1. a)** *eine Wette (1) abschließen:* mit jmdm. [um etw.] w.; worum/um wie viel wetten wir?; sie wird nicht kommen, [wollen wir] w.? *(davon bin ich überzeugt);* w., dass er dich früher oder später betrügen wird? *(dessen kannst du gewiss sein);* w. [dass]! (ugs.; *das ist ganz sicher so);* ich wette [hundert zu eins] (ugs.; *bin überzeugt),* dass du das nicht kannst; sie wetteten, wer zuerst fertig sein würde; R so haben wir nicht gewettet (ugs.; *das haben wir nicht so abgemacht, so geht es nicht, das kommt nicht infrage);* **b)** *als Preis für eine Wette (1) einsetzen:* 10 Euro, einen Kasten Bier w.; R darauf wette ich meinen Kopf/Hals! (ugs.; *davon bin ich fest überzeugt!)* **2.** *einen Tipp (2) abgeben,* ²*tippen (2 a):* auf ein Pferd w.; auf Platz, Sieg w.

¹**Wet|ter,** der; -s, -: *jmd., der [regelmäßig] wettet (2).*

²**Wet|ter,** das; -s, - [mhd. weter, ahd. wetar, eigtl. = Wehen, Wind, Luft]: **1.** ⟨o. Pl.⟩ *Zustand der Atmosphäre zu einem bestimmten Zeitpunkt, an einem bestimmten Ort, der in Gestalt von Sonnenschein, Regen, Wind, Wärme, Kälte, Bewölkung o. Ä. in Erscheinung tritt:* es ist, herrscht, wir haben gutes, strahlendes, frühlingshaftes, hochsommerliches, schlechtes, kaltes, regnerisches, nebliges, stürmisches W.; das W. verspricht besser zu werden; das W. schlug um; mild, W. setzte nach und nach ein; das W. ist beständig, hält sich, wird schlechter; falls das W. es zulässt, gehen wir schwimmen; das W. voraussagen; wir bekommen anderes W.; bei klarem W. kann man von hier aus die Alpen sehen; er muss bei jedem *(auch bei schlechtem)* W. raus; was haben wir heute für W.?; nach dem W. sehen; vom W. reden; R alles aufsetzen, den Teller leer essen usw., damit es schönes Wetter gibt, das Wetter schön wird (scherzh.; *in Ermahnung):* das ist ja W. zum Eierlegen

(salopp; *herrliches Wetter);* bei solchem W. jagt man keinen Hund vor die Tür; * **bei jmdm. gut W. machen** (ugs.; *jmdn. günstig, gnädig stimmen);* **um gut[es]/schön[es] W. bitten** (ugs.; *um Wohlwollen, Verständnis bitten).* **2.** *(emotional) als besonders schlecht empfundenes* ²*Wetter (1) mit starkem Regen, Wind; Gewitter:* ein W. braut sich, zieht sich zusammen, zieht herauf, bricht los, entlädt sich; das W. hat sich verzogen; * **alle W.!** (ugs.; *Ausruf des Erstaunens, der Bewunderung).* **3.** ⟨Pl.⟩ *(Bergbau) in einer Grube vorhandenes Gasgemisch:* * **schlagende/** (seltener) **böse/matte W.** (explosives Gasgemisch als Ursache von Grubenunglücken).

wet|ter|ab|hän|gig ⟨Adj.⟩: **a)** *wetterbedingt, vom Wetter abhängig:* wetterbedingte Erkrankungen; **b)** *auf günstiges Wetter angewiesen:* -e Ferienorte; Windkraftwerke sind w.

Wet|ter|amt, das: *Einrichtung zur Beobachtung, Erforschung u. Vorhersage des* ²*Wetters (1).*

Wet|ter|än|de|rung, die: *Wetterwechsel.*

Wet|ter|auf|zeich|nung, die: *Aufzeichnung (2 a) von Wetterdaten (über längere Zeiträume).*

Wet|ter|aus|sicht, die ⟨meist Pl.⟩: *voraussichtliche Entwicklung des* ²*Wetters (1).*

♦ **Wet|ter|bach,** der [zu ²Wetter (2)]: *infolge heftigen Gewitterregens entstandener od. angeschwollener Bach:* Wetterbäche stürzten herunter (Goethe, Werther I, 18. August).

♦ **Wet|ter|baum,** der: *dicke, die Form einer Baumkrone aufweisende Wolke, die Regen erwarten lässt:* Der raue Donner schallt ... hinter den unzähligen Wolken hervor ... Zwischen den ungeheuren Wetterbäumen lagen unzählige Luftschlösser von abenteuerlicher Bauart ... Große Herden von Schäfchen, mit silberweißer, goldner und rosenfarbner Wolle irrten umher (Novalis, Heinrich 131).

wet|ter|be|dingt ⟨Adj.⟩: *durch das Wetter bedingt:* -e Unfälle, Katastrophen, Schäden, Ernteausfälle; wir kamen w. langsamer voran als geplant.

Wet|ter|be|din|gung, die ⟨meist Pl.⟩: *durch das Wetter bestimmte Gegebenheit.*

Wet|ter|be|richt, der: *(bes. in Presse, Rundfunk od. Fernsehen veröffentlichter) Bericht des Wetterdienstes über die voraussichtliche Entwicklung des* ²*Wetters (1).*

Wet|ter|be|ru|hi|gung, die: *Beruhigung (b) des Wetters.*

Wet|ter|bes|se|rung, die: *Besserung der Wetterlage:* eine W. ist erst zum Wochenende in Sicht.

wet|ter|be|stän|dig ⟨Adj.⟩: *wetterfest;* Dazu: **Wet|ter|be|stän|dig|keit,** die; -.

wet|ter|be|stim|mend ⟨Adj.⟩: *für das* ²*Wetter (1) bestimmend:* das Hoch, Tief bleibt weiterhin w.

wet|ter|be|zo|gen ⟨Adj.⟩: -s (ugs.): *besonders gutes* ²*Wetter (1):* das ist [vielleicht] ein W. heute!

Wet|ter|dach, das: *Schutzdach gegen Regen o. Ä.*

Wet|ter|da|ten ⟨Pl.⟩: *das Wetter betreffende Daten (2).*

Wet|ter|dienst, der: *[Gesamtheit der Einrichtungen zur] Beobachtung, Erforschung u. Voraussage des* ²*Wetters (1).*

Wet|ter|fah|ne, die: *auf Dächern od. Türmen befindlicher metallerner Gegenstand in Form einer Fahne, der die Windrichtung anzeigt.*

Wet|ter|fee, die: *Moderatorin einer Wettervorhersage [im Fernsehen].*

wet|ter|fest ⟨Adj.⟩: *so beschaffen, hergerichtet, präpariert, dass durch Einwirkungen des* ²*Wetters (1) keine Beeinträchtigung erfolgt; gegen Einwirkungen des* ²*Wetters (1) geschützt:* -e Kleidung. Dazu: **Wet|ter|fes|tig|keit,** die; -.

Wet|ter|front, die: *Front (4).*

Wet|ter|frosch, der: **a)** (ugs.) *Laubfrosch, der in einem Glas mit einer kleinen Leiter gehalten wird u. der angeblich, wenn die Leiter hochklettert, damit schönes* ²*Wetter (1) voraussagt;* **b)** (scherzh.) *Meteorologe.*

wet|ter|füh|lig ⟨Adj.⟩: *auf Wetterumschlag empfindlich (z. B. mit Kopfschmerzen, Müdigkeit, Nervosität) reagierend:* Dazu: **Wet|ter|füh|lig|keit,** die; -.

Wet|ter|füh|rung, die: **a)** *natürliche Luftbewegung in einer Höhle;* **b)** *(Bergbau) Bewetterung.*

wet|ter|ge|gerbt ⟨Adj.⟩: *vom ständigen Aufenthalt im Freien stark gebräunt [u. faltig]:* die -en Gesichter der Matrosen.

Wet|ter|ge|sche|hen, das: *Verlauf des* ²*Wetters (1).*

wet|ter|ge|schützt ⟨Adj.⟩: *gegen [schädliche] Witterungseinflüsse geschützt.*

Wet|ter|gott, der (Mythol.): *Gott des* ²*Wetters (1):* Ü wenn der W. (scherzh.; *gutes* ²*Wetter (1))* mitspielt, können wir das Fest im Garten feiern.

Wet|ter|hahn, der: *wie eine Wetterfahne verwendete Darstellung der Silhouette eines Hahns aus Blech o. Ä.*

Wet|ter|häus|chen, das: *Modell eines kleinen Häuschens mit nebeneinanderliegenden Türen, in denen als Symbol für gutes bzw. schlechtes* ²*Wetter (1) die Figuren einer Frau u. eines Mannes auf einer Achse stehen, die bei Luftfeuchtigkeit schwankt, sodass die Frau od. der Mann vor das Häuschen gedreht wird.*

Wet|te|rin, die; -, -nen: w. Form zu ↑¹Wetter.

Wet|ter|ka|nal, der: *Fernsehsender, der [ausschließlich] Informationen über das Wetter sendet.*

Wet|ter|ka|p|ri|o|le, die: *Kapriole des Wetters:* solche -n kommen auch für die Meteorologen meist überraschend.

Wet|ter|kar|te, die: *stark vereinfachte Landkarte, auf der die Wetterlage eines bestimmten Gebietes dargestellt ist.*

♦ **Wet|ter|küh|len,** das; -s [man glaubte, das Wetterleuchten kühle die Luft ab]: *Wetterleuchten:* ... als die Blitze, ... die ich immer für W. ausgegeben hatte, viel stärker zu werden anfingen (Goethe, Werther I, 16. Junius).

Wet|ter|kun|de, die ⟨o. Pl.⟩: *Zweig der Meteorologie, der sich mit dem Wettergeschehen, der Wettervorhersage befasst.*

wet|ter|kun|dig ⟨Adj.⟩: *durch Wetterbeobachtung auf die weitere Entwicklung des* ²*Wetters (1) schließen könnend:* ein -er Bauer.

wet|ter|kund|lich ⟨Adj.⟩: *die Wetterkunde betreffend, zu ihr gehörend:* -e Messungen, Untersuchungen.

Wet|ter|la|ge, die (Meteorol.): *über einem größeren Gebiet in einem bestimmten Zeitraum vorherrschender Zustand des* ²*Wetters (1):* eine ruhige, längere Zeit anhaltende W.; Ohne Rücksicht auf die W. trug Xaver an solchen Tagen eine Sonnenbrille (M. Walser, Seelenarbeit 11).

wet|ter|leuch|ten ⟨sw. V.; hat; unpers.⟩: *(als Blitz) in weiter Entfernung hell aufleuchten:* im Norden wetterleuchtet es, hat es gewetterleuchtet.

Wet|ter|leuch|ten, das; -s [unter Einfluss von ↑leuchten umgedeutet aus mhd. weterleich = Blitz, 2. Bestandteil zu älter = Leich = Tanz, Spiel, also eigtl. = Wettertanz, -spiel]: *Widerschein der Blitze eines fernen Gewitters am Himmel:* ein fahles, fernes W.; Ü W. am politischen Horizont.

Wet|ter|loch, das (ugs.): *Gebiet, in dem häufig schlechtes* ²*Wetter (1) herrscht.*

Wet|ter|man|tel, der: *Regenmantel.*

wet|ter|mä|ßig ⟨Adj.⟩: *das* ²*Wetter (1) betreffend:* gute -e Bedingungen, Voraussetzungen.

♦ **Wet|ter|maul,** das [zu ↑²Wetter (2)]: *Läster-, Schandmaul:* Willst du Arm und Bein entzwei haben, W. (Schiller, Kabale I, 2).

wet|tern ⟨sw. V.; hat⟩ [zu ↑²Wetter (2); mhd. wetern = an der Luft trocknen]: **1.** ⟨unpers.⟩

Wetterprognose – wibbelig

(veraltend) *gewittern.* **2.** (ugs.) *laut u. heftig schimpfen:* furchtbar w.; über alles Neue w.

Wet|ter|pro|gno|se, die: *oft auf einen längeren Zeitabschnitt bezogene Wettervoraussage.*

Wet|ter|pro|phet, der: **a)** *jmd., der das* ²*Wetter* (1) *vorhersagt;* **b)** (scherzh.) *Meteorologe.*

Wet|ter|pro|phe|tin, die: w. Form zu ↑ Wetterprophet.

Wet|ter|re|gel, die: *altüberlieferte Regel in Spruchform über das Wetter u. seine Auswirkungen auf die Landwirtschaft.*

Wet|ter|sa|tel|lit, der: *der Beobachtung u. Erforschung des* ²*Wetters* (1) *dienender Satellit* (2).

Wet|ter|schacht, der (Bergbau): *Schacht zum Absaugen der verbrauchten Luft aus unterirdischen Grubenbauen.*

Wet|ter|scha|den, der: *durch Unwetter verursachter Schaden.*

Wet|ter|schei|de, die: *Gebiet, bes. Gebirge, Gewässer, das die Grenze zwischen Zonen verschiedenartigen* ²*Wetters* (1) *bildet.*

Wet|ter|schutz, der: *Schutz vor [schädlichen] Witterungseinflüssen.*

Wet|ter|sei|te, die: **a)** *dem Wind zugekehrte Seite (eines Berges, Hauses o. Ä.);* **b)** *Richtung, aus der schlechtes, stürmisches* ²*Wetter* (1) *kommt.*

Wet|ter|sta|ti|on, die: *meteorologische Station.*

Wet|ter|sturz, der (Plural ...stürze): *plötzliches Sinken der Lufttemperatur.*

Wet|ter|um|schlag, der: *plötzliche Veränderung (meist Verschlechterung) des* ²*Wetters* (1).

Wet|ter|um|schwung, der: *Wetterumschlag.*

Wet|ter|ver|hält|nis|se ⟨Pl.⟩: *das* ²*Wetter* (1) *betreffende Gegebenheiten, Umstände; wetterbedingte Verhältnisse* (4): *gute, günstige, schlechte, widrige W.*

Wet|ter|ver|schlech|te|rung, die: vgl. Wetterumschlag.

Wet|ter|vo|raus|sa|ge, die: *Wettervorhersage.*

Wet|ter|vor|her|sa|ge, die: *[vom Wetterdienst herausgegebene] Vorhersage der voraussichtlichen Entwicklung des* ²*Wetters* (1).

Wet|ter|wand, die: *Gewitterwand.*

Wet|ter|war|nung, die: *Warnung vor einem heranziehenden Unwetter.*

Wet|ter|war|te, die: *Wetterstation, die regelmäßig lokale Wetterberichte an die Wetterämter gibt.*

Wet|ter|wech|sel, der: *Veränderung des Wetters.*

wet|ter|wen|disch ⟨eigtl. = sich wie das Wetter wendend⟩: *so veranlagt, dass stets mit plötzlichem Umschwung des Verhaltens zu rechnen ist.*

Wet|ter|wol|ke, die: *Gewitterwolke.*

Wet|ter|zei|chen, das: *atmosphärische Erscheinung, die auf eine Änderung od. auf den Fortbestand der Wetterlage hinweist (z. B. Form der Wolken, fallender od. steigender Luftdruck).*

Wett|fahrt, die: *Fahrt um die Wette.*

Wett|fie|ber, das: *Besessenheit, starke Erregung, die jmdn. beim Wetten* (2) *erfasst.*

Wett|kampf, der (bes. Sport): *Kampf um die beste [sportliche] Leistung:* einen W. veranstalten, durchführen, austragen.

Wett|kämp|fer, der (Sport): *jmd., der an einem Wettkampf teilnimmt.*

Wett|kämp|fe|rin, die: w. Form zu ↑ Wettkämpfer.

Wett|kampf|stät|te, die: *Anlage für sportliche Wettkämpfe.*

Wett|kampf|tag, der (Sport): *Tag, an dem ein Wettkampf stattfindet:* am ersten W. der Olympischen Spiele gab es bereits zwei Medaillen für die Schweizer.

Wett|lauf, der: *Lauf um die Wette; im Laufen* (5 a) *ausgetragener Wettkampf:* einen W. machen, gewinnen; Ü einen W. gegen die/mit der Zeit.

wett|lau|fen ⟨st. V.⟩; nur im Inf.⟩ (veraltend): *um die Wette laufen; einen Wettlauf machen, absolvieren:* sie wollen noch einmal w.

Wett|läu|fer, der: *jmd., der an einem Wettlauf teilnimmt.*

Wett|läu|fe|rin, die: w. Form zu ↑ Wettläufer.

Wett|lei|den|schaft, die ⟨o. Pl.⟩: *auf das Wetten* (2) *gerichtete Leidenschaft* (2).

wett|ma|chen ⟨sw. V.; hat⟩ [zu einem älteren Adj. *wett* = ausgeglichen, bezahlt]: *einer nachteiligen, negativen Sache, Erscheinung durch etw., was sich günstig, positiv auswirkt, entgegenwirken, sie ausgleichen:* das Versäumte wieder w.; mangelnde Begabung durch Fleiß w.; einen Fehler w. *(wiedergutmachen).*

wett|ren|nen ⟨unr. V.; nur im Inf.⟩ (veraltend): *wettlaufen.*

Wett|ren|nen, das: *Wettlauf, Wettfahrt.*

Wett|ru|dern, das; -s: *Wettkampf im Rudern.*

Wett|rüs|ten, das; -s: *wechselseitige Steigerung der Rüstung seitens mehrerer Staaten:* atomares W.

Wett|schuld, die: *durch eine verlorene Wette entstandene Schuld* (3).

wett|schwim|men ⟨st. V.; nur im Inf. gebr.⟩ (veraltend): *um die Wette schwimmen.*

Wett|schwim|men, das; -s: *Wettkampf im Schwimmen.*

Wett|skan|dal, der: *Skandal wegen Betrugs beim kommerziellen Wetten.*

Wett|spiel, das: *unterhaltendes Spiel, das bes. von Kindern als Wettbewerb, Wettkampf gespielt wird:* für die Jüngeren wurden -e organisiert.

Wett|streit, der: *Bemühen, einander in etw. zu übertreffen, einander den Vorrang streitig zu machen:* es entspann sich ein edler W. zwischen ihnen; sich im W. messen; mit jmdm. in W. treten; Ü Die ersten Lichter, im W. mit dem Tageslicht, gingen schon überflüssigerweise an (Kronauer, Bogenschütze 51).

wett|strei|ten ⟨st. V.; nur im Inf. gebr.⟩ (veraltend): *mit jmdm. in Wettstreit treten.*

Wett|teu|fel, Wett-Teu|fel, der: *große Leidenschaft fürs Wetten.*

Wett|tur|nen, Wett-Tur|nen, das: *Wettkampf im Turnen.*

wet|zen ⟨sw. V.⟩ [mhd. *wetzen,* ahd. *wezzen,* zu ahd. *hwaz* = scharf, eigtl. = scharf machen]: **1.** ⟨hat⟩ **a)** *durch Schleifen an einem harten Gegenstand [wieder] scharf machen, schärfen:* das Messer, die Sense mit einem Stein w.; **b)** *etw. an, auf etw. reibend hin u. her bewegen:* der Vogel wetzt seinen Schnabel an einem Ast. **2.** ⟨ist⟩ (ugs.) *rennen:* er wetzte um die Ecke.

Wetz|lar: Stadt an der Lahn.

Wetz|stahl, der; -[e]s, ...stähle: *Stück aufgerauter Stahl zum Wetzen von Messern o. Ä.*

Wetz|stein, der: *Stein zum Wetzen von Messern o. Ä.*

WEU [veːˈeːˈuː], die; -: *Westeuropäische Union (internationale europäische Verteidigungsorganisation).*

Wey|mouths|kie|fer ['vaimu:ts...], die [nach Ch. Thynne, 1. Viscount of Weymouth, gest. 1714]: *nordamerikanische Kiefer mit kegelförmiger Krone, langen, weichen blaugrünen Nadeln u. hängenden Zapfen.*

WEZ [veːleːˈtsɛt], die; -: *westeuropäische Zeit (die Zonenzeit des Meridians von Greenwich).*

WG [veːˈgeː], die; -, -s, selten - (ugs.): *Wohngemeinschaft.*

Whale|wat|ching ['weɪlwɔtʃɪŋ], das; -s [engl. whale watching, aus: whale = Wal u. watching = das Beobachten]: *Beobachtung von Walen in freier Natur.*

Whee|lie ['wiːli], das; -s, -s [engl. wheelie, zu: wheel = Rad]: *das [kurzzeitige] Fahren eines Motorrades od. Mopeds mit dem Vorderrad in der Luft.*

Whig, der; -s, -s [engl. Whig, wahrsch. gek. aus Whiggamer = Bez. für einen schottischen Rebellen des 17. Jh.s]: **a)** (früher) *Angehöriger einer Gruppe im englischen Parlament, die sich im 19. Jh. zur liberalen Partei entwickelte;* **b)** *Vertreter der liberalen Politik in England.*

Whirl|pool® ['wəːlpuːl], der; -s, -s [engl. whirlpool, eigtl. = Strudel]: *Bassin mit warmem, durch Düsen in brodelnde Bewegung gebrachtem Wasser, in dem sich der Benutzer sitzend od. liegend aufhalten kann:* wir gönnten uns ein Bad im W.

Whiskey [...ki, 'wɪski], der; -s, -s [engl. whiskey, whisky, gek. aus älter: whiskybae, Nebenf. von: usquebaugh < gäl. uisgebeatha = Lebenswasser]: *irischer od. amerikanischer Whisky, der aus Roggen od. Mais hergestellt ist:* Dazu: **Whis|key|fla|sche,** die.

Whis|ky ['vɪski, 'wɪski], der; -s, -s [engl. whiskey, whisky, gek. aus älter: whiskybae, Nebenf. von: usquebaugh < gäl. uisgebeatha = Lebenswasser]: *aus Gerste (für englische [schottischer] Branntwein mit rauchigem Geschmack:* einen W. pur, mit Eis trinken; bitte drei *(drei Gläser)* W. Dazu: **Whis|ky|fla|sche,** die.

Whist, das; -[e]s [engl. whist, älter: whisk, viell. beeinflusst von veraltet, noch mundartl. whist = Stillschweigen]: *Kartenspiel für vier Spieler mit 52 Karten, bei dem jeweils zwei Spieler gegen die beiden anderen spielen.*

Whistle|blo|wer, der; -s, - [engl. whistle-blower, zu: to blow the whistle = pfeifen, übertr. für: anzeigen]: *jmd., der Missstände [an seinem Arbeitsplatz] öffentlich macht:* ein Whistleblower hatte den Skandal im Internet ins Rollen gebracht.

Whistle|blo|we|rin, die: w. Form zu ↑ Whistleblower.

Whistle|blo|wing, das; -[s], -s: *Aufdeckung von Missständen [in Unternehmen, Behörden o. Ä.]:* eine offen geführte Firma gibt keinen Anlass zum W.

White|board ['waɪtbɔːd], das; -s, -s [engl. whiteboard, eigtl. = weißes Brett]: **1.** *weiße Wandtafel mit einer glatten Oberfläche, auf der man mit speziellen Filzstiften schreiben und zeichnen kann u. die sich sehr leicht mit einem trockenen Schwamm abwischen lässt.* **2.** (EDV) *elektronisches, einer Wandtafel ähnliches Gerät, das Texte u. Bilder wiedergeben kann u. auf dem mit bes. Stiften od. mit dem Finger Geschriebenes u. Gezeichnetes direkt eingegeben wird.*

White|coat ['waɪtkoʊt], der; -s, -s [engl. whitecoat, eigtl. = weißer Mantel]: *weißes Fell junger Robben.*

White-Col|lar-Kri|mi|na|li|tät ['waɪtˈkɒlə...], die [nach engl. white-collar crime, eigtl. = Verbrechen (das) im weißen Kragen (ausgeführt wird)]: *weniger offensichtliche strafbare Handlungsweise, wie sie in höheren Gesellschaftsschichten, bes. bei Vertretern der Politik, Wirtschaft u. Industrie, vorkommt (z. B. Steuerhinterziehung, Bestechung).*

Whit|worth|ge|win|de ['wɪtwə:θ...], das [nach dem brit. Ingenieur J. Whitworth (1803–1887)]: *genormtes, in Zoll gemessenes Schraubengewinde.*

WHO [veːhaːˈloː], die; -; - [Abk. für engl. World Health Organization] = *Weltgesundheitsorganisation: Weltgesundheitsorganisation der Vereinten Nationen.*

Who's who ['huːz 'huː; engl. = Wer ist wer?]: *Titel biografischer Lexika.*

wib|be|lig ⟨Adj.⟩ [zu: wibbeln, Nebenf. von wiebeln = sich lebhaft bewegen] (landsch.): *zappe-*

lig, kribbelig: jmd. ist, wird w.; dein ständiges Umherlaufen macht mich ganz w.
wich: ↑ ²weichen.
Wichs, der; -es, -e od. (bes. österr.:) die; -, -en [eigtl. = Putz, Staat]: **1.** (bes. Verbindungsw.) *Festkleidung [von Korporationsstudenten]:* in vollem/im vollen W. *(mit allem, was zur festlichen Kleidung [bes. Uniform] gehört).* **2.** *kurze Lederhose alpenländischer Männertrachten aus glänzend geriebenem Leder.*
Wichs|bürs|te, die (ugs.): *Bürste zum Wichsen* (1) *(bes. der Schuhe).*
Wich|se, die; -, -n ⟨rückgeb. aus ↑ wichsen⟩ (ugs. veraltend): *wachsartiges Putzmittel, das etw. glänzend macht (bes. Schuhcreme):* W. auf die Reitstiefel schmieren; * **[alles] eine W.!** *(alles ein und dasselbe).*
wich|sen ⟨sw. V.; hat⟩ [Nebenf. von mundartl. wächsen = mit Wachs bestreichen]: **1.** (ugs.) *etw. mit Wichse einreiben, um es dadurch blank, glänzend zu machen:* die Schuhe [auf Hochglanz] w.; die Parkettböden waren blank gewichst. **2.** (landsch., österr.) *schlagen, prügeln:* jmdn. kräftig w.; * **jmdm. eine w.** *(jmdm. eine Ohrfeige geben).* **3.** (derb) *onanieren.*
Wich|ser, der; -s, -: **1.** (derb) *jmd., der onaniert.* **2.** (derb abwertend) *männliche Person (deren Verhaltensweise, Meinung abgelehnt wird):* ein bürgerlicher, linker W.; hau ab, du alter W.!
Wichs|vor|la|ge, die; -, -n [zu ↑ wichsen (3)] (derb): *pornografisches Heft, Bild als Mittel zur Stimulation beim Onanieren.*
Wicht, der; -[e]s, -e [mhd., ahd. wiht = Kobold, eigtl. = Ding, Sache; Tabuwort]: **1.** (fam.) *kleines Kind, bes. kleiner Junge.* **2.** (abwertend) *männliche Person (die verachtet wird):* er ist ein jämmerlicher, feiger W. **3.** *Wichtelmännchen.*
Wich|te, die; -, -n [vgl. wichtig] (Physik): *spezifisches Gewicht.*
Wich|tel, der; -s, - [mhd. wihtel = kleiner Wicht (3)], **Wich|tel|männ|chen,** das [mhd. wihtel = kleiner Wicht]: *Zwerg, Kobold; Heinzelmännchen.*
wich|teln ⟨sw. V.; hat⟩ (ugs.): *(in der Vorweihnachtszeit) innerhalb einer Gruppe kleine Geschenke, die von den teilnehmenden Personen bereitgestellt werden, nach einem bestimmten System unter ebendiesen Personen verteilen.*
wich|ten ⟨sw. V.; hat⟩ (seltener): *gewichten.*
wich|tig ⟨Adj.⟩ [mhd. (md.) wihtec, mniederd. wichtich(t), zu: wicht(e) = Gewicht, urspr. = abgewogen, volles Gewicht besitzend]: **1.** *für jmdn., etw. von wesentlicher Bedeutung [sodass viel davon abhängt]:* eine -e Neuigkeit; -e Entscheidungen, Gründe, Beschlüsse; eine -e Meldung, Mitteilung machen; einen -en Brief schreiben; es sind -e Persönlichkeiten; die Anregungen waren sehr, besonders w.; Vitamine sind für die Ernährung überaus w.; etw. für sehr w. halten; es ist mir/für mich w. zu wissen, was du davon hältst; das ist nicht, ist halb so w.; nimm die Sache nicht [so] w.!; sich [zu] w. nehmen (ugs.; *sich, seine Probleme o. Ä. überschätzen);* sich (Dativ) w. vorkommen (ugs., oft abwertend); *sich aufspielen);* Ruhe ist jetzt -er als alles andere; am -sten ist, dass du bald wieder gesund wirst; ⟨subst.:⟩ das Wichtigste ist, dass du bald wieder gesund wirst; hast du nichts Wichtigeres zu tun?; ich habe noch etw. Wichtiges zu erledigen. **2.** (spött.) *Bedeutsamkeit erkennen lassend:* eine -es Gesicht machen; sie sprach mit -er Miene.
Wich|tig|keit, die; -, -en: **1.** ⟨o. Pl.⟩ *das Wichtigsein* (1); *Bedeutsamkeit:* einer Angelegenheit besondere W. beimessen, beilegen; diese Aufgabe ist von [höchster] W. **2.** *wichtige, bedeutende Angelegenheit:* zu den -en seines Lebens gehört der Fußball. **3.** (spött. abwertend) *Ausdruck des Wichtigseins* (2): die W. ihrer Gesten reizte zum Lachen.
wich|tig|ma|chen, sich ⟨sw. V.; hat⟩ (ugs. abwertend): *sich aufspielen:* mach dich nicht so wichtig!
Wich|tig|tu|er, der; -s, - (ugs. abwertend): *jmd., der sich wichtigtut.*
Wich|tig|tu|e|rei, die (ugs. abwertend): **1.** ⟨o. Pl.⟩ *das Sichwichtigtun:* seine W. war für alle Mitarbeiter höchst unangenehm und peinlich. **2.** *wichtiguerische Rede, Handlung:* ihre -en imponierten niemandem mehr.
Wich|tig|tu|e|rin, die; -, -nen: w. Form zu ↑ Wichtigtuer.
wich|tig|tu|e|risch ⟨Adj.⟩ (ugs. abwertend): *sich wichtigtuend, von Wichtigtuerei zeugend:* eine -e Person; -e Reden; w. sein.
wich|tig|tun, sich ⟨unr. V.; hat⟩ (ugs. abwertend): *sich aufspielen.*
Wi|cke, die; -, -n [mhd. wicke, ahd. wicca < lat. vicia]: *(zu den Schmetterlingsblütlern gehörende) rankende Pflanze mit Fiederblättern u. [in Trauben stehenden] blauen, violetten, roten od. weißen Blüten:* * **in die -n gehen** (landsch.; ↑ Binse).
Wi|ckel, der; -s, - [mhd., ahd. wickel = Faserbündel, Vkl. von mhd. wicke, ahd. wich(a) = Faserbündel, Docht, eigtl. = Geknüpftes; Gespinst]: **1.** *Umschlag* (2): ein W. um die Brust; der Kranken einen feuchten, warmen, kalten W. machen. **2.** *etw. Gewickeltes, Zusammengerolltes:* der W. *(das Innere, die Einlage)* der Zigarre; ein W. *(Knäuel)* Wolle. **3. a)** *Gegenstand, bes. Rolle, auf die etw. gewickelt wird; Spule;* **b)** *Kurzf. von* ↑ Lockenwickler. **4.** * **jmdn., etw. am/beim W. packen/kriegen/haben/nehmen** (ugs.; *jmdn. packen, ergreifen:* einen der beiden Lausbuben kriegte er am W. *etw. aufgreifen u. ausführlich behandeln:* ein bestimmtes Vorkommnis am W. haben. *jmdn. zur Rede stellen, zur Rechenschaft ziehen:* die Chefin hatte wieder einmal den Stift am W.). **5.** (österr. ugs.) *Verwicklung, Konflikt, Streitigkeit:* nach monatelangen -n wurde der Vertrag aufgelöst. **6.** (Bot.) *Blütenstand, der abwechselnd nach links u. rechts verzweigt ist.*
Wi|ckel|blu|se, die: *Bluse, die nicht mit Knöpfen zugeknöpft, sondern um den Oberkörper gewickelt u. gebunden wird.*
Wi|ckel|ga|ma|sche, die: *zu Kniehosen getragenes u. spiralförmig um die Unterschenkel gewickeltes Stoffband.*
Wi|ckel|kind, das (veraltend): *Kind, das noch gewickelt* (1b) *wird; Baby.*
Wi|ckel|kleid, das: *Kleid mit einem gewickelten Oberteil u./od. einem gewickelten Rock.*
Wi|ckel|kom|mo|de, die: *Kommode mit einem entsprechenden Aufsatz* (2a), *auf der Säuglinge gewickelt* (3b) *werden.*
wi|ckeln ⟨sw. V.; hat⟩ [mhd. wickeln, zu: wickel, ↑ Wickel]: **1. a)** *etw. (Schnur, Draht o. Ä.) durch eine drehende Bewegung der Hand so umeinanderlegen, dass es in eine feste, meist runde Form gebracht wird:* Garn, Wolle [zu einem Knäuel] w.; **b)** *etw., was sich wickeln* (1a) *lässt, [in mehreren Lagen] um etw. legen, winden, binden:* die Schnur auf eine Rolle w.; ich wickelte mir einen Schal um den Hals; **c)** *durch Wickeln* (1b) *hervorbringen, machen:* einen Turban w. **2.** *auf Wickler* (1) *aufdrehen.* **3. a)** *etw. als Umhüllung um sich, jmdn., etw. wickeln* (1b): etw. in Papier w.; sich [fest] in einen Mantel w.; **b)** *(einem Säugling) eine Windel umlegen:* der Kleine war frisch gewickelt; **c)** *mit einem Verband, einer Bandage versehen:* das Bein muss gewickelt werden. **4. a)** *von der Umhüllung befreien, die um jmdn., etw. gewickelt* (1b) *war:* sie wickelte das Kind wieder aus dem wärmenden Tuch; **b)** *etw., was um etw. gewickelt* (1b) *ist, wieder auflösen u. entfernen:* die Schnur von der Rolle w.
Wi|ckel|raum, der: *Raum in öffentlichen Gebäuden, Einrichtungen, wie Raststätten, Flughäfen, Kaufhäusern o. Ä., in dem Kinder frisch gemacht u. gewickelt* (3b) *werden können.*
Wi|ckel|rock, der: *um die Taille u. Hüfte gewickelter u. gebundener* ¹*Rock* (1).
Wi|ckel|tisch, der: *Tisch, auf dem Säuglinge gewickelt werden.*
Wi|ckel|tuch, das ⟨Pl. ...tücher⟩: **1.** *Tuch, das als Kleidungsstück um den Körper gewickelt werden kann od. um den Kopf u. Schultern geschlagen wird.* **2.** (veraltend) *Windel.*
Wi|cke|lung: ↑ Wicklung.
Wick|ler, der; -s, -: **1.** Kurzf. von ↑ Lockenwickler. **2.** *Schmetterling, oft mit bunten, trapezförmigen Vorderflügeln, dessen Raupen meist in eingerollten Blättern leben.*
Wick|lung, Wickelung, die; -, -en: **1.** *das Wickeln.* **2. a)** *etw. Gewickeltes;* **b)** (Fachspr.) *dicht gewickelter Draht.*
Wid|der, der; -s, - [mhd. wider, ahd. widar, eigtl. = Jährling]: **1. a)** *Schafbock;* **b)** (Jägerspr.) *männliches Muffelwild.* **2.** (Astrol.) **a)** ⟨o. Pl.⟩ *Tierkreiszeichen für die Zeit vom 21. 3. bis 20. 4.;* **b)** *jmd., der im Zeichen Widder* (2a) *geboren ist:* er, sie ist [ein] W. **3.** ⟨o. Pl.⟩ *Sternbild am nördlichen Sternhimmel.*
wi|der ⟨Präp. mit Akk.⟩ [mhd. wider, ahd. widar(i) ⟨Präp., Adv.⟩, eigtl. = mehr auseinander, weiter weg; vgl. ↑ wieder]: **1.** (geh.) ¹*gegen* (2a): w. Ordnung, die Gesetze handeln; w. jmdn. Anklage erheben; Jetzt nehme ich die Herausforderung an und schlage w. diese frechen Parvenus zurück (Süskind, Parfum 115). **2.** (geh.) *drückt einen Gegensatz aus; entgegen:* es geschah w. ihren Willen; w. Erwarten. **3.** (landsch.) ¹*gegen* (1): w. eine Wand laufen.
wi|der|bors|tig ⟨Adj.⟩ [spätmhd. wider borstig, mniederd. wedderborstich, urspr. = (von Tieren) mit borstigen Haaren, struppig]: **1.** *(vom Haar) nicht leicht zu glätten, zu frisieren.* **2.** *gegen jmds. Willen, Absicht sträubend, sich jmdm. widersetzend:* ein -es Kind; w. sein; sich w. zeigen.
Wi|der|bors|tig|keit, die; -, -en: **1.** ⟨o. Pl.⟩ *das Widerborstigsein, widerborstige Art:* ihre W. brachte ihn in Rage. **2.** *widerborstige* (b) *Äußerung, Handlung.*
Wi|der|druck, der; -[e]s, -e (Druckw.): **a)** *das Bedrucken der Rückseite eines zweiseitigen Druckbogens;* **b)** *die bedruckte Rückseite eines zweiseitigen Druckbogens.*
wi|der|ein|an|der ⟨Adv.⟩ (geh.): *gegeneinander.*
wi|der|fah|ren ⟨st. V.; ist⟩ (geh.): *wie etw. Schicksalhaftes (jmdm.) zuteilwerden, von jmdm. erlebt, erfahren werden:* ihr widerfuhr Schlimmes, viel Leid; jmdm. Gerechtigkeit w. *(zuteilwerden) lassen;* Hoffentlich widerfährt *(passiert, geschieht)* ihm nichts auf der nächtlichen Straßen (Frisch, Montauk 125).
wi|der|ge|setz|lich ⟨Adj.⟩ (seltener): *gesetzwidrig, gegen das Gesetz verstoßend:* -e Methoden; er hat sich auf -e Weise bereichert; w. handeln.
Wi|der|ha|ken, der; -s, - [mhd. widerhäke]: *Haken, dessen Ende in der Art einer Speerspitze mit zurücklaufendem Teil geformt ist, das Zurück-, Herausziehen aus etw. unmöglich macht.*
Wi|der|hall, der; -[e]s, -e [spätmhd. widerhal]: *Laut, Ton, Hall, der auf eine Wand o. Ä. aufgetroffen ist u. zurückgeworfen wird; Echo:* der W. des Donners, der Orgelmusik; Ü der W. *(die Resonanz)* kam fast aus ganz Europa; * **W. finden** *(mit Interesse, Zustimmung aufgenommen werden).*
wi|der|hal|len ⟨sw. V.; hat⟩: **a)** *als Widerhall*

Widerhalt – Widersprüchlichkeit

zurückkommen: der Schuss hallte laut [von den Bergwänden] wider/(seltener:) widerhallte laut [von den Bergwänden]; Ü das Leid der Vorfahren hallt in ihren Liedern wider; **b)** *vom Widerhall eines bestimmten Lautes, Schalles o. Ä. erfüllt sein*: die Bahnhofshalle hallte vom Lärm wider.

Wi̱|der|halt, der; -s: *Widerstand; Gegenkraft*.

Wi̱|der|hand|lung, die; -, -en (schweiz.): *Zuwiderhandlung*.

Wi̱|der|kla|ge, die; -, -n (Rechtsspr.): *Gegenklage*.

Wi̱|der|klä|ger, der; -s, - (Rechtsspr.): *Gegenkläger*.

Wi̱|der|klä|ge|rin, die: w. Form zu ↑ Widerkläger.

Wi̱|der|klang, der; -[e]s, ...klänge (selten): *Klang, der noch einmal, als Widerhall ertönt*.

wi̱|der|klin|gen ⟨st. V.; hat⟩ (selten): *als Widerklang ertönen*.

Wi̱|der|la|ger, das; -s, - (bes. Bauw.): *massive Fläche, massiver Bauteil, auf dem ein Bogen, Gewölbe od. eine Brücke aufliegt*.

wi̱|der|leg|bar ⟨Adj.⟩: *sich widerlegen lassend*: -e Argumente; etw. ist [nicht] w.

wi̱|der|le̱|gen ⟨sw. V.; hat⟩ [mhd. widerlegen = ersetzen, vergelten]: *beweisen, nachweisen, dass etw. (bes. Aussagen, Argumente, Ideen o. Ä.) nicht zutrifft*: eine Hypothese, sich selbst w.; es war nicht schwer, den Zeugen zu w.; sie sah vorerst keine Möglichkeit, seine Behauptungen zu w.

Wi̱|der|le̱|gung, die; -, -en [mhd. widerlegunge = Gegengabe]: **a)** *das Widerlegen*; **b)** *Rede, Text, Theorie, durch die etw. widerlegt wird*.

wi̱|der|lich ⟨Adj.⟩: **1.** (abwertend) *physischen Widerwillen, Ekel hervorrufend*: ein -er Geschmack, Anblick; w. schmecken; die unsauberen Räume sind mir w.; Tatsächlich würde sie bald aus einem Kühlschrank tote Mäuse oder Ratten nehmen, Tabellen ausfüllen in einem -en Labor (Kronauer, Bogenschütze 24). **2.** (abwertend) *in hohem Maße unsympathisch, abstoßend*: ein -er Typ; ihr Verhalten war w. (unerträglich). **3.** ⟨intensivierend bei Adjektiven⟩ (abwertend) *in einem als äußerst unangenehm empfundenen hohen Grad, Maß; überaus*: der Kuchen ist w. süß; ein w. feuchtes Klima.

Wi̱|der|lich|keit, die; -, -en (abwertend): **a)** ⟨o. Pl.⟩ *das Widerlichsein*; **b)** *etw. Widerliches* (1, 2).

Wi̱|der|ling, der; -[e]s, -e (abwertend): *widerlicher, durch seine unangenehmen Eigenschaften abstoßender Mensch*.

wi̱|dern ⟨sw. V.; hat⟩ [mhd. wider(e)n, ahd. widarōn = entgegen sein, entgegentreten; sich sträuben] (veraltet): *ekeln* (1 b, c).

wi̱|der|na|tür|lich ⟨Adj.⟩ (abwertend): *nicht den biologischen Anlagen entsprechend u. [deshalb] dem natürlichen Empfinden zuwiderlaufend; gegen die ungeschriebenen Gesetze menschlichen Verhaltens verstoßend*: Dazu: **Wi̱|der|na|tür|lich|keit,** die; -, -en.

Wi̱|der|part, der; -[e]s, -e, selten: -s [mhd. widerpart(e)] (geh. veraltend): **1.** *Widersacher; Gegner*. **2.** *jmdm. W. bieten/geben (*jmdm. Widerstand leisten*); ♦ W. halten (*widersprechen*: ...ich halte W. ... und dadurch wird die Sache nur schlimmer [Goethe, Werther II, 24. Dezember 1771]).

wi̱|der|ra̱|ten ⟨st. V.; hat⟩ (geh.): *(jmdm.) von etw. abraten*: die Mutter widerriet einer Ehe.

wi̱|der|recht|lich ⟨Adj.⟩: *gegen das Recht verstoßend*: Dazu: **Wi̱|der|recht|lich|keit,** die; -, -en.

Wi̱|der|re|de, die; -, -n: **1.** *Äußerung, mit der jmdm. widersprochen wird*: [ich dulde] keine W.!; etw. ohne W. tun; ohne [ein Wort der] W. einwilligen. **2.** *Gegenrede* (1): Rede und W.

Wi̱|der|rist, der; -[e]s, -e: (bes. von Pferden u. Rindern) *vorderer, erhöhter Teil des Rückens*.

Wi̱|der|ruf, der; -[e]s [mhd. widerruof(t) =

Widerspruch, Weigerung]: *das Widerrufen; Zurücknahme einer Aussage o. Ä.*: [öffentlich] W. leisten; der Durchgang ist [bis] auf W. (bis es widerrufen wird) gestattet.

wi̱|der|ru̱|fen ⟨st. V.; hat⟩ [mhd. widerruofen = zurückrufen; für ungültig erklären]: *für nicht mehr geltend, unrichtig erklären; [öffentlich] zurücknehmen*: eine Erklärung, Erlaubnis, Behauptung w.; die Angeklagte hat ihr Geständnis widerrufen; ⟨auch ohne Akk.-Obj.:⟩ Wie oft hat man über jemanden ein endgültiges Verdikt gesprochen und musste schon wenig später w. (Strauß, Niemand 201).

wi̱|der|ru̱f|lich [auch: ...'ruːf...] ⟨Adj.⟩: *einen Widerruf zulassend; [bis] auf Widerruf*: etw. ist w. gestattet.

Wi̱|der|ru̱f|lich|keit, die; -: *das Widerruflichsein, Möglichkeit, widerrufen zu werden*.

Wi̱|der|rufs|be|leh|rung, die (Rechtsspr., Wirtsch.): *Information des Kunden über sein Recht, von einem geschlossenen Vertrag (innerhalb gesetzlich festgelegter Frist) zurückzutreten*.

Wi̱|der|rufs|recht, das (Rechtsspr., Wirtsch.): *Recht eines Vertragspartners, bes. eines Verbrauchers, unter bestimmten Voraussetzungen von einem geschlossenen Vertrag zurückzutreten*.

Wi̱|der|ru̱|fung, die; -, -en: *das Widerrufen*.

Wi̱|der|sa|cher, der; -s, - [14. Jh., zu mhd. widersachen = widerstreben, ahd. widarsachan = rückgängig machen, zu ahd. sachen, ahd. sahhan (↑ Sache), urspr. = Gegner in einem gerichtlichen Streitfall]: *persönlicher Gegner, der versucht, die Bestrebungen o. Ä. des anderen zu hintertreiben, ihnen zu schaden*: ein gefährlicher, erbitterter W.

Wi̱|der|sa|che|rin, die; -, -nen: w. Form zu ↑ Widersacher.

wi̱|der|schal|len ⟨sw. V.; hat⟩ (veraltend): *widerhallen*.

Wi̱|der|schein, der; -[e]s, -e: *Helligkeit, die durch reflektiertes Licht entstanden ist*: der W. des Mondes auf dem Schnee; Ü der W. des Glücks lag auf ihrem Gesicht.

wi̱|der|schei|nen ⟨st. V.; hat⟩: *als Schein reflektiert werden*: das Licht scheint wider in den Scheiben.

wi̱|der|se̱t|zen, sich ⟨sw. V.; hat⟩: *jmdm., einer Sache Widerstand entgegensetzen, sich dagegen auflehnen*: sich einer Maßnahme, einem Beschluss [offen] w.; sich jmds. Bitte, Wunsch nicht w. können; er hat sich ihr nicht widersetzt.

wi̱|der|se̱tz|lich [auch: ˈviː...] ⟨Adj.⟩: **a)** *sich widersetzend*: ein -es Mädchen; die beiden Gefangenen zeigten sich w.; **b)** *Widersetzlichkeit zum Ausdruck bringend*: ein -es Gesicht machen; er sprach in -em Ton.

Wi̱|der|se̱tz|lich|keit [auch: ˈviː...], die; -, -en: **a)** ⟨o. Pl.⟩ *das Widersetzlichsein*; **b)** *Handlung o. Ä., mit der sich jmd. widersetzt*: -en kamen bei uns nicht vor.

Wi̱|der|sinn, der; -[e]s: *in sich selbst widersprüchlicher, der Vernunft zuwiderlaufender Sinn von etw.*: den W. von etw. aufdecken.

wi̱|der|sin|nig ⟨Adj.⟩: *der Vernunft zuwiderlaufend; völlig absurd*: -e Behauptungen; das ist doch w.; Diese -e Reinlichkeit machte ihn wütend (Härtling, Hubert 89). Dazu: **Wi̱|der|sin|nig|keit,** die; -, -en.

wi̱|der|spens|tig ⟨Adj.⟩ [für mhd. widerspæne(c), -spen(n)ic, zu ↑ spannen (vgl. mhd. span, spān = Spannung, Streitigkeit, widerspän = Streit, Zank; Härte des Holzes), wurde aber früher vom Sprachgefühl auch mit ↑ Span verbunden]: **a)** *sich gegen jmds. Willen, Absicht sträubend, sich jmds. Anweisung [mit trotziger Hartnäckigkeit] widersetzend*: ein -es Kind; das Pferd ist

furchtbar w.; sich w. zeigen; Ü -es *(nicht leicht zu glättendes, zu frisierendes)* Haar; **b)** *Widerspenstigkeit ausdrückend, erkennen lassend*: ein -es Verhalten an den Tag legen.

Wi̱|der|spens|tig|keit, die; -, -en: **a)** ⟨o. Pl.⟩ *das Widerspenstigsein*; **b)** *widerspenstige Handlung*.

wi̱|der|spie|geln ⟨sw. V.; hat⟩: **1. a)** *das Spiegelbild von jmdm., etw. zurückwerfen*: das Wasser spiegelt die Lichter wider/(seltener:) widerspiegelt die Lichter; **b)** ⟨w. + sich⟩ *als Spiegelbild erscheinen; sich spiegeln* (2 a): der Himmel spiegelt sich in der Lagune wider/(seltener:) widerspiegelt sich in der Lagune. **2. a)** *zum Ausdruck bringen, erkennbar werden lassen*: der Roman spiegelt die Verhältnisse wider/(seltener:) widerspiegelt die Verhältnisse; seine Augen spiegelten eine Freude wider; **b)** ⟨w. + sich⟩ *erkennbar werden*: dieses Erlebnis spiegelt sich in ihrem Werk wider/(seltener:) widerspiegelt sich in ihrem Werk.

Wi̱|der|spie|ge|lung, (seltener:) **Wi̱|der|spieg|lung,** die; -, -en: *das [Sich]widerspiegeln*.

Wi̱|der|spiel, das; -[e]s geh.: *Gegeneinanderwirken verschiedener Kräfte*: das W. von Regierung und Opposition.

wi̱|der|spre̱|chen ⟨st. V.; hat⟩ [mhd. widersprechen, ahd. widarsprechan = Einspruch erheben; ablehnen, leugnen; sich lossagen]: **1. a)** *eine Äußerung, Aussage o. Ä. als unzutreffend bezeichnen u. Gegenargumente vorbringen*: jmdm. heftig, energisch, sachlich, vorsichtig, höflich w.; dieser Behauptung muss ich mit Nachdruck w.; »So geht das nicht«, widersprach er *(sagte er widersprechend)*; du widersprichst dir ja ständig selbst; **b)** *einer Sache nicht zustimmen, gegen etw. Einspruch erheben*: der Betriebsrat hat der Entlassung widersprochen. **2.** *nicht übereinstimmen [mit etw., jmdm.]; sich ausschließen; im Widerspruch stehen*: dies widerspricht den Tatsachen, allen bisherigen Erfahrungen; die Darstellungen, Zeugenaussagen widersprechen sich/(geh.:) einander; ⟨oft im 1. Part.:⟩ sich widersprechende Aussagen; die widersprechendsten *(gegensätzlichsten)* Nachrichten trafen ein.

Wi̱|der|spruch, der; -[e]s, ...sprüche [spätmhd. widerspruch]: **1.** ⟨o. Pl.⟩ **a)** *das Widersprechen* (1 a); *Widerrede* (1): euer W. war berechtigt; es erhob sich allgemeiner W.; dieser Vorschlag hat W. vonseiten der Opposition erfahren; keinen, nicht den geringsten W. dulden, vertragen, aufkommen lassen; jeden W. zurückweisen; ihre Äußerungen stießen überall auf W.; etw. reizt zum W.; **b)** (bes. Rechtsspr.) *das Widersprechen* (1 b): W. gegen die einstweilige Verfügung einlegen; der Vorschlag wurde ohne W. angenommen. **2.** *das Sichwidersprechen* (2), *Sichausschließen; fehlende Übereinstimmung zweier od. mehrerer Aussagen, Erscheinungen o. Ä.*: das ist nicht zu übersehender W.; worin liegt der W.?; etw. ist im W. in sich; sich in Widersprüche verwickeln *(widersprüchliche Aussagen machen)*; seine Taten stehen mit seinen Reden in krassem W.; Was soll aus der DDR werden, wenn immer diejenigen davonlaufen, die endlich in W. zu den Verhältnissen geraten sind? (Biermann, Klartexte 14). **3.** (Philos.) *Gegensatz zwischen zwei Erscheinungen, Prozessen, Systemen o. Ä., die einander bedingen, sich zugleich aber ausschließen; widerstreitende Einheit der Gegensätze*: ein antagonistischer W.

wi̱|der|sprüch|lich ⟨Adj.⟩: **a)** *sich widersprechend* (2): -e Aussagen, Meldungen; ihr Bericht war recht w.; **b)** *Widersprüche* (2) *aufweisend*: die Formulierung ist w.; sein Verhalten war w.

Wi̱|der|sprüch|lich|keit, die; -, -en: **a)** ⟨o. Pl.⟩ *das*

Widersprüchlichsein: die W. einer Aussage; **b)** *etw. [in sich] Widersprüchliches.*
wi̱|der|spruchs|frei ⟨Adj.⟩: *frei von [logischem] Widerspruch* (2): *eine -e Theorie.*
Wi̱|der|spruchs|frist, die (Rechtsspr.): *Frist, innerhalb deren ein Widerspruch* (1 b) *eingelegt werden kann.*
Wi̱|der|spruchs|geist, der ⟨Pl. -er⟩: **1.** ⟨o. Pl.⟩ *Neigung zu widersprechen:* in ihr regte sich W.; er reizte, weckte ihren W. **2.** (ugs.) *jmd., der oft u. gern widerspricht.*
Wi̱|der|spruchs|kla|ge, die (Rechtsspr.): *(bei Zwangsvollstreckungen) Klage, mit der ein Dritter an dem beschlagnahmten Gegenstand ein die Vollstreckung ausschließendes Recht (z. B. Eigentum) geltend macht.*
wi̱|der|spruchs|los ⟨Adj.⟩: *ohne zu widersprechen* (1 a): w. gehorchen; Kritik w. hinnehmen.
Wi̱|der|spruchs|ver|fah|ren, das (Rechtsspr.): *Verfahren, in dem über einen Widerspruch* (1 b) *entschieden wird.*
wi̱|der|spruchs|voll ⟨Adj.⟩: *voller Widersprüche* (2).
Wi̱|der|stand, der; -[e]s, ...stände: **1.** [spätmhd. widerstant] *das Sichwidersetzen, Sichentgegenstellen:* hartnäckiger, zäher, heldenhafter W.; organisierter, antifaschistischer W.; aktiver W. *(Widerstand mit Anwendung von Gewalt);* passiver W. *(Widerstand durch Verweigerung von Befehlen ohne Anwendung von Gewalt);* der W. der Bevölkerung gegen das Regime wächst, erlahmt; der W. der Rebellen erlosch; W. gegen die Staatsgewalt (Rechtsspr.; *das Sichwidersetzen bes. gegen die Festnahme durch die Polizei);* offenen W. leisten *(sich widersetzen, auflehnen);* einige Truppenteile leisteten noch W. *(Gegenwehr);* jmds. W. gegen ein Reformprogramm überwinden; etw. ist an dem W. von jmdm. gescheitert; bei jmdm. [mit etw.] auf W. stoßen; zum bewaffneten W. aufrufen. **2.** ⟨o. Pl.⟩ Kurzf. von ↑Widerstandsbewegung: dem W. angehören; im W. sein. **3. a)** *etw., was jmdm., einer Sache entgegenwirkt, sich als hinderlich erweist:* beim geringsten W. aufgeben; sie schaffte es allen Widerständen zum Trotz; **b)** (Mechanik) *Druck, Kraft, die der Bewegung eines Körpers entgegenwirkt:* gegen den W. der Strömung kämpfen. **4.** (Elektrot.) **a)** ⟨o. Pl.⟩ *Eigenschaft von bestimmten Stoffen, das Fließen von elektrischem Strom zu hemmen;* **b)** *elektrisches Schaltungselement:* der W. ist überlastet; einen W. einbauen.
wi̱|der|stän|dig ⟨Adj.⟩ (selten): *Widerstand* (3 a) *bietend:* Dazu: **Wi̱|der|stän|dig|keit,** die; -, -en.
Wi̱|der|ständ|ler, der; -s, -: *jmd., der einer Widerstandsbewegung angehört:* viele W. wurden zum Tode verurteilt und hingerichtet.
Wi̱|der|ständ|le|rin, die; -, -nen: w. Form zu ↑Widerständler.
Wi̱|der|stands|be|we|gung, die: *Bewegung* (3 b), *die den Kampf gegen ein unrechtmäßiges, unterdrückerisches usw. Regime führt,* den Widerstand (1) organisiert: sich einer W. anschließen; einer W. angehören; zu einer W. gehören.
wi̱|der|stands|fä|hig ⟨Adj.⟩: *von einer Konstitution, Beschaffenheit o. Ä., die Belastungen standhält:* w. sein [gegen Ansteckungen]; das Material ist sehr w. Dazu: **Wi̱|der|stands|fä|hig|keit,** die ⟨o. Pl.⟩.
Wi̱|der|stands|grup|pe, die: *Gruppe, die gegen ein unrechtmäßiges, unterdrückerisches usw. Regime kämpft.*
Wi̱|der|stands|kampf, der: *Kampf einer Widerstandsbewegung.*
Wi̱|der|stands|kämp|fer, der: *Angehöriger einer Widerstandsbewegung.*

Wi̱|der|stands|kämp|fe|rin, die: w. Form zu ↑Widerstandskämpfer.
Wi̱|der|stands|kraft, die: *Widerstandsfähigkeit.*
wi̱|der|stands|los ⟨Adj.⟩: **a)** *ohne Widerstand* (1) *zu leisten:* sich w. festnehmen lassen; **b)** *ohne auf Widerstand* (3 a) *zu stoßen:* w. seine Pläne durchsetzen können.
Wi̱|der|stands|lo|sig|keit, die; - (seltener): **a)** *widerstandsloses* (a) *Verhalten;* **b)** *Fehlen von Widerstand* (3 a).
Wi̱|der|stands|mes|ser, der (Elektrot.): *Ohmmeter.*
Wi̱|der|stands|nest, das: *kleiner militärischer Stützpunkt, der [noch] Widerstand* (1) *leistet.*
Wi̱|der|stands|or|ga|ni|sa|ti|on, die: *Organisation, deren Zweck der Kampf gegen ein als unrechtmäßig, unterdrückerisch usw. angesehenes Regime ist.*
Wi̱|der|stands|recht, das ⟨Pl. selten⟩: *[moralisches] Recht, [entgegen der herrschenden Gesetzgebung] Widerstand* (1) *zu leisten.*
Wi̱|der|stands|wil|le, der ⟨o. Pl.⟩: *Wille zum Widerstand* (1).
wi̱|der|ste|hen ⟨unr. V.; hat⟩ [mhd. widerstēn, ahd. widarstēn]: **1.** *der Neigung, etw. Bestimmtes zu tun, nicht nachgeben:* einer Versuchung, dem Alkohol [nicht] w. [können]; er konnte ihr, ihrem freundlichen Lächeln nicht länger w.; sie verbreitete einen Optimismus, dem niemand w. konnte; wer hätte da w. können? **2. a)** *etw. aushalten können:* das Material widersteht allen Belastungen; **b)** *jmdm., einer Sache erfolgreich Widerstand entgegensetzen:* der Gegnerin, einem feindlichen Angriff w. **3.** *bei jmdm. Widerwillen, Abneigung, Ekel hervorrufen:* das Fett widersteht mir; mir widerstrebt es zu lügen; ... es ist wie mit jenen Getränken, die einem von Grund auf widerstehen, man gewöhnt sich schließlich daran (Mayröcker, Herzzerreißende 8).
wi̱|der|strah|len ⟨sw. V.; hat⟩ (geh.): *widerscheinen.*
wi̱|der|stre|ben ⟨sw. V.; hat⟩ [mhd. widerstreben = Widerstand leisten]: **a)** *jmdm. zuwider sein:* es widerstrebt mir, darüber zu reden; ihr widerstrebt jegliche Abhängigkeit; **b)** (geh.) *sich widersetzen:* einem Ansinnen w.; ⟨häufig im 1. Part.:⟩ etw. mit widerstrebenden Gefühlen tun.
Wi̱|der|stre|ben, das; -s: *entschiedene Abneigung, innerliches Sichsträuben gegen etw.:* mit W. tun; nach anfänglichem W. stimmten sie zu.
Wi̱|der|streit, der; -[e]s, -e: *konfliktgeladenes Gegeneinander-gerichtet-Sein; Konflikt* (2): ein W. der Interessen, Meinungen; im W. zwischen Pflicht und Neigung leben.
wi̱|der|strei|ten ⟨st. V.; hat⟩: **a)** *im Widerspruch stehen:* etw. widerstreitet allen herkömmlichen Begriffen; ⟨häufig im 1. Part.:⟩ widerstreitende Empfindungen; **b)** (veraltet) *sich jmdm., einer Sache widersetzen:* er hat ihm widerstritten.
wi̱|der|wär|tig ⟨Adj.⟩ [mhd. widerwertec = entgegengesetzt, feindlich; unangenehm, abstoßend, ahd. widarwartīg = entgegengesetzt, feindlich, zu mhd. widerwert, ahd. widarwert = entgegen; verkehrt]: **a)** *der Empfindung, Neigung widerstrebend, höchst unangenehm:* eine -e Person; dieser Geruch ist mir w.; **b)** (selten) *dem Wollen od. Handeln sehr zuwider, hinderlich:* -e Umstände.
Wi̱|der|wär|tig|keit, die; -, -en [mhd. widerwerticheit = Gegensatz, (Unglück)]: **a)** ⟨o. Pl.⟩ *das Widerwärtigsein;* **b)** *etw. Widerwärtiges.*
Wi̱|der|wil|le, der; -ns, (selten:) **Wi̱|der|wil|len,** der; -s [mhd. widerwille = Ungemach, Widersetzlichkeit]: *Gefühl des Angewidertseins; heftige Abneigung:* ein physischer Widerwille stieg in ihr auf; Widerwillen [bei etw.] empfinden

gegen jmdn., etw. haben, hegen; seinen Widerwillen unterdrücken; etw. erregt, weckt jmds. Widerwillen; etw. nur mit Widerwillen essen, tun können; Ich überwand meinen Widerwillen, kniete nieder bei den Toten (Heym, Heimsuchung 171).
wi̱|der|wil|lig ⟨Adj.⟩: **a)** *ziemlich widerstrebend; sehr ungern:* etw. nur w. essen; w. ging sie mit, folgte sie ihm; **b)** *Unmut, Widerwillen ausdrückend:* eine -e Gebärde, Antwort; er sagte das recht w.
Wi̱|der|wil|lig|keit, die; -: *das Widerwilligsein.*
Wi̱|der|wort, das; -[e]s, -e: *ein gegen etw. gerichtetes Wort; Widerspruch:* keine -e!
Wide|screen [ˈwaɪdskriːn], der; -s, -s [engl. widescreen, aus: wide = breit u. screen = Bildschirm]: **1.** ⟨ohne Artikel gebr., o. Pl.⟩ *besonders breites Format eines Fernseh- od. Monitorbildschirms:* eine Sendung, DVD in W. **2.** *Fernsehgerät od. Monitor mit dem Bildschirmformat Widescreen* (1).
Wid|get [ˈwɪdʒɪt], das; -s, -s [engl.-amerik. widget, wohl Zusammenbildung aus: window = Fenster u. gadget (↑Gadget)] (EDV): *kleines Computerprogramm, das in ein anderes Programm integriert wird, bes. als Teil einer grafischen Benutzeroberfläche, in der über den Mauszeiger Befehle eingegeben werden können.*
wid|men ⟨sw. V.; hat⟩ [mhd. widemen, ahd. widimen, zu mhd. wideme, ahd. widimo (↑Wittum), eigtl. = mit einer Schenkung ausstatten]: **1.** *jmdm. etw., bes. ein künstlerisches, wissenschaftliches Werk, als Ausdruck der Verbundenheit, Zuneigung, des Dankes o. Ä. symbolisch zum Geschenk machen; jmdm. etw. zueignen:* jmdm. ein Buch, Gedicht, eine Sinfonie w. **2. a)** *ausschließlich für jmdn. od. zu einem gewissen Zweck bestimmen, verwenden:* sein Leben der Kunst w.; sie widmete den ganzen Abend seinen Eltern; einer Sache nicht die richtige Aufmerksamkeit w.; **b)** ⟨w. + sich⟩ *sich intensiv mit jmdm., einer Sache beschäftigen:* sich wissenschaftlichen Arbeiten w.; heute kann ich mich dir ganz w.; ... jener Klöppeleien und Schnitzereien eben, denen die armen Gebirgsbauern und deren Frauen und Kinder winters sich widmeten (Heym, Schwarzenberg 152). **3.** (Amtsspr.) *einer bestimmten öffentlichen Benutzung o. Ä. übergeben.*
Wid|mung, die; -, -en [spätmhd. widemunge = Ausstattung]: **1.** *persönliche, in ein Buch, unter ein Bild o. Ä. geschriebene Worte [durch die kenntlich gemacht wird, dass es sich um ein Geschenk o. Ä. handelt]:* in dem Buch stand eine W. des Verfassers; ein Foto der Künstlerin mit persönlicher W. **2.** (Amtsspr.) *Verwaltungsakt, durch den etw. zur öffentlichen Benutzung freigegeben u. dem öffentlichen Recht unterstellt wird.*
Wid|mungs|ex|em|p|lar, das (Buchw.): *Buch mit einer Widmung des Autors/der Autorin.*
wid|rig ⟨Adj.⟩ [zu ↑wider]: **1.** *gegen jmdn., etw. gerichtet u. sich dadurch äußerst ungünstig, behindernd auswirkend:* mit -en Umständen fertigwerden müssen. **2.** (abwertend veraltend) *Widerwillen auslösend:* ein -er Geruch.

-wid|rig: drückt in Bildungen mit Substantiven – selten mit Adjektiven – aus, dass die beschriebene Person oder Sache gegen etw. gerichtet ist, verstößt, in Widerspruch zu etw. steht: absprache-, befehls-, rechts-, vernunftwidrig.

wid|ri|gen|falls ⟨Adv.⟩ (bes. Amtsspr.): *wenn nicht geschieht; andernfalls:* es wird angeordnet, dass sie vor Gericht erscheint, w. wird sie vorgeführt/w. sie vorgeführt wird.

Wid|rig|keit, die; -, -en: *etw., was jmdn. in einem Tun o. Ä. hemmt, behindert; Schwierigkeit; Unannehmlichkeit:* überall mit -en zu kämpfen haben.

¹wie ⟨Adv.⟩ [mhd. wie, ahd. (h)wio]: **1. a)** ⟨interrogativ⟩ *auf welche Art u. Weise, auf welchem Wege, mit welchen Mitteln?:* w. funktioniert das?; w. hast du das gemacht?; w. kommt man von hier aus zum Bahnhof?; ich weiß nicht, w. es dazu gekommen ist; w. kann ich es am besten erklären?; ich frage mich, w. er das so schnell fertiggebracht hat; wir müssen es machen, ich frage mich nur noch w.; w. man es auch macht *(gleichgültig, auf welche Weise man es macht)*, es ist ihr nie recht; w. kommst du dazu *(was veranlasst dich dazu)*, ihn zu schlagen?; w. kommt es *(was sind die Ursachen dafür)*, dass heute alle Züge Verspätung haben?; w. *(woher)* soll ich das wissen?; w. *(in welchem Sinne)* ist das zu interpretieren?; w. *(in welcher Form)* kommt Eisen in der Natur vor?; »Er ist zurückgetreten.« – »Wie das«? (ugs.; *was sind die näheren Umstände, die Gründe, die Ursachen o. Ä.?*); w. soll man da nicht lachen! *(da muss man doch lachen!);* w. heißt sie? *(welchen Namen hat sie?);* w. sagt man dafür *(welchen Ausdruck gibt es dafür)* in der Schweiz?; w. [bitte]? *(was sagtest du?);* w. war das? (ugs.; *würdest du das bitte wiederholen?);* du sagst, ich hätte schneller kommen müssen – wie konnte ich denn/wie denn? *(auf welche Weise denn?; das war doch gar nicht möglich)*; ⟨in Ausrufesätzen:⟩ w. er aber wieder geschafft hat! **b)** ⟨interrogativ⟩ *durch welche Merkmale, Eigenschaften gekennzeichnet?:* w. war das Wetter?; w. ist deine neue Chefin?; w. war es in Spanien?; w. geht es ihm?; w. läuft der neue Wagen?; w. findest du das Bild?; w. gefällt es dir?; w. wärs mit einem Whisky? *(hast du Lust auf einen Whisky?);* [na, und] w.? (landsch.: *wie geht es denn?);* ⟨in Ausrufesätzen:⟩ w. du aussiehst!; **c)** ⟨interrogativ⟩ *in welchem Grade?:* w. groß ist das Grundstück?; w. teuer war der Mantel?; w. gut kennst du ihn?; w. spät *(welche Uhrzeit)* ist es?; w. *(wie viel Jahre)* alt bist du?; w. oft habt ihr euch getroffen?; w. sehr liebst du ihn?; w. viel Geld hast du noch?; w. viel[e] Personen sind wir?; w. viel Uhr *(wie spät)* ist es?; w. viel ist *(was ergibt)* acht mal acht?; w. viel *(wie viel Geld)* kostet das?; w. viel *(wie viel Alkohol)* hast du schon getrunken?; w. viel bin ich Ihnen schuldig? *(was muss ich zahlen?);* w. viel jünger ist sie [als du]?; w. viel *(wie viel Kilogramm o. Ä.)* wiegst du?; ich weiß nicht, w. viel Zeit du hast; ⟨in Satzinnern od. am Satzende, wenn mit einem gewissen Nachdruck gefragt wird:⟩ er hat w. lange auf uns gewartet, sagtest du?; das Mädchen war damals w. alt?; das hat w. viel gekostet?; ⟨fragt in Verbindung mit »viel« nach einer Nummer; ugs.:⟩ Zeppelinstraße [Nummer] w. viel wohnt er?; Band w. viel soll jetzt erscheinen?; ⟨in Verbindung mit »auch«, »immer«, »auch immer«:⟩ w. viel sie auch *(gleichgültig, wie viel sie)* verdient/w. sehr sie sich auch bemüht, er ist nie zufrieden; ⟨gibt in Ausrufesätzen einen hohen Grad, ein hohes Maß an:⟩ w. er sich freut!; w. viel schöner wäre das Leben, wenn dies gelingen würde!; w. viel Zeit das wieder kostet!; mit w. viel Liebe sie sich doch dieser Menschen angenommen hat!; den haben sie reingelegt, aber w. (ugs.; *und zwar ganz schlimm)*, kann ich dir sagen!; »Ist es kalt?« – »Und w.!« (ugs.; *ja, und zwar sehr)*; w. *(wie schnell)* sie läuft!; **d)** ⟨interrogativ⟩ (ugs.) als bekräftigende, bestätigende Frage nach einer Feststellung; *so ist es doch; nicht wahr:* das ärgert dich wohl, w.?; du mochtest mich nicht genug bekommen, w.? **2.** ⟨relativisch⟩ **a)** *auf welche Art u. Weise, auf welchem Wege, in welcher Weise; mit welchen Mitteln:* die Art, w. es sich entwickelt hat; mich stört nur [die Art u. Weise], w. sie es macht; **b)** *in welchem Grad, Ausmaß:* die Preise steigen in dem Umfang, w. die Löhne erhöht werden.

²wie ⟨Konj.⟩ [vgl. ¹wie]: **1. a)** ⟨Vergleichspartikel⟩ schließt, oft in Korrelation zu »so« u. a., ein Satzglied od. ein Attribut an: [so] weiß w. Schnee; stark w. ein Bär; mit Hüten w. *(so groß wie)* Wagenräder; das riecht w. Benzin; seine Hand streifte w. zufällig ihren Nacken; da geht es dir w. mir; w. durch ein Wunder blieb sie unverletzt; ein Mann w. er; in einer Zeit w. der heutigen; ich fühle mich w. gerädert; er macht es [genauso] w. du; so schnell w. möglich; sie ist doppelt, nur halb so alt w. sie; er kam w. immer zu spät; das schreibt man mit »N« w. »Nordpol«; er kann spielen w. keiner, w. selten einer; ... dann rief sie laut ... und hielt die Arme w. eine Schüssel (Grass, Butt 693); R w. du mir, so ich dir *(was du mir Übles antust, das tue ich dir auch an);* **b)** ⟨Vergleichspartikel⟩ schließt ein od. mehrere zur Veranschaulichung eines vorher genannten Begriffs angeführte Beispiele an: Entwicklungsländer w. [zum Beispiel, beispielsweise, etwa, meinetwegen] Somalia oder Tansania; Haustiere w. Rind[er], Schwein[e], Pferd[e]; **c)** ⟨Vergleichspartikel⟩ schließt, oft in Korrelation zu »so« u. a., einen Nebensatz an: sie ist jetzt so alt, w. ich damals war; es kam, w. ich es erwartet hatte; er trinkt den Wein, w. andere Leute Wasser trinken; ich ging so, w. ich war, mit ihr hinaus; raffiniert, w. er ist, hat er mich darüber im Unklaren gelassen; alle, w. sie da sitzen *(ausnahmslos alle, die da sitzen)*, haben den Fall zu tun; die Formel lautet[,] w. folgt *(folgendermaßen);* w. verabredet *(wie wir verabredet haben)*, sehen wir uns morgen; sie schlief w. gewöhnlich *(wie sie es gewöhnlich tut)* nur eine halbe Stunde; w. schon der Name sagt *(worauf schon das Wort hindeutet);* **d)** ⟨Vergleichspartikel⟩ in Verbindung mit »wenn«; *als ob:* es sieht aus, w. wenn es regnen wollte; er torkelt, w. wenn er betrunken wäre. **2. a)** (nicht standardsprachlich) steht bei Vergleichen nach dem Komparativ sowie nach »anders...«, »anders« u. Zusammensetzungen mit diesen; ²*als:* er ist größer w. du; sie macht es anders w. ich; ... sie hat ihn immer für einen grundanständigen Kerl gehalten, ganz anders wie seinen Kollegen (Fallada, Mann 67); **b)** (ugs.) steht nach »nichts«; *außer,* ²*als* (2 b): sie hat nichts w. *(hat nur)* Dummheiten im Kopf; nichts w. hin! *(lass uns schnellstens hinlaufen, -fahren usw.!)* **3.** verknüpft die Glieder einer Aufzählung; *sowie, und [auch, gleichermaßen, ebenso usw.]:* Männer w. Frauen nahmen teil; das Haus ist außen w. innen renoviert. **4.** leitet, gewöhnlich nur bei Gleichzeitigkeit u. in Verbindung mit dem historischen Präsens, einen temporalen Nebensatz *ein;* (1): w. ich an seinem Fenster vorbeigehe, höre ich ihn singen; Wie ich tief beschämt ... mich aufrichtete ..., öffnete sich die Tür (Jahnn, Geschichten 29). **5.** leitet nach Verben der Wahrnehmung o. Ä. einen Objektsatz ein: ich hörte, w. die Haustür ging; ich spürte, w. es kälter wurde.

Wie|de|hopf, der; -[e]s, -e [mhd. witehopf(e), ahd. witihopfa, lautm. nach dem Paarungsruf des Vogels]: *mittelgroßer, hellbrauner, an Flügeln u. Schwanz schwarz-weiß gebänderter Vogel mit langem, dünnem Schnabel u. aufrichtbarer Haube* (2 c): der W. ist in Deutschland sehr selten geworden; * **stinken wie ein W.** (salopp; *einen sehr unangenehmen u. durchdringenden Geruch an sich haben;* dem stark riechenden Kot des Nestlings).

wie|der ⟨Adv.⟩ [mhd. wider, ahd. widar(i), erst im 17. Jh. orthografisch u. nach der Bed. von ↑ wider unterschieden]: **1. a)** drückt eine Wiederholung aus; *ein weiteres Mal, wie früher schon einmal; erneut:* wir fahren dieses Jahr w. an die See; ob wir je w. Gelegenheit dazu haben werden?; sie bückte sich, um den Ball w. aufzuheben; ich werde ihn morgen auch w. sehen; versprich mir, dass du das nie w. tun wirst!; ich will ihn nie w. *(nie mehr)* belügen; nie w. *(nie mehr)* Krieg!; wann siehst du sie w.? *(das nächste Mal?);* es regnet ja schon w.!; willst du schon w. verreisen?; er war w. nicht zu Hause; wir sollten w. mal/mal w. ins Kino gehen; sie streiten sich wegen nichts und w. nichts *(ohne den geringsten Grund);* er macht immer w. denselben Fehler; ich habe ihn w. und w. (geh.; *immer wieder)* ermahnt; du musst es versuchen und w. versuchen (geh.; *immer wieder versuchen);* sie musste mit ihrer Arbeit wegen eines Fehlers w. von vorne anfangen; ihr Artikel wurde w. abgedruckt; sein neuestes Buch ist w. *(wie schon das vorige)* ein Bestseller; (emotional:) wie du w. aussiehst!; wie er das w. geschafft hat!; was ist denn jetzt schon w.?; **b)** drückt, in Verbindung mit Ausdrücken wie »anders«, »ander...« usw., aus, dass eine weitere, zusätzliche Unterscheidung gemacht wird; *noch [einmal]:* einige sind dafür, andere dagegen, und w. andere haben keine Meinung; das ist w. etwas anderes. **2.** drückt eine Rückkehr in einen früheren Zustand aus; drückt aus, dass etw. rückgängig gemacht wird: *w. gesund sein; alles ist w. beim Alten; ich bin gleich w. hier; einen abgestellten Korb w. aufnehmen; ein altes Recht w. einführen; Straftatlassene w. ins normale Berufsleben eingliedern; das U-Boot konnte nicht w. auftauchen; nach dem Sturm musste der Mast w. aufgerichtet werden; er fiel und stand sofort w. auf; der Mann ist mir endlich w. eingefallen; er hat sein Haus w. aufgebaut, hergerichtet; der Stein musste w. in die Fassung eingesetzt werden; er wurde w. freigelassen; stellt das w. an seinen Platz!; das kann man doch w. kleben! *(durch Kleben reparieren);* gib es ihm w. zurück! *(gib es ihm zurück!);* der Schnee ist w. getaut *(ist getaut und damit verschwunden);* willst du schon w. gehen? *(willst du wirklich jetzt schon gehen?)* **3.** *gleichzeitig, andererseits [aber auch]:* es gefällt mir und gefällt mir [andererseits] w. nicht; da hast du auch w. Recht; so schlimm ist es [nun auch] w. nicht. **4.** wiederum (3). **5.** (ugs.) drückt aus, dass etw. als Reaktion auf etw. Gleiches od. Gleichartiges hin erfolgt; *auch, ebenso:* sie einfach w. an!; er hat mir eine Rose geschenkt, da habe ich ihm am nächsten Tag w. eine [Rose] geschenkt. **6.** (ugs.) ³*noch* (5): wie heißt sie w.?; wo war das [gleich] w.?

Wie|der|ab|druck, der; -[e]s, -e: **1.** ⟨o. Pl.⟩ *erneuter Abdruck (eines Textes).* **2.** *Reprint:* das Buch ist jetzt als W. lieferbar.

Wie|der|ab|stieg, der; -[e]s, -e (Sport): *Rückkehr in eine niedrigere Spiel-, Leistungsklasse.*

Wie|der|an|nä|he|rung, die; -, -en: *Annäherung, durch die ein vorheriger Zustand wiederhergestellt wird:* die beiden Staaten suchen nach der diplomatischen Krise die W.

Wie|der|an|pfiff, der; -[e]s, -e (Sport): *Anpfiff zur Eröffnung der zweiten Halbzeit.*

Wie|der|an|sied|lung, die; -, -en: *erneute Ansiedlung* (a).

Wie|der|an|stoß, der; -es, ...anstöße (Fußball): *Anstoß zur Eröffnung der zweiten Halbzeit.*

Wie|der|auf|ar|bei|tung, die; -, -en: *Wiederaufbereitung:* Dazu: **Wie|der|auf|ar|bei|tungs|an|la|ge**, die.

Wie|der|auf|bau, der; -[e]s: *das Wiederaufbauen.*

wie|der auf|bau|en, wie|der|auf|bau|en ⟨sw. V.; hat⟩: *den früheren Zustand von etw. [Zerstörtem] wiederherstellen:* nach dem Krieg die Industrie w. a.

Wie|der|auf|bau|hil|fe, die: *[finanzielle, wirtschaftliche, technische o. ä.] Hilfe beim Wiederaufbau einer Stadt, eines Landes o. Ä. nach einem Krieg od. einer Naturkatastrophe.*

wie|der|auf|be|rei|ten ⟨sw. V.; hat⟩: *zur Wiederverwendung aufbereiten* (1): Brennelemente w.

Wie|der|auf|be|rei|tung, die; -, -en: *das Wiederaufbereiten:* die W. von Altöl.

Wie|der|auf|be|rei|tungs|an|la|ge, die: *Anlage zur Wiederaufbereitung (bes. von abgebrannten Brennelementen)* (Abk.: WAA).

wie|der|auf|er|ste|hen ⟨unr. V.; ist; meist im Inf. u. 2. Part. gebr.⟩ (Rel.): *auferstehen:* er ist wiederauferstanden von den Toten. Dazu: **Wie|der|auf|er|ste|hung,** die; -, -en.

Wie|der|auf|flam|men, das; -s: *erneutes [in heftiger Weise sich vollziehendes] Entstehen:* ein W. der Unruhen ist zu befürchten.

wie|der auf|flam|men, wie|der|auf|flam|men ⟨sw. V.; ist⟩: *erneut akut werden, [in heftiger Weise] erneut entstehen.*

wie|der auf|füh|ren, wie|der|auf|füh|ren ⟨sw. V.; hat⟩ (Theater): *nach längerer Pause in derselben Inszenierung u. Ausstattung aufführen:* Dazu: **Wie|der|auf|füh|rung,** die; -, -en.

wie|der|auf|lad|bar ⟨Adj.⟩: *sich wieder aufladen* (2 a) *lassend:* -e Batterien.

Wie|der|auf|la|ge, die; -, -n: **1. a)** (Verlagsw.) *erneute Auflage (1 a) eines Buches;* **b)** (Wirtsch.) *erneute Auflage* (1 b) *eines Produkts.* **2.** (ugs.) *Wiederholung, erneute Verwirklichung:* eine W. der rot-grünen Koalition.

Wie|der|auf|le|ben, das; -s: *erneutes Aufleben, Wiederstarken:* ein W. fremdenfeindlicher Ressentiments.

wie|der auf|le|ben, wie|der|auf|le|ben ⟨sw. V.; ist⟩: *erneut aufleben.*

Wie|der|auf|nah|me, die; -, -n: **1.** *erneute Aufnahme* (1): die W. von diplomatischen Beziehungen, eines Verfahrens, der Arbeit. **2.** *erneute Aufnahme* (3) *in eine Organisation.* **3.** (Theater) *nochmalige Aufnahme (einer Inszenierung) in den Spielplan.*

Wie|der|auf|nah|me|ver|fah|ren, das (Rechtsspr.): *Verfahren, in dem ein bereits rechtskräftig entschiedener Fall neu verhandelt wird.*

wie|der auf|neh|men, wie|der|auf|neh|men ⟨st. V.; hat⟩: **1.** *erneut aufnehmen* (2): die Arbeit w. a.; ein Verfahren w. a. (Rechtsspr.: *ein Wiederaufnahmeverfahren einleiten*). **2.** *erneut in eine Organisation aufnehmen.* **3.** (Theater) *(eine bereits abgesetzte Inszenierung) wieder in den Spielplan aufnehmen.*

wie|der auf|rich|ten, wie|der|auf|rich|ten ⟨sw. V.; hat⟩: *aufrichten* (3 a): deine Worte haben mich wiederaufgerichtet *(getröstet).* Dazu: **Wie|der|auf|rich|tung,** die; -.

Wie|der|auf|rüs|tung, die; -, -en: *erneutes Aufrüsten.*

Wie|der|auf|stieg, der; -[e]s, -e (Sport): *Rückkehr in eine höhere Spiel-, Leistungsklasse.*

wie|der|auf|tau|chen ⟨sw. V.; ist⟩: *sich wiederfinden:* das Buch ist nach längerem Suchen wiederaufgetaucht.

wie|der be|geg|nen, wie|der|be|geg|nen ⟨sw. V.; ist⟩: *nach längerer Zeit, Abwesenheit, Trennung o. Ä. begegnen* (1): erst nach zwanzig Jahren sind er ihm, sind sie sich/(geh.:) einander wieder begegnet. Dazu: **Wie|der|be|geg|nung,** die; -, -en.

Wie|der|be|ginn, der; -[e]s: *erneuter Beginn.*

wie|der|be|kom|men ⟨st. V.; hat⟩: *zurückbekommen* (1).

wie|der|be|le|ben ⟨sw. V.; hat⟩: *jmds. lebensbedrohlich gestörte od. bereits zum Stillstand gekommene Atmung u. Herztätigkeit durch gezielte Maßnahmen wieder in Gang bringen:* man versuchte vergebens, ihn wiederzubeleben. Dazu: **Wie|der|be|le|bung,** die; -, -en; **Wie|der|be|le|bungs|ver|such,** der ⟨meist Pl.⟩.

wie|der|be|schaf|fen ⟨sw. V.; hat⟩: *erreichen, dafür sorgen, dass man etw., was man früher schon einmal hatte, besaß, worüber man verfügte, wiederbekommt:* ich werde versuchen, dir deine Arbeitsstelle, dein Fahrrad wiederzubeschaffen. Dazu: **Wie|der|be|schaf|fung,** die; -.

Wie|der|be|schaf|fungs|wert, der (Wirtsch.): *Wert eines Wirtschaftsgutes am Tag der Wiederbeschaffung.*

wie|der|be|schreib|bar ⟨Adj.⟩ (EDV): *erneut zur Speicherung von Daten verwendbar:* -e DVDs.

Wie|der|be|set|zung, die; -, -en: *erneute Besetzung (eines Postens, einer Stelle o. Ä.).*

Wie|der|be|tä|ti|gung, die (österr. Rechtsspr.): *[verbotene] Aktivität zur Erneuerung des Nationalsozialismus.*

wie|der|be|waff|nen ⟨sw. V.; hat⟩: *remilitarisieren.*

Wie|der|be|waff|nung, die; -, -en: *Remilitarisierung.*

wie|der|brin|gen ⟨unr. V.; hat⟩: *zurückbringen* (1 a): du musst mir das Buch nächste Woche w.

Wie|der|druck, der; -[e]s, -e: *Neudruck.*

wie|der ein|füh|ren, wie|der|ein|füh|ren ⟨sw. V.; hat⟩: *(etw., was es früher schon einmal, in der letzten Zeit aber nicht mehr gegeben hat) neu einführen:* sie wollen die Todesstrafe wiedereinführen.

Wie|der|ein|füh|rung [auch: 'vi:...], die; -, -en: *das Wiedereinführen:* nur eine Minderheit befürwortet die W. der Todesstrafe.

wie|der ein|glie|dern, wie|der|ein|glie|dern ⟨sw. V.; hat⟩: *erneut in ein größeres Ganzes einfügen, einordnen, eingliedern:* Dazu: **Wie|der|ein|glie|de|rung,** die; -, -en.

Wie|der|ein|pflan|zung, die; -, -en (Med.): *erneute Einpflanzung eines (gewaltsam od. zu therapeutischen Zwecken) abgetrennten Körperteils o. Ä.*

Wie|der|ein|rei|se, die; -, -n: *Rückreise in ein Staatsgebiet.*

wie|der ein|set|zen, wie|der|ein|set|zen ⟨sw. V.; hat⟩: *erneut mit einem früher bereits innegehabten Amt, Posten betrauen:* Dazu: **Wie|der|ein|set|zung,** die; -, -en.

Wie|der|ein|stei|ger, der; -s, - (Jargon): *jmd., der (nach einer längeren Pause) wieder in den Beruf einsteigt* (3 b).

Wie|der|ein|stei|ge|rin, die; -, -nen: w. Form zu ↑Wiedereinsteiger.

wie|der ein|stel|len, wie|der|ein|stel|len ⟨sw. V.; hat⟩: *(jmdn., der früher schon einmal, zuletzt aber nicht mehr eingestellt war) erneut einstellen:* Dazu: **Wie|der|ein|stel|lung,** die; -, -en.

Wie|der|ein|stieg, der; -[e]s, -e: *erneuter Einstieg* (3 b): als Arbeitsloser den W. schaffen.

Wie|der|ein|tritt, der; -[e]s, -e: **1.** *erneuter Eintritt (in eine Organisation o. Ä.):* seit ihrem W. in die Partei ist sie für Finanzfragen zuständig. **2.** *Eintreten* (5) *in etw., was vorher verlassen wurde:* beim W. der Raumkapsel in die Atmosphäre.

wie|der|ent|de|cken ⟨sw. V.; hat⟩: *etw., was in Vergessenheit geraten, verschwunden, verborgen war, entdecken:* das Buch wurde nach zwanzig Jahren wiederentdeckt.

Wie|der|ent|de|ckung, die; -, -en: **a)** *das Wiederentdecken;* **b)** *etw. Wiederentdecktes.*

wie|der|er|hal|ten ⟨st. V.; hat⟩: *zurückerhalten.*

wie|der|er|kenn|bar ⟨Adj.⟩: *sich wiedererkennen lassend:* Dazu: **Wie|der|er|kenn|bar|keit,** die; -.

wie|der|er|ken|nen ⟨unr. V.; hat⟩: *eine Person od. Sache, die jmd. von früher kennt, als die betreffende erkennen* (2 a): ich habe dich sofort wiedererkannt; eine Gegend, Landschaft w.; sie war kaum wiederzuerkennen; er hat sich auf dem Foto wiedererkannt; Ü ... weil sie in der Armut noch des zerlumptesten Obdachlosen ihre eigene Vergangenheit wiedererkannten (Ransmayr, Welt 256). Dazu: **Wie|der|er|ken|nung,** die; -, -en ⟨Pl. selten⟩.

Wie|der|er|ken|nungs|wert, der (bes. Werbespr.): *Eigenschaft, als etwas Bekanntes, Vertrautes erkannt, wahrgenommen zu werden:* der hohe W. eines Markenzeichens.

wie|der|er|lan|gen ⟨sw. V.; hat⟩ (geh.): *zurücklangen:* seine Gesundheit, Freiheit w.

Wie|der|er|lan|gung, die; -, -en: *das Wiedererlangen.*

wie|der|er|obern ⟨sw. V.; hat⟩: *zurückerobern.*

Wie|der|er|obe|rung, die; -, -en: **a)** *das Wiedererobern;* **b)** *etw. Wiedererobertes.*

wie|der er|öff|nen, wie|der|er|öff|nen ⟨sw. V.; hat⟩: *nach einer Zeit der Schließung eröffnen* (1): das Lokal wird unter neuer Führung wiedereröffnet. Dazu: **Wie|der|er|öff|nung,** die; -, -en.

wie|der er|rich|ten, wie|der|er|rich|ten ⟨sw. V.; hat⟩: *wieder aufbauen:* Dazu: **Wie|der|er|rich|tung,** die; -.

wie|der er|star|ken, wie|der|er|star|ken ⟨sw. V.; ist⟩ (geh.): *so stark werden wie früher, die frühere Stärke wiedererlangen:* der Staat ist wirtschaftlich wiedererstarkt.

Wie|der|er|stat|ten ⟨sw. V.; hat⟩: *rückerstatten.*

Wie|der|er|stat|tung, die; -, -en: *Rückerstattung.*

wie|der|er|ste|hen ⟨unr. V.; ist⟩: *von Neuem entstehen:* die Republik ist aus den Trümmern wiederestanden.

Wie|der|er|wa|chen, das; -s: **1.** *das wieder Aufwachen:* das W. nach einer Narkose, nach dem Winterschlaf. **2.** *das Wiederaufleben:* das W. einer politischen Bewegung.

wie|der|er|we|cken ⟨sw. V.; hat⟩: *wieder zum Leben erwecken:* Tote kann man nicht w.

Wie|der|er|we|ckung, die; -, -en: *das Wiedererwecken; das Wiedererwecktwerden.*

wie|der|er|zäh|len ⟨sw. V.; hat⟩: **1.** *erzählend wiedergeben:* er wollte den Kindern das Märchen w., aber er hatte die Hälfte vergessen. **2.** (ugs.) *wiedersagen:* du darfst ihr das auf keinen Fall w.

wie|der|fin|den ⟨sw. V.; hat⟩: **1. a)** *finden* (1 a) *u. dadurch wiedererlangen:* hast du den Schlüssel wiedergefunden?; sie haben sich nach Jahren wiedergefunden; eine neue Fassung w.; nach dem Zusammenstoß fand sich die Radfahrerin im Straßengraben wieder (scherzh.; *befand sie sich plötzlich zu ihrer eigenen Überraschung im Straßengraben*); in seinem Bücherschrank hatte er einen älteren Atlas vom Mars wiedergefunden (Jirgl, Stille 298); **b)** ⟨w. + sich⟩ *wiedergefunden* (1 a) *werden:* das Buch hat sich wiedergefunden. **2. a)** *(etw. von irgendwoher Bekanntes) auch anderswo finden, vorfinden:* dieses Stilelement findet man auch in der französischen Architektur wieder; ⟨w. + sich⟩ *wiedergefunden* (2 a) *werden [können].* **3.** ⟨w. + sich⟩ *zu seinem inneren Gleichgewicht, seiner inneren Ruhe gelangen; sich wieder fangen; wieder zu sich kommen:* nach diesem Schock hat sie sich wiedergefunden.

Wie|der|ga|be, die; -, -n: **1.** *Darstellung, Bericht, Schilderung (von etw.):* eine genaue, detaillierte W. der Vorgänge. **2.** *Reproduktion* (2). **3.** *Aufführung, Interpretation (eines musikalischen Werkes):* eine W. der Brandenburgischen Konzerte mit alten Instrumenten. **4.** *das Wiedergeben* (5): *eine einwandfreie W. der Musik durch das Tonbandgerät.*

Wie|der|gän|ger, der; -s, - (Volkskunde): *ruheloser, umgehender Geist eines Verstorbenen; Geist, Gespenst:* der Tote hat als W. sein Grab verlassen.

Wie|der|gän|ge|rin, die; -, -nen: w. Form zu ↑ Wiedergänger.

wie|der|ge|ben ⟨st. V.; hat⟩: **1.** *zurückgeben* (1 a): gib ihm das Buch sofort wieder! **2. a)** *berichten, erzählen, schildern:* einen Vorgang [falsch, richtig, wahrheitsgetreu, entstellt] w.; **b)** *ausdrücken* (3 a): das lässt sich mit Worten gar nicht [richtig] w.; **c)** *anführen, zitieren:* einen Text, eine Rede wörtlich, in gekürzter Form w. **3.** *darstellen* (1): erstaunlich, wie lebensecht die Malerin die Szene wiedergegeben hat; Die Prägung des Medaillons hatte die seltsam große Nase des unglücklichen Dichters mit einer fast spöttischen Genauigkeit wiedergegeben (Ransmayr, Welt 95). **4.** *reproduzieren* (2). **5.** *(mit technischen Hilfsmitteln) hörbar, sichtbar machen:* der Fernseher gibt die Farben sehr natürlich wieder; der Lautsprecher gibt die Höhen sehr schlecht wieder.

wie|der|ge|bo|ren ⟨Adj.⟩: *nach dem Tode nochmals geboren.*

Wie|der|ge|burt, die; -, -en: **1.** (Rel.) *das Wiedergeborenwerden des Menschen, der menschlichen Seele.* **2.** ⟨o. Pl.⟩ (christl. Rel.) *das Neuwerden des gläubigen Menschen durch die Gnade Gottes.* **3.** (geh.) *Renaissance* (3): diese Mode erlebt gerade eine W.

wie|der|ge|win|nen ⟨st. V.; hat⟩: **1.** *zurückgewinnen:* verspieltes Geld w. **2.** *wiedererlangen:* die wiedergewonnene Freiheit genießen.

Wie|der|ge|win|nung, die; -, -en ⟨Pl. selten⟩: *das Wiedergewinnen.*

wie|der|grü|ßen ⟨sw. V.; hat⟩: *jmds. Gruß erwidern.*

wie|der|gut|ma|chen ⟨sw. V.; hat⟩: *etw., was jmd. versäumt, verschuldet hat, bes. einen Schaden, den jmd. angerichtet hat, wieder ausgleichen:* ein Unrecht w.

Wie|der|gut|ma|chung, die; -, -en: **1.** *das Wiedergutmachen.* **2.** *zur Wiedergutmachung von etw. gezahlte Geldsumme, erbrachte Leistung:* W. zahlen.

Wie|der|gut|ma|chungs|leis|tung, Wie|der|gut|ma|chungs|zah|lung, die: ↑ *Wiedergutmachung* (2).

wie|der|ha|ben ⟨unr. V.; hat⟩: *wieder in seinem Besitz haben, wiederbekommen haben:* hast du das [verlorene, verliehene] Buch wieder?; wann kann ich das Geld w. *(zurückbekommen)*?; Ü wir wollen unsere alte Lehrerin w. *(wollen, dass sie wieder unsere Lehrerin ist)*; nach langer Trennung haben sie sich wieder *(sind sie wieder zusammen).*

Wie|der|hei|rat, die; -, -en ⟨Pl. selten⟩: *Wiederverheiratung.*

wie|der|her|rich|ten ⟨sw. V.; hat⟩: *wieder in Ordnung bringen, reparieren.*

wie|der|her|stel|len ⟨sw. V.; hat⟩: **1.** *in den alten Zustand bringen:* den Kontakt, die Ruhe, das Gleichgewicht w. **2.** *wieder gesund machen, werden lassen:* die Ärzte haben sie wiederhergestellt; er ist wiederhergestellt.

Wie|der|her|stel|lung, die; -, -en: *das Wiederherstellen; das Wiederhergestelltwerden.*

Wie|der|her|stel|lungs|chi|r|ur|gie, die: *kosmetische Chirurgie für durch Krankheit, Unfall o. Ä. entstandene körperliche Entstellungen.*

Wie|der|her|stel|lungs|kos|ten ⟨Pl.⟩: *Kosten für die Wiederherstellung eines beschädigten o. ä. Gegenstandes.*

wie|der|hol|bar ⟨Adj.⟩: *sich ²wiederholen* (1 a) *lassend:* das Experiment ist jederzeit w. Dazu: **Wie|der|hol|bar|keit**, die; -.

¹wie|der|ho|len ⟨sw. V.; hat⟩: *zurückholen:* sie hat den Ball vom Nachbargrundstück wiedergeholt; Ü wir werden uns den Weltmeistertitel w.

²wie|der|ho|len ⟨sw. V.; hat⟩ [15. Jh.; mhd. nicht bezeugt, ahd. widarholōn = zurückrufen]: **1. a)** *nochmals ausführen, durchführen, veranstalten:* ein Experiment w.; das Fußballspiel muss wiederholt werden; der Chorleiter ließ uns die letzte Strophe w. *(noch einmal singen);* **b)** *nochmals (an etw.) teilnehmen, nochmals absolvieren:* die Schülerin muss die Klasse w.; die Prüfung kann bei Nichtbestehen [zweimal] wiederholt werden ⟨auch ohne Akk.-Obj.:⟩ der Schüler hat schon einmal wiederholt *(eine Klasse zweimal besucht).* **2. a)** *nochmals sagen, vorbringen, aussprechen:* eine Frage [noch einmal] w.; er wiederholte seine Forderungen, sein Angebot; ich will ihre Worte hier nicht w.; ich kann nur w. *(noch einmal sagen, betonen),* dass ich nichts darüber weiß; **b)** *(w. + sich) etw. noch einmal sagen:* der Redner hat sich oft wiederholt; ich will mich nicht ständig w.; du wiederholst dich *(das hast du schon einmal gesagt).* **3.** *(Lernstoff o. Ä.) nochmals durchgehen, sich von Neuem einprägen; repetieren* (1): ein Kapitel aus der Geschichte, Vokabeln, eine Lektion w. **4.** *(w. + sich)* **a)** *(in Bezug auf einen Vorgang o. Ä.) ein weiteres Mal geschehen:* das kann sich täglich, jederzeit w.; diese Katastrophe darf sich niemals wiederholen; **b)** *in einer Abfolge mehrmals, immer wiederkehren:* die Muster, die Figuren wiederholen sich.

wie|der|holt ⟨Adj.⟩: *mehrfach, mehrmalig; nicht erst [jetzt] zum ersten Mal erfolgend:* trotz -er Aufforderungen zahlte sie nicht; darauf habe ich [schon] w. hingewiesen.

Wie|der|ho|lung, die; -, -en: **1. a)** *das ²Wiederholen* (1 a); *das Wiederholtwerden:* eine W. der Wahl ist notwendig geworden; in der W. *(im Wiederholungsspiel)* erreichten sie ein 1 : 0; die Sendung ist eine W. *(ist früher schon einmal ausgestrahlt worden);* **b)** *das ²Wiederholen* (1 b); *das Wiederholtwerden:* eine W. der Prüfung ist nicht möglich. **2. a)** *das ²Wiederholen* (2 a): *auf eine wörtliche W. ihrer Äußerung verzichte ich;* **b)** *das ²Sichwiederholen* (2 b): seine Rede war voller -en. **3.** *das ²Wiederholen* (3): bei der W. der unregelmäßigen Verben. **4. a)** *das Sichwiederholen;* **b)** *das ²Sichwiederholen* (4 b): die W. eines Motivs als künstlerisches Stilmittel.

Wie|der|ho|lungs|fall, der (bes. Amtsspr.): *das Auftreten einer Wiederholung* (1 a): ** im W. (für den Fall, dass sich etw. wiederholt, dass jmd. etw. noch einmal tut:* im W. erfolgt Strafanzeige).

Wie|der|ho|lungs|ge|fahr, die ⟨Pl. selten⟩ (Rechtsspr.): *Gefahr, dass jmd. ein Verbrechen erneut begeht (wenn eine Freiheitsstrafe aufgehoben od. gar nicht erst verhängt wird).*

Wie|der|ho|lungs|kurs, der: **1.** *Kurs, in dem etw. ²wiederholt* (3) *wird:* ein W. für Examenskandidaten. **2.** (Militär schweiz.) *Reserveübung* (Abk.: WK).

Wie|der|ho|lungs|prü|fung, die: **1.** *nochmalige Prüfung, bes. eines Prüflings, der eine Prüfung beim ersten Versuch nicht bestanden hat.* **2.** (österr.) *Prüfung am Beginn des Schuljahres, um trotz negativen Abschlusses des vergangenen Jahres in die nächste Klasse aufsteigen zu können.*

Wie|der|ho|lungs|spiel, das (Sport): *Spiel, das wiederholt wird [weil im ersten Spiel keine Entscheidung erzielt wurde].*

Wie|der|ho|lungs|tä|ter, der (Rechtsspr.): *jmd., der eine strafbare Handlung bereits zum zweiten, zum wiederholten Male begangen hat.*

Wie|der|ho|lungs|tä|te|rin, die: w. Form zu ↑ Wiederholungstäter.

Wie|der|ho|lungs|zahl|wort, das (Sprachwiss.): *Multiplikativum.*

Wie|der|ho|lungs|zei|chen, das: *Zeichen mit der Bedeutung »Wiederholung«, »zu wiederholen« o. Ä.* (z. B. :| in der Notenschrift).

Wie|der|ho|lungs|zwang, der (Psychol.): *neurotischer Zwang, auch als unsinnig erkannte Gedankengänge od. Handlungen wiederholen zu müssen.*

Wie|der|hö|ren, das; -s: *erneutes Hören:* klassische Jazzaufnahmen zum W. auf CD; * [auf] W.! (Abschiedsformel beim Telefonieren, im Hörfunk).

Wie|der|in|be|sitz|nah|me, die; -, -n (Papierdt.): *erneute, abermalige Inbesitznahme.*

Wie|der|in|be|trieb|nah|me, die; -, -n (Papierdt.): *erneute, abermalige Inbetriebnahme.*

Wie|der|in|stand|set|zung, die; -, -en (Papierdt.): *[abermalige] Instandsetzung:* An eine W. des alten Krematoriums … konnte vorerst nicht gedacht werden (Grass, Unkenrufe 133).

wie|der|käu|en ⟨sw. V.; hat⟩: **1.** *(bereits teilweise verdaute, aus dem Magen wieder ins Maul beförderte Nahrung) nochmals kauen:* Kühe käuen ihre Nahrung wieder; ⟨auch ohne Akk.-Obj.:⟩ Schafe käuen wieder. **2.** (abwertend) *(Gedanken, Äußerungen o. Ä. anderer) noch einmal sagen, ständig wiederholen:* alte Thesen w.

Wie|der|käu|er, der; -s, - (Zool.): *Tier, das seine Nahrung wiederkäut.*

Wie|der|kauf, der; -[e]s, …käufe (Rechtsspr.): *Kauf einer Sache, die der Käufer dem Verkäufer zu einem früheren Zeitpunkt selbst verkauft hat; Rückkauf.*

Wie|der|käu|fer, der; -s, - (Rechtsspr.): *jmd., der etw. zurückkauft.*

Wie|der|käu|fe|rin, die: w. Form zu ↑ Wiederkäufer.

Wie|der|kaufs|recht, das (Rechtsspr.): *dem Verkäufer im Kaufvertrag vorbehaltenes Recht, die verkaufte Sache innerhalb einer bestimmten Frist zurückzukaufen.*

Wie|der|kehr, die; - (geh.): **1.** *Rückkehr.* **2.** *das Wiederkehren* (2).

wie|der|keh|ren ⟨sw. V.; ist⟩ (geh.): **1. a)** *wiederkommen* (1 a): dem Krieg nicht w.; **b)** *wiederkommen* (2): die alten Zeiten kehren nicht wieder; eine nie wiederkehrende Gelegenheit. **2.** *sich wiederholen; (an anderer Stelle) ebenfalls auftreten:* wiederkehrende Motive.

wie|der|ken|nen ⟨unr. V.; hat⟩ (ugs.): *wiedererkennen:* man kennt sie kaum wieder!

wie|der|kom|men ⟨st. V.; ist⟩: **1. a)** *zurückkommen* (1 a): wann kommst du [von der Arbeit] wieder?; Ü die Erinnerung kommt allmählich wieder; die Schmerzen sind seitdem nicht wiedergekommen; wir kommen nach einer kurzen Pause bei den Nachrichten wieder *(melden uns wieder);* **b)** *noch einmal kommen:* könntest du ein anderes Mal w.? **2.** *noch einmal auftreten, sich noch einmal ereignen:* die gute alte Zeit, so eine Gelegenheit kommt nicht wieder.

wie|der|krie|gen ⟨sw. V.; hat⟩ (ugs.): *wiederbekommen:* das Geld kriegst du morgen von der Kasse wieder.

Wie|der|kunft, die; - [zum 2. Bestandteil vgl. ↑ Abkunft] (geh.): *Wiederkehr* (1): die W. Christi [auf Erden].

Wie|der|le|sen, das; -s: *erneutes Lesen:* die Verfilmung des Romans regte zum W. an.

wie|der|lie|ben ⟨sw. V.; hat⟩: *jmds. Liebe erwidern.*

wie|der|sa|gen ⟨sw. V.; hat⟩ (ugs.): *(jmdm. etw., was über ihn gesagt wurde) berichten, mitteilen:* das darfst du ihr aber auf keinen Fall w.!

Wie|der|schau|en, das: in der Fügung [auf] W. (landsch., österr.; *auf Wiedersehen!*)

wie|der|schen|ken ⟨sw. V.; hat⟩ (geh.): ↑ *wiedergeben* (1): einem Tier die Freiheit w.

wie|der|se|hen ⟨st. V.; hat⟩: *jmdn., etw. nach kürzerer od. längerer Trennung, Abwesenheit wieder treffen, aufsuchen*: eine alte Freundin [nach vielen Jahren] w.; ich würde ihn gern einmal w.; wann sehen wir uns wieder?; sein Heimat w.; Ü das Geld, das du ihm geliehen hast, siehst du nicht wieder (ugs.; *bekommst du nicht wieder*).

Wie|der|se|hen, das; -s, -: *das Sichwiedersehen*: ein fröhliches W.; es war ein lang ersehntes W. [mit der Freundin]; das W. feiern, auf ein baldiges W. anstoßen; ℝ W. macht Freude (scherzh.; *Äußerung, mit der jmd., der einem anderen etw. leiht, zum Ausdruck bringen will, dass der andere das Zurückgeben nicht vergessen soll*); * [auf] W. (*Abschiedsformel:* jmdm. Auf/auf W. sagen; auf W. nächsten Montag).

Wie|der|se|hens|freu|de, die ⟨Pl. selten⟩: *Freude über ein Wiedersehen*.

Wie|der|tau|fe, die (Rel.): *nochmalige Taufe eines bereits getauften Christen*.

Wie|der|täu|fer, der; -s, -: *Anhänger einer christlichen theologischen Bewegung (in der Zeit der Reformation), für die nur die Erwachsenentaufe zulässig u. gültig ist*.

Wie|der|täu|fe|rin, die; w. Form zu ↑ Wiedertäufer.

wie|der tref|fen, wie|der|tref|fen ⟨st. V.⟩: *wiedersehen, wieder begegnen*: ich traf sie, wir trafen uns nach vielen Jahren wieder.

wie|de|r|um ⟨Adv.⟩: **1.** *ein weiteres Mal, erneut*; *wieder* (1 a): am Abend hatten wir w. eine Aussprache; die Inflationsrate ist w. gestiegen. **2.** *wieder* (3), *andererseits*: so weit würde ich w. nicht gehen. **3.** *meinerseits, deinerseits, seinerseits usw.*: ...er hatte von Martin erfahren, was dieser w. von seinem Onkel Albert erfahren hatte (Böll, Haus 17).

wie|der|ver|ei|ni|gen ⟨sw. V.; hat⟩: *(etw. Geteiltes, bes. ein geteiltes Land) wieder zu einem Ganzen vereinigen*: unter diesen Bedingungen könnte Korea wiedervereinigt werden; im wiedervereinigten Deutschland.

Wie|der|ver|ei|ni|gung, die; -, -en: *das Wiedervereinigen; das Wiedervereinigtwerden*: eine/die friedliche W. beider Landesteile.

wie|der ver|hei|ra|ten, wie|der|ver|hei|ra|ten, sich ⟨sw. V.; hat⟩: *sich nach einer Scheidung od. nach dem Tod der Ehepartnerin, des Ehepartners noch einmal verheiraten*: sie hatte beide schlechte Erfahrungen mit der Ehe gemacht und zögerten deshalb, sich wieder zu verheiraten. Dazu: **Wie|der|ver|hei|ra|tung**, die; -, -en.

Wie|der|ver|kauf, der; -[e]s, ...verkäufe (Wirtsch.): *Weiterverkauf*.

Wie|der|ver|käu|fer, der; -s, - (Wirtsch.): *(Zwischen-, Einzel)händler*: nur W. können hier Waren erwerben.

Wie|der|ver|käu|fe|rin, die; -, -nen: w. Form zu ↑ Wiederverkäufer.

Wie|der|ver|kaufs|wert, der (Wirtsch.): *Wert* (1 a), *den eine gebrauchte Sache beim Verkauf noch hat*.

Wie|der|ver|öf|fent|li|chung, die; -, -en: *erneute Veröffentlichung eines Werkes der Literatur, Musik usw*.

wie|der|ver|wend|bar ⟨Adj.⟩: *zur Wiederverwendung geeignet, sich wiederverwenden lassend*: -e Materialien. Dazu: **Wie|der|ver|wend|bar|keit**, die; -.

wie|der|ver|wen|den ⟨unr. V.; verwendete/verwandte wieder, hat wiederverwendet/wiederverwandt⟩: *nach Gebrauch [für einen anderen Zweck] weiterhin verwenden*: Altmetall w. Dazu: **Wie|der|ver|wen|dung**, die; -, -en.

Wie|der|ver|wen|dung, die; -, -en: *das Wiederverwenden; das Wiederverwendetwerden*: * zur W. (*reaktiviert 1 a werden könnend; Abk.: z. W.*)

wie|der|ver|wert|bar ⟨Adj.⟩: *zur Wiederverwertung geeignet, sich wiederverwerten lassend*: -er Kunststoff. Dazu: **Wie|der|ver|wert|bar|keit**, die; -.

wie|der|ver|wer|ten ⟨sw. V.; hat⟩: *nach Gebrauch [für einen anderen Zweck] weiterhin verwerten*. Dazu: **Wie|der|ver|wer|tung**, die; -, -en.

Wie|der|vor|la|ge, die (bes. Amtsspr.): *nochmalige Vorlage (eines Schriftstücks)*: * zur W. (*Vermerk auf einem Schriftstück, das zu einem späteren Zeitpunkt [nochmals] besprochen od. bearbeitet werden soll [Abk.: z. Wv.]*)

Wie|der|wahl, die; -, -en: *das Wiederwählen; das Wiedergewähltwerden*: sich zur W. stellen.

wie|der|wäh|len ⟨sw. V.; hat⟩: *in das bisher ausgeübte Amt, die ausgeübte Funktion o. Ä. für eine weitere Periode wählen*: man wählte sie zur Vorsitzenden wieder, hat sie nicht wiedergewählt.

Wie|der|zu|las|sung, die; -, -en: *erneute Zulassung* (1).

¹wie|fern ⟨Adv.⟩ (veraltet): *inwiefern*.

²wie|fern ⟨Konj.⟩ (veraltet): *sofern, wenn*.

Wie|ge, die; -, -n [mhd. wige, wiege, spätahd. wīga, wiega, wahrsch. verw. mit ↑ ²bewegen u. eigtl. = das Sichbewegende, Schwingende]: **1.** *in der Form einem Kasten ähnliches Bettchen für Säuglinge, das auf zwei abgerundeten, parallel zu Kopf- u. Fußende verlaufenden Kufen steht od. in ein Gestell beweglich eingehängt ist, sodass man das Kind darin ²wiegen* (1 a) *kann*: ein Kind in die W. legen; in der W. schaukeln; Ü die W. der Menschheit; Das Haus bleibe. Es sei eine W. der Kunst (*eine Stätte, in der Kunst gefördert werde, sich entwickeln könne*; Muschg, Gegenzauber 246); * jmds. W. steht/stand irgendwo (geh.; *jmd. ist irgendwo, an einem bestimmten Ort geboren*): weiß man, wo seine W. steht?); jmdm. nicht an der W. gesungen worden sein (*für jmdn. eine nicht zu erwartende berufliche o. ä. Entwicklung darstellen*; wohl darauf bezogen, dass manche Wiegenlieder von der schönen Zukunft des kleinen Kindes handeln: dass er einmal im Gefängnis enden würde, ist ihm nicht an der W. gesungen worden); jmdm. in die W. gelegt worden sein (*jmdm. angeboren sein*); von der W. an (*von Geburt an*); von der W. bis zur Bahre (geh.; *das ganze Leben hindurch*). **2.** (Gymnastik) *Übung, bei der in der Bauchlage Oberkörper u. Beine angehoben werden und der Körper in eine schaukelnde Bewegung gebracht wird*.

Wie|ge|mes|ser, das: *aus einer od. zwei parallel angeordneten, bogenförmigen Schneiden mit zwei an den Enden befestigten, nach oben stehenden Griffen bestehendes Küchengerät zum Zerkleinern von Kräutern o. Ä*.

¹wie|gen ⟨st. V.; hat⟩ [aus den flektierten Formen »wiegst, wiegt« von ↑ wägen]: **1.** *ein bestimmtes Gewicht haben*: das Paket wiegt 5 Kilo, mindestens seine 25 Pfund; er wiegt knapp zwei Zentner; sie wiegt zu viel, zu wenig (*hat Übergewicht, Untergewicht*); er wiegt doppelt so viel wie ich; die Tasche wog schwer, leicht (geh.; *war schwer, leicht*) Ü Ihr Wort, Urteil, Rat wiegt [nicht] schwer, viel (*hat [kein] großes Gewicht, [keinen] großen Einfluss*); Er wusste, das wog als Anklage (*kam einer Anklage gleich*), in solchem Tone gesprochen (A. Zweig, Claudia 108). **2. a)** *mithilfe einer Waage das Gewicht (von etw., jmdm.) feststellen*: ein Paket, Zutaten, einen Säugling w.; die Patienten wurden alle gewogen; sie wiegt sich jeden Tag; ⟨auch ohne Akk.-Obj.:⟩ die Verkäuferin hat großzügig gewogen; ℝ gewogen und zu leicht befunden (*geprüft u. für zu* schlecht, für ungenügend befunden) **b)** *etw. in die Hand nehmen u. sein Gewicht schätzen*: er wog den Beutel mit den Nuggets in/auf der Hand.

²wie|gen ⟨sw. V.; hat⟩ [zu ↑ Wiege]: **1. a)** *(ein kleines Kind, bes. in der Wiege) sanft schwingend hin- u. herbewegen*: ein Kind [in der Wiege, in den Armen] w.; sein Kind in den Schlaf w. (*durch Wiegen zum Schlafen bringen*); **b)** *sanft hin- u. herbewegen, in schwingende, schaukelnde Bewegung bringen*: die Wellen wiegen den Kahn; der Wind wiegt die Ähren [hin u. her]; [zweifelnd] den Kopf w. (*ihn langsam [wiederholt] von einer Seite zur anderen neigen*); Ü So gelang es ihm, Baldini in der Illusion zu w. (geh.; *ihm vorzutäuschen*); gehe die letzten Endes alles doch mit rechten Dingen zu (Süskind, Parfum 121); **c)** ⟨w. + sich⟩ *sich leicht schwingend hin- u. herbewegen*: sich im Tanz, im Takt, zu den Klängen der Musik w.; das Boot wiegt sich auf den Wellen (*wird von den Wellen ²gewiegt* 1 b); die Halme wiegen sich im Wind (*werden vom Wind hin- u. hergewiegt*); ⟨seltener auch ohne »sich«:⟩ die Äste wiegen im Wind; einen wiegenden Gang haben; Ü ich wiege mich in der Hoffnung (geh.; *hoffe zuversichtlich*), dass bald eine entscheidende Wende eintreten wird. **2.** *mit einem Wiegemesser zerkleinern*: Petersilie [fein] w.; fein gewiegte Kräuter.

Wie|gen|druck, der ⟨Pl. -e⟩ (Literaturwiss., Verlagsw.): *Inkunabel*.

Wie|gen|fest, das (geh.): *Geburtstag* (1).

Wie|gen|lied, das: *Schlaflied*.

Wie|ge|schritt, der: *Tanzschritt beim Gesellschaftstanz, bei dem das Körpergewicht von einem auf den anderen [vorangestellten] Fuß u. wieder zurück in wiegender Bewegung verlagert wird*.

wie|hern ⟨sw. V.; hat⟩ [mhd. wiheren, Iterativbildung zu: wihen = wiehern, lautm.]: **1.** *(von bestimmten Tieren, bes. vom Pferd) eine Folge von zusammenhängenden, in der Lautstärke an- u. abschwellenden hellen, durchdringenden Lauten hervorbringen*: das Pferd wieherte; Ü vor Lachen w.; wiehernes (ugs.; *schallendes*) Gelächter. **2.** (ugs.) *schallend lachen*.

Wiek, die; -, -en [mniederd. wik] (nordd.): *(an der Ostsee) [kleine] Bucht*.

Wie|ling, die; -, -e [zu niederd. wiel, mniederd. wēl] (Seemannsspr.): *um das gesamte Boot herumlaufender, ganz oben an der äußeren Bordwand befestigter Fender*.

Wie|men, der; -s, - [mniederd. wime < mniederl. wieme, über das Roman. < lat. vimen = Rute, Flechtwerk] (nordd., westd.): **1.** *Latte[ngerüst] zum Aufhängen von Fleisch o. Ä. zum Räuchern*. **2.** *Sitzstange für Hühner*.

Wien: Hauptstadt von Österreich u. österreichisches Bundesland.

¹Wie|ner, der; -s, -: Ew.

²Wie|ner ⟨indekl. Adj.⟩: der W. Dialekt, Prater.

³Wie|ner, die; -, - ⟨meist Pl.⟩ [H. u.]: *kleine, dünne Wurst (aus Schweine- u. Rindfleisch), die in siedendem Wasser heiß gemacht wird; Wiener Würstchen*: ein Paar W.

Wie|ne|rin, die; -, -nen: w. Form zu ↑ ¹Wiener.

wie|ne|risch ⟨Adj.⟩: *Wien, die ¹Wiener betreffend; von den ¹Wienern stammend, zu ihnen gehörend*.

Wie|ner|le, das; -s, - (südwestd., westösterr.): ³*Wiener*.

Wie|ner|li, des; -[s], -[s] (schweiz.): ³*Wiener*.

Wie|ner|lied, das (bes. österr.): *ursprünglich politisches, heute zur Unterhaltung mit Instrumentalbegleitung vorgetragenes, sentimentales Lied*.

wie|nern ⟨sw. V.; hat⟩ [aus der Soldatenspr., eigtl. = Metall, Leder mit Wiener Putzkalk reinigen] (ugs.): *intensiv reibend putzen u. so zum*

Glänzen bringen: die Fensterscheiben, den Fußboden w.; sie hat die Schuhe blank gewienert.

Wie|ner|stadt, die; - ⟨österr.⟩: volkstümliche Bez. für: Wien.

Wie|ner|wald, der; -[e]s: nordöstlicher Ausläufer der Alpen.

wies: ↑ weisen.

Wies|ba|den: Landeshauptstadt von Hessen.

¹**Wies|ba|de|ner,** (selten:) Wiesbadner, der; -s, -: Ew.

²**Wies|ba|de|ner,** (selten:) Wiesbadner ⟨indekl. Adj.⟩: das W. Kurhaus.

Wies|ba|de|ne|rin, (selten:) Wiesbadnerin, die; -, -nen: w. Formen zu ↑ ¹Wiesbadener, Wiesbadner.

wies|ba|densch, wies|ba|disch ⟨Adj.⟩: Wiesbaden, die ¹Wiesbadener betreffend; aus Wiesbaden stammend.

Wies|bad|ner usw.: ↑ ¹Wiesbadener usw.

Wies|chen, das; -s, -: Vkl. zu ↑ Wiese.

Wie|se, die; -, -n [mhd. wise, ahd. wisa, H. u.]: *[zur Heugewinnung genutzte] mit Gras bewachsene größere Fläche:* eine grüne, saftige, blühende W.; -n und Wälder; die W. ist feucht, nass; eine W. mähen; auf einer W. liegen, spielen; * **[jmdm.] eine gemähte W. sein** ⟨ugs.⟩: *[für jmdn.] ein mühelos erreichbares Ziel, schon fast erledigt sein;* **auf der grünen W.** *(in nicht bebautem Gelände, außerhalb der Stadt):* ein Supermarkt auf der grünen W.).

wie|sehr ⟨Konj.⟩ ⟨österr.⟩: *sosehr.*

Wie|sel, das; -s, - [mhd. wisele, ahd. wisula, H. u., viell. eigtl. = Stinker]: *kleines, zu den Mardern gehörendes, kleine Wirbeltiere jagendes Raubtier mit oberseits braunrotem, unterseits weißem Fell:* er ist flink wie ein W. *(sehr flink).*

wie|sel|flink ⟨Adj.⟩: *sehr flink u. wendig, behände [laufend, laufen könnend]:* ein -er Spieler.

wie|seln ⟨sw. V.; ist⟩: *sich mit flinken, behänden Bewegungen schnell fortbewegen:* er wieselte durch den Korridor.

Wie|sen|blu|me, die: *auf Wiesen wachsende Blume.*

Wie|sen|grund, der (geh. veraltend): *mit Wiesen bewachsene Niederung.*

Wie|sen|klee, der: *purpurrot od. rosafarben blühender Klee, der vielfach als Futterpflanze angebaut wird.*

Wie|sen|schna|ke, die: *langbeinige, nicht stechende Schnake.*

Wie|sen|tal, das: *mit Wiesen bewachsenes Tal.*

Wies|land, das (schweiz.): *mit Wiesen bewachsenes Land.*

Wies|lein, das; -s, -: Vkl. zu ↑ Wiese.

wie|so ⟨Adv.⟩: **1.** ⟨interrogativ⟩ *warum* (1), *aus welchem Grund?:* w. tut er so etwas?; ich frage mich, w. er nicht nachgibt; »Ärgerst du dich?« – »Nein, w.?« *(wie kommst du darauf?);* »Warum hast du das getan?« – »Wieso ich?« *(wie kommst du darauf, dass ich es war?).* **2.** ⟨relativisch⟩ (selten) *warum* (2): der Grund, w. er es getan hat, wurde nicht genannt.

wie|vie|ler|lei ⟨Interrogativadv.⟩ [↑ -lei]: *wie viel verschiedene?:* w. Sorten Käse gab es?

wie|viel|mal [auch: …ˈmaːl] ⟨Interrogativadv.⟩: *wie viele Male, wie oft?:* w. warst du schon in Florenz?

wie|vielt: in der Fügung **zu w.** *(zu wie vielen:* zu w. wart ihr?)

wie|vielt... ⟨Adj.⟩ [geb. analog zu den Ordinalzahlen]: *beim wievielten Versuch hat es endlich geklappt?:* das wievielte Mal bist du jetzt dort gewesen?; ⟨subst.:⟩ der Wievielte *(wievielte Tag des Monats)* ist heute?

wie|weit ⟨Interrogativadv.⟩: *leitet einen indirekten Fragesatz ein; bis zu welchem Grad, in welchem Maß:* ich weiß nicht, w. ich das tun kann.

wie|wohl ⟨Konj.⟩ (geh.): *obwohl; wenn auch:* seine Aussage ist einleuchtend, w. der Beweis nicht ganz einfach war.

Wie|wort, das ⟨Pl. …wörter⟩ (Schule veraltend): *Adjektiv.*

Wig|wam, der; -s, -s [engl. wigwam < Algonkin (nordamerik. Indianerspr.) wikiwam, zu: wig = wohnen]: *kuppelförmiges Zelt, zeltartige Hütte (nordamerikanischer Indianer).*

Wi|ki, das; -s, -s ⟨EDV⟩: **1.** *Sammlung von Informationen und Beiträgen im Internet zu einem bestimmten Thema, die von den Nutzern selbst bearbeitet werden können.* **2.** *System zur einfachen Bearbeitung eines Wikis* (1).

Wi|king, der; -s, -er, **Wi|kin|ger,** der; -s, - [auch: ˈvɪ…]: *Angehöriger eines nordgermanischen Volksstammes.*

Wi|kin|ge|rin, die; -, -nen: w. Form zu ↑ Wikinger.

Wi|kin|ger|sa|ge, die: *Sage aus dem Lebensbereich der Wikinger.*

wi|kin|gisch [auch: ˈvɪ…] ⟨Adj.⟩: *die Wikinger betreffend; von den Wikingern stammend.*

Wi|ki|pe|dia, die; - ⟨meist ohne Artikel⟩: *Internetportal mit Informationen aus allen Wissensgebieten, die allgemein zugänglich sind und von den Nutzern selbst erweitert und verändert werden können.*

wild ⟨Adj.⟩ [mhd. wilde, ahd. wildi, H. u., viell. verw. mit ↑ Wald u. eigtl. = im Wald wachsend, nicht angebaut]: **1.** *nicht domestiziert; nicht kultiviert, nicht durch Züchtung verändert; wild lebend; wild wachsend:* -e Erdbeeren, Rosen, Pferde; -er Apfel *(Holzapfel);* -e *(nicht veredelte)* Triebe, -er Honig *(Honig von wilden Bienen);* -es Tier *(größeres, gefährlich wirkendes, nicht domestiziertes Tier, bes. größeres Raubtier);* er stürzte sich auf sie wie ein -es Tier *(völlig enthemmt u. nur dem Trieb folgend);* die Himbeeren wachsen hier w.; w. wachsende Pflanzen, Arten; w. lebende Tiere, Pferde. **2. a)** (veraltend, sonst abwertend) *nicht zivilisiert; auf niedriger Kulturstufe stehend:* -e Stämme; **b)** (abwertend) *unzivilisiert, nicht gesittet:* ein -er Haufen; -e Gesellen; dort herrschen -e Sitten. **3. a)** *im natürlichen Zustand befindlich, belassen; vom Menschen nicht verändert; urwüchsig:* eine -e Schlucht, Gegend; **b)** *wuchernd, unkontrolliert wachsend:* eine -e Mähne; Männer mit -en Bärten; w. wucherndes Unkraut; -es (Med.; *bei der Wundheilung entstandenes überschüssiges*) Gewebe; **c)** (Bergmannsspr.) *taub* (3): -es Erz, Gestein; **d)** *(von Land) nicht urbar gemacht:* -es Land. **4.** *unkontrolliert, nicht reglementiert [u. oft ordnungswidrig od. gesetzwidrig]; offiziell nicht gestattet:* -e Streiks; -e *(nicht lizenzierte)* Taxis; eine -e *(durch wildes Abladen von Müll entstandene)* Deponie; w. *(an einem nicht dafür vorgesehenen Platz)* baden, parken, zelten. **5. a)** *heftig, stürmisch; ungestüm, ungezügelt; durch nichts gehemmt, abgeschwächt, gemildert:* -e Verfolgungsjagd; eine -e Flucht; -e Panik; in -em Zorn; eine -e Leidenschaft erfüllte sie; das w. bewegte Wasser; in -er Entschlossenheit; er stach w. auf ihn ein; alles lag w. durcheinander; w. fluchend lief er durchs Haus; sie ist w. (ugs.; *fest)* entschlossen, den Aufstieg allein zu schaffen; * **w. auf jmdn., etw. sein** (ugs.: *versessen auf jmdn., etw. sein:* er ist ganz w. auf Lakritzen, aufs Skilaufen sein); **b)** *wütend, rasend, tobend; erregt:* -e Kämpfe, Auseinandersetzungen, Debatten; ein -er, w. gewordener Bulle; wenn du ihn das sagst, wird er w.; jmdn. w. machen; mit beiden Fäusten trommelte er w. gegen die Tür; * **wie w.** (ugs.: *mit äußerster Heftigkeit, Intensität o. Ä.:* das Kind schrie wie w.); **c)** *(von Tieren) in ängstlicher Erregung versetzt u. scheuend:* das Feuer hat die Pferde w. gemacht; **d)** *äußerst lebhaft, temperamentvoll:* eine wilde Rasselbande; -es Kind; seid nicht so w.!; **e)** (ugs.) *äußerst bewegt, ereignisreich:* -e Partys feiern; Das waren die -en Jahre, so habe ich mich geweigert, erwachsen zu werden (Mayröcker, Herzzerreißende 116). **6.** *das erträgliche Maß überschreitend, maßlos, übermäßig, übertrieben; wüst:* die -esten Spekulationen, Behauptungen, Anschuldigungen, Verwünschungen; er stieß -e Flüche aus; -e *(ausschweifende)* Orgien; * **halb/nicht so w.** (ugs.; *nicht schlimm:* es ist [alles] halb so w.).

Wild, das; -[e]s [mhd. wilt, ahd. wild, H. u., viell. Kollektivbildung zu ↑ wild]: **1. a)** *jagdbare wild lebende Tiere:* das W. ist sehr scheu, wird im Winter gefüttert, wechselt das Revier; ein Stück W.; **b)** *zum Wild* (1 a) *gehörendes Tier:* ein gehetztes, scheues W. **2.** *Fleisch von Wild* (1 a): sie isst gern W.

Wild|bach, der: *nicht regulierter, reißender Gebirgsbach mit starkem Gefälle.*

Wild|bad, das (veraltet): *Thermalbad.*

Wild|bahn, die: in der Fügung **freie W.** (*freie Natur:* Tiere in freier W. beobachten).

Wild|be|stand, der: vgl. Fischbestand.

Wild|bret […brɛt], das; -s [mhd. wildbræte, wildbrāt, 2. Bestandteil zu ↑ Braten]: **1.** (geh., Fachspr.) *Wild* (2). **2.** (veraltet) *Wild* (1 b).

Wild|card, die; -, -s, **Wild Card,** die; - -, - -s ['waɪltkaːɐ̯t; engl. wild card, eigtl. = wilde (= beliebig verwendbare) Spielkarte] (bes. Tennis): *(vom Veranstalter erteilte) Berechtigung, an einem Turnier od. Wettkampf teilzunehmen, ohne die dafür geltende formelle Qualifikation zu erfüllen.*

Wild|dieb, der: *Wilderer.*

wild|die|ben ⟨sw. V.; hat⟩: *wildern* (1 a).

Wild|die|be|rei, die: *Wilderei.*

Wild|die|bin, die: w. Form zu ↑ Wilddieb.

Wil|de, die/der; -n, -n [eine/einer Wilden, die Wilden/zwei Wilde]: **1.** (veraltend, sonst abwertend) *Angehörige eines Naturvolks.* **2.** (bes. in Bezug auf Kinder) *weibliche Person, die sehr wild* (5 d), *temperamentvoll ist:* * **wie eine W./wie die Wilden** *(wie wild).*

wil|deln ⟨sw. V.; hat⟩: **1.** [zu ↑ Wild] (landsch.) *Hautgout haben:* das Fleisch wildelt stark. **2.** [zu ↑ wild] (österr. ugs.) *sich wild, ausgelassen gebärden:* die Kinder wildeln im Garten.

Wild|en|te, die: *wild lebende Ente, bes. Stockente.*

Wil|der, der, Wilde/einWilder; des/eines Wilden, die Wilden/zwei Wilde: **1.** (veraltend, sonst abwertend) *Angehöriger eines Naturvolks.* **2.** (bes. in Bezug auf Kinder) *männliche Person, die sehr wild* (5 d), *temperamentvoll ist:* mein Sohn ist ein ziemlich Wilder; * **junger W.** *(jmd., der mit Etabliertem, Traditionellem bricht);* **wie ein W./wie die Wilden** (ugs.; *wie wild).*

Wil|de|rei, die; -, -en: *das Wildern.*

Wil|de|rer, der; -s, - [mhd. wilderære = Jäger]: *jmd., der wildert* (1).

Wil|de|rin, die; -, -nen: w. Form zu ↑ Wilderer.

wil|dern ⟨sw. V.; hat⟩: **1. a)** *(strafbarerweise) ohne Jagderlaubnis Wild schießen, fangen:* er geht w.; **b)** *wildernd* (1 a) *erlegen:* sie hat einen Hasen gewildert. **2.** *(von Hunden, Katzen) herumstreunen u. dabei Wild, wild lebende Tiere töten.* **3.** (veraltet) *ein ungebundenes Leben führen.*

Wild|esel, der: *wild lebender Esel.*

Wild|fang, der; -[e]s, Wildfänge [spätmhd. wiltvanc = jmd., der umherirrte u. eingefangen wurde, urspr. = eingefangenes (wildes) Tier]: **1.** *ausgelassenes, lebhaftes Kind.* **2.** *eingefangenes Wildtier.* **3.** (Jägerspr.) *für die Beizjagd eingefangener, ausgewachsener Greifvogel od. Falke.*

Wild|fleisch, das: *Wild* (2).

Wild|form, die (Biol.): *wild lebende, wild wachsende Form einer Art, von der es auch eine od. mehrere domestizierte Formen gibt.*

wild|fremd ⟨Adj.⟩ [zu veraltet wild = fremd, eigtl. tautologisch] (emotional): *(bes. von Personen) jmdm. völlig unbekannt, fremd* (3 a).

Wild|frucht, die: *essbare Frucht einer wild wachsenden Pflanze.*

Wild|gans, die: *wild lebende Gans, bes. Graugans.*

Wild|gat|ter, das: *Gatter zum Schutz (z. B. einer Schonung) vor Wild.*

Wild|ge|flü|gel, das (Kochkunst): *Fleisch von Federwild.*

Wild|ge|he|ge, das: *Gehege zur Haltung von Wild.*

Wild|he|ger, der: *Wildhüter.*

Wild|he|ge|rin, die: w. Form zu ↑ Wildheger.

Wild|heit, die; -, -en: *das Wildsein; wilde Art.*

Wild|huhn, das: *wild lebender Hühnervogel.*

Wild|hund, der: *in mehreren Arten vorkommendes wild lebendes, hundeartiges Raubtier (z. B. Dingo).*

Wild|hü|ter, der: *jmd., dem die Hege des Wildes obliegt.*

Wild|hü|te|rin, die: w. Form zu ↑ Wildhüter.

Wild|ka|nin|chen, das: *wild lebendes kleines Kaninchen.*

Wild|kat|ze, die: *wild lebende, in vielen Unterarten vorkommende Katze.*

Wild|kraut, das: *wild wachsendes ¹Kraut (2): die Hundskamille wächst als W. auf Äckern und an Wegen.*

wild le|bend, wild|le|bend ⟨Adj.⟩: *(von Tieren, Tierarten) nicht domestiziert.*

Wild|le|der, das: **1.** *Leder aus Häuten wild lebender Tiere (bes. Hirsch, Reh, Antilope).* **2.** *Leder mit rauer Oberfläche, bes. Velourslader.*

Wild|le|der|ja|cke, die: *Jacke aus Wildleder* (2).

wild|le|dern ⟨Adj.⟩: *aus Wildleder (2) [bestehend, gefertigt]:* eine -e Jacke.

Wild|le|der|schuh, der: *Schuh aus Wildleder* (2).

Wild|ling, der; -s, -e: **1.** *durch Aussaat entstandene Pflanze, die als Unterlage (3) für ein Edelreis dient.* **2.** (Fachspr.) *nicht gezähmtes gefangenes Wildtier.* **3.** (Forstwirtsch.) *durch natürliche Aussaat enstandener Baum.* **4.** (veraltend) *sich wild gebärdender Mensch, bes. ein Kind.*

wild ma|chen, wild|ma|chen ⟨sw. V.; hat⟩ (ugs.): *jmdn. in heftige Wut versetzen.*

Wild|nis, die; -, -se [mhd. wiltnisse]: *unwegsames, nicht bebautes, besiedeltes Gebiet:* eine unberührte W.; die Tiere der W.; Die Straße wurde nun abrupt steiler, als sollte sie endlich in die gebirgige W. gehen (Kronauer, Bogenschütze 224).

Wild|park, der: *parkähnliches Areal, eingezäuntes Waldstück, in dem Wild gehalten wird.*

Wild|pferd, das: **1.** *wild lebendes Pferd (von dem das Hauspferd abstammt).* **2.** *verwildertes od. in freier Natur lebendes Hauspferd (z. B. Mustang).*

Wild|pflan|ze, die: *wild wachsende Pflanze.*

wild|reich ⟨Adj.⟩: *einen reichen Wildbestand aufweisend.*

Wild|reich|tum, der ⟨o. Pl.⟩: *Reichtum an Wild.*

Wild|reis, der (Kochkunst): *Frucht des Wasserreises; längliche schwarzbraune Körner mit nussigem Geschmack, die als Delikatesse gelten.*

Wild|re|ser|vat, das: ↑ Reservat (1).

Wild|rind, das: *wild lebendes Rind.*

wild|ro|man|tisch ⟨Adj.⟩: *wild (3 a) u. sehr romantisch* (2 b): eine -e Landschaft.

Wild|sau, die: **1.** ⟨Pl. -en⟩ *[weibliches] Wildschwein (a): eine W. mit ihren Frischlingen; er fährt wie eine W. (derb abwertend; fährt rücksichtslos, unverantwortlich).* **2.** ⟨Pl. Wildsäue⟩ (derb abwertend, oft als Schimpfwort) *Schwein* (2a).

Wild|scha|den, der: **1.** *durch Wild verursachter forst- od. landwirtschaftlicher Schaden.* **2.** (Versicherungsw.) *Sachschaden bei einem durch Wildwechsel verursachten Verkehrsunfall.*

Wild|schaf, das: *wild lebendes Schaf (z. B. Mufflon).*

Wild|schütz, der; -en, -en, **Wild|schüt|ze,** der; -n, -n: **1.** (veraltet) *Jäger.* **2.** (veraltend) *Wilderer.*

Wild|schüt|zin, die: w. Form zu ↑ Wildschütz.

Wild|schwein, das [mhd. wiltswīn]: **a)** *wild lebendes Schwein (4) mit braunschwarzem bis hellgrauem, langhaarigem, borstigem Fell, großem, lang gestrecktem Kopf u. starken (seitlich aus der Schnauze hervorstehenden) Eckzähnen;* **b)** ⟨o. Pl.⟩ *als Speise dienendes od. zubereitetes Fleisch vom Wildschwein* (a).

Wild|tau|be, die: *wild lebende Taube.*

Wild|tier, das: *wild lebendes Tier.*

Wild|typ, der (Genetik): *Organismus, der die Normalform repräsentiert.*

Wild|un|fall, der: *durch Wildwechsel (2) verursachter Verkehrsunfall.*

Wild|ver|biss, der: *Verbiss.*

wild wach|send, wild|wach|send ⟨Adj.⟩: *(von Pflanzen, Pflanzenarten) in der freien Natur vorkommend, nicht gezüchtet, nicht domestiziert.*

Wild|was|ser, das: **1.** ⟨Pl. ...wasser⟩ *Wildbach.* **2.** ⟨o. Pl.⟩ Kurzf. von ↑ Wildwasserrennen.

Wild|was|ser|bahn, die: *Bahn (in Vergnügungsparks), mit der man in Booten einem Wildwasser nachempfundene Strecken durchfährt.*

Wild|was|ser|ren|nen, das: *auf Wildwasser ausgetragener Kanusport für Kajaks u. Kanadier.*

Wild|wech|sel, der: **1.** *vom Wild regelmäßig benutzter Weg, Pfad zum Ort der Nahrungsaufnahme, der Tränke u. a.* **2.** ⟨o. Pl.⟩ *das Überwechseln des Wildes, bes. über einen Verkehrsweg.*

Wild|west ⟨o. Art.; o. Pl.⟩: *der Wilde Westen:* die Story spielt in W.

Wild|west|film, der: *Western.*

Wild|west|ma|nier, die: *Wildwestmethode.*

Wild|west|me|tho|de, die ⟨meist Pl.⟩: *raue, oft ungesetzliche, durchs Faustrecht bestimmte Art des Handelns, wie sie in Wildwestfilmen gezeigt wird:* das sind ja die reinsten -n.

Wild|wuchs, der: **a)** *vom Menschen nicht beeinflusstes Wachsen (von Pflanzen):* den W. selten gewordener Pflanzen fördern; Ü der W. von Windkraftanlagen; **b)** *durch Wildwuchs (a) entstandene Pflanzen.*

wild|wüch|sig ⟨Adj.⟩ (selten): *wild wachsend:* -e Pflanzen.

Wild|zaun, der: vgl. Wildgatter.

Wild|zie|ge, die: *wild lebende Ziege (z. B. Steinbock).*

Wil|helm, der; -s, -s (ugs. scherzh.): **1.** [nach dem früher häufigen m. Vorn. Wilhelm] * falscher W. (1. veraltend; *falscher Zopf;* ugs. scherzh.; Toupet). **2.** Kurzf. von ↑ Friedrich Wilhelm.

wil|hel|mi|nisch ⟨Adj.⟩: *die Regierungszeit Kaiser Wilhelms II. betreffend, in dieser Zeit üblich, für diese Zeit charakteristisch:* -es Obrigkeitsdenken; -e Umgangsformen.

Wil|helms|ha|ven: Stadt an der Nordsee.

will: ↑ ²wollen.

Wil|le, der; -ns, -n ⟨Pl. selten⟩, (selten:) Willen, der; -s, - [mhd. wille, ahd. willio, zu ↑²wollen]: *jmds. Handlungen, Verhaltensweise leitendes Streben, Wollen, bes. als Fähigkeit des Menschen, sich bewusst für od. gegen etw. zu entscheiden; durch bewusste geistige Entscheidung gewonnener Entschluss zu etw.; bestimmte feste Absicht:* ein starker, eiserner, entschlossener, unerschütterlicher, schwankender, schwacher Wille; unser aller Wille; der Wille des Volkes zum Frieden; Gottes unerforschlicher Wille; dies war der Wille des Verstorbenen; es war kein böser Wille von mir; der gute Wille allein reicht nicht aus; jmds. Willen erfüllen, ausführen, beeinflussen, lähmen, guten, den besten Willen zeigen, mitbringen; seinen Willen durchsetzen; jmdm. seinen Willen aufzwingen; lass ihm seinen Willen *(lass ihn das tun, was er unbedingt will, auch wenn es nicht einzusehen ist);* es ist sicher nicht gut, wenn man dem Kind immer den/seinen/allen Willen tut *(wenn man immer das tut, was das Kind will);* er hat den festen Willen *(ist fest entschlossen), sich zu ändern;* sie hat ihren eigenen Willen *(weiß, was sie will; ist willensstark);* er hat keinen Willen *(ist unentschlossen, willensschwach);* sich einem fremden Willen beugen; er ist voll guten Willens *(ist sehr bemüht, das zu tun, was erwartet wird);* die Unbeugsamkeit seines Willens; auf seinem Willen beharren; es aus freiem -n tun; am guten -n *(an der Bereitschaft, dem Sichbemühen)* hat es bei ihm nicht gefehlt; das geschah gegen/wider meinen Willen, ohne [Wissen und] -n seiner Eltern; es steht ganz in deinem Willen *(in deinem Ermessen),* dies zu tun; bei/mit einigem guten Willen wäre es gegangen; es wird nach dem Willen der Mehrheit entschieden; wenn es nach meinem Willen gegangen wäre *(wenn es so gemacht worden wäre, wie ich es vorhatte, wie ich wollte),* hätten wir alles längst hinter uns; trotz ihres guten Willens *(ihrer Bereitschaft, ihren großen Bemühungen)* wurde aus der Sache nichts; **Spr** wo ein W. ist, ist auch ein Weg/(scherzh.:) Gebüsch *(wenn man etw. ernsthaft will, findet man auch eine Möglichkeit, es zu erreichen);* * **der Letzte/letzte Wille** (Testament 1); **den guten Willen für die Tat nehmen** *(annehmen, dass jmd. sich bemüht hat, auch wenn es ohne Erfolg blieb);* **mit Willen** (landsch., sonst veraltend; ↑ Fleiß 2); **wider Willen** *(ungewollt, unbeabsichtigt);* **jmdm. zu Willen sein** (1. sei. veraltend; *sich jmdm. unterwerfen; ausführen, tun, was jmd. will, verlangt.* 2. veraltet; *sich jmdm. hingeben).*

wil|len ⟨Präp. mit Gen.⟩ [eigtl. erstarrter Akk. Sg. von ↑ Wille]: **in der Fügung um jmds., einer Sache w.** *(jmdm., einer Sache zuliebe; mit Rücksicht auf jmdn., etw.; im Interesse einer Person, Sache):* er hat es um seines Bruders, seiner selbst, des lieben Friedens w. getan).

Wil|len: ↑ Wille.

wil|len|los ⟨Adj.⟩: *keinen festen Willen zeigend; ohne eigenen Willen:* ein -es Geschöpf; er war völlig w., ließ alles w. über sich ergehen.

Wil|len|lo|sig|keit, die; -: *das Willenlossein.*

wil|lens ⟨Adj.⟩ [aus: *des Willens sein*]: *in der Verbindung* **w. sein, etw. zu tun** (geh.; *bereit, entschlossen sein, etw. zu tun:* sie war w., sich zu bessern).

Wil|lens|akt, der: *durch den Willen ausgelöste Tat, Handlung.*

Wil|lens|an|span|nung, die: *Konzentration des Willens zur Erreichung eines Ziels.*

Wil|lens|äu|ße|rung, die: *Äußerung des Willens, eines Entschlusses.*

Wil|lens|be|kun|dung, die (geh.): vgl. Willensäußerung.

Wil|lens|bil|dung, die ⟨o. Pl.⟩: *das Sichherausbilden dessen, was jmd., eine Gemeinschaft will.*

Wil|lens|er|klä|rung, die (bes. Rechtsspr.): *Willensäußerung mit dem Ziel, rechtlich etw. zu erreichen.*

Wil|lens|frei|heit, die ⟨Pl. selten⟩ (bes. Philos., Theol.): *Fähigkeit des Menschen, nach eigenem Willen zu handeln, sich frei zu entscheiden.*

Wil|lens|kraft, die: *Fähigkeit eines Menschen zur Willensanspannung:* seine W. befähigte ihn dazu, diese schwierige Aufgabe zu lösen.

Wil|lens|kund|ge|bung, die: vgl. Willensäußerung.

wil|lens|schwach ⟨Adj.⟩: *einen Mangel an Willenskraft aufweisend:* ein -er Mensch.

Wil|lens|schwä|che, die ⟨Pl. selten⟩: Mangel an Willenskraft.
wil|lens|stark ⟨Adj.⟩: ein hohes Maß an Willenskraft aufweisend: ein -er Mensch.
Wil|lens|stär|ke, die ⟨Pl. selten⟩: hohes Maß an Willenskraft.
wil|lent|lich ⟨Adj.⟩ (geh.): mit voller Absicht, ganz bewusst: w. gegen etw. verstoßen.
¹will|fah|ren ⟨sw. V.; willfahrte, hat willfahrt⟩,
²will|fah|ren ⟨sw. V.; willfahrte, hat gewillfahrt⟩ [spätmhd. willenvarn, mhd. eines willen varen = auf jmds. Willen achten] (geh.): jmds. Willen, Wunsch, Bitten, Forderungen entsprechen: was sie auch verlangte, er willfahrte ihr immer; jmds. Bitte w. (nachkommen).
will|fäh|rig ⟨Adj., oft abwertend⟩: ohne sich Gedanken zu machen, [würdelos] den Absichten anderer dienend: ein -er Handlanger; er war dem Minister stets w. sein; seine Frau musste ihm stets w. sein (geh. veraltet; seinen sexuellen Wünschen nachkommen).
Will|fäh|rig|keit, die; -, -en ⟨Pl. selten⟩ (geh., oft abwertend): willfährige Art.
Wil|liams Christ, der; - -, -: aus Williams Christbirnen hergestellter Branntwein.
Wil|liams Christ|bir|ne, die; - -, - -n [H. u.]: große Birne mit gelber, bräunlich gepunkteter Schale u. gelblich weißem, zartem, fein aromatischem Fruchtfleisch.
wil|lig ⟨Adj.⟩ [mhd. willec, ahd. willig, zu ↑ Wille]: gerne bereit, zu tun, was gefordert, erwartet wird: ein -er Zuhörer; ein sehr -es Kind; sich w. fügen.

-wil|lig: 1. drückt in Bildungen mit Substantiven – seltener mit Verben (Verbstämmen) – aus, dass die beschriebene Person zu etw. bereit ist, etw. gern machen will: ausreise-, einsatz-, rückkehr-, verhandlungswillig. **2.** drückt in Bildungen mit Substantiven oder Verben (Verbstämmen) aus, dass die beschriebene Person gern etw. mit sich machen lässt, dazu bereit ist: impf-, therapiewillig. **3.** drückt in Bildungen mit Verben (Verbstämmen) aus, dass die beschriebene Sache dazu neigt, etw. Bestimmtes zu tun: blüh-, drehwillig.

Wil|li|ge, die/eine Willige; der/einer Willigen, die Willigen/zwei Willige: weibliche Person, die bereit ist, etwas zu tun, was von ihr gefordert, erwartet wird.
wil|li|gen ⟨sw. V.; hat⟩ [mhd. willigen = willig machen; bewilligen; einwilligen] (geh.): sich mit etw. einverstanden erklären; (in etw.) einwilligen: in eine Scheidung, Reise w.
Wil|li|ger, der Willige/ein Williger; des/eines Willigen; die Willigen/zwei Willige: jmd., der bereit ist, etwas zu tun, was von ihm gefordert, erwartet wird.
Will|komm, der; -s, -e: **1.** [mhd. willekom, wohl subst. Begrüßungsruf »willkomm!«] (seltener) Willkommen. **2.** (früher) Pokal für den einem Ehrengast gereichten Willkommenstrunk.
will|kom|men ⟨Adj.⟩ [mhd. willekomen, spätahd. willechomen, eigtl. = (du bist) nach Willen (= nach Wunsch) gekommen]: jmdm. sehr passend, angenehm; erwünscht: eine -e Gelegenheit zum Feiern; eine -e Abwechslung; -e Gäste; das Angebot war [ihr] sehr w.; Sie sind uns jederzeit w. (wir freuen uns immer, wenn Sie zu uns kommen); (in Formeln zur Begrüßung bei jmds. Empfang) [sei] w.!, herzlich w.!, w. bei uns!; w. in der Heimat!; … ihr Haus war das einzige in der eisernen Stadt, in dem ein Römer nicht geduldet, sondern w. war (Ransmayr, Welt 194);
* jmdn. w. heißen (jmdn. zum Empfang begrüßen): er hieß seine Gäste w.

Will|kom|men, das, selten auch: der; -s, -: Begrüßung zum Empfang: jmdm. ein fröhliches, kühles, ziemlich frostiges W. bereiten, entbieten.
Will|kom|mens|gruß, der: Gruß zum Empfang.
Will|kom|mens|trunk, der (geh.): Getränk, das jmdm. zur Begrüßung gereicht wird.
Will|kür, die; - [mhd. wil(le)kür, aus ↑ Kür, eigtl. = Entschluss, Beschluss des Willens (= freie Wahl od. Entschließung)]: die allgemein geltenden Maßstäbe, Gesetze, die Rechte, Interessen anderer missachtendes, an den eigenen Interessen ausgerichtetes u. die eigene Macht nutzendes Handeln, Verhalten: politische, staatliche W.; das ist die reine W.; überall herrschte W.; der W. eines andern ausgeliefert sein; von der W. anderer abhängig sein.
Will|kür|akt, der: vgl. Willkürmaßnahme.
Will|kür|herr|schaft, die: durch Willkür geprägte Herrschaft, unumschränkte Gewaltherrschaft.
will|kür|lich ⟨Adj.⟩ [spätmhd. willekürlich]:
1. a) auf Willkür beruhend: -e Anordnungen, Maßnahmen; jmdn. w. benachteiligen; **b)** nicht nach einem System erfolgend, sondern wie es sich zufällig ergibt: eine -e Auswahl; etw. ganz w. festlegen. **2.** vom eigenen Willen gesteuert; bewusst erfolgend; gewollt: -e Bewegungen; bestimmte Muskeln lassen sich nicht w. in Tätigkeit setzen.
Will|kür|maß|nah|me, die: durch Willkür gekennzeichnete, rücksichtslose Maßnahme.
Will|kür|ver|bot, das (Rechtsspr.): für die Verwaltung u. den Gesetzgeber geltendes Verbot, bei ihren Entscheidungen willkürlich vorzugehen.
willst: ↑ ²wollen.
Wi|max, das; - ⟨meist o. Art.⟩ (EDV): Technologie, die drahtlose schnelle Internetanschlüsse möglich macht.
Wim|mel|bild, das [zu ↑ wimmeln]: [einen Überblick über ein übergeordnetes Thema vermittelndes] Bild (1 a, 1 b), auf dem eine Fülle von Einzelheiten od. gleichzeitig ablaufenden Geschehnissen dargestellt ist.
wim|meln ⟨sw. V.; hat⟩ [mhd. wimelen, Iterativbildung zu: wimmen = sich schnell hin und her bewegen, H. u.]: **a)** sich [in großer Menge] rasch, lebhaft durcheinanderbewegen, irgendwohin bewegen: die Fische wimmelten im Netz; sie schaute von oben auf die wimmelnde Menge von Menschen und Fahrzeugen; **b)** voll, erfüllt sein von einer sich rasch, lebhaft durcheinanderbewegenden Menge: die Straßen wimmeln von Menschen; Ü seine Arbeit wimmelt von Fehlern (emotional; ist voller Fehler); Deutschland wimmelt von Vereinen (emotional; in Deutschland gibt es eine große Menge von Vereinen).
wim|men ⟨sw. V.; hat⟩ [mhd. wimmen, windemen, ahd. windemōn < lat. vindemiare, zu: vinum = Wein u. demere = herab-, wegnehmen] (schweiz. ugs.): Trauben lesen.
¹Wim|mer, der; -s, - (schweiz., sonst landsch.): Winzer.
²Wim|mer, der; -s, -n (schweiz., sonst landsch.): Weinlese.
³Wim|mer, der; -s, - [mhd. wimmer, H. u.]: **1.** (veraltend) harte, knorrige, schwer zu bearbeitende Stelle im Holz. **2.** (landsch., bes. südd.) Schwiele, kleine Warze.
wim|me|rig ⟨Adj.⟩: von, in wimmernder Art.
Wim|me|rin, die; -, -nen: w. Form zu ↑ ¹Wimmer.
wim|mern ⟨sw. V.; hat⟩ [zu mhd. wimmer = Gewinsel, lautm.]: leise, hohe, zitternde, kläglich klingende Laute von sich geben; in zitternden Tönen jammern, unterdrückt weinen: leise, kläglich, jämmerlich vor sich hin w.; sie wimmerte vor Schmerzen; sie wimmerten (bettelten wimmernd) um Gnade; ⟨subst.:⟩ er hörte das klägliche Wimmern eines Kindes; Ü (meist abwertend:) nebenan wimmerte eine Geige;
* **zum Wimmern [sein]** (ugs.; ↑ piepen).
Wim|pel, der; -s, - [mhd. wimpel = Kopfschutz, -binde, ahd. wimpal = Frauengewand, Schleier, wohl urspr. = Hülle, Binde, H. u.]: **1.** kleine, meist dreieckige od. länglich trapezförmige Fahne (bes. als Kennzeichen eines Sportvereins, einer Jugendgruppe o. Ä. u. als Signalflagge auf Schiffen): seidene, bestickte W.; das Festzelt war mit bunten -n geschmückt; Wandervogelgruppen mit Klampfe und W. kreuzen singend den Weg (Kempowski, Zeit 61). **2.** breites, leinenes Brusttuch der Nonnen.
Wim|per, die; -, -n [mhd. wintbrā(we), ahd. wintbrāwa, zu mhd., ahd. wint- (H. u.) u. ↑ Braue]: **1.** kräftiges, relativ kurzes, meist leicht gebogenes Haar, das mit andern zusammen in zwei bis drei Reihen angeordnet am vorderen Rand des Augenlids sitzt: lange, seidige, dichte, helle, blonde, dunkle -n; künstliche -n; mir ist eine W. ins Auge geraten; sich ⟨Dativ⟩ die -n tuschen, bürsten; die -n senken; mit den -n klimpern (ugs.; blinzeln); * **nicht mit der W. zucken** (sich eine Gefühlsregung nicht anmerken lassen; keine Reaktion zeigen): als man ihm von dem Unglück berichtete, zuckte er nicht mit der W.); **ohne mit der W. zu zucken** (ohne sich etwas anmerken zu lassen; ungerührt, kaltblütig): er ging auf diesen gefährlichen Vorschlag sofort und ohne mit der W. zu zucken ein; **sich** ⟨Dativ⟩ **nicht an den -n klimpern lassen** (salopp; nichts gefallen, nichts nachsagen lassen). **2.** (Biol.) feiner, kurzer Fortsatz des Protoplasmas, der der Nahrungsaufnahme, der Ausscheidung od. der Fortbewegung dient.
Wim|perg, der; -[e]s, -e, **Wim|per|ge,** die; -, -n [mhd. wintberge, ahd. wintberga, zu ↑ Wind u. ↑ bergen] (Archit.): verzierter, meist dach- od. giebelartiger Maßwerk gegliederter ²Giebel (2) über Fenstern, Portalen o. Ä. gotischer Bauwerke.
Wim|per|haar, das: einzelne Wimper.
Wim|pern|schlag, der: **1.** kurzes, reflexhaftes Schließen der Augenlider, bei dem der Augapfel mit Tränenflüssigkeit benetzt wird: mit jedem W. wird die Flüssigkeit gleichmäßig im Auge verteilt; Ü auch sonst spart der Film nicht mit ironischem W. **2.** sehr kurze Zeitspanne, Augenblick: nur einen W. lang; 10 000 Jahre sind in erdgeschichtlichen Dimensionen nur ein W.
Wim|pern|tu|sche, die: Paste, die mit einem Bürstchen auf die Wimpern aufgetragen wird, um sie dichter u. länger erscheinen zu lassen: W. auftragen.
Wim|per|tier|chen, das: einzelliges Lebewesen, das ganz od. teilweise mit Wimpern (2) bedeckt ist, die der Fortbewegung u. der Nahrungsaufnahme dienen.
wind ⟨indekl. Adj.⟩ [viell. zu landsch. veraltet Winde, mhd. winde = Schmerz]: in der Fügung **w. und weh** (südwestd., schweiz.; höchst unbehaglich, elend: bei dem Gedanken wird ihm w. und weh).
Wind, der; -[e]s, -e [mhd. wint, ahd. wind, verw. mit ↑ wehen u. eigtl. = der Wehende]: **1.** spürbar stärker bewegte Luft im Freien: ein sanfter, lauer, warmer, frischer, stürmischer, heftiger, starker, böiger, kalter, eisiger W.; günstige, ungünstige, widrige -e; auffrischende -e aus Ost; W. und Wetter; ein leichter W. erhob sich, kam auf, wehte, kam von Osten; der W. bläst, pfeift, braust, weht ums Haus; der W. dreht sich, schlägt um, legt sich, flaut ab; der W. brachte Regen, blähte die Segel, zerrte an ihren Kleidern; beim Gehen den W. im Rücken haben; den W., die Kräfte des -es für etw. nutzen; der Jäger hat schlechten, guten W. (Jägerspr.; steht so, dass das Wild Witterung, keine Witterung von ihm bekommt); auf günstigen W. warten; gegen den

W. ankämpfen; in der zweiten Halbzeit spielte die Mannschaft mit dem W., hatte die Mannschaft den W. im Rücken *(wehte der Wind in Richtung des Gegners, des gegnerischen Tors);* (Seemannsspr., bes. Segeln:) [hart] am W., gegen den W., mit halbem, vollem W., vor dem W. segeln; Ü *seine Erzählungen sind nicht ernst zu nehmen, das ist alles nur W.;* Weiter oben sirrte der W., in einem sehr hohen Ton, der fast den Ohren wehtat (Handke, Frau 103); R *daher weht [also] der W. (so verhält es sich also unerfreulicherweise);* Spr wer W. sät, wird Sturm ernten *(wer etw. Böses tut, wird durch ein weit größeres Übel bestraft;* nach Hosea 8, 7); * **[schnell] wie der W.** (↑ Blitz 1); **irgendwo weht [jetzt] ein anderer, schärfer, schärferer o. ä. W.; der W. pfeift [jetzt] aus einem anderen Loch** (ugs.; *irgendwo werden [jetzt] andere, strengere o. ä. Methoden angewandt, Maßstäbe angelegt: seit der neue Chef ist, weht in der Firma ein anderer W.);* **wissen/erkennen/spüren/merken o. Ä., woher der W. weht** (ugs.; *wissen, merken, wie sich etw. unerfreulicherweise wirklich verhält);* [in den beiden folgenden Wendungen steht »Wind« als Bild für das Ungreifbare, Leere] **W. machen** (ugs.; *sehr übertreiben; angeben);* **viel W. um etw. machen** (ugs.; *viel Aufhebens von etw. machen; etw. sehr aufbauschen);* **W. von etw. bekommen/kriegen/haben** (ugs.; *von etw., was eigentlich unbemerkt bleiben, nicht bekannt werden soll, auf irgendeine Weise doch Kenntnis erhalten;* aus der Jägerspr., Wind = Witterung); **jmdm. den W. aus den Segeln nehmen** (ugs.; *jmdm. den Grund für sein Vorgehen, die Voraussetzungen für seine Argumente nehmen);* **sich** ⟨Dativ⟩ **den W. um die Nase wehen, um die Ohren wehen/pfeifen lassen** (ugs.; *sich in der Welt umsehen; das Leben kennenlernen);* **bei/in W. und Wetter** *(bei jedem, auch bei schlechtestem Wetter:* er ist bei W. und Wetter draußen bei seinen Tieren); **durch den W. sein** (ugs.: *geistig verwirrt, konfus sein:* durch das Chaos der vergangenen Wochen ist er [völlig] durch den W.; er ist frisch verliebt und etwas durch den W.); **gegen den W., mit dem W. segeln** *(sich der herrschenden Meinung widersetzen, anschließen, sich [nicht] anpassen);* **in den W. reden/sprechen** *(mit seinen Worten kein Gehör finden:* alle Appelle waren in den W. gesprochen); **etw. in den W. schlagen** *(dem [gut gemeinten] Rat eines andern keine Beachtung schenken:* er hat alle Warnungen, Ratschläge des Freundes in den W. geschlagen); **etw. in den W. schreiben** (ugs.; ↑ Schornstein; *das Geld kannst du in den W. schreiben,* er hat seine Schulden noch nie bezahlt); **in alle -e** *(überallhin, in alle Himmelsrichtungen:* die Geschwister sind in alle -e zerstreut). **2. a)** *(bei der Orgel) durch ein elektrisches Gebläse od. einen Blasebalg in Bewegung versetzte Luft, die den Pfeifen zugeführt wird;* **b)** (Hüttenw.) *bei bestimmten Prozessen (z. B. der Eisengewinnung im Hochofen) zugeführte, meist vorgewärmte und mit Sauerstoff angereicherte Luft.* **3.** Kurzf. von ↑ Darmwind.

Wind|ab|wei|ser, der: *Vorrichtung in Form einer Blende aus Plexiglas ® o. Ä. am Auto, die bei geöffnetem Fenster, Dach den Fahrtwind ableitet.*
Wind|an|la|ge, die: *Windkraftanlage.*
Wind|bä|cke|rei, die (österr.): *Schaumgebäck.*
Wind|be|häl|ter, der (Hüttenw.): *Windkasten.*
Wind|beu|tel, der: **1.** [eigtl. = mit Luft gefüllter Beutel] *aus Brandteig hergestelltes, leichtes, mit Sahne gefülltes Gebäckstück.* **2.** (veraltend abwertend) *oberflächlicher, leichtlebiger, unzuverlässiger Mensch.*
Wind|beu|te|lei, die; -, -en (veraltend abwertend): *leichtfertiges, wenig verantwortungsvolles Handeln.*
Wind|bö, Wind|böe, die: *Bö.*
Wind|brea|ker [...breɪkɐ], der; -s, - [amerik. windbreaker®, zu engl. wind = Wind u. to break = (zer)brechen]: *aus speziellen Materialien hergestellte Jacke, die vor Wind und Regen schützt:* an kühlen, regnerischen Tagen geht er nicht ohne W. aus dem Haus.
Wind|bruch, der: *durch heftigen Wind verursachter Schaden im Wald.*
wind|dicht ⟨Adj.⟩: *undurchlässig für Wind:* -e Skikleidung.
Win|de, die; -, -n: **1.** [mhd. winde, ahd. in: wazzarwinda = Wasserwinde] *Vorrichtung zum Heben u. Senken od. zum Heranziehen von Lasten:* die Balken werden mit einer W. nach oben gebracht. **2.** [mhd. winde, ahd. winda, eigtl. = die Sichwindende, zu ↑ ¹winden] *kletternde Pflanze mit einzeln stehenden, trichterförmigen, weißen od. rosa Blüten.*
Wind|ei, das [LÜ von lat. ova hypenemia od. zephyria (Pl.), die Eier sollen vom Wind empfangen worden sein]: **1.** *nur von einer Haut umgebenes Ei ohne Schale.* **2.** *unbefruchtetes Ei:* eins der Eier erwies sich nach einiger Zeit als W.; Ü *eine Idee war ein W.* (abwertend; *war unbrauchbar).* **3.** (Med.) ²Mole.
Win|del, die; -, -n [mhd. windel, ahd. windila, eigtl. = Binde zum Winden, Wickeln, zu ↑ ¹winden]: **1.** *aus weichem, saugfähigem Material bestehendes Tuch, das um den Unterkörper eines Säuglings geschlungen wird u. das dessen Ausscheidungen aufnimmt:* weiche, trockene, nasse, frische -n; -n waschen, kochen; das Kind in -n wickeln; damals lagst du noch in [den] -n *(warst du noch ganz klein);* * **noch in den -n liegen/stecken/sein** (↑ Kinderschuh). **2.** *als Windel (1) verwendete Lage aus Zellstoff (2) o. Ä. mit Kunststofffolie, die, von Klebestreifen zusammengehalten, wie ein Höschen den Unterleib des Säuglings umgibt u. die nach Gebrauch weggeworfen wird.*
Win|del|hös|chen, das: *kleine Hose aus wasserundurchlässigem Material, die einem Säugling über die Windel (1) gezogen wird.*
win|deln ⟨sw. V.; hat⟩: *(einem Säugling) eine Windel anlegen:* ein Baby w.
◆ **Win|del|trep|pe**, die [zu: Windel, Nebenf. von ↑ Wendel]: ↑ Wendeltreppe: ...während ... Herse, über die W. in den Turm der Vogtei eilte (Kleist, Kohlhaas 31).
win|del|weich ⟨Adj.⟩ [eigtl. = weich wie eine aus zartem Leinen gefertigte Windel] (ugs.): **1.** (oft abwertend) **a)** *ängstlich u. nachgiebig, gefügig, bereit, alles hinzunehmen o. Ä.:* er redete so lange auf ihn ein, bis er w. war; **b)** *nicht die notwendige, erwartete Festigkeit, Eindeutigkeit, keinen fest umrissenen Standpunkt erkennen lassend:* -e Erklärungen, Argumente. **2.** in Verbindung mit Verben des Schlagens *(sehr heftig u. lang anhaltend):* jmdn. w. prügeln, hauen.
¹**win|den** ⟨st. V.; hat⟩ [mhd. winden, ahd. wintan, eigtl. = drehen, wenden, flechten]: **1.** (geh.) **a)** *durch Schlingen, Drehen, Flechten o. Ä. an, in etw. befestigen, zu etw. verbinden:* Blumen in einen Kranz w.; sie wand dem Kind Schleife ins Haar; sie wanden Zweige und Blumen zu Girlanden; **b)** *durch Schlingen, Drehen, Flechten o. Ä. herstellen, anfertigen:* aus Blumen Kränze w.; er wand bunte Girlanden aus Papier; **c)** *um etw. legen, binden, knüpfen, schlingen, um Darumlegen, -binden anbringen, befestigen:* sie windet ein Band um das Buch; das Kind wand (selten; *legte, schlang)* seine Arme um den Hals der Mutter; er wand, dem Kind ein Tuch um den Kopf; **d)** ⟨w. + sich⟩ *sich um etw. herumschlingen; um etw. gelegt, geschlungen sein:* die Bohnen winden sich um die Stangen; die Zöpfe wanden sich kranzförmig um ihren Kopf. **2.** (geh.) *durch heftige drehende Bewegungen aus den Händen reißen, gewaltsam wegnehmen:* einem Angreifer den Stock, die Waffe aus der Hand w.; sie wanden der weinenden Mutter das Kind aus den Armen. **3.** ⟨w. + sich⟩ **a)** *sich in schlangenartigen Bewegungen, in einer Schlangenlinie gleitend fortbewegen:* die Schlange windet sich im Sand; Karl sitzt am Fenster und sieht hinunter, wie sich der Zug da durch die Straßen windet (Kempowski, Zeit 284); **b)** *sich krümmen, krampfhafte Bewegungen machen:* sich vor Schmerzen, vor Weinen und Schluchzen; er wand sich vor Verlegenheit, vor Scham, vor Lachen; Ü eine gewundene *(nach Ausflüchten klingende)* Erklärung abgeben; gewundene *(umständlich gedrechselte, verschlungene)* Sätze; sich sehr gewunden *(umständlich u. gekünstelt)* ausdrücken. **4.** ⟨w. + sich⟩ **a)** *sich durch wohin schlängeln (2):* er versuchte sich durch die Menge zu w.; er wand sich durch die Absperrung nach vorn; **b)** *in einer unregelmäßigen Schlangenlinie, in unregelmäßigen Bogen irgendwo verlaufen; sich schlängeln* (1 b): ein schmaler Pfad windet sich bergaufwärts; eine gewundene Treppe; ein gewundener Flusslauf. **5.** [zu ↑ Winde (1)] *mit einer Winde (1) irgendwohin befördern:* eine Last aufs Baugerüst, nach oben w.; die Netze aus dem Meer w.
²**win|den** ⟨sw. V.; hat⟩ [spätmhd. winden, zu ↑ Wind]: **1.** ⟨unpers.⟩ (seltener) *(vom Wind) spürbar, mit einer gewissen Heftigkeit wehen:* hier windet es. **2.** (Jägerspr.) *(v. von Hunden) Witterung nehmen; wittern* (1 a): das Reh, der Hund windet mit gehobener Nase.

Wind|ener|gie, die: *durch Nutzung des Windes gewonnene Energie* (2).
Wind|ener|gie|an|la|ge, die: *Windkraftanlage.*
Wind|ener|gie|park, die: *Windpark.*
Win|der [ˈwaɪndɐ], der; -s, - [engl. winder, zu: to wind (auf)wickeln] (Fotogr.): *Vorrichtung in Kleinbildkameras zum automatischen Transport des Films.*
Wind|er|hit|zer, der (Hüttenw.): *Vorrichtung am Hochofen in Form eines feuerfest ausgekleideten Turmes, in der zur Verbrennung eingeblasene Luft erhitzt wird.*
Win|des|ei|le: in der Verbindung **in/mit W.** (oft emotional; *sehr schnell, in großer Eile:* das Gerücht hatte sich in/mit W. verbreitet).
Wind|fang, der [mhd. wintvanc, ahd. wintvanga; vgl. Rauchfang]: **1.** *vor dem eigentlichen Flur o. Ä. gelegener Raum zwischen Haustür u. Windfangtür, auch kleiner Vorbau an Türen, Fenstern, der das Eindringen kalter Luft vermeiden soll.* **2.** (Jägerspr.) *(beim Schalenwild außer dem Schwarzwild) Nase.*
Wind|fang|tür, die: *den Windfang gegen den eigentlichen Flur o. Ä. abschließende [Pendel]tür.*
◆ **Wind|fuß**, der: *Windbeutel* (2): Worauf kann so ein W. wohl sonst sein Absehen richten (Schiller, Kabale I, 1).
wind|ge|schützt ⟨Adj.⟩: *so gelegen, abgeschirmt, dass der Wind nicht einwirken kann:* ein -er Hang; w. hinter der Glaswand sitzen.
Wind|ge|schwin|dig|keit, die: *Geschwindigkeit, mit der sich der Wind fortbewegt:* die W. messen.
Wind|hauch, der: *kaum spürbare Luftbewegung:* ein sanfter W.
Wind|höf|fig|keit, die; - [↑ -höffig] (Fachspr.): *durchschnittliches Windaufkommen an einem best. Standort (als Maßstab für die Gewinnung von Windenergie):* Windkrafträder dürften nur

an Standorten errichtet werden, deren W. einen wirtschaftlichen Betrieb rechtfertigt.

Wind|ho|se, die (Meteorol.): *Wirbelwind über erhitztem Boden, der große Mengen Sand, Staub aufwirbelt, nach oben saugt.*

Wind|huk: Hauptstadt von Namibia.

Wind|hund, der [verdeutlichende Zus. mit gleichbed. älter: Wind (mhd., ahd. wint), wohl zu mhd. Winden, ahd. Winida = germ. Bez. der Slawen, also eigtl. = wendischer (= slawischer) Hund]: **1.** *großer Hund mit langem, schmalem Körper, schmalem Kopf, langem, kräftigem Schwanz u. seidigem [langhaarigem] Fell.* **2.** (ugs. abwertend) *leichtsinniger, oberflächlicher, unzuverlässiger Mann.*

win|dig ⟨Adj.⟩ [mhd. windic]: **1.** *durch einen stets herrschenden, immer wieder wehenden Wind gekennzeichnet:* -es Wetter; ein windiger Tag; eine windige Ecke; es ist w. draußen. **2.** (ugs. abwertend) *keinen soliden Eindruck machend; zweifelhaft:* ein -er Bursche; eine -e Angelegenheit.

Wind|ja|cke, die: *sportliche Jacke aus leichtem, meist wasserundurchlässigem Material, die gegen Wind und Regen schützt.*

Wind|jam|mer, der; -s, - [engl. windjammer, eigtl. etwa = Windpresser, zu: wind = Wind u. to jam = kräftig pressen] (Seemannsspr.): *großes Segelschiff.*

Wind|ka|nal, der: **1.** *Vorrichtung, in der Modelle von Körpern, bes. von Fahrzeugen, einem Luftstrom ausgesetzt werden, um ihre aerodynamischen Eigenschaften zu bestimmen.* **2.** *(bei der Orgel) Röhre aus Holz, durch die der Wind (2 a) vom Gebläse od. Blasebalg zum Windkasten geleitet wird.*

Wind|kas|ten, der: *(bei bestimmten Musikinstrumenten, bes. bei der Orgel) luftdichter [kastenförmiger] Behälter, in dem die zum Spielen benötigte Luft gespeichert wird.*

Wind|kraft, die: vgl. Windenergie.

Wind|kraft|an|la|ge, die: *Anlage zur Gewinnung elektrischer Energie aus der natürlichen Energie der Strömung des Windes mithilfe von Rotoren, Turbinen, Windrädern o. Ä.*

Wind|kraft|werk, das: *Windkraftanlage.*

Wind|la|de, die: *(bei der Orgel) flacher, rechteckiger, luftdichter Kasten aus Holz, auf dem die Pfeifen stehen u. in dem durch Ventile die Zufuhr des Windes (2 a) zu den Pfeifen gesteuert wird.*

Wind|licht, das: *durch einen Behälter aus Glas geschütztes Wachslicht.*

Wind|ma|schi|ne, die: **1.** (Theater) *Gerät, mit dessen Hilfe die Geräusche des Windes nachgeahmt werden.* **2.** (Film) *Maschine, mit der künstlich Wind erzeugt wird.*

Wind|mes|ser, der: *Messgerät zur Bestimmung der Geschwindigkeit des Windes; Anemometer.*

Wind|mo|tor, der; -s, -en, auch: -e: *Windrad.*

Wind|müh|le, die: *Mühle (1 a), die mithilfe großer, an einem Rad befestigter Flügel (2 b) durch den Wind angetrieben wird:* eine alte, holländische W.; * *gegen -n/mit -n kämpfen* (*einen aussichtslosen, sinnlosen Kampf führen; nach einem Abenteuer des Don Quichotte*).

Wind|müh|len|flü|gel, der: *Flügel (2 b) einer Windmühle:* * *gegen W./mit -n kämpfen* (↑ Windmühle).

Win|dow ['wɪndoʊ], das; -[s], -s [engl. window, eigtl. = Fenster (1 a), < mengl. windoge, windowe, aus dem Anord.] (EDV): *Fenster (3).*

Win|dows® ['wɪndoʊz], das; -; meist o. Art. gebr. [Pl. von engl. window, ↑ Window] (EDV): *ein weitverbreitetes Betriebssystem.*

Win|dow|shop|ping, das; -s [engl. window-shopping, zu ↑ Shopping]: *Schaufensterbummel:* W. machen.

Wind|park, der: *Gelände mit mehreren Windkraftanlagen:* der W. soll 200 Gigawattstunden Strom pro Jahr liefern.

Wind|po|cken ⟨Pl.⟩: *bes. bei Kleinkindern auftretende Infektionskrankheit mit einem Hautausschlag in Form kleiner, roter Flecken u. Bläschen:* W. haben, bekommen.

Wind|rad, das: *Kraftmaschine zum Antreiben anderer Maschinen, Generatoren o. Ä., die ihrerseits mithilfe verschieden geformter, an einem Rad befestigter Flügel (2 b) durch den Wind angetrieben wird.*

Wind|räd|chen, das: *Spielzeug für kleine Kinder, bei dem sich ein drehbar an einem Stöckchen befestigtes kleines Rad mit Flügeln (2 b) aus leichtem, buntem Material im Wind dreht.*

Wind|rich|tung, die: *Richtung, aus der ein Wind weht:* die W. bestimmen.

Wind|rös|chen, das: *Anemone.*

Wind|ro|se, die: *[die Darstellung erinnert entfernt an eine Rosenblüte]: (bes. auf einem Kompass) auf einem Kreis, einer runden Scheibe eingezeichnete sternförmige Darstellung der Himmelsrichtungen, die häufig auch mit einer kreisförmig angeordneten Gradeinteilung versehen ist.*

Wind|sack, der: *an einem Mast drehbar angebrachter, leicht konisch geformter, an beiden Seiten offener Sack, der (bes. an Autobahnen u. Flugplätzen) die Windrichtung u. -stärke anzeigt.*

Winds|braut, die; -⟨nur mit best. Art.⟩ [mhd. windesbrut, ahd. wintes prūt, eigtl. = Braut, Geliebte des Windes; im alten Volksglauben wurde der Wirbelwind mit als weibliches Wesen aufgefasst] (dichter.): *Wirbelwind; heftig brausender Wind.*

Wind|schat|ten, der ⟨Pl. selten⟩: *windgeschützte Seite; windgeschützter Bereich:* der W. eines Berges, Waldes; im W. eines Lastwagens fahren.

wind|schief ⟨Adj.⟩ [eigtl. = gewunden schief (auf Bäume mit Drehwuchs bezogen), zu ↑ winden]: **1.** (oft abwertend) *nicht [mehr] richtig gerade, aufrecht, sondern schief verzogen:* eine -e Hütte; die Pfosten stehen ganz w. **2.** (Geom.) *(von Geraden im Raum) nicht parallel u. sich nicht schneidend.*

wind|schlüp|fig, wind|schnit|tig ⟨Adj.⟩: *eine Form aufweisend, die dem Wind, einem Luftstrom nur geringen Widerstand bietet:* ein -es Modell; eine w. gebaute Karosserie.

Wind|schutz, der: **a)** ⟨o. Pl.⟩ *Schutz vor der Einwirkung des Windes:* die Hütte steht im W. des Hügels; **b)** *etw., was einen Windschutz (a) bietet.*

Wind|schutz|schei|be, die: *vordere Scheibe eines Kraftfahrzeugs; Frontscheibe:* die W. reinigen; er prallte mit dem Kopf gegen die W.

Wind|sei|te, die: *dem Wind zugekehrte Seite:* die W. eines Hauses.

Wind|spiel, das [mhd. wintspil, aus: wint (↑ Windhund) u. spil, ↑ Spiel]: **1.** *Windhund (bes. einer kleineren Rasse).* **2.** *Mobile, dessen bewegliche Teile beim Anstoßen Töne erzeugen.*

Wind|stär|ke, die: *(in verschiedene Stufen eingeteilte) Stärke des Windes:* zurzeit herrscht, haben wir W. 4.

wind|still ⟨Adj.⟩: *ohne Luftbewegung, Wind:* ein -er Tag; es war völlig w.

Wind|stil|le, die; -, -n: *das Fehlen jeder Luftbewegung.*

Wind|stoß, der: *plötzlich auftretende, starke Luftbewegung.*

wind|sur|fen ⟨sw. V.⟩; meist im Inf. gebr.⟩: *Windsurfing betreiben, surfen (2 a).*

Wind|sur|fer, der: *jmd., der Windsurfing betreibt.*

Wind|sur|fe|rin, die: w. Form zu ↑ Windsurfer.

Wind|sur|fing, das: *das Segeln auf einem mit einem Segel ausgerüsteten Surfbrett.*

Wind|tur|bi|ne, die: vgl. Windrad.

Win|dung, die; -, -en: **1. a)** *Bogen des unregelmäßig gekrümmten Verlaufs von etw.:* die -en eines Baches, des Darms; der Weg macht zahlreiche -en, führt in -en (Serpentinen) ins Tal; **b)** *kreisförmiger Bogen des spiralförmigen Verlaufs von etw.:* die -en einer Spule; die -en der um die Säulen geschlungenen Girlanden; die Treppe führt in engen -en in den ersten Stock hinauf. **2.** (seltener) *schlangenartige Bewegung:* die -en eines Wurmes beobachten.

Wind|ver|hält|nis|se ⟨Pl.⟩: *durch die Art, Stärke, Richtung o. Ä. des Windes gegebene Verhältnisse, davon abhängiger Zustand:* es herrschten günstige, ideale W.

Wind|wurf, der: *Windbruch:* die Baumbestände sind zunehmend anfällig für W. und Krankheiten.

Wind|zug, der ⟨o. Pl.⟩: vgl. Luftzug.

Win|gert, der; -s, -e [mundartl. Form von ↑ Weingarten] (westmd., schweiz.): Weinberg, -garten.

Wing|let, das; -s, -s [engl. winglet, zu: wing = Flügel u. eigtl. = Flügelchen] (Flugzeugbau): *an den Enden der Tragflächen von Flugzeugen angebrachte, nach oben od. unter gerichtete Verlängerungen, die die Wirbelbildung reduzieren u. dadurch die aerodynamischen (b) Eigenschaften verbessern.*

Wink, der; -[e]s, -e [mhd. wink, ahd. winch, zu ↑ winken]: **1.** *durch eine Bewegung bes. der Hand, der Augen, des Kopfes gegebenes Zeichen, mit dem jmdm. etw. angedeutet, ein Hinweis o. Ä. gegeben wird:* ein kurzer, kleiner, wortloser, unmissverständlicher, deutlicher, stummer W.; ein W. mit den Augen, mit den Daumen. **2.** *Äußerung, mit der jmd., meist unauffällig, auf etw. hingewiesen, auf etw. aufmerksam gemacht wird; Fingerzeig:* ein wichtiger W.; nützliche -e (Hinweise, Ratschläge) für die Hausfrau; jmdm. einen W. geben; von jmdm. einen W. bekommen, erhalten; jmds. W. dankbar aufgreifen, befolgen; Ü ein W. des Schicksals *(ein Ereignis, Vorkommnis o. Ä., das als nützlicher Hinweis, als Warnung aufgefasst wird);* * *ein W. mit dem Zaunpfahl* (scherzh.; *indirekter, aber sehr deutlicher Hinweis; überaus deutliche Anspielung).*

win|ke: in der Verbindung **w., w. machen** (Kinderspr.; *mit der Hand winken* 1 a: mach schön w., w.!)

Win|kel, der; -s, - [mhd. winkel, ahd. winkil, eigtl. = Biegung, Krümmung; Knick, verw. mit ↑ winken]: **1.** (Math.) *geometrisches Gebilde aus zwei von einem Punkt ausgehenden u. in einer Ebene liegenden Geraden:* ein spitzer, stumpfer, rechter W.; ein gestreckter W.; die beiden Linien bilden einen W. von 45°; einen W. messen, konstruieren, übertragen, verschieben; die Schenkel eines -s; die Geraden, die Straßen treffen sich in einem W. von über 75°; die Straße biegt dort in scharfem W. nach Norden ab; * **toter W.** (*Gesichtswinkel a, aus dem heraus etw. Bestimmtes nicht wahrgenommen werden kann:* der Außenspiegel muss so eingestellt sein, dass kein toter W. entsteht). **2.** *Ecke, auch Nische eines Raumes:* die Lampe leuchtet alle W. des Raumes gut aus; er suchte in allen -n. **3.** *etwas abgelegene, verborgene Gegend:* ein stiller, malerischer W.; er kannte die entlegensten W. des Landes; sie kamen aus den entferntesten -n; Ü im verborgensten W. seines Herzens. **4.** Kurzf. von ↑ Winkelmaß (2). **5.** *militärisches Dienstgradabzeichen von der Form eines spitzen Winkels (1).* **6.** (landsch.) (*bes. in Kleidungsstücken*) *Riss in Form eines rechten Winkels (1).*

Win|kel|ad|vo|kat, der [eigtl. = der im Winkel (= heimlich u. unbefugt) arbeitende Advokat] (abwertend): *Anwalt, der [ohne rechtliche*

Befugnis] mit fragwürdigen Mitteln [ohne die erforderlichen Kenntnisse] arbeitet.

Win|kel|ad|vo|ka|tin, die: w. Form zu ↑ Winkeladvokat.

Win|kel|ei|sen, das (Technik): **1.** *Profilstahl, der im Querschnitt einen Winkel (1) aufweist.* **2.** *Flacheisen, das in einem Winkel (1) gebogen ist u. bes. als Beschlag zum Schutz von Ecken dient.*

win|kel|för|mig ⟨Adj.⟩: *die Form eines Winkels (1) aufweisend.*

Win|kel|funk|ti|on, die (Math.): *Funktion (2) eines Winkels (1) im rechtwinkligen Dreieck, die durch das Verhältnis zweier Seiten dieses Dreiecks ausgedrückt ist.*

Win|kel|ha|ken, der: **1.** *(Druckw.) beim Handsatz zum Setzen einzelner Zeilen verwendeter Rahmen aus Metall in Gestalt einer winkelförmigen, die Lettern aufnehmenden Schiene mit einem fest stehenden Endstück u. einem verschiebbaren Teil zum Einstellen der Breite einer Zeile.* **2.** (landsch.) *Winkel* (6).

Win|kel|hal|bie|ren|de, die/eine Winkelhalbierende; der/einer Winkelhalbierenden, die Winkelhalbierenden/zwei Winkelhalbierende (Math.): *vom Scheitel (3a) eines Winkel (1) ausgehender Strahl (4), der den Winkel in zwei gleiche Teile teilt.*

win|ke|lig, winklig ⟨Adj.⟩ [älter: winklicht]: *viele Winkel (2) aufweisend:* ein altes, -es Haus; eine -e Wohnung; ein -es Städtchen.

Win|kel|klam|mer, die: *Klammer (2a) von der Form eines Winkels (1).*

Win|kel|maß, das: **1.** *Maßeinheit des Winkels (1):* das W. ist der Grad. **2.** *Gerät zum Zeichnen u. Messen von Winkeln (1) in Form eines rechtwinkligen Dreiecks aus Holz, Metall o. Ä.*

Win|kel|mes|ser, der: *Gerät zum Messen u. Übertragen von Winkeln (1), meist mit einer [halb]kreisförmigen Skala mit Einteilung in Grade (3a).*

Win|kel|mess|ge|rät, das: *Gerät zur Bestimmung, Messung eines Winkels (1).*

Win|kel|mess|in|stru|ment, das: vgl. Winkelmessgerät.

win|keln ⟨sw. V.; hat⟩: *zu einem Winkel (1) beugen, biegen:* die Arme, ein Bein w.; mit stark gewinkeltem Handgelenk.

Win|kel|schlei|fer, der: *Elektrowerkzeug zum Schleifen, bei dem die Rotationsachse der Schleifscheibe in einem Winkel von ca. 90° zur Längsachse des Griffs verläuft.*

Win|kel|stahl, der (Technik): *Winkeleisen.*

win|kel|treu ⟨Adj.⟩ (Math.): *Winkeltreue aufweisend, auf Winkeltreue beruhend.*

Win|kel|treue, die (Math.): *(bes. bei bestimmten Kartennetzentwürfen) genaue Übereinstimmung der Winkel geometrischer Figuren, Abbildungen.*

◆ **win|kel|zie|hend** ⟨Adj.⟩: *auf Winkelzügen basierend; undurchsichtig (2):* ... in dem das Gericht wegen arglistiger und -er Einwendungen der Gegenpart seiner Aussagen und Erörterungen ... bedürfe (Kleist, Kohlhaas 77).

Win|kel|zug, der ⟨meist Pl.⟩: *schlaues, nicht zu durchschauendes Vorgehen zur Erreichung eines bestimmten, dem eigenen Interesse dienenden Ziels:* geschickte, undurchsichtige, krumme, juristische Winkelzüge; sie macht gern Winkelzüge; er hat sich durch einen raffinierten W. aus der Affäre gezogen; Die neue Zeit, sagte er sich, dürfe nicht mit Winkelzügen beginnen (Becker, Tage 34).

win|ken ⟨unr. V.; hat; 2. Part. gewinkt, auch, bes. ugs.: gewunken⟩ [mhd. , ahd. winken = schwanken, winken, eigtl. = sich biegen, schwankende Bewegungen machen]: **1. a)** *durch Bewegungen bes. mit der Hand od. einem darin gehaltenen* Gegenstand ein Zeichen geben: freundlich, mit der Hand, einem Taschentuch, zum Abschied w.; sie winkte schon von Weitem zur Begrüßung; Kinder standen am Straßenrand und winkten mit Fähnchen; sie winkte nur leicht [mit dem Kopf, mit den Augen], und sofort verließen sie den Raum; **b)** *jmdn. durch eine Handbewegung auffordern heranzukommen:* dem Kellner w.; sie winkte einem Taxi; **c)** *durch eine od. mehrere Bewegungen mit der Hand od. einem darin gehaltenen Gegenstand veranlassen, sich irgendwohin zu bewegen:* jmdn. zu sich w.; der Polizist winkte den Wagen zur Seite; **d)** *etw. durch eine od. mehrere Bewegungen mit der Hand od. einem darin gehaltenen Gegenstand bedeuten, anzeigen:* jmdm. w., sich still zu verhalten, zu schweigen; der Linienrichter winkte Abseits. **2.** *für jmdn. in Aussicht stehen, jmdm. geboten werden:* dem Sieger winkt ein wertvoller Preis.

Win|ker, der; -s, -: *(früher bei Kraftfahrzeugen) hochklappbarer od. sich auf u. ab bewegender Fahrtrichtungsanzeiger in Form eines kleinen Arms (2).*

Win|ke|rei, die; - (oft abwertend): *[dauerndes] Winken* (1).

Win|ker|flag|ge, die (Seew.): *Flagge, mit der bestimmte Signale gegeben werden.*

wink|lig: ↑ winkelig.

Win|se|lei, die; -, -en (abwertend): *[dauerndes] Winseln.*

win|seln ⟨sw. V.; hat⟩ [mhd. winseln, Intensivbildung zu: winsen, ahd. winsōn, wohl lautm.]: **1.** *(vom Hund) hohe, leise klagende Laute von sich geben:* der Hund winselte vor der Tür. **2.** (abwertend) *in unwürdiger Weise um etw. flehen:* um Gnade w.; sie sollten ihn in Ruhe lassen, winselte er.

◆ **Wins|pel,** der; -s, - [Nebenf. von: Wispel, aus dem Niederd., entstellt aus mniederd. wīch-, wīkscheffel, 1. Bestandteil mniederd. wīk, und die wīh (↑ Weichbild), 2. Bestandteil mniederd. schepel = Scheffel]: *Hohlmaß für Getreide:* Ich muss jetzt auf den Markt; ich habe zwei W. Roggen hereingeschickt; ... und hätte er sonst, kann er gleichfalls haben (Lessing, Minna I, 12).

Win|ter, der; -s, - [mhd. winter, ahd. wintar, H. u.]: *Jahreszeit zwischen Herbst u. Frühling als kälteste Zeit des Jahres, in die die Natur abgestorben ist:* ein langer, kurzer, kalter, harter, strenger, schneereicher, nasser, trockener, milder W.; es ist tiefer W.; der W. kommt, dauert lange; der W. geht langsam zu Ende; es ist W. wie Sommer *(das ganze Jahr über)* mit dem Fahrrad unterwegs; den W. über, den ganzen W. lang waren sie im Süden; den W. in den Bergen verbringen; wir sind jetzt schon den dritten W. hier; die Freuden des -s; gut durch den W. kommen; er ist W. für W. *(jedes Jahr im Winter)* hier; es war im W. 1998/99, mitten im W. oder W. verreisen; vor dem nächsten W., vor W. nächsten Jahres, dieses Jahres wird die Brücke nicht fertig; über den W., den W. über bleibt er hier.

Win|ter|abend, der: *Abend im Winter.*

Win|ter|an|fang, der: *Anfang, Beginn des Winters (am 20. u. 23. Dezember.*

Win|ter|ap|fel, der: *Apfel, der sich bei entsprechender Lagerung den Winter über hält.*

Win|ter|aus|rüs|tung, die: *für winterliches Wetter, winterliche Temperaturen geeignete Ausrüstung, bes. für Autos.*

Win|ter|bau, der ⟨o. Pl.⟩: *das Bauen im Winter.*

Win|ter|dienst, der: **a)** *Dienst (2) zur Gewährleistung eines reibungslosen Ablaufs des Verkehrs auf öffentlichen Straßen bei Schnee u. Eis;* **b)** *Gesamtheit der Maßnahmen, die vom Winterdienst (a) ergriffen werden.*

Win|ter|ein|bruch, der: *plötzlicher Beginn des Winters.*

Win|ter|en|di|vie, die: *Endivie mit breiten, nicht gekrausten Blättern.*

Win|ter|fahr|plan, der: *während des Winterhalbjahres geltender Fahrplan (1).*

Win|ter|fell, das: vgl. Winterkleid (2a).

win|ter|fest ⟨Adj.⟩: **1.** *für winterliches Wetter mit Schnee, Frost o. Ä. geeignet:* -e Kleidung; eine -e Blockhütte. **2.** *winterhart.*

Win|ter|flug|plan, der: vgl. Winterfahrplan.

Win|ter|frucht, die: *Wintergetreide.*

Win|ter|gar|ten, der: *heller, heizbarer Raum od. Teil eines Raums (wie Erker o. Ä.) mit großen Fenstern od. Glaswänden [für die Haltung von Zimmerpflanzen].*

Win|ter|ge|trei|de, das (Landwirtsch.): *winterhartes Getreide, das im Herbst gesät u. im Sommer des folgenden Jahres geerntet wird.*

Win|ter|grün, das; -s: *als Kraut od. kleiner Halbstrauch wachsende Pflanze mit immergrünen Blättern u. kleinen, einzeln od. in Trauben wachsenden Blüten.*

Win|ter|ha|fen, der: *Hafen, der auch im Winter eisfrei, befahrbar ist.*

Win|ter|halb|jahr, das: *die Wintermonate einschließende Hälfte des Jahres.*

win|ter|hart ⟨Adj.⟩ (Bot.): *(von Pflanzen) winterliche Witterung gut zu überstehen vermögend.*

Win|ter|hilfs|werk, das (nationalsoz.): *Hilfswerk zur Beschaffung von Kleidung, Heizmaterial u. Nahrungsmitteln für Bedürftige im Winter.*

Win|ter|jas|min, der: *Jasmin (1).*

Win|ter|kar|tof|fel, die: *Kartoffelsorte, die sich zum Einkellern für den Winter eignet.*

Win|ter|kleid, das: **1.** *warmes Kleid für den Winter.* **2. a)** *längere, dichtere [andersfarbige] Behaarung vieler Säugetiere im Winter;* **b)** *Gefieder einiger Vogelarten im Winter im Unterschied zum andersfarbigen Gefieder im Sommer (z. B. beim Schneehuhn).*

Win|ter|klei|dung, die: vgl. Winterkleid (1).

Win|ter|kohl, der: *Grünkohl.*

Win|ter|kol|lek|ti|on, die: vgl. Herbstkollektion.

Win|ter|kur|ort, der: *Kurort für den Winter, an dem auch Wintersport getrieben werden kann.*

Win|ter|land|schaft, die: *winterliche Landschaft; Schneelandschaft.*

win|ter|lich ⟨Adj.⟩ [mhd. winterlich, ahd. wintarlih]: **a)** *zur Zeit des Winters üblich, herrschend:* -e Temperaturen, Kälte; eine -e *(mit Schnee bedeckte)* Landschaft; es ist w. [kalt]; **b)** *dem Winter gemäß, dafür angebracht, passend:* -e Kleidung; sich w. anziehen; **c)** *im Winter stattfindend, sich ereignend, vorkommend:* ein -es Gewitter; der -e Verkehr setzt ein.

Win|ter|ling, der; -s, -e: *(zu den Hahnenfußgewächsen gehörende) im Winter blühende Pflanze mit handförmig geteilten Blättern u. gelben od. weißen Blüten.*

Win|ter|luft, die ⟨o. Pl.⟩: *winterliche Luft: kalte, klare W.*

Win|ter|man|tel, der: vgl. Winterkleid.

Win|ter|mo|de, die: *Mode für den Winter.*

Win|ter|mo|nat, der: **a)** ⟨o. Pl.⟩ (veraltet) *Dezember;* **b)** *einer der ins Winterhalbjahr fallenden Monate, bes. Dezember, Januar, Februar.*

Win|ter|mond, der (veraltet): *Wintermonat (a).*

Win|ter|mor|gen, der: vgl. Winterabend.

win|tern ⟨sw. V.; hat; unpers.⟩ [mhd. winteren, ahd. wintaran] (selten): *Winter werden.*

Win|ter|nacht, die: vgl. Winterabend.

win|ter|of|fen ⟨Adj.⟩: *auch während der Wintermonate für den Verkehr geöffnet:* -e Pässe.

Win|ter|olym|pi|a|de, die: *im Winter in den Disziplinen des Wintersports stattfindende Olympiade.*

Win|ter|pau|se, die: vgl. Sommerpause.

Win|ter|quar|tier, das: **1.** *Standquartier von Truppen während der Wintermonate.* **2.** *Ort, an dem sich bestimmte Tiere während der Wintermonate aufhalten.* **3.** *Quartier, in dem sich ein Zirkus während des Winters aufhält.*
Win|ter|rei|fen, der: *den Straßenverhältnissen u. Witterungsbedingungen in den Wintermonaten angepasster Autoreifen mit grobem Profil.*
Win|ter|rog|gen, der: vgl. Wintergetreide.
Win|ter|ru|he, die (Zool.): *nicht allzu tiefer, zur Nahrungsaufnahme öfter unterbrochener Ruhezustand bei verschiedenen Säugetieren während der Wintermonate.*
win|ters ⟨Adv.⟩ [mhd. (des) winters, ahd. winteres]: *im Winter; während des Winters.*
Win|ter|saat, die: **1.** *Saatgut von Wintergetreide, das im Herbst gesät wird.* **2.** *aufgegangene Pflanzen der Wintersaat* (1): *die W. steht gut, ist ausgefroren.*
Win|ter|sa|chen ⟨Pl.⟩: *Winterkleidung.*
Win|ter|sai|son, die: *Saison während der Wintermonate.*
Win|ter|schlaf, der (Zool.): *schlafähnlicher Zustand, in dem sich manche Säugetiere im Winter befinden.*
Win|ter|schluss|ver|kauf, der: *im Winter stattfindender Schlussverkauf.*
Win|ter|se|mes|ter, das: *im Winterhalbjahr liegendes Semester.*
Win|ter|son|ne, die: *winterliche* (a) *Sonne:* eine matte, bleiche W.
Win|ter|son|nen|wen|de, die: *Zeitpunkt, an dem die Sonne während ihres jährlichen Laufs ihren tiefsten Stand erreicht.*
Win|ter|speck, der ⟨o. Pl.⟩ (ugs. scherzh.): *während der Wintermonate höher gewordenes Körpergewicht, größer gewordenes Fettpolster:* ich muss jetzt dringend etwas gegen den W. tun.
Win|ter|spie|le ⟨Pl.⟩: *im Winter abgehaltene Wettkämpfe der Olympischen Spiele:* die Olympischen W.
Win|ter|sport, der: *auf Eis u. Schnee bes. während der Wintermonate betriebener Sport.*
Win|ter|sport|art, die: *Disziplin* (3) *des Wintersports.*
Win|ter|sport|ge|biet, das: *für Wintersport geeignetes Gebiet.*
Win|ter|sport|ler, der: *jmd., der Wintersport betreibt.*
Win|ter|sport|le|rin, die: w. Form zu ↑ Wintersportler.
Win|ter|sport|ort, der: *Ort mit Angeboten, Möglichkeiten für Wintersport.*
Win|ter|star|re, die (Zool.): *schlafähnlicher, völlig bewegungsloser Zustand, in dem sich wechselweise Tiere während der Wintermonate befinden.*
win|ters|über ⟨Adv.⟩: *den Winter über:* w. wohnen sie in der Stadt.
Win|ters|zeit, die: ↑ Winterzeit.
Win|ter|tag, der: *Tag im Winter:* ein klarer, grauer, sonniger, kalter W.
win|ter|taug|lich ⟨Adj.⟩: *winterfest* (1): eine -e Ausrüstung; -e Reifen.
Win|ter|typ, der (Mode): *jmd., dem klare, kalte Farben gut stehen.*
Win|ter|ur|laub, der: *Urlaub im Winter:* den W. im Gebirge verbringen.
Win|ter|vor|rat, der: *Vorrat für die Wintermonate.*
Win|ter|wei|de, die: ²*Weide, auf der das Vieh auch während der Wintermonate weiden kann.*
Win|ter|wet|ter, das ⟨o. Pl.⟩: *kaltes Wetter, wie es im Winter herrscht.*
Win|ter|zeit, Winterszeit, die: **1.** *Zeit, in der es Winter ist.* **2.** *Normalzeit im Vergleich zur Sommerzeit* (2).
Win-win-Si|tu|a|ti|on [auch: wɪnˈwɪn...], die

[nach engl. win-win-situation, zu: win-win = für jede Seite vorteilhaft, zu: to win = gewinnen] (bes. Wirtsch.): *Situation, Gegebenheit, Konstellation, die für alle Beteiligten Vorteile bietet.*
Win|zer, der; -s, - [spätmhd. winzer, mhd. winzürl, ahd. winzuril < lat. vinitor = Weinleser, zu: vinum = Wein]: *jmd., der Wein anbaut, aus den Trauben Wein herstellt u. verkauft.*
Win|zer|dorf, das: *vorwiegend von Winzern bewohntes Dorf.*
Win|zer|ge|nos|sen|schaft, die: *Genossenschaft, zu der sich Winzer zusammengeschlossen haben.*
Win|ze|rin, die; -, -nen: w. Form zu ↑ Winzer.
Win|zer|mes|ser, das: ¹Hippe (1).
Win|zer|sekt, der: *von einem Winzer, einer Winzerin hergestellter hochwertiger Sekt.*
win|zig ⟨Adj.⟩ [mhd. winzic, intensivierende Bildung zu ↑¹wenig]: *überaus klein; von erstaunlich geringer Größe:* ein -es Bild, Zimmer; die -en Fäustchen eines Babys; ein w. *(außerordentlich) kleines Tier;* eine -e *(sehr geringe)* Menge; ein -er *(sehr kurzer)* Augenblick; von hier oben sieht alles w. aus.
Win|zig|keit, die; -, -en: **1.** ⟨o. Pl.⟩ *das Winzigsein, winzige Beschaffenheit.* **2.** (ugs.) *völlig unbedeutende, unwichtige Sache; winzige Kleinigkeit:* mit solchen -en gibt er sich gar nicht ab.
Winz|ling, der; -s, -e (salopp): *winzige Person od. Sache.*
Wip|fel, der; -s, - [mhd. wipfel, ahd. wiphil, zu mhd. wipfen (↑wippen), eigtl. = das Hin-und-her-Schwingende]: *oberer Teil der Krone, Spitze eines meist hohen Baumes:* die im Winde rauschenden, schwankenden W.
Wip|pe, die; -, -n [aus dem Niederd., rückgeb. aus ↑wippen]: *(als Spielgerät für Kinder) aus einem in der Mitte auf einem Ständer aufliegenden, kippbar angebrachten Balken, Brett o. Ä. bestehende Schaukel, auf deren beiden Enden sitzend man wippend auf u. ab schwingt:* beide Kinder sind von der W. gefallen.
wip|pen (sw. V.; hat) [aus dem Niederd. < mniederd. wippen (= mhd. wipfen) = springen, hüpfen]: **a)** *auf einer Wippe, einer federnden Unterlage o. Ä. auf u. ab schwingen:* die Kinder wippten auf dem überstehenden Brett; er ließ das Kind auf seinen Knien w.; **b)** *sich federnd, ruckartig auf u. ab bewegen:* auf den Zehen, in den Knien w.; **c)** *federnd, ruckartig auf u. ab, hin u. her bewegen, schwingen lassen:* mit dem Fuß w.; der Vogel wippt mit dem Schwanz; ⟨selten auch mit Akk.-Obj.:⟩ er begann langsam das Bein zu w.; **d)** *in federnde, ruckartige, auf u. ab, hin u. her schwingende kurze Bewegungen geraten:* ihre Brüste wippten bei jedem Schritt.
Wipp|schau|kel, die: Wippe.
wir ⟨Personalpron.; 1. Pers. Pl. Nom.⟩ [mhd., ahd. wir]: **1.** *steht für mehrere Personen, zu denen die eigene gehört, für einen Kreis von Menschen, in den die eigene Person eingeschlossen ist:* w. kommen sofort; w. schenken es euch; w. Deutschen/(veraltend:) Deutsche; w. klugen Menschen; w. Erwachsenen; w. beide, drei; w. anderen gehen zu Fuß; ⟨Gen.:⟩ sie erinnerten sich unser; in unser aller Namen; ⟨Dativ:⟩ er hat uns alles gesagt; hier wird w. ganz unten sein; von uns erfährst du nichts; ⟨Akk.:⟩ er hat uns gesehen; für uns gilt dies nicht. **2.** **a)** (als Pluralis Modestiae): im nächsten Kapitel werden w. auf diese Frage noch einmal zurückkommen; **b)** (als Pluralis Majestatis, in Großschreibung): Wir, Kaiser von Österreich. **3.** (fam.) in vertraulicher Anrede, bes. gegenüber Kindern u. (veraltend) Patient(inn)en; du, ihr, Sie: das wollen w. doch vermeiden, Kinder; nun, wie fühlen w. uns denn heute?
wirb: ↑ werben.

Wir|bel, der; -s, - [mhd. wirbel, ahd. wirbil, zu ↑ werben in der alten Bed. »sich drehen«]: **1. a)** *sehr schnell um einen Mittelpunkt kreisende Bewegung von Wasser, Luft o. Ä.:* der Strom hat starke W.; der Rauch steigt in dichten -n auf; Ü sie wollte sich nicht vom W. der Leidenschaften fortreißen lassen; **b)** *sehr schnell ausgeführte Bewegungen, bes. Drehungen:* ein schwindelnder W. beendete den Tanz der Eisläuferin; alles drehte sich in einem W. um ihn. **2. a)** *rasche, verwirrende Aufeinanderfolge; hektisches Durcheinander, Trubel:* der wilde W. von Ereignissen, Zwischenfällen verwirrte ihn völlig; **b)** *großes Aufsehen; Aufregung, die um jmdn., etw. entsteht:* [einen] W. um jmdn., etw. machen; er hat sich ohne großen W. aus der Öffentlichkeit zurückgezogen. **3.** Kurzf. von ↑ Haarwirbel: * ♦ **vom W. bis zur Sohle/zur Zehe** (↑ Scheitel 1 b: ...du, den Ungerechtigkeit selbst, vom W. bis zur Sohle erfüllt [Kleist, Kohlhaas 44]; ...vom W. bis zur Zehe füllt mich an mit Tigers Grimm [Schiller, Macbeth I, 10]). **4.** *einzelner, mit mehreren Fortsätzen versehener, runder, das Rückenmark umschließender Knochen der Wirbelsäule:* sich einen W. verletzen, brechen. **5.** *kleiner, drehbar in einem entsprechenden Loch sitzender Pflock, Stift, um den bei Saiteninstrumenten das eine Ende einer Saite gewickelt ist u. mit dessen Hilfe die entsprechende Saite gespannt u. gestimmt wird:* die W. anziehen, lockern. **6.** *(bei Schlaginstrumenten) schnelle Aneinanderfolge kurzer gleichmäßiger Schläge mit beiden Schlägeln* (3): auf der Trommel, der Pauke einen W. schlagen.
Wir|bel|bo|gen, der (Anat.): *ringförmiger Teil eines Wirbels* (4), *der das Rückenmark nach hinten umgibt.*
wir|be|lig, wirblig ⟨Adj.⟩: **1. a)** *quirlig; äußerst lebhaft u. unruhig:* ein -es Kind; **b)** *durch hektisches Getriebe, großen Trubel gekennzeichnet:* die -e Faschingszeit. **2.** *schwindlig* (1); *wirr; konfus:* vor Freude w. sein.
Wir|bel|kas|ten, der (Musik): *am Ende des ¹Halses* (3 b) *bestimmter Saiteninstrumente unterhalb der Schnecke* (5) *befindliche Öffnung, durch die quer die Wirbel* (5) *geführt sind.*
Wir|bel|kno|chen, der (Anat.): *einzelner Knochen der Wirbelsäule;* Wirbel (4).
Wir|bel|kör|per, der (Anat.): *nach vorn liegender kompakter Teil eines Wirbels* (4), *von dem zwei nach hinten gerichtete Teile des Wirbelbogens mit verschiedenen Fortsätzen ausgehen.*
wir|bel|los ⟨Adj.⟩ (Zool.): *keine Wirbel* (4), *keine Wirbelsäule aufweisend; zu den Wirbellosen gehörend:* -e Tiere.
Wir|bel|lo|se, die; -n, -n die Wirbellosen/einige Wirbellose ⟨Pl.⟩ (Zool.): *Tiere ohne Wirbel* (4), *ohne Wirbelsäule.*
wir|beln (sw. V.): **1. a)** ⟨ist⟩ *sich in Wirbeln* (1 a) *bewegen:* an den Pfeilern wirbelt das Wasser; die Schneeflocken wirbelten immer dichter; **b)** ⟨ist⟩ *sich schnell, heftig bewegen:* die Absätze der Tänzerin wirbelten; bei der Explosion wirbelten ganze Dächer durch die Luft; **c)** ⟨hat/ist⟩ *sich in schnell drehender, kreisender Bewegung befinden:* die Schiffsschraube wirbelte immer schneller; er betrachtete die wirbelnden Räder der Maschine; Ü ihm wirbelte der Kopf *(ihm war schwindlig)*. **2.** ⟨ist⟩ *sich mit sehr schnellen, hurtigen, lebhaften Bewegungen irgendwohin bewegen:* die Pferde wirbeln über die Steppe; die tanzenden Paare wirbelten durch den Saal. **3.** ⟨hat⟩ *in schnelle [kreisende] Bewegung versetzen, in schneller Drehung irgendwohin bewegen:* der Wind wirbelte die Blätter durch die Luft; er wirbelte seine Partnerin über die Tanzfläche. **4.** ⟨hat⟩ *einen Wirbel* (6) *ertönen lassen:* die Trommler begannen zu w.

Wir|bel|säu|le, die: *aus gelenkig durch Bänder u. Muskeln miteinander verbundenen Wirbeln* (4) *u. den dazwischenliegenden Bandscheiben gebildete Achse des Skeletts bei Wirbeltieren u. Menschen, die dem Schädel trägt u. dem Rumpf als Stütze dient.*
Wir|bel|säu|len|gym|nas|tik, die: *Gymnastik zur Kräftigung, Lockerung o. Ä. der Wirbelsäule.*
Wir|bel|säu|len|ver|krüm|mung, die (Med.): *Verformung der Wirbelsäule entlang ihrer Längsrichtung.*
◆ **wir|bel|sin|nig** ⟨Adj.⟩ (alemann.): *betäubt; irrsinnig:* ⟨subst.:⟩ *...da stürzte sie einer Wirbelsinnigen gleich den Weg entlang, den der Priester kommen musste* (Gotthelf, Spinne 62).
Wir|bel|strom, der (Elektrot.): *in Wirbeln* (1 a) *verlaufender elektrischer Strom im Innern eines elektrischen Leiters (der durch ein Magnetfeld bewegt wird od. sich in einem veränderlichen Magnetfeld befindet.*
Wir|bel|sturm, der: *(bes. in den Tropen auftretender) starker Sturm, der sich um einen Mittelpunkt kreisend fortbewegt:* ein verheerender, tobender, heftiger W.
Wir|bel|tier, das (Zool.): *Tier mit einer Wirbelsäule, das zwei Paar Gliedmaßen besitzt u. dessen Körper in Kopf u. Rumpf [u. Schwanz] gegliedert ist.*
Wir|bel|wind, der: **1.** *heftiger, in Wirbeln* (1 a) *wehender Wind:* ein W. riss die Blätter vom Boden und trieb sie vor sich her. **2.** *(veraltend, meist scherzh.) lebhafte, heftig u. ungestüm sich bewegende Person (bes. Kind, Jugendlicher):* sie ist ein richtiger W.
wirb|lig: ↑ wirbelig.
wirbst, wirbt: ↑ werben.
wird: ↑ ¹werden.
wirf, wirfst, wirft: ↑ werfen.
Wir|ge|fühl, Wir-Ge|fühl, das ⟨Pl. selten⟩: *Gemeinschafts-, Zusammengehörigkeitsgefühl.*
wir|ken ⟨sw. V.; hat⟩ [mhd., ahd. wirken, wahrsch. zu ↑ Werk]: **1.** *in seinem Beruf, Bereich an einem Ort mit gewisser Einflussnahme tätig sein:* in einem Land als Missionar, Arzt w.; sie wirkt an dieser Schule schon seit 20 Jahren als Lehrerin; ich habe heute schon ganz schön gewirkt (ugs. scherzh.; *emsig u. ergebnisreich gearbeitet*); ⟨subst.:⟩ er kann auf ein langes Wirken zurückblicken. **2.** *(geh.) durch geistige Tätigkeit etw. vollbringen, zustande bringen:* er hat in seinem Leben viel Gutes gewirkt. **3.** *durch eine innewohnende Kraft, aufgrund seiner Beschaffenheit eine bestimmte Wirkung haben, ausüben:* das Medikament wirkt [schmerzstillend, gut, schlecht, nicht]; sein Zuspruch wirkte ermunternd [auf uns]; ihre Heiterkeit wirkte ansteckend; das Getränk wirkte berauschend; der Sturm wirkte verheerend; man muss diese Musik zunächst auf sich w. lassen; diese Drohung hatte [bei ihm] schließlich gewirkt *(hatte eine Verhaltensänderung bewirkt).* **4.** *durch seine Erscheinungsweise, Art einen bestimmten Eindruck auf jmdn. machen:* heiter, fröhlich, traurig, unausgeschlafen, müde, abgespannt, gehetzt w.; neben jmdm. klein, zierlich w.; dieses Vorgehen wirkte rücksichtslos; ein südländisch, sympathisch wirkender Mann. **5.** *nicht unbeachtet bleiben, sondern eine positive Wirkung erzielen; beeindrucken:* die Bilder wirken in den kleinen Räumen nicht; das Muster wirkt nur aus der Nähe; in ihrem Charme wirkt sie [auf andere]. **6. a)** *(Textilien) herstellen durch Verschlingen von Fäden zu Maschen mit speziellen Nadeln, wobei im Unterschied zum Stricken eine ganze Maschenreihe auf einmal gebildet wird:* Pullover, Unterwäsche w.; **b)** *einen Teppich (bes. Gobelin) weben, wobei farbige Figuren u. Muster eingearbeitet werden:* ein gewirkter Teppich. **7.** (landsch.) *durchkneten* (a): den Teig w.
Wir|ker, der; -s, -: *jmd., der Textilien wirkt* (6 a) (Berufsspr.).
Wir|ke|rei, die; -, -en: **1.** ⟨o. Pl.⟩ *Herstellung von Wirkwaren.* **2.** *Betrieb, in dem Wirkwaren hergestellt werden.*
Wir|ke|rin, die; -, -nen: w. Form zu ↑ Wirker.
Wirk|kraft, die: *Wirkungskraft.*
Wirk|leis|tung, die (Elektrot.): *in einem Wechselstromkreis maximal erzielbare Nutzleistung.*
¹wirk|lich ⟨Adj.⟩ [spätmhd. wirklich, mhd. würke[n]lich, würklich, eigtl. = tätig; wirksam; wirkend]: **1.** *in der Wirklichkeit vorhanden; der Wirklichkeit entsprechend:* eine -e Begebenheit; das -e Leben sieht ganz anders aus; der Autor schrieb später unter seinem -en Namen; manchmal ist ein Traum -er *(sagt er mehr über die Wirklichkeit aus)* als die äußerlich greifbaren Dinge; was empfindet, denkt, will er w. *(in Wirklichkeit)?;* die Kinder hörten am liebsten Geschichten, die sich w. zugetragen hatten; sich nicht w., sondern nur zum Schein für etw. interessieren. **2.** *den Vorstellungen, die mit etw. verbunden werden, genau entsprechend; im eigentlichen Sinne:* -e Freunde sind selten; ihr fehlt -e Aufgabe; das war für mich eine -e *(spürbare)* Hilfe; er versteht k- etwas von der Sache.
²wirk|lich ⟨Adv.⟩ [zu: ↑ ¹wirklich]: *dient der Bekräftigung, Verstärkung; in der Tat:* da bin ich w. neugierig; ich weiß w. nicht, wo er ist; w., so ist es!; nein, w.? *(ist das so?);* darauf kommt es nun w. *(ganz bestimmt)* [nicht] an; er ist es w. *(jetzt erkenne ich ihn);* ich habe nicht w. (ugs.; *eigentlich nicht*) damit gerechnet; Dieser Mann konnte unheimlich nett sein, also w. (M. Walser, Seelenarbeit 79).
Wirk|lich|keit, die; -, -en [spätmhd. wirkelicheit]: *[alles] das, Bereich dessen, was als Gegebenheit, Erscheinung wahrnehmbar, erfahrbar ist:* die raue, harte, heutige, gesellschaftliche, politische W.; die graue W. des Alltags; sein Traum ist W. geworden *(hat sich verwirklicht);* die W. verfälschen, entstellen, verklären; unsere Erwartungen blieben hinter der W. zurück *(erfüllten sich nicht ganz);* in W. *(wie sich die Dinge verhalten)* ist alles ganz anders; sich mit der W. auseinandersetzen.
wirk|lich|keits|fern ⟨Adj.⟩: *wirklichkeitsfremd.*
Wirk|lich|keits|form, die (Sprachwiss.): *Indikativ.*
wirk|lich|keits|fremd ⟨Adj.⟩: *nicht an der Wirklichkeit u. ihren [gerade geltenden] Forderungen orientiert:* -e Ideale; als w. gelten.
wirk|lich|keits|ge|treu ⟨Adj.⟩: *der Wirklichkeit genau entsprechend:* eine -e Schilderung, Zeichnung.
Wirk|lich|keits|mensch, der: *Realist* (1).
wirk|lich|keits|nah ⟨Adj.⟩: *der Wirklichkeit nahekommend, annähernd entsprechend:* eine -e Erzählung, Darstellung.
Wirk|lich|keits|sinn, der ⟨o. Pl.⟩: *Realitätssinn.*
Wirk|lich|keits|treue, die: *Treue* (2) *gegenüber der Wirklichkeit (in Bezug auf eine Wiedergabe o. Ä.).*
wirk|mäch|tig ⟨Adj.⟩ (bildungsspr.): *sehr groß, stark, mächtig in seiner Wirkung, seiner Wirksamkeit, seiner Aussagekraft:* -e Bilder, Ideen, Klischees; die Ereignisse der Französischen Revolution sind bis heute w. geblieben; jmdn. w. unterstützen.
Wirk|ma|schi|ne, die: *Maschine zur Herstellung von Wirkwaren.*
Wirk|me|cha|nis|mus, der: *Wirkungsmechanismus.*
wirk|sam ⟨Adj.⟩: *eine beabsichtigte Wirkung erzielend; mit Erfolg wirkend:* ein -es Mittel; ein -er Schutz, Vertrag; eine -e Unterstützung, Kontrolle, Hilfe; eine latent w. gebliebene Strömung; die neuen Bestimmungen werden mit 1. Juli w. (Amtsspr.; *gelten ab 1. Juli*); jmds. Interessen w. vertreten; jmdm. w. *(rechtsgültig)* kündigen.

-wirk|sam: 1. drückt in Bildungen mit Substantiven aus, dass die beschriebene Sache Wirkung bei jmdm., etw. erzielt, wirkungsvoll ist, etw. beeinflusst: medien-, wählerwirksam. **2.** drückt in Bildungen mit Substantiven aus, dass etw. gefördert wird, auf etw. hingewirkt wird: beschäftigungs-, erfolgswirksam.

Wirk|sam|keit, die; -: a) *das Wirksamsein;* b) (seltener) *das Wirken* (1).
Wirk|stoff, der: *körpereigene od. -fremde Substanz, die in biologische Vorgänge eingreift od. als Arzneimittel wirkt:* ein biologischer, chemischer W.
Wirk|tep|pich, der: *[in gobelinähnlicher Technik] handgewebter [orientalischer] Teppich.*
Wir|kung, die; -, -en [spätmhd. wirkunge]: **1.** *durch eine verursachende Kraft bewirkte Veränderung, Beeinflussung; bewirktes Ergebnis:* eine nachhaltige, wohltuende, schnelle W.; die W. von Farben auf den Menschen; die erhoffte W. blieb aus; etw. erzielt [nicht] die gewünschte W.; seine Worte hatten keine W., verfehlten ihre W.; das Medikament tat seine W.; der Boxer zeigte W. (Jargon; *Reaktion in Form von körperlicher, geistiger Beeinträchtigung nach erhaltenem Treffer*); er ist stets auf W. bedacht *(darauf bedacht, auf andere zu wirken* (5), *andere zu beeindrucken);* eine Verfügung mit W. vom 1. Oktober (Amtsspr.; *wird ab 1. Oktober*) ungültig; etw. bleibt ohne W.; das Mittel kam dadurch verstärkt zur W. *(wirkte dadurch besonders stark).* **2.** (Physik) *physikalische Größe der Dimension Energie mal Zeit.*
Wir|kungs|be|reich, der: *Bereich, in dem jmd. wirkt, tätig ist:* einen kleinen, großen W. haben.
Wir|kungs|feld, das: *Betätigungsfeld, Wirkungsbereich:* ein neues W. finden.
Wir|kungs|ge|schich|te, die (Literaturwiss.): *literaturgeschichtliche Darstellung der Rezeption* (2) *eines Werkes.*
Wir|kungs|grad, der: a) (Physik, Technik) *Verhältnis von aufgewandter zu nutzbarer Energie:* eine Maschine mit einem W. von 90 %; b) *Grad einer Wirkung* (1): dieses Verfahren hat einen höheren W.
Wir|kungs|kraft, die: *Wirkung* (1) *ausübende Kraft:* die W. dichterischer Texte, eines Dichters.
Wir|kungs|kreis, der: *Einfluss-, Wirkungsbereich:* seinen W. erweitern.
wir|kungs|los ⟨Adj.⟩: *ohne Wirkung* (1) *[bleibend]:* ein -es Theaterstück; sein Appell verhallte w.
Wir|kungs|lo|sig|keit, die; -: *das Wirkungslossein.*
wir|kungs|mäch|tig ⟨Adj.⟩: *wirkmächtig.*
Wir|kungs|me|cha|nis|mus, der: *Mechanismus* (2 b) *einer Wirkung* (1): der W. des Insulins.
wir|kungs|reich ⟨Adj.⟩: *große Wirkung* (1) *ausübend; einflussreich:* ein -er Autor.
Wir|kungs|stät|te, die (geh.): *Stätte, an der jmd. wirkt* (1).
wir|kungs|voll ⟨Adj.⟩: *große, starke Wirkung* (1) *erzielend:* eine -e Arznei, Maßnahme, Therapie; einzelne Worte in seinem Vortrag w. herausheben.
Wir|kungs|wei|se, die: *Art u. Weise, in der etw. wirkt* (3), *funktioniert, in der Wirkung* (1) *ausgeübt wird:* die W. eines Medikaments.
Wirk|wa|ren ⟨Pl.⟩: *gewirkte* (6) *Waren.*
wirr ⟨Adj.⟩ [rückgeb. aus ↑ wirren]: a) *ungeordnet; durcheinandergebracht:* ein -es Geflecht von Baumwurzeln; die Haare hingen ihm w. ins

Wirre – Wirtschaftsführung

Gesicht; **b)** *unklar, verworren u. nicht leicht zu durchschauen, zu verstehen:* -e Gedanken; sein -es Gekritzel; ein -er Traum; er sprach ziemlich w.; **c)** *[durch etw.] verwirrt:* der Brief machte sie ganz w.; mir war ganz w. im Kopf *(ich war ganz konfus)* von all den Eindrücken; Manchmal ist sie w. ... und dann wieder klar: Ich sterbe jetzt, sagt sie (Frisch, Montauk 111).

Wir|re, die; -, -n: **1.** ⟨Pl.⟩ *Unruhen; ungeordnete politische, gesellschaftliche Verhältnisse:* das Land war durch innere -n bedroht; in den -n der Nachkriegszeit. **2.** ⟨o. Pl.⟩ (geh. veraltet) *Verworrenheit eines Geschehens o. Ä.*

wir|ren ⟨sw. V.; hat⟩ [mhd. werren, ahd. werran = verwickeln, durcheinanderbringen, viell. urspr. = drehen, (ver)wickeln] (geh.): *wirr durcheinanderwogen:* die absonderlichsten Gedanken wirrten in meinem Kopf.

Wirr|heit, die; -, -en: *das Wirrsein.*

Wirr|kopf, der (abwertend): *jmd., dessen Denken u. Äußerungen wirr* (b) *erscheinen:* ein politischer W.; wie machen wir das diesen Wirrköpfen klar?

wirr|köp|fig ⟨Adj.⟩ (abwertend): *einem Wirrkopf ähnlich, entsprechend.*

Wirr|köp|fig|keit, die; -: *wirrköpfige Art.*

Wirr|nis, die; -, -se (geh.): **a)** *Verworrenheit, Durcheinander von etw. Geschehendem:* die -se der Revolution; **b)** *Verworrenheit im Denken, Fühlen o. Ä.:* es war eine W. in meinen Gedanken; **c)** *ungeordnete Menge, Masse:* durch die W. uralter Bäume gehen.

Wirr|sal, das; -[e]s, -e od. die; -, -e (geh.): *Wirrnis.*

Wir|rung, die; -, -en (dichter.): *Verwicklung.*

Wirr|warr, der od. das; -s [lautspielerische verdoppelnde Bildung zu ↑wirren]: *wirres Durcheinander:* ein W. von Stimmen, Vorschriften; der W. *(die chaotischen Zustände)* im Ministerium; er empfing sich inmitten eines fürchterlichen -s *(einer fürchterlichen Unordnung);* Wie durch ein Wunder wächst Organisation aus dem W., Gruppen formieren sich (Heym, Schwarzenberg 259).

wirsch ⟨Adj.⟩ [älter: wirrisch, zu ↑wirr] (landsch.): *ärgerlich; aufgeregt.*

Wir|sing, der; -s, **Wir|sing|kohl,** der; -[e]s [lombard. verza < lat. viridia = grüne Gewächse, zu: viridis = grün]: *Kohl* (1 a) *mit [gelb]grünen, krausen, sich in einem lockeren Kopf zusammenschließenden Blättern.*

Wirt, der; -[e]s, -e [mhd., ahd. wirt = Ehemann, Gebieter; Gastfreund, -wirt, wohl eigtl. = Gunst, Freundlichkeit (Erweisender)]: **1.** *Gastwirt:* der W. kocht selbst, hat uns persönlich bedient; beim W. bezahlen. **2. a)** *Hauswirt;* ◆ **b)** *Hauswirt:* ... wie er den Gewinst ... anwenden wolle: teils, nach Art guter -e, auf neuen Gewinst (Kleist, Kohlhaas 3); **c)** *Zimmervermieter.* **3.** (veraltet) *Gastgeber:* ein liebenswürdiger W. **4.** (Biol.) *Lebewesen, tierischer od. pflanzlicher Organismus, in od. auf dem ein bestimmter Parasit lebt, der aus diesem Zusammenleben einseitig Nutzen zieht:* manche Parasiten wechseln im Laufe ihrer Entwicklung mehrmals den W.

Wir|tel, der; -s, - [spätmhd. wirtel, zu ↑¹werden in der alten Bed. »(sich) drehen«]: **1.** (Bot.) *Quirl* (3). **2.** (Archit.) *ringförmiger Binder* (3 a) *am Schaft einer Säule, der sie mit der Wand verbindet.*

wir|ten ⟨sw. V.; hat⟩ [mhd. wirten = bewirten] (schweiz., sonst landsch.): *als Gastwirt[in] tätig sein, eine Gastwirtschaft führen.*

Wir|tin, die; -, -nen: w. Form zu ↑Wirt (1-3): ◆ Bleibt doch, bis meine W. (= meine Frau) kommt (Schiller, Tell I, 2).

wirt|lich ⟨Adj.⟩ [mhd. wirtlich = einem Wirt angemessen] (veraltend): **a)** *gastlich:* ein -es Haus; sie war eine -e Hausmutter; **b)** *einladend, freundlich* (b); *lieblich anmutend;* ◆ **c)** *wirtschaftlich* (2 a): ... eine brave, anständige Person ... und noch jetzt als sehr klug und w. geachtet (Droste-Hülshoff, Judenbuche 8).

Wirt|lich|keit, die; - (veraltend): *das Wirtlichsein.*

Wirt|schaft, die; -, -en [mhd. wirtschaft, ahd. wirtscaft, zu ↑Wirt, urspr. = Tätigkeit des Hausherrn u. Wirtes, Bewirtung, dann auch: Gastmahl]: **1.** *Gesamtheit der Einrichtungen u. Maßnahmen, die sich auf Produktion u. Konsum von Wirtschaftsgütern beziehen:* eine hoch entwickelte, florierende, expandierende W.; die kapitalistische, sozialistische W.; die mittelständische W.; die W. eines Landes; die W. liegt danieder; die W. ankurbeln, anheizen, modernisieren; in der freien *(auf freiem Wettbewerb u. privater Aktivität beruhenden)* W. tätig sein. **2.** Kurzf. von ↑Gastwirtschaft: in einer W. einkehren. **3.** Kurzf. von ↑Landwirtschaft (2): eine kleine W. haben. **4.** *Haushalt* (1), *Hauswirtschaft* (1 b): eine eigene W. gründen; jmdm. die W. führen. **5.** ⟨o. Pl.⟩ **a)** *Wirtschaften* (1 a): extensive, intensive W.; **b)** (ugs. abwertend) *unordentliche Art, Arbeitsweise:* was ist denn das für eine W.!; es wird Zeit, dass diese W. aufhört; * *reine W. machen* (landsch. ugs.; ↑Tisch 1 a); **c)** (veraltend) *Umstände wegen einer Person, Sache:* mach nicht so viel W.! **6.** ⟨o. Pl.⟩ (veraltet) *Bedienung* (1): [hallo] W.!

wirt|schaf|ten ⟨sw. V.; hat⟩ [mhd. wirtschaften, wirtschaften, ahd. wirtskeften = ein Gastmahl ausrichten, abhalten; schmausen]: **1. a)** *in einem bestimmten wirtschaftlichen Bereich die zur Verfügung stehenden Mittel möglichst rationell verwenden:* gut, schlecht, mit Gewinn w.; sie versteht zu w.; wenn weiter so gewirtschaftet wird wie bisher, dann sind wir bald ruiniert; sie muss sehr genau w., um mit dem Geld auszukommen; **b)** *etw. durch [schlechtes] Wirtschaften* (1 a) *in einen bestimmten Zustand bringen:* eine Firma konkursreif, in den Ruin, in die roten Zahlen w.; er hat den Hof zugrunde gewirtschaftet. **2.** *sich im Haushalt, im Haus o. Ä. betätigen, dort wo irgend eine Arbeit beschäftigt sein:* in der Küche, im Keller, auf dem Speicher w.

Wirt|schaf|ter, der; -s, -: **1.** (Wirtsch.) *Unternehmer; leitende Persönlichkeit im Bereich der Wirtschaft.* **2.** *Angestellter, der einen landwirtschaftlichen Betrieb führt* (Berufsbez.). **3.** (Jargon) *männliche Person, die die Aufsicht über die Prostituierten in einem Bordell führt.*

Wirt|schaf|te|rin, die; -, -nen: **1.** *Haushälterin.* **2.** w. Form zu ↑Wirtschafter (2).

Wirt|schaft|ler, der; -s, -: **1.** kurz für ↑Wirtschaftswissenschaftler. **2.** *Wirtschafter* (1).

Wirt|schaft|le|rin, die; -, -nen: w. Form zu ↑Wirtschaftler.

wirt|schaft|lich ⟨Adj.⟩: **1. a)** *die Wirtschaft* (1) *betreffend:* die -en Verhältnisse eines Landes; -e Fragen, Probleme, Erfolge; der -e Aufschwung eines Landes; **b)** *geldlich, finanziell:* sich in einer -en Notlage befinden; w. *(in finanzieller Hinsicht)* von jmdm. abhängig sein; es geht dieser Schicht jetzt w. weitaus besser. **2. a)** *gut wirtschaften könnend; sparsam mit etw. umgehend:* die Mittel sind so w. *(ökonomisch)* wie möglich auszugeben; Die Hausfrauen putzen, wischen, kehren und bürsten den ganzen Tag, was im Dorf häuslich und w. sein genannt wird (Herta Müller, Niederungen 123); **b)** *dem Prinzip der Wirtschaftlichkeit entsprechend:* ein wirtschaftliches Auto; eine -e Fahrweise.

Wirt|schaft|lich|keit, die; -: *Übereinstimmung mit dem Prinzip, mit den gegebenen Mitteln den größtmöglichen Ertrag zu erwirtschaften od. für einen bestimmten Ertrag die geringstmöglichen Mittel einzusetzen:* die W. eines Betriebes.

Wirt|schafts|ab|kom|men, das: *gegenseitiges staatliches Abkommen über wirtschaftliche Beziehungen.*

Wirt|schafts|an|walt, der: *Anwalt, der auf Wirtschaftsrecht spezialisiert ist.*

Wirt|schafts|an|wäl|tin, die: w. Form zu ↑Wirtschaftsanwalt.

Wirt|schafts|asy|lant, der (abwertend): *jmd., dessen Asylantrag als nicht politisch, sondern wirtschaftlich motiviert angesehen wird.*

Wirt|schafts|asy|lan|tin, die: w. Form zu ↑Wirtschaftsasylant.

Wirt|schafts|auf|schwung, der: *wirtschaftlicher* (1) *Aufschwung* (3).

Wirt|schafts|aus|schuss, der: *Ausschuss* (2), *der wirtschaftliche Angelegenheiten berät.*

Wirt|schafts|be|ra|ter, der: *Berater in wirtschaftlichen* (1) *Fragen.*

Wirt|schafts|be|ra|te|rin, die: w. Form zu ↑Wirtschaftsberater.

Wirt|schafts|be|zie|hun|gen ⟨Pl.⟩: *wirtschaftliche* (1 a) *Beziehungen [zwischen Staaten].*

Wirt|schafts|block, der ⟨Pl. ...blöcke, selten: -s⟩: vgl. Block (4 b).

Wirt|schafts|blo|cka|de, die: vgl. Wirtschaftsboykott.

Wirt|schafts|boss, der (ugs.): *Wirtschaftsführer.*

Wirt|schafts|boy|kott, der: *über ein Land verhängter wirtschaftlicher Boykott.*

Wirt|schafts|buch, das: **1.** *Sachbuch zu einem Thema aus der Wirtschaft* (1). **2.** vgl. Haushaltsbuch.

Wirt|schafts|da|ten ⟨Pl.⟩: *die Wirtschaft* (1) *betreffende Daten* (2).

Wirt|schafts|de|likt, das: *Wirtschaftsstraftat.*

Wirt|schafts|ein|heit, die: *in sich geschlossenes wirtschaftliches Gebilde in Form von Haushalt, Unternehmen, Körperschaft.*

Wirt|schafts|em|bar|go, das: *die Wirtschaft* (1) *betreffendes Embargo.*

Wirt|schafts|ethik, die ⟨o. Pl.⟩: *Teilgebiet der Wirtschaftswissenschaft u. der Philosophie, das sich mit den moralischen Aspekten wirtschaftlichen Handelns befasst.*

Wirt|schafts|ex|per|te, der: *Experte in wirtschaftlichen* (1 a) *Fragen, Angelegenheiten.*

Wirt|schafts|ex|per|tin, die: w. Form zu ↑Wirtschaftsexperte.

Wirt|schafts|fak|tor, der: *die Wirtschaft* (1) *mitbestimmender maßgeblicher Faktor* (1).

wirt|schafts|feind|lich ⟨Adj.⟩ (abwertend): *die Belange der Wirtschaft* (1) *nicht [genügend] beachtend.*

Wirt|schafts|flücht|ling, der (auch abwertend): *Flüchtling, der nicht aus politischen, sondern aus wirtschaftlichen Gründen sein Land verlässt.*

Wirt|schafts|för|de|rung, die: *wirtschaftspolitische Maßnahme[n] zur Steigerung der Leistungs- u. Wettbewerbsfähigkeit von Unternehmen.*

Wirt|schafts|form, die: **a)** *Form der Wirtschaft* (1): die kapitalistische, sozialistische W.; **b)** *Form der Wirtschaft* (5 a): die W. der Forstwirtschaft.

Wirt|schafts|for|schung, die: *nach wissenschaftlichen Kriterien erfolgende Untersuchung der Wirtschaft* (1).

Wirt|schafts|for|schungs|ins|ti|tut, das: *Institut für Wirtschaftsforschung.*

Wirt|schafts|fra|gen ⟨Pl.⟩: *wirtschaftliche Fragen* (2).

Wirt|schafts|füh|rer, der: *leitende Persönlichkeit im Bereich der Wirtschaft* (1).

Wirt|schafts|füh|re|rin, die: w. Form zu ↑Wirtschaftsführer.

Wirt|schafts|füh|rung, die: *Führung* (1 a, c) *der*

Wirtschaft (1) *eines Betriebs, Unternehmens, Staates o. Ä.*
Wirt|schafts|ge|bäu|de, das ⟨meist Pl.⟩: *zu einem Kloster, Schloss, Gut gehörendes Gebäude als Küche, Stall, Scheune, Brauhaus, Schmiede o. Ä. (in der Nähe des Wohngebäudes).*
Wirt|schafts|ge|biet, das (Wirtsch.): *Gebiet einer einheitlichen Wirtschaft: sich zu einem gemeinsamen W. zusammenschließen.*
Wirt|schafts|geld, das: *Haushaltsgeld.*
Wirt|schafts|ge|mein|schaft, die (Wirtsch.): *Gemeinschaft, Zusammenschluss von Wirtschaftsgebieten.*
Wirt|schafts|geo|gra|fie, Wirt|schafts|geo|gra|phie, die: *Teilgebiet der Geografie, dessen Forschungsgegenstand die von der Wirtschaft (1) gestaltete Erdoberfläche ist.*
Wirt|schafts|ge|schich|te, die: **1.** ⟨o. Pl.⟩ *Geschichte der Wirtschaft als Zweig der Geschichtswissenschaft.* **2.** *Werk, das die Wirtschaftsgeschichte (1) zum Thema hat.*
Wirt|schafts|gip|fel, der: *Gipfeltreffen zur Erörterung von Wirtschaftsfragen.*
Wirt|schafts|gut, das ⟨meist Pl.⟩ (Wirtsch.): ¹*Gut, das der Befriedigung menschlicher Bedürfnisse dient.*
Wirt|schafts|gym|na|si|um, das: *Aufbaugymnasium mit volks- u. wirtschaftswissenschaftlichem Schwerpunkt.*
Wirt|schafts|hil|fe, die: *finanzielle Unterstützung (eines Staates), die für wirtschaftliche Zwecke bestimmt ist.*
Wirt|schafts|his|to|ri|ker, der: *Historiker mit dem Fachgebiet Wirtschaftsgeschichte.*
Wirt|schafts|his|to|ri|ke|rin, die: w. Form zu ↑ Wirtschaftshistoriker.
Wirt|schafts|hoch|schu|le, die: *wissenschaftliche Hochschule zur akademischen Ausbildung in kaufmännischen Berufen.*
Wirt|schafts|in|for|ma|tik, die ⟨o. Pl.⟩: *interdisziplinäre Wissenschaft, die sich mit der Entwicklung, Einführung, Wartung u. Nutzung betrieblicher Informationssysteme befasst.*
Wirt|schafts|in|ge|ni|eur, der: *Ingenieur mit abgeschlossenem technischen u. wirtschaftswissenschaftlichem Studium.*
Wirt|schafts|in|ge|ni|eu|rin, die: w. Form zu ↑ Wirtschaftsingenieur.
Wirt|schafts|jahr, das (Wirtsch.): *Geschäftsjahr.*
Wirt|schafts|jar|gon, der: *Fachjargon der Wirtschaft.*
Wirt|schafts|jour|na|list, der: *Journalist, der über Entwicklungen in der Wirtschaft berichtet.*
Wirt|schafts|jour|na|lis|tin, die: w. Form zu ↑ Wirtschaftsjournalist.
Wirt|schafts|kam|mer, die (bes. österr.): *Interessenvertretung der gewerblichen Wirtschaft.*
Wirt|schafts|ka|pi|tän, der (emotional): *Großunternehmer; Wirtschaftsführer.*
Wirt|schafts|ka|pi|tä|nin, die: w. Form zu ↑ Wirtschaftskapitän.
Wirt|schafts|kraft, die: vgl. Finanzkraft.
Wirt|schafts|kreis|lauf, der: *als Kreislauf (1) dargestelltes, wirtschaftswissenschaftliches Modell von den auf dem Tausch von Gütern o. Ä. beruhenden Beziehungen u. Verflechtungen innerhalb der Volkswirtschaft.*
Wirt|schafts|krieg, der: *wirtschaftliche [u. militärische] Kampfmaßnahmen gegen die Wirtschaft eines anderen Staates.*
Wirt|schafts|kri|mi|na|li|tät, die: *Kriminalität im Wirtschaftsleben.*
Wirt|schafts|kri|se, die (Wirtsch.): *Umschwung der Hochkonjunktur in eine Phase wirtschaftlicher Zusammenbrüche.*
Wirt|schafts|la|ge, die: *wirtschaftliche (1) Lage: eine [anhaltend] gute W.*

Wirt|schafts|le|ben, das ⟨o. Pl.⟩: *wirtschaftliches Geschehen in einem bestimmten geografischen Bereich.*
Wirt|schafts|leh|re, die: *[Grundlagen der] Wirtschaftswissenschaften [als Schulfach].*
Wirt|schafts|len|kung, die: *staatliche Lenkung der Wirtschaft.*
wirt|schafts|li|be|ral ⟨Adj.⟩: *eine liberale (2) Haltung in Bezug auf die Wirtschaftspolitik vertretend.*
Wirt|schafts|li|be|ra|lis|mus, der: *wirtschaftsliberale Grundhaltung.*
Wirt|schafts|ma|ga|zin, das: *Zeitschrift, die wirtschaftliche Themen, Entwicklungen o. Ä. darstellt u. kommentiert.*
Wirt|schafts|ma|the|ma|tik, die: *mit wirtschaftswissenschaftlicher Ausrichtung betriebene Mathematik.*
Wirt|schafts|ma|the|ma|ti|ker, der: *Experte auf dem Gebiet der Wirtschaftsmathematik.*
Wirt|schafts|ma|the|ma|ti|ke|rin, die: w. Form zu ↑ Wirtschaftsmathematiker.
Wirt|schafts|me|tro|po|le, die: *Stadt mit großer Bedeutung für die Wirtschaft (1).*
Wirt|schafts|mi|nis|ter, der: *für die allgemeine Wirtschaftspolitik u. Ä. zuständiger Minister.*
Wirt|schafts|mi|nis|te|rin, die: w. Form zu ↑ Wirtschaftsminister.
Wirt|schafts|mi|nis|te|ri|um, das: *für die Wirtschaftspolitik zuständiges Ministerium.*
Wirt|schafts|ord|nung, die (Wirtsch.): *Art, in der die Wirtschaft eines Landes aufgebaut ist:* eine kapitalistische, sozialistische W.
Wirt|schafts|part|ner, der: *Partner in Wirtschaftsbeziehungen.*
Wirt|schafts|part|ne|rin, die: w. Form zu ↑ Wirtschaftspartner.
Wirt|schafts|plan, der: *für einen bestimmten Zeitraum aufgestellter wirtschaftlicher (1 a) Plan.*
Wirt|schafts|po|li|tik, die: *Gesamtheit der staatlichen Maßnahmen zur Gestaltung der Wirtschaft.*
wirt|schafts|po|li|tisch ⟨Adj.⟩: *die Wirtschaftspolitik betreffend.*
Wirt|schafts|po|li|zei, die (bes. österr.): *für Wirtschaftsdelikte zuständige Polizeieinheit.*
Wirt|schafts|pres|se, die ⟨o. Pl.⟩: *wirtschaftliche Fachzeitschriften u. andere Organe im Hinblick auf ihren Wirtschaftsteil.*
Wirt|schafts|pro|gno|se, die: *die Wirtschaft (1) betreffende Prognose:* eine positive, optimistische W.
Wirt|schafts|prü|fer, der: *öffentlich bestellter u. vereidigter Prüfer von Jahresabschlüssen wirtschaftlicher Unternehmen (Berufsbez.).*
Wirt|schafts|prü|fe|rin, die: w. Form zu ↑ Wirtschaftsprüfer.
Wirt|schafts|prü|fung, die (Wirtsch.): *Prüfung des Jahresabschlusses eines wirtschaftlichen Unternehmens.*
Wirt|schafts|rat, der: *aus Vertretern von Arbeitnehmern u. Arbeitgebern bestehendes Gremium mit beratender Funktion gegenüber dem Parlament, der Regierung.*
Wirt|schafts|raum, der: **1.** ⟨meist Pl.⟩ vgl. Wirtschaftsgebäude. **2.** *großes Wirtschaftsgebiet.*
Wirt|schafts|recht, das ⟨o. Pl.⟩: *Recht (1 a) für den Bereich der Wirtschaft (1).*
Wirt|schafts|sank|ti|on, die ⟨meist Pl.⟩ (Völkerrecht): *wirtschaftliche (1 a) Sanktion (2 a).*
Wirt|schafts|sek|tor, der: *Sektor (1) innerhalb der Wirtschaft (1) eines Landes.*
Wirt|schafts|spi|o|na|ge, die: *Spionage im Bereich der Wirtschaft (1).*
Wirt|schafts|stand|ort, der (Wirtsch.): *Standort (3) bes. im Hinblick auf ein Land, einen Staat.*

Wirt|schafts|straf|tat, die: *Straftat im Bereich der Wirtschaft (1).*
Wirt|schafts|sys|tem, das (Wirtsch.): *wirtschaftliches System, Form des Wirtschaftslebens in einer Epoche, Kultur.*
Wirt|schafts|teil, der: *wirtschaftlichen Themen o. Ä. gewidmeter Teil einer Zeitung.*
wirt|schafts|the|o|re|tisch ⟨Adj.⟩: *die Wirtschaftstheorie betreffend, auf ihr beruhend, zu ihr gehörend.*
Wirt|schafts|the|o|rie, die: *Theorie der wirtschaftlichen Prozesse.*
Wirt|schafts|trakt, der: vgl. Wirtschaftsgebäude.
Wirt|schafts|trei|ben|de, die/eine Wirtschaftstreibende; der/einer Wirtschaftstreibenden, die Wirtschaftstreibenden/zwei Wirtschaftstreibende (österr.): *Gewerbetreibende.*
Wirt|schafts|trei|ben|der, der Wirtschaftstreibende/ein Wirtschaftstreibender; des/eines Wirtschaftstreibenden/zwei Wirtschaftstreibenden (österr.): *Gewerbetreibender.*
Wirt|schafts|uni|on, die: *enge Wirtschaftsgemeinschaft.*
Wirt|schafts|un|ter|neh|men, das: *Unternehmen (2) bes. im Hinblick auf seine Rolle als Wirtschaftsfaktor.*
Wirt|schafts|ver|band, der: *Interessenverband von Unternehmern eines Wirtschaftszweigs.*
Wirt|schafts|ver|bre|chen, das: *Wirtschaftsstraftat.*
Wirt|schafts|ver|ei|ni|gung, die: *Wirtschaftsverband.*
Wirt|schafts|ver|ge|hen, das: *Wirtschaftsstraftat.*
Wirt|schafts|wachs|tum, das: *als Zunahme des Sozialprodukts messbares wirtschaftliches Wachstum.*
¹**Wirt|schafts|wei|se** (vgl. ¹Weise): *weibliche Person, die Mitglied des Sachverständigenrats zur Begutachtung der gesamtwirtschaftlichen Entwicklung ist.*
²**Wirt|schafts|wei|se,** die: *Art u. Weise des Wirtschaftens (1).*
Wirt|schafts|wei|ser ⟨vgl. Weiser⟩: *jmd., der Mitglied des Sachverständigenrats zur Begutachtung der gesamtwirtschaftlichen Entwicklung ist.*
Wirt|schafts|wis|sen|schaft, die ⟨meist Pl.⟩: *Wissenschaft, die sich (als Betriebs-, Volkswirtschaftslehre, Finanzwissenschaft) mit der Wirtschaft beschäftigt.*
Wirt|schafts|wis|sen|schaft|ler, der: *Wissenschaftler auf dem Gebiet der Wirtschaftswissenschaft[en].*
Wirt|schafts|wis|sen|schaft|le|rin, die: w. Form zu ↑ Wirtschaftswissenschaftler.
wirt|schafts|wis|sen|schaft|lich ⟨Adj.⟩: *die Wirtschaftswissenschaft[en] betreffend.*
Wirt|schafts|wun|der, das (ugs.): *überraschender wirtschaftlicher Aufschwung (bes. nach der Währungsreform von 1948 in Westdeutschland):* das deutsche W.
Wirt|schafts|zei|tung, die: *Zeitung, die vorwiegend über die Vorgänge in der Wirtschaft (1) berichtet.*
Wirt|schafts|zweig, der: *Gesamtheit der Betriebe, die aufgrund ihrer Produktion zu einem bestimmten wirtschaftlichen Bereich gehören.*
Wirts|haus, das [mhd. wirtshūs]: *Gasthaus [auf dem Lande]:* ein bescheidenes W.
Wirts|haus|schild, das: *Aushängeschild (1) eines Gasthauses.*
Wirts|leu|te ⟨Pl.⟩ (veraltend): *Ehepaar, das eine Gastwirtschaft führt.*
Wirts|or|ga|nis|mus, der (Biol.): *Wirt (4).*
Wirts|pflan|ze, die (Biol.): *Pflanze als Wirt (4).*

Wirtsstube – Wissenschaft

Wirts|stu|be, die: *Gaststube.*
Wirts|tier, das (Biol.): vgl. Wirtspflanze.
Wirts|wech|sel, der (Biol.): *nach einem bestimmten Entwicklungsstadium erfolgender Übergang eines Parasiten von einem Wirt (4) auf einen anderen.*
Wirts|zel|le, die (Biol.): *Zelle (5), die von Viren od. Bakterien befallen u. zur Vermehrung genutzt wird;* stößt das Virus auf eine geeignete W., dockt es an und schleust seine RNA ein.
Wirz, der; -es, -e (schweiz.): *Wirsing.*
Wisch, der; -[e]s, -e [mhd. wisch, ahd. -wisc (in Zus.), urspr. = zusammengedrehtes Bündel; Strohbüschel (mit dem gewischt wird)]: **1.** (salopp abwertend) *[wertloses] Schriftstück:* gib den W. her!; ich habe den W. weggeworfen. **2.** (veraltet) *kleines Bündel [Stroh]:* ein W. Stroh.
Wisch|arm, der: *Arm (2), an dem der Scheibenwischer befestigt ist.*
Wisch|blatt, das: *Wischerblatt.*
wi|schen ⟨sw. V.⟩ [mhd. wischen = wischen; sich schnell bewegen, ahd. wisken = wischen]: **1.** ⟨hat⟩ *eine od. mehrere Bewegungen bes. mit der Hand leicht reibend über eine Oberfläche hin machen:* mit der Hand über den Tisch w.; sich ⟨Dativ⟩ mit dem Ärmel über die Stirn w.; du sollst nicht immer in den Augen w.; * **jmdm. eine w.** (ugs.: *jmdm. eine Ohrfeige geben*); **einen gewischt kriegen** (ugs.: 1. *einen elektrischen Schlag bekommen.* 2. *verwundet werden*). **2.** a) *durch Wischen (1) entfernen, von einer Stelle weg an eine andere Stelle bewegen:* den Staub von der Glasplatte w.; jmdm., sich [mit einem Tuch] den Schweiß von der Stirn w.; Staub w. *(durch Wischen beseitigt);* b) *durch Wischen (1) säubern, von etw. Unerwünschtem, Störendem o. Ä. befreien:* jmdm., sich [mit der Serviette] den Mund w.; sich die Haare w.; sie wischte sich die Augen [um ihre Tränen zu verbergen]; * **[nur] zum Wischen sein** (salopp: *nichts wert sein, nichts taugen*); **c)** (bes. nordd.) *mit einem [feuchten] Tuch säubern:* den Fußboden, die Treppe w. **3.** ⟨ist⟩ *sich schnell, leise u. unauffällig irgendwohin bewegen:* eine Katze wischte um die Ecke.
Wi|scher, der; -s, -: **1.** Kurzf. von ↑ Scheibenwischer: den W. einschalten. **2.** Kurzf. von ↑ Tintenwischer. **3.** (Grafik) *an beiden Enden zugespitztes Gerät aus weichem, gerolltem Leder, Zellstoff o. Ä., mit dem Kreide, Rötel o. Ä. verwischt wird, um weiche Töne zu erzielen.* **4. a)** (Soldatenspr. veraltet) *Streifschuss;* **b)** (ugs.) *leichte Verletzung, Schramme.* **5.** (landsch. ugs.) *Tadel, Verweis, Rüffel.*
Wi|scher|blatt, das: *Schiene mit Gummieinlage am Scheibenwischer.*
wisch|fest ⟨Adj.⟩: *sich durch Wischen nicht ohne Weiteres entfernen, verwischen lassend:* -e Farbe.
◆ **Wisch|ha|der,** der [↑ ²Hader]: *Wischlappen:* ... ein altes Weib mit der Küchenschürze und einem W. in der Hand (Droste-Hülshoff, Judenbuche 50).
Wi|schi|wa|schi, das; -s [wohl zu ↑ Wisch (1) u. veraltet waschen = schwatzen, vgl. Gewäsch] (salopp abwertend): *unklares, verschwommenes Gerede; unpräzise Äußerung, Darstellung, Ausführung:* politisches, ideologisches W.
Wisch|lap|pen, der (landsch.): **a)** *Aufwischlappen;* **b)** *Wischtuch (a).*
Wisch|nu: einer der Hauptgötter des Hinduismus.
Wisch|tuch, das ⟨Pl. ...tücher⟩: **a)** *Tuch zum [feuchten] Abwischen von Möbeln o. Ä.;* **b)** (landsch.) *Aufwischlappen.*
¹Wis|con|sin [wɪsˈkɔnsɪn], der; -[s]: linker Nebenfluss des Mississippi.
²Wis|con|sin; -s: Bundesstaat der USA.
Wi|sent [...zɛnt], der; -s, -e [mhd. wisent, ahd. wisant, viell. eigtl. = der Stinkende (nach dem eigentümlichen Moschusgeruch während der Brunstzeit)]: *(dem Bison eng verwandtes) großes, dunkelbraunes Rind mit wollig behaartem Kopf u. Vorderkörper und kurzen, nach oben gebogenen Hörnern, das heute fast nur noch in Tiergärten u. Reservaten vorkommt.*
Wis|mar: Hafenstadt an der Ostsee.
¹Wis|ma|rer, der; -s, -: Ew.
²Wis|ma|rer ⟨indekl. Adj.⟩: der W. Hafen.
Wis|ma|re|rin, die; -, -nen: w. Form zu ↑ ¹Wismarer.
Wis|mut, (chem. fachspr.:) Bismut, das; -[e]s [spätmhd. wismāt, H. u.]: *rötlich weißes, glänzendes Schwermetall (chemisches Element; Zeichen: Bi; vgl. ↑ Bismutum).*
wis|peln ⟨sw. V.; hat⟩ [mhd. wispeln, lautm.] (landsch.): *wispern.*
wis|pern ⟨sw. V.; hat⟩ [lautm.]: **a)** *[hastig] flüstern* (a): die Kinder wisperten [miteinander]; wispernde Stimmen; **b)** *[hastig] flüstern* (b): »Er kommt!«, wisperten sie; jmdm. etw. ins Ohr w.
Wiss|be|gier, Wiss|be|gier|de, die ⟨o. Pl.⟩: *Begierde, Verlangen, etw. zu wissen, zu erfahren:* kindliche W.; sie war von W. besessen.
wiss|be|gie|rig ⟨Adj.⟩: *voller Wissbegierde; begierig, etw. zu wissen, zu erfahren:* er war äußerst w. hinsichtlich ihrer Person.
wis|sen ⟨unr. V.; hat⟩ [mhd. wiʒʒen, ahd. wiʒʒan, eigtl. = gesehen haben, urspr. = erblicken, sehen (Bedeutungsentwicklung über »gesehen haben [u. daher wissen]«)]: **1.** *durch eigene Erfahrung od. Mitteilung von außen Kenntnis von etw., jmdm. haben, sodass zuverlässige Aussagen gemacht werden können:* etw. [ganz] genau, sicher, mit Sicherheit, bestimmt, nur ungefähr, im Voraus, in allen Einzelheiten w.; das weiß ich nur zu gut *(das ist mir ein ganz vertrauter Sachverhalt);* den Weg, die Lösung, ein Mittel gegen etw. w.; jmds. Adresse, Namen w.; etw. aus jmds. eigenem Munde, aus zuverlässiger Quelle w.; weißt du schon das Neu[e]ste?; das Schlimmste, (iron.:) Beste, Schönste weißt du noch gar nicht; nichts von einer Sache w.; das hätte ich w. sollen, müssen; wenn ich das gewusst hätte!; woher soll ich das w.?; in diesem/für diesen Beruf muss man viel w.; soviel ich weiß, ist er verreist; er weiß alles, wenig, [rein] gar nichts; wenn ich nur wüsste, ob er kommt; jmdn. etw. w. lassen *(jmdn. von etwas benachrichtigen);* ich weiß ein gutes Lokal *(ich weiß, wo es ein gutes Lokal gibt);* er weiß es nicht anders *(er hat es in seinem Leben nicht anders gelernt);* was weiß denn der überhaupt? *(er hat doch gar keine Kenntnis von diesen Dingen!);* ich weiß, was ich weiß *(aufgrund meiner Kenntnis, meiner Erfahrungen bleibe ich bei meinem Standpunkt);* ich weiß, dass ich nichts weiß; er weiß immer alles besser (iron.: *er hat immer noch überflüssige Ratschläge zu erteilen*); sie weiß, was sie will *(sie geht mit festem Willen auf ihr Ziel zu);* ihr wisst [auch] nicht, was ihr wollt *(bald entscheidet ihr euch für dies, bald für jenes),* du musst w. *(dir im Klaren darüber sein),* was du zu tun hast; ich weiß nicht *(bin unsicher, unentschlossen hinsichtlich dessen),* was ich tun soll; ich weiß, wovon ich rede *(ich kann mich bei dem, was ich sage, auf Tatsachen o. Ä. stützen);* ich wüsste nicht *(mir ist keineswegs bekannt, ich habe nie die Erfahrung gemacht),* dass es mir je die Unwahrheit gesagt hat; ich möchte nicht w., wie viel Geld das alles gekostet hat *(das war alles sicher sehr teuer u. als Ausgabe kaum zu verantworten);* vielleicht ist er schon wieder gesundet, das weiß ich nicht (ugs.: *ich weiß es nicht, u. es interessiert mich auch nicht*); weißt du [was] *(ich schlage vor),* wir fahren einfach dorthin; bei dem weiß man nie (ugs.; *man kann nie wissen, voraussagen, wie er reagieren wird, was er vorhat*); er wollte w. *(er wusste angeblich, er sagte),* dass die Entscheidung bereits gefallen sei; nicht, dass ich [etwas davon] wüsste *(davon ist mir nichts bekannt);* mit einem wissenden *(gewisse Kenntnis ausdrückenden)* Lächeln, Blick; gewusst, wie! (ugs.; *man muss nur wissen, wie es richtig gemacht werden muss*); Spr was ich nicht weiß, macht mich nicht heiß *(wenn man von unangenehmen, unerfreulichen Dingen nichts erfährt, braucht man sich wenigstens nicht darüber aufzuregen);* * **von jmdm., etw. nichts [mehr] w. wollen** *(an jmdm., etwas kein Interesse [mehr] haben);* **sich** ⟨Dativ⟩ **mit etw. viel w.** (geh. veraltet; *sich auf etw. etwas einbilden, auf etw. stolz sein*); **es w. wollen** (ugs.; *bei etw. seine Fähigkeiten energisch unter Beweis stellen wollen*). **2.** *über jmdn., etw. unterrichtet sein; sich einer Sache in ihrer Bedeutung, Tragweite, Auswirkung bewusst sein:* um jmds. Nöte, von jmds. Schwierigkeiten w. **3.** (geh.) *davon Kenntnis haben, sicher sein, dass sich jmd., etw. in einem bestimmten Zustand, an einem bestimmten Ort o. Ä. befindet, sich etw. in bestimmter Weise verhält:* jmdn. zu Hause w.; sich in Sicherheit, geborgen w.; seine Kinder bei jmdm. in guten Händen w.; er wollte diese Äußerung ganz anders verstanden w.; Wenn ich es aus Versehen trotzdem tue, so weiß ich mich im Unrecht (Frisch, Montauk 119). **4.** ⟨mit Inf. mit »zu«⟩ *in der Lage sein, etw. zu tun:* sich zu benehmen, zu behaupten w.; etw. zu schätzen w.; sich zu helfen w.; nichts mit jmdm. anzufangen w.; sie weiß etwas aus sich zu machen; er wusste manches zu berichten *(konnte manches berichten, berichtete manches).* **5.** (ugs.) *in verstärkenden, floskelhaften Einschüben:* so tun, als ob die Angelegenheit wer weiß was alles *(als ob sie äußerst)* wichtig sei; dies und noch wer weiß was alles *(u. noch alles Mögliche)* hat er erzählt; dies und ich weiß nicht was noch.
Wis|sen, das; -s [mhd. wiʒʒen]: **a)** *Gesamtheit der Kenntnisse, die jmd. [auf einem bestimmten Gebiet] hat:* ein umfangreiches, umfassendes, gründliches, solides W.; jmds. praktisches, theoretisches W.; das menschliche W.; ein großes W. haben, besitzen; er musste unbedingt sein W. anbringen; Spr W. ist Macht (nach dem engl. Philosophen Francis Bacon, 1561–1626); **b)** *Kenntnis, das Wissen (1) von etw.:* ein wortloses, untrügliches W.; meines -s *(soviel ich weiß;* Abk.: m. W.) ist er verreist; im W. um diese Dinge; jmdn. mit W. *(während man sich seines Handelns voll bewusst ist)* benachteiligen; etw. nach bestem W. und Gewissen tun; etw. wider besseres/(seltener:) gegen [sein] besseres W. *(obwohl man weiß, dass es falsch ist)* tun; das geschah ohne mein W.
wis|sen las|sen, wis|sen|las|sen ⟨st. V.; hat⟩: *jmdn. in Kenntnis setzen; jmdm. Bescheid sagen:* wenn du Hilfe brauchst, lass es mich wissen.
wis|sens|ba|siert ⟨Adj.⟩ (EDV): *eine Wissensbasis enthaltend, auf einer Wissensbasis beruhend, mit ihr arbeitend:* ein -es System.
Wis|sen|schaft, die; -, -en [(früh)nhd. für lat. scientia; mhd. wiʒʒen[t]schaft = (Vor)wissen; Genehmigung]: **1.** *(ein begründetes, geordnetes, für gesichert erachtetes) Wissen hervorbringende forschende Tätigkeit in einem bestimmten Bereich:* reine, angewandte W.; die ärztliche, mathematische, politische W.; die W. der Medizin, von den Fischen; exakte -en *(Wissenschaften, deren Ergebnisse auf mathematischen Beweisen, genauen Messungen beruhen, z. B. Mathematik, Physik);* die W. fördern; der W. dienen; die Akademie der -en; alles atmet den Geist

hoher W. *(Wissenschaftlichkeit);* sie ist in der W. *(im Bereich der Wissenschaft)* tätig; Vertreter von Kunst und W. **2.** *jmds. Wissen in einer bestimmten Angelegenheit o. Ä.:* es dauerte, bis er mit seiner W. herauskam. ♦ **3.** *Kenntnis* (1): ...da er sein Anerbieten ... zur W. des Volkes bringen würde (Kleist, Kohlhaas 52).

Wis|sen|schaf|ter, der; -s, - (österr., schweiz.): Wissenschaftler.

Wis|sen|schaf|te|rin, die; -, -nen: w. Form zu ↑Wissenschafter.

Wis|sen|schaft|ler, der; -s, -: *jmd., der über eine abgeschlossene Hochschulbildung verfügt u. im Bereich der Wissenschaft tätig ist:* ein namhafter, bedeutender W.

Wis|sen|schaft|le|rin, die; -, -nen: w. Form zu ↑Wissenschaftler.

wis|sen|schaft|lich ⟨Adj.⟩: *die Wissenschaft betreffend, dazu gehörend, darauf beruhend:* eine -e Arbeit, Abhandlung; -e Methoden, Erkenntnisse, Ergebnisse, Bücher; -e Literatur; eine -e *(mit bestimmten wissenschaftlichen Arbeiten beauftragte)* Hilfskraft; ein -er *(aus Wissenschaftler[inne]n bestehender)* [Bei]rat; der Zweck dieses Tests war rein w.; arbeiten; diese Theorie ist w. nicht haltbar; das ist w. erwiesen; etw. w. untersuchen.

Wis|sen|schaft|lich|keit, die; -: *das Wissenschaftlichsein; den Prinzipien der Wissenschaft entsprechende Art:* ohne Anspruch auf W.

Wis|sen|schafts|be|griff, der: *das, was (unter verschiedensten Aspekten) als* ↑ »*Wissenschaft*« (1) *verstanden wird.*

Wis|sen|schafts|be|trieb, der ⟨o. Pl.⟩ (ugs.): *Tätigkeiten u. Abläufe in einem wissenschaftlichen Bereich:* der deutsche, medizinische W.

Wis|sen|schafts|frei|heit, die ⟨o. Pl.⟩: *Freiheit der Wissenschaft, Forschung u. Lehre vor staatlichen Eingriffen.*

Wis|sen|schafts|ge|schich|te, die: *Geschichte* (1 a) *der Wissenschaften, ihrer Theorien, Methoden u. Verfahren.*

wis|sen|schafts|ge|schicht|lich ⟨Adj.⟩: *die Wissenschaftsgeschichte betreffend, auf ihr beruhend, zu ihr gehörend.*

Wis|sen|schafts|glau|be, der: *[allzu] großes Vertrauen in die Wissenschaft.*

wis|sen|schafts|gläu|big ⟨Adj.⟩: *[allzu] großes Vertrauen in die Wissenschaft setzend.*

Wis|sen|schafts|jour|na|lis|mus, der: *Bereich des Journalismus, in dem [natur]wissenschaftliche Themen behandelt, dargestellt werden.*

Wis|sen|schafts|jour|na|list, der: *Journalist mit entsprechender wissenschaftlicher Ausbildung, der [natur]wissenschaftliche Themen behandelt.*

Wis|sen|schafts|jour|na|lis|tin, die: w. Form zu ↑Wissenschaftsjournalist.

Wis|sen|schafts|or|ga|ni|sa|ti|on, die: *Organisation* (3 b) *zur Förderung wissenschaftlicher Forschung.*

Wis|sen|schafts|preis, der: *für herausragende wissenschaftliche Leistungen vergebener Preis* (2 a).

Wis|sen|schafts|spra|che, die: *innerhalb der Wissenschaften verwendete [Fach]sprache, die sich vor allem im Wortschatz von der Allgemeinsprache unterscheidet.*

Wis|sen|schafts|the|o|rie, die: **a)** ⟨o. Pl.⟩ *Teilgebiet der Philosophie, in dem die Voraussetzungen, Methoden, Strukturen, Ziele u. Auswirkungen von Wissenschaft untersucht werden;* **b)** *Theorie* (1 a) *der Wissenschaft.*

Wis|sen|schafts|zweig, der: *Teilgebiet einer Wissenschaft.*

Wis|sens|drang, der ⟨o. Pl.⟩: *Drang nach Wissen.*

Wis|sens|durst, der: *Wissensdrang:* seinen W. befriedigen, stillen.

wis|sens|durs|tig ⟨Adj.⟩: *von Wissensdurst erfüllt.*

Wis|sens|fra|ge, die: *Frage, deren Beantwortung reines Wissen erfordert.*

Wis|sens|ge|biet, das: *Gebiet menschlichen Wissens, auf dem wissenschaftliche Erkenntnisse vorliegen.*

Wis|sens|ge|sell|schaft, die (Soziol.): *Gesellschaft, in welcher [durch kognitive und emotionale Verarbeitung von Informationen] erworbenes Wissen als grundlegendes Kapital gilt u. die gesellschaftlichen Entwicklungsprozesse wesentlich prägt:* unsere W. baut auf Bildung auf, zu der alle Schichten gleichermaßen Zugang haben sollten.

Wis|sens|lü|cke, die: *Lücke* (b) *auf einem Wissensgebiet.*

Wis|sens|ma|nage|ment, das ⟨o. Pl.⟩ (Wirtsch.): *Gesamtheit der Aktivitäten, die darauf abzielen, eine möglichst gute Nutzung von vorhandenem Wissen, z. B. dem der Mitarbeiter eines Unternehmens, zu gewährleisten.*

Wis|sens|stand, der: *(zu einem bestimmten Zeitpunkt erreichter) Stand des Wissens.*

Wis|sens|stoff, der ⟨Pl. selten⟩: *zu verarbeitendes Wissen [auf einem Gebiet]:* ein stets ansteigender W. [in den Naturwissenschaften].

Wis|sens|trans|fer, der (Fachspr.): *Weitergabe von erworbenem Wissen.*

Wis|sens|ver|mitt|lung, die: *das Vermitteln* (4) *von Wissen.*

Wis|sens|vor|sprung, der: *größeres Maß an Wissen, Kenntnissen, Informationen in einem bestimmten Zusammenhang:* die Leserinnen und Leser unserer Zeitung haben einen W. gegenüber anderen.

wis|sens|wert ⟨Adj.⟩: *wert, es zu wissen, zu kennen:* -e Neuigkeiten; ⟨subst.:⟩ das Buch enthält viel Wissenswertes.

wis|sent|lich ⟨Adj.⟩ [mhd. wiʒʒen(t)lich =] *bewusst, bekannt, offenkundig]: in vollem Bewusstsein der negativen Auswirkung [handelnd, geschehend]:* eine -e Kränkung; eine -e Gefährdung der Sicherheit; w. in sein Unglück rennen; er hat die Sicherheitsregeln w. missachtet.

Wit|frau, die; -, -en (landsch., schweiz., sonst veraltet): Witwe.

Wi|tib, ⟨österr.:⟩ Wittib, die; -, -e [spätmhd. wit(t)ib] (veraltet): Witwe.

Wit|mann, der; -[e]s, ...männer (veraltet): Witwer.

wit|schen ⟨sw. V.; ist⟩ [laut-u. bewegungsnachmend] (ugs.): *sich gewandt u. schnell [gleitend, durch eine Öffnung] in eine bestimmte Richtung bewegen.*

Wit|ten|berg: Stadt an der mittleren Elbe.

¹**Wit|ten|ber|ger,** der; -s, -: Ew.

²**Wit|ten|ber|ger** ⟨indekl. Adj.⟩.

Wit|ten|ber|ge|rin, die; -, -nen: w. Form zu ↑¹Wittenberger.

wit|ten|ber|gisch ⟨Adj.⟩: *Wittenberg, die* ¹*Wittenberger betreffend; aus Wittenberg stammend.*

wit|tern ⟨sw. V.; hat⟩ [mhd. witeren = ein bestimmtes Wetter sein od. werden; weidmänn.: Geruch in die Nase bekommen, zu ↑²Wetter]: **1.** (Jägerspr.) **a)** *durch den Geruchssinn etw. aufzuspüren od. wahrzunehmen suchen; einen durch den Luftzug herangetragenen Geruch mit feinem Geruchssinn zu erkennen suchen:* das Reh, der Luchs wittert; **b)** *etw. durch den Luftzug mit dem Geruchssinn wahrnehmen:* der Hund wittert Wild, eine Spur; das Pferd lief schneller, als es den Stall witterte. **2.** *mit feinem Gefühl etw., was einem gefahr, ahnen:* überall Böses, Unheil, Verrat, Gefahr w.; ein Geschäft, eine Möglichkeit, eine Sensation w.; in jmdm. eine neue Kundin, einen Feind w.

Wit|te|rung, die; -, -en: **1.** *Wetter während eines*

bestimmten Zeitraums: eine warme, kühle, feuchte, nasskalte, wechselnde W.; der W. ausgesetzt sein; allen Unbilden der W. trotzen; die Aussaat hängt von der W. ab; Ü Es gab keine Garantie dafür, dass der besänftigende Dunst einer bewährten Zuneigung die beständige W. ihrer Zusammenkünfte sein würde (Kronauer, Bogenschütze 55). **2.** (Jägerspr.) **a)** *(von Tieren) Geruchssinn:* das Tier, der Hund hat eine feine W.; **b)** *durch den Luftzug mit dem Geruchssinn wahrgenommener spezieller Geruch:* W. nehmen, die W. aufnehmen; dem Hund W. geben. **3. a)** ⟨Pl. selten⟩ *feiner Spürsinn in Bezug auf etw.:* eine W. für die Zukunft, für Stimmungsumschwünge; eine sichere W. für etw. besitzen; **b)** *das Wittern* (2): die W. naher Gefahr.

wit|te|rungs|be|dingt ⟨Adj.⟩: *durch die Witterung* (1) *bedingt:* -e Schäden, Krankheiten.

Wit|te|rungs|be|din|gun|gen ⟨Pl.⟩: vgl. Witterungsverhältnisse.

wit|te|rungs|be|stän|dig ⟨Adj.⟩: *unempfindlich gegenüber Witterungseinflüssen.*

Wit|te|rungs|ein|fluss, der ⟨meist Pl.⟩: *Einwirkung durch die Witterung* (1).

Wit|te|rungs|um|schlag, der: *Umschlag der Witterung* (1).

Wit|te|rungs|ver|hält|nis|se ⟨Pl.⟩: *durch die Witterung* (1) *gegebene Verhältnisse, Bedingungen.*

Wit|tib: ↑Witib.

Wit|ti|ber, der; -s, - (bayr., österr.): Witwer.

Witt|ling, der; -s, -e [aus dem Niederd., zu: wit = weiß, eigtl. = Weißling]: *(im Nordatlantik u. in der westlichen Ostsee vorkommender) mittelgroßer, grünlich silberglänzender, auf dem Rücken bräunlicher Fisch.*

Wit|tum ['vɪtuːm], das; -[e]s, Wittümer [mhd. wideme, ahd. widimo]: **1.** *(im germanischen Recht) Vermögensleistung des Bräutigams an die Braut bei der Eheschließung [zugleich zum Zwecke der Versorgung der Witwe].* **2.** (kath. Kirche landsch.) *mit einem Kirchenamt verbundenes, zum Unterhalt des Amtsinhabers bestimmtes Vermögen.*

Wit|we, die; -, -n [mhd. witewe, ahd. wituwa, eigtl. wohl = die (eines Mannes) Beraubte]: *Frau, deren Ehemann gestorben ist:* früh W. werden; * **grüne W.** (ugs. scherzh. veraltend; *sich tagsüber in ihrer Wohnung außerhalb der Stadt allein fühlende Ehefrau*).

Wit|wen|geld, das: *Geldbetrag, den die Witwe eines Beamten monatlich erhält.*

Wit|wen|ren|te, die: *Hinterbliebenenrente für Witwen.*

Wit|wen|schaft, die; -: *Zustand des Witweseins, in den eine Frau durch den Tod ihres Ehemannes versetzt wird.*

Wit|wen|schlei|er, der (früher): *Trauerschleier einer Witwe.*

Wit|wen|tum, das; -s [mhd. witewentuom]: *das Witwesein; das Leben als Witwe.*

Wit|wen|ver|bren|nung, die (früher): *hinduistischer Brauch, nach dem sich eine Witwe zusammen mit der Leiche des verstorbenen Ehemannes verbrennen lässt.*

Wit|wer, der; -s, - [mhd. witewære, zu: witewe; ↑Witwe]: *Mann, dessen Ehefrau gestorben ist.*

Wit|wer|ren|te, die: vgl. Witwenrente.

Wit|wer|schaft, die; -: vgl. Witwenschaft.

Wit|wer|tum, das; -s: vgl. Witwentum.

Witz, der; -es, -e [mhd. witz(e), ahd. wizzī, urspr. = Wissen]: **1.** *[prägnant formulierte] kurze Geschichte, die mit einer unerwarteten Wendung, einem überraschenden Effekt, einer Pointe am Ende zum Lachen reizt:* ein guter, schlechter, geistreicher, alberner, platter, abgedroschener, zweideutiger, unanständiger W.; politische, faule, dreckige, unanständige -e; -e über die Bayern; dieser W. ist uralt; und was, wo

ist jetzt der W. *(das eigentlich Witzige)* [dabei]?; einen W. erzählen, zum Besten geben; kennst du schon den neuesten W.?; sie machten ihre -e mit dem alten Lehrer *(amüsierten sich auf seine Kosten);* über diesen W. kann ich nicht lachen; Ü das ist der [ganze] W. [bei der Sache] (ugs.; *darauf allein kommt es dabei an);* das ist [ja] gerade der W. *(ugs.; darauf kommt es gerade an);* das ist doch [wohl nur] ein [schlechter] W., soll wohl ein W. sein *(das kann doch nicht wahr, möglich, dein Ernst sein; das stellt eine Zumutung dar);* sein Hut war ein W. *(ugs.; ein seltsames Gebilde, das förmlich zum Lachen reizte);* etw. geradezu als einen W. *(ugs.; als paradox)* empfinden; sich einen W. *(Spaß)* aus etw. machen; sich mit jmdm. einen W. *(Scherz)* erlauben; mach keine -e! *(ugs.; was du sagst, möchte man nicht für wahr, möglich halten);* er hat es nur aus W. *(aus Spaß, zum Scherz)* gesagt; *-e reißen *(ugs.; [derbe] Witze erzählen).* **2.** (o. Pl.) **a)** [unter Einfluss von frz. esprit (↑ Esprit) u. engl. wit = Geist, Witz] *Gabe, sich geistreich, witzig, in Witzen zu äußern:* ihr beißender W.; sein W. *(Spott)* macht vor nichts halt; der Redner hat viel, entschieden W. *(Esprit);* etw. mit W. und Laune vortragen; **b)** (veraltend) *Klugheit; Findigkeit:* ich war am Ende meines -es, was die Miete betraf; ♦ **c)** *Scharfsinn, Verstand; Einsicht:* Nun sind wir schon wieder an der Grenze unsres -es (Goethe, Faust I, Trüber Tag – Feld); ...ausgemittelt mit verruchtem -e (Kleist, Käthchen V, 1); Hui da! Betet! Du hast den W. (iron.; *die richtige Auffassung)* davon (Schiller, Kabale I, 1).
Witz|blatt, das: *Zeitung, Zeitungsbeilage o. Ä. mit Witzen, humoristischen Zeichnungen o. Ä.*
Witz|blatt|fi|gur, die: *Figur aus einem Witzblatt:* Ü dein Chef ist eine W. (abwertend; *jmd., der nicht ernst zu nehmen ist, über den sich andere lustig machen).*
Witz|bold, der; -[e]s, -e [2. Bestandteil das urspr. in m. Vorn. wie Balduin, Theobald verwendete, später zum leeren Wortbildungselement erstarrte »bald«, eigtl. = stolz, kühn (↑ bald); vgl. Lügen-, Rauf-, Scherz-, Trunken-, Tugendbold] (ugs.): **a)** *jmd., der es liebt, Witze* (1) *zu machen:* er gilt bei ihnen als W.; sie ist ein ganz schöner W.; **b)** (abwertend) *jmd., der sich einen Scherz mit einem anderen erlaubt, etw. Dummes, absurd Erscheinendes, für andere Ärgerliches tut:* welcher W. hat denn seinen Wagen direkt vor meiner Einfahrt geparkt!; ein W. hat den Mantel versteckt.
Witz|bol|din, die; -, -nen: w. Form zu ↑ Witzbold.
Wit|ze|lei, die; -, -en: **a)** (o. Pl.) *[dauerndes] als lästig empfundenes Witzeln:* seine alberne W. ging ihr allmählich auf die Nerven; **b)** (meist Pl.) *witzige, spöttische Anspielung:* frivole, bösartige -en.
wit|zeln: **a)** *witzige Anspielungen machen; spötteln:* über jmdn., sich selbst w.; **b)** *witzelnd* (a) *äußern:* »Soso, ein Kommissar aus Berlin«, witzelte der Beamte an der Pforte.
Witz|fi|gur, die: **a)** *in Witzen auftretende Figur;* **b)** (ugs. abwertend) *jmd., der nicht ernst zu nehmen ist, über den sich andere lustig machen.*
wit|zig ⟨Adj.⟩ [mhd. witzec, ahd. wizzig = kundig, verständig, klug]: **1.** *die Gabe besitzend, durch [scherzhafte] treffende, schlagfertige Äußerungen andere zum Lachen zu bringen; diese Gabe erkennen lassend:* ein -er Kabarettist, Moderator, Erzähler; eine -e Bemerkung; -e Einfälle haben; eine -e Art haben; die Rednerin, ihr Vortrag war recht w.; sie hat uns allen witzig w. *(ist ganz u. gar nicht zum Lachen).* **2.** (ugs.) *seltsam, merkwürdig:* das ist ja w. **3.** *einfallsreich; Einfallsreichtum erkennen lassend:* ihre Klamotten könnten etwas -er sein.

Wit|zig|keit, die; -: *das Witzigsein, witzige Art.*
◆ **Wit|zi|gung,** die; -, -en [zu: witzigen = jmdn. witzig (= klug) machen, belehren]: *Lehre; Lebenserfahrung:* Man wird dich auf die Tortur schrauben. Den ersten Grad stehst du aus. Diese W. kannst du auf Konto deines Meuchelmords hinnehmen (Schiller, Fiesco II, 9).
witz|los ⟨Adj.⟩: **1.** *ohne Witz* (2 a): ein -er Bursche; in der Wortwahl ist er recht w. **2.** (ugs.) *sinnlos:* ohne Therapie ist ein Entzug ziemlich w.
Witz|sei|te, die: vgl. Witzblatt: die W. einer Zeitung.
Witz|wort, das ⟨Pl. -e⟩: *witzige Bemerkung.*
WK = Wiederholungskurs.
w. L. = westlicher Länge.
Wla|di|wos|tok [auch: ...'vɔ...]: *Stadt in Russland.*
WLAN ['ve:la:n], das; -[s], -s [Kurzwort für engl. Wireless Local Area Network] (EDV): *drahtloses LAN.*
WLAN-Rou|ter, der (EDV): *in Verbindung mit einem WLAN nutzbarer* ²*Router.*
WM [ve:'ʔɛm], die; -, -[s] (ugs.): *Weltmeisterschaft.*
WM-Fie|ber, das: *Begeisterung vor und während einer Weltmeisterschaft.*
WM-Qua|li|fi|ka|ti|on, die: *Qualifikation* (3 a) *für eine Weltmeisterschaft.*
WM-Ti|tel, der: *Titel des Weltmeisters, der Weltmeisterin in einer sportlichen Disziplin.*
WNW = Westnordwest[en].
¹**wo** ⟨Adv.⟩ [mhd. wā, ahd. (h)wār, eigtl. = an was (für einem Ort), zu was (für einem Ort)]: **1.** ⟨interrogativ⟩ *an welchem Ort, an welcher Stelle?:* wo warst du?; wo wohnt sie?; wo ist er geboren?; wo können wir uns treffen?; wo liegt das Buch?; (steht im Satzinnern od. am Satzende, wenn mit einem gewissen Nachdruck gefragt wird:) er hat wo auf uns gewartet, sagtest du?; Wo ist denn mein süßes Jungelchen, na wo ist er denn (Schädlich, Nähe 137). **2. a)** ⟨relativisch⟩ *räumlich; an welchem Ort, an welcher Stelle:* die Stelle, wo der Unfall passiert ist; überall, wo Menschen wohnen; bleib, wo du bist!; pass auf, wo sie hingeht! (ugs.; *wohin sie geht!);* wo immer er auch sein mag, ich werde ihn finden; wo(hin) er auch hinblickte (ugs.; *wohin auch blickte),* es wimmelte von Ameisen. **b)** ⟨relativisch⟩ *zeitlich; zu welcher Zeit:* in dem Augenblick, wo dem Zeitpunkt, wo er hier ankam; **c)** ⟨relativisch⟩ (landsch. salopp, nicht standspr.) in Bezug auf jmdn., etw.; *der, die, das:* das ist der Mann, wo am Steuer gesessen hat; das war das beste Gerät, wo ich kriegen konnte. **3.** ⟨indefinit⟩ (ugs.) *irgendwo:* wenn ich versprochen habe, zu einem bestimmten Zeitpunkt wo zu sein, dann halte ich das auch ein. **4.** ⟨als Teil eines Pronominaladverbs in getrennter Stellung⟩ ↑ wobei, wofür, ¹wogegen, womit, wonach, wovon, wovor, wozu.
²**wo** (Konj.): **1.** ⟨konditional⟩ (veraltend) *wenn:* die Konkurrenz wird uns bald einholen, wo nicht übertreffen; er hilft überall, wo möglich, wo immer er kann. **2. a)** ⟨kausal⟩ *zumal, angesichts der Tatsache, dass...:* was wollst ihr verreisen, wo ihr es [doch] zu Hause wie im Urlaub habt; warum hast du das gesagt, wo du doch weißt, wie empfindlich er ist; **b)** ⟨konzessiv⟩ *obwohl, während:* sie erklärte sich rundweg außerstande, wo sie [doch] nur keine Lust hatte. **3.** ⟨temporal⟩ (landsch. salopp, nicht standspr.) **a)** ¹als (1); **b)** ¹als (2).
wo|an|ders ⟨Adv.⟩: *an einem anderen Ort, an einer anderen Stelle:* er wollte es nun w. versuchen; sie wohnen inzwischen w.; sie ist mit ihren Gedanken ganz w. *(überhaupt nicht bei der Sache).*
wo|an|ders|her ⟨Adv.⟩: *von einem anderen Ort, aus einer anderen Richtung.*
¹**wo|an|ders|hin** ⟨Adv.⟩: *an einen anderen Ort, an*

eine andere Stelle: sie schüttelte den Kopf und blickte w.; ich muss noch w.
wob, wö|be: ↑ weben.
wo|bei ⟨Adv.⟩ [spätmhd. wa(r)bei]: **1.** [mit bes. Nachdruck: 'vo:baɪ] ⟨interrogativ⟩ *bei welcher Sache:* w. ist die Vase denn entzweigegangen? **2.** ⟨relativisch⟩ *bei welcher (gerade erwähnten) Sache:* es gibt nichts, w. er mehr Spaß hat; ⟨weiterführend⟩ sie gab mir das Buch, w. sie vermied, mich anzusehen. **3.** (nordd. ugs.) in bestimmten Verwendungen in getrennter Stellung: das ist etwas, wo ich nichts bei finde. **4.** ⟨nur in einleitender Satzstellung⟩ (ugs.) *allerdings, andererseits:* w.: das könnte sehr teuer werden.
Wo|che, die; -, -n [mhd. woche, ahd. wohha, wehha, verw. mit ↑ ²weichen u. ↑ Wechsel, eigtl. = das Weichen, Platzmachen, Wechseln, dann: Reihenfolge (in der Zeit), regelmäßig wiederkehrender Zeitabschnitt]: **1.** *(ständig wiederkehrende) Folge von 7 Tagen (die als Kalenderwoche mit Montag, in der christlichen Liturgie mit Sonntag beginnt):* diese, die letzte, vergangene, kommende W.; die dritte W. des Monats; die W. vor, nach Pfingsten; die Kieler W. *(die sich über eine Woche erstreckende internationale Kieler Segelregatta);* die W. ging schnell vorüber, herum; die W. verlief ruhig, -n und Monate vergingen; das Kind ist drei -n alt; nächste, in der nächsten W. bin ich verreist; drei -n lang, vorige W. war sie krank; alle vier -n, jede vierte W. treffen sie sich; im Laufe der W.; Mitte, Anfang, gegen Ende der W.; die Seebäder waren auf -n hinaus ausgebucht; die Arbeit muss noch in dieser W. fertig werden; heute in, vor einer W.; die W. über, während der W. *(von montags bis zum Wochenende)* ist nicht zu Hause; unter der W. *(an den Arbeitstagen);* Die Frau berichtete, dass sie zweimal die W. einkaufen gehe (Becker, Tage 13); * **englische W.** *(Fußball; Zeitraum von acht Tagen [von Sonnabend bis Sonnabend], in dem die Mannschaft drei Punktspiele austragen muss;* nach der viel geübten Praxis der britischen Fußballligen, aus Termingründen drei statt zwei Spiele innerhalb von acht Tagen anzusetzen). **2.** ⟨Pl.⟩ (veraltet) *Wochenbett:* in den -n sein, liegen, in die -n kommen *(niederkommen).*
Wo|chen|ar|beits|zeit, die: *(für die Arbeitnehmenden) festgelegte wöchentliche Arbeitszeit:* eine Verkürzung der W. fordern, beschließen.
Wo|chen|bett, das ⟨Pl. selten⟩: *Zeitraum von 6 bis 8 Wochen nach der Entbindung, in dem es zur Rückbildung der durch Schwangerschaft u. Geburt am weiblichen Körper hervorgerufenen Veränderungen kommt:* seine erste Frau war im W. gestorben.
Wo|chen|bett|fie|ber, das ⟨o. Pl.⟩: *bei Wöchnerinnen auftretende, meist vom Geschlechtsorgan ausgehende Infektionskrankheit.*
Wo|chen|blatt, das (veraltend): *wöchentlich erscheinende Zeitschrift, Zeitung.*
Wo|chen|end|aus|flug, der: *über das Wochenende bzw. an einem Tag des Wochenendes stattfindender Ausflug.*
Wo|chen|end|aus|ga|be, die: *am Wochenende erscheinende, umfangreichere Ausgabe einer Tageszeitung.*
Wo|chen|end|bei|la|ge, die: *meist der Wochenendausgabe einer Tageszeitung beiliegender, unterhaltender Teil.*
Wo|chen|end|be|zie|hung, die: *Form der Partnerbeziehung, bei der die beiden Partner unter der Woche räumlich getrennt leben u. nur das Wochenende [u. Urlaubszeiten] gemeinsam verbringen:* eine W. stellt hohe Anforderungen an beide Partner; eine W. führen, in einer W. leben.
Wo|chen|en|de, das: *[Freitagabend,] Samstag u. Sonntag (als arbeitsfreie Tage):* ein langes, ver-

längertes W. *(ein Wochenende mit zusätzlicher Freizeit, meist Feiertagen);* sie hat nur alle 14 Tage ein freies W.; nächstes W. hat er die Kinder; am W. gehen wir schwimmen; (Wunschformel:) [ein] schönes W.!

Wo|chen|end|ehe, die: *Ehe, bei der beide Partner (weil sie an verschiedenen Orten arbeiten) nur am Wochenende zusammenleben.*

Wo|chen|end|grund|stück, das: vgl. Wochenendhaus.

Wo|chen|end|haus, das: *vorwiegend für den Aufenthalt am Wochenende genutztes, kleines Haus auf einem Grundstück am Stadtrand od. außerhalb der Stadt.*

Wo|chen|end|kurs, der: *Kurs (3 a), der an einem Wochenende abgehalten wird.*

Wo|chen|end|se|mi|nar, das: vgl. Wochenendkurs.

Wo|chen|end|ti|cket, das: *an einem Wochenende ganz od. mit zeitlichen u. a. Einschränkungen gültiger [preisgünstiger] Fahrausweis für die Nutzung öffentlicher Verkehrsmittel in einem best. Gebiet:* neun Stunden brauchte er mit W. und Bummelzügen ins 500 Kilometer entfernte Rostock.

Wo|chen|fluss, der ⟨o. Pl.⟩ (Med.): *Absonderung aus der Gebärmutter während der ersten Tage u. Wochen nach der Entbindung.*

Wo|chen|geld, das (österr., sonst veraltet): *Mutterschaftsgeld.*

Wo|chen|ka|len|der, der: *Kalender mit wöchentlichem Kalendarium (2).*

Wo|chen|kar|te, die: *jeweils für eine Woche gültige Karte (4 a, b).*

wo|chen|lang ⟨Adj.⟩: *viele Wochen andauernd, anhaltend.*

Wo|chen|lohn, der: *wöchentlich gezahlter Lohn.*

Wo|chen|markt, der: *regelmäßig an einem od. mehreren Wochentagen stattfindender Markt (bes. für Gemüse, Obst, Geflügel, Blumen).*

Wo|chen|schau, die (bes. früher): *im Beiprogramm der Filmtheater gezeigte, wöchentlich wechselnde Zusammenstellung kurzer Filme über aktuelle Ereignisse.*

Wo|chen|schrift, die (veraltend): *wöchentlich erscheinende Zeitschrift.*

Wo|chen|spiel|plan, der: *Spielplan für eine bestimmte Woche.*

Wo|chen|stun|de, die: *[in einem Fach] pro Woche erteilte Unterrichtsstunde:* in Religion sind zwei -n vorgesehen; der Lehrer kommt auf 23 -n.

Wo|chen|tag, der: **1.** *Tag der Woche außer Sonntag; Werktag:* das Ticket gilt nur an -en. **2.** *Tag der Woche:* der erste Juli fällt in jedem Jahr auf denselben W. wie der erste April; auf welchen W. fällt in diesem Jahr der erste Oktober?; das Geschäft ist an allen -en geöffnet.

wo|chen|tags ⟨Adv.⟩: *an einem Wochentag, an Wochentagen:* Ich habe den Gottesdiensten auch w. oft beigewohnt (Brandstetter, Altenehrung 103).

wö|chent|lich ⟨Adj.⟩ ⟨mhd. wochenlich⟩: *jede Woche geschehend, erfolgend, fällig:* der Hausflur ist w. zu reinigen.

wo|chen|wei|se ⟨Adv.⟩: *je von Woche zu Woche [geschehend]; jeweils für eine Woche:* der Strom wird w. abgerechnet; ⟨mit Verbalsubstantiven auch attr.:⟩ eine w. Abrechnung.

Wo|chen|zeit|schrift, die: *wöchentlich erscheinende Zeitschrift.*

Wo|chen|zei|tung, die: vgl. Wochenzeitschrift.

Wöch|ne|rin, die; -, -nen [gekürzt aus älterem Sechswöchnerin]: *Frau während des Wochenbetts.*

Wo|dan, Wotan (germ. Mythol.): *höchster Gott.*

Wod|ka, der; -s, -s [russ. vodka, möglicherweise aus einer slaw. Verkleinerungsform mit der Bedeutung »Wässerchen«]: *[russischer] Branntwein aus Korn od. Kartoffeln:* eine Flasche, ein Glas W.; zwei W. *(zwei Gläser mit Wodka)* bestellen.

wo|dran [mit besonderem Nachdruck: ˈvoːdran] (ugs.): ↑ woran.

wo|drauf [mit besonderem Nachdruck: ˈvoːdrau̯f] (ugs.): ↑ worauf.

wo|draus: ↑ woraus.

wo|drin (ugs.): ↑ worin.

wo|drü|ber (ugs.): ↑ worüber.

wo|drum (ugs.): ↑ worum.

wo|drun|ter (ugs.): ↑ worunter.

Wo|du: ↑ Voodoo.

wo|durch ⟨Adv.⟩: **1.** [mit besonderem Nachdruck: ˈvoːdʊrç] ⟨interrogativ⟩ *durch welche Sache:* w. ist das passiert? **2.** ⟨relativisch⟩ *durch welche (gerade erwähnte) Sache:* er vermied alles, w. es zu Missverständnissen hätte kommen können; ⟨weiterführend:⟩ sie schlief sich erst einmal aus, w. es ihr schon besser ging.

wo|fern ⟨Konj.⟩ (veraltend): *sofern:* Unter den andern, die, w. sie nicht wirklich jung waren, … sich wenigstens jugendlich aufführten … (Muschg, Gegenzauber 232).

wo|für ⟨Adv.⟩: **1.** [mit bes. Nachdruck: ˈvoːfyːɐ̯] ⟨interrogativ⟩ *für welche Sache:* w. interessierst du dich?; w. hältst du mich? *(glaubst du etwa, dass ich das tue?);* er wurde bestraft und wusste nicht, w. **2.** ⟨relativisch⟩ *für welche (gerade erwähnte) Sache:* das ist etwas, w. ich überhaupt kein Verständnis habe; ⟨weiterführend:⟩ sie hatte sich Verdienste erworben, w. sie geehrt wurde. **3.** (nordd. ugs.) in bestimmten Verwendungen in getrennter Stellung: das ist etwas, wo er nichts für kann.

wog: ↑ ¹wiegen.

Wo|ge, die; -, -n [aus dem Niederd. < mniederd. wage, eigtl. = bewegtes Wasser] (geh.): *hohe, starke Welle:* schäumende -n; die -n schlugen über ihm zusammen; von den -n hin und her geworfen werden; Ü die -n der Begeisterung, Erregung gingen hoch; sie schwammen auf den -n des Ruhms; * **die -n glätten** *([bei einer Auseinandersetzung o. Ä.] vermittelnd, ausgleichend auf die Kontrahenten einwirken);* **die -n glätten sich** *(die Erregung, Empörung klingt ab, es kehrt wieder Ruhe ein).*

wö|ge: ↑ ¹wiegen.

¹wo|ge|gen ⟨Adv.⟩: **1.** [mit bes. Nachdruck: ˈvoːɡeːɡn̩] ⟨interrogativ⟩ *gegen welche Sache:* w. sollten wir uns wehren? **2.** ⟨relativisch⟩ *gegen welche (gerade erwähnte) Sache:* gegen nichts, w. ich etwas einzuwenden hätte; ⟨weiterführend:⟩ er bat um Aufschub, w. nichts einzuwenden war. **3.** (nordd. ugs.) in bestimmten Verwendungen in getrennter Stellung: etwas, wo man nichts gegen sagen kann.

²wo|ge|gen ⟨Konj.⟩: *wohingegen.*

wo|gen ⟨sw. V.; hat⟩ [zu ↑ Woge] (geh.): *sich in Wogen [gleichmäßig] auf u. nieder bewegen:* das Meer wogt; die wogende See; Ü der Weizen wogt im Wind; die Menge wogte in den Straßen; mit wogendem Busen stürmte sie herein; zurzeit wogt noch ein heftiger Kampf.

wo|her ⟨Adv.⟩: **1.** [mit bes. Nachdruck: ˈvoːheːɐ̯] **a)** ⟨interrogativ⟩ *von welchem Ort, welcher Stelle, aus welcher Richtung o. Ä.:* w. kommt der Lärm?; w. stammst du?; ⟨subst.:⟩ jmdn. nach dem Woher und Wohin fragen (geh.; *ihn hinsichtlich seiner Vergangenheit u. seiner Pläne für die Zukunft befragen);* * **[aber/ach] w. denn!; ach w.!; i w.!** (ugs.; *keineswegs; bestimmt nicht:* »Hatten Sie denn Streit?« – »Ach w. denn!«); **b)** ⟨interrogativ⟩ *aus welcher Quelle?; von wem, wovon (herrührend o. Ä.)?:* w. bist du so braun?; ich weiß nicht, w. er das hat. **2.** ⟨relativisch⟩ *von welchem [gerade genannten] Ort, von welcher [gerade genannten] Stelle o. Ä.:* geh hin, w. du gekommen bist; der Laden, w. *(aus ugs.)* die Sachen stammen.

wo|her|um [mit besonderem Nachdruck: ˈvoːheːrʊm] ⟨Adv.⟩: *an welcher Stelle, in welcher Richtung herum?:* w. muss man gehen, um zum Bahnhof zu kommen?

wo|hin ⟨Adv.⟩: **1.** [mit bes. Nachdruck: ˈvoːhɪn] ⟨interrogativ⟩ *an welchen Ort, in welche Richtung?:* w. gehst du?; er weiß noch nicht, w. er im Urlaub fahren wird; w. so spät?; w. damit? (ugs.; *was soll ich damit machen?;* wohin soll ich das stellen, legen o. Ä.?); Wohin mit den Gläsern? Wohin mit dem Messer? (Frisch, Montauk 101). **2.** ⟨relativisch⟩ *an welchen [gerade genannten] Ort, an welche [gerade genannte] Stelle:* er eilte ins Zimmer, w. ihm die anderen folgten; ihr könnt gehen, w. ihr wollt; Groß-Wasserburg im Unterspreewald, w. die Verlobten ihre erste Reise unternommen hatten. (Bruyn, Zwischenbilanz 7). **3.** ⟨indefinit⟩ (ugs.) *irgendwohin:* er muss noch w. (ugs.; *hat noch irgendeine Besorgung zu machen;* auch ugs. verhüll.: *muss noch zur Toilette*).

wo|hin|auf ⟨Adv.⟩: **1.** [mit bes. Nachdruck: ˈvoːhɪˈnau̯f] ⟨interrogativ⟩ *an welchen Ort o. Ä. hinauf?:* w. führt der Weg? **2.** ⟨relativisch⟩ *an welchen [gerade genannten] Ort o. Ä. hinauf:* die Burg, w. sie sich begeben hatten.

wo|hin|aus [mit besonderem Nachdruck: ˈvoːhɪˈnau̯s] ⟨Adv.⟩: vgl. wohinauf.

wo|hin|ein [mit besonderem Nachdruck: ˈvoːhɪˈnai̯n] ⟨Adv.⟩: vgl. wohinauf.

wo|hin|ge|gen ⟨Konj.⟩: *im Unterschied wozu; während:* er hat blondes Haar, w. seine Geschwister alle dunkelhaarig sind.

wo|hin|ter [mit besonderem Nachdruck: ˈvoːhɪntɐ] ⟨Adv.⟩: vgl. woneben (1, 2 a).

wo|hin|un|ter [mit besonderem Nachdruck: ˈvoːhɪnʊntɐ] ⟨Adv.⟩: vgl. wohinauf.

¹wohl ⟨Adv.⟩ ⟨mhd. wol(e), ahd. wola, wela, zu ↑ ²wollen u. eigtl. = erwünscht; nach Wunsch⟩: **1.** (meist geh.) **a)** *in einem von keinem Unwohlsein, keiner Störung beeinträchtigten, guten körperlichen, seelischen Zustand befindlich:* w. aussehen; sich [nicht] w. fühlen; ist dir jetzt -er?; so ist mir am -sten; **b)** *angenehm; behaglich:* sich in jmds. Gegenwart w. fühlen; sie haben es sich w. sein (*gut gehen*) lassen; mir ist nicht w. bei der Sache (*ich habe ein unangenehmes Gefühl dabei*); (als Wunschformel) schlaf w.!; w. bekomms!; (scherzh., sonst veraltet:) [ich] wünsche, w. gespeist, geruht zu haben; (als Abschiedsgruß) leb w.!; * **w. oder übel** (*ob jmd. will od. nicht);* **c)** ⟨besser, am besten⟩ *gut, in genügender Weise:* jmdm. w. gefallen; etw. w. *(genau, sorgfältig)* überlegen; ein w. ausgewogenes, w. durchdachtes, w. überlegtes Programm; eine w. bedachte Handlung; eine w. begründete Meinung; w. behütet, w. erzogen, w. genährt sein; w. beraten, wenn du sie meidest; eine w. bekannte, w. geratene Stimme; du bist w. beraten, wenn du sie meidest; eine w. dosierte Mischung; eine w. durchdachte Konzeption; w. geordnete Verhältnisse; eine w. geformte, w. proportionierte Figur; ein w. temperierter Wein, Empfang; ein w. schmeckendes Essen; w. unterrichtete Kreise; sie ist w. versehen mit Vorräten, w. vorbereitet ins Examen gehen; der Schmuck liegt w. verwahrt im Safe; er tat es w. wissend, dass es falsch war. **2.** *bekräftigt nachdrücklich etw.* [was von anderer Seite in Zweifel gezogen wird]: *durchaus:* das weiß ich [sehr] w.; ich bin mir dessen w. bewusst.

3. *bekräftigt in Verbindung mit »aber« eine Aussage, in der etw. Bestimmtes eingeräumt wird; jedoch:* hier kommen diese Tiere nicht vor, w. aber in wärmeren Ländern; mir musst du das nicht sagen, w. aber ihr. **4.** *bezeichnet ein geschätztes Maß o. Ä. von etw.; etwa, ungefähr:*

es waren w. 100 Menschen da; es war w. 14 Uhr, als wir ankamen. **5.** (geh. veraltend) als Ausruf des Glücklichpreisens; *glücklich der (die, das) ...:* w. dem, der dies überstanden hat; w. dem Haus, das einen solchen Gast beherbergen darf. **6.** einschränkend; meist in Verbindung mit »aber« od. »allein«; *zwar, allerdings:* er sagte w., er wolle kommen, aber wer weiß? **7.** (veraltend) als bejahende Antwort auf eine Bitte, eine Bestellung od. einen Befehl; *gewiss; jawohl:* sehr w., mein Herr!

²**wohl** ⟨Partikel; unbetont⟩ [zu: ↑¹wohl]: **1.** drückt in Aussage- u. [rhetorischen] Fragesätzen eine Annahme, Vermutung des Sprechers, der Sprecherin aus; *vermutlich:* das wird w. so sein, wird w. wahr, das Beste sein; die Zeit wird w. kaum reichen; du hast w. keine Zeit?; du hast w. zu viel Geld?; »Gehst du hin?« – »Wohl kaum!«; (ugs.; als Gegenfrage:) »Was will er nur hier?« – »Ja, was w.?«; »Ich möchte wissen, weshalb er zurückgekommen ist.« – »Warum w.?«. **2.** drückt in Aussage- u. Aufforderungssätzen eine Bekräftigung, Verstärkung aus: man wird doch w. fragen dürfen; siehst du w.!; willst du w. hören!; das kann man w. sagen; das mag w. sein.

Wohl, das; -[e]s: *das Wohlergehen, Wohlbefinden, Zustand, in dem sich jmd. in seinen persönlichen Verhältnissen wohlfühlt:* das öffentliche, allgemeine W. *(das Wohlergehen der Menschen);* das W. des Staates liegt in der Hand seiner Bürger; auf jmds. W. bedacht sein; für jmds. W. *(Wohlergehen),* für das leibliche W. *(für Essen und Trinken)* der Gäste sorgen; um das eigene W. besorgt sein *(aufpassen, dass man selbst nicht zu kurz kommt);* es geschieht alles nur zu eurem W. *(Besten);* in Trinksprüchen: dein W.!; auf Ihr [ganz spezielles] W.!; [sehr] zum -[e]]!; auf jmds. W. das Glas erheben, leeren; auf jmds. W. trinken; ** das W. und Wehe (das Geschick: ... lässt ihr W. und Wehe lässt man der Menschheit am besten nicht direkt abstimmen, weil sie zurzeit noch nicht genug davon versteht [Wollschläger, Zeiten 233]).*

wohl ⟨Adv.⟩ (geh. veraltet): drückt eine Aufforderung aus, allein stehend am Anfang od. Ende einer Aussage; *nun gut, nun denn; frischauf:* w., lasst uns gehen!

wohl|an|stän|dig ⟨Adj.⟩ (geh., oft iron.): *dem schicklichen Benehmen entsprechend; mit feinem Anstand:* die -e Gesellschaft.

Wohl|an|stän|dig|keit, die ⟨o. Pl.⟩ (geh., oft iron.): **1.** ⟨o. Pl.⟩ *das Wohlanständigsein.* **2.** *etw. wohlanständig Wirkendes.*

wohl|auf ⟨Adv.⟩ [zusger. aus ↑¹wohl u. ↑¹auf]: **1.** (geh. veraltet) *wohlan.* **2.** (geh.) *bei guter Gesundheit, gesund;* w. sein.

wohl|aus|ge|wo|gen, wohl aus|ge|wo|gen ⟨Adj.⟩ (geh.): *sehr gut ausgewogen.*

wohl|be|dacht, wohl be|dacht ⟨Adj.⟩ (geh.): *gründlich, sorgfältig bedacht.*

Wohl|be|fin|den, das: *gutes körperliches, seelisches Befinden:* etw. ist wichtig für jmds. W.; sich nach jmds. W. erkundigen.

wohl|be|grün|det, wohl be|grün|det ⟨Adj.⟩ (geh.): *sehr gut begründet.*

Wohl|be|ha|gen, das (geh.): *großes Behagen:* W. empfinden, schaffen; etw. mit W. genießen; Das Gesicht des Freundes glühte vor W. (Kronauer, Bogenschütze 155).

wohl|be|hal|ten ⟨Adj.⟩: **a)** *ohne Schaden zu nehmen; ohne Unfall; unverletzt:* sie sind w. zurückgekehrt; **b)** *unbeschädigt, unversehrt* (b): die Pakete sind w. eingetroffen.

wohl|be|hü|tet, wohl be|hü|tet ⟨Adj.⟩ (geh.): *sorgsam behütet.*

wohl|be|kannt, wohl be|kannt ⟨Adj.⟩: *gut, genau bekannt.*

wohl|be|ra|ten, wohl be|ra|ten ⟨Adj.⟩ (geh.): *sehr gut beraten.*

wohl|be|stallt ⟨Adj.⟩ (geh. veraltend, noch scherzh.): *eine gute berufliche Position habend:* er ist -er Amtsrat.

wohl|do|siert, wohl do|siert ⟨Adj.⟩ (geh.): *in der richtigen Menge, im richtigen Maß dosiert.*

wohl|durch|dacht, wohl durch|dacht ⟨Adj.⟩ (geh.): *genau überlegt, bedacht.*

wohl|er|ge|hen, wohl er|ge|hen ⟨unr. V.; ist⟩ (geh.): *gut ergehen.*

Wohl|er|ge|hen, das; -s: *Zustand, in dem es jmdm. gut geht:* sich nach jmds. W. erkundigen *(sich danach erkundigen, ob es jmdm. gut geht).*

wohl|er|wo|gen, wohl er|wo|gen ⟨Adj.⟩ (geh.): *wohlbedacht.*

wohl|er|zo|gen, wohl er|zo|gen ⟨Adj.⟩ (geh.): *sehr gut erzogen:* ein -es Kind.

Wohl|er|zo|gen|heit, die; -, -en ⟨Pl. selten⟩ (geh.): *das Wohlerzogensein.*

Wohl|fahrt, die ⟨o. Pl.⟩ [unter Einfluss von ↑Hoffart für spätmhd. wolvarn = Wohlergehen]: **1.** (geh. veraltend) *das Wohl, Wohlergehen des Einzelnen, der Gemeinschaft (bes. in materieller Hinsicht):* die W. der Menschen, eines Landes im Auge haben. **2.** (früher) **a)** *öffentliche Fürsorge* (2 a), *Sozialhilfe; Wohlfahrtspflege:* von der W. betreut, unterstützt werden; **b)** (ugs.) *Wohlfahrtsamt.*

Wohl|fahrts|amt, das (früher): *Einrichtung, Amt der Wohlfahrt* (2 a); *Sozialamt.*

Wohl|fahrts|emp|fän|ger, der (früher): *jmd., der durch das Wohlfahrtsamt unterstützt wird; Sozialhilfeempfänger.*

Wohl|fahrts|emp|fän|ge|rin, die: w. Form zu ↑Wohlfahrtsempfänger.

Wohl|fahrts|mar|ke, die (Postw.): *Briefmarke mit erhöhtem Entgelt zugunsten wohltätiger Institutionen.*

Wohl|fahrts|or|ga|ni|sa|ti|on, die: *der Wohlfahrtspflege dienende Organisation.*

Wohl|fahrts|pfle|ge, die: *alle privaten u. öffentlichen Maßnahmen zur Unterstützung Not leidender u. sozial gefährdeter Menschen; Sozialhilfe.*

Wohl|fahrts|staat, der (Politik, häufig abwertend): *Staat, der mittels Gesetzgebung u. sonstiger Maßnahmen für die soziale Sicherheit, das Wohl seiner Bürger Sorge trägt.*

Wohl|fahrts|ver|band, der: *Verband für die Wohlfahrtspflege.*

wohl|feil ⟨Adj.⟩ [mhd. wol veile, wolveil] (veraltend): **1.** *billig, preiswert:* eine -e Ausgabe von Goethes Werken; etw. w. erwerben; Ü *eine -e (sich bietende) Gelegenheit.* **2.** *abgedroschen; platt:* -e Redensarten.

wohl|for|mu|liert, wohl for|mu|liert ⟨Adj.⟩ (geh.): *gut überlegt, sorgfältig formuliert.*

wohl|füh|len, wohl füh|len, sich ⟨sw. V.; hat⟩: *sich in seinem Wohlbefinden durch nichts beeinträchtigt fühlen.*

Wohl|fühl|fak|tor, der: **a)** *Faktor, Umstand, der zum Wohlbefinden maßgeblich beiträgt:* das Betriebsklima ist ein wichtiger W.; **b)** *Maß an Wohlgefühl:* viel Licht in der Wohnung erhöht den W.; **c)** *das Wohlbefinden als das [Kauf]verhalten beeinflussender Umstand, Faktor:* auf den W. setzen.

Wohl|fühl|ge|wicht, das; -[e]s: *[vom idealen Gewicht abweichendes] gesundheitlich unbedenkliches Körpergewicht eines Menschen, das seinen persönlichen Bedürfnissen entspricht:* das individuelle, persönliche W.; sein W. finden, halten.

Wohl|ge|fal|len, das: *innere Freude u. Befriedigung in Bezug auf jmdn., etw.:* ein, sein W. an jmdm., etw. haben; W. an etw. finden; sie betrachtete ihre Kinder mit W.; ** sich in W. auf-*

lösen (ugs.: **1.** *zur allgemeinen Zufriedenheit ausgehen, überwunden werden.* **2.** *[von Gegenständen] sich in ihre Bestandteile auflösen; auseinanderfallen, entzweigehen:* den Pulli musst du wegwerfen, bevor er sich ganz in W. auflöst. **3.** *[von Gegenständen] verschwinden; nicht mehr aufzufinden sein:* der Schlüssel kann sich doch nicht einfach in W. aufgelöst haben).

wohl|ge|fäl|lig ⟨Adj.⟩: **1.** *Wohlgefallen ausdrückend:* ein -er Blick; jmdn. w. betrachten; er lächelte w. *(selbstzufrieden).* **2.** (geh. veraltend) *angenehm; Wohlgefallen erregend:* ein Duft, der ihm w. war.

wohl|ge|formt, wohl ge|formt ⟨Adj.⟩ (geh.): *von guter, vollkommener Form; ästhetisch ansprechend geformt:* sein Kopf ist w.

Wohl|ge|fühl, das ⟨Pl. selten⟩: *angenehmes Gefühl; Gefühl des Behagens:* jmdn. überkommt ein W.; Weshalb sollte also die Möwe, der Segler über den Wellen, nicht ein W. genießen beim Flug? (Strauß, Niemand 219).

wohl|ge|lit|ten ⟨Adj.⟩ (geh.): *beliebt; gern gesehen:* er ist überall w.

wohl|ge|merkt [auch: ˈvoːlɡəˈmɛrkt] ⟨Adv.; allein stehend am Anfang od. Ende eines Satzes od. als Einschub⟩: *damit kein Missverständnis entsteht; das sei betont:* w., so war er, w., nicht sein Bruder war es; hinter ihrem Rücken, w.

wohl|ge|mut ⟨Adj.⟩ [mhd. wolgemuot] (geh.): *fröhlich u. voll Zuversicht:* sie machte sich w. auf den Weg.

wohl|ge|nährt, wohl ge|nährt ⟨Adj.⟩ (meist spött.): *dick [u. rundlich].*

wohl|ge|ord|net, wohl ge|ord|net ⟨Adj.⟩ (geh.): *ziemlich gut geordnet.*

wohl|ge|ra|ten, wohl ge|ra|ten ⟨Adj.⟩ (geh. veraltend): **1.** *gut ausgefallen, gelungen, geraten:* das Werk war w. **2.** *(von Kindern) erfreulich gut entwickelt, erzogen:* sie haben drei -e Kinder.

Wohl|ge|ruch, der (geh.): *angenehmer Geruch, Duft:* der Raum war von einem W. erfüllt; alle Wohlgerüche Arabiens (scherzh. od. iron.: *alle möglichen Gerüche, Düfte*; nach Shakespeare, Macbeth IV, 1; all the perfumes of Arabia).

wohl|ge|setzt, wohl ge|setzt ⟨Adj.⟩ (geh.): *formvollendet formuliert:* eine -e Rede.

wohl|ge|sinnt ⟨Adj.⟩: *jmdm. freundlich gesinnt:* jmdm. w. sein.

wohl|ge|son|nen ⟨Adj.⟩ (ugs.): *wohlgesinnt.*

Wohl|ge|stalt, die ⟨o. Pl.⟩ (geh.): *schöne Gestalt, Form:* Allah schütze Eure W. und die Eures Weibes! Er schütze Euren Reichtum und Eure Reise! (Eich, Hörspiele I).

wohl|ge|stal|tet ⟨Adj.⟩ (geh.): *von schöner Gestalt od. Form:* ein -er Körper.

wohl|ge|tan, wohl ge|tan ⟨Adj.⟩ (geh.): *gut, richtig gemacht:* nach -er Arbeit.

wohl|ha|bend ⟨Adj.⟩ [zu mhd. wol haben = sich wohl befinden]: *Vermögen besitzend; begütert:* eine -e Familie; sie sind w.

Wohl|ha|ben|heit, die; -: *das Wohlhabendsein.*

woh|lig ⟨Adj.⟩: *Wohlbehagen bewirkend; ausdrückend:* eine -e Wärme; ein -es Gefühl; sich w. ausstrecken.

Wohl|klang, der (geh.): **1.** *angenehmer, schöner Klang:* liebliche Wohlklänge drangen an sein Ohr. **2.** ⟨o. Pl.⟩ *wohlklingende Art:* der W. eines Instruments, einer Stimme.

wohl|klin|gend, wohl klin|gend ⟨Adj.⟩ (geh.): *schön klingend; Wohlklang habend; melodisch:* eine -e Stimme; einen -en Namen haben.

Wohl|laut, der (geh.): vgl. Wohlklang.

wohl|lau|tend, wohl lau|tend ⟨Adj.⟩ (geh.): vgl. wohlklingend.

Wohl|le|ben, das ⟨o. Pl.⟩ (geh.): *sorgloses Leben im Wohlstand.*

wohl|löb|lich ⟨Adj.⟩ (veraltend, noch spött.): *lobenswert, sehr achtbar:* ein -es Unterfangen.

wohl|mei|nend ⟨Adj.⟩ (geh.): **1.** *wohlgemeint:* ein -er Rat. **2.** *es gut meinend; wohlwollend:* ein -er Mensch hatte uns gewarnt.

wohl|pro|por|ti|o|niert, wohl pro|por|ti|o|niert ⟨Adj.⟩ (geh.): *gute Proportionen aufweisend.*

wohl|rie|chend, wohl rie|chend ⟨Adj.⟩ (geh.): *angenehm riechend.*

wohl|schme|ckend, wohl schme|ckend ⟨Adj.⟩ (geh.): *sehr gut schmeckend.*

Wohl|sein, das (geh.): *Wohlgefühl:* [zum] W.! *(zum Wohl!);* Das sichere und umfassende W., zu dem seine Frau gelangt war, nachdem sie ihn verlassen hatte (Strauß, Niemand 82).

Wohl|stand, der ⟨o. Pl.⟩: *Maß an Wohlhabenheit, die jmdm. wirtschaftliche Sicherheit gibt; hoher Lebensstandard:* im bescheidenen W. leben; ℞ bei dir, euch usw. ist wohl der W. ausgebrochen! (scherzh. od. spött. Kommentar, mit dem eine [bescheidene] Anschaffung o. Ä. zur Kenntnis [genommen wird]).

Wohl|stands|bür|ger, der (abwertend): *jmd., für den der Wohlstand das einzig Erstrebenswerte in seinem Leben ist.*

Wohl|stands|bür|ge|rin, die: w. Form zu ↑ Wohlstandsbürger.

Wohl|stands|den|ken, das; -s (abwertend): *nur auf Erlangung bzw. Vermehrung des Wohlstands ausgerichtetes Denken.*

Wohl|stands|ge|fäl|le, das ⟨o. Pl.⟩: *den Grad des Wohlstands innerhalb einer Gesellschaft betreffendes Gefälle (2).*

Wohl|stands|ge|sell|schaft, die: *Gesellschaft, für die der Wohlstand das einzig Erstrebenswerte im Leben ist.*

Wohl|stands|müll, der (abwertend): *Müll einer Wohlstandsgesellschaft.*

Wohl|tat, die [mhd. woltāt, ahd. wolatāt, LÜ von lat. beneficium]: **1.** *Handlung, durch die jmdm. von anderen selbstlose Hilfe, Unterstützung o. Ä. zuteilwird:* jmdm. eine W. erweisen; -en empfangen, genießen, austeilen; auf eine andere angewiesen sein; jmdn. mit -en überhäufen. **2.** ⟨o. Pl.⟩ *etw., was jmdm., einer Sache wohltut, was jmdm. Erleichterung, Linderung o. Ä. verschafft:* die Ruhe als große W. empfinden.

Wohl|tä|ter, der [mhd. woltæter]: *jmd., der anderen Wohltaten (1) erweist:* seinem W. dankbar sein; er war ein W. der Menschheit.

Wohl|tä|te|rin, die: w. Form zu ↑ Wohltäter.

wohl|tä|tig ⟨Adj.⟩ [mhd. woltætic = rechtschaffen; milde]: **1.** (veraltend) *karitativ:* eine Sammlung für wohltätige Zwecke. **2.** (geh. veraltend) *wohltuend:* ein -er Schlaf; etw. hat einen -en Einfluss.

Wohl|tä|tig|keit, die; -, -en (veraltend): **1.** ⟨o. Pl.⟩ *das Wohltätigsein* (1). **2.** (ugs.) *Wohltat.*

Wohl|tä|tig|keits|ball, der: ²Ball, dessen Erlös für wohltätige Zwecke verwendet wird.

Wohl|tä|tig|keits|kon|zert, das: vgl. Wohltätigkeitsball.

Wohl|tä|tig|keits|ver|an|stal|tung, die: vgl. Wohltätigkeitsball.

wohl|tem|pe|riert, wohl tem|pe|riert ⟨Adj.⟩: **1.** (geh.) *die richtige Temperatur habend, richtig temperiert:* ein -er Raum, Wein. **2.** (bildungsspr.) *ausgewogen; ohne Überschwang:* jmdm. einen -en Empfang bereiten. **3.** (Musik selten) *eine temperierte Stimmung aufweisend.*

wohl|tö|nend, wohl tö|nend ⟨Adj.⟩ (geh.): *angenehm, harmonisch klingend:* eine -e Stimme.

wohl|tu|end ⟨Adj.⟩: *(in seiner Wirkung) angenehm, erquickend, lindernd:* -e Ruhe, Wärme; etw. als w. empfinden; es ist w. ruhig im Haus.

wohl|tun ⟨unr. V.; hat⟩: *guttun:* die Kur hat mir wohlgetan.

wohl|über|legt, wohl über|legt ⟨Adj.⟩ (geh.): *durchdacht.*

wohl|un|ter|rich|tet, wohl un|ter|rich|tet ⟨Adj.⟩ (geh.): *ziemlich gut unterrichtet.*

wohl|ver|dient ⟨Adj.⟩: *jmdm. in hohem Maße zukommend, zustehend:* seine -e Ruhe haben.

Wohl|ver|hal|ten, das: *schickliches, pflichtgemäßes Verhalten.*

Wohl|ver|leih, der: *Arnika.*

wohl|ver|se|hen ⟨Adj.⟩ (geh.): *ausreichend, reichlich versehen, ausgestattet mit etw.*

wohl|ver|sorgt, wohl ver|sorgt ⟨Adj.⟩ (geh.): vgl. wohlversehen.

wohl|ver|stan|den, wohl ver|stan|den ⟨Adv.⟩ (geh.): *wohlgemerkt.*

wohl|ver|traut ⟨Adj.⟩ (geh.): *genau bekannt, sehr vertraut:* alte -e Lieder.

wohl|ver|wahrt, wohl ver|wahrt ⟨Adj.⟩ (geh.): *gut, sicher verwahrt.*

wohl|vor|be|rei|tet, wohl vor|be|rei|tet ⟨Adj.⟩ (geh.): *sehr gut vorbereitet.*

wohl|weis|lich [auch: ˈvoːl̩vaɪ̯s...] ⟨Adv.⟩: *aus gutem Grund:* etw. w. tun, unterlassen; w. nicht auf etw. eingehen.

wohl|wol|len ⟨unr. V.; hat⟩ (veraltend): *auf jmds. Wohl bedacht sein:* sie hat ihm stets wohlgewollt.

Wohl|wol|len, das; -s [LÜ von lat. benevolentia]: *freundliche, wohlwollende Gesinnung:* jmds. W. genießen; sich jmds. W. verscherzen, erwerben.

wohl|wol|lend ⟨Adj.⟩: *Wohlwollen zeigend, erkennen lassend:* eine -e Haltung, Beurteilung; jmdn., einer Sache w. gegenüberstehen; etw. w. prüfen.

Wohn|an|la|ge, die: *Gebäudekomplex mit Wohnungen, umgeben von Grünanlagen u. bestimmten, dem Zusammenleben der Mieter dienenden Einrichtungen.*

Wohn|bau, der ⟨Pl. -ten⟩: *Wohngebäude.*

Wohn|be|bau|ung, die: *Bebauung eines Bereiches mit Wohngebäuden.*

Wohn|bei|hil|fe, die (österr.): *Wohngeld.*

wohn|be|rech|tigt ⟨Adj.⟩ (Amtsspr.): *berechtigt, die Erlaubnis habend, an einem bestimmten Ort zu wohnen; heimatberechtigt* (a).

Wohn|be|rech|ti|gung, die (Amtsspr.): *das Wohnberechtigtsein.*

Wohn|be|rech|ti|gungs|schein, der (Amtsspr.): *von einem Amt ausgestellter Nachweis für die Bezugsberechtigung einer Sozialwohnung.*

Wohn|be|reich, der (Fachspr.): *Teil einer Wohnung, eines Hauses, in dem sich die Wohnräume befinden.*

Wohn|be|völ|ke|rung, die (Statistik): *mit festem Wohnsitz in einem bestimmten Bereich lebende Bevölkerung.*

Wohn|be|zirk, der: vgl. Wohngebiet.

Wohn|block, der ⟨Pl. -s, auch: ...blöcke⟩: vgl. Block (3).

Wohn|con|tai|ner, der: *einem großen Container (1) ähnlicher, nicht unterkellerter Behelfsbau mit angemessenen Abmessungen, der als provisorische Unterkunft zum Wohnen dient.*

Wohn|dich|te, die (Amtsspr.): *Anzahl der Bewohner pro Hektar Bauland.*

Wohn|ebe|ne, die: *auf einem Niveau liegende Wohnfläche:* ein Haus mit mehreren, drei, sieben -n; ein Einfamilienhaus mit versetzten -n *(bei dem die Wohnfläche auf unterschiedlich hohem Niveau verläuft).*

Wohn|ei|gen|tum, das: *Eigentum in Form einer Wohnung, eines Wohnhauses.*

Wohn|ein|heit, die (Archit.): *(in sich abgeschlossene) Wohnung:* ein Neubau mit 40 -en.

woh|nen ⟨sw. V.; hat⟩ [mhd. wonen, ahd. wonēn = sich aufhalten, bleiben, wohnen; gewohnt sein, verw. mit ↑ gewinnen u. eigtl. = nach etw. trachten, gernhaben, dann: Gefallen finden, zufrieden sein, sich gewöhnen]: **a)** *seine Wohnung, seinen ständigen Aufenthalt haben:* in der Stadt, auf dem Land, im Grünen, in einer vornehmen Gegend, in einem Neubau w.; wo wohnst du?; parterre, zwei Treppen [hoch], im vierten Stock, bei den Eltern, zur Miete, in Untermiete, möbliert w.; er wohnt nur zehn Minuten vom Büro entfernt; Tür an Tür, über/unter jmdm. w.; Ü ... die tiefen, dunkelblau schattenden Schläfen, hinter denen der Wahnsinn wohnte (Langgässer, Siegel 470); **b)** *vorübergehend eine Unterkunft haben, untergebracht sein:* er konnte bei Freunden w.; sie wohnen im Hotel.

Wohn|flä|che, die: *dem Wohnen dienende Grundfläche von Wohnungen od. Wohnhäusern.*

Wohn|ge|bäu|de, das: *zum Wohnen genutztes Gebäude.*

Wohn|ge|biet, das: **1.** *Gebiet, das vorzugsweise Wohnbauten aufweist.* **2.** (DDR) *territoriale u. politisch-organisatorische Einheit in größeren Städten.*

Wohn|ge|gend, die: *Gegend zum Wohnen im Hinblick auf ihre Qualität:* Haus in bester W. zu verkaufen.

Wohn|geld, das (Amtsspr.): *vom Staat gewährter Zuschuss bes. zur Wohnungsmiete.*

Wohn|ge|mein|schaft, die: *Gruppe von Personen, die als Gemeinschaft [mit gemeinsamem Haushalt] ein Haus od. eine Wohnung bewohnen* (Abk.: WG): in einer W. leben.

Wohn|gru|be, die (Archäol., Völkerkunde): *wohl überwiegend zum Wohnen genutzte muldenförmige Vertiefung in vorgeschichtlichen Ansiedlungen.*

Wohn|grup|pe, die: *in einer Wohngemeinschaft lebende Gruppe von Personen.*

wohn|haft ⟨Adj.⟩ [mhd. wonhaft = ansässig; bewohnbar] (Amtsspr.): *irgendwo wohnend, seinen Wohnsitz habend:* in Berlin w. sein; Hans Mayer, w. in München.

Wohn|haus, das: vgl. Wohngebäude.

Wohn|heim, das: vgl. Heim (2).

Wohn|kom|fort, der: *Komfort einer Wohnung u. ihrer Einrichtung.*

Wohn|kü|che, die: *Küche, die gleichzeitig als Wohn- u. Aufenthaltsraum dient.*

Wohn|kul|tur, die: *auf den Bereich des Wohnens bezogene Kultur* (2 a).

Wohn|la|ge, die: *Lage* (1 a) *einer Wohnung, eines Hauses o. Ä.:* eine gute, teure W.

Wohn|land|schaft, die: *Ensemble von Polsterelementen für eine großzügige Ausgestaltung von Wohnräumen.*

wohn|lich ⟨Adj.⟩: *durch seine Einrichtung, Ausstattung o. Ä. behaglich, anheimelnd, wohltuend wirkend, sodass ein Aufenthalt als sehr angenehm empfunden wird:* ein -es Zimmer; der Raum ist sehr w. [eingerichtet]; die Holzdecke macht den Raum noch -er.

Wohn|lich|keit, die; -: *das Wohnlichsein.*

Wohn|ma|schi|ne, die (abwertend): *Wohnhochhaus.*

Wohn|mo|bil, das; -s, -e: *größeres Automobil, dessen hinterer Teil wie ein Wohnwagen gestaltet ist.*

Wohn|ort, der ⟨Pl. -e⟩: *Ort, an dem jmd. seinen Wohnsitz hat.*

Wohn|qua|li|tät, die ⟨Pl. selten⟩: *durch bestimmte Merkmale, Eigenschaften (wie Lage, Ausstattung, Einkaufsmöglichkeiten, Anbindung ans Verkehrsnetz) gekennzeichnete Qualität* (3 a) *des Wohnens.*

Wohn|quar|tier, das (bes. österr., schweiz.): *Wohnviertel.*

Wohn|raum, der: **1.** *Raum* (1) *zum Wohnen:* die Wohnräume liegen im Erdgeschoss des Hauses. **2.** ⟨o. Pl.⟩ *Wohnungen:* es fehlt an W.

Wohn|recht, das: *Anrecht darauf, in einer*

bestimmten Wohnung, einem bestimmten Haus zu wohnen.

Wohn|schiff, das: *Schiff, Boot, das als Wohnung dient u. entsprechend eingerichtet ist.*

Wohn|schlaf|zim|mer, das: *Zimmer, das gleichzeitig als Wohn- u. Schlafraum dient.*

Wohn|sied|lung, die: *Siedlung* (1 a).

Wohn|sitz, der: *Ort, an dem jmd. seine Wohnung hat: in seinem Personalausweis war Hamburg als zweiter W. eingetragen; den W. wechseln; seinen W. in Berlin haben, nehmen; er ist ohne festen W.*

wohn|sitz|los ⟨Adj.⟩ (bes. Amtsspr.): *ohne festen Wohnsitz.*

Wohn|sitz|lo|se, die/eine Wohnsitzlose; der/einer Wohnsitzlosen, die Wohnsitzlosen/zwei Wohnsitzlose (bes. Amtsspr.): *weibliche Person, die ohne festen Wohnsitz ist.*

Wohn|sitz|lo|ser, der Wohnsitzlose/ein Wohnsitzloser; des/eines Wohnsitzlosen, die Wohnsitzlosen/zwei Wohnsitzlose (bes. Amtsspr.): *jmd., der ohne festen Wohnsitz ist.*

Wohn|stadt, die: *größeres Wohngebiet am Rande einer Großstadt, das vorwiegend aus Siedlungen besteht u. dem die Vielfalt der gewachsenen Stadt fehlt.*

Wohn|stät|te, die (geh.): *Stelle, Platz, wo jmd. seine Wohnung hat; Haus, in dem jmd. wohnt, Wohnung.*

Wohn|stift, das: ²*Stift* (2 b).

Wohn|stra|ße, die: *Straße in einer Wohngegend [in der der Verkehr weitgehend eingeschränkt ist].*

Wohn|stu|be, die (veraltend): *Wohnzimmer.*

Wohn|turm, der (Archit.): **1.** *zum Wohnen genutzter mittelalterlicher Turm.* **2.** *turmartiges Hochhaus.*

Wohn|um|feld, das: *auf die Art u. Weise des Wohnens unmittelbar einwirkendes Umfeld.*

Woh|nung, die; -, -en [mhd. wonunge = Wohnung, Unterkunft; Gegend; Gewohnheit]: **a)** *meist aus mehreren Räumen bestehender, nach außen abgeschlossener Bereich in einem Wohnhaus, der einem Einzelnen od. mehreren Personen als ständiger Aufenthalt dient: eine große, helle, schöne, möblierte W.; eine W. mit Bad und Balkon; eine eigene W. haben; eine W. suchen, beziehen, [ver]mieten; die W. wechseln; -en bauen; eine W. kaufen; aus seiner W. ausziehen;* **b)** *Unterkunft: für Nahrung und W. sorgen; freie W. haben;* * **W. nehmen** (geh. veraltend; ↑ Quartier 1).

Woh|nungs|amt, das: *Amt für Wohnungswesen.*

Woh|nungs|bau, der ⟨Pl. -ten⟩: **1.** ⟨o. Pl.⟩ *das Bauen von Wohnungen: der private, öffentliche W.; der soziale W.* (Amtsspr.: *durch öffentliche Mittel geförderter Bau von Sozialwohnungen).* **2.** *Bauprojekt im Wohnungsbau* (1). **3.** *Wohngebäude.*

Woh|nungs|bau|för|de|rung, die: *staatliche Förderung des Wohnungsbaus durch Gewährung finanzieller Mittel, Hilfen, Prämien o. Ä.*

Woh|nungs|bau|ge|nos|sen|schaft, die: *Baugenossenschaft.*

Woh|nungs|bau|ge|sell|schaft, die: vgl. *Baugesellschaft.*

Woh|nungs|bau|mi|nis|ter, der (ugs.): *Minister für Raumordnung, Bauwesen u. Städtebau.*

Woh|nungs|bau|mi|nis|te|rin, die: w. Form zu ↑ Wohnungsbauminister.

Woh|nungs|bau|pro|gramm, das: *staatliches Programm zur Förderung des Wohnungsbaus.*

Woh|nungs|brand, der: ¹*Brand* (1 a) *in einer Wohnung.*

Woh|nungs|ei|gen|tum, das; -s, -e (Rechtsspr.): *Eigentum an einer Wohnung u. dem zugehörigen Anteil an Gebäude u. Grundstück.*

Woh|nungs|ei|gen|tü|mer, der: *Eigentümer einer Eigentumswohnung.*

Woh|nungs|ei|gen|tü|me|rin, die: w. Form zu ↑ Wohnungseigentümer.

Woh|nungs|ein|bruch, der: *Einbruch* (1 a, b) *in eine Wohnung.*

Woh|nungs|ein|rich|tung, die: *Einrichtung* (2 a).

Woh|nungs|geld, das: *Zuschuss zur Wohnungsmiete für Beamte.*

Woh|nungs|in|ha|ber, der: *Mieter einer Wohnung.*

Woh|nungs|in|ha|be|rin, die: w. Form zu ↑ Wohnungsinhaber.

woh|nungs|los ⟨Adj.⟩: *ohne Wohnung; ohne Obdach.*

Woh|nungs|man|gel, der: *Mangel an verfügbaren Wohnungen.*

Woh|nungs|markt, der: *Markt* (3 a) *für Wohnungen.*

Woh|nungs|mie|te, die: ¹*Miete* (1) *für eine Wohnung.*

Woh|nungs|not, die: **1.** ⟨o. Pl.⟩ *großer Wohnungsmangel.* **2.** *Schwierigkeit Einzelner, eine Wohnung zu finden.*

Woh|nungs|po|li|tik, die: *Gesamtheit der staatlichen Maßnahmen auf dem Gebiet des Wohnungswesens.*

woh|nungs|po|li|tisch ⟨Adj.⟩: *die Wohnungspolitik betreffend: die Lösung -er Aufgaben.*

Woh|nungs|schlüs|sel, der: *Schlüssel für eine Wohnung.*

Woh|nungs|su|che, die: *Suche nach einer Wohnung.*

woh|nungs|su|chend ⟨Adj.⟩: *eine Wohnung suchend.*

Woh|nungs|su|chen|de, die/eine Wohnungssuchende; der/einer Wohnungssuchenden, die Wohnungssuchenden/zwei Wohnungssuchende: *weibliche Person, die eine Wohnung sucht.*

Woh|nungs|su|chen|der, der Wohnungssuchende/ein Wohnungssuchender; des/eines Wohnungssuchenden, die Wohnungssuchenden/zwei Wohnungssuchende: *jmd., der eine Wohnung sucht.*

Woh|nungs|tür, die: *Tür zu einer Wohnung.*

Woh|nung|su|che usw.: ↑ Wohnungssuche usw.

Woh|nungs|un|ter|neh|men, das: *Unternehmen, das den Bau, die Bewirtschaftung, Betreuung von Wohnungen u. dazugehörigen Einrichtungen betreibt.*

Woh|nungs|wech|sel, der: *das Umziehen in eine andere Wohnung.*

Woh|nungs|we|sen, das ⟨o. Pl.⟩: *Gesamtheit der Einrichtungen u. Vorgänge im Zusammenhang mit dem Bau, der Bewirtschaftung, Finanzierung o. Ä. von Wohnungen.*

Woh|nungs|wirt|schaft, die: *Wirtschaftszweig, der die Erstellung, Verwaltung, Vermietung u. Ä. von Wohnungen umfasst.*

Wohn|vier|tel, das: *Stadtteil, in dem sich hauptsächlich Wohnhäuser befinden.*

Wohn|wa|gen, der: **1.** *zum Wohnen auf Campingreisen ausgestatteter Anhänger für einen Pkw.* **2.** *meist von einer Zugmaschine gezogener großer Wagen, in dem z. B. Schausteller od. Zirkusleute u. Ä. wohnen u. von Ort zu Ort ziehen.* **3.** (Eisenbahn) *Eisenbahnwaggon für die Übernachtung von Bautrupps.*

Wohn|wert, der ⟨o. Pl.⟩: *Wohnqualität: höchsten W. bieten.*

Wohn|zim|mer, das: **a)** *Zimmer einer Wohnung für den Aufenthalt während des Tages;* **b)** *Möbel für ein Wohnzimmer* (a).

Wohn|zim|mer|schrank, der: *zu einem Wohnzimmer* (b) *gehörender Schrank bes. für Geschirr, Gläser, Tischwäsche o. Ä.*

Wöh|r|de, die; -, -n [Nebenf. von ↑ Wurt] (nordd.): *um das Wohnhaus gelegenes Ackerland.*

Woi|lach, der; -s, -e [russ. vojlok = Filz, älter = Satteldecke < turkotatar. oilyk = Decke]: *wollene [Pferde]decke.*

Woi|wod, Woi|wo|de, der; ...den, ...den [poln. wojewoda, zu: wojna = Krieg u. wodzić = führen]: **1.** *(früher) Heerführer (in Polen, in der Walachei).* **2.** *oberster Beamter einer polnischen Provinz.*

Woi|wod|schaft, die; -, -en: *Amt, Amtsbezirk eines Woiwoden.*

Wok, der; -s, -s [chin. (kantonesisch) wôk]: *(bes. in der chinesischen Küche verwendeter) Kochtopf mit kugelförmig gerundetem Boden u. hochgezogenem Rand, in dem die Speisen durch ständiges Umrühren od. Schütteln gegart werden.*

wöl|ben ⟨sw. V.; hat⟩ [mhd. welben]: **1.** *in einem Bogen [über etw.] spannen; bogenförmig anlegen, bauen: eine Decke w.; eine gewölbte Decke.* **2.** ⟨w. + sich⟩ *bogenförmig verlaufen, sich erstrecken: sich nach außen, nach oben, nach vorn w.; eine Brücke wölbte sich über den Fluss; eine gewölbte (vorgewölbte) Stirn.*

Wöl|bung, die; -, -en: *das Gewölbtsein:* die W. der Decke.

Wolf, der; -[e]s, Wölfe [mhd., ahd. wolf, wahrsch. eigtl. = der Reißer]: **1.** *(in Wäldern u. Steppen der nördlichen Halbkugel vorkommendes) einem Schäferhund ähnliches, häufig in Rudeln lebendes Raubtier: ein Rudel Wölfe; die Wölfe heulen; er war hungrig wie ein W.* (ugs.; *hatte großen Hunger);* R der W. in der Fabel (↑ Lupus in fabula); * **ein W. im Schafspelz**/ (auch:) **Schafsfell** /(auch:) **Schafskleid sein** *(sich harmlos geben, freundlich tun, aber dabei böse Absichten hegen u. sehr gefährlich sein;* nach Matth. 7, 15); **mit den Wölfen heulen** (ugs.; *sich aus Opportunismus u. wider besseres Wissen dem Reden od. Tun anderer anschließen);* **unter die Wölfe geraten** [sein] *(brutal behandelt, ausgebeutet werden).* **2.** [nach dem reißenden, gierig fressenden Tier] (ugs.) **a)** Kurzf. von ↑ Fleischwolf: *etw. durch den W. drehen;* sie fühlten sich wie durch den W. gedreht *(ganz zerschlagen, zermürbt);* * **jmdn. durch den W. drehen** (salopp: *jmdm. hart zusetzen);* **b)** Kurzf. von ↑ Reißwolf: *alte Akten im W. vernichten.* **3.** ⟨o. Pl.⟩ [nach dem reißenden, gierig fressenden Tier] (volkstüml.) Kurzf. von ↑ Hautwolf: *der W. war sehr schmerzhaft, lästig, hinderlich; sich einen W. laufen (sich durch langes Laufen einen Hautwolf zuziehen);* Ü *sich einen W. reden* (salopp: *lange [vergeblich] auf jmdn. einreden [u. dabei heiser werden]).*

Wölf|chen, das; -s, -: Vkl. zu ↑ Wolf (1).

Wöl|fin, die; -, -nen [mhd. wülvinne]: w. Form zu ↑ Wolf (1).

wöl|fisch ⟨Adj.⟩: *einem Wolf* (1) *ähnlich, eigen: eine -e Gier; die -e Natur des Hundes.*

Wölf|ling, der; -s, -e [eigtl. wohl = Junges (vom Wolf)]: *der jüngsten Altersgruppe angehörender Pfadfinder.*

Wolf|ram, das; -s [älter = Wolframit, zu ↑ Wolf (das Erz hatte als Beimischung zu Zinn im Schmelzofen eine verringernde [= »auffressende«] Wirkung auf das Metall)]: u. mundartl. Rahm, ↑ Eisenrahm]: *weiß glänzendes, säurebeständiges Schwermetall (chemisches Element; Zeichen:* W).

Wolf|ram|fa|den, der (Technik): *in Glühlampen u. Röhren von Radios verwendeter Draht aus Wolfram.*

Wolf|ra|mit [auch: ...'mɪt], das; -s: *dunkelbraunes bis schwarzes, metallisch glänzendes Mineral, das ein wichtiges, Wolfram enthaltendes Erz darstellt.*

Wolfs|an|gel, die: *Fanggerät für Wölfe.*
Wolfs|gru|be, die: *mit Reisig bedeckte Grube zum Fangen von Wölfen.*
Wolfs|hund, der (volkstüml.): *Schäferhund.*
Wolfs|hun|ger, der (ugs.): *sehr großer Hunger:* die Kinder kamen mit einem W. nach Hause.
Wolfs|kind, das (Mythol.): *von Wölfen o. Ä. aufgezogenes Kind.*
Wolfs|mensch, der: *Werwolf.*
Wolfs|milch, die ⟨o. Pl.⟩ [mhd. wolf(s)milch, ahd. wolvesmilih; 1. Bestandteil zur Bez. von etw. Minderwertigem (vgl. Zus. mit Hunds-)]: *Euphorbia.*
Wolfs|milch|ge|wächs, das: *zu einer (überwiegend in den Tropen u. Subtropen vorkommenden) Pflanzenfamilie mit bisweilen giftigem Milchsaft gehörende Pflanze.*
Wolfs|ra|chen, der (volkstüml.): *angeborene, von der Oberlippe zum Gaumenzäpfchen verlaufende Gaumenspalte.*
Wolfs|ru|del, das: *Rudel von Wölfen.*
Wolfs|schlucht, die: *Schlucht, in der Wölfe leben.*
Wolfs|spin|ne, die: *am Boden lebende, mittelgroße, gelbbraune bis schwarze Spinne, die ihre Beute im Sprung fängt.*
Wolfs|spitz, der: *großer Spitz mit grauem Fell.*
Wol|ga, die; -: *Fluss in Russland.*
Wol|go|grad: *Stadt in Russland.*
Wölk|chen, das; -s, -: Vkl. zu ↑ Wolke (1): am Himmel schwebten nur einzelne W.; Ü kein W. trübte uns, unsere Stimmung.
Wol|ke, die; -, -n [mhd. wolke, ahd. wolka, eigtl. = die Feuchte (d. h. »die Regenhaltige«)]: **1.** *sichtbar in der Erdatmosphäre schwebende Ansammlung, Verdichtung von Wassertröpfchen od. Eiskristallen (von verschiedenartiger Form u. Farbe):* weiße, schwarze, tief hängende, dicke -n; -n ziehen auf, türmen sich auf, regnen sich ab; die Sonne bricht durch die -n; der Gipfel ist in -n [gehüllt]; der Himmel war mit/von -n bedeckt; das Flugzeug fliegt über den -n; Ü dunkle -n ziehen am Horizont auf (geh.; *unheilvolle Ereignisse bahnen sich an*); *** **auf -n/in den -n/über den -n schweben** (geh.; *verträumt, realitätsfern, unrealistisch sein*); **auf W. sieben schweben** (ugs.; *überglücklich, in Hochstimmung sein;* wahrsch. LÜ von engl. »be on cloud seven«); **aus allen -n fallen** (ugs.; *völlig überrascht sein;* eigtl. = aus der Welt der Träume, der Fantasie auf den Boden der Realität gelangen). **2.** *Menge von etw., was – einer Wolke (1) ähnlich – in der Luft schwebt, sich quellend, wirbelnd o. ä. in der Luft od. in einer flüssigen Substanz ausbreitet:* eine W. von Zigarrenrauch; eine W. von Mücken, Möwen; aus dem Schornstein stiegen schwarze -n *(Rauchwolken).* **3.** (scherzh.) *(in Bezug auf ein Kleidungsstück) bauschig drapierte Menge Stoff:* sie trug eine W. von Tüll und Spitzen. **4.** (Mineral.) *Ansammlung mikroskopisch kleiner Bläschen od. anderer Einschlüsse (in Edelsteinen).*
wöl|ken ⟨sw. V.; hat⟩ (selten): **a)** *Wolken bilden; in Wolken* ⟨2⟩ *heraustringen:* der Dampf wölkte aus den Rohren; August steht im Getreidestaub, der aus der Dreschmaschine wölkt (Strittmatter, Der Laden 203); **b)** ⟨w. + sich⟩ *sich bewölken:* der Himmel wölkt sich.
Wol|ken|band, das ⟨Pl. ...bänder⟩ (bes. Meteorol.): *(häufig bei der Beschreibung einer Wetterlage) große, lang gestreckte, sich wie ein breites Band über weite Gebiete hinziehende Wolkenmasse.*
Wol|ken|bank, die ⟨Pl. ...bänke⟩: *ausgedehnte, sich über dem Horizont in der Waagerechten erstreckende Wolkenmasse.*
wol|ken|be|deckt ⟨Adj.⟩: *bedeckt* (1): ein -er Himmel.

Wol|ken|bil|dung, die: *Bildung* (3) *von Wolken.*
Wol|ken|bruch, der ⟨Pl. ...brüche⟩: *heftiger Regen, bei dem innerhalb kurzer Zeit große Niederschlagsmengen fallen:* ein W. geht nieder; R es klärt sich auf zum W.! (ugs. scherzh.; *es fängt heftig an zu regnen*).
wol|ken|bruch|ar|tig ⟨Adj.⟩: *einem Wolkenbruch ähnlich:* -e Regenfälle.
Wol|ken|de|cke, die: *den Himmel mehr od. weniger vollständig bedeckende Wolkenmasse:* eine geschlossene W.; die W. reißt auf.
Wol|ken|feld, das ⟨meist Pl.⟩ (Meteorol.): *den Himmel teilweise bedeckende Masse von Wolken.*
Wol|ken|krat|zer, der [nach engl. skyscraper, eigtl. = Himmelskratzer]: *sehr hohes Hochhaus.*
Wol|ken|ku|ckucks|heim, das [nach griech. nephelokokkygía = von Vögeln in der Luft gebaute Stadt in der Komödie »Die Vögel« des griech. Dichters Aristophanes (um 445 – 385 v. Chr.), zu: nephélē = Wolke u. kókkyx = Kuckuck] (geh.): *Fantasiewelt von völliger Realitätsferne, in die sich jmd. eingesponnen hat.*
wol|ken|los ⟨Adj.⟩: *(vom Himmel) keine Wolke aufweisend:* ein -er Himmel; Ü Wolkenlose Erinnerungen bringen uns nicht weiter (Becker, Amanda 43).
Wol|ken|mas|se, die: *Masse von Wolken.*
Wol|ken|schlei|er, der: *leichte Bewölkung.*
Wol|ken|store, der: *geraffter Store.*
wol|ken|ver|han|gen ⟨Adj.⟩: *verhangen* (1): Es war eine blass kolorierte, vom Meer aufgenommene Ansicht -er Gebirgszüge (Ransmayr, Welt 136).
Wol|ken|wand, die: *Wolkenmasse, die wie eine Wand einen Teil des Himmels bedeckt.*
wol|kig ⟨Adj.⟩: **1.** *zum größeren Teil mit Wolken bedeckt:* ein -er Himmel; morgen soll es heiter bis w. sein. **2.** *Wolken* (2), *Schwaden bildend:* -er Dunst. **3.** *trübe, undeutlich, verwaschen:* -e *(fleckige)* Fotos. **4.** (Mineral.) *Wolken* (4) *aufweisend:* ein -es Mineral. **5.** *verschwommen, unklar, nebulos:* -e Vorstellungen, Ideen von etw. haben; -e Worte, Argumente.
Woll|baum, der: *Kapokbaum.*
Woll|baum|ge|wächs, das (Bot.): *in den Tropen vorkommender Baum mit einem oft dicken, Wasser speichernden Stamm, gefingerten od. ungeteilten Blättern u. zuweilen großen Blüten.*
Woll|de|cke, die: *wollene Decke.*
Wol|le, die; -, (Fachspr.:) -n [mhd. wolle, ahd. wolla, viell. eigtl. = die (Aus)gerupfte od. die Gedrehte, Gekräuselte]: **1. a)** *(bes. von Schafen) durch Scheren o. Ä. des Haars* (1) *gewonnenes natürliches Produkt, das zu Garn versponnen wird:* W. waschen, spinnen; Ü du musst dir mal deine W. scheren (ugs. scherzh.; *dein dichtes, langes, zottiges o. ä. Haar schneiden*) lassen; *** **in der W. gefärbt [sein]** (ugs.; *etw. Bestimmtes in besonders ausgeprägter Form [sein]; ein [echter], überzeugter Vertreter von etw. [sein];* eigtl. von einem farbigen Stoff, der nicht erst als Tuch, sondern schon als unverarbeitete Wolle gefärbt worden ist); **[warm] in der W. sitzen** (ugs. veraltend; *in gesicherten Verhältnissen leben;* früher stellte Schafwolle einen großen wirtschaftlichen Wert dar); **sich in die W. kriegen** (ugs.; *Streit miteinander bekommen, anfangen*); **sich in der W. haben/liegen** (ugs.; *sich heftig streiten, zanken*); **in die W. kommen/geraten** (ugs.; *wütend werden*); **jmdn. in die W. bringen** (ugs.; *jmdn. ärgern, reizen, wütend machen:* Bei ausgesprochener Gutherzigkeit ... konnte ihn ein Wort oder eine taktlose Wendung derart in die W. bringen, dass er seine Seelenruhe nicht wiedergefunden hätte [Zuckmayer, Herr 19]); **b)** *aus Wolle* (1 a) *gesponnenes Garn:* feine, dicke, rote, melierte, reine W.; ein Knäuel W.; die W. kratzt; die W. läuft weit, ist ergiebig; ein Pullover, Strümpfe aus W.; **c)** ⟨o. Pl.⟩ *aus Wolle* (1 b) *hergestelltes Gewebe o. Ä.:* ein Mantel, Anzug aus W. *(Wollstoff);* der Stoff besteht aus reiner W. **2.** (Jägerspr.) **a)** *Haarkleid von Hasen, Kaninchen, Schwarz- u. Haarraubwild;* **b)** *Flaum junger Wasservögel.*
¹wol|len ⟨Adj.⟩ [mhd. wullīn, ahd. wullinen]: *aus Wolle* (1 b, c) *bestehend:* -e Strümpfe, Unterwäsche.
²wol|len ⟨unr. V.; hat⟩ [mhd. wollen, wellen, ahd. wellen]: **1.** ⟨mit Inf. als Modalverb; wollte, hat ... wollen⟩ **a)** *die Absicht, den Wunsch, den Willen haben, etw. Bestimmtes zu tun:* er will uns morgen besuchen; wir wollten gerade gehen; das Buch habe ich schon immer lesen wollen; er will ins Ausland gehen; willst *(möchtest)* du mitfahren?; **b)** ⟨Prät.⟩ *dient der Umschreibung einer Bitte, eines Wunsches:* ich wollte Sie bitten, uns ein Stück zu begleiten; wir wollten Sie fragen, ob Sie uns nicht helfen können; **c)** (veraltend) ⟨Konjunktiv I⟩ *drückt einen Wunsch, eine höfliche, aber zugleich bestimmte Aufforderung aus:* wenn Sie bitte Platz nehmen wollen; man wolle bitte darauf achten, dass nichts verloren geht; **d)** *drückt aus, dass der Sprecher die von ihm wiedergegebene Behauptung eines anderen mit Skepsis betrachtet, für fraglich hält:* er will nicht gewusst, gesehen haben *(behauptet, es nicht gewusst, gesehen zu haben);* **e)** *meist verneint; drückt aus, dass etw. [nicht] in der im Verb genannten Weise funktioniert, geschieht, abläuft, o. Ä.:* die Wunde will [und will] nicht heilen; der Motor wollte nicht anspringen; etw. will nicht gelingen, kein Ende nehmen; es will Abend werden (geh.; *es wird allmählich Abend);* (verblasst:) das will nichts heißen, will nicht viel sagen *(heißt, bedeutet nicht viel);* das will ich hoffen, meinen; ein nicht enden wollender Beifall; **f)** *in Verbindung mit einem 2. Part. u. »sein« od. »werden«; drückt aus, dass etw. eine bestimmte Bemühung, Anstrengung o. Ä. verlangt; müssen:* etw. will gekonnt sein; dieser Schritt will gut überlegt werden; **g)** *einen bestimmten Zweck haben; einem bestimmten Zweck dienen:* die Aktion will über die Lage der religiösen Minderheiten in Asien aufklären; das Buch will ein Ratgeber für alle Lebenslagen sein. **2.** ⟨Vollverb; wollte, hat gewollt⟩ **a)** *die Absicht, den Wunsch haben, etw. zu tun:* das habe ich nicht gewollt; sie wollen ans Meer, ins Gebirge (ugs.; *wollen dorthin fahren*); sie will zum Theater (ugs.; *will Schauspielerin werden);* wenn du willst, können wir gleich gehen; ohne [es] zu w. *(ohne dass es seine Absicht gewesen war),* hatte er alles verraten; du musst nur w. *(den festen Willen haben),* dann geht es auch; wollt ihr wohl/gleich/endlich! (ugs.; in gegenüber Kindern gebrauchten Aufforderungen mit leicht drohendem Unterton; *ihr sollt aufhören, anfangen, fortgehen o. Ä.);* [na] dann wollen wir mal! (ugs.; *wollen wir anfangen, beginnen mit etw. Bestimmtem);* das ist, wenn man so will *(man könnte es so einschätzen),* in einmaliger Vorgang; ... er hat über die Grenze gewollt (ugs.; *hat über die Grenze gehen wollen);* so sehr er auch haben ihn erwischt (Kunze, Jahre 15); **b)** *zu haben, zu bekommen wünschen; erstreben:* er hat alles bekommen, was er wollte; er hat für seine Arbeit nichts, kein Geld gewollt (ugs.; *haben wollen, verlangt);* er will nur dein Bestes; er will nur seine Ruhe; was willst du [noch] mehr? *(du hast doch erreicht, geschafft, bekommen, was du wolltest!);* er ist ja [a] nicht anders, hat es so gewollt; ich will *(wünsche, verlange),* dass du das tust; er will nicht *(ist nicht damit einverstanden),* dass man ihm hilft; nimm dir, so viel du willst *(haben möchtest);* er weiß [nicht], was

Wollenpolster – worfeln

er will; ich weiß nicht, was du willst (ugs.; *warum du dich aufregst*), es ist doch alles in Ordnung; er wollte etwas von dir (ugs.; *hatte ein Anliegen*); ich mache alles, was du von mir willst *(verlangst);* du kannst es halten, wie du willst *(hast völlig freie Hand);* da ist nichts [mehr] zu w.! (ugs.; *da lässt sich nichts mehr ändern*); nichts zu w.! (ugs.; Ausdruck der Zurückweisung); ob man will oder nicht *(es ist einfach Tatsache, ist einfach so),* eine andere Lösung ist nicht mehr möglich; Ü der Zufall wollte es *(hat es so gefügt),* dass wir gleichzeitig in Berlin ankamen; R wer nicht will, der hat schon; Spr was du nicht willst, dass man dir tu', das füg auch keinem andern zu *(beachte bei deinem Handeln, dass du anderen nichts zumutest, was du selbst als unangenehm, schmerzhaft o. ä. empfinden würdest);* c) ⟨Konjunktiv II⟩ drückt einen irrealen Wunsch aus: ich wollte *(wünschte),* es wäre alles vorüber; d) (ugs.) drückt – meist verneint – aus, dass etw. nicht funktioniert, nicht in der gewünschten Weise abläuft o. Ä.: der Motor will nicht [mehr]; seine Beine wollten nicht mehr *(versagten ihm den Dienst);* e) (ugs.) *für sein Gedeihen o. Ä. brauchen, verlangen:* diese Blume will Sonne; Tiere wollen ihre Pflege; f) ** jmdm. etw. w.* (ugs.; *etw. Übles gegen jmdn. im Sinne haben, jmdm. etw. anhaben wollen:* was soll er dir schon w.?; er kann uns gar nichts w.).

♦ **Wol|len|pols|ter,** das [1. Bestandteil in Zus. = Woll-]: *Polster, Kissen mit einer Füllung aus Wolle:* Der ... Hauswirt saß ... im Lehnstuhl auf seinem bunten W. (Storm, Schimmelreiter 26).

Woll|fa|den, der: *Faden aus Wolle* (1 a).
Woll|ge|we|be, das: *Gewebe* (1) *aus Wolle* (1 b).
Woll|hand|schuh, der: *wollener Handschuh:* dicke, warme -e.
Woll|hau|be, die (österr.): *Wollmütze.*
Woll|hemd, das: *wollenes Hemd.*
Woll|ho|se, die: *Hose aus Wolle.*
wol|lig ⟨Adj.⟩: a) *aus Wolle bestehend, mit Wolle bedeckt:* ein -es Fell; b) *eine flauschig weiche Oberfläche aufweisend:* ein -es Gewebe; c) *(in Bezug auf die Haare des Menschen) dicht u. gekraust:* die -en Haare der Schwarzen; ein -er *(mit wolligen Haaren bedeckter)* Schädel; d) *(von der behaarten Oberfläche von Pflanzen[teilen]) weich u. dicht behaart:* -e Blätter, Samen.
Woll|ja|cke, die: *wollene Jacke.*
Woll|kleid, das: *wollenes Kleid.*
Woll|knäu|el, das, auch: der: *Knäuel Wolle* (1 b).
Woll|laus, Woll-Laus, die: *Schildlaus, die in kleinen, weißen Klümpchen an Pflanzen sitzt.*
Woll|man|tel, der: *wollener Mantel.*
Woll|milch|sau, die: *in der Fügung* Eier legende/ eierlegende W. (ugs. scherzh.; *Person od. Sache, die alle Bedürfnisse befriedigt, allen Ansprüchen genügt*).
Woll|müt|ze, die: *wollene Mütze.*
Woll|pul|lo|ver, der: *wollener Pullover.*
Woll|rest, der: *übrig gebliebene Wolle* (1 b): Ringelsocken aus -en stricken.
Woll|rock, der: *wollener Rock.*
Woll|sa|chen ⟨Pl.⟩: *[gestrickte] Kleidungsstücke aus Wolle.*
Woll|schal, der: *wollener Schal.*
Woll|sie|gel, das: *Gütezeichen für Erzeugnisse aus reiner Schurwolle.*
Woll|so|cke, die: *wollene Socke.*
Woll|stoff, der: *Stoff aus Wolle* (1 b).
Woll|strumpf, der: *wollener Strumpf.*
Woll|tuch, das: **1.** ⟨Pl. ...tücher⟩ *wollenes Tuch.* **2.** ⟨Pl. -e⟩ *Wollstoff.*
Woll|lust, die; -, Wollüste [mhd. wollust = Wohlgefallen, Freude, Genuss; Wollust, spätahd. wollust = Wohlgefallen, Freude, Genuss, zu ↑¹wohl

u. ↑Lust]: a) (geh.) *sinnliche, sexuelle Begierde, Lust:* W. empfinden; * *mit wahrer W. (mit seltsamer, abartiger, böser Lust, mit einem seltsamen Vergnügen an etw.:* mit wahrer W. rächte er sich an dem Wehrlosen; ♦ b) ⟨o. Pl.⟩ *Lust* (1 b): Es ist eine W., einen großen Mann zu sehn (Goethe, Götz I).
wol|lüs|tig ⟨Adj.⟩ [mhd. wollustec = Freude erweckend, reizend] (geh.): *mit Wollust* (a), *von Wollust erfüllt, Wollust erregend:* -e Körper; w. erschaurern.
Wol|per|tin|ger, Walpertinger, der; -s [viell. zu mundartl. Walper = Entstellung von: Walpurgis, ↑Walpurgisnacht] (bayr.): *Fabeltier mit angeblich sehr wertvollem Pelz, das zu fangen Leichtgläubige mit einem Sack u. einer brennenden Kerze ausgeschickt werden.*
Wo|ma|ni|zer [ˈwʊmənaɪzɐ], der; -s, - [engl. womanizer, zu: woman = Frau]: *Frauenheld.*
Wom|bat, der; -s, -s [engl. wombat, aus einer australischen Eingeborenenspr.]: *in Australien u. Tasmanien heimisches Beuteltier.*
Wo|men's Lib [ˈwɪmɪnz ˈlɪb], die; - - [engl., kurz für: Women's Liberation Movement]: *innerhalb der Bürgerrechtsbewegung der 1960er-Jahre entstandene amerikanische Frauenbewegung.*
wo|mit ⟨Adv.⟩ [mhd. wōmit]: **1.** [mit besonderem Nachdruck: ˈvoːmɪt] ⟨interrogativ⟩ *mit welcher Sache:* w. hast du den Flecken rausgekriegt?; wenn ich nur wüsste, w. ich dir helfen könnte; w. hab ich das verdient *(was habe ich getan, dass man so mit mir verfährt)?* **2.** ⟨relativisch⟩ *mit welcher (gerade erwähnten) Sache:* er tat etwas, w. ich nicht einverstanden war. **3.** (nordd. ugs.) *in bestimmten Verwendungen in getrennter Stellung:* wo hast du nicht mir gerechnet?; es ist was passiert, wo keiner mit gerechnet hat.
wo|mög|lich ⟨Adv.⟩: *vielleicht; möglicherweise:* er kommt w. schon heute; war das nicht w. ein Fehler?
wo|nach ⟨Adv.⟩ [mhd. warnāch]: **1.** [mit besonderem Nachdruck: ˈvoːnaːx] ⟨interrogativ⟩ *nach welcher Sache:* w. hat sie dich gefragt?; ich frage mich, w. es hier riecht. **2.** a) ⟨relativisch⟩ *nach welcher (gerade erwähnten) Sache:* etwas, w. sie großes Verlangen hatten; es gab nichts, w. sich mehr sehnte; b) ⟨relativisch⟩ *demzufolge:* es gibt eine Darstellung, w. sie unschuldig ist. **3.** (nordd. ugs.) *in bestimmten Verwendungen in getrennter Stellung:* wo soll man sich nach richten?; das ist was, wo ich ihn noch nie nach gefragt habe.
Won|der|bra® [ˈwʌndəbrɑː], der; -s, -s [aus engl. wonder = Wunder u. bra = BH]: *spezieller Push-up-BH.*
wo|ne|ben ⟨Adv.⟩ (selten): **1.** [mit besonderem Nachdruck: ˈvoːneːbn̩] ⟨interrogativ⟩ a) *neben welche Sache:* w. soll ich den Stuhl stellen?; b) *neben welcher Sache:* w. soll der Stuhl stehen? **2.** ⟨relativisch⟩ a) *neben welche (gerade erwähnten) Sache:* es war nichts da, w. man es hätte stellen können; b) *neben welcher (gerade erwähnten) Sache:* es gab nichts, w. es besser gewirkt hätte.
Won|ne, die; -, -n [mhd. wünne, wunne, ahd. wunn(i)a, eigtl. = Genuss, Freude] (geh.): *hoher Grad der Beglückung, des Vergnügens, der Freude:* es war eine W., ihrem Spiel zuzuhören; sie spielte, dass es eine W. war; die -n der Liebe, des Glücks; alles war eitel W.; es ist für ihn eine wahre W. (abwertend; *er hat seinen Spaß daran),* andere zu schikanieren; * *mit W.* (ugs.; *mit dem größten Vergnügen:* mit W. widersprach sie).
Won|ne|ge|fühl, das (geh.): *Gefühl der Beglückung, des Vergnügens, der Freude.*

Won|ne|mo|nat, Won|ne|mond, der [frühnhd. Erneuerung von ahd. winnimānōd = Weidemonat; ahd. winne = Weide(platz), schon in ahd. Zeit umgedeutet zu wunnia (↑Wonne)] (scherzh., veraltet): *Mai.*
Won|ne|prop|pen, der [2. Bestandteil mundartl. Nebenf. von ↑Pfropfen] (ugs. scherzh.): *wohlgenährtes Baby, kleines Kind.*
Won|ne|schau|der, Won|ne|schau|er, der (geh.): *Schauer hervorrufendes Gefühl der Wonne:* W. auslösen.
won|ne|trun|ken ⟨Adj.⟩ (geh.): *trunken* (2) *vor Wonne:* ein -er Verehrer.
won|ne|voll ⟨Adj.⟩ (geh.): *voller Wonne, ein Wonnegefühl hervorrufend, lustvoll:* eine -e Massage.
won|nig ⟨Adj.⟩ [mhd. (md.) wunnic]: **1.** (fam.) *Entzücken hervorrufend:* ein -es Baby; ist das w. *(schön)!* **2.** (geh.) *von Wonne erfüllt:* in -en Gefühlen schwelgen.
won|nig|lich ⟨Adj.⟩ (geh. veraltend): *beseligend; Wonne gewährend:* eine -e Zeit; mit -em Schauder.
Woo|fer [ˈwʊfɐ], der; -[s], - [engl. woofer, zu: to woof = bellen] (Technik): *[Tiefton]lautsprecher an elektroakustischen Anlagen.*
Woog, der; -[e]s, -e [mhd. wāc, ahd. wāg = (bewegtes) Wasser, verw. mit ↑Woge] (landsch.): a) *kleiner See;* b) *tiefe Stelle in einem Fluss.*
wo|ran ⟨Adv.⟩ [mhd. waran, ahd. wārana]: **1.** [mit bes. Nachdruck: ˈvoːran] ⟨interrogativ⟩ a) *an welcher Sache:* w. hast du dich verletzt?; er wusste nicht, w. er sich festhalten sollte; w. ist er gestorben?; w. liegt das?; man weiß nicht, w. man ist; b) *an welche Sache:* w. hat er sich gelehnt?; ich weiß nicht, w. mich das erinnert. **2.** a) ⟨relativisch⟩ *an welche (gerade genannte) Sache:* es gab nichts, w. sie hätte lehnen können; er wusste vieles, w. sich sonst niemand mehr erinnerte; b) ⟨relativisch⟩ *an welcher (gerade genannten) Sache:* irgendwas, w. er arbeitete.
wo|rauf ⟨Adv.⟩: **1.** [mit besonderem Nachdruck: ˈvoːrauf] ⟨interrogativ⟩ a) *auf welche Sache:* w. darf ich mich setzen?; ich weiß nicht, w. sie wartet; b) *auf welcher Sache:* w. steht das Haus?; sie fragten, w. diese Annahme fuße. **2.** ⟨relativisch⟩ a) *auf welche (gerade genannte) Sache:* das, w. ich verzichten soll; er hatte versprochen zu kommen, w. ich mich natürlich verlassen habe; b) *auf welcher (gerade genannten) Sache:* etwas, w. man sitzen kann.
wo|rauf|hin ⟨Adv.⟩: **1.** [mit bes. Nachdruck: ˈvoːraufhɪn] ⟨interrogativ⟩ *auf welche Sache hin:* w. hat er das getan?; ich weiß nicht, w. er so plötzlich seine Meinung geändert hat. **2.** ⟨relativisch⟩ *auf welchen Vorgang hin:* er spielte vor, w. man ihn sofort engagierte.
wo|raus ⟨Adv.⟩ [spätmhd. woraus]: **1.** [mit bes. Nachdruck: ˈvoːraus] ⟨interrogativ⟩ *aus welcher Sache:* w. ist das Gewebe [hergestellt]?; w. schließt du das?; er fragte, w. das Präparat bestehe. **2.** ⟨relativisch⟩ *aus welcher Sache:* ich habe nichts im Haus, w. ich einen Teig machen könnte.
Worces|ter|so|ße, Worces|ter|sau|ce [ˈvʊstɐ...], die; -, -n [nach der engl. Stadt Worcester] (Kochkunst): *pikante Soße zum Würzen.*
wor|den: ↑²werden.
wo|r|ein ⟨Adv.⟩: **1.** [mit bes. Nachdruck: ˈvoːraɪn] ⟨interrogativ⟩ *in welche Sache hinein:* w. soll ich es gießen?; ich frage mich, w. ich es tun soll. **2.** ⟨relativisch⟩ *in welche (gerade erwähnte) Sache [hinein]:* nichts, w. viel investiert werden müsste.
wor|feln ⟨sw. V.; hat⟩ [Iterativbildung zu veraltet gleichbed. worfen, mhd. (md.) worfen, zu ↑Wurf] (Landwirtsch. früher): *(das ausgedroschene Getreide) mit einer Schaufel gegen den*

Wind werfen, um so die leichtere Spreu von den schwereren Körnern zu trennen: Weizen w. **wo|r|in** ⟨Adv.⟩: **1.** [mit bes. Nachdruck: ˈvoːrɪn] ⟨interrogativ⟩ *in welcher Sache?:* w. besteht der Vorteil?; ich weiß nicht, w. der Unterschied liegt. **2.** ⟨relativisch⟩ *in welcher (gerade erwähnten) Sache:* ich habe nichts, w. ich es sicher aufbewahren könnte.
Wö|ris|ho|fen: ↑ Bad Wörishofen.
Wor|k|a|ho|lic [wəːkəˈhɔlɪk], der; -s, -s [engl. workaholic, aus: work = Arbeit u. -aholic = -süchtig, -verrückt, geb. nach: alcoholic = Alkoholiker]: *jmd., der unter dem Zwang steht, ununterbrochen arbeiten zu müssen.*
Wor|k|a|round [ˈwəːkəraʊnd], der; -s, -s [engl. workaround, zu: to work = arbeiten u. around = um ... herum] (EDV): *eine fehlerhafte Funktion in einem Programm umgehendes Verfahren, das zum gewünschten Ergebnis führt, aber den Fehler nicht beseitigt.*
Work|flow [ˈwəːkfloʊ], der; -s, -s [engl. workflow, aus: work = Arbeit u. flow = Fluss; das Fließen] (Fachspr.): **1.** *Abwicklung arbeitsteiliger Vorgänge bzw. Geschäftsprozesse in Unternehmen u. Behörden mit dem Ziel größtmöglicher Effizienz.* **2.** (EDV) *Arbeitsablauf bei Computerprogrammen.*
Work-out, Work|out [ˈwəːkaʊt], das od. der; -s, -s [engl. workout, zu: to work out = (intensiv) trainieren]: *sportliche Übung zur Steigerung der körperlichen Leistungsfähigkeit; intensives [Fitness]training.*
Work|shop [ˈwəːkʃɔp], der; -s, -s [engl. workshop, eigtl. = Werkstatt, zu: shop, ↑ Shop]: *Kurs, Veranstaltung o. Ä., in dem bestimmte Themen von den Teilnehmern selbst erarbeitet werden, praktische Übungen durchgeführt werden.*
Work|sta|tion [ˈwəːkstɛɪʃn], die; -, -s [engl. workstation, eigtl. = Arbeitsstation, zu: station = Station] (EDV): *sehr leistungsfähiger, an einem Arbeitsplatz installierter, meist an ein lokales Netz angeschlossener Computer, der bes. beim Einsatz u. bei der Entwicklung umfangreicher Systeme von Programmen benötigt wird.*
World|cup [ˈwəːldkap], der; -s, -s [engl. world cup, aus: world = Welt u. cup, ↑ Cup] (Sport): **1.** *Pokalwettbewerb mit Teilnehmern aus aller Welt.* **2.** *Siegesstrophäe beim Worldcup (1).*
World Games [wəːld ɡɛɪmz] ⟨Pl.⟩ [engl., zu game = Spiel]: *sportliche Wettkämpfe in zahlreichen nicht olympischen Sportarten mit Teilnehmern aus aller Welt.*
World Wide Fund for Na|ture [ˈwəːldwaɪd fʌnd fɔː ˈneɪtʃə], der; - - - - [engl., aus: worldwide = weltweit, fund = Fonds u. nature = Natur]: *internationaler Verband zum Schutz wild lebender Tiere u. Pflanzen* (Abk.: WWF).
World Wide Web [ˈwəːld ˈwaɪd ˈwɛb], das; - - - [s] [engl. world wide web, worldwide Web, aus: worldwide = weltweit u. web = Netz (urspr. = Gewobenes u. verwandt mit -webe in ↑ Spinnwebe)] (EDV): *weltweites Informationssystem im Internet* (Abk.: WWW).
Worms: Stadt am Rhein.
◆ **wor|nach** ⟨Adv.⟩ [mhd. warnāch]: **1.** ⟨interrogativ⟩ ↑ wonach (1): Wornach blickst du auf der Heide? (Goethe, Werther II, Der Herausgeber an den Leser [Ossian]). **2.** ⟨relativisch⟩ ↑ wonach (2): Doch zeige mir den Mann, der das erreicht, w. ich sehne (Goethe, Torquato Tasso II, 3).
Worps|we|de: Ort (Künstlerkolonie) bei Bremen.
Worst Case, der; - - u. - -s, - -s [- ...sɪs], **Worst|case,** der; - u. -s, -s [...sɪs] [ˈwəːst ˈkeɪs, auch: ˈwɔːstkeɪs; engl. worst case, aus: worst = schlechtest..., schlimmst... u. case = Fall] (Fachspr.): *schlimmster Fall, der in Zukunft eintreten kann.*
Worst-Case-Sze|na|rio, **Worst|case-Sze|na|rio,**

das (Fachspr.): *Szenario (3), dem die Annahme zugrunde liegt, dass der schlimmste aller denkbaren ¹Fälle (2a) eintreten wird:* der Haushalt wurde nach dem W. aufgestellt.
Wort, das; -[e]s, Wörter u. Worte [mhd., ahd. wort, eigtl. = feierlich Gesprochenes]: **1. a)** ⟨Pl. Wörter; gelegtl. auch: Worte⟩ *kleinste selbstständige sprachliche Einheit von Lautung (2) u. Inhalt (2a) bzw. Bedeutung:* ein ein-, mehrsilbiges, kurzes, langes, zusammengesetztes, fremdsprachliches, fachsprachliches, veraltetes, umgangssprachliches, schmutziges, vulgäres, mundartliches W.; das deutsche W. für Substitution; dieses W. ist ein Substantiv; ein W. buchstabieren, falsch schreiben, aussprechen, gebrauchen, übersetzen; bestimmte Wörter [im Text] unterstreichen; du musst dir die Wörter merken; diese beiden Wörter kenne ich nicht; ein Text für W. abschreiben, auswendig lernen; im wahrsten Sinne des -es, in des -es wahrster Bedeutung wunderbar; 2 000 Euro, in -en (auf Quittungen, Zahlungsanweisungen o. Ä.; *in Buchstaben ausgeschrieben*): zweitausend; **b)** ⟨Pl. Worte⟩ *Wort (1 a) in speziellem Hinblick auf seinen bestimmten Inhalt, Sinn; Ausdruck, Begriff:* Liebe ist ein großes W.; nach dem passenden, treffenden W. suchen; das W. Kultur. **2.** ⟨Pl. Worte⟩ *etw., was jmd. als Ausdruck seiner Gedanken, Gefühle o. Ä. zusammenhängend äußert; Äußerung:* ein W. des Dankes; -e des Trostes; aufmunternde, beschwichtigende, freundliche, anerkennende, verletzende, scharfe, harte, überflüssige -e; ihm ist ein unbedachtes W. entschlüpft; das ist das erste W., das ich höre *(das ist mir ganz neu);* bei ihm ist jedes zweite, dritte W. »Geld« *(er spricht sehr häufig über Geld);* darüber ist kein W. gefallen *(das wurde überhaupt nicht erwähnt);* mir fehlen die -e, ich habe/finde keine -e [dafür]! *(ich bin vor Entrüstung o. Ä. sprachlos);* daran/davon ist kein W. wahr, daran ist kein wahres W. *(nichts von dem Gesagten stimmt);* ein W. einwerfen, dagegen sagen; zwischen uns ist kein böses W. gefallen; das W. an jmdn. richten *(jmdn. ansprechen, zu jmdm. sprechen);* jmdm. das W. abschneiden *(ihn unterbrechen, am Weitersprechen hindern);* er hat mir kein [einziges] W. *(gar nichts)* davon gesagt; er hat kein W. mit mir gesprochen; die richtigen, passenden -e für etw. finden; davon weiß ich kein W. *(das ist mir ganz neu);* ich verstehe kein W. *(kann deinen, seinen usw. Gedankengängen, Ausführungen nicht folgen);* vor Angst kein W. herausbringen; seine -e sorgsam wählen, abwägen; mit jmdm. ein paar -e wechseln, ein offenes/ernstes W. reden, sprechen; starke -e gebrauchen *(großspurig reden)* [zur Begrüßung] ein paar -e sprechen *(eine kleine Ansprache halten);* die -e gut zu setzen wissen (geh.; *gut reden können);* bei dem Lärm kann man ja sein eigenes W. nicht, kaum verstehen; viel[e] -e machen *(unnötig viel reden);* spar dir deine -e!; er sollte seinen -en Taten folgen lassen; ohne ein weiteres W.; ohne ein W.! *(ich möchte Sie/dich kurz sprechen);* auf jmds. W., -e *(Rat)* hören; auf jmds. W., -e *(Meinung)* [nicht] viel geben; der Hund hört, gehorcht [ihm] aufs W. *(befolgt [s]einen Befehl auf der Stelle);* [jmdm.] etw. aufs W. glauben *([jmdm.] das Gesagte ohne Einschränkung glauben);* ich möchte durch kein/mit keinem W. mehr daran erinnert werden; etw. in Fassung, kleiden etw. in/mit wenigen, knappen -en sagen, ausdrücken, erklären, darlegen; eine Sprache in W. und Schrift *(mündlich u. schriftlich)* beherrschen; etw. in W. und Tat *(mit Äußerungen u. Handlungen)* dokumentieren, mit W. und Tat unterstützen; jmdn. mit leeren -en abspeisen; jmdn., etw. mit keinem W. *(überhaupt nicht)* erwähnen;

davon war mit keinem W. die Rede; mit einem W. (als Einleitung einer resümierenden Aussage; *kurz gesagt),* es war skandalös; nach -en suchen, ringen; mit anderen -en (mit Bezug auf eine unmittelbar vorausgegangene Aussage; *anders ausgedrückt, formuliert);* mit diesen -en *(indem, während er das sagte)* verließ er das Zimmer; jmdn. [nicht] zu W. kommen lassen *(jmdm.* [keine] *Gelegenheit geben, sich zu äußern);* das lässt sich nicht mit zwei -en sagen *(lässt sich so knapp sagen);* ohne viel -e *(ohne viel darüber zu reden, ohne lange Vorreden)* etw. tun; ein Mensch von wenig -en *(ein wortkarger Mensch);* R dein W. in Gottes Ohr/(scherzh.:) Gehörgang! *(möge sich bewahrheiten, was du sagst!);* ein W. gibt/gab das andere *(Rede u. Gegenrede werden/wurden immer heftiger, u. es entsteht/entstand Streit);* hast du -e? *(was soll man dazu sagen?; das ist ja unglaublich);* du sprichst ein großes W. gelassen aus *(so einfach ist das nicht;* nach Goethe, »Iphigenie«, I, 3); * **das letzte/jmds. letztes W.** *(die/jmds. endgültige Entscheidung);* **[immer] das letzte W. haben/behalten wollen, müssen** *([ständig] darauf aus sein, Recht zu behalten, u. deshalb immer noch einmal ein Gegenargument vorbringen);* **das W. haben** *(in einer Versammlung o. Ä. an der Reihe sein, zum Thema zu sprechen);* **am W. sein** (österr.:) **1.** [in einer Besprechung, Versammlung o. Ä.] *[jetzt] sprechen dürfen.* **2.** *an der Reihe sein;* **das W. ergreifen/nehmen** *(in einer Versammlung o. Ä. in die Diskussion eintreten, zu sprechen beginnen);* **das W. führen** *(in einer Gruppe [von Gesprächspartnern] der Bestimmende, Maßgebende sein; im Namen mehrerer als Sprecher auftreten);* **das große W. haben/führen** *(in einer Runde großsprecherisch reden);* **jmdm. das W. geben/erteilen** *(als Vorsitzender einer Versammlung o. Ä. jmdn. zum Thema sprechen lassen, als [nächsten] Sprecher aufrufen);* **jmdm. das W. entziehen** *(als Vorsitzender einer Versammlung o. Ä. jmdn. untersagen, in seiner Rede fortzufahren);* **jmdm. das W. verbieten** *(jmdm. untersagen, sich zu äußern);* **jmdm., einer Sache das W. reden** (geh.; *sich nachdrücklich für jmdn., etw. aussprechen);* **für jmdn. ein [gutes] W. einlegen** *(für jmdn. als Fürsprecher auftreten);* **jmdm. das W. aus dem Munde/von der Zunge nehmen** *(jmdm. zuvorkommen, indem man sagt, was der auch gerade sagen wollte);* **jmdm. das W. im Munde [her]umdrehen** *(jmds. Aussage absichtlich falsch, gegenteilig auslegen);* **kein W. über etw. verlieren** *(etw. nicht erwähnen, nicht weiter besprechen);* **jmdm. ins W. fallen** *(jmdn. in seiner Rede unterbrechen);* **um das W. bitten** *(in einer Versammlung o. Ä. um die Erlaubnis bitten, zum Thema sprechen zu dürfen);* **sich zu W. melden** *(sich in einer Versammlung o. Ä. melden, um etw. zu sagen).* **3.** ⟨Pl. Worte⟩ *Ausspruch:* ein wahres, weises, viel zitiertes W.; dieses W. ist, stammt von Goethe; * **geflügeltes W.** *(bekannter, viel zitierter Ausspruch;* LÜ von griech. épea pteróenta [Homer]). **4.** ⟨Pl. Worte⟩ (geh.) *Text, bes. Liedtext:* W. und Weise; man weiß nicht, von wem die -e *(der Text)* stammen, wer die -e *(den Text)* zu dieser Melodie schrieb; etw. in W. und Bild darlegen; Lieder ohne -e *(ohne Text).* **5.** ⟨o. Pl.⟩ *förmliches Versprechen; Versicherung:* jmdm. sein W. abnehmen, zu schweigen; sein W. einlösen, halten, brechen, zurücknehmen, zurückziehen; dafür gebe Ihnen mein W. darauf; auf mein W. *(dafür verbürge ich mich)!;* jmdm. beim W. nehmen *(von jmdm. erwarten, verlangen, dass, was er versprochen hat, auch zu tun);* zu seinem W. stehen; * **[bei/gegenüber jmdm.] im W. sein/stehen** *(jmdm. durch ein Versprechen o. Ä. ver-*

Wortart – worüber

pflichtet sein). **6.** ⟨o. Pl.⟩ **a)** (Rel.) *Kanon, Sammlung heiliger Schriften, bes. die darin enthaltene Glaubenslehre:* das W. Gottes *(Gottes Offenbarung im Text der Heiligen Schrift);* **b)** (Theol.) *Logos* (4): das W. ward Fleisch (Joh. 1, 14).

Wort|art, die (Sprachwiss.): *Klasse* (3), *der ein Wort* (1 a) *nach grammatischen Gesichtspunkten zugeordnet wird* (z. B. Verb): welcher W. gehört das Wort an?

Wort|aus|wahl, die: *Auswahl von Wörtern (z. B. für einen Index, Glossar o. Ä.).*

Wort|be|deu|tung, die: *Bedeutung* (1 b).

Wort|bei|trag, der: *gesprochener Beitrag* (3 b).

Wort|bil|dung, die (Sprachwiss.): **a)** ⟨o. Pl.⟩ *Bildung neuer Wörter durch Zusammensetzung od. Ableitung bereits vorhandener Wörter;* **b)** *durch Zusammensetzung od. Ableitung gebildetes neues Wort.*

Wort|bil|dungs|ele|ment, das (Sprachwiss.): *sprachliche Einheit, die bei der Bildung anderer Wörter als Bestandteil verwendet wird* (z. B. Dorf*straße,* Find*ling,* Vor*dach,* Klug*heit*).

Wort|bruch, der: *Nichterfüllung eines gegebenen Worts* (5).

wort|brü|chig ⟨Adj.⟩: *sein gegebenes Wort* (5) *brechend:* gegen jmdn. w. sein; [an jmdm.] w. werden.

Wört|chen, das; -s, -: **1.** Vkl. zu ↑ Wort (1): das W. »wenn«. **2.** Vkl. zu ↑ Wort (2): davon ist kein W. wahr; du hast den ganzen Abend noch nicht ein W. geredet *(noch gar nichts gesagt);* * noch ein W. mit jmdm. zu reden haben (ugs.; *mit jmdm. noch etw. zu bereinigen haben, ihm noch etw. Meinung sagen, ihn noch zur Rede stellen wollen);* ein W. mitzureden haben (ugs.; *bei einer Entscheidung mitzubestimmen haben:* der Elternbeirat hat bei dieser Sache ein W. mitzureden).

Wor|te|ma|cher, der (abwertend): *jmd., der viel redet, ohne dass das von Belang wäre od. Folgen hätte.*

Wor|te|ma|che|rei, die; - (abwertend): *nichtssagendes Reden.*

Wor|te|ma|che|rin, die: w. Form zu ↑ Wortemacher.

Wör|ter: Pl. von ↑ Wort.

Wör|ter|buch, das: *Nachschlagewerk, in dem die Wörter einer Sprache nach bestimmten Gesichtspunkten verzeichnet [u. erklärt] sind:* ein ein-, zweisprachiges, etymologisches, deutsches W.; ein W. konsultieren.

Wör|ter|ver|zeich|nis, das: *Wortindex, Vokabular* (2).

Wort|fa|mi|lie, die (Sprachwiss.): *Gruppe von Wörtern mit einem u. derselben etymologischen Wurzel od. einer Herleitung von einem u. demselben Lexem.*

Wort|feld, das (Sprachwiss.): *Gruppe von Wörtern, die inhaltlich eng benachbart bzw. sinnverwandt sind.*

Wort|fet|zen ⟨Pl.⟩: *einzelne aus dem Zusammenhang einer Rede* (2 a) *gerissene Wörter [die jmd. über eine Entfernung hört]:* einige W. drangen an ihr Ohr.

Wort|fol|ge, die (Sprachwiss.): *Folge von Wörtern.*

Wort|form, die (Sprachwiss.): **a)** *Form eines Worts (bes. in Bezug auf die Flexion);* **b)** *einzelnes Vorkommen einer Wortform* (a); *Token.*

Wort|füh|rer, der: *jmd., der eine Gruppe, eine Richtung, Bewegung o. Ä. öffentlich vertritt, repräsentiert, als ihr Sprecher, führender Vertreter auftritt:* sich zum W. einer Gruppe, Sache machen.

Wort|füh|re|rin, die: w. Form zu ↑ Wortführer.

Wort|ge|brauch, der (Sprachwiss.): *Gebrauch eines Worts* (1 a).

Wort|ge|fecht, das: *mit Worten* (2) *ausgetragener Streit:* ein W. zwischen ihr und mir.

Wort|ge|klin|gel, das (abwertend): *Gesamtheit schön klingender, aber nichtssagender Worte* (2): leeres W.

Wort|ge|plän|kel, das: *Geplänkel* (2).

Wort|ge|schich|te, die (Sprachwiss.): **1.** ⟨o. Pl.⟩ **a)** *geschichtliche Entwicklung des Wortschatzes einer Sprache in seiner Gesamtheit bzw. in seinen einzelnen Wörtern;* **b)** *Wissenschaft von der Wortgeschichte* (1 a) *als Teilgebiet der Sprachgeschichte.* **2.** *Werk, das die Wortgeschichte* (1 a) *einer Sprache zum Thema hat.*

wort|ge|treu ⟨Adj.⟩: *dem Wortlaut des Originals* ¹*getreu* (2): eine -e Übersetzung; einen Text w. wiedergeben.

Wort|ge|walt, die ⟨o. Pl.⟩: *Sprachgewalt.*

wort|ge|wal|tig ⟨Adj.⟩: *Wortgewalt besitzend, von Wortgewalt zeugend:* ein -er Redner; Der angestaute Zorn des Untergebenen entlädt sich in einem -en Scherbengericht (Brandstetter, Altenehrung 1).

wort|ge|wandt ⟨Adj.⟩: *redegewandt.*

Wort|ge|wandt|heit, die: *Redegewandtheit.*

wort|gleich ⟨Adj.⟩: *wörtlich übereinstimmend:* -e Formulierungen; eine Aussage w. wiederholen.

Wort|grup|pe, die (Sprachwiss.): *Gruppe von Wörtern, die zusammengehören.*

Wort|gut, das ⟨o. Pl.⟩: *Gesamtheit von [in einer Sprache existierenden] Wörtern:* fachsprachliches W.

Wör|ther|see, der; -s, **Wör|ther See,** der; - -s: See in Kärnten.

Wort|hül|se, die (abwertend): *seines Inhalts, des eigentlichen Sinngehalts entleertes Wort* (1 b).

Wort|in|dex, der: *alphabetisches Verzeichnis der in einer wissenschaftlichen Arbeit untersuchten, erwähnten Wörter, Begriffe.*

wort|karg ⟨Adj.⟩: **a)** *mit seinen Worten* (2) *sparsam umgehend; wenig redend:* ein -er Mensch; **b)** *nur wenige Worte enthaltend:* eine -e Antwort; die Aufzeichnungen wurden immer -er.

Wort|karg|heit, die; -: *das Wortkargsein; wortkarge Art.*

Wort|klau|ber, der; -s, - (abwertend): *jmd., der wortklauberisch ist.*

Wort|klau|be|rei, die; -, -en (abwertend): *pedantisch enge Auslegung der Worte* (1 b, 2), *kleinliches Festhalten an der wortwörtlichen Bedeutung von etw. Gesagtem, Geschriebenem.*

Wort|klau|be|rin, die; -, -nen: w. Form zu ↑ Wortklauber.

wort|klau|be|risch ⟨Adj.⟩: *die Wortklauberei betreffend, ihrer Art entsprechend.*

Wort|kör|per, der (Sprachwiss.): *Lautung* (2) *eines Worts.*

Wort|laut, der; -[e]s, -e ⟨Pl. selten⟩: *wörtlicher Text von etw.:* der W. eines Telegramms; eine Rede im [vollen] W. veröffentlichen.

Wört|lein, das; -s, -s - [mhd. wortelīn (seltener) Wörtchen.

wört|lich ⟨Adj.⟩ [mhd. wortlich, ahd. wortlīcho ⟨Adv.⟩]: **1. a)** *dem [Original]text genau entsprechend:* eine -e Übersetzung; die -e Rede; etw. w. wiederholen, anführen, zitieren; carpe diem heißt w. »pflücke den Tag«; das hat sie w. gesagt; **b)** *die eigentliche Bedeutung eines Wortes beinhaltend:* du darfst nicht alles so w. nehmen. **2.** (veraltend) *durch Worte* (1) *erfolgend, verbal* (1): eine -e Beleidigung.

Wort|lis|te, die: *Liste* (a), *Verzeichnis von Wörtern* (1 a).

wort|los ⟨Adj.⟩: *ohne Worte; schweigend, keine Worte sprechend:* -es Verstehen; sich w. ansehen; w. gingen sie nebeneinander her.

wort|mäch|tig ⟨Adj.⟩ (geh.): *sprachgewaltig.*

Wort|mel|dung, die: *Meldung [durch Handzeichen 1 a] in einer Versammlung o. Ä., mit der jmd. zu verstehen gibt, dass er sprechen möchte:* gibt es noch weitere -en?; seine W. zurückziehen.

Wort|paar, das (Sprachwiss.): *aus zwei Wörtern gleicher Wortart bestehende feste Redewendung; Zwillingsformel* (z. B. »frank und frei«).

Wort|prä|gung, die: *Prägung* (3) *eines Wortes.*

wort|reich ⟨Adj.⟩: **1.** *mit vielen [überflüssigen] Worten [verbunden]:* eine -e Entschuldigung, Rechtfertigung; w. gegen etwas protestieren. **2.** *einen großen Wortschatz aufweisend:* eine -e Sprache.

Wort|reich|tum, der ⟨o. Pl.⟩: *das Wortreichsein.*

Wort|schatz, der ⟨Pl. selten⟩: **1.** *Gesamtheit der Wörter einer Sprache:* der englische W.; der W. einer Fachsprache. **2.** *Gesamtheit der Wörter, über die ein Einzelner verfügt:* aktiver W. *(Wortschatz, den ein Sprecher od. Schreiber tatsächlich verwendet);* passiver W. *(Wortschatz, den ein Hörer od. Leser zwar versteht, aber nicht selbst verwendet);* seinen W. erweitern; dieses Wort gehört nicht zu meinem W. (wird von mir nicht benutzt).

Wort|schöp|fer, der: *jmd., der sich wortschöpferisch betätigt.*

Wort|schöp|fe|rin, die: w. Form zu ↑ Wortschöpfer.

wort|schöp|fe|risch ⟨Adj.⟩: *bei Wortprägungen, Wortbildungen sehr schöpferisch, kreativ.*

Wort|schöp|fung, die: *geprägtes, neu gebildetes Wort.*

Wort|schrift, die: *Schrift, deren Zeichen jeweils ganze Wörter bezeichnen.*

Wort|schwall, der ⟨Pl. selten⟩ (abwertend): *Redeschwall:* ein W. prasselte auf mich nieder.

Wort|sinn, der ⟨Pl. selten⟩: *Sinn, Bedeutung eines Wortes* (1 a): er kennt den eigentlichen W. gar nicht; das ist im [wahrsten] W. (das ist wirklich) eine Glanzleistung.

Wort|spal|te|rei, die (abwertend): *Haarspalterei.*

Wort|spen|de, die (österr.): *Wortmeldung, öffentliche Äußerung:* in einziger Minute gab eine W. zum Thema ab.

Wort|spiel, das: *Spiel mit Worten, dessen witziger Effekt bes. auf der Doppeldeutigkeit des gebrauchten Wortes od. auf der gleichen bzw. ähnlichen Lautung zweier aufeinander bezogener Wörter verschiedener Bedeutung beruht.*

Wort|stamm, der (Sprachwiss.): *Stamm* (5).

Wort|stel|lung, die (Sprachwiss.): *Aufeinanderfolge der Wörter im Satz.*

Wort|tren|nung, die (Sprachwiss.): *Silbentrennung.*

Wort|un|ge|heu|er, das (emotional): *Wortungetüm:* das W. »Einzelfallgerechtigkeit«.

Wort|un|ge|tüm, das (emotional): *[übermäßig] langes, schwer durchschaubares Wort.*

Wort|ver|bin|dung, die (Sprachwiss.): *Einheit von mehreren Wörtern, die häufig od. stets zusammen gebraucht werden.*

Wort|ver|dre|her, der; -s, - (abwertend): *jmd., der jmds. Worte verdreht.*

Wort|ver|dre|he|rin, die; -, -nen: w. Form zu ↑ Wortverdreher.

Wort|ver|dre|hung, die (abwertend): **1.** *das Verdrehen, Verfälschen von jmds. Worten.* **2.** *verdrehtes Wort.*

Wort|wahl, die ⟨Pl. selten⟩: *Wahl der Wörter, die jmd. beim Sprechen, Schreiben trifft.*

Wort|wech|sel, der: **a)** *Wortgefecht:* es kam zwischen den beiden zu einem heftigen, scharfen W.; **b)** *Gespräch, Dialog.*

Wort|witz, der: *auf Wortspielen, einem Wortspiel beruhender Witz.*

wort|wört|lich ⟨Adj.⟩: **a)** *ganz wörtlich* (1 a): eine -e Übereinstimmung beider Texte; **b)** *ganz wörtlich* (1 b): er hat sie w. aufs Kreuz gelegt.

wo|r|ü|ber ⟨Adv.⟩: **1.** [mit bes. Nachdruck:

'voːrybɐ] ⟨interrogativ⟩ a) *über welcher Sache:* w. war das Tuch ausgebreitet?; b) *über welche Sache:* w. bist du gestolpert?; w. hast du denn tagelang gebrütet?; w. habt ihr euch unterhalten?; ich frage mich, w. sie so traurig ist. **2.** ⟨relativisch⟩ a) *über welcher (gerade genannten) Sache:* etwas Unförmiges, w. ein Tuch hing; b) *über welche (gerade genannte) Sache:* es gab nichts, w. man sich hätte beklagen können.

wo|r|um ⟨Adv.⟩ [wohl urspr. identisch mit ↑warum]: **1.** [mit bes. Nachdruck: 'voːrʊm] a) ⟨interrogativ⟩ *um welche Sache:* w. [herum] gehört diese Hülle?; b) ⟨interrogativ⟩ *um welche Sache:* w. handelt es sich?; ich weiß nicht, w. ich mich noch alles kümmern soll. **2.** a) ⟨relativisch⟩ *um welche (gerade genannte) Sache herum:* etwas Längliches, w. [herum] etwas gewickelt war; b) ⟨relativisch⟩ *um welche (gerade erwähnte) Sache:* alles, w. er bat, wurde erledigt; das, w. es geht.

wo|r|un|ter ⟨Adv.⟩: **1.** [mit bes. Nachdruck: 'voːrʊntɐ] ⟨interrogativ⟩ a) *unter welcher Sache:* w. hatte er sich versteckt?; ich fragte sie, w. sie zu leiden habe; b) *unter welche Sache:* w. soll ich den Untersatz legen? **2.** ⟨relativisch⟩ a) *unter welcher (gerade genannten) Sache:* es gab nichts, w. man sich hätte verstecken können, etwas, w. sich gar nichts vorstellen konnte; Briefe, w. etliche Mahnungen waren; b) *unter welche (gerade genannte) Sache:* etwas, w. wir uns stellen können.

wo|selbst ⟨Relativadv.⟩ (geh.): *an welchem (eben genannten) Ort, Platz o. Ä.; wo:* auf dem Markt, w. es laut zuging.

Wo|tan: ↑ Wodan.

wo|von ⟨Adv.⟩ [mhd. wor-, warvon]: **1.** [mit besonderem Nachdruck: 'voːfɔn] ⟨interrogativ⟩ *von welcher Sache:* w. ist die Rede?; w. sollen wir leben?; ich weiß, w. ich rede. **2.** ⟨relativisch⟩ *von welcher (gerade genannten) Sache:* etwas, w. man ins Schwitzen kommt; es gibt vieles, w. ich nichts verstehe. **3.** (nordd. ugs.) in bestimmten Verwendungen in getrennter Stellung: wo hast du nichts von?; was, w. ich nur von träume.

wo|vor ⟨Adv.⟩: **1.** [mit besonderem Nachdruck: 'voːfoːɐ̯] ⟨interrogativ⟩ a) *vor welcher Sache:* w. stand er?; w. scheut sie sich?; b) *vor welche Sache:* w. soll ich den Tisch schieben? **2.** ⟨relativisch⟩ a) *vor welcher (gerade genannten) Sache:* es passierte genau das, w. ich ihn gewarnt hatte; das Einzige, w. sie sich fürchtete; b) *vor welche (gerade genannte) Sache:* eine Mauer, w. man den Busch setzen könnte. **3.** (nordd. ugs.) in bestimmten Verwendungen in getrennter Stellung: wo soll das vor schützen?; das ist etwas, wo ich Angst vor habe.

wow [vaʊ, waʊ] ⟨Interj.⟩ [engl.]: Ausruf der Anerkennung, des Staunens, der Überraschung, der Freude: w., ist das ein Haus!

wo|zu ⟨Adv.⟩ [mhd., ahd. warzu(o)]: **1.** [mit besonderem Nachdruck: 'voːtsu:] a) ⟨interrogativ⟩ *zu welchem Zweck, Ziel?:* w. hat man ihn rufen lassen?; weißt du, w. das gut sein soll?; b) ⟨interrogativ⟩ *zu welcher Sache:* w. hat er ihr gratuliert?; alle wissen, w. sie ihm verholfen hat. **2.** a) ⟨relativisch⟩ *zu welchem (gerade genannten) Zweck, Ziel:* sie verbrachten die Nacht im Freien, w. sie alles Notwendige mit sich führten; b) ⟨relativisch⟩ *zu welcher (gerade erwähnten) Sache:* ...das sei doch wirklich das Höchste, w. es unter Menschen kommen könne (M. Walser, Seelenarbeit 127). **3.** (nordd. ugs.) in bestimmten Verwendungen in getrennter Stellung: wo soll ich mich zu äußern?; das ist etwas, wo ich dir zu raten kann.

wo|zwi|schen ⟨Adv.⟩ (selten): **1.** [mit bes. Nach-

druck: 'voːtsvɪʃn̩] ⟨interrogativ⟩ a) *zwischen welchen Sachen:* w. lag der Brief?; b) *zwischen welche Sachen:* w. ist es gerutscht? **2.** ⟨relativisch⟩ a) *zwischen welchen (gerade genannten) Sachen:* irgendwas, w. die Briefmarken trocknen kann; b) *zwischen welche (gerade genannten) Sachen:* ich habe nichts, w. ich es klemmen könnte.

wrack ⟨Adj.⟩ [aus dem Niederd. < mniederd. wrack]: *(bes. von Schiffen, Flugzeugen) defekt, beschädigt u. deshalb nicht mehr brauchbar, tauglich:* ein -es Schiff, Flugzeug; (Kaufmannsspr. veraltend:) -e Ware; w. werden.

Wrack, das; -[e]s, -s, selten: -e [aus dem Niederd. < mniederd. wrack, eigtl. = herumtreibender Gegenstand]: *mit deutlich sichtbaren Zeichen des Verfalls, der Beschädigung unbrauchbar gewordenes [nur noch als Rest vorhandenes] Schiff, Flugzeug, Auto o. Ä.:* das W. eines Schiffs heben, verschrotten; Ü ein menschliches W. *(jmd., dessen körperliche Kräfte völlig verbraucht sind).*

wrang, wrän|ge: ↑ wringen.

Wrap [ræp], der od. das; -s, -s [engl. wrap, zu: to wrap = einwickeln]: *mit einer Füllung versehener gerollter Teigfladen.*

Wra|sen, der; -s, - [vgl. Wasen] (nordd.): *Dampf, dichter Dunst:* die Waschküche war von W. erfüllt.

wrest|len ['rɛsln̩] ⟨sw. V.; hat⟩: *Wrestling betreiben.*

Wrest|ler ['rɛslɐ], der; -s, -: *jmd., der Wrestling betreibt.*

Wrest|le|rin, die; -, -nen: w. Form zu ↑ Wrestler.

Wrest|ling ['rɛslɪŋ], das; -s [engl. wrestling, zu: to wrestle = ringen]: *in besonderem Maße auf Show ausgerichtetes Catchen.*

♦ **wri|beln** ⟨sw. V.; hat⟩ [zu (m)niederd. wriven = reiben] (nordd.): *[sich] drehen, [zwischen den Fingern] reiben:* Wer solchen rotblonden Schnurrbart hat und immer wribbelt (Fontane, Effi Briest 202).

wrin|gen ⟨st. V.; hat⟩ [aus dem Niederd. < mniederd. wringen, verw. mit ↑ würgen u. ↑ renken]: a) *mit nassen Händen in gegenläufiger Bewegung zusammendrehen u. drücken, um das Wasser herauszupressen:* die Wäsche w.; b) *durch Wringen (a) herauspressen:* das Wasser aus dem nassen Laken w.

Wroc|ław ['vrɔtsu̯af]: poln. Form von ↑ Breslau.

Wru|ke, die; -, -n [H. u.] (nordostd.): *Kohlrübe.*

Ws = Wattsekunde.

WSW = Westsüdwest[en].

WTA [veːteː'ʔaː], die; - [Abk. von engl.: Women's Tennis Association]: *Verband der weiblichen Tennisprofis.*

WTA-Tur|nier [veːteː'ʔaː...], das: *von der WTA organisiertes Turnier.*

WTO [veːteː'ʔoː], die; - [Abk. für engl. World Trade Organization]: = Welthandelsorganisation.

Wu|cher, der; -s [mhd. wuocher, ahd. wuochar, auch = Frucht, Nachwuchs, (Zins)gewinn, verw. mit ↑ ¹wachsen u. eigtl. = Vermehrung, Zunahme] (abwertend): *Praktik, beim Verleihen von Geld, beim Verkauf von Waren o. Ä. einen unverhältnismäßig hohen Gewinn zu erzielen:* W. treiben.

Wu|cher|blu|me, die: *zu den Korbblütlern gehörende, in vielen Arten verbreitete Pflanze, für die ein besonders üppiges Wachstum charakteristisch ist* (z. B. Margerite, Chrysantheme).

Wu|che|rei, die; -, -en (abwertend): *das Wuchern (2).*

Wu|che|rer, der; -s, - [mhd. wuocherǣre, ahd. wuocherari] (abwertend): *jmd., der Wucher treibt.*

Wu|che|rin, die; -, -nen: w. Form zu ↑ Wucherer.

wu|che|risch ⟨Adj.⟩ (abwertend): *nach der Art des*

Wuchers gehalten; auf Wucher beruhend, ausgehend: -e Preise, Zinsen; diese Mieten halte ich für w. und sittenwidrig.

wu|chern ⟨sw. V.⟩ [mhd. wuochern, ahd. wuocherōn = Gewinn erstreben; Frucht bringen, sich vermehren]: **1.** ⟨ist/hat⟩ *sich im Wachstum übermäßig stark ausbreiten, vermehren:* das Unkraut wuchert; die wuchernde Geschwulst. **2.** ⟨hat⟩ *mit etw. Wucher treiben:* mit seinem Geld, Vermögen w. ♦ **3.** *Gewinn bringen:* Was bringt dir deine Stelle? – Mir? Nicht viel. Doch Euch, Euch kann sie trefflich w. (Lessing, Nathan I, 3).

Wu|cher|preis, der ⟨abwertend⟩: *wucherischer Preis für eine Ware o. Ä.:* -e verlangen, zahlen müssen; etw. zu -en verkaufen.

Wu|che|rung, die; -, -en [mhd. (md.) wocherunge, ahd. wuocherunga = das Wuchern]: a) *krankhaft vermehrte Bildung von Gewebe, am menschlichen, tierischen od. pflanzlichen Körper;* b) *durch Wucherung (a) entstandener Auswuchs, entstandene Geschwulst:* eine W. entfernen.

Wu|cher|zins, der ⟨meist Pl.⟩ (abwertend): vgl. Wucherpreis.

wuchs: ↑ ¹wachsen.

Wuchs, der; -es, (Fachspr.:) Wüchse [zu ↑ ¹wachsen]: **1.** ⟨o. Pl.⟩ *das ¹Wachsen (1); Wachstum:* die Bäume stehen in vollem W.; Pflanzen mit/von üppigem W. **2.** ⟨o. Pl.⟩ *Art, Form, wie jmd., etw. gewachsen ist; Gestalt:* sie ist von stattlicher W.; der schlanke, hohe W. der Zypresse; klein von W. sein; von gedrungenem, kräftigem W. sein. **3.** *gewachsener Bestand von Pflanzen:* ein W. junger Tannen.

wüch|se: ↑ ¹wachsen.

wüch|sig ⟨Adj.⟩: *gut, kräftig wachsend; starkes Wachstum aufweisend:* -e Pflanzen.

Wuchs|stoff, der ⟨meist Pl.⟩ (Fachspr.): **1.** Phytohormon. **2.** Auxin.

Wucht, die; -, -en [mundartl. Nebenf. von niederd. wicht = Gewicht]: **1.** ⟨o. Pl.⟩ *durch Gewicht, Kraft, Schwung o. Ä. erzeugte Heftigkeit, mit der sich ein Körper gegen jmdn., etw. bewegt, auf jmdn., etw. auftrifft:* eine ungeheure W. steckte hinter den Schlägen; der Hieb, Stein traf ihn mit voller W. [am Kopf]; Ü die geistige W. *(beeindruckende, zwingende Kraft, Macht)* Nietzsches. **2.** ⟨o. Pl.⟩ (landsch. salopp) *Tracht Prügel:* eine W. kriegen. **3.** (landsch. salopp) *große Menge, Anzahl von etw.:* eine W. Bretter. **4.** *eine W. sein* (salopp; *beeindruckend, großartig sein:* das Hotel ist eine W.

Wucht|brum|me, die; -, -n [Brumme = Käfer (2)] (Jugendspr. veraltend): *beeindruckend temperamentvolle, Vitalität ausstrahlende jüngere weibliche Person von kräftiger Statur:* sie ist eine richtige W.; Ü eine W. von Motor.

wuch|ten ⟨sw. V.⟩ [zu ↑ Wucht (1)] (ugs.): **1.** ⟨hat⟩ a) *mit großem Kraftaufwand von einer bestimmten Stelle wegbewegen, heben, schieben, irgendwohin bringen:* einen Schrank auf den Speicher, schwere Kisten auf/vom Wagen, Koffer ins Auto w.; b) *mit voller Wucht irgendwohin stoßen, schlagen:* den Ball [mit einem Kopfstoß] ins Tor w.; Aufschläge ins Netz w. **2.** a) ⟨hat⟩ *wuchtig (2) irgendwo stehen, liegen, aufragen:* ein riesiger Bau wuchtet auf dem Platz; b) ⟨ist⟩ *sich mit voller Wucht irgendwohin bewegen:* eine neue Böe wuchtete durch die Häuserzeilen; c) ⟨hat⟩ *sich mit schweren, schwerfälligen Bewegungen irgendwohin begeben:* sich in einen Sessel w. **3.** ⟨hat⟩ (selten) schuften.

wuch|tig ⟨Adj.⟩: **1.** *mit voller Wucht [ausgeführt]; mächtig:* ein -er Schlag; Ü jmdm. w. *(heftig, gewaltig)* widersprechen. **2.** *durch seine Größe, Breite den Eindruck lastenden Gewichts vermit-*

Wuchtigkeit – Wunderland

telnd; schwer u. massig: ein Mann von -er Statur; der Schreibtisch ist, wirkt [für das Zimmer] zu w.

Wuch|tig|keit, die; -: **1.** wuchtiges (1) Wesen, Wucht. **2.** wuchtiges (2) Wesen, Massigkeit.

Wu|du: ↑ Wodu.

Wühl|ar|beit, die: **1.** das Wühlen (1): die W. des Maulwurfs. **2.** ⟨o. Pl.⟩ (abwertend) im Verborgenen betriebene Tätigkeit, mit der jmd. (bes. in politischer Hinsicht) Feindseligkeit zu erzeugen, jmds. Autorität, Ansehen zu untergraben sucht.

wüh|len ⟨sw. V.; hat⟩ [mhd. wüelen, ahd. wuol(l)en, eigtl. = (um)wälzen, verw. mit ↑¹wallen]: **1. a)** mit etw. (bes. den Händen, Pfoten, der Schnauze) in eine weiche, lockere Masse o. Ä. hineingreifen, eindringen u. sie mit [kräftigen] schaufelnden Bewegungen aufwerfen, umwenden: sie wühlte im Blumenkasten; Maulwürfe wühlen im Garten; Ü der Schmerz wühlte in seiner Brust; **c)** (ugs.) nach etw. suchend in einer Menge an-, aufgehäufter einzelner Sachen mit der Hand herumfahren [u. dabei die Sachen durcheinanderbringen]: nach brauchbaren Resten w.; in der Schublade w. **2. a)** durch Wühlen (1 a) entstehen lassen, machen: ein Loch [in die Erde] w.; **b)** durch Wühlen (1) hervorholen: den Schlüssel aus der Tasche w. **3. a)** ⟨w. + sich⟩ sich wühlend (1 a) tief in etw. hineinbewegen, in etw. eingraben: der Maulwurf wühlte sich in die Erde; **b)** (seltener) tief in eine weiche, lockere Masse o. Ä. drücken, darein vergraben: den Kopf in das Kissen w.; **c)** ⟨w. + sich⟩ sich [wühlend (1 a)] durcharbeiten (5): Laster wühlen sich durch den Dreck; Ü er hat sich durch die Aktenstöße gewühlt. **4.** (abwertend) Wühlarbeit (2) betreiben: gegen die Regierung w. **5.** (ugs.) rastlos, verbissen, unter Einsatz aller Kräfte arbeiten: sie wühlt von morgens bis abends.

Wüh|ler, der; -s, -: **1.** Nagetier, das unter der Erde Gänge wühlt, in denen es lebt u. seine Vorräte sammelt (z. B. Hamster). **2.** (abwertend) jmd., der Wühlarbeit (2) betreibt. **3.** (ugs.) jmd., der wühlt (5): der neue Kollege ist ein W.

Wüh|le|rei, die; -, -en (oft abwertend): [dauerndes] Wühlen (1, 2, 4, 5).

Wüh|le|rin, die; -, -nen: w. Form zu ↑ Wühler (2, 3).

wüh|le|risch ⟨Adj.⟩ (abwertend): in der Art eines Wühlers (2) vorgehend.

Wühl|maus, die: **1.** kleines, plumpes, einer Maus ähnliches Nagetier mit stumpfer Schnauze u. kurzem Schwanz, das unter der Erde Gänge wühlt. **2.** (ugs. scherzh.) Wühler (2).

Wühl|tisch, der (ugs.): (bes. in Kaufhäusern) Verkaufstisch, an dem die Käufer in den zum Sonderpreis ausliegenden Waren (bes. Textilien) zwanglos herumsuchen können.

Wulst, der; -[e]s, Wülste u. (bes. Fachspr.:) -e, auch: die; -, Wülste [mhd. wulst(e), ahd. wulsta, H. u., viell. verw. mit ↑¹wallen u. eigtl. = das Gedrehte, Gewundene]: **a)** längliche, gerundete Verdickung: an dem Knochen hatte sich ein W. gebildet; die Wülste seines Nackens; **b)** dickeres, wurstförmiges Gebilde, das durch Zusammenrollen o. Ä. von weichem Material entsteht: das Handtuch zu einem W. rollen; **c)** (Archit.) (an Säulen, Gesimsen, Friesen) der Verzierung dienendes, in der Form eines Viertelkreises gerundetes Bauglied.

wulst|ar|tig ⟨Adj.⟩: in der Art eines Wulstes (a, b), einem Wulst ähnlich: eine -e Verdickung.

Wülst|chen, das; -s, -: Vkl. zu ↑ Wulst.

wuls|ten ⟨sw. V.; hat⟩: **a)** wulstig machen, werden lassen; ... seine Zunge wühlte von innen gegen die Oberlippe und wulstete die Oberlippe (M. Walser, Pferd 46); **b)** ⟨w. + sich⟩ einen Wulst (a, b), Wülste bilden, sich wulstartig wölben.

wuls|tig ⟨Adj.⟩: einen Wulst (a, b), Wülste bildend, aufweisend: eine -e Narbe; -e (dicke, aufgeworfene) Lippen.

wumm ⟨Interj.⟩: lautm. für einen plötzlichen, dumpfen Laut od. Knall, Aufprall.

wüm|men usw.: ↑ wimmen usw.

wum|mern ⟨sw. V.; hat⟩ (ugs.): **1.** dumpf dröhnen: die Motoren, die Bässe wummern. **2.** heftig gegen etw. schlagen, sodass es wummert (1): mit den Fäusten gegen die Tür w.

wund ⟨Adj.⟩ [mhd., ahd. wunt, eigtl. = geschlagen, verletzt]: **1.** durch Reibung o. Ä. an der Haut verletzt; durch Aufscheuern o. Ä. der Haut entzündet: -e Füße; ihre Fersen sind ganz w.; ich habe mir den Rücken w. gelegen; ein w. gelegener Rücken; U mit -em (geh.; von Weh erfülltem) Herzen. **2.** (Jägerspr. selten) krank (2).

Wund|arzt, der [mhd. wuntarzāt] (früher): Chirurg.

Wund|be|hand|lung, die: medizinische Behandlung einer Wunde: eine Salbe zur W.

Wund|ben|zin, das: zur Reinigung von Wundrändern geeignetes Benzin.

Wund|brand, der ⟨o. Pl.⟩ (Med.): durch Wundinfektion bedingter feuchter ¹Brand (5 a): W. haben, kriegen.

Wun|de, die; -, -n [mhd. wunde, ahd. wunta, eigtl. = Schlag, Verletzung]: durch Verletzung od. Operation entstandene offene Stelle in der Haut [u. im Gewebe]: eine frische, offene, leichte, tiefe, klaffende, tödliche W.; schlecht vernarbte -n; die W. blutet, eitert, nässt, heilt, verschorft, schließt sich, schmerzt, brennt; eine W. untersuchen, behandeln, reinigen, desinfizieren, verbinden, klammern, nähen; eine W. am Kopf haben; aus einer W. bluten; Ü er hat durch seine Worte alte -n wieder aufgerissen (hat die Erinnerung an erlittenes Leid wieder wachgerufen); der Krieg hat dem Land tiefe -n geschlagen (geh.; schweren Schaden zugefügt); du hast bei ihm damit an eine alte W. gerührt (hast etwas berührt, was ihn einmal sehr gekränkt, verletzt hat); * die/seine -n lecken (sich ein wenig selbst bedauern u. zu trösten suchen).

Wun|der, das; -s, - [mhd. wunder, ahd. wuntar, H. u.]: **1.** außergewöhnliches, den Naturgesetzen od. aller Erfahrung widersprechendes u. deshalb der unmittelbaren Einwirkung einer göttlichen od. übernatürlichen Kräften zugeschriebenes Geschehen, Ereignis, das Staunen erregt: ein W. geschieht, ereignet sich; nur ein W. kann sie retten; es war ein wahres W., dass er unverletzt blieb; die Geschichte seiner Rettung klingt wie ein W.; Jesus tat/wirkte; an W. glauben; oh W.! hoffen; wie durch ein W. hat sie überlebt; R oh W.!, U über W.! (Ausrufe höchster Überraschung; wer hätte das gedacht!); * ein/kein W. [sein] (ugs.; [nicht] verwunderlich, erstaunlich sein: kein W., dass man sich bei solchem Wetter erkältet; was W.? (etw. sollte das schon wundern?; was W., wenn/dass sie erkältet ist?); W. wirken/(auch:) tun (ugs.; erstaunliche gut wirken: dieses Medikament wirkt W.; ein gutes Wort wirkt manchmal W.); sein blaues W. erleben (ugs.; eine böse Überraschung erleben; Blau ist in älterem Sprachgebrauch die Farbe der Täuschung, Lüge). **2.** etw., was in seiner Art, durch sein Maß an Vollkommenheit das Gewohnte, Übliche so weit übertrifft, dass große Bewunderung, großes Staunen erregt: die W. der Natur; dieser Apparat ist ein W. an Präzision. **3.** ⟨in Verbindung mit bestimmten Fragewörtern als Substantiv verblasst⟩ er meint, W. was (etw. ganz Besonderes) geleistet zu haben; er bildet sich ein, er sei W. wie (ganz besonders) klug/W. wer (jmd. ganz Besonderes).

Wun|der- (ugs. emotional verstärkend): drückt in Bildungen mit Substantiven aus, dass etw. in kaum vorstellbarer Weise gut, wirksam o. ä. ist: Wunderdroge, -kur, -mannschaft, -waffe.

wun|der|bar ⟨Adj.⟩ [mhd. wunderbære]: **1.** wie ein Wunder (1) erscheinend: eine -e Fügung, Begebenheit, Rettung; sie wurden w. errettet; ⟨subst.:⟩ etw. grenzt ans Wunderbare. **2. a)** (emotional) überaus schön, gut u. deshalb Bewunderung, Entzücken o. Ä. hervorrufend: ein -er Abend, Tag; eine -e Stimme; er ist ein -er Mensch; das ist ja wirklich w.!; das Wetter war einfach w.; das hast du w. gemacht; sie war w. in dieser Rolle; sie kann w. tanzen, singen; **b)** ⟨intensivierend bei Adjektiven⟩ (ugs.) in beeindruckender, Entzücken o. Ä. hervorrufender Weise: der Sessel ist w. bequem; die Wäsche ist w. weich geworden. ◆ **3.** sonderbar, seltsam: ... ob er das -e Weib, das ihm den Zettel übergeben, kenne (Kleist, Kohlhaas 115).

wun|der|ba|rer|wei|se ⟨Adv.⟩: wie durch ein Wunder (1): w. traf fast alles zu; ... ich sauste die steile Treppe hinunter, w. ohne zu stolpern (Frisch, Stiller 229).

Wun|der|blu|me, die: **1.** (bes. in wärmeren Gebieten Amerikas) als Staude wachsende Pflanze mit trichterförmigen, mehrfarbigen, oft nur eine Nacht blühenden Blüten. **2.** (im Volksglauben) wunderkräftige Pflanze.

Wun|der|ding, das ⟨Pl. -e⟩: **a)** ⟨meist Pl.⟩ etw. Außergewöhnliches, Staunen Erregendes: von jmdm., von fernen Ländern w. erzählen; **b)** (emotional) erstaunlicher, wunderbarer (2 a) Gegenstand: dieser Apparat ist ein wahres W.

Wun|der|glau|be, der: Glaube an Wunder (1).

wun|der|gläu|big ⟨Adj.⟩: an Wunder (1) glaubend: -e Massen.

Wun|der|hand, die: **1.** ⟨o. Pl.⟩ übernatürliche, göttliche Kraft: der höchsten Allmacht W.; * wie durch/von W. (überraschenderweise; durch übernatürliche Kräfte, durch göttliche Fügung: die Haustür öffnet sich wie durch/von W.; wie durch/von W. funktionierte die Maschine wieder). **2.** geschickte, geübte Hand, die außergewöhnliche Fähigkeiten besitzt: kann eines Arztes W. den Schaden heilen?

Wun|der|hei|ler, der: jmd., dem auf Wunderkräften beruhende Heilerfolge zugeschrieben werden: obskure W.

Wun|der|hei|le|rin, die: w. Form zu ↑ Wunderheiler.

Wun|der|hei|lung, die: durch ein Wunder (1) bewirkte Heilung.

Wun|der|horn, das: wunderkräftiges Horn.

wun|der|hübsch ⟨Adj.⟩ (emotional verstärkend): vgl. wunderschön.

Wun|der|ker|ze, die: Draht, der bis auf das als Griff dienende Ende mit einem Gemisch aus leicht brennbaren Stoffen überzogen ist, das unter Funkensprühen abbrennt.

Wun|der|kind, das: Kind, dessen außergewöhnliche geistige, künstlerische Fähigkeiten ein Wunder (2) darstellen: ein mathematisches W.

Wun|der|kna|be, der: vgl. Wunderkind.

Wun|der|kraft, die: Kraft, Wunder zu bewirken: über Wunderkräfte verfügen.

wun|der|kräf|tig ⟨Adj.⟩: Wunderkraft besitzend: -e Amulette.

Wun|der|kraut, das: wunderkräftiges Heilkraut.

Wun|der|lam|pe, die: **1.** (im Märchen) wunderkräftige Öllampe: Aladins W. **2.** Tintenfisch mit Leuchtorganen an Körper u. Armen.

Wun|der|land, das ⟨Pl. ...länder⟩ ⟨Pl. selten⟩: **1.** an Wunderdingen (a) reiches Land: wie Alice im W.; Ü das W. Amerika. **2.** an Wunderdingen (b) reiches Land: das W. der Technik.

wun|der|lich ⟨Adj.⟩ [mhd. wunderlich, ahd. wuntarlīh = wunderbar]: *vom Üblichen, Gewohnten, Erwarteten in befremdlicher Weise abweichend:* -e Einfälle; ein -er Mensch; man kann schon die -sten Dinge erleben!; er ist ein wenig w. geworden; ... er schrieb mir fast täglich -e Briefe, deren Verrücktheiten mich mächtig anzogen (Mayröcker, Herzzerreißende 31).

Wun|der|lich|keit, die; -, -en: **a)** ⟨o. Pl.⟩ *das Wunderlichsein; wunderliche [Wesens]art;* **b)** *etw., was wunderlich ist.*

wun|der|mild ⟨Adj.⟩ (geh. veraltend): *überaus, ungewöhnlich mild, freundlich.*

Wun|der|mit|tel, das: *Mittel mit einer erstaunlichen, wunderbaren od. ans Wunderbare grenzenden Wirksamkeit:* ein als W. gepriesenes Medikament.

wun|dern ⟨sw. V.; hat⟩ [mhd. wundern, ahd. wuntarōn]: **1.** *ganz anders als gewohnt od. erwartet sein u. deshalb in Erstaunen versetzen:* sein Verhalten wunderte sie sehr, nicht im Geringsten; es wundert mich/mich wundert, dass er nichts von sich hören lässt; es sollte mich w., wenn sie käme *(ich glaube nicht, dass sie kommt).* **2.** ⟨w. + sich⟩ *über jmdn., etw. verwundert, erstaunt sein, über etw. nicht Erwartetes in Erstaunen geraten, sich wundern:* sich über jmds. Verhalten w.; ich wundere mich über gar nichts mehr; sie wunderte sich, dass er erst so spät nach Hause kam; ich muss mich wirklich/ doch sehr über dich w. *(hätte dein Verhalten nicht für möglich gehalten).* **3.** (bes. schweiz.) **a)** *jmds. Neugier erregen:* es wundert mich/mich wundert, woher er das weiß; **b)** ⟨w. + sich⟩ *sich verwundert od. zweifelnd fragen:* ich wunderte mich, warum alles hier so verändert war.

wun|der|neh|men ⟨st. V.; hat⟩ (geh.): **1.** *in Verwunderung setzen:* es würde mich nicht w., wenn er das täte; wen nimmt es wunder, dass nichts klappte?; Es ist alles dargelegt, ... darüber hinaus gibt es nichts, was wundernähme (Strauß, Niemand 194). **2.** (schweiz.) *wundern* (3 a): es nimmt mich nur wunder, wie Sie mich hier aufgestöbert haben.

Wun|der|quel|le, die: vgl. Wunderkraut.

wun|ders (ugs.): seltener für ↑ Wunder (3): die Berliner glauben, dass das Brandenburger Tor w. was wäre.

wun|der|sam ⟨Adj.⟩ (geh.): *(so wie ein Wunder) seltsam, rätselhaft, geheimnisvoll:* ein -er Traum; eine -e Genesung, Melodie; ihr wurde ganz w. zumute.

wun|der|schön ⟨Adj.⟩ (emotional verstärkend): *überaus, ungewöhnlich schön u. deshalb Bewunderung, Entzücken erregend:* ein -er Strauß, Park, Blick über die Bucht; eine -e Insel, Landschaft, Aussicht, Frau; sie, die Kommode, das Gemälde ist w.

Wun|der|tat, die: *auf wunderbare Weise vollbrachte, erstaunliche Tat:* die -en des Herakles, der Heiligen; -en vollbringen.

Wun|der|tä|ter, der: *jmd., der Wunder* (1) *tut, Wundertaten vollbringt.*

Wun|der|tä|te|rin, die: w. Form zu ↑ Wundertäter.

wun|der|tä|tig ⟨Adj.⟩: *die Fähigkeit besitzend, Wunder zu tun; wunderkräftig:* der -e Sankt Nikolaus; eine -e Ikone, Hostie.

Wun|der|tier, das: *durch sein ungewöhnliches Aussehen, seine ungewöhnlichen Eigenschaften staunenerregendes [Fabel]tier:* jmdn. wie ein W. bestaunen.

Wun|der|tü|te, die: *Tüte, die [neben Süßigkeiten] Überraschungen in Form von kleinen Spielsachen o. Ä. enthält.*

wun|der|voll ⟨Adj.⟩: **a)** (emotional) *wunderbar* (2 a), *wunderschön:* sie hat -e blaue Augen; sie tanzt ein w. restauriertes Haus; **b)** ⟨intensivierend bei Adjektiven⟩ *wunderbar* (2 b): eine w. weiche Haut.

Wun|der|waf|fe, die: *Waffe von außergewöhnlich großer Wirksamkeit:* Ü (ugs.:) dies Mittel ist keine W. gegen Krebs.

Wun|der|welt, die: **1.** vgl. Wunderland (1). **2.** *Welt* (4), *die voller Wunder* (2) *ist:* die W. der Natur, des Regenwalds, des Cyberspace.

Wun|der|werk, das: *Werk, das ein Wunder* (2) *darstellt:* ein W. der Baukunst, Technik; diese Uhr ist ein wahres W.

Wun|der|wuz|zi, der; -s, -s (österr. ugs.): *Alleskönner.*

Wund|fie|ber, das (Med.): *durch Wundinfektion bedingtes Fieber.*

Wund|hei|lung, die: *Heilung* (2) *einer Wunde.*

Wund|in|fek|ti|on, die (Med.): *Infektion einer Wunde.*

Wund|klam|mer, die (Med.): *zum Zusammenhalten der Wundränder dienende kleine Klammer aus Metall.*

wund lie|gen, wund|lie|gen, sich ⟨st. V.; hat⟩: *so liegen, dass sich durch Reibung o. Ä. die Haut entzündet.*

Wund|mal, das ⟨Pl. -e⟩ (meist geh.): *von einer [geheilten] Verletzung, Wunde herrührendes* ²*Mal* (1); die -e Christi *(die fünf Wunden des gekreuzigten Christus).*

Wund|pflas|ter, das: *Pflaster mit einer Auflage aus* ¹Mull (1 b) *als Schutz für eine Wunde.*

Wund|pu|der, der: *als Heil- u. Desinfektionsmittel für Wunden dienender Puder.*

Wund|rand, der: ¹*Rand* (1 a) *einer Wunde.*

Wund|rei|ni|gung, die: *das Reinigen einer Wunde.*

Wund|ro|se, die (Med.): *von einer Wunde ausgehende Infektion, Entzündung der Haut mit Rötung, Schwellung u. hohem Fieber.*

Wund|sal|be, die: *Heilsalbe.*

Wund|schmerz, der (Med.): *Schmerz im Bereich einer Wunde.*

Wund|schorf, der: *Schorf* (1).

wund schrei|ben, wund|schrei|ben, sich ⟨st. V.; hat⟩: ↑ Finger (1).

Wund|starr|krampf, der ⟨o. Pl.⟩ (Med.): *Tetanus:* bist du gegen W. geimpft?

wund te|le|fo|nie|ren, wund|te|le|fo|nie|ren: ↑ Finger (1).

Wund|ver|band, der: *Verband* (1) *auf einer Wunde.*

Wund|ver|sor|gung, die: *medizinische Versorgung einer Wunde.*

◆ **Wund|was|ser**, das ⟨Pl. ...wässer⟩: *Alkohol u. Kräuterauszüge enthaltende wässrige Flüssigkeit zur Pflege von Verletzungen u. zum Einreiben:* ... hole mir bald von dem W. herunter! (Hebbel, Agnes Bernauer I, 7).

Wunsch, der; -[e]s, Wünsche [mhd. wunsc, ahd. wunsc, verw. mit ↑ gewinnen]: **1.** *Begehren, das jmd. sich hegt od. äußert, dessen Erfüllung mehr erhofft od. durch eigene Anstrengungen zu erreichen gesucht wird:* ein großer, bescheidener, unerfüllbarer, brennender, verständlicher, geheimer, heimlicher W.; ihr brennender W. war in Erfüllung gegangen; in ihr regte sich der W. nach Ruhe; es war sein W. und Wille *(er wollte unbedingt),* dass alle dabei sein sollten; jmds. Wünsche haben, äußern, unterdrücken; jmds. Wünsche erraten, befriedigen; jmdm. jeden W. von den Augen ablesen; sich einen W. erfüllen; versagen; noch einen W. frei haben *(darf ich von jmdm. noch etw. wünschen dürfen);* haben Sie sonst noch einen W.? *(darf ich Ihnen außerdem noch etw. servieren, verkaufen?, kann sonst noch etwas für Sie tun?);* das Material entsprach [nicht ganz] ihren Wünschen, ließ einige, viele Wünsche offen *(war recht, sehr unvollkommen);* die Vereinbarung ließ keinen W., keine Wünsche offen *(war völlig befriedigend);* er widerstand dem W. zu widersprechen; etw. kommt jmds. Wünschen entgegen; etw. auf jmds. [ausdrücklichen] W. tun; er wurde auf eigenen W. versetzt; es ging, lief alles nach W. *(verlief so, wie man es erhofft, sich vorgestellt hatte);* Wünsche aufgeben heißt, Kapazität freisetzen (Becker, Tage 27); R Ihr W. sei/ist mir Befehl scherzh.; selbstverständlich entspreche ich Ihrer Bitte); der W. ist/war hier der Vater des Gedankens (scherzh.; *hier handelt es sich um Wunschdenken;* nach Shakespeare, König Heinrich IV., 2. Teil, IV, 4); * **ein frommer W.** *(ein Wunsch nach etw. durchaus Wünschenswertem, aber keinesfalls Erreichbarem;* nach lat. pia desideria = fromme Wünsche, dem Titel einer Schrift des belg. Jesuiten H. Hugo, 1588–1639). **2.** ⟨Pl.⟩ *jmdm. aus bestimmtem Anlass wohlmeinend Gewünschtes:* herzliche, beste, alle guten Wünsche zum Geburtstag!; in Briefschlussformeln: mit den besten Wünschen Ihr Peter Schmitt; Meine Wünsche begleiten Sie! (Roth, Beichte 40).

Wunsch-: drückt in Bildungen mit Substantiven aus, dass jmd. oder etw. die gewünschte, erhoffte, ersehnte Person oder Sache ist: Wunschmannschaft, -spieler, -termin.

wünsch|bar ⟨Adj.⟩ (bes. schweiz.): *wünschenswert:* eine -e Modernisierung; diese Entwicklung ist nicht w.

Wünsch|bar|keit, die; -, -en (bes. schweiz.): **1.** ⟨o. Pl.⟩ *das Wünschbarsein.* **2.** *etw. Wünschbares.*

Wunsch|bild, das: *von den eigenen Wünschen bestimmte Darstellung, Vorstellung von etw., jmdm.*

Wunsch|den|ken, das; -s: *Annahme, dass sich etw. in einer bestimmten Weise verhält, was aber nicht der Realität entspricht, sondern nur dem Wunsch entsprechen möge.*

Wün|schel|ru|te, die [mhd. wünschelruote, aus: wünschel- (in Zus.) = Mittel, einen Wunsch zu erfüllen (zu ↑ wünschen) + ↑ Rute]: *gabelartig gebogener Zweig od. gebogener Draht, der in den Händen eines Wünschelrutengängers über einer Wasser- od. Erzader ausschlagen soll:* Er fing an, selbst Versuche mit der W. zu machen, die ihm aber nicht gelungen sind (Plenzdorf, Legende 201).

Wün|schel|ru|ten|gän|ger, der: *jmd., der mit einer Wünschelrute nach Wasser- od. Erzadern sucht:* ein erfahrener W.

Wün|schel|ru|ten|gän|ge|rin, die: w. Form zu ↑ Wünschelrutengänger.

Wün|schel|ru|ten|ge|her, der (österr.): *Wünschelrutengänger.*

Wün|schel|ru|ten|ge|he|rin, die: w. Form zu ↑ Wünschelrutengeher.

wün|schen ⟨sw. V.; hat⟩ [mhd. wünschen, ahd. wunsken, wohl zu ↑ Wunsch]: **1.** *in Bezug auf jmdn., etw. einen bestimmten Wunsch* (1) *hegen; sich sehnlich etw. erhoffen:* w. aufrichtig, heimlich, von Herzen w.; jmdm. nichts, nur Gutes w.; das würde ich selbst meinem schlimmsten Feind nicht w.; das ist ihr nicht zu w.; sie wünschten sich ein Kind; jmdn. als/ zum Freund w.; Karl wünschte nichts sehnlicher, als dass er wieder zu Hause wäre; was wünschst du dir zum Geburtstag, von der Großmutter [als Geschenk]?; er war so, wie man sich einen Lehrer wünscht; sie hätten sich kein besseres Wetter w. können *(es war das ideale Wetter);* im Konjunktiv II als Ausdruck eines irrealen Wunsches: ich wünschte, wir könnten gehen; Ob sie sich etwas von mir w. dürfe, fragt sie (Strittmatter, Der Laden 884).

2. *von jmdm. mit einem gewissen Anspruch auf Verwirklichung des entsprechenden Wunsches haben wollen:* eine Änderung w.; sich an etw. zu beteiligen w.; wir wünschen [und hoffen], dass der Vertrag unterzeichnet wird; er wünscht eine baldige Antwort; es wünscht Sie jemand zu sprechen; was wünschen Sie [zum Abendbrot]?; ihre Mitwirkung wurde nicht gewünscht; ich wünsche das nicht *(ich verbiete das)*; den gewünschten Preis zahlen; die gewünschte Auskunft haben wir erhalten; ⟨auch ohne Akk.-Obj.:⟩ wie Sie wünschen; Sie wünschen bitte? *(womit kann ich Ihnen dienen?; was darf ich Ihnen verkaufen?);* es verlief alles wie gewünscht; * **[viel, einiges] zu w. übrig lassen** *(nicht hinreichend sein; der Komfort lässt zu w. übrig);* **nichts zu w. übrig lassen** *(völlig befriedigend sein:* die Kür ließ nichts zu w. übrig). **3.** *jmdm. gegenüber zum Ausdruck bringen, dass man sich für ihn wünscht, es möge ihm etw. bestimmtes Gutes zuteilwerden:* jmdm. [eine] gute Nacht, angenehme Ruhe, guten Appetit, gute Besserung, alles Gute, Gottes Segen, gutes Gelingen, [eine] gute Reise, [viel] Glück, ein gutes neues Jahr, fröhliche Weihnachten w.; ⟨auch ohne Dativ-Obj.:⟩ [ich] wünsche, wohl zu speisen, wohl geruht zu haben. **4.** wünschen (1), dass jmd. an einem anderen Ort wäre: er wünschte ihn an einen sehr weit entfernten Ort; ich wünschte mich auf eine einsame Insel.
wün|schens|wert ⟨Adj.⟩: *wert, gewünscht zu werden; erstrebenswert:* eine politisch -e Annäherung; wäre ein Wechsel überhaupt w.?
Wunsch|form, die ⟨Pl. selten⟩ (Sprachwiss.): *Optativ.*
Wunsch|geg|ner, der: *jmd., den sich ein anderer aus bestimmten Gründen als Gegner (z. B. in einem Spiel) wünscht.*
Wunsch|geg|ne|rin, die: w. Form zu ↑ Wunschgegner.
wunsch|ge|mäß ⟨Adv.⟩: *jmds. Wunsch gemäß:* ein -es Ergebnis; etw. w. erledigen.
◆ **Wunsch|hüt|lein**, das: *(im Volksglauben)* zauberkräftiger Hut, der seinen Besitzer an jeden gewünschten Ort versetzen kann: ... überlasse ich ihm die Wahl unter allen Kleinodien, die ich in der Tasche bei mir führe: die echte Springwurzel, die Alraunwurzel, Wechselpfennige, Raubtaler ...; doch das wird wohl nichts für Sie sein: besser Fortunati W., neu und haltbar wieder restauriert (Chamisso, Schlemihl 23).
Wunsch|kan|di|dat, der: *jmd., den eine [Anzahl] andere[r] Person[en] für eine bestimmte Aufgabe vorsieht, sich wünscht.*
Wunsch|kan|di|da|tin, die: w. Form zu ↑ Wunschkandidat.
Wunsch|ka|ta|log, der: *Katalog* (2) *von Wünschen.*
Wunsch|kenn|zei|chen, das: *Kfz-Kennzeichen mit vom Halter gewünschten Buchstaben u. Ziffern.*
Wunsch|kind, das: *Kind, das sich die Eltern gewünscht haben:* unsere Tochter war ein W.
Wunsch|kon|zert, das: *aus Hörerwünschen, Wünschen aus dem Publikum zusammengestelltes Konzert [im Rundfunk].*
Wunsch|lis|te, die: *Liste mit jmds. Wünschen:* eine W. anlegen, anfertigen; Ü eine Steuersenkung auf die W. setzen.
wunsch|los ⟨Adj.⟩: *keine Wünsche habend; ohne irgendwelche Wünsche:* ich bin w. glücklich (oft scherzh.; *entbehre im Augenblick nichts).*
Wunsch|part|ner, der: a) *jmd., den sich eine andere Person als Partner, Teamkollegen, Partner in einer Liebesbeziehung wünscht;* b) *erwünschter Koalitionspartner, Wirtschaftspartner, wirtschaftlicher Bündnispartner.*

Wunsch|part|ne|rin, die: w. Form zu ↑ Wunschpartner.
Wunsch|satz, der (Sprachwiss.): *Satz, der einen Wunsch ausdrückt* (z. B. Wäre er doch hier!)
Wunsch|traum, der: *etw. äußerst Erstrebenswertes, Verlockendes, was sich [bisher] nicht hat verwirklichen lassen:* die Rückkehr blieb für ihn ein W.; sich einen W. erfüllen.
Wunsch|vor|stel|lung, die: *von den eigenen Wünschen geprägte, nicht an der Wirklichkeit orientierte Vorstellung.*
Wunsch|zet|tel, der: *vgl.* Wunschliste: einen W. [an das Christkind] schreiben.
wupp, wupp|dich, wupps ⟨Interj.⟩ (ugs.): *als Ausdruck einer schnellen, schwunghaften Bewegung:* w. war er weg!
Wupp|dich: *in der Wendung* **mit [einem] W.** (ugs.; *schnell u. mit Schwung):* mit einem W. war sie aus dem Bett).
wup|pen ⟨sw. V.; hat⟩ [wohl zu nordd. wuppen = mit einem Wuppdich hochheben] (Jargon): *bewältigen, schaffen:* ein Projekt w.
Wup|per: *rechter Nebenfluss des Rheins:* * **über die W. gehen** (landsch. salopp: 1. *sterben.* 2. *vernichtet werden, zugrunde gehen; entzweigehen:* bei der Fusion sind etliche Jobs über die W. gegangen) [wohl landsch. Abwandlung zu »über den Jordan gehen«; ↑ Jordan].
Wup|per|tal: *Stadt an der Wupper.*
wupps: ↑ wupp.
wür|be: ↑ werben.
wur|de, wür|de: ↑ ¹werden.
Wür|de, die; -, -n [mhd. wirde, ahd. wirdī, zu ↑ wert]: **1.** ⟨o. Pl.⟩ a) *Achtung gebietender Wert, der einem Menschen innewohnt, u. die ihm deswegen zukommende Bedeutung:* die menschliche, persönliche W.; die W. einer Patientin, eines Sterbenden achten; jmds. W. verletzen, antasten, angreifen; einen Menschen in seiner W. letzen; b) *Bewusstsein des eigenen Wertes [u. dadurch bestimmte Haltung]:* eine steife, natürliche W.; W. ausstrahlen; die W. wahren; etw. mit W., voller W. ankündigen; * **unter jmds. W.** (*eine Zumutung für jmdn.:* es war unter, er hielt, fand es für unter seiner W., gegen mich anzutreten); **unter aller W.** *(nicht zumutbar:* eine solche Behausung ist unter aller W.); c) *hohe Achtung gebietende Erhabenheit einer Sache, bes. einer Institution:* die nationale W. eines Staates; die W. des Alters, des Gerichts; ... ihr Elternhaus, ein großes Landgut, verbindet herrschaftliche W. mit Sparsamkeit (Frisch, Montauk 175). **2.** *mit Titel, bestimmten Ehren, hohem Ansehen verbundenes Amt, verbundener Rang, verbundene Stellung:* akademische -n erwerben, besitzen; der Stab ist das Zeichen seiner neuen W.; zu hohen -n gelangen, emporsteigen.
wür|de|los ⟨Adj.⟩: *ohne Würde; mit der Würde unvereinbar, die Würde verletzend:* ein -es Benehmen; ich habe mich nie w. anzubettein.
Wür|de|lo|sig|keit, die; -: *würdelose Art.*
Wür|den|trä|ger, der (oft geh.): *jmd., der ein hohes Amt, eine ehrenvolle Stellung innehat:* hohe geistliche W.; W. der Partei.
Wür|den|trä|ge|rin, die: w. Form zu ↑ Würdenträger.
wür|de|voll ⟨Adj.⟩: *Würde ausstrahlend, zum Ausdruck bringend:* einer Feier einen -en Rahmen geben; mit -er *(gravitätischer)* Miene.
wür|dig ⟨Adj.⟩ [mhd. wirdec, ahd. wirdīg]:
1. *Würde ausstrahlend; dem [feierlichen] Anlass, Zweck angemessen:* ein -er alter Herr; ein -es Aussehen haben; w. einherschreiten; Gedenktage w. begehen. **2.** *jmds., einer Sache wert; der entsprechende Ehre, Auszeichnung o. Ä. verdienend:* einen -en Nachfolger suchen; er war für ihn der einzig -e Gegner; sie ist seines Vertrauens w. sein, für w. befunden werden,

etw. zu tun; sie fühlte sich seiner nicht w.; der neuen Verantwortung als w. erweisen; die Szene wäre eines Shakespeare w. gewesen (*hätte von einem Dichter wie ihm geschrieben sein können);* jmdn. w. *(wie es sich gebührt)* vertreten.

-wür|dig: drückt in Bildungen mit Substantiven aus, dass die beschriebene Person oder Sache es verdient, dass etw. gemacht wird, dass sie dessen wert, würdig ist, die Voraussetzungen dafür erfüllt: auszeichnungs-, koalitions-, veröffentlichungswürdig.

wür|di|gen ⟨sw. V.; hat⟩ [mhd. wirdigen]: **1.** *jmds. Leistung, Verdienst, den Wert erkennen u. in gebührender Weise lobend hervorheben:* solche Leistungen wusste sie zu w.; dieser Dichter ist zu Lebzeiten kaum gewürdigt worden. **2.** *(jmdm., einer Sache) etw. Bestimmtes zuteilwerden lassen, dessen er, sie für würdig erachtet wird:* jmdn. keines Grußes w.; sie hat mich sogar einer Antwort gewürdigt; er würdigte sie keines Blickes *(beachtete sie nicht).*
Wür|dig|keit, die; -: **1.** *würdige* (1) *Art.* **2.** *das Würdigsein* (2).
Wür|di|gung, die; -, -en: **1.** *das Würdigen* (1); *Gewürdigtwerden:* eine kritische, geschichtliche W.; es erschienen Nachrufe und -en seines Werks; in W. *(Anerkennung)* ihrer Arbeit wurde ihr ein Preis zuerkannt. **2.** *würdigende Äußerung, Rede o. Ä.:* in seiner W. ging er auch auf ihr privates Engagement ein.
Wurf, der; -[e]s, Würfe, (als Mengenangabe auch:) Wurf [mhd., ahd. wurf, zu ↑ werfen]: **1. a)** *das Werfen:* ein kraftvoller, geschickter W.; der W. ging ins Ziel; zum W. ausholen; **b)** (Leichtathletik) *das Werfen (von Speer, Diskus, Hammer o. Ä.) in möglichst große Weite; Weitwurf:* ein W. von 80 Metern; der W. misslang; beim letzten W. ist er übergetreten; **c)** (Kegeln) *das Werfen u. Rollenlassen der Kugel:* wer hat den ersten W.?; ein W. in die Vollen; es werden Wettbewerbe mit 50 bis 200 W. ausgetragen; **d)** (Brettspiele) *das Werfen, Rollenlassen eines od. mehrerer Würfel:* schon der erste W. brachte eine Sechs; * **alles auf einen W. setzen** *(mit vollem Risiko alles auf einmal wagen).* **2.** *gelungenes [künstlerisches] Werk, etw. Bedeutendes, Erfolgreiches:* mit dieser Erfindung ist ihm ein [neuer] W. gelungen; das Werk ist kein großer W. **3.** *Faltenwurf.* **4.** *(von bestimmten Säugetieren) Gesamtheit der auf einmal geborenen Jungen eines Muttertiers:* ein W. Katzen.
Wurf|bahn, die: *von einem geworfenen Gegenstand beschriebene Bahn; ballistische Bahn.*
Wurf|dis|zi|p|lin, die: *sportliche Disziplin, bei der ein Speer, Hammer, Gewicht o. Ä. geworfen wird.*
wür|fe: ↑ werfen.
Wurf|eisen, das: *kunstvoll geschmiedete Waffe zum Werfen mit abgebogener od. hakenförmiger Klinge.*
Wür|fel, der; -s, - [mhd. würfel, ahd. wurfil, zu ↑ werfen, eigtl. = Mittel zum Werfen]: **1.** (Geom.) *von sechs gleich großen Quadraten begrenzter Körper; Kubus* (1): ein W. mit der Kantenlänge a hat einen Rauminhalt von a^3; der Bauklotz hat die Form eines -s. **2.** *in der Regel kleiner, massiver Würfel* (1) *aus Holz od. Kunststoff o. Ä. mit abgerundeten Ecken u. Kanten für [Glücks]spiele, dessen sechs Seiten meist mit 1 bis 6 Punkten in bestimmter Anordnung versehen sind:* der W. zeigt eine Sechs; W. spielen; R die W. sind gefallen *(die Entscheidung ist gefallen;* lat. † alea iacta est). **3.** *annähernd würfelförmiger Gegenstand:* ein W. Butter; Zucker in -n; das Brot in W. schneiden.
Wür|fel|be|cher, der: *Becher [aus Leder], in dem*

die Würfel (2) geschüttelt werden können, bevor sie geworfen werden.
Wür|fel|brett, das: *Spielbrett für Würfelspiele.*
wür|fel|för|mig ⟨Adj.⟩: *[annähernd] die Form eines Würfels (1) aufweisend: etw. in -e Stücke schneiden.*
wür|fe|lig, würflig ⟨Adj.⟩: a) *würfelförmig:* w. *geschnittener Schinken;* b) (*bes. von Geweben*) *gewürfelt, kariert:* ein -es Muster.
Wür|fel|ka|pi|tell, das (Kunstwiss.): *würfelförmiges Kapitell.*
Wür|fel|mus|ter, das: *Muster (3) aus regelmäßig abwechselnden Vierecken.*
wür|feln ⟨sw. V.; hat⟩: **1.** a) *mit Würfeln (2) spielen:* sie saßen am Tresen und würfelten; es wurde gewürfelt (*mit Würfeln geknobelt* 1 a)*, wer anfangen sollte;* um Geld w.; b) *(eine bestimmte Augenzahl) mit dem Würfel (2) werfen:* eine Sechs w.; wer die höchste Zahl würfelt, darf anfangen. **2.** *in Würfel zerschneiden:* die Zwiebeln fein, grob w.; das Fleisch wird klein gewürfelt und angebraten.
Wür|fel|qual|le, die [*nach dem würfelähnlichen Schirm*]: *Feuerqualle.*
Wür|fel|spiel, das: a) *Glücksspiel mit Würfeln;* b) *mit Würfeln zu spielendes Brettspiel, bei dem Figuren um so viele Felder vorwärtsbewegt werden, wie der ob. die Würfel Augen zeigen.*
Wür|fel|zu|cker, der: *Zucker in würfelförmigen Stücken:* ein Kilo, ein Stück W.
Wurf|ge|schoss [...gəʃɔs], (südd., österr.:) **Wurf|ge|schoß** [...gəʃɔːs], das: *geschleuderter od. geworfener Gegenstand, der jmdn. od. etw. treffen soll:* ein gefährliches W.; etw. als W. benutzen.
Wurf|ge|schütz, das: *(in der Antike u. im MA.) geschützartige Vorrichtung zum Schleudern von Wurfgeschossen.*
Wurf|holz, das: *Wurfgeschoss aus Holz (z.B. Bumerang).*
Wurf|kreis, der: **1.** *(Leichtathletik) Wurfring (1).* **2.** *(Handball) vor der Torauslinie begrenzter Halbkreis vor dem Tor.*
Wurf|lei|ne, die: *beim Anlegen od. Schleppen von Schiffen verwendete dünne, lange Leine, die an Land od. zu einem anderen Schiff geworfen u. an der dann die Trosse befestigt u. herübergeholt wird.*
würf|lig: ↑ *würfelig.*
Wurf|ma|schi|ne, die: **1.** (*früher*) *Kriegsmaschine zum Schleudern von schweren Kugeln (z.B. Katapult* 3). **2.** *beim Skeetschießen verwendetes Gerät.*
Wurf|pfeil, der: *(zu einem Spiel gehörender) kurzer Pfeil, der geworfen wird.*
Wurf|ring, der (Leichtathletik): **1.** *eingefasster Kreis, von dem aus der Sportler Diskus, Hammer o.Ä. wirft.* **2.** a) *Gummiring* (b): ein W. zum Ringtennisspielen; b) *Ring, der (auf dem Rummelplatz) gezielt auf einen großen, senkrecht nach oben stehenden Nagel ob. Stab geworfen wird, an dem er hängen bleiben soll.*
Wurf|schei|be, die: **1.** *Diskus* (1 a). **2.** *Wurftaube.*
Wurf|sen|dung, die: *Postwurfsendung.*
Wurf|speer, der: *Speer* (a)*, der im Kampf od. bei der Jagd geworfen wird.*
Wurf|stern, der: *aus einer sternförmigen metallenen Scheibe mit scharf geschliffenen Rändern u. Spitzen bestehende Waffe zum Werfen.*
Wurf|tau|be, die (Schießsport): *aus einer asphaltartigen Masse (früher aus Ton) hergestellte tellerartige Scheibe als Ziel beim Wurftaubenschießen.*
Wurf|tau|ben|schie|ßen, das: **1.** ⟨o. Pl.⟩ *das Schießen nach Wurftauben, das in die Luft geschleudert werden.* **2.** *als Trapschießen ob. Skeetschießen durchgeführter Wettbewerb.*
Wür|ge|en|gel, Würgengel, der: (bes. christl. Rel.):

(im Alten Testament) zum Töten ausgesandter Engel.
Wür|ge|griff, der: *Griff, mit dem jmd. gewürgt, jmdm. die Kehle zugedrückt wird:* einen W. ansetzen; Ü im W. des Todes.
Wür|ge|mal, das: *durch Würgen entstandenes* ²*Mal* (1): -e am Hals.
wür|gen ⟨sw. V.; hat⟩ [mhd. würgen, ahd. wurgen, eigtl. = drehend (zusammen)pressen, schnüren]: **1.** *jmdm. die Kehle zudrücken:* jmdn. am Hals w.; der Mörder hat sein Opfer gewürgt; Ü die Krawatte würgte ihn. **2.** a) *einen starken Brechreiz haben;* er musste w.; b) *bei jmdm. einen heftigen Brechreiz erzeugen:* etw. würgt jmdn. in der Kehle. **3.** *etw. nur mühsam hinunterschlucken können:* an zähem Fleisch w.; das Kind würgt an seinem Essen (es schmeckt ihm nicht). **4.** (ugs.) a) *mühsam hinein-, hindurchzwängen:* sie würgte die Knöpfe durch die engen Löcher; b) *schwer, mühsam arbeiten:* den ganzen Tag w.
Wür|gen|gel: ↑ *Würgeengel.*
Wür|ger, der; -s, -: **1.** [spätmhd. würger] *jmd., der jmdn. gewürgt hat, der als »W. von Regensburg« bekannte Verurteilte.* **2.** *auffallend gefärbter Singvogel mit hakenförmiger Schnabelspitze, der seine Beute an Dornbüschen aufspießt.*
Wür|ge|rin, die; -, -nen: w. Form zu ↑ Würger (1).
wur|len ⟨sw. V.; ist/hat⟩ [mundartl. Iterativbildung zu spätmhd. wurren, laut- u. bewegungsnachahmend] (bes. bayr., österr. mundartl.): **1.** *durcheinanderlaufen, wimmeln.* **2.** *geschäftig arbeiten.*
¹**Wurm,** der; -[e]s, Würmer u. Würme [mhd., ahd. wurm = Kriechtier, Schlange, Insekt, eigtl. = der Sichwindende]: **1.** ⟨Pl. Würmer⟩ *wirbelloses Tier mit lang gestrecktem Körper ohne Gliedmaßen, das sich meist unter Windungen durch Zusammenziehen u. Strecken des Körpers vorwärtsschiebt:* ein dicker, langer W.; diese Würmer eignen sich gut als Angelköder; die Amsel hat einen fetten W. im Schnabel; in der Kommode ist der W. (*sie ist von Holzwürmern befallen*); der Apfel hat einen W. (*es sitzt eine Made darin*); Würmer haben (*von Spulwürmern befallen sein*); der Käse wimmelt von Würmern (Maden); Spr auch der W. krümmt sich, wenn er getreten wird; * **in etw. ist/sitzt der W. drin** (ugs.: *etw. ist nicht in Ordnung, läuft nicht so, wie es sein sollte;* bezogen auf den Wurm im Obst); **jmdm. die Würmer aus der Nase ziehen** (ugs.; *etw. von jmdm. durch wiederholtes, geschicktes Fragen zu erfahren suchen; jmdn. aushorchen; nach dem alten Volksglauben von Krankheitsdämonen in Wurmgestalt im menschlichen Körper, die im sog. Wurmsegen beschworen wurden, den Menschen zu verlassen;* **den W./Würmer baden** (ugs. scherzh.; *angeln*). **2.** ⟨Pl. Würme⟩ (veraltet) *Lindwurm.*
²**Wurm,** das; -[e]s, Würmer [identisch mit ↑ ¹Wurm] (fam.): *kleines, unbeholfen-hilfsbedürftiges [bemitleidenswertes] Kind, Wesen:* ein liebes, niedliches, elendes W.; die armen Würmer, Würmchen haben nichts zu essen.
wurm|ar|tig ⟨Adj.⟩: *einem* ¹ *Wurm* (1) *ähnlich, wie ein Wurm aussehend:* -e Larven, Gebilde.
Wurm|be|fall, der: *Befall mit (als Parasiten auftretenden) Würmern.*
Würm|chen, das; -s, -: Vkl. zu ↑ ¹Wurm (1), ↑ ²Wurm.
◆ **Wurm|dok|tor,** der: *umherziehender Arzt od. Heilgehilfe, der Wurmmittel verkauft:* Ich geh' letzthin in die Druckerei, geb' vor, ich hätte den Spielberg gesehn, und diktier' einem Skrizler, was er mag, das leibhafte Bild von einem dortigen W. in die Feder (Schiller, Räuber II, 3).
wur|men ⟨sw. V.; hat⟩ [eigtl. = wie ein Wurm im

Darm nagen, bohren] (ugs.): *jmdn. innerlich mit Groll, Kummer, Missmut erfüllen:* die Niederlage wurmt sie; es wurmte mich sehr, dass niemand mir helfen wollte; Der hohe Preis wurmte Hubert nachträglich (Härtling, Hubert 330).
Wür|mer: Pl. von ↑ ¹, ² Wurm.
Wurm|er|kran|kung, die: *Wurmleiden.*
wurm|för|mig ⟨Adj.⟩: *wie ein* ¹Wurm (1) *geformt, an einen Wurm erinnernd:* ein -es Gebilde.
Wurm|fort|satz, der [LÜ von nlat. processus vermiformis] (Med.): *wurmförmiger Fortsatz am Blinddarm;* ²*Appendix* (1).
Wurm|fraß, der ⟨o. Pl.⟩: *durch Befall von Würmern entstandener Schaden (z.B. im Holz).*
wur|mig ⟨Adj.⟩ [mhd. wurmec]: *(von Obst) wurmstichig:* -es Obst; die Kirschen sind fast alle w.
◆ **wur|misch** ⟨Adj.⟩ [zu ↑ wurmen]: *ärgerlich, verdrießlich:* Ihr wisst ja, was mich w. machte (Lessing, Nathan V, 5).
Wurm|krank|heit, die: *Wurmleiden.*
Wurm|kur, die: *Kur gegen Wurmleiden.*
Wurm|lei|den, das: *durch einen Bandwurm, Spulwürmer o.Ä. verursachtes Leiden.*
Wurm|loch, das: **1.** *durch den Befall von Maden od. Holzwürmern verursachtes kleines Loch an der Oberfläche (von Obst, Gemüse o.Ä. bzw. von Holz).* **2.** [LÜ von engl. wormhole] (Physik, Science-Fiction) *Korridor durch andere Kontinua, durch die jmd. Raum u. Zeit überwinden kann.*
Wurm|mit|tel, das: *Mittel gegen Wurmleiden.*
wurm|sti|chig ⟨Adj.⟩: a) *von Würmern angestochen, zerfressen:* der Apfel ist w.; b) *vom Holzwurm befallen:* ein -er Schreibtisch.
wurscht: ↑ *wurst.*
Wurschtel: ↑ *Wurstel* usw.
Würsch|tel: ↑ *Würstel.*
wurst, wurscht ⟨Adj.⟩: in der Wendung **jmdm. w. sein** (ugs.; *jmdm. gleichgültig, für jmdn. nicht interessant sein;* zum Subst. »Wurst«, H.u.: es war ihr ziemlich w., ob sie gewann oder nicht; dieser Mensch ist mir w.).
Wurst, die; -, Würste [mhd., ahd. wurst, H.u.]: **1.** *Nahrungsmittel aus zerkleinertem Fleisch [mit Innereien, Blut] u. Gewürzen, das in [künstliche] Därme (2) gefüllt wird:* frische, geräucherte, grobe, feine, hausgemachte W.; eine Scheibe, ein Stück W. W. [auf]schneiden, braten; W. am/im Stück kaufen; ein Brötchen mit W. belegen, bestreichen; R (scherzh.:) alles [Gute] hat ein Ende, bloß die W. hat zwei; W. wider W. (ugs.; *so wird Gleiches mit Gleichem vergolten;* nach dem früheren Brauch unter Nachbarn, sich beim Schlachtfest gegenseitig jeweils etwas Fleisch u. Wurst abzugeben); es geht um die W. (ugs.; *es geht um die Entscheidung, kommt auf vollen Einsatz an;* bei ländlichen Wettbewerben war früher eine Wurst als Preis ausgesetzt); * **sich nicht die W. vom Brot nehmen lassen** (↑ Butter); **jmdm. die W. auf dem Brot nicht gönnen** (↑ Butter); **mit der W. nach dem Schinken/nach der Speckseite werfen** (ugs.; *mit kleinem Einsatz, kleinen Geschenken etw. Großes zu erreichen versuchen;* bezieht sich darauf, dass eine Wurst einen geringeren Wert hat als in Schinken bzw. in der Speckseite); **mit dem Schinken nach der W. werfen** (ugs.; *etw. Größeres für etw. Geringeres wagen*). **2.** *etw., was wie eine Wurst aussieht, die Form einer länglichen Rolle hat:* den Teig zu einer W. formen; eine W. machen (fam.; *Kot ausscheiden*); der Hund hinterließ dicke Würste (*Exkremente*) auf der Straße.
Wurst|blatt, das (salopp abwertend): *Käseblatt.*
Wurst|bra|te|rei, die; -, -en: *Würstchenbude.*
Wurst|brot, das: *mit Wurst belegtes od. bestrichenes Brot (1 c):* sich ein W. machen, schmieren.
Wurst|bröt|chen, das; vgl. *Käsebrötchen* (1).
Wurst|brü|he, die: *beim Wursten [u. Kochen von*

Wellfleisch] anfallender Sud (der bes. bei Schlachtfesten als Suppe gegessen wird).
Würst|chen, das; -s, -: **1.** Vkl. zu ↑Wurst (1): ein heißes W. *(eine Brühwurst)*; Wiener W. (³*Wiener* 1); Frankfurter W. (³*Frankfurter* 1). **2.** (ugs., oft abwertend) *armseliger, unbedeutender Mensch:* ich bin ja nur ein kleines W.
Würst|chen|bu|de, die, **Würst|chen|stand**, der: *Verkaufsstand für heiße Würstchen u. Bratwürste.*
Wurs|tel, Wurschtel, der; -s, - (bayr., österr.): *Hanswurst.*
Würs|tel, Würschtel, das; -s, - (bes. österr.): *[Wiener] Würstchen:* W. mit Kren; ** bei etw. gibt es keine W.* (österr. ugs.; *bei etw. können keine Ausnahmen gemacht, keine besonderen Rücksichten genommen werden*).
Würs|tel|bu|de, die (bes. österr.): *Würstchenbude.*
Wurs|te|lei, Wurschtelei, die; -, -en (ugs. abwertend): *[dauerndes] Wursteln.*
wurs|teln, wurschteln ⟨sw. V.; hat⟩ [eigtl. Intensivbildung zu ↑wursten] (ugs.): *in einem gewissen Trott u. ohne rechten Plan vor sich hin arbeiten:* er wurstelt wieder im Garten.
Würs|tel|stand, der (bes. österr.): *Würstchenstand.*
wurs|ten ⟨sw. V.; hat⟩: *Wurst herstellen.*
Wurs|ter, der; -s, - (südd.): *Fleischer, der bes. Würste herstellt.*
Wurs|te|rin, die; -, -nen: w. Form zu ↑Wurster.
Wurst|fin|ger, der (meist Pl.) (ugs.): *dicker, plumper Finger:* W. haben.
Wurst|fül|lung, die: *Füllung* (2a) *für Wurst.*
Wurst|haut, die: *Haut aus Darm od. Kunststoff, in die die Wurst gefüllt ist.*
wurs|tig ⟨Adj.⟩, wurschtig ⟨Adj.⟩ (ugs.): *gleichgültig, uninteressiert:* -es Benehmen.
Wurs|tig|keit, Wurschtigkeit, die; -, -en (ugs.): **1.** ⟨o. Pl.⟩ *das Wurstigsein.* **2.** *wurstiges Verhalten.*
Wurst|kes|sel, der: *Kessel zum Herstellen, Kochen von Wurst.*
Wurst|kü|che, die: *Raum, in dem Wurst hergestellt wird.*
Wurst|pel|le, die (landsch., bes. nordd.): *Wursthaut.*
Wurst|plat|te, die (Gastron.): *Platte, auf der verschiedene Sorten Wurst [aufgeschnitten] angerichtet sind.*
Wurst|sa|lat, der: *pikanter Salat aus klein geschnittener Wurst.*
Wurst|schei|be, die: *Scheibe Wurst.*
Wurst|sem|mel, die (österr.): *Wurstbrötchen.*
Wurst|sor|te, die: *Sorte Wurst.*
Wurst|sup|pe, die: *als Suppe gegessene Wurstbrühe.*
Wurst|wa|ren ⟨Pl.⟩: *Würste u. ähnliche Erzeugnisse.*
Wurst|zip|fel, der: *Zipfel einer Wurst.*
Wurt, die; -, -en [mniederd. wurt, asächs. wurth = Boden] (nordd.): *Aufschüttung im Küstengebiet od. in Flussniederungen, auf der ein Einzelhof od. ein ganzes Dorf steht.*
Würt|tem|berg, -s: *östlicher Landesteil von Baden-Württemberg.*
¹Würt|tem|ber|ger, der; -s, -: Ew.
²Würt|tem|ber|ger ⟨indekl. Adj.⟩: W. Wein.
Würt|tem|ber|ge|rin, die; -, -nen: w. Form zu ↑¹Württemberger.
würt|tem|ber|gisch ⟨Adj.⟩: *Württemberg, die Württemberger betreffend; von den Württembergern stammend, zu ihnen gehörend.*
Wurz, die; -, -en [mhd., ahd. wurz] (veraltet, noch landsch.): *Wurzel.*
Würz|burg: *Stadt am Main.*
Wür|ze, die; -, -n [mhd. würze, zu ↑Wurz, beeinflusst von mhd. wirz = Bierwürze. H. u.]:

1. a) *Substanz aus Extrakten von Fleisch, Gewürzen, Gemüse, Hefe o. Ä., mit der der Geschmack einer Speise verstärkt od. verfeinert wird:* eine scharfe, bittere, flüssige, pulverförmige W.; **b)** *würziger, aromatischer Geschmack od. Geruch:* die besondere W. von Wildbret; ein Wein mit W.; Ü *in der Geschichte ist keine W. (sie ist langweilig);* die W. des Lebens. **2.** (Fachspr.) *Bierwürze.*
Wur|zel, die; -, -n [mhd. wurzel, ahd. wurzala, **1.** Bestandteil zu ↑Wurz, 2. Bestandteil eigtl. = *das Gewundene* (zu ↑¹wallen)]: **1. a)** *im Boden befindlicher, oft fein verästelter Teil der Pflanze, mit dem sie Halt findet u. der zugleich Organ der Nahrungsaufnahme ist:* dicke, weitverzweigte, äußerst flach sitzende -n; die Pflanzen haben neue -n ausgebildet; ** -n schlagen* (1. *[von Pflanzen] Wurzeln ausbilden u. anwachsen.* 2. *[von Menschen] sich eingewöhnen, einleben*); **b)** Kurzf. von ↑Zahnwurzel: der Zahn hat noch eine gesunde W.; **c)** Kurzf. von ↑Haarwurzel: ... ihr halbgefärbtes Haar war schwarz in den -n (Seghers, Transit 189). **2.** *etw., worauf etw. als Ursprung, Ursache zurückzuführen ist:* die geistigen -n; das Übel an der W. packen, mit der W. ausrotten *(von seiner Ursache her energisch angehen, bis aufs Letzte beseitigen).* **3.** (landsch.) *Möhre.* **4.** *Ansatzstelle eines Körperteils od. Gliedes:* die schmale W. der Nase; er packte den Hund an der W. seines Schwanzes. **5.** (Sprachwiss.) *mehreren verwandten Sprachen gemeinsame Form eines Wortstamms:* eine indogermanische W. **6.** (Math.) **a)** *Zahl, die einer bestimmten Potenz zugrunde liegt:* die vierte W. aus 81 ist 3; **b)** *Quadratwurzel:* die W. ziehen.
wur|zel|ar|tig ⟨Adj.⟩: *einer Wurzel* (1a) *ähnlich:* -e Gebilde, Organe.
Wur|zel|bal|len, der: *gesamte Wurzel einer Pflanze mit allen Verästelungen u. der daran haftenden Erde.*
Wur|zel|be|hand|lung, die (Zahnmed.): *Behandlung einer erkrankten Zahnwurzel.*
Wur|zel|bürs|te, die: *Bürste mit sehr harten [aus den Wurzeln von Reispflanzen gewonnenen] Borsten.*
Wür|zel|chen, das; -s, -: Vkl. zu ↑Wurzel.
Wur|zel|ex|po|nent, der (Math.): *Exponent* (2b).
Wur|zel|funk|ti|on, die (Math.): *Umkehrfunktion einer Potenzfunktion.*
Wur|zel|ge|flecht, das: *Gesamtheit der Verästelungen, Geflecht der Wurzeln einer Pflanze.*
Wur|zel|ge|mü|se, das: *Gemüse, bei dem die Wurzeln od. Knollen verwendet werden.*
Wur|zel|haar, das (meist Pl.) (Bot.): *sehr dünner, haarähnlicher Teil an der Spitze der Wurzeln, der bes. der Aufnahme von Wasser u. Nährsalzen dient.*
Wur|zel|haut, die: **1.** (Zahnmed.) *die Zahnwurzel umgebende bindegewebige Knochenhaut.* **2.** (Bot.) *Rhizodermis.*
Wur|zel|holz, das: *in besonderer, vielfältiger Weise gemasertes Holz des Wurzelstocks verschiedener Bäume.*
wur|ze|lig: ↑wurzlig.
Wur|zel|knöll|chen, das (meist Pl.) (Bot.): *an Wurzeln verschiedener Pflanzen, bes. bei Hülsenfrüchten auftretende knöllchenartige Verdickung, die durch Bakterien, bes. Knöllchenbakterien, gebildet wird u. die bei der Versorgung der Pflanzen u. des Bodens mit Stickstoff eine wichtige Rolle spielt.*
Wur|zel|knol|le, die (Biol.): *verdickter Seitenspross an der Wurzel (z. B. bei der Dahlie), in dem Reservestoffe gespeichert werden.*
wur|zel|los ⟨Adj.⟩: *keine Wurzeln aufweisend; ohne Wurzeln:* Ü *ein -er (von Bindungen freier) Mensch.*

Wur|zel|lo|sig|keit, die; -: *das Wurzellossein.*
wur|zeln ⟨sw. V.; hat⟩ [mhd. wurzeln, ahd. wurzelōn]: **1.** *Wurzeln schlagen, ausbilden; mit den Wurzeln festwachsen:* die Eiche wurzelt tief im Boden; Pappeln wurzeln flach; Ü das Misstrauen wurzelt tief in ihr. **2.** *in jmdm., etw. seinen Ursprung, seine Ursache haben:* diese Gedanken wurzeln im demokratischen Sozialismus.
Wur|zel|schöss|ling, der: *Wurzelspross.*
Wur|zel|sepp, der [nach der (bes. in Bayern häufigen) landsch. Kurzf. »Sepp« des m. Vorn. Josef; urspr. Bez. für den Wurzel- u. Kräutersammler in den bayr. Alpen]: **1.** (ugs. scherzh.) *leicht verschroben wirkender, oft knorriger Mensch.* **2.** *Figur aus Holz, bes. einer Wurzel, die einen Wurzelsepp* (1) *darstellt.*
Wur|zel|spross, der (Bot.): *Spross, Schössling, der (bei einigen Pflanzen) unmittelbar aus der Wurzel kommt u. der vegetativen Vermehrung dient.*
Wur|zel|stock, der ⟨Pl. ...stöcke⟩: **1.** (Bot.) *Rhizom.* **2.** *Baumstumpf mit Wurzeln.*
Wur|zel|werk, das ⟨Pl. selten⟩: **1.** *Gesamtheit der Wurzeln einer Pflanze.* **2.** (österr.) *Wurzelgemüse.*
Wur|zel|zei|chen, das (Math.): *Zeichen, das angibt, dass von der darunterstehenden Zahl eine Wurzel* (6) *gezogen werden soll* (√).
Wur|zel|zie|hen, das; -s (Math.): *das Radizieren.*
wur|zen ⟨sw. V.; hat⟩ [eigtl. wohl = an der Wurzel abschneiden] (bayr., österr.): *ausnutzen, übervorteilen:* der Kaufmann hat wieder gewurzt.
wür|zen ⟨sw. V.; hat⟩ [mhd. würzen, zu ↑Wurz, schon seit frühnhd. Zeit bezogen auf ↑Würze]: *mit Gewürzen, Kräutern o. Ä. schmackhaft od. wohlriechend machen:* das Gulasch, die Suppe w.; Reis mit Curry w.; die Soße ist pikant gewürzt; Ü *er würzte seine Rede mit Zitaten.*
Wur|ze|rei, die; -, -en (bayr., österr.): *Ausbeutung, Ausnutzung.*
wür|zig ⟨Adj.⟩: *kräftig schmeckend od. duftend:* -es Bier; eine -e Suppe; die -e Landluft; ein Parfüm mit einer -en Note.
Wür|zig|keit, die; -: *würzige Beschaffenheit.*
Würz|kraut, das: *Gewürzkraut.*
wurz|lig, wurzelig ⟨Adj.⟩: *viele Wurzeln aufweisend, voller Wurzeln:* -er Boden.
Würz|mi|schung, die: *fertig zusammengestellte Mischung verschiedener Gewürze in flüssiger od. fester Form.*
Würz|mit|tel, das: *würzendes Mittel, würzende Substanz.*
Würz|pas|te, die: *Gewürze enthaltende Paste zum Würzen von Speisen.*
Würz|so|ße, **Würz|sau|ce**, die: *tafelfertige, meist scharfe Soße.*
Würz|stoff, der: *würzende Substanz.*
Wür|zung, die; -, -en: *das Würzen, das Gewürztwerden; Art des Würzens.*
Würz|wein, der: *Wein, dem Gewürze zugesetzt sind.*
Würz|wort, das ⟨Pl. ...wörter⟩ (Sprachwiss.): *[Abtönungs]partikel.*
¹wusch: ↑waschen.
²wusch ⟨Interj.⟩ [lautm.]: *Ausruf zur Kennzeichnung einer schnellen, plötzlichen Bewegung.*
wü|sche: ↑waschen.
Wu|schel|haar, das [zu veraltet, noch landsch. Wuschel = Haarbüschel, Strähne, rückgeb. aus ↑wuschelig] (ugs.): *stark gelocktes, dichtes Haar:* mit dunklem W.
wu|sche|lig ⟨Adj.⟩ (ugs.): *(von Haar) dicht u. stark gelockt:* -e Haare; der Teddybär ist so schön w.
Wu|schel|kopf, der (ugs.): **a)** *wuscheliger Haarschopf;* **b)** *jmd., der einen Wuschelkopf* (a) *hat.*
wu|schel|köp|fig ⟨Adj.⟩ (ugs.): *einen Wuschelkopf* (a) *habend.*

wu|scheln ⟨sw. V.; hat⟩ [laut- u. bewegungsnachahmend, viell. beeinflusst von ↑wischen] (landsch.): mit der Hand durch die vollen Haare fahren: sie wuschelt in seinem Haar.

wu|schig ⟨Adj.⟩ [aus dem Nordostd., eigtl. = fahrig, nicht sorgsam, verw. mit ↑wuscheln, ↑wuselig (ugs.)]: **1.** unruhig; verwirrt: du machst mich ganz w. **2.** sexuell erregt.

wu|se|lig ⟨Adj.⟩ (landsch.): eine wuselnde Art habend: ein -er Funktionär.

wu|seln ⟨sw. V.⟩ [laut- u. bewegungsnachahmend] (landsch.): **a)** ⟨ist⟩ sich schnell, unruhig u. flink hin u. her bewegen: Tausende von Reisenden wuseln durch den Bahnhof; **b)** ⟨hat⟩ sich wuselnd betätigen: er hat im Keller gewuselt.

wuss|te, wüss|te: ↑wissen.

Wust, der; -[e]s [mhd. wuost, rückgeb. aus ↑wüst u. ↑wüsten, also eigtl. = Wüstes, Verwüstetes] (abwertend): Durcheinander, ungeordnete Menge, Gewirr: ein W. von Akten; ich ersticke fast in dem W. von Papieren; Ü ein W. von Vorurteilen.

WUSt, Wust = Warenumsatzsteuer (in der Schweiz).

wüst ⟨Adj.⟩ [mhd. wüeste, ahd. wuosti, eigtl. = leer, öde]: **1.** nicht von Menschen bewohnt; ganz verlassen u. unbebaut: eine w. Gegend; und die Erde war w. und leer (1. Mos. 1, 2); Es gab kein Land, das weit genug, ... kein Gebirge, das w. genug gewesen wäre, um einen flüchtigen Verbannten vor der Wut und Gerechtigkeit Roms zu schützen (Ransmayr, Welt 186). **2.** höchst unordentlich: -e Haare; eine -e Unordnung; hier sieht es w. aus. **3.** (abwertend) **a)** wild, ungezügelt: ein -er Kerl; ein -es Treiben; eine -e Schlägerei; -e (ausschweifende) Orgien feiern; w. toben; alles ging w. durcheinander; **b)** rüde, sehr derb; unanständig: -e Lieder; w. fluchen; **c)** schlimm, furchtbar: eine -e Hetze; -e (sehr heftige, starke) Schmerzen haben; **d)** hässlich, abscheulich: eine -e Narbe; ein -es Wetter; ein -er Wind, Sturm; du siehst ja w. (stark mitgenommen o. ä.) aus; er wurde w. beschimpft, zugerichtet.

Wüs|te, die; -, -n [mhd. wüeste, ahd. wuostī]: **a)** durch Trockenheit, Hitze u. oft gänzlich fehlende Vegetation gekennzeichnetes Gebiet der Erde, das über weite Strecken mit Sand u. Steinen bedeckt ist: über 60 Prozent des Landes sind W.; mit Kamelen die W. durchqueren; eine Oase in der W.; große Teile der Steppe sind schon zu W. geworden; * **jmdn. in die W. schicken** (ugs.): jmdn. hinauswerfen, fortschicken, entlassen; der Wendung liegen alttestamentliche Vorstellungen zugrunde: nach 3. Mos. 16, 21 ff. wurde ein mit den Sünden des jüd. Volkes beladener Bock am großen Versöhnungstag in die Wüste gejagt]; **b)** ödes, verlassenes od. verwüstetes Gebiet: die Innenstadt war nach dem Luftangriff eine W.; Ü eine soziale W.

wüs|ten ⟨sw. V.; hat⟩ [mhd. wüesten, ahd. wuosten]: verschwenderisch [mit etw.] umgehen; leichtsinnig verbrauchen, vergeuden: mit dem Geld, mit seiner Gesundheit w.

Wüs|ten|be|woh|ner, der: Bewohner der Wüste (a).

Wüs|ten|be|woh|ne|rin, die: w. Form zu ↑Wüstenbewohner.

Wüs|te|nei, die; -, -en [mhd. wüestenīe]: **1.** (geh.) Wüste (b), Einöde, wüste, öde, wilde Gegend. **2.** (scherzh.) große Unordnung: in ihrem Zimmer herrscht eine schreckliche W.

Wüs|ten|fuchs, der: Fennek.

Wüs|ten|haft ⟨Adj.⟩: die Beschaffenheit einer Wüste aufweisend: eine -e Landschaft.

Wüs|ten|kli|ma, das ⟨o. Pl.⟩: trockenes Klima der tropischen Wüsten mit großer Hitze am Tag u. kalten Nächten.

Wüs|ten|kö|nig, der (geh.): Löwe.

Wüs|ten|pflan|ze, die: in der Wüste (a) heimische Pflanze.

Wüs|ten|sand, der: Sand der Wüste.

Wüs|ten|schiff, das (scherzh.): Kamel.

Wüs|ten|sohn, der (scherzh.): Wüstenbewohner.

Wüs|ten|staat, der: zum Großteil aus Wüste bestehender Staat.

Wüs|ten|step|pe, die (Geogr.): Gebiet mit schwacher Vegetation im Übergang zwischen Wüste (a) und Steppe.

Wüs|ten|tier, das: in der Wüste lebendes Tier.

Wüst|ling, der; -s, -e (abwertend): zügelloser, bes. sexuell ausschweifend lebender Mensch.

Wüs|tung, die; -, -en [mhd. wüestunge = Verwüstung] (Geogr.): ehemalige, aufgegebene od. zerstörte Siedlung od. landwirtschaftl. Nutzfläche.

Wut, die; - [mhd., ahd. wuot, zu ahd. wuot = unsinnig]: **1.** heftiger, unbeherrschter, durch Ärger o. Ä. hervorgerufener Gefühlsausbruch, der sich in Miene, Wort u. Tat zeigt: aufgestaute, dumpfe, sinnlose W.; jmdn. erfasst, packt jähe W.; eine wilde W. stieg in ihr auf, erfüllte sie; die W. des Volkes richtete sich gegen den Diktator; W. auf jmdn. haben; seine W. an jmdm., etw. auslassen, in sich hineinfressen; in W. kommen, geraten; in heller W.; in seiner W. wusste er nicht mehr, was er tat; voller W.; vor W. kochen, schäumen; Ü mit W. (großem Eifer, Arbeitswut) machten sie sich ans Werk; ... wie schwierig wurde es, der W. des Wassers ausgesetzt zu sein (Ransmayr, Welt 147); * **[eine] W. im Bauch haben** (ugs.; sehr wütend sein); **etw. mit W. im Bauch tun** (ugs.; etw. voller Wut tun). **2.** Kurzf. von ↑Tollwut.

-wut, die; -: bezeichnet in Bildungen mit Substantiven oder Verben (Verbstämmen) einen sehr großen, vehementen, leidenschaftlichen Eifer bei etw., im Hinblick auf etw.: Bau-, Reform-, Tanzwut.

Wut|an|fall, der: Anfall von Wut: einen W. bekommen, kriegen, haben.

Wut|aus|bruch, der: plötzlich ausbrechende, heftige Wut: mit Wutausbrüchen reagieren.

Wut|bür|ger, der (Zeitungsjargon): aus Enttäuschung über bestimmte politische Entscheidungen sehr heftig öffentlich protestierender und demonstrierender Bürger.

wü|ten ⟨sw. V.; hat⟩ [mhd. wüeten, ahd. wuoten]: im Zustand der Wut toben, rasen, zerstören: sie haben gewütet wie die Berserker; gegen die Obrigkeit w.; Ü der Sturm, das Feuer, das Meer wütet; hier hat der Krieg furchtbar gewütet.

wü|tend ⟨Adj.⟩: **a)** voller Wut, durch Wut erregt: mit -er Stimme; jmdn. w. anschreien; w. auf/ über jmdn. sein (sehr ärgerlich, erzürnt sein); **b)** außerordentlich groß, heftig: mit -em Hass, Eifer; sie hatte -e Schmerzen.

wut|ent|brannt ⟨Adj.⟩: von heftiger Wut ergriffen: w. rannte er hinaus.

Wü|te|rei, die; -, - (abwertend): [andauerndes] Wüten.

Wü|te|rich, der; -s, -e [mhd. wüeterīch, ahd. wuoterīch] (abwertend): jmd., der wütet.

Wut|ge|heul, das: wütendes Heulen (1 a): in W. ausbrechen.

wü|tig ⟨Adj.⟩ [mhd. wuotic, ahd. wuotac] (veraltend): voller Wut, wütend: ein -er Blick; er setzte sich w. zur Wehr.

-wü|tig (emotional verstärkend): drückt in Bildungen mit Substantiven oder Verben (Verbstämmen) aus, dass die beschriebene Person leidenschaftlich und vehement etw. erstrebt, etw. gern und häufig und fast mit einer Art Versessenheit tut: bildungs-, kauf-, neuerungs-, schießwütig.

wutsch ⟨Interj.⟩ [lautm.]: Ausruf zur Kennzeichnung einer schnellen, plötzlichen Bewegung: w., weg war sie!

wut|schäu|mend ⟨Adj.⟩: außer sich vor Wut, größte Wut erkennen lassend: w. verließ er den Raum.

wut|schen ⟨sw. V.; ist⟩ [laut- u. bewegungsnachahmend, wohl beeinflusst von ↑wischen] (ugs.): sich schnell u. behände bewegen: aus dem Zimmer, durch die Tür w.

wut|schnau|bend ⟨Adj.⟩: wutschäumend.

Wut|schrei, der: lauter, aus Wut ausgestoßener Schrei.

wut|ver|zerrt ⟨Adj.⟩: vor Wut verzerrt: -e Gesichter.

Wutz, die; -, -en, auch: der; -, -en, -en [lautm.] (landsch., bes. westmd.): **1.** Schwein. **2. a)** (derb abwertend, oft als Schimpfwort) Schwein (2 a): die W. hat mich reingelegt; du alte W.!; **b)** (derb abwertend) Schwein (2 b): welche W. hat denn hier ihren Kaugummi hingeklebt?

wut|zen ⟨sw. V.; hat⟩ (landsch., bes. westmd.): ferkeln (2).

wu|zeln ⟨sw. V.; hat⟩ [laut- u. bewegungsnachahmend]: **a)** (bayr., österr. ugs.) drehen, wickeln: Dröse wuzelte sich, außerordentlich geschickt, eine Zigarette, steckt sie in die Tasche und dreht sich eine zweite (Härtling, Hubert 213); **b)** ⟨w. + sich⟩ (bayr., österr. ugs.) sich drängen: er wuzelt sich durch die Menge; **c)** (österr. ugs.) Tischfußball spielen.

Wu|zel|tisch, der (österr. ugs.): Spielgerät für Tischfußball.

Wu|zerl, das; -s, -[n] [mundartl. Vkl. von ↑Butzen] (österr.): **1.** rundliches Kind. **2.** Fussel (aus Wolle, vom Radieren o. Ä.).

Wuz|ler, der; -s, - (österr. ugs.): **1.** jmd., der Tischfußball spielt. **2.** Wuzeltisch.

Wuz|le|rin, die; -, -nen: w. Form zu ↑Wuzler (1).

WWF [veːveːˈɛf], der; -[s]: World Wide Fund for Nature.

WWW [veːveːˈveː], das; -[s]: World Wide Web.

Wy|o|ming [waɪˈoʊmɪŋ], -s: Bundesstaat der USA.

WZ = Weltzeit.

x, X [ɪks], das; -, - [mhd., ahd. x (selten) < lat. x]: **1.** vierundzwanzigster Buchstabe des Alphabets; ein Konsonantenbuchstabe: ein kleines x, ein großes X schreiben; * **jmdm. ein X für ein U vormachen** (jmdn. auf plumpe, grobe Weise täuschen: es hat sich im lat. Alphabet stets für U das V, das zugleich Zahlzeichen für »fünf« ist; dieses V ist ein halbes X [das für »zehn« steht]; die Wendung bedeutete also urspr., dass jmdm., z. B. auf der Schuldentafel, doppelt so viel berechnet wurde, wie er eigentlich zu zahlen hatte). **2.** (großgeschrieben) für einen unbekannten Namen, dafür eingesetztes Zeichen: es wird ein Herr X gesucht.

x ⟨unbest. Zahlwort⟩: **a)** (Math.) eine bestimmte Zahl repräsentierende Unbekannte in einer Gleichung: 3x = 15, also x = 5; die Gleichung muss nach x aufgelöst werden; **b)** (ugs.) Zeichen für eine unbestimmte, aber als ziemlich hoch angesehene Zahl: das Stück hat x Aufführungen erlebt; sie hat x Kleider im Schrank.

X [urspr. nicht identisch mit dem Buchstaben X]: römisches Zahlzeichen für 10.

ξ, Ξ: ↑ Xi.

χ, X: ↑ ¹Chi.

x-Ach|se, die (Math.): *Waagerechte im Koordinatensystem; Abszissenachse.*

Xan|ten: Stadt am Niederrhein.

Xan|thin, das; -s [zu griech. xanthós = gelb(lich); bei Verbindung mit Salpetersäure tritt eine Gelbfärbung ein] (Biochemie): *als Zwischenprodukt beim Abbau der Purine im Blut, in der Leber u. im Harn auftretende physiologisch wichtige Substanz.*

Xan|thip|pe, die; -, -n [nach dem Namen von Sokrates' Ehefrau (griech. Xanthíppē), die als zanksüchtig geschildert wird] (abwertend): *unleidliche, streitsüchtige, zänkische Frau.*

Xan|tho|phyll, das; -s [zu griech. phýllon = Blatt] (Bot.): *gelber bis bräunlicher Farbstoff, der in allen grünen Teilen der Pflanzen vorkommt u. bes. bei der herbstlichen Verfärbung der Laubbäume in Erscheinung tritt.*

X-Bei|ne ⟨Pl.⟩ (ugs.): *Beine, bei denen die Oberschenkel leicht einwärts- u. die Unterschenkel auswärtsgekrümmt sind: X. haben.*

x-bei|nig, X-bei|nig ⟨Adj.⟩ (ugs.): *X-Beine habend:* ein -es Kind.

x-be|lie|big ⟨Adj.⟩ (ugs.): *irgendein; gleichgültig, wer od. was für ein; irgendwie:* ein -es Buch; das kannst du x. verwenden; ⟨subst.:⟩ kein x-Beliebiger.

X-Chro|mo|som, das [nach der Form] (Biol.): *eines der beiden Chromosomen, durch die das Geschlecht bestimmt wird.*

Xe = Xenon.

X-Ein|heit, die (Physik): *Längeneinheit für Röntgenstrahlen.*

Xe|nie, die; -, -n (österr. nur so), **Xe|ni|on,** das; -s, ...ien [lat. xenium (Pl. xenia = Begleitverse zu Gastgeschenken) < griech. xénion = Gastgeschenk, zu: xénos = Gast; Fremder] (Literaturwiss.): *[satirisches] epigrammatisches Distichon.*

xe|no-, Xe|no- [zu griech. xénos = Gast; Fremder]: Best. in Zus. mit der Bed. *Gast, Fremde[r]; fremd* (z. B. xenophob, Xenon).

Xe|non, das; -s [eigtl. = das Fremde; das Element war bis dahin nicht bekannt]: *bes. zur Füllung von Glühlampen verwendetes farb- u. geruchloses Edelgas* (chemisches Element; Zeichen: Xe).

Xe|non|lam|pe, die: *für Flutlichtanlagen, auch für Bühnenscheinwerfer verwendete, mit Xenon gefüllte Lampe.*

xe|no|phil ⟨Adj.⟩ [zu griech. phileīn = lieben] (bildungsspr.): *allem Fremden, allen Fremden gegenüber positiv eingestellt, aufgeschlossen.*

xe|no|phob ⟨Adj.⟩ [zu griech. phobeīn = fürchten] (bildungsspr.): *allem Fremden, allen Fremden gegenüber negativ, feindlich eingestellt.*

Xe|no|pho|bie, die; -, -n ⟨Pl. selten⟩ [↑ Phobie] (bildungsspr.): *xenophobe Haltung.*

Xe|no|trans|plan|ta|ti|on, die (Med.): *Transplantation von Organen, Gewebeteilen auf ein Lebewesen einer anderen Art (z. B. vom Schwein auf den Menschen).*

xer-, Xer-: ↑ xero-, Xero-.

xe|ro-, Xe|ro-, (vor Vokalen:) xer-, Xer- [griech. xerós]: Best. in Zus. mit der Bed. *trocken* (z. B. xerophil, Xerokopie, Xeranthemum).

Xe|ro|gra|fie, Xerographie, die; -, -n [↑ -grafie; die Kopien werden ohne Entwicklungsbad, also »trocken«, hergestellt] (Druckw.): **1.** *Verfahren zur Herstellung von Papierkopien sowie zur Beschichtung von Druckplatten für den Offsetdruck.* **2.** *im Verfahren der Xerografie (1) hergestelltes Erzeugnis.*

xe|ro|gra|fie|ren, xerographieren ⟨sw. V.; hat⟩: *das Verfahren der Xerografie anwenden.*

xe|ro|gra|fisch, xerographisch ⟨Adj.⟩: *die Xerografie betreffend.*

Xe|ro|gra|phie usw.: ↑ Xerografie usw.

Xe|ro|kol|pie, die; -, -n: *xerografisch hergestellte Kopie.*

xe|ro|phil ⟨Adj.⟩ [zu griech. phileīn = lieben] (Bot.): *(von bestimmten Pflanzen) Trockenheit, trockene Standorte bevorzugend.*

Xe|ro|phyt, der; -en, -en [zu griech. phytón = Pflanze] (Bot.): *an trockene Standorte angepasste Pflanze.*

Xe|t|ra®, das; -[s] (Abk.; engl. exchange electronic trading = elektronische Wertpapierhandel] (Börsenw.): *vollelektronisches Handelssystem für alle an der Frankfurter Wertpapierbörse notierten Wertpapiere des Kassamarktes.*

x-fach ⟨Vervielfältigungsz.⟩ (ugs.): *tausendfach* (b): ein x. erprobtes Mittel.

x-Fa|ches, das x-Fache/ein x-Faches; des/eines x-Fachen: *x-fache Anzahl, Menge.*

x-för|mig, X-för|mig ['ɪks...] ⟨Adj.⟩: *die Form eines x, X aufweisend.*

X-Ha|ken, der: *einfacher, mit einem Nagel an der Wand befestigter Haken zum Aufhängen von Bildern.*

Xi, das; -[s], -s [griech. xī]: *vierzehnter Buchstabe des griech. Alphabets.* (Ξ, ξ).

XL [ɪksˈɛl] = extra large (besonders groß; internationale Kleidergröße).

x-mal ⟨Wiederholungsz., Adv.⟩ (ugs.): *unzählige Male:* wir haben schon x. darüber gesprochen.

XS [ɪksˈɛs] = extra small (besonders klein; internationale Kleidergröße).

X-Strah|len ⟨Pl.⟩ [für W. C. Röntgen (↑ röntgen) waren die von ihm entdeckten Strahlen zunächst unbekannt (»x-beliebig«); daher auch engl. X-rays] (Physik): *Röntgenstrahlen.*

x-t... ['ɪkst...] ⟨Ordinalz. zu ↑ x⟩: **a)** (Math.) bezeichnet die als Exponent auftretende Unbekannte: die x-te Potenz von ...; **b)** (ugs.) steht anstelle einer nicht näher bekannten, aber als sehr groß angesehenen Zahl: der x-te Versuch; zum x-ten Mal.

XXL [ɪksˈɪksˈɛl] = extra extra large (äußerst groß; internationale Kleidergröße).

XXS [ɪksˈɪksˈɛs] = extra extra small (äußerst klein; internationale Kleidergröße).

xyl-, Xyl-: ↑ xylo-, Xylo-.

Xy|lem, das; -s, -e (Bot.): *Wasser leitender Teil des Leitbündels bei höheren Pflanzen.*

Xy|lit [auch: ...ˈlɪt], der; -s, -e: **1.** [zu ↑ Xylose] (Chemie) *von der Xylose abgeleiteter, vom menschlichen Organismus leicht zu verwertender fünfwertiger Alkohol.* **2.** [zu griech. xýlon = Holz] *holziger Bestandteil der Braunkohle.*

xy|lo-, Xy|lo-, (vor Vokalen:) xyl-, Xyl- [griech. xýlon]: Best. in Zus. mit der Bed. *Holz-* (z. B. xylografisch, Xylofon).

Xy|lo|fon, Xylophon, das; -s, -e [zu griech. phōné, ↑ Phon]: *Musikinstrument aus ein- od. mehrreihig über einem Resonanzkörper angebrachten Holzstäben, die mit Schlägeln (3) angeschlagen werden: X. spielen.*

Xy|lol, das; -s [zu griech. xýlon = Holz u. ↑ Alkohol] (Chemie): *in drei isomeren Formen vorliegende aromatische Kohlenstoffverbindung, die bes. als Lösungsmittel sowie u. a. als Zusatz zu Auto- u. Flugbenzin verwendet wird.*

Xy|lo|pha|ge, der; -n, -n [zu griech. phageīn = essen, fressen] (Zool.): *Pflanzenfresser, der an od. in Holz lebt u. sich davon ernährt (z. B. Termiten, Borkenkäferlarven).*

Xy|lo|phon: ↑ Xylofon.

Xy|lo|se, die; - [↑ xylo-, Xylo-]: *in vielen Pflanzen enthaltener Zucker (der einen wichtigen Bestandteil der Nahrung pflanzenfressender Tiere darstellt).*

y, Y ['ʏpsilɔn], das; - (ugs.: -s), - (ugs.: -s) [mhd., ahd. y, urspr. zur Bez. des i-Lauts in best. Fremdwörtern]: *fünfundzwanzigster Buchstabe des Alphabets; ein Vokalbuchstabe:* ein kleines y, ein großes Y schreiben.

y. = Yard.

Y = Yttrium.

υ, Υ: ↑ Ypsilon (2).

¥ = Yen.

y-Ach|se, die (Math.): *Senkrechte im Koordinatensystem; Ordinatenachse.*

Yacht usw.: ↑ Jacht usw.

Yacht|ha|fen: ↑ Jachthafen.

Yak [jak], Jak, der; -s, -s, nicht fachspr. auch das; -s, -s [engl. yak < tib. gyak]: *wild lebendes Rind des zentralasiatischen Hochlandes mit schwarzbraunem, dichtem, an den Seiten zottig herabhängendem Fell.*

Ya|ku|za [...za], die; -, - [jap., aus: ya = acht, ku = neun u. za = drei, bezogen auf das schlechteste Blatt (4 b) im organisierten Kriminalität (bes. Erpressung, Zuhälterei, Drogenhandel, Glücksspiel) in Japan angehörende Gruppe, Organisation.*

Ya|ma|shi|ta [jamaˈʃiːta], der; -[s], -s [nach dem jap. Kunstturner H. Yamashita, geb. 1938] (Turnen): *Sprung am Langpferd mit Überschlag aus dem Handstand.*

Ya|mous|sou|k|ro [jamusuˈkroː]: *Hauptstadt von ¹Elfenbeinküste.*

Yams|wur|zel: ↑ Jamswurzel.

Yang, das; -[s] [chin. = Penis]: *(zusammen mit Yin die Grundkraft des Lebens bildendes) männliches Prinzip in der chinesischen Philosophie.*

Yan|kee ['jɛŋki], der; -s, -s [engl., urspr. Spitzname für die (niederl.) Bewohner der amerik. Nordstaaten, H. u.] (oft abwertend): *US-Amerikaner.*

Yan|kee Doo|dle ['jæŋkiˈduːdl], der; - -[s] [engl. zu: to doodle (bes. schott.) = Dudelsack spielen; urspr. Spottlied auf die amerik. Truppen im Unabhängigkeitskrieg]: *nationales Lied der Amerikaner aus dem 18. Jh.*

Yard [engl.: jɑːd], das; -s, -s ⟨aber: 4 Yard[s]⟩ [engl. yard, eigtl. = Maßstab, Rute]: *Längeneinheit in Großbritannien u. den USA (= 3 Feet = 91,44 cm; Abk.: y., yd., Pl. yds.)*

Yb = Ytterbium.

Y-Chro|mo|som, das [nach der Form] (Biol.): *eines der beiden Chromosomen, durch die das Geschlecht bestimmt wird.*

yd. = Yard.

yds. = Yards.

Yel|low Press ['jɛloʊ 'prɛs], die; - - [engl. yellow press, eigtl. = gelbe Presse] (Jargon): *Regenbogenpresse.*

Yen [j...], der; -[s], -[s] ⟨aber: 4 Yen⟩ [jap. yen < chin. yuan = rund, also eigtl. = runde (Münze)]: *Währungseinheit in Japan* (1 Yen = 100 ²Sen; Währungscode: JPY; Zeichen: ¥).

Ye|ti, der; -[s], -s [tib.]: *legendäres menschenähnliches Wesen im Himalajagebiet.*

y-för|mig, Y-för|mig ⟨Adj.⟩: *die Form eines y, Y aufweisend.*

Ygg|dra|sil, der; -s ⟨meist o. Art.⟩ [eigtl. = Pferd des Schrecklichen, zu anord. yggr = schrecklich (Beiname Odins) u. drasill = Pferd] (germ. Mythol.): *Weltesche.*

Yin, das; - [chin. = weiblich]: *(zusammen mit Yang die Grundkraft des Lebens bildendes) weibliches Prinzip in der chinesischen Philosophie.*

yip|pie, jippie ['jɪpi, jɪ'pi:] ⟨Interj.⟩ [engl. yippee]: *Ausruf der Freude, des Jubels.*

Yip|pie ['jɪpi], der; -s, -s [engl. yippie, zu den Anfangsbuchstaben von Youth International Party geb. nach hippie, ↑ Hippie]: *(bes. in den USA) aktionistischer, ideologisch radikalisierter Hippie.*

Yips, der; -, - [engl. yips (Pl.), H. u.] (Golfjargon): *(wohl mental bedingtes) Zittern, Jucken, das beim Golfen, bes. beim Putten auftritt.*

Ylang-Ylang-Baum, Ilang-Ilang-Baum ['i:laŋ'-li:laŋ...], der; -[e]s, ...-Bäume [malai.]: *(in Süd- u. Südostasien heimischer) Baum od. Strauch mit großen, wohlriechenden Blüten.*

Ylang-Ylang-Öl, Ilang-Ilang-Öl, das; -s: *fruchtigblumig riechendes ätherisches Öl des Ylang-Ylang-Baumes.*

YMCA [waɪɛmsi:'eɪ], die, auch: der; - [Abk. von engl.: Young Men's Christian Association]: *Christlicher Verein Junger Männer.*

Yng|ling, die; -, -s [norw. yngling = Jüngling, Junge; 1967 so benannt vom norw. Konstrukteur J. Linge, der urspr. ein kleines Kielboot für seinen gerade geborenen Sohn bauen wollte] (Segeln): *von drei Personen zu segelndes unsinkbares Boot mit einem ¹Kiel (b).*

Yo|ga, Joga, das, auch der; -[s] [aind. yōgá-ḥ, eigtl. = Verbindung, Vereinigung, zu: yugá-m = Joch]: **a)** *indische philosophische Lehre, die durch Meditation, Askese u. bestimmte körperliche Übungen den Menschen vom Gebundensein an die Last der Körperlichkeit befreien will;* **b)** *Gesamtheit der Übungen, die aus dem Yoga (a) herausgelöst u. zum Zwecke einer gesteigerten Beherrschung des Körpers, der Konzentration u. Entspannung ausgeführt werden.*

Yo|ga|übung, Jogaübung, die: *einzelne Übung des Yoga;* mit einfachen -en beginnen.

Yo|gi [j...], Jogi, **Yo|gin**, Jogin, der; -[s], -s [sanskr. yogi(n)]: *indischer Büßer brahmanischen Glaubens, der Yoga ausübt.*

Yo|ko|ha|ma: Stadt in Japan.

York|shire|ter|ri|er ['jɔːkʃə...], der; -s, - [nach der engl. Grafschaft Yorkshire]: *englischer Zwerghund mit langen, glänzenden, seidigen Haaren von stahlblauer, an Kopf, Brust u. Beinen rotbrauner Färbung, kurzer Schnauze u. schwarzem Nasenspiegel (2).*

Youngs|ter ['jaŋstɐ], der; -s, -s [engl. youngster, zu: young = jung]: *junger Nachwuchssportler, Neuling in einer Mannschaft erfahrener Spieler:* die beiden -s müssen in der Mannschaft erst noch Fuß fassen; Ü die Y. im Parlament.

You|Tube®, You|tube ['juːtjuːb], das; -s ⟨meist ohne Artikel⟩: *Internetportal für Videofilme.*

Yo-Yo: ↑ Jo-Jo.

Yp|si|lon [österr. auch: ʏp'siːlɔn], das; -[s], -s [griech. ỹ psilon = bloßes y]: **1.** ↑ y, Y. **2.** *zwanzigster Buchstabe des griechischen Alphabets* (Υ, υ).

Ytong®, der; -s, -s [Kunstwort, geb. aus den Anfangsbuchstaben des Firmennamens Yxhults stenhuggeri AB u. schwed. gasbe**tong** = Gasbeton] (Bauw.): *Leichtbaustoff aus gehärtetem, feinkörnigem Gasbeton.*

Yt|ter|bi|um, das; -s [nach dem schwed. Ort Ytterby]: *Seltenerdmetall (chemisches Element; Zeichen: Yb).*

Yt|t|ri|um, das; -s: *in seinen chemischen Eigenschaften dem Aluminium ähnliches eisengraues Seltenerdmetall (chemisches Element; Zeichen: Y).*

Yu|an [j...], der; -[s], -[s] ⟨aber: 5 Yuan⟩ [chin.]: *Währungseinheit der Volksrepublik China* (1 Yuan = 10 Jiao = 100 Fen).

Yuc|ca, die; -, -s [span. yuca, wahrsch. aus einer zentralamerik. Indianerspr.]: *Palmlilie.*

Yuc|ca|pal|me, die: *Yucca.*

Yup|pie ['jʊpi, engl.: 'jʌpi], der; -s, -s [engl. yuppie, geb. aus den Anfangsbuchstaben von: young urban professional (people)]: *junger, karrierebewusster, großen Wert auf seine äußere Erscheinung legender Stadtmensch, Aufsteiger.*

YWCA ['waɪdʌblju:si:'eɪ], die, auch: der; - [Abk. für engl.: Young Women's Christian Association]: *Christlicher Verein Junger Mädchen.*

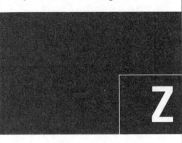

z, Z [tsɛt], das; - ⟨ugs.: -s⟩, - ⟨ugs.: -s⟩ [mhd., ahd. z (3)]: *sechsundzwanzigster Buchstabe des Alphabets; ein Konsonantenbuchstabe:* ein kleines z; zwei große Z.

Z, das; -, -s ⟨Jargon veraltend⟩: **1.** *Zuchthaus* (1). **2.** ⟨o. Pl.⟩ *Zuchthaus* (2): er hat drei Jahre Z gekriegt.

Z. = Zahl; Zeile.

ζ, Z: ↑ Zeta.

Za|ba|gli|o|ne: ↑ Zabaione.

Za|ba|io|ne [...ba'joːnə], **Zabaglione** [...ba(l)'joːnə], die; -, -s [ital. zaba(gl)ione]: *Weinschaum, Weinschaumcreme.*

Za|big, das, auch: der; -s, -s [mundartl. zusgez. aus: zu Abend (essen)] (schweiz.): *kleinere Zwischenmahlzeit am Nachmittag;* ²*Vesper.*

z-Ach|se, die (Math.): *(in einem Koordinatensystem im Raum) mit dem Buchstaben z gekennzeichnete dritte Koordinatenachse.*

zack ⟨Interj.⟩ (salopp): *drückt aus, dass ein Vorgang, eine Handlung ohne die geringste Verzögerung einsetzt u. in Sekundenschnelle abläuft, beendet ist:* z., weg war er; bei ihr muss alles z., z. gehen.

Zack [wohl aus der Soldatenspr.]: in den Wendungen **auf Z. sein** (ugs.: 1. *sehr aufmerksam sein u. stets bereit, etw. rasch zu erledigen; in der Lage sein, eine Situation sofort zu erkennen u. zu nutzen:* der neue Mitarbeiter ist schwer auf Z. **2.** *bestens funktionieren:* seit sie Chefin ist, ist der Laden immer auf Z.); **jmdn. auf Z. bringen** (ugs.: *dafür sorgen, dass jmd. rasch das tut, was von ihm erwartet wird:* den Burschen werden wir schon auf Z. bringen); **etw. auf Z. bringen** (ugs.: *dafür sorgen, dass etw. bestens funktio-*

niert: dieser Sauladen muss mal wieder auf Z. gebracht werden).

Zäck|chen, das; -s, -: Vkl. zu ↑ Zacke.

Za|cke, die; -, -n [mhd. (md.) zacke, H. u.]: *aus etw. hervorragende Spitze, spitzer Vorsprung:* die -n des Bergkamms; die -n *(Zähne)* eines Sägeblatts; an der Briefmarke fehlen einige -n *(Zähne);* an dem Kamm, der Gabel ist eine Z. *(Zinke)* abgebrochen; eine Krone, ein Stern hat fünf -n; Hans Castorp hatte eine schlechte Fieberkurve gehabt, in steiler Z. ... war seine Kurve damals emporgestiegen (Th. Mann, Zauberberg 487).

za|cken ⟨sw. V.; hat⟩: *(am Rand) mit Zacken versehen; so formen, beschneiden o. Ä., dass eine Reihe von Zacken entsteht:* den Rand gleichmäßig z.; ⟨meist im 2. Part.:⟩ die Blätter sind [unregelmäßig] gezackt.

Za|cken, der; -s, - (österr., sonst landsch.): *Zacke:* Ü einen Z. *(um einiges)* intelligenter sein; *** sich keinen Z. aus der Krone brechen** (ugs.; *sich [bei etw.] nichts vergeben:* du brichst dir keinen Z. aus der Krone, wenn du dich bei ihr entschuldigst); **jmdm. bricht, fällt kein Z. aus der Krone** (ugs.; *jmd. vergibt sich [bei etw.] nichts*); **einen Z. haben, weghaben** (ugs.; *betrunken sein*); **einen [ganz schönen o. ä.] Z. draufhaben** (salopp; *ziemlich schnell fahren*).

za|cken|ar|tig ⟨Adj.⟩: *einer Zacke ähnlich:* ein -er Vorsprung.

Za|cken|barsch, der: *(in tropischen u. warmen Meeren heimischer) Barsch mit gezackter vorderer Rückenflosse.*

Za|cken|för|mig ⟨Adj.⟩: *die Form einer Zacke aufweisend.*

Za|cken|li|nie, die: *gezackte Linie.*

za|ckig ⟨Adj.⟩: **1.** [älter zackicht] *[viele] Zacken, Spitzen habend:* ein -er Felsen. **2.** [aus der Soldatenspr., geht wohl von der Bed. »schroff« aus, wird aber auf die Interjektion »zack, zack« bezogen] (ugs.) *schneidig* (1): ein -er Bursche; -e Musik; z. salutieren; ... draußen hörte man die -en Befehle, den Stechschritt der Leibwache (Dürrenmatt, Grieche 136).

Za|ckig|keit, die; - (ugs.): *das Zackigsein; zackige* (2) *Art.*

zag, za|ge ⟨Adj.⟩ [mhd. zage = furchtsam, feige] (geh.): *aus Furcht zögernd, zaghaft:* mit zagen Schritten; Ü eine zage Hoffnung; die ersten zagen Blüten; Draußen war es, trotz zager Märzsonne, zu kühl (Grass, Butt 437).

za|gen ⟨sw. V.; hat⟩ [mhd. zagen = feige, furchtsam sein, mhd. zage = feige] (geh.): *aus Unentschlossenheit, Ängstlichkeit zögern; aufgrund von Bedenken unentschlossen sein:* sie soll nicht z.; Hinab denn und nicht gezagt! (Th. Mann, Joseph 54).

zag|haft ⟨Adj.⟩ [mhd. zag(e)haft]: *in ängstlicher, unsicherer Weise zögernd; nur zögernd vorgehend, handelnd:* -e Annäherungsversuche; z. lächeln, an die Tür klopfen; z. reagieren; Ü die -e Belebung der Konjunktur.

Zag|haf|tig|keit, die; -: *das Zaghaftsein; zaghaftes Wesen:* Wenn an zu diesem Unternehmen auch durch nichts anderes legitimiert war als durch seinen Mangel an Z. (Werfel, Himmel 212).

Zag|heit, die; - [mhd. zag(e)heit, ahd. zagaheit] (geh.): *das Zagsein.*

Za|greb ['zaːgrɛp]: *Hauptstadt von Kroatien.*

zäh ⟨Adj.⟩, (selten:) **zä|he** ⟨Adj.⟩ [mhd. zæhe, ahd. zāhi, H. u.]: **1. a)** *eine zwar biegsam-weiche, aber in sich feste, kaum dehnbare Konsistenz aufweisend:* zähes Leder; der Kunststoff ist extrem z.; das Steak ist ja z. wie Leder! **b)** *eine zähflüssige, teigige Beschaffenheit aufweisend:* in zäher Hefeteig; eine zähe Konsistenz haben; das Motoröl wird bei solchen Temperaturen z.;

z. fließendes Öl; c) *nur sehr mühsam, langsam [vorankommend], schleppend:* eine furchtbar zähe Unterhaltung; die Arbeit kommt nur z. voran; sehr z. fließender Verkehr; Auf der Straße vor dem Haus bewegt sich nur zäh der dichte Ausflugsverkehr (Strauß, Niemand 15). **2. a)** *eine Konstitution aufweisend, die auch stärkeren Belastungen u. Beanspruchungen standhält:* ein zäher Bursche; eine besonders zähe Pferderasse; eine zähe Gesundheit; Katzen haben ein zähes Leben *(sind zählebig);* Frauen sind oft zäher als Männer; **b)** *ausdauernd, beharrlich:* ein zäher Unterhändler; ein zähes Ringen um eine Einigung; z. an seinen Forderungen festhalten.

Zä|heit: frühere Schreibung für ↑ Zähheit.

zäh flie|ßend, zäh|flie|ßend ⟨Adj.⟩: **1.** *dickflüssig dahinfließend:* zäh fließendes Öl. **2.** *(vom Straßenverkehr) nur sehr langsam fließend, immer wieder stockend.*

zäh|flüs|sig ⟨Adj.⟩: *zäh* (1 b): -es Öl; Ü -e Verhandlungen; Diese graue Masse, die schmierige, -e Tagtäglichkeit (Strauß, Niemand 194).

Zäh|flüs|sig|keit, die; -: *zähflüssige Beschaffenheit.*

Zäh|heit, die; -: *das Zähsein.*

Zä|hig|keit, die; -, -en: **1.** ⟨o. Pl.⟩ **a)** *zähes* (2 a) *Wesen; große Widerstandsfähigkeit;* **b)** *zähes* (2 b) *Wesen; Ausdauer, Beharrlichkeit:* mit Z. ein Ziel verfolgen; Unverzüglich ging Teta mit der ihr eigenen eisbewussten Z. an die Verwirklichung des großen Lebensplans (Werfel, Himmel 32). **2. a)** (selten) *zähe* (1) *Beschaffenheit; Grad des Zähseins;* **b)** *etw. zäh* (1 c) *Wirkendes.*

Zahl, die; -, -en [mhd. zal, ahd. zala = Zahl; Menge; Aufzählung; Bericht, Rede, eigtl. = eingekerbtes (Merkzeichen)]: **1. a)** *auf der Grundeinheit Eins basierender Mengenbegriff:* die Z. Drei, Tausend; die -en von eins bis hundert, von 1 bis 100; eine hohe, große, niedrige, kleine, krumme, runde, magische, heilige Z.; genaue -en *(Zahlenangaben)* liegen uns bislang nicht vor; er sprach von erheblichen Gewinnen, nannte jedoch keine -en *(bezifferte die Gewinne nicht);* * [die folgenden Wendungen beziehen sich auf die kaufmännische Bilanz, in der traditionell die Ziffern eines Defizits mit roten Zahlen geschrieben werden, die Gewinne dagegen in Schwarz stehen] **rote -en schreiben** *(Verluste -en machen);* **schwarze -en schreiben** *(Gewinne machen);* **aus den roten -en [heraus]kommen, [heraus] sein** *(aus der Verlustzone herauskommen, heraus sein; Gewinne machen);* **in die roten -en kommen/geraten/rutschen** *(anfangen, Verluste zu machen:* die Firma kam, geriet, rutschte [immer weiter, tiefer] in die roten -en); **in die schwarzen -en kommen** *(anfangen, Gewinne zu machen);* **in den roten -en sein/stecken** *(Verluste machen);* **in den schwarzen -en sein** *(Gewinne machen);* **b)** *für eine Zahl* (1 a) *stehende Ziffer, Folge von Ziffern, Zahlangabe:* eine vierstellige, mehrstellige Z.; arabische, römische -en; eine Z. aus mehr als drei Ziffern. **2.** (Math.) *durch ein bestimmtes Zeichen od. eine Kombination von Zeichen darstellbarer abstrakter Begriff, mit dessen Hilfe gerechnet, mathematische Operationen durchgeführt werden können* (Abk.: Z.): eine durch 3 teilbare Z.; algebraische, ganze, gerade, imaginäre, irrationale, komplexe, natürliche, negative, positive, reelle -en; eine gemischte Z.; die Z. π; -en addieren, zusammenzählen, dividieren, teilen, [voneinander] abziehen, subtrahieren; eine Z. mit sich selbst multiplizieren, malnehmen; die Summe zweier -en; die Quersumme, das Quadrat einer Z.; die Wurzel aus einer Z. **3.** ⟨o. Pl.⟩ *Anzahl, Menge:* die Z. der Mitglieder, der Unfälle wächst ständig; eine große Z. Besucher war/(auch:) waren gekommen; eine große Z. hübscher/(seltener:) hübsche Sachen; sie waren, es waren sieben an der Z. *(waren sieben);* solche Bäume wachsen dort in großer Z.; (geh:) Leiden ohne Z./(veraltend:) sonder Z. *(zahlloses Leiden).* **4.** (Sprachwiss.) *Numerus:* Geschlecht und Z. des Hauptwortes.

Zahl|ad|jek|tiv, das (Sprachwiss.): *Zahlwort, das ein Adjektiv ist.*

Zähl|ap|pell, der (Militär): *Appell* (2), *bei dem die Anzahl der anwesenden Personen festgestellt wird.*

zahl|bar ⟨Adj.⟩ (Kaufmannsspr.): *fällig zu zahlen:* z. bei Erhalt, binnen sieben Tagen, in drei Monatsraten.

zähl|bar ⟨Adj.⟩: **1.** *sich zählen lassend.* **2. a)** *(von Mengen) durch eine bestimmte Stückzahl, Anzahl angebbar;* **b)** (Sprachwiss.) *(von Substantiven) etw. bezeichnend, wovon zählbare* (2 a) *Mengen denkbar sind.*

Zahl|bar|keit, die; - (Kaufmannsspr.): *das Zahlbarsein.*

Zähl|bar|keit, die; -: *das Zählbarsein.*

zäh|le|big ⟨Adj.⟩: *sehr widerstandsfähig gegen ungünstige Einflüsse, Verletzungen, Krankheiten o. Ä.:* -e Organismen, Tiere; Und was geschehen solle, wenn die -e Dorothea auch Rom und das fiebrige Klima dort überstehe? (Grass, Butt 199).

Zäh|le|big|keit, die; -: *das Zählebigsein.*

Zah|le|mann: in der Verbindung Z. und Söhne (ugs. scherzh.: *es muss [viel] gezahlt werden;* scherzh. Nachahmung von [früher üblichen] Firmennamen: wenn sie dich mit diesem Tempo blitzen, dann [heißt es] aber Z. und Söhne!)

zah|len ⟨sw. V.; hat⟩ [mhd. zal(e)n, ahd. zalôn = zählen, (be)rechnen]: **1. a)** *(einen Geldbetrag) als Gegenleistung o. Ä. geben, entrichten* (2): 50 Euro, eine bestimmte Summe, einen bestimmten Preis für etw. z.; an wen muss ich das Geld z.?; den Betrag zahle ich [in] bar, in Raten, mit einem Scheck, per Überweisung; wie viel, was habe ich zu z.? *(wie viel bin ich schuldig?);* ⟨auch ohne Akk.-Obj.:⟩ der Verursacher muss z.; die Versicherung will nicht z.; ich zahle in/ mit Dollars, mit [meiner] Kreditkarte; er zahlte für uns mit *(bezahlte unsere Zeche mit);* er kann nicht z. *(ist bankrott, hat kein Geld);* Herr Ober, [ich möchte] bitte z.! *(ich möchte meine Rechnung begleichen);* nur zahlende Gäste *(Gäste, die für Unterkunft u. Verpflegung zahlen);* das kostet dich dumm und dämlich (ugs.: *das kostet dich sehr viel Geld);* Ü er zahlte mit seinem Leben; Unsummen werden für Gemälde und Skulpturen berühmter Meister gezahlt (Thieß, Reich 52); **b)** *eine bestehende Geldschuld tilgen, bes. etw. regelmäßig zu Entrichtendes bezahlen:* Miete, Steuern, Löhne, den Mitgliedsbeitrag z.; [eine] Strafe z.; er muss für ihn z. **2.** (geh.) **a)** *für eine Ware, eine Dienstleistung) bezahlen* (1 a): das Taxi, die Reparatur z.; den Schaden zahlt die Versicherung *(für den Schaden kommt die Versicherung auf);* **b)** *bezahlen* (1 b): die Putzfrau z.; ⟨auch ohne Akk.-Obj.:⟩ die Firma zahlt miserabel, recht ordentlich.

zäh|len ⟨sw. V.; hat⟩ [mhd. zel(l)en, ahd. zellan = (er-, auf)zählen; rechnen]: **1.** *eine Zahlenfolge [im Geiste] hersagen:* das Kind kann schon [bis hundert] z.; ich zähle bis drei, und dann gehts los! **2.** *[zählend] u. addierend) die Anzahl von etw., den Betrag einer Geldsumme feststellen:* die Anwesenden z.; sein Geld z.; wie viele hast du gezählt? *(wie viele sind es nach deiner Zählung?);* er zählte das Geld auf den Tisch *(legte es in einzelnen Scheinen, Münzen hin u. zählte es dabei);* sie zählt die Stunden bis zum Urlaub *(kann den Urlaub kaum mehr erwarten);* ⟨auch ohne Akk.-Obj.:⟩ du hast offenbar falsch gezählt; Ü ... die Standuhr zählte ächzend die Zeit (Schnurre, Bart 192). **3.** (geh.) **a)** *eine bestimmte Anzahl von etw. haben:* die Stadt zählt 530 000 Einwohner; er zählt 40 Jahre *(ist 40 Jahre alt);* man zählte [das Jahr] 1880 (veraltend: *es war das Jahr 1880);* **b)** *in einer bestimmten Anzahl vorhanden sein:* die Opfer der Katastrophe zählten nach Tausenden; eine nach Millionen zählende Gemeinde von Fans. **4. a)** *als einer bestimmten Kategorie zugehörend betrachten;* rechnen (4 b): ich zählte ihn zu meinen Freunden/(seltener:) unter meine Freunde; **b)** *zu etw., zu einer bestimmten Kategorie gehören;* rechnen (4 b): zum Mittelstand z.; die Menschenaffen zählen zu den Primaten; er zählt zu den bedeutendsten Autoren seiner Zeit; diese Tage zählen zu den schönsten seines Lebens; ein Bürgermeister zählte zu *(war unter)* ihren Schülern; die zu Frankreich zählende Insel Réunion; die Pause zählt *(gilt)* nicht als Arbeitszeit. **5. a)** *wert sein:* das Ass zählt 11 [Punkte]; ein Turm zählt mehr als ein Läufer; Ü das Leben eines Menschen zählt dort nicht viel; Größe zählt; **b)** *gewertet werden, gültig sein:* das Tor zählt nicht; es zählt nur der dritte Versuch; **c)** *als gültig ansehen, werten:* das Tor wurde nicht gezählt; **d)** *Bedeutung haben, wichtig sein:* bei ihm/für ihn zählt nur die Leistung; ich zählte nicht; ... und nun war er da, dessen Worte mir so sehr zählten wie der Bibel (Canetti, Augenspiel 174). **6.** *sich* ⟨*verlassen* (1): ich zähle auf dich, deine Hilfe, deine Verschwiegenheit; können wir heute Abend auf dich z.? *(wirst du mitmachen, dabei sein?).*

Zah|len|an|ga|be, die: *Angabe* (1) *von Zahlen:* genaue -n machen.

Zah|len|bei|spiel, das: *Beispiel, in dem etw. mit Zahlen veranschaulicht wird.*

Zah|len|dre|her, der (ugs.): *(in einer Reihenfolge von Zahlen) Fehler durch vertauschte Ziffern.*

Zah|len|fol|ge, die: *Abfolge mehrerer aufeinanderfolgender Zahlen od. Ziffern:* die Geheimnummer bestand aus einer zwölfstelligen Z.

Zah|len|ge|dächt|nis, das: *Gedächtnis* (1) *für Zahlen:* sie hat ein gutes Z.

Zah|len|ko|lon|ne, die: *Kolonne* (2) *von Zahlen.*

Zah|len|kom|bi|na|ti|on, die: ¹*Kombination* (1 a) *aus mehreren Zahlen.*

Zah|len|lot|te|rie, die, **Zah|len|lot|to,** das: *Lotto* (1): Z. spielen.

zah|len|mä|ßig ⟨Adj.⟩: *sich auf die Anzahl beziehend; an Zahl; numerisch:* -e Verringerung; der Gegner ist z. weit überlegen.

Zah|len|ma|te|ri|al, das ⟨o. Pl.⟩: *Gesamtheit von vorliegenden Zahlen, von Zahlenangaben:* das vorliegende Z. reicht aus; das Z. auswerten.

Zah|len|mys|tik, die: *Form der Mystik, in der Zahlen besondere Bedeutung zugeschrieben wird.*

Zah|len|paar, das: *Einheit aus zwei zusammengehörenden Zahlen.*

Zah|len|rät|sel, das: *Rätsel, bei dem bestimmte Zahlen ermittelt werden müssen.*

Zah|len|raum, der (Math.): *auf bestimmte Weise begrenzte od. definierte Menge von Zahlen:* der natürliche, reelle, komplexe Z.; Addition und Subtraktion im Z. bis 1 000.

Zah|len|rei|he, die: *Reihe von [aufeinanderfolgenden] Zahlen.*

Zah|len|schloss, das: *Schloss, das durch Einstellen einer bestimmten Zahlenkombination geöffnet wird.*

Zah|len|spiel, das: *Spiel* (9) *mit Zahlen.*

Zah|len|strahl, der (Math.): *Strahl* (4), *dessen Punkte zur Darstellung der positiven Zahlen dienen.*

Zah|len|sym|bo|lik, die: *sinnbildliche Deutung, Anwendung bestimmter Zahlen.*
Zah|len|sys|tem, das: *System von Zahlzeichen u. Regeln für die Darstellung von Zahlen.*
Zah|len|the|o|rie, die (Math.): *Teilgebiet der Mathematik, das sich mit den Zahlen, ihrer Struktur, ihren Beziehungen untereinander u. ihrer Darstellung befasst.*
Zah|len|werk, das: *aus Zahlen bestehendes umfangreiches Material.*
Zah|len|wert, der (Physik): *durch eine Zahl ausgedrückter Wert.*
Zah|ler, der; -s, -: *jmd., der (in einer bestimmten Weise) seine Rechnungen o. Ä. zahlt:* ein säumiger, schlechter Z.
Zäh|ler, der; -s, - [mhd. zel(l)er = Zählender, Rechner]: **1.** *mit einem Zählwerk arbeitendes, aus einem Zählwerk bestehendes Instrument* (z. B. Wasseruhr, Strom-, Kilometerzähler): den Z. ablesen. **2.** [LÜ von mlat. numerator] (Math.) *(bei Brüchen) Zahl, Ausdruck über dem Bruchstrich.* **3.** *jmd., der etw. zählt, der bei einer Zählung mitwirkt.* **4.** (Sportjargon) **a)** *Treffer;* **b)** *Punkt* (5 a): einen [wichtigen] Z. holen.
Zah|le|rin, die; -, -nen: w. Form zu ↑ Zahler.
Zäh|le|rin, die; -, -nen: w. Form zu ↑ Zähler (3).
Zäh|ler|stand, der: *Stand* (4 c) *eines Zählers* (1): den Z. ablesen, notieren.
Zähl|kan|di|dat, der (Politik): *Kandidat, der keine Aussicht hat, gewählt zu werden.*
Zähl|kan|di|da|tin, die: w. Form zu ↑ Zählkandidat.
Zahl|kar|te, die (Postw. früher): *Formular für Einzahlungen auf Postämtern.*
Zahl|kell|ner, der: *Kellner, bei dem der Gast bezahlt;* Oberkellner.
Zahl|kell|ne|rin, die: w. Form zu ↑ Zahlkellner.
zahl|los ⟨Adj.⟩ (emotional): *sehr viele:* dafür gibt es -e Beispiele; -e zufriedene Kunden.
Zähl|maß, das: *Mengenmaß, mit dem sich Stückzahlen angeben lassen* (z. B. Dutzend).
Zahl|meis|ter, der: **1.** (früher) *jmd., der in einem bestimmten Bereich für die finanziellen Angelegenheiten, für den Einkauf von Proviant u. a. zuständig ist, der Gelder verwaltet u. im Auftrag [Aus]zahlungen vornimmt:* er war Z. im Heer, am Hofe des Fürsten. **2.** *Person, Firma, Einrichtung o. Ä., die zwar Zahlungen in größerem Umfang vornimmt, aber nicht mitbestimmen darf, was mit dem Geld geschieht:* als Vater bin ich doch nur Z.!
Zahl|meis|te|rin, die: w. Form zu ↑ Zahlmeister.
zahl|reich ⟨Adj.⟩: **1.** *sehr viele:* -e schwere Unfälle; -e Beamte; solche Fälle sind zahlreich (*häufig*); ich freue mich, dass ihr so z. (*in so großer Zahl*) gekommen seid; ... und -e Male hätten Mutschmann und dessen Ehefrau Minna im Hause Münchmeyer gastliche Aufnahme gefunden (Heym, Schwarzenberg 151). **2.** *aus vielen einzelnen Personen od. Dingen bestehend, umfangreich, groß:* eine -e Nachkommenschaft; Sie blieben in guter -er Gesellschaft zurück (Seghers, Transit 263).
Zähl|rohr, das (Technik): Geigerzähler.
Zahl|schal|ter, der: *Schalter für Ein- u. Auszahlungen.*
Zahl|schein, der: *Formular für Einzahlungen.*
Zahl|stel|le, die: **1.** vgl. Zahlschalter. **2.** (Bankw.) Domizil (2).
Zahl|sub|s|tan|tiv, das (Sprachwiss.): *Zahlwort, das ein Substantiv ist:* das Z. »Million« wird immer großgeschrieben.
Zahl|tag, der: *Tag, an dem etw., bes. ein Arbeitsentgelt, [aus]gezahlt wird.*
Zah|lung, die; -, -en: **1.** *das Zahlen; das Gezahltwerden:* die Z. erfolgte (die Z. leisten; die Firma hat die -en eingestellt (verhüll.); *hat Konkurs gemacht*); er wurde zur Z. einer Entschädigung verurteilt; Tapezierer und Schreiner ... lieferten ihre Arbeiten und Waren, ohne sofortige Z. zu fordern (R. Walser, Gehülfe 67); * *etw. in Z. nehmen* (Kaufmannsspr.: 1. *beim Verkauf einer Ware gleichzeitig vom Käufer eine gebrauchte Ware übernehmen u. dafür den Verkaufspreis um einen bestimmten Betrag ermäßigen:* der Händler hat meinen alten Wagen [für 3 000 Euro] in Z. genommen. *etw. als Zahlungsmittel akzeptieren:* Wertmarken in Z. nehmen); *etw. in Z. geben* (Kaufmannsspr.; *etw. hingeben, was der andere in Zahlung nimmt:* das defekte Fernsehgerät in Z. geben); *an -s statt* (veraltet; *anstelle einer Zahlung von Geld*). **2.** *gezahlter Geldbetrag:* die Z. ist auf meinem Konto eingegangen.
Zäh|lung, die; -, -en: *das Zählen; das Gezähltwerden:* eine Z. durchführen.
Zah|lungs|an|spruch, der (Amtsspr.): *Anspruch auf Zahlungen.*
Zah|lungs|an|wei|sung, die: *Anweisung für eine Zahlung.*
Zah|lungs|art, die: *Art, in der eine Zahlung erfolgt.*
Zah|lungs|auf|for|de|rung, die: *Aufforderung, eine [schon längst fällige] Zahlung zu leisten.*
Zah|lungs|auf|schub, der: *Aufschub einer fälligen Zahlung:* um Z. bitten.
Zah|lungs|be|din|gun|gen ⟨Pl.⟩ (Wirtsch.): *Vereinbarungen über die Zahlungsweise.*
Zah|lungs|be|fehl, der (österr., schweiz.; sonst Rechtsspr. veraltet): Mahnbescheid.
Zah|lungs|bi|lanz, die (Volkswirtschaft): *zusammengefasste Bilanz über alle zwischen dem In- u. Ausland erfolgten Transaktionen.*
Zah|lungs|boy|kott, der: *[organisierte, kollektive] Verweigerung einer Zahlung (bes. als Ausdruck des Protests, als Druckmittel in einer politischen Auseinandersetzung).*
Zah|lungs|emp|fän|ger, der: *jmd., an den etw. gezahlt wird.*
Zah|lungs|emp|fän|ge|rin, die: w. Form zu ↑ Zahlungsempfänger.
Zah|lungs|er|in|ne|rung, die (Amtsspr.): *Mahnung* (2 b).
Zah|lungs|er|leich|te|rung, die: *Erleichterung* (b) *bei der Zahlung einer Schuld, bes. bei der Bezahlung eines Kaufpreises* (z. B. durch Vereinbarung von Ratenzahlung): -en vereinbaren.
zah|lungs|fä|hig ⟨Adj.⟩: *in der Lage zu zahlen; solvent, liquid* (2).
Zah|lungs|fä|hig|keit, die: *Solvenz, Liquidität* (1).
Zah|lungs|frist, die: *Frist, innerhalb deren eine bestimmte Zahlung zu leisten ist.*
zah|lungs|kräf|tig ⟨Adj.⟩ (ugs.): *sich finanziell in der Lage befindend, eine höhere Summe ohne Weiteres zu zahlen; sich hohe Ausgaben leisten könnend:* -e Kunden, Touristen.
Zah|lungs|mit|tel, das: *etw., womit etw. bezahlt werden kann* (z. B. Geld, Scheck): ein gesetzliches Z.
Zah|lungs|mo|da|li|tät, die (meist Pl.) (bildungsspr.): *Art u. Weise, in der eine Zahlung erfolgt.*
Zah|lungs|mo|dus, der (bildungsspr.): *Zahlungsart.*
Zah|lungs|mo|ral, die: *Verlässlichkeit beim Bezahlen fälliger Beträge:* eine schlechte Z.
Zah|lungs|ort, der: *[festgelegter, vereinbarter] Ort, an dem eine Zahlung erfolgt, bes. ein Wechsel ausbezahlt wird.*
Zah|lungs|pflicht, die: *Pflicht zu zahlen.*
Zah|lungs|pflich|tig ⟨Adj.⟩: *verpflichtet zu zahlen.*
Zah|lungs|schwie|rig|kei|ten ⟨Pl.⟩: *Schwierigkeiten bei der Zahlung einer Schuld, beim Bezahlen fälliger Beträge o. Ä.*
Zah|lungs|sys|tem, das: *System, Verfahren, mit dem gezahlt, etw. bezahlt wird.*
Zah|lungs|ter|min, der: *Termin, zu dem eine Zahlung geleistet werden muss.*
zah|lungs|un|fä|hig ⟨Adj.⟩: *nicht in der Lage zu zahlen; insolvent, illiquid.*
Zah|lungs|un|fä|hig|keit, die: *das Zahlungsunfähigsein.*
zah|lungs|un|wil|lig ⟨Adj.⟩: *sich weigernd, nicht bereit zu zahlen.*
Zah|lungs|ver|kehr, der ⟨o. Pl.⟩: *Geldverkehr:* im bargeldlosen Z.
Zah|lungs|ver|pflich|tung, die: *das Verpflichtetsein zu einer Zahlung:* seinen -en [nicht] nachkommen.
Zah|lungs|ver|zug, der: *Verzug* (1) *der Zahlung:* in Z. geraten, kommen; er ist [bei der Miete] in Z.
Zah|lungs|wei|se, die: **a)** *Zahlungsart;* **b)** (Kaufmannsspr.) *die Fälligkeit betreffende Gesamtheit der Zahlungsmodalitäten:* eine vierteljährliche Z. vereinbaren.
zah|lungs|wil|lig ⟨Adj.⟩: *bereit zu zahlen.*
Zah|lungs|ziel, das (Kaufmannsspr.): *Zahlungsfrist:* Z. 1 Monat (*zahlbar einen Monat nach Lieferung, Rechnungstellung*).
Zahl|va|ter, der: *jmd., der aufgrund seiner Vaterschaft zur Zahlung von Unterhalt* (1 b) *verpflichtet ist.*
Zähl|werk, das: *[mechanische] Vorrichtung, die automatisch Stückzahlen, Durchflussmengen od. andere Größen ermittelt u. anzeigt;* Zähler (1): ein mechanisches, elektronisches Z.
Zahl|wort, das ⟨Pl. ...wörter⟩ [nach lat. nomen numerale] (Sprachwiss.): *Wort, bes. Adjektiv, das eine Zahl, eine Anzahl, eine Menge o. Ä. bezeichnet;* Numerale: »ein« ist hier nicht Artikel, sondern Z.
Zahl|zei|chen, das: *Zeichen, das für eine Zahl steht;* Ziffer: arabische, römische Z.
zahm ⟨Adj.⟩ [mhd., ahd. zam, rückgeb. aus mhd. zamen, ahd. zamōn = zähmen od. unmittelbar zu ↑ zähmen]: **1. a)** *(von Tieren) an die Nähe von Menschen, an das Leben unter Menschen gewöhnt; keine Scheu vor den Menschen habend; zutraulich:* eine -e Dohle; ein -es Reh; die Eichhörnchen im Park sind ganz z.; **b)** *(von Tieren) sich nicht wild, nicht angriffslustig zeigend u. deshalb nicht gefährlich werdend:* er gab das -ste unserer Pferde; der Ziegenbock ist ganz z. **2.** (ugs.) **a)** *gefügig, brav, sich nicht widersetzend:* eine ausgesprochen -e Klasse; jmdn. z. kriegen; Es geht ihm zwar dahin, die liebe Jugend frühzeitig z. zu machen und alle Natur, alle Originalität und alle Wildheit auszutreiben (Kunze, Jahre 46); **b)** *gemäßigt, milde:* eine sehr -e Kritik; jmdn. z. zurechtweisen; Ü eine -e (*verhaltene, gemächliche*) Fahrweise.
zähm|bar ⟨Adj.⟩: *sich zähmen* (1) *lassend:* diese Tiere sind nur schwer z.
Zähm|bar|keit, die; -: *das Zähmbarsein.*
zäh|men ⟨sw. V.; hat⟩ [mhd. zem(en), ahd. zemmen, wohl eigtl. = ans Haus fesseln]: **1.** *(ein Tier) zahm machen, ihm seine Wildheit nehmen:* ein wildes Tier z.; Ü die Natur z. **2.** (geh.) *bezähmen* (2) *zu zähmen wissen:* er z. wusste sich kaum noch zu z.; Er hätte nur seinen Überlegenheitsfimmel ein wenig z. ... müssen (Feuchtwanger, Erfolg 705).
Zähm|heit, die; -: *das Zahmsein; zahmes Wesen.*
Zäh|mung, die; -, -en ⟨Pl. selten⟩: *das Zähmen; das Gezähmtwerden.*
Zahn, der; -[e]s, Zähne [mhd. zan(t), ahd. zan(d), eigtl. = der Kauende]: **1.** *in einem der beiden Kiefer wurzelndes, gewöhnlich in die Mundhöhle ragendes [spitzes, scharfes] knochenähnliches Gebilde, das bes. zur Zerkleinerung der Nahrung dient:* scharfe, strahlend weiße, regelmäßige, gepflegte, gesunde, schlechte, gelbe,

kariöse, faule Zähne; ein hohler, lockerer, kranker Z.; die Zähne brechen durch; ein Z. wackelt, schmerzt; mir ist ein Z. abgebrochen; der Z. muss gezogen werden; ihr fallen die Zähne aus; du musst [dir] öfter die Zähne putzen; einen Z. plombieren, füllen; der Hund zeigte, fletschte, bleckt die Zähne; jmdm. einen Z. ausschlagen; jmdm. die Zähne einschlagen; falsche Zähne haben *(ein Gebiss tragen)*; er murmelte dauernd etwas zwischen den Zähnen *(artikulierte nicht deutlich)*; mit den Zähnen knirschen; Ü Der Z. des Zweifels und der Sorge nagt nicht an ihnen *(keine Zweifel u. Sorgen zehren an ihnen;* Remarque, Obelisk 218); * **dritte Zähne** *(künstliches Gebiss);* **der Z. der Zeit** (ugs.; *die in Verfall, Abnutzung sich zeigende zerstörende Kraft der Zeit;* wohl LÜ von engl. the tooth of time, Shakespeare, Maß für Maß, V, 1: dem Z. der Zeit zum Opfer fallen; der Z. der Zeit nagt auch an diesem Baudenkmal); **jmdm. den Z. ziehen** (ugs.; *jmdm. eine Illusion, Hoffnung nehmen; jmdm. ernüchtern*); **[jmdm.] die Zähne zeigen** (ugs.; *[jmdm. gegenüber] Stärke demonstrieren, [jmdm.] seine Entschlossenheit zeigen zu handeln, sich durchzusetzen;* nach der Drohhaltung von Hunden u. bestimmten Raubtieren); **die Zähne zusammenbeißen** (ugs.; *ein Höchstmaß an Selbstbeherrschung aufbieten, um etw. Unangenehmes, Schmerzhaftes ertragen zu können*); **die Zähne nicht auseinanderkriegen** (ugs.; *sich nicht äußern, nichts sagen, schweigen*); **sich** ⟨Dativ⟩ **an etw. die Zähne ausbeißen** (ugs.; *an einer schwierigen Aufgabe trotz größter Anstrengungen scheitern:* an dieser Frage haben sich die Zähne ausgebissen); **sich** ⟨Dativ⟩ **an jmdm. die Zähne ausbeißen** (ugs.; *mit jmdm. nicht fertigwerden; sich vergeblich bemühen, jmdn. zu etw. Bestimmtem zu veranlassen*); **lange Zähne machen/mit langen Zähnen essen** (ugs.; *beim Essen seinen Widerwillen deutlich erkennen lassen*); **jmdm. auf den Z. fühlen** (ugs.; *jmdn. ausforschen, einer sehr kritischen Prüfung unterziehen:* die Kommission fühlte den Bewerbern gründlich auf den Z.); **bis an die Zähne bewaffnet** *(schwer bewaffnet);* **[nur] für den hohlen Z. reichen, sein** (salopp; *[von Essbarem] bei Weitem nicht ausreichen, allzu wenig sein:* dieses Steak war nur etwas für den hohlen Z.); **etw. mit Zähnen und Klauen verteidigen** (ugs.; *etw. äußerst entschlossen u. mit allen verfügbaren Mitteln verteidigen:* seine Privilegien mit Zähnen und Klauen verteidigen); **etwas, nichts, nichts Ordentliches o. Ä. zwischen die Zähne kriegen** (ugs.; *etwas, nichts, nichts Nahrhaftes o. Ä. zu essen bekommen*); ◆ **einen Z. auf jmdn., etw. haben** *(über jmdn., etw. sehr verärgert, wütend sein;* wohl LÜ von frz. avoir une dent contre quelqu'un: Die weltlichen Stände, meine Nachbarn, haben alle einen Z. auf mich [Goethe, Götz II]; ... der Nordostwind, der uns trefflich zustatten kam und half die Flamme hinauf in die obersten Giebel jagen [Schiller, Räuber II, 3]).
2. (Zool.) *einem spitzen Zahn* (1) *gleichendes Gebilde auf der Haut eines Haifisches.*
3. *zackenartiger Teil, Zacke:* die Zähne einer Säge, eines Kamms, einer Briefmarke, eines Laubblatts. **4.** [wohl nach dem mit Zähnen (3) versehenen Teil, an dem früher der Handgashebel entlanggeführt wurde] (ugs.) *hohe Geschwindigkeit, hohes Tempo:* Z. draufhaben; * **einen Z. zulegen** (ugs.: 1. *seine Geschwindigkeit, sein Tempo [deutlich] erhöhen.* 2. *sich in seinen Anstrengungen, seinen Bemühungen zur Erreichung eines Ziels [erheblich] steigern*). **5.** (salopp veraltend) *junge Frau:* ein heißer, steiler Z.

Zahn|arzt, der: *Arzt für Zahnheilkunde:* zum Z. gehen, müssen.
Zahn|ärz|te|kam|mer, die: vgl. Ärztekammer.
Zahn|ärz|te|schaft, die: vgl. Ärzteschaft.
Zahn|arzt|hel|fer, der: vgl. Zahnarzthelferin.
Zahn|arzt|hel|fe|rin, die (ugs.): *Angestellte, die einem Zahnarzt in der Praxis hilft, Verwaltungsarbeiten erledigt o. Ä.*
Zahn|arzt|ho|no|rar, das: *für eine zahnärztliche Leistung zu zahlendes Honorar.*
Zahn|ärz|tin, die: w. Form zu ↑Zahnarzt.
Zahn|arzt|kos|ten ⟨Pl.⟩: vgl. Arztkosten.
zahn|ärzt|lich ⟨Adj.⟩: *vom Zahnarzt ausgehend; sich auf den Zahnarzt beziehend:* in -er Behandlung sein.
◆ **zahn|arzt|mä|ßig** ⟨Adj.⟩ [die ma. »Zahnbrecher« machten bes. auf Jahrmärkten lautstark für ihre Dienste Werbung]: *in der Art eines [marktschreierischen] Zahnarztes:* Der Ruf ... hatte euch so z. herausgestrichen, möchtest du doch diese Quintessenz des männlichen Geschlechts, den Phönix Weislingen, zu Gesicht kriegen (Goethe, Götz II).
Zahn|arzt|pra|xis, die: vgl. Arztpraxis.
Zahn|arzt|rech|nung, die: vgl. Arztrechnung.
Zahn|arzt|stuhl, der: *Behandlungsstuhl eines Zahnarztes.*
Zahn|aus|fall, der ⟨o. Pl.⟩ (Zahnmed.): *das Ausfallen von Zähnen.*
Zahn|be|cher, der: Zahnputzbecher.
Zahn|be|hand|lung, die: *zahnärztliche Behandlung.*
Zahn|bein, das ⟨o. Pl.⟩ (Zahnmed.): *Knochensubstanz, aus der das Innere der Zähne besteht.*
Zahn|be|lag, der (Zahnmed.): *grauweißer Belag auf den Zähnen;* Plaque (2).
Zahn|bett, das (Zahnmed.): *Knochen- u. Bindegewebe, in dem ein Zahn verwurzelt ist.*
Zahn|boh|rer, der (Zahnmed.): *bei der zahnärztlichen Behandlung verwendeter, sehr feiner, elektrisch angetriebener Bohrer.*
◆ **Zahn|bre|cher,** der [im 14. Jh. zanbrecher, urspr. allgemeine Bez. für einen Zahnarzt, dann aber bald in verächtlichem Sinne verwendet; vgl. zahnarztmäßig]: *umherziehender [u. seine Heilkünste anpreisender] Arzt:* Und es kommt alle Tage ein neuer Z., der unsere Hoffnungen und Wünsche missbraucht (Goethe, Lila 1).
Zahn|bürs|te, die: *kleine, langstielige Bürste zum Reinigen der Zähne:* eine weiche, harte, elektrische Z.
Zahn|chen, das: Vkl. zu ↑Zahn (1–3).
Zahn|creme, Zahn|crème, die: *Zahnpasta.*
Zahn|ne|ble|cken, das; -s: *Aggressionslust erkennen lassendes Zeigen, Blecken* (2) *der Zähne.*
zahn|ne|ble|ckend ⟨Adj.⟩: *die Zähne bleckend* (2): der Hund kam z. auf uns zu.
Zahn|ne|flet|schen, das; -s: vgl. Zähneblecken.
zahn|ne|flet|schend ⟨Adj.⟩: *die Zähne fletschend.*
Zahn|ne|klap|pern, das; -s: *das Klappern* (1 b) *mit den Zähnen.*
zahn|ne|klap|pernd ⟨Adj.⟩: *mit den Zähnen klappernd* (1 b): zitternd und z. stand sie in der Kälte.
Zahn|ne|knir|schen, das; -s: *das Knirschen* (b) *mit den Zähnen.*
zahn|ne|knir|schend ⟨Adj.⟩: **1.** *mit den Zähnen knirschend* (b). **2.** *seinen Unmut, Ärger, Zorn, Widerwillen unterdrückend:* schließlich zahlte sie z.; etw. z. hinnehmen.
zah|nen ⟨sw. V.; hat⟩: *die ersten Zähne bekommen:* das Baby zahnt.
zäh|nen ⟨sw. V.; hat⟩: *mit Zähnen* (3) *versehen:* etw., das Papier z.; ⟨meist im 2. Part.:⟩ kleine Blätter mit gezähntem Rand.
Zäh|ne|put|zen, das; -s: *das Putzen der Zähne.*

das Sich-die-Zähne-Putzen: nach dem Essen das Z. nicht vergessen.
Zahn|er|kran|kung, die: *Erkrankung der Zähne.*
Zahn|er|satz, der: *Ersatz für einen od. mehrere Zähne;* künstlicher Zahn.
Zahn|er|satz|leis|tung, die (Gesundheitswesen): *(von der Krankenversicherung abgedeckte) Finanzierung des Zahnersatzes.*
Zahn|ex|trak|ti|on, die (Zahnmed.): *Extraktion eines Zahns.*
zahn|far|ben ⟨Adj.⟩ (Zahnt.): *von der Farbe der menschlichen Zähne:* -e Füllungen, Materialien.
Zahn|fäu|le, die: *Karies.*
Zahn|fee, die: *Fabelwesen, das nachts den Kindern ausgefallene Milchzähne gegen Geldmünzen austauscht.*
Zahn|fehl|stel|lung, die (Zahnmed.): *falsche Zahnstellung.*
Zahn|fleisch, das [mhd. zan(t)vleisch, spätahd. zandfleisc]: *Teil der Mundschleimhaut, der die Kieferknochen bedeckt u. die Zahnhälse umschließt:* das Z. ist entzündet; Ich entblöße nicht beim Lachen das obere Z. (Handke, Kaspar 68); * **auf dem** ⟨österr.:⟩ **am Z. gehen/kriechen** (ugs.; *in höchstem Maße erschöpft sein, keine Kraft mehr haben:* ich gehe schon seit Wochen auf dem Z.).
Zahn|fleisch|blu|ten, das; -s: *das Bluten im Bereich des Zahnfleischs:* an Z. leiden.
Zahn|fleisch|ent|zün|dung, die (Zahnmed.): *Entzündung des Zahnfleischs.*
Zahn|fleisch|schwund, der (Zahnmed.): *Parodontose:* der Z. ist schon weit fortgeschritten.
Zahn|fleisch|ta|sche, die (Zahnmed.): *als Folge einer Erkrankung des Zahnfleischs, des Zahnbetts entstandener Hohlraum zwischen Zahnhals u. Zahnfleisch.*
Zahn|for|mel, die (Biol.): *(für eine bestimmte [Tier]art geltende) aus zwei übereinanderstehenden Zahlenreihen bestehende Formel, die angibt, aus wie viel Zähnen das Gebiss besteht u. wie viele von jeder einzelnen Art (Schneidezahn, Mahlzahn usw.) vorhanden sind:* Rind und Rothirsch haben dieselbe Z.
Zahn|fül|lung, die (Zahnmed.): *Füllung* (2 b); Plombe (2).
Zahn|ge|sund|heit, die: *Gesundheit der Zähne:* die Erhaltung der Z.
Zahn|gold, das: *für Zahnfüllungen od. -ersatz verwendetes Gold.*
Zahn|hals, der: *Teil des Zahnes zwischen Zahnkrone u. Zahnwurzel.*
Zahn|hal|te|ap|pa|rat, der (Zahnmed.): *Gesamtheit der Teile des Mundes, die den Zähnen festen Halt geben.*
Zahn|heil|kun|de, die: *Zahnmedizin.*
Zahn|hy|gi|e|ne, die: *auf die Zähne bezogene Hygiene* (3).

-zah|nig, -zäh|nig: in Zusb., z. B. fünfzahnig, fünfzähnig *(fünf Zähne habend)*, scharfzahnig, scharfzähnig *(scharfe Zähne habend)*.

Zahn|im|plan|tat, das (Zahnmed.): *eine Zahnwurzel ersetzendes Implantat, das, in den Kieferknochen eingepflanzt, zur Aufnahme einer künstlichen Zahnkrone [u. zur Verankerung od. Abstützung weiteren Zahnersatzes] dient.*
Zahn|karp|fen, der [im Gegensatz zu den Karpfenfischen hat dieser Fisch Zähne]: *(in vielen Arten in tropischen u. subtropischen Gewässern vorkommender) meist kleiner, oft prächtig gefärbter Knochenfisch.*
Zahn|klam|mer, die: *Zahnspange.*
Zahn|klemp|ner, der (ugs. scherzh., auch abwertend): *Zahnarzt.*
Zahn|klemp|ne|rin, die: w. Form zu ↑Zahnklempner.

Zahn|kli|nik, die: *zahnmedizinische Klinik.*
Zahn|krank|heit, die: *die Zähne befallende Krankheit.*
Zahn|kranz, der (Technik): *ringförmiger, außen mit Zähnen (3) versehener Teil einer Maschine o. Ä.*
Zahn|kro|ne, die (Zahnmed.): *oberer, aus dem Zahnfleisch ragender, mit Schmelz überzogener Teil eines Zahnes.*
Zahn|la|bor, das (ugs.): *zahntechnisches Labor.*
Zahn|laut, der (Sprachwiss.): *Konsonant, der mithilfe der Zungenspitze an den oberen Schneidezähnen od. in ihrer Nähe artikuliert wird; Dental.*
Zähn|lein, das; -s, -: Vkl. zu ↑ Zahn (1-3).
Zahn|leis|te, die (Zahnmed.): *halbkreisförmiger, verdickter Bereich des Gewebes in Ober- u. Unterkiefer innerhalb der Mundhöhle, in dem die Zähne wachsen.*
zahn|los ⟨Adj.⟩: *keine Zähne habend:* ein -er Greis, Mund; Ü eine -e *(nicht genügend bissige)* Satire.
Zahn|lo|sig|keit, die; -: *das Zahnlossein.*
Zahn|lü|cke, die: *[durch Verlust eines Zahnes entstandene] Lücke in einer Zahnreihe.*
Zahn|mark, das (Zahnmed.): *weiches Gewebe im Innern eines Zahnes; Pulpa* (1 a).
Zahn|me|di|zin, die ⟨o. Pl.⟩: *Teilgebiet der Medizin, das sich mit den Erkrankungen der Zähne, des Mundes u. der Kiefer sowie mit Kiefer- od. Gebissanomalien befasst:* Dazu: **Zahn|me|di|zi|ner**, der; **Zahn|me|di|zi|ne|rin**, die; **zahn|me|di|zi|nisch** ⟨Adj.⟩.
Zahn|pas|ta, Zahnpaste, die: *reinigende u. desinfizierende, meist in Tuben abgefüllte Paste* (2) *zur Zahnpflege.*
Zahn|pas|ta|lä|cheln, das; -s (ugs. spött.): *strahlendes, aber ein wenig dümmlich od. gekünstelt wirkendes Lächeln.*
Zahn|pas|ta|tu|be, die: *Tube für Zahnpasta.*
Zahn|pas|te: ↑ Zahnpasta.
Zahn|pfle|ge, die: *Pflege der Zähne.*
Zahn|pfle|ge|mit|tel, das: *Mittel zur Reinigung der Zähne.*
Zahn|pro|the|se, die: *herausnehmbarer Zahnersatz.*
Zahn|putz|be|cher, der: *beim Zähneputzen verwendeter Becher.*
Zahn|putz|glas, das: vgl. Zahnputzbecher.
Zahn|rad, das (Technik): *ringsum mit Zähnen* (3) *versehenes* ²*Rad* (2): *das Ineinandergreifen der Zahnräder.*
Zahn|rad|bahn, die (Technik): *Bergbahn, die durch ein sich drehendes Zahnrad angetrieben wird, das in eine zwischen den beiden Schienen liegende Zahnstange greift.*
Zahn|re|gu|lie|rung, die (Zahnmed.): *Korrektur von Fehlstellungen einzelner oder mehrerer Zähne.*
Zahn|rei|he, die (bes. Zahnmed.): *Reihe von nebeneinanderstehenden Zähnen:* eine vollständige Z.; zwei leuchtend weiße -n.
Zahn|rie|men, der (Technik): *gezähnter Treibriemen.*
Zahn|scha|den, der ⟨meist Pl.⟩: *Schaden am Gebiss.*
Zahn|schei|be, die (Technik): *zur Sicherung einer Schraube dienende, ringförmige Unterlegscheibe mit spitzen Zähnen am Rand.*
Zahn|schmelz, der: *sehr harte, glänzende Substanz, mit der ein Zahn überzogen ist.*
Zahn|schmerz, der ⟨meist Pl.⟩: *von einem kranken Zahn od. der Umgebung eines Zahns ausgehender Schmerz.*
Zahn|sei|de, die: *feiner Faden, mit dem sich zwischen den Zähnen befindliche Speisereste u. Zahnbeläge entfernen lassen.*
Zahn|span|ge, die: *spangenartige Vorrichtung aus Draht [mit einer Gaumenplatte], die getragen wird, um eine anomale Zahnstellung zu korrigieren:* eine Z. haben, tragen.

Zahn|stan|ge, die (Technik): *als Teil von Maschinen o. Ä. dienende [Metall]stange mit Zähnen* (3).
Zahn|stein, der ⟨Pl. selten⟩: *feste Ablagerung (bes. aus Kalkverbindungen) an den Zähnen:* sich den Z. entfernen lassen. Dazu: **Zahn|stein|ent|fer|nung**, die; -, -en.
Zahn|stel|lung, die: *Stellung der Zähne in einem Gebiss.*
Zahn|sto|cher, der: *spitzes feines [Holz]stäbchen zum Entfernen von Speiseresten zwischen den Zähnen.*
Zahn|stum|mel, der: *Stummel eines Zahns.*
Zahn|stumpf, der: *Stumpf eines Zahns.*
Zahn|ta|sche, die (Zahnmed.): *Zahnfleischtasche.*
Zahn|tech|nik, die ⟨o. Pl.⟩: *Technik, die sich mit der Anfertigung, Änderung u. Reparatur von Zahnersatz, Zahnspangen u. a. befasst:* Dazu: **Zahn|tech|ni|ker**, der; **Zahn|tech|ni|ke|rin**, die; **zahn|tech|nisch** ⟨Adj.⟩.
Zah|nung, die; -, -en (Technik, Philat.): *Gesamtheit einer größeren Anzahl nebeneinanderstehender Zähne* (3): *die Z. einer Säge, einer Briefmarke.*
Zäh|nung, die; -, -en (bes. Philat.): *Zahnung.*
Zahn|ver|lust, der: *Verlust eines od. mehrerer Zähne.*
Zahn|wal, der: *(in zahlreichen Arten vorkommendes) Waltier mit Zähnen.*
Zahn|weh, das ⟨o. Pl.⟩ (ugs.): *Zahnschmerz.*
Zahn|wur|zel, die (Zahnmed.): *in eine od. zwei Spitzen auslaufender, im Kieferknochen steckender unterster Teil eines Zahnes.*
Zahn|wur|zel|be|hand|lung, die (Zahnmed.): *Wurzelbehandlung.*
Zahn|ze|ment, das (Zahnmed.): *harte Substanz, von der die Zahnwurzel überzogen ist.*
Zahn|zwi|schen|raum, der: *Zwischenraum zwischen zwei benachbarten Zähnen:* die Zahnzwischenräume reinigen.
Zäh|re, die; -, -n [mhd. zeher, zaher, ahd. zah(h)ar] (dichter. veraltet, noch landsch.): *Träne:* bittere -n weinen.
¹**Za|i|re** [zaˈiːr(ə)], der; -[s]: (bes. in ²Zaire) Name des ↑¹Kongo.
²**Za|i|re**; -s: früherer Name von ²Kongo.
Za|i|rer, der; -s, -: Ew.
Za|i|re|rin, die; -, -nen: w. Form zu ↑ Zairer.
za|i|risch ⟨Adj.⟩: *Zaire, die Zairer betreffend; von den Zairern stammend, zu ihnen gehörend.*
zam|me|lig ⟨Adj.⟩ [zu landsch. Zammel = Kleiderfetzen, abgerissenes Tuch] (ugs., bes. westd. abwertend): *verlottert, ungepflegt.*
Zam|pa|no, der; -[s], -s [nach der gleichnamigen Gestalt in Fellinis Film »La Strada« (1954)]: *Mann, der durch übertriebenes, prahlerisches Gebaren beeindrucken will od. den Eindruck erweckt, Unmögliches möglich machen zu können:* er spielt sich auf wie der große Z.; wir brauchen hier keinen Z., sondern solide Fachleute.
Zam|perl, das; -s, -[n] [H. u.] (bayr.): *kleinerer Hund.*
Zan|der, der; -s, - [mniederd. sandāt, aus dem Slaw.]: *räuberisch lebender Barsch mit silbrig glänzendem Bauch u. graugrünem, dunkle Bänder aufweisendem Rücken, der auch als Speisefisch geschätzt wird.*
Zan|der|fil|let, das: *Filet vom Zander.*
Zan|ge, die; -, -n [mhd. zange, ahd. zanga, eigtl. = die Beißende]: **1.** *bes. zum Greifen, Festhalten, Durchtrennen o. Ä. dienendes Werkzeug, das aus zwei durch ein Scharnier verbundenen* ¹*Backen* (2), *die in Schenkel* (3) *übergehen, besteht:* eine Z. zu Hilfe nehmen; etw. mit einer Z. fassen, greifen, packen, [fest]halten; einen Nagel mit der Z. herausziehen; den Draht mit der Z. abkneifen; eine [spezielle] Z. zum Ziehen von Zähnen; eine Z. für den Kandis, das Gebäck, die Eiswürfel; das Kind musste mit der Z. *(Geburtszange)* geholt werden; * [die beiden folgenden Wendungen bezogen sich urspr. auf das Schmieden, bei dem der Schmied das glühende Eisen mit der Zange festhält] **jmdn. in die Z. nehmen** (1. ugs.; *jmdn. hart unter Druck setzen, ihm mit Fragen zusetzen*. 2. Fußball; *einen gegnerischen Spieler von zwei Seiten her so bedrängen, dass er erheblich behindert wird*); **jmdn. in der Z. haben** (ugs.; *Gewalt über jmdn. haben, ihn zu etw. zwingen können*); **jmdn., etw. nicht mit der Z. anfassen mögen** (ugs.; *jmdn., etw. als äußerst abstoßend empfinden*). **2.** (ugs.) *zangenartiger Körperteil mancher Tiere:* die -n des Krebses.
Zan|gen|an|griff, der (Militär): *von zwei Seiten gleichzeitig erfolgender Angriff.*
Zan|gen|be|we|gung, die (bes. Militär): *von zwei Seiten gleichzeitig erfolgende Vorwärtsbewegung auf ein Ziel hin.*
zan|gen|för|mig ⟨Adj.⟩: *die Form einer Zange aufweisend.*
Zan|gen|ge|burt, die: *Entbindung mithilfe einer Geburtszange:* eine Z. ist mit gewissen Risiken verbunden.
Zan|gen|griff, der: **1.** *Griff* (2) *einer Zange* (1). **2.** (Sport) *von beiden Seiten fest umschließender Griff* (1 b). **3.** *von zwei Seiten ausgeübter starker Zwang:* sich im Z. billiger Konkurrenz und erhöhten Kostendrucks auf dem Markt behaupten müssen.
Zäng|lein, das; -s, -: Vkl. zu ↑ Zange.
Zank, der; -[e]s [zu ↑ zanken]: *mit gegenseitigen Beschimpfungen, Vorwürfen, Gehässigkeiten ausgetragener Streit (meist aus einem geringfügigen Anlass):* in diesem Haus herrschen ständig Z. und Streit; mit dem Partner in Z. um, über etw. geraten; ... in jene Zeit fiel auch ein außerordentlich heftiger, ja brutaler Z. mit seiner wieder aufgetauchten Geliebten (Hesse, Steppenwolf 29).
Zank|ap|fel, der [nach lat. pomum Eridis = Apfel der Eris, ↑ Erisapfel]: *Gegenstand eines Streites, eines Zankes:* Geld war der ewige Z.
zan|ken ⟨sw. V.; hat⟩ [spätmhd. zanken = sich mit jmdm. streiten, H. u.]: **1.** (z. + sich) *mit jmdm. einen Zank haben, sich mit jmdm. streiten:* die Geschwister zanken sich um ein Spielzeug; du sollst dich nicht immer mit ihm z.; ⟨auch ohne »sich«:⟩ hört endlich auf zu z.!; Ü ... man hörte die Spatzen auf dem Dach, die sich um die Stulle zankten (Schnurre, Bart 7). **2.** (landsch.) *(mit jmdm.) schimpfen* (1 b): muss ich schon wieder z.?
Zän|ker, der; -s, - (veraltend): *zänkischer Mensch.*
Zan|ke|rei, die; -, -en (ugs. abwertend): *[dauerndes] Zanken, Sichzanken.*
Zän|ke|rei, die; -, -en ⟨meist Pl.⟩: *kleinerer Zank:* ihre ständigen -en.
Zän|ke|rin, die; -, -nen: w. Form zu ↑ Zänker.
zän|kisch ⟨Adj.⟩: *zu häufigem Zanken* (1) *neigend:* ein -es altes Weib; Ü Am Weiher verfütterte Marthe häufig unser altes Brot an die -en Gänse (Strauß, Niemand 215).
Zank|sucht, die ⟨o. Pl.⟩ (abwertend): *stark ausgeprägte Neigung, mit jmdm. einen Zank zu beginnen.*
zank|süch|tig ⟨Adj.⟩ (abwertend): *[ständig] auf Zank aus [seiend]:* ... spielten wir beide manchmal Schach miteinander. Auch dabei war er z. (Fallada, Trinker 150).
Za|pa|tist, der; -en, -en [nach dem mex. Revolutionär E. Zapata (1883-1919)]: *Anhänger, Angehöriger, Kämpfer der von aufständischen Indios*

im Süden Mexikos gegründeten »Nationalen Zapatistischen Befreiungsarmee«.

Za|pa|tis|tin, die; -, -nen: w. Form zu ↑ Zapatist.

za|pa|tis|tisch ⟨Adj.⟩: *zu den Zapatisten gehörend, sie betreffend.*

Zapf, der; -[e]s, Zäpfe (österr. Schülerspr. veraltend): *mündliche Prüfung:* heute haben wir in Latein einen Z.

Zapf|an|la|ge, die: *Vorrichtung zum Zapfen (bes. von Bier).*

Zäpf|chen, das; -s, -: **1.** Vkl. zu ↑ Zapfen. **2.** *Medikament in Form eines kleinen Zapfens od. Kegels, das in den After od. in die Scheide eingeführt wird; Suppositorium.* **3.** (Anat.) *in der Mitte des hinteren Randes des Gaumens in die Mundhöhle herabhängendes, zapfenartiges Gebilde; Gaumenzäpfchen.*

Zäpf|chen-R, Zäpf|chen-r, das; -, - (Sprachwiss.): *mithilfe des Zäpfchens (3) artikulierter r-Laut.*

zap|fen ⟨sw. V.; hat⟩ [mhd. zapfen, zepfen, zu ↑ Zapfen]: **1.** *mithilfe eines Hahns (3) o. Ä. aus einem Behälter, einer Leitung herausfließen lassen [u. in einem Gefäß auffangen]:* Benzin z.; kannst du mir mal zwei Pils z.? **2.** (österr. Schülerspr. veraltend) *mündlich prüfen.*

Zap|fen, der; -s, - [mhd. zapfe, ahd. zapho, eigtl. = spitzer Holzpflock, der ein Loch verschließt u. herausgezogen werden kann]: **1.** (Bot.) *bes. für Nadelbäume charakteristischer Blüten- bzw. Fruchtstand, der sich aus vielen um eine Längsachse herum angeordneten, verholzenden Schuppen aufbaut, zwischen denen sich die Samen befinden:* Nadelbäume mit stehenden, hängenden Z. **2. a)** *länglicher [nach einem Ende hin sich verjüngender], meist aus einem Stück Holz bestehender Stöpsel zum Verschließen eines Fasses o. Ä.:* einen Z. in das Fass schlagen; * **über den Z. hauen/ wichsen** (Soldatenspr.; *den Zapfenstreich 2 nicht einhalten*); **b)** (schweiz.) Korken. **3.** (Technik) **a)** (Holzverarb.) *(zur Verbindung zweier Holzteile dienender) vorspringender Teil an einem Kantholz, Brett o. Ä., der in einen entsprechenden Schlitz an einem anderen Kantholz, Brett o. Ä. greift;* **b)** *[dünneres] Ende einer Welle, Achse, mit dem es im Lager läuft; Bolzen o. Ä.* **4.** *längliches, an einem Ende spitz zulaufendes Gebilde* (z. B. Eiszapfen). **5.** (Weinbau) *auf zwei Augen gekürzter Trieb, an dem sich die fruchttragenden Triebe bilden.* **6.** (Anat.) *zapfenförmige Sinneszelle in der Netzhaut des Auges.* **7.** (landsch.) *[leichter] Rausch:* er hat einen Z. **8.** ⟨o. Pl.⟩ (österr. ugs.) *große Kälte:* heute hat es aber einen Z.!

zap|fen|ar|tig ⟨Adj.⟩: *zapfenförmig.*

zap|fen|för|mig ⟨Adj.⟩: *von der Form eines lang gestreckten Kegelstumpfes, Kegels, eines Tannenzapfens, Eiszapfens o. Ä.*

Zap|fen|streich, der [eigtl. = Streich (Schlag) auf den Zapfen des Fasses als Zeichen dafür, dass der Ausschank beendet ist, dann: Begleitmusik dazu; vgl. Tattoo] (Militär): **1.** (früher) *musikalisches Signal für das Ende der Ausgeizeit:* den Z. blasen; * **der Große Z.** (1. *Potpourri aus den Zapfenstreichen der verschiedenen Truppengattungen.* 2. *Konzert beim Militär, bei dem u. a. der Große Zapfenstreich gespielt wird*). **2.** ⟨o. Pl.⟩ *Ende der Ausgeizeit:* um 24 Uhr ist Z.; kurz vor Z.; Ü in dem Internat ist um 10 Uhr Z. (ugs.; *beginnt um 10 Uhr die Nachtruhe*).

Zap|fen|zie|her, der; (südwestd.; schweiz.) Korkenzieher.

Zap|fer, der; -s, -: **1.** *jmd., der in einer Gaststätte Getränke zapft:* er arbeitet als Z. im »Weißen Bock«. **2.** (landsch.) *Gastwirt.*

Zap|fe|rin, die; -, -nen: w. Form zu ↑ Zapfer.

Zapf|hahn, der: *Hahn (3) zum Zapfen (1).*

Zapf|pis|to|le, die: *metallenes Endstück eines Zapfschlauchs, das in Form u. Betätigungsweise an eine Pistole erinnert.*

Zapf|säu|le, die: *dem Zapfen von Kraftstoff dienendes, zu einer Tankstelle gehörendes Gehäuse, meist in Form eines hochgestellten Kastens, mit verschiedenen, hinter einer Glasscheibe sichtbaren Anzeigen für die gezapfte Menge Kraftstoff u. den zu zahlenden Betrag.*

Zapf|stel|le, die: **a)** *Stelle mit einer Einrichtung zum Zapfen;* **b)** Tankstelle.

Za|pon|lack, der [Kunstwort]: *farbloser Nitrolack (bes. für Metall).*

Zap|pe|ler: ↑ Zappler.

Zap|pe|le|rin, die; -, -nen: w. Form zu ↑ Zappeler.

zap|pe|lig ⟨Adj.⟩, (selten:) **zapplig** ⟨Adj.⟩ (ugs.): **a)** *(bes. von Kindern) sich ständig unruhig [hin u. her] bewegend:* ein -es Kind; was bist du denn so z.?; **b)** *aufgeregt, innerlich unruhig, nervös:* sie war ganz z. vor Ungeduld.

Zap|pe|lig|keit, (selten:) Zappligkeit, die; - (ugs.): *das Zappeligsein.*

zap|peln ⟨sw. V.; hat⟩ [landsch. Form von mhd. zabelen, ahd. zabalōn, H. u.]: *(mit den Gliedmaßen, mit dem ganzen Körper) schnelle, kurze, heftige, stoßartige Hin-und-her-Bewegungen ausführen:* ein Fisch zappelte an der Angel, im Netz; hör auf zu z.!; die Kinder zappelten vor Ungeduld; mit den Beinen z.; Ü der Ball zappelt im Netz (Sportjargon; *ist im Tor*); * **jmdn. z. lassen** (ugs.; *jmdn. absichtlich länger als nötig auf eine ungeduldig erwartete Nachricht, Entscheidung o. Ä. warten lassen, über etw. im Ungewissen lassen*).

Zap|pel|phi|lipp, der; -s, -e u. -s [nach der Geschichte im »Struwwelpeter«] (ugs. abwertend): *zappeliges* (a) *Kind:* sitz endlich still, du Z.!

zap|pen [auch: ˈzɛpn̩] ⟨sw. V.; hat⟩ [engl. to zap, zur lautm. Interjektion zap] (ugs.): *(beim Fernsehen) mit der Fernbedienung in rascher Folge den Kanal wechseln, auf einen anderen Kanal umschalten:* auf einen anderen Kanal, zu den Nachrichten z.; ständig zwischen zwei Programmen hin und her z.; ⟨auch z. + sich:⟩ sie hat sich durch die Kanäle gezappt.

zap|pen|dus|ter ⟨Adj.⟩ [wohl eigtl. = so dunkel wie nach dem Zapfenstreich] (ugs.): *sehr, völlig dunkel:* plötzlich wurde es z.; Ü mit Jobs ist es z., sieht es z. aus (*ist es ganz schlecht bestellt*).

Zap|per [auch: ˈzɛpɐ], der; -s, - [zu ↑ zappen] (ugs.): *jmd., der [häufig] zappt.*

Zap|pe|rin [auch: ˈzɛpərɪn], die; -, -nen: w. Form zu ↑ Zapper.

Zap|ping [auch: ˈzɛpɪŋ], das; -s [engl. zapping, zu: to zap, ↑ zappen] (ugs.): *das Zappen.*

Zapp|ler, (selten:) Zappeler, der; -s, - (ugs.): *zappeliger* (a), *unruhiger Mensch.*

Zapp|le|rin, die; -, -nen: w. Form zu ↑ Zappler.

Zapp|ler|uhr, die: *kleine Uhr mit einem Pendel, das sich sehr schnell vor dem Zifferblatt hin- u. herbewegt.*

zapp|lig: ↑ zappelig.

Zapp|lig|keit: ↑ Zappeligkeit.

zapp|za|rapp ⟨Interj.⟩ [wohl entstellt aus russ. zabrat' = packen, wegnehmen] (ugs.): *bezeichnet eine rasche, unauffällige Bewegung, mit der etw. weggenommen, entwendet wird.*

Zar, der; -en, -en [russ. car' < got. kaisar, ↑ Kaiser]: **a)** ⟨o. Pl.⟩ *Titel des Monarchen im vorrevolutionären Russland (zeitweise auch Herrschertitel in Bulgarien u. Serbien);* **b)** *Träger des Titels Zar:* Z. Peter der Große; das Russland der -en.

-zar, der; -en, -en: *kennzeichnet in Bildungen mit Substantiven jmdn. als führend, beherrschend, [wirtschaftlich] sehr mächtig auf einem bestimmten Gebiet:* Medien-, Zigarrenzar.

Za|ren|fa|mi|lie, die: *Familie des Zaren.*

Za|ren|hof, der: *Hof (3 a) des Zaren.*

Za|ren|reich, das: *Reich, in dem ein Zar herrscht (bes. das zaristische Russland).*

Za|ren|tum, das; -s: **a)** *monarchische Staatsform, bei der ein Zar Herrscher ist;* **b)** *das Zarsein.*

Za|re|witsch, der; -[s], -e [russ. carevič]: *Sohn eines russischen Zaren, einer russischen Zarin; russischer Kronprinz.*

Zar|ge, die; -, -n [mhd. zarge, ahd. zarga = Seitenwand] (Fachspr.): **a)** *Einfassung einer Tür-, Fensteröffnung;* **b)** *waagerechter rahmenartiger Teil eines Tisches, Stuhles, einer Bank o. Ä., an dessen Ecken die Beine befestigt sind;* **c)** *die senkrechten Wände bildender Teil einer Schachtel, eines Gehäuses o. Ä.:* die Z. des Plattenspielers ist aus Holz; **d)** *Seitenwand eines Saiteninstruments mit flachem Korpus, einer Trommel.*

Za|rin, die; -, -nen: **1. a)** w. Form zu ↑ Zar (a); **b)** w. Form zu ↑ Zar (b): Z. Katharina die Große. **2.** *Ehefrau eines Zaren.*

-za|rin, die; -, -nen: w. Form zu ↑ -zar.

Za|ris|mus, der; -: *Herrschaft der Zaren bzw. Zarinnen; Zarentum* (a).

za|ris|tisch ⟨Adj.⟩: *zum Zarismus gehörend, für ihn charakteristisch, ihn betreffend, von ihm geprägt:* das -e Russland.

zart ⟨Adj.⟩ [mhd., ahd. zart, H. u.]: **1. a)** *[auf anmutige Weise] empfindlich, verletzlich, zerbrechlich [wirkend] u. daher eine besonders behutsame, vorsichtige, schonende, pflegliche Behandlung verlangend:* ein -es Gebilde, Geschöpf; ein -es Kind; -e Knospen, Triebe; eine -e Haut; -es Porzellan; ein -er (*feiner, weicher*) Flaum; -e (*enge*) Spitzen; eine Creme, die Ihre Hände z. (*weich, geschmeidig*) macht; Ü eine -e (*schwache, labile*) Gesundheit, Konstitution; das Kind starb im -en (geh.; *sehr jungen*) Alter von vier Jahren; Am Wegrand hatten Panzer die -e Saat in breiten Spuren aufgerissen (Kronauer, Bogenschütze 173); **b)** *sehr empfindlich [reagierend], sensibel; mimosenhaft:* ein -es Gemüt; ich wusste gar nicht, dass du so z. besaitet bist; …diese Frau, die das -e Empfinden mit der Muttermilch einsog (R. Walser, Gehülfe 61). **2.** *auf angenehme Weise weich, mürbe od. locker, leicht zu kauen, im Mund zergehend od. zerfallend:* -es Fleisch, Gemüse; -e Vollmilchschokolade; das Steak war sehr schön z. **3.** *durch einen niedrigen Grad von Intensität o. Ä. die Sinne od. das ästhetische Empfinden auf angenehm sanfte, milde, leichte Art u. Weise reizend:* ein -es Blau, Rosa; ein -er (*heller*) Teint; -e Klänge; eine -e Berührung; ein -er Kuss; ein -er Duft; ein -es Aquarell; sie zeichnete mit -en (*feinen, weichen*) Strichen; ihre Stimme ist, klingt weich und z.; ganz z. getöntes Glas. **4. a)** *zartfühlend, einfühlsam, rücksichtsvoll:* sie geht nicht gerade z. mit ihm um; **b)** *zurückhaltend, nur angedeutet, nur andeutungsweise, dezent* (a): eine -e Andeutung.

zart|be|sai|tet, zart be|sai|tet ⟨Adj.⟩ [urspr. = mit zarten Saiten bespannt] (oft scherzh.): *sehr empfindsam, sensibel, in seinen Gefühlen sehr leicht zu verletzen, sich leicht zu schockieren:* ein -es Gemüt; ich wusste gar nicht, dass du so z. bist!

zart|bit|ter ⟨Adj.⟩: *(von Schokolade) dunkel u. von leicht bitterem Geschmack:* -e Schokolade.

Zart|bit|ter|scho|ko|la|de, die: *zartbittere Schokolade.*

zart|blau ⟨Adj.⟩: *einen zarten Blauton aufweisend.*

zart|far|big ⟨Adj.⟩ (seltener): *einen zarten Farbton aufweisend.*

zart|füh|lend, zart füh|lend ⟨Adj.⟩: **a)** *Zartge-*

Zartgefühl – Zauberwort

fühl (a), Taktgefühl habend: es war nicht sehr z. von dir, dieses Thema anzuschneiden; **b)** (selten) *empfindlich:* solche brutalen Szenen sind nichts für -e Gemüter.

Zart|ge|fühl, das ⟨Pl. selten⟩: **a)** *ausgeprägtes Einfühlungsvermögen, Taktgefühl:* sie ging mit dem größten Z. zu Werke; Daraufhin löste ich mich von der Gruppe und ging allein weiter. Das war wohl das Mindeste, was das Z. von mir verlangte (Nossack, Begegnung 12); **b)** (selten) *Empfindlichkeit.*

zart|gelb ⟨Adj.⟩: vgl. zartblau.

zart|glie|de|rig (selten), **zart|glied|rig** ⟨Adj.⟩: *einen feinen, zarten Gliederbau aufweisend; grazil:* -e Finger, Hände.

zart|grün ⟨Adj.⟩: vgl. zartblau.

zart|häu|tig ⟨Adj.⟩: *eine zarte Haut habend.*

Zart|heit, die; -, -en [mhd. zartheit]: **1.** ⟨o. Pl.⟩ **a)** *zarte* (1, 4, 5) *Beschaffenheit, zartes Wesen; das Zartsein;* **b)** *zartes* (2, 3) *Wesen; das Zartsein.* **2.** (selten) *etw. Zartes, zart Gesprochenes, Ausgeführtes.*

zärt|lich ⟨Adj.⟩ [mhd. zertlich, zartlich, ahd. zartlich = anmutig, liebevoll, weich]: **1.** *starke Zuneigung ausdrückend, von starker Zuneigung zeugend, liebevoll* (2): ein -er Blick, Kuss, Brief; -e Worte; z. zu jmdm. sein; z. [miteinander] werden (verhüll.; *ein Liebesspiel beginnen*); sich z. küssen, streicheln, in die Augen sehen; Ursula ..., die aber überall kurz und z. Tulla gerufen wurde (Grass, Hundejahre 78). **2.** (geh.) *fürsorglich, liebevoll* (1 a): eine -e Ehefrau; sie sorgte z. für ihre alte Mutter; ... ist dieser sonderbare Mann daheim der rührendste Gatte, der -ste Familienvater (St. Zweig, Fouché 68). ♦ **3.** *zart* (1 a): Die -e Nerve hält Freveln fest, die die Menschheit an ihren Wurzeln zernagen (Schiller, Kabale V, 7).

Zärt|lich|keit, die; -, -en [spätmhd. zertlîcheit = Anmut]: **1.** ⟨o. Pl.⟩ *starkes Gefühl der Zuneigung u. damit verbundener Drang, dieser Zuneigung Ausdruck zu geben; das Zärtlichsein:* sie empfand eine große Z. für sie; sich nach [jmds.] Z. sehnen; voller Z. küssten, umarmten sie sich; Wie immer, wenn Bolina seine Tochter plötzlich sah, füllte sich sein Herz mit einer wehmütigen Z. (Edschmid, Liebesengel 55). **2.** ⟨meist Pl.⟩ *zärtliche* (1) *Liebkosung:* -en austauschen; es ist zwischen den beiden auch zu -en gekommen; Und hoch, stürmischer als beim iberischen Blutspiel, sah ich unter meinen glühenden -en die königlichen Busen wogen (Th. Mann, Krull 442). **3.** ⟨o. Pl.⟩ (geh.) *Fürsorglichkeit:* sie pflegte das Kind mit der größten Z.

Zärt|lich|keits|be|dürf|nis, das: *Bedürfnis nach Zärtlichkeit, nach Zärtlichkeiten.*

zart|li|la ⟨Adj.⟩: vgl. zartblau.

zart ma|chen, zart|ma|chen ⟨sw. V.; hat⟩: s. zart (1 a).

Zart|ma|cher, der (Chemie): *Substanz, die dazu verwendet wird, Fleisch zarter zu machen.*

zart|ro|sa ⟨indekl. Adj.⟩: vgl. zartblau.

zart schmel|zend, zart|schmel|zend ⟨Adj.⟩: *(bes. von Schokolade o. Ä.) im Mund sanft u. angenehm schmelzend:* eine zart schmelzende Kuvertüre.

zart|vi|o|lett ⟨Adj.⟩: vgl. zartblau.

Zar|zu|e|la [sarˈsu̯eːla], die; -, -s [span. zarzuela, zu: zarza = Brombeerstrauch, Dornbusch]: **1.** [wohl nach dem Lustschloss La Zarzuela bei Madrid, wo die Singspiele zuerst aufgeführt wurden] (Musik) *spanisches Singspiel.* **2.** *spanischer Eintopf aus Fischen [u. anderen Meeresfrüchten].*

Zä|si|um: ↑ Cäsium (Zeichen: Cs).

Zä|si|um, das; -s [zu lat. caesius = blaugrau (wegen der blauen Doppellinie im Spektrum)].

Zas|ter, der; -s [aus der Gaunerspr. < Romani sás-

ter = Eisen < aind. śastra = Waffe aus Eisen] (salopp): *Geld:* ich brauch dringend Z.; rück den Z. raus!

Zä|sur, die; -, -en [lat. caesura, eigtl. = das Hauen; Hieb; Schnitt, zu: caesum, 2. Part. von: caedere = hauen, schlagen]: **a)** (Verslehre) *metrischer Einschnitt innerhalb eines Verses;* **b)** (Musik) *durch eine Pause od. ein anderes Mittel markierter Einschnitt im Verlauf eines Musikstücks;* **c)** (bildungsspr.) *Einschnitt (besonders in einer geschichtlichen Entwicklung); markanter Punkt:* eine markante, deutlich sichtbare Z.; setzen; dieses Werk bildet eine Z. in ihrem Schaffen.

Zau|ber, der; -s, - [mhd. zouber, ahd. zoubar = Zauberhandlung, -spruch, -mittel, H. u.]: **1.** ⟨Pl. selten⟩ **a)** *Handlung des Zauberns* (1 a); *magische Handlung, magisches Mittel:* einen Z. anwenden; Z. treiben; *fauler Z.* (ugs. abwertend; *Schwindel:* diese Wundermittel sind doch nur fauler Z.); **b)** *Zauberkraft; magische Wirkung:* in dem Amulett steckt ein geheimer Z.; einen Z. *(Zauberspruch)* über jmdn. aussprechen; den Z. *(Zauberbann)* lösen. **2.** ⟨o. Pl.⟩ *auf gleichsam magische Weise anziehende Ausstrahlung, Wirkung; Faszination, Reiz:* der Z. der Landschaft, der Manege; ihr Gesang übt einen großen Z. auf ihn aus; er war ihrem Z. erlegen; ... alles, was es hier gab, hatte für Sybille den Z. des Provisorischen (Frisch, Stiller 301). **3.** ⟨o. Pl.⟩ (ugs. abwertend) *etw., was für übertrieben, unnötig, lästig gehalten wird:* einen mächtigen Z. veranstalten; ich mache den Z. nicht mit; was kostet der ganze Z. *(das Zeug, alles zusammen)?*

Zau|ber|bann, der (geh.): *durch Zauberkraft bewirkter Bann* (2).

Zau|ber|buch, das: *Buch mit Anleitungen für die Ausübung von Zauberei* (1), *mit Zaubersprüchen, Zauberformeln u. a.*

Zau|be|rei, die; -, -en [mhd. zouberîe]: **1.** ⟨o. Pl.⟩ *das Zaubern* (1 a); *Magie:* er glaubt an Z.; was sie da macht, grenzt schon an Z. **2.** *Zauberkunststück, Zaubertrick:* er führte allerlei -en vor.

Zau|be|rer, (selten:) **Zaubrer,** der; -s, - [mhd. zouberære, ahd. zoubarari]: **1.** *jmd., der Zauberkräfte besitzt; Magier* (a): Ü ein Z. am Pult *(ein begnadeter, genialer Dirigent).* **2.** *jmd., der Zaubertricks ausführt, vorführt.*

Zau|ber|flö|te, die: *Flöte, der Zauberkräfte innewohnen.*

Zau|ber|for|mel, die: **1.** *beim Zaubern* (1 a) *zu sprechende Formel* (z. B. »Abrakadabra«). **2.** *Patentlösung;* ¹*Parole* (1): »Internet« heißt die Z.

Zau|ber|gar|ten, der: **1.** *verzauberter Garten.* **2.** (geh.) *wie verzaubert wirkender Garten.*

zau|ber|haft ⟨Adj.⟩: *bezaubernd, entzückend:* ein -es Kleid; es war ein -er Abend; sie sah z. aus.

Zau|ber|hand, die: *in der Fügung* **wie von/durch Z.** *(plötzlich u. auf unerklärliche Weise:* die Tür öffnete sich wie von Z.).

Zau|be|rin, die; -, -nen [mhd. zouberærinne, ahd. zoubararîn]: w. Form zu ↑ Zauberer.

zau|be|risch, (selten:) **zaubrisch** ⟨Adj.⟩: **1.** (veraltet) *zauberkräftig:* ein -er Trank. **2.** (geh.) **a)** *traumhaft-unwirklich:* eine -e Szenerie; **b)** *bezaubernd:* ein -es Lächeln.

Zau|ber|kas|ten, der: *Kasten mit Utensilien zur Durchführung von Zaubertricks (bes. als Kinderspielzeug).*

Zau|ber|kraft, die: *übernatürliche Kraft, Wirkung eines Zauberers.*

zau|ber|kräf|tig ⟨Adj.⟩: *Zauberkraft besitzend:* ein -es Wort.

Zau|ber|kunst, die: **1.** ⟨o. Pl.⟩ *Kunst des Zauberns* (1): eine Meisterin der Z. **2.** ⟨meist Pl.⟩

magische Fähigkeit: seine Zauberkünste versagten.

Zau|ber|künst|ler, der: *jmd., der Zauberkunststücke vorführt.*

Zau|ber|künst|le|rin, die: w. Form zu ↑ Zauberkünstler.

Zau|ber|kunst|stück, das: *Zaubertrick.*

Zau|ber|land, das ⟨Pl. ...länder; Pl. selten⟩: *Land, in dem Zauberkräfte wirksam sind:* die Fee entführte ihn in ein Z.

Zau|ber|lehr|ling, der: **1.** *Lehrling eines Zauberers.* **2.** [nach Goethes Gedicht »Der Zauberlehrling«] (spött. abwertend) *jmd., der etwas schafft, initiiert, was bald nicht mehr zu kontrollieren ist:* niemand stoppte die -e der Börsenspekulation.

zau|ber|mäch|tig ⟨Adj.⟩: vgl. zauberkräftig.

Zau|ber|meis|ter, der: *Meister der Zauberei* (1).

Zau|ber|meis|te|rin, die: w. Form zu ↑ Zaubermeister.

Zau|ber|mit|tel, das: **1.** *Hilfsmittel zum Zaubern* (1) (z. B. Zauberstab). **2.** ¹*Mittel* (2 a), *das durch Zauberkraft wirkt.* **3.** (oft iron.) *auf wundersame Weise wirksames* ¹*Mittel* (1): Wirtschaftswachstum gilt als Z. gegen Arbeitslosigkeit und Staatsverschuldung.

zau|bern ⟨sw. V.; hat⟩ [mhd. zoubern, ahd. zouberôn, zu ¹ Zauber]: **a)** *übernatürliche Kräfte einsetzen u. dadurch etw. bewirken:* die alte Hexe kann z.; R ich kann doch nicht z. (ugs.; *so schnell kann ich das nicht; das ist doch ganz unmöglich*); **b)** *Zaubertricks ausführen, vorführen:* er zaubert im Varieté; Ü dann begannen die Brasilianer zu z. (Sportjargon; *mit Tricks, erstaunlicher Leichtigkeit u. großem Können zu spielen*). **2.** *durch Magie, einen Trick hervorbringen, erscheinen, verschwinden lassen:* die Fee sollte ihr einen Bräutigam z.; sie zauberte ihn in eine Flasche, aus dem Hut eine Taube aus dem Hut; Ü die Aktienkurse auf den Bildschirm z. **3.** *wie durch Zauberkraft od. einen Zaubertrick schaffen, mit großem Können, Geschick od. Leichtigkeit hervorbringen, entstehen lassen:* sie hatten in kürzester Zeit ein Menü aus fünf Gängen auf den Tisch gezaubert; sie hat sich aus den Stoffresten ein Kleid gezaubert.

Zau|ber|nuss, die: *(in Amerika u. Asien heimische) der Haselnuss ähnliche Pflanze, aus deren Rinde ein in pharmazeutischen u. kosmetischen Präparaten verwendeter Extrakt gewonnen wird u. aus deren Zweigen Wünschelruten geschnitten werden; Hamamelis.*

Zau|ber|pries|ter, der (Völkerkunde): *Priester, der über magische Fähigkeiten verfügt.*

Zau|ber|pries|te|rin, die: w. Form zu ↑ Zauberpriester.

Zau|ber|reich, das: vgl. Zauberland: in Frau Holles Z.; Ü das Z. der Operette, der Träume.

Zau|ber|schlag, der: *plötzlich wirksam werdender Zauber:* Ü mit einem Z. wurde es ihr bewusst.

Zau|ber|schloss, das: *verzaubertes Schloss.*

Zau|ber|spruch, der: *Spruch* (1 a), *der eine bestimmte magische Wirkung hervorbringen soll.*

Zau|ber|stab, der: **1.** *von Zauberern, Magiern verwendeter Stab, dem Zauberkraft zugesprochen wird.* **2.** (als ®) *Pürierstab.*

Zau|ber|trank, der: *vgl. Zaubermittel* (2): der Druide braute einen Z.

Zau|ber|trick, der: *Trick* (c), *durch den der Anschein erweckt wird, der Ausführende bringe mit übernatürlichen Kräften Wirkungen hervor:* einen Z. vorführen.

Zau|ber|wald, der: *verzauberter Wald.*

Zau|ber|welt, die: vgl. Zauberland.

Zau|ber|wort, das ⟨Pl. -e⟩: vgl. Zauberformel (2):

sag das Z., wie heißt das Z.? (fam.; Aufforderung an Kinder, »bitte« zu sagen).
Zau|ber|wür|fel, der: *(als eine Art Geschicklichkeits- u. Geduldsspiel hergestellter) Würfel, der aus einzelnen, in drei mal drei jeweils gegeneinander verdrehbaren Schichten angeordneten kleineren Würfeln aufgebaut ist u. bei dem im zu erreichenden Zustand jede der sechs Flächen eine andere (einheitliche) Farbe aufweist:* der rubiksche Z.
Zau|ber|wur|zel, die (Volkskunde): *zauberkräftige Wurzel (z. B. Alraunwurzel).*
Zaub|rer: ↑ Zauberer.
Zaub|re|rin, die; -, -nen: w. Form zu ↑ Zaubrer.
zaub|risch: ↑ zauberisch.
Zau|de|rei, die; -, -en (meist abwertend): *[dauerndes] Zaudern.*
Zau|de|rer, Zaudrer, der; -s, -: *jmd., der [häufig] zaudert.*
Zau|de|rin, die; -, -nen: w. Form zu ↑ Zauderer.
zau|dern ⟨sw. V.; hat⟩ [Iterativbildung zu mhd. (md.) zūwen = (weg)ziehen, sich wegbegeben]: *unentschlossen zögern; unschlüssig sein:* nur kurz, zu lange, nicht länger z.; sie zauderte mit der, vor der Ausführung des Planes; er hielt zaudernd inne; ⟨subst.:⟩ ohne Zaudern einwilligen; ...ich zaudere vor keinem Gang hinaus ins Freie (Handke, Kaspar 84).
Zaud|rer: ↑ Zauderer.
Zaud|re|rin, die; -, -nen: w. Form zu Zaudrer.
Zaum, der; -[e]s, Zäume [mhd. zoum, ahd. zaum = Seil, Riemen; Zügel, zu ↑ ziehen, eigtl. = das, womit man zieht]: *aus dem Riemenwerk für den Kopf u. der Trense (1 a) bestehende Vorrichtung zum Führen u. Lenken von Reit- od. Zugtieren, bes. Pferden:* einem Pferd den Z. anlegen; **jmdn., sich, etw. im/in Z./*(seltener:) *im -e halten (jmdn., sich, etw. zügeln, mäßigen, unter Kontrolle halten:* sich, seine Gefühle im Z. halten).
zäu|men ⟨sw. V.; hat⟩ [mhd. zöumen, zoumen]: *einem Reit- od. Zugtier den Zaum anlegen:* die Pferde satteln und z.
Zäu|mung, die; -, -en: *Art u. Weise des Zäumens; Art u. Weise des Gezäumtseins.*
Zaum|zeug, der; -[e]s, -e: *Zaum.*
Zaun, der; -[e]s, Zäune [mhd., ahd. zūn = Umzäunung, Hecke, Gehege]: *Abgrenzung, Einfriedigung aus (parallel angeordneten, gekreuzten o. ä.) Metall- od. Holzstäben od. aus Drahtgeflecht:* ein hoher, niedriger, elektrischer Z.; ein Z. aus Latten; einen Z. ziehen, errichten, reparieren, erneuern, anstreichen; die Kinder schlüpften durch den Z., kletterten über den Z.; **ein lebender Z. (eine ¹Hecke* b); **mit etw. [nicht] hinter dem/hinterm Z. halten** *(etw. Wesentliches [nicht] verschweigen:* Ruhig sagen, warum nicht, nicht hinterm Z. halten, mit Offenheit wird alles besser [Döblin, Alexanderplatz 203]); **einen Streit/Zwist/Krieg** o. Ä. **vom Z. brechen** *(heraufbeschwören, plötzlich damit beginnen;* eigtl. = *so unvermittelt mit einem Streit beginnen, wie man eine Latte [als Waffe] von der nächsten Umzäunung bricht).*
zaun|dürr ⟨Adj.⟩ (ugs.): *sehr dünn und sehr mager:* sie ist eine -e Person.
Zaun|ei|dech|se, die [nach dem häufigen Nistplatz unter Zäunen]: *größere Eidechse von braungrüner Farbe mit stumpfer Schnauze u. kurzem, dickem Schwanz.*
Zaun|gast, der ⟨Pl. ...gäste⟩: *jmd., der sich nicht als offizieller Besucher, offizielle Besucherin bei etw. aufhält, sondern nur aus einiger Entfernung zusieht (ohne eingeladen zu sein, ohne dafür bezahlt zu haben):* bei der Feier hatten sich viele [ungebetene] Zaungäste eingefunden.
Zaun|kö|nig, der [spätmhd. (md.) czune künnyck für mhd. küniclīn, ahd. kuniglīn, eigtl. =

Königlein, LÜ von lat. regulus (↑ Regulus); der Name nimmt Bezug auf die schon antike Sage von der Königswahl der Vögel]: *kleiner, in Unterholz, Dickichten, Hecken lebender Singvogel mit bräunlichem, heller gezeichnetem Gefieder.*
Zaun|lat|te, die: *Latte eines Zauns.*
Zaun|pfahl, der: *Pfahl eines Zauns:* ein morscher Z.; **[jmdm.] mit dem Z. winken (jmdm. etw. indirekt, aber doch sehr deutlich zu verstehen geben;* mit »Zaunpfahl« ist in dieser Wendung wohl lediglich etw. Großes, das man nicht übersehen kann, gemeint); **ein Wink mit dem Z.** (↑ Wink 2).
Zaun|pfos|ten, der: vgl. Zaunpfahl.
Zau|sel, der; -s, - [eigtl. wohl = Person mit zerzaustem Haar] (ugs., oft abwertend): *unordentlicher Mann:* was will der Z. hier?
zau|se|lig ⟨Adj.⟩ (ugs.): *unordentlich, zerzaust:* ein -er alter Hund; sein Bart war lang und z.
zau|sen ⟨sw. V.; hat⟩ [mhd. in: zerzūsen, ahd. in: zerzūsōn]: **a)** *an etw. leicht zerren, reißen, darin wühlen u. dabei in Unordnung bringen, durcheinandermachen:* jmds. Haar z.; er zauste ein wenig das Fell, im Fell des Hundes; **b)** *an den Haaren, am Fell zupfen, leicht zerren, darin wühlen:* sie zauste ihn liebevoll; Ü das Schicksal hat sie mächtig gezaust *(hat ihr ziemlich übel mitgespielt);* ich würde dich härter strafen und dich vielleicht sogar schmerzhaft am Haare z. (Th. Mann, Joseph 520).
zau|sig ⟨Adj.⟩ (landsch.): *zerzaust, strubbelig, struppig:* ihre Haare waren ganz z.
ZAV [tsla:|'fau], die; -: **a)** (früher) Zentralstelle für Arbeitsvermittlung; **b)** Zentrale Auslands- und Fachvermittlung (eine Dienststelle der Bundesagentur für Arbeit).
Za|zi|ki, Tsatsiki, der u. das; -s, -s [ngriech.]: *dickflüssige kalte Soße aus Joghurt, Salatgurkenstückchen u. Knoblauch.*
z. B. = zum Beispiel.
ZDF [tsetde:'|ɛf], das; -[s]: *Zweites Deutsches Fernsehen;* Dazu: **ZDF-In|ten|dant,** der; **ZDF-In|ten|dan|tin,** die; **ZDF-Se|rie,** die.
Ze|bu, der od. das; -s, -s [frz. zébu, H. u.]: *Buckelrind.*
Zech|bru|der, der (veraltend). **1.** *Trinker:* er ist ein ziemlicher Z. **2.** *Zechgenosse.*
Ze|che, die; -, -n [mhd. zeche = reihum gehende Verrichtung; (An)ordnung, H. u.]: **1.** *Rechnung für genossene Speisen u. Getränke in einer Gaststätte:* eine teure Z.; eine hohe, große Z. machen *(viel verzehren);* seine Z. bezahlen, begleichen; er hat den Wirt um die Z. *(den Betrag der Zeche)* betrogen; **die Z. prellen (ugs.; in einer Gaststätte seine Rechnung nicht bezahlen);* **die Z. [be]zahlen** (ugs.; *die unangenehmen Folgen von etw. tragen; für einen entstandenen Schaden aufkommen).* **2.** *Grube* (3): eine Z. stilllegen; auf einer Z. arbeiten.
ze|chen ⟨sw. V.; hat⟩ [spätmhd. zechen, wohl zu mhd. zeche (↑ Zeche) in der Bed. »gemeinsamer Schmaus«] (veraltend, noch scherzh.): *[gemeinsam mit andern] große Mengen Alkohol trinken:* ausgiebig, fröhlich, die Nacht hindurch, bis zum frühen Morgen z.
Ze|chen|ster|ben, das; -s: *Folge, Welle von Zechenstilllegungen.*
Ze|chen|still|le|gung, die: *Stilllegung einer Zeche* (2).
Ze|cher, der; -s, - (veraltend, noch scherzh.): *jmd., der [gerne u. häufig] zecht:* ein fröhlicher, lustiger, stiller Z.
Ze|che|rei, die; -, -en (veraltend, noch scherzh.): *ausgiebiges Zechen; Trinkgelage.*
Ze|che|rin, die; -, -nen: w. Form zu ↑ Zecher.
Zech|ge|la|ge, das: *Trinkgelage.*
Zech|ge|nos|se, der (veraltend): *jmd., der mit einem anderen, mit anderen zusammen trinkt.*
Zech|ge|nos|sin, die: w. Form zu ↑ Zechgenosse.
Zech|prel|ler, der: *jmd., der Zechprellerei begeht.*
Zech|prel|le|rei, die: *das Nichtbezahlen der Rechnung für genossene Speisen u. Getränke in einer Gaststätte.*
Zech|prel|le|rin, die; -, -nen: w. Form zu ↑ Zechpreller.
Zech|tour, die: *[gemeinsam mit anderen unternommener] Besuch mehrerer Gaststätten, bei dem große Mengen Alkohol getrunken werden.*
Zeck, der; -[e]s, -e (südd., österr. ugs.): *Zecke:* Er war zäh wie ein resistentes Bakterium und genügsam wie ein Z., der still auf einem Baum sitzt und von einem winzigen Blutströpfchen lebt (Süskind, Parfum 27).
Ze|cke, die; -, -n [mhd. zecke, ahd. cecho, viell. verw. mit lit. dëgti = stechen u. eigtl. = stechendes, zwickendes Insekt]: *große Milbe, die sich auf der Haut von Tieren u. Menschen festsetzt u. deren Blut saugt.*
Ze|cken|biss, der: *Biss einer Zecke.*
Ze|cken|en|ze|pha|li|tis, die: *durch Zecken übertragene, virusbedingte Enzephalitis.*
Ze|cken|stich, der: *Stich einer Zecke; Zeckenbiss.*
Ze|dent, der; -en, -en [zu lat. cedens (Gen.: cedentis), 1. Part. von: cedere = überlassen] (Rechtsspr.): *Gläubiger, der seine Forderung an einen Dritten abtritt.*
Ze|den|tin, die; -, -nen: w. Form zu ↑ Zedent.
Ze|der, die; -, -n [mhd. zēder, cēder(boum), ahd. cēdar(boum) < lat. cedrus = Zeder(wacholder) < griech. kédros = Wacholder; Zeder]: **1.** *(im Mittelmeerraum heimischer) hoher, immergrüner Nadelbaum mit unregelmäßig ausgebreiteter Krone, steifen, meist dreikantigen Nadeln u. aufrecht stehenden, eiförmigen bis zylindrischen Zapfen.* **2.** ⟨o. Pl.⟩ *fein strukturiertes, hellrötliches bis graubraunes, aromatisch duftendes Holz der Zeder (1) (u. einiger anderer nach Zeder duftender Bäume).*
Ze|dern|holz, das ⟨Pl. ...hölzer⟩: *Zeder* (2).
Zeh, der; -s, -en, **Ze|he,** die; -, -n [mhd. zēhe, ahd. zēha, wohl verw. mit ↑ zeihen u. eigtl. = Zeiger, also urspr. Bed. des Fingers]: **1.** *eines der (beim Menschen u. vielen Tieren) beweglichen Glieder am Ende des Fußes:* aus seinem Strumpf schaute eine Zehe, ein Zeh hervor; ich habe mir zwei Zehen, den großen Zeh, die zweite Zehe gebrochen; sie stellte sich auf die Zehen, schlich auf [den] Zehen durchs Zimmer; ****jmdm. auf die Zehen treten** (1. ugs.; *jmdm. zu nahe treten; jmdn. beleidigen.* 2. ugs. *jmdn. unter Druck setzen, zur Eile antreiben*); **etw. im kleinen Zeh spüren** (ugs.; *etw. vorausahnen;* geht darauf zurück,

dass sich bei Menschen mit rheumatischen o. ä. Beschwerden ein Wetterumschlag durch vermehrte Schmerzen ankündigen kann). **2.** ⟨nur Zehe⟩ *(beim Knoblauch) einzelner kleiner Teil einer Knolle:* eine halbe Zehe Knoblauch zerdrücken.
◆ **ze|hen:** ↑ zehn: *... mehr Perlen und Brillanten ... als z. Könige in ihren Diademen getragen* (Schiller, Kabale II, 2).
Ze|hen|gän|ger, der (Zool.): *Säugetier, das beim Gehen nur mit den Zehen auftritt.*
Ze|hen|glied, das: *Glied einer Zehe.*
Ze|hen|na|gel, (seltener:) Zehnagel, der: *Fußnagel:* jmdm., sich die Zehennägel schneiden.
Ze|hen|spit|ze, die: *Ende des letzten Gliedes einer Zehe:* sich auf die -n stellen; auf [den] -n *(ganz leise u. nur mit der Fußspitze auftretend)* hinausschleichen.
Ze|hent, der; -en, -en (bes. österr.): *Zehnt.*
◆ **ze|hent...:** ↑ zehnt...: *Gibt ja jeder Verleger seinem Sammler das zehente Exemplar gratis* (Schiller, Räuber II, 3).
zehn (Kardinalz.) [mhd. zehen, ahd. zehan, altes idg. Zahlwort] (in Ziffern: 10): vgl. ¹acht: die z. Finger der Hände.
Zehn, die; -, -en: a) *Zahl 10:* eine Z. an die Tafel schreiben; b) *Spielkarte mit zehn Zeichen;* c) (ugs.) *Wagen, Zug der Linie 10:* wo hält die Z.?
Zeh|na|gel, der: ↑ Zehennagel.
zehn|bän|dig ⟨Adj.⟩: vgl. achtbändig.
Zehn|cent|stück, Zehn-Cent-Stück, das (mit Ziffern: 10-Cent-Stück): *Münze mit dem Nennwert zehn Cent.*
Zehn|eck, das; -[e]s, -e: vgl. Achteck.
zehn|eckig ⟨Adj.⟩: vgl. achteckig.
zehn|ein|halb (Bruchz.) ⟨mit Ziffern: 10 ¹/₂⟩: vgl. achteinhalb.
Zehn|en|der, der; -s, -: vgl. Achtender.
Zeh|ner, der; -s, -. **1.** (ugs.) a) (früher) *Zehnpfennigstück;* b) (früher) *Zehnmarkschein;* c) *Zehncentstück;* d) *Zehnneuroschein.* **2.** (Math.) *(im Dezimalsystem) Zehn als zweitkleinste Einheit, deren Anzahl durch die an vorletzter Stelle einer mehrstelligen Zahl stehende Ziffer angegeben wird:* nach den Einern werden die Z. addiert. **3.** (landsch., österr.) *Zehn* (a, c). **4.** vgl. Achtziger (2).
Zeh|ner|jah|re, zeh|ner Jah|re [auch: 'tse:n...'ja:...] ⟨Pl.⟩: **1.** *zwischen zehntem u. zwanzigstem Geburtstag liegendes Lebensjahrzehnt.* **2.** *die Jahre 10 bis 19 eines bestimmten Jahrhunderts umfassendes Jahrzehnt.*
Zeh|ner|kar|te, die: *Fahrkarte, Eintrittskarte o. Ä., die zehnmal zum Fahren, zum Eintritt o. Ä. berechtigt.*
zeh|ner|lei (best. Gattungsz.; indekl.) [↑ -lei]: vgl. achterlei.
Zeh|ner|lo|ga|rith|mus, der (Math.): *dekadischer Logarithmus.*
Zeh|ner|pa|ckung, die: *Packung, die zehn Stück von etw. enthält.*
Zeh|ner|po|tenz, die (Math.): *Potenz (3) der Zahl Zehn:* eine Zahl als Z. schreiben.
Zeh|ner|rei|he, die: vgl. Achterreihe.
Zeh|ner|sys|tem, das (Math.): *Dezimalsystem.*
Zehn|eu|ro|schein, Zehn-Eu|ro-Schein, der (mit Ziffern: 10-Euro-Schein): *Geldschein mit dem Nennwert zehn Euro.*
zehn|fach (Vervielfältigungsz.) ⟨mit Ziffern: 10-fach, 10fach⟩: vgl. achtfach.
Zehn|fa|ches, das: *das Zehnfache/ein Zehnfaches; des/eines Zehnfachen* (mit Ziffern: 10-Faches, 10faches); vgl. Achtfaches.
Zehn|fin|ger-Blind|schrei|be|me|tho|de, die,
Zehn|fin|ger-Blind|schreib|me|tho|de, die,
Zehn|fin|ger|sys|tem, das ⟨o. Pl.⟩: *Methode, mit allen zehn Fingern auf einer Schreibmaschine od. Computertastatur zu schreiben, ohne dabei auf die Tasten zu sehen.*
Zehn|fin|ger|sys|tem: ↑ Zehnfinger-Blindschreibemethode.
Zehn|flach, das (Math.): *Dekaeder.*
zehn|flä|chig ⟨Adj.⟩: *zehn Flächen habend.*
Zehn|fläch|ner, der; -s, - (Math.): *Zehnflach.*
Zehn|fü|ßer, der; -s, -, **Zehn|fuß|krebs,** der: *Krebs mit zehn Beinen, von denen die beiden vordersten meist Scheren tragen* (z. B. Garnele, Krabbe).
zehn|jäh|rig ⟨Adj.⟩ ⟨mit Ziffern: 10-jährig⟩: vgl. achtjährig.
Zehn|jäh|ri|ge, die/eine Zehnjährige; der/einer Zehnjährigen, die Zehnjährigen/zwei Zehnjährige (mit Ziffern: 10-Jährige): *Mädchen von zehn Jahren.*
Zehn|jäh|ri|ger, der Zehnjährige/ein Zehnjähriger; des/eines Zehnjährigen, die Zehnjährigen/zwei Zehnjährige (mit Ziffern: 10-Jähriger): *Junge von zehn Jahren.*
zehn|jähr|lich ⟨Adj.⟩ ⟨mit Ziffern: 10-jährlich⟩: vgl. achtjährlich.
Zehn|kampf, der (Sport): *Mehrkampf in der Leichtathletik für Männer, der im Verlauf von zwei aufeinander folgenden Tagen in zehn einzelnen Disziplinen ausgeführt wird.*
Zehn|kämp|fer, der (Sport): *Leichtathlet, der Zehnkämpfe bestreitet.*
zehn|köp|fig ⟨Adj.⟩: *aus zehn Personen bestehend, zusammengesetzt:* eine -e Kommission.
zehn|mal (Wiederholungsz.; Adv.): **a)** vgl. achtmal; **b)** (ugs.) *sehr viel, sehr oft:* das hab ich dir schon z. gesagt!; **c)** (ugs.) *noch so sehr, noch so oft:* und wenn du z. das gesagt hast, es stimmt nicht!; Sie können z. Nadines Freund sein, ich kann nicht um Ihrethalben meine Stelle riskieren (Seghers, Transit 260).
zehn|ma|lig ⟨Adj.⟩: vgl. achtmalig.
Zehn|mark|schein, der (früher) (mit Ziffern: 10-Mark-Schein): vgl. Fünfmarkschein.
Zehn|me|ter|turm, der: vgl. Fünfmeterturm.
zehn|mi|nü|tig ⟨Adj.⟩ ⟨mit Ziffern: 10-minütig⟩: *zehn Minuten dauernd:* ein -es Gespräch.
zehn|mo|na|tig ⟨Adj.⟩ ⟨mit Ziffern: 10-monatig⟩: **a)** *zehn Monate alt:* das Bild zeigt Fido als -en Welpen; **b)** *zehn Monate dauernd:* ein -er Auslandsaufenthalt.
Zehn|pfen|nig|stück, das (früher) (mit Ziffern: 10-Pfennig-Stück): *Münze mit dem Nennwert zehn Pfennig.*
zehn|pro|zen|tig ⟨Adj.⟩ ⟨mit Ziffern: 10-prozentig⟩: *zehn Prozent umfassend, beinhaltend:* eine -e alkoholische Lösung; gefordert wurde eine -e Lohnerhöhung.
zehn|sei|tig ⟨Adj.⟩ ⟨mit Ziffern: 10-seitig⟩: vgl. achtseitig.
zehn|stel|lig ⟨Adj.⟩ ⟨mit Ziffern: 10-stellig⟩: vgl. achtstellig.
zehn|stö|ckig ⟨Adj.⟩ ⟨mit Ziffern: 10-stöckig⟩: vgl. achtstöckig.
zehn|stün|dig ⟨Adj.⟩ ⟨mit Ziffern: 10-stündig⟩: *zehn Stunden dauernd:* wir hatten eine -e Flugreise hinter uns.
zehnt: in der Fügung **zu z.** *(als Gruppe von zehn Personen:* sie kamen zu z.).
Zehnt, der; -en, -en [mhd. zehende, zehent, ahd. zehanto, zu ↑ zehnt...]: *(vom MA. bis ins 19. Jh. bes. an die Kirche zu leistende) Abgabe des zehnten Teils vom Ertrag eines Grundstücks.*
zehnt... (Ordinalz. zu ↑ zehn) [mhd. zehende, zehent, ahd. zehanto] (mit Ziffern: 10.): vgl. achte.
zehn|tä|gig ⟨Adj.⟩ ⟨mit Ziffern: 10-tägig⟩: *zehn Tage dauernd:* ein -er Urlaub.
zehn|tau|send ⟨Kardinalz.⟩ (in Ziffern: 10 000): vgl. tausend; * **die oberen Zehntausend/zehntausend,** *(scherzh.) die reichste, vornehmste Gesellschaftsschicht).*
Zehn|tau|send, das; -s, -e u. -: vgl. ¹Hundert (2).

Zehn|te, der; -n, -n (Geschichte): *Zehnt.*
zehn|tei|lig ⟨Adj.⟩ ⟨mit Ziffern: 10-teilig⟩: vgl. achtteilig.
zehn|tel (Bruchz.) ⟨als Ziffer: /₁₀⟩: vgl. achtel.
¹Zehn|tel, das, schweiz. auch: der; -s, - [mhd. zehenteil]; vgl. ¹Achtel.
²Zehn|tel, die; - (ugs.): *Kurzf. von* ↑ Zehntelsekunde: sie lief die erste Runde zwei Z. schneller als die anderen.
Zehn|tel|mil|li|me|ter, der, früher fachspr. auch: das; -s, -: *zehnter Teil eines Millimeters.*
Zehn|tel|no|te, die: *zehnter Teil einer ganzen Note* (2).
Zehn|tel|pro|zent, das: *zehnter Teil eines Prozents.*
Zehn|tel|punkt, der (bes. Sport): *zehnter Teil eines Punktes* (5 a).
Zehn|tel|se|kun|de, die: *zehnter Teil einer Sekunde.*
zehn|tens ⟨Adv.⟩ (in Ziffern: 10.): vgl. achtens.
◆ **Zehnt|gar|be,** die: *jede zehnte* ¹Garbe (1), *die als Abgabe dem Grundherrn zufällt:* Der Ritter fragte nach keinem von der Jahreszeit gebotenen Werk ... Dazu schenkte er keine Z., kein Mäß Bodenzins (Gotthelf, Spinne 30).
Zehn|ton|ner, der; -s, - (mit Ziffern: 10-Tonner): vgl. Achttonner.
zehn|wö|chig ⟨Adj.⟩ ⟨mit Ziffern: 10-wöchig⟩: **a)** *zehn Wochen alt:* ein -es Baby; **b)** *zehn Wochen dauernd:* einen -en Lehrgang absolvieren.
zeh|ren ⟨sw. V.; hat⟩: **1.** [mhd. zern = für Essen u. Trinken aufwenden; sich nähren, zu ahd. zeran = zerreißen; kämpfen] *etw. Vorhandenes aufbrauchen, um davon zu leben:* sie mussten bereits von ihren Ersparnissen, von der Substanz z.; Ü von schönen Erinnerungen z. *(sich daran nachträglich noch erfreuen);* er zehrt noch von seinem alten Ruhm *(sein alter Ruhm kommt ihm immer noch zugute).* **2. a)** *die körperlichen Kräfte stark angreifen, verbrauchen; schwächen:* Fieber, die Seeluft zehrt; **b)** *jmdm. sehr zusetzen, sich bei jmdm. schädigend auswirken, etw. stark in Mitleidenschaft ziehen:* die ständigen Aufregungen zehrten an ihren Nerven.
Zehr|geld, das (veraltet): *Geld, das auf einer Reise bes. für die Ernährung bestimmt ist.*
Zei|chen, das; -s, - [mhd. zeichen, ahd. zeihhan, verw. mit ↑ zeihen]: **1. a)** *etw. Sichtbares, Hörbares (bes. eine Geste, Gebärde, ein Laut o. Ä.), das als Hinweis dient, etw. deutlich macht, mit dem jmd. auf etw. aufmerksam gemacht, zu etw. veranlasst o. ä. wird:* ein leises, heimliches, unmissverständliches Z.; das Z. zum Aufbruch, Angriff ertönte; jmdm. mit der Taschenlampe ein Z. geben; sie machte [ihm] ein Z., er solle sich entfernen; sich durch Z. miteinander verständigen; zum Z. *(um erkennen zu lassen),* dass er sie verstanden habe, nickte er mit dem Kopf; zum Z./als Z. *(zur Besiegelung, Verdeutlichung)* ihrer Versöhnung umarmten sie sich; **b)** *der Kenntlichmachung von etw., dem Hinweis auf etw. dienende Kennzeichnung, Markierung od. als solche dienender Gegenstand:* ein kreisförmiges Z.; er machte, kerbte, schnitt ein Z. in den Baum; sie brannten den Rindern ihr Z. ein; setzen Sie bitte Ihr Z. *(das Abkürzungszeichen Ihres Namens)* unter das Schriftstück; * **Z., ein Z. setzen** *(Richtungsweisendes tun; Anstöße, einen Anstoß geben);* **seines/ihres ums. -s** (veraltend, noch scherzh.: *von Beruf; von seiner, ihrer Stellung, Funktion her;* nach den alten Hausmarken od. Zunftzeichen: er war seines -s Schneider; Frau Schumann, ihres -s Komponistin, lebten damals in Dresden); **c)** *(für etw.) festgelegte, mit einer bestimmten Bedeutung verknüpfte, eine ganz bestimmte Information ver-*

mittelnde grafische Einheit; Symbol (2): mathematische Z.; das Z. des Kreuzes; das Z. für »Paragraf«; das Z. *(Verkehrszeichen)* für Überholverbot; du musst die Z. *(Satzzeichen)* richtig setzen; bei der Klavierübung die Z. *(Versetzungszeichen, Vortragszeichen)* nicht beachten. **2.** *etw. (Sichtbares, Spürbares, bes. eine Verhaltensweise, Erscheinung, ein Geschehen, Vorgang, Ereignis o. Ä.), was jmdm. etw. zeigt, für jmdn.* ein Anzeichen, Symptom, Vorzeichen darstellt: ein sicheres, eindeutiges, untrügliches, klares, deutliches, alarmierendes Z.; das ist kein gutes Z.; die ersten Z. einer Krankheit, des Verfalls; wenn nicht alle Z. trügen; das ist ja wie im Z. des Himmels; auf ein Z. warten; er hielt es für ein Z. von Schwäche; R es geschehen noch Z. und Wunder! (Ausruf des Erstaunens, der Überraschung, bes. über ein nicht mehr erwartetes, für möglich gehaltenes Geschehen); * **die Z. der Zeit** *(die augenblickliche, bestimmte zukünftige Entwicklung betreffende Lage, Situation;* nach Matth. 16, 3: er hat damals die Z. der Zeit erkannt); **die Z. stehen auf Sturm** *(es deutet alles darauf hin, dass es zu einem offen ausgetragenen Konflikt o. Ä. kommen wird).* **3.** *Tierkreiszeichen, Sternzeichen:* sie ist im Z. des Löwen geboren; Ü War ich doch nicht im Z. des Mars geboren *(war es doch nicht meine Bestimmung, Soldat zu werden;* Th. Mann, Krull 126); * **im/unter dem Z. von etw. stehen, geschehen, leben** o. Ä. (geh.; *von etw. geprägt, entscheidend beeinflusst werden:* die ganze Stadt stand im Z. der Olympiade); **unter einem guten/glücklichen/[un]günstigen** o. ä. Z. **stehen** (geh.; *in Bezug auf Unternehmungen o. Ä. [un]günstige Voraussetzungen haben, einen guten, glücklichen, [un]günstigen Verlauf nehmen).*

Zei|chen|block, der 〈Pl. ...blöcke u. -s〉: *Block* (5) *mit Zeichenpapier, dessen Bogen oft an mehreren Seiten befestigt sind.*
Zei|chen|brett, das: *als Unterlage beim Zeichnen dienendes großes Brett.*
Zei|chen|drei|eck, das: *Winkelmaß* (2).
Zei|chen|er|klä|rung, die: *Legende* (3).
Zei|chen|fe|der, die: *zum Zeichnen (bes. mit Tusche) verwendete Feder* (2 a).
Zei|chen|fol|ge, die: *Folge von Zeichen.*
Zei|chen|ge|bung, die: *das Zeichengeben.*
zei|chen|haft 〈Adj.〉 (geh.): *als Sinnbild, wie ein Sinnbild wirkend; in der Weise eines Sinnbildes:* ein -es Geschehen, Tun. Dazu: **Zei|chen|haf|tig|keit**, die; -.
Zei|chen|heft, das: vgl. Zeichenblock.
Zei|chen|ket|te, die: vgl. Zeichenfolge.
Zei|chen|koh|le, die: *Kohlestift.*
Zei|chen|kunst, die: vgl. Malkunst.
Zei|chen|leh|rer, der: **a)** *Lehrer für Zeichenunterricht* (a); **b)** (veraltend) *Kunsterzieher.*
Zei|chen|leh|re|rin, die: w. Form zu ↑ Zeichenlehrer.
Zei|chen|ma|te|ri|al, das: *zum Zeichnen benötigtes Material.*
Zei|chen|pa|pier, das: *zum Zeichnen besonders geeignetes Papier.*
Zei|chen|saal, der: *Saal in einer Schule für den Unterricht in Kunsterziehung.*
Zei|chen|satz, der: (EDV) *Gesamtheit von zusammengehörigen Zeichen, die auf dem Bildschirm u. im Ausdruck dargestellt werden können.*
Zei|chen|schrift, die: *aus einem System von Zeichen bestehende Schrift* (1 a).
Zei|chen|set|zung, die: **1.** 〈Pl. selten〉 *bestimmten Regeln folgende Setzung von Satzzeichen; Interpunktion.* **2.** (bildungsspr., Fachspr.) *das Setzen von richtungweisenden, Anstöße vermittelnden Zeichen.*
Zei|chen|spra|che, die: *Verständigung durch leicht deutbare od. durch bestimmte, mit feststeh*enden Bedeutungen verknüpfte Zeichen (1 a): die Z. der Gehörlosen; sich mit/in Z. verständigen.
Zei|chen|stift, der: *zum Zeichnen geeignetes bzw. vorgesehenes Schreibgerät.*
Zei|chen|sys|tem, das: *System von Zeichen* (1).
Zei|chen|tisch, der: *tischähnliches Gestell mit einem verstellbaren Reißbrett.*
Zei|chen|trick, der: **1.** Kurzf. von ↑ Zeichentrickfilm. **2.** 〈o. Pl.〉 *Technik, Medium des Zeichentrickfilms:* per Z. erscheint ein Fabelwesen in der Dokumentation.
Zei|chen|trick|fi|gur, die: *in einem Zeichentrickfilm vorkommende Figur.*
Zei|chen|trick|film, der: *Trickfilm aus einer Folge gefilmter Zeichnungen.*
Zei|chen|trick|se|rie, die: *aus Zeichentrickfilmen bestehende Fernsehserie.*
Zei|chen|tu|sche, die: *Tusche* (1) *zum Zeichnen.*
Zei|chen|un|ter|richt, der: **a)** *Unterricht im Zeichnen;* **b)** (Schule früher) *Unterricht in Kunsterziehung.*

zeich|nen 〈sw. V.; hat〉 [mhd. zeichenen, ahd. zeihhanōn, zu ↑ Zeichen]: **1. a)** *mit einem* ¹*Stift* (2), *einer Feder* (2 a) *o. Ä. in Linien, Strichen [künstlerisch] gestalten; mit zeichnerischen Mitteln herstellen;* ein Bild [mit dem Bleistift, aus/nach dem Gedächtnis, nach der Natur] z.; einen Akt, eine Karikatur z.; die Pläne für einen Neubau z.; etw. auf ein Blatt Papier z.; die Reiseroute in eine Karte z. *(einzeichnen);* einen Entwurf am Computer z. *(in der Art einer Zeichnung auf dem Bildschirm erzeugen);* **b)** *von jmdm., etw. zeichnend* (1 a) *ein Bild herstellen; mit zeichnerischen Mitteln gestalten, nachbilden:* jmdn. in Kohle, mit Tusche, mit ein paar Strichen z.; eine Landschaft z.; Ü die Figuren des Romans sind sehr realistisch gezeichnet; **c)** *zeichnerisch; als Zeichner[in] tätig sein; Zeichnungen verfertigen:* gern z.; mit Kohle, nach Vorlagen z.; an diesem Plan zeichnet er schon lange; 〈subst.:〉 technisches Zeichnen; sie hatte in Zeichnen (Schule früher; *Kunsterziehung*) eine Zwei; Während des Sprechens zeichnete ich mit einem Zweig in Kies (Frisch, Stiller 479). **2. a)** *mit einem Zeichen* (1 b), *einer Kennzeichnung, Markierung versehen:* die Wäsche [mit dem Monogramm] z.; 〈häufig im 2. Part.:〉 das Fell ist schön gezeichnet *(weist eine schöne Musterung, Zeichnung auf);* ein auffallend gezeichneter Schmetterling; Ü sie war vom Alter, von der Krankheit gezeichnet (geh.; *das Alter, die Krankheit hatten deutliche Spuren bei ihr hinterlassen);* 〈subst.:〉 ein vom Tode Gezeichneter (geh.; *jmd., der deutlich erkennbar dem Tod nahe ist).* **3. a)** (Kaufmannsspr. veraltend) *seine Unterschrift unter ein Schriftstück setzen:* es zeichnet, wir zeichnen hochachtungsvoll ...; sie zeichnet ... *(ihre Unterschrift lautet ...);* 〈im 2. Part.:〉 (vor dem nicht handschriftlichen Namen unter einem mit Maschine geschriebenen, vervielfältigten Schriftstück; nur als Abk.: gez.) gezeichnet H. Meier *(das Original ist von H. Meier unterzeichnet);* Wie zeichnen Sie, wenn Sie an Ihre Eltern schreiben? (Th. Mann, Krull 288); **b)** (bes. Börsenw.) *durch seine Unterschrift gültig machen, anerkennen, übernehmen, sein Einverständnis für etw. erklären o. Ä.:* einen Scheck, Wechsel z.; neue Aktien z. *(sich zu ihrer Übernahme durch Unterschrift verpflichten);* sie zeichnete einen Betrag von fünfzig Euro *(trug sich mit fünfzig Euro in der Sammelliste ein);* ein gezeichneter *(mit der Angabe des Verfassers versehener)* Beitrag. **4.** (Amtsspr.) *bei etw. der Verantwortliche sein, für etw. die Verantwortung tragen:* für diesen Artikel zeichnet der Chefredakteur; wer zeichnet (ist) für diese Sendung verantwortlich?

5. (Jägerspr.) *(von einem Tier)* deutlich die Wirkung eines Schusses zeigen.
Zeich|ner, der; -s, - [mhd. zeichenære = Wundertäter]: **1. a)** *jmd., der etw. zeichnet, gezeichnet hat;* **b)** *jmd., der berufsmäßig zeichnet* (1 c): er ist technischer Z., Z. in einem Studio für Zeichentrickfilme. **2.** (bes. Börsenw.) *jmd., der Aktien, Anleihen zeichnet* (3 b).
Zeich|ne|rin, die; -, -nen: w. Form zu ↑ Zeichner.
zeich|ne|risch 〈Adj.〉: *das Zeichnen, Zeichnungen betreffend, dazu gehörend, dafür charakteristisch:* ein -es Talent; etw. z. darstellen.
Zeich|nung, die; -, -en [mhd. zeichenunge, ahd. zeichenunga = Be-, Kennzeichnung]: **1. a)** 〈o. Pl.〉 *das Zeichnen* (1 a) *als Verfahren der Darstellung, des künstlerischen Ausdrucks, als Kunstform o. Ä.;* **b)** *mit den Mitteln des Zeichnens* (1 a) *verfertigte bildliche Darstellung; etw. Gezeichnetes:* eine saubere, flüchtige, naturgetreue, pornografische, maßstabgetreue Z.; eine Z. anfertigen; eine Mappe mit -en; Ü die lebendige, realistische Z. *(Darstellung)* der Romanfiguren. **2.** *natürliche, in einem bestimmten Muster verlaufende Färbung bei Tieren u. Pflanzen:* die farbenfrohe, kräftige Z. einer Blüte; die Schlange hat eine auffallende Z. **3.** (bes. Börsenw.) *(bes. in Bezug auf neu auszugebende Wertpapiere) das Zeichnen* (3 b): die Z. von Aktien; eine Anleihe zur Z. auflegen.
zeich|nungs|be|rech|tigt 〈Adj.〉 (Kaufmannsspr.): *Zeichnungsberechtigung besitzend.*
Zeich|nungs|be|rech|ti|gung, die; -, -en (Kaufmannsspr.): *Berechtigung, etw. zu zeichnen* (3 b).
Zeich|nungs|frist, die: *Frist, innerhalb deren Aktien o. Ä. gezeichnet* (3 b) *werden können.*
Zeid|ler, der; -s, - [mhd. zīdelære, ahd. zīdalāri, zu mhd. zīdel-, ahd. zīdal- = Honig-] (veraltet): *Imker.*
Zeid|le|rin, die; -, -nen: w. Form zu ↑ Zeidler.
Zei|ge|fin|ger, (schweiz.:) **Zeigfinger**, der [zu ↑ zeigen]: *zweiter Finger der Hand zwischen Daumen u. Mittelfinger:* der linke Z.; der Z. der rechten Hand; warnend den Z. erheben; mit dem Z. auf etw. deuten; jmdm. mit dem Z. drohen; Ü in seinen Stücken spürt man zu sehr den erhobenen Z. *(die moralisierende Belehrung).*
zei|gen 〈sw. V.; hat〉 [mhd. zeigen, ahd. zeigōn, verw. mit ↑ zeihen]: **1.** *mit dem Finger, Arm eine bestimmte Richtung angeben, in auf jmdn., etw., auf die Stelle, an der sich jmd., etw. befindet, richten u. damit darauf aufmerksam machen:* mit dem Schirm auf etw. z.; sie zeigte auf den Täter; der Z. zeigt es gerade auf zwölf; der Wegweiser zeigte nach Süden; das Thermometer zeigt null Grad *(zeigt null Grad an);* die Uhr zeigte drei. **2. a)** *jmdm. etw. mit Hinweisen, Erläuterungen, Gesten o. Ä. deutlich machen, angeben, erklären:* jmdm. den richtigen Weg, die Richtung z.; jmdm. einen Trick z.; sie ließ sich die Unfallstelle, den Ort auf der Landkarte z.; ich werde dir die Frau z.; sie hat mir genau gezeigt, wie man das Gerät bedient; **b)** *jmdn. etw. ansehen, betrachten lassen; etw. vorführen, vorzeigen;* jmdm. seine Wohnung, das Sehenswürdigkeiten der Stadt, die Stadt z.; ich kann es dir schwarz auf weiß z.; er ließ sich sein Zimmer z. *(ließ sich zu seinem Zimmer führen);* 〈auch ohne Dativobjekt:〉 zeigen Sie mal Ihren Pass!; er zeigt gern, was er hat, was er kann; das Kino zeigt einen Western *(im Kino wird ein Western gespielt);* Ü sie zeigte ihm den Rücken *(kehrte ihm den Rücken zu);* 〈auch ohne Dativobjekt:〉 sie, ihr Dekolleté zeigt viel Busen *(lässt viel Busen sehen);* Eigentlich ... glich sie einer Gequälten, besonders, wenn sie lachte und die spitzen Eckzähne zeigte *(sehen ließ;* Langgässer, Siegel 102); * **es jmdm. z.** (ugs.: *jmdm. gründlich die Meinung sagen, seinen Standpunkt klarma*

chen: dem habe ich es aber gezeigt! *jmdn. von sich, von seinem wahren Können überzeugen:* sie hat es ihnen allen gezeigt); **c)** ⟨z. + sich⟩ *von andern zu sehen sein, irgendwo gesehen werden, sich sehen lassen:* sich am Fenster, auf dem Balkon, in der Öffentlichkeit z.; die Königin zeigte sich der Menge; er will sich nur z.; Ü die Stadt zeigte *(präsentierte)* sich im Festglanz; Ganz neu zeigte sich die Welt, als wäre sie plötzlich aus Glas (Kronauer, Bogenschütze 259). **3. a)** (geh.) *sehen lassen, zum Vorschein kommen lassen; sichtbar werden lassen:* die Bäume zeigen das erste Grün; ihr Gesicht zeigt eine bläuliche Färbung; das Bild zeigt eine Landschaft *(stellt sie dar);* Ü die Arbeit zeigt Talent *(lässt Talent erkennen);* sein Verhalten zeigt einen Mangel an Reife *(macht ihn deutlich);* dies hat die Erfahrung gezeigt *(weiß man aus Erfahrung);* das zeigt *(veranschaulicht)* dieser Fall, dieses Beispiel besonders drastisch; ihre Antwort zeigt mir *(macht mir klar),* dass sie mich genau verstanden hat; Der Vogelflug zeigte ihm, wie sehr er sich verirrt hatte (Ransmayr, Welt 227); **b)** ⟨z. + sich⟩ *zum Vorschein kommen; sichtbar, erkennbar werden:* am Himmel zeigten sich die ersten Sterne; auf ihrem Gesicht zeigte sich ein schwaches Lächeln; die Folgen zeigen sich später; jetzt zeigt sich, dass die Entscheidung falsch war; ⟨auch unpers.:⟩ es wird sich ja z., wer im Recht ist. **4. a)** *in seinem Verhalten, seinen Äußerungen zum Ausdruck bringen, andere merken, spüren lassen; an den Tag legen:* Verständnis, Interesse für etw. z.; seine Ungeduld, Verärgerung, Freude z.; keine Einsicht, Reue z.; er will seine Gefühle nicht z.; jmdm. seine Zuneigung, seine Liebe, sein Wohlwollen z.; damit will er nur seine Macht, Überlegenheit z. *(demonstrieren);* sie hat Haltung gezeigt (verblasst; *eine gute Haltung bewahrt);* Ihr Sohn hier zeigt (verblasst; *hat)* einen gesunden Appetit (Brecht, Mensch 107); **b)** *einen Beweis von etw. geben; andern vor Augen führen, offenbar machen:* großen Fleiß, Mut z.; nun zeig mal, was du kannst; **c)** ⟨z. + sich⟩ *in bestimmter Weise wirken, einen bestimmten Eindruck machen; sich als etw. erweisen, herausstellen:* sich freundlich, anständig, großzügig z.; sie zeigte sich darüber sehr erfreut, enttäuscht; er zeigte ein wenig erstaunt, besorgt, gekränkt; er zeigte sich *(war)* dieser Aufgabe durchaus gewachsen; sich von seiner besten Seite z. *(den besten Eindruck machen).*

Zei|ger, der; -s, - [mhd. zeiger = Zeigefinger; An-, Vorzeiger; seit dem 14. Jh. auch: Uhrzeiger, ahd. zeigari = Zeigefinger]: **1.** *beweglicher, schmaler, lang gestreckter, oft spitzer Teil an Messgeräten, bes. an Uhren, der etw. anzeigt:* der große, kleine Z. der Uhr; der Z. stand auf drei; der Z. des Seismografen schlägt [nach links] aus; Der Mann am Paketschalter warf das Bündel... auf die Waage. Der Z. zitterte (Strittmatter, Wundertäter 299); R [da] ist kein Z. dran! (ugs.; unwillige, ablehnende Antwort auf die Aufforderung, einem etw. Bestimmtes zu zeigen). **2.** (EDV) *mithilfe einer Maus* (5) *steuerbare Markierung auf dem Bildschirm.*

Zei|ge|stab, der (österr.): Zeigestock.

Zei|ge|stock, der: *längerer Stock, mit dem auf etw., was auf einer größeren Fläche, einer Tafel o. Ä. dargestellt ist, gezeigt wird.*

zei|hen ⟨st. V.; hat⟩ [mhd. zīhen, ahd. zīhan, urspr. = (an)zeigen, kundtun, dann: auf einen Schuldigen hinweisen] (geh.): *bezichtigen, beschuldigen:* jmdn. des Verrats, der Heuchelei, der Feigheit, einer Lüge z.; Er zeiht sich selber der Ungerechtigkeit (Wohmann, Absicht 304).

Zei|le, die; -, -n [mhd. zīle, ahd. zīla, wohl verw. mit ↑Zeit u. eigtl. = abgeteilte Reihe]: **1.** *geschriebene, gedruckte Reihe von nebeneinanderstehenden Wörtern eines Textes:* die erste Z., die drei ersten -n eines Gedichtes; der Brief war nur wenige -n lang, hatte nur wenige -n; z. streichen; beim Lesen eine Z. auslassen; jeweils die erste Z. einrücken; eine neue Z. anfangen; jmdm. ein paar -n *(eine kurze schriftliche Mitteilung, einen kurzen Brief o. Ä.)* schreiben; davon habe ich noch nicht eine Z. *(noch gar nichts)* gelesen; sie hat das Buch [von der ersten] bis zur letzten Z. *(ganz)* gelesen; einen Text f. für Z. durchgehen; einen Text mit zwei -n Abstand *(mit doppeltem Zeilenabstand)* schreiben; * **zwischen den -n lesen** *(in einem Text auch etw. nicht ausdrücklich Gesagtes, etw. verhüllt Ausgedrücktes erkennen, verstehen);* **zwischen den -n stehen** *(in einem Text auf eine indirekte, nicht jedem ohne Weiteres verständliche Weise zum Ausdruck kommen).* **2.** *meist längere Reihe gleichmäßig nebeneinanderstehender, nebeneinander angeordneter, gewöhnlich gleichartiger, zusammengehörender Dinge:* mehrere in kleiner Reihe Häuser; die einzelnen -n (Fernsehtechnik; *Reihen von Rasterpunkten)* des Fernsehbildes; Vorderhand nun ... die ging sie ein in dieses Tal, die Alte voran, die anderen hinterdrein in gestreckter Z. (Th. Mann, Joseph 588).

Zei|len|ab|stand, der: *Abstand zwischen den Zeilen eines Textes:* einfacher, doppelter, anderthalbfacher Z.

Zei|len|an|fang, der: *Anfang einer Zeile.*

Zei|len|dorf, das: *lang gestrecktes Dorf, dessen Häuser meist nur an einer Straße liegen.*

Zei|len|en|de, das: *Ende einer Zeile.*

Zei|len|ho|no|rar, das: *Honorar pro Zeile eines Textes (bes. in einem Beitrag für eine Zeitung, Zeitschrift, ein Nachschlagewerk o. Ä.).*

Zei|len|län|ge, die: *Länge einer Zeile.*

Zei|len|sprung, der (Verslehre): *Enjambement.*

zei|len|wei|se ⟨Adv.⟩: *in, nach Zeilen:* der Text wird z. berechnet; ⟨mit Verbalsubstantiven auch attr.:⟩ ein -s Lesen.

-zei|ler, der; -s, -: in Zusb., z. B. Achtzeiler *(aus acht Zeilen bestehender Text).*

-zei|lig: in Zusb., z. B. fünfzeilig *(aus fünf Zeilen bestehend).*

Zeis|chen, das; -s, - (veraltend): Vkl. zu ↑Zeisig.

Zei|sig, der; -s, -e [spätmhd. zīsic < tschech. čížek, Vkl. von älter-: číž, lautm.]: *(zu den Finkenvögeln gehörender) kleinerer, bes. in Nadelwäldern lebender Singvogel, der auf der Oberseite grünlich u. auf der Unterseite gelb u. weiß gefärbt ist:* * **lockerer Z.** (veraltend scherzh.; *leichtlebiger, liederlicher Mensch).*

zeit ⟨Präp. mit Gen.⟩ [erstarrter Akk. Sg.]: nur in der Verbindung **z. meines, deines** usw. **Lebens** *(mein, dein* usw. *Leben lang; solange ich lebe, du lebst* usw.: das werde ich z. meines Lebens nicht vergessen).

Zeit, die; -, -en [mhd., ahd. zīt, eigtl. = Abgeteiltes, Abschnitt]: **1.** ⟨o. Pl.⟩ *Ablauf, Nacheinander, Aufeinanderfolge der Augenblicke, Stunden, Tage, Wochen, Jahre:* die Z. vergeht [schnell, wie im Fluge], verstreicht, verrinnt, scheint stillzustehen; die Z. anhalten, zurückdrehen wollen; im Laufe der Z.; die Z. arbeitet für jmdn. *(die Entwicklung nimmt mit der Zeit für jmdn. ohne sein Zutun eine günstige Richtung);* ... ich war kein moderner Mensch noch auch ein altmodischer, ich war aus der Z. herausgefallen (Hesse, Steppenwolf 185); Spr die Z. heilt [alle] Wunden; kommt Z., kommt Rat *(wenn man geduldig abwartet, findet sich eine Lösung);* * **mit der Z.** *(im Laufe der Zeit, nach u. nach, allmählich:* mit der Z. wird er es schon lernen); **für Z. und Ewigkeit** (geh.; *für immer).* **2. a)** (ugs.) *Zeitpunkt; eng begrenzter Zeitraum (in Bezug auf seine Stelle im Zeitablauf), Augenblick:* feste -en; die Z. der Ernte; die Z. für etw. ist gekommen, steht bevor; es ist jetzt nicht die Z., das zu erörtern; ihre Z. (geh. veraltend; *die Zeit ihrer Niederkunft)* ist gekommen; seine Z. war gekommen (geh. verhüll.; *sein Tod stand bevor);* seine Z. *(die für jmdn., für sein Handeln, sein erfolgreiches Wirken günstigste Zeit)* für gekommen halten; eine Z. mit jmdm. vereinbaren; etw. auf unbestimmte Z. vertagen; außerhalb der üblichen Z.; seit der, dieser Z.; um diese Z.; vor der Z. *(vor der festgelegten Zeit);* er ruft immer zu den unmöglichsten -en an; zu jeder Z. *(jederzeit, immer);* zur rechten Z. *(rechtzeitig);* zur selben/zur gleichen/zu gleicher Z. *(gleichzeitig);* zu gegebener Z. *(wenn es zeitlich passt);* nur zu bestimmten -en; zur Z. der Tat; zu der Z., als/(geh.:) da sie ihr Kind bekam, R alles zu seiner Z. *(zu passender)* Z. (nach Pred. 3, 11); Spr wer nicht kommt zur rechten Z., der muss nehmen/essen/sehen, was übrig bleibt; * **es ist, wird Z.** *(der Zeitpunkt ist gekommen, kommt, etw. zu tun;* es ist Z. [für mich]); **es ist hohe/[die] höchste/allerhöchste Z.** *(es ist dringend [notwendig], es eilt sehr:* es ist [die] höchste Z. [damit anzufangen]); **alle heiligen -en einmal** (österr.; *[bedauerlicherweise] sehr selten;* eigtl. – nur zu den kirchlichen Feiertagen); **es ist an der Z.** *(der Zeitpunkt ist gekommen:* es ist an der Z., dass wir uns einigen); **es an der Z. halten** *(den richtigen Zeitpunkt für gekommen halten);* **von Z. zu Z.** *(ab und zu, manchmal, gelegentlich:* ich treffe sie von Z. zu Z.), zu/(selten auch:) **bei nachtschlafender Z.** (nachts, *wenn man eigentlich schläft bzw. schlafen möchte, sollte);* **b)** *Uhrzeit:* die Z.: [Es wird] dreizehn Uhr; hast du [die] genaue Z.?; die Z. ansagen; jmdn. nach der Z. fragen; lasst uns Tag um dieselbe Z.; **c)** *[der jeweiligen Zonenzeit entsprechende] Einheitszeit, Normalzeit:* in Saudi-Arabien gilt Moskauer Z.; die Z. ist in New York gültige Z. **3. a)** *Zeitraum; Zeitabschnitt, Zeitspanne:* die Z. des Studiums; die schönste Z. des Lebens/im Leben; es verging viel Z., bis sie wieder zurückkam; er hat -en, in denen er sehr reizbar ist; eine schöne Z. verbringen, verleben, der Vorfall liegt schon einige Z. zurück; sie sind schon längere Z. verheiratet; er hat die ganze Z. (ständig, ununterbrochen) telefoniert; das Auto steht die meiste Z. *(während des größten Teils der Zeit)* in der Garage; eine kurze Z. lang; eine/eine lang/Zeitlang schweigen; für alle Z./-en *(für immer);* in der nächsten/in nächster/die nächste Z.; in absehbarer Z.; ich kenne ihn aus meiner Berliner Z. *(aus der Zeit, als ich in Berlin lebte);* in letzten/in letzter/die letzte Z.; nach kurzer Z.; seit, vor langer Z.; während dieser Z.; zu aller Z./allen -en *(allezeit);* * **die längste Z.** (ugs.; *[lange genug u. daher] künftig nicht mehr:* er war die längste Z. Kommandant); **auf Z.** *(für eine befristete Zeit:* er ist Soldat auf Z. [Abk.: a. Z.]); **b)** *verfügbarer Teil des Nacheinanders, der Abfolge von Augenblicken, Stunden, Tagen* usw.: uns bleibt noch Z., es ist noch Z. genug, das zu erledigen; dafür ist mir meine Z. zu schade, zu kostbar; jmdm. wird die Z. lang; die Z. drängt *(es ist Eile geboten);* [keine, wenig, eine Stunde] Z. [für jmdn., für etw.] haben; sie gönnt sich kaum [die] Z. zum Essen; noch nicht die Z. [dazu] gefunden haben, etw. zu tun; Z. einteilen, nutzen, hinbringen, mit etw. verbringen; viel Z. [und Mühe] an etw. wenden, auf etw. verwenden; seine Z. vergeuden; ein [viel] Z. sparendes Verfahren; eine [viel] Z. raubende, fressende Arbeit; etw. braucht, kostet, erfordert Z., dauert seine Z., nimmt Z. in Anspruch, frisst Z.; wir dürfen jetzt keine Z. verlieren *(müssen uns beeilen);* sie verloren keine Z. mit Höflichkeiten *(hielten sich nicht mit Höflichkeiten auf);* jmdm. die Z. stehlen (ugs.; *jmdn. unnötig lange aufhalten);* **Spr** spare in der Z., so hast du in der Not; Z. ist Geld *(man soll die Zeit nicht ungenutzt lassen; Zeitverlust bedeutet materiellen Verlust;* viell. nach der antiken Vorstellung, wonach Zeit ein kostbares Gut ist od. LÜ von engl. »time is money«); * jmdm., sich die Z. [mit etw.] vertreiben *(eine bestimmte Zeitspanne durch unterhaltsame, ablenkende o. ä. Beschäftigung überbrücken);* die Z. vertreiben, *(schweiz.: sich die Zeit vertreiben);* die Z. totschlagen (ugs. abwertend; *seine Zeit nutzlos verbringen);* Z. gewinnen *(es erreichen, dass sich das Eintreten bestimmter, bes. ungünstiger Umstände verzögert u. man Zeit für entsprechendes Handeln hat);* Z. nehmen [müssen] (Boxjargon; *sich anzählen lassen [müssen]);* jmdm. Z. lassen *(jmdm. Gelegenheit lassen, etw. in Ruhe zu tun, zu erwägen);* sich ⟨Dativ⟩ Z. lassen *(etw. ohne Überstürzung tun);* sich ⟨Dativ⟩ [für jmdn., etw.] Z. nehmen *(sich ohne Übereilung, Überstürzung mit jmdm., etw. beschäftigen);* auf Z. spielen (1. Sportjargon; *das Spiel verzögern, um ein bestimmtes Ergebnis zu halten.* 2. *darauf setzen, dass man sein Ziel erreichen wird, indem man einfach Zeit verstreichen lässt);* c) (Sport) *für eine Leistung, bes. zum Zurücklegen einer Strecke, benötigter Zeitraum:* eine gute Z. laufen, fahren; die Z. stoppen, nehmen; d) (Sport) *Dauer eines Spiels, Wettkampfs:* einen Vorsprung über die Z. bringen *(bis zum Ende des Spiels, Wettkampfs halten).* 4. *Zeitraum, Zeitabschnitt des Lebens, der Geschichte usw. (einschließlich der herrschenden Verhältnisse):* eine vergangene, eine neue, die heutige, die wilhelminische, die Weimarer Z.; kommende, künftige -en; die Z. Goethes, des Barocks; die Z., als es noch kein elektrisches Licht gab; das waren böse, finstere -en; das waren [noch] -en! *(das war eine schöne Zeit!);* die Z. war noch nicht reif dafür *(die Entwicklung war noch nicht genug fortgeschritten);* der Schrank hat schon bessere -en gesehen *(war früher in einem besseren Zustand);* sie ist ihrer Z. weit voraus; das größte Genie aller -en *(das je gelebt hat);* das ist ein Zug der Z. *(der gegenwärtigen Zeit);* der Geist der Z. *(Zeitgeist);* aus vorgeschichtlicher Z. stammen; eine Sage aus alter Z.; 30 Jahre hinter der Z. zurück sein; in jüngster Z.; in der guten alten Z.; in früheren -en; in seinen besten -en *(als es ihm noch sehr gut ging);* in -en der Not; in der schlechten Z. *(durch Entbehrungen, Mangel geprägten Zeit während des Krieges, nach dem Krieg);* das war nach, vor meiner Z. (ugs.; *damals war ich nicht mehr, noch nicht dabei, dort; damals hatte ich das Amt, die Position o. Ä. nicht mehr, noch nicht inne);* seit ewigen -en (ugs. übertreibend; *schon lange);* nicht mehr; zu jener Z.; zu allen -en *(immer);* zu keiner Z. *(niemals);* zur Z. Karls des Großen; ℞ die -en ändern sich *(die Verhältnisse ändern sich);* * [ach] du liebe Z.! (Ausruf der Verwunderung, Bestürzung, des Bedauerns o. ä.); aus der Z. sein (österr.: altmodisch, rückständig sein); mit der Z. gehen *(sich der Entwicklung, den jeweiligen Verhältnissen anpassen, fortschrittlich sein);* seit, vor undenklicher Z./undenklichen -en *(seit, vor unvorstellbar langer Zeit);* vor -en (geh.; *vor langer Zeit);* zu -en + Gen. od. einer Sache *(in einer Zeit, als es eine bestimmte Person, Sache noch gab, etw. Bestimmtes noch üblich war:* zu Cäsars -en, zu -en Cäsars).

5. (Sprachwiss.) *Zeitform, Tempus:* in welcher Z. steht das Prädikat?
zeit|ab|hän|gig ⟨Adj.⟩: *von der Zeit abhängig; zeitbedingt.*
Zeit|ab|lauf, der: *zeitlicher Ablauf:* die Arbeit bestimmt seinen Z.
Zeit|ab|schnitt, der: *Abschnitt im Zeitablauf; Periode* (1).
Zeit|ab|stand, der: *Abstand zwischen zwei Zeitpunkten, zeitlicher Abstand:* im Z. von je einer Stunde; in immer größeren Zeitabständen.
Zeit|ach|se, die: **1.** *als gerade Linie grafisch dargestellter Verlauf der Zeit.* **2.** *der zeitliche Verlauf [als wichtiges Kriterium]:* bei der Vermarktung eines Produkts die Z. nicht außer Acht lassen.
Zeit|al|ter, das: **1.** *größerer Zeitraum in der Geschichte; Ära* (1b): das technische Z.; das Z. der Raumfahrt. **2.** (Geol.) *Erdzeitalter, Ära* (2).
Zeit|an|ga|be, die: **1.** *Angabe über die Uhrzeit bzw. den Zeitpunkt.* **2.** (Sprachwiss.) *Adverbialbestimmung der Zeit; temporale Umstandsbestimmung.*
Zeit|an|sa|ge, die: *Ansage der genauen Uhrzeit im Rundfunk, Telefon o. Ä.*
zeit|an|tei|lig ⟨Adj.⟩: (Finanzw.): *einem bestimmten Teil eines Zeitraums im Verhältnis entsprechend:* die -e Aufteilung eines jährlichen Pauschalbetrags.
Zeit|an|zei|ge, die: *optische Darstellung eines Zeitpunkts [od. Zeitraums]:* eine Uhr mit analoger, digitaler Z.
Zeit|ar|beit, die (Wirtsch.): *befristete Arbeit (aufgrund eines entsprechenden [Leih]arbeitsverhältnisses).*
Zeit|ar|bei|ter, der (Wirtsch.): *jmd., der bei einer Zeitarbeitsfirma beschäftigt ist, unter Vertrag steht.*
Zeit|ar|bei|te|rin, die: w. Form zu ↑Zeitarbeiter.
Zeit|ar|beits|fir|ma, die (Wirtsch.): *Unternehmen, das an andere Betriebe Beschäftigte in Zeitarbeit vermittelt.*
Zeit|ar|beits|un|ter|neh|men, das (Wirtsch.): *Zeitarbeitsfirma.*
Zeit|auf|wand, der: *Aufwand an Zeit:* etw. ist mit großem Z. verbunden.
zeit|auf|wän|dig: ↑ zeitaufwendig.
zeit|auf|wen|dig, zeitaufwändig ⟨Adj.⟩: *mit großem Zeitaufwand verbunden, viel Zeit beanspruchend:* eine -e Arbeit; das Verfahren ist zu z.
Zeit|aus|gleich, der (bes. österr.): *Ausgleich von Überstunden durch Freizeit.*
Zeit|be|darf, der: *Bedarf an Zeit, für etw. benötigte Zeit.*
zeit|be|dingt ⟨Adj.⟩: *durch die Gegebenheiten der Zeit* (3 b, 4) *bedingt:* -e Schwierigkeiten.
Zeit|be|griff, der: *Begriff, Vorstellung von der Zeit[dauer].*
Zeit|be|stim|mung, die: **1.** *Festlegung eines Zeitpunkts od. Zeitraums.* **2.** (Sprachwiss.) *Umstandsangabe der Zeit* (5), *temporale Umstandsangabe.*
Zeit|be|wusst|sein, das: *Bewusstsein des Zeitablaufs; Zeitbegriff, -gefühl:* ihm fehlt jegliches Z.
zeit|be|zo|gen ⟨Adj.⟩: *auf die Gegebenheiten der Zeit bezogen.*
Zeit|bild, das: *(literarisches, filmisches o. ä.) Bild, anschauliche Darstellung zeitbedingter Umstände, Verhältnisse.*
Zeit|bom|be, die: *Bombe mit Zeitzünder:* in dem Gebäude war eine Z. versteckt; Ü die Z. tickt *(etw. droht sich verhängnisvoll auszuwirken).*
Zeit|bud|get, das: *jmdm. zur Verfügung stehende Zeit.*
Zeit|dau|er, die: *Zeit, die etw. dauert; Dauer.*
Zeit|do|ku|ment, das: *Dokument* (2) *einer Zeit* (4): *fotografische, filmische -e; der Bericht ist ein eindrucksvolles, erschütterndes Z.; die*

hiesige Zeitung deutete den Film als wertvolles Z.
Zeit|druck, der ⟨o. Pl.⟩: ¹*Druck* (3), *Bedrängtsein, dem sich jmd. durch einzuhaltende bevorstehende Termine ausgesetzt sieht:* in Z. sein, geraten; unter Z. stehen, arbeiten müssen.
Zeit|ebe|ne, die: *zeitlicher Rahmen, in dem sich etw. abspielt:* in dem Roman gibt es mehrere -n.
Zeit|ein|heit, die: *Einheit* (2) *zur Messung od. Ein-, Unterteilung der Zeit.*
Zeit|ein|spa|rung, die: vgl. Zeitersparnis.
Zeit|ein|tei|lung, die: *Einteilung der verfügbaren Zeit.*
Zeit|emp|fin|den, das: vgl. Zeitgefühl.
Zei|ten|fol|ge, die ⟨Pl. selten⟩ (Sprachwiss.): *geregeltes Verhältnis der Zeitformen* (5) *von Haupt- u. Gliedsatz in einem zusammengesetzten Satz; Consecutio Temporum.*
Zei|ten|wen|de, die: **1.** *das Ende einer Epoche od. Ära u. der Beginn einer neuen Zeit.* **2.** *Zeitwende* (1).
Zeit|er|fas|sung, die: *Erfassung bestimmter Zeiträume, vor allem der Arbeitszeit.*
Zeit|er|fas|sungs|ge|rät, das: *[elektronisches] Gerät (wie Stechuhr o. Ä.) zur Zeiterfassung.*
Zeit|er|schei|nung, die: *an die Gegebenheiten einer Zeit* (4) *gebundene, für eine Zeit typische Erscheinung.*
Zeit|er|spar|nis, die: *Ersparnis an Zeit.*
Zeit|fah|ren, das; -s, - (Radsport): *Straßen- od. Bahnrennen, bei dem Einzelne od. Mannschaften in festgelegten Zeitabständen einzeln od. als Mannschaft starten u. bei dem es auf die benötigte Zeit od. die in einer bestimmten Zeit gefahrene Strecke ankommt:* Dazu: **Zeit|fah|rer,** der; **Zeit|fah|re|rin,** die.
Zeit|fak|tor, der ⟨Pl. selten⟩: *die Zeit als zu berücksichtigender Faktor.*
Zeit|fal|le, die: **1.** *Zustand, in dem sich alles wiederholt, die Zeit nicht weiterzugehen scheint.* **2.** *Zustand der ständigen zeitlichen Überforderung, extreme Zeitnot.*
Zeit|feh|ler, der (Pferdesport): *Fehler durch Überschreiten der festgelegten Höchstzeit im Springreiten.*
Zeit|fens|ter, das: *begrenzte Zeitspanne, begrenzter Zeitraum zwischen zwei od. mehreren zeitlich bereits festgelegten Geschehnissen, Vorgängen o. Ä. (innerhalb dessen etw. geschehen, stattfinden sollte):* für die Verhandlungen bleibt nur ein kleines Z.
Zeit|fens|ter|ti|cket, das: *vorab verkaufte Eintrittskarte (z. B. zu einem stark besuchten Ausstellung), die den Einlass nur innerhalb eines festgelegten Zeitabschnitts an einem festgelegten Tag zulässt.*
Zeit|fol|ge, die: *zeitliche Folge, zeitliches Nacheinander.*
Zeit|form, die (Sprachwiss.): *grammatische Form des Verbs, durch die Gegenwart, Vergangenheit od. Zukunft eines Geschehens, eines Sachverhaltes usw. ausgedrückt wird; Zeit* (5); *Tempus:* …diese Geschichte ist sehr lange her, sie ist sozusagen von mit historischem Edelrost überzogen unbedingt in der Z. der tiefsten Vergangenheit vorzutragen (Th. Mann, Zauberberg 9).
Zeit|fra|ge, die: **1.** ⟨o. Pl.⟩ *Frage der Zeit* (3 b): das ist nur eine Z. *(das hängt nur davon ab, wann ich Zeit habe).* **2.** *zeitbedingte Frage, Problem einer Zeit* (4): zu -n Stellung nehmen.
Zeit|fres|ser, der (ugs.): *Vorgehensweise, Einrichtung, Gewohnheit o. Ä., die [mehr od. weniger unbemerkt] viel Zeit kostet:* Computerspiele können z. n werden.
zeit|ge|bun|den ⟨Adj.⟩: vgl. zeitbedingt.
Zeit|ge|fühl, das: **1.** ⟨o. Pl.⟩ *Gefühl für Zeitablauf u. Zeitdauer, dafür, welche Tages-, Uhrzeit es ist:*

das Z. verlieren. **2.** *Gefühl für eine Zeit (4), für die in einer bestimmten Zeit herrschenden Verhältnisse, Moden, Empfindungen o. Ä.*

Zeit|geist, der ⟨o. Pl.⟩ [1769 erstmals bei Herder]: *für eine bestimmte geschichtliche Zeit charakteristische allgemeine Gesinnung, geistige Haltung:* Dazu: **zeit|geis|tig** ⟨Adj.⟩.

zeit|ge|mäß ⟨Adj.⟩: *einer Zeit (4) gemäß, entsprechend; aktuell:* ein -es Thema; dieser Stil ist nicht mehr z.; Man möchte doch etwas aus seinem Leben machen, etwas Ausgefallenes, aber z. (Eich, Hörspiele 567).

Zeit|ge|nos|se, der: **1.** *mit jmdm. in der gleichen Zeit (4) lebender Mensch:* ein Z. Goethes. **2.** (ugs., oft abwertend) *[Mit]mensch:* ein unangenehmer, sonderbarer, harmloser Z.

Zeit|ge|nos|sen|schaft, die: *zwischen Zeitgenossen (1) bestehendes Verhältnis, das Zeitgenossesein.*

Zeit|ge|nos|sin, die: w. Form zu ↑ Zeitgenosse.

zeit|ge|nös|sisch ⟨Adj.⟩: **1.** *zu den Zeitgenossen gehörend, ihnen eigentümlich, von ihnen stammend:* -e Dokumente. **2.** *gegenwärtig, heutig, derzeitig:* die -e Musik.

zeit|ge|recht ⟨Adj.⟩: **1.** *den Anforderungen u. Erwartungen der heutigen Zeit angemessen, entsprechend:* -es Wohnen. **2.** (bes. österr., schweiz.) *rechtzeitig.*

Zeit|ge|sche|hen, das ⟨o. Pl.⟩: *aktuelles Geschehen der [gegenwärtigen] Zeit (4):* über das Z. berichten.

Zeit|ge|schich|te, die: **1.** *geschichtliche Gegenwart u. jüngste Vergangenheit:* Persönlichkeiten der Z. **2.** *Geschichte* (1 b) *der gegenwärtigen u. gerade vergangenen Zeit (4).*

Zeit|ge|schicht|ler, der; -s, -: *auf die Zeitgeschichte spezialisierter Historiker.*

Zeit|ge|schicht|le|rin, die; -, -nen: w. Form zu ↑ Zeitgeschichtler.

zeit|ge|schicht|lich ⟨Adj.⟩: *die Zeitgeschichte betreffend:* -e Dokumente.

Zeit|ge|schmack, der ⟨o. Pl.⟩: *für eine bestimmte geschichtliche Zeit charakteristischer Geschmack.*

zeit|ge|steu|ert ⟨Adj.⟩ (EDV): **a)** *zu einem festgelegten Zeitpunkt od. zu festgelegten Zeitpunkten automatisch erfolgend:* ein -es Ein- und Ausschalten; **b)** *mit einer automatischen Steuerung versehen, die bestimmte Funktionen zu vorgegebenen Zeitpunkten od. über vorgegebene Zeiträume in Gang setzt:* -e Systeme.

Zeit|ge|winn, der: *Zeitersparnis.*

zeit|gleich ⟨Adj.⟩: **1.** *gleichzeitig:* -e Vorgänge. **2.** (Sport) *mit gleicher Zeit* (3 c): z. ins Ziel kommen.

Zeit|grün|de ⟨Pl.⟩: *Gründe, die darin liegen, dass es an Zeit fehlt:* das hatte lediglich Z.; wir konnten aus -n leider nicht teilnehmen.

Zeit|gut|ha|ben, das: *dem Zeitkonto gutgeschriebene [durch Freizeit auszugleichende] Zeit.*

zeit|her ⟨Adv.⟩ (veraltet, noch mundartl.): *seither:* ◆ ... als dir sagen, dass z. wenig getan wird (Goethe, Werther I, 24. Julius).

Zeit|his|to|ri|ker, der: *Zeitgeschichtler.*

Zeit|his|to|ri|ke|rin, die: w. Form zu ↑ Zeithistoriker.

zeit|his|to|risch ⟨Adj.⟩: *zeitgeschichtlich.*

Zeit|ho|ri|zont, der (bildungsspr.): *zeitliche Grenze, bis zu der man vorausschaut, -plant; Zeitraum, den man in Betracht zieht, für den man plant:* ... konservative Planungswiderstände, die den Z. der Planung beschränken (Habermas, Spätkapitalismus 103).

zei|tig ⟨Adj.⟩ [mhd. zītig = zur rechten Zeit geschehend; reif, ahd. zītec = zur rechten Zeit geschehend]: **1.** *zu einem verhältnismäßig frühen Zeitpunkt; früh[zeitig]:* ein -er Winter; am -en Nachmittag; z. aufstehen, zu Bett gehen; du

hättest -er kommen müssen; Zum Glück sah ich den Lastwagen noch z. genug (Frisch, Homo 182). **2.** (veraltet, noch landsch.) *reif* (1): das Getreide ist z.; Ü ◆ Die Republik ist zu einem Umgusse z. (Schiller, Fiesco II, 18).

zei|ti|gen (sw. V.; hat) [mhd. zītigen = reifen] (geh.): *(Ergebnisse, Folgen) hervorbringen, nach sich ziehen:* etw. zeitigt reiche Früchte, keine Ergebnisse; Scheinbar geringe Ursachen zeitigen scheinbar inkommensurable Wirkungen (Muschg, Gegenzauber 102).

zeit|in|ten|siv ⟨Adj.⟩: *zeitaufwendig:* eine sehr -e ehrenamtliche Tätigkeit; das Verfahren ist zu z.

Zeit|in|ter|vall, das (bildungsspr.): *Zeitabstand.*

Zeit|kar|te, die (Verkehrsw.): *Fahrkarte (wie Wochen-, Monats-, Netzkarte) für beliebig viele Fahrten während eines bestimmten Zeitabschnitts.*

Zeit|ko|lo|rit, das (bildungsspr.): *einer Zeit eigentümliches Kolorit* (3).

Zeit|kon|to, das: *Erfassung, Registrierung u. Verwaltung der Arbeitszeit, der geleisteten Arbeitsstunden.*

Zeit|kon|trol|le, die (Wirtsch.): *Kontrolle der für eine bestimmte Arbeit benötigten Zeiten.*

Zeit|kri|tik, die ⟨Pl. selten⟩: *Kritik an den Verhältnissen, Erscheinungen u. Ereignissen der Zeit, in der jmd. lebt:* Dazu: **Zeit|kri|ti|ker,** der; **Zeit|kri|ti|ke|rin,** die.

zeit|kri|tisch ⟨Adj.⟩: *Zeitkritik enthaltend, äußernd, zum Ausdruck bringend:* ein -er Film.

Zeit lang, Zeit|lang: s. Zeit (3 a).

Zeit|lauf, der; -[e]s, ...läuf[t]e: **1.** ⟨meist Pl.⟩ (geh.) *zeitbedingter Lauf der Ereignisse:* in diesen, in den damaligen unsicheren Zeitläuf[t]en. **2.** ⟨o. Pl.⟩ *[Ab]lauf der Zeit.* **3.** ⟨Pl. ...läufe⟩ (Sport) *Wettlauf, der nach der erreichten Zeit* (3 c) *gewertet wird.*

zeit|le|bens [auch: ˈtsaɪt...] ⟨Adv.⟩: *während des ganzen Lebens:* er hat z. schwer gearbeitet.

Zeit|leis|te, die: *grafische Darstellung von Zeitabschnitten in Form einer durch Texte mit [Jahres]zahlen o. Ä. gegliederten Linie, die einen zeitlichen od. geschichtlichen Ablauf meist parallel zu anderen, auf einander bezogenen u. entsprechend angeordneten Informationen bildlich verdeutlicht.*

zeit|lich ⟨Adj.⟩ [mhd. zītlīch, ahd. zītlīh]: **1.** *die Zeit* (1–4) *betreffend:* der -e Ablauf von etw.; -e Abstimmung; in großem, kurzem -em Abstand; die Erlaubnis ist z. begrenzt. **2.** (Rel.) *vergänglich, irdisch:* -e und ewige Werte; * ⟨subst.⟩ **das Zeitliche segnen** (1. veraltet verhüll.; *sterben.* scherzh.; *entzweigehen:* die Tasche hat das Zeitliche gesegnet) [nach der alten Sitte, dass ein Sterbender für alles, was er zurücklässt [= das Zeitliche], Gottes Segen erbittet].

Zeit|lich|keit, die; -: **1.** (Philos.) *zeitliches [Da]sein, [Da]sein in der Zeit.* **2.** (Rel., sonst veraltet) *die vergängliche* (2), *irdische Welt:* die Z. verlassen.

Zeit|li|mit, das: **a)** (Sport) *(für das Erreichen des Ziels) festgelegte Höchstzeit, die bei deren Überschreitung keine Wertung mehr stattfindet;* **b)** *zeitliches Limit* (a).

Zeit|loch, das: **1.** *Lücke in einem zeitlichen Ablauf.* **2.** (bes. Science-Fiction) *plötzlicher [ungewollter] Einstieg in eine Zeitreise:* seine Kleidung sah aus, als sei er in den Siebzigern in ein Z. gefallen und jetzt wieder aufgetaucht.

Zeit|lohn, der (Wirtsch.): *nur für die Arbeitszeit gezahlter Lohn (im Unterschied zum Akkordlohn, Stücklohn usw.).*

zeit|los ⟨Adj.⟩: *(in Stil, Form, Gehalt o. Ä.) nicht zeitgebunden:* eine -e Kunst, Dichtung; -e (*zeitlosen Stil zeigende, nicht der Mode unterworfene*) Mäntel, Formen.

Zeit|lo|se, die; -, -n [↑ Herbstzeitlose]: **1.** (Bot.) *(zu*

den Liliengewächsen gehörende) Pflanze mit einzelnen, lilafarbenen, rötlichen od. weißen Blüten auf sehr kurzem Schaft. **2.** (veraltet) *Herbstzeitlose.*

Zeit|lo|sig|keit, die; -, -en: **a)** ⟨o. Pl.⟩ *das Zeitlossein:* die Z. der Formen; **b)** *etw. Zeitloses.*

Zeit|lu|pe, die (Film): **1.** ⟨o. Pl.⟩ *Verfahren, bei dem die auf einem Film, einem Video, einer DVD aufgenommenen Vorgänge, Szenen bei der Wiedergabe in stark verlangsamtem Tempo erscheinen:* sich eine Szene in Z. ansehen. **2.** *einen Vorgang, eine Szene in stark verlangsamter Geschwindigkeit zeigender Abschnitt eines Films.*

Zeit|lu|pen|auf|nah|me, die (Film): *Aufnahme* (7 a) *in Zeitlupe.*

zeit|lu|pen|haft ⟨Adj.⟩: *so langsam wie mit der Zeitlupe aufgenommen.*

Zeit|lu|pen|tem|po, das ⟨o. Pl.⟩: *sehr langsames, stark verzögertes Tempo:* sich im Z. bewegen; im Z. (scherzh.; *sehr, auffallend langsam*) arbeiten.

Zeit|ma|nage|ment, das (Wirtsch.): *[strukturierter] Umgang mit der zur Verfügung stehenden Zeit:* ein effektives Z. bei Projekten erspart Ihnen viel Ärger.

Zeit|man|gel, der ⟨o. Pl.⟩: *Mangel an verfügbarer Zeit:* aus Z.; wegen Zeitmangel[s].

Zeit|ma|schi|ne, die: *(fiktive) Maschine, mit deren Hilfe sich jmd. in eine andere Zeit versetzen kann.*

Zeit|maß, das (seltener): **1.** *Tempo, das der zeitlichen Aufeinanderfolge von Bewegungen, Vorgängen, Klängen usw. zukommt bzw. gegeben wird:* ... so stand das schleppende Z. sowie der leise, kühle Ton seiner Rede in seltsamem Gegensatz zu dem kreischenden Gekeif seiner Frau (Hauptmann, Thiel 6). **2.** *Maß für die Zeit[dauer].*

Zeit|mes|ser, der: *Gerät (wie Uhr, Chronometer) zum Messen u. Anzeigen der Uhrzeit.*

Zeit|mes|sung, die: **1.** *Registrierung von Uhrzeit, Zeitpunkten, Zeitdauer durch Zeitmesser.* **2.** *Chronologie* (1).

zeit|nah, zeit|na|he ⟨Adj.⟩: **1.** *gegenwartsnah* [u. *zeitkritisch]:* ein zeitnahes Bühnenstück. **2.** *schnell [erfolgend]; umgehend:* eine zeitnahe Reaktion; Neuerungen z. umsetzen.

Zeit|nä|he, die: *das Zeitnahsein.*

Zeit|nah|me, die; -, -n (Sport): *Messung, Ermittlung der Zeiten* (3 c): *automatische, elektrische Z.*

Zeit|neh|mer, der; -s, - (Sport) *jmd. (bes. Offizieller), der die Zeit nimmt, stoppt.*

Zeit|neh|me|rin, die; -, -nen: w. Form zu ↑ Zeitnehmer.

Zeit|not, die: *Bedrängtsein, Notlage durch Zeitmangel:* in Z. geraten.

Zeit|plan, der: *Plan für den zeitlichen Ablauf:* einen Z. aufstellen, einhalten.

Zeit|pro|blem, das: vgl. Zeitfrage (2).

Zeit|puf|fer, der: *als Zeitreserve eingeplanter freier zeitlicher Zwischenraum zwischen Terminen, Punkten eines Zeitplans o. Ä.*

Zeit|punkt, der: *kurze Zeitspanne (in Bezug auf ihre Stelle im Zeitablauf); Augenblick, Moment:* der Z. seines Todes; der Z., in dem/zu dem/ (auch:) wo/(veraltend:) da die Prüfung begann; den richtigen Z. [für etw.] abwarten, verpassen; etw. im geeigneten Z. tun; zum jetzigen Z.

Zeit|raf|fer, der ⟨o. Pl.⟩ (Film): *Verfahren, bei dem die auf einem Film, einem Video, einer DVD aufgenommenen Vorgänge, Szenen bei der Wiedergabe in stark beschleunigtem Tempo erscheinen.*

Zeit|raf|fer|auf|nah|me, die (Film): *Aufnahme* (7 a) *in Zeitraffer.*

Zeit|raf|fer|tem|po, das ⟨o. Pl.⟩: *stark beschleunigtes Tempo.*

Zeit|rah|men, der: *zeitlicher Rahmen* (3 b).
zeit|rau|bend, Zeit rau|bend ⟨Adj.⟩: *übermäßig viel Zeit in Anspruch nehmend:* die Prozedur war äußerst z.
Zeit|raum, der: *mehr od. weniger ausgedehnter, vom Wechsel der Ereignisse u. Eindrücke, vom Verlauf der Geschehnisse erfüllter Teil der Zeit; Zeitabschnitt:* etw. umfasst einen Z. von mehreren Tagen; über einen längeren Z. abwesend sein.
Zeit|rech|nung, die: **1.** *für Datumsangaben maßgebende Zählung der Jahre u. Jahrhunderte von einem bestimmten [geschichtlichen] Zeitpunkt an:* in den ersten Jahrhunderten christlicher Z., der christlichen Z., unserer Z. *(der Zeitrechnung nach Christi Geburt);* das Jahr 328 vor unserer Z. (Abk.: v. u. Z.) **2.** *Berechnung der Zeit, des Zeitablaufs, der Tages-, Uhrzeit [orientiert an astronomischen Gegebenheiten].*
Zeit|rei|he, die (Fachspr.): *zeitlich geordnete [Mess]daten.*
Zeit|rei|se, die (bes. Science-Fiction): *(mithilfe einer Zeitmaschine erfolgendes) Sichversetzen in eine andere Zeit.*
Zeit|rei|sen|de ⟨vgl. Reisende⟩: *weibliche Person, die sich mit einer Zeitmaschine in eine andere Zeit versetzt, versetzt hat.*
Zeit|rei|sen|der ⟨vgl. Reisender⟩: *jmd., der sich mit einer Zeitmaschine in eine andere Zeit versetzt, versetzt hat.*
Zeit|re|ser|ve, die: *Reserve an verfügbarer Zeit.*
Zeit|ro|man, der: *die Zeitverhältnisse in den Mittelpunkt stellender Roman.*
Zeit|schalt|uhr, die (Technik): *Schaltuhr.*
Zeit|schie|ne, die: **1.** (Fachspr.) *festgelegter od. vorgegebener zeitlicher Ablauf.* **2.** (bes. Fernsehen) *zeitlicher Abschnitt in einem Programmablauf:* in der Z. von 19 bis 20 Uhr laufen die meisten Familienserien.
Zeit|schlei|fe, die (bes. Science-Fiction): *[ständige] Wiederholung im Ablauf der Zeit* (1): in einer Z. gefangen sein.
zeit|schnells|t... ⟨Adj.⟩ (Sport): *der Zeit* (3 c) *nach (nicht nur in der Reihenfolge des Zieleinlaufs bei Vor- u. Zwischenläufen) schnellst...:* die zeitschnellste Läuferin qualifiziert sich für den Zwischenlauf; ⟨subst.:⟩ die vier Zeitschnellsten der Zwischenläufe kommen ins Finale.
Zeit|schrift, die: **1.** *meist regelmäßig (wöchentlich bis mehrmals jährlich) erscheinende, geheftete, broschierte o. ä. Druckschrift mit verschiedenen Beiträgen, Artikeln usw. [über ein bestimmtes Stoffgebiet]:* eine medizinische, satirische Z.; eine Z. für Mode. **2.** *Redaktion bzw. Unternehmung, die eine Zeitschrift* (1) *zusammenstellt, gestaltet, herstellt, herausbringt:* mein Vortrag wird von einer Z. gedruckt.
Zeit|schrif|ten|auf|satz, der: *in einer Zeitschrift erschienener Aufsatz.*
Zeit|schrif|ten|han|del, der: ¹*Handel* (1) *mit Zeitschriften.*
Zeit|schrif|ten|markt, der: *Markt* (3 a) *für Zeitschriften.*
Zeit|schrif|ten|ver|lag, der: *Verlag, in dem [hauptsächlich] Zeitschriften verlegt werden.*
Zeit|schrif|ten|ver|le|ger, der: *Verleger einer od. mehrerer Zeitschriften.*
Zeit|schrif|ten|ver|le|ge|rin, die: w. Form zu ↑Zeitschriftenverleger.
Zeit|schrif|ten|wer|ber, der: *jmd., der für eine od. mehrere Zeitschriften Abonnenten wirbt.*
Zeit|schrif|ten|wer|be|rin, die: w. Form zu ↑Zeitschriftenwerber.
Zeit|sol|dat, der: *Soldat (bes. bei der Bundeswehr), der sich freiwillig verpflichtet hat, für eine bestimmte Zeit Wehrdienst zu leisten.*
Zeit|sol|da|tin, die: w. Form zu ↑Zeitsoldat.

Zeit|span|ne, die: *Spanne Zeit, [kürzerer] Zeitabschnitt:* in einer Z. von 12 Tagen.
zeit|spa|rend, Zeit spa|rend ⟨Adj.⟩: *Zeitersparnis bewirkend:* wir suchen nach der -sten Methode; das Verfahren ist äußerst z.
Zeit|spiel, das ⟨o. Pl.⟩: **1.** (Sport, bes. Fußball, Handball) *das Spielen mit bewussten Verzögerungen [um ein bestimmtes Ergebnis zu halten].* **2.** (bes. Politik) *abwartendes, zögerndes Verhalten, bis eine günstigere Situation eintritt.*
Zeit|sprin|gen, das (Pferdesport): *Springprüfung, bei der ein Fehler in Zeit umgerechnet wird u. die kürzeste Gesamtzeit den Sieg bringt.*
Zeit|sprung, der: *das Überspringen eines Abschnitts eines zeitlichen Ablaufs:* wegen zahlreicher Zeitsprünge in der erzählten Handlung ist der Roman nicht leicht zu lesen.
Zeit|stem|pel, der (EDV): *Markierung des Zeitpunkts einer Eingabe, Veränderung, Speicherung o. Ä. von Daten.*
Zeit|stra|fe, die: **1. a)** (bes. Eishockey, Handball) *Strafe in Form einer zeitlich begrenzten Hinausstellung;* **b)** (Motorsport) *wegen eines Regelverstoßes o. Ä. zusätzlich zur Fahrzeit gewertete Zeitspanne.* **2.** *für einen bestimmten Zeitraum verhängte (nicht lebenslängliche) Haftstrafe.*
Zeit|strahl, der: *grafische Darstellung einer geschichtlichen Entwicklung als Linie mit Markierungen für Abschnitte od. Ereignisse.*
Zeit|strö|mung, die: *(geistige, politische o. ä.) Strömung der gegenwärtigen od. einer vergangenen Zeit.*
Zeit|stück, das: vgl. Zeitroman.
Zeit|stun|de, die: *Stunde* (1) *(im Unterschied zu einer Schul-, Unterrichtsstunde).*
Zeit|ta|fel, die: *Tafel, Übersicht mit zeitlich geordneten wichtigen Daten eines Zeitraums.*
Zeit|takt, der: **1.** (Telefonie) *festgelegte Dauer der Zeiteinheit, in der für eine Gebühreneinheit telefoniert werden kann.* **2.** (bes. Verkehrsw.) *(stets gleiche) Länge des Zeitabstands zwischen regelmäßig sich wiederholenden Vorgängen* (z. B. Zugabfahrten).
Zeit|trai|ning, das (Motorsport): *Training, bei dem die Zeiten der Teilnehmer genommen werden (bes. im Hinblick auf die Vergabe der Poleposition im eigentlichen Rennen).*
Zeit|tun|nel, der (bes. Science-Fiction): *[lang gestreckter] Raum, durch den man in eine andere Zeit gelangt:* in einer Höhle stoßen die Forscher auf einen Z. in die Welt der Dinosaurier; Ü die Ausstellung führt uns durch einen Z. in die frühen Siebzigerjahre zurück.
zeit|ty|pisch ⟨Adj.⟩: *für eine Zeit* (4) *typisch.*
Zeit|über|schrei|tung, die: *Überschreitung einer zeitlichen Begrenzung, eines Zeitlimits.*
Zeit|um|stän|de ⟨Pl.⟩: *zeitbedingte Umstände:* das erklärt sich aus den [damaligen] -n.
Zeit|um|stel|lung, die: **1.** *die Umstellung von Sommer- auf Winterzeit bzw. von Winter- auf Sommerzeit.* **2.** *Anpassung des biologischen Rhythmus an die mit weiten [Flug]reisen verbundenen Zeitunterschiede zwischen Ausgangspunkt u. Ziel der Reise.*
zeit|un|ab|hän|gig ⟨Adj.⟩: *nicht von der Zeit abhängig u. nicht zeitbedingt.*
Zei|tung, die; -, -en [mhd. (westmd.) zīdunge = Nachricht, Botschaft < mniederd., mniederl. tīdinge, zu: tīden = vor sich gehen, vonstattengehen, sich ereignen, zu mniederd. tide, ↑Tide]: **1. a)** *täglich bzw. regelmäßig in kurzen Zeitabständen erscheinende (nicht gebundene, meist nicht geheftete) Druckschrift mit Nachrichten, Berichten u. oft vielfältigem anderem aktuellen Inhalt:* eine unabhängige, überregionale, wöchentliche Z.; die heutige Z.; die Z. von gestern; eine Z. gestalten, herausgeben;

[die] Z. lesen; die online erscheinende Ausgabe einer Z.; eine Z. abonnieren, halten, beziehen; -en austragen; etw. aus der Z. erfahren; eine Anzeige, eine Notiz in die Z. setzen *(in der Zeitung erscheinen lassen);* **b)** *Redaktion bzw. Unternehmung, die eine Zeitung* (1 a) *gestaltet, herstellt:* eine Mitarbeiterin der Z.; bei einer Z. arbeiten; für eine Z. schreiben. **2.** (veraltet) *Nachricht von einem Ereignis:* bringt Ihr gute Z., Gevatterin?
Zei|tung|le|sen, das; -s: *das Lesen in einer Zeitung:* ich komme kaum noch zum Z.
Zei|tung le|send, zei|tung|le|send ⟨Adj.⟩: *zeitungslesend.*
Zei|tungs|abon|ne|ment, das: *Abonnement auf eine Zeitung.*
Zei|tungs|an|non|ce, die: *Zeitungsanzeige:* sie haben sich durch eine Z. kennengelernt.
Zei|tungs|an|zei|ge, die: *Anzeige* (2 b) *in einer Zeitung:* eine Z. aufgeben.
Zei|tungs|ar|chiv, das: **a)** *Archiv* (a, b) *einer Zeitung* (1 b); **b)** *Archiv* (a, b), *in dem Zeitungen gesammelt u. bewahrt werden.*
Zei|tungs|ar|ti|kel, der: *in einer Zeitung veröffentlichter Artikel* (1).
Zei|tungs|aus|schnitt, der: *Ausschnitt* (1 a) *aus einer Zeitung.*
Zei|tungs|aus|trä|ger, der: *Austräger von Zeitungen.*
Zei|tungs|aus|trä|ge|rin, die: w. Form zu ↑Zeitungsausträger.
Zei|tungs|be|richt, der: vgl. Zeitungsartikel.
Zei|tungs|en|te, die (ugs.): *falsche Zeitungsmeldung.*
Zei|tungs|fo|to, das, schweiz. auch: die: *in einer Zeitung wiedergegebenes Foto.*
Zei|tungs|frau, die (ugs.): **1.** *Zeitungsjournalistin.* **2.** *Zeitungsausträgerin.* **3.** *Zeitungsverkäuferin, -händlerin.*
Zei|tungs|hal|ter, der: *einfaches stabförmiges Gerät mit Griff, in das der linke Rand einer Zeitung gespannt wird, damit sie (immer wieder) bequem gelesen werden kann.*
Zei|tungs|händ|ler, der: *jmd., der Zeitungen verkauft.*
Zei|tungs|händ|le|rin, die: w. Form zu ↑Zeitungshändler.
Zei|tungs|in|se|rat, das: *Zeitungsanzeige.*
Zei|tungs|in|ter|view, das: *mit einer Zeitung geführtes u. dort abgedrucktes Interview.*
Zei|tungs|jour|na|list, der: *für eine Zeitung arbeitender Journalist.*
Zei|tungs|jour|na|lis|tin, die: w. Form zu ↑Zeitungsjournalist.
Zei|tungs|jun|ge, der: **1.** *Junge, der auf der Straße Zeitungen verkauft.* **2.** *Junge, der als Zeitungsausträger arbeitet.*
Zei|tungs|ki|osk, der: *Kiosk, an dem Zeitungen verkauft werden.*
Zei|tungs|kor|res|pon|dent, der: *Korrespondent* (1).
Zei|tungs|kor|res|pon|den|tin, die: w. Form zu ↑Zeitungskorrespondent.
Zei|tungs|la|den, der: *Laden, in dem Zeitungen verkauft werden.*
Zei|tungs|lek|tü|re, die ⟨o. Pl.⟩: *das Lesen einer Zeitung, von Zeitungen.*
zei|tungs|le|send ⟨Adj.⟩: **a)** *gerade in der Zeitung lesend:* sie saß z. am Nachbartisch; **b)** *mehr od. weniger regelmäßig eine Zeitung lesend:* die -e Öffentlichkeit war vorgewarnt.
Zei|tungs|le|ser, der: *Leser* (1 b) *einer Zeitung.*
Zei|tungs|le|se|rin, die: w. Form zu ↑Zeitungsleser.
Zei|tungs|ma|cher, der (Jargon): *jmd., der eine Zeitung erstellt, herausgibt.*
Zei|tungs|ma|che|rin, die: w. Form zu ↑Zeitungsmacher.

Zei|tungs|mann, der ⟨Pl. ...männer u. ...leute⟩ (ugs.): **1.** ⟨Pl. meist ...leute⟩ Zeitungsjournalist. **2.** Zeitungsausträger. **3.** Zeitungsverkäufer, -händler.
Zei|tungs|markt, der: Markt (3 a), auf dem Zeitungen gehandelt werden.
Zei|tungs|mel|dung, die: Meldung (2) in der Zeitung.
Zei|tungs|no|tiz, die: kurze Zeitungsmeldung.
Zei|tungs|pa|pier, das: **1.** Papier von Zeitungen: etw. in Z. einwickeln. **2.** Papier, auf dem Zeitungen gedruckt werden.
Zei|tungs|re|dak|teur, der: Redakteur einer Zeitung.
Zei|tungs|re|dak|teu|rin, die: w. Form zu ↑ Zeitungsredakteur.
Zei|tungs|re|dak|ti|on, der: Redaktion einer Zeitung.
Zei|tungs|re|por|ter, der: Reporter einer Zeitung.
Zei|tungs|re|por|te|rin, die: w. Form zu ↑ Zeitungsreporter.
Zei|tungs|ro|man, der: in einer Zeitung abgedruckter Fortsetzungsroman.
Zei|tungs|schrei|ber, der (ugs., häufig abwertend): Zeitungsjournalist.
Zei|tungs|schrei|be|rin, die: w. Form zu ↑ Zeitungsschreiber.
Zei|tungs|sei|te, die: Seite einer Zeitung.
Zei|tungs|stand, der: Verkaufsstand für Zeitungen.
Zei|tungs|stän|der, der: Ständer (1) zum Aufbewahren von Zeitungen.
Zei|tungs|ster|ben, das (emotional): [allmähliche] Abnahme der Zahl der Zeitungen (1 b).
Zei|tungs|über|schrift, die: Überschrift eines Zeitungsartikels.
Zei|tungs|ver|käu|fer, der: jmd., der Zeitungen verkauft.
Zei|tungs|ver|käu|fe|rin, die: w. Form zu ↑ Zeitungsverkäufer.
Zei|tungs|ver|lag, der: Verlag, der eine od. mehrere Zeitungen verlegt.
Zei|tungs|ver|le|ger, der: jmd., der eine od. mehrere Zeitungen verlegt.
Zei|tungs|ver|le|ge|rin, die: w. Form zu ↑ Zeitungsverleger.
Zei|tungs|ver|schleiß, der (österr. Amtsspr.): Zeitungsverkauf.
Zei|tungs|we|sen, das ⟨o. Pl.⟩: Gesamtheit dessen, was mit der Tätigkeit der Zeitungsjournalisten, mit der Herstellung u. Verbreitung von Zeitungen zusammenhängt.
Zei|tungs|wis|sen|schaft, die: Wissenschaft vom Zeitungs- u. Nachrichtenwesen: Dazu: **Zei|tungs|wis|sen|schaft|ler,** der; **Zei|tungs|wis|sen|schaft|le|rin,** die; **zei|tungs|wis|sen|schaft|lich** ⟨Adj.⟩.
Zei|tungs|zu|stel|ler, der: Zusteller von Zeitungen.
Zei|tungs|zu|stel|le|rin, die: w. Form zu ↑ Zeitungszusteller.
Zeit|un|ter|schied, der: Unterschied in der Zeit (2 c, 3 c).
Zeit|ver|geu|dung, die (abwertend): Zeitverschwendung.
Zeit|ver|hält|nis, das: **1.** zeitliches Verhältnis (zwischen zwei Vorgängen, Handlungen usw.). **2.** ⟨Pl.⟩ vgl. Zeitumstände.
Zeit|ver|lauf, der: Verlauf (2) der Zeit.
Zeit|ver|lust, der: Verlust an verfügbarer Zeit.
Zeit|ver|schie|bung, die: zeitliche Verschiebung.
Zeit|ver|schwen|dung, die (abwertend): schlechte Ausnutzung von verfügbarer Zeit.
zeit|ver|setzt ⟨Adj.⟩: zeitlich jeweils um eine bestimmte Spanne versetzt: eine -e Übertragung.
Zeit|ver|trag, der: zeitlich befristeter Arbeitsvertrag.

Zeit|ver|treib, der; -[e]s, -e: etw., womit sich jmd. die Zeit vertreibt: Lesen ist mein liebster Z./ist mir der liebste Z.; etw. [nur] zum Z. tun; Das Gehalt unseres Vaters stand, wie sie meinte, in keinem annehmbaren Verhältnis zu seinen kostspieligen -en (Rezzori, Blumen 246).
zeit|ver|zö|gert ⟨Adj.⟩: verzögert, später stattfindend: der Arbeitsmarkt reagierte z. auf Schwankungen der Konjunktur.
Zeit|ver|zö|ge|rung, die: Verzögerung.
Zeit|ver|zug, der: Verzug: in Z. kommen, geraten.
Zeit|vor|ga|be, die: Vorgabe (4).
Zeit|vor|sprung, der: zeitlicher Vorsprung.
Zeit|vor|teil, der: in einer Zeitersparnis, einem Zeitgewinn bestehender Vorteil.
Zeit|waa|ge, die (Technik): elektronisches Gerät zur Überprüfung der Ganggenauigkeit von Uhren.
zeit|wei|lig ⟨Adj.⟩: **1.** auf eine kürzere Zeit beschränkt, zeitlich begrenzt, vorübergehend; momentan: -e Schwierigkeiten. **2.** hin u. wieder für eine kürzere Zeit; ¹gelegentlich (1 b): er ist z. nicht zurechnungsfähig; Die Augen öffnete er nicht mehr, wie er vor Stunden noch z. getan, wenn er sich allein im Zimmer gefühlt hatte (Jahnn, Nacht 98).
zeit|wei|se ⟨Adv.⟩: **1.** von Zeit zu Zeit, hin u. wieder: [nur] z. anwesend sein; z. schien auch die Sonne; ⟨mit Verbalsubstantiven auch attr.:⟩ zäh fließender Verkehr mit -m Stillstand. **2.** zeitweilig (1), vorübergehend, eine Zeit lang: z. schien es so, als sei alles wieder in Ordnung.
Zeit|wen|de, die: **1.** Anfang der christlichen Zeitrechnung: vor, nach, seit der Z. **2.** Zeitenwende (1).
Zeit|wert, der: **1.** Wert, den ein Gegenstand zur fraglichen, zur jeweiligen Zeit gerade hat: die Versicherung ersetzt nur den Z. **2.** (Musik) relative Dauer des durch eine Note dargestellten Tones; die relative Zeitdauer betreffender Notenwert.
Zeit|wert|ver|si|che|rung, die (Versicherungsw.): Versicherung, bei der im Schadensfall der Zeitwert der versicherten Sache erstattet wird.
Zeit|wort, das ⟨Pl. ...wörter⟩ (Sprachwiss.): Verb: schwache, starke, unregelmäßige Zeitwörter; die Beugung des -s.
zeit|wört|lich ⟨Adj.⟩ (Sprachwiss. selten): verbal (2).
Zeit|zei|chen, das (Rundfunk, Funkw.): **1.** [Ton, Tonfolge als] Signal, das die genaue Zeit anzeigt: ein Z. senden. **2.** etw. für eine bestimmte Zeit Bezeichnendes; Zeichen (2) der Zeit (4): die Z. erkennen.
Zeit|zeu|ge, der: jmd., der als Zeitgenosse Zeugnis geben kann von bestimmten Vorgängen (von historischer Bedeutsamkeit): Dazu: **Zeit|zeu|gen|be|richt,** der; **Zeit|zeu|gen|schaft,** die ⟨o. Pl.⟩.
Zeit|zeu|gin, die: w. Form zu ↑ Zeitzeuge.
Zeit|zeug|nis, das: Zeugnis (4) einer bestimmten Zeit.
Zeit|zo|ne, die: Zone der Erde, in der an allen Orten dieselbe Uhrzeit gilt: das Land erstreckt sich über drei -n.
Zeit|zün|der, der: Zünder, der eine Bombe o. Ä. nach Verstreichen einer bestimmten Zeit zur Detonation bringt: eine mit einem Z. versehene Bombe.
Zeit|zün|der|bom|be, die: Zeitbombe.
Ze|le|brant, der; -en, -en [zu lat. celebrans (Gen.: celebrantis), 1. Part. von: celebrare, ↑ zelebrieren] (kath. Kirche): **1.** Priester, der die ¹Messe (1) zelebriert. **2.** (bildungsspr.) jmd., der etw. zelebriert (2).
Ze|le|bran|tin, die; -, -nen: w. Form zu ↑ Zelebrant (2).
Ze|le|bra|ti|on, die; -, -en [lat. celebratio = Feier, zu: celebrare, ↑ zelebrieren] (kath. Kirche): **1.** das

Zelebrieren der ¹Messe (1). **2.** (bildungsspr.) das Zelebrieren (2, 3).
ze|le|brie|ren ⟨sw. V.; hat⟩ [lat. celebrare = häufig besuchen; festlich begehen; feiern, preisen, zu: celeber = häufig; gefeiert]: **1.** (kath. Kirche) eine kirchliche Zeremonie abhalten, durchführen: die Messe z. **2.** (bildungsspr., oft scherzh.) (bewusst) feierlich, weihevoll tun, ausführen: ein Essen z. **3.** (bildungsspr.) feiern (1 c), feierlich ehren.
Ze|le|brie|rung, die; -, -en: das Zelebrieren.
Ze|le|bri|tät, die; -, -en [lat. celebritas, zu: celeber, ↑ zelebrieren] (bildungsspr.): berühmte Person; Berühmtheit.
Zell|at|mung, die (Biol.): biochemische Verwertung des (bei der Atmung) aufgenommenen Sauerstoffs durch die Körperzellen.
Zell|bil|dung, die (Biol.): Bildung, das Sichbilden von Zellen (5).
Zell|bio|lo|gie, die (Biol.): Zweig der Biologie, der sich mit der Zelle (5), ihrem Aufbau u. ihren Funktionen befasst.
Zell|di|a|gnos|tik, die (Med.): Zytodiagnostik.
Zel|le, die; -, -n: **1.** [mhd. zelle = Kammer, Zelle, kleines Kloster, ahd. (in Ortsn.) < kirchenlat. cella = Wohnraum eines Mönches, Klause < lat. cella, ↑ Keller] kleiner, nur sehr einfach ausgestatteter Raum innerhalb eines Gebäudes, der für Personen (z. B. Mönche, Strafgefangene) bestimmt ist, die darin abgeschlossen od. abgetrennt von anderen leben. **2.** Kurzf. von ↑ Telefonzelle. **3. a)** abgetrennte Höhlung (unter vielen); durch Abteilung, Abtrennung entstandener Hohlraum: die -n im Honigwabe; **b)** (Flugw.) Gesamtheit aller Teile eines Flugzeugs mit Ausnahme von Ausrüstung u. Triebwerk[en]. **4.** (Elektrot.) einzelnes Element einer Batterie od. eines Akkumulators. **5.** kleinste lebende Einheit in einem pflanzlichen od. tierischen Lebewesen: lebende, tote -n; die -n teilen sich, sterben ab; *die [kleinen] grauen -n (ugs. scherzh.): die Gehirnzellen, das Gehirn, Denkvermögen; nach der grauen Substanz der Großhirnrinde). **6.** geschlossene kleine Gruppe durch gleiche Ziele verbundener [gemeinschaftlich agierender] Personen: kleinste Einheit bestimmter Organisationen, Vereinigungen: revolutionäre -n; eine Z. bilden, gründen.
zell|ei|gen ⟨Adj.⟩: zur Zelle (5) gehörend.
Zel|len|bil|dung, die (Biol.): Zellbildung.
Zel|len|ge|nos|se, der: jmd., der mit anderen gemeinsam in einer Zelle (1) untergebracht ist: mein Z.; wir waren -n.
Zel|len|ge|nos|sin, die: w. Form zu ↑ Zellengenosse.
Zel|len|ge|wöl|be, das (Archit.): spätgotische Gewölbeform mit vielen tief eingeschnittenen Abteilungen, Zellen, die durch Grate gegeneinander abgegrenzt sind.
Zel|len|leh|re, die: Zytologie.
Zel|len|schmelz, der: Cloisonné.
Zel|len|trakt, der: Teil eines Gefängnisses, in dem sich die Gefängniszellen befinden.
Zel|len|tür, die: Tür einer Zelle (1).
Zell|for|schung, die: Zytologie.
Zell|ge|we|be, das (Biol.): Gewebe aus gleichartigen Zellen (5).
Zell|gift, das (Biol., Med.): chemischer Stoff, der schädigend auf die physiologischen Vorgänge in der Zelle (5) einwirkt bzw. die Zelle abtötet.
Zell|hau|fen, der (Biol.): oft als unangemessene Bezeichnung für beginnendes [menschliches] Leben abgelehnt: die in den ersten Tagen nach der Befruchtung durch Zellteilung entstandenen Zellen.
zell|lig ⟨Adj.⟩ [zu ↑ Zelle] (Biol.): aus Zellen [bestehend].
Zell|kern, der (Biol.): im Zellplasma eingebettetes

Zellklon – Zensor

[kugeliges] Gebilde, das die Chromosomen enthält; Nukleus (1); Zytoblast.

Zell|klon, der (Biol.): *durch Klonieren entstandene Ansammlung von genetisch einheitlichen Zellen (5).*

Zell|kör|per, der (Biol.): *Zelle (5) ohne Kern u. Fortsätze.*

Zell|kul|tur, die (Biol., Med.): *auf geeigneten Nährböden in besonderen Gefäßen gezüchtete [Gewebs]zellen.*

Zell|li|nie, Zell-Li|nie, die (Biol.): *Zellen eines sich in einer Zellkultur [unbegrenzt] fortpflanzenden Gewebes.*

Zell|mem|b|ran, die (Biol.): *Membran, die das Zellplasma außen begrenzt.*

Zell|ober|flä|che, die (Biol.): *von der Außenseite einer Zelle (5) gebildete Fläche.*

Zel|lo|phan, das; -s [frz. cellophane, Kunstwort aus ↑Zellulose u. griech. diaphanés = durchsichtig]: *glasklare Folie.*

Zell|plas|ma, das (Biol.): *Zytoplasma.*

Zell|stoff, der: **1.** *(aus Holz od. ähnlichen Materialien durch chemischen Aufschluss gewonnenes, feinfaseriges) weitgehend aus Zellulose bestehendes Produkt, das zur Herstellung von Papier u. Kunstfasern dient.* **2.** *aus Zellstoff (1) hergestellter, sehr saugfähiger Stoff, der bes. in der Medizin u. Hygiene verwendet wird.*

Zell|stoff|fa|b|rik, Zell|stoff-Fa|b|rik, die: *Fabrik, in der Zellstoff hergestellt wird.*

Zell|stoff|wech|sel, der (Biol.): *Stoffwechsel einer Zelle (5).*

Zell|tei|lung, die (Biol.): *Teilung einer lebenden Zelle (5) in zwei neue, selbstständige Zellen bei der Vermehrung der Zellen.*

Zell|the|ra|pie, die (Med.): **1.** *therapeutische Behandlung mit [Stamm]zellen.* **2.** *Frischzellentherapie.*

Zell|tod, der (Biol.): *das Absterben einer Zelle (5).*

Zell|typ, Zell|ty|pus, der (Biol.): *Typus, besondere Art von Zelle (5).*

zel|lu|lar, (häufiger:) **zel|lu|lär** ⟨Adj.⟩ [zu lat. cellula, ↑Zellulose] (Biol.): **1.** *aus Zellen (5) gebildet.* **2.** *zu den Zellen (5) gehörend, den Zellen eigentümlich, die Zelle[n] betreffend.*

Zel|lu|li|tis: ↑Cellulite.

Zel|lu|lo|id, (chem. fachspr.) Celluloid [seltener auch: ...loˈiːt], das; -[e]s [engl. celluloid, zu: cellulose = Zellulose u. griech. -oeidḗs = ähnlich, zu: eîdos = Aussehen, Form]: **1.** *durchsichtiger, elastischer Kunststoff aus Nitrozellulose [u. Kampfer].* **2.** (Jargon) *Filmstreifen, -material: etw. auf Z. bannen.*

Zel|lu|lo|id|strei|fen, der: *Filmstreifen.*

Zel|lu|lo|se, (chem. fachspr.) Cellulose, die; -, ⟨Arten:⟩ -n [zu lat. cellula = kleine Kammer, kleine Zelle, Vkl. von: cella, ↑Zelle]: *bes. von Pflanzen gebildeter Stoff, der Hauptbestandteil der pflanzlichen Zellwände ist.*

Zel|lu|lo|se|ni|t|rat, das ⟨o. Pl.⟩ (Chemie): *durch Nitrieren von Zellulose hergestellte, weiße, faserige Masse, die beim Entzünden sehr rasch verbrennt u. für die Herstellung von Lacken u. Zelluloid od. für Sprengstoffe verwendet wird.*

Zell|ver|meh|rung, die (Biol.): *Vermehrung der Zellen durch Zellteilung.*

Zell|wachs|tum, das (Biol.): *Wachstum der Zellen (5).*

Zell|wand, die (Biol.): *Wand der Zelle (5) bei Pflanzen, Bakterien, Pilzen, die die Zellmembran in Form einer starren Hülle umgibt.*

Zell|wol|le, die: *aus Zellulose bzw. Viskose hergestellte woll- od. baumwollähnliche Spinnfaser[n].*

Zell|wu|che|rung, die: *wuchernde Zellvermehrung.*

Zell|zy|k|lus, der (Biol.): *Gesamtheit der Wachstumsvorgänge zwischen zwei Zellteilungen.*

Ze|lot, der; -en, -en [lat. zelotes < griech. zēlōtḗs = Nacheiferer, Bewunderer, zu: zēló-ein = (nach)eifern, zu: zḗlos = Eifer(sucht), Neid]: **1.** (bildungsspr.) *Eiferer, [religiöser] Fanatiker.* **2.** *Angehöriger einer radikalen antirömischen altjüdischen Partei.*

Ze|lo|tin, die; -, -nen: w. Form zu ↑Zelot (1).

ze|lo|tisch ⟨Adj.⟩: **1.** (bildungsspr.) *in der Art eines Zeloten (1).* **2.** *die Zeloten (2) betreffend, zu ihnen gehörend.*

Zelt, das; -[e]s, -e [mhd., ahd. zelt, eigtl. = (ausgebreitete) Decke, Hülle]: *meist sehr einfache hausähnliche Konstruktion aus Stangen, Stoffbahnen, Fellen o. Ä., die relativ leicht auf- u. wieder abgebaut u. mitgenommen werden kann u. zum vorübergehenden Aufenthalt od. als Behausung dient: ein Z. aufstellen, aufschlagen, [auf]bauen, abbauen, abbrechen; ein Zirkus errichtete sein Z. auf dem Festplatz; im Z. übernachten, schlafen; Ü das himmlische Z.* (dichter.; *Himmelszelt);* **die/seine -e irgendwo aufschlagen** (meist scherzh.; *sich irgendwo niederlassen);* **die/seine -e abbrechen** (meist scherzh.; *den Aufenthaltsort aufgeben, wegziehen).*

Zelt|bahn, die: *Zeltplane.*

Zelt|bla|che, die (schweiz.): *Zeltplane.*

Zelt|blatt, das (österr.): *Zeltplane.*

Zelt|dach, das (Archit.): **1.** *pyramiden-, zeltförmiges Dach.* **2.** *Dach mit einer einem Zelt ähnlichen tragenden Konstruktion.*

zel|teln ⟨sw. V.; hat⟩ (bayr., österr. ugs.): *zelten.*

zel|ten ⟨sw. V.; hat⟩: *ein Zelt aufschlagen u. darin übernachten, wohnen: an einem See z.; im Urlaub z.*

¹**Zel|ter,** der; -s, -: *jmd., der zeltet; Camper.*

²**Zel|ter,** der; -s, - [mhd. zelter, ahd. zeltāri, zu ↑Zelt] (früher): *auf Passgang dressiertes Reitpferd [für Damen]:* ◆ *Da gesellte sich, auf zierlichem Z. desselben Weges ziehend, ein anderer Reiter in bunter Tracht ... zu ihm* (Eichendorff, Marmorbild 5).

Zel|te|rin, die; -, -nen: w. Form zu ↑²Zelter.

Zelt|la|ger, das ⟨Pl. ...lager⟩: **1.** *Lager (1) mit Zelten: ein Z. errichten.* **2.** *Aufenthalt in einem Zeltlager (1): ein Z. planen, durchführen.*

Zelt|lein|wand, die ⟨o. Pl.⟩: *sehr starke, segeltuchartig dichte, wasserabweisend imprägnierte Leinwand.*

Zelt|ler, der; -s, -: ²Zelter.

Zelt|le|rin, die; -, -nen: w. Form zu ↑Zeltler.

Zelt|mis|si|on, die: *evangelische Volksmission, die an wechselnden Orten in großen Zelten stattfindet.*

Zelt|pflock, der: *Hering* (3).

Zelt|pla|ne, die: *[als Teil eines Zeltes hergestellte] Plane aus Zeltleinwand o. Ä.; Zeltbahn.*

Zelt|platz, der: *Platz zum Zelten.*

Zelt|stadt, die: *großes Zeltlager* (1).

Zelt|stan|ge, die: *Stange als Teil der Konstruktion eines Zeltes.*

Zelt|wand, die: *Wand eines Zelts.*

¹**Ze|ment,** der; -[e]s, ⟨Sorten:⟩ -e [spätmhd. cěment (unter Einfluss von frz. cément), mhd. zīment(e) < afrz. ciment < spätlat. cimentum < lat. caementum = Bruchstein, zu: caedere = (mit dem Meißel) schlagen; Bruchstein wurde, mit Kalkmörtel u. Lehm vermischt, als Bindemasse beim Bauen verwendet]: **1.** *aus gebranntem, vermahlenem Kalk, Ton o. Ä. hergestellter, bes. als Bindemittel zur Herstellung von Beton u. Mörtel verwendeter Baustoff, der bei Zugabe von Wasser erhärtet: schnell bindender Z.; Z. anrühren, mischen.* **2.** (Zahnmed.) *zementartiges Pulver zur Herstellung von Zahnfüllungen.*

²**Ze|ment,** das; -[e]s, -e (Zahnmed.): *Zahnzement.*

Ze|ment|bahn, die (Radsport): *zementierte Radrennbahn.*

Ze|ment|be|ton, der: *Beton mit Zement als Bindemittel.*

Ze|ment|bo|den, der: *zementierter Boden.*

ze|men|tern ⟨Adj.⟩: *aus ¹Zement (1) [bestehend]: -e Röhren.*

Ze|ment|fa|brik, die: *Fabrik, in der ¹Zement (1) hergestellt wird.*

Ze|ment|far|be, die: *zum Färben von Zement u. Beton dienende Farbe.*

ze|men|tie|ren ⟨sw. V.; hat⟩ [älter auch zimentieren]: **1.** *mit ¹Zement (1), Beton versehen u. dadurch einen festen Untergrund für etw. schaffen: einen Weg, den Boden z.* **2.** (bildungsspr.) *(etw. häufig als negativ Betrachtetes) festigen, unverrückbar u. endgültig machen: die bestehenden [politischen] Verhältnisse, seine Macht z.* **3.** (Metallbearb.) *durch Glühen unter Zusatz von Kohlenstoff härten; aufkohlen: Stahl z.*

Ze|men|tie|rung, die; -, -en: *das Zementieren; das Zementiertwerden.*

Ze|men|tit [auch: ...ˈtɪt], der; -s [zu ↑¹Zement, nach der Härte] (Chemie): *in bestimmter Weise kristallisiertes, sehr hartes u. sprödes Eisenkarbid.*

Ze|ment|mör|tel, der: *unter Verwendung von ¹Zement (1) hergestellter Mörtel.*

Ze|ment|platz, der (Sport): *zementierter [Tennis]platz.*

Ze|ment|sack, der: *Sack für ¹Zement (1).*

Ze|ment|werk, das: *Werk, in dem ¹Zement (1) hergestellt wird.*

Zen [zɛn, auch: tsɛn], das; -[s] [jap. zen < chin. chan < sanskr. dhyāna = Meditation] (Rel.): *japanische Richtung des Buddhismus, die durch Meditation die Erfahrung der Einheit allen Seins u. damit tätige Lebenskraft u. größte Selbstbeherrschung zu erreichen sucht.*

Zen|bud|dhis|mus, der: *Zen.*

Ze|ner|di|o|de, die; -, -n [nach dem amerik. Physiker C. M. Zener (1905–1993)]: *Diode, die in einer Richtung bei Überschreiten einer bestimmten Spannung einen sehr starken Anstieg des Stromes (3) zeigt.*

Ze|nit [tseˈniːt, auch, österr. nur: ...ˈnɪt], der; -[e]s [ital. zenit(h) < arab. samt (ar-raˈs) = Weg, Richtung (des Kopfes)]: **1.** (Astron.) *gedachter höchster Punkt des Himmelsgewölbes senkrecht über dem Standort des Beobachters u. in einem bestimmten Bezugspunkt auf der Erde; Scheitel (2 b), Scheitelpunkt: der Stern hat den Z. überschritten, steht im Z.; Als ein weißglühendes Bild allen Feuers stieg die Sonne in den Z.* (Ransmayr, Welt 286). **2.** (bildungsspr.) *[Zeit]punkt der höchsten Entfaltung, Wirkung; Höhepunkt: sie stand im Z. ihres Ruhms.*

ze|ni|tal ⟨Adj.⟩: *den Zenit betreffend, auf den Zenit bezogen.*

Ze|ni|tal|re|gen, der (Meteorol.): *(in den Tropen) zur Zeit des höchsten Standes der Sonne auftretender Regen.*

Ze|nit|dis|tanz, die (Astron.): *(auf den Ort der Beobachtung bezogener) in Grad gemessener Abstand eines Sternes vom Zenit.*

Ze|no|taph: ↑Kenotaph.

zen|sie|ren ⟨sw. V.; hat⟩ [lat. censere = begutachten, schätzen, beurteilen]: **1.** *mit einer Zensur (1), Note bewerten: einen Aufsatz mit »gut« z.;* ⟨auch ohne Akk.-Obj.:⟩ *die Lehrerin zensiert streng, milde.* **2.** *einer Zensur (2 a) unterwerfen: die Tageszeitungen werden in diesem Land scharf zensiert.*

Zen|sie|rung, die; -, -en: *das Zensieren; das Zensiertwerden.*

Zen|sor, der; -s, ...oren: **1.** *jmd., der von Staats, Amts wegen die Zensur ausübt: dieser Satz missfiel dem Z.* **2.** [lat. censor, zu: censere, ↑zensieren] (früher) *hoher altrömischer Beamter, der u. a. die Aufgabe hat, den Zen-*

Zensorin – zentralnervös

Zen|so|rin, die; -, -nen: w. Form zu ↑ Zensor (1).
zen|so|risch ⟨Adj.⟩ [lat. censorius, zu: censor, ↑ Zensor]: *den Zensor betreffend; auf der Tätigkeit des Zensors beruhend.*
Zen|sur, die; -, -en [lat. censura = Prüfung, Beurteilung, zu: censere, ↑ zensieren]: **1.** *Benotung (bes. in Schule od. Hochschule):* jmdm. [in einer Prüfung, für eine Klassenarbeit] eine gute Z. geben; eine schlechte Z. in Deutsch bekommen; Ü -en austeilen (abwertend; *in der Rolle einer Autorität Lob u. Tadel austeilen).* **2.** ⟨o. Pl.⟩ **a)** *von zuständiger, bes. staatlicher Stelle vorgenommene Kontrolle, Überprüfung von Briefen, Druckwerken, Filmen o. Ä., bes. auf politische, gesetzliche, sittliche od. religiöse Konformität:* in diesem Staat findet eine Z. nicht statt, gibt es keine Z. der Presse; eine scharfe, strenge Z. ausüben; etw. unterliegt der Z.; Andrentags arbeitete er mehrere Stunden an den wenigen Zeilen des Briefes, die es so zu machen, dass sie die Z. des Direktors passierten (Feuchtwanger, Erfolg 274); **b)** *Stelle, Behörde, die die Zensur ausübt:* die Z. hat den Film verboten, [für Erwachsene] freigegeben.
Zen|sur|be|hör|de, die: *Behörde, die die Zensur ausübt.*
zen|su|rie|ren ⟨sw. V.; hat⟩: **1.** (österr., schweiz.) zensieren (2). **2.** (Schule schweiz.) zensieren (1).
Zen|sus, der; -, - [...u:s] [lat. census, zu: censere, ↑ zensieren]: **1.** (Fachspr.) *Volkszählung.* **2.** (bes. im MA.) *Abgabe, Pachtzins, Steuerleistung.* **3.** *(im alten Rom) Aufstellung der Liste der Bürger u. Vermögensschätzung durch die Zensoren* (2).
Zent, die; -, -en [mhd. zent, cent < mlat. centa < spätlat. centena = Hundertschaft, zu lat. centenus = hundertmalig, zu: centum = hundert] (Geschichte): **1.** *(in fränkischer Zeit) mit einer Gerichtsbarkeit ausgestatteter territorialer Verband von Hufen [zur Besiedelung von Neuland].* **2.** *(im Hoch- u. Spätmittelalter) Unterbezirk einer Grafschaft (in Hessen, Franken u. Lothringen).*
Zen|taur, Kentaur, der; -en, -en [lat. Centaurus < griech. Kéntauros] (griech. Mythol.): *vierbeiniges Fabelwesen mit einem Pferdeleib u. dem Oberkörper eines Mannes.*
Zen|te|nar, der; -s, -e [mhd. zentener, ahd. zentenāri < (m)lat. centenarius, ↑ Zentner]: **1.** (bildungsspr. selten) *Hundertjähriger.* **2.** (Geschichte) *[gewählter] Vorsteher der Zent* (1) *u. Vorsitzender ihrer Gerichtsbarkeit.*
Zen|te|nar|fei|er, die (bildungsspr.): *Zentenarium.*
Zen|te|na|ri|um, das; -s, ...ien [mlat. centenarium = Jahrhundert] (bildungsspr.): *Hundertjahrfeier.*
zen|te|si|mal ⟨Adj.⟩ [zu lat. centesimus = der Hundertste, geb. nach ↑ dezimal] (Fachspr.): *auf die Grundzahl 100 bezogen.*
Zen|ti|fo|lie, die [eigtl. = die Hundertblättrige]: *Rose mit beiderseits behaarten Blättern u. gefüllten roten od. weißen Blüten.*
Zen|ti|gramm [auch, bes. österr., schweiz.: ˈtsɛn...], das: *hundertstel Gramm (Zeichen: cg).*
Zen|ti|li|ter [auch, bes. österr., schweiz.: ˈtsɛn...], der (schweiz. nur so), auch: das: *hundertstel Liter (Zeichen: cl).*
Zen|ti|me|ter [auch, bes. österr., schweiz.: ˈtsɛn...], der, früher fachspr. auch: das; -s, - [frz. centimètre]: *hundertstel Meter (Zeichen: cm):* ein Z. weiße/(geh.:) weißer Schnur; 20 Z. Stoff reicht/reichen für den Einsatz.
zen|ti|me|ter|dick ⟨Adj.⟩: *mehrere Zentimeter dick:* unter einer -en Eisschicht.

zen|ti|me|ter|ge|nau ⟨Adj.⟩: *auf den Zentimeter genau:* eine -e Messung.
Zen|ti|me|ter|maß, das: *Band mit einer Einteilung in Zentimeter [u. Millimeter] zum Messen von Längen.*
Zent|ner, der; -s, - [mhd. zentenære, ahd. centenāri < spätlat. centenarium = Hundertpfundgewicht, zu lat. centenarius = aus hundert bestehend, zu: centum = hundert]: **1.** *Maßeinheit von 50 Kilogramm:* ein Z. kanadischer Weizen/ (geh.:) kanadischen Weizens; 2 Z. Weizen genügt/genügen; mit einem Z. Lebendgewicht, von 3 -n. **2.** (österr., schweiz.) *Maßeinheit von 100 Kilogramm (Zeichen: q).*
Zent|ner|ge|wicht, das; -[e]s. ⟨o. Pl.⟩ *Gewicht von einem od. mehreren Zentnern.* **2.** ¹*Gewicht* (2), *das (wie z. B. bei der Dezimalwaage) einem Zentner entspricht.*
Zent|ner|last, die: *zentnerschwere Last:* -en heben; Ü jmdm. fällt eine Z. vom Herzen, von der Seele *(jmd. fühlt sich sehr erleichtert).*
zent|ner|schwer ⟨Adj.⟩: *ein Gewicht von einem od. mehreren Zentnern aufweisend:* eine -e Last; Ü etw. liegt, lastet jmdm. z. *(sehr schwer)* auf der Seele.
zent|ner|wei|se ⟨Adv.⟩: *in Zentnern [u. damit in großer Menge]:* es wurden z. Akten abtransportiert; ⟨mit Verbalsubstantiven auch attr.:⟩ die z. Vernichtung von überschüssigem Obst.
zen|tral ⟨Adj.⟩ [lat. centralis = in der Mitte befindlich, zu: centrum, ↑ Zentrum]: **1. a)** *im Zentrum [gelegen]:* ein -er Ort, Punkt; seine Wohnung ist z. gelegen, liegt [sehr] z.; **b)** *das Zentrum, den Mittelpunkt (von, für etw.) bildend:* der -e Fluchtpunkt der Perspektive; **c)** *im Mittelpunkt stehend u. alles andere mitbestimmend, für alles andere von entscheidendem Einfluss, von bestimmender Bedeutung:* ein -es Thema, Problem, Anliegen; etw. ist von -er Bedeutung. **2.** *von einer übergeordneten, leitenden, steuernden Stelle ausgehend, die Funktion einer solchen Stelle ausübend:* eine -e Planung; die -en Staatsorgane; das -e Nervensystem (Med.; *Zentralnervensystem*); eine z. geleitete Industrie.
Zen|tral|ab|i|tur, das (Schule): *auf landesweit einheitlichen Prüfungen basierendes Abitur mit einheitlicher Bewertung.*
Zen|tral|af|ri|ka; -s: mittlerer Teil Afrikas.
zen|tral|af|ri|ka|nisch ⟨Adj.⟩: *Zentralafrika betreffend, dazu gehörend; aus Zentralafrika stammend.*
Zen|tral|ame|ri|ka; -s: festländischer Teil Mittelamerikas.
zen|tral|ame|ri|ka|nisch ⟨Adj.⟩: *Zentralamerika betreffend, dazu gehörend; aus Zentralamerika stammend.*
zen|tral|asi|a|tisch ⟨Adj.⟩: *Zentralasien betreffend, dazu gehörend; aus Zentralasien stammend.*
Zen|tral|asi|en; -s: Bereich der großen (zumeist zu China u. der Mongolei gehörenden) Hochländer im Innern Asiens.
Zen|tral|aus|schuss, der (österr.): **a)** *zentraler* (2) *Ausschuss;* **b)** *oberstes Gremium der Personalvertretung.*
Zen|tral|bank, die, ⟨Pl. -en⟩ (Bankw.): *Notenbank, die zugleich Träger der Währungspolitik eines Landes od. einer Währungsgemeinschaft ist.*
Zen|tral|bank|rat, der ⟨o. Pl.⟩: *oberstes Organ der Deutschen Bundesbank, das bes. die Währungs- u. Kreditpolitik bestimmt.*
Zen|tral|bau, der ⟨Pl. -ten⟩ (Archit.): *Bauwerk mit annähernd gleichen Hauptachsen bzw. mit Teilräumen, die um einen zentralen Raum gleichmäßig angeordnet sind.*

zen|tral|be|heizt ⟨Adj.⟩: **1.** *durch eine Zentralheizung beheizt.* **2.** *durch Fernheizung beheizt.*
Zen|tral|be|we|gung, die (Physik): *Bewegung eines Körpers unter dem Einfluss einer Zentralkraft.*
Zen|tral|bi|b|lio|thek, die: **1.** *(im kommunalen Bibliothekswesen) Hauptbibliothek, die für die Zweig- od. Stadtteilbibliotheken den Erwerb, Inventarisierung u. Katalogisierung der Bücher übernimmt.* **2.** *zentrale Stelle einer Hochschulbibliothek, die die Anschaffung u. Katalogisierung der Bücher für die Bibliotheken einzelner Fachbereiche durchführt.*
Zen|tra|le, die; -, -n: **1. a)** *zentrale Stelle, von der aus etw. organisiert, verwaltet, geleitet, gesteuert wird:* die Z. einer Partei, einer Bank; das Gehirn ist die Z. für das Nervensystem; Ü der Stadtpark wurde zur Z. *(zum Mittelpunkt, Sammelpunkt)* der Aussteiger; **b)** Kurzf. von ↑ Telefonzentrale. **2.** (Geom.) *Gerade, die durch die Mittelpunkte zweier Kreise geht.*
Zen|tral|ein|heit, die (EDV): *zentraler Teil eines Datenverarbeitungssystems.*
Zen|tral|eu|ro|pa; -s: Mitteleuropa.
zen|tral|eu|ro|pä|isch ⟨Adj.⟩: *Zentraleuropa betreffend; in Zentraleuropa gelegen, aus Zentraleuropa stammend.*
Zen|tral|fi|gur, die: *zentrale Figur* (5 a, c): die Z. eines Dramas, in einem politischen Skandal.
zen|tral|ge|heizt ⟨Adj.⟩: *zentralbeheizt* (1).
Zen|tral|ge|stirn, das (Astron.): *zentrales Gestirn eines Planetensystems (z. B. die Sonne).*
Zen|tral|ge|walt, die (Politik): *zentrale* (2) *Gewalt (bes. in einem Bundesstaat).*
Zen|tral|hei|zung, die: **1.** *Heizung, bei der die Versorgung der Räume eines Gebäudes mit Wärme zentral von einer Stelle (bes. vom Keller) aus geschieht:* das Haus hat Z. **2.** *Heizkörper der Zentralheizung.*
Zen|tral|ins|ti|tut, das: *zentrales* (2) *Institut.*
Zen|tra|li|sa|ti|on, die; -, -en [frz. centralisation, zu: centraliser, ↑ zentralisieren]: *das Zentralisieren; das Zentralisiertwerden, das Zentralisiertsein.*
zen|tra|li|sie|ren ⟨sw. V.; hat⟩ [frz. centraliser, zu: central = zentral < lat. centralis, ↑ zentral]: *(durch organisatorische Zusammenfassung) einer zentralen Leitung, Verwaltung u. Gestaltung unterwerfen:* die Wirtschaft, den Staat z.
Zen|tra|li|sie|rung, die; -, -en: *Zentralisation.*
Zen|tra|lis|mus, der; -: *das Streben nach Konzentration aller Kompetenzen (im Staat, in Verbänden o. Ä.) bei einer zentralen od. obersten Instanz.*
zen|tra|lis|tisch ⟨Adj.⟩: *den Zentralismus betreffend, auf ihm beruhend, zu ihm gehörend, ihm eigentümlich:* ein -er Staat; -e Strukturen, Tendenzen.
Zen|tra|li|tät, die; - (Fachspr.): *das Zentralsein; zentrale Beschaffenheit.*
Zen|tral|ka|ta|log, der (Verlagsw.): *zentraler Katalog, in dem die Bestände mehrerer Bibliotheken erfasst sind.*
Zen|tral|ko|mi|tee, das: *Führungsgremium (bes. von kommunistischen u. manchen sozialistischen Parteien) (Abk.: ZK).*
Zen|tral|kör|per|chen, das; -s, - (Biol.): *paarig ausgebildetes Körperchen, Organell im Zytoplasma tierischer Zellen, von dem die Kernteilung ausgeht.*
Zen|tral|kraft, die (Physik): *zentrale, auf ein festes Zentrum gerichtete od. von diesem weg gerichtete Kraft.*
Zen|tral|ma|tu|ra, die (österr.): *Zentralabitur.*
Zen|tral|ner|ven|sys|tem, das (Med., Zool.): *übergeordneter Teil des Nervensystems, das gebildet ist durch Zusammenballung von Nervenzellen des Gehirns u. des Rückenmarks.*
zen|tral|ner|vös ⟨Adj.⟩ (bes. Med.): *das Zentral-*

nervensystem betreffend, zu ihm gehörend, dadurch erfolgend: -e Vorgänge, Automatismen.

Zen|tral|or|gan, das: offizielles Presseorgan einer politischen Partei od. einer anderen Organisation.

Zen|tral|per|s|pek|ti|ve, die (Fachspr.): Perspektive als ebene bildliche Darstellung räumlicher Verhältnisse mithilfe einer Zentralprojektion.

Zen|tral|pro|b|lem, das (bildungsspr.): zentrales Problem.

Zen|tral|pro|jek|ti|on, die (Fachspr.): Projektion (2, 3), bei der die Projektionsstrahlen (2) durch ein Zentrum gehen.

Zen|tral|rat, der: Spitzengremium (in Namen von Verbänden).

Zen|tral|rech|ner, der (EDV): zentraler Rechner eines Datenverarbeitungssystems.

Zen|tral|re|dak|ti|on, die: zentrale Redaktion.

Zen|tral|re|gie|rung, die: zentrale Regierung.

Zen|tral|schweiz, die; -: Großregion im Zentrum der Schweiz.

Zen|tral|spei|cher, der (EDV): Arbeitsspeicher.

Zen|tral|stel|le, die: zentrale Stelle; Zentrale.

Zen|tral|ver|band, der: Spitzen-, Dachverband.

Zen|tral|ver|mitt|lungs|stel|le, die (Telefonie): zentrale Vermittlungsstelle im Fernsprechnetz (Abk.: ZVSt.)

Zen|tral|ver|rie|ge|lung, die (Kfz-Technik): Einrichtung zur gleichzeitigen Ver- bzw. Entriegelung aller Türen eines Autos durch einfaches Betätigen nur eines Schlosses.

Zen|tral|ver|schluss, der (Fotogr.): Kameraverschluss, der sich von der Mitte her öffnet.

Zen|tral|ver|wal|tung, die: zentrale (2) Verwaltung.

Zen|tral|vor|stand, der: aus mehreren Vorstandsmitgliedern zusammengesetztes Gremium mit führender Funktion.

zen|t|rie|ren ⟨sw. V.; hat⟩: **1.** (bildungsspr.) **a)** um einen Mittelpunkt herum anordnen: etw. um etw. z.; **b)** ⟨z. + sich⟩ um einen Mittelpunkt angeordnet, darauf ausgerichtet sein, worden. **2.** (Technik) auf das Zentrum, den Mittelpunkt einstellen, ausrichten.

-zen|t|riert: drückt in Bildungen mit Substantiven – seltener mit Wörtern anderer Wortarten – aus, dass die beschriebene Person oder Sache ganz speziell auf jmdn., etw. ausgerichtet ist, dass jmd. oder etw. im Mittelpunkt steht: gewalt-, ich-, patientenzentriert.

Zen|t|rie|rung, die; -, -en: das Zentrieren, Zentriertwerden; das Sichzentrieren.

zen|t|ri|fu|gal ⟨Adj.⟩ [zu ↑ Zentrum u. lat. fugere = fliehen, meiden]: **1.** (Physik) auf der Wirkung der Zentrifugalkraft beruhend: eine -e Bewegung. **2.** (Biol., Med.) vom Zentrum zur Peripherie verlaufend (z. B. von den motorischen Nerven).

Zen|t|ri|fu|gal|kraft, die (Physik): bei Drehbewegungen auftretende, nach außen (vom Mittelpunkt weg) gerichtete Kraft; Fliehkraft; Schwungkraft.

Zen|t|ri|fu|ge, die; -, -n [frz. centrifuge; vgl. zentrifugal]: Gerät zur Trennung von Gemischen durch Ausnutzung der bei Drehbewegungen auftretenden Zentrifugalkraft.

zen|t|ri|fu|gie|ren ⟨sw. V.; hat⟩ (Fachspr.): (bes. ein Gemisch, um es zu trennen) in einer Zentrifuge rotieren lassen: Blut, Milch z.

Zen|t|ri|fu|gie|rung, die; -, -en (Fachspr.): das Zentrifugieren, das Zentrifugiertwerden.

Zen|t|ri|ol, das; -s, -e [nlat. Vkl. zu ↑ Zentrum] (Biol.): Zentralkörperchen.

zen|t|ri|pe|tal ⟨Adj.⟩ [zu ↑ Zentrum u. lat. petere = nach etw. streben]: **1.** (Physik) auf der Wirkung der Zentripetalkraft beruhend. **2.** (Biol., Med.) von der Peripherie zum Zentrum verlaufend (z. B. von den sensiblen Nerven).

Zen|t|ri|pe|tal|kraft, die (Physik): bei Drehbewegungen auftretende, zum Mittelpunkt der Bewegung hin gerichtete Kraft.

zen|t|risch ⟨Adj.⟩ [zu ↑ Zentrum] (Fachspr.): **1.** einen Mittelpunkt besitzend; auf einen Mittelpunkt bezogen. **2.** im Mittelpunkt [befindlich], durch den Mittelpunkt [gehend]: z. verlaufen.

Zen|t|ris|mus, der; - (im kommunist. Sprachgebrauch abwertend): vermittelnde linkssozialistische Richtung innerhalb der Arbeiterbewegung.

zen|t|ris|tisch ⟨Adj.⟩ (im kommunist. Sprachgebrauch abwertend): den Zentrismus betreffend, zu ihm gehörend.

Zen|t|ro|som, das; -s, -en [zu griech. sōma = Körper] (Biol.): Zentralkörperchen.

Zen|t|rum, das; -s, ...tren [mhd. zenter < lat. centrum = Mittelpunkt < griech. kéntron, eigtl. = Stachel(stab); ruhender Zirkelschenkel, zu: kenteīn = (ein)stechen]: **1.** Mittelpunkt, Mitte: das Z. eines Kreises, einer Kugel; das Z. eines Erdbebens, eines Gewitters; im Z. (Stadtzentrum) wohnen; Ü etw. steht im Z. des öffentlichen Interesses. **2. a)** zentrale Stelle, die Ausgangs- u. Zielpunkt ist; Bereich, der in bestimmter Beziehung eine Konzentration aufweist u. daher von erstrangiger Bedeutung ist: das industrielle Z. des Landes; die Stadt ist ein bedeutendes wirtschaftliches, kulturelles, geistiges Z.; die Zentren der Macht; **b)** einem bestimmten Zweck dienende zentrale Einrichtung; Anlage, wo bestimmte Einrichtungen (für jmdn., etw.) konzentriert sind: ein Z. für die Jugend.

Zen|t|rums|nä|he, die: Nähe zum Zentrum bes. einer Stadt: ein Haus in Z.

Zen|t|rums|par|tei, die (Politik): Partei, die politisch zwischen Rechts- u. Linkspartei steht.

Zen|tu|rie, die; -, -n [lat. centuria, zu: centum = hundert]: militärische Einheit von hundert Mann im altrömischen Heer.

Zen|tu|rio, der; -s, ...onen [lat. centurio, zu: centuria, ↑ Zenturie]: Befehlshaber einer Zenturie.

Zeo|lith [auch: ...'lɪt], der; -s u. -en, -e[n] [zu griech. zeîn = kochen, wallen u. ↑-lith]: dem Feldspat ähnliches Mineral, das für die Enthärtung von Wasser verwendet wird.

Ze|pha|lo|po|de, der; -n, -n ⟨meist Pl.⟩ [zu griech. kephalē = Kopf u. poús (Gen.: podós) = Fuß] (Zool.): Kopffüßer.

Ze|phir [auch: ...ˈfiː...], **Zephyr** [auch: ...ˈfyː...], der; -s, -e [lat. zephyrus < griech. zéphyros]: **1.** ⟨o. Pl.⟩ (dichter. veraltet) milder Wind. **2.** weiches, meist farbig gestreiftes Baumwollgewebe.

ze|phi|risch, zephyrisch ⟨Adj.⟩ (dichter. veraltet): (vom Wind) sanft, säuselnd: ein -er Windhauch.

Ze|phyr usw.: ↑ Zephir usw.

Zep|pe|lin, der; -s, -e [nach dem Konstrukteur F. Graf von Zeppelin (1838–1917)]: Luftschiff mit einem starren inneren Gerüst aus Leichtmetall u. einer [textilen] Außenhaut.

Zep|ter, das, auch: der; -s, - [mhd. cepter < lat. sceptrum < griech. skēptron = Stab, Zepter, Stütze, zu: skēptein = stützen]: mit besonderen Verzierungen ausgeschmückter Stab als Zeichen der Würde u. Macht eines Herrschers: das Z. des Kaisers, Königs; Ü unter seinem Z. (unter seiner Herrschaft) blühte der Handel; * das/ (auch:) den Z. führen/schwingen (scherzh.; die Führung haben, die Herrschaft ausüben).

Zer: ↑ Cer.

zer- [mhd. zer-, ahd. zar-, zur-, wohl Verquickung von ahd. zi-, ze- = entzwei, auseinander (wahrsch. zu ↑ zwei) u. ir-, ↑ er-]: **1.** drückt in Bildungen mit Substantiven – seltener mit Adjektiven – und einer Endung aus, dass eine Sache etw. oder zu etw. wird: zerfasern, zerkleinern, zerkrümeln. **2.** drückt in Bildungen mit Substantiven und einer Endung oder mit Verben aus, dass eine Sache durch etw., mithilfe von etw. aufgelöst, beschädigt, zerstört wird: zerbeulen, zerbomben, zersägen. **3.** drückt in Bildungen mit Verben aus, dass eine Erfolg versprechende, aussichtsreiche Sache durch etw. verhindert, zunichtegemacht wird: zerdenken, zerfiedeln, zerklatschen.

◆ **zer|ar|bei|ten** ⟨sw. V.; hat⟩ [eigtl. = (vom Gesicht, von den Händen) durch Arbeiten entstellen]: **1.** ⟨z. + sich⟩ sich abarbeiten, sich abmühen: Sogleich nimmt er die Stellung eines Violinspielers ein ... Er tritt den Takt, zerarbeitet sich mit dem Kopf, den Füßen, den Händen, den Armen, dem Körper, wie ihr manchmal ... einen andern Virtuosen in solchen Zuckungen gesehen habt (Goethe, Rameaus Neffe, Weimarer Ausgabe 45, 36, 5 ff. I). **2.** quälen, (mit Gedanken, Sorgen o. Ä.) beunruhigen: Während ich so meinen Kopf zerarbeitete ... (C. F. Meyer, Amulett 65).

Ze|rat, das; -[e]s, -e [zu lat. cera = Wachs]: als Salbengrundlage dienendes, wasserfreies Wachs-Fett-Gemisch.

zer|bei|ßen ⟨st. V.; hat⟩: **1.** beißend zerkleinern: ein Bonbon z. **2.** durch Bisse, Stiche (von Insekten) o. Ä. verletzen: Flöhe hatten ihn zerbissen.

zer|bers|ten ⟨st. V.; ist⟩ (geh.): berstend aufbrechen od. auseinanderbrechen: Mauern und Säulen zerbarsten; sein Kopf schien ihm vor Schmerzen zu z.; Ü er zerbarst fast vor Wut.

Zer|be|rus, Cerberus, der; -, -se [lat. Cerberus < griech. Kérberos = Name des Hundes, der nach der griech. Mythologie den Eingang der Unterwelt bewacht] (scherzh.): **1.** Hund, der etw., den Zugang zu etw. bewacht. **2.** Pförtner, Türhüter o. Ä., der streng od. unfreundlich ist.

zer|beu|len ⟨sw. V.; hat⟩ (seltener): verbeulen.

zer|bom|ben ⟨sw. V.; hat⟩: durch Bomben zerstören: Industrieanlagen z.; zerbombte Häuser, Städte.

zer|bre|chen ⟨st. V.⟩ [mhd. zerbrechen, ahd. zibrehhan]: **1.** ⟨ist⟩ [splitternd] entzweigehen, entzweibrechen (b): der Teller fiel auf die Erde und zerbrach; zerbrochenes Spielzeug, Porzellan; Ü das Bündnis, die Freundschaft ist endgültig zerbrochen; sie ist an ihrem Kummer zerbrochen (geh.; ist daran seelisch zugrunde gegangen); Jetzt erst zerbricht die Totenstille (Werfel, Bernadette 459). **2.** ⟨hat⟩ etw. entzweibrechen (a): sie hat die Tasse, das Spielzeug zerbrochen; voller Wut zerbrach er den Stock.

zer|brech|lich ⟨Adj.⟩: **1.** leicht zerbrechend: -es Geschirr. **2.** eine sehr zarte, schmächtige Gestalt, Figur aufweisend: ein -es Persönchen; sie ist, wirkt sehr z.

Zer|brech|lich|keit, die; -, -en: **1.** das Zerbrechlichsein (1); Empfindlichkeit (4). **2.** ⟨o. Pl.⟩ körperliche Zartheit.

zer|brö|ckeln ⟨sw. V.⟩: **1.** ⟨ist⟩ sich in kleine Stückchen, Bröckchen auflösen, bröckelnd zerfallen: die Mauer, das Gestein ist nach und nach zerbröckelt; Ü das Reich zerbröckelte (fiel auseinander). **2.** ⟨hat⟩ mit den Fingern bröckelnd, zu Bröckchen zerkleinern: Brot z.

Zer|brö|cke|lung, Zer|bröck|lung, die; -, -en: das Zerbröckeln, das Zerbröckeltwerden.

zer|brö|seln ⟨sw. V.⟩: **1.** ⟨ist⟩ sich in Brösel auflösen, zu Bröseln zerfallen: die Kekse zerbröseln leicht. **2.** ⟨hat⟩ zu Bröseln zerreiben: Brot z.

zer|deh|nen ⟨sw. V.; hat⟩ [mhd. zerdenen, ahd. zíden(n)en]: **1.** (selten) **a)** übermäßig dehnen (1 a) (u. dadurch aus seiner Form bringen): ein Gewebe z.; **b)** ⟨z. + sich⟩ sich im Übermaß dehnen (2 a) (u. dadurch seine Form verlieren): das Gewebe zerdehnt sich leicht. **2.** *übermäßig dehnen* (3 a), *in die Länge ziehen:* Vokale z.; zerdehnte Silben; Die Tage dauern entschieden zu lang. Der Mensch erlebt in den zerdehnten Stunden zu viele unnütze Gespenstereien (Genazino, Glück 62).

zer|dep|pern, zerteppern ⟨sw. V.; hat⟩ [zu mundartl. döppe = Topf, eigtl. = wie Töpfe zerschlagen] (ugs.): *[mutwillig]* ¹*zerschlagen* (1 a): Fensterscheiben z.; zerdeppertes Geschirr.

zer|dre|schen ⟨st. V.; hat⟩ (ugs.): *mutwillig, mit Gewalt* ¹*zerschlagen* (1 c): ◆ ...indessen andere auf ihn wacker losschlugen und ihn im Finstern so zerdraschen (Goethe, Lehrjahre III, 9).

zer|drü|cken ⟨sw. V.; hat⟩: **1. a)** *unter Anwendung von Druck zerkleinern, in eine breiige Masse verwandeln:* die Kartoffeln [mit der Gabel] z.; **b)** *zusammendrücken, unter Anwendung von Druck zerstören:* die Zigarette im Aschenbecher z.; Ü vor Rührung zerdrückte sie ein paar Tränen *(weinte sie ein wenig).* **2.** (ugs.) *zerknittern, zerknautschen, durch Druck aus der Form bringen:* das Kleid, die Bluse z.; Die Frau mit ihrer vom Schlaf zerdrückten Frisur gähnte (Strauß, Niemand 84).

Ze|re|a|lie, die; -, -n: **1.** ⟨meist Pl.⟩ [lat. cerealia, zu: Cerealis = zu Ceres (römische Göttin des Getreidebaus) gehörig] *Getreidesorte; Feldfrucht.* **2.** ⟨Pl.⟩ [engl. cereals (Pl.), zu: cereal = Getreide < lat. Cerealis, ↑ Zerealie (1)] *[Gericht aus] Getreideflocken.*

Ze|re|bel|lum, Cerebellum, das; -s, ...bella [lat. cerebellum, Vkl. von: cerebrum = Gehirn] (Anat.): *Kleinhirn.*

ze|re|b|ral, (med.-fachspr.:) cerebral ⟨Adj.⟩: **1.** (Fachspr., bes. Med.) *das Großhirn betreffend.* **2.** (Sprachwiss.) *(von Lauten) mit der zurückgebogenen Zungenspitze am Gaumen gebildet.*

Ze|re|b|ral, der; -s, -e [zu lat. cerebrum (↑ Zerebellum) im Sinne von »Spitze, oberes Ende«] (Sprachwiss.): *mit der zurückgebogenen Zungenspitze am Gaumen gebildeter Laut.*

Ze|re|b|ral|laut, der (Sprachwiss.): *Zerebral.*

ze|re|b|ro|spi|nal ⟨Adj.⟩ (Med.): *Gehirn u. Rückenmark betreffend, dazu gehörend.*

Ze|re|b|rum, Cerebrum, das; -s, ...bra [lat. cerebrum] (Anat.): *Großhirn, Gehirn.*

Ze|re|mo|nie [auch, österr. meist: ...ˈmoːni̯ə], die; -, -n [unter Einfluss von frz. cérémonie < mlat. ceremonia, cerimonia < lat. caerimonia = religiöse Handlung, Feierlichkeit]: *in bestimmten festen Formen bzw. nach einem Ritus ablaufende feierliche Handlung:* eine kirchliche, feierliche Z.; die Z. der Taufe, der Amtseinführung; eine Z. vollziehen.

ze|re|mo|ni|ell ⟨Adj.⟩ [frz. cérémonial < spätlat. caerimonialis = zur Gottesverehrung gehörig; feierlich, zu lat. caerimonia, ↑ Zeremonie] (bildungsspr.): *in der Art einer Zeremonie, mit einer förmlichen, steifen Feierlichkeit ablaufend:* ein -er Empfang; z. grüßen.

Ze|re|mo|ni|ell, das; -s, -e [frz. cérémonial] (bildungsspr.): *Gesamtheit der Regeln u. Verhaltensweisen, Formen, die zu bestimmten feierlichen Handlungen im gesellschaftlichen Verkehr notwendig gehören:* ein feierliches, militärisches, höfisches Z.; der Empfang erfolgt nach einem strengen Z.

Ze|re|mo|ni|en|meis|ter, der: *für das Hofzeremoniell verantwortlicher Beamter an einem Hof:* Ü der DJ führt sich als Z. auf.

Ze|re|mo|ni|en|meis|te|rin, die: w. Form zu ↑ Zeremonienmeister.

ze|re|mo|ni|ös ⟨Adj.⟩ [frz. cérémonieux, zu: cérémonie < lat. caerimonia, ↑ Zeremonie] (bildungsspr.): *steif, förmlich, gemessen; feierlich:* der -e Handschlag des Staatsmannes; Ich sehe

sie ... z. die letzten Handgriffe am angerichteten Teetisch vornehmen (Rezzori, Blumen 63); Münsterer grüßte ihn respektvoll ... und stets ward ihm freundlich und z. gedankt (Doderer, Wasserfälle 56).

Ze|re|vis, das; -, - [eigtl. in der Studentenspr. Bez. für »Bier« < lat. cerevisia = ein bierähnliches Getränk, dann übertr. auf die bes. bei Trinkabenden getragene Kopfbedeckung]: *gold- od. silberbesticktes rundes Käppchen der Verbindungsstudenten.*

¹**zer|fah|ren** ⟨st. V.; hat⟩: **1.** [mhd. zervarn, ahd. zuzifaran = zerfallen] *durch vieles Befahren völlig ausfahren* (7), *beschädigen, zerstören, verwüsten:* das Gelände war von Panzern zerfahren worden. **2.** (selten) *durch Darüberfahren zerquetschen, zermalmen, töten:* ich habe einen Hasen zerfahren; von Autos zerfahrene Tiere.

²**zer|fah|ren** ⟨Adj.⟩: *nervös u. unkonzentriert; fahrig* (b): er macht einen -en Eindruck.

Zer|fah|ren|heit, die; -: *das Zerfahrensein.*

Zer|fall, der; -[e]s, (Arten, Fachspr.:) Zerfälle: **1.** ⟨o. Pl.⟩ *das Zerfallen* (1); *allmähliche Auflösung, Zerstörung:* der Z. von Baudenkmälern; Ü ein Z. von Moral und Kultur. **2.** (Kernphysik) *das Zerfallen* (2); *Vorgang des Zerfallens:* der radioaktive Z. lässt neue Substanzen entstehen; die Zerfallszeit radioaktiver Teilchen. **3.** ⟨o. Pl.⟩ *das Zerfallen* (3): der Z. des Reichs.

zer|fal|len ⟨st. V.; ist⟩ [mhd. zervallen, ahd. za-, zifallen]: **1.** *in einem fortschreitenden Auflösungs-, Zersetzungsprozess begriffen sein; in seine Bestandteile auseinanderfallen:* das alte Gemäuer, das Gebäude zerfällt [allmählich]; in Staub, zu Staub z.; in seine Einzelteile z.; in nichts z. *(sich vollständig auflösen);* mit dem Tode zerfällt der Körper; zerfallende Mauern; Ü Moral und Kultur waren zerfallen. **2.** (Kernphysik) *sich spontan spalten:* das Plutonium zerfällt in Americium. **3.** *seinen inneren Zusammenhalt verlieren u. dadurch nicht länger fortbestehen können; seinen Niedergang erleben; untergehen:* das einst mächtige Reich zerfiel; in diese Kleinstaaten zerfiel der Staatenbund *(löste sich auf, spaltete er sich auf).* **4.** *gegliedert sein in (bestimmte Abschnitte, Teile o. Ä.), sich zusammensetzen aus (bestimmten einzelnen Abschnitten, Teilen o. Ä.):* der Ablauf zerfällt in mehrere Abschnitte, Phasen; der Aufsatz zerfällt in die Teile Einleitung, Hauptteil und Schluss. **5.** *mit jmdm. uneinig werden, brechen, sich zerstreiten:* er ist zerfallen mit seiner ganzen Sippe; ⟨meist im 2. Part.:⟩ die mit ihrer Familie zerfallene Tochter; mit sich [und der Welt] z. sein *(mit sich selbst unzufrieden u. unfroh, unglücklich sein).*

Zer|falls|er|schei|nung, die: *den Zerfall anzeigende, begleitende Erscheinung:* die -en einer Ehe.

Zer|falls|pro|dukt, das (Kernphysik): *Produkt eines Zerfalls* (2).

Zer|falls|pro|zess, der: *Prozess des Zerfallens.*

zer|fa|sern ⟨sw. V.⟩: **1.** ⟨ist⟩ *sich in einzelne Fasern auflösen; ausfransen:* der Stoff, das Papier ist an den Rändern zerfasert. **2.** ⟨hat⟩ *in Fasern auflösen:* Holz, Lumpen z.

Zer|fa|se|rung, die; -, -en: *das Zerfasern; das Zerfasertwerden.*

zer|fet|zen ⟨sw. V.; hat⟩: **1.** *in Fetzen reißen u. damit zerstören:* die Zeitung, einen Brief z.; der Sturm zerfetzt die Fahne; eine Granate hat sein Bein zerfetzt. **2.** (ugs.) *verreißen* (2): der Kritiker hat den Roman zerfetzt.

zer|flat|tern ⟨sw. V.; ist⟩: *sich auflösen; sich verlieren.*

zer|fled|dern, zer|fle|dern ⟨sw. V.; hat⟩ [zu mhd. vlederen, ↑ Fledermaus]: *bewirken, verursachen, dass etw. (bes. ein Buch o. Ä.) unansehnlich*

wird, aus dem Leim geht, einreißt, sich einzelne Teile davon lösen: ein Buch, seine Schulhefte z.; eine völlig zerfled[d]erte Zeitung.

zer|flei|schen ⟨sw. V.; hat⟩ [schon ahd. zufleiscōn]: *mit den Zähnen, dem Schnabel, den Klauen in Stücke reißen, zerreißen:* der Löwe zerfleischt die Gazelle; Ü sie zerfleischt (geh.; *quält*) sich mit Selbstvorwürfen.

Zer|flei|schung, die; -, -en: *das Zerfleischen; das Zerfleischtwerden.*

zer|flie|ßen ⟨st. V.; ist⟩ [mhd. zervliezen, ahd. zafliuzan]: **1.** *sich durch den Einfluss von Wärme auflösen; schmelzen, flüssig werden:* die Butter, das Eis zerfließt in der Sonne; Ü das Geld war ihnen unter den Händen zerflossen *(sie hatten das Geld sehr schnell ausgegeben);* sie zerfloss in/vor Großmut, Mitleid *(zeigte sich in einer theatralischen Weise großmütig, mitleidig).* **2.** *sich (auf einem besonders saugfähigen Untergrund) über die beabsichtigten Konturen hinaus ausbreiten; auseinanderfließen:* die Farbe, Tinte ist zerflossen; Ü zerfließende (*unscharfe*) Konturen; Der Horizont begann zu flimmern, zerfloss (Ransmayr, Welt 119).

zer|fran|sen ⟨sw. V.⟩: **1.** ⟨ist⟩ *völlig ausfransen* (a): die Decke zerfranst immer mehr. **2.** ⟨hat⟩ *in Fransen zerlegen, auffransen machen:* du hast mit deinen Stiefeln den ganzen Teppich zerfranst. **3.** ⟨z. + sich; hat⟩ (ugs.) *sich (bei, mit etw.) sehr abmühen.*

zer|fres|sen ⟨st. V.; hat⟩: **1.** *durch Fraß beschädigen, zerstören; fressend durchlöchern:* die Motten haben die Wollsachen, den Pelz zerfressen. **2.** *zersetzen, zerstören:* die Säure zerfrisst das Metall; Ü Kummer, Gram zerfrisst ihr das Herz *(quält sie sehr).*

zer|fur|chen ⟨sw. V.; hat⟩: **1.** *mit Furchen* (1) *durchziehen u. dadurch beschädigen, zerstören:* Panzer zerfurchen die Wege. **2.** *mit Furchen* (2 a) *versehen:* düstere Gedanken zerfurchten seine Stirn.

zer|ge|hen ⟨unr. V.; ist⟩ [mhd. zergān, ahd. za-, zi(r)gān]: *seine feste Konsistenz verlieren; sich auflösen* (1 b); *schmelzen; sich verflüssigen:* Fett in der Pfanne z. lassen; der Braten zergeht [einem] auf der Zunge (emotional; *ist äußerst zart*); Ü ... fühlte ich, wie schon Hass und Abneigung gegen Gregor in mir zergingen *(schwanden;* Fallada, Herr 246).

zer|glie|dern ⟨sw. V.; hat⟩: **1.** *etw. (bes. ein organisches Ganzes) in seine Teile zerlegen (um seine Beschaffenheit zu ergründen):* eine Pflanze, ein Tier z. **2.** *analysieren; einem Prozess z. legen.* (*in ihre grammatischen Bestandteile zerlegen*).

Zer|glie|de|rung, die; -, -en: *das Zergliedern; das Zergliedertwerden.*

zer|grü|beln ⟨sw. V.; hat⟩: **1.** *durch dauerndes fruchtloses Grübeln sehr anstrengen:* ich habe mir den Kopf, das Hirn [darüber] zergrübelt *(habe angestrengt [darüber] nachgedacht).* **2. a)** ⟨z. + sich⟩ *bis zur Erschöpfung grübeln:* zergrüble dich nicht; **b)** *(Zeit) grübelnd vertun:* sie hat deswegen Tage und Stunden zergrübelt; zergrübelte Nächte; Ein neuer Tag mit zerzausten, zergrübelten Stunden begann (Strittmatter, Wundertäter 306).

zer|ha|cken ⟨sw. V.; hat⟩ [mhd. zerhacken]: *durch Hacken (mit dem Beil o. Ä.) zerteilen, zerkleinern:* Äste [zu Brennholz] z.; die Kräuter, die Mandeln z.

zer|hau|en ⟨unr. V.; zerhieb/zerhaute, hat zerhauen⟩ [mhd. zerhouwen]: *auseinander-, in Stücke hauen:* ein Brett z.

zer|kau|en ⟨sw. V.; hat⟩: *durch Kauen zerkleinern; zermahlen:* die Speisen gut z.

zer|klei|nern ⟨sw. V.; hat⟩: *in kleine Stücke zerteilen:* etw. grob, fein, zu einem Granulat z.; Holz mit der Axt z.

Zer|klei|ne|rung, die; -, -en: *das Zerkleinern; das Zerkleinertwerden.*
Zer|klei|ne|rungs|ma|schi|ne, die: *Maschine zum Zerkleinern.*
zer|klir|ren ⟨sw. V.; ist⟩: *klirrend* (1 a) *zerspringen, zerbrechen:* Scheiben zerklirrten.
zer|klüf|tet ⟨Adj.⟩: *von tiefen* ²*Klüften* (1), *Rissen, Spalten durchzogen:* eine -e Felswand; Ü ein -es *(von tiefen Falten durchzogenes)* Gesicht.
Zer|klüf|tung, die; -, -en: *das Zerklüftetsein.*
zer|kna|cken ⟨sw. V.⟩: **1.** ⟨hat⟩ *aufknacken; in Stücke knacken* (3 a): eine Nuss z. **2. a)** ⟨ist⟩ *knackend* (2) *zerbrechen:* die dürren Äste zerknackten beim Darauftreten; **b)** ⟨hat⟩ *mit knackendem Geräusch auseinanderbrechen:* er hat die Äste zerknackt.
zer|knäu|eln, zer|knäu|len ⟨sw. V.; hat⟩ (landsch.): *zerknüllen.*
zer|naut|schen ⟨sw. V.; hat⟩ (ugs.): *zerknittern:* ich habe mir den Mantel zerknautscht; zerknautschte Klamotten; Ü ein etwas zerknautschtes Gesicht.
◆**zer|knir|schen** ⟨sw. V.; hat⟩ [wohl vermischt aus mhd. zerknürsen, zerknüs(t)en = zerdrücken, zerquetschen u. ↑knirschen]: *zermalmen, vernichten:* ... gewaltsam jedes Herz, das nach der Freiheit sich regt, auf ewig zu z. (Goethe, Egmont V).
zer|knirscht ⟨Adj.⟩: *von Reue erfüllt, sich seiner Schuld, seines Versagens bewusst u. daher niedergeschlagen u. kleinlaut:* ein -es Gesicht machen; völlig z. sein.
Zer|knirscht|heit, die; -, -en: *das Zerknirschtsein; Schuldbewusstsein.*
Zer|knir|schung, die; -, -en: *Zerknirschtheit.*
zer|knit|tern ⟨sw. V.; hat⟩: *durch Zusammendrücken o. Ä. [ganz] knittrig machen:* Papier, Stoff z.; du hast dir den Rock zerknittert; Ü ein zerknittertes Gesicht.
zer|knül|len ⟨sw. V.; hat⟩: *in der Hand (zu einer Kugel o. Ä.) zusammendrücken:* einen Zettel, einen Brief z.
zer|ko|chen ⟨sw. V.⟩: **1.** ⟨ist⟩ *durch zu langes Kochen ganz zerfallen, breiig werden:* das Gemüse zerkocht auf dem Herd; die Kartoffeln waren total, zu Brei zerkocht. **2.** ⟨hat⟩ *bis zum Zerfallen kochen lassen:* pass bitte auf, dass du die Nudeln nicht zerkochst.
zer|krat|zen ⟨sw. V.; hat⟩ [mhd. zerkratzen]: **a)** *durch Kratzen beschädigen; durch Kratzer verunstalten:* die Möbel, einen Spiegel z.; jmdm. [mutwillig] das Auto z.; zerkratzte Brillengläser; **b)** *durch Kratzen verletzen:* Dornen hatten ihre Beine zerkratzt; zerkratzte Hände.
zer|krü|meln ⟨sw. V.⟩: **1.** ⟨hat⟩ *mit den Fingern zu Krumen, Krümeln zerkleinern:* Zwieback fein z. **2.** ⟨ist⟩ *in Krumen, Krümel zerfallen:* das Gebäck ist beim Versand zerkrümelt.
zer|ku|geln, sich ⟨sw. V.; hat⟩ (österr. ugs.): *übermäßig lachen.*
zer|las|sen ⟨st. V.; hat⟩ [mhd. zerlāȝen, ahd. za(r)-, zilāȝan] (Kochkunst): *(Fett, Butter, Schmalz o. Ä.) zergehen, schmelzen, sich auflösen lassen:* Butter in der Pfanne z.
zer|lau|fen ⟨st. V.; ist⟩ [mhd. zerloufen, ahd. zahloufan]: *zerfließen:* das Eis zerläuft innerhalb von Minuten.
zer|leg|bar ⟨Adj.⟩: *sich (in Einzelteile, in seine Bestandteile) zerlegen lassend:* -e Möbel.
zer|le|gen ⟨sw. V.; hat⟩: **1.** *(ein zusammengesetztes Ganzes) auseinandernehmen, in seine [Einzel]teile auflösen:* eine Uhr, einen Motor [in seine Bestandteile] z.; der Schrank lässt sich z.; Ü in ein Prisma zerlegt den Lichtstrahl in die Farben des Spektrums. **2.** *in Teile schneiden; zerteilen:* das geschlachtete Schwein z.; die gebratene Gans z.

(tranchieren). **3.** *analysieren:* Sätze grammatisch z.
Zer|le|gung, die; -, -en: *das Zerlegen; das Zerlegtwerden.*
zer|le|sen ⟨st. V.; hat⟩: *durch beständige Handhabungen, die zum Lesen gehören, abnutzen, zerfleddern u. unansehnlich werden lassen:* ein Buch z.; ⟨meist im 2. Part.:⟩ zerlesene Illustrierte.
zer|lumpt ⟨Adj.⟩ [2. Part. von veraltet zerlumpen = in Fetzen reißen]: **a)** *sehr abgetragen, zerrissen:* -e Kleider; seine Hosen waren z.; **b)** *in Lumpen (2) gekleidet:* -e Kinder; z. herumlaufen.
zer|mah|len ⟨unr. V.; hat⟩ [mhd. zermaln]: *durch Mahlen zermalmen:* die Mühle zermahlt das Getreide [zu Mehl]; Kaffeebohnen zu Pulver z.
zer|mal|men ⟨sw. V.; hat⟩: *mit großer Gewalt völlig zerdrücken, zerquetschen:* eine Geröllawine zermalmte die Bergsteiger, die Häuser; Ü Staaten prallen auf Staaten, zwischen ihren eisernen Schilden den Frieden der Dörfer und Städte zermalmend (Thieß, Reich 148).
zer|man|schen, zer|mant|schen ⟨sw. V.; hat⟩ (ugs.): *zu einer breiigen Masse zerdrücken:* die Kartoffeln z.
zer|mar|tern ⟨sw. V.; hat⟩: **1.** (geh.) *aufs Äußerste peinigen, quälen:* entsetzliche Schmerzen zermarterten ihn. **2.** *(den Verstand) durch langes, quälendes Nachdenken sehr anstrengen:* das Gehirn z.; du hast dir vergeblich den Kopf zermartert.
zer|mat|schen ⟨sw. V.; hat⟩ (ugs.): *zu einer breiigen Masse zerdrücken, zermanschen:* zermatschtes Obst.
Zer|matt: Kurort im Schweizer Kanton Wallis.
zer|mür|ben ⟨sw. V.; hat⟩ [spätmhd. zermürfen]: **1.** (selten) *mürbe* (2) *machen:* zermürbtes Leder. **2.** *völlig mürbe* (3) *machen, jmds. körperliche, seelische Kräfte, seine Fähigkeit, einer Belastung standzuhalten, brechen:* Sorgen, Kummer zermürbten ihn; die Ungewissheit war zermürbend.
Zer|mür|bung, die; -, -en: *das Zermürben; das Zermürbtwerden.*
zer|na|gen ⟨sw. V.; hat⟩: *durch Nagen beschädigen, zerstören:* die Mäuse zernagten alles, was sie vorfanden; Ü der Kummer zernagte ihr Herz (quälte sie sehr).
zer|narbt ⟨Adj.⟩: *mit [entstellenden] Narben bedeckt:* ein -es Gesicht.
zer|nich|ten ⟨sw. V.; hat⟩ (dichter. veraltet): *vernichten:* ◆ Zernichtete die Lästrer, verherrlichet Gott (Goethe, Satyros IV).
Zer|nich|tung, die; -, -en (dichter. veraltet): *das Zernichten:* ◆ Zernichtet wird die Seele, sag ich dir, und sollst mir nicht darauf antworten! ... Z.! Z.! (Schiller, Räuber V, 1).
Ze|ro ['ze:ro], die; -, -s od. das; -s, -s [eigtl. = Null, frz. zéro < ital. zero < arab. ṣifr, zu: ṣafira = leer sein; vgl. Ziffer]: **1.** *(im Roulette) Gewinnfeld des Bankhalters.* **2.** (Sprachwiss.) *Nullmorphem.*
Ze|ro|plas|tik, Keroplastik, die; -, -en [zu griech. kērographeīn = mit Wachs malen, zu: kērós = Wachs u. gráphein = schreiben]: **1.** ⟨o. Pl.⟩ *Kunst der Herstellung von* ¹*Plastiken* (1 a) *aus Wachs.* **2.** *Produkt der Zeroplastik* (1).
ze|ro|plas|tisch ⟨Adj.⟩: *die Zeroplastik betreffend.*
zer|pfei|fen ⟨st. V.; hat⟩ (bes. Fußballjargon): *(als Schiedsrichter) zu häufig, zu kleinlich pfeifen u. damit den Rhythmus des Spiels zerstören:* ein Spiel z.
zer|pflü|cken ⟨sw. V.; hat⟩: **1.** *zupfend, brechend in kleine Stücke reißen, zerteilen:* eine Blüte z.; den Kopfsalat z. **2.** *in kleinlicher Weise Punkt für Punkt untersuchen u. schließlich negativ beurteilen:* jmds. Rede, ein neues Theaterstück z.

zer|pflü|gen ⟨sw. V.; hat⟩: *zerfurchen* (1): Panzer zerpflügten die Felder, die Sandwege.
zer|plat|zen ⟨sw. V.; ist⟩: *auseinanderplatzen, zerspringen, zerbersten:* der Luftballon, die Seifenblase, die Glühbirne ist zerplatzt; Ü vor Wut, Zorn, Neid [schier] z. *(sehr wütend, zornig, neidisch sein).*
◆**zer|prü|geln** ⟨sw. V.; hat⟩: *mit einem Prügel übel zurichten, verprügeln:* ... dass sein Knecht ... zerprügelt und weggejagt worden sei (Kleist, Kohlhaas 8).
zer|quä|len ⟨sw. V.; hat⟩: **a)** *durch seelische Qual aufreiben:* die lange Ungewissheit zerquälte sie; ⟨meist im 2. Part.:⟩ ein zerquältes *(von seelischer Qual gezeichnetes)* Gesicht; **b)** ⟨z. + sich⟩ *sich in seelischer Qual zermürben, aufreiben:* er zerquälte sich in den langen Nächten der Ungewissheit.
zer|quet|schen ⟨sw. V.; hat⟩ [mhd. zerquetschen]: *durch heftig einwirkenden Druck völlig zerdrücken:* Kartoffeln [zu Brei] z.; der umstürzende Wagen zerquetschte ihm das Bein; Ü ⟨subst. 2. Part.:⟩ das Buch kostet 20 Euro und ein paar Zerquetschte (ugs.; *20 Euro und ein paar Cent*).
zer|rau|fen ⟨sw. V.; hat⟩: *(das Haar) völlig zerzausen:* jmdm., sich die Haare z.
Zerr|bild, das [im 18. Jh. für ↑Karikatur]: *Vorstellung, Bild, Darstellung von jmdm., etw., die die Wirklichkeit [bewusst] verzerrt, entstellt wiedergibt:* die Darstellung ist ein Z. der wirklichen Verhältnisse.
zer|re|den ⟨sw. V.; hat⟩: *zu lange, bis zum Überdruss, bis zum Abstumpfen gegenüber dem Gegenstand über etw. reden:* ein Thema, ein Gedicht z.
zer|rei|ben ⟨st. V.; hat⟩ [mhd. zerrīben]: *in kleine, kleinste Teile, zu Pulver reiben:* getrocknete Blätter, Gewürze z.; etw. zwischen den Fingern, zu Pulver z.; Ü die Truppenverbände wurden vom Feind zerrieben *(völlig vernichtet);* sie zerreibt sich, wird von ihrer Arbeit, ihren Sorgen völlig zerrieben *(aufgerieben).*
zer|rei|ßen ⟨st. V.⟩ [mhd. zerrīȝen]: **1.** ⟨hat⟩ **a)** *mit Gewalt in Stücke reißen; auseinanderreißen:* einen Brief, eine Fahrkarte z.; sie zerriss das Foto in kleine Stücke; das Raubtier zerreißt seine Beute mit den Zähnen; ich kann mich doch nicht z. (ugs. scherzh.; *kann doch nicht an mehreren Stellen zugleich sein, mich zugleich für Verschiedenes einsetzen o. Ä.*); es hat mich fast zerrissen (ugs.; *ich musste furchtbar lachen*), als ich das erfuhr; Ü ein Knall, ein Schrei zerriss die Stille; ein zerrissenes Land; Die Bande einer solchen Liebe können nicht einfach zerrissen werden (Brecht, Groschen 329); **b)** *(durch ein Missgeschick) ein Loch, Löcher in etw. reißen:* ich habe [mir] an den Dornen meine Strümpfe zerrissen; er zerreißt seine Kleider, alle seine Schuhe (ugs.; *nutzt sie beim Tragen bald ab, macht sie kaputt*). **2.** ⟨ist⟩ **a)** *(einem Zug od. Druck nicht standhaltend) mit einem Ruck (in [zwei] Teile) auseinandergehen:* der Faden, das Seil zerriss [in zwei Stücke]; eine zerrissene Saite; Ü der Nebel zerreißt (geh.; *löst sich rasch auf);* meine Nerven waren zum Zerreißen gespannt *(aufs Äußerste gespannt);* Da sind alle Bindungen zerrissen *(haben sich alle Bindungen gelöst),* die dem Menschen natürlich sind (Hacks, Stücke 61); **b)** *Löcher, Risse bekommen:* der Stoff, das Papier zerreißt leicht; er läuft mit ganz zerrissenen Kleidern, Schuhen umher.
zer|reiß|fest ⟨Adj.⟩ (Technik): *widerstandsfähig gegenüber der Gefahr des Zerreißens;* ein hohes Maß von Zug u. Druck aushaltend.
Zer|reiß|fes|tig|keit, die (Technik): *zerreißfeste Beschaffenheit.*
Zer|reiß|pro|be, die: **1.** (Technik) *Zerreißversuch.*

2. *sehr große Belastung, der jmd., etw. ausgesetzt wird:* etw. ist eine Z., stellt jmdn. vor eine Z.

Zer|rei|ßung, die; -, -en (bes. Med.): *das Zerreißen; das Zerrissenwerden:* eine Z. an der Muskulatur.

Zer|reiß|ver|such, der (Technik): *an einem Material o. Ä. vorgenommene Prüfung auf Zerreißfestigkeit.*

zer|ren ⟨sw. V.; hat⟩ [mhd., ahd. zerren, verw. mit ↑ zehren, eigtl. = (zer)reißen]: **1.** *mühsam od. mit Gewalt, gegen einen Widerstand, meist ruckartig ziehen, ziehend fortbewegen:* jmdn. aus dem Bett, auf die Straße, in ein Auto z.; Ü jmdn. vor Gericht, etw. an die Öffentlichkeit z. **2.** *(aus Widerstreben, Unmut, Ungeduld o. Ä.) heftig reißen, ruckartig ziehen:* er zerrte an der Glocke, der Kordel; der Hund zerrt an der Leine; Ü der Lärm zerrt an meinen Nerven *(ist eine große Belastung für meine Nerven).* **3.** *zu stark dehnen, durch Überdehnen verletzen:* wann hast du dir die Sehne, den Muskel gezerrt?; die Bänder sind bei der Verstauchung glücklicherweise nur leicht gezerrt worden.

Zer|re|rei, die; -, -en (meist abwertend): *[dauerndes] Zerren.*

zer|rin|nen ⟨st. V.; ist⟩ [mhd. zerinnen, ahd. zariunan] (geh.): *langsam zerfließen* (1), *sich auflösen:* der Schnee zerrinnt [an der Sonne]; Ü die Zeit zerrann; ihre Hoffnungen, Träume, Pläne sind [in nichts] zerronnen; ...so nehme ich die Spuren des Sommers wieder auf, der einem in unseren Regionen stets unter der Hand zu z. scheint (Hildesheimer, Legenden 62).

¹**zer|ris|sen** ⟨Adj.⟩: *mit sich selbst zerfallen, uneins:* ein innerlich -er Mensch.

²**zer|ris|sen:** ↑ zerreißen.

Zer|ris|sen|heit, die; -, -en: *Zustand inneren Zerrissenseins.*

Zerr|spie|gel, der: *Vexierspiegel.*

Zer|rung, die; -, -en: **1.** (Med.) *durch zu starke Dehnung von Muskeln, Sehnen, Bändern entstandene Verletzung.* **2.** (Geol.) *durch Druck od. Zug verursachte Dehnung eines Gesteins.*

zer|rup|fen ⟨sw. V.; hat⟩: *in kleine Stücke, Büschel o. Ä. auseinanderrupfen:* eine Blume, ein Blatt Papier z.; etw. sieht ganz zerrupft aus.

zer|rüt|ten ⟨sw. V.; hat⟩ [mhd. zerrütten, zu: rütten, ↑ rütteln]: **1.** *(körperlich od. geistig) völlig erschöpfen:* etw. zerrüttet jmdn. seelisch, körperlich; die Aufregungen haben ihre Gesundheit zerrüttet *(untergraben, ruiniert);* sie hat völlig zerrüttete Nerven; Eine Frau lag an ihm Bett, deren Körper und Geist Entbehrungen, Mühsale und Überanstrengungen aller Art zerrüttet hatten (Hauptmann, Schuß 58). **2.** *völlig in Unordnung bringen; das Gefüge, den Zusammenhalt, Bestand von etw. zerstören:* die dauernden Streitigkeiten haben ihre Ehe zerrüttet; zerrüttete Familienverhältnisse.

Zer|rüt|tung, die; -, -en [spätmhd. zerrüttunge]: *das Zerrütten; das Zerrüttetsein.*

zer|sä|gen ⟨sw. V.; hat⟩: *mit der Säge zerteilen, zerkleinern, in Stücke sägen:* einen Baumstamm, einen Knochen z.

zer|schel|len ⟨sw. V.; ist⟩ [mhd. zerschellen (st. V.) = schallend zerspringen]: *bei einem heftigen Aufprall völlig in Trümmer gehen, in Stücke auseinanderbrechen:* das Schiff ist an einem Riff zerschellt; das Flugzeug zerschellte an einem Berg; Ü an seinem Widerstand zerschellten alle Pläne.

zer|scher|ben ⟨sw. V.; ist⟩ (geh.): *(durch einen Hieb, Stoß, Sturz o. Ä.) in Scherben zerfallen; in Scherben gehen:* zerscherbte Fensterscheiben; ♦ Den Krug find ich zerscherbt im Zimmer liegen (Kleist, Krug 7).

zer|schie|ßen ⟨st. V.; hat⟩: *mit Schüssen durchlö-* *chern; durch Schüsse zerstören:* Fensterscheiben z.; zerschossene Häuser.

¹**zer|schla|gen** ⟨st. V.; hat⟩ [mhd. zerslahen, -slān, ahd. zislahan]: **1. a)** *durch Hinwerfen, Fallenlassen o. Ä. zerbrechen* (2): eine Tasse, einen Teller z.; zerschlagenes Geschirr; **b)** *durch Aufprallen, Daraufallen o. Ä. stark beschädigen, zerstören:* ein Stein zerschlug das Windschutzscheibe; das Geschoss zerschlug ihm das Knie; **c)** *mit Gewalt entzweischlagen, durch Schlagen zerstören:* etw. mit dem Beil z.; in ihrer Wut hat sie das ganze Geschirr z.; er drohte, ihm alle Knochen zu z. (ugs.; *ihn furchtbar zu verprügeln*); Ü den Feind z. (*im Krieg vernichtend schlagen*); **d)** (Kochkunst) *(Eier) schlagen* (11); **e)** *(eine Einrichtung, Organisation o. Ä.) [gewaltsam, durch Zwangsmaßnahmen] auflösen, beseitigen, abschaffen:* einen Spionagering, ein Kartell, ein Verbrechersyndikat, die Mafia z.; die Monarchie, den Rechtsstaat, den Staatsapparat z. **2. a)** ⟨z. + sich⟩ *sich nicht erfüllen; nicht zustande kommen:* der Plan, das Geschäft, die Sache hat sich leider zerschlagen; **b)** *zunichtemachen:* jmds. Hoffnung z.; ...gab es einen blutigen Zwischenakt, der um ein Haar alle großen Pläne des Kaisers auf immer zerschlagen hätte (Thieß, Reich 504). ♦ **3.** ⟨z. + sich⟩ (Bergmannsspr. früher: ⟨*von* ¹*Gängen* 8⟩ *sich [auf]teilen:* Hier ist der Gang mächtig und gebräch ... Oft zerschlägt er sich vor dem Bergmann in tausend Trümmern (Novalis, Heinrich 69).

²**zer|schla|gen** ⟨Adj.⟩: *körperlich völlig erschöpft, ermattet, kraftlos; gerädert:* nach dem anstrengenden Tag kam er ganz z. nach Hause.

Zer|schla|gen|heit, die; - : *das* ²*Zerschlagensein; das Sich-zerschlagen-Fühlen.*

Zer|schla|gung, die; -, -en ⟨Pl. selten⟩: **a)** *das* ¹*Zerschlagen* (1 e): die Z. der Gewerkschaften; **b)** *Vernichtung mit militärischen Mitteln:* die Z. des Feindes.

zer|schlei|ßen ⟨st. V.⟩: **1.** ⟨hat⟩ *verschleißen* (1 a): bei dieser Fahrweise zerschleißt man die Reifen; ⟨meist im 2. Part.:⟩ ein zerschlissener Mantel, Teppich; ein zerschlissenes Sofa; An den Wänden waren alte, manchmal etwas zerschlissene kostbare Tapeten (Dürrenmatt, Grieche 96). **2.** ⟨ist⟩ (seltener) *verschleißen* (2): bei dem Jungen zerschleißen die Hosen immer sehr schnell.

zer|schlit|zen ⟨sw. V.; hat⟩: *durch Schlitzen* (b), *Aufschlitzen stark beschädigen, schwer verletzen, zerstören:* sie hatten ihm die Reifen, das Verdeck zerschlitzt.

zer|schmel|zen ⟨sw. V.⟩: **1.** ⟨ist⟩ *vollständig schmelzen* (1): die Schokolade zerschmilzt; Ü sie zerschmolz in Mitleid. **2.** ⟨hat⟩ (selten) *vollständig schmelzen* (2): die Sonne zerschmilzt den Schnee.

zer|schmet|tern ⟨sw. V.; hat⟩: *mit großer Wucht zertrümmern:* ein Geschoss hatte sein Bein zerschmettert; Ü sie wollten ihre Feinde z. *(vernichten).*

Zer|schmet|te|rung, die; -, -en: *das Zerschmettern; das Zerschmettertwerden.*

zer|schnei|den ⟨unr. V.; hat⟩ [mhd. zersnīden, ahd. zasnīden]: **1.** *in Stücke schneiden, durch einen Schnitt, durch Schnitte zerteilen:* einen Braten z.; der Schnur mit der Schere z. *(in zwei Teile trennen);* sie zerschnitt die Torte in zwölf Stücke; Ü das Schiff zerschneidet (geh.; *zerfurcht*) die Wellen; Eine unsichtbare ... Schere hatte sämtliche Bande, die diese Stadt fesselten, zerschnitten (Erich Kästner, Fabian 164). **2.** *durch Schnitte, einen Schnitt verletzen, beschädigen, zerstören:* die Scherben zerschnitten seine Fußsohlen; sie haben ihm die Reifen zerschnitten; Ü ein gellender Schrei zerschnitt die Stille; Das Gebirge ... verwickelte ihn in schmerzhafte Kämpfe gegen das Dornenge- strüpp und zerschnitt ihm die Hände mit Messern aus gesplittertem Stein (Ransmayr, Welt 226).

zer|schnip|peln ⟨sw. V.; hat⟩ (ugs.): *in kleine Stücke zerschneiden:* Papier, Kartoffeln z.

zer|schram|men ⟨sw. V.; hat⟩: *durch Schrammen beschädigen, verletzen, verderben:* die Tischplatte z.; sie hat sich bei ihrem Sturz die Beine zerschrammt; zerschrammte Knie, Schuhe.

zer|schun|den ⟨Adj.⟩ [zu ↑ schinden]: *durch Abschürfungen, Schrammen o. Ä. verletzt:* -e Knie, Hände; Ü sein vom Tagebau zerschundenes Land-schaft; ...aufmerksam verfolgten die Aasvögel jede Bewegung dieses -en Wanderers (Ransmayr, Welt 227).

zer|set|zen ⟨sw. V.; hat⟩: **1. a)** *in verschiedene Bestandteile zerfallen* (1) *lassen, auflösen:* die Säure zersetzt das Metall; die Fäulnis hatte den Körper schon zersetzt; Ü Der alte Cato ... sah im griechischen Geiste ein Gift, welches die guten alten Ideale des Römertums wie Salz angriff und zersetzte (Thieß, Reich 136); **b)** ⟨z. + sich⟩ *in verschiedene Bestandteile zerfallen, sich auflösen:* die pflanzlichen Abfälle zersetzen sich bei der Kompostierung. **2.** *[durch Agitation o. Ä.] eine zerstörende Wirkung auf etw. ausüben; den Bestand in etw. untergraben, zerstören:* die Widerstandskraft z.; etw. ist, wirkt zersetzend; zersetzende Schriften, Reden.

Zer|set|zung, die; -, -en: **1.** *das Zersetzen* (1 a), *das Zersetztwerden; das Sichzersetzen:* der Körper war bereits in Z. geraten. **2.** *das Zersetzen* (2); *das Zersetztwerden:* die Z. der Moral.

Zer|set|zungs|er|schei|nung, die ⟨meist Pl.⟩: *die Zersetzung* (1) *anzeigende, begleitende Erscheinung.*

Zer|set|zungs|pro|dukt, das: *aus einer chemischen Zersetzung hervorgegangener Stoff:* giftige -e.

Zer|set|zungs|pro|zess, der: *Prozess der Zersetzung* (1).

zer|sie|deln ⟨sw. V.; hat⟩: *(in einer das Landschaftsbild schädigenden Weise) mit zahlreichen [einzeln stehenden] Häusern bebauen:* eine Gegend, eine Landschaft z.

Zer|sie|de|lung, Zer|sied|lung, die; -, -en: *das Zersiedeln; das Zersiedeltwerden:* die rapide, fortschreitende Z. der Landschaft.

zer|sin|gen ⟨st. V.; hat⟩: **1.** *im Laufe der Zeit in Text u. Melodie verändern, abwandeln:* viele Volkslieder sind vollkommen zersungen. **2.** *durch Hervorbringen eines Tones von bestimmter Schwingung zerspringen lassen:* eine Fensterscheibe, einen Spiegel z.

zer|spal|ten ⟨unr. V.; zerspaltete, hat zerspalten/ (auch:) zerspaltet⟩ [mhd. zerspalten, ahd. zispaltan]: *vollständig spalten* (1 a): das zersägte Holz mit dem Beil [in kleine Scheite] z.; Witterungseinflüsse haben das Gestein zerspalten; Ü die Partei hatte sich in zwei Lager zerspalten; Barbara zerspaltete sich in Hinstreben und Widerstreben (Bergengruen, Feuerprobe 52).

Zer|spal|tung, die; -, -en: *das Zerspalten; das Zerspaltenwerden.*

zer|spa|nen ⟨sw. V.; hat⟩: **1.** *(Holz) in Späne zerschneiden.* **2.** (Technik) *ein Werkstück spanend bearbeiten.*

Zer|spa|nung, die; -, -en: *das Zerspanen; das Zerspantwerden.*

zer|spel|len ⟨sw. V.; hat⟩ [zu älter spellen = spalten, aus dem Niederd.] (veraltet): *zerspalten:* Ü ♦ ... musste sich Vrenchen nun abquälen, ... seine Wäscherei in den seichten Sammlungen am Boden vorzunehmen statt in dem vertrockneten und zerspellten Troge (= des Brunnens) (Keller, Romeo 37).

zer|split|tern ⟨sw. V.⟩: **1.** ⟨ist⟩ *(durch einen Hieb, Stoß, Sturz o. Ä.) in Splitter zerfallen; sich in*

Zersplitterung – zervikal

Splitter auflösen: bei dem Aufprall zersplitterte die Windschutzscheibe; zersplittertes Holz; Ü das Land war in viele Kleinstaaten zersplittert. **2.** ⟨hat⟩ *in Splitter zerschlagen:* der Sturm hatte den Mast zersplittert; Ü sich, seine Kräfte, seine Zeit, seine Mittel z. *(verzetteln).*
Zer|split|te|rung, die; -, -en: *das Zersplittern; das Zersplittertsein.*
zer|spra|geln, sich ⟨sw. V.; hat⟩ (ostösterr. ugs.): *sich aufteilen, zerteilen; zu gleicher Zeit an verschiedenen Stellen sein:* am Sonntag müsste man sich z. können.
zer|spren|gen ⟨sw. V.; hat⟩ [mhd. zersprengen]: **1.** *in Stücke sprengen:* Gesteinsblöcke z. **2.** *gewaltsam auseinandertreiben:* die Truppen waren zersprengt worden.
Zer|spren|gung, die; -, -en: *das Zersprengen; das Zersprengtwerden.*
zer|sprin|gen ⟨st. V.; ist⟩ [mhd. zerspringen, ahd. zispringan]: **a)** *in [viele] Stücke auseinanderbrechen:* das Glas fiel zu Boden und zersprang [in tausend Stücke, Scherben, Splitter]; der Spiegel ist zersprungen *(hat viele Sprünge bekommen);* Ü der Kopf wollte mir z. vor Schmerzen (geh.; *ich hatte heftigste Kopfschmerzen);* das Herz zersprang ihr beinahe vor Freude (geh.; *sie freute sich sehr);* **b)** (geh.) *zerreißen:* die Saite zersprang.
zer|stamp|fen ⟨sw. V.; hat⟩: **1.** *durch Stampfen (1 a) beschädigen od. zerstören:* die Pferde zerstampften die Wiese. **2.** *durch Stampfen (2 b) zerkleinern:* Kartoffeln [mit dem Stampfer] z.; Gewürze im Mörser z.
zer|stäu|ben ⟨sw. V.; hat⟩ [mhd. zerstouben = auseinanderscheuchen]: **1.** ⟨hat⟩ *staubfein in der Luft verteilen, versprühen:* Wasser, Parfüm, ein Mittel gegen Insekten z. **2.** ⟨ist⟩ (geh.) *zerstäubt (1) werden:* das Wasser zerstäubte [zu Gischt]; Ü ... indes ein Mondstrahl aus Bäumen hervor auf ihrem offenen Haar zerstäubte (H. Mann, Stadt 171).
Zer|stäu|ber, der; -s, -: *Gerät zum Zerstäuben.*
Zer|stäu|bung, die; -, -en: *das Zerstäuben; das Zerstäubtwerden.*
zer|ste|chen ⟨st. V.; hat⟩ [mhd. zerstechen, ahd. zistehhan]: **1.** *durch Hineinstechen beschädigen, zerstören:* jmdm. die Reifen z.; zerstochene und aufgeschlitzte Polster. **2.** *jmdm. viele Stiche (4) beibringen:* die Schnaken haben uns fürchterlich zerstochen; Die Mücken umschwärmten den jungen Liebhaber. Er saß reglos und ließ sich z. (Strittmatter, Wundertäter 205).
zer|stie|ben ⟨st. u. sw. V.; zerstob/(auch:) zerstiebte, ist zerstoben/(selten:) zerstiebt⟩ [mhd. zerstieben, ahd. zistioban] (geh.): *auseinanderstiebend verschwinden, sich zerstreuen, verlieren:* die Funken zerstieben; die Menschenmenge war zerstoben; die Kameraden von damals waren in alle Winde zerstoben *(hatten sich ganz aus den Augen verloren);* Ü der ganze Spuk, ihre Traurigkeit war zerstoben *(war plötzlich nicht mehr vorhanden);* Vorbei der anheimelnde Gedanke, es handle sich ums eigene Fleisch und Blut. Zerstoben das sentimentale Idyll von Vater und Sohn (Süskind, Parfum 23).
zer|stör|bar ⟨Adj.⟩: *sich zerstören lassend.*
zer|stö|ren ⟨sw. V.; hat⟩ [mhd. zestœren, ahd. zestören]: **1.** *sehr stark beschädigen u. dadurch unbrauchbar, unbenutzbar o. ä. machen; etw. völlig, sinnlos, systematisch zerstören; ein Gebäude, eine Brücke, technische Anlagen, eine Anpflanzung z.;* die Stadt ist durch den Krieg, im Krieg, durch ein Erdbeben, bei einem Erdbeben, durch [ein] Feuer zerstört worden; [von Bomben] zerstörte Städte; die zerstörende Kraft des Feuers; Ü gewachsene gesellschaftliche Strukturen z. **2.** *zunichtemachen, zugrunde richten; ruinieren* (a): jmds. Existenz, Ehe z.; Hoffnungen, Träume z.; etw. zerstört jmds. Glück; der Alkohol hat seine Gesundheit zerstört; Ü zerstörte Illusionen.
Zer|stö|rer, der; -s, -: **1.** [spätmhd. zerstœrer] (seltener) *jmd., der etw. zerstört.* **2.** *mittelgroßes, schnelles Kriegsschiff, das bes. zur Sicherung von Seeverbindungen u. zum Geleitschutz eingesetzt wird.* **3.** *(im Zweiten Weltkrieg) schweres Jagdflugzeug.*
Zer|stö|re|rin, die; -, -nen: w. Form zu ↑ Zerstörer (1).
zer|stö|re|risch ⟨Adj.⟩: *Zerstörung verursachend:* -e Eigenschaften, Einflüsse, Kräfte; z. wirken, sein.
Zer|stö|rung, die; -, -en: **1.** ⟨o. Pl.⟩ *das Zerstören* (1); *das Zerstörtwerden.* **2.** ⟨meist Pl.⟩ *durch das Zerstören (1) entstandener Schaden:* die von dem Erdbeben hinterlassenen -en.
Zer|stö|rungs|kraft, die: *zerstörerische Kraft.*
Zer|stö|rungs|po|ten|zi|al, Zer|stö|rungs|poten|ti|al, das: *zur Zerstörung von etw. ausreichendes Potenzial* (1).
Zer|stö|rungs|werk, das ⟨o. Pl.⟩: *zerstörerisches Tun, Wirken:* das Z. des Meeres, des Rosts.
Zer|stö|rungs|wut, die: *heftige, unbeherrschte Lust, Drang, etw. zu zerstören:* sie haben in blinder Z. alles zerschlagen.
zer|stö|rungs|wü|tig ⟨Adj.⟩: *von Zerstörungswut erfüllt.*
zer|sto|ßen ⟨st. V.; hat⟩: *mit einem Stößel o. Ä. zerkleinern; zerstampfen* (2): die Körner, Nüsse, Kräuter in einem Mörser z.; grob, fein zerstoßener Pfeffer.
zer|strah|len ⟨sw. V.; ist⟩ (Kernphysik): *eine Zerstrahlung erfahren.*
Zer|strah|lung, die; -, -en (Kernphysik): *beim Zusammentreffen eines Elementarteilchens mit seinem Antiteilchen erfolgende vollständige Umsetzung ihrer Massen in elektromagnetische Strahlungsenergie.*
zer|strei|ten, sich ⟨st. V.; hat⟩: *sich streitend, im Streit entzweien:* sich über eine Frage [mit jmdm.] gründlich z.; sie sind seit Langem zerstritten; ein zerstrittenes Ehepaar; Mit manch einem alten Freund zerstritt er sich, andere entzogen ihm das Vertrauen (Strauß, Niemand 50).
zer|streu|en ⟨sw. V.; hat⟩ [mhd. zerströuwen]: **1.** *verstreuen* (3): der Wind zerstreut das welke Laub über den ganzen Hof; seine Kleider lagen im ganzen Raum zerstreut; eine Linse zerstreut das Licht (Optik; *lenkt die Strahlen in verschiedene Richtungen);* Ü zerstreut liegende Gehöfte. **2. a)** *(eine Menge von Personen) auseinandertreiben:* die Polizei zerstreute die Menge, die Demonstranten mit Wasserwerfern; **b)** ⟨z. + sich⟩ *auseinandergehen; sich verlaufen* (7 a): die Menge hat sich [wieder] zerstreut; Darauf begruben sie den Toten und zerstreuten sich in die Häuser des Dorfes (Wiechert, Jeromin-Kinder 199). **3.** *(durch Argumente, durch Zureden o. Ä.) beseitigen:* Besorgnisse, Befürchtungen, Bedenken z. **4.** *zur Entspannung, Erholung ablenken* (2 b): jmdn. mit etw., durch etw. z.; beim Spiel z.; sie ging ins Kino, um sich ein wenig zu z.
zer|streut ⟨Adj.⟩ [unter Einfluss von frz. distrait = abgezogen, abgelenkt]: *mit seinen Gedanken nicht bei der Sache; abwesend* (2) *u. unkonzentriert:* ein -er Mensch; z. zuhören.
Zer|streut|heit, die; -: *das Zerstreutsein; Unaufmerksamkeit.*
Zer|streu|ung, die; -, -en [spätmhd. zerströuwunge]: **1.** ⟨o. Pl.⟩ **a)** *das Zerstreuen* (2 a), *Auseinandertreiben; das Zerstreutwerden:* die Z. der Demonstranten; **b)** *das Zerstreuen* (3); *das Zerstreutwerden:* die Z. eines Verdachts. **2.** *(ablen-*kende*) Unterhaltung; Zeitvertreib:* kleine, angenehme, harmlose -en; Z. suchen, finden.
Zer|streu|ungs|lin|se, die (Optik): *konkave Linse, die Lichtstrahlen zerstreut.*
Zer|strit|ten|heit, die; -: *das Zerstrittensein:* die innere, politische Z. einer Partei; in der Kommission herrscht eine große Z.
zer|stü|ckeln ⟨sw. V.; hat⟩: *in kleine Stücke zerteilen:* die Früchte werden von der Maschine zerstückelt.
Zer|stü|cke|lung, Zerstücklung, die; -, -en: *das Zerstückeln; das Zerstückeltwerden.*
zer|stü|cken ⟨sw. V.; hat⟩ (seltener): *zerstückeln:* ♦ ... was man von dem Stück (= Hamlet) weglassen könne, ohne es z., darüber waren beide sehr verschiedener Meinung (Goethe, Lehrjahre V, 4).
Zer|stück|lung, die: ↑ Zerstückelung.
zer|talt ⟨Adj.⟩ (Geogr.): *durch Täler stark gegliedert:* ein -es Gebirge.
zer|tei|len ⟨sw. V.; hat⟩ [mhd. zerteilen, ahd. ziteilen]: **1.** *(durch Brechen, Schneiden, Reißen o. Ä.) in Stücke teilen, aufteilen, zerlegen:* den Braten, ein Stück Stoff z.; Ü ich kann mich doch nicht z. (ugs. scherzh.; *kann doch nicht mehrere Sachen zugleich tun, an verschiedenen Stellen zugleich sein);* So weit sie, regungslos, verharrte, so saß sie aufrecht und ließ z. das Pendel die Zeit z. hörte (A. Zweig, Claudia 81/82). **2.** ⟨z. + sich⟩ *auseinandergehen, sich auflösen:* der Nebel zerteilte sich.
Zer|tei|lung, die; -, -en: *das Zerteilen, das Zerteiltwerden; das Sichzerteilen.*
zer|tep|pern: ↑ zerdeppern.
Zer|ti|fi|kat, das; -[e]s, -e [viell. unter Einfluss von frz. certificat < mlat. certificatum = Beglaubigung, subst. 2. Part. von: certificare = gewiss machen, beglaubigen, zu lat. certus, ↑ zertifizieren]: **1.** (veraltend) *[amtliche] Bescheinigung, Beglaubigung.* **2.** *Zeugnis über eine abgelegte Prüfung; Diplom:* ein benotetes Z.; ein Z. bekommen, erwerben, ausstellen. **3.** (Bankw.) *Investmentzertifikat.*
Zer|ti|fi|ka|ti|on, die; -, -en: *Zertifizierung.*
zer|ti|fi|zie|ren ⟨sw. V.; hat⟩ [spätlat. certificare, zu lat. certus = sicher, gewiss]: *[amtlich] beglaubigen, bescheinigen; mit einem Zertifikat versehen.*
Zer|ti|fi|zie|rung, die; -, -en: *das Zertifizieren; das Zertifiziertwerden.*
zer|tram|peln ⟨sw. V.; hat⟩: *mit Wucht zertreten:* ein Beet [achtlos, mutwillig] z.
zer|tren|nen ⟨sw. V.; hat⟩ [mhd. zertrennen, ahd. zitrennen]: *trennend* (1 b) *zerlegen; auseinandertrennen:* das Kleid z.; etw. mit einem Schneidbrenner z.
Zer|tren|nung, die; -, -en: *das Zertrennen; das Zertrenntwerden.*
zer|tre|ten ⟨st. V.; hat⟩ [mhd. zertreten, ahd. zitretan]: *durch heftiges [mutwilliges] Darauftreten, Darüberlaufen zerdrücken, zerstören:* etw. achtlos, mutwillig z.; er zertrat den Käfer, die Zigarettenkippe.
zer|trüm|mern ⟨sw. V.; hat⟩: *mit Gewalt zerschlagen, zerstören [sodass nur Trümmer übrig bleiben]:* Fensterscheiben, das Mobiliar z.; die schweren Brecher hatten das Boot zertrümmert; jmdm. den Schädel z.; einen Stein, ein Konkrement z. (Med.; *[mechanisch od. mithilfe von Stoßwellen] fein zerkleinern).*
Zer|trüm|me|rung, die; -, -en: *das Zertrümmern; das Zertrümmertwerden.*
Zer|ve|lat|wurst [auch: zɛr...], Servelatwurst, die; -, ...würste [zu ital. cervellata = Hirnwurst, zu: cervello = Gehirn < lat. cerebellum, ↑ Zerebellum]: *Dauerwurst aus Schweinefleisch, Rindfleisch u. Speck; Schlackwurst.*
zer|vi|kal ⟨Adj.⟩ (Anat.): *die Zervix betreffend, zu ihr gehörend.*

Zervix–Zeugnis

Zer|vix, die; -, Zervices [...e:s] [lat. cervix = Hals, Nacken] (Anat.): **1.** *Hals, Nacken.* **2.** *halsförmiger Teil eines Organs, z. B. der Gebärmutter.*

zer|wer|fen ⟨st. V.; hat⟩ [mhd. zerwerfen] (selten): *sich mit jmdm. überwerfen, zerstreiten:* sie hat sich mit ihren Eltern zerworfen.

zer|wüh|len ⟨sw. V.; hat⟩ [mhd. zerwüelen]: *stark aufwühlen, wühlend durcheinanderbringen:* Wildschweine haben den Boden zerwühlt; ein zerwühltes Bett; zerwühltes Haar.

Zer|würf|nis, das; -ses, -se [zu ↑ zerwerfen] (geh.): *durch ernste Auseinandersetzungen, Streitigkeiten verursachter Bruch einer zwischenmenschlichen Beziehung; Entzweiung:* eheliche, häusliche -se; es kam zu einem schweren Z. zwischen den Freunden; Das Z. des Vorabends, welches endgültig geschienen hatte, wurde nicht einmal erwähnt (Handke, Niemandsbucht 195).

zer|zau|sen ⟨sw. V.; hat⟩ [mhd. zerzūsen, ahd. zerzūsōn]: *zausend (a) in Unordnung bringen, wirr machen:* jmdm. die Haare z.; das Fell, das Gefieder war zerzaust; eine zerzauste Frisur.

zer|zup|fen ⟨sw. V.; hat⟩: *zupfend zerteilen, zerstören; in einzelne Teile auseinanderzupfen:* eine Blüte z.; Watte z.

Zes|si|on, die; -, -en [lat. cessio, zu: cessum, 2. Part. von: cedere = überlassen] (Rechtsspr.): *Übertragung eines Anspruchs [von dem bisherigen Gläubiger auf einen Dritten].*

Zes|te, die; -, -n [frz. zeste, wohl Substantivierung von älter zest, lautm. für ein Geräusch beim Schlagen od. Schneiden]: *sehr feiner Streifen der Schale einer Zitrusfrucht:* das Parfait mit -n dekorieren.

Zes|ten|rei|ßer, der: *Gerät zum Herstellen von Zesten.*

Ze|ta, das; -[s], -s [griech. zēta]: *sechster Buchstabe des griech. Alphabets (Z, ζ).*

Ze|ta|zis|mus, der; -, ...men: **1.** (Sprachwiss.) *Entwicklung von k vor einem hellen Vokal zu z.* **2.** (Med., Sprachwiss.) *fehlerhaftes Aussprechen des Z-Lautes.*

Ze|ter [mhd. zet(t)er = Hilferuf bei Raub, Diebstahl usw., H. u.; viell. aus: ze æhte her = zur Verfolgung her!; mordi(g)ō = Hilferuf bei Mord, zu: mort = Mord]: in der Wendung **Z. und Mord[io] schreien** (ugs.; *[im Verhältnis zum Anlass übermäßig] großes Geschrei erheben, lautstark protestieren*).

Ze|ter|ge|schrei, das (ugs.): *zeterndes Geschrei.*

ze|ter|mor|dio: in der Wendung **z. schreien** (↑ Zetermordio).

Ze|ter|mor|dio, das; -s (ugs. veraltend): *Zetergeschrei:* im Nebenraum ging plötzlich ein Z. los; * **Z. schreien** (ugs.; *[im Verhältnis zum Anlass übermäßig] großes Geschrei erheben, lautstark protestieren*).

ze|tern ⟨sw. V.; hat⟩ [zu ↑ Zeter] (emotional abwertend): *ärgerlich, unzufrieden, vor Wut, Zorn o. Ä. [mit lauter, schriller Stimme] schimpfen, jammern:* sie zetert den ganzen Tag; Ü die Spatzen zeterten um jeden Brocken.

¹Zet|tel, der; -s, - [spätmhd. zettel, zu mhd. zetten, ↑ ²verzetteln] (Textilind.): *Kette (3).*

²Zet|tel, der; -s, - [mhd. zedel(e) < ital. cedola < mlat. cedula < spätlat. schedula, Vkl. von lat. scheda = Blatt, Papier < spätgriech. schídē]: **1.** *kleines, meist rechteckiges Stück Papier, bes. Notizzettel o. Ä.:* ein Z. hing, klebte an der Tür; ich habe den Z. verloren, verlegt; Z. (*Handzettel*) verteilen; einen Z. (*Vordruck o. Ä.*) ausfüllen; etw. auf einen Z. schreiben; sich etw. auf einem Z. notieren. ◆ **2.** *Schriftstück, [längerer] Schriftsatz* (2): ... da legt er mir einen Z. aus der Kanzlei vor (Goethe, Götz III).

Zet|tel|lei, die; -, -en: **1.** * *Verzettelung.* **2.** (ugs. abwertend) *Zettelwirtschaft.*

Zet|tel|kar|tei, die: *mit Zetteln angelegte Kartei.*

Zet|tel|kas|ten, der: *Kasten für [die] Zettel [einer Kartei].*

zet|teln ⟨sw. V.; hat⟩ [zu ↑ ¹Zettel] (Textilind.): *die Kette (3) auf den Webstuhl aufspannen.*

Zet|tel|spieß, Zet|tel|spie|ßer, der (Fachspr.): *kleiner [Holz]block, aus dem eine zugespitzte Stange hochragt, die zum Aufspießen von Zetteln, Belegen, Quittungen u. Ä. dient.*

Zet|tel|wirt|schaft, die (ugs. abwertend): *großes Durcheinander an Notizen, Aufzeichnungen auf zahlreichen, unsystematisch angeordneten Zetteln, Karteikarten o. Ä.*

zeuch, zeuchst, zeucht: *veraltete Formen von* zieh(e), ziehst, zieht.

Zeug, das; -[e]s, -e [mhd. (ge)ziuc, ahd. (gi)ziuch, verw. mit ↑ ziehen u. eigtl. = das (Mittel zum) Ziehen]: **1.** ⟨o. Pl.⟩ (ugs., oft abwertend) **a)** *etw., dem kein besonderer Wert beigemessen wird, was für mehr od. weniger unbrauchbar gehalten u. deshalb nicht mit seiner eigentlichen Bezeichnung benannt wird:* das Z. riecht unangenehm, schmeckt gut, ist ziemlich teuer; nimm das Z. da weg!; ein furchtbares Z. zu essen kriegen; der Händler ist sein Z. (*seine Ware*) nicht losgeworden; **b)** *Unsinn, bes. unsinniges Geschwätz:* [das ist doch] dummes Z.!; nur alberses Z. reden; den ganzen Tag dummes Z. treiben. **2. a)** (veraltet) *Tuch, Stoff, Gewebe:* Betttücher aus feinem Z.; **b)** (veraltend) *jmds. Kleidung, Wäsche:* sie tragen der Kälte wegen dickes Z.; sein Z. in Ordnung halten; * **jmdm. etwas am Z./-e flicken** (ugs.; *jmdm. etw. Nachteiliges nachsagen;* eigtl. = *sich an jmds. Kleidung zu schaffen machen*); **c)** (veraltet) *Arbeitsgerät, Werkzeug:* sein Z. mitbringen; * **jmdm. etwas steckt das Z. zu etw., jmd. hat/besitzt das Z. zu etw.** (ugs.; *jmd. hat das Talent, die Begabung, die Fähigkeit o. Ä. für etw., jmds. Bestimmtes zu werden ist im Sinne von* »wer gutes Werkzeug hat, kann gute Arbeit leisten«); **d)** (Seemannsspr.) *Takelage:* mit vollem Z. segeln. **3.** (veraltet) *Geschirr der Zugtiere:* dem Pferd das Z. anlegen; * **was das Z. hält** (ugs.; *kräftig, heftig, intensiv:* sie schreien, was das Z. hält); **sich ins Z. legen** (ugs.; *sich nach Kräften anstrengen, bemühen*); **sich für jmdn., etw. ins Z. legen** (ugs.; *sich für jmdn., etw. einsetzen*).

-zeug, das; -[e]s: **1.** *bezeichnet in Bildungen mit Verben (Verbstämmen) die Gesamtheit von Dingen, mit denen etw. Bestimmtes gemacht wird, die zu etw. Bestimmtem gebraucht werden:* Rasier-, Schreib-, Strickzeug. **2.** *bezeichnet in Bildungen mit Substantiven die Gesamtheit von Dingen, die im Hinblick auf etw. Bestimmtes gebraucht werden:* Nacht-, Schulzeug.

Zeug|amt, das (Militär früher): *Behörde, die die Aufsicht über das Kriegsmaterial hat.*

Zeu|ge, der; -n, -n [mhd. (ge)ziuc, geziuge = Zeugnis, Beweis; Zeuge, verw. mit ↑ ziehen u. eigtl. = das Ziehen (vor Gericht), dann: vor Gericht gezogene Person]: **a)** *jmd., der bei einem Ereignis, Vorfall o. Ä. zugegen ist od. war, darüber aus eigener Anschauung od. Erfahrung etw. sagen kann:* Z. eines Einbruchs, Unfalls sein; ich wurde [unfreiwillig] Z. des Gesprächs; [für etw.] -n haben; etw. im Beisein von -n sagen, tun; das Testament wurde vor -n eröffnet; Ü die Ruinen sind [stumme] -n einer längst vergangenen Zeit; * **jmdn. als -n/zum -n anrufen** (*sich auf jmdn. berufen*); **b)** (Rechtsspr.) *jmd., der vor Gericht geladen wird, um Aussagen über ein von ihm persönlich beobachtetes Geschehen zu machen, das zum Gegenstand der Verhandlung gehört:* ein glaubwürdiger, falscher Z.; (bes. im angloamerikanischen Rechtswesen:) Z. der Anklage, der Verteidigung; als Z. auftreten, erscheinen, [gegen jmdn.] aussagen, [vor]geladen werden; einen -n benennen, beibringen, vernehmen, befragen, vereidigen; jmdn. als -n hören.

¹zeu|gen ⟨sw. V.; hat⟩ [mhd. ziugen, ahd. geziugōn]: **1.** *als Zeuge bzw. Zeugin aussagen:* vor Gericht z.; Ü das zeugt (*spricht*) für ihre Uneigennützigkeit. **2.** * **von etw. z.** (*aufgrund von Beschaffenheit, Art etw. erkennen lassen, zeigen:* ihre Arbeit zeugt von großem Können; sein Verhalten zeugt nicht gerade von Intelligenz, guter Erziehung). ◆ **3.** *als Zeuge erklären, bezeugen:* Wenn das die Muhme Briggy zeugt, so hängt mich (Kleist, Krug 9).

²zeu|gen ⟨sw. V.; hat⟩ [mhd. (ge)ziugen, ahd. giziugōn, zu ↑ Zeug u. urspr. = Zeug (Gerät) anschaffen, besorgen, dann: herstellen, erzeugen]: *(vom Mann, auch von Paaren) [im Geschlechtsakt] durch Befruchtung ein Lebewesen entstehen lassen, hervorbringen:* er hat [mit ihr], sie haben [zusammen] ein Kind gezeugt; Ü das zeugt (geh.; *verursacht*) nur Unheil; ⟨auch ohne Akk.-Obj.:⟩ Bevor gezeugt wurde, gab es Hammelschulter zu Bohnen und Birnen (Grass, Butt 9); ◆ ... als sie jetzt noch fünfzehn Kinder zeugte (gebar; Kleist, Krug 7).

Zeu|gen|aus|sa|ge, die: *Aussage eines Zeugen (b) bzw. einer Zeugin:* einander widersprechende -n.

Zeu|gen|bank, die ⟨Pl. ...bänke; Pl. selten⟩: *Sitzgelegenheit im Gericht, die für Zeugen (b) bestimmt ist:* auf der Z. sitzen (*Zeuge b bzw. Zeugin sein*).

Zeu|gen|be|ein|flus|sung, die: *Beeinflussung von Zeugen (b), um eine (für sich od. andere) günstige Aussage zu erwirken.*

Zeu|gen|be|fra|gung, die: vgl. Zeugenvernehmung.

Zeu|gen|be|weis, der: *Beweis, der sich auf Zeugenaussagen stützt.*

Zeu|gen|schaft, die; -, -en: **1.** ⟨o. Pl.⟩ *das Zeugesein, das Auftreten als Zeuge (b), als Zeugin.* **2.** ⟨Pl. selten⟩ *Gesamtheit der Zeugen (b) eines Prozesses.*

Zeu|gen|schutz, der ⟨o. Pl.⟩: *Schutz von gefährdeten, bedrohten Zeugen (b).*

Zeu|gen|stand, der ⟨o. Pl.⟩: *Platz, an dem die Zeugen [stehend] ihre Aussage machen:* in den Z. treten, gerufen werden.

Zeu|gen|ver|neh|mung, die: *Vernehmung von Zeugen (b) durch das Gericht, den Staatsanwalt od. die Anwälte.*

Zeug|haus, das: **1.** (bes. Militär früher) *Lager für Waffen u. Vorräte.* **2.** (bes. österr.) *Gerätehaus der Feuerwehr.*

Zeu|gin, die; -, -nen: w. Form zu ↑ Zeuge.

Zeugl, das; -s, -[n] (ostösterr.): *Pferdegespann, leichte Kutsche.*

Zeug|ma, das; -s, -s u. -ta [lat. zeugma < griech. zeũgma] (Sprachwiss.): *syntaktisch od. semantisch ungleichartige Beziehung eines Satzgliedes, meist des Prädikats, auf zwei (od. mehr) andere Satzglieder (z. B. nimm dir Zeit und nicht das Leben!; sie reist mit Ehemann und Regenschirm).*

Zeug|nis, das; -ses, -se [mhd. (ge)ziugnisse, zu ↑ Zeuge]: **1. a)** *urkundliche Bescheinigung, Urkunde, die die meist in Noten ausgedrückte Bewertung der Leistungen von Schülern enthält:* ein gutes, mäßiges, schlechtes Z.; das Z. der Reife (veraltend; *Abiturzeugnis*); am Ende des Schuljahres gibt es -se; **b)** *[abschließende] Beurteilung eines Beschäftigten, Bediensteten o. Ä.:* Arbeitszeugnis: gute, ausgezeichnete -se haben; -se vorlegen, vorweisen müssen; ein Z. verlangen, ausstellen; Ü ich kann meinem Kollegen nur das beste Z. ausstellen (*mich nur sehr posi-*

tiv über ihn äußern). **2.** *Gutachten:* nach ärztlichem Z. ist sie arbeitsfähig. **3.** (veraltend) *Aussage vor Gericht:* [falsches] Z. [für, gegen jmdn.] ablegen; Ü Z. für seinen Glauben ablegen *(seinen Glauben bekennen).* **4.** (geh.) *etw., was das Vorhandensein von etw. anzeigt, beweist:* diese Entscheidung ist [ein] Z. seines politischen Weitblicks; diese Funde sind -se einer frühen Kulturstufe; * **von etw. Z. ablegen, geben** *(von etw. ¹zeugen 2).*

Zeug|nis|ab|schrift, die: *Abschrift eines Zeugnisses:* eine beglaubigte Z.

Zeug|nis|pflicht, die (Rechtsspr.): *Verpflichtung zur Zeugenaussage.*

Zeug|nis|ver|wei|ge|rung, die (Rechtsspr.): *Weigerung, eine Aussage vor Gericht zu machen: das Recht der Z., auf Z.*

Zeug|nis|ver|wei|ge|rungs|recht, das (Rechtsspr.): *Recht der Zeugnisverweigerung.*

Zeugs, das; - (ugs. abwertend): *Zeug* (1): was soll ich mit dem ganzen Z. da?

Zeu|gung, die; -, -en [mhd. ziugunge = das Machen, Tun]: *das ²Zeugen; das Gezeugtwerden.*

Zeu|gungs|akt, der: *Akt der Zeugung.*

zeu|gungs|fä|hig ⟨Adj.⟩: *fähig, Kinder zu zeugen.*

Zeu|gungs|fä|hig|keit, die ⟨o. Pl.⟩: *Fähigkeit, Kinder zu zeugen.*

Zeu|gungs|kraft, die: vgl. Zeugungsfähigkeit.

zeu|gungs|un|fä|hig ⟨Adj.⟩: *nicht zeugungsfähig.*

Zeu|gungs|un|fä|hig|keit, die ⟨o. Pl.⟩: *Unfähigkeit, Kinder zu zeugen.*

Zeus (griech. Mythol.): höchster Gott.

ZGB = Zivilgesetzbuch (in der Schweiz).

z. H., z. Hd., z. Hdn. = zu Händen, zuhanden.

Zi|be|be, die; -, -n [ital. zibibbo < arab. zibīb = Rosine] (südd., österr.): *große Rosine.*

Zi|bet [...et], der; -s [ital. zibetto < arab. zabād = Zibet(katze), zu: zabad = Schaum]: **a)** *Drüsensekret der Zibetkatze mit starkem, moschusartigem Geruch, das bes. bei der Herstellung von Parfüm verwendet wird;* **b)** *aus Zibet* (a) *hergestellter Duftstoff.*

Zi|bet|kat|ze, die; -, -n: *in Afrika u. Asien heimische Schleichkatze mit dunkel gezeichnetem Fell u. sehr langem Schwanz, die aus einer Afterdrüse Zibet* (a) *absondert.*

Zi|bo|ri|um, das; -s, ...ien [lat. ciborium < griech. kibṓrion = Trinkbecher]: **1.** (kath. Kirche) [kostbar verziertes] mit einem Deckel zu verschließendes, kelchförmiges Behältnis, in dem die geweihte Hostie auf dem Altar aufbewahrt wird. **2.** (Archit.) *kunstvoll verzierter, auf Säulen ruhender, Figuren aufweisender Überbau über einem Altar in Form eines Baldachins.*

Zi|cho|rie, die; -, -n [ital. cicoria < mlat. cichorea < lat. cichorium < griech. kichṓrion = Wegwarte, Endivie]: **1.** *Wegwarte.* **2.** *Kaffee-Ersatz, der aus den getrockneten u. gemahlenen Wurzeln der Zichorie* (1) *gewonnen wird.*

Zi|cho|ri|en|kaf|fee, der: *aus den getrockneten u. gemahlenen Wurzeln der Zichorie* (1) *gewonnener Kaffee-Ersatz.*

Zi|cke, die; -, -n: **1.** [mhd. nicht belegt, ahd. zikkīn = junge Ziege, (junger) Bock, zu ↑ Ziege] *weibliche Ziege.* **2.** (ugs. abwertend) *zickige* (a) *weibliche Person: eine dumme, eingebildete Z.* **3.** ⟨Pl.⟩ [zu (1), nach den unberechenbaren Sprüngen der Ziege od. zu ↑ Zickzack (= sprunghafte Bewegung hin u. her)] (ugs. abwertend) *Dummheiten:* nur -n im Kopf haben; * **-n machen** *(Unfug, Schwierigkeiten machen):* mach bloß keine -n!)

Zi|ckel, das; -s, -[n] [mhd. zickel]: *junge Ziege.*

Zi|ckel|chen, das; -s, -: Vkl. zu ↑ Zickel.

zi|ckeln ⟨sw. V.; hat⟩: *(von Ziegen) Junge werfen.*

zi|cken ⟨sw. V.; hat⟩ [zu ↑ Zicke (3)] (salopp

Schwierigkeiten, Zicken (3) machen: er zickt mal wieder.

Zi|cken|alarm, der [zu ↑ Zicke (2)] (salopp abwertend): *Streit zwischen [leicht reizbaren] Frauen:* Z. beim Grand-Prix-Vorentscheid.

Zi|cken|krieg, der (ugs. abwertend): *öffentlich ausgetragener Streit (bes. zwischen Frauen):* Z. im großen Weltheater.

Zi|cken|ter|ror, der (salopp abwertend): *Druck, Zwang, Schrecken, den [leicht reizbare] Frauen hervorrufen.*

zi|ckig ⟨Adj.⟩ [zu ↑ Zicke (2)] (ugs. abwertend): **a)** *(bes. in Bezug auf Frauen) überspannt, launisch, eigensinnig:* sie ist ihm zu z., wird immer -er; **b)** (seltener) *ziemlich prüde u. verklemmt.*

Zi|ckig|keit, die; -, -en: **a)** ⟨o. Pl.⟩ *das Zickigsein;* **b)** *zickiges Verhalten, zickige Handlung, Äußerung.*

Zick|lein, das; -s, - [mhd. zickelīn]: Vkl. zu ↑ Zicke (1)

zick|zack ⟨Adv.⟩: *im Zickzack:* z. den Berg hinunterlaufen.

Zick|zack, der; -[e]s, -e [verdoppelnde Bildung mit Ablaut zu ↑ Zack]: *Zickzacklinie:* im Z. gehen, fahren.

zick|za|cken ⟨sw. V.; hat/ist⟩ (seltener): *sich im Zickzack bewegen; im Zickzack laufen, fahren o. Ä.*

zick|zack|för|mig ⟨Adj.⟩: *in Zickzacklinie verlaufend.*

Zick|zack|kurs, der: *im Zickzack verlaufender Kurs* (1).

Zick|zack|li|nie, die: *Linie, die in schnellem Wechsel in spitzen Winkeln verläuft.*

Zick|zack|sche|re, die (Näherei): *Schere, deren Klingen gezähnt sind.*

Zi|der, der; -s, - [frz. cidre, ↑ Cidre]: **a)** *Apfelwein;* **b)** (österr.) *Cidre.*

Zie|ge, die; -, -n [mhd. zige, ahd. ziga, H. u., viell. verw. mit griech. díza = Ziege u. armen. tik = Schlauch aus Tierfell (wohl urspr. aus Ziegenfell) od. unabhängige Bildung aus einem Lockruf]: **1.** *mittelgroßes Säugetier mit [kurzhaarigem] rauem, weißem bis braunschwarzem Fell u. großen, nach hinten gekrümmten Hörnern beim männlichen bzw. kleinen, wenig gekrümmten Hörnern beim weiblichen Tier (das bes. wegen seiner Milch als Haustier gehalten wird):* -n halten, hüten, melken. **2.** (ugs. Schimpfwort) *Zicke* (2): alte Z.! **3.** [wohl nach der (wie bei einer Ziege 1) unterseits gebogenen, scharfen Körperlinie] *(bes. in osteuropäischen Binnengewässern u. der Ostsee vorkommender) dem Hering ähnlicher Karpfenfisch mit unregelmäßig gewellter seitlicher Linie u. auffällig langer Afterflosse.*

Zie|gel, der; -s, -, auch: die; -, -n [mhd. ziegel, ahd. ziagal < lat. tegula, zu: tegere = (be)decken]: **a)** *[roter bis bräunlicher] Baustein* (1) *aus gebranntem Ton, Lehm:* Z. brennen; **b)** *roter bis bräunlicher, flacher, mehr od. weniger stark gewellter Stein aus gebranntem Ton, Lehm; Dachziegel:* ein Dach mit -n decken.

Zie|gel|bau, der: **1.** ⟨o. Pl.⟩ *das Errichten von Bauten aus Ziegeln* (a). **2.** ⟨Pl. -ten⟩ *Gebäude aus Ziegeln* (a).

Zie|ge|lei, die; -, -en: *Ziegelei.*

Zie|gel|bren|ne|rei, die: *Ziegelei.*

Zie|gel|dach, das: *Dach, das mit Ziegeln* (b) *gedeckt ist.*

Zie|ge|lei, die; -, -en [aus dem Niederd.]: *Industriebetrieb, der Ziegel u. ähnliche Erzeugnisse herstellt.*

zie|gel|far|ben ⟨Adj.⟩: *ziegelrot.*

zie|gel|rot ⟨Adj.⟩: *ein warmes, trübes Orangerot aufweisend.*

Zie|gel|stein, der: *Ziegel* (a).

Zie|gen|bart, der: **1.** *bärtähnliche, lang nach unten wachsende Haare unterhalb des Unterkiefers der männlichen Ziege.* **2.** [nach der Form] *meist gelblicher bis fahlbrauner, einer Koralle ähnelnder Pilz.*

Zie|gen|bock, der: *männliche Ziege.*

Zie|gen|kä|se, der: *unter Verwendung von Ziegenmilch hergestellter Käse.*

Zie|gen|lamm, das (bes. Fachspr.): *junge Ziege.*

Zie|gen|le|der, das: *aus dem Fell der Hausziege gefertigtes Leder (das bes. zur Herstellung von Schuhen, Taschen u. Handschuhen verwendet wird); Chevreau.*

Zie|gen|lip|pe, die [nach der Form des Hutes]: *olivbrauner Pilz mit breitem, halbkugeligem bis flachem Hut u. leuchtend gelben Röhren.*

Zie|gen|mel|ker, der [der Vogel liest u. a. am Euter von Ziegen Ungeziefer ab]: *in der Dämmerung u. nachts fliegende Schwalbe mit kurzem, breitem Schnabel u. baumrindenartig gefärbtem Gefieder.*

Zie|gen|milch, die: *Milch von der Ziege.*

Zie|gen|pe|ter, der; -s, - [H. u., viell. nach einer ähnlichen Krankheit bei Ziegen, 2. Bestandteil ↑ Peter] (ugs.): *Mumps.*

Zie|ger, der; -s, - [mhd., ahd. ziger, H. u.] (südd., westösterr.): *Käse aus der Molke von Schaf-, Ziegen- od. Kuhmilch.*

zieh: ↑ zeihen.

Zieh|bank, die ⟨Pl. ...bänke⟩ (Technik): *Maschine zum Ziehen von dicken Drähten.*

Zieh|brun|nen, der: *Brunnen* (1) *[mit einer Kurbel], aus dem das Wasser in einem Eimer hochgezogen wird.*

Zieh|el|tern ⟨Pl.⟩ (österr., sonst landsch.): *Pflegeeltern.*

zie|hen ⟨unr. V.⟩ [mhd. ziehen, ahd. ziohan]: **1.** ⟨hat⟩ *hinter sich her in der eigenen Bewegungsrichtung in gleichmäßiger Bewegung fortbewegen:* einen Handwagen, die Kutsche, Rikscha z.; sich auf einem Schlitten z. lassen; die Pferde, Ochsen zogen den Pflug; Ü etw. nach sich z. *(etw. zur Folge haben).* **2.** ⟨hat⟩ **a)** *in gleichmäßiger Bewegung [über den Boden od. eine Fläche] zu sich hin bewegen:* (als Aufschrift an Türen:) ziehen!; den Stuhl an den Tisch z.; das Boot an Land z.; die Angel aus dem Wasser z.; den Verunglückten aus dem Auto, die Leiche aus dem Wasser z.; sie zog die Tür leise ins Schloss; **b)** *jmdn. [an der Hand] mit sich fortbewegen; jmdn. anfassen, packen u. bewirken, dass er sich mit an eine andere Stelle bewegt:* Junge, lass dich nicht so z.!; die Pferde aus dem Stall z.; sie zog ihn [an der Hand] ins andere Zimmer; er zog sie neben sich aufs Sofa; sie zogen ihn mit Gewalt ins Auto; **c)** *[mit einer sanften Bewegung] bewirken, dass jmd., etw. irgendwohin gelangt:* er zog sie liebevoll, zärtlich an sich; **d)** *durch Einschlagen des Lenkrades, Betätigen des Steuerknüppels in eine bestimmte Richtung steuern:* er zog den Wagen in letzter Sekunde scharf nach links, in die Kurve; der Pilot zog die Maschine wieder nach oben. **3.** ⟨hat⟩ **a)** *¹Zug* (3) *auf etw. [was an einem Ende beweglich befestigt ist] ausüben:* an der Klingelschnur z.; der Hund zieht [an der Leine] (drängt ungestüm vorwärts); **b)** *etw. anfassen, packen u. daran zerren, reißen:* jmdn. am Ärmel z.; der Vater zog ihn an den Haaren, an den Ohren; **c)** *durch Ziehen* (3a) *betätigen:* die Notbremse, Wasserspülung, die Orgelregister z.; **d)** *[durch Herausziehen eines Faches o. Ä.] einem Automaten z. entnehmen:* Tickets, Süßigkeiten, Blumen aus Automaten z. **4.** ⟨hat⟩ *anziehen* (7); *Beschleunigungsvermögen haben:* der Wagen, der Motor zieht ausgezeichnet. **5.** ⟨hat⟩ **a)** *in eine bestimmte Richtung bewegen:* die Rollläden in die Höhe z.; er zog die Knie bis unters Kinn; der Sog zog sie in die Tiefe; er wurde in den Strudel gezogen; die schwere Last zog ihn fast zu Boden; die Ruder kräftig durchs Wasser z.; die Strümpfe kurz durchs Wasser z. *(schnell auswaschen);* Ü ⟨unpers.:⟩ es zog ihn in die Ferne, an den Ort des Verbrechens; es zieht sie doch immer wieder zu ihm; **b)** *an eine bestimmte Stelle, in eine bestimmte Lage, Stellung bringen:* Perlen auf eine Schnur z.; den Faden durchs Nadelöhr, den Gürtel durch die Schlaufen z.; den Hut [tief] ins Gesicht z.; er zog die Schutzbrille über die Augen; eine Decke fest um sich z.; sie zog den Gürtel stramm um die Hüften; sie zog den Schleier vor das Gesicht, die Gardinen vor das Fenster z.; **c)** *über od. unter etw. anziehen:* einen Pullover über die Bluse, ein Hemd unter den Pullover z.; **d)** *(bes. von Spielfiguren) von einer Stelle weg zu einer anderen bewegen, verrücken:* den Springer auf ein anderes Feld z.; ⟨auch ohne Akk.-Obj.:⟩ du musst z.!; **e)** *durch Ziehen* (3 a) *aus, von etw. entfernen, von einer bestimmten Stelle wegbewegen:* jmdm. einen Zahn z.; er zog ihm den Splitter aus dem Fuß; einen Nagel aus dem Brett, den Korken aus der Flasche z.; den Stiefel vom Fuß z.; den Ring vom Finger z.; den Hut [zum Gruß] z. *(lüften)*; nach der Operation müssen die Fäden gezogen werden. **6.** ⟨hat⟩ **a)** *mit einer ziehenden Bewegung aus etw. herausnehmen, herausholen:* die Brieftasche, den Presseausweis [aus der Jackentasche] z.; den Degen, das Schwert z.; die Pistole [aus dem Halfter] z.; ⟨auch ohne Akk.-Obj.:⟩ *(zieh deine Waffe)* endlich, du Feigling!; Ü die Wurzel aus einer Zahl z. (Math.: *die Grundzahl einer Potenz errechnen);* **b)** *aus einer bestimmten Menge auswählen u. herausholen:* ein Los z.; du musst eine Karte z.; sie hat einen Gewinn gezogen. **7.** ⟨ist⟩ *seinen [Wohn]sitz irgendwohin verlegen, umziehen:* aufs Land, nach Berlin z.; sie ziehen in eine andere Wohnung, Straße; das Institut zieht bald in ein neues Gebäude; sie ist zu ihrem Freund gezogen. **8.** ⟨ist⟩ *sich stetig fortbewegen, irgendwo[hin] bewegen; irgendwo[hin] unterwegs sein:* durch die Lande z.; jmdn. ungern z. *(fortgehen)* lassen; von dannen, in die Fremde, heimwärts z.; auf Wache, ins Manöver, in den Krieg, an die Front z.; die Demonstranten zogen [randalierend] durch die Straßen, zum Rathaus; die Hirsche ziehen zum Wald; die Aale ziehen flussaufwärts; die Schwalben ziehen nach Süden; Nebel zieht über die Wiesen; die Wolken ziehen [schnell]; der Qualm, Gestank zog durch das ganze Haus, ins Zimmer; die Feuchtigkeit ist in die Wände gezogen *(gedrungen)*; Ü die verschiedensten Gedanken zogen durch ihren Kopf; * **einen z. lassen** (↑ fahren lassen 1). **9.** ⟨z. + sich; hat⟩ **a)** *sich [auf irgendeine Weise] irgendwohin erstrecken, bis irgendwohin verlaufen:* die Straße zieht sich zur Küste; die Grenze zieht sich quer durchs Land; eine rote Narbe zog sich über sein ganzes Gesicht; der Weg zieht sich aber (ugs.: *ist ziemlich lang, sodass man länger als erwartet dafür braucht);* **b)** *sich hinziehen* (4 b). **10.** ⟨hat⟩ **a)** *durch entsprechende Behandlung, Bearbeitung in eine längliche Form bringen; [durch Dehnen, Strecken] herstellen:* Draht, Röhren, Kerzen z.; **b)** *etw. [an beiden Enden] so ziehen* (5 b), *dass es sich ausdehnt; dehnen:* die Betttücher, Wäschestücke [in Form] z.; Kaugummi lässt sich gut z.; **c)** *(meist von etw. Zähflüssigem) entstehen lassen, erzeugen, bilden:* der Leim, Honig zieht Fäden; bei dem Rost zog das Pflaster Blasen; Dann stand die Suppe im Teller und zog, während beide schwiegen, eine dünne Haut (Herta Müller, Fuchs 259); **d)** *aufziehen* (6 a): eine neue Saite auf die Geige z.; das Bild auf Pappe z.; **e)** *beim Singen, Sprechen o. Ä. die Töne, Laute, Silben [unangenehm] breit [hebend u. senkend] dehnen.* **11.** ⟨hat⟩ *ausrollen,*

ausbreiten, irgendwo entlanglaufen lassen u. an bestimmten Punkten befestigen; spannen: eine [Wäsche]leine, Schnüre z.; Leitungen z. **12.** ⟨hat⟩ *[als Ausdruck bestimmter Gefühle, Meinungen o. Ä.] bestimmte Gesichtspartien so verändern, dass sie vom sonst üblichen Aussehen abweichen:* eine Grimasse, einen Flunsch z.; [nachdenklich] die Stirn in Falten z.; den Mund in die Breite z.; [missmutig] die Mundwinkel nach unten z.; die Augenbrauen nach oben z. **13.** ⟨z. + sich; hat⟩ *verziehen* (2 b): das Brett zieht sich; der Rahmen hat sich gezogen. **14.** ⟨hat⟩ **a)** *Anziehungskraft* (1) *haben:* der Magnet zieht nicht mehr; **b)** (ugs.) *die gewünschte Wirkung, Erfolg haben; ankommen* (4): der Film, die neue Zeitschrift zieht enorm; diese Masche zieht [immer] noch; deine Tricks, Ausreden ziehen nicht mehr; das zieht bei mir nicht; **c)** *bewirken, dass sich etw. in einer bestimmten Art auf ein bestimmtes Verhalten o. Ä.) auf eine bzw. an etw. richtet:* alle Blicke auf sich z.; jmds. Unwillen, Zorn auf sich z. **15.** ⟨hat⟩ **a)** *mit einem [tiefen] Atemzug in sich aufnehmen; einatmen:* die frische Luft, den Duft der Blumen durch die Nase z.; er zog den Rauch tief in die Lungen; **b)** *etw. in den Mund nehmen u. unter Anspannung der Mundmuskulatur Rauch, Flüssigkeit aus etwas entnehmen, in sich hineinziehen:* an der Pfeife, [hastig, nervös] an der Zigarette z.; an einem Strohhalm z.; sie zieht (Jargon: *raucht Haschisch o. Ä.)* **16.** ⟨hat⟩ **a)** *(von Pflanzen) bestimmte Stoffe in sich aufnehmen:* Nahrung aus dem Boden z.; der Feigenbaum zieht viel Wasser; **b)** *gewinnen* (5 b): Öl aus den Pflanzen z.; Erz aus Gestein z.; Ü Profit, Nutzen, einen Vorteil aus etw. z. **17.** ⟨hat⟩ **a)** *etw., bes. ein Schreibgerät, von einem bestimmten Punkt ausgehend und abzusetzen, über eine Fläche bewegen u. dadurch (eine Linie) entstehen lassen:* eine Senkrechte, einen Kreis, Bogen z.; Linien [mit dem Lineal] z.; einen Schlussstrich unter die Rechnung z.; **b)** *nach einer bestimmten Linie anlegen, bauen, entstehen lassen:* einen Graben, eine Grenze z.; sie zogen eine Mauer [um die Stadt]; Zäune [um die Parks] z.; sie zog sich einen Scheitel; **c)** *eine bestimmte Linie beschreiben:* seine Bahn z.; mit dem Flugzeug eine Schleife z.; beim Schlittschuhlaufen Figuren z.; "Über schneegrünen, unbetretbaren Wäldern zogen Gerfalken und Milane ihre Spiralen (Ransmayr, Welt 196). **18.** ⟨hat⟩ *aufziehen, züchten:* etw. aus Samen, Stecklingen z.; Rosen, Spargel z.; Schweine, Gänse z.; Ü den Jungen werde ich mir noch z. (ugs.: *so formen, so erziehen, dass er meinen Vorstellungen entspricht).* **19.** ⟨hat⟩ *mit kochendem, heißem Wasser o. Ä. übergossen sein u. so lange stehen bleiben, bis die übergossene Substanz ihre Bestandteile, ihren Geschmack u. ihr Aroma an das Wasser abgibt:* den Tee 3 Minuten z. lassen; der Kaffee hat lange genug gezogen; **b)** *(Kochkunst) etw. in einer Flüssigkeit knapp unter dem Siedepunkt halten u. langsam garen lassen:* die Klöße z. lassen; der Fisch soll nicht kochen, sondern z. **20.** ⟨unpers.; hat⟩ *als Luftzug in Erscheinung treten, unangenehm zu verspüren sein:* [Tür zu] es zieht!; hier in der Halle zieht es; es zieht aus allen Ecken, vom Fenster her, an die Beine, mir an den Beinen. **21.** ⟨hat⟩ *den nötigen ¹Zug* (8 b) *haben, um entsprechend zu funktionieren:* der Ofen, Schornstein zieht [gut]; die Pfeife zieht nicht mehr. **22.** ⟨hat⟩ *einen Schmerz, der sich in einer bestimmten Linie ausbreitet, haben:* es zieht [mir] im Rücken; ziehende Schmerzen in den Beinen, in den Gliedern haben; ⟨subst.:⟩ ich verspürte ein leichtes, starkes Ziehen im Bauch. **23.** ⟨hat⟩ (Geldw.) *auf eine dritte Person, auf einen Wechselnehmer ausstellen:* einen Wechsel

auf jmdn. z.; ein gezogener Wechsel. **24.** ⟨hat⟩ *mit einem Gegenstand ausholend schlagen:* jmdm. eine Latte, eine Flasche über den Kopf z.; er zog ihm eins über die Rübe. **25.** ⟨hat; meist im 2. Part.⟩ (Waffent.) *mit schraubenlinienartigen ¹Zügen* (15) *versehen:* ein Gewehr mit gezogenem Lauf. **26.** ⟨verblasst; hat⟩ Lehren aus etw. z. *(aus etw. lernen);* den Schluss aus etw. z. *(aus etw. schließen);* falsche, voreilige Schlüsse z. *(fälschlicherweise, zu hastig etw. vermuten, annehmen);* Folgerungen z. *(aus etw. schließen);* Konsequenzen z. *(die Folgerungen für künftiges Handeln ableiten);* Vergleiche z. *(etw. miteinander vergleichen);* jmdn. zur Rechenschaft, zur Verantwortung z. *(für etw. verantwortlich machen).* ♦ **27.** ⟨im Präs. 2. Pers. auch zeuchst, 3. Pers. zeucht, Imperativ zeuch:⟩ Zeuch dein Schwert und erbarme dich! (Schiller, Räuber V, 2).

Zieh|har|mo|ni|ka, die: *einfachere Handharmonika.*

Zieh|kind, das (österr., sonst landsch.): *Pflegekind.*

Zieh|mut|ter, die: **1.** (österr., sonst landsch.) *Pflegemutter.* **2.** (seltener) *Mentorin.*

Zieh|sohn, der: **1.** (österr., sonst landsch.) *Pflegesohn.* **2.** *Protegé.*

Zieh|toch|ter, die: **1.** (österr., sonst landsch.) *Pflegetochter.* **2.** *weiblicher Protegé.*

Zie|hung, die; -, -en: *das Ziehen einzelner Lose zur Ermittlung der Gewinner (bei einer Lotterie):* die Z. der Lottozahlen.

Zie|hungs|recht, das ⟨meist Pl.⟩ [engl. drawing right] (Finanzw.): *den Mitgliedsländern des Internationalen Währungsfonds zustehendes Recht, sich bei Zahlungsbilanzschwierigkeiten benötigte ausländische Währungen beim Internationalen Währungsfond zu beschaffen.*

Zieh|va|ter, der: **1.** (österr., sonst landsch.) *Pflegevater.* **2.** *Mentor* (a): er war ihr journalistischer Z.

Ziel, das; -[e]s, -e [mhd., ahd. zil, viell. verw. mit ↑ Zeit u. eigtl. = Eingeteiltes, Abgemessenes]: **1. a)** *Punkt, Ort, bis zu dem jmd. kommen will, den jmd. erreichen will:* das Z. einer Reise; [endlich] am Z. [angelangt] sein; mit unbekanntem Z. abreisen; [kurz] vor dem Z. umkehren; Ü auf diesem Wege kommen wir nie zum Z. *(so erreichen wir nichts, nie etwas);* **b)** *(Sport) Ende einer Wettkampfstrecke (das durch eine Linie, durch Pfosten o. Ä. markiert ist):* [als Erster] das Z. erreichen; als Letzter durchs Z. gehen, ins Z. kommen. **2.** *etw., was beim Schießen, Werfen o. Ä. anvisiert wird, getroffen werden soll:* bewegliche -e; ein Z. treffen, verfehlen; am Z. vorbeischießen; das Z. dient als Z.; * **[weit] über das Z. [hinaus]schießen** (ugs.; *die Grenze des Vernünftigen, Zulässigen [weit] überschreiten;* nach dem Bild des Schützen, der das Ziel nicht trifft, weil er den Bogen zu stark gespannt hat [sich zu sehr bemüht hat] u. der Pfeil weit über das Ziel hinausfliegt). **3.** *etw., worauf jmds. Handeln, Tun o. Ä. ganz bewusst gerichtet ist, was jmd. als sinn u. Zweck, angestrebtes Ergebnis seines Handelns, Tuns zu erreichen sucht:* erklärtes Z. [unserer Bemühungen]; es ist das Beste auf dem Markt zu sein; die politischen -e einer Regierung; weit gesteckte, kühne -e verfolgen; ein [klares] Z. vor Augen haben; sein Z. im Auge behalten; sich ein Z. setzen, stecken; ein bestimmtes Z. ins Auge fassen; diese Aktion führte nicht zum Z.; jmdn. für seine -e einspannen, missbrauchen; sich etw. zum Z. setzen; Alle meine Gefühle, meine Sehnsucht, meine Wünsche hatten auf einmal ein Z. (Roth, Beichte 50). **4.** (Kaufmannsspr. veraltend) *Zahlungsfrist, -ziel; Termin:* das Z. der Zahlung ist 30 Tage.

Ziel-: **1.** drückt in Bildungen mit Substantiven aus, dass etw. der Ort, Punkt ist, den man als letzten erreichen will: Zielflughafen. **2.** kennzeichnet in Bildungen mit Substantiven etw. als das, was erreicht werden soll, was angestrebt wird: Zielwert. **3.** kennzeichnet in Bildungen mit Substantiven jmdn. oder etw. als Person od. Sache, auf die alle Bestrebungen gerichtet sind, die angesprochen werden sollen: Zielpublikum.

Ziel|an|spra|che, die (Militär): Ansprache (2).
Ziel|bahn|hof, der: Bahnhof, in dem eine Zugverbindung endet.
Ziel|band, das ⟨Pl. ...bänder⟩ (Leichtathletik): über der Ziellinie gespanntes [weißes] Band.
ziel|be|wusst ⟨Adj.⟩: genau wissend, was erreicht werden soll, u. entsprechend handelnd; entschlossen, unbeirrbar im Verfolgen eines [selbst] gesetzten Zieles: jmd. ist sehr z.; z. handeln; z. auf etw. zusteuern.
Ziel|be|wusst|heit, die: zielbewusste Art.
zie|len ⟨sw. V.; hat⟩ [mhd. zil(e)n, ahd. zilēn, zilōn]: **1.** (etw., womit jmd. schießen, werfen o. ä. will) genau auf ein bestimmtes Ziel (2) richten: gut, genau, scharf z.; über Kimme und Korn z.; auf die Scheibe, [mit der Steinschleuder] auf Spatzen z.; [mit dem Revolver] auf, nach jmdm. z.; ein gut gezielter Schuss, Wurf. **2. a)** sich auf jmdn., etw. beziehen; sich gegen jmdn., etw. richten: er zielte mit seiner Kritik auf den Minister, auf soziale Missstände; **b)** etw. Bestimmtes zum Ziel (3) haben, einen bestimmten Zweck verfolgen: der Plan zielt auf eine schnelle Lösung.
zie|lend ⟨Adj.⟩ (Sprachwiss.): transitiv: -e Verben; nicht -e (intransitive) Verben.
Ziel|er|rei|chung, die: das Erreichen eines od. mehrerer Ziele: Prämien bei Z.; konkrete Pläne zur Z.
Ziel|fahn|dung, die (Kriminologie): gezielte Fahndung, die sich auf eine bestimmte verdächtige Person konzentriert.
Ziel|fern|rohr, das: bes. auf dem Lauf von Gewehren zu befestigendes Fernrohr [mit Fadenkreuz], das auch über größere Entfernungen genaues Zielen ermöglicht.
Ziel|flug|ge|rät, das: Peilgerät für Flugzeuge.
Ziel|flug|ha|fen, der: vgl. Zielbahnhof.
Ziel|fo|to, das, schweiz. auch: die (Sport): mit einer im Ziel (1 b) installierten Kamera aufgenommenes Foto, auf dem die genaue Reihenfolge der einlaufenden Wettkämpfer[innen] festgehalten ist.
ziel|füh|rend ⟨Adj.⟩: zum Ziel führend; erfolgreich, Erfolg versprechend; sinnvoll: -e Gespräche, Verhandlungen; Was den Jugendlichen abging und zu einer -en Gemeinschaftsaktion in diesem Jugendzentrum fehlte, das waren ... (Brandstetter, Alteneh-rung 66).
Ziel|ge|biet, das (Militär): Gebiet, Fläche als Ziel militärischer Angriffe.
ziel|ge|nau ⟨Adj.⟩: **a)** genau, exakt das Ziel treffend: -e Waffen; **b)** (Werbespr.) genau, exakt: eine -e Kfz-Lenkung.
Ziel|ge|ra|de, die (Sport): gerade Strecke einer Lauf-, Rennbahn kurz vor dem Ziel: als Erster die Z. erreichen, in die Z. einlaufen.
ziel|ge|rich|tet ⟨Adj.⟩: an einem klaren Ziel orientiert; etw. z. betreiben.
Ziel|grö|ße, die: vgl. Zielvorgabe.
Ziel|grup|pe, die: Gruppe von Personen (mit vergleichbaren Merkmalen), die gezielt auf etw. angesprochen, mit etw. erreicht (3) werden soll: -n der Werbung.
ziel|grup|pen|ge|recht ⟨Adj.⟩ (Werbespr.): passend, geeignet für eine bestimmte Zielgruppe: -e Werbung, Dienstleistungen; der Trend zur -en Präsentation; ein Produkt z. verkaufen.
Ziel|ha|fen, der: vgl. Zielbahnhof.
Ziel|ka|me|ra, die (Sport): im Ziel (1 b) installierte Kamera, mit der ein Zielfoto aufgenommen wird.
Ziel|kon|flikt, der: Konflikt, der entsteht, wenn zwei Ziele gesetzt werden, deren gleichzeitige, volle Erfüllung sich ausschließt.
Ziel|kur|ve, die (Sport): Kurve, die vor der Zielgeraden liegt.
Ziel|land, das ⟨Pl. ...länder⟩: Land (5 a), das das Ziel (1 a) einer Reise, Flucht o. Ä. darstellt: Japan als bedeutendstes Z. in Asien.
Ziel|lan|dung, die: Landung in einem markierten Feld.
Ziel|li|nie, die (Sport): über eine Lauf-, Rennbahn gezogene Linie, die das Ziel (1 b) markiert.
Ziel|loch, das (Golf): Loch, in das der Ball gebracht werden muss.
ziel|los ⟨Adj.⟩ [urspr. = endlos]: kein festes, erkennbares Ziel erkennen lassend; nicht [genau] wissend, wohin es gehen soll: z. durch die Straßen irren.
Ziel|lo|sig|keit, die; -: das Ziellossein.
Ziel|mar|ke, die: **1.** Markierung an einer Zielvorrichtung, die beim Zielen optisch in eine Linie mit dem Ziel gebracht wird. **2.** [in Zahlen ausgedrückte] Zielvorgabe.
Ziel|markt, der (Wirtsch.): Markt (3 b), den zu erschließen angestrebtes Ziel ist.
ziel|ori|en|tiert ⟨Adj.⟩: zielgerichtet: -es Handeln.
Ziel|ort, der: Ort, bis zu dem jmd. kommen will, den jmd. erreichen will.
Ziel|per|son, die: **1.** (Kriminologie) Person als Ziel einer polizeilichen Beobachtung, Überwachung, Fahndung o. Ä. **2.** (Wirtsch.) einzelne Person einer Zielgruppe.
Ziel|pu|bli|kum, das (bes. österr., schweiz.): Zielgruppe.
Ziel|punkt, der: Punkt, Stelle, auf die jmd. zielt.
Ziel|rich|ter, der (Sport): Kampfrichter, der (bes. bei Wettbewerben im Laufen) die Reihenfolge der Platzierung im Ziel ermittelt.
Ziel|rich|te|rin, die: w. Form zu ↑ Zielrichter.
Ziel|rich|tung, die: Ausrichtung auf ein bestimmtes Ziel hin.
Ziel|schei|be, die: Schießscheibe: auf eine Z., nach einer Z. schießen; Ü er war Z. des Spottes der Kollegen.
Ziel|set|zung, die: Festsetzung, Bestimmung dessen, was erreicht werden soll; Plan; Vorhaben; Absicht: eine klare, realistische Z.
ziel|si|cher ⟨Adj.⟩: **a)** das Zielen, Treffen sicher beherrschend: ein -er Schütze; z. sein; **b)** genau das Ziel vor Augen habend: mit -en Schritten auf jmdn. zugehen.
Ziel|si|cher|heit, die; -, -en ⟨Pl. selten⟩: **a)** das Zielsichersein (a); **b)** zielsichere Art.
Ziel|spra|che, die (Sprachwiss.): **1.** Sprache, in die übersetzt wird. **2.** Sprache, die Nichtmuttersprachler[inne]n zu vermitteln ist, von ihnen zu erlernen ist.
ziel|stre|big ⟨Adj.⟩: **1.** unbeirrt seinem Ziel zustrebend: z. etw. verfolgen. **2.** immer auf ein festes Ziel hinarbeitend, es nicht aus den Augen verlierend: sie ist eine -e, sehr -e Frau.
Ziel|stre|big|keit, die; -, -en: **1.** ⟨o. Pl.⟩ das Zielstrebigsein. **2.** Entwicklung, Streben auf ein Ziel hin.
Ziel|ver|ein|ba|rung, die: Vereinbarung, in der ein konkretes Ziel od. in der konkrete Ziele festgelegt sind.
Ziel|vor|ga|be, die: Vorgabe (3), die zu erreichen angestrebtes Ziel ist: die Z. der vereinbarten Fristen erreichen, verschärfen; sich immer weiter von der Z. entfernen.
Ziel|vor|rich|tung, die: Vorrichtung zum Zielen.
Ziel|vor|stel|lung, die: Vorstellung (2 a), auf die jmds. Handeln, Tun o. Ä. ganz bewusst gerichtet ist, die jmd. in die Tat umzusetzen trachtet; Ziel (3).
Ziel|was|ser, das ⟨Pl. ...wässer⟩ [scherzh. Bez. für den Schnaps, der früher beim Preisschießen als Anregungsmittel ausgeschenkt wurde] (scherzh.): alkoholhaltiges Getränk (das zum vermeintlich besseren Zielen vom Schützen getrunken wird): * kein Z. getrunken haben (ugs.; nicht treffen: der Mittelstürmer, der Schützenkönig hatte an diesem Tag kein Z. getrunken).
zie|men ⟨sw. V.; hat⟩ [mhd. zemen, ahd. zeman, viell. verw. mit ↑ Zimmer u. eigtl. = sich fügen, passen] (geh. veraltend): **1.** ⟨z. + sich⟩ sich gehören (5), sich geziemen (2): es ziemt sich nicht, den Gesprächen anderer heimlich zu lauschen. **2.** passend, angemessen sein; geziemen (1): dieser Platz ziemt dir nicht; es ziemt ihm nicht zu klagen.
Zie|mer, der; -s, - [mhd. zim(b)ere, H. u.]: **1.** (bes. Jägerspr.) Rückenstück [vom Wild]. **2.** Kurzf. von ↑ Ochsenziemer.
¹ziem|lich ⟨Adj.⟩: **1.** [im 15./16. Jh. aus ¹ziemlich (2) entwickelt] (ugs.) (in Ausmaß, Menge o. Ä.) nicht gerade gering; beträchtlich: eine -e Menge; das ist eine -e Frechheit; ich habe ¹ziemlich (so gut wie sicher) wissen. **2.** [mhd. zimelich, ahd. zimilīh = schicklich, gebührend, geziemend, angemessen, zu ↑ ziemen u. urspr. = was sich ziemt] (geh. veraltend) schicklich: ein -es Benehmen.
²ziem|lich ⟨Adv.⟩: **1.** in verhältnismäßig hohem, großem, reichlichem o. ä. Maße: es ist z. kalt; ich kenne ihn z. gut; du kommst z. spät. **2.** (ugs.) annähernd, fast; ungefähr: ich bin mit der Arbeit z. fertig; alles verlief z. nach Wunsch.
zie|pen ⟨sw. V.; hat⟩ [lautm.] (landsch., bes. nordd.): **1.** einen hohen, feinen pfeifenden Ton hören lassen: der Kanarienvogel ziepte aufgeregt. **2. a)** jmdn. an der Haut, den Haaren ziehen: er ziepte sie an ihren Locken; **b)** kurz u. stechend schmerzen: das Einstechen hat ein bisschen geziept; ⟨auch unpers.:⟩ es ziepte ihr im Kreuz.
Zier, die; - [mhd. ziere, ahd. ziarī = Schönheit, Pracht, Schmuck, zu mhd. ziere, ahd. ziari = glänzend, herrlich, prächtig] (veraltend): Zierde.
Zie|rat: frühere Schreibung für ↑ Zierrat.
Zier|band, das ⟨Pl. ...bänder⟩: zierendes, als Verzierung dienendes Band.
Zier|de, die; -, -n [mhd. zierde, ahd. zierida]: etw., was etw. ziert, schmückt; Verzierung (b): z. B. Blumen auf den Tisch stellen; Ü sie ist die Z. des Turnvereins; der Dom ist eine Z. für die Stadt; seine Bescheidenheit gereicht ihm zur Z.; Stets schreibt sie in stilsetzendem Stil, überaprt. Benutzt Schmuckformen, die verunstalten, versieht das herzlich Schlichte mit philiströser Z. (Strauß, Niemand 58).
zie|ren ⟨sw. V.; hat⟩ [mhd. zieren, ahd. ziarōn]: **1. a)** (geh.) mit etw. schmücken (a): ein Zimmer mit Bildern, Blumen z.; ihre Hände waren mit Ringen geziert; **b)** bei jmdm., etw. als Zierde vorhanden sein; schmücken (b): eine Goldbrosche zierte ihr Kleid. **2.** ⟨z. + sich⟩ (abwertend) mit gekünstelter Zurückhaltung, Schüchternheit o. Ä. etw. [zunächst] ablehnen, was man eigentlich gern tun, haben möchte: sich beim Essen z.; zier dich nicht so!; er nannte die Dinge beim Namen, ohne sich zu z. (ohne Umschweife).
Zie|re|rei, die; -, -en (abwertend): [dauerndes] Sichzieren.
Zier|fisch, der: in Aquarien u. Teichen bes. wegen seiner Schönheit gehaltener Fisch.
Zier|gar|ten, der: Garten, in dem (im Gegensatz zum Nutzgarten) lediglich Zierpflanzen angepflanzt sind.

Zier|ge|gen|stand, der: *Zierstück.*
Zier|gie|bel, der (Archit.): *bes. dekorativ ausgestalteter Giebel.*
Zier|glas, das ⟨Pl. ...gläser⟩: *bes. schönes, zur Zierde hergestelltes* ¹*Glas* (2).
Zier|gras, das: *als Zierpflanze gezogene Grasart.*
Zier|kir|sche, die: *als Zierpflanze gezogener, schön blühender Kirschbaum.*
Zier|leis|te, die: **1.** *Leiste* (1) *als Verzierung.* **2.** (Druckw.) *dekorativ ausgestaltete Linie, ornamentierter Streifen zur Verzierung einer Buchseite.*
zier|lich ⟨Adj.⟩ [mhd. zierlich = strahlend, prächtig]: *(auf anmutige, ansprechende Weise) klein u. fein [gestaltet]; graziös:* -e Hände; ein -es Sesselchen; eine -e Handschrift; sie ist sehr z.
Zier|lich|keit, die; -, -en ⟨Pl. selten⟩: *das Zierlichsein; zierliche Beschaffenheit.*
Zier|na|del, die: *[längliches] Schmuckstück zum Anstecken.*
Zier|naht, die (Handarb.): *verzierte, als Verzierung dienende Naht.*
Zier|pflan|ze, die: *zur Zierde gezogene od. gehaltene Pflanze.*
Zier|pup|pe, die (veraltend abwertend): *Mädchen, junge Frau, die übertriebenen Wert auf ihr Äußeres legt, immer herausgeputzt aussieht.*
Zier|rat [...a:t], der; -[e]s, -e [mhd. zierôt, zu: ziere (↑ Zier) mit dem Suffix -ôt, heute als Zus. mit ↑ Rat (vgl. Hausrat) empfunden] (geh.): *Verzierung* (b): die Knöpfe sind bloßer Z.; die Fassaden sind reich an -en.
Zier|schrift, die: *dekorativ ausgestaltete Schrift.*
Zier|stich, der (Handarb.): *als Verzierung dienender, z. B. farblich abgesetzter od. dekorativ ausgestalteter Stich.*
Zier|strauch, der: vgl. Zierpflanze.
Zier|strei|fen, der: *Streifen* (1 a, c) *als Verzierung.*
Zier|stück, das (veraltend): *als Schmuck* (1 a), *zur Zierde von etw. dienender Gegenstand.*
Zier|vo|gel, der: *in Volieren od. Käfigen bes. wegen seiner Schönheit gehaltener Vogel.*
Zie|sel, der, österr. meist: das; -s, - [mhd. zisel, wohl aus tschech. sysel]: *(in den Steppen Osteuropas u. Nordamerikas heimisches) in Erdhöhlen lebendes Nagetier mit graubraunem Fell, rundlichem Kopf, kleinen Ohren u. großen Backentaschen.*
Ziest, der; -[e]s, -e [aus dem Slaw., obersorb. čist, eigtl. = Reinigungskraut, nach der blutreinigenden Wirkung]: *Pflanze mit ganzrandigen od. gezähnten Blättern u. kleinen, rötlichen, gelben od. weißen Blüten, die als Heilpflanze verwendet wird.*
Ziff. = Ziffer.
Zif|fer, die; -, -n [spätmhd. zifer = Ziffer; Null < afrz. cifre < mlat. cifra < arab. ṣifr = Null (zu: ṣafira = leer sein), Lehnübertragung von altind. śūnya-m = Null, Leere; zur Bedeutungsentwicklung: als im Ital. das Wort nulla = Nichts an die Stelle von cifra = Null trat, übernahm cifra die Aufgabe von figura, das bisher »Zahlzeichen« bedeutet hatte; entsprechend verlor im Deutschen das Wort »Ziffer« mit der Übernahme von ital. nulla (↑ ¹Null) die Bed. »Null« u. nahm die heute übliche Bed. »Zahlzeichen«]: **1.** *schriftliches Zeichen, das für eine Zahl steht; Zahlzeichen, Chiffre* (1): arabische, römische -n; eine Zahl mit drei -n. **2.** *mit einer Ziffer* (1) *gekennzeichneter Unterabschnitt in einem Gesetzes-, Vertragstext:* Paragraph 8 Z. 4 des Gesetzes.
Zif|fer|blatt, das: *Scheibe (als Teil der Analoguhr), auf der die Stunden [in Ziffern] markiert sind u. auf der sich der Zeiger dreht.*
-zif|fe|rig: ↑ -ziffrig.

Zif|fern|schrift, (seltener:) **Zif|fer|schrift,** die: *Geheimschrift, bei der Buchstaben, Silben o. Ä. durch Ziffern wiedergegeben werden.*

-ziff|rig, (seltener:) -zifferig: in Zusb., z. B. vierziffrig (mit Ziffer: 4-ziffrig; *aus vier Ziffern bestehend*).

zig ⟨unbest. Zahlwort⟩ [mhd. -zec, ahd. -zig, -zug, Endung der Zehnerzahlen von 20 bis 90, zu ↑ zehn u. eigtl. = Zehner, Zehnheit] (ugs.): *steht anstelle einer nicht genau bekannten, aber als sehr hoch angesehenen Zahl:* z. Leute; ich kenne sie schon z. Jahre; mit z. Sachen in die Kurve gehen.
Zi|ga|rett|chen, das; -s, - (fam.): *Zigarette:* lasst uns schnell noch ein Z. rauchen.
Zi|ga|ret|te, die; -, -n [frz. cigarette, eigtl. = kleine Zigarre, Vkl. von: cigare < span. cigarro, ↑ Zigarre]: *zum Rauchen* (2a), *etwa fingerlange dünne, mit fein geschnittenem Tabak gefüllte Hülse aus dünnem Papier:* selbst gedrehte -n; -n mit, ohne Filter; eine Packung, Schachtel, Stange -n; eine Z. rauchen; sich eine Z. drehen, anstecken, anzünden; an der Z. ziehen.
Zi|ga|ret|ten|an|zün|der, der: *am Armaturenbrett des Autos angebrachte Vorrichtung mit einer kleinen Heizspirale, die auf Knopfdruck zu glühen beginnt u. an der Zigaretten angesteckt werden können.*
Zi|ga|ret|ten|asche, die: *Asche von Zigaretten.*
Zi|ga|ret|ten|au|to|mat, der: *Automat* (1 a), *an dem Zigaretten gezogen werden können.*
Zi|ga|ret|ten|etui, das: *Etui für Zigaretten.*
Zi|ga|ret|ten|fa|b|rik, die: *Fabrik, in der Zigaretten hergestellt werden.*
Zi|ga|ret|ten|hül|se, die: *aus dünnem Papier bestehende Hülse* (1) *der Zigarette.*
Zi|ga|ret|ten|kip|pe, die: ¹*Kippe.*
Zi|ga|ret|ten|län|ge, die (ugs.): *Zeit, die zum Rauchen einer Zigarette benötigt wird:* sie kam noch auf Z. herüber; ... die Tram wendete im Kreis, der Fahrer stieg für eine Z. aus (Härtling, Hubert 192).
Zi|ga|ret|ten|pa|ckung, die: vgl. Zigarettenschachtel.
Zi|ga|ret|ten|pa|pier, das: *dünnes Papier, in das der Tabak der Zigarette gepresst wird.*
Zi|ga|ret|ten|pau|se, die (ugs.): *kurze Pause, in der eine Zigarette geraucht werden kann.*
Zi|ga|ret|ten|qualm, der: *durch das Rauchen von Zigaretten entstehender Qualm.*
Zi|ga|ret|ten|rauch, der: *durch das Rauchen von Zigaretten entstehender Rauch.*
Zi|ga|ret|ten|rau|cher, der: *jmd., der vorwiegend, regelmäßig Zigaretten raucht.*
Zi|ga|ret|ten|rau|che|rin, die: w. Form zu ↑ Zigarettenraucher.
Zi|ga|ret|ten|schach|tel, die: *Schachtel zum Abpacken u. Aufbewahren von Zigaretten.*
Zi|ga|ret|ten|schmug|gel, der: *Schmuggel von Zigaretten.*
Zi|ga|ret|ten|spit|ze, die: *sich verjüngendes Röhrchen, in dessen breiteres Ende die Zigarette [mit dem Mundstück] zum Rauchen gesteckt wird.*
Zi|ga|ret|ten|stum|mel, der: *Stummel einer gerauchten Zigarette.*
Zi|ga|ril|lo [auch: ...'riljo], der, auch: das; -s, -s, ugs. auch: -s [span. cigarillo, Vkl. von: cigarro, ↑ Zigarre]: *kleinere, dünne Zigarre.*
Zi|gar|re, die; -, -n [älter Cigarr < span. cigarro, H. u.]: **1.** *zum Rauchen* (2 a) *dienende dickere, an beiden Enden sich leicht verjüngende Rolle aus fest zusammengedrücktem, grob geschnittenem od. gerissenem Tabak, der mit einem entsprechend vorbereiteten Tabakblatt od. einer aus*

gemahlenem Tabak hergestellten Hülle umschlossen ist: eine leichte, milde, schwere, starke, dunkle, helle Z.; die Z. zieht nicht; die [Spitze einer] Z. abschneiden, abbeißen. **2.** [H. u.] (ugs.) *grobe Zurechtweisung, Rüffel:* eine Z. bekommen; der Chef hat ihm eine Z. verpasst.
Zi|gar|ren|ab|schnei|der, der: *Gerät zum Abschneiden der Zigarrenspitze.*
Zi|gar|ren|asche, die: vgl. Zigarettenasche.
Zi|gar|ren|fa|b|rik, die: vgl. Zigarettenfabrik.
Zi|gar|ren|kis|te, die: *kleinerer Kasten aus dünnem Holz zum Verpacken u. Aufbewahren von Zigarren.*
Zi|gar|ren|rauch, der: vgl. Zigarettenrauch.
Zi|gar|ren|rau|cher, der: *jmd., der vorwiegend, regelmäßig Zigarren raucht.*
Zi|gar|ren|rau|che|rin, die: w. Form zu ↑ Zigarrenraucher.
Zi|gar|ren|spit|ze, die: **1.** *spitz zulaufendes Ende der Zigarre.* **2.** vgl. Zigarettenspitze.
Zi|gar|ren|stum|mel, der: *Stummel einer gerauchten Zigarre.*
Zi|gar|ren|ta|bak, der: *Rauchtabak für Zigarren.*
Zi|ger, der; -s, - (schweiz.): *Zieger.*
Zi|geu|ner, der; -s, - [spätmhd. ze-, zigîner, H. u.]: **1.** *Angehörige[r] des Volkes der Sinti und Roma.* **2.** (ugs., meist abwertend) *jmd., der ein unstetes Leben führt.*

Die Bezeichnung Zigeuner, Zigeunerin wird vom Zentralrat Deutscher Sinti und Roma als diskriminierend abgelehnt. Die gesamte Volksgruppe wird demnach als *Sinti und Roma* bezeichnet; die Bezeichnungen im Singular lauten *Sinto* bzw. *Sintiza* (für im deutschsprachigen Raum lebende) und *Rom* bzw. *Romni* (für im europäischen Raum lebende Angehörige der Volksgruppe). Auch in der zweiten, übertragenen Bedeutung gilt die Verwendung der Bezeichnung inzwischen als diskriminierend.

Dagegen sind Zusammensetzungen mit *Zigeuner* als Bestimmungswort vereinzelt noch üblich; so verwendete die Sprachwissenschaft bis in die jüngere Zeit die ausdrücklich nicht diskriminierend gemeinte Bezeichnung *Zigeunersprache,* um die gesamte Sprachfamilie zu erfassen. Für die gelegentlich kritisierte Bezeichnung *Zigeunerschnitzel* existiert bisher keine Ausweichform.

Zi|geu|ne|rin, die; -, -nen: w. Form zu ↑ Zigeuner.
Zi|geu|ner|ka|pel|le, die: *aus Zigeunern* (1) *bestehende [Zigeunermusik spielende] Kapelle.*
Zi|geu|ner|le|ben, das (meist abwertend): *unstetes, ungebundenes Wanderleben.*
Zi|geu|ner|mu|sik, die: *Musik der Sinti u. Roma.*
zi|geu|nern ⟨sw. V.⟩: **1.** (ugs.) (abwertend veraltend) *unstet umherziehen, vagabundieren* (2): er ist durch die halbe Welt gezigeunert. **2.** ⟨hat⟩ (seltener, meist abwertend, veraltend) *ein Zigeunerleben führen.*
Zi|geu|ner|pri|mas, der: *Primas* (2).
Zi|geu|ner|schnit|zel, das (Kochkunst): *unpaniertes Kalbs- od. Schweineschnitzel in einer Soße mit in Streifen geschnittenen Paprikaschoten, Zwiebeln, Tomaten o. Ä.*
Zi|geu|ner|spra|che, die (veraltend) ⟨o. Pl.⟩ *Sprache der Sinti und Roma; Romani.*
zig|fach [geb. nach den Vervielfältigungszahlwörtern, zu ↑ zig] (ugs.): *vielfach* (1): die -e Menge; etw. z. vergrößern; ⟨subst.:⟩ die Waren haben sich um ein Zigfaches verteuert.
zig|hun|dert ⟨unbest. Zahlwort⟩ (ugs.): *viele Hundert:* z. Urlaubsgäste; ⟨subst.:⟩ vor Zighunderten von Jahren.
zig|mal ⟨Adv.⟩ (ugs.): *viele Male, oft:* ich habe ihn schon z. darum gebeten.
zigst... (geb. nach den Ordinalzahlen) (ugs.): *steht anstelle einer nicht genau bekannten, aber als*

sehr hoch angesehenen Zahl: das ist heute schon der zigste Anruf.

zig|tau|send ⟨unbest. Zahlwort⟩ (ugs.): *viele Tausend: z. Jahre liegt das zurück;* ⟨subst.:⟩ *Zigtausende nahmen an der Friedensdemonstration teil.*

Zi|ka|de, die; -, -n [lat. cicada, aus einer Mittelmeersprache]: *kleines, der Grille ähnliches Insekt, bei dem die männlichen Tiere laute, zirpende Töne hervorbringen.*

zi|li|ar ⟨Adj.⟩ [zu lat. cilium, ↑ Zilie] (Med.): *an den Wimpern befindlich, sie betreffend.*

Zi|li|ar|kör|per, der (Med.): *aus feinen Fasern bestehender, die Linse des Auges ringförmig umgebender Abschnitt der gefäßreichen, mittleren Hautschicht des Auges.*

Zi|li|a|te, die; -, -n: *Wimpertierchen.*

Zi|lie, die; -, -n [lat. cilium = Augenlid, Wimper] (Med.): *feines Haar* (z. B. Augenwimper).

Zill|me|rung, die; - [nach dem Mathematiker August Zillmer (1831–1893)] (Versicherungsw.): *mathematisches Verfahren zur Berechnung des Versicherungsbeitrags einer Lebensversicherung o. Ä., das die anfängliche Tilgung der Vertragsabschlusskosten durch die Beitragszahlungen berücksichtigt.*

Zilp|zalp, der; -s, -s [lautm. nach dem mit »zilpzalp« wiederzugebenden Ruf des Vogels]: *zu den Laubsängern gehörender grauolivgrüner Singvogel mit gelbweißer Bauchseite.*

Zim|bab|we: engl. u. schweiz. Schreibung für ↑ Simbabwe.

Zim|bal, Zymbal, das; -s, -e u. -s [(älter ung. cimbale, poln. cymbały <) lat. cymbalum, Zimbel (1)]: *bes. in der osteuropäischen Volksmusik gespieltes, auf vier Füßen stehendes Hackbrett* (2).

Zim|bel, die; -, -n: **1.** [mhd. zimbel; ahd. cymba < lat. cymbalum < griech. kýmbalon, Vkl. von: kýmbos = Hohlgefäß, Schüssel, Becken] *kleines Becken* (2 d): *Es war ein lästiges Stück, die Weihnachtsgeschichte in Musik gesetzt, mit Pauken, Trompeten und -n, lauter unschönen Instrumenten, die keines der Kinder ernsthaft beherrschte* (Hoppe, Paradiese 48). **2.** *Orgelregister von heller, silberner Klangfarbe.*

Zim|ber, Kimber, der; -s, -n: *Angehöriger eines germanischen Volksstammes.*

zim|b|risch, kimbrisch ⟨Adj.⟩: *die Zimbern betreffend, zu ihnen gehörend, von ihnen stammend.*

Zi|me|lie, die; -, -n, **Zi|me|li|um**, das; -s, ...ien [mlat. cimelium < griech. keimélion = Schatz] (bildungsspr. veraltend): *wertvolles Stück, Kleinod (in einer kirchlichen Schatzkammer, in einer Bibliothek).*

Zi|mier, das; -s, -e [mhd. zimier < (a)frz. cimier, zu: cime = Spitze, Gipfel < lat. cyma < griech. kỹma = Sproß]: *Helmschmuck.*

Zim|mer, das; -s, - [mhd. zimber, ahd. zimbar = Bau(holz), Bedeutungsentwicklung über »(Holz)gebäude«]: **1.** *(für den Aufenthalt von Menschen bestimmter) einzelner Raum* (1) *in einer Wohnung od. in einem Haus: ein großes, kleines, geräumiges, helles, freundliches Z.;* (in Annoncen o. Ä.:) *Z. frei, Z. zu vermieten; ein Z. mit Balkon, mit fließendem Wasser, mit fließend warm[em] und kalt[em] Wasser; das Z. betreten, verlassen, aufräumen, heizen, lüften; ein [möbliertes] Z. mieten; ein Z.* (Hotelzimmer) *reservieren; sich das Frühstück aufs Z.* (Hotelzimmer) *bringen lassen; auf sein Z., in sein Z. gehen.* **2.** *Kurzf. von* ↑ *Zimmereinrichtung: das neue Z. war sehr teuer.*

Zim|mer|an|ten|ne, die: *Antenne, die im Zimmer aufgestellt od. angebracht wird.*

Zim|mer|ara|lie, die: *(in Japan heimische) als Strauch wachsende, immergrüne Pflanze mit ledrigen, gelappten, glänzenden Blättern, in Dolden stehenden weißen Blüten u. schwarzen Beerenfrüchten.*

Zim|mer|ar|beit, die: *von einem Zimmermann, von Zimmerleuten ausgeführte Arbeit.*

Zim|mer|brand, der: *Brand in einem Zimmer.*

Zim|mer|de|cke, die: *Decke* (3) *eines Zimmers* (1).

Zim|mer|ecke, die: *Ecke* (2 a) *eines Zimmers* (1).

Zim|me|rei, die; -, -en: **1.** *Zimmerwerkstatt.* **2.** ⟨o. Pl.⟩ (ugs.) *Zimmerhandwerk.*

Zim|mer|ein|rich|tung, die: *Einrichtung eines Zimmers* (1).

Zim|me|rer, der; -s, -: *Zimmermann.*

Zim|me|rer|ar|beit, die: *Zimmerarbeit.*

Zim|me|rer|hand|werk, das: *Zimmerhandwerk.*

Zim|me|rer|meis|ter, der: *Zimmermeister.*

Zim|me|rer|meis|te|rin, die: w. Form zu ↑ Zimmerermeister.

Zim|me|rer|werk|statt, die: *Zimmerwerkstatt.*

Zim|mer|fens|ter, das: *Fenster eines Zimmers* (1).

Zim|mer|flucht, die ⟨Pl. -en⟩: ²*Flucht* (2).

Zim|mer|ge|nos|se, der: *jmd., der dasselbe Zimmer bewohnt.*

Zim|mer|ge|nos|sin, die: w. Form zu ↑ Zimmergenosse.

Zim|mer|hand|werk, das: *Handwerk des Zimmermanns.*

Zim|mer|herr, der (veraltend): *Untermieter.*

Zim|me|rin, die; -, -nen: **1.** w. Form zu ↑ Zimmerer. **2.** (westösterr.) *Zimmermädchen.*

Zim|mer|kell|ner, der: *Kellner, der im Hotel in den Zimmern* (1) *bedient.*

Zim|mer|kell|ne|rin, die: w. Form zu ↑ Zimmerkellner.

Zim|mer|laut|stär|ke, die: *gedämpfte Lautstärke, bei der etw. nicht außerhalb des Zimmers* (1), *der Wohnung gehört werden kann: das Radiogerät auf Z. einstellen.*

Zim|mer|lin|de, die: *(zu den Linden gehörende) Pflanze mit großen, herzförmigen, behaarten Blättern u. weißen, in Dolden stehenden Blüten mit gelbbraunen Staubfäden.*

Zim|mer|mäd|chen, das: *Angestellte in einem Hotel o. Ä., die die Zimmer* (1) *sauber macht u. in Ordnung hält.*

Zim|mer|mann, der ⟨Pl. ...leute⟩ [mhd. zimberman, ahd. zimbarman]: *Handwerker, der den Bauten die Teile aus Holz* (bes. der Dachstuhl) *herstellt:* * **jmdm. zeigen, wo der Z. das Loch gelassen hat** (ugs.): *jmdn. auffordern, den Raum zu verlassen).*

Zim|mer|manns|blei|stift, der: *(von Zimmerleuten zum Anzeichnen der Holzteile benutzter) dicker Bleistift mit starker Mine.*

Zim|mer|manns|bock, der: *hellbrauner Bockkäfer mit feiner, grauer Behaarung u. langen Fühlern, dessen Larve unter der Rinde von Kiefern lebt.*

Zim|mer|manns|stift, der: *Zimmermannsbleistift.*

Zim|mer|manns|tracht, die: *Tracht der Zimmerleute aus schwarzem Manchester mit weiten Hosen u. Schlapphut.*

Zim|mer|meis|ter, der: *Meister im Zimmerhandwerk.*

Zim|mer|meis|te|rin, die: w. Form zu ↑ Zimmermeister.

zim|mern ⟨sw. V.; hat⟩ [mhd. zimbern, ahd. zimb(e)rōn]: **a)** *aus Holz bauen, herstellen: einen Tisch z.; eine grob gezimmerte Bank;* Ü *sich ein neues Leben z.;* **b)** *an einer Konstruktion aus Holz arbeiten: an einem Regal z.*

Zim|mer|nach|bar, der: *jmd., der das Zimmer* (1) *nebenan bewohnt, innehat.*

Zim|mer|nach|ba|rin, die: w. Form zu ↑ Zimmernachbar.

Zim|mer|num|mer, die: *(bes. in Hotels, Krankenhäusern o. Ä. übliche) Nummer des Zimmers* (1).

Zim|mer|pflan|ze, die: *Zierpflanze, die in Wohnräumen gehalten wird.*

Zim|mer|preis, der: *Preis für die Übernachtung in einem Hotelzimmer.*

Zim|mer|schlüs|sel, der: *(bes. in Hotels) Schlüssel für ein Zimmer* (1).

Zim|mer|ser|vice [...sə:vɪs], der, auch: das: ²*Service* (1 a) *durch Zimmermädchen, Zimmerkellner.*

Zim|mer|stun|de, die (österr., schweiz.): *Ruhestunde des Hotelpersonals.*

Zim|mer|su|che, die: *Suche nach einem Zimmer* (1) *zur Untermiete.*

Zim|mer|tan|ne, die: *Araukarie, die als Zimmerpflanze gehalten wird.*

Zim|mer|tem|pe|ra|tur, die: **a)** *in einem Zimmer* (1) *herrschende Temperatur;* **b)** *normale, mittlere Temperatur, die gewöhnlich für das Bewohnen eines Zimmers* (1) *als ausreichend empfunden wird: etw. bei Z. aufbewahren.*

Zim|mer|the|a|ter, das: **1.** *kleines [privates] Theater mit nur wenigen Plätzen.* **2.** *Ensemble eines Zimmertheaters* (1).

Zim|mer|ther|mo|me|ter, das, österr., schweiz. auch: der: *Thermometer zum Messen der Zimmertemperatur* (a).

Zim|mer|tür, die: *Tür eines Zimmers* (1).

Zim|mer|wand, die: *Wand eines Zimmers* (1).

Zim|mer|werk|statt, die: *Werkstatt eines Zimmermanns.*

Zim|mer|wirt, der: *Zimmervermieter.*

Zim|mer|wir|tin, die: w. Form zu ↑ Zimmerwirt.

Zim|met, der; -s (veraltet): *Zimt* (1).

zim|per|lich ⟨Adj.⟩ [zu älter mundartl. gleichbed. zimper, H. u.] (abwertend): **1. a)** *übertrieben empfindlich* (1): *ein -es Kind; sei nicht so z., es tut doch gar nicht weh;* **b)** ⟨meist verneint⟩ *rücksichtsvoll, feinfühlig, zurückhaltend: er ist nicht [gerade] z., wenn es um die Durchsetzung seiner Interessen geht.* **2.** *[auf gezierte Weise] prüde, übertrieben schamhaft.*

Zim|per|lich|keit, die; -, -en ⟨Pl. selten⟩ (abwertend): *das Zimperlichsein.*

Zimt, der; -[e]s, ⟨Sorten:⟩ -e [spätmhd. zimet, mhd. zinemīn, zinment < lat. cinnamum < griech. kínnamon, kinnámōmon, aus dem Semit.]: **1.** *Gewürz aus der getrockneten Rinde des Zimtbaumes, das zum Würzen von Süßspeisen, Glühwein o. Ä. verwendet wird: Milchreis mit Z. und Zucker.* **2.** (ugs. abwertend) *etw., was für dumm, unsinnig, wertlos gehalten wird, was jmdm. lästig o. ä. ist: rede nicht solchen Z.!; warum wirfst du den alten Z. nicht weg?*

Zimt|baum, der: *(auf Sri Lanka heimischer) immergrüner Baum, aus dessen Rinde Zimt* (1) *gewonnen wird.*

zimt|far|ben, zimt|far|big ⟨Adj.⟩: *eine blasse gelblich rotbraune Farbe aufweisend.*

Zimt|stan|ge, die: *zu einer dünnen Stange gerollte u. als Gewürz verwendete getrocknete Rinde des Zimtbaumes.*

Zimt|stern, der: *mit Zimt gewürztes, sternförmiges Kleingebäck (das bes. zu Weihnachten gebacken wird).*

Zimt|zi|cke, Zimt|zie|ge, die [zu ↑ Zimt (2)] (salopp abwertend): *Zicke* (2) *(auch als Schimpfwort).*

Zin|del|taft, der [mhd. zindel, zindāl < mlat. cendalum = dünner Seidenstoff, H. u.]: *Futterstoff aus Leinen od. Baumwolle.*

zin|ga|re|se: ↑ alla zingarese.

Zin|gu|lum, das; -s, -s u. ...la [lat. cingulum = Gürtel, zu: cingere = (um)gürten]: **a)** *(meist weißes) Band zum Schürzen der* ¹*Albe;* **b)** *breite, von katholischen Geistlichen zum Talar od. zur*

Soutane um die Taille getragene Binde (deren Farbe dem Rang des Trägers entspricht).

¹**Zink,** das; -[e]s [zu ↑ Zinke; das Destillat des Metalls setzt sich in Form von Zinken (= Zacken) an den Wänden des Schmelzofens ab]: *bläulich weiß glänzendes Metall, das – gewalzt od. gezogen bzw. in Legierungen – als Werk- u. Baustoff vielfach verwendet wird* (chemisches Element; Zeichen: Zn).

²**Zink,** der; -[e]s, -en [wohl zu ↑ Zinke]: *(vom Mittelalter bis ins 18. Jh. gebräuchliches) meist aus mit Leder überzogenem Holz gefertigtes Blasinstrument in Form eines [geraden] konischen Rohrs mit Grifflöchern u. Mundstück.*

Zink|blech, das: *Blech aus* ¹*Zink.*

Zink|blen|de, die (Mineral.): *metallisch glänzendes, honiggelbes, rotes, grünes od. braunschwarzes Mineral.*

Zink|chlo|rid, das ⟨o. Pl.⟩: *Verbindung aus* ¹*Zink u. Chlor.*

Zink|druck, der ⟨Pl. -e⟩: **a)** ⟨o. Pl.⟩ *Flachdruck* (1)*, bei dem eine Platte aus* ¹*Zink als Druckform verwendet wird;* **b)** *durch Zinkdruck* (a) *hergestelltes Erzeugnis.*

Zin|ke, die; -, -n: **1.** [mhd. zinke, ahd. zinko, wohl zu mhd. zint = Zahn, Zacke, also eigtl. = Zahn] *einzelnes spitzes hervorstehendes Teil, Zacke einer Gabel, eines Kammes o. Ä.:* einige -n des Kammes waren abgebrochen; er ist in die -n des Rechens getreten. **2.** (Holzverarb.) *(zur Verbindung dienender) trapezförmig vorspringender Teil an einem Brett, Kantholz o. Ä., der in eine entsprechende Ausarbeitung an einem anderen Brett, Kantholz o. Ä. passt.*

¹**zin|ken** ⟨sw. V.; hat⟩ [zu ↑ Zinken (1)] (Jargon): **1.** *Spielkarten in betrügerischer Absicht auf der Rückseite unauffällig markieren:* Buben, Asse z.; mit gezinkten Karten spielen. **2.** *etw. verraten* (1 a): die Sache kam heraus, einer hatte gezinkt.

²**zin|ken** ⟨Adj.⟩: *aus* ¹*Zink bestehend:* eine -e Wanne.

Zin|ken, der; -s, -: **1.** [aus der Gaunerspr., wohl urspr. zu ↑ Zinke in der Bed. »Zweig (der als Zeichen am Weg aufgesteckt wird)«] (Gaunerspr.) *geheimes [Schrift]zeichen (von Landstreichern o. Ä.):* an der Tür hatten Landstreicher Z. angebracht. **2.** [zu ↑ Zinke, nach der Form] (ugs. scherzh.) *auffallend große, unförmige Nase.*

Zin|ker, der; -s, - [zu ↑ ¹zinken] (Jargon): **1.** *jmd., der Spielkarten zinkt.* **2.** *jmd., der* ¹*zinkt* (2)*; Spitzel.*

Zin|ke|rin, die; -, -nen: w. Form zu ↑ Zinker.

-**zin|kig:** in Zusb., z. B. dreizinkig *(drei Zinken habend).*

Zin|kit [auch: ...'kɪt], der; -s, -e [zu ↑ ¹Zink] (Mineral.): *rotes, durchscheinendes Mineral.*

Zink|leim|ver|band, der (Med.): *mit einer beim Erkalten fest, aber nicht hart werdenden Zinksalbe versteifter Verband.*

Zin|ko, das; -s, -s: Kurzf. von ↑ Zinkografie.

Zin|ko|gra|fie, Zin|ko|gra|phie, die; -, -n [zu ↑ ¹Zink u. ↑ -grafie] (Druckw.): *Zinkdruck.*

Zink|oxid, Zink|oxyd, das: *Zink-Sauerstoff-Verbindung.*

Zink|plat|te, die: *Platte* (1) *aus* ¹*Zink.*

Zink|sal|be, die (Med.): *Zinkoxid enthaltende, desinfizierende u. adstringierende Salbe.*

Zink|salz, das: *durch Verbindung von* ¹*Zink mit einer Säure entstandenes Salz.*

Zink|sarg, der: *zum Transportieren von Toten verwendetes Behältnis aus Zinkblech.*

Zink|spat, der; -[e]s, -e u. Zinkspäte (Mineral.): *Galmei.*

Zink|sul|fat, das (Chemie): *Zinksalz der Schwefelsäure.*

Zink|wan|ne, die: *Wanne aus Zinkblech.*

Zink|weiß, das: *weiße Farbe aus Zinkoxid.*

Zinn, das; -[e]s [mhd., ahd. zin, H. u., viell. verw. mit ↑ Zain (das Metall wurde in Stabform gegossen) u. eigtl. = Stab(förmiges)]: **1.** *sehr weiches, dehnbares, silberweiß glänzendes Schwermetall* (chemisches Element; Zeichen: Sn; vgl. Stannum). **2.** *Gegenstände, bes. Geschirr aus Zinn* (1): altes Z. sammeln.

Zinn|be|cher, der: *Becher aus Zinn.*

Zin|ne, die; -, -n [mhd. zinne, ahd. zinna, verw. mit ↑ Zinke, eigtl. = Zahn, Zacke]: **1.** *(im Mittelalter als Deckung für die Verteidiger dienender) in einer Reihe mit anderen auf Wehrmauern sitzender, meist quaderförmig emporragender Teil der Mauerkrone, neben dem sich die Schießscharte befindet:* die -n der Burg. **2.** (schweiz.) *Dachterrasse.*

zin|nen, zin|nern ⟨Adj.⟩ [mhd., ahd. zinīn]: *aus Zinn bestehend:* -es Geschirr.

Zinn|fi|gur, die: *aus Zinn gegossene Figur* (2).

Zinn|ge|schirr, das: vgl. Zinnbecher.

Zinn|gie|ßer, der: *Handwerker, der erhitztes Zinn in Formen gießt u. nach dem Guss bearbeitet* (Berufsbez.).

Zinn|gie|ße|rei, die: *Gießerei, in der Zinn gegossen wird.*

Zinn|gie|ße|rin, die: w. Form zu ↑ Zinngießer.

Zin|nie, die; -, -n [nach dem dt. Arzt u. Botaniker J. G. Zinn (1727–1759)]: *(zu den Korbblütlern gehörende) Pflanze mit breiten, vorn spitz zulaufenden behaarten Blättern, die direkt an dem kräftigen Stängel sitzen, u. meist gefüllten weißen, gelben od. roten bis violetten Blüten.*

Zinn|kraut, das ⟨o. Pl.⟩ (volkstüml.): *Ackerschachtelhalm.*

Zinn|krug, der: vgl. Zinnbecher.

Zinn|le|gie|rung, die: *Legierung von Zinn mit einem anderen Metall, mit anderen Metallen.*

Zin|no|ber, der; -s, - [mhd. zinober < afrz. cenobre < lat. cinnabari(s) < griech. kinnábari(s)]: **1.** (Mineral.) *[rotes, schwarzes od. bleigraues, Quecksilber enthaltendes Mineral.* **2.** ⟨o. Pl.; österr.: das; -s⟩ **a)** *leuchtend gelblich rote Farbe* (1 c); **b)** *leuchtend gelblich roter Farbton.* **3.** ⟨o. Pl.⟩ [H. u.] (salopp abwertend) **a)** *wertloses Zeug:* wirf doch den ganzen Z. weg!; **b)** *Unsinn, dummes Zeug:* rede nicht solchen Z.

zin|no|ber|rot ⟨Adj.⟩: *einen leuchtend gelblich roten Farbton aufweisend.*

Zinn|schal|le, die: vgl. Zinnbecher.

Zinn|sol|dat, der: *kleine, einen Soldaten darstellende Zinnfigur (als Kinderspielzeug).*

Zinn|tel|ler, der: vgl. Zinnbecher.

Zinn|wal|dit [auch: ...'dɪt], der; -s [nach dem Ort Zinnwald im Erzgebirge]: *perlmutten glänzendes, violett, grau, gelblich od. braun gefärbtes Mineral.*

Zins, der; -es, -en u. -e [mhd. zins = Abgabe, Tribut, (Pacht-, Miet)zins; (nach Prozenten berechneter) Betrag für die Überlassung von Kapital, ahd. zins = Abgabe, Tribut, (Pacht-, Miet)zins < lat. census, ↑ Zensus]: **1.** ⟨Pl. -en; meist Pl.⟩ *(nach Prozenten berechneter) Betrag, den jmd. von der Bank für seine Einlagen* (8) *erhält od. den er für zeitweilig geliehenes Geld bezahlen muss:* hohe, niedrige, 4 % -en; die sind gefallen, gestiegen; die Wertpapiere tragen, bringen -en; *jmdm. etw. mit -en/mit Z. und Zinseszins zurückzahlen (sich gehörig an jmdm. rächen);* ◆ am Z. (landsch.) *[von einer Geldsumme] auf der Bank liegend* in Zinsen bringend: ... denn er hatte keine Kinder, wohl aber einen bezahlten Hof und hunderttausend Schweizer Franken am Z. (Gotthelf, Spinne 23]). **2.** ⟨Pl. -e⟩ (landsch., bes. südd., österr., schweiz.) ¹*Miete* (1). **3.** ⟨Pl. -e⟩ Kurzf. von ↑ Grundzins:

... man ... verpachtete ihnen wohl auch zu billigem Z. ein Stückchen Land (Zuckmayer, Fastnachtsbeichte 202).

Zins|ab|schlag, der (Fachspr.), **Zins|ab|schlags|steu|er,** (Steuerw.:) **Zins|ab|schlag|steu|er,** die: *Steuer, die auf Einkünfte (Zinsen) aus Kapitalvermögen* (a) *erhoben wird.*

Zins|angst, die (Finanzw.): *Angst vor Zinsanstieg.*

Zins|an|stieg, der (Finanzw.): *Anstieg der Zinsen.*

Zins|bau|er, der; -n (selten: -s), -n: *(im MA.) zinspflichtiger Bauer.*

Zins|bin|dung, die (Finanzw.): *Festschreibung der Zinsen für einen bestimmten Zeitraum.*

Zins|ein|nah|me, die ⟨meist Pl.⟩: *aus Zinsen bestehende Einnahme.*

zin|sen ⟨sw. V.; hat⟩ [mhd., ahd. zinsen] (schweiz., sonst veraltet): *Abgaben, Zins* (3) *zahlen.*

Zin|sen|dienst, der (Wirtschaftsjargon): *Verpflichtung, Zinsen* (1) *zu zahlen.*

Zin|sen|last, die: Zinslast, *die finanzielle Belastung durch das Zahlen von Zinsen* (1).

zin|sen|los ⟨Adj.⟩ (bes. österr.): *zinslos.*

Zins|ent|schei|dung, die (Wirtsch.): *die Zinsen betreffende Entscheidung.*

Zins|er|hö|hung, die: *Erhöhung der Zinsen* (1).

Zins|er|trag, der: vgl. Zinseinnahme.

Zin|ses|zins, der; -es, -en ⟨meist Pl.⟩: *Zins von Zinsen* (1)*, die – wenn sie fällig werden – nicht ausgezahlt, sondern dem Kapital hinzugefügt werden.*

Zin|ses|zins|rech|nung, die (Wirtsch.): *Berechnung des sich bei der Verzinsung eines Kapitals ergebenden Endkapitals unter Berücksichtigung der Zinseszinsen.*

zins|frei ⟨Adj.⟩: **1.** *zinslos:* das vorgestreckte Geld z. abstottern. **2.** (österr.) *mietfrei.*

Zins|fuß, der ⟨Pl. ...füße⟩: *in Prozent ausgedrückte Höhe der Zinsen.*

Zins|gro|schen, der (früher): *(im MA.) Grundzins in Form von Geld.*

zins|güns|tig ⟨Adj.⟩ (Bankw.): **a)** *(von Darlehen o. Ä.) günstig im Hinblick auf die zu zahlenden Zinsen* (1): ein -er Kredit; **b)** *(von Sparverträgen, Wertpapieren o. Ä.) günstig im Hinblick auf die Zinsen* (1)*, die jmd. erhält:* sie hat ihr Vermögen z. angelegt.

Zins|haus, das (bes. südd., österr.): *Mietshaus:* ... er war der Sohn eines reichen, längst verstorbenen Vaters, der ihm eine Reihe stattlicher Zinshäuser und andere Liegenschaften hinterlassen hatte (Fallada, Trinker 102).

Zins|herr, der: *Grundherr.*

Zins|herr|schaft, die ⟨o. Pl.⟩: *Grundherrschaft.*

Zins|last: ↑ Zinsenlast.

Zins|leu|te ⟨Pl.⟩: *Zinsbauern.*

zins|los ⟨Adj.⟩: *nicht verzinslich:* jmdm. ein -es Darlehen gewähren.

Zins|ni|veau, das (Wirtsch.): *Höhe der Zinsen* (1): das hohe, niedrige Z.; das Z. hängt zumeist von der erwarteten Inflation ab.

Zins|pflicht, die: **1.** (Geschichte) *(im MA.) Pflicht des Zinsbauern, dem Zinsherrn Grundzins zu entrichten.* **2.** *Pflicht, für etw. Zinsen zu zahlen.*

zins|pflich|tig ⟨Adj.⟩: **1.** *(im MA.) verpflichtet, an den Zinsherrn Grundzins zu entrichten.*

Zins|po|li|tik, die: *Gesamtheit der Maßnahmen der Zentralbank zur Beeinflussung des Geldumlaufs u. der Kreditgewährung mithilfe des Zinssatzes.*

Zins|rech|nung, die: *Berechnung der Zinsen* (1).

Zins|satz, der: *Zinsfuß.*

Zins|schein, der (Börsenw.): *(bei festverzinslichen Wertpapieren) Urkunde über den Anspruch auf Zinsen* (1).

Zins|schwan|kung, die: *Schwankung der Zinsen* (1).

Zins|sen|kung, die: *Senkung der Zinsen* (1).

Zins|span|ne, die (Bankw.): *Unterschied zwischen*

den für Kredite zu zahlenden Zinsen (1) u. denen, die jmd. für Einlagen (8 a) erhält.

Zins|ter|min, der (Bankw.): Termin, zu dem Zinsen (1) fällig werden.

Zins|über|schuss, der (Wirtsch.): Saldo, der sich ergibt aus dem Gewinn, den ein Unternehmen aus Zinsen erzielt, u. aus Zinsen, die es selbst auf Fremdkapital zu zahlen hat.

zins|va|ri|a|bel ⟨Adj.⟩ (Bankw.): *(von Anleihen o. Ä.) variabel im Hinblick auf die Zinsen* (1).

zins|ver|bil|ligt ⟨Adj.⟩: vgl. zinsgünstig (a).

Zins|wu|cher, der: *Forderung eines Zinssatzes, der weit über dem marktüblichen liegt.*

Zins|zahl, die: *nach einer bestimmten Formel berechnete Zahl, mit der die Zinsrechnung erstellt wird* (Abk.: Zz.)

Zins|zah|lung, die: **1.** *Zahlung* (1) *von Zinsen.* **2.** *für Zinsen aufgewendete Zahlung* (2).

Zi|o|nis|mus, der; - [zu Zion, im A. T. einer der Hügel Jerusalems, den David eroberte (2. Sam. 5, 6 ff.)]: **a)** *(Ende des 19. Jh.s entstandene) jüdische Bewegung, die das Ziel hat, einen selbstständigen Nationalstaat für Juden in Palästina zu schaffen;* **b)** *(partei)politische Strömung im heutigen Israel u. innerhalb des Judentums* (1) *in aller Welt, die eine Stärkung u. Vergrößerung des Staates Israel befürwortet u. zu erreichen sucht.*

Zi|o|nist, der; -en, -en: *Vertreter, Anhänger des Zionismus.*

Zi|o|nis|tin, die; -, -nen: w. Form zu ↑ Zionist.

zi|o|nis|tisch ⟨Adj.⟩: *den Zionismus betreffend.*

Zi|o|nit, der; -en, -en [zu: Zion, ↑ Zionismus]: *Angehöriger einer schwärmerischen christlichen Sekte des 18. Jh.s.*

Zi|o|ni|tin, die; -, -nen: w. Form zu ↑ Zionit.

Zip|da|tei [auch: 'zɪp...], die; -, -en [nach engl. zip file, zu: to zip = (mit dem Reißverschluss) schließen u. ↑ file = Datei] (EDV): *Datei, in der mehrere Einzeldateien komprimiert zusammengefasst sind: virusanfällige -en.*

¹Zipf, der; -[e]s [südd., md. Nebenf. von ↑ Pips] (landsch.): *Pips.*

²Zipf, der; -[e]s, -e [mhd. zipf, verw. mit ↑ Zapfen, ↑ Zopf]: **1.** (bayr., österr.) *Zipfel.* **2.** (österr. abwertend) *jmd., der als langweilig gilt.*

Zip|fel, der; -s, - [spätmhd. zipfel, zu mhd. zipf, ↑ ²Zipf]: **1.** *spitz od. schmal zulaufendes Ende bes. eines Tuchs, eines Kleidungsstücks o. Ä.:* die Z. des Tischtuchs, der Schürze, des Kissens; ein Z. *(kleines Endstück)* von der Wurst ist noch übrig; Ü der Ort liegt am äußersten Z. des Sees. **2.** (fam.) *Penis.*

Zip|fel|chen, das; -s, -: Vkl. zu ↑ Zipfel.

zip|fe|lig, zipflig ⟨Adj.⟩: *(in unerwünschter Weise) Zipfel habend:* ein -er Saum; der Mantel ist z. (hat einen zipfeligen Saum).

Zip|fel|müt|ze, die: *Wollmütze, die in einen langen, herunterhängenden Zipfel ausläuft.*

zip|feln ⟨sw. V.; hat⟩ (ugs.): *einen zipfeligen Saum haben:* der Rock zipfelt.

zipf|lig: ↑ zipfelig.

Zi|pol|le, die; -, -n [mhd. zibolle, ↑ Zwiebel] (landsch.): *Zwiebel* (1 c).

Zipp®, der; -s, -s [zu engl. to zip, ↑ zippen] (österr.): *Reißverschluss.*

Zipp|dros|sel, die [lautm.] (landsch.): *Singdrossel.*

zip|pen [auch: 'zɪp...] ⟨sw. V.; hat⟩ [engl. to zip, eigtl. = (mit dem Reißverschluss) schließen] (EDV): *Dateien zu einer Zipdatei komprimieren:* sie verschickte die Recherchergebnisse gezippt per E-Mail.

Zip|pen: Pl. von ↑ Zippus.

Zip|per, der; -s, - [engl. zipper, zu: zip = Reißverschluss] (salopp): *Reißverschluss.*

Zip|per|lein, das; -s, - [spätmhd. zipperlin, zu mhd. zipfen = trippeln, eigtl. spottend für den

Gang des Erkrankten] (ugs. scherzh.): **1.** *Gicht.* **2.** *Gebrechen, Wehwehchen:* er hat immer irgendein Z.

Zip|pus, der; -, Zippi u. Zippen [lat. cippus]: *antiker Gedenk-, Grenzstein.*

Zir|be (österr. nur so), **Zir|bel,** die; -, -n [wohl zu mhd. zirben, ahd. zerben = drehen, in Bezug auf die Form des Zapfens]: *Zirbelkiefer.*

Zir|bel|drü|se, die [zu Zirbel = Zapfen der Zirbelkiefer; nach der Form]: *am oberen Abschnitt des Zwischenhirns liegende Drüse; Epiphyse* (1).

Zir|bel|holz, das: *Holz der Zirbelkiefer* (a).

Zir|bel|kie|fer, die: **a)** *(im Hochgebirge wachsende) Kiefer mit essbaren Samen u. wertvollem Holz;* **b)** *Zirbelholz.*

Zir|bel|nuss, die: *essbarer Samen der Zirbelkiefer* (a).

Zir|co|ni|um: ↑ Zirkonium.

zir|ka: ↑ circa.

Zir|ka|auf|trag, der (Börsenw.): *Auftrag zum Ankauf von Wertpapieren, bei dem der Kommissionär* (a) *vom Kurs um ein Geringes abweichen kann.*

Zir|kel, der; -s, - [mhd. zirkel, ahd. circil < lat. circinus = Zirkel, wohl unter Einfluss von: circulus = Kreis(linie), zu: circus, ↑ Zirkus]: **1.** *Gerät zum Zeichnen von Kreisen, Abgreifen von Maßen o. Ä., das aus zwei beweglich miteinander verbundenen Schenkeln* (3) *besteht, von denen der eine am unteren Ende eine nadelförmige Spitze, der andere eine Bleistiftmine, eine Reißfeder o. Ä. hat:* mit dem Z. einen Kreis ziehen, schlagen. **2.** (seltener) *Kreis* (2), *Ring:* sie standen in einem Z. um das Feuer. **3.** [wohl unter Einfluss von frz. cercle < lat. circulus] *miteinander verbundene Gruppe von Personen mit gleichen Interessen od. persönlichen Beziehungen:* ein intellektueller, literarischer Z.; der engste Z. war versammelt. **4.** (Musik) Kurzf. von ↑ Quintenzirkel. **5.** (Wissensch.) Kurzf. von ↑ Zirkelschluss.

Zir|kel|be|weis, der (Wissensch.): *Zirkelschluss.*

Zir|kel|de|fi|ni|ti|on, die (Wissensch.): *Definition, die den Begriff, der definiert werden soll, in der Erklärung verwendet* (z. B. eine Kirsche ist eine Frucht eines Kirschbaums).

Zir|kel|kas|ten, der: *kleinerer, flacher, mit Filz o. Ä. ausgelegter Kasten zum Aufbewahren des Zirkels* (1).

zir|keln ⟨sw. V.; hat⟩: **1. a)** *(meist im 2. Part.) genau abmessen:* gezirkelte Gärten; **b)** (ugs.) *genau ausprobieren; tüfteln:* er musste lange z., bis er den Wagen in die Parklücke passte; **c)** (ugs.) *genau an eine bestimmte Stelle bringen, befördern:* der Spieler hat den Ball über die Mauer gezirkelt. **2.** (seltener) *kreisen:* Die Biene flog auf. Sie zirkelte einige Male um das Glas (Remarque, Triomphe 263).

Zir|kel|schluss, der [nach lat. probatio circularis, eigtl. = sich im Kreis drehender Beweis] (Wissensch.): *Beweisführung, in der das zu Beweisende bereits als Voraussetzung enthalten ist; Kreisschluss, Circulus vitiosus* (z. B.: Kaffee regt an, weil er eine anregende Wirkung hat).

Zir|kon, der; -s, -e [H. u.] (Mineral.): *Zirkonium enthaltendes, meist braunes od. braunrotes, durch Brennen blau werdendes Mineral, das als Schmuckstein verwendet wird.*

Zir|ko|nia, der; -[s], -[s] [zu ↑ Zirkonium]: *aus Zirkoniumoxid hergestelltes, meist farbloses Mineral, das bes. als Diamantersatzstein verwendet wird.*

Zir|ko|ni|um, (chem. fachspr.) Zirconium, das; -s [zu ↑ Zirkon; das Element wurde darin entdeckt]: *wie Stahl aussehendes, glänzendes, als säurebeständiger Werkstoff verwendetes Metall (chemisches Element; Zeichen: Zr).*

zir|ku|lar, zir|ku|lär [frz. circulaire < spätlat. cir-

cularis, zu lat. circulus, ↑ Zirkel] ⟨Adj.⟩ (meist Fachspr.): *kreisförmig.*

Zir|ku|lar, das; -s, -e [vgl. frz. lettre circulaire] (seltener): *Rundschreiben.*

Zir|ku|la|ti|on, die; -, -en: **1.** [lat. circu(m)latio, zu: circulatum, 2. Part. von: circumferre = im Kreis herumtragen] **a)** *das Zirkulieren; Umlauf:* die Z. des Geldes; die Z. der Luft; **b)** ⟨o. Pl.⟩ (marx.) *den gesamten Prozess des Warenaustauschs umfassender gesellschaftlicher Bereich;* **c)** ⟨o. Pl.⟩ (Med.) *Blutzirkulation, -kreislauf.* **2.** (Fechten) *Umgehung der gegnerischen Klinge mit kreisenden Bewegungen.*

Zir|ku|la|ti|ons|stö|rung, die (Med.): *Störung des Blutkreislaufs, der Zirkulation* (1 c).

zir|ku|lie|ren ⟨sw. V.; ist/(seltener:) hat⟩ [lat. circulare = im Kreis herumgehen, zu: circulus, ↑ Zirkel]: **a)** *in einer bestimmten Bahn kreisen:* die Luft zirkuliert im Raum; das im Körper zirkulierende Blut; **b)** *im Umlauf* (3) *sein, kursieren:* über sie zirkulieren allerlei Gerüchte; eine Fachzeitschrift z. lassen.

zir|kum-, Zir|kum- [lat. circum = um ... herum, zu: circus, ↑ Zirkus]: Best. in Zus. mit der Bed. *um ... herum* (z. B. Zirkumflex, Zirkumzision).

Zir|kum|flex, der; -[es], -e [spätlat. (accentus) circumflexus, ↑ Accent circonflexe] (Sprachwiss.): *[Dehnungs]zeichen, Akzent (ˆ od. ˜) bes. für lange Vokale od. Diphthonge.*

Zir|kum|zi|si|on, die; -, -en [spätlat. circumcisio = Beschneidung, zu lat. circumcidere = rings um-, ab-, beschneiden, zu: caedere (in Zus. -cidere) = schneiden, stutzen, abhauen, abschlagen] (Med.): **1.** *ringförmige Entfernung der Vorhaut des männlichen Gliedes.* **2.** *Entfernung der am Rand eines kreisförmigen Geschwürs liegenden Teile.*

Zir|kus, der; -[ses], -se: **1.** *(in der röm. Antike) lang gestreckte, an beiden Schmalseiten halbkreisförmig abgeschlossene, von stufenartig ansteigenden Sitzreihen umgebene Arena für Pferde- u. Wagenrennen, Gladiatorenkämpfe o. Ä.* **2.** [(unter Einfluss von engl. circus u. frz. cirque <) lat. circus (maximus) = Arena für Wettkämpfe, Spiele; Rennbahn, eigtl. = Kreis; Ring, < griech. kírkos = Ring] **a)** *Unternehmen, das meist in einem großen Zelt mit Manege Tierdressuren, Artistik, Clownerien u. Ä. darbietet:* der Z. kommt, gastiert in Köln, geht auf Tournee; Artist beim Z.; **b)** *Zelt od. Gebäude mit einer Manege u. stufenweise ansteigenden Sitzreihen, in dem Zirkusvorstellungen stattfinden:* der Z. füllte sich rasch; **c)** ⟨o. Pl.⟩ *Zirkusvorstellung:* der Z. beginnt um 20 Uhr; **d)** ⟨o. Pl.⟩ (ugs.) *Publikum einer Zirkusvorstellung:* der ganze Z. klatschte stürmisch Beifall. **3.** ⟨o. Pl.⟩ (ugs. abwertend) *großes Aufheben; Trubel, Wirbel:* das war vielleicht ein Z. heute in der Stadt!; mach nicht so einen Z.!

-zir|kus, der; -, -se: *drückt in Bildungen mit Substantiven aus, dass etw. in vielfältiger, bunter, abwechslungsreicher Weise auftritt, vorgeführt wird:* Leichtathletik-, Literatur-, Medienzirkus.

Zir|kus|bau, der ⟨Pl. -ten⟩: *für Zirkusvorstellungen bestimmter Bau.*

Zir|kus|clown, der: *im Zirkus* (2 a–c) *auftretender Clown.*

Zir|kus|clow|nin, die: w. Form zu ↑ Zirkusclown.

Zir|kus|di|rek|tor, der: *Direktor eines Zirkus* (2 a).

Zir|kus|di|rek|to|rin, die: w. Form zu ↑ Zirkusdirektor.

Zir|kus|kunst, die ⟨o. Pl.⟩: *im Zirkus* (2 a) *dargebotene Kunst* (z. B. Artistik, Akrobatik).
Zir|kus|künst|ler, der: *jmd., der Zirkuskunst darbietet.*
Zir|kus|künst|le|rin, die: w. Form zu ↑ Zirkuskünstler.
Zir|kus|kup|pel, die: *Kuppel eines Zirkusbaus, -zelts.*
Zir|kus|luft, die: *Atmosphäre in einem Zirkus* (2 a, b).
Zir|kus|ma|ne|ge, die: *Manege eines Zirkus* (2 a, b).
Zir|kus|num|mer, die: *Nummer* (2 a) *innerhalb einer Zirkusvorstellung.*
Zir|kus|pferd, das: *für Auftritte im Zirkus* (2 a–c) *auf bestimmte Kunststücke dressiertes Pferd:* Ü *sie ist ein altes Z.* (*jmd., der die Bühne, den Beifall des Publikums braucht, sich dem Publikum verpflichtet fühlt u. sich deswegen keine Ruhe, Pause gönnt, immer weiter auftritt*).
Zir|kus|rei|ter, der: *Reiter, der im Zirkus* (2 c) *akrobatische Kunststücke auf Pferden vorführt.*
Zir|kus|rei|te|rin, die: w. Form zu ↑ Zirkusreiter.
Zir|kus|vor|stel|lung, die: *Vorstellung eines Zirkus* (2 a).
Zir|kus|wa|gen, der: *Wohnwagen* (2) *der Zirkuskünstler.*
Zir|kus|zelt, das: *großes Zelt für Zirkusvorstellungen.*
zir|pen ⟨sw. V.; hat⟩ [lautm.]: *eine Folge von kurzen, feinen, hellen, leicht vibrierenden Tönen von sich geben:* die Grillen, Heimchen zirpen.
Zir|ren: Pl. von ↑ Zirrus.
Zir|rho|se, die; -, -n [frz. cirrhose, zu griech. kirrhós = gelb, orange; nach der Verfärbung der erkrankten Leber] (Med.): *auf eine Wucherung im Bindegewebe eines Organs* (z. B. der Leber) *folgende narbige Verhärtung u. Schrumpfung.*
Zir|ro|ku|mu|lus, der; -, ...li [zu ↑ Zirrus u. ↑ Kumulus] (Meteorol.): *meist mit anderen in Feldern auftretende, in Rippen od. Reihen angeordnete, kleine, flockige weiße Wolke in höheren Luftschichten.*
Zir|rus, der; -, - u. Zirren [lat. cirrus = Haarlocke; Franse] (Meteorol.): *Federwolke in höheren Luftschichten.*
Zir|rus|wol|ke, die (Meteorol.): *Zirrus.*
zir|zen|sisch ⟨Adj.⟩ [lat. circensis = zur Arena gehörig, zu: circus, ↑ Zirkus]: *den Zirkus* (1, 2) *betreffend, in ihm abgehalten:* -e *Darbietungen,* -e *Spiele* (*in der römischen Antike im Zirkus 1 abgehaltene Wagenrennen, Faust- u. Ringkämpfe o. Ä.*).
zis|al|pin, zis|al|pi|nisch ⟨Adj.⟩ [aus lat. cis = diesseits u. ↑ alpin(isch)]: *(von Rom aus gesehen) diesseits der Alpen; südlich der Alpen.*
Zi|sche|lei, die; -, -en (meist abwertend): *[dauerndes] Zischeln.*
zi|scheln ⟨sw. V.; hat⟩ [zu ↑ zischen]: a) *[in ärgerlichem Ton] zischend flüstern:* ein Pils z.; ** einen z.** (salopp; *ein alkoholisches Getränk, bes. ein Bier, trinken*).
Zisch|laut, der (Sprachwiss.): *Sibilant.*
Zi|se|leur [...'lø:ɐ̯], der; -s, -e [frz. ciseleur, zu: ciseler, ↑ ziselieren]: *jmd., der Ziselierarbeiten ausführt* (Berufsbez.).
Zi|se|leu|rin [...'lø:rɪn], die; -, -nen: w. Form zu ↑ Ziseleur.
Zi|se|lier|ar|beit, die: 1. ⟨o. Pl.⟩ *das Ziselieren.* 2. *mit Ziselierungen* (2) *verzierter Gegenstand.*
zi|se|lie|ren ⟨sw. V.; hat⟩ [frz. ciseler, zu: ciseau = Meißel, über das Vlat. zu lat. caesum (in Zus. -cisum), 2. Part. von: caedere, ↑ Zäsur]: *Figuren, Ornamente, Schrift mit Meißel, Punze o. Ä. [kunstvoll] in Metall einarbeiten:* Blumenmotive in Silber z.; ein Messer mit ziselierter Klinge.
Zi|se|lie|rer, der; -s, -: *Ziseleur.*
Zi|se|lie|re|rin, die; -, -nen: w. Form zu ↑ Ziselierer.
Zi|se|lie|rung, die; -, -en: 1. *das Ziselieren; das Ziseliertwerden.* 2. *ziselierte Schrift, Verzierung.*
Zis|la|weng, Cislaweng [viell. berlin. entstellt aus frz. ainsi cela vint = so ging das zu]: in der Fügung **mit einem Z.** (ugs.; *mit Schwung; mit einem besonderen Kniff, Dreh*).
Zis|ter|ne, die; -, -n [mhd. zisterne < lat. cisterna, zu: cista, ↑ Kiste]: 1. *unterirdischer, meist ausgemauerter Hohlraum zum Auffangen u. Speichern von Regenwasser.* 2. (Anat.) *Hohlraum in Organen od. Zellen.*
Zis|ter|zi|en|ser, der; -s, - [nach dem frz. Kloster Cîteaux, mlat. Cistercium]: *Angehöriger des Zisterzienserordens.*
Zis|ter|zi|en|se|rin, die; -, -nen: *Angehörige des weiblichen Zweiges der Zisterzienser.*
Zis|ter|zi|en|ser|klos|ter, das: *Kloster des Zisterzienserordens.*
Zis|ter|zi|en|ser|or|den, der ⟨o. Pl.⟩: *1098 von reformerischen Benediktinern gegründeter Orden* (1).
zis|ter|zi|en|sisch ⟨Adj.⟩: *die Zisterzienser u. Zisterzienserinnen, den Zisterzienserorden betreffend.*
Zist|ro|se, die; -, -n [1. Bestandteil lat. cisthos < griech. kíst(h)os = Zistrose]: *(bes. im Mittelmeergebiet verbreitete) immergrüne, als Strauch wachsende Pflanze mit behaarten Zweigen, oft ledrigen Blättern u. großen weißen, rosafarbenen od. roten, der Buschrose ähnlichen Blüten.*
Zi|ta|del|le, die; -, -n [unter Einfluss von frz. citadelle < ital. cittadella, eigtl. = kleine Stadt, Vkl. von altital. cittade = Stadt < lat. civitas, zu: civis = Bürger]: *selbstständiger, in sich geschlossener Teil einer Festung od. befestigten Stadt; Kernstück einer Festung.*
Zi|tat, das; -[e]s, -e [zu lat. citatum = das Angeführte, Erwähnte, subst. 2. Part. von: citare, ↑ zitieren]: a) *[als Beleg] wörtlich zitierte Textstelle:* ein längeres Z. aus der Rede des Präsidenten; ein. etw. belegen; **b)** *bekannter Ausspruch, geflügeltes Wort:* das ist ein [bekanntes] Z. aus Goethes »Faust«; klassische -e.
Zi|ta|ten|le|xi|kon, das: *Lexikon, in dem Zitate* (a, b) *gesammelt sind.*
Zi|ta|ten|schatz, der: 1. *Zitatenlexikon* (bes. als Buchtitel). 2. *Kenntnis vieler Zitate* (b): *einen reichen Z. haben.*
Zi|ther, die; -, -n [mhd. nicht belegt (dafür mhd. zítôl < afrz. citole), ahd. zitara < lat. cithara, ↑ Kithara]: *Zupfinstrument, bei dem die Saiten über einen flachen, länglichen Resonanzkörper mit einem Schallloch in der Mitte gespannt sind.*
zi|tier|bar ⟨Adj.⟩: *sich zitieren* (1) *lassend:* ein nicht -er Ausspruch; Natürlich gab es ... Männer, die ein kühnes und -es Wort gegen den Krieg riskiert haben (Grass, Butt 661).
zi|tie|ren ⟨sw. V.; hat⟩ [lat. citare = herbeirufen; vorladen; sich auf jmds. Zeugenaussage berufen, eigtl. = in Bewegung setzen od. halten, zu: ciere (2. Part.: citum) = in Bewegung setzen, antreiben; herbeirufen]: 1. *eine Stelle aus einem gesprochenen od. geschriebenen Text unter Berufung auf die Quelle wörtlich wiedergeben:* etw. falsch, ungenau z.; eine Stelle aus einem Buch z.; auswendig z.; aus der Bibel z.; ich kann ihre Ausführungen hier nur sinngemäß z.; seinen Chef z. (*das anführen, was dieser immer sagt*); ein oft zitierter Satz; Er legte Wert auf ihr Urteil, zitierte es manchmal im Seminar (Kronauer, Bogenschütze 127). 2. *jmdn. auffordern, irgendwohin zu kommen, um ihn für etw. zur Rechenschaft zu ziehen:* jmdn. zu sich, aufs Rathaus, vor den Ausschuss z.; der Diplomat wurde ins Kanzleramt zitiert.
Zi|tie|rung, die; -, -en: *das Zitieren* (1, 2); *das Zitiertwerden.*
Zi|t|rat, (fachspr.:) **Citrat,** das; -[e]s, -e (Chemie): *Salz der Zitronensäure.*
Zi|t|ro|nat, das; -[e]s, (Sorten:) -e [frz. citronnat < älter ital. citronata, zu: citrone, ↑ Zitrone]: *[zum Backen verwendete, in Würfel geschnittene] kandierte Schale der Zitronatzitrone.*
Zi|t|ro|nat|zi|t|ro|ne, die: *Zitrusfrucht mit sehr dicker, warzig-runzeliger Schale u. wenig Fruchtfleisch.*
Zi|t|ro|ne, die; -, -n [älter ital. citrone, zu lat. citrus = Zitronenbaum, Zitronatbaum]: a) *gelbe, länglich runde Zitrusfrucht mit saftigem, sauer schmeckendem Fruchtfleisch u. dicker Schale, die reich an Vitamin C ist:* eine Z. auspressen; heiße Z. (*heißes Getränk aus Zitronensaft [Zucker] u. Wasser*); ** mit -n gehandelt haben** (ugs.; *mit einer Unternehmung o. Ä. Pech gehabt, sich verkalkuliert haben;* viell. nach der Vorstellung, dass man beim Essen einer Zitrone wegen deren Säure das Gesicht in ähnlicher Weise verzieht wie bei einem Misserfolg); **jmdn. auspressen/ausquetschen wie eine Z.** (ugs.: *jmdn. in aufdringlicher Weise ausfragen; jmdm. viel Geld aus der Tasche ziehen*); **b)** *Kurzf. von* ↑ Zitronenbaum.
Zi|t|ro|nen|baum, der: *(in warmem Klima wachsender, zu den Zitruspflanzen gehörender) Baum mit großen, rosafarbenen bis weißen Blüten u. Zitronen als Früchten.*
Zi|t|ro|nen|creme, Zi|t|ro|nen|crème, die: *mit Zitronen[saft] zubereitete Creme* (2 a, b).
Zi|t|ro|nen|eis, das: *unter Verwendung von Zitronensaft od. entsprechenden Aromen hergestelltes Speiseeis.*
Zi|t|ro|nen|fal|ter, der: *Schmetterling mit (beim Männchen) leuchtend gelben u. (beim Weibchen) grünlich weißen Flügeln mit orangefarbenen Tupfen in der Mitte.*
zi|t|ro|nen|gelb ⟨Adj.⟩: *ein helles, leuchtendes Gelb aufweisend.*
Zi|t|ro|nen|gras, das [nach zitronenähnlichen Duft, den das Gras bei Zerreiben entfaltet]: *Pflanze, deren stark nach Zitrone duftende Blätter zum Würzen vorwiegend ostasiatischer Speisen verwendet werden.*
Zi|t|ro|nen|li|mo|na|de, die: *mit Zitronensaft hergestellte Limonade.*
Zi|t|ro|nen|me|lis|se, die: *Melisse.*
Zi|t|ro|nen|öl, das: *aus Zitronenschalen gewonnenes ätherisches Öl.*
Zi|t|ro|nen|pres|se, die: *zum Auspressen von*

Zitronen, Orangen o. Ä. verwendetes kleines Haushaltsgerät.
Zi|t|ro|nen|rol|le, die: *Biskuitrolle mit einer Füllung aus Zitronencreme.*
Zi|t|ro|nen|saft, der: *Saft (2 a) der Zitrone.*
zi|t|ro|nen|sau|er ⟨Adj.⟩ (Chemie): *Zitronensäure enthaltend:* zitronensaures Salz.
Zi|t|ro|nen|säu|re, die ⟨o. Pl.⟩ (Chemie): *in vielen Früchten enthaltene, in Wasser leicht lösliche, farblose Kristalle bildende Säure.*
Zi|t|ro|nen|scha|le, die: *Schale der Zitrone.*
Zi|t|ro|nen|schei|be, die: *einzelne, durch Querschnitte entstandene Scheibe einer Zitrone.*
Zi|t|ro|nen|was|ser, das ⟨o. Pl.⟩: *Getränk aus Zitronensaft, Zucker u. Wasser.*
Zi|t|rus|frucht, die: *Frucht einer Zitruspflanze mit meist dicker Schale u. sehr saftigem, aromatischem Fruchtfleisch (z. B. Apfelsine, Zitrone, Pampelmuse).*
Zi|t|rus|pflan|ze, die: *(in warmen Gebieten als Kulturpflanze angebauter) immergrüner Baum od. Strauch mit duftenden weißen od. rosa Blüten in Doldentrauben u. kugeligen bis eiförmigen Früchten.*
Zit|ter|aal, der: *(in Südamerika heimischer) dem Aal ähnlicher Fisch von brauner Färbung, der an den Schwanzflossen elektrische Organe besitzt u. seine Beute durch Stromstöße tötet.*
Zit|ter|gras, das: *Gras (1) mit kleinen Ähren an sehr dünnen Stielen, die schon bei ganz leichter Luftbewegung in eine zitternde Bewegung geraten.*
zit|te|rig: ↑ zittrig.
Zit|ter|läh|mung, die (veraltend): *Parkinsonkrankheit.*
zit|tern ⟨sw. V.; hat⟩ [mhd. zit(t)ern, ahd. zitterōn, H. u.]: **1. a)** *unwillkürliche, in ganz kurzen, schnell aufeinanderfolgenden Rucken erfolgende Hinundherbewegungen machen:* vor Kälte, Wut, Erregung z.; am ganzen Körper z.; ihre Hände zitterten/ihr zitterten die Hände; **b)** *sich in ganz kurzen, schnellen Schwingungen hin u. her bewegen; vibrieren:* bei der Explosion zitterten die Wände; die Nadel des Kompasses zitterte; Ü etw. mit zitternder *(brüchiger, rasch in der Tonhöhe wechselnder)* Stimme sagen. **2. a)** *vor jmdm., etw. große Angst haben:* er zittert vor der Prüfung; (auch o. Präpositional-Obj.:) während des Verhörs habe ich ganz schön gezittert; zitternd und bebend *(voller Furcht)* kam er angelaufen; Sie drehte zwei saubere Pirouetten und wagte den Grand Pas de Basque, vor dem selbst gefuchste Ballerinen zittern (Grass, Hundejahre 279); * ⟨subst.⟩ **mit Zittern und Zagen** *(voller Furcht);* **b)** *sich um jmdn., etw. große Sorgen machen:* um sein Vermögen z.; während ihrer Prüfung habe ich für sie gezittert.
Zit|ter|pap|pel, die: *zu den Pappeln gehörender hoher Baum mit eiförmigen od. kreisrunden Blättern, gelblich grauem Stamm u. kleiner Krone.*
Zit|ter|par|tie, die: vgl. Zitterspiel.
Zit|ter|ro|chen, der: *(in tropischen u. subtropischen Meeren heimischer) Rochen mit paarigen elektrischen Organen.*
Zit|ter|spiel, das (Sportjargon): *Spiel, dessen Ausgang bis zum Schluss ungewiss ist.*
zitt|rig, zitterig ⟨Adj.⟩: *[häufig] zitternd (1 a):* -e Finger, Hände; ein -er Greis; eine -e *(mit zittriger Hand geschriebene)* Schrift; sich z. *(schwach, unsicher auf den Beinen)* fühlen.
Zit|ze, die; -, -n [mhd. zitze, urspr. Lallwort der Kindersprache; vgl. Titte]: **a)** *Milch bildendes, paarig angeordnetes Organ bei weiblichen Säugetieren:* die Welpen sogen an den -n der Hündin; **b)** (derb) *[weibliche] Brust[warze].*

Zi|vi, der; -s, -s ⟨Jargon⟩: **1.** *Zivildienstleistender.* **2.** *Polizeibeamter in Zivil (1).*
zi|vil ⟨Adj.⟩ [wohl unter Einfluss von frz. civil < lat. civilis = bürgerlich, zu: civis = Bürger]: **1.** *nicht militärisch; bürgerlich* (1): *die -e Luftfahrt; Angriffe auf -e Ziele; im -en Leben ist er Maurer;* die *-e (nicht zum Militär gehörende) Bevölkerung;* -er Ersatzdienst *(früher; Zivildienst);* -e Kleidung *(Zivil)* tragen; die -e Ehe *(Zivilehe);* das -e Recht *(Zivilrecht);* -er Ungehorsam *(gegen eine als ungerecht empfundene Politik bzw. deren Gesetze gerichteter Widerstand, der in zwar gesetzwidrigen, aber gewaltlosen öffentlichen Handlungen besteht;* nach engl. civil disobedience). **2.** *anständig, annehmbar:* -e Bedingungen; das Lokal hat -e *(nicht zu hohe)* Preise; jmdn. z. behandeln; ganz z. aussehen.
Zi|vil, das; -s [nach frz. (tenue) civile]: **1.** *Zivilkleidung:* Z. tragen, anlegen; er kam in, war in Z.; ein Beamter in Z. **2.** (selten) *nicht zum Militär gehörender gesellschaftlicher Bereich, Teil der Bevölkerung:* bei Z. und Militär respektiert. **3.** (schweiz.) *Familienstand:* er musste vor Gericht sein Z. angeben.
Zi|vil|an|ge|stell|te ⟨vgl. Angestellte⟩: *Zivilbeschäftigte.*
Zi|vil|an|ge|stell|ter ⟨vgl. Angestellter⟩: *Zivilbeschäftigter.*
Zi|vil|be|ruf, der: *(von Soldaten) Beruf, den jmd. außerhalb seiner Militärzeit ausübt:* der Leutnant ist im Z. Arzt.
Zi|vil|be|schäf|tig|te ⟨vgl. Beschäftigte⟩: *weibliche Person, die beruflich bei den Streitkräften beschäftigt, aber nicht Mitglied der Streitkräfte ist.*
Zi|vil|be|schäf|tig|ter ⟨vgl. Beschäftigter⟩: *jmd., der beruflich bei den Streitkräften beschäftigt, aber nicht Mitglied der Streitkräfte ist.*
Zi|vil|be|völ|ke|rung, die: *nicht den Streitkräften angehörender Teil der Bevölkerung.*
Zi|vil|cou|ra|ge, die [gepr. 1864 von Bismarck]: *Mut, den jmd. beweist, indem er seine Meinung offen äußert u. sie ohne Rücksicht auf eventuelle Folgen in der Öffentlichkeit, gegenüber Obrigkeiten, Vorgesetzten o. Ä. vertritt.*
Zi|vil|die|ner, der (österr.): *Zivildienstleistender.*
Zi|vil|dienst, der ⟨Pl. selten⟩: *Dienst, den ein Kriegsdienstverweigerer anstelle des Wehrdienstes leistet.*
Zi|vil|dienst|be|auf|trag|te ⟨vgl. Beauftragte⟩: *Beauftragte des Arbeitsministeriums, die für den Zivildienst zuständig ist.*
Zi|vil|dienst|be|auf|trag|ter ⟨vgl. Beauftragter⟩: *Beauftragter des Arbeitsministeriums, der für den Zivildienst zuständig ist.*
Zi|vil|dienst|leis|ten|de, der: *Zivildienstleistende/ein Zivildienstleistender; des/eines Zivildienstleistenden, die Zivildienstleistenden/zwei Zivildienstleistende:* jmd., der Zivildienst leistet (Abk.: ZDL).
zi|vil|dienst|pflich|tig ⟨Adj.⟩ (Amtsspr.): *verpflichtet, Zivildienst zu leisten.*
Zi|vil|ehe, die (Rechtsspr.): *standesamtlich geschlossene Ehe.*
Zi|vil|fahn|der, der: *Beamter in Zivil, der polizeiliche Ermittlungen anstellt.*
Zi|vil|fahn|de|rin, die: w. Form zu ↑ Zivilfahnder.
Zi|vil|fahn|dung, die: *von Beamten in Zivil angestellte polizeiliche Ermittlungen.*
Zi|vil|flug|zeug, das: *Flugzeug, das nicht militärischen Zwecken dient.*
Zi|vil|ge|fan|ge|ne ⟨vgl. Gefangene⟩ (Völkerrecht): *im Krieg gefangen genommene Zivilistin.*
Zi|vil|ge|fan|ge|ner ⟨vgl. Gefangener⟩ (Völkerrecht): *im Krieg gefangen genommener Zivilist.*
Zi|vil|ge|richt, das: *für zivilrechtliche Fälle zuständiges Gericht.*
Zi|vil|ge|sell|schaft, die (Politik, Soziol.): *Gesell-*

schaftsform, die durch selbstständige, politisch u. sozial engagierte Bürger[innen] geprägt ist.
zi|vil|ge|sell|schaft|lich ⟨Adj.⟩ (Politik, Soziol.): *die Zivilgesellschaft betreffend, von ihr ausgehend, auf ihr beruhend.*
Zi|vil|ge|setz|buch, das (schweiz.): *Gesetzbuch des bürgerlichen Rechts* (Abk.: ZGB).
Zi|vi|li|sa|ti|on, die; -, -en [frz. civilisation, engl. civilization]: **1. a)** *Gesamtheit der durch den technischen u. wissenschaftlichen Fortschritt geschaffenen u. verbesserten sozialen u. materiellen Lebensbedingungen:* dieses Land hat eine hohe, niedrige Z.; die christliche Z. retten wollen; die Segnungen der Z.; die Expedition kehrte glücklich in die Z. *(in besiedeltes Gebiet)* zurück; **b)** *Zivilisierung.* **2.** ⟨o. Pl.⟩ (selten) *durch Erziehung, Bildung erworbene [verfeinerte] Lebensart:* ein gewisses Maß an Z. besitzen.
Zi|vi|li|sa|ti|ons|krank|heit, die ⟨meist Pl.⟩: *durch die mit der Zivilisation (1 a) verbundene Lebensweise hervorgerufene Krankheit.*
Zi|vi|li|sa|ti|ons|kri|tik, die ⟨o. Pl.⟩: *Kritik an den Folgeerscheinungen der Zivilisation (1 a).*
zi|vi|li|sa|ti|ons|kri|tisch ⟨Adj.⟩: *die Zivilisationskritik betreffend, auf ihr beruhend.*
Zi|vi|li|sa|ti|ons|mü|de ⟨Adj.⟩: *der Zivilisation (1 a. der mit ihr verbundenen Lebensweise überdrüssig.*
Zi|vi|li|sa|ti|ons|mü|dig|keit, die: *Überdruss an der Zivilisation (1 a).*
Zi|vi|li|sa|ti|ons|scha|den, der: vgl. Zivilisationskrankheit.
Zi|vi|li|sa|ti|ons|stu|fe, die: *Entwicklungsstufe der Zivilisation (1 a).*
zi|vi|li|sa|to|risch ⟨Adj.⟩: *die Zivilisation (1 a) betreffend, auf ihr beruhend:* -e Schäden; z. überlegen sein.
zi|vi|li|sie|ren ⟨sw. V.; hat⟩ [frz. civiliser, zu: civil, ↑ zivil]: **1.** *(bes. ein auf einer als niedriger empfundenen Zivilisationsstufe lebendes Volk) dazu bringen, die moderne [westliche] Zivilisation (1 a) anzunehmen:* einen Stamm z. **2.** (selten) *verfeinern, besser ausbilden; jmdm., einer Sache Zivilisation (2) verleihen:* Beziehungen z.
zi|vi|li|siert ⟨Adj.⟩ [nach frz. civilisé]: **a)** *moderne [westliche] Zivilisation (1 a) habend:* -e Länder; die -e Welt; **b)** *Zivilisation (2) habend od. zeigend; gesittet, kultiviert* (b): ein äußerst -er Herr; kein -er (ugs.) *normaler* Mensch versteht das; sich z. benehmen.
Zi|vi|li|sie|rung, die; -, -en: *das Zivilisieren; das Zivilisiertwerden.*
Zi|vi|list, der; -en, -en: *jmd., der nicht den Streitkräften angehört; Bürger (im Gegensatz zum Soldaten); Zivilperson:* in dem Krieg wurden auch -en gefangen genommen; dem General standen zwei -en *(zwei Personen in Zivilkleidern).*
Zi|vi|lis|tin, die; -, -nen: w. Form zu ↑ Zivilist.
zi|vi|lis|tisch ⟨Adj.⟩: *nicht militärisch.*
Zi|vi|li|tät, die; -, -en [wohl unter Einfluss von frz. civilité < lat. civilitas, eigtl. = Stand eines Bürgers, zu civilis, ↑ zivil] (bildungsspr.): *Anständigkeit, Höflichkeit (im Umgang mit anderen).*
Zi|vil|kam|mer, die (Rechtsspr.): *für Zivilsachen (1) zuständige Kammer.*
Zi|vil|kla|ge, die (Rechtsspr.): *Privatklage.*
Zi|vil|kleid, das, **Zi|vil|klei|dung,** die: *Kleid, das, Kleidung, die jmd. (im Unterschied zur Uniform) im Privatleben trägt.*
Zi|vil|le|ben, das: *Leben außerhalb des Militärdienstes.*
Zi|vil|luft|fahrt, die: *zivile Luftfahrt.*
Zi|vil|per|son, die: *Zivilist bzw. Zivilistin.*
Zi|vil|pro|zess, der (Rechtsspr.): *Prozess, in dem über eine Zivilsache entschieden wird.*
Zi|vil|pro|zess|ord|nung, die (Rechtsspr.):

Zivilprozessrecht – Zöllner

Gesamtheit der Rechtsvorschriften, durch die ein Zivilprozess geregelt wird (Abk.: ZPO).

Zi|vil|pro|zess|recht [auch: ...'tses...], das ⟨Pl. selten⟩ (Rechtsspr.): *Zivilprozessordnung; Verfahrensrecht* (1) *im Zivilprozess.*

Zi|vil|recht, das ⟨Pl. selten⟩ (Rechtsspr.): *Privatrecht.*

zi|vil|recht|lich ⟨Adj.⟩ (Rechtsspr.): *das Zivilrecht betreffend.*

Zi|vil|re|gie|rung, die: *aus Zivilisten zusammengesetzte Regierung (im Gegensatz zur Militärregierung).*

Zi|vil|rich|ter, der: *Richter an einem Zivilgericht.*

Zi|vil|rich|te|rin, die: w. Form zu ↑ Zivilrichter.

Zi|vil|sa|che, die: **1.** (Rechtsspr.) *von einem Zivilgericht zu entscheidende Streitfrage.* **2.** ⟨Pl.⟩ *Zivilkleidung.*

Zi|vil|schutz, der ⟨o. Pl.⟩: *Gesamtheit der Maßnahmen zum Schutz der Zivilbevölkerung im Kriegs- od. Katastrophenfall:* den Z. verbessern.

Zi|vil|se|nat, der: *für Zivilsachen* (1) *zuständiger Senat* (5).

Zi|vil|stand, der (schweiz.): *Familien-, Personenstand.*

Zi|vil|stands|amt, das (schweiz.): *Standesamt.*

zi|vil|stands|amt|lich ⟨Adj.⟩ (schweiz.): *standesamtlich.*

Zi|vil|stands|be|am|ter ⟨vgl. Beamter⟩ (schweiz.): *Standesbeamter.*

Zi|vil|stands|be|am|tin, die: w. Form zu ↑ Zivilstandsbeamter.

Zi|vil|strei|fe, die: *polizeiliche Streife* (1) *in Zivil.*

Zi|vil|tech|ni|ker, der (österr.): *Techniker, der zur Erstellung technischer Gutachten u. Projekte befugt ist.*

Zi|vil|tech|ni|ke|rin, die: w. Form zu ↑ Ziviltechniker.

Zi|vil|ver|fah|ren, das: vgl. Zivilprozess.

Zi|vil|ver|tei|di|gung, die: *Gesamtheit der Maßnahmen zum Schutz der Bevölkerung u. des Staates im Kriegsfall.*

ZK, das; -[s], -s, selten: - (bes. kommunist.): *Zentralkomitee.*

ZK-Mit|glied, das (bes. kommunist.): *Mitglied des ZK.*

Zlo|ty ['zlɔti, 'slɔti], **Złoty** ['zuɔti], der; -[s], -s ⟨aber: 5 Zloty/Złoty⟩ [poln. złoty, zu: złoto = Gold]: *Währungseinheit in Polen (1 Zloty/Złoty = 100 Grosze; Währungscode: PLN).*

Zmit|tag [auch: ...'taːk], der od. das; -s [mundartl. zusger. aus: zu Mittag (Gegessenes)] (schweiz.): *Mittagessen.*

Zmor|ge, Zmor|gen, der od. das; -[s] [mundartl. zusger. aus: zu Morgen (Gegessenes)] (schweiz.): *Frühstück.*

Zn = Zink.

Znacht, der od. das; -s [mundartl. zusger. aus: zu Nacht (Gegessenes)] (schweiz.): *Abendessen.*

Znü|ni, der od. das; -[s], -[s] [mundartl. zusger. aus: zu neun (Uhr Gegessenes)] (schweiz.): *Imbiss am Vormittag; zweites Frühstück.*

Zo|bel, der; -s, - [mhd. zobel, ahd. zobil, aus dem Slaw., vgl. russ. sobol']: **1.** *(zur Familie der Marder gehörendes) hauptsächlich in Sibirien heimisches, kleines Raubtier mit glänzend weichem u. dichtem, dunklem, an Kehle u. Brust mattorange bis gelblich weißem Fell.* **2. a)** *Fell des Zobels* (1); **b)** *Pelz aus Zobelfellen.*

Zo|bel|fell, das: *Zobel* (2 a).

Zo|bel|pelz, der: *Zobel* (2).

Zoc|co|lo, der; -s, - [s], Zoccoli ⟨meist Pl.⟩ [ital. zoccolo = Holzschuh, -sandale, über das Vlat. zu lat. soccus, ↑ Socke] (schweiz.): *Holzsandale.*

zo|ckeln ⟨sw. V.; ist⟩ (ugs.): *zuckeln:* Eine Lokomotive zockelte über Eisenschienen (Strittmatter, Wundertäter 364).

zo|cken ⟨sw. V.; hat⟩ [jidd. z(ch)ocken] (ugs.): **1.** (ugs.) *Glücksspiele machen:* Ü um einen bestimmten Posten z. **2.** (Jargon) *(ein [Computer]spiel) spielen:* ich hab schon 'ne Menge Games gezockt.

Zo|cker, der; -s, - [jidd. z(ch)ocker] (ugs.): *jmd., der zockt.*

Zo|cke|rin, die; -, -nen: w. Form zu ↑ Zocker.

◆ **Zod|del**, die; -, -n (md.): *Zottel* (1 a): ... und streifte den Rappen die -n aus (Kleist, Kohlhaas 10).

Zöf|chen, das; -s, -: Vkl. zu ↑ Zofe.

Zo|fe, die; -, -n [älter: Zoffe, wohl zu md. zoffen = hinterhertrotten] (früher): *weibliche Person, deren Aufgabe die persönliche Bedienung einer vornehmen, meist adligen Dame ist.*

Zoff, der; -s [jidd. (mieser) zoff = (böses) Ende < hebr. sôf] (ugs.): *Streit, Zank u. Unfrieden:* er hatte Z. mit seiner Freundin.

zof|fen, sich ⟨sw. V.; hat⟩ [zu ↑ Zoff] (ugs.): *sich streiten, zanken.*

zog, zö|ge: ↑ ziehen.

Zö|ge|rer, der; -s, -: *jmd., der zögert, der sich zögerlich, abwartend verhält.*

Zö|ge|rin, die; -, -nen: w. Form zu ↑ Zögerer.

zö|ger|lich ⟨Adj.⟩: *nur zögernd [durchgeführt]:* ein -er Beginn; der Aufschwung kommt recht z.; er verhält sich z. *(abwartend).*

Zö|ger|lich|keit, die; -, -en: *das Zögerlichsein; zögerliches Verhalten.*

zö|gern ⟨sw. V.; hat⟩ [Iterativbildung zu frühnhd. zogen = sich von einem Ort zum anderen bewegen, mhd. zogen, ahd. zogôn = gehen, ziehen; (ver)zögern, zu ↑ ziehen, also eigtl. = wiederholt hin u. her ziehen]: *mit einer Handlung od. Entscheidung unschlüssig warten, etw. hinausschieben, nicht sofort od. nur langsam beginnen:* einen Augenblick, bis zum letzten Augenblick, zu lange z.; mit der Antwort, mit der Abreise z.; er zögerte, den Hörer abzunehmen; ohne zu z., folgte sie ihm; zögernd einwilligen; ein zögernder Beginn; zögernde Zustimmung; ⟨subst.:⟩ ohne Zögern, nach einigem Zögern stimmte sie zu.

◆ **Zö|ge|rung**, die; -, -en: *Verzögerung:* Die Z. habe sie verdrossen (Droste-Hülshoff, Judenbuche 41); ... wozu er sich ... nach großer Z. entschloss (Kleist, Kohlhaas 84).

Zög|ling, der; -s, -e [LÜ von frz. élève (↑ Eleve), zu: zog, Prät. von ↑ ziehen (im Sinne von »erziehen«)] (veraltend): *jmd., der in einem Internat, Heim o. Ä. erzogen wird:* er war als Z. eines noch vornehmen Internats aufgewachsen; die Lehrer hatten ihre -e (Schüler) im Griff; die Eltern konnten ihre -e (Kinder) in Empfang nehmen.

Zö|li|a|kie, die; -, -n [zu griech. koiliakós = an der Verdauung leidend, zu: koilía = Bauchhöhle] (Med.): *Entzündung der Schleimhaut des Dünndarms aufgrund einer Überempfindlichkeit des Körpers gegen das bes. in Getreide u. Getreideprodukten vorkommende Gluten.*

Zö|li|bat, das od. (Theol.) der; -[e]s [spätlat. caelibatus = Ehelosigkeit (des Mannes), zu lat. caelebs = ehelos; die heute übliche ö-Form des Wortes resultiert aus einer irrtümlichen Lesung]: *religiös begründete Standespflicht bes. der katholischen Geistlichen, sexuell enthaltsam zu leben u. nicht zu heiraten:* das, der Z. befolgen, brechen; im Z. *(in der Lebensform der sexuellen Enthaltsamkeit u. Ehelosigkeit als religiös begründeter Standespflicht)* leben.

zö|li|ba|tär ⟨Adj.⟩ (bildungsspr.): *im Zölibat [lebend]:* -e Priester; z. leben.

Zö|li|ba|tär, der; -s, -e (bildungsspr.): *jmd., der im Zölibat lebt.*

¹Zoll, der; -[e]s, Zölle [mhd., ahd. zol < mlat. telonium < griech. telónion = Zoll(haus), zu: télos = Ziel; Grenze]: **1. a)** *Abgabe, die für bestimmte Waren beim Transport über die Grenze zu zahlen ist:* der Staat erhebt, verlangt Z.; bezahlen; auf dieser Ware liegt kein ein hoher Z.; die Zölle senken, abschaffen; **b)** (früher) *Abgabe für die Benutzung bestimmter Straßen, Brücken o. Ä.* **2.** ⟨o. Pl.⟩ *Behörde, die den ¹Zoll* (1 a) *erhebt:* das Paket liegt beim Z.

²Zoll, der; -[e]s, - [mhd. zol = zylindrisches Stück, Klotz, eigtl. = abgeschnittenes Holz]: **a)** *veraltete Längeneinheit unterschiedlicher Größe (2,3 bis 3 cm; Zeichen: ″):* zwei Z. starke Bretter; die Nut ist einen Z. breit; *(kein bisschen)* weichen; Ü keinen Z. *(kein bisschen)* nachgeben; * jeder Z./Z. für Z./in jedem Z. (geh. veraltend; *ganz und gar, vollkommen:* jeder Z. ein Gentleman; sie ist Z. für Z. eine Dame); **b)** *Inch.*

Zoll|ab|fer|ti|gung, die: *Abfertigung von Reisenden, Gepäck, Waren durch die Zollbehörde.*

Zoll|amt, das: **a)** *Büro, Dienststelle der Zollbehörde;* **b)** *Gebäude, in dem das Zollamt* (a) *untergebracht ist.*

Zoll|an|ge|le|gen|heit, die: *Angelegenheit des ¹Zolls* (2).

Zoll|be|am|ter ⟨vgl. Beamter⟩: *Beamter der Zollbehörde.*

Zoll|be|am|tin, die: w. Form zu ↑ Zollbeamter.

Zoll|be|hör|de, die: *für den ¹Zoll* (1 a), *die Erhebung des Zolls zuständige Behörde.*

Zoll|be|stim|mung, die ⟨meist Pl.⟩: *Bestimmung für die Erhebung des ¹Zolls* (1 a).

zoll|breit ⟨Adj.⟩: *etwa die Breite eines ²Zolls* (a) *aufweisend.*

Zoll|breit, der; -, -, **Zoll breit**, der; --, --: vgl. Fingerbreit: keinen Z. *(kein bisschen)* zurückweichen.

zol|len ⟨sw. V.; hat⟩ [mhd. zollen = Zoll zahlen]: **1.** (geh.) *erweisen, entgegenbringen, zuteilwerden lassen:* jmdm. Anerkennung, Dank, den schuldigen Respekt z.; das Publikum zollte dem neuen Stück Applaus. **2.** (altertümelnd) *entrichten, bezahlen.*

Zoll|er|klä|rung, die: *Erklärung über zu verzollende Waren.*

Zoll|fahn|der, der: *Beamter, der in der Zollfahndung tätig ist.*

Zoll|fahn|de|rin, die: w. Form zu ↑ Zollfahnder.

Zoll|fahn|dung, die: *[routinemäßige] staatliche Überprüfung der Einhaltung der Zollgesetze.*

Zoll|for|ma|li|tät, die ⟨meist Pl.⟩: *am ¹Zoll* (2) *zu erledigende Formalität:* die -en erledigen.

zoll|frei ⟨Adj.⟩ [mhd. zollvrī]: *keinem ¹Zoll* (1 a) *unterliegend:* -e Waren; Alkohol ist z., kann z. mitgenommen werden.

Zoll|frei|heit, die ⟨o. Pl.⟩: *das Freisein von ¹Zoll* (1 a).

Zoll|ge|biet, das: *Gebiet, das hinsichtlich des ¹Zolls* (1 a) *eine Einheit bildet.*

Zoll|ge|setz, das: *Gesetz, in dem die Vorschriften u. Bestimmungen für die Erhebung von ¹Zöllen* (1 a) *innerhalb des Zollgebiets festgelegt sind.*

Zoll|grenz|be|zirk, der: *entlang der Zollgrenze sich erstreckender (von den Zollbeamten überwachter) Bezirk.*

Zoll|gren|ze, die: *ein geschlossenes Zollgebiet an allen Seiten umschließende Grenze.*

Zoll|haus, das: *Zollamt* (b).

zoll|hoch ⟨Adj.⟩: *etwa die Höhe eines ²Zolls aufweisend.*

Zoll|in|halts|er|klä|rung, die: *einer Postsendung in ein anderes Land beizugebende Erklärung für den ¹Zoll* (1 a) *mit Angaben über den Inhalt der Sendung.*

Zoll|kon|trol|le, die: *von Zollbeamten durchgeführte Kontrolle (von Reisenden) nach zollpflichtigen Waren.*

Zöll|ner, der; -s, - [mhd. zolnære, ahd. zolōnāri < mlat. telonarius, zu: telonium, ↑ ¹Zoll]: **a)** (früher) *Einnehmer von ¹Zoll* (1 b) *od. Steuern:* Jesus nahm sich der verachteten Z. an; **b)** (ugs. veraltend) *Zollbeamter.*

Zöll|ne|rin, die; -, -nen: w. Form zu ↑ Zöllner.
zoll|pflich|tig ⟨Adj.⟩: *der Verzollung unterliegend:* -e Kunstgegenstände.
Zoll|schran|ke, die ⟨meist Pl.⟩: *durch hohen ¹Zoll (1 a) gegen zu starke Einfuhren gerichtete Beschränkung.*
Zoll|sta|ti|on, die: *zollamtliche Dienststelle an einem Grenzübergang.*
Zoll|stel|le, die: *zollamtliche Dienststelle.*
Zoll|stock, der [nach der früheren Einteilung nach Zoll]: *zusammenklappbarer Messstab mit Einteilung nach Zentimetern u. Millimetern.*
Zoll|uni|on, die: *Zusammenschluss mehrerer Staaten zu einem Zollgebiet.*
Zoll|ver|wal|tung, die: *Verwaltung des Zollwesens.*
Zoll|wa|che, die (österr. veraltend): **a)** *Zollstation;* **b)** *aus bewaffneten u. uniformierten Zollbeamten bestehende Wache;* **c)** *Wachdienst der Zollwache* (b).
Zoll|we|sen, das ⟨o. Pl.⟩: *Gesamtheit der Einrichtungen u. Vorgänge, die den ¹Zoll (1 a) betreffen.*
Zom|bie, der; -[s], -s [engl. zombi(e), westafrik. Wort]: **1.** *(im Wodukult) wiederbelebter Toter.* **2.** *(in Horrorfilmen o. Ä.) Toter, der ein willenloses Werkzeug dessen ist, der ihn zum Leben erweckt hat:* Ü *mit diesen -s* (ugs.; *inaktiven, unselbstständigen Menschen*) *kann ich nicht arbeiten.*
zom|big ⟨Adj.⟩ [H. u.] (Jugendspr.): *stark* (8).
zo|nal, zo|nar ⟨Adj.⟩ [spätlat. zonalis, zu lat. zona, ↑ Zone]: *zu einer Zone gehörend, eine Zone betreffend:* ein -er Aufbau.
Zo|ne, die; -, -n [lat. zona = (Erd)gürtel < griech. zṓnē, zu: zṓnnýnai = sich gürten]: **1. a)** *nach bestimmten Merkmalen unterschiedenes, abgegrenztes, geografisches Gebiet:* die [sub]tropische, gemäßigte, arktische Z.; der baumlosen -n der Hochgebirge; eine entmilitarisierte Z.; **b)** *festgelegter Bereich (z. B. im Straßenbahn-, Telefonverkehr), für den einheitliche Fahrpreise bzw. Gebühren o. Ä. gelten:* der Bahnhof liegt noch in der ersten Z.; **c)** *nach bestimmten Gesichtspunkten abgegrenzter räumlicher Bereich:* erogene -n; die Z. zwischen Schulterblatt und Wirbelsäule; eine rauchfreie, verkehrsberuhigte Z. **2. a)** *einer der vier militärischen Befehls- u. Einflussbereiche der Siegermächte, in die Deutschland nach dem Zweiten Weltkrieg aufgeteilt war; Besatzungszone:* die französische Z.; **b)** ⟨o. Pl.; nur mit best. Art.⟩ (ugs. früher) Kurzf. von ↑ Ostzone (b).
Zo|nen|gren|ze, die: **1. a)** *Grenze zwischen den Besatzungszonen nach dem Zweiten Weltkrieg;* **b)** (ugs. früher) *Grenze zur DDR.* **2.** (Verkehrsw.) *(bei öffentlichen Nahverkehrsmitteln) Grenze eines bestimmten Bereichs, innerhalb dessen ein bestimmter Fahrpreis gilt.*
Zo|nen|rand|ge|biet, das (früher): *entlang der Grenze zur DDR sich erstreckendes Gebiet.*
Zo|nen|ta|rif, der (Verkehrsw.): *nach Zonen festgelegter Tarif der Fahrpreise.*
Zo|nen|zeit, die: *Uhrzeit, die in dem jeweiligen 15 Breitengrade umfassenden Bereich als Normalzeit gültig ist.*
Zoo, der; -s, -s [kurz für: zoologischer Garten]: *großes, meist parkartiges Gelände, in dem viele, bes. tropische Tierarten gehalten u. öffentlich gezeigt werden:* den Z. besuchen; sie gingen oft in den Z.
Zoo|di|rek|tor, der: *Direktor eines Zoos.*
Zoo|di|rek|to|rin, die; w. Form zu ↑ Zoodirektor.
Zoo|ge|schäft, das: *Tierhandlung.*
Zoo|hand|lung, die: *Tierhandlung.*
Zoo|lo|ge [tsoo...], der; -n, -n: *Wissenschaftler auf dem Gebiet der Zoologie.*
Zoo|lo|gie [tsoo...], die; - [frz. zoologie, zu griech. zṓon = Lebewesen, Tier (zu: zēn, zōein = leben)

u. lógos, ↑ Logos]: *Lehre u. Wissenschaft von den Tieren als Teilgebiet der Biologie; Tierkunde.*
Zoo|lo|gin, die; -, -nen: w. Form zu ↑ Zoologe.
zoo|lo|gisch ⟨Adj.⟩: *die Zoologie betreffend, in ihren Bereich gehörend:* -e Untersuchungen; die -e Nomenklatur.
Zoom [zu:m], das od. der; -s, -s [engl. zoom (lens), aus: to zoom = schnell ansteigen lassen (in Bezug auf die Brennweiten) u. lens = Linse (2)]: **1.** Kurzf. von ↑ Zoomobjektiv. **2.** (Film) *Vorgang, durch den der Aufnahmegegenstand (im Bild) näher an den Betrachter herangeholt od. weiter von ihnen entfernt wird:* -s drehen; Z. auf ihr Gesicht. **3.** (EDV) *Bildausschnitte auf dem Display vergrößernde od. verkleinernde Funktion.*
zoo|men ['zu:mən] ⟨sw. V.; hat⟩ [engl. to zoom] (Film, Fotogr.): *den Aufnahmegegenstand (im Bild) mithilfe eines Zoomobjektivs näher heranholen od. weiter wegrücken:* du musst den Vogel z.
Zoom|ob|jek|tiv ['zu:m...], das: *Objektiv mit stufenlos verstellbarer Brennweite.*
Zoo|tech|nik [auch: 'tso:...], die [nach russ. zootehnika] (DDR): *Technik der Tierhaltung u. Tierzucht.*
Zoo|tech|ni|ker [auch: 'tso:...], der (DDR): *Fachmann auf dem Gebiet der Zootechnik (Berufsbez.).*
Zoo|tech|ni|ke|rin [auch: 'tso:...], die; w. Form zu ↑ Zootechniker.
zoo|tech|nisch [auch: 'tso:...] ⟨Adj.⟩ (DDR): *die Zootechnik betreffend.*
Zoo|tier, das: *in einem Zoo lebendes Tier.*
Zopf, der; -[e]s, Zöpfe [mhd. zopf = Zopf (1, 2); Zipfel, ahd. zoph = Locke, wohl urspr. = Spitze]: **1.** *aus mehreren (meist drei) Strängen geflochtenes [herabhängendes] Haar:* lange, kurze, dicke, schwere, blonde Zöpfe; abstehende Zöpfchen; einen falschen Z. tragen; sich Zöpfe flechten; ich habe mir den Z. abschneiden lassen; * [in den ersten beiden Wendungen steht »Zopf« für Überholtes, nicht mehr Zeitgemäßes; nach der Französischen Revolution wurde die Mode des 18. Jh.s, nach der Männer (Perücken mit) Zopf trugen, nur noch von Konservativen beibehalten] **ein alter Z.** (ugs.; *eine längst überholte Ansicht; rückständiger, überlebter Brauch*); **den alten Z./die alten Zöpfe abschneiden** (ugs.; *Überholtes abschaffen*); **sich am eigenen Z. aus dem Sumpf ziehen** (↑ Sumpf); ◆ **den Z. hinaufschlagen** (*sich marschbereit, sich fertig zum Aufbruch machen; eigtl. = [von Soldaten] den Zopf über die Schulter nach vorn legen, damit er beim Marschieren nicht hindert:* Was will Er? Will Er itzt gleich den Z. hinaufschlagen und mit mir zum Teufel gehn? [Schiller, Räuber II, 3]). **2.** *Backwerk (Brot, Kuchen o. Ä.) in der Form eines Zopfes od. mit einem Zopfmuster belegt.* **3.** (landsch.) *leichter Rausch:* sich einen Z. antrinken. **4.** (Forstwirtsch.) *dünneres Ende eines Baumstammes od. Langholzes.*
Zopf|band, das ⟨Pl. ...bänder⟩: *Band zum Zusammenhalten eines Zopfs, als Schmuck für einen Zopf.*
Zöpf|chen, das; -s, -: Vkl. zu ↑ Zopf (1).
Zopf|hal|ter, der: vgl. Zopfband.
zop|fig ⟨Adj.⟩ (abwertend): *rückständig, überholt:* -e Vorstellungen.
Zopf|mus|ter, das: *Muster, das wie ein Zopf aussieht:* ein Pullover mit Z.
Zopf|pe|rü|cke, die: *Perücke mit Zopf.*
Zopf|stil, der ⟨o. Pl.⟩ (Kunstwiss.): *zeitlich zwischen Rokoko u. Klassizismus liegender, etwas pedantisch-nüchterner Kunststil:* ◆ Der ... Steig führte nach etwa hundert Schritten zu einem im Z. erbauten Pavillon (Storm, Söhne 6).

Zop|pot: *polnische Stadt an der Danziger Bucht* (dt. Name).
Zo|res, der; - ⟨österr. als Pl.⟩ [jidd. zores (Pl.) = Sorgen, zu hebr. Ẓarā = Kummer] (landsch.): **1.** *Ärger; Gezänk; Wirrwarr:* [jmdm.] Z. machen; mit jmdm. Z. haben. **2.** *Gesindel.*
Zorn, der; -[e]s [mhd., ahd. zorn, H. u.]: *heftiger, leidenschaftlicher Unwille über etw., was jmd. als Unrecht empfindet od. was seinen Wünschen zuwiderläuft:* ein heller, lodernder, flammender, heiliger, ohnmächtiger Z.; jmdn. packt der Z.; jmds. Z. erregen; ihn traf gerechter Z., der Z. der Götter, des Himmels; ihr Z. hat sich gelegt, ist abgeklungen, ist verebbt; in ihr stieg Z. auf; sein Z. richtete sich gegen die Bonzen; [einen] mächtigen Z. auf jmdn. haben; seinen Z. an jmdm. auslassen; von Z. [auf, gegen jmdn.] erfüllt sein; in Z. geraten; vor Z. außer sich sein, kochen.
Zorn|ader: ↑ Zornesader.
zorn|be|bend ⟨Adj.⟩: *bebend vor Zorn.*
Zorn|bin|kel, der (österr. ugs.): *jähzorniger Mensch.*
zorn|ent|brannt ⟨Adj.⟩: vgl. wutentbrannt.
Zor|nes|ader, Zornader: in der Wendung **jmdm. schwillt die Z. [an]** (geh.: *jmd. wird sehr zornig*).
Zor|nes|aus|bruch, Zornausbruch, der: *plötzlicher, sich mit Heftigkeit äußernder Zorn:* zu Zorn[es]ausbrüchen neigen.
Zor|nes|fal|te, die (geh.): *[Zorn ausdrückende, vor Zorn zusammengezogene] senkrechte Falte auf der Stirn.*
Zor|nes|rö|te, Zornröte, die ⟨o. Pl.⟩: in der Wendung **jmdm. die Z. ins Gesicht treiben** (geh.; *jmdn. sehr zornig machen*).
zorn|fun|kelnd ⟨Adj.⟩: *funkelnd vor Zorn:* -e Augen.
zor|nig ⟨Adj.⟩ [mhd. zornec, ahd. zornac]: *voll Zorn; durch Ärger u. Zorn erregt, erzürnt:* -e Blicke, Worte; er ist sehr z. auf mich, über meine Worte; wegen meiner Andeutung wurde sie gleich z.; z. aufstampfen.
zorn|mü|tig ⟨Adj.⟩ (geh.): **a)** *zu Zorn neigend, leicht zornig werdend:* ein -er Mensch; **b)** *zornig, sehr heftig:* Zornmütig focht er gegen die Möglichkeit, dass ein Recht seiner Mündel untertreten würde (Fussenegger, Haus 250).
zorn|rot ⟨Adj.⟩: *rot vor Zorn:* Er ... sah abwesend lächelnd an Friedas -em linken Ohrläppchen vorbei (Schnurre, Bart 82).
zorn|schnau|bend ⟨Adj.⟩: *sehr zornig.*
Zos|se, der; -n, -n, **Zos|sen,** der; -, - [jidd. zosse(n), suss < hebr. sûs = Pferd] (landsch., bes. berlin.): *[altes] Pferd:* »Los, hüsta, ihr Zossen!«, rief der Fahrer und trieb die Pferde an (Schnurre, Fall 36).
Zos|ter [auch: 'tso:stɐ], der; -[s], - (Med.): Kurzf. von ↑ Herpes Zoster.
Zo|te, die; -, -n [wahrsch. identisch mit ↑ Zotte in der Bed. »Schamhaar; Schlampe« (abwertend): *derber, obszöner Witz, der als gegen den guten Geschmack verstoßend empfunden wird:* -n erzählen; * -n reißen (ugs.; *Zoten erzählen*).
zo|ten|haft ⟨Adj.⟩: *zotig.*
Zo|ten|rei|ßer, der (abwertend): *jmd., der Zoten erzählt.*
Zo|ten|rei|ße|rin, die; -, -nen: w. Form zu ↑ Zotenreißer.
zo|tig ⟨Adj.⟩ (abwertend): *derb, unanständig, obszön:* -e Ausdrücke.
Zot|te, die; -, -n ⟨meist Pl.⟩ [mhd. zot(t)e, ahd. zota, zata = herabhängendes (Tier)haar, Flausch]: **a)** *[herabhängendes] Haarbüschel (bes. bei Tieren):* der Bär blieb mit seinen dicken -n an den Drähten hängen; **b)** (Anat.) *schleimige Ausstülpung eines Organs od. Organteils.*
Zot|tel, die; -, -n: **1.** (ugs.) **a)** ⟨meist Pl.⟩ Zotte (a);

b) ⟨Pl.⟩ (abwertend) *wirre, unordentliche Haare:* die -n hingen ihr ins Gesicht; **c)** *Quaste* (1 a): ein altes Sofa mit dicken -n. **2.** (landsch.) *Schlampe.*

Zot|tel|bär, der (Kinderspr.): *zottiger Bär.*

Zot|te|lei, die; -, -en (ugs., meist abwertend): *[dauerndes] Zotteln* (1).

Zot|tel|haar, das (ugs.): *zottiges Haar.*

zot|te|lig, zottlig ⟨Adj.⟩: **a)** *aus dichten Haarbüscheln bestehend, zottig:* ein -es Fell; **b)** (abwertend) *wirr, unordentlich:* die Haare hängen ihr z. ins Gesicht.

Zot|tel|kopf, der (ugs.): **a)** *unordentliche, zottelige Frisur;* **b)** *jmd., der unordentliche, zottelige Haare hat.*

zot|teln ⟨sw. V.⟩ (ugs.): **1.** ⟨ist⟩ [zu ↑ Zotte (1), eigtl. = hin u. her baumeln] *langsam, nachlässig, mit schlenkernden Bewegungen [hinter jmdm. her]gehen:* sie zottelte nach Hause. **2.** ⟨hat⟩ *in Zotteln herabhängen:* die Haare zottelten ihm bis über die Augen.

zot|tig ⟨Adj.⟩ [16. Jh., für mhd. zoteht, ahd. zatoht]: **a)** *struppig, dicht u. kraus:* ein -es Fell; Man rüstete die Kompanien auch wieder mit Pferden aus. Es waren -e *(ein zottiges Fell habende), kleine Gäule* (Strittmatter, Wundertäter 424); **b)** (abwertend) *wirr, strähnig, unordentlich:* ihre Haare sind ungekämmt und z.

zott|lig: ↑ zottelig.

ZPO = Zivilprozessordnung.

Zr = Zirkonium.

Z-Sol|dat ['tset...], der (Jargon): kurz für ↑ Zeitsoldat.

z. T. = zum Teil.

Ztr. = Zentner.

¹zu ⟨Präp. mit Dativ⟩ [mhd. zuo, ze, ahd. zuo, za, zi]: **1.** ⟨räumlich⟩ **a)** gibt die Richtung (einer Bewegung) auf ein bestimmtes Ziel hin an: das Kind läuft zu seiner Mutter, zu dem nächsten Haus; er kommt morgen zu mir; sie hat ihn zu sich gebeten; sich zu jmdm. beugen, wenden; das Vieh wird zu *(ins)* Tal getrieben; das Blut stieg ihm zu (geh.; *in den)* Kopf; er stürzte zu Boden (geh.; *fiel um);* zu Bett (geh.; *ins Bett)* gehen; sich zu Tisch (geh.; *zum Essen an den Tisch)* setzen; gehst du auch zu diesem Fest *(nimmst du auch daran teil)?;* ⟨auch nachgestellt:⟩ dem Moor zu gelegen; **b)** drückt aus, dass etw. zu etw. anderem hinzukommt, hinzugefügt, -gegeben wird: zu dem Essen gab es einen trockenen Wein; das passt nicht zu Bier; zu dem Kleid kannst du diese Schuhe nicht tragen; **c)** kennzeichnet den Ort, die Lage des Sichbefindens, Sichabspielens von etw.: zu ebener Erde; zu beiden Seiten des Gebäudes; die Tür zu meinem Zimmer; sie saß zu seiner Linken (geh.; *links von ihm, an seiner linken Seite);* sie saßen zu Tisch (geh.; *beim Essen);* sie sind bereits zu Bett (geh.; *haben sich schlafen gelegt);* er ist zu Hause *(in seiner Wohnung);* man erreicht diesen Ort zu Wasser und zu Lande *(auf dem Wasser- und auf dem Landweg);* sie kam zu dieser *(durch diese)* Tür herein; vor Ortsnamen: der Dom zu (veraltet; *in)* Speyer; geboren wurde sie zu (veraltet; *in)* Frankfurt am Main; (in Namen von Gaststätten:) Gasthaus zu den Drei Eichen; (als Teil von Personennamen:) Graf zu Mansfeld. **2.** ⟨zeitlich⟩ kennzeichnet den Zeitpunkt einer Handlung, eines Geschehens, die Zeitspanne, in der sich etw. abspielt, ereignet: zu Anfang des Jahres; zu Lebzeiten seiner Mutter; zu gegebener Zeit; das Gesetz tritt zum *(am)* 1. Januar in Kraft; zu (regional, österr.: *über, die Zeit um)* Ostern verreisen; in der Nacht zu *(auf)* gestern. **3.** ⟨modal⟩ **a)** kennzeichnet die Art u. Weise, in der sich etw. geschieht, sich abspielt, sich darbietet: er erledigte es zu meiner Zufriedenheit; du hast dich zu deinem Vorteil verändert; sie ver-

kauft alles zu niedrigsten Preisen; im Souterrain, zu Deutsch *(das heißt übersetzt, in deutscher Sprache ausgedrückt)* »im Kellergeschoss«; **b)** kennzeichnet die Art u. Weise einer Fortbewegung: wir gehen zu Fuß; sie kamen zu Pferd; sie wollen zu (geh. veraltend; *mit dem)* Schiff reisen. **4. a)** kennzeichnet, meist in Verbindung mit Mengen- od. Zahlenangaben, die Menge, Anzahl, Häufigkeit o. Ä. von etw.: zu Dutzenden, zu zweien; zu einem großen Teil, zu einem Drittel, zu 50 %; **b)** kennzeichnet ein in Zahlen ausgedrücktes Verhältnis: die Mengen verhalten sich wie drei zu eins; das Spiel endete 2 zu 1 (mit Zeichen: 2 : 1); sie haben schon wieder zu null gespielt (Sportjargon; *kein Tor erzielt);* **c)** steht in Verbindung mit Zahlenangaben, die den Preis von etw. nennen; *für:* das Pfund wurde zu zwei Euro angeboten; fünf Briefmarken zu fünfundfünfzig [Cent]; er raucht eine Zigarre zu zwei Euro achtzig; **d)** steht in Verbindung mit Zahlenangaben, die ein Maß, Gewicht o. Ä. von etw. nennen; *von:* ein Fass zu zehn Litern; Portionen zu je einem Pfund. **5.** drückt Zweck, Grund, Ziel, Ergebnis einer Handlung, Tätigkeit aus: jmdm. etw. zu Weihnachten schenken; jmdn. zu seinem Geburtstag einladen; zu seinem eigenen Vergnügen; sie musste zu einer Behandlung in die Schweiz fahren; er rüstet sich zu einer Reise; es kam zu einem Eklat; zu was (ugs.; *wozu)* willst du das Kleid tragen? **6.** kennzeichnet das Ergebnis eines Vorgangs, einer Handlung, die Folge einer Veränderung, Wandlung, Entwicklung o. Ä.: das Eiweiß zu Schaum schlagen; Obst zu Schnaps verarbeiten; die Kartoffeln zu einem Brei zerstampfen; der Staub zerfallen; dieses Erlebnis hat ihn zu seinem Freund gemacht. **7.** kennzeichnet in Abhängigkeit von anderen Wörtern verschiedener Wortart eine Beziehung: das war der Auftakt zu dieser Veranstaltung; zu diesem Thema wollte er sich nicht äußern; freundlich zu jmdm. sein; er hat ihm zu einer Stellung verholfen; sie gehört zu ihnen.

²zu ⟨Adv.⟩: **1.** kennzeichnet ein (hohes od. geringes) Maß, das nicht mehr angemessen ist. akzeptabel erscheint: das Kleid ist zu groß, zu teuer; du kommst leider zu spät; er ist zu alt, zu jung, zu unerfahren; du bist, arbeitest zu langsam; dafür bin ich mir zu schade; in der Suppe ist zu viel Salz; dazu hat er zu viel Angst; sie weiß zu viel; ich will euch nicht zu viel verraten, versprechen; die Arbeit wurde ihr zu viel; Hotel ist zu viel gesagt *(ist übertrieben);* jeder Verkehrstote ist ein Verkehrstoter zu viel; ein Glas, einen zu viel getrunken haben (ugs.; *betrunken sein);* das ist zu viel des Guten/des Guten zu viel (iron.; *das geht über das erträgliche Maß hinaus);* er hat noch zu wenig Erfahrung; viel zu wenig Leute; das ist mir [als Beweis] zu wenig; ich kenne mich hier zu wenig aus; (betont: zur bloßen Steigerung:) das ist ja zu schön *(überaus schön, wunderschön);* R ich krieg zu viel! (salopp; *das ist schlimm, regt mich auf);* was zu viel ist, ist zu viel *(meine Geduld ist am Ende);* ich habe zu viel als zu wenig. **2.** kennzeichnet die Bewegungsrichtung auf einen bestimmten Punkt, ein Ziel hin: gegen die Grenze zu, zur Grenze zu verschärft; sie gingen dem Hof zu. **3.** ⟨elliptisch⟩ (ugs.) **a)** drückt als Aufforderung aus, dass etw. geschlossen werden, bleiben soll: Tür zu!; Augen zu!; **b)** drückt aus, dass etw. geschlossen ist: die Flasche stand – noch fest – auf dem Tisch; die Tür ist zu; ihre Augen waren zu; das Museum ist bereits zu; meine Nase, der Abfluss ist zu *(verstopft);* Ü im Schuldienst ist alles zu *(besteht ein Einstellungsstopp);* die Autobahn ist in beiden Richtungen zu *(durch Staus blockiert);* * **zu sein** (ugs.;

betrunken sein). **4.** (ugs.) drückt als Aufforderung aus, dass mit etw. begonnen, etw. weitergeführt werden soll: na, dann zu!; immer zu, wir müssen uns beeilen!; du kannst damit beginnen, nur zu! **5.** ⟨als abgetrennter Teil von den Adverbien »dazu zu«⟩ (ugs., bes. nordd.): da hab ich keine Lust zu; wo hast du denn Vertrauen zu?

³zu ⟨Konj.⟩: **1.** in Verbindung mit dem Inf. u. abhängig von Wörtern verschiedener Wortart, bes. von Verben: er bat sie zu helfen; sie lehnte es ab, nach Berlin zu kommen; hilf mir bitte, das Gepäck zu tragen; er ist heute nicht zu sprechen; dort gibt es eine Menge zu sehen; die Möglichkeit, sich zu verändern; sie nahm das Buch, ohne zu fragen, um sich zu vergewissern. **2.** drückt in Verbindung mit einem 1. Part. eine Möglichkeit, Erwartung, Notwendigkeit, ein Können, Sollen od. Müssen aus: die zu gewinnenden Preise; die zu erledigende Post; der zu erwartende Protest; es gab noch einige zu bewältigende Probleme.

zu|al|ler|al|ler|erst ⟨Adv.⟩ (emotional verstärkend): *zuallererst.*

zu|al|ler|al|ler|letzt ⟨Adv.⟩ (emotional verstärkend): *zuallerletzt.*

zu|al|ler|erst ⟨Adv.⟩ (emotional verstärkend): *ganz zuerst, an allererster Stelle:* z. müssen wir überlegen, ob die Sache überhaupt sinnvoll ist.

zu|al|ler|letzt ⟨Adv.⟩ (emotional verstärkend): vgl. zuallererst.

zu|al|ler|meist ⟨Adv.⟩ (emotional verstärkend): *zumeist, am allermeisten.*

zu|al|ler|oberst ⟨Adv.⟩ (emotional verstärkend): *ganz zuoberst.*

zu|al|ler|un|terst ⟨Adv.⟩ (emotional verstärkend): *ganz zuunterst.*

Zu|ar|beit, die; -, -en: *Arbeit, die der Vorbereitung, Unterstützung o. Ä. anderer Arbeiten dient:* ohne seine Z. wäre die schnelle Erledigung nicht möglich gewesen.

zu|ar|bei|ten ⟨sw. V.; hat⟩: *für jmdn. Vorarbeiten leisten u. ihm damit bei seiner Arbeit helfen:* er braucht zwei Leute, die ihm zuarbeiten.

Zu|ar|bei|ter, der; -s, -: *jmd., der einem od. einer andern zuarbeitet.*

Zu|ar|bei|te|rin, die; -, -nen: w. Form zu ↑ Zuarbeiter.

Zu|bau, der; -[e]s, -ten (österr.): *Anbau* (1 b).

zu|bau|en ⟨sw. V.; hat⟩: *durch Bauen, Errichten von Gebäuden o. Ä. ausfüllen:* dieses freie Gelände wird auch bald zugebaut sein.

Zu|be|hör, das; -[e]s, -e, seltener: -s, -e, schweiz. auch: -den [wohl aus dem Niederd. < mniederd. tobehöre, zu: (to)behören = zukommen, gebühren, zu ↑ hören]: **a)** *Gesamtheit von Teilen, Gegenständen, die zur Ausstattung, Einrichtung o. Ä. von etw. gehören, sie vervollständigen:* das Z. eines Bades, einer Küche, einer Werkstatt, mit allem Z.; **b)** *Gesamtheit der ein Gerät, eine Maschine o. Ä. ergänzenden beweglichen Teile, mit deren Hilfe bestimmte Verrichtungen erleichtert od. zusätzlich ermöglicht werden:* das Z. eines Staubsaugers, eines Fotoapparates, einer Bohrmaschine; sie hat ein Fahrrad mit allem Z. geschenkt bekommen.

Zu|be|hör|han|del, der: *Handel mit Zubehörteilen für bestimmte Geräte, Maschinen.*

Zu|be|hör|teil, das: *einzelnes Teil des Zubehörs von etw.*

zu|bei|ßen ⟨st. V.; hat⟩: *mit den Zähnen packen u. beißen, schnell u. kräftig irgendwohin beißen* (2 a): der Hund biss plötzlich zu.

zu|be|kom|men ⟨st. V.; hat⟩ (ugs.): **1.** (nur mit Mühe) schließen können: er bekam den Koffer, die Tür nicht zu. **2.** (landsch.) dazubekommen.

Zu|ber, der; -s, - [mhd. zuber, ahd. zubar, zwipar, zu ↑ zwei u. ahd. beran = tragen, eigtl. = Gefäß mit zwei Henkeln] (österr., sonst landsch.): *Bottich: sich im Z. waschen.*

zu|be|rei|ten ⟨sw. V.; hat⟩: *(von Speisen o. Ä.) vorbereiten, herrichten, fertig machen, zurechtmachen:* das Frühstück, eine Suppe, den Karpfen z.; die Apothekerin war gerade dabei, eine Salbe zuzubereiten.

Zu|be|rei|tung, die; -, -en ⟨Pl. selten⟩: **1.** *das Zubereiten; das Zubereitetwerden:* die Art der Z. ist wichtig. **2.** *etw. Zubereitetes:* ich kostete die Z.

zu|be|to|nie|ren ⟨sw. V.; hat⟩: **1.** *mit einer Betonschicht bedecken:* die Straße z. **2.** *freie Flächen mit Betonbauten bebauen, völlig bedecken:* eine Landschaft z.; die Bundesrepublik mit Straßen und Autobahnen u.

Zu|bett|ge|hen, das; -s: *abendliches Schlafengehen:* vor dem Z. die Zähne putzen!

zu|be|we|gen ⟨sw. V.; hat⟩: **a)** *in Richtung auf jmdn., etw. bewegen:* er bewegte seine Hand vorsichtig auf den Falter zu; **b)** ⟨z. + sich⟩ *sich in Richtung auf jmdn., etw. bewegen:* sich auf die Stadt, das Haus, den Wald z.

zu|bil|li|gen ⟨sw. V.; hat⟩: *jmdm. etw., bes. ein Recht, einen Vorteil o. Ä. zuteilwerden lassen, zugestehen, gewähren:* jmdm. eine Entschädigung, mildernde Umstände z.; den Gemeinden Autonomie z.; Mangold, dem man guten Glauben wohl z. musste ... *(nicht absprechen konnte;* Chr. Wolf, Himmel 205).

Zu|bil|li|gung, die; -, -en: *das Zubilligen:* unter Z. mildernder Umstände.

zu|bin|den ⟨st. V.; hat⟩: *durch Binden mit einer Schnur o. Ä. verschließen:* ein Bündel, einen Sack z.; du musst dir, dem Kind die Schnürsenkel [fester] z.

Zu|biss, der; -es, -e: *das Zubeißen; kräftiger Biss.*

zu|blei|ben ⟨st. V.; ist⟩ (ugs.): *geschlossen bleiben:* die Tür, das Fenster, die Kiste bleibt zu.

zu|blin|zeln ⟨sw. V.; hat⟩: *jmdm. durch Blinzeln ein Zeichen geben, etw. andeuten:* jmdm. freundlich, aufmunternd, verschmitzt z.

zu|brin|gen ⟨unr. V.; hat⟩: **1.** *eine Zeitspanne irgendwo in bestimmter Weise (unter oft ungünstigen Umständen) verbringen, sich für eine bestimmte Zeit irgendwo (unter oft ungünstigen Umständen) aufhalten:* einige Monate auf Reisen, eine Nacht im Freien z.; sie musste einige Wochen im Bett z. *(aus Krankheitsgründen im Bett liegen);* er hat längere Zeit im Gefängnis zugebracht; Sie meint, von dort werde sie dann ... auf das Haus hinübersehen, in dem sie mehr als ihr halbes Leben zugebracht hat (Strauß, Niemand 13). **2.** (ugs.) *(nur mit Mühe) schließen können:* die Tür, den Koffer, den Deckel nicht z.; (scherzh.:) vor Bewunderung, Staunen, Überraschung brachte er den Mund nicht zu. **3.** *(seltener) für jmdn. [zu etw. Vorhandenem] mitbringen, jmdm. [zusätzlich] verschaffen:* ... auch sie müssten, wie andere Verleger, ihr Scherflein an Devisen dem bedrängten Haushalt der Republik z. (Heym, Nachruf 721). ♦ **4.** *zutrinken:* ... der letzte Trunk sei nun, mit ganzer Seele, als festlich hoher Gruß, dem Morgen zugebracht (Goethe, Faust I, 735 f.); Der alte Bergmann ... trank, indem ihm seine aufmerksamen Zuhörer ein fröhliches »Glückauf« zubrachten (Novalis, Heinrich 65).

Zu|brin|ger, der; -s, - (Verkehrsw.): **1.** *Straße, die den Verkehr an eine übergeordnete Straße, bes. an die Autobahn, heranführt od. die Verbindung zwischen einer Stadt u. einer Hauptstraße, wie Messegelände, Stadion o. Ä., herstellt:* auf dem Z. zur Autobahn. **2.** *Verkehrsmittel, das Passagiere zur Weiterbeförderung an einen bestimmten Ort bringt (z. B. vom Schiff zum Bahnhof).*

Zu|brin|ger|bus, der: *als Zubringer (2) dienender Bus.*

Zu|brin|ger|stra|ße, die: *Zubringer (1).*

Zu|brot, das: **1.** ⟨o. Pl.⟩ (veraltet) *zu Brot od. anderen Speisen gereichte Beilage, zusätzliche Kost.* **2.** (oft scherzh.) *zusätzlicher Verdienst, Nebenverdienst:* sich [durch Heimarbeit, mit Schwarzarbeit] ein Z. verschaffen.

zu|brül|len ⟨sw. V.; hat⟩: *jmdm. etw. sehr laut, brüllend (2 b) zurufen.*

zu|but|tern ⟨sw. V.; hat⟩ [urspr. = Speisen mit Butter verbessern] (ugs.): *(meist größere Geldsummen) zu etw. beisteuern, jmdm. zu etw. dazugeben [ohne dass es sich auszahlt]:* solange sie in der Ausbildung ist, buttern die Eltern gehörig zu.

Zuc|chet|to [tsu'keto], der; -s, ...tti [ital. zucchetto] (schweiz.): *Zucchino.*

Zuc|chi|ni [tsu'ki:ni], die; -, -, (österr. ugs. auch:) der; -s, - [ital. zucchino; ↑ Zucchino], (besonders fachsprachlich: **Zuc|chi|no** [tsu'ki:no], der; -s, ...ni ⟨meist Pl.⟩ [ital. zucchino, landsch. Vkl. von zucca, ↑ Sukkade] (selten): **a)** *als Gemüse gezogene, zu den Kürbissen gehörende Pflanze:* Z. pflanzen, züchten; **b)** *gurkenähnliche Frucht der Zucchini* (a).

Zucht, die; -, -en [mhd., ahd. zuht, zu ↑ ziehen u. eigtl. = das Ziehen]: **1. a)** ⟨o. Pl.⟩ *das Pflegen, Aufziehen, Züchten (von Tieren od. Pflanzen); Züchtung* (1): sie half ihm bei der Z. seiner Orchideen, von Rosen; sie beschäftigt sich mit der Z. von Rauhaardackeln; **b)** *Gesamtheit von Tieren od. Pflanzen, die das Ergebnis des Züchtens, einer Zucht (1 a) darstellt:* eine Z. Windspiele; -en von Bakterien; Rosen aus einer Z., aus verschiedenen -en; Hunderte von ihnen waren Drohnen ..., und zu Tausenden waren sie Arbeiter, bauten die Zellen ..., sorgten für die junge Z. (Döblin, Märchen 40); **c)** *Kurzf. von* ↑ Zuchtstätte. **2. a)** (veraltend) *[strenge] Erziehung, Disziplinierung:* eine eiserne Z. üben; sie ist in strenger Z. aufgewachsen *(hatte eine strenge Erziehung);* er hat den Jungen in strenge Z. genommen *(hat ihn streng erzogen);* **b)** (geh., oft abwertend) *das Gewöhntsein an strenge Ordnung, Disziplin; das Diszipliniertsein, Gehorsamkeit:* eine straffe, echte Z.; hier herrscht preußische Z.; in dieser Klasse ist wenig Z.; jmdn. an Z. [und Ordnung] gewöhnen.

Zucht|buch, das: *Buch, in das alle nötigen Angaben über Zuchttiere bzw. über Pflanzenzüchtungen eingetragen sind.*

Zucht|bul|le, der; vgl. Zuchttier.

züch|ten ⟨sw. V.; hat⟩ [mhd. zühten, ahd. zuhten = aufziehen, nähren]: **1.** *(Tiere, Pflanzen) aufziehen bes. mit dem Ziel, durch Auswahl, Kreuzung, Paarung bestimmter Vertreter von Arten od. Rassen mit Vertretern, die andere, besondere, erwünschte Merkmale u. Eigenschaften haben, eine Verbesserung zu erreichen:* Hühner z.; Schweine mit fettarmem Fleisch z.; Rosen, Bakterien z.; bestimmte Sorten von Getreide, Äpfeln z.; Bakterien auf Nährböden z. *(heranziehen);* Ü den preußischen Beamtentypus haben die Hohenzollern gezüchtet; Damit züchten sie ja nur den Hass (Kempowski, Uns 92). **2.** (Zool., Jägerspr.) *sich paaren:* die Wildenten haben gezüchtet.

Züch|ter, der; -s, - [mhd. zühter = Züchter, ahd. zuhtari = Lehrer, Erzieher]: *jmd., der Tiere, Pflanzen züchtet.*

Zucht|er|folg, der, die; -: *Erfolg bei der Zucht (1 a) bestimmter Tiere od. Pflanzen.*

Züch|te|rin, die; -, -nen: w. Form zu ↑ Züchter.

züch|te|risch ⟨Adj.⟩: *die Zucht (1 a) betreffend, darauf beruhend, dazu gehörend.*

Zucht|form, die (Biol.): *durch Züchtung erreichte spezielle Form einer Tier- od. Pflanzenart.*

Zucht|haus, das (früher, noch schweiz.): **1.** *Gebäude, Einrichtung für Häftlinge mit einer schweren Zuchthausstrafe:* aus dem Z. ausbrechen; im Z. sein, sitzen *(eine Zuchthausstrafe verbüßen);* ins Z. kommen *(mit Zuchthaus 2 bestraft werden).* **2.** *Zuchthausstrafe:* zu 10 Jahren Z. verurteilt werden; dieses Verbrechen wird mit Z. [nicht unter 5 Jahren] bestraft.

Zucht|häus|ler, der; -s, - (früher, noch schweiz., abwertend): *jmd., der eine Zuchthausstrafe verbüßen muss, verbüßt hat.*

Zucht|häus|le|rin, die; -, -nen: w. Form zu ↑ Zuchthäusler.

Zucht|haus|stra|fe, die (früher, noch schweiz.): *im Zuchthaus zu verbüßende Freiheitsstrafe in ihrer schwersten Form.*

Zucht|hengst, der; vgl. Zuchttier.

züch|tig ⟨Adj.⟩ [mhd. zühtec, ahd. zuhtig = gesittet, wohlerzogen] (oft leicht spöttisch): *sich in den Schranken des Anstands, der Sitte, der Moral haltend; anständig, zurückhaltend:* die sonst so freizügige Diva trug ein geradezu -es Outfit; der Gangsta-Rapper ist inzwischen z. geworden.

züch|ti|gen ⟨sw. V.; hat⟩ [mhd. zühtegen, zu ↑ Zucht] (geh.): *durch Schlagen hart bestrafen:* früher wurden Schüler noch mit dem Stock gezüchtigt; Ü Alle hoffen sie, Napoleon werde diese Überhebung z. (geh.; *streng ahnden)* und Fouché entlassen (St. Zweig, Fouché 140).

Züch|tig|keit, die; - (oft leicht spöttisch): *das Züchtigsein; züchtiges Wesen, Verhalten.*

Züch|ti|gung, die; -, -en (geh.): *das Züchtigen; das Gezüchtigtwerden:* Die fällige Z. mit dem Stock ertrug er ohne Schmerzensäußerung (Süskind, Parfum 35); Solange ich mich erinnern kann, habe ich immer eine Abneigung gegen körperliche Z. gehabt (Böll, Und sagte 50).

♦ **Zucht|knecht,** der: *Aufseher im Zuchthaus:* ... du ziehst bei den Bettelvögten, Stadtpatrollanten und -en Kundschaft ein, wer so am fleißigsten bei ihnen einspreche (Schiller, Räuber II, 3).

zucht|los ⟨Adj.⟩ (veraltend, oft abwertend): *ohne Zucht (2 b), undiszipliniert:* eine -e Gesellschaft; ein -es Leben führen.

Zucht|lo|sig|keit, die; -, -en (veraltend, oft abwertend): **1.** ⟨o. Pl.⟩ *das Zuchtlossein.* **2.** *zuchtloses Verhalten.*

Zucht|meis|ter, der: **a)** (veraltet) *strenger Erzieher;* **b)** (ugs.) *jmd., der andere streng behandelt, erzieht:* der Z. der Bundestagsfraktion; der neue Trainer gilt als Z.; ♦ **c)** *Aufseher im Zuchthaus:* Und wenn sie (= *Herzog Albas Soldaten)* auf der Schildwache stehen und du gehst an ihnen vorbei, ist's, als wenn er dich durch und durch sehen wollte, und immer so steif und mürrisch aus, das du auf allen Ecken einen Z. zu sehen glaubst (Goethe, Egmont IV).

Zucht|meis|te|rin, die: w. Form zu ↑ Zuchtmeister (b).

Zucht|mit|tel, das (Rechtsspr.): *Erziehungsmittel im Jugendstrafrecht (z. B. Verwarnung).*

Zucht|per|le, die: *durch Einsetzen eines Fremdkörpers in eine Muschel entstandene Perle.*

zucht|reif ⟨Adj.⟩ (Tierzucht): *Zuchtreife besitzend:* ein -er Hengst.

Zucht|rei|fe, die (Tierzucht): *Zeitpunkt, von dem an Zuchttiere erstmals zur Zucht herangezogen werden können.*

Zucht|rü|de, der; vgl. Zuchttier.

Zucht|stamm|baum, der; vgl. Zuchtbuch.

Zucht|stät|te, die: *Betrieb, Institut o. Ä., in dem die Zucht bestimmter Tiere od. Pflanzen betrieben wird.*

Zucht|stier, der; vgl. Zuchttier.

Zucht|tier, das: *für die Zucht, die Zeugung von Nachkommenschaft geeignetes, verwendetes Tier.*

Züch|tung, die; -, -en: **1.** *das Züchten* (1); *das Gezüchtetwerden.* **2.** *Ergebnis einer Züchtung* (1), *gezüchtetes Exemplar: sie zeigte uns im Garten ihre -en.*
Zucht|vieh, das: vgl. Zuchttier.
zuck: ↑ ruck, zuck.
zu|ckeln ⟨sw. V.; ist⟩ [Iterativbildung zu ↑ zucken] (ugs.): *sich ohne jede Hast, mit oft etwas träge wirkenden Bewegungen [auf unregelmäßigem Untergrund] langsam, gemächlich irgendwohin bewegen: der Karren zuckelte über das Feld; sie zuckelten müde zur Jugendherberge.*
Zu|ckel|trab, der (ugs.): *langsamer, gemächlich wirkender Trab.*
zu|cken ⟨sw. V.⟩ [mhd. zucken, ahd. zucchōn, zu ↑ ziehen u. eigtl. = heftig od. wiederholt ziehen]: **1.** ⟨hat⟩ **a)** *eine plötzliche, jähe, oft unwillkürliche, schnelle, ruckartige Bewegung machen:* er ertrug den Schmerz, ohne zu z.; ihre Hand zuckte, als sie zuckte mit der Hand bei dieser Berührung; der Hund zuckte noch einmal und verendete; seine Lippen, Mundwinkel zuckten [spöttisch]; zuckende Brauen; ⟨auch unpers.:⟩ es zuckte in seinem Gesicht, um ihren Mund; ⟨subst.:⟩ ein Zucken ging durch ihren Körper; Ü es zuckte ihm in den Händen, Fäusten *(er hätte am liebsten zugeschlagen),* als er das sah; bei solchen Klängen zuckte es ihr in den Beinen, Füßen *(hätte sie tanzen mögen);* Sie durfte hier wohl nichts ändern, sosehr es ihr auch in den Fingern z. mochte *(so gern sie es auch hätte tun mögen;* Fallada, Herr 154); **b)** *plötzlich u. für kurze Zeit in einer od. mehreren schnellen, kurzen Bewegungen sichtbar sein:* Blitze zuckten; auf der Tapete zuckte schwach der Widerschein des Kaminfeuers; die zuckenden Blitzlichter der Fotografen. **2.** ⟨ist⟩ *sich in einer od. mehreren kurzen, schnellen, oft ruckartigen Bewegungen irgendwohin, in eine bestimmte Richtung bewegen:* die Flammen zuckten bereits aus dem Dach; Blitze zuckten über den Himmel; sie war unwillkürlich zur Seite gezuckt; Ü plötzlich zuckte ein Gedanke, eine Erkenntnis durch seinen Kopf; Ein Stich von grundloser Eifersucht zuckte ihr durch die Brust (Zuckmayer, Fastnachtsbeichte 17).
zü|cken ⟨sw. V.; hat⟩ [mhd. zücken, ahd. zucchen, zu ↑ ziehen u. eigtl. = heftig ziehen od. reißen]: **1.** (geh.) *zum Kämpfen rasch hervorziehen:* den Dolch, den Degen, ein Messer z.; er ging mit gezückter Waffe auf ihn los. **2.** (scherzh.) *etw. aus etw. herausnehmen, hervorholen u. für etw. bereithalten:* die Geldbörse, die Brieftasche, das Scheckbuch z.; sie zückte Bleistift und Notizblock.
Zu|cker, der; -s, ⟨Sorten:⟩ - [mhd. zuker < ital. zucchero < arab. sukkar < aind. śárkarā = Kieselsteine; gemahlener Zucker]: **1. a)** *aus bestimmten Pflanzen (bes. Zuckerrüben u. Zuckerrohr) gewonnene, süß schmeckende [feinkörnige, lockere, weiß aussehende] Substanz, die ein Nahrungsmittel darstellt:* weißer, brauner, feiner, gestoßener, gemahlener Z.; gesponnener Z. (österr.; *Zuckerwatte);* ein Pfund Z.; ein Esslöffel [voll] Z.; ein Stück Z. *(Würfelzucker);* die Früchte sind süß wie Z.; Z. herstellen, gewinnen, raffinieren; mit Z. in den, zum Kaffee?; etw. mit Z. süßen, zubereiten; den Tee ohne Z. trinken; * **Z. sein** (salopp; *in Begeisterung, Bewunderung hervorrufender Weise schön, gut, wunderbar, herrlich sein):* das Mädchen, deine Idee ist Z.; **jmdm. Z. in den Hintern/Arsch blasen** (derb; *jmdn. [in schmeichlerischer Weise] übermäßig verwöhnen);* **b)** (Chemie) *kristalline, wasserlösliche Verbindung aus Sacchariden.* **2.** ⟨o. Pl.⟩ **a)** (Medizinjargon) Kurzf. von ↑ Blutzuckerspiegel: den Z.

bestimmen; **b)** (ugs.) Kurzf. von ↑ Zuckerkrankheit: sie ist an Z. erkrankt.
Zu|cker|bä|cker, der (südd., österr.): *Konditor.*
Zu|cker|bä|cke|rin, die: w. Form zu ↑ Zuckerbäcker.
Zu|cker|bä|cker|stil, der ⟨o. Pl.⟩ (abwertend): *durch meist überladene, unorganisch u. aufgepfropft wirkende Verzierung gekennzeichneter sowjetischer Baustil der Nachkriegsjahre (bis etwa 1955).*
♦ **Zu|cker|beck,** der; -en, -en (alemann.): *Zuckerbäcker:* ... geschwind soll die Lise zum Z. laufen und frisches Backwerk holen (Keller, Kleider 7).
Zu|cker|brot, das: **1.** (veraltet) *feines süßes Gebäck:* Z. backen; * **mit Z. und Peitsche** (oft scherzh.; *in einer oft willkürlich wirkenden Weise zwischen Milde u. Strenge wechselnd:* er trainierte die Mannschaft mit Z. und Peitsche). **2.** (fam.) *mit Zucker bestreutes Butterbrot.*
Zu|cker|chen, das; -s, - (fam. veraltend): *Bonbon.*
Zu|cker|cou|leur, die: *durch Erhitzen von Zucker gewonnene, tiefbraune, wasserlösliche Substanz, die bes. zum Färben von Lebensmitteln verwendet wird.*
Zu|cker|do|se, die: *Dose für den Zucker, der zu Kaffee, Tee o. Ä. genommen wird.*
Zu|cker|erb|se, die: *süß schmeckende Erbse, die (unreif) als Gemüse gegessen wird.*
Zu|cker|fa|b|rik, die: *Fabrik, in der Zucker aus Zuckerrüben od. Zuckerrohr gewonnen wird.*
Zu|cker|fest, das [LÜ von türk. şeker bayramı; an den Festtagen werden häufig süße Speisen gereicht u. Süßigkeiten verschenkt]: *muslimisches Fest des Fastenbrechens nach dem Fastenmonat; Ramadanfest.*
Zu|cker|ge|halt, der: *Gehalt an Zucker.*
Zu|cker|ge|win|nung, die: *Gewinnung von Zucker.*
Zu|cker|gla|sur, die: *vorwiegend aus Zucker hergestellte Glasur.*
Zu|cker|guss, der: *Zuckerglasur:* eine mit Z. überzogene Torte.
zu|cker|hal|tig, (österr.:) **zu|cker|häl|tig** ⟨Adj.⟩: *Zucker enthaltend:* -e Früchte.
Zu|cker|hut, der: **1.** *zu einer festen Masse gegossener Zucker von der Form eines an der Spitze abgerundeten Kegels* (1). **2.** ⟨o. Pl.⟩ *[nach der Form] Berg in Rio de Janeiro.*
zu|cke|rig, zuck|rig ⟨Adj.⟩: **a)** *mit Zucker bestreut, bedeckt; voller Zucker:* in -er Fastnachtskrapfen; seine Finger waren ganz z.; **b)** *aus Zucker [hergestellt]:* das Gebäck war mit einer -en Masse gefüllt.
zu|cker|krank ⟨Adj.⟩: *an Diabetes mellitus leidend:* ein -er Patient.
Zu|cker|krank|heit, die: *Diabetes mellitus.*
Zu|ckerl, das; -s, -[n] (bayr., österr.): *Bonbon:* ein Z. lutschen; Ü ein echtes Z. (ugs.; *etwas ganz Besonderes)* für Museumsbesucher.
Zu|cker|le|cken, das; in der Wendung **kein Z. sein** (ugs.; ↑ Honiglecken).
Zu|cker|lö|sung, die: *Wasser, in dem Zucker gelöst ist.*
zu|cker|l|ro|sa (indekl. Adj.) (österr. abwertend): *kitschig rosa.*
Zu|cker|mas|se, die: *vorwiegend aus Zucker bestehende Masse.*
zu|ckern ⟨sw. V.; hat⟩: **1.** *mit Zucker süßen:* den Brei z.; Wein z. *(ihm bei der Herstellung Zucker zusetzen).* **2.** *mit Zucker bestreuen:* einen Kuchen z.
Zu|cker|pup|pe, die. (fam.): *hübsches, niedliches Mädchen, hübsche, wohlgeformte, junge Frau.*
Zu|cker|raf|fi|na|de, die: *Raffinade.*
Zu|cker|raf|fi|ne|rie, die: *Betrieb, in dem Zucker raffiniert wird.*
Zu|cker|rohr, das: *(in [sub]tropischen Gebieten angebaute, zu den Süßgräsern gehörende) sehr*

hoch wachsende Pflanze mit dicken Halmen, aus deren weißem Mark Zucker gewonnen wird.
Zu|cker|rohr|plan|ta|ge, die: *Plantage, auf der Zuckerrohr angebaut wird.*
Zu|cker|rü|be, die: *(zu den Runkelrüben gehörende) Pflanze, aus deren keilförmiger Wurzel Zucker gewonnen wird.*
Zu|cker|rü|ben|si|rup, der: *zähflüssige, braune, viel Zucker enthaltende Masse, die bei der Herstellung von Zucker aus Zuckerrüben entsteht.*
Zu|cker|schle|cken, das: vgl. Zuckerlecken.
Zu|cker|stan|ge, die: *Süßigkeit in Form einer kleinen Stange aus gefärbter Zuckermasse.*
Zu|cker|streu|er, der: *Gefäß mit bestimmter Vorrichtung zum Streuen von Zucker.*
Zu|cker|stück, das: *[würfelförmiges] Stück Zucker.*
zu|cker|süß ⟨Adj.⟩ (emotional): *sehr süß; süß wie Zucker:* -e Birnen, Trauben; Ü Die Sekretärin ist z. (abwertend; *übertrieben liebenswürdig)* zur Gattin des Chefs (Tucholsky, Werke I, 56).
Zu|cker|tü|te, die. (landsch.): *Schultüte.*
Zu|cke|rung, die; -, -en: *(bei der Herstellung von Wein) das Zusetzen von Zucker.*
Zu|cker|wa|ren ⟨Pl.⟩: *Süßwaren.*
Zu|cker|was|ser, das: *Wasser, in dem [Traubenzucker aufgelöst ist.*
Zu|cker|wat|te, die: *aus Zucker bestehende Süßigkeit von der Form einer Art feinen Gespinstes, das wie Watte aussieht.*
Zu|cker|werk, das ⟨o. Pl.⟩ (veraltend): *Süßigkeiten:* Ich entsann mich, dass sie auch vergangenes Jahr nicht hatte auf den Weihnachtsbaum verzichten wollen. Geschmückt mit Lametta, Z. und zwölf Kerzen, hatte er in ihrem Zimmer gestanden (Kunze, Jahre 51).
Zu|cker|wür|fel, der: *würfelförmiges Zuckerstück.*
zuck|rig: ↑ zuckerig.
Zu|ckung, die; -, -en: *zuckende, ruckartige Bewegung:* nervöse, leichte -en; Da ich schwieg und nur ein unwillkürliche Z. mein Gesicht durchfuhr, fragte er ... (Kafka, Erzählungen 234).
Zu|deck, das; -[e]s, -e (landsch.), **Zu|de|cke,** die; -, -n: *Decke zum Zudecken:* er zieht die Zudecke über den Kopf.
zu|de|cken ⟨sw. V.; hat⟩: **a)** *(mit etw. Schützendem, Verhüllendem) bedecken:* das Kind, den Kranken [mit einer Decke, einem Mantel] z.; ich deckte mich [bis zum Hals] zu; bist du auch gut, warm zugedeckt?; die Rabatten werden im Winter mit Tannenzweigen zugedeckt; Ü Missstände zuzudecken versuchen; jmdn. mit Fragen, Vorwürfen z. *(überhäufen, überschütten);* **b)** *etw. über etw. [nach oben] Offenes legen [damit nichts durch die Öffnung hineingeraten kann]:* den Topf [mit einem Deckel] z.; eine Grube mit Brettern, Latten, mit einem Rost z.; der Brunnen muss immer zugedeckt sein.
zu|dem ⟨Adv.⟩ (geh.): *außerdem, überdies, [noch] dazu:* es war kalt und regnete z. [noch].
zu|den|ken ⟨unr. V.; hat; meist im Perf.⟩ (geh.): *(für jmdn.) vorsehen, bestimmen:* jmdm. zugedachte Blumen.
zu|die|nen ⟨sw. V.; hat⟩ (schweiz.): **1. a)** *zur Hand gehen:* dem Senn bei der Milchverarbeitung z.; **b)** *zuliefern:* zudienende Handwerksbetriebe. **2.** (veraltend) *Ackerland mit zudienenden Gebäulichkeiten.*
Zu|drang, der; -[e]s (veraltet): *Andrang, Zulauf.*
zu|dre|hen ⟨sw. V.; hat⟩: **1. a)** *durch Drehen schließen:* einen Hahn, die Wasserleitung z.; die Heizung z. *(durch Drehen am Ventil abstellen);* **b)** (ugs.) *durch Zudrehen eines Hahns o. Ä. am weiteren Ausströmen, Ausfließen hindern:* dreh das Wasser zu!; **c)** *(eine ²Mutter o. Ä.) festdrehen, anziehen:* nicht vergessen, die Muttern fest zuzudrehen. **2.** *in einer Drehbewegung zuwen-*

den: jmdm. den Rücken z.; sie drehte mir ihren Kopf zu.

zu|dring|lich ⟨Adj.⟩ [zu veraltet zudringen, mhd. zuodringen = sich (mit Gewalt) hinzudrängen]: *durch aufdringliches Verhalten lästig fallend; in belästigender Weise sich jmdm. körperlich nähernd:* ein -er Paparazzo.

Zu|dring|lich|keit, die; -, -en: **1.** ⟨o. Pl.⟩ *zudringliches Wesen, zudringliche Art:* seine Z. fällt ihr auf die Nerven. **2.** *Zudringlichkeit* (1) *ausdrückende Handlung:* sie wehrte sich gegen seine -en.

zu|dröh|nen, sich ⟨sw. V.; hat⟩ (Jargon): *sich durch Dröhnen* (3 a) *in einen solchen Rauschzustand versetzen, dass man nichts mehr wahrnimmt:* er dröhnt sich jeden Abend mit Alkohol zu.

zu|drü|cken ⟨sw. V.; hat⟩: **1.** *durch Drücken schließen* [u. geschlossen halten]: die Tür, einen Druckknopf, ein Vorhängeschloss z.; dem Toten die Augen z.; er drückte ihr die Gurgel, die Kehle zu (*[er]würgte sie*). **2.** *(umschließend) kräftig drücken:* sie drückt ganz schön [fest] zu, wenn sie einem die Hand gibt.

zu|eig|nen ⟨sw. V.; hat⟩: **1.** (geh.) *widmen, dedizieren:* jmdm. ein Buch z. **2.** (veraltet) *als Geschenk geben.* **3.** ⟨z. + sich⟩ (bes. Rechtsspr.) *sich [fremdes Eigentum widerrechtlich] aneignen:* sich herrenloses Gut z.

Zu|eig|nung, die; -, -en: **1.** *das [Sich]zueignen.* **2.** *Widmung.*

zu|ei|len ⟨sw. V.; ist⟩: *sich eilig in Richtung auf jmdn., etw. zubewegen* (b).

zu|ei|n|an|der ⟨Adv.⟩: *der, die, das eine zum, zur anderen:* sich z. verhalten; sie werden noch z. finden; z. passen; z. sprechen; ihr Verhältnis z.; seid nett z.!

zu|ei|n|an|der|dür|fen ⟨unr. V.; hat⟩: *zueinanderkommen dürfen:* sie hatten nicht z.

zu|ei|n|an|der|fin|den, zu|ei|n|an|der fin|den ⟨st. V.; hat⟩: *sich nahekommen* (2): die beiden haben zueinandergefunden.

zu|ei|n|an|der|hal|ten ⟨st. V.; hat⟩, **zu|ei|n|an|der hal|ten**: *einer zum anderen halten* (11 a): sie haben in schweren wie in guten Zeiten zueinandergehalten.

zu|ei|n|an|der|kom|men ⟨st. V.; ist⟩: *sich einander nähern u. zusammenkommen:* sie konnten nicht z.

zu|ei|n|an|der|kön|nen ⟨unr. V.; hat⟩: *zusammenkommen können.*

zu|ei|n|an|der|las|sen ⟨st. V.; hat⟩ (ugs.): *zueinanderkommen lassen:* sie wollten uns nicht z.

zu|ei|n|an|der|le|gen, sich ⟨sw. V.; hat⟩: vgl. zueinandersetzen.

zu|ei|n|an|der|pas|sen, zu|ei|n|an|der pas|sen ⟨sw. V.; hat⟩: *zusammenpassen:* die beiden haben einfach nicht zueinandergepasst.

zu|ei|n|an|der|set|zen, sich ⟨sw. V.; hat⟩: *sich zusammen irgendwo hinsetzen.*

zu|ei|n|an|der|ste|hen ⟨unr. V.; hat⟩; südd., österr., schweiz.: ist⟩: vgl. zueinanderhalten: die Bündnispartner standen treu zueinander.

zu|er|ken|nen ⟨unr. V.; erkennt zu/(selten auch:) zuerkennt, erkannte zu/(selten auch:) zuerkannte, hat zuerkannt⟩: **a)** *[durch einen (Gerichts)beschluss] zusprechen:* jmdm. eine Entschädigung z.; die Jury erkannte ihm einen Preis zu; die Fakultät hat ihm den Doktortitel zuerkannt; **b)** *beimessen, zuschreiben* (1 b): der Ernährung wird in der Entwicklung eines Kindes eine wichtige Rolle zuerkannt.

Zu|er|ken|nung, die; -, -en: *das Zuerkennen; das Zuerkanntwerden.*

zu|erst ⟨Adv.⟩ [mhd. zērist, ahd. zi ērist]: **1. a)** *(in Bezug auf die Tätigkeit o. Ä.) als Erstes, vor dem Übrigen:* ich war z. am Bahnhof und dann auf der Post; ich muss z. einmal etwas essen; was wollen wir z. machen?; **b)** *als Erster, Erste,*

Erstes: wer z. kommt, wird z. bedient; er ist mit dem Kopf z. (*voraus*) ins Wasser gesprungen. **2.** *anfangs; in der ersten Zeit:* z. fand sie ihn ganz sympathisch; z. hatte er Probleme bei der Arbeit. **3.** *erstmals:* parlamentarische Untersuchungsausschüsse wurden im englischen Parlament z. am Ende des 17. Jh. eingesetzt. **4.** *erst:* daran muss man sich z. gewöhnen.

Zu|er|werb, der; -[e]s: *Nebenerwerb:* der Weinbau ist für viele hier nur ein Z.

Zu|er|werbs|be|trieb, der (Landwirtsch.): *landwirtschaftlicher Betrieb, dessen Besitzer zusätzlich einer Erwerbstätigkeit in nicht landwirtschaftlichen Bereich nachgeht, da sein Betrieb keine ausreichende Existenzgrundlage darstellt.*

zu|fä|cheln ⟨sw. V.; hat⟩: *in Richtung auf jmdn., einen Körperteil fächeln* (2): jmdm., sich [mit einer Zeitung] Kühlung z.

♦ **zu|fa|chen** ⟨sw. V.; hat⟩ [zu ↑ fachen]: *zufächeln:* Sie glühten füreinander, und ich fachte selbst Odem ihren Leidenschaften zu (Goethe, Mahomet II, 4); Er (= der Hass) wuchs mit uns, und böse Menschen fachten der unglücksel'gen Flamme Atem zu (Schiller, Maria Stuart III, 4).

zu|fah|ren ⟨st. V.⟩: **1.** ⟨ist⟩ *sich fahrend zubewegen* (b): er, der Wagen fuhr auf ihn, auf die Schranke zu. **2.** ⟨ist⟩ *zustürzen, zuspringen* (a): sie fuhr wie ein Wirbelwind auf mich zu. **3.** ⟨hat⟩ (selten) *mit einem Fahrzeug bringen:* die Ware wird [den Kunden] frei Haus zugefahren. **4.** ⟨ist; bes. im Imperativ gebr.⟩ (ugs.) *nicht länger langsam od. zögernd, sondern schnell[er] (auf das Ziel zu) fahren:* fahr doch mal ein bisschen zu!

Zu|fahrt, die; -, -en: **1.** ⟨o. Pl.⟩ *Möglichkeit des Fahrens bis zu einem bestimmten Ziel:* die Z. [zum Stadion aus östlicher Richtung] erfolgt über die Ebertbrücke. **2.** *Fahrweg, auf dem man mit einem Fahrzeug zu einem bestimmten Ort gelangt.*

Zu|fahrts|ram|pe, die: *die Zufahrt zu etw. ermöglichende Rampe.*

Zu|fahrts|stra|ße, die: vgl. Zufahrtsrampe: die Polizei sperrte alle -n.

Zu|fahrts|weg, der: vgl. Zufahrtsrampe: die -e nach Berlin.

Zu|fall, der; -[e]s, Zufälle [zu ↑ zufallen, mhd. zuoval = das, was jmdm. zufällt, zuteilwird, zustößt: Abgabe, Einnahme; Beifall, Zustimmung; Anfall; bei den Mystikern des 14. Jh.s wurde es im Anschluss an lat. accidens, accidentia (↑ Akzidens, Akzidenz) für »äußerlich Hinzukommendes« gebraucht]: **1.** *etw., was man nicht vorausgesehen hat, was nicht beabsichtigt war, was unerwartet geschah:* ein seltsamer, glücklicher, dummer, ärgerlicher, merkwürdiger Z.; etw. ist [reiner] Z.; es ist kein Z. (*ist nicht zufällig, hat seinen Grund*), dass ...; der Z. hat uns dorthin geführt; der Z. wollte es, dass ... (*es war völlig unerwartet, dass ...*); der Z. kam uns zu Hilfe (*die Sache entwickelte sich ohne unser Zutun in der gewünschten Weise*); das verdankt er nur einem Z. (*einem Umstand, der nicht vorauszusehen war*); ich habe durch Z. (*zufällig*) davon gehört. **2.** ⟨meist Pl.⟩ (veraltet) *plötzlich auftretender Anfall* (1): ... es geht im strengsten Geheimnis vor sich, wenn einer stirbt, mit Rücksicht auf die Patienten und namentlich auch auf die Damen, die sonst leicht Zufälle bekämen (Th. Mann, Zauberberg 77).

zu|fal|len ⟨st. V.; ist⟩: **1.** *sich [mit einem Schlag] von selbst schließen:* die Tür fiel krachend zu; ihr fallen [vor Müdigkeit] die Augen zu. **2. a)** [mhd. zuovallen] (*ohne eigenes Dazutun, durch glückliche Umstände*) *zuteilwerden, gegeben, geschenkt, vererbt werden:* das Vermögen fällt der Tochter des Verstorbenen, dem Staat zu; der erste Preis ist dem Finnen zugefallen; ihm fällt alles [nur so] zu (*er ist, ohne sich anstrengen zu müssen, stets erfolgreich*); **b)** *zugeteilt, zugewiesen werden; zukommen:* diese Aufgabe, Rolle ist mir zugefallen; die Entscheidung, die Verantwortung fällt dir zu.

zu|fäl|lig ⟨Adj.⟩ [spätmhd. zuovellic]: *auf Zufall beruhend, durch Zufall sich ergeben habend; unvorhergesehen, unbeabsichtigt:* eine -e Begegnung, Bekanntschaft; ein -er Bekannter von mir (*jmd., den ich einmal durch Zufall kennengelernt habe*); Ähnlichkeiten mit lebenden Personen sind rein z.; jmdn. z. treffen, sehen; ... die Kellnerin ist wieder mal freundlich zu Vater, und das bestimmt nicht z. (Herta Müller, Niederungen 135); Er fragte mich, ob ich z. (ugs.: *vielleicht*) wisse, wohin seine Frau verschwunden sei (Seghers, Transit 98).

zu|fäl|li|ger|wei|se ⟨Adv.⟩: *durch Zufall:* jmdn. z. treffen.

Zu|fäl|lig|keit, die; -, -en: **1.** ⟨o. Pl.⟩ *das Zufälligsein:* ich glaube nicht an die Z. dieser Begegnung. **2.** *etw., was auf Zufall beruht, zufälliges Ereignis, zufällig gegebene Tatsachen:* das Leben wird oft von -en bestimmt.

Zu|falls|aus|wahl, die (Statistik): *vom Zufall bestimmte Auswahl.*

zu|falls|be|dingt ⟨Adj.⟩: *durch Zufall bedingt:* das zeitliche Zusammenfallen beider Ereignisse ist z.

Zu|falls|be|kannt|schaft, die: **1.** *jmd., den jmd. durch Zufall kennengelernt hat.* **2.** ⟨Pl. selten⟩ (selten) *auf Zufall beruhende Bekanntschaft* (1): diese Z. stimmte ihn nachdenklich.

Zu|falls|er|geb|nis, das: *auf Zufall beruhendes Ergebnis.*

Zu|falls|fund, der: *zufällig gemachter Fund:* archäologische -e.

Zu|falls|ge|ne|ra|tor, der: *Gerät od. Computerprogramm, das etw., bes. Zahlen, mithilfe der Zufallsauswahl auswählt.*

Zu|falls|prin|zip, das: *Prinzip, das besagt, dass etw. nicht planmäßig geschieht, gemacht wird, sondern auf Zufall beruht:* jmdn. nach dem Z. auswählen.

Zu|falls|tref|fer, der: *durch Zufall erzielter Treffer.*

Zu|falls|va|ri|a|b|le, die (Math.): *variable Größe, deren Werte vom Zufall abhängig sind.*

Zu|falls|ver|such, der: *Versuch* (3), *dessen Ausgang vom Zufall abhängt.*

zu|fas|sen ⟨sw. V.; hat⟩: **1.** *[in einer raschen Bewegung] nach etw. greifen u. es festhalten:* fest, kräftig, blitzschnell z.; Plötzlich warf sich der Junge zur Seite, und ehe Herr Schmidt z. konnte, rannte er die Böschung hinauf (Schnurre, Fall 11). **2.** (ugs.) *zupacken* (2): alle Beteiligten mussten kräftig z.

zu|fa|xen ⟨sw. V.; hat⟩ (ugs.): *jmdm. mithilfe eines Faxgerätes übermitteln, zugehen lassen.*

zu|fei|len ⟨sw. V.; hat⟩: *durch Feilen in die gewünschte Form bringen:* einen Schlüssel z.; spitz zugefeilte Fingernägel.

zu|feu|ern ⟨sw. V.; hat⟩ (salopp): *zuwerfen* (1): sie feuerte die Tür zu.

zu|fleiß ⟨Adv.⟩ (bayr., österr. ugs.): *absichtlich, bewusst:* er hat z. übertrieben; * **jmdm. z.** (*um jmdn. zu ärgern:* das hat er mir z. getan).

zu|flie|gen ⟨st. V.; ist⟩: **1.** *sich fliegend auf jmdn., etw. zubewegen* (b): das Flugzeug flog genau auf den Berg zu; der Ball kam auf mich zugeflogen. **2.** *(zu jmdm.) geflogen kommen:* mir ist ein Kanarienvogel zugeflogen; Ü ihm fliegen die Herzen [der Mädchen] zu; die Einfälle fliegen ihm nur so zu (*er hat, ohne angestrengt nachdenken zu müssen, eine Fülle von Einfällen*); ihr fliegt in der Schule alles zu (*sie lernt sehr leicht*).

3. (ugs.) *(durch einen [Wind]stoß) zufallen* (1): *die Tür flog zu.*

zu|flie|ßen ⟨st. V.; ist⟩: **1. a)** *sich fließend auf etw. zubewegen* (b): *der Strom fließt dem Meer zu;* **b)** *(in etw.) hineinfließen:* dem Bassin fließt ständig frisches Wasser zu. **2.** *zufallen* (2 a), *zuteil-, zugeführt werden:* das Geld fließt der Caritas zu.

Zu|flucht, die; -, -en [mhd. zuovluht = schützender Ort (für lat. refugium)]: *Ort, jmd., den man in der Not aufsucht, um Schutz, Hilfe zu bekommen; Sicherheit (für einen Verfolgten, in Not Geratenen):* du bist deine Z.; er suchte [bei Freunden] Z. vor den Verfolgern; sie fanden in einer Scheune Z. vor dem Unwetter; jmdm. Z. geben, gewähren; Was sich ... auf Schiffe und Flöße retten konnte, trieb auf solchen und kümmerlicheren -en längst über versunkene Städte und Wälder dahin (Ransmayr, Welt 163); * [seine] **Z. zu etw. nehmen** *(in seiner Not von etw. Gebrauch machen, sich einer Sache bedienen):* in seiner Verzweiflung nahm er Z. zum Alkohol.

Zu|fluchts|ort, der: *Zuflucht bietender Ort:* das kleine Baumhaus war in der Kindheit mein Z.

Zu|fluchts|staat, der: vgl. Zufluchtsort.

Zu|fluchts|stät|te, die (geh.): vgl. Zufluchtsort.

Zu|fluss, der; -es, Zuflüsse: **1.** ⟨o. Pl.⟩ *das Zufließen* (1 b): der ständige Z. frischen Wassers. **2.** *in ein anderes Gewässer fließender Bach, Fluss:* dieser Bach ist der einzige Z. des Sees. **3.** *Zufuhr* (1): der Z. neuen Geldes.

zu|flüs|tern ⟨sw. V.; hat⟩: *flüsternd mitteilen:* der Schüler flüsterte seinem Nachbarn die Antwort zu; Der Tänzer hätte ihr immer zugeflüstert, welche Schritte sie machen soll (Kempowski, Uns 95).

zu|fol|ge ⟨Präp.; nachgestellt mit Dativ, seltener schweiz. u. Rechtsspr. vorangestellt mit Gen.⟩: *nach, gemäß, ²laut:* einem Gerücht z. will er heiraten.

zu|frie|den ⟨Adj.⟩ [zusger. aus älteren Wendungen wie zu Frieden setzen = zur Ruhe bringen]: *sich mit dem Gegebenen, den gegebenen Umständen, Verhältnissen in Einklang befindend u. daher innerlich ausgeglichen u. keine Veränderung der Umstände wünschend:* ein -er Mensch; ein -es *(Zufriedenheit ausdrückendes)* Gesicht machen; er ist immer fröhlich und z.; wir können z. sein; ist er jetzt [endlich] z.? (ugs.; *ist jetzt alles so, wie du es haben wolltest?*); damit musst du z. sein *(mehr kannst du nicht bekommen);* sie lebten glücklich und z.; lächeln; ich bin mit meinem neuen Wagen, mit meinem Stellvertreter sehr z. *(habe nichts daran, an ihm auszusetzen);* er ist leicht z. zu stellen *(seine Wünsche sind leicht zu befriedigen);* z. stellende Ergebnisse.

zu|frie|den|ge|ben, sich ⟨st. V.; hat⟩: *keine weiteren Ansprüche, Forderungen stellen, etw. als ausreichend, als gut genug akzeptieren:* damit kann ich mich nicht z.

Zu|frie|den|heit, die; -, -en: **1.** *das Zufriedensein:* er strahlte Z. aus; der Erfolg erfüllte ihn mit tiefer Z.; eine Aufgabe zu jmds. voller Z. erledigen. **2.** *Grad, Ausmaß des Zufriedenseins:* effiziente Abläufe sollen die -en von Patienten steigern.

zu|frie|den|las|sen ⟨st. V.; hat⟩: *in Ruhe, in Frieden lassen; nicht behelligen:* wenn du die Kleine nicht zufriedenlässt, kriegst du mit mir zu tun; lass mit mit deinem Gejammer zufrieden.

zu|frie|den|stel|len, zu|frie|den stel|len ⟨sw. V.; hat⟩: *jmds. Wünsche, Erwartungen, Ansprüche erfüllen:* seine Kunden z.

zu|frie|den|stel|lend, zu|frie|den stel|lend ⟨Adj.⟩: *den Erwartungen, Ansprüchen an etw. weitgehend entsprechend:* -e Leistungen; ein -eres Ergebnis; sein Befinden ist z.

zu|frie|ren ⟨st. V.; ist⟩: *von einer Eisschicht überzogen werden:* der See ist zugefroren.

zu|fü|gen ⟨sw. V.; hat⟩: **1.** *mit jmdm. so verfahren, dass ihm geschadet wird, dass etw. Unangenehmes, Nachteiliges erleiden muss; jmdm. etw. antun:* jmdm. Schaden, [ein] Leid, einen schweren Verlust, [ein] Unrecht z.; jmdm. Schmerzen, Qualen, Pein z.; Spr was du nicht willst, dass man dir tu, das füg auch keinem andern zu! **2.** *hinzufügen:* sie fügte der Suppe noch einen Schuss Wein zu.

Zu|fü|gung, die; -, -en: *das Zufügen.*

Zu|fuhr, die; -, -en: **1.** *Zuführen* (1 a); *das Zugeführtwerden:* die Z. [von Benzin] zum Vergaser; dem Feind die Z. (Militär; *den Nachschub*) abschneiden; die Z. *(der Zustrom)* feuchter Meeresluft. **2.** (selten) *auf einmal zugeführte Menge.*

zu|füh|ren ⟨sw. V.; hat⟩: **1. a)** *zu etw. gelangen lassen; zuleiten* (1): einer Maschine Strom, dem Vergaser über die Benzinleitung Kraftstoff z.; der Erlös wird einer karitativen Organisation zugeführt; **b)** *mit jmdm., etw. zusammenbringen; zu jmdm., etw. bringen, führen:* jmdm., einer Firma Kunden z.; einer Partei Mitglieder z.; die Stute dem Hengst z.; jmdn. seiner gerechten Strafe z. *(gerecht bestrafen [lassen]);* seiner Bestimmung z. *(es für seinen eigentlichen Zweck verwenden [lassen]).* **2.** *in Richtung auf etw. hin verlaufen:* der Weg führt auf das Dorf zu.

◆ **Zu|füh|rer**, der; -s, -: *Zuhälter:* Ich habe Eingang in einer gewissen Diana Bononi und bin gegen fünf Vierteljahr ihr Z. gewesen (Schiller, Fiesco II, 15).

Zu|füh|rung, die; -, -en: **1.** ⟨o. Pl.⟩ *das Zuführen; das Zugeführtwerden.* **2.** *Zuleitung* (2): die Z. ist verstopft.

zu|füt|tern ⟨sw. V.; hat⟩: **a)** *(einem Baby) neben der Muttermilch noch andere Nahrung (z. B. Brei) zuführen:* die Milch reicht, Sie brauchen nicht zuzufüttern; **b)** *(einem Tier) neben der Grundnahrung noch anderes Futter zuführen:* im Winter z. müssen.

Zu|füt|te|rung, die; -, -en: *das Zufüttern.*

¹Zug, der; -[e]s, Züge [mhd., ahd. zuc, zu *ziehen* u. eigtl. = das Ziehen]: **1. a)** [nach gleichbed. engl. train, urspr. = Gefolge, dann über »in einer Reihe sich bewegende Wagen« od. Packtiere – Bedeutungsentwicklung zu »Gruppe, Kolonne (von Fahrzeugen od. Personen)« u. »Eisenbahnzug«] *Lokomotive od. Triebwagen mit den zugehörigen (angekoppelten) Wagen (bei der Eisenbahn, Straßenbahn o. Ä.):* ein überfüllter, leerer, fahrplanmäßiger, verspäteter Z.; der Z. nach Frankfurt läuft auf Gleis 2 ein; der Z. hält, fährt gleich ab, kommt voraussichtlich zehn Minuten später an; dieser Z. hat keinen Anschluss *(es fährt kein Anschlusszug in die gewünschte Richtung);* dieser Z. führt nur Wagen erster, hat nur erste Klasse, einen Speisewagen; mein Z. geht in einer Stunde; einen Z. benutzen, verpassen, versäumen, gerade noch erreichen; Vorsicht bei der Abfahrt des -es!; jmdn. am, mit dem fahrenden Z. aufspringen; im Zug sitzen; sich nach den Zügen *(dem Fahrplan der Züge)* erkundigen; jmdn. vom Z. abholen, zum Z. bringen; R der Z. ist abgefahren (ugs.; *es ist zu spät, man kann nichts mehr ändern);* * **im falschen Z. sitzen** (ugs.; *sich nicht richtig entschieden haben);* **b)** *Lastzug;* **c)** *Feuerlöschzug:* die Feuerwehr war mit drei Zügen ausgerückt; **d)** *Gespann:* ein Z. Ochsen, Schlittenhunde. **2. a)** *sich fortbewegende Gruppe, Schar, Kolonne:* ein langer Z. von Demonstranten, Trauernden; endlose Züge von Flüchtlingen; fröhliche Musikanten schritten dem Z. voran; sich zu einem Z. formieren; **b)** *das Ziehen, Sich-

fortbewegen [in einer Gruppe]: der Z. der Wildgänse nach Norden hat begonnen; den Z. der Wolken beobachten; Ü im -e (Papierdt.; *im Zusammenhang mit*) der neuen Entwicklung. **3.** *das Einwirken auf etw., um es zu sich hin zu bewegen; gegen die Kräfte des Festhaltens od. des inneren Zusammenhalts wirkende Kraft:* ein starker Z. nach unten, nach der Seite; Z. ausüben; Ü das ist der Z. der Zeit; sie hat einen Z. ins Gemeine; dem Z. des Herzens folgen; * **in etw. ist Z.** (ugs.; *in einer Sache ist Schwung*); **gut im -e/im besten -e mit etw. sein** *(gut mit etw. vorankommen; arbeitend weiterkommen).* **4. a)** *Vorrichtung (z. B. Band, Hebel, Griff), mit der ein ¹Zug (3) ausgeübt wird, um etw. auseinander- oder zusammenzuziehen, zu öffnen od. zu schließen o. Ä.:* der Z. am Rollladen, an der Gardine; der Z. *(ausziehbares Mittelteil)* der Posaune; **b)** (landsch.) *ausziehbares Fach, Schubfach:* die Züge in der Schreibtisch. **5.** (Brettspiele) *das Bewegen, Weiterrücken einer Figur:* ein kluger, [un]überlegter Z.; wer hat den ersten Z.?; Schwarz ist am Z.; matt in drei Zügen; Ü taktische Züge; jetzt ist er an der anderen Seite am Z. *(muss sie handeln, etw. unternehmen);* etwas Z. um Z. *(eins nach dem andern ohne Unterbrechung)* erledigen; * **zum Z. kommen** *(entscheidend aktiv werden können, die Möglichkeit zum Handeln bekommen):* er ist bei seiner Freundin, bei dieser Sache wieder nicht zum -e gekommen). **6. a)** *Schluck:* einen kräftigen Z. aus der Flasche tun; einen tiefen Z. nehmen; er stürzte das Bier in einem Z. hinunter, leerte das Glas auf einen Z. *(ohne abzusetzen);* * **einen guten Z. haben** (ugs.; *viel auf einmal trinken, ohne abzusetzen*); **in einem Z.** *(ohne Unterbrechung:* er hat den Roman in einem Z. gelesen). **b)** *das Einziehen von Rauch:* ein gieriger, hastiger Z. an der Zigarette; er tat einen Z. z.; **c)** *tiefes Atmen, Atemzug:* die Luft in tiefen, vollen Zügen einziehen; * **etw. in vollen Zügen genießen** *(etw. voll u. ganz genießen, auskosten);* **in den letzten Zügen liegen** (ugs.; *im Sterben liegen;* eigtl. = *die letzten Atemzüge tun*). **7.** *Bewegung des kräftigen Durchziehens beim Schwimmen od. Rudern, Schlag:* in langen Zügen rudern. **8.** ⟨o. Pl.⟩ *als unangenehm empfundener Luftzug:* hier herrscht [ein] ständiger Z.; keinen Z. vertragen; die Fenster müssen gegen Z. abgedichtet werden; in *(an einer Stelle, an der es zieht)* sitzen; **b)** *nach außen, zum Schornstein führender Luftzug im Ofen:* der Ofen hat [keinen] guten Z.; der Z. brennt das Feuer schnell herunter. **9.** *Durchgang, Kanal, Rohr für die Luft im Ofen od. Kamin:* der Z. ist nicht richtig abgedichtet. **10.** *Linie[nführung] einer Schrift od. Zeichnung; Schriftzug:* die Züge der Schrift können etwas über den Charakter des Schreibers aussagen; * **in großen, groben Zügen** *(nur in Umrissen, skizzenhaft, ohne auf Einzelheiten einzugehen):* etw. in großen Zügen darstellen; das ist in groben Zügen die Vorgeschichte. **11.** *typische Linie des Gesichts, Ausdruck:* sympathische, jungenhafte, scharfe, fein geschnittene, brutale Züge; in seinem Gesicht lag ein Z. von Strenge; er hat einen energischen Z. um den Mund; Ü diese Stadt trägt noch dörfliche Züge. **12.** *charakteristische Art, Wesenszug:* ein eigenartiger, charakteristischer Z. an ihm; das war kein schöner Z. von dir *(das war nicht nett);* das Werk hat romantische Züge. **13.** (ugs.) *durch Erziehung erreichte Ordnung, Ausrichtung; Disziplin:* militärischer Z.; der Trainer hat Z. in die Mannschaft gebracht. **14. a)** *unter dem Kommando eines Zugführers stehende kleinste militärische Abteilung:* ein Z. Infanterie; **b)** *durch fachliche Merkmale gekennzeichnete Abteilung, Fachrichtung:* der

Zug–Zugende

altsprachliche, neusprachliche, mathematisch-naturwissenschaftliche, musische Z. eines Gymnasiums. **15.** *spiralig gewundene Vertiefung im Innern des Laufs einer Feuerwaffe:* die Züge eines Gewehres, Geschützrohrs. **16.** (selten) *lang gestreckte landschaftliche Formation* (z. B. Gebirgszug, Höhenzug): die Züge des Odenwaldes.

²**Zug:** Schweizer Kanton u. Stadt.

Zu|ga|be, die; -, -n: **1. a)** *etw. [bei einem Kauf] zusätzlich Gegebenes:* bei einem Einkauf über 300 Euro gibt es ein T-Shirt als Z.; Ich schlinge die Erbsensuppe hinunter, und der Wirt bringt mir freiwillig, als Z., noch einen Kanten Brot (Remarque, Obelisk 288); **b)** *bei einer künstlerischen Veranstaltung zusätzlich dargebotenes Musikstück o. Ä.:* der Pianist gab noch eine Z. **2.** ⟨o. Pl.⟩ *das Zugeben* (1): den Teig unter sparsamer Z. von Milch rühren.

Zug|ab|teil, das: *Abteil* (1a).

Zu|gang, der; -[e]s, Zugänge: **1. a)** *Stelle, Weg, der in einen Raum, Ort hineinführt:* ein unterirdischer Z. zur Burg; die Polizei ließ alle Zugänge sperren, besetzen; der freie Z. nach Berlin war gesichert worden; Ü freien, kostenlosen Z. zu Informationen haben; Kindern aus ärmeren Familien Z. zu Bildung verschaffen; Entwicklungsländer müssen einen besseren Z. zu den Märkten der Industrieländer erhalten; **b)** *das Betreten; das Hineingehen:* Z. verboten!; Ü zu jmdm., einer Sache keinen Z. haben *(jmdn., etw. nicht verstehen, sich nicht in jmdn., etw. einfühlen können);* sie hat keinen Z. zur Musik. **2. a)** ⟨o. Pl.⟩ *das Hinzukommen:* der Z. an offenen Stellen; der Z. an neuen Büchern in der Bibliothek; das Krankenhaus verzeichnete einen geringen Z. (Zuwachs) von Geburten; **b)** *hinzugekommene Person od. Sache:* es gab viele Zugänge in den Lazaretten; unter den Zugängen der Bibliothek sind wichtige Fachbücher.

zu|gan|ge: in den Verbindungen **mit jmdm., einer Sache z. sein** (ugs.; *sich mit jmdm., etw. befassen, beschäftigt sein*): ich bin mit der Vorbereitung der Rede z.); **irgendwo z. sein** (ugs.; *irgendwo eine bestimmte Tätigkeit o. Ä. ausüben, mit etw. beschäftigt sein*: der Koch war vorher in einem Münchner Feinschmeckerlokal z.).

zu|gäng|lich ⟨Adj.⟩: **1. a)** *Zugang bietend; betretbar:* ein schwer -es Bergdorf; die Zimmer sind von der Terrasse her z.; **b)** *für die Benutzung o. Ä. zur Verfügung stehend:* eine ständig -e Datenbank; diese Informationen sollten jedem/für jeden z. sein. **2.** *gegenüber anderen Menschen u. für Eindrücke, Ideen, Vorstellungen aufgeschlossen; kontaktfreudig:* ein -er Mensch; erst ganz allmählich wurde sie -er; für alles Schöne z. sein.

Zu|gäng|lich|keit, die; -, -en: **1.** *das Zugänglichsein; Grad, in dem etw. zugänglich ist.* **2.** (Soziol.) *Zugang* (1b); *Chance, Möglichkeit, einen Zugang zu finden.*

Zu|gangs|be|rech|ti|gung, die: *Erlaubnis, Berechtigung, in einen ansonsten geschlossenen Bereich (z. B. Gebäude, Datei[verzeichnis] etc.) zu gelangen:* eine kostenlose Z. zum Internet; die Z. für den VIP-Bereich, für die Hallen; die Z. haben, bekommen, verlieren.

Zu|gangs|be|schrän|kung, die: **1.** *Beschränkung der Zahl der Neuzugänge:* -en für bestimmte Studiengänge einführen, erlassen; die -en lockern. **2.** *Einschränkung des Zugangs* (1a) *zu etw.:* wegen des großen Andrangs wird es bei der Veranstaltung -en geben.

Zu|gangs|code, Zugangscode, der: *Code, der den Zugang* (1b) *zu etw. ermöglicht.*

Zu|gangs|da|ten ⟨Pl.⟩: *Daten, die den Zugang* (1b) *zu etw. ermöglichen.*

Zu|gangs|ko|de: ↑ Zugangscode.

Zu|gangs|kon|t|rol|le, die: **1.** *Kontrolle des Zugangs* (1). **2.** *Einrichtung, Stelle, die Zugangskontrollen* (1) *durchführt, an der Zugangskontrollen stattfinden.*

Zu|gangs|mög|lich|keit, die: **1.** *Möglichkeit, Zugang* (1a) *zu etw. zu erhalten.* **2.** *Einrichtung, Vorrichtung, die den Zugang* (1b) *zu etw. ermöglicht.*

Zu|gangs|stra|ße, die: *Straße, die als Zugang zu einem Ort, einer Stelle dient.*

Zu|gangs|weg, der: vgl. Zugangsstraße: alle -e waren verschneit.

Zug|an|schluss, der: *einen Anschluss* (2) *darstellender Zug.*

Zug|aus|kunft, Zugsauskunft, die (bes. österr.): *Auskunft der Bahn für Reisende.*

Zug|be|glei|ter, der: **1. a)** *jmd., der einen Transport im* ¹*Zug* (1 a) *begleitet;* **b)** *Angehöriger des Zugpersonals.* **2.** *in einem Fernzug ausliegendes Faltblatt, in dem die einzelnen Stationen mit Ankunfts- u. Abfahrtszeiten sowie die Anschlusszüge verzeichnet sind.*

Zug|be|glei|te|rin, die: w. Form zu ↑ Zugbegleiter (1).

Zug|brü|cke, die: *Brücke über einen Graben o. Ä., bes. bei alten Burgen, die vom Endpunkt her [an Ketten] hochgezogen werden kann.*

zu|ge|ben ⟨st. V.; hat⟩ [mhd. zuogeben = jmdm. zusetzen]: **1. a)** *hinzufügen, als Zugabe geben:* ein Probefläschchen Parfüm z.; der Sänger gab noch ein Volkslied zu (sang es als Zugabe); **b)** (Kartenspiele) *die geforderte Farbe dazulegen:* er musste eine Drei z. **2. a)** *[nach längerem Zögern] gestehen* (a): der Angeklagte hat die Tat, das Verbrechen, seine Schuld zugegeben; **b)** *als zutreffend anerkennen, zugestehen:* ich gebe zu, dass ich mich geirrt habe; sie gab zu, diese Tatsache verschwiegen zu haben; etw. offen, aufrichtig z.; es war, zugegeben, viel Glück dabei; So viel, ich gebe es zu, habe ich darüber niemals nachgedacht (Frisch, Cruz 83). **3.** *erlauben, (einer Sache) zustimmen* (meist verneint od. fragend): er wollte nicht z., dass er allein reist; glaubst du wirklich, deine Eltern werden es z.?

zu|ge|dacht ↑ zudenken.

zu|ge|ge|be|ner|ma|ßen ⟨Adv.⟩: *wie man zugeben muss:* ich hatte mich z. mit diesem Kauf übernommen; ...daher der Ausflug in die noch unabhängige Gebiet Schwarzenberg, eine Hoffnung, z. eine geringe (Heym, Schwarzenberg 239).

zu|ge|gen ⟨Adj.⟩: in der Verbindung **z. sein** (geh.; *bei etw. anwesend sein, dabei sein:* er war bei dem Festakt z.).

zu|ge|hen ⟨unr. V.; ist⟩: **1.** *in Richtung auf jmdn., etw. gehen; sich nähern:* er ging auf mich, auf das Haus zu; Ü er geht schon auf die achtzig zu (wird bald achtzig Jahre alt); es geht auf Weihnachten zu; die Arbeit geht dem Ende zu (ist bald beendet, fertig); sie sollten endlich aufeinander z. (einander zu verstehen suchen) und den Streit beenden; Jedes Mal, wenn es auf irgendein Fest zuging, kam eine Zeit, wo mit Vater nichts anzufangen war (Schnurre, Bart 25). **2.** (ugs.) *schnell, schneller gehen:* ihr müsst tüchtig z., wenn ihr rechtzeitig dort sein wollt. **3.** (Amtsspr.) *jmdm. zugestellt, geschickt, übermittelt werden:* die Bescheinigung geht Ihnen in Kürze zu; jmdm. etw. z. lassen (schicken, zusenden). **4.** *in einer bestimmten Form auslaufen:* der Turm spitz/in einer Spitze zu. **5.** ⟨unpers.⟩ *in bestimmter Weise vor sich gehen, geschehen, verlaufen:* hier geht es ruhig, fröhlich, harmonisch, gesellig zu; es müsste seltsam z., wenn ... **6.** (ugs.) *sich schließen:* Türen gingen auf und zu; der Reißverschluss geht so schwer zu (lässt sich schlecht schließen).

Zu|ge|he|rin, die; -, -nen, **Zu|geh|frau,** die (bes. südd., österr., westösterr.): Putzfrau.

Zu|ge|hör, das; -[e]s, schweiz. auch: die; - (österr. u. schweiz. Rechtsspr., sonst veraltet): Zubehör:
♦ Melina hatte schon die Garderobe mit allem Z. übernommen (Goethe, Lehrjahre III, 1).
♦ **Zu|ge|hö|re,** das; -s, -: ↑ Zugehör: ... sind auch Scheibengewehre und Jagdbüchsen nebst ihrem Z. in einem eigenen ... Kasten aufgehängt (Stifter, Bergkristall 14).

zu|ge|hö|ren ⟨sw. V.; hat⟩ (geh.): *(einer Sache) angehören, zu jmdm. od. etw. gehören:* einem Verschwörerkreis, einer Partei z.; die beiden gehörten einander zu; Eine Mammutsiedlung wie Paris setzt sich aus vielen Quartieren und Gemeinden zusammen, von denen die wenigsten die Majestät des Ganzen erraten lassen, dem sie zugehören (Th. Mann, Krull 181).

zu|ge|hö|rig ⟨Adj.⟩: *zu jmdm., etw. gehörend, dazugehörend:* die -en Dinge; einen Wagen mit dem -en Kraftfahrzeugbrief abliefern; sie fühlt sich dieser Region z.

Zu|ge|hö|rig|keit, die; -, -en: *das Dazugehören; Verbundenheit, Mitgliedschaft:* die Z. zur Familie, zu einem Verein, einer Partei.

Zu|ge|hö|rig|keits|ge|fühl, das: *Gefühl dazuzugehören.*

zu|ge|knöpft ⟨Adj.⟩ (ugs.): *reserviert; von leicht abweisend-unzugänglicher, nicht entgegenkommender Art; abweisend u. auf Gespräche o. Ä. nicht reagierend:* er war, zeigte sich sehr z.

Zu|ge|knöpft|heit, die; -, -en ⟨Pl. selten⟩ (ugs.): *das Zugeknöpftsein.*

Zü|gel, der; -s, - [mhd. zügel, ahd. zugil, zu ↑ ziehen, eigtl. = Mittel zum Ziehen]: *an Trense od. Kandare befestigter Lederriemen zum Lenken od. Führen des Pferdes:* die Z. ergreifen, halten, schleifen lassen; ein Reittier am Z. führen; das Pferd geht schön am Z.; er fiel dem Pferd in die Z. (packte es am Zügel u. konnte es zum Stehen bringen); * **die Z. [fest] in der Hand haben** (*die Führung, Befehlsgewalt innehaben u. dabei für straffe Ordnung sorgen*); **die Z. straffer anziehen** (*energischer auftreten, Gehorsam fordern*); **die Z. schleifen lassen/lockern** (*weniger streng sein, nicht jede Kleinigkeit bestimmen u. regeln*); **jmdm., einer Sache die Z. anlegen** (*jmdn. in seinen Aktivitäten einschränken, etw. einer gewissen einschränkenden Ordnung unterwerfen:* er sollte seiner Fantasie Z. anlegen); **[jmdm., einer Sache] die Z. schießen lassen/schießenlassen** (*den Dingen freien Lauf lassen*); **jmdn., etw. am langen Z. führen** (*jmdn., etw. vorsichtig leiten, sodass Raum zur freien Entfaltung bleibt*).

Zü|gel|füh|rung, die (Reiten): *Art u. Weise, wie der Reiter die Zügel führt.*

zü|gel|los ⟨Adj.⟩: *alle Schranken der Vernunft u. der Sittlichkeit außer Acht lassend, ohne jedes Maß, hemmungslos:* ein -es Leben führen; er trank z.

Zü|gel|lo|sig|keit, die; -, -en: *das Zügellossein.*

¹**zü|geln** ⟨sw. V.; hat⟩ [zu ↑ Zügel]: **a)** *(ein Reittier) durch das Anziehen, Straffen des Zügels zurückhalten, zur Ruhe bringen:* das scheuende Pferd z.; **b)** *zurückhalten, beherrschen, unter Kontrolle bringen:* seine Wut, Neugier z.; er konnte sich kaum z.; ... hier galt es, seinen Charme im rechten Moment zu z. (Kronauer, Bogenschütze 112).

²**zü|geln** ⟨sw. V.⟩ [zu ↑ ziehen] (schweiz.): **a)** ⟨ist⟩ *umziehen:* sie sind [in eine andere Wohnung] gezügelt; **b)** ⟨hat⟩ *(bei einem Umzug) irgendwohin transportieren:* das Klavier in den 2. Stock z.

Zü|ge|lung, Züglung, die; -, -en: *das Zügeln; das Gezügeltwerden.*

Zug|en|de, das: *Ende* (2a), *letzter Abschnitt eines* ¹*Zuges* (1 a): der Kurswagen nach Rom befindet sich am Z.

Zü|gen|glo|cke, die [zu ↑ ¹Zug (6 c)] (bayr., österr.): *Sterbeglocke.*
Zü|gen|läu|ten, das; -s [zu ↑ ¹Zug (6 c)] (österr. landsch.): *das Läuten der Sterbeglocke.*
¹Zu|ger, der; -s, -: Ew. zu ↑ ²Zug.
²Zu|ger (indekl. Adj.): Z. Kirschtorte.
zu|ge|reist ⟨Adj.⟩: *aus einer anderen Gegend zugezogen u. aus der Sicht der Alteingesessenen noch nicht zugehörig.*
Zu|ge|reis|te, die/eine Zugereiste; der/einer Zugereisten, die Zugereisten/zwei Zugereiste: *weibliche Person, die zugereist ist.*
Zu|ge|reis|ter, der Zugereiste/ein Zugereister; des/eines Zugereisten, die Zugereisten/zwei Zugereiste: *jmd., der zugereist ist:* sie werden nach zwanzig Jahren noch als Zugereiste betrachtet.
Zu|ge|rin, die; -, -nen: w. Form zu ↑ ¹Zuger.
zu|ge|risch ⟨Adj.⟩: *²Zug, die ¹Zuger betreffend; von den ¹Zugern stammend, zu ihnen gehörend.*
Zu|ge|sel|len ⟨sw. V.; hat⟩: **a)** ⟨z. + sich⟩ *sich einer Person, Gruppe, Richtung anschließen:* auf der Reise hatte er sich [mir] zugesellt; ...er hat als Führer einer Ausrottungsgruppe in Russland gewütet, ehe er sich den Verschwörern des 20. Juli zugesellte (Hochhuth, Stellvertreter 40); **b)** *hinzufügen, -geben:* dem Vogel im Käfig wurde ein Weibchen zugesellt.
zu|ge|stan|de|ner|ma|ßen ⟨Adv.⟩ (Papierdt.): *wie man zugestehen muss:* z. wäre es auch anders gegangen; sie hätte sich z. mehr bemühen können, aber die Aufgabe war auch sehr schwer.
Zu|ge|ständ|nis, das; -ses, -se: *Entgegenkommen in einer bestimmten Angelegenheit unter Berücksichtigung von Wünschen u. Bedürfnissen der anderen Seite:* -se verlangen, anbieten, machen; -se an die Mode machen *(sich nach der jeweils geltenden modischen Strömung richten).*
zu|ge|ste|hen ⟨unr. V.; hat⟩: **a)** *jmds. berechtigtem Anspruch auf etw. stattgeben; konzedieren:* jmdm. ein Recht, einen Rabatt, eine Provision z.; sie gestand mir zu, noch ein paar Tage zu bleiben; **b)** *eingestehen, einräumen, zugeben, anerkennen:* dass die Sache nicht billig war, wirst du mir z. müssen.
¹zu|ge|tan: ↑ zutun.
²zu|ge|tan: in den Verbindungen **jmdm. z. sein** (geh.; *Zuneigung, Sympathie für jmdn. empfinden):* sie ist ihm in Liebe z.; ⟨auch attr.:⟩ in mir -er Freund; **einer Sache z. sein** (oft spöttisch; *etw. mögen, gernhaben):* er war dem Alkohol, den praktischen Dingen des Lebens z.; ⟨auch attr.:⟩ ein dem Familienleben sehr -er Mann.
Zu|ge|winn, der; -[e]s, -e: *etw. zusätzlich Gewonnenes, Erreichtes:* ein Z. an Freiheit, Vermögen; die Partei erzielte bei den Wahlen leichte -e.
Zu|ge|winn|aus|gleich, der (Rechtsspr.): *gleichmäßige Aufteilung des während der Ehe erworbenen Zugewinns im Falle der Scheidung.*
zu|ge|win|nen ⟨st. V.; hat⟩: *hinzugewinnen:* wir haben einen hervorragenden Trompeter zu unserer Band zugewonnen.
Zu|ge|winn|ge|mein|schaft, die (Rechtsspr.): *Güterstand, bei dem zwar die von beiden Seiten erworbenen Vermögenswerte während des Bestehens der Ehe getrennt bleiben können, bei einer Auflösung aber dem Zugewinnausgleich unterliegen.*
Zu|ge|zo|ge|ne, die/eine Zugezogene; der/einer Zugezogenen, die Zugezogenen/zwei Zugezogene: *weibliche Person, die zugezogen (4) ist.*
Zu|ge|zo|ge|ner, der Zugezogene/ein Zugezogener; des/eines Zugezogenen, die Zugezogenen/zwei Zugezogene: *jmd., der zugezogen (4) ist.*
Zug|fahrt, die: *Fahrt mit dem Zug; Bahnfahrt.*
Zug|fe|der, die (Technik): *Stahlfeder mit eng anliegenden Drähten für Belastung auf Zug.*

zug|fest ⟨Adj.⟩ (Technik, Werkstoffprüfung): *durch Zug sich nicht zerreißen lassend.*
Zug|fes|tig|keit, die; -: *das Zugfestsein.*
Zug|fol|ge, die: *Folge von Zügen, die hintereinander auf derselben Strecke verkehren.*
Zug|füh|rer, der: **1.** *Bahnmitarbeiter, der im ¹Zug (1 a) die Aufsicht führt.* **2.** (Militär) *Führer eines ¹Zuges (14 a).*
Zug|füh|re|rin, die: w. Form zu ↑ Zugführer.
Zug|ge|wicht, das: *Zuglast.*
zu|gie|ßen ⟨st. V.; hat⟩: *zu einer Flüssigkeit dazugießen:* weil die Suppe zu fett war, goss sie noch etwas Wasser zu; ⟨auch ohne Akk.-Obj.:⟩ darf ich z.? *(nachgießen?)*
zu|gig ⟨Adj.⟩ [zu ↑ ¹Zug (8 a)]: *der Zugluft ausgesetzt:* ein -er Bahnsteig; hier ist es mir zu z.
zü|gig ⟨Adj.⟩: **1.** *schnell u. stetig, ohne Stockung:* ein -es Tempo; z. fließender Verkehr; die Vorbereitungen gehen z. voran. **2.** (schweiz.) *zugkräftig:* ein -es Schlagwort.
Zü|gig|keit, die; -, -en: **1.** ⟨o. Pl.⟩ *das Zügigsein.* **2.** *Einteilung in ¹Züge (14 b).*
Zug|kon|t|rol|le, die: **1.** *im Zug durchgeführte Kontrolle (Fahrkarten-, Ausweis-, Gepäckkontrolle).* **2.** *Person, die eine Zugkontrolle (1) durchführt.*
Zug|kraft, die: **1.** (Physik) *Kraft, mit der ein Körper in eine bestimmte Richtung gezogen wird.* **2.** ⟨o. Pl.⟩ *Anziehungskraft, die jmd. od. etw. auf viele Menschen ausübt:* die Z. eines Bühnenstücks, eines Filmstars, eines Politikers.
zug|kräf|tig ⟨Adj.⟩: *Zugkraft (2) ausübend; viel Publikum anziehend, anreizend:* ein -er Titel; das Stück, der Film ist nicht sehr z.
Zug|last, die: *zu ziehende Last.*
zu|gleich ⟨Adv.⟩: **a)** *im selben Augenblick, gleichzeitig (1):* sie griffen beide z. danach; **b)** *in gleicher Weise; ebenso, auch:* er ist Maler und Dichter z.; wir waren erschrocken und z. erleichtert; ...ein verschlafenes, fast geringschätziges, z. lauernd hinterhältiges Lächeln (Kronauer, Bogenschütze 359).
Zug|lei|ne, die: **a)** *Leine, an der man zieht, um etw. mechanisch zu betätigen;* **b)** (selten) *Zügel.*
Zug|luft, die ⟨o. Pl.⟩: *Luft, die als ¹Zug (8) spürbar ist:* er verspürte die Z. der offenen Tür in seinem Nacken.
Zü|ge|lung: ↑ Zügelung.
Zug|ma|schi|ne, die: *Kraftfahrzeug zum Ziehen von Anhängern o. Ä.*
Zug|mit|tel, das: **1.** (Med.) vgl. Zugpflaster. **2.** *zugkräftiges Mittel, mit dem jmd. od. etw. angelockt werden soll.*
Zug|netz, das (Fischereiw.): *Schleppnetz.*
Zug|num|mer, die: **1.** *besondere Attraktion, zugkräftige Nummer (eines Zirkus-, Varieté-, Theaterprogramms o. Ä.):* die Löwendressur war die besondere Z. des Programms. **2.** *im Fahrplan verzeichnete amtliche Nummer eines Eisenbahnzuges.*
Zug|per|so|nal, das: *Begleitpersonal eines Eisenbahnzuges.*
Zug|pferd, das: **1.** *als Zugtier dienendes Pferd.* **2. a)** *Person od. Sache, die bes. zugkräftig wirkt; Magnet (2):* der Schlagerstar ist ein Z.; **b)** *jmd., der durch seine Aktivität andere mitreißt.*
Zug|pflas|ter, das (Med.): *Pflaster, das die Durchblutung der Haut anregt u. dadurch (z. B. bei einem Furunkel) zusammenziehend wirkt; Vesikatorium (b).*
zu|grei|fen ⟨st. V.; hat⟩: **1. a)** *nach etw. greifen u. es festhalten:* nicht richtig z., beim Turnen hatte er mit beiden Händen zugegriffen; Ü er wurde observiert, bevor die Polizei zugriff; **b)** *nach etw. greifen u. es an sich nehmen:* überall lagen Kostbarkeiten, man brauchte nur zuzugreifen; greif tüchtig zu! *(iss reichlich!);* Ü bei diesen Preisen sollte man sofort z. *(kaufen);* man bot ihr eine

Stelle als Pressesprecherin, und sie griff zu *(nahm das Angebot an);* der Vorteil dieses Programms ist, dass man schnell auf die Daten z. *(die Daten abrufen)* kann. **2.** (landsch.) *tüchtig arbeiten; mithelfen:* sie hat im Haushalt tüchtig zugegriffen.
Zu|griff, der; -[e]s, -e: **a)** *das Zugreifen (1 b):* der Z. auf/zu etw.; mit diesem System hat man Z. auf alle Daten; **b)** *das Zugreifen (1 a): sich dem Z. der Polizei entziehen.*
zu|grif|fig ⟨Adj.⟩ (schweiz.): *zugreifend, tatkräftig, wirksam.*
zu|griffs|be|rech|tigt ⟨Adj.⟩: *die Zugriffsberechtigung habend.*
Zu|griffs|be|rech|ti|gung, die: *Berechtigung (a), sich etw. zu beschaffen, auf etw., bes. Daten, zuzugreifen.*
Zu|griffs|mög|lich|keit, die: *Möglichkeit, auf etw. zuzugreifen.*
Zu|griffs|recht, das: *Erlaubnis, Dinge od. Rechte zu nutzen, die nicht allgemein zugänglich sind:* -e auf Vermögenswerte, EDV-Dateien; neue, unterschiedliche, exklusive -e; die -e der Gläubiger einschränken.
Zu|griffs|zahl, die (meist Pl.): *Zahl, die angibt, wie oft eine Website o. Ä. aufgerufen wird.*
Zu|griffs|zeit, die (EDV): *Zeit zwischen der Ausgabe eines Befehls u. seiner Ausführung.*
zu|grun|de, zu Grun|de ⟨Adv.⟩: in den Verbindungen **zugrunde/zu Grunde gehen** *(1. vernichtet, zerstört werden, untergehen:* viele Kulturen sind daran z. gegangen. *2. sterben, umkommen:* er ist elend z. gegangen); **zugrun|de/zu Grunde legen** *([für etw.] als Grundlage nehmen:* er legte seiner Predigt einen Text aus dem Lukasevangelium z.; **zugrunde/zu Grunde liegen** *([einer Sache] als Grundlage dienen, die Grundlage [für etw.] bilden:* das diesem Urteil z. liegende Gesetz); **zugrunde/zu Grunde richten** *(ruinieren, vernichten, ins Verderben stürzen;* eigtl. = dem Grunde [= Erdboden] gleichmachen: der Sohn hat die Firma z. gerichtet).
Zu|grun|de|le|gung, die; -, -en ⟨Pl. selten⟩: *das Zugrundelegen:* unter/bei Z. dieser Tatsachen.
Zugs|ab|teil, das (österr., schweiz.): *Zugabteil.*
Zug|sal|be, die: vgl. Zugpflaster.
Zugs|aus|kunft: ↑ Zugauskunft.
Zug|schaff|ner, der (veraltend): *Eisenbahnschaffner.*
Zug|schaff|ne|rin, die: w. Form zu ↑ Zugschaffner.
Zug|seil, das (bes. Technik, Bauw.): *[Draht]seil, mit dem eine Last (z. B. Kabine einer Schwebebahn) gezogen wird.*
Zug|si|gnal, das: *Eisenbahnsignal.*
Zug|span|nung, die (Physik, Technik): *durch Spannung hervorgerufene Zugkraft in einem festen Körper.*
¹Zug|spit|ze, die: *Spitze (2 a) eines ¹Zuges (1, 2 a).*
²Zug|spit|ze, die; -: *höchster Berg Deutschlands.*
Zug|stan|ge, die: *Stange, an der man zieht, um etw. mechanisch zu betätigen.*
Zug|strang, der: *Strang (1 b).*
Zugs|ver|bin|dung, die (österr., schweiz.): *Zugverbindung.*
Zugs|ver|kehr, der (österr., schweiz.): *Zugverkehr.*
Zug|tier, das: *Tier (Pferd, Ochse, Esel), das zum Ziehen von Lasten gebraucht wird.*
zu|gu|cken ⟨sw. V.; hat⟩ (ugs.): *zusehen:* neugierig z.; Geredet wurde kaum was beim Essen, Willi war zu sehr vertieft. Es war große Freude, ihm zuzugucken (Schnurre, Bart 81).
Zug|un|glück, das: *Eisenbahnunglück.*
¹zu|guns|ten, zu Guns|ten ⟨Präp. mit Gen., seltener auch nachgestellt mit Dativ⟩ [zu ↑ Gunst]: *zum Vorteil, Nutzen; für:* eine Sammlung zugunsten/zu Gunsten der Erdbebenopfer; mir

zugunsten/zu Gunsten verzichtete er auf die Eintrittskarte.

²**zu|guns|ten, zu Guns|ten** ⟨Adv.⟩ [zu: ↑ ¹zugunsten]: ⟨in Verbindung mit »von«⟩ *zum Vorteil, Nutzen; für.*

zu|gut ⟨Adv.⟩: in der Wendung *etw. z. haben* (schweiz., auch südd.; *etw. zu bekommen haben, guthaben:* du hast [bei mir] noch 10 Euro z.).

zu|gu|te|hal|ten ⟨st. V.; hat⟩: in den Wendungen *jmdm. etw. z.* (geh.; *etw. zu jmds. Entschuldigung berücksichtigen:* man muss ihm seine Unerfahrenheit z.); *sich* ⟨Dativ⟩ *etw. auf etw. z.* (geh.; *auf etw. stolz sein; sich etwas auf etw. einbilden:* sie hält sich etwas auf ihre gute Bildung zugute).

zu|gu|te|kom|men ⟨st. V.; ist⟩: in der Wendung *jmdm., einer Sache z.* (*nützlich für jmdn., etw. sein, sich positiv auswirken:* seine Erfahrung kommt ihm zugute; sein Vermögen einer Stiftung z. lassen).

zu|gu|te|tun ⟨unr. V.; hat⟩: in den Wendungen *sich* ⟨Dativ⟩ *etw. z.* (1. *sich einen Genuss gönnen:* das Geld ist für dich persönlich bestimmt, damit sollst du dir etwas z. 2. *sich [über jmdn., etw.] amüsieren:* Da ward das Männlein so rot am Hals wie ein Krebs vor Zorn ... Wir haben nachher uns oft was drüber zugutegetan [Goethe, Götz I]); *sich* ⟨Dativ⟩ *etw. auf etw. z.* (geh.; *auf etw. stolz sein; sich etwas auf etw. einbilden*).

Zug|ver|bin|dung, die: a) *Verbindung zwischen zwei Orten durch die Eisenbahn; [Eisen]bahnverbindung:* eine schnelle Z. durch den Intercityzug; b) *Verbindung, Anschluss von einem Zug zum andern:* mittags gibt es eine günstige Z. nach Bonn über Köln.

Zug|ver|kehr, der: *Eisenbahnverkehr.*

Zug|ver|spä|tung, die: *Verspätung eines Eisenbahnzuges:* durch den starken Schneefall kam es zu -en.

Zug|vieh, das: vgl. Zugtier.

Zug|vo|gel, der: *Vogel, der vor Einbruch des Winters in wärmere Gegenden zieht u. im Frühjahr zurückkehrt.*

Zug|vor|rich|tung, die: *Vorrichtung zum Ziehen (z. B. bei einer Gardine).*

zug|wei|se ⟨Adv.⟩: 1. *Zug um Zug:* die Kriegsparteien wollen die schweren Waffen z. abziehen; ⟨mit Verbalsubstantiven auch attr.:⟩ die z. Räumung des Gebiets. 2. (Eisenbahnjargon) *nach ¹Zügen* (1 a); als ¹Zug (1 a) angeordnet.

Zug|wind, der: *starke Zugluft.*

Zug|zwang, der [urspr. im Schachspiel, zu ↑¹Zug (5)]: *Notwendigkeit, zu einem bestimmten Zeitpunkt [in bestimmter Weise] zu entscheiden, etw. Bestimmtes zu unternehmen od. zu erreichen:* in Z. geraten; unter Z. stehen.

zu|ha|ben ⟨unr. V.; hat⟩ (ugs.): *nicht geöffnet haben:* der Laden hat schon zugehabt.

zu|hal|ten ⟨st. V.; hat⟩: 1. a) *geschlossen halten; nicht öffnen:* die Tür, das Fenster z.; bei der kalten Luft den Mund z.; b) *mit der Hand bedecken:* [sich] die Nase, die Ohren, die Augen z.; c) *fest-, zusammenhalten, sodass sich etw. nicht öffnen kann:* die Tür von innen z. 2. *auf etw., etw. zusteuern; Richtung, Kurs auf ein bestimmtes Ziel nehmen:* das Schiff hält auf die Landungsbrücke zu. 3. (schweiz.) *jmdm. etw. zukommen lassen, verschaffen.*

Zu|häl|ter, der; -s, - [zu spätmhd. zuohalten = geschlossen halten; sich aufhalten; außerehelichen Geschlechtsverkehr mit jmdm. haben, also eigtl. = Geliebter, außerehelicher Geschlechtspartner]: *jmd., der Zuhälterei betreibt.*

Zu|häl|te|rei, die; -, -en ⟨Pl. selten⟩ (Rechtsspr.): *Ausbeutung von Prostituierten od. Strichjungen meist durch eine männliche Person, die ihre Vermittlung u. ihren Schutz gegen eine Teilhabe an ihren Einkünften übernimmt.*

Zu|häl|te|rin, die; -, -nen: w. Form zu ↑ Zuhälter: ... die eines Tages von betrunkenen Gästen als Z. und Besitzerin eines Hurenhauses beschimpft worden war (Kaschnitz, Wohin 132).

zu|häl|te|risch ⟨Adj.⟩: *die Zuhälterei betreffend.*

¹**zu|han|den** ⟨Präp. mit Gen., seltener auch Adv. in Verbindung mit »von«⟩ [eigtl. = zu den Händen] (schweiz.): 1. *zur Weiterbehandlung, Beschlussfassung durch:* der Gemeinderat hat einen Antrag z. der nächsten Gemeindeversammlung verabschiedet. 2. a) *gegenüber:* er wehrte sich z. der Versammlung gegen diesen Vorwurf; b) *anlässlich.* 3. a) (bes. österr., schweiz.) *zu Händen* (↑ Hand 1): an die Personalabteilung, z. Herrn U.; b) *für:* ein großes Lob z. der freiwilligen Helfer.

²**zu|han|den** (Adv.): in der Verbindung *jmdm. z. sein* (selten; *jmdm. verfügbar, erreichbar sein*).

zu|hän|gen ⟨sw. V.; hat⟩: (durch Darüber-, Davorhängen von etw.) *bedecken, sodass es ganz zugedeckt ist; verhängen:* ein Fenster, eine Öffnung, einen Vogelkäfig z.

zu|hau|en ⟨unr. V.; haute zu, hat zugehauen⟩ (ugs.): *zuschlagen* (1 a, 2, 3, 5 a).

zu|hauf ⟨Adv.⟩ (geh.): *in großer Menge, Zahl:* z. kommen.

Zu|haus, das; -es, Zuhäuser (bayr., österr.): a) *Nebenhaus;* b) *Wohnhaus neben dem Bauernhof, meist als Wohnung für Personen, die sich aufs Altenteil zurückgezogen haben.*

zu|hau|se (Adv.): s. Haus (1 c).

Zu|hau|se, das; -s: *Wohnung, in der jmd. zu Hause ist [und sich wohlfühlt]; Heim, Wohnung:* sie hat ein schönes Z.; kein Z. haben (keine Wohnung, keine Familie haben, in der man geborgen ist).

zu|hei|len ⟨sw. V.; ist⟩: *sich heilend schließen:* der Schnitt, die Schürfwunde ist zugeheilt.

Zu|hil|fe|nah|me, die; -, -n ⟨Pl. selten⟩ [↑-nahme]: *Verwendung von etw. als Hilfsmittel:* erst die Z. von elektronischen Geräten brachte einen Erfolg; es ging nicht ohne, nur mit/unter Z. (mithilfe) von ...

zu|hin|terst ⟨Adv.⟩: *ganz hinten; an letzter Stelle:* z. stehen, sitzen; ... eine Lok, ein paar Güterwagen und z. ein ehemaliger Drittklasswaggon (Widmer, Kongreß 216).

zu|höchst ⟨Adv.⟩: *ganz oben, an oberster Stelle.*

zu|hö|ren ⟨sw. V.; hat⟩: a) (etw. akustisch Wahrnehmbarem) *hinhorchend folgen, ihm seine Aufmerksamkeit zuwenden:* gut, genau, interessiert, höflich, aufmerksam, nur mit halbem Ohr z.; du hast nicht richtig zugehört; er kann nicht, kann gut z. (folgt [nicht] dem, was ein anderer ihm sagen, mitteilen möchte); jetzt hör[e] mal [gut] zu, ... (ugs.; leicht drohend; *ich bitte dich dringend, das Folgende zu beherzigen*); b) *anhören; mit Aufmerksamkeit hören; hörend in sich aufnehmen:* dem Gesang der Vögel z.; einer Unterhaltung, einer Verhandlung, einem Gespräch z.

Zu|hö|rer, der; -s, -: *jmd., der jmdm., einer Sache zuhört* (b).

Zu|hö|re|rin, die; -, -nen: w. Form zu ↑ Zuhörer.

Zu|hö|rer|schaft, die; -, -en: *Gesamtheit der Zuhörerinnen u. Zuhörer; Auditorium* (2).

zu|in|nerst ⟨Adv.⟩ (geh.): a) *im tiefsten Innern* (2 a); *zutiefst:* z. von etw. überzeugt, getroffen sein; b) *im tiefsten Innern* (2 b), *im tiefsten Kern, Wesen:* z. ist er doch ein guter Kerl.

zu|ju|beln ⟨sw. V.; hat⟩: *jmdn. jubelnd begrüßen, feiern:* die Menge jubelte den Stars zu.

Zu|kauf, der; -[e]s, Zukäufe (bes. Börsenw.): *das Ergänzen von etw. durch weiteren Kauf entsprechender Stücke:* ein Z. von Bezugsrechten.

zu|kau|fen ⟨sw. V.; hat⟩ (bes. Börsenw.): *einen Zukauf tätigen; hinzukaufen.*

zu|keh|ren ⟨sw. V.⟩: 1. ⟨hat⟩ *zudrehen:* jmdm. den Rücken z.; die Blätter der Pflanzen kehren sich stets dem Licht zu. 2. ⟨ist⟩ (österr.) a) *einkehren* (1): in einem Gasthaus z.; b) *einen kurzen Besuch machen:* ... der alte Doktor Curie, der jetzt so oft bei ihnen zukehrt (Fussenegger, Zeit 429).

zu|kif|fen, sich ⟨sw. V.; hat⟩ (Jargon): *sich durch Kiffen in einen solchen Rauschzustand versetzen, dass man nichts mehr wahrnimmt:* statt sich zuzukiffen sollte er nach Hause gehen; er saß in der Ecke und war total zugekifft.

zu|klap|pen ⟨sw. V.⟩: 1. ⟨hat⟩ *mit klappendem Geräusch schließen:* den Kofferraum, den Koffer, den Schirm, die Uhr z.; ... er brach manchmal plötzlich mitten in der Rede ab, sperrte den Mund auf, klappte ihn hörbar zu (Thieß, Legende 149); b) ⟨ist⟩ *sich mit klappendem Geräusch schließen:* der Deckel ist zugeklappt.

zu|kle|ben ⟨sw. V.; hat⟩: 1. *mit einem [bereits aufgebrachten, nur noch zu befeuchtenden] Klebstoff verschließen:* den Brief, den Umschlag z. 2. *(eine Fläche o. Ä.) vollständig mit etw. bekleben:* die Plakatwand ist mit Zigarettenwerbung zugeklebt.

zu|kleis|tern ⟨sw. V.; hat⟩ (salopp): *zukleben.*

zu|knal|len ⟨sw. V.⟩ (ugs.): a) ⟨hat⟩ *mit Wucht zuschlagen, ins Schloss werfen:* sie knallte ihm die Tür vor der Nase zu; b) ⟨ist⟩ *geräuschvoll ins Schloss fallen; sich schließen:* bei dem Luftzug knallte das Fenster zu.

zu|knei|fen ⟨sw. V.; hat⟩: *durch Zusammenkneifen fest schließen:* den Mund z.

zu|knöp|feln ⟨sw. V.; hat⟩ (österr. ugs.): *zuknöpfen.*

zu|knöp|fen ⟨sw. V.; hat⟩: *durch Knöpfen* (a) *schließen:* den Mantel, die Bluse, die Jacke z.; du hast dir noch nicht das Hemd zugeknöpft.

zu|kno|ten ⟨sw. V.; hat⟩: *mit [einem] Knoten verschließen:* einen Sack z.

zu|kom|men ⟨st. V.; ist⟩ [mhd. zuokomen = heran-, herzukommen, ahd. zuoqueman]: 1. *sich jmdm., einer Sache nähern:* sie kam [freudestrahlend, mit schnellen Schritten] auf uns zu; Ü er ahnte nicht, was noch auf ihn z. sollte (was ihm noch bevorstand); mit der Reparatur kommen hohe Kosten auf uns zu; du musst die Sache auf dich z. lassen (warten, wie sich die Sache entwickelt); wir werden in der Angelegenheit noch auf Sie z. (werden uns zu gegebener Zeit an Sie wenden). 2. (geh.) a) *zuteilwerden:* ihm war eine Erbschaft zugekommen; jmdm. etw. z. lassen (zuwenden, geben, schenken); b) *zugestellt, übermittelt werden:* es war ihm die Nachricht zugekommen, dass ...; lassen Sie uns Ihre Bewerbungsunterlagen z. 3. a) *jmdm. gebühren; sich für jmdn. gehören:* ein Urteil kommt dir nicht zu; es kommt ihm nicht zu (er hat kein Recht dazu), sich hier einzumischen; b) *jmdm. aufgrund seiner Eigenschaften, Fähigkeiten angemessen sein:* ihr kommt eine Führungsrolle zu; c) *beizumessen sein:* dieser Entdeckung kommt eine große Bedeutung zu.

zu|kor|ken ⟨sw. V.; hat⟩: *mit einem Korken verschließen:* eine Flasche z.

Zu|kost, die; - (selten): *Beikost.*

zu|krie|chen ⟨st. V.; ist⟩: *sich kriechend auf jmdn., etw. zubewegen.*

zu|ku|cken ⟨nordd. ugs.⟩: ↑ zugucken.

Zu|kunft, die; -, (selten:) Zukünfte [mhd. zuokunft, ahd. zuocumft, eigtl. = das auf jmdn. Zukommende, zum 2. Bestandteil -kunft vgl. ↑ Abkunft]: 1. a) *Zeit, die noch bevorsteht, die noch nicht da ist; die erst kommende od. künftige Zeit (u. das in ihr zu Erwartende):* eine unsichere, ungewisse Z.; denkbare Zukünfte; die Z. wird es lehren, ob die Handlungsweise richtig

zukünftig – Zulassungsbescheinigung

war; die Z. des Landes, der Menschheit; wir wissen nicht, was die Z. bringen wird; auf eine bessere Z. hoffen; auf die Z. bauen, vertrauen; ängstlich in die Z. schauen, blicken; für die Z., für alle Z. *(für alle Zeit);* in naher, nächster, absehbarer Z. *([sehr] bald);* in ferner Z. *(in einer noch weit entfernten Zeit);* er lebt schon ganz in der Z. *(beschäftigt sich im Geist mit der kommenden Zeit);* in eine unbekannte Z. gehen; * in Z. *(von jetzt an; künftig);* [keine] Z. **haben** *(eine, keine günstige, aussichtsreiche Entwicklung erwarten lassen:* dieser Beruf hat Z.); **einer Sache gehört die Z.** *(etw. wird eine bedeutende Entwicklung nehmen:* den Mikroprozessoren gehört die Z.); **mit, ohne Z.** *(mit, ohne Zukunftsperspektive:* ein Beruf mit, ohne Z.); **b)** *(o. Pl.) jmds. persönliches, zukünftiges Leben; jmds. noch in der Zukunft* (1 a) *liegender Lebensweg:* die gemeinsame Z. planen; eine gesicherte Z. haben; man prophezeit ihm eine große/glänzende Z. *(eine glanzvolle berufliche Laufbahn);* sich seine ganze Z. verbauen; Vorsorge für seine Z. treffen; um deine Z. *(dein Fortkommen)* brauchst du dich nicht zu sorgen. **2.** (Sprachwiss.) *Zeitform, die ein zukünftiges Geschehen ausdrückt;* Futur.

¹**zu|künf|tig** ⟨Adj.⟩ [mhd. zuokünftic]: ¹*künftig:* die -e Entwicklung; -e Zeiten; seine -e Frau *(Frau in spe).*

²**zu|künf|tig** ⟨Adv.⟩ [zu: ↑ ¹zukünftig]: ²*künftig:* ich bitte dies z. zu unterlassen.

Zu|künf|ti|ge, die/eine Zukünftige; der/einer Zukünftigen, die Zukünftigen/zwei Zukünftige (ugs.): *jmds. Verlobte.*

Zu|künf|ti|ger, der Zukünftige/ein Zukünftiger; des/eines Zukünftigen, die Zukünftigen/zwei Zukünftige (ugs.): *jmds. Verlobter.*

Zu|kunfts|angst, die: *Angst vor der Zukunft.*

Zu|kunfts|auf|ga|be, die: *Aufgabe, die in der Zukunft erledigt, gelöst werden muss.*

Zu|kunfts|aus|sich|ten ⟨Pl.⟩: *Aussichten* (2) *für die Zukunft:* etw. eröffnet jmdm. Z.

zu|kunfts|be|zo|gen ⟨Adj.⟩: *auf die Zukunft bezogen, die Zukunft betreffend:* -e Aussagen, Konzepte; die Vorschläge sind z.

Zu|kunfts|bild, das: *Bild* (3) *der Zukunft.*

Zu|kunfts|bran|che, die: *zukunftsorientierte Branche; Branche, die Zukunft hat.*

Zu|kunfts|chan|ce, die: *Möglichkeit für die Zukunft:* den Kindern bessere -n bieten; im Ausland gute, große Z. sehen.

Zu|kunfts|ent|wurf, der: *die Zukunft betreffender Entwurf* (2): ein negativer Z.

Zu|kunfts|er|war|tung, die: *die Zukunft betreffende Erwartung* (2); *Erwartung an die Zukunft:* ihre Z. richtet sich auf eine erfolgreiche Karriere.

zu|kunfts|fä|hig ⟨Adj.⟩: *Bestand, Erfolg auch in der Zukunft versprechend, erwarten lassend; mit Zukunft:* sie hält diese Technologie nur bedingt für z.

Zu|kunfts|fä|hig|keit, die ⟨o. Pl.⟩: *das Zukunftsfähigsein.*

zu|kunfts|fest ⟨Adj.⟩ (bes. Politikjargon): *die Anforderungen der Zukunft erfüllen könnend.*

Zu|kunfts|for|scher, der: *Futurologe.*

Zu|kunfts|for|sche|rin, die: w. Form zu ↑ Zukunftsforscher.

Zu|kunfts|for|schung, die: *Futurologie.*

Zu|kunfts|fra|ge, die: *die Zukunft betreffende Frage* (2).

zu|kunfts|ge|rich|tet ⟨Adj.⟩: *zukunftsorientiert:* -e Überlegungen.

zu|kunfts|gläu|big ⟨Adj.⟩: *Vertrauen in die Zukunft setzend:* Bei aller Bedrohung, die auch damals schon über der Welt hing, lebte doch jedermann z., gleichviel ob … visionär, kritisch oder fatalistisch hoffnungsvoll (Rezzori, Blumen 223).

Zu|kunfts|hoff|nung, die: *in die Zukunft* (1 a) *gesetzte Hoffnung.*

Zu|kunfts|in|dus|t|rie, die: *zukunftsorientierte Industrie; Industrie, die Zukunft hat.*

Zu|kunfts|in|ves|ti|ti|on, die: *zukunftsorientierte Investition; Investition, die sich erst in der Zukunft auszahlt.*

Zu|kunfts|kon|zept, das: *zukunftsorientiertes Konzept.*

Zu|kunfts|markt, der: *zukunftsorientierter Markt; Markt, der Zukunft hat:* ein attraktiver, riesiger, wichtiger, umkämpfter Z.; erneuerbare Energien sind ein Z.

Zu|kunfts|mo|dell, das: *zukunftsorientiertes Modell; Modell für die Zukunft.*

Zu|kunfts|mu|sik, die ⟨o. Pl.⟩ [urspr. polemisch gegen Richard Wagners Musik gerichteter Begriff]: *etw., dessen Realisierung noch in einer fernen Zukunft liegt, was noch als utopisch angesehen werden muss:* dieses Projekt ist einstweilen Z.

zu|kunfts|ori|en|tiert ⟨Adj.⟩: *auf die Zukunft* (1 a) *hin orientiert:* -e Forschung, Politik.

Zu|kunfts|per|s|pek|ti|ve, die: *Perspektive* (3 a).

Zu|kunfts|plan, der: *Plan für die Zukunft.*

Zu|kunfts|pla|nung, die: *Planung der Zukunft, für die Zukunft.*

Zu|kunfts|po|ten|ti|al: ↑ Zukunftspotenzial.

Zu|kunfts|po|ten|zi|al, Zukunftspotential, das: *Potenzial für eine zukünftige [Weiter]entwicklung o. Ä.:* die neue Technologie besitzt ein großes Z.; Märkte mit Z.

Zu|kunfts|pro|g|no|se, die: *Prognose.*

Zu|kunfts|pro|gramm, das: *zukunftsbezogenes Programm.*

Zu|kunfts|ro|man, der (Literaturwiss.): *utopischer Roman, der in einer erdachten Zukunft spielt; Science-Fiction-Roman.*

zu|kunfts|si|cher ⟨Adj.⟩: *Bestand auch in der Zukunft versprechend:* eine -e Existenz.

Zu|kunfts|si|che|rung, die ⟨o. Pl.⟩: *Absicherung seiner Existenz in Bezug auf die Zukunft.*

Zu|kunfts|stand|ort, der: *zukunftsorientierter Standort; Standort, der Zukunft hat:* ein sozialer, kultureller, ökologischer, ökonomischer Z.; Sachsen als Z. für Hochtechnologie.

Zu|kunfts|stra|te|gie, die: *Strategie für die Zukunft.*

Zu|kunfts|sze|na|rio, Zu|kunfts|sze|na|ri|um, das: *zukunftsbezogenes Szenario* (4).

Zu|kunfts|tech|nik, die: *zukunftsorientierte Technik; Technik, die Zukunft hat.*

Zu|kunfts|tech|no|lo|gie, die: *vgl. Zukunftstechnik:* der Vorsprung der USA und Japans in den -n.

Zu|kunfts|the|ma, das: *Thema, das in der Zukunft diskutiert, behandelt o. Ä. werden muss, das in der Zukunft eine wichtige Rolle spielt.*

zu|kunfts|träch|tig ⟨Adj.⟩: *gute Zukunftsaussichten habend:* -e Entwicklung, Branche.

Zu|kunfts|traum, der: *utopische Wunschvorstellung:* alle diese Verbesserungen sind Zukunftsträume.

Zu|kunfts|vi|si|on, die: *Vision* (c): düstere, apokalyptische, bedrohliche -en; -en entwickeln, entwerfen.

Zu|kunfts|vor|sor|ge, die: *Vorsorge für die Zukunft.*

zu|kunfts|wei|send, zu|kunft|wei|send ⟨Adj.⟩: *fortschrittlich; auf die Zukunft bezogen:* -e Technologien.

zu|lä|cheln ⟨sw. V.; hat⟩: *(jmdm.) etw. durch Ansehen u. Lächeln signalisieren:* jmdm. freundlich, aufmunternd z.; sie lächelten sich/(geh.:) einander zu; … aus Verlegenheit lächelte er ihnen zu, was von den beiden nur die Frau erwiderte (Musil, Mann 743).

zu|la|chen ⟨sw. V.; hat⟩: *jmdn. lachend ansehen:* dem Publikum z.; er lachte ihr freundlich zu.

zu|la|den ⟨st. V.; hat⟩: *als* ¹*Ladung* (1 a) *zu etw. anderem, schon Vorhandenem hinzufügen:* weiteres Frachtgut z.

Zu|la|dung, die; -, -en: **1.** *das Zuladen; das Zugeladenwerden.* **2.** *zugeladenes Gut:* 500 kg Z.

Zu|la|ge, die; -, -n: **a)** *etw., was zusätzlich zu etw. gegeben, gezahlt wird:* -n für Schwerarbeiter; **b)** (landsch.) *Gesamtheit der zum Fleisch dazugelegten u. mitgewogenen Knochen (beim Einkauf im Fleischerladen):* Rindfleisch mit, ohne Z.

zu|lan|gen ⟨sw. V.; hat⟩: **1. a)** (ugs.) *(bes. beim Essen) vom Angebotenen reichlich nehmen; sich reichlich bedienen:* die Kinder hatten großen Hunger und langten kräftig zu; Ü bei einer Rechnung hat der Handwerker dann kräftig zugelangt; **b)** *(bei der Arbeit) kräftig zupacken:* der Neue kann z.; **c)** *zuschlagen; jmdm. einen Schlag versetzen:* sein Vater hatte öfter mal zugelangt. **2.** (landsch.) *ausreichen:* langt das zu?; … wenn die eigene Kraft nicht mehr zulangt, muss man die Hilfe annehmen (Broch, Versucher 108).

zu|läng|lich ⟨Adj.⟩ (geh.): *genügend, ausreichend, hinreichend:* er hat keine -en Kenntnisse, Erfahrungen; etw. z. begründen, unterstützen.

Zu|läng|lich|keit, die; -, -en: **1.** ⟨o. Pl.⟩ *das Zulänglichsein.* **2.** *etw., was zulänglich ist.*

zu|las|sen ⟨st. V.; hat⟩ [mhd. zuolāzen = gestatten, erlauben]: **1.** *nichts unternehmen, um etw. Bestimmtes zu verhindern; geschehen lassen; dulden* (1 a); *tolerieren:* wie konntest du z., dass die Kinder auf der Straße spielen!; so etwas würde ich niemals z. **2.** *jmdm. zu etw. Zugang gewähren; jmdn. zur Ausübung von etw., zu einem bestimmten Zweck, für eine bestimmte Betätigung o. Ä. die amtliche Erlaubnis erteilen:* jmdn. als Prozessbeobachter, zum Studium, zur Teilnahme an etw. z.; einen Arzt, jmdn. als Anwalt z.; der Film ist für Jugendliche nicht zugelassen *(der Besuch ist Jugendlichen nicht gestattet);* ein Kraftfahrzeug [zum Verkehr] z.; die Straße ist nur für Anlieger zugelassen; Aktien an der Börse z. (Bankw.: *ihren Handel an der Börse zulassen);* jmdn. an der Hochschule z. (österr.: *jmdn. immatrikulieren);* das Medikament wurde zugelassen *(erhielt die amtliche Erlaubnis zum Verkauf, zur Ingebrauchnahme).* **3.** *die Möglichkeit zu etw. geben; ermöglichen, gestatten:* etw. lässt mehrere Interpretationen zu; die Vorgänge lassen den Schluss zu, dass …; etw. lässt keinen Zweifel zu *(ist ganz eindeutig);* die Straßenverhältnisse ließen kein höheres Tempo zu *(machten es nicht möglich);* Wir setzten diese Arbeit fort, solange Hitze und Qualm es zuließen (Lenz, Heimatmuseum 11). **4.** (ugs.) *etw. Geschlossenes od. Verschlossenes nicht öffnen* (1 a); *geschlossen lassen:* einen Brief, eine Schublade, das Fenster z.; du musst den Mantel z.

zu|läs|sig ⟨Adj.⟩: *(meist von amtlicher Seite, von einer amtlichen Stelle) zugelassen, erlaubt:* eine -e [Höchst]menge; eine -e Höchstgeschwindigkeit; bestimmte Hilfsmittel, Zusatzstoffe sind [nicht] z.; etw. ist rechtlich [nicht] z.; ein Verfahren für z. erklären *(es genehmigen).*

Zu|läs|sig|keit, die; -, -en: *das Zulässigsein; Rechtmäßigkeit.*

Zu|las|sung, die; -, -en: **1.** ⟨o. Pl.⟩ *das Zulassen* (2); *das Zugelassenwerden.* **2.** (ugs.) *Kraftfahrzeugschein.*

Zu|las|sungs|an|trag, der: *Antrag auf Zulassung.*

Zu|las|sungs|be|hör|de, die: *Behörde, die für Zulassungen bestimmter Art zuständig ist.*

Zu|las|sungs|be|schei|ni|gung, die (Amtsspr.): **a)** *Kraftfahrzeugschein;* **b)** *Kraftfahrzeugbrief.*

Zu|las|sungs|be|schrän|kung, die: *Beschränkung der Zulassung*.
Zu|las|sungs|be|sit|zer, der (österr.): *Person, auf die ein Fahrzeug zugelassen ist*.
Zu|las|sungs|be|sit|ze|rin, die: w. Form zu ↑Zulassungsbesitzer.
zu|las|sungs|pflich|tig ⟨Adj.⟩: *einer amtlichen od. polizeilichen Zulassung bedürftig*: ein -es Fahrzeug.
Zu|las|sungs|schein, der: *Zulassung* (2).
Zu|las|sungs|stel|le, die: *amtliche Stelle, die für Zulassungen bestimmter Art zuständig ist*.
Zu|las|sungs|ver|fah|ren, das: *Verfahren, in dem über bestimmte Zulassungen entschieden wird*: Z. für Medikamente, für Börsenkandidaten; schnellere, strengere Z. fordern; ein Studienfach mit einem harten Z.
Zu|las|sungs|zahl, die: **a)** *Zahl der [neu] zugelassenen* (2) *Fahrzeuge*; **b)** *Zahl der zugelassenen* (2) *Personen*.
zu|las|ten, zu Las|ten ⟨Präp. mit Gen.⟩: **1.** (Kaufmannsspr.) *auf jmds. Rechnung*: die Kosten gehen zulasten/zu Lasten des Käufers, Auftraggebers. **2.** *zum Schaden, Nachteil*: zulasten/zu Lasten einer Minderheit, des Schienenverkehrs.
Zu|lauf, der; -[e]s, Zuläufe ⟨o. Pl.⟩ *Zuspruch, den jmd., etw. hat, erfährt*: der Arzt, Anwalt, das Lokal hat Z. *(viele Leute suchen den Arzt usw. auf)*; er kann sich nicht über mangelnden Z. *(über Mangel an Kundschaft, Interessenten o. Ä.)* beklagen. **2.** (seltener) *Zufluss* (2): ein Z. des Bodensees. **3.** (Fachspr.) **a)** *zuströmende Wassermenge*: der Z. muss gedrosselt werden; **b)** *Stelle an, in einer technischen Anlage, an der Wasser zuläuft, einströmt*: der Z. ist verstopft.
zu|lau|fen ⟨st. V.; ist⟩: **1.** *in Richtung auf jmdn., etw. laufen; sich im Laufschritt auf jmdn., etw. zubewegen*: mit Riesenschritten auf das Ziel z.; auf jmdn. zugelaufen kommen; der Weg *(gehen)* jetzt dem Dorf zu; Statt eines Wagens sah ich einen Lakaien der Botschaft stracks auf mich z. (Roth, Beichte 157). **2.** (ugs.) *sich [beim Laufen* 1] *beeilen*: lauf zu, sonst ist der Zug weg! **3.** *in einer bestimmten Richtung verlaufen, sich in eine bestimmte Richtung erstrecken*: der Weg läuft auf den Wald zu. **4.** *(von entlaufenen, streunenden Haustieren) sich jmdm. anschließen*: ein Hund ist uns zugelaufen. **5.** *(in Bezug auf eine größere Zahl von Personen) jmdm. in einer bestimmten Erwartung aufsuchen*: Kunden, Patienten, Schüler laufen ihm [in hellen Scharen] zu. **6.** *zu einer vorhandenen Flüssigkeitsmenge zusätzlich in ein Gefäß fließen*: warmes Wasser z. lassen. **7.** *in eine bestimmte Form auslaufen*: der Bolzen lief konisch zu; ein spitz zulaufendes Dach.
zu|le|gen ⟨sw. V.; hat⟩: **1.** ⟨z. + sich⟩ (ugs.) *sich etw. kaufen, anschaffen*: sich ein Auto, einen Hund z.; Ü er hat sich einen Bauch, einen Bart, eine neue Frisur zugelegt (ugs. scherzh.); *hat einen Bauch bekommen, trägt jetzt einen Bart, eine neue Frisur)*; sie hat sich einen Freund zugelegt; sich einen Künstlernamen z. *(annehmen)*; ... er hatte sich unterdessen das Nebenhaus auf dem Pont au Change zugelegt (Süskind, Parfum 139). **2.** (ugs.) **a)** *(bes. beim Laufen, Fahren, Arbeiten) sein Tempo steigern*: die Läuferinnen hatten tüchtig zugelegt; wenn du pünktlich fertig werden willst, musst du etwas z.; **b)** *an Umfang, Volumen o. Ä. zunehmen; sich vergrößern, wachsen*: er hat in den letzten Monaten ziemlich zugelegt *(an Gewicht zugenommen)*; die Kreditbranche hat kräftig zugelegt *(ihren Umsatz kräftig gesteigert)*; die rechten Parteien haben zugelegt *(Stimmen bei der Wahl gewonnen)*. **3.** (landsch. ugs.) *dazulegen, zu etw. hinzufügen*: legen Sie noch ein Stück, ein paar Scheiben zu!; wenn Sie noch etwas zulegen *(bereit sind, mehr Geld auszugeben),* bekommen Sie einige nützliche Extras; Ü einen Schritt z. *(etwas schneller gehen).*
zu|leid, zu Leid, zu|lei|de, zu Lei|de: in der Verbindung jmdm. etwas zuleid[e]/zu Leid[e] tun *(jmdn. einen Schaden, ein Leid zufügen; jmdn. verletzen, kränken o. Ä.*: sie kann keiner Fliege etwas zuleid[e]/zu Leid[e] tun; hat sie dir etwas zuleid[e]/zu Leid[e] getan?)
zu|lei|ten ⟨sw. V.; hat⟩: **1.** *an eine bestimmte Stelle leiten, gelangen lassen*: der Mühle, dem Kraftwerk Wasser z.; Ü der Erlös der Veranstaltung soll dem Kinderhilfswerk zugeleitet *(übergeben)* werden. **2.** *(etw. Schriftliches) übermitteln, zustellen* (2): jmdm. eine Nachricht, eine Mitteilung, ein Schreiben [auf dem Amtswege] z.
Zu|lei|tung, die; -, -en: **1.** ⟨o. Pl.⟩ **a)** *das Zuleiten* (1); *das Zugeleitetwerden*: die Z. wurde unterbrochen, blockiert; **b)** *das Zuleiten* (2); *Übermittlung*: die Z. einer Nachricht. **2.** *Leitung* (3 a, b), *die etw. zuleitet* (1): eine Z. verlegen.
zu|ler|nen ⟨sw. V.; hat⟩: **1.** (ugs.) *dazulernen*. ◆ **2.** *anlernen* (1): Tempelherren, die müssen einmal nun so handeln; müssen, wie etwas besser zugelernte Hunde, sowohl aus Feuer als aus Wasser holen (Lessing, Nathan III 2).
zu|letzt ⟨Adv.⟩: **1.** *an letzter Stelle; als Letztes; nach allem Übrigen*: diese Arbeit werde ich z. machen; sie denkt an sich selbst z.; (ugs.:) sich etw. bis/für z. aufheben; er war z. *(am Ende seiner Laufbahn)* Major; daran hätte ich z. gedacht *(darauf wäre ich nicht so leicht gekommen)*; * **nicht z.** *(ganz besonders auch)*: nicht z. seiner Hilfe ist dies zu verdanken; nicht z. deshalb, darum, weil ...) **2.** *als Letzter, Letzte, Letztes*: er kommt immer z.; das z. geborene Kind. **3.** (ugs.) *das letzte Mal*: er war z. vor fünf Jahren hier; wann hast du ihn z. gesehen? **4.** *schließlich* (1 a); *zum Schluss*: wir mussten z. doch umkehren.
zu|lieb (bes. österr.), **zu|lie|be** ⟨Präp. mit vorangestelltem Dativ⟩: *um jmdm. (mit etw.) einen Gefallen zu tun; um jmds., einer Sache willen*: nur dir z. bin ich hiergeblieben; der Wahrheit z.
Zu|lie|fe|rant, der; -en, -en: *Zulieferer*.
Zu|lie|fe|ran|tin, die; -, -nen: w. Form zu ↑Zulieferant.
Zu|lie|fer|be|trieb, der, **Zu|lie|fe|rer**, der; -s, -: *Industriebetrieb bzw. Händler, der Unternehmen mit Produkten beliefert, die von diesen weiterverarbeitet werden*.
Zu|lie|fer|fir|ma, die: *Zulieferbetrieb*.
Zu|lie|fe|rin, die; -, -nen: w. Form zu ↑Zulieferer.
Zu|lie|fer|in|dust|rie, die: *die Zulieferbetriebe umfassender Industriezweig*.
zu|lie|fern ⟨sw. V.; hat⟩: **1. a)** *als Zulieferer arbeiten*; **b)** *Waren liefern; zuschicken* (2): ein Paket an den Empfänger z. **2.** (Rechtsspr.) *jmdn. ausliefern* (1): einen Terroristen z.
Zu|lie|fe|rung, die; -, -en: *das Zuliefern; das Zugeliefertwerden*.
zu|lo|sen ⟨sw. V.; hat⟩ (bes. Sport): *durch* ¹*Losen zuweisen, zuteilen*: der Bundesligaverein bekam den spanischen Meister zugelost; ihr wurde der erste Startplatz zugelost.
¹**Zu|lu**, der; -[s], -[s]: *Angehöriger eines Bantustammes in Natal*.
²**Zu|lu**, das; -[s]: *Sprache der Zulus*.
³**Zu|lu**, die; -, -[s]: *Angehörige eines Bantustammes in Natal*.
Zu|luft, die; - (Technik): *(in klimatisierten Räumen) Luft, die zugeführt wird*.
zum ⟨Präp. + Art.⟩: *zu dem*: die Tür z. Wohnzimmer; sie lief z. Telefon; (nicht auflösbar in festen Verbindungen:) z. Schluss; z. Spaß; z. Beispiel; (nicht auflösbar in Verbindung mit einem subst. Inf.:) etw. z. Kochen bringen; etw. z. Liebhaben; sie verlangte etwas z. Essen (südd., österr. ugs.: *zu essen*); (österr.:) er ist Abgeordneter z. Nationalrat.
zu|ma|chen ⟨sw. V.; hat⟩: **1.** (ugs.) *schließen* (1): die Tür, den Koffer, einen Deckel z.; ich habe die ganze Nacht kein Auge zugemacht *(nicht schlafen können)*. **2.** (ugs.) *schließen* (7): wann machen die Geschäfte zu? **3.** (ugs.) *sich einer Sache, einem Plan, Vorschlag o. Ä. gegenüber versperren, sich verschließen*: als er wieder mit derselben Frage kam, machte sie zu. **4.** (landsch.) *sich beeilen*: du musst z., sonst kommst du zu spät; mach zu!
¹**zu|mal** ⟨Adv.⟩ [mhd. ze mâle = zugleich]: *besonders* (2 a), *vor allem, namentlich*: alle, z. die Neuen, waren begeistert/alle waren begeistert, z. die Neuen; sie nimmt die Einladung gern an, z. da/wenn sie allein ist.
²**zu|mal** ⟨Konj.⟩ [zu: ↑ ¹zumal]: *besonders da, weil; vor allem da*: sie nimmt die Einladung gern an, z. sie allein ist.
zu|mar|schie|ren ⟨sw. V.; ist⟩: *in Richtung auf jmdn., etw. marschieren; sich marschierend auf jmdn., etw. zubewegen*: sie marschierten auf den Wald zu.
zu|mau|ern ⟨sw. V.; hat⟩: *mauernd, mit Mauerwerk verschließen*: ein Loch, eine Türöffnung z.; zugemauerte Fenster.
zu|meist ⟨Adv.⟩: *meist, meistens*: ... breites Gesicht, darin tiefliegende, z. von den Lidern halb bedeckte Augen (Heym, Schwarzenberg 45).
zu|mes|sen ⟨st. V.; hat⟩ (geh.): **1.** *genau abmessend zuteilen* (b): den Häftlingen ihre Essensration, den Tieren [ihr] Futter z.; in reichlich zugemessenes Taschengeld; Ü nun mir die Schuld an etw. z. *(anlasten)*; es war ihm nur die kurze Zeit für seine Lebensarbeit zugemessen *(er musste früh sterben)*. **2.** *beimessen*: einer Sache, jmds. Worten große Bedeutung z.
zu|min|dest ⟨Adv.⟩: **a)** *zum Mindesten; auf jeden Fall; jedenfalls* (b): es ist keine schwere, z. keine bedrohliche Krise; sie war verloren, so schien es z.; das z. behaupten seine Gegner; **b)** *als Wenigstes; wenigstens*: z. hätte er sich entschuldigen müssen.
zu|mi|schen ⟨sw. V.; hat⟩ (selten): *mischend zusetzen; beimischen*: dem Teig ein Treibmittel z.
Zumpf, der; -en, -en [mhd. zump(f), verw. mit ↑Zapfen, ↑Zipfel u. ↑Zopf] (österr. derb): *Penis*.
Zumpfferl, das; -s, -n [Vkl. von ↑Zumpf] (österr. derb): *Penis*.
zu|mül|len ⟨sw. V.; hat⟩ (ugs.): *mit Müll, Abfall bedecken*: so machten sie an diesem Morgen war der ganze Platz mit Pappbechern und Bierdosen zugemüllt; Ü mit Reklame zugemüllt werden *(in großer Menge unerwünschte Werbung zugestellt bekommen)*; jmdm. die Mailbox z. (ugs. *viele unerwünschte E-Mails schicken)*; ständig werde ich mit seinen Problemen zugemüllt *(behelligt)*.
zu|mut (ugs.): ↑zumute.
zu|mut|bar ⟨Adj.⟩: *so beschaffen, dass es jmdm. zugemutet werden kann*: eine -e Belastung; das ist für sie nicht z.
Zu|mut|bar|keit, die; -, -en: **1.** ⟨o. Pl.⟩ *das Zumutbarsein*. **2.** (selten) *etw. Zumutbares*.
zu|mu|te, zu Mu|te: in den Verbindungen **jmdm. ist, wird [es] irgendwie zumute/zu Mute** *(jmd. ist in einer bestimmten inneren Verfassung, Stimmung, gerät in eine bestimmte innere Verfassung, Stimmung*: jmdm. ist komisch, wohlig z.; es war ihm nicht wohl z. dabei; Mir war heiter und leicht z. und der Weg verging mir wie im Fluge [Hörspiele 128]); **jmdm. ist nach jmdm., etw.: zumute/zu Mute** *(jmd. verlangt nach jmdm., etw.*: mir war jetzt nach einer deftigen Mahlzeit z.).
zu|mu|ten ⟨sw. V.; hat⟩ [spätmhd. zuomuoten]: **1.** *von jmdm. etw. verlangen, was eigentlich*

unzumutbar, zu schwer, zu anstrengend ist: das kannst du ihm nicht z.; ich möchte Ihnen nicht z., dass ...; du hast dir zu viel zugemutet *(dich übernommen, überanstrengt mit etwas).* **2.** (landsch., schweiz.) zutrauen.

Zu|mu|tung, die; -, -en: *etw. Unzumutbares:* der Lärm ist eine Z.; es ist doch eine Z. *(Rücksichtslosigkeit, Unverschämtheit),* das Radio so laut zu stellen; sich gegen eine Z. verwahren.

¹zu|nächst ⟨Adv.⟩ [mhd. ze næhste]: **a)** *am Beginn von etw.:* anfangs, am Anfang, zuerst (2): es war z. nicht aufgefallen; z. sah es so aus, als ob ...; die Arbeit zeigte z. keinen Erfolg; Vom plötzlichen Lichteinfall geblendet, sah Cotta z. nur mit Tüchern und Decken verhängte Möbel (Ransmayr, Welt 195); **b)** *vorerst, einstweilen* (a); *in diesem Augenblick:* daran denke ich z. noch nicht; das lassen wir z. beiseite.

²zu|nächst ⟨Präp. mit Dativ⟩ [zu ↑¹zunächst] (geh.): *in nächster Nähe (von etw. gelegen o. Ä.):* die Bäume, die die Straße z./z. der Straße stehen.

zu|na|geln ⟨sw. V.; hat⟩: *nagelnd, mithilfe von Nägeln verschließen:* eine Kiste z.; die Türöffnung mit Brettern z.

zu|nä|hen ⟨sw. V.; hat⟩: *durch eine Naht schließen:* eine aufgeplatzte Naht z.; eine Kissenhülle z.

Zu|nah|me, die; -, -n: **1.** *das Zunehmen* (1): eine geringfügige, beträchtliche Z.; die Z. beträgt 5 %; eine Z. um, von 5 %; die Z. an Geburten sollte damals gestoppt werden. **2.** (Handarb.) *das Zunehmen* (3): die Z. von Maschen am Rücken.

Zu|na|me, der; -ns, -n: **1.** *neben dem Vornamen stehender Familienname (bes. in Formularen o. Ä.):* bitte unterschreiben Sie mit Vor- und Zunamen. **2.** (veraltend) *Beiname; Spitzname.*

Zünd|an|la|ge, die (Kfz-Technik): *elektrische Anlage, die den zur Entzündung des Kraftstoff-Luft-Gemischs nötigen Zündfunken hervorbringt.*

zünd|bar ⟨Adj.⟩: *sich zünden lassend.*

zün|deln ⟨sw. V.; hat⟩: *unvorsichtig od. brandstifterisch mit Feuer spielen:* die Kinder haben gezündelt; Ü die Supermächte sollten aufhören zu z.

zün|den ⟨sw. V.; hat⟩ [mhd. zünden; ahd. zunden, zu einem untergegangenen Verb mit der Bed. »glühen«]: **1. a)** (Technik) *in Brand setzen, entzünden* (1 a); *den Verbrennungsprozess eines Gasgemischs o. Ä. einleiten; das Explodieren eines Sprengstoffs bewirken:* eine Sprengladung, eine Bombe z.; ein Triebwerk, eine Rakete z. *(ihren Antrieb in Gang setzen);* durch den Zündfunken wird das Kraftstoff-Luft-Gemisch im Motor gezündet; **b)** (veraltet, noch südd.) *anzünden:* Feuer, eine Kerze, ein Zündholz z.; ⟨ohne Akk.-Obj.:⟩ der Blitz hat gezündet *(hat etw. in Brand gesetzt, ein Feuer verursacht).* **2. a)** (Technik) *durch Zündung in Gang kommen, sich in Bewegung setzen:* das Triebwerk, die Rakete hat nicht gezündet; **b)** (veraltend) *zu brennen beginnen:* das Streichholz, das Pulver will nicht z.; Ü sein Witz, sein Gedanke zündete *(inspirierte, weckte Begeisterung);* sie hielt eine zündende Rede *(sie begeisterte, riss die Zuhörenden mit);* * *bei jmdm. hat es gezündet* (ugs. scherzh.; *jmd. hat etw. endlich begriffen).*

Zun|der, der; -s, - [mhd. zunder, ahd. zuntra, zu ↑zünden u. eigtl. = Mittel zum Anzünden]: **1.** (früher) *bes. aus dem getrockneten u. präparierten Fruchtkörper des Zunderschwamms bestehendes, leicht brennbares Material, das zum Feueranzünden verwendet wurde:* etw. brennt, zerbröckelt wie Z. *(brennt, zerbröckelt sehr leicht);* das Holz ist trocken wie Z. *(sehr trocken);* * *jmdm. Z. geben* (ugs.; *jmdn. zu größerer Eile antreiben. jmdn. schlagen, prügeln. jmdn. beschimpfen; zurechtweisen);* **es gibt Z.** (1. ugs.;

als drohende Ankündigung; *es gibt Schläge, Prügel.* Soldatenspr.; *es gibt Beschuss*); **Z. bekommen/kriegen** (1. ugs.; *Schläge, Prügel bekommen.* ugs.; *beschimpft, zurechtgewiesen werden.* Soldatenspr.; *unter Beschuss liegen*). **2.** (Technik) *durch Einwirkung oxidierender Gase auf metallische Werkstoffe entstehende, abblätternde Oxidschicht.*

Zün|der, der; -s, -: **1.** (Waffent.) *Teil eines Sprengkörpers, der den in ihm enthaltenen Sprengstoff entzündet.* **2.** ⟨Pl.⟩ (österr.) *Zündhölzer.*

Zun|der|pilz, Zun|der|schwamm, der: *als Parasit an Stämmen von Laubbäumen wachsender schwarzbrauner Pilz, aus dessen locker-filzartigem Fruchtkörper früher Zunder* (1) *hergestellt wurde.*

Zünd|fun|ke, Zünd|fun|ken, der (Kfz-Technik): *in der Zündanlage hervorgebrachter Funke, der für die Zündung* (1) *nötig ist.*

Zünd|hil|fe, die (Kfz-Technik): *Vorrichtung od. Mittel, das das Zünden erleichtert.*

Zünd|holz, das (Pl. ...hölzer) (Fachspr., sonst südd., österr. u. schweiz.): *Streichholz.*

Zünd|holz|schach|tel, die (südd., österr.): *Streichholzschachtel.*

Zünd|hüt|chen, das: **1.** *Sprengkapsel.* **2.** (ugs. scherzh.) *sehr kleine Kopfbedeckung.*

Zünd|ka|bel, das (Kfz-Technik): *Kabel, das eine Verbindung zwischen Zündspule u. Zündkerze herstellt.*

Zünd|ker|ze, die (Kfz-Technik): *auswechselbarer Teil der Zündanlage, mit dessen Hilfe das Kraftstoff-Luft-Gemisch elektrisch gezündet wird.*

Zünd|mit|tel, das (Fachspr.): *Vorrichtung, mit deren Hilfe beim Zünden, ein Verbrennungsvorgang herbeigeführt wird.*

Zünd|satz, der (Technik): *Vorrichtung od. Mittel, mit dem ein Sprengsatz gezündet wird.*

Zünd|schloss, das (Kfz-Technik): *mit dem Zündschlüssel zu betätigender Schalter, der den Stromkreis der Zündanlage eines Kraftfahrzeugs einschaltet.*

Zünd|schlüs|sel, der (Kfz-Technik): *Schlüssel, mit dem das Zündschloss betätigt wird.*

Zünd|schnur, die: *an einem Ende mit einer Sprengladung verbundene Schnur aus leicht brennbarem Material, die, wenn sie angezündet wird u. in ihrer ganzen Länge abgebrannt ist, die Sprengladung zündet.*

Zünd|spu|le, die (Kfz-Technik): *Spule, die die für die Zündung der Zündkerze notwendige elektrische Spannung erzeugt.*

Zünd|stein, der: *Feuerstein* (2).

Zünd|stoff, der: *leicht entzündlicher Sprengstoff, der einen schwer entzündlichen zur Explosion bringt; Initialsprengstoff;* Ü *das Theaterstück enthält eine Menge Z. (Konfliktstoff);* die hohe Arbeitslosigkeit in der Region sorgt für sozialen Z.

Zün|dung, die; -, -en (Technik): **1.** *das Zünden:* die Z. einer Sprengladung, des Kraftstoff-Luft-Gemischs im Ottomotor; eine Z. auslösen. **2.** *Zündanlage:* die Z. überprüfen, ein-, ausschalten.

Zünd|ver|tei|ler, der (Kfz-Technik): *Vorrichtung, die die Spannung der Zündspule an die Zündkerzen der verschiedenen Zylinder verteilt; Verteiler* (6).

Zünd|vor|rich|tung, die (Technik): *Vorrichtung, die dem Zünden eines explosiven Stoffes dient.*

zu|neh|men ⟨st. V.; hat⟩: **1. a)** *sich vergrößern, sich erhöhen, sich verstärken, sich vermehren; wachsen, steigen:* die Windstärke nimmt zu; die Schmerzen nehmen wieder zu; die Bevölkerung nimmt immer noch zu; seine Erregung nahm immer mehr zu; die Tage nehmen zu *(werden länger);* der Mond nimmt zu *(es geht auf Vollmond zu);* ⟨oft im 1. Part.:⟩ in zunehmendem Maße; mit zunehmendem Alter wurde er immer

geiziger; zunehmender Mond; **b)** *von etw. mehr erhalten; gewinnen* (4 b): an Größe, Höhe, Stärke z.; er hat an Erfahrung, Macht, Ansehen zugenommen; der Wind hat an Stärke zugenommen; er hat an Gewicht zugenommen; **c)** *sein Körpergewicht vermehren; schwerer, dicker werden:* sie hat stark, sehr, beträchtlich zugenommen. **2.** (ugs.) *hinzunehmen:* ich werde noch etwas Zucker z. **3.** (Handarb.) *zusätzlich aufnehmen:* Maschen z.; ⟨auch ohne Akk.-Obj.:⟩ von der zwanzigsten Reihe an muss man z.

zu|neh|mend ⟨Adv.⟩: *deutlich sichtbar, immer mehr:* sich z. vergrößern, verengen, verschlechtern.

zu|nei|gen ⟨sw. V.; hat⟩ [mhd. zuoneigen]: **1. a)** *einen Hang zu etw., eine Vorliebe für etw. haben, zu etw. neigen:* dem Konservatismus z.; ich neige mehr dieser Ansicht zu *(finde sie besser, richtiger);* **b)** ⟨z. + sich⟩ (geh.) *Sympathie, Zuneigung zu jmdm. fassen, sich von jmdm. angezogen fühlen:* ⟨häufig im 2. Part.:⟩ er ist ihr sehr zugeneigt *(mag sie sehr gern);* der den Künsten zugeneigte Landesherr. **2.** (geh.) **a)** *in Richtung auf jmdn., etw. neigen:* er neigte mir seinen Kopf zu; **b)** ⟨z. + sich⟩ *sich in Richtung auf jmdn., etw. neigen:* sie neigte sich mir zu; die am Ufer stehenden Bäume neigen sich dem Fluss zu; Ü das Jahr neigt sich dem Ende zu *(ist bald zu Ende).*

Zu|nei|gung, die; -, -en: *deutlich empfundenes Gefühl, jmdn., etw. zu mögen, gernzuhaben; Sympathie:* ihre Z. wuchs rasch; Z. zu jmdm. empfinden; jmdm. [seine] Z. schenken, beweisen; zu jmdm. Z. haben, hegen, fassen; er erfreute sich ihrer wachsenden Z.

Zunft, die; -, Zünfte [mhd. zunft, ahd. zumft, zu ↑ziemen o. eigtl. = das, was sich fügt, was passt od. sich schickt; Übereinkommen, Ordnung, Vertrag]: **1.** (bes. im MA.) *Zusammenschluss von dasselbe Gewerbe treibenden Personen (bes. von selbstständigen Handwerkern u. Kaufleuten) zur gegenseitigen Unterstützung, zur Wahrung gemeinsamer Interessen, zur Regelung der Ausbildung u. a.:* die Z. der Bäcker; Ü (oft scherzh.:) die Z. der Journalisten, der Junggesellen; * *von der Z. sein (vom Fach sein).* **2.** Kurzf. von ↑Narrenzunft.

Zunft|bru|der, der: *Zunftgenosse.*

Zunft|geist, der; ⟨o. Pl.⟩ (abwertend): *gruppenegoistisches Denken innerhalb der Zünfte.*

Zunft|ge|nos|se, der: *Angehöriger einer Zunft.*

Zunft|ge|nos|sin, die: w. Form zu ↑Zunftgenosse.

zunft|ge|recht ⟨Adj.⟩ (veraltend): *fachgerecht.*

Zunft|haus, das: *Haus für die Zusammenkünfte, Versammlungen einer Zunft.*

zünf|tig ⟨Adj.⟩ [mhd. zünftic = zur Zunft gehörig, ahd. zumftig = friedlich]: **1.** (veraltend) *fachmännisch, fachgerecht:* eine -e Arbeit. **2.** ¹*ordentlich* (4 a, b), *urig:* eine -e Campingausrüstung, Kluft, Kneipe, Fete, Lederhose; eine -e *(gehörige)* Ohrfeige; er sieht richtig z. aus in seiner Tracht. **3. a)** *zur Zunft* (1), *den Zünften gehörend;* **b)** *mit dem Zunftwesen zusammenhängend, von ihm geprägt, auf ihm beruhend.*

Zünft|ler, der; -s, -: *Angehöriger einer Zunft.*

Zünft|le|rin, die; -, -nen: w. Form zu ↑Zünftler.

Zunft|meis|ter, der: *Vorsteher, Repräsentant einer Zunft.*

Zunft|meis|te|rin, die: w. Form zu ↑Zunftmeister.

Zunft|ord|nung, die: *Satzung einer Zunft.*

Zunft|we|sen, das ⟨o. Pl.⟩: *Gesamtheit dessen, was mit den Zünften, ihren Gesetzen, Gebräuchen u. a. zusammenhängt.*

Zunft|zwang, der: *Zwang, als Gewerbetreibender einer Zunft anzugehören.*

Zun|ge, die; -, -n [mhd. zunge, ahd. zunga, H. u.]: **1.** *den Schmecken u. der Hervorbringung von Lauten (beim Menschen bes. dem Sprechen) dienendes u. an der Nahrungsaufnahme, am*

züngeln – zupflastern

Kauen u. am Schlucken beteiligtes, am Boden der Mundhöhle befindliches, oft sehr bewegliches, mit Schleimhaut bedecktes, muskulöses Organ der meisten Wirbeltiere u. des Menschen: eine belegte, pelzige Z.; mir klebt [vor Durst] die Z. am Gaumen; jmdm. die Z. herausstrecken; zeig mal deine Z.!; ich habe mir die Z. verbrannt; der Hund lässt die Z. aus dem Maul hängen; das Fleisch zergeht auf der Z. (emotional; *ist äußerst zart*); ich habe mir auf die Z. gebissen; er stößt mit der Z. an (ugs.; *er lispelt*); Ü sie hat eine spitze, scharfe, lose, böse o. ä. *(sie neigt zu spitzen, scharfen usw. Äußerungen, Bemerkungen)*; er hat eine falsche Z. (geh.; *ist ein Lügner*); bei dem Namen bricht man sich die Z. ab/verrenkt man sich die Z. (ugs.; *er ist sehr schwer auszusprechen*); sie spricht mit doppelter/gespaltener Z. (geh.; *sie ist unaufrichtig, doppelzüngig*); eine feine, verwöhnte Z. (geh.; *einen feinen, verwöhnten Geschmack*) haben; ihm hing die Z. aus dem Hals (ugs.; *er war sehr durstig*); nach dem Rennen hing mir die Z. aus dem Hals (ugs.; *war ich ganz außer Atem*); nach und nach lösten sich die -n (geh.; *wurde man redseliger*); mit [heraus]hängender Z. (ugs.; *ganz außer Atem*) auf dem Bahnsteig ankommen; sie ließ den Namen auf der Z. zergehen *(sprach ihn genüsslich aus);* ... es nutzt nichts, ... wie leblos hier zu hocken und gelähmter Z. *(völlig sprachlos, nicht in der Lage zu reden)* ohne die simpelste Erwiderung (Kronauer, Bogenschütze 310); * **böse -n** *(boshafte Menschen, Lästerer);* **seine Z. hüten/im Zaum halten/zügeln** *(vorsichtig in seinen Äußerungen sein);* **seine Z. an etw. wetzen** (abwertend; *über sie in gehässiger Weise auslassen*); **sich die Z. verbrennen** (seltener; ↑¹Mund 1 a); **jmdm. die Z. lösen** *(jmdn. zum Sprechen, Reden bringen:* der Wein hat ihm die Z. gelöst; die Folter wird ihm schon die Z. lösen); **sich eher/lieber die Z. abbeißen [als etw. zu sagen]** *(unter keinen Umständen bereit sein, eine bestimmte Information preiszugeben);* **sich auf die Z. beißen** *(an sich halten, um etw. Bestimmtes nicht zu sagen);* **jmdm. auf der Z. liegen/schweben** (1.*jmdm. beinahe, aber doch nicht wirklich wieder einfallen:* der Name liegt mir auf der Z. 2. *beinahe von jmdm. ausgesprochen, geäußert werden:* ich habe es nicht gesagt, obwohl es mir auch die ganze Zeit auf der Z. lag); **etw. auf der Z. haben** (1. *das Gefühl haben, etw. Bestimmtes müsse einem im nächsten Moment wieder einfallen:* ich habe den Namen auf der Z. 2. *nahe daran sein, etw. Bestimmtes auszusprechen, zu äußern:* ich hatte schon eine entsprechende Bemerkung auf der Z.); **jmdm. auf der Z. brennen** *(jmdn. heftig drängen, etw. zu sagen, zu äußern:* es brannte mir auf der Z., ihm das zu sagen); **jmdm. leicht/glatt, schwer o. ä. von der Z. gehen** *(von jmdm. ganz leicht, nur schwer ausgesprochen, geäußert werden können:* es ist immer wieder erstaunlich, wie glatt ihm solche Lügen von der Z. gehen). **2.** (Zool.) *(bei den Mundgliedmaßen der Insekten) paariger Anhang der Unterlippe.* **3.** (Musik) *(bei der Orgel, beim Harmonium, bei bestimmten Blasinstrumenten) dünnes, längliches Plättchen aus Metall, Schilfrohr o. Ä., das in einem Luftstrom schwingt u. dadurch einen Ton erzeugt:* durchschlagende od. freie -n; aufschlagende -n. **4.** *(bei bestimmten Waagen)* Zeiger. **5.** (Technik) *länglicher, keilförmig sich verjüngender, beweglicher Teil einer Weiche.* **6.** *(an Schnürschuhen) zungenförmiger mittlerer Teil des vorderen Oberleders, Obermaterials, über dem die seitlichen Teile durch den Schnürsenkel zusammengezogen werden;* Lasche. **7.** (meist Pl.) (Zool.) *zur Familie der Seezungen gehörender Plattfisch;* Seezunge. **8.** *etw., was in seiner Form an eine Zunge (1) erinnert:* die Blütenblätter mancher Pflanzen heißen -n; der Gletscher läuft in einer langen Z. aus. **9.** (Pl. selten) *Fleisch von Zungen (1) (bes. vom Kalb od. Rind) als Gericht:* ein Stück gepökelte, geräucherte Z.; Z. in Madeira. **10.** (geh.) *Sprache:* so weit die deutsche Z. klingt *(überall, wo man Deutsch spricht);* * **etw. mit tausend -n predigen** (geh.; *auf etw. nachdrücklich hinweisen).*

zün|geln ⟨sw. V.; hat⟩: **a)** *(bes. von Schlangen) mit der herausgestreckten Zunge wiederholt unregelmäßige, schnelle Bewegungen ausführen, sie rasch vor- u. zurückschnellen lassen:* die Schlange züngelt; **b)** *in einer Weise in Bewegung sein, die an die Zunge einer züngelnden Schlange erinnert; sich wiederholt schnell u. unruhig bewegen:* züngelnde Flammen; das Wasser züngelt am Bootsrand.

Zụn|gen|bre|cher, der (ugs.): *etw., was sehr schwer auszusprechen ist:* dieser exotische Name ist ein [wahrer] Z.

zụn|gen|bre|che|risch ⟨Adj.⟩ (ugs.): *schwer aussprechbar.*

zụn|gen|fer|tig ⟨Adj.⟩: *sprach-, wort-, redegewandt:* ein -er Abgeordneter, Verteidiger.

Zụn|gen|fer|tig|keit, die ⟨o. Pl.⟩: *Sprach-, Wort-, Redegewandtheit.*

zụn|gen|för|mig ⟨Adj.⟩: *wie eine Zunge (1) geformt, an eine Zunge erinnernd:* eine -e Lasche.

Zụn|gen|kuss, der: *Kuss, bei dem die Zunge des einen Partners in den Mund des anderen eindringt.*

Zụn|gen|laut, der (Sprachwiss.): *Lingual.*

Zụn|gen|pfei|fe, die (Musik): *Lingualpfeife.*

Zụn|gen|pier|cing, das: *an der Zunge angebrachtes Piercing (2):* wenn sie lächelt, blitzt ein Z.

Zụn|gen-R, Zụn|gen-r, das; -, - (Sprachwiss.): *als Lingual artikulierter r-Laut.*

Zụn|gen|re|den, das; -s (Psychol.): *Glossolalie.*

Zụn|gen|re|gis|ter, das (Musik): *aus Lingualpfeifen bestehendes Orgelregister.*

Zụn|gen|rü|cken, der (Anat.): *Oberseite der Zunge.*

Zụn|gen|schlag, der: **1.** *rasche, schlagende o. ä. Bewegung der Zunge (1):* ... und stieß den Rauch mit einem ganz charakteristischen Z. schräg nach oben (Kempowski, Zeit 220). **2.** (Musik) *beim Blasen von Blasinstrumenten übliche Artikulation bestimmter Silben od. Konsonanten.* **3.** (seltener) **a)** *Akzent (2):* sie sprach mit deutlichem amerikanischem Z.; **b)** *für eine bestimmte Haltung, Einstellung, Gesinnung o. Ä. charakteristische Ausdrucksweise, Redeweise, Sprache:* ein modischer Z.; der Z. der Jugend; * **falscher Z.** *(Äußerung, die nicht dem entspricht, was jmd. wirklich denkt, meint).*

Zụn|gen|spit|ze, die: *vorderster Teil der Zunge (1).*

Zụn|gen|stim|me, die (Musik): *Zungenregister.*

Zụn|gen|wurst, die (Kochkunst): *Blutwurst mit großen Stücken Zunge (9).*

Zụ̈ng|lein, das; -s, -: Vkl. zu ↑Zunge (1, 4, 8): * **das Z. an der Waage** *(Person od. Sache, die bei den Ausschlag gibt;* mit »Zünglein« bezeichnete man eine Art kleinen Zeiger in der Mitte des Waagebalkens, der anzeigt, nach welcher Seite sich die Waage neigt).

zu|nịch|te [mhd. ze nihte, zu: nihte, Substantivierung von: ↑¹nicht]: in der Verbindung **z. sein** *(zerstört, vernichtet sein; vereitelt sein:* all unsere Hoffnungen sind z.).

zu|nịch|te|ma|chen ⟨sw. V.; hat⟩: *zerstören, vernichten; vereiteln:* seine Krankheit hat all unsere Hoffnungen zunichtegemacht.

zu|nịch|te|wer|den ⟨unr. V.; ist⟩: *zerstört, vernichtet werden; vereitelt werden:* ihre Hoffnungen wurden zunichte.

zu|nị|cken ⟨sw. V.; hat⟩: *jmdm. etw. durch Ansehen u. Nicken signalisieren:* jmdm. aufmunternd, freundlich z.; sie nickten sich zu.

zu|nie|derst ⟨Adv.⟩ (landsch.): *zuunterst.*

zu|nụt|ze, zu Nụt|ze: *sich ⟨Dativ⟩ etw. zunutze/zu Nutze machen* *(etw. für seine Zwecke anwenden; Nutzen, einen Vorteil aus etw. ziehen:* sie macht sich seine Unerfahrenheit z.; seine Technik haben sich andere z. gemacht).

zu|oberst ⟨Adv.⟩: **a)** *ganz oben auf einem Stapel, in einem Fach, einem Raum o. Ä.:* die Hemden lagen im Koffer z.; **b)** *der oberen Begrenzung am nächsten:* ganz z. [auf dem Briefbogen] steht gewöhnlich die Anschrift des Absenders; **c)** *am Kopf (einer Tafel):* z. [an der Tafel] saß der Vater; **d)** *ganz oben in einer Rangordnung, Hierarchie o. Ä.:* unter allen Problemen, die gelöst werden müssen, steht dieses z.

zu|or|den|bar ⟨Adj.⟩: *sich zuordnen lassend:* dieser Eintrag ist keiner Kategorie z.

zu|ord|nen ⟨sw. V.; hat⟩: *zu etw., was als zugehörig od. mit etw. als zusammengehörig angesehen wird, stellen; bei, unter etw. einordnen:* die Schnabeltiere werden den Säugetieren zugeordnet; er lässt sich keiner politischen Richtung eindeutig z.

Zu|ord|nung, die; -, -en: *das Zuordnen; das Zugeordnetsein; das Zugeordnetwerden:* die Z. der Vögel zu den Wirbeltieren; die Z. von Materialien; eine chronologische Z. vornehmen.

zu|pa|cken ⟨sw. V.; hat⟩: **1.** *zugreifen; schnell u. fest packen:* schnell, mit beiden Händen z. **2.** *energisch ans Werk gehen; nach Kräften arbeiten, mittun:* bei dieser Arbeit müssen alle kräftig z.; sie kann z. **3.** (ugs.) *mit etw. ganz bedecken:* sie hatte das Kind ordentlich zugepackt.

zu|pa|ckend ⟨Adj.⟩: *resolut, zielbewusst:* er hat eine -e Art; ein -er Manager, Politiker; sie ist, wirkt engagiert und z.

zu|pap|pen ⟨sw. V.; hat⟩ (ugs.): *zukleben.*

zu|par|ken ⟨sw. V.; hat⟩: *durch Parken (1) versperren:* eine Ausfahrt z.; zugeparkte Bürgersteige.

zu|pas|sen ⟨sw. V.; hat⟩ (Ballspiele, bes. Fußball): *mit einem Pass (3) zuspielen:* dem mitgelaufenen Mann den Ball z.

zu|pass|kom|men, zu|pas|se|kom|men ⟨st. V.; ist⟩ [wohl zu veraltet Pass = angemessener Zustand] (geh.): *jmdm. sehr gelegen, gerade recht kommen:* er, seine Hilfe, das Geld kam mir sehr, gut zupass[e].

zụp|fen ⟨sw. V.; hat⟩ [spätmhd. zupfen, H. u., viell. verw. mit ↑Zopf u. eigtl. = Flachs, Hanf raufen]: **1.** *vorsichtig u. mit einem leichten Ruck an etw. ziehen:* an jmds. Bart z.; er zupfte nervös an seiner Krawatte; (auch mit Akk.-Obj.:) sie zupfte ihn am Ärmel. **2.** *lockern u. mit einem leichten Ruck [vorsichtig] herausziehen, von etw. trennen:* Unkraut z.; er zupfte sich ein Haar aus dem Bart; sie ließ die Augenbrauen [mit der Pinzette] z. *(durch Entfernen störender Haare in eine bestimmte Form bringen);* Der Seiler hockte auf einem Dreifuß und zupfte Werg aus alten Tauen (Ransmayr, Welt 99). **3.** *bei Saiteninstrumenten mit den Fingerspitzen an den Saiten reißen u. sie so zum Erklingen bringen:* die/an den Saiten z.; die Klampfe z. **4.** ⟨z. + sich⟩ (österr. ugs.) **a)** *sich davonmachen, verschwinden:* (meist als drohende Aufforderung:) zupf dich!; **b)** *sich drücken (5):* sie hat sich vom Abwaschen gezupft.

Zụpf|gei|ge, die (volkstüml. veraltet): *Gitarre.*

Zụpf|in|s|t|ru|ment, das: *Saiteninstrument, dessen Saiten durch Zupfen zum Tönen gebracht werden z. B. Harfe, Gitarre).*

zu|pflas|tern ⟨sw. V.; hat⟩: *pflasternd vollständig bedecken, ausfüllen:* den ganzen Platz z.; Ü (abwertend:) man hat die Landschaft mit hässlichen Bauten zugepflastert.

zu|pfrop|fen ⟨sw. V.; hat⟩: *zukorken.*

zu|pi|cken ⟨sw. V.; hat⟩ [zu ↑²*picken*] (österr. ugs.): *zukleben.*

zu|plin|ken ⟨sw. V.; hat⟩ (nordd.): *zublinzeln.*

zu|pres|sen ⟨sw. V.; hat⟩: *pressend zusammendrücken:* die Augen, die Lippen, den Mund z.

zu|pros|ten ⟨sw. V.; hat⟩: *prostend zutrinken:* er prostete ihr mit seinem Glas zu.

zur [tsuːɐ̯, tsʊr] ⟨Präp. + Art.⟩: *zu der:* z. Post gehen; das Gasthaus z. Linde; ⟨nicht auflösbar in festen Verbindungen:⟩ z. Genüge; z. Ruhe kommen; z. Neige gehen.

zu|ran|de, zu Ran|de: in den Verbindungen **mit etw. zurande/zu Rande kommen** (ugs.; *etw. bewältigen, meistern können;* zu urspr. Rand = Ufer, also urspr. = mit dem Schiff [nicht] ans Ufer gelangen können: die Schüler kommen mit der Aufgabe nicht z.); **mit jmdm. zurande/zu Rande kommen** (ugs.; *mit jmdm. gut auskommen, einig werden:* ich bin mit ihr problemlos z. gekommen).

zu|ra|sen ⟨sw. V.; ist⟩ (ugs.): *in Richtung auf jmdn., etw. rasen:* der Wagen raste auf den Abgrund zu.

zu|ra|te, zu Ra|te: in den Verbindungen **jmdn. zurate/zu Rate ziehen** (*jmdn. um Rat fragen, konsultieren:* einen Arzt z. ziehen); **etw. zurate/zu Rate ziehen** (*etw., ein Buch o. Ä., zu Hilfe nehmen, um eine bestimmte Information zu erhalten:* als Informationsquelle habe ich ein Lexikon z. gezogen).

zu|ra|ten ⟨st. V.; hat⟩: *raten, auf etw. einzugehen, etw. anzunehmen, zu tun o. Ä.:* zu diesem Kauf kann ich dir nur z.; er riet mir zu hinzugehen.

zu|rau|nen ⟨sw. V.; hat⟩ (geh.): *raunend, leise etw. zu jmdm. sagen, jmdm. etw. mitteilen:* jmdm. leise eine Neuigkeit z.

¹Zür|cher (bes. schweiz.), Züricher, der; -s, -: Ew. zu ↑¹,²Zürich.

²Zür|cher (bes. schweiz.), Züricher ⟨indekl. Adj.⟩: Z. Geschnetzeltes.

Zür|che|rin, die; -, -nen: w. Form zu ↑¹Zürcher.

zür|che|risch (bes. schweiz.), züricherisch ⟨Adj.⟩: *Zürich, die ¹Zürcher betreffend, von ihnen stammend, zu ihnen gehörend:* eine alte -e Tradition.

zu|re|chen|bar ⟨Adj.⟩ (bes. Rechtsspr.): *sich zuordnen lassend; zuordenbar:* diese Kosten sind den Gemeinkosten z.; die Tat muss dem Verdächtigen objektiv z. sein.

zu|rech|nen ⟨sw. V.; hat⟩: **1.** *zuordnen:* dieses Tier wird den Säugetieren zugerechnet. **2.** (seltener) *zur Last legen, zuschreiben, anrechnen* (2): die Folgen hast du dir selbst zuzurechnen. **3.** (seltener) *hinzurechnen, rechnend hinzufügen:* diese Stimmen werden dem Kandidaten zugerechnet.

Zu|rech|nung, die; -, -en: *das Zurechnen; das Zugerechnetwerden.*

zu|rech|nungs|fä|hig ⟨Adj.⟩: **1.** (Rechtsspr. früher) *schuldfähig.* **2.** *bei klarem Verstand seiend:* du bist wohl nicht z.!

Zu|rech|nungs|fä|hig|keit, die ⟨o. Pl.⟩ [zu veraltet Zurechnung = (sittliche) Verantwortlichkeit]: **1.** (Rechtsspr. früher) *Schuldfähigkeit.* **2.** *klarer Verstand:* ich zweifle an deiner Z.

zu|rech|nungs|un|fä|hig ⟨Adj.⟩ (Rechtsspr. früher): *nicht schuldfähig.*

Zu|rech|nungs|un|fä|hig|keit, die ⟨o. Pl.⟩ (Rechtsspr. früher): *Schuldunfähigkeit.*

zu|recht|bie|gen ⟨st. V.; hat⟩: *in die passende Form biegen:* du musst den Draht noch ein wenig z.; Ü er wird die Sache schon wieder z. (ugs.; *in Ordnung bringen*).

zu|recht|brin|gen ⟨unr. V.; hat⟩: *in Ordnung bringen:* sie hat alles wieder zurechtgebracht, was er verdorben hat.

zu|recht|fei|len ⟨sw. V.; hat⟩: vgl. *zurechtbiegen.*

zu|recht|fin|den, sich ⟨st. V.; hat⟩: *die räumlichen, zeitlichen o. ä. Zusammenhänge, die gegebenen Verhältnisse, Umstände erkennen, sie richtig einschätzen, damit vertraut, fertigwerden:* sich irgendwo schnell, nur langsam, mühsam z.; mit der Zeit fand er sich in der neuen Umgebung zurecht; sich nicht im Leben z.

zu|recht|fli|cken ⟨sw. V.; hat⟩: *durch Flicken wieder brauchbar machen:* jmds. alte Kleider, Schuhe notdürftig z.; Ü zerstörte Daten mühsam wieder z.

zu|recht|kom|men ⟨st. V.; ist⟩: **1.** *für etw. ohne große Schwierigkeiten einen passenden Weg, die richtige Lösung finden, es bewältigen; mit jmdm., etw. fertigwerden:* wie soll man mit einer solchen Maschine z.?; er kommt mit den Kindern nicht mehr zurecht. **2.** (seltener) *rechtzeitig, zur rechten Zeit kommen:* wir kamen gerade noch zurecht, bevor das Spiel begann.

zu|recht|le|gen ⟨sw. V.; hat⟩: **1.** *bereitlegen:* ich habe [mir] die Unterlagen schon zurechtgelegt. **2.** ⟨z. + sich⟩ *sich für einen bestimmten Fall im Voraus überlegen, um sich darauf für etw. zu rüsten, darauf einstellen:* sich eine Antwort, Entschuldigung z.; ich habe mir schon einen Plan für heute Abend zurechtgelegt.

zu|recht|ma|chen ⟨sw. V.; hat⟩ (ugs.): **1.** *für den Gebrauch herrichten, fertig machen:* den Salat, das Essen z.; für jmdn. das Bett, ein Bad z. **2.** *mit kosmetischen Mitteln, Kleidern, Frisuren o. Ä. jmds. od. sein eigenes Äußeres in einen ordentlichen Zustand bringen, verschönen:* das Kind, sich nett, sorgfältig, etwas zu auffällig z.; die Kosmetikerin machte die Kundin geschickt zurecht. **3.** ⟨z. + sich⟩ (seltener) *zurechtlegen* (2), *ausdenken:* ich habe mir schon einen Plan, eine Ausrede zurechtgemacht.

zu|recht|rü|cken ⟨sw. V.; hat⟩: *an die passende, an eine für einen bestimmten Zweck geeignete Stelle rücken:* ein Kissen, die Krawatte, den Hut, seine Brille z.; Ü du musst diese Sache wieder z. (ugs.; *in Ordnung bringen*).

zu|recht|schnei|den ⟨unr. V.; hat⟩: *durch Schneiden in die passende, in eine für einen bestimmten Zweck geeignete Form bringen:* sich einen Bogen Geschenkpapier z.

zu|recht|schnei|dern ⟨sw. V.; hat⟩ (ugs., oft abwertend): *(ein Kleidungsstück) dilettantisch nähen, anfertigen:* ein Kleid z.; Ü ein Programm z.

zu|recht|schus|tern ⟨sw. V.; hat⟩ (ugs. abwertend): *dilettantisch anfertigen:* jmdm. ein spezielles Softwareprogramm z.; Ü ich habe mir eine Taktik zurechtgeschustert.

zu|recht|set|zen ⟨sw. V.; hat⟩: **1.** ⟨z. + sich⟩ *sich an die passende Stelle setzen, sich so hinsetzen, wie es für einen bestimmten Zweck am geeignetsten ist, wie es am angenehmsten ist:* sich bequem z.; alle setzten sich zurecht, um zuzuhören. **2.** vgl. *zurechtrücken:* den Hut, die Brille z.

zu|recht|stel|len ⟨sw. V.; hat⟩: vgl. *zurechtrücken:* die Gläser, den Tisch, ein Stativ, eine Staffelei z.; er stellte ihr den Stuhl zurecht.

zu|recht|strei|chen ⟨st. V.; hat⟩: *durch Streichen, Darüberfahren ordnen, glätten:* das Tischtuch z.; streich dir das Haar noch etwas zurecht!

zu|recht|stut|zen ⟨sw. V.; hat⟩: vgl. *zurechtschneiden:* die Hecke z.; Ü den Text z.

zu|recht|wei|sen ⟨st. V.; hat⟩: *jmdm. gegenüber wegen seiner Verhaltensweise sehr deutlich seine Missbilligung ausdrücken, ihn nachdrücklich tadeln:* jmdn. scharf, barsch, streng z.

Zu|recht|wei|sung, die: **1.** *das Zurechtweisen:* er bedauerte die ungerechtfertigte Z. des Kindes. **2.** *zurechtweisende Äußerung, Tadel:* diese -en kannst du dir sparen.

zu|recht|zim|mern ⟨sw. V.; hat⟩: *dilettantisch zimmern; zimmernd anfertigen:* Ü sich eine passende Ideologie z.

zu|recht|zup|fen ⟨sw. V.; hat⟩: vgl. *zurechtstreichen:* nervös zupfte sie ihre Kleidung zurecht.

zu|re|den ⟨sw. V.; hat⟩: *mit jmdm. eindringlichen Worten etw. zu bewirken, eine bestimmte Entscheidung herbeizuführen versuchen; jmdm. durch sein Reden zu etw. raten:* jmdm. gut, eindringlich, lange, mit ernsten Worten z.; Sie sprachen lange, sie fragend mit hellen Spitzen, er väterlich zuredend (Grass, Butt 693).

zu|rei|chen ⟨sw. V.; hat⟩: **1.** *jmdm. etw., was er für einen bestimmten Zweck, seine Arbeit gerade benötigt, nacheinander, eins nach dem andern reichen, hinhalten:* dem Arzt bei der Operation die Instrumente z. **2.** (landsch.) *ausreichen* (1), *genügen:* der Stoff wird gerade z.

zu|rei|chend ⟨Adj.⟩ (geh.): *hinreichend, genügend.*

zu|rei|ten ⟨st. V.⟩: **1.** ⟨hat⟩ *durch Reiten, entsprechende Übungen zum Reitpferd ausbilden:* einen wilden Hengst z.; ein gut, schlecht zugerittenes Pferd. **2.** ⟨ist⟩ *sich reitend in Richtung auf jmdn., etw., auf ein Ziel zubewegen* (b): sie ritten dem Wald/auf den Wald zu.

¹Zü|rich: Stadt im Kanton ²Zürich.

²Zü|rich: Kanton in der Schweiz.

¹Zü|ri|cher: ↑¹Zürcher.

²Zü|ri|cher: ↑²Zürcher.

Zü|ri|che|rin, die; -, -nen: w. Form zu ↑¹Züricher.

zü|ri|che|risch: ↑ zürcherisch.

zu|rich|ten ⟨sw. V.; hat⟩: **1.** (landsch., Fachspr.) *für einen bestimmten Zweck aufbereiten, bearbeiten, zurechtmachen; zum Gebrauch, zur Benutzung herrichten:* das Frühstück z.; er war dabei, die Bretter für die Regale zuzurichten. **2. a)** *verletzen; durch Verletzungen in einen üblen Zustand bringen:* sie haben ihn bei der Schlägerei schrecklich zugerichtet; **b)** *stark beschädigen, abnutzen:* die Kinder haben die Möbel schon ziemlich zugerichtet.

Zu|rich|tung, die; -, -en: *das Zurichten; fachgerechtes Bearbeiten, Behandeln, Herrichten.*

zu|rie|geln ⟨sw. V.; hat⟩: *durch Vorschieben des Riegels verschließen:* das Tor, Fenster z.

zür|nen ⟨sw. V.; hat⟩ [mhd. zürnen, ahd. zurnen, zu ↑ *Zorn*] (geh.): *zornig, ärgerlich auf jmdn. sein; jmdm. grollen, böse sein:* tagelang hat sie ihm/(auch:) mit ihm gezürnt; soll ich ihr deswegen z.?

zu|rol|len ⟨sw. V.⟩: **1.** ⟨hat⟩ *rollend in Richtung auf jmdn., etw. hinbewegen:* sie rollten das schwere Fass langsam auf den Wagen zu. **2.** ⟨ist⟩ *sich rollend in Richtung auf jmdn., etw. zubewegen* (b): der Ball rollte auf das Tor zu.

zur|ren ⟨sw. V.; hat⟩ [älter: sorren < niederl. sjorren]: **1.** (bes. Seemannsspr.) *zum Befestigen zerren, ziehen [mit einer kräftigen, ruckartigen Bewegung]:* die Matrosen zurrten die Hängematten. **2.** (landsch.) *zerren, schleifen, ziehen:* er zurrte den schweren Sack über die Stufen.

Zur|schau|stel|lung, die; -, -en: *das Zurschaustellen* (vgl. Schau 5): diese Sendung basiert auf der Z. menschlichen Unglücks.

zu|rück ⟨Adv.⟩ [mhd., ahd. ze rucke = nach dem Rücken, auf den Rücken, im Rücken; schon im Mhd. gelegentlich zusammengeschrieben zerucke mit der Bed. »rückwärts«]: **1. a)** *wieder auf den, zum Ausgangspunkt, -ort, in Richtung auf den Ausgangsort, -punkt:* hin sind wir gelaufen, z. haben wir ein Taxi genommen; die Fahrt [von Paris] z. war etwas strapaziös; eine Stunde hin und eine Stunde z. (*für den Rückweg*); einmal Hamburg hin und z. (*eine Rückfahrkarte nach Hamburg*), bitte!; mit vielem Dank z. (*hiermit gebe ich es zurück u. bedanke mich vielmals*); **b)** *wieder am Ausgangsort, -punkt:* er ist noch nicht [aus dem Urlaub, von der Reise] z.; ich bin in zehn Minuten z. (*wieder da*). **2.** *[weiter] nach*

hinten, rückwärts: [einen Schritt, einen Meter] z.!; vor und z. **3.** *[weiter] hinten:* seine Frau folgte etwas weiter z., einen Meter z. **4.** (landsch.) *vorher:* ein Vierteljahr z. war er hier angekommen. **5.** (ugs.) *in der Entwicklung, im Fortschritt zurückgeblieben, im Rückstand:* er ist mit seinem Arbeitspensum ziemlich z.; Oskar ... sei überhaupt reichlich z. für sein Alter (Grass, Blechtrommel 85).
Zu|rück, das; -[s]: *Möglichkeit zur Umkehr, umzukehren:* es gibt [für uns] kein Z. mehr.
zu|rück|bau|en ⟨sw. V.; hat⟩ (Fachspr.): *ein allzu großes, überflüssig gewordenes o. ä. Bauwerk, bes. eine zu großzügig ausgebaute Straße durch geeignete Maßnahmen verkleinern, beseitigen:* Straßen, Häuser, Deiche z.
zu|rück|be|för|dern ⟨sw. V.; hat⟩: *wieder an den, in Richtung auf den Ausgangsort befördern:* etw., jmdn. [irgendwohin] z.; Ü Jetzt ... traf ihn ein Blick, wie er abweisender nicht sein konnte, und beförderte ihn zurück in die kühlste Entfremdung (Strauß, Niemand 83).
zu|rück|be|ge|ben, sich ⟨st. V.; hat⟩ (Papierdt., oft auch geh.): *sich wieder an den Ausgangsort begeben:* bitte begeben Sie sich unverzüglich [nach Hause] zurück.
zu|rück|be|glei|ten ⟨sw. V.; hat⟩: vgl. zurückbefördern: der neue Verehrer hatte sie nach dem Konzert noch zurückbegleitet.
zu|rück|be|hal|ten ⟨st. V.; hat⟩: **1.** *nicht herausgeben, nicht weitergeben; bei sich behalten:* etw. vorläufig, als Pfand z. **2.** *behalten* (2 b): sie hat [von dem Unfall] eine Narbe zurückbehalten.
Zu|rück|be|hal|tungs|recht, das (Rechtsspr.): *Retentionsrecht:* gesetzliche, vertragliche -e.
zu|rück|be|kom|men ⟨st. V.; hat⟩: **1.** *zurückgegeben* (1 a) *bekommen, wiederbekommen:* hast du dein [gestohlenes, verliehenes] Fahrrad zurückbekommen? **2.** (ugs.) *wieder in die Ausgangslage bekommen:* er bekam den Hebel nicht zurück.
zu|rück|be|or|dern ⟨sw. V.; hat⟩: *jmdn. anweisen, ihm befehlen zurückzukommen:* sie wurden in die Kasernen zurückbeordert; nach dem Anschlag wurden alle in ihre Heimatländer zurückbeordert.
zu|rück|be|sin|nen, sich ⟨st. V.; hat⟩: **a)** *sich wieder auf etw. besinnen* (2 a): er kann, mochte sich nicht z. an jene Zeit; **b)** *sich wieder auf etw. besinnen* (2 b): sich auf seine guten Vorsätze z.
zu|rück|beu|gen ⟨sw. V.; hat⟩: **1.** *nach hinten beugen:* den Kopf z. **2.** ⟨z. + sich⟩ *sich nach hinten beugen.*
zu|rück|be|we|gen ⟨sw. V.; hat⟩: **a)** *wieder an den, in Richtung auf den Ausgangspunkt bewegen:* den Hebel langsam [wieder] z.; **b)** ⟨z. + sich⟩ *sich wieder an den Ausgangspunkt, in Richtung auf die Ausgangslage bewegen:* die Tachonadel bewegt sich [auf null] zurück.
zu|rück|be|zah|len ⟨sw. V.; hat⟩: *zurückzahlen* (1): sie haben das Darlehen noch immer nicht zurückbezahlt.
zu|rück|be|zie|hen, sich ⟨unr. V.; hat⟩: *sich auf etw. Vorhergegangenes, Zurückliegendes beziehen, damit gedanklich verknüpft, in Beziehung setzen:* sich auf die Äußerungen der Vorrednerin z.
zu|rück|bie|gen ⟨st. V.; hat⟩: *nach hinten biegen:* das Modell lässt sich leicht in die gewünschte Position z.
zu|rück|bil|den, sich ⟨sw. V.; hat⟩: **a)** *wieder an Größe, Umfang abnehmen u. somit allmählich wieder zu einem früheren Zustand zurückkehren:* das Geschwür hat sich [weitgehend, vollständig] zurückgebildet; **b)** *schrumpfen, immer kleiner werden [u. allmählich verschwinden]:* die Hinterbeine haben sich im Laufe von Jahrmillionen [völlig] zurückgebildet.

Zu|rück|bil|dung, die: *das Sichzurückbilden; das Zurückgebildetsein.*
zu|rück|bin|den ⟨st. V.; hat⟩: *nach hinten binden:* sich die Haare zum Zopf z.
zu|rück|blät|tern ⟨sw. V.; hat⟩: *durch Blättern in einem Buch o. Ä. zu einer weiter vorn liegenden Seite zu gelangen suchen:* er blätterte noch einmal auf Seite 7 zurück.
zu|rück|blei|ben ⟨st. V.; ist⟩: **1. a)** *nicht mitkommen, nicht mitgenommen werden u. an seinem Standort, an seinem Platz bleiben:* das Gepäck muss im Hotel z.; als Wache bei jmdm. z.; alle gingen weg und ich blieb als Einzige zurück; **b)** *nicht im gleichen Tempo folgen:* ich blieb ein wenig [hinter den anderen] zurück. **2. a)** *als Rest, Rückstand o. Ä. übrig bleiben:* von dem Fleck ist ein hässlicher Rand zurückgeblieben; **b)** *als dauernde Schädigung bleiben:* von dem Unfall ist [bei ihm] nichts, ein Gehörschaden zurückgeblieben. **3.** *nicht näher kommen:* bleiben Sie bitte von der Kaimauer zurück! **4. a)** *sich nicht wie erwartet [weiter]entwickeln, mit einer Entwicklung nicht Schritt halten:* ihre Gehälter blieben weit hinter der allgemeinen Einkommensentwicklung zurück; **b)** *(mit einer Arbeit o. Ä.) nicht wie geplant, wie erwartet vorankommen.*
zu|rück|blen|den ⟨sw. V.; hat⟩ (Film): *eine Rückblende einsetzen, folgen lassen:* nach der Flughafenszene wird zurückgeblendet.
zu|rück|bli|cken ⟨sw. V.; hat⟩: **a)** *nach hinten, bes. in Richtung auf etw., was man soeben verlassen hat, blicken:* er drehte sich noch einmal um und blickte [auf die Stadt] zurück; **b)** *sich umblicken:* er hat, ohne zurückzublicken, die Spur gewechselt. **2.** *sich Vergangenes, früher Erlebtes noch einmal vergegenwärtigen, vor Augen führen:* wenn ich auf die letzten Wochen zurückblicke, bin ich zufrieden; * *auf etw. z. können (etw., was Anerkennung, Bewunderung o. Ä. verdient, hinter sich haben, erlebt haben):* sie kann auf ein reiches Leben z.; der Verein kann auf eine lange Tradition z.).
zu|rück|brin|gen ⟨unr. V.; hat⟩: **1. a)** *zurück an den Ausgangspunkt, an seinen Platz bringen:* Pfandflaschen z.; ich werde dir das Buch z., sobald ich es gelesen habe; Ü jmdn. ins Leben z. *(wieder beleben);* erst das Klingeln des Telefons brachte sie in die Wirklichkeit zurück; **b)** *zurückführen* (1), *zurückbegleiten:* er brachte die Dame an ihren Platz zurück; der Angeklagte wurde in seine Zelle zurückgebracht. **2.** (ugs.) *zurückwerfen* (4): die lange Krankheit hat ihn [in der Schule] ganz schön zurückgebracht. **3.** (landsch.) *zurückbekommen* (2): ich bringe den Hebel nicht mehr zurück.
zu|rück|bu|chen ⟨sw. V.; hat⟩: *eine Buchung* (1) *rückgängig machen:* einen Fehlbetrag z. lassen.
zu|rück|da|tie|ren ⟨sw. V.; hat⟩: **1.** *mit einem früheren Datum versehen:* eine Rechnung z. **2.** *für etw., für die Entstehung von etw. einen früheren Zeitpunkt ansetzen:* man musste die Statue um etwa 200 Jahre z. **3.** (bildungsspr.) *seinen Ursprung in etw. haben; zurückgehen* (6).
zu|rück|den|ken ⟨unr. V.; hat⟩: *an etw. Zurückliegendes, an jmdn. aus früheren Zeiten denken:* an seine Jugend z.; wenn ich so zurückdenke, es war doch eine schlimme Zeit.
zu|rück|drän|gen ⟨sw. V.; hat⟩: **1. a)** *wieder an den, in Richtung auf den Ausgangsort drängen* (2 a): die Demonstrierenden wurden von Polizisten [hinter die Absperrung] zurückgedrängt; **b)** *nach hinten [weg]drängen:* er drängte ihn [immer weiter, ein Stück] zurück; Ü er versuchte, die Angst zurückzudrängen *(zu unterdrücken).* **2.** ⟨auch: ist⟩ *wieder an den, in Richtung auf den Ausgangspunkt drängen* (2 b): die Menge drängte [ins Freie] zurück. **3.** *in sei-*

ner Wirksamkeit, Ausbreitung, Verbreitung zunehmend einschränken: den Drogenmissbrauch, eine Seuche z.
Zu|rück|drän|gung, die; -, -en: *das Zurückdrängen; das Zurückgedrängtwerden.*
zu|rück|dre|hen ⟨sw. V.; hat⟩: **1. a)** *wieder in die Ausgangsstellung drehen:* den Knopf auf null z.; **b)** *rückwärtsdrehen:* beim Stellen der Uhr soll man [die Zeiger] nicht z.; **c)** *durch Zurückdrehen* (1 b) *eines Reglers o. Ä. drosseln:* die Lautstärke [etwas] z. **2.** ⟨z. + sich⟩ *sich rückwärtsdrehen:* die Räder drehen sich zurück.
zu|rück|drü|cken ⟨sw. V.; hat⟩: **a)** *nach hinten drücken:* er versuchte mich zurückzudrücken; **b)** *wieder in die Ausgangslage, an den Ausgangspunkt, -ort drücken:* den Hebel [in die Nullstellung] z.
zu|rück|dür|fen ⟨unr. V.; hat⟩: **a)** *zurückkommen, -gehen, -kehren dürfen:* die Flüchtlinge dürfen nie mehr [in ihre Heimat] zurück; **b)** (ugs.) *zurückgelegt, -gebracht o. Ä. werden dürfen:* das aufgetaute Fleisch darf nicht in die Kühltruhe zurück.
zu|rück|ei|len ⟨sw. V.; ist⟩: *sich eilig zurückbegeben:* er eilte [ins Haus] zurück.
zu|rück|ent|wi|ckeln, sich ⟨sw. V.; hat⟩: *sich in einer Weise verändern, dass dadurch eine bereits durchlaufene Entwicklung wieder rückgängig gemacht wird:* seit dem Putsch hat sich das Land wirtschaftlich zurückentwickelt.
zu|rück|er|hal|ten ⟨st. V.; hat⟩: *zurückbekommen* (1): das Gepäck werden sie erst in einer Woche z.
zu|rück|er|in|nern, sich ⟨sw. V.; hat⟩: *sich erinnern, etw. ins Gedächtnis zurückrufen; zurückdenken:* sich an eine Begegnung z.; wenn ich mich damals zurückerinnere, muss ich heute noch lachen.
zu|rück|er|lan|gen ⟨sw. V.; hat⟩ (geh.): *zurückbekommen* (1): die Freiheit z.
zu|rück|er|obern ⟨sw. V.; hat⟩: *durch Eroberung zurückerhalten:* ein Gebiet, eine Stadt z.; Ü einen Wahlkreis z.
zu|rück|er|stat|ten ⟨sw. V.; hat⟩: *rückerstatten:* die Reisekosten wurden zurückerstattet.
zu|rück|er|war|ten ⟨sw. V.; hat⟩: *das Zurückkommen einer Person od. Sache erwarten:* ich erwarte ihn zum Abendessen, nächsten Montag zurück.
zu|rück|fah|ren ⟨st. V.⟩: **1.** ⟨ist⟩ **a)** *wieder an den, in Richtung auf den Ausgangspunkt fahren:* mit der Bahn [nach Hause] z.; **b)** *sich fahrend rückwärts-, nach hinten bewegen:* fahr doch mal ein Stück z.! **2.** ⟨hat⟩ **a)** *mit einem Fahrzeug zurückbefördern:* ich kann dich, die Geräte dann [mit dem Auto] z.; **b)** *an den Ausgangspunkt fahren* (4 b): ich muss den Leihwagen heute noch [nach Köln] z. **3.** ⟨ist⟩ *sich plötzlich rasch nach hinten bewegen, zurückweichen:* er fuhr entsetzt, mit einem Schrei, erschrocken zurück. **4.** ⟨hat⟩ (Technikjargon) *(eine Produktionsanlage o. Ä.) auf geringere Leistung, auf geringeren Ausstoß einstellen:* ein Kraftwerk z.; Ü die Quote der Studienabbrecher muss zurückgefahren werden.
zu|rück|fal|len ⟨st. V.; ist⟩: **1. a)** *wieder an den Ausgangspunkt fallen:* sie ließ den angehobenen Vorhang wieder z.; **b)** *nach hinten fallen, sinken:* er ließ sich [in den Sitz] z. **2.** (bes. Sport) **a)** *in Rückstand geraten:* die Läuferin ist [weit, eine Runde] zurückgefallen; *der Verfolger fielen immer weiter z.;* **b)** *auf ein niedrigeres Leistungsniveau o. Ä. sinken:* die Mannschaft ist auf den fünften Platz zurückgefallen. **3.** (Militär) *zurückweichen, zurückgedrängt werden:* die Front fiel weiter nach Westen zurück. **4.** *in einen früheren [schlechteren] Zustand, zu einer alten [schlechten] Gewohnheit o. Ä. zurückkeh-*

zurückfinden – zurückkönnen

ren: in den alten Trott, in seine alte Lethargie, in die Bedeutungslosigkeit z. **5.** *wieder in jmds. Eigentum, Verfügungsgewalt o. Ä. übergehen:* das Grundstück fällt an den Staat zurück. **6.** *jmdn. angelastet werden; sich ungünstig, nachteilig auf jmdn. auswirken:* sein Auftreten fällt auf die ganze Mannschaft zurück.

zu|rück|fin|den ⟨st. V.; hat⟩: *den Weg zum Ausgangsort finden:* ich finde allein [zum Bahnhof] zurück; ⟨auch mit Akk.-Obj.:⟩ den Weg zur Unterkunft nicht z.; Ü die Hochspringerin hat zu ihrer alten Form zurückgefunden.

zu|rück|flie|gen ⟨st. V.⟩: **1.** ⟨ist⟩ *wieder an den, in Richtung auf den Ausgangspunkt fliegen* (4): ich fliege heute noch [nach Paris] zurück. **2.** ⟨hat⟩ **a)** *mit einem Flugzeug zurückbefördern:* Hilfsmannschaften z.; **b)** *an den Ausgangspunkt fliegen* (5 b): der Pilot muss die Maschine nach Rom z. **3.** ⟨ist⟩ (ugs.) *zurückgeworfen, -geschleudert werden, zurückprallen, zurückschnellen:* der Ball prallte ab und flog [ins Spielfeld] zurück.

zu|rück|flie|ßen ⟨st. V.; ist⟩: **1.** *wieder an den Ausgangsort fließen:* das Wasser fließt [ins Becken] zurück. **2.** *(bes. von Geld) zurückgelangen:* ein Teil des Geldes fließt [über den Tourismus] in das Land zurück.

zu|rück|for|dern ⟨sw. V.; hat⟩: *die Rückgabe (von etw.) fordern; reklamieren* (2): seine Bücher z.; die Zuschauerschaft forderte ihr Eintrittsgeld zurück.

zu|rück|fra|gen ⟨sw. V.; hat⟩: **1.** *eine Gegenfrage stellen, mit einer Gegenfrage antworten:* »Und was machst du?«, fragte sie zurück. **2.** (seltener) *rückfragen*.

zu|rück|führ|bar ⟨Adj.⟩: *sich zurückführen* (4) *lassend:* diese Formen sind alle auf eine Grundform z.

zu|rück|füh|ren ⟨sw. V.; hat⟩: **1.** *jmdn. an den Ausgangsort führen:* jmdn. [nach Hause] z.; Ü die Kunstwerke wurden wieder in den ägyptischen Besitz zurückgeführt. **2.** *zum Ausgangspunkt führen* (7 b): es führt [von dort] kein anderer Weg zurück; die Linie führt in vielen Windungen zum Anfangspunkt zurück. **3.** *zurückbewegen* (a): den Hebel z. **4.** *etw. von etw. ab-, herleiten:* alle gemeinsame Grundform z. **5.** *als Folge (von etw.) auffassen, erkennen:* das Unglück ist auf menschliches Versagen zurückzuführen; der Bauern führen die schlechte Ernte darauf zurück, dass es im Sommer sehr wenig geregnet hat. **6.** *bewirken, dass sich etw. auf eine frühere Stufe zurückbewegt, einen früheren Zustand wieder erreicht*.

Zu|rück|füh|rung, die; -, -en: *das Zurückführen; das Zurückgeführtwerden*.

zu|rück|ge|ben ⟨st. V.; hat⟩: **1. a)** *wieder dem [ursprünglichen] Besitzer o. Ä. übergeben:* jmdm. ein geliehenes Buch z.; etw. freiwillig z.; sein Parteibuch z. (ugs.; *aus der Partei austreten*); Ü jmdm., einem Tier seine Freiheit z.; dieser Erfolg hat ihm sein Selbstbewusstsein zurückgegeben; **b)** *etw. Gekauftes wieder zurückbringen, um den Kauf rückgängig zu machen:* nicht benutzte Fahrkarten z.; den verschimmelten Käse würde ich z.; **c)** *etw., was einem zuerkannt, verliehen, übertragen wurde, wieder an die verleihende, beauftragende o. ä. Stelle abgeben u. es nicht länger beanspruchen:* sein Mandat [an die Partei], den Vorsitz in einem Gremium z. **2.** (Ballspiele) **a)** *(den Ball, Puck) wieder demjenigen Spieler zuspielen, von dem man angespielt wurde:* der Verteidiger gibt [den Ball] an den Torwart zurück; **b)** *zurückspielen* (b): sie gab den Ball zurück. **3. a)** *auf die gleiche Art beantworten* (3): einen Blick z.; **b)** *antworten, erwidern* (1): »Danke gleichfalls!«, gab er zurück.

¹zu|rück|ge|blie|ben ⟨Adj.⟩ (oft abwertend): *in der geistigen Entwicklung nicht der Norm entsprechend:* ein -es Kind; er ist [geistig] etwas z.

²zu|rück|ge|blie|ben: ↑ zurückbleiben.

zu|rück|ge|hen ⟨unr. V.; ist⟩: **1. a)** *wieder an den, in Richtung auf den Ausgangsort gehen:* auf seinen Platz z.; **b)** *sich nach hinten bewegen:* geh bitte ein Stück zurück; Ü weit in die Geschichte z. **2.** *sich zurückbewegen* (1 b): der Hebel geht automatisch [in seine Ausgangslage] zurück. **3. a)** (ugs.) *seinen Wohnsitz zurückverlegen in seine Heimat, seine alte Umgebung o. Ä. zurückkehren:* nach dem Examen ist sie [wieder] nach München zurückgegangen; **b)** *wieder wie früher in einem bestimmten Bereich [beruflich] tätig werden:* er geht in den Staatsdienst, zum Theater zurück; **c)** *die Rückfahrt beginnen:* unser Bus geht um 11 Uhr zurück; **d)** *(von einer Fahrt, Reise o. Ä.) in Richtung auf den Ausgangsort, -punkt erfolgen, angetreten werden:* wann soll die Reise z.?; ⟨unpers.:⟩ anschließend geht es dann [ins Hotel] zurück; **e)** *zurückfallen* (5): der ganze Besitz geht an die Familie zurück. **4. a)** *sich verkleinern [u. schließlich verschwinden]:* die Entzündung, die Schwellung geht allmählich zurück; **b)** *abnehmen, sich verringern:* die Fischbestände gehen immer mehr zurück; das Fieber, das Hochwasser ist etwas zurückgegangen (gesunken); die Produktion, der Umsatz geht kontinuierlich zurück. **5.** *[nicht angenommen u.] zurückgeschickt werden:* die beschädigten Bücher an den Verlag z. lassen; die Unterlagen gehen an die Bewerberin zurück; Die Suppe ließ sie z. (*aß sie nicht u. ließ sie wieder wegtragen*), weil sie ihr nicht heiß genug war (M. Walser, Seelenarbeit 213). **6.** *seinen Ursprung in etw. haben; von jmdm., etw. herstammen:* diese Redensart geht auf Luther zurück.

zu|rück|ge|lan|gen ⟨sw. V.; ist⟩ (geh.): *wieder an den Ausgangspunkt gelangen; zurückkommen* (2).

zu|rück|ge|win|nen ⟨st. V.; hat⟩: **1.** *(etw., was verloren wurde) wiedergewinnen, wieder in seinen Besitz bringen:* verspieltes Geld z.; sie konnte viele Wählerstimmen z.; Ü sein Selbstvertrauen, seine Freiheit z.; er versucht, seine Jugendliebe zurückzugewinnen. **2.** *durch bestimmte Verfahren, Methoden, Vorgehensweisen etw. bereits in irgendeiner Form Verarbeitetes der erneuten Nutzung gewinnen, aus etw. herausholen*.

¹zu|rück|ge|zo|gen ⟨Adj.⟩: *in Zurückgezogenheit, Abgeschiedenheit [vor sich gehend, lebend]:* ein -es Leben führen.

²zu|rück|ge|zo|gen: ↑ zurückziehen.

Zu|rück|ge|zo|gen|heit, die; -, -en ⟨Pl. selten⟩: *Zustand des Sich-zurückgezogen-Habens, Abgeschiedenheit, Kontaktlosigkeit:* in [völliger] Z. leben.

zu|rück|glei|ten ⟨st. V.; ist⟩: **a)** *sich gleitend* (1 a) *zurückbewegen:* das Segelflugzeug gleitet zur Erde zurück; sich ins Bassin z. lassen; **b)** *sich gleitend* (1 b) *zurückbewegen:* lautlos glitt der Vorhang zurück.

zu|rück|grei|fen ⟨st. V.; hat⟩: **1.** *beim Erzählen in der Vergangenheit beginnen, auf zeitlich weiter Zurückliegendes zurückgehen:* um das zu erklären, muss ich ein wenig z. **2.** *von etw. für den Bedarfsfall Verfügbarem, einer Art [bisher unangetasteter] Reserve o. Ä. Gebrauch machen:* auf seine Ersparnisse z.; auf ein altes Hausmittel z.

zu|rück|grü|ßen ⟨sw. V.; hat⟩: *wiedergrüßen:* wenn jmd. grüßt, soll man z.

zu|rück|ha|ben ⟨unr. V.; hat⟩ (ugs.): *wiederhaben:* hast du das Buch inzwischen zurück?

zu|rück|hal|ten ⟨unr. V.; hat⟩: **1.** *daran hindern, sich zu entfernen, wegzugehen, davonzulaufen:* jmdn. am Arm z.; Kriegsgefangene widerrechtlich z.; wer gehen will, den soll man nicht z. **2.** *am Vordringen hindern, (jmdm.) den Weg versperren; aufhalten* (1 a): Demonstrierende z.; die Ordner versuchten die Menge zurückzuhalten. **3.** *bei sich behalten, nicht weitergeben, nicht herausgeben:* Nachrichten z.; die Sendung wird noch vom Zoll zurückgehalten; sein Wasser, den Stuhl [künstlich] z. **4.** *an etw. hindern, von etw. abhalten:* du hättest ihn von diesem Schritt z. müssen. **5. a)** *nicht äußern, nicht zum Ausdruck bringen:* seinen Zorn, seine Gefühle nicht länger z. können; er hielt seine Meinung/mit seiner Meinung nicht zurück; **b)** *(mit etw.) warten, zögern:* sie hält mit dem Verkauf der Aktien noch zurück. **6.** ⟨z. + sich⟩ **a)** *sich beherrschen; sich dazu zwingen, etw. nicht zu tun:* ich musste mich [gewaltsam] z. [um ihm nichts anzutun]; du sollst dich beim Essen, Trinken etwas z.; **b)** *sich (gegenüber anderen) im Hintergrund halten, sich bei etw. nicht stark beteiligen:* sie hielt sich in der Diskussion sehr zurück; der Gesetzgeber hält sich in dieser Frage vornehm zurück (scherzh.; *bleibt untätig*).

zu|rück|hal|tend ⟨Adj.⟩: **a)** *dazu neigend, sich im Hintergrund zu halten; bescheiden, unaufdringlich, still:* ein -er Mensch; seine -e Art; Ü ein -es *(unaufdringliches)* Grün; **b)** *reserviert:* man bereitete dem Staatsgast einen eher -en Empfang; der Beifall des Premierenpublikums war recht z. *(mäßig)*; Ü die derzeit sehr -e *(schwache)* Nachfrage; sie ist mit Lob sehr z. *(spricht nur selten ein Lob aus)*.

Zu|rück|hal|tung, die; -, -en ⟨Pl. selten⟩: **1.** (selten) *das [Sich]zurückhalten*. **2. a)** *zurückhaltendes* (a) *Wesen, Verhalten, zurückhaltende Art:* seine vornehme Z.; Z. üben; **b)** *zurückhaltendes* (b) *Wesen, Verhalten, zurückhaltende Art; Reserve* (3): seine kühle, fast verletzende Z.; die Kritik hat seinen neuen Roman mit Z. aufgenommen; Ü an der Börse herrschte große Z.

zu|rück|ho|len ⟨sw. V.; hat⟩: **1.** *durch Holen* (1 b) *wieder zurückbringen:* jmdn. zurückholen (Med. Jargon; *das Herz einer klinisch toten Person wieder zum Schlagen bringen*). **2.** *zurückbeordern*.

zu|rück|kau|fen ⟨sw. V.; hat⟩: *(etw. Verkauftes, Weggegebenes, verloren Gegangenes o. Ä.) käuflich erwerben u. so zurückholen:* ich würde das Grundstück gerne z.

zu|rück|keh|ren ⟨sw. V.; ist⟩ (geh.): **1.** *zurückkommen* (1 a): von einer Reise, aus dem Urlaub, aus dem Exil, von einem Spaziergang [nach Hause] z.; Ü am Ausgangspunkt der Diskussion z.; er ist zu ihr zurückgekehrt. **2.** *wieder an den Ausgangspunkt gelangen:* der Zeiger kehrt in die Nullstellung zurück. **3.** *sich wieder einstellen* (5 b): allmählich kehrt das Bewusstsein, die Erinnerung zurück. **4.** *auf etw. zurückgreifen; etw. wieder aufgreifen:* zu klassischen Formen z.

zu|rück|kom|men ⟨st. V.; ist⟩: **1. a)** *wieder an den Ausgangspunkt, -punkt ankommen; wiederkommen:* wann kommt ihr [nach Hause] zurück?; der Brief ist [als unzustellbar] zurückgekommen; ihr Mann war damals nicht aus dem Krieg zurückgekommen (*er war im Krieg gefallen*); **b)** *sich wieder einstellen* (5 b): die Schmerzen kommen zurück; allmählich kam [ihm] die Erinnerung zurück; **c)** (ugs.) *zurückgelegt, -gebracht o. Ä. werden:* die Bücher kommen alle in mein Zimmer zurück. **2.** *wieder an den Ausgangspunkt gelangen:* und wie soll ich dann [von da] mein Auto z.? **3.** *etw. wieder aufgreifen; auf jmdn., etw. wieder Bezug nehmen:* auf ein Thema, eine Frage, einen Punkt z.; ich werde eventuell auf Ihr Angebot z.

zu|rück|kön|nen ⟨unr. V.; hat⟩: **1. a)** vgl. zurückdürfen (a): wer die besetzten Gebiete einmal verlassen hat, kann nie wieder zurück; **b)** (ugs.) vgl.

zurückdürfen (b). **2.** *eine Entscheidung o. Ä. wieder rückgängig machen können:* wenn du erst mal unterschrieben hast, kannst du nicht mehr zurück.

zu|rück|krie|gen ⟨sw. V.; hat⟩ (ugs.): *zurückbekommen.*

◆ **Zu|rück|kunft,** die; - [zum 2. Bestandteil vgl. ↑Abkunft]: *Rückkehr: ... die Pferde, bis zu seiner Z.,* wohl in Acht zu nehmen (Kleist, Kohlhaas 7).

zu|rück|lä|cheln ⟨sw. V.; hat⟩: *jmdm., der einem zulächelt, ebenfalls zulächeln; jmdm. seinerseits anlächeln:* die Frau lächelte freundlich zurück.

zu|rück|la|chen ⟨sw. V.; hat⟩: vgl. zurücklächeln.

zu|rück|las|sen ⟨st. V.; hat⟩: **1. a)** *jmdn., etw. an einem Ort lassen u. sich entfernen; nicht mitnehmen:* das Gepäck im Hotel z.; ich lasse dir/für dich eine Nachricht zurück; Ü *der tödlich Verunglückte ließ eine Frau und zwei Kinder zurück;* **b)** ¹*hinterlassen* (3): eine Spur z.; die Wunde hat eine Narbe zurückgelassen. **2.** *zurückgehen, -fahren, -kehren lassen:* sie wollen ihn nicht [nach Hause, in seine Heimat] z.

zu|rück|lau|fen ⟨st. V.; ist⟩: **1.** vgl. zurückgehen (1 a): wir waren zur Haltestelle zurückgelaufen. **2.** *zurückfließen* (1 a): das Wasser läuft [von dort] in den Behälter zurück. **3.** *sich laufend* (7 b) *zurückbewegen:* das Tonband z. lassen.

zu|rück|le|gen ⟨sw. V.; hat⟩: **1.** *wieder an seinen [früheren] Platz legen* (3): er legte den Hammer [an seinen Platz] zurück. **2.** *(einen Körperteil) nach hinten beugen:* sie legte den Kopf zurück. **3.** ⟨z. + sich⟩ **a)** *sich nach hinten legen, lehnen:* er legte sich [im Sessel] bequem zurück; **b)** *seinen Körper aus der aufrechten Haltung in eine schräg nach hinten geneigte Lage bringen:* beim Wasserskifahren muss man sich [mit dem ganzen Körper] etwas z. **4.** vgl. zurückschieben (3): den Riegel z. **5.** *(Geld) nicht verbrauchen, sondern aufbewahren, sparen:* er verdient so gut, dass er [sich] jeden Monat ein paar Hundert Euro z. kann. **6.** *für einen bestimmten Kunden aufbewahren u. nicht anderweitig verkaufen:* können Sie [mir] den Mantel bis morgen z.? **7.** *(eine Wegstrecke) gehend, fahrend usw. hinter sich lassen, bewältigen:* eine Strecke [zu Fuß, im Dauerlauf] z.; Ü Er hatte nie bemerkt, welche Strecke Zeit, welches Leben er zurückgelegt hatte (Strauß, Niemand 210). **8.** (österr.) *(ein Amt o. Ä.) niederlegen:* er hat überraschend seinen Posten zurückgelegt. **9.** (schweiz. Amtsspr.) *(von den Lebensjahren eines Menschen) vollenden:* Bewerber/Bewerberinnen müssen das 18. Lebensjahr zurückgelegt haben.

zu|rück|leh|nen ⟨sw. V.; hat⟩: *nach hinten lehnen:* den Kopf z.; er lehnte sich [im Sessel] zurück; Ü auch in einem arbeitsreichen Leben kann sie sich jetzt z. (ausruhen).

zu|rück|lei|ten ⟨sw. V.; hat⟩: *wieder an den Ausgangsort, -punkt leiten:* unzustellbare Sendungen zum Absender z.; durch dieses Zeichen wird man auf die Autobahn zurückgeleitet.

zu|rück|len|ken ⟨sw. V.; hat⟩: **1.** *wieder an den Ausgangsort, -punkt lenken* (1 a): den Wagen nach Hause z. **2.** *wieder auf etw. lenken* (2 a): das Gespräch auf das eigentliche Thema z.

zu|rück|lie|fern ⟨sw. V.; hat⟩: **1.** *wieder an den Ausgangsort, -punkt liefern:* fehlerhafte Ware wieder an den Händler z. **2.** (EDV) *zurückgeben, ausgeben:* wenn das Passwort falsch ist, wird eine Fehlermeldung zurückgeliefert; die Abfrage liefert ein Ergebnis zurück.

zu|rück|lie|gen ⟨st. V.; hat, südd., österr., schweiz.: ist⟩: **1.** *seit einer bestimmten Zeit der Vergangenheit angehören; her sein:* das letzte Erdbeben hatte schon Jahre zurückgelegen; in den zurückliegenden *(letzten)* Jahren. **2.** (bes. Sport) *(in einem Wettbewerb o. Ä.) im Rück-* stand liegen, weiter hinten liegen: der Läufer liegt [weit] zurück; die Mannschaft lag [um] fünf Punkte, 0:3 zurück. **3.** (selten) *hinter jmdm. liegen:* die Küste liegt jetzt schon fünf Meilen zurück.

zu|rück|mel|den ⟨sw. V.; hat⟩: **a)** ⟨z. + sich⟩ *seine Rückkehr, sein Zurückgekehrtsein melden:* sich in der Schreibstube, beim Vorgesetzten z.; Ü die Dichterin meldete sich mit einer Schaffenskrise mit einem aufsehenerregenden Werk zurück *(zieht die Aufmerksamkeit der Öffentlichkeit nach längerer Zeit wieder auf sich);* **b)** (selten) *melden, dass jmd. zurück ist:* der Hauptmann meldete seine Leute, seine Kompanie zurück.

zu|rück|müs|sen ⟨unr. V.; hat⟩: **a)** vgl. zurückdürfen (a): ich muss schnell nach Hause zurück. **b)** (ugs.) vgl. zurückdürfen (b): die restlichen Eiswürfel müssen gleich wieder in die Gefriertruhe zurück.

Zu|rück|nah|me, die; -, -n: *das Zurücknehmen.*

zu|rück|neh|men ⟨st. V.; hat⟩: **1.** *etw., was ein Käufer zurückgegeben* (1 b) *möchte, wieder annehmen* [*u. den Kaufpreis zurückerstatten*]: der Händler hat das defekte Gerät anstandslos zurückgenommen. **2. a)** *(eine Behauptung, Äußerung) widerrufen:* er wollte die Beleidigung nicht z.; nimm das sofort zurück!; **b)** *eine selbst getroffene Anordnung o. Ä. für nichtig erklären, eine bestimmte Maßnahme rückgängig machen:* einen Antrag, eine Klage z. *(zurückziehen).* **3. a)** (Militär) *(Truppen) weiter nach hinten verlegen, zurückziehen:* eine Einheit z.; **b)** (Sport) *(einen Spieler) zur Verstärkung der Verteidigung nach hinten beordern:* beim dem 2:0 nahm die Trainerin die Mittelfeldspielerinnen zurück. **4.** (Brettspiele) *(einen Zug) rückgängig machen:* darf ich den Zug [noch einmal] z.? **5. a)** *(einen Körperteil) nach hinten bewegen:* er nahm den Kopf, die Schultern zurück; **b)** *wieder in seine vorherige Lage bewegen:* nimm sofort deinen Fuß zurück! **6. a)** *eine niedrigere Stufe o. Ä. regulieren* (1), *reduzieren, drosseln:* das Gas, die Lautstärke [etwas, ganz] z. **7.** ⟨z. + sich⟩ *Zurückhaltung üben, an sich halten, sich bezähmen, zügeln:* die Lehrerin nahm sich bei der darauf folgenden Diskussion zurück.

zu|rück|pfei|fen ⟨st. V.; hat⟩: **1.** *durch einen Pfiff, Pfiffe auffordern zurückzukommen:* sie pfiff ihre Hunde zurück. **2.** (salopp) *jmdm. befehlen, eine begonnene Aktion abzubrechen, ein Ziel nicht weiterzuverfolgen:* der Polizeipräsident wurde vom Innenminister zurückgepfiffen; Ü Xaver pfiff sich zurück. Er merkte, wie wieder einmal der pure Größenwahn die Gedankenproduktion diktierte (M. Walser, Seelenarbeit 166).

zu|rück|pral|len ⟨sw. V.; ist⟩: **1.** *von etw. abprallen u. sich wieder in Richtung auf den Ausgangspunkt bewegen:* der Ball prallte von der Bande zurück. **2.** *auf dem Wege irgendwohin plötzlich, bes. vor Schreck, innehalten u. zurückweichen:* sie prallte vor dem entsetzlichen Anblick zurück.

zu|rück|rei|chen ⟨sw. V.; hat⟩: **1.** *wieder zurückgeben* (1 a): der Zöllner reichte mir den Pass zurück. **2.** *(zu einem bestimmten Zeitpunkt in der Vergangenheit) angefangen haben, entstanden sein:* die Tradition reicht [bis] ins Mittelalter zurück.

zu|rück|rei|sen ⟨sw. V.; ist⟩: *wieder an den, in Richtung auf den Ausgangsort reisen:* sie will am Sonntag mit der Bahn z.

zu|rück|rei|ßen ⟨st. V.; hat⟩: *nach hinten reißen:* er konnte die Lebensmüde gerade noch [von der Brüstung] z.

zu|rück|ren|nen ⟨unr. V.; ist⟩: *sich rennend zurückbewegen:* der Spieler rannte auf seine Position zurück.

zu|rück|rol|len ⟨sw. V.⟩: **a)** ⟨hat⟩ *wieder an den Ausgangspunkt rollen:* er hat das Fass zurückgerollt; **b)** ⟨ist⟩ *nach hinten rollen:* der Ball ist zurückgerollt.

zu|rück|ru|dern ⟨sw. V.; ist⟩: **a)** *wieder an den, in Richtung auf den Ausgangsort, -punkt rudern:* sie sind zur Anlegestelle zurückgerudert; **b)** (ugs.) *eine [auf Kritik gestoßene] Äußerung zurücknehmen, einschränken; eine [nicht gebilligte] Handlung, Maßnahme rückgängig machen:* nach der Wahl musste der Politiker zähneknirschend z.

zu|rück|ru|fen ⟨st. V.; hat⟩: **1. a)** *rufend auffordern, zurückzukommen:* jmdn. [ins Zimmer, zu sich] z.; Ü jmdn. ins Leben z. *(wiederbeleben);* **b)** *zurückbeordern:* einen Botschafter z. **2.** *wieder (ins Bewusstsein) bringen:* sich, jmdm. etw. ins Gedächtnis, Bewusstsein, in die Erinnerung z. **3.** *als Antwort rufen:* er hat noch zurückgerufen, er werde auf mich warten. **4.** *bei jmdm., der angerufen hat, seinerseits anrufen:* kann ich Sie später z.?; (ugs. auch mit Akk.-Obj.:) ich rufe dich in einer halben Stunde zurück.

zu|rück|schaf|fen ⟨sw. V.; hat⟩: vgl. zurückbefördern.

zu|rück|schal|ten ⟨sw. V.; hat⟩: **1.** *wieder auf etw. schalten, was vorher eingeschaltet war:* schalte doch bitte aufs dritte Programm zurück!; wir schalten zurück (Rundfunk, Fernsehen; *geben die Sendung wieder ab*) nach Köln. **2.** *auf eine niedrigere Stufe, bes. in einen niedrigeren Gang schalten:* sie schaltete vor der Steigung [in/(seltener:) auf] den 2. Gang zurück.

zu|rück|schau|dern ⟨sw. V.; ist⟩: **1.** *von einem Schauder ergriffen zurückweichen:* er schauderte [bei, vor dem Anblick] zurück; Ü vor einem Gedanken z. **2.** (selten) ²*zurückschrecken* (1): er schauderte vor der Tat zurück; Bloß die körperliche Arbeit scheut er wie eh und je, schaudert davor zurück (Handke, Niemandsbucht 148).

zu|rück|schau|en ⟨sw. V.; hat⟩ (bes. südd., österr., schweiz.): *zurückblicken.*

zu|rück|scheu|chen ⟨sw. V.; hat⟩: vgl. zurücktreiben: sie scheuchte die Hühner in den Stall zurück.

zu|rück|scheu|en ⟨sw. V.; ist⟩: **1.** *(aus Angst, Scheu vor etw. Unangenehmem, vor unangenehmen Folgen) von etw. Abstand nehmen:* nicht vor Mord z.; er scheut vor nichts zurück *(ist zu allem imstande, kennt keine Skrupel).* **2.** (selten) *aus Scheu zurückweichen:* der Junge scheute vor der Ärztin zurück.

zu|rück|schi|cken ⟨sw. V.; hat⟩: **1.** *wieder an den Ausgangsort, -punkt ¹schicken* (1): einen Brief [an den Empfänger] z. **2.** *veranlassen, sich zurückzubegeben:* er schickte den Boten mit einer Nachricht [wieder zu ihr] zurück.

zu|rück|schieb|bar ⟨Adj.⟩: *sich zurückschieben, nach hinten schieben lassend:* ein -es Dach, Verdeck.

zu|rück|schie|ben ⟨st. V.⟩: **1.** ⟨hat⟩ **a)** *wieder an den Ausgangspunkt, an seinen [früheren] Platz schieben:* den Teller z.; Ü Flüchtlinge z. *(dorthin, woher sie gekommen sind, abschieben* 1 b); **b)** *nach hinten schieben:* den Schrank [ein Stück] z.; er schob seine Mütze zurück. **2.** ⟨z. + sich, hat⟩ *nach hinten schieben* (3 c): der Sitz hat sich ein ganzes Stück zurückgeschoben. **3.** ⟨hat⟩ *zur Seite schieben:* der Vorhang, den Riegel z. **4.** ⟨ist⟩ (österr.) *rückwärtsfahren:* er stieg ins Auto und schob ein paar Meter zurück.

zu|rück|schie|ßen ⟨st. V.⟩: **1.** ⟨hat⟩ *seinerseits auf jmdn. schießen:* sie hatten Befehl, sofort zurückzuschießen. **2.** ⟨ist⟩ *sich sehr rasch wieder an den Ausgangspunkt bewegen:* sie war blitzschnell ins Haus zurückgeschossen.

zu|rück|schla|gen ⟨st. V.⟩: **1.** ⟨hat⟩ *jmdn. wieder, seinerseits schlagen:* er war sehr aufgebracht, aber er schlug nicht zurück; Ü den Terroristen darf keine Zeit bleiben zurückzuschlagen *(einen Vergeltungsschlag zu führen).* **2.** ⟨hat⟩ *mit einem Schlag, Tritt zurückbefördern:* er schlug den Ball zum Torwart zurück. **3.** ⟨ist⟩ **a)** *sich in einer schlagenden* (2 a) *Bewegung zurückbewegen* (b): das Pendel schlägt zurück; **b)** *schlagend* (2 a) *zurückprallen:* die Wellen schlugen von den Klippen zurück. **4.** ⟨hat⟩ **a)** *nach hinten schlagen* (5 a), *umschlagen:* er schlug seinen Kragen zurück; **b)** *zur Seite schlagen* (5 a): einen Vorhang, die Decke z. **5.** ⟨hat⟩ *durch geeignete Gegenwehr zum Rückzug zwingen:* die feindlichen Truppen z. **6.** ⟨hat⟩ *sich nachteilig auswirken:* dieser Schritt der Regierung wird mit Sicherheit auf die internationalen Beziehungen z.

zu|rück|schnei|den ⟨unr. V.; hat⟩ (Gartenbau): *(etw., was gewachsen ist) wieder kürzer schneiden:* die Rosen müssen [etwas] zurückgeschnitten werden.

zu|rück|schnel|len ⟨sw. V.⟩: **1.** ⟨ist⟩ *sich schnellend* (1) *zurückbewegen:* der Ast bog sich und schnellte zurück. **2.** ⟨hat⟩ *mit Schnellkraft o. Ä. zurückschleudern:* er schnellte die Papierkugel zurück.

zu|rück|schrau|ben ⟨sw. V.; hat⟩: *reduzieren, verringern, kürzen:* seine Ansprüche, Erwartungen [auf ein realistisches Maß] z.

¹zu|rück|schre|cken ⟨sw. V.; hat⟩ (seltener): *von etw. abhalten, vor etw.* ²*zurückschrecken* (2) *lassen:* seine Drohungen schrecken mich nicht zurück.

²zu|rück|schre|cken ⟨st. u. sw. V.; schreckt zurück/ (veraltet:) schrickt zurück, schreckte zurück/ (veraltend:) schrak zurück, ist zurückgeschreckt⟩: **1.** *vor Schreck zurückfahren, -weichen:* sie schreckte zurück, als sie sein verbranntes Gesicht sah. **2.** *zurückscheuen* (1): er schreckt vor nichts zurück; sie schreckt nicht davor zurück, das gesamte Kollegium zu tyrannisieren.

zu|rück|schrei|ben ⟨st. V.; hat⟩: *auf einen Brief o. Ä. wiederschreiben, jmdm. schriftlich antworten:* jmdm. sofort z.

zu|rück|se|hen ⟨st. V.; hat⟩: *zurückblicken.*

zu|rück|seh|nen, sich ⟨sw. V.; hat⟩: *sich danach sehnen, wieder bei jmdm., an einem bestimmten Ort, in einer bestimmten Lage zu sein:* ich sehne mich nach Italien, nach jener Zeit, dorthin, zu ihr zurück.

zu|rück|sen|den ⟨unr. V.; sandte/(seltener:) sendete zurück, hat zurückgesandt/(seltener:) zurückgesendet⟩ (geh.): *zurückschicken.*

zu|rück|set|zen ⟨sw. V.; hat⟩: **1. a)** *wieder an seinen [früheren] Platz setzen:* den Topf auf die Herdplatte z.; sie setzte den Fisch ins Aquarium zurück; **b)** (z. + sich) *sich wieder an den vorherigen Platz setzen:* er setzte sich an den Tisch zurück. **2.** *nach hinten versetzen:* seinen Fuß [ein Stück, einen Schritt] z.; wir könnten die Trennwand ein Stück z. **3. a)** (z. + sich) *sich erheben u. weiter hinten wieder setzen:* ich setze mich [ein paar Reihen] zurück; **b)** *nach hinten setzen:* die Lehrerin setzte den Schüler zwei Reihen zurück. **4. a)** *(als Fahrer[in] ein Fahrzeug) nach hinten bewegen:* er setzte den Wagen [zwei Meter] zurück; **b)** *rückwärtsfahren:* die Fahrerin, der Lkw setzte [fünf Meter] zurück. **5.** *(gegenüber anderen, Gleichberechtigten) in kränkender Weise benachteiligen:* ich kann ihn so nicht z.; er fühlte sich [gegenüber seinen älteren Geschwistern] zurückgesetzt. **6.** ⟨landsch.⟩ *(den Preis einer Ware) herabsetzen* (1): etw. [im Preis] z.; der Mantel war fast um 100 Euro zurückgesetzt. **7.** (EDV) *den Anfangszustand wiederherstellen, in den Anfangszustand zurückversetzen:* ein Passwort auf den alten Wert z.

Zu|rück|set|zung, die: **1.** *das Zurücksetzen; das Zurückgesetztwerden.* **2.** *Handlung, durch die jmd. zurückgesetzt* (5) *wird; Kränkung.*

zu|rück|sin|ken ⟨st. V.; ist⟩: **1.** *nach hinten sinken:* sie sank in ihren Sessel zurück. **2.** (geh.) *zurückfallen* (4): in Bewusstlosigkeit z.; er ist wieder in seinen Fatalismus zurückgesunken.

zu|rück|sol|len ⟨unr. V.; hat⟩: **a)** vgl. zurückdürfen (a): er soll schnell nach Hause zurück. **b)** (ugs.) vgl. zurückdürfen (b): die Nussnugatcreme soll sofort in den Schrank zurück.

zu|rück|spie|len ⟨sw. V.; hat⟩ (Ballspiele): **a)** *zurückgeben* (2 a): den Ball zum Torwart z.; **b)** *nach hinten befördern:* sie spielte den Ball zurück.

zu|rück|sprin|gen ⟨st. V.; ist⟩: **1. a)** *wieder an den Ausgangspunkt springen:* auf Zuruf sprang der Hund sofort zurück ins Haus; **b)** *nach hinten springen:* er musste vor dem heranrasenden Motorrad z. **2. a)** *sich ruckartig [auf 25] zurückbewegen:* der Zeiger sprang plötzlich [auf 25] zurück; **b)** *sich springend* (5 b) *zurückbewegen:* der Ball prallte gegen die Latte und sprang ins Feld zurück. **3.** *nach hinten versetzt sein:* der mittlere, etwas zurückspringende Teil der Fassade.

zu|rück|spu|len ⟨sw. V.; hat⟩: *spulend zurücklaufen lassen:* das Videoband z.

zu|rück|stau|en ⟨sw. V.; hat⟩: **a)** *stauen, aufstauen:* durch das Wehr wird das Wasser zurückgestaut; **b)** (z. + sich) *sich stauen:* das Wasser staut sich zurück.

zu|rück|ste|cken ⟨sw. V.; hat⟩: **1.** *wieder an seinen [früheren] Platz stecken:* er steckte den Kugelschreiber [in seine Tasche, ins Etui] zurück. **2.** *nach hinten versetzen:* einen Pfosten ein Stück z. **3.** *in seinen Ansprüchen, Zielvorstellungen o. Ä. bescheidener werden, sich mit weniger zufriedengeben:* sie ist [nicht] bereit zurückzustecken.

zu|rück|ste|hen ⟨unr. V.; hat, südd., österr., schweiz. auch: ist⟩: **1.** *weiter hinten stehen:* das Haus steht [etwas] zurück. **2.** *hinter jmdm., etw. rangieren, geringer, schlechter, weniger wert sein:* keiner wollte da natürlich z.; wir dürfen keinesfalls hinter der Konkurrenz z. **3.** *anderen den Vortritt lassen, zugunsten anderer Zurückhaltung üben, verzichten:* er war bereit zurückzustehen.

zu|rück|stel|len ⟨sw. V.; hat⟩: **1.** *wieder an den [früheren] Platz stellen:* stell das Buch [ins Regal] zurück! **2.** *nach hinten stellen:* wir können den Tisch noch einen Meter weiter z. **3.** *kleiner stellen, niedriger einstellen:* ich werde die Heizung [etwas] z.; wir müssen die Uhren eine Stunde z. *(die Zeiger, die Anzeige auf eine Stunde früher einstellen).* **4.** vgl. zurücklegen (6): können wir den Wein eine Kiste z.? **5.** *vorläufig von etw. befreien:* sollen wir den Jungen schon einschulen oder lieber noch z. lassen? **6. a)** *zunächst nicht machen, ausführen, behandeln; aufschieben:* der geplante Neubau wird wegen der angespannten Finanzlage zurückgestellt; Die kleine Reise in den Süden ..., die ich vorgehabt hatte, habe ich zurückgestellt (Mayröcker, Herzzerreißende 93); **b)** *vorerst nicht geltend machen, nicht darauf bestehen, um Wichtigeres, Vordringlicheres nicht zu beeinträchtigen:* seine Bedenken, Wünsche z. **7.** (österr.) **a)** *(etw., was sich jmd. geliehen hat, dem Besitzer) zurückgeben, -schicken, -bringen:* hast du [ihm] das Buch schon zurückgestellt?; **b)** *restituieren.*

Zu|rück|stel|lung, die; -, -en: *das Zurückstellen (3–7); das Zurückgestelltwerden.*

zu|rück|sto|ßen ⟨st. V.⟩: **1.** ⟨hat⟩ **a)** *wieder an seinen [früheren] Platz stoßen* (1 d): er stieß ihn [in das Zimmer] zurück; **b)** *nach hinten stoßen* (1 d): sie stößt den Stuhl zurück; **c)** *(eine Person od. Sache) von sich stoßen u. so abwehren:* als er sie küssen wollte, stieß sie ihn zurück; Ü er stieß die Hand, die sie ihm zur Versöhnung reichte, zurück. **2.** ⟨hat⟩ (selten) *abstoßen* (5): seine aalglatte Art stößt mich zurück. **3. a)** ⟨ist⟩ *ein Stück rückwärtsfahren:* der Busfahrer, der Lkw musste zweimal z.; **b)** ⟨hat⟩ (seltener) *(als Fahrer ein Fahrzeug) ein Stück rückwärtsfahren.*

zu|rück|strah|len ⟨sw. V.; hat⟩: **a)** *(Strahlen, Licht, Wärme o. Ä.) zurückwerfen, reflektieren:* die Leinwand strahlt das Licht zurück; **b)** *(von Strahlen, Licht, Wärme o. Ä.) zurückgeworfen, reflektiert werden:* das Licht der Sonne wird reflektiert und strahlt in den Weltraum zurück.

zu|rück|strei|chen ⟨st. V.; hat⟩: *nach hinten streichen* (1 b): ich strich mir das Haar zurück.

zu|rück|strei|fen ⟨sw. V.; hat⟩: *nach hinten streifen* (3): ⟨subst.:⟩ das Zurückstreifen der Vorhaut.

zu|rück|stu|fen ⟨sw. V.; hat⟩: *wieder in einen niedrigeren Rang, bes. in eine niedrigere Lohn-, Gehaltsgruppe versetzen:* jmdn. [in eine niedrigere Lohngruppe] z.

Zu|rück|stu|fung, die; -, -en: *das Zurückstufen; das Zurückgestuftwerden.*

zu|rück|stut|zen ⟨sw. V.; hat⟩: vgl. zurückschneiden.

zu|rück|tau|meln ⟨sw. V.; ist⟩: **1.** *sich taumelnd* (a) *auf den Ausgangspunkt hinbewegen:* sie taumelte zum Bett zurück. **2.** *nach hinten taumeln* (b): benommen taumelte er zurück und fiel zu Boden.

zu|rück|tra|gen ⟨st. V.; hat⟩: *zurückbringen:* die Wanderer sollen sämtlichen Abfall zum Parkplatz z.

zu|rück|trans|por|tie|ren ⟨sw. V.; hat⟩: *zurückbringen:* Venen transportieren das Blut zum Herzen zurück.

zu|rück|trei|ben ⟨st. V.; hat⟩: *wieder an den [früheren] Platz, an den Ausgangsort treiben:* die Kühe auf die Weide z.

zu|rück|tre|ten ⟨st. V.⟩: **1.** ⟨hat⟩ *jmdn. wieder, seinerseits treten.* **2.** ⟨ist⟩ *nach hinten treten:* einen Schritt zurücktreten; bitte von der Bahnsteigkante z.! **3.** ⟨ist⟩ (seltener) *zurückspringen* (3): das Ufer tritt hier zu einer Bucht zurück. **4.** ⟨ist⟩ *weniger wichtig werden, an Bedeutung verlieren, in den Hintergrund treten:* kleine Betriebe treten immer mehr zurück; der Egoismus muss hinter der Solidarität z. **5.** ⟨ist⟩ *ein Amt niederlegen:* von einem Amt z.; sie ist [als Vorsitzende] zurückgetreten; die Regierung, der Kanzler soll z. *(demissionieren).* **6.** ⟨ist⟩ *(auf ein Recht o. Ä.) verzichten:* ich trete von meinem Kaufrecht zurück. **7.** ⟨ist⟩ *(eine Vereinbarung o. Ä.) für ungültig erklären, rückgängig machen:* von dem Vertrag, Kauf kannst du innerhalb einer Woche z.

zu|rück|tun ⟨unr. V.; hat⟩ (ugs.): *zurücklegen* (1), *zurückstellen* (1), *zurücksetzen* (1 a): tu das sofort [an seinen Platz] zurück!

zu|rück|ver|fol|gen ⟨sw. V.; hat⟩: *etw. in Richtung auf seinen Ausgangspunkt, seinen Ursprung, in die Vergangenheit verfolgen:* eine Tradition, die sich bis ins Mittelalter z. lässt.

zu|rück|ver|lan|gen ⟨sw. V.; hat⟩: **1.** *zurückfordern:* die Zuschauer verlangten das Eintrittsgeld zurück. **2.** (geh.) *jmdn., etw. wiederhaben wollen:* er verlangte nach ihr, nach ihrer Liebe zurück.

zu|rück|ver|le|gen ⟨sw. V.; hat⟩: **1.** *wieder an seinen [früheren] Standort, Platz* ¹*verlegen* (3): sie haben ihre Zentrale nach Köln zurückverlegt. **2.** *auf einen früheren Zeitpunkt* ¹*verlegen* (2): die Abfahrtszeit ist zurückverlegt worden.

zu|rück|ver|set|zen ⟨sw. V.; hat⟩: **1.** *wieder an seinen [früheren] Platz, Standort versetzen* (1 b): die Lehrerin wurde an ihre alte Schule zurückversetzt. **2. a)** *in eine vergangene Zeit, Situation versetzen* (2 a): das Erlebnis versetzte ihn in seine Jugend zurück; sie fühlte sich um Jahre zurückversetzt; **b)** ⟨z. + sich⟩ *sich in eine vergangene Zeit, Situation hineindenken:* du musst dich nur einmal in jene Zeit z.

zu|rück|ver|wan|deln ⟨sw. V.; hat⟩: *wieder zu dem umwandeln, verwandeln, was jmd., etw. früher war:* am Ende des Märchens werden alle erlöst, die Vögel verwandeln sich in Kinder zurück.

zu|rück|ver|wei|sen ⟨st. V.; hat⟩: *wieder an eine frühere Stelle verweisen:* eine Gesetzesvorlage an einen Ausschuss z.

Zu|rück|ver|wei|sung, die (Rechtsspr.): *das Zurückverweisen, Zurückverwiesenwerden an eine vorangehende Instanz* (2): die Z. einer Sache an das erstinstanzliche Gericht.

zu|rück|wan|dern ⟨sw. V.; ist⟩: **1.** *sich wandernd zurückbewegen, zurückgehen:* wir können auch einfach denselben Weg z. **2.** (ugs.) *zurückbefördert werden:* die zu kleinen Fische wandern ins Meer zurück.

zu|rück|wei|chen ⟨st. V.; ist⟩: **1.** *(um Abstand von jmdm., etw. zu gewinnen) einige Schritte zurücktreten, sich von jmdm., etw. wegbewegen:* unwillkürlich, entsetzt, erschrocken [vor dem grausigen Anblick] z.; Ü die Vegetation weicht immer weiter [nach Norden] zurück; Endlich, vor einem auszehrenden Wind und der Wärme einer beinah vergessenen Sonne, wich die Flut zurück (Ransmayr, Welt 164). **2. a)** *sich auf etw. nicht einlassen, etw. meiden:* vor einer Schwierigkeit z.; Ich ... wich zurück vor jeder Gelegenheit, auch in der Wirklichkeit mittendrin zu sein (Handke, Niemandsbucht 113); **b)** *nachgeben:* wir werden in diesem Konflikt nicht, keinen Schritt z.

zu|rück|wei|sen ⟨st. V.; hat⟩: **1. a)** *wieder an den Ausgangspunkt, -ort weisen* (2): jmdm. an seinen Platz z.; **b)** *nach hinten weisen* (1 a): er wies mit dem Daumen [auf mich, auf das Haus] zurück. **2.** *von sich weisen, abweisen:* Bittsteller z.; einen Vorschlag, ein Angebot [schroff, entrüstet] z.; eine Klage, einen Antrag z. *(ablehnen).* **3.** *sich (gegen etw.) verwahren, (einer Sache) widersprechen; für falsch, für unwahr erklären:* eine Behauptung, eine Beschuldigung [entschieden] z.

Zu|rück|wei|sung, die; -, -en: *das Zurückweisen; das Zurückgewiesenwerden.*

zu|rück|wen|den ⟨unr. V.; wandte/wendete zurück, hat zurückgewandt/zurückgewendet⟩: **a)** *wieder in die vorherige Richtung wenden* (3 a): den Blick z.; er wandte sich ins Zimmer zurück; **b)** *nach hinten wenden* (3 a): sie wandte den Kopf, wandte sich in der Tür noch einmal zurück.

zu|rück|wer|fen ⟨st. V.; hat⟩: **1. a)** *an den, in Richtung auf den Ausgangspunkt, -ort werfen:* den Ball z.; Ü die Brandung warf ihn ans Ufer zurück; **b)** *nach hinten werfen:* den Kopf z.; er warf sich [in die Polster] zurück. **2.** *(Strahlen, Wellen, Licht) reflektieren:* der Schall, das Licht, die Strahlen werden von der Wand zurückgeworfen. **3.** (Militär) *zurückschlagen* (5): sie hatten die feindlichen Truppen [weit] zurückgeworfen. **4.** *in Rückstand bringen; in die Lage bringen, an einem früheren Punkt nochmals von Neuem beginnen zu müssen:* ihre Krankheit hat sie [beruflich, in der Schule] zurückgeworfen; eine Reifenpanne warf den Weltmeister auf den fünften Platz zurück.

zu|rück|wir|ken ⟨sw. V.; hat⟩: *auf denjenigen, dasjenige, von dem die ursprüngliche Wirkung ausgeht, seinerseits [ein]wirken:* die Reaktion des Publikums wirkt auf die Schauspieler zurück.

zu|rück|wol|len ⟨unr. V.; hat⟩: **1.** vgl. zurückkönnen (1): er will [nach Italien] zurück. **2.** (ugs.) *zurückhaben wollen:* ich will mein Geld zurück!

zu|rück|wün|schen ⟨sw. V.; hat⟩: **1.** *wünschen, dass etw. Vergangenes, etw., was man nicht mehr hat, zurückkehrt, dass man es wieder hat:* wünschst du [dir] nicht auch manchmal deine Jugend zurück? **2.** ⟨z. + sich⟩ vgl. zurücksehnen: ich wünsche mich manchmal [dorthin, zu ihr] zurück.

zu|rück|zah|len ⟨sw. V.; hat⟩: **1.** *Geld zurückgeben* (1 a): jmdm. eine Summe z.; sie hat das Darlehen [an die Bank] zurückgezahlt; er hat seine Schulden immer noch nicht zurückgezahlt. **2.** (ugs.) *heimzahlen* (a): das werde ich ihm z.!

zu|rück|zie|hen ⟨unr. V.; hat⟩: **a)** *wieder an den Ausgangspunkt, an seinen [früheren] Platz ziehen:* sie zog mich [auf den Gehsteig, ins Zimmer] zurück; **b)** *nach hinten ziehen:* wir müssen den Schrank [ein Stück] z.; sie zog ihre Hand zurück. Ü *an seiner Seite ziehen:* es zieht mich zu ihr, dorthin zurück. **3.** ⟨hat⟩ *ein Grund sein für den Wunsch, den Entschluss, irgendwohin zurückzukehren:* das Klima zieht uns immer wieder nach Italien zurück; ⟨unpers.:⟩ es zieht mich zu ihr, dorthin zurück. **4.** ⟨hat⟩ *zurückbeordern, wieder zum Ausgangspunkt zurückkehren lassen:* der Einsatzleiter zog die Wasserwerfer zurück; einen Botschafter, Truppen [aus einem Land] z. **5.** ⟨hat⟩ *für nichtig, für nicht mehr gültig erklären; rückgängig machen, wieder aufheben, widerrufen:* einen Auftrag, eine Bestellung, eine Klage, Anzeige, eine Kündigung, Wortmeldung z. **6.** ⟨hat⟩ *wieder aus dem Verkehr ziehen, einziehen:* der Hersteller hat das neue Medikament wieder zurückgezogen. **7.** ⟨z. + sich⟩ **a)** *sich nach hinten, in einer Rückwärtsbewegung irgendwohin entfernen:* die Schnecke zieht sich in ihr Haus zurück; **b)** (bes. Militär) *[um sich in Sicherheit zu bringen] eine rückwärtige Position beziehen:* die Freiheitskämpfer haben sich [auf ihr eigenes Territorium, hinter den Fluss, in die Berge] zurückgezogen. Ü sie zieht sich auf den Standpunkt zurück, sie habe keine andere Wahl gehabt; **c)** *sich irgendwohin begeben, um allein, ungestört zu sein:* ich zog mich [zum Arbeiten] in mein Zimmer zurück; das Gericht zieht sich zur Beratung zurück; Ü sich ins Privatleben z.; **d)** *aufhören (an etw.) teilzunehmen; (etw.) aufgeben:* sich aus der Politik, von der Bühne, von der Lehrtätigkeit z.; **e)** *sich (von jmdm.) absondern, den Kontakt (mit jmdm.) aufgeben:* sich von den Menschen, seinen Freunden z. **8.** ⟨ist⟩ *wieder dorthin ziehen, wo man schon einmal gewohnt hat:* sie will wieder [nach Köln] z.

zu|rück|zu|cken ⟨sw. V.; ist⟩: *zusammenzucken u. zurückfahren* (3): er zuckte erschrocken zurück.

Zu|ruf, der; -[e]s, -e: *an jmdn. (aus einem bestimmten Anlass) gerichteter Ruf:* anfeuernde, höhnische -e; die Hunde gehorchten ihr auf Z.

zu|ru|fen ⟨st. V.; hat⟩: *rufend mitteilen:* jmdm. einen Befehl, etwas [auf Französisch] z.; ich rief ihm zu, er solle auf mich warten.

Zu|rüs|tung, die; -, -en (seltener): *das Zurüsten; vorbereitende Maßnahme, Tätigkeit:* ♦ ...die ungeheuren Summen..., mit welchen Saladins vorsicht'ger Vater das Heer besoldet und die -en des Krieges bestreitet (Lessing, Nathan I, 5).

zur|zeit ⟨Adv.⟩: *im Augenblick; augenblicklich, jetzt, gegenwärtig* (Abk.: zz., zzt.): z. haben wir Betriebsferien; eine schnellere Bearbeitung ist z. nicht möglich.

Zu|sa|ge, die; -, -n: **a)** *zustimmender Bescheid auf eine Einladung hin:* seine Z., bei der Eröffnung anwesend zu sein, geben; seine Z. einhalten; Offenbar in einem Augenblick der Zerstreutheit habe ich Ihre Duellforderung akzeptiert. Ich widerrufe hiermit diese Z. (Eich, Hörspiele 372); **b)** *Zusicherung, sich in einer bestimmten Angelegenheit jmds. Wünschen entsprechend zu verhalten:* die Z. des Ministeriums, ein Projekt staatlich zu fördern; bindende -n geben.

zu|sa|gen ⟨sw. V.; hat⟩ [mhd. zuosagen]: **1. a)** *versichern, einer Einladung folgen zu wollen:* sein Kommen z.; sie hat [ihnen ihre Teilnahme] fest zugesagt; **b)** *zusichern, sich in einer bestimmten Angelegenheit seinen Wünschen entsprechend zu verhalten, ihm etw. zuteilwerden zu lassen:* jmdm. schnelle Hilfe, einem Staat Kredite z. **2.** *jmds. Vorstellung, Geschmack entsprechen, jmdm. gefallen, ihm angenehm, willkommen sein:* dein Vorschlag sagt mir zu; der Bewerber sagte ihnen [nicht] zu; dieser Wein sagt mir mehr z.

zu|sam|men ⟨Adv.⟩ [mhd. zesamen(e), ahd. zasamane, aus ↑¹zu u. mhd. samen, ahd. saman = gesamt, zusammen, urspr. = eins, in eins zusammen, einheitlich, samt; vgl. sammeln, -sam]: **1.** *nicht [jeder, jede] für sich allein, sondern mit einem od. mehreren anderen; gemeinsam, miteinander:* z. spielen, verreisen; sie bestellten z. eine Flasche Wein; z. sieht das sehr schön aus; wir werden den ganzen Tag z. sein; vier Jahre lang war sie mit ihm z. *(hat sie mit ihm eine Beziehung geführt);* schönen Urlaub z.!; Guten Morgen, hallo z.! **2.** *als Einheit gerechnet, miteinander addiert; als Gesamtheit; insgesamt:* sie besitzen z. ein Vermögen von 50 000 Euro; alles z. kostet 100 Euro; sie weiß mehr als alle andern z.

Zu|sam|men|ar|beit, die ⟨o. Pl.⟩: *das Zusammenarbeiten:* eine enge, internationale, wirtschaftliche Z.; das Lehrbuch ist in Z. mit verschiedenen Fachleuten entstanden.

zu|sam|men|ar|bei|ten ⟨sw. V.; hat⟩: *mit jmdm. gemeinsam für bestimmte Ziele arbeiten, zur Bewältigung bestimmter Aufgaben gemeinsame Anstrengungen unternehmen:* in einer Organisation z.; beide Staaten wollen auf diesem Sektor künftig enger z.; sie will nicht mehr länger mit ihm z.

zu|sam|men|bal|len ⟨sw. V.; hat⟩: **a)** *zu einer festen, einheitlichen Masse ballen:* Schnee, Papier z.; die Fäuste z. *(fest schließen, zusammenpressen);* **b)** ⟨z. + sich⟩ *sich zu einer festen, einheitlichen Masse ballen:* dunkle Wolken ballten sich am Himmel zusammen; Ü (geh.:) über unseren Häuptern ballen sich drohende Wolken zusammen.

Zu|sam|men|bal|lung, die: *(sich in bestimmter Weise auswirkende) Anhäufung, Ansammlung von etw.*

zu|sam|men|bas|teln ⟨sw. V.; hat⟩: *aus einzelnen Teilen basteln* (1): sich Lautsprecheranlagen z.

Zu|sam|men|bau, der ⟨Pl. -e⟩: *das Zusammenbauen; Montage.*

zu|sam|men|bau|en ⟨sw. V.; hat⟩: *aus den entsprechenden Teilen bauen, zusammensetzen:* ein Regal, ein Radio, ein Auto z.

zu|sam|men|bei|ßen ⟨st. V.; hat⟩: *beißend aufeinanderpressen:* [vor Schmerz, trotzig] die Zähne, die Lippen z.

zu|sam|men|be|kom|men ⟨st. V.; hat⟩: **a)** *zusammenbringen* (1 a): die Miete z. müssen; **b)** (ugs.) *zusammenbringen* (1 b): einen Text nicht mehr [ganz] z.

Zu|sam|men|bil|dung, die (Sprachwiss.): *Art der Wortbildung, bei der eine syntaktische Fügung als Ganzes zur Grundlage einer Ableitung od. Zusammensetzung gemacht wird* (z. B. beidarmig = mit beiden Armen; Einfamilienhaus = Haus für eine Familie).

zu|sam|men|bin|den ⟨st. V.; hat⟩: *durch Binden vereinigen:* sich das Haar [mit einer Schleife] z.; Blumen [zu einem Strauß] z.; sich das Kopftuch im Nacken z. *(seine Enden verknüpfen).*

zu|sam|men|blei|ben ⟨st. V.; ist⟩: **a)** *[mit jmdm.] gemeinsam irgendwo bleiben u. die Zeit verbringen:* wir sind [mit den Freunden] noch etwas zusammengeblieben; **b)** *[mit jmdm.] in einer privaten Beziehung vereint bleiben, sie nicht abbrechen od. sich auflösen lassen:* die Freunde wollten, das Paar wollte [für immer] z.

zu|sam|men|brau|en ⟨sw. V.; hat⟩: **1.** (ugs.) *[aus verschiedenen Bestandteilen] ein Getränk zubereiten:* was hast du denn da zusammengebraut? **2.** ⟨z. + sich⟩ *sich als etw. Unangenehmes, Bedrohliches, Gefährliches entwickeln:* etwas, ein Unwetter schien sich zusammenzubrauen.

zu|sam|men|bre|chen ⟨st. V.; ist⟩: **1.** *einstürzen; in Trümmer gehen:* das Gerüst, die Brücke ist zusammengebrochen; Ü die Lügengebäude der Zeugen brachen zusammen; das ganze Unglück brach über ihr zusammen *(brach über sie herein).* **2.** *einen Schwächeanfall, Kräfteverlust erleiden u. in sich zusammenfallen, sich nicht aufrecht halten können u. niedersinken:* auf dem Marsch, vor Erschöpfung, ohnmächtig, tot z.; der Vater ist bei der Todesnachricht völlig zusammen *(er erlitt eine schwere gesundheitliche Schädigung).* **3.** *sich nicht aufrechterhalten, nicht fortsetzen lassen; zum Erliegen kommen:* die Front, der Verkehr, der Terminplan bricht zusammen; jmds. Kreislauf ist zusammengebrochen; an diesem Tag brach für sie eine Welt zusammen *(sahen sie sich in ihrem Glauben an bestimmte ideelle Werte enttäuscht).*

zu|sam|men|brin|gen ⟨unr. V.; hat⟩: **1. a)** *(etw. Erforderliches, für einen bestimmten Zweck Notwendiges) beschaffen:* nicht einmal das Geld für einen neuen Anzug z.; **b)** (ugs.) *es schaffen, einen Text o. Ä. vollständig wiederzugeben, bestimmte Zusammenhänge o. Ä. herzustellen, zu erläutern, sich an etw. vollständig zu erinnern:* die Verse nicht mehr z.; **c)** *es schaffen, dass etw. Zusammengehörendes [wieder] als Einheit vorhanden ist:* ein gut geschulter Schäferhund muss eine versprengte Schafherde wieder z. **2.** *Kontakte zwischen zwei od. mehreren Personen herstellen, ihre Bekanntschaft stiften:* ihr Beruf hatte sie mit vielen Menschen zusammengebracht. **3.** *etw. mit etw. in Verbindung bringen, etw. zu etw. in Beziehung setzen:* zwei verschiedene Dinge z.; Der Taxifahrer konnte das hohe Trinkgeld nicht mit dem Benehmen seines Fahrgastes (Johnson, Ansichten 16).

Zu|sam|men|bruch, der: **1.** *das Zusammenbrechen (2); schwere gesundheitliche Schädigung:* einen [körperlichen] Z. erleiden; er war dem Z. nahe. **2.** *das Zusammenbrechen (3):* der politische, wirtschaftliche Z. eines Landes; der Z. der Stromversorgung.

zu|sam|men|drän|gen ⟨sw. V.; hat⟩: **1. a)** *durch Drängen (2 a) bewirken, dass eine Menschenmenge sich auf engem Raum schiebt u. drückt:* die Menge wurde von der Polizei zusammengedrängt; **b)** ⟨z. + sich⟩ *[von allen Seiten] zusammenkommen u. sich immer dichter auf engem Raum drängen (1 b):* sie drängten sich wie die Schafe zusammen. **2. a)** *in gedrängter Form darstellen, zusammenfassen:* seine Schilderung auf wenige Sätze z.; **b)** ⟨z. + sich⟩ *in einem sehr kurzen Zeitraum dicht aufeinanderfolgend vor sich gehen.*

zu|sam|men|dre|hen ⟨sw. V.; hat⟩: *etw. um etw. anderes drehen u. dadurch zu einem Ganzen verbinden:* Fäden, Drähte z.

zu|sam|men|drück|bar ⟨Adj.⟩ (Physik): *sich zusammendrücken lassend; kompressibel.*

zu|sam|men|drü|cken ⟨sw. V.; hat⟩: **1.** *von zwei od. mehreren Seiten auf etw. drücken u. es dadurch [flacher u.] kleiner an Volumen machen:* das Boot wurde [wie eine Streichholzschachtel] zusammengedrückt; er drückte ihm den Brustkorb, die Rippen zusammen. **2.** *aneinanderdrücken:* die mit Klebstoff bestrichenen Teile fest z.

zu|sam|men|es|sen ⟨unr. V.; hat⟩ (österr. ugs.): *aufessen.*

zu|sam|men|fah|ren ⟨st. V.⟩: **1.** ⟨ist⟩ (seltener) *im Fahren zusammenstoßen:* das Auto ist mit dem Lkw zusammengefahren. **2.** ⟨ist⟩ *vor Schreck zusammenzucken:* bei einem Geräusch, Knall [heftig, erschrocken] z. **3. a)** ⟨hat⟩ (ugs.) *zu Schrott fahren:* den Wagen des Freundes z.; ein zusammengefahrenes Auto; **b)** (österr. ugs.) *(Personen, Tiere) überfahren.*

Zu|sam|men|fall, der ⟨o. Pl.⟩: *das Zusammenfallen (4 a):* der Z. zweier Ereignisse an einem Tag.

zu|sam|men|fal|len ⟨st. V.; ist⟩: **1. a)** *den Zusammenhalt verlieren u. auf einen Haufen fallen; einstürzen:* das Gebäude fiel wie ein Kartenhaus zusammen; **b)** *zusammensinken (2 b):* er fiel in sich zusammen, als er die Wahrheit hörte. **2.** *an Umfang verlieren, gänzlich in sich einsinken (2):* der Ballon, der Teig ist zusammengefallen; Ü Pläne fallen in sich zusammen *(erweisen sich als unrealisierbar);* ...oft flammte nur eine kurze Begierde auf, die rasch in sich zusammenfiel *(verging;* Kronauer, Bogenschütze 47). **3.** *abmagern, zunehmend schwach, kraftlos werden:* sie ist in letzter Zeit sehr zusammengefallen. **4. a)** *gleichzeitig sich ereignen; zu gleicher Zeit geschehen, stattfinden:* sein Geburtstag fällt mit Ostern zusammen; beide Termine fallen zeitlich zusammen; **b)** *(bes. in Bezug auf geometrische Figuren, Geraden o. Ä.) sich decken (6 a):* Geraden, Flächen fallen zusammen *(sind kongruent).* **5.** (österr. ugs.) *hinfallen (1 a), ohnmächtig umfallen:* das Kind ist zusammengefallen.

zu|sam|men|fal|ten ⟨sw. V.; hat⟩: **1.** *durch [mehrfaches] Falten (1) auf ein kleineres Format bringen, zusammenlegen:* einen Brief, die Serviette, Zeitung z.; etw. zweimal z.; eine zusammengefaltete Landkarte; * *jmdn. z.* (ugs.: *jmdn. maßregeln, ausschimpfen).* **2.** *falten (3):* die Hände z.

zu|sam|men|fan|ta|sie|ren, zusammenphantasieren ⟨sw. V.; hat⟩: *besonders in der Wendung* **sich** ⟨Dativ⟩ **etw. z.** (meist abwertend; *etw. fantasieren 1 b: sich seine eigene Welt z.;* was der sich wieder zusammenfantasiert!)

zu|sam|men|fas|sen ⟨sw. V.; hat⟩: **1.** *in, zu einem größeren Ganzen vereinigen:* die Teilnehmer in Gruppen, zu Gruppen von 10 Personen z.; Vereine in einem Dachverband z.; verschiedene Dinge unter einem Oberbegriff z. *(sie darunter subsumieren).* **2.** *auf eine kurze Form bringen, als Resümee formulieren:* seine Eindrücke kurz, in einem Bericht, in Stichworten z.; etw. in einem/(auch:) in einem Satz z.; *zusammenfassend lässt sich feststellen, dass damit keinem recht gedient ist.*

Zu|sam|men|fas|sung, die: **1.** *das Zusammenfassen (1); das Zusammengefasstwerden:* die Z. der einzelnen Gruppen in Dachverbänden. **2.** *kurz zusammengefasste schriftliche od. mündliche Darstellung von etw.:* eine Z. der Ereignisse; am Schluss des Buches steht eine Z.

zu|sam|men|fe|gen ⟨sw. V.; hat⟩ (bes. nordd.): *zu einem Haufen fegen:* die Papierschnipsel z.

zu|sam|men|fin|den ⟨st. V.; hat⟩: **1.** ⟨z. + sich⟩ **a)** *sich vereinigen, zusammenschließen:* sie haben sich zu einer Wohngemeinschaft zusammengefunden; **b)** *an einem bestimmten Ort zu einem bestimmten Tun zusammentreffen:* sie haben sich in der Kneipe um die Ecke zusammengefunden. **2.** (selten) *[wieder]finden:*

zusammenfügen: nicht mehr alle Teile des Spiels z.

zu|sam|men|fli|cken ⟨sw. V.; hat⟩ (ugs., oft abwertend): **1.** *dilettantisch, notdürftig flicken:* die Schuhe z.; Ü nach seinem Unfall wurde er im Krankenhaus zusammengeflickt. **2.** *aus einzelnen Teilen mühsam, kunstlos zusammenfügen:* einen Artikel z.

zu|sam|men|flie|ßen ⟨st. V.; ist⟩: *eines ins andere fließen (1 b, c); sich fließend (zu einem größeren Ganzen) vereinigen:* zwei Flüsse, Bäche fließen hier zusammen; Ü zusammenfließende Klänge.

Zu|sam|men|fluss, der: **1.** *das Zusammenfließen:* der Z. von Brigach und Breg zur Donau. **2.** *Stelle, an der zwei Flüsse zusammentreffen:* am Z. der beiden Flüsse.

zu|sam|men|fü|gen ⟨sw. V.; hat⟩ (geh.): **1.** *(Teile zu einem Ganzen) miteinander verbinden; zusammensetzen:* Werkstücke, die einzelnen Bauteile z.; Steine zu einem Mosaik z. **2.** ⟨z. + sich⟩ *sich zu einer Einheit, einem Ganzen verbinden:* die Bauteile fügen sich nahtlos zusammen.

zu|sam|men|füh|ren ⟨sw. V.; hat⟩: **1.** *zueinander kommen lassen; miteinander, mit jmdm. in Verbindung bringen:* getrennte Familien wieder z. **2.** (österr. ugs.) *(Personen, Tiere) überfahren.*

Zu|sam|men|füh|rung, die: *das Zusammenführen (1); das Zusammengeführtwerden:* die Z. der einzelnen Konzertteile nach der Fusion.

zu|sam|men|ge|ben ⟨st. V.; hat⟩ (geh. veraltend): *miteinander verheiraten:* zwei Menschen z.

zu|sam|men|ge|hen ⟨unr. V.; ist⟩: **1.** *sich vereinigen, zusammen handeln:* die beiden Parteien gehen zusammen. **2.** *zueinanderpassen; sich miteinander vereinbaren lassen:* einerseits sparen und dann einen Sportwagen kaufen, das geht nicht zusammen. **3.** (landsch.) **a)** *an Menge geringer werden, schwinden, abnehmen:* die Vorräte sind zusammengegangen; **b)** *schrumpfen, kleiner werden:* der Pullover ist beim Waschen zusammengegangen *(eingelaufen);* Ü er ist sehr zusammengegangen (ugs.; *körperlich zurückgegangen, schmäler, älter geworden).* **4.** (ugs.) *sich treffen, zusammenlaufen (2):* die Linien gehen an einem entfernten Punkt zusammen. **5.** (ugs.) *(beim Zusammenwirken, -spielen) gelingen:* die beiden spielen zum ersten Mal im Doppel miteinander, da geht noch manches nicht zusammen.

zu|sam|men|ge|hö|ren ⟨sw. V.; hat⟩: **a)** *zueinander gehören:* die drei gehören zusammen, wir gehören nicht zusammen *(haben nichts miteinander zu tun);* **b)** *eine Einheit bilden:* die Schuhe, Strümpfe gehören [nicht] zusammen.

zu|sam|men|ge|hö|rig ⟨Adj.⟩: **a)** *zusammengehörend (a); eng miteinander verbunden:* sie fühlen sich z.; **b)** *zusammengehörend (b):* -e Teile; etw. ist nicht z.

Zu|sam|men|ge|hö|rig|keit, die; -: *das Zusammengehören (a).*

Zu|sam|men|ge|hö|rig|keits|ge|fühl, das ⟨Pl. selten⟩: *Bewusstsein zusammenzugehören (a); Gefühl der Zusammengehörigkeit:* mit der Zeit entwickelten die Teammitglieder ein Z.

zu|sam|men|ge|ra|ten ⟨st. V.; ist⟩ (ugs.): *in Streit geraten:* die beiden sind wegen dieser Sache schon x-mal z.

zu|sam|men|ge|wür|felt: ↑ zusammenwürfeln.

zu|sam|men|glu|cken ⟨sw. V.; hat⟩ (ugs.): *ständig zusammen sein [u. sich gegen andere abkapseln]:* die beiden glucken jetzt ständig zusammen.

zu|sam|men|ha|ben ⟨unr. V.; hat⟩ (ugs.): *zusammengebracht, -bekommen haben; beisammenhaben (1):* das Geld, die Mitspieler z.

Zu|sam|men|halt, der ⟨o. Pl.⟩: **1.** *das Zusammenhalten (1), das Festgefügtsein:* die Teile haben zu wenig Z. **2.** *das Zusammenhalten (2); feste*

innere Bindung: ein enger, fester Z. der Gruppe, der Familie; der Z. lockert sich, geht verloren. **zu|sam|men|hal|ten** ⟨st. V.; hat⟩: **1.** *(von den Teilen eines Ganzen) fest miteinander verbunden bleiben:* die verleimten Teile halten zusammen. **2.** *fest zueinanderstehen; eine (gegen äußere Gefahren o. Ä.) fest gefügte Einheit bilden:* die Freunde halten fest, treu zusammen; wie Pech und Schwefel z. **3. a)** *(Teile) miteinander verbinden; in einer festen Verbindung halten:* eine Schnur hält das Bündel zusammen; Ü die Gruppe wird von gemeinsamen Interessen zusammengehalten; **b)** *am Auseinanderstreben hindern:* die Schafherde, eine Gruppe z.; sein Geld z. *(sparen, nicht ausgeben);* Ü ich muss meine Gedanken z. **4.** *vergleichend eins neben das andere halten, nebeneinanderhalten:* zwei Bilder, Gegenstände vergleichend z.
Zu|sam|men|hang, der: *zwischen Vorgängen, Sachverhalten o. Ä. bestehende innere Beziehung, Verbindung:* ein direkter, historischer Z.; es besteht ein Z. zwischen beiden Vorgängen; einen Z. herstellen; die größeren Zusammenhänge sehen; das ist aus dem Z. gerissen; die beiden Dinge stehen miteinander in [keinem] Z.; nur noch eins möchte ich in diesem Z. *(zugleich mit dieser Sache)* erwähnen.
zu|sam|men|hän|gen ⟨st. V.; hat⟩: **1.** *mit etw., miteinander fest verbunden sein:* die Teile hängen miteinander nur lose zusammen; Ü etw. zusammenhängend *(in richtiger Abfolge, im Zusammenhang)* darstellen. **2.** *mit etw. in Beziehung, in Zusammenhang stehen:* ihre ständige Müdigkeit hängt mit ihrer Krankheit zusammen; ... halte ich nicht mehr Schritt mit den Jahreszeiten? Hängt es mit dem Alter zusammen, dass ich so hinterherhinke? (Kronauer, Bogenschütze 173).
zu|sam|men|hang|los ⟨Adj.⟩: *keinen Zusammenhang erkennen lassend:* -e Reden.
Zu|sam|men|hang|lo|sig|keit, die; -: *das Zusammenhanglossein.*
Zu|sam|men|hangs|los: ↑ zusammenhanglos.
Zu|sam|men|hangs|lo|sig|keit: ↑ Zusammenhanglosigkeit.
zu|sam|men|hau|en ⟨unr. V.; haute zusammen, hat zusammengehauen⟩ (ugs.): **1.** ¹*zerschlagen* (1 c), *zertrümmern:* er hat in betrunkenem Zustand seine ganze Wohnung zusammengehauen. **2.** *zusammenschlagen* (2 a): Rowdys hatten ihn nachts auf der Straße zusammengehauen. **3.** *dilettantisch, kunstlos herstellen:* eine Bank [roh, grob] aus Brettern z.; Ü einen Aufsatz eilig z.
zu|sam|men|hef|ten ⟨sw. V.; hat⟩: *Teile durch Heften* (1, 3) *zusammenfügen.*
zu|sam|men|hel|fen ⟨st. V.; hat⟩ (österr.): *einander helfen, gemeinsam etw. in Angriff nehmen:* beim Wiederaufbau des Hauses z.
zu|sam|men|ho|cken ⟨sw. V.; hat; südd., österr., schweiz. auch: ist⟩ (ugs.): *zusammensitzen.*
zu|sam|men|ho|len ⟨sw. V.; hat⟩: *von verschiedenen Orten, Stellen herbeiholen, beschaffen:* Helfer z.
zu|sam|men|kau|ern, sich ⟨sw. V.; hat⟩: *sich hockend in eine geduckte Haltung bringen:* sie hatten sich in einer Ecke zusammengekauert.
zu|sam|men|kau|fen ⟨sw. V.; hat⟩: *von verschiedenen Orten, Stellen kaufend beschaffen:* sie hat eine Menge überflüssiges Zeug zusammengekauft.
zu|sam|men|keh|ren ⟨sw. V.; hat⟩: **1.** (bes. südd., österr.) *zu einem Haufen kehren:* den Dreck im Hof z. **2.** (österr.) *durch Kehren säubern:* die Terrasse z.
zu|sam|men|ket|ten ⟨sw. V.; hat⟩: *aneinanderketten:* wollen wir unsere Fahrräder z.?
zu|sam|men|kit|ten ⟨sw. V.; hat⟩: *kitten* (1): den Wandteller z.; Ü ein nur noch notdürftig zusammengekittetes Wertesystem.

Zu|sam|men|klang, der ⟨Pl. selten⟩: *das Zusammenklingen; Harmonie:* ein harmonischer Z. [von Düften, Eindrücken].
zu|sam|men|klapp|bar ⟨Adj.⟩: *sich zusammenklappen* (1) *lassend:* ein -es Messer; der Kinderwagen ist z.
zu|sam|men|klap|pen ⟨sw. V.⟩: **1.** ⟨hat⟩ *(etw. mit einer Klappvorrichtung, mit Scharnieren o. Ä. Versehenes) durch Einklappen seiner Teile verkleinern:* das Klapprad, Taschenmesser, den Liegestuhl z. **2.** ⟨hat⟩ (ugs.) *zusammenschlagen:* die Hacken z. **3.** ⟨ist⟩ (ugs.) *zusammenbrechen* (2): sie war vor Erschöpfung zusammengeklappt.
zu|sam|men|klau|ben ⟨sw. V.; hat⟩ (landsch., bes. südd., österr.): *klaubend* (2 a) *auflesen, aufsammeln:* Äpfel, herumliegende Blätter z.
zu|sam|men|kle|ben ⟨sw. V.⟩: **a)** ⟨ist⟩ *aneinanderkleben* (2): die Nudeln dürfen nicht z.; **b)** ⟨hat⟩ *aneinanderkleben* (1): sie möchte die Scherben des Krugs wieder z.
zu|sam|men|kleis|tern ⟨sw. V.; hat⟩ (ugs.): **1.** *zusammenkleben* (b). **2.** *zusammenkitten.*
zu|sam|men|klin|gen ⟨st. V.; hat⟩: *(von mehreren Tönen o. Ä.) gleichzeitig [harmonisch] erklingen:* die Gläser z. lassen; die Stimmen, Glocken klangen zusammen.
zu|sam|men|knal|len ⟨sw. V.⟩: **1.** ⟨hat⟩ *zusammenschlagen* (1): die Hacken z. **2.** ⟨ist⟩ (salopp) *heftig aneinandergeraten; einen Zusammenstoß mit jmdm. haben:* er ist mit dem Chef zusammengeknallt.
zu|sam|men|knei|fen ⟨st. V.; hat⟩: *zusammenpressen:* die Lippen, den Mund z.; sie kniff die Augen zusammen *(schloss sie bis auf einen kleinen Spalt).*
zu|sam|men|knül|len ⟨sw. V.; hat⟩: *knüllen* (1): den Brief hastig z.
zu|sam|men|kom|men ⟨st. V.; ist⟩: **1. a)** *sich versammeln:* zu einer Kundgebung z.; wir sind hier nicht zusammengekommen, um uns zu amüsieren; **b)** *sich treffen:* die Mitglieder kommen [im Klub] zusammen; R so jung kommen wir nie wieder/nicht noch einmal zusammen. **2. a)** *(meist von etw. Unangenehmem) sich gleichzeitig ereignen:* an diesem Tag ist [aber auch] alles zusammengekommen; **b)** *sich anhäufen, ansammeln:* es ist wieder einiges an Spenden, Geschenken zusammengekommen. **3.** (österr. ugs.) **a)** *mit etw. zurande kommen, etw. schaffen:* sie kommt mit den Haushalt nicht zusammen; **b)** *mit etw. fertig werden:* beeile dich, damit du damit pünktlich zusammenkommst!
zu|sam|men|kra|chen ⟨sw. V.; ist⟩ (ugs.): **1.** *mit einem Krach zusammenfallend entzweigehen:* der Stuhl, das Gestell, das Dach ist zusammengekracht; Ü das ganze Unternehmen ist zusammengekracht. **2.** *mit lautem Krach zusammenstoßen:* die Fahrzeuge sind auf der Kreuzung zusammengekracht.
zu|sam|men|kramp|fen, sich ⟨sw. V.; hat⟩: *krampfen* (1 a): seine Hände krampften sich vor Angst zusammen.
zu|sam|men|krat|zen ⟨sw. V.; hat⟩ (ugs.): *etw., bes. Geld, von dem kaum [mehr] etw. vorhanden ist, mühsam zusammenbringen:* für dieses Notebook habe ich mein letztes Geld zusammengekratzt.
zu|sam|men|krie|gen ⟨sw. V.; hat⟩ (ugs.): *zusammenbekommen, zusammenbringen* (1 a, b): wir werden hoffentlich genug Leute, Geld z.
zu|sam|men|krüm|men, sich ⟨sw. V.; hat⟩: *krümmen* (1 a): ihr ganzer Körper krümmte sich vor Schmerzen zusammen.
Zu|sam|men|kunft, die; -, Zusammenkünfte [zum 2. Bestandteil -kunft vgl. Abkunft]: *Treffen, Versammlung; Sitzung:* heimliche, gesellige Zusammenkünfte; irgendwo eine Z. haben, halten.
zu|sam|men|läp|pern, sich ⟨sw. V.; hat⟩ (ugs.): *sich aus kleineren Mengen nach u. nach zu einer größeren Menge anhäufen:* die Beträge läppern sich schnell zusammen.
zu|sam|men|las|sen ⟨st. V.; hat⟩: **a)** *nicht trennen:* die Klassenkameraden z.; **b)** *zueinander lassen:* Jungtiere und Eltern z.
zu|sam|men|lau|fen ⟨st. V.; ist⟩: **1. a)** *von verschiedenen Seiten zu einem bestimmten Ort laufen, eilen; herbeiströmen:* die Menschen liefen [neugierig, auf dem Platz] zusammen; **b)** *von verschiedenen Seiten zusammen-, ineinanderfließen:* an dieser Stelle laufen die Flüsse zusammen; **c)** (ugs.) *(von Farben) ineinanderfließen u. sich vermischen.* **2.** *sich an einem bestimmten Punkt vereinigen, treffen:* an diesem Punkt laufen die Linien zusammen; wir aber wies, in welcher Weise dort die Fäden zusammenliefen und entschlüsselt wurden (Kronauer, Bogenschütze 338). **3.** (landsch.) *(von Milch) gerinnen.* **4.** (ugs.) *eingehen* (4). **5.** (ugs.) *zusammengehen* (5).
zu|sam|men|le|ben ⟨sw. V.; hat⟩: **a)** *gemeinsam (mit einer Partnerin, einem Partner) leben:* sie lebt seit Jahren mit ihrem Freund zusammen; **b)** ⟨z. + sich⟩ *sich im Laufe der Zeit, durch längeres Miteinanderleben aneinander gewöhnen:* wir haben uns [mit unserem Vermieter] gut zusammengelebt.
Zu|sam|men|le|ben, das ⟨o. Pl.⟩: *Leben in der Gemeinschaft:* die Erfordernisse menschlichen -s.
zu|sam|men|leg|bar ⟨Adj.⟩: *sich zusammenlegen* (1, 3) *lassend.*
zu|sam|men|le|gen ⟨sw. V.; hat⟩: **1.** *zusammenfalten* (1): die Zeitung, die Kleider ordentlich z. **2.** *verschiedene Gegenstände von irgendwoher zusammentragen u. an eine bestimmte Stelle legen:* alles, was man für die Reise braucht, bereits zusammengelegt haben. **3.** *miteinander verbinden; verschiedene Teile o. Ä. zu einem Ganzen, einer Einheit werden lassen; vereinigen:* Abteilungen, Veranstaltungen z.; vier Klassen wurden zusammengelegt. **4.** *in einem gemeinsamen Raum, Zimmer unterbringen:* die Kranken z. **5.** *gemeinsam die erforderliche Geldsumme aufbringen:* wir legten für ein Geschenk zusammen. **6.** *(von Händen, Armen) übereinanderlegen:* der Großvater legte die Hände vor dem Bauch zusammen.
Zu|sam|men|le|gung, die; -, -en: *das Zusammenlegen* (3, 4); *das Zusammengelegtwerden.*
zu|sam|men|lei|men ⟨sw. V.; hat⟩: *leimen* (1 a): die Stuhllehne z.
zu|sam|men|le|sen ⟨st. V.; hat⟩: ²*lesen* (a) *u. zu einer größeren Menge vereinigen; sammeln* (1 a): Kartoffeln [in Haufen] z.
zu|sam|men|lie|gen ⟨st. V.; hat, südd., österr., schweiz.: ist⟩: **1.** *sich nebeneinander befinden:* zusammenliegende Zimmer. **2.** *in einem gemeinsamen Raum, Zimmer untergebracht sein.*
zu|sam|men|lü|gen ⟨st. V.; hat⟩ (ugs.): *dreist erdichten, lügen* (b): was lügst du denn da zusammen?; das ist doch alles zusammengelogen!
zu|sam|men|mi|schen ⟨sw. V.; hat⟩: *miteinander vermischen:* unterschiedliche Substanzen, Farbtöne z.
zu|sam|men|nä|hen ⟨sw. V.; hat⟩: *durch Nähen miteinander verbinden:* mehrere Stoffbahnen z.
zu|sam|men|neh|men ⟨st. V.; hat⟩: **1.** *konzentriert verfügbar machen, einsetzen:* alle seine Kraft, seinen ganzen Verstand, Mut z. ⟨z. + sich⟩ *sich beherrschen, unter Kontrolle haben,*

sich angestrengt auf etw. konzentrieren: sich z., um die Rührung nicht zu zeigen; nimm dich [gefälligst] zusammen! **3.** *insgesamt betrachten, berücksichtigen:* wenn wir alle diese Dinge zusammennehmen, kommen wir eventuell zu einer anderen Entscheidung; alles zusammengenommen *(alles in allem)* macht es 50 Euro.

zu|sam|men|pa|cken ⟨sw. V.; hat⟩: **1. a)** *verschiedene Gegenstände zusammen in etw., was zum Transportieren geeignet ist, legen, verstauen:* seine Sachen, Habseligkeiten z.; **b)** *mehrere Gegenstände zusammen verpacken, zusammen in etw. einwickeln:* kann ich die Hemden z.? **2.** *etw. abschließend [irgendwohin] wegräumen:* ich werde jetzt z. und Feierabend machen.

zu|sam|men|pap|pen ⟨sw. V.; ist/hat⟩: *zusammenkleben.*

zu|sam|men|pas|sen ⟨sw. V.; hat⟩: **1.** *aufeinander abgestimmt sein; miteinander harmonieren:* die beiden Farben passen gut zusammen; Rock und Bluse passen nicht zusammen; ob die beiden zusammenpassen? **2.** *passend zusammensetzen:* er hat die Einzelteile zusammengepasst.

zu|sam|men|pfer|chen ⟨sw. V.; hat⟩: **a)** *zusammen in einen Pferch sperren:* die Schafe z.; **b)** *[durch Zwang] veranlassen, sich zusammen in einen Raum zu begeben, in dem es dabei sehr eng wird:* die Gefangenen wurden in Güterwaggons zusammengepfercht; wir standen alle zusammengepfercht in der überfüllten Disco.

zu|sam|men|phan|ta|sie|ren: ↑ zusammenfantasieren.

zu|sam|men|pi|cken ⟨sw. V.; hat⟩: *zusammenkleben.*

Zu|sam|men|prall, der: *das Zusammenprallen:* er hat sich bei einem Z. mit dem gegnerischen Torwart verletzt; Ü es gab einen Z. *(eine heftige Auseinandersetzung)* zwischen ihr und ihrer Chefin.

zu|sam|men|pral|len ⟨sw. V.; ist⟩: *[mit Wucht] gegeneinanderprallen:* wir sind an der Ecke zusammengeprallt.

zu|sam|men|pres|sen ⟨sw. V.; hat⟩: **a)** *fest gegeneinanderpressen:* die Lippen, Hände z.; **b)** *kräftig zusammendrücken:* etw. in der Hand z.

zu|sam|men|raf|fen ⟨sw. V.; hat⟩: **1.** *raffen* (1 b): er raffte hastig seine Unterlagen zusammen; Wie ein Plünderer stürzte jeder in sein eigenes Haus und raffte zusammen, was er an Wert erschien (Ransmayr, Welt 207). **2.** (abwertend) *raffen* (1 a): er hat in kurzer Zeit ein großes Vermögen zusammengerafft. **3.** *raffen:* den Mantel, das Kleid z. **4.** ⟨z. + sich⟩ (ugs.) *aufraffen:* raff dich zusammen und mach endlich deine Steuererklärung!

zu|sam|men|rau|fen, sich ⟨sw. V.; hat⟩ (ugs.): *sich nach mehr od. weniger heftigen Auseinandersetzungen nach u. nach verständigen:* sich mit jmdm. z.; sich in der Frage der Mitbestimmung z.; sie mussten sich in der Ehe erst z.

zu|sam|men|räu|men ⟨sw. V.; hat⟩ (bes. österr.): *aufräumen:* die Wohnung z.

zu|sam|men|re|chen ⟨sw. V.; hat⟩ (südd., österr., schweiz.): **a)** *auf eine Haufen rechen:* Blätter z.; **b)** *durch Rechen säubern:* die Wiese z.

zu|sam|men|rech|nen ⟨sw. V.; hat⟩: *addieren; zusammenzählen:* die Ergebnisse z.; das kostet, alles zusammengerechnet, 800 Euro.

zu|sam|men|rei|men ⟨sw. V.; hat⟩ (ugs.): **a)** *[aufgrund von bestimmten Anhaltspunkten, Überlegungen, Erfahrungen o. Ä.] kombinieren* (2), *dass sich etw. in bestimmter Weise verhält:* wenn ich die Sache richtig zusammenreime; ich kann mir das nur so z.; sie hat sich die Wahrheit schließlich zusammengereimt; **b)** ⟨z. + sich⟩ *sich erklären* (1 c): wie reimt sich das wohl zusammen?

zu|sam|men|rei|ßen ⟨st. V.; hat⟩ (ugs.): **1.** ⟨z. + sich⟩ *sich [energisch] zusammennehmen* (2): reiß dich zusammen! **2.** (Soldatenspr.) *energisch aneinander-, gegeneinanderschlagen:* die Hacken z.; die Glieder, Knochen z. *(strammstehen).*

zu|sam|men|rich|ten ⟨sw. V.; hat⟩ (österr. ugs.): **1.** *vorbereiten, zurechtlegen:* die Schulbücher für den nächsten Tag z. **2.** *zum Ausgehen fertig machen:* die Kinder für die Feier z.

zu|sam|men|rol|len ⟨sw. V.; hat⟩: **a)** *einrollen* (1 a): den Schlafsack z.; zusammengerollte Landkarten; **b)** ⟨z. + sich⟩ *einrollen* (1 b): der Hund rollte sich vor dem Ofen zusammen.

zu|sam|men|rot|ten, sich ⟨sw. V.; hat⟩ (meist abwertend): *(von größeren Menschenmengen) sich [in Aufruhr] öffentlich zusammentun, zusammenschließen, um [mit Gewalt] gegen etw. vorzugehen:* die Bürger rotten sich zusammen, um gegen die Festnahme zu protestieren.

Zu|sam|men|rot|tung, die; -, -en (meist abwertend): **a)** *das Sichzusammenrotten;* **b)** *Menschenmenge, die sich zusammengetan hat.*

zu|sam|men|rü|cken ⟨sw. V.⟩: **1.** ⟨hat⟩ *durch Rücken [enger] aneinanderstellen:* die Stühle, Tische z. **2.** ⟨ist⟩ *sich enger nebeneinandersetzen:* könnt ihr [noch] ein bisschen z.?; sie rückten noch näher zusammen [auf der Bank]; Ü die Krise ließ die Nachbarstaaten z.

Zu|sam|men|rü|ckung, die; -, -en (Sprachwiss.): *durch einfache Zusammenschreibung einer Wortgruppe gebildete Zusammensetzung* (3) (z. B. Bösewicht, Gottesmutter).

zu|sam|men|ru|fen ⟨st. V.; hat⟩: **a)** *auffordern, sich an einem bestimmten Ort zu versammeln:* Schüler und Schülerinnen, die Abteilung [zu einer kurzen Besprechung] z.; **b)** *einberufen* (1): das Parlament z.

zu|sam|men|sa|cken ⟨sw. V.; ist⟩ (ugs.): **1.** *zusammenbrechen* (1), *zusammenfallen* (1): das notdürftig wiedererrichtete Haus, Dach sackte [in sich] zusammen. **2.** *zusammenbrechen* (2), *zusammensinken* (2 a): unter der Last z. **3.** *zusammensinken* (2 b): er sackte zusammen, als er das Urteil hörte.

zu|sam|men|sam|meln ⟨sw. V.; hat⟩: *auf-, einsammeln:* er sammelt die auf dem Boden liegenden Kleider zusammen.

zu|sam|men|schal|ten ⟨sw. V.; hat⟩: **1.** *durch Schalten miteinander verbinden:* mehrere Rechner, Telefonnetze z. **2.** ⟨z. + sich⟩ *sich durch Schalten zu einer Einheit, einem Ganzen verbinden:* die Sender haben sich zusammengeschaltet.

zu|sam|men|schar|ren ⟨sw. V.; hat⟩: *durch Scharren an eine bestimmte Stelle, auf einen Haufen bringen:* er scharrte mit den Füßen das übrige Laub zusammen.

Zu|sam|men|schau, die ⟨Pl. selten⟩: *zusammenfassender Überblick; Synopse* (2): eine großartige Z. aller Faktoren.

zu|sam|men|schei|ßen ⟨st. V.; hat⟩ (derb): *jmdn. äußerst hart, scharf [mit groben Worten] maßregeln; abkanzeln:* hat der mich vielleicht zusammengeschissen!

zu|sam|men|schieb|bar ⟨Adj.⟩: *sich [in seinen Teilen] zusammen-, ineinanderschieben lassend:* eine -e Tischplatte, Trennwand.

zu|sam|men|schie|ben ⟨st. V.; hat⟩: **a)** *durch Schieben [enger] aneinanderstellen, näher zusammenbringen:* die Bänke z.; **b)** ⟨z. + sich⟩ *sich ineinanderschieben:* der Vorhang schob sich zusammen.

zu|sam|men|schie|ßen ⟨st. V.⟩: **1.** ⟨hat⟩ **a)** *durch Beschuss zerstören:* alles z.; ganze Dörfer wurden z.; **b)** *andere rücksichtslos zusammenschießen;* **b)** (ugs.) *niederschießen:* sie haben ihn ohne Vorwarnung kaltblütig zusammengeschossen. **2.** ⟨ist⟩ *sehr schnell, rasch [an einem bestimmten Ort] zusammenkommen, -laufen, -strömen:* von allen Seiten schoss das Wasser im Tal zusammen.

zu|sam|men|schimp|fen ⟨sw. V.; hat⟩ (österr. ugs.): *jmdn. maßregeln, mit jmdm. schimpfen:* sie hat ihn dafür furchtbar zusammengeschimpft.

zu|sam|men|schla|gen ⟨st. V.⟩: **1.** ⟨hat⟩ *[kräftig] aneinander-, gegeneinanderschlagen:* die Absätze, Hacken z. **2.** ⟨hat⟩ (ugs.) **a)** *auf jmdn. so [brutal] einschlagen, dass er [ohne sich wehren zu können] zusammenbricht:* er wurde von drei Männern zusammengeschlagen und beraubt; **b)** *zertrümmern:* in seiner Wut schlug er alles, die halbe Einrichtung zusammen. **3.** ⟨hat⟩ *zusammenfalten* (1): die Zeitung wieder z. **4.** ⟨ist⟩ *sich über etw., jmdn. hinwegbewegen u. es, ihn/sie auf diese Weise [vorübergehend] unter sich begraben:* die Wellen schlugen über dem Schwimmer, dem sinkenden Boot zusammen; Ü jetzt schlug das Verhängnis über ihm zusammen. ◆ **5.** *zu[sammen]klappen:* ... während sie den Kasten ... zusammenschlug und über den Rücken warf (Kleist, Kohlhaas 105).

zu|sam|men|schlie|ßen ⟨st. V.; hat⟩: **1.** *aneinanderschließen:* die Fahrräder z.; die Gefangenen waren mit Handschellen zusammengeschlossen. **2.** ⟨z. + sich⟩ *sich vereinigen:* sich in einem Verein, zu einer Mannschaft z.; die beiden Firmen haben sich zusammengeschlossen.

Zu|sam|men|schluss, der: *Vereinigung:* übernationale, wirtschaftliche, genossenschaftliche Zusammenschlüsse; der Z. der Landgemeinden.

zu|sam|men|schmel|zen ⟨st. V.⟩: **1.** ⟨hat⟩ **a)** *verschmelzen* (1): Metalle [zu einer Legierung] z.; **b)** *einschmelzen.* **2.** ⟨ist⟩ *durch Schmelzen weniger werden:* der Schnee ist [an der Sonne] zusammengeschmolzen; Ü das Geld, der Vorrat ist bis auf einen kleinen Rest zusammengeschmolzen.

zu|sam|men|schnei|den ⟨unr. V.; hat⟩: **1.** (Film, Rundfunk, Fernsehen) **a)** *durch das Herausschneiden einzelner Teile verkürzen:* einen Film auf 30 Minuten, auf die Hälfte z.; **b)** *aus Teilen verschiedener Aufnahmen zusammensetzen:* die Highlights aus den letzten zehn Sendungen z. **2.** (österr. ugs.) *zerkleinern,* ²*stutzen* (a): Bäume z.

Zu|sam|men|schnitt, der (Film, Rundfunk, Fernsehen): **a)** *durch Herausschneiden einzelner Teile (einer Aufnahme) entstandene kurze Fassung:* der Z. eines Livekonzerts; **b)** *Zusammenstellung von Teilen verschiedener Aufnahmen:* ein Z. der besten Szenen eines Fußballspiels.

zu|sam|men|schnü|ren ⟨sw. V.; hat⟩: **1. a)** *schnüren* (1 b): die Zeitungen z.; **b)** *schnüren* (1 c): ein Bündel z. **2.** *so einengen, zusammendrücken, dass es schneidet:* mit dem Korsett die Taille z.; Ü die Angst schnürte mir die Kehle zusammen.

zu|sam|men|schrump|fen ⟨sw. V.; ist⟩ (ugs.): *rasch, in erheblichem Ausmaß zusammenschrumpfen:* die Vorräte sind zusammengeschnurrt.

zu|sam|men|schrau|ben ⟨sw. V.; hat⟩: *durch Schrauben miteinander verbinden:* die beiden Platten z.

zu|sam|men|schre|cken ⟨sw. u. st. V.; schreckt/ (veraltend:) schrickt zusammen, schreckte/ schrak zusammen, zusammengeschreckt⟩: *vor Schreck zusammenzucken:* bei jedem Geräusch schreckte/schrak sie zusammen; Kein Film- oder Fernsehgesicht würde nicht erkannt. Höchstens einer der Ortsansässigen schräke kurz zusammen, beruhigte sich aber sofort damit, die Person dort sei unmöglich ... (Handke, Niemandsbucht 723).

zu|sam|men|schrei|ben ⟨st. V.; hat⟩: **1.** *in einem Wort schreiben:* »irgendjemand« schreibt man zusammen. **2.** *etw.* (z. B. Thesen, Aussagen) zusammentragen, zusammenstellen u. daraus [in kürzerer Form] eine schriftliche Arbeit anfertigen: ein Referat, eine Rede z. **3.** (ugs. abwertend) *gedankenlos hinschreiben* (1 b): Unsinn z. **4.** (ugs.) *durch Schreiben erwerben:* sie hat [sich ⟨Dativ⟩] mit ihren Romanen ein Vermögen zusammengeschrieben.

Zu|sam|men|schrei|bung, die: *das Zusammenschreiben* (1); *das Zusammengeschriebenwerden:* bei bestimmten geografischen Namen gilt nur die Z.

zu|sam|men|schrei|en ⟨st. V.; hat⟩ (österr. ugs.): *anschreien, beschimpfen.*

zu|sam|men|schrump|fen ⟨sw. V.; ist⟩: *schrumpfen* (2): ihr Vermögen ist auf die Hälfte zusammengeschrumpft.

zu|sam|men|schus|tern ⟨sw. V.; hat⟩ (ugs. abwertend): *dilettantisch, notdürftig herstellen, anfertigen:* schnell ein paar Regale z.; eine lieblos zusammengeschusterte Sendung.

zu|sam|men|schwei|ßen ⟨sw. V.; hat⟩: *durch Schweißen miteinander verbinden:* Rohre z.; Ü der gemeinsame Erfolg schweißte die beiden zusammen.

Zu|sam|men|sein, das: *das Beisammensein; [zwanglose, gesellige] Zusammenkunft.*

zu|sam|men|set|zen ⟨sw. V.; hat⟩: **1. a)** *zusammenfügen* (1); **b)** *durch Zusammenfügen herstellen, funktionstüchtig machen:* den Wecker wieder z. **2.** ⟨z. + sich⟩ *als Ganzes aus verschiedenen Bestandteilen, Gliedern, Personen bestehen:* die Kommission setzt sich aus zwölf Mitgliedern zusammen; ein zusammengesetztes (*aus mehreren Wörtern gebildetes*) Wort. **3.** ⟨z. + sich⟩ **a)** *sich an einem gemeinsamen Platz zueinandersetzen:* sich z. und ein Glas Wein trinken; **b)** *sich treffen; zusammenkommen* [*um gemeinsam zu beraten*]: man wird sich bald zu Verhandlungen z.

Zu|sam|men|set|zung, die: **1.** ⟨o. Pl.⟩ *das Zusammensetzen* (1); *das Zusammengesetztwerden.* **2.** *Art u. Weise, wie etw. als Ganzes zusammengesetzt ist:* die chemische Z. eines Präparates; die Z. der Mannschaft; die soziale, personelle Z. des Ausschusses. **3.** (Sprachwiss.) *Wort, das aus mehreren Wörtern zusammengesetzt ist; Kompositum* (z. B. Tischbein, friedliebend).

zu|sam|men|sin|ken ⟨st. V.; ist⟩: **1.** *zusammenbrechen* (1), *zusammenfallen* (1): das Dach sank langsam in sich zusammen. **2. a)** *sich durch Kräfteverlust, infolge eines Schwächeanfalls nicht mehr aufrecht halten können u. zu Boden sinken:* ohnmächtig, tot z.; Er versuchte nun ... sich selbst vom Boden aufzurichten, sank aber in sich zusammen (Kronauer, Bogenschütze 137); **b)** *völlig kraft-, energielos werden [u. mit gesenktem Kopf, hängenden Schultern eine schlaffe Haltung einnehmen]:* sie saß ganz in sich zusammengesunken. **3.** *langsam erlöschen:* die Glut war in sich zusammengesunken.

zu|sam|men|sit|zen ⟨unr. V.; hat, südd., österr., schweiz.: ist⟩: **a)** *an einem gemeinsamen Platz nebeneinandersitzen:* im Theater z.; **b)** *gemeinsam [gesellig] irgendwo sitzen:* sie haben dort oft zusammengesessen.

zu|sam|men|span|nen ⟨sw. V.; hat⟩: **1.** *als ein Gespann* (1 a) *einspannen:* vier Pferde z.; Ü einen alten und einen jungen Mann z. **2.** (schweiz.) *sich mit jmdm. zusammentun, zusammenschließen:* sie spannte mit ihrer Nachbarin zusammen.

zu|sam|men|spa|ren ⟨sw. V.; hat⟩: *durch Sparen zusammenbringen, ansammeln:* das Geld dafür hatte er sich in zwei Jahren zusammengespart.

Zu|sam|men|spiel, das ⟨o. Pl.⟩: **a)** *das Zusammenspielen:* die Mannschaft bot ein hervorragendes Z.; **b)** *das Zusammenwirken:* das Z. von Nachricht und Kommentar.

zu|sam|men|spie|len ⟨sw. V.; hat⟩: **1. a)** *gut aufeinander abgestimmt spielen:* die beiden haben gut zusammengespielt; **b)** *zusammenwirken:* merkwürdige Zufälle spielten dabei zusammen; die Justiz spielt wohl mit der Ausländerbehörde zusammen. **2.** (ugs. abwertend) *im Spiel, beim Musizieren, beim Theaterspielen als gänzlich unzulängliche, eine Zumutung darstellende Leistung zustande bringen:* was spielen die Schachspieler bloß [für einen Mist] zusammen!; katastrophal, was die Mannschaft heute wieder zusammengespielt hat!; die Band, der Gitarrist hat vielleicht einen Schrott zusammengespielt!

zu|sam|men|stau|chen ⟨sw. V.; hat⟩: **1.** *durch Stauchen zusammendrücken:* der Kühler wurde völlig zusammengestaucht. **2.** (ugs.) *jmdn. maßregeln:* die Rekruten z.

zu|sam|men|ste|cken ⟨sw./st. V.⟩: **1.** ⟨hat⟩ *durch Feststecken miteinander verbinden:* zwei Kabel z.; den Stoff mit Nadeln z. **2.** ⟨sw., im Prät. auch st. V.; hat, südd., österr., schweiz. auch: ist⟩ (ugs.) [*von anderen abgesondert*] *zusammen sein* [*u. dabei etw. aushecken*]: die beiden stecken/(seltener) staken immer zusammen.

zu|sam|men|ste|hen ⟨unr. V.; hat, südd., österr., schweiz. auch: ist⟩: **1.** *gemeinsam irgendwo stehen:* in Gruppen z. **2.** *zusammenhalten* (2); *einander beistehen:* die Familie sollte z.

zu|sam|men|stei|gen ⟨st. V.; hat⟩ (österr. ugs.): *niedertreten* (1).

zu|sam|men|stel|len ⟨sw. V.; hat⟩: **1.** [*unmittelbar*] *aneinander-, zueinander-, nebeneinanderstellen:* Tische, Stühle, die Betten z.; stellt euch näher zusammen! **2.** *etw. unter einem bestimmten Aspekt Ausgewähltes so anordnen, gestalten, dass etw. Einheitliches, Zusammenhängendes entsteht:* ein Menü, Programm, eine Liste z.; Fakten, Daten z.; eine Mannschaft z.

Zu|sam|men|stel|lung, die: **1.** *das Zusammenstellen* (2); *das Zusammengestelltwerden.* **2.** *etw., was unter einem bestimmten Gesichtspunkt zusammengestellt worden ist:* eine historische Z. der Ereignisse.

zu|sam|men|stim|men ⟨sw. V.; hat⟩: **1.** *miteinander harmonieren:* die Instrumente haben nicht zusammengestimmt. **2.** *miteinander in Einklang stehen:* die Aussagen stimmen nicht zusammen.

zu|sam|men|stop|peln ⟨sw. V.; hat⟩ (ugs. abwertend): *aus allen möglichen Bestandteilen dilettantisch, notdürftig zusammensetzen, herstellen:* in aller Eile einen Aufsatz, ein Buch z.

Zu|sam|men|stoß, der: **a)** (bes. von Fahr-, Flugzeugen) *Zusammenprall; Kollision:* bei dem Z. [der Züge] gab es viele Tote; **b)** *heftige Auseinandersetzung:* einen Z. mit seinem Vorgesetzten haben; es kam zu Zusammenstößen zwischen Polizei und Demonstrierenden.

zu|sam|men|sto|ßen ⟨st. V.; ist⟩: **1. a)** (bes. von Fahr-, Flugzeugen) *zusammenprallen; kollidieren:* mit einem Lkw z.; mit den Köpfen z.; die zwei Maschinen sind frontal zusammengestoßen; **b)** (seltener) *eine heftige Auseinandersetzung haben:* mit dem Vorarbeiter z. **2.** *aneinandergrenzen:* dort, wo die Grundstücke zusammenstoßen.

zu|sam|men|strei|chen ⟨st. V.; hat⟩ (ugs.): *durch Streichungen stark kürzen:* einen Text z.; Ü der Etat wurde zusammengestrichen.

zu|sam|men|strö|men ⟨sw. V.; ist⟩: vgl. *zusammenlaufen:* Menschenmassen strömten zusammen, um die Ausstellung zu sehen.

zu|sam|men|stü|ckeln ⟨sw. V.; hat⟩: *aus vielen einzelnen Teilen, Stückchen zusammensetzen, herstellen:* aus den Stoffresten eine Hose z.

zu|sam|men|stü|cken ⟨sw. V.; hat⟩ (selten): *zusammensetzen* (1 a): etw. aus mehreren Komponenten selbst z.

Zu|sam|men|sturz, der: *das Zusammenstürzen.*

zu|sam|men|stür|zen ⟨sw. V.; ist⟩: [*krachend*] *in Trümmer gehen; zusammenbrechen* (1): der Bau, die Tribüne ist vor ihren Augen zusammengestürzt; Ü man sieht eine Welt z.

zu|sam|men|su|chen ⟨sw. V.; hat⟩: *zu einem bestimmten Zweck nach u. nach ausfindig machen u. herbeischaffen, zusammenbringen:* die notwendigen Papiere, Unterlagen z.

zu|sam|men|tra|gen ⟨st. V.; hat⟩: *von verschiedenen Stellen herbeischaffen u. zu einem bestimmten Zweck sammeln:* Holz [für den Winter] z.; Ü Material für ein Buch z.

zu|sam|men|tref|fen ⟨st. V.; ist⟩: **1.** *sich begegnen, sich treffen:* ich traf im Theater mit Bekannten zusammen. **2.** *gleichzeitig gegeben sein, geschehen, stattfinden:* hier treffen zwei ungünstige, günstige Umstände zusammen.

Zu|sam|men|tref|fen, das: *Begegnung* (1), *Treffen* (1): ein erstes Z. hat bereits stattgefunden.

zu|sam|men|trei|ben ⟨st. V.; hat⟩: *alle (aus verschiedenen Richtungen) an denselben Platz treiben:* die Herde, die Kühe z.; die Häftlinge wurden im Hof zusammengetrieben.

zu|sam|men|tre|ten ⟨st. V.⟩: **1.** ⟨hat⟩ (ugs.) *jmdn. so* [*brutal treten, dass er* [*ohne sich wehren zu können*] *zusammenbricht:* ... die er von Arme und Schultern wie ein Fußballspieler hob, der den Gegner zusammengetreten hat und dem Schiedsrichter seine Unschuld deutlich machen will (Widmer, Kongreß 177). **2.** ⟨ist⟩ *sich (als Mitglieder einer Vereinigung, Organisation, Institution o. Ä.) versammeln:* der neue Bundestag tritt erst Mitte Oktober zusammen; zu Beratungen z.

zu|sam|men|trom|meln ⟨sw. V.; hat⟩ (ugs.): *zusammenrufen* (a): die Belegschaft z.

zu|sam|men|tun ⟨unr. V.; hat⟩: **1.** (ugs.) **a)** *an eine gemeinsame Stelle bringen, legen:* Äpfel und Birnen in einer Kiste z.; **b)** *zusammenlegen* (3): die Schulen wurden zusammengetan. **2.** ⟨z. + sich⟩ *sich zu einem bestimmten Zweck mit jmdm. verbinden; sich zusammenschließen:* sich [mit jmdm.] z.

zu|sam|men|wach|sen ⟨st. V.; ist⟩: *sich wachsend verbinden, vereinigen:* so kann der Knochen [wieder] z.; Ü die beiden Städte wachsen langsam zusammen; zu einer Gemeinschaft z.

zu|sam|men|wer|fen ⟨st. V.; hat⟩: **1.** *an eine Stelle, auf einen Haufen werfen:* Gerümpel z. **2.** *wahllos in einen Zusammenhang bringen, vermengen:* hier werden verschiedene Begriffe zusammengeworfen. **3.** (ugs.) (*Geld*) *in eine gemeinsame Kasse tun:* die Ersparnisse z.

zu|sam|men|wi|ckeln ⟨sw. V.; hat⟩: *wickelnd* (1) *zusammenschnüren* (1).

zu|sam|men|wir|ken ⟨sw. V.; hat⟩: **a)** (geh.) *zusammenarbeiten;* **b)** *gemeinsam, vereint wirken:* mehrere Umstände wirkten hier glücklich zusammen.

zu|sam|men|woh|nen ⟨sw. V.; hat⟩: *gemeinsam mit jmdm. wohnen:* sie haben drei Jahre zusammengewohnt.

zu|sam|men|wür|feln ⟨sw. V.; hat⟩: *ohne besondere Kriterien, wahllos, zufällig zusammenbringen, zusammensetzen:* unsere Mannschaft wurde aus allen Teilen des Landes zusammengewürfelt; (oft im 2. Part.:) ein bunt zusammengewürfelter Haufen.

zu|sam|men|zäh|len ⟨sw. V.; hat⟩: *eines zum anderen zählen; addieren:* die Zahlen, Beträge, abgegebenen Stimmen z.; schnell im Kopf alles z.

zu|sam|men|zie|hen ⟨unr. V.⟩: **1.** ⟨hat⟩ **a)** *durch Ziehen kleiner, enger werden, schrumpfen lassen:* seine Brauen z.; die Säure zieht den Mund zusammen; eine Schlinge z. (*[ein Stück weit] zuziehen*); **b)** ⟨z. + sich⟩ *kleiner, enger werden;*

schrumpfen: die Haut zieht sich zusammen. **2.** ⟨hat⟩ *an einem bestimmten Ort konzentrieren, sammeln:* Einsatzkräfte z. **3.** ⟨hat⟩ *addieren:* Zahlen z. **4.** ⟨z. + sich; hat⟩ *zusammenballen* (b), *zusammenbrauen* (2): ein Gewitter zieht sich [über den Bergen] zusammen; Ü ein Unheil zieht sich [über mir] zusammen; Alles zog sich um ihn zusammen, schnürte ihn ein (Härtling, Hubert 322). **5.** ⟨ist⟩ *gemeinsam eine Wohnung beziehen:* mit einem Freund z.; wir wollen z.

Zu|sam|men|zie|hung, die: *das [Sich]zusammenziehen* (1–3).

zu|sam|men|zim|mern ⟨sw. V.; hat⟩ (ugs.): *zusammenschustern:* Ü eine notdürftig zusammengezimmerte Rechtfertigung.

zu|sam|men|zu|cken ⟨sw. V.; ist⟩: *vor Schreck eine ruckartige Bewegung machen:* bei dem Namen, Wort zuckt er jedes Mal zusammen; der Knall ließ sie z.

Zu|sam|men|zug, der (schweiz.): *das Zusammenziehen* (2); *Einberufung.*

Zu|satz, der; -es, Zusätze [spätmhd. zuosaz]: **1.** ⟨o. Pl.⟩ *das Hinzufügen; Beigabe* (1); *Zugabe:* unter Z. von Öl. **2.** *Stoff, Substanz, die etw. anderem zugesetzt wird.* **3.** *etw., was einem Text als Ergänzung, Erweiterung od. Erläuterung seines Inhalts hinzugefügt wird:* ein Z. zu einem Vertrag; einen Text durch Zusätze ergänzen.

Zu|satz|ab|kom|men, das: *Abkommen, das ein bereits bestehendes Abkommen ergänzt bzw. das zusätzlich dazu abgeschlossen wird.*

Zu|satz|an|ge|bot, das: *zusätzlich zum üblichen Angebot* (2) *bestehende Ware, Dienstleistung o. Ä.:* ein Z. machen; etw. als Z. für Verbraucherinnen u. Verbraucher bieten.

Zu|satz|bei|trag, der: *zusätzlich zu einer regelmäßig [an eine Versicherung] gezahlten Geldsumme zu zahlender Betrag:* immer mehr gesetzliche Krankenkassen erheben Zusatzbeiträge.

Zu|satz|fra|ge, die: *zusätzliche Frage bes. in einer Diskussion, Debatte, Verhandlung o. Ä.:* gestatten Sie eine Z.?

Zu|satz|funk|ti|on, die (Technik, EDV): *zusätzliche, über die Grundfunktion eines Geräts o. Ä. hinausgehende Funktion:* attraktive, nützliche -en; ein Navigationsgerät mit Z.

Zu|satz|ge|rät, das: *Gerät, das ein anderes ergänzt:* ein Z. zum Empfang von Pay-TV-Sendern.

Zu|satz|in|for|ma|ti|on, die: *Information, die zusätzlich zu einer üblichen Information gegeben wird:* digitale, hilfreiche -en.

Zu|satz|kos|ten ⟨Pl.⟩: *Kosten, die zusätzlich zu geplanten od. genannten Kosten entstehen:* versteckte Z.

zu|sätz|lich ⟨Adj.⟩: *zu etw. bereits Vorhandenem, Gegebenem ergänzend, erweiternd hinzukommend:* -e Kosten, Belastungen, Informationen; ich möchte dich nicht noch z. belasten.

Zu|satz|nut|zen, der: *zusätzlich zum Hauptnutzen einer Sache bestehender Nutzen:* Nahrungsmittel mit gesundheitlichem Z.

Zu|satz|stoff, der: *Stoff* (2 a), *der einer Sache bei der Herstellung zugesetzt wird; Additiv.*

Zu|satz|ver|si|che|rung, die: *zusätzlich zu einer bestehenden [gesetzlichen] Versicherung abgeschlossene Versicherung* (2 a): eine private Z. abschließen.

Zu|satz|zahl, die: *zusätzliche Gewinnzahl beim Lotto, durch die gegebenenfalls der Gewinn erhöht wird.*

zu|schalt|bar ⟨Adj.⟩: *sich zuschalten lassend:* ein -er Vierradantrieb.

zu|schal|ten ⟨sw. V.; hat⟩: *(bei technischen Geräten, Anlagen o. Ä.) durch Schalten* (1 a) *hinzufügen, hinzutreten lassen:* einen Generator z.; die Sendung läuft bereits, wir schalten uns zu (Rundfunk, Fernsehen; *stellen eine Verbindung her u. übernehmen das Programm).*

zu|schan|den, zu Schan|den ⟨Adv.; in Verbindung mit bestimmten Verben⟩ [eigtl. erstarrter Dativ Pl. von ↑ Schande] (geh.): **1.** (geh.) *in einen Zustand des Zerstörtseins, Zugrunde-gerichtet-Seins:* jmds. Hoffnungen z. machen *(zerstören, vereiteln);* all seine Pläne gingen z.; er hat seinen Wagen z. gefahren; ... ein Sägeblatt, das an einem im Holz verborgenen Eisenstück z. *(zerstört, unbrauchbar) geworden war* (Ransmayr, Welt 31). ♦ **2.** * *jmdn.* **zuschanden/zu Schanden machen** *(beschämen; eigtl. = bewirken, dass jmd. nicht mit Ehren bestehen kann).*

zu|schan|zen ⟨sw. V.; hat⟩ [zu frühnhd., mhd. schanzen = Glücksspiel treiben] (ugs.): *unter der Hand verschaffen, zukommen lassen; zuschustern:* jmdm. einen guten Posten, einen Auftrag z.

zu|schau|en ⟨sw. V.; hat⟩ (landsch., bes. südd., österr., schweiz.): *zusehen.*

Zu|schau|er, der; -s, - [wohl nach lat. spectator]: *jmd., der einem Vorgang, bes. einer Aufführung, Vorführung o. Ä., zusieht:* die Z. rasten vor Begeisterung; er wurde unfreiwilliger Z. *(Augenzeuge) des Vorfalls.*

Zu|schau|er|gunst, die: *Gunst* (a) *der Zuschauer.*

Zu|schau|e|rin, die; -, -nen: w. Form zu ↑ Zuschauer.

Zu|schau|er|ku|lis|se, die: *Zuschauerschaft, die den Rahmen für etw. abgibt:* eine imposante Z.

Zu|schau|er|quo|te, die: *Quote der Zuschauerinnen u. Zuschauer einer Fernsehsendung:* die neue Serie soll die Z. des Senders erhöhen.

Zu|schau|er|raum, der: **a)** *an einen Bühnen-, Orchesterraum o. Ä. sich anschließender Raum mit Sitzreihen für die Zuschauerinnen u. Zuschauer;* **b)** *Zuschauerschaft eines Zuschauerraums* (a).

Zu|schau|er|re|kord, der: *Höchstmaß an anwesenden od. ein best. Fernsehprogramm verfolgenden Zuschauerinnen u. Zuschauern:* einen Z. aufstellen, brechen, vermelden.

Zu|schau|er|schaft, die: *Gesamtheit der Zuschauerinnen u. Zuschauer:* die Interessen der Z. berücksichtigen.

Zu|schau|er|tri|bü|ne, die: *Tribüne* (2): auf der Z. machte sich Unruhe breit.

Zu|schau|er|zahl, die: *Anzahl der Zuschauerinnen u. Zuschauer bei einer Veranstaltung o. Ä.:* eine enttäuschende Z.; die -en sind zurückgegangen.

zu|schau|feln ⟨sw. V.; hat⟩: *mithilfe einer Schaufel zuschütten* (1): eine Grube z.

zu|schen|ken ⟨sw. V.; hat⟩ (geh.): *zusätzlich (zu einer schon im Trinkgefäß befindlichen Menge) einschenken:* jmdm. noch etwas [Tee, Wein] z.

zu|schi|cken ⟨sw. V.; hat⟩: *(jmdm.) zustellen lassen, [ins Haus] schicken* (1); *zusenden:* jmdm. Unterlagen z.; den neuen Katalog kriegt sie immer umsonst zugeschickt.

zu|schie|ben ⟨st. V.; hat⟩: **1. a)** *durch Schieben zumachen:* die Schublade z.; **b)** *durch Schieben zuschütten:* die Z. Pl. hinschieben: er schob ihm ihr Glas zu; Ü jmdm. einen Job z. *(zukommen lassen)* »Wollen Sie mir das etwa weiter machen«, sagte ich, während ich ihm den Tausender wieder zuschob (Th. Mann, Krull 189); **b)** *etw. Unangenehmes, Lästiges von sich abwenden u. einem anderen übertragen od. zur Last legen; auf jmd. anderen schieben:* jmdm. die Schuld, die Verantwortung, die Dreckarbeit z. **3.** ⟨z. + sich⟩ *sich allmählich (auf jmdn., etw.) zubewegen:* Sie gaben es bald auf, gemeinsam in die Stadt zu fahren, in einem Autopulk, der sich mühsam, ständig stockend, vom Taunus auf Frankfurt zuschob (Härtling, Hubert 311).

zu|schie|ßen ⟨st. V.⟩: **1.** ⟨hat⟩ *(den Ball) in Richtung auf jmdn., etw. schießen* (2): er schoss den Ball dem Linksaußen zu; Ü Kantorek schießt mir einen Blick zu, als ob er mich fressen möchte (Remarque, Westen 126). **2.** ⟨ist⟩ *sich schnell u. geradewegs auf jmdn., etw. zubewegen:* sie schoss auf mich zu, kam auf mich zugeschossen; der Wagen schoss auf den Abgrund zu. **3.** ⟨hat⟩ (ugs.) *als Zuschuss beisteuern:* die Stadt hat 2 Millionen zum Kaufpreis zugeschossen.

Zu|schlag, der; -[e]s, Zuschläge: **1. a)** *bestimmter Betrag, um den ein Preis, Gehalt o. Ä. erhöht wird:* etw. mit einem Z. von 10 Euro verkaufen; **b)** *Entgelt, Gebühr, die unter bestimmten Bedingungen zusätzlich zu dem normalen Entgelt, der normalen Gebühr zu zahlen ist:* für Nachtarbeit werden Zuschläge gezahlt. **2. a)** *durch Hammerschlag gegebene Erklärung des Versteigerers, dass er ein Gebot als Höchstgebot annimmt:* an wen erfolgte der Z.?; jmdm. den Z. erteilen; bei dem Bild fand ein Gebot von 2 500 Euro den Z.; das höchste Gebot bekommt den Z.; **b)** *Auftrag, der jmdm. im Rahmen einer Ausschreibung erteilt wird:* jmdm. den Z. für etw. geben, erteilen. **3.** (Bautechnik, Hüttenw.) *bestimmter Stoff, der bei etw. zugeschlagen* (8) *wird.*

zu|schla|gen ⟨st. V.⟩: **1. a)** ⟨hat⟩ *mit Schwung, Heftigkeit geräuschvoll schließen:* die [Auto]tür, das Fenster, den Kofferraum z.; jmdm. die Tür vor der Nase zuschlagen; ein Buch z. *(zuklappen, schließen);* **b)** ⟨ist⟩ *mit einem Schlag* (1 b) *zufallen:* pass auf, dass [dir] die Wohnungstür nicht zuschlagt; Dann schlug mit einem Knall der Klavierdeckel zu (Hesse, Steppenwolf 201). **2.** ⟨hat⟩ (selten) *durch [Hammer]schläge [mit Nägeln o. Ä.] fest zumachen, verschließen:* eine Kiste z. **3.** ⟨hat⟩ *durch Schlagen, Hämmern in eine bestimmte Form bringen:* Steine für eine Mauer [passend] z. **4.** ⟨hat⟩ *mit einem Schläger zuspielen:* den Partner den Ball z. **5.** ⟨hat⟩ **a)** *einen Schlag* (1 a), *mehrere Schläge gegen jmdn. führen:* kräftig, hart, rücksichtslos, zweimal, mit der Faust z.; der Täter holte aus und schlug zu; Ü die Armee, die Polizei schlug zu; das Schicksal, der Tod schlug zu; **b)** *etw. Bestimmtes tun (bes. etw., was man gewohnheitsmäßig tut, was typisch für einen ist [u. was allgemein gefürchtet ist, nicht gutgeheißen wird]):* der Mörder hat wieder zugeschlagen; **c)** (ugs.) *sich beim Essen, Trinken keinerlei Zurückhaltung auferlegen:* nach der Diät wieder [richtig, voll] z.; beim zweiten Glas Champagner haben sie ganz schön zugeschlagen; Ü die Stadt will jetzt bei den Parkgebühren z. (ugs.; *will sie kräftig erhöhen)*; **d)** (ugs.) *ein Angebot, eine gute Gelegenheit o. Ä. wahrnehmen, einen Vorteil nutzen:* bei diesem [günstigen] Angebot musste ich einfach z.; die Wohnung war noch frei, da haben wir gleich zugeschlagen. **6.** ⟨hat⟩ **a)** *(bei einer Versteigerung) durch Hammerschlag als Eigentum zuerkennen:* das Buch wurde [einer Schweizer Bieterin] mit fünftausend Euro zugeschlagen; **b)** *im Rahmen einer Ausschreibung (als Auftrag) erteilen:* der Auftrag, der Neubau wurde einer belgischen Baufirma zugeschlagen; **c)** *als weiteren Bestandteil hinzufügen, angliedern o. Ä.:* das Haus wurde dem Erbe des Sohnes zugeschlagen; die Zinsen können ausgezahlt oder dem Kapital zugeschlagen werden; ... weil das Gebiet dem Herrschaftsbereich der Wismut zugeschlagen wurde (Heym, Schwarzenberg 10). **7.** ⟨hat⟩ *(einen Betrag o. Ä.) auf etw. aufschlagen:* [zu] dem/auf den Preis werden noch 10 % zugeschlagen. **8.** ⟨hat⟩ (Bautechnik, Hüttenw.) *einen bestimmten Stoff bei der Herstellung von Mörtel u. Beton od. bei der Verhüttung von Erzen zusetzen.* ♦ **9.** ⟨hat, seltener: ist⟩ [zu ↑ schlagen (14)]

zuschließen – zuspitzen

zusagen (2): Nur schlägt er mir nicht zu (Lessing, Nathan III, 1).
zu|schlie|ßen ⟨st. V.; hat⟩: *abschließen* (1a): *die Haustür, den Koffer z.;* ⟨auch ohne Akk.-Obj.:⟩ *vergiss nicht zuzuschließen.*
zu|schmei|ßen ⟨st. V.; hat⟩ (ugs.): *zuwerfen.*
zu|schmet|tern ⟨sw. V.; hat⟩: *mit Wucht zuwerfen* (3): *die Tür, den Kofferraum z.*
zu|schmie|ren ⟨sw. V.; hat⟩: *schmierend* (2c) *mit etw. ausfüllen, verschließen:* die Löcher [mit Kitt] z.
zu|schnap|pen ⟨sw. V.⟩: **1.** ⟨ist⟩ *schnappend* (3) *zufallen, sich schließen:* die Tür, die Falle schnappte zu. **2.** ⟨hat⟩ *plötzlich nach jmdm., etw. schnappen:* plötzlich schnappte der Hund zu.
zu|schnei|den ⟨unr. V.; hat⟩: **a)** *durch Schneiden in eine bestimmte, die gewünschte, die zweckentsprechende Form bringen:* Latten, Bretter [passend] für Kisten z.; den Stoff für ein/zu einem Kostüm z.; spitz zugeschnittene Fingernägel; Ü Dagegen war Cooks Arbeit von Anfang an auf die Bedürfnisse des breiten ... Publikums zugeschnitten (Enzensberger, Einzelheiten I, 194); **b)** *(etw. aus Stoff) nach bestimmten Maßen so schneiden, dass es anschließend genäht werden kann:* ein Kleid [nach einem Schnittmuster] z.
zu|schnei|en ⟨sw. V.; ist⟩: *von Schnee ausgefüllt, verdeckt, versperrt werden:* der Eingang, der Weg ist [total] zugeschneit.
Zu|schnitt, der; -[e]s, -e: **1. a)** ⟨o. Pl.⟩ *das Zuschneiden;* **b)** *Bereich (bes. innerhalb einer Produktionsstätte), wo der Zuschnitt des Materials erfolgt;* **c)** *zugeschnittenes Stück Material.* **2.** *Art u. Weise, wie etw. zugeschnitten ist:* der Z. des Anzugs ist ganz modern. **3.** *Format* (2), *Rang* (2), *Niveau* (3), *Größenordnung* (1): Persönlichkeiten internationalen -s.
zu|schnü|ren ⟨sw. V.; hat⟩: *mit einer Schnur o. Ä. [die herumgebunden wird] fest zumachen, verschließen:* ein Paket, die Schuhe z.; Ü Angst schnürte ihr den Hals zu.
zu|schrau|ben ⟨sw. V.; hat⟩: *durch Schrauben [eines Schraubverschlusses auf etw.] verschließen:* das Marmeladenglas, die Thermosflasche z.; ♦ ⟨nordd. auch st. V.:⟩ ... waren von außen die Läden vorgeschlagen und von innen zugeschroben (Storm, Schimmelreiter 31).
zu|schrei|ben ⟨st. V.; hat⟩ [mhd. zuoschrīben = schriftlich zusichern, melden, ahd. zuoscrīban = hinzu-, zusammenfügen]: **1. a)** *jmdm., etw. für den Urheber, die Ursache von etw. halten, erklären; etw. auf jmdn., etw. zurückführen:* dieses Bild wurde [fälschlich] Botticelli zugeschrieben; die ihr zugeschriebenen Äußerungen; das hast du dir selbst zuzuschreiben *(daran trägst du selbst die Schuld);* **b)** *glauben, der Meinung sein, dass einer Person, Sache etw. Bestimmtes zukommt, ihr eigentümlich ist:* einer Quelle wunderkräftige Wirkung z.; jmdm. bestimmte Fähigkeiten z. **2.** *(auf jmds. Namen, Konto o. Ä.) überschreiben:* jmdm. eine Summe z. **3.** (ugs.) *dazuschreiben.*
Zu|schrei|bung, die; -, -en: *das Zuschreiben.*
zu|schrei|en ⟨st. V.; hat⟩: *schreiend zurufen.*
zu|schrei|ten ⟨st. V.; ist⟩ (geh.): **1.** *schreitend auf jmdn., etw. zugehen:* langsam, hoheitsvoll auf jmdn. z. **2.** *ausschreiten* (2).
Zu|schrift, die; -, -en: *Schreiben, in dem jmd. als Interessent(in), Leser(in), Hörer(in) zu etw. Bestimmtem Stellung nimmt:* die Moderatorin erhielt nach der Sendung zahlreiche empörte, begeisterte -en.
zu|schul|den, zu Schul|den: in der Verbindung sich etw. zuschulden/zu Schulden kommen lassen *(etw. Unrechtes tun, ein Unrecht begehen, eine Schuld auf sich laden;* 2. Bestandteil eigtl.

erstarrter Dativ Pl. von ↑Schuld: sie hat sich nichts z. kommen lassen).
Zu|schuss, der; -es, Zuschüsse: *Betrag, der jmdm. zur Verfügung gestellt wird, um ihm bei der Finanzierung einer Sache zu helfen; finanzielle Hilfe:* staatliche Zuschüsse; einen Z. beantragen, bekommen, bewilligen, gewähren; Was die Miete anging, versprach er Zuschüsse (Brecht, Groschen 96).
Zu|schuss|be|trieb, der: *Betrieb, der sich finanziell nicht selbst erhalten kann, auf Zuschüsse angewiesen ist.*
Zu|schuss|ge|schäft, das: *Verlustgeschäft:* das Projekt entwickelte sich zu einem Z.
zu|schus|tern ⟨sw. V.; hat⟩ (ugs.): **1.** *unter der Hand zukommen lassen, zuschanzen:* jmdm. einen Posten, Vorteile z. **2.** *(Geld) zuschießen, zusetzen:* ihr Vater hat zu dem Auto einiges zugeschustert.
zu|schüt|ten ⟨sw. V.; hat⟩: **1.** *durch Hineinschütten von Erde, Sand o. Ä. ausfüllen, zumachen:* eine Grube, einen Teich z. **2.** (ugs.) *schüttend zu etw. hinzufügen:* Wasser z. **3.** ⟨z. + sich⟩ (salopp) *sich betrinken:* sie haben sich auf der Party wieder sinnlos zugeschüttet.
Zu|schüt|tung, die; -, -en: *das Zuschütten; das Zugeschüttetwerden.*
zu|schwal|len ⟨sw. V.; hat⟩ (Jugendspr. abwertend): *unaufhörlich [mit Belanglosem] auf jmdn. einreden [u. ihn bzw. sie nicht mehr zu Wort kommen lassen]:* Mann, der hat mich vielleicht zugeschwallt.
zu|schwei|ßen ⟨sw. V.; hat⟩: *schweißend verschließen:* ein Loch, einen Behälter z.
zu|schwel|len ⟨st. V.; ist⟩: *durch eine Schwellung verschlossen, verengt werden:* das Auge schwillt allmählich zu; der Hals war fast ganz zugeschwollen.
zu|schwim|men ⟨st. V.; ist⟩: **1.** *sich schwimmend (auf jmdn., etw.) zubewegen:* sie kam auf mich zugeschwommen. **2.** (ugs.) *sich beim Schwimmen* (1) *beeilen:* schwimm zu!
zu|se|hen ⟨st. V.; hat⟩: **1. a)** *auf etw., was vorgeht, was jmd. tut, betrachtend seinen Blick richten; einen Vorgang o. Ä. mit den Augen verfolgen:* jmdm. [beim Arbeiten] interessiert, gedankenvoll, aufmerksam z.; einem Feuerwerk z.; ⟨subst.:⟩ mir wird schon vom [bloßen] Zusehen ganz schwindlig; **b)** *[genau] hinsehen:* wenn man genau zusieht; ⟨subst.:⟩ bei näherem Zusehen; ... abgedeckt durch eine Marmorplatte, die aber, wenn man zusah, Glas war, das Marmor vortäuschte (Muschg, Gegenzauber 176). **2.** *etw. (was nicht so ist, wie es eigentlich sein sollte) geschehen lassen, ohne etw. dagegen zu unternehmen:* [einem Unrecht] ruhig, unbeteiligt z.; ohnmächtig, tatenlos z. müssen, wie etw. geschieht; Gegen seine Überzeugung sieht er zu, wie die einen deportiert, die andern hingerichtet werden (St. Zweig, Fouché 112). **3.** *tun, was erforderlich ist, um etw. Bestimmtes sicherzustellen; für etw. Bestimmtes Sorge tragen:* sieh zu, dass du pünktlich bist!; sieh zu, wo du bleibst! *(sorge selbst für dich!);* soll er [doch] z., wie er damit fertigwird *(damit fertigzuwerden ist sein Problem [u. nicht meines, unseres o. Ä.]).*
Zu|se|hen, das: in der Fügung auf Z. hin *(schweiz.; auf Widerruf, bis auf Weiteres):* die Mietparteien können auf Z. hin bleiben.
zu|se|hends ⟨Adv.⟩: *in so kurzer Zeit, dass die sich vollziehende Veränderung [fast] mit den Augen wahrgenommen werden kann:* z. abnehmen; sich z. erholen; ihre Stimmung hob sich z.
Zu|se|her, der; -s, - (bes. österr.): *Zuschauer.*
Zu|se|he|rin, die; -, -nen: w. Form zu ↑Zuseher.
zu|sei|ten, zu Sei|ten ⟨Präp. mit Gen.⟩ (veraltend): *auf beiden Seiten* (2a): der Schnurrbart hing ihm z. des Mundes herab.

zu|sen|den ⟨unr. V.; sandte/(seltener:) sendete zu, hat zugesandt/(seltener:) zugesendet⟩: *zuschicken.*
Zu|sen|dung, die; -, -en: **a)** *das Zusenden; das Zugesandtwerden;* **b)** *etw. Zugesandtes.*
zu|set|zen ⟨sw. V.; hat⟩ [mhd. zuosetzen = auf jmdn. eindringen, ihn verfolgen]: **1.** *zu einem Stoff hinzufügen u. damit vermischen, verschmelzen o. Ä.:* [zu] dem Wein Wasser, Zucker z.; dem Silber Kupfer z. **2.** *(Geld) für etw. aufwenden u. vom eigenen Kapital verlieren:* viel Geld z.; ⟨auch ohne Akk.-Obj.:⟩ immer nur z. müssen; Ü du hast nichts zuzusetzen (ugs.; *hast keine Kraftreserven*). **3. a)** *jmdn. hartnäckig zu etw. zu bewegen, zu überreden suchen; jmdn. in lästiger Weise bedrängen:* jmdm. hart, mit Bitten, einem Anliegen z.; sie hat ihm so lange zugesetzt, bis er es getan hat; Sie setzte ihrem Onkel, der ihr Vormund war, hart zu, er solle seine Einwilligung zu dieser Heirat geben (Jahnn, Geschichten 227); **b)** *auf jmdn. mit Heftigkeit eindringen [u. ihn dabei verletzen]:* jmdm. mit dem Nudelholz z.; Während die Großmutter Matern die Gans zu retten versuchte und gleich darauf dem armen Lorchen mit dem Kochlöffel zusetzte ... (Grass, Hundejahre 29); **c)** *sich auf jmds. Gesundheit od. psychischen Zustand in unangenehmer, negativer Weise auswirken:* die Krankheit, die Hitze, ihr Tod hat ihm [sehr/ziemlich] zugesetzt. **4.** ⟨z. + sich⟩ *durch Schmutz, Ablagerungen o. Ä. verschlossen werden:* die Düse hatte sich zugesetzt.
zu|si|chern ⟨sw. V.; hat⟩: *[offiziell] etw. Gewünschtes od. Gefordertes als sicher zusagen; garantieren* (a): jmdm. etw. [feierlich, vertraglich] z.; jmdm. Diskretion, seine Hilfe, finanzielle Unterstützung, freies Geleit, Straffreiheit z.; Ü die in der Verfassung zugesicherten *(verbrieften)* Rechte.
Zu|si|che|rung, die; -, -en: **a)** *das Zusichern; Zugesichertwerden;* **b)** *etw., wodurch etw. zugesichert wird.*
zu|spach|teln ⟨sw. V.; hat⟩: *mit Spachtelmasse zuschmieren:* Löcher, Risse z.
Zu|spät|kom|men|de, der/einer Zuspätkommende; der/einer Zuspätkommenden, die Zuspätkommenden/zwei Zuspätkommende: *weibliche Person, die zu spät kommt.*
Zu|spät|kom|men|der, der Zuspätkommende; ein Zuspätkommender; des/eines Zuspätkommenden, die Zuspätkommenden/zwei Zuspätkommende: *jmd., der zu spät kommt:* Zuspätkommende müssen durch die Hintertür eintreten.
Zu|spei|se, die; -, -n (österr., sonst veraltet): *zu etw. anderem gereichte Speise, Beilage:* Reis als Z.
zu|sper|ren ⟨sw. V.; hat⟩ (südd., österr.): **1.** *zu-, abverschließen:* die Tür, das Zimmer z. **2.** *schließen* (7).
Zu|spiel, das; -[e]s (Ballspiele): *das Zuspielen:* sein schnelles, genaues Z.
zu|spie|len ⟨sw. V.; hat⟩ [wohl urspr. vom Kartenspiel]: **1.** (Ballspiele) *(vom Ball, Puck) zu einem Spieler, einer Spielerin der eigenen Mannschaft weiterleiten, abgeben:* er spielte ihm den Ball zu steil zu; ⟨auch ohne Akk.-Obj.:⟩ du musst schneller, genauer z. **2.** *wie zufällig zukommen lassen:* einem Sender eine CD, Filmmaterial z. **3.** *(auf Tonträger Aufgezeichnetes) zusätzlich zu etw. anderem abspielen:* eine Musik z.
Zu|spie|lung, die; -, -en: **1.** *das Zuspielen.* **2.** *etw. Zugespieltes* (3).
zu|spit|zen ⟨sw. V.; hat⟩: **1. a)** *spitzen:* einen Pfahl z.; Ü Man müsse doch jede Frage z. *(scharf fassen, genau formulieren),* um an den Kern der Widersprüche zu kommen! (Chr. Wolf, Himmel 205); **b)** ⟨z. + sich⟩ (seltener) *sich zu einer Spitze*

verjüngen, spitz zulaufen, spitz werden: der Mast spitzt sich [nach oben] zu. **2. a)** *ernster, schlimmer, schwieriger werden lassen:* diese Drohung hat die Lage noch weiter zugespitzt; ... andere Motive müssen hinzugekommen sein, um die Verhältnisse gefährlich zuzuspitzen (Thieß, Reich 496); **b)** ⟨z. + sich⟩ *ernster, schlimmer, schwieriger werden, sich verschärfen:* die Krise spitzt sich [bedrohlich, gefährlich] zu.

Zu|spit|zung, die; -, -en: **1.** *das Zuspitzen* (1 a); *das Zugespitztwerden.* **2.** *das Zuspitzen* (2), *das Sichzuspitzen:* an einer [weiteren] Z. des Konflikts ist niemand interessiert.

Zu|spra|che, die; -, -n: **1.** *das Zusprechen* (1). **2.** (schweiz.) *das Zusprechen* (2 c); *finanzielle Unterstützung.*

zu|spre|chen ⟨st. V.; hat⟩ [mhd. zuosprechen = zu jmdm. sprechen; anklagen]: **1. a)** *mit Worten zuteilwerden lassen, geben:* jmdm. Trost, Hoffnung z.; sie sprach ihm, sich selbst Mut zu; **b)** *in bestimmter, auf eine positive Wirkung bedachter Weise zu jmdm. sprechen, mit Worten auf jmdn. einzuwirken suchen:* jmdm. gut, beruhigend, besänftigend, ermutigend, tröstend, freundlich z.; Ich will ihr z. (Fussenegger, Haus 539). **2. a)** *offiziell als jmdm. gehörend anerkennen; zuerkennen:* das Gericht sprach die Kinder, das Sorgerecht der Mutter zu; das Erbe wurde ihm zugesprochen; **b)** *zuerkennen, zuschreiben:* einer Pflanze Heilkräfte z.; Verdienste, die man ihm z. muss; **c)** (schweiz.) *(als finanzielle Unterstützung o. Ä.) gewähren, bewilligen.* **3.** (geh.) *etw. zu sich nehmen, von etw. genießen:* dem Essen reichlich, kräftig, tüchtig, eifrig, fleißig, nur mäßig z. ◆ **4.** *einen kurzen Besuch machen:* ...eine Rittertafel ... Obenan saß der Heermeister ... nun folgten die Ritter nach ihrer Anciennität; Fremde hingegen, die zusprachen, mussten mit den untersten Plätzen vorliebnehmen (Goethe, Dichtung u. Wahrheit 12); Wir hatten drei Stunden dahin zu gehen, weil wir unterwegs in einigen Häusern zusprachen (Roseger, Waldbauernbub 136).

Zu|spre|chung, die; -, -en: *das Zusprechen* (2); *das Zugesprochenwerden.*

zu|sprin|gen ⟨st. V.; ist⟩: **a)** *sich springend, schnell laufend, in großen Sprüngen auf jmdn., etw. zubewegen:* der Hund sprang auf mich zu; **b)** (landsch.) *[um einzugreifen, zu helfen o. Ä.] hinzueilen; beispringen* (a): einem Überfallenen beherzt z.

Zu|spruch, der ⟨Pl. selten⟩ (geh.): **1.** *tröstendes, aufmunterndes o. ä. Zureden:* freundlicher, ermutigender, trostreicher, menschlicher Z.; Z. brauchen, suchen; ... bis die Magd ein einholte und die Tobende, die keinem Z. und keinem Trost mehr zugänglich war, in die Arme nahm (Ransmayr, Welt 37). **2.** ⟨o. Pl.⟩ *Besuch, Teilnahme, Zulauf:* bei diesen Konzerten ist der Z. immer sehr groß; das neue Lokal findet, hat [großen, ziemlichen, viel] Z., erfreut sich großen -s. **3.** *Zustimmung, Beifall:* das Werk traf auf keinen Z. **4.** (österr.) **a)** *das Zusprechen, Zuerkennen (eines Anspruchs);* **b)** *aufgrund eines Zuspruchs* (4 a) *jmdm. zustehender Betrag.*

Zu|stand, der; -[e]s, Zustände [zu veraltet zustehen = dabeistehen; sich ereignen]: **a)** *augenblickliches Beschaffen-, Geartetsein; Art u. Weise des Vorhandenseins von jmdm., einer Sache in einem bestimmten Augenblick; Verfassung, Beschaffenheit:* ein normaler, ungewohnter Z.; der ursprüngliche, natürliche, momentane Z.; ihr körperlicher, psychischer, geistiger Z. ist bedenklich, hat sich gebessert, wird immer schlimmer; der feste, flüssige, gasförmige Z. *(Aggregatzustand)* eines Stoffes; das Auto ist alt, aber [noch] in gutem Z.; in betrunkenem Z.; sie befand sich in einem Z. der Panik, der Verzweiflung, im Z. geistiger Verwirrung; die Gebäude sind alle in einem ordentlichen, verwahrlosten, jämmerlichen Z.; in deinem Z. (ugs.; *in diesem fortgeschrittenen Stadium der Schwangerschaft*) willst du noch verreisen?; Sie ... lag stundenlang in einem Z. zwischen Schlaf und Ohnmacht (Thieß, Legende 103); **Zustände bekommen/kriegen* (ugs.; *wütend, ärgerlich werden; sich sehr aufregen, ärgern*); **b)** *augenblicklich bestehende Lage, Situation, Verhältnisse:* ein gesetzloser, chaotischer Z.; der derzeitige, gegenwärtige, vorherige Z.; die wirtschaftlichen, sozialen, politischen Zustände in einem Land; hier herrschen unerträgliche, paradiesische Zustände; die Zustände in dem Krankenhaus müssen geändert werden; das ist ein unhaltbarer Z.!; R das ist doch kein Z.! (ugs.; *so kann es nicht bleiben, das muss geändert werden*); [das sind ja] Zustände wie im alten Rom! (ugs.; *das sind ja üble, schlimme, unmögliche Verhältnisse!*)

zu|stan|de, zu Stan|de: in den Verbindungen *etw. zustande/zu Stande bringen* (1. *etw. [trotz Schwierigkeiten, Hindernissen] bewirken, bewerkstelligen, herstellen:* eine Einigung z. bringen. 2. *[wieder] beibringen, herbeischaffen:* die gestohlenen Bilder wurden z. gebracht); *zustande/zu Stande kommen* (*trotz gewisser Schwierigkeiten bewirkt, bewerkstelligt, hergestellt werden, entstehen, gelingen:* das Geschäft, die Ehe kam nicht, doch noch z.); ◆ *z. sein* (*fertig sein*).

Zu|stan|de|brin|gen, das; -s: *Bewerkstelligung (trotz auftretender Schwierigkeiten, Hindernisse):* das Z. einer Einigung.

Zu|stan|de|kom|men, das; -s: *das Entstehen, das Zustandekommen:* des Vertrages, der Allianz.

zu|stän|dig ⟨Adj.⟩: **1.** *zur Bearbeitung, Behandlung, Abwicklung von etw. berechtigt, verpflichtet, dafür verantwortlich; die Kompetenz für etw. besitzend; kompetent:* die -e Behörde, Stelle; das -e Amt, Gericht; die Genehmigung wurde von -er Seite erteilt; dafür sind wir nicht z.; sie fühlte sich niemand z. **2.** ** z. nach* (österr. Amtsspr.; *heimat-, wohnberechtigt in:* sie ist nach Linz z.).

zu|stän|di|gen|orts ⟨Adv.⟩ (Papierdt.): *an zuständiger Stelle, von zuständiger Seite.*

Zu|stän|dig|keit, die; -, -en: **a)** *das Zuständigsein; Befugnis, Kompetenz;* **b)** *Zuständigkeitsbereich:* das fällt nicht in seine Z.

Zu|stän|dig|keits|be|reich, der: *Bereich, für den jmd., eine Behörde o. Ä. zuständig ist:* dies fällt nicht in den Z. des Ministeriums.

zu|stän|dig|keits|hal|ber ⟨Adv.⟩ (Papierdt.): *aus Gründen der Zuständigkeit, der Zuständigkeit wegen.*

Zu|stands|än|de|rung, die (Physik): *Änderung des thermodynamischen Zustands.*

Zu|stands|glei|chung, die (Physik): *Gleichung, die den Zusammenhang zwischen den Zustandsgrößen angibt.*

Zu|stands|grö|ße, die (Physik): *Größe, die den Zustand eines thermodynamischen Systems charakterisiert (z. B. Druck, Temperatur).*

Zu|stands|pas|siv, das (Sprachwiss.): *Form des Verbs, die angibt, in welchem Zustand das Subjekt geraten ist, das vorher Objekt einer Handlung war (z. B. die Tür ist geöffnet).*

Zu|stands|verb, das (Sprachwiss.): *Verb, das einen Zustand, ein Beharren bezeichnet (z. B. liegen, wohnen).*

zu|stat|ten|kom|men ⟨st. V.; ist⟩ [vgl. vonstattengehen]: *für jmdn., etw. nützlich, hilfreich, von Vorteil sein:* für diesen Sport, beim Basketballspielen kommt ihm seine Größe sehr zustatten.

zu|ste|chen ⟨st. V.; hat⟩: *mit einem spitzen Gegenstand, einer Stichwaffe zustoßen:* er zog sein Messer und stach zu.

zu|ste|cken ⟨sw. V.; hat⟩: **1.** *durch Stecken, Heften mit Nadeln o. Ä. [notdürftig] schließen, zusammenfügen:* den Riss in der Gardine z. **2.** *heimlich, von andern unbemerkt geben, schenken, unauffällig zukommen lassen:* jmdm. Geld, einen Zettel, eine Waffe, etwas zu essen z.; Fouché steckt ihnen Nachrichten zu und sie (= die Bankiers) ihm dafür Anteil an den Gewinnen (St. Zweig, Fouché 94).

zu|ste|hen ⟨unr. V.; hat; südd., österr., schweiz. auch: ist⟩: **1.** *etw. sein, worauf jmd. einen [rechtmäßigen] Anspruch hat, was jmd. zu bekommen hat:* dieses Geld steht ihr zu; der Partei stehen 78 Mandate zu; jedem Recht steht jedem zu. **2.** *zukommen* (3): ein Urteil über ihn steht mir nicht zu; es steht dir nicht zu, sie zu verdammen; Ein Glück nur, dass es dem Drehorgelmann im Ernst überhaupt nicht zustand, dem jungen Hans Castorp etwas zu verbieten (Th. Mann, Zauberberg 542).

zu|stei|gen ⟨st. V.; ist⟩: *als weiterer Mitfahrer, weitere Mitfahrerin (bes. in ein öffentliches Verkehrsmittel) einsteigen:* sie stiegen am Friedhof zu; »Ist noch jemand zugestiegen?«, fragte die Zugbegleiterin.

Zu|stell|be|zirk, der: *verwaltungstechnischer Bezirk der Post o. Ä. für die Zustellung von etw.*

zu|stel|len ⟨sw. V.; hat⟩: **1.** *durch Hinstellen, Aufstellen von etw. versperren:* ihr habt den Eingang mit euren Kisten zugestellt; die Gehwege sind [mit Fahrrädern, falsch geparkten Autos] zugestellt. **2.** (Amtsspr.) *(meist durch die Post) zuschicken, überbringen; durch eine Amtsperson förmlich übergeben:* ein Paket durch einen Boten, per Post z.; die Post wird hier täglich zweimal zugestellt; der Gerichtsvollzieher hat ihr die Klage zugestellt. **3.** (österr.) *zum Kochen auf den Herd stellen:* Linsen z. und weich kochen.

Zu|stel|ler, der; -s, - (Postw.): *jmd., der (bes. als Angestellter der Post) etw. zustellt.*

Zu|stel|le|rin, die; -, -nen: w. Form zu ↑ Zusteller.

Zu|stell|ge|bühr, die (Postw. früher): *an die Post zu entrichtende Gebühr für die Zustellung einer Sendung.*

Zu|stel|lung, die; -, -en (Amtsspr.): *das Zustellen* (2), *Zugestelltwerden von etw.:* die tägliche Z. der Post; die Z. des Urteils erfolgt durch die Behörde.

zu|steu|ern ⟨sw. V.⟩: **1.** ⟨ist⟩ **a)** *in Richtung auf jmdn., etw. steuern:* das Schiff steuert dem Hafen/auf den Hafen zu; Ü das Regime steuert dem Abgrund zu; alles steuert auf eine Katastrophe zu *(eine Katastrophe wird eintreten);* **b)** (ugs.) *zielstrebig in Richtung auf jmdn., etw. zugehen:* auf die nächste Kneipe z. **2.** ⟨hat⟩ *in Richtung auf jmdn., zu einem Ziel hinlenken:* er steuerte den Wagen direkt auf uns zu. **3.** ⟨hat⟩ (ugs.) *beisteuern:* etwas zum Taschengeld z.

zu|stim|men ⟨sw. V.; hat⟩: **a)** *seine Übereinstimmung mit der Meinung eines andern dartun, äußern; die Meinung eines andern teilen:* in diesem Punkt stimme ich Ihnen völlig zu; sie nickte zustimmend; **b)** *mit etw. einverstanden sein; etw. billigen, gutheißen, akzeptieren:* einem Plan, einer These, jmds. Auffassung z.; das Parlament hat dem Gesetzentwurf mit großer Mehrheit zugestimmt; »Giovanni, soll ich?«, stieß er heraus. »Ja!«, stimmte der Freund begeistert zu (Thieß, Legende 24).

Zu|stim|mung, die; -, -en: *das Zustimmen; Bejahung, Einverständnis:* jmdm. seine Z. [zu etw.] geben, verweigern, versagen; das findet nicht meine Z.; dafür brauchen wir die Z. der Eltern; jmds. Z. einholen müssen; sein Vorschlag fand lebhafte, allgemeine, einhellige, uneingeschränkte Z. *(fand Beifall, wurde begrüßt);* mit Z. des Parlaments.

zu|stim|mungs|be|dürf|tig ⟨Adj.⟩: *zustimmungspflichtig.*

zu|stim|mungs|pflich|tig ⟨Adj.⟩: *nur mit der Zustimmung einer bestimmten Instanz erlaubt, möglich:* ein -es Gesetz.

zu|stop|fen ⟨sw. V.; hat⟩: **1.** *durch Hineinstopfen von etw. schließen; dicht, undurchlässig machen:* ein Loch mit einem Lappen z.; ich habe mir die Ohren mit Watte zugestopft. **2.** *durch Stopfen* (1) *beseitigen:* das Loch im Strumpf z.

zu|stöp|seln ⟨sw. V.; hat⟩ (bayr., österr. ugs.): *zustöpseln.*

zu|stop|peln ⟨sw. V.; hat⟩: *mit einem Stöpsel, Korken o. Ä. verschließen:* die Badewanne z.; ein Reagenzglas mit einem Korken z.

zu|sto|ßen ⟨st. V.⟩: **1.** ⟨hat⟩ *durch einen Stoß schließen:* die Tür mit dem Fuß z. **2.** ⟨hat⟩ *in Richtung auf jmdn., etw. einen raschen, heftigen Stoß ausführen:* plötzlich [mit dem Messer] z.; der Bock stieß mit seinen Hörnern zu. **3.** ⟨ist⟩ *(von etwas Schlimmem) jmdm. unerwartet geschehen, passieren:* hoffentlich ist den beiden nichts [Schlimmes], kein Unglück zugestoßen; wenn mir etwas zustößt (verhüll., *wenn ich sterben sollte*); Es stieß mir zu, mich zu fragen, ob das hieße, es gehe mit mir zu Ende (Handke, Niemandsbucht 40).

zu|stre|ben ⟨sw. V.; ist⟩: *sich eilig, zielstrebig auf jmdn., etw. zubewegen:* die Menge strebte dem Ausgang/auf den Ausgang zu.

Zu|strom, der: **1.** *das Strömen zu einer Stelle, einem Ort hin:* der Z. frischen Wassers; der Z. warmer Meeresluft nach Europa hält an. **2.** *das Herbeiströmen, Kommen an einen Ort:* der Z. von Flüchtlingen [nach Westeuropa] nimmt zu. **3.** *Zulauf* (1).

zu|strö|men ⟨sw. V.; ist⟩: **1.** *zu einer vorhandenen Masse strömen:* die Abwässer strömen ungeklärt dem Meer zu; die von Westen zuströmende Luft. **2.** *sich in großen Mengen, Scharen auf jmdn., etw. zubewegen:* alles strömte den Ausgängen/auf die Ausgänge zu; Ü ...da seine Schriften nach Tausenden zählten und der Hörer ihm nur so zuströmten (Thieß, Reich 217).

Zu|stupf, der; -[e]s -e u. Zustüpfe [zu südd., schweiz. mundartl. Stupf, spätmhd. stupf(e), ahd. stupf = Stachel, Stich] (schweiz.): **a)** *materielle, bes. finanzielle Unterstützung; Zuschuss;* **b)** *zusätzliche Einnahme.*

zu|stür|men ⟨sw. V.; ist⟩: *sich schnell, in oft wilder Bewegung auf jmdn., etw. zubewegen:* sie stürmte auf ihren Vater zu.

zu|stür|zen ⟨sw. V.; ist⟩: *sich ungestüm, oft unvermittelt auf jmdn., etw. zubewegen.*

♦ **zu|su|deln**, sich ⟨sw. V.; hat⟩: *sich über u. über beschmutzen:* Ich nahm, am Abend des zweiten Tages, den ich im Schweinekoben zugebracht, die Pferde, die sich darin doch zugesudelt hatten (Kleist, Kohlhaas 15).

zu|ta|ge, zu Ta|ge: *in den Verbindungen* **zutage/zu Tage treten, kommen** (1. *an der [Erd]oberfläche erscheinen:* unter dem Eis tritt der nackte Fels z. 2. *deutlich, offenkundig werden:* die Depression trat bei ihr allmählich z. 3. *auftauchen* (2 b): geheime Dokumente kamen z.); **etw. zutage/zu Tage bringen, fördern** (*etw. zum Vorschein bringen, ans Licht befördern, aufzeigen;* urspr. wohl Bergmannsspr.: die Untersuchung brachte viel Belastendes z.); **zutage/zu Tage liegen** (*frei liegen, durch nichts be-, verdeckt sein:* nackte Fleisch lag z.); **[offen/klar** o. ä.] **zutage/zu Tage liegen** (*deutlich erkennbar, offenkundig sein:* der Fehler liegt klar z.).

Zu|tat, die; -, -en: **a)** ⟨meist Pl.⟩ *zur Herstellung von etw., bes. einer Speise, benötigter, verwendeter Bestandteil:* erlesene, wertvolle, frische -en; die -en [für den Kuchen] einkaufen; das Mehl mit den übrigen -en verrühren, vermischen; Ü Sie sah nämlich in Günters Affäre alle -en zu einem Fall, und sie wusste wirklich nicht, was sie hindern sollte, diese -en zusammenzurühren und vor die Gruppenleitung zu bringen (Chr. Wolf, Nachdenken 84); **b)** *etw. [als Ergänzung, zur Bereicherung] Hinzugefügtes, Beigegebenes:* diese Stelle ist eine Z. des Übersetzers; eine gotische Kirche mit barocken -en.

zu|tei|len ⟨sw. V.; hat⟩: **a)** *übertragen, zuweisen; an jmdn. vergeben:* jmdm. eine Aufgabe, eine Rolle z.; jmdm. einer Abteilung, einer Einheit z.; **b)** *als Anteil, Portion, Ration abgeben, austeilen; jmdm. den ihm zukommenden od. zugebilligten Teil geben:* den Kindern das Essen z.; den Parteien werden der Mandate nach der Zahl der Stimmen zugeteilt; im Krieg wurden die Lebensmittel zugeteilt *(rationiert).*

Zu|tei|lung, die; -, -en: **1.** *das Zuteilen; das Zugeteiltwerden.* **2.** *etw. Zugeteiltes; zugeteilte Menge, Ration.*

zu|teil|wer|den ⟨unr. V.; ist⟩ (geh.): *gewährt, auferlegt werden; [vom Schicksal od. von einer höhergestellten Person] zugeteilt werden:* ihr wurde eine hohe Ehre, ein großes Glück, ein schweres Schicksal zuteil; den Kindern eine gute Erziehung z. lassen; dem Buch wurde wenig Beachtung zuteil.

zu|tex|ten ⟨sw. V.; hat⟩ (salopp): *ständig u. eindringlich zu jmdm. sprechen, auf jmdn. einreden:* der Typ hat mich schon wieder komplett zugetextet.

zu|tiefst ⟨Adv.⟩ (emotional): *aufs Tiefste, äußerst, sehr:* z. beleidigt, enttäuscht, verunsichert sein; etw. z. bedauern, bereuen; jmdn. z. verachten.

zu|tra|gen ⟨st. V.; hat⟩: **1.** *zu jmdm. hintragen:* das Tier trägt den Jungen Futter zu; der Wind trug uns den Duft der Linden zu; Ü *jmdm.* Nachrichten, Gerüchte z. *(heimlich mitteilen);* mir ist zugetragen *(hinterbracht)* worden, dass du unzufrieden bist; Es sei ihm zugetragen worden, Hubert habe in Prerau so eine Bratkartoffelliebschaft gehabt (Härtling, Hubert 125). **2.** ⟨z. + sich⟩ (geh.) *in einer bestimmten Situation [als etw. Besonderes] eintreten u. ablaufen; sich ereignen, begeben:* dieser Vorfall trug sich letztes Jahr zu; die Geschichte hat sich wirklich [so] zugetragen; So erzähle mir denn, wie es sich mit dir zugetragen hat! (Jahnn, Nacht 133).

Zu|trä|ger, der; -s, - [mhd. zuotrager] (abwertend): *jmd., der jmdm. [in dessen Auftrag] heimlich Nachrichten zuträgt.*

Zu|trä|ge|rin, die; -, -nen: w. Form zu ↑ Zuträger.

zu|träg|lich ⟨Adj.⟩ [zu ↑ zutragen in der veralteten Bed. »nützen« od. zu veraltet Zutrag = Nutzen] (geh. veraltend): *günstig, nützlich, hilfreich:* das -e Maß überschreiten; die kalte Luft ist ihr, der Gesundheit nicht z.

Zu|träg|lich|keit, die; -, -en (geh. veraltend): *das Zuträglichsein; Nutzen.*

zu|trau|en ⟨sw. V.; hat⟩: **a)** *der Meinung sein, glauben, dass jmd. die entsprechenden Fähigkeiten, Eigenschaften für etw. besitzt:* jmdm. Talent, Ausdauer z.; traust du dir diese Aufgabe zu?; ich würde es mir schon z., das selbst zu reparieren; so viel Takt traut man ihm gar nicht zu; **b)** *glauben, dass jmd. etw. [Negatives] tun, zustande bringen könnte; etw. von jmdm. erwarten:* jmdm. einen Mord, keine Lüge z.; ihm ist alles zuzutrauen; das hätte ich ihr nie zugetraut!; alles zuzutrauen!

Zu|trau|en, das; -s: *Vertrauen in jmds. Fähigkeiten u. Zuverlässigkeit:* festes Z. zu jmdm. haben; sie gewann das Z. ihrer Vorgesetzten; er hat das Z. zu sich selbst verloren; Es liegt etwas Rührendes in diesem unerschütterlichen Z. des einfachen Volkes zu seinem Monarchen (Hacks, Stücke 262).

zu|trau|lich ⟨Adj.⟩: *Zutrauen habend; vertrauend ohne Scheu u. Ängstlichkeit:* ein -er Hund; die Kinder sind sehr z.

Zu|trau|lich|keit, die; -, -en: **1.** ⟨o. Pl.⟩ *zutrauliches Wesen:* kindliche Z. **2.** *zutrauliche Äußerung, Handlungsweise:* solche -en war man von ihr nicht gewohnt.

zu|tref|fen ⟨st. V.; hat⟩: **a)** *stimmen, richtig sein, dem Sachverhalt entsprechen:* die Annahme, die Behauptung, die Feststellung, der Vorwurf trifft nicht im Entferntesten zu; das Gegenteil trifft zu; **b)** *auf jmdn. anwendbar, für jmdn. od. etw. passend sein:* die Beschreibung trifft auf ihn, auf diesen Fall zu; diese Regel trifft hier nicht zu; das Attribut »umweltfreundlich« trifft auf diese Produkte nur bedingt zu.

zu|tref|fend ⟨Adj.⟩: *(in Bezug auf eine Feststellung o. Ä.) richtig:* eine -e Bemerkung; die Diagnose erwies sich als z.; er hat z. geantwortet; ⟨subst.:⟩ Zutreffendes (Amtsspr.: *die für diesen speziellen Fall infrage kommende, richtige unter den vorgedruckten Antworten*) bitte unterstreichen, ankreuzen!

zu|tref|fen|den|falls ⟨Adv.⟩ (Papierdt.): *falls es zutrifft.*

zu|trei|ben ⟨st. V.⟩: **1.** ⟨hat⟩ *zu jmdm., etw. hintreiben, in Richtung auf jmdn., etw. treiben:* das Wild den Jägern/auf die Jäger z. **2.** ⟨ist⟩ *in Richtung auf jmdn., etw. [durch eine Strömung] treiben:* das Boot treibt auf die Felsen zu; Ü das Land treibt einer Katastrophe zu.

zu|tre|ten ⟨st. V.⟩: **1.** ⟨ist⟩ *in Richtung auf jmdn., etw. treten, einige Schritte machen:* auf jmdn. z. **2.** ⟨hat⟩ vgl. zuschlagen (5 a): plötzlich z.

zu|trin|ken ⟨st. V.; hat⟩: *mit erhobenem Glas grüßen u. auf sein Wohl trinken:* jmdm. z.; sie tranken sich zu; ♦ ⟨auch mit Akk.-Obj.:⟩ ... trank ihm hierauf noch einmal das Gedeihen ihres Geschäfts z. (Kleist, Kohlhaas 15).

Zu|tritt, der; -[e]s, -e [mhd. zuotrit]: **a)** *das Hin[ein]gehen, Eintreten, Betreten; Zugang* (1 b): [Unbefugten ist der] Z. verboten!; kein Z. nur mit Sonderausweis; Z. [zu etw.] haben, erhalten *(die Erlaubnis haben, erhalten, etw. zu betreten);* jmdm. den Z. verwehren, verweigern; **b)** *(von Flüssigkeiten od. Gasen) das Eindringen, Hinzukommen:* Phosphor entzündet sich beim Z. von Luft; **c)** (bes. österr.) *Zugang* (1 a).

zut|schen ⟨sw. V.; hat⟩ [lautm.] (landsch.): *hörbar saugend trinken; lutschen.*

zu|tu|lich: ↑ zutunlich.

zu|tun ⟨unr. V.; hat⟩ [mhd., ahd. zuotuon] (ugs.): **1.** *dazutun:* etwas Wasser z. **2. a)** *[ver]schließen:* tu den Mund zu!; ich habe die ganze Nacht kein Auge zugetan *(nicht geschlafen);* **b)** ⟨z. + sich⟩ *zugehen* (6): die Tür tat sich hinter ihm zu. **3.** ⟨z. + sich⟩ (südwestd.) *sich etw. zulegen, anschaffen.*

Zu|tun, das; -s: *Hilfe, Unterstützung:* meist in der Verbindung **ohne jmds. Z.** *(ohne jmds. Mitwirkung:* es geschah ganz ohne mein Z.).

zu|tun|lich, zutulich ⟨Adj.⟩ [zu veraltet: sich jmdm. zutun = sich bei jmdm. beliebt machen] (veraltend): *zutraulich, anschmiegsam:* sie hat ein -es Wesen; das Kind ist sehr z.

¹zu|un|guns|ten, zu Un|guns|ten ⟨Präp. mit Gen., veraltet auch nachgestellt mit Dativ⟩: *zum Nachteil, Schaden:* das Kräfteverhältnis hat sich zuungunsten der Dritten Welt verschoben.

²zu|un|guns|ten, zu Un|guns|ten ⟨Adv.⟩: *in Verbindung mit* »von«: *zum Nachteil, Schaden:* zuungunsten von Frau Meyer.

zu|un|terst ⟨Adv.⟩: *unter allem anderen, ganz unten (auf einem Stapel, in einem Fach o. Ä.):* etw. z. in den Koffer packen.

zu|ver|die|nen ⟨sw. V.; hat⟩ (ugs.): *dazu-, hinzuverdienen:* sie verdient mit einem Minijob zu.

Zu|ver|dienst, der; -[e]s, -e: *zusätzlich verdientes Geld.*

Zu|ver|dienst|gren|ze, die (Steuerw.): *Höchstbetrag für steuerfreie Nebeneinkommen.*

zu|ver|läs|sig ⟨Adj.⟩: a) *so geartet, dass man sich auf ihn/sie, darauf verlassen kann:* ein -er Arbeiter, Verbündeter; ein ausgesprochen -es Auto; diese Methode ist mir nicht z. *(sicher)* genug; sie ist politisch z. *(hat mit Sicherheit die richtige politische Einstellung);* er arbeitet sehr z.; **b)** *mit großer Gewissheit zutreffend, richtig:* -e Informationen; ein -er (glaubwürdiger) Zeuge; aus -er Quelle verlautet, dass ...; das kann ich z. *(mit Sicherheit)* bestätigen.

Zu|ver|läs|sig|keit, die; -, -en: a) ⟨o. Pl.⟩ *das Zuverlässigsein; zuverlässige Beschaffenheit;* **b)** *Grad, in dem etw. (z. B. ein System, ein Produkt) zuverlässig* (a) *ist.*

Zu|ver|läs|sig|keits|prü|fung, die (Fachspr.): *Prüfung auf zuverlässige Beschaffenheit.*

Zu|ver|läs|sig|keits|test, der; vgl. Zuverlässigkeitsprüfung.

Zu|ver|sicht, die; - [mhd. zuoversiht, ahd. zuofirsiht]: *festes Vertrauen auf eine positive Entwicklung in der Zukunft, auf die Erfüllung bestimmter Wünsche u. Hoffnungen:* große Z. erfüllte ihn; seine Z. verlieren; sie strahlt Z. aus; ich teile ihre Z.; voll/voller Z. sein.

zu|ver|sicht|lich ⟨Adj.⟩: *voller Zuversicht, hoffnungsvoll, optimistisch:* eine -e Stimmung; mit -er Miene; da bin ich ganz z.; die Ärztin gibt sich z.; Der Pilot schaute z. zum drohenden Himmel auf. Er sagte, wir kommen noch bis Moskau (Koeppen, Rußland 139).

Zu|ver|sicht|lich|keit, die; -: *zuversichtliche Haltung; Zuversicht.*

Zu|viel, das; -[s]: *Übermaß:* ein Z. an Liebe; »Madame«, sagt er ohne ein Z. an Charme ... und mit der Hand an seiner steifen Mütze: »Bon voyage!« (Frisch, Montauk 159).

zu|vor ⟨Adv.⟩ (geh.): *zeitlich vorhergehend; davor; erst einmal:* ich komme, aber z. muss ich noch etwas erledigen; tags, am Abend, kurz z. hatte es geschneit; sie war glücklicher als je z.; Das Jahr wurde trocken und heiß wie keines z. (Ransmayr, Welt 119).

zu|vor|derst ⟨Adv.⟩: **1.** *ganz vorne:* z. saßen die Ehrengäste. **2.** *zuerst, in erster Linie, vor allem.*

zu|vör|derst ⟨Adv.⟩ (veraltend): *in erster Linie, zuerst, vor allem.*

zu|vor|kom|men ⟨st. V.; ist⟩: **a)** *etw., was eine andere Person auch tun wollte, vor dieser tun u. sie auf diese Weise daran hindern, es ihr unmöglich machen:* sie wollte bezahlen, aber er ist ihr wieder zuvorgekommen; **b)** *handeln, bevor etw. Erwartetes, Befürchtetes eintritt od. geschieht:* Vorwürfen z.

zu|vor|kom|mend ⟨Adj.; 1. Part. von älter ↑ zuvorkommen, o. Steig.⟩: *an Freundlichkeit, Gefälligkeit o. Ä. übertreffen:* höflich, liebenswürdig u. hilfsbereit anderen kleine Gefälligkeiten erweisend: ein -er Mensch, Verkäufer; ein -es Wesen; sie hat eine sehr -e Art, ist äußerst z.; in diesem Geschäft wird man sehr z. behandelt.

Zu|vor|kom|men|heit, die; -: *zuvorkommendes Wesen, Verhalten:* jmdn. mit großer Z. behandeln.

zu|vor|tun ⟨unr. V.; hat⟩ (geh.): *auf einem bestimmten Gebiet schneller, tüchtiger sein als jmd. anders; jmdn. in etw. übertreffen* (1 a): es jmdm. [an Geschicklichkeit] z.

Zu|waa|ge, die; -, -n ⟨Pl. selten⟩ (bayr., österr.): *Zulage* (b).

Zu|wachs, der; -es, Zuwächse: *durch Wachstum, ein Anwachsen erfolgende Zunahme, Vermehrung von Personen od. Sachen:* ein Z. an Vermögen; Zuwächse von jeweils nur vier Prozent; die Familie hat Z. bekommen (scherzh.; *es hat sich bei ihr Nachwuchs eingestellt);* * **auf Z.** *(absichtlich etwas zu groß gearbeitet o. Ä., weil man damit rechnen muss, dass die größere Form, das größere Modell künftig benötigt wird:* Fahrradhelme für Kinder nicht auf Z. kaufen!)

zu|wach|sen ⟨st. V.; ist⟩: **1. a)** *sich von den Wundrändern her in einem Heilungsprozess schließen:* die Wunde ist zugewachsen; **b)** *durch Pflanzenwachstum völlig überwuchert, bedeckt, ausgefüllt werden:* Der Weg ist zugewachsen; das Fenster war mit Efeu zugewachsen. **2.** *im Laufe der Zeit, aufgrund bestimmter Umstände zufallen, zuteilwerden:* ihm sind neue Kräfte, Aufgaben zugewachsen. **3.** *in eine bestimmte Richtung, in Richtung auf etw. wachsen:* die Pflanze wächst auf die Lichtquelle zu.

Zu|wachs|ra|te, die (Fachspr.): *Rate* (2) *eines Zuwachses:* das Unternehmen verzeichnete, hatte, erzielte, erwartet eine Z. von 6 %.

Zu|wahl, die; -, -en: *das Hinzuwählen.*

zu|wäh|len ⟨sw. V.; hat⟩: *zusätzlich wählen.*

◆ **zu|wal|len** ⟨sw. V.; ist⟩: *zugehen* (1): Er bot einer jungen Dame den Arm, andere Herren bemühten sich um andere Schönen, es fand sich, was sich passte, und man wallte dem rosenumblühten Hügel zu (Chamisso, Schlemihl 18).

Zu|wan|de|rer, Zuwandrer, der; -s, -: *jmd., der zuwandert, zugewandert ist.*

Zu|wan|de|rin, die; -, -nen: w. Form zu ↑ Zuwanderer.

zu|wan|dern ⟨sw. V.; ist⟩: *von auswärts, bes. aus einem andern Land, in ein Gebiet, an einen Ort kommen, um dort zu leben:* sie sind aus der Ukraine nach Bayern zugewandert.

Zu|wan|de|rung, die; -, -en: *das Zuwandern.*

Zu|wan|de|rungs|ge|setz, das: *Gesetz zur Regelung von Zuwanderung nach Deutschland.*

Zu|wand|rer: ↑ Zuwanderer.

Zu|wand|re|rin, die; -, -nen: w. Form zu ↑ Zuwanderer.

zu|wan|ken ⟨sw. V.; ist⟩: *wankend auf jmdn., etw. zugehen:* er kam auf mich zugewankt.

zu|war|ten ⟨sw. V.; hat⟩: *die Zeit verstreichen lassen, ohne zu handeln; untätig bleiben:* ich werde noch bis Freitag z.

zu|we|ge, zu We|ge: *in den Verbindungen* **etw. zuwege/zu Wege bringen** *(etw. zustande bringen):* jmds. Freilassung z. bringen); **mit etw. zuwege/zu Wege kommen** *(mit etw. fertigwerden, zurechtkommen);* **gut, schlecht** o. ä. **zuwege/zu Wege sein** *(in guter, schlechter o. ä. gesundheitlicher Verfassung sein:* sie ist 95 und noch prima z.; wie bist du heute z.? *[wie geht es dir, wie fühlst du dich heute?]*)

zu|we|hen ⟨sw. V.⟩: **1.** ⟨hat⟩ *durch Wehen mit Sand, Schnee völlig bedecken:* der Wind weht die Spuren zu. **2.** ⟨hat/ist⟩ *in Richtung auf jmdn., etw. wehen:* der Wind weht das Land zu. **3.** ⟨ist⟩ *durch den Luftzug an jmdn. herangetragen werden:* die Abgase wehten uns direkt zu. **4.** ⟨hat⟩ *durch Luftzug zu jmdm. gelangen lassen:* jmdm. [mit dem Fächer] Kühlung z.

zu|wei|len ⟨Adv.⟩ [eigtl. erstarrter Dativ Pl. von ↑ Weile] (geh.): **a)** *zu gewissen Zeiten, manchmal* (a): z. scheint es, als sei er etwas verwirrt; Er dachte auch nicht oft daran. Nur z., wenn er sich in seiner Koje ausstreckte (Jahnn, Geschichten 151); **b)** *in einigen Fällen; manchmal* (b): ein Quiz mit z. kniffligen Fragen.

zu|wei|sen ⟨st. V.; hat⟩: *als befugte Instanz [mit einem diesbezüglichen Hinweis] zuteilen:* jmdm. eine Arbeit, eine Wohnung z.; einer Institution Gelder z.; Ü jmdm. Schuld [an etw.] z. *(gehoben);* der Staat hat die ihm von der Verfassung zugewiesenen *(seine in der Verfassung festgelegten)* Aufgaben wahrnehmen.

Zu|wei|sung, die; -, -en: *das Zuweisen; das Zugewiesenwerden.*

zu|wen|den ⟨unr. V.⟩: **1.** ⟨wandte/wendete zu, hat zugewandt/zugewendet⟩ *sich, etw. zu jmdm., etw. hinwenden:* sich seinem Nachbarn z.; die Blicke aller wandten sich ihm zu; jmdm. den Rücken z.; das Gesicht der Sonne z.; Die beiden Herren saßen, einander halb zugewandt, an erhöhtem Ort (Th. Mann, Hoheit 13). **2.** ⟨wandte/wendete zu, hat zugewandt/zugewendet⟩ *seine Aufmerksamkeit o. Ä. auf etw. richten; sich mit jmdm., etw. befassen, beschäftigen:* sich dem Studium, einer Angelegenheit, wieder seiner Beschäftigung z.; einer Sache sein Interesse, seine Aufmerksamkeit z.; jmdm. seine Liebe, Fürsorge z.; soll er sich den Radikalen z.? *(sich ihnen anschließen?);* Ü das Glück wandte sich ihr zu; das Interesse hatte sich inzwischen anderen Dingen zugewendet; die Gott zugewandte Seele. **3.** ⟨wendete/(selten:) wandte zu, hat zugewendet/(selten) zugewandt⟩ *jmdm., einer Institution etw. als Zuwendung zukommen lassen:* jmdm. Geld z.

Zu|wen|dung, die; -, -en: **1.** *Geld, das jmd. jmdm., einer Institution zukommen lässt, schenkt:* eine einmalige Z. in Höhe von 1 000 Euro erhalten; jmdm., einem Jugendheim [finanzielle] -en machen *(ihm Geld zukommen lassen, schenken).* **2.** ⟨o. Pl.⟩ *freundliche, liebevolle Aufmerksamkeit, Beachtung, die jmd. jmdm. zuteilwerden lässt:* was ihm vor allem fehlt, ist Z.; Kinder brauchen sehr viel Z.

Zu|we|nig, das; -[s]: *zu geringes Maß; Mangel:* ein Z. an Geld.

zu|wer|fen ⟨st. V.; hat⟩: **1.** *laut u. heftig, mit Schwung schließen:* die Tür [hinter sich], den Kofferraumdeckel z. **2.** *Erde o. Ä. in eine Vertiefung werfen, bis sie ausgefüllt ist; zuschütten* (1): eine Grube [mit Sand] z. **3.** *etw. zu jmdm. hinwerfen, damit er bzw. sie es auffängt:* jmdm. die Schlüssel, den Ball z.; Ü jmdm. einen Blick, ein Lächeln, ein Kusshand z.; Wir werfen ihnen in gebrochenem Französisch Sätze zu, die uns gerade einfallen (Remarque, Westen 105).

¹**zu|wi|der** ⟨Adj.⟩ (geh.): **1.** *jmds. Wünschen entgegengesetzt, gerade nicht entsprechend u. seine Abneigung in starkem Maße hervorrufend:* er, seine Art, dieser Gedanke, dieses Essen ist mir z.; es ist ihr z., von anderen abhängig zu sein; ... er ist ein Usurpator, und als solcher ist er sich selbst von Grund aus z. (Thieß, Reich 540). **2. a)** *entgegenstehend:* die Umstände waren seinen Plänen z. **b)** *einer Sache widersprechend, mit etw. unvereinbar.*

²**zu|wi|der** ⟨Präp. mit vorangestelltem Dativ⟩ (geh.): *entgegen:* dem Abkommen, allen Gepflogenheiten z. griff sie doch ein.

zu|wi|der|han|deln ⟨sw. V.; hat⟩ (bes. Rechtsspr.): *im Widerspruch zu etw. handeln; gegen etw. verstoßen:* dem Gesetz, einer Anordnung, einem Verbot z.

Zu|wi|der|hand|lung, die (bes. Rechtsspr.): *gegen ein Verbot, eine Anordnung gerichtete Handlung.*

zu|wi|der|lau|fen ⟨st. V.; ist⟩ (geh.): *in der zu anderem konträren Richtung wirken; im Widerspruch zu etw. stehen:* ein solches Verhalten liefe seinen eigenen Interessen zuwider; das läuft den Vorschriften zuwider.

zu|win|ken ⟨sw. V.; hat; 2. Part. zugewinkt, auch, bes. ugs.: zugewunken⟩: **a)** *in Richtung auf jmdn. winken, um ihm auf diese Weise zu grüßen:* jmdm. beim, zum Abschied z.; sich [gegenseitig]/(geh.:) einander im Vorübergehen z.; **b)** *jmdm. etw. irgendwie durch Winken ausdrücken:* jmdm. einen Gruß z.

zu|zah|len ⟨sw. V.; hat⟩: *eine bestimmte Summe zusätzlich zahlen:* zehn Euro z.; die Krankenkasse zahlt nur 60 Prozent, den Rest müssen die Patient(inn)en [selber] z.

zu|zäh|len ⟨sw. V.; hat⟩: **a)** *dazurechnen;* **b)** *einem Bereich, einer Gruppe zuordnen u. entsprechend einschätzen:* jmdn. seinem Freundeskreis z.

Zu|zah|lung, die; -, -en: **1.** *das Zuzahlen.* **2.** *zugezahlter, zuzuzahlender Betrag:* die Patienten werden durch -en belastet.

Zu|zäh|lung, die; -, -en: *das Zuzählen.*

zu|zei|ten ⟨Adv.⟩ [2. Bestandteil erstarrter Dativ Pl. von ↑Zeit]: *zu gewissen Zeiten, eine gewisse Zeit hindurch.*

zu|zeln ⟨sw. V.; hat⟩ [lautm.] (bayr., österr. ugs.):
1. *lutschen; saugen:* Weißwurst muss man z.
2. *lispeln.*

zu|zie|hen ⟨unr. V.⟩ [mhd. zuoziehen = zufügen; verschließen, ahd. zuozihen = anziehen]:
1. ⟨hat⟩ **a)** *durch Heranziehen schließen, eine Öffnung verschließen:* die Tür [hinter sich] z.; **b)** *durch Zusammenziehen eine Öffnung verschließen:* den Vorhang z.; einen Reißverschluss z.; **c)** *(eine Schnur o. Ä.) festziehen, fest zusammenziehen:* einen Knoten, einen Beutel z.; **d)** ⟨z. + sich⟩ *zusammengezogen werden:* je mehr du ziehst, desto fester zieht sich die Schlinge zu; **e)** ⟨z. + sich⟩ *sich bewölken:* lass uns gehen, der Himmel hat sich schon ganz zugezogen; es zieht sich zu. **2.** ⟨hat⟩ *hinzuziehen:* einen Gutachter z. **3.** ⟨hat⟩ **a)** *[als Folge eigenen Verhaltens, Verschuldens] bekommen, erleiden:* ich habe mir [dabei] eine Erkältung zugezogen; **b)** *auf sich ziehen* (14 c): sich [mit etw.] jmds. Zorn z. **4.** ⟨ist⟩ *von auswärts in einem Ort als Einwohner[in] hinzukommen:* aus der Großstadt z.; er ist [hier] neu zugezogen.
5. ⟨ist⟩ *sich [ziehend] irgendwohin bewegen:* die Demonstrierenden ziehen auf die Hauptstadt zu; Ü Kein Strom zog dem Haff und dem Meere zu (Wiechert, Jeromin-Kinder 29). **6.** ⟨hat⟩ (seltener) *dazurechnen, addieren.*

Zu|zie|hung, die; -: *das Zuziehen* (2).

Zu|zug, der; -[e]s, Zuzüge: **1.** *das Zuziehen* (4): der Z. aus dem Umland; den Z. von Arbeitskräften fördern. **2.** *Verstärkung durch Hinzukommen:* die Partei hat einen starken Z. bekommen.

Zu|zü|ger, der; -s, - (schweiz.): **1.** *Zuzügler.*
2. *jmd., der neu zu einer Gruppe stößt, sich ihr anschließt.*

Zu|zü|ge|rin, die; -, -nen: w. Form zu ↑Zuzüger.

Zu|züg|ler, der; -s, -: *jmd., der zugezogen ist, zuzieht* (4).

Zu|züg|le|rin, die; -, -nen: w. Form zu ↑Zuzügler.

zu|züg|lich ⟨Präp. mit Gen.⟩ [wohl geb. nach ↑abzüglich] (bes. Kaufmannsspr.): *hinzukommend, hinzuzurechnen* (Abk.: zzgl.): die Wohnung kostet 600 Euro z. der Heizkosten; ⟨ohne Beugung des allein stehenden Subst. im Sg.:⟩ der Katalog kostet 15 Euro z. Porto; ⟨im Pl. mit Dativ bei nicht erkennbarem Gen.:⟩ z. Beträgen für Verpackung und Porto.

zu|zwin|kern ⟨sw. V.; hat⟩: *jmdn. zwinkernd ansehen, um ihm/ihr auf diese Weise etw. zu verstehen zu geben, mitzuteilen:* jmdm. vertraulich, ermunternd z.; sich [gegenseitig] z.

Zvie|ri, der od. das; -[s], -[s] [mundartl. zusger. aus: zu vier (Uhr Gegessenes)] (schweiz.): *Imbiss am Nachmittag; Vesper.*

zvS [t͡sɛtfaʊ̯ˈʔɛs], der; -, - (österr.): *zeitverpflichteter Soldat.*

ZVS [t͡sɛtfaʊ̯ˈʔɛs], die; -: *Zentralstelle für die Vergabe von Studienplätzen.*

zwal|cken ⟨sw. V.; hat⟩ [mhd. zwacken, ablautend zu ↑zwicken] (ugs.): **1.** *kneifen* (1): die Krabbe hat mir/mich in den Zeh gezwackt; Ü er wird von Neid gezwackt; ... sein Körper war unempfindlich, man hätte ihn brennen und z. können (Th. Mann, Zauberberg 742). **2.** *kneifen* (2): mein Bauch zwackt mich/mich zwackt der Bauch.

zwang: ↑zwingen.

Zwang, der; -[e]s, Zwänge [mhd. zwanc, dwanc, twanc, ahd. thwanga (Pl.), zu ↑zwingen u. eigtl. = das Zusammenpressen, Drücken]:
a) *Einwirkung von außen auf jmdn. unter Anwendung od. Androhung von Gewalt:* der Z. der Gesetze; Z. auf jmdn. ausüben; jmdm. Z. auferlegen; seine Kinder mit, ohne Z. erziehen; unter einem fremden Z. handeln, zu leiden haben; **b)** *starker Drang in jmdm.:* ein innerer Z.; **c)** *Beschränkung der eigenen Freiheit u. anderen gegenüber äußert:* sich, seiner Natur Z. auferlegen; tun Sie sich [nur] keinen Z. an (lassen Sie sich durch nichts zurückhalten); Ü einem Begriff, Text Z. antun (ihn den eigenen Ansichten entsprechend deuten, auslegen); **d)** *starker Einfluss, dem sich jmd. nicht entziehen kann:* jmds. Z. erliegen; **e)** *von gesellschaftlichen Normen ausgeübter Druck auf menschliches Verhalten:* der Z. der Mode; gesellschaftliche Zwänge; es besteht kein Z. (keine Verpflichtung), etwas zu kaufen; **f)** *Bestimmung der Situation in einem Bereich durch eine unabänderliche Gegebenheit, Notwendigkeit:* wirtschaftliche, technische Zwänge; der Z. der Verhältnisse; der Z. zur Kürze, Selbstbeherrschung; **g)** *das Beherrschtsein von Vorstellungen, Handlungsimpulsen gegen den bewussten Willen:* unter einem Z. leiden.

zwän|ge: ↑zwingen.

zwän|gen ⟨sw. V.; hat⟩ [mhd. zwengen, twengen, ahd. dwengen, Kausativ zu ↑zwingen u. eigtl. = drücken machen]: **1.** *gewaltsam auf engem Raum irgendwohin schieben o. Ä.:* dicke Bücher in seine Aktentasche z.; sich durch die Sperre, in den überfüllten Bus z.; Ü etw. in ein System z. **2.** (schweiz.) *drängeln* (2).

Zwän|ge|rei, die; -, -en (schweiz. abwertend):
1. *das Zwängen* (2): hör auf mit der Z.! **2.** *eigensinniges, unnachgiebiges Beharren auf einer Forderung; starrköpfiges Durchsetzen eines Ziels.*

zwang|haft ⟨Adj.⟩: **a)** *[wie] unter einem Zwang geschehend, erfolgend:* ein -es Verhalten; **b)** (selten) *erzwungen, gewaltsam u. daher gekünstelt:* seine Bewegungen wirken z.

zwang|los ⟨Adj.⟩: **a)** *nicht durch Regeln, Förmlichkeit, Konvention eingeschränkt:* ein -es Benehmen, Beisammensein; sich z. mit jmdm. unterhalten; es ging dort ziemlich, ganz, allzu z. zu; z. (natürlich, frei) über etw. sprechen; **b)** *unregelmäßig hinsichtlich der Anordnung, Aufeinanderfolge o. Ä.:* die Zeitschrift erscheint in -er Folge.

Zwang|lo|sig|keit, die; -: *zwanglose Art.*

zwangs-, Zwangs-: 1. drückt in Verbindungen mit Verben aus, dass etw. zwangsweise (a) geschieht, vollzogen o. Ä. wird: zwangsislamisieren, -katholisieren. **2.** drückt in Bildungen mit Substantiven aus, dass etw. erzwungen wird od. unter Zwang geschieht: Zwangsfilter, -ruhestand, -überstunden.

Zwangs|an|lei|he, die: *Staatsanleihe, zu deren Aufnahme bestimmte Personen od. Unternehmen gesetzlich verpflichtet sind.*

Zwangs|ar|beit, die: **1.** *mit schwerer körperlicher Arbeit verbundene Freiheitsstrafe:* zu 25 Jahren Z. verurteilt werden. **2.** *Arbeit, zu der jmd. (widerrechtlich) zwangsverpflichtet, gezwungen wird:* jmdn. zu Z. heranziehen, einsetzen.

Zwangs|ar|bei|ter, der: **1.** *zu Zwangsarbeit* (1) *Verurteilter.* **2.** *jmd., der Zwangsarbeit* (2) *leisten muss.*

Zwangs|ar|bei|te|rin, die: w. Form zu ↑Zwangsarbeiter.

Zwangs|auf|ent|halt, der: *erzwungener, unfreiwilliger Aufenthalt.*

Zwangs|aus|bür|ge|rung, die: *zwangsweise* (a) *Ausbürgerung.*

zwangs|be|glü|cken ⟨sw. V.; hat⟩ (iron.): *jmdn. etw. von fragwürdigem Wert zuteilwerden lassen u. ihm keine Möglichkeit lassen, sich dem zu entziehen.*

Zwangs|be|glü|ckung, die (iron.): *das Zwangsbeglücken; das Zwangsbeglücktwerden.*

zwangs|be|ur|lau|ben ⟨sw. V.; hat⟩ (ugs.): *in Zwangsurlaub schicken.*

Zwangs|ehe, die: *auf einer Zwangsheirat beruhende Ehe.*

Zwangs|ein|wei|sung, die: *zwangsweise* (a) *Einweisung (in eine psychiatrische Klinik o. Ä.).*

Zwangs|ent|lüf|tung, die (Kfz-Technik): *auch bei geschlossenen Fenstern in einem Pkw wirksame Entlüftung.*

Zwangs|ent|zug, der: **a)** *zwangsweise* (a) *Entziehung einer Droge, eines Suchtmittels;* **b)** *Klinik o. Ä., in der Zwangsentzug* (a) *durchgeführt wird.*

zwangs|er|näh|ren ⟨sw. V.; hat⟩: *jmdn. ohne sein Einverständnis, gegen seinen Willen [künstlich] ernähren.*

Zwangs|er|näh|rung, die: *das Zwangsernähren; das Zwangsernährtwerden.*

zwangs|eva|ku|ie|ren ⟨sw. V.; hat⟩: *unter Anwendung von Zwang evakuieren.*

Zwangs|eva|ku|ie|rung, die: *das Zwangsevakuieren; das Zwangsevakuiertwerden.*

Zwangs|ex|ma|t|ri|ku|la|ti|on, die (Hochschulw.): *zwangsweise* (a) *Exmatrikulation.*

Zwangs|geld, das (Rechtsspr.): *als Zwangsmittel auferlegte Geldzahlung.*

Zwangs|ge|walt, die (o. Pl.) (Rechtsspr.): *Machtbefugnis einer staatlichen Behörde, Zwang auszuüben, Gewalt anzuwenden.*

Zwangs|hand|lung, die (Psychol.): *vom bewussten Willen nicht zu beeinflussende Handlung aufgrund eines Zwanges* (g): das Stehlen ist bei ihm eine Z.

Zwangs|hei|rat, die: *aus religiösen, kulturellen o. ä. Gründen unter Zwang zustande kommende Heirat:* die junge Türkin floh wegen der Z.; Ü die Z. von Rente u. Ökosteuer.

Zwangs|herr|schaft, die: *auf gewaltsamer Unterwerfung beruhende Herrschaft; Gewaltherrschaft.*

Zwangs|idee, die: *Zwangsvorstellung.*

Zwangs|ja|cke, die: *früher bei unkontrollierbar aggressiven Patient(inn)en verwendete, hinten zu schließende Jacke, deren überlange, geschlossene Ärmel auf den Rücken zusammengebunden werden:* Ü chemische Z. (Jargon; *der Ruhigstellung dienende Medikamente, bes. Neuroleptika*); der Stabilitätspakt als finanzpolitische Z.; in der Z. konservativer Moralvorstellungen stecken.

Zwangs|la|ge, die: *Bedrängnis, in der jmdm. keine andere Wahl zu handeln bleibt; Dilemma:* in eine moralische Z.; sie ist, befindet sich in einer Z.

zwangs|läu|fig ⟨Adj.⟩: *aufgrund bestimmter Gegebenheiten gar nicht anders möglich; notwendig* (2); *automatisch* (2 a): eine -e Folge; das führt z. dazu, dass ...

Zwangs|läu|fig|keit, die; -, -en: *zwangsläufige Entwicklung, Art.*

zwangs|mä|ßig ⟨Adj.⟩ (selten): *aufgrund eines Zwangs erfolgend; durch Druck erzwungen.*

Zwangs|maß|nah|me, die: *[staatliche] Maßnahme, durch die ein Verhalten o. Ä. erzwungen werden soll:* die Politikerin lehnte n kategorisch ab.

Zwangs|mit|tel, das: *Mittel zur Durchsetzung*

einer behördlichen Anordnung: jmdm. Z. androhen.

Zwangs|neu|ro|se, die (Psychol.): *durch Symptome des Zwangs* (g), *durch Gewissensangst u. Schuldgefühle gekennzeichnete Neurose.*

Zwangs|pau|se, die: *erzwungene, unfreiwillige Pause:* eine krankheits-, verletzungs-, wetterbedingte Z. einlegen müssen.

Zwangs|pfand, das: *gesetzlich erzwungener Geldbetrag, der für Einwegdosen u. -flaschen zu zahlen ist:* ein Z. auf Getränkedosen und Einwegverpackungen erheben.

Zwangs|pro|s|ti|tu|ti|on, die: *gegen den Willen der Betroffenen u. unter Androhung von Gewalt erzwungene Prostitution.*

zwangs|räu|men ⟨sw. V.; hat⟩: *(eine Wohnung, ein Haus, ein Grundstück) zwangsweise* (a) *räumen:* eine Wohnung z.

Zwangs|räu|mung, die: *das Zwangsräumen; das Zwangsgeräumtwerden.*

Zwangs|ste|ri|li|sa|ti|on, die: *das Zwangssterilisieren; das Zwangssterilisiertwerden:* die Opfer der Z. der NS-Zeit.

zwangs|ste|ri|li|sie|ren ⟨sw. V.; hat⟩: *zwangsweise* (a), *unter Anwendung von Zwang sterilisieren.*

zwangs|um|sie|deln ⟨sw. V.; hat⟩: *zwangsweise* (a), *unter Anwendung von Zwang umsiedeln:* sie wurden nach Kasachstan zwangsumgesiedelt; Und um ihrer Forderung Nachdruck zu verleihen, haben sie die einzige junge Familie in ihrem Haus als Geisel genommen und bewachen sie Tag und Nacht ... damit die Polizei die Familie nicht zwangsumsiedelt (Plenzdorf, Legende 93).

Zwangs|um|sie|de|lung: ↑ Zwangsumsiedlung.

Zwangs|um|sied|lung, Zwangsumsiedelung, die: *das Zwangsumsiedeln; das Zwangsumgesiedeltwerden.*

Zwangs|um|tausch, der: *Geldumtausch einer festgelegten Mindestsumme, zu dem man bei Einreise in bestimmte Länder (bes. früher bei der Einreise von der BRD in die DDR) verpflichtet ist; Pflichtumtausch.*

Zwangs|ur|laub, der (ugs.): *Urlaub, der nicht auf Wunsch des Betroffenen erfolgt, sondern vom Arbeitgeber angeordnet wird.*

Zwangs|ver|ei|ni|gung, die: *zwangsweise Vereinigung:* die damalige Z. von SPD u. KPD zur SED.

zwangs|ver|pflich|ten ⟨sw. V.; hat⟩: *zwangsweise* (a) *verpflichten, für eine bestimmte Tätigkeit heranziehen:* Arbeitslose für soziale Dienste z.

Zwangs|ver|pflich|tung, die: *das Zwangsverpflichten; das Zwangsverpflichtetsein.*

zwangs|ver|schi|cken ⟨sw. V.; hat; nur im Inf. u. im 2. Part. gebr.⟩: *deportieren.*

Zwangs|ver|schi|ckung, die: *Deportation.*

zwangs|ver|set|zen ⟨sw. V.; hat⟩: *ohne des Einverständnis der betroffenen Person od. gegen deren Willen versetzen* (1 b): der Chef der Steuerfahndung wurde zwangsversetzt.

Zwangs|ver|set|zung, die: *das Zwangsversetzen; das Zwangsversetztwerden.*

zwangs|ver|stei|gern ⟨sw. V.; hat; nur im Inf. u. 2. Part. gebr.⟩, (Rechtsspr.): *einer Zwangsversteigerung unterziehen:* ein Haus z.

Zwangs|ver|stei|ge|rung, die (Rechtsspr.): *zwangsweise* (a) *Versteigerung zur Befriedigung von Gläubigern.*

Zwangs|ver|tei|di|ger, der (ugs.): *Pflichtverteidiger.*

Zwangs|ver|tei|di|ge|rin, die: w. Form zu ↑ Zwangsverteidiger.

Zwangs|ver|wal|tung, die (Rechtsspr.): *gerichtliche Verwaltung eines Grundstücks (im Rahmen der Zwangsvollstreckung), bei der die* *Erträge, bes. Mieten, an die Gläubiger abgeführt werden.*

Zwangs|voll|stre|ckung, die (Rechtsspr.): *Verfahren, bei dem mit staatlichem Zwang die Ansprüche einer Privatperson durchgesetzt werden.*

zwangs|vor|füh|ren ⟨sw. V.; hat⟩ (Amtsspr.): *unter Anwendung polizeilicher Gewalt einer Behörde o. Ä., bes. einem Gericht, vorführen:* jmdn. dem Amtsarzt z.

Zwangs|vor|füh|rung, die (Amtsspr.): *das Zwangsvorführen; das Zwangsvorgeführtwerden:* es wurde die Z. angeordnet.

Zwangs|vor|stel|lung, die (Psychol.): *als Erscheinungsform des Zwangs* (g) *immer wieder auftretende Vorstellung, die willentlich nicht zu unterdrücken ist, obwohl sie im Widerspruch zum eigenen logischen Denken steht; fixe Idee:* an -en leiden.

zwangs|wei|se ⟨Adv.⟩: **a)** *durch behördliche Anordnung, behördliche Maßnahmen erzwungen:* einen Beamten z. versetzen; **b)** *zwangsläufig:* z. auftretende Fehler.

Zwangs|wirt|schaft, die: *Wirtschaftsform, bei der der Staat als Zentrale die gesamte Planung der Wirtschaft übernimmt u. die Ausführung der Pläne überwacht.*

zwan|zig ⟨Kardinalz.⟩ [mhd. zweinzec, zweinzic, ahd. zweinzug, zu ↑ zwei u. ↑ zig, eigtl. = zwei Zehner] (in Ziffern: 20): sie ist Mitte [der] z.

Zwan|zig, die; -, -en: *Zahl* 20.

Zwan|zig|cent|stück, Zwan|zig-Cent-Stück, das (mit Ziffern: 20-Cent-Stück): *Münze mit dem Nennwert 20 Cent.*

zwan|zi|ger ⟨indekl. Adj.⟩ (mit Ziffern: 20er): **1.** *die Zahl, die Nummer, das Jahr, den Wert zwanzig betreffend:* der Z. Bus. **2. a)** *das Jahre 20 bis 29 umfassende Jahrzehnt eines bestimmten Jahrhunderts betreffend:* die z. Jahre; **b)** *das zwischen zwanzigstem u. dreißigstem Geburtstag liegende Lebensjahrzehnt betreffend.*

¹Zwan|zi|ger, der; -s, -: **1.** *Mann im Alter von 20 bis 29 Jahren.* **2.** (ugs.) *Münze od. Geldschein (einer bestimmten Währung) mit dem Nennwert zwanzig:* haste mal 'nen Z. für mich?

²Zwan|zi|ger ⟨Pl.⟩: **1.** Kurzf. von ↑ Zwanzigerjahre (1): die Goldenen Z. *(die Zwanzigerjahre des 20. Jh.s).* **2.** Kurzf. von ↑ Zwanzigerjahre (2).

Zwan|zi|ge|rin, die; -, -nen: w. Form zu ↑ ¹Zwanziger (1).

Zwan|zi|ger|jah|re, zwan|zi|ger Jah|re [auch: 'tsvan...'ja:...] ⟨Pl.⟩: **1.** *die Jahre 20 bis 29 eines bestimmten Jahrhunderts umfassendes Jahrzehnt.* **2.** *zwischen zwanzigstem u. dreißigstem Geburtstag liegendes Lebensjahrzehnt.*

Zwan|zig|eu|ro|schein, Zwan|zig-Eu|ro-Schein, der (mit Ziffern: 20-Euro-Schein): *Geldschein mit dem Nennwert zwanzig Euro.*

zwan|zig|fach ⟨Vervielfältigungsz.⟩ (mit Ziffern: 20-fach, 20fach): *zwanzigmal genommen, ausgeführt u. Ä.*

Zwan|zig|fa|ches, das Zwanzigfache/ein Zwanzigfaches; des/eines Zwanzigfachen (mit Ziffern: 20-Faches, 20faches): *zwanzigfache Menge, Größe (von etw.).*

zwan|zig|jäh|rig ⟨Adj.⟩ (mit Ziffer: 20-jährig): **a)** *zwanzig Jahre alt;* **b)** *zwanzig Jahre lang dauernd.*

Zwan|zig|jäh|ri|ge, die/eine Zwanzigjährige; der/eine Zwanzigjährigen/zwei Zwanzigjährige (mit Ziffern: 20-Jährige): Frau im Alter von zwanzig Jahren.

Zwan|zig|jäh|ri|ger, des/eines Zwanzigjährigen; dem/einem Zwanzigjährigen; die Zwanzigjährigen/zwei Zwanzigjährige (mit Ziffern: 20-Jähriger): *jmd., der zwanzig Jahre alt ist.*

zwan|zig|jähr|lich ⟨Adj.⟩: *sich alle zwanzig Jahre wiederholend.*

zwan|zig|mal ⟨Wiederholungsz.; Adv.⟩ (mit Ziffern: 20-mal): *zwanzig Male.*

zwan|zigst... ⟨Ordinalz. zu ↑ zwanzig⟩ (in Ziffern: 20.): heute ist der zwanzigste September; ⟨subst.:⟩ jeder Zwanzigste hat gewonnen.

zwan|zigs|tel ⟨Bruchz.⟩ ⟨als Ziffer: -/₂₀⟩: *den zwanzigsten Teil einer genannten Menge ausmachend.*

Zwan|zigs|tel, das, schweiz. meist: der; -s, -: *zwanzigster Teil einer Menge, Strecke.*

zwan|zigs|tens ⟨Adv.⟩ (in Ziffern: 20.): *als zwanzigster Punkt; an zwanzigster Stelle.*

zwar ⟨Adv.⟩ [mhd. z(e)wāre = fürwahr, zusger. aus ↑ ¹zu u. ↑ wahr]: **1.** ⟨in Verbindung mit »aber« od. »[je]doch«⟩ *leitet eine Feststellung ein, der eine Einschränkung folgt;* ¹wohl (6): das ist z. verboten, aber es hält sich keiner daran. **2.** ⟨in Verbindung mit voranstehendem »und«⟩ *leitet eine Erläuterung zu einer unmittelbar vorher gemachten Äußerung ein; genauer gesagt:* er soll mich anrufen, und z. sofort; ich lebe das ab, und z. aus folgendem Grund ...; Knopf trinkt nur Schnaps, und z. Korn, nichts anderes (Remarque, Obelisk 26).

zwat|zeln ⟨sw. V.; hat⟩ [urspr. Kinderspr.; laut- u. bewegungsnachahmend] (landsch.): *unruhig, zappelig sein.*

Zweck, der; -[e]s, -e [mhd., ahd. zwec = Nagel, zu ↑ zwei, urspr. = gegabelter Ast, Gabelung; später: Nagel, an dem die Zielscheibe aufgehängt ist, od. Nagel, der in der Mitte der Zielscheibe sitzt; Zielpunkt]: **1.** *etw., was jmd. mit einer Handlung beabsichtigt, zu bewirken, zu erreichen sucht; [Beweggrund u.] Ziel einer Handlung:* der Z. seines Tuns ist, ...; der Z. der Übung (ugs. scherzh.; *das angestrebte Ziel*) war, ...; einen bestimmten Z. haben, verfehlen; einen bestimmten, seinen Z. erfüllen *(für etw. Beabsichtigtes taugen)*; etw. seinen -en dienstbar machen *(für seine Ziele nutzen)*; einem guten, wohltätigen Z. dienen; etw. für private, für seine -e nutzen; etw. zu bestimmten -en benutzen; etw. geschieht zu wissenschaftlichen, therapeutischen, politischen, militärischen, kommerziellen -en; etw. dient zu einem bestimmten Z.; etw. zum od. für die Verbesserung des Gesundheitszustandes tun; Es schien ein reines Schmuckstück zu sein, ohne weiteren Z. (Seghers, Transit 211); R der Z. heiligt die Mittel *(für einen guten Zweck sind alle Mittel erlaubt;* den Jesuiten [fälschlicherweise] als Quintessenz ihrer Moral zugeschrieben). **2.** *in einem Sachverhalt, Vorgang o. Ä. verborgener, erkennbarer Sinn* (5): der Z. des Ganzen ist nicht zu erkennen, es hat wenig Z., keinen Z. [mehr], auf eine Besserung zu hoffen.

Zweck|bau, der ⟨Pl. -ten⟩: *allein nach den Prinzipien der Zweckmäßigkeit errichteter Bau, Nutzbau:* ein nüchterner Z.

Zweck|be|stimmt|heit, die: *Finalität.*

Zweck|be|stim|mung, die: *Verwendungszweck; Bestimmung* (2 a).

Zweck|bin|dung, die (Finanzw.): *Bindung bestimmter öffentlicher Finanzmittel an einen vorgegebenen Verwendungszweck.*

Zweck|bünd|nis, das: *aus pragmatischen Gründen geschlossenes Bündnis:* die beiden verfeindeten Staaten haben ein Z. geschlossen.

Zweck|den|ken, das: *pragmatisches Denken (das auf bestimmte Zwecke gerichtet ist).*

zweck|dien|lich ⟨Adj.⟩ (Papierdt.): *dem Zweck, für den etw. vorgesehen ist, dienlich, förderlich:* eine -e Vorgehensweise; -e Hinweise nimmt die Polizeidienststelle entgegen.

Zweck|dien|lich|keit, die; - (Papierdt.): *das Zweckdienlichsein.*

Zwecke – zweifelhaft

Zwe|cke, die; -, -n [Nebenf. von ↑Zweck]: **1.** (landsch.) *kurzer Nagel mit breitem Kopf, bes. Schuhnagel.* **2.** (veraltend) *Reißzwecke.*

zweck|ent|frem|den ⟨sw. V.; hat; meist im Inf. u. 2. Part. gebr.⟩: *[missbräuchlich] für einen eigentlich nicht vorgesehenen Zweck verwenden: Wohnraum [als Lager] z.; zweckentfremdete Gelder.*

Zweck|ent|frem|dung, die: *das Zweckentfremden, das Zweckentfremdetwerden.*

zweck|ent|spre|chend ⟨Adj.⟩: *seinem vorgesehenen Zweck entsprechend: -e Kleidung; etw. z. verwenden.*

zweck|frei ⟨Adj.⟩: *nicht einem bestimmten Zweck dienend; keinem an einen unmittelbaren Nutzen ausgerichtet: -e Forschung.*

Zweck|frei|heit, die ⟨o. Pl.⟩: *das Zweckfreisein.*

zweck|fremd ⟨Adj.⟩: *nicht dem eigentlichen Zweck entsprechend: die -e Verwendung von Steuermitteln; etw. z. nutzen.*

zweck|ge|bun|den ⟨Adj.⟩ (Finanzw.): *einer Zweckbindung unterliegend: -e Gelder, Zuschüsse.*

Zweck|ge|bun|den|heit, die (Finanzw.): *das Zweckgebundensein.*

zweck|ge|mäß ⟨Adj.⟩: *dem eigentlichen Zweck gemäß, angemessen.*

Zweck|ge|mein|schaft, die: vgl. Zweckbündnis: *das Fußballteam bildet eine Z. auf Zeit.*

zweck|ge|rich|tet ⟨Adj.⟩: *auf einen bestimmten Zweck hin ausgerichtet.*

zweck|ge|wid|met (bes. österr.): *zweckgebunden.*

zweck|haft ⟨Adj.⟩: *mit einem Zweck verbunden: ein -es Handeln.*

zweck|los ⟨Adj.⟩: **1.** *ohne Sinn; nutzlos, vergeblich: eine völlig -e Anstrengung; es ist z., hier um Hilfe zu bitten.* **2.** (seltener) *keinen bestimmten Zweck erfüllend; ohne bestimmte Absicht.*

zweck|mä|ßig ⟨Adj.⟩: **a)** *seinen Zweck gut erfüllend: eine [sehr, wenig] -e Ausrüstung;* **b)** *sinnvoll (1); im gegebenen Zusammenhang nützlich: ein -es Verhalten; es ist [nicht], ich halte es [nicht] für z., so zu handeln.*

Zweck|mä|ßig|keit, die; -, -en: *das Zweckmäßigsein; Nutzen, Zweck (1):* Ob der Ausdruck höchster Z. nicht schon von den großen Klassikern für einen wesentlichen Bestandteil des Schönen erklärt worden sei? (Musil, Mann 350).

Zweck|op|ti|mis|mus, der: *auf eine bestimmte Wirkung zielender, demonstrativ zur Schau getragener Optimismus.*

zweck|ori|en|tiert ⟨Adj.⟩: *zweckgerichtet: eine -e Selektion von Informationen anbieten; die Verbindung blieb lose u. z.*

Zweck|pes|si|mis|mus, der: *auf eine bestimmte Wirkung zielender, demonstrativ zur Schau getragener Pessimismus.*

zwecks ⟨Präp. mit Gen.⟩ [erstarrter Gen. von ↑Zweck] (Amtsspr.): *zum Zwecke des ...: er wurde z. Feststellung der Personalien aufs Polizeirevier gebracht.*

Zweck|ver|band, der: *der gemeinsamen Erfüllung bestimmter Aufgaben dienender Zusammenschluss von Gemeinden u. Gemeindeverbänden.*

zweck|voll ⟨Adj.⟩: **a)** (seltener) *zweckmäßig (a);* **b)** *sinnvoll, im gegebenen Zusammenhang nützlich.*

zweck|wid|rig ⟨Adj.⟩: *seinem eigentlichen Zweck zuwiderlaufend: etw. z. verwenden.*

zween ⟨Kardinalz.⟩ [mhd., ahd. zwēne (veraltet): *zwei* (männliche Form).

zwei ⟨Kardinalz.⟩ [mhd., ahd. zwei (sächliche Form; vgl. ↑zwo, ↑zwo)] (als Ziffer: 2): *z. Personen; z. Euro fünfzig; Nummer, Seite z.; z. euch; wir z.; sie gehen [je] z. und z. nebeneinander; wir waren zu -en; der Bund -er [mächtiger] Kaiser, -er Liebenden/(seltener:) -er Liebender;* innerhalb -er Jahre, dieser z. Jahre; in, nach, vor z. Jahren; das lässt sich nicht mit z., drei (ugs.; *ganz wenigen*) Worten erklären; viele Grüße von uns -en; R dazu gehören immer noch z. *(dazu bedarf es einer weiteren Person, die dabei mitmacht);* das ist so sicher, wie z. mal z. vier ist (ugs.; *das ist ganz gewiss, absolut sicher*); Spr wenn z. dasselbe tun, so ist es nicht dasselbe *(es kommt auch darauf an, wer etw. Bestimmtes tut);* ***für z.** (*über das übliche Maß hinausgehend, wirklich sehr viel, eine Menge;* in Bezug auf ein bestimmtes Tun: er isst für z.).

Zwei, die; -, -en: **a)** *Ziffer 2;* **b)** *Spielkarte mit zwei Zeichen;* **c)** *Anzahl von zwei Augen beim Würfeln:* er würfelt dauernd -en; **d)** *Zeugnis-, Bewertungsnote 2:* [in Chemie] eine Z. haben, kriegen; eine Z. schreiben (*eine Arbeit schreiben, die mit der Note 2 bewertet wird*); **e)** (ugs.) *Wagen, Zug der Linie 2:* die Z. fährt zum Bahnhof.

Zwei|ach|ser, der; -s, - (mit Ziffer: 2-Achser): *Wagen mit zwei Achsen.*

zwei|ach|sig ⟨Adj.⟩: *mit zwei Achsen konstruiert: ein alter -er Eisenbahnwagen.*

Zwei|ak|ter, der; -s, -: *aus zwei Akten bestehendes Werk des Sprech- od. Musiktheaters.*

zwei|ak|tig ⟨Adj.⟩: *aus zwei Akten bestehend; in zwei Akten.*

zwei|ar|mig ⟨Adj.⟩: *mit zwei Armen (2) versehen: ein -er Wandlüster.*

zwei|ato|mig ⟨Adj.⟩ (Physik, Chemie): *aus jeweils zwei zu einem Molekül verbundenen Atomen bestehend: -e Moleküle; gewöhnlicher -er Sauerstoff.*

zwei|bah|nig ⟨Adj.⟩ (Verkehrsw.): **a)** *mit je einer Fahrbahn für beide Verkehrsrichtungen [versehen]: eine -e Schnellstraße;* **b)** (selten) *zweispurig (1 b): der -e Ausbau der B 9.*

zwei|bän|dig ⟨Adj.⟩: *zwei Bände umfassend: ein -es Wörterbuch.*

Zwei|bei|ner, der; -s, - (ugs. scherzh.): *Mensch* (als Lebewesen auf zwei Beinen im Unterschied zum Vierbeiner).

zwei|bei|nig ⟨Adj.⟩: *mit [nur] zwei Beinen (1) ausgestattet; auf zwei Beinen:* Affen, die sich z. fortbewegen.

Zwei|bett|zim|mer, das: *Hotel-, Krankenhaus-, Gästezimmer mit zwei Betten.*

zwei|blät|te|rig, zwei|blätt|rig ⟨Adj.⟩: *zwei Blätter aufweisend.*

Zwei|cent|stück, Zwei-Cent-Stück, das (mit Ziffer: 2-Cent-Stück): *Münze mit dem Nennwert zwei Cent.*

Zwei|de|cker, der; -s, -: **1.** *Doppeldecker (1).* **2.** (Seew. veraltend) *Schiff mit zwei Decks.*

zwei|deu|tig ⟨Adj.⟩ [LÜ von lat. aequivocus = doppelsinnig, mehrdeutig]: **a)** *unklar, so od. so zu verstehen, doppeldeutig: ein -er Satz; er hat es bewusst z. formuliert;* **b)** *harmlos klingend, aber von jedermann als unanständig, schlüpfrig, anstößig zu verstehen; doppeldeutig (b): -e Witze, Bemerkungen.*

Zwei|deu|tig|keit, die; -, -en: **1.** ⟨o. Pl.⟩ *das Zweideutigsein; zweideutiger Charakter.* **2.** *zweideutige Äußerung.*

zwei|di|men|si|o|nal ⟨Adj.⟩: *in zwei Dimensionen angelegt od. wiedergegeben, flächig [erscheinend]: -es Bild.*

Zwei|drit|tel|ge|sell|schaft, die (Politikjargon): *Gesellschaft, in der eine große (etwa ein Drittel umfassende) Minderheit von Armut Betroffener od. Bedrohter ausgegrenzt, von der Teilhabe am Wohlstand ausgeschlossen ist.*

Zwei|drit|tel|mehr|heit, die (Politik): *Mehrheit von zwei Dritteln der abgegebenen Stimmen.*

zwei|ei|ig ⟨Adj.⟩: *aus zwei gleichzeitig befruchteten Eizellen entstanden: -e Zwillinge.*

zwei|ein|halb ⟨Bruchz.⟩ (in Ziffern: 2 $^{1}/_{2}$): vgl. achtehalb: *wir kennen uns seit z. Jahren.*

Zwei|er, der; -s, -: **1.** (ugs.) *Zweicentstück, Zweieurostück.* **2.** (Rudern) *Rennboot für zwei Ruderer bzw. Ruderinnen.* **3.** (landsch.) *Zwei: sie hat einen Z. in Mathe geschrieben.* **4.** (Golf) *Spiel von zwei Einzelspieler(inne)n gegeneinander.* **5.** (schweiz.) *Flüssigkeitsmenge von zwei Dezilitern:* ... stellten ihm die Serviertöchter ungefragt einen Z. Veltliner hin (Widmer, Kongress 138).

Zwei|er|be|zie|hung, die: *Beziehung zwischen zwei Menschen, die zusammen ein Paar (1 a) bilden.*

Zwei|er|bob, der: *Bob für zwei Personen.*

Zwei|er|ka|jak, der, selten: das: *zweisitziges Sportpaddelboot.*

zwei|er|lei ⟨best. Gattungsz.; indekl.⟩ [↑-lei]: **a)** ⟨attr.⟩ *von doppelter, zweifach verschiedener Art: z. Sorten, Arten;* **b)** ⟨allein stehend⟩ *zwei verschiedene Dinge, Handlungen: zu trinken gibt es z.; daraus kann man z. schließen.*

Zwei|er|rei|he, die: **a)** *von zwei Personen od. Gegenständen gebildete Reihe:* wir mussten uns in -n aufstellen; **b)** *Reihe beliebig vieler zu addierender Zahlen mit dem Zahlenwert 2.*

Zwei|er|spiel, das (Golf): *Zweier (4).*

Zwei|er|sys|tem, das (Math.): *Dualsystem.*

Zwei|er|takt, der (Musik): *gerades Taktmaß aus zwei Zeitwerten (z. B. $^{2}/_{2}$, $^{2}/_{4}$).*

Zwei|er|tisch, der: *Tisch, der dafür vorgesehen ist, dass zwei Personen daran sitzen.*

Zwei|er|wet|te, die (Reiten): *Wette, bei der die zwei als Erste durchs Ziel gehenden Pferde in der richtigen Reihenfolge genannt werden müssen.*

Zwei|er|zim|mer, das: **a)** *Zweibettzimmer, Doppelzimmer;* **b)** *[Arbeits]zimmer für zwei Personen.*

Zwei|eu|ro|stück, das (mit Ziffer: 2-Euro-Stück): *Münze mit dem Nennwert zwei Euro.*

zwei|fach ⟨Vervielfältigungsz.⟩ (mit Ziffer: 2-fach, 2fach): *doppelt: sie ist -e Weltmeisterin im Langlauf; er wurde wegen -en Mordes verurteilt;* in -er *(zweierlei)* Hinsicht.

Zwei|fa|ches, das: *Zweifache/ein Zweifaches; des/eines Zweifachen* (mit Ziffer: 2-Faches, 2faches): *doppelte Anzahl, Menge.*

Zwei|fa|mi|li|en|haus, das: *(als Einzel-, Doppel- od. Reihenhaus gebautes) Haus für zwei Familien.*

zwei|far|big, (österr.:) **zwei|fär|big** ⟨Adj.⟩: *zwei Farben aufweisend, in zwei Farben gehalten.*

Zwei|fel, der; -s, - [mhd. zwīvel, ahd. zwīfal, zu ↑zwei u. ↑falten, eigtl. = (Ungewissheit bei) zweifach(er Möglichkeit)]: *Bedenken, schwankende Ungewissheit, ob jmdm., jmds. Äußerung zu glauben ist, ob ein Vorgehen, eine Handlung richtig u. gut ist, ob etw. gelingen kann o. Ä.:* quälender Z.; [un]begründete Z.; bei jmdm. regt sich der Z.; es besteht kein, nicht der geringste Z., dass ...; denn Z. *(deine Skepsis)* ist nicht berechtigt; leiser Z. steigt in ihm auf, regt sich in ihm; es waren ihr Z. [an der Wahrheit dieser Aussage] gekommen, ob ...; ich habe keinen Z. an ihrer Aufrichtigkeit; er ließ keinen Z. daran, dass es ihm ernst war; man hat uns darüber nicht im Z. gelassen; jmd., eine Sache ist über jeden Z. erhaben; von -n *(Skrupeln)* geplagt sein; Kein Z. *(zweifellos)*, ich möchte die Dame (Zwerenz, Kopf 201); ***außer [allem] Z. stehen** *(ganz sicher feststehen, nicht bezweifelt werden können)*; **(bezweifeln); [über etw.] im Z. sein** (1. *etw. nicht ganz genau wissen.* 2. *sich noch nicht entschieden haben [etw. Bestimmtes zu tun]*); **ohne Z.** *(bestimmt, ganz gewiss)*.

Zwei|fel|der|wirt|schaft, die: *Bewirtschaftung einer Ackerfläche, wobei die eine Hälfte bepflanzt wird, die andere brach liegt.*

zwei|fel|haft ⟨Adj.⟩ [mhd. zwīvelhaft]: **a)** *mit*

Zweifeln in Bezug auf die Richtigkeit od. Durchführbarkeit behaftet; fraglich, unsicher; problematisch: ein Werk von -em Wert; es ist z., ob er das durchhalten kann; **b)** *zu [moralischen] Bedenken Anlass gebend, fragwürdig, bedenklich, anrüchig; dubios:* eine -e Person, Angelegenheit; sein plötzlicher Reichtum erschien der Polizei z.; ◆ **c)** *ungläubig, voller Zweifel:* Was in Jena durch die Veränderung beim Stadtrat und der Polizei bewirkt werden möchte, bin ich ... neugierig zu beobachten. Es mag wohl verzeihlich sein, wenn ich an einer radikalen Kur dieses Körpers ... z. bleibe (Goethe, Brief an C. G. Voigt, 25. 9. 1809); Er sah sie z. an (Hauff, Jud Süß 424).

zwei|fel|los ⟨Adv.⟩ (emotional): *ohne Zweifel, bestimmt:* sie hat z. recht.

zwei|feln ⟨sw. V.; hat⟩ [mhd. zwīveln, ahd. zwīfalen, zwīfalōn]: *unsicher sein in Bezug auf einen Sachverhalt od. ein [künftiges] Verhalten; infrage stellen, in Zweifel ziehen:* sie sah mich an, als zweifle sie an meinem Verstand; man, niemand zweifelte [daran], dass es gelingen würde; daran ist nicht zu z.; sie zweifelt, ob sie der Einladung folgen soll.

zwei|felnd ⟨Adj.⟩: *in Bezug auf einen Sachverhalt unsicher; skeptisch; misstrauisch:* etw. mit -em Unterton sagen; jmdn. z. ansehen.

Zwei|fels|fall, der: *unklarer, Zweifel erweckender Fall:* schwer zu entscheidende Zweifelsfälle; im Z. schlagen Sie bitte im Dudenband 9 nach.

zwei|fels|frei ⟨Adj.⟩: *so beschaffen, dass keine Zweifel bestehen:* ein -er Beweis.

zwei|fels|oh|ne ⟨Adv.⟩ [frühnhd. aus: Zweifels ohne sein] (emotional): *bestimmt, ganz gewiss:* z. war es ein Mord; ... z. kann ich zwei Sachen gleichzeitig tun (Mayröcker, Herzzerreißende 111).

Zweif|ler, der; -s, - [mhd. zwīvelære, ahd. zwīfalāri]: *jmd., der zu Zweifeln neigt, Zweifel hat, etw. bezweifelt; Skeptiker.*

Zweif|le|rin, die; -, -nen: w. Form zu ↑ Zweifler.

zweif|le|risch ⟨Adj.⟩: *voller Zweifel, Zweifel ausdrückend; skeptisch:* ein -es Lächeln.

zwei|flü|ge|lig, zwei|flüg|lig ⟨Adj.⟩: *zwei Flügel* (bes. 2, 4) *habend.*

Zwei|fron|ten|krieg, der: *Krieg, bei dem eine Armee an zwei Fronten zugleich kämpft:* Ü ein Z. gegen Dummheit u. Arroganz.

Zweig, der; -[e]s, -e [mhd. zwīc, ahd. zwīg, zu ↑ zwei u. eigtl. = der Aus-zwei-Bestehende (= »gegabelter Ast«)]: **1.** *[von einer Gabelung ausgehendes] seitlich nach oben od. Nadeln, Blüten u. Früchte tragendes Teilstück eines Astes an Baum od. Strauch; seitlicher Trieb, verzweigtes Stück:* ein grüner, blühender, dürrer Z.; einen Z. brechen und *(setzen Grün od. Blüten an);* -e abbrechen, abschneiden; * **auf keinen/(auch:) einen grünen Z. kommen** (ugs.; *keinen Erfolg haben, Erfolg haben; es zu nichts, zu etwas bringen;* der grüne Zweig steht in dieser Wendung bildlich für das Wachsen der Natur im Frühjahr). **2. a)** *nebengeordnete Familie, eines Geschlechtes;* **b)** *[Unter]abteilung, Sparte:* ein Z. der Naturwissenschaften.

Zweig|be|trieb, der: *[auswärtige] Nebenstelle eines größeren Betriebes.*

zwei|ge|lei|sig usw.: ↑ zweigleisig usw.

Zwei|gelt, der; -s [nach dem österr. Züchter F. Zweigelt]: **a)** *in Österreich angebaute Rebsorte;* **b)** *aus den Trauben des Zweigelts* (a) *hergestellter fruchtig schmeckender Rotwein.*

zwei|ge|schlech|tig ⟨Adj.⟩ (Bot.): *männliche u. auch weibliche Geschlechtsorgane aufweisend.*

Zwei|ge|schlech|tig|keit, die; - (Bot.): *das Zweigeschlechtigsein.*

zwei|ge|schlecht|lich ⟨Adj.⟩: **a)** (selten) *beide Geschlechter betreffend;* **b)** *beide Geschlechter*

in sich vereinigend; androgyn: -e Tiere, Pflanzen; z. empfinden.

zwei|ge|schos|sig, ⟨südd., österr.:⟩ **zwei|ge|scho|ßig** ⟨Adj.⟩ (mit Ziffern: 2-geschossig, 2-geschoßig): *mit zwei Geschossen gebaut.*

Zwei|ge|spann, das: *Gespann mit zwei Pferden:* Ü ein Z. aus Umweltministerin u. Frauenbeauftragter.

zwei|ge|stri|chen ⟨Adj.⟩ (Musik): *von der mittleren Höhenlage des Tonsystems nach oben gerechnet, in der zweiten Oktave liegend.*

zwei|ge|teilt ⟨Adj.⟩: *[von der Mitte her] in zwei Teile geteilt:* eine -e Tür; Ü Korea als -es Land.

Zweig|ge|schäft, das: *Filiale* (1).

zwei|glei|sig, zweigeleisig ⟨Adj.⟩: **a)** *mit zwei Gleisen* (*je einem für beide Fahrtrichtungen*) *ausgestattet:* eine -e Bahnstrecke; **b)** *zwei Möglichkeiten, Wege verfolgend:* eine -e Erziehung; sie führten -e *(auf zwei Ebenen bestrittene u. daher nicht aufrichtige)* Verhandlungen; ◆ **c)** *zwei Gleise* (c) *aufweisend:* Es gehen keine Straßen durch das Tal, sie haben ihre zweigleisigen Wege, auf denen sie ihre Feldzeugnisse mit einspännigen Wäglein nach Hause bringen (Stifter, Bergkristall 6).

zwei|glied|rig ⟨Adj.⟩: *zwei Glieder* (4) *aufweisend:* Ü an -es, symmetrisch aufgebautes Epos.

Zweig|nie|der|las|sung, die: *Filiale* (2).

Zweig|spit|ze, die: *Spitze eines Zweiges* (1).

Zweig|stel|le, die: *einzelne kleinere Abteilung, Niederlassung, Geschäftsstelle, die einem größeren Betrieb, Unternehmen, Amt zugeordnet ist u. von diesem zentral geführt wird:* eine Z. der Bank in einem Vorort.

Zweig|werk, das: vgl. Zweigbetrieb.

Zwei|hän|der, der; -s, -: *Schwert, das mit beiden Händen geführt wird* (z. B. Flamberg).

zwei|hän|dig ⟨Adj.⟩: *mit beiden Händen ausgeführt.*

Zwei|heit, die; -, -en: **a)** *Dualismus* (1, 2); **b)** *Zusammengehörigkeit von zwei Dingen od. Personen.*

zwei|hen|ke|lig, zwei|henk|lig ⟨Adj.⟩: *mit zwei Henkeln versehen.*

zwei|hö|cke|lig, zwei|höck|rig ⟨Adj.⟩: *zwei Höcker besitzend:* das -e Kamel.

zwei|hun|dert ⟨Kardinalz.⟩ (in Ziffern: 200): vgl. hundert: bis z. zählen.

Zwei|hun|der|ter, der; (ugs.): *Geldschein (einer bestimmten Währung) mit dem Nennwert zweihundert:* das hat einen Z. gekostet.

Zwei|hun|dert|eu|ro|schein, Zwei|hun|dert-Eu|ro-Schein, der (mit Ziffern: 200-Euro-Schein): *Geldschein mit dem Nennwert zweihundert Euro.*

zwei|hun|dert|pro|zen|tig ⟨Adj.⟩: **1.** *zweihundert Prozent umfassend; von zweihundert Prozent:* eine -e Vergrößerung der Vorlage erstellen. **2.** (ugs. emotional verstärkend) **a)** *ganz und gar:* ich bin z. davon überzeugt; **b)** *absolut sicher:* eine -e Chance; sie braucht immer eine -e Garantie; **c)** *in übertriebener Weise typisch:* er ist ein -er Spießer.

Zwei|jah|res|ver|trag, der: *Vertrag mit einer Laufzeit von zwei Jahren.*

zwei|jäh|rig ⟨Adj.⟩ (mit Ziffer: 2-jährig): **a)** *zwei Jahre alt;* **b)** *zwei Jahre dauernd.*

Zwei|jäh|ri|ge, die/eine Zweijährige; der/einer Zweijährigen, die Zweijährigen/zwei Zweijährige (mit Ziffer: 2-Jährige): *Mädchen im Alter von zwei Jahren.*

Zwei|jäh|ri|ger, der Zweijährige/ein Zweijähriger; des/eines Zweijährigen, die Zweijährigen/zwei Zweijährige (mit Ziffer: 2-Jähriger): *Junge im Alter von zwei Jahren:* Zweijährige sollen noch nicht fernsehen.

zwei|jähr|lich ⟨Adj.⟩ (mit Ziffer: 2-jährlich): *sich alle zwei Jahre wiederholend.*

Zwei|kam|mer|sys|tem, das: *Verfassungssystem, bei dem im Unterschied zum Einkammersystem die gesetzgebende Gewalt von zwei getrennten Kammern od. Parlamenten (z. B. Unterhaus u. Oberhaus, Bundestag u. Bundesrat o. Ä.) ausgeht.*

Zwei|kampf, der [LÜ von lat. duellum, ↑ Duell]: **1.** *mit Waffen ausgetragener Kampf zwischen zwei Personen; Duell:* jmdn. zum Z. herausfordern. **2.** (Sport) *Wettkampf zwischen zwei Personen od. Mannschaften:* es entwickelte sich ein dramatischer Z.

Zwei|ka|nal|ton, der (Fernsehen): *Möglichkeit der Übertragung von zwei unterschiedlichen, wahlweise einzuschaltenden Tonwiedergaben (z. B. deutsche od. Originalsprache bei einem Fernsehfilm) auf den beiden für den Stereoempfang vorgesehenen Fernsehkanälen.*

zwei|keim|blätt|le|rig, zwei|keim|blätt|rig ⟨Adj.⟩ (Bot.): *(als Keimling) zwei Keimblätter ausbildend.*

Zwei|klas|sen|ge|sell|schaft, die: *Gesellschaftsform, die aus einer Klasse der Wohlhabenden u. einer Klasse der Mittellosen besteht, wobei eine starke Mittelschicht fehlt.*

Zwei|klas|sen|me|di|zin, die (oft emotional): *Gesundheitssystem, bei dem viele medizinische Leistungen privat bezahlt werden müssen u. daher für mittellose Personen nicht mehr erschwinglich sind:* die Einführung von Wahlleistungen wird als Einstieg in die Z. gewertet.

zwei|köp|fig ⟨Adj.⟩: **1.** *aus zwei Personen bestehend:* ein -es Direktorium. **2.** *mit zwei Köpfen [versehen]:* das Wappen zeigt einen -en Adler.

Zwei|korn, das ⟨o. Pl.⟩: *dem Dinkel verwandte Weizenart; Emmer.*

Zwei|li|ter|fla|sche, die: *Flasche mit zwei Litern Fassungsvermögen:* eine Z. Lambrusco.

zwei|mal ⟨Wiederholungsz.; Adv.⟩ (mit Ziffer: 2-mal): *zwei Male:* das lässt sie sich nicht z. sagen *(auf dieses Angebot geht sie sofort ein).*

zwei|ma|lig ⟨Adj.⟩ (mit Ziffer: 2-malig): *zwei Male stattfindend.*

Zwei|mas|ter, der; -s, -: *Segelschiff mit zwei Masten.*

zwei|mo|na|tig ⟨Adj.⟩: **a)** *zwei Monate alt;* **b)** *zwei Monate dauernd.*

zwei|mo|nat|lich ⟨Adj.⟩ (mit Ziffer: 2-monatlich): *sich alle zwei Monate wiederholend.*

Zwei|mo|nats|schrift, die: *Zeitschrift, die alle zwei Monate erscheint.*

zwei|mo|to|rig ⟨Adj.⟩: *mit zwei Motoren [ausgerüstet].*

Zwei|par|tei|en|sys|tem, das: *Staatsform, bei der nur zwei große Parteien (als Regierungs- u. als Oppositionspartei) vorkommen.*

Zwei|per|so|nen|stück, das: *Stück* (6a) *mit nur zwei Personen* (3).

Zwei|pfund|brot, das: *zwei Pfund wiegendes Brot.*

Zwei|pfün|der, der; -s, -: *etw., was zwei Pfund wiegt:* lass uns noch einen Z. *(ein Zweipfundbrot)* kaufen!

zwei|pha|sig ⟨Adj.⟩ (Physik, Elektrot.): *zwei unter Spannung stehende Phasen* (5) *aufwiesend.*

zwei|po|lig ⟨Adj.⟩ (Physik, Elektrot.): *bipolar.*

Zwei|rad, das: *durch Treten von Pedalen od. durch einen Motor angetriebenes Fahrzeug mit zwei in einer Spur hintereinander angebrachten Rädern.*

Zwei|rä|de|rig: ↑ zweirädrig.

Zwei|rad|fah|rer, der: *jmd., der ein Zweirad fährt.*

Zwei|rad|fah|re|rin, die: w. Form zu ↑ Zweiradfahrer.

zwei|räd|rig, ⟨seltener:⟩ zweiräderig ⟨Adj.⟩: *mit zwei Rädern ausgestattet.*

Zweiraumwohnung – Zweitstimme

Zwei|raum|woh|nung, die (regional) (mit Ziffer: 2-Raum-Wohnung): Zweizimmerwohnung.

Zwei|rei|her, der (Schneiderei): Herrenanzug, dessen Jackett zwei senkrechte Knopfreihen hat; Doppelreiher.

zwei|rei|hig ⟨Adj.⟩: a) *mit zwei Reihen versehen; in zwei Reihen:* im Regal stehen die Bücher z.; b) *mit zwei Knopfreihen versehen:* ein -er Mantel.

zwei|sam ⟨Adj.⟩ (selten) *gemeinsam, einträchtig zu zweien.*

Zwei|sam|keit, die; -, -en: *zweisames Leben od. Handeln.*

zwei|schich|tig ⟨Adj.⟩: *zwei Schichten aufweisend.*

zwei|schif|fig ⟨Adj.⟩: 1. (Archit. selten) *aus zwei Schiffen* (2) *bestehend.* 2. (Fachspr.) *(von Wasserstraßen) in beide Richtungen gleichzeitig befahrbar:* einen Kanal z. ausbauen.

zwei|schnei|dig ⟨Adj.⟩ [spätmhd. zweisnīdic]: *mit zwei Schneiden versehen, an beiden Seiten geschliffen:* -es Messer, Schwert; Ü eine -e Angelegenheit *(etw., was zwar Vorteile hat, aber auch ins Gegenteil umschlagen kann).*

zwei|sei|tig ⟨Adj.⟩: 1. a) *zwei Seiten* (1 a) *aufweisend;* b) *zwei Seiten* (6 a) *enthaltend, umfassend.* 2. *nach zwei Seiten hin; zwischen zwei Parteien o. Ä. erfolgend:* -e *(bilaterale)* Verträge.

zwei|sil|big ⟨Adj.⟩ (mit Ziffer: 2-silbig): *aus zwei Silben bestehend:* es gibt viele -e Wörter.

Zwei|sit|zer, der; -s, -: *Auto ohne Rückbank mit nur zwei Sitzplätzen:* sie sind von ihrem sportlichen Z. auf eine Familienkutsche umgestiegen.

zwei|sit|zig ⟨Adj.⟩: *zwei Sitze aufweisend.*

zwei|spal|tig ⟨Adj.⟩ (Druckw.): *aus zwei Spalten bestehend; in zwei Spalten.*

Zwei|spän|ner, der; -s, -: 1. *mit zwei Pferden bespannter Wagen.* 2. (Bauw.) *Wohnhaus mit jeweils zwei an einem Treppenabsatz liegenden Wohnungen.*

zwei|spän|nig ⟨Adj.⟩ (mit Ziffer: 2-spännig): 1. *mit zwei Pferden bespannt.* ◆ 2. [übertr. von 1] *zweischläfrig:* …da alle drei Gesellen in einem -en Bett schlafen mussten (Keller, Kammacher 205).

Zwei|spitz, der: *[zu verschiedenen Uniformen, bes. von Marineoffizieren getragener] Hut mit zweiseitig aufgeschlagener, rechts u. links od. vorn u. hinten spitz zulaufender Krempe.*

zwei|spra|chig ⟨Adj.⟩: a) *zwei Sprachen sprechend, verwendend; bilingual:* ein -es Gebiet *(Gebiet, in dem zwei Sprachen gesprochen werden);* das Kind wächst z. auf; b) *in zwei Sprachen [abgefasst]:* ein -es Wörterbuch; die Straßenschilder in Südtirol sind z.

Zwei|spra|chig|keit, die; -: *das Zweisprachigsein.*

zwei|spu|rig ⟨Adj.⟩: 1. a) *zweigleisig* (a): eine -e Bahnstrecke; b) *(von Straßen) mit je zwei Fahrspuren für jede Richtung versehen.* 2. *(von Fahrzeugen) Räder aufweisend, die je parallel im Abstand der Spurweite nebeneinander herlaufen:* ein Pkw ist ein -es Fahrzeug.

Zwei|stär|ken|glas, das; -es, …gläser: Bifokalglas.

zwei|stel|lig ⟨Adj.⟩: *aus zwei hintereinander angeordneten Zahlen bestehend [die als Einheit zu lesen sind]:* sie rechnen nur mit -en Zahlen.

zwei|stim|mig ⟨Adj.⟩ (Musik): a) *für zwei Gesangs- od. Instrumentalstimmen gesetzt, geschrieben;* b) *mit zwei Stimmen [singend].*

zwei|stö|ckig ⟨Adj.⟩ (mit Ziffer: 2-stöckig): a) *zwei Stockwerke aufweisend;* b) *mit zwei übereinanderliegenden Ebenen konstruiert:* ein -er Zug.

Zwei|strom|land, das; -[e]s: *Gebiet zwischen Euphrat u. Tigris; Mesopotamien.*

zwei|stu|fig ⟨Adj.⟩: *zwei Stufen* (3 b) *aufweisend:* -e Raketen.

zwei|stün|dig ⟨Adj.⟩ (mit Ziffer: 2-stündig): *zwei Stunden dauernd:* eine -e Veranstaltung.

zwei|stünd|lich ⟨Adj.⟩: *sich alle zwei Stunden wiederholend:* die Tropfen sollen z. eingenommen werden.

zweit: in der Fügung **zu z.** *(als Gruppe von zwei Personen):* wir sind zu z.).

zweit… ⟨Ordinalz. zu ↑ zwei⟩ (als Ziffer: 2.): dieser Ort ist ihre zweite Heimat; ein zweiter Mozart (ugs. übertreibend; *ein hervorragender Musiker);* eine Verbrennung zweiten *(mittleren)* Grades; [die] zweite Stimme singen; es ist heute schon das zweite Mal, dass ich ihn sehe; das wird mir nicht ein zweites Mal *(wird mir nie wieder)* passieren; (subst.:) am Zweiten des Monats; der Zweite Weltkrieg; sie ging als Zweite *(als Zweitplatzierte hinter der Siegerin)* aus dem Rennen hervor; bitte einmal Zweiter *(eine Fahrkarte zweiter Klasse)* nach München!; der Zweite von hinten; * **aus zweiter Hand** (↑ Hand 1).

zwei|tä|gig ⟨Adj.⟩ (mit Ziffer: 2-tägig): *zwei Tage dauernd:* ein -er Kongress.

zwei|täg|lich ⟨Adj.⟩ (mit Ziffer: 2-täglich): *sich alle zwei Tage wiederholend:* das Schiff verkehrt z.

Zwei|tak|ter, der; -s, -: *kurz für* ↑ Zweitaktmotor.

Zwei|takt|mo|tor, der; -s, -en, auch: -e (Kfz-Technik): *Verbrennungsmotor mit zwei Arbeitsgängen (im ersten Einströmen u. Verdichten des Benzin-Luft-Gemisches, im zweiten Verbrennen u. Auspuffen).*

zw<u>ei</u>t|äl|test… ⟨Adj.⟩: *hinsichtlich des Alters an zweiter Stelle stehend:* die zweitälteste Einwohnerin.

zwei|tau|send ⟨Kardinalz.⟩ (in Ziffern: 2 000): vgl. ¹acht: bei der Katastrophe kamen z. Menschen ums Leben.

Zwei|tau|sen|der, der: *Gipfel von u. über 2 000 m Höhe.*

Zwei|tau|send|jäh|rig ⟨Adj.⟩: *2 000 Jahre dauernd, bestehend.*

Zwei|aus|fer|ti|gung, die: *zweite Ausfertigung;* ¹Doppel (1), Duplikat.

Zweit|be|ruf, der: *zweiter [zusätzlich erlernter] Beruf:* Bergmann ist sein Hauptberuf, sein Z. ist Klarinettenspieler (Strittmatter, Der Laden 924).

zw<u>ei</u>t|best… ⟨Adj.⟩: vgl. zweitältest…: der zweitbeste Schüler seiner Klasse.

zwei|tei|len ⟨sw. V.; hat⟩: *in zwei Teile teilen:* einen Apfel z.; … ich muss mich verdoppeln, mich z., ein Teil von Louis Venosta muss reisen, während der andere in Paris bei seiner Zaza bleiben darf (Th. Mann, Krull 280).

Zwei|tei|ler, der: 1. *zweiteiliger Badeanzug.* 2. *zweiteiliges Kleid.* 3. *zweiteiliges Fernsehspiel o. Ä.*

zwei|tei|lig ⟨Adj.⟩ (mit Ziffer: 2-teilig): *aus zwei Teilen bestehend:* sie trug ein -es Kleid.

Zwei|tei|lung, die: *Teilung in zwei Hälften, Abschnitte, Gruppen o. Ä.:* die Z. eines Konzerns beschließen.

Zwei|te-Klas|se-Wa|gen: ↑ Zweiter-Klasse-Wagen.

zwei|tens ⟨Adv.⟩ (als Ziffer: 2.): *an zweiter Stelle, als zweiter Punkt.*

Zwei|ter-Klas|se-Wa|gen, Zweite-Klasse-Wagen, der: *Eisenbahnwagen der zweiten Wagenklasse.*

Zweit|ge|rät, das: *zweites Gerät desselben Besitzers; zweites Gerät innerhalb einer Familie, eines Haushalts.*

zweit|ge|reiht ⟨Adj.⟩ (österr.): *an zweiter Stelle innerhalb einer Rangfolge befindlich.*

zw<u>ei</u>t|größt… ⟨Adj.⟩: vgl. zweitältest…: die zweitgrößte Stadt Finnlands.

zw<u>ei</u>t|häu|figst… ⟨Adj.⟩: vgl. zweitältest…: die zweithäufigste Todesursache.

zw<u>ei</u>t|höchst… ⟨Adj.⟩: vgl. zweitältest…: der zweithöchste Berg.

Zweit|klass- (schweiz.): 1. drückt in Bildungen mit Substantiven aus, dass jmd. oder etw. zur zweiten Schulklasse gehört: Zweitklassdiktat. 2. drückt in Bildungen mit Substantiven aus, dass jmd. oder etw. der zweiten Leistungsgruppe, Qualität, [Größen]ordnung angehört: Zweitklassbürger, -medizin, -wein.

Zweit|kläs|ser, der; -s, - (ugs. seltener): *Schüler der zweiten Klasse.*

Zweit|kläs|se|rin, die; -, -nen: w. Form zu ↑ Zweitklässer.

zweit|klas|sig ⟨Adj.⟩: a) (abwertend) *ein geringeres Ansehen, einen geringeren Ruf habend:* ein -es Lokal; das Spitzenspiel erwies sich als durchaus z.; b) (Sport) *in der zweiten, zweithöchsten Spielklasse spielend.*

Zweit|klas|sig|keit, die; -: *das Zweitklassigsein.*

Zweit|kläss|ler (österr.), **Zweit|kläss|ler** (ugs.), der: *Schüler der zweiten Klasse.*

Zweit|klas|sle|rin, die; -, -nen: w. Form zu ↑ Zweitklassler.

Zweit|kläss|le|rin, die; -, -nen: w. Form zu ↑ Zweitklässler.

zw<u>ei</u>t|längst… ⟨Adj.⟩: vgl. zweitältest…: der zweitlängste Fluss Europas.

zw<u>ei</u>t|letzt… ⟨Adj.⟩: *an vorletzter Stelle [stehend].*

Zweit|li|gist, der: *in der zweiten Liga* (2) *spielende Mannschaft.*

Zweit|markt, der (Wirtsch.): *Markt* (3 a) *für Produkte, die auf dem regulären Markt nicht gehandelt werden können:* der Z. für geschlossene Fonds; eine Lebensversicherung über den Z. verkaufen.

Zweit|nut|zen, der: *zweiter Nutzen von etw.*

zweit|tou|rig ⟨Adj.⟩: *jeweils zwei Umdrehungen (für jeden Arbeitsgang) machend:* eine -e Maschine.

Zweit|plat|zier|te, die/eine Zweitplatzierte; der/einer Zweitplatzierten; die Zweitplatzierten/zwei Zweitplatzierte (Sport): *weibliche Person, die einen zweiten Platz belegt.*

Zweit|plat|zier|ter, der Zweitplatzierte/ein Zweitplatzierter; des/eines Zweitplatzierten; die Zweitplatzierten/zwei Zweitplatzierte (Sport): *jmd., der einen zweiten Platz belegt.*

Zweit|pla|zier|te, Zweit|pla|zier|ter: frühere Schreibung für ↑ Zweitplatzierte, Zweitplatzierter.

zweit|ran|gig ⟨Adj.⟩: a) *zweiten Ranges, nicht so dringlich, weniger wichtig:* ein -es Problem; eine -e Aufgabe; b) (abwertend) *zweitklassig* (a).

◆ **Zweit|tritt,** der: *Tanz im ²/₄-Takt:* Aber sie schien bei diesem Tanze gar nicht mitzuhalten, und endlich ging auch der zu Ende, und ein anderer, ein Z., der, eben erst hier in die Mode gekommen war, folgte (Storm, Schimmelreiter 47).

zw<u>ei</u>t|schlecht… ⟨Adj.⟩: vgl. zweitältest…

Zweit|schlüs|sel, der: *zweiter Schlüssel zum Gebrauch neben dem Originalschlüssel.*

zw<u>ei</u>t|schönst… ⟨Adj.⟩: vgl. zweitältest…: die zweitschönste Sache der Welt.

Zweit|schrift, die: *Zweitausfertigung.*

Zweit|spra|che, die: *Sprache, die ein Mensch zusätzlich zur Muttersprache, jedoch zu einem späteren Zeitpunkt, erlernt, weil er sie zur Teilnahme am sozialen, ökonomischen, politischen u. kulturellen Leben benötigt:* sie hat Französisch als Z. gelernt; viele Kursteilnehmer sprechen Deutsch als Z.

zw<u>ei</u>t|stärkst… ⟨Adj.⟩: vgl. zweitältest…: die zweitstärkste Partei bei der Wahl.

Zweit|stim|me, die: *Stimme, die der Wähler, die*

Wählerin bei den Wahlen zum Bundestag für die Landesliste einer Partei abgibt.
Zweit|stu|di|um, das: *zweites Studium nach einem bereits abgeschlossenem Studium.*
zwei|tü|rig ⟨Adj.⟩: *mit zwei Türen ausgestattet.*
Zweit|ver|wer|tung, die: *zweites Verwerten (von etw.):* die lukrative Z. eines Kinofilms als DVD.
Zweit|wa|gen, der: *zweites [auf denselben Besitzer zugelassenes] Auto innerhalb einer Familie o. Ä.:* das Auto seiner Tochter hat er als Z. bei seiner Versicherung angemeldet.
zweit|wich|tigst... ⟨Adj.⟩: *hinsichtlich der Wichtigkeit an zweiter Stelle stehend:* die zweitwichtigste Überlebensregel.
Zweit|wohn|sitz, der: *zweiter, zusätzlicher Wohnsitz, den jmd. neben dem Hauptwohnsitz unterhält:* ein Z. auf Mallorca.
Zweit|woh|nung, die: *zweite Wohnung [für Wochenenden od. Urlaub].*
zwei|und|ein|halb ⟨Bruchz.⟩: *verstärkend für* ↑ zweieinhalb: sie hat z. Kilo abgenommen.
Zwei|vier|tel|takt [...'fɪrtl...], der: *Taktmaß, bei dem der einzelne Takt aus Notenwerten von zwei Vierteln besteht.*
zwei|wer|tig ⟨Adj.⟩: **1.** (Chemie) *sich mit zwei Atomen des einwertigen Wasserstoffs verbinden könnend.* **2.** (Sprachwiss.) *(vom Verb) bei der Satzbildung zwei Satzglieder od. Ergänzungsbestimmungen fordernd.*
zwei|wö|chent|lich ⟨Adj.⟩: *sich alle zwei Wochen wiederholend.*
zwei|wö|chig ⟨Adj.⟩: **a)** *zwei Wochen alt;* **b)** *zwei Wochen dauernd.*
Zwei|zei|ler, der; -s, -: *Strophe, Gedicht aus zwei Versen.*
zwei|zei|lig ⟨Adj.⟩: **1.** *aus zwei Zeilen bestehend.* **2.** *immer eine Zeile frei lassend.*
Zwei|zim|mer|woh|nung, die (mit Ziffer: 2-Zimmer-Wohnung): *Wohnung mit zwei Zimmern, Küche u. Bad.*
zwei|zü|gig ⟨Adj.⟩: *zwei* ¹*Züge* (14b) *aufweisend, in zwei Abteilungen geteilt:* eine -e Schule.
Zwei|zy|lin|der, der (ugs.): **a)** *Kurzf. von* ↑ Zweizylindermotor; **b)** *Kraftwagen mit Zweizylindermotor.*
Zwei|zy|lin|der|mo|tor, der; -s, -en, auch: -e: *Kfz-Motor mit zwei Zylindern* (2).
zwei|zy|lin|d|rig ⟨Adj.⟩: *zwei Zylinder aufweisend.*
zwerch ⟨Adv.⟩ [mhd. twerch, ahd. twerah, dwerah = schräg, verkehrt, quer, H. u., wahrsch. eigtl. = verdreht u. verw. mit ↑ drechseln] (landsch.): *quer.*
Zwerch|fell, das: *aus Muskeln u. Sehnen bestehende Scheidewand zwischen Brust- u. Bauchhöhle (bei Menschen u. Säugetieren); Diaphragma* (1).
Zwerch|fell|at|mung, die ⟨o. Pl.⟩: *Atmung, die durch die Bewegung des Zwerchfells bestimmt wird.*
zwerch|fell|er|schüt|ternd ⟨Adj.⟩: **a)** *(vom Lachen) sehr heftig;* **b)** *zu heftigem Lachen reizend:* -e Komik.
◆ **Zwerch|sack,** der (landsch.): *[Ruck]sack, der quer über der Schulter getragen wird:* ...warum habt Ihr den Z. vor euch auf das Ross gebunden und nicht hinten? (Hebel, Schatzkästlein 25); ...wenn nun der Mann zu seinem Weibe heimkommt, ihr seinen Handel rühmt, die Kinder alle passen, bis der Z. aufgeht, darin auch was für sie sein mag (Mörike, Mozart 259).
Zwerg, der; -[e]s, -e [mhd., ahd. twerc, germ. Wort, H. u., viell. im Sinne von »Trugwesen«, verw. mit ↑ trügen]: **1.** *(in Märchen u. Sagen auftretendes) kleines, meist hilfreiches Wesen in Menschengestalt (das man sich meist als kleines Männchen mit Bart u. [roter] Zipfelmütze vorstellt); Gnom* (a): Schneewittchen und die sie-

ben -e. **2.** (salopp abwertend) *kleinwüchsiger Mensch; Gnom* (b). **3.** (fam.) *kleines Kind:* unser Z. muss um acht ins Bett. **4.** (Astron.) *Zwergstern.*
Zwerg|baum, der (Bot.): *kleinwüchsiger Baum.*
Zwerg|be|trieb, der: *sehr kleiner Betrieb.*
Zwerg|da|ckel, der: *sehr kleiner Dackel.*
Zwer|gen|auf|stand, der (salopp): *unnötige Aufregung, Empörung:* mach hier doch keinen Z.!
zwer|gen|haft, (seltener:) zwerghaft ⟨Adj.⟩: **1.** *auffallend klein, winzig:* sie wohnen in einem -en Häuschen. **2.** *wie ein Zwerg* (1) *aussehend.*
Zwerg|form, die: *sehr kleine Spielart von etw. (bes. von Tieren od. Pflanzen).*
zwerg|haft: ↑ zwergenhaft.
Zwerg|huhn, das: *sehr kleines, oft schön gefärbtes Haushuhn.*
Zwerg|hund, der: *Hund einer Zwerghundrasse.*
Zwerg|hund|ras|se, die: *Rasse sehr kleiner Hunde.*
Zwer|gin, die; -, -nen [mhd. twerginne, twergīn]: *w. Form zu* ↑ Zwerg (1, 2).
Zwerg|kie|fer, die: *(in mittel- u. südeuropäischen Gebirgen vorkommende) kleinwüchsige, meist in die Breite wachsende Kiefer.*
Zwerg|obst, das: *Formobst* (1).
Zwerg|pin|scher, der: vgl. Zwergdackel.
Zwerg|pla|net, der: *kleinerer Himmelskörper im Sonnensystem mit eigener Umlaufbahn um die Sonne.*
Zwerg|pu|del, der: vgl. Zwergdackel.
Zwerg|schu|le, die: *Schule (bes. in ländlichen Gebieten), in der aufgrund geringer Schülerzahlen Schüler[innen] mehrerer Schuljahre in einem Klassenraum unterrichtet werden.*
Zwerg|staat, der: *sehr kleiner, zwar souveräner, aber außenpolitisch einflussloser od. abhängiger Staat.*
Zwerg|stern, der (Astron.): *Fixstern mit geringem Durchmesser u. schwacher Leuchtkraft.*
Zwerg|strauch, der (Bot.): vgl. Zwergbaum.
Zwerg|wal, der: *kleinerer Bartenwal mit schwarzer Ober- u. weißlicher Unterseite.*
Zwerg|wuchs, der (Biol.): *(bei bestimmten Tier- u. Pflanzenrassen) Längenwachstum, das stark unter dem Durchschnitt liegt.*
zwerg|wüch|sig ⟨Adj.⟩ (Biol.): *von Zwergwuchs betroffen.*

> Die Anwendung der Bezeichnungen *Zwergwuchs* und *zwergwüchsig* auf kleinwüchsige Menschen gilt als stark diskriminierend.

Zwet|sche, die; -, -n [spätmhd. tzwetzschken, zwetsch(g)en, über das Roman.-Vlat. zu spätlat. damascena (Pl.) = Pflaumen aus Damaskus < griech. Damaskēná = die damaskische (Frucht), als Heimat des Obstart galt schon in der Antike die Gegend von Damaskus in Syrien]: **1.** *der Pflaume ähnliche, länglich eiförmige, dunkelblaue Frucht des Zwetschenbaums mit gelbem, süß schmeckendem Fruchtfleisch u. länglichem Kern.* **2.** Kurzf. von ↑ Zwetschenbaum.
Zwet|schen|baum, der: *Obstbaum mit Zwetschen als Früchten.*
Zwet|schen|kern, der: *Kern* (1 a) *einer Zwetsche.*
Zwet|schen|ku|chen, der: *mit Zwetschen belegter [auf einem Blech] gebackener [Hefe]kuchen.*
Zwet|schen|mus, das, (landsch. auch:) der: *aus Zwetschen hergestelltes Mus.*
Zwet|schen|schnaps, der: *aus Zwetschen hergestellter Branntwein.*
Zwet|schen|was|ser, das ⟨Pl. ...wässer⟩: *Zwetschenschnaps; Quetsch.*
Zwetsch|ge (1, 2): * **seine sieben -n [ein]packen** (ugs.; *seine Habseligkeiten einpacken [u. sich entfernen]*).

Zwetsch|gen|baum usw. (südd., schweiz. u. fachspr.): ↑ Zwetschenbaum usw.
Zwetsch|ke, die; -, -n (österr.): *Zwetsche* (1, 2).
Zwetsch|ken|baum usw. (österr.): ↑ Zwetschenbaum usw.
Zwetsch|ken|knö|del, der (österr.): *Knödel aus Kartoffelteig mit einer Zwetsche in der Mitte.*
Zwetsch|ken|rös|ter, der (österr.): *Pflaumenmus; Röster* (2 a, b).
Zwetsch|ker|ner, der: *Zwetschkerne/ein Zwetschkerner; des/eines Zwetschkernen, die Zwetschkernen/zwei Zwetschkerne* (österr.): *Zwetschenschnaps.*
Zwi|cke, die; -, -n: **1.** [zu ↑ zwicken] (landsch.) *Beißzange* (1). **2.** [Nebenf. von ↑ Zwecke] (veraltet) *Zwecke.* **3.** [H. u.; auch zu mhd., ahd. zwi- (in Zus.) = zwei-] (Biol.) *als Zwilling mit einem männlichen Tier geborenes fortpflanzungsunfähiges Kuhkalb od. weibliches Ziegenlamm.*
Zwi|ckel, der; -s, -: **1.** [mhd. zwickel, verw. mit ↑ Zweck od. zwicken, eigtl. = keilförmiges Stück] *keilförmiger Einsatz an Kleidungsstücken:* eine Strumpfhose mit Z. **2.** (Archit.) **a)** *Teil des Gewölbes, der den Übergang von mehreckigen Grundriss zu einer Kuppel bildet (z. B. Pendentif, Trompe);* **b)** *Wandfläche zwischen zwei Bogen u. über einer Arkade.*
Zwi|ckel|bier, das [zu landsch., sonst veraltet Zwickel = Zapfen des Bierfasses (im Sinne von »frisch aus dem Fass kommendes Bier«)] (Fachspr.): *naturtrübes, unfiltriert direkt aus dem Lagerkeller kommendes Bier.*
Zwi|ckel|tag, der (österr.): *Brückentag.*
zwi|cken ⟨sw. V.; hat⟩ [mhd., ahd. zwicken, wohl Intensivbildung zu ahd. zwīgōn = ausreißen, rupfen, pflücken, zu: zwīg = Zweig, in mhd. Zeit Anlehnung an mhd. zwec (↑ Zweck) u. im Sinne von »mit Nägeln befestigen, einklemmen« gebr.]: **1.** (bes. südd., österr.) *[leicht] kneifen* (1): jmdn./jmdn. in die Wange z. **2.** (bes. südd., österr.) **a)** *[leicht] kneifen* (2 a): die Hose zwickt am Bund; **b)** *[leicht] kneifen* (2 b): sein Ischias zwickt ihn; nun zwickt ihr/zwickt sie der Bauch; als er älter wurde, begann es ihn überall zu z. und zu zwacken *(bekam er alle möglichen kleineren Beschwerden);* Ü ...ihr Gewissen zwickt sie ein wenig (Fallada, Jeder 32). **3.** (österr.) *(einen Fahrschein) lochen, entwerten:* der Schaffner hat die Fahrkarte gezwickt. **4.** (bes. österr.) *(mit einer Klammer) befestigen:* die Socken auf die Leine z. **5.** (ostösterr. salopp) *zu sich nehmen, konsumieren:* ein Hendl, eine Flasche Wein z.
Zwi|cker, der; -s, -: **1.** (bes. südd., österr.) *Kneifer:* ...einen randlosen Z. hat er auf der Nase (Kempowski, Zeit 142). **2.** [H. u., heute verstanden als »sehr trockener Wein, der zwickt«] *elsässischer Weißwein, der ein Verschnitt aus weniger guten Trauben ist.* ◆ **3.** (landsch.) *Verweis, Ermahnung:* ... es tät' wohl und jenem ein kleiner Z. gut (Storm, Schimmelreiter 32).
Zwick|müh|le, die; -, -n [zu mhd., ahd. zwi- (in Zus.) = zwei-, also eigtl. = Zweimühle, Zwiemühle, nach der Möglichkeit im Mühlespiel, durch den gleichen Zug eine Mühle zu öffnen u. eine zweite zu schließen]: **1.** *Stellung der Steine im Mühlespiel, bei der man durch Hin- u. Herschieben eines Steines jeweils eine neue Mühle hat.* **2.** (ugs.) *schwierige, verzwickte Lage, aus der es keinen Ausweg zu geben scheint:* in einer Z. sein, sitzen, stecken.
Zwie|back, der; -[e]s, ...bäcke u., österr. nur: -e [zu mhd., ahd. zwi- (in Zus.) = zwei-, eigtl. = zweimal Gebackenes, LÜ von ital. biscotto (↑ Biskotte) od. frz. biscuit (↑ Biskuit)]: *Gebäck in Gestalt einer dickeren Schnitte, das nach dem Backen geröstet wird, wodurch es knusprig hart u. haltbar wird.*

Zwiebel – Zwirn

Zwie|bel, die; -, -n, (österr. ugs.:) der; -s, - [mhd. zwibel, zwibolle, ahd. zwibollo, cipolle, über das Roman. < (spät)lat. cepul(l)a, Vkl. von lat. cepa = Zwiebel]: **1. a)** *knollenförmiger, der Speicherung von Nährstoffen dienender, meist unterirdisch wachsender Spross der Zwiebelpflanzen mit dünner, trockener [schuppiger] Schale, mit aus konzentrisch angeordneten dicken, fleischigen, meist weißen Blättern bestehendem Innerem, Wurzeln an der Unterseite u. dicklichen, oft röhrenförmigen Blättern an der Oberseite:* die -n der Tulpen; **b)** *Zwiebelpflanze, deren Spross die Zwiebel (1 c) ist:* ein Beet mit -n; **c)** *(als Gewürz u. Gemüse verwendete) Zwiebel (1 a) mit meist hellbrauner, dünner Schale u. aromatisch riechendem, scharf schmeckendem Inneren:* eine Z. in Ringe schneiden. **2.** Zwiebeldach. **3.** (ugs. scherzh.) [Taschen]uhr.
Zwie|bel|dach, das: *Dach bes. eines Kirchturms, dessen Form einer Zwiebel ähnelt.*
Zwie|bel|fisch, der (urspr. von mehreren aus verschiedenen Schriftarten (»wie ein Haufen kleiner Fische«) durcheinandergeratenen Buchstaben] (Druckerspr.): *beim Setzen (in Bleisatz) versehentlich verwendeter, von der Schrift des übrigen Satzes abweichender Buchstabe.*
zwie|bel|för|mig ⟨Adj.⟩: *in der Form einer Zwiebel ähnlich.*
Zwie|bel|hau|be, die (Archit.): *zwiebelförmige kleine Kuppel als Abschluss eines [Kirch]turms.*
Zwie|bel|ku|chen, der: *Kuchen aus Hefeteig mit einem Belag aus Zwiebeln, Speck [saurer Sahne u. Eiern].*
Zwie|bel|mus|ter, das: *blaues Dekor auf Porzellan, das stilisierte Pflanzen darstellt.*
zwie|beln ⟨sw. V.; hat⟩ [H.u., viell. nach der Vorstellung, dass man jmdm. wie einer Zwiebel nach u. nach die Häute abzieht od. ihn wie beim Zwiebelschälen zum Weinen bringt] (ugs.): *jmdn. hartnäckig [mit etw.] zusetzen; schikanieren:* der Lehrer zwiebelt die Schüler.
Zwie|bel|pflan|ze, die (Bot.): *Pflanze, die zur Speicherung von Nährstoffen einen knollenförmigen Spross ausbildet.*
Zwie|bel|ring, der: *Ring, der sich beim Querschneiden einer Zwiebel (1 c) ergibt.*
Zwie|bel|scha|le, die: *Schale einer Zwiebel (1 c).*
Zwie|bel|schei|be, die: vgl. Zwiebelring.
Zwie|bel|sup|pe, die: *aus Fleischbrühe mit Zwiebeln (1 c) hergestellte Suppe [die mit Toast u. Käse überbacken serviert wird].*
Zwie|bel|turm, der: *[Kirch]turm mit einer Zwiebelhaube.*
zwie|fach (Vervielfältigungsz.) [mhd. zwivach] (geh. veraltend): *zweifach:* Diese Deutschen werden aber auf eine nicht abzusehende Zeit in einem besetzten Land leben, einem z. besetzten (Heym, Schwarzenberg 276).
zwie|fäl|tig ⟨Adj.⟩ [mhd. zwivaltic] (geh. veraltend): *zweifach.*
zwie|ge|schlecht|lich ⟨Adj.⟩ (selten): *zweigeschlechtlich.*
Zwie|ge|spräch, das; -[e]s, -e (geh.): *[vertrauliches] Gespräch, Gedankenaustausch zwischen zwei Personen:* sie führten lange -e.
Zwie|laut, der; -[e]s, -e (Sprachwiss.): Diphthong.
Zwie|licht, das; -[e]s [aus dem Niederd. < mniederd. twêlicht, eigtl. = halbes, gespaltenes Licht]: **1. a)** *Dämmerlicht (in dem die Umrisse von etw. Entfernterem nicht mehr genau zu erkennen sind);* **b)** *Licht, das durch Mischung von natürlichem dämmrigem u. künstlichem Licht entsteht;* Ü Er lag noch eine Zeit lang in dem sonderbaren Z. von Traum und Wirklichkeit (Remarque, Triomphe 196). **2.** *ins Z. geraten (in eine undurchsichtig-fragwürdige Situation geraten);* jmdn. ins Z. bringen *(jmdn. in eine undurchsichtig-fragwürdige Situation bringen).*
zwie|lich|tig ⟨Adj.⟩: *undurchsichtig (2) u. daher suspekt:* ein -er Geschäftemacher.
Zwie|sel, die; -, -n od. der; -s, - [mhd. zwisel, ahd. zwisila = Gabel; zu mhd., ahd. zwi- (in Zus.) = zwei-]: **1.** (landsch.) *Baum mit gegabeltem Stamm u. zwei Kronen.* **2.** (der) (Reiten) *Aussparung in der Mitte des Sattels, die bewirkt, dass die Rückenmuskulatur des Pferdes beim Reiten nicht belastet wird.*
Zwie|spalt, der; -[e]s, -e u. ...spälte ⟨Pl. selten⟩ [rückgeb. aus ↑zwiespältig]: **a)** *inneres Uneinsein; Unfähigkeit, sich für eine von zwei Möglichkeiten zu entscheiden, ihr den Vorrang zu geben:* der Z. zwischen Gefühl und Vernunft; in einen Z. geraten; er befand sich in einem inneren Z.; ... diese tiefe Verlegenheit, diesen zuckenden Z. von Begehren und Angst (Hesse, Steppenwolf 101); **b)** (seltener) *Uneinigkeit:* ein Z. innerhalb der Partei.
zwie|späl|tig ⟨Adj.⟩ [spätmhd. zwispeltic, ahd. zwispaltig, eigtl. = in zwei Teile gespalten]: *in sich uneins; widersprüchlich, kontrovers:* -e Gefühle; er ist ein -er Charakter.
Zwie|späl|tig|keit, die; -, -en: **1.** ⟨o. Pl.⟩ *das Zwiespältigsein.* **2.** *etw. zwiespältig Wirkendes; Zwiespalt.*
Zwie|spra|che, die; -, -n ⟨Pl. selten⟩ (geh.): *das Sichaussprechen mit einem [imaginären] Partner:* Z. mit dem Toten halten; Ich halte stumme Z. mit den Leuchtzeichen der Instrumententafel vor meinen Knien (Koeppen, Rußland 205).
Zwie|tracht, die; - [mhd. zwitraht < niederd. twidracht, zu: twêdrägen = sich entzweien, Gegenwort zu ↑ Eintracht] (geh.): *Zustand der Uneinigkeit, des Unfriedens; Streit; starke Disharmonie:* Z. stiften, säen; unter/zwischen ihnen war, herrschte Z.
Zwilch, der; -[e]s, -e: Zwillich.
◆ **Zwilch|fet|zen**, der (landsch.): *Tuch, Lappen aus Zwillich:* Herzhaft wuschen am Brunnen mit einem handlichen Z. stämmige Mägde ihre rotbräckten Gesichter (Gotthelf, Spinne 4).
Zwil|le, die; -, -n [verw. mit ↑ Zwiesel; vgl. mniederd. twil] (landsch.): **1.** *Astgabel.* **2.** *[aus einer Astgabel gefertigte] gabelförmige Schleuder.*
Zwil|lich, der; -s, ⟨Sorten:⟩ -e [mhd. zwil(i)ch = zweifädig (in Anlehnung an lat. bilix = zweifädig, zu: licium = Faden), ahd. zwilîh = zweifach, zu mhd., ahd. zwi- = zwei-]: *dichtes, strapazierfähiges Gewebe (bes. aus Leinen), das bes. für Arbeitskleidung u. Handtücher verwendet wird.*
Zwil|ling, der; -s, -e [mhd. zwillinc, zwinlinc, zwinelinc, ahd. zwiniling, zu, ahd. zwinal < zwinal = doppelt, zu ↑ zwei, also eigtl. = Zweiling]: **1.** *eines von zwei gleichzeitig ausgetragenen Kindern:* eineiige, zweieiige; sie ist ein Z., die beiden sind -e; *siamesische -e [meist an der Brust od. am Rücken, auch an den Köpfen] miteinander verwachsene eineiige Zwillinge;* nach den Zwillingsbrüder Chang u. Eng [1811 bis 1874] aus Siam, heute Thailand). **2.** (Astrol.) **a)** ⟨Pl.⟩ *Tierkreiszeichen für die Zeit vom 21. 5. bis 21. 6:* im Zeichen -e, der -e geboren sein; **b)** *jmd., der im Zeichen Zwillinge (2 a) geboren ist:* sie ist -e, ein Z. **3.** ⟨Pl.⟩ *Sternbild am nördlichen Sternenhimmel.* **4. a)** *Geschütz mit zwei gekoppelten, gleichzeitig feuernden Rohren;* **b)** *Doppelbüchse, -flinte.*
Zwil|lings|bru|der, der: vgl. Zwillingsgeschwister: die beiden sind Zwillingsbrüder.
Zwil|lings|ge|schwis|ter: **1.** ⟨Pl.⟩ *Geschwister, die als Zwillinge geboren wurden.* **2.** (Fachspr.; auch schweiz.) *einzelner Geschwisterteil.*
Zwil|lings|paar, das: *verschiedengeschlechtliche Zwillinge.*
Zwil|lings|schwes|ter, die: vgl. Zwillingsgeschwister.
Zwil|lings|turm, der ⟨meist Pl.⟩: *eines von zwei gleich od. ähnlich aussehenden Hochhäusern:* die Zwillingstürme des World Trade Centers.
Zwing|burg, die; -, -en: *große, oft stark befestigte Burg im MA., von der aus das umliegende Land beherrscht, seine Bewohner zur Anerkennung der Herrschaft des Grundherrn gezwungen werden konnten.*
Zwin|ge, die; -, -n (Technik): **1.** *Werkzeug mit verstellbaren ¹Backen (2) zum Einspannen, Zusammenhalten, Zusammenpressen von Werkstücken o. Ä.* **2.** *ring- od. zylinderförmige Vorrichtung zum Zusammenhalten, Befestigen stark beanspruchter [hölzerner] Teile an etw. (z. B. am Griff eines Werkzeugs, am unteren Ende eines Krückstocks o. Ä.).*
zwin|gen ⟨st. V.; hat⟩ [mhd. zwingen, twingen, dwingen, ahd. twingan, dwingan, eigtl. = zusammendrücken, -pressen, einengen]: **1. a)** *durch Drohung, Anwendung von Gewalt o. Ä. dazu veranlassen, etw. zu tun; zu etw. bringen; nötigen:* jmdn. z., etw. zu tun; jmdn. zu einem Geständnis, zum Rücktritt z.; das Flugzeug wurde zum Landen gezwungen; du musst nicht gehen, es zwingt dich niemand; **b)** ⟨z. + sich⟩ *sich mit großer Selbstüberwindung dazu bringen, etw. zu tun; sich sehr zu etw. überwinden:* du musst dich z., etwas mehr zu essen; er zwang sich zu einem Lächeln, zur Ruhe; Wir sprachen auch ein paar Worte, und ich hatte das Gefühl, als zwänge Frau Andernoth sich fortwährend (Gaiser, Schlußball 181/182). **2.** *ein bestimmtes Verhalten, Handeln notwendig, unbedingt erforderlich machen, notwendigerweise herbeiführen:* die Situation zwang uns, rasch zu handeln, zwang uns zur Eile; wir sind gezwungen, das Geschäft aufzugeben; wir sehen uns gezwungen, gerichtlich vorzugehen; ich sehe mich zu diesen Maßnahmen gezwungen. **3.** (geh.) *mit Gewalt veranlassen, an einen bestimmten Ort zu gehen; gewaltsam bewirken, sich an eine bestimmte Stelle, in eine bestimmte Lage zu begeben:* er zwang ihn auf einen Stuhl, zu Boden; sie zwangen die Gefangenen in einen engen Raum; Tagsüber streifte er die Küste entlang, bis die Hitze ihn in den Schatten der Felswände zwang (Ransmayr, Welt 202). **4.** (landsch.) *bewältigen, meistern (a), schaffen (4 a).*
zwin|gend ⟨Adj.⟩: **a)** *unbedingt erforderlich; unerlässlich:* es besteht dazu eine -e Notwendigkeit; etw. aus -en Gründen tun; das Verfahren ist z. erforderlich, geboten, notwendig, vorgeschrieben; **b)** *stringent, unwiderlegbar:* eine Aussage von -er Logik.
Zwin|ger, der; -s, - [**1.** mhd. twingære = Bedränger, Zwingherr; (befestigter) Raum zwischen (Stadt)mauer u. Graben] **a)** *Kurzf. von* ↑ Hundezwinger; **b)** (seltener) *Raubtierkäfig.* **2.** *Betrieb für die Zucht von Rassehunden.*
zwin|kern ⟨sw. V.; hat⟩ [Iterativbildung zu mhd. zwinken = blinzeln]: *die Augenlider, oft mit einer bestimmten Absicht, um jmdm. ein Zeichen zu geben o. Ä., rasch auf u. ab bewegen, [wiederholt] zusammenkneifen u. wieder öffnen:* nervös, vielsagend, vertraulich [mit den Augen] z.; Der Alte presste die Lippen zusammen und zwinkerte gegen das Licht (Langgässer, Siegel 320).
zwir|beln ⟨sw. V.; hat⟩ [mhd. zwirbeln, Iterativbildung zu: zwirben = (herum)drehen, wirbeln, viell. Vermischung von: zirben = ((herum)wirbeln, u. wirbeln, ↑ Wirbel]: *mit den Fingerspitzen [schnell] zwischen zwei od. drei Fingern drehen:* einen Faden z.; seinen Schnurrbart z.
Zwirn, der; -[e]s, ⟨Sorten:⟩ -e [mhd. zwirn, eigtl. =

Doppelter (= zweifacher Faden), zu ↑ zwei]: **1.** *aus unterschiedlichen Fasern, bes. aus Baumwolle od. auch Flachs bestehendes, meist sehr reißfestes Garn, das aus zwei od. mehreren Fäden zusammengedreht ist u. bes. zum Nähen verwendet wird:* weißer, fester Z.; drei Rollen Z. kaufen; Ich komme in die Küche, als Sophie gerade Z. um die Rouladen wickelt (Schädlich, Nähe 134). **2.** *Gewebe aus Zwirn* (1).

¹**zwir|nen** ⟨sw. V.; hat⟩ [mhd. zwirnen; ahd. gezwirnōt = gezwirnt]: *durch Zusammendrehen zu Zwirn verarbeiten:* Seide[nfäden] z.; ein Gewebe aus gezwirntem Material.

²**zwir|nen** ⟨Adj.⟩: *aus Zwirn, gezwirntem Material bestehend:* ein -es Gewebe.

Zwirns|fa|den, der: *Faden vom Zwirn:* ein langer, weißer Z.; * **an einem Z. hängen** (↑ Faden 1).

¹**zwi|schen** ⟨Präp. mit Dativ u. Akk.⟩ [mhd. zwischen, verkürzt aus mhd. in zwischen, enzwischen, ahd. in zuisken, ↑ inzwischen; eigtl. Dativ Pl. von mhd. zwisc, ahd. zuiski = zweifach, je zwei]: **1.** ⟨räumlich; mit Dativ⟩ **a)** *kennzeichnet das Vorhandensein in einem, einer Sache innerhalb eines durch zwei Begrenzungen markierten Raumes:* er steht dort z. seinem Vater und seinem Bruder; sie hält eine Zigarette z. den Fingern; **b)** *kennzeichnet die Erstreckung von etw. innerhalb von zwei begrenzenden Punkten:* der Abstand z. den Häusern, den Punkten A und B; **c)** *kennzeichnet das Vorhandensein inmitten einer Anzahl, Menge o. Ä.; mitten in; mitten unter:* der Brief lag z. alten Papieren; sie saßen z. lauter fremden Leuten. **2.** ⟨mit Akk.⟩ **a)** *etwa in der Mitte von:* er stellt das Auto z. zwei Straßenbäume; **b)** *kennzeichnet die Hinbewegung auf einen Bereich, eine Stelle inmitten einer Anzahl, Menge o. Ä.; mitten in; mitten unter:* er setzt sich z. seine Gäste; den Brief z. alte Papiere legen. **3.** ⟨zeitlich; mit Dativ od. Akk.⟩ *kennzeichnet einen Zeitpunkt etwa in der Mitte von zwei zeitlichen Begrenzungen:* z. dem 1. und 15. Januar; z. acht und neun Uhr; sein Geburtstag fällt z. das Weihnachtsfest und Neujahr. **4.** ⟨mit Dativ⟩ **a)** *kennzeichnet eine Wechselbeziehung:* eine Diskussion z. (unter) den Teilnehmenden; die Freundschaft z. zwei Menschen wie der und mir; es ist aus z. ihnen (ugs.; *ihre Freundschaft, Beziehung ist zerbrochen*); es entstand ein heftiger Streit z. (unter) den Parteien; **b)** *kennzeichnet eine Beziehung, in die Unterschiedliches zueinandergesetzt wird:* das Verhältnis z. Theorie und Praxis; z. Wein und Wein ist ein großer Unterschied (ugs.; *nicht alle Weine sind von gleicher Qualität*); **c)** *kennzeichnet eine Mittelstellung, -stufe (innerhalb einer [Wert]skala o. Ä.):* eine Farbe z. Grau und Blau; **d)** *kennzeichnet einen bestimmten Wert als [untere] Grenze einer bestimmten Spanne:* Temperaturen z. 8 und 12 Grad; der Preis liegt z. 80 und 100 Euro.

²**zwi|schen** ⟨Adv.⟩: **1.** *kennzeichnet bei Maß- u. Mengenangaben einen Wert innerhalb der angegebenen Grenzwerte:* die Bäume sind z. 15 und 20 Meter hoch. **2.** (ugs., bes. nordd.) *als abgetrennter Teil von den Adverbien »dazwischen, wozwischen«:* das darf da nicht z. sein.

Zwi|schen|ab|la|ge, die (EDV): *Zwischenspeicher:* Text in die Z. kopieren.

Zwi|schen|ab|rech|nung, die: *vorläufige Abrechnung.*

Zwi|schen|akt, der (früher): *(im Theater) Zeitspanne zwischen zwei Akten einer Aufführung, die (z. B. mit Musik od. Ballett) ausgefüllt wird.*

Zwi|schen|ap|plaus, der: *spontaner Applaus während einer Darbietung od. einer Rede.*

Zwi|schen|auf|ent|halt, der: *kürzerer Aufenthalt (1) während einer Reise.*

Zwi|schen|be|mer|kung, die: *Bemerkung, Einwurf, mit dem jmd. die Rede, den Vortrag o. Ä. eines anderen unterbricht od. stört.*

Zwi|schen|be|richt, der: *vorläufiger Bericht.*

Zwi|schen|be|scheid, der: *vorläufiger Bescheid.*

zwi|schen|be|trieb|lich ⟨Adj.⟩: *zwischen einzelnen Betrieben, Unternehmen stattfindend:* -e Vereinbarungen.

Zwi|schen|bi|lanz, die: vgl. Zwischenabrechnung.

Zwi|schen|blu|tung, die (Med.): *zwischen zwei Menstruationsblutungen auftretende Blutung.*

Zwi|schen|deck, das: **a)** *zwischen zwei Hauptdecks. Boden eines großen Schiffes gelegenes Deck;* **b)** (früher) *zum Laderaum gehörender Raum unter Deck als Massenquartier für Auswanderer.*

Zwi|schen|de|cke, die (Bauw.): *[zur Verminderung der Raumhöhe] zusätzlich eingezogene Decke zwischen zwei Stockwerken.*

Zwi|schen|ding, das (ugs.): *Mittelding.*

zwi|schen|drein ⟨Adv.⟩: **a)** ⟨räumlich⟩ *zwischen anderes, andere Genanntes; dazwischen* (1 b): auf dem Tisch lag ein Stapel Bücher, er legte seines z.; **b)** ⟨zeitlich⟩ *zwischendurch* (1 a).

zwi|schen|drin ⟨Adv.⟩: **a)** ⟨räumlich⟩ *zwischen anderem, anderen Genanntem; dazwischen* (1 a): Die Mannschaften hockten auf Gartenstühlen … Die Hände flach auf die Schenkel gelegt wie beim Bataillonsgottesdienst. Zwischendrin die Männer aus Stanislaus' Stube (Strittmatter, Wundertäter 412); **b)** (ugs.) *(in einer kurzen Pause) während eines anderen Vorgangs; zwischendurch* (1 c): etw. z. erledigen.

zwi|schen|durch ⟨Adv.⟩: **1.** ⟨zeitlich⟩ **a)** *in Abständen, von Zeit zu Zeit (während eines gleichzeitigen anderen Vorgangs o. Ä.):* sie las und sah z. nach dem Baby; **b)** *in der Zwischenzeit:* er hatte z. mehrmals die Stellung gewechselt; **c)** *innerhalb von, zwischen zwei zeitlichen Markierungen o. Ä.:* du darfst nicht so viel z. essen. **2.** ⟨räumlich⟩ *vereinzelt hier u. da (zwischen anderem Vorhandenen o. Ä.):* ein Parkplatz voller Autos und z. ein paar Motorräder. **3.** *zwischen etw. hindurch:* z. fallen; z. verlaufen.

Zwi|schen|eis|zeit, die (Geol.): *Zeitraum zwischen zwei Eiszeiten; Interglazial.*

zwi|schen|eis|zeit|lich ⟨Adj.⟩ (Geol.): *zwischen zwei Eiszeiten [liegend, geschehend]; interglazial.*

Zwi|schen|er|geb|nis, das: *vorläufiges Ergebnis.*

Zwi|schen|ex|a|men, das: *Examen während des Studiums.*

Zwi|schen|fall, der: **a)** *unerwartet eintretendes (häufig unangenehm berührendes, peinliches) Vorkommnis, das den Ablauf der Ereignisse unterbricht:* ein peinlicher, bedauerlicher, lustiger Z.; es kam zu einem Z.; die Reise, Veranstaltung verlief ohne Zwischenfälle; ⟨Pl.⟩ *Unruhen, Tumulte;* es kam zu blutigen, schweren Zwischenfällen.

zwi|schen|fi|nan|zie|ren ⟨sw. V.; hat; meist im Inf. u. Part. gebr.⟩ (Bankw.): *eine Zwischenfinanzierung vornehmen:* eine Bausparvertrag z.

Zwi|schen|fi|nan|zie|rung, die (Bankw.): *kurzfristiges Überbrücken eines zugesagten, aber noch nicht verfügbaren Kredits durch einen kurzfristigen Kredit.*

Zwi|schen|fra|ge, die: vgl. Zwischenbemerkung: während dieser Rede sind keine -n gestattet.

Zwi|schen|fut|ter, das (Schneiderei): *(bei Oberbekleidung) zwischen Stoff u. eigentlichem Futter eingearbeitetes festes Gewebe zur Erhöhung der Formbeständigkeit.*

Zwi|schen|gang, der: *zwischen zwei Gängen (z. B. zwischen Vorspeise und Hauptgang) servierter Gang eines Menüs.*

Zwi|schen|ge|richt, das (Kochkunst): *kleineres ²Gericht, das bei einem großen Menü zwischen zwei Hauptgängen gereicht wird:* Artischocken als Z. servieren.

Zwi|schen|ge|schoss [...gəʃɔs], (südd., österr.:) **Zwi|schen|ge|schoß** [...gəʃoːs], das: *im Verhältnis zu den übrigen Geschossen eines Hauses niedrigeres Geschoss; Halbgeschoss.*

Zwi|schen|glied, das: **a)** *Bindeglied;* **b)** *Mittelding.*

Zwi|schen|grö|ße, die: *(in Bezug auf Konfektionskleidung u. Schuhe) zwischen den genormten Größen liegende Größe:* wir führen auch -n.

Zwi|schen|halt, der (schweiz.): *Zwischenaufenthalt.*

Zwi|schen|han|del, der: *Großhandel, der Halbfabrikate kauft u. verkauft; Transithandel.*

Zwi|schen|händ|ler, der: *Händler für den Zwischenhandel.*

Zwi|schen|händ|le|rin, die: w. Form zu ↑ Zwischenhändler.

zwi|schen|hin|ein ⟨Adv.⟩ (schweiz., sonst veraltet): *zwischendurch.*

Zwi|schen|hirn, das (Anat.): *Teil des Gehirns bei Mensch u. Wirbeltier, der Thalamus, Hypophyse u. Zirbeldrüse umfasst.*

Zwi|schen|hoch, das (Meteorol.): *zwischen zwei Tiefdruckgebieten für kurze Zeit wirkendes Hochdruckgebiet:* Ü der Rückgang der Arbeitslosenzahlen kann nur als Z. bezeichnet werden.

Zwi|schen|kriegs|zeit, die ⟨o. Pl.⟩: *Zeit zwischen Erstem u. Zweitem Weltkrieg.*

Zwi|schen|la|ger, das ⟨Pl. ...lager⟩: *Lager, in dem etw. zwischengelagert wird.*

zwi|schen|la|gern ⟨sw. V.; hat; meist im Inf. u. Part. gebr.⟩: *an einem bestimmten Ort vorübergehend lagern* (3 b): radioaktive Abfälle z.

Zwi|schen|la|ge|rung, die: *das Zwischenlagern (bes. von radioaktivem Material); das Zwischengelagertwerden.*

zwi|schen|lan|den ⟨sw. V.; ist; meist im Inf. u. Part. gebr.⟩: *eine Zwischenlandung vornehmen.*

Zwi|schen|lan|dung, die: *auf dem Flug auf ein Ziel hin als Unterbrechung eingelegte Landung eines Flugzeugs auf einem Flugplatz.*

Zwi|schen|lauf, der (Leichtathletik): *Lauf um die Qualifikation für den Endlauf:* im Z. ausscheiden.

Zwi|schen|lö|sung, die: *Lösung (1 a) für etw., die noch nicht als endgültig gelten kann od. soll.*

Zwi|schen|mahl|zeit, die: *kleinere Mahlzeit, Imbiss zwischen den Hauptmahlzeiten.*

Zwi|schen|mensch|lich ⟨Adj.⟩: *die Beziehungen zwischen Menschen betreffend:* der -e Bereich; -e Beziehungen.

Zwi|schen|mu|sik, die: *Musik, mit der eine Pause überbrückt od. ausgefüllt wird.*

Zwi|schen|par|ken ⟨sw. V.; hat⟩ (ugs.): *vorübergehend unterbringen:* die Kinder während des Einkaufsbummels im Spielwarenladen z.; Geld in einem Fonds z.

Zwi|schen|pau|se, die: *kleine Pause.*

Zwi|schen|pro|dukt, das (Wirtsch.): *aus chemischen Rohstoffen gewonnenes Erzeugnis, das zur Herstellung von Fertigprodukten dient.*

Zwi|schen|prü|fung, die: *Prüfung während der Ausbildungszeit, des Studiums.*

Zwi|schen|raum, der: **1.** *freier Raum bes. zwischen zwei Dingen (der Spielraum zwischen etw. bzw. Lücke in einem eigentlich zusammenhängenden Ganzen sein kann):* einen Meter, eine Zeile Z. lassen; Zwischenräume zwischen den Zähnen, zwischen Möbeln; der Z. (*Abstand*) zwischen den beiden Läufern verringert sich immer mehr. **2.** *zeitlicher Abstand, Pause zwischen Vorgängen, Tätigkeiten o. Ä. liegt:* die Zwischenräume zwischen den Ereignissen; in kurzen Zwischenräumen (*Intervallen*).

Zwischenrechnung – Zwölfjähriger

Zwi|schen|rech|nung, die: *vorläufige [Hoch]rechnung.*

zwi|schen|rein ⟨Adv.⟩ (landsch.): *zwischendurch.*

Zwi|schen|ruf, der: vgl. Zwischenbemerkung.

Zwi|schen|ru|fer, der: *jmd., der einen Zwischenruf macht bzw. gemacht hat:* es gab eine ganze Reihe störender Z.

Zwi|schen|ru|fe|rin, die: w. Form zu ↑ Zwischenrufer.

Zwi|schen|run|de, die (Sport): *Wettkampf, der zwischen Vorrunde u. Endrunde absolviert wird.*

Zwi|schen|sai|son, die: *zwischen Vor- u. Hauptsaison liegender Zeitraum.*

Zwi|schen|satz, der: **1.** (Sprachwiss.) *in einen Satz* (1) *eingeschalteter Satz.* **2.** (Musik) *zwischen zwei Sätze* (4b) *eingeschalteter kleinerer Satz.*

zwi|schen|schal|ten ⟨sw. V.; hat; meist im Inf. u. Part. gebr.⟩: *dazwischenschalten:* einen zusätzlichen Kontrollgang z.

Zwi|schen|schal|tung, die: *das Zwischenschalten; das Zwischengeschaltetwerden.*

Zwi|schen|schein, der (Wirtsch.): *Interimsschein.*

Zwi|schen|schicht, die: *etw., was sich als Schicht* (1) *zwischen etw. anderem befindet.*

Zwi|schen|schritt, der: **1.** *kleinerer, meist ohne Gewichtsverlagerung ausgeführter Schritt zwischen zwei Schritten* (1 a): Langlauftechnik mit -en. **2.** *als vorläufig angesehenes Ergebnis einer länger andauernden Entwicklung:* ein wichtiger, sinnvoller Z.; ein Z. auf dem Weg zur endgültigen Einigung.

Zwi|schen|spei|cher, der (EDV): *Speicher* (3), *in den bestimmten, bes. während des Verarbeitungsprozesses anfallende Daten, Bilder o. Ä. vorläufig gespeichert u. dann wieder abgerufen werden können:* ein Computer mit 512 kb Z. (Speicherplatz im Zwischenspeicher).

zwi|schen|spei|chern ⟨sw. V.; hat; meist im Inf. u. Part. gebr.⟩ (EDV): **1.** *Daten im Verlauf des Arbeitsprozesses vorläufig abspeichern:* ein Dokument z.; man sollte [die Daten] immer mal wieder z. **2.** *Daten in einem Zwischenspeicher ablegen:* die zwischengespeicherten Daten werden auf die Festplatte geschrieben.

Zwi|schen|spiel, das: **1.** (Musik) **a)** *(in einem Musikstück) von einem Hauptteil zum anderen überleitender Abschnitt;* **b)** *instrumentale Überleitung zwischen Strophen eines Liedes, Chorals;* **c)** *in den Zwischenakten dargebotene Bühnenmusik; Entreakt.* **2.** (Literaturwiss.) *zwischen die Akte eines Dramas eingeschobenes, selbstständiges, kleines Spiel; Episode; Intermezzo.* **3.** *kleine, unbedeutende [vorübergehende] Begebenheit:* nach einem kurzen Z. in der Politik setzte sie ihre Managerkarriere fort.

Zwi|schen|spurt, der (Sport): *Spurt über eine kürzere Strecke innerhalb eines Laufs, Rennens o. Ä.:* einen Z. einlegen; zu einem Z. ansetzen.

zwi|schen|staat|lich ⟨Adj.⟩: *zwischen einzelnen Staaten stattfindend o. Ä.; international:* -e Beziehungen.

Zwi|schen|sta|di|um, das: *Entwicklungsstadium zwischen Anfangs- u. Endstadium.*

Zwi|schen|stand, der: *zu einem bestimmten Zeitpunkt innerhalb eines Projekts, eines sportlichen Wettbewerbs o. Ä. erreichter Stand:* ein Z. von 1:1 in der Halbzeitpause.

Zwi|schen|sta|ti|on, die: **1.** *Zwischenaufenthalt:* irgendwo kurz Z. machen. **2.** *Ort, an dem jmd. Zwischenstation* (1) *macht:* Köln war die erste Z. unserer Reise.

Zwi|schen|stopp, der: *Zwischenaufenthalt.*

Zwi|schen|stück, das: **1.** *Verbindungsstück zwischen Teilen.* **2.** *Zwischenspiel* (2).

Zwi|schen|stu|fe, die: *Entwicklungsstufe zwischen Anfangs- u. Endstufe.*

Zwi|schen|text, der: *erläuternder Text, der Bilder, Szenen o. Ä. verbindet.*

Zwi|schen|ti|tel, der: **1.** (Film, Fernsehen) *zwischen den einzelnen Szenen o. Ä. erscheinender erklärender Text in [Stumm]filmen.* **2.** (Druckw.) *auf einem besonderen Blatt gedruckte Kapitelzahl, -überschrift od. gliedernde Überschrift eines Buchabschnitts.*

Zwi|schen|ton, der: *farbliche Nuance:* Ü *Differenzierungen und Zwischentöne lagen ihm fern, sein Feldzeichen war die Heftigkeit* (Zwerenz, Kopf 127).

Zwi|schen|tür, die: *Tür zwischen einzelnen Räumen o. Ä.*

Zwi|schen|ver|pfle|gung, die (schweiz.).

Zwi|schen|wand, die: *nicht tragende Wand, Trennwand:* eine Z. einziehen.

Zwi|schen|welt, die: *(in der Vorstellung) außerhalb des Irdischen angesiedelter Bereich (zwischen Leben u. Tod, zwischen Himmel u. Erde):* eine Z. der Fantasie.

Zwi|schen|wirt, der (Biol., Med.): *pflanzlicher, tierischer od. menschlicher Organismus, in dem sich ein Parasit für die Dauer einer bestimmten Entwicklungsphase aufhält.*

Zwi|schen|zäh|ler, der (Technik): *einem Zähler nachgeordneter Zähler, der nur für einen Teilbereich den Energieverbrauch misst.*

Zwi|schen|zeit, die: **1.** *Zeitraum zwischen zwei zeitlichen Markierungspunkten:* die Z., mit anderen Arbeiten ausfüllen; in der Z. (inzwischen) ist hier viel geschehen. **2.** (Sport) *für das Zurücklegen einer Teilstrecke gemessene Zeit:* eine gute Z. haben.

zwi|schen|zei|tig ⟨Adj.⟩ (bes. österr.): *zwischenzeitlich.*

zwi|schen|zeit|lich ⟨Adj.⟩ (bes. Amtsspr.): *in, während der inzwischen abgelaufenen Zeit erfolgend; unterdessen eintretend:* die Sache hat sich z. erledigt.

Zwi|schen|zeug|nis, das: **1.** (ugs.) *Schulzeugnis, das zu einem bestimmten Zeitpunkt während des Schuljahrs gibt.* **2.** *Zeugnis, das ein Arbeitnehmer vom Arbeitgeber verlangen kann, wenn er über die Beurteilung seiner Arbeit Kenntnis haben möchte.*

Zwi|schen|ziel, das: *vorläufiges Ziel, das jmd. ansteuert:* bei ihrer Diät hatte sie sich 65 kg als Z. gesetzt.

Zwist, der; -[e]s, -e [aus dem Niederd. < mniederd. twist < mniederl. twist, eigtl. = Zweiteilung, Entzweiung; Trennung, verw. mit † zwei] (geh.): *durch erhebliche Uneinigkeit hervorgerufener Zustand des Zerwürfnisses, der Feindseligkeit; durch meist langwierige, oft mit Verbissenheit geführte Streitigkeiten charakterisierter Konflikt:* einen Z. mit jmdm. haben, austragen; in der Familie, zwischen den Brüdern hat es nie Z. gegeben; einen Z. beilegen, beenden; sie haben den alten Z. endgültig begraben; sie leben im/in Z. miteinander, sind in Z. geraten.

Zwis|tig|keit, die; -, -en ⟨meist Pl.⟩ (geh.): *meist mit Verbissenheit geführte Streitigkeit:* eheliche, familiäre -en; alle -en vergessen, beenden.

zwit|schern ⟨sw. V.; hat⟩ [verstärkende Form von mhd. zwitzern, ahd. zwizzirōn, urspr. lautm.]: **a)** *(von bestimmten Vögeln) eine Reihe rasch aufeinanderfolgender, hoher, oft hell schwirrender, aber meist nicht sehr lauter Töne von sich geben:* die Vögel zwitschern und sangen; **b)** *zwitschernd* (a) *hören lassen, von sich geben:* ein Vogel zwitschert sein Lied; Ü sie zwitscherte, dass sie ihn liebe; **c)** * *einen z.* (ugs.; *etwas Alkoholisches trinken; wohl nach dem Geräusch des Ausschlürfens des Schnapsglases od. des Reibens des Korkens am Flaschenhals als Aufforderung zum Trinken).

Zwit|ter, der; -s, - [mhd., ahd. zwitarn, 1. Bestandteil zu ↑ zwei, 2. Bestandteil H. u., wohl eigtl. = zweierlei; zweifach(er Rasse od. Abstammung)]: *Hermaphrodit.*

zwit|ter|haft ⟨Adj.⟩: *die Art eines Zwitters aufweisend, einem Zwitter ähnlich, wie ein Zwitter:* ein -es Wesen, Gebilde.

zwit|te|rig: ↑ zwittrig.

Zwit|ter|we|sen, das: **1.** ⟨o. Pl.⟩ *Zwittrigkeit.* **2.** *zwittriges Wesen* (3 a).

zwitt|rig, zwitterig ⟨Adj.⟩: *die Merkmale eines Zwitters aufweisend; doppelgeschlechtig:* eine -e Pflanze; Ü *Juros Lebenserfahrungen sind zwitterig, inländisch und ausländisch* (Strittmatter, Der Laden 546).

Zwitt|rig|keit, die; -: *zwittriges Wesen, zwittrige Art.*

♦ **zwit|zern** ⟨sw. V.; hat⟩ [spätmhd. zwitzern, eigtl. = zwitschern, urspr. laut- u. bewegungsnachahmend]: **a)** *glitzern, schimmern; flimmern:* Hast du den großen Kometen gesehen? ... Und wie das zwitzert alles so durcheinander (Goethe, Götz V); **b)** *sich unruhig, zitternd hin und her bewegen:* ... und Ton zu Ton zwitzerte lüstern sein rot Bärtchen auf und ab (Gotthelf, Spinne 42).

zwo ⟨Kardinalz.⟩ [mhd., ahd. zwō, zwā (w. Form von ↑ zwei)] (ugs., häufig auch aus Gründen der Deutlichkeit, um eine akustische Verwechslung mit »drei« zu vermeiden): *zwei.*

zwölf ⟨Kardinalz.⟩ [mhd. zwelf, zwelif, ahd. zwelif, 1. Bestandteil zu ↑ zwei, 2. Bestandteil zu einem germ. Wort mit der Bed. »Überbleibsel, Rest«, also = Zahl, die sich ergibt, wenn man zehn gezählt hat u. noch zwei übrig bleiben] (in Ziffern: 12); vgl. ¹acht: die z. Apostel; die z. Monate des Jahres; z. Stück sind ein Dutzend; Ü *Maßnahmen sollten nicht erst fünf vor z. (wenn es fast schon zu spät ist) ergriffen werden.*

Zwölf, die; -, -en: **a)** *Zahl 12:* eine Z. schreiben; **b)** (ugs.) *Wagen, Zug der Linie 12* (vgl. Acht).

Zwölf|eck, das; -[e]s, -e: *Figur mit zwölf Ecken; Dodekagon.*

zwölf|eckig ⟨Adj.⟩: *zwölf Ecken aufweisend.*

zwölf|ein|halb ⟨Bruchz.⟩ (in Ziffern: 12 $\frac{1}{2}$); vgl. achteinhalb: vor z. Jahren.

Zwölf|en|der, der; -s, - (Jägerspr.): *Hirsch, dessen Geweih an jeder Stange sechs Enden hat.*

Zwöl|fer, der; -s, - [1. (landsch.) *Zwölf.* **2.** (südd., österr., schweiz.) *höchster Gewinn im Toto.*

Zwöl|fer|kar|te, die: *Fahrkarte, Eintrittskarte o. Ä., die zwölfmal zum Fahren, zum Eintritt o. Ä. berechtigt.*

zwöl|fer|lei ⟨best. Gattungsz.; indekl.⟩ [↑ -lei]: **a)** ⟨attr.⟩ *von zwölffach verschiedener Art;* **b)** ⟨allein stehend⟩ *zwölf verschiedene (Dinge, Handlungen).*

Zwöl|fer|pa|ckung, die: *Packung, die zwölf Stück von etw. enthält.*

zwölf|fach ⟨Vervielfältigungsz.⟩ (mit Ziffern: 12-fach, 12fach): *zwölfmal genommen, ausgeführt o. Ä.*

Zwölf|fa|ches, das *Zwölffache/ein Zwölffaches;* des/eines Zwölffachen/Zwölffaches, 12faches): *zwölffache Menge, Größe (von etw.).*

Zwölf|fin|ger|darm, der [vgl. ↑ Duodenum]: *an den Magenausgang anschließender, hufeisenförmig gebogener Teil des Dünndarms.*

Zwölf|flach, das, **Zwölf|fläch|ner,** der (Geom.): *Dodekaeder.*

zwölf|hun|dert ⟨Kardinalz.⟩ (in Ziffern: 1 200): *eintausendzweihundert.*

zwölf|jäh|rig ⟨Adj.⟩ (mit Ziffern: 12-jährig): **a)** *zwölf Jahre alt;* **b)** *zwölf Jahre dauernd.*

Zwölf|jäh|ri|ge, die/ein Zwölfjährige/zwei Zwölfjährige (mit Ziffern: 12-Jährige): *Mädchen im Alter von zwölf Jahren.*

Zwölf|jäh|ri|ger, der Zwölfjährige/ein Zwölfjäh-

riger; des/eines Zwölfjährigen, die Zwölfjährigen/zwei Zwölfjährige (mit Ziffern: 12-Jähriger): *Junge im Alter von zwölf Jahren.*
zwölf|jähr|lich ⟨Adj.⟩ (mit Ziffern: 12-jährlich): *sich alle zwölf Jahre wiederholend.*
Zwölf|kampf, der (Sport): *Mehrkampf im Turnen für Männer, bei dem an sechs verschiedenen Geräten je eine Pflicht- u. eine Kürübung ausgeführt werden.*
zwölf|köp|fig ⟨Adj.⟩ (mit Ziffern: 12-köpfig): *aus zwölf Personen bestehend:* ein -es Gremium.
zwölf|mal ⟨Wiederholungsz.; Adv.⟩ (mit Ziffern: 12-mal): *zwölf Male.*
zwölf|ma|lig ⟨Adj.⟩ (mit Ziffern: 12-malig): *zwölf Male stattfindend.*
Zwölf|mei|len|zo|ne, die: *entlang der Küste verlaufender, 12 Seemeilen breiter Meeresstreifen, dessen äußerer Rand das Hoheitsgebiet bestimmter Küstenstaaten begrenzt.*
zwölft: in der Fügung **zu z.** *(mit zwölf Personen:* sie kommen zu z.).
zwölft... ⟨Ordinalz. zu ↑zwölf⟩ [mhd. zwelft, ahd. zwelifto] (als Ziffer: 12.): *der zwölfte Januar;* ⟨subst.:⟩ *jeder Zwölfte gewinnt.*
zwölf|tel ⟨Bruchz.⟩ ⟨als Ziffer: /₁₂⟩: *den zwölften Teil einer genannten Menge ausmachend.*
Zwölf|tel, das, schweiz. meist: der; -s, - [mhd. zwelfteil]: *zwölfter Teil einer Menge, Strecke.*
zwölf|tens ⟨Adv.⟩ (als Ziffer: 12.): *als zwölfter Punkt; an zwölfter Stelle.*
Zwölf|ton|mu|sik, die ⟨o. Pl.⟩: *in einer Technik komponierte Musik, bei der Grundlage u. Ausgangspunkt eine Reihe ist, die die zwölf Töne des temperierten Systems je einmal enthält, wobei nur die Töne selbst zueinander (unabhängig von ihrer Lage in der Oktave) in Beziehung gesetzt werden.*
Zwölf|ton|ner, der; -s, - (mit Ziffern: 12-Tonner): *Lastwagen mit zwölf Tonnen Ladegewicht.*
Zwölf|zy|lin|der, der (ugs.): **a)** Kurzf. von ↑Zwölfzylindermotor; **b)** *Kraftwagen mit Zwölfzylindermotor.*
Zwölf|zy|lin|der|mo|tor, der; -s, -en, auch: -e: *Kfz-Motor mit zwölf Zylindern* (2).
zwölf|zy|lin|d|rig ⟨Adj.⟩ (mit Ziffern: 12-zylindrig): *zwölf Zylinder aufweisend.*
zwot... ⟨Ordinalz. zu ↑zwo⟩ (ugs.): ↑zweit...
zwo|tens ⟨Adv.⟩ (ugs.): *zweitens.*
z. w. V. = zur weiteren Veranlassung.
z. Wv. = zur Wiedervorlage.
Zy|an, (chem. fachspr.:) **Cyan,** das; -s [zu griech. kýanos = Lapislazuli; blaue Farbe] (Chemie): *giftige Kohlenstoff-Stickstoff-Verbindung mit Bittermandelgeruch.*
Zy|a|nid, (chem. fachspr.:) **Cyanid,** das; -s, -e (Chemie): *Salz der Blausäure.*
Zy|an|ka|li, (seltener:) **Zy|an|ka|li|um,** das; -s [aus ↑Zyan u. ↑Kalium]: *weißes, in Wasser leicht lösliches Kaliumsalz der Blausäure, das sehr giftig ist.*
Zy|a|no|se, die; -, -n [zu griech. kyáneos = dunkelblau] (Med.): *blaurote Verfärbung der Haut u. der Schleimhäute infolge Sauerstoffmangels im Blut.*
Zy|go|ma [auch: ˈtsy:goma], das; -s, -s Zygomata [griech. zýgōma, zu: zygón = Joch] (Anat.): *Jochbogen* (1).
Zy|go|te, die; -, -n [zu griech. zygōtós = durch ein Joch verbunden] (Biol.): *bei der Befruchtung) aus der Verschmelzung der Kerne der männlichen u. weiblichen Keimzelle entstehende [diploide] Zelle, aus der ein Lebewesen entsteht.*

zykl-, Zykl-: ↑zyklo-, Zyklo-.

Zy|k|la|den: ↑Kykladen.
Zy|k|la|me, die; -, -n (österr., schweiz.), **Zy|k|la|men,** das; -s, - [lat. cyclamen < griech. kyklámi-nos, zu: kýklos, ↑Zyklus (nach der runden Wurzelknolle)]: *Alpenveilchen.*
Zy|k|len: Pl. von ↑Zyklus.
Zy|k|li|ker [ˈtsyk...], Kykliker [ˈkyk...], der; -s, - (Literaturwiss.): *Dichter altgriechischer Epen (die später zu einem Zyklus mit Ilias u. Odyssee als Mittelpunkt zusammengefasst werden).*
zy|k|lisch, cyclisch [auch: ˈtsyk...] ⟨Adj.⟩ [lat. cyclicus < griech. kyklikós]: **1.** *einem Zyklus* (1) *entsprechend, in Zyklen sich vollziehend:* etw. läuft z. ab, verläuft z. **2.** *einen Zyklus* (2) *bildend; auf einer bestimmten, sich auch dem Inhalt ergebenden Folge beruhend:* das Werk ist z. angelegt. **3.** *kreis-, ringförmig:* -e Verbindungen (Chemie): *organische Verbindungen, in denen die Atome ringförmig geschlossene Gruppen bilden).* **4.** *den Zyklus* (5) *betreffend, ihm entsprechend, auf ihm beruhend.*

zy|k|lo-, Zy|k|lo-, (vor Vokalen auch:) **zykl-, Zykl-** [lat. cyclus < griech. kýklos, ↑Zyklus]: Best. in Zus. mit der Bed. *Kreis; kreisförmig* (z. B. zyklothym, Zykloide).

¹Zy|k|lon, der; -s, -e [engl. cyclone, zu griech. kyklós, ↑Zyklus]: **1.** (Meteorol.) *heftiger Wirbelsturm in tropischen Gebieten.* **2.** (Technik) *Gerät, mit dem durch die Wirkung von Zentrifugalkraft Teilchen fester Stoffe aus Gasen od. Flüssigkeiten abgeschieden werden.*
²Zy|k|lon®, das; -s (Chemie): *Blausäure enthaltendes, gasförmiges Gift.*
Zy|k|lo|ne, die; -, -n (Meteorol.): *wanderndes Tiefdruckgebiet.*
Zy|k|lop, der; -en, -en [lat. Cyclops < griech. kýklōps, viell. zu: kýklos (↑Zyklus) u. ṓps = Auge, also eigtl. = der Rundäugige] (griech. Mythol.): *Riese mit nur einem, mitten auf der Stirn sitzenden Auge.*
zy|k|lo|pisch ⟨Adj.⟩: *eine gewaltige Größe aufweisend; gigantisch:* eine -e Mauer.
Zy|k|lus [auch: ˈtsyklʊs], der; -, Zyklen [lat. cyclus < griech. kýklos = Kreis(lauf), Ring, Rad; Auge]: **1.** *kreisförmig in sich geschlossene Folge zusammengehöriger Vorgänge; Kreislauf regelmäßig wiederkehrender Dinge od. Ereignisse:* der Z. der Jahreszeiten; einem Z. unterliegen. **2.** *Reihe, Folge inhaltlich zusammengehörender (literarischer, musikalischer, bildnerischer) Werke derselben Gattung, Folge von Vorträgen o. Ä.:* ein Z. von Geschichten, Liedern, Farblithografien. **3.** (Med.) *periodische Regelblutung der Frau mit dem Intervall bis zum Einsetzen der jeweiligen nächsten Menstruation:* die Beobachtung des Zyklus. **4.** (Math.) *Permutation* (2), *die bei zyklischer Vertauschung einer bestimmten Anzahl von Elementen entsteht.* **5.** (Wirtsch.) *regelmäßig im Zeitablauf abwechselnd einem Maximum u. einem Minimum zustrebende Periode.*
Zy|lin|der [tsi..., tsy...], der; -s, - [lat. cylindrus < griech. kýlindros = Walze, Rolle, Zylinder, zu: kylíndein = rollen, wälzen]: **1.** (Geom.) *geometrischer Körper, der von zwei parallele, ebene, kongruente, meist kreisrunde Grundflächen durch einen Mantel* (7) *miteinander verbunden sind.* **2.** (Technik) *(bei Kolbenmaschinen) röhrenförmiger Hohlkörper, in dem sich gleitend ein Kolben bewegt:* einen Z. schleifen, der Motor hat vier Z.; ... die Maschine stößt ... zischende Dämpfe aus ihren -n (Hauptmann, Thiel 38). **3.** *zylindrisches Glas einer Gas-, Petroleumlampe (zum Schutz der Flamme vor Luftzug).* **4.** *(bei feierlichen Anlässen od. als Teil der traditionellen Berufskleidung getragener) hoher, steifer [Herren]hut, mit schwarzem Seidensamt, mit zylindrischem Kopf u. fester Krempe:* [bei Beerdigungen] einen Z. tragen; er erschien in Frack und Z.; An der Spitze marschieren die Veteranen von 70/71, mit Z. und Gehrock (Kempowski, Zeit 118). **5.** (Med.) *walzenförmiger, im Harn auftretender Fremdkörper.* **6.** (EDV) *Gesamtheit der Spuren* (4 b) *mit gleichem Radius bei Magnetplatten.*
Zy|lin|der|bü|ro, das: *Sekretär* (4) *mit einer aufrollbaren, einer Jalousie od. einem Rollladen ähnlichen Vorrichtung zum Verschließen.*
Zy|lin|der|glas, das ⟨Pl. ...gläser⟩: *zur Behebung des Astigmatismus nur in einer Richtung gekrümmtes Brillenglas.*
Zy|lin|der|hut, der: *Zylinder* (4).
Zy|lin|der|kopf, der (Technik): *oberster Teil eines Zylinders* (2): den Z. festziehen.
zy|lin|d|risch ⟨Adj.⟩: *die Form eines Zylinders* (1) *aufweisend:* ein -es Glas.
Zy|ma|se, die; - [frz. zymase, zu griech. zýmē, ↑Enzym]: *aus Hefe gewonnenes Gemisch von Enzymen, das die alkoholische Gärung verursacht.*
Zym|bal: ↑Zimbal.
Zy|mo|lo|gie, die; - [zu griech. zýmē (↑Enzym) u. ↑-logie]: *Wissenschaft von der Gärung, von den Enzymen.*
Zy|ni|ker, der; -s, - [zu ↑zynisch]: *zynischer Mensch; bissiger, die Wertgefühle anderer herabsetzender Spötter.*
Zy|ni|ke|rin, die; -, -nen: w. Form zu ↑Zyniker.
zy|nisch ⟨Adj.⟩ [(frz. cynique <) lat. cynicus < griech. kynikós = zur Philosophenschule der ↑Kyniker gehörend, eigtl. = hündisch, zu: kýōn = Hund]: **a)** *auf grausame, den Anstand beleidigende Weise spöttisch:* ein -er Mensch, Charakter; eine -e Bemerkung; er wirkt kalt und z.; die Kriegserlebnisse hatten ihn z. gemacht; ... es war in Wirklichkeit kein Lächeln, sondern ein hässliches, -es Grinsen, das auf seinen Lippen lag (Süskind, Parfum 304); **b)** *eine gefühllose, mitleidlose, menschenverachtende Haltung zum Ausdruck bringend, die bes. in bestimmten Angelegenheiten, Situationen als konträr, paradox u. als jmds. Gefühle verachtend u. verletzend empfunden wird:* die -e Ausbeutung der Notlage eines andern.
Zy|nis|mus, der; -, ...men [urspr. Bez. für die Lebensphilosophie der ↑Kyniker; spätlat. cynismus < griech. kynismós = kynische Philosophie]: **1.** ⟨o. Pl.⟩ *zynische Art, Haltung:* jmds. Z. unerträglich finden. **2.** ⟨meist Pl.⟩ *zynische Bemerkung:* er ist bekannt für seine Zynismen. **3.** ⟨o. Pl.⟩ *Lebensanschauung der Kyniker.*
Zy|per|gras, das [lat. cyperos < griech. kýpeiros, nach der Insel Zypern]: *(in den Tropen u. Subtropen verbreitetes) Riedgras.*
Zy|per|kat|ze, die: *gestreifte Hauskatze.*
Zy|pern, -s: *Inselstaat im Mittelmeer.*
Zy|p|rer, der; -s, -: Ew.
Zy|p|re|rin, die; -, -nen: w. Form zu ↑Zyprer.
Zy|p|res|se, die; -, -n [mhd. zipresse(nboum), ahd. cipresenboum < lat. cupressus, cypressus < griech. kypárissos]: *(zu den Nadelgehölzen gehörender in warmen Regionen bes. des Mittelmeerraumes wachsender) Baum mit kleinen, schuppenförmigen Blättern, kleinen kugeligen Zapfen u. meist nach oben strebenden, eine dichte Pyramide bildenden Ästen.*
Zy|p|res|sen|holz, das ⟨Pl. ...hölzer⟩: *Holz der Zypresse.*
Zy|p|res|sen|kraut, das: *(im Mittelmeerraum heimische) aromatisch duftende, immergrüne Pflanze mit gefiederten, filzig behaarten Blättern u. gelben Blütenköpfchen.*
Zy|p|res|sen|öl, das: *aus Nadeln u. Früchten einer bestimmten Zypressenart gewonnenes ätherisches Öl, das in der Parfümerie u. zum Inhalieren verwendet wird.*
Zy|p|ri|er, der; -s, -: Zyprer.
Zy|p|ri|e|rin, die; -, -nen: w. Form zu ↑Zyprier.

Zypriot – 80er Jahre

Zy|p|ri|ot, der; -en, -en: *Zyprer.*
Zy|p|ri|o|tin, die; -, -nen: w. Form zu ↑ Zypriot.
zy|p|ri|o|tisch, zy|p|risch ⟨Adj.⟩: *Zypern, die Zyprer betreffend; aus Zypern stammend.*
zy|ril|lisch: ↑ kyrillisch.

zyst-, Zyst-: ↑ zysto-, Zysto-.

Zys|te, die; -, -n [griech. kýstis = (Harn)blase]: **1.** (Med.) *krankhafter, mit Flüssigkeit gefüllter sackartiger Hohlraum im Gewebe:* sie hat -n in der Brust; eine Z. operativ entfernen. **2.** (Biol.) *von zahlreichen niederen Pflanzen u. Tieren gebildete feste Kapsel als Schutzvorrichtung zum Überdauern ungünstiger Lebensbedingungen.*
Zys|te|in, das; -s [die Säure wird mit dem Harn ausgeschieden] (Chemie, Biol.): *schwefelhaltige, als Baustein von Eiweißkörpern vorkommende Aminosäure.*
Zys|ten|lun|ge, die (Med.): *als angeborene Fehlbildung auftretende Lunge mit zahlreichen Hohlräumen.*
zys|tisch ⟨Adj.⟩ (Med.): **1.** *Zysten* (1) *bildend:* ein -er Tumor. **2.** *die Harnblase betreffend.*

zys|to-, Zys|to-, (vor Vokalen auch:) zyst-, Zyst- [griech. kýstis, ↑ Zyste]: Best. in Zus. mit der Bed. *Harnblase* (z. B. Zystektomie, Zystoskopie).

Zys|to|s|kop, das; -s, -e [zu griech. skopeĩn = betrachten] (Med.): *Blasenspiegel.*
Zys|to|s|ko|pie, die; -, -n (Med.): *Blasenspiegelung.*

zy|to-, Zy|to- [zu griech. kýtos = Rundung, Wölbung]: Best. in Zus. mit der Bed. *Zelle* (z. B. zytogen, Zytoplasma).

Zy|to|blast, der; -en, -en [zu griech. blastós = Keim]: (Biol., Med.) *Zellkern.*
Zy|to|de, die; -, -n [zu griech. -ṓdēs = ähnlich] (Biol.): *Zelle, Protoplasma ohne Kern.*
Zy|to|di|a|g|nos|tik, die; -, -en (Med.): *mikroskopische Untersuchung von Geweben, Flüssigkeiten, Ausscheidungen des Körpers im Hinblick auf das Vorhandensein anomaler Zellen; Zelldiagnostik* (z. B. zur Früherkennung von Krebs).
Zy|to|ge|ne|tik, die; - (Biol., Med.): *Wissenschaft von den Zusammenhängen zwischen der Vererbung u. dem Bau der Zelle.*
Zy|to|lo|gie, die; - [↑ -logie] (Med.): *Wissenschaft von der Zelle, ihrem Aufbau u. ihren Funktionen; Zellforschung; Zellenlehre.*
zy|to|lo|gisch ⟨Adj.⟩ (Med.): *die Zytologie betreffend, auf ihr beruhend, zu ihr gehörend; mit den Mitteln, Methoden der Zytologie.*
Zy|to|plas|ma, das; -s, ...men (Biol.): *Plasma einer Zelle ohne das Kernplasma; Zellplasma.*

Zy|to|sol, das; -s (Biol.): *flüssige Bestandteile des Zytoplasmas.*
Zy|to|s|ta|ti|kum, das; -s, ...ka [zu griech. statikós, ↑ Statik] (Biol., Med.): *Substanz (wie radioaktive Isotope, Hormone), die die Entwicklung u. Vermehrung schnell wachsender Zellen hemmt.*
zy|to|s|ta|tisch ⟨Adj.⟩ (Biol., Med.): *als Zytostatikum wirkend; die Entwicklung, Vermehrung schnell wachsender Zellen hemmend:* eine -e Substanz; eine -e Behandlung.
Zy|to|to|xin, das; -s, -e (Biol., Med.): *Zellgift.*
zy|to|to|xisch ⟨Adj.⟩ (Biol., Med.): *als Zellgift wirkend:* eine -e Substanz.
Zy|to|to|xi|zi|tät, die; - (Biol., Med.): *Eigenschaft, als Zellgift zu wirken.*
zz., zzt. = zurzeit.
Zz. = Zinszahl.
zzgl. = zuzüglich.
3-D, 3D [...'de:], das; -[s] (ugs.): *3-D-Format.*
3-D-For|mat, 3D-For|mat [...'de:...], das: ↑ Drei-D-Format.
80er-Jah|re, 80er Jah|re: ↑ Achtzigerjahre.

3-D-Dru|cker, 3D-Dru|cker, der: *Gerät, das computergesteuert aus flüssigem od. pulverförmigem Material dreidimensionale Gegenstände aufbaut:* 3-D-Drucker wurden zunächst vorwiegend zur schnellen Herstellung von Prototypen benutzt.